P9-EDM-818

# THE TREASURY OF SCRIPTURE KNOWLEDGE

FIVE-HUNDRED THOUSAND
SCRIPTURE REFERENCES
AND PARALLEL PASSAGES

FROM
CANNE, BROWNE, BLAYNEY, SCOTT & OTHERS
WITH NUMEROUS ILLUSTRATIVE NOTES

INTRODUCTION BY
DR. R. A. TORREY

evangelical
masterworks

Fleming H. Revell Company
Old Tappan, New Jersey

ISBN 0–8007–0324–3
*Printed in the United States of America*

# INTRODUCTION

About twenty years ago I saw for the first time "The Treasury of Scripture Knowledge." I was interested in the book at once, and commenced to use it in my daily study of the Word of God. I went through book after book of the Bible, verse by verse, with the aid of "The Treasury." I found that it enabled me, better than all the commentaries, to come to a true knowledge of God's meaning.

There is no other commentary on the Bible so helpful as the Bible itself. There is not a difficult passage in the Bible that is not explained and made clear by other passages of the Bible, and this book is marvellously useful in bringing to light those other parts of the Bible that throw light upon the portion that is being studied. But not only does the book illuminate dark places, it also emphasises the truth by bringing in a multitude of witnesses. It also greatly strengthens faith, for one cannot study his Bible with the aid of "The Treasury of Scripture Knowledge" without getting a deeper conviction of the unity of the entire Book. As he compares Scripture with Scripture and sees how what Paul says fits in to what Jesus said, and John said, and Peter said, and Isaiah said, and the Psalmist said; when he sees how every doctrine of the New Testament regarding Christ, His Divine-human nature, His holy character, His atoning death, and His resurrection, ascension, and coming again is enfolded in the types of the Pentateuch, Prophets, and Psalms, he becomes overwhelmingly convinced that the whole Bible has one real Author behind the many human authors. "The Treasury of Scripture Knowledge" enables one, not only to understand the Word, but to feed upon the Word.

In preparing notes on the Sunday School lessons for publication, and notes on the various books of the Bible, I have found more help in "The Treasury of Scripture Knowledge" than in all other books put together. I have recommended the use of the book to many people, and in after years they have thanked me for calling their attention to this book. Their experiences with it have been similar to mine.

One great advantage of the book is its portability. One who has to travel much cannot take a large number of commentaries with him, but in "The Treasury of Scripture Knowledge" he will find the substance of all that is best in many commentaries.

R. A. TORREY.

# ORDER OF THE BOOKS

OF THE

# OLD AND NEW TESTAMENTS.


| | Chaps. | Page |
|---|---|---|
| GENESIS | 50 | 1 |
| Exodus | 40 | 38 |
| Leviticus | 27 | 68 |
| Numbers | 36 | 91 |
| Deuteronomy | 34 | 123 |
| Joshua | 24 | 150 |
| Judges | 21 | 168 |
| Ruth | 4 | 186 |
| I Samuel | 31 | 189 |
| II Samuel | 24 | 212 |
| I Kings | 22 | 231 |
| II Kings | 25 | 253 |
| I Chronicles | 29 | 275 |
| II Chronicles | 36 | 295 |
| Ezra | 10 | 320 |
| Nehemiah | 13 | 328 |
| Esther | 10 | 339 |
| Job | 42 | 345 |
| Psalms | 150 | 363 |
| Proverbs | 31 | 407 |
| Ecclesiastes | 12 | 423 |
| Song of Solomon | 8 | 428 |
| Isaiah | 66 | 431 |
| Jeremiah | 52 | 466 |
| Lamentations | 5 | 505 |
| Ezekiel | 48 | 509 |
| Daniel | 12 | 546 |
| Hosea | 14 | 557 |
| Joel | 3 | 562 |
| Amos | 9 | 564 |
| Obadiah | 1 | 568 |
| Jonah | 4 | 568 |
| Micah | 7 | 570 |
| Nahum | 3 | 573 |
| Habakkuk | 3 | 574 |
| Zephaniah | 3 | 575 |
| Haggai | 2 | 577 |
| Zechariah | 14 | 578 |
| Malachi | 4 | 584 |

| | | |
|---|---|---|
| MATTHEW | 28 | 1 |
| Mark | 16 | 24 |
| Luke | 24 | 39 |
| John | 21 | 64 |
| The Acts | 28 | 83 |
| Epistle to the Romans | 16 | 107 |
| I Corinthians | 16 | 117 |
| II Corinthians | 13 | 126 |
| Galatians | 6 | 133 |
| Ephesians | 6 | 137 |
| Philippians | 4 | 141 |
| Colossians | 4 | 144 |
| I Thessalonians | 5 | 147 |
| II Thessalonians | 3 | 149 |
| I Timothy | 6 | 151 |
| II Timothy | 4 | 154 |
| Titus | 3 | 156 |
| Philemon | 1 | 157 |
| To the Hebrews | 13 | 158 |
| Epistle of James | 5 | 165 |
| I Peter | 5 | 168 |
| II Peter | 3 | 171 |
| I John | 5 | 173 |
| II John | 1 | 175 |
| III John | 1 | 175 |
| Jude | 1 | 176 |
| Revelation | 22 | 177 |

# The First Book of MOSES, called GENESIS.

B.C. 4004. A.M. 1.

## CHAP. I.

*GOD creates heaven and earth,* 1; *the light,* 3; *the firmament,* 6; *separates the dry land,* 9; *forms the sun, moon, and stars,* 14; *fishes and fowls,* 20; *cattle, wild beasts, and creeping things,* 24; *creates man in his own image, blesses him,* 26; *grants the fruits of the earth for food,* 29.

1 *beginning.* Pr. 8. 22-24; 16. 4. Mar. 13. 19. Jno. 1. 1-3. He. 1. 10. 1 Jno. 1. 1. *God.* Ex. 20. 11; 31.27. 1 Ch. 16. 26. Ne. 9. 6. Job 26. 13; 38. 4. Ps. 8. 3; 33. 6, 9; 89. 11, 12; 96. 5; 102. 25; 104. 24, 30; 115. 15; 121. 2; 124. 8; 134. 3; 136. 5; 146. 6; 148. 4, 5. Pr. 3. 19; 8. 22-30. Ec. 12. 1. Is. 37. 16; 40. 26, 28; 42. 5; 44.24; 45. 18; 51. 13, 16; 65. 17. Je. 10.12; 32.17; 51. 15. Zec. 12. 1. Mat. 11. 25. Ac. 4. 24; 14. 15; 17. 24. Ro. 1. 19, 20; 11. 36. 1 Co. 8. 6. Ep. 3. 9. Col. 1. 16, 17. He. 1. 2; 3. 4; 11. 3. 2 Pe. 3. 5. Re. 3. 14; 4. 11; 10. 6; 14. 7; 21. 6; 22. 13.

2 *without.* Job 26. 7. Is. 45. 18. Je. 4. 23. Na. 2. 10. *Spirit.* Job 26. 13. Ps. 33. 6; 104. 30. Is. 40. 12-14.

3 *God.* Ps. 33. 6, 9; 148. 5. Mat. 8. 3. Jno. 11. 43. *Let.* Job 36. 30; 38. 19. Ps. 97. 11; 104. 2; 118. 27. Is. 45. 7; 60. 19. Jno. 1. 5, 9; 3. 19. 2 Co. 4. 6. Ep. 5. 8, 14. 1 Ti. 6. 16. 1 Jno. 1. 5; 2. 8.

4 *that.* ver. 10, 12, 18, 25, 31. Ec. 2. 13; 11. 7. *the light from the darkness. Heb.* between the light and between the darkness.

5 *Day, and.* ch. 8. 22. Ps. 19. 2; 74. 16; 104. 20. Is. 45. 7. Je. 33. 20. 1 Co. 3. 13. Ep. 5. 13. 1 Th. 5. 5. *And the evening and the morning were. Heb.* And the evening was, and the morning was. ver. 8, 13, 19, 23, 31.

6 *Let there.* ver. 14, 20; ch. 7. 11, 12. Job 26. 7, 8, 13; 37. 11, 18; 38. 22-26. Ps. 19. 1; 33. 6, 9; 104. 2; 136. 5, 6; 148. 4; 150. 1. Ec. 11. 3. Je. 10. 10, 12, 13; 51. 15. Zec. 12. 1. *firmament. Heb.* expansion.

7 *divided.* Pr. 8. 28, 29. *above.* Job 26. 8. Ps. 104. 10; 148. 4. Ec. 11. 3. *and it.* ver. 9, 11, 15, 24. Mat. 8. 27.

8 *God.* ver. 5, 10; ch. 5. 2. *evening.* ver. 5, 13, 19, 23, 31.

9 Job 26. 7, 10; 38. 8-11. Ps. 24. 1, 2; 33. 7; 95. 5; 104. 3, 5-9; 136. 5, 6. Pr. 8. 28, 29. Ec. 1. 7. Je. 5. 22. Jon. 1. 9. 2 Pe. 3. 5. Re. 10. 6.

10 *God saw.* ver. 4. De. 32. 4. Ps. 104. 31.

11 *Let the.* ch. 2. 5. Job 28. 5. Ps. 104. 14-17; 147. 8. Mat. 6. 30. He. 6. 7. *grass. Heb.* tender grass. *fruit.* ver. 29; ch. 2. 9, 16. Ps. 1. 3. Je. 17. 8. Mat. 3. 10; 7. 16-20. Mar. 4. 28. Lu. 6. 43, 44. Ja. 3. 12.

12 *earth.* Is. 61. 11. Mar. 4. 28. *herb.* Is. 55. 10, 11. Mat. 13. 24-26. Lu. 6. 44. 2 Co. 9. 10. Gal. 6. 7.

14 *Let there.* De. 4. 19. Job 25. 3, 5; 38. 12-14. Ps. 8. 3, 4; 19. 1-6; 74. 16, 17; 104. 19, 20; 119. 91; 136. 7-9; 148. 3, 6. Is. 40. 26. Je. 31. 35; 33. 20, 25. *lights.* Or, rather, luminaries or light-bearers; being a different word from that rendered light, in ver. 3. *the day from the night.* between the day and between the night. *and let.* ch. 8. 22; 9. 13. Job 3. 9; 38. 31, 32. Ps. 81. 3. Eze. 32. 7, 8; 46. 1, 6. Joel 2. 10, 30, 31; 3. 15. Am. 5. 8; 8. 9. Mat. 2. 2; 16. 2, 3; 24. 29. Mar. 13. 24. Lu. 21. 25, 26; 23. 45. Ac. 2. 19, 20. Re. 6. 12; 8. 12; 9. 2.

16 *to rule. Heb.* for the rule, etc. De. 4. 19. Jos. 10. 12-14. Job 31. 26; 38. 7. Ps. 8. 3; 19. 6; 74. 16; 136. 7, 8, 9; 148. 3, 5. Is. 13. 10; 24. 23; 45. 7. Hab. 3. 11. Mat. 24. 29; 27. 45. 1 Co. 15. 41. Re. 16. 8, 9; 21. 23. *he made the stars also.* Or, with the stars also.

17 ch. 9. 13. Job 38. 12. Ps. 8. 1, 3. Ac. 13. 47.

18 Ps. 19. 6. Je. 31. 35.

20 *Let the waters.* ver. 22; ch. 2. 19; 8. 17. Ps. 104. 24, 25; 148. 10. Ac. 17. 25. *moving. or,* creeping. 1 Ki. 4. 33. *life. Heb.* a living soul. ver. 30. Ec. 2. 21. *fowl that may fly. Heb.* let fowl fly. This marginal reading is more conformable to the original, and reconciles this passage with ch. 2. 19. The word fowl, from the Saxon *fleon*, to fly, exactly corresponds to the original, which denotes every thing that flies, whether bird or insect. *open firmament. Heb.* face of the firmament. ver. 7, 14.



21 *great.* ch. 6. 20; 7. 14; 8. 19. Job 7. 12; 26. 5. Ps. 104. 24-26. Eze. 32. 2. Jon. 1. 17; 2. 10. Mat. 12. 40. *brought.* ch. 8. 17; 9. 7. Ex. 1. 7; 8. 3. *God saw.* ver. 18, 25, 31.

22 ver. 28; ch. 8. 17; 9. 1; 30. 27, 30; 35. 11. Le. 26. 9. Job 40. 15; 42. 12. Ps. 107. 31, 38; 128. 3; 144. 13, 14. Pr. 10. 22.

24 *Let.* ch. 6. 20; 7. 14; 8. 19. Job 38. 39, 40; 39. 1, 5, 9, 19; 40. 15. Ps. 50. 9, 10; 104. 18, 23; 148. 10. Cattle, denotes domestic animals living on vegetables;—Beasts of the earth, wild animals; especially such as live on flesh; and—Creeping things, reptiles; or all the different genera of serpents, worms, and such animals as have no feet.

25 ch. 2. 19, 20. Job 12. 8-10; 26. 13.

26 *Let us.* ch. 3. 22; 11. 7. Job 35. 10. Ps. 100. 3; 149. 2. Is. 64. 8. Jno. 5. 17; 14. 23. 1 Jno. 5. 7. *man.* In Hebrew, Adam; probably so called either from the red earth of which he was formed, or from the blush or flesh-tint of the human countenance: the name is intended to designate the species. *in our.* ch. 5. 1; 9. 6. Ec. 7. 29. Ac. 17. 26, 28, 29. 1 Co. 11. 7. 2 Co. 3. 18; 4. 4. Ep. 4. 24. Col. 1. 15; 3. 10. Ja. 3. 9. *have dominion.* ch. 9. 2, 3, 4. Job 5. 23. Ps. 8. 4-8; 104. 20-24. Ec. 7. 29. Je. 27. 6. Ac. 17. 20, 28, 29. 1 Co. 11. 7. 2 Co. 3. 18. Ep. 4. 24. Col. 3. 10. He. 2. 6-9. Ja. 3. 7, 9.

27 *in the image.* Ps. 139. 14. Is. 43. 7. Ep. 2. 10; 4. 24. Col. 1. 15. See ver. 26. *male.* ch. 2. 21-25; 5. 2. Mal. 2. 15. Mat. 19. 4. Mar. 10. 6. 1 Co. 11. 8, 9.

28 ver. 22; ch. 8. 17; 9. 1, 7; 17. 16, 20; 22. 17, 18; 24. 60; 26. 3, 4, 24; 33. 5; 49. 25. Le. 26. 9. 1 Ch. 4. 10; 26. 5. Job 42. 12. Ps. 107. 38; 127. 1-5; 128. 3, 4. Is. 45. 18. 1 Ti. 4. 3. *moveth. Heb.* creepeth. Ps. 69. 34, marg.

29 *I have.* Ps. 24. 1; 115. 16. Ho. 2. 8. Ac. 17. 24, 25, 28. 1 Ti. 6. 17. *bearing. Heb.* seeding. *to you.* ch. 2. 16; 9. 3. Job 36. 31. Ps. 104. 14, 15, 27, 28; 111. 5; 136. 25; 145. 15, 16; 146. 7; 147. 9. Is. 33. 16. Mat. 6. 11, 25, 26. Ac. 14. 17.

30 ch. 9. 3. Job 38. 39-41; 39. 4, 8, 30; 40. 15, 20. Ps. 104. 14; 145. 15, 16; 147. 9. *life. Heb.* a living soul.

31 *very good.* Job 38. 7. Ps. 19. 1, 2; 104. 24, 31. La. 3. 38. 1 Ti. 4. 4. *and the.* ver. 5, 8, 13, 19, 23. ch. 2. 2. Ex 20. 11.

## CHAP. II.

*The first Sabbath,* 1-3. *Further particulars concerning the manner of creation,* 4-7. *The planting of the garden of Eden, and its situation,* 8-14; *man is placed in it; and the tree of knowledge only forbidden,* 15-17. *The animals are named by Adam,* 18. *The making of woman, and the institution of marriage,* 21.

1 *Thus.* ver. 4; ch. 1. 1, 10. Ex. 20. 11; 31. 17. 2 Ki. 19. 15. 2 Ch. 2. 12. Ne. 9. 6. Job 12. 9. Ps. 89. 11-13; 104. 2; 136. 5-8; 146. 6. Is. 42. 5; 45. 18; 48. 13; 55. 9; 65. 17. Je. 10. 12, 16. Zec. 12. 1. Ac. 4. 24. He. 4. 3. *host.* De. 4. 19; 17. 3. 2 Ki. 21. 3-5. Ps. 33. 6, 9. Is. 34. 4; 40. 26-28; 45. 12. Je. 8. 2. Lu. 2. 13. Ac. 7. 42.

2 *And on.* ch. 1. 31. Ex. 20. 11; 23. 12; 31. 17. De. 5. 14. Is. 58. 13. Jno. 5. 17. He. 4. 4. *seventh day God.* The LXX. Syriac, and the Samaritan Text read the SIXTH day, which is probably the true reading; as ו, which stands for six, might easily be changed into ז, which denotes seven. *rested.* Or, rather, ceased, as the Hebrew word is not opposed to weariness, but to action; as the Divine Being can neither know fatigue, nor stand in need of rest.

3 *blessed.* Ex. 16. 22-30; 20. 8-11; 23. 12; 31. 13-17; 34. 21; 35. 2, 3. Le. 23. 3; 25. 2, 3. De. 5. 12-14 Ne. 9. 14; 13. 15-22. Pr. 10. 22. Is. 56. 2-7; 58. 13, 14 Je. 17. 21-27. Eze. 20. 12. Mar. 2. 27. Lu. 23. 56. He 4. 4-10. *created and made. Heb.* created to make.

4 *the generations.* ch. 1. 4; 5. 1; 10. 1; 11. 10; 25. 12, 19; 36. 1, 9. Ex. 6. 16. Job 38. 28. Ps. 90. 1, 2.

*Lord.* Ex. 15. 3. 1 Ki. 18. 39. 2 Ch. 20. 6. Ps. 18. 31; 86. 10. Is. 44. 6. Re. 1. 4, 8; 11. 17; 16. 5.

5 *plant.* ch. 1. 12. Ps. 104. 14. *had not.* Job 5. 10; 38. 26-28. Ps. 65. 9-11; 135. 7. Je. 14. 22. Mat. 5. 45. He. 6. 7. *to till.* ch. 3. 23; 4. 2, 12.

6 *there went up a mist. or,* a mist which went up.

7 *formed man.* Ps. 100. 3; 139. 14, 15. Is. 64. 8. *of the dust. Heb.* the dust of, etc. *dust.* ch. 3. 19, 23. Job 4. 19; 33. 6. Ps. 103. 14. Ec. 3. 7, 20; 12. 7. Is. 64. 8. Ro. 9. 20. 1 Co. 15. 47. 2 Co. 4. 7; 5. 1. *and breathed.* Job 27. 3; 33. 4. Jno. 20. 22. Ac. 17. 25. *nostrils.* ch. 7. 22; Ec. 3. 21. Is. 2. 22. *a living.* Nu. 16. 22; 27. 16. Pr. 20. 27. Zec. 12. 1. 1 Co. 15. 45. He. 12. 9.

8 *a garden.* ch. 13. 10. Eze. 28. 13; 31. 8, 9. Joel 2. 3. *eastward.* ch. 3. 24; 4. 16. 2 Ki. 19. 12. Eze. 27. 23; 31. 16, 18. *put the.* ver. 15.

9 *every.* Eze. 31. 8, 9, 16, 18. *tree of life.* ch. 3. 22. Pr. 3. 18; 11. 30. Eze. 47. 12. Jno. 6. 48. Re. 2. 7; 22. 2, 14. *tree of knowledge.* ver. 17; ch. 3. 3, 22. De. 6. 25. Is. 44. 25; 47. 10. 1 Co. 8. 1.

10 *a river.* Ps. 46. 4. Re. 22. 1. *Eden.* Eden denotes pleasure or delight; but was certainly the name of a place, and was, most probably, situated in Armenia, near the sources of the great rivers Euphrates, Tigris, Phasis, and Araxes.

11 *Havilah.* ch. 10. 7, 29; 25. 18. 1 Sa. 15. 7.

12 Bdellium is a transparent aromatic gum. The onyx is a precious stone, so called from a Greek word signifying a man's nail, to the colour of which it nearly approaches. Nu. 11. 7. *onyx.* Ex. 28. 20; 39. 13. Job 28. 16. Eze. 28. 13.

13 *Gihon.* The Araxes, which runs into the Caspian sea. *Ethiopia. Heb.* Cush. The country of the ancient Cussæi. ch. 10. 6. Is. 11. 11.

14 *Hiddekel.* Da. 10. 4. The Tigris. *toward the east of. or,* eastward to. ch. 10. 11, 22; 25. 18. *Euphrates.* ch. 15. 18. De. 1. 7; 11. 24. Re. 9. 14.

15 *the man. or,* Adam. ver. 2. Job 31. 33. *put.* ver. 8. Ps. 128. 2. Ep. 4. 28.

16 *God.* 1 Sa. 15. 22. *thou mayest freely eat. Heb.* eating thou shalt eat. ver. 9; ch. 3. 1, 2. 1 Ti. 4. 4; 6. 17.

17 *of the tree.* ver. 9; ch. 3. 1-3, 11, 17, 19. *thou shalt surely die. Heb.* dying thou shalt die. *surely.* ch. 3. 3, 4, 19; 20. 7. Nu. 26. 65. De. 27. 26. 1 Sa. 14. 39, 44; 20. 31; 22. 16. 1 Ki. 2. 37, 42. Je. 26. 8. Eze. 3. 18-20; 18. 4, 13, 32; 33. 8, 14. Ro. 1. 32; 5. 12-21; 6. 16, 23; 7. 10-13; 8. 2. 1 Co. 15. 22, 56. Ga. 3. 10. Ep. 2. 1-6; 5. 14. Col. 2. 13. 1 Ti. 5. 6. Ja. 1. 15. 1 Jno. 5. 16. Re. 2. 11; 20. 6, 14; 21. 8.

18 *good.* ch. 1. 31; 3. 12. Ru. 3. 1. Pr. 18. 22. Ec. 4. 9-12. 1 Co. 7. 36. *I will.* ch. 3. 12. 1 Co. 11. 7-12. 1 Ti. 2. 11-13. 1 Pe. 3. 7. *meet for him. Heb.* as before him.

19 *And out.* ch. 1. 20-25. *brought.* ver. 22, 23; ch. 1. 26, 28; 6. 20; 9. 2. Ps. 8. 4-8. *Adam. or,* the man. ver. 15.

20 *gave names to. Heb.* called. *but.* ver. 18.

21 ch. 15. 12. 1 Sa. 26. 12. Job 4. 13; 33. 15. Pr. 19. 15. Da. 8. 18.

22 *made. Heb.* builded. Ps. 127. 1. 1 Ti. 2. 13. *brought.* ver. 19. Pr. 18. 22; 19. 14. Heb. 13. 4.

23 *bone.* ch. 29. 14. Ju. 9. 2. 2 Sa. 5. 1; 19. 13. Ep. 5. 30. *flesh.* ver. 24. *Woman. Heb.* Isha. 1 Co. 11. 8, 9. *taken.* 1 Co. 11. 8. *Man. Heb.* Ish.

24 *leave.* ch. 24. 58, 59; 31. 14, 15. Ps. 45. 10. *cleave.* Le. 22. 12, 13. De. 4. 4; 10. 20. Jos. 23. 8. Ps. 45. 10. Pr. 12. 4; 31. 10. Ac. 11. 23. *and they shall be one flesh.* The LXX. Vulgate, Syriac, Arabic, and Samaritan read "they TWO;" as is also read in several of the Parallel Passages. Mal. 2. 14-16. Mat. 19. 3-9. Mar. 10. 6-12. Ro. 7. 2. 1 Co. 6. 16, 17; 7. 2-4, 10, 11. Ep. 5. 28-31. 1 Ti. 5. 14. 1 Pe. 3. 1-7.

25 *naked.* ch. 3. 7, 10, 11. *ashamed.* Ex. 32. 25. Ps. 25. 3; 31. 17. Is. 44. 9; 47. 3; 54. 4. Je. 6. 15; 17. 13. Eze. 16. 61. Joel 2. 26. Mar. 8. 38. Lu. 9. 26. Ro. 10. 11.

## CHAP III.

*The serpent deceives Eve, 1-5. Both she and Adam transgress the divine command, and fall into sin and misery. 6, 7. God arraigns them, 8-13. The serpent is cursed, 14. The promised seed, 15. The punishment of mankind, 16-20. Their first clothing, 21. Their expulsion from paradise, 22-24.*

1 *Now.* ver. 13-15. Is. 27. 1. Mat. 10. 16. 2 Co. 11. 3, 14. Re. 12. 9; 20. 2. *serpent.* The Samaritan Copy, instead of *nachash,* 'a serpent,' reads *cachash,* 'a liar or deceiver,' read Jno. 8. 44. *he said.* Nu. 22. 28, 29. Ec. 4. 10. 1 Pe. 3. 7. *Yea, hath Heb.* Yea, because, etc. *hath.* Mat. 4. 3, 6, 9.

2 *serpent.* Ps. 58. 4.

3 *But.* ch. 2. 16, 17. *touch.* ch. 20. 6. Ex. 19. 12, 13. 1 Ch. 16. 22. Job 1. 11; 2. 5; 19. 21. 1 Co. 7. 1. 2 Co. 6. 17. Col. 2. 21.

4 *serpent.* Jno. 8. 44. *Ye.* ver. 13. De. 29. 19. 2 Ki. 1. 4, 6, 16; 8. 10. Ps. 10. 11. 2 Co. 2. 11; 11. 3. 1 Ti. 2. 14.

5 *God.* Ex. 20. 7. 1 Ki. 22. 6. Je. 14. 13, 14; 28. 2, 3. Eze. 13. 2-6, 22. 2 Co. 11. 3, 13-15. *your.* ver. 7, 10. Mat. 6. 23. Ac. 26. 18. *as gods.* Ex. 5. 2. 2 Ch. 32. 15. Ps. 12. 4. Eze. 28. 2, 9; 29. 3. Da. 4. 30; 6. 7. Ac. 12. 22, 23. 2 Co. 4. 4. 2 Th. 2. 4. Re. 13. 4, 14. *knowing.* ver. 22; ch. 2. 17.

6 *saw.* Jos. 7. 21. Ju. 16. 1, 2. *pleasant. Heb.* a desire. Eze. 24. 16, 21, 25. *to the eyes.* ch. 6. 2; 39. 7. Jos. 7. 21. 2 Sa. 11. 2. Job 31. 1. Mat. 5. 28. 1 Jno. 2. 16. *and did.* 1 Ti. 2. 14. *and he did eat.* ver. 12, 17. Ho. 6. 7, marg. Ro. 5. 12-19.

7 *And the.* ver. 5. De. 28. 34. 2 Ki. 6. 20. Lu. 16. 23. *knew.* ver. 10, 11; ch. 2. 25. *and they.* Job 9. 29-31. Is. 28. 20; 59. 6. *aprons. or,* things to gird about.

8 *And they.* ver. 10. De. 4. 33; 5. 25. *cool of the day. Heb.* wind. Job 34. 21, 22; 38. 1. *hid.* Job 22. 14; 31. 33; 34. 22. Ps. 139. 1-12. Pr. 15. 3. Je. 23. 24. Am. 9. 2, 3. Jon. 1. 3, 9, 10. Ro. 2. 15. He. 4. 13.

9 ch. 4. 9; 11. 5; 16. 8; 18. 20, 21. Jos. 7. 17-19. Re. 20. 12, 13.

10 *and I was.* ch. 2. 25. Ex. 3. 6. Job 23. 15. Ps. 119. 120. Is. 33. 14; 57. 11. 1 Jno. 3. 20. *because.* ver. 7; ch. 2. 25. Ex. 32. 25. Is. 47. 3. Re. 3. 17, 18; 16. 15.

11 ch. 4. 10. Ps. 50. 21. Ro. 3. 20.

12 ch. 2. 18, 20, 22. Ex. 32. 21-24. 1 Sa. 15. 20-24. Job 31. 33. Pr. 19. 3; 28. 13. Lu. 10. 29. Ro. 10. 3. Ja. 1. 13-15.

13 *What.* ch. 4. 10-12; 44. 15. 1 Sa. 13. 11. 2 Sa. 3. 24; 12. 9-12. Jno. 18. 35. *The serpent.* ver. 4-6. 2 Co. 11. 3. 1 Ti. 2. 14.

14 *thou art.* ver. 1; ch. 9. 6. Ex. 21. 28-32. Le. 20. 25. *dust.* Ps. 72. 9. Is. 29. 4; 65. 25. Mi. 7. 17.

15 *enmity.* Nu. 21. 6, 7. Am. 9. 3. Mar. 16. 18. Lu. 10. 19. Ac. 28. 3-6. Ro. 3. 13. *thy seed.* Mat. 3. 7; 12. 34; 13. 38; 23. 33. Jno. 8. 44. Ac. 13. 10. 1 Jno. 3. 8, 10. *her seed.* Ps. 132. 11. Is. 7. 14. Je. 31. 22. Mi. 5. 3. Mat. 1. 23, 25. Lu. 1. 31-35, 76. Ga. 4. 4. *it shall.* Ro. 16. 20. Ep. 4. 8. Col. 2. 15. Heb. 2. 14, 15. 1 Jno. 3. 8; 5. 5. Re. 12. 7, 8, 17; 20. 1-3, 10. *thou.* ch. 49. 17. Is. 53. 3, 4, 12. Da. 9. 26. Mat. 4. 1-10. Lu. 22. 39-44, 53. Jno. 12. 31-33; 14. 30, 31. Heb. 2. 18; 5. 7. Re. 2. 10; 12. 9-13; 13. 7; 15. 1-6; 20. 7, 8.

16 *in sorrow.* ch. 35. 16-18. 1 Sa. 4. 19-21. Ps. 48. 6. Is. 13. 8; 21. 3; 26. 17, 18; 53. 11. Je. 4. 31; 6. 24; 13. 21; 22. 23; 49. 24. Mi. 4. 9, 10. Jno. 16. 21. 1 Th. 5. 3. 1 Ti. 2. 15. *thy desire.* ch. 4. 7. *to. or,* subject to. *rule.* Nu. 30. 7, 8, 13. Es. 1. 20. 1 Co. 7. 4; 11. 3; 14. 34. Ep. 5. 22-24. Col. 3. 18. 1 Ti. 2. 11, 12. Tit. 2. 5. 1 Pe. 3. 1-6.

17 *Because.* 1 Sa. 15. 23, 24. Mat. 22. 12; 25. 26, 27, 45. Lu. 19. 22. Ro. 3. 19. *and hast.* ver. 6, 11; ch. 2. 16, 17. Je. 7. 23, 24. *cursed.* ch. 5. 29. Ps. 127. 2. Ec. 1. 2, 3, 13, 14; 2. 11, 17. Is. 24. 5, 6. Ro. 8. 20-22. *in sorrow.* Job 5. 6, 7; 14. 1; 21. 17. Ps. 90. 7-9. Ec. 2. 22, 23; 5. 17. Jno. 16. 33.

18 *Thorns.* Jos. 23. 13. Job 5. 5; 31. 40. Pr. 22. 5; 24. 31. Is. 5. 6; 7. 23; 32. 13. Je. 4. 3; 12. 13. Mat. 13. 7. He. 6. 8. *bring forth. Heb.* cause to bud. *herb.* Job 1. 21. Ps. 90. 3; 104. 2, 14, 15. Ro. 14. 2.

19 *In.* Ec. 1. 3, 13. Ep. 4. 28. 1 Th. 2. 9. 2 Th. 3. 10. *till.* Job 1. 21. Ps. 90. 3; 104. 29. Ec. 5. 15. *for dust.* ch. 2. 7; 18. 27. *and.* ch. 23. 4. Job 17. 13-16; 19. 26; 21. 26; 34. 15. Ps. 22. 15, 29; 104. 29. Pr. 21. 16. Ec. 3. 20; 12. 7. Da. 12. 2. Ro. 5. 12-21. 1 Co. 15. 21, 22.

20 *Adam.* ch. 2. 20, 23; 5. 29; 16. 11; 29. 32-35; 35. 18. Ex. 2. 10. 1 Sa. 1. 20. Mat. 1. 21, 23.

*Eve. Heb.* Chavah; *that is,* living. *of.* Ac. 17. 26.
21 *make.* ver. 7. Is.61.10. Ro.3.22. 2 Co. 5.2, 3,21.
22 *as one.* ver. 5; ch. 1. 26; 11. 6, 7. Is. 19. 12, 13; 47. 12, 13. Je. 22. 23. *tree.* ch. 2. 9. Pr. 3. 18. Re. 2. 7; 22. 2. *eat.* Ps. 22. 26. Jno. 6. 48-58.
23 *till.* ver. 19; ch. 2. 5; 4. 2, 12; 9. 20. Ec. 5. 9.
24 *east.* ch.2.8. *Cherubims.* Ex. 25. 2,20,22. 1 Sa. 4. 4. 1 Ki. 6. 25-35. Ps. 80. 1; 99. 1; 104. 4. Eze. 10. 2, etc. He.1.7. *a flaming.* Nu. 22. 23. Jos. 5. 13. 1 Ch. 21. 16,17. Heb.1.7. *to keep.* Jno.14. 6. He.10.18-22.

## CHAP. IV.

*The birth, occupation, and offering of Cain and Abel, 1-7. Cain murders his brother Abel, 8-10. The curse of Cain, 11-16. Has a son called Enoch, and builds a city, which he calls after his name, 17. His descendants, with Lamech and his two wives, 18-24. The birth of Seth, 25, and Enos, 26.*

1 *knew.* Nu. 31. 17. *Cain.* *That is,* gotten or acquired. *I have.* ver.25; ch.3.15; 5.29. 1 Jno.3.12.
2 *Abel. Heb.* Hebel. *And Abel.* ch. 30. 29-31; 37. 13; 46. 32-34; 47. 3. Ex. 3. 1. Ps. 78. 70-72. Am. 7. 15. *a keeper. Heb.* a feeder. ver. 25, 29. Ps. 127. 3. Jno. 8. 44. 1 Jno. 3. 10, 12, 15. *tiller.* ch. 3. 23; 9. 20.
3 A.M. 129. B.C. 3875. *in process of time. Heb.* at the end of days. Either at the end of the year, or of the week, i.e. on the Sabbath. 1 Ki. 17. 7. Ne. 13. 6. *the fruit.* Le. 2. 1-11. Nu. 18. 12.
4 *the firstlings.* Ex. 13. 12. Nu. 18. 12, 17. Pr. 3. 9. He. 9. 22. 1 Pe. 1. 19, 20. Re. 13. 8. *flock. Heb.* sheep, *or,* goats. *fat.* Le. 3. 16, 17. *had.* ch. 15. 17. Le. 9. 24. Nu. 16. 35. Ju. 6. 21. 1 Ki. 18. 24, 38. 1 Ch. 21. 26. 2 Ch. 7. 1. Ps. 20. 3, marg. He. 11. 4.
5 *But.* Nu. 16. 15. He. 11. 4. *wroth.* ch. 31. 2, 5. Job 5. 2. Ps. 20. 3. Is. 3. 10, 11. Mat. 20. 15. Lu. 15. 28-30. Ac. 13. 45.
6 1 Ch. 13. 11-13. Job 5. 2. Is. 1. 18. Je. 2. 5, 31. Jno. 4. 1-4,8-11. Mi. 6.3-5. Mat. 20.15. Lu. 15.31, 32.
7 *If thou doest well.* ch. 19. 21. 2 Sa. 24. 23. 2 Ki. 8.28. Job 42.8. Pr.18.5. Ec.8.12,13. Is.3.10,11. Je. 6. 20. Mal. 1.8, 10, 13. Ac. 10. 35. Ro. 2. 7-10; 12. 1; 14. 18; 15. 16. Ep. 1. 6. 1 Ti. 5. 4. 1 Pe. 2. 5. *be accepted. or,* have the excellency. Job 29. 4. Pr. 21. 27. He. 11. 4. *sin.* ver. 8-13. Ro. 7. 8, 9. Ja. 1. 15. *unto thee. or,* subject unto thee. ch. 3. 16, marg.
8 *talked.* 2 Sa. 3. 27; 13. 26-28; 20. 9, 10. Ne. 6. 2. Ps. 36. 3; 55. 21. Pr. 26. 24-26. Mi. 7. 6. Lu. 22. 48. *Cain rose.* 2 Sa. 14. 6. Job 11. 15. Ps. 24. 3-6; 139. 19. Mat. 23. 35. Lu. 11. 51. 1 Jno. 3. 12-15. Jude 11.
9 *Where is.* ch. 3. 9-11. Ps. 9. 12. *I know.* ch. 37. 32. Job 22. 13, 14. Ps. 10. 13, 14. Pr. 28. 13. Jno. 8. 44. Ac. 5. 4-9.
10 *What.* ch. 3. 13. Jos. 7. 19. Ps. 50. 21. *blood. Heb.* bloods. *crieth.* ch. 18. 20. Ex. 3. 7. 2 Ki. 9. 26. Job 16. 18; 24. 12; 31. 38, 39. Ps. 9. 12; 72. 14. Is. 5. 7. Ac. 5. 3, 9. He. 11. 4; 12. 24. Ja. 5. 4. Re. 6. 10.
11 ver. 14; ch. 3. 14. De. 27. 16-26; 28. 15-20; 29. 19-21. Ga. 3. 10. *opened.* Job 16. 18; 31. 38-40. Is. 26. 21. Re. 12. 16.
12 *it.* ch. 3. 17, 18. Le. 26. 20. De. 28. 23, 24. Ro. 8. 20. *a fugitive.* ver. 14. Le. 26. 36. De. 28. 65, 66. Ps. 109. 10. Je. 20. 3, 4. Ho. 9. 17.
13 *My punishment is greater than I can bear. or,* Mine iniquity is greater than *that it may* be forgiven. Job 15. 22. Re. 16. 9, 11, 21.
14 *driven.* Job 15. 20-24. Pr. 14. 32; 28. 1. Is. 8. 22. Ho. 13. 3. *from thy.* ver. 16. Job 21. 14, 15. Ps. 51. 11-14; 143. 7. Mat. 25. 41, 46. 2 Th. 1. 9. *fugitive.* De. 28. 65. Ps. 109. 10. See ver. 12. *that.* ver. 15; ch. 9. 5, 6. Le. 26. 17, 36. Nu. 17. 12, 13; 35. 19, 21, 27; 2 Sa. 14. 7; Job 15. 20-24. Pr. 28. 1.
15 *Therefore.* 1 Ki. 16. 7. Ps. 59. 11. Ho. 1. 4. Mat. 26, 52. *sevenfold.* ver. 24. Le. 26. 18, 21, 24, 28. Ps. 79. 12. Pr. 6. 31. *set a mark,* etc. Or, rather, 'gave a sign or token to Cain, that those who found him should not kill him.' Eze. 9. 4, 6. Re. 14. 9, 11.
16 *went.* ver. 14; ch. 3. 8. Ex. 20. 18. 2 Ki. 13. 23; 24. 20. Job 1. 12; 2. 7; 20. 17. Ps. 51. 11; 68. 2. Je. 23. 39; 52. 3. Jno. 1. 3, 10. Mat. 18. 20. Lu. 13. 26. 1 Th. 1. 9. *Nod.* So called from *nad,* 'a vagabond,' which Cain is termed in ver. 12.
17 *Enoch. Heb.* Chanoch. ch. 5. 18, 22. *and he.* ch. 11. 4. Ec. 2. 4-11. Da. 4. 30. Lu. 17. 28, 29. *the name.* 2 Sa. 18. 18. Ps. 49. 11.
18 A.M. cir. 194. B.C. cir. 3810. *Lamech. Heb.* Lemech. ch. 5. 21; 36. 2.
19 *two wives.* ch. 2. 18, 24. Mat. 19. 4-6, 8.
20 *the.* ver. 21. 1 Ch. 2. 50-52; 4. 4, 5. Jno. 8. 44. Ro. 4. 11, 12. *father.* The inventor or teacher, 1 Sa. 10. 12. *dwell.* ver. 2; ch. 25. 27. Je. 35. 9, 10. He. 11. 9.
21 A.M. cir. 500. B.C. cir. 3504. *father.* Ro. 4. 11, 12. *the harp.* ch. 31. 27. Job 21. 12. Is. 5. 12. Am. 6. 5.
22 *instructer. Heb.* whetter. *brass.* Ex. 25. 3. Nu. 31. 22. De. 8. 9; 33. 25. 2 Ch. 2. 7.
23 *hear.* Nu. 23. 18. Ju. 9. 7. *I have slain a man to my wounding. or,* I would slay a man in my wound, etc. ch. 49. 6. *to my hurt. or,* in my hurt.
24 *if.* ver. 15. *seventy.* Mat. 18. 22.
25 A.M. 130. B.C. 3874. *and called.* ch. 5. 3, 4. 1 Ch. 1. 1. Lu. 3. 38. *Seth. Heb.* Sheth; *i.e.* appointed, or put. *God.* ver. 1-3, 8, 10, 11.
26 A.M. 235. B.C. 3769. *to him.* ver. 6-8. *Enos. Heb.* Enosh. *to call upon the name of the Lord. or,* call *themselves* by the name of the Lord. De. 26. 17, 18. 1 Ki. 18. 24. Ps. 116. 17. Is. 44. 5; 48. 1; 63. 19. Je. 33. 16. Joel 2. 32. Zeph. 3. 9. Ac. 2. 21; 11. 26. Ro. 10. 13. 1 Co. 1. 2. Ep. 3. 14, 15.

## CHAP. V.

*Recapitulation of the creation of man, 1, 2. The genealogy, age, and death of the patriarchs from Adam to Noah, 3-31. The godliness and translation of Enoch, 22-24. The birth of Noah, etc., 29-32.*

1 *book.* The original word rendered 'book,' signifies a register, account, history, or any kind of writing. ch. 2. 4; 6. 9; 10. 1. 1 Ch. 1. 1. Mat. 1. 1. Lu. 3. 36-38. *in the likeness.* ch. 1. 26, 27. Ec. 7. 29; 12. 1. 1 Co. 11. 7. 2 Co. 3. 18. Ep. 4. 24. Col. 3. 10. He. 1. 3; 12. 9.
2 *Male.* ch. 1. 27. Mal. 2. 15. *their.* ch. 2. 15, 23. marg. Ac. 17. 26.
3 A.M. 130. B.C. 3874. *hundred.* The chronology differs in the Hebrew Text, the Samaritan, the LXX., and Josephus. The LXX. adds 100 years to each of the patriarchs Adam, Seth, Enos, Cainan, Mahalaleel, and Enoch, before the birth of their sons; while they take 20 from the age of Methuselah, and add 6 to that of Lamech. Thus the space from the creation to the deluge is made 2242 years, according to the Vatican copy, but 2262 by the Alexandrine; and the sum total by Josephus is 2265, by the Samaritan 1307, and the Hebrew Text, 1656. The sum total from the Deluge to the 70th year of Terah, according to these authorities, is, Heb. 292; Sam. 942; Sept. Vat. 1172; Alex. 1072, and Josephus 1002. *in his.* Job 14. 4; 15. 14-16; 25. 4. Ps. 14. 2, 3; 51. 5. Lu. 1. 35. Jno. 3. 6. Ro. 5. 12. 1 Co 15. 39. Ep. 2. 3. *called.* ch. 4. 25.
4 *And the.* 1 Ch. 1. 1-3. Lu. 3. 36-38. *and he.* ver. 7, 10, 13, 19, 22, 26, 30; ch. 1. 28; 9. 1, 7; 11. 12. Ps. 127. 3; 144. 12.
5 A.M. 930. B.C. 3074. *nine.* ver. 8, 11, 14, 17, etc. with De. 30. 20. Ps. 90. 10. *and he died.* ver. 8, 11. 14, etc.; ch. 3. 19. 2 Sa. 14. 14. Job 30. 23. Ps. 49. 7-10; 89. 48. Ec. 9. 5, 8; 12. 5, 7. Eze. 18. 4. Ro. 5. 12-14. 1 Co. 15. 21, 22. He. 9. 27.
6 A.M. 235. B.C. 3769. *begat.* ch. 4. 26.
8 A.M. 1042. B.C. 2962.
9 A.M. 325. B.C. 3679. *Cainan. Heb.* Kenan 1 Ch. 1. 2. Lu. 3. 37.
10 *begat.* See ver. 4.
11 A.M. 1140. B.C. 2864. *died.* See ver. 5.
12 A.M. 395. B.C. 3609. *Mahalaleel. Gr.* Maleleel. Lu. 3. 37.
13 *and begat.* See ver. 4.
14 A.M. 1235. B.C. 2769. See ver. 5.
15 A.M. 460. B.C. 3544. *Jared. Heb.* Jered. 1 Ch 1. 2.
16 *and begat.* See ver. 4.
17 A.M. 1290. B.C. 2714. *died.* See ver. 5.

18 A.M. 622. B.C. 3382. *Enoch.* ch. 4. 17. 1 Ch. 1. 3. Henoch. Lu. 3. 37. Jude 14, 15.

19 *and begat.* See ver. 4.

20 *he died.* See ver. 5.

21 A.M. 687. B.C. 3317. *Methuselah. Gr.* Mathusala. Lu. 3. 37.

22 ch. 6. 9; 17. 1; 24. 40; 48. 15. Ex. 16. 4. Le. 26. 12. De. 5. 33; 13. 4; 28. 9. 1 Ki. 2. 4. 2 Ki. 20. 3. Ps. 16. 8; 26. 11; 56. 13; 86. 11; 116. 9; 128. 1. Ca. 1. 4. Ho. 14. 9. Am. 3. 3. Mi. 4. 5; 6. 8. Mal. 2. 6. Lu. 1. 6. Ac. 9. 31. Ro. 8. 1. 1 Co. 7. 17. 2 Co. 6. 16. Ep. 5. 15. Col. 1. 10; 4. 5. 1 Th. 2. 12; 4. 1. He. 11. 5, 6. 1 Jno. 1. 7.

23 A.M. 987. B.C. 3017.

24 *walked.* See ver. 21. *he was not.* The same expression occurs, ch. 37. 30; 42. 36. Je. 31. 15. Mat. 2. 18. *for.* 2 Ki. 2. 11. Lu. 23. 43. He. 11. 5, 6. Jude 14, 15.

25 A.M. 874. B.C. 3130. ch. 4. 18, marg.

26 *begat sons.* See ver. 4.

27 A.M. 1656. B.C. 2348. *he died.* See ver. 5.

28 A.M. 1056. B.C. 2948.

29 *he called.* ch. 6. 8, 9; 7. 23; 9. 24. Is. 54. 9. Eze. 14. 14, 20. Mat. 24. 37. Lu. 3. 36; 17. 26, 27. He. 11. 7. 1 Pe. 3. 20. 2 Pe. 2. 5. *Noah. Gr.* Noe, *i.e.* rest *or* comfort. *because.* ch. 3. 17-19; 4. 11, 12.

30 *begat sons.* See ver. 4.

31 A.M. 1651. B.C. 2353. *he died.* See ver. 5.

32 A.M. 1556. B.C. 2448. *Shem.* ch. 6. 10; 7. 13; 9. 18, 19, 22-27; 10. 1, 21, 32. 1 Ch. 1. 4-28. Lu. 3. 36.

## CHAP. VI.

*The wickedness of the world, which provoked God's wrath, and caused the flood,* 1-7. *Noah finds grace,* 8. *His generations, etc.,* 9-13. *The order, form, dimensions, and end of the ark,* 14-22.

1 A.M. 1556. B.C. 2448. *to multiply.* ch. 1. 28.

2 *the sons.* ch. 4. 26. Ex. 4. 22, 23. De. 14. 1. Ps. 82. 6, 7. Is. 63. 16. Mal. 2. 11. Jno. 8. 41, 42. Ro. 9. 7, 8. 2 Co. 6. 18. *saw.* 2 Pe. 2. 14. *that they.* ch. 3. 6; 39. 6, 7. 2 Sa. 11. 2. Job 31. 1. 1 Jno. 2. 16. *and they.* ch. 24. 3; 27. 46. Ex. 34. 16. De. 7. 3, 4. Jos. 23. 12, 13. Ezr. 9. 1, 2, 12. Ne. 13. 24-27. Mal. 2. 15. 1 Co. 7. 39. 2 Co. 6. 14-16.

3 *My.* Nu. 11. 17. Ne. 9. 30. Is. 5. 4; 63. 10. Je. 11. 7, 11. Ac. 7. 51. Ga. 5. 16, 17. 1 Th. 5. 19. 1 Pe. 3. 18-20. Jude 14, 15. *is.* Ps. 78. 39. Jno. 3. 6. Ro. 8. 1-13. Ga. 5. 16-24. 1 Pe. 3. 20.

4 *giants.* Nu. 13. 33. De. 2. 20, 21; 3. 11. 1 Sa. 17. 4. 2 Sa. 21. 15-22. *after.* ver. 3. *men of.* ch. 11. 4. Nu. 16. 2.

5 *God.* ch. 13. 13; 18. 20, 21. Ps. 14. 1-4; 53. 2. Ro. 1. 28-31; 3. 9-19. *every imagination. or,* the whole imagination. *The Hebrew word signifies not only the* imagination, *but also* the purposes and desires. ch. 8. 21. De. 29. 19. Job 15. 16. Pr. 6. 18. Ec. 7. 29; 9. 3. Je. 17. 9. Eze. 8. 9, 12. Mat. 15. 19. Mar. 7. 21-23. Ep. 2. 1-3. Tit. 3. 3. *thoughts.* Je. 4. 14. *continually. Heb.* every day.

6 *repented.* Ex. 32. 14. Nu. 23. 19. De. 32. 36. 1 Sa. 15. 11, 29. 2 Sa. 24. 16. 1 Ch. 21. 15. Ps. 106. 45; 110. 4. Je. 18. 8-10; 26. 19. Ho. 11. 8. Jon. 3. 10. Mal. 3. 6. Ro. 11. 29. He. 6. 17, 18. Ja. 1. 17. *grieved.* De. 5. 29; 32. 29. Ps. 78. 40; 81. 13; 95. 10; 119. 158. Is. 48. 18; 63. 10. Eze. 33. 11. Lu. 19. 41, 42. Ep. 4. 30. He. 3. 10, 17.

7 *I will.* Ps. 24. 1, 2; 37. 20. Pr. 10. 27; 16. 4. *both man, and beast. Heb.* from man unto beast. Je. 4. 22-27; 12. 3, 4. Ho. 4. 3. Zep. 1. 3. Ro. 3. 20-22.

8 ch. 19. 19. Ex. 33. 12-17. Ps. 84. 11; 145. 20. Pr. 3. 4; 8. 35; 12. 2. Je. 31. 2. Lu. 1. 30. Ac. 7. 46. Ro. 4. 4; 11. 6. 1 Co. 15. 10. Ga. 1. 15. 2 Ti. 1. 18. Tit. 2. 11; 3. 7. He. 4. 16. 2 Pe. 2. 5.

9 *These.* ch. 2. 4; 5. 1; 10. 1. *just.* ch. 7. 1. Job 12. 4. Pr. 4. 18. Ec. 7. 20. Eze. 14. 14, 20. Hab. 2. 4. Lu. 2. 25; 23. 50. Ac. 10. 22. Ro. 1. 17. Ga. 3. 11. He. 11. 7. 2 Pe. 2. 5. *perfect. or,* upright. 2 Ch. 15. 17; 25. 2. Job 1. 1, 8. Ps. 37. 37. Lu. 1. 6. Phi. 3. 9-15. *and Noah.* See on ch. 5. 22, 24; 17. 1; 48. 15. 1 Ki. 3. 6. Lu. 1. 6. 1 Pe. 2. 5.

10 A.M. 1556. B.C. 2448. *Shem.* ch. 5. 32.

11 *before.* ch. 7. 1; 10. 9; 13. 13. 2 Ch. 34. 27. Lu. 1. 6. Ro. 2. 13; 3. 19. *filled.* Ps. 11. 5; 55. 9; 140. 11. Is. 60. 18. Je. 6. 7. Eze. 8. 17; 28. 16. Ho. 4. 1, 2. Hab. 1. 2; 2. 8, 17.

12 *God.* ver. 8; ch. 18. 21. Job 33. 27. Ps. 14. 2; 33. 13, 14; 53. 2, 3. Pr. 15. 3. *for all.* ver. 4, 5; ch. 7. 1, 21; 9. 12, 16, 17. Job 22. 15-17. Lu. 3. 6. 1 Pe. 3. 19, 20. 2 Pe. 2. 5.

13 *The end.* Je. 51. 13. Eze. 7. 2-6. Am. 8. 2. 1 Pe. 4. 7. *filled.* ver. 4, 11, 12; ch. 49. 5. Ho. 4. 1, 2. *and, behold.* ver. 17. *with. or,* from. ch. 7. 23. *the earth.* Je. 4. 23-28. He. 11. 7. 2 Pe. 3. 6, 7, 10-12.

14 A.M. 1536. B.C. 2468. *Make.* Mat. 24. 38. Lu. 17. 27. 1 Pe. 3. 20. *rooms. Heb.* nests. *shalt pitch.* Ex. 2. 3.

15 *cubits.* ch. 7. 20. De. 3. 11.

16 *window.* ch. 8. 6. 2 Sa. 6. 16. 2 Ki. 9. 30. *the door.* ch. 7. 16. Lu. 13. 25. *with.* Eze. 41. 16; 42. 3.

17 *behold.* ver. 13; ch. 7. 4, 21-23; 9. 9. Ex. 14, 17. Le. 26. 28. De. 32. 39. Ps. 29. 10. Is. 51. 12. Eze. 5. 8; 6. 3; 34. 11, 20. Ho. 5. 14. 2 Pe. 2. 5. *bring.* ch. 7. 4, 17, 21-23. Job 22. 16. Ps. 29. 10; 93. 3, 4; 107. 34. Is. 54. 9. Am. 9. 6. Mat. 24. 39. Lu. 17. 27. He. 11. 7. 1 Pe. 3. 20. *is the.* ch. 2. 7; 7. 15. *shall die.* ver. 7. Ps. 107. 34. Ro. 5. 12-14, 21; 6. 23; 8. 20-22.

18 *establish.* ch. 9. 9, 11; 17. 4, 7, 21. *come.* ch. 7. 1, 7, 13. Is. 26. 20. He. 11. 7. 1 Pe. 3. 20. 2 Pe. 2. 5.

19 The cubit being nearly 22 inches, and the ark being 300 cubits in length, 50 in breadth, and 30 in height, (ver. 15,) its size was equal to 547 feet long, 91 feet broad, and 54 feet high; and it is computed to have been 81,062 tons burthen. These dimensions were sufficient to contain all the persons and animals in it, and food for more than a year. *two.* ch. 7. 2, 3, 8, 9, 15, 16; 8. 17. Ps. 36. 6.

20 *fowls.* ch. 1. 20-24. Ac. 10. 11, 12. *two.* ch. 1. 28; 2. 19; 7. 8-16. Jno. 5. 40.

21 ch. 1. 29, 30. Job 38. 41; 40. 20. Ps. 35. 6; 104. 27, 28; 136. 25; 145. 16; 147. 9. Mat. 6. 26.

22 ch. 7. 5, 9, 16; 17. 23. Ex. 40. 16, 19, 21, 23, 25, 27, 32. De. 12. 32. Mat. 7. 24-27. Jno. 2. 5; 15. 14. He. 11. 7, 8. 1 Jno. 5. 3, 4.

## CHAP. VII.

*Noah, with his family, and the living creatures, enter the ark, and the flood begins,* 1-16. *The increase and continuance of the flood for forty days,* 17-20. *All flesh is destroyed by it,* 21-23. *Its duration,* 24.

1 A.M. 1656. B.C. 2348. *Come.* ver. 7, 13. Job 5. 19-24. Ps. 91. 1-10. Pr. 14. 26; 18. 10. Is. 26. 20, 21. Eze. 9. 4-6. Zep. 2. 3. Mat. 24. 37-39. Lu. 17. 26. Ac. 2. 39. He. 11. 7. 1 Pe. 3. 20. 2 Pe. 2. 5. *thee.* See on ch. 6. 9. Ps. 33. 18, 19. Pr. 10. 6, 7, 9; 11. 4-8. Is. 3. 10, 11. Phi. 2. 15, 16. 2 Pe. 2. 5-9.

2 *every clean.* ver. 8; ch. 6. 19-21; 8. 20. Le. ch. 11. De. 14. 1-21. Ac. 10. 11-15. *sevens. Heb.* seven, seven. *not.* Le. 10. 10. Eze. 44. 23.

4 *For.* ver. 10; ch. 2. 5; 6. 3; 8. 10, 12; 29. 27, 28. Job 28. 25; 36. 27-32; 37. 11, 12. Am. 4. 7. *forty days.* ver. 12, 17. *and every.* ver. 21-23; ch. 6. 17. *destroy. Heb.* blot out. ver. 21, 23. ch. 6. 7, 13, 17. Ex. 32. 32, 33. Job 22. 16. Ps. 69. 28. Re. 3. 5.

5 *all that.* ch. 6. 22. Ex. 39. 32, 42, 43; 40. 16. Ps. 119. 6. Mat. 3. 15. Lu. 8. 21. Jno. 2. 5; 8. 28, 29; 13. 17. Phi. 2. 8. He. 5. 8.

6 ch. 5. 32; 8. 13.

7 ver. 1, 13-15; ch. 6. 18. Pr. 22. 3. Mat. 24. 38. Lu. 17. 27. He. 6. 18; 11. 7. 1 Pe. 3. 20. 2 Pe. 2. 5.

9 ver. 16; ch. 2. 19. Is. 11. 6-9; 65. 25. Je. 8. 7. Ac. 10. 11, 12. Ga. 3. 28. Col. 3. 11.

10 *after seven days. or,* on the seventh day. ver. 4. *waters.* ver. 4, 17-20; ch. 6. 17. Job 22. 16. Mat. 24. 38, 39. Lu. 17. 27.

11 *second month.* The first month was *Tisri,* which answers to the latter end of *September* and first half of *October;* the second was *Marchesvan,* which answers to part of *October* and part of *November.* *all.* ch. 1. 7; 6. 17; 8. 2. Job 28. 4; 38. 8-11. Ps. 33. 7; 74. 15. Pr. 8. 28, 29. Is. 24. 19. Je. 5. 22; 51. 16. Eze. 26. 19. Am. 9. 5, 6. Mat. 24. 38. 1 Th. 5. 3. *windows. or,* flood-gates. ch. 1. 7; 8. 2. 2 Ki. 7. 2, 19. Ps. 78. 23, 24. Mal. 3. 10.

12 *forty.* ver. 4, 17. Ex. 24. 18. De. 9. 9, 18; 10. 10. 1 Ki. 19. 8. Mat. 4. 2.

13 *day.* ver. 1, 7-9. ch. 6. 18. He. 11. 7. 1 Pe. 3. 20. 2 Pe. 2. 5. *and Shem.* ch. 5. 32; 6. 10; 9. 18, 19; 10. 1, 2, 6, 21. 1 Ch. 1. 4-28.

14 *They.* ver. 2, 3, 8, 9. *sort. Heb.* wing.

15 ch. 6. 20. Is. 11. 6.

16 *as.* ver. 2, 3. *the.* 2 Ki. 4. 4, 5. De. 33. 27. Ps. 46. 2; 91. 1-10. Pr. 3. 23. Mat. 25. 10. Lu. 13. 25. Jno. 10. 27-30. 1 Pe. 1. 5.

17 ver. 4, 12.

18 *waters prevailed.* Ex. 14. 28. Job 22. 16. Ps. 69. 15. *ark.* Ps. 104. 26.

19 *and all the high hills.* At the present day every mountain where search has been made, conspire in one uniform, universal proof that they all had the sea spread over their highest summits; shells, skeletons of fish, etc., having been found there. Job 12. 15. Ps. 46. 2, 3; 104. 6-9. Je. 3. 23. 2 Pe. 3. 6.

20 *and the mountains.* Ps. 104. 6. Je. 3. 23.

21 ver. 4; ch. 6. 6, 7, 13, 17. Job 22. 15-17. Is. 24. 6, 19. Je. 4. 22-27; 12. 3, 4. Ho. 4. 3. Joel 1. 17-20; 2. 3. Zep. 1. 3. Mat. 24. 39. Lu. 17. 27. Ro. 8. 20, 22. 2 Pe. 2. 5.

22 *breath of life. Heb.* breath of the spirit of life. ch. 2. 7; 6. 17.

23 *every living substance.* The most incontestable evidence has been afforded of the universality of this fact: the moose deer, a native of America, has been found buried in Ireland; elephants, natives of Asia and Africa, in the midst of England; crocodiles, natives of the Nile, in the heart of Germany; and shell-fish, never known in any but the American seas, with the entire skeletons of whales, in the most inland counties of England. ver. 21, 22. Job 22. 15-17. Is. 24. 1-8. Mat. 24. 37-39. Lu. 17. 26, 27. 1 Pe. 3. 20. 2 Pe. 2. 5. *and Noah.* Ex. 14. 28-30. Job 5. 19. Ps. 91. 1, 9, 10. Pr. 11. 4. Eze. 14. 14-20. Mal. 3. 17, 18. Mat. 25. 46. He. 11. 7. 1 Pe. 3. 20. 2 Pe. 2. 5, 9; 3. 6.

24 ch. 8. 3, 4. *compared with ver.* 11 *of this chapter.* The breaking up of the fountains of the great deep, and the raining forty days and nights, had raised the waters fifteen cubits, or twenty-two feet and a half, above the highest mountain; after which forty days, it appears to have continued at this height one hundred and fifty days more.

## CHAP. VIII.

*God remembers Noah, and assuages the waters, 1-3. The ark rests on Ararat, 4, 5. Noah sends forth a raven and then a dove, 6-12. Noah, being commanded, goes forth from the ark, 13-19. He builds an altar, and offers sacrifice, which God accepts, and promises to curse the earth no more, 20-22.*

1 *God remembered.* ch. 19. 29; 30. 22. Ex. 2. 24. 1 Sa. 1. 19. Ne. 13. 14, 22, 29, 31. Job 14. 13. Ps. 106. 4; 132. 1; 136. 23; 137. 7. Am. 8. 7. Hab. 3. 2. Re. 16. 19; 18. 5. *the cattle.* Nu. 22. 32. Ps. 36. 6. Jon. 4. 11. Ro. 8. 20-22. *a wind.* Ex. 14. 21. Ps. 104. 7-9. Pr. 25. 23.

2 *fountains.* ch. 7. 11. Pr. 8. 28. Jon. 2. 3. *the rain.* Job 37. 11-13; 38. 37. Mat. 8. 9, 26, 27.

3 *continually. Heb.* in going and returning. *hundred.* ch. 7. 11, 24.

4 *the ark.* ch. 7. 17-19. *seventh month.* That is, of the year, not of the deluge. *Ararat.* Ararat is generally understood to be Armenia, as it is rendered elsewhere, in which there is a great chain of mountains, like the Alps or Pyrenees, upon the highest part of which, called by some 'The Finger Mountain,' the ark is supposed to have rested. 2 Ki. 19. 37. Is. 37. 38. Je. 51. 27.

5 *decreased continually. Heb.* were in going and decreasing. *the tenth.* ch. 7. 11.

6 *opened the window.* ch. 6. 16. Da. 6. 10.

7 *a raven.* Le. 11. 15. 1 Ki. 17. 4, 6. Job 38. 41. Ps. 147. 9. *went forth to and fro. Heb.* in going forth and returning.

8 *a dove.* ver. 10-12. Ca. 1. 15; 2. 11, 12, 14. Mat. 10. 16.

9 *found.* De. 28. 65. Eze. 7. 16. Mat. 11. 28. Jno. 16. 33. *and she.* Ps. 116. 7. Is. 60. 8. *pulled her. Heb.* caused her to come.

10 *stayed.* Ps. 40. 1. Is. 8. 17; 26. 8. Ro. 8. 25. *seven.* ver. 12; ch. 7. 4, 10.

11 *an olive.* Ne. 8. 15. Zec. 4. 12-14. Ro. 10. 15.

12 *And he.* Ps. 27. 14; 130. 5, 6. Is. 8. 17; 25. 9; 26. 8; 30. 18. Hab. 2. 3. Ja. 5. 7, 8. *seven.* ver. 10; ch. 2. 2, 3.

13 A.M. 1657. B.C. 2347. *six.* ch. 7. 11.

14 ch. 7. 11, 13, 14. From this, it appears, that Noah was in the ark a complete solar year, or 365 days; for he entered it the 17th day of the 2nd month, in the 600th year of his life, and continued in it till the 27th day of the 2nd month, in the 601st year of his life, as we see above.

16 ch. 7. 1, 7, 13. Jos. 3. 17; 4. 10, 16-18. Ps. 91. 11; 121. 8. Da. 25, 26. Zec. 9. 11. Ac. 16. 27, 28, 37-39.

17 *Bring.* ch. 7. 14, 15. *breed.* ch. 1. 22; 9. 1, 7. Ps. 107. 38; 144. 13, 14. Je. 31. 27, 28.

18 Ps. 121. 8.

19 *kinds. Heb.* families.

20 *builded.* ch. 4. 4; 12. 7, 8; 13. 4; 22. 9; 26. 25; 33. 20; 35. 1, 7. Ex. 20. 24, 25; 24. 4-8. Ro. 12. 1. He. 13. 10, 15, 16. 1 Pe. 2. 5, 9. *clean beast.* ch. 7. 2. Le. ch. 11. *burnt.* Le. ch. 1.

21 *smelled.* Le. 1. 9, 13, 17; 26. 31. Ca. 4. 10, 11. Is. 65. 6. Eze. 20. 41. Am. 5. 21, 22. 2 Co. 2. 15. Ep. 5. 2. Phi. 4. 18. *sweet savour. Heb.* savour of rest. *curse.* ch. 3. 17; 4. 12; 5. 29; 6. 17. *for. or,* though. *the imagination.* ch. 6. 5. Job 14. 4; 15. 14-16. Ps. 51. 5; 58. 3. Pr. 20. 9. Ec. 7. 20. Is. 47. 12, 15; 48. 8; 53. 6. Je. 8. 6; 17. 9; 18. 12. Mat. 15. 19. Jno. 3. 6. Ro. 1. 21; 3. 23; 8. 7, 8. Ep. 2. 1-3. Ja. 1. 14, 15; 4. 1, 2. 1 Jno. 5. 19. *neither.* ch. 9. 11-15. Is. 54. 9, 10. *as I.* 2 Pe. 3. 6, 7.

22 *While the earth remaineth. Heb.* as yet all the days of the earth. Is. 54. 8. *seed-time.* Most of the European nations divide the year into four distinct parts, called *quarters* or *seasons;* but there are six divisions in the text, which obtained in Palestine among the Hebrews, and exist among the Arabs to the present day. According to this gracious promise, the heavenly bodies have preserved their courses, the seasons their successions, and the earth its increase for the use of man. ch. 45. 6. Ex. 34. 21. Ps. 74. 16, 17. Ca. 2. 11, 12. Is. 54. 9. Je. 5. 24. Ja. 5. 7. *day.* Je. 31. 35; 33. 20-26.

## CHAP. IX.

*God blesses Noah and his sons, and grants them flesh for food, 1-3. Blood and murder are forbidden, 4-7. God's covenant, of which the rainbow was constituted a pledge, 8-17. Noah's family replenish the world, 18, 19. Noah plants a vineyard, 20. Is drunken, and mocked by his son, 21-24. Curses Canaan, 25. Blesses Shem, 26. Prays for Japheth, and dies, 27-29*

1 *blessed.* ver. 7; ch. 1. 22, 28; 2. 3; 8. 17; 24. 60. Ps. 112. 1; 128. 3, 4. Is. 51. 2. *Be.* ver. 7, 19; ch. 1. 28; 8. 17; 10. 32.

2 ch. 1. 28; 2. 19; 35. 5. Le. 26. 6, 22. Job 5. 22, 23. Ps. 8. 4-8; 104. 20-23. Eze. 34. 25. Ho. 2. 18. Ja. 3. 7.

3 *Every.* Le. ch. 11; 22. 8. De. 12. 15; 14. 3-21. Ac. 10. 12-15. 1 Ti. 4. 3-5. *even.* ch. 1. 29, 30. Ps. 104. 14, 15. Ro. 14. 3, 14, 17, 20. 1 Co. 10. 23, 25, 26, 31. Col. 2. 16, 21, 22. 1 Ti. 4. 3, 4.

4 *the life.* Le. 3. 17; 7. 26; 17. 10-14; 19. 26. De. 12. 16, 23; 14. 21; 15. 23. 1 Sa. 14. 34. Ac. 15. 20, 25, 29. 1 Ti. 4. 4.

5 *every.* Ex. 21. 12, 28, 29. *and at.* ch. 4. 9, 10. Le. 19. 16. Nu. 35. 31-33. De. 21. 1-9. Ps. 9. 12. Mat. 23. 35. *brother.* Ac. 17. 26.

6 *by.* Ex. 21. 12-14; 22. 2, 3. Le. 17. 4; 24. 17. Nu. 35. 25. 1 Ki. 2. 5, 6, 28-34. Mat. 26. 52. Ro. 13. 4. Re. 13. 10. *in.* ch. 1. 26, 27; 5. 1. Ps. 51. 4. Ja. 3. 9.

7 ver. 1, 19; ch. 1. 28; 8. 17.

9 ver. 11, 17; ch. 6. 18; 17. 7, 8; 22. 17. Is. 54. 9, 10. Je. 31. 35, 36; 33. 20. Ro. 1. 3.

10 ver. 15, 16; ch. 8. 1. Job ch. 38; 41. Ps. 36. 5, 6; 145. 9. Jon. 4. 11.

11 *And I.* ch. 8. 21, 22. Is. 54. 9. *neither shall all.* ch. 7. 21-23; 8. 21, 22. 2 Pe. 3. 7, 11.

12 ch. 17. 11. Ex. 12. 13; 13. 16. Jos. 2. 12. Mat. 26. 26-28. 1 Co. 11. 23-25.

13 Eze. 1. 28. Re. 4. 3; 10. 1.

15 *remember.* Ex. 28. 12. Le. 26. 42-45. De. 7. 9. 1 Ki. 8. 23. Ne. 9. 32. Ps. 106. 45. Je. 14. 21. Eze. 16. 60. Lu. 1. 72. *the waters.* Is. 54. 8-10.

16 *everlasting.* ver. 9-11; ch. 8. 21, 22; 17. 13, 19. 2 Sa. 23. 5. Ps. 89. 3, 4. Is. 54. 8-10; 55. 3. Je. 32. 40. He. 13. 20.

18 *Shem.* ver. 32; ch. 10. 1. 1 Ch. 1. 4. *Ham.* ch. 10. 1, 6. *Canaan. Heb.* Chenaan.

19 *These.* ch. 5. 32. *and of.* ch. 8. 17; 10. 2-32. 1 Ch. 1. 4-28.

20 *an husbandman.* ch. 3. 18, 19, 23; 4. 2; 5. 29. Pr. 10. 11; 12. 11. Ec. 5. 9. Is. 28. 24-26. *planted.* De. 20. 6; 28. 30. Pr. 24. 30. Ca. 1. 6. 1 Co. 9. 7.

21 *and was.* ch. 6. 9; 19. 32-36. Pr. 20. 1; 23. 31, 32. Ec. 7. 20. Lu. 22. 3, 4. Ro. 13. 13. 1 Co. 10. 12. Ga. 5. 21. Tit. 2. 2. *and he.* Hab. 2. 15, 16. Re. 3. 18.

22 *Ham.* ver. 25; ch. 10. 6, 15-19. 1 Ch. 1. 8, 13-16. *told.* 2 Sa. 1. 19, 20. Ps. 35. 20, 21; 40. 15; 70. 3. Pr. 25. 9; 30. 17. Ob. 12, 13. Mat. 18. 15. 1 Co. 13. 6. Ga. 6. 1.

23 Ex. 20. 12. Le. 19. 32. Ro. 13. 7. Ga. 6. 1. 1 Ti. 5. 1, 17, 19. 1 Pe. 2. 17; 4. 8.

25 *Cursed.* ver. 22; ch. 3. 14; 4. 11; 49. 7. De. 27. 16; 28. 18. Mat. 25. 41. Jno. 8. 34. *a servant.* The devoted nations, which God destroyed before Israel, were descended from Canaan: and so were the Phœnicians and the Carthaginians, who were at length subjugated with dreadful destruction by the Greeks and Romans. The Africans, who have been bought and sold like beasts, were also his posterity. Jos. 9. 23, 27. Ju. 1. 28-30. 1 Ki. 9. 20, 21. 2 Ch. 8. 7, 8. Jno. 8. 34.

26 *Blessed.* De. 33. 26. Ps. 144. 15. Ro. 9. 5. *the Lord.* ch. 10. 10-26; 12. 1-3. Lu. 3. 23-36. Sem. He. 11. 16. *his servant. or,* servant to Shem. ch. 27. 37, 40.

27 *enlarge. or,* persuade. *Japheth.* Japheth denotes *enlargement*, and how wonderfully have his boundaries been enlarged; for not only Europe, but Asia Minor, part of Armenia, Iberia, the whole of the vast regions of Asia north of Taurus, and probably America, fell to the share of his posterity. *he shall dwell.* These words may mean either that God or that Japheth shall dwell in the tents of Shem. In either sense the prophecy has been literally fulfilled. *dwell.* Is. 11. 10. Ho. 2. 14. Mal. 1. 11. Ac. 17. 14. Ro. 11. 12; 15. 12. Ep. 2. 13, 14, 19; 3. 6, 13. He. 11. 9, 10.

29 A.M. 2006. B.C. 1998. *nine.* ch. 5. 5, 20, 27, 32; 11. 11-25. Ps. 90. 10.

## CHAP. X.

*The generations of Noah, 1. Japheth, 2-5. Ham, 6, 7. Nimrod the first monarch, and the descendants of Canaan, 8-20. The sons of Shem, 21-32.*

1 *are the.* ch. 2. 4; 5. 1; 6. 9. Mat. 1. 1. *and unto.* ch. 9. 1, 7, 19.

2 ver. 21. 1 Ch. 1. 5-7. Is. 66. 19. Eze. 27. 7, 12-14, 19; 38. 2, 6, 15; 39. 1. Re. 20. 8.

4 A.M. 1666. B.C. 2338. *Kittim.* Nu. 24. 24. Is. 23. 1, 12. Da. 11. 30. Chittim. *Dodanim. or,* Rodanim.

5 A.M. 1757. B.C. 2247. *isles.* ver. 25. Ps. 72. 10. Is. 24. 15; 40. 15; 41. 5; 42. 4, 10; 49. 1; 51. 5; 59. 18; 60. 9. Je. 2. 10; 25. 22. Zep. 2. 11. *after his.* ver. 20; ch. 11. 1-9.

6 A.M. 1676. B.C. 2228. *And the.* ch. 9. 22. 1 Ch. 1. 8-16; 4. 40. Ps. 78. 51; 105. 23, 27; 106. 22. *Ham.* HAM signifies *burnt* or *black;* and this name was peculiarly significant of the regions allotted to his family. To the Cushites, or descendants of Cush, were allotted the hot southern regions of Asia, along the shores of the Persian Gulf, Susiana or Chusistan, etc.; to the sons of Canaan, Palestine and Syria; to the sons of Mizraim, Egypt and Libya, in Africa. *Cush.* Is. 11. 11. *Phut.* Je. 46. 9, marg. Eze. 27. 10.

7 *Seba.* Ps. 72. 10. *Havilah.* ch. 2. 11. *Sheba.* 1 Ki. 10. 1. Eze. 27. 22. *Dedan.* Is. 21. 13. Eze. 27. 15.

8 A.M. 1715. B.C. 2289. *Nimrod.* Mi. 5. 6.

9 *a mighty.* ch. 6. 4; 25. 27; 27. 30. Je. 16. 16. Eze. 13. 18. Mi. 7. 2. *before the Lord.* ch. 6. 11; 13. 13. *Even.* 2 Ch. 28. 22. Ps. 52. 7.

10 A.M. 1745. B.C. 2259. *And the.* Je. 50 21. Mi. 5. 6. *Babel. Gr.* Babylon. ch. 11. 9. Is. 39. 1. Mi. 4. 10. *Calneh.* Is. 10. 9. Am. 6. 2. *Shinar.* ch. 11. 2; 14. 1. Is. 11. 11. Da. 1. 2. Zec. 5. 11.

11 A.M. 1700. B.C. 2304. *went forth Asshur. or,* he went out *into* Assyria. Mi. 5. 6. *Asshur.* Nu. 24. 22, 24. Ezr. 4. 2. Ps. 83. 8. Eze. 27. 23; 32. 22. Ho. 14. 3. *Nineveh.* 2 Ki. 19. 36. Is. 37. 37. Jon. 1. 2; ch. 3. Na. 1. 1; 2. 8; 3. 7. Zep. 2. 13. *the city of. or,* the streets of the city.

13 *Ludim.* 1 Ch. 1. 11, 12. Je. 46. 9. Eze. 30. 5.

14 *Pathrusim.* Is. 11. 11. Je. 44. 1. *Philistim.* 1 Ch. 1. 12. Je. 47. 4. *Caphtorim.* De. 2. 23. Je. 47. 4. Am. 9. 7.

15 *Canaan.* 1 Ch. 1. 13. *Sidon. Heb.* Tzidon. ch. 49. 13. Jos. 11. 8. Is. 23. 4. Zidon. *Heth.* ch. 15. 18-21; 23. 3-20. Ex. 3. 8; 34. 11. Nu. 34. 2-15. Jos. 12. 8-24. 2 Sa. 11. 3.

16 *Jebusite.* Ju. 1. 21. 2 Sa. 24. 18. Zec. 9. 7.

17 *Hivite.* ch. 34. 2.

18 *Arvadite.* Eze. 27. 8. *Zemarite.* Jos. 18. 22. 2 Ch. 13. 4. *Hamathite.* Nu. 34. 8. 2 Sa. 8. 9. 2 Ki. 17. 24, 30. Is. 10. 9. Eze. 47. 16, 17. Zec. 9. 2.

19 *And the.* ch. 13. 12-17; 15. 18-21. Nu. 34. 2-15. De. 32. 8. Jos. 12. 7, 8; ch. 14-21. *as thou comest.* ch. 13. 10. *Gerar.* ch. 20. 1; 26. 1. *Gaza. Heb.* Azzah. Ju. 16. 1. Je. 25. 20. *Sodom.* ch. 13. 10-13; 14. 2; 18. 20; 19. 24, 25. Ho. 11. 8.

20 ver. 6; ch. 11. 1-9.

21 *Shem.* SHEM signifies *name* or *renown;* and his, indeed, was great both in a temporal and spiritual sense, inasmuch as he was destined to be the lineal ancestor of the promised Seed of the woman, to which Noah might allude in his pious ejaculation, ch. 9. 26. *the father.* ch. 11. 10-26. *Eber.* Nu. 24. 24. *the brother.* ver. 2.

22 *children.* ch. 9. 26. 1 Ch. 1. 17-27. *Elam.* ch. 14. 1-9. 2 Ki. 15. 19. Job 1. 17. Is. 11. 11; 21. 2; 22. 6. Je. 25. 25; 49. 34-39. Ac. 2. 9. *Arphaxad. Heb* Arpachshad. *Lud.* Is. 66. 19. *Aram.* Nu. 23. 7.

23 *Uz.* Job 1. 1. Je. 25. 20.

24 *Salah. Heb.* Shelah. ch. 11. 12-15.

25 A.M. 1757. B.C. 2247. *Eber.* ver. 21. 1 Ch. 1. 19. *the name.* ch. 11. 16-19. Lu. 3. 35, 36. *Peleg. i. e.* division. *in.* ver. 32. De. 32. 8. Ac. 17. 26.

26, 27, 1 Ch. 1. 20-28.

28 A.M. cir. 1797. B.C. cir. 2207. ch. 25. 3. 1 Ki. 10. 1. 1 Ch. 1. 20-28.

29 *Ophir.* 1 Ki. 9. 28; 22. 48. 1 Ch. 8. 18; 9. 10, 13. Job 22. 24; 28. 16. Ps. 45. 9. Is. 13. 12. *Havilah.* ch. 2. 11; 25. 18. 1 Sa. 15. 7.

30 *mount of the east.* Nu. 23. 7.

31 ver. 5. 20. Ac. 17. 26.

32 *are the.* ver. 1, 20, 31. ch. 5. 29-31. *and by.* Any man who can barely read his Bible, and has but heard of such people as the Assyrians, Elamites, Lydians, Medes, Ionians, and Thracians, will readily acknowledge that Asshur, Elam, Lud, Madai, Javan, and Tiras, grandsons of Noah, were their respective founders. *nations.* ver. 25; ch. 9. 1, 7, 19. Ac. 17. 26.

## CHAP. XI.

*One language in the world, 1. The building of Babel, 2-4. It is interrupted by the confusion of tongues, and the builders dispersed, 5-9. The generations of Shem, 10-26. The generations of Terah, the father of Abram, 27-30. Terah, with Abram and Lot, remove from Ur to Haran, 31, 32.*

1 A.M. 1757. B.C. 2247. *was.* Is. 19. 18. Zep. 3. 9. Ac. 2. 6. *language. Heb.* lip. *speech. Heb.* words.

2 *from the east. or,* eastward. ch. 13. 11. *Shinar.* See on ver. 9; ch. 10. 10; 14. 1. Is. 11. 11. Da. 1. 2. Zec. 5. 11.

3 *they said one to another.* *Heb.* a man said to his neighbour. *Go to.* ver. 4, 7. Ps. 64. 5. Pr. 1. 11. Ec. 2. 1. Is. 5. 5; 41. 6, 7. Ja. 4. 13; 5. 1. *not as.* He. 3. 13; 10. 24. *burn throughly.* *Heb.* burn to a burning. *brick.* Ex. 1. 14; 5. 7-18. 2 Sa. 12. 31. Is. 9. 10; 65. 3. Na. 3. 14. *slime.* ch. 14. 10. Ex. 2. 3.

4 *whose.* De. 1. 28; 9. 1. Da. 4. 11, 22. *and let.* 2 Sa. 8. 13. Ps. 49. 11-13. Pr. 10. 7. Da. 4. 30. Jno. 5. 44. *lest.* ver. 8, 9. Ps. 92. 9. Lu. 1. 51.

5 ch. 18. 21. Ex. 19. 11. Ps. 11. 4; 33. 13, 14. Je. 23. 23, 24. Jno. 3. 13. He. 4. 13.

6 *Behold.* ch. 3. 22. Ju. 10. 14. 1 Ki. 18. 27. Ec. 11. 9. *the people.* ver. 1; ch. 9. 19. Ac. 17. 26. *imagined.* ch. 6. 5; 8. 21. Ps. 2. 1-4. Lu. 1. 51.

7 *Go to.* The Hebrew word signifies. 'Come,' or make preparation,' as for a journey or the execution of a purpose. *let.* ver. 5; ch. 1. 26; 3. 22. Is. 6. 8. *confound.* Job 5. 12, 13; 12. 20. Ps. 2. 4; 33. 10. Ac. 2. 4-11. *may.* ch. 10. 5, 20, 32; 42. 23. De. 28. 49. Ps. 55. 9. Je. 5. 15. 1 Cor. 14. 2-11, 23.

8 *Lord.* ver. 4, 9; ch. 49. 7. De. 32. 8. Lu. 1. 51. *upon.* ch. 10. 25, 32.

9 *Babel.* that is, *Confusion.* The tower of Babel, Herodotus informs us, was a furlong, or 660 feet, in length and breadth; and, according to Strabo, it rose to the same altitude. It was of a pyramidical form, consisting of eight square towers, gradually decreasing in breadth, with a winding ascent on the outside, so very broad as to allow horses and carriages to pass each other, and even to turn. This magnificent structure is so completely destroyed that its very site is doubtful; and when supposed to be discovered, in all cases exhibiting a heap of rubbish. ch. 10. 5, 10, 20, 31. Is. ch. 13; 14. Je. ch. 50; 51. 1 Co. 14. 23. *the face.* ch. 10. 25, 32. Ac. 17. 26.

10 A.M. 1658. B.C. 2346. ver. 27; ch. 10. 21, 22. 1 Ch. 1. 17-27. Lu. 3. 34-36.

11 A.M. 2158. B.C. 1846. *Shem.* ch. 5. 4, etc. *begat sons.* ch. 1. 28; 5. 4; 9. 7. Ps. 127. 3, 4; 128. 3, 4; 144. 12.

12 A.M. 1693. B.C. 2311. *begat.* Lu. 3. 36.
13 A.M. 2096. B.C. 1908.
14 A.M. 1723. B.C. 2281.
15 A.M. 2126. B.C. 1878.
16 A.M. 1757. B.C. 2247. *Eber.* ch. 10. 21, 25. Nu. 24. 24. 1 Ch. 1. 19. *Peleg.* Lu. 3. 35. Phalec.
17 A.M. 2187. B.C. 1817.
18 A.M. 1787. B.C. 2217. *Reu.* Lu. 3. 35. Ragau.
19 A.M. 1996. B.C. 2008.
20 A.M. 1819. B.C. 2185. *Serug.* Lu. 3. 35. Saruch.
21 A.M. 2026. B.C. 1978.
22 A.M. 1849. B.C. 2155. *Nahor.* Jos. 24. 2. Nachor.
23 A.M. 2049. B.C. 1955.
24 A.M. 1878. B.C. 2126. *Terah.* Lu. 3. 34. Thara.
25 A.M. 1997. B.C. 2007.
26 A.M. 1948. B.C. 2056. *Abram.* ch. 12. 4, 5; 22. 20-24; 29. 4, 5. Jos. 24. 2. 1 Ch. 1. 26, 27.

27 A.M. 2008. B.C. 1996. *Lot.* ver. 31; ch. 12. 4; 13. 1-11; 14. 12; 19. 1-29. 2 Pe. 2. 7.

28 *Ur.* ch. 15. 7. Ne. 9. 7. Ac. 7. 2-4.

29 *Sarai.* ch. 17. 15; 20. 12. *Milcah.* ch. 22. 20; 24. 15. *Iscah.* Iscah is called the *daughter-in-law* of Terah, (ver. 31,) as being Abram's wife; yet Abram afterwards said, "she is the daughter of my father, but not the daughter of my mother." (ch. 20. 12.) Probably Haran was the eldest son of Terah, and Abram his youngest by another wife: and thus Sarai was the daughter, or *grand-daughter* of Terah, Abram's father, but not of his mother.

30 *barren.* ch. 15. 2, 3; 16. 1, 2; 18. 11, 12; 21. 1, 2; 25. 21; 29. 31; 30. 1, 2. Ju. 13. 2. 1 Sam. 1. 2. Ps. 113. 9. Lu. 1. 7, 36.

31 A.M. 2078. B.C. 1926. *took.* ver. 26, 27; 12. 1. *they went.* ver. 28; ch. 12. 1. Jos. 24. 2, 3. Heb. 11. 8. *Ur.* Ur was probably the place called Ouri, in Mesopotamia, two days' journey from Nisibis, in the way to the river Tigris. Jos. 24. 2. Ne. 9. 7. Ac. 7. 2-4. *the land.* ch. 10. 19; 24. 10. B.C. cir. 1923. A.M. cir. 2081. *Haran.* ver. 32; ch. 12. 4; 24. 10, 15; 27. 43; 29. 4, 5. Ac. 7. 2-4. Charran.

32 A.M. 2083. B.C. 1921.

## CHAP. XII.

*God calls Abram, and blesses him with a promise of Christ,* 1-3. *He departs with Lot from Haran, and comes to Canaan,* 4, 5. *He journeys through Canaan,* 6, *which is promised him in a vision,* 7-9. *He is driven by a famine into Egypt,* 10. *Fear makes him feign his wife to be his sister,* 11-13. *Pharaoh, having taken her from him, by plagues is compelled to restore her,* 14-17. *He reproves Abram, whom he dismisses,* 18-20.

1 *had.* ch. 11. 31, 32; 15. 7. Ne. 9. 7. Is. 41. 9; 51. 2. Eze. 33. 24. *Get.* Jos. 24. 2, 3. Ps. 45. 10, 11. Lu. 14. 26-33. Ac. 7. 2-6. 2 Co. 6. 17. Heb. 11. 8. Re. 18. 4.

2 ch. 13. 16; 15. 5; 17. 5, 6; 18. 18; 22. 17, 18; 24. 35; 26. 4; 27. 29; 28. 3, 14; 35. 11; 46. 3. Ex. 1. 7; 32. 10. Nu. 14. 12; 24. 9, 10. De. 26. 5. 2 Sa. 7. 9. 1 Ki. 3. 8, 9. Mic. 7. 20. Ro. 4. 11. Ga. 3. 7. *thou shalt.* ch. 14. 14-16; 18. 18; 19. 29; 28. 4. 1 Ki. 1. 47. Gal. 3. 14.

3 *And I.* ch. 27. 29. Ex. 23. 22. Nu. 24. 9. Mat. 25. 40, 45. *in thee.* ch. 18. 18; 22. 18; 26. 4; 28. 14; 30. 27, 30; 39. 5. Ps. 72. 17. Ac. 3. 25, 26. Ro. 4. 11. 1 Co. 1. 30. Ga. 3. 8, 16, 28. Ep. 1. 3. Col. 3. 11. Re. 7. 9.

4 *and Lot.* ch. 11. 27. *departed out.* He. 11. 8.

5 *the souls.* ch. 14. 14, 21, marg.; 46. 5-26. *in.* ch. 11. 31. *and into.* ch. 10. 19. Ac. 7. 4. He. 11. 8, 9. *Canaan.* So called from Canaan the son of Ham, lies between the Mediterranean sea on the west, the wilderness of Paran, Idumea, and Egypt on the south, the mountains of Arabia on the east, and the mountains of Lebanon and Phœnicia on the north. Its length, from Dan to Beersheba, is about 200 miles, and its breadth, from the Mediterranean sea to its eastern borders, about 90.

6 *passed.* He. 11. 9. *Sichem.* ch. 33. 18; 34. 2; 35. 4. Jos. 20. 7; 24. 32. Ju. 9. 1. 1 Ki. 12. 1. Shechem. Jno. 4. 5. Sychar. Ac. 7. 16. Sychem. *plain.* The word rendered 'plain' should be rendered 'oak,' or according to Celsius, the turpentine-tree.' *Moreh.* De. 11. 30. Ju. 7. 1. *Canaanite.* ch. 10. 15, 18, 19; 13. 7; 15. 18-21.

7 *appeared.* ch. 17. 1; 18. 1; 32. 30. *Unto thy.* ch. 13. 15; 17. 3, 8; 26. 3; 28. 13. Ex. 33. 1. Nu. 32. 11. De. 1. 8; 6. 10; 30. 20. Ps. 105. 9-12. Ro. 9. 8. Ga. 3. 16; 4. 28. *builded.* ver. 8; ch. 8. 20; 13. 4, 18; 26. 25; 33. 20. He. 11. 13.

8 *of Beth-el.* ch. 28. 19; 35. 3, 15, 16. Jos. 8. 17; 18. 22. Ne. 11. 31. *Hai.* Jos. 7. 2; 8. 3. Ai. Ne. 11. 31. Aija. Is. 10. 28. Aiath. *called.* ch. 4. 26; 13. 4; 21. 33. Ps. 116. 4. Joel 2. 32. Ac. 2. 21. Ro. 10. 12-14. 1 Co. 1. 2.

9 *going on still.* *Heb.* in going and journeying. ch. 13. 3; 24. 62. Ps. 105. 13. He. 11. 13, 14.

10 A.M. 2084. B.C. 1920. *was a.* ch. 26. 1; 42. 5; 43. 1; 47. 13. Ru. 1. 1. 2 Sa. 21. 1. 1 Ki. ch. 17; 18. 2 Ki. 4. 38; 6. 25; ch. 7; 8. 1. Ps. 34. 19; 107. 34. Je. 14. 1. Jno. 16. 33. Ac. 7. 11; 14. 22. *went.* ch. 26. 2, 3; 43. 1; 46. 3, 4. 2 Ki. 8. 1, 2. Ps. 105. 13.

11 *a fair.* ver. 14; ch. 26. 7; 29. 17; 39. 6, 7. 2 Sa. 11. 2. Pr. 21. 30. Ca. 1. 14.

12 *will kill.* ch. 20. 11; 26. 7. 1 Sa. 27. 1. Pr. 29. 25. Mat. 10. 28. 1 Jno. 1. 8-10.

13 *Say.* Jno. 8. 44. Ro. 3. 6-8; 6. 23. Col. 3. 6. *thou.* ch. 11. 29; 20. 2, 5, 12, 13; 26. 7. Is. 57. 11. Mar. 26. 69-75. Ga. 2. 12, 13. *and.* Ps. 146. 3-5. Je. 17. 5-8. Eze. 18. 4.

14 *beheld.* ch. 3. 6; 6. 2; 39. 7. Mat. 5. 28.

15 *princes.* Es. 2. 2-16. Pr. 29. 12. Ho. 7. 4, 5. Pharaoh was a common name of the Egyptian kings, and signified a 'ruler,' or 'king,' or 'father of his country.' ch. 40. 2; 41. 1. Ex. 2. 5, 15. 1 Ki. 3. 1. 2 Ki. 18. 21. Je. 25. 19; 46. 17. Eze. 32. 2. *taken.* ch. 20. 2. Es. 2. 9. Ps. 105. 4. Pr. 6. 29. He. 13. 4.

16 *And he.* ch. 13. 2; 20. 14. *he had.* ch. 24. 35; 26. 14; 32. 5, 13-15. Job. 1. 3; 42. 12. Ps. 144. 13, 14.

17 ch. 20. 18. 1 Ch. 16. 21; 21. 22. Job 34. 19. Ps. 105. 14, 15. He. 13. 4.

18 ch. 3. 13; 4. 10; 20. 9, 10; 26. 9-11; 31. 26; 44. 15. Ex. 32. 21. Jos. 7. 19. 1 Sa. 14. 43. Pr. 21. 1.

20 Ex. 18. 27. 1 Sa. 29. 6-11. Ps. 105. 14, 15. Pr. 21. 1.

## CHAP. XIII.

*Abram and Lot return with great riches out of Egypt, 1-5. Strife arises between Abram's herdsmen and those of Lot, 6, 7. Abram meekly refers it to Lot to choose his part of the country, 8, 9, and Lot goes to Sodom, 10-13. God renews the promise to Abram, 14-17. He removes to Hebron, and there builds an altar, 18.*

1 A.M. 2086. B.C. 1918. *the south.* The south of Canaan; as in leaving Egypt, it is said he 'came from the south,' (ver. 3,) and the southern part of the promised land lay north-east of Egypt. ch. 12. 9, etc.; 20. 1; 21. 33. Jos. 10. 40; 18. 5. 1 Sa. 27. 10. 2 Sa. 24. 7.

2 ch. 24. 35; 26. 12, 13. De. 8. 18. 1 Sa. 2. 7. Job 1. 3, 10; 22. 21-25. Ps. 112. 1-3. Pr. 3. 9, 10; 10. 22. Mat. 6. 33. 1 Ti. 4. 8.

3 *from.* ch. 12. 6, 8, 9. *Beth-el and Hai.* i. e. The place which was afterwards called *Bethel* by Jacob, and so called when Moses wrote; for its first name was *Luz.* (ch. 28. 19.)

4 *Unto.* ver. 18; ch. 12. 7, 8; 35. 1-3. Ps. 26. 8; 42. 1, 2; 84. 1, 2, 10. *called.* ch. 4. 26. Ps. 65. 1, 2; 107. 1, 8, 15; 116. 2, 17; 145. 18. Is. 58. 9. Je. 29. 12. Zep. 3. 9. 1 Co. 1. 2. Ep. 6. 18, 19.

5 *tents.* ch. 4. 20; 25. 27. Je. 49. 29.

6 ch. 36. 6, 7. Ec. 5. 10, 11. Lu. 12. 17, 18. 1 Ti. 6. 9.

7 *a strife.* ch. 21. 25; 26. 20. Ex. 2. 17. 1 Co. 3. 3. Ga. 5. 20. Tit. 3. 3. Ja. 3. 16; 4. 1. *Canaanite.* ch. 10. 19; 12. 6; 15. 18-21; 34. 30. Ne. 5. 9. Phi. 2. 14, 15. Col. 4. 5. 1 Th. 4. 12. 1 Pe. 2. 12. *dwelled.* i. e. They were *there* when Abram and Lot came to pitch their tents in the land.

8 *Let.* Pr. 15. 1. Mat. 5. 9. 1 Co. 6. 6, 7. Phi. 2. 14. He. 12. 14. Ja. 3. 17, 18. *brethren.* *Heb.* men, brethren. ch. 11. 27-31; 45. 24. Ex. 2. 13. Ps. 133. 1. Ac. 7. 26. Ro. 12. 10. Ep. 4. 2, 3. 1 Th. 4. 9. He. 13. 1. 1 Pe. 1. 22; 2. 17; 3. 8; 4. 8. 2 Pe. 1. 7. 1 Jno. 2. 9-11; 3. 14-19; 4. 7, 20, 21.

9 *Is not.* ch. 20. 15; 34. 10. *if thou wilt.* Ps. 120. 7. Ro. 12. 18. 1 Co. 6. 7. He. 12. 14. Ja. 3. 13-18. 1 Pe. 3. 8-12.

10 *and beheld.* ch. 3. 6; 6. 2. Nu. 32. 1, etc. 1 Jno. 2. 15, 16. *the plain.* ch. 19. 17, 24, 25. De. 34. 3. 1 Ki. 7. 46. Ps. 107. 34. 1 Jno. 2. 15. *the garden.* ch. 2. 9, 10. Is. 51. 3. Eze. 28. 13; 31. 8. Joel 2. 3. *Zoar.* ch. 14. 2, 8; 19. 20, 22-30. De. 34. 3. Is. 15. 5. Je. 48. 34. Instead of 'Zoar,' which was situated at the extremity of the plain of Jordan, the Syriac reads 'Zoan,' which was situated in the south of Egypt, and in a well-watered country.

11 A.M. 2087. B.C. 1917. *chose.* ch. 19. 17. *they.* ver. 9, 14. Ps. 16. 3; 119. 63. Pr. 27. 10. He. 10. 25. 1 Pe. 2. 17.

12 *Lot dwelled.* ch. 19. 29. *pitched.* ch. 14. 12; 19. 1. Ps. 26. 5. 1 Co. 15. 33. 2 Pe. 2. 7, 8.

13 *But the.* ch. 15. 16; 18. 20; 19. 4, etc. 1 Sa. 15. 18. Is. 1. 9; 3. 9. Eze. 16. 46-50. Mat. 9. 10, 13; 11. 23, 24. Jno. 9. 24, 31. Ro. 1. 27. 2 Pe. 2. 6-8, 10. Jude 7. *before.* ch. 6. 11; 10. 9; 38. 7. 2 Ki. 21. 6. Is. 3. 8. Je. 23. 24. He. 4. 13.

14 *was.* ver. 11. *Lift.* ver. 10. Is. 49. 18; 60. 4. *northward.* ch. 28. 14. De. 3. 27.

15 ch. 12. 7; 15. 18; 17. 7, 8; 18. 18; 24. 7; 26. 3, 4; 28. 4, 13; 35. 12; 48. 4. Ex. 33. 1. Nu. 34. 2, 12, etc. De. 26. 2-4; 34. 4. 2 Ch. 20. 7. Ne. 9. 7, 8. Ps. 37. 22, 29: 105. 9-12; 112. 1, 2. Is. 63. 18. Mat. 5. 5. Ac. 7. 5.

16 ch. 12. 2, 3; 15. 5; 17. 6, 16, 20; 18. 18; 21. 13; 22. 17; ch. 25; 26. 4; 28. 3, 14; 32. 12; 35. 11; ch. 36; 46. 3. Ex. 1. 7; 32. 13. Nu. 23. 10. De. 1. 10. Ju. 6. 3, 5. 1 Ki. 3. 8; 4. 20. 1 Ch. 21. 5; 27. 23. 2 Ch. 17. 14-18. Is. 48. 18, 19. Je. 33. 22. Ro. 4. 16-18. He. 11. 12. Re. 7. 9.

18 *plain.* *Heb.* plains. *Mamre.* ch. 14. 13; 18. 1. *Hebron.* ch. 23. 2; 35. 27; 37. 14. Nu. 13. 22. Jos. 14. 13. *altar.* ver. 4; ch. 8. 20; 12. 7, 8. Ps. 16. 8. 1 Ti. 2. 8.

## CHAP. XIV.

*The battle of four kings against the king of Sodom and his allies, 1-11. Lot is taken prisoner, 12, 13. Abram rescues him, 14-16. Melchizedek blesses Abram at his return, who gives him tithes, 17-20. The rest of the spoil, his partners having had their portions he restores to the king of Sodom, 21-24.*

1 A.M. 2091. B.C. 1913. *Shinar.* ch. 10. 10; 11. 2. Is. 11. 11. Da. 1. 2. Zec. 5. 11. *Ellasar.* Is. 37. 12. *Elam.* ch. 10. 22. Is. 21. 2; 22. 6. Je. 25. 25; 49. 34-39. Eze. 32. 24.

2 *Sodom.* ch. 10. 19; 13. 10; 19. 24. Is. 1. 9, 10. *Admah.* De. 29. 23. Ho. 11. 8. *Zeboiim.* 1 Sa. 13. 18. Ne. 11. 34. *Zoar.* ch. 19. 20-30. De. 34. 3. Is. 15. 5. Je. 48. 34.

3 *salt sea.* ch. 19. 24. Nu. 34. 12. De. 3. 17. Jos. 3. 16. Ps. 107. 34, marg.

4 *they served.* ch. 9. 25, 26. *they rebelled.* Eze. 17. 15.

5 *Rephaims.* ch. 15. 20. De. 3. 11, 20, 22. 2 Sa. 5. 18, 22; 23. 13. 1 Ch. 11. 15; 14. 9. Is. 17. 5. *Ashteroth.* The same as Ashteroth, a city of Bashan, where Og afterwards reigned. De. 1. 4. Jos. 12. 4; 13. 12, 31. *Zuzims.* De. 2. 20-23. 1 Ch. 4. 40. Ps. 78. 51; 105. 23, 27; 106. 22. *Emims.* De. 2. 10, 11. *Shaveh Kiriathaim.* *or,* the plains of Kiriathaim; Kiriathaim was beyond Jordan, 10 miles west-ward from Medeba, and afterwards belonged to Sihon, king of Heshbon. Jos. 13. 19. Je. 48. 1, 23.

6 *Horites.* ch. 36. 8, 20-30. De. 2. 12, 22. 1 Ch. 1. 38-42. *El-paran.* *or,* the plain of Paran. ch. 16. 7; 21. 21. Nu. 12. 16; 13. 3. Ha. 3. 3.

7 *Kadesh.* En-mishpat or Kadesh, was about 8 leagues south of Hebron. ch. 16. 14; 20. 1. Nu. 20. 1. De. 1. 19, 46. *Amalekites.* ch. 36. 12, 16. Ex. 17. 8-16. Nu. 14. 43, 45; 24. 20. 1 Sa. ch. 15; 27; 30. *Hazezon-tamar.* Called by the Chaldee, 'En-gaddi,' a town on the western shore of the Dead Sea. Jos. 15. 62. 2 Ch. 20. 2.

8 *same.* ver. 2; ch. 13. 10; 19. 20, 22. *in.* ver. 3, 10.

9 See ver. 1.

10 *slime pits.* Places where asphaltus or bitumen sprung out of the ground: this substance, which is properly denoted by the word 'slime,' abounds in those parts. ch. 11. 3. *fell.* Jos. 8. 24. Ps. 83. 10. Is. 24. 18. Je. 48. 44. *the mountain.* ch. 19. 17, 30.

11 ver. 16, 21; ch. 12. 5. De. 28. 31, 35, 51.

12 *Lot.* ch. 11. 27; 12. 5. *who.* ch. 13. 12, 13. Nu. 16. 26. Job 9. 23. Je. 2. 17-19. 1 Ti. 6. 9-11. Re. 3. 19; 18. 4.

13 *one.* 1 Sa. 4. 12. Job 1. 15. *the.* ch. 39. 14; 40. 15; 41. 12; 43. 32. Ex. 2. 6, 11. Jon. 1. 9. 2 Co. 11. 22. Phi. 2. 5. *dwelt.* ch. 13. 18. *Mamre.* ver. 24; ch. 13. 18. *Amorite.* ch. 10. 16. Nu. 21. 21. *and these.* v. 24.

14 *his brother.* ch. 11. 27-31; 13. 8. Pr. 17. 17; 24. 11, 12. Ga. 6. 1, 2. 1 Jno. 2. 18. *armed.* *or,* led forth. Ps. 45. 3-5; 68. 12. Is. 41. 2, 3. *trained.* *or,* instructed. *born.* ch. 12. 5, 16; 15. 3; 17. 12, 27; 18. 19; 23. 6. Ec. 2. 7. *Dan.* De. 34. 1. Ju. 18. 29; 20. 1.

15 *And he.* Ps. 112. 5. *smote.* Is. 41. 2, 3. *Damascus.* ch. 15. 2. 1 Ki. 15. 18. Ac. 9. 2.

16 ver. 11, 12; ch. 12. 2. 1 Sa. 30. 8, 18, 19. Is. 41. 2.

17 *to.* Ju. 11. 34. 1 Sa. 18. 6. Pr. 14. 20; 19. 4. *after.* He. 7. 1. *king's.* 2 Sa. 18. 18.

18 *king.* Ps. 76. 2. He. 7. 1, 2. *bread.* Mat. 26. 26-29. Ga. 6. 10. *the priest.* Ps. 110. 4. He. 5. 6, 10; 6. 20; 7. 1, 3, 10-22. *the most.* Ru. 3. 10. 2 Sa. 2. 5. Ps. 7. 17; 50. 14; 57. 2. Mi. 6. 6. Ac. 7. 48; 16. 17.

19 *he blessed.* ch. 27. 4, 25-29; 47. 7, 10; 48. 9-16; 49. 28. Nu. 6. 23-27. Mar. 10. 16. He. 7. 6, 7. *Blessed be.* Ru. 3. 10. 2 Sa. 2. 5. Ep. 1. 3, 6. *high.* Mi. 6. 6. Ac. 16. 17. *possessor.* ver. 22; Ps. 24. 1; 50. 10; 115. 16. Mat. 11. 25. Lu. 10. 21.

20 *blessed.* ch. 9. 26; 24. 27. Ps. 68. 19; 72. 17-19; 144. 1. Ep. 1. 3. 1 Pe. 1. 3, 4. *which.* Jos. 10. 42. Ps. 44. 3. *tithes.* ch. 28. 22. Le. 27. 30-32. Nu. 28. 26. De. 12. 17; 14. 23, 28. 2 Ch. 31. 5, 6, 12. Ne. 10. 37; 13. 12. Am. 4. 4. Mal. 3. 8, 10. Lu. 18. 12. Ro. 15. 16. He. 7. 4-9.

21 *persons. Heb.* souls.

22 *lift.* Ex. 6. 8. De. 32. 40. Da. 12. 7. Re. 10. 5, 6. *unto.* ch. 21. 23-31. Ju. 11. 35. *the most.* ver. 20; ch. 17. 1. Ps. 24. 1; 83. 18. Is. 57. 15. Da. 4. 34. Hag. 2. 8. *possessor.* ver. 19; ch. 21. 33.

23 *That I.* 1 Ki. 13. 8. 2 Ki. 5. 16, 20. Es. 9. 15, 16. 2 Co. 11. 9-11; 12. 14. *lest.* 2 Co. 11. 12. He. 13. 5.

24 *Save.* Pr. 3. 27. Mat. 7. 12. Ro. 13. 7, 8. *Aner.* ver. 13. *let.* 1 Co. 9. 14, 15. 1 Ti. 5. 18.

## CHAP. XV.

*God encourages Abram, who complains for want of an heir,* 1-3. *God promises him a son, and a multiplying of his seed,* 4, 5. *Abram is justified by faith,* 6. *Canaan is promised again, and confirmed by a sign, and a vision, prophetic of the condition of his posterity till brought out of Egypt,* 7-21.

1 A.M. 2093. B.C. 1911. *in.* ch. 46. 2. Nu. 12. 6. 1 Sa. 9. 9. Eze. 1. 1; 3. 4; 11. 24. Da. 10. 1-16. Ac. 10. 10-17, 22. He. 1. 1. *Fear.* ver. 14-16; ch. 26. 24; 46. 3. Ex. 14. 13. De. 31. 6. 1 Ch. 28. 20. Ps. 27. 1. Is. 35. 4; 41. 10, 14; 43. 1, 5; 44. 2, 8; 51. 12. Da. 10. 12. Mat. 8. 26; 10. 28-31; 28. 5. Lu. 1. 13, 30; 12. 32. Re. 1. 17. *thy shield.* De. 33. 29. Ps. 3. 3; 5. 12; 18. 2; 84. 9, 11; 91. 4; 119. 114. Pr. 30. 5. *and thy.* De. 33. 26-29. Ru. 2. 12. Ps. 16. 5, 6; 58. 11; 142. 5. Pr. 11. 18. La. 3. 24. 1 Co. 3. 22. He. 13. 5, 6. Re. 21. 3, 4.

2 *what.* ch. 12. 1-3. *childless.* ch. 25. 21; 30. 1, 2. 1 Sa. 1. 11. Ps. 127. 3. Pr. 13. 12. Is. 56. 5. Ac. 7. 5. *the.* ch. 24. 2, 10; 39. 4-6, 9; 43. 19; 44. 1. Pr. 17. 2.

3 *Behold.* ch. 12. 2; 13. 16. Pr. 13. 12. Je. 12. 1. He. 10. 35, 36. *born.* ch. 14. 14. Pr. 29. 21; 30. 23. Ec. 2. 7.

4 *shall come.* ch. 17. 16; 21. 12. 2 Sa. 7. 12; 16. 11. 2 Ch. 32. 21. Phi. 12.

5 *tell.* De. 1. 10. Ps. 147. 4. Je. 33. 22. Ro. 9. 7, 8. *So.* ch. 12. 2; 13. 16; 16. 10; 22. 17; 28. 14. Ex. 32. 13. De. 1. 10; 10. 22. 1 Ch. 27. 23. Ro. 4. 18. He. 11. 12.

6 *he believed.* Ro. 4. 3-6, 9, 20-25. Ga. 3. 6-14. He. 11. 8. Ja. 2. 23. *he counted.* Ps. 106. 31. Ro. 4. 11, 22. 2 Co. 5. 19. Ga. 3. 6.

7 *brought.* ch. 11. 28-31; 12. 1. Ne. 9. 7. Ac. 7. 2-4. *to give.* ch. 12. 7; 13. 15-17. Ne. 9. 8. Ps. 105. 11, 42, 44. Ro. 4. 13.

8 ch. 24. 2-4, 13, 14. Ju. 6. 17-24, 36-40. 1 Sa. 14. 9, 10. 2 Ki. 20. 8. Ps. 86. 17. Is. 7. 11. Lu. 1. 18, 34.

9 ch. 22. 13. Le. 1. 3, 10, 14; 3. 1, 6; 9. 2, 4; 12. 8; 14. 22, 30. Ps. 50. 5. Is. 15. 5. Lu. 2. 24.

10 *divided them.* Je. 34. 18, 19. 2 Ti. 2. 15. *the birds.* Le. 1. 17.

11 *fowls.* Eze. 17. 3, 7. Mat. 13. 4. *Abram.* Ps. 119. 13.

12 *deep.* ch. 2. 21. 1 Sa. 26. 12. Job 4. 13, 14; 33. 15. Da. 10. 8, 9. Ac. 20. 9. *horror.* Ps. 4. 3-5. Ac. 9. 8, 9.

13 *thy.* ch. 17. 8. Ex. ch. 1; 2; 5; 22. 21; 23. 9. Le. 19. 34. De. 10. 19. Ps. 105. 11, 12, 23-25. Ac. 7. 6, 7. He. 11. 8-13. *four.* Ex. 12. 40, 41. Ga. 3. 17.

14 *that.* ch. 46. Ex. 6. 5, 6; ch. 7-14. De. 4. 20; 6. 22; 7. 18, 19; 11. 2-4. Jos. 24. 4-7, 17. 1 Sa. 12. 8. Ne. 9. 9-11. Ps. 51. 4; 78. 43-51; 105. 27-37; 135. 9, 14. *with.* Ex. 3. 21, 22; 12. 35, 36. Ps. 105. 37.

15 *And thou.* ch. 25. 8. Nu. 20. 24; 27. 13. Ju. 2. 10. Job 5. 26. Ec. 12. 7. Ac. 13. 36. *in peace.* 2 Ch. 34. 28. Ps. 37. 37. Is. 57. 1, 2. Da. 12. 13. Mat. 22. 32. He. 6. 13-19; 11. 13-16. *buried.* ch. 23. 4, 19; 25. 8, 9; 35. 29; 49. 29, 31; 50. 13. Ec. 6. 3. Je. 8. 1, 2. *good.* ch. 25. 7, 8. 1 Ch. 23. 1; 29. 28. Job 5. 26; 42. 17.

16 *in the.* Ex. 12. 40. *Amorites.* 1 Ki. 21. 26. 2 Pe. 3. 8, 9. *not.* Da. 8. 23. Zec. 5. 5-11. Mat. 23. 32-35. 1 Th. 2. 16.

17 *smoking.* Ex. 3. 2, 3. De. 4. 20. Ju. 6. 21; 13. 20. 1 Ch. 21. 26. Is. 62. 1. Je. 11. 4. *a burning lamp. Heb.* a lamp of fire. 2 Sa. 22. 9. *passed.* Je. 34. 18, 19.

18 *made.* ch. 9. 8-17; ch. 17; 24. 7. 2 Sa. 23. 5. Is. 55. 3. Je. 31. 31-34; 32. 40; 33. 20-26. Ga. 3. 15-17. Heb. 13. 20. *Unto thy.* ch. 12. 7; 13. 15; 17. 8; 26. 4; 28. 4, 13, 14; 35. 12; 50. 24. Ex. 3. 8; 6. 4; 23. 23, 27-31; 34. 11. Nu. 34. 3. De. 1. 7, 8; 7. 1; 11. 24; 34. 4. Jos. 1. 3, 4; ch. 12; 19. 1 Ki. 4. 21. 2 Ch. 9. 26. Ne. 9. 8. Ps. 105. 11. *from.* Nu. 34. 5. Jos. 15. 4. Is. 27. 12. *Euphrates.* ch. 2. 14. 2 Sa. 8. 3. 1 Ch. 5. 9.

19 *Kenites.* Nu. 24. 21, 22.

20 *Rephaims.* ch. 14. 5. Is. 17. 5.

21 *Amorites.* ch. 10. 15-19. Ex. 23. 23-28; 33. 2; 34. 11. De. 7. 1. *Girgashites.* Mat. 8. 28.

## CHAP. XVI.

*Sarai, being barren, gives Hagar to Abram,* 1-3. *Hagar, being afflicted for despising her mistress, runs away,* 4-6. *An angel commands her to return and submit herself, promises her a numerous posterity, and shews their character and condition,* 7-12. *Hagar names the place, and returns to Sarai,* 13, 14. *Ishmael is born,* 15. *The age of Abram,* 16.

1 A.M. 2092. B.C. 1912. *bare.* ch. 15. 2, 3; 21. 10, 12; 25. 21. Ju. 13. 2. Lu. 1. 7, 36. *Egyptian.* ch. 12. 16; 21. 9, 21. *name.* Ga. 4. 24. Agar.

2 *the Lord.* ch. 17. 16; 18. 10; 20. 18; 25. 21; 30. 2, 3, 9, 22. Ps. 127. 3. *obtain children. Heb.* be builded. ch. 30. 3, 6. Ex. 21. 4. Ru. 4. 11. *hearkened.* ch. 3. 1-6, 12, 17.

3 A.M. 2093. B.C. 1911. *had.* ch. 12. 4, 5. *gave.* ver. 5; ch. 30. 4, 9. *his.* ch. 25. 6; 28. 9; 32. 22; 35. 22. Ju. 19. 1-4. 2 Sa. 5. 13. 1 Ki. 11. 3. Ga. 4. 25.

4 *her mistress.* 1 Sa. 1. 6-8. 2 Sa. 6. 16. Pr. 30. 20, 21, 23. 1 Co. 4. 6; 13. 4, 5.

5 *My wrong.* Lu. 10. 40, 41. *the Lord.* ch. 31. 53. Ex. 5. 21. 1 Sa. 24. 12-15. 2 Ch. 24. 22. Ps. 7. 8; 35. 23; 43. 1.

6 *Abram.* ch. 13. 8, 9. Pr. 14. 29; 15. 1, 17, 18. 1 Pe. 3. 7. *in.* ch. 24. 10. Job. 2. 6. Ps. 106. 41, 42. Je. 38. 5. *as it pleaseth thee. Heb. that which is* good in thine eyes. *dealt hardly with her. Heb.* afflicted her. Pr. 29. 19. *fled.* Ex. 2. 15. Pr. 27. 8. Ec. 10. 4.

7 *found.* Pr. 15. 3. *the fountain.* ch. 25. 18. Ex. 15. 22. 1 Sa. 15. 7. *Shur.* The desert of Shur being between the south of Canaan, where Hebron was situated, and Egypt, it is likely that Hagar was returning to her own country.

8 *Sarai's maid.* ver. 1, 4. Ep. 6. 5-8. 1 Ti. 6. 1, 2. *whence.* ch. 3. 9; 4. 10. Ec. 10. 4. Je. 2. 17, 18. *I flee.* 1 Sa. 26. 19.

9 *submit.* Ec. 10. 4. Ep. 5. 21; 6. 5, 6. Ti. 2. 9. 1 Pe. 2. 18-25; 5. 5, 6.

10 *the angel.* ch. 22. 15-18; 31. 11-13; 32. 24-30; 48. 15, 16. Ex. 3. 2-6. Ju. 2. 1-3; 6. 11, 16, 21-24; 13. 16-22. Is. 63. 9. Ho. 12. 3-5. Zec. 2. 8, 9. Mal. 3. 1. Jno. 1. 18. Ac. 7. 30-38. 1 Ti. 6. 16. *I will.* ch. 17. 20; 21. 13, 16; 25. 12-18. Ps. 83. 6, 7.

11 *shalt.* ch. 17. 19; 29. 32-35. Is. 7. 14. Mat. 1. 21-23. Lu. 1. 13, 31, 63. *Ishmael. i.e.* God shall hear. *because.* ch. 41. 51, 52. 1 Sa. 1. 20. *hath.* ch. 29. 32, 33. Ex. 2. 23, 24; 3. 7. Job 38. 41. Ps. 22. 24.

12 *be a.* ch. 21. 20. Job 11. 12; 39. 5-8. *wild.* The word rendered '*wild*' also denotes the '*wild ass;*' the description of which animal in Job 39. 5-8, affords the very best representation of the wandering, lawless, freebooting life of the Bedouin and other Arabs, the descendants of Ishmael. *his hand.* ch. 27. 40. *he shall.* ch. 25. 18.

13 *called.* ver. 7, 9, 10; 22. 14; 28. 17, 19; 32. 30. Ju. 6. 24. *Thou.* ch. 32. 30. Ex. 33. 18-23; 34. 5-7. Ps. 139. 1-12. Pr. 5. 21; 15. 3. *him that.* ch. 31. 42.

14 *Beer-lahai-roi. that is,* The well of him that liveth *and* seeth me. ch. 21. 31; 24. 62; 25. 11. *Kadesh.* Nu. 13. 26.

15 A.M. 2094. B.C. 1910. *Hagar.* ver. 11; ch. 25. 12. 1 Ch. 1. 28. Ga. 4. 22, 23. *Ishmael.* ch. 17. 18, 20, 25, 26; 21. 9-21; 25. 9, 12; 28. 9; 37. 27.

## CHAP. XVII.

*God renews the covenant with Abram, and changes his name to Abraham, in token of a greater blessing,* 1-8. *Circumcision is instituted,* 9-14. *Sarai's name is changed to Sarah, and she is blessed,* 15, 16. *Isaac is promised, and the time of his birth fixed,* 17-22. *Abraham and Ishmael are circumcised,* 23-27.

1 A.M. 2107. B.C. 1897. *was.* ch. 16. 16. *the Lord.*

ch. 12. 1. *Almighty.* ch. 18. 14; 28. 3; 35. 11. Ex. 6. 3. Nu. 11. 23. De. 10. 17. Job 11. 7. Ps. 115. 3. Je. 32. 17. Da. 4. 35. Mat. 19. 26. Ep. 3. 20. Phi. 4. 13. He. 7. 25. *walk.* ch. 5. 22, 24; 6. 9; 48. 15. 1 Ki. 2. 4; 3. 6; 8. 25. 2 Ki. 20. 3. Ps. 116. 9. Is. 38. 3. Mi. 6. 8. Lu. 1. 6. Ac. 23. 1; 24. 16. He. 12. 28. *perfect. or,* upright, *or* sincere. ch. 6. 9. De. 18. 13. Job 1. 1. Mat. 5. 48.

2 *And I.* ver. 4-6; ch. 9. 9; 15. 18. Ps. 105. 8-11. Ga. 3. 17, 18. *multiply.* ch. 12. 2; 13. 16; 22. 17.

3 ver. 17. Ex. 3. 6. Le. 9. 23, 24. Nu. 14. 5; 16. 22, 45. Jos. 5. 14. Ju. 13. 20. 1 Ki. 18. 39. Eze. 1. 28; 3. 23; 9. 8. Da. 8. 17, 18; 10. 9. Mat. 17. 6. Re. 1. 17.

4 *a father.* ch. 12. 2; 13. 16; 16. 10; 22. 17; 25. 1-18; 32. 12; 35. 11; ch. 36. Nu. ch. 1; 26. Ro. 4. 11-18. Ga. 3. 28, 29. *many nations. Heb.* multitude of nations.

5 *but thy name.* ver. 15; ch. 32. 28. Nu. 13. 16. 2 Sa. 12. 25. Ne. 9. 7. Is. 62. 2-4; 65. 15. Je. 20. 3; 23. 6. Mat. 1. 21-23. Jno. 1. 42. Re. 2. 17. *Abraham. i. e.* father of a great multitude. *for.* Ro. 4. 17.

6 *nations.* ver. 4, 20; ch. 35. 11. *kings.* ver. 16; ch. 36. 31, etc. Ezr. 4. 20. Mat. 1. 6, etc.

7 *And I.* ch. 15. 18; 26. 24. Ex. 6. 4. Ps. 105. 8-11. Mi. 7. 20. Lu. 1. 54, 55, 72-75. Ro. 9. 4, 8, 9. Ga. 3. 17. Ep. 2. 2. *God.* ch. 26. 24; 28. 13. Ex. 3. 6, 15. Le. 26. 12. Ps. 81. 10. Eze. 28. 26. Mat. 22. 32. He. 8. 10; 11. 16. *and to.* Ex. 19. 5, 6. Mar. 10. 14. Ac. 2. 39. Ro. 9. 7-9.

8 *And I.* ch. 12. 7; 13. 15, 17; 15. 7-21. Ps. 105. 9, 11. *wherein thou art a stranger. Heb.* of thy sojournings. ch. 23. 4; 28. 4. *everlasting.* ch. 48. 4. Ex. 21. 6; 31. 16, 17; 40. 15. Le. 16. 34. Nu. 25. 13. De. 32. 8. 2 Sa. 23. 5. Ps. 103. 17. He. 9. 15. *their.* Ex. 6. 7. Le. 26. 12. De. 4. 37; 14. 2; 26. 18; 29. 13.

9 Ps. 25. 10; 103. 18. Is. 56. 4, 5.

10 *Every.* ver. 11; ch. 34. 15. Ex. 4. 25; 12. 48. De. 10. 16; 30. 6. Jos. 5. 2, 4. Je. 4. 4; 9. 25, 26. Ac. 7. 8. Ro. 2. 28, 29; 3. 1, 25, 28, 30; 4. 9-11. 1 Co. 7. 18, 19. Ga. 3. 28; 5. 3-6; 6. 12. Ep. 2. 11. Phi. 3. 3. Col. 2. 11, 12.

11 *the flesh.* Ex. 4. 25. Jos. 5. 3. 1 Sa. 18. 25-27. 2 Sa. 3. 14. *a token.* Ac. 7. 8. Ro. 4. 11.

12 *he that is eight days old. Heb.* a son of eight days. ch. 21. 4. Le. 12. 3. Lu. 1. 59; 2. 21. Jno. 7. 22, 23. Ac. 7. 8. Ro. 2. 28. Phi. 3. 5. *is born.* ver. 23; Ex. 12. 48, 49.

13 *born.* ch. 14. 14; 15. 3. Ex. 12. 44; 21. 4. *bought.* ch. 37. 27, 36; 39. 1. Ex. 21. 2, 16. Ne. 5. 5, 8. Mat. 18. 25.

14. *cut.* Ex. 4. 24-26; 12. 15, 19; 30. 33, 38. Le. 7. 20, 21, 25, 27; 18. 29; 19. 8. Nu. 15. 30, 31. Jos. 5. 2, etc. *broken.* Ps. 55. 20. Is. 24. 5; 33. 8. Je. 11. 10; 31. 32. 1 Co. 11. 27, 29.

15 *As.* ver. 5; ch. 32. 28. 2 Sa. 12. 25. *Sarah. i.e.* princess.

16 *And I.* ch. 1. 28; 12. 2; 24. 60. Ro. 9. 9. *give.* ch. 18. 10-14. *be a mother of nations. Heb.* become nations. ch. 35. 11. Ga. 4. 26-31. 1 Pe. 3. 6. *kings.* ver. 6. Is. 49. 23.

17 *fell.* ver. 3. Le. 9. 24. Nu. 14. 5; 16. 22, 45. De. 9. 18, 25. Jos. 5. 14; 7. 6. Ju. 13. 20. 1 Ch. 21. 16. Job 1. 20. Eze. 1. 28. Da. 8. 17. Mat. 2. 11. Re. 5. 8; 11. 16. *laughed.* ch. 18. 12; 21. 6. Jno. 8. 56. Ro. 4. 19, 20.

18 *O that.* Je. 32. 39. Ac. 2. 39. *before.* Ge. 4. 12, 14. Ps. 4. 6; 41. 12. Is. 59. 2.

19 *Sarah.* ver. 21; ch. 18. 10-14; 21. 2, 3, 6. 2 Ki. 4. 16, 17. Lu. 1. 13-20. Ro. 9. 6-9. Ga. 4. 28-31. *Isaac.* Yitzchak, which we change into Isaac, signifies *laughter;* in allusion to Abraham's laughing, ver. 17. By this Abraham did not express his unbelief or weakness of faith, but his joy at the prospect of the fulfilment of so glorious a promise; and to this our Lord evidently alludes, Jno. 8. 56.

20 *I have blessed.* ch. 16. 10-12. *twelve.* ch. 25. 12-18. *and I.* ch. 21. 13, 18.

21 *my.* ch. 21. 10-12; 26. 2-5; 46. 1; 48. 15. Ex. 2. 24; 3. 6. Lu. 1. 55, 72. Ro. 9. 5, 6, 9. Ga. 3. 29. He. 11. 9. *at.* ch. 18. 10; 21. 2, 3. Job 14. 13. Ac. 1. 7.

22 ver. 3: ch. 18. 33; 35. 9-15. Ex. 20. 22. Nu. 12. 6-8. De. 5. 4. Ju. 6. 21; 13. 20. Jno. 1. 18; 10. 30.

23 *circumcised.* ver. 10-14, 26, 27; ch. 18. 19; 34. 24. Jos. 5. 2-9. Ps. 119. 60. Pr. 27. 1. Ec. 9. 10. Ac. 16. 3. Ro. 2. 25-29; 4. 9-12. 1 Co. 7. 18, 19. Ga. 5. 6; 6. 15.

24 ver. 1, 17; ch. 12. 4. Ro. 4. 11, 19, 20.

25 Not only the Jews, but the Arabs, who are the descendants of Ishmael, retain the rite of circumcision to this day; and the latter perform it, as the other Mahometans also do, at the age of *thirteen.*

26 ch. 12. 4; 22. 3, 4. Ps. 119. 60.

27 *circumcised.* ch. 18. 19.

## CHAP. XVIII.

*The Lord appears to Abraham, who entertains angels, 1-8. Sarah is reproved for laughing at the promise of a son, 9-15. The destruction of Sodom is revealed to Abraham, 16-22. Abraham makes intercession for the inhabitants, 23-33.*

1 *appeared.* ch. 15. 1; 17. 1-3, 22; 26. 2; 48. 3. Ex. 4. 1. 2 Ch. 1. 7. Ac. 7. 2. *Mamre.* ch. 13. 18; 14. 13. *and he sat.* In these verses we have a delightful picture of genuine and primitive hospitality: a venerable father sits at the tent door, not only to enjoy the current of refreshing air, but that if he saw any weary and exhausted travellers, he might invite them to rest and refresh themselves during the heat of the day, and the same custom still continues in the east. It was not the custom, nor was there any necessity, for strangers to knock at the door, or to speak first, but to stand till they were invited.

2 *And he.* Ju. 13. 3, 9. He. 13. 2. *three.* ver. 22; ch. 19. 1. He. 13. 2. 1 Pe. 4. 9. *he ran.* Ro. 12. 13. *bowed.* ch. 23. 7; 33. 3-7; 13. 26, 28; 44. 14. Ru. 2. 10. 2 Ki. 2. 15.

3 *favour.* Ge. 32. 5.

4 *wash your feet.* In those ancient times, shoes such as ours, were not in use; and the foot was protected only with sandals or soles, fastened round the foot with straps. It was, therefore, not only necessary from motives of cleanliness, but also a very great refreshment, in so hot a country, to get the feet washed at the end of a day's journey; and this is the *first* thing that Abraham proposes. ch. 19. 2; 24. 32; 43. 24. 1 Sa. 25. 41. Lu. 7. 44. Jno. 13 5-15. 1 Ti. 5. 10. *tree.* Rest in the shade was the *second* requisite for the refreshment of a weary traveller.

5 *And I.* Ju. 6. 18; 13. 15. Mat. 6. 11. *bread.* This was the *third* requisite, and is introduced in its proper order; as eating immediately after exertion or fatigue is very unwholesome. *comfort. Heb.* stay. Ju. 19. 5. Ps. 104. 15. Is. 3. 1. *are ye come. Heb.* ye have passed. ch. 19. 8; 33. 10.

6 *Make ready quickly. Heb.* hasten. *three.* Is. 32. 8. Mat. 13. 33. Lu. 10. 38-40. Ac. 16. 15. Ro. 12. 13. Ga. 5. 13. He. 13. 2. 1 Pe. 4. 9.

7 ch. 19. 3. Ju. 13. 15, 16. Am. 6. 4. Mal. 1. 14. Mat. 22. 4. Lu. 15. 23, 27, 30.

8 *he took.* ch. 19. 3. De. 32. 14. Ju. 5. 25. *stood.* Ne. 12. 44. Lu. 12. 37; 17. 8. Jno. 12. 2. Ga. 5. 13. Re. 3. 20. *and they.* ch. 19. 3. Ju. 13. 15. Lu. 24. 30, 43. Ac. 10. 41.

9 *Where.* ch. 4. 9. *in.* ch. 24. 67; 31. 33. Tit. 2. 5.

10 *he said.* ver. 13, 14; ch. 16. 10; 22. 15, 16. *according.* ch. 17. 21; 21. 2. 2 Ki. 4. 16, 17. *lo, Sarah.* ch. 17. 16, 19, 21; 21. 2. Ju. 13. 3-5. Lu. 1. 13. Ro. 9. 8, 9. Ga. 4. 23, 28.

11 *old.* ch. 17. 17, 24. Lu. 1. 7, 18, 36. Ro. 4. 18-21. He. 11. 11, 12, 19. *the.* ch. 31. 35. Le. 15. 19.

12 *laughed.* ver. 13; ch. 17. 17; 21. 6, 7. Ps. 126. 2. Lu. 1. 18-20, 34, 35. He. 11. 11, 12. *my.* Ep. 5. 33. 1 Pe. 3. 6.

13 *Wherefore.* Jno. 2. 25.

14 *Is.* Nu. 11. 23. De. 7. 21. 1 Sa. 14. 6. 2 Ki. 7. 1, 2. Job 36. 5; 42. 2. Ps. 93. 1; 95. 3. Je. 32. 17. Mi. 7. 18. Zec. 8. 6. Mat. 3. 9; 14. 31; 19. 26. Mar. 10. 27. Lu. 1. 13, 37; 8. 50. Ep. 3. 20. Phi. 3. 21; 4. 13. He. 11. 19. *I will.* ver. 10; ch. 17. 21. De. 30. 3. 2 Ki. 4. 16. Ps. 90. 13. Mi. 7. 18. Lu. 1. 13, 18.

15 *denied.* ch. 4. 9; 12. 13. Job 2. 10. Pr. 28. 13. Jno. 18. 17, 25-27. Ep. 4. 23. Col. 3. 9. 1 Jno. 1. 8.

*Nay.* Ps. 44. 21. Pr. 12. 19. Mar. 2. 8. Jno. 2. 25. Ro. 3. 19.

16 *to bring.* Ac. 15. 3; 20. 38; 21. 5. Ro. 15. 24. 3 Jno. 6.

17 2 Ki. 4. 27. 2 Ch. 20. 7. Ps. 25. 14. Am. 3. 7. Jno. 15. 15. Ja. 2. 23.

18 *become.* See on ch. 12. 2, 3; 22. 17, 18; 26. 4. Ps. 72. 17. Ac. 3. 25, 26. Ga. 3. 8, 14. Ep. 1. 3.

19 *For I.* 2 Sa. 7. 20. Ps. 1. 6; 11. 4; 34. 15. Jno. 10. 14; 21. 17. 2 Ti. 2. 19. *command.* ch. 17. 23-27. De. 4. 9, 10; 6. 6, 7; 11. 19-21; 32. 46. Jos. 24. 15. 1 Ch. 28. 9. Job 1. 5. Ps. 78. 2-9. Pr. 6. 20-22; 22. 6. Is. 38. 19. Ep. 6. 4. 1 Ti. 3. 4, 5, 12. 2 Ti. 1. 5; 3. 15. *that the.* 1 Sa. 2. 30, 31. Ac. 27. 23, 24, 31.

20 *the cry.* ch. 4. 10; 19. 13. Is. 3. 9; 5. 7. Je. 14. 7. Ja. 5. 4. *sin.* ch. 13. 13.

21 *I will go down.* This is spoken figuratively; and as the Jewish writers speak, according to the language of men. So eyes, ears, hands, and other members of the body are attributed to God, for effecting those things which men cannot accomplish without these members. ch. 11. 5, 7. Ex. 3. 8; 33. 5. Mi. 1. 3. Jno. 6. 38. 1 Th. 4. 16. *see.* Job 34. 22. Ps. 90. 8. Je. 17. 1, 10. Zep. 1. 12. He. 4. 13. *I will know.* Ex. 33. 5. De. 8. 2; 13. 3. Jos. 22. 22. Ps. 139. Lu. 16. 15. 2 Co. 11. 11.

22 *the men.* ver. 2; ch. 19. 1. *stood.* The two, whom we suppose to have been created angels, departed at this time; and accordingly *two* entered Sodom at evening: while the one, called Jehovah throughout the chapter, continued with Abraham, who "stood yet before the Lord."—SCOTT. ver. 1. Ps. 106. 23. Je. 15. 1; 18. 20. Eze. 22. 30. Ac. 7. 55. 1 Ti. 2. 1.

23 *drew.* Ps. 73. 28. Je. 30. 21. He. 10. 22. Ja. 5. 17. *Wilt.* ver. 25; ch. 20. 4. Nu. 16. 22. 2 Sa. 24. 17. Job 8. 3; 34. 17. Ps. 11. 4-7. Ro. 3. 5, 6.

24 *there.* ver. 32. Is. 1. 9. Je. 5. 1. Mat. 7. 13, 14. *spare.* Ac. 27. 24.

25 *be far.* Je. 12. 1. *that the.* Job 8. 20; 9. 22, 23. Ec. 7. 15; 8. 12, 13. Is. 3. 10, 11; 57. 1, 2. Mal. 3. 18. *Shall.* De. 32. 4. Job 8. 3; 34. 17-19. Ps. 11. 5-7; 58. 11; 94. 2; 98. 9. Ro. 3. 6. *Judge.* Jno. 5. 22-27. 2 Co. 5. 10.

26 Is. 6. 13; 10. 22; 19. 24; 65. 8. Je. 5. 1. Eze. 22. 30. Mat. 24. 22.

27 *I have.* ver. 30-32. Ezr. 9. 6. Job 42. 6-8. Is. 6. 5. Lu. 18. 1. *dust.* ch. 2. 7; 3. 19. Job 4. 19. Ps. 8. 4; 144. 3. Ec. 12. 7. Is. 6. 5; 64. 8. Lu. 5. 8. 1 Co. 15. 47, 48. 2 Co. 5. 1, 2.

28 *wilt.* Nu. 14. 17-19. 1 Ki. 20. 32, 33. Job 23. 3, 4. *If I.* ver. 26, 29.

29 Ep. 6. 18. He. 4. 16.

30 ch. 44. 18. Ju. 6. 39. Es. 4. 11-16. Job 40. 4. Ps. 9. 12; 10. 17; 89. 7. Is. 6. 5; 55. 8, 9. He. 12. 28, 29.

31 ver. 27. Mat. 7. 7, 11. Lu. 11. 8; 18. 1. Ep. 6. 18. He. 4. 16; 10. 20-22.

32 *Oh.* ver. 30. Ju. 6. 39. Pr. 15. 8. Is. 42. 6, 7. Ja. 5. 15-17. 1 Jno. 5. 15, 16. *I will not.* Ex. 32. 9, 10, 14; 33. 13, 14; 34. 6, 7, 9, 10. Nu. 14. 11-20. Job 33. 23. Ps. 86. 5. Is. 65. 8. Mi. 7. 18. Mat. 7. 7. Ep. 3. 20. Ja. 5. 16.

33 *And the.* ver. 16, 22; ch. 32. 26. *and Abraham.* ch. 31. 55.

## CHAP. XIX.

*Lot entertains two angels,* 1-3. *The vicious Sodomites are smitten with blindness,* 4-11. *Lot is warned, and in vain warns his sons-in-law,* 12-14. *He is directed to flee with his family to the mountains, but obtains leave to go into Zoar,* 15-23. *Sodom and Gomorrah are destroyed,* 24, 25. *Lot's wife becomes a pillar of salt,* 26-28. *Lot dwells in a cave,* 29, 30. *The incestuous origin of Moab and Ammon,* 31-38.

1 *And there came two angels.* Or, rather, 'the two angels came,' referring to those mentioned in the preceding chapter, and there called 'men.' It seems, (from ch. 18, ver. 22,) that these two angels were sent to Sodom, while the third, who was the Lord or Jehovah, remained with Abraham. ch. 18. 1-3, 22. *rose.* ch. 18. 1-5. Job 31. 32. He. 13. 2. *bowed.* ch. 18. 2.

2 *turn.* He. 13. 2. *wash.* ch. 18. 4. *Nay.* Instead of *lo*, nay, some MSS. have *lo*, to him. 'And they said unto him, for we lodge in the street;' where, nevertheless, the negation is understood. Knowing the disposition of the inhabitants, and appearing in the character of mere travellers, they preferred the open street to any house; but not yet willing to make themselves known, as Lot pressed them vehemently, and as they knew him to be a righteous man, they consented to take shelter under his hospitable roof. Ju. 19. 17-21. Lu. 24. 28, 29. Ac. 16. 15.

3 *pressed.* 2 Ki. 4. 8. Lu. 11. 8; 14. 23; 24. 28, 29. 2 Co. 5. 14. *a feast.* ch. 18. 6-8; 21. 8. Lu. 5 29. Jno. 12. 2. He. 13. 2. *unleavened.* ch. 18. 6. Ex. 12. 15, 39. Ju. 6. 19. 1 Sa. 28. 24. 1 Co. 5. 8.

4 *But.* Pr. 4. 16; 6. 18. Mi. 7. 3. Ro. 3. 15. *all.* ch. 13. 13; 18. 20. Ex. 16. 2; 23. 2. Je. 5. 1-6, 31. Mat. 27. 20-25.

5 Le. 18. 22; 20. 13. Ju. 19. 22. Is. 1. 9; 3. 9; Je. 3. 3; 6. 15. Eze. 16. 49, 51. Mat. 11. 23, 24. Ro. 1. 23, 24, 26, 27. 1 Co. 6. 9. 1 Ti. 1. 10. 2 Ti. 3. 13. Jude 7.

6 *Lot.* Ju. 19. 23. *door.* Two words are here used for door: the first *pethach*, which is the *door-way*, at which Lot went out; the latter, *deleth*, the *leaf* of the door, which he shut after him when out.

7 ver. 4. Le. 18. 22; 20. 13. De. 23. 17. Ju. 19. 23. 1 Sa. 30. 23, 24. Ac. 17. 26. Ro. 1. 24. 1 Co. 6. 9-11. Jude 7.

8 *I have.* Ex. 32. 22. *let.* ver. 31-38; ch. 42. 37. Ju. 19. 24. Mar. 9. 6. Ro. 3. 8. *therefore.* ch. 18. 5. Ju. 9. 15. Is. 58. 7.

9 *Stand.* 1 Sa. 17. 44; 25. 17. Pr. 9. 7, 8. Is. 65. 5. Je. 3. 3; 6. 15; 8. 12. Mat. 7. 6. *This.* ch. 13. 12. Ex. 2. 14. Ac. 7. 26-28. 2 Pe. 2. 7, 8. *pressed.* ch. 11. 6. 1 Sa. 2. 16. Pr. 14. 16; 17. 12; 27. 3. Ec. 9. 3; 10. 13. Da. 3. 19-22.

11 *with blindness.* The word *sanverim*, rendered 'blindness,' and which occurs only here, and in 2 Ki. 6. 18, is supposed to denote *dazzlings, deceptions*, or *confusions* of sight from excessive light; being derived by SCHULTENS, who is followed by PARKHURST, from the Arabic *sana*, to pour forth, diffuse, and *nor*, light. Dr. GEDDES, to the same purpose, thinks it is compounded of the Arabic *sana*, which signifies a flash, and *or*, light. The Targums, in both places where it occurs, render it by *eruptions*, or *flashes* of light, or as MERCER, in ROBERTSON, explains the Chaldee word, *irradiations.* 2 Ki. 6. 18. Ac. 13. 11. *that they.* Ec. 10. 15. Is. 57. 10. Je. 2. 36.

12 *Hast.* ch. 7. 1. Nu. 16. 26. Jos. 6. 22, 23. Je. 32. 39. 2 Pe. 2. 7, 9. *son.* ver. 14, 17, 22. Re. 18. 4.

13 *cry.* ch. 13. 13; 18. 20. Ja. 5. 4. *Lord hath.* 1 Ch. 21. 15, 16. Ps. 11. 5, 6. Is. 3. 11; 36. 10; 37. 36. Eze. 9. 5, 6. Mat. 13. 41, 42, 49, 50. Ac. 12. 23. Ro. 3. 8, 9. Jude 7. Re. 16. 1-12.

14 *which.* Mat. 1. 18. *Up.* ver. 17, 22. Nu. 16. 21, 26, 45. Je. 51. 6. Lu. 9. 42. Re. 18. 4-8. *as one.* Ex. 9. 21; 12. 31. 2 Ch. 30. 10; 36. 16. Pr. 29. 1. Is. 28. 22. Je. 5. 12-14; 20. 7. Eze. 20. 49. Mat. 9. 24. Lu. 17. 28-30; 24. 11. Ac. 17. 32. 1 Th. 5. 3.

15 *hastened.* ver. 17, 22. Nu. 16. 24-27. Pr. 6. 4, 5. Lu. 13. 24, 25. 2 Co. 6. 2. He. 3. 7, 8. Re. 18. 4. *are here. Heb.* are found. *iniquity. or*, punishment.

16 *lingered.* Ps. 119. 60. Jno. 6. 44. *the Lord.* Ex. 34. 6. Nu. 14. 18. De. 4. 31. 1 Ch. 16. 34. Ps. 34. 12; 86. 5, 15; 103. 8-10, 13; 106. 1, 8; 107. 1; 111. 4; 118. 1; 136. 1. Is. 63. 9. La. 3. 22. Mi. 7. 18, 19. Lu. 6. 35, 36; 18. 13. Ro. 9. 15, 16, 18. 2 Co. 1. 3. Ep. 2. 4, 5. Tit. 3. 5. *brought.* Jos. 6. 22. 2 Pe. 2. 9.

17 *he said.* ch. 18. 22. *Escape.* ver. 14, 15, 22. 1 Sa. 19. 11. 1 Ki. 19. 3. Ps. 121. 1. Mat. 3. 7; 24. 16-18. He. 2. 3. *look.* ver. 26. Lu. 9. 62; 17. 31, 32. Phi. 3. 13, 14.

18 ch. 32. 26. 2 Ki. 5. 11, 12. Is. 45. 11. Jno. 13. 6-8. Ac. 9. 13; 10. 14.

19 *and thou.* Ps. 18; 40; 103; 106; 107; 116. 1 Ti. 1. 14-16. *lest some.* ch. 12. 13. De. 31. 17. 1 Sa. 27. 1. 1 Ki. 9. 9. Ps. 77. 7-11; 116. 11. Mat. 8. 25, 26. Mar. 9. 19. Ro. 8. 31.

20 *this.* ver. 30. Pr. 3. 5-7. Am. 3. 6. *and my.* ch. 12. 13. Ps. 119. 175. Is. 55. 3.

21 *See, I.* ch. 4. 7. Job 42. 8, 9. Ps. 34. 15; 102. 17; 145. 19. Je. 14. 10. Mat. 12. 20. Lu. 11. 8. He. 2. 17; 4. 15, 16. *thee. Heb.* thy face. *that.* ch. 12. 2; 18. 24.

22 *for.* ch. 32. 25-28. Ex. 32. 10. De. 9. 14. Ps. 91. 1-10. Is. 65. 8. Mar. 6. 5. 2 Ti. 2. 13. Tit. 1. 2. *called.* ch. 13. 10; 14. 2. Is. 15. 5. Je. 48. 34. *Zoar. i. e.* little. ver. 20.

23 *risen. Heb.* gone forth.

24 *the Lord.* De. 29. 23. Job 18. 15. Ps. 11. 6. Is. 1. 9; 13. 19. Je. 20. 16; 49. 18; 50. 40. La. 4. 6. Eze. 16. 49, 50. Ho. 11. 8. Am. 4. 11. Zep. 2. 9. Mat. 11. 23, 24. Lu. 17. 28, 29. 2 Pe. 2. 6. Jude 7. *brimstone.* The word rendered 'brimstone,' (*q. d.* brennestone, or brinnestone, *id est* burning-stone,) is always rendered by the LXX. 'sulphur,' and seems to denote a *meteorous inflammable matter.*

25 ch. 13. 10; 14. 3. Ps. 107. 34.

26 *looked.* This unhappy woman, says the Rev. T. Scott, 'looked back,' contrary to God's express command, perhaps with a hope of returning, which latter supposition is favoured by our Lord's words, 'Let him not *return back:* remember Lot's wife.' She was, therefore, instantaneously struck dead and petrified, and thus remained to after ages a visible monument of the Divine displeasure. ver. 17. Pr. 14. 14. Lu. 17. 31, 32. He. 10. 38. *and.* Nu. 16. 38.

27 *early.* Ps. 5. 3. *to the.* ch. 18. 22-33. Eze. 16. 49, 50. Hab. 2. 1. He. 2. 1.

28 Ps. 107. 34. 2 Pe. 2. 7. Jude 7. Re. 14. 10, 11; 18. 9, 18; 19. 3; 21. 8.

29 *that God.* ch. 8. 1; 12. 2; 18. 23-33; 30. 22. De. 9. 5. Ne. 13. 14, 22. Ps. 25. 7; 105. 8, 42; 106. 4; 136. 23; 145. 20. Eze. 36. 31, 32. Ho. 11. 8.

30 *Lot.* ver. 17-23. *for he.* ch. 49. 4. Je. 2. 36, 37. Ja. 1. 8. *Zoar.* ch. 13. 10; 14. 22. De. 34. 3. Is. 15. 5. Je. 48. 34.

31 *not.* ver. 28. Mar. 9. 6. *to come* ch. 4. 1; 6. 4; 16. 2, 4; 38. 8, 9, 14-30. De. 25. 5. Is. 4. 1.

32 *Come.* ch. 11. 3. *drink.* ch. 9. 21. Pr. 23. 31-33. Hab. 2. 15, 16. *seed.* Le. 18. 6, 7. Mar. 12. 19.

33 *drink.* Le. 18. 6, 7. Pr. 20. 1; 23. 29-35. Hab. 2. 15, 16.

34 Is. 3. 9. Je. 3. 3; 5. 3; 6. 15; 8. 12.

35 Ps. 8. 4. Pr. 24. 16. Ec. 7. 26. Lu. 21. 34. 1 Co. 10. 11, 12. 1 Pe. 4. 7.

36 ver. 8. Le. 18. 6, 7. Ju. 1. 7. 1 Sa. 15. 33. Hab. 2. 15. Mat. 7. 2.

37 A.M. 2108. B.C. 1896. *Moab.* This name is generally interpreted *of the father;* from *mo,* of, and *av,* a father. *Moabites.* Nu. 21. 29; ch. 22; 24. De. 2. 9, 19; 23. 3. Ju. ch. 3. Ru. 4. 10. 2 Sa. ch. 8. 2 Ki. ch. 3.

38 *Ben-ammi.* i. e. *Son of my people,* from *ben,* a son, and *ammi,* my people. *children.* De. 2. 9, 19; 23. 3. Ju. 10. 6-18; ch. 11. 1 Sa. ch. 11. 2 Sa. ch. 10. Ne. 13. 1-3, 23-28. Ps. 83. 4-8. Is. 11. 14. Zep. 2. 9.

## CHAP. XX.

*Abraham sojourns at Gerar,* 1. *Denies his wife, who is taken by Abimelech,* 2. *Abimelech is reproved for her in a dream,* 3-8. *He rebukes Abraham,* 9-13. *Restores Sarah,* 14, 15; *and reproves her,* 16. *Abimelech and his family are healed at Abraham's prayer,* 17, 18.

1 A.M. cir. 2107. B.C. cir. 1897. *from.* ch. 13. 1; 18. 1; 24. 62. *Kadesh.* ch. 14. 7; 16. 1, 7, 14. Nu. 13. 26; 20. 16. De. 1. 19; 32. 51. 1 Sa. 15. 7. Ps. 29. 8. *Gerar.* Gerar was a city of Arabia Petræa, under a king of the Philistines, 25 miles from Eleutheropolis beyond Daroma, in the south of Judah. From ch. 10. 19, it appears to have been situated in the angle where the south and west sides of Canaan met, and to have been not far from Gaza. Jerome, in his Hebrew Traditions on Genesis, says, from Gerar to Jerusalem was three days' journey. There was a wood near Gerar, spoken of by Theodoret; and a brook, (ch. 26. 26,) on which was a monastery, noticed by Sozomen. ch. 10. 19; 26. 1, 6, 20, 26. 2 Ch. 14. 13, 14.

2 *said.* ch. 12. 11-13; 26. 7. 2 Ch. 19. 2; 20. 37; 32. 31. Pr. 24. 16. Ec. 7. 20. Ga. 2. 11, 12. Ep. 4. 25. Col. 3. 9. *Abimelech.* ch. 12. 15; 26. 1, 16.

3 *a dream.* ch. 28. 12; 31. 24; 37. 5, 9; 40. 8; 41. 1, etc. Job 4. 12, 13; 33. 15. Mat. 1. 20; 2. 12, 13; 27. 19. *a dead.* ver. 7. Ps. 105. 14. Eze. 33. 14, 15. Jon. 3. 4. *a man's wife. Heb.* married to an husband.

4 *had.* ver. 6, 18. *wilt.* ver. 17, 18; ch. 18. 23-25; 19. 24. 2 Sa. 4. 11. 1 Ch. 21. 17.

5 *in the integrity. or,* simplicity, *or* sincerity. Jos. 22. 22. 1 Ki. 9. 4. 2 Ki. 20. 3. 1 Ch. 29. 17. Ps. 7. 8; 25. 21; 78. 72. Pr. 11. 3; 20. 7. 2 Co. 1. 12. 1 Th. 2. 10. 1 Ti. 1. 13. *and innocency.* Job 33. 9. Ps. 24. 4; 26. 6; 73. 13. Da. 6. 22.

6 *withheld.* ver. 18; ch. 31. 7; 35. 5. Ex. 34. 24. 1 Sa. 25. 26, 34. Ps. 84. 11. Pr. 21. 1. Ho. 2. 6, 7. *sinning.* ch. 39. 9. Le. 6. 2. Ps. 51. 4; 81. 12. 2 Th. 2. 7, 11. *to touch.* ch. 3. 3; 26. 11. 1 Co. 7. 1. 2 Co. 6. 17.

7 *a prophet.* The word *navi,* rendered a *prophet,* not only signifies one who *fortels* future events, but also an *intercessor, instructor.* See 1 Sa. ch. 10. 1 Ki. ch. 18, and 1 Co. 14. 4. The title was also given to men eminent for eloquence and literary abilities; hence Aaron, because he was the spokesman of Moses to the Egyptian king, is called a prophet. Ex. 4. 16; 7. 1. ch. 12. 1-3; 18. 17. Ex. 7. 1. 1 Ch. 16. 22. Ps. 25. 14; 105. 9-15. He. 1. 1. *pray.* Le. 6. 4, 7. 1 Sa. 7. 5, 8; 12. 19, 23. 2 Sa. 24. 17. 1 Ki. 13. 6. 2 Ki. 5. 11; 19. 2-4. Job 42. 8. Je. 14. 11; 15. 1; 27. 18. Ja. 5. 14-16. 1 Jno. 5. 16. Re. 11. 5, 6. *surely.* ver. 18; ch. 2. 17; 12. 17. Job 34. 19. Ps. 105. 14. Eze. 3. 18; 33. 8, 14-16. He. 13. 4. *all.* ch. 12. 15. Nu. 16. 32, 33. 2 Sa. 24. 17.

9 *What hast.* ch. 12. 18; 26. 10. Ex. 32. 21, 35. Jos. 7. 25. 1 Sa. 26. 18, 19. Pr. 28. 10. *a great.* ch. 38. 24; 39. 9. Le. 20. 10. 2 Sa. 12. 5, 10, 11. Ro. 2. 11. He. 13. 4. *ought.* ch. 34. 7. 2 Sa. 13. 12. Tit. 1. 11.

11 *Surely.* ch. 22. 12; 42. 18. Ne. 5. 15. Job 1. 1; 28. 28. Ps. 14. 4; 36. 1-4. Pr. 1. 7; 2. 5; 8. 13; 16. 6. Ro. 3. 18. *slay.* ch. 12. 12; 26. 7.

12 *And yet.* ch. 11. 29; 12. 13. 1 Th. 5. 22. *she is the.* Ebn Batrik, in his annals, among other ancient traditions, has preserved the following: 'Terah first married *Yona,* by whom he had Abraham; afterwards he married *Tehevita,* by whom he had Sarah.'

13 *God.* ch. 12. 1, 9, 11, etc. Ac. 7. 3-5. He. 11. 8. *This.* 1 Sa. 23. 21. Ps. 64. 5. Ac. 5. 9. *say.* ch. 12. 13.

14 *took.* ver. 11; ch. 12. 16. *restored.* ver. 2, 7. ch. 12. 19, 20.

15 *my land.* ch. 13. 9; 34. 10; 47. 6. *where it pleaseth thee. Heb.* as is good in thine eyes.

16 *thy.* ver. 5. Pr. 27. 5. *thousand.* What these pieces were is not certain; but it is probable they were *shekels,* as it is so understood by the Targum; and the LXX. render it *didrachma,* by which the Hebrew shekel is rendered in ch. 23. 15, 16. *behold.* Or, 'behold IT (the 1000 shekels) is to thee,' etc. ch. 26. 11. *a covering.* ch. 24. 65. *thus.* 1 Ch. 21. 3-6. Pr. 9. 8, 9; 12. 1; 25. 12; 27. 5. Jon. 1. 6. Re. 3. 19.

17 ver. 7; ch. 29. 31. 1 Sa. 5. 11, 12. Ezr. 6. 10. Job 42. 9, 10. Pr. 15. 8, 29. Is. 45. 11. Mat. 7. 7; 21. 22. Ac. 3. 24. Phi. 4. 6. 1 Th. 5. 25. Ja. 5. 16.

18 ver. 7; ch. 12. 17; 16. 2; 30. 2. 1 Sa. 1. 6; 5. 10.

## CHAP. XXI.

*Isaac is born, and circumcised,* 1-5. *Sarah's joy,* 6, 7. *Isaac is weaned,* 8. *Hagar and Ishmael are cast forth,* 9-14. *Hagar in distress,* 15, 16. *The angel relieves and comforts her,* 17-21. *Abimelech's covenant with Abraham at Beer-sheba,* 22-34.

1 *visited.* ch. 50. 24. Ex. 3. 16; 4. 31; 20. 5. Ru. 1. 6. 1 Sa. 2. 21. Ps. 106. 4. Lu. 1. 68; 19. 44. Ro. 4. 17-20. *Sarah as.* ch. 17. 19; 18. 10, 14. Ps. 12. 6. Mat. 24. 35. Ga. 4. 23, 28. Tit. 1. 2.

2 *conceived.* 2 Ki. 4. 16, 17. Lu. 1. 24, 25, 36. Ac. 7. 8. Ga. 4. 22. He. 11. 11. *at the set.* ch. 17. 19, 21; 18. 10, 14. Ro. 9. 9.

3 ver. 6, 12; ch. 17. 19; 22. 2. Jos. 24. 3. Mat. 1. 2. Ac. 7. 8. Ro. 9. 7. He. 11. 18.

4 ch. 17. 10-12. Ex. 12. 48. Le. 12. 3. De. 12. 32. Lu. 1. 6, 59; 2. 21. Jno. 7. 22, 23. Ac. 7. 8.

5 ch. 17. 1, 17. Ro. 4. 19.

6 *God.* ch. 17. 17; 18. 12-15. 1 Sa. 1. 26-28; 2. 1-10. Ps. 113. 9; 126. 2. Is. 49. 15, 21; 54. 1. Lu. 1. 46-55. Jno. 16. 21, 22. Ga. 4. 27, 28. He. 11. 11. *to laugh.* Sarah most likely remembered the circumstance mentioned in ch. 18. 12; and also the name *Isaac,* which implies *laughter. will laugh.* Lu. 1. 14, 58. Ro. 12. 15.

7 *Who.* Nu. 23. 23. De. 4. 32-34. Ps. 86. 8, 10. Is. 49. 21; 66. 8. Ep. 3. 10. 2 Th. 1. 10. *for I.* ch. 18. 11, 12.

8 A.M. 2111. B.C. 1893. *and was.* 1 Sa. 1. 22. Ps. 131. 2. Ho. 1. 8. *feast.* ch. 19. 3; 26. 30; 29. 22; 40. 20. Ju. 14. 10, 12. 1 Sa. 25. 36. 2 Sa. 3. 20. 1 Ki. 3. 15. Es. 1. 3.

9 *Sarah.* ch. 16. 3-6, 15; 17. 20. *Egyptian.* ch. 16. 1, 15. *mocking.* 2 Ki. 2. 23, 24. 2 Ch. 30. 10; 36. 16. Ne. 4. 1-5. Job 30. 1. Ps. 22. 6; 42. 10; 44. 13, 14. Pr. 20. 11. La. 1. 7. Ga. 4. 22, 29. He. 11. 36.

10 *Cast out.* The word rendered 'cast out,' signifies also to *divorce.* See Le. 21. 7. In this latter sense, it may be understood here. ch. 25. 6, 19; 17. 19, 21; 20. 11; 22. 10; 36. 6, 7. Mat. 8. 11, 12; 22. 13. Jno. 8. 35. Ga. 4. 22-31. 1 Jno. 2. 19. *heir.* Jno. 8. 35. Ga. 3. 18; 4. 7. 1 Pe. 1. 4. 1 Jno. 2. 19.

11 *because.* ch. 17. 18; 22. 1, 2. 2 Sa. 18. 33. Mat. 10. 37. He. 12. 11.

12 *hearken.* 1 Sa. 8. 7, 9. Is. 46. 10. *in Isaac.* ch. 17. 19, 21. Ro. 9. 7, 8. He. 11. 18.

13 ver. 18; ch. 16. 10; 17. 20; 25. 12-18.

14 A.M. 2112. B.C. 1892. *rose up.* ch. 19. 27; 22. 3; 24. 54; 26. 31. Ps. 119. 60. Pr. 27. 14. Ec. 9. 10. *took.* ch. 25. 6; 36. 6, 7. *child.* Or, *youth,* (see ver. 12, 20,) as Ishmael was now 16 or 17 years of age. *sent.* Jno. 8. 35. *wandered.* ch. 16. 7; 37. 15. Ps. 107. 4. Is. 16. 8. Ga. 4. 23-25. *Beer-sheba.* So called when Moses wrote; but not before Abraham's covenant with Abimelech, ver. 31. Such instances of the figure prolepsis are not unfrequent in the Pentateuch. ver. 33; ch. 22. 19; 26. 33; 46. 1. 1 Ki. 19. 3.

15 *the water.* ver. 14. Ex. 15. 22-25; 17. 1-3. 2 Ki. 3. 9. Ps. 63. 1. Is. 44. 12. Je. 14. 3. *and she cast the child.* Or, 'and she sent the lad,' to screen him from the intensity of the heat.

16 *Let.* ch. 44. 34. 1 Ki. 3. 26. Es. 8. 6. Is. 49. 15. Zec. 12. 10. Lu. 15. 20. *lift.* ch. 27. 38; 29. 11. Ju. 2. 4. Ru. 1. 9. 1 Sa. 24. 16; 30. 4.

17 *heard.* ch. 16. 11. Ex. 3. 7; 22. 23, 27. 2 Ki. 13. 4, 23. Ps. 50. 15; 65. 2; 91. 15. Mat. 15. 32. *the angel.* See on ch. 16. 9, 11. *What.* Ju. 18. 23. 1 Sa. 11. 5. Is. 22. 1. *fear.* ch. 15. 1; 46. 3. Ex. 14. 13. Ps. 107. 4-6. Is. 41. 10, 13, 14; 43. 1, 2. Mar. 5. 36.

18 *I will.* ver. 13; ch. 16. 10; 17. 20; 25. 12-18. 1 Ch. 1. 29-31.

17 Nu. 22. 31. 2 Ki. 6. 17-20. Is. 35. 5, 6. Lu. 24. 16-31.

20 *God.* ch. 17. 20; 28. 15; 39. 2, 3, 21. Ju. 6. 12; 13. 24, 25. Lu. 1. 80; 2. 40. *an archer.* ch. 10. 9; 16. 12; 25. 27; 27. 3; 49. 23, 24.

21 *in the.* Nu. 10. 12; 12. 16; 13. 3, 26. 1 Sa. 25. 1. *a wife.* ch. 24. 3, 4; 26. 34, 35; 27. 46; 28. 1, 2. Ju. 14. 2. 1 Co. 7. 38.

22 A.M. 2118. B.C. 1886. *Abimelech.* ch. 20. 2; 26. 26. *God.* ch. 20. 17; 26. 28; 28. 15; 30. 27; 39. 2, 3. Jos. 3. 7. 2 Ch. 1. 1. Is. 8. 10; 45. 14. Zec. 8. 23. Mat. 1. 23. Ro. 8. 31. 1 Co. 14. 25. He. 13. 5. Re. 3. 9.

23 *swear.* ch. 14. 22, 23; 24. 3; 26. 28; 31. 44, 53. De. 6. 13. Jos. 2. 12. 1 Sa. 20. 13, 17, 42; 24. 21, 22; 30. 15. Je. 4. 2. 2 Co. 1. 23. He. 6. 16. *that thou wilt not deal falsely with me. Heb.* if thou shalt lie unto me. *I have.* ch. 20. 14.

24 ch. 14. 13. Ro. 12. 18. He. 6. 16.

25 *reproved.* ch. 26. 15-22; 29. 8. Ex. 2. 15-17. Ju. 1. 15. Pr. 17. 10; 25. 9; 27. 5. Mat. 18. 15. *because.* Wells of water were of great consequence in those hot countries, especially where the flocks were numerous; because water was scarce, and digging to find it was attended with the expense of much time and labour. *servants.* ch. 13. 7; 26. 15-22. Ex. 2. 16, 17.

26 *I wot.* 'Wot,' though used for the present, is the past tense of the almost obsolete word 'to wit,' from the Saxon *witan,* to know. ch. 13. 7. 2 Ki. 5. 20-24.

27 *took.* ch. 14. 22, 23. Pr. 17. 8; 18. 16, 24; 21. 14. Is. 32. 8. *made.* ch. 26. 28-31; 31. 44. 1 Sa. 18. 3. Eze. 17. 13. Ro. 1. 31. Ga. 3. 15.

29 ch. 33. 8. Ex. 12. 26. 1 Sa. 15. 14.

30 *a witness.* ch. 31. 44-48, 52. Jos. 22. 27, 28; 24. 27.

31 *called.* ch. 26. 33. *Beer-sheba. i. e.* the well of the oath, or the well of the seven: alluding to the seven ewe lambs. The verb rendered 'to swear' is derived from the word translated seven. ver. 14; ch. 26. 23. Jos. 15. 28. Ju. 20. 1. 2 Sa. 17. 11. 1 Ki. 4. 25.

32 ver. 27; ch. 14. 13; 31. 53. 1 Sa. 18. 3. *the Philistines.* ch. 10. 14; 26. 8, 14. Ex. 13. 17. Ju. 13. 1.

33 *grove. or,* tree. Am. 8. 14. The original word *eshel,* has been variously translated a *grove,* a *plantation,* an *orchard,* a *cultivated field,* and an *oak;* but it may denote a kind of *tamarisk,* as it is rendered by GESENIUS, the same with the Arabic *athl. Beer-sheba.* De. 16. 21. Ju. 3. 7. *called.* ch. 4. 26; 12. 8; 26. 23, 25, 33. *on the name.* Dr. SHUCKFORD justly contends, that the expression rendered, 'he called on the name,' signifies 'he invoked IN the name.' *everlasting.* De. 33. 27. Ps. 90. 2. Is 40. 28; 57. 15. Je. 10. 10. Ro. 1. 20; 16. 26. 1 Ti 1. 17.

34 ch. 20. 1. 1 Ch. 29. 15. Ps. 39. 12. He. 11. 9, 13. 1 Pe. 2. 11.

## CHAP. XXII.

*Abraham is tempted to offer Isaac,* 1, 2. *He gives proof of his faith and obedience,* 3-10. *The angel prevents him,* 11, 12. *Isaac is exchanged for a ram,* 13. *The place is called Jehovah-jireh,* 14. *Abraham is again blessed,* 15-19. *The generations of Nahor unto Rebekah,* 20-24.

1 A.M. 2132. B.C. 1872. *Jos. Ant. God.* Ex. 15. 25, 26; 16. 4. De. 8. 2; 13. 3. Ju. 2. 22. 2 Sa. 24. 1. 2 Ch. 32. 31. Pr. 17. 3. 1 Co. 10. 13. He. 11. 17. Ja. 1. 12-14; 2. 21. 1 Pe. 1. 7. *tempt.* Or *prove,* or *try,* as *tempt,* from *tento,* originally signified. *Behold, here I am. Heb.* Behold me. ver. 7, 11. Ex. 3. 4. Is. 6. 8.

2 *Take.* ch. 17. 19; 21. 12. Jno. 3. 16. Ro. 5. 8; 8. 32. He. 11. 17. 1 Jno. 4. 9, 10. *Moriah.* 2 Ch. 3. 1. *and offer.* Ju. 11. 31, 39. 2 Ki. 3. 27. Mi. 6. 7.

3 ch. 17. 23; 21. 14. Ps. 119. 60. Ec. 9. 10. Is. 26. 3, 4. Mat. 10. 37. Mar. 10. 28-31. Lu. 14. 26. Ga. 1. 16. He. 11. 8, 17-19.

4 *third.* Ex. 5. 3; 15. 22; 19. 11, 15. Le. 7. 17. Nu. 10. 33; 19. 12, 19; 31. 19. Jos. 1. 11. 2 Ki. 20. 5. Es. 5. 1. Ho. 6. 2. Mat. 17. 23. Lu. 13. 32. 1 Co. 15. 4. *saw.* 1 Sa. 26. 13.

5 *Abide.* He. 12. 1. *come.* He. 11. 19.

6 *laid it.* Is. 53. 6. Mat. 8. 17. Lu. 24, 26, 27. Jno. 19. 17. 1 Pe. 2. 24.

7 *My father.* Mat. 26. 39, 42. Jno. 18. 11. Ro 8. 15. *Here am I. Heb.* Behold me. ver. 1. *but* ch. 4. 2-4; 8. 20. *lamb.* or, *kid.* Ex. 12. 3.

8 ch. 18. 14. 2 Ch. 25. 9. Mat. 19. 26. Jno. 1. 29, 36. 1 Pe. 1. 19, 20. Re. 5. 6, 12; 7. 14; 13. 8.

9 *place.* ver. 2-4. Mat. ch. 21; 26; 27. *built.* ch. 8. 20. *bound.* Ps. 118. 27. Is. 53. 4-10. Mat. 27. 2. Mar. 15. 1. Jno. 10. 17, 18. Ac. 8. 32. Ga. 3. 13. Ep. 5. 2. Phi. 2. 7, 8. He. 9. 28. 1 Pe. 2. 24.

10 Is. 53. 6-12. He. 11. 17-19. Ja. 2. 21-23.

11 *angel.* ver. 12, 16; ch. 16. 7, 9, 10; 21. 17. *Abraham.* ver. 1. Ex. 3. 4. 1 Sa. 3. 10. Ac. 9. 4; 26. 14.

12 *Lay.* 1 Sa. 15.22. Job 5.19. Je.19.5. Mi.6.6-8. 1 Co.10.13. 2 Co.8.12. He. 11.19. *now.* ch. 20. 11; 26.5; 42.18. Ex.20.20. 1 Sa.12.24,25; 15.22. Ne. 5.15. Job 28.28. Ps. 1. 6; 2.11; 25.12,14; 111.10; 112.1; 147.11. Pr.1.7. Ec.8.12,13; 12.13. Je.32. 40. Mal. 4. 2. Mat. 5. 16; 10. 37, 38; 16. 24; 19. 29. Ac. 9. 31. He. 12. 28. Ja. 2. 18, 21, 22. Re. 19. 5. *seeing.* Jno. 3. 16. Ro. 5. 8; 8. 32. 1 Jno. 4. 9, 10.

13 *behind.* ver. 8. Ps. 40. 6-8; 89. 19, 20. Is. 30. 21. 1 Co. 10. 13. 2 Co. 1. 9, 10. *in the.* 1 Co. 5. 7, 8. 1 Pe. 1. 19, 20.

14 *called.* ch. 16. 13, 14; 28. 19; 32. 30. Ex. 17. 15. Ju. 6. 24. 1 Sa. 7. 12. Eze. 48. 35. *Jehovah-jireh. i. e.* The Lord will see, *or* provide. ver. 8, 13. Ex. 17. 15. *In.* De. 32. 36. Ps. 22. 4,5. Da. 3. 17, etc. Mi. 4. 10. Jno. 1. 14. 2 Co. 1. 8-10. 1 Ti. 3. 16. *it shall be seen.* 'In the mount of the Lord it shall be provided.' The meaning is, that God, in the greatest difficulties, when all human assistance is vain, will make a suitable provision for the deliverance of those who trust in Him.

15 ver. 11.

16 ch. 12. 2. Ps. 105. 9. Is. 45. 23. Je. 49. 13; 51. 14. Am. 6. 8. Lu. 1. 73. Ro. 4. 13, 14. He. 6. 13, 14.

17 *in blessing.* ch. 12. 2; 27. 28, 29; 28. 3, 14, etc.; 49. 25, 26. De. 28. 2-13. Ep. 1. 3. *I will multiply.* See on ch. 13. 16; 15. 5; 17. 6; 26. 4. De. 1. 10. Je. 33. 22. *shore. Heb.* lip. 1 Ki. 9. 26. *thy seed.* ch. 24. 60. Nu. 24. 17-19. De. 21. 19. Jos. ch. 1-10. 2 Sa. ch. 8; 10. Ps. 2. 8,9; 72. 8,9. Je. 32.22. Da. 2. 44, 45. Mi. 1. 9. Lu. 1. 68-75. 1 Co. 15. 57. Re. 11. 15.

18 *And in.* See on ch.12. 3; 18. 18; 26. 4. Ps. 72. 17. Ac.3.25. Ro.1. 3. Ga. 3.8,9,16,18,28,29. Ep.1.3. *obeyed.* ver.3,10; ch.26.5. 1Sa.2.30. Je.7.23. He.ch.11.

19 *So Abraham.* ver. 5. *to Beer-sheba.* ch. 21. 31. Jos. 15. 28. Ju. 20. 1.

20 A.M. 2142. B.C. 1862. *told.* Pr. 25. 25. *Milcah.* ch. 11. 29; 24. 15, 24. *Nahor.* ch. 11. 26; 24. 10, 24; 31. 53.

21 *Huz.* Job 1. 1. Uz. *Buz.* Job 32. 2. *Kemuel.* Kemuel might have given name to the *Kamilites,* a people of Syria, mentioned by STRABO, to the west of the Euphrates. *Aram.* Syrians. ch. 24. 10. Nu. 23. 7. Ps. 60, title.

23 *Bethuel.* ch. 24. 15, 24, 47; 25. 20; 28. 2, 5. *Rebekah.* ch. 24. 51, 60, 67. Ro. 9. 10. Rebecca.

24 *concubine.* ch. 16. 3; 25. 6. Pr. 15. 25. *Maachah.* He may be the father of the *Macetes,* in Arabia Felix: there is a city called *Maca* towards the straits of Ormus.

## CHAP. XXIII.

*The age and death of Sarah,* 1, 2. *The purchase of the field and cave of Machpelah,* 3-18; *where Sarah is buried,* 19, 20.

1 A.M. 2144. B.C. 1860. *Sarah.* It is worthy of remark, that Sarah is the only woman whose age, death, and burial are distinctly noted in the Sacred Writings. *an.* ch. 17. 17.

2 *Kirjath-arba.* ver. 19; ch. 13. 18. Nu. 13. 22. Jos. 10. 39; 14. 14, 15; 20. 7. Ju. 1. 10. 1 Sa. 20. 31. 2 Sa. 2. 11; 5. 3, 5. 1 Ch. 6. 57. *came.* For the convenience of feeding his numerous flocks, Abraham had several places of temporary residence; and it is likely, that while he sojourned at Beer-sheba, as we find he did from ver. 19 of the preceding chapter, Sarah died at Hebron, which was 24 miles distant. *mourn.* ch. 27. 41; 50. 10. Nu. 20. 29. De. 34. 8. 1 Sa. 28. 3. 2 Sa. 1. 12, 17. 2 Ch. 35. 25. Je. 22. 10, 18. Eze. 24. 16-18. Jno. 11. 31, 35. Ac. 8. 2.

3 *Heth.* ver. 5, 7; ch. 10. 15; 25. 10; 27. 46; 49. 30. 1 Sa. 26. 6. 2 Sa. 23. 39.

4 *stranger.* ch. 17. 8; 47. 9. Le. 25. 23. 1 Ch. 29. 15. Ps. 39. 12; 105. 12, 13; 119. 19. He. 11. 9, 13-16. 1 Pe. 2. 11. *buryingplace.* ch. 3. 19; 49. 30; 50. 13. Job 30. 23. Ec. 6. 3; 12. 5, 7. Ac. 7. 5. *bury.* ver. 19.

6 *my lord.* ch. 18. 12; 24. 18, 35; 31. 35; 32. 4, 5, 18; 42. 10; 44. 5, 8. Ex.32.22. Ru. 2.13. *a mighty prince. Heb.* a prince of God. ch. 21. 22. Is. 45. 14. 1 Jno. 3. 1, 2. *prince.* ch. 13. 2; 14. 14; 24. 35.

7 ch. 18. 2; 19. 1. Pr. 18. 24. Ro. 12. 17, 18. He. 12. 14. 1 Pe. 3. 8.

8 *intreat.* 1 Ki.2.17. Lu.7.3,4. He.7.26. 1Jno.2.1,2

9 *much money. Heb.* full money. Ro. 12.17; 13.8

10 *dwelt.* Or, *sitting* (as the word frequently denotes) among the children of Heth, at the gate of the city, where all public business was transacted. Ephron, though a chief man, might have been personally unknown to Abraham; but now he answers for himself, making a free tender of the field and cave to Abraham, in the presence of all the people, which amounted to a legal conveyance to the Patriarch. *audience. Heb.* ears. *all that.* ver. 18; ch. 34. 20, 24. Ru. 4. 1-4. Job 29. 7. Is. 28. 6. *his.* ch. 24. 10. Mat. 9. 1. Lu. 2. 3, 4.

11 *my lord.* ver. 6. 2 Sa. 24. 20-24. 1 Ch. 21. 22-24. Is. 32. 8. *in the.* ver. 18. Nu. 35. 30. De. 17. 6; 19. 15. Ru. 4. 1, 4, 9, 11. Je. 32. 7-12. Lu. 19. 24.

12 See ver. 7; ch. 18. 2; 19. 1.

13 *I will.* ch. 14. 22, 23. 2 Sa. 24. 24. Ac. 20. 35. Ro. 13. 8. Phi. 4. 5-8. Col. 4. 5. He. 13. 5.

15 *is worth.* Though the words 'is worth' are not in the Text, yet they are clearly implied, to adapt the Hebrew to the English idiom. A shekel, according to the general opinion, was equal in value to about 2*s.* 6*d.* of our money; but, according to Dr. PRIDEAUX, 3*s.* English. In those early times, money was given in weight; for it is said, (ver. 16.) that '*Abraham* WEIGHED,' *wayishkal,* the silver; and hence, we find that it was a certain weight which afterwards passed as a current coin; for the word *shekel* is not only used to denote a piece of silver, but also to weigh. *shekels.* Ex. 30. 15. Eze. 45. 12.

16 *weighed.* ch. 43. 21. Ezr. 8. 25-30. Job 28. 15. Je. 32. 9. Zec. 11. 12. Mat. 7. 12. Ro. 13. 8. Phi. 4. 8. 1 Th. 4. 6. *four.* ver. 15. Ex. 30. 13. Eze. 45. 12.

17 *the field.* ver. 20; ch. 25. 9; 49. 30-32; 50. 13. Ac. 7. 16. *made sure.* ver. 20. Ru. 4. 7-10. Ps. 112. 5. Je. 32. 7-14. Mat. 10. 16. Ep. 5. 15. Col. 4. 5.

18 *all.* ch. 34. 20. Ru. 4. 1. Je. 32. 12.

19 ch. 3. 19; 25. 9, 10; 35. 27-29; 47. 30; 49. 29-32; 50. 13, 25. Job 30. 23. Ec. 6. 3; 12. 5, 7.

20 *were.* Ru. 4. 7-10. 2 Sa. 24. 24. Je. 32. 10, 11. *for a.* ch. 25. 9; 49. 31, 32; 50. 5, 13, 24, 25. 2 Ki. 21. 18.

## CHAP. XXIV.

*Abraham swears his servant,* 1-9. *The servant's journey,* 10, 11. *His prayer,* 12, 13. *His sign,* 14. *Rebekah meets him,* 15-17; *fulfils his sign,* 18-21; *receives jewels,* 22; *shews her kindred,* 23, 24; *and invites him home,* 25. *The servant blesses God,* 26, 27. *Laban entertains him,* 29-33. *The servant shews his message,* 34-49. *Laban and Bethuel approve it,* 50-57. *Rebekah consents to go, and departs,* 58-61. *Isaac meets and marries her,* 62-67.

1 *was old.* ch. 18. 11; 21. 5; 25. 20. 1 Ki. 1. 1. Lu. 1. 7. *well stricken in age. Heb.* gone into days. *blessed.* ver. 35; ch. 12. 2; 13. 2; 49. 25. Ps. 112. 1-3. Pr. 10. 22. Is. 51. 2. Mat. 6. 33. Ga. 3. 9. Ep. 1. 3. 1 Ti. 4. 8.

2 *eldest.* ch.15.2. 1Ti.5.17. *ruled.* ver.10; ch.39. 4-6,8,9; 44.1. *Put.* ver.9; ch. 47. 29. 1 Ch.29. 24.

3 *swear.* ch. 21. 23; 26. 28-31; 31. 44-53; 50. 25. Ex. 20. 7; 22. 11; 23. 13. Le. 19. 12. Nu. 5.21. De.6. 13; 10.20. Jos.2.12. 1 Sa.20.17. Ne. 13.25. Is. 45.23; 48.1; 65.16. Je.4.2; 12.16. Zep.1.5. He. 6. 16. *the.* ch.14.22. 2 Ki.19.15. 2 Ch.2.12. Ne.9.6. Ps.115.15. Je. 10.11. *that.* ch. 6.2,4; 26.34,35; 27. 46; 28. 1, 2,8. Ex.34.16. De.7.3,4. 1 Co. 7. 39. 2 Co.6.14-17.

4 *to my kindred.* ch. 11. 25, etc.; 12. 1, 7; 22. 20-23; 28. 2. There does not appear in all this concern the least taint of worldly policy, or any of those motives which usually govern men in the settlement of their children. No mention is made of riches, or honours, or natural accomplishments, but merely of what related to God.—FULLER.

5 *Peradventure.* ver. 58. Ex. 20. 7; 9. 2. Pr. 13. 16. Je. 4. 2.

6 Ga. 5.1. He. 10. 39; 11. 9,13-16. 2 Pe. 2. 20-22.

7 *Lord.* Ezr. 1. 2. Da. 2. 44. Jon. 1. 9. Re. 11. 13. *took.* ch. 12. 1-7. *which spake.* ch. 13. 15; 15. 18; 17. 8; 22. 16-18; 26. 3, 4, 24. Ex. 13. 5; 32. 13. Nu. 14. 16, 30; 32. 11. De. 1. 8; 34. 4. Jos. 1. 6. Ju. 2. 1. Ac. 7. 5. He. 11. 9. *angel.* Ex. 23. 20-23; 33. 2. Ps. 32. 8; 34. 7; 73. 24; 103. 20. Pr. 3. 5, 6. Is. 63. 9. He. 1. 14.

8 *clear.* Nu. 30. 5, 8. Jos. 2. 17-20; 9. 20. Jno. 8. 32. *only.* ver. 4, 5, 6. Ac. 7. 2.

9 ver. 2.

10 *for. or,* and. *all the.* ver. 2; ch. 39. 4-6, 8, 9, 22, 23. *Mesopotamia.* De. 23. 4. Ju. 3. 8-10. 1 Ch. 19. 6. Ac. 2. 9. *city.* ch. 11. 31; 27. 43; 29. 1, 4, 5.

11 *kneel.* ch. 33. 13, 14. Pr. 12. 10. *women go out to draw water. Heb.* women which draw *water* go forth. ver.13-20. Ex.2.16. 1Sa.9.11. Jno.4.7.

12 *O Lord.* ver. 27; ch. 15. 1; 17. 7, 8; 26. 24; 28. 13; 31. 42; 32. 9. Ex. 3. 6, 15. 1 Ki. 18. 36. 2 Ki. 2. 14. Mat. 22. 32. *I pray.* ch. 27. 10; 43. 14. Ne. 1. 11; 2. 4. Ps. 37. 5; 90. 16, 17; 118. 25; 122. 6; 127. 1. Pr. 3. 6. Phi. 4. 6. 1 Th. 3. 10, 11.

13 *I stand.* ver. 43. Ps. 37. 5. Pr. 3. 6. *daughters.* ver. 11; ch. 29. 9, 10. Ex. 2. 16. Ju. 5. 11. 1 Sa. 9. 11. Jno. 4. 7.

14 *And let.* Ju. 6. 17, 37. 1 Sa. 14. 9. *she that.* ver. 44. Pr. 19. 14. *thereby.* ch. 15. 8. Ex. 4. 1-9. Ju. 6. 17, 37; 7. 13-15; 18. 5. 1 Sa. 6. 7-9; 10. 2-10; 14. 8, 10; 20. 7. 2 Sa. 5. 24; 20. 9. 2 Ki. 20. 8-11. Is. 7. 11. Ro. 1. 10.

15 *before.* ver. 45. Ju.6.36-40.Ps.34.15; 65.2; 145. 18,19. Is.58.9; 65.24. Da.9.20-23. *Rebekah.* ver.24; ch. 22. 20-23. *Milcah.* ch. 11.27,29; 22. 23. *pitcher.* ch. 21. 14; 29. 9. Ex. 2. 16. Ru. 2. 2, 17. Pr. 31. 27.

16 *fair to look upon. Heb.* good of countenance. ch.26.7; 39.6. *known.* ch.4.1. Nu.31.17,18. Ca.5.2.

17 *Let.* 1 Ki. 17. 10. Jno. 4. 7, 9. *water of.* ch. 26. Is. 21. 14; 30. 25; 35. 6, 7; 41. 17, 18; 49. 10.

18 Pr. 31. 26. 1 Pe. 3. 8; 4. 8, 9.

19 ver. 14. 45, 46. 1 Pe. 4. 9.

21 *wondering at.* 2 Sa. 7. 18-20. Ps. 34. 1-6; 107. 1, 8, 15, 43; 116. 1-7. Lu. 2. 19, 51. *to wit. i. e.* 'to know,' *or* 'to learn.' *the Lord.* ver. 12, 56.

22 *took.* ver. 30. Ex. 32. 2, 3. Es. 5. 1. Je. 2. 32. 1 Ti. 2. 9, 10. 1 Pe. 3. 3, 8. *earring. or,* jewel for the forehead. Ex. 32. 2, 3. Is. 3. 19-23. Eze. 16. 11, 12. From the word being in the singular number, it is not likely to have been an ear-ring, or a 'jewel for the forehead,' but 'a jewel for the nose, a nose-ring,' which is in use throughout Arabia and Persia, particularly among young women. It is very properly translated επιρρινον, 'an ornament for the nose,' by SYMMACHUS; and Sir JOHN CHARDIN informs us, that 'it is a custom in almost all the East, for the women to wear rings in their noses, in the left nostril, which is bored low down in the middle. These rings are of gold, and have commonly two pearls and one ruby between, placed in the ring. I never saw a girl or young woman in Arabia or in all Persia, who did not wear a ring after this manner in her nostril.' *of half.* ch. 23. 15, 16. *bracelets.* The word rendered 'bracelet,' from a root which signifies 'to join or couple together,' may imply whatever may clasp round the arms and legs; for rings and ornaments are worn round both by females in India and Persia. The small part of the leg, and the whole arm, from the shoulder to the wrist, are generally decorated in this way. As these were given Rebekah for 'her hands,' it sufficiently distinguishes them from similar ornaments for the ankles.

24 ver. 15; ch. 11. 29; 22. 20, 23.

25 ch. 18. 4-8. Ju. 19. 19-21. Is. 32. 8. 1 Pe. 4. 9.

26 ver. 48, 52; ch. 22. 5. Ex. 4. 31; 12. 27; 34. 8. 1 Ch. 29. 20. 2 Ch. 20. 18; 29. 30. Ne. 8. 6. Ps. 22. 29; 66. 4; 72. 9; 95. 6. Mi. 6. 6. Phi. 2. 10.

27 *Blessed.* ver. 12; ch. 9. 26; 14. 20. Ex. 18. 10. Ru. 4. 14. 1 Sa. 25. 32, 39. 2 Sa. 18. 28. 1 Ch. 29. 10-13. Ps. 68. 19; 72. 18, 19. Lu. 1. 68. Ep. 1. 3. 1 Ti. 1. 17. *of his.* ch. 32. 10. Ps. 98. 3; 100. 5. Mi. 7. 20. Jno. 1. 17. *the Lord.* ver. 48. Pr. 3. 6; 4. 11-13; 8. 20. *of my.* ver. 4; ch. 13. 8. Ex. 2. 11, 13.

28 *of.* ver. 48, 55, 67; ch. 31. 33. *her mother's.* Some have conjectured from this, that her father Bethuel was dead; and the person called Bethuel, (ver. 50,) was a younger brother. This is possible; but as Dr. A. CLARKE remarks, the mother's house might be mentioned were even the father alive; for in Asiatic countries, the women have apartments entirely separate from those of the men, in which their little children and grown-up daughters reside with them. This was probably the case here; though, from the whole narrative, it is very probable that Bethuel was dead, as the whole business appears to be conducted by Rebekah's brothers.

29 ver. 55, 60; ch. 29. 5.

31 *thou.* ch. 26. 29. Ju. 17. 2. Ru. 3. 10. Ps. 115. 15. Pr. 17. 8; 18. 16. *for I.* ver. 25.

32 *he ungirded. i. e.* Laban ungirded. *straw.* Straw, by the eastern mode of threshing, was cut or shattered, and reduced to a kind of chaff. With this, sometimes mixed with a little barley, the eastern people still feed their labouring beasts, as they anciently did. *wash.* ch. 18. 4; 19. 2; 43. 24. Ju. 19. 21. 1 Sa. 25. 41. Lu. 7. 44. Jno. 3. 4-14. 1 Ti. 5. 10.

33 Job 23. 12. Ps. 132. 3-5. Pr. 22. 29. Ec. 9. 10. Jno. 4. 14, 31-34. Ep. 6. 5-8. 1 Ti. 6. 2.

34 ver. 2.

35 *the Lord.* ver. 1; ch. 12. 2; 13. 2; 25. 11; 26. 12; 49. 25. Ps. 18. 35; 112. 3. Pr. 10. 22; 22. 4. 1 Ti. 4. 8. *flocks.* ch. 12. 16; 13. 2; 26. 13, 14. Job 1. 3; 42. 10-12. Ps. 107. 38. Mat. 6. 33.

36 *Sarah.* ch. 11. 29, 30; 17. 15-19; 18. 10-14; 21. 1-7. Ro. 4. 19. *unto.* ch. 21. 10; 25. 5.

37 *And my.* ver. 2-9; ch. 6. 2; 27. 46. Ezr. 9. 1-3. *Canaanites.* The Canaanites were infected with gross idolatry; and consequently, not proper persons with whom to form so intimate a connexion; especially as Jehovah had shewn Abraham that they were filling up the measure of their iniquity, and were doomed to destruction.

38 *But.* ver. 4; ch. 12. 1. *my father's. i. e.* where the family of Haran his brother had settled; and where he himself had remained some time with his father Terah. Nahor did not dwell at Ur of the Chaldees, but at Haran in Mesopotamia. The true worship of God seems to have been in some measure preserved pure in this family, though afterwards corrupted. See ch. 31. 19.

39 ver. 5. *Peradventure.* We may see, says CALMET, by this and other passages of Scripture, (Jos. 9. 18,) what the sentiments of the ancients were relative to an oath. They believed that they were bound precisely by what was spoken, and had no liberty to interpret the intentions of those by whom the oath was made.

40 *And he.* ver. 7. *before.* ch. 5. 22, 24; 6. 9; 17. 1; 48. 15. 1 Ki. 2. 3; 8. 23. 2 Ki. 20. 3. Ps. 16. 8. *will.* ver. 7. Ex. 23. 20; 33. 2. Ps. 1. 3; 91. 11. Da. 3. 28. He. 1. 14. Re. 22. 8, 16.

41 ver. 8. De. 29. 12.

42 *O Lord.* ver. 12-14. Ac. 10. 7, 8, 22. *prosper.* ver. 12, 31; ch. 39. 3. Ezr. 8. 21. Ne. 1. 11. Ps. 37. 5; 90. 17. Ro. 1. 10.

43 ver. 13, 14.

44 *Both.* Is. 32. 8. 1 Ti. 2. 10. He. 13. 2. 1 Pe. 3. 8. *the woman.* ver. 14; ch. 2. 22. Pr. 16. 33; 18. 22; 19. 14. *appointed.* Those events, which appear to us the effect of *choice, contrivance*, or *chance*, are matters of *appointment* with God; and the persuasion of this does not prevent, but rather encourage, the use of all *proper means;* at the same time that it *confines* us to proper means, and delivers the mind from useless anxiety about consequences.

45 *before.* ver. 15-20. Is. 58. 9; 65. 24. Da. 9. 19, 23. Ac. 4. 24-33; 10. 30; 12. 12-17. Mat. 7. 7. *speaking.* 1 Sa. 1. 13-15. 2 Sa. 7. 27. Ne. 2. 4. Ro. 8. 26.

47 *I put.* ver. 22, 53. Ps. 45. 9, 13, 14. Is. 62. 3-5. Eze. 16. 10-13. Ep. 5. 26, 27.

48 *bowed.* ver. 26, 27, 52. *led me.* ver. 27; ch. 22. 23. Ex. 18. 20. Ezr. 8. 21. Ps. 32. 8; 48. 14; 107. 7. Pr. 3. 5, 6; 4. 11. Is. 48. 17.

49 *now if.* ch. 47. 29. Jos. 2. 14. *deal kindly and truly. Heb.* do mercy and truth. ch. 32. 10. Pr. 3. 3. *that I.* Nu. 20. 17. De. 2. 27.

50 *Laban.* These seem both to be brothers, of whom Laban was the eldest and chief: the opinion of JOSEPHUS appears to be very correct, that Bethuel, the father, had been dead some time. See ver. 15, 28, 53, 55, 60. *The thing.* Ps. 118. 23. Mat. 21. 42. Mar. 12. 11. *we.* ch. 31. 24, 29. 2 Sa. 13. 22. Ac. 11. 17.

51 *Rebekah.* ch. 20. 15. *hath.* ver. 15. 2 Sa. 16. 10.

52 *worshipped.* ver. 26. 48. 1 Ch. 29. 20. 2 Ch. 20. 18. Ps. 34. 1, 2; 95. 6; 107. 21, 22; 116. 1, 2. Mat. 2. 11. Ac. 10. 25, 26.

53 *jewels. Heb.* vessels. The original word denotes *vessels, utensils, instruments, furniture*, or *dress;* and these presented by Abraham's servant might have been of various kinds. Ex. 3. 22; 11. 2; 12. 35. *brother.* No mention is made of her father. *precious.* This term, rendered 'precious things,' as may be seen in the parallel texts, is used to express exquisite fruits or delicacies, and precious plants or flowers: but here it may mean gifts in general, though rather of an inferior kind to those mentioned above. De. 33. 13-16. 2 Ch. 21. 3. Ezr. 1. 6. Ca. 4. 13. Is. 39. 2.

54 *Send me.* ver. 56, 59; ch. 28. 5, 6; 45. 24. 2 Sa. 18. 19, 27, 28. Pr. 22. 29. Ec. 7. 10. Lu. 8. 38, 39.

55 *a few days. or,* a full year, or ten *months.* ch. 4. 3. Le. 25. 29. Ju. 14. 8.

56 *Hinder.* ch. 45. 9-13. Pr. 25. 25. *prospered.* Jos. 1. 8. Is. 48. 15.

58 Ps. 45. 10, 11. Lu. 1. 38.

59 *their.* ver. 50, 53, 60. *nurse.* ch. 35. 8. Nu. 11. 12. 1 Th. 2. 5.

60 *they.* ch. 1. 28; 9. 1; 14. 19; 17. 16; 28. 3; 48. 15, 16, 20. Ru. 4. 11, 12. *be thou the mother. or,* 'be thou for thousands of myriads;' a large family being always considered, in ancient times, as a proof of the peculiar blessing and favour of God. *thousands.* Da. 7. 10. *thy seed.* See on ch. 22. 17. Le. 25. 46. De. 21. 19.

61 *they rode.* ch. 31. 34. 1 Sa. 30. 17. Es. 8. 10, 14. *followed.* ch. 2. 24. Ps. 45. 10.

62 *Lahai-roi.* ch. 16. 14; 25. 11. *south.* ch. 12. 9.

63 *to meditate. or,* to pray. They who acknowledge God in all their ways, will find him present to direct their paths, and make their way prosperous; and when the prayer of faith meets with an immediate answer, the glory ought as speedily to be rendered to God in solemn praise and thanks giving. Jos. 1. 8. Ps. 1. 2; 77. 11, 12; 104. 34; 119. 15; 139. 17, 18; 143. 5, 6.

64 *lighted.* Jos. 15. 18. Ju. 1. 14.

65 *a vail.* ch. 20. 16. 1 Co. 11. 5, 6, 10. 1 Ti. 2. 9.

66 Mar. 6. 30.

67 *his mother.* ch. 18. 6, 9, 10. Ca. 8. 2. Is. 54. 1-5. *Sarah's tent.* Sarah being dead, her tent, which, according to the custom of the east, was distinct from that of Abraham, became now appropriated to the use of Rebekah. *and took.* ch. 2. 22-24. 2 Co. 11. 1, 2. Ep. 5. 22-33. *comforted.* ch. 37. 35; 38. 12. 1 Th. 4. 13, 15.

## CHAP XXV.

*The sons of Abraham, by Keturah,* 1-4. *The division of his goods,* 5, 6. *His age, death, and burial,* 7-10. *God blesses Isaac,* 11. *The generations of Ishmael,* 12-16. *His age and death,* 17, 18. *Isaac prays for Rebekah, being barren,* 19-21. *The children strive in her womb,* 22, 23. *The birth of Esau and Jacob,* 24-26. *Their different characters and pursuits,* 27, 28. *Esau sells his birthright,* 29-34.

1 A.M. cir. 2151. B.C. cir. 1853; ch. 23. 1, 2; 28. 1. 1 Ch. 1. 32, 33.

2 A.M. cir. 2152. B.C. cir. 1852. *she bare.* 1 Ch. 1. 32, 33. Je. 25. 25. Zimri. *Midian.* ch. 36. 35; 37. 28, 36. Ex. 2. 15, 16; 18. 1-4. Nu. 22. 4; 25. 17, 18; 31. 2, 8. Ju. ch. 6-8. *Shuah.* Job 2. 11.

3 A.M. cir. 2180. B.C. cir. 1824. *Sheba.* 1 Ki. 10. 1. Job 6. 19. Ps. 72. 10. *Dedan.* Je. 25. 23; 49. 8. Eze. 25. 13; 27. 20. *Asshurim.* 2 Sa. 2. 9. Eze. 27. 6.

4 A.M. cir. 2200. B.C. cir. 1804. *Ephah.* Is. 60. 6.

5 A.M. cir. 2175. B.C. cir. 1829. ch. 21. 10-12; 24. 36. Ps. 68. 18. Mat. 11. 27; 28. 18. Jno. 3. 35; 17. 2. Ro. 8. 17, 32; 9. 7-9. 1 Co. 3. 21-23. Ga. 3. 29; 4. 28. Col. 1. 19. He. 1. 2. Isaac typified the Son of God, 'whom HE hath appointed Heir of all things.'

6 *concubines.* ver. 1; ch. 16. 3; 30. 4, 9; 32. 22; 35. 22. Ju. 19. 1, 2, 4. *gifts.* Ps. 17. 14, 15. Mat. 5. 45. Lu. 11. 11-13. Ac. 14. 17. *sent.* ch. 21. 14. *east country.* Arabia Deserta, which was eastward of Beer-sheba, where Abraham dwelt. Ju. 6. 3. Job 1. 1, 3.

7 A.M. 2183. B.C. 1821. ch. 12. 4.

8 *gave.* ver. 17; ch. 35. 18; 49. 33. Ac. 5. 5, 10; 12. 23. *good.* ch. 15. 15; 35. 28, 29; 47. 8, 9; 49. 29. Ju. 8. 32. 1 Ch. 29. 28. Job 5. 26; 42. 17. Pr. 20. 29. Je. 6. 11. *gathered.* ver. 7; ch. 35. 29; 49. 33. Nu. 20. 24; 27. 13. Ju. 2. 10. Ac. 13. 36.

9 *Isaac.* ch. 21. 9, 10; 35. 29. *in the cave.* ch. 23. 9-20; 49. 29, 30; 50. 13.

10 *The field.* ch. 23. 16. *there.* ch. 49. 31.

11 *after.* ch. 12. 2; 17. 19; 22. 17; 50. 24. *Lahai-roi.* ch. 16. 14; 24. 62.

12 ch. 16. 10-15; 17. 20; 21. 13. Ps. 83. 6.

13 *the names.* 1 Ch. 1. 29-31. *Nebajoth.* From Nebajoth sprang the Nabatheans, who inhabited Arabia Petræa; from Kedar, the Cedreans, who dwelt near the Nabatheans; and from Jetur, the Itureans, who inhabited a small tract of country east of Jordan, which afterwards belonged to Manasseh. ch. 36. 3. Is. 60. 7. *Kedar.* Ps. 120. 5. Ca. 1. 5. Is. 21. 16, 17; 42. 11.

14 *Dumah.* Is. 21. 11, 16.

15 *Hadar. or,* Hadad. More than 300 MSS. and printed editions read *Hadad*, as in 1 Ch. 1. 30. *Tema.* 1 Ch. 5. 19. Job 2. 11. *Naphish.* These are evidently the same people mentioned in 1 Ch. 5. 19, who, with the Itureans, assisted the Hagarenes against the Israelites, but were overcome by the two tribes of Reuben and Gad, and the half-tribe of Manasseh.

16 *castles.* The word *tiroth*, rendered 'castles,' is supposed by some to denote here 'towers,' fortified rocks, or mountain-tops, and fastnesses of various kinds in woods and hilly countries; but it rather means, 'shepherds' cots,' surrounded by sufficient enclosures to prevent the cattle from straying, as the cognate Syriac word *teyaro*, and Arabic *tawar*, signify 'a sheep fold.' *twelve.* ch. 17. 20, 23.

17 A.M. 2231. B.C. 1773. *these are.* ver. 7, 8. *gathered.* ch. 15. 15.

18 *Havilah.* ch. 2. 11; 10. 7, 29; 20. 1; 21. 14, 21. *as thou.* ch. 13. 10. *toward.* 2 Ki. 23. 29. Is. 19. 23, 24. *died. Heb.* fell. ch. 14. 10. Ps. 78. 64. *in the.* ch. 16. 12.

19 A.M. 2108. B.C. 1896. *Abraham.* 1 Ch. 1. 32. Mat. 1. 2. Lu. 3. 34. Ac. 7. 8.

20 A.M. 2148. B.C. 1856. *when he.* ch. 22. 23; 24. 67. *the Syrian.* ch. 24. 29; 28. 5, 6; 31. 18, 20, 24; 35. 9. De. 26. 5. Lu. 4. 27.

21 A.M. 2167. B.C. 1837. *intreated.* 1 Sa. 1. 11, 27. Ps. 50. 15; 65. 2; 91. 15. Is. 45. 11; 58. 9; 65. 24. Lu. 1. 13. *because.* ch. 11. 30; 15. 2, 3; 16. 2; 17. 16-19. 1 Sa. 1. 2. Lu. 1. 7. *and the.* 1 Ch. 5. 20. 2 Ch. 33. 13. Ezr. 8. 23. Ps. 145. 19. Pr. 10. 24. *and Rebekah.* Ro. 9. 10-12.

22 A.M. 2168. B.C. 1836. *enquire.* 1 Sa. 9. 9; 10. 22; 22. 15; 28. 6; 30. 8. Eze. 20. 31; 36. 37.

23 *Two nations.* ch. 17. 16; 24. 60. *two manner.* ver. 27; ch. 32. 6; 33. 3; 36. 31. Nu. 20. 14. *the elder.* ch. 27. 29, 40. 2 Sa. 8. 14. 1 Ki. 22. 47. 1 Ch. 18. 13. 2 Ch. 25. 11, 12. Ps. 60. 8, 9; 83. 5-15. Is. ch. 34; 63. 1-6. Je. 49. 7-22. Eze. 25. 12-14; ch. 35. Am. 1. 11, 12. Ob. 1-16. Mal. 1. 2-5. Ro. 9. 10-13.

25 *Esau.* The word *Esau* has been generally considered to imply *made, formed,* or *perfected;* or *perfect, robust,* etc. But it appears to be a dialectical variation of the Arabic *âtha,* to be covered with hair; whence *athai,* hairy, as no doubt the word Esau imports, in allusion to the circumstance of his being covered with red hair or down at his birth. ch. 27. 11, 16, 23.

26 *And after.* ch. 38. 28-30. *took.* Ho. 12. 3. *Jacob.* ch. 27. 36. *Isaac was.* ver. 20.

27 *a cunning.* ch. 10. 9; 21. 20; 27. 3-5, 40. *a plain man.* ch. 6. 9; 28. 10, 11; 31. 39-41; 46. 34. Job 1. 1, 8; 2. 3. Ps. 37. 37. *dwelling.* He. 11. 9.

28 *he did eat of his venison. Heb.* venison *was* in his mouth. ch. 27. 4, 19, 25, 31. *Rebekah.* ch. 27. 6.

29 A.M. 2199. B.C. 1805. *and he.* Ju. 8. 4, 5. 1 Sa. 14. 28, 31. Pr. 13. 25. Is. 40. 30, 31.

30 *with that same red pottage. Heb.* with that red, *with that* red *pottage.* This, we are informed, (ver 34,) was of lentiles, a sort of pulse. *Edom. i. e. red.* ch. 36. 1, 9, 43. Ex. 15. 15. Nu. 20. 14-21. De. 23. 7. 2 Ki. 8. 20.

32 *at the point to die. Heb.* going to die. *and what.* Job 21. 15; 22. 17; 34. 9. Mal. 3. 14. *birthright.* Ex. 22. 9.

33 *Swear.* ch. 14. 22; 24. 3. Mar. 6. 23. He. 6. 16. *and he sold.* ch. 27. 36; 36. 6, 7. He. 12. 16.

34 *eat.* Ec. 8. 15. Is. 22. 13. 1 Co. 15. 32. *thus Esau.* Ps. 106. 24. Zec. 11. 13. Mat. 22. 5; 26. 15. Lu. 14. 18-20. Ac. 13. 41. Phi. 3. 18, 19. He. 12. 16, 17.

## CHAP. XXVI.

*Isaac, because of famine, sojourns in Gerar, and the Lord instructs and blesses him,* 1-6. *He is reproved by Abimelech for denying his wife,* 7-11. *He grows rich, and the Philistines envy his prosperity,* 12-17. *He digs Esek, Sitnah, and Rehoboth,* 18-22. *God appears to him at Beer-sheba, and blesses him; and Abimelech makes a covenant with him,* 23-33. *Esau's wives,* 34, 35.

1 A.M. 2200. B.C. 1804. *the first.* ch. 12. 10. *And Isaac.* ch. 25. 11. *Abimelech.* ch. 20. 2; 21. 22-32.

2 *appeared.* ch. 12. 7; 17. 1; 18. 1, 10-20. *dwell.* ch. 12. 1. Ps. 37. 3.

3 *Sojourn.* ver. 12, 14; ch. 20. 1. Ps. 32. 8; 37. 1-6; 39. 12. He. 11. 9, 13-16. *I will be.* ch. 28. 15; 39. 2, 21. Is. 43. 2, 5. Phi. 4. 9. *unto thee.* ch. 12. 1, 7; 13. 15, 17; 15. 18; 17. 8. *oath.* ch. 22. 16, 18. Ps. 105. 9. Mi. 7. 20. He. 6. 17.

4 *multiply.* ch. 13. 16; 15. 5, 18; 17. 4-8; 18. 18; 22. 17. He. 11. 2. *seed shall.* ch. 12. 2, 3; 22. 18. Ps. 72. 17. Ac. 3. 25. Ga. 3. 8, 16.

5 ch. 12. 4; 17. 23; 18. 19; 22. 16, 18. Ps. 112. 1, 2; 128. Mat. 5. 19; 7. 24. 1 Co. 15. 58. Ga. 5. 6. He. 11. 8. Ja. 2. 21.

6 *Gerar.* ch. 20. 1.

7 *She is my sister.* ch. 12. 13; 20. 2, 5, 12, 13. Pr. 29. 25. Mat. 10. 28. Ep. 5. 25. Col. 3. 9. *fair.* ch. 24. 16.

8 *a window.* Ju. 5. 28. Pr. 7. 6. Ca. 2. 9. *sporting.* Pr. 5. 18, 19. Ec. 9. 9. Is. 62. 5.

10 ch. 12. 18, 19; 20. 9, 10.

11 *toucheth.* ch. 20. 6. Ps. 105. 15. Pr. 6. 29. Zec. 2. 8.

12 *sowed.* The author of the "History of the Piratical States of Barbary" observes, (p. 44,) that the Moors of that country are divided into tribes like the Arabians, and like them dwell in tents, formed into itinerant villages; that 'these wanderers farm lands of the inhabitants of the towns, sow and cultivate them, paying their rent with the produce, such as fruits, corn, wax, etc. They are very skilful in choosing the most advantageous soils for every season, and very careful to avoid the Turkish troops, the violence of the one little suiting the simplicty of the other.' It is natural to suppose, that Isaac possessed the like sagacity, when he sowed in the land of Gerar, and received that year an hundred-fold. *received. Heb.* found. *an hundredfold.* Ps. 67. 6; 72. 16. Ec. 11. 6. Zec. 8. 12. Mat. 13. 8, 23. Mar. 4. 8. 1 Co. 3. 6. 2 Co. 9. 10, 11. Ga. 6. 7, 8. *blessed.* ver. 3, 29; ch. 24. 1, 35; 30. 30. Job 42. 12.

13 *And the man waxed great.* Dr. ADAM CLARKE remarks, that there is a strange and observable occurrence of the same term in the original, which is literally, 'And the man was GREAT, and he went, going on, and was GREAT, until that he was exceeding GREAT.' How simple is this language, and yet how forcible! *waxed great.* ch. 24. 35. Ps. 112. 3. *went forward. Heb.* went going.

14 *had possession.* ch. 12. 16; 13. 2. Job 1. 3; 42. 12. Ps. 112. 3; 144. 13, 14. Pr. 10. 22. *servants. or,* husbandry. *envied.* ch. 37. 11. 1 Sa. 18. 9. Job 5. 2. Ps. 112. 10. Pr. 27. 4. Ec. 4. 4.

15 *his father's.* ch. 21. 30. *had stopped.* In those countries, a well of water was a great acquisition, and hence, this mode of injuring new settlers, or revenging themselves on their enemies, is still resorted to among the inhabitants.

16 *Go.* Dr. A. CLARKE observes, that this is the first instance on record of what was termed among the Greeks, *ostracism, i.e.* the banishment of a person from the state, of whose power, influence, or riches, the people were jealous. *mightier.* Ex. 1. 9.

18 *in the days.* HOUBIGANT contends, that instead of *bimey,* 'in the days,' we should read *avdey,* 'servants;' agreeably to the Samaritan, Septuagint, Syriac, and Vulgate: 'And Isaac digged again the wells of water which the *servants* of Abraham his father had digged.' *and he.* ch. 21. 31. Nu. 32. 38. Ps. 16. 4. Ho. 2. 17. Zec. 13. 2.

19 *springing water. Heb.* living. Ca. 4. 15. Jno. 4. 10, 11; 7. 38.

20 *did strive.* ch. 21. 25. *Esek. i.e.* Contention.

21 *Sitnah. i.e.* Hatred. Ezr. 4. 6.

22 *digged.* The wells in Arabia are generally dug in the rock: their mouths are about six feet in diameter, and they are from nineteen to twenty feet in depth. But NIEBUHR informs us, that many wells are from 160 to 170 feet deep. *Rehoboth. i.e.* Room. *the Lord.* Ps. 4. 1; 18. 19; 118. 5. *be fruitful.* ch. 17. 6; 28. 3; 41. 52. Ex. 1. 7.

23 *Beer-sheba.* ch. 21. 31; 46. 1. Ju. 20. 1.

24 *I am the.* ch. 15. 1; 17. 7; 24. 12; 28. 13; 31. 5. Ex. 3. 6. Mat. 22. 32. Ac. 7. 32. *fear.* ver. 3, 4; ch. 13. 16; 22. 19. Ps. 27. 1-3; 46. 1, 2. Is. 12. 2; 41. 10, 13-15; 43. 1, 2; 44. 2; 51. 7, 12. Lu. 12. 32. He. 13. 6. Re. 1. 17.

25 *builded.* ch. 8. 20; 12. 7; 13. 18; 22. 9; 33. 20.

35. 1. Ex. 17. 15. *called.* Ps. 116. 17.

26 *Abimelech.* ch. 20. 3; 21. 22-32. *Phichol.* Phichol, as well as Abimelech, 'father king,' seems to have been a name of office or dignity among the Philistines; for it is not probable that they were the same as are mentioned in the days of Abraham (ch. 21. 22, 32.)

27 *seeing.* ver. 14, 16. Ju. 11. 7. Ac. 7. 9, 14, 27, 35. Re. 3. 9. *sent me.* ver. 16.

28 *We saw certainly. Heb.* Seeing we saw. *was with.* ch. 21. 22, 23; 39. 5. Jos. 3. 7. 2 Ch. 1. 1. Is. 45. 14; 60. 14; 61. 6, 9. Ro. 8. 31. 1 Co. 14. 25. He. 13. 5. *Let there.* ch. 21. 31, 32; 24. 3, 41; 31. 49-53. He. 6. 16.

29 *That thou wilt. Heb.* If thou shalt, etc. *not.* ver. 11, 14, 15. *the blessed.* ver. 12; ch. 12. 2; 21. 22; 22. 17; 24. 31. Ps. 115. 15.

30 ch. 19. 3; 21. 8; 31. 54. Ro. 12. 18. He. 12. 14. 1 Pe. 4. 9.

31 *betimes.* ch. 19. 2; 21. 14; 22. 3; 31. 55. *sware.* ch. 14. 22; 21. 23, 31, 32; 25. 33; 31. 44. 1 Sa. 14. 24; 20. 3, 16, 17; 30. 15. He. 6. 16.

32 *We have.* ver. 25. Pr. 2. 4, 5; 10. 4; 13. 4. Mat. 7. 7.

33 *Shebah. i.e.* an oath. *therefore.* ch. 21. 31. *Beer-sheba. i.e.* the well of the oath. ver. 28. This may have been the same city which was called Beer-sheba a hundred years before this, in the time of Abraham; but as the well, from which it had its name originally, was closed up by the Philistines, the name of the place might have been abolished with the well; when, therefore, Isaac re-opened it, he restored the ancient name of the place.

34 A.M. 2208. B.C. 1796. *And Esau.* ch. 36. 2. 5, 13. *the daughter.* ch. 24. 3. Ex. 34. 16. 1 Co. 7. 2. He. 12. 16. *Bashemath.* ch. 36. 2.

35 *Which.* ch. 6. 2; 27. 46; 28. 1, 2, 8. *grief of mind. Heb.* bitterness of spirit.

## CHAP. XXVII.

*Isaac sends Esau for venison,* 1-5. *Rebekah instructs Jacob to obtain the blessing,* 6-13. *Jacob, feigning to be Esau, obtains it,* 14-29. *Esau brings venison,* 30-32. *Isaac trembles,* 33. *Esau complains, and by importunity obtains a blessing,* 34-40. *He threatens Jacob's life,* 41. *Rebekah disappoints him, by sending Jacob away,* 42-46.

1 A.M. 2244. B.C. 1760. *dim.* ch. 48. 10. 1 Sa. 3. 2. Ec. 12. 3. Jno. 9. 3. *eldest son.* ch. 25. 23-25.

2 *I know not.* ch. 48. 21. 1 Sa. 20. 3. Pr. 27. 1. Ec. 9. 10. Is. 38. 1, 3. Mar. 13. 35. Ja. 4. 14.

3 *take, I.* ch. 10. 9; 25. 27, 28. *take me. Heb.* hunt. ch. 25. 27, 28. 1 Co. 6. 12.

4 *that I may eat.* The blessing, says Dr. A. CLARKE, which Isaac was to confer on his son, was a species of *divine right,* and must be communicated with appropriate ceremonies. As eating and drinking were used among the Asiatics on almost all religious occasions, and especially in making and confirming covenants, it is reasonable to suppose, that something of this kind was essentially necessary on this occasion; and that Isaac could not convey the *right,* till he had eaten of the meat provided for the purpose by *him* who was to receive the blessing. *that my.* ver. 7, 23, 25, 27; ch. 14. 19; 24. 60; 28. 3; 48. 9, 15-20; 49. 28. Le. 9. 22, 23. De. 33. 1, etc. Jos. 14. 13; 22. 6. Lu. 2. 34; 24. 51. He. 11. 20.

7 *before the.* De. 33. 1. Jos. 6. 26. 1 Sa. 24. 19.

8 ver. 13; ch. 25. 23. Ac. 4. 19; 5. 29. Ep. 6. 1.

9 *two.* Ju. 13. 15. 1 Sa. 16. 20. *savoury. matammim,* from *taam,* to taste or relish: how dressed is uncertain, but its name declares its nature. ver. 4.

11 *hairy man.* ch. 25. 25.

12 *feel.* ver. 22. Job 12. 16. 2 Co. 6. 8. *a deceiver.* ver. 36; ch. 25. 27. 1 Th. 5. 22. *and I shall.* ch. 9. 25. De. 27. 18. Je. 48. 10. Mal. 1. 14.

13 *Upon.* ch. 25. 23, 33; 43. 9. 1 Sa. 14. 24-28, 36-45; 25. 24. 2 Sa. 14. 9. Mat. 27. 25.

14 *mother.* ver. 4, 7, 9, 17, 31; ch. 25. 28. Ps. 141. 4. Pr. 23. 2, 3. Lu. 21. 34.

15 *goodly raiment. Heb.* desirable. ver. 27. The Septuagint translates it 'a goodly robe,' which was a long garment that great men used to wear, (Lu. 20. 46; 15. 22.) The priest afterwards in the law had 'holy garments' to minister in, (Ex. 28. 2-4.) Whether the first-born before the law had such to minister in is not certain; for, had they been *common* garments, why did not Esau himself or his wives keep them? But being, in likelihood, holy robes, received from their ancestors, the mother of the family kept them in sweet chests, from moths and the like; whereupon it is said, (ver. 27,) 'Isaac smelled the smell of his garments.'

16 *skins.* Travellers inform us, that the Eastern goats have long, fine, and beautiful hair, of the most delicate silky softness; indeed the animals generally in those hot countries are not covered with so thick a coat of hair as they are in more northerly regions; so that Isaac might easily be deceived, when his eyes were dim, and his feeling no less impared than his sight.

19 *I am.* ver. 21, 24, 25; ch. 25. 25; 29. 23-25. 1 Ki. 13. 18; 14. 2. Is. 28. 15. Zec. 13. 3, 4. Mat. 26. 70-74. *that thy.* ver. 4.

20 *Because.* Ex. 20. 7. Job 13. 7. *to me. Heb.* before me.

21 *Come.* Ps. 73. 28. Is. 57. 19. Ja. 4. 8. *may feel.* ver. 12.

22 *The voice.* How wonderful, says Mr. SCOTT, is that difference which there is betwixt the faces and the voices of the several individuals of the human species! Scarcely any two of the innumerable millions are exactly alike in either, and yet the difference cannot be defined or described! The power, wisdom, and kindness of our Creator should be admired and adored in this remarkable circumstance; for they are very visible. This description of Jacob is not unaptly accommodated to the character of a hypocrite: his *voice,* his language, is that of a Christian; his *hands,* or conduct, that of an ungodly man: but the judgment will proceed from God, the Judge of all, at the last day, as in the present case, not by the *voice,* but by the *hands.*

23 *his hands.* ver. 16. *he blessed.* Ro. 9. 11, 12. He. 11. 20.

24 *I am.* 1 Sa. 21. 2, 13; 27. 10. 2 Sa. 14. 5. Job 13. 7, 8; 15. 5. Pr. 12. 19, 22; 30. 8. Zec. 8. 16. Ro. 3. 7, 8. Ep. 4. 25. Col. 3. 9.

25 *that my.* ver. 4.

27 *blessed.* He. 11. 20. *the smell of a field.* A field where aromatic plants, flowers, fruits, and spices grew in abundance, with which these garments (see ver. 15) of Esau might probably have been perfumed by being laid up with them. Ca. 2. 13; 4. 11-44; 7. 12, 13. Ho. 14. 6, 7. *which.* ch. 26. 12. He. 6. 7.

28 *of the dew.* De. 11. 11, 12; 32. 2; 33. 13, 28. 2 Sa. 1. 21. 1 Ki. 17. 1. Ps. 65. 9-13; 133. 3. Is. 45. 8. Je. 14. 22. Ho. 14. 5-7. Mi. 5. 7. He. 11. 20. *the fatness.* ver. 39; ch. 45. 18; 49. 20. Nu. 13. 20. Ps. 36. 8. Ro. 11. 17. *plenty.* De. 7. 13; 8. 7-9; 33. 28. Jos. 5. 6. 1 Ki. 5. 11. 2 Ch. 2. 10. Ps. 65. 9, 13; 104. 15. Joel 2. 19. Zec. 9. 17.

29 *Let people.* ch. 9. 25, 26; 22. 17, 18; 49. 8-10. 2 Sa. ch. 8; 10. 1 Ki. 4. 21. Ps. 2. 6-9; 72. 8. Is. 9. 7. Da. 2. 44, 45. Re. 19. 16. *be lord.* ver. 37; ch. 25. 22, 23, 33. 2 Sa. 8. 14. 1 Ki. 11. 15, 16; 22. 47. 1 Ch. 5. 2. 2 Ch. 25. 11-14. Ps. 60, title. Is. 63. 1-6. Mal. 1. 2-5. Ro. 9. 12. *cursed.* ch. 12. 3. Nu. 22. 11, 12; 23. 8; 24. 9. Zep. 2. 8, 9. Mat. 25. 40, 45.

31 *eat.* ver. 4.

33 *trembled very exceedingly. Heb.* trembled with a great trembling greatly. Job 21. 6; 37. 1. Ps. 55. 5. *taken. Heb.* hunted. *thou camest.* ver. 25.

*yea.* ch. 28. 3, 4. Jno. 10. 10, 28, 29. Ro. 5. 20, 21; 11. 29. Ep. 1. 3. He. 11. 20.

34 *he cried.* 1 Sa. 30. 4. Pr. 1. 24-28, 31; 19. 3. Lu. 13. 24-28. He. 12. 17.

35 ver. 19-23. 2 Ki. 10. 19. Job 13. 7. Mal. 2. 10. Ro. 3. 7, 8. 2 Co. 4. 7. 1 Th. 4. 6.

36 *Jacob. i.e.* a supplanter. ch. 25. 26, 31-34; 32. 28. Jno. 1. 47. *he took.* ch. 25. 26, 33, 34.

37 *I have.* ver. 29; ch. 25. 23. 2 Sa. 8. 14. Ro. 9. 10-12. *with.* ver. 28. *sustained. or,* supported.

38 ver. 34, 36. ch. 49. 28. Pr. 1. 24-26. Is. 32. 10-12; 65. 14. He. 12. 17.

39 *Behold.* ch. 36. 6-8. Jos. 24. 4. He. 11. 20. *the fatness. or,* of the fatness. ver. 28. It is here foretold, says Bp. NEWTON, that as to temporal advantages, the two brothers should be much alike. (See ver. 28.) Esau had cattle, beasts, and substance in abundance, and he went to dwell in Mount Seir of his own accord. When the Israelites desired leave to pass through the territories of Edom, the country abounded with *fruitful fields* and *vineyards.* (Nu. 20. 17.)

40 *thy sword.* ch. 32. 6. Mat. 10. 34. *serve.* ch. 25. 23. 2 Sa. 8. 14. 1 Ki. 11. 15-17. 2 Ki. 14. 7, 10. 1 Ch. 18. 11-13. 2 Ch. 25. 11, 12. Ps. 60. 8. Ob. 17-21. *that thou.* 2 Ki. 8. 20-22. 2 Ch. 21. 8, 10; 28. 17.

41 *hated.* ch. 4. 2-8; 37. 4, 8. Eze. 25. 12-15; 35. 5. Am. 1. 11, 12. Ob. 10-14. 1 Jno. 3. 12-15. *The days.* ch. 35. 29; 50. 3, 4, 10, 11. De. 34. 8. 2 Ch. 35. 24. Ps. 35. 14. *then.* ch. 32. 6. 2 Sa. 13. 28, 29. Ps. 37. 12, 13, 16; 140. 4, 5; 142. 3. Pr. 1. 12, 13, 16; 6. 14. Ec. 7. 9. Ob. 10. Ep. 4. 26, 27. Tit. 1. 15, 16; 3. 3. 1 Jno. 3. 12-15.

42 *comfort himself.* ch. 37. 18-20; 42. 21, 22. 1 Sa. 30. 5. Job 20. 12-14. Ps. 64. 5. Pr. 2. 14; 4. 16, 17.

43 *obey.* ver. 8, 13; ch. 28. 7. Pr. 30. 17. Je. 35. 14. Ac. 5. 29. *Haran.* ch. 11. 31; 12. 4, 5; 28. 10.

44 *a few days.* ch. 31. 38.

45 *then I.* Pr. 19. 21. La. 3. 37. Ja. 4. 13-15. *why.* ch. 4. 8-16; 9. 5, 6. 2 Sa. 14. 6, 7. Ac. 28. 4.

46 *I am.* Nu. 11. 15. 1 Ki. 19. 4. Job 3. 20-22; 7. 16; 14. 13. Jon. 4. 3, 9. *because.* ch. 26. 34, 35; 28. 8; 34. 1, 2. *if Jacob.* ch. 24. 3.

## CHAP. XXVIII.

*Isaac blesses Jacob, and sends him to Padan-aram,* 1-5. *Esau marries Mahalath the daughter of Ishmael,* 6-9. *Jacob journeys, and has a vision of a ladder,* 10-17. *The stone of Beth-el,* 18, 19. *Jacob's vow,* 20-22.

1 *blessed.* ver. 3, 4; ch. 27. 4, 27-33; 48. 15; 49. 28. De. 33. 1. Jos. 22. 7. *Thou shalt.* ch. 6. 2; 24. 3, 37; 26. 34, 35; 27. 46; 34. 9, 16. Ex. 34. 15, 16. 2 Co. 6. 14-16.

2 *Arise.* Ho. 12. 12. *Padan-aram.* ver. 5; ch. 22. 20-23; 24. 10, 15-24; 25. 20; 29. 1; 31. 18; 32. 10; 35. 9; 46. 15. *Laban.* ch. 24. 29, 50.

3 *God.* ch. 17. 1-6; 22. 17, 18; 35. 11; 43. 14; 48. 3. Ex. 6. 3. Ps. 127. 1. 2 Co. 6. 18. Re. 21. 22. *and make.* ch. 1. 28; 9. 1; 13. 16; 24. 60; 41. 52. Ps. 127. 3-5; 128. *a multitude. Heb.* an assembly.

4 *the blessing.* 12. 1-3, 7; 15. 5-7; 17. 6-8; 22. 17, 18. Ps. 72. 17. Ro. 4. 7, 8. Ga. 3. 8, 14. Ep. 1. 3. *wherein thou art a stranger. Heb.* of thy sojournings. ch. 17. 8. *which.* ch. 12. 7; 13. 14-17; 15. 18-21. Ps. 39. 12; 105. 6-12. He. 11. 9-13.

5 *sent away Jacob.* Whoever observes Jacob's life, after he had surreptitiously obtained his father's blessing, will perceive that he enjoyed very little worldly felicity. His brother purposed to murder him, to avoid which he was forced to flee from his father's house; his uncle Laban deceived him, as he had deceived his father, and treated him with great rigour; after a servitude of 21 years, he was obliged to leave him in a clandestine manner, not without danger of being brought back, or murdered by his enraged brother; no sooner were these fears over, than he experienced the baseness of his son Reuben, in defiling his bed; he had next to bewail the treachery and cruelty of Simeon and Levi towards the Shechemites; then he had to feel the loss of his beloved wife; he was next imposed upon by his own sons, and had to lament the supposed untimely end of Joseph; and to complete all, he was forced by famine to go into Egypt, and there died, in a strange land. So just, wonderful, and instructive are all the ways of Providence! *Padan-aram.* See ver. 2.

6 *Esau.* ch. 27. 33. *Thou.* See ver. 1.

7 ch. 27. 43. Ex. 20. 12. Le. 19. 3. Pr. 1. 8; 30. 17. Ep. 6. 1. 3. Col. 3. 20.

8 *the daughters.* ver. 1; ch. 24. 3; 26. 34, 35. *pleased not. Heb. were* evil in the eyes. 1 Sa. 8. 6.

9 *unto Ishmael.* ch. 25. 13-17; 36. 3, 13, 18. *Mahalath. called also,* Bashemath. ch. 36. 3. *the sister.* [ch. 25. 13.

10 ch. 11. 31; 32. 10. Ho. 12. 12. Ac. 7. 2.

11 *took.* ver. 18; ch. 31. 46. Mat. 8. 20. 2 Co. 1. 5. *put them.* This should be 'put *it*;' for we find (ver. 18) it was only *one* stone.

12 *he dreamed.* ch. 15. 1, 12; 20. 3, 6, 7; 37. 5-11; ch. 40; 41. Nu. 12. 6. Job 4. 12-21; 33. 15, 16. Da. ch. 2; 4; 7. 1. Mat. 1. 20; 2. 12, 13, 19. He. 1. 1. *ladder.* ch. 32. 1, 2. 2 Ch. 16. 9. Is. 41. 10. Jno. 1. 51. 2 Ti. 4. 16, 17. He. 1. 14.

13 *the Lord stood.* ch. 35. 1, 6, 7; 48. 3. *I am.* ch. 15. 1; 17. 6, 7; 26. 24; 31. 42; 32. 9; 46. 3. Ex. 3. 6, 15, 16. Mat. 22. 32. He. 11. 16. *the land.* ver. 4; ch. 12. 7; 13. 15; 35. 12, 15, 17. Ps. 105. 11. Eze. 37. 24, 25. Ac. 7. 5.

14 *thy seed.* ch. 13. 16; 32. 12; 35. 11, 12. Nu. 23. 10. Ac. 3. 25. Re. 7. 4, 9. *spread abroad. Heb.* break forth. *to the west.* ch. 13. 14. De. 12. 20. Mat. 8. 11. *and in thee.* ch. 12. 3; 18. 18; 22. 18; 26. 4. Ps. 72. 17. Ac. 3. 25. Ga. 3. 8, 16. Ep. 1. 3.

15 *I am.* ver. 20, 21; ch. 26. 24; 31. 3; 32. 9; 39. 2, 21; 46. 4. Ex. 3. 12. Ju. 6. 16. Ps. 46. 7, 11. Is. 7. 14; 8. 10; 41. 10; 43. 2. Je. 1. 19. Mat. 18. 20; 28. 20. Ro. 8. 31, 32. 1 Ti. 4. 8. *keep.* ch. 48. 16. Ps. 121. 5-8. *bring.* ch. 35. 6, 7. *for I.* De. 31. 6. Jos. 1. 5. 1 Ki. 8. 57. Jno. 10. 28, 29. He. 13. 5, 6. Jude 1. *until.* Nu. 23. 19. Jos. 23. 14-16. Mat. 24. 35.

16 *and I.* Ex. 3. 5; 15. 11. Jo. 5. 15. 1 Sa. 3. 4-7. Job 9. 11; 33. 14. Ps. 68. 35. Is. 8. 13.

17 *he was.* Ex. 3. 6. Ju. 13. 22. Mat. 17. 6. Lu. 2. 9; 8. 35. Re. 1. 17. *the house.* ver. 22; ch. 35. 1-13. 2 Ch. 5. 14. Ec. 5. 1. 1 Ti. 3. 15. He. 10. 21. 1 Pe. 4. 17.

18 *rose up.* ch. 22. 3. Ps. 119. 60. Ec. 9. 10. *and took.* The practice of setting up stones as a memorial by travellers still exists in Persia, and other parts of the East. *set it.* ch. 31. 13, 45; 35. 14, 20. Jo. 24. 26, 27. 1 Sa. 7. 12. 2 Sa. 18. 18. Is. 19. 19. *poured.* Le. 8. 10-12. Nu. 7. 1.

19 *the name.* ch. 12. 8; 35. 1; 48. 3. Ju. 1. 22-26. 1 Ki. 12. 29. Ho. 4. 15; 12. 4, 5. *Beth-el. i.e.* the house of God.

20 *vowed.* ch. 31. 13. Le. ch. 27. Nu. 6. 1-20; 21. 2, 3. Ju. 11. 30, 31. 1 Sa. 1. 11, 28; 14. 24. 2 Sa. 15. 8. Ne. ch. 9; 10. Ps. 22. 25; 56. 12; 61. 5, 8; 66. 13; 76. 11; 116. 14, 18; 119. 106; 132. 2. Ec. 5. 1-7. Is. 19. 21. Jno. 1. 16. Ac. 18. 18; 23. 12-15. *If God.* See on ver. 15. *will give.* 1 Ti. 6. 8.

21 *I come.* Ju. 11. 31. 2 Sa. 19. 24, 30. *then.* Ex. 15. 2. De. 26. 17. 2 Sa. 15. 8. 2 Ki. 5. 17.

22 *God's.* ver. 17; ch. 12. 8; 21. 33; 33. 20; 35. 1, 15. *I will.* ch. 14. 20. Le. 27. 30-33. De. 14. 22, 23.

## CHAP. XXIX.

*Jacob comes to the well of Haran,* 1-8. *He becomes acquainted with Rachel,* 9-12. *Laban entertains him,* 13-17. *Jacob covenants for Rachel,* 18-22. *He is deceived by Laban with Leah,* 23-27. *He marries also Rachel, and serves for her seven years more,* 28-31. *Leah bears Reuben,* 32; *Simeon,* 33; *Levi,* 34; *and Judah,* 35.

1 *Jacob.* Ps. 119. 32, 60. Ec. 9. 7. *went on his journey. Heb.* lifted up his feet. *came.* ch. 22. 20-23; 24. 10; 25. 20; 28. 5-7. Nu. 23. 7. Ju. 6. 3, 33; 7. 12; 8. 10. 1 Ki. 4. 30. Ho. 12. 12. *people. Heb.* children. *east.* The district of Mesopotamia, and the whole country beyond the Euphrates, are called *Kedem,* or the East, in the Sacred Writings.

2 *a well.* ch. 24. 11, 13. Ex. 2. 15, 16. Jno. 4. 6, 14. *there.* Ps. 23. 2. Ca. 1. 6, 7. Is. 49, 10. Re. 7. 17. *a great stone.* In Arabia, and other places in the East, they cover up their wells of water, lest the sand, which is put in motion by the winds, should fill and quite stop them up. So great was their care not to leave the well open any length of time, that they waited till the flocks were all gathered together before they began to draw water; and when they had finished, the well was immediately closed again.

3 *the flocks.* Instead of *haädarim*, 'the flocks,' the Samaritan reads *haroim*, 'the shepherds,' as does also the Arabic in WALTON's Polyglott. This verse describes what was usually done by some mutual compact among the shepherds, and shows the purpose for which the flocks lay by the well; for the stone was not removed till *all* the flocks had been collected. SCOTT.

4 *Of Haran.* ch. 11. 31; 24. 10; 27. 43; 28. 10. Ac. 7. 2, 4. Charran.

5 *son of.* ch. 24. 24, 29; 31. 53.

6 *Is he well? Heb.* there peace to him? ch. 37. 14; 43. 27. Ex. 18. 7. 1 Sa. 17. 22; 25. 5. 2 Sa. 20. 9.

7 *Lo.* Ga. 6. 9, 10. Ep. 5. 16. *it is yet high day. Heb.* yet the day *is* great.

8 *until.* ver. 3; ch. 34. 14; 43. 32. *roll.* Mar. 16. 3. Lu. 24. 2.

9 *Rachel.* ch. 24. 15. Ex. 2. 15, 16, 21. Ca. 1. 7, 8. *for she kept them.* In those primitive times, a pastoral life was not only considered useful but honourable: nor was it beneath the dignity of the daughters of the most opulent chiefs to carry water from the well, or tend the sheep. Jacob, Moses, and David were shepherds.

10 *rolled.* Ex. 2. 17.

11 *kissed.* ver. 13; ch. 27. 26; 33. 4; 43. 30; 45. 2, 14, 15. Ex. 4. 27; 18. 7. Ro. 16. 16. *and wept.* ch. 33. 4; 43. 30; 45. 2, 14, 15.

12 *brother.* ch. 13. 8; 14. 14-16. *and she.* ch. 24. 28.

13 *tidings. Heb.* hearing. *he ran.* ch. 24. 29. *kissed.* ch. 45. 15. Ex. 4. 27; 18. 7. 2 Sa. 19. 39. Lu. 7. 45. Ac. 20. 37. Ro. 16. 16. *all these.* Col. 4. 5.

14 *art my.* ver. 12, 15; ch. 2. 23; 13. 8. Ju. 9. 2. 2 Sa. 5. 1; 19. 12, 13. Mi. 7. 5. Ep. 5. 30. *the space of a month. Heb.* a month of days.

15 *tell me.* ch. 30. 28; 31. 7.

16 *was Leah.* ver. 17, 25-32; ch. 30. 19; 31. 4; 33. 2; 35. 23; 46. 15; 49. 31. Ru. 4. 11.

17 *Rachel.* ver. 6-12, 18; ch. 30. 1, 2, 22; 35. 19, 20, 24; 46. 19-22; 48. 7. 1 Sa. 10. 2. Je. 31. 15. Mat. 2. 18. *beautiful.* ch. 12. 11; 24. 16; 39. 6. Pr. 31. 30.

18 *loved.* ver. 20, 30. *I will serve.* In ancient times, it was a custom among many nations to give dowries for their wives; but Jacob, being poor, offered for Rachel seven years' service. ch. 31. 41; 34. 12. Ex. 22. 16, 17. 2 Sa. 3. 14. Ho. 3. 2; 12. 12.

19 Ps. 12. 2. Is. 6. 5, 11.

20 A.M. 2251. B.C. 1753. *served.* ch. 30. 26. Ho. 12. 12. *for the love.* ch. 24. 67. Ca. 8. 6, 7. 1 Co. 13. 7. 2 Co. 5. 14. Ep. 5. 2.

21 *Give me.* Mat. 1. 18. *my days.* ver. 18, 20; ch. 31. 41. *go in.* ch. 4. 1; 38. 16. Ju. 15. 1.

22 *and made.* Ju. 14. 10-18. Ru. 4. 10-13. Mat. 22. 2-10; 25. 1-10. Jno. 2. 1-10. Re. 19. 9.

23 *brought her.* ch. 24. 65; 38. 14, 15. Mi. 7. 5.

24 *Zilpah.* ch. 16. 1; 24. 59; 30. 9-12; 46. 18.

25 *in the morning.* 1 Co. 3. 13. *wherefore.* ch. 27. 35, 36. Ju. 1. 7. Pr. 11. 31. Mat. 7. 2, 12. Jno. 21. 17. Re. 3. 19.

26 *country. Heb.* place.

27 *week.* ch. 2. 2, 3; 8. 10-12. Le. 18. 18. Ju. 14. 10, 12. Mal. 2. 15. Mal. 19. 5. 1 Ti. 6. 10. *we will.* ver. 20.

28 *fulfilled her week.* The public marriage feast made on this occasion, seems to have formed the regular method of recognising the marriage, and lasted seven days: it would therefore have been improper to have broken off the solemnities to which all the men of the place had been invited (ver. 22) and probably Laban wished to keep the fraud from the public eye. It is perfectly plain that Jacob did not serve seven years more before he got Rachel to wife.

29 *Bilhah.* See on ver. 24; ch. 30. 3-8; 35. 22, 25; 37. 2.

30 *he loved.* ver. 20, 31; 44. 20, 27. De. 21. 15. Mat. 6. 24; 10. 37. Lu. 14. 26. Jno. 12. 25. *served.* ver. 18; ch. 30, 25, 26; 31. 15, 41. 1 Sa. 18. 17-27. Ho. 12. 12.

31 *saw.* Ex. 3. 7. *was hated.* ver. 30; ch. 27. 41. De. 21. 15. Mal. 1. 3. Mat. 6. 24; 10. 37. Lu. 14. 26. Jno. 12. 25. *he opened.* ch. 16. 1; 20. 18; 21. 1, 2; 25. 21; 30. 1, 2, 22. Ju. 13. 2, 3. 1 Sa. 1. 5, 20, 27; 2. 21. Ps. 127. 3. Lu. 1. 7.

32 A.M. 2252. B.C. 1752. *his name.* ch. 35. 22; 37. 21, 22, 29; 42. 22, 27; 46. 8, 9; 49. 3, 4. 1 Ch. 5. 1. *Reuben. that is,* See a son. *looked.* Ex. 3. 7; 4. 31. De. 26. 7. 1 Sa. 1. 11, 20. 2 Sa. 16. 12. Ps. 25. 18; 106. 44. Lu. 1. 25.

33 A.M. 2253. B.C. 1751. *Because.* ch. 30. 6, 8, 18, 20. *called.* ch. 34. 25, 30; 35. 23; 42. 24; 49. 5, 6. *Simeon. that is,* Hearing.

34 A.M. 2254. B.C. 1750. *was.* ch. 34. 25; 35. 23; 46. 11; 49. 5-7. Ex. 2. 1; 32. 26-29. De. 33. 8-10. *Levi. that is,* joined. Nu. 18. 2-4.

35 A.M. 2255. B.C. 1749. *called.* ch. 35. 26; ch. 38; 43. 8, 9; 44. 18-34; 46. 12; 49. 8-12. De. 33. 7. 1 Ch. 5. 2. Mat. 1. 2. *Judah. that is,* Praise. *left bearing. Heb.* stood from bearing. ch. 49. 8. *That is,* for a time; for she had several children afterwards. (See ch. 30. 17, etc.).

## CHAP. XXX.

*Rachel, in grief for her barrenness, gives Bilhah her maid unto Jacob,* 1-4. *Bilhah bears Dan and Naphtali,* 5-8. *Leah gives Zilpah her maid, who bears Gad and Asher,* 9-13. *Reuben finds mandrakes, with which Leah buys her husband's company of Rachel,* 14-16. *Leah bears Issachar, Zebulun, and Dinah,* 17-21. *Rachel bears Joseph,* 22-24. *Jacob desires to depart,* 25, 26. *Laban detains him on a new agreement,* 27-36. *Jacob's policy, whereby he becomes rich,* 37-43.

1 *When Rachel.* ch. 29. 31. *Rachel envied.* Envy and jealousy are most tormenting passions to the breast which harbours them, vexatious to all around, and introductory to much impatience and ungodliness. 'Who is able to stand before envy?' ch. 37. 11. 1 Sa. 1. 4-8. Ps. 106. 16. Pr. 14. 30. Ec. 4. 4. 1 Co. 3. 3. Ga. 5. 21. Tit. 3. 3. Ja. 3. 14; 4. 5. *or else I die.* ch. 35. 16-19; 37. 11. Nu. 11. 15, 29. 1 Ki. 19. 4. Job 3. 1-3, 11, 20-22; 5. 2; 13. 19. Je. 20. 14-18. Jno. 4. 3, 8. 2 Co. 7. 10.

2 *anger.* ch. 31. 36. Ex. 32. 19. Mat. 5. 22. Mar. 3. 5. Ep. 4. 26. *Am I.* ch. 16. 2; 25. 21; 50. 19. 1 Sa. 1. 5; 2. 5, 6. 2 Ki. 5. 7. *withheld.* De. 7. 13, 14. Ps. 113. 9; 127. 3. Lu. 1. 42.

3 *Behold.* ver. 9; ch. 16. 2, 3. *she shall.* ch. 50. 23. Job 3. 12. *have children by her. Heb.* be built up by her. ch. 16. 2, marg. Ru. 4. 11.

4 *to wife.* ch. 16. 3; 21. 10; 22. 24; 25. 1, 6; 33. 2; 35. 22. 2 Sa. 12. 11.

6 A.M. 2256. B.C. 1748. *God.* ch. 29. 32-35. Ps. 35. 24; 43. 1. La. 3. 59. *Dan. that is,* Judging. ch. 35. 25; 46. 23; 49. 16, 17. De. 33. 22. Ju. 13. 2, 24; 15. 14-20.

7 A.M. 2257. B.C. 1747.

8 *great wrestlings. Heb.* wrestlings of God. ch. 23. 6; 32. 24. Ex. 9. 28. 1 Sa. 14. 15, marg. *and she.* ch. 35. 25; 46. 24; 49. 21. De. 33. 23. *Naphtali. that is,* My wrestling. ch. 32. 24, 25. Mat. 4. 13. *Nephthalim.*

9 A.M. 2256. B.C. 1748. *left.* ver. 17; ch. 29. 35. *gave her.* ver. 4; ch. 16. 3.

11 *she.* ch. 35. 26; 46. 16; 49. 19. De. 33. 20, 21. *Gad. that is,* A troop, or company. Is. 65. 11.

13 A.M. 2257. B.C. 1747. *Happy am I. Heb.* In my happiness. *will call.* Pr. 31. 28. Ca. 6. 9. Lu. 1. 48. *and she.* ch. 35. 26; 46. 17; 49. 20. De. 33. 24, 25. *Asher. that is,* Happy.

14 A.M. 2256. B.C. 1748. *mandrakes.* The mandrake may be the Hebrew *dudaïm:* it is so rendered by all the ancient versions, and is a species cf melon, of an agreeable odour. HASSELQUIST, speaking of Nazareth in Galilee, says, 'What I found most remarkable at this village was the great number of mandrakes which grew in a vale below it. I had not the pleasure of seeing this plant in blossom, the fruit now (*May 5th, O. S.*) hanging ripe on the stem, which lay withered on the ground. From the season in which this mandrake blossoms and ripens fruit, one might form a conjecture that it was Rachel's *dudaïm.* These were brought her in the wheat harvest, which in Galilee is in the month of May, about this time, and the mandrake was now in fruit.' The ABBE MARITI describes it as growing 'low like a lettuce, to which its leaves have a great resemblance, except that they have a dark green colour. The flowers are purple, and the root is for the most part forked. The fruit, when ripe in the beginning of May, is of the size and colour of a small apple, exceedingly ruddy, and of a most agreeable odour. Our guide thought us fools for suspecting it to be unwholesome.' Ca. 7. 13. *Give me.* ch. 25. 30.

15 Nu. 16. 9, 10, 13. Is. 7. 13. Eze. 16. 47. 1 Co. 4. 3.

17 A.M. 2257. B.C. 1747. ver. 6, 22. Ex. 3. 7. 1 Sa. 1. 20, 26, 27. Lu. 1. 13.

18 *and she.* ch. 35. 23; 46. 13; 49. 14, 15. De. 33. 18. 1 Ch. 12. 32. *Issachar. that is,* An hire.

20 A.M. cir. 2258. B.C. cir. 1746. *now will.* ver. 15; ch. 29. 34. *and she.* ch. 35. 23; 46. 14; 49. 13. Ju. 4. 10; 5. 14. Ps. 68. 27. *Zebulun. that is,* Dwelling. Mat. 4. 13. Zabulon.

21 A.M. cir. 2259. B.C. 1745. *and called.* ch. 34. 1-3, 26; 46. 15. *Dinah. that is,* Judgment.

22 *remembered.* ch. 8. 1; 21. 1; 29. 31. 1 Sa. 1. 19, 20. Ps. 105. 42. *opened.* ver. 2; ch. 21. 1, 2; 25. 21; 29. 31. Ps. 113. 9; 127. 3.

23 'Be fruitful and multiply,' was the blessing of God: barrenness therefore was reckoned a reproach. The intense desire of having children, observable among the Jewish women, arose not only from this reproach of barrenness, but from the hope of being the mother of the promised seed, and Him in whom all the nations of the earth were to be blessed. ch. 29. 31. 1 Sa. 1. 5, 6. Is. 4. 1. Lu. 1. 21, 25, 27.

24 *And she.* ch. 35. 24; 37. 2, 4; ch. 39; 42. 6; 48. 1, etc.; 49. 22-26. De. 33. 13-17. Eze. 37. 16. Ac. 7. 9-15. He. 11. 21, 22. Re. 7. 8. *Joseph. that is,* Adding. ch. 35. 17, 18.

25 *Send me away.* ch. 24. 54, 56. *mine.* ch. 18. 33; 31. 55. *and to.* ch. 24. 6, 7; 26. 3; 27. 44, 45; 28. 13, 15; 31. 13. Ac. 7. 4, 5. He. 11. 9, 15, 16.

26 *my wives.* ch. 29. 19, 20, 30; 31. 26, 31, 41. Ho. 12. 12. *for thou.* ver. 29, 30; ch. 31. 6, 38-40.

27 *favour.* ch. 18. 3; 33. 15; 34. 11; 39. 3-5, 21; 47. 25. Ex. 3. 21. Nu. 11. 11, 15. Ru. 2. 13. 1 Sa. 16. 22. 1 Ki. 11. 19. Ne. 1. 11; 2. 5. Da. 1. 9. Ac. 7. 10. *the Lord.* ver. 30; ch. 12. 3; 26. 24; 39. 2-5, 21-23. Ps. 1. 3. Is. 6. 13; 61. 9; 65. 8.

28 ch. 29. 15, 19.

29 See on ver. 5; ch. 31. 6, 38-40. Mat. 24. 45. Ep. 6. 5-8. Col. 3. 22-25. Tit. 2. 9, 10. 1 Pe. 2. 15, 18.

30 *increased. Heb.* broken forth. ver. 43. *and the.* ver. 27. *since my coming. Heb.* at my foot. De. 11. 10. *when.* 2 Co. 12. 14. 1 Ti. 5. 8.

31 2 Sa. 21. 4-6. Ps. 118. 8. He. 13. 5.

32 *of such.* ver. 35; ch. 31. 8, 10.

33 *righteousness.* ch. 31. 37. 1 Sa. 26. 23. 2 Sa. 22. 21. Ps. 37. 6. *answer.* Is. 59. 12. *in time to come. Heb.* to-morrow. Ex. 13. 14. *that shall be.* Supply the ellipsis by inserting 'if found,' after 'stolen,' and the sense will be clear.

34 Nu. 22. 29. 1 Co. 7. 7; 14. 5. Ga. 5. 12.

35 *he removed.* From this it appears, that, as Jacob had agreed to take all the parti-coloured for his wages, and was now only beginning to act upon this agreement, and consequently had as yet no right to any of the cattle, therefore Laban separated from the flock all such cattle as Jacob might afterwards claim in consequence of his bargain, leaving only the black and white with Jacob. *the hand.* ch. 31. 9.

37 *Jacob.* ch. 31. 9-13. *green poplar. Livneh* is the *white poplar,* so called from the whiteness of its leaves, bark, and wood, from *lavan,* to be white. *hasel.* JEROME, HILLER, CELSIUS, Dr. SHAW, BOCHART, and other learned men, say, that *luz* is not the '*hazel,*' but the almond-tree, as the word denotes both in Arabic and Syriac. *chesnut tree.* The Heb. word *ărmon,* signifies 'the plane-tree,' so called from the bark naturally peeling off, and leaving the trunk *naked,* as its root *ăram,* signifies. Eze. 31. 8.

39 *brought forth.* ch. 31. 9-12, 38, 40, 42. Ex. 12. 35, 36.

41 *whensoever the stronger cattle did conceive.* As the means which Jacob used would not in general produce similar effects, nay, probably the experiment was never in any other instance tried with effect, it is more in harmony with Divine truth to suppose that he was directed by some Divine intimation; and rendered successful, if not by a direct miracle, yet at least by the Lord's giving a new and uncommon bias to the tendency of natural causes.

43 ver. 30; ch. 13. 2; 24. 35; 26. 13, 14; 28. 15; 31. 7, 8, 42; 32. 10; 33. 11; 36. 7. Ec. 2. 7. Eze. 39. 10. The Lord will, in one way or other, honour those who simply trust his providence.

## CHAP. XXXI.

*Jacob, displeased with the envy of Laban and his sons, departs secretly,* 1-21. *Rachel steals her father's images,* 19. *Laban pursues after him, and complains of the wrong,* 22-33. *Rachel's stratagem to hide the images,* 34, 35. *Jacob's complaint of Laban,* 36-42. *The covenant of Laban and Jacob at Galeed,* 43-55.

1 *Jacob.* ver. 8, 9. Job 31. 31. Ps. 57. 4; 64. 3, 4; 120. 3-5. Pr. 14. 30; 27. 4. Ec. 4. 4. Eze. 16. 44. Tit. 3. 3. *glory.* 'Glory' is here used for 'wealth,' riches, or property; since those who possess riches, generally make them the subject of glory. The original word *cavod,* signifies both 'glory' and 'weight.' ch. 45. 13. Es. 5. 11. Job 31. 24, 25. Ps. 17. 14; 49. 16, 17. Ec. 4. 4. Is. 5. 14. Je. 9. 23. Mat. 4. 8. 1 Ti. 6. 4. 1 Pe. 1. 24.

2 *countenance.* ch. 4. 5. De. 28. 54. 1 Sa. 18. 9-11. Da. 3. 19. *it was.* ch. 30. 27. *as before. Heb.* as yesterday and the day before. Ex. 4. 10. De. 19. 4. 1 Sa. 19. 7, marg.

3 *Return.* ch. 28. 15, 20, 21, etc.; 32. 9; 35. 1; 46. 2, 3; 50. 24. Ps. 46. 1; 50. 15; 90. 15. *land.* ver. 13, 18; ch. 13. 15; 26. 3-5; 28. 4, 13, 15; 30. 25. *with thee.* ch. 21. 22; 26. 24; 28. 15; 32. 9. Is. 41. 10. He. 13. 5.

5 *I see.* ver. 2, 3. *the God.* ver. 3, 13, 42, 53. ch. 32. 9; 48. 15; 50. 17.

6 ver. 38-42; ch. 30. 29. Ep. 6. 5-8. Col. 3. 22-25. Tit. 2. 9, 10. 1 Pe. 2. 18.

7 *ten times.* The Hebrew, *ăsereth monim,* is literally, as AQUILA renders, 'ten numbers;' and SYMMACHUS, 'ten times in number;' which probably implies an indefinite number: see ver. 41. Le. 26. 26. Nu. 14. 22. Ne. 4. 12. Job 19. 3. Is. 4. 1. Zec. 8. 23. *God.* ver. 29; ch. 20. 6. Job 1. 10. Ps. 37. 28; 105. 14, 15. Is. 54. 17.

8 ch. 30. 32.

9 ver. 1, 16. Es. 8. 1, 2. Ps. 50. 10. Pr. 13. 22. Mat. 20. 15.

10 *a dream.* ver. 24; ch. 20. 6; 28. 12. Nu. 12. 6. De. 13. 1. 1 Ki. 3. 5. *rams. or,* he-goats. *ringstraked.* ch. 30. 39. *grisled.* The original word, *beroodim,* from *barad,* 'hail,' means marked with white spots like hail; to which our word *grisled,* from the old French *gresle,* now *grêle,* hail, perfectly agrees; hence *greslé,* spotted with white on a dark ground.

11 *the angel.* ver. 5, 13; ch. 16. 7-13; 18. 1, 17; 48. 15, 16. *Here am I.* ch. 22. 1. Ex. 3. 4. 1 Sa. 3. 4, 6, 8, 16. Is. 58. 9.

12 *Lift up.* ch. 30. 37-43. *I have seen.* ver. 42. Ex. 3. 7, 9. Le. 19. 13. De. 24. 15. Ps. 12. 5; 139. 3. Ec. 5. 8. Ac. 7. 34. Ep. 6. 9.

13 *the God.* ch. 28. 12-22; 35. 7. *return.* ver. 3; ch. 32. 9.

14 *Rachel.* Ru. 4. 11. *yet any.* ch. 2. 24; 29. 24, 29.

15 *sold us.* ver. 41; ch. 29. 15-20, 27-30; 30. 26. Ex. 21. 7-11. Ne. 5. 8.

16 *which God.* See on ver. 1, 9; ch. 30. 35-43. *whatsoever.* Ps. 45. 10.

17 *upon camels.* ch. 24. 10, 61. 1 Sa. 30. 17.

18 *for to go.* ch. 27. 1, 2, 41; 28. 21; 35. 27-29.

19 *images. Heb.* teraphim. ver. 30, 32; ch. 35. 2. Jos. 24. 2. Ju. 17. 4, 5; 18. 14-24, 31. 1 Sa. 19. 13. Eze. 21. 21. Ho. 3. 4. These might have been *images* devoted to superstitious or idolatrous purposes, as they are termed *gods* by Laban, in ver. 30. The Targums of ONKELOS and JONATHAN render it, *tzalmanaya,* 'images;' the LXX. and THEODORET, ειδωλα, 'idols;' AQUILA, μορφωματα, 'figures;' and the Persian, *asterlabha,* 'astrolabes.'

20 *unawares to Laban. Heb.* the heart of Laban. See references on ver. 27.

21 *passed.* ch. 2. 14; 15. 18. Jos. 24. 2, 3. *set his.* ch. 46. 28. Nu. 24. 1. 2 Ki. 12. 17. Je. 50. 5. Lu. 9. 51-53. *Gilead.* ver. 23. Nu. 32. 1. De. 3. 12. Jos. 13. 8, 9. Ju. 10. 18. 1 Ki. 17. 1.

22 ch. 30. 36. Ex. 14. 5, etc. Job 5. 12, 13.

23 ch. 13. 8; 24. 27. Ex. 2. 11, 13.

24 *the Syrian.* ch. 28. 5. De. 26. 5. Ho. 12. 12. *dream.* ver. 10, 29; ch. 20. 3; 40. 5; 41. 1. Nu. 12. 6; 22. 20, 26. 1 Ki. 3. 5. Job 33. 15-17, 25. Mat. 1. 20; 2. 12; 27. 19. *Take heed.* ver. 42; ch. 24. 50. Nu. 24. 13. 2 Sa. 13. 22. Ps. 105. 14, 15. Is. 37. 29. *either good or bad. Heb.* from good to bad.

25 ch. 12. 8; 33. 18. He. 11. 9.

26 *What.* ver. 36; ch. 3. 13; 4. 10; 12. 18; 20. 9, 10; 26. 10. Jos. 7. 19. 1 Sa. 14. 43; 17. 29. Jno. 18. 35. *carried.* ver. 16; ch. 2. 24; 34. 29. 1 Sa. 30. 2.

27 *Wherefore.* ver. 3-5, 20, 21, 31. Ju. 6. 27. *steal away from me. Heb.* hast stolen me. ver. 20, marg. *that I.* Pr. 26. 23-26. *with mirth.* ch. 24. 59, 60. Job 21. 11-14. *tabret.* Ex. 15. 20.

28 *kiss.* ver. 55; ch. 29. 13. Ex. 4. 27. Ru. 1. 9, 14. 1 Ki. 19. 20. Ac. 20. 37. *foolishly.* ver. 3, 13, 24. 1 Sa. 13. 13. 2 Ch. 16. 9. 1 Co. 2. 14.

29 *the power.* Ps. 52. 1. Jno. 19. 10, 11. *the God.* ver. 42, 53; ch. 28. 13. Jos. 24. 2, 3. 2 Ki. 19. 10. Da. 2. 47; 3. 28; 6. 20, 26. *yesternight.* ver. 24. *Take.* Ac. 5. 38, 39; 9. 5.

30 *my gods.* ver. 19. Ex. 12. 12. Nu. 33. 4. Ju. 6. 31; 18. 24. 1 Sa. 5. 2-6. 2 Sa. 5. 21. Is. 37. 19; 46. 1, 2. Je. 10. 11; 43. 12.

31 *Because.* ver. 26, 27; ch. 20. 11. Pr. 29. 25.

32 *whomsoever.* This was rash, and might have produced fatal effects; but Jacob was partial to Rachel, and did not suspect her; and he was indignant at being accused of a crime which he deeply abhorred. SCOTT. ver. 19, 30; ch. 44. 9-12. *before.* ver. 23; ch. 13. 8; 19. 7; 30. 33. 1 Sa. 12. 3-5. 2 Co. 8. 20, 21; 12. 17-19. *For Jacob.* 1 Sa. 14. 24-29.

33 *Leah's.* ch. 24. 28, 67.

34 *had taken.* ver. 17, 19. *furniture.* The word *car,* rendered 'furniture,' properly denotes 'a large round pannier,' placed one on each side of a camel, for a person, especially women, to ride in. It is a hamper, like a cradle, having a back, head, and sides, like a great chair. MORYSON describes them as 'two long chairs like cradles, covered with red cloth, to hang on the two sides of the camel.' HANWAY calls them *kedgavays,* which 'are a kind of covered chairs, which the Persians hang over their camels in the manner of panniers, and are big enough for one person to sit in.' THEVENOT, who calls them *counes,* says that they lay over them a cover, which keeps them both from the rain and sun; and MAILLET describes them as covered cages, hanging on each side of a camel. The late Editor of CALMET has furnished a correct delineation of these *cars,* as seen on one side of a camel, copied from DALTON's Prints of Egyptian Figures. *searched. Heb.* felt.

35 *my lord.* ch. 18. 12. Ex. 20. 12. Le. 19. 3. Ep. 6. 1. 1 Pe. 2. 18; 3. 6. *rise up.* Le. 19. 32. 1 Ki. 2. 19. *custom.* ch. 18. 11. Le. 15. 19.

36 *was wroth.* ch. 30. 2; 34. 7; 49. 7. Nu. 16. 15. 2 Ki. 5. 11; 13. 19. Pr. 28. 1. Mar. 3. 5. Ep. 4. 26. Ja. 1. 19, 20.

37 *set it here.* ver. 32. Jos. 7. 23. 1 Sa. 12. 3, 4. Mat. 18. 16. 1 Co. 6. 4, 5. 1 Th. 2. 10. He. 13. 18. 1 Pe. 2. 12; 3. 16.

38 *twenty.* ver. 41. *ewes.* ch. 30. 27, 30. Ex. 23. 26. De. 28. 4. *the rams.* Eze. 34. 2-4.

39 *torn of.* Ex. 22. 10, 31. Le. 22. 8. 1 Sa. 17. 34, 35. Jno. 10. 12, 13. *I bare.* Ex. 22. 10-13. *or stolen.* Lu. 2. 8.

40 Ex. 2. 19-22; 3. 1. Ps. 78. 70, 71. Ho. 12. 12. Lu. 2. 8. Jno. 21. 15-17. He. 13. 7. 1 Pe. 5. 2-4.

41 *fourteen.* ver. 38; ch. 29. 18-30; 30. 33-40. 1 Co. 15. 10. 2 Co. 11. 26. *ten times.* See on ver. 7.

42 *Except.* ver. 24, 29. Ps. 124. 1-3. *fear.* ver. 53; ch. 27. 33. Ps. 76. 11, 12; 124. 1. Is. 8. 13. *hath seen.* ver. 12; ch. 11. 5; 16. 11, 13; 29, 32. Ex. 3. 7. 1 Ch. 12. 17. Ps. 31. 7. Jude 9.

44 *let us.* ch. 15. 18; 21. 22-32; 26. 28-31. 1 Sa. 20. 14-17. *a witness.* ver. 48, 52; ch. 21. 30. De. 31. 19, 21, 26. Jos. 22. 27; 24. 25-27. God can put a bridle into the mouth of wicked men to restrain their malice; and then, though they have no love for his people, they will pretend to it, and try to make a merit of necessity. SCOTT.

45 ch. 28. 18-22.

46 *brethren.* ver. 23, 32, 37, 54. *Gather.* Jos. 4. 5-9, 20-24; 7. 26. 2 Sa. 18. 17. Ec. 3. 5. *an heap.* The word *gal,* rendered 'heap,' properly signifies a *round* heap or *circle;* probably like the Druidical remains in this country, which have been traced in India, Persia, Western Asia, Greece, and Northern Europe. These usually consist of irregular circles of large stones, with a principal one in the midst; the former probably being used for seats, and the latter for an altar; corresponding to the stone set up as a pillar by Jacob, and the heap of stones collected by his brethren. They appear to have been used, as *Gilgal* undoubtedly was, (Jos. 4. 5. Ju. 2. 1; 3. 19; ch. 20. 1 Sa. 7. 16; 10. 8, 17; 11. 15; 13. 7; 15. 33. 2 Sa. 19. 15, 40. 2 Ki. 2. 1.) as temples, and as places for holding councils, and assembling the people. For a satisfactory elucidation of this subject, consult the Fragments to Calmet, Nos. 156, 735, 736.

47 *Jegar-sahadutha. i.e.* the heap of witness. Chald. *Galeed. i.e.* the heap of witness. *Heb.* He. 12. 1.

48 *This heap.* Jos. 24. 27. *Galeed. or,* Gilead. ver. 23. De. 2. 36; 3. 16. Jos. 13. 8, 9.

49 *Mizpah. i.e.* a beacon, or watch-tower. Ju. 10. 17; 11. 11, 29. Mizpeh. 1 Sa. 7. 5. 1 Ki. 15. 22. Ho. 5. 1.

50 *afflict.* Le. 18. 18. Mat. 19. 5, 6. *God.* Ju. 11. 10. 1 Sa. 12. 5. Je. 29. 23; 42. 5. Mi. 1. 2. Mal. 2. 14; 3. 5. 1 Th. 2. 5.

51 *I have cast.* For *yarithi*, 'I have set up,' we may read, *yaritha*, 'THOU hast set up,' with one Heb. and one Sam. MS.: see ver. 45.

52 See on ver. 44, 45, 48.

53 *God of Abraham.* ch. 11. 24-29, 31; 17. 7; 22. 20-24; 24. 3, 4. Ex. 3. 6. Jos. 24. 2. *their father.* For *avihem*, 'THEIR father,' several MSS. read *avichem*, 'YOUR father,' for Terah was an idolater: see Jos. 24. 2. *judge.* ch. 16. 5. *sware.* ch. 14. 22; 21. 23, 24; 24. 3; 26. 28-31. *fear.* ver. 42. De. 6. 13.

54 *offered sacrifice. or,* killed beasts. *did eat.* ch. 21. 8; 26. 30; 37. 25. Ex. 18. 12. 2 Sa. 3. 20, 21.

55 *and kissed.* ver. 28; ch. 33. 4. Ru. 1. 14. *blessed.* ch. 24. 60; 28. 1. Nu. 23. 5, 8, 11. De. 23. 5. Pr. 16. 7. *returned.* ch. 18. 33; 30. 25. Nu. 24. 25. De. 32. 36. Ps. 76. 10. Ac. 28. 4, 5.

## CHAP. XXXII.

*Jacob's vision at Mahanaim,* 1, 2. *His message to Esau,* 3-5. *He is afraid of Esau's coming,* 6-8. *He prays for deliverance,* 9-12. *He sends a present to Esau, and passes the brook Jabbok,* 13-23. *He wrestles with an angel at Peniel, where he is called Israel,* 24-30. *He halts,* 31, 32.

1 *angels.* Ps. 91. 11. He. 1. 4. 1 Co. 3. 22. Ep. 3. 10.

2 *God's.* Jos. 5. 14. 2 Ki. 6. 17. Ps. 34. 7; 103. 21; 148. 2. Da. 10. 20. Lu. 2. 13. *the name.* Jos. 21. 38. 2 Sa. 2. 8, 12; 17. 24, 26, 27. 1 Ki. 2. 8; 4. 14. *Mahanaim. i.e.* two hosts, or camps. Ca. 6. 13. Mahanaim was situated between Gilead and the river Jabbok, near the present Djezan.

3 *sent.* Mal. 3. 1. Lu. 9. 52; 14. 31, 32. *land.* The land, or mountains, of Seir was situated south and east of the Dead Sea; forming a continuation of the eastern Syrian chain of mountains, beginning with Antilibanus, and extending from thence to the eastern gulf of the Red Sea. *Seir.* ch. 14. 6; 33. 14, 16; 36. 6-8. De. 2. 5, 22. Jos. 24. 4. *country. Heb.* field. *Edom.* See on ch. 25. 30.

4 *my lord.* ver. 5, 18; ch. 4. 7; 23. 6; 27. 29, 37; 33. 8. Ex. 32. 22. 1 Sa. 26. 17. Pr. 6. 3; 15. 1. Lu. 14. 11. 1 Pe. 3. 6. *servant.* 1 Ki. 20. 32. Ec. 10. 4.

5 *have oxen.* ch. 30. 43; 31. 1, 16; 33. 11. Job 6. 22. *may find.* ch. 33. 8, 15; 47. 25. Ru. 2. 2. 1 Sa. 1. 18. 2 Sa. 16. 4.

6 *and four.* ver. 8, 11; ch. 27. 40, 41; 33. 1. Am. 5. 19.

7 *greatly.* Ex. 14. 10. Ps. 18. 4, 5; 31. 13; 55. 4, 5; 61. 2; 142. 4. Mat. 8. 26. Jno. 16. 33. Ac. 14. 22. 2 Co. 1. 4, 8-10. 2 Ti. 3. 12. *distressed.* ch. 35. 3. Ps. 107. 6. *and he.* Ps. 112. 5. Pr. 2. 11. Is. 28. 26. Mat. 10. 16.

8 ch. 33. 1-3. Mat. 10. 16.

9 *Jacob.* 1 Sa. 30. 6. 2 Ch. 20. 6, 12; 32. 20. Ps. 34. 4-6; 50. 15; 91. 15. Phi. 4. 6, 7. *O God.* ch. 17. 7; 28. 13; 31. 29, 42, 53. Ex. 3. 6. *the Lord.* ch. 31. 3, 13.

10 *not worthy of the least of all. Heb.* less than all. ch. 18. 27. 2 Sa. 7. 18. Job 42. 5, 6. Ps. 16. 2. Is. 6. 5; 63. 7. Da. 9. 8, 9. Lu. 5. 8; 17. 10. 2 Co. 12. 11. 1 Ti. 1. 12-15. 1 Pe. 5. 5. 1 Jno. 1. 8-10. *mercies.* ch. 24. 27. Ps. 8. 5. *truth.* ch. 24. 27; 28. 15. Ps. 61. 7; 85. 10. Mi. 7. 20. *my staff.* ch. 28. 10, 11. Job 8. 7. Ps. 18. 35. *two bands.* ver. 5, 7; ch. 30. 43. De. 8. 18. Ps. 18. 35; 84. 7. Job 17. 9. Pr. 4. 18.

11 *Deliver.* 1 Sa. 12. 10; 24. 15. Ps. 16. 1; 25. 20; 31. 2; 43. 1; 59. 1, 2; 119. 134; 142. 6. Pr. 18. 19. Da. 3. 17. Mat. 6. 13. *the mother.* De. 22. 6. Ho. 10. 14. *with. Heb.* upon.

12 *thou.* ch. 32. 6. Ex. 32. 13. Nu. 23. 19. 1 Sa. 15. 29. Mat. 24. 35. 2 Ti. 2. 13. Tit. 1. 2. He. 6. 17. *I will.* ch. 28. 13-15; 46. 3, 4.

13 *which.* 1 Sa. 25. 8. *to his hand.* Or, 'under his hand' or power; *i.e.* what Providence had put in his power or possession. *a present.* ver. 20, 21; ch. 18. 2; 33. 10; 42. 6; 43. 11, 26. 1 Sa. 25. 27. Pr. 17. 8; 18. 16; 19. 6; 21. 14.

14 This was a princely present. The 'thirty milch camels' were particularly valuable; for among the Arabs they constitute a principal part of their riches; being every way so serviceable, that the providence of God appears peculiarly kind and wise in providing such animals for those countries, where no other animal could be of equal service. The she-camel gives milk continually, not ceasing even when with young; the milk of which, when mixed with three parts of water, affords the most pleasant and wholesome beverage. ch. 30. 43; 31. 9, 16. De. 8. 18. 1 Sa. 25. 2. Job 1. 3; 42. 12.

16 *space.* ver. 20; ch. 33. 8, 9. Ps. 112. 5. Pr. 2. 11. Is. 28. 26. Mat. 10. 16.

17 *Whose art.* ch. 33. 3.

18 See on ver. 4, 5.

20 *I will appease.* ch. 43. 11. 1 Sa. 25. 17-35. Job 42. 8, 9. Pr. 15. 18; 16. 14; 21. 14. *peradventure.* 1 Sa. 6. 5. 1 Ki. 20. 31. Jon. 3. 9. 2 Ti. 2. 25. *of me. Heb.* my face. Job 42. 8, 9. Pr. 6. 35.

22 *his two wives.* ch. 29. 21-35; 30. 1-24; 35. 18, 22-26. 1 Ti. 5. 8. *the ford Jabbok.* Or, 'the ford of Jabbok,' a stream which takes its rise in the mountains of Gilead, and falls into the Jordan to the south of the lake of Gennesareth. It is now called the *Zerka.* De. 2. 37; 3. 16. Jos. 12. 2.

23 *sent them. Heb.* caused to pass.

24 *wrestled.* ch. 30. 8. Lu. 13. 24; 22. 44. Ro. 8. 26, 27; 15. 30. Ep. 6. 12, 18. Col. 2. 1; 4. 12. He. 5. 7. *man.* ver. 28, 30; ch. 48. 16. Is. 32. 2. Ho. 12. 3-5. 1 Co. 15. 47. *breaking of the day. Heb.* ascending of the morning. Ex. 14. 27. Ca. 2. 17.

25 *that he.* ch. 19. 22. Nu. 14. 13, 14. Is. 41. 14; 45. 11. Ho. 12. 3, 4. Mat. 15. 22-28. Lu. 11. 5-8. *touched.* ver. 32. Ps. 30. 6, 7. Mat. 26. 41, 44. 2 Co. 12. 7-9.

26 *Let me go.* Ex. 32. 10. De. 9. 14. Ca. 7. 5. Is. 45. 11; 64. 7. Lu. 24. 28, 29. *I will not.* Ca. 3. 4. Ho. 12. 4. Lu. 18. 1-7. Ro. 8. 37. 1 Co. 15. 58. 2 Co. 12. 8, 9. He. 5. 7. *thou bless.* 1 Ch. 4. 10. Ps. 67. 1, 6, 7; 115. 12, 13.

28 *Thy name.* ch. 17. 5, 15; 33. 20; 35. 10. Nu. 13. 16. 2 Sa. 12. 25. 2 Ki. 17. 34. Is. 62. 2-4; 65. 15. Jno. 1. 42. Re. 2. 17. *Israel. i.e.* a prince of God. *as a prince.* Or, according to the LXX., Vulgate, HOUBIGANT, DATHE, and ROSENMULLER, 'because thou hast had power with God, thou shalt also prevail with men.' There is a beautiful antithesis between the two terms, with אלהים, *Elohim*, God, the Almighty, with אנשים, *anashim*, weak, feeble men, as the word imports; seeing thou hast had power with the Almighty, surely thou shalt prevail over perishing *mortals.* *power.* ver. 24. Ho. 12. 3-5. *with men.* ch. 25. 31; 27. 33-36; 31. 24, 36-57; 33. 4. 1 Sa. 26. 25. Pr. 16. 7.

29 *Wherefore.* ver. 27. De. 29. 29. Ju. 13. 16-18. Job 11. 7. Pr. 30. 4. Is. 9. 6. Lu. 1. 19. *blessed.* ver. 26; ch. 27. 28, 29; 28. 3, 4, 13, 14. Ho. 6. 1.

30 *Jacob.* ver. 31. Penuel. ch. 28. 19. Ju. 8. 8, 17. 1 Ki. 12. 25. *Peniel. i.e.* the face of God. Peniel, or Penuel, was evidently situated near the ford of Jabbok, on the north of that stream, about forty miles from Jerusalem. *I have.* ch. 16. 13. Ex. 24. 10, 11; 33. 14, 19-23. Nu. 12. 8. De. 5. 24; 34. 10. Ju. 6. 22, 23; 13. 21, 22. Is. 6. 5. Jno. 1. 18. 2 Co. 3. 18; 4. 6. Ga. 1. 6. Ep. 1. 17. Col. 1. 15. 2 Ti. 1. 10. He. 11. 27.

31 *rose upon.* ch. 19. 15, 23. Mal. 4. 2. *he halted.* ver. 25. Ps. 38. 17. 2 Co. 12. 7, 9

32 *eat not.* 1 Sa. 5. 5.

## CHAP. XXXIII.

*Jacob and Esau's meeting; and Esau's departure,* 1-16. *Jacob comes to Succoth,* 17. *At Shalem he buys a field, and builds an altar, called El-elohe-Israel,* 18-20.

1 *Esau came.* ch. 27. 41, 42; 32. 6. *And he.* ch. 32. 7, 16.

2 *Rachel.* ch. 29. 30; 30. 22-24; 37. 3. Mal. 3. 17.

3 *passed.* Jno. 10. 4, 11, 12, 15. *bowed.* ch. 18. 2; 42. 6; 43. 26. Pr. 6. 3. Ec. 10. 4. Lu. 14. 11. *seven times.* 1 Sa. 2. 5.

4 *embraced.* ch. 32. 28; 43. 30, 34; 45. 2, 15. Job 2. 12. Ne. 1. 11. Ps. 34. 4. Pr. 16. 7; 21. 1. *fell on.* ch. 45. 14, 15; 46. 29. Lu. 15. 20. Ac. 20. 37.

5 *with. Heb.* to. *children.* ch. 30. 2; 48. 9. Ru. 4. 13. 1 Sa. 1. 27. 1 Ch. 28. 5. Ps. 127. 3. Is. 8. 18. He. 2. 13.

8 *What meanest thou by all this drove? Heb.* What is all this band to thee? ch. 32. 13-20. *to find.* ch. 32. 5; 39. 5. Es. 2. 17.

9 *have enough.* ch. 27. 39. Pr. 30. 15. Ec. 4. 8. *my brother.* ch. 4. 9; 27. 41. Ju. 20. 23. Pr. 16. 7. Ac. 9. 17; 21. 20. Phile. 7, 16. *keep that thou hast unto thyself. Heb.* be that to thee that *is* thine.

10 *if now.* ch. 19. 19; 47. 29; 50. 4. Ex. 33. 12, 13. Ru. 2. 10. 1 Sa. 20. 3. Je. 31. 2. *receive.* To accept a present from an inferior was a customary pledge of friendship; but returning it implied disaffection. It was on this ground that Jacob was so urgent with Esau to receive his present. *I have seen.* ch. 32. 30; 43. 3. 2 Sa. 3. 13; 14. 24, 28, 32. Job 33. 26. Ps. 41. 11. Mat. 18. 10. Re. 22. 4.

11 *my blessing.* ch. 32. 13-20. Jos. 15. 19. Ju. 1. 15. 1 Sa. 25. 27; 30. 26. 2 Ki. 5. 15. 2 Co. 9. 5, 6. *and because.* ver. 9. Phi. 4. 11, 12, 18. *enough. Heb.* all things. Ro. 8. 31, 32. 1 Co. 3. 21. 2 Co. 6. 10. Phi. 4. 12, 18. 1 Ti. 4. 8. *urged him.* 2 Ki. 2. 17; 5. 16, 23. Lu. 14. 23.

13 *the children.* 1 Ch. 22. 5. Pr. 12. 10. Is. 40. 11. Eze. 34. 15, 16, 23-25. Jno. 21. 15-17.

14 *according as,* etc. *Heb.* according to the foot of the work, etc.; and according to the foot of the children. *be able.* Is. 40. 11. Mar. 4. 33. Ro. 15. 1. 1 Co. 3. 2; 9. 19-22. *unto Seir.* See on ch. 32. 3. De. 2. 1. Ju. 5. 4. 2 Ch. 20. 10. Eze. 25. 8; 35. 2, 3.

15 *leave. Heb.* set, *or* place. *What needeth it? Heb.* Wherefore *is* this? *find grace.* ch. 34. 11; 47. 25. Ru. 2. 13. 1 Sa. 25. 8. 2 Sa. 16. 4.

17 *Succoth.* Jos. 13. 27. Ju. 8. 5, 8, 16. 1 Ki. 7. 46. Ps. 60. 6. not Ex. 12. 37; 13. 20. *Succoth. i. e.* Booths. Succoth was on the east of Jordan, between the brook Jabbok and that river, about 40 miles from Jerusalem, and consequently near Penuel; where a city was afterwards built, which Joshua assigned to the tribe of Gad. JEROME says, that Succoth was in the district of Scythopolis; and the Jews inform us, that the name of *Darala* was sometime after applied to it.

18 *Shalem.* The word *Shalem,* in the Samaritan *Shalom,* should probably be rendered 'in peace,' or 'in safety;' as it is translated by the Chaldee, Arabic, COVERDALE, and MATTHEWES. Jno. 3. 23; 4. 5. Ac. 7. 16. *a city of Shechem.* Or, rather, 'the city Shechem,' which was situated in a narrow valley, abounding with springs, between Mounts Ebal and Gerizim, having the former on the north, and the latter on the south; 10 miles from Shiloh, and 34 from Jerusalem. It became the capital of Samaria, after the ruin of the city of that name. Jos. 24. 1. Ju. 9. 1. Jno. 4. 5. Sychar. Ac. 7. 16. Sychem. *Padan-aram.* ch. 25. 20; 28. 6, 7; 35. 9; 46. 15.

19 *bought.* ch. 23. 17-20; 49. 30-32. Jos. 24. 32. Jno. 4. 5. Ac. 7. 16. *Hamor.* ch. 34. 2, etc. Ac. 7. 16. Emmor. *pieces of money. or,* lambs.

20 *altar.* ch. 8. 20; 12. 7, 8; 13. 18; 21. 33. *El-elohe-Israel. i.e.* God, the God of Israel. ch. 32. 28; 35. 7.

## CHAP. XXXIV.

*Dinah is ravished by Shechem,* 1-3. *He sues to marry her,* 4-12. *The sons of Jacob offer the condition of circumcision to the Shechemites,* 13-19. *Hamor and Shechem persuade them to accept it,* 20-24. *The sons of Jacob upon that advantage slay them, and spoil their city,* 25-29. *Jacob reproves Simeon and Levi,* 30, 31.

1 A.M. 2272. B.C. 1732. *Dinah.* ch. 30. 21; 46. 15. *the daughters.* ch. 26. 34; 27. 46; 28. 6; 30. 13. Je. 2. 36. 1 Ti. 5. 13. Tit. 2. 5.

2 *Shechem.* ch. 10. 17; 33. 19. *saw her.* ch. 6. 2; 39. 6, 7. Ju. 14. 1. 2 Sa. 11. 2. Job 31. 1, 9. Pr. 13. 20. Mat. 5. 28. *took her.* ch. 20. 2. *defiled her. Heb.* humbled her. De. 21. 14; 22. 24, 29. Ju. 19. 24, 25. Eze. 22. 10, 11.

3 *soul.* Ru. 1. 14. 1 Sa. 18. 1. *kindly unto the damsel. Heb.* to the heart of the damsel. 2 Sa. 19. 7. 2 Ch. 30. 22. Is. 40. 2. Ho. 2. 14, marg.

4 ch. 21. 21. Ju. 14. 2. 2 Sa. 13. 13.

5 *now his.* ch. 30. 35; 37. 13, 14. 1 Sa. 10. 27; 16. 11; 17. 15. 2 Sa. 13. 22. Lu. 15. 25, 29. *held.* Le. 10. 3. Ps. 39. 9.

7 *were.* ch. 46. 7. 2 Sa. 13. 21. *wrought.* Ex. 19. 5, 6. De. 22. 21. Jos. 7. 15. Ju. 19. 22-25; 20. 6. 2 Sa. 13. 12, 13. Ps. 93. 5. Pr. 7. 7. 1 Pe. 2. 9. *thing.* ch. 20. 9. Le. 4. 2, 13, 27. De. 23. 17. 1 Co. 6. 18; 10. 8. Ep. 5. 3. Col. 3. 5. 1 Ti. 5. 13. He. 13. 4. Ja. 3. 10.

8 *The soul.* ver. 3. 1 Ki. 11. 2. Ps. 63. 1; 84. 2; 119. 20.

9 ch. 6. 2; 19. 14; 24. 3; 26. 34, 35; 27. 46. De. 7. 3.

10 *and the land.* ver. 21-23; ch. 13. 9; 20. 15; 42. 34; 47. 27.

11 ch. 18. 3; 33. 15.

12 *Ask me.* On the practice of purchasing wives, DE LA ROQUE says, "Properly speaking, a young man who would marry must purchase his wife; and fathers among the Arabs are never so happy as when they have many daughters. They form part of the riches of a house. Accordingly, when a young man would treat with a person whose daughter he is inclined to marry, he says to him, 'Will you give me your daughter for fifty sheep, for six camels, or for a dozen cows?' according to the rank of her family, and the circumstances of him who desires to marry her." *dowry.* ch. 24. 53; 29. 18; 31. 41. Ex. 22. 16, 17. De. 22. 28, 29. 1 Sa. 18. 25-27. 2 Sa. 3. 14. Ho. 3. 2. Mat. 14. 17.

13 *deceitfully.* ch. 25. 27-34. Ju. 15. 3. 2 Sa. 13. 23-29. Job 13. 4, 7. Ps. 12. 2. Pr. 12. 13, 18-20; 24. 28, 29; 26. 24-26. Is. 59. 13. Mi. 7. 2. Ro. 12. 19. 1 Th. 5. 15. Mat. 28. 13.

14 *uncircumcised.* ch. 17. 11. Jos. 5. 2-9. 1 Sa. 14. 6; 17. 26, 36. 2 Sa. 1. 20; 15. 7. 1 Ki. 21. 9. Mat. 2. 8, 13; ch. 23. Ro. 4. 11.

15 Gal. 4. 12.

19 *because.* ch. 29. 20. Ca. 8. 6. Is. 62. 4. *honourable.* ch. 41. 20. Nu. 22. 15. 1 Sa. 22. 14. 2 Ki. 5. 1. 1 Ch. 4. 9. Is. 3. 3-5; 5. 13; 23. 8, 9. Ac. 13. 50; 17. 12.

20 *the gate.* ch. 22. 17; 23. 10. De. 17. 5. Ru. 4. 1. Job 29. 7. Pr. 31. 23. Am. 5. 10, 12, 15. Zec. 8. 16.

22 ver. 15-17.

23 Pr. 1. 12, 13; 23. 4, 5; 28. 20. Jno. 2. 16; 6. 26, 27. Ac, 19. 24-26. 1 Ti. 6. 6-10.

24 *hearkened.* In thus falling into this measure, the Shechemites must either have had great affection for their chief and his son, or have been under the influence of the most passive obedience. The petty princes of Asia have always been absolute and despotic; their subjects paying them the most prompt and blind obedience. The following instance will sufficiently illustrate and confirm this statement: Abu Thaher, chief of the Carmathians, about the year 930, with only 500 horse, went to lay siege to Bagdad: the khalif's general marched out to seize him; but before the attack, sent an officer to summon him to surrender. 'How many men has the khalif's general?' said Abu Thaher; '30,000,' replied the officer. 'Among them all,' says the Carmathian chief, 'has he got three like mine?' Then ordering his followers to approach, he commanded one to stab himself, another to throw himself from a precipice, and a third to plunge into the Tigris: all three instantly obeyed, and perished! Then turning to the officer, he said, 'He who has such troops need not value the number of his enemies!' *went out.* ch. 23. 10, 18. *every male.* ch. 17. 23. Is. 1. 10-16. Mat. 7. 6. Ro. 2. 28, 29. 1 Co. 7. 19.

25 *sore.* Jos. 5. 6, 8. *Simeon.* ch. 29. 33, 34; 49. 5-

7. Nu. 31. 7, 17. Pr. 4. 16; 6. 34, 35. *slew*. ch. 49. 6. 2 Ch. 32. 25.

26 *edge*. *Heb.* mouth. De. 32. 42. 2 Sa. 2. 26. Is. 31. 8.

27 *spoiled*. Es. 9. 10, 16. 1 Ti. 6. 10. *they*. ver. 2, 31. Ex. 2. 14. Jos. 7. 1, 21. See on ver. 13.

28 Nu. 31. 17. De. 8. 17, 18. Job 1. 15, 16; 20. 5.

30 *Ye have*. ch. 49. 5-7. Jos. 7. 25. 1 Ki. 18. 18. 1 Ch. 2. 7. Pr. 11. 17, 29; 15. 27. *to stink*. Ex. 5. 21. 1 Sa. 13. 4; 27. 12. 1 Ch. 19. 6. *and I being*. De. 4. 27; 7. 7. 1 Ch. 16. 12. Ps. 105. 12. *and I shall*. ch. 12. 2, 12; 28. 13, 14. 1 Sa. 16. 2; 27. 1. Ro. 4. 18-20.

31 See on ver. 13; ch. 49. 7. Pr. 6. 34.

## CHAP XXXV.

*God commands Jacob to go to Bethel, 1. He purges his house of idols, 2-5. He builds an altar at Bethel, 6, 7. Deborah dies at Allon-bachuth, 8. God blesses Jacob at Bethel, 9-15. Rachel travails of Benjamin, and dies in the way to Edar, 16-21. Reuben lies with Bilhah, 22. The sons of Jacob, 23-26. Jacob comes to Isaac at Hebron, 27. The age, death, and burial of Isaac, 28, 29.*

1 *God said*. ch. 22. 14. De. 32. 36. Ps. 46. 1; 91. 15. *Beth-el*. ver. 7; ch. 12. 8; 13. 3, 4; 28. 10-22; 31. 3, 13. Ps. 47. 4. Ec. 5. 4-6. Ho. 12. 4. Na. 1. 15. *when thou*. ch. 16. 8; 27. 41-45. Ex. 2. 15.

2 *unto his*. ch. 18. 19. Jos. 24. 15. Ps. 101. 2-7. *strange*. ch. 31. 19, 34. Ex. 20. 3, 4; 23. 13. De. 5. 7; 6. 14; 7. 25; 11. 28; 32. 16. Jos. 23. 7; 24. 2, 20, 23. Ju. 10. 16. Ru. 1. 15. 1 Sa. 7. 3. 2 Sa. 7. 23. 2 Ki. 17. 29. 1 Ch. 16. 26. Je. 5. 7; 16. 20. Da. 5. 4. Ac. 19. 26. 1 Co. 10. 7. 2 Co. 6. 15-17. Gal. 4. 8. *clean*. ver. 22; ch. 34. 2, 24, 25. Ex. 19. 10, 14. Le. 15. 5; 17. 16. Nu. 31. 24. 2 Ki. 5. 10, 12, 13. Job 1. 5. Ps. 51. 2, 7. Ec. 5. 1. Is. 1. 16; 52. 11. Je. 13. 27. Eze. 18. 31; 20. 7; 36. 25. Jno. 13. 10, 11. 2 Co. 7. 1. He. 10. 22. Ja. 4. 8. 1 Pe. 2. 1, 2. Jude 23.

3 *who answered*. ch. 28. 12, 13; 32. 7, 24. Ps. 46. 1; 50. 15; 66. 13, 14; 91. 15; 103. 1-5; 107. 6, 8; 116. 1, 2, 16-18; 118. 19-22. Is. 30. 19. *was with*. ch. 28. 20; 31. 3, 42. Pr. 3. 6. Is. 43. 2.

4 *ear-rings*. These rings were not worn as mere ornaments, but for superstitious purposes; perhaps as amulets or charms, first consecrated to some false god, or formed under some constellation, and stamped with magical characters. MAIMONIDES mentions rings and jewels of this kind, with the image of the sun, moon, etc., impressed upon them; and St. AUGUSTINE describes them (Epist. 73,) as used for this execrable purpose. Ex. 32. 2-4. Ju. 8. 24-27. Ho. 2. 13. *hid them*. Ex. 32. 20. De. 7. 5, 25. Is. 2. 20; 30. 22. *the oak*. Jos. 24. 25, 26. Ju. 9. 6.

5 ch. 34. 30. Ex. 15. 15, 16; 23. 27; 34. 24. De. 11. 25. Jo. 2. 9-11; 5. 1. 1 Sa. 11. 7; 14. 15. 2 Ch. 14. 14; 17. 10. Ps. 14. 5.

6 *Luz*. ch. 12. 8; 28. 19, 22. Ju. 1. 22-26.

7 *built*. ver. 1, 3. Ec. 5. 4, 5. *El-beth-el*. *i.e.* the God of Beth-el. ch. 28. 13, 19, 22. Ex. 17. 15. Ju. 6. 24. Eze. 48. 35.

8 *Rebekah's*. ch. 24. 59. *under an oak*. 1 Sa. 31. 13. *Allon-bachuth*. *i.e.* the oak of weeping. Ju. 2. 1, 5.

9 ch. 12. 7; 17. 1; 18. 1; 26. 2; 28. 13; 31. 3, 11-13; 32. 1, 24-30; 35. 1; 46. 2, 3; 48. 3, 4. Je. 31. 3. Ho. 12. 4. Ac. 7. 2.

10 ch. 17. 5, 15; 32. 27, 28. 1 Ki. 18. 31. 2 Ki. 17. 34.

11 *God Almighty*. ch. 17. 1; 18. 14; 43. 14; 48. 3, 4. Ex. 6. 3. 2 Co. 6. 18. *a nation*. ch. 12. 2; 13. 16; 15. 5; 17. 5-7, 16; 18. 18; 22. 17; 28. 3, 4, 14; 32. 12; 46. 3; 48. 4. Ex. 1. 7. Nu. ch. 1-26. 1 Sa. to 2 Ch.

12 *the land*. ch. 12. 7; 13. 14-17; 15. 18; 26. 3, 4; 28. 3, 4, 13; 48. 4. Ex. 3. 8. Jos. ch. 6-21 to Ne. ch. 13.

13 ch. 11. 5; 17. 22; 18. 33. Ju. 6. 21; 13. 20. Lu. 24. 31.

14 ver. 20; ch. 28. 18, 19. Ex. 17. 15. 1 Sa. 7. 12.

15 *Bethel*. ch. 28. 19.

16 *a little way to come*. *Heb.* a little piece of ground. 2 Ki. 5. 19. *Ephrath*. ch. 48. 7. Ru. 1. 2. 1 Ch. 2. 19. Ps. 132. 6. Mi. 5. 2. Mat. 2. 1, 16, 18. *hard labour*. ch. 3. 16. 1 Ti. 2. 15.

17 *Fear not*. ch. 30. 24. 1 Sa. 4. 19-21.

18 A.M. cir. 2275. B.C. cir. 1729. *her soul*. ch. 30. 1. 1 Sa. 4. 20, 21. Ps. 16. 10. Ec. 12. 7. La. 2. 12. Lu. 12. 20; 23. 46. Ac. 7. 59. *Ben-oni*. *i.e.* the son of my sorrow. 1 Ch. 4. 9. *Benjamin*. *i.e.* the son of the right hand. ch. 42. 4, 38; 43. 14; 44. 27-31. Ps. 80. 17. The Samaritan has *ben yamim*, 'the son of days,' *i.e.* of his old age, (ch. 44. 20,) which JEROME renders BENJAMIN, *id est, filius dextræ*, Benjamin, that is, 'the son of the right hand.'

19 *Rachel died*. ch. 48. 7. *Ephrath*. Jos. 19. 15. Ru. 1. 2; 4. 11. Mi. 5. 2, 16. Mat. 2. 1, 6, 18.

20 *the pillar*. ver. 9, 14. 1 Sa. 10. 2. 2 Sa. 18. 17, 18.

21 *tower*. Mi. 4. 8. Lu. 2. 8.

22 *lay with*. ch. 49. 4. Le. 18. 8. 2 Sa. 16. 21, 22; 20. 3. 1 Ch. 5. 1. 1 Co. 5. 1. *Now the sons*. In the Hebrew text, a break is here left in the verse, opposite to which there is a Masoretic note, which states that 'there is a hiatus in the verse.' This hiatus the LXX. thus supplies: και πονηρον εφανη εναντιον αυτου, 'and it appeared evil in his sight.' ver. 18; ch. 29. 31-35; 30. 5-24; 46. 8-27; 49. 1-28. Ex. 1. 1-5; 6. 14-16. Nu. 1. 5-15, 20, etc.; 2. 3-33; 7. 12, etc.; 26. 5-51, 57-62; 34. 14-28. De. ch 33. Jos. ch. 13-21. 1 Ch. 2. 1, 2; 12. 23-40; 27. 16-22. Eze. ch. 48. Ac. 7. 8. Re. 7. 4-8; 21. 14.

23 ch. 29. 32-35; 30. 18-20; 33. 2; 46. 8-15.

24 ver. 16-18; ch. 30. 22-24; 46. 19-22.

25 ch. 30. 4-8; 37. 2; 46. 23-25.

26 *And the sons*. ch. 30. 9-13; 46. 16-18. *in Padan-aram*. Except Benjamin, ver. 18; ch. 25. 20; 28. 2; 31. 18.

27 *Jacob*. ch. 27. 43-45; 28. 5. *Mamre*. ch. 13. 18; 14. 13; 18. 1; 23. 2, 19. Jo. 14. 12-15; 15. 13; 21. 11. 2 Sa. 2. 1, 3, 11; 5. 1, 3, 5.

28 ch. 25. 7; 47. 28; 50. 26.

29 A.M. 2288. B.C. 1716. *Isaac*. ch. 3. 19; 15. 15; 25. 7, 8, 17; 27. 1, 2; 49. 33. Job 5. 26. Ec. 12. 5-7. *his sons*. ch. 23. 19, 20; 25. 9; 27. 41; 49. 31.

## CHAP. XXXVI.

*Esau's three wives, 1-5. His removal to mount Seir, 6-8. His sons, 9-14. The dukes which descended of his sons, 15-19. The sons and dukes of Seir the Horite, 20-30. Anah finds mules, 24. The kings of Edom, 31-39. The dukes that descended of Esau, 40-43.*

1 A.M. 2208. B.C. 1796. ch. 22. 17; 25. 24-34; 27. 35-41; 32. 3-7. Nu. 20. 14-21. De. 23. 7. 1 Ch. 1. 35. Is. 63. 1. Eze. 25. 12.

2 *Esau*. ch. 9. 25; 26. 34, 35; 27. 46. *Adah*. *or*, Bashemath, ch. 26. 34. *Aholibamah*. ver. 25; ch. 26. 34. Judith. *the daughter*. We ought, most probably, to read here and in ver. 14, as in ver. 20, 'the *son* of Zibeon;' which is the reading of the Samaritan, Septuagint, (and Syriac, in ver. 2,) and which HOUBIGANT and KENNICOTT contend to be genuine.

3 ch. 25. 13; 28. 9. Mahalath.

4 *Adah*. 1 Ch. 1. 35. *Eliphaz*. Job 2. 11. *Reuel*. not Ex. 2. 18. Nu. 10. 29.

5 *in the land*. ver. 6; ch. 35. 29.

6 A.M. cir. 2264. B.C. cir. 1740. *persons*. *Heb.* souls. Eze. 27. 13. Re. 18. 13. *went*. ch. 13. 6, 11; 17. 8; 25. 23; 28. 4; 32. 3.

7 *their riches*. ch. 13. 6, 11. *the land*. ch. 17. 8; 28. 4.

8 *mount Seir*. ver. 20; ch. 14. 6; 32. 3. De. 2. 5. Jos. 24. 4. 1 Ch. 4. 42. 2 Ch. 20. 10, 23. Eze. 35. 2-7. Mal. 1. 3. *Esau*. ver. 1.

9 *the Edomites*. *Heb.* Edom. ch. 19. 37.

10 A.M. cir. 2230. B.C. cir. 1774. ver. 3, 4. 1 Ch. 1. 35, etc.

11 A.M. cir. 2270. B.C. cir. 1734. *Zepho.* ver. 15, 16. 1 Ch. 1. 35, 36. Zephi.

12 *Timna.* ver. 22. 1 Ch. 1. 36. *Amalek.* ver. 16; ch. 14. 7. Ex. 17. 8-16. Nu. 24. 18-20. De. 23. 7; 25. 17-19. 1 Sa. 15. 2, 3, etc.

13 ver. 17. 1 Ch. 1. 37.

14 A.M. cir. 2292. B.C. cir. 1712. ver. 2, 5, 18. 1 Ch. 1. 35.

15 First aristocracy of dukes, from A.M. cir. 2429, to A.M. cir. 2471; from B.C. cir. 1575, to B.C. cir. 1533. *dukes.* The word *duke* is from the Latin *dux*, a captain or leader, from *duco*, to lead, guide; which is the exact import of the Hebrew אלוף, *alluph*, from אלף, to lead, guide; and is here applied to heads of families, chieftains, or princes, who were military leaders. ver. 18. 1 Ch. 1. 35. *Eliphaz.* Job 21. 8. Ps. 37. 35. *duke Teman.* ver. 4, 11, 12. 1 Ch. 1. 36, 45, 51-54. Job 2. 11; 4. 1. Je. 49. 7, 20. Eze. 25. 13. Am. 1. 12. Ob. 9. Ha. 3. 3.

16 *Duke Korah.* As it is certain from ver. 4, that Eliphaz was Esau's son by Adah, and from ver. 11, 12, that Eliphaz had but *six* sons, 'Teman, Omar, Zepho, Gatam, Kenaz, and Amalek;' as it is also certain, from ver. 5, 14, that *Korah* was the son of *Esau* (not Eliphaz) by *Aholibamah;* and as the words *duke Korah* are omitted by both the Samaritan Text and Version, Dr. KENNICOTT pronounces them to be an interpolation. *dukes.* Ex. 15. 15.

17 *Reuel.* ver. 4, 13. 1 Ch. 1. 37.

18 ver. 5, 14. 1 Ch. 1. 35.

19 *who is Edom.* See on ver. 1.

20 A.M. cir. 2198. B.C. cir. 1806. ver. 2, 22-30; ch. 14. 6. De. 2. 12, 22. 1 Ch. 1. 38-42.

21 A.M. cir. 2204. B.C. cir. 1800.

22 A.M. cir. 2248. B.C. cir. 1756. *Hemam.* 1 Ch. 1. 39. Homan. *Timna.* ver. 12.

23 *Alvan.* 1 Ch. 1. 40. Alian. *Shepho. or,* Shephi. 1 Ch. 1. 40.

24 *found.* Le. 19. 19. De. 2. 10. 2 Sa. 13. 29; 18. 9. 1 Ki. 1. 38, 44; 4. 28. Zec. 14. 15.

25 *Dishon.* ver. 21. *Anah.* ver. 2, 5, 14, 18. 1 Ch. 1. 41.

26 *Hemdan.* 1 Ch. 1. 41. Amram.

27 *Ezer.* ver. 21. 1 Ch. 1. 38. *Akan.* 1 Ch. 1. 42. Jakan.

28 *Uz.* Job 1. 1. Je. 25. 20. La. 4. 21.

29 *Horites.* ver. 20, 28. 1 Ch. 1. 41, 42. *duke Lotan.* ver. 20. 1 Ch. 1. 38.

30 From A.M. cir. 2093, to A.M. cir. 2429; from B.C. cir. 1911, to B.C. cir. 1575. *dukes in the.* 2 Ki. 11. 19. Is. 23. 15. Da. 7. 17, 23.

31 *the kings.* ch. 17. 6, 16; 25. 23. Nu. 20. 14; 24. 17, 18. De. 17. 14-20; 33. 5, 29. 1 Ch. 1. 43-50. *before there.* Moses may here allude to the promise which God made to Jacob, (ch. 35. 11,) that kings should proceed from him; and here states that these kings reigned before that prophecy began to be fulfilled.

33 A.M. cir. 2135. B.C. cir. 1869. *Bozrah.* Bozrah, Bezer, or Bostra, was situated in Arabia Deserta, and the eastern part of Edom; and, according to EUSEBIUS, was 24 miles from Edrei. It afterwards belonged to Moab, and was given by Moses to Reuben, but again reverted to Edom. It is now called *Boszra;* and is described by BURCKHARDT as the largest town in the Haouran, including its ruins, though only inhabited by about twelve or fifteen families. It is situated in the open plain, two hours distant from Aare, and is at present the last inhabited place in the south-east extremity of the Haouran. It is of an oval shape, its greatest length being from east to west; and its circumference three quarters of an hour. Is. 34. 6; 63. 1. Je. 49. 13, 22. Am. 1. 12. Mi. 2. 12.

34 A.M. cir. 2177. B.C. cir. 1827. *Temani.* EUSEBIUS places *Teman*, or Thæman, which probably gave name to 'the land of Temani,' in Arabia Petræa, five miles from Petra, and says there was a Roman garrison there. See on ver. 11, 15. Job 2. 11. Je. 49. 7.

35 A.M. cir. 2219. B.C. cir. 1785.

36 A.M. cir. 2261. B.C. cir. 1743.

37 A.M. cir. 2303. B.C. cir. 1701. *Rehoboth.* ch. 10. 11. 1 Ch. 1. 48.

38 A.M. cir. 2315. B.C. cir. 1659.

39 A.M. cir. 2387. B.C. cir. 1617. *Hadar.* 1 Ch. 1. 50. Hadad Pai. After his death was an aristocracy. Ex. 15. 15.

40 Second aristocracy of dukes, from A.M. cir. 2471, B.C. cir. 1533; to A.M. cir. 2513, B.C. cir. 1491. *And these.* ver. 31. 1 Ch. 1. 51-54. *dukes.* See on ver. 15, 16. Ex. 15. 15. 1 Ch. 1. 51-54. *Alvah. or,* Aliah. 1 Ch. 1. 51.

43 *the dukes.* ver. 15, 18, 19, 30, 31. Ex. 15. 15. Nu. 20. 14. *their.* ver. 7, 8. Ge. 25. 12. De. 2. 5. *father.* ch. 25. 30; 36. 43; 45. 8. 1 Ch. 4. 14. *the Edomites. Heb.* Edom.

## CHAP. XXXVII.

*Joseph is loved by Jacob, but hated by his brethren,* 1-4. *His two dreams,* 5-11. *Jacob sends him to visit his brethren,* 12-17. *His brethren conspire his death,* 18-20. *Reuben saves him,* 21-24. *They sell him to the Ishmeelites,* 25-30. *His father, deceived by the coat covered with blood, mourns for him,* 31-35. *He is sold to Potiphar in Egypt,* 36.

1 A.M. 2276. B.C. 1728. *wherein his father was a stranger. Heb.* of his father's sojournings. ch. 17. 8; 23. 4; 28. 4; 36. 7. He. 11. 9-16.

2 *the generations. Toledoth*, the history, narrative, or account of the lives and actions of Jacob and his sons; for in this general sense the original must be taken, as in the whole ensuing history there is no genealogy of Jacob's family. ch. 2. 4; 5. 1; 6. 9; 10. 1. *wives.* ch. 30. 4, 9; 35. 22, 25, 26. *evil report.* 1 Sa. 2. 22-24. Jno. 7. 7. 1 Co. 1. 11; 5. 1; 11. 18.

3 *loved.* Jno. 3. 35; 13. 22, 23. *son.* ch. 44. 20-30. *a coat.* ver. 23, 32. Ju. 5. 30. 2 Sa. 13. 18. Ps. 45. 13, 14. Eze. 16. 16. *colours. Kethoneth passim*, a coat made of stripes of different coloured cloth.

4 *hated him.* ver. 5, 11, 18-24; ch. 4. 5; 27. 41; 49. 23. 1 Sa. 16. 12, 13; 17. 28. Ps. 38. 19; 69. 4. Jno. 7. 3-5; 15. 18, 19. Tit. 3. 3. 1 Jno. 2. 11; 3. 10, 12; 4. 20. *and could not speak peaceably unto him.* Or, rather, 'and they could not speak peace to him,' *i.e.* they would not accost him in a *friendly* manner: they would not even wish him well, in the eastern mode of salutation of, Peace be to thee! It is not an unusual thing for an Arab or Turk to hesitate to return the *salâm*, if given by a Christian, or by one of whom he has not a favourable opinion; and this may always be considered as an act of *hostility*.

5 *dreamed.* ver. 9; ch. 28. 12; 40. 5; 41. 1; 42. 9. Nu. 12. 6. Ju. 7. 13, 14. 1 Ki. 3. 5. Ps. 25. 14. Da. 2. 1; 4. 5. Joel 2. 28. Am. 3. 7. *and they.* ver. 4, 8; ch. 49. 23. Jno. 17. 14.

6 ch. 44. 18. Ju. 9. 7.

7 *your sheaves.* ch. 42. 6, 9; 43. 26; 44. 14, 19.

8 *reign over us.* ver. 4. Ex. 2. 14. 1 Sa. 10. 27; 17. 28. Ps. 2. 3-6; 118. 22. Lu. 19. 14; 20. 17. Ac. 4. 27, 28; 7. 35. He. 10. 29.

9 *another dream.* ver. 7; ch. 41. 25, 32. *the sun.* ver. 10; ch. 43. 28; 44. 14, 19; 45. 9; 46. 29; 47. 12; 50. 15-21. Ac. 7. 9-14. *stars.* Da. 8. 10. Phi. 2. 15.

10 *Shall I.* ch. 27. 29. Is. 60. 14. Phi. 2. 10, 11.

11 *envied.* ch. 26. 14-16. Ps. 106. 16. Ec. 4. 4. Is. 11. 13; 26. 11. Mat. 27. 18. Mar. 15. 10. Ac. 7. 9; 13. 45. Ga. 5. 21. Tit. 3. 3. Ja. 3. 14-16; 4. 5. *observed.* ch. 24. 31. Da. 7. 28. Lu. 2. 19, 51.

12 *in Shechem.* ver. 1; ch. 33. 18; 34. 25-31.

13 *come.* 1 Sa. 17. 17-20. Mat. 10. 16. Lu. 20. 13. *Here am I.* ch. 22. 1; 27. 1, 18. 1 Sa. 3. 4-6, 8, 16. Ep. 6. 1-3.

14 *see whether it be well with. Heb.* see the peace of thy brethren, etc. ch. 29. 6; 41. 16. 1 Sa. 17. 17, 18. 2 Sa. 18. 32. 1 Ki. 2. 33. Ps. 125. 5. Je. 29. 7. Lu. 19. 42. *Hebron.* ch. 23. 2; 35. 27. Nu. 13. 22. Jos. 14. 13, 15.

15 *he was.* ch. 21. 14. *What.* Ju. 4. 22. 2 Ki. 6. 19. Jno. 1. 38; 4. 27; 18. 4, 7; 20. 15.

16 *seek.* Lu. 19. 10. *tell me.* Ca. 1. 7.

17 *Dothan.* 2 Ki. 6. 13.

18 *conspired.* 1 Sa. 19. 1. Ps. 31. 13; 37. 12, 32; 94. 21; 105. 25; 109. 4. Mat. 21. 38; 27. 1. Mar. 12. 7; 14. 1. Lu. 20. 14, 15. Jno. 11. 53. Ac. 23. 12.

19 *dreamer. Heb.* master of dreams.

20 *and let.* Ps. 64. 5. Pr. 1. 11, 12, 16; 6. 17; 27. 4. Tit. 3. 3. Jno. 3. 12. *Some.* 1 Ki. 13. 24. 2 Ki. 2. 24. Pr. 10. 18; 28. 13. *and we.* 1 Sa. 24. 20; 26. 2. Mat. 2. 2-16; 27. 40-42. Mar. 15. 29-32. Jno. 12. 10, 11. Ac. 4. 16-18.

21 ch. 35. 22; 42. 22.

22 ch. 42. 22.

23 *stript.* ver. 3, 31-33; ch. 42. 21. Ps. 22. 18. Mat. 27. 28. *colours. or, pieces.* ver. 3.

24 *add cast.* Ps. 35. 7. La. 4. 20. *the pit.* Ps. 40. 2; 88. 6, 8; 130. 1, 2. Je. 38. 6. La. 3. 52-55. Zec. 9. 11.

25 *they sat.* Es. 3. 15. Ps. 14. 14. Pr. 30. 20. Am. 6. 6. *Ishmeelites.* ver. 28, 36; ch. 16. 11, 12; 25. 1-4, 16-18; 31. 23. Ps. 83. 6. *Gilead.* ch. 31. 21; 43. 11. Je. 8. 22. *spicery. Nechoth,* is rendered by the LXX. 'incense;' Syriac, 'resin;' Samaritan, 'balsam;' Aquila, 'storax;' which is followed by BOCHART. This drug is abundant in Syria, and here MOSES joins with it resin, honey, and myrrh; which agrees with the nature of the storax, which is the resin of a tree of the same name, of a reddish colour, and peculiarly pleasant fragrance. *balm. Tzeri,* which in Arabic, as a verb, is *to flow,* seems to be a common name, as balm or balsam with us, for many of those oily, resinous substances, which flow spontaneously, or by incision, from various trees or plants; accordingly the ancients have generally interpreted it *resin. myrrh. Lot,* is probably, as JUNIUS, DE DIEU, CELSIUS, and URSINUS contend, the same as the Arabic *ladan,* Greek λαδανον, and Latin *ladanum.*

26 *What profit.* ch. 25. 32. Ps. 30. 9. Je. 41. 8. Mat. 16. 26. Ro. 6. 21. *conceal.* ver. 20; ch. 4. 10. De. 17. 8. 2 Sa. 1. 16. Job 16. 18. Eze. 24. 7.

27 *sell him.* ver. 22. Ex. 21. 16, 21. Ne. 5. 8. Mat. 16. 26; 26. 15. 1 Ti. 1. 10. Re. 18. 13. *let not.* 1 Sa. 18. 17. 2 Sa. 11. 14-17; 12. 9. *he is our.* ch. 29. 14; 42. 21. *were content. Heb.* hearkened.

28 *Midianites.* ver. 25; ch. 25. 2. Ex. 2. 16. Nu. 25. 15, 17; 31. 2, 3, 8, 9. Ju. 6. 1-3. Ps. 83. 9. Is. 60. 6. *sold.* ch. 45. 4, 5. Ps. 105. 17. Zec. 11. 12, 13. Mat. 26. 15; 27. 9. Ac. 7. 9.

29 *he rent.* ver. 34; ch. 34. 13. Nu. 14. 6. Ju. 11. 35. 2 Ki. 19. 1. Job 1. 20. Joel 2. 13. Ac. 14. 14.

30 ver. 20; ch. 42. 13, 32, 35. Je. 31. 15.

31 ver. 3, 23. Pr. 28. 13.

32 *thy son's.* ver. 3; ch. 44. 20-23. Lu. 15. 30.

33 *evil beast.* ver. 20; ch. 44. 28. 1 Ki. 13. 24. 2 Ki. 2. 24. Pr. 14. 15. Jno. 13. 7.

34 ver. 29. Jos. 7. 6. 2 Sa. 1. 11; 3. 31. 1 Ki. 20. 31; 21. 27. 2 Ki. 19. 1. 1 Ch. 21. 16. Ezr. 9. 3-5. Ne. 9. 1. Es. 4. 1-3. Job 1. 20; 2. 12. Ps. 69. 11. Is. 22. 12, 13; 32. 11; 36. 22; 37. 1, 2. Je. 36. 24. Joel 2. 13. Jon. 3. 5-8. Mat. 11. 21; 26. 65. Ac. 14. 14. Re. 11. 3.

35 *his daughters.* ch. 31. 43; 35. 22-26. *rose up.* 2 Sa. 12. 17. Job 2. 11. Ps. 77. 2. Je. 31. 15. *For I.* ch. 42. 31; 44. 29-31; 45. 28.

36 *the Midianites.* ver. 28; ch. 25. 1, 2; 39. 1. *officer. Heb.* eunuch. *But the word signifies not only* eunuchs, *but also* chamberlains, courtiers, *and* officers. Es. 1. 10. Is. 56. 3. *captain. Or,* chief marshal. *Heb.* chief of the slaughtermen, *or* executioners. ch. 39; 40. 4. 2 Ki. 25. 8, marg.

## CHAP. XXXVIII.

*Judah begets Er, Onan, and Shelah,* 1-5. *Er's marriage with Tamar, and death,* 6, 7. *The trespass of Onan,* 8-10. *Tamar is reserved for Shelah,* 11. *Judah's wife dies,* 12. *Tamar deceives Judah,* 13-26. *She bears twins, Pharez and Zarah,* 27-30.

1 A.M. 2265. B.C. 1739. *it came.* As there cannot be above 23 years from the selling of Joseph, unto Israel's going down into Egypt; and as it is impossible that Judah should take a wife, and by her have three sons successively, and Shelah, the youngest, marriageable when Judah begat Pharez of Tamar, and Pharez be grown up, married, and have two sons, all within so short a period; Mr. AINSWORTH conceives that the *time* here spoken of is soon after Jacob's coming to Shechem, (ch. 33.) We have accordingly adapted the chronology to correspond with that time. *turned.* ch. 19. 2, 3. Ju. 4. 18. 2 Ki. 4. 8. Pr. 9. 6; 13. 20. *Adullamite.* An inhabitant of *Adullam,* a city of Canaan, afterwards given to Judah, situated in the southern part of that tribe, west of Hebron. Jos. 12. 15; 15. 35. 1 Sa. 22. 1. 2 Sa. 23. 13. Mi. 1. 15.

2 *saw.* ch. 3. 6; 6. 2; 24. 3; 34. 2. Ju. 14. 2; 16. 1. 2 Sa. 11. 2. 2 Co. 6. 14. *Shuah.* ch. 46. 12. 1 Ch. 2. 3. Shua. *took.* ch. 6. 4; 24. 3.

3 A.M. 2266. B.C. 1738. *Er.* ch. 46. 12. Nu. 26. 19.

4 A.M. 2267. B.C. 1737. *Onan.* ch. 46. 12. Nu. 26. 19.

5 A.M. 2268. B.C. 1736. *Shelah.* ver. 11, 26; ch. 46. 12. Nu. 26. 20. 1 Ch. 4. 21. *Chezib.* Chezib is said, by EUSEBIUS and JEROME, to have been situated near Adullam, and to be then uninhabited.

6 *took.* ch. 21. 21; 24. 3. *Tamar.* Mat. 1. 3.

7 *Er.* ch. 46. 12. Nu. 26. 19. *wicked.* ch. 6. 8; 13. 13; 19. 13. 2 Ch. 33. 6. *and the.* 1 Ch. 2. 3. Ps. 55. 23.

8 A.M. 2282. B.C. 1722. Le. 18. 16. Nu. 36. 8, 9. De. 25. 5-10. Ru. 1. 11; 4. 5-11. Mat. 22. 23-27.

9 *he is.* De. 25. 6. Ru. 1. 11; 4. 10. *lest that.* Job 5. 2. Pr. 27. 4. Ti. 3. 3. Ja. 3. 14, 16; 4. 5.

10 *displeased. Heb.* was evil in the eyes of. Nu. 11. 1; 22. 34. 2 Sa. 11. 27. 1 Ch. 21. 7. Pr. 14. 32; 24. 18. Je. 44. 4. Ha. 1. 13. *him also.* ch. 46. 12. Nu. 26. 19.

11 *till Shelah.* Ru. 1. 11, 13. *in her.* Le. 22. 13.

12 *in process of time. Heb.* the days were multiplied. *comforted.* ch. 24. 67. 2 Sa. 13. 39. *sheep shearers.* ch. 31. 19. 1 Sa. 25. 4-8, 36. 2 Sa. 13. 23-29. *Timnath.* Timnath is, in all probability, that in the border of Judah, between Jerusalem and Diospolis, given to Dan, and mentioned in the history of Samson as belonging to the Philistines. ver. 1. Jos. 15. 10, 35, 57, Timnah; 19. 43, Thimnathah. Ju. 14. 1.

14 *and sat.* Pr. 7. 12. Je. 3. 2. Eze. 16. 25. *an open place. Heb.* the door of eyes, *or* of Enajim. Some think *ainayim* means 'the two fountains,' or 'double fountain;' while others regard it as a proper name, and the same as *Enaim,* a city of Judah, (Jos. 15. 34.) So the LXX. render it *Enan. Timnath.* See ver. 12, 13. *that Shelah.* ver. 11, 26.

16 *Go to.* 2 Sa. 13. 11. *What wilt.* De. 23. 18. Eze. 16. 33. Mat. 26. 15. 1 Ti. 6. 10.

17 *I will.* Eze. 16. 33. *a kid. Heb.* a kid of the goats. *Wilt thou.* ver. 20, 24, 25. Pr. 20. 16. Lu. 16. 8.

18 *Thy signet. Chothem,* or *chothemeth,* as in ver. 25, is properly a *ring-seal,* with which impressions were made to ascertain property, etc. From Je. 22. 24, we find that it was worn on the hand; though it might also have been suspended from the neck by a ribband, as the Arabs still wear it. ver. 25, 26. Je. 22. 24. Lu. 15. 22. *bracelets. Pathil,* from *pathal,* to twist, wreathe, may denote either a *wreath* for the arm or neck, a *twisted collar,* or *bracelet.* In the former sense the LXX. render it by ορμισκον, and AQUILA and SYMMACHUS by στρεπτον; and in the latter sense, the Vulgate renders it by *armillam.* It may have been a collar by which the signet was suspended; though its being used in the plural seems to favour the opinion of its being a bracelet. *gave it her.* ver. 25, 26. Ho. 4. 11.

19 *laid by her vail.* ver. 14. 2 Sa. 14. 2, 5.
20 *his friend.* ch. 20. 9. Le. 19. 17. Ju. 14. 20. 2 Sa. 13. 3. Lu. 23. 12.
21 *openly by the way side.* *or*, in Enajim. ver.14.
23 *lest we.* 2 Sa. 12. 9. Pr. 6. 33. Ro. 6. 21. 2 Co. 4. 2. Ep. 5. 12. Re. 16. 15. *be shamed.* *Heb.* become a contempt.
24 *played the harlot.* ch. 34. 31. Ju. 19. 2. Ec. 7. 26. Je. 2. 20; 3. 1, 6, 8. Eze. 16. 15, 28, 41; 23. 5, 19, 44. Ho. 2. 5; 3. 3; 4. 15. *let her.* ch. 20. 3, 7, 9. Le. 20. 10; 21. 9. De. 22. 21-27; 24. 16. 2 Sa. 12. 5, 7. Je. 29. 22, 23. Mat. 7. 1-5. Ro. 2. 1, 2; 14. 22.
25 *Discern.* ver. 18; ch. 37. 32. Ps. 50. 21. Je. 2. 26. Ro. 2. 16. 1 Co. 4. 5. Re. 20. 12.
26 *acknowledged.* ch. 37. 33. *She hath.* 1 Sa. 24. 17. 2 Sa. 24. 17. Eze. 16. 52. Ha. 1. 13. Jno. 8. 9. Ro. 3. 19. *more righteous.* Not *less to blame*, but *more righteous.* *because.* ver. 14. *And he knew.* ch. 4. 1. 2 Sa. 16. 22; 20. 3. Job 4. 5; 34. 31, 32; 40. 5. Mat. 3. 8. Ro. 13. 12. Tit. 2. 11, 12. 1 Pe. 4. 2, 3.
29 A.M. 2283. B.C. 1721. *How hast*, etc. *or*, Wherefore hast thou made *this* breach against thee? *his name.* ch. 46. 12. Nu. 26. 20. 1 Ch. 2. 4; 9. 4. Ne. 11. 4, 6. Perez. Mat. 1. 3. Lu. 3. 33. Phares. *Pharez. i.e.* a breach.
30 *Zarah.* 1 Ch. 9. 6. Zerah. Mat. 1. 3. Zara.

## CHAP. XXXIX.

*Joseph is bought by Potiphar, and preferred in the family,* 1-6. *He resists his mistress's temptation,* 7-12. *He is falsely accused by her,* 13-19. *He is cast into prison,* 20. *God is with him there, and he is advanced by the keeper of the prison,* 21-23.

1 A.M. 2276. B.C. 1728. *Joseph.* ch. 37. 36; 45. 4. Ps. 105. 17. Ac. 7. 9. *the Ishmeelites.* ch. 37. 25, 28.
2 *the Lord.* ver. 21, 22; ch. 21. 22; 26. 24, 28; 28. 15. 1 Sa. 3. 19; 16. 18; 18. 14, 28. Ps. 1. 3; 46. 7, 11; 91. 15. Is. 8. 9, 10; 41. 10; 43. 2. Je. 15. 20. Mat. 1. 23. Ac. 7. 9, 10. Ro. 8. 31. *house.* 1 Co. 7. 20-24. 1 Ti. 6. 1. Tit. 2. 9, 10.
3 *saw that.* ch. 21. 22; 26. 24, 28; 30. 27, 30. 1 Sa. 18. 14, 28. Zec. 8. 23. Mat. 5. 16. Phi. 2. 15, 16. Re. 3. 9. *prosper.* ver. 23; ch. 30. 27. Jos. 1. 7, 8. 1 Ch. 22. 13. 2 Ch. 26. 5. Ne. 2. 20. Ps. 1. 3. 1 Co. 16. 2.
4 *Joseph.* ver. 21; ch. 18. 3; 19. 19; 32. 5; 33. 8, 10. 1 Sa. 16. 22. Ne. 2. 4, 5. Pr. 16. 7. *overseer.* ver. 22; ch. 15. 2; 24. 2; 41. 40, 41. Pr. 14. 35; 17. 2; 22. 29; 27. 18. Ac. 20. 28.
5 *for Joseph's.* ch. 12. 2; 19. 29; 30. 27. De. 28. 3-6. 2 Sa. 6. 11, 12. Ps. 21. 6; 72. 17. Ac. 27. 24. Ep. 1. 3.
6 *he left.* ver. 4, 8, 23. Lu. 16. 10; 19. 17. *save.* ch. 43. 32. Pr. 31. 11. *a goodly person.* *Yephaih toar, weephaih maraih*, 'beautiful in person and beautiful in countenance.' Joseph's beauty is so celebrated in the East, that a handsome man is frequently compared to him; and the Persian poets vie with each other in descriptions of his comeliness. ch. 12. 14, 15; 29. 17. 1 Sa. 16. 12; 17. 42. Ac. 7. 20.
7 A.M. 2285. B.C. 1719. *cast.* ch. 6. 2. Job 31. 1. Ps. 119. 37. Eze. 23. 5, 6, 12-16. Mat. 5. 28. 2 Pe. 2. 14. 1 Jno. 2. 16. *Lie.* 2 Sa. 13. 11. Pr. 2. 16; 5. 9; 7. 13. Je. 3. 3. Eze. 16. 25, 32, 34.
8 *refused.* Pr. 1. 10; 2. 10, 16-19; 5. 3-8; 6. 20-25, 29, 32, 33; 7. 5. 25-27; 9. 13-18; 22. 14; 23. 26-28. *my master.* Pr. 18. 24.
9 *none.* ch. 24. 2. Ne. 6. 11. Lu. 12. 48. 1 Co. 4. 2. Ti. 2. 10. *how then.* ch. 20. 3, 6. Le. 20. 10. 2 Sa. 11. 27. Job 31. 9-12, 23. Pr. 6. 29, 32. Je. 5. 8, 9. 1 Co. 6. 9, 10. Ga. 5. 19-21. He. 13. 4. Re. 21. 8; 22. 15. *sin.* ch. 42. 18. Le. 6. 2. Nu. 32. 23. 2 Sa. 12. 13. Ne. 5. 15. Ps. 51. 4. Je. 28. 16; 50. 7. 1 Jno. 3. 9.
10 *as she spake.* ver. 8. Pr. 2. 16; 5. 3; 6. 25, 26; 7. 5, 13; 9. 14, 16; 22. 14; 23. 27. *or to be.* Pr. 1. 15; 5. 8. 1 Co. 6. 18; 15. 33. 1 Th. 5. 22. 1 Ti. 5. 14. 2 Ti. 2. 22. 1 Pe. 2. 11.
11 *none of the men.* Job 24. 15. Pr. 9. 17. Je. 23. 24. Mal. 3. 5. Ep. 5. 3, 12.
12 *caught.* ver. 8, 10. Pr. 7. 13, etc. Ec. 7. 26. Eze. 16. 30, 31. *and he left.* 1 Sa. 15. 27. Pr. 1. 15; 5. 8; 6. 5. Ec. 7. 26. Mar. 14. 51, 52. 1 Co. 15. 33. 2 Ti. 2. 22. 1 Pe. 2. 11.
14 *he hath.* The base affection of this woman being disappointed, was changed into rancorous hatred, and she exults in the opportunity of being revenged on Joseph. She begins her accusation in the affected language of offended modesty, rage, and disdain, by charging her husband, whom we may reasonably suppose she did not greatly love, with being an accessary to the indignity she pretended to have received: 'HE hath brought in a *Hebrew*,' a very abomination to an Egyptian, 'to mock us,' insult and treat me in a base, unworthy manner. *an Hebrew.* ver. 17; ch. 10. 21; 14. 13; 40. 15. Ps. 120. 3. Eze. 22. 5. *he came.* ver. 7. Ps. 35. 11; 55. 3. Pr. 10. 18. Is. 51. 7; 54. 17. Mat. 5. 11; 26. 59. Lu. 23. 2. 2 Co. 6. 8. 1 Pe. 2. 20; 3. 14-18; 4. 14-19. *loud. Heb.* great.
16 Ps. 37. 12, 32. Je. 4. 22; 9. 3-5. Ti. 3. 3.
17 ver. 14. Ex. 20. 16; 23. 1. 1 Ki. 18. 17; 21. 9-13. Ps. 37. 14; 55. 3; 120. 2-4. Pr. 12. 19; 19. 5, 9. Mat. 26. 65.
19 *heard.* Job 29. 16. Pr. 18. 17; 29. 12. Ac. 25. 16. 2 Th. 2. 11. *his wrath.* ch. 4. 5, 6. Pr. 6. 34, 35. Ca. 8. 16.
20 *into the prison.* *Baith hassohar*, 'the round house,' from the form of the building, according to some; or, 'the watch or guard house,' from the Arabic *sahara*, to watch, according to others. ch. 40. 15; 41. 14. Ps. 105. 18, 19. Is. 53. 8. Da. 3. 21, 22. 2 Ti. 2. 9. 1 Pe. 2. 19. *the king's.* ch. 40. 1-3, 15; 41. 9-14. Ps. 76. 10.
21 *the Lord.* ver. 2; ch. 21. 22; 49. 23, 24. Is. 41. 10; 43. 2. Da. 6. 22. Ro. 8. 31, 32, 37. 1 Pe. 3. 13, 14, 17; 4. 14-16. *shewed him mercy.* *Heb.* extended kindness unto him. *gave him.* ch. 40. 3. Ex. 3. 21; 11. 3; 12. 36. Ps. 105. 19, 22; 106. 46. Pr. 16. 7. Da. 1. 9. Ac. 7. 9, 10.
22 *committed.* ver. 4, 6, 7, 9; ch. 40. 3, 4. 1 Sa. 2. 30. Ps. 37. 3, 11.
23 *keeper.* ch. 40. 3, 4. *because.* See on ver. 2, 3; ch. 49. 23, 24. 1 Sa. 2. 30. Ps. 1. 3; 37. 3-11. Is. 43. 2. Da. 6. 22.

## CHAP. XL.

*The chief butler and baker of Pharaoh being imprisoned, Joseph is charged with them,* 1-4. *He interprets their dreams,* 5-19. *They are accomplished according to his interpretation,* 20-22. *The ingratitude of the butler, in forgetting Joseph,* 23.

1 *it came.* ch. 39. 20-23. Es. 6. 1. *the butler.* *Mashkeh*, from *shakah*, to give drink, is the same as *saky* among the Arabians and Persians, and signifies a *cup-bearer.* ver. 13. Ne. 1. 11; 2. 1, 2.
2 *wroth.* Ps. 76. 10. Pr. 16. 14; 19. 12, 19; 27. 4. Ac. 12. 20. *the chief of the butlers.* 1 Ch. 27. 27.
3 *the place.* ch. 39. 20, 23. *where Joseph was bound.* Or, 'where Joseph was *confined;*' for he doubtless had his *personal* liberty. This place, we learn from the preceding chapter, (ver. 20,) was the king's prison. All the officers in the employment of the ancient kings of Egypt, according to DIODORUS SICULUS, were taken from the most illustrious families of the priesthood in the country; no slave or common person being ever permitted to serve in the presence of the king. As these persons were of the most noble families, it is natural to expect they would be put, when accused, into the *state prison.*
4 *the captain.* ch. 37. 36; 39. 1, 21-23. Ps. 37. 5. *a season.* *Yamim*, literally, *days;* how long is uncertain, though the word may signify, as many suppose, a *complete year* (see Ge. 4. 3; 24. 55); and as Pharaoh called them to an account on his birthday, (ver. 20,) CALMET supposes they had offended on the preceding birthday, and thus had been one whole year in prison.
5 A.M. 2287. B.C. 1717. ver. 8; ch. 12. 1-7; 20. 3; 37. 5-10; 41. 1-7, 11. Nu. 12. 6. Ju. 7. 13, 14. Es. 6. 1. Job 33. 15-17. Da. 2. 1-3; 4. 5, 9, 19; ch. 7; 8.

6 *and, behold.* ver. 8; ch. 41. 8. Da. 2. 1-3; 4. 5; 5. 6; 7. 28; 8. 27.

7 *Wherefore.* Ju. 18. 24. 1 Sa. 1. 8. 2 Sa. 13. 4. Ne. 2. 2. Lu. 24. 17. *look ye so sadly to-day. Heb. are* your faces evil.

8 *Do not,* etc. ch. 41. 15, 16. Job 33. 15, 16. Ps. 25. 14. Is. 8. 19. Da. 2. 11, 28, 47; 4. 8; 5. 11-15. 1 Co. 12. 10, 11. Am. 3. 7.

9 *a vine.* ch. 37. 5-10. Ju. 7. 13-15. Da. 2. 31; 4. 8, 10, etc.

11 *And I took,* etc. From this we find that *wine* anciently was the mere expressed juice of the grape, without fermentation. The *saky,* or cup-bearer, took the bunch, pressed the juice into the cup, and instantly delivered it to his master.

12 *This.* ver. 18; ch. 41. 12, 25, 26. Ju. 7. 14. Da. 2. 36, etc.; 4. 19, etc. *The three.* ch. 41. 26. Ju. 7. 14. Mat. 26. 26. 1 Co. 10. 4. Ga. 4. 25.

13 *within.* ch. 7. 4. *shall.* ver. 20-22. 2 Ki. 25. 27. Ps. 3. 3. Je. 53. 31. *lift up thine head. or,* reckon. ver. 19, 20.

14 *think on me. Heb.* remember me with thee. *on me.* 1 Sa. 25. 31. Lu. 23. 42. 1 Co. 7. 21. *shew.* Jos. 2. 12. 1 Sa. 20. 14, 15. 2 Sa. 9. 1. 1 Ki. 2. 7.

15 *stolen.* ch. 37. 28. Ex. 21. 16. De. 24. 7. 1 Ti. 1. 10. *the Hebrews.* ch. 14. 13; 41. 12. *done.* ch. 39. 8-12, 20. 1 Sa. 24. 11. Ps. 59. 3, 4. Da. 6. 22. Jno. 10. 32; 15. 25. Ac. 24. 12-21; 25. 10, 11. 1 Pe. 3. 17, 18.

16 *the chief.* ver. 1, 2. *white baskets. or,* baskets full of holes.

17 *bake-meats. Heb.* meat of Pharaoh, the work of a baker, *or* cook.

18 ver. 12; ch. 41. 26. 1 Co. 10. 4; 11. 24.

19 *within.* ver. 13. *lift up thy head from off thee. or,* reckon thee *and take thy office* from thee. *hang thee.* ver. 22; ch. 41. 13. De. 21. 22, 23. Jos. 8. 29; 10. 26. 2 Sa. 21. 6. Pr. 30. 17. Ga. 3. 13. *and the birds.* ver. 17. 1 Sa. 17. 44, 46. 2 Sa. 21. 10. Eze. 39. 4. Ac. 20. 27.

20 *third day.* ver. 13, 19. *birthday.* ch. 21. 8. Es. 1. 3. Job 3. 1. Mat. 14. 6. Mar. 6. 21. *lifted up. or,* reckoned. ver. 13, 19, marg. 2 Ki. 25. 27. Mat. 18. 23-25; 25. 19. Lu. 16. 1, 2.

21 *gave the cup.* ver. 13. Ne. 2. 1.

22 *he hanged.* ver. 8, 19; ch. 41. 11-13, 16. Je. 23. 28. Da. 2. 19-23, 30; 5. 12. Ac. 5. 30.

23 *but forgat him.* Job 19. 14. Ps. 31. 12; 105. 19. Ec. 19. 15, 16. Am. 6. 6.

## CHAP. XLI.

***Pharaoh has two dreams,* 1-8. *Joseph interprets them,* 9-32. *He gives Pharaoh counsel, and is highly advanced, and married,* 33-45. *The seven years of plenty,* 46-49. *He begets children,* 50-52. *The famine begins,* 53-57.**

1 A.M. 2289. B.C. 1715. *two full years. Shenathayim yamim,* 'two years of days,' two complete solar revolutions; as a *month of days* is a full month, ch. 29. 14. *that Pharaoh.* ch. 20. 3; 37. 5-10; 40. 5. Ju. 7. 13, 14. Es. 6. 1. Job 33. 15, 16. Da. 2. 1-3; 4. 5, etc.; ch. 7; 8. Mat. 27. 19. *the river.* ch. 31. 21. Ex. 1. 22; 4. 9. De. 11. 10. Is. 19. 5. Eze. 29. 3, 9.

2 *there came.* ver. 17-27. *a meadow.* Or, rather, 'on, or among the reeds or sedges;' for so *achoo* is generally supposed to denote (see Job 8. 11); so called, according to Mr. PARKHURST, from its fitness for making ropes, or the like, to *connect* or *join* things together, from *achah,* to join, connect: thus the Latin *juncus,* a bulrush, *a jungendo,* from *joining,* for the same reason. He supposes it to be that sort of reed growing near the Nile which HASSELQUIST describes as 'having scarce any branches, but numerous leaves, which are narrow, smooth, channelled on the upper surface, and the plant about eleven feet high. The Egyptians make *ropes* of the leaves.'

3 *ill favoured.* ver. 4, 20, 21.

4 *So Pharaoh awoke.* 1 Ki. 3. 15.

5 *seven ears.* A species of wheat, which grows in Egypt, bears, when perfect, seven ears on one stalk, as its natural conformation. It differs from ours in having a solid stem, or at least a stem full of pith, in order to yield sufficient nourishment and support to so great a weight as the ears which it bears. *rank. Heb.* fat. De. 32. 14.

6 *blasted.* Eze. 17. 10; 19. 12. Ho. 13. 15.

7 *a dream.* ch. 20. 3; 37. 5.

8 *his spirit.* ch. 40. 6. Da. 2. 1-3; 4. 5, 19; 5. 6; 7. 28; 8. 27. Hab. 3. 16. *the magicians of Egypt.* The word here used (*chartummim*) may mean no more than *interpreters of abstruse* or *difficult subjects;* especially of dreams and visions, which formed a considerable part of the ancient Pagan religion; and the Egyptian priests were the first who professed this art. The word may be of affinity with, or derived from, the Persian *chiradmand,* wise, learned, judicious, intelligent, from *chirad,* understanding, judgment, and *mand,* endowed with. They seem to have been such persons as JOSEPHUS calls *sacred scribes;* or professors of sacred learning. Ex. 7. 11, 22; 8. 7, 18, 19; 9. 11. Le. 19. 31; 20. 6. De. 18. 9-14. Is. 8. 19; 19. 3; 29. 14; 47. 12, 13. Da. 1. 20; 2. 2; 4. 7; 5. 7, 11. Ac. 17. 18. *the wise men.* Mat. 2. 1. Ac. 7. 22. *but there.* ch. 40. 8. Job 5. 12, 13. Ps. 25. 14. Is 19. 11-13; 29. 14. Da. 2. 4-11, 27, 28; 5. 8. 1 Co. 1. 19; 3. 18-20.

9 *I do remember.* ch. 40. 1-3, 14, 23.

10 *Pharaoh.* ch. 39. 20; 40. 2, 3. *captain.* ch. 37. 36.

11 ch. 40. 5-8.

12 *servant.* ch. 37. 36; 39. 1, 20. *interpreted.* ch. 40. 12-19.

13 *me he restored.* ch. 40. 12, 20-22. Je. 1. 10. Eze. 43. 3.

14 *sent.* 1 Sa. 2. 7, 8. Ps. 105. 19-22; 113. 7, 8. *and they brought him hastily. Heb.* made him run. Ex. 10. 16. 1 Sa. 2. 8. Ps. 113. 7, 8. Da. 2. 25. *he shaved.* 2 Sa. 19. 24. 2 Ki. 25. 29. Es. 4. 1-4; 5. 1. Is. 61. 3, 10. Je. 52. 32, 33.

15 *I have heard.* ver. 9-13. Ps. 25. 14. Da. 5. 12, 16. *that thou canst understand a dream to interpret it. or, when* thou hearest a dream, thou canst interpret it.

16 *It is not.* ch. 40. 8. Nu. 12. 6. 2 Ki. 6. 27. Da. 2. 18-23, 28-30, 47; 4. 2. Ac. 3. 7, 12; 14. 14, 15. 1 Co. 15. 10. 2 Co. 3. 5. *peace.* ch. 37. 14. Lu. 19. 42.

17 ver. 1-7.

18 Je. 24. 1-3, 5, 8.

21 *eaten them up. Heb.* come to the inward parts of them. Eze. 3. 3. Re. 10. 9, 10. *still.* Ps. 37. 19. Is. 9. 20.

23 *withered. or,* small. *thin.* ver. 6. 2 Ki. 19. 26. Ps. 129. 6, 7. Ho. 8. 7; 9. 16; 13. 15. *blasted.* All the mischief done to corn or fruit by blasting, smutting, mildew, etc. are attributed to the *east wind.* (See Parallel Passages.) In Egypt it is peculiarly destructive, because it comes through the parched deserts of Arabia, often destroying vast numbers of people. The destructive nature of the *Sam, Simoom, Smoom,* or *Samiel,* is mentioned by almost all travellers. When this pestilential wind advances, its approach is indicated by a redness in the air. The principal stream of the blast always moves in a line of about 20 yards in breadth, and 12 feet above the surface of the earth; but its parching influence pervades all places to a considerable distance. The only means of preservation from its noxious influence is to lie flat, with the face upon the ground, till the blast be over. Camels and other animals instinctively perceive its approach, and bury their mouths and nostrils in the ground. It rarely lasts more than seven or eight minutes, but so poisonous are its effects, that it instantly suffocates those who are unfortunate enough to inhale it.

24 *I told this.* ver. 8. Ex. 8. 19. Da. 4. 7.

25 *God.* See on ver. 16. Ex. 9. 14. Jos. 11. 6. Ps. 98. 2. Is. 41. 22, 23; 43. 9. Da. 2. 28, 29, 45, 47. Am. 3. 7. Mat. 24. 40. Mar. 13. 23. Ep. 1. 17. Re. 4. 1.

26 *are. or,* signify. ver. 2, 5, 29, 47, 53; ch. 40. 18. Ex. 12. 11. 1 Co. 10. 4. *good ears are seven.* See ch. 40. 12. *the dream is one.* ch. 2. 24. Ex. 26. 6. 1 Jno. 5. 7.

27 *seven years of famine.* 2 Sa. 24. 13. 2 Ki. 8. 1.

28 *What God.* See on ver. 16, 25.

29 ver. 26, 46, 49.

30 *seven years.* ver. 27, 54. 2 Sa. 24. 13. 1 Ki. 17. 1. 2 Ki. 8. 1. Lu. 4. 25. Ja. 5. 17. *shall be.* ver. 21, 51. Pr. 31. 7. Is. 65. 16. *consume.* ch. 47. 13. Ps. 105. 16.

31 *the plenty.* It is well known, that in Egypt there is scarcely any rain, the country depending for its *fertility* upon the overflowing of the Nile; and that the fertility is in proportion to the duration and quantity of the overflow, in order to saturate the land and prepare it for the seed. PLINY has given a scale, by which the plenty or dearth may be ascertained; which may be considered as perfectly correct. The ordinary height of the inundations is 16 cubits. When the waters are lower than this standard, they do not overflow the whole ground; when above this standard they are too long in running off. In the first case, the ground is not saturated; by the second, the waters are detained so long on the ground that seed-time is lost. The province marks both. If it rise only 12 cubits, a *famine* is the consequence; at 13 hunger prevails; 14 produces general *rejoicing;* 15 perfect *security;* and 16 all the luxuries of life. *grievous. Heb.* heavy. 1 Sa. 5. 6. Is. 24. 20.

32 *doubled.* ch. 37. 7, 9. Job 33. 14, 15. 2 Co. 13. 1. *it is because.* Nu. 23. 19. Is. 14. 24-27; 46. 10, 11. Mat. 24. 35. *established by. or,* prepared of. Is. 30. 33. Mat. 25. 34, 41. Mar. 10. 40. 1 Co. 2. 9. Re. 9. 15.

33 *therefore.* Da. 4. 27. *look out.* Ex. 18. 19-22. De. 1. 13. Ac. 6. 3.

34 *officers. or,* overseers. Nu. 31. 14. 2 Ki. 11. 11, 12. 2 Ch. 34. 12. Ne. 11. 9. *and take.* Job 5. 20. Ps. 33. 19. Pr. 6. 6-8; 22. 3; 27. 12. Lu. 16. 5.

35 *gather.* ver. 48, 49, 56; ch. 45. 6, 7. *hand.* Ex. 4. 13.

36 *that the.* ch. 47. 13-25. *perish not. Heb.* be not cut off. ver. 30.

37 *the thing.* Ps. 105. 19. Pr. 10. 20; 25. 11. Ac. 7. 10. *good.* Jos. 22. 30. 2 Sa. 3. 36. 1 Ki. 21. 2.

38 *in whom.* Nu. 27. 18. Job 32. 8. Da. 4. 6, 8, 18; 5. 11, 14; 6. 3.

39 ver. 16, 25, 28, 33.

40 *Thou shalt.* ch. 39. 4-6; 45. 8, 9, 26; 105. 21, 22. Pr. 22. 29. Da. 2. 46-48; 5. 29; 6. 3. *be ruled. Heb.* be armed, *or* kiss. 1 Sa. 10. 1. Job 31. 27. Ps. 2. 12.

41 ver. 44; ch. 39. 5, 22. Es. 10. 3. Pr. 17. 2; 22. 29. Da. 2. 7, 8; 4. 2, 3; 6. 3. Mat. 28. 18. Phi. 2. 9-11.

42 *his ring.* Es. 3. 10, 12; 6. 7-12; 8. 2, 8, 10, 15; 10. 3. Da. 2. 46, 47; 5. 7, 29. Lu. 15. 22. *fine linen. or,* silk. Eze. 27. 7. *a gold chain.* Pr. 1. 9; 31. 22, 24. Ca. 1. 10. Eze. 16. 10, 11. Da. 5. 7, 16, 29. Lu. 19. 16-19.

43 *and they.* Es. 6. 8, 9. *Bow the knee. or,* Tender father. ch. 45. 8. *Heb.* Abrech. *ruler.* ch. 42. 6, 30, 33; 45. 8, 26. Ac. 7. 10.

44 *lift up his hand.* Ex. 11. 7.

45 *Zaphnath-paaneah. which in Coptic signifies* a revealer of secrets, *or,* the man to whom secrets are revealed. JEROME says this name signified in Egyptian, *Salvatorem mundi,* 'the Saviour of the world;' and *Psotem-phaneh,* in Coptic, is certainly 'salvation of the world,' from CΩT, for *σωτηρια,* salvation, *em,* the sign of the genitive case, and ΦENEh, world. If this interpretation be correct, Pharaoh must have meant Egypt by the *world,* of which Joseph might be justly termed the *Saviour.* We know that the Romans called their empire *Universis Orbis—Orbis Terrarum,* 'all the world:' the Chinese say the same of their empire at the present day, and the phrase is used in the East: Nadir Shah is described on his coins as 'Conqueror of the World,' *i.e.* Persia. See the same phraseology applied to Syria, Palestine, etc. Lu. 2. 1. Ac. 11. 28. *priest of. or,* prince. ch. 14. 18. Ex. 2. 16, marg. 2 Sa. 8. 18; 20. 26. Heb. *On.* ch. 46. 20. Eze. 30. 17. Aven.

46 *years.* ch. 37. 2. Nu. 4. 3. 2 Sa. 5. 4. Lu. 3. 23. *he stood.* 1 Sa. 16. 21. 1 Ki. 12. 6, 8. Pr. 22. 29. Da. 1. 19. Lu. 21. 36. Jude 24.

47 From A.M. 2289, B.C. 1715, to A.M. 2296, B.C. 1708. *handfuls.* ch. 26. 12. Ps. 72. 16.

48 ver. 34-36; ch. 47. 21.

49 ch. 22. 17. Ju. 6. 5; 7. 12. 1 Sa. 13. 5. Job 1. 32. Ps. 78. 27. Je. 33. 22.

50 *unto Joseph.* ch. 46. 20; 48. 5. *Asenath.* ver. 45; ch. 46. 20. *priest. or,* prince. 2 Sa. 8. 18.

51 *called.* A.M. 2292. B.C. 1712. ch. 48. 5, 13, 14, 18-20. De. 33. 17. *Manasseh. i.e.* Forgetting. See on ver. 30. Ps. 45. 10. Is. 57. 16. *forget.* Ps. 30. 5, 11. Pr. 31. 7. Is. 65. 16.

52 A.M. 2293. B.C. 1711. *called he.* ch. 29. 32-35; 30. 6-13; 50. 23. *Ephraim. i.e.* Fruitful. ch. 48. 16-19; 49. 22. Is. 40. 1, 2. *the land.* Ps. 105. 17, 18. Am. 6. 6. Ac. 7. 10.

53 A.M. 2296. B.C. 1708. ver. 29-31. Ps. 73. 20. Lu. 16. 25.

54 *the seven.* ver. 3, 4, 6, 7, 27; ch. 45. 11. Ps. 105. 16. Ac. 7. 11. *according.* ver. 30. *and the dearth.* ch. 42. 2, 5, 6; 43. 1; 45. 11; 47. 13.

55 *famished.* 2 Ki. 6. 25-29. Je. 14. 1-6. La. 4. 3-10. *Go unto.* ver. 40, 41. Ps. 105. 20-22. Mat. 3. 17; 17. 5. Jno. 1. 14-16. Phi. 4. 19. Col. 1. 19.

56 *the face.* Is. 23. 17. Zec. 5. 3. Lu. 21. 35. Ac. 17. 26. *all the storehouses. Heb.* all wherein *was. sold.* ch. 42. 6; 47. 14-24.

57 *all countries.* ch. 42. 1, 5; 50. 20. De. 9. 28. Ps. 105. 16, 17. *in all lands.* ver. 54, 56.

## CHAP. XLII.

*Jacob sends his ten sons to buy corn in Egypt, 1-15. They are imprisoned by Joseph for spies, 16, 17. They are set at liberty, on condition to bring Benjamin, 18-20. They have remorse for Joseph, 21-23. Simeon is kept for a pledge, 24. They return with corn, and their money, 25-28. Their relation to Jacob, 29-35. Jacob refuses to send Benjamin, 36-38.*

1 *when Jacob.* ch. 41. 54, 57. Ac. 7. 12. *saw. i.e. heard,* from the report of others, that there was plenty in Egypt. The operations of one sense are frequently put for those of another in Hebrew; (*see the Parallel Passages.*) ver. 2. Ex. 5. 19; 20. 18. 1 Ki. 19. 3. Ho. 5. 13. Ga. 2. 7. *Why do ye.* Jos. 7. 10. 2 Ki. 8. 3, 4. Ezr. 10. 4. Je. 8. 14.

2 *get you.* ch. 43. 2, 4; 45. 9. *that we.* ch. 43. 8. Ps. 118. 17. Is. 38. 1. Mat. 4. 4.

3 ver. 5, 13.

4 *Benjamin.* ch. 35. 16-19. *Lest.* ver. 38; ch. 3. 22; 11. 4; 33. 1, 2; 43. 14, 29; 44. 20-22, 27-34.

5 *for.* ch. 12. 10; 26. 1; 41. 57. Ac. 7. 11; 11. 28.

6 *governor. Shallit,* an intendant, protector, ruler, from *shalat,* to be over as a protector, to rule: hence the Arabic *salita,* to obtain and exercise dominion, rule; and *sultân,* ruler, lord, prince, and king. ch. 41. 40, 41; 45. 8, 26. Ps. 105. 16-21. Ac. 7. 10. *he it was.* ch. 41. 55, 56. *bowed.* ch. 18. 2; 19. 1; 37. 7, 9; 44. 14. Re. 3. 9.

7 *roughly unto them. Heb.* hard things with them. ver. 9-12, 14-17, 19, 20. Mat. 15. 23-26.

8 *but they knew.* Lu. 24. 16. Jno. 20. 14; 21. 4.

9 *remembered.* ch. 37. 5-9. *Ye are spies.* Persons who, under the pretence of wishing to buy corn, desire only to find out whether the land be so defenceless that the tribes to which you belong may attack it successfully, drive out the inhabitants, and settle themselves in it; or, having plundered it, retire into their deserts. This is a frequent custom among the Arabs to the present day. ver. 9, 16, 30, 31, 34. Nu. 13. 2, 16-20. Jos. 2. 1; 6. 23. Ju. 1. 24. 1 Sa. 26. 4. Lu. 20. 20. He. 11. 31. *nakedness.* Ex. 32. 25.

10 ch. 27. 29, 37; 37. 8; 44. 9. 1 Sa. 26. 17. 1 Ki. 18. 7.

11 *We are,* etc. We do not belong to different tribes; and it is not likely that one family would make a hostile attempt upon a whole kingdom; nor, if any serious design had been intended, that one man would have sent his sons on so hazardous an expedition. *true men.* ver. 19. 33, 34. Jno. 7. 18. 2 Co. 6. 4.

12 *nakedness.* ver. 9.

13 *Thy servants.* ver. 11, 32; ch. 29. 32-35; 30. 6-24; 35. 16-26; 43. 7; 46. 8-27. Ex. 1. 2-5. Nu. ch. 1; 10; 26; 34. 1 Ch. ch. 2-8. *one is not.* ver. 36, 38; ch. 37. 30; 44. 20, 28; 45. 26. Je. 31. 15. La. 5. 7. Mat. 2. 16, 18.

14 ver. 9-11. Job 13. 24; 19. 11. Mat. 15. 21-28.

15 *By the life.* ver. 7, 12, 16, 30. De. 6. 13. 1 Sa. 1. 26; 17. 55; 20. 3. Je. 5. 2, 7. Mat. 5. 33-37; 33. 16-22. Ja. 5. 12. *except.* ver. 20, 34; ch. 43. 3; 44. 20-34.

16 *kept in prison. Heb.* bound.

17 *put. Heb.* gathered. Is. 24. 22. Ac. 5. 18. *ward.* ch. 40. 4, 7; 41. 10. Le. 24. 12. Ps. 119. 65. Ac. 4. 3. He. 12. 10.

18 *I fear God.* ch. 20. 11. Le. 25. 43. Ne. 5. 9, 15. Lu. 18. 2, 4.

19 *house.* ch. 40. 3. Is. 42. 7, 22. Je. 37. 15. *carry corn.* ver. 1, 2, 26; ch. 41. 56; 43. 1, 2; 45. 23.

20 *bring.* ver. 15, 34; ch. 43. 5, 19; 44. 23. *And they.* ver. 26; ch. 6. 22. Jno. 2. 5.

21 *they said.* ch. 41. 9. Nu. 32. 23. 2 Sa. 12. 13. 1 Ki. 17. 18. Job 33. 27, 28; 34. 31, 32; 36. 8, 9. Ho. 5. 15. Mat. 27. 3, 4. Mar. 9. 44, 46, 48. Lu. 16. 28. Ac. 19. 18. *we saw.* ch. 37. 23-28. Ju. 1. 7. Pr. 21. 13; 24. 11, 12; 28. 17. Je. 2. 17, 19; 4. 18; 34. 17. Mat. 7. 2. 1 Jno. 1. 9. Ja. 2. 13. *this distress* Pr. 1. 27, 28.

22 *Spake I.* ch. 37. 21, 22, 29, 30. Lu. 23. 41. Ro. 2. 15. *his blood.* ch. 4. 10; 9. 5, 6. 1 Ki. 2. 32. 2 Ch. 24. 22. Ps. 9. 12. Eze. 3. 18. Lu. 11. 50, 51. Ac. 28. 4. Re. 13. 10; 16. 9.

23 *he spake unto them by an interpreter. Heb.* an interpreter *was* between them. The *mailitz* does not seem to have been an interpreter in our sense of the term; as we have many evidences in this book that the Egyptians, Hebrews, Canaanites, and Syrians, could understand each other in a general way; and it appears from several passages in this very chapter, (particularly ver. 24,) that Joseph and his brethren understood each others' language, as his brethren and Joseph's steward also did, (ch. 43. 19, etc.; compare ch. 39; 49.) It seems to denote an officer who is called in Abyssinia, according to Mr. Bruce, *Kal Hatzé*, 'the *voice* or WORD of the king,' who always stands at the side of a lattice window of a balcony, within which the king sits; who is never seen, but who speaks through a hole in the side of it, covered in the inside with a curtain, to this officer, by whom he speaks to the persons present.

24 *wept.* ch. 43. 30. Is. 63. 9. Lu. 19. 41. Ro. 12. 15. 1 Co. 12. 26. He. 4. 15. *Simeon.* ch. 34. 25; 49. 5-7. Jude 22, 23.

25 *commanded.* ch. 44. 1, 2. Is. 55. 1. *to give them.* ch. 45. 21. Mat. 6. 33. *and thus.* Mat. 5. 44. Ro. 12. 17-21. 1 Pe. 3. 9.

27 *the inn.* ch. 43. 21; 44. 11. Ex. 4. 24. Lu. 2. 7; 10. 34. *inn. Malon,* from *loon,* to stay, abide, lodge, denotes any place to stay and lodge in, particularly a place where travellers usually stop to lodge, which is generally near a *well,* where they fill their *girbehs,* or leathern bottles, with fresh water, and having unladen and clogged their camels, asses, etc., permit them to crop any little verdure there may be in the place, keeping watch over them by turns. Our word *inn* here gives us a false idea, there were no such places of entertainment in the desert which Joseph's brethren had to pass; nor are there any at the present day. The only accommodation such a place affords is either a well, or a *khan,* or *caravanserai,* which is generally no more than *four* bare *walls,* perfectly exposed, the place being open at the top, and furnishing a wretched lodging: and even these, it is probable, were not in use at this early period.

28 *their heart.* ver. 36; ch. 27. 33. Le. 26. 36. De. 28. 65. 1 Ki. 10. 5. Ps. 61. 2. Ca. 5. 6. Lu. 21. 26. *failed them. Heb.* went forth. This refers to the spasmodic affection which is felt in the breast at any sudden alarm or fright. *What is.* Is. 45. 7. La. 2. 17; 3. 37. Am. 3. 6.

30 *roughly to us. Heb.* with us hard things. ver. 7-20.

33 ver. 15, 19, 20.

34 *traffick.* ch. 34. 10, 21. 1 Ki. 10. 15. Eze. 17. 4.

35 *every man's.* ver. 27, 28; ch. 43. 21.

36 *Me have ye.* ch. 37. 20-35; 43. 14. *all these things are against me. Alay hayoo cullanah,* literally, 'upon me are all these things:' rendered by the Vulgate, *in me hæc omnia mala reciderunt,* 'all these evils fall back upon me;' they lie upon me as heavy loads, hastening my death: they are more than I can bear. ch. 45. 28; 47. 12. 1 Sa. 27. 1. Job 7. 7. Ps. 34. 19. Ec. 7. 8. Is. 27. 9; 38. 10; 41. 10, 13, 14. Mat. 14. 31. Ro. 8. 28, 31. 1 Co. 10. 13. 2 Co. 4. 17. Ja. 5. 7-11.

37 *Slay my.* ch. 43. 9; 44. 32-34; 46. 9. Mi. 6. 7.

38 *his brother.* ver. 13; ch. 30. 22-24; 35. 16-18; 37. 33, 35; 44. 20, 27-34. *if mischief.* ver. 4; ch. 44. 29. *bring.* ch. 37. 35; 44. 29, 31. 1 Ki. 2. 6. Ps. 71. 18; 90. 10. Ec. 1. 14; 2. 26. Is. 38. 10; 46. 4.

## CHAP. XLIII.

*Jacob is hardly persuaded to send Benjamin,* 1-14. *Joseph entertains his brethren,* 15-18. *They discover their fears to the steward,* 19-25. *Joseph makes them a feast,* 26-34.

1 ch. 18. 13; 41. 54-57; 42. 5. Ec. 9. 1, 2. La. 5. 10. Ac. 7. 11-13.

2 ver. 4, 20; ch. 42. 1, 2. Pr. 15. 16; 16. 18; 31. 16. 1 Ti. 5. 8; 6. 6-8.

3 *man.* ch. 42. 15-20, 33, 34; 44. 23. *did solemnly protest. Heb.* protesting, protested. Ac. 7. 34. *see my face.* ver. 5. 2 Sa. 3. 13; 14. 24, 28, 32. Ac. 20. 25, 38.

5 *will not.* ch. 42. 38; 44. 26. Ex. 20. 12.

7 *asked us straitly. Heb.* asking asked us. ver. 3, marg. *tenor. Heb.* mouth. *could we certainly know.* knowing could we know. ver. 3, marg.

8 *lad with me.* ch. 42. 38; 44. 26. Ex. 20. 12. *that we.* ch. 42. 2. De. 33. 6. 2 Ki. 7. 4, 13. Ps. 118. 17. *also our.* ch. 45. 19; 50. 8, 21. Nu. 14. 31. Ezr. 8. 21.

9 *will be.* ch. 42. 37; 44. 32, 33. 1 Ki. 1. 21. Job 17. 3. Ps. 119. 122. Phile. 18, 19. Heb. 7. 22. *of my hand.* ch. 9. 5; 31. 39. Eze. 3. 18, 20; 33. 6, 8. Lu. 11. 50.

10 ch. 19. 16. *this second time. or,* twice by this.

11 *If it must be.* ver. 14. Es. 4. 16. Ac. 21. 14. *carry down.* ch. 32. 13-21; 33. 10; 37. 25. De. 33. 14. 1 Sa. 9. 7; 25. 27. 1 Ki. 4. 21; 10. 25; 15. 19. 2 Ki. 8. 8; 16. 8; 20. 12. Ps. 68. 29; 72. 10; 76. 11. Pr. 17. 18; 18. 16; 19. 6; 21. 14. Eze. 27. 15. *a little balm.* ch. 37. 25. Je. 8. 22. Eze. 27. 17. *balm.* For an explanation of the words *tzori, nechoth,* and *lot,* here rendered respectively *balm, spices,* and *myrrh,* see on ch. 37. 25. *Devash, honey,* is supposed by some not to have been that produced by bees, but a syrup produced from ripe dates. The Jewish doctors observe, that the word in 2 Ch. 31. 5 signifies *dates;* and the Arabians, at this day, call the choicest dates preserved with butter, *dabous,* and the honey obtained from them, *dibs,* or *dabs. Benanim, nuts,* signifies *pistachio nuts,* the finest being found in Syria; but, according to others, a small nut, the produce of a species of the turpentine tree. *Shekaidim* is certainly *almonds. honey.* Le. 20. 24. *spices.* 1 Ki. 10. 15. 2 Ch. 32. 27. Ca. 4. 10, 14-16; 5. 1; 8. 14.

12 *double.* Ro. 12. 17; 13. 8. 2 Co. 8. 21. Phi. 4. 8. 1 Th. 4. 6; 5. 21. He. 13. 8. *mouth.* ch. 42. 25, 35.

13 ch. 42. 38.

14 *And God.* ch. 17. 1; 22. 14; 32. 11-28; 39. 21. Ezr. 7. 27. Ne. 1. 11. Es. 4. 16. Ps. 37. 5-7; 85. 7; 100. 5; 119. 41. Pr. 1. 1; 16. 7; 21. 1. Is. 49. 13. Lu. 1. 50. Ac. 7. 10; 21. 14. 1 Ti. 1. 2, 16. Tit. 1. 4. 2 Jno. 3. *If I be*, etc. *or*, and I, as I have been, etc. Es. 4. 16. See on ver. 11.

16 *the ruler.* ver. 19; ch. 15. 2; 24. 2-10; 39. 4, 5; 44. 1. *slay. Heb.* kill a killing. ch. 21. 8; 26. 30; 31. 54. 1 Sa. 25. 11. *Tevoch taivach*, 'slay a slaying,' or make a great slaughter: let preparations be made for a great feast or entertainment. See a similar form of speech in ch. 31. 54. 1 Sa. 25. 11. Pr. 9. 2. *dine with. Heb.* eat.

18 *the men.* ch. 42. 21, 28, 35. Ju. 13. 22. Job 15. 21. Ps. 53. 5; 73. 16. Is. 7. 2. Mat. 14. 26, 27. Mar. 6. 16. *seek occasion against us. Heb.* Roll himself upon us. De. 22. 14, 17. Ju. 14. 4. Job 30. 14. Ro. 7. 8.

20 *we came indeed down. Heb.* coming down we came down. ver. 3, 7; ch. 42. 3, 10, 27, 35.

21 *we came.* ch. 42. 27-35. *we have.* ver. 12. Ro. 12. 17; 13. 8. He. 13. 5, 18. 1 Pe. 2. 12; 3. 16.

23 *Peace.* Ju. 6. 23; 19. 20. 1 Sa. 25. 6. 1 Ch. 12. 18. Ezr. 4. 17. Lu. 10. 5; 24. 36. Jno. 14. 27; 20. 19, 21, 26. *I had your money. Heb.* Your money came to me. *Caspechem ba ailai*, 'your money comes to me:' as I am the steward, the cash for the corn belongs to me. Ye have no occasion to be apprehensive of any evil; the whole transaction is between myself and you; receive therefore the money as a present from 'the God of your father,' no matter whose hands he employs to convey it. *Simeon.* ver. 14; ch. 42. 24, 36.

24 ch. 18. 4; 19. 2; 24. 32. Lu. 7. 44. Jno. 13. 4-17.

25 ver. 11, 16.

26 *bowed.* ver. 28; ch. 27. 29; 37. 7-10, 19, 20; 42. 6. Ps. 72. 9. Ro. 14. 11. Phi. 2. 10, 11.

27 *welfare. Heb.* peace. ch. 37. 14; 41. 16. Ex. 18. 7. Ju. 18. 15. 1 Sa. 17. 22; 25. 5. 1 Ch. 18. 10. *Is your father well. Heb. Is there* peace to your father. *the old.* ch. 42. 11, 13.

28 *bowed.* ver. 26; ch. 37. 7, 9, 10. *made obeisance.* Ex. 18. 7. 2 Sa. 1. 2; 14. 4. 1 Ki. 1. 16. 2 Ch. 24. 17.

29 *mother's son.* ch. 30. 22-24; 35. 17, 18. *of whom.* ch. 42. 11, 13. *God.* ch. 45. 8. Jos. 7. 19. 2 Ch. 29. 11. Ps. 133. 1, 2. Mat. 9. 2, 22. Mar. 10. 24. 1 Ti. 1. 2. He. 13. 1. *my son.* Nu. 6. 25. Ps. 111. 4; 112. 4. Is. 30. 19; 33. 2. Mal. 1. 9.

30 *his bowels.* 1 Ki. 3. 26. Je. 31. 20. Ho. 11. 8. Phi. 1. 8; 2. 1. Col. 3. 12. 1 Jno. 3. 17. *wept there.* ch. 42. 24. Jno. 11. 33-38. Ac. 20. 19, 31, 37. 2 Ti. 1. 4.

31 *refrained.* ch. 45. 1. Is. 42. 14. Je. 31. 16. 1 Pe. 3. 10. *bread.* ver. 25.

32 *eat bread.* ver. 16; ch. 31. 54. *for that is an abomination.* The Chaldee Paraphrast renders this clause, 'Because the Hebrews eat the cattle which the Egyptians worship.' But, as we learn from ver. 16, compared with this verse, that the provision for the entertainment of the Egyptians themselves was animal food, this reason cannot be just. The true reason seems to be that assigned by the LXX., Βδελυγμα γαρ εστιν τοις Αιγυπτιοις πας ποιμην προβατων: 'For every shepherd is an abomination to the Egyptians.' ch. 46. 34. Ex. 8. 26.

33 ch. 44. 12.

34 *messes.* 2 Sa. 11. 8. *was five times.* Sir JOHN CHARDIN observes, that 'in Persia, Arabia, and the Indies, there are some houses where they place several plates in large salvers, and set one of these before each person, or before two or three, according to the magnificence of each house. The great men of the state are always served by themselves, in the feasts that are made for them; and with great profusion, their part of each kind of provision being always *double*, *treble*, or a *larger* proportion of each kind of meat.' ch. 45. 22. 1 Sa. 1. 5; 9. 22-24. *were merry. Heb.* drank largely. Pr. 31. 6. Ec. 9. 7; 10. 19. Ca. 5. 1. Hab. 1. 6. Mat. 11. 19. Jno. 2. 10.

## CHAP. XLIV.

*Joseph's policy to stay his brethren*, 1-5. *The cup is found in Benjamin's sack*, 6-13. *They are brought before Joseph*, 14-17. *Judah's humble supplication to Joseph*, 18-34.

1 *the steward. Heb. him* that *was* over his house. ch. 24. 2; 43. 16, 19. *Fill the.* ch. 42. 25; 43. 2. Is. 3. 1.

2 ch. 42. 15, 16, 20; 43. 32. De. 8. 2, 16; 13. 3. Mat. 10. 16. 2 Co. 8. 8.

4 *Up.* De. 2. 16. *Wherefore.* 1 Sa. 24. 17. 2 Ch. 20. 11. Ps. 35. 12; 109. 5. Pr. 17. 13. Jno. 10. 32.

5 *divineth. or*, maketh trial. ver. 15, marg. ch. 30. 27. Le. 19. 26. 1 Ki. 20. 33. 2 Ki. 21. 6. In the East, there is an ancient tradition, that there was A CUP which possessed the strange property of representing in it the *whole world*, and all the things which were then doing. The cup is called *Jami Jemsheed*, 'the cup of Jemsheed,' a very ancient king of Persia; and they say that it was discovered, filled with the elixir of immortality, when digging to lay the foundations of Persepolis. The Persian poets are full of allusions to this cup, which they style *Jam jehan nima*, the cup shewing the universe; and to it they ascribe all the prosperity of their ancient monarchs. Many of the Mahometan princes and governors affect still to have information by means of a *cup*. Now, though it cannot be admitted that Joseph practised divination, yet, according to the superstition of those times, supernatural influence might be attributed to HIS CUP.

7 ch. 34. 25-31; 35. 22; 37. 18-32; 38. 16-18. Jos. 22. 22-29. 2 Sa. 20. 20. 2 Ki. 8. 13. Pr. 22. 1. Ec. 7. 1. He. 13. 18.

8 *the money.* ch. 42. 21, 27, 35; 43. 12, 21, 22. *how then.* See on ver. 7. Ex. 20. 15. De. 5. 19. Mat. 19. 18. Ro. 13. 9. Ja. 2. 10, 11.

9 *both.* ch. 31. 32. Job 31. 38-40. Ps. 7. 3-5. Ac. 25. 11. *and we.* ch. 43. 18.

10 *he with whom.* ver. 17, 33. Ex. 22. 3. Mat. 18. 24, 25.

12 *began.* ch. 43. 33. *and the cup.* ver. 26-32; ch. 42. 36-38; 43. 14.

13 ch. 37. 29-34. Nu. 14. 6. 2 Sa. 1. 2, 11; 13. 19.

14 *he was yet.* ch. 43. 16, 25. *fell.* ch. 37. 7-9; 50. 18. Phi. 2. 10, 11.

15 *What.* ver. 4, 5; ch. 3. 13; 4. 10. *wot ye not.* ch. 21. 26; 39. 8. Ex. 32. 1. *divine. or*, make trial. ver. 5.

16 *Judah.* ver. 32; ch. 43. 8, 9. *What shall we say.* De. 25. 1. Ezr. 9. 10, 15. Job 40. 4. Pr. 17. 15. Is. 5. 3. Da. 9. 7. Ac. 2. 37. *God hath.* ch. 37. 18-28; 42. 21, 22. Nu. 32. 23. Jos. 7. 1, 18. Ju. 1. 7. Pr. 28. 17. Mat. 7. 2. Lu. 12. 2. *iniquity.* ch. 43. 9. Is. 27. 9. Da. 9. 7. *behold.* ver. 9; ch. 37. 7, 9.

17 *God forbid.* ch. 18. 25; 42. 18. 2 Sa. 23. 3. Ps. 75. 2. Pr. 17. 15. *he shall.* ver. 10. *in peace.* ch. 26. 29; 37. 32, 33.

18 *Oh my Lord.* 'No paraphrase,' says Dr. A. CLARKE, 'can heighten the effect of Judah's address to Joseph. To *add*, would be to diminish its excellence; to attempt to *explain*, would be to obscure its beauties; to clothe the ideas in other language than that of Judah, and his translators in our Bible, would ruin its energy, and destroy its influence. It is perhaps one of the most tender, affecting pieces of natural oratory ever spoken or penned: and we need not wonder to find that, when Joseph heard it, he could not refrain himself, but wept aloud. His soul must have been insensible beyond what is common to human nature, had he not immediately yielded to a speech so delicately tender, and so powerfully impressive.' *let thy.* ch. 18. 30, 32. 2 Sa. 14. 12. Job 33. 31. Ac. 2. 29. *anger.* Ex. 32. 22. Es. 1. 12. Ps. 79. 5. *as Pharaoh.* ch. 41. 40, 44. Pr. 19. 12. Da. 3. 15, 19-23; 5. 19. Jno. 5. 22.

19 ch. 42. 7-10; 43. 7, 29.

20 *we said.* Every word in this verse is simplicity and pathos itself. No man of the least sensibility can read it without great emotion. Indeed the whole speech is exquisitely beautiful, and perhaps the most complete pattern of genuine natural eloquence extant in any language. When we read this generous speech, we forgive Judah all the past, and cannot refuse to say, 'Thou art he whom thy brethren shall praise.' ch. 49. 8. *a child.* ch. 35. 18; 37. 3, 19; 43. 7, 8; 46. 21. *and his brother.* ch. 37. 33-35; 42. 36, 38. *he alone.* ver. 27-29 Lu. 7. 12.

21 *Bring.* ch. 42. 15, 20; 43. 29. *that I may.* Je. 24. 6; 40. 4. Am. 9. 4.

22 *his father would die.* ver. 30; ch. 42. 38.

23 ch. 42. 15-20; 43. 3, 5.

24 *we told him.* ch. 42. 29-34.

25 ch. 43. 2, 5.

26 ch. 43. 4, 5. Lu. 11. 7.

27 ch. 29. 18-21, 28; 30. 22-25; 35. 16-18; 46. 19.

28 *the one.* ch. 37. 13, 14. *Surely.* ch. 37. 33; 42. 36, 38.

29 *And if.* ch. 42. 36, 38; 43. 14. Ps. 88. 3, 4. *sorrow.* ver. 31; ch. 42. 38. De. 31. 17. Ps. 88. 4.

30 *when I.* ver. 17, 31, 34. *his life.* 1 Sa. 18. 1; 25. 29; 2 Sa. 18. 33.

31 *when he.* 1 Sa. 4. 17, 18. 2 Co. 7. 10. 1 Th. 4. 13. *servants shall.* ver. 29; ch. 37. 26, 27, 35; 13. 21, 23, 36-38. 1 Sa. 22. 22.

32 ch. 43. 8, 9, 16.

33 *therefore.* What must Benjamin have felt when he heard his brother conclude his speech by a proposal which could never have been thought of if it had not been actually made! Perhaps the annals of the whole world do not produce an instance of so heroic and disinterested affection in any mere man. *I pray thee.* Ex. 32. 32. Ro. 5. 7-10; 9. 3. *instead.* He. 7. 22. 1 Jno. 3. 16.

34 *lest.* 1 Sa. 2. 33, 34. 2 Ch. 34. 28. Es. 8. 6. Je. 52. 10, 11. *come on. Heb.* find. Ex. 18. 8. Job 31. 29. Ps. 116. 3; 119. 143, marg.

## CHAP. XLV.

*Joseph makes himself known to his brethren,* 1-4. *He comforts them in God's providence,* 5-8. *He sends for his father,* 9-15. *Pharaoh confirms it,* 16-20. *Joseph furnishes them for their journey, and exhorts them to concord,* 21-24. *Jacob is revived with the news,* 25-28.

1 *could not.* ch. 43. 30, 31. Is. 42. 14. Je. 20. 9. *Cause.* 2 Sa. 1. 20. Mat. 18. 15. Ac. 10. 41. 1 Co. 13. 5.

2 *wept aloud. Heb.* gave forth his voice in weeping. 'This,' says Sir J. CHARDIN, 'is exactly the genius of the people of Asia; their sentiments of joy or grief are properly *transports,* and their transports are ungoverned, excessive, and truly outrageous. When any one returns from a long journey or dies, his family burst into cries that may be heard twenty doors off; and this is renewed at different times, and continues many days, according to the vigour of the passion. Sometimes they cease all at once, and then begin as suddenly, with a greater shrillness and loudness than one could easily imagine.' Nu. 14. 1. Ru. 1. 9. 2 Ki. 20. 3. Ac. 20. 37.

3 *I am Joseph.* Mat. 14. 27. Ac. 7. 13; 9. 5. *for they.* Job 4. 5; 23. 15. Zec. 12. 10. Mat. 14. 26. Mar. 6. 50. Lu. 5. 8; 24. 37, 38. Re. 1. 7. *troubled. or,* terrified.

4 *I am Joseph.* ch. 37. 28; 50. 18. Mat. 14. 27. Ac. 9. 5.

5 *be not grieved.* Is. 40. 1, 2. Lu. 23. 34. 2 Co. 2. 7, 11. *nor angry with yourselves. Heb.* neither let there be anger in your eyes. *God.* ver. 7, 8; ch. 47. 25; 50. 20. 1 Sa. 1. 19. 2 Sa. 12. 12; 16. 10-12; 17. 14. Job 1. 21. Ps. 105. 16, 17. Ac. 2. 23, 24; 4. 24-28; 7. 9-15.

6 *two years.* ch. 41. 29-31, 54, 56; 47. 18. *earing.* Earing means *ploughing* or *seed-time,* from the Anglo-Saxon *erian,* probably from *aro,* to plough; and agrees with αροω, Greek, *charatha,* Arabic, and *charash,* Hebrew. ch. 47. 23. Ex. 34. 21. De. 21. 4. 1 Sa. 8. 12. Is. 30. 24.

7 *to preserve you a posterity. Heb.* to put for you a remnant. *to save.* Ju. 15. 18. 1 Ch. 11. 14. Ps. 18. 50; 44. 4. Ac. 7. 35.

8 *it was not.* ver. 5. Jno. 15. 16; 19. 11. Ro. 9. 16. *father.* ch. 41. 39-48. Ju. 17. 10. Job 29. 16. Ps. 105. 21, 22.

9 *Thus saith.* ver. 26-28. *come.* ver. 13, 19, 20.

10 *in the land.* ch. 46. 29, 34; 47. 1-6. Ex. 8. 22; 9. 26. *Goshen.* Goshen was the most eastern district of Lower Egypt, and the frontier of that country and Arabia, not far from the Arabian gulf, and lying next to Canaan; for Jacob went directly thither when he came into Egypt, from which it was about eighty miles distant, though Hebron was distant from the Egyptian capital about three hundred miles. *be near.* Jno. 14. 2, 3; 17. 24.

11 ch. 47. 6, 12. Mat. 15. 5, 6. Mar. 7. 9-12. 1 Ti. 5. 4.

12 *your eyes.* ch. 42. 23. Lu. 24. 39. Jno. 20. 27. *my mouth.* Not as ch. 42. 23.

13 *my glory.* Jno. 17. 24. 1 Pe. 1. 10-12. Re. 21. 23. *bring.* Ac. 7. 14.

14 ch. 29. 11; 33. 4; 46. 29. Ro. 1. 31.

15 *Moreover.* ver. 2; ch. 29. 11, 13; 33. 4. Ex. 4. 27. Ru. 1. 9, 14. 1 Sa. 10. 1; 20. 41. 2 Sa. 14. 33. Lu. 15. 20. Ac. 20. 37. *talked.* Ps. 77. 4.

16 *it pleased Pharaoh well. Heb.* was good in the eyes of Pharaoh. ch. 16. 6; 20. 15; 34. 18; 41. 33. De. 1. 33. 2 Sa. 3. 36. 2 Ch. 30. 4. Es. 1. 21; 2. 4; 5. 14. Ac. 6. 5.

17 *lade your.* ch. 42. 25, 26; 44. 1, 2.

18 *the fat.* ch. 27. 28; 47. 6. Nu. 18. 12, 29. De. 32. 14. Ps. 81. 16; 147. 14. Is. 28. 1, 4.

19 *commanded.* Is. 49. 1, 23. *waggons.* ver. 27; ch. 46. 5. *for your.* ch. 31. 17, 18.

20 *regard not. Heb.* let not your eye spare, etc. De. 7. 16; 19. 13, 21. Is. 13. 18. Eze. 7. 4, 9; 9. 5; 20. 17. *stuff.* Ex. 22. 7. Jos. 7. 11. 1 Sa. 10. 22; 25. 13; 30. 24. Eze. 12. 3, 4. Mat. 24. 17. Lu. 17. 31. *the good.* ver. 18; ch. 20. 15. Ezr. 9. 12. Is. 1. 19.

21 *waggons.* ver. 19, 27; ch. 46. 5. Nu. 7. 3-9. Eze. 23. 24. *commandment. Heb.* mouth. ver. 19. Ex. 17. 1. Nu. 3. 16. 2 Ch. 8. 13; 35. 16. Ec. 8. 2. La. 1. 18.

22 *To all.* It is a common custom with all the Asiatic sovereigns to give both garments and money to ambassadors and persons of distinction, whom they particularly wish to honour. DE LA MOTRAYE says, 'that they then clothed them (the ambassadors) with caffetans (long vests of gold or silver brocade) with large silk flowers.' *each.* Ju. 14. 12, 19. 2 Ki. 5. 5, 22, 23. Re. 6. 11. *to Benjamin.* ch. 43. 34.

23 *laden with. Heb.* carrying. *meat.* As *mazon* is derived from *zoon,* to prepare, provide, Dr. A. CLARKE thinks it may mean here *prepared meat;* some made-up dish, delicacies, confectionaries, etc. In Asiatic countries they have several curious methods of preserving flesh by *potting,* by which it may be kept, for any length of time, sweet and wholesome. Some delicacy, similar to the savoury meat which Isaac loved, may be here intended; sent to Jacob in consideration of his age, and to testify the respect of his son; for of other kinds of meat he could have no need, as he had large flocks and herds, and could kill a lamb, kid, etc. when he pleased.

24 *See that.* ch. 37. 22; 42. 21, 22. Ps. 133. Jno. 13. 34, 35. Ep. 4. 31, 32. Phi. 2. 2-5. Col. 3. 12, 13. 1 Th. 5. 13.

26 *Joseph.* Lu. 24. 34. *and he is.* ver. 8, 9. Ps. 105. 21. *And Jacob's. Heb.* And his. ch. 37. 35; 42. 36, 38; 44. 28. Jon. 2. 7.

*he believed.* Job 9. 16; 29. 24. Ps. 126. 1. Lu. 24. 11, 41.

27 *the spirit.* Jn. 15. 19. 1 Sa. 30. 12. Ps. 85. 6. Is. 57. 15. Ho. 6. 2.

28 *It is enough.* ch. 46. 30. Lu. 2. 28-30. Jno. 16. 21, 22.

## CHAP XLVI.

*Jacob is comforted by God at Beer-sheba,* 1-4. *Thence he with his company goes into Egypt,* 5-7. *The number of his family that went into Egypt,* 8-27. *Joseph meets Jacob,* 28-30. *He instructs his brethren how to answer Pharaoh,* 31-34.

1 A.M. 2298. B.C. 1706. *Beer-sheba.* ch. 21. 14, 31, 33; 26. 22, 23; 28. 10. 1 Sa. 3. 20. *and offered.* ch. 4. 4; 8. 20; 12. 8; 22. 13; 33. 20; 35. 3, 7. Job 1. 5; 42. 8. *unto.* ch. 21. 33; 26. 23-25; 28. 13; 31. 42, 53.

2 *in the visions.* ch. 15. 1, 13; 22. 11. Nu. 12. 6; 24. 4. 2 Ch. 26. 5. Job 4. 13; 33. 14, 15. Da. 2. 19. Ac. 9. 10; 10. 3; 16. 9. *Jacob.* ch. 22. 1. Ex. 3. 3, 4. 1 Sa. 3. 4, 10. Ac. 9. 4; 10. 13.

3 *the God.* ch. 28. 13. *fear not.* ch. 15. 1, 13; 26. 2, 3. Is. 41. 10; 43. 1, 2. Je. 40. 9. Ac. 27. 24. *I will.* ch. 12. 2; 13. 15, 16; 18. 18; 22. 17; 28. 14; 35. 11; 47. 27. Ex. 1. 7-10. De. 1. 10; 10. 22; 26. 5. Ac. 7. 17.

4 *will go.* ch. 28. 15; 48. 21. Is. 43. 1, 2. *and I will.* ch. 15. 14-16; 50. 5, 13, 24, 25. Ex. 3. 8. *and Joseph.* This last and most solemn office, as Mr. HEWLETT observes, that could be paid to a parent, was generally performed by the nearest relation of the deceased. This promise must have given great consolation to the venerable patriarch's mind. ch. 50. 1.

5 *Jacob.* Ac. 7. 15. *in the waggons.* ch. 31. 17, 18; 45. 19, 21, 27. Ex. 10. 24, 26.

6 *into Egypt.* ch. 15. 13. Nu. 20. 15. De. 10. 22; 26. 5. Jos. 24. 4. 1 Sa. 12. 8. Ps. 105. 23. Is. 52. 4. Ac. 7. 15.

8 *the names.* ch. 29; 30; 35. 23; ch. 49. Ex. 1. 1-5; 6. 14-18. 1 Ch. ch. 2; 8. 2 Ch. ch. 1; 26. *Reuben.* ch. 29. 32; 35. 22, 23; 49. 3, 4. Ex. 6. 14. Nu. 1. 5, 20, 21; 2. 10-13; 26. 5-11. De. 33. 6. 1 Ch. 2. 1-10.

10 *Simeon.* ch. 29. 33; 34. 25, 30; 49. 5-7. Ex. 6. 15. Nu. 1. 6, 22, 23; 2. 12, 13; 26. 12, 13. 1 Ch. 2. 1; 4. 24-43. *Jemuel. or,* Nemuel. *Jachin. or,* Jarib. *Zohar. or,* Zerah. 1 Ch. 4. 24. *Canaanitish.* ch. 28. 1.

11 *Levi.* ch. 29. 34; 49. 5-7. Ex. 6. 16. Nu. 3. 17-22; ch. 4; 8; 26. 57, 58. De. 33. 8-11. 1 Ch. 2. 1, 11, 16; 6. 1-3; ch. 22-26. *Gershon. or,* Gershom. 1 Ch. 6. 16.

12 *Judah.* ch. 29. 35; 38. 1-3, 7, 10, 24-30; 49. 8-12. Nu. 1. 7, 26, 27; 26. 19-21. De. 33. 7. Ju. 1. 2. 1 Ch. 2. 1, 3-5; ch. 3; 4. 1, 21; 5. 2. Ps. 78. 68. Mat. 1. 1-3. He. 7. 14. Re. 5. 5.

13 *Issachar.* ch. 30. 14-18; 35. 23; 49. 14, 15. Nu. 1. 8, 28-30; 26. 23-25. De. 33. 18. 1 Ch. 2. 1; 7. 1-5; 12. 32. *Phuvah. or,* Puah. *Job. or,* Jashub. 1 Ch. 7. 1.

14 *Zebulun.* ch. 30. 19, 20; 49. 13. Nu. 1. 9, 30, 31; 26. 26, 27. De. 33. 18, 19. 1 Ch. 2. 1.

15 *Leah.* ch. 29. 32-35; 30. 17-21; 35. 23; 49. 3-15. Ex. 1. 2, 3. Nu. ch. 1; 10; 26. 1 Ch. 2. 1. *Padan-aram.* ch. 25. 20. *with his.* ch. 30. 21; 34. 1, etc.

16 *sons of.* ch. 30. 11; 35. 26; 49. 19. Nu. 1. 11, 24, 25; 26. 15-17. De. 33. 20, 21. 1 Ch. 2. 2; 5. 11-16. *Ziphion. or,* Zephon. *Ezbon. or,* Ozni. *Arodi. or,* Arod. Nu. 26. 15-17.

17 *Asher.* ch. 30. 13; 35. 26; 49. 20. Nu. 1. 13, 40, 41; 26. 44-46. De. 33. 24. 1 Ch. 2. 2; 7. 30-40.

18 *Zilpah.* ch. 29. 24; 30. 9-13; 35. 26. Ex. 1. 4.

19 *Rachel.* ch. 29. 18; 30. 24; 35. 16-18, 24; 44. 27. Ex. 1. 3, 5. 1 Ch. 2. 2. *Joseph.* ch. 37.; 39; 40-45; 47; 49. 22-27; 50. 1, etc. Nu. 1. 36, 37; 26. 38-41. De. 33. 12-17.

20 *Manasseh.* ch. 41. 50-52; 48. 4, 5, 13, 14, 20. Nu. 1. 32-35; 26. 28-37. De. 33. 13-17. 1 Ch. 5. 23-26; 7. 14-29. *priest. or,* prince. ch. 41. 45, 50, marg.

21 *the sons.* ch. 49. 27. Nu. 1. 11, 36, 37. De. 33. 12. 1 Ch. 7. 6-12.; 8. 1-7. *Ehi.* Nu. 26. 38. Ahiram. *Muppim.* Nu. 26. 39. Shupham. 1 Ch. 7. 12. Shuppim. *Huppim.* Nu. 26. 39. Hupham.

23 *Dan.* ch. 30. 6; 35. 25; 49. 16, 17. Nu. 1. 12, 38, 39; 10. 25. De. 33. 22. 1 Ch. 2. 2; 7. 12; 12. 35. *Hushim.* Nu. 26. 42, 43. Shuham.

24 *Naphtali.* ch. 30. 7, 8; 35. 25; 49. 21. Nu. 1. 15, 42, 43; 26. 48-50. De. 33. 23. 2 Ki. 15. 29. 1 Ch. 2. 2; 12. 34. *Jahzeel.* 1 Ch. 7. 13. Jahziel.

25 *Bilhah.* ch. 29. 29; 30. 3-8; 35. 22, 25. Ex. 1. 2.

26 *loins. Heb.* thigh. ch. 35. 11. Ex. 1. 5. Ju. 8. 30.

27 *threescore and ten.* Threescore and six were before mentioned, (ver. 26,) so that Joseph and his two sons, together with Jacob himself, complete the seventy persons here enumerated; and the number in ver. 15, 18, 22, 25, amount to that number. The addition of five persons in the LXX. in ver. 20, was either the cause or the consequence of another difference here; for in that version the number is seventy-five. ver. 15, 18, 22, 25. Ex. 1. 5; 24. 1. De. 10. 22. Ac. 7. 14.

28 *Judah.* ch. 43. 8; 44. 16-34; 49. 8. *to direct.* ch. 31. 21. *Goshen.* Goshen seems to have been a city, after which the land of Goshen was called. The LXX. render it by Ἡρωωνπολις, *Heroonpolis,* 'city of Heroon;' which by some writers is simply called *Heroum,* and is by the ancient geographers placed in the eastern part of Egypt, not far from the Arabian Gulf. ver. 34; see on ch 45. 10; 47. 1.

29 *his chariot.* ch. 41. 43; 45. 19, 21. *fell on.* ch. 33. 4; 45. 14. Lu. 15. 20. Ac. 20. 37.

30 ch. 45. 28. Lu. 2. 29, 30.

31 ch. 45. 16-20; 47. 1-3. Ac. 18. 3. He. 2. 11.

32 *shepherds.* ch. 4. 2; 31. 18; 37. 2; 47. 3. Ex. 3. 1. 1 Sa. 16. 11; 17. 15. Ps. 78. 70-72. Is. 40. 11. Zec. 13. 5. *their trade hath been to feed cattle. Heb.* they are men of cattle. ver. 34; ch. 9. 20. 1 Ki. 9. 27; 18. 5, 6. *and they.* ch. 45. 10.

33 *What is.* ver. 32; ch. 47. 2-4. Jon. 1. 8.

34 *Thy servants.* ver. 32; ch. 30. 35; 34. 5; 37. 12. *for every.* From the fragments of MANETHO, preserved in JOSEPHUS and AFRICANUS, it appears that hordes of marauders, called *hycassos,* or shepherd kings, whose chief occupation, like the Bedouin Arabs of the present day, was to keep flocks, made a powerful irruption into Egypt, which they subdued, and ruled, by a succession of kings, with great tyrany for 259 years. Hence the persons, and even the very name of shepherds were execrated, and held in the greatest odium by the Egyptians. ch. 43. 32. Ex. 8. 26.

## CHAP. XLVII.

*Joseph presents his father, and five of his brethren before Pharaoh,* 1-10. *He gives them habitation and maintenance,* 11, 12. *He gets the Egyptians' money,* 13-15; *their cattle,* 16, 17; *and their lands, except the priests', to Pharaoh,* 18-22. *He restores the land for a fifth,* 23-26. *Jacob's age,* 28. *He swears Joseph to bury him with his fathers,* 29-31.

1 *Joseph.* ch. 45. 16; 46. 31. He. 2. 11. *in the land.* ch. 45. 10; 46. 28, 34. Ex. 8. 22; 9. 26.

2 *presented.* Ac. 7. 13. 2 Co. 4. 14. Col. 1. 28. Jude 24.

3 *What is.* ch. 46. 33, 34. Am. 7. 14, 15. Jon. 1. 8. 2 Th. 3. 10. *shepherds.* ch. 4. 2.

4 *For to.* ch. 12. 10; 15. 13. De. 26. 5. Ps. 105. 23. Is. 52. 4. Ac. 7. 6. *for the famine.* ch. 43. 1. Ac. 7. 11. *let thy.* ch. 46. 34.

6 *is.* ver. 11; ch. 13. 9; 20. 15; 34. 10; 45. 18-20. Pr. 21. 1. Jno. 17. 2. *Goshen.* ver. 4, 11. *men of activity. Anshey chayil,* men of strength, power, ability, or prowess. It implies both fitness of mind and body; and so valour, prudence, diligence, and virtue. *rulers.* Ex. 18. 21. 1 Sa. 21. 7. 1 Ch. 27. 29-31. 2 Ch. 26. 10. Pr. 22. 29. *cattle. Mikneh,* from *kanah,* to possess, signifies *property* or *possession* of any kind, though it frequently is used for *cattle,* because in ancient times they constituted the principal part of a man's possessions. See ver. 16. Ex. 9. 3-6, 10-21.

7 *And Jacob.* ver. 10; ch. 14. 29. Ex. 12. 32. Nu. 6. 23, 24. Jos. 14. 13. 1 Sa. 2. 20. 2 Sa. 8. 10; 19. 39. 1 Ki. 1. 47. 2 Ki. 4. 29. Mat. 26. 26. Lu. 22. 19. 1 Pe. 2. 17.

8 *How old art thou. Heb.* How many *are* the days of the years of thy life? ver. 9.

9 *The days.* 1 Ch. 29. 15. Ps. 39. 12; 119. 19, 54. 2 Co. 5. 6. He. 11. 9-16; 13. 14. 1 Pe. 2. 11. *an hundred.* Job 14. 1. Ps. 39. 5; 89. 47, 48; 90. 3-12. Ja. 4. 14. *have not.* ver. 28; ch. 5. 27; 11. 11, 24, 25; 25. 7, 8; 35. 28; 50. 26. Ex. 6. 4; 7. 7. De. 34. 7. Jos. 24. 29. 2 Sa. 19. 32-35. Job 8. 8, 9; 42. 16, 17.

10 ver. 7; ch. 14. 19. Nu. 6. 23-27. De. 33. 1. Ru. 2. 4. 2 Sa. 8. 10; 19. 39. Ps. 119. 46; 129. 8. He. 7. 7.

11 *Rameses.* ver. 6. Ex. 1. 11; 12. 37. Jno. 10. 10, 28; 14. 2, 23; 17. 2, 24.

12 *nourished.* Ru. 4. 15. *his father.* Ex. 20. 12. Mat. 15. 4-6. Mar. 7. 10-13. 1 Ti. 4. 8; 5. 4, 8. *according to their families. or,* as a little child is nourished. *Heb.* according to the little ones. ver. 1, 21, 24. 1 Th. 2. 7.

13 A.M. 2300. B.C. 1704. *so that.* ch. 41. 30, 31. 1 Ki. 18. 5. Je. 14. 1-6. La. 2. 19, 20; 4. 9. Ac. 7. 11. *fainted.* Je. 9. 12. Joel 1. 10-12.

14 *the money.* ch. 41. 56. *Joseph brought.* Lu. 16. 1, 2, 10-12. 1 Co. 4. 2. 1 Pe. 4. 10.

15 A.M. 2301. B.C. 1703. *Give us bread.* ver. 18, 19, 24. Ju. 8. 5, 8. 1 Sa. 21. 3; 25. 8. Ps. 37. 3. Is. 33. 16. Mat. 6. 11.

16 *Give your cattle.* This was the wisest measure that could be adopted, both for the preservation of the *people* and of the *cattle.* As the people had not grain for their own sustenance, consequently they could have none for their cattle: hence they were in the most imminent danger of starving; and the people also were in equal danger; as they must have divided a portion of that bought for themselves with the cattle, which, for the sake of tillage, etc., they wished of course to preserve till the seven years' famine should end. Da. 6. 5-7. Pr. 12. 17. 1 Co. 10. 32. Phi. 4. 8. Col. 4. 5.

17 *for horses.* Ex. 9. 3. 1 Ki. 10. 28. Job 2. 4. Is. 31. 1. Mat. 6. 24. *fed them. Heb.* led them.

18 A.M. 2302. B.C. 1702. 2 Ki. 6. 26. Je. 38. 9.

19 *buy us.* Ne. 5. 2, 3. Job 2. 4. La. 1. 11; 5. 6, 9. Mat. 16. 26. Phi. 3. 8, 9. *and give.* See on ver. 23.

21 A.M. 2303. B.C. 1701. *And as.* It is highly probable, that Joseph was influenced by no political motive in removing the people to the cities, but merely by motives of prudence and humanity; for, as the corn was laid up in the cities, it would be more eligible to bring them from distant towns and villages to places where they might be more conveniently supplied with food. *to cities.* ch. 41. 48.

22 *of the priests. or,* princes. ch. 14. 18; 41. 45, 50, marg. 2 Sa. 8. 18. *for the priests.* De. 12. 19. Jos. ch. 21. Ezr. 7. 24. Ne. 13. 10. Mat. 10. 10. 1 Co. 9. 13. Ga. 6. 6. 2 Th. 3. 10. 1 Ti. 5. 17.

23 *bought.* ver. 19. *here is seed.* ch. 41. 27; 45. 6. Ps. 41. 1; 107. 36, 37; 112. 5. Pr. 11. 26; 12. 11; 13. 23. Ec. 11. 6. Is. 28. 24, 25; 55. 10. Mat. 24. 45. 2 Co. 9. 10.

24 *the fifth part.* ver. 25; ch. 41. 34. Le. 27. 32. 1 Sa. 8. 15-17. Ps. 41. 1; 112. 5.

25 *Thou hast.* ch. 6. 19; 41. 45, marg.; 45. 6-8; 50. 20. Pr. 11. 26, 27. *let us.* ch. 18. 3; 33. 15. Ru. 2. 13.

26 *made it a law.* From this history, and from DIODORUS SICULUS (lib. i.), we learn that the land of Egypt was divided into three parts: *one* belonged to the PRIESTS, (ve . 22, 26;) a *second* was the KING'S, (which appears to have been the land of Rameses, or Goshen, ver. 11;) the *remainder* was the SUBJECTS'. Now Joseph, having purchased the land of the people (ver. 19, 20), restored it, on the condition of their paying a *fifth* part of the produce to the king, beyond which he appears to have made no demand. *except.* ver. 22. Eze. 7. 24. *priests. or,* princes. See ver. 22.

27 *dwelt.* ver. 11. *grew.* ch. 8. 7, 9; 13. 16; 26. 4; 28. 14; 46. 3. Ex. 1. 7, 12. De. 10 22; 26. 5. Ne. 9. 23. Ps. 105. 24; 107. 38. Zec. 10. 8. Ac. 7. 17.

28 A.M. 2315. B.C. 1689. *seventeen.* ch. 37. 2. *the whole age. Heb.* the days of the years of his life. ver. 8, marg., 9. Ps. 90. 10, 12; 119. 84.

29 *must die.* ver. 9; ch. 3. 19; 50. 24. De. 31. 14. 2 Sa. 7. 12; 14. 14. 1 Ki. 2. 1. Job 7. 1; 14. 14; 30. 23. Ps. 6. 5; 49. 7, 9; 89. 48. He. 9. 27. *put.* See on ch. 24. 2. *deal kindly.* ch. 24. 49. *bury me not.* ch. 50. 24, 25. Ac. 7. 15, 16. He. 11. 22.

30 ch. 23. 19; 25. 9; 49. 29-32; 50. 5-14, 25. 2 Sa. 19. 37. 1 Ki. 13. 22. Ne. 2. 3, 5.

31 *Swear.* ch. 24. 3. *And Israel bowed.* As *shachah,* which primarily signifies to *bow,* denotes also to *worship;* and as *mittah,* a *bed,* pronounced *matteh,* is a *staff;* the LXX. have taken the passage in the latter sense, and rendered it, και προσεκυνησεν Ισραηλ επι το ακρον της ραβδου αυτου, 'and Israel worshipped upon the top of his staff,' which is literally copied by the apostle Paul, in his Epistle to the Hebrews. The present reading is, however, supported by the Masoretic pointing and the Targums; and is most probably correct, as it would appear that Jacob was confined to his bed. See ver. 29; ch. 24. 26; 48. 1, 2. 1 Ki. 1. 47. He. 11. 21.

## CHAP. XLVIII.

*Joseph with his sons visits his sick father,* 1. *Jacob strengthens himself to bless them,* 2. *He repeats God's promise,* 3, 4. *He takes Ephraim and Manasseh as his own sons,* 5, 6. *He tells Joseph of his mother's grave,* 7. *He blesses Ephraim and Manasseh,* 8-16. *He prefers the younger before the elder,* 17-20. *He prophesies their return to Canaan,* 21, 22.

1 *thy father.* Jno. 11. 3. *his two sons.* ch. 41. 50-52; 46. 20; 50. 23. Job 42. 16. Ps. 128. 6.

2 *strengthened.* De. 3. 28. 1 Sa. 23. 16. Ne. 2. 18. Ps. 41. 3. Pr. 23. 15. Ep. 6. 10.

3 *God.* ch. 17. 1; 28. 3; 35. 11. Ex. 6. 3. Re. 21. 22. *appeared.* ch. 28. 12-19; 35. 6, 7, 9, 11, 12. Ho. 12. 4. *Luz.* Ju. 1. 23.

4 *Behold, I.* ch. 12. 2; 13. 15, 16; 22. 17; 26. 4; 28. 3, 13-15; 32. 12; 35. 11; 46. 3; 47. 27. Ex. 1. 7, 11. *will give.* De. 32. 8. Am. 9. 14, 15. *everlasting.* ch. 17. 8, 13.

5 *two sons.* ch. 41. 50-52; 46. 20. Jos. 13. 7; 14. 4; ch. 16; 17. *are mine.* Le. 20. 26. Nu. 1. 10, 32-35; 26. 28-37. Is. 43. 1. Eze. 16. 8. Mal. 3. 17. 2 Co. 6. 18. Ep. 1. 5. *Reuben.* 1 Ch. 5. 1, 2. Re. 7. 6, 7.

6 *and shall be called.* Jos. 14. 4.

7 *Padan.* ch. 25. 20. *Rachel.* ch. 35. 9, 16-19. 1 Sa. 10. 2. Mat. 2. 18. *to Ephrath.* Ru. 1. 2. 1 Sa. 1. 1; 17. 12. Mi. 5. 2.

9 *my sons.* ch. 30. 2; 33. 5. Ru. 4. 11-14. 1 Sa. 1. 20, 27; 2. 20, 21. 1 Ch. 25. 5; 26. 45. Ps. 127. 3. Is. 8. 18; 56. 3-5. *bless them.* ch. 27. 4, 28, 29, 34-40; 28. 3, 4; 49. 28. De. 33. 1. He. 11. 21.

10 *the eyes.* ch. 27. 1. 1 Sa. 3. 2; 4. 15. *dim. Heb.* heavy. Is. 6. 10; 59. 1. *kissed.* ch. 27. 27; 31. 55; 45. 15. 1 Ki. 19. 20.

11 *I had not.* ch. 37. 33, 35; 42. 36; 45. 26. *God.* Ep. 3. 20.

12 *he bowed himself.* Joseph thus shewed that his external greatness did not render him forgetful of the respect due to his father. The Egyptians were remarkable for the reverence they paid to old age: 'for if a young person meet his senior, he instantly turns aside to make way for him; if an aged person enter an apartment, the youth always rise from their seats;' and Mr. SAVARY observes, that the same reverence is still paid to old age in Egypt. ch. 18. 2; 19. 1; 23. 7; 33. 3; 42. 6. Ex. 20. 12; 34. 8. Le. 19. 3, 32. 1 Ki. 2. 19. 2 Ki. 4. 37. Pr. 31. 28. Ep. 6. 1.

14 *his right hand.* Ex. 15. 6. Ps. 110. 1; 118. 16. *and laid.* Nu. 8. 10, 18. De. 34. 9. Mat. 19. 13, 15. Mar. 6. 5; 16. 18. Lu. 4. 40; 13. 13. Ac. 6. 6; 8. 17-19; 13. 3. 1 Ti. 4. 14; 5. 22. *guiding.* ver. 19. *firstborn.* ver. 18; ch. 41. 51; 46. 20.

15 *blessed.* ver. 16; ch. 27. 4; 28. 3; 49. 28. De. 33. 1. He. 11. 21. *did walk.* ch. 5. 22-24; 6. 9; 17. 1; 24. 20. 1 Ki. 3. 6. Ps. 16. 8. Is. 30. 21. Je. 8. 2. Lu. 1. 6. 1 Co. 10. 31. 2 Co. 1. 12. Col. 2. 6. 1 Th. 2. 12. *fed me.* ch. 28. 20, 22. Ps. 23. 1; 37. 3; 103. 4, 5. Ec. 2. 24, 25; 5. 12, 18; 6. 7. Is. 33. 16. Mat. 6. 25-34. 1 Ti. 6. 6-10.

16 *Angel.* ch. 16. 7-13; 28. 15; 31. 11-13, 24. Ex. 3. 2-6; 23. 20, 21. Ju. 2. 1-4; 6. 21-24; 13. 21, 22. Ps. 34. 7, 22; 121. 7. Is. 47. 4; 63. 9. Ho. 12. 4, 5. Mal. 3. 1. Ac. 7. 30-35. 1 Co. 10. 4, 9. *redeemed.* Ps. 34. 2. Mat. 6. 13. Jno. 17. 15. Ro. 8. 23. 2 Ti. 4. 18. Tit. 2. 14. *my name.* ver. 5; ch. 32. 28. De. 28. 10. 2 Ch. 7. 14. Je. 14. 9. Am. 9. 12. Ac. 15. 17. *grow into. Heb.* as fishes do increase. ch. 1. 21, 22. Nu. 1. 46; 26. 34, 37. Fish are the most prolific of all animals: a *tench* lays 1000 eggs, a *carp* 20,000, and LEUWENHOEK counted in a middling sized *cod*, 9,384,000! *a multitude.* ch. 49. 22. Ex. 1. 7. Nu. 26. 28-37. De. 33. 17. Jos. 17. 17.

17 *laid his.* ver. 14. *displeased him. Heb.* was evil in his eyes. ch. 28. 8; 38. 10. Nu. 11. 1; 22. 34, marg. 1 Sa. 16. 7. 1 Ki. 16. 25. 1 Ch. 21. 7. Pr. 24. 18. Ro. 9. 7, 8, 11.

18 *Not so.* ch. 19. 18. Ex. 10. 11. Mat. 25. 9. Ac. 10. 14; 11. 8. *for this.* ch. 27. 15; 29. 26; 43. 33; 49. 3.

19 *said, I know it.* ver. 14; ch. 17. 20, 21; 25. 23. Nu. 1. 33-35; 2. 19-21. De. 33. 17. Is. 7. 17. Eze. 37. 10. Re. 7. 6, 8. *become.* De. 1. 10. Ru. 4. 11, 12. *multitude. Heb.* fulness.

20 *Israel bless.* ch. 24. 60; 28. 3. Ru. 4. 11, 12. *and he set.* Nu. 2. 18-21; 7. 48, 54; 10. 22, 23; 13. 8, 11, 16.

21 *Behold.* ch. 50. 24. 1 Ki. 2. 2-4. Ps. 146. 3, 4. Ze. 1. 5, 6. Lu. 2. 29. Ac. 13. 36. 2 Ti. 4. 6. He. 7. 3, 8, 23-25. 2 Pe. 1. 14. *God.* ch. 15. 14; 28. 15; 46. 4. De. ch. 1; 31. 8. Jos. 1. 5, 9; 3. 7; 23. 14; ch. 24. Ps. 18. 46. *land.* ch. 12. 5; 26. 3; 37. 1.

22 *given.* ch. 33. 19. De. 21. 17. Jos. 24. 32. 1 Ch. 5. 2. Eze. 47. 13. Jno. 4. 5. *Amorite.* ch. 15. 16; 34. 28. Jos. 17. 14-18. Ju. 11. 23. Am. 2. 9.

## CHAP. XLIX.

*Jacob calls his sons to bless them,* 1, 2. *Their blessing in particular,* 3-28. *He charges them about his burial,* 29-32. *He dies,* 33.

1 *Gather.* De. 31. 12, 28, 29; 33. 1, etc. Ps. 25. 14; 105. 15. Is. 22. 14; 53. 1. Da. 2. 47; 10. 1. Am. 3. 7. Lu. 2. 26. Ro. 1. 17, 18. He. 10. 24, 25; 13. 1. Re. 4. 1. *last days.* Nu. 24. 14. De. 4. 30; 31. 29. Is. 2. 2; 39. 6. Je. 23. 20. Da. 2. 28, 29; 10. 14. Mi. 4. 1. Ac. 2. 17. 1 Ti. 4. 1. 2 Ti. 3. 1. He. 1. 2.

2 *hearken.* Ps. 34. 11. Pr. 1. 8, 9; 4. 1-4; 5. 1; 6. 20; 7. 1, 24; 8. 32; 23. 22, 26.

3 *my firstborn.* ch. 29. 32; 46. 8; 48. 18. Nu. 1. 20; 26. 5. 1 Ch. 2. 1; 5. 1, 3. *my might.* De. 21. 17, 27. Ps. 78. 51; 105. 36.

4 *Unstable.* Ja. 1. 6-8. 2 Pe. 2. 14; 3. 16. *thou shalt not excel. Heb.* do not thou excel. ch. 46. 8. Nu. ch. 32. De. 33. 6. *because.* ch. 35. 22. De. 5. 21; 27. 20. 1 Ch. 5. 1. 1 Co. 5. 1. *he went up to my couch. or,* my couch is gone.

5 *Simeon.* ch. 29. 33, 34; 34. 25-31; 46. 10, 11. Pr. 18. 9. *instruments,* etc. *or,* their swords *are* weapons of violence. ch. 34. 25-29, 35.

6 *O my soul.* Ju. 5. 21. Ps. 42. 5, 11; 43. 5; 103. 1. Je. 4. 19. Lu. 12. 19. *come.* ch. 34. 30. Ps. 5. 10; 26. 4, 5; 28. 3; 94. 20, 21; 139. 19. Pr. 1. 11, 15, 16; 12. 5. *secret.* De. 27. 24. Ps. 26. 9; 64. 2. Je. 15. 17. *unto their.* Ps. 1. 1; 26. 9; 94. 20. 2 Co. 6. 14. *honour.* Ps. 16. 9; 30. 12; 57. 8. *a man.* ch. 34. 25, 26, 36. *digged down a wall. or,* houghed oxen.

7 *Cursed.* 2 Sa. 13. 15, 22-28. Pr. 26. 24, 25; 27. 3. *I will divide.* Jos. 19. 1-9; ch. 21. 1 Ch. 4. 24-31, 39, 40; 6. 65.

8 *shall praise.* ch. 29. 35; 44. 18-34; 46. 12. De. 33. 7. 1 Ch. 5. 2. Ps. 76. 1. He. 7. 14. *thy hand.* Nu. 1. 27; 10. 14; 26. 22. Ju. 1. 1, 2; 20. 18. 2 Sa. 24. 9. 1 Ki. ch. 4. 1 Ch. ch. 12. 2 Ch. 11. 12-17; 14. 8; 15. 9; 17. 2, 14-16; 30. 11. Ps. 18. 40-43; 78. 68-71. Is. 9. 7. Ph. 2. 10, 11. He. 7. 14; 10. 13. Re. 5. 5; 11. 15. *the neck.* Jos. 10. 24. 2 Sa. 22. 41. Eze. 21. 29. *thy father's.* ch. 27. 29; 37. 7-10; 42. 6. 2 Sa. 5. 3.

9 *a lion's.* Ho. 5. 4, 14. 1 Co. 15. 24. Re. 5. 5. *he stooped.* Nu. 23. 24; 24. 9.

10 *sceptre.* Nu. 24. 17. Ps. 60. 7. Je. 30. 21. Ho. 11. 12. Eze. 19. 11, 14. Zec. 10. 11. *lawgiver.* Nu. 21. 18. Ps. 60. 7; 108. 8. Is. 33. 22. *between.* De. 28. 57. *until.* Is. 9. 6; 11. 1-5; 62. 11. Je. 23. 5, 6. Eze. 21. 27. Da. 9. 25. Mat. 1. 21; 17. 5; 21. 9. Lu. 1. 32, 33 Jno. 9. 7; 18. 31; 19. 12, 15. *the gathering.* Ps. 72 8-11. Is. 2. 2; 11. 10, 12, 13; 42. 1, 3, 4; 49. 6, 7, 22, 23; 55. 4, 5; 60. 1, 3-5. Eze. 21. 27. Hag. 2. 7. Zec. 2. 11; 8. 20-23. Mat. 25. 32. Lu. 1. 32, 33; 2. 30-32. Jno. 12. 32. Ro. 15. 12. 2 Co. 5. 10. He. 7. 14. Re. 11. 15.

11 *his foal.* Is. 63. 1-3. *he washed.* 1 Ki. 4. 20, 25. 2 Ki. 18. 32. Joel 3. 18. Mi. 4. 4. Re. 7. 14; 19. 18.

12 Pr. 23. 29.

13 ch. 30. 20. De. 33. 18, 19. Jos. 19. 10-16.

14 ch. 30. 18. De. 33. 18. Jos. 19. 17-23. Ju. 5. 15; 10. 1. 1 Ch. 12. 32.

15 *rest.* Jos. 14. 15. Ju. 3. 11. 2 Sa. 7. 1. *bowed.* Ps. 81. 6. Eze. 29. 18. Mat. 23. 4.

16 ch. 30. 6. Nu. 10. 25. De. 33. 22. Ju. 13. 2, 24, 25; 15. 20; 18. 1, 2.

17 *shall be.* Ju. ch. 14; 15; 16. 22-30; 18. 22-31. 1 Ch. 12. 35. *an adder. Heb.* an arrow-snake.

18 Ps. 14. 7; 25. 6; 40. 1; 62. 1, 5; 85. 7; 119. 41, 166, 174; 123. 2; 130. 5. Is. 8. 17; 25. 9; 36. 8; 30. 18; 33. 2. La. 3. 25. Mi. 7. 7. Mat. 1. 21. Mar. 15. 43. Lu. 1. 30; 2. 25, 30; 23. 51. Ro. 8. 19, 25. Ga. 5. 5. 1 Th. 1. 10.

19 ch. 30. 11; 46. 16. Nu. ch. 32. De. 33. 20, 21. Jos. 13. 8. Ju. ch. 10; 11. 1 Ch. 3. 18-22; 5. 11-22, 26.

20 ch. 30. 13; 46. 17. De. 33. 24, 25. Jos. 19. 24-31.

21 ch. 30. 8; 46. 24. De. 33. 23. Jos. 19. 32-39. Ju. 4. 6, 10; 5. 18. Ps. 18. 33, 34. Mat. 4. 15, 16. Nepthalim.

22 *a fruitful.* ch. 30. 22-24; 41. 52; 46. 27; 48. 1, 5, 16, 19, 20. Nu. ch. 32. De. 33. 17. Jos. ch. 16; 17. 14-17. Ps. 1. 1-3; 128. 1, 3. Eze. 19. 11. *branches. Heb.* daughters.

23 ch. 37. 4, 18, 24, 28; 39. 7-20; 42. 21. Ps. 64. 3; 118. 13. Jno. 16. 33. Ac. 14. 22.

24 *his bow.* Ne. 6. 9. Ps. 27. 14; 28. 8; 89. 1. Col. 1. 11. 2 Ti. 4. 17. *were made.* Job 29. 20. Ps. 18. 32-35; 37. 14, 15; 44. 7. Zec. 10. 12. Ro. 14. 4. *the mighty.* ch. 35. 10, 11. Ex. 3. 6. Ps. 18. 1, 30, 32, 34; 132. 2, 5. Is. 29. 26; 60. 16. *the shepherd.* ch. 45. 5, 7, 11; 47. 12; 50. 21. Nu. 27. 16-18. De. 34. 9. Jos. 1. 1-9; ch. 24. Ps. 80. 1. *the stone.* De. 32. 4. Ps. 118. 22. Is. 28. 16. Zec. 3. 9. Mat. 21. 42. Mar. 12. 10. Lu. 20. 17. Ac. 4. 11. Ep. 2. 20. 1 Pe. 2. 4-8.

25 *the God.* ch. 28. 13, 21; 35. 3; 43. 23. De. 8. 17; 28. 12; 33. 1, 13-17. *the Almighty.* ch. 17. 1; 35. 11. *with blessings.* De. 28. 2-12; 33. 13. Ps. 84. 11; 85. 12. Mat. 6. 33. 1 Co. 3. 21, 22. Ep. 1. 3. Phi. 4. 19. 1 Ti. 4. 8.

26 *have prevailed.* ch. 27. 27-29, 39, 40; 28. 3, 4. Ep. 1. 3. *everlasting hills.* De. 33. 15. Ps. 89. 36. Is. 54. 10. Eze. 37. 25, 26. Jon. 2. 6. Hab. 3. 6. *they shall.* De. 33. 16. Ps. 132. 18. *was separate.* ch. 37. 28. Nu. 6. 2. Ps. 105. 17-22. Is. 66. 5. Ac. 7. 9.

27 *ravin.* ch. 35. 18; 46. 21. De. 33. 12. *a wolf.* Nu. 23. 24. Ju. 3. 15-29; 20. 21, 25. 1 Sa. 11. 4-11; ch. 14; 15; 17. Ac. 8. 3; 9. 1. Phi. 3. 5. *at night.* Je. 5. 6. Eze. 22. 25, 27. Ho. 13. 7, 8. Zep. 3. 3. Mat. 7. 15; 10. 16. Ac. 20. 29.

28 *the twelve.* Nu. 23. 24. Es. 8. 7, 9, 11; ch. 9; 10. Eze. 39. 8-10. Zec. 14. 1-7. *every one.* ch. 35. 22. Ex. 28. 21. 1 Ki. 18. 31. Ac. 26. 7. Ja. 1. 1. Re. 7. 4.

29 *gathered.* Ro. 12. 6, etc. *bury me.* ch. 15. 15; 25. 8-17; 35. 29. He. 12. 23. *in the cave.* ch. 47. 30. 2 Sa. 19. 37. *Ephron.* ch. 50. 13.

30 *Abraham bought.* ch. 23. 8.

31 ch. 23. 3, 16-20; 25. 9; 35. 29; 47. 30; 50. 13. Ac. 7. 16.

32 ch. 23. 17-20.

33 *had made.* ver. 1, 24-26. Jos. 24. 27-29. He. 11. 22. *and yielded.* ver. 29; ch. 15. 5; 25. 8, 17; 35. 29. Job 5. 26; 14. 10; 30. 23. Ec. 12. 7. Is. 57. 1, 2. Lu. 2. 29. He. 11. 13-16; 12. 23.

## CHAP. L.

*The mourning for Jacob, 1-3. Joseph gets leave of Pharaoh to go to bury him,* 4-6. *The funeral,* 7-14. *Joseph comforts his brethren, who crave his pardon,* 15-21. *His age,* 22. *He sees the third generation of his sons,* 23. *He prophesies unto his brethren of their return,* 24. *He takes an oath of them concerning his bones,* 25. *He dies, and is put into a coffin,* 26.

1 *fell.* ch. 46. 4. De. 6. 7, 8. Ep. 6. 4. *wept.* ch. 23. 2. 2 Ki. 13. 14. Mar. 5. 38, 39. Jno. 11. 35-38. Ac. 8. 2. 1 Th. 4. 13.

2 *the physicians.* The Hebrew *ropheim,* from *rapha,* to heal, is literally the *healers,* those whose business it was to *heal,* or restore the body from sickness, by administering proper medicines; and when death took place, to *heal* or preserve it from decomposition by *embalming.* The word *chanat,* to embalm, is also used in Arabic to express the *reddening* of leather; somewhat analagous to our *tanning;* which is probably the grand principle in embalming. *embalmed.* ver. 26. 2 Ch. 16. 14, 18. Mat. 26. 12. Mar. 14. 8; 16. 1. Lu. 24. 1. Jno. 12. 7; 19. 39, 40.

3 *forty days.* We learn from the Greek historians, that the time of mourning was while the body remained with the embalmers, which HERODOTUS says was *seventy* days. During this time the body lay in nitre, the use of which was to dry up all its superfluous and noxious moisture: and when, in the space of 30 days, this was sufficiently effected, the remaining *forty,* the time mentioned by DIODORUS, were employed in anointing it with gums and spices to preserve it, which was properly the embalming. This sufficiently explains the phraseology of the text. *mourned. Heb.* wept. *threescore.* Nu. 20. 29. De. 21. 13; 34. 8.

4 *the days.* ver. 10. *Joseph.* Es. 4. 2. *found grace.* ch. 18. 3.

5 *made me.* ch. 47. 29-31. *Lo, I die.* ver. 24; ch. 48. 21; 49. 29, 30. De. 4. 22. 1 Sa. 14. 43. *I have.* 2 Ch. 16. 14. Is. 22. 16. Mat. 27. 60. *bury me.* ch. 3. 19. Job 30. 23. Ps. 79. 3. Ec. 6. 3; 12. 5, 7. *let me go.* Mat. 8. 21, 22. Lu. 9. 59, 60.

6 *as he made.* ch. 48. 21.

7 *and with him.* ch. 14. 16.

8 *only their.* Ex. 10. 8, 9, 26. Nu. 32. 24-27.

9 *chariots.* ch. 41. 43; 46. 29. Ex. 14. 7, 17, 28. 2 Ki. 18. 24. Ca. 1. 9. Ac. 8. 2.

10 *the threshingfloor.* This place was situated, according to JEROME, between the Jordan and the city of Jericho, two miles from the former, and three from the latter, where Bethagla was afterwards built. PROCOPIUS of Gaza states the same. As *aataad* signifies *thorns,* the place might have been remarkable for their production; though all the versions except the Arabic consider it as a proper name. As Moses wrote or revised his history on the *east side* of Jordan, the term *beyond Jordan,* in his five books, means *westward* of Jordan; but in other parts of Scripture it generally means *eastward. beyond.* ver. 11. De. 1. 1. *seven days.* ver. 4. Nu. 19. 11. De. 34. 8. 1 Sa. 31. 13. 2 Sa. 1. 17. Job 2. 13. Ac. 8. 2.

11 *the Canaanites.* ch. 10. 15-19; 13. 7; 24. 6; 34. 30. *Abel-mizraim. i.e.* The mourning of the Egyptians. 1 Sa. 6. 18. *beyond Jordan.* ver. 10. De. 3. 25, 27; 11. 30.

12 ch. 47. 29-31; 49. 29-32. Ex. 20. 12. Ac. 7. 16. Ep. 6. 1.

13 *the cave.* ch. 23. 16-18; 25. 9; 35. 27, 29; 49. 29-31. 2 Ki. 21. 18.

15 *their father.* ch. 27. 41, 42. *Joseph.* ch. 42. 17. Le. 26. 36. Job 15. 21, 22. Ps. 14. 5; 53. 5. Pr. 28. 1. Ro. 2. 15.

16 *sent. Heb.* charged. Pr. 29. 25.

17 *Forgive.* Mat. 6. 12, 14, 15; 18. 35. Lu. 17. 3, 4. Ep. 4. 32. Col. 3. 12, 13. *they did.* ver. 20. Job 33. 27, 28. Ps. 21. 11. Pr. 28. 13. Ja. 5. 16. *servants.* ch. 31. 42; 49. 25. Mat. 10. 42; 25. 40. Mar. 10. 41. Ga. 6. 10, 16. Phile. 8-20. *wept.* ch. 42. 21-24; 45. 4, 5, 8.

18 *fell.* ch. 23. 28; 37. 7-11; 42. 6; 44. 14; 45. 3.

19 *fear not.* ch. 45. 5. Mat. 14. 27. Lu. 24. 37, 38. *for am I.* It belongs to God to execute vengeance, and Joseph did not intend to usurp his prerogative. Thus he instructed his brethren not to fear him, but to fear God; to humble themselves before God, and to seek *his* forgiveness. ch. 30. 2. De. 32. 35. 2 Ki. 5. 7. Job 34. 19-29. Ro. 12. 19. He. 10. 30.

20 *ye thought.* ch. 37. 4, 18-20. Ps. 56. 5. *God meant.* ch. 45. 5-8. Ps. 76. 10; 105. 16, 17; 119. 71. Is. 10. 7. Ac. 2. 23; 3. 13-15, 26. Ro. 8. 28.

21 *I will nourish.* ch. 45. 10, 11; 47. 12. Mat. 5. 44; 6. 14. Ro. 12. 20, 21. 1 Th. 5. 15. 1 Pe. 3. 9. *kindly unto them. Heb.* to their hearts. ch. 34. 3. Is. 40. 2, marg.

22 *an hundred.* Joseph's life was the shortest of all the patriarchs; for which Bp. PATRICK gives this reason, he was the son of his father's old age.

23 *the children.* ch. 48. 19; 49. 12. Nu. 32. 33, 39. Jos. 17. 1. Job 42. 16. Ps. 128. 6. *brought up. Heb.* born. *Joseph's.* ch. 30. 3.

24 *I die.* ver. 5; ch. 3. 19. Job 30. 23. Ec. 12. 5, 7. Ro. 5. 12. He. 9. 27. *visit you.* ch. 21. 1. Ex. 4. 31. *you out.* ch. 15. 14-16; 26. 3; 35. 12; 46. 4; 48. 21. Ex. 3. 16, 17. *sware.* ch. 12. 7; 13. 15, 17; 15. 7, 18; 17. 8; 26. 3; 28. 13; 35. 12; 46. 4. Ex. 33. 1. Nu. 32. 11. De. 1. 8; 6. 10.

25 *took an.* ver. 5; ch. 47. 29-31. *and ye.* Ex. 13. 19. Jos. 24. 32. Ac. 7. 16. He. 11. 22.

26 *being an hundred and ten years old. Ben meah weäiser shanim;* 'the son of an hundred and ten years;' the period he lived being personified. ver. 22; ch. 47. 9, 28. Jos. 24. 29. *they embalmed.* ver. 2, 3.

## CONCLUDING REMARKS.

Thus terminates the Book of *Genesis,* the most ancient record in the world; including the History of two grand and stupendous subjects, *Creation* and *Providence;* of each of which it presents a summary, but astonishingly minute and detailed account. From this Book, almost all the ancient philosophers, astronomers, chronologists, and historians have taken their respective *data;* and all the modern improvements and accurate discoveries in different arts and sciences, have only served to confirm the facts detailed by Moses, and to shew, that all the ancient writers on these subjects have *approached,* or *receded* from, *truth* and the *phenomena of Nature,* in exactly the same proportion as they have *followed* or *receded* from, the *Mosaic history.* The great fact of the *deluge* is fully confirmed by the fossilised remains in every quarter of the globe. Add to this, that general traditions of the deluge have been traced among the Egyptians, Chinese, Japanese, Hindoos, Burmans, ancient Goths and Druids, Mexicans, Peruvians, Brazilians, North American Indians, Greenlanders, Otaheiteans, Sandwich Islanders, and almost every nation under heaven; while the allegorical turgidity of these distorted traditions sufficiently distinguishes them from the unadorned simplicity of the Mosaic narrative. In fine, without this history the world would be in comparative darkness, *not knowing whence it came, nor whither it goeth.* In the first page, a *child* may learn more in an hour, than all the *philosophers* in the world learned without it in a thousand years.*

* The Publisher remembers these words addressed to him and other boys in the year 1780, by his excellent tutor, the late Rev. John Ryland, of Northampton.

# The Second Book of MOSES, called EXODUS.

THE title of this Book is derived from the Septuagint; in which it is called ΕΞΟΔΟΣ, 'EXODUS;' or, as it is in the Codex Alexandrinus, ΕΞΟΔΟΣ Αιγυπτου, 'the EXODUS or *departure from Egypt;*' but it is called in the Hebrew Bibles ואלה שמות, *Weëlleh Shemoth, these are the names*, or merely שמות, *Shemoth, names*, from the words with which it commences.

B.C. 1705. A.M. 2299.

## CHAP. I.

*The children of Israel, after Joseph's death, increase,* 1-7. *The more they are oppressed by a new king, the more they multiply,* 8-14. *The godliness of the midwives, in saving the men children alive,* 15-21. *Pharaoh commands the male children to be cast into the river,* 22.

1 ch. 6. 14-16. Ge. 29. 31-35; 30. 1-21; 35. 18, 23-26; 46. 8-26; 49. 3-27. 1 Ch. 2. 1, 2; 12. 23-40; 27. 16-22. Re. 7. 4-8.

2 *Reuben.* Ge. 35. 22.

3 *Issachar.* Ge. 35. 23. *Benjamin.* ch. 28. 20.

5 *loins. Heb.* thigh. Ge. 46. 26. Ju. 8. 30, marg. *seventy.* ver. 20. Ge. 46. 26, 27. De. 10. 22.

6 A.M. 2369. B.C. 1635. Ge. 50. 24, 26. Ac. 7. 14-16.

7 *fruitful.* ch. 12. 37. Ge. 1. 20, 28; 9. 1; 12. 2; 13. 16; 15. 5; 17. 4-6, 16; 22. 17; 26. 4; 28. 3, 4, 14; 35. 11; 46. 3; 47. 27; 48. 4, 16. De. 10. 22; 26. 5. Ne. 9. 23. Ps. 105. 24. Ac. 7. 17, 18.

8 *a new king.* Probably RAMESES MIAMUM, or his son AMENOPHIS, who succeeded him about this period; and by his not *knowing* Joseph is meant his not *acknowledging* his obligation to him. Ec. 2. 18, 19; 9. 15. Ac. 7. 18.

9 *the people.* Nu. 22. 4, 5. Job 5. 2. Ps. 105. 24, 25. Pr. 14. 28; 27. 4. Ec. 4. 4. Tit. 3. 3. Ja. 3. 14-16; 4. 5.

10 *Come on.* Ps. 10. 2; 83. 3, 4. Pr. 1. 11. *wisely.* Nu. 22. 6. Job 5. 13. Ps. 105. 25. Pr. 16. 25; 21. 30. Ac. 7. 19; 23. 12. 1 Co. 3. 18-20. Ja. 3. 15-18.

11 *to afflict.* ch. 3. 7; 5. 15. Ge. 15. 13. Nu. 20. 15. De. 26. 6. *burdens.* ch. 2. 11; 5. 4, 5. Ps. 68. 13; 81. 6; 105. 13. *Raamses.* Ge. 47. 11. Pr. 27. 4.

12 *But the more,* etc. *Heb.* and as they afflicted them, so they multiplied, etc. *multiplied.* Ps. 105. 24. Pr. 21. 30. Ro. 8. 28. He. 12. 6-11. *grieved.* ver. 9. Job 5. 2. Pr. 27. 4. Jno. 12. 19. Ac. 4. 2-4; 5. 28-33.

14 *their lives.* ch. 2. 23; 6. 9. Ge. 15. 13. Nu. 20. 15. De. 4. 20; 26. 6. Ru. 1. 20. Ac. 7. 19, 34. *in mortar.* Ps. 68. 13; 81. 6. Na. 3. 14. *was with rigour.* ver. 13; ch. 5. 7-21; 20. 2. Le. 25. 43, 46, 53. Is. 14. 6; 51. 23; 52. 5; 58. 6. Je. 50. 33, 34. Mi. 3. 3.

16 *and see them.* Or, rather, 'and ye see them by the *stone-troughs;*' for so *ovnayim*, from *aven*, a stone, seems to signify (compare ch. 7. 19), in which they washed the new-born infants. See this subject fully illustrated in *Fragments to* CALMET, Nos. 312, 313. *then ye shall.* ver. 22. Mat. 21. 38. Re. 12. 4.

17 *feared God.* Ge. 20. 11; 42. 18. Ne. 5. 15. Ps. 31. 19. Pr. 8. 13; 16. 6; 24. 11, 12. Ec. 8. 12; 12. 13. Da. 3. 16-18; 6. 13. Ho. 5. 11. Mi. 6. 16. Mat. 10. 28. Lu. 12. 5. Ac. 4. 19; 5. 29.

18 *Why have.* 2 Sa. 13. 28. Ec. 8. 4.

19 Jos. 2. 4, etc. 1 Sa. 21. 2. 2 Sa. 17. 19, 20.

20 *God.* Ps. 41. 1, 2; 61. 5; 85. 9; 103. 11; 111. 5; 145. 19. Pr. 11. 18; 19. 17. Ec. 8. 12. Is. 3. 10. Mat. 10. 42; 25. 40. Lu. 1. 50. He. 6. 10. *the people.* See ver. 7, 12.

21 *made them.* 1 Sa. 2. 35; 25. 28. 2 Sa. 7. 11-13, 27-29. 1 Ki. 2. 24; 11. 38. Ps. 37. 3; 127. 1, 3. Pr. 24. 3. Ec. 8. 12. Je. 35. 2.

22 A.M. 2431. B.C. 1573. *Every son.* ver. 16; ch. 7. 19-21. Ps. 105. 25. Pr. 1. 16; 4. 16; 27. 4. Ac. 7. 19. Re. 16. 4-6.

## CHAP. II.

*Moses is born, and in an ark cast into the flags,* 1-4. *He is found, and brought up by Pharaoh's daughter,* 5, 6; *who employs his mother to nurse him,* 7-10. *He slays an Egyptian,* 11, 12. *He reproves an Hebrew,* 13, 14. *He flees into Midian, and marries Zipporah,* 15-21. *Gershom is born,* 22. *God respects the Israelites' cry,* 23-25.

1 A.M. 2432. B.C. 1572. *of the house.* ch. 6. 16-20. Nu. 26. 59. 1 Ch. 6. 1-3; 23. 12-14.

2 A.M. 2433. B.C. 1571. *she saw.* Ps. 112. 5. Ac. 7. 20. He. 11. 23.

3 *could not.* ch. 1. 22. Mat. 2. 13, 16. Ac. 7. 19. *an ark.* Is. 18. 2. *bulrushes. Gomé*, is the *papyrus*, so famous in all antiquity. It grows on the banks of the Nile, and in marshy grounds; the stalk rises to the height of six or seven cubits above the water, is triangular, and terminates in a crown of small filaments, resembling hair. This reed was of the greatest use to the Egyptians; the pith serving them for food, and the woody part to build vessels with; which vessels frequently appear on various monuments of Egyptian antiquity. That boats were made of this reed is also attested by PLINY and others. *with slime.* Ge. 6. 14; 11. 3; 14. 10.

4 ch. 15. 20. Nu. 12. 1-15; 20. 1; 26. 59. Mi. 6. 4.

5 *daughter.* Ac. 7. 21. *herself.* As the word *herself* is not in the original, Dr. A. CLARKE is of opinion that it was for the purpose of *washing*, not her *person*, but her *clothes*, that Pharaoh's daughter came to the river; which was an employment not beneath even king's daughters in those primitive times. *when she.* 1 Ki. 17. 6. Ps. 9. 9; 12. 5; 46. 1; 76. 10. Pr. 21. 1. Jon. 1. 17; 2. 10.

6 *she had compassion.* 1 Ki. 8. 50. Ne. 1. 11. Ps. 106. 46. Pr. 21. 1. Ac. 7. 21. 1 Pe. 3. 8.

7 ver. 4; ch. 15. 20. Nu. 12. 1; 26. 59.

8 *Go.* Ps. 27. 10. Is. 46. 3, 4. Eze. 16. 8. *mother.* ch. 6. 20.

10 *and he.* Ge. 48. 5. Ac. 7. 21, 22. Ga. 4. 5. He. 11. 24. 1 Jno. 3. 1. *Moses. i.e.* Drawn out. *Because.* Ge. 4. 25; 16. 11. 1 Sa. 1. 20. Mat. 1. 21.

11 A.M. 2473. B.C. 1531. *Moses.* Ac. 7. 22-24. He. 11. 24-26. *burdens.* ch. 1. 11; 3. 7; 5. 9, 14. Is. 58. 6. Mat. 11. 28. Lu. 4. 18.

12 *he looked.* Ac. 7. 24-26. *slew.* If the Egyptian killed the Hebrew, Moses only acted agreeably to the divine law (Ge. 9. 6) in thus slaying the Egyptian: nor did he violate the law of Egypt; for, according to DIODORUS SICULUS (l. 1. § 17), 'he who saw a man killed, or violently assaulted on the highway, and did not rescue him, if he could, was punished with death.' Moses, therefore, in this transaction, acted as a brave and good man; especially as at this time there was little probability of obtaining justice on an Egyptian murderer.

13 *and he said.* Ac. 7. 26. 1 Co. 6. 7, 8.

14 *Who.* Ge. 19. 9; 37. 8-11, 19, 20. Nu. 16. 3, 13. Ps. 2. 2-6. Mat. 21. 23. Lu. 12. 14; 19. 14, 27. Ac. 7. 26-28, 35. *a prince. Heb.* a man, a prince. Ge. 13. 8. *Moses.* Pr. 19. 12; 29. 25.

15 *fled.* ch. 4. 19. Ge. 28. 6, 7. 1 Ki. 19. 1-3, 13, 14. Pr. 22. 3. Je. 26. 21-23. Mat. 10. 23. Ac. 7. 29. He. 11. 27. *Midian.* Ge. 25. 2, 4. *sat down.* Ge. 24. 11; 29. 2. Jno. 4. 6.

16 *the priest. or,* prince. ch. 3. 1. Ge. 14. 18; 41. 45, marg. *they came.* Ge. 24. 11, 14-20; 29. 6-10. 1 Sa. 9. 11.

17 *shepherds.* Ge. 21. 25; 26. 15-22. *watered.* ver. 12. Ge. 29. 10.

18 ch. 3. 1; 4. 18; 18. 1-12. Jethro, *or* Jether. Nu. 10. 29. Raguel.

19 *An Egyptian.* Ge. 50. 11. *and also.* Ge. 29. 10.

20 *call him.* Ge. 24. 31-33; 18. 5; 19. 2, 3; 29. 13; 31. 54; 43. 25. Job 31. 32; 42. 11. 1 Ti. 5. 10. He. 13. 2.

21 *content.* ver. 10. Ge. 31. 38-40. Phi. 4. 11, 12. 1 Ti. 6. 6. He. 11. 25; 13. 5. Ja. 1. 10. *Zipporah.* ch. 4. 20-25; 18. 2-6. Nu. 12. 1.

22 *Gershom. i.e.* a stranger here. 1 Ch. 23. 14-17. *for he said.* ver. 10; ch. 18. 3; 22. 21. 1 Ch. 16. 20; 29. 15. Ps. 39. 12; 119. 19. Ac. 7. 29. He. 11. 13, 14.

23 A.M. cir. 2504. B.C. cir. 1500. *in process.* ch. 7. 7. Ac. 7. 30. *the king.* ch. 4. 19. Mat. 2. 19, 20. Ac. 12. 23, 24. *sighed.* Ge. 16. 11. Nu. 20. 16. De. 26. 6, 7. Ps. 12. 5. *cry.* ch. 3. 7-9; 22. 22-27. Ge. 4. 10; 18. 20, 21. De. 24. 15; 33. 36. Ju. 10. 11, 12. Ne. 9. 9. Ps. 18. 6; 81. 6, 7; 107. 19, 20. Is. 5. 7; 19. 20. Ja. 5. 4.

24 *God heard.* ch. 6. 5. Ju. 2. 18. Ne. 9. 27, 28. Ps. 22. 5, 24; 79. 11; 102. 20; 138. 3. *remembered.* Ge. 15. 14-18; 17. 7; 18. 18; 26. 3, 24; 28. 12-14; 32. 28; 46. 2-4. Ne. 9. 8, 9. Ps. 105. 6-13, 42; 106. 45. Lu. 1. 72, 73.

25 *looked.* ch. 4. 31. 1 Sa. 1. 11. 2 Sa. 16. 12. Job 33. 27. Lu. 1. 25. *God.* For *elohim*, GOD, HOUBIGANT reads *aleyhem*, UNTO THEM; which is countenanced by the LXX., Vulgate, Chaldee, Coptic, and Arabic, and appears to have been the original reading. *had respect. Heb.* knew. ch. 1. 8; 3. 7, 8. Ps. 1. 6; 55. 22. Mat. 7. 23.

## CHAP. III

*Moses keeps Jethro's flock, 1. God appears to him in a burning bush, 2-8. He sends him to deliver Israel, 9-12. The name of God, 13, 14. His message to Israel, and Pharaoh, whose opposition is foretold, 15-19. He is assured of Israel's deliverance, 20-22.*

1 A.M. 2513. B.C. 1491. *kept.* Ps. 78. 70-72. Am. 1. 1; 7. 14, 15. Mat. 4. 18, 19. Lu. 2. 8. *his father.* ch. 2. 16, 21; 18. 1-6. Nu. 10. 29. Ju. 4. 11. *the mountain.* ver. 5; ch. 18. 5; 19. 3, 11; 24. 15-17. 1 Ki. 19. 8. *Horeb.* ch. 17. 6. De. 1. 6; 4. 10. Ps. 106. 19. Mal. 4. 4.

2 *angel.* ver. 4, 6. Ge. 16. 7-13; 22. 15, 16; 48. 16. De. 33. 16. Is. 63. 9. Ho. 12. 4, 5. Mal. 3. 1. Lu. 20. 37. Ac. 7. 30-35. *bush burned.* Ge. 15. 13-17. De. 4. 20. Ps. 66. 12. Is. 43. 2; 53. 10, 11. Da. 3. 27. Zec. 13. 7. Jno. 1. 14. Ro. 8. 3. 2 Co. 1. 8-10.

3 Job 37. 14. Ps. 107. 8; 111. 2-4. Ac. 7. 31.

4 *unto him.* De. 33. 16. *Moses.* Ge. 22. 1, 11; 46. 2. 1 Sa. 3. 4, 6, 8, 10. Ps. 62. 11. Ac. 9. 4; 10. 3, 13.

5 *Draw not.* ch. 19. 12, 21. Le. 10. 3. He. 12. 20. *put off.* Ge. 28. 16, 17. Jos. 5. 15. Ec. 5. 1. Ac. 7. 33.

6 *I am.* ver. 14, 15; ch. 4. 5; 29. 45. Ge. 12. 1, 7; 17. 7, 8; 26. 24; 28. 13; 31. 42; 32. 9. 1 Ki. 18. 36. Ps. 132. 2. Je. 24. 7; 31. 33; 32. 38. Zec. 8. 8. Eze. 11. 20. Es. 14. 14. Mat. 22. 32. Mar. 12. 26. Lu. 20. 37. Ac. 7. 31, 32. *thy father.* Though the word *avicha*, 'thy father,' is here used in the singular, yet St. Stephen, quoting this passage (Ac. 7. 32), uses the plural, ο Θεος των πατρων σου, 'the God of thy FATHERS;' and that this is the meaning, the following words prove. This reading is confirmed by the Samaritan and Coptic. *hid.* Ge. 17. 3. Ju. 13. 22. 1 Ki. 19. 13. Ne. 9. 9. Job 42. 5, 6. Ps. 106. 44, 45. Is. 6. 1-5. Da. 10. 7, 8. Mat. 17. 6. Lu. 5. 8. Ac. 7. 34. He. 12. 21. Re. 1. 17.

7 *I have.* ch. 2. 23-25; 22. 23. Ge. 29. 32. 1 Sa. 9. 16. Ps. 22. 24; 34. 4, 6; 106. 44; 145. 19. Is. 63. 9. He. 4. 15. *by reason.* ch. 1. 11. *I know.* Ge. 18. 21. Ps. 142. 3.

8 *I am.* Ge. 11. 5, 7; 18. 21; 50. 24. Ps. 18. 9-19; 12. 5; 22. 4, 5; 34. 8; 91. 15. Is. 64. 1. Jno. 3. 13; 6. 38. *deliver.* ch. 6. 6-8; 12. 51. Ge. 15. 14; 50. 24. *unto a good.* ver. 17; ch. 13. 5; 33. 2, 3. Ge. 13. 14, 15; 15. 18. Nu. 13. 19, 27; 14. 7, 8. De. 1. 7, 25; 8. 7-9; 11. 9-24; 26. 9-15; 27. 3; 28. 11. Ne. 9. 22-25. Je. 2. 7; 11. 5; 32. 22. Eze. 20. 6. *Canaanites.* ch. 22. 23-31; 34. 11. Ge. 15. 18-21. De. 7. 1. Jos. 9. 1. Ne. 9. 8.

9 *the cry.* ver. 7; ch. 2. 23. *and I have.* ver. 7; ch. 1. 11, 13, 14, 22. Ps. 12. 5. Pr. 22. 22, 23. Ec. 4. 1; 5. 8. Je. 50. 33, 34. Am. 4. 1. Mi. 2. 1-3.

10 1 Sa. 12. 6. Ps. 77. 20; 103. 6, 7; 105. 26. Is. 63. 11, 12. Ho. 12. 13. Mi. 6. 4. Ac. 7. 34, 36.

11 ch. 4. 10-13; 6. 12. 1 Sa. 18. 18. 2 Sa. 7. 18. 1 Ki. 3. 7, 9. Is. 6. 5-8. Je. 1. 6. Ac. 7. 23-25. 2 Co. 2. 16; 3. 5.

12 *Certainly.* ch. 4. 12, 15; Ge. 15. 1; 31. 3. De. 31. 23. Jos. 1. 5. Is. 41. 10; 43. 2. Mat. 28. 20. Mar. 16. 20. Ac. 11. 21. Ro. 8. 31. He. 13. 5. *token.* ch. 4. 1-9. Ge. 15. 8. Ju. 6. 17, 21, 36-40; 7. 11, 13, 14. Ps. 86. 17. Is. 7. 14; 37. 30. Je. 43. 9, 10; 51. 63, 64. *ye shall.* ch. 19-40. Le. ch. 1-27. Nu. ch. 1-10.

13 *What is his name.* ver. 14; ch. 15. 3. Ge. 32. 29. Ju. 13. 6, 17. Pr. 30. 4. Is. 7. 14; 9. 6. Je. 23. 6. Mat. 1. 21, 23.

14 *I AM hath.* ch. 6. 3. Job 11. 7. Ps. 68. 4; 90. 2. Is. 44. 6. Mat. 18. 20; 28. 20. Jno. 8. 58. 2 Co. 1. 20. He. 13. 8. Re. 1. 4, 8, 17; 4. 8.

15 *The Lord.* ver. 6; ch. 4. 5. Ge. 17. 7, 8. De. 1. 11, 35; 4. 1. 2 Ch. 28. 9. Mat. 22. 32. Ac. 7. 32. *this is my name for ever.* The name here referred to is that which immediately precedes, יהוה, YEHOWAH, which we translate *Lord*, the name by which God had been known from the creation of the world, (Ge. 2. 2,) and by which he is known to the present day. יהוה, *Yehowah*, from הוה, *hawah*, to be, subsist, signifies *He who is*, or SUBSISTS, *i.e.* eminently and in a manner superior to all other beings; and is essentially the same with אהיה, *eheyeh*, *I AM*, in the preceding verse. Ps. 72. 17, 19; 135. 13; 145. 1, 2. Is. 9. 6; 63. 12. *my memorial.* Ps. 102. 12. Ho. 12. 5. Mi. 4. 5. Mal. 3. 6. He. 13. 8.

16 *elders.* ch. 4. 29; 18. 12; 24. 11. Ge. 1. 7. Mat. 26. 3. Ac. 11. 30; 20. 17. 1 Pe. 5. 1. *visited.* ch. 2. 25; 4. 31; 13. 19; 15. 14. Ge. 21. 1; 50. 24. Ru. 1. 6. Ps. 8. 4. Lu. 1. 68; 19. 44. Ac. 15. 14. He. 2. 6, 7. 1 Pe. 2. 12.

17 *I will bring.* ver. 9; ch. 2. 23-25. Ge. 15. 13-21; 46. 4; 50. 24. *unto the land.* See on ver. 8. Ge. 15. 14, 18-21.

18 *and they.* ver. 16; ch. 4. 31. Jos. 1. 17. 2 Ch. 30. 12. Ps. 110. 3. Je. 26. 5. *and thou.* ch. 5. 1-3. *The Lord.* ch. 7. 16; 9. 1, 13; 10. 3. *met.* ch. 4. 24; 5. 3; 25. 22; 29. 42, 43; 30. 6, 36. Ge. 12. 1; 15. 1; 17. 1; 48. 3. Nu. 17. 4; 23. 3, 4, 15, 16. Is. 64. 5. *three days'.* ch. 8. 27; 13. 17, 18. *that we may.* ver. 12; ch. 7. 16; 8. 25-28; 9. 1; 10. 24-26; 19. 1. Je. 2. 2, 6.

19 *will not.* ch. 5. 2; 7. 4. *no, not by a mighty hand. or,* but by a strong hand. ch. 6. 1; ch. 7-14. Ps. 136. 11, 12. Is. 63. 12, 13.

20 *stretch.* ch. 6. 6; 7. 5; 9. 15. Eze. 20. 33. *smite.* ch. 7. 3; 11. 9. De. 4. 34; 6. 22. Ne. 9. 10. Ps. 105. 27; 106. 22; 135. 8, 9. Is. 19. 22. Je. 32. 20, 21. Ac. 7. 36. See ch. 7-13. *after that.* ch. 11. 8; 12. 31, 39. Ge. 15. 14. Ju. 6. 8; 8. 16. Is. 26. 11. Ps. 105. 38.

21 ch. 11. 3; 12. 36. Ge. 39. 21. Ne. 1. 11. Ps. 106. 46. Pr. 16. 7. Ac. 7. 10.

22 *But.* ch. 11. 2; 12. 35, 36. Ge. 15. 14. Ps. 105. 37. *borrow.* Or, rather *ask* or *demand*, as the word שאל properly signifies; and is so rendered by the LXX., Vulgate, and Geneva and Barker's Bible: the other ancient versions are the same as the Hebrew. *spoil.* Job 27. 16, 17. Pr. 13. 22. Is. 33. 1. Eze. 39. 10. *the Egyptians. or,* Egypt.

## CHAP. IV.

*Moses's rod is turned into a serpent, 1-5. His hand is leprous, 6-9. He is loth to be sent, 10-12. Aaron is appointed to assist him, 13-17. Moses departs from Jethro, 18-20. God's message to Pharaoh, 21-23. Zipporah circumcises her son, 24-26. Aaron is sent to meet Moses, 27, 28. The people believe them, 29-31.*

1 ver. 31; ch. 2. 14; 3. 18. Je. 1. 6. Eze. 3. 14. Ac. 7. 25.

2 *A rod.* ver. 17, 20. Ge. 30. 37. Le. 27. 32. Ps. 110. 2. Is. 11. 4. Mi. 7. 14.

3 *it became.* ver. 17; ch. 7. 10-15. Am. 5. 19.

4 *Put forth.* Ge. 22. 1, 2. Ps. 91. 13. Mar. 16. 18. Lu. 10. 19. Ac. 28. 3-6. *And he put.* Jno. 2. 5.

5 *That they.* ver. 1; ch. 3. 18; 4. 31; 19. 9. 2 Ch. 20. 20. Is. 7. 9. Jno. 5. 36; 11. 15, 42; 20. 27, 31. *the Lord.* ch. 3. 15. Ge. 12. 7; 17. 1; 18. 1; 26. 2; 48. 3. Je. 31. 3. Ac. 7. 2.

6 *leprous as snow.* Nu. 12. 10. 2 Ki. 5. 27.

7 *it was turned.* Nu. 12. 13, 14. De. 32. 39. 2 Ki. 5. 14. Mat. 8. 3.

8 *if they*. ver. 30, 31. Is. 28. 10. Jno. 12. 37. *that they*. De. 32. 39. 2 Ki. 5. 7. Job 5. 18.

9 *the water*. ch. 7. 19. *shall become*. *Heb*. shall be, and shall be. *blood*. ch. 1. 22; 7. 19-25. Mat. 7. 2.

10 *eloquent*. *Heb*. a man of words. ver. 1. Job 12. 2. 1 Co. 2. 1-4. 2 Co. 10. 10; 11. 6. *heretofore*. *Heb*. since yesterday, nor since the third day. *slow of speech*. ch. 6. 12. Je. 1. 6. Ac. 7. 22.

11 Ge. 18. 14. Ps. 51. 15; 94. 9; 146. 8. Is. 6. 7; 35. 5, 6; 42. 7. Je. 1. 6, 9. Eze. 3. 26, 27; 33. 22. Am. 3. 6.

12 Ps. 25. 4, 5; 32. 9; 143. 10. Is. 49. 2; 50. 4. Je. 1. 9. Mat. 10. 19, 20. Mar. 13. 11. Lu. 11. 1; 12. 11, 12; 21. 14, 15. Jno. 14. 26. Ep. 6. 19.

13 *send*. ver. 1; ch. 23. 20. Ge. 24. 7; 48. 16. Ju. 2. 1. 1 Ki. 19. 4. Je. 1. 6; 20. 9. Eze. 3. 14, 15. Jon. 1. 3, 6. Mat. 13. 41. Jno. 6. 29. *wilt send*. *or*, shouldest.

14 *anger*. 2 Sa. 6. 7. 1 Ki. 11. 9. 1 Ch. 21. 7. Lu. 9. 59, 60. Ac. 15. 28. Phi. 2. 21. *cometh*. ver. 17. 1 Sa. 10. 1-7. Mar. 14. 13-15. 2 Co. 2. 13; 7. 6, 7. 1 Th. 3. 6, 7.

15 *and put*. ch. 7. 1, 2. 2 Sa. 14. 3. Is. 51. 16; 59. 21. *and I*. Nu. 22. 38; 23. 5, 12, 16. De. 18. 18. Is. 51. 16. Je. 1. 9. Mat. 28. 20. Lu. 21. 15. 1 Co. 11. 23; 15. 1. *will teach*. De. 5. 31.

16 ch. 7. 1, 2; 18. 19. Ps. 82. 6. Jno. 10. 34, 35.

17 ver. 2; ch. 7. 9, 19. 1 Co. 1. 27.

18 *Jethro*. *Heb*. Jether. See on ch. 3. 1. *Let me go*. 1 Ti. 6. 1. *and see*. Ge. 45. 3. Ac. 15. 36. *Go in peace*. 1 Sa. 1. 17. Lu. 7. 50. Ac. 16. 36. In the LXX. and Coptic, the following addition is made to this verse: Μετα δε τας ημερας τας πολλας εκεινας ετελευτησεν ο βασιλευς Αιγυπτου, 'After these many days, the king of Egypt died.' This was probably an ancient side-note, which crept into the text, as it appeared to throw light on the next verse.

19 *Midian*. A country in Arabia Petræa, on the eastern coast of the Red Sea, near mount Sinai. This place is still called by the Arabs the *Land of Midian*, or of *Jethro*. ABULFEDA, speaking of *Midian*, says, '*Madyan* is a city, in ruins, on the shore of the Red Sea, on the opposite side to Tabuc, from which it is distant about six days' journey. At Midian may be seen the famous well at which Moses watered the flocks of *Shoâib*, (Jethro.) This city was the capital of the tribe of *Midian* in the days of the Israelites.' *for all*. ch. 2. 15, 23. Mat. 2. 20.

20 *the rod of God*. ver. 2, 17; ch. 17. 9. Nu. 20. 8, 9.

21 *wonders*. ch. 3. 20. *I will harden*. ch. 7. 3, 13; 9. 12, 35; 10. 1, 20; 14. 8. Ge. 6. 3. De. 2. 30-33, 36. Jos. 11. 20. 1 Ki. 22. 22. Ps. 105. 25. Is. 6. 10; 63. 17. Jno. 12. 40. Ro. 1. 28; 9. 18; 11. 8-10. 2 Co. 2. 16. 2 Th. 2. 10-12. 1 Pe. 2. 8.

22 *Israel*. ch. 19. 5, 6. De. 14. 1. Je. 31. 9. Ho. 11. 1. Ro. 9. 4. 2 Co. 6. 18. He. 12. 23. Ja. 1. 18.

23 ch. 11. 5; 12. 29. Ps. 78. 51; 105. 36; 135. 8.

24 *the inn*. See on Ge. 42. 27. The account in this and the two following verses, although rather obscure, seems to imply, that on their way to the land of Egypt, an angel appeared to Moses, and sought to kill his son, on account of his father's non-observance of the Lord's positive command to Abraham, that every man child of the Jewish nation, or born in his house in servitude, should be circumcised on the eighth day; and that Zipporah, at the command of Moses, immediately fulfilled the injunction, and thus averted the wrath of God, denounced against the disobedient: 'The uncircumcised man child, whose flesh of his foreskin is not circumcised, that soul shall be cut off from his people.' Ge. 17. 14. *the Lord*. ch. 3. 18. Nu. 22. 22, 23. 1 Ch. 21. 16. Ho. 13. 8. *sought*. Ge. 17. 14. Le. 10. 3. 1 Ki. 13. 24.

25 *a sharp stone*. *or*, knife. Jos. 5. 2, 3. *cast it*. *Heb*. made *it* touch. *a bloody*. 2 Sa. 16. 7.

27 *Go into*. ver. 14-16. Ec. 4. 9. Ac. 10. 5, 6, 20. *the mount*. ch. 3. 1; 19. 3; 20. 18; 24. 15-17. 1 Ki. 19. 8. *kissed* him. Ge. 29. 11.

28 *told Aaron*. ver. 8, 9, 15, 16. Jon. 3. 2. Mat. 21. 29. *and all*. ver. 11-13.

29 ch. 3. 16; 24. 1, 11.

30 *And Aaron*. ver. 16. *did the*. ver. 2-9.

31 *believed*. ver. 8, 9; ch. 3. 18. Ps. 106. 12, 13. Lu. 8. 13. *visited*. See on ch. 3. 16. Lu. 1. 68. *looked*. ch. 2. 25; 3. 7. *bowed*. ch. 12. 27. Ge. 17. 3; 24. 26. 1 Ch. 29. 20. 2 Ch. 20. 18.

## CHAP. V.

*Pharaoh chides Moses and Aaron for their message*, 1-5. *He increases the Israelites' task*, 6-14. *He checks their complaints*, 15-18. *They cry out upon Moses and Aaron*, 19-21. *Moses complains to God*, 22, 23.

1 *and told*. 1 Ki. 21. 20. Ps. 119. 46. Eze. 2. 6. Jon. 3. 3, 4. Mat. 10. 18, 28. Ac. 4. 29. *a feast*. ch. 10. 9. Is. 25. 6. 1 Co. 5. 8.

2 *Who*. ch. 3. 19. 2 Ki. 18. 35. 2 Ch. 32. 15, 19. Job 21. 15. Ps. 10. 4; 12. 4; 14. 1. *I know not*. 1 Sa. 2. 12. Jno. 16. 3. Ro. 1. 28. 2 Th. 1. 8. *neither*. ch. 3. 19. Je. 44. 16, 17.

3 *The God*. ch. 3. 18. *lest he*. De. 28. 21. 2 Ki. 17. 25. 2 Ch. 30. 8. Ezr. 7. 23. Eze. 6. 11. Zec. 14. 16-19.

4 *Wherefore*. Je. 38. 4. Am. 7. 10. Lu. 23. 2 Ac. 16. 20, 21; 24. 5. *let*. *Taphreeoo*, from *parâ*, to loose, disengage; and which we render *let*, from the Anglo-Saxon *lettan*, to hinder. Ye hinder the people from their work: 'Get you unto your burdens.' 'Let religion alone and mind your work.' The language not only of tyranny, but of thoughtless irreligion. *burdens*. ch. 1. 11.

5 ch. 1. 7-11. Pr. 14. 28.

6 *taskmasters*. *Nogesim*, literally, *exactors*, *oppressors*. These taskmasters were Egyptians, (ch. 1. 11,) but the *officers* were Hebrews. See ver. 14. ver. 10, 13, 15, 19; ch. 1. 11. Pr. 12. 10. *officers*. *Shoterim*, from the Arabic *saytara*, *to overlook*, *superintend*, seems to denote, as *musaytar* in Arabic also does, *overseers*, *superintendents*. They may have been somewhat like the chiefs of trades, who are found in every city in the East; where every trade has a head, who is entrusted with authority over them, and is in some measure answerable for them to Government. Compare ch. 2. 14.

7 *straw*. The straw was mixed with clay, in order to make the bricks. This is expressly affirmed by PHILO, (vit. Mos.) who was himself a native of Alexandria, in Egypt. He says, describing the oppression of the Israelites, that some were obliged to work in clay, and others to gather straw for the formation of bricks, πλινθου γαρ αχυρα δεσμος, *because straw is the binding of the brick*. PHILO's account is confirmed by Dr. SHAW, who says that 'some of the Egyptian pyramids are made of brick, the composition whereof is only a mixture of clay, mud, and *straw*, slightly blended and kneaded together, and afterwards baked in the sun. The straw, which keeps the bricks together, and still preserves its original colour, seems to be a proof that these bricks were never burnt or made in kilns.' The same materials are now used for building in Egypt. Mr. BAUMGARTEN says, 'The houses are for the most part of bricks that are only hardened by the heat of the sun, and mixed with *straw* to make them firm.'

8 *tale*. *Tale* denotes *number*, from the Anglo-Saxon *tællan*, to number, count, etc. *ye shall lay*. Ps. 106. 41.

9 *Let there more work be laid upon the men*. *Heb*. Let the work be heavy upon the men. *vain words*. 2 Ki. 18. 20. Job 16. 3. Je. 43. 2. Zec. 1. 6. Mal. 3. 14. Ep. 5. 6.

10 *taskmasters*. ch. 1. 11. Pr. 29. 12.

11 *not ought*. ver. 13, 14.

13 *daily tasks*. *Heb*. a matter of a day in his day.

17 Mat. 26. 8. Jno. 6. 27. 2 Th. 3. 10, 11.

18 *yet shall ye deliver.* Eze. 18. 18. Da. 2. 9-13.
19 *evil case.* De. 32. 36. Ec. 4. 1; 5. 8.
21 *The Lord.* ch. 4. 31; 6. 9. Ge. 16. 5. *our savour.* Ec. 10. 1. Joel 2. 20. 2 Co. 2. 15, 16. *to be abhorred. Heb.* to stink. Ge. 34. 30. 1 Sa. 13. 4; 27. 12. 2 Sa. 10. 6. 1 Ch. 19. 6.
22 *returned.* ch. 17. 4. 1 Sa. 30. 6. Ps. 73. 25. Je. 12. 1. *why is it.* Nu. 11. 14, 15. 1 Ki. 19. 4, 10. Je. 20. 7. Hab. 2. 3.
23 *in thy name.* Ps. 118. 26. Je. 11. 21. Jno. 5. 43. *neither hast thou delivered. Heb.* delivering, thou hast not delivered. Is. 26. 17, 18; 28. 16. He. 10. 36, 37.

## CHAP. VI.

*God renews his promise by his name JEHOVAH, 1-8. Moses vainly attempts to encourage the Israelites, 9. He and Aaron are again sent to Pharaoh, 10-13. The genealogy of Reuben, of Simeon, and of Levi, of whom came Moses and Aaron, 14-25. The history resumed, 26-30.*

1 *Now shalt.* ch. 14. 13. Nu. 23. 23. De. 32. 39. 2 Ki. 7. 2, 19. 2 Ch. 20. 17. Ps. 12. 5. *with a strong.* ch. 3. 19, 20. De. 4. 34. Ps. 89. 13; 136. 12. Is. 63. 12. Eze. 20. 33, 34. *drive them.* ch. 11. 1; 12. 31, 33, 39.
2 *I am the Lord. or,* Jehovah. ver. 6, 8; ch. 14. 18; 17. 1; 20. 2. Ge. 15. 7. Is. 42. 8; 43. 11, 15; 44. 6. Je. 9. 24. Mal. 3. 6. Ac. 17. 24, 25.
3 *God Almighty. El shadday,* God Almighty; for *shadday* is evidently of affinity with the Arabic *shadid,* strong, mighty, and *shiddat,* strength, might; so the LXX. in Job render it *παντοκρατωρ,* Vulgate, in Pentateuch, *Omnipotens,* and Syriac, in Job, *chasino.* Ge. 17. 1; 28. 3; 35. 11; 48. 3. *but by my name.* If Abraham, Isaac, and Jacob, did not know the name Jehovah, then Moses must have used it in Genesis by *prolepsis,* or anticipation. Mr. Locke and others read it *interrogatively,* for the negative particle, *lo,* not, has frequently this power in Hebrew: 'I appeared unto Abraham, Isaac, and Jacob, by the name of God Almighty, and by my name Jehovah was I not also made known unto them?' *JEHOVAH.* ch. 3. 14. Ge. 12. 7, 8; 13. 18; 22. 14. Ps. 68. 4. JAH; 83. 18. Is. 42. 8; 44. 6; 52. 5, 6. Jno. 8. 58. Re. 1. 4.
4 *established.* Ge. 6. 18; 15. 18; 17. 7, 8, 13; 28. 4. 2 Sa. 23. 5. Is. 55. 3. *the land of their.* Ge. 15. 13; 17. 8; 23. 4; 26. 3. Ps. 105. 12. Ac. 7. 5.
5 *the groaning.* ch. 2. 24; 3. 7. Ps. 106. 44. Is. 63. 9. *I have remembered.* ch. 2. 24. Ge. 8. 1; 9. 15. Ps. 105. 8; 106. 45. Lu. 1. 54, 72.
6 *I am the Lord.* See on ver. 2, 8, 29. Eze. 20. 7-9. *I will bring.* ch. 3. 17; 7. 4. De. 26. 8. Ps. 81. 6; 136. 11, 12. *redeem.* ch. 15. 13. De. 4. 34; 7. 8; 15. 15. 2 Ki. 17. 36. 1 Ch. 17. 21. Ne. 1. 10. Is. 9. 12, 17, 21.
7 *will take.* ch. 19. 5, 6. Ge. 17. 7, 8. De. 4. 20; 7. 6; 14. 2; 26. 18. 2 Sa. 7. 23, 24. Je. 31. 33. Ho. 1. 10. 1 Pe. 2. 10. *I will be.* ch. 29. 45, 46. De. 29. 13. Zec. 13. 9. Mat. 22. 32. Ro. 8. 31. He. 11. 16. Re. 21. 3, 7. *from under.* ch. 5. 4, 5. Ps. 81. 6.
8 *swear. Heb.* lift up my hand. The ancient mode of appealing to God was by lifting up the *right hand,* and was considered as a form of swearing. Hence *yamin,* in Hebrew the *right hand,* is in Arabic an *oath,* and as a verb, *to take an oath.* A similar custom prevailed among the heathens. See Virg. Æn. l. xii. v. 196. Ge. 14. 22. De. 32. 40. Eze. 20. 5, 6, 15, 23, 28, 42; 36. 7; 47. 14. *to give.* ch. 32. 13. Ge. 15. 18; 22. 16, 17; 26. 3; 28. 13; 35. 12. *I am.* See on ver. 2. Nu. 23. 19. 1 Sa. 15. 29.
9 *hearkened.* ch. 5. 21; 14. 12. Job 21. 4. Pr. 14. 19. *anguish. Heb.* shortness, *or,* straitness. Nu. 21. 4.
11 ver. 29; ch. 3. 10; 5. 1, 23; 7. 1.
12 *children.* ver. 9; ch. 3. 13; 4. 29-31; 5. 19-21. *am.* The italics shew that this word has been supplied by our translators; hence it may be inferred by some that Moses was uncircumcised. The difficulty is in some measure cleared away, by using the word uncircumcised in the sense of *unsuitable* or *incapacitated,* see ver. 30, which argees with ch. 4. 10, where Moses complains of want of eloquence: but by substituting *is* for *am* in this place, the connexion with the former part of the verse is preserved: 'For if the chosen seed, the circumcised sons of Jacob, refuse to hear me,' as though Moses had said, 'how can I expect to make uncircumcised Pharaoh pay attention to me?' *uncircumcised.* ver. 30; ch. 4. 10. Le. 26. 41. De. 30. 6. Is. 6. 5. Je. 1. 6; 6. 10; 9. 26. Ac. 7. 51.
13 Nu. 27. 19, 23. De. 31. 14. Ps. 91. 11. Mat. 4. 6. 1 Ti. 1. 18; 5. 21; 6. 13, 17. 2 Ti. 2. 4; 4. 1.
14 *the heads.* ver. 25. Jos. 14. 1; 19. 51. 1 Ch. 5. 24; 7. 2, 7; 8. 6. *The sons.* Ge. 46. 9; 49. 3, 4. Nu. 26. 5, 6. 1 Ch. 5. 3. *these be.* Nu. 26. 7. Jos. 13. 15, 23.
15 *sons.* Ge. 46. 10. Nu. 26. 12, 13. 1 Ch. 4. 24. Nemuel. Jarib. Zerah.
16 *sons.* Ge. 46. 11. Nu. 3. 17. 1 Ch. 6. 1, 16. *Kohath.* Nu. 26. 57. 1 Ch. 23. 6. *an hundred.* ver. 18, 20. Ge. 35. 28; 47. 28; 50. 26.
17 Ge. 46. 11. Nu. 3. 18. Shimei. 1 Ch. 6. 17; 23. 7. Laadan. Shimei.
18 *sons.* Nu. 3. 19. Izehar; 26. 57. 1 Ch. 6. 2, 18. *and the years.* See on ver. 16.
19 Nu. 3. 20. 1 Ch. 6. 19; 23. 21.
20 *Amram.* ch. 2. 1, 2. Nu. 26. 59. *and the years.* The Samaritan, LXX., Syriac, and one Hebrew MS. add, 'And Miriam their sister;' which some of the best critics suppose to have been originally in the text. See on ver. 16, 18.
21 *Korah.* ver. 24. Nu. 16. 1, 32; 26. 10, 11. 1 Ch. 6. 37, 38.
22 Le. 10. 4. Ne. 3. 20.
23 *Elisheba.* Lu. 1. 5. *Amminadab.* Nu. 1. 7; 2. 3. Ru. 4. 19, 20. 1 Ch. 2. 10. Mat. 1. 4. *Nadab.* ch. 24. 1, 9. Le. 10. 1, 2. Nu. 3. 2-4; 20. 25; 26. 60, 61. 1 Ch. 6. 3; 24. 1, 2.
24 *Korah.* ver. 21. Nu. 16. 1, 32; 26. 9-11. 1 Ch. 6. 22, 33, 37, 38. Ps. 84; 85, titles. *Elkanah.* 1 Sa. 1. 1. 1 Ch. 6. 23, 27, 28.
25 *Phinehas.* Nu. 25. 7-13; 31. 6. Jos. 22. 13, 31, 32; 24. 33. Ju. 20. 28. Ps. 106. 30, 31. *the heads.* ver. 14.
26 *That Aaron.* ver. 13, 20. Jos. 24. 5. 1 Sa. 12. 6, 8. 1 Ch. 6. 3. Ps. 77. 20; 99. 6. Mi. 6. 4. *Bring.* ver. 7; ch. 3. 10, 11; 20. 2; 32. 1, 7, 11. Ac. 7. 35, 36. *armies.* ch. 7. 4; 12. 17, 51; 13. 18. Ge. 2. 1. Nu. 33. 1.
27 *spake.* ch. 5. 1-3; 7. 10. *to bring.* ver. 13; 26; ch. 32. 7; 33. 1. Ps. 77. 20. Mi. 6. 4.
29 *I am the.* See on ver. 2, 6, 8. *speak.* ver. 11; ch. 7. 2. Je. 1. 7, 8, 17-19; 23. 28; 26. 2. Eze. 2. 6, 7; 3. 11, 17. Mat. 28. 20. Ac. 20. 27.
30 *uncircumcised.* See on ver. 12; ch. 4. 10. 1 Co. 9. 16, 17.

## CHAP. VII.

*Moses and Aaron are encouraged to go again to Pharaoh, 1-6. Their age, 7. Aaron's rod is turned into a serpent, 8-10. The sorcerers do the like; but their rods are swallowed up by Aaron's, 11, 12. Pharaoh's heart is hardened, 13. God's message to Pharaoh, 14-18. The river is turned into blood; and the consequent distress of the Egyptians, 19-25.*

1 *See.* ch. 16. 29. Ge. 19. 21. 1 Ki. 17. 23. 2 Ki. 6. 32. Ec. 1. 10. *a god.* ch. 4. 15, 16. Ps. 82. 6. Je. 1. 10. Jno. 10. 35, 36.
2 ch. 4. 15; 6. 29. De. 4. 2. 1 Ki. 22. 14. Je. 1. 7, 17. Eze. 3. 10, 17. Mat. 28. 20. Ac. 20. 27.
3 *And I.* See on ch. 4. 21, 29. *multiply.* ch. 4. 7; 9. 16; 11. 9. De. 4. 34; 7. 19. Ne. 9. 10. Ps. 78. 43-51; 105. 27-36; 135. 9. Is. 51. 9. Je. 32. 20, 21. Mi. 7. 15. Jno. 4. 48. Ac. 2. 22; 7. 36. Ro. 15. 19.
4 *that I.* ch. 9. 3; 10. 1; 11. 9. Ju. 2. 15. La. 3. 3. *armies.* ch. 6. 26; 12. 51. *by great.* ch. 6. 6. Pr. 19. 29. Is. 26. 9. Eze. 14. 21; 25. 11; 30. 14, 19. Re. 15. 4; 16. 7; 19. 2.

5 *Egyptians.* ver. 17; ch. 8. 10, 22; 14. 4, 18. Ps. 9. 16. Eze. 25. 17; 28. 22; 36. 23; 39. 7, 22. *I stretch.* See on ch. 3. 20.

6 ver. 2, 10; ch. 12. 28; 39. 43; 40. 16. Ge. 6. 22; 22. 18. Ps. 119. 4. Jno. 15. 10, 14.

7 ch. 2. 23. Ge. 41. 46. De. 29. 5; 31. 2; 34. 7. Ps. 90. 10. Ac. 7. 23, 30.

9 *Shew.* Is. 7. 11. Mat. 12. 39. Jno. 2. 18; 6. 30; 10. 38. *Take.* ver. 10-12; 4. 2, 17, 20; 9. 23; 10. 13 *a serpent.* Ps. 74. 12, 13. Eze. 29. 3.

10 *as the Lord.* ver. 9. *it became.* ch. 4. 3. Am. 9. 3. Mar. 16. 18. Lu. 10. 19.

11 *wise men.* Ge. 41. 8, 38, 39. Is. 19. 11, 12; 47. 12, 13. Da. 2. 2, 27; 4. 7-9; 5. 7, 11. 2 Ti. 3. 8. Re. 19. 20. *sorcerers. mechashshaphim*, probably from the Arabic *kashapha*, to discover, reveal, signifies *diviners*, or those who pretended to *reveal* futurity, to discover things lost, or to *find* hidden treasures. *they also.* ver. 22; ch. 8. 7, 18. De. 13. 1-3. Mat. 24. 24. Ga. 3. 1. Ep. 4. 14. 2 Th. 2. 9. Re. 13. 11-15. *enchantments.* By the word *lahatim*, from *lahat*, to burn, may be meant such incantations as required *lustral fires*, *fumigations*, etc.

12 *but Aaron's.* ch. 8. 18, 19; 9. 11. Ac. 8. 9-13; 13. 8-11; 19. 19, 20. 1 Jno. 4. 4.

13 ver. 4; ch. 4. 21; 8. 15; 10. 1, 20, 27; 14. 17. De. 2. 30. Zec. 7. 11, 12. Ro. 1. 28; 2. 5. He. 3. 7, 8, 13.

14 *Pharaoh's.* ch. 8. 15; 10. 1, 20, 27. Zec. 7. 12. *he refuseth.* ch. 4. 23; 8. 2; 9. 2; 10. 4. Is. 1. 20. Je. 8. 5; 9. 6. He. 12. 25.

15 *he goeth.* ch. 2. 5; 8. 20. Eze. 29. 3. *the rod.* ver. 10; ch. 4. 2-4.

16 *The Lord.* ch. 3. 18; 5. 3; 9. 1, 13; 10. 3. 1 Sa. 4. 6-9. *Let my.* ch. 8. 1, 20; 13. 15; 14. 5. Is. 45. 13. Je. 50. 33. Ac. 4. 21-23. *serve.* ch. 3. 12, 18; 5. 1-3; 9. 1.

17 *thou shalt.* ver. 5; ch. 5. 2; 6. 7. 1 Sa. 17. 46, 47. 1 Ki. 20. 28. 2 Ki. 19. 19. Ps. 9. 16; 83. 18. Eze. 29. 9; 30. 8, 19; 32. 15; 38. 23; 39. 28. Da. 4. 17, 32, 37; 5. 21, 23. *and they.* ch. 1. 22; 4. 9. Ps. 78. 44; 105. 29. Re. 8. 8; 16. 3-6.

18 *the fish.* ver. 21. *Egyptians.* 'The water of Egypt,' says the Abbé MASCRIER, 'is so delicious, that one would not wish the heat to be less, or to be delivered from the sensation of thirst. The Turks find it so exquisite, that they excite themselves to drink of it by eating *salt*.' 'A person,' adds Mr. HARMER, 'who never before heard of the deliciousness of the Nile water, and of the large quantities which on that account are drunk of it, will, I am sure, find an energy in those words of Moses to Pharaoh, *the Egyptians shall loathe to drink of the water of the river*, which he never did before.' *shall loathe.* ver. 24. Nu. 11. 20; 21. 5.

19 *stretch.* ch. 8. 5, 6, 16; 9. 22, 23, 33; 10. 12, 21; 14. 21, 26. *their pools. Heb.* gathering of their waters. Ge. 1. 10.

20 *he lifted.* ch. 17. 5, 6, 9-12. Nu. 20. 8-12. *all the waters.* As the Nile was held sacred by the Egyptians, as well as the animals it contained, to which they annually sacrificed a girl, or as others say, both a boy and girl, God might have designed this plague as a punishment for such idolatry and cruelty; and to shew them the baseness of those elements which they reverenced, and the insufficiency of the gods in which they trusted. All the punishments brought upon them bore a strict analogy to their crimes. ver. 17, 18. Ps. 78. 44; 105. 29. Jno. 2. 9-11. Re. 8. 8.

21 ver. 18. Re. 8. 9. The first miracle of Christ turned water into wine, the first plague upon Egypt turned all their water into blood.

22 *magicians.* ver. 11; ch. 8. 7, 8. Je. 27. 18. 2 Ti. 3. 8. *and Pharaoh's.* See on ver. 13. *as the.* ver. 3.

23 *neither.* ch. 9. 21. De. 32. 46. 1 Sa. 4. 20. marg. Job 7. 17. Ps. 62. 10. Pr. 22. 17; 24. 32. marg. 29. 1. Is. 26. 11. Je. 5. 3; 36. 24. Eze. 40. 4. Am. 4. 7-12. Hab. 1. 5. Ma. 2. 2.

24 *for they.* ver. 18-21.

25 ch. 8. 9, 10; 10. 23. 2 Sa. 24. 13.

## CHAP. VIII.

*Frogs are sent,* 1-7. *Pharaoh sues to Moses, who by prayer removes them away,* 8-15. *The dust is turned into lice, which the magicians could not do,* 16-19. *The plague of flies,* 20-24. *Pharaoh inclines to let the people go, but yet is hardened,* 25-32.

1 *Go.* Je. 1. 17-19; 15. 19-21. Eze. 2. 6, 7. *Let my.* See on ch. 3. 12, 18; 5. 1; 7. 16.

2 *refuse.* See on ch. 7. 14; 9. 2. *frogs.* The Hebrew *tzephardĕim* is evidently the same with the Arabic *zafda*, Chaldaic *oordeănaya*, and Syriac *oordeai*, all of which denote *frogs*, as almost all interpreters, both ancient and modern, agree to render it; BOCHART conceives, from *tzifa*, a bank, and *raddă*, mud, because of delighting in muddy and marshy places. Ps. 78. 45; 105. 30. Re. 16. 13, 14.

3 *kneading troughs. or,* dough. ch. 12. 34.

4 Ps. 107. 40. Is. 19. 11, 22; 23. 9. Da. 4. 37. Ac. 12. 22, 23.

5 ch. 7. 19.

6 *and the frogs.* Whether the frog among the Egyptians was an object of reverence or abhorrence is uncertain. It might have been both at the same time, as many objects are known to have been among particular nations; for proof of which see the very learned JACOB BRYANT, on the *Plagues of Egypt*, pp. 31-34. Le. 11. 12. Ps. 78. 45; 105. 30. Re. 16. 13.

7 ch. 7. 11, 22. De. 13. 1-3. Mat. 24. 24. 2 Th. 2. 9-11. 2 Ti. 3. 8. Re. 13. 14.

8 *Intreat.* ch. 5. 2; 9. 28; 10. 17. Nu. 21. 7. 1 Sa. 12. 19. 1 Ki. 13. 6. Ac. 8. 24. *and I will.* ver. 25-28; ch. 10. 8-11, 24-27; 12. 31, 32; 14. 5. Ps. 66. 3, marg.; 78. 34-36. Je. 34. 8-16.

9 *Glory over me. or,* Have *this* honour over me. Ju. 7. 2. 1 Ki. 18. 25. Is. 10. 15. *when. or,* against when. *to destroy. Heb.* to cut off. ver. 13.

10 *To-morrow. or,* against to-morrow. Pr. 27. 1. Ja. 4. 14. *there is none.* ch. 9. 14, 29; 15. 11. De. 32. 31; 33. 26. 2 Sa. 7. 22. 1 Ch. 17. 20. Ps. 9. 16; 83. 18; 86. 8; 89. 6-8. Is. 40. 25; 46. 9. Je. 10. 6, 7.

11 ver. 3, 9.

12 See on ver. 8, 30; ch. 9. 33; 10. 18; 32. 11. 1 Sa. 12. 23. Eze. 36. 37. Ja. 5. 16-18.

13 De. 34. 10-12.

14 *and the.* ver. 24; ch. 7. 21. Is. 34. 2. Eze. 39. 11. Joel 2. 20.

15 *saw.* ch. 14. 5. Ec. 8. 11. Is. 26. 10. Je. 34. 7-11. Ho. 6. 4. *he hardened.* See on ch. 4. 21; 7. 4, 13, 14. Pr. 29. 1. Zec. 7. 11, 12. He. 3. 8, 15. Re. 16. 9.

16 *Stretch.* ver. 5, 17. *lice.* The word *kinnim* is rendered by the LXX. σκιφες, σκιπες, or σκνηφες, and by the Vulgate *sciniphes*, GNATS; and Mr. HARMER supposes he has found out the true meaning in the word *tarrentes*, a species of worm. BOCHART, however, seems to have proved that LICE, and not gnats, are meant; because, 1. they sprang from the *dust*, and not from the *waters*; 2. they were on both man and beast, which cannot be said of gnats; 3. their name is derived from *koon*, to make firm, fix, establish, which cannot agree with *gnats*, *flies*, etc., which are ever changing place, and almost constantly on the wing; 4. the term *kinnah* is used by the Talmudists to express the *louse*. This insect must have been a very dreadful and afflicting plague to the Egyptians, and especially to the priests, who were obliged to shave all their hair off, and to wear a single linen tunic, to prevent vermin harbouring about them.

17 *lice in man.* Ps. 105. 31. Is. 23. 9. Ac. 12. 23.

18 *the magicians.* ch. 7. 11. *they could.* ch. 9. 11. Ge. 41. 8. Is. 19. 12; 47. 12, 13. Da. 2. 10, 11; 4. 7; 5. 8. Lu. 10. 18. 2 Ti. 3. 8, 9.

19 *This is.* 1 Sa. 6. 3, 9. Ps. 8. 3. Da. 2. 10, 11, 19. Mat. 12. 28. Lu. 11. 20. Jno. 11. 47. Ac. 4. 16. *and Pharaoh's.* See on ver. 15.

20 *lo.* ch. 7. 15. *Let my.* ver. 1.

21 *swarms. or,* a mixture of *noisome beasts,* etc. The word *arov* is rendered κυνομυια, the *dog-fly,* by the LXX. (who are followed by the learned BOCHART,) which must have been particularly hateful to the Egyptians, because they held *dogs* in the highest veneration, under which form they worshipped *Anubis.* Ps. 78. 45; 105. 31. Is. 7. 18.

22 *sever.* ch. 9. 4, 6, 26; 10. 23; 11. 6, 7; 12. 13. Mal. 3. 18. *know.* See on ver. 10; ch. 7. 17. Eze. 30. 19. *midst.* Ps. 74. 12; 110. 2.

23 *a division. Heb.* a redemption. *to-morrow. or,* by to-morrow.

24 *there.* ver. 21. Ps. 78. 45; 105. 31. *the land.* How intolerable a plague of flies can prove, is evident from the fact, that whole districts have been laid waste by them. The inhabitants have been forced to quit their cities, not being able to stand against the flies and gnats with which they were pestered. Hence different people had deities whose office it was to defend them against flies. Among these may be reckoned Baalzebub, the fly-god of Ekron; Hercules, *muscarum abactor,* Hercules, the expeller of flies; and hence Jupiter had the titles of απομυιος, μυιαγρος, μυιοχορος, because he was supposed to expel flies, and especially clear his temples of these insects. *See* BRYANT. See on ver. 14. *corrupted. or,* destroyed.

25 See on ver. 8; ch. 9. 27; 10. 16; 12. 31. Re. 3. 9.

26 *It is not.* ch. 3. 18. 2 Co. 6. 14-17. *we shall.* Ge. 43. 32; 46. 34. De. 7. 25, 26; 12. 30, 31. Ezr. 9. 1. Is. 44. 19. *the abomination. i.e.,* The animals which they worshipped; for an account of which, see note on ch. 9. 3. 1 Ki. 11. 5-7. 2 Ki. 23. 13.

27 *three days'.* ch. 3. 18; 5. 1. *as he shall.* ch. 3. 12; 10. 26; 34. 11. Le. 10. 1. Mat. 28. 20.

28 *I will.* Ho. 10. 2. *intreat.* See on ver. 8, 29; ch. 9. 28; 10. 17. 1 Ki. 13. 6. Ezr. 6. 10. Ec. 6. 10. Ac. 8. 24.

29 *to-morrow.* ver. 10. *deal.* ver. 8, 15. Ps. 66. 3, marg.; 78. 34-37. Je. 42. 20, 21. Ac. 5. 3, 4. Gal. 6. 7.

30 ver. 12.

32 See on ver. 15; ch. 4. 21; 7. 13, 14. Is. 63. 17. Ac. 28. 26, 27. Ro. 2. 5. Ja. 1. 13, 14.

## CHAP. IX.

*The murrain of beasts,* 1-7. *The plague of boils and blains,* 8-12. *The message of Moses about the hail,* 13-21. *The plague of hail,* 22-26. *Pharaoh sues to Moses, but yet is hardened,* 27-35.

1 ver. 13; ch. 3. 18; 4. 22, 23; 5. 1; 8. 1, 20; 10. 3.

2 ch. 4. 23; 8. 2; 10. 4. Le. 26. 14-16, 23, 24, 27, 28. Ps. 7. 11, 12; 68. 21. Is. 1. 20. Ro. 2. 8. Re. 2. 21, 22; 16. 9.

3 *the hand.* ch. 7. 4; 8. 19. 1 Sa. 5. 6-11; 6. 9. Ac. 13. 11. *murrain.* We may observe a particular scope and meaning in this calamity, if we consider it in regard to the Egyptians, which would not have existed in respect to any other people. They held in idolatrous reverence almost every animal, but some they held in particular veneration; as the ox, cow, and ram. Among these, Apis and Mnevis are well known; the former being a sacred bull, worshipped at Memphis, as the latter was at Heliopolis. A cow or heifer had the like honours at Momemphis; and the same practice seems to have been adopted in most of the Egyptian *nomes.* By the infliction of this judgment, the Egyptian deities sank before the God of the Hebrews. *See* BRYANT, pp. 87-93; ch. 5. 3.

4 ch. 8. 22; 10. 23; 12. 13. Is. 65. 13, 14. Mal. 3. 18.

5 *a set time.* ver. 18; ch. 8. 23; 10. 4. Nu. 16. 5. Job 24. 1. Ec. 3. 1-11. Je. 28. 16, 17. Mat. 27. 63, 64.

6 ver. 19, 25. Ps. 78. 48, 50.

7 *the heart.* ver. 12; ch. 7. 14; 8. 32. Job 9. 4. Pr. 29. 1. Is. 48. 4. Da. 5. 20. Ro. 9. 18.

8 *Take to.* This was a significant command; not only referring to the fiery furnace, which was a type of the slavery of the Israelites, but to a cruel rite common among the Egyptians. They had several cities styled Typhonian, in which at particular seasons they sacrificed men, who were burnt alive; and the ashes of the victim were scattered upwards in the air, with the view, probably, that where any atom of dust was carried, a blessing was entailed. The like, therefore, was done by Moses, though with a different intention, and more certain effect. *See* BRYANT, pp. 93-106; ch. 8. 16.

9 *a boil.* Le. 13. 18-20. De. 28. 27, 35. Job 2. 7. Re. 16. 2.

10 *a boil.* De. 28. 27.

11 ch. 7. 11, 12; 8. 18, 19. Is. 47. 12-14. 2 Ti. 3. 8, 9. Re. 16. 2.

12 See on ch. 4. 21; 7. 13, 14. Ps. 81. 11, 12. Re. 16. 10, 11. Hardness of heart is a figurative expression, denoting that insensibility of mind upon which neither judgments nor mercies make any abiding impressions; but the conscience being stupified, the obdurate rebel persists in determined disobedience.

13 ver. 1; ch. 7. 15; 8. 20.

14 *send all.* Le. 26. 18, 21, 28. De. 28. 15-17, 59-61; 29. 20-22; 32. 39-42. 1 Sa. 4. 8. 1 Ki. 8. 38. Je. 19. 8. Mi. 6. 13. Re. 18. 8; 22. 18. *that thou.* See on ch. 8. 10.

15 *stretch.* ver. 3, 6, 16; ch. 3. 20. *that.* ch. 11. 4-6; 12. 29, 30. *cut off.* ch. 14. 28. 1 Ki. 13. 34. Pr. 2. 22.

16 *deed.* ch. 14. 17. Ps. 83. 17, 18. Pr. 16. 4. Ro. 9. 17, 22. 1 Pe. 2. 8, 19. Jude 4. *raised thee up. Heb.* made thee stand. *for to.* ch. 14. 4; 15. 11-16; 18. 11. Jos. 2. 10, 11. 1 Sa. 4. 8. Ps. 136. 10-15. *that my.* 1 Ch. 16. 24. Ps. 64. 9; 83. 17, 18. Is. 63. 12-14. Mal. 1. 11, 14. Ro. 9. 17.

17 Job 9. 4; 15. 25, 26; 40. 9. Is. 10. 15; 26. 11; 37. 23, 24, 29; 45. 9. Ac. 12. 23. 1 Co. 10. 22.

18 *to-morrow.* 1 Ki. 19. 2; 20. 6. 2 Ki. 7. 1, 18. *I will cause.* This must have been a circumstance of all others the most incredible to an Egyptian; for in Egypt there fell no rain, the want of which was supplied by dews, and the overflowing of the Nile. The Egyptians must, therefore, have perceived themselves particularly aimed at in these fearful events, especially as they were very superstitious. There seems likewise a propriety in their being punished by fire and water, as they were guilty of the grossest idolatry towards these elements. Scarcely any thing could have distressed the Egyptians more than the destruction of the flax, as the whole nation wore linen garments. The ruin of their barley was equally fatal, both to their trade and to their private advantage. *See* BRYANT, pp. 108-117. ver. 22-25. Ps. 83. 15.

19 *and gather.* Hab. 3. 2. *the hail.* ver. 25.

20 Pr. 16. 16; 22. 3, 23. Jon. 3. 5, 6. Mar. 13. 14-16. He. 11. 7.

21 *regarded not. Heb.* set not his heart unto. ch. 7. 23. 1 Sa. 4. 20, marg. 1 Ch. 22. 19. Job 7. 17; 34. 14. Pr. 24. 32, marg. Eze. 40. 4. Da. 10. 12.

22 ch. 7. 19; 8. 5, 16. Re. 16. 21.

23 *the Lord sent.* ch. 19. 16; 20. 18. 1 Sa. 12. 17, 18. Job 37. 1-5. Ps. 29. 3; 77. 18. Re. 16. 18, 21. *and hail.* Jos. 10. 11. Job 38. 22, 23. Ps. 18. 13; 78. 47, 48; 105. 32, 33; 148. 8. Is. 30. 30. Eze. 38. 22. Re. 8. 7.

24 *none like.* ver. 23; ch. 10. 6. Mat. 24. 21.
25 *smote every.* Ps. 105. 33.
26 ch. 8. 22, etc.; 9. 4, 6; 10. 23; 11. 7; 12. 13. Is. 32. 18, 19.
27 *I have.* ch. 10. 16. Nu. 22. 34. 1 Sa. 15. 24, 30; 26. 21. Mat. 27. 4. *the Lord.* 2 Ch. 12. 6. Ps. 9. 16; 129. 4; 145. 17. La. 1. 18. Da. 9. 14. Ro. 2. 5; 3. 19.
28 *Intreat.* ch. 8. 8, 28; 10. 17. Ac. 8. 24. *mighty thunderings. Heb.* voices of God. Ps. 29. 3, 4. *ye shall.* ch. 11. 1.
29 *spread.* ver. 33. 1 Ki. 8. 22, 38. 2 Ch. 6. 12, 13. Ezr. 9. 5. Job 11. 13. Ps. 143. 6. Is. 1. 15. *that the earth.* De. 10. 14. Ps. 24, 1, 2; 50. 12; 95. 4, 5; 135. 6. 1 Co. 10. 26, 28.
30 Pr. 16. 6. Is. 26. 10; 63. 17.
31 *flax.* The word *pishteh*, flax, Mr. PARKHURST thinks may be derived from *pashat*, to strip, because the substance which we call flax is properly the filaments of the bark or rind of the vegetable, stripped off the stalks. From time immemorial, Egypt was celebrated for the production and manufacture of flax; and hence the linen and fine linen of Egypt, so often spoken of in scripture and ancient authors. *the barley.* The Hebrew *seórah*, barley, in Arabic *shair*, and *shairat*, is so called from its *rough, bristly beard*, with which the ears are covered and defended; from *saâr*, to stand on end as the hair of the head: hence *seâr*, the hair of the head. So its Latin name *hordeum* is from *horreo*, to stand on end as the hair. Dr. POCOCKE has observed that there is a double seed time and harvest in Egypt; *rice, India wheat*, and a grain called the *corn of Damascus*, are sown and reaped at a very different time from *wheat, barley*, and *flax*. The first are sown in *March*, before the overflowing of the Nile, and reaped about *October;* whereas the wheat and barley are sown in *November* and *December*, as soon as the Nile has gone off, and reaped before *May*. Ru. 1. 22; 2. 23. Am. 4. 9. Hab. 3. 17.
32 *not grown up. Heb.* hidden, *or* dark.
33 *spread.* ver. 29; ch. 8. 12. *and the thunders.* ch. 10. 18, 19. Ja. 5. 17, 18.
34 *saw.* ch. 8. 15. Ec. 8. 11. *and hardened.* ch. 4. 21; 7. 14. 2 Ch. 28. 22; 33. 23; 36. 13. Ro. 2. 4, 5. *as the Lord.* ch. 4. 21; 7. 3, 4; 11. 9, 10. *by Moses. Heb.* by the hand of Moses. ch. 4. 13.

## CHAP. X.

*God threatens to send locusts,* 1-6. *Pharaoh moved by his servants, inclines to let the Israelites go,* 7-11. *The plague of the locusts,* 12-15. *Pharaoh intreats Moses,* 16-20. *The plague of darkness,* 21-23. *Pharaoh again intreats Moses, but yet is hardened,* 24-29.

1 *I have hardened.* See on ch. 4. 21; 7. 13, 14; 9. 27, 34, 35. Ps. 7. 11. *that I.* ch. 3. 20; 7. 4; 9. 16; 14. 17, 18; 15. 14, 15. Jos. 2. 9, 10; 4. 23, 24. 1 Sa. 4. 8. Ro. 9. 17.
2 *And that.* ch. 13. 8, 9, 14. De. 4. 9; 6. 20-22. Ps. 44. 1; 71. 18; 78. 5, 6. Joel 1. 3. Ep. 6. 4. *that ye.* See on ch. 7. 17. Ps. 58. 11. Eze. 20. 26, 28.
3 *How long.* ch. 9. 17; 16. 28. Nu. 14. 27. 1 Ki. 18. 21. Pr. 1. 22, 24. Je. 13. 10. Eze. 5. 6. He. 12. 25. *humble.* 1 Ki. 21. 29. 2 Ch. 7. 14; 33. 12, 19; 34. 27. Job 42. 6. Pr. 18. 12. Is. 1. 5; 2. 11. Je. 13. 18. Ro. 2. 4. Ja. 4. 10. 1 Pe. 5. 6.
4 *to morrow.* ch. 8. 10, 23; 9. 5, 18; 11. 4, 5. *locusts.* The word *arbeh*, LOCUST, is derived from *ravah, to multiply, be numerous*, etc., because they are more prolific than any other insect, and because of the immense swarms of them by which different countries, especially the East, are infested. The locust, in entomology, belongs to a genus of insects known among naturalists by the name of GRYLLI; which includes three species, crickets, grasshoppers, and locusts. The common great brown locust is about three inches in length; has two antennæ about an inch long, and two pair of wings. The head and horns are brown; the mouth and inside of the larger legs bluish; the upper side of the body and upper wings brown, the former spotted with black, and the latter with dusky spots. The back is defended by a shield of a greenish hue: the under wings are of a light brown, tinctured with green, and nearly transparent. It has a large open mouth, in the two jaws of which it has four teeth, which traverse each other like scissors, being calculated, from their mechanism, to gripe or cut. The general appearance of the insect is that of the grasshopper. The Egyptians had gods in whom they trusted to deliver them from these terrible invaders; but by this judgment they were taught that it was impossible to stand before Moses, the servant of Jehovah. Pr. 30. 27. Joel 1. 4-7; 2. 2-11, 25. Re. 9. 3.
5 *face. Heb.* eye. ver. 15. *the residue.* ch. 9. 32. Joel 1. 4; 2. 25.
6 *fill.* ch. 8. 3, 21. *which.* ver. 14, 15; ch. 9. 24; 11. 6. Joel. 2. 2. *And he.* ver. 11; ch. 11. 8. He. 11. 27.
7 *How long.* ver. 3. *snare.* ch. 23. 33. Jos. 23. 13. 1 Sa. 18. 21. Pr. 29. 6. Ec. 7. 26. 1 Co. 7. 35. *that Egypt.* Ps. 107. 34. Is. 14. 20; 51. 9. Je. 48. 4; 51. 8. Zep. 1. 18.
8 *brought.* ver. 16, 24; ch. 12. 31. *who. Heb.* who, and who, etc.
9 *We will go.* Ge. 50. 8. De. 31. 12, 13. Jos. 24. 15. Ps. 148. 12, 13. Ec. 12. 1. Ep. 6. 4. *our flocks.* Pr. 3. 9. *a feast.* ch. 3. 18; 5. 1, 3; 8. 25-28; 13. 6. Nu. 29. 12. 1 Co. 5. 7, 8.
10 *be so.* Ex. 12. 30, 31; 13. 21. *look to it.* 2 Ch. 32. 15. La. 3. 37.
11 *for that.* Ps. 52. 3, 4; 119. 69. *And they.* ver. 28; ch. 5. 4.
12 *Stretch.* ch. 7. 19. *eat every.* ver. 4, 5.
13 *east wind.* ch. 14. 21. Ge. 41. 6. Ps. 78. 26; 107. 25-28; 148. 8. Jon. 1. 4; 4. 8. Mat. 8. 27.
14 *the locusts.* De. 28. 42. 1 Ki. 8. 37. Ps. 78. 46; 105. 34, 35. Re. 9. 3-7. *very grievous.* ver. 5. Joel 1. 2-4. *before.* ver. 6; ch. 11. 6. Joel 2. 2.
15 *For they.* ver. 5. Joel 1. 6, 7; 2. 1-11, 25. *did eat.* Ps. 78. 46; 105. 35.
16 *called for. Heb.* hastened to call. *I have.* ch. 9. 27. Nu. 21. 7; 22. 34. 1 Sa. 15. 24, 30; 26. 21. 2 Sa. 19. 20. Job 34. 31, 32. Pr. 28. 13. Mat. 27. 4.
17 *forgive.* 1 Sa. 15. 25. *and intreat.* See on ch. 8. 8; 9. 28. 1 Ki. 13. 6. Is. 26. 16. Ro. 15. 30. Ac. 8. 24. *this death.* 2 Ki. 4. 40. 2 Co. 1. 10.
18 *went.* ch. 8. 30. *and intreated.* See on ch. 8. 9, 28, 29. Mat. 5. 44. Lu. 6. 28.
19 *a mighty.* ver. 13. *cast. Heb.* fastened. *the Red sea.* ch. 13. 18; 15. 4. Joel 2. 20. He. 11. 29.
20 See on ch. 4. 21; 7. 13, 14; 9. 12; 11. 10. De. 2. 30. Is. 6. 9, 10. Jno. 12. 39, 40. Ro. 9. 18. 2 Th. 2. 11, 12.
21 *Stretch.* ch. 9. 22. *darkness.* As the Egyptians not only worshipped the light and sun, but also paid the same veneration to night and darkness, nothing could be more terrible than this punishment of palpable and coercive darkness, such as their luminary Osiris could not dispel. See BRYANT, pp. 141-160. Ps. 35. 6; 78. 49; 105. 28. Pr. 4. 19. Ec. 2. 14; 6. 4. Is. 8. 21, 22. Mat. 27. 45. Mar. 15. 33. Lu. 23. 44. 2 Pe. 2. 4, 17. Jude 6, 13. Re. 16. 10, 11. *even darkness which may be felt. Heb.* that *one* may feel darkness.
22 *thick darkness.* ch. 20. 21. De. 4. 11; 5. 22. Ps. 105. 28. Joel 2. 2, 31. Am. 4. 13. Re. 16. 10.
23 *but all.* ch. 8. 22; 9. 4, 26; 14. 20. Jos. 24. 7. Is. 42. 16; 60. 1-3; 65. 13, 14. Mal. 3. 18. Col. 1. 13. 1 Pe. 2. 9.
24 *Go ye.* ver. 8, 9; ch. 8. 28; 9. 28. *flocks.* Ge. 34. 23. *little ones.* ver. 10.
25 *us. Heb.* into our hands. *sacrifices.* ch. 29. 36-41. Le. 9. 22; 16. 9.
26 *cattle.* ch. 12. 32. Is. 23. 18; 60. 5-10. Ho. 5. 6. Zec. 14. 20. Ac. 3. 44, 45. 2 Co. 8. 5. *and we.* Pr. 3. 9. He. 11. 8.

27 See on ver. 1, 20; ch. 4. 21; 14. 4, 8. Re. 9. 20; 16. 10, 11.
28 *Get thee.* ver. 11. *for in that.* 2 Ch. 16. 10; 25. 16. Am. 7. 13.
29 *I will see.* ch. 11. 4-8; 12. 30, 31. He. 11. 27.

## CHAP. XI.

*God's message to the Israelites to borrow jewels of their neighbours,* 1-3. *Moses threatens Pharaoh with the death of the firstborn,* 4-10.

1 *Yet will.* ch. 9. 14. Le. 26. 21. De. 4. 34. 1 Sa. 6. 4. Job 10. 17. Re. 16. 9. *afterwards.* ch. 3. 20. Ge. 15. 14. *thrust you.* ch. 12. 31-39.
2 *borrow.* ch. 3. 22; 12. 1, 2, 35, 36. Ge. 31. 9. Job 27. 16, 17. Ps. 24. 1; 105. 37. Pr. 13. 22. Ha. 2. 8. Mat. 20. 15. *jewels.* ch. 32. 2-4, 24; 35. 22. Eze. 16. 10-13.
3 *the Lord.* ch. 3. 21; 12. 36. Ge. 39. 21. Ps. 106. 46. *Moses.* Ge. 12. 2. 2 Sa. 7. 9. Es. 9. 4. Is. 60. 14. Ac. 7. 22. Re. 3. 9.
4 *About.* ch. 12. 12, 23, 29. Job 34. 20. Am. 4. 10; 5. 17. Mat. 25. 6. *will I go.* 2 Sa. 5. 24. Ps. 60. 10. Is. 42. 13. Mi. 2. 13.
5 *the firstborn.* ch. 4. 23; 12. 12, 29; 13. 15. Ps. 78. 51; 105. 36; 135. 8; 136. 10. He. 11. 28. *behind.* Ju. 16. 21. Is. 47. 2. La. 5. 13. Mat. 24. 41.
6 ch. 3. 7; 12. 30. Pr. 21. 13. Is. 15. 4, 5, 8. Je. 31. 15. La. 3. 8. Am. 5. 17. Zep. 1. 10. Lu. 13. 28. Re. 6. 16, 17; 18. 18, 19.
7 *dog.* Jos. 10. 21. Job 5. 16. *a difference.* See on ch. 7. 22; 10. 23. Mal. 3. 18. 1 Co. 4. 7.
8 *And all.* ch. 12. 31-33. Is. 49. 23, 26. Re. 3. 9. *follow thee. Heb.* is at thy feet. Ju. 4. 10; 8. 5. 1 Ki. 20. 10. 2 Ki. 3. 9, marg. *a great anger. Heb.* heat of anger. Nu. 12. 3. De. 29. 24; 32. 24. Ps. 6. 1. Eze. 3. 14. Da. 3. 19. Mar. 3. 5.
9 *Pharaoh.* ch. 3. 19; 7. 4; 10. 1. Ro. 9. 16-18. *wonders.* See on ch. 7. 3.
10 *the Lord.* See on ch. 4. 21; 7. 13, 14; 10. 20, 27. De. 2. 30. 1 Sa. 6. 6. Job 9. 4. Ro. 2. 4, 5; 9. 22.

## CHAP. XII.

*The beginning of the year is changed,* 1, 2. *The passover is instituted,* 3-10. *The import of the rite of the passover,* 11-14. *Unleavened bread, etc.,* 15-28. *The firstborn are slain,* 29, 30. *The Israelites are driven out of the land,* 31-36. *They come to Succoth,* 37-40. *The time of their sojourning,* 41, 42. *The ordinance of the passover,* 43-51.

2 A.M. 2513. B.C. 1491. An. Exod. Isr. 1. Abib *or* Nisan. ch. 13. 4; 23. 15; 34. 18. Le. 23. 5. Nu. 28. 16. De. 16. 1. Es. 3. 7.
3 *Speak ye.* ch. 4. 30; 6. 6; 14. 15; 20. 19. Le. 1. 2. *In the tenth.* ver. 6. Jno. 12. 1, 12. *take to.* Ge. 4. 4; 22. 8. 1 Sa. 7. 9. Jno. 1. 29, 36. 1 Co. 5. 7. Re. 5. 6-13; 7. 9-14; 13. 8. *lamb. or,* kid. The word *seh* means the young of both sheep and goats, and may be indifferently rendered either *lamb* or *kid.* It is evident from ver. 5 that the Hebrews might take either; but they generally preferred a *lamb,* from being of a more gentle nature. Le. 5. 6. Nu. 15. 11. 2 Ch. 35. 7. *an house.* The Israelites were divided into *twelve tribes,* these tribes into *families,* the families into *houses,* and the houses into *particular persons.* Nu. ch. 1. Jos. 7. 14.
5 *be without.* Le. 1. 3, 10; 22. 19-24. De. 17. 1. Mal. 1. 7, 8, 14. He. 7. 26; 9. 13, 14. 1 Pe. 1. 18, 19. *a male of the first year. Heb.* son of a year. Le. 23. 12. 1 Sa. 13. 1, marg.
6 *fourteenth.* Le. 23. 5. Nu. 9. 3; 28. 16, 18. De. 16. 1-6. 2 Ch. 30. 15. Eze. 45. 21. *the whole.* 2 Ch. 30. 15-18. Is. 53. 6. Mat. 27. 20, 25. Mar. 15. 1, 8, 11, 25, 33, 34. Lu. 23. 1, 18. Ac. 2. 23; 3. 14; 4. 27. *in the evening. Heb.* between the two evenings. The Jews divided the day into *morning* and *evening:* till the sun passed the *meridian,* all was *morning* or *forenoon;* after that, all was *evening* or *afternoon.* Their *first evening* began just after *twelve o'clock,* and continued till *sunset;* their *second evening* began at *sunset,* and continued till *night, i.e.* during the whole time of *twilight;* between twelve o'clock, therefore, and the termination of twilight, the passover was to be offered. See Parallel Passages. ch. 16. 12. Mat. 27. 46-50.
7 ver. 22, 23. Ep. 1. 7. He. 9. 13, 14, 22; 10. 14, 29; 11. 28. 1 Pe. 1. 2.
8 *eat the.* Mat. 26. 26. Jno. 6. 52-57. *roast.* De. 16. 7. Ps. 22. 14. Is. 53. 10. *unleavened.* ch. 13. 3, 7; 34. 25. Nu. 9. 11. De. 16. 3. Am. 4. 5. Mat. 16. 12. 1 Co. 5. 6-8. Ga. 5. 9. *with bitter.* Ex. 1. 14. Nu. 9. 11. Zec. 12. 10. 1 Th. 1. 6.
9 *but roast with fire.* ver. 8. De. 16. 7. La. 1. 13.
10 ch. 23. 18; 29. 34; 34. 25. Le. 7. 15-17; 22. 30. De. 16. 4, 5.
11 *loins.* Mat. 26. 19, 20. Lu. 12. 35. Ep. 6. 14. 1 Pe. 1. 13. *shoes.* Lu. 7. 38; 15. 22. Ep. 6. 15. *it is the.* ver. 27. Le. 23. 5. Nu. 28. 16. De. 16. 2-6. 1 Co. 5. 7.
12 *pass.* ver. 23; ch. 11. 4, 5. Am. 5. 17. *will smite.* See on ver. 29, 30; ch. 11. 4-6. *against.* Nu. 33. 4. 1 Sa. 5. 3; 6. 5. 1 Ch. 14. 12. Is. 19. 1. Je. 43. 13. Zep. 2. 11. *gods. or,* princes. ch. 21. 6; 22. 28. Ps. 82. 1, 6. Jno. 10. 34, 44. *I am the Lord.* ch. 6. 2. Is. 43. 11-15. Eze. 12. 16.
13 *the blood.* ver. 23. Ge. 17. 11. Jos. 2. 12. He. 11. 28. *and when.* 1 Th. 1. 10. 1 Jno. 1. 7. *to destroy you. Heb.* for a destruction.
14 *memorial.* ch. 13. 9. Nu. 16. 40. Jos. 4. 7. Ps. 111. 4; 135. 13. Zec. 6. 14. Mat. 26. 13. Lu. 22. 19. 1 Co. 11. 23-26. *a feast.* Ex. 5. 1. De. 16. 11. Ne. 8. 9-12. *by an ordinance.* ver. 17, 24, 43; ch. 13. 10. Le. 23. 4, 5. Nu. 10. 8; 18. 8. De. 16. 1. 1 Sa. 30. 25. 2 Ki. 23. 21. Eze. 46. 14. 1 Co. 5. 7, 8.
15 *Seven.* See on ver. 8; ch. 13. 6, 7, etc.; 23. 15; 34. 18, 25. Le. 23. 5-8. Nu. 28. 17. De. 16. 3, 5, 8. Mat. 16. 12. Lu. 12. 1. Ac. 12. 3. *that soul.* ver. 19, 20; ch. 31. 14. Ge. 17. 14. Le. 17. 10, 14. Nu. 9. 13. Mal. 2. 12. Ga. 5. 12.
16 *first day.* Le. 23. 2, 3, 7, 8, 21, 24, 25, 27, 35. Nu. 28. 18, 25; 29. 1, 12. *no manner.* ch. 16. 5, 23, 29; 20. 10; 35. 2, 3. Je. 17. 21, 22. *man. Heb.* soul.
17 *in this selfsame.* ch. 7. 5; 13. 8. Nu. 20. 16. *an ordinance.* See on ver. 14.
18 See on ver. 1, 15. Le. 23. 5, 6. Nu. 28. 16.
19 *Seven.* ch. 23. 15; 34. 18. De. 16. 3. 1 Co. 5. 7, 8. *even that.* See on ver. 15. Nu. 9. 13. *whether.* ver. 43, 48.
21 *elders.* ch. 3. 16; 17. 5; 19. 7. Nu. 11. 16. *and take.* ver. 3. Nu. 9. 2-5. Jos. 5. 10. 2 Ki. 23. 21. 2 Ch. 30. 15-17; 35. 5, 6. Ezr. 6. 20. Mat. 26. 17-19. Mar. 14. 12-16. Lu. 22. 7, etc. 1 Co. 10. 4. *lamb. or,* kid. ver. 3, marg. *the passover.* That is, the *lamb* which was called the *paschal,* or *passover* lamb; the *animal* sacrificed obtaining the name of the *institution.* St. Paul copies the expression in 1 Co. 5. 7.
22 *a bunch.* Le. 14. 6, 7. Nu. 19. 18. Ps. 51. 7. He. 9. 1, 14, 19; 11. 28; 12. 24. 1 Pe. 1. 2. *hyssop.* The word *aizov,* which has been variously rendered, most probably denotes HYSSOP; whence are derived the Chaldee *aizova,* Syriac *zupha,* Arabic *zupha,* Ethiopic *azab,* and *hushopa,* Greek υσσωπος, Latin *hyssopus,* German *usop,* and our *hyssop,* a name retained, with little variation, in all the western languages. It is a plant of the *gymnospermia* (naked seeded) order, belonging to the *didynamia* class. It has bushy stalks, growing a foot and a half high; small spear-shaped, close-sitting, and opposite leaves, with several smaller ones rising from the same joint; and all the stalks and branches terminated by erect whorled spikes of flowers, of different colours in the varieties of the plant. The leaves have an aromatic smell, and a warm, pungent taste. Its detersive, cleansing, and medicinal qualities were probably the reason why it was so particularly recommended in Scripture. *strike.* ver. 7. *and none.* Mat. 26. 30.
23 *will pass through.* See on ver. 12, 13. *and*

*will not.* 2 Sa. 24. 16. Is. 37. 36. Eze. 9. 4, 6. 1 Co. 10. 10. He. 11. 28; 12. 24. Re. 7. 3; 9. 4.

24 See on ver. 14. Ge. 17. 8-10.

25 *when.* De. 4. 5; 12. 8, 9; 16. 5-9. Jos. 5. 10-12. Ps. 105. 44, 45. *according.* ch. 3. 8, 17.

26 *your children.* ch. 13. 8, 9, 14, 15, 48. De. 6. 7; 11. 19; 32. 7. Jos. 4. 6, 7, 21-24. Ps. 78. 3-6; 145. 4. Is. 38. 19. Ep. 6. 4.

27 *It is the sacrifice.* See on ver. 11, 23; ch. 34. 25. De. 16. 2, 5. 1 Cor. 5. 7. *bowed.* ch. 4. 31; 34. 8. 1 Ch. 29. 20. 2 Ch. 20. 18; 29. 30. Ne. 8. 6. 28 He. 11. 28.

29 *at midnight.* See on ver. 12; ch. 11. 4; 13. 15. Job. 34. 20. 1 Th. 5. 2, 3. *the Lord smote.* The infliction of this judgment on the Egyptians was most equitable; because, after their nation had been preserved by one of the Israelitish family, they had, contrary to all right, and in defiance of original stipulation, enslaved the people to whom they had been so much indebted, had murdered their offspring, and made their bondage intolerable. See BRYANT, p. 160. Nu. 3. 13; 8. 17; 33. 4. Ps. 78. 51; 105. 36; 135. 8; 136. 10. Heb. 11. 28; 12. 23. *the first-born of Pharaoh.* ch. 4. 23; 11. 5. *dungeon. Heb.* house of the pit. Is. 24. 22; 51. 14. Je. 38. 6, 13. Zec. 9. 11.

30 *and there was a great cry.* No people were more remarkable and frantic in their mournings than the Egyptians. When a relative died, every one left the house, and the women, with their hair loose, and their bosoms bare, ran wild about the street. The men also, with their apparel equally disordered, kept them company; all shrieking, howling, and beating themselves. What a scene of horror and distress must now have presented itself, when there was not a family in Egypt where there was not one dead! See on ch. 11. 6. Pr. 21. 13. Am. 5. 17. Mat. 25. 6. Ja. 2. 13.

31 *called.* ch. 10. 29. *Rise up.* ch. 3. 19, 20; 6. 1; 11. 1, 8. Ps. 105. 38. *the children.* See on ch. 10. 9.

32 *your flocks.* See on ch. 10. 26. *bless me.* ch. 8. 28; 9. 28. Ge. 27. 34, 38.

33 *urgent.* ch. 11. 1. Ps. 105. 38. *We be all.* Ge. 20. 3. Nu. 17. 12, 13.

34 *kneading troughs. or,* dough. ch. 8. 3. Probably like the *kneading-troughs* of the Arabs: comparatively small wooden bowls, which also serve them for dishes. Their being bound up in their clothes may mean no more than their being wrapped up in their *hykes*, or long, loose, garments. *See* SHAW'S *Travels*, p. 224, 4to. edit.

35 ch. 3. 21, 22; 11. 2, 3. Ge. 15. 14. Ps. 105. 37.

36 *the Lord.* ch. 3. 21; 11. 3. Ge. 39. 21. Pr. 16. 7. Da. 1. 9. Ac. 2. 47; 7. 10. *they spoiled.* ch. 3. 22. Ge. 15. 14. Ps. 105. 37.

37 *the children.* Nu. 33. 3, 5. *Rameses.* ch. 1. 11. Ge. 47. 11. *six hundred.* ch. 38. 26. Ge. 12. 2; 15. 5; 46. 3. Nu. 1. 46; 11. 21.

38 *And a mixed multitude. Heb.* a great mixture. Nu. 11. 4. Zec. 8. 23.

39 *thrust.* ver. 33; ch. 6. 1; 11. 1.

40 The Samaritan Pentateuch reads, 'Now the sojourning of the children of Israel, *and of their fathers in the land of Canaan and* in the land of Egypt, was 430 years.' The Alexandrine copy of the LXX. has the same reading; and the same statement is made by the apostle PAUL, in Ga. 3. 17, who reckons from the promise made to Abraham to the giving of the law. That these three witnesses have the truth, the chronology itself proves; for it is evident that the descendants of Israel did not dwell 430 years in *Egypt;* while it is equally evident, that the period from Abraham's entry into Canaan to the Exodus, is exactly that number. Thus, from Abraham's entrance into the promised land to the birth of Isaac, was 25 years; Isaac was 60 at the birth of Jacob; Jacob was 130 at his going into Egypt; where he and his children continued 215 years more; making in the whole 430 years. *See* KENNICOTT'S *Dissertation on the Hebrew Text. sojourning.* Ac. 13. 17. He. 11. 9. *four hundred.* Ge. 12. 1-3; 15. 13. Ac. 7. 6. Ga. 3. 16, 17.

41 *selfsame.* Ps. 102. 13. Da. 9. 24. Hab. 2. 3. Jno. 7. 8. Ac. 1. 7. *hosts.* ver. 51; ch. 7. 4. Jos. 5. 14.

42 *a night to be much observed. Heb.* a night of observations. *observed.* ver. 14. De. 16. 1-6.

43 *There shall.* ver. 48. Le. 22. 10. Nu. 9. 14. Ep. 2. 12.

44 *circumcised.* Ge. 17. 12, 13, 23.

45 Le. 22. 10. Ep. 2. 12.

46 *one house.* 1 Co. 12. 12. Ep. 2. 19-22. *neither.* Nu. 9. 12. Jno. 19. 33, 36.

47 *All the.* ver. 3, 6. Nu. 9. 13. *keep it. Heb.* do it.

48 *a stranger.* ver. 43. Nu. 9. 14; 15. 15, 16. *let all.* Ge. 17. 12. Eze. 44. 9; 47. 22. *shall be.* Ga. 3. 28. Col. 3. 11.

49 Le. 24. 22. Nu. 9. 14; 15. 15, 16, 29. Ga. 3. 28. Col. 3. 11.

50 *as the Lord.* De. 4. 1, 2; 12. 32. Mat. 7. 24, 25; 28. 20. Jno. 2. 5; 13. 17; 15. 14. Re. 22. 15. *by their armies.* ver. 41; ch. 6. 26; 7. 4.

## CHAP. XIII.

*The firstborn are sanctified to God,* 1, 2. *The memorial of the passover is commanded,* 3-10. *The firstlings of man and beast are set apart,* 11-16. *The Israelites go out of Egypt, and carry Joseph's bones with them,* 17-19. *They come to Etham,* 20. *God guides them by a pillar of a cloud, and a pillar of fire,* 21, 22.

2 *Sanctify.* The word *kadash* is to *consecrate*, *separate*, and *set apart* a person or thing from all common or secular purposes to some religious use; and exactly answers to the Greek αγιαζω, from α, *privative*, and γη, *the earth;* because every thing offered or consecrated to God was separated from all earthly uses. ver. 12-15; ch. 4. 22; 22. 29, 30; 23. 19; 34. 19, 20. Le. 27. 26. Nu. 3. 13; 8. 16, 17; 18. 15. De. 15. 19. Lu. 2. 23. He. 12. 23.

3 *Remember.* ch. 12. 42; 20. 8; 23. 15. De. 5. 15; 15. 15; 16. 3, 12; 24. 18, 22. 1 Ch. 16. 12. Ps. 105. 5. Lu. 22. 19. 1 Co. 11. 24. *out of the.* ver. 14; ch. 20. 2. De. 5. 6; 6. 12; 8. 14; 13. 5, 10. Jos. 24. 17. *bondage. Heb.* servants. *strength.* ch. 6. 1. De. 4. 34; 11. 2, 3. Ne. 9. 10. Ep. 1. 19. *there.* See on ch. 12. 8, 15. Mat. 10. 12. 1 Co. 5. 8.

4 *Abib.* ch. 23. 15; 34. 18. De. 16. 1-3.

5 *shall bring.* ch. 3. 8; 34. 11. Ge. 15. 18-21. De. 7. 1; 12. 29; 19. 1; 26. 1. Jos. 24. 11. *sware.* ch. 6. 8; 33. 1. Ge. 17. 7, 8; 22. 16-18; 26. 3; 50. 24. Nu. 14. 16, 30; 32. 11. *a land.* See on ch. 3. 17. *thou shalt keep.* See on ch. 12. 25, 26.

6 See on ch. 12. 15-20; 34. 18. Le. 23. 8.

7 ch. 12. 19. Mat. 16. 6.

8 See on ver. 14; ch. 12. 26, 27. De. 4. 9, 10. Ps. 44. 1; 78. 3-8. Is. 38. 19. Ep. 6. 4.

9 *a sign.* This expression, says MICHAELIS, alludes to the custom of the Orientals, of burning in their right hand all kinds of marks with the ashes of henna, which gives an indelible colour; and this is done even to this day. They were likewise accustomed to write all kinds of sayings, and frequently superstitious words, on slips or pieces of linen, which they wore as ornaments on their foreheads. ver. 16; ch. 12. 14. Nu. 15. 39. De. 6. 6, 8; 11. 18, 19. Pr. 1. 9; 3. 21; 6. 20-23; 7. 23. Ca. 8. 6. Is. 49. 16. Je. 22. 24. Mat. 23. 5. *may be.* De. 30. 14. Jos. 1. 8. Is. 59. 21. Ro. 10. 8. *strong hand.* ver. 3; ch. 6. Jos. 1. 9. Ne. 1. 10. Ps. 89. 13. Is. 27. 1; 40. 10; 51. 9. Joel 2. 11. Re. 18. 8.

10 ch. 12. 14, 24; 23. 15. Le. 23. 6. De. 16. 3, 4.

11 *as he sware.* See on ver. 5.

12 *thou shalt.* ver. 2; ch. 22. 29; 34. 19. Le. 27. 26. Nu. 8. 17; 18. 15. De. 15. 19. Eze. 44. 30. *set apart. Heb.* cause to pass over. *openeth.* ch. 34. 19. Nu. 3. 12; 18. 15.

13 *of an ass.* ch. 34. 20. Nu. 18. 15-17. *lamb. or, kid.* ch. 12. 3, 21. *shalt thou.* Nu. 3. 46-51; 18. 15, 16. Re. 14. 4.

14 *thy son.* ch. 12. 26. De. 6. 20-24. Jos. 4. 6, 21-24. Ps. 145. 4. *in time to come. Heb.* to-morrow. ch. 12. 26. Ge. 30. 33. De. 6. 20. Jos. 4. 6; 22. 24. *By strength.* ver. 3.

15 *the Lord slew.* See on ch. 12. 29. *therefore I.* See on ver. 12.

16 *a token.* ver. 9; ch. 12. 13. *frontlets.* De. 6. 7-9; 11. 18. Mat. 23. 5. *for by.* ver. 9, 14. De. 26. 8.

17 *the people repent.* ch. 14. 11, 12. Nu. 14. 1-4. De. 20. 8. Ju. 7. 3. 1 Ki. 8. 47. Lu. 14. 27-32. Ac. 15. 38. *return.* ch. 16. 2, 3. De. 17. 16. Ne. 9. 17. Ac. 7. 39.

18 *led the.* ch. 14. 2. Nu. 33. 6-8. De. 32. 10. Ps. 107. 7. *harnessed. or,* by five in a rank. ch. 12. 51.

19 *for he had.* Ge. 50. 24, 25. Jos. 24. 32. Ac. 7. 16. *God.* ch. 4. 31. Ge. 48. 21. Lu. 1. 58; 7. 16.

20 Nu. 33. 5, 6.

21 ch. 14. 19-24; 40. 34-38. Nu. 9. 15-23; 10. 34; 14. 14. De. 1. 33. Ne. 9. 12, 19. Ps. 78. 14; 99. 7; 105. 39. Is. 4. 5, 6. 1 Co. 10. 1, 2.

22 *He took.* Ps. 121. 5-8. *pillar of fire.* Re. 10. 1.

## CHAP. XIV.

*God instructs the Israelites in their journey,* 1-4. *Pharaoh pursues after them,* 5-9. *The Israelites murmur,* 10-12. *Moses comforts them,* 13, 14. *God instructs Moses,* 15-18. *The cloud removes behind the camp,* 19, 20. *The Israelites pass through the Red sea, which drowns the Egyptians,* 21-31.

2 *that they.* ver. 9; ch. 13. 17, 18. Nu. 33. 7, 8. *Pi-hahiroth. Pi-hachiroth,* 'the mouth of Chiroth,' as it is rendered by the LXX. Dr. SHAW is of opinion, that *Chiroth* denotes the valley which extends from the wilderness of Etham to the Red Sea. 'This valley,' he observes, 'ends at the sea in a small bay made by the eastern extremities of the mountains (of Gewoubee and Attackah, between which the valley lies) which I have been describing, and is called *Tiah-Beni-Israel,* i.e., the road of the Israelites, by a tradition that is still kept up by the Arabs, of their having passed through it; so it is also called *Baideah,* from the *new* and unheard of *miracle* that was wrought near it, by dividing the Red sea, and destroying therein *Pharaoh, his chariots, and his horsemen.*' *Migdol.* The word *Migdol* signifies a *tower,* and hence some have supposed that it was a fortress which served to defend the bay. But the LXX. render it Μαγδωλος, *Magdolus,* which is mentioned by HERODOTUS, HECATÆUS, and others, and is expressly said by STEPHANUS (*de Urb.*) to be πολις Αιγυπτου, 'a city of Egypt.' This BOCHART conjectures to have been the same as Migdol. See the Parallel Passages. Je. 44. 1; 46. 14. Eze. 29. 10. Heb. *Baal-zephon.* This may have been the name of a town or city in which Baal was worshipped; and probably called *zephon,* from being situated on the *north* point of the Red sea, near the present Suez.

3 *Pharaoh.* ch. 7. 3, 4. De. 31. 21. Ps. 139. 2, 4. Eze. 38. 10, 11, 17. Ac. 4. 28. *They are entangled.* Ju. 16. 2. 1 Sa. 23. 7, 23. Ps. 3. 2; 71. 11. Je. 20. 10, 11.

4 *harden.* ver. 8. 17; ch. 4. 21, etc.; 7. 3, 13, 14. Ro. 11. 8. *I will be.* ver. 18; ch. 9. 16; 15. 10, 11, 14-16; 18. 11. Ne. 9. 10. Is. 2. 11, 12. Eze. 20. 9; 28. 22; 39. 13. Da. 4. 30-37. Ro. 9. 17, 22, 23. Re. 19. 1-6. *that the Egyptians.* See on ch. 7. 5, 17.

5 *and the heart.* ch. 12. 33. Ps. 105. 25. *Why have we.* Je. 34. 10-17. Lu. 11. 24-26. 2 Pe. 2. 20-22.

7 ver. 23; ch. 15. 4. Jos. 17. 16-18. Ju. 4. 3, 15. Ps. 20. 7; 68. 17. Is. 38. 24.

8 *the Lord.* See on ver. 4. *with an high hand.* ch. 6. 1; 13. 9, 16, 18. Nu. 33. 3. De. 26. 8; 32. 27. Ps. 86. 13. Ac. 13. 17.

9 *the Egyptians.* ch. 15. 9. Jos. 24. 6. *encamping.* See on ver. 2.

10 *sore afraid.* Ps. 53. 5. Is. 7. 2; 8. 12, 13; 51. 12, 13. Mat. 8. 26; 14. 30, 31. 1 Jno. 4. 18. *cried out.* Jos. 24. 7. 2 Ch. 18. 31. Ne. 9. 9. Ps. 34. 17; 106. 44; 107. 6, 13, 19, 28. Is. 26. 16. Je. 22. 23. Mat. 8. 25.

11 *Because.* ch. 15. 23, 24; 16. 2, 3; 17. 2, 3. Nu. 11. 1; 14. 1-4; 16. 41. Ps. 106. 7, 8. *wherefore.* ch. 5. 22. Ge. 43. 6. Nu. 11. 15.

12 *Is not this.* ch. 5. 21; 3. 9. *Let us alone.* Ho. 4. 17. Mar. 1. 24; 5. 7, 17, 18. *For it had.* Jon. 4. 3, 8.

13 *Fear ye not.* Nu. 14. 9. De. 20. 3. 2 Ki. 6. 16. 2 Ch. 20. 15, 17. Ps. 27. 1, 2; 46. 1-3. Is. 26. 3; 30. 15; 35. 4; 41. 10-14. Mat. 28. 5. *see the.* ver. 30; ch. 15. Ge. 49. 18. 1 Ch. 11. 14. Ps. 3. 8. Is. 43. 11. Je. 3. 23. La. 3. 26. Ho. 13. 4, 9. Ha. 3. 8, 13. *for the Egyptians whom ye have seen to-day. or,* for whereas ye have seen the Egyptians to-day, etc. *ye shall see.* ver. 30; ch. 15. 4, 5, 10, 19, 21. Ne. 9. 9.

14 *the Lord.* ver. 25; ch. 15. 3. De. 1. 30; 3. 22; 20. 4. Jos. 10. 10, 14, 42; 23. 3, 10. Ju. 5. 20. 2 Ch. 20. 17, 29. Ne. 4. 20. Is. 31. 4, 5. *hold.* Ps. 50. 3; 83. 1. Is. 30. 15.

15 ch. 17. 4. Jos. 7. 10. Ezr. 10. 4, 5. Ne. 9. 9.

16 *lift.* ver. 21, 26; ch. 4. 2, 17, 20; 7. 9, 19. *the sea.* This sea was what is called in Scripture *yam suph,* 'the sea of weeds;' so called, according to Mr. BRUCE, from the vast quantity of coral which grows in it. In the LXX. it is called θαλασσα ερυθρα, and by the Latins, *Rubrum mare,* and we from them, the *Red Sea;* so called, it is supposed, from *Edom (red)* or Esau, whose territories extend to its coasts. It separates Arabia from Egypt and Ethiopia, and is computed to be 150 leagues in length from Suez to the straits of Babelmandel. The upper part is divided into two gulfs, that to the East called the *Elanitic,* from the city *Elana* at the northern extremity, and that to the west, the *Heroopolitic,* from the city of *Heroopolis.* The former is called by the Arabians *Bahr el Akaba,* the *sea of Akaba;* and the latter *Bahr el Kolzum,* the *sea of destruction,* or *Clysmæ;* which was that which the Israelites passed. *and the.* See on ver. 21, 22.

17 *I, behold.* Ge. 6. 17; 9. 9. Le. 26. 28. De. 32. 39. Is. 48. 15; 51. 12. Je. 23. 39. Eze. 5. 8; 6. 3; 34. 11, 20. Ho. 5. 14. *I will.* See on ver. 8; ch. 4. 23; 7. 3, 13, 14. *and I will.* ver. 18. See on ver. 4.

18 ver. 4; ch. 7. 5, 17.

19 *the angel.* ver. 24; ch. 13. 21; 23. 20, 21; 32. 34. Nu. 20. 16. Is. 63. 9. *and the pillar.* See on ch. 13. 21, 22.

20 Ps. 18. 11. Pr. 4. 18, 19. Is. 8. 14. 2 Co. 2. 15, 16.

21 *stretched.* ver. 16. *the Lord.* ch. 15. 8. Jos. 3. 13-16; 4. 23. Ne. 9. 11. Job 26. 12. Ps. 66. 6; 74. 13; 78. 13; 106. 7-10; 114. 3-5; 136. 13. Is. 51. 10, 15; 63. 12.

22 *the children.* ver. 29; ch. 15. 19. Nu. 33. 8. Ps. 66. 6; 78. 13. Is. 63. 13. 1 Co. 10. 1. He. 11. 29. *and the waters.* This verse demonstrates that this event was wholly miraculous, and cannot be ascribed, as some have supposed, to an extraordinary *ebb,* which *happened* just then to be produced by a strong east wind: for this would not have caused the waters, contrary to every law of fluids, to stand as *a wall on the right hand and the left.* *a wall.* ch. 15. 8. Hab. 3. 8-10. Zec. 2. 5.

23 ver. 17; ch. 15. 9, 19. 1 Ki. 22. 20. Ec. 9. 3. Is. 14. 24-27.

24 *that in the.* 1 Sa. 11. 11. *looked unto.* Job 40. 12. Ps. 18. 13, 14; 77. 16-19; 104. 32. *through.* ver. 19, 20. *and troubled.* ver. 25. Job 22. 13; 23. 15, 16; 34. 20, 29. Ps. 48. 5.

25 *took off.* Ju. 4. 15. Ps. 46. 9; 76. 6. Je. 51. 21. *that they drave them heavily. or,* and made them to go heavily. *Let us flee.* Job 11. 20; 20. 24; 27. 22. Ps. 68. 12. Am. 1. 14; 5. 19; 9. 1. *for the Lord.* See on ver. 14. De. 3. 22. 1 Sa. 4. 7, 8.

26 *Stretch out.* ver. 16; ch. 7. 19; 8. 5. Mat. 8. 27.

*the waters.* ch. 1. 22. Ju. 1. 6, 7. Mat. 7. 2. Ja. 2. 13. Re. 16. 6.
27 *and the sea.* ver. 21, 22; ch. 15. 1-21. Jos. 4. 18. *Lord.* Ju. 5. 20, 21. *overthrew. Heb.* shook off.
28 *the waters.* ch. 15. 10. De. 11. 4. Ne. 9. 11. Ps. 78. 53. Hab. 3. 8-10, 13. He. 11. 29. *remained.* ver. 13. 2 Ch. 20. 24. Ps. 106. 9-11; 136. 15.
29 *walked.* ver. 22. Job 38. 8-11. Ps. 66. 6, 7; 77. 19, 20; 78. 52, 53. Is. 43. 2; 51. 10, 13; 63. 12, 13. *a wall.* Jos. 3. 16.
30 *the Lord.* ver. 13. 1 Sa. 14. 23. 2 Ch. 32. 22. Ps. 106. 8, 10. Is. 63. 9. Jude 5. *saw.* Ps. 58. 10; 59. 10; 91. 8; 92. 9-11.
31 *work. Heb.* hand. *feared.* 1 Sa. 12. 18. Ps. 119. 120. *believed.* ch. 4. 31; 19. 9. 2 Ch. 20. 20. Ps. 106. 12, 13. Lu. 8. 13. Jno. 2. 11, 23-25; 8. 30-32; 11. 45. Ac. 8. 13.

## CHAP. XV.

*The song of Moses, Miriam, and Israel on their deliverance, 1-21. The people want water in the wilderness, 22. The waters at Marah are bitter, they murmur, Moses prays, and sweetens the waters by God's direction, 23-26. They encamp at Elim, where are twelve wells, and seventy palm trees, 27.*

1 *Then.* Ju. 5. 1, etc. 2 Sa. 22. 1, etc. Ps. 106. 12; 107. 8, 15, 21, 22. Is. 12. 1, etc.; 51. 10, 11. Re. 15. 3. *for.* ver. 21; ch. 14. 17, 18, 27; 18. 11. Col. 2. 15.
2 *strength.* Ps. 18. 1, 2; 27. 1; 28. 8; 59. 17; 62. 6, 7; 118. 14. Hab. 3. 17-19. Phi. 4. 13. *song.* De. 10. 21. Ps. 22. 3; 109. 1; 140. 7. Re. 15. 3. *my salvation.* ch. 14. 13. 2 Sa. 22. 51. Ps. 68. 20. Is. 12. 2; 45. 17; 49. 6. Je. 3. 23. Lu. 1. 77; 2. 30. Jno. 4. 22. Ac. 4. 12. Re. 19. 1. *my God.* ch. 4. 22. Ge. 17. 7. Ps. 22. 10. Je. 31. 33; 32. 38. Zec. 13. 9. *an habitation.* ch. 40. 34. Ge. 28. 21, 22. 2 Sa. 7. 5. 1 Ki. 8. 13, 27. Ps. 132. 5. Is. 66. 1. 2 Co. 5. 19. Ep. 2. 22. Col. 2. 9. *my father's God.* See on ch. 3. 15, 16. *exalt him.* 2 Sa. 22. 47. Ps. 18. 46; 30. 1; 34. 3; 99. 5, 9; 118. 28; 145. 1. Is. 25. 1. Jno. 5. 23. Phi. 2. 11. Re. 5. 9-14.
3 *a man.* Ps. 24. 8; 45. 3. Re. 19. 11-21. *name.* See on ch. 3. 13, 15; 6. 3, 6. Ps. 83. 18. Is. 42. 8.
4 ch. 14. 13-28. *chosen.* ch. 14. 7.
5 *depths.* ch. 14. 28. Eze. 27. 34. Jon. 2. 2. Mi. 7. 19. Mat. 18. 6. *they.* Ne. 9. 11. Je. 51. 63, 64. Re. 18. 21.
6 *right hand.* ver. 11. 1 Ch. 29. 11, 12. Ps. 17. 7; 44. 3; 60. 5; 74. 11; 77. 10; 89. 8-13; 98. 1; 118. 15, 16. Is. 51. 9; 52. 10. Mat. 6. 13. *dashed.* Ps. 2. 9. Is. 30. 14. Je. 13. 14. Re. 2. 27.
7 *the greatness.* ch. 9. 16. De. 33. 26. Ps. 68. 33; 148. 13. Is. 5. 16. Je. 10. 6. *them that.* Is. 37. 17, 23, 29, 36, 38. Mi. 4. 11. Na. 1. 9-12. Zec. 2. 8; 14. 3, 8. Ac. 9. 4. *consumed.* Ps. 59. 13; 83. 13. Is. 5. 24; 47. 14. Na. 1. 10. Mal. 4. 1. Mat. 3. 12.
8 *blast.* ch. 14. 21. 2 Sa. 22. 16. Job 4. 9. Is. 11. 4; 37. 7. 2 Th. 2. 8. *the floods.* See on ch. 14. 22. Ps. 78. 13. Hab. 3. 10.
9 *I will pursue.* Ge. 49. 27. Ju. 5. 30. 1 Ki. 19. 2; 20. 10. Is. 10. 8-13; 36. 20; 53. 12. Hab. 3. 14. Lu. 11. 22. *destroy. or,* repossess. ch. 14. 5, 9.
10 *blow.* ch. 14. 21. Ge. 8. 1. Ps. 74. 13, 14; 135. 7; 147. 18. Is. 11. 15. Je. 10. 13. Am. 4. 13. Mat. 8. 27. *the sea.* ch. 14. 28. De. 11. 4. *they sank.* See on ver. 5.
11 *like unto thee.* De. 3. 24; 33. 26. 1 Sa. 2. 2. 2 Sa. 7. 22. 1 Ki. 8. 23. Ps. 35. 10; 77. 19; 86. 8; 89. 6-8. Is. 40. 18, 25. Je. 10. 6, 16; 49. 19. *gods. or,* mighty ones. *glorious.* Le. 19. 2. Ps. 89. 18; 145. 17. Is. 6. 3; 30. 11; 57. 15. 1 Pe. 1. 15, 16. Re. 4. 8. *fearful.* Ps. 66. 5; 77. 14; 89. 5, 7; 90. 11; 119. 120. Is. 64. 2, 3. Je. 10. 7. Lu. 12. 5. He. 12. 28, 29. Re. 15. 4; 19. 1-6.
12 *stretchedst.* See on ver. 6.
13 *Thou.* Ge. 19. 16. Ep. 2. 4. *led.* Ps. 77. 14, 15, 20; 78. 52, 53; 80. 1; 106. 9. Is. 63. 12, 13. Je. 2. 6. *guided.* 1 Pe. 1. 5. *holy.* Ps. 78. 54.
14 *hear.* Nu. 14. 14; 22. 5. De. 2. 4, 5. Jos. 2. 9, 10; 9. 24. Ps. 48. 6. *of Palestina.* Is. 14. 29, 31.
15 *dukes.* Ge. 36. 40. Nu. 20. 14-21. De. 2. 4. 1 Ch. 1. 51-54. *Moab.* Nu. 22. 3-5. Ha. 3. 7. *all the.* Jos. 2. 11; 5. 1. *melt.* De. 20. 8. Jos. 2. 9, marg.; 14. 8. 1 Sa. 14. 16. 2 Sa. 17. 10. Ps. 68. 2. Is. 13. 7; 19. 1. Eze. 21. 7. Na. 2. 10.
16 *dread.* De. 2. 25; 11. 25. Jos. 2. 9. *still.* ch. 11. 7. 1 Sa. 2. 9; 25. 37. *which thou.* ch. 19. 5, 6. De. 32. 6, 9. 2 Sa. 7. 23. Ps. 74. 2. Is. 43. 1-3; 51. 10. Je. 31. 11. Ac. 20. 28. Ti. 2. 14. 1 Pe. 2. 9. 2 Pe. 2. 1.
17 *plant.* Ps. 44. 2; 78. 54, 55; 80. 8. Is. 5. 1-4. Je. 2. 21; 32. 41. *mountain.* Ps. 78. 54, 68, 69. Je. 31. 23.
18 Ps. 10. 16; 29. 10; 146. 10. Is. 57. 15. Da. 2. 44; 4. 3; 7. 14, 27. Mat. 6. 13. Re. 11. 15-17.
19 *horse.* ch. 14. 23. Pr. 21. 31. *brought.* ch. 14 28, 29. He. 11. 29.
20 *prophetess.* Ju. 4. 4. 1 Sa. 10. 5 2 Ki. 22. 14. Lu. 2. 36. Ac. 21. 9. 1 Co. 11. 5; 14. 34. *sister.* ch. 2. 4. Nu. 12. 1; 20. 1; 26. 59. Mi. 6. 4. *a timbrel. Toph,* in Arabic called *duff* or *diff*, and in Spanish *adduffa*, is the tabret used in the East; being a thin, broad, wooden hoop, with parchment extended over one side of it, to which small pieces of brass, tin, etc., are attached, which make a jingling noise: it is held up with one hand and beaten upon with the other, and is precisely the same as the *tambourine. all the.* Ju. 11. 34; 21. 21. 1 Sa. 18. 6. 2 Sa. 6. 5, 14, 16. Ps. 68. 11, 25; 81. 2; 149. 3; 150. 4.
21 *answered.* 1 Sa. 18. 7. 2 Ch. 5. 13. Ps. 24. 7-10; 134. *Sing ye.* See on ver. 1. Ju. 5. 3. Is. ch. 5. Re. 7. 10-12; 5. 9; 14. 3; 15. 3; 19. 1-6.
22 *wilderness of Shur.* This lay on the eastern shore of the *Heroopolitic* gulf of the Red sea, and is still called the desert of Shur, according to Dr. SHAW. Ge. 16. 7; 25. 18. 1 Sa. 15. 7. *three days.* ch. 3. 18.
23 *Marah.* Nu. 33. 8. *Marah. i.e.* Bitterness. Ru. 1. 20.
24 ch. 14. 11; 16. 2, 8, 9; 17. 3, 4. Nu. 11. 1-6; 14. 1-4; 16. 11, 41; 17. 10; 20. 2-5; 21. 5. 1 Co. 10. 10. Phi. 2. 14. Jude 16. *What.* ch. 17. 3. Ps. 78. 19, 20. Mat. 6. 25.
25 *cried.* ch. 14. 10; 17. 4. Ps. 50. 15; 91. 15; 99. 6. Je. 15. 1. *a tree.* 2 Ki. 2. 21; 4. 41. 1 Co. 1. 18. *a statute.* Jos. 24. 21-25. *proved.* ch. 16. 4. De. 8. 2, 16; 13. 3. Ju. 2. 22; 3. 1, 4. Ps. 66. 10; 81. 7. Pr. 17. 3. Je. 9. 7. 1 Pe. 1. 6, 7.
26 *If thou.* Le. 26. 3, 13. De. 7. 12, 13, 15; 28. 1-15. *and wilt.* De. 12. 28; 13. 18. 1 Ki. 11. 33, 38. 2 Ki. 22. 2. Eze. 18. 5. *diseases.* ch. 9. 10, 11; 12. 29. De. 7. 15; 28. 27, 60. *for I am.* ch. 23. 25. 2 Ki. 20. 5. Job 5. 18. Ps. 41. 3, 4; 103. 3; 147. 3. Is. 57. 18. Je. 8. 22; 33. 6. Ho. 6. 1. Ja. 5. 11-16.
27 *Elim.* This was on the northern skirts of the desert of Sin, and, according to Dr. SHAW, two leagues from *Tor*, and near 30 from *Corondel*, which he conjectures to be *Marah*, where there is a small rill, which is brackish. He found but *nine* of the wells, the other three being filled up with sand; but the 70 palm trees had increased into more than 2000. Nu. 33. 9. Is. 12. 3. Eze. 47. 12. Re. 7. 17; 22. 2.

## CHAP. XVI.

*The Israelites come to Sin, and murmur for want of bread, 1-3. God promises them bread and flesh from heaven, and they are rebuked, 4-12. Quails and manna are sent, 13-15. The ordering of manna, 16-24. It was not to be found on the sabbath, 25-31. An omer of it is preserved, 32-36.*

1 A.M. 2513. B.C. 1491. An. Ex. Is. 1. Ijar. *took.* ch. 15. 27. Nu. 33. 10-12. *Sin.* This desert was traversed by Dr. SHAW in nine hours. He was all the day diverted by varieties of *lizards* and *vipers*, which abound there. ch. 17. 1. Nu. 33. 12. Eze. 30. 15, 16.
2 ch. 15. 24. Ge. 19. 4. Ps. 106. 7, 13, 25. 1 Co. 10. 10.
3 *Would.* Nu. 20. 3-5. De. 28. 67. Jos. 7. 7. 2 Sa. 18. 33. La. 4. 9. Ac. 26. 29. 1 Co. 4. 8. 2 Co. 11. 1. *we had.* Nu. 11. 15; 14. 2. Job 3. 1, 10, 20. Je. 20. 14-18. Jon. 4. 8, 9. *flesh.* ch. 2. 23. Nu. 11. 4, 5. *to kill.* ch. 5. 21; 17. 3. Nu. 16. 13, 41. *hunger.* De. 8. 3. Je. 2. 6. La. 4. 9.
4 *I will rain.* Ps. 78. 24, 25; 105. 40. Jno. 6. 31, 32. 1 Co. 10. 3. *a certain rate every day. Heb.* the portion of a day in his day. Ne. 11. 23. Pr. 30. 8. Mat. 6. 11, 32, 33. Lu. 11. 3. *prove them.* See on ch. 15. 25. De. 8. 2, 16. Jos. 24. 15.
5 *prepare.* ver. 23; ch. 35. 2, 3. Le. 25. 21, 22.

6 *even.* ver. 8, 12, 13. *the Lord.* ver. 3; ch. 6. 7; 12. 51; 32. 1, 7, 11. Nu. 16. 28, 30. Ps. 77. 20. Is. 63. 11, 12.

7 *the morning.* ver. 13. *ye shall.* ver. 10; ch. 24. 10, 16; 40. 34. Le. 9. 6. Nu. 14. 10; 16. 42. Is. 35. 2; 40. 5. Jno. 11. 4, 40. *what are we.* ver. 2, 3, 8. Nu. 16. 11.

8 *the Lord heareth.* ver. 9, 12. Nu. 14. 27. Mat. 9. 4. Jno. 6. 41-43. 1 Co. 10. 10. *but against.* Nu. 21. 7. 1 Sa. 8. 7. Is. 32. 6; 37. 29. Mat. 10. 40. Lu. 10. 16. Jno. 13. 20. Ro. 13. 2. 1 Th. 4. 8.

9 *Come near.* Nu. 16. 16. *heard.* See on ver. 2, 8.

10 *that they.* ver. 7. Nu. 14. 10; 16. 19, 42. *appeared.* ch. 13. 21, 22; 40. 34-38. Le. 9. 6. Nu. 16. 42. 1 Ki. 8. 10, 11. Mat. 17. 5.

12 *I have.* ver. 8. *At even.* ver. 6. *in the morning.* ver. 7. *ye shall know.* ch. 4. 5; 6. 7; 7. 17. Je. 31. 24. Eze. 34. 30; 39. 22. Joel 3. 17. Zec. 13. 9.

13 *the quails.* The Hebrew *selav*, Chaldee *selaiv*, Syriac and Arabic *selwa*, is without doubt the *quail:* so the LXX. render it ορτυγομητρα, a large kind of quail, JOSEPHUS, ορτυξ, Ethiopic, *ferferat*, and Vulgate, *coturnices*, quails, with which agree PHILO and the Rabbins. The quail is a bird of the gallinaceous kind, somewhat less than a pigeon, but larger than a sparrow. HASSELQUIST describes the quail of the larger kind as very much resembling the red partridge, but not larger than the turtle dove; found in Judea as well as in the deserts of Arabia Petræa and Egypt; and affording a most agreeable and delicate dish. Nu. 11. 31-33. Ps. 78. 27, 28; 105. 40. *the dew.* Nu. 11. 9.

14 *the dew.* Nu. 11. 7-9. De. 8. 3. Ne. 9. 15. Ps. 78. 24; 105. 40. *the hoar frost.* Ps. 147. 16.

15 *It is manna.* *or,* What is this? *or,* It *is* a portion. ver. 31, 33. De. 8. 3, 16. Jos. 5. 12. Ne. 9. 15, 20. Jno. 6. 31, 32, 49, 58. 1 Co. 10. 3. He. 9. 4. Re. 2. 17. *This is.* ver. 4. Nu. 21. 5. Pr. 9. 5. Lu. 12. 30.

16 *omer.* ver. 18, 33, 36. *for every man. Heb.* by the poll, *or* head. *persons. Heb.* souls.

18 2 Co. 8. 14, 15.

19 ch. 12. 10; 23. 18. Mat. 6. 34.

20 *bred worms.* Mat. 6. 19. Lu. 12. 15, 33. He. 13. 5. Ja. 5. 2, 3. *and Moses.* Nu. 12. 3; 16. 15. Mar. 3. 5; 10. 14. Ep. 4. 26.

21 Pr. 6. 6-11. Ec. 9. 10; 12. 1. Mat. 6. 33. Jno. 12. 35. 2 Co. 6. 2.

22 What the substance called *manna* was, is utterly unknown; but, from the circumstances in the text, it is evident that it was not a *natural* production, but was miraculously sent by Jehovah. These the learned ABARBINEL, a most judicious Jewish interpreter, has thus enumerated: The natural manna was never found in the desert where this fell;—where the common manna does fall, it is only in the spring time, in March and April, whereas this fell throughout all the months in the year; the ordinary manna does not melt in the sun, as this did (ver. 21);—it does not stink and breed worms, as this did, when kept till the morning (ver. 20);—it cannot be ground, or beaten in a mortar, so as to make cakes, as this was;—the common manna is medicinal and purgative, and cannot be used for food and nutriment, as this was;—this fell in a double proportion on the sixth day, and not on the sabbath, as it certainly would have done had it fallen *naturally;*—it followed them in all their journeys, wherever they pitched their tents; —and it ceased at the very time of the year when the other falls, namely, in March, when the Israelites were come to Gilgal. Whatever this substance was, it does not appear to have been common to the wilderness. From De. 8. 3, 16, it is evident that the Israelites never saw it before; and from a pot of it being preserved, it is certain that nothing of the kind ever appeared again. ver. 5, 16. Le. 25. 12, 22.

23 *rest.* ch. 20. 8-11; 31. 15; 35. 3. Ge. 2. 2, 3. Le. 23. 3. Mar. 2. 27, 28. Lu. 23. 56. Re. 1. 10. *bake.* Nu. 11. 8.

24 ver. 20, 33.

25 ver. 23, 29. Ne. 9. 14.

26 ch. 20. 9-11. De. 5. 13. Eze. 46. 1. Lu. 13. 14.

27 *and they found none.* Pr. 20. 4.

28 ch. 10. 3. Nu. 14. 11; 20. 12. 2 Ki. 17. 14. Ps. 78. 10, 22; 81. 13, 14; 106. 13. Is. 7. 9, 13. Je. 4. 14; 9. 6. Eze. 5. 6; 20. 13, 16. Mar. 9. 19.

29 *hath given.* ch. 31. 13. Ne. 9. 14. Is. 58. 13, 14. Eze. 20. 12. *abide ye.* Lu. 23. 56.

30 Le. 23. 3. De. 5. 12-14. He. 4. 9.

31 *called the name.* See on ver. 15. In consequence of the term *manna* having been given to a drug which is now much used in England, many persons have ignorantly supposed it to be the same sort of thing as that miraculously sent for the sustenance of the children of Israel in the wilderness. The manna of commerce comes from Calabria and Sicily, where it oozes out of a kind of ash tree, from the end of June to the end of July, and is a thick, clammy, sweet juice, partly drawn from the tree by the rays of the sun, partly by the puncture of insects, and partly by artificial means. The European manna is not so good as the Oriental, which is gathered in Syria, Arabia, and Persia, from the Oriental oak, and from a shrub which is called in Persia *teranjabin.* *and it was.* Nu. 11. 6, 7. Ca. 2. 3.

32 Ps. 103. 1, 2; 105. 5; 111. 4, 5. Lu. 22. 19. He. 2. 1.

33 He. 9. 4.

34 ch. 25. 16, 21; 27. 21; 30. 6, 36; 31. 18; 38. 21; 40. 20. Nu. 1. 50, 53; 17. 10. De. 10. 5. 1 Ki. 8. 9.

35 *forty years.* Nu. 33. 38. De. 8. 2, 3. Ne. 9. 15, 20, 21. Ps. 78. 24, 25. Jno. 6. 30-58. *until they come to.* Jos. 5. 12. *the borders.* Nu. 33. 48-50. De. 1. 8; 34. 1-4.

36 ver. 16, 32, 33.

## CHAP. XVII.

*The people murmur for water at Rephidim,* 1-4. *God sends them for water to the rock in Horeb,* 5, 6. *The place is called Massah and Meribah,* 7. *Amalek is overcome by Joshua, while Moses holds up his hands with the rod of God,* 8-13. *Amalek is doomed to destruction; and Moses builds the altar JEHOVAH-nissi,* 14-16.

1 *Sin.* ch. 16. 1. Nu. 33. 12-14. *Rephidim.* ver. 8; ch. 19. 2.

2 *the people.* ch. 5. 21; 14. 11, 12; 15. 24; 16. 2, 3. Nu. 11. 4-6; 14. 2; 20. 3-5; 21. 5. *Give us.* Ge. 30. 1, 2. 1 Sa. 8. 6. Lu. 15. 12. *wherefore.* ver. 7; ch. 16. 2. Nu. 14. 22. De. 6. 16. Ps. 78. 18, 41, 56; 95. 9; 106. 14. Is. 7. 12. Mal. 3. 15. Mat. 4. 7; 16. 1-3. Lu. 4. 12. Ac. 5. 9; 15. 10. 1 Co. 10. 9. He. 3. 9.

3 *thou hast.* See on ch. 16. 3.

4 *cried.* ch. 14. 15; 15. 25. Nu. 11. 11. *almost.* Nu. 14. 10; 16. 19. 1 Sa. 30. 6. Jno. 8. 59; 10. 31. Ac. 7. 50; 14. 19.

5 *Go on.* Eze. 2. 6. Ac. 20. 23, 24. *thy rod.* ch. 7. 19, 20. Nu. 20. 8-11.

6 *I will.* ch. 16. 10. *the rock.* This rock, which is a vast block of red granite, 15 feet long, 10 broad, and 12 high, lies in the wilderness of Rephidim, to the west of Mount Horeb, a part of Sinai. There are abundant traces of this wonderful miracle remaining at this day. This rock has been visited, drawn, and described by Dr. SHAW and others; and holes and channels appear in the stone, which could only have been formed by the bursting out and running of water. *in Horeb.* ch. 3. 1-5. *and thou.* Nu. 20. 9-11. De. 8. 15. Ne. 9. 15. Ps. 78. 15, 16, 20; 105. 41; 114. 8. Is. 48. 21. 1 Co. 10. 4. *that the people.* Ps. 46. 4. Is. 41. 17, 18; 43. 19, 20. Jno. 4. 10, 14; 7. 37, 38. Re. 22. 17.

7 *Massah. i.e.* Temptation. Nu. 20. 13. De. 9. 22. *Meribah. that is,* Chiding, *or* Strife. ver. 2. Ps. 81. 7. *chiding.* See on ver. 2. *tempted.* Ps. 95. 8. He. 3. 8, 9. *Is the Lord.* ch. 34. 9. De. 31. 17. Jos. 22. 31. Is. 12. 6. Mi. 3. 11. Jno. 1. 14. Ac. 7. 37-39.

8 Ge. 36. 12, 16. Nu. 24. 20. De. 25. 17. 1 Sa. 15. 2; 30. 1. Ps. 83. 7.
9 *unto Joshua.* ver. 13; ch. 24. 13. Nu. 11. 28; 13. 16. Oshea. Jehoshua. De. 32. 44. Hoshea. Called Jesus, Ac. 7. 45. He. 4. 8. *Choose.* Nu. 31. 3, 4. *the rod.* ch. 4. 2, 20.
10 *Joshua.* Jos. 11. 15. Mat. 28. 20. Jno. 2. 5; 15. 14. *and Moses.* ver. 9. *Hur.* ver. 12; ch. 24. 14.
11 Ps. 56. 9. Lu. 18. 1. 1 Ti. 2. 8. Ja. 5. 16.
12 *Moses' hands.* Mat. 26. 40-45. Mar. 14. 37-40. Ep. 6. 18. Col. 4. 2. *stayed up his hands.* Ps. 35. 3. Is. 35. 3. 2 Co. 1. 11. Phi. 1. 19. 1 Th. 5. 25. He. 12. 12. Ja. 1. 6.
13 Jos. 10. 28, 32, 37, 42; 11. 12.
14 *memorial.* ch. 12. 14; 13. 9; 34. 27. De. 31. 9. Jos. 4. 7. Job 19. 23. Ha. 2. 2, 3. *for I will.* Nu. 24. 20. De. 25. 17-19. 1 Sa. 15. 2, 3, 7, 8, 18; 27. 8, 9; 30. 1, 17. 2 Sa. 1. 1, 8-16; 8. 12. 1 Ch. 4. 43. Ezr. 9. 14. *the remembrance.* Job. 18. 17. Ps. 9. 6. Pr. 10. 7.
15 *JEHOVAH-nissi.* *i.e.* the Lord my banner, Ge. 22. 14; 33. 20. Ps. 60. 4.
16 *Because,* etc. *or,* Because the hand of *Amalek* is against the throne of the Lord, *therefore,* etc. *the Lord,* etc. *Heb.* the hand upon the throne of the Lord, Is. 66. 1. Ac. 7. 49. *will have war.* Ps. 21. 8-11.

## CHAP. XVIII.

*Jethro brings his wife and two sons to Moses, 1-6. Moses entertains him, and relates the goodness of the Lord, 7, 8. Jethro rejoices, blesses God, and offers sacrifice, 9-12. He gives good counsel, which is accepted, 13-26. Jethro departs, 27.*

1 *Jethro.* ch. 2. 16, 21; 3. 1; 4. 18. Nu. 10. 29. Ju. 4. 11. *heard.* Ps. 34. 2; 44. 1; 77. 14, 15; 78. 4; 105. 5, 43; 106. 2, 8. Je. 33. 9. Zec. 8. 23. Ga. 1, 23, 24. *God.* Ac. 7. 35, 36; 14. 27; 15. 12; 21. 19, 20. Ro. 15. 18. *done.* ch. 7-15. Jos. 2. 10; 9. 9. Ne. 9. 10, 11. Ps. 77. 14, 15; 78. 50-53; 105. 36-41; 106. 8-11; 136. 10-16. Is. 63. 11-13.
2 *Zipporah.* ch. 2. 21; 4. 25, 26.
3 *two sons.* Ac. 7. 29. *Gershom.* *i.e.* A stranger there. ch. 2. 22. Ps. 39. 12. He. 11. 13. 1 Pe. 2. 11.
4 *Eliezer.* *i.e.* My God *is* an help. Ps. 46. 1. Is. 50. 7-9. He. 13. 6. *delivered.* ch. 2. 15. Ps. 18, title, 48; 34. 4. Da. 6. 22. Ac. 12. 11. 2 Co. 1. 8-10. 2 Ti. 4. 17.
5 ch. 3. 1, 12; 19. 11, 20; 24. 16, 17. 1 Ki. 19. 8.
7 *went.* Ge. 14. 17; 46. 29. Nu. 22. 36. Ju. 11. 34. 1 Ki. 2. 19. Ac. 28. 15. *did obeisance.* Ge. 18. 2; 19. 1; 33. 3-7. *kissed.* Ge. 29. 13; 31. 28; 33. 4; 45. 15. Ps. 2. 12. Lu. 7. 45. Ac. 20. 37. *welfare.* *Heb.* peace. Ge. 43. 27. 2 Sa. 11. 7.
8 *told.* ver. 1. Ne. 9. 9-15. Ps. 66. 16; 71. 17-20; 105. 1, 2; 145. 4-12. *and all the.* ch. 15. 22-24; 16. 3. *come upon them.* *Heb.* found them. Ge. 44. 34. Nu. 20. 14. Ne. 9. 32, marg. *how the Lord.* Ps. 78. 42, 43; 81. 7; 106. 10; 107. 2.
9 Is. 44. 23; 66. 10. Ro. 12. 10, 15. 1 Co. 12. 26.
10 Ge. 14. 20. 2 Sa. 18. 28. 1 Ki. 8. 15. Ps. 41. 13; 106. 47, 48. Lu. 1. 68. Ep. 1. 3. 1 Th. 3. 9. 1 Pe. 1. 3. Re. 5. 11-13; 19. 1-6.
11 *Now I.* ch. 9. 16. 1 Ki. 17. 24. 2 Ki. 5. 15. *the Lord.* ch. 15. 11. 1 Ch. 16. 25. 2 Ch. 2. 5. Ps. 95. 3; 97. 9; 135. 5. *in the thing.* ch. 1. 10, 16, 22; 5. 2, 7; 14. 8, 18. *proudly.* ch. 9. 17; 10. 3. 1 Sa. 2. 3. Ne. 9. 10, 16, 29. Job 40. 11, 12. Ps. 31. 23; 119. 21. Da. 4. 37. Lu. 1. 51. Ja. 4. 6. 1 Pe. 5. 5.
12 *took.* ch. 24. 5. Ge. 4. 4; 8. 20; 12. 7; 26. 25; 31. 54. Job 1. 5; 42. 8. *Aaron.* ch. 24. 11. Le. 7. 11-17. De. 12. 7; 27. 7. 1 Ch. 29. 21, 22. 2 Ch. 30. 22. 1 Co. 10. 18, 21, 31. *eat bread.* ch. 2. 20. Ge. 43. 25. 2 Sa. 9. 7. Job 42. 11. Da. 10. 3. Lu. 14. 1, 15.
13 Ju. 5. 10. Job 29. 7. Is. 16. 5. Joel 3. 12. Mat. 23. 2. Ro. 12. 8; 13. 6.
15 *to enquire.* ver. 19, 20. Le. 24. 12-14. Nu. 15. 34; 27. 5.
16 *a matter.* ch. 23. 7; 24. 14. De. 17. 8-12. 2 Sa. 15. 3. Job 31. 13. Ac. 18. 14, 15. 1 Co. 6. 1. *one and another.* *Heb.* a man and his fellow. ch. 2. 13. *make.* Le. 24. 15. Nu. 15. 35; 27. 6, etc.; 36. 6-9. De. 4. 5; 5. 1; 6. 1. 1 Sa. 12. 23. Mat. 28. 20. 1 Th. 4. 1, 2.
18 *Thou wilt surely wear away.* *Heb.* Fading thou wilt fade. 2 Co. 12. 15. Phi. 2. 30. 1 Th. 2. 8, 9. *thou art.* Nu. 11. 14-17. De. 1. 9-12. Ac. 6. 1-4.
19 *Hearken.* ver. 24. Pr. 9. 9. *God shall.* ch. 3. 12; 4. 12. Ge. 39. 2. De. 20. 1. Jos. 1. 9. 2 Sa. 14. 17. Mat. 28. 20. *Be thou.* See on ver. 15; ch. 4. 16; 20. 19. De. 5. 5. *bring.* Nu. 27. 5.
20 *teach.* ver. 16. De. 4. 1, 5; 5. 1; 6. 1, 2; 7. 11. Ne. 9. 13, 14. *the way.* 1 Sa. 12. 23. Ps. 32. 8; 143. 8. Is. 30. 21. Je. 6. 16; 42. 3. Mi. 4. 2. 1 Th. 4. 1. *work.* De. 1. 18. Eze. 3. 17. Mat. 28. 20. Mar. 13. 34. 2 Th. 3. 6-12.
21 *Moreover.* De. 1. 13-17. Ac. 6. 3. *able men.* ver. 25. De. 16. 18. 1 Ki. 3. 9-12. Pr. 28. 2. *such as.* ch. 23. 2-9. Ge. 22. 12; 42. 18. 2 Sa. 23. 3. 1 Ki. 18. 3. 12. 2 Ch. 19. 5-10. Ne. 5. 9; 7. 2. Ec. 12. 13. Lu. 18. 2, 4. *men.* Job 29. 16; 31. 13. Is. 16. 5; 59. 4, 14, 15. Je. 5. 1. Eze. 18. 8. Zec. 7. 9; 8. 16. *hating.* ch. 23. 8. De. 16. 18, 19. 1 Sa. 8. 3; 12. 3, 4. Ps. 26. 9, 10. Is. 33. 15. Eze. 22. 12. Ac. 20. 33. 1 Ti. 3. 3; 6. 9-11. 2 Pe. 2. 14, 15. *rulers of thousands.* Whatever matter the *decarch,* or ruler over *ten,* could not decide, went to the *pentecontarch,* or ruler of *fifty,* and thence by degrees to the *hecatontarch,* or ruler over a *hundred,* to the *chiliarch,* or ruler over a *thousand,* to *Moses,* and at length to God himself. Each magistrate had the care or inspection of only *ten* men; the *decarch* superintended ten private characters; the *hecatontarch,* ten *decarchs;* and the *chiliarch,* ten *hecatontarchs.* Nu. 10. 4. De. 1. 15. Jos. 22. 14. 1 Sa. 8. 12.
22 *at all seasons.* ver. 26. Ro. 13. 6. *great.* Le. 24. 11. Nu. 15. 33; 27. 2; 36. 1. De. 1. 17; 17. 8, 9. *they shall.* ver. 18. Nu. 11. 17.
23 *God.* ver. 18. Ge. 21. 10-12. 1 Sa. 8. 6, 7, 22. Ac. 15. 2. Ga. 2. 2. *and all this.* ch. 16. 29. Ge. 18. 33; 30. 25. 2 Sa. 18. 3; 19. 39; 21. 17. Phi. 1. 24, 25.
24 ver. 2-5, 19. Ezr. 10. 2, 5. Pr. 1. 5. 1 Co. 12. 21.
25 ver. 21. De. 1. 15. Ac. 6. 5.
26 *at all.* ver. 14, 22. *the hard causes.* ver. 15, 22. De. 17. 8. 1 Ki. 3. 16-28; 10. 1. Job 29. 16.
24 Ge. 24. 59; 31. 55. Nu. 10. 29, 30. Ju. 19. 9.

## CHAP. XIX.

*The people arrive at Sinai, 1, 2. God's message by Moses unto the people out of the mount, 3-7. The people's answer returned again, 8. The people are prepared against the third day, for the giving of the law, 9-11. The mountain must not be touched, 12-15. The fearful presence of God upon the mount, 16-25.*

1 A.M. 2513. B.C. 1491. An. Ex. Is. 1. Sivan. *the third.* ch. 12. 2, 6. Le. 23. 16-18. *came.* ch. 16. 1. Nu. 33. 15.
2 *Rephidim.* ch. 17. 1, 8. *the desert.* Mount Sinai, called by the Arabs *Jibbel Mousa,* the *Mountain of Moses,* and sometimes by way of eminence, *El Tor, the Mount,* is a range of mountains in the peninsula formed by the gulfs of the Red sea. It consists of several peaks, the principal of which are Horeb and Sinai; the former, still called *Oreb,* being on the west, and the latter, called *Tur Sina,* on the east, at the foot of which is the convent of St. Catherine. Dr. Shaw conceives that the wilderness of Sinai, properly so called, is that part which is to the eastward of this mount; so that the removal of the Israelites from Rephidim, which was on the west, to the desert of Sinai, was only removing from one part of the mountain to another. *camped.* ch. 3. 1, 12; 18. 5. Ac. 7. 30, 38. Ga. 4. 24.
3 *went up.* ch. 20. 21; 24. 15-18; 34. 2. De. 5. 5-31. Ac. 7. 38. *called.* ch. 3. 4.
4 *seen.* ch. 7-14. De. 4. 9, 33-36; 29. 2. Is. 63. 9. *I bare you.* De. 32. 11, 12. Is. 40. 31; 63. 9. Re. 12. 14.
5 *if ye.* ch. 23. 22; 24. 7. De. 11. 27; 28. 1. Jos. 24. 24. 1 Sa. 15. 22. Is. 1. 19. Je. 7. 23; 11. 4-7. He. 11. 8. *keep.* De. 5. 2. Ps. 25. 10; 103. 17, 18. Is. 56. 4.

Je. 31. 31-33. *a peculiar.* De. 4. 20; 7. 6; 14. 2,21; 26. 18; 32. 8, 9. 1 Ki. 8. 53. Ps. 135. 4. Ca. 8. 12. Is. 41. 8; 43. 1. Je. 10. 16. Mal. 3. 17. Tit. 2. 14. *all the earth.* ch. 9. 29. De. 10. 14. Job 41. 11. Ps. 24. 1; 50. 12. Da. 4. 34, 35. 1 Co. 10. 26, 28.

6 *a kingdom.* De. 33. 2-4. Is. 61. 6. Ro. 12. 1. 1 Pe. 2. 5, 9. Re. 1. 6; 5. 10; 20. 6. *and an.* Le. 11. 44, 45; 19. 2; 20. 24, 26; 21. 7, 8, 23. De. 7. 6; 26. 19; 28. 9. Is. 62. 12. 1 Co. 3. 17. 1 Th. 5. 27. 1 Pe. 1. 15, 16.

7 *the elders.* See on ch. 3. 16. *and laid.* ch. 4. 29, 30. 1 Co. 15. 1.

8 ch. 20. 19; 24. 3, 7. De. 5. 27-29; 26. 17-19. Jo. 24. 24. Ne. 10. 29.

9 *Lo.* ver. 16; ch. 20. 21; 24. 15, 16. De. 4. 11. 1 Ki. 8. 12. 2 Ch. 6. 1. Ps. 18. 11, 12; 97. 2. Is. 19. 1. Mat. 17. 5. Mar. 9. 7. Lu. 9. 34, 35. Re. 1. 7. *that the.* De. 4. 12, 36. Jno. 12. 29, 30. *believe.* ch. 14. 31. 2 Ch. 20. 20. Is. 7. 9. Lu. 10. 16.

10 *sanctify.* ver. 15. Le. 11. 44, 45. Jos. 3. 5; 7. 13. 1 Sa. 16. 5. 2 Ch. 29. 5, 34; 30. 17-19. Job 1. 5. 1 Co. 6. 11. *wash.* ver. 14. Ge. 35. 2. Le. 11. 25; 15. 5. Nu. 8. 7, 21; 31. 24. Zec. 3. 3, 4. He. 10. 22. Re. 7. 14.

11 *the Lord.* ver. 16, 18, 20; ch. 3. 8; 34. 5. Nu. 11. 17. De. 33. 2. Ps. 18. 9; 144. 5. Is. 64. 1, 2. Ha. 3. 3-6. Jno. 3. 13; 6. 38.

12 *set bounds.* ver. 21, 23. Jos. 3. 4. *Take.* ch. 10. 28; 34. 12. De. 2. 4; 4. 9. *or touch.* He. 12. 20, 21.

13 *whether.* ch. 21. 28, 29. Le. 20. 15, 16. *when the trumpet. or,* cornet. ver. 16, 19. 1 Co. 15. 52. 1 Th. 4. 16.

14 *and sanctified.* See on ver. 10.

15 *Be ready.* Am. 4. 12. Mal. 3. 2. Mat. 3. 10-12. 24. 44. 2 Pe. 3. 11, 12. *the third.* ver. 11. 16. *come not.* 1 Sa. 21. 4, 5. Joel 2. 16. Zec. 6. 3; 7. 3; 12. 12-14. 1 Co. 7. 5.

16 *thunders.* ch. 9. 23, 28, 29; 20. 18. 1 Sa. 12. 17, 18. Job 37. 1-5; 38. 25. Ps. 18. 11-14; 29. 3-11; 50. 3; 77. 18; 97. 4. He. 12. 18, 19. Re. 4. 5; 8. 5; 11. 19. *thick.* See on ver. 9; 40. 34. 2 Ch. 5. 14. *voice.* Re. 1. 10; 4. 1. *all the people.* Je. 5. 22. He. 12. 21.

17 De. 4. 10; 5. 5.

18 *mount Sinai.* ch. 20. 18. De. 4. 11, 12; 5. 22; 33. 2. Ju. 5. 5. Ps. 68. 7, 8; 104. 32; 144. 5. See on ver. 13. Is. 6. 4. Ha. 3. 3. Re. 15. 8. *in fire.* ch. 3. 2; 24. 17. 2 Ch. 7. 1-3. 2 Th. 1. 8. 2 Pe. 3. 10. *as the smoke.* Ge. 15. 17; 19. 28. Ps. 144. 5. Re. 15. 8. *whole.* 1 Ki. 19. 11, 12. Ps. 68. 8; 77. 18; 114. 7. Je. 4. 24. Na. 1. 5, 6. Ha. 3. 10. Zec. 14. 5. Mat. 24. 7. He. 12. 26.

19 *And when.* ver. 13, 16. *Moses.* He. 12. 21. *God.* Ps. 81. 7.

20 *the Lord came.* See on ver. 11. Ne. 9. 13. Ps. 81. 7. *Moses went up.* ver. 3; ch. 24. 12, 13, 18; 34. 2, 4. De. 9. 9.

21 *charge. Heb.* contest. ver. 12, 13. *break.* ch. 3. 3, 5; 33. 20. 1 Sa. 6. 19. Ec. 5. 1. He. 12. 28, 29.

22 *the priests.* ch. 24. 5. Le. 10. 1-3. Is. 52. 11. *sanctify.* See on ver. 5, 14. 15. *break.* 2 Sa. 6. 6-8. 1 Ch. 13. 9-11; 15. 13. 2 Ch. 30. 3, 15, 18, 19. Ac. 5. 5, 10. 1 Co. 11. 30-32.

23 *Set bounds.* ver. 12. Jos. 3. 4, 5.

24 *and thou.* See on ver. 20. *but let.* See on ver. 12, 21. Mat. 11. 12. Lu. 13. 24; 16. 16. Jno. 1. 17. He. 4. 16; 10. 19-22; 12. 18-25, 29. *lest.* See on ver. 22. Ro. 4. 15. 2 Co. 3. 7-9. Ga. 3. 10, 11, 19, 22.

25 ver. 24.

## CHAP. XX.

*The ten commandments are spoken by Jehovah, 1-17. The people are afraid, but Moses comforts them, 18-20. Idolatry is forbidden, 21, 22. Of what sort the altar should be, 23-26.*

1 De. 4. 33, 36; 5. 4, 22. Ac. 7. 38, 53.

2 *the Lord.* Ge. 17. 7, 8. Le. 26. 1, 13. De. 5. 6; 6. 4, 5. 2 Ch. 28. 5. Ps. 50. 7; 81. 10. Je. 31. 1, 33. Ho. 13. 4. Ro. 3. 29; 10. 12. *brought.* ch. 10-15. Le. 19. 36; 23. 43. *out of the.* ch. 13. 3. De. 5. 15; 7. 8; 13. 10; 15. 15; 26. 6-8. *bondage. Heb.* servants.

3 ch. 15. 11. De. 5. 7; 6. 5, 14. Jos. 24. 18-24. 2 Ki. 17. 29-35. Ps. 29. 2; 73. 25; 81. 9. Is. 26. 4; 43. 10; 44. 8; 45. 21, 22; 46. 9. Je. 25. 6; 35. 15. Mat. 4. 10. 1 Co. 8. 4, 6. Ep. 5. 5. Phi. 3. 19. Col. 2. 18. 1 Jno. 5. 20, 21. Re. 19. 10; 22. 9.

4 ch. 32. 1, 8, 23; 34. 17. Le. 19. 4; 26. 1. De. 4. 15-19, 23-25; 5. 8; 27. 15. 1 Ki. 12. 28. 2 Ch. 33. 7. Ps. 97. 7; 115. 4-8; 135. 15-18. Is. 40. 18-20; 42. 8, 17; 44. 9-20; 45. 16; 46. 5-8. Je. 10. 3-5, 8, 9, 14-16. Eze. 8. 10. Ac. 17. 29; 19. 26-35. Ro. 1. 23. Re. 9. 20; 13. 14, 15; 14. 9-11; 16. 2.

5 *bow down.* ch. 23. 24. Le. 26. 1. Jos. 23. 7, 16. Ju. 2. 19. 2 Ki. 17. 35, 41. 2 Ch. 25. 14. Is. 44. 15, 19. Mat. 4. 9. *for I.* ch. 34. 14. De. 4. 24; 6. 15; 32. 21. Jos. 24. 19. Ps. 78. 58. Pr. 6. 34, 35. Eze. 8. 3. Da. 1. 2. Na. 1. 2. 1 Co. 10. 22. *visiting.* ch. 34. 7 Le. 20. 5; 26. 29, 39, 40. Nu. 14. 18, 33. 1 Sa. 15. 2, 3. 2 Sa. 21. 1, 6. 1 Ki. 21. 29. 2 Ki. 23. 26. Job 5. 4; 21. 19. Ps. 79. 8; 109. 14. Is. 14. 20, 21; 65. 6, 7. Je. 2. 9; 32. 18. Mat. 23. 34-36. *of them.* De. 7. 10; 32. 41. Ps. 81. 15. Pr. 8. 36. Jno. 7. 7; 15. 18, 23, 24. Ro. 1. 30; 8. 7. Ja. 4. 4.

6 *shewing.* De. 4. 37; 5. 29; 7. 9. Je. 32. 39, 40. Ac. 2. 39. Ro. 11. 28, 29. *love me.* Jno. 14. 15, 21. 1 Jno. 4. 19; 5. 3. 2 Jno. 6.

7 *take.* Le. 19. 12; 24. 11-16. De. 5. 11. Ps. 50. 14-16. Pr. 30. 9. Je. 4. 2. Mat. 5. 33-37; 23. 16-22; 26. 63, 64. 2 Co. 1. 23. He. 6. 16, 17. Ja. 5. 12. *guiltless.* Jos. 2. 12, 17; 9. 20. 2 Sa. 21. 1, 2. 1 Ki. 2. 9.

8 ch. 16. 23-30; 31. 13, 14. Ge. 2. 3. Le. 19. 3; 23. 3. Is. 56. 4-6.

9 ch. 23. 12. Lu. 13. 14.

10 *the seventh.* ch. 31. 13; 34. 21. *thou shalt.* ch. 16. 27, 28. Nu. 15. 32-36. Lu. 23. 56. *thy manservant.* De. 5. 14, 15. *thy stranger.* ch. 23. 9-12. De. 16. 11, 12; 24. 14-22. Ne. 10. 31; 13. 15-21.

11 ch. 31. 17. Ge. 2. 2, 3. Ps. 95. 4-7. Mar. 2. 27, 28 Ac. 20. 7.

12 *Honour.* ch. 21. 15, 17. Le. 19. 3, 32. 1 Ki. 2. 19. 2 Ki. 2. 12. Pr. 1. 8, 9; 15. 5; 20. 20; 23. 22-25; 28. 24; 30. 11, 17. Mal. 1. 6. Mat. 15. 4-6. Lu. 18. 20. Ep. 5. 21; 6. 1-3. Col. 3. 20. *that thy.* De. 4. 26, 40; 25. 15; 32. 47. Pr. 3. 16.

13 ch. 21. 14, 20, 29. Ge. 4. 8-23; 9. 5, 6. Le. 24. 21. Nu. 35. 16-34. De. 5. 17; 19. 11-13. 2 Sa. 12. 9, 10. 2 Ki. 21. 16. 2 Ch. 24. 22. Ps. 10. 8-11. Pr. 1. 11, 18. Is. 26. 21. Je. 26. 15. Mat. 5. 21, 22. Ac. 28. 4. Ro. 13. 9. Ga. 5. 21. 1 Ti. 1. 9. Ja. 2. 11, 13. 1 Jno. 3. 12-15.

14 Le. 18. 20; 20. 10. 2 Sa. 11. 4, 5, 27. Pr. 2. 15-18; 6. 24-35; 7. 18-27. Je. 5. 8, 9; 29. 22, 23. Mal. 3. 5. Mat. 5. 27, 28. Mar. 10. 11, 12. Ro. 7. 2, 3. Ep. 5. 3-5. He. 13. 4. Ja. 4. 4. Re. 21. 8.

15 ch. 21. 16. Le. 6. 1-7; 19. 11, 13, 35-37. De. 24. 7; 25. 13-16. Job 20. 19-22. Pr. 1. 13-15; 11. 1. Am. 3. 10; 8. 4-6. Mi. 6. 10, 11; 7. 3. Zec. 5. 3, 4. Mat. 15. 19; 19. 18; 21. 13. Lu. 3. 13, 14. Jno. 12. 6. 1 Co. 6. 10. Ep. 4. 28. 1 Th. 4. 6.

16 ch. 23. 6, 7. Le. 19. 11, 16. De. 19. 15-21. 1 Sa. 22. 8-19. 1 Ki. 21. 10-13. Ps. 15. 3; 101. 5-7. Pr. 10. 18; 11. 13. Mat. 26. 59, 60. Ac. 6. 13. Ep. 4. 31. 1 Ti. 1. 10. 2 Ti. 3. 3. Ja. 4. 11.

17 *thy neighbour's house.* Ge. 3. 6; 14. 23; 34. 23. Jos. 7. 21. 1 Sa. 15. 19. 2 Ki. 5. 29. Ps. 10. 3; 119. 36. Ec. 4. 8; 5. 10, 11. Is. 33. 15; 57. 17. Je. 22. 17. Eze. 33. 31. Am. 2. 6, 7. Mi. 2. 2. Hab. 2. 9. Lu. 12. 15; 16. 14. Ac. 20. 33. Ro. 7. 7. 1 Co. 6. 10. Phi. 3. 19. Col. 3. 5. 1 Ti. 6. 6-10. He. 13. 5. *wife.* 2 Sa. 11. 2-4. Job 31. 1, 9. Pr. 4. 23; 6. 24, 25. Je. 5. 8. Mat. 5. 28. *is thy neighbour's.* Mat. 20. 15. Ac. 5. 4.

18 *And all.* ch. 19. 16-18. *they removed.* Ps. 139. 7, 8. Je. 23. 23.

19 *Speak thou.* De. 18. 16. Ac. 7. 38. *let not.* ch. 33. 20. Ge. 32. 30.

20 *Fear not.* 1 Sa. 12. 20. Is. 41. 10. *prove.* ch. 15. 25, 26. Ge. 22. 1, 12. De. 8. 2; 13. 3. *his fear.* Ge. 20. 11. De. 6. 2; 10. 12. Jos. 24. 14. Ne. 5. 15. Job 28. 28. Pr. 1. 7; 3. 7. Is. 8. 13.

21 *the people.* ch. 19. 16, 17. De. 5. 5. *thick.* 1 Ki. 8. 12. 2 Ch. 6. 1. Ps. 18. 9, 12; 97. 2; 104. 2. 1 Ti. 6. 16.

22 *I have talked.* De. 4. 36. Ne. 9. 13. He. 12. 25, 26.

23 ver. 3-5. See on ch. 32. 1-4. 1 Sa. 5. 4, 5. 2 Ki. 17. 33, 41. Eze. 20. 39; 43. 8. Da. 5. 4, 23. Zep. 1. 5. 1 Co. 10. 21, 22. 2 Co. 6. 14-16. Col. 2. 18, 19. 1 Jno. 5. 20, 21. Re. 22. 15.

24 *altar*. Jno. 4. 24. *burnt*. Le. ch. 1; 3. *in all places*. De. 12. 5, 11, 21; 14. 23; 16. 5, 6, 11; 26. 2. 1 Ki. 8. 29, 43; 9. 3. 2 Ch. 6. 6; 7. 16; 12. 13. Ezr. 6. 12. Ne. 1. 9. Ps. 74. 7; 76. 2; 78. 68; 132. 13, 14. Je. 7. 10-12. Mal. 1. 11. Mat. 18. 20; 28. 20. Jno. 4. 20-23. 1 Ti. 2. 8. *will bless thee*. Ge. 12. 2. Nu. 6. 24-27. De. 7. 13. 2 Sa. 6. 12. Ps. 128. 5; 134. 3.

25 *And*. De. 27. 5, 6. Jos. 8. 31. *build it of hewn stone*. *Heb*. build them *with* hewing.

26 *thy nakedness*. Le. 10. 3. Ps. 89. 7. Ec. 5. 1. He. 12. 28, 29. 1 Pe. 1. 16.

## CHAP. XXI.

*Laws for men servants*, 1-4. *For the servant whose ear is bored*, 5, 6. *For women servants*, 7-11. *For manslaughter*, 12-15. *For stealers of men*, 16. *For cursers of parents*, 17. *For smiters*, 18-21. *For a hurt by chance*, 22-27. *For an ox that gores*, 28-32. *For him that is an occasion of harm*, 33-36.

1 *the judgments*. Le. 18. 5, 26; 19. 37; 20. 22. Nu. 35. 24; 36. 23. De. 5. 1, 31; 6. 20. 1 Ki. 6. 12. 2 Ch. 19. 10. Ne. 9. 13, 14; 10. 29. Ps. 147. 19. Eze. 20. 11, 25. Mal. 4. 4. *which*. ch. 19. 7; 24. 3, 4. De. 4. 5, 8, 14, 45; 6. 20. Mat. 28. 20. 1 Th. 4. 1.

2 *an Hebrew*. ch. 12. 44; 22. 3. Ge. 27. 28, 36. Le. 25. 39-41, 44. 2 Ki. 4. 1. Ne. 5. 1-5, 8. Mat. 18. 25. 1 Co. 6. 20. *and in the*. Le. 25. 40-43, 45. De. 15. 1, 12-15, 18; 31. 10. Je. 34. 8-17.

3 *by himself*. *Heb*. with his body.

5 *And if*. De. 15. 16, 17. Is. 26. 13. 2 Co. 5. 14, 15. *shall plainly say*. *Heb*. saying shall say.

6 *the judges*. ver. 22; ch. 12. 12; 18. 21-26; 22. 8, 9, 28. Nu. 25. 5-8. De. 1. 16; 16. 18; 19. 17, 18. 1 Sa. 8. 1, 2. Is. 1. 26. Zep. 3. 3. *bore his ear*. This significant ceremony was intended as a mark of permanent servitude, and was calculated to impress the servant with the duty of *hearing* all his master's orders, and *obeying* them punctually. Ps. 40. 6-8. *for ever*. Le. 25. 23, 40. De. 15. 17. 1 Sa. 1. 22; 27. 12; 28. 2. 1 Ki. 12. 7.

7 *sell*. Ne. 5. 5. *go out*. ver. 2, 3.

8 *please not*. *Heb*. be evil in the eyes of, etc. Ge. 28. 8. Ju. 14. 3. 1 Sa. 8. 6; 18. 8, marg. *who hath*. De. 20. 7; 21. 11-14. *seeing*. ch. 8. 29. Ju. 9. 19. Job 6. 15. Mal. 2. 11-15.

10 *her food*. *Sheairah*, 'her flesh:' he shall not only afford her a sufficient quantity of food, as before, but of the same quality. She is not to be fed, like a common slave, with a sufficiency of bread, vegetables, milk, etc., but with her customary supply of *flesh*, and other agreeable articles of food. 1 Co. 7. 1-6.

11 See on ver. 2.

12 ch. 20. 13. Ge. 9. 6. Le. 24. 17. Nu. 35. 16-24, 30, 31. De. 19. 11-13. 2 Sa. 12. 13. Mat. 26. 52.

13 *lie not*. Nu. 35. 11, 22. De. 19. 4-6, 11. Mi. 7. 2. *God*. 1 Sa. 24. 4, 10, 18. 2 Sa. 16. 10. Is. 10. 7. *I will appoint*. Nu. 35. 11. De. 4. 41-43; 19. 1-3, 9. Jos. 20. 2-9.

14 *presumptuously*. Nu. 15. 30, 31. De. 1. 43; 17. 12, 13; 18. 22; 19. 11-13. 1 Ki. 2. 29-34. Ps. 19. 13. He. 10. 26. 2 Pe. 2. 10. *slay*. Nu. 35. 20, 21. De. 27. 24. 2 Sa. 3. 27; 20. 9, 10. *take him*. 1 Ki. 1. 50, 51; 2. 28-34. 2 Ki. 11. 15.

15 To smite either father or mother, in a manner which indicated either contempt or malice, or left marks of violence, was deemed a proof of so ungrateful and unnatural a disposition, that no provocation was admitted as an excuse, but the offence was made capital: nay, he who cursed his father or mother, who uttered imprecations, ill wishes, or revilings, against a parent, was included in the same sense; though few crimes were made capital by the law of Moses. The law of God, as delegated to parents, is honoured when they are honoured, and despised when they are despised: and to rebel against the lawful exercise of this authority is rebellion against God.—Rev. T. SCOTT. De. 21. 18-21; 27. 24. Pr. 30. 11, 17. 1 Ti. 1. 9.

16 *stealeth*. Ge. 40. 15. De. 24. 7. 1 Ti. 1. 10. Re. 18. 12. *selleth him*. Ge. 37. 28. *found in*. ch. 22. 4.

17 *curseth*. *or*, revileth. Le. 20. 9. De. 27. 16. Pr. 20. 20; 30. 11, 17. Mat. 15. 3-6. Mar. 7. 10, 11.

18 *men*. ver. 22; ch. 2. 13. De. 25. 11. 2 Sa. 14. 6. *another*. *or*, his neighbour. *a stone*. ver. 20. Nu. 35. 16-24.

19 *upon his staff*. 2 Sa. 3. 29. Zec. 8. 4. *only he shall pay*. This was a wise and excellent institution. The same provision is made in the civil law; and most courts of justice still regulate their decisions in such cases by this Mosaic precept. *the loss*. *Heb*. his ceasing.

20 *smite*. ver. 26, 27. De. 19. 21. Pr. 29. 19. Is. 58. 3, 4. *he shall*. Ge. 9. 6. Nu. 35. 30-33. *punished*. *Heb*. avenged. Ge. 4. 15, 24. Nu. 35. 19. Ro. 13. 4.

21 Le. 25. 45, 46.

22 *strive*. ver. 18. *as the judges*. ver. 30. De. 16. 18; 22. 18, 19.

23 *life for life*. Nu. 35. 31.

24 This is the earliest account we have of the ταυτοπαθεια, or *Lex Talionis*, law of *like for like*. ver. 26, 27. Le. 24. 19, 20. De. 19. 21. Ju. 1. 6, 7. 1 Sa. 15. 33. Mat. 5. 38-40; 7. 2. Lu. 6. 38. Re. 16. 6.

26 ver. 20. De. 16. 19. Ne. 5. 5. Job 31. 13-15. Ps. 9. 12; 10. 14, 18; 72. 12-14. Pr. 22. 22, 23. Ep. 6. 9. Col. 4. 1.

28 *the ox*. ver. 32. Ge. 9. 5, 6. Le. 20. 15, 16.

29 *his owner also*. De. 21. 1-9.

30 *for the ransom*. ver. 22; ch. 30. 12. Nu. 35. 31-33. Pr. 13. 8.

32 Ge. 37. 28. Zec. 11. 12, 13. Mat. 26. 15; 27. 3-9. Phi. 2. 7. *and the ox*. ver. 28, 29.

33 Ps. 9. 15; 119. 85. Pr. 28. 10. Ec. 10. 8. Je. 18. 20, 22.

34 ver. 29, 30. ch. 22. 6, 14.

36 ver. 29.

## CHAP. XXII.

*Of theft*, 1-4. *Of damage*, 5, 6. *Of trespasses*, 7-13. *Of borrowing*, 14, 15. *Of fornication*, 16, 17. *Of witchcraft*, 18. *Of bestiality*, 19. *Of idolatry*, 20. *Of strangers, widows, and fatherless*, 21-24. *Of usury*, 25. *Of pledges*, 26, 27. *Of reverence to magistrates*, 28. *Of the first fruits*, 29, 30. *Of torn flesh*, 31.

1 *sheep*. *or*, goat. *he shall*. There is a smaller compensation required in other things, (ver. 9,) and also a disproportion between an ox and a sheep. The reason of the former is, as MAIMONIDES explains it, because money, goods, etc., are better guarded in houses and cities, than cattle in a field; which consequently can be more easily stolen. The reason of the latter seems to be, as it is explained by Bishop PATRICK, that an ox was of greater value, and more useful for the purposes of husbandry. Le. 6. 1-6. Nu. 5. 7. 2 Sa. 12. 6. Pr. 6. 31. Lu. 19. 8. *five oxen*. Pr. 14. 4.

2 *breaking*. Job 24. 14; 30. 5. Ho. 7. 1. Joel 2. 9. Mat. 6. 19, 20; 24. 43. 1 Th. 5. 2. *no blood*. Nu. 35. 27.

3 *then he shall*. See on ch. 21. 2. Ju. 2. 14; 10. 7. Is. 50. 1.

4 *found*. ch. 21. 16. *he shall restore double*. ver. 1, 7, 9. Pr. 6. 31. Is. 40. 2. Je. 16. 18. Re. 18. 6.

5 *shall he make restitution*. ver. 3, 12. ch. 21. 34. Job 20. 18.

6 *If fire break out*. Mr. HARMER observes, that it is a common custom in the East to set the dry herbage on fire; which fires, from want of care, often produce great damage. Hence a law to guard against such evils was highly expedient. *so that the stacks of corn*. Ju. 15. 4, 5. 2 Sa. 14. 30, 31. *he that kindled the fire*. ver. 9, 12; ch. 21. 33, 34.

7 *if the thief be found.* Pr.6.30, 31. Je.2.26. Jno. 12.6. 1 Co.6.10. *let him pay double.* See on ver. 4.

8 *the judges.* ver. 28, marg. ch. 21.6. De. 16. 18; 19. 17, 18. 1 Ch. 23. 4. Ps. 82. 1.

9 *for all manner of trespass.* Nu. 5. 6, 7. 1 Ki. 8.31. Mat.6.14,15; 18.15,35. Lu.17.3,4. *the cause of both parties.* ch. 18. 21, 22; 23. 6-8. De. 16. 18, 19; 25. 1. 2 Ch. 19. 10. *pay double unto his.* ver. 4. 7.

10 Ge. 39. 8. Lu. 12. 48; 16. 11. 2 Ti. 1. 12.

11 *an oath of the Lord.* Le. 5. 1; 6. 3. 1 Ki. 2. 42, 43. Pr. 30. 9. He. 6. 16. *that he hath not.* ver. 8; ch. 23. 1.

12 *stolen from him.* ver. 7. Ge. 31. 39.

13 *torn in pieces.* Eze. 4. 14. Am. 3. 12. Mi. 5. 8. Na. 2. 12. *let him bring it for witness.* Or, rather, 'Let him bring,' *aid hatteraiphah,* an evidence of the thing torn, such as the *horns, hoofs,* etc.

14 *borrow.* De. 15. 2; 23. 19, 20. Ne. 5. 4. Ps. 37. 21. Mat. 5. 42. Lu. 6. 35. *make it good.* ver. 11; ch. 21. 34. Le. 24. 18.

15 *it came for his hire.* Zec. 8. 10.

16 *a man entice.* Ge. 34. 2-4. De. 22. 28, 29.

17 *utterly.* De.7.3,4. *pay. Heb.* weigh. Ge.23.16. *dowry of virgins.* Ge. 34. 12. De. 22. 29. 1 Sa. 18. 25.

18 Le. 19. 26, 31; 20. 6, 27. De. 18. 10, 11. 1 Sa. 28. 3, 9. Is. 19. 3. Ac. 8. 9-11; 16. 16-19; 19. 19. Ga. 5. 20. Re. 22. 15.

19 Le. 18. 23, 25; 20. 15, 16. De. 27. 21.

20 *sacrificeth.* Nu. 25. 2-4, 7, 8. De. 13. 1-15; 17. 2-5; 18. 20. *utterly.* Nu. 21. 3. Jos. 23. 15, 16.

21 *vex a stranger.* ch.23.9. Le.19.33; 25.35. De. 10. 19. Je.7.6; 22.3. Zec.7.10. Mal.3.5. *for ye were strangers.* ch. 20. 2; 23. 9. De. 10. 19; 15. 15; 23. 7.

22 De. 10. 18; 24. 17; 27. 19. Ps. 94. 6, 7. Is. 1. 17, 23; 10. 2. Eze. 22. 7. Zec. 7. 10. Ja. 1. 27.

23 *they cry at all.* De. 15. 9; 24. 15. Job 31. 38, 39; 35. 9. Lu. 18. 7. *I will surely.* Job 34. 28. Ps. 10. 17, 18; 18. 6; 140. 12; 145. 19; 146. 7-9. Pr. 22. 22, 23; 23. 10, 11. Ja. 5. 4.

24 *my wrath.* Job 31. 23. Ps. 69. 24; 76. 7; 90. 11. Na. 1. 6. Ro. 2. 5-9. He. 10. 31. *your wives.* Job 27. 13-15. Ps. 78. 63, 64; 109. 9. Je. 15. 8; 18. 21. La. 5. 3. Lu. 6. 38.

25 Le. 25. 35-37. De. 23. 19, 20. 2 Ki. 4. 1, 7. Ne. 5. 2-5, 7, 10, 11. Ps. 15. 5. Pr. 28. 8. Je. 15. 10. Eze. 18. 8, 17. Mat. 25. 27. Lu. 19. 23.

26 *to pledge.* De. 24. 6, 10-13, 17. Job 22. 6; 24. 3, 9. Pr.20.16; 22.27. Eze.18.7,16; 33.15. Am.2.8.

27 *when he crieth.* ch. 2. 23, 24. Ps. 34. 6; 72. 12. Is. 19. 20. *for I am gracious.* ch. 34. 6. 2 Ch. 30. 9. Ps. 86. 15; 136. 10, 11.

28 *the gods. or,* judges. ver. 8, 9. Ps. 32. 6; 82. 1-7; 138. 1. Jno. 10. 34, 35. *nor curse.* ch. 21. 17. 1 Sa. 24. 6, 10; 26. 9. Ec. 10. 20. Ac. 23. 3, 5. Ro. 13. 2-7. Tit. 3. 1, 2. 1 Pe. 2. 17. 2 Pe. 2. 10. Jude 8.

29 *shalt not delay.* ch. 23. 16, 19. De. 26. 2-10. 2 Ki. 4. 42. 2 Ch. 31. 5. Pr. 3. 9, 10. Eze. 20. 40. Mi. 7. 1. Mat. 6. 33. Ro. 8. 23. Ja. 1. 18. *the first of thy ripe fruits. Heb.* thy fulness. *liquors. Heb.* tear. *the firstborn.* ch. 13. 2, 12; 34. 19.

30 *Likewise.* De. 15. 19. *seven days.* Le. 22. 27.

31 *holy.* ch. 19. 5, 6. Le. 11. 45; 19. 2. De. 14. 21. 1 Pe. 1. 15, 16. *neither.* Le. 17. 15, 16; 20. 25; 22. 8. De. 14. 21. Eze. 4. 14; 44. 31. Ac. 10. 14; 15. 20.

## CHAP. XXIII.

*Of slander, false witness, and partiality,* 1-3. *Of charitableness,* 4, 5. *Of justice in judgment,* 6, 7. *Of taking bribes,* 8. *Of oppressing a stranger,* 9. *Of the year of rest,* 10, 11. *Of the sabbath,* 12. *Of idolatry,* 13. *Of the three feasts,* 14-17. *Of the blood and the fat of the sacrifice,* 18, 19. *An angel is promised, with a blessing, if they obey him,* 20-33.

1 *shalt not.* ver. 7; ch. 20. 16. Le. 19. 16. 2 Sa. 16. 3; 19. 27. Ps. 15. 3; 101. 5; 120. 3. Pr. 10. 18; 17. 4; 25. 23. Je. 20. 10. Mat. 28. 14, 15. Ro. 3. 8. *raise. or,* receive. *an unrighteous witness.* De. 5. 20; 19. 16-21. 1 Ki. 21. 10-13. Ps. 27. 12; 35. 11. Pr. 6. 19; 12. 17; 19. 5, 9, 28; 21. 28; 24. 28; 25. 18. Mat. 19. 18; 26. 59-61. Lu. 3. 14; 19. 8. Ac. 6. 11-13. Ep. 4. 25. 2 Ti. 3. 3. 1 Pe. 3. 16. Re. 12. 10.

2 *follow.* ch. 32. 1-5. Ge. 6. 12; 7. 1; 19. 4, 7-9. Nu. 14. 1-10. Jos. 24. 15. 1 Sa. 15. 9, 24. 1 Ki. 19. 10. Job 31. 34. Pr. 1. 10, 11, 15; 4. 14. Mat. 27. 24-26. Mar. 15. 15. Lu. 23. 23, 24, 51. Jno. 7. 50, 51. Ac. 24. 27; 25. 9. Ro. 1. 32. Ga. 2. 11-13. *speak. or,* answer. *to decline.* ver. 6, 7. Le. 19. 15. De. 1. 17. Ps. 72. 2. Je. 37. 15, 21; 38. 5, 6, 9. Eze. 9. 9. Ha. 1. 4.

3 Ps. 82. 2, 3. Ja. 3. 17.

4 De. 22. 1-4. Job 31. 29, 30. Pr. 24. 17, 18; 25. 21. Mat. 5. 44. Lu. 6. 27, 28. Ro. 12. 17-21. 1 Th. 5. 15.

5 *If thou see.* De. 22. 4. *and wouldest forbear to help him. or,* Wilt thou cease to help him? *or,* wouldest cease to leave *thy business* for him; thou shalt surely leave *it to join* with him.

6 ver. 2, 3. De. 16. 19; 27. 19. 2 Ch. 19. 7. Job 31. 13, 21, 22. Ps. 82. 3, 4. Ec. 5. 8. Is. 10. 1, 2. Je. 5. 28; 6. 28; 7. 6. Am. 5. 11, 12. Mi. 3. 1-4. Zep. 3. 1-4. Mal. 3. 5. Ja. 2. 5, 6.

7 *far from.* ver. 1. Le. 19. 11. De. 19. 16-21. Job 22. 23. Pr. 4. 14, 15. Is. 33. 15. Lu. 3. 14. Ep. 4. 25. 1 Th. 5. 22. *the innocent.* De. 27. 25. *for I will not.* ch. 34. 7. Pr. 17. 15. Na. 1. 3. Ro. 1. 18; 2. 5, 6.

8 *thou shalt take.* De. 16. 19. 1 Sa. 8. 3; 12. 3. Ps. 26. 10. Pr. 15. 27; 17. 8, 23; 19. 4. Ec. 7. 7. Is. 1. 13; 5. 23. Eze. 22. 12. Ho. 4. 18. Am. 5. 12. Mi. 7. 3. *the wise. Heb.* the seeing.

9 *thou shalt not.* ch. 21. 21. De. 10. 19; 24. 14-18; 27. 19. Ps. 94. 6. Eze. 22. 7. *ye know.* Mat. 18. 33. He. 2. 17, 18. *heart. Heb.* soul.

11 *the seventh.* See on Le. 25. 2-7, 11, 12, 20, 22; 26. 34, 35. *olive-yard. or,* olive-trees.

12 *Six days.* See on ch. 20. 8-11; 31. 15, 16. Lu. 13. 14. *and the son.* De. 5. 13-15. Is. 58. 3.

13 *be circumspect.* De. 4. 9, 15. Jos. 22. 5; 23. 11. 1 Ch. 28. 7-9. Ps. 39. 1. Ep. 5. 15. 1 Ti. 4. 16. He. 12. 15. *make no mention.* Nu. 32. 38. De. 12. 3. Jos. 23. 7. Ps.16. 4. Je.10.11. Ho.2.17. Zec.13.2. Ep.5.12.

14 ch. 34. 22. Le. 23. 5, 16, 34. De. 16. 16.

15 *the feast.* ch. 12. 14-28, 43-49; 13. 6, 7; 34. 18. Le. 23. 5-8. Nu. 9. 2-14; 28. 16-25. De. 16. 1-8. Jos. 5. 10, 11. 2 Ki. 23. 21-23. Mar. 14. 12. Lu. 22. 7. 1 Co. 5. 7, 8. *and none.* ch. 34. 20. Le. 23. 10. De. 16. 16. Pr. 3. 9, 10.

16 *feast of harvest.* ch. 22. 29; 34. 22. Le. 23. 9-21. Nu. 28. 26-31. De. 16. 9-12. Ac. 2. 1. *in-gathering.* ch. 34. 22. Le. 23. 34-44. Nu. 29. 12-39. De. 16. 13-15. Ne. 8. 14-18. Zec. 14. 16-19. Jno. 7. 2, 37.

17 ch. 34. 23. De. 12. 5; 16. 16; 31. 11. Ps. 84. 7. Lu. 2. 42.

18 *blood.* ch.12.8,15; 34.25. Le.2.11; 7.12. De.16. 4. *sacrifice. or,* feast. *remain.* ch. 12. 10. Le. 7. 15.

19 *first of the.* ch. 22. 29; 34. 26. Le. 23. 10-17. Nu. 18. 12, 13. De. 12. 5-7; 26. 10. Ne. 10. 35. 1 Co. 15. 20. Re. 14. 4. *Thou shalt not seethe a kid.* The true sense of this passage seems to be that assigned by Dr. CUDWORTH, from a MS. comment of a Karaïte Jew. 'It was a custom with the ancient heathens, when they had gathered in all their fruits, to take a kid, and boil it in the dam's milk; and then in a magical way, to go about and sprinkle all their trees, and fields, and gardens, and orchards with it, thinking by these means, that they should make them fruitful, and bring forth more abundantly in the following year. Wherefore, God forbad his people, the Jews, at the time of their in-gathering, to use any such superstitious or idolatrous rite.' ch. 34. 26. De. 14. 21. Pr. 12. 10. Je. 10. 3.

20 *Angel.* ch. 3. 2-6; 14. 19; 32. 34; 33. 2, 14. Ge. 48. 16. Nu. 20. 16. Jos. 5. 13; 6. 2. Ps. 91. 11. Is. 63. 9. Mal. 3. 1. 1 Co. 10. 9, 10. *prepared.* Ge. 15. 18. Mat. 25. 34. Jno. 14. 3.

21 *Beware of him.* Ps. 2. 12. Mat. 17. 5. He. 12. 25. *provoke him not.* Nu. 14. 11. Ps. 78. 40, 56. Ep. 4. 30. He. 3. 10, 16. *he will not.* ch. 32. 34. Nu. 14. 35. De. 18. 19. Jos. 24. 19. Je. 5. 7. He. 3. 11; 10. 26-29; 12. 25. 1 Jno. 5. 16. *my name.* ch. 3. 14; 34. 5-7. Ps. 72. 19; 83. 18. Is. 7. 14; 9. 6; 42. 8; 45. 6; 57. 15. Je. 23. 6. Mat. 1. 23. Jno. 5. 23; 10. 30, 38; 14. 9, 10. Col. 2. 9. Re. 1. 8; 2. 8, 23; 3. 7.

22 *an enemy.* Ge.12.3. Nu.24.9. De.30.7. Je.30. 20. Zec.2.8. Ac.9.4,5. *an adversary unto thine adversaries. or,* I will afflict them that afflict thee.

23 *mine Angel.* ver. 20; ch. 32. 2. Is. 5. 13. *thee in.* ch. 3. 17. Gen. 15. 19-21; 34. 2. Jos. 24. 8-11. *the Hivites.* The LXX., Samaritan, Coptic, and one Hebrew MS. add, 'and the Girgashite;' thus making the *seven* nations.

24 *shalt not.* See on ch. 20. 5. *do after.* Le. 18. 3, 26-30. De. 12. 30, 31. 2 Ch. 33. 2, 9. Ps. 101. 3; 106. 35-38. Eze. 16. 47. *overthrow.* ch. 32. 20; 34. 13, 14. Nu. 33. 52. De. 7. 5, 25, 26; 12. 3. 2 Ch. 34. 3-7.

25 *And ye.* De. 6. 13; 10. 12, 20; 11. 13, 14; 13.4; 28. 1-6. Jos. 22. 5; 24. 14, 15, 21, 24. 1 Sa. 7. 3; 12. 20, 24. Je. 8. 2. Mat. 4. 10. *he shall.* De. 7. 13; 28. 5-8. Is. 33. 16. Mal. 3. 10. *I will take.* ch. 15. 26. De. 7. 15. Ps. 103. 3. Is. 33. 24.

26 *shall nothing.* De. 7. 14; 28. 4. Job 21. 10. Ps. 107. 38; 144. 13. Mal. 3. 10, 11. *the number.* Ge. 25. 8; 35. 29. 1 Ch. 23. 1. Job 5. 26; 42. 17. Ps. 55. 23; 90. 10. Is. 65. 20.

27 *my fear.* ch. 15. 14-16. Ge. 35. 5. De. 2. 25; 11. 23, 25. Jos. 2. 9-11. 1 Sa. 14. 15. 2 Ki. 7. 6. 2 Ch. 14. 14. *destroy.* De. 7. 23. *backs. Heb.* neck. Ps. 18. 40.

28 *hornets. Tzirâh,* the *hornet,* may be so called from the Arabic *zaraâ,* to *lay prostrate, strike down,* because of the destruction occasioned by the violence of its sting. The hornet, in natural history, belongs to the species *Crabro,* of the genus *Vespa,* or *Wasp.* It is a most voracious insect, and exceedingly strong for its size, which is generally an inch in length. De. 7. 20. Jos. 24. 11.

29 *in one year.* De. 7. 22. Jos. 15. 63; 16. 10; 17. 12, 13. Ju. 3. 1-4.

31 *I will set.* Ge. 15. 18. Nu. 34. 3-15. De. 11. 24. Jos. 1. 4. 1 Ki. 4. 21, 24. Ps. 72. 8. *deliver the.* Nu. 21. 34. De. 3. 2. Jos. 8. 7, 18; 10. 8, 19; 21. 44; 23. 14; 24. 8. Ju. 1. 4; 11. 21. 1 Sa. 23. 4. 1 Ki. 20. 13.

32 *shalt make.* ch. 34. 12, 15. De. 7. 2. Jos. 9. 14-23. 2 Sa. 21. 1, 2. Ps. 106. 35. 2 Co. 6. 15. *nor with.* Nu. 25. 1, 2. De. 7. 16.

33 *they make.* 1 Ki. 14. 16. 2 Ch. 33. 9. *it will surely.* ch. 34. 12. De. 7. 16; 12. 30. Jos. 23. 13. Ju. 2. 3. 1 Sa. 18. 21. Ps. 106. 36. 2 Ti. 2. 26.

## CHAP. XXIV.

*Moses is called up into the mountain,* 1-2. *The people promise obedience,* 3. *Moses builds an altar, and twelve pillars,* 4, 5. *He sprinkles the blood of the covenant,* 6-8. *The glory of God appears,* 9-13. *Aaron and Hur have the charge of the people,* 14. *Moses goes into the mountain, where he continues forty days and forty nights,* 15-18.

1 *Come up.* ver. 15; ch. 3. 5; 19. 9, 20, 24; 20. 21; 34. 2. *Nadab.* ch. 6. 23; 28. 1. Le. 10. 1, 2. 1 Ch. 6. 3. *seventy.* ver. 9; ch. 1. 5. Nu. 11. 16, 24, 25. Eze. 8. 11. Lu. 10. 1, 17.

2 ver. 13, 15, 18; ch. 20. 21. Nu. 16. 5. Je. 30. 21; 49. 19. He. 9. 24; 10. 21, 22.

3 *all the judgments.* ch. 21-23. De. 4. 1, 5, 45; 5. 1, 31; 6. 1; 11. 1. *All the words.* ver. 7; ch. 19. 8. De. 5. 27, 28. Jos. 24. 22. Ga. 3. 19, 20.

4 *wrote.* De. 31. 9. Jos. 24. 26. *and builded.* ch. 20. 24-26. *twelve pillars.* Ge. 28. 18, 22; 31. 45. Jos. 24. 27. Ga. 2. 9. *according.* ch. 28. 21. Le. 24. 5. Nu. 17. 2. Jos. 4. 2, 3, 8, 9, 20. 1 Ki. 11. 30. Ezr. 6. 17. Lu. 22. 30. Re. 21. 14.

5 *young men.* ch. 19. 22. *burnt offerings.* ch. 18. 12. Le. ch. 1. *peace offerings.* Le. ch. 3; 7. 11-21.

6 *the blood he.* ver. 8; ch. 12. 7, 22. Col. 1. 20. He. 9. 18; 12. 24. 1 Pe. 1. 2, 19. *on the altar.* ch. 29. 16, 20. Le. 1. 5, 11; 3. 2, 8; 4. 6.

7 *the book.* ver. 4. He. 9. 18-23. *read.* De. 31. 11-13. Ac. 13. 15. Col. 4. 16. 1 Th. 5. 27. *All that.* ver. 3. Je. 7. 23, 24.

8 *sprinkled.* See on ver. 6. Le. 8. 30. Is. 52. 15. Eze. 36. 25. He. 9. 18-21. *Behold.* Zec. 9. 11. Mat. 26. 28. Mar. 14. 24. Lu. 22. 20. 1 Co. 11. 25. Ep. 1. 7. He. 9. 20; 10. 4, 5; 13. 20. 1 Pe. 1. 2.

9 See on ver. 1.

10 *saw.* ver. 29; ch. 3. 6; 33. 20, 23. Ge. 32. 30. Ju. 13. 21, 22. 1 Ki. 22. 19. Is. 6. 1-5. Eze. 1. 28. Jno. 1. 18; 14. 9. 1 Ti. 6. 16. 1 Jno. 4. 12. *of a sapphire stone.* The Hebrew *sappir,* is without doubt the *sapphire;* which is a most beautiful precious stone of a fine *blue* colour, second only to the diamond in lustre, hardness, and value. The ancient oriental sapphire is supposed to have been the same as the *lapis lazuli.* It glitters with *golden spots;* and is of an *azure* or *sky-blue* colour, but rarely intermixed with purple. The *ruby* and *topaz* are considered of the same genus. Eze. 1. 26, 27; 10. 1. Re. 4. 3; 21. 19-23. *in his clearness.* Ca. 6. 10. Mat. 17. 2. Re. 1. 16; 21. 11, 18.

11 *nobles.* ver. 1, 9. Nu. 21. 18. Ju. 5. 13. 1 Ki. 21. 8. 2 Ch. 23. 20. Ne. 2. 16. Je. 14. 3. *laid not.* ch. 19. 21; 33. 20-23. Ge. 32. 24-32. De. 4. 33. Ju. 13. 22. *they saw.* ver. 10. Ge. 16. 13. *did eat.* ch. 18. 12. Ge. 18. 18; 31. 54. De. 12. 7. Ec. 9. 7. Lu. 15. 23, 24. 1 Co. 10. 16-18.

12 *Come up.* ver. 2, 15, 18. *tables.* ch. 31. 18; 32. 15, 16. De. 5. 22. Ne. 9. 13. Je. 31. 33. 2 Co. 3. 3, 7. He. 9. 4. *that thou.* De. 4. 14. Ezr. 7. 10. Mat. 5. 19.

13 *his minister.* ch. 17. 9-14; 32. 17; 33. 11. Nu. 11. 28. *went up.* ver. 2.

14 *Tarry ye.* ch. 32. 1. Ge. 22. 5. 1 Sa. 10. 8; 13. 8-13. *Hur.* ch. 17. 10, 12. *if any man.* ch. 18. 25, 26.

15 *a cloud.* ch. 19. 9, 16. 2 Ch. 6. 1. Mat. 17. 5.

16 *the glory.* ver. 17; ch. 16. 10. Le. 9. 23. Nu. 14. 10; 16. 42. Eze. 1. 28. 2 Co. 4. 6. *seventh day.* ch. 19. 11; 20. 10. Re. 1. 10.

17 *like devouring fire.* ch. 3. 2; 19. 18. De. 4. 24, 36. Eze. 1. 27. Na. 1. 6. Hab. 3. 4, 5. He. 12. 18, 29.

18 *went into.* ver. 17; ch. 9. 29, 33; 19. 20. Pr. 28. 1. *forty days.* ch. 34. 28. De. 9. 9, 18, 25; 10. 10. 1 Ki. 19. 8. Mat. 4. 2. Mar. 1. 13. Lu. 4. 2.

## CHAP. XXV.

*What the Israelites were to offer for the formation of the tabernacle,* 1-9. *The form of the ark,* 10-16. *The mercy seat, with the cherubims,* 17-22. *The table of shew bread, with the furniture thereof,* 23-30. *The golden candlestick, with the instruments thereof,* 31-40.

2 *they.* ch. 35. 5-29. Nu. 7. 3-88. De. 16. 16, 17. 1 Ch. ch. 29. *bring me. Heb.* take for me. *offering. or,* heave offering. Nu. 18. 24. *willingly.* ch. 35. 5, 21. Ju. 5. 9. 1 Ch. 29. 3, 5, 9, 14, 17. Ezr. 1. 6; 2. 68; 3. 5; 7. 16. Ne. 11. 2. Ps. 110. 3. 2 Co. 8. 12; 9. 7.

3 *brass. Nechosheth,* rather, *copper;* as *brass* is a factitious metal, composed of copper, and the oxide or ore of zinc, called *lapis calaminaris.*

4 *blue. Techaileth,* generally supposed to mean an *azure* or *sky-colour:* rendered by the LXX. υακινθον, and vulgate, *hyacinthum. fine linen. or,* silk. Ge. 41. 42. Eze. 16. 10. Re. 19. 8.

5 ch. 26. 14. *shittim wood.* ch. 26. 15, 26, 37; 27. 1; 36. 20.

6 *Oil for.* ver. 37; ch. 27. 20; 40. 24, 25. *spices.* ch. 30. 23-38.

7 *Onyx stones.* ch. 28. 9-21. *ephod.* ch. 28. 4, 6, 15.

8 *a sanctuary.* ch. 15. 2; 36. 1-4. Le. 4. 6; 10. 4; 21. 12. He. 9. 1, 2. *I may dwell.* ch. 29. 45. 1 Ki. 6. 13. Is. 12. 6. Zec. 2. 10; 8. 3. 2 Co. 6. 16. He. 3. 6. Re. 21. 3.

9 *the pattern of the tabernacle.* ver. 40. 1 Ch. 28. 11-19. He. 8. 5; 9. 9.

10 *an ark. Aron* denotes a *chest,* or *coffer,* in general; but is applied particularly to the *chest* or *ark* in which the *testimony* or *two tables of the covenant* were laid up; on the top of which was the *propitiatory* or *mercy seat;* and at the end of which were the *cherubim* of gold; between whom the visible sign of the presence of God appeared as seated upon his throne. ch. 37. 1-3. De. 10. 1-3. 2 Ch. 8. 11. He. 9. 4. Re. 11. 19.

11 ver. 24; ch. 30. 3. 1 Ki. 6. 20. 2 Ch. 3. 4.

12 ver. 15, 26; ch. 26. 29; 27. 7; 37. 5; 38. 7.

13 ver. 28; ch. 27. 6; 30. 5; 37. 4; 40. 20. Nu. 4. 6, 8, 11, 14. 1 Ch. 15. 15.

15 1 Ki. 8. 8. 2 Ch. 5. 9.

16 ch. 16. 34; 27. 21; 30. 6, 36; 31. 18; 32. 15; 34. 29; 38. 21. Nu. 17. 4. De. 10. 2-5; 31. 26. 1 Ki. 8. 9. 2 Ki. 11. 12. 2 Ch. 34. 14, 15. Ac. 7. 44. Ro. 3. 2. He. 9. 4.

17 *mercy seat.* ch. 26. 34; 37. 6; 40. 20. Le. 16. 12-15. 1 Ch. 28. 11. Ro. 3. 25. He. 4. 16; 9. 5. 1 Jno. 2. 2.

18 *two cherubims of gold.* ch. 37. 7-9. Ge. 3. 24. 1 Sa. 4. 4. 1 Ki. 6. 23-28; 8. 6, 7. 1 Ch. 28. 18. Eze. 10. 2, 20; 41. 18, 19. He. 9. 5.

19 *of the. or, of the matter* of the.

20 *cherubims shall.* ver. 18. 1 Ki. 8. 7. 1 Ch. 28. 18. 2 Ch. 3. 10. *covering.* Eze. 28. 14. *toward.* Ge. 28. 12. Is. 6. 1-5. Eze. 1. 20. Mat. 24. 31. Jno. 1. 51. 1 Co. 4. 9; 11. 10. Ep. 3. 10. Col. 2. 10. He. 1. 14. 1 Pe. 1. 12; 3. 22. Re. 5. 11, 12.

21 *mercy seat.* ver. 17; ch. 26. 34. Ro. 10. 4. *in.* See on ver. 16.

22 *and I will.* ch. 20. 24; 30. 6, 36; 31. 18. Ge. 18. 33. Le. 1. 1; 16. 2. Nu. 7. 89; 17. 4. De. 5. 26-31. Ju. 20. 27. *between.* ch. 29. 42, 43; 31. 6. 1 Sa. 4. 4. 2 Sa. 6. 2. 2 Ki. 19. 15. Ps. 80. 1; 90. 1; 99. 1. Is. 37. 16.

23 *a table.* ch. 37. 10-16; 40. 22, 23. Le. 24. 6. Nu. 3. 31. 1 Ki. 7. 48. 1 Ch. 28. 16. 2 Ch. 4. 8, 19. Eze. 40. 41, 42. He. 9. 2. *shittim wood. Shittim* wood is probably the *acacia Nilotica.* St. JEROME says, that the shittim wood grows in the deserts of Arabia, and is like white thorn, as to its colour and leaves; but the tree is so large as to furnish very long planks. The wood is hard, tough, and extremely beautiful. It is thought he means the *black acacia,* because that is the most common tree in the deserts of Arabia. It is of the size of a large mulberry tree. The spreading branches and larger limbs are armed with thorns, which grow three together. The bark is rough; and the leaves are oblong, standing opposite each other. The flowers, though sometimes white, are generally of a bright yellow; and the fruit, which resembles a bean, is contained in pods like those of the lupin. 'The acacia,' says Dr. SHAW, 'being by much the largest and most common tree in the deserts,' *(Arabia Petræa,)* we have some reason to conjecture that the *shittim wood* was the wood of the acacia, especially as its flowers are of an excellent smell; for the *shittah tree* is, in Is. 41. 19, joined with the myrtle and other fragrant shrubs. It may be remarked, that of the two Hebrew names, *shittim* is masculine, and *shittah* feminine. So Mr. BRUCE says, 'the MALE is called *saiel;* from it proceeds the gum Arabic, on incision with an axe.'

24 See on ver. 11. 1 Ki. 6. 20-22.

25 *a golden crown to the border.* ch. 30. 3; 37. 2.

26 *four rings of gold.* See on ver. 12.

27 *for places of the staves.* ver. 14, 28.

28 *the table.* ver. 14, 27. Nu. 10. 17. Ac. 9. 15.

29 *the.* ch. 37. 16. Nu. 4. 7; 7. 13, 19, 31, etc. 1 Ki. 7. 50. 2 Ch. 4. 22. Ezr. 1. 9-11. Je. 52. 18, 19. *to cover. or,* to pour out. Le. 24. 5-9. Ca. 5. 1. Re. 3. 20.

30 ch. 35. 13; 39. 36. Le. 24. 5, 6. Nu. 4. 7. 1 Sa. 21. 6. 1 Ch. 9. 32; 23. 29. 2 Ch. 13. 11. Mal. 1. 7, 12. Mat. 12. 4.

31 *a candlestick.* ch. 35. 14; 37. 17-24; 40. 24, 25. 1 Ki. 7. 49. 2 Ch. 13. 11. Zec. 4. 2. He. 9. 2. Re. 1. 12, 20; 2. 1, 5; 4. 5. *his knops.* 1 Ki. 6. 18; 7. 24.

33 *like unto.* Nu. 17. 4-8. Je. 1. 11, 12. *and three.* ch. 37. 19, 20. Zec. 4. 3.

36 *beaten.* ver. 18. Nu. 8. 4. 1 Ki. 10. 16, 17. 2 Ch. 9. 15.

37 *seven.* ch. 37. 23. Ze. 4. 2. Re. 1. 4, 12, 20; 2. 1; 4. 5. *they shall.* ch. 27. 21; 30. 8. Le. 24. 2-4. 2 Ch. 13. 11. *light. or,* cause to ascend. *give.* ch. 40. 24. Nu. 8. 2. Ps. 119. 105. Pr. 6. 23. Is. 8. 20. Mat. 5. 14. Lu. 1. 79. Jno. 1. 9; 8. 12; 12. 5. Ac. 26. 18. Re. 21. 23-25; 22. 5. *it. Heb.* the face of it. Nu. 8. 2.

38 *the tongs.* 2 Ch. 4. 21. Is. 6. 6. *snuff dishes.* ch. 37. 23. Nu. 4. 9. 1 Ki. 7. 50. 2 Ki. 12. 13; 25. 14. Je. 52. 18.

40 *that thou make.* ch. 26. 30; 39. 42, 43. Nu. 8. 4. 1 Ch. 28. 11, 19. Eze. 43. 11, 12. Ac. 7. 44. He. 8. 5. *was shewed thee in the mount. Heb.* thou wast caused to see in the mount.

## CHAP. XXVI.

*The ten curtains of the tabernacle,* 1-6. *The eleven curtains of goats' hair, and the coverings of rams' and badgers' skins,* 7-14. *The boards of the tabernacle, with their sockets and bars,* 15-30. *The vail for the ark,* 31-35. *The hanging for the door,* 36, 37.

1 *the tabernacle with ten curtains.* The word *mishcan,* from *shachan,* to *dwell,* means simply a *dwelling-place,* or *habitation.* 'When God had brought the children of Israel out of Egypt,' says the very learned Dr. CUDWORTH, 'resolving to manifest himself in a peculiar manner present among them, he thought good to dwell amongst them in a visible and external manner; and therefore, while they were in the wilderness, and sojourned in tents, he would have a tent or tabernacle built, to sojourn with them also.—Now, the tabernacle being thus a house for God to dwell in visibly, to make up the notion of dwelling or habitation complete, there must be all things suitable to a house belonging to it. Hence, in the holy place, there must be a table and a candlestick, because these were the ordinary furniture of a room. The table must have its dishes, and spoons, and bowls, and covers, belonging to it, though they were never used; and always be furnished with bread upon it. The candlestick must have its lamps continually burning,' etc. ch. 25. 8; 36. 8-19; 40. 2, 17-19. 1 Ch. 17. 1; 21. 29. Jno. 1. 14; 2. 21. He. 8. 2; 9. 9, 23, 24. Re. 21. 3. *fine twined linen.* ver. 36; ch. 25. 4; 35. 6, 35. Re. 19. 8. *cherubims.* See on ch. 25. 18. *cunning work. Heb.* the work of a cunning workman, *or* embroiderer.

2 *curtain.* ver. 7, 8. Nu. 4. 25. 2 Sa. 7. 2. 1 Ch. 17. 1.

3 *coupled together.* ver. 9; ch. 36. 10. Jno. 17. 21. 1 Co. 12. 4, 12-27. Ep. 2. 21, 22; 4. 3-6, 16. Col. 2. 2, 19.

4 *loops of blue.* ver. 5, 10, 11; ch. 36. 11, 12, 17.

6 *taches of gold.* ver. 11, 33; ch. 35. 11; 36. 13, 18; 39. 33. *one tabernacle.* Ep. 1. 22, 23; 4. 16. 1 Pe. 2. 4, 5.

7 *curtains.* ch. 35. 26; 36. 14-18. Nu. 4. 25. Ps. 45. 13. 1 Pe. 3. 4; 5. 5. *goats' hair. Izzim, goats,* but used here elliptically for goats' hair. In different parts of Asia Minor, Syria, Cilicia, and Phrygia, the goats have long, fine, and beautiful hair; in some cases, almost as fine as silk, which is shorn at proper times, and manufactured into garments. ch. 25. 4; 35. 6, 23. Nu. 31. 20. *a.* ver. 14. Is. 4. 5. *eleven.* ver. 1, 9, 12.

8 *length of one curtain.* ver. 2, 13.

9 *five curtains by themselves.* ver. 3.

10 *fifty loops.* ver. 4-6.

11 *tent. or,* covering. See on ver. 3, 6.

12 *shall hang over.* ver. 9.

13 *a cubit.* ver. 2, 8. *of that which remaineth. Heb.* in the remainder, *or* surplusage.

14 *a covering.* ch. 36. 19. Nu. 4. 5. Ps. 27. 5; 121. 4, 5. Is. 4. 6; 25. 4. *rams' skins dyed red. Oroth ailim meoddamim,* literally, *the skins of red rams.* It is a fact, attested by many respectable travellers, that in the Levant, sheep are often met with having *red* or *violet* coloured fleeces. Almost all ancient writers speak of the same thing. ch. 25. 5; 35. 7, 23; 39. 34. Nu. 4. 10. Eze. 16. 10. *badgers' skins. Oroth techashim,* which nearly all the ancient versions have taken to be the name of a colour, though they differ very much with regard to the particular colour intended: the LXX., Vulgate, and Coptic, have *skins dyed of a violet colour;* the Syriac, *azure;* and the Arabic, *black;* and BOCHART contends for the *hysginus,* a very *deep blue.* It may, however, denote an animal; for Dr. GEDDES remarks, had the sacred writer meant to express only a variety of colour, he would hardly have repeated *óroth,* skins, after *meoddamim,* red, in ch. 25. 5.

15 *boards.* ver. 18, 22-29; ch. 36. 20-33; 40. 17, 18. Nu. 4. 31, 32. Ep. 2. 20, 21. *of shittim.* ch. 25. 5.

17 *tenons. Heb.* hands.

19 *forty sockets of silver*. ver. 25, 37; ch. 27. 10, 12-18; 36. 24-26; 38. 27, 30, 31; 40. 18. Nu. 3. 36; 4. 31, 32. Ca. 5. 15.

21 *two sockets under one board*. ver. 19.

24 *be coupled*. *Heb.* twined. *and they shall be coupled together above*. ch. 36. 29, 30. Ps. 133. 1-3. 1 Co. 1. 10; 3. 16. 1 Pe. 2. 5.

26 *bars of shittim wood*. ch. 36. 31-38. Nu. 3. 36; 4. 31. Ro. 15. 1. 1 Co. 9. 19, 20. Ga. 6. 1, 2. Ep. 4. 16. Col. 2. 19.

29 *overlay the boards with gold*. See on ch. 25. 11, 12.

30 *rear up the tabernacle*. ch. 40. 2, 17, 18. Nu. 10. 21. Jos. 18. 1. He. 8. 2. *according to the fashion*. ch. 25. 9, 40; 27. 8. Ac. 7. 44. He. 8. 5; 9. 23.

31 *a vail of*. ch. 36. 35; 40. 3, 21. Le. 16. 2, 15. 2 Ch. 3. 14. Mat. 27. 51. Mar. 15. 38. Lu. 23. 45. Ep. 2. 14. He. 9. 3-8; 10. 20, 21. *blue*. ch. 25. 4; 35. 6, 25, 35; 36. 8. *purple*. *Argaman*, a very precious colour, extracted from the *purpura*, or *murex*, a species of shell-fish; and supposed to be the same with the costly and much celebrated *Tyrian purple*. *scarlet*. *Tolaâth;* properly the *worm* whence the *scarlet* colour was produced; which grew in a coccus, or excrescence, of a shrub of the ilex kind, like the *cochineal* worm in the Opuntia of America; which is arranged under the same genus as the Arabic *Kermez*, which also denotes this colour. *cunning work*. ver. 1; ch. 28. 15; 38. 23. 2 Ch. 2. 7-13. Ps. 137. 5. Ca. 7. 1. *cherubims shall it be made*. See on ch. 25. 18.

32 *pillars of shittim*. ver. 37; ch. 36. 38. Es. 1. 6. *their hooks shall be of gold*. The Hebrew *waveyhem*, which we translate *their hooks*, is rendered by the LXX. κεφαλιδες, and by the Vulgate, *capita*, *capitals*. Hence CALMET contends, 1. That if Moses does not mean the *capitals* of the pillars by this word, he mentions them nowhere else; and it would seem strange, that while he describes them with so much exactness, that he should not mention the *capitals;* or that pillars every way so correctly formed, should have been destitute of this necessary *ornament*. 2. As Moses was commanded to make the *wavim* of the pillars, and their *fillets*, of silver, (ch. 27. 10, 11,) and the *wavim* of the pillars of the vail, of gold, (ch. 36. 36,) and that 1775 skekels were employed in making them, overlaying their *chapiters*, *rasheyhem*, their *heads*, and filleting them, (ch. 38. 28,) it is more reasonable to suppose that all this is spoken of the *capitals* of *pillars*, than of any kind of *hooks*, especially as hooks are mentioned under the word *taches* or *clasps*. But as the root *wavah* seems to signify to *connect*, (for וי, in Arabic, is to *marry* a wife,) and as the letter וו, *wav*, if it has not its name from its *hook-like* form, is yet used as a *connective* particle, it would rather appear to denote *hooks*, which connected the curtains or vails to the pillars. The LXX. also render it αγκυλαι, *handles*, and κρικοι, *rings* or *clasps*.

33 *the taches*. ch. 27. 10; 36. 36. *within the vail*. He. 9. 4, 5. *the ark of the testimony*. ch. 25. 16; 40. 21. *the holy place*. Le. 16. 2. 1 Ki. 8. 6, 10. 2 Ch. 5. 7-10. He. 9. 2, 3.

34 *put the mercy seat*. See on ch. 25. 21; 40. 20. He. 9. 5.

35 *the table*. See on ch. 40. 22. He. 9. 2, 8, 9. *the candlestick*. See on ch. 25. 31-37; 40. 24.

36 *hanging*. This may be termed the *first* vail, as it occupied the door or entrance to the tabernacle: the vail that separated the Holy of Holies is called the *second* vail, He. 9. 3. Mr. MORIER, (Second Journey through Persia, p. 251,) describing the tent of a chief of the Eelauts, says, 'It was composed of a wooden frame of circular laths, which were fixed on the ground, and then covered over with large felts, that were fastened down by a cord, ornamented by tassels of various colours. A *curtain*, curiously worked by the women, with coarse needlework of various colours, was suspended over the door. In the king of Persia's tents, magnificent *perdahs*, or hangings of needle-work, are suspended, as well as on the doors of the great mosques in Turkey; and these circumstances combined, will, perhaps, illustrate Ex. 26. 36.' ch. 36. 37; 40. 28. Jno. 10. 9; 14. 6. *the tent*. ch. 35. 11; 39. 33; 40. 29. Nu. 3. 25; 9. 15. 2 Sa. 7. 6. Ps. 78. 60. *of blue*. See on ver. 31.

37 *overlay them with gold*. ch. 36. 38.

## CHAP. XXVII.

*The altar of burnt offering, with the vessels thereof,* 1-8. *The court of the tabernacle inclosed with hangings and pillars,* 9-17. *The measure of the court, and the furniture of brass,* 18, 19. *The oil for the lamp,* 20, 21.

1 *altar of shittim wood*. ch. 20. 24-26; 24. 4; 38. 1-7; 40. 10, 29. 2 Sa. 24. 18. 2 Ch. 4. 1. Eze. 43. 13-17. He. 13. 10.

2 *horns of it upon the four corners thereof*. The horns might have been designed not only for ornament, but to prevent the sacrifices from falling off, and to tie the victim to, previous to its being sacrificed. ch. 29. 12. Le. 4. 7, 18, 25; 8. 15; 16. 18. 1 Ki. 1. 50; 2. 28. Ps. 118. 27. He. 6. 18. *overlay it with brass*. Nu. 16. 38, 39. 1 Ki. 8. 64.

3 *his shovels*. Le. 16. 12. 1 Ki. 7. 40, 45. 2 Ch. 4. 11. Je. 52. 18. *basons*. ch. 24. 6. *flesh-hooks*. ch. 38. 3. Nu. 4. 14. 1 Sa. 2. 13, 14. 1 Ch. 28. 17. 2 Ch. 4. 16. *firepans*. 1 Ki. 7. 45. 2 Ki. 25. 15. Je. 52. 19, 20.

4 *a grate of network*. ch. 35. 16; 38. 4, 5. *rings in the four corners thereof*. See on ch. 25. 12.

5 *compass of the altar*. ch. 38. 4.

6 *staves for the altar*. See on ch. 35. 13-15; 30. 4. Nu. 4. 44.

7 *bear it*. ch. 25. 28; 30. 4. Nu. 4. 13, 14.

8 *as it was shewed*. *Heb.* he shewed. ch. 25. 9, 40; 26. 30, etc. 1 Ch. 28. 11, 19. Mat. 15. 9. Col. 2. 20-23. He. 8. 5.

9 *the court*. ch. 38. 9-20; 40. 8. 1 Ki. 6. 36; 8. 64. 2 Ch. 33. 5. Ps. 84. 10; 92. 13; 100. 4; 116. 19. Eze. 40. 14, 20, 23, 28, 32, 44; 42. 3, 19, 20; 46. 20-24. *hangings for*. ch. 26. 31-37; 35. 17; 39. 40.

10 *sockets shall be of brass*. See on ch. 26. 19-21. *fillets shall be of silver*. ch. 36. 38. Je. 52. 21.

14 *hangings of one side*. ver. 9; ch. 26. 36.

16 *of blue*. See on ch. 26. 31, 36. *needle-work*. ch. 28. 39; 36. 37; 39. 29. Ju. 5. 30. Ps. 45. 14.

18 *length of the court*. ver. 9-12. *fifty every where*. *Heb.* fifty by fifty.

19 *all the pins thereof*. ver. 3; ch. 35. 18; 38. 20, 31.; 39. 40. Nu. 3. 37; 4. 32. Ezr. 9. 8. Ec. 12. 11. Is. 22. 23-25; 33. 20. Zec. 10. 4.

20 *pure oil olive beaten*. That is, such oil as could be easily expressed from the olives, after they had been bruised in a mortar; and which is much purer than that obtained after the olives are put under the press. ch. 39. 37. Le. 24. 2-4. Ju. 9. 9. Ps. 23. 5. Zec. 4. 11-14. Re. 11. 4. *for the light*. See on ch. 25. 31-37. *to cause the lamp*. JOSEPHUS says, that the whole of the seven lamps burned all night; and that in the morning *four* were extinguished, and *three* burned the whole of the day. Such might have been the practice in his time; but it appears sufficiently evident from ch. 30. 8, and 1 Sa. 3. 3, that they were anciently extinguished in the morning. *to burn*. *Heb.* to ascend up.

21 *the tabernacle of the congregation*. ch. 29. 10, 44. Le. 3. 8. Nu. 8. 9. *without the vail*. ch. 26. 31-33; 40. 3. *testimony*. See on ch. 16. 34; 25. 16, 21. *Aaron*. ch. 30. 8. 1 Sa. 3. 3. 2 Ch. 13. 11. Mal. 2. 7. Mat. 4. 16. Lu. 12. 35. Jno. 5. 35. 2 Co. 4. 6. 2 Pe. 1. 19. Re. 2. 1. *evening*. Ge. 1. 5, 8. Le. 24. 3. Ps. 134. 1. *a statute for ever*. ch. 28. 43; 29. 9, 28. Le. 3. 17; 16. 34; 24. 9. Nu. 18. 23; 19. 21. 1 Sa. 30. 25.

## CHAP. XXVIII.

*Aaron and his sons are set apart for the priest's office,* 1. *Holy garments are appointed,* 2-5. *The ephod and girdle,* 6-14. *The breast-plate with twelve precious stones,* 15-29. *The Urim and Thummim,* 30. *The robe of the ephod, with pomegranates and bells,* 31-35. *The plate of the mitre,* 36-38. *The embroidered coat,* 39. *The garments for Aaron's sons,* 40-43.

1 *take.* Le. 8. 2. Nu. 16. 9-11; 17. 2-9. 2 Ch. 26. 18-21. He. 5. 1-5. *among.* ver. 41; ch. 29. 1, 9, 44; 30. 30; 31. 10; 35. 19. Nu. 18. 7. De. 10. 6. 1 Ch. 6. 10. 2 Ch. 11. 14. Lu. 1. 8. *Nadab.* ch. 6. 23; 24. 1, 9. Le. 10. 1, 12. Nu. 2. 4; 26. 61. 1 Ch. 24. 1-4.

2 *holy garments.* ch. 29. 5-9, 29, 30; 31. 10; 39. 1, 2; 40. 13. Le. 8. 7-9, 30. Nu. 20. 26-28. Ps. 132. 9, 16. Is. 61. 3, 10; 64. 6. Zec. 3. 3, 4. Ro. 3. 22; 13. 14. Ga. 3. 27. He. 7. 26. Re. 19. 8. *glory.* ver. 40; ch. 19. 5, 6. Nu. 27. 20, 21. Job 40. 10. Ps. 90. 16, 17; 96. 6; 149. 4. Is. 4. 2. Je. 9. 23, 24. Ro. 5. 10; 19. 8. 1 Co. 1. 30, 31.

3 *wise hearted.* ch. 31. 3-6; 35. 30, 35; 36. 1, 2; Pr. 2. 6. Is. 28. 24-26. *filled.* De. 34. 9. Is. 11. 2. 1 Co. 12. 7-11. Ep. 1. 17. Ja. 1. 17.

4 *a breastplate. Choshen,* in Hebrew is used for the square *breast-plate* of the high priest, in which were set twelve precious stones, each being engraved with the name of one of the sons of Jacob. ver. 15; ch. 39. 8-21. Is. 59. 17. Ep. 6. 14. 1 Th. 5. 8. Re. 9. 17. *ephod.* The *ephod* seems to have been a *short cloak,* without sleeves. ver. 6-8. ver. 6-14; ch. 39. 2-5, 21, 22. Le. 8. 7, 8. 1 Sa. 2. 18; 22. 18; 23. 6; 30. 7. 2 Sa. 6. 14. *a robe.* The word *meil,* from *âlah,* to *ascend, go up on,* may be considered as an *upper garment* that *goes up* or *over* the rest, a *surtout.* ver. 31-34; ch. 39. 25, 26. *broidered.* ver. 39, 40. Le. 8. 7. *a mitre.* ch. 39. 28. Le. 8. 9. *a girdle.* Is. 11. 5.

5 *gold.* ch. 25. 3, 4; 39. 2, 3.

6 *linen.* See on ch. 26. 1.

7 ch. 39. 4.

8 *curious. or,* embroidered. ver. 27, 28; ch. 29. 5; 39. 20, 21. Le. 8. 7. Is. 11. 5. 1 Pe. 1. 13. Re. 1. 13.

9 *onyx.* ver. 20; ch. 39. 13. Ge. 2. 12. Job 28. 16. Eze. 28. 13. *grave.* ver. 36; ch. 39. 6. 2 Ch. 2. 7. Ca. 8. 6. Is. 49. 16.

10 *according to their birth.* ch. 1. 1-4. Ge. 43. 33.

11 *engravings of a signet.* ver. 21, 36. Je. 22. 24. Zec. 3. 9. Ep. 1. 13; 4. 30. 2 Ti. 2. 19. Re. 7. 2. *ouches of gold.* ver. 13, 14, 25; ch. 39. 6, 13, 18.

12 *the shoulders.* ver. 7. Ps. 89. 19. Is. 9. 6; 12. 2. Zec. 6. 13, 14. He. 7. 25-28. *Aaron shall bear.* ver. 29; ch. 39. 6, 7. *for a memorial.* ch. 12. 14; 13. 9; 39. 7. Ge. 9. 12-17. Le. 24. 7. Nu. 16. 40; 31. 54. Jos. 4. 7. Is. 62. 6. Zec. 6. 14. Lu. 1. 54, 72. Ac. 10. 4.

14 *chains of.* ver. 24; ch. 39. 15. *of wreathen.* ver. 22-25; ch. 39. 17, 18. 1 Ki. 7. 17. 2 Ki. 25. 17. 2 Ch. 4. 12, 13.

15 *the breastplate.* See on ver. 4, 30; ch. 39. 8. Le. 8. 8. *after.* See on ver. 6; ch. 26. 1.

17 *thou shalt.* See on ver. 9, 11; ch. 39. 10, etc. Mal. 3. 17. *set in it settings of stones. Heb.* fill in it fillings of stone. *the first row.* Eze. 28. 13. Re. 21. 19-21. *a sardius, or,* ruby. The Hebrew *odem,* from *adam,* to be *red, ruddy,* seems to denote the *ruby;* as *adam* does in Persian a beautiful gem, of a fine deep *red* colour, with a mixture of *purple.* Job 28. 18. Pr. 3. 15; 8. 11; 20. 15; 31. 10. La. 4. 7. *a topaz. Pitdah,* is constantly rendered by the LXX. τοπαζιον, and Vulgate, *topazius,* with which agrees JOSEPHUS. The *topaz* is a precious stone, of a *pale, dead green,* with a mixture of *yellow,* sometimes of a fine yellow; and hence called *chrysolyte* by the moderns, from its *gold* colour. Job 28. 19. Re. 21. 20. *a carbuncle. Bareketh,* from *barak, to lighten, glitter,* a very elegant gem, of a *deep red* colour, with a mixture of scarlet. Is. 54. 11, 12.

18 *emerald. Nophech,* an *emerald,* the same with the ancient *smaragdus;* one of the most beautiful of all the gems, and of a bright green colour, without any mixture. ch. 39. 11. Eze. 27. 16. *sapphire.* ch. 24. 10. Job 28. 6, 16. Ca. 5. 14. Eze. 1. 26; 10. 1. Re. 4. 3. *diamond.* Je. 17. 1. Eze. 28. 13.

19 *a ligure.* ch. 39. 12. *an agate.* Is. 54. 12.

20 *a beryl.* Eze. 1. 16; 10. 9. Da. 10. 6. Re. 21. 20. *an onyx.* See on ver. 9. *a jasper.* Re. 4. 3; 21. 11, 18-20. *inclosings. Heb.* fillings. ver. 13.

21 *twelve.* ver. 9-11. *according to the twelve.* 1 Ki. 18. 31. Lu. 22. 30. Ja. 1. 1. Re. 7. 4-8; 21. 12.

22 ver. 14.

23 ch. 25. 11-15.

25 *wreathen chains.* ver. 14; ch. 39. 15. *on the shoulder pieces.* ver. 7. *of the ephod.* ch. 39. 4.

27 *the curious girdle.* See on ver. 8.

28 *a lace.* ver. 31, 37; ch. 39. 30, 31. Nu. 15. 38.

29 *in the.* See on ver. 15, 30. *upon.* See on ver. 12. Je. 30. 21. Ro. 10. 1. *a.* Ca. 8. 6. Is. 49. 15, 16.

30 *the Urim and Thummim.* את אורים ואת התמים, *the* URIM *and* THUMMIM, *lights and perfections;* rendered by the LXX. δηλωσις και αληθεια, *manifestation and truth;* and, by the Vulgate, *doctrina et veritas,* doctrine and truth. Among the various and contradictory opinions respecting the form and substance of these mysterious appendages, the most probable seems to be that of JOSEPHUS, PHILO, Bp. PATRICK, PARKHURST, and the Jewish writers generally; who state, that they were no other than the *twelve precious stones* of the high priest's breastplate. In support of this statement, it is observed, 1. That in the description of the high priest's breastplate, Exod. 39. 8, *et seq.,* the Urim and Thummim are not mentioned, but only the rows of stones; and on the contrary, in Lev. 8. 8, the Urim and Thummim are expressly mentioned, but not a word is said of the four rows of stones. 2. As Moses has given such a particular description of every thing relative to the high priest's dress, these would certainly have been described had they been different from what was previously mentioned. Le. 8. 8. Nu. 27. 21. De. 33. 8. Ju. 1. 1; 20. 18, 23, 27, 28. 1 Sa. 23. 9-12; 28. 6; 30. 7, 8. Ezr. 2. 63. Ne. 7. 65. *bear the judgment.* Zec. 6. 13. *upon his heart.* 2 Co. 6. 11, 12; 7. 3; 12. 15. Phi. 1. 7, 8. He. 2. 17; 4. 15; 9. 12, 24.

31 ver. 4, 28; ch. 39. 22. Le. 8. 7.

32 *as it were.* ch. 39. 28. 2 Ch. 26. 14. Ne. 4. 16. Job 41. 26. *that it be not rent.* Jno. 19. 23, 24. Ep. 4. 3-16.

33 *And.* ch. 39. 24-26. *hem, or,* skirts. *pomegranates.* 1 Ki. 7. 18. 2 Ki. 25. 17. *bells.* Zec. 14. 20.

34 Ps. 89. 15. Ca. 2. 3; 4. 3, 13; 6. 7, 11; 8. 2. Jno. 15. 4-8, 16. Col. 1. 5, 6, 10.

35 *goeth in.* Le. 16. 2. He. 9. 12.

36 *a plate of pure gold.* The word *tzitz,* which we translate a *plate,* properly signifies a *flower.* It is rendered by the LXX. πεταλον, a *leaf;* and is called *nezer,* a *crown,* in ch. 29. 6, and διαδημα, a *diadem,* by the author of the book of Wisdom, ch. 28. 24. JOSEPHUS says that it was adorned with three rows of the flower which the Greeks call κυανος. It was two fingers broad, of a circular form, suited to the shape of the head, and so long that it reached from ear to ear, and was fastened upon a blue lace or ribband, which was tied behind the head; and as the plate reached only half round the head, the remaining part of the ribband was highly ornamented with artificial flowers. *grave upon it.* See on ver. 9, 11. *HOLINESS.* ch. 39. 30. Le. 8. 9; 10. 3; 19. 2. Ps. 93. 5. Eze. 43. 12. Zec. 14. 20. He. 7. 26; 12. 14. 1 Pe. 1. 15, 16; 2. 9. Re. 21. 27.

37 *blue.* See on ver. 28, 31. Nu. 15. 38. *the mitre it.* ver. 4; ch. 29. 6; 39. 30, 31. Le. 8. 9. Zec. 3. 5.

38 *bear the iniquity.* ver. 43. Le. 10. 17; 22. 9. Nu. 18. 1. Is. 53. 6, 11, 12. Eze. 4. 4-6. Jno. 1. 29. 2 Co. 5. 21. He. 9. 28. 1 Pe. 2. 24; 3. 18. *accepted.* Le.

1. 4; 22. 27; 23. 11. Is. 56. 7; 60. 7. Ep. 1. 6. 1 Pe. 2. 5.

39 *embroider.* See on ver. 4. *the girdle.* See on ver. 8. *needlework.* Ps. 45. 14.

40 *Aaron's.* ver. 4; ch.39.27,29,41. Le.8.13. Eze. 44. 17, 18. *bonnets.* ch. 29. 9. *glory.* See ver. 2. 1 Ti. 2. 9, 10; 6. 9-11. Tit. 2. 7, 10. 1 Pe. 3. 3, 4; 5.5.

41 *anoint them.* ch. 29. 7; 30. 23-30; 40. 15. Le. 10. 7. Is. 10. 27; 61. 1. Jno. 3. 34. 2 Co. 1. 21, 22. 1 Jno. 2. 20, 27. *and consecrate them. Heb.* fill their hand. ch. 29. 9, 24, 35. Le. ch. 8. Nu. 3. 3. Eze. 43. 26. He. 5. 4; 7. 28. *minister.* See on ver. 1, 4.

42 *breeches.* ch. 20. 26; 39. 28. Le. 6. 10; 16. 4. Eze. 44. 18. Re. 3. 18. *their nakedness. Heb.* flesh of their nakedness. *reach. Heb.* be.

43 *unto the altar.* ch. 20. 26. *bear not iniquity.* Le. 5. 1, 17; 20. 19, 20; 22. 9. Nu. 9. 13; 18. 22. Mat. 22. 12, 13. *a statute.* ch. 27. 21. Le. 17. 7.

## CHAP. XXIX.

*The sacrifice and ceremonies of consecrating the priests and the altar,* 1-37. *The continual burnt offering,* 38-44. *God's promise to dwell among the children of Israel,* 45, 46.

1 An. Ex. Is. 1. Thammuz. *hallow them.* ver. 21. ch. 20. 11; 28. 41. Le. 8. 2, etc. Mat. 6. 9. *to minister.* See on ch. 28. 3. *Take.* Le. 8. 2; 9. 2; 16. 3. 2 Ch. 13. 9. *without.* ch. 12. 5. Le. 4. 3; 5. 15, 16; 6. 6; 22. 20. Mal. 1. 13, 14. He. 7. 26. 1 Pe. 1. 19.

2 *bread.* See on ch. 12. 8. Le. 2. 4; 6. 20-22; 8. 2. 1 Co. 5. 7. *tempered.* ver. 23. Le. 2. 4, 5, 15; 7. 10. Nu. 6. 15. *wafers.* Le. 7. 12; 8. 26. Nu. 6. 15, 19.

3 *in the basket.* Le. 8. 2, 26, 31. Nu. 6. 17.

4 *unto the door.* ch. 26. 36; 40. 28. Le. 8. 3-6. *wash them.* ch. 30. 18-21; 40. 12. Le. 8. 6; 14. 8. De. 23. 11. Eze. 36. 25. Jno. 13. 8-10. Ep. 5. 26. Tit. 3. 5. He. 10. 22. 1 Pe. 3. 21. Re. 1. 5, 6.

5 *garments.* ch. 28. 2-8. Le. 8. 7, 8. *curious.* The word *cheshev*, translated *curious girdle*, simply signifies a kind of *diaper* or *embroidered* work, of the same texture as the ephod itself. ch. 28. 8.

6 *mitre. Mitznepheth*, from *tzanaph*, to *wrap round*, evidently means that covering of the head so universal in eastern countries, which we call *turband*, which consists of a cap, and a sash of fine linen or silk wound round its bottom. See on ch. 28. 36-39. Le. 8. 9.

7 ch. 28. 41; 30. 23-31. Le. 8. 10-12; 10. 7; 21. 10. Nu. 35. 25. Ps. 89. 20; 133. 2. Is. 61. 1. Jno. 3. 34. 1 Jno. 2. 27.

8 ch. 28. 40. Le. 8. 13.

9 *put. Heb.* bind. *the priest's.* ch. 28. 1. Nu. 16. 10, 35, 40; 18. 7. He. 5. 4, 5, 10; 7. 11-14. *consecrate. Heb.* fill the hand of. ch. 28. 41; 32. 29, marg. Le. 8. 22-28. He. 7. 23-28.

10 *cause.* ver. 1. *put.* ver. 15, 19. Le. 1. 4; 3. 2; 8. 14, 18; 16. 21. Is. 53. 6. 2 Co. 5. 21.

11 *And.* Le. 1. 4, 5; 8. 15; 9. 8, 12. *door.* ver. 4. Le. 1. 3.

12 *the blood.* Le. 8. 15; 9. 9; 16. 14, 18, 19. He. 9. 13, 14, 22; 10. 4. *the horns.* ch. 27. 2; 30. 2; 38. 2. *pour all.* Le. 4. 7, 18, 25, 30, 34; 5. 9; 9. 9.

13 *all the fat.* ver. 22. Le. 3. 3, 4, 9, 10, 14-16; 4. 8, 9, 26, 31, 35; 6. 12; 7. 3, 31. Ps. 22. 14. Is. 1. 11; 34. 6; 43. 24. *and the caul. It seemeth by anatomy, and the Hebrew doctors, to be* the midriff. Le. 8. 16, 25; 9. 10, 19. *burn them.* ver. 18, 25. Le. 1. 9, 15; 16. 25; 17. 6. Nu. 18. 17. 1 Sa. 2. 16.

14 *flesh.* Le. 4. 11, 12, 21; 8. 17; 16. 27. He. 13. 11-13. *it is a.* ch. 30. 10. Le. 4. 3, 25, 29, 32; 5. 6, 8; 6. 25; 9. 2; 16. 3, 11. Nu. 7. 16. 2 Ch. 29. 24. Ezr. 8. 35.

15 *one.* ver. 3, 19. Le. 8. 18-21. *put.* ver. 10. Le. 1. 4-9.

16 See on ver. 11, 12.

17 *wash the.* Le. 1. 9, 13; 8. 21; 9. 14. Je. 4. 14. Mat. 23. 26. *unto. or,* upon.

18 *a burnt offering.* Ge. 22. 2, 7, 13. Le. 9. 24. 1 Sa. 7. 9. 1 Ki. 3. 4; 18. 38. Ps. 50. 8. Is. 1. 11. Je. 6. 20; 7. 21, 22. Mar. 12. 33. He. 10. 6-10. *sweet savour.* Ge. 8. 21. Le. 1. 17. Ep. 5. 2. Phi. 4. 18.

19 *other.* ver. 3. Le. 8. 22-29. *Aaron.* See on ver. 10.

20 *put it upon the tip.* All this doubtless was intended to signify, that the priest should dedicate all his faculties and powers to the service of God; his *ear* to the *hearing* and *study* of the law; his *hands* to *diligence* in the sacred *ministry*, and to all acts of *obedience;* and his *feet* to *walking* in the *way* of God's *precepts:* for the ear is the symbol of obedience, the hand of action, and the foot of the path or conduct in life. And the sprinkling might further teach him, that he could neither hear, work, nor walk profitably, uprightly, and well pleasingly in the sight of God, without the application of the blood of the sacrifice. Le. 8. 24; 14. 14. Is. 50. 5. Mar. 7. 33. *sprinkle.* Le. 14. 7, 16; 16. 14, 15, 19. Is. 52. 15. He. 9. 19-23; 10. 22; 12. 24. 1 Pe. 1. 2.

21 *the anointing oil.* ver. 7; ch. 30. 25-31. Le. 8. 30; 14. 15-18, 29. Ps. 133. 2. Is. 11. 2-5; 61. 1-3. *shall be.* ver. 1. Jno. 17. 19. He. 9. 22; 10. 29.

22 *Also thou.* ver. 13. Le. 8. 25-27. *the rump. Alyah* is the *large tail* of a species of eastern sheep. 'This tail,' says Dr. Russell, 'is very broad and large, terminating in a small appendix that turns back upon it. It is of a substance between fat and marrow, and is not eaten separately, but mixed with lean meat in many of their dishes, and also often used instead of butter. A common sheep of this sort, without the head, feet, skin, and entrails, weighs about twelve or fourteen Aleppo rotoloes, (a rotoloe is five pounds,) of which the *tail* is usually *three rotoloes* or upwards; but such as are of the largest breed, and have been fattened, will sometimes weigh above thirty rotoloes, and the tails of these ten.' Le. 3. 9; 7. 3; 9. 19. *right shoulder.* Le. 7. 32, 33; 9. 21; 10. 14. Nu. 18. 18.

23 ver. 2, 3.

24 *put.* Le. 8. 27. *wave them. Heb.* shake to and fro. *a wave.* ver. 26, 27. Le. 7. 30; 9. 21; 10. 14.

25 *thou.* Le. 7. 29-31; 8. 28. Ps. 99. 6. *for a sweet.* See on ver. 18. *offering.* ver. 41. Le. 1. 9, 13; 2. 2, 9, 16; 3. 3, 5, 9, 11, 14, 16; 7. 5, 25; 10. 13. 1 Sa. 2. 28.

26 *the breast.* Le. 8. 29. *it shall be thy.* Ps. 99. 6.

27 *the breast.* Le. 7. 31-34; 8. 29; 9. 21; 10. 15. Nu. 6. 20; 18. 11, 18, 19. De. 18. 3. *the wave offering.* The *wave offering* and *heave offering* are thus distinguished by the Jewish writers: the former, called *tenoophah*, from *nooph*, to *move, toss*, was waved horizontally towards the four cardinal points, to signify that He to whom it was consecrated was the Lord of the whole earth; the latter, called *teroomah*, from *room*, to be *elevated*, was lifted perpendicularly upward and downward, in token of its being devoted to the God of heaven. *the ram of the consecration. Ail milluim*, literally, 'the ram of filling;' so called, according to some, because at the consecration of the priests, certain pieces of the sacrifice were put into their hands; (ver. 24;) on which account their consecration itself is called 'filling their hands.' (ch. 28. 41.) Rabbi Solomon gives a different reason for the ram being so called, from *malai*, to be *full, complete;* because the sacrifice *completed* the consecration, and thereupon the priests were fully invested in their office. Accordingly, the LXX. *render it by* τελειωσις, consummation. See He. 7. 28. ver. 22, 34. Le. 7. 37; 8. 28-31.

28 *Aaron's.* Le. 7. 32-34; 10. 14, 15. De. 18. 3. *is an heave.* ver. 27. Le. 7. 14, 34. Nu. 15. 19, 20; 18. 24, 29; 31. 29, 41. *sacrifice.* Le. ch. 3; 7. 11, etc.

29 *holy.* ch. 28. 3, 4. *his.* Nu. 20. 26-28. *anointed.* ver. 5-7; ch. 30. 30; 40. 15. Le. 8. 7-12. Nu. 18. 8; 35. 25.

30 *that son. Heb. he* of his sons. Nu. 20. 28. He. 7. 26. *seven days.* ver. 35; ch. 12. 15. Ge. 8. 10, 12. Le. 8. 33-35; 9. 1, 8; 12. 2, 3; 13. 5. Jos. 6. 14, 15. Eze. 43. 26. Ac. 20. 6, 7.

31 *the ram.* See on ver. 27. *seethe his flesh.* Le. 8. 31. 1 Sa. 2. 13, 15. Eze. 46. 20-24.

32 *Aaron.* ch. 24. 9-11. Le. 10. 12-14. *and the bread.* ver. 2, 3, 23. Mat. 12. 4.

33 *eat those.* Le. 10. 13-18. Ps. 22. 26. Jno. 6. 53-55. 1 Co. 11. 24, 26. *a stranger.* Le. 22. 10-13. Nu. 1. 51; 3. 10, 38; 16. 40; 18. 4. 7. *they are holy.* Nu. 16. 5.

34 *flesh.* ver. 22, 26, 28. *burn.* ch. 12. 10; 16. 19. Le. 7. 18, 19; 8. 32; 10. 16.

35 *thus shalt thou do.* ch. 40. 12-15. Le. 8. 4, etc. *according.* ch. 39. 42, 43; 40. 16. Jno. 15. 14. *seven days.* ver. 30, 37; ch. 40. 12, 13. Le. 8. 33-35; 14. 8-11.

36 *every day.* See on ver. 10-14. Eze. 43. 25, 27; 48. 18-20. He. 10. 11. *cleanse.* Le. 16. 16-19, 27. He. 9. 22, 23. *anoint it.* ch. 30. 26, 28, 29; 40. 9-11. Le. 8. 10, 11. Nu. 7. 1.

37 *and sanctify it.* ch. 40. 10. Da. 9. 24. *it shall be an.* ch. 30. 29. Mat. 23. 17, 19.

38 *two lambs.* Nu. 28. 3-8. 1 Ch. 16. 40. 2 Ch. 2. 4; 13. 11; 31. 3. Ezr. 3. 3. Da. 9. 21, 27; 12. 11. Jno. 1. 29. He. 7. 27. 1 Pe. 1. 19. Re. 5. 9-12.

39 *in the morning.* 2 Ki. 16. 15. 2 Ch. 13. 11. Ps. 5. 3; 55. 16, 17. Eze. 46. 13-15. Lu. 1. 10. Ac. 26. 7. *at even.* See on ver. 41.

40 *a tenth.* ch. 16. 36. Nu. 15. 4, 9; 28. 5, 13. *deal. Deal* signifies a *part*, from the Anglo-Saxon *dæl*, a part, or *portion*, taken from the whole, from *dælan*, to *divide*. From Nu. 28. 5, we learn, that this *tenth deal* was the tenth part of an ephah, which constituted an *omer*, about three quarts English. *hin.* ch. 30. 24. Le. 23. 13. Nu. 15. 4; 28. 14. Eze. 4. 11; 45. 24; 46. 5, 7, 11, 14. *a drink.* Ge. 35. 14. Le. 23. 13. Nu. 6. 15-17; 15. 5, 7, 10, 24; 28. 10, 14, 15, 24; 29. 16. De. 32. 38. Is. 57. 6. Eze. 20. 28; 45. 17. Joel. 1. 9, 13; 2. 14. Phi. 2. 17. Gr.

41 *offer.* 1 Ki. 18. 29, 36. 2 Ki. 16. 15. Ezr. 9. 4, 5. Ps. 141. 2. Eze. 46. 13-15. Da. 9. 21.

42 *a continual.* ver. 38; ch. 30. 8. Nu. 28. 6. Da. 8. 11-13; 12. 11. *where.* ch. 25. 22; 30. 6, 36. Le. 1. 1. Nu. 17. 4.

43 *the tabernacle. or, Israel. sanctified.* ch. 40. 34. 1 Ki. 8. 11. 2 Ch. 5. 14; 7. 1-3. Is. 6. 1-3; 60. 1. Eze. 43. 5. Hag. 2. 7-9. Mal. 3. 1. 2 Co. 3. 18; 4. 6. 1 Jno. 3. 2. Re. 21. 22, 23.

44 *sanctify also.* Le. 21. 15; 22. 9, 16. Jno. 10. 36. Re. 1. 5, 6.

45 ch. 15. 17; 25. 8. Le. 26. 12. Ps. 68. 18. Zec. 2. 10. Jno. 14. 17, 20, 23. 2 Co. 6. 16. Ep. 2. 22. Re. 21. 3.

46 *that I am.* See on ch. 20. 2. Je. 31. 33. *them: I am.* Le. 11. 44; 18. 30; 19. 2. Eze. 20. 5.

## CHAP. XXX.

*The altar of incense*, 1-10. *The ransom of souls*, 11-16. *The brazen laver*, 17-21. *The holy anointing oil*, 22-33. *The composition of the incense*, 34-38.

1 The Samaritan inserts the first ten verses of this chapter after ver. 32 of chap. 26. *an altar.* ver. 7, 8, 10; ch. 37. 25-28; 40. 5. Le. 4. 7, 18. 1 Ki. 6. 20. 2 Ch. 26. 16. Re. 8. 3. *to burn incense.* Where so many sacrifices were offered, it was essentially necessary to have some pleasing perfume to counteract the disagreeable smells that must have arisen from the slaughter of so many animals, the burning of so much flesh, the sprinkling of the blood, etc. No blood was ever sprinkled on *this* altar, except once a year, on the grand day of expiation. It was called also the *golden altar* (Nu. 4. 11); and the incense was as constantly burnt on it every day, as the morning and evening sacrifice of a lamb was burnt on the brazen altar.

2 *the horns.* See on ch. 27. 2.

3 *overlay it.* ch. 25. 11, 24. *top. Heb.* roof. *sides. Heb.* walls.

4 *rings.* ch. 25. 12, 14, 27; 26. 29; 27. 4, 7. *two corners. Heb.* ribs.

5 ch. 25. 13, 27.

6 *vail.* ch. 26. 31-35; 40. 3, 5, 26. Mat. 27. 51. He. 9. 3, 4. *before the mercy seat that is over the testimony.* The words לפני הכפרת אשר על העדת *liphney haccapporeth asher âl haaiduth*, 'before the mercy-seat that is over the testimony,' are thought to be a repetition of the preceding clause, לפני הפרכת אשר על ארן העדת *liphney happarocheth asher âl aron haaiduth*, 'before the vail that is by the ark of the testimony;' the word הפרכת, *happarocheth*, 'the vail,' being corrupted, by transposing the letters into הכפרת, *haccapporeth*, 'the mercy-seat,' and the word ארן, *aron*, 'ark,' omitted. This repetition, as Dr. KENNICOTT observes, places the altar of incense *before the mercy-seat*, and consequently IN the *Holy of Holies!* Now this could not be, as the altar of incense was attended *every day*, and the Holy of Holies entered only *once in the year*. The five words which appear to be a repetition are wanting in *twenty-six* of KENNICOTT's and ROSSI's MSS. and in the Samaritan Text. ch. 25. 21, 22. Le. 16. 13. 1 Ch. 28. 11. He. 4. 16; 9. 5. *I will.* ver. 36; ch. 29. 42, 43. Nu. 17. 4.

7 *sweet incense. Heb.* incense of spices. ver. 34-38. *dresseth.* ch. 27. 20, 21. 1 Sa. 2. 28; 3. 3. 1 Ch. 23. 13. Lu. 1. 9. Ac. 6. 4.

8 *lighteth. or,* setteth up. *Heb.* causeth to ascend. *at even. Heb.* between the two evens. ch. 12. 6, marg. *a perpetual.* Ro. 8. 34. 1 Th. 5. 17. He. 7. 25; 9. 24.

9 Le. 10. 1.

10 *Aaron.* ch. 29. 36, 37. Le. 16. 18, 29, 30; 23. 27. He. 1. 3; 9. 7, 22, 23, 25. *sin offering.* Le. 16. 5, 6.

12 *takest.* ch. 38. 25, 26. Nu. 1. 2-5; 26. 2-4. 2 Sa. 24. 1. *their number. Heb.* them that are to be numbered. *a ransom.* Nu. 31. 50. 2 Ch. 24. 6. Job 33. 24; 36. 18. Ps. 49. 7. Mat. 20. 28. Mar. 10. 45. 1 Ti. 2. 6. 1 Pe. 1. 18, 19. *no plague.* 2 Sa. 24. 2-15. 1 Ch. 21. 12, 14; 27. 24.

13 *a shekel is.* Le. 27. 25. Nu. 3. 47. Eze. 45. 12. *an half shekel.* ch. 38. 26. Mat. 17. 24. Gr.

14 *from twenty.* Nu. 1. 3, 18, 20; 14. 29; 26. 2; 32. 11.

15 *rich.* Job 34. 19. Pr. 22. 2. Ep. 6. 9. Col. 3. 25. *give more. Heb.* multiply. *give less than. Heb.* diminish. *an atonement.* ver. 12. Le. 17. 11. Nu. 31. 50. 2 Sa. 21. 3.

16 *appoint.* ch. 38. 25-31. Ne. 10. 32, 33. *a memorial.* See on ch. 12. 14. Nu. 16. 40. Lu. 22. 19.

18 *a laver.* ch. 31. 9; 38. 8. Le. 8. 11. 1 Ki. 7. 23, 38. 2 Ch. 4. 2, 6, 14, 15. Zec. 13. 1. Tit. 3. 5. Gr. 1 Jno. 1. 7. *put it.* ch. 40. 7, 30-32.

19 ch. 40. 31, 32. Ps. 26. 6. Is. 52. 11. Jno. 13. 8-10. 1 Co. 6. 9-11. Tit. 3. 5. He. 9. 10; 10. 22. Re. 1. 5, 6.

20 *die not.* ch. 12. 15. Le. 10. 1-3; 16. 1, 2. 1 Sa. 6. 19. 1 Ch. 13. 10. Ps. 89. 7. Ac. 5. 5, 10. He. 12. 28, 29.

21 *a statute.* ch. 28. 43.

23 *thee principal.* ch. 37. 29. Ps. 45. 8. Pr. 7. 17. Ca. 1. 3, 13; 4. 14. Je. 6. 20. Eze. 27. 19, 22. *pure myrrh.* Myrrh is a white gum, issuing from the trunk and larger branches of a thorny tree resembling the acacia, growing in Arabia, Egypt, and Abyssinia. Its taste is extremely bitter; but its smell, though strong, is agreeable; and it entered into the composition of the most costly ointments among the ancients. The epithet *deror*, rendered *pure*, properly denotes *fluid*, from the Arabic *darra*, to flow; by which is meant the finest and most excellent kind, called *stacte*, which issues of itself from the bark without incision. *cinnamon. Kinnamon bosem*, odoriferous or spicy cinnamon, is the bark of the *canella*, a small tree of the size of a willow growing in the island of Ceylon. *sweet calamus. Kenaih bosem, calamus aromaticus*, or odoriferous cane, is a reed growing in Egypt, Syria, and India, about two feet in height, bearing from the root a knotted stalk, quite round, containing in its cavity a soft white pith. It is said to scent the air while growing; and when cut down, dried, and powdered, makes an ingredient in the richest perfumes.

24 *cassia.* Ps. 45. 8. *the shekel.* Nu. 3. 47. Eze. 45. 12. *hin.* ch. 29. 40. Le. 19. 36. Nu. 15. 5.

25 *apothecary*. *or*, perfumer. 1 Ch. 9. 30. *an holy*. ch. 37. 29. Nu. 35. 25. Ps. 89. 20; 133. 2. He. 1. 9.
26 ch. 40. 9-15. Le. 8. 10-12. Nu. 7. 1, 10. Is. 61. 1. Ac. 10. 38. 2 Co. 1. 21, 22. 1 Jno. 2. 20, 27.
29 *whatsoever*. ch.29.37. Le.6.18. Mat.23.17,19.
30 *anoint*. ch. 29.7, etc.; 40. 15. Le. 8. 12,30. Nu. 3. 3. *consecrate*. See on ch. 28. 3; 29. 9, 35.
31 *an holy*. ch.37.29. Le.8.12; 21.10. Ps.89.20.
32 *man's*. Le. 21. 10. Mat. 7. 6. *it is*. ver. 25, 37, 38.
33 *compoundeth*. ver. 38. Lu. 12. 1, 2. He. 10. 26-29. *a stranger*. ch. 29. 33. *cut off*. ch. 12. 15, 19. Ge. 17. 14. Le. 7. 20, 21; 17. 4, 9; 19. 8; 23. 29. Nu. 9. 13.
34 *unto thee*. ver. 23; ch. 25. 6; 37. 29. *stacte*. *Heb*. nataph. The Jews and others suppose it to be what was afterwards called the *balm of Jericho*, or *Gilead*. *onycha*. The word *shechaileth* is generally allowed to denote *onycha*, (nail-fish, from its form,) as it is rendered by the LXX. and Vulgate. It is the shell of the *purpura*, and of the whole class of murex; and serves as the basis of the principal perfumes in India. *galbanum*. *Chelbenah*, (probably from *chalay*, milk or gum, and *lavan*, white,) is the gummy, resinous juice of an umbelliferous plant, the *bubon gumniferum* of LINNÆUS, growing in Syria, Persia, and Africa. It rises with a ligneous stalk from eight to ten feet, and is garnished with leaves at every joint. The top of the stalk is terminated by an umbel of yellow flowers, which are succeeded by oblong channelled seeds, which have a thin membrane or wing on their border. When any part of the plant is broken, there issues out a little thin juice, of a cream colour, of a fat, tough substance, like gum ammoniac, composed of many small, shining grains, of a strong, piercing smell and a sharp, warm taste. *frankincense*. Le. 2. 1, 15; 5. 11; 24. 7. 1 Ch. 9. 29, 30. Ne. 13. 5. Ca. 3. 6. Mat. 2. 11.
35 *perfume*. Pr. 27. 9. Ca. 1. 3; 3. 6. Jno. 12. 3. *after the*. ver. 25. *tempered*. *Heb*. salted. Le. 2. 13.
36 *the testimony*. See on ch. 16. 34. *where I will*. ver. 6; ch. 25. 22; 29. 42, 43. Le. 16. 2.
37 *ye shall*. ver.32,33. *it shall*. ch.29.37. Le.2.3.
38 *be cut off*. See on ver. 33.

## CHAP. XXXI.

*Bezaleel and Aholiab are appointed and qualified for the work of the tabernacle*, 1-11. *The observation of the sabbath is again commanded*, 12-17. *Moses receives the two tables*, 18.

2 *I have*. ch. 33. 12, 17; 35. 30; 36. 1. Is. 45. 3, 4. Mar. 3. 16-19. Jno. 3. 27. *Bezaleel*. ch. 37. 1. 1 Ch. 2. 19, 20.
3 *filled*. ch.35.31. 1 Ki. 3. 9; 7. 14. Is. 28. 6, 26. 1 Co. 12. 4-11. *the spirit of God*. *Ruach Elohim*, rather, 'a spirit of God;' which is a usual Hebraism, signifying 'an excellent spirit;' or, as we should now say, 'a distinguished genius for the work he had to perform.' No man, by course of reading or study, ever acquired a *genius* of any kind: we call it *natural*, and say it was *born with the man*: Moses teaches us to consider it *divine*. The prophet Isaiah, (ch. 28. 24-29,) pointedly refers to this sort of teaching as coming from God, even in the most common and less difficult arts of life. Dark as the heathens were, yet they acknowledged that all talents and the seeds of all arts came from God.
4 ch. 25. 32-35; 26. 1; 28-15. 1 Ki. 7. 14. 2 Ch.2. 7, 13, 14.
5 ch. 28. 9-21.
6 *I have given*. ch. 4. 14, 15; 6. 26. Ezr. 5. 1, 2. Ec. 4. 9-12. Mat. 10. 2-4. Lu. 10. 1. Ac. 13. 2; 15. 39, 40. *Aholiab*. ch. 35. 34; 36. 1. *wise hearted*. ch. 28. 3; 35. 10, 25, 26, 35; 36. 1, 8. 1 Ki. 3. 12. Pr. 2. 6, 7. Ja. 1. 5, 16, 17. *that they*. ch. 37; 38; Nu. ch. 4. 1 Ki. ch. 6; 7; 8. 2 Ch. ch. 3; 4. Eze. ch. 43., etc.
7 *tabernacle*. ch. 26; 27. 9-19; 36. 8-38. *ark*. ch. 25. 10-22; 37. 1-9. *furniture*. *Heb*. vessels.
8 *the table*. ch. 25. 23-30; 37. 10-16. *pure candlestick*. ch. 25. 31-40; 37. 17-24. *the altar*. ch. 30. 1-10; 37. 25-28.
9 *the altar*. ch. 27. 1-8; 38. 1-7. *the laver*. ch. 30. 18-21; 38. 8; 40. 11.
10 ch. 28; 39. Le. 8. 7, 8, 13. Nu. 4. 5-14.
11 *the anointing*. ch. 30. 23-33; 37. 29. *sweet incense*. ch. 30. 34-38.
13 *Verily*. See on ch. 20. 8-11. Le. 19. 3, 30; 23. 3; 25. 2; 26. 2. *a sign*. ver. 17. Ne. 9. 14. Eze. 20. 12, 20; 44. 24. *that ye may*. Le. 20. 8; 21. 8. Eze. 37. 28. Jno. 17. 17, 19. 1 Th. 5. 23. Jude 1.
14 *keep*. ch. 20. 8. De. 5. 12-15. Ne. 9. 14. Is. 56. 2-6; 58. 13, 14. Eze. 20. 12; 44. 24. *every one*. Is. 56. 2, 6. Eze. 20. 13, 16, 21, 24. *doeth*. ch. 35. 2, 3. Nu. 15. 35.
15 *Six days*. ver. 17; ch. 16. 26; 20. 9; 34. 21. Le. 23. 3. Eze. 46. 1. Lu. 13. 14. *the sabbath*. ch. 16. 23; 20. 10. Ge. 2. 2. Le. 23. 3, 32. Lu. 23. 56. He. 4. 9. Gr. *holy*. *Heb*. holiness. *whosoever*. Nu. 15. 32-36. Je. 17. 24-27.
16 *a perpetual covenant*. Ge. 9. 13; 17. 11. Je. 50. 5.
17 *a sign*. ver. 13. Eze. 20. 12, 20. *six days*. Ge. 1. 31; 2. 2, 3. He. 4. 3, 4, 10. *and was refreshed*. God, in condescension to human weakness, applies to himself here what belongs to man; though it may refer to the delight and satisfaction with which he contemplated the completion of all his works, and pronounced them *very good*. Ge. 1. 31. Job 38. 7. Ps. 104. 31. Je. 32. 41.
18 *gave*. ch. 24. 12, 18; 32. 15, 16; 34. 1-4, 28, 29. De. 4. 13; 5. 22; 9. 9-11. 2 Co. 3. 3. *the finger*. ch. 8. 19; 32.16. Je.31.33. Mat.12.28. Lu.11.20. 2 Co.3.7,8.

## CHAP. XXXII.

*The people, in the absence of Moses, cause Aaron to make a calf*, 1-6. *God informs Moses, who intercedes for Israel, and prevails*, 7-14. *Moses comes down with the tables*, 15-18. *He breaks them*. 19. *He destroys the calf*, 20, 21. *Aaron's excuse for himself*, 22-24. *Moses causes the idolaters to be slain*, 25-29. *He prays for the people*, 30-35.

1 A.M. 2513. B.C. 1491. An. Ex. Is. 1. Ab. *delayed*. ch. 24. 18. De. 9. 9. Mat. 24. 43. 2 Pe. 3. 4. *Up*. Ge. 19. 14; 44. 4. Jos. 7. 13. *make*. ch. 20. 3-5. De. 4. 15-18. Ac. 7. 40; 17. 29; 19. 26. *which shall*. ch. 13. 21; 33. 3, 14, 15. *the man*. ver. 7, 11; ch. 14. 11; 16. 3. Ho. 12. 13. Mi. 6. 4. *we wot*. Ge. 21. 26; 39. 8; 44. 15. Mat. 24. 48. 2 Pe. 3. 4.
2 ch. 12. 35, 36. Ge. 24. 22, 47. Ju. 8. 24-27. Eze. 16. 11, 12, 17. Ho. 2. 8.
3 Ju. 17. 3, 4. Is. 40. 19, 20; 46. 6. Je. 10. 9.
4 *fashioned*. ch. 20. 23. De. 9. 16. Ps. 106. 19-21. Is. 44. 9, 10; 46. 6. Ac. 7. 41; 17. 29. *a graving*. ch. 28. 9, 11. *calf*. 1 Ki. 12. 28, 32. 2 Ki. 10. 29. 2 Ch. 11. 15; 13. 8. Ho. 8. 4, 5; 10. 5; 13. 2. *These*. ver. 8. Ju. 17. 3, 4. Ne. 9. 18. Is. 40. 18, 19. Ro. 1. 21-23. *which brought*. ver. 1, 8; ch. 20. 2.
5 *Aaron*. 1 Sa. 14. 35. 2 Ki. 16. 11. Ho. 8. 11, 14. *made proclamation*. Le. 23. 2, 4, 21, 37. 1 Ki. 21. 9. 2 Ki. 10. 20. 2 Ch. 30. 5. *a feast*. ver. 4; ch. 10. 9; 12. 14. 1 Ki. 12. 32, 33. 1 Co. 5. 8.
6 *offered*. ch. 24. 4, 5. *sat down*. No doubt at this feast they sacrificed after the manner of the Egyptians. Nu. 25. 2. Ju. 16. 23-25. Am. 2. 8; 8. 10. Ac. 7. 41, 42. 1 Co. 10. 7. Re. 11. 10.
7 *Go*. ch. 19. 24; 33. 1. De. 9. 12. Da. 9. 24. *thy people*. ver. 1, 11. *corrupted*. Ge. 6. 11, 12. De. 4. 16; 32. 5. Ju. 2. 19. Ho. 9. 9.
8 *have turned*. De. 9. 16. Ju. 2. 17. *which I*. ch. 20. 3, 4, 23. *These be*. ver. 4. 1 Ki. 12. 28.
9 *I have seen*. De. 9. 13. Je. 13. 27. Ho. 6. 10. *a stiff-necked*. ch. 33. 3, 5; 34. 9. De. 9. 6, 13; 10. 16; 31. 27. 2 Ch. 30. 8. Ne. 9. 17. Ps. 78. 8. Pr. 29. 1. Is. 48. 4. Zec. 7. 11, 12. Ac. 7. 51.
10 *let me alone*. Ge. 18. 32, 33; 32. 26-28. Nu. 14. 19, 20; 16. 22, 45-48. De. 9. 14, 19. Je. 14. 11; 15. 1. Ja. 5. 16. *my wrath*. ver. 11, 19; ch. 22. 24. *and*

*I will.* Nu. 14. 12. De. 9. 14. 19

11 *besought.* De. 9. 18-20, 26-29. Ps. 106. 23. *the Lord his God. Heb.* the face of the Lord. *why doth.* Nu. 11. 11; 16. 22. De. 9. 18-20. Ps. 74. 1, 2. Is. 63. 17. Je. 12. 1, 2. *which thou.* ver. 7.

12 *should.* Nu. 14. 13-16. De. 9. 28; 32. 26, 27. Jos. 7. 9. Ps. 74. 18; 79. 9, 10. Eze. 20. 9, 14, 22. *Turn from.* De. 13. 17. Jos. 7. 26. Ezr. 10. 14. Ps. 78. 38; 85. 3. *repent.* ver. 14. Ge. 6. 6. De. 32. 36. Ps. 90. 13; 106. 45. Am. 7. 3, 6. Jon. 3. 9. Zec. 8. 14.

13 *Remember.* Le. 26. 42. De. 7. 8; 9. 27. Lu. 1. 54, 55. *to whom.* Ge. 22. 16; 26. 3, 4. He. 6. 13. *I will multiply.* Ge. 12. 2, 7; 13. 15, 16; 15. 5, 7, 18; 26. 4; 28. 13, 14; 35. 11, 12; 48. 16.

14 De. 32. 26. 2 Sa. 24. 16. 1 Ch. 21. 15. Ps. 106. 45. Je. 18. 8; 26. 13, 19. Joel 2. 13. Jon. 3. 10; 4. 2.

15 *turned.* ch. 24. 18. De. 9. 15. *the testimony.* ch. 16. 34; 40. 20. De. 5. 22. Ps. 19. 7. *written.* Re. 5. 1.

16 ch. 31. 18; 34. 1, 4. De. 9. 9-11, 15; 10. 1. 2 Co. 3. 3, 7. He. 8. 10.

17 Joshua had waited patiently during all the forty days, in the place where Moses had left him —below the summit of the mount, at a distance from the people, and out of the way of temptation. *Joshua.* ch. 17. 9; 24. 13. *they shouted.* ver. 18. Ezr. 3. 11-13. Ps. 47. 1. *There is a noise.* Jos. 6. 5, 10, 16, 20. Ju. 15. 14. 1 Sa. 4. 5, 6; 17. 20, 52 Job 39. 25. Je. 51. 14. Am. 1. 14; 2. 2.

18 *being overcome. Heb.* weakness. *but the.* ch. 15. 1, etc. Da. 5. 4, 23.

19 *he saw.* ver. 4-6. De. 9. 16, 17. *the dancing.* ch. 15. 20. 2 Sa. 6. 14. La. 5. 15. *anger.* ver. 11. Nu. 12. 3. Mat. 5. 22. Mar. 3. 5; 10. 14. Ep. 4. 26. *brake them.* De. 9. 17; 27. 26. Je. 31. 32. Zec. 11. 10, 11, 14.

20 *took the calf.* How truly contemptible must the object of their idolatry appear, when they were obliged to drink their god, reduced to powder, and strewed on the water! Some have asked, how gold, the most ductile and ponderous of all metals, could have been stamped into dust, and strewed on the water. In De. 9. 21, this is fully explained. *I took,* says Moses, *your sin, the calf which ye had made, and burnt it with fire;* that is, melted it down, probably into ingots or gross plates, *and stamped it,* beat it into thin laminæ, something like our gold leaf, *and ground it very small,* even *until it was as small as dust,* which might be very easily done by the action of the hands, when *beat* into thin *plates* or *leaves,* as the original words *ekkoth,* and *dak,* imply. De. 7. 5, 25; 9. 21. 2 Ki. 23. 6, 15. *made the.* Pr. 1. 31; 14. 14.

21 Ge. 20. 9; 26. 10. De. 13. 6-8. 1 Sa. 26. 19. Jos. 7. 19-26. 1 Ki. 14. 16; 21. 22. 2 Ki. 21. 9-11.

22 *knowest.* ch. 14. 11; 15. 24; 16. 2-4, 20, 28; 17. 2-4. De. 9. 7, 24. *that they are.* De. 31. 27. 1 Sa. 15. 24. Ps. 36. 4. Pr. 4. 16.

23 See on ver. 1-4, 8.

24 *So they.* ver. 4. Ge. 3. 12, 13. Lu. 10. 29. Ro. 3. 10.

25 *naked.* The term *naked* may mean either that they were unarmed and defenceless, or ashamed from the consciousness of guilt. ch. 33. 4-6. Ge. 3. 10. Is. 47. 3. Ho. 2. 3. Mi. 1. 11. Re. 3. 17, 18; 16. 15. *Aaron.* De. 9. 20. 2 Ch. 28. 19. *shame.* Eze. 16. 63. Da. 12. 2. Ro. 6. 21. *their enemies. Heb.* those that rose up against them.

26 *Who is on.* Jos. 5. 13. 2 Sa. 20. 11. 2 Ki. 9. 32. Mat. 12. 30.

27 *slay every man.* ver. 26, 29. Nu. 25. 5, 7-12. De. 33. 8, 9. Lu. 14. 26. 2 Co. 5. 16.

28 *children.* De. 33. 9. Mal. 2. 4-6. *there fell.* Nu. 16. 32-35, 41. 1 Co. 10. 8. He. 2. 2, 3.

29 *or,* another reading of this verse is: And Moses said, Consecrate yourselves to-day to the Lord; because every man *hath been* against his son and against his brother, etc. *Moses.* Nu. 25. 11-13. De. 13, 6-11; 33. 9, 10. 1 Sa. 15. 18-22. Pr. 21. 3. Joel 2. 12-14. Zec. 13. 3. Mat. 10. 37. *Consecrate. Heb.* fill your hands.

30 *Ye have.* ver. 31. 1 Sa. 2. 17; 12. 20, 23. 2 Sa. 12. 9. 2 Ki. 17. 21. Lu. 7. 47; 15. 18. *peradventure.* 2 Sa. 16. 12. Am. 5. 15. Jon. 3. 9. 2 Ti. 2. 25. *an atonement.* ver. 32. Nu. 16. 47; 25. 13. Job 42. 7, 8. Ro. 9. 3. Ga. 3. 13. Ja. 5. 16.

31 *returned.* ch. 34. 28. De. 9. 18, 19. *sinned.* ver. 30. Ezr. 9. 6, 7, 15. Ne. 9. 33. Da. 9. 5, 8, 11. *made.* ch. 20. 4, 23.

32 *if thou.* Nu. 14. 19. Da. 9. 18, 19. Am. 7. 2. Lu. 23. 34. *blot me.* Allusion may be made to the registry of births, in which those born of a particular tribe were entered in the list of their respective families under that tribe. This was the *book of life;* and when any died, his name might be considered as blotted out of this list. But as Moses addressed the LORD, he undoubtedly referred, by faith, to the book of God's remembrance. ver. 10. De. 9. 14; 25. 19; 29. 20. Ps. 56. 8; 69. 28; 139. 16. Eze. 13. 9. Da. 12. 1. Ro. 9. 3. Phi. 4. 3. Re. 3. 5; 17. 8; 21. 27; 22. 19.

33 *sinned.* Le. 23. 30. Ps. 69. 28. Eze. 18. 4. *my book.* Ps. 109. 13, 14. Phi. 4. 3. Re. 13. 8; 20. 12.

34 *mine Angel.* ch. 23. 20; 33. 2, 14, 15. Nu. 20. 16. Is. 63. 9. *the day.* ch. 20. 5. Nu. 14. 27-30. De. 32. 35. Je. 5. 9, 29. Am. 3. 14. Mat. 23. 35. Ro. 2. 4-6.

35 ver. 25. 2 Sa. 12. 9, 10. Mat. 27. 3-7. Ac. 1. 18; 7. 41.

## CHAP. XXXIII.

*The Lord refuses to go as he had promised with the people, 1-3. The people mourn thereat, 4-6. The tabernacle is removed out of the camp, 7, 8. The Lord talks familiarly with Moses, 9-11. Moses prevails with God, and desires to see his glory, 12-23.*

1 *Depart.* ch. 32. 34. *thou hast.* ch. 17. 3; 32. 1, 7. *the land.* ch. 32. 13. Ge. 22. 16-18; 26. 3; 28. 13-15. *Unto.* Ge. 12. 7; 13. 14-17; 15. 18.

2 *an angel.* ch. 23. 20; 32. 34; 34. 11. *the Canaanite.* See on ch. 3. 8, 17. De. 7. 22. Jos. 24. 11.

3 *a land.* ch. 3. 8; 13. 5. Le. 20. 24. Nu. 13. 27; 14. 8; 16. 13. Jos. 5. 6. Je. 11. 5. *for I.* ver. 15-17; ch. 32. 10, 14. Nu. 14. 12. De. 32. 26, 27. 1 Sa. 2. 30. Je. 18. 7-10. Eze. 3. 18, 19; 33. 13-16. Jon. 3. 4, 10. *stiff-necked.* ch. 32. 9; 34. 9. De. 9. 6-13. Ps. 78. 8. Ac. 7. 51. *lest I.* ch. 23. 21; 32. 10. Nu. 16. 21, 45. Am. 3. 13, 14.

4 *they mourned.* Nu. 14. 1, 39. Ho. 7. 14. Zec. 7. 3, 5. *and no.* Le. 10. 6. 2 Sa. 19. 24. 1 Ki. 21. 27. 2 Ki. 19. 1. Ezr. 9. 3. Es. 4. 1-4. Job 1. 20; 2. 12. Is. 32. 11. Eze. 24. 17, 23; 26. 16. Jon. 3. 6.

5 *Ye are.* ver. 3. Nu. 16. 45, 46. *in a moment.* Nu. 16. 21, 45. Job 34. 20. Ps. 73. 19. La. 4. 6. *put off.* Is. 22. 12. *I may.* Ge. 18. 21; 22. 12. De. 8. 2. Ps. 139. 23.

6 ver. 4; ch. 32. 3. Je. 2. 19.

7 *the tabernacle. Eth haohel, the* TENT, not *eth hammishcan, the* TABERNACLE, for this was not erected; but probably the tent of Moses, which was before in the midst of the camp, and to which the people came for judgment; and where, no doubt, God frequently met his servant. The situation, as well as the superior elegance, of a chief's tent, was one mode by which he was honoured. *afar off.* Ps. 10. 1; 35. 22. Pr. 15. 29. Is. 59. 2. Ho. 9. 12. *the Tabernacle of.* See on ch. 29. 42, 43. *sought.* De. 4. 29. 2 Sa. 21. 1. Ps. 27. 8. Is. 55. 6, 7. Mat. 7. 7, 8. *went out.* He. 13. 11-13.

8 *and stood.* Nu. 16. 27.

9 *cloudy.* ch. 13. 21, 22. Ps. 99. 7. *talked.* ver. 11; ch. 25. 22; 31. 18; 34. 3, 9. Ge. 17. 22; 18. 33. Nu. 11. 17. Eze. 3. 22.

10 *worshipped.* ch. 4. 31. 1 Ki. 8. 14, 22. Lu. 18. 13.

11 *spake.* ver. 9. Ge. 32. 30. Nu. 12. 8. De. 5. 4; 34. 10. *his friend.* 2 Ch. 20. 7. Job 16. 21. Is. 42. 8. Jno. 3. 29; 11. 11; 15. 14, 15. Ja. 2. 23. *his servant.* ch. 17. 9; 24. 13; 32. 17.

12 *See.* ver. 1; ch. 32. 34. *I know.* ver. 17. Ge. 18. 19. Ps. 1. 6. Is. 43. 1. Je. 1. 5. Jno. 10. 14, 15. 2 Ti. 2. 19.

13 *if.* ver. 17; ch. 34. 9. *shew.* Ps. 25. 4; 27. 11; 86. 11; 119. 33. Ca. 1. 7, 8. Is. 30. 21. *that I.* ver. 18. Jno. 17. 3. Ep. 1. 17. Col. 1. 10. 2 Pe. 3. 18. *consider.* ch. 32. 7. De. 9. 26, 29. Is. 63. 17, 19. Joel 2. 17. Ro. 11. 28.

14 *My presence.* ch. 13. 21. Jos. 1. 5. Is. 63. 9. Mat. 28. 20. *rest.* De. 3. 20. Jos. 21. 44; 22. 4; 23. 1. Ps. 95. 11. Je. 6. 16. Mat. 11. 28. He. 4. 8, 9.

15 ver. 3; ch. 34. 9. Ps. 4. 6.

16 *in that.* Nu. 14. 14. Mat. 1. 23. *separated.* ch. 8. 22; 19. 5, 6; 34. 10. Nu. 23. 9. De. 4. 7, 34. 2 Sa. 7. 23. 1 Ki. 8. 53. Ps. 147. 20. 2 Co. 6. 17.

17 *I will do.* Ge. 18. 32; 19. 21. Is. 65. 24. Jno. 16. 23. Ja. 5. 16. 1 Jno. 5. 14, 15. *thou hast.* ver. 12. Ge. 6. 8; 19. 19, 21.

18 ver. 20. Ps. 4. 6. Jno. 1. 18. 2 Co. 3. 18; 4. 6. 1 Ti. 6. 16. Tit. 2. 13. Re. 21. 23.

19 *all my goodness.* Ne. 9. 25. Ps. 25. 13, marg.; 65. 4. Je. 31. 12, 14. Zec. 9. 17. Ro. 2. 4. Ep. 1. 6-8. *proclaim.* ch. 3. 13-15; 34. 5-7. Is. 7. 14; 9. 6; 12. 4. *I will be.* Ro. 9. 15-18, 23.

20 *Thou canst not.* This is well explained by Rabbi JEHUDAH, in Sepher Cosri, (P. iv. § 3.) 'Of that divine glory mentioned in the Scripture, there is one degree which the eyes of the prophets were able to explore; another which all the Israelites saw, as the cloud and consuming fire; the third is so bright, and so dazzling, that no mortal is able to comprehend it; but should any one venture to look on it, his whole frame would be dissolved.' In such inconceivable splendour is the DIVINE MAJESTY revealed to the inhabitants of the celestial world, where he is said to 'dwell in the light which no man can approach unto.' (1 Ti. 6. 16.) By the 'face of God,' therefore, we are to understand that light inaccessible before which angels may stand, but which would be so insufferable to mortal eyes, that no man could see it and live. ch. 24. 10. Ge. 32. 30. De. 5. 24. Ju. 6. 22; 13. 22. Is. 6. 5. Jno. 1. 18. 1 Ti. 6. 16. He. 1. 13. Re. 1. 16, 17.

22 *in a clift.* Ps. 18. 2. Ca. 2. 3. Is. 2. 21; 32. 2. 1 Co. 10. 4. 2 Co. 5. 19. *cover thee.* De. 33. 12. Ps. 91. 1, 4. The rock on which Moses stood, and in the clift of which he was sheltered, was doubtless an emblem of Christ; in whose person, character, and salvation alone, sinners may by faith see the glory of God, and live; for there it appears in softened splendour; as the sun, when his brightness is diminished by a mist, is beheld more distinctly by the human eye.—SCOTT.

23 *thou shalt.* ver. 20. Job 11. 7; 26. 14. Jno. 1. 18. 1 Co. 13. 12. 1 Ti. 6. 16.

## CHAP. XXXIV.

*The tables are renewed,* 1-4. *The name of the LORD proclaimed,* 5-7. *Moses intreats God to go with them,* 8, 9. *God makes a covenant with them, repeating certain duties of the first table,* 10-27. *Moses, after forty days in the mount, comes down with the tables,* 28. *His face shines, and he covers it with a vail,* 29-35.

1 *Hew.* See on ch. 31. 18; 32. 16, 19. De. 10. 1. *I will.* ver. 28. De. 10. 1-4. *the words.* Ps. 119. 89. *which.* ch. 32. 19. De. 9. 15-17.

2 *in the top.* ch. 19. 20, 24; 24. 12. De. 9. 25.

3 ch. 19. 12, 13, 21. Le. 16. 17. 1 Ti. 2. 5. He. 12. 20.

5 *descended.* ch. 19. 18; 33. 9. Nu. 11. 17, 25. 1 Ki. 8. 10-12. Lu. 9. 34, 35. *the name.* ch. 33. 19. Nu. 14. 17. De. 32. 3. Ps. 102. 21. Pr. 18. 10. Is. 1. 10.

6 *passed.* ch. 33. 20-23. 1 Ki. 19. 11. *proclaimed.* Nu. 14. 17-19. Is. 12. 4. *The Lord.* ch. 3. 13-16. *merciful.* De. 5. 10. 2 Ch. 30. 9. Ne. 9. 17. Ps. 86. 5, 15; 103. 8-13; 111. 4; 112. 4; 116. 5; 145. 8. Joel 2. 13. Jon. 4. 2. Ro. 2. 4. *abundant.* Ps. 31. 19. Mi. 7. 18. Ro. 2. 4; 5. 20, 21. Ep. 1. 7, 8. *truth.* Ps. 57. 10; 91. 4; 108. 4; 111. 8; 138. 2; 146. 6. La. 3. 23. Mi. 7. 20. Jno. 1. 17.

7 *Keeping.* ch. 20. 6. De. 5. 10. Ne. 1. 5; 9. 32. Ps. 86. 15. Je. 32. 18. Da. 9. 4. *forgiving.* Ps. 103. 3; 130. 4. Da. 9. 9. Mi. 7. 18. Mat. 6. 14, 15; 12. 31; 18. 32-35. Lu. 7. 42, 48. Ac. 5. 31; 13. 38. Ro. 4. 7, 8. Ep. 1. 7; 4. 32. 1 Jno. 1. 9. *that will by no means clear the guilty.* The Hebrew *nakkeh lo yenakkeh*, has been rendered 'Acquitting him who is not innocent.' Nothing can more strongly express the goodness of God to frail mortals than this declaration, 'which has been misunderstood and misinterpreted by all our translators,' ch. 23. 7, 21. Nu. 14. 18-23. De. 32. 35. Jos. 24. 19. Job 10. 14. Ps. 9. 16, 17; 11. 5, 6; 58. 10, 11; 136. 10, 15. Is. 45. 21. Mi. 6. 11. Na. 1. 2, 3, 6. Ro. 2. 4-9; 3. 19-26; 9. 22, 23. He. 12. 29. Re. 20. 15; 21. 8. *visiting.* See on ch. 20. 5, 6.

8 ch. 4. 31. Ge. 17. 3. 2 Ch. 20. 18.

9 *If now.* ch. 33. 13, 17. *let my Lord.* See on ch. 33. 14-16. Mat. 28. 20. *stiff-necked.* See on ch. 32. 9; 33. 3-5. Is. 48. 4. *pardon.* Nu. 14. 19. Ps. 25. 11. *take us.* ch. 19. 5. De. 32. 9. Ps. 28. 9; 33. 12; 78. 62; 94. 14; 135. 4. Je. 10. 16. Zec. 2. 12.

10 *I make.* ch. 24. 7, 8. De. 4. 13; 5. 2, 3; 29. 12-14. *I will do marvels.* De. 4. 32-37; 32. 30. Jos. 6. 20; 10. 12, 13. 2 Sa. 7. 23. Ps. 77. 14; 78. 12; 147. 20. *a terrible.* De. 10. 21. Ps. 65. 5; 66. 3, 5; 68. 35; 76. 12; 106. 22; 145. 6. Is. 64. 3. Je. 32. 21.

11 *Observe.* De. 4. 1, 2, 40; 5. 32; 6. 3, 25; 12. 28, 32; 28. 1. Mat. 28. 20. Jno. 14. 21. *I drive.* See on ch. 3. 8, 17; 33. 2. Ge. 15. 18-21. De. 7. 1, 19; 9. 4, 5.

12 *Take heed.* ch. 23. 32, 33. De. 7. 2. Ju. 2. 2. *lest.* De. 7. 16. Jos. 23. 12, 13. Ju. 2. 3; 8. 27. Ps. 106. 36.

13 *ye shall.* ch. 23. 24. De. 7. 5, 25, 26; 12. 2, 3. Ju. 2. 2; 6. 25. 2 Ki. 18. 4; 23. 14. 2 Ch. 31. 1; 34. 3, 4. *images. Heb.* statutes.

14 *worship.* ch. 20. 3-5. De. 5. 7. Mat. 4. 10. *whose.* ver. 5-7; ch. 33. 19. Is. 9. 6; 57. 15. *jealous God.* ch. 20. 5. De. 5. 24; 6. 15; 29. 20; 32. 16, 21. Jos. 24. 19. Na. 1. 2. 1 Co. 10. 22.

15 *make.* ver. 10, 12; ch. 23. 32. De. 7. 2. *whoring.* Le. 17. 7; 20. 5, 6. Nu. 15. 39. De. 31. 16. Ju. 2. 17. Ps. 73. 27. Je. 3. 9. Ezr. 6. 9. Ho. 4. 12; 9. 1. Re. 17. 1-5. *call thee.* Nu. 25. 2. 1 Co. 10. 27. *eat.* Ps. 106. 28. 1 Co. 8. 4, 7, 10; 10. 20, 21. Re. 2. 20.

16 Nu. 25. 1, 2. De. 7. 3, 4. 1 Ki. 11. 2-4. Ezr. 9. 2. Ne. 13. 23, 25. 2 Co. 6. 14-17.

17 ch. 32. 8. Le. 19. 4. Is. 46. 6, 7. Je. 10. 14. Ac. 17. 29; 19. 26.

18 ch. 12. 15-20; 13. 4, 6, 7; 23. 15. Le. 23. 6. De. 16. 1-4. Mar. 14. 1. Lu. 22. 1. Ac. 12. 3.

19 *openeth.* ch. 13. 2, 12; 22. 29. Nu. 18. 15-17. Eze. 44. 30. Lu. 2. 23.

20 *firstling.* ch. 13. 10. Nu. 18. 15. *lamb. or,* kid. *All the.* ch. 13. 15. Nu. 3. 45-51. *none.* ch. 23. 15. De. 16. 16. 1 Sa. 9. 7, 8. 2 Sa. 24. 24.

21 *Six.* ch. 20. 9-11; 23. 12; 35. 2. De. 5. 12-15. Lu. 13. 14; 23. 56. *earing.* Ge. 45. 6. De. 21. 4. 1 Sa. 8. 12. Is. 30. 24.

22 *feast of weeks.* ch. 23. 16. Nu. 28. 16-31; 29. 12-39. De. 16. 10-15. Jno. 7. 2. Ac. 2. 1. *year's end. Heb.* revolution of the year.

23 *Thrice.* ch. 23. 14, 17. De. 16. 16. Ps. 84. 7. *the God.* Ge. 32. 28; 33. 20.

24 *I will.* ver. 11; ch. 23. 27-30; 33. 2. Le. 18. 24. De. 7. 1. Ps. 78. 55; 80. 8. *enlarge.* ch. 23. 31. De. 12. 20; 19. 8. 1 Ch. 4. 10. *desire.* Ge. 35. 5. 2 Ch. 17. 10. Job 1. 10. Pr. 16. 7. Ac. 18. 10.

25 *leaven.* ch. 12. 20; 23. 18; De. 16. 3. 1 Co. 5. 7, 8. *be left.* ch. 12. 10; 23. 18; 29. 34. Le. 7. 15. Nu. 9. 12.

26 *first.* ch. 23. 19. De. 26. 2, 10. Pr. 3. 9, 10. Mat. 6. 33. 1 Co. 15. 20. Ja. 1. 18. *seethe.* ch. 23. 19. De. 14. 21.

27 *Write.* ch. 17. 14; 24. 4, 7. De. 31. 9. *I have.* See on ver. 10. De. 4. 13; 31. 9.

28 *forty days.* See on ch. 24. 18. De. 9. 9, 18, 25.

*he wrote.* ver. 1; ch. 31. 18; 32. 16. De. 4. 13; 10. 2-4. 2 Co. 3. 7. *commandments. Heb.* words.

29 A.M. 2513. B.C. 1491. An. Ex. Is. 1. Elul. *two tables.* See on ch. 32. 15. *wist.* ch. 16. 15. Jos. 2. 4; 8. 14. Ju. 16. 20. Mar. 9. 6; 14. 40. Lu. 2. 49. Jno. 5. 13. Ac. 12. 9; 23. 5. *the skin.* Mat. 17. 2. Lu. 9. 29. Ac. 6. 15. 2 Co. 3. 7-9, 13. Re. 1. 16; 10. 1. *face shone.* As the original word *karan*, signifies to *shine out*, or *dart forth*, as *horns* on the head of an animal, or rays of light reflected from a polished surface, we may suppose that the heavenly glory which filled the soul of this holy man, darted out from his face in coruscations, in the manner in which light is generally represented. The Vulgate renders it, *et ignorabat quod cornuta esset facies sua*, 'and he did not know that his face was horned;' which version, misunderstood, has induced painters to represent Moses with *two very large horns*, one proceeding from each temple!

30 *afraid.* Nu. 12. 8. Mar. 9. 3, 15. Lu. 5. 8.

31 *called.* ch. 3. 15; 24. 1-3. *and Moses talked.* Ge. 45. 3, 15.

32 *he gave.* ch. 21. 1. Nu. 15. 40. 1 Ki. 22. 14. Mat. 28. 20. 1 Co. 11. 23; 15. 3.

33 *a vail.* Ro. 10. 4. 2 Co. 3. 13-18; 4. 4-6.

34 *he took.* 2 Co. 3. 16. He. 4. 16; 10. 19-22.

35 ver. 29, 30. Ec. 8. 1. Da. 12. 3. Mat. 5. 16; 13. 43. Jno. 5. 35. Phi. 2. 15.

## CHAP. XXXV.

*The sabbath*, 1-3. *The free gifts for the tabernacle*, 4-19. *The readiness of the people to offer*, 20-29. *Bezaleel and Aholiab are called to the work*, 30-35.

1 *These.* ch. 25; 31. 1-11; 34. 32. *do them.* Mat. 7. 21-27. Ro. 2. 13. Ja. 1. 22.

2 *Six days.* ch. 20. 9, 10; 23. 12; 31. 13-16; 34. 21. Le. 23. 3. De. 5. 12-15. Lu. 13. 14. *an holy day. Heb.* holiness. *whosoever.* Nu. 15. 32-36. De. 5. 12-14. Lu. 13. 14, 15. Jno. 5. 16. He. 2. 2, 3; 10. 28, 29.

3 ch. 12. 16; 16. 23. Nu. 15. 32, etc. Is. 58. 13.

4 *This is.* ch. 25. 1, 2.

5 *whosoever.* See on ch. 25. 2-7. Ju. 5. 9. Ps. 110. 3. Mar. 12. 41-44. 2 Co. 8. 11, 12; 9. 7.

6 *blue.* See on ch. 26. 1, 31, 36; 28. 5, 6, 15, 33. *goats' hair.* See on ch. 26. 7-14.

8 *And oil.* See on ch. 27. 20. *spices.* ch. 25; 30. 23, 28.

9 ch. 25. 5; 28. 9, 17-21; 39. 6-14.

10 ch. 31. 1-6; 36. 1-4.

11 *tabernacle.* See on ch. 26. 1, 2, etc.; 31. 7-9; 36. 8-34. *taches. Keraism*, from *karas*, to *bend*, so called from their *curved* form; *hooks, clasps*, or any thing used for the purpose of fastening: the word *taches* is formed by aphæresis from the French *attacher*, to fasten. They were equivalent, perhaps, to our hooks-and-eyes.

12 *ark.* See on ch. 25. 10-22; 37. 1-9. *the vail.* See on ch. 26. 7, 31-33; 36. 35, 36.

13 ch. 25. 23-30; 37. 10-16. Le. 24. 5, 6.

14 *candlestick. Menorah*, rather, a *chandelier*, which was of pure gold, and is described as having one shaft, with six branches proceeding from it, adorned at equal distances with six flowers, like lilies, with as many bowls and knops placed alternately. See on ch. 25. 31-39; 37. 17-24. Ps. 148. 3. Mat. 5. 14, 15.

15 *the incense.* ch. 30. 1-10, 22-38; 37. 25-28. Ps. 141. 2. *the hanging.* ch. 26. 36, 37; 36. 37, 38.

16 *The altar.* ch. 27. 1-8; 38. 1-7. *the laver.* ch. 30. 18-21; 38. 8.

17 *The hangings.* See on ch. 27. 9-19; 38. 9-20. 2 Sa. 7. 2.

18 *The pins.* These, as Dr. WALL observes, were not *particularly* mentioned. JOSEPHUS says, that to every board of the tabernacle, and to every pillar of the hangings of the court, there were ropes or cords, fastened at the top of the board or pillar, and that the other end of the rope was fastened to a πασσαλος, a *nail*, or *pin*, which, at a good distance off, was driven into the ground up to the head, a cubit deep. This was to keep the tabernacle from being blown down by the wind. Dr. SHAW, describing the tents of the Bedouins, says, 'These tents are kept firm and steady by bracing or stretching down their eaves with cords tied to wooden hooked *pins*, well pointed, which they drive into the ground with a *mallet;* one of these *pins* answering to the *nail*, as the *mallet* does to the *hammer*, which Jael used in fastening to the ground the temples of Sisera.' (Ju. 4. 21.) Ex. 27. 19.

19 *The cloths.* See on ch. 31. 10; 39. 1, 41. Nu. 4. 5-15. *the holy.* See on ch. 28; 39. 1-31.

21 ver. 5, 22, 26, 29; ch. 25. 2; 36. 2. Ju. 5. 3, 9, 12. 2 Sa. 7. 27. 1 Ch. 28. 2, 9; 29. 3, 5, 6, 9, 14, 17, 18. Ezr. 1. 5, 6; 7. 27. Ps. 110. 3. Je. 30. 21. Pr. 4. 23. Mat. 12. 34. 2 Co. 8. 12; 9. 7.

22 *bracelets. Chach*, either a *hook* or *clasp*, to join garments together; *fibula*, as MONTANUS renders; or *bracelets*, which are hooked or clasped together; so Vulgate, *armillas.* ch. 32. 3. Nu. 31. 50. Is. 3. 19. Eze. 16. 11. *tablets. Kumoz*, as BOCHART thinks, a kind of girdle, swathe, or zone. *every man.* 1 Ch. 29. 6, 7. 2 Ch. 24. 9-14. Ezr. 2. 68, 69. Ne. 7. 70-72. Is. 60. 9, 13. Mat. 2. 11. Mar. 12. 41-44.

23 See on ver. 6-10; ch. 25. 2-7. 1 Ch. 29. 8.

24 *whom.* 2 Co. 8. 12.

25 ch. 28. 3; 31. 6; 36. 1. 2 Ki. 23. 7. Pr. 14. 1; 31. 19-24. Lu. 8. 2, 3. Ac. 9. 39. Ro. 16. 1-4, 6, 12. Ga. 3. 28. Phi. 4. 3.

26 ver. 21, 29; ch. 36. 8.

27 ver. 9. 1 Ch. 29. 6. Ezr. 2. 68.

28 ver. 8; ch. 30. 23-38.

29 *whose heart.* ver. 21, 22. 1 Ch. 29. 3, 6, 9, 10, 14, 17. Ju. 5. 2, 9. 1 Co. 9. 17. 2 Co. 9. 7. *the Lord.* ver. 4. De. 4. 2; 11. 32; 12. 32. Is. 8. 20. Mat. 28. 20. 1 Co. 3. 5. Ga. 6. 16. 2 Pe. 1. 19. 2 Ti. 3. 15-17.

30 *See.* ch. 31. 2-6. 1 Ki. 7. 13, 14. Is. 28. 26. 1 Co. 3. 10; 12. 4, 11. Ja. 1. 17.

31 *And he.* Is. 11. 2-5; 28. 26; 61. 1-3. 1 Co. 12. 4-10. Col. 2. 3. Ja. 1. 17. *wisdom. Chochmah*, (from *chacham*, to be *wise, skilful, prudent,*) *wisdom*, denoting the compass of mind and strength of capacity necessary to form a *wise man:* hence our word *wisdom* is the power of *judging* what is *wise*, or best to be done; from the Saxon *wisedom*, the *doom* or *judgment* of the well *taught, wise*, or *prudent man*, from *wisan*, to *teach, advise*, and *deman*, to *judge. understanding. Tevoonah*, (from *boon*, to *separate, distinguish, discern,*) *understanding, discernment*, capacity to comprehend the different parts of a work, how to connect, arrange, etc., in order to make a complete whole. *knowledge. Daäth*, (from *yadä*, to *know*, be *acquainted with,*) *knowledge*, or a particular *acquaintance* with a person or thing, *practical, experimental* knowledge.

34 *he hath.* Ezr. 7. 10, 27. Ne. 2. 12. Ja. 1. 16, 17. *Aholiab.* ch. 31. 6. 2 Ch. 2. 14. Is. 28. 24-29. 1 Co. 1. 5-7; 12. 7.

35 *he filled.* ver. 31; ch. 31. 3, 6. 1 Ki. 3. 12; 7. 14. 2 Ch. 2. 14. Is. 28. 26. *the cunning.* ch. 26. 1. Ac. 19. 6, 8. 1 Co. 1. 5, 7; 12. 4, 8, 12. Ga. 3. 2, 5. 1 Ti. 3, 15; 4. 16. 2 Ti. 2. 15. *of the weaver.* Job 7. 6. Is. 38. 12.

## CHAP. XXXVI.

*The offerings are delivered to the workmen*, 1-3. *The liberality of the people is restrained*, 4-7. *The curtains with cherubims*, 8-13. *The curtains of goats' hair*, 14-18. *The covering of skins*, 19. *The boards with their sockets*, 20-30. *The bars*, 31-34. *The vail*, 35, 36. *The hanging for the door*, 37, 38.

1 An. Ex. Is. 1. Tisri *to* Adar. *Bezaleel.* See on ch. 31. 1-6; 35. 30-35. *wise-hearted man.* ch.

28. 3; 31. 6. *for the service.* ver. 3, 4; ch. 25. 8. Nu. 7. 9. He. 8. 2. *according.* ch. 23. 21, 22; 39. 1-43; ch. 40. Ps. 119. 6. Mat. 28. 20. Lu. 1. 6.

2 *in whose.* ch. 28. 3; 31. 6; 35. 10, 21-35. Ac. 6. 3, 4; 14. 23. Col. 4. 17. He. 5. 4. *one whose.* ch. 35. 2, 21, 25, 26. 1 Ch. 29. 5.

3 *the offering.* ch. 35. 5-21, 27, 29. *every morning.* Ps. 5. 3; 101. 8. Pr. 8. 15. Is. 50. 4. Je. 21. 12.

4 2 Ch. 24. 13. Mat. 24. 45. Lu. 12. 42. 1 Co. 3. 10.

5 ch. 32. 3. 2 Ch. 24. 14; 31. 6-10. 2 Co. 8. 2, 3. Phi. 2. 21; 4. 17, 18.

6 When God puts grace into the *heart*, the hands will be diligently employed in every good work.

7 *and too much.* 2 Ch. 31. 10.

8 *wise.* ch. 31. 6; 35. 10. *made.* See on ch. 26. 1-37. 1 Ch. 15. 1. *cherubims.* *Keroovim*, CHERUBIM, not *cherubims.* What these were we cannot determine. Some, observing that the verb *kerav* in Syriac, sometimes means to *resemble, make like*, conceive the noun *keroov* signifies no more than an image, figure, or representation of any thing. JOSEPHUS says they were flying animals, like none of those which are seen by man, but such as Moses saw about the throne of God. In another place he says, 'As for the cherubim, nobody can tell or conceive what they were like.' These symbolical figures, according to the description of them by Ezekiel, (ch. 1. 10; 10. 14,) were creatures with four heads and one body; and the animals of which these forms consisted were the noblest of their kind; the *lion* among the *wild beasts;* the *bull* among the *tame ones;* the *eagle* among the *birds*, and *man* at the head of all. Hence some have conceived them to be somewhat of the shape of flying oxen; and it is alleged in favour of this opinion, that the far more common meaning of the verb *kerav*, in Chaldee, Syriac, and Arabic, being to *plough*, the natural meaning of *keroov*, is a creature used in ploughing. This seems to have been the ancient opinion which tradition had handed down, concerning the shape of the cherubim with the flaming sword, that guarded the tree of life. (Ge. 3. 24.) See on ch. 25. 18, 22. 1 Ki. 6. 23. 2 Ch. 3. 10. Eze. 1. 5, etc.; 10. 1-19.

10 ch. 26. 3. Ps. 122. 3; 133. 1. Zep. 3. 9. Ac. 2. 1. 1 Co. 1. 10; 12. 20, 27. Ep. 1. 23; 2. 21, 22; 4. 2-6. Phi. 2. 2; 3. 15.

11 ch. 26. 4.

12 ch. 26. 5, 10.

13 *so it became.* 1 Co. 12. 20. Ep. 2. 20-22. 1 Pe. 2. 4, 5.

14 See on ch. 26. 7-13.

19 *covering.* See on ch. 26. 14. *rams' skins dyed red.* This was the *third* covering of the tabernacle. The *first* and lowermost was made of fine linen, richly embroidered with figures of cherubim, in shades of blue, purple, and scarlet (ver. 8-13). It is reasonable to suppose, that the right side of this curtain was undermost, and so it formed a beautiful ceiling in the inside of the tabernacle. The *second* covering, which lay over the embroidered one, was made of a sort of *mohair*, (ver. 14-17,) and the *fourth*, or uppermost one, which was to keep the others from the weather, was made of *tachash*, or *badgers' skins.*

20 *boards.* See on ch. 26. 15-25; 40. 18, 19. *shittim wood.* ch. 25. 5, 10. Nu. 25. 1. De. 10. 3.

21 *The length.* Each of these boards, taking the cubit at nearly twenty-two inches, was about eighteen feet long, and two feet nine inches broad. As these boards are said to be *standing up* (ver. 20,) their length was consequently the height of the tabernacle; and as the two sides were composed of twenty of these, standing up (ver. 23, 25,) and the west end of six, with two boards to project at the corners, (ver. 27, 28,) the tabernacle must therefore have been thirty cubits, or fifty-five feet long, and about ten cubits, or eighteen feet broad. These boards were fastened at the bottom by two tenons in each board, which fitted into two mortices in the foundation, at the top by links or hasps, and on the sides by five wooden bars, which ran through rings or staples in each of the boards. The boards and bars were all overlaid with gold; and their rings for the staves, and their hasps at top, were of the same metal. The foundation on which they stood consisted of about ninety-six solid blocks of silver, two under each board, about eighteen inches long, and of a suitable thickness; and each weighing a talent, or about a hundred weight. Four blocks of silver formed the bases of the columns which supported the curtain that divided the inside of the tabernacle into two rooms.

27 *westward.* ch. 26. 22, 27.

29 *coupled.* *Heb.* twined. chap. 26. 24. Ps. 122. 3; 133. 1. Ac. 2. 46; 4. 32. 1 Co. 1. 10; 12. 13. 2 Co. 1. 10. Ep. 2. 15, 19, 21; 3. 18, 19; 4. 2-6, 15, 16.

30 *under every board two sockets.* *Heb.* two sockets, two sockets, under one board. ch. 26. 25.

31 See on ch. 25. 28; 26. 26-29; 30. 5.

32 *the tabernacle.* ch. 26. 26.

35 *a vail of blue.* *Parachoth*, from *parach*, to *separate, divide, make a distinction* between somewhat, the *inner vail*, which *divided* the tabernacle into two, and *separated*, and *made a distinction* between the Holy place and the Holy of Holies. This vail was made of the same rich materials as the inner covering of the tabernacle, and curiously embroidered with cherubim and other ornaments. Though it does not appear from Scripture at what distance from either end of the tabernacle this vail was hung, yet it is reasonably conjectured, that it divided it in the same proportion in which the temple, built after this model, was divided; that is, two-thirds of the whole length were alloted to the first room, and one-third to the second; so that the room beyond the vail, the Holy of Holies, was exactly square, being ten cubits each way, and the first room, the sanctuary, was twice as long as it was broad. See on ch. 26. 31-35; 30. 6; 40. 21. Mat. 27. 51. He. 10. 20.

36 Je. 1. 18.

37 *an hanging.* This vail was a fine embroidered curtain, of the same materials and of the same workmanship as the inner vail and inner covering of the tabernacle. The text does not say how low it hung. PHILO makes it touch the ground; but JOSEPHUS will have it to come down but half way, so that the people might have a view of the inside of the tabernacle; but then he says there was another curtain over that, which came to the ground, to keep it from the weather, and was drawn aside on the sabbath and other festivals. ch. 26. 36, 37; 40. 28. *of needlework.* *Heb.* the work of a needle worker, or embroiderer. ch. 26. 36.

38 *fillets with gold.* ch. 27. 10.

## CHAP. XXXVII.

*The ark and mercy seat with cherubims made*, 1-9. *The table of shew-bread with its vessels*, 10-16. *The candlestick with its lamps and instruments*, 17-24. *The altar of incense*, 25-28. *The anointing oil and sweet incense*, 29.

1 ch. 25. 10-16; 26. 33. 31. 7; 40. 3, 20, 21. Nu. 10. 33-36.

2 ch. 30. 3.

4 *staves.* Nu. 4. 14, 15. Ac. 9. 15. *with gold.* 1 Pe. 1. 7, 18, 19.

5 Nu. 1. 50; 4. 15. 2 Sa. 6. 3-7.

6 See on ch. 25. 17-22. Le. 16. 12-15. 1 Ch. 28. 11. Ro. 3. 25. Ga. 4. 4. Tit. 2. 14. He. 9. 5. 1 Jno. 2. 2.

7 1 Ki. 6. 23-29. Ps. 80. 1; 104. 4. Eze. 10. 2.

8 *on the end.* *or*, out of, etc. *on the other end.* *of*, out of, etc.

9 *cherubims spread.* Ge. 3. 24; 28. 12. Is. 6. 2. Eze. ch. 10. Jno. 1. 51. 2 Co. 3. 18. Phi. 3. 8. 1 Ti. 3. 16. He. 1. 14. *to the mercy seatward.* ch. 25. 20. Ep. 3. 10. 1 Pe. 1. 12.

10 See on ch. 25. 23-30; 35. 13; 40. 4, 22, 23. Eze. 40. 39-42. Mal. 1. 12. Jno. 1. 14, 16. Col. 1. 27. Nothing but the ark of the covenant, with the mercy-seat, was put within the most holy place; but without the vail this 'table of shittim wood' was fixed, of the same height as the ark, but neither so long nor so broad. It was made of the same materials as the ark, and with a golden cornice; but it had also another cornice below the edge, and one at the bottom, with a border between the two of a hand breadth; though some think one border only was below the edge, and that this was towards the bottom, to keep the feet or legs more closely united. The table also had rings and staves for the convenience of removing it. To it were annexed several vessels; as *dishes*, in which some think the shewbread was placed; or, according to others, the flour of which it was made, or the oil used for various purposes; *spoons*, which were employed about the incense offered on the golden altar, or carried within the vail in a censer on the day of atonement. Some have supposed the word to denote *vials*, as we read of vials full of odours and incense (Rev. 5. 8): *covers*, which seem to have been put over both the loaves and the incense, yet some suppose they were vessels used in drink-offerings; but that is more reasonably considered as the use of the *bowls*.

16 *dishes.* See on ch. 25. 29. 1 Ki. 7. 50. 2 Ki. 12. 13. Je. 52. 18, 19. 2 Ti. 2. 20. *cover withal. or,* pour out withal.

17 *the candlestick of.* See on ch. 25. 31-39; 40. 24, 25. Le 24. 4. 1 Ch. 28. 15. 2 Ch. 13. 11. Zec. 4. 2, 11. Mat. 5. 15. Jno. 1. 4-9. Phi. 2. 15. He. 9. 2. Re. 1. 12-20; 2. 1-5.

20 *almonds.* ch. 25. 33. Nu. 17. 8. Ec. 12. 5. Je. 1. 11.

21 ch. 25. 35.

22 *were.* ch. 25. 31. 1 Co. 9. 27. Col. 3. 5. *beaten work.* Ps. 51. 17. Is. 5. 4, 5, 10.

23 ch. 25. 37. Nu. 8. 2. Zec. 4. 2. Re. 1. 12, 20; 2. 1; 4. 5; 5. 5.

25 See on ch. 30. 1-5; 40. 5, 26, 27. 2 Ch. 26. 16. Mat. 23. 19. Lu. 1. 9, 10. He. 7. 25; 13. 10. 1 Pe. 2. 5. Re. 8. 3, 4

29 *he made.* See on ch. 30. 23-38. Ps. 23. 5; 92. 10. Is. 11. 2; 61. 1, 3. Jno. 3. 34. 2 Co. 1. 21, 22. 1 Jno. 2. 20, 27. *incense.* ch. 30. 34. Ps. 14. 1, 2; 141. 2. He. 5. 7; 7. 25. Re. 8. 3, 4. *the apothecary.* Ec. 10. 1.

## CHAP. XXXVIII.

*The altar of burnt offering,* 1-7. *The laver of brass,* 8. *The court, and its hangings,* 9-20. *The sum of what the people offered, and the use to which it was applied,* 21-31.

1 *the altar.* This altar consisted of four boards of shittim (acacia) wood, covered with brass, and hollow in the middle; but it is supposed to have been filled up with earth when used, for it is expressly said (ch. 20. 24) that the altar is to be of earth. As it was five cubits long and five cubits broad, and three cubits high, if the cubit be reckoned at 21 inches, it must have been eight feet nine inches square, and about five feet three inches in height. See on ch. 27. 1-8; 40. 6, 29. 2 Ch. 4. 1. Eze. 43. 13-17. Ro. 8. 3, 4; 12. 1. He. 3. 1; 9. 14; 13. 10. 1 Pe. 2. 5. *foursquare; and three cubits the height thereof.* Eze. 43. 16. Jno. 6. 37. He. 13. 8. Re. 21. 16.

2 *he made.* ch. 27. 2. *brass.* Job. 6. 12.

3 *he made.* ch. 27. 3. *flesh-hooks.* 1 Sa. 2. 13.

5 *the grate.* ch. 27. 4.

6 ch. 25. 6. De. 10. 3.

7 *to bear it withal.* Ac. 9. 15. 1 Co. 1. 24; 2. 2.

8 *the laver.* See on ch. 30. 18-21; 40. 7, 30-32. 1 Ki. 7. 23-26, 38. Ps. 26. 6. Zec. 13. 1. Jno. 13. 10. Tit. 3. 5, 6. He. 9. 10. 1 Jno. 3. 7. Re. 1. 5. *looking glasses. or,* brazen glasses. The word *maroth*, from *raah*, to *see*, denotes *reflectors*, or *mirrors*, of any kind. That these could not have been *looking* GLASSES, as in our translation, is sufficiently evident, not only from GLASS not being then in use, but also from the impossibility of making the BRAZEN *laver* of such materials. The first *mirrors* known among men, were the clear *fountain* and *unruffled lake*. The first artificial ones were made of polished *brass*, afterwards of *steel*, and when luxury increased, of *silver;* but at a very early period, they were made of a mixed metal, particularly of *tin* and *copper*, the best of which, as PLINY informs us, were formerly manufactured at Brundusium. When the Egyptians went to their temples, according to St. CYRIL, they always carried their mirrors with them. The Israelitish women probably did the same; and Dr. SHAW says, that looking-glasses are still part of the *dress* of Moorish women, who carry them constantly hung at their breasts. *assembling. Heb.* assembling by troops. It is supposed that these women kept watch during the night. Among the ancients, women were generally employed as *door-keepers*. See 1 Sa. 2. 22. Pr. 8. 34. Mat. 26. 69. Lu. 2. 37. Jno. 18. 16. 1 Ti. 5. 5.

9 See on ch. 27. 9-19; 40. 8, 33. 1 Ki. 6. 36. Ps. 84. 2, 10; 89. 7; 92. 13; 100. 4.

14 ch. 27. 14.

18 2 Ch. 3. 14.

20 ch. 27. 19. 2 Ch. 3. 9. Ezr. 9. 8. Ec. 12. 11. Is. 22. 23; 33. 20. Ep. 2. 21, 22. Col. 2. 19.

21 *tabernacle of.* The word tabernacle is used in many different senses, and signifies, I. A tent or pavilion, Nu. 24. 5. Mat. 17. 4. II. A house or dwelling, Job 11. 4; 22. 23. III. A kind of tent, which is designated, to speak after the manner of of men, the palace of the Most High, the dwelling of the God of Israel, ch. 26. 1. He. 9. 2, 3. IV. Christ's human nature, of which the Jewish tabernacle was a type, wherein God dwells really, substantially, and personally, He. 8. 2; 9. 11. V. The true church militant, Ps. 15. 1. VI. Our natural body, in which the soul lodges as in a tabernacle, 2 Co. 5. 1. 2 Pe. 1. 13. VII. The token of God's gracious presence, Re. 21. 3. ch. 25. 16; 26. 33; 40. 3. Nu. 1. 50, 53; 9. 15; 10. 11; 17. 7, 8; 18. 2. 2 Ch. 24. 6. Ac. 7. 44. Re. 11. 19. *by the hand.* Nu. 4. 28-33. Ezr. 8. 26-30. *Ithamar.* ch. 6. 23. 1 Ch. 6. 3.

22 *Bezaleel.* ch. 31. 1-5; 35. 30-35; 36. 1-3. The supernatural qualifications of Bezaleel and Aholiab proved their divine appointment; yet they had an express nomination to their work: they were also miraculously qualified to instruct their assistants, as well as to superintend them. Christ alone builds the Temple of the Lord, and bears the glory; but ministers and private Christians, under his direction and by his grace, may be fellow-workers together with him. They who, in mean employments, are diligent and humbly contented, are equally acceptable with those who are engaged in more splendid services. The women who spun the goats' hair were *wise-hearted*, as well as the persons who presided over the work of the tabernacle, or as Aaron, who burnt incense there, because *they did it heartily unto the Lord.* Our wisdom and duty consist in giving God the glory and use of our talents, be they more or less; neither abusing nor burying them, but occupying with them until our Lord shall come; being satisfied that it is better to be a door-keeper in his service, than the most mighty and renowned of the ungodly.—SCOTT.

*all that the Lord.* Ps. 119. 6. Je. 1. 7. Mat. 28. 20.

23 *Aholiab.* ch. 35. 34. *a cunning.* ch. 35. 34.

24 *All the gold.* If we follow the estimation of the learned Dean PRIDEAUX, the value of the twenty-nine talents, and 730 shekels of *gold*, will be 198,347*l.* 12*s.* 6*d.* The value of the *silver* contributed by 603,550 Israelites, at half a shekel, or 1*s.* 6*d.* per man, will amount to 45,266*l.* 5*s.* The value of the 70 talents, 2400 shekels of brass, will be 513*l.* 17*s.* The *gold* weighed 4245 pounds; the *silver*, 14,603 pounds; and the *brass*, 10,277 pounds, troy weight. The total value of all the gold, silver, and brass, will consequently amount to 244,127*l.* 14*s.* 6*d.*; and the total weight of these three metals will amount to 29,124 pounds *troy*, which reduced to *avoirdupois* weight, is equal to FOURTEEN TONS, 226 pounds!—It may, perhaps, seem difficult to imagine how the Israelites should be possessed of so much wealth in the desert; but it should be remembered, that their ancestors were opulent men before they came into Egypt; that they were further enriched by the spoils of the Egyptians and Amalekites; and that it is probable, they traded with the neighbouring nations who bordered on the wilderness. There appear to be three reasons why so much riches should have been employed in the construction of the tabernacle, etc. 1. To impress the people's minds with the glory and dignity of the Divine Majesty, and the importance of his service. 2. To take out of their hands the occasion of covetousness. 3. To prevent pride and vain glory, by leading them to give up to the divine service even the ornaments of their persons. 1 Ch. 22. 14-16; 29. 2-7. Hag. 2. 8. *offering.* ch. 25. 2; 29. 24; 35. 22. *the shekel.* ch. 30. 13, 14, 24. Le. 5. 15; 27. 3, 25. Nu. 3. 47; 18. 16.

26 *bekah.* ch. 30. 13, 15, 16. *every man. Heb.* a poll. Nu. 1. 46. *six hundred.* ch. 12. 37. Nu. 1. 46.

27 *and the sockets.* ch. 26. 19, 21, 25, 32.

28 *and filleted them.* ch. 27. 17.

30 *the sockets.* ch. 26. 37; 27. 10, 17.

## CHAP. XXXIX.

*The cloths of service and holy garments,* 1. *The ephod,* 2-7. *The breast-plate,* 8-21. *The robe of the ephod.* 22-26. *The coats, mitre, and girdle of fine linen,* 27-29. *The plate of the holy crown,* 30, 31. *All is finished, reviewed, and approved by Moses,* 32-43.

1 *the blue.* ch. 25. 4; 26. 1; 35. 23. *cloths.* ch. 31. 10; 35. 19. *holy place.* Ps. 93. 5. Eze. 43. 12. He. 9. 12, 25. *the holy.* ch. 28. 2-4; 31. 10. Eze. 42. 14.

2 See on ch. 25. 7; 28. 6-12. Le. 8. 7.

3 *cunning work.* ch. 26. 1; 36. 8.

5 *curious.* See on ch. 28. 8; 29. 5. Le. 8. 7. Is. 11. 5. Re. 1. 13. *as the Lord.* Mat. 28. 20. 1 Co. 11. 23.

6 *onyx stones.* The meaning of the word *shoham* is not easily determined. It has been variously rendered a *beryl, emerald, prasius, sapphire, sardius, ruby, carnelian, onyx,* and *sardonyx.* It may signify both the *onyx* and *sardonyx.* The latter stone is a mixture of the *chalcedony* and *carnelian*, sometimes in strata, and at other times blended together, and is found striped with *white* and *red* strata, or layers. It is generally allowed that there is no real difference, except in *hardness*, between the *carnelian, chalcedony, agate, sardonyx,* and *onyx.* The *onyx* is of a *darkish horny* colour, resembling the *nail* or *hoof*, from which circumstance it has its name (ονυξ). It has often a plate of a *blueish white* or *red* in it, and when on one or both sides of this white there appears a plate of a *reddish* colour, the jewellers call the stone a *sardonyx.* See on ch. 25. 7; 28. 9; 35. 9. Job 28. 16. Eze. 28. 13. *ouches. mishbetzoth,* strait places, *sockets*, to insert the stones in, from *shavatz*, to straiten, enclose.

7 *a memorial.* ch. 28. 12, 29. Jos. 4. 7. Ne. 2. 20. Mar. 14. 9, 22-25.

8 See on ch. 25. 7; 28. 4, 13-29. Le. 8. 8, 9. Ps. 89. 28. Is. 59. 17. Ep. 6. 14.

10 *the first row.* See on ch. 28. 16, 17, 21. Re. 21. 19-21. *sardius. or,* ruby.

11 *a diamond.* The word *yahalom* may mean the *diamond*, from *halam*, to *beat, smite*, because of its extreme *hardness*, by which it will *beat* to pieces the other stones. It is a fine pellucid substance, never debased with any admixture of other matter; susceptible of elegant tinges from metalline particles; giving fire with steel; not fermenting with acid menstrua; scarcely calcinable by any degree of fire; and of one simple and permanent appearance in all lights. It is the hardest and most valuable of all gems; when pure, perfectly clear and pellucid as the clearest water, and eminently distinguished from all other substances by its vivid splendour, and the brightness of its reflections.

12 *a ligure. Leshem*, the *ligure*, the same as the *jacinth*, or *hyacinth*, a precious stone of a *deep red*, with a considerable tinge of *yellow.* THEOPHRASTUS and PLINY say it resembles the carbuncle, of a brightness sparkling like fire. *an agate. Shevo*, the *agate*, a semi-pellucid compound gem, formed of different simple minerals, as chalcedony, cornelian, jasper, horn-stone, quartz, amethyst, opal, etc., joined irregularly or in layers. It is of a *white, reddish, yellowish,* or *greenish* ground; and so variously figured in its substance as to represent plants, trees, animals, and other objects. *an amethyst. Achlamah, an amethyst*, a transparent gem, composed of a strong *blue* and *deep red;* and according as either prevails, affording different tinges of *purple*, sometimes approaching to violet, and sometimes even fading to a pale rose colour.

13 *a beryl. Tarshish*, a pellucid gem, of a sea, or *blueish green* colour. *a jasper. Yaspeh*, the *jasper*, a hard stone, of which there are not less than fifteen varieties of colour, as *green, red, yellow, brown, black*, etc.

14 Re. 21. 12.

15 *chains at the ends.* ch. 28. 14. 2 Ch. 3. 5. Ca. 1. 10. Jno. 10. 28; 17. 12. 1 Pe. 1. 5. Jude 1.

16 *gold rings.* ch. 25. 12.

18 *two wreathen.* ch. 28. 14. Ca. 1. 10. *ephod.* ver. 2.

20 *coupling.* ch. 26. 3.

21 *as the Lord.* Mat. 16. 24. 1 Co. 1. 25, 27.

22 See on ch. 28. 31-35.

24 *they made.* ch. 28. 33. *pomegranates.* Ga. 5. 22.

25 *bells.* ch. 28. 33, 34. Ps. 89. 15. *the pomegranates.* Ca. 4. 13.

26 *pomegranate.* ch. 28. 34. Ca. 4. 3, 13; 6. 7. *hem.* De. 22. 12. Mat. 9. 20.

27 *coats.* See on ch. 28. 39-42. Le. 8. 13. Is. 61. 10. Eze. 44. 18. Ro. 3. 22; 13. 14. Ga. 3. 27. Phi. 2. 6-8. 1 Pe. 1. 13. *fine.* The word *Shesh* seems rather to mean *cotton*, than either *fine linen*, or *silk;* called also *butz*, and by the Greeks and Romans, βυσσος, byssus.

28 *a mitre.* ch. 28. 4, 39. Eze. 44. 18. *linen.* ch. 28. 42. *breeches. Michnasim*, from *kanas*, to *wrap round.*

29 *a girdle. Avnet*, a belt or girdle, of the same kind as the eastern sash, which confines the loose garments about the waist; and in which their long skirts are tucked up when at work or on a journey. ch. 28. 39.

30 *the plate.* See on ch. 26. 36; 28. 36-39. 1 Co. 1. 30. 2 Co. 5. 21. He. 1. 3; 7. 26. *HOLINESS* ch. 28. 36. Zec. 14. 20. Tit. 2. 14. Re. 5. 10.

32 *all the.* ver. 33, 42; ch. 25-31; 35-40. Le. ch. 8; 9. Nu. 3. 25, 26, 31, 36, 37; 4. 4-32. *according.* ver. 42, 43; ch. 25. 40; 40. 32. De. 12. 32. 1 Sa. 15. 22. 1 Ch. 28. 19. Mat. 28. 20. He. 3. 2; 8. 5.

33 *the tent.* ch. 25-30; 31. 7-11; 35. 11-19; ch. 36-40.
35 *the mercy seat.* ch. 25. 17. He. 9. 5, 8.
36 *the shewbread.* ch. 25. 30. 1 Ki. 7. 48.
37 *even with.* Ex. 27. 21. Mat. 5. 14-16. Phi. 2. 15.
38 *sweet incense. Heb.* the incense of sweet spices.
39 Ex. 38. 30. 1 Ki. 8. 64.
41 *cloths.* ver. 1; ch. 31. 10. *the holy.* Ex. 28. 2.
42 *According.* ver. 32; ch. 23. 21, 22; ch. 25-31. De. 12. 32. Mat. 28. 20. 2 Ti. 2. 15; 4. 7. *made.* ch. 35. 10.
43 *did look.* ch. 40. 25. Ge. 1. 31. Ps. 104. 31. *blessed them.* Ge. 14. 19. Le. 9. 22, 23. Nu. 6. 23-27. Jos. 22. 6. 2 Sa. 6. 18. 1 Ki. 8. 14. 1 Ch. 16. 2. 2 Ch. 6. 3; 30. 27. Ne. 11. 2. Ps. 19. 11.

## CHAP. XL.

*The tabernacle is commanded to be reared, anointed, and consecrated,* 1-12. *Aaron and his sons to be sanctified,* 13-15. *Moses performs all things accordingly,* 16-33. *A cloud covers the tabernacle,* 34-38.

2 *the first month.* ver. 17; ch. 12. 1, 2; 13. 4. Nu. 7. 1. *tabernacle.* ver. 6, 18, 19; ch. 26. 1, 7, 30; 27. 21; 30. 36; 35. 11; 36. 18.
3 ver. 20, 21; ch. 25. 10, 22; 26. 31, 33, 34; 35. 12; 36. 35, 36; 37. 1-9. Le. 16. 14. Nu. 4. 5. Re. 11. 19.
4 *the table.* ver. 22, 25; ch. 25. 23-30; 26. 35, 36; 37. 10-24. *the things that, etc. Heb.* the order thereof. Le. 24. 5, 6, 8. *the candlestick.* ver. 24, 25. See on ch. 25. 31-39.
5 *the altar.* ver. 26, 27; ch. 30. 1-5; 35. 25-28; 37. 25-28. Jno. 14. 6. He. 9. 24; 10. 19-22. 1 Jno. 2. 1, 2. *put.* ver. 28; ch. 26. 36, 37.
6 ver. 29. See on ch. 27. 1-8; 38. 1-7. Ep. 1. 6, 7. He. 13. 10. 1 Jno. 2. 2; 4. 9, 10.
7 ver. 30-32. See on ch. 30. 18-21; 38. 8. Ps. 26. 6. Zec. 13. 1. Tit. 3. 5. He. 10. 22. 1 Jno. 1. 7. Re. 1. 5, 6.
8 *the court.* ver. 33. See on ch. 27. 9-19; 38. 9-20. Mat. 16. 18. 1 Co. 12. 28. Ep. 4. 11, 12.
9 *the anointing oil.* ch. 30. 23-33; 37. 29; 39. 39. Le. 8. 10. Nu. 7. 1. Ps. 45. 7. Is. 11. 2; 61. 1. Mat. 3. 16. Jno. 3. 34. 2 Co. 1. 4, 22. 1 Jno. 2. 20.
10 *sanctify.* ch. 29. 36, 37. Le. 8. 11. Is. 11. 2; 61. 1. Jno. 3. 34; 17. 19. *most holy. Heb.* holiness of holinesses. Lu. 1. 35. 1 Co. 1. 30. 2 Co. 5. 21. He. 7. 26.
12 See on ch. 29. 1-35. Le. 8. 1-13; ch. 9. Is. 11. 1-5; 61. 1-3. Mat. 3. 16. Lu. 1. 35. Jno. 3. 34. Ro. 8. 3. Ga. 4. 4.
13 *anoint him.* See on ch. 28. 41. Is. 61. 1. Jno. 3. 34; 17. 19. He. 10. 10, 29. 1 Jno. 2. 20, 27.
14 Is. 44. 3-5; 61. 10. Jno. 1. 16. Ro. 8. 30; 13. 14. 1 Co. 1. 9, 30.
15 *everlasting.* ch. 12. 14; 30. 31, 33. Nu. 25. 13. Ps. 110. 4. He. ch. 5; 7. 3, 7, 17-24; ch. 8-10.
16 *according.* ver. 17-32; ch. 23. 21, 22; 39. 42, 43. De. 4. 2; 12. 32. Is. 8. 20. Mat. 28. 20. 1 Co. 4. 2.
17 An. Ex. Is. 2. Abib. ver. 1, 2. Nu. 7. 2; 9. 1.
18 *reared.* ver. 2; ch. 26. 15-30; 36. 20-34. Le. 26. 11. Eze. 37. 27, 28. Jno. 1. 14. Ga. 4. 4. 1 Pe. 1. 5. Re. 21. 3. *and fastened.* Is. 33. 26. Mat. 16. 18. 1 Ti. 3. 15.
19 *the tent.* ch. 26. 1-14; 36. 8-19.
20 *the testimony.* ch. 16. 34; 25. 16-21; 31. 18. Ps. 40. 8. Mat. 3. 15. *mercy.* ver. 3; ch. 37. 6-9. Ro. 3. 25; 10. 4. He. 4. 16; 10. 19-21. 1 Jno. 2. 2.
21 *he brought.* ver. 3; ch. 26. 33; 35. 12. *and covered.* He. 10. 19, 20.
22 *he put.* Jno. 6. 53-57. Ep. 3. 8. *northward.* ver. 24; ch. 26. 35.
23 ver. 4; ch. 25. 30. Mat. 12. 4. He. 9. 2.
24 ch. 25. 31-35; 37. 17-24. Ps. 119. 105. Jno. 1. 1, 5, 9; 8. 12. Re. 1. 20; 2. 5.
25 ver. 4; ch. 25. 37. Re. 4. 5.
26 ver. 5; ch. 30. 1-10. Mat. 23. 19. Jno. 11. 42; ch. 17. He. 7. 25; 10. 1. 1 Jno. 2. 1.
27 ch. 30. 7.
28 ver. 5; ch. 26. 36, 37; 38. 9-19. Jno. 14. 6; 10. 9. Ep. 2. 18. He. 10. 19, 20.
29 *the altar.* ver. 6; ch. 27. 1-8; 38. 1-7. Mat. 23. 19. Ro. 3. 24-26. He. 9. 12; 13. 5, 6, 10. *offered.* ch. 29. 38, etc.
30 ver. 7; ch. 30. 18-21; 38. 8. Eze. 36. 25. He. 10. 22.
31 *washed.* Ps. 26. 6; 51. 6, 7. Jno. 13. 10. 1 Jno. 1. 7, 9.
32 *as the Lord.* ver. 19; ch. 30. 19, 20. Ps. 73. 19.
33 *up the court.* ver. 8; ch. 27. 9-16. Nu. 1. 50. Mat. 16. 8. 1 Co. 12. 12, 28. Ep. 4. 11-13. He. 9. 6, 7. *the tabernacle.* The tabernacle might either be called a house or a tent, because it had wooden walls and partitions like a house, and curtains and hangings like a tent; but as it *externally* resembled a common oblong tent, and the wooden walls were without a roof, and properly only supports for the many curtains and hangings spread over them, it is more properly called a tent. Even the ordinary tents of the Arabs have at least two main divisions; the innermost for the women, and hence called *sacred, i. e.* cut off, inaccessible. In the tent of an emir the innermost space is accessible to himself only, or those whom he particularly honours; into the outer tent others may come. The furniture is costly, the floor covered with a rich carpet, and has a stand with a censer and coals, on which incense is strewed. Hence we have the simple idea after which this magnificent royal tent of Jehovah, the King and God of the Hebrews, was made. *hanging.* Jno. 10. 9; 14. 6. Ep. 2. 18. He. 4. 14-16. *So Moses.* ch. 39. 32. 1 Ki. 6. 9. Zec. 4. 9. Jno. 4. 34; 17. 4. 2 Ti. 4. 7. He. 3. 2-5.
34 *a cloud.* ch. 13. 21, 22; 14. 19, 20, 24; 25. 8, 21, 22; 29. 43; 33. 9. Le. 16. 2. Nu. 9. 15-23, 35. 1 Ki. 8. 10, 11. 2 Ch. 5. 13; 7. 2. Ps. 18. 10-12. Is. 4. 5, 6; 6. 4. Eze. 43. 4-7. Hag. 2. 7, 9. Re. 15. 8; 21. 3, 23, 24.
35 Le. 16. 2. 1 Ki. 8. 11. 2 Ch. 5. 14; 7. 2. Is. 6. 4. Re. 15. 8.
36 *when.* ch. 13. 21, 22. Nu. 10. 11-13, 33-36; 19. 17-23. Ne. 9. 19. Ps. 78. 14; 105. 39. 1 Co. 10. 1. 2 Co. 5. 19, 20. *went onward. Heb.* journeyed.
37 Nu. 9. 19-22. Ps. 31. 15.
38 *the cloud.* ch. 13. 21. Nu. 9. 15. *fire.* Ps. 78. 14; 105. 39. Is. 4. 5, 6.

## CONCLUDING REMARKS.

Moses was undoubtedly the author of this Book, which forms a continuation of the preceding, and was evidently written after the promulgation of the law: it embraces the history of about 145 years. Moses, having in the Book of Genesis described the creation of the world, the origin of nations, and the peopling of the earth, details in the Book of *Exodus* the commencement and nature of the *Jewish Church* and *Polity*, which has very properly been termed a *Theocracy*, (Θεοκρατια, from Θεος, *God*, and κρατεω, to rule,) in which Jehovah appears not merely as their Creator and God, but as their King. Hence this and the following books of Moses are not purely historical; but contain not only laws for the regulation of their moral conduct and the rites and ceremonies of their religious worship, but judicial and political laws relating to government and civil life. The stupendous facts connected with these events, may be clearly perceived by consulting the marginal references; and many of the circumstances are confirmed by the testimony of heathen writers. *Numenius*, a Pythagorean philosopher, mentioned by *Eusebius*, speaks of the *opposition of the magicians*, whom he calls *Jannes* and *Jambres*, to the miracles of Moses. Though the names of these magicians are not preserved in the Sacred Text, yet tradition had preserved them in the Jewish records, from which *St. Paul* (2 Ti. 3. 8.) undoubtedly quotes. Add to this that many of the notions of the heathen respecting the appearance of the Deity, and their religious institutions and laws, were borrowed from this book; and many of their fables were nothing more than distorted traditions of those events which are here plainly related by Moses.

# The Third Book of MOSES, called LEVITICUS.

B.C. 1490. A.M. 2514.

## CHAP. I.

*The law of burnt offerings*, 1, 2; *of the herd*, 3-9; *of the flocks*, 10-14; *of the fowls*, 14-17.

1 *called*. Ex. 19. 3; 24. 1, 2, 12; 29. 42. Jno. 1. 17. *out of*. Ex. 25. 22; 33. 7; 39. 32; 40. 34, 35.

2 *If any*. ch. 22. 18, 19. Ge. 4. 3-5. 1 Ch. 16. 29. Ro. 12. 1, 6. Ep. 5. 2. *an offering*. *Korban*, *from karav*, to approach, an *introductory offering*, or *offering of access*, in allusion to the *present* which is always required in the East, on being introduced to a superior.

3 *a burnt*. ch. 6. 9-13; 8. 18, 21. Ge. 8. 20; 22. 2, 8, 13. Ex. 24. 5; 29. 18, 42; 32. 6; 38. 1. Nu. 23. 3, 10, 11, 19, 23, 24, 27, 31; 29. 8-11, 13. Is. 1. 11. He. 10. 8-10. *a male*. ch. 3. 1; 4. 23; 22. 19-25. Ex. 12. 5. De. 15. 21. Zec. 13. 7. Mal. 1. 14. Lu. 1. 35. Jno. 1. 36. Ep. 5. 27. He. 7. 26; 9. 14. 1 Pe. 1. 18, 19. *his own*. ch. 7. 16; 22. 19, 21. Ex. 35. 5, 21, 29; 36. 3. Ps. 40. 8; 110. 3. 2 Co. 8. 12; 9. 7. *at the*. ch. 16. 7; 17. 4. Ex. 29. 4. De. 12. 5, 6, 13, 14, 27. Eze. 20. 40. Jno. 10. 7, 9. Ep. 2. 18.

4 *put*. ch. 3. 2, 8, 13; 4. 4, 15, 24, 29; 8. 14, 22; 16. 21. Ex. 29. 10, 15, 19. Nu. 8. 12. Is. 53. 4-6. 2 Co. 5. 20, 21. *be accepted*. ch. 22. 21, 27. Is. 56. 7. Ro. 12. 1. Phi. 4. 18. *atonement*. ch. 4. 20, 26, 31, 35; 5. 6; 6. 7; 9. 7; 16. 24. Nu. 15. 25, 28; 25. 13. 2 Ch. 29. 23, 24. Da. 9. 24. Ro. 3. 25; 5. 11. He. 10. 4. 1 Jno. 2. 2.

5 *kill*. ver. 11; ch. 3. 2, 8, 13; 16. 15. 2 Ch. 29. 22-24. Mi. 6. 6. *the priests*. ver. 11, 15. 2 Ch. 35. 11. He. 10. 11. *sprinkle*. ver. 11; ch. 3. 2, 8, 13. Ex. 24. 6-8; 29. 16. Nu. 18. 17. 2 Ch. 35. 11. Is. 52. 15. Eze. 36. 25. He. 12. 24. 1 Pe. 1. 2.

6 ch. 7. 8. Ge. 3. 21.

7 *fire*. ch. 6. 12, 13; 9. 24; 10. 1. 1 Ch. 21. 26. 2 Ch. 7. 1. Mal. 1. 10. *lay*. Ge. 22. 9. Ne. 13. 31.

8 ch. 8. 18-21; 9. 13, 14. Ex. 29. 17, 18. 1 Ki. 18. 23, 33.

9 *inwards*. ver. 13; ch. 8. 21; 9. 14. Ps. 51. 6. Je. 4. 14. Mat. 23. 25-28. *burn all*. ver. 13, 17; ch. 3. 11. Ps. 66. 15. Zec. 13. 7. *a sweet*. Ge. 8. 21. Eze. 20. 28, 41. 2 Co. 2. 15. Ep. 5. 2. Phi. 4. 18.

10 *of the flocks*. ver. 2. Ge. 4. 4; 8. 20. Is. 53. 6, 7. Jno. 1. 29. *a burnt sacrifice*. *Olah*, a *burnt offering*, from *âlah*, to *ascend*, because this offering *ascended*, as it were, to God in *flame* and *smoke*, being *wholly consumed;* for which reason it is called in the Septuagint, ολοκαυτωμα, *a whole burnt offering*. This was the most important of all the sacrifices; and no part of it was eaten either by the priest or the offerer, but the whole offered to God. It has been sufficiently shown by learned men, that almost every nation of the earth, in every age, had their *burnt offerings*, from the persuasion that there was no other way to appease the incensed gods; and they even offered human sacrifices, because they imagined that life was necessary to redeem life, and that the gods would be satisfied with nothing less. *a male*. See on ver. 3; ch. 4. 23; 22. 19. Mal. 1. 14.

11 *he shall*. See on ver. 5. Ex. 40. 22. Eze. 8. 5. *northward*. ch. 6. 25; 7. 2. *and the*. ver. 7-9; ch. 9. 12-14.

12 ver. 6-8.

13 See ver. 9.

14 *of fowls*. ch. 5. 7; 12. 8. Mat. 11. 29. Lu. 2. 24. 2 Co. 8. 12. He. 7. 26.

15 *wring off his head*. *or*, pinch off the head with the nail. ch. 5. 8. Ps. 22. 1, 21; 69. 1-21. Is. 53. 4, 5, 10. Mat. ch. 26; 27. 1 Jno. 12. 27.

16 *his feathers*. *or*, the filth thereof. Lu. 1. 35. 1 Pe. 1. 2. *by the place*. ch. 4. 12; 6. 10, 11; 16. 27. He. 13. 11-14.

17 *shall not*. Ge. 15. 10. Ps. 16. 10. Mat. 27. 50. Jno. 19. 30. Ro. 4. 25. 1 Pe. 1. 19-21; 3. 18. *it is*. ver. 9, 10, 13. Ge. 8. 21. Ro. 12. 1. He. 10. 6-12; 13. 15, 16.

## CHAP. II.

*The meat offering of flour with oil and incense*, 1-3, *either baked in the oven*, 4, *or on a plate*, 5, 6, *or in a frying-pan*, 7-11. *The first fruits not to be burnt on the altar*, 12. *Salt to be used with every offering*, 13. *The offering of first fruits in the ear*, 14-16.

1 *meat offering*. *Minchah*, from the Arabic *manacha*, *to give*, especially as a *reciprocal gift*, a *gift*, *oblation*, or eucharistical or gratitude offering, for the bounties of providence displayed in the fruits of the earth. It is termed a *meat offering* by our translators, because the term *meat* in their time was the general name for food. ch. 6. 14-18, 20-23; 9. 17. Nu. 15. 4-21. Is. 66. 20. Jno. 6. 35. *fine flour*. Ex. 29. 2. Nu. 7. 13, 19. Joel. 1. 9; 2. 14. *pour oil*. ver. 4-8, 15, 16; ch. 7. 10-12. 1 Jno. 2. 20, 27. Jude 20. *frankincense*. Mal. 1. 11. Lu. 1. 9, 10. Re. 8. 3.

2 *the memorial*. ver. 9; ch. 5. 12; 6. 15; 24. 7. Ex. 30. 16. Nu. 5. 18. Ne. 13. 14, 22. Is. 66. 3. Ac. 10. 4.

3 *the remnant*. ch. 6. 16, 17, 26; 7. 9; 10. 12, 13; 21. 22. Nu. 18. 9. 1 Sa. 2. 28. *most holy*. ch. 6. 17; 10. 12; 21. 22. Ex. 29. 37. Nu. 18. 9.

4 *meat offering*. 1 Ch. 23. 28, 29. Ps. 22. 14. Eze. 46. 20. Mat. 26. 38. Jno. 12. 27. *the oven*. *Tannur*, probably such an *oven* as that described by D'ARVIEUX, as used by the Arabs. He states that they make a fire in a great *stone pitcher*, and when heated, mix meal and water, which they apply with the hollow of their hands to the outside, and this soft paste spreading itself upon it, is baked in an instant, and the bread comes off as thin as our *wafers*. *unleavened cakes*. ver. 1, 11; ch. 6. 17; 7. 12; 10. 12. Ex. 12. 8. 1 Co. 5. 7, 8. He. 7. 26. 1 Pe. 2. 1, 22. *wafers*. Ex. 16. 31; 29. 2. Is. 42. 1; 44. 3-5; 61. 1. Jno. 3. 34.

5 *in a pan*. *or*, on a flat plate, *or* slice. *Machavath*, a *flat iron plate*, such as the Arabs still use to bake their cakes on, and which is called a *griddle* in some of our counties.

6 ch. 1. 6. Ps. 22. 1-21. Mar. ch. 14; 15. Jno. ch. 18; 19.

7 *the frying-pan*. *Marchesheth*, a *shallow earthen* vessel, like a *frying-pan*, which the Arabs call a *tajen*. *of fine*. See on ver. 1, 2.

9 *a memorial*. ver. 2; ch. 6. 15. *an offering*. ver. 2. Ex. 29. 18. Ps. 22. 13, 14. Is. 53. 10. Zec. 13. 7, 9. Ro. 12. 1; 15. 16. Ep. 5. 2. Phi. 2. 17; 4. 18.

10 See on ver. 3.

11 *no leaven*. ch. 6. 17. Ex. 12. 19, 20. Mat. 16. 6, 11, 12. Mar. 8. 15. Lu. 12. 1. 1 Co. 5. 6-8. Ga. 5. 9. *honey*. Pr. 24. 13; 25. 16, 27. Lu. 21. 34. Ac. 14. 22. 1 Pe. 4. 2.

12 *the oblation*. ch. 23. 10, 11, 17. Ex. 22. 29; 23. 10, 11, 19. Nu. 15. 20. De. 26. 10. 2 Ch. 31. 5. 1 Co. 15. 20. Re. 14. 4. *be burnt*. *Heb*. ascend.

13 *with salt*. Ezr. 7. 22. Eze. 43. 24. Mat. 5. 13. Mar. 9. 49, 50. Col. 4. 6. *the salt*. Nu. 18. 19. 2 Ch. 13. 5. *with all thine*. Eze. 43. 24.

14 *a meat offering*. These first fruits seem to have been the voluntary oblation brought by individuals, of the finest ears of corn out of the field, before the harvest was ripe. ch. 22. 29; 23. 10, 14-17, 20. Ge. 4. 3. Nu. 28. 2. De. 26. 2. Pr. 3. 9, 10. Is. 53. 2-10. Mal. 1. 11. 1 Co. 15. 20. Re. 14. 4. *corn beaten*. 2 Ki. 4. 42.

15 See on ver. 1.

16 See on ver. 1, 2, 4-7, 9, 12. Ps. 141. 2. Is. 11. 2-4; 61. 1. Ro. 8. 26, 27. He. 5. 7.

## CHAP. III.

*The peace offering of the herd*, 1-5; *of the flock*, 6; *whether a lamb*, 7-11, *or a goat*, 12-16. *A prohibition to eat fat or blood*, 17.

1 *a sacrifice*. ch. 7. 11-21, 29-34; 22. 19-21. Ex. 20. 24; 24. 5; 29. 28. Nu. 6. 14; 7. 17. Ju. 20. 26; 21. 4. 1 Ch. 21. 26. Pr. 7. 14. Eze. 45. 15. Am. 5. 22. Ro.

5. 1, 2. Col. 1. 20. 1 Jno. 1. 3. *without.* See on ch. 1. 3. Nu. 6. 14. Mal. 1. 8, 14. He. 10. 22.

2 *lay.* ch. 1. 4, 5; 8. 22; 16. 21, 22. Ex. 29. 10. Is. 53. 6. 2 Co. 5. 21. 1 Jno. 1. 9, 10. *kill it.* ch. 1. 11. Zec. 12. 10. Ac. 2. 36-38; 3. 15, 26; 4. 10-12, 26-28.

3 *the fat. or,* suet. ver. 16; ch. 4. 8, 9; 7. 3, 4. Ex. 29. 13, 22. De. 30. 6. Ps. 119. 70. Pr. 23. 26. Is. 6. 10. Eze. 36. 26. Mat. 13. 16; 15. 8. Ro. 5. 5; 6. 6.

4 *caul above the liver, with the kidneys. or,* midriff over the liver, *and* over the kidneys.

5 *Aaron's.* ch. 1. 9; 4. 31, 35; 6. 12; 9. 9, 10. Ex. 29. 13. 1 Sa. 2. 15, 16. 1 Ki. 8. 64. 2 Ch. 35. 14. Eze. 44. 7, 15. *upon the burnt.* ch. 6. 12. 1 Pe. 2. 5.

6 *a sacrifice.* Ga. 4. 4. Ep. 1. 10; 2. 13-22. *be of.* ver. 1; ch. 1. 2, 10. Is. 60. 7. *male.* Ga. 3. 28. *he shall.* ver. 1, etc. Ac. 4. 27. Ro. 12. 1, 2. Tit. 2. 11, 12.

7 *offer it.* ver. 1. 1 Ki. 8. 62. Ep. 5. 2, 12. He. 9. 14.

8 *he shall.* See on ver. 2-5, 13; ch. 4. 4, 15, 24. Is. 53. 6, 11, 12. 2 Co. 5. 21. 1 Pe. 2. 24. *kill it.* Ep. 2. 18; 3. 12. He. 10. 19-22. *sprinkle.* ch. 1. 5, 11. Mat. 3. 17. 2 Co. 5. 19.

9 *the fat.* ver. 3, 4. Pr. 23. 26. Is. 53. 10. *the whole rump.* To what has already been said on the *tails* of eastern sheep, we may add the testimony of LUDOLF, who states that they are so very large, some of them weighing from *twelve* to *fourteen* pounds, 'that the owners are obliged to tie a little cart behind them, whereupon they put the tail of the sheep, as well for the convenience of carriage, and to ease the poor creatures, as to preserve the wool from dirt, and the tail from being torn among the bushes and stones.' The same is testified by Dr. RUSSELL, who says, 'In some other places where they feed in the fields, the shepherds are obliged to fix a piece of thin board to the under part of the tail, to prevent its being torn by bushes, thistles, etc., as it is not covered underneath with thick wool, like the upper part; and some have small wheels to facilitate the dragging of the board after them.' ch. 7. 3; 8. 25; 9. 19. Ex. 29. 22.

10 *the caul.* ver. 4.

11 *burn.* ver. 5. Ps. 22. 14. Is. 53. 4-10. Ro. 8. 32. *the food.* ver. 16; ch. 21. 6, 8, 17, 21, 22; 22. 25. Nu. 28. 2. Eze. 44. 7. Mal. 1. 7, 12. 1 Co. 10. 21. Re. 3. 20.

12 *a goat.* ver. 1, 7, etc.; ch. 1. 2, 6, 10; 9. 3, 15; 10. 16; 22. 19-27. Is. 53. 2, 6. Mat. 25. 32, 33. Ro. 8. 3. 2 Co. 5. 21.

13 *lay his hand.* See on ver. 1-5, 8. Is. 53. 6, 11, 12. 2 Co. 5. 21. 1 Pe. 2. 24; 3. 18. *sprinkle.* ver. 2, 8. Is. 52. 15. Ro. 5. 6-11, 15-21. He. 12. 24. 1 Pe. 1. 2.

14 *the fat that covereth.* ver. 3-5, 9-11. Ps. 22. 14, 15. Pr. 23. 26. Je. 20. 21. Mat. 22. 37; 26. 38. Ro. 12. 1, 2.

16 *it is the food.* See on ver. 11. *all the fat.* ver. 3-5, 9-11, 14, 15; ch. 4. 8-19, 26, 31; 7. 23-25; 8. 25; 9. 24; 17. 6. Ex. 29. 13, 22. 1 Sa. 2. 15, 16. 2 Ch. 7. 7. Is. 53. 10. Mat. 22. 37.

17 *a perpetual.* ch. 6. 18; 7. 36; 16. 34; 17. 7; 23. 14. Nu. 19. 21. *eat neither.* That is, neither the blood which is contained in the larger *veins* and *arteries*, nor the *fat* or suet which is within the animal, which exists in a separate or unmixed state, as the *omentum* or *caul*, the fat of the *mesentery*, or fatty part of the substance which connects the convolutions of the alimentary canal or small intestines, the fat of the *kidneys*, and whatever else of the internal fat was easily separable, together with the whole of the *tail* already described; for the blood which assumes the form of gravy, and the fat which is intermixed with the other flesh, might be eaten. This law not only related to the sacrifices, but to all the cattle which the Israelites slaughtered for food. ver. 16. De. 32. 14. Ne. 8. 10. *blood.* ch. 7. 23, 25-27; 17. 10-14. Ge. 9. 4. De. 12. 16, 23; 15. 23. 1 Sa. 14. 32-34. Eze. 33. 25; 44. 7, 15. Mat. 16. 24; 26. 28. Ac. 15. 20, 21, 29. Ep. 1. 7; 5. 26. 1 Ti. 4. 4.

## CHAP. IV.

*The sin offering of ignorance,* 1, 2; *for the priest,* 3-12; *for the congregation,* 13-21; *for the ruler,* 22-26; *for any of the people,* 27-35.

2 *through.* ch. 5. 15, 17. Nu. 15. 22-29. De. 19. 4. 1 Sa. 14. 27. Ps. 19. 12. 1 Ti. 1. 13. He. 5. 2; 9. 7. *which ought.* ver. 27. Ge. 20. 9. Ja. 3. 10.

3 *the priest.* ch. 8. 12; 21. 10-12. Ex. 29. 7, 21. *a young bullock.* ver. 14; ch. 9. 2; 16. 6, 11. Eze. 43. 19. *for a sin.* ch. 5. 6. Ex. 29. 14; 30. 10. Nu. 8. 8. Ezr. 8. 35. Ro. 8. 3. 2 Co. 5. 21. He. 5. 3; 7. 27, 28.

4 *bring.* ch. 1. 3. Ex. 29. 10, 11. *lay his hand.* See on ch. 1. 4; 16. 21. Is. 53. 6. Da. 9. 26. 1 Pe. 3. 18.

5 ver. 16, 17; ch. 16. 14, 19. Nu. 19. 4. 1 Jno. 1. 7.

6 *dip.* ver. 17, 25, 30, 34; ch. 8. 15; 9. 9; 16. 14, 19. Nu. 19. 4. *seven times.* The number *seven* is what is called a number of *perfection* among the Hebrews; and is often used to denote the *completion, fulness,* or *perfection* of a thing. ch. 14. 16, 18, 27; 25. 8; 26. 18, 24, 28. Jos. 6. 4, 8.

7 *the horns.* ch. 8. 15; 9. 9; 16. 18. Ex. 30. 1-10. Ps. 118. 27. He. 9. 21-25. *all the blood.* ver. 18, 34; ch. 5. 9; 8. 15. Ep. 2. 13.

8 See on ver. 19, 26, 31, 35; ch. 3. 3-5, 9-11, 14-16; 7. 3-5; 16. 25. Is. 53. 10. Jno. 12. 27.

11 ver. 21; ch. 6. 30; 8. 14-17; 9. 8-11; 16. 27. Ex. 29. 14. Nu. 19. 5. Ps. 103. 12. He. 13. 11-13.

12 *without the camp. Heb.* to without the camp. This was intended, figuratively, to express the enormity of this sin, and the availableness of the atonement. The sacrifice, as having the sin of the priest transferred from himself to it, by his confession and imposition of hands, was become unclean and abominable, and was carried, as it were, out of God's sight; and thus its own offensiveness was removed, with the sin of the person in whose behalf it was offered. ch. 13. 46. Nu. 5. 3; 15. 35; 19. 3. *the ashes.* ch. 6. 10, 11. *burn him.* Ex. 29. 14. Nu. 19. 5. He. 13. 11. *where the ashes are poured out. Heb.* at the pouring out of the ashes.

13 *the whole congregation.* This may refer to some oversight in acts of religious worship, or to some transgression of the letter of the law, which arose out of the peculiar circumstances in which they were then found, as in the case mentioned in 1 Sa. 14. 32, *et seq.* The sacrifices and rites in this case were the same as in the preceding; only here the elders laid their hands on the head of the victim, in the name of all the congregation. *through ignorance.* See on ver. 1, 2; ch. 5. 2-5, 17. Nu. 15. 24-29. Jos. 7. 11, 24-26. 1 Ti. 1. 13. He. 10. 26-29. *and are guilty.* ch. 5. 2-5, 17; 6. 4. Ezr. 10. 19. Ho. 5. 15. marg. 1 Co. 11. 27.

14 *young bullock.* See on ver. 3.

15 *the elders.* Ex. 24. 1, 9. Nu. 11. 16, 25. De. 21. 3-9. *lay.* See on ver. 4; ch. 1. 4; 16. 21.

16 See on ver. 5-12. He. 9. 12-14.

17 See ver. 6, 7.

18 *upon the.* ver. 7. *and shall pour out.* The reason for pouring out the blood, which is so constantly and strictly required by the law, was in opposition to an idolatrous custom of the ancient Zabii, who 'were accustomed to eat of the blood of their sacrifices, because they imagined this to be the food of their gods, with whom they thought they had such communion, by eating their meat, that they revealed to them future things.'—MAIMONIDES.

19 ver. 8-10, 26, 31, 35; ch. 5. 6; 6. 7; 12. 8; 14. 18. Nu. 15. 25. Ps. 22. 14. He. 1. 3; 9. 14.

20 *with the.* ver. 3. *an atonement.* ver. 26; ch. 1. 4; 5. 6; 6. 7; 12. 8; 14. 18. Ex. 32. 30. Nu. 15. 25. Da. 9. 24. Ro. 5. 11. Ga. 3. 13. He. 1. 3; 2. 17; 9. 14; 10. 10-12. 1 Jno. 1. 7; 2. 2. Re. 1. 5.

21 *as he.* ver. 11, 12. *a sin offering.* ch. 16. 15,

21. 2 Ch. 29. 21-24. Ezr. 8. 35. Mat. 20. 28. 2 Co. 5. 21. 1 Ti. 2. 5, 6.

22 *a ruler hath sinned.* Under the term *nasi*, that is, one *preferred* or *elevated* above others, from *nasa*, to *exalt*, it is probable that any person is meant who held any kind of political dignity among the people; and it evidently means the *head of a tribe* in Nu. 1. 4, 16; 7. 2. But the Rabbins generally understand it of the prince of the great sanhedrin, who, when they were under the regal form of government, was the king. A *kid of the goats* was the sacrifice in this case; and the rites were nearly the same as in the preceding, only the *fat* was burnt as that of the *peace offering.* (ver. 26.) Ex. 18. 21. Nu. 16. 2. 2 Sa. 21. 1-3; 24. 10-17. *and done.* See on ver. 2, 13.

23 *if his sin.* ver. 14; ch. 5. 4. 2 Ki. 22. 10-13. *a kid.* ch. 9. 3; 23. 19. Nu. 7. 16, 22, 28, 34; 15. 24; 28. 15, 30; 29. 5, 11, 16, 19. Ro. 8. 3.

24 *And he.* ver. 4, etc. Is. 53. 6. *in the place.* ch. 1. 5, 11; 3. 2, 8, 13; 4. 4, 15, 29, 33; 6. 25; 7. 2; 16. 15. Ex. 29. 38. *it is a sin.* See on ver. 3, 21, 31, 35.

25 *put.* ver. 7, 18, 30, 34; ch. 8. 10, 15; 9. 9; 16. 18. Is. 40. 21. Ro. 3. 24-26; 8. 3, 4; 10. 4. He. 2. 10; 9. 22.

26 *the fat.* ver. 8-10, 35. See on ch. 3. 5; 6. 20-30. *an atonement.* See on ver. 20. Nu. 15. 28.

27 *any one. Heb.* any soul. ver. 2. Nu. 15. 27. *common people. Heb.* people of the land. *Am haäretz;* that is, any individual who was not a *priest*, *king*, or *ruler* among the people; an ordinary person. Any of these having transgressed, was obliged to bring a lamb or kid, the ceremonies being nearly the same as in the preceding cases. See on ver. 2, 13. Ex. 12. 49. Nu. 5. 6; 15. 16, 29.

28 *a kid.* ver. 23, 32; ch. 5. 6. Ge. 3. 15. Is. 7. 14. Je. 31. 22. Ro. 8. 3. Ga. 4. 4, 5. *a female.* ver. 23. Ga. 3. 28.

29 See on ver. 4, 15, 24, 33. He. 10. 4-14.

30 *upon the horns.* ver. 25, 34. Is. 42. 21. Ro. 8. 3, 4; 10. 4. He. 2. 10. *pour out.* There may have been some place at the bottom of the altar to receive and carry off the blood.

31 *all the fat.* ver. 8-10, 19, 26, 35; ch. 3. 3-5, 9-11, 14-16. *a sweet.* ch. 1. 9, 13, 17; 3. 3, 5; 8. 21. Ex. 29. 18. Ezr. 6. 10. Job 42. 8. Ps. 40. 6, 7; 51. 16, 17; 69. 30, 31. Is. 42. 21; 53. 10. Mat. 3. 17. Ep. 5. 2. He. 1. 3; 9. 12, 14, 15; 10. 12, 14. 1 Pe. 2. 4, 5. 1 Jno. 1. 7; 4. 9, 10. Re. 5. 9. *and the priest.* ver. 26, 35.

32 *a lamb.* ver. 28; ch. 3. 6, 7; 5. 6. Ex. 12. 3, 5. Is. 53. 7. Lu. 1. 35. Jno. 1. 29, 36. He. 7. 26. 1 Pe. 1. 18-20; 2. 22, 24; 3. 18. Re. 5. 6, 8, 9. *without blemish.* ver. 28. Ep. 5. 27. He. 9. 14. 1 Pe. 2. 22; 3. 18.

33 See on ver. 4, 29-31.

34 *the horns of the altar.* ver. 25, 30. Is. 42. 21. Jno. 17. 19. Ro. 8. 1, 3; 10. 4. 2 Co. 5. 21. He. 2. 10; 10. 29. 1 Pe. 1. 18-20; 2. 24; 3. 18.

35 *And he.* See ver. 31. *according.* ch. 1-6. *and the priest shall make.* ver. 20, 26, 30, 31; ch. 1. 4; 5. 6, 10, 13; 6. 7; 9. 7; 12. 8; 14. 18, 53; ch. 16. Nu. 15. 25. Ro. 3. 24-26; 4. 25; 5. 6-11, 15-21; 8. 1, 3, 4; 10. 4. 2 Co. 5. 21. Ep. 1. 6, 7; 5. 2. Col. 1. 14. He. 1. 3; 4. 14; 7. 26; 9. 14. 1 Pe. 1. 18, 19; 2. 22, 24; 3. 18. 1 Jno. 1. 7; 2. 2; 4. 9, 10. Re. 1. 5, 6.

## CHAP. V.

*He that sins in concealing his knowledge,* 1; *in touching an unclean thing,* 2, 3; *or in making an oath,* 4, 5. *His trespass offering, of the flock,* 6; *of fowls,* 7-10; *or of flour,* 11-13. *The trespass offering in sacrilege,* 14-16; *and in sins of ignorance,* 17-19.

1 *a soul.* ver. 15, 17; ch. 4. 2. Eze. 18. 4, 20. *hear.* Ex. 22. 11. Ju. 17. 2. 1 Ki. 8. 31; 22. 16. 2 Ch. 18. 15. Pr. 29. 24; 30. 9. Mat. 26. 63. *the voice of swearing. Kol alah,* rather, 'the voice of *adjuration,*' φωνην ορκισμου, as the LXX. render; for this does not relate to the duty of informing against a common swearer, but to the case of a person who, being adjured by the civil magistrate to answer upon oath, refuses to declare what he knows upon the subject—such an one *shall bear his iniquity*—shall be considered as guilty in the sight of God of the transgression which he has endeavoured to conceal, and must expect to be punished for hiding the iniquity with which he was acquainted. *bear.* ver. 17; ch. 7. 18; 17. 16; 19. 8; 20. 17. Nu. 9. 13. Ps. 38. 4. Is. 53. 11. 1 Pe. 2. 24.

2 *touch.* ch. 7. 21; 11. 24, 28, 31, 39. Nu. 19. 11-16. De. 14. 8. Is. 52. 11. Hag. 2. 13. 2 Co. 6. 17. *hidden.* ver. 4, 17. Ps. 19. 12. Lu. 11. 44. *and guilty.* ver. 17; ch. 4. 13.

3 *the uncleanness.* ch. 12; 13; 15; 22. 4-6. Nu. 19. 11-16. *when.* ver. 4.

4 *if a soul.* This relates to rash oaths or vows, which a man was afterwards unable, or which it would have been sinful, to perform. *to do evil.* ch. 27. 2, etc. Jos. 2. 14; 9. 15. Ju. 9. 19; 11. 31; 21. 7, 18. 1 Sa. 1. 11; 14. 24-28; 24. 21, 22; 25. 22. 2 Sa. 21. 7. 2 Ki. 6. 31. Ps. 132. 2-5. Ec. 5. 2-6. Eze. 17. 18, 19. Mat. 14. 7, 9. Mar. 6. 23. Ac. 23. 12.

5 *confess.* ch. 16. 21; 26. 40. Nu. 5. 7. Jos. 7. 19. Ezr. 10. 11, 12. Job 33. 27. Ps. 32. 5. Pr. 28. 13. Je. 3. 13. Da. 9. 4. Ro. 10. 10. 1 Jno. 1. 8-10.

6 *trespass offering.* It is remarkable, that in this and the following verse, the sacrifice offered is indifferently called *asham*, a *trespass offering*, and *chattath*, a *sin offering;* yet the Marginal References show that these differ in several respects. Sin offerings were sometimes offered for the whole congregation; trespass offerings never, but only for particular persons. Bullocks were sometimes used for sin offerings, never for trespass offerings. The blood of the sin offerings was put on the horns of the altar, that of the trespass offerings was only sprinkled round the bottom of the altar. The sin offering seems to have been for the expiation of offences committed in matters of religion, from a mistake or inadvertency respecting the law; but the trespass offering was required for the casual deviations from the ritual law, when well known, or for crimes against moral precepts, implying injustice to man. ch. 4. 28, 32; 6. 6; 7. 1-7; 14. 12, 13; 19. 21, 22. Nu. 6. 12. Eze. 40. 39; 42. 13. *a female.* ch. 4. 28, 32. *the priest.* See on ch. 4. 20.

7 *he be not able to bring a lamb. Heb.* his hand cannot reach to the sufficiency of a lamb. ver. 11; ch. 12. 8; 14. 21. 2 Co. 8. 12. Ja. 2. 5, 6. *two turtle-doves.* ch. 1. 14, 15. Mat. 3. 16; 10. 16. Lu. 2. 24. *one.* ver. 8, 9; ch. 9. 3; 14. 22, 31; 15. 14, 15, 30; 16. 5. He. 10. 6-10.

8 *wring off.* ch. 1. 15. Ro. 4. 25. 1 Pe. 3. 18.

9 *sprinkle.* See on ch. 1. 5; 4. 25, 30, 34; 7. 2. Ex. 12. 22, 23. Is. 42. 21. He. 2. 10; 12. 24. *the rest.* ch. 4. 7, 18, 25, 30, 34.

10 *offer.* ch. 1. 14-17. Ep. 5. 2. *manner. or,* ordinance. See on ch. 1. 14-17. *make.* ver. 6, 13, 16; ch. 4. 20, 26, 31, 35. Ro. 5. 11. 1 Jno. 2. 2. *it.* Ja. 5. 15.

11 *But if.* See on ver. 7. *the tenth part.* Ex. 16. 18, 36. *fine flour.* ch. 2. 1. Nu. 7. 13, 19, etc.; 15. 4-9. *no oil.* ch. 2. 1, 2, 4, 5, 15, 16. Nu. 5. 15. Ps. 22. 1-21; 69. 1-21. Is. 53. 2-10. *for it is.* ver. 6, 9, 12. 2 Co. 5. 21.

12 *a memorial.* ch. 2. 2, 9, 16; 6. 15. Nu. 5. 26. Ac. 10. 4. Ep. 5. 2. *according.* ch. 1. 9, 13, 17; 2. 9; 3. 4, 11; 4. 35.

13 *the priest.* ver. 6; ch. 4. 20, 26, 31. *shall be.* ch. 2. 3, 10; 7. 6. 1 Sa. 2. 28. Ho. 4. 8. 1 Co. 9. 13.

15 *a soul.* ver. 1, 2; ch. 4. 2. *in the.* ver. 16; ch. 7. 1, 6; 10. 17, 18; 22. 1-16; 24. 5-9; 27. 9-33. Nu. 18. 9-32. De. 12. 5-12, 26; 15. 19, 20; 26. 1-15. *ram.* ver. 18; ch. 6. 6. Ezr. 10. 19. *thy estimation.* ch. 26. 2-8, 12, 13, 17, 18, 23-27. *the shekel.* ch. 27. 25. Ex. 30. 13.

16 *make.* ch. 22. 14. Ex. 22. 1, 3, 4. Ps. 69. 4. Lu. 19. 8. Ac. 26. 20. *the fifth.* ch. 6. 4, 5; 27. 13, 15, 27, 31. Nu. 5. 7. *and the priest.* ver. 6, 10, 13; ch. 4. 26. He. 9. 13, 14. 1 Jno. 2. 1, 2.

17 *a soul sin.* This case is supposed to differ

from the preceding, merely in that the person concerned was not certain whether he had or had not committed the trespass. It is therefore called by the Hebrews a *doubtful trespass offering.* ver. 1; ch. 4. 2-4, 13, 22, 27. *though.* ver. 15. Ps. 19. 12. Lu. 12. 48. Ro. 14. 23. *yet is he.* ver. 1, 2; ch. 4. 2, 13, 27.

18 *And he.* See on ver. 15, 16. *for a trespass.* ch. 6. 6. 1 Ti. 2. 5, 6. *and the priest.* ver. 16; ch. 1. 4; 4. 20; 6. 7.

19 *trespassed.* Ezr. 10. 2. Ps. 51. 4. Mal. 3. 8. 2 Co. 5. 19-21.

## CHAP. VI.

*The trespass offering for sins done wittingly,* 1-7. *The law of the burnt offering,* 8-13; *and of the meat offering,* 14-18. *The offering at the consecration of a priest,* 19-23. *The law of the sin offering,* 24-30.

2 *commit.* ch. 5. 15, 19. Nu. 5. 6-8. Ps. 51. 4. *lie.* ch. 19. 11. Ge. 26. 7. Jno. 8. 44. Ac. 5. 4. Ep. 4. 25. Col. 3. 9. Re. 22. 15. *in that.* Ex. 22. 7-10. *in fellowship. or,* in dealing. *Heb.* in putting of the hand. Is. 21. 2; 24. 16; 33. 1. Hab. 1. 13. *deceived.* Pr. 24. 28; 26. 19. Is. 59. 13-15. Je. 9. 5. Am. 8. 5. Mi. 6. 10-12.

3 *have found.* Ex. 23. 4. De. 22. 1-3. *sweareth.* ch. 19. 12. Ex. 22. 9-11. Pr. 30. 9. Je. 5. 2; 7. 9. Zec. 5. 4. Mal. 3. 5.

4 *because.* ch. 4. 13-15; 5. 3, 4. *which he.* Ge. 21. 25. Job. 20. 19; 24. 2. Is. 59. 6. Eze. 18. 7, 12, 18. Am. 3. 10. Mi. 2. 2. Zep. 1. 9.

5 *restore.* ch. 5. 16. Ex. 22. 1, 4, 7, 9. Nu. 5. 7, 8. 1 Sa. 12. 3. 2 Sa. 12. 6. Pr. 6. 30, 31. Is. 58. 6, 9. Lu. 19. 8. *in the principal.* The property itself, if still remaining, or its full value, to which a fifth part more was to be added, to compensate the owner for the loss he had sustained by being deprived of the use of his goods. He must also bring a trespass offering to the Lord; which was intended to show that disobedience to God is the great evil, even of those crimes which are injurious to man, and that repentance, and even restitution, though needful in order to forgiveness, cannot atone for sin. *of his trespass offering. or,* of his being found guilty. *Heb.* of his trespass. Mat. 5. 23, 24.

6 *a ram.* ch. 5. 15, 18. Is. 53. 10, 11.

7 *make.* ch. 4. 20, 26, 31; 5. 10, 13, 15, 16, 18. Ex. 34. 7. Eze. 18. 21-23, 26, 27; 33. 14-16, 19. Mi. 7. 18. 1 Jno. 1. 7, 9; 2. 1, 2. *it shall be.* Is. 1. 18. Mat. 12. 31. 1 Co. 6. 9-11.

8 At this verse the Jews begin the twenty-fifth section of the law, and also, in the best Hebrew Bibles, the sixth chapter, which undoubtedly ought to begin here, as the inspired writer enters upon a new subject; the former part of the book being intended for the instruction of the *people* relative to the several sacrifices to be brought; but this for the instruction of the *priests* respecting some particulars of their official services.

9 *of the burnt.* See on ch. 1. Ex. 29. 38-42. Nu. 28. 3. *because of the burning. or,* for the burning. ver. 12, 13.

10 *linen garment.* ch. 16. 4. Ex. 28. 39-43; 39. 27-29. Eze. 44. 17, 18. Re. 7. 13; 19. 8, 14. *consumed.* ch. 1. 9, 13, 17. Nu. 16. 21, 35. Ps. 20. 3, marg.; 37. 20. *beside.* ch. 1. 16.

11 *put off.* ch. 16. 23, 24. Eze. 44. 19. *without.* ch. 4. 12, 21; 14. 40, 41; 16. 27. He. 13. 11-13.

12 *the fire.* ch 9. 24. Nu. 4. 13, 14. Mar. 9. 48, 49. He. 10. 27. *burn wood.* ch. 1. 7-9; 3. 3-5, 9-11, 14-16. Ex. 29. 38-42. Ne. 13. 31. The efficacy of the priesthood and mediation of Christ is perpetual, and we can never approach to God in his name, by day or night, unseasonably. The ministers of Christ should have the fire of their zeal constantly burning.

14 *the meat offering.* See on ch. 2. 1, 2. Nu. 15. 4, 6, 9. Jno. 6. 32.

15 *the memorial.* See on ch. 2. 2, 9.

16 *the remainder.* ch. 2. 3, 10; 5. 13. Eze. 44. 29. 1 Co. 9. 13-15. *unleavened.* Ex. 12. 8. 1 Co. 5. 8. *shall it.* ver. 26; ch. 10. 12, 13. Nu. 18. 9, 10.

17 *baken.* ch. 2. 11. 1 Pe. 2. 22. *I have.* Nu. 18. 9, 10. *it is most holy.* ver. 25; ch. 2. 3; 7. 1, 6. Ex. 29. 33, 34, 37.

18 *the males.* ver. 29; ch. 21. 21, 22. Nu. 18. 10. *It shall.* See on ch. 3. 17. *every one. Kol asher yiggâ bahem yikdash,* 'all (whether person or thing) that toucheth them shall be (or must be) holy;' that is, the priests must not eat of these oblations when under any ceremonial defilement, and the sacred utensils used about them must not be employed for any other purpose, or in any other way. ch. 22. 3-7. Ex. 29. 37. Hag. 2. 12-14. Zec. 14. 20, 21. 1 Pe. 1. 16; 2. 9.

20 *the offering.* This oblation, which the Jews call a *mincha of initiation,* seems to have been required of the high priest alone 'on the day in which he was anointed,' and from that time, every morning and evening, as long as he continued in office, and then in like manner of his successor; for, by 'the sons of Aaron,' may be understood his descendants and successors in the high priesthood, in their generations. Ex. 29. 2. Nu. 18. 26-32. He. 5. 1; 7. 27; 8. 3, 4. *in the day.* The word *beyom,* signifies not only *in the day,* but *from* that day forward; for it was a *daily* oblation, and for them and their successors, a *statute for ever.* ver. 22. *the tenth.* ch. 5. 1. Ex. 16. 36. *a meat offering.* ch. 2. 1, etc. Ex. 29. 35-42. Nu. 28. 3, 10.

21 ch. 2. 5; 7. 9. 1 Ch. 9. 31.

22 *is anointed.* ch. 4. 3. De. 10. 6. He. 7. 23. *wholly.* ch. 8. 21. Ex. 29. 22-25. Is. 53. 10.

23 *shall be.* The meat offering of the people was eaten by the priests, who typically bore and expiated their sins; but as no priest, being a sinner, could make atonement for himself, his meat offering must not be eaten, but wholly burnt on the altar, which was a typical transfer of his guilt to the great antitype who actually bore and expiated it. *it shall not be.* ver. 16, 17; ch. 2. 10.

25 *the law.* See on ch. 4. 2, 3, etc., 21, 24, 33, 34. *In the.* ch. 1. 3, 5, 11; 4. 24, 29, 33. *it is.* ver. 17; ch. 21. 22.

26 *priest.* ch. 10. 17, 18. Nu. 18. 9, 10. Eze. 44. 28, 29; 46. 20. Ho. 4. 8. *in the holy.* ver. 16. *in the court.* Ex. 27. 9-18; 38. 9-19; 40. 33. Eze. 42. 13.

27 *touch.* ver. 18. Ex. 29. 37; 30. 29. Hag. 2. 12. Mat. 9. 21; 14. 36. *wash.* ch. 11. 32. 2 Co. 7. 1, 11.

28 ch. 11. 33; 15. 12. He. 9. 9, 10.

29 *the males.* See on ver. 18. Nu. 18. 10. *it is.* ver. 25.

30 ch. 4. 3-21; 10. 18; 16. 27, 28. He. 9. 11, 12; 13. 11.

## CHAP. VII.

*The law of the trespass offering,* 1-10; *and of the peace offering,* 11; *whether it be for a thanksgiving,* 12-15; *or a vow, or a free will offering,* 16-21. *The fat and the blood are forbidden,* 22-27. *The priests' portion in the peace offerings,* 28-24. *The whole summed up,* 35-38.

1 *the law.* ch. 5; 6. 1-7; 14. 12, 13; 19. 21, 22. Nu. 6. 12. Eze. 40. 39; 44. 29; 46. 20. *it is.* ch. 6. 17, 25; 21. 22.

2 *in the place.* ch. 1. 3, 5, 11; 4. 24, 29, 33; 6. 25. Nu. 6. 12. Eze. 40. 39. *and the.* ch. 1. 5; 3. 2, 8; 5. 9. Is. 52. 15. Eze. 36. 25. He. 9. 19-22; 11. 28; 12. 24. 1 Pe. 1. 2.

3 See on ch. 3. 3-5, 9-11, 15, 16; 4. 8-10. Ex. 29. 13. Ps. 51. 6, 17.

5 ch. 1. 9, 13; 2. 2, 9, 16; 3. 16. Ga. 2. 20; 5. 24. 1 Pe. 4. 1, 2.

6 *male.* ch. 6. 16-18, 29. Nu. 18. 9, 10. *it is most holy.* ch. 2. 3.

7 *the trespass*. ch. 6. 25, 26; 14. 13.

8 *even the priest*. All the flesh of the burnt offerings being consumed upon the altar, as well as the fat, there could nothing fall to the share of the priest but the skin; which must have been very valuable, as they were used as mattresses (ch. 15. 17,) or as carpets to sit upon in the day. They are still used for the same purpose by some of the inhabitants and dervishes of the East. Bishop PATRICK remarks, that Adam himself offered the first sacrifice, and had the skin given him by God, to make garments for him and his wife; in conformity with which, the priests ever after had the skin of the whole burnt offerings for their portion. *skin*. ch. 1. 6; 4. 11. Ge. 3. 21. Ex. 29. 14. Nu. 19. 5. Ro. 13. 14.

9 *the meat*. ch. 2. 4-7. Nu. 18. 9. Eze. 44. 29. *in the pan*. *or*, on the flat plate, *or* slice. ch. 2. 5, marg. *shall be*. ch. 2. 3, 10; 5. 13; 6. 16-18. 1 Co. 9. 7, 13. Ga. 6. 6.

10 *one as much*. Ex. 16. 18. 2 Co. 8. 14.

11 ch. 3; 22. 28-21. Eze. 45. 15.

12 *a thanksgiving*. ch. 22. 29. 2 Ch. 29. 31; 33. 16. Ne. 12. 43. Ps. 50. 13, 14, 23; 103. 1, 2; 107. 8, 21, 22; 116. 17. Je. 33. 11. Ho. 14. 2. Lu. 17. 16, 18. Ro. 1. 21. 2 Co. 9. 11-15. Ep. 5. 20. He. 13. 15. 1 Pe. 2. 5. *unleavened wafers*. ch. 2. 4; 6. 16. Nu. 6. 15.

13 *leavened*. ch. 23. 17. Am. 4. 5. Mat. 13. 33. 1 Ti. 4. 4.

14 *an heave*. See on Ex. 29. 27, 28. Nu. 15. 19-21; 18. 24-28; 31. 29, 41. *the priest's*. ch. 6. 26. Nu. 18. 8-11, 19, 26-32.

15 *be eaten*. ch. 22. 29, 30. See on Ex. 12. 10; 16. 19. Ec. 9. 10. Jno. 9. 4. 2 Co. 6. 2. He. 3. 13-15. *he shall not*. Mr. HARMER supposes that this law refers to the custom of *drying flesh*, that had been devoted to a religious purpose, which is practised among the Mohammedans at the present day, on their pilgrimage to Mecca. 'It would not have suited,' he observes, 'the genius of the Mosaic dispensation, to have allowed them to have dried the flesh of their peace offerings, whether in thanksgiving, in consequence of a vow, or merely voluntary, and have afterwards eaten the flesh very commonly in a sparing manner, or communicated only some small portion of it to their particular friends: their peace offerings were to be eaten, on the contrary, with festivity, communicated to their friends with liberality, and bestowed on the poor with great generosity, that they might partake with them of these sacred repasts with joy before the Lord.'

16 *be a vow*. ch. 22. 18-21; 23. 38. Nu. 15. 3. De. 12. 6, 11, 17, 26. Ps. 66. 13; 116. 14, 18. Na. 1. 15. *a voluntary*. ch. 22. 23, 29. De. 12. 6. Eze. 46. 12. *also the*. ch. 19. 5-8.

17 *on the third*. ch. 19. 7. Ge. 22. 4. Ex. 19. 11. Ho. 6. 2. 1 Co. 15. 4. *burnt*. ch. 6. 22, 23; 10. 16. Ex. 12. 10; 29. 14.

18 *it shall*. ch. 10. 19; 19. 7, 8; 22. 23, 25. Je. 14. 10, 12. Ho. 8. 13. Am. 5. 22. Mal. 1. 10, 13. *be imputed*. Nu. 18. 27. Ro. 4. 11. *an abomination*. ch. 11. 10, 11, 41. Is. 1. 11-14; 65. 4; 66. 3. Lu. 16. 15. *bear*. ch. 5. 17; 10. 17; 17. 16; 19. 7, 8; 20. 17, 19; 22. 16. Is. 53. 11, 12. Eze. 18. 20. He. 9. 28. 1 Pe. 2. 24.

19 ch. 11. 24-39. Nu. 19. 11-16. Lu. 11. 41. Ac. 10. 15, 16, 28. Ro. 14. 14, 20. 2 Co. 6. 17. Tit. 1. 15.

20 *having*. ch. 15. 2, 3, etc. 1 Co. 11. 28. *shall be*. Ge. 17. 14.

21 *the uncleanness*. ch. 5. 2, 3; ch. 12; 13; 15; 22. 4. Nu. 19. 11-16. *any unclean*. ch. 11. 24-42. De. 14. 7, 8, 10, 12-20. *abominable*. ch. 11. 10-13, 20, 41, 42. De. 14. 3. Eze. 4. 14. *cut off*. ver 20, 25, 27; ch. 17. 10, 14; 18. 29. Ge. 17. 14. Ex. 12. 15, 19; 30. 33-38.

23 *fat*. Any other *fat* they might eat; but the fat of these was sacred, because they were the only animals which were offered in sacrifice, though many others ranked among the *clean* animals as well as these. This prohibition may, however, be understood of these animals *when* offered in sacrifice, and *then only* in reference to the *inward* fat, described in ver. 4. Of the fat in any other circumstances, it cannot be intended, as it was one of the especial blessings which God gave to his people.—'Butter of kine, and milk of sheep, with *fat* of *lambs*, and *rams* of the breed of Bashan, and *goats*,' were the provision which he graciously bestowed on his followers. (See De. 32. 12-14.) ch. 3. 16, 17; 4. 8-10; 17. 6. De. 32. 38. 1 Sa. 2. 15-17, 29. Ac. 28. 27. Ro. 8. 13; 13. 13.

24 *beast*. *Heb*. carcase. ch. 17. 15; 22. 8. Ex. 22. 31. De. 14. 21. Eze. 4. 14; 44. 31.

25 *shall be cut off*. ver. 21.

26 *ye shall eat*. The prohibition of the fat or suet, which was restricted to animals offered in sacrifice, taught reverence to the altar and ordinances of God; but that of blood, which was extended to all land animals, had especial respect to the atoning blood of the sacrifice, and of the great antitype which the sacrifice prefigured. ch. 3. 17; 17. 10-14. Ge. 9. 4. 1 Sa. 14. 33, 34. Eze. 33. 25. Jno. 6. 53. Ac. 15. 20, 29. Ep. 1. 7. 1 Ti. 4. 4.

27 *that soul*. ver. 20, 21, 25. He. 10. 29. *shall be*. Shall be excommunicated or cut off from the people of God, and so deprived of any part of their inheritance or of their blessings.

29 ch. 3. Col. 1. 20. 1 Jno. 1. 7.

30 *own hands*. ch. 3. 3, 4, 9, 14. Ps. 110. 3. Jno. 10. 18. 2 Co. 8. 12. *with the breast*. ch. 8. 27; 9. 21. See on Ex. 29. 24-28. Nu. 6. 20.

31 *the priest*. ch. 3. 5, 11, 16. *the breast*. ver. 34; ch. 5. 13; 6. 16, 26; 8. 29. Nu. 18. 18.

32 ver. 34; ch. 8. 25, 26; 9. 21; 10. 14. Nu. 6. 20; 18. 18, 19. De. 18. 3. 1 Co. 9. 13, 14.

33 *that offereth*. ver. 3; ch. 6, 26.

34 *the wave*. See on ver. 30-32; ch. 10. 14, 15. Ex. 29. 28. Nu. 18. 18, 19. De. 18. 3. *by a statute*. See on ch. 3. 17. Ex. 29. 9.

35 *portion*. ch. 8. 10-12, 30. Ex. 29. 7, 21; 40. 13-15. Is. 10. 27; 61. 1. Jno. 3. 34. 2 Co. 1. 21. 1 Jno. 2. 20, 27. *he presented*. Ex. 28. 1; 29. 1. Nu. 18. 7-19.

36 *in the day*. ch. 8. 12, 30. Ex. 40. 13, 15.

37 *the law*. ch. 1; 6. 9-13. Ex. 29. 38-42. *meat*. ch. 2; 6. 14-18. *sin*. ch. 4; 6. 24-30. *trespass*. ver. 1-7; ch. 5; 6. 1-7. *consecrations*. ch. 6. 20-23. Ex. 29. 1. *sacrifice*. ver. 11-21; ch. 3.

38 *commanded*. See on ch. 1. 1, 2.

## CHAP. VIII.

*Moses consecrates Aaron and his sons*, 1-13. *Their sin offering*, 14-17. *Their burnt offering*, 18-21. *The ram of consecration*, 22-30. *The place and time of their consecration*, 31-36.

2 *Aaron*. Ex. 29. 1-4. *garments*. Ex. 28. 2-4, 40-43; 39. 1-31, 41. *anointing*. Ex. 30. 23-37; 40. 12-15. *bullock*. Ex. 29. 1, 2. He. 7. 27.

3 Nu. 20. 8; 21. 16. 1 Ch. 13. 5; 15. 3; 2 Ch. 5. 2, 6; 30. 2, 13, 25. Ne. 8. 1. Ps. 22. 25. Ac. 2. 1.

4 ver. 9, 13, 17, 29, 35. Ex. 39. 1, 5, 7, 21, 26, 29, 31, 32, 42, 43. De. 12. 32. Mat. 28. 20. 1 Co. 11. 23; 15. 3.

5 *Lord commanded to be done*. Ex. 29. 4, etc.

6 *washed*. Ex. 29. 4; 40. 12. Ps. 51. 2, 7. Is. 1. 16. Eze. 36. 25. Zec. 13. 1. Jno. 13. 8-10. 1 Co. 6. 11. Ep. 5. 26. He. 9. 10; 10. 22. Re. 1. 5, 6; 7. 14.

7 *he put*. See on Ex. 28. 4; 29. 5; 39. 1, etc. Is. 61. 3, 10. Ro. 3. 22; 13. 14. Ga. 3. 27. *the ephod*. The *ephod* seems to have been a garment worn by persons of distinction of various characters (2 Sa. 6. 4); the description of which in the book of Exodus (ch. 28. 6, etc.) relates only to its materials. As to its shape, the LXX. calls it επωμις, which signifies that it was worn on the shoulders. So also JOSEPHUS, who says it was a cubit long. St. JEROME compares it with the Roman *caracalla*, which was a sort of short cloak, only that it had a head or hood, which the ephod had not.

8 *the breast-plate.* Ex. 28. 15-29; 39. 8-21. Ca. 8. 6. Is. 59. 17. Ep. 6. 14. 1 Th. 5. 8. *the Urim.* Ex. 28. 30. Ezr. 2. 63.

9 Ex. 28. 4, 36-38; 29. 6; 39. 28-30. Zec. 3. 5; 6. 11-14. Phi. 2. 9-11.

10 Ex. 30. 23-29; 40. 9-11.

11 ch. 4. 6, 17; 16. 14, 19. Is. 52. 15. Eze. 36. 25. Tit. 3. 6.

12 ch. 4. 3; 21. 10, 11, 12. Ex. 28. 41; 29. 7; 30. 30. Ps. 133. 2.

13 *Moses.* Ex. 28. 40, 41; 29. 8, 9; 40. 14, 15. Ps. 132. 9. Is. 61. 6, 10. 1 Pe. 2. 5, 9. Re. 1. 6; 5. 10. *coats.* The *kethoneth*, or coat, was made of linen; but the form of it is no where described in Scripture, except in the visionary appearance of Christ to St. John, in the form and habit of a priest (Re. 1. 13); where he is said to be ενδεδυμενος ποδηρη, 'clothed with a garment down to the feet,' which perfectly agrees with the description the Jewish writers give of it; who also say, that it had sleeves which came down to the wrist, and was tied about the neck; so that it was not unlike a long shirt. It was common to all the priests; but the tunic of the high priest was made of finer linen, or wove in a more curious manner. (Ex. 28. 4.) *put. Heb.* bound. *bonnets.* The *migbaôth*, or bonnets, are described by JOSEPHUS as being like helmets of linen, one wreath being plaited and folded over another; and a thin cap, suited to its shape, put over all, to prevent its unfolding.

14 *he brought.* ver. 2; ch. 4. 3-12; 16. 6. Ex. 29. 10-14. Is. 53. 10. Eze. 43. 19. Ro. 8. 3. 2 Co. 5. 21. He. 7. 26-28. 1 Pe. 3. 18. *laid.* ch. 1. 4; 4. 4; 16. 21.

15 *he slew it.* ch. 1. 5, 11; 3. 2, 8. Ex. 29. 10, 11. *Moses.* ch. 4. 7, 17, 18, 30. Ex. 29. 12, 36, 37. Eze. 43. 19-27. He. 9. 18-23. *to make.* ch. 6. 30; 16. 20. 2 Ch. 29. 24. Eze. 45. 20. Da. 9. 24. Ro. 5. 10. 2 Co. 5. 18-21. Ep. 2. 16. Col. 1. 21, 22. He. 2. 17. The beginning of this verse may be rendered, 'And Moses slew it, and took the blood,' etc. We find it expressly said in Exodus, that Moses slew the sacrifices. Ex. 29. 11. Yet, in general, the offerer seems to have killed his own sacrifice.

16 ch. 3. 3-5; 4. 8, 9. Ex. 29. 13.

17 ch. 4. 11, 12, 21; 6. 30; 16. 27. Ex. 29. 14. Ga. 3. 13. He. 13. 11-13.

18 See on ch. 1. 4-13. Ex. 29. 15-18.

21 *a sweet savour.* ch. 1. 17; 2. 9. Ge. 8. 21. Ex. 29. 18. Ep. 5. 2.

22 *the ram of consecration.* ver. 2. 29; ch. 7. 37. Ex. 29. 19-31. Jno. 17. 19. 1 Co. 1. 30. 2 Co. 5. 21. Ep. 5. 25, 27. Re. 1. 5, 6. 'The ram of consecration' was evidently a sacrifice of *peace offering*, though presented on a particular occasion. Part of the blood was applied, not as that of the sin offering, to the horns of the altar, but to Aaron and his sons; to the tips of their right ears, the thumbs of their right hands, and the great toes of their right feet: implying their obligation to hearken diligently to the word of God—to do his work in the best manner which they could, and to walk in his ways with steady perseverance; and also, that they could not do these things acceptably except through the atoning blood, received and applied by faith. Then part of the blood reserved upon the altar, probably in a basin for that purpose, was mingled with the holy anointing oil, and sprinkled on the garments both of Aaron and his sons, to hallow them to the Lord. 'This may be looked upon as a lively representation of our purification by the blood of Jesus Christ, through his Holy Spirit.'—Bp. PATRICK.

23 *Moses took.* ch. 14. 14, 17, 28. Ex. 29. 20. Ro. 6. 13, 19; 12. 1. 1 Co. 1. 2, 30; 6. 20. 1 Th. 5. 22. Phi. 1. 20; 2. 17. He. 2. 10; 5. 8.

24 *Moses sprinkled.* He. 9. 22.

25 See on ch. 3. 3-5, 9. Ex. 29. 22-25. Pr. 23. 26. Is. 53. 10.

26 Ex. 29. 23. Jno. 1. 14. Ac. 5. 12. 1 Ti. 2 5.

27 *upon Aaron's.* Ex. 29. 24, etc. Je. 30 21. He. 9. 14. *and waved.* See on ch. 7. 30, 31.

28 *Moses.* Ex. 29. 25. Ps. 22. 13, 14. Zec. 13. 7. He. 10. 14-22. *they were.* See on ver. 22.

29 ch. 7. 30-34. Ex. 29. 26, 27. Is. 66. 20. 1 Co. 10. 31. 1 Pe. 4. 11.

30 *the anointing.* See on Ex. 29. 21; 30. 30. Is. 61. 1, 3. Ga. 5, 22-25. He. 2. 11. 1 Pe. 1. 2. 1 Jno. 2. 27. Re. 7. 14. *and sanctified.* ch. 10. 3. Nu. 3. 3.

31 *Boil.* ch. 6. 28; 7. 15. Ex. 29. 31, 32. De. 12. 6, 7. 1 Sa. 2. 13-17. Eze. 46. 20-24. *eat it.* ch. 10. 17. Jno. 6. 33, 35, 51, 53-56. Ga. 2. 20.

32 ch. 7. 17. Ex. 12. 10; 29. 34. Pr. 27. 1. Ec. 9. 10. 2 Co. 6. 2. He. 3. 13, 14.

33 *seven days.* ch. 14. 8. Ex. 29. 30, 35. Nu. 19. 12. Eze. 43. 25-27.

34 He. 7. 16, 27; 10. 11, 12.

35 *the tabernacle.* ch. 14. 8. Ex. 29. 35. Nu. 19. 12. Eze. 43. 25. 2 Co. 7. 1. Col. 2. 9, 10. He. 7. 28; 9. 23, 24. *keep.* ch. 8. 30; 10. 1. Nu. 3. 7; 9. 19. De. 11. 1. 1 Ki. 2. 3. 1 Ti. 1. 3, 4, 18; 5. 21; 6. 13. 17, 20. 2 Ti. 4. 1.

36 *Aaron.* This was necessary to be added, to show the exact fulfilment of the commands delivered to Moses, and which are recorded in Exodus, ch. 29; and consequently the complete consecration and preparation of Aaron and his sons to fill the awfully important office of priests and mediators between God and the children of Israel, to offer sacrifices, and make atonement for the sins of the people. Ex. 39. 43; 40. 16. De. 4. 2; 12. 32. 1 Sa. 15. 22.

## CHAP. IX.

*The first offerings of Aaron, for himself and the people,* 1-7. *The sin offering,* 8-11, *and the burnt offering for himself,* 12-14. *The offerings for the people,* 15-22. *Moses and Aaron bless the people,* 23. *Fire comes from the Lord, upon the altar,* 24.

1 *the eighth day.* Not on the eighth day of the month, but on the first day after their consecration, which occupied seven days, and before which they were deemed unfit to minister in holy things, being considered in a state of imperfection. All creatures, for the most part, were considered as in a state of uncleanness and imperfection, *seven* days, and perfected on the *eighth:* (see ch. 12. 2, 3; 14. 8-10; 15. 13, 14; 22. 27. Nu. 6. 9, 10.) ch. 8. 33; 14. 10, 23; 15. 14, 29. Nu. 6. 10. Eze. 43. 26, 27. Mat. 28. 1.

2 *a young.* ver. 7, 8. ch. 4. 3; 8. 14. Ex. 29. 1. 2 Co. 5. 21. He. 5. 3; 7. 27; 10. 10-14. *and a ram.* ch. 8. 18.

3 *Take ye.* ch. 4. 23; 16. 5, 15. Ezr. 6. 17; 10. 19. Is. 53. 10. Ro. 8. 3. 2 Co. 5. 21. Tit. 2. 14. He. 9. 26-28. 1 Pe. 2. 24; 3. 18. Re. 5. 9. *a kid.* As the offering here is a *kid*, which was the sacrifice for the sin of the *ruler*, some think that the reading of the Samaritan and LXX. is to be preferred: 'Speak unto the ELDERS of Israel.' *a calf.* See on ver. 2. *both.* ch. 12. 6; 14. 10; 23. 12. Ex. 12. 5.

4 *a bullock.* See on ch. 3. *and a meat.* ch. 2; 6. 14-23. Nu. 15. 3-9. *to-day.* ver. 6. 23. Ex. 16. 10; 19. 11; 24. 16; 29. 43; 40. 34, 35. Nu. 14. 10; 16. 19. 1 Ki. 8. 10-12. Eze. 43. 2.

5 *and all the congregation.* Ex. 19. 17. De. 31. 12. 1 Ch. 15. 3. 2 Ch. 5. 2, 3. Ne. 8. 1.

6 *and the glory.* ver. 23. Ex. 16. 10; 24. 16; 40. 34, 35. 1 Ki. 8. 10-12. 2 Ch. 5. 13, 14. Eze. 43. 2.

7 *offer thy.* ver. 2; ch. 4. 3, 20; 8. 34. 1 Sa. 3. 14. He. 5. 3; 7. 27, 28; 9. 7. *offer the.* ch. 4. 16-20. He. 5. 1.

8 ch. 1. 4, 5; 4. 4, 29.

9 ch. 4. 6, 7, 17, 18, 25, 30; 8. 15; 16. 18. He. 2. 10; 9. 22, 23; 10. 4-19.

10 *the fat.* See on ch. 3. 3-5, 9-11; 4. 8-12, 34, 35; 8. 16, 17. Ps. 51. 17. Pr. 23. 26. Is. 53. 10; 57. 15; 66. 2. *as the Lord.* ch. 4. 8.

11 ch. 4. 11, 12, 21; 8. 17; 16. 27, 28. He. 13. 11, 12.

12 See on ch. 1; 8. 18-21. Ep. 5. 2, 25-27.

14 ch. 8. 21.

15 ver. 3; ch. 4. 27-31; 9. 15. Nu. ch. 28; 29. Is. 53. 10. 2 Co. 5. 21. Tit. 2. 14. He. 2. 17; 5. 3.

16 *manner, or,* ordinance. ver. 12-14; ch. 1. 3-10; 8. 18-21. He. 10. 1-22.

17 *the meat.* ver. 1; ch. 2. 1, 2. Ex. 29. 38, 41. Jno. 6. 53. Ga. 2. 20. *took an handful thereof. Heb.* filled his hand out of it. *beside.* Ex. 29. 38-42.

18 *a sacrifice.* ch. 3; 7. 11-18. Ro. 5. 1, 10. Ep. 2. 14-17. Col. 1. 20.

19 ver. 10; ch. 3. 5, 16.

20 *they put.* ch. 7. 29-34. *burnt.* ch. 3. 14-17.

21 *the breasts.* ch. 7. 24, 26, 30-34. Ex. 29. 27, 28. Is. 49. 3. Lu. 2. 14. 1 Pe. 4. 11. *as Moses commanded.* The Samaritan text, and thirty MSS. have, *kaasher tzivvah yehowah eth Moshe,* 'as Jehovah commanded Moses;' which is also the reading of the LXX., Arabic, and Targum of ONKELOS, and seems to be the true reading, being supported, not only by these authorities, but by the whole chapter itself.

22 *his hand. or,* as the Greek has it, 'his hands.' MENACHEM gives the reason why it is written *hand,* to signify the right hand, because that was lifted up higher than the left. The lifting up of the hand was a gesture used in speaking, and signifying any weighty thing, Is. 49. 22; and particularly in swearing, Ge. 14. 22; praying, Ps. 28. 2; and blessing, either of God, Ps. 134. 2, or of men, as in this place. PAUL, speaking of prayer, uses the phrase, 'lifting up holy hands;' as also David: 'Let the lifting up of my hands be as the evening sacrifice.' Ge. 14. 18-20. Nu. 6. 23-27. De. 10. 8; 21. 5. 1 Ki. 8. 55. 1 Ch. 23. 13. 2 Ch. 6. 3. Ps. 72. 17. Mar. 10. 16. Lu. 24. 50. Ac. 3. 26. 2 Co. 13. 14. He. 7. 6, 7. 1 Pe. 3. 9.

23 *came out.* Lu. 1. 21, 22. He. 9. 24-28. *the glory.* ver. 6. Nu. 14. 10; 16. 19, 42.

24 *there came a fire.* These victims were consumed by a fire of no *human kindling.* JOSEPHUS says that 'a fire proceeded from the victims themselves, of its own accord, which had the appearance of a flash of lightning, and consumed all that was upon the altar.' ch. 6. 13. Ge. 4. 3, 4; 15. 17. Ex. 3. 2. Ju. 6. 21; 13. 19, 20, 23. 1 Ki. 18. 38. 2 Ki. 19. 15. 1 Ch. 21. 26. 2 Ch. 6. 2; 7. 1-3. Ps. 20. 3, 4; 80. 1, marg. *they shouted.* Ge. 17. 3. Nu. 14. 5; 16. 22. 1 Ki. 18. 39. 2 Ch. 7. 3. Ezr. 3. 11. Mat. 26. 39. Re. 4. 9; 5. 8; 7. 11.

## CHAP. X.

*Nadab and Abihu, for offering strange fire, are burnt by fire,* 1-5. *Aaron and his sons are forbidden to mourn for them,* 6, 7. *The priests are forbidden wine when they are to go into the tabernacle,* 8-11. *The law of eating the holy things,* 12-15. *Aaron's excuse for transgressing thereof,* 16-20.

1 *Nadab.* ch. 16. 1; 22. 9. Ex. 6. 23; 24. 1, 9; 28. 1. Nu. 3. 3, 4; 26. 61. *censer.* ch. 16. 12. Ex. 27. 3; 38. 3. Nu. 16. 6, 7, 16, 17, 46. He. 9. 4. *put incense.* Ex. 30. 1-9, 34-36; 31. 11; 37. 29; 40. 27; 1 Ki. 13. 1, 2. 2 Ch. 26. 16-20. Ps. 141. 2. Je. 44. 8, 15, 19-21. Lu. 1. 9-11. Re. 8. 3-5. *strange.* ch. 9. 24; 16. 12. Nu. 16. 18, 46. *which.* Ex. 30. 9. De. 4. 2; 12. 32; 17. 3. Je. 7. 31; 19. 5; 32. 35. Bp. HALL says, 'It is a dangerous thing, in the service of God, to decline from his own institutions; we have to do with a God, who is wise to prescribe his own worship—just to require what he has prescribed—and powerful to avenge what he has not prescribed.'

2 *fire.* ch. 9. 24; 16. 1. Nu. 3. 3, 4; 16. 35; 26. 61. 2 Sa. 6. 7. 2 Ki. 1. 10, 12. 1 Ch. 24. 2. *they died.* Nu. 3. 3, 4; 16. 32, 33, 49; 26. 61. 1 Sa. 6. 19. 1 Ch. 13. 10; 15. 13. Ac. 5. 5, 10. 1 Co. 10. 11. This fire, which destroyed the sacrificers, came from the same source with that which had consumed the sacrifices. See ch. 9. 24. Note. They *died.*—The wages of sin is death.—They died *suddenly*—they died *before the Lord;* that is, before the vail that covered the mercy-seat.—They died *by fire,* as by fire they sinned. The fire did not burn them to ashes, as it had done the sacrifices, nor so much as singe their coats, (ver. 5) but struck them dead in an instant. By these different effects of the same fire, we learn that it was no common fire, but *kindled by the breath of the Almighty.* Is. 30. 33.

3 *I will be.* ch. 8. 35; 21. 6, 8, 15, 17, 21; 22. 9; Ex. 44. 4; 19. 22; 29. 43, 44. Nu. 20. 12. De. 32. 51. 1 Sa. 6. 20. 1 Ch. 15. 12, 13. Ps. 89. 7; 119. 120. Is. 52. 11. Eze. 20. 41; 42. 13. He. 12. 28, 29. *before.* 1 Sa. 2. 30. Is. 49. 3. Eze. 28. 22. Jno. 12. 28; 13. 31, 32; 14. 13. Ac. 5. 11-13. 2 Th. 1. 10. 1 Pe. 4. 17. *Aaron.* Ge. 18. 25. 1 Sa. 3. 18. Job 1. 20, 21; 2. 10. Ps. 39. 9; 46. 10. Is. 39. 8. Mat. 10. 37.

4 *Uzziel.* Ex. 6. 18, 22. Nu. 3. 19, 30. 1 Ch. 6. 2. *carry.* Lu. 7. 12. Ac. 5. 6, 9, 10; 8. 2.

6 *Uncover.* ch. 13. 45; 21. 1-15. Ex. 33. 5. Nu. 5. 18; 6. 6, 7; 14. 6. De. 33. 9. Je. 7. 29. Eze. 24. 16, 17. Mi. 1. 16. *lest wrath.* Nu. 16. 22, 41-47. Jos. 7. 1, 11; 22. 18, 20. 2 Sa. 24. 1, 15-17.

7 *ye shall.* ch. 21. 12. Mat. 8. 21, 22. Lu. 9. 60. *the anointing.* ch. 8. 12, 30. Ex. 28. 41; 30. 30; 40. 13-15. Ac. 10. 38. 2 Co. 1. 21.

9 *Do not.* Nu. 6. 3, 20. Pr. 31. 4, 5. Is. 28. 7. Je. 35. 5, 6. Eze. 44. 21. Lu. 1. 15. Ep. 5. 18. 1 Ti. 3. 3, 8; 5. 23. Tit. 1. 7. *strong drink.* The Hebrew *shecher,* Arabic *sakar,* or *sukr,* Greek σικερα, from *shachar,* to *inebriate,* signifies any kind of fermented and inebriating liquor beside wine. So St. JEROME informs us, that *sicera* in Hebrew denotes any inebriating liquor, whether made of corn, the juice of apples, honey, dates, or any other fruit. These different kinds of liquors are described by PLINY, who calls them *vina factitia.* One of the four prohibited drinks among the Mohammedans in India is called *sakar,* which denotes inebriating liquor in general, but especially *date wine. it shall be.* See on ch. 3. 17.

10 ch. 11. 47; 20. 25, 26. Je. 15. 19. Eze. 22. 26; 44. 23. Tit. 1. 15. 1 Pe. 1. 14-16.

11 De. 24. 8; 33. 10. 2 Ch. 17. 9; 30. 22. Ne. 8. 2, 8; 9. 13, 14. Je. 2. 8; 18. 18. Mal. 2. 7. Mat. 28. 20. Ac. 20. 27. 1 Th. 4. 2.

12 *Take.* ch. 2; 6. 15-18; 7. 9; 21. 22. Ex. 29. 2. Nu. 18. 9, 10. Eze. 44. 29. *for it is most.* ch. 21. 22.

13 *ye shall.* Nu. 18. 10. *for so I.* ch. 2. 3; 6. 16.

14 ch. 7. 29-34; 9. 21. Ex. 29. 24-28. Nu. 18. 11. Jno. 4. 34.

15 *heave shoulder.* ch. 7. 29, 30, 34. *for ever.* ch. 7. 34. Ge. 13. 15; 17. 8, 13, 17. 1 Co. 9. 13, 14.

16 *the goat.* ch. 6. 26, 30; 9. 3, 15. *angry.* Ex. 32. 19-22. Nu. 12. 3. Mat. 5. 22. Mar. 3. 5; 10. 14. Ep. 4. 26.

17 *Wherefore.* ch. 6. 26, 29; 7. 6, 7. *to bear.* ch. 16. 22; 22. 16. Ex. 28. 38, 43. Nu. 18. 1. Is. 53. 6-11. Eze. 4. 4-6; 18. 19, 20. Jno. 1. 29. 2 Co. 5. 21. He. 9. 28. 1 Pe. 2. 24.

18 *the blood.* ch. 6. 30. *as I commanded.* ch. 6. 26, 30.

19 *this day.* ch. 9. 8, 12. He. 7. 27; 9, 8. *should.* De. 12. 7; 26. 14. 1 Sa. 1. 7, 8. Is. 1. 11, 15. Je. 6. 20; 14. 12. Ho. 9. 4. Mal. 1. 10, 13; 2. 13. Phi. 4. 4.

20 *he was content.* 2 Ch. 30. 18-20. Mat. 12. 3-7, 20. Zec. 7. 18, 19.

## CHAP. XI.

*What beasts may,* 1-3; *and what may not be eaten,* 4-8. *What fishes,* 9-12. *What fowls,* 13-23. *The creeping things which are unclean,* 29-47.

2 De. 14. 3-8. Eze. 4. 14. Da. 1. 8. Mat. 15. 11. Mar. 7. 15-19. Ac. 10. 12, 14. Ro. 14. 2, 3, 14, 15. 1 Ti. 4. 4-6. He. 9. 10; 13. 9.

Of the laws relative to clean and unclean beasts, which are recorded in this chapter and Deut. ch. 14 the following may be found a useful abstract. 1. In regard to *quadrupeds*, all beasts that have their feet completely cloven, above as well as below, and at the same time chew the cud, are clean. Those which have neither, or indeed want one of these distinguishing marks, are unclean. This is a systematic division of quadrupeds so excellent, as never yet, after all the improvements in natural history, to have become obsolete, but, on the contrary, to be still considered as useful by the greatest masters of the science. 2. With regard to *fishes*, Moses has in like manner, made a very simple systematic distinction. All that have scales and fins are clean; all others unclean. 3. Of *birds*, he merely specifies certain sorts as forbidden, thereby permitting all others to be eaten. 4. *Insects, serpents, worms*, etc., are prohibited; but with regard, however to those winged insects, which besides four walking legs, have also two longer springing legs, (Pedes saltatorii,) Moses makes an exception, and under the denomination of *locusts*, declares them clean in all their four stages of existence. In Palestine, Arabia, and the adjoining countries, locusts are one of the most common articles of food, and the people would be very ill off if they durst not eat them: For, when a swarm of them desolates the fields, they prove in some measure themselves an antidote to the famine which they occasion. They are not only eaten fresh, immediately on their appearance, but the people collect them, and know a method of preserving them for a long time for food, after they have dried them in an oven.—*Niebuhr's Description of Arabia*, pp. 170-175.

3 *parteth*. Ps. 1. 1. Pr. 9. 6. 2 Co. 6. 17. *cheweth*. De. 6. 6, 7; 16. 3, etc. Ps. 1. 2. Pr. 2. 1, 2, 10. Ac. 17. 11. 1 Ti. 4. 15.

5 *the coney*. *Shaphan*, most probably an animal resembling the rabbit, called by Dr. SHAW, *daman* (probably for *ganam*) *Israël*, 'Israel's lamb,' and by BRUCE, *ashkoko*, which name he imagines is 'derived from the singularity of these long herenacious hairs, which, like small thorns, grow about his back, and which in Amhara are called *ashok*.' This curious animal abounds in Judea, Palestine, Arabia, and Ethiopia; and is described as being about seventeen inches when sitting. It has no tail; and at first sight gives the idea of a rat. Its colour is grey, mixed with reddish brown; the belly white; the body covered with strong polished hairs, for the most part about two inches in length; the ears round, and not pointed; the feet round, of a soft, pulpy, tender substance; the toes projecting beyond the nails, which are rather broad than sharp; the upper jaw is longer than the other; it lives upon grain, fruit, and roots, and certainly chews the cud; and it does not burrow like the hare and rabbit, but lives in clefts of the rocks. Ps. 104. 18. Pr. 30. 26. *but divideth*. Job 36. 14. Mat. 7. 26. Ro. 2. 18-24. Phi. 3. 18, 19. 2 Ti. 3. 5. Tit. 1. 16.

6 *the hare*. De. 14. 7.

7 *swine*. De. 14. 8. Is. 65. 4; 66. 3, 17. Mat. 7. 6. Lu. 8. 33; 15. 15. 2 Pe. 2. 18-22.

8 *they are unclean*. ch. 5. 2. Is. 52. 11. Ho. 9. 3. Mat. 15. 11, 20. Mar. 7. 2, 15, 18. Ac. 10. 10-15, 28; 15. 29. Ro. 14. 14-17, 21. 1 Cor. 8. 8. 2 Cor. 6. 17. Ep. 5. 7, 11. Col. 2. 16, 21-23. He. 9. 10.

9 De. 14. 9, 10. Ac. 20. 21. Ga. 5. 6. Ja. 2. 18. 1 Jno. 5. 2-5.

10 *they shall be*. ch. 7. 18. De. 14. 3. Ps. 139. 21, 22. Pr. 13. 20; 29. 27. Re. 21. 8.

13 *the eagle*. In Hebrew, *nesher*, Chaldee, *neshar*, Syriac, *neshro*, and Arabic, *nishr*, the *eagle*, one of the largest, strongest, swiftest, fiercest, and most rapacious of the feathered race. His eye is large, dark, and piercing; his beak powerful and hooked; his legs strong and feathered; his feet yellow and armed with four very long and terrific claws; his wings very large and powerful; his body compact and robust; his bones hard; his flesh firm; his feathers coarse; his attitude fierce and erect; his motions lively; his flight extremely rapid and towering; and his cry the terror of every wing. De. 14. 12-20. Job 28. 7; 38. 41; 39. 27-30. Je. 4. 13, 22; 48. 40. La. 4. 19. Ho. 8. 1. Hab. 1. 8. Mat. 24. 28. Ro. 1. 28-32; 3. 13-17. Tit. 3. 3. *the ossifrage*. *Peres*, from *paras* to *break*, probably the species of eagle anciently called *ossifraga*, or *bone-breaker*, (from *os*, a bone, and *frango*, to break,) because it not only strips off the flesh, but *breaks* the *bone*, in order to extract the marrow. *the ospray*. Hebrew *ózniyah*, Arabic *azan*, and Chaldee, *azyah*, (from *azaz*, to be *strong*,) a species of eagle, probably the *black eagle*, so remarkable for its *strength*.

15 Ge. 8. 7. 1 Ki. 17. 4, 6. Pr. 30. 17. Lu. 12. 24.

16 De. 14. 15-18. Ps. 102. 6. Is. 13. 21, 22; 34. 11. 15. Jno. 3. 19-21. Ep. 2. 2, 3; 4. 18, 19; 5. 7-11. Phi. 3. 18, 19. 1 Th. 5. 5-7. Re. 18. 2.

20 ver. 23, 27. De. 14. 19. 2 Ki. 17. 28-41. Ps. 17. 14. Mat. 6. 24. Phi. 3. 18, 19. 2 Ti. 4. 10. 1 Jno. 2. 15-17. Jude 10, 19.

22 Ex. 10. 4, 5. Is. 35. 3. Mat. 3. 4. Mar. 1. 6. Ro. 14. 1; 15. 1. He. 5. 11; 12. 12, 13.

24 ver. 8, 27, 28, 31, 38-40; ch. 17. 15, 16. Is. 22. 14. 1 Co. 15. 33. 2 Co. 6. 17. Ep. 2. 1-3; 5. 11. Col. 2. 16, 17, 20. He. 9. 26. 1 Jno. 1. 7.

25 *wash his clothes, and be unclean*. ver. 28, 40; ch. 14. 8; 15. 5, 7-11, 13; 16. 28. Ex. 19. 10, 14. Nu. 19. 8, 10, 19, 21, 22; 31. 24. Ps. 51. 2, 7. Zec. 13. 1. Jno. 13. 8. Ac. 22. 16. He. 9. 10; 10. 22. 1 Pe. 3. 21. 1 Jno. 1. 7. Re. 7. 14.

27 See ver. 20, 23.

28 *beareth*. ver. 24, 25. *shall wash*. ver. 14.

29 *creeping things that creep*. ver. 20, 21, 41, 42. Ps. 10. 3; 17. 13, 14. Ha. 2. 6. Lu. 12. 15; 16. 14. Jno. 6. 26, 66. Ep. 4. 14. Phi. 3. 19. Col. 3. 5. 2 Ti. 3. 2-5. He. 13. 5.

31 ver. 8, 24, 25.

32 *it must be put into water*. ch. 6. 28; 15. 12. Tit. 2. 14; 3. 5.

33 *ye shall break it*. ver. 35; ch. 14. 45. Je. 48. 38. 2 Co. 5. 1-8. Phi. 3. 21.

34 Pr. 15. 8; 21. 4, 27; 28. 8. Tit. 1. 15.

35 *they shall be*. ver. 33; ch. 6. 28; 15. 12. 2 Co. 5. 1-7.

36 *a fountain*. Zec. 13. 1. Jno. 4. 14. *wherein there is plenty of water*. *Heb*. a gathering together of waters.

37 *sowing seed*. 1 Co. 15. 37. 1 Pe. 1. 23. 1 Jno. 3. 9; 5. 18.

39 ver. 24, 28, 31, 40; ch. 15. 5, 7. Nu. 19. 11, 16.

40 *eateth*. See on ver. 25; ch. 17. 15, 16; 22. 8. Ex. 22. 31. De. 14. 21. Is. 1. 16. Eze. 4. 14; 36. 25; 44. 31. Zec. 13. 1. 1 Co. 6. 11; 10. 21. 1 Jno. 1. 7. *shall wash*. ver. 28; ch. 14. 8, 9; 15. 5-10, 27; 16. 26, 28. Nu. 19. 7, 8, 19.

41 See ver. 20, 23, 29.

42 *goeth upon the belly*. Ge. 3. 14, 15. Is. 65. 25. Mi. 7. 17. Mat. 3. 7; 23. 23. Jno. 8. 44. 2 Co. 11. 3, 13. Tit. 1. 12. *hath more feet*. *Heb*. doth multiply feet.

43 *Ye shall*. ver. 41, 42; ch. 20. 25. *yourselves*. *Heb*. your souls.

44 *I am the*. See on Ex. 20. 2. *ye shall*. ch. 10. 3; 19. 2; 20. 7, 26. Ex. 19. 6. De. 14. 2. 1 Sa. 6. 20. Ps. 99. 5, 9. Is. 6. 3-5. Am. 3. 3. Mat. 5. 48. 1 Th. 4. 7. 1 Pe. 1. 15, 16; 2. 9. Re. 22. 11.

45 *that bringeth*. Ex. 6. 7. Ps. 105. 43-45. *be holy*. See on ver. 44. Ex. 6. 7; 20. 2. Ps. 105. 43-45. Ho. 11. 1. 1 Th. 4. 7.

46 *This.* The distinction of clean and unclean animals (see p. 75 of this work) existed even before the flood, though it probably then only related to sacrifices; but at this time we find there were very particular laws enacted respecting the diet of the people, and the ceremonial uncleanness contracted by touching the carcases of unclean animals. The reasons for the enactment of these laws seem to be—1. As a test of obedience, and to teach the Israelites habits of self-denial, and the government of their appetites. 2. To keep them distinct from other nations, and consequently from their idolatrous usages, by throwing hindrances in the way of their social intercourse; for these distinctions were applicable both to persons and things. The Canaanites not only ate the animals prohibited by Moses, which we usually eat, but others also, among which dogs were one. Besides, many of those declared unclean were sacred among the heathen, and sacrificed to their gods. 3. Because those prohibited were innutritive and unwholesome; as the swine, the flesh of which being strong and difficult to digest, affords a very gross aliment, and produces, especially in hot climates, cutaneous, scrophulous, and scorbutic disorders, as the itch, leprosy, etc. ch. 7. 37; 14. 54; 15. 32. Eze. 43. 12.

47 ch. 10. 10. Eze. 44. 23. Mal. 3. 18. Ro. 14. 2, 3, 13-23.

## CHAP. XII.

*The purification of a woman after childbirth,* 1-5. *Her offerings for her purifying,* 6-8.

2 *If a woman.* Ge. 1. 28; 3. 16. Job 14. 4; 15. 14; 25. 4. Ps. 51. 5. Lu. 2. 22. Ro. 5. 12-19. *according.* ch. 15. 19.

3 Ge. 17. 11, 12. De. 30. 6. Lu. 1. 59; 2. 21. Jno. 7. 22, 23. Ro. 3. 19; 4. 11, 12. Ga. 3. 17; 5. 3. Phi. 3. 5. Col. 2. 11.

4 ch. 15. 25-28. Hag. 2. 13. Lu. 2. 22, 23.

5 ver. 2, 4. Ge. 3. 13. 1 Ti. 2. 14, 15.

6 *a lamb.* ch. 1. 10-13; 5. 6-10; 14. 22; 15. 14, 29. Nu. 6. 10. Lu. 2. 22. Jno. 1. 29. 2 Co. 5. 21. He. 7. 26. 1 Pe. 1. 18, 19. *of the first year. Heb.* a son of his year.

7 *make.* See on ch. 1. 4; 4. 20, 26, 31, 35. Job 1. 5; 14. 4. Ro. 3. 23, 26. 1 Co. 7. 14. He. 9. 12-14. *be cleansed.* ch. 15. 28-30. *a male.* Ga. 3. 28.

8 *she be not able to bring a lamb. Heb.* her hand find not sufficiency of a lamb. ch. 1. 14; 5. 7; 14. 22; 15. 14, 29. Lu. 2. 22, 24. 2 Co. 8. 9. Col. 8. 9. *make an atonement.* ch. 4. 26. When burnt offerings and sin offerings were brought together the sin offerings were first offered.

## CHAP. XIII.

*The laws and tokens whereby the priest is to be guided in discerning the leprosy.*

2 *rising. or,* swelling. *a scab.* ch. 14. 56. De. 28. 27. Is. 3. 17. *the plague of leprosy. Tzarääth,* the LEPROSY, from the Greek λεπρα, from λεπις, a *scale;* so called, because in this disease the body is covered with *thin white scales,* so as to give it the appearance of snow. The leprosy is a dreadful, contagious disorder, common in Egypt and Syria, and generally manifests itself at first in the manner described in the text. Its commencement is imperceptible; there appearing only a few reddish spots on the skin, which are not attended with pain or any other symptom, but cannot be removed. It increases imperceptibly, and continues for some years to be more and more manifest. The spots become larger, spread over the whole skin, and are sometimes rather raised, though generally flat. When it increases the upper part of the nose swells, the nostrils distend, the nose becomes soft, swellings appear on the under jaws, the eyebrows are elevated, the ears grow thick, the ends of the fingers, feet, and toes, swell, the nails grow scaly, the joints of the hands and feet separate, the palms of the hands and soles of the feet are ulcerated, and in its last stage the patient becomes horrible, and falls to pieces. ch. 14. 3, 35. Ex. 4. 6, 7. Nu. 12. 10, 12. 2 Sa. 3. 29. 2 Ki. 5. 1, 27. 2 Ch. 26. 19-21. Is. 1. 6. *he shall.* De. 17. 8, 9; 24. 8. Mal. 2. 7. Mat. 8. 4. Mar. 1. 44. Lu. 5. 14; 17. 14.

3 *shall look.* ver. 2; ch. 10. 10. Eze. 44. 23. Hag. 2. 11. Mal. 2. 7. Ac. 20. 28. Ro. 3. 19, 20; 7. 7. He. 13. 7. Re. 2. 23. *turned.* Eze. 16. 30. Ho. 7. 9. *deeper.* Ge. 13. 3. 2 Ti. 2. 16, 17; 3. 13. *pronounce.* Mat. 16. 19; 18. 17, 18. Jno. 20. 23. Ro. 3. 19, 20. 1 Co. 5. 4-6. 2 Th. 3. 14, 15. 1 Ti. 1. 20.

4 *shut up.* Nu. 12. 15. De. 13. 14. Eze. 44. 10. 1 Co. 4. 5. 1 Ti. 5. 24.

6 *pronounce.* Is. 11. 3, 4; 42. 3. Ro. 14. 1. Jude. 22, 23. *a scab.* ver. 2. De. 32. 5. Ja. 3. 2. *wash.* ch. 11. 25, 28, 40; 14. 8. 1 Ki. 8. 38, 45. Ps. 19. 12. Pr. 20. 9. Ec. 7. 20. Jno. 13. 8-10. 2 Co. 7. 1. He. 9. 10; 10. 22. 1 Jno. 1. 7-9.

7 ver. 27, 35, 36. Ps. 38. 3. Is. 1. 5, 6. Ro. 6. 12-14. 2 Ti. 2. 16, 17.

8 See on ver. 3. Mat. 15. 7, 8. Ac. 8. 21. Phi. 3. 18, 19. 2 Pe. 2. 19.

10 *shall see him.* ver. 3, 4. Nu. 12. 10-12. 2 Ki. 5. 27. 2 Ch. 26. 19, 20. *quick raw flesh. Heb.* the quickening of living flesh. ver. 14, 15, 24. Pr. 12. 1. Am. 5. 10. Jno. 3. 19, 20; 7. 7.

12 *cover all.* 1 Ki. 8. 38. Job 40. 4; 42. 6. Is. 64. 6. Jno. 16. 8, 9. Ro. 7. 14. 1 Jno. 1. 8-10.

13 *if the leprosy.* It may seem strange that the partial leper should be pronounced unclean, and the person totally covered with the disease clean. This was probably owing to a different species or stage of the disease; the partial being contagious, the total not. That there are two different species, or degrees, of the disease described here, is sufficiently evident: in one, the person was all covered with a *white enamelled scurf;* in the other, there was *a quick raw flesh in the risings.* On this account, the one was deemed unclean, or contagious, the other not; for contact with the *quick raw flesh* would be more likely to communicate the disease, than the touch of the *hard dry scurf.* The ichor proceeding from the former, when brought into contact with the flesh of another, would soon be taken into constitution by means of the absorbent vessels; but where the surface was perfectly dry; the absorbent vessels of another, coming in contact with the diseased man, could imbibe nothing, and there was consequently but little or no danger of infection. This is the learned DR. MEAD'S view of the subject; who thus accounts for the circumstances mentioned in the text. *he is clean.* Is. 64. 6. Jno. 9. 41.

14 ver. 10.

16 Ro. 7. 14-24. Ga. 1. 14-16. Phi. 3. 6-8. 1 Ti. 1. 13-15.

18 *a boil.* Ex. 9. 9; 15. 26. 2 Ki. 20. 7. Job 2. 7. Ps. 38. 3-7. Is. 38. 21.

20 *in sight.* See on ver. 3. Mat. 12. 45. Jno. 5. 14. 2 Pe. 2. 20.

21 *shut him.* 1 Co. 5. 5.

22 *a plague. i.e.* 'The plague of the leprosy.'

23 Ge. 38. 26. 2 Sa. 12. 13. 2 Ch. 19. 2, 3. Job 34. 31, 32; 40. 4, 5. Pr. 28. 13. Mat. 26. 75. 2 Co. 2. 7. Ga. 6. 1. 1 Pe. 4. 2, 3.

24 *a hot burning. Heb.* a burning of fire. Is. 3. 24. This is supposed to state the case of such as had been hurt by fire; which would leave a scar, in which the leprosy might appear, and which was to be distinguished by the rules here given.

25 *turned white.* ver. 4, 18-20.

26 *then the priest.* ver. 4, 5, 23.

27 *it is the plague of leprosy.* See on ver. 2.

29 1 Ki. 8. 38; 12. 28. 2 Ch. 6. 29. Ps. 53. 4. Is. 1. 5; 5. 20; 9. 15. Mi. 3. 11. Mat. 6. 23; 13. 14, 15. Jno. 16. 2, 3. Ac. 22. 3, 4; 26. 9, 10. 2 Co. 4. 3, 4. 2 Th. 2. 11, 12.

30 *scall.* ver. 34-37; ch. 14. 54.

31 *seven days.* ver. 4-6.

32 *yellow hair.* ver. 30. Mat. 23. 5. Lu. 18. 9-12. Ro. 2. 23.

34 *the seventh.* 1 Jno. 4. 1. Jude 22. Re. 2. 2. *be not.* ver. 23. *and he shall.* See on ver. 6.

35 ver. 7, 27. 2 Ti. 2. 16, 17; 3. 13.

39 *if the bright.* Ec. 7. 20. Ro. 7. 22-25. Ja. 3. 2. *a freckled spot.* The word *bohak*, from the Syriac *behak*, to be *white*, or *shining*, here rendered 'a freckled spot,' is used by the Arabs to denote a kind of *leprosy*, of which NIEBUHR says, 'Bohak is neither contagious nor dangerous. A black boy at Mocha, who was affected with this eruption, had here and there upon his body *white* spots. We were told that the use of sulphur had relieved this boy for a time, but had not entirely removed the disease.' He adds subsequently from FORSKAL's papers, 'The Arabs call a sort of *leprosy*, in which some little spots shew themselves here and there on the body, *behaq;* and it is without doubt the same as is named *bohak*, (Le. ch. 13.) They believe it to be so far from contagious, that one may sleep with the person affected without danger.' 'On the 15th day of May, 1765, I myself first saw the *Bohak* leprosy in a Jew at Mocha. The spots in this disease are of an unequal size. They do not shine; are not perceptibly higher than the skin; and do not change the colour of the hair. Their colour is an obscure white, inclining to red. The rest of the skin of the patient was darker than that of the people of the country in general; but the spots were not so white as the skin of an European, when not sun-burnt. The spots in this leprosy do not appear on the hands, or near the navel, but on the neck and face, yet not on that part where the hair grows thick. They gradually spread, and continue sometimes only about two months, but in some cases one or two years, and then disappear by degrees, of themselves. This disorder is neither contagious nor hereditary, nor does it occasion any inconvenience.' Hence a person infected with the bohak is declared *clean.*

40 *hair is fallen off his head. Heb.* head is pilled.

44 *utterly unclean.* Job 36. 14. Mat. 6. 23. 2 Pe. 2. 1, 2. 2 Jno. 8-10. *his plague.* Is. 1. 5.

45 *his clothes.* Ge. 37. 29. 2 Sa. 13. 19. Job 1. 20. Je. 3. 25; 36. 24. Joel 2. 13. *and his head.* Le. 10. 6; 21. 10. *put.* Eze. 24. 17, 22. Mi. 3. 7. *Unclean.* Job 42. 6. Ps. 51. 3, 5. Is. 6. 5; 52. 11; 64. 6. La. 4. 15. Lu. 5. 8; 7. 6, 7; 17. 12.

46 *the days.* Pr. 30. 12. *without.* Nu. 5. 2; 12. 14, 15. 2 Ki. 7. 3; 15. 5. 2 Ch. 26. 21. La. 1. 1, 8. 1 Co. 5. 5, 9-13. 2 Th. 3. 6, 14. 1 Ti. 6. 5. Heb. 12. 15, 16. Re. 21. 27; 22. 15.

47 *The garment.* This leprosy in garments appears so strange to us, that it has induced some, with Bp. PATRICK, to consider it as an extraordinary punishment inflicted by God upon the Israelites, as a sign of his high displeasure; while others consider the leprosy in clothes (and also houses) as having no relation to the leprosy in man. When MICHAELIS was considering the subject, he was told by a dealer in wool, that the wool of sheep which die of disease, if it has not been shorn from the animal while living, is unfit to manufacture cloth, and liable to something like what Moses here describes, and which he imagines to be the plague of leprosy in garments. The whole account, however, as Dr. A. CLARKE observes, seems to intimate that the garment was *fretted* by the contagion of the real leprosy; which it is probable was occasioned by a species of *animacula*, or *vermin*, burrowing in the skin, which we know to be the cause of the *itch;* these, by breeding in the garments, must necessarily multiply their kind, and fret the garments, *i. e.* corrode a portion of the finer parts, after the manner of *moths*, for their nourishment. The infection of garments has frequently been known to cause the worst species of scarlet fever, and even the plague; and those infected with *psora*, or itch animal, have communicated the disease even in six or seven years after the infection. Is. 3. 16-24; 59.6; 64. 6. Eze. 16. 16. Ro. 13. 12. Ep. 4. 22. Col. 3. 3. Jude 23.

48 *thing made of. Heb.* work of.

49 *thing of skin. Heb.* vessel, *or* instrument. *it is.* See on ver. 2.

51 *fretting leprosy.* ch. 14. 44.

52 *burn.* ch. 11. 33, 35. De. 7. 25, 26. Is. 30. 22. Ac. 19. 19, 20. *fretting leprosy.* ch. 14. 44, 45.

55 *after.* Eze. 24. 13. He. 6. 4-8. 2 Pe. 1. 9; 2. 20-22. *it be bare within or without. Heb.* it be bald in the head thereof, or in the forehead thereof.

57 *shalt burn.* Is. 33. 14. Mat. 3. 12; 22. 7; 25. 41. Re. 21. 8, 27.

58 *be washed.* 2 Ki. 5. 10, 14. Ps. 51. 2. 2 Co. 7. 1; 12. 8. He. 9. 10. Re. 1. 5. The plague of leprosy was inflicted immediately from the hand of God, and came not from natural causes, as other diseases; and therefore must be managed according to a divine law. Miriam's leprosy, and Gehazi's, and King Uzziah's, were all the punishments of particular sins; and if generally it was so, no marvel there was so much care taken to distinguish it from a common distemper, that none might be looked upon as lying under this extraordinary token of Divine displeasure, but those that really were so.

## CHAP. XIV.

*The rites and sacrifices in cleansing the leper,* 1-32. *The signs of leprosy in a house,* 33-47. *The cleansing of that house,* 48-57.

2 *the law.* ver. 54-57; ch. 13. 59. *in the day.* Nu. 6. 9. *He shall.* Mat. 8. 2-4. Mar. 1. 40-44. Lu. 5. 12-14; 17. 14.

3 *go forth.* Lepers were obliged to live in a detached situation, separate from other people, and to keep themselves actually at a distance from them. They were distinguished by a peculiar dress; and if any person approached, they were bound to give him warning, by crying out, Unclean! unclean! *out of.* ch. 13. 46. *be healed.* Ex. 15. 26. 2 Ki. 5. 3, 7, 8, 14. Job 5. 18. Mat. 10. 8; 11. 5. Lu. 4. 27; 7. 22; 17. 15-19. 1 Co. 6. 9-11.

4 *two birds. or,* sparrows. The word *tzippor*, from the Arabic *zaphara*, to *fly*, is used in the Scriptures to denote *birds of every species*, particularly small birds. But it is often used in a more restricted sense, as the Hebrew writers assert, to signify the *sparrow.* AQUINAS says the same; and JEROME renders it here the *sparrow.* So the Greek στρουθια, in Matthew and Luke, which signifies a *sparrow*, is rendered by the Syriac translator *tzipparin*, the same as the Hebrew *tzipporim.* Nor is it peculiar to the Hebrews to give the same name to the sparrow and to fowls of the largest size; for NICANDER calls the *hen* στρουθος κατοικαδος, *the domestic sparrow*, and both PLAUTUS and AUSONIUS call the *ostrich*, *passer marinus*, 'the marine sparrow.' It is evident, however, that the word in this passage signifies birds in general; for if the sparrow was a *clean* bird, there was no necessity for commanding a clean one to be taken, since every one of the species was ceremonially clean; but if it was *unclean*, then it could not be called clean. ch. 1. 14; 5. 7; 12. 8. *cedar.* ver. 6, 49-52. Nu. 19. 6. *scarlet.* He. 9. 19. *hyssop.* Ex. 12. 22. Nu. 19. 18. Ps. 51. 7.

5 *earthen vessel.* ver. 50. Nu. 5. 17. 2 Co. 4. 7; 5. 1; 13. 4. He. 2. 14.

6 *the living bird.* Jno. 14. 19. Ro. 4. 25; 5. 10. Phi. 2. 9-11. He. 1. 3. Re. 1. 18. *dip them.* ver. 51-53. Zec. 13. 1. Re. 1. 5.

7 *sprinkle.* Nu. 19. 18, 19. Is. 52. 15. Eze. 36. 25. Jno. 19. 34. He. 9. 13, 19, 21; 10. 22; 12. 24. 1 Pe. 1. 2. 1 Jno. 5. 6. *seven times.* ver. 51; ch. 4. 6, 17; 8. 11; 16. 14, 19. 2 Ki. 5. 10, 14. Ps. 51. 2, 7. Ep. 5. 26, 27. *pronounce.* ch. 13. 13, 17. *let.* ch. 16. 22. Da. 9. 24. Mi. 7. 19. He. 9. 26. *into the open field.* *Heb.* upon the face of the field.

8 *wash his.* ch. 11. 25; 13. 6; 15. 5-8. Ex. 19. 10, 14. Nu. 8. 7. Re. 7. 14. *wash himself.* ch. 8. 6. 1 Pe. 3. 21. Re. 1. 5, 6. *and shall.* Nu. 12. 15. *seven days.* ch. 8. 33-35; 13. 5.

9 *shave all.* Nu. 6. 9; 8. 7. *wash his flesh.* LICHTENSTEIN states that 'among the Koossas, (a nation of South Africa,) there are certain prevailing notions respecting moral [ceremonial] uncleanness. All children are unclean till they are admitted among grown-up persons (which happens with the males through the various ceremonies attending circumcision); all lying-in women are unclean for the first month; all men who have lost their wives, for a fortnight, and all widows for a month; a mother who has lost a child, for two days; all persons who have been present at a death, the men returning from a battle, etc. No one may have intercourse with such an unclean person, till he has washed himself, rubbed his body with fresh paint, and rinsed his mouth with milk. But he must not do this till after the lapse of a certain time, fixed by general consent for each particular case, and during this time he must wholly refrain from washing, painting, or drinking milk.'

10 *eighth day.* ver. 23; ch. 9. 1; 15. 13, 14. *take.* Mat. 8. 4. Mar. 1. 44. Lu. 5. 14. *he lambs.* ch. 1. 10. Jno. 1. 29. 1 Pe. 1. 19. *ewe lamb.* ch. 4. 32. Nu. 6. 14. *of the first year.* *Heb.* the daughter of her year. *three tenth.* ch. 23. 13. Ex. 29. 40. Nu. 15. 9; 28. 20. *a meat offering.* ch. 2. 1. Nu. 15. 4-15. Jno. 6. 33, 51. *log of oil.* ver. 12, 15, 21, 24.

11 ch. 8. 3. Ex. 29. 1-4. Nu. 8. 6-11, 21. Ep. 5. 26, 27. Jude 24.

12 *trespass.* ch. 5. 2, 3, 6, 7, 18, 19; 6. 6, 7. Is. 53. 10. *wave them.* ch. 7. 30; 8. 27-29. Ex. 29. 24.

13 *in the place.* ch. 1. 5, 11; 4. 4, 24. Ex. 29. 11. *as the sin.* ch. 7. 7; 10. 17. *it is most holy.* ch. 2. 3; 7. 6; 21. 22.

14 ch. 8. 23, 24. Ex. 29. 20. Is. 1. 5. Ro. 6. 13, 19; 12. 1. 1 Co. 6. 20. 2 Co. 7. 1. Phi. 1. 20. 1 Pe. 1. 14, 15; 2. 5, 9, 10. Re. 1. 5, 6.

15 Ps. 45. 7. Jno. 3. 34. 1 Jno. 2. 20.

16 ch. 4. 6, 17. Lu. 17. 18. 1 Co. 10. 31.

17 ver. 14; ch. 8. 30. Ex. 29. 20, 21. Eze. 36. 27. Jno. 1. 16. Tit. 3. 3-6. 1 Pe. 1. 2.

18 *the remnant.* ch. 8. 12. Ex. 29. 7. 2 Co. 1. 21, 22. Ep. 1. 17, 18. *make an atonement.* ch. 4. 26, 31; 5. 16.

19 ver. 12; ch. 5. 1, 6; 12. 6-8. Ro. 8. 3. 2 Co. 5. 21.

20 ver. 10. Ep. 5. 2.

21 *poor.* ch. 1. 14; 5. 7; 12. 8. 1 Sa. 2. 8. Job 34. 19. Pr. 17. 5; 22. 2. Lu. 6. 20; 21. 2-4. 2 Co. 8. 9, 12. Ja. 2. 5, 6. *cannot.* *Heb.* his hand reach not. *one lamb.* See on ver. 10. *to be waved.* *Heb.* for a waving.

22 *two turtle doves.* *Tor*, the *turtle* or *ring-dove*, so called by an onomatopœia from its *cooing*, as in Greek τρυγων, Latin, *turtur*, and English, *turtle*. It is a species of the *dove* or *pigeon*, here called *yonah*, and in Syriac *yauno*, from the verb to *oppress*, *afflict*, because of its being particularly *defenceless*, and *exposed* to *rapine* and *violence*. The dove is a genus of birds too well known to need a particular description; and of which there are several species besides the turtle-dove; as the wood pigeon, tame pigeon, and others. The dove is universally allowed to be one of the most beautiful objects in nature. The brilliancy of her plumage, the splendour of her eye, the innocence of her look, the excellence of her dispositions, and the purity of her manners, have been the theme of admiration and praise in every age. To the snowy whiteness of her wings, and the rich golden hues that adorn her neck, the inspired Psalmist alludes in most elegant strains. (Ps. 68. 13.) The voice of the dove is particularly tender and plaintive, and bears a striking resemblance to the groan of a person in distress; to which the inspired bards frequently allude. (Is. 38. 14; 59. 11. Eze. 7. 16.) Her native dwelling is in the caves or hollows of the rock; allusions to which fact also occur in the Sacred Writings, (Ca. 2. 14. Je. 48. 28.) Her manners are as engaging as her form is elegant, and her plumage rich and beautiful. She is the chosen emblem of simplicity, gentleness, chasity, and feminine timidity; and for this reason, as well as from their abounding in the East, they were probably chosen as offerings by Jehovah.

23 ver. 11.

24 See on ver. 10-13.

25 See on ver. 14-20. Ps. 40. 6. Ec. 5. 1.

29 ver. 18, 20. Ex. 30. 15, 16. Jno. 17. 19. 1 Jno. 2. 1, 2; 5. 6.

30 ver. 22; ch. 12. 8; 15. 14, 15. Lu. 2. 24. Ro. 8. 3.

32 ver. 2, 54-57; ch. 13. 59. *whose hand.* See on ver. 10, 21. Ps. 72. 12-14; 136. 23. Mat. 11. 5. 1 Co. 1. 27, 28.

34 *When.* ch. 23. 10; 25. 2. Nu. 35. 10. De. 7. 2; 12. 1, 8; 19. 1; 26. 1; 27. 3. *which I.* Ge. 12. 7; 13. 17; 17. 8. Nu. 32. 32. De. 12. 9, 10; 32. 49. Jos. 13. 1. *I put the plague of leprosy.* It was probably from this text, that the leprosy has been in general considered to be a supernatural disease, inflicted immediately by God himself; but it cannot be inferred from this expression, as it is well known, that in Scripture, God is frequently represented as *doing* what, in the course of his providence, he only *permits* to be done. Ex. 15. 26. De. 7. 15. 1 Sa. 2. 6. Pr. 3. 33. Is. 45. 7. Am. 3. 6; 6. 11. Mi. 6. 9.

35 *a plague.* De. 7. 26. Jos. 7. 21. 1 Sa. 3. 12-14. 1 Ki. 13. 34. Ps. 91. 10. Pr. 3. 33. Zec. 5. 4.

36 *empty.* *or*, prepare. *be not made.* 1 Co. 15. 33. 2 Ti. 2. 17, 18. He. 12. 15. Re. 18. 4.

37 ch. 13. 3, 19, 20, 42, 49.

38 ch. 13. 50.

39 ch. 13. 7, 8, 22, 27, 36, 51. The consideration of the circumstances will exhibit the importance and the propriety of the Mosaic ordinances on the subject of the house leprosy. 1. Moses ordained that the owner of a house, when any suspicious spots appeared on the walls, should be bound to give notice of it, in order that the house might be inspected; and that person, as in the case of the human leprosy, was to be the priest, whose duty it was. Now this would serve to check the mischief in its very origin, and make every one attentive to observe it. 2. On notice being given, the priest was to inspect the house, but the occupant had liberty to remove everything previously out of it; and that this might be done, the priest was empowered to order it *ex officio;* for whatever was found within a house declared unclean, became unclean along with it. 3. If, on the first inspection, the complaint did not appear wholly without foundation, but suspicious spots or dimples were actually to be seen, the house was to be shut up for seven days, and then to be inspected anew. If, in this interval, the evil *did not* spread, it was considered as having been a circumstance merely accidental, and the house was not polluted; but if it *had* spread, it was

not considered a harmless accident, but the real house leprosy; and the stones affected with it were to be broken out of the wall, and carried to an unclean place without the city; and the walls of the whole house here scraped and plastered anew. 4. If, after this, the leprosy broke out afresh, the *whole house* was to be pulled down, and the materials carried without the city. Moses therefore, never suffered a leprous house to stand. 5. If, on the other hand, the house being inspected a second time, was found clean, it was solemnly so declared, and an offering made on the occasion; in order that every one might know for certain that it was not infected, and the public be freed from all fears on that score. By this law many evils were actually prevented—it would check the mischief in its very origin, and make every one attentive to observe it: the people would also guard against those impurities whence it arose, and thus the health be preserved and not suffer in an infected house. These Mosaic statutes were intended to prevent infection by the sacred obligations of religion. Ceremonial laws many keep more conscientiously and sacredly than moral precepts.

40 *take away.* Ps. 101. 5, 7, 8. Pr. 22. 10; 25. 4, 5. Is. 1. 25, 26. Mat. 18. 17. Jno. 15. 2. 1 Co. 5. 5, 6, 13. Tit 3. 10. 2 Jno. 10, 11. Re. 2. 2, 6, 14-16, 20. *without the city.* Re. 22. 15.

41 *into an unclean place.* Job 36. 13, 14. Is. 65. 4. Mat. 8. 28; 24. 51. 1 Ti. 1. 20. Re. 22. 15.

42 Ge. 18. 19. Jos. 24. 15. 2 Ch. 17. 7-9; 19. 5-7; 29. 4, 5. Ps. 101. 6. Ac. 1. 20-26. 1 Ti. 5. 9, 10, 21, 22. 2 Ti. 2. 2. Tit. 1. 5-9.

43 Je. 6. 28-30. Eze. 24. 13. He. 6. 4-8. 2 Pe. 2. 20, 22. Jude 12.

44 ch. 13. 51, 52. Zec. 5. 4.

45 *break down.* 1 Ki. 9. 6-9. 2 Ki. 10. 27; 17. 20-23; 18. 4; 25. 4-12, 25, 26. Je. 52. 13. Eze. 5. 4. Mat 22. 7; 24. 2. Ro. 11. 7-11. Re. 11. 2. *into an unclean place.* See on ver. 41.

46 *shall be unclean.* ch. 11. 24, 25, 28; 15. 5-8, 10; 17. 15; 22. 6. Nu. 19. 7-10, 21, 22.

47 *wash his clothes.* See on ver. 8, 9.

48 *shall come in. Heb.* in coming in shall come in, etc. *because.* ver. 3. Job 5. 18. Ho. 6. 1. Mar. 5. 29, 34. Lu. 7. 21. 1 Co. 6. 11.

49 See on ver. 4-7.

53 ver. 20.

54 *the law.* ver. 2, 32; ch. 6. 9, 14, 25; 7. 1, 37; 11. 46; 15. 32. Nu. 5. 29; 6. 13; 19. 14. De. 24. 8. *scall.* ch. 13. 30, 31.

55 *the leprosy.* ch. 13. 47-59. *of a house.* ver. 34.

56 *a rising.* ch. 13. 2.

57 *teach.* ch. 10. 10. Je. 15. 19. Eze. 44. 23. *when it is unclean, and when it is clean. Heb.* in the day of the unclean, and in the day of the clean. *this is.* De. 24. 8.

## CHAP. XV.

*The uncleanness of men in their issues,* 1-12. *The cleansing of them,* 13-18. *The uncleanness of women in their issues,* 19-27. *Their cleansing,* 28-33.

1 *Aaron.* ch. 11. 1; 13. 1. Ps. 25. 14. Am. 3. 7. He. 1. 1.

2 *unto the.* De. 4. 7, 8. Ne. 9. 13, 14. Ps. 78. 5; 147. 19, 20. Ro. 3. 2. *when any man.* It is not necessary to consider particularly the laws contained in this chapter, the letter of the text being in general sufficiently plain. It may, however, be observed, that from the *pains* which persons rendered unclean were obliged to take, the *ablutions* and *separations* which they must observe, and the *privations* to which they must in consequence be exposed, in the way of commerce, traffic, etc., these laws were admirably adapted to prevent contagion of every kind, by keeping the whole from the diseased, and to hinder licentious indulgences and excesses of every description. ch. 22. 4. Nu. 5. 2. 2 Sa. 3. 29. Mat. 9. 20. Mar. 5. 25; 7. 20-23. Lu. 8. 43. *running issue. or,* running of the reins.

3 ch. 12. 3. Eze. 16. 26; 23. 20.

4 *thing. Heb.* vessel. *be unclean.* 1 Co. 15. 33. Ep. 5. 11. Tit. 1. 15.

5 ch. 11. 25, 28, 32; 13. 6, 34; 14. 8, 9, 27, 46, 47; 16. 26, 28; 17. 15. Nu. 19. 10, 22. Ps. 26. 6; 51. 2, 7. Is. 1. 16; 22. 14. Eze. 36. 25, 29. He. 9. 14, 26; 10. 22. Ja. 4. 8. Re. 7. 14.

6 Is. 1. 16. Ja. 4. 8.

8 Is. 1. 16. Ga. 1. 8, 9. 1 Ti. 4. 1-3. Tit. 1. 9, 10. 2 Pe. 2. 1-3. Ja. 4. 8. Jude 4.

9 *saddle.* The word *merchav,* from *rachav,* to *ride,* here rendered by our translators *saddle,* and frequently *chariot,* Mr. HARMER thinks rather means a *litter,* or *coune,* of which we have already given a description in Ge. 31. 34.

10 See on ver. 5, 8. Ps. 26. 6. Ja. 4. 8.

11 *whomsoever.* It is rather doubtful whether the words *hath not rinsed his hands in water,* refer to him who was diseased, or to him who had his hands touched. Most understand it of the former, that if the person who had the issue rinsed his hands in water, just before he touched any one, he did not communicate any pollution; otherwise, he did. But the Syriac refers it to the person touched by him, though it seems strange that he should be cleansed by washing his hands, when perhaps some other part was touched.

12 *vessel.* ch. 6. 28; 11. 32, 33. Pr. 1. 21, 23; 3. 21. 2 Co. 5. 1. Phi. 3. 21. *shall be broken.* Ps. 2. 9.

13 *seven days.* ver. 28; ch. 8. 33; 9. 1; 14. 8, 10. Ex. 29. 35, 37. Nu. 12. 14; 19. 11, 12. *wash.* ver. 5, 10, 11. Je. 33. 8. Eze. 36. 25-29. 2 Co. 7. 1. Ja. 4. 8. Re. 1. 5.

14 ver. 29, 30; ch. 1. 14; 12. 6, 8; 14. 22-31. Nu. 6. 10. 2 Co. 5. 21. He. 7. 26; 10. 10, 12, 14.

15 *the one.* ch. 5. 7-10; 14. 19, 20, 30, 31. *an atonement.* ch. 4. 20, 26, 31, 35; 12. 7; 14. 18. Nu. 15. 25; 25. 13. Mat. 3. 17. Ep. 1. 6. He. 1. 3.

16 ver. 5; ch. 22. 4. De. 23. 10, 11. 2 Co. 7. 1. 1 Pe. 2. 11. 1 Jno. 1. 7.

17 *skin.* The poorer class of Arabs of our times make use of mats in their tents; and other inhabitants of these countries, who affect ancient simplicity of manners, make use of goat-skins. Dr. R. CHANDLER, in his Travels in Greece, tells us, that he saw some dervishes at Athens sitting on goat-skins; and that he was afterwards conducted into a room furnished in like manner, with the same kind of carpeting, where he was treated with a pipe and coffee by the chief dervish. Those that are at all acquainted with Oriental manners, in these later times, know that their dervishes (who are a sort of Mohammedan devotees, a good deal resembling the begging friars of the church or Rome) affect great simplicity, and even sometimes austerity, in their drees and way of living. As these dervishes that Dr. CHANDLER visited sat on goat-skins, and used no other kind of carpet for the accommodation of those who visited them: so it should seem that the Israelites in the wilderness made use of skins for mattresses to lie upon, and consequently, we may equally suppose to sit upon in the day time, instead of a carpet.

18 *the woman.* ver. 5. Ep. 4. 17-19; 5. 3-11. 2 Ti. 2. 22. 1 Pe. 2. 11. *unclean.* Ex. 19. 15. 1 Sa. 21. 4, 5. Ps. 51. 5. 1 Co. 6. 12, 18. 1 Th. 4. 3-5. He. 13. 4.

19 *and her issue.* ch. 12. 2, 4; 20. 18. La. 1. 8, 9, 17. Eze. 36. 17. Mat. 15. 19. Mar. 5. 25. *put apart. Heb.* in her separation.

20 See on ver. 4-9. Pr. 2. 16-19; 5. 3-13; 6. 24, 35; 7. 10-27; 9. 13-18; 22. 27. Ec. 7. 26. 1 Co. 15. 33.

21 See on ver. 5, 6. Is. 22. 14. 2 Co. 7. 1. He. 9. 26. Re. 7. 14.

24 ver. 33; ch. 20. 18. Eze. 18. 6; 22. 10. 1 Th. 5. 22. He. 13. 4. 1 Pe. 2. 11.

25 ver. 19-24. Mat. 9. 20. Mar. 5. 25; 7. 20-23. Lu. 8. 43.

27 ver. 5-8, 13, 21; ch. 17. 15, 16. Eze. 36. 25, 29. Zec. 13. 1. He. 9. 14; 10. 22. 1 Pe. 1. 18, 19. 1 Jno. 1. 7.

28 See on ver. 13-15. Mat. 1. 21. 1 Co. 1. 30; 6. 11. Ga. 3. 13; 4. 4. Ep. 1. 6, 7.

29 See on ver. 14.

31 *Thus shall.* ch. 11. 47; 13. 59. Nu. 5. 3. De. 24. 8. Ps. 66. 18. Eze. 44. 23. He. 10. 29; 12. 14, 15. Jude 4. *that they.* ch. 19. 30; 21. 23. Nu. 5. 3; 19. 13, 20. Eze. 5. 11; 23. 38; 44. 5-7. Da. 9. 27. 1 Co. 3. 17. These laws were principally intended to impress the minds of the Israelites with reverence for the sanctuary; and, on the one hand, to shew them what need they had of circumspection, and purity of heart and life, in order to worship the holy God with acceptance; and, on the other hand, that being sinners in a world full of temptations and defilements, they would continually need forgiveness, through the great atonement typified by all the sacrifices, and the sanctification of the Spirit, shadowed forth by all the purifications. While they were encamped in the desert, it would not be very burdensome to bring the prescribed oblations; but after they were settled in Canaan, many of them at a great distance from the tabernacle, this would become much more difficult. We may, however, observe, continues Mr. SCOTT, that many of the cases stated only required such washings as might any where be performed; and that those, respecting which sacrifices were appointed, would more rarely occur. We may also suppose, that provided these were brought, when the person who had been unclean first came to the sanctuary, it would suffice: though distance or other hindrances prevented its being done immediately, at the expiration of the seven days.

32 ver. 1-18; ch. 11. 46; 13. 59; 14. 2, 32, 54-57. Nu. 5. 29; 6. 13; 19. 14. Eze. 43. 12.

33 *of her.* ver. 19-30. *and of him.* ver. 24; ch. 20. 18.

## CHAP. XVI.

*How the high priest must enter into the holy place,* 1-10. *The sin offering for himself,* 11-14. *The sin offering for the people,* 15-19. *The scape-goat,* 20-28. *The yearly feast of the expiations,* 29-34.

1 ch. 10. 1, 2.

2 *he come not.* ch. 23. 27. Ex. 26. 33, 34; 30. 10; 40. 20, 21. 1 Ki. 8. 6. He. 9. 3, 7, 8; 10. 19, 20. *that he die not.* ver. 13; ch. 8. 35. Nu. 4. 19; 17. 10. Mat. 27. 51. He. 4. 14-16; 10. 19. *in the cloud.* Ex. 40. 34, 35. 1 Ki. 8. 10-12. 2 Ch. 5. 14. *the mercy seat.* Ex. 25. 17-22.

3 *Aaron.* He. 9. 7, 12, 24, 25. *a young.* ch. 4. 3; 8. 14. Nu. 29. 7-11. *a ram for a burnt-offering.* ch. 1. 3, 10; 8. 18; 9. 3.

4 *holy linen coat.* Heb. *of holiness.* Greek, *a sanctified linen coat.* This and the other vestures were peculiar for this day, and for the services of this day; that is, for making atonement: the other service, which was ordinary, he performed this day in his other priestly garments. The eight ornaments usually worn by the high priest are enumerated in Exodus xxviii. ver. 4, etc., and the four that were for this day are here expressed, and are called the *white garments,* while the others were designated the *golden garments,* because some were made with gold thread woven in them. These four were made of six double twisted threads, and of flax only. ch. 6. 10. Ex. 28. 2, 39-43; 39. 27-29. Is. 53. 2. Eze. 44. 17, 18. Lu. 1. 35. Phi. 2. 7. He. 2. 14; 7. 26. *therefore.* ch. 8. 6, 7. Ex. 29. 4; 30. 20; 40. 12, 31, 32. Re. 1. 5, 6.

5 ch. 4. 14; 8. 2, 14; 9. 8-16. Nu. 29. 11. 2 Ch. 29. 21. Ezr. 6. 17. Eze. 45. 22, 23. Ro. 8. 3. He. 7. 27, 28; 10. 5-14.

6 *which* ch. 8. 14-17. He. 9. 7. *an atonement. for himself.* ch. 9. 7. Ezr. 10. 18, 19. Job 1. 5. Eze. 43. 19, 27. He. 5. 2.

7 ch. 1. 3; 4. 4; 12. 6, 7. Mat. 16. 21. Ro. 12. 1.

8 *cast lots.* Nu. 26. 55; 33. 54. Jos. 18. 10, 11. 1 Sa. 14. 41, 42. Pr. 16. 33. Eze. 48. 29. Jon. 1. 7. Ac. 1. 23-26. *scape-goat. Heb.* Azazel, that is, the goat-gone-away. The Hebrew עזאזל has been supposed by some to be the name of a place, either a mountain or cliff, to which the goat was led. But no place of that name has ever been pointed out, except a mountain near Sinai, which was too distant for the goat to be conducted there from Jerusalem. Other learned men think it was the name of the devil, who was worshipped by the heathen in the form of a goat. But Bp. PATRICK justly objects to this opinion; for it is difficult to conceive, that when the other goat was offered to God, this should be sent among demons. The more probable opinion seems to be, that it was a name given to the goat itself, on account of his being let go; from *aiz,* a goat, and *azal,* to depart. So LXX. αποπομπαιος, and Vulgate *emissarius,* sent away; AQUILA and SYMMACHUS τραγος απερχομενος, or απολελυμενος. *the goat going away,* or *dismissed.*

9 *upon which.* Ac. 2. 23; 4. 27, 28. *fell. Heb.* went up.

10 *the scape-goat.* ver. 21, 22. *to make.* Is. 53. 5, 6, 10, 11. Ro. 4. 25. 2 Co. 5. 21. He. 7. 26, 27; 9. 23, 24. 1 Jno. 2. 2; 3. 16. *let him.* ch. 14. 7.

11 See on ver. 3, 6.

12 *from off.* ch. 10. 1. Nu. 16. 18, 46. Is. 6. 6, 7. He. 9. 14. 1 Jno. 1. 7. *sweet incense.* Ex. 30. 34-38; 31. 11; 37. 29. Re. 8. 3, 4.

13 *And he.* Ex. 30. 1, 7, 8. Nu. 16. 7, 18, 46. Re. 8. 3, 4. *the cloud.* Ex. 25. 21. He. 4. 14-16; 7. 25; 9. 24. 1 Jno. 2. 1, 2.

14 ch. 4. 5, 6, 17; 8. 11. Ro. 3. 24-26. He. 9. 7, 13, 25; 10. 4, 10-12, 19; 12. 24.

15 *Then shall.* ver. 5-9. He. 2. 17; 5. 3; 9. 7 25, 26. *bring.* ver. 2. He. 6. 19; 9. 3, 7, 12.

16 *an atonement.* ver. 18; ch. 8. 15. Ex. 29. 36, 37. Eze. 45. 18, 19. Jno. 14. 3. He. 9. 22, 23. *remaineth. Heb.* dwelleth.

17 *no man.* Ex. 34. 3. Is. 53. 6. Da. 9. 24. Lu. 1. 10. Ac. 4. 12. 1 Ti. 2. 5. He. 1. 3; 9. 7. 1 Pe. 2. 24; 3. 18. *and have made.* ver. 10, 11.

18 ver. 16; ch. 4. 7, 18. Ex. 30. 10. Jno. 17. 19. He. 2. 11; 5. 7, 8; 9. 22, 23.

19 Eze. 43. 18-22. Zec. 13. 1.

20 *reconciling.* ver. 16; ch. 6. 30; 8. 15. Eze. 45. 20. 2 Co. 5. 19. Col. 1. 20. *live goat.* Ro. 4. 25; 8. 34. He. 7. 25. Re. 1. 18.

21 *lay.* See on ch. 1. 4. Ex. 29. 10. *confess over.* ch. 26. 40. Ezr. 10. 1. Ne. 1. 6, 7; 9. 3, etc. Ps. 32. 5; 51. 3. Pr. 28. 13. Da. 9. 3-20. Ro. 10. 10. *putting.* Is. 53. 6. 2 Co. 5. 21. *a fit man. Heb.* a man of opportunity. The man that took the scape-goat into the wilderness, and they that burned the sin offering, were to be looked upon as ceremonially unclean, and must not come into the camp till they had washed their clothes and bathed their flesh in water, which signified the defiling nature of sin; even the sacrifice which was made sin, was defiling: also the imperfection of the legal sacrifices, they were so far from taking away sin, that they left some stain even upon those that touched them.

22 *bear upon.* Is. 53. 11, 12. Jno. 1, 29. Ga. 3. 13. He. 9. 28. 1 Pe. 2. 24. *not inhabited. Heb.* of separation. Ps. 103. 10, 12. Eze. 18. 22. Mi. 7. 19.

23 ver. 4. Eze. 42. 14; 44. 19. Ro. 8. 3. Phi. 2. 6-11. He. 9. 28.

24 *wash.* ver. 4; ch. 8. 6; 14. 9; 22. 6. Ex. 29. 4. He. 9. 10; 10. 19-22. Re. 1. 5, 6. *his garments.* ch. 8. 7-9. Ex. 28. 4, etc.; 29. 5. *his burnt.* ver. 3, 5. *and make.* ver. 17.

25 ver. 6; ch. 4. 8-10, 19. Ex. 29. 13.

26 *he that.* ver. 10, 21, 22. *wash.* ver. 28; ch. 14. 8; 15. 5-11, 27. Nu. 19. 7, 8, 21. He. 7. 19.

27 *bullock.* ch. 4. 11, 12, 21; 6. 30; 8. 17. *without.* Mat. 27. 31-33. He. 13. 11-14.

28 See on ver. 26.

29 *in the seventh.* ch. 23. 27-32. Ex. 30. 10. Nu. 29. 7. 1 Ki. 8. 2. Ezr. 3. 1. *shall afflict.* Ps. 35. 13; 69. 10. Is. 58. 3, 5. Da. 10. 3, 12. 1 Co. 11. 31. 2 Co. 7. 10, 11. *do no.* ch. 23. 3, 7, 8, 21, 28, 36. Ex. 12. 16; 20. 10. Is. 58. 13. He. 4. 10.

30 Ps. 51. 2, 7, 10. Je. 33. 8. Eze. 36. 25-27. Ep. 5. 26. Tit. 2. 14. He. 9. 13, 14; 10. 1, 2. 1 Jno. 1. 7-9.

31 ch. 23. 32; 25. 4. Ex. 31. 15; 35. 2.

32 *the priest.* ch. 4. 3, 5, 16. *consecrate. Heb.* fill his hand. Ex. 29. 9, marg. *to minister.* Ex. 29. 29, 30. Nu. 20. 26-28. *put on the linen.* See on ver. 4.

33 See on ver. 6, 16, 18, 19, 24. Ex. 20. 29, 30.

34 *an everlasting.* ch. 23. 31. Nu. 29. 7. *once a year.* Ex. 30. 10. He. 9. 7, 25; 10. 3, 14.

## CHAP. XVII.

*The blood of all slain beasts must be offered to the Lord at the door of the tabernacle,* 1-6. *They must not offer to devils,* 7-9. *All eating of blood is forbidden,* 10-14; *and of all that dies by itself, or is torn,* 15, 16.

3 *be of.* ver. 8, 12, 13, 15. *that killeth an.* De. 12. 5-7, 11-15, 20-22, 26, 27.

4 *bringeth.* ch. 1. 3. De. 12. 5, 6, 13, 14. Eze. 20. 40. Jno. 10. 7, 9; 14. 6. *blood shall.* ch. 7. 18. Ps. 32. 2. Ro. 4. 6; 5. 13, 20. Phile. 18, 19. *he hath.* Is. 66. 3. *be cut off.* ver. 10, 14; ch. 18. 29; 20. 3, 16, 18. Ge. 17. 14. Ex. 12. 15, 19. Nu. 15. 30, 31.

5 *in the open.* Ge. 21. 33; 22. 2, 13; 31. 54. De. 12. 2. 1 Ki. 14. 23. 2 Ki. 16. 4; 17. 10. 2 Ch. 28. 4. Eze. 20. 28; 22. 9. *and offer them.* ch. 3; 7. 11-21. Ex. 24. 5.

6 *sprinkle.* ch. 3. 2, 8, 13. *burn.* ch. 3. 5, 11, 16; 4. 31. Ex. 29. 13, 18. Nu. 18. 17.

7 *unto devils.* De. 32. 17. 2 Ch. 11. 15. Ps. 106. 37. Jno. 12. 31; 14. 30. 1 Co. 10. 20. 2 Co. 4. 4. Ep. 2. 2. Re. 9. 20. *devils, Seirim,* properly signifies *hairy,* or *hairy ones;* and hence is used not only for *he-goats,* but also for some fabulous beings or sylvan gods, to whom was ascribed the form of goats. MAIMONIDES says that the Zabian idolaters worshipped demons under the form of goats; and that this custom being spread among other nations, gave occasion to this precept. He-goats, however, are probably intended here, which were objects of divine honour among the Egyptians under the name of Mendes. HERODOTUS says that all goats were worshipped in Egypt; but particularly *he-goats.* From these seem to have sprung *Pan, Silenus,* and the innumerable herd of those imaginary beings, *fauns, satyrs, dryads,* etc., all woodland gods, and held in veneration by the Greeks and Romans. *gone a whoring.* Though this phrase is equivalent, in Scripture, to that of committing idolatry, yet it is to be taken sometimes in a literal sense. Baalpeor and Ashtaroth were worshipped with obscene rites; and public prostitution formed a great part of the worship among the Egyptians, Moabites, Canaanites, Greeks, and Romans. ch. 20. 5. Ex. 34. 15. De. 31. 16. Je. 3. 1. Eze. 23. 8. Re. 17. 1-5.

8 *that offereth.* ver. 4, 10; ch. 1. 2, 3. Ju. 6. 26. 1 Sa. 7. 9; 10. 8; 16. 2. 2 Sa. 24. 25. 1 Ki. 18. 30-38. Mal. 1. 11.

9 ver. 4.

10 *that eateth.* ver. 11; ch. 3. 17; 7. 26, 27; 19. 26. Ge. 9. 4. De. 12. 16, 23; 15. 23. 1 Sa. 14. 33. Eze. 33. 35; 44. 7. Ac. 15. 20, 29. He. 10. 29. *I will.* ch. 20. 3-6; 26. 17. Ps. 34. 16. Je. 21. 10; 44. 11. Eze. 14. 8; 15. 7.

11 *the life.* This sentence, which contains a most important truth, had existed in the Mosaic writings for more than 3000 years, before the attention of any philosopher was drawn to the subject. That the blood actually possesses a *living principle,* and that the life of the whole body is derived from it, is a doctrine of revelation, and a doctrine which the experiments of the most accurate anatomists have served strongly to confirm. The proper *circulation* of this important fluid through the whole human system was first taught by SOLOMON in figurative language, (Ec. 12. 6,) and discovered, as it is called, and demonstrated by Dr. HARVEY in 1628; though some Italian philosophers had the same notion a little before. This accurate anatomist was the first who fully revived the Mosaic notion of the *vitality* of the blood; which was afterwards adopted by the justly celebrated Dr. JOHN HUNTER, professor of anatomy, and established by him, by a great variety of strong reasoning and accurate experiments. ver. 14. *I have.* ch. 8. 15; 16. 11, 14-19. Mat. 20. 28; 26. 28. Mar. 14. 24. Ro. 3. 25; 5. 9. Ep. 1. 7. Col. 1. 14, 20. He. 9. 22; 13. 12. 1 Pe. 1. 2. 1 Jno. 1. 7; 2. 2. Re. 1. 5.

12 *neither.* Ex. 12. 49.

13 *which hunteth.* ch. 7. 26. *hunteth. Heb.* hunteth any hunting. *pour out.* De. 12. 16, 24; 15. 23. 1 Sa. 14. 32-34. Job 16. 18. Eze. 24. 7.

14 ver. 11, 12. Ge. 9. 4. De. 12. 23.

15 *every soul.* ch. 22. 8. Ex. 22. 31. De. 14. 21. Eze. 4. 14; 44. 31. *that which died of itself. Heb.* a carcase. *both wash.* ch. 11. 25; 15. 5, 10, 21. Nu. 19. 8, 19, 21. Re. 7. 14.

16 ch. 5. 1; 7. 18; 19. 8; 20. 17, 19, 20. Nu. 19. 19, 20. Is. 53. 11. Jno. 13. 8. He. 9. 28. 1 Pe. 2. 24.

## CHAP. XVIII.

*Unlawful marriages, and unlawful lusts,* 1-30.

2 ver. 4; ch. 11. 44; 19. 3, 4, 10, 34; 20. 7. Ge. 17. 7. Ex. 6. 7; 20. 2. Ps. 33. 12. Eze. 20. 5, 7, 19, 20.

3 *the doings.* Ps. 106. 35. Eze. 20. 7, 8; 23. 8. Ep. 5. 7-11. 1 Pe. 4. 2-4. *and after.* ch. 20. 23. Ex. 23. 24. De. 12. 4, 30, 31. Je. 10. 2, 3. Ro. 12. 2.

4 ver. 26; ch. 19. 37; 20. 22. De. 4. 1, 2; 6. 1. Ps. 105. 45; 119. 4. Eze. 20. 19; 36. 27; 37. 24. Lu. 1. 6. Jno. 15. 14.

5 *which if a man do.* Eze. 20. 11, 13, 21. Lu. 10. 28. Ro. 10. 5. Ga. 3. 12. *I am the Lord.* Ex. 6. 2, 6, 29. Mal. 3. 6.

6 *near to kin. Heb.* remainder of his flesh. Notwithstanding the prohibitions here, it must be evident, that in the infancy of the world, persons very near of kin, and even brothers and sisters, must have joined in matrimonial alliances; and therefore we cannot pronounce them *immoral* in themselves. But, in these first instances, necessity required it; but when this necessity no longer existed, the thing became inexpedient and improper: for, 1. As human nature now is, it is very expedient that those who are so much together in youth, should, by such a restriction, be taught to look upon all such intercourse as prohibited and incestuous; for unless such restrictions are made, it would be impossible to prevent the prevalence of very early corruption among young persons. (See Michaelis on the laws of Moses, Art. 108.) 2. That the duties owing by nature to relatives might not be confounded with those of a social or political kind; for could a man be a brother and a husband, or a son and a husband, at the same time, and fulfil the duties of both? Impossible. 3. That by intermarrying with other families, relationship and its endearments might be diffused. These prohibitions are, therefore, to be considered so eminently moral obligations as to be observed by all mankind. *to uncover.* ver. 7-19; ch. 20. 11, 12, 17-21.

7 ch. 20. 11. Eze. 22. 10.

8 ch. 20. 11. Ge. 35. 22; 49. 4. De. 22. 30; 27. 20. 2 Sa. 16. 21, 22. Eze. 22. 10. Am. 2. 7. 1 Co. 5. 1.

9 ch. 20. 17. De. 27. 22. 2 Sa. 13. 11-14. Eze. 22. 11.

12 ch. 20. 19. Ex. 6. 20.

14 ch. 20. 20.

15 ch. 20. 12. Ge. 38. 18, 19, 26. Eze. 22. 11.

16 ch. 20. 21. De. 25. 5. Mat. 14. 3, 4; 22. 24. Mar. 6. 17; 12. 19. Lu. 3. 19.

17 *a woman.* ch. 20. 14. De. 27. 23. Am. 2. 7. *it is wickedness.* ch. 20. 14.

18 *wife.* or, *one* wife to another. Ge. 4. 19; 29. 28. Ex. 26. 3. *to vex her.* Ge. 30. 15. 1 Sa. 1. 6-8. Mal. 2. 15.

19 ch. 15. 19, 24; 20. 18. Eze. 18. 6; 22. 10.

20 ch. 20. 10. Ex. 20. 14. De. 5. 18; 22. 22, 25. 2 Sa. 11. 3, 4, 27. Pr. 6. 25, 29-33. Mal. 3. 5. Mat. 5. 27, 28. Ro. 2. 22. 1 Co. 6. 9. Ga. 5. 19. He. 13. 4.

21 *pass through. Molech* signifies a *king*, or *governor*, of similar import with *Baâl, lord*, or *governor;* and it is generally supposed that the *sun* was worshipped under this name; and more particularly as the *fire* appears to have been so much employed in his worship. It seems clear that children were not only *consecrated* to him by *passing through the fire*, which appears to be alluded to here, but that they were actually made a *burnt offering* to him. (See the parallel passages.) That the several abominations afterwards mentioned were actually practised by many heathen nations is abundantly attested by their own writers. ch. 20. 2. De. 12. 31; 18. 10. 2 Ki. 16. 3; 21. 6; 23. 10. Ps. 106. 37, 38. Je. 7. 31; 19. 5. Eze. 20. 31; 23. 37. *to Molech.* 1 Ki. 11. 7, 33. Am. 5. 26. Ac. 7. 43. Moloch. *profane.* ch. 19. 12; 20. 2-5; 21. 6; 22. 2, 32. Eze. 36. 20-23. Mal. 1. 12. Ro. 1. 23; 2. 24.

22 ch. 20. 13. Ge. 19. 5. Ju. 19. 22. 1 Ki. 14. 24. Ro. 1. 26, 27. 1 Co. 6. 9. 1 Ti. 1. 10. Jude 7.

23 *any beast.* ch. 20. 15, 16. Ex. 22. 19. *confusion.* ch. 20. 12.

24 *Defile.* ver. 6-23, 30. Je. 44. 4. Mat. 15. 18-20. Mar. 7. 10-23. 1 Co. 3. 17. *for.* ch. 20. 22, 23. De. 12. 31; 18. 12.

25 *the land.* Nu. 35. 33, 34. Ps. 106. 38. Is. 24. 5. Je. 2. 7; 16. 18. Eze. 36. 17, 18. Ro. 8. 22. *therefore.* Ps. 89. 32. Is. 26. 21. Je. 5. 9, 29; 9. 9; 14. 10; 23. 2. Ho. 2. 13; 8. 13; 9. 9. *vomiteth.* ver. 28; ch. 20. 22.

26 *keep.* ver. 5, 30. De. 4. 1, 2, 40; 12. 32. Ps. 105. 44, 45. Lu. 8. 15; 11. 28. Jno. 14. 15, 21-23; 15. 14. *nor any stranger.* ch. 17. 8, 10.

27 ver. 24. De. 20. 18; 23. 18; 25. 16; 27. 15. 1 Ki. 14. 24. 2 Ki. 16. 3; 21. 2. 2 Ch. 36. 14. Eze. 16. 50; 22. 11. Ho. 9. 10.

28 ver. 25; ch. 20. 22. Je. 9. 19. Eze. 36. 13, 17. Ro. 8. 22. Re. 3. 16.

29 ch. 17. 10; 20. 6. See on Ex. 12. 15.

30 *abominable.* ver. 3, 26, 27; ch. 20. 23. De. 18. 9-12. *that ye defile.* ver. 24. *I am.* See on ver. 2, 4.

## CHAP. XIX.

*A repetition of sundry laws.*

2 *Ye shall.* ch. 11. 44, 45; 20. 7, 26; 21. 8. Ex. 19. 6. Is. 6. 3, 4. Am. 3. 3. Mat. 5. 48. 2 Co. 6. 14-16; 7. 1. 1 Pe. 1. 15, 16.

3 *fear.* Ex. 20. 12; 21. 15, 17. De. 21. 18-21; 27. 16. Pr. 1. 8; 6. 20, 21; 23. 22; 30. 11, 17. Eze. 22. 7. Mal. 1. 6. Mat. 15. 4-6. Ep. 6. 1-3. He. 12. 9. *keep.* ch. 26. 2. Ex. 16. 29; 20. 8; 31. 13-17. Is. 56. 4-6; 58. 13. Eze. 20. 12, 20; 22. 8.

4 *not unto.* ch. 26. 1. See on Ex. 20. 3-5. 1 Co. 10. 14. 1 Jno. 5. 21. *molten gods.* Ex. 20. 23; 32. 4; 34. 17. De. 27. 15. Ha. 2. 18.

5 *a sacrifice.* ch. 3; 7. 16; 22. 21. Ex. 24. 5. 2 Ch. 31. 2. Eze. 45. 15-17; 46. 2, 12. Ep. 2. 13, 14. *ye shall.* ch. 1. 3; 22. 19, 23, 29. *your own will.* The Hebrews had several kinds of offerings, which they called *corban*. Some were free-will offerings, and others were of obligation. The first-fruits, the tenths, the sin-offerings, were of obligation; the peace-offerings, vows, offerings of oil, wine, bread, and other things which were made to the temple, or to the ministers of the Lord, were offerings of devotion; these constituted the greater part. They indeed were a shadow of good things to come, which we enjoy in full fruition through THE ONE great SACRIFICE, even Jesus Christ.

> 'Aaron must lay his robes away,
> His mitre and his vest,
> When God himself comes down to be
> The offering and the priest.'

6 ch. 7. 11-17.

7 *abominable.* Is. 1. 13; 65. 4; 66. 3. Je. 16. 18. *it shall.* See on ch. 7. 18-21; 22. 23, 25.

9 *ye reap the harvest.* In what code of laws merely human, is a requisition to be found so counteracting to selfishness, so encouraging to liberality, and so beneficently considering to the poor and needy? But the Mosaic dispensation, like the Christian, breathed with love to God, and benevolence to man. To the honour of the public and charitable spirit of the English, this merciful law is, in general, as much attended to as if it had been incorporated with the gospel. ch. 23. 22. De. 24. 19-21. Ru. 2. 2, 15.

10 *glean.* Ju. 8. 2. Is. 17. 6; 24. 13. Je. 49. 9. Ob. 5. Mi. 7. 1. *thou shalt.* ch. 25. 6.

11 *shall not.* ch. 6. 2. Ex. 20. 15, 17; 22. 1, 7, 10-12. De. 5. 19. Je. 6. 13; 7. 9-11. Zec. 5. 3, 4; 8. 16, 17. 1 Co. 6. 8-10. Ep. 4. 28. *lie one.* 1 Ki. 13. 18. Ps. 101. 7; 116. 11. Je. 9. 3-5. Ac. 5. 3, 4. Ro. 3. 4. Ep. 4. 25. Col. 3. 9. 1 Ti. 1. 10. Re. 21. 8.

12 *ye shall.* ch. 6. 3. Ex. 20. 7. De. 5. 11. Ps. 15. 4. Je. 4. 2; 7. 9. Zec. 5. 4. Mal. 3. 5. Mat. 5. 33, 34. Ja. 5. 12. *profane.* ch. 18. 21; 24. 11, 15, 16. Eze. 36. 20-23.

13 *shalt not.* Pr. 20. 10; 22. 22. Je. 22. 3. Eze. 22. 29. Mar. 10. 19. Lu. 3. 13. 1 Th. 4. 6. *the wages.* De. 24. 14, 15. Job 31. 39. Je. 22. 13. Mal. 3. 5. Ja. 5. 4.

14 *not curse.* De. 27. 18. Ro. 12. 14; 14. 13. 1 Co. 8. 8-13; 10. 32. Re. 2. 14. *fear.* ver. 32; ch. 25. 17. Ge. 42. 18. Ne. 5. 15. 1 Pe. 1. 17; 2. 17.

15 ver. 35. Ex. 18. 21; 23. 2, 3, 7, 8. De. 1. 17; 16. 19; 25. 13-16; 27. 19. 2 Ch. 19. 6, 7. Ps. 82. 2. Pr. 18. 5; 24. 23. Ja. 2. 6-9.

16 *tale-bearer.* Ex. 23. 1. Ps. 15. 3. Pr. 11. 13; 20. 19. Je. 6. 28; 9. 4. Eze. 22. 9. 1 Ti. 3. 11. 2 Ti. 3. 3. Tit. 2. 3. 1 Pe. 2. 1. *stand.* Ex. 20. 16; 23. 1, 7. 1 Ki. 21. 10-13. Mat. 26. 60, 61; 27. 4. Ac. 6, 11-13; 24. 4-9.

17 *hate.* Ge. 27. 41. Pr. 26. 24-26. 1 Jno. 2. 9, 11; 3. 12-15. *rebuke.* Ps. 141. 5. Pr. 9. 8; 27. 5, 6. Mat. 18. 15-17. Lu. 17. 3. Ga. 2. 11-14; 6. 1. Ep. 5. 11. 1 Ti. 5. 20. 2 Ti. 4. 2. Tit. 1. 13; 2. 15. *and not suffer sin upon him. or,* that thou bear not sin for him. Ro. 1. 32. 1 Co. 5. 2. 1 Ti. 5. 22. 2 Jno. 10, 11.

18 *not avenge.* Ex. 23. 4, 5. De. 32. 35. 2 Sa. 13. 22, 28. Pr. 20. 22. Mat. 5. 43, 44. Ro. 12. 17, 19; 13. 4. Ga. 5. 30. Ep. 4. 31. Col. 3. 8. 1 Pe. 2. 1. *thou shalt.* Mat. 5. 43; 19. 19; 22. 39, 40. Mar. 12. 31-34. Lu. 10. 27-37. Ro. 13. 9. Ga. 5. 14. Ja. 2. 8.

19 *thy cattle gender.* These practices might have been considered as altering the original constitution of God in creation; and this is the view which the Jews, and also JOSEPHUS and PHILO, take of the subject. There were, probably, also both moral and political reasons for these prohibitions. With respect to heterogeneous mixtures among *cattle*, it was probably forbidden, to prevent excitements to the abominations condemned in the preceding chapter. As to *seeds*, in many cases, it would be highly improper to sow different kinds in the same plot of ground. If *oats* and *wheat*, for instance, were sown together, the latter would be *injured*, and the former *ruined*. This prohibition may therefore be regarded as a prudential agricultural maxim. As to different kinds of *garments*, the prohibition might be intended against pride and vanity in clothing. Ge. 36. 24. 2 Sa. 13. 29; 18. 9.

1 Ki. 1. 33. Ezr. 2. 66. *mingled.* De. 22. 9-11. Mat. 9. 16, 17. Ro. 11. 6. 2 Co. 6. 14-17. Ga. 3. 9-11.

20 *betrothed to an husband.* *or*, abused by any. *Heb.* reproached by, *or*, for man. *she shall be scourged.* *or*, they. *Heb.* there shall be a scourging. *they shall.* Ex. 21. 20, 21. De. 22. 23, 24.

21 ch. 5; 6. 1-7.

22 *and the sin.* See on ch. 4. 20, 26.

23 *And when.* See on ch. 14. 34. *uncircumcised.* ch. 12. 3; 22. 27. Ex. 6. 12, 30; 22. 29, 30. Je. 6. 10; 9. 25, 26. Ac. 7. 51.

24 *all the.* Nu. 18. 12, 13. De. 12. 17, 18; 14. 28, 29; 18. 4. Pr. 3. 9. *holy to praise the Lord withal.* *Heb.* holiness of praises to the Lord.

25 ch. 26. 3, 4. Pr. 3. 9, 10. Ec. 11. 1, 2. Hag. 1. 4-6, 9-11; 2. 18, 19. Mal. 3. 8-10.

26 *with the blood.* See on ch. 3. 17; 7. 26; 17. 10-14. De. 12. 23. *use.* Ex. 7. 11; 8. 7. 1 Sa. 15. 23. Je. 10. 2. Da. 2. 10. Mal. 3. 5. *nor.* De. 18. 10-14. 2 Ki. 17. 17; 21. 6. 2 Ch. 33. 6.

27 ch. 21. 5. Is. 15. 2. Je. 16. 6; 48. 37. Eze. 7. 18; 44. 20.

28 *cuttings.* ch. 21. 5. De. 14. 1. 1 Ki. 18. 28. Je. 16. 6; 48. 37. Mar. 5. 5. *print.* Re. 13. 16, 17; 14. 9, 11; 15. 2; 16. 2; 19. 20; 20. 4.

29 *prostitute.* *Heb.* profane. *to cause* ch. 21. 7. De. 23. 17. Ho. 4. 12-14. 1 Co. 6. 15.

30 *keep.* See on ver. 3; ch. 26. 2. *reverence.* ch. 10. 3; 15. 31; 16. 2. Ge. 28. 16, 17. 2 Ch. 33. 7; 36. 14. Ps. 89. 7. Ec. 5. 1. Eze. 9. 6. Mat. 21. 13. Jno. 2. 15, 16. 2 Co. 6. 16. 1 Pe. 4. 17.

31 ver. 26. ch. 20. 6, 27. Ex. 22. 18. De. 18. 10-14. 1 Sa. 28. 3, 7-9. 2 Ki. 17. 17; 21. 6. 1 Ch. 10. 13. 2 Ch. 33. 6. Is. 8. 19.; 29. 4; 47. 13. Ac. 8. 11; 13. 6-8; 16. 16-18; 19. 19, 20. Ga. 5. 20. Re. 21. 8.

32 ver. 14. 1 Ki. 2. 19. Job 32. 4, 6. Pr. 16. 31; 20. 29. Is. 3. 5. La. 5. 12. Ro. 13. 7. 1 Ti. 5. 1. 1 Pe. 2. 17.

33 *And if.* Ex. 22. 21; 23. 9. De. 10. 18, 19; 24. 14. Mal. 3. 5. *vex him.* *or*, oppress him. Je. 7. 6. Eze. 22. 7, 29.

34 See on ver. 18. Ex. 12. 48, 49. De. 10. 19. Mat. 5. 43.

35 *no unrighteousness.* See on ver. 15. *in meteyard.* De. 25. 13, 15. Pr. 11. 1; 16. 11; 20. 10. Eze. 22. 12, 13. Am. 8. 5, 6. Mi. 6. 11. Mat. 7. 2.

36 *Just balances.* Pr. 11. 1. *weights.* *Heb.* stones. *I am.* See on Ex. 20. 2.

37 See on ch. 18. 4, 5. De. 4. 1, 2, 5, 6; 5. 1; 6. 1, 2; 8. 1. Ps. 119. 4, 34. 1 Jno. 3. 22, 23.

## CHAP. XX.

*Of him that gives of his seed to Moloch,* 1-3. *Of him that favours such an one,* 4, 5. *Of going to wizards,* 6. *Of sanctification,* 7, 8. *Of him that curses his parents,* 9. *Of adultery,* 10. *Of incest,* 11, 12. *Of sodomy,* 13, 14. *Of bestiality,* 15-17. *Of uncleanness,* 18-21. *Obedience is required with holiness,* 22-26. *Wizards must be put to death,* 27.

2 *Whosoever.* ch. 17. 8, 13, 15. *giveth.* ch. 18. 21. De. 12. 31; 18. 10. 2 Ki. 17. 17; 23. 10. 2 Ch. 28. 3; 33. 6. Ps. 106. 38. Is. 57. 5, 6. Je. 7. 31; 32. 35. Eze. 16. 20, 21; 20. 26, 31; 23. 37, 39. Ac. 7. 43. Moloch. *Molech.* The Rabbins describe this idol as made of brass, sitting upon a throne of the same metal, in the form of a man, with the head of a calf, adorned with a royal crown, and his arms extended as if to embrace any one. When they offered any children to him, they heated the statue by a great fire kindled within, and the victim was put into his arms, and thus consumed. Others relate, that the idol, which was hollow, was divided into seven compartments within; in one of which they put flour, in the second turtles, in the third a ewe, in the fourth a ram, in the fifth a calf, in the sixth an ox, and in the seventh a child; which were all burnt together by heating the statue inside. The account which Diodorus (l. xx.) gives of the statue of Saturn, to which the Carthaginians, descendants of the Canaanites, sacrificed their children, is very similar. For they had a brazen statue of Saturn, stretching out his hands towards the ground, in such a manner that the children placed within them tumbled down into a pit full of fire. To this account Milton alludes, in *Paradise Lost*, B. 1. 392. *the people.* ver. 27. ch. 24. 14, 23. Nu. 15. 35, 36. De. 13. 10, 11; 17. 5-7; 21. 21. Ac. 7. 58, 59.

3 *I will set.* ch. 17. 10. 1 Pe. 3. 12. *to defile.* Nu. 19. 20. Eze. 5. 11; 23. 38, 39. *profane.* ch. 18. 21. Eze. 20. 39. 2 Co. 6. 16.

4 *hide.* Ac. 17. 30. *and kill.* De. 13. 8; 17. 2-5. Jos. 7. 12. 1 Sa. 3. 13, 14. 1 Ki. 20. 42. Re. 2. 14.

5 *I will.* ch. 17. 10. *against his.* Ex. 20. 5. Je. 32. 28-35, 39. *whoring.* ch. 17. 7. Ps. 106. 39. Je. 3. 2. Ho. 2. 5, 13.

6 *familiar.* ver. 27; ch. 19. 26, 31. De. 18. 10-14. Is. 8. 19. *go.* Ex. 34. 15, 16. Nu. 15. 39. Ps. 73. 27. Eze. 6. 9. Ho. 4. 12. *cut him.* 1 Ch. 10. 13, 14. In the days of Moses, superstition was almost the *sensus communis* of the human race, which then made severe punishment necessary: by means of the Christian dispensation such errors are now exploded; the cultivation of philosophy and natural history having harmonised and contributed their feebler share of light, so that we no longer have to deplore mischiefs occasioned by the silly curiosity of attempting to unfold future events.

7 ch. 11. 44; 19. 2. Ep. 1. 4. Phi. 2. 12, 13. Col. 3. 12. 1 Th. 4. 3, 7. He. 12. 14. 1 Pe. 1. 15, 16.

8 *And ye.* See on ch. 18. 4, 5; 19. 37. Mat. 5. 19; 7. 24; 12. 50. Jno. 13. 17. Ja. 1. 22. Re. 22. 14. *sanctify.* ch. 21. 8. Ex. 31. 13. Eze. 20. 12; 37. 28. 1 Co. 1. 30. 1 Th. 5. 23. 2 Th. 2. 13.

9 *curseth.* The term *yekallel* signifies not only to *curse*, but to speak *contemptuously, disrespectfully*, or to *make light* of a person: so that all speeches which have a tendency to lessen our parents in the eyes of others, or to render their judgment, piety, etc., suspected or contemptible, is here included; though the act of *cursing*, or of treating the parent with injurious or opprobrious language, is what is particularly intended. He who conscientiously keeps the *fifth* commandment, can be in no danger of the judgment here denounced. Ex. 21. 17. De. 27. 16. Pr. 20. 20; 30. 11, 17. Mat. 15. 4. Mar. 7. 10. *his blood.* ver. 11-13, 16, 27. Jos. 2. 19. Ju. 9. 24. 2 Sa. 1. 16. 1 Ki. 2. 32. Mat. 27. 25.

10 *the adulterer.* De. 22. 22-24. 2 Sa. 12. 13. Eze. 23. 45-47. Jno. 8. 4, 5.

11 ch. 18. 8. De. 27. 20, 23. Am. 2. 7. 1 Co. 5. 1. *their.* See on ver. 9.

12 *lie.* ch. 18. 15. Ge. 38. 16, 18. De. 27. 23. *confusion.* ch. 18. 23.

13 ch. 18. 22. Ge. 19. 5. De. 23. 17. Ju. 19. 22. Ro. 1. 26, 27. 1 Co. 6. 9. 1 Ti. 1. 10. Jude 7.

14 *a wife.* ch. 18. 17. De. 27. 23. Am. 2. 7. *burnt.* ch. 21. 9. Jos. 7. 15, 25.

15 ch. 18. 23. Ex. 22. 19. De. 27. 21.

16 *And if a woman.* We are assured by Herodotus (*in Euterp.*) that the abominations here referred to existed among the Egyptians, and even formed part of their superstitious religious system, and we have reason to believe that they were not uncommon among the Canaanites. (See ch. 18. 24, 25.) Need we wonder then, that God should have made laws of this nature, and appointed the punishment of death for these crimes? This one observation will account for many of those strange prohibitions which we find in the Mosiac law. *and the beast.* Ex. 19. 13; 21. 28, 32. He. 12. 20.

17 ch. 18. 9. Ge. 20 12. De. 27. 22. 2 Sa. 13. 12. Eze. 22. 11.

18 *having.* ch. 15. 24; 18. 19. Eze. 18. 6; 22. 10. *discovered.* *Heb.* made naked.

19 *mother's.* ch. 18. 12, 13, etc. Ex. 6. 20. *uncovereth.* ch. 18. 6.

20 *uncle's wife.* ch. 18. 14. *childless.* Job 18. 19. Ps. 109. 13. Je. 22. 30. Lu. 1. 7, 25; 23. 29.

21 *his brother's.* ch. 18. 16. Mat. 14. 3, 4. *an unclean thing. Heb.* a separation.

22 *statutes.* ch. 18. 4, 5, 26; 19. 37. Ps. 19. 8-11; 105. 45; 119. 80, 145, 171. Eze. 36. 27. *judgments.* Ex. 21. 1. De. 4. 45; 5. 1. Ps. 119. 20, 106, 160, 164, 175. Is. 26. 8, 9. *spue you.* ch. 18. 25-28; 26. 33. De. 28. 25, 26.

23 *in the manners.* ch. 18. 3, 24, 30. De. 12. 30, 31. Je. 10. 1, 2. *therefore.* ch. 18. 27. De. 9. 5. Ps. 78. 59. Zec. 11. 8.

24 *But I.* See on Ex. 3. 8, 17; 6. 8. *a land.* Milk and honey were the chief dainties of the ancients as they are now among the Arabs, particularly the Bedouins. Hence not only the Hebrews, but also the Greeks and Romans, painted the highest pleasantness and fertility by an abundance of milk and honey. The image used in the text, and frequently by ancient authors on similar subjects, is a metaphor, derived from a *breast*, producing copious streams of milk. *which.* ver. 26. Ex. 19. 5, 6; 33. 16. Nu. 23. 9. De. 7. 6; 14. 2. 1 Ki. 8. 53. Jno. 15. 19. 2 Co. 6. 17. 1 Pe. 2. 9.

25 *put difference.* ch. 11. De. 14. 3-21. Ac. 10. 11-15, 28. Ep. 5. 7-11. *abominable.* ch. 11. 43. *creepeth. or,* moveth.

26 *the Lord.* ver. 7; ch. 19. 2. Ps. 99. 5, 9. Is. 6. 3; 30. 11. 1 Pe. 1. 15, 16. Re. 3. 7; 4. 8. *severed.* ver. 24. De. 7. 6; 14. 2; 26. 18, 19. Tit. 2. 14.

27 *a familiar.* ver. 6; ch. 19. 31. Ex. 22. 18. De. 18. 10-12. 1 Sa. 28. 7-9. *their blood.* See on ver. 9.

## CHAP. XXI.

*Of the priests' mourning,* 1-5. *Of their holiness,* 6. *Of their marriages,* 7. *Of their estimation,* 8. *Of the priest's daughter convicted of whoredom,* 9. *Of the high priest's holiness,* 10-12. *Of his marriage,* 13-15. *The priests that have blemishes must not minister in the sanctuary,* 16-24.

1 *Speak.* Ho. 5. 1. Mal. 2. 1, 4. *There.* ver. 11. ch. 10. 6, 7. Nu. 19. 14, 16. Eze. 44. 25.

2 ch. 18. 6. 1 Th. 4. 13.

4 *or,* the verse may be read, *being* an husband among his people, he shall not defile himself *for his wife*, etc. Eze. 24. 16, 17.

5 *not make baldness.* This custom is also called *rounding the corners of the head*, (ch. 19. 27,) and seems to have been performed in honour of some idol. ch. 10. 6; 19. 27, 28. De. 14. 1. Is. 15. 2; 22. 12. Je. 16. 6; 48. 37. Eze. 44. 20. Am. 8. 10. Mi. 1. 16. *the corner.* The Hebrew *peath zakon*, may denote the *whiskers;* as the Syriac *phatho* signifies. These are by the Arabs, according to NIEBUHR, still cut either entirely off, or worn quite short; and hence they are called by Jeremiah, קצוצי פאה, *those with cropped whiskers.* Perhaps some superstition, of which we are ignorant, was connected with this; but whether or not, it was the object of Moses to keep the Israelites distinct from other nations.

6 *holy.* ver. 8; ch. 10. 3. Ex. 28. 36; 29. 44. Ezr. 8. 28. 1 Pe. 2. 9. *profane.* ch. 18. 21; 19. 12. Mal. 1. 6, 11, 12. *bread.* ch. 3. 11. Eze. 44. 7. Mal. 1. 7. *therefore.* Is. 52. 11.

7 *that is a whore.* ver. 8. Eze. 44. 22. 1 Ti. 3. 11. *put away.* De. 24. 1-4. Is. 50. 1.

8 *sanctify.* ver. 6. Ex. 19. 10, 14; 28. 41. 29. 1, 43, 44. *for I.* ch. 11. 44, 45; 19. 2; 20. 7, 8. Jno. 10. 36; 17. 19. He. 7. 26; 10. 29.

9 *the daughter.* 1 Sa. 2. 17, 34; 3. 13, 14. Eze. 9. 6. Mal. 2. 3. Mat. 11. 20-24. 1 Ti. 3. 4, 5. Tit. 1. 6. *she shall be burnt.* ch. 20. 14. Ge. 38. 24. Jos. 7. 15, 25. Is. 33. 14.

10 *upon.* ch. 8. 12; 10. 7; 16. 32. Ex. 29. 29, 30. Nu. 35. 25. Ps. 133. 2. *consecrated.* ch. 8. 7-9. Ex. 28. 2-4. *uncover.* ch. 10. 6, 7; 13. 45. 2 Sa. 15. 30. Es. 6. 12. *not rend.* Ge. 37. 34. Job 1. 20. Mat. 26. 65. All human corpses were considered as unclean. Whoever touched one was unclean for seven days, and was obliged on the third and seventh day to purify himself according to the Mosaic instructions. In the case of the priest it went still farther; insomuch, that even mourning for the dead by any external sign, such as tearing their clothes, defiled them. Hence such mournings were absolutely forbidden to be used in *any* case, and by the other priests also, except in the case of their very nearest relations, for whom they were allowed to mourn. This statute is founded on the importance of sustaining the decency and purity of Divine worship. The servants of the Deity were to keep themselves at a distance from every thing that in the least degree savoured of uncleanness.

11 *his father.* ver. 1, 2. Nu. 6. 7; 19. 14. De. 33. 9. Mat. 8. 21, 22; 12. 46-50. Lu. 9. 59, 60; 14. 26. 2 Co. 5. 16.

12 *go out.* ch. 10. 7. *for the crown.* ch. 8. 9-12, 30. Ex. 28. 36; 29. 6, 7. Is. 61. 1. Ac. 10. 38.

13 ver. 7. Eze. 44. 22. 2 Co. 11. 2. Re. 14. 4.

15 *profane.* Ge. 18. 19. Ezr. 2. 62; 9. 2. Ne. 13. 23-29. Mal. 2. 11, 15. Ro. 11. 16. 1 Co. 7. 14. *for I the.* ver. 8.

17 *blemish.* ch. 22. 20-25. 1 Th. 2. 10. 1 Ti. 3. 2. He. 7. 26. *let him.* ver. 21; ch. 10. 3. Nu. 16. 5. Ps. 65. 4. *bread. or,* food. ch. 3. 11, 16.

18 *a blind man.* Is. 56. 10. Mat. 23. 16, 17, 19. 1 Ti. 3. 2, 3, 7. Tit. 1. 7, 10. *superfluous.* ch. 22. 23.

20 *a dwarf. or,* too slender. *or hath.* De. 23. 1.

21 *a blemish.* In the above list of blemishes, we meet with some that might render the priest *contemptible* in the eyes of men; and others that would be very great *impediments* in the discharge of his ministerial duties. *to offer.* ver. 6, 8, 17.

22 *both.* ch. 2. 3, 10; 6. 16, 17, 29; 7. 1; 24. 8, 9. Nu. 18. 9, 10. *and of the holy.* ch. 22. 10-13. Nu. 18. 10, 19.

23 *go in.* Ex. 30. 6-8; 40. 26, 27. Eze. 44. 9-14. *profane.* ver. 12; ch. 15. 31. *for I the Lord.* ver. 8.

24 *Aaron.* Mal. 2. 1-7. Col. 4. 17. 1 Ti. 1. 18. 2 Ti. 2. 2.

## CHAP. XXII.

*The priests in their uncleanness must abstain from the holy things,* 1-5. *How they shall be cleansed,* 6-9. *Who of the priest's house may eat of the holy things,* 10-16. *The sacrifices must be without blemish,* 17-25. *The age of the sacrifice,* 26-28. *The law of eating the sacrifice of thanksgiving,* 29-33.

2 ver. 3-6; ch. 15. 31. Nu. 6. 3-8. *that they profane not.* This is the very ground of the prohibition, that they might preserve in their minds a holy reverence for the Divine Majesty. Hence when they approached unto him, they must be free from every legal impurity. If great men are to be approached with respect, how much more must Jehovah be approached with holy reverence! ver. 32; ch. 18. 21; 19. 12; 20. 3; 21. 6. *hallow.* Ex. 13. 12; 28. 38. Nu. 18. 32. De. 15. 19.

3 *having his uncleanness upon him.* That is, in other words, 'when he is unclean.' ch. 7. 20, 21. *that soul.* That is, according to some, thrust out of the priest's office, or from officiating at the altar; or, according to others, cut off by some immediate stroke of divine justice, like Nadab and Abihu. *from my.* Ex. 33. 14, 15. Ps. 16. 11; 51. 11. Mat. 25. 41. 2 Th. 1. 9.

4 *the seed.* These words include the daughters as well as the sons of Aaron. *a leper.* ch. 13. 2, 3, 44-46. *running issue. Heb.* running of the reins. ch. 15. 2, 3. *holy things.* ch. 2. 3, 10; 6. 25-29; 21. 22. Nu. 18. 9, 19. *until.* ch. 14. 2, etc.; 15. 13-15.

*unclean.* ch. 21. 1. Nu. 19. 11-16. *whose.* ch. 15. 16.

5 *whosoever.* ch. 11. 24, 43, 44. *or a man.* ch. 15. 7, 19.

6 ch. 11. 24, 25; 15. 5; 16. 24-28. Nu. 19. 7-10. Hag. 2. 13. 1 Co. 6. 11. He. 10. 22.

7 ch. 21. 22. Nu. 18. 11-19. De. 18. 3, 4. 1 Co. 9. 4, 13, 14.

8 ch. 17. 15. Ex. 22. 31. De. 14. 21. Eze. 44. 31.

9 *bear sin for it.* That is, be punished if he break it. ch. 10. 1, 2; 16. 2. Ex. 28. 43. Nu. 18. 22, 32.

10 The word *zar*, a *stranger*, does not mean one of another nation, a *foreigner*, which is expressed by *hechar*, but one who is not of the seed of Aaron, or does not belong to his family. 1 Sa. 21. 6. Mat. 12. 4.

11 *his money. Heb.* the purchase of his money. Ge. 17. 13. Nu. 18. 11-13.

12 *a stranger. Heb.* a man, a stranger.

13 *returned unto her father's house.* A widow in Bengal not unfrequently returns to her father's house on the death of her husband: the union between her and her own family is never so dissolved as among European nations. Ge. 38. 11. *as in her.* ch. 10. 14. Nu. 18. 11-19.

14 ch. 5. 15-19; 27. 13, 15.

15 ver. 9; ch. 19. 8. Nu. 18. 32. Eze. 22. 26.

16 *suffer them to bear the iniquity of trespass. or,* lade themselves with the iniquity of trespass in their eating. *bear.* ch. 7. 18. Ps. 38. 4. Is. 53. 11, 12. 1 Pe. 2. 24. *for I.* ver. 9; ch. 20. 8.

18 *Whatsoever.* ch. 1. 2, 10; 17. 10, 13. *of the strangers.* Nu. 15. 14-16. *vows.* ch. 7. 16; 23. 38. Nu. 15. 3. De. 12. 6. Ps. 22. 25; 56. 12; 61. 5, 8; 65. 1; 66. 13; 116. 14, 18. Ec. 5. 4. Jon. 1. 16; 2. 9. Na. 1. 15. Ac. 18. 18. *freewill.* Nu. 15. 3. De. 12. 6, 17; 16. 10.

19 ch. 1. 3, 10; 4. 32. Ex. 12. 5. Mat. 27. 4, 19, 24, 54. Lu. 23. 14, 41, 47. Jno. 19. 4. 2 Co. 5. 21. Ep. 5. 27. He. 9. 14. 1 Pe. 1. 19; 2. 22-24; 3. 18.

20 ver. 25. De. 15. 21; 17. 1. Mal. 1. 8, 13, 14.

21 *peace.* ch. 3. 1, 6; 7. 11, etc. *to accomplish.* Ge. 28. 20; 35. 1-3. Nu. 15. 3, 8. De. 23. 21-23. Ps. 50. 14. Pr. 7. 14. Ec. 5. 4, 5. *sheep. or,* goats. *it shall be perfect.* This law is so founded on the nature of the thing itself, that it has been in force among all nations that sacrificed victims to their deities.

22 *Blind.* ver. 20; ch. 21. 18-21. Mal. 1. 8. *an offering.* ch. 1. 9, 13; 3. 3, 5.

23 *lamb. or,* kid. *superfluous.* ch. 21. 18.

24 *broken, or cut.* ver. 20. De. 23. 1.

25 *a stranger's.* Nu. 15. 14-16; 16. 40. Ezr. 6. 8-10. *the bread.* ch. 21. 6, 8, 21, 22. Mal. 1. 7, 8, 12-14. *because.* Ep. 2. 12. 1 Jno. 5. 18.

27 *seven days.* It was necessary for the mother's health that the young one should suck so long; and prior to this time, the process of nutrition in a young animal can scarcely be considered as completely formed. Besides this, it may justly be asserted, that the flesh of very young animals is comparatively innutritive. There is something brutish in eating the young of beast or fowl, before the hair and hoofs are perfect in the one, and the feathers and claws in the other; and before this period, their flesh is not good for food, consequently they were not fit for sacrifice, which is termed the *bread* or *food* of God, (ver. 25;) ch. 12. 2, 3; 19. 23, 24. Ex. 22. 30.

28 *ewe. or,* she goat. *ye shall not kill it.* This law was certainly intended to inculcate *mercy* and tenderness of heart; and so the Jews have understood it. Ex. 23. 19; 34. 26. De. 14. 21; 22. 6, 7.

29 ch. 7. 12-15. Ps. 107. 22; 116. 17. Ho. 14. 2. Am. 4. 5. He. 13. 15. 1 Pe. 2. 5.

30 ch. 7. 15-18; 19. 7. Ex. 16. 19, 20.

31 See on ch. 18. 4, 5; 19. 37. Nu. 15. 40. De. 4. 40. 1 Th. 4. 1, 2.

32 See on ver. 2; ch. 18. 21. *I will.* ch. 10. 3. Is. 5. 16. Mat. 6. 9. Lu. 11. 2. *hallow you.* ver. 16; ch. 20. 8; 21. 8, 15. Ex. 19. 5, 6. Jno. 17. 17. 1 Co. 1. 2.

33 ch. 11. 45; 19. 36; 25. 38. Ex. 6. 7; 20. 2. Nu. 15. 41.

## CHAP. XXIII.

*The feasts of the Lord,* 1, 2. *The sabbath,* 3. *The passover,* 4-8. *The sheaf of first-fruits,* 9-14. *The feast of Pentecost,* 15-21. *Gleanings to be left for the poor,* 22. *The feast of trumpets,* 23-25. *The day of atonement,* 26-32. *The feast of tabernacles,* 33-44.

2 *the feasts.* God appointed several festivals among the Jews. The *Passover* was celebrated on the 14th, or rather 15th day of the first month in the ecclesiastical year, which was the seventh of the civil year, and lasted seven days. The *Pentecost* was celebrated on the fiftieth day after the passover, in memory of the law's being given to Moses on Mount Sinai, fifty days, or seven weeks after the departure out of Egypt. The word is derived from the Greek word Πεντηκοστη, which signifies the fiftieth. The Hebrews call it the feast of weeks, Ex. 34. 22. The feast of *trumpets*, celebrated on the first day of the civil year, when a trumpet was sounded, to proclaim its commencement, which was in the month *Tisri*, answering to our September, Le. 23. 24, 25. The *new moons*, or first days of every month, were, in some sort, a consequence of the feast of trumpets. God ordained that, by giving him the first-fruits of every month they should acknowledge him as the Lord of all their time, and own his providence, by which all times and seasons are ordered. The feast of *expiation* or *atonement* was kept on the 10th day of Tisri or September: the Hebrews call it Kippur, *i. e. pardon*, or *expiation*, because it was instituted for the *expiation* of all their sins. The feast of *tents* or *tabernacles* was so called, because the Israelites kept it under green tents or arbours, in memory of their dwelling in tents in their passage through the wilderness. It was celebrated on the 15th day of Tisri, and continued eight days: the first and last days were the most solemn. Besides the feasts mentioned by Moses, we find the feast of lots, or *Purim*, which was celebrated among the Jews of Shushan on the 14th of Adar, which answers to our February. The feast of the *dedication of the temple*, or rather, of the restoration of the temple, which had been profaned by Antiochus Epiphanes, which is thought to be the feast mentioned in the gospel, Jno. 10. 22, was celebrated in the winter. *Moädim*, properly means *assemblies, convened* at an appointed time and place. ver. 4, 37. Ex. 23. 14-17. Is. 1. 13, 14; 33. 20. La. 1. 4. Ho. 2. 11. Na. 1. 15. Jno. 5. 1. Col. 2. 1. *proclaim.* Ex. 32. 5. Nu. 10. 2, 3, 10. 2 Ki. 10. 20. 2 Ch. 30. 5. Ps. 81. 3. Joel 1. 14; 2. 15. Jon. 3. 5-9.

3 ch. 19. 3. Ex. 16. 23, 29; 20. 8-11; 23. 12; 31. 15; 34. 21; 35. 2, 3. De. 5. 13. Is. 56. 2, 6; 58. 13. Lu. 13. 14; 23. 56. Ac. 15. 21. Re. 1. 10.

4 ver. 2, 37. Ex. 23. 14.

5 Ex. 12. 2-14, 18; 13. 3-10; 23. 15. Nu. 9. 2-7; 28. 16. De. 16. 1-8. Jos. 5. 10. 2 Ch. 35. 18, 19. Mat. 26. 17. Mar. 14. 12. Lu. 22. 7. 1 Co. 5. 7, 8.

6 Ex. 12. 15, 16; 13. 6, 7; 34. 18. Nu. 28. 17, 18. De. 16. 8. Ac. 12. 3, 4.

7 Nu. 28. 18-25.

10 *When.* See on ch. 14. 34. *and shall.* ch. 2. 12-16. Ex. 22. 29; 23. 16, 19; 34. 22, 26. Nu. 15. 2, 18-21; 28. 26. De. 16. 9. Jos. 3. 15. *sheaf. or,* handful. *Heb. omer. the first-fruits.* This offering was a public acknowledgment of the bounty and goodness of God for the kindly fruits of the earth. From the practice of the people of God, the heathen borrowed a similar one, founded on the same reason. Pr. 3. 9, 10. Eze. 44. 30. Ro. 11. 16. 1 Co. 15. 20-23. Ja. 1. 18. Re. 14. 4.

11 ch. 9. 21; 10. 14. Ex. 29. 24.

12 ch. 1. 10. He. 10. 10-12. 1 Pe. 1. 19.

13 *the meat.* ch. 2. 14-16; 14. 10. Nu. 15. 3-12. *the drink.* Ex. 29. 40, 41; 30. 9. Nu. 28. 10. Joel 1. 9, 13; 2. 14. *the fourth.* Ex. 30. 24. Eze. 4. 11; 45. 24; 46. 14.

14 *eat.* ch. 19. 23-25; 25. 2, 3. Ge. 4. 4, 5. Jos. 5. 11, 12. *it shall be.* ch. 3. 17; 10. 11. De. 16. 12. Ne. 9. 14. Ps. 19. 8.

15 ver. 10, 11; ch. 25. 8. Ex. 34. 22. De. 16. 9, 10.

16 Ac. 2. 1.

17 *two wave.* Nu. 28. 26. *leaven.* ch. 7. 13. Mat. 13. 33. *the first-fruits.* ver. 10. Ex. 22. 29; 23. 16, 19; 34. 22, 26. Nu. 15. 17, 19-21. De. 26. 1, 2. Pr. 3. 9, 10. Ro. 8. 23. 1 Co. 15. 20. Ja. 1. 18. Re. 14. 4.

18 *seven lambs.* ver. 12, 13. Nu. 28. 27-31. Mal. 1. 13, 14. *with their.* Nu. 15. 4-12.

19 *one kid.* ch. 4. 23-28; 16. 15. Nu. 15. 24; 28. 30. Ro. 8. 3. 2 Co. 5. 21. *two lambs.* ch. 3; 7. 11-18.

20 *wave them.* ver. 17; ch. 7. 29, 30. Ex. 29. 24. Lu. 2. 14. Ep. 2. 14. *holy to.* ch. 7. 31-34; 8. 29; 10. 14, 15. Nu. 18. 8-12. De. 18. 4. 1 Co. 9. 11.

21 *proclaim.* ver. 2, 4. Ex. 12. 16. De. 16. 11. Is. 11. 10. *a statute.* ver. 14. Ge. 17. 7. Ex. 12. 17. Nu. 18. 23.

22 ch. 19. 9, 10. De. 16. 11-14; 24. 19-21. Ru. 2. 3-7, 15, 16, etc. Job 31. 16-21. Ps. 41. 1-3; 112. 9. Pr. 11. 24, 25. Is. 58. 7, 8, 10. Lu. 11. 41. 2 Co. 9. 5-12. To the institution of the feast of pentecost is annexed a repetition of that law, by which they were required to leave the gleanings of their fields, and the corn that grew on the ends of the butts, for the poor. It may come in *here* as a thing which the priests must take occasion to remind the people of, when they brought their first-fruits, intimating to them, that to obey even in this small matter was better than sacrifice; and that unless they were obedient, their offerings should not be accepted. It also taught them that the joy of harvest should express itself in charity to the poor, who must have their due out of what we have, as well as God his. They that are truly sensible of the mercy they receive from God, will without grudging shew mercy to the poor.

24 *In the seventh.* Nu. 10. 10; 29. 1-6. 1 Ch. 15. 28. 2 Ch. 5. 13. Ezr. 3. 6. Ps. 81. 1-4; 98. 6. Is. 27. 13. 1 Co. 15. 52. 1 Th. 4. 16. *a memorial. Zichron teroodh,* here rendered 'a memorial of blowing the trumpets,' properly signifies *a memorial of triumph,* or *shouting for joy.* This festival is generally called the *feast of trumpets;* and, though the Scriptures have not expressly declared the reason of its celebration, yet, as it fell in the seventh month of the sacred year, which was the first of the civil year, that is, the month *Tisri,* answering to our *September,* the opinion very generally embraced by both Jews and Christians is, that it was a memorial of the creation of the world, at which 'the sons of God shouted for joy,' (Job 38. 7;) and which is supposed, not altogether without reason, to have been at this season of the year. The month Tisri was not only anciently, but still is, reckoned by the Jews the first month of the year; and the feast of tabernacles, kept in this month, was said to be, as it is correctly rendered in the margin, 'at the revolution of the year,' (Ex. 34. 22;) importing, that at this season the year had revolved, and was beginning anew. So that this feast was the new year's day, on which the people rejoiced in a grateful remembrance of God's benefits, and implored his blessing for the future year. ch. 25. 9.

27 *the tenth.* ch. 16. 29, 30; 25. 9. Nu. 29. 7-11. *afflict.* ch. 16. 31. Nu. 29. 7. Ezr. 8. 21. Ps. 35. 13. Is. 58. 5. Da. 10. 2, 3. Zec. 12. 10. Ac. 2. 37, 38. 2 Co. 7. 10, 11. Ja. 4. 9. *offer.* ch. 16. 11, 15, 24.

28 ch. 16. 34. Is. 53. 10. Da. 9. 24. Zec. 3. 9. Ro. 5. 10, 11. He. 9. 12, 26; 10. 10, 14. 1 Jno. 2. 2; 4. 10; 5. 6.

29 *that shall.* See on ver. 27, 32. Is. 22. 12. Je. 31. 9. Eze. 7. 16. *he shall be.* Ge. 17. 14.

30 ch. 20. 3, 5, 6. Ge. 17. 14. Je. 15. 7. Eze. 14. 9. Zep. 2. 5. 1 Co. 3. 17.

32 *a sabbath.* See on ch. 16. 31. Mat. 11. 28-30. He. 4. 3, 11. *afflict.* See on ver. 27. Ps. 35. 13; 51. 17; 69. 10, 11; 126. 5, 6. Is. 57. 15, 18, 19; 58. 3-7; 61. 3. Mat. 5. 4. 1 Co. 11. 31. *celebrate your sabbath. Heb.* rest.

34 *The fifteenth.* Ex. 23. 16; 34. 22. Nu. 29. 12. De. 16. 13-15. Ezr. 3. 4. Ne. 8. 14. Zec. 14. 16-19. Jno. 1. 14; 7. 2. He. 11. 9, 13. *the feast of tabernacles.* This feast was celebrated in commemoration of the Israelites' dwelling in tents in the wilderness for forty years; and was kept with greater hilarity than any of the other festivals. Hence, in the Talmud, it is often called *chag, the* feast, by way of excellence; and by PHILO εορτων μεγιστην, the greatest of the feasts; it was therefore more noticed by the heathen than any other. It is probable that *Cecrops* borrowed from it the law which he made in Athens, 'that the master of every family should after harvest make a feast for his servants, and eat together with them who had taken pains with him in tilling his grounds.'

35 ver. 7, 8, 24, 25.

36 *Seven.* Nu. 29. 12-38. *the eighth.* 2 Ch. 7. 8-11. Ne. 8. 18. Jno. 7. 37. *solemn. Heb. day of* restraint. De. 16. 8. Joel 1. 14; 2. 15, marg.

37 *the feasts.* See on ver. 2, 4. De. 16. 16, 17. *every thing.* Ec. 3. 1.

38 *the sabbaths.* See on ver. 3; ch. 19. 3. Ge. 2. 2, 3. Ex. 20. 8-11. *and beside.* Nu. 29. 39. De. 12. 6. 1 Ch. 29. 3-8. 2 Ch. 35. 7, 8. Ezr. 2. 68, 69.

39 *when.* See on ver. 34. Ex. 23. 16. De. 16. 13. *on the first.* See on ver. 24, 36.

40 *the boughs. Heb.* fruit. Ne. 8. 15. Mat. 21. 8. *of palm trees.* Ps. 92. 12. Jno. 12. 13. Re. 7. 9. *rejoice.* De. 16. 14, 15. Is. 35. 10; 66. 10. Jno. 16. 22. Ro. 5. 11. Phi. 3. 3; 4. 4. 1 Pe. 1. 8.

41 Nu. 29. 12. Ne. 8. 18.

42 Ge. 33. 17. Nu. 24. 2, 5. Ne. 8. 14-17. Je. 35. 10. 2 Co. 5. 1. He. 11. 13-16.

43 Ex. 13. 14. De. 31. 10-13. Ps. 78. 5, 6.

44 ver. 1, 2; ch. 21. 34. Mat. 18. 20.

## CHAP. XXIV.

*The oil for the lamps,* 1-4. *The shew-bread,* 5-9. *Shelomith's son blasphemeth,* 10-12. *The law of blasphemy,* 13-16. *Of murder,* 17. *Of damage,* 18-22. *The blasphemer is stoned,* 23.

2 *that they.* Ex. 27. 20, 21; 39. 37; 40. 24, 25. Nu. 8. 2-4. 1 Sa. 3. 3, 4. *the lamps.* 2 Ch. 13. 11. Ps. 119. 105, 130. Pr. 6. 23. Is. 8. 20; 11. 2. Mat. 4. 16; 5. 16; 25. 1-8. Lu. 1. 79; 12. 35. Jno. 1. 4, 9; 5. 35; 8, 12. Ac. 26. 18. 2 Co. 4. 6. Ep. 1. 17, 18; 5. 8-14. Phi. 2. 15, 16. *burn continually. Heb.* ascend.

4 *the pure.* Ex. 25. 31-39; 31. 8; 37. 17-24; 39. 37. Nu. 3. 31; 4. 9. 1 Ki. 7. 49. 1 Ch. 28. 15. Je. 52. 19. Zec. 4. 2, 3, 11-14. He. 9. 2. Re. 1. 20; 2. 1, 5; 11. 4.

5 The loaves of bread which the officiating priest placed every sabbath day upon the golden table in the *Sanctum,* before the Lord, were twelve in number, representing the twelve tribes of Israel. The loaves must have been large, since two tenth deals (about six pints) of flour were used for each, Le. 24. 3, 6, 7. They were served up hot on the sabbath day in the *Sanctum,* when the stale ones, which had been exposed the whole week, were taken away, and none but the priests were allowed to eat them. In an extraordinary extremity, David and his men partook of the shew-bread, (see 1 Sa. 21. 6,) the urgent necessity alone justifying the act. The Hebrew signifies *bread of faces,* or, *of the face.* See Ex. 25. 30; 40. 23. 1 Ki. 18. 31. 1 Sa. 21. 4, 5. Mat. 12. 4. Ac. 26. 7. Ja. 1. 1.

6 *in two rows.* 1 Co. 14. 40. *pure.* Ex. 25. 23. 24.

37. 10-16; 39. 36; 40. 22, 23. 1 Ki. 7. 48. 2 Ch. 4. 19; 13. 11. He. 9. 2.

7 *pure.* ch. 2. 2. Ep. 1. 6. He. 7. 25. Re. 8. 3, 4. *the bread.* Jno. 6. 35, 51. *a memorial.* Ge. 9. 16. Ex. 12. 14; 13. 9; 17. 14. Ac. 10. 4, 31. 1 Co. 11. 23-25.

8 Nu. 4. 7. 1 Ch. 9. 32; 23. 29. 2 Ch. 2. 4. Ne. 10. 33. Mat. 12. 3-5.

9 *Aaron's.* ch. 8. 31. 1 Sa. 21. 6. Mal. 1. 12. Mat. 12. 4. Mar. 2. 26. Lu. 6. 4. *they shall.* ch. 6. 16; 8. 3, 31; 10. 17; 21. 22. Ex. 29. 32, 33.

10 Ex. 12. 38. Nu. 11. 4.

11 *blasphemed.* ver. 15, 16. Ex. 20. 7. 2 Sa. 12. 14. 1 Ki. 21. 10, 13. 2 Ki. 18. 30, 35, 37; 19. 1-3, 6, 10, 22. 2 Ch. 32. 14-17. Ps. 74. 18, 22. Mat. 26. 65. Ac. 6. 11-13. Ro. 2. 24. 1 Ti. 1. 13. Re. 16. 11, 21. *the name.* Houbigant and others think that *the name* which this man blasphemed was the name of the god of his native land. But that *hashshem*, THE NAME, denotes Jehovah, appears from its being used in the latter part of verse 16, as equivalent to 'the name of Jehovah,' in the former part. The Jews also frequently use *hashshem* for Jehovah. *cursed.* Job 1. 5, 11, 22; 2. 5, 9, 10. Is. 8. 21. *brought him.* Ex. 18. 22, 26. Nu. 15. 33-35.

12 *that the mind of the Lord might be shewed them. Heb.* to expound unto them according to the mouth of the Lord. Ex. 18. 15, 16, 23. Nu. 27. 5; 36. 5, 6.

14 *without.* ch. 13. 46. Nu. 5. 2-4; 15. 35. *all that.* De. 13. 9; 17. 7. *let all the.* ch. 20. 2, 27. Nu. 15. 35, 36. De. 13. 10; 21. 21; 22. 21. Jos. 7. 25. Jno. 8. 59; 10. 31-33. Ac. 7. 58, 59.

15 *bear his sin.* ch. 5. 1; 20. 16, 17. Nu. 9. 13.

16 *blasphemeth.* As the word *nakav* not only signifies to *curse*, or *blaspheme*, but also to *express*, or *distinguish by name*, (Nu. 1. 17. 1 Ch. 12. 31. Is. 62. 2,) hence the Jews, at a very early period, understood this law as prohibiting them from uttering the name JEHOVAH, on any other than sacred occasions. The Septuagint, which was made at least 250 years before Christ, renders it *Ονομαζων δε το ονομα Κυριου, θανατω θανατουσθω*, 'Whosoever nameth the name of the Lord, let him die;' from which we see that the Jews at this time were accustomed to pronounce *adonay*, or LORD, instead of JEHOVAH; for in place of it the Septuagint always put ο Κυριος, Ex. 20. 7. 1 Ki. 21. 10-13. Ps. 74. 10, 18; 139. 20. Mat. 12. 31. Mar. 3. 28, 29. Jno. 8. 58, 59; 10. 33-36. Ac. 26. 11. 1 Ti. 1. 13. Ja. 2. 7.

17 *And he.* Ge. 9. 5, 6. Ex. 21. 12-14. Nu. 35. 31. De. 19. 11, 12. *killeth any man. Heb.* smiteth the life of a man.

18 *that killeth.* ver. 21. Ex. 21. 34-36. *beast for beast. Heb.* life for life.

19 De. 19. 21. Mat. 5. 38; 7. 2.

20 Ex. 21. 23-25. De. 19. 21. Mat. 5. 38.

21 *a beast.* ver. 18. Ex. 21. 33. *a man.* ver. 17.

22 ch. 17. 10; 19. 34. Ex. 12. 49. Nu. 9. 14; 15. 15, 16, 29.

23 See on ver. 14-16. Nu. 15. 35, 36. He. 2. 2, 3; 10. 28, 29.

## CHAP. XXV.

*The sabbath of the seventh year,* 1-7. *The jubilee in the fiftieth year,* 8-13. *Of oppression,* 14-17. *A blessing of obedience,* 18-22. *The redemption of land,* 23-28. *Of houses,* 29-34. *Compassion to the poor,* 35-38. *The usage of bondmen,* 39-46. *The redemption of servants,* 47-55.

1 Ex. 19. 1. Nu. 1. 1; 10. 11, 12. Ga. 4. 24, 25.

2 *When ye.* See on ch. 14. 34. De. 32. 8, 49; 34. 4. Ps. 24. 1, 2; 115. 16. Is. 8. 8. Je. 27. 5. *keep. Heb.* rest. ch. 23. 32, marg. *a sabbath.* ch. 26. 34, 35. Ex. 23. 10. 2 Ch. 36. 21.

4 ver. 20-23; ch. 26. 34, 35, 43. Ex. 23. 10, 11. 2 Ch. 36. 21.

5 *groweth.* 2 Ki. 19. 29. Is. 37. 30. *thy vine undressed. Heb.* the separation.

6 Ex. 23. 11. Ac. 2. 44; 4. 32, 34, 35.

8 ch. 23. 15. Ge. 2. 2.

9 *of the jubilee to sound. Heb.* loud of sound. Nu. 10. 10. Ps. 89. 15. Ac. 13. 38, 39. Ro. 10. 18; 15. 19. 2 Co. 5. 19-21. 1 Th. 1. 8. *jubilee.* ver. 10-12; ch. 27. 17, 24. Nu. 36. 4. *the day.* ch. 16. 20, 30; 23. 24, 27.

10 *proclaim.* Ex. 20. 2. Ezr. 1. 3. Ps. 146. 7. Is. 49. 9, 24, 25; 61. 1-3; 63. 4. Je. 34. 8, 13-17. Zec. 9. 11, 12. Lu. 1. 74; 4. 16-21. Jno. 8. 32-36. Ro. 6. 17, 18; 8. 21. 2 Co. 3. 17. Ga. 4. 25-31; 5. 1, 13. 1 Pe. 2. 16. 2 Pe. 2. 19, 20. *every man.* ver. 13, 26-28, 33, 34; ch. 27. 17-24. *ye shall return.* Nu. 36. 2-9.

11 *A jubilee.* Respecting the literal meaning of the word יובל, *yobel*, or *yovel*, critics are not agreed. The most natural derivation of the word seems to be from הוביל, *hovil*, the Hiphil form of יבל, *yaval*, to *recall*, *restore*, or *bring back*, because this year *restored* all slaves to their liberty, and *brought back* all alienated estates to their primitive owners. Accordingly the LXX. render it here *αφεσις*, a *remission;* and JOSEPHUS says it signifies *ελευθεριαν*, *liberty.* ch. 27. 17. *ye shall.* ver. 5-7.

12 ver. 6, 7.

13 ver. 10; ch. 27. 17-24. Nu. 36. 4.

14 ver. 17; ch. 19. 13. De. 16. 19, 20. Ju. 4. 3. 1 Sa. 12. 3, 4. 2 Ch. 16. 10. Ne. 9. 36, 37. Job 20. 19, 20. Ps. 10. 18. Pr. 14. 31; 21. 13; 22. 16; 28. 3, 8, 16. Ec. 5. 8. Is. 1. 17; 3. 12-15; 5. 7; 33. 15; 58. 6. Je. 22. 17. Eze. 22. 7, 12, 13. Am. 5. 11, 12; 8. 4-7. Mi. 2. 2, 3; 6. 10-12; 7. 3. Lu. 3. 14. 1 Co. 6. 8. Ja. 5. 1-5.

15 ch. 27. 18-23. Phi. 4. 5.

17 *shall not.* ver. 14. *fear.* ver. 43; ch. 19. 14, 32. Ge. 20. 11; 22. 12; 39. 9; 42. 18. Ex. 20. 20. De. 25. 18. 1 Sa. 12. 24. 2 Ch. 19. 7. Ne. 5. 9, 15. Ps. 19. 9. Pr. 1. 7. Je. 22. 16. Mal. 3. 5. Lu. 12. 5. Ac. 9. 31; 10. 2, 35. Ro. 3. 18; 11. 20.

18 *Wherefore.* ch. 19. 37. Ps. 103. 18. *and ye.* ch. 26. 3-12. De. 12. 10; 28. 1-14; 33. 12, 28. Ps. 4. 8. Pr. 1. 33. Je. 7. 3-7; 23. 6; 25. 5; 33. 16. Eze. 33. 24-26, 29; 34. 25-28; 36. 24-28.

19 ch. 26. 5. Ps. 67. 6; 85. 12. Is. 30. 23; 65. 21, 22. Eze. 34. 25-28; 36. 30. Joel 2. 24, 26.

20 Nu. 11. 4, 13. 2 Ki. 6. 15-17; 7. 2. 2 Ch. 25. 9. Ps. 78. 19, 20. Is. 1. 2. Mat. 6. 25-34; 8. 26. Lu. 12. 29. Phi. 4. 6. He. 13. 5, 6.

21 *I will.* As it is here graciously promised, that the sixth year was to bring forth fruits for *three* years, not merely for *two*, it is evident that both the sabbatical year and the year of jubilee were distinctly provided for. They were not to sow from the sixth to the eighth year, omitting *two seed times;* nor reap from the sixth to the ninth, omitting *two harvests.* No legislator, unless conscious of being divinely commissioned, would have committed himself by enacting such a law as this; nor would any people have submitted to receive it, except in consequence of the fullest conviction that a divine authority had dictated it. It therefore stands as a proof that Moses acted by the express direction of the Almighty, and that the people were fully persuaded of the reality of his divine mission by the miracles he wrought. Ge. 26. 12; 41. 47. Ex. 16. 29. De. 28. 3, 8. Ps. 133. 3. Pr. 10. 22. 2 Co. 9. 10. *three years.* ver. 4, 8-11.

22 *eighth.* 2 Ki. 19. 29. Is. 37. 30. *old fruit.* Jos. 5. 11, 12.

23 *The land.* See on ver. 10. 1 Ki. 21. 3. Eze. 48. 14. *for ever. or,* to be quite cut off. *Heb.* for cutting off. *for the land.* De. 32. 43. 2 Ch. 7. 20. Ps. 24. 1; 85. 1. Is. 8. 8. Ho. 9. 3. Joel 2. 18; 3. 2. *for ye are.* Ge. 47. 9. 1 Ch. 29. 15. Ps. 39. 12; 119. 19. He. 11. 9-13. 1 Pe. 2. 11.

24 *redemption.* ver. 27, 31, 51-53. Ro. 8. 23. 1 Co. 1. 30. Ep. 1. 7, 14; 4. 30.

25 Ru. 2. 20; 3. 2, 9, 12; 4. 4-6. Je. 32. 7, 8. 2 Co. 8. 9. He. 2. 13, 14. Re. 5. 9.

26 *himself be able to redeem it.* *Heb.* his hand hath attained, and found sufficiency. ch. 5. 7, marg.

27 ver. 50-53.

28 *and in the.* ver. 13. *he shall.* See on Is. 35. 9, 10. Je. 32. 15. 1 Co. 15. 52-54. 1 Th. 4. 13-18. 1 Pe. 1. 4, 5.

29 A very proper difference is here made between *houses in a city* and *houses in the country.* The former might be redeemed any time in the course of a year; but after that time could not be redeemed, or go out with the jubilee: the latter might be redeemed at any time; and if not redeemed must go out with the jubilee. The reason in both cases is sufficiently evident; the house in the city might be built merely for purposes of *trade* or *traffic*—the house in the country was builded on, or attached to, the *inheritance* which God had divided to the respective families. It was therefore necessary that the same law should apply to the *house* as to the *inheritance;* which necessity did not exist with regard to the house in the city. And, as the house in the city might be purchased for the purpose of trade, it would be very inconvenient for the purchaser, when his business was established, to be obliged to remove.

31 *they may be redeemed.* *Heb.* redemption belongeth unto it. Ps. 49. 7, 8.

32 *the cities.* As the Levites had *no inheritance* in Israel, but only *cities* to dwell in; and consequently the *houses* in these cities were all they could call *their own,* therefore they could not be ultimately alienated. Nu. 35. 2-8. Jos. ch. 21.

33 *a man purchase of the Levites. or, one* of the Levites redeem *them.* *shall go.* ver. 28. *for the houses.* Nu. 18. 20-24. De. 18. 1, 2.

34 ver. 23. Ac. 4. 36, 37.

35 *thy brother.* ver. 25. De. 15. 7, 8. Pr. 14. 20, 21; 17. 5; 19. 17. Mar. 14. 7. Jno. 12. 8. 2 Co. 8. 9. Ja. 2. 5, 6. *fallen in decay.* *Heb.* his hand faileth. *then.* Ps. 37. 26; 41. 1; 112. 5, 9. Pr. 14. 31. Lu. 6. 35. Ac. 11. 29. Ro. 12. 13, 18, 20. 2 Co. 9. 1, 12-15. Ga. 2. 10. 1 Jno. 3. 17. *relieve.* *Heb.* strengthen. *a stranger.* ch. 19. 34. Ex. 23. 9. De. 10. 18, 19. Mat. 25. 35. He. 13. 2.

36 *usury.* Ex. 22. 25. De. 23. 19, 20. Ne. 5. 7-10. Ps. 15. 5. Pr. 28. 8. Eze. 18. 8, 13, 17; 22. 12. *fear.* ver. 17. Ne. 5. 9, 15.

38 *which.* Ex. 20. 2. *and to be.* ch. 11. 45; 22. 32, 33. Nu. 15. 41. Je. 31. 1, 33; 32. 38. He. 11. 16.

39 *be sold.* Ex. 21. 2; 22. 3. De. 15. 12. 1 Ki. 9. 22. 2 Ki. 4. 1. Ne. 5. 5. Je. 34. 14. *compel him to serve as.* *Heb.* serve thyself with him with the service of, etc. ver. 46, marg. Ex. 1. 14. Je. 25. 14; 27. 7; 30. 8.

40 Ex. 21. 2, 3.

41 *then shall.* Ex. 21. 3. Jno. 8. 32. Ro. 6. 14. Tit. 2. 14. *shall return.* See on ver. 10, 28.

42 *my servants.* ver. 55. Ro. 6. 22. 1 Co. 7. 21-23. *as bondmen.* *Heb.* with the sale of a bondman.

43 *rule.* ver. 46, 53. Ex. 1. 13, 14; 2. 23; 3. 7, 9; 5. 14. Is. 47. 6; 58. 3. Ep. 6. 9. Col. 4. 1. *but shalt.* See on ver. 17. Ex. 1. 17, 21. De. 25. 18. Mal. 3. 5.

44 Ex. 12. 44. Ps. 2. 8, 9. Is. 14. 1, 2. Re. 2. 26, 27.

45 Is. 56. 3-6.

46 *And ye shall.* Is. 14. 2. *they shall be your bondmen for ever.* *Heb.* ye shall serve yourselves with them. See on ver. 39. *ye shall not rule.* ver. 43.

47 *sojourner or stranger wax rich.* *Heb.* the hand of a stranger, etc. obtain, etc. ver. 26. 1 Sa. 2. 7, 8. Ja. 2. 5.

48 See on ver. 25, 35. Ne. 5. 5, 8. Ga. 4. 4, 5. He. 2. 11-13.

49 *or if he be.* See on ver. 26.

50 *reckon.* ver. 27. *price of his sale.* This was a very equitable law, both to the sojourner to whom the man was sold, and to the Israelite who had been sold. The Israelite might redeem himself, or one of his kindred might redeem him; but this must not be done to the prejudice of his master. They were therefore to reckon the years he must have served, from that time till the jubilee; and then taking the current wages of a servant, per year, at that time, multiply the remaining years by that sum, and the aggregate was to be given to his master for his redemption. The Jews hold that the kindred of such a person were bound, if in their power, to redeem him, lest he should be swallowed up among the heathen; and we find (Ne. 5. 8) that this was done by the Jews on their return from the Babylonish captivity. *according to the time.* ver. 40, 53. De. 15. 18. Job 7. 1, 2; 14. 6. Is. 16. 14; 21. 16.

52 *jubilee.* The jubilee was a wonderful institution, and of great service to the *religion, freedom,* and *independence* of the Hebrews. It was calculated to prevent the rich from oppressing the poor, and reducing them to perpetual slavery; and to hinder their obtaining possession of all the lands by purchase, mortgage, or usurpation. It was further intended, that *debts* should not be multiplied too much, lest the poor should be entirely ruined; that *slaves* should not always continue in *servitude;* that personal liberty, equality of property, and the regular order of families might, as much as possible, be preserved; and that the people might thus be strongly attached to their country, lands, and inheritances.

53 See on ver. 43.

54 *in these years, or,* by these *means. then.* ver. 40, 41. Ex. 21. 2, 3. Is. 49. 9, 25; 52. 3.

55 *my servants.* ver. 42. Ex. 13. 3; 20. 2. Ps. 116. 16. Is. 43. 3. Lu. 1. 74, 75. Ro. 6. 14, 17, 18, 22. 1 Co. 7. 22, 23; 9. 19, 21. Ga. 5. 13.

## CHAP. XXVI.

*Of idolatry,* 1. *Religiousness,* 2. *A blessing to them that keep the commandments,* 3-13. *A curse to those that break them,* 14-39. *God promises to remember them that repent,* 40-46.

1 *Ye shall.* ch. 19. 4. Ex. 20. 4, 5, 23; 23. 24; 34. 17. De. 4. 16-19; 5. 8, 9; 16. 21, 22; 27. 15. Ps. 97. 7; 115. 4-8. Is. 2. 20; 44. 9-20; 48. 5-8. Je. 10. 3-8. Ac. 17. 29. Ro. 2. 22, 23. 1 Co. 10. 19, 20. Re. 13. 14, 15; 22. 15. *standing image. or,* pillar. *image of stone. or,* figured stone. *Heb.* a stone of picture.

2 See on ch. 19. 30.

3 ch. 18. 4, 5. De. 11. 13-15; 28. 1-14. Jos. 23. 14, 15. Ju. 2. 1, 2. Ps. 81. 12-16. Is. 1. 19; 48. 18, 19. Mat. 7. 24, 25. Ro. 2. 7-10. Re. 22. 14.

4 *Then I.* De. 28. 12. 1 Ki. 17. 1. Job 5. 10; 37. 11-13; 38. 25-28. Ps. 65. 9-13; 68. 9; 104. 13. Is. 5. 6; 30. 23. Je. 14. 22. Eze. 34. 26, 27. Joel 2. 23, 24. Am. 4. 7, 8. Mat. 5. 45. Ac. 14. 17. Ja. 5. 7, 17, 18. Re. 11. 6. *the land.* ch. 25. 21. Ps. 67. 6; 85. 12. Eze. 34. 27; 36. 30. Hag. 2. 18, 19. Zec. 8. 12.

5 *threshing.* Am. 9. 13. Mat. 9. 37, 38. Jno. 4. 35, 36. *eat your.* ch. 25. 19. Ex. 16. 8. De. 11. 15. Joel 2. 19, 26. Ac. 14. 17. 1 Ti. 6. 17. *dwell.* ch. 25. 18. Job 11. 18, 19. Ps. 46. 1-7; 90. 1; 91. 1-14. Pr. 1. 33; 18. 10. Je. 23. 6. Eze. 34. 25-28. Mat. 23. 37. 1 Pe. 1. 5.

6 *I will.* 1 Ch. 22. 9. Ps. 29. 11; 147. 14. Is. 9. 7; 45. 7. Je. 30. 10. Ho. 2. 18. Mi. 4. 4. Hag. 2. 9. Zec. 9. 10. Jno. 14. 27. Ro. 5. 1. Phi. 4. 7-9. *ye shall.* Job 11. 19. Ps. 3. 5; 4. 8; 127. 1, 2. Pr. 3. 24; 6. 22. Is. 35. 9. Je. 30. 10; 31. 26. Eze. 34. 25. Zep. 3. 13. Ac. 12. 6. *rid.* *Heb.* cause to cease. Ex. 23. 29. 2 Ki. 2. 24; 17. 25, 26. Job 5. 23. Is. 35. 9. Eze. 5. 17; 14. 15, 21. *shall the sword.* Eze. 14. 17.

8 Nu. 14. 9. De. 28. 7; 32. 30. Jos. 23. 10. Ju. 7. 19-21. 1 Sa. 14. 6-16; 17. 45-52. 1 Ch. 11. 11, 20. Ps. 81. 14, 15.

9 *for I.* Ex. 2. 25. 2 Ki. 13. 23. Ne. 2. 20. Ps. 89. 3; 138. 6, 7. Je. 33. 3. He. 8. 9. *make you.* Ge. 17. 6, 7, 20; 26. 4; 28. 3, 14. Ex. 1. 7. De. 28. 4, 11. Ne. 9. 23. Ps. 107. 38. *establish.* Ge. 6. 18; 17. 7. Ex. 6. 4. Is. 55. 3. Eze. 16. 62. Lu. 1. 72.

10 ch. 25. 22. Jos. 5. 11. 2 Ki. 19. 29. Lu. 12. 17.

11 *I will.* Ex. 25. 8; 29. 45. Jos. 22. 19. 1 Ki. 8. 13, 27. Ps. 76. 2; 78. 68, 69; 132. 13, 14. Eze. 37. 26-28. Ep. 2. 22. Re. 21. 3. *abhor.* ch. 20. 23. De. 32. 19. Ps. 78. 59; 106. 40. Je. 14. 21. La. 2. 7. Zec. 11. 8.

12 *I will.* Ge. 3. 8; 5. 22, 24; 6. 9. De. 23. 14. 2 Co. 6. 16. Re. 2. 1. *will be.* Ge. 17. 7. Ex. 3. 6; 6. 7; 19. 5, 6. Ps. 50. 7; 68. 18-20. Is. 12. 2; 41. 10. Je. 7. 23; 11. 4; 30. 22; 31. 33; 32. 38. Eze. 11. 20; 36. 38. Joel 2. 27. Zec. 13. 9. Mat. 22. 32. He. 11. 16. Re. 21. 7.

13 *I am.* ch. 25. 38, 42, 55. See on Ex. 20. 2. Ps. 81. 6-10. 1 Co. 6. 19, 20. *and I have.* Ps. 116. 16. Is. 51. 23. Je. 2. 20. Eze. 34. 27.

14 ver. 18. De. 28. 15-68. Je. 17. 27. La. 1. 18; 2. 17. Mal. 2. 2. Ac. 3. 23. He. 12. 25.

15 *despise.* ver. 43. Nu. 15. 31. 2 Sa. 12. 9, 10. 2 Ki. 17. 15. 2 Ch. 36. 16. Pr. 1. 7, 30. Je. 6. 19. Zec. 7. 11-13. Ac. 13. 41. 1 Th. 4. 8. *soul.* Ps. 50. 17. Pr. 5. 12. Ro. 8. 7. *break.* Ge. 17. 14. Ex. 19. 5; 24. 7. De. 31. 16. Is. 24. 5. Je. 11. 10; 31. 32. Eze. 16. 59. He. 8. 9.

16 *appoint.* Ps. 109. 6. *over you. Heb.* upon you. *terror.* De. 28. 65-67; 32. 25. Job 15. 20, 21; 18. 11; 20. 25. Ps. 73. 19. Is. 7. 2. Je. 15. 8; 20. 4. He. 10. 31. *consumption.* Ex. 15. 26. De. 28. 21, 22, 35. *consume.* De. 28. 32, 34, 67. 1 Sa. 2. 33. Ps. 78. 33. Eze. 33. 10. Zec. 14. 12. *and ye shall.* De. 28. 33, 51. Ju. 6. 3-6, 11. Job 31. 8. Is. 65. 22-24. Je. 5. 17; 12. 13. Mi. 6. 15. Hag. 1. 6. *for your.* Is. 10. 4.

17 *set.* See on ch. 17. 10; 20. 5, 6. Ps. 68. 1, 2. *ye shall be.* De. 28. 25. Ju. 2. 14. 1 Sa. 4. 10; 31. 1. Ne. 9. 27-30. Ps. 106. 41, 42. Je. 19. 7. La. 1. 5. *shall flee.* ver. 36. Ps. 53. 5. Pr. 28. 1.

18 *seven times.* ver. 21, 24, 28. 1 Sa. 2. 5. Ps. 119. 164. Pr. 24. 16. Da. 3. 19.

19 *will break.* 1 Sa. 4. 3, 11. Is. 2. 12; 25. 11; 26. 5. Je. 13. 9. Eze. 7. 24; 30. 6. Da. 4. 37. Zep. 3. 11. *make.* De. 28. 23. 1 Ki. 17. 1. Je. 14. 1-6. Lu. 4. 25.

20 *your strength.* Ps. 127. 1. Is. 49. 4. Hab. 2. 13. Ga. 4. 11. *for your land.* See on ver. 4. De. 11. 17; 28. 18, 38-40, 42. Job 31. 40. Ps. 107. 34. Hag. 1. 9-11; 2. 16. 1 Co. 3. 6.

21 *contrary unto me. or,* at all adventures with me: and so ver. 24.

22 *wild.* ver. 6. De. 32. 24. 2 Ki. 17. 25. Je. 15. 3. Eze. 5. 17; 14. 15, 21. *rob you.* 2 Ki. 2. 24. *your high.* Ju. 5. 6. 2 Ch. 15. 5. Is. 24. 6; 33. 8. La. 1. 4. Eze. 14. 15; 33. 28. Mi. 3. 12. Zec. 7. 14.

23 Is. 1. 16-20. Je. 2. 30; 5. 3. Eze. 24. 13, 14. Am. 4. 6-12.

24 2 Sa. 22. 27. Job 9. 4. Ps. 18. 26. Is. 63. 10.

25 *will bring.* De. 32. 25, 41. Ju. 2. 14-16. Ps. 78. 62-64. Is. 34. 5, 6. Je. 9. 16; 14. 12, 13; 15. 2-4. La. 2. 21. Eze. 5. 17; 6. 3; 14. 17; 21. 4-17; 29. 8; 33. 2. *avenge.* De. 32. 35. Ps. 94. 1. Eze. 20. 37. He. 10. 28-30. *I will send.* Nu. 14. 12; 16. 49. De. 28. 21. 2 Sa. 24. 15. Je. 14. 12; 24. 10; 29. 17, 18. Am. 4. 10. Lu. 21. 11.

26 Ps. 105. 16. Is. 3. 1; 9. 20. Je. 14. 12. La. 4. 3-9. Eze. 4. 10, 16; 5. 16; 14. 13. Ho. 4. 10. Mi. 6. 14. Hag. 1. 6.

27 ver. 21, 24.

28 *in fury.* Is. 27. 4; 59. 18; 63. 3; 66. 15. Je. 21. 5. Eze. 5. 13, 15; 8. 18. Na. 1. 2, 6.

29 This was literally fulfilled at the siege of Jerusalem. JOSEPHUS gives a dreadful detail respecting a woman named Mary, who, in the extremity of the famine, during the siege, killed her sucking child, roasted, and had eaten part of it, when discovered by the soldiers! De. 28. 53-57. 2 Ki. 6. 28, 29. Je. 19. 9. La. 2. 20; 4. 10. Eze. 5. 10. Mat. 24. 19. Lu. 23. 29.

30 *I will destroy.* 1 Ki. 13. 2. 2 Ki. 23. 8, 16, 20. 2 Ch. 14. 3-5; 23. 17; 31. 1; 34. 3-7. Is. 27. 9. Je. 8. 1-3. Eze. 6. 3-6, 13. *my soul.* See on ver. 11, 15. ch. 20. 23. Ps. 78. 58, 59; 89. 38. Je. 14. 19.

31 *And I will make.* 2 Ki. 25. 4-10. 2 Ch. 36. 19. Ne. 2. 3, 17. Is. 1. 7; 24. 10-12. Je. 4. 7; 9. 11. La. 1. 1; 2. 7. Eze. 6. 6; 21. 15. Mi. 3. 12. *and bring.* Ps. 74. 3-8. Je. 22. 5; 26. 6, 9; 52. 13. La. 1. 10. Eze. 9. 6; 21. 7; 24. 21. Mat. 24. 1, 2. Lu. 21. 5, 6, 24. Ac. 6. 14. *I will not smell.* See on Ge. 8. 21. Is. 1. 11-14; 66. 3. Am. 5. 21-23. He. 10. 26.

32 *And I.* De. 29. 23. Is. 1. 7, 8; 5. 6, 9; 6. 11; 24. 1; 32. 13, 14; 64. 10. Je. 9. 11; 25. 11, 18, 38; 44. 2, 22. La. 5. 18. Eze. 33. 28, 29. Da. 9. 2, 18. Hab. 3. 17. Lu. 21. 20. *and your.* De. 28. 37; 29. 24-28. 1 Ki. 9. 8. Je. 18. 16; 19. 8. La. 4. 12. Eze. 5. 15.

33 De. 4. 27; 28. 64-66. Ps. 44. 11. Je. 9. 16. La. 1. 3; 4. 15. Eze. 12. 14-16; 20. 23; 22. 15. Zec. 7. 14. Lu. 21. 24. Ja. 1. 1.

34 This was fulfilled during the Babylonish captivity: for, from Saul to the captivity are about 490 years, during which period there were 70 sabbaths of years neglected by the Hebrews. Now the Babylonish captivity lasted 70 years, and during that time the land of Israel *rested.* ch. 25. 2-4, 10. 2 Ch. 36. 21.

35 Is. 24. 5, 6. Ro. 8. 22.

36 *I will send.* Ge. 35. 5. De. 28. 65-67. Jos. 2. 9-11; 5. 1. 1 Sa. 17. 24. 2 Ki. 7. 6, 7. 2 Ch. 14. 14. Job 15. 21, 22. Is. 7. 2, 4. Eze. 21. 7, 12, 15. *and the.* ver. 7, 8, 17. De. 1. 44. Job 15. 21. Pr. 28. 1. Is. 30. 17. *shaken. Heb.* driven.

37 *they shall.* Ju. 7. 22. 1 Sa. 14. 15, 16. Is. 10. 4. Je. 37. 10. *and ye shall.* Nu. 14. 42. Jos. 7. 12, 13. Ju. 2. 14.

38 De. 4. 27; 28. 48, 68. Is. 27. 13. Je. 42. 17, 18, 22; 44. 12-14, 27, 28.

39 *shall pine.* De. 28. 65; 30. 1. Ne. 1. 9. Ps. 32. 3, 4. Je. 3. 25; 29. 12, 13. La. 4. 9. Eze. 4. 17; 6. 9; 20. 43; 24. 23; 33. 10; 36. 31. Ho. 5. 15. Zec. 10. 9. *and also.* Ex. 20. 5; 34. 7. Nu. 14. 18. De. 5. 9. Je. 31. 29. Eze. 18. 2, 3, 19. Mat. 23. 35, 36. Ro. 11. 8-10.

40 *confess.* Nu. 5. 7. De. 4. 29-31; 30. 1-3. Jos. 7. 19. 1 Ki. 8. 33-36, 47. Ne. 9. 2, etc. Job 33. 27, 28. Ps. 32. 5. Pr. 28. 13. Je. 31. 18-20. Eze. 36. 31. Da. 9. 3-20. Ho. 5. 15; 6. 1, 2. Lu. 15. 18, 19. 1 Jno. 1. 8-10. *and that.* ver. 21, 24, 27, 28.

41 *their uncircumcised.* De. 30. 6. Je. 4. 4; 6. 10; 9. 25, 26. Eze. 44. 7. Ac. 7. 51. Ro. 2. 28, 29. Ga. 5. 6. Phi. 3. 3. Col. 2. 11. *humbled.* Ex. 10. 3. 1 Ki. 21. 29. 2 Ch. 12. 6, 7, 12; 32. 26; 23. 12, 13, 19, 23. Eze. 6. 9; 20. 43. Mat. 23. 12. Lu. 14. 11; 18. 14. Ja. 4. 6-9. 1 Pe. 5. 5, 6. *and they.* Ezr. 9. 13, 15. Ne. 9. 33. Ps. 39. 9; 51. 3, 4. Da. 9. 7-14, 18, 19.

42 *will I.* Ge. 9. 16. Ex. 2. 24; 6. 5. De. 4. 31. Ps. 106. 45. Eze. 16. 60. Lu. 1. 72. *and I will.* Ps. 85. 1, 2; 136. 23. Eze. 36. 1-15, 33, 34. Joel 2. 18.

43 *shall enjoy.* See on ver. 34, 35. *and they.* See on ver. 41. 1 Ki. 8. 46-48. 2 Ch. 33. 12. Job 5. 17; 34. 31, 32. Ps. 50. 15; 119. 67, 71, 75. Is. 26. 16. Je. 31. 19. Da. 9. 7-9, 14. He. 12. 5-11. *they despised.* See on ver. 15. 2 Ki. 17. 7-17. 2 Ch. 36. 14-16. *their soul.* ver. 15, 30. Ps. 50. 17. Am. 5. 10. Zec. 11. 8. Jno. 7. 7; 15. 23, 24. Ro. 8. 7.

44 *I will.* De. 4. 29-31. 2 Ki. 13. 23. Ne. 9. 31. Ps. 94. 14. Eze. 14. 22, 23. Ro. 11. 2, 26. *abhor.* See on ver. 11. *break.* Ps. 89. 33. Je. 14. 21; 33. 20, 21. Eze. 16. 60.

45 *for their.* Ge. 12. 2; 15. 18; 17. 7, 8. Ex. 2. 24; 19. 5, 6. Lu. 1. 72, 73. Ro. 11. 12, 23-26, 28, 29. 2 Co. 3. 15, 16. *whom I.* ch. 22. 33; 25. 38. See on Ex. 20. 2. *in the sight.* Ps. 98. 2, 3. Eze. 20. 9, 14, 22.

46 As this verse appears to be the proper concluding verse of the whole book, Dr. A. CLARKE thinks that the 27th chapter originally followed the 25th. Others suppose that the 27th chapter was *added* after the book was finished; and, therefore, there is apparently a double conclusion, one at the end of this, and another at the end of the 27th chapter. All the ancient versions agree in concluding both chapters in nearly the same way. *the statutes.* ch. 27. 34. De. 6. 1; 12. 1; 13. 4. Jno. 1. 17. *in mount Sinai.* ch. 25. 1. *by the hand.* ch. 8. 36. Nu. 4. 37. Ps. 77. 20.

## CHAP. XXVII.

*He that makes a singular vow must be the Lord's,* 1, 2. *The estimation of the person,* 3-8; *of a beast given by vow,* 9-13; *of a house,* 14, 15; *of a field, and the redemption thereof,* 16-27. *No devoted thing may be redeemed,* 28, 29. *The tithe may not be changed,* 30-34.

2 *When.* Ge. 28. 20-22. Nu. 6. 2; 21. 2. De. 23. 21-23. Ju. 11. 30, 31, 39. 1 Sa. 1. 11, 28. *a singular vow.* A vow is a religious promise made to God, for the most part with prayer, and paid with thanksgiving. Vows were either of abstinence (Nu. ch. 6; 30), or the devoting of something to the Lord, as sacrifices, (ch. 7. 16,) or the value of persons, beasts, houses, or lands, concerning which the law is here given. A man might vow or devote himself, his children, his domestics, his cattle, his goods, etc.; and respecting the redemption of all these, rules are laid down in this chapter. But if, after consecrating these things, he refused to redeem them, they then became the Lord's property for ever. The *persons* continued all their lives devoted to the sanctuary; the *goods* were sold for the profit of the temple, or the priests; and the *animals,* if clean, were offered in sacrifice; and if not proper for sacrifice, were sold, and the proceeds devoted to sacred uses. This is a general view of the different laws relative to vows, mentioned in this chapter. Ec. 5. 4, 5.

3 *And thy estimation.* ver.14; ch. 5.15; 6. 6. Nu. 18. 16. 2 Ki. 12. 4, marg. *fifty shekels. i.e.* at three shillings each, 7*l.* 10*s.* sterling. *after the.* ver. 25. Ex. 30. 13.

4 *thirty shekels. i.e.* 4*l.* 10*s.* sterling, a little more than one-half the value of a man; for this obvious reason, that a woman, if employed, would not be of so much use in the sanctuary as the man. Zec. 11. 12, 13. Mat. 26. 15; 27. 9, 10.

5 *twenty shekels. i.e.* 3*l.* sterling. *ten shekels. i.e.* 1*l.* 10*s.* sterling.

6 *from.* Nu. 3. 40-43; 18. 14-16. *the male.* The *male* five shekels, 15*s.*, the *female* three shekels, 9*s.* Being both in infancy they were nearly of an equal value.

7 *from.* Ps. 90. 10. *fifteen.* The old man and the old woman, being almost past labour, were nearly of an equal value; the former being estimated at 15 shekels, and the latter at 10.

8 *poorer.* ch. 5. 7; 12. 8; 14. 21, 22. Mar. 14. 7. Lu. 21. 1-4. 2 Co. 8. 12. *according.* Je. 5. 7.

10 ver. 15-33. Ja. 1. 8.

11 De. 23. 18. Mal. 1. 14.

12 *as thou valuest it, who art the priest. Heb.* according to thy estimation, O priest, etc.

13 ver. 10, 15, 19; ch. 5. 16; 6. 4, 5; 22. 14.

14 *sanctify.* ver. 21; ch. 25. 29-31. Nu. 18. 14. Ps. 101. 2-7. *as the priest.* ver. 12.

15 *then he shall add.* See on ver. 13.

16 *some part.* Though the words '*some part*' are not expressed, yet it is generally allowed that they should be supplied here; as it was not lawful for a man to alienate in this manner his whole patrimony: he might express his good will for the house of God but he must not impoverish his own family. *of a field.* Ac. 4. 34-37; 5. 4. *an homer. or, the land of* an homer, etc., *i.e.* as much land as required a homer of barley to sow it. The *homer* was very different from the *omer;* the latter held about *three quarts,* the former seventy-five gallons three pints. Is. 5. 10. Eze. 45. 11-14. Ho. 3. 2.

18 ch. 25. 15, 16, 27, 51, 52.

19 See on ver. 13.

21 *when.* ch. 25. 10, 28, 31. *devoted.* It is *cherem,* a thing *so devoted to God,* as never more to be capable of being redeemed. ver. 28, 29. De. 13. 17. Jos. 6. 17. Ezr. 10. 8. Eze. 44. 29, marg. *priest's.* Nu. 18. 14. Eze. 44. 29.

22 *his possession.* ch. 25. 10, 25.

23 ver. 12, 18.

24 ver. 20; ch. 25. 28.

25 *And all.* ver. 3. *to the shekel.* A standard shekel; the standard being kept in the sanctuary, to try and regulate all the weights in the land by. *twenty.* Ex. 30. 13. Nu. 3. 47; 18. 16. Eze. 45. 12.

26 *the firstling. Heb.* first born, etc. As these firstlings were the Lord's before, it would have been a solemn mockery to pretend to make them a matter of a singular vow; for they were already appointed, if clean, to be sacrificed. *which.* Ex. 13. 2, 12, 13; 22. 30. Nu. 18. 17. De. 15. 19.

27 *and shall add.* This was probably intended to prevent rash vows and covetous redemptions. The priest alone was to value the thing; and to whatever his valuation was, a fifth part must be added by him who wished to redeem it. ver. 11-13.

28 *no devoted.* This is the *cherem,* the absolute, irredeemable grant to God. ver. 21. Ex. 22. 20. Nu. 21. 2, 3. De. 7. 1, 2; 13. 15, 16; 20. 16, 17; 25. 19. Jos. 6. 17-19, 26; 7. 1, 11-13, 25. Ju. 11. 30, 31; 21. 5, 11, 18. 1 Sa. 14. 24-28, 38-45; 15. 3, 18, 32, 33. Mat. 25. 41. Ac. 23. 12-14. Ro. 9. 3. 1 Co. 16. 22. Ga. 3. 10, 13.

29 *None.* Nu. 21. 2, 3. 1 Sa. 15. 18-23. *which. shall be devoted.* That is, either that every person devoted to the service of God shall not be redeemed, but die in that devoted state, or, that such as were devoted to death by the appointment and law of God, as the Canaanites were, shall be put to death.

30 Ge. 14. 20; 28. 22. Nu. 18. 21-24. De. 12. 5, 6; 14. 22, 23. 2 Ch. 31. 5, 6, 12. Ne. 10. 37, 38; 12. 44; 13. 5, 12. Mal. 3. 8-10. Mat. 23 23. Lu. 11. 42; 18. 12. He. 7. 5-9.

31 ver. 13.

32 *passeth under the rod.* The Rabbins say, that when a man gave the tithe of his sheep or calves, he shut them in one fold, in which was a narrow door, to let out but one at a time. He then stood by the door, with a rod dipped in vermilion in his hand, and as they passed he counted them with the rod; and when the *tenth* came he touched it, by which it was distinguished as the tithe calf, sheep, etc. Je. 33. 13. Eze. 20. 37. Mi. 7. 14.

33 ver. 10.

34 *commandments.* ch. 26. 46. De. 4. 45. Jno. 1. 17. *in mount.* Nu. 1. 1. Ga. 4. 24, 25. He. 12. 18-25.

## CONCLUDING REMARKS.

Thus terminates this most interesting and important book; a book containing a code of sacrificial, ceremonial, civil, and judicial laws, which, for the purity of their morality, the wisdom, justice, and beneficence of their enactments, and the simplicity, dignity, and impressive nature of their rites, are perfectly unrivalled, and altogether worthy of their Divine Author. All the rites and ceremonies of the Mosaic law are at once dignified and expressive. They point out the holiness of their Author, the sinfulness of man, the necessity of an atonement, and the state of moral excellence to which the grace and mercy of the Creator have destined to raise the human soul. They *include,* as well as *point out,* the gospel of the Son of God; from which they receive their consummation and perfection. The sacrifices and oblations were significant of the atonement of Christ; the requisite qualities of these sacrifices were emblematical of his immaculate character; and the prescribed mode in the form of these offerings, and the mystical rites ordained, were allusive institutions, calculated to enlighten the apprehensions of the Jews, and to prepare them for the reception of the Gospel. The institution of the high priesthood typified Jesus, the Great High Priest, called and prepared of God, who hath an unchangeable priesthood, and is able to save to the uttermost all that come unto God by him.

# The Fourth Book of MOSES, called NUMBERS.

B.C. 1490.

A.M. 2514.

## CHAP. I.

*God commands Moses to number the people*, 1-4. *The princes of the tribes*, 5-16. *The number of every tribe*, 17-46. *The Levites are exempted for the service of the Lord*, 47-54.

1 *wilderness*. ch. 10. 11, 12. Ex. 19. 1. Le. 27. 34. Nu. 10. 11, 12. *tabernacle*. Ex. 25. 22. Le. 1. 1. *on the first day*. As the tabernacle was erected on the first day of the first month, in the second year of their departure from Egypt, (Ex. 40. 17,) and this happened on the first day of the second month, in the same year, it is evident that the transactions related in the preceding book must all have taken place in the space of *one month*, and during the time the Israelites were encamped at mount Sinai. ch. 9. 1; 10. 11. Ex. 40. 17. 1 Ki. 6. 1.

2 *Take ye the sum*. This numbering was probably intended to illustrate the Divine faithfulness in thus increasing the seed of Abraham; to prepare them to preserve due order in their march; and to distinguish the tribes and families. ch. 26. 2-4, 63, 64. Ex. 30. 12; 38. 26. 2 Sa. 24. 1-3. 1 Ch. 21. 1, 2; 27. 23, 24. *the children*. Ge. 49. 1-3. Ex. 1. 1-5. *after*. ver. 18, 22, 26, etc. Ex. 6. 14-19.

3 *twenty*. ch. 14. 29; 32. 11. Ex. 30. 14. *able*. ch. 26. 2. De. 3. 18; 24. 5. 2 Sa. 24. 9. 2 Ch. 17. 13-18; 26. 11-13. *by their*. ch. 33. 1. Ex. 12. 17.

4 ver. 16. ch. 2. 3-31; 7. 10-83; 10. 14-27; 13. 2-15; 17. 3; 25. 4, 14; 34. 18-28. Ex. 18. 25. Jos. 22. 14. 1 Ch. 27. 1-22.

5 *Elizur*. ch. 2. 10; 7. 30; 10. 18. Ge. 29. 32-35; 30. 5-20; 35. 17-26; 46. 8-24; ch. 49. Ex. 1. 2-5. De. ch. 33. Re. 7. 4-8.

6 *Shelumiel*. ch. 2. 12; 7. 36.

7 *Nahshon*. ch. 2. 3; 7. 12; 10. 14. Ru. 4. 18-26. 1 Ch. 2. 10, 11. Mat. 1. 2-5. Lu. 3. 32. Naasson.

8 *Nethaneel*. ch. 2. 5; 7. 18; 10. 15.

9 *Eliab*. ch. 2. 7; 7. 24; 10. 16.

10 *Elishama*. ch. 2. 18; 7. 48; 10. 22. 1 Ch. 7. 26, 27. *Gamaliel*. ch. 2. 20; 7. 54; 10. 23.

11 *Abidan*. ch. 2. 22; 7. 60; 10. 24.

12 *Ahiezer*. ch. 2. 25; 7. 66; 10. 25.

13 *Pagiel*. ch. 2. 27; 7. 72; 10. 26.

14 *Eliasaph*. ch. 7. 42; 10. 20. Son of Reuel, ch. 2. 14. *Deuel*. As the ד, *daleth* is very like the ר, *resh*, they might be easily mistaken for each other; and hence this person being called both *Dëuel*, and *Rëuel*, may be easily accounted for. The Septuagint and Syriac have *Reuel*, in this chapter; and in ch. 2. 14, the Samaritan, Vulgate, and Arabic have *Deuel*, instead of *Reuel*, with which reading a vast number of MSS. concur, and which is also supported by ch. 7. 42; 10. 20. We may therefore safely conclude, that *Dëuel*, and not *Rëuel*, was the original reading.

15 *Ahira*. ch. 2. 29; 7. 78; 10. 27.

16 *the renowned*. *Keruey hädidah*, literally, 'the called of the congregation,' those who were summoned by *name* to attend. ch. 2. 3-31; 7. 2, 10-83; 10. 14-27; 11. 17; 16. 2; 26. 9. Ju. 6. 15. 1 Ch. 27. 16-22. *heads*. ver. 4. Ex. 18. 21, 25. De. 1. 15. 1 Sa. 22. 7; 23. 23. Mi. 5. 2.

17 ver. 5-15. Jno. 10. 3. Re. 7. 4, etc.

18 *their pedigrees*. Ezr. 2. 59. Ne. 7. 61. He. 7. 3, 6, margins. *by the*. See on ver. 2. *according*. ver. 20, etc. *from twenty*. In this census no *women* were reckoned, nor *children*, nor *minors*, nor *strangers*, nor *Levites*, nor *old men*; which, collectively, must have formed an immense multitude: the Levites alone amounted to 22,300 men.

19 ver. 2; ch. 26. 1, 2. 2 Sa. 24. 1-10.

20 ch. 2. 10, 11; 26. 5-7. Ge. 29. 32; 46. 9; 49. 3, 4. 1 Ch. 5. 1.

21 That a comparative view may be easily taken of the state of the tribes, we will here produce them, compared with that of the second census, (ch. 26,) in their *decreasing* proportion, beginning with the *greatest*, and proceeding to the *least*.

| | 1st Census | 2nd Census |
|---|---|---|
| 1. Judah, | 74,600 | 76,500 |
| 2. Dan, | 62,700 | 64,400 |
| 3. Simeon, | 59,300 | 22,200 |
| 4. Zebulun, | 57,400 | 60,500 |
| 5. Issachar, | 54,400 | 64,300 |
| 6. Naphtali, | 53,400 | 45,400 |
| 7. Reuben, | 46,500 | 43,730 |
| 8. Gad, | 45,650 | 40,500 |
| 9. Asher, | 41,500 | 53,400 |
| 10. Ephraim, | 40,500 | 32,500 |
| 11. Benjamin, | 35,400 | 45,600 |
| 12. Manasseh, | 32,200 | 52,700 |
| Total | 603,550 | 601,730 |

Thus we find *Judah* the most populous tribe, and *Manasseh* the least so; the difference between them being as great as 42,000. Jacob had given Judah the pre-eminence in his prophetic blessing; and that tribe was to have the precedency in the encampments of Israel: accordingly God had increased them more than any of their brethren. Ephraim and Manasseh, according to the same prophecy, were numbered as distinct tribes, Ephraim having the superiority, as it was foretold; and Joseph indeed appears 'a fruitful bough.' ch. 2. 10, 11; 26. 7.

22 ch. 2. 12, 13; 26. 12-14. Ge. 29. 33; 34. 25-30. 42. 24; 46. 10; 49. 5, 6.

23 ch. 2. 13; 25. 8, 9, 14; 26. 14.

24 The tribe of Gad marched, along with that of Simeon, under the standard of Reuben; and it seems, on that account, to have been introduced in this order. The other tribes also, are here classed together according to their encampments, and the order of their subsequent march. ch. 2. 14, 15; 26. 15-18. Ge. 30. 10, 11; 46. 16; 49. 19.

25 ch. 2. 15; 26. 18.

26 ch. 2. 3, 4; 26. 19-22. Ge. 29. 35; 46. 12; 49. 8-12. 2 Sa. 24. 9. 1 Ch. 5. 2. 2 Ch. 17. 14-16.

27 ch. 2. 3, 4; 26. 22. 2 Sa. 24. 9. 2 Ch. 17. 14-16.

28 ch. 2. 5, 6; 23. 23-25. Ge. 30. 18; 46. 13; 49. 14, 15.

29 ch. 1. 6; 26. 25.

30 ch. 2. 7, 8; 26. 26, 27. Ge. 30. 20; 46. 14; 49. 13.

31 ch. 2. 8; 26. 27.

32 ch. 2. 18, 19; 26. 35-37. Ge. 30. 24; ch. 37; 39, 46. 20; ch. 48; 49. 22-26. De. 33. 17.

33 *the tribe*. Ge. 48. 5. De. 33. 17. *were forty*. ch. 2. 19; 26. 37.

35 ch. 2. 21; 26. 34. Ge. 48. 19, 20.

36 Ge. 35. 16-18; 44. 20; 46. 21; 49. 27.

37 ch. 2. 23; 26. 41. Ju. 20. 44-46. 2 Ch. 17. 17.

38 Ge. 30. 5, 6; 46. 23; 49. 16, 17.
39 ch. 2. 26; 26. 43.
40 Ge. 30. 12, 13; 46. 27; 49. 20.
41 ch. 2. 28; 26. 47.
42 *Naphtali.* Ge. 30. 7, 8; 46. 24; 49. 21. Respecting the manner in which this vast multitude sprang from 75 persons, SCHEUCHZER has some valuable calculations, with the *results* of which we present the reader:—

| | | | |
|---|---|---|---|
| 1. *Judah.* | | 7. *Reuben.* | |
| 1 Generation | 25 | 1 Generation | 31 |
| 2 | 238 | 2 | 215 |
| 3 | 3865 | 3 | 2583 |
| 4 | 70,735 | 4 | 43,917 |
| Total of 3 and 4, | 74,600 | Total of 3 and 4, | 46,500 |
| 2. *Dan.* | | 8. *Gad.* | |
| 1 Generation | 11 | 1 Generation | 67 |
| 2 | 132 | 2 | 475 |
| 3 | 2508 | 3 | 3804 |
| 4 | 60,192 | 4 | 41,846 |
| Total of 3 and 4, | 62,700 | Total of 3 and 4, | 45,650 |
| 3. *Simeon.* | | 9. *Asher.* | |
| 1 Generation | 39 | 1 Generation | 39 |
| 2 | 359 | 2 | 310 |
| 3 | 3953 | 3 | 3192 |
| 4 | 55,347 | 4 | 38,308 |
| Total of 3 and 4, | 59,300 | Total of 3 and 4, | 41,500 |
| 4. *Zebulun.* | | 10. *Ephraim.* | |
| 1 Generation | 20 | 1 Generation | 16 |
| 2 | 143 | 2 | 160 |
| 3 | 2296 | 3 | 1928 |
| 4 | 55,104 | 4 | 38,572 |
| Total of 3 and 4, | 57,400 | Total of 3 and 4, | 40,500 |
| 5. *Issachar.* | | 11. *Benjamin.* | |
| 1 Generation | 27 | 1 Generation | 98 |
| 2 | 251 | 2 | 885 |
| 3 | 3022 | 3 | 4425 |
| 4 | 51,378 | 4 | 30,975 |
| Total of 3 and 4, | 54,400 | Total of 3 and 4, | 35,400 |
| 6. *Naphtali.* | | 12. *Manasseh* | |
| 1 Generation | 26 | 1 Generation | 10 |
| 2 | 296 | 2 | 134 |
| 3 | 3560 | 3 | 1610 |
| 4 | 49,840 | 4 | 30,590 |
| Total of 3 and 4, | 53,400 | Total of 3 and 4, | 32,200 |

| | |
|---|---|
| 13. *Levi.* | |
| 1 Generation | 8 |
| 2 | 96 |
| 3 | 1240 |
| 4 | 21,060 |
| Total of 3 and 4, | 22,300 |

43 ch. 2. 30; 26. 50.
44 ver. 2-16; ch. 26. 64.
46 What an astonishing increase from seventy persons who went down into Egypt about 215 years before, where they had latterly endured the greatest hardships! Such was the effect of God's promise, which cannot fail. ch. 2. 32; 23. 10; 26. 51. Ge. 12. 2; 13. 16; 15. 5; 17. 6; 22. 17; 26. 3; 28. 14; 46. 3, 4. Ex. 12. 37; 38. 26. De. 10. 22. 1 Ki. 4. 20. 2 Sa. 24. 9. 1 Ch. 21. 5. 2 Ch. 13. 3; 17. 14-19. He. 11. 11, 12. Re. 7. 4-9.
47 ver. 3, 50; ch. 2. 33; ch. 3; 4; 8; 26. 57-62. 1 Ch. ch. 6; 21. 6.
49 ch. 2 33; 26. 62.
50 *thou shalt.* ch. 3. 1-10; 4. 15, 25-33. Ex. 31. 18; 32. 26-29; 38. 21. 1 Ch. ch. 23; 25; 26. Ezr. 8. 25-30, 33, 34. Ne. 12. 8, 22, 47; 13. 5, 10-13, 22. *the tabernacle.* ver. 53; ch. 20. 11. Ex. 31. 18; 38. 21. Ps. 122. 4. *shall encamp.* ch. 2. 17; 3. 23-38; 10. 21.
51 *the Levites.* ch. 4. 5-33; 10. 11, 17-21. *the stranger.* ch. 3. 10, 38; 16. 40; 18. 22. Le. 22. 10-13. 1 Sa. 6. 19. 2 Sa. 6. 7.
52 ch. 2. 2, 34; ch. 10; 24. 2.
53 *shall pitch.* ver. 50; ch. 3. 7; 18. 3. 1 Ti. 4. 13-16. 2 Ti. 4. 2. *there be.* ch. 8. 19; 16. 46; 18. 5. Le. 10. 6. 1 Sa. 6. 19. Je. 5. 31; 23. 15. Ac. 20. 28-31. *and the.* ch. 3. 7, 8; 8. 24-26; 18. 3-5; 31. 30, 47. 1 Ch. 23. 32. 2 Ch. 13. 10.
54 ch. 2. 34. Ex. 23. 21, 22; 39. 32, 43; 40. 16, 32. De. 12. 32. 1 Sa. 15. 22. Mat. 28. 20.

## CHAP. II.

*The order of the tribes in their tents.*

2 *Every man.* The Israelites, it appears, encamped in four grand divisions, with the tabernacle in the centre; though at some distance from it. The form of the camp was quadrangular, containing, according to SCHEUCHZER, a little more than twelve square miles. Under each of the four divisions, three tribes were placed, under one general standard. Between these four great camps and the tabernacle, were pitched four smaller camps of the priests and Levites, who were in immediate attendance upon it; the camp of Moses, and of Aaron and his sons, being on the east side of the tabernacle, where the entrance was. JUDAH was placed on the east, and under him he had *Issachar* and *Zebulun;* on the south was REUBEN, and under him *Simeon* and *Gad;* on the west was EPHRAIM, and under him *Manasseh* and *Benjamin;* and DAN was on the north, and under him *Asher* and *Naphtali.* Every tribe had its particular standard, probably with the name of the tribe embroidered with large letters. It seems highly improbable that the figures of animals should have been painted on them, as the Jewish writers assert; for even in after ages, when Vitellius wished to march through Judea, their great men besought him to march another way, as the law of the land did not permit images (such as were on the Roman standard) to be brought into it. JOSEPHUS Ant. l. xviii. c. 7. *shall pitch.* ver. 3, 10; ch. 1. 52; 10. 14, 18, 22, 25. *the ensign.* Is. 11. 10-12; 18. 3. Zec. 9. 16. *far off. Heb.* over against. Jos. 3. 4. *about the.* ch. 1. 50, 53. Ps. 76. 11. Is. 12. 6. Eze. 43. 7. 1 Co. 14. 33, 40. Phi. 1. 27. Col. 2. 19. Re. 4. 2-5.
3 *the standard.* Ge. 49. 8-10. Ju. 1. 1, 2. 1 Ch. 5. 2. *Nahshon.* ch. 1. 7; 7. 12, 17; 10. 14-16; 26. 19-22. Ru. 4. 20. 1 Ch. 2. 10. Mat. 1. 4. Lu. 3. 32, 33. Naasson.
4 ch. 1. 27; 26. 22.
5 ch. 1. 8, 28, 29; 7. 18, 23; 10. 15; 26. 23-25.
6 ch. 1. 29; 26. 25.
7 ch. 1. 9, 30, 31; 7. 24, 29; 10. 16.
8 ch. 1. 31; 26. 26, 27.
9 *These shall.* ch. 10. 14.
10 *camp of Reuben.* Ge. 49. 3, 4. 1 Ch. 5. 1. *Elizur.* ch. 1. 5; 7. 30, 35; 10. 18.
11 ch. 1. 21; 26. 7.
12 *Shelumiel.* ch. 1. 6; 7. 36, 41; 10. 19.
13 ch. 1. 23; 26. 14.
14 *Eliasaph.* ch. 1. 14; 7. 42, 47; 10. 20. Son of Deuel.
15 ch. 1. 25; 26. 18.
16 *an hundred.* ver. 9, 24, 31. *they shall.* ch. 10. 18.
17 *tabernacle.* ver. 1; ch. 1. 50-53; 3. 38; 10. 17, 21. 1 Co. 14. 40. Col. 2. 5.
18 *camp of Ephraim.* ch. 1. 32; 10. 22. Ge. 48. 5, 14-20. De. 33. 17. Ps. 80. 1, 2. *Elishama.* ch. 1. 10; 7. 48, 53; 10. 22. 1 Ch. 7. 26, 27.
19 ch. 1. 33; 26. 37.
20 *Gamaliel.* ch. 1. 10; 7. 54, 59; 10. 23.
21 ch. 1. 35; 26. 34.
22 *Abidan.* ch. 1. 11; 7. 60, 65; 10. 24.

23 ch. 1. 37; 26. 41.
24 *an hundred.* ver. 9, 16, 31. *And.* ch. 10. 22.
25 *Ahiezer.* ch. 1. 12; 7. 66, 71; 10. 25.
26 ch. 1. 39; 26. 43.
27 *Pagiel.* ch. 1. 13; 7. 72, 77.
28 *forty.* ch. 1. 41; 26. 47. REYHER, who is followed by SCHEUCHZER, assigns the following space to the soldiers of each of the tribes, whilst remaining *close to each other* in their ranks, allowing one square cubit to each; but if we take in the arrangement, not only the soldiers, but the tents, the families, etc., a much larger extent of ground is requisite:

| *Tribe of Judah.* | *Tribe of Manasseh.* |
|---|---|
| Breadth 298 3-5 cubits | Breadth 161 cubits |
| Length 250 | Length 200 |
| Total 74,600 | Total 32,200 |
| *Tribe of Issachar.* | *Tribe of Simeon.* |
| Breadth 217 3-5 cubits | Breadth 182 6-13 cubits |
| Length 250 | Length 325 |
| Total 54,400 | Total 59,300 |
| *Tribe of Gad.* | *Tribe of Benjamin.* |
| Breadth 140 5-11 cubits | Breadth 177 cubits |
| Length 325 | Length 200 |
| Total 45,650 | Total 35,400 |
| *Tribe of Zebulun.* | *Tribe of Dan.* |
| Breadth 229 3-4 cubits | Breadth 156 3-4 cubits |
| Length 250 | Length 400 |
| Total 57,400 | Total 62,700 |
| *Tribe of Ephraim.* | *Tribe of Asher.* |
| Breadth 202 1-2 cubits | Breadth 103 3-4 cubits |
| Length 200 | Length 400 |
| Total 40,500 | Total 41,500 |
| *Tribe of Reuben.* | *Tribe of Naphtali.* |
| Breadth 143 1-5 cubits | Breadth 133 1-2 cubits |
| Length 325 | Length 400 |
| Total 46,500 | Total 53,400 |

29 *the tribe.* ch. 1. 42, 43; 26. 48-50. *Ahira.* ch. 1. 15; 7. 78, 83; 10. 27.
30 ch. 1. 42, 43; 26. 50.
31 *an hundred.* ver. 9, 16, 24. *They.* ch. 10. 25.
32 ver. 9; ch. 1. 46; 11. 21; 26. 51. Ex. 12. 37; 38. 26.
33 ch. 1. 47-49.
34 *according.* ch 1. 54. Ex. 39. 42. Ps. 119. 6. Lu. 1. 6. *so they.* ver. 2; ch. 10. 28; 23. 9, 10, 21; 24. 2, 5, 6.

## CHAP. III.

*The sons of Aaron,* 1-4. *The Levites are given to the priests instead of the first-born,* 5-13; *are numbered by their families,* 14-20. *The families, number, and charge of the Gershonites,* 21-26; *of the Kohathites,* 27-32; *of the Merarites,* 33-37. *The place and charge of Moses and Aaron,* 38, 39. *The first-born are freed by the Levites,* 40-43. *The overplus are redeemed,* 44-51.

1 *generations.* Ge. 2. 4; 5. 1; 10. 1. Ex. 6. 16, 20. Mat. 1. 1. *spake.* ch. 1. 1. Le. 25. 1; 27. 34.
2 ch. 26. 60. Ex. 6. 23; 28. 1. 1 Ch. 6. 3; 24. 1.
3 *the priests.* Ex. 28. 41; 40. 13, 15. Le. 8. 2, 12, 30. *whom he consecrated. Heb.* whose hand he filled. Ex. 29. 1-37. Le. ch. 8; 9. He. 7. 28.
4 *Nadab.* ch. 26. 61; Le. 10. 1, 2.
6 The word *hakraiv,* here rendered *bring near,* is properly a sacrificial word, and signifies the presenting of a sacrifice or offering to the Lord. As an offering, the tribe of Levi was entirely given up to the service of the sanctuary, to be no longer their own, but the Lord's. ch. 1. 49-53; 2. 17, 33; 8. 6-15, 22-26; 16. 9-11; 18. 2-6. Ex. 32. 26-29. De. 33. 8, 9. Mal. 2. 4.

7 *keep.* ch. 3. 32; 8. 26; 31. 30. 1 Ch. 23. 38-32; 26. 20, 22, 26. *to do the.* ch. 1. 50; 8. 11, 15, 24-26.
8 ch. 4. 15, 28, 33; 10. 17, 21. 1 Ch. 26. 20-28. Ezr. 8. 24-30. Is. 52. 11.
9 ch. 8. 19; 18. 6, 7. Ep. 4. 8, 11.
10 *they shall.* ch. 18. 7. 1 Ch. 6. 32. Eze. 44. 8. Ac. 6. 3, 4. Ro. 12. 7. 1 Ti. 4. 15, 16. *and the stranger.* ver. 38; ch. 1. 51; 16. 35, 40; 18. 3. 1 Sa. 6. 19. 2 Sa. 6. 7. 2 Ch. 26. 16-21. Ep. 2. 19. He. 8. 4; 10. 19-22.
12 When God miraculously destroyed all the first-born of the Egyptians, (Ex. 12. 29,) he spared those of the Israelites; and, in commemoration of that event, he was pleased to appoint that all the first-born males 'should be set apart unto himself.' (Ex. 13. 12-16.) God is here pleased to relinquish this claim, and to appoint the whole tribe of Levi to attend his immediate service in their stead. ver. 41, 45; ch. 8. 16, 18; 18. 6.
13 *Because.* ch. 8. 16, 17; 18. 15. Ex. 13. 2, 12; 22. 29; 34. 19. Le. 27. 26. Eze. 44. 30. Lu. 2. 23. He. 12. 23. *on the day.* Ex. 12. 29, 30; 13. 15.
15 ver. 22, 28, 34, 39, 40, 43. ch. 18. 15, 16; 26. 62. Pr. 8. 17. Je. 2. 2; 31. 3. Mar. 10. 14. 2 Ti. 3. 15.
16 *word. Heb.* mouth.
17 ch. 26. 57, 58. Ge. 46. 11. Ex. 6. 16-19. Jos. ch. 21. 1 Ch. 6. 1, 2, 16-19, Gershom; 15. 5-23; 23. 6-23; ch. 24-26. Ne. ch. 11; 12.
18 ver. 21. Ex. 6. 17-19. 1 Ch. 6. 17, 20, 21; 23. 7-11; 25. 3, 39-43; 15. 7; 16. 5.
19 ver. 27. Ex. 6. 18, 20. 1 Ch. 6. 18, 38; 15. 5, 8-10, 17-21; 23. 12, 13, 18-20, Izhar; 25. 4; ch. 26. Ne. 12. 1-26.
20 ver. 33. Ex. 6. 19. 1 Ch. 6. 19, 29, 44-47; 15. 6; 23. 21-23; 24. 27-30; 25. 3.
21 See ver. 18.
22 *from a month old.* The males of all the other tribes were numbered from *twenty years old and upwards;* but, had the Levites been numbered in this way, they would not have been nearly equal in number to the first-born of the twelve tribes. Add to this, that as there must have been first-born of *all ages* in the other tribes, it was necessary that the Levites, who were to be their *substitutes,* should also be of *all ages:* and it appears to have been partly on this ground, that the Levites were numbered from *a month old and upwards.* ch. 4. 38-40.
23 ch. 1. 53; 2. 17.
25 *the charge.* From this and the next chapter, we see the very severe labour which the Levites were to perform, while the journeyings of the Israelites lasted. When we consider, that there was not less than 14 *tons* 266 *lbs.* of *metal* employed in the tabernacle, (see note on Ex. 38. 24,) besides the immense weight of the *skins, hangings, cords, boards,* and *posts,* we shall find it was no easy matter to transport this moveable temple from place to place. The *Gershonites,* who were 7500 in number had to carry the *tent, coverings, vail, hangings* of the *court, cords,* etc. (ver. 25, 26); the *Kohathites,* who were 8600, the *ark, table, candlestick, altars,* and *instruments* of the sanctuary (ver. 31); and the *Merarites,* who were 6200, the *boards, bars, sockets,* and all matters connected with these belonging to the tabernacle, with the *pillars* of the *court,* their *sockets, pins,* and *cords* (ver. 36, 37). ver. 7; ch. 4. 24-28; 7. 7; 10. 17. 1 Ch. 9. 14-33; 23. 32; 26. 21, 22. 2 Ch. 31. 2, 11-18. Ezr. 8. 28-30. Mar. 13. 34. Ro. 12. 6-8. Col. 4. 17. 1 Ti. 1. 18. *the tabernacle and.* Ex. 25. 9; 26. 1-14; 36. 8-19; 40. 19. *and the hanging.* Ex. 26. 36, 37; 36. 37, 38; 40. 28.
26 *the hangings.* Ex. 27. 9-16; 38. 9-16. *the cords.* Ex. 35. 18.
27 See on ver. 19. 1 Ch. 23. 12; 26. 23.
28 *eight thousand.* ch. 4. 35, 36. *keeping.* ver. 7, 31.
29 ver. 23; ch. 1. 53; 2. 10.
31 *the ark.* ch. 4. 4-16. Ex. 25. 10-40; ch. 31-35; 37. 1-24; 39. 33-42; 40. 2-16, 30. *the*

*altars.* Ex. 27. 1-8; 30. 1-10; 37. 25-29; 38. 1-7. *and the hanging.* Ex. 26. 31-33; 36. 35, 36.

32 ch. 4. 16, 27; 20. 25-28. 2 Ki. 25. 18. 1 Ch. 9. 14-20; 26. 20-24.

33 See on ver. 20. 1 Ch. 6. 19; 23. 21.

34 ch. 5. 43, 44.

35 *shall.* ver. 28, 29; ch. 1. 53. *northward.* ch. 2. 25.

36 *under the custody and charge. Heb.* the office of the charge. *the boards.* ch. 4. 29-33; 7. 8. Ex. 26. 15-29, 32, 37; 27. 9-19; 35. 11, 18; 36. 20-34, 36; 38. 17-20; 39. 33.

38 *toward.* ver. 23, 29, 35; ch. 1. 53; 2. 3. *keeping.* ver. 10; ch. 18. 1-5. 1 Ch. 6. 48, 49. *for the charge.* See on ver. 7, 8, 10.

39 *and Aaron,* The word וְאַהֲרֹן, *weäharon,* and Aaron,' has a point over each of its letters, probably designed as a mark of spuriousness. The word is wanting in the Samaritan, Syriac, and Coptic, and also in eight of Dr. KENNICOTT'S and in four of DE ROSSI'S MSS. Moses alone, as HOUBIGANT observes, was commanded to number the Levites, (ver. 5, 11, 40, 44, 51:) for as the money with which the first-born were redeemed was to be paid to Aaron and his sons, (ver. 48,) it was decent that he, whose advantage it was that the number of the first-born should *exceed,* should not be authorized to take that number himself. *twenty and two thousand.* This total does not agree with the particulars; for the Gershonites were 7500, the Kohathites 8600, and the Merarites 6200, which make a total of 22,300. Several methods of solving this difficulty have been proposed by learned men. HOUBIGANT supposes there is an error in the enumeration of the Kohathites in ver. 28; the numeral *shesh,* 'six,' being written instead of *shalosh,* 'three,' before 'hundred.' Dr. KENNICOTT'S mode of reconciling the discrepancy, however, is the most simple. He supposes that an error has crept into the number of the Gershonites in ver. 22, where instead of 7500 we should read 7200, as ך, *caph final,* which stands for 500, might have been easily mistaken for ר, *resh,* 200. (Dr. KENNICOTT on the Hebrew Text, vol. II. p. 212.) Either of these modes will equally reconcile the difference. ch. 4. 47, 48; 26. 62. Mat. 7. 14.

40 See on ver. 12, 15, 45. Ex. 32. 26-29. Ps. 87. 6. Is. 4. 3. Lu. 10. 20. Phi. 4. 3. 2 Ti. 2. 19. He. 12. 23. Re. 3. 5; 14. 4.

41 ver. 12, 45; ch. 8. 16; 18. 15. Ex. 24. 5, 6; 32. 26-29. Mat. 20. 28. 1 Ti. 2. 6.

43 ver. 39.

45 ver. 12, 40, 41.

46 *redeemed.* ch. 18. 15. Ex. 13. 13. *the two hundred.* As the number of the Levites was 22,000, and the first-born males of the Israelites were 22,273, there were therefore 273 more of the latter than of the former, which are here ordered to be *redeemed.* The price of redemption is fixed at five shekels, or about 15*s.* each, in ver. 47. This money, amounting to 1365 shekels, equal to £204. 15*s.* English, was taken of the first-born. There is some difficulty, however, in determining which of the first-born should be redeemed by paying this sum, and which should be exchanged for the Levites; for every Israelite, no doubt, would rather have his first-born redeemed by a Levite, than pay five shekels; and yet some of them must have incurred this expense. RABBI SOLOMON JARCHI says, to prevent contention, Moses took 22,000 slips of parchment, and wrote on each *a son of Levi,* and 273 more, on which he wrote *five shekels;* then putting them in an urn, and shaking them together, he ordered every one of the first-born to draw out a slip. If he drew out one with the first inscription, he said to him, *a Levite hath redeemed thee:* but if he drew out one of the latter, he said, *pay thy price.* This is pronounced by Dr. A. CLARKE to be a stupid, silly tale; but when we know that the determination by *lot* was used among the Israelites, it does not seem improbable that it was now resorted to, though we cannot vouch for the accuracy of the detail. This species of redeeming men is referred to by St. PETER in his 1st Epistle, ch. 1. 18, 19. *which are.* ver. 39-43.

47 *five shekels.* ch. 18. 16. Le. 27. 6. *the shekel.* ver. 50. Ex. 30. 13. Le. 27. 25. Eze. 45. 12.

50 ver. 46, 47. Mat. 20. 28. 1 Ti. 2. 5, 6. Tit. 2. 14. He. 9. 12. 1 Pe. 1. 18; 3. 18.

51 *Moses.* ver. 48; ch. 16. 15. 1 Sa. 12. 3, 4. Ac. 20. 33. 1 Co. 9. 12. 1 Pe. 5. 2. *as the Lord.* Mal. 4. 4.

## CHAP. IV.

*The age at which the Levites were to begin to serve, and the duration of the service,* 1-3. *The duty of the Kohathites,* 4-15. *The charge of Eleazar,* 16. *The office of the priests,* 17-20. *The duty of the Gershonites,* 21-28; *of the Merarites,* 29-33. *The number of the Kohathites,* 34-37; *of the Gershonites,* 38-41; *and of the Merarites,* 42-49.

2 See on ch. 3. 19, 27.

3 *thirty years.* ch. 8. 24-26. Ge. 41. 46. 1 Ch. 23. 3, 24-27; 28. 12, 13. Lu. 3. 23. 1 Ti. 3. 6. *enter.* 2 Ki. 11. 4-12. 2 Ch. 23. 1-11. 2 Co. 10. 3, 4. Ep. 6. 10-18. 1 Ti. 1. 18. *to do.* ch. 3. 7, 8; 16. 9. 1 Ch. 6. 48; 23. 4, 5, 28-32. 1 Ti. 3. 1.

4 ver. 15, 19, 24, 30; ch. 3. 30, 31. Mar. 13. 34.

5 *And when.* ch. 2. 16, 17; 10. 14. *Aaron shall come.* The law prohibiting any person, except the high priest on one day in the year, to enter into the most holy place, must have admitted an exception while the Israelites were in the wilderness: that exception, therefore, is here expressly made; and the directions given respecting it must be religiously observed, or the service could not be safely performed. While the cloud rested on the tabernacle, the general rule was in force; but when it was removed, then the priests might enter to prepare the sacred vessels for removal. ver. 15; ch. 3. 27-32. *they shall.* Ex. 26. 31-33; 36. 35; 40. 3. Is. 25. 7. Mat. 27. 51. He. 9. 3; 10. 20. *and cover.* Ex. 25. 10-22; 37. 1-9. 2 Sa. 6. 2-9.

6 *badgers' skins.* This was not the covering of badgers' skins made for the tabernacle, which was carried by the Gershonites, (ver. 24, 25,) but one made for the purpose of concealing and sheltering the ark when it was to be carried. *a cloth.* ver. 7, 8, 11-13. Ex. 35. 19; 39. 1, 41. *and shall put. Wesamoo baddaiv,* rather, 'and adjust the staves thereof;' *i. e.* dispose them rightly under the covering, that they might be laid on their shoulders: for the staves were never taken out of the rings. *the staves.* Ex. 25. 13-15. 1 Ki. 8. 7, 8.

7 *the table.* Ex. 25. 23-30; 37. 10-16. Le. 24. 5-8. *cover withal. or,* pour out withal. *the continual.* The Israelites, without doubt, were able to procure corn enough from the adjacent countries, even when in the wilderness, to make the shewbread, and to present the daily meat offerings.

8 ver. 6, 7, 9, 11-13.

9 Ex. 25. 31-39; 37. 17-24. Ps. 119. 105. Re. 1. 20; 2. 1.

10 ver. 6, 12.

11 Ex. 30. 1-10; 37. 25-28; 39. 38; 40. 5, 26, 27.

12 ver. 7, 9; ch. 3. 8. Ex. 25. 9; 31. 10. 2 Ki. 25. 14, 15. 1 Ch. 9. 29. 2 Ch. 4. 11, 16, 19, 22.

13 The embers of the sacred fire seem to have been removed in the grate, which was carried apart from the brazen altar; both being covered from view by purple cloths. ver. 6-9, 11, 12. Ex. 27. 3-5. 39. 1, 41. Le. 6. 12, 13.

14 *all the vessels thereof.* Ex. 38. 1-7. 2 Ch. 4. 16. *basons. or,* bowls.

15 *after that.* ch. 7. 9; 10. 21. De. 31. 9. Jos. 4 10. 2 Sa. 6. 13. 1 Ch. 15. 2, 15. *they shall.* ch 3. 38. Ex. 19. 12. 1 Sa. 6. 19. 2 Sa. 6. 6, 7. 1 Ch. 13. 9, 10. He. 12. 18-29. *These things.* ch. 3. 30, 31.

16 *the office.* Eleazar himself, perhaps with the other priests, was required to carry the oil for the light, the incense, and the flour for the daily meat offering, and the holy ointment; besides superintending the Levites. It may be supposed, that he himself carried no more of the oil than for present use. (see ver. 9.) ch. 3. 32. *the oil.* Ex. 25. 6; 27. 20, 21. Le. 24. 2. *the sweet.* Ex. 30. 34-38; 27. 29. *the daily.* Ex. 29. 39-41. *the anointing.* Ex. 30. 23-33. *the oversight.* Lu. 4. 18. Ac. 20. 28. 1 Co. 4. 1. 1 Ti. 2. 5. He. 3. 1, 6. 1 Pe. 2. 25; 5. 2.

18 Eleazar and the priests would be chargeable with the death of the Kohathites, if they failed to give them proper cautions and directions; or permitted them to gaze with irreverence or curiosity upon the holy things, which they might carry, but not see. (ver. 20.) ch. 16. 32; 17. 10; 18. 5. Ex. 19. 21. Le. 10. 1, 2. 1 Sa. 6. 19. 2 Sa. 6. 6, 7. Je. 38. 23.

19 *the most holy.* ver. 4.

20 *they shall.* ver. 15, 19. Ex. 19. 21. Le. 10. 2. 1 Sa. 6. 19. He. 10. 19, 20. Re. 11. 19. *the holy things. Hakkodesh,* 'the holy,' or 'sanctuary,' *i. e.* the *ark*, as the Jews generally understand it; and with good reason, as any one may be convinced, who compares 1 Ki. 8. 8, with 2 Ch. 5. 9, where that which is called *the holy* in the former, is called *the ark* in the latter.

22 See on ch. 3. 18, 21, 24.

23 *thirty years.* See on ver. 3. *to perform the service. Heb.* to war the warfare. ver. 3. Is. 63. 1-4. Ro. 7. 14-24. 1 Co. 9. 7. 2 Co. 6. 7; 10. 3-5. Ep. 6. 10-19. Ga. 5. 17, 24. 1 Ti. 1. 18. 2 Ti. 2. 3, 4; 4. 7.

24 *burdens. or,* carriage.

25 *the curtains.* See on ch. 3. 25, 26; 7. 5-7. *the covering.* Ex. 26. 14.

26 *the hangings.* Ex. 27. 9. *and their cords.* Ex. 35. 18.

27 *appointment. Heb.* mouth. The Levites were under the command of the priests. Eleazar exercised this authority in general, as next in succession to Aaron: and he in particular was placed over the Kohathites; while Ithamar, his younger brother, commanded the Gershonites and Merarites. (ver. 33.) Lu. 1. 70. 1 Co. 11. 2.

28 ver. 33. 1 Co. 12. 5, 6.

29 See on ch. 3. 33-35.

30 *service. Heb.* warfare. See on ver. 3, 23. Ps. 110. 1-7. 1 Ti. 6. 11, 12. 2 Ti. 2. 4; 4. 7, 8.

31 *the charge.* See on ch. 3. 36, 37; 7. 8, 9. *the boards.* Ex. 26. 15.

32 *and by name.* An inventory was taken of every particular, even to the very pins belonging to each part, that nothing might be wanting when the tabernacle was set up. *the instruments.* ch. 3. 8; 7. 1. Ex. 25. 9; 38. 17, 21. 1 Ch. 9. 29.

33 *under the hand.* ver. 28. Jos. 3. 6. Is. 3. 6.

34 ver. 2.

35 ver. 3, 23, 30, 39, 43, 47. ch. 8. 24-26. 1 Ch. 23. 3, 24, 26, 27; 28. 13. Lu. 3. 23. 1 Ti. 3. 6.

36 In the third chapter we have an account of the whole number of the Levites; and here of those only who were *able to serve the Lord in the sanctuary.* By comparing the two places, we find the number of effective and ineffective males to stand thus:—

*Kohathites.*

| | |
|---|---|
| Effective men . . | 2750 |
| Ineffective . . . | 5850 |
| Total . | 8600 |

*Gershonites.*

| | |
|---|---|
| Effective men . . | 2630 |
| Ineffective . . . | 4870 |
| Total . | 7500 |

*Merarites.*

| | |
|---|---|
| Effective men . . | 3200 |
| Ineffective . . . | 3000 |
| Total . | 6200 |

Thus we find that the whole number of the Levites amounted to 22,300; of whom 8580 were fit for service, and 13,720 unfit, being either too old or too young. What an astonishing number of men, all performing some service by which God was glorified, and the congregation at large benefited!

40 ch. 3. 32.

41 ver. 22.

44 The family of Merari, though smaller than either of the other families of Levi, yet had a greater number of able men than any of them; for out of 6200 males of a month old and upwards, we find 3200 who were neither too young nor too old for the service of the sanctuary; which was more than one-half of their whole number. In this the wisdom and providence of God appear most conspicuously; for the Merarites were charged with the heaviest part of the sanctuary, as the boards, bars, sockets, etc.: and though waggons were afterwards provided for them, yet the loading and unloading of the sockets, and other things of great weight, would require much strength, both bodily and numerical. (Compare ver. 36, 40, with ch. 3. 22, 28, 24.) Thus God ever manifests his wisdom, in fitting men for the work to which they are appointed, whether with respect to number or gifts: 'For to one is given, by the Spirit, the word of wisdom; to another the word of knowledge, by the same Spirit; to another faith, by the same Spirit; to another the gifts of healing, by the same Spirit; to another the working of miracles; to another prophecy; to another discerning of spirits; to another *divers* kinds of tongues; to another the interpretation of tongues: but all these worketh that one and the self-same Spirit, dividing to every man severally as he will.' ch. 3. 34. De. 33. 25. 1 Co. 10. 13; 12. 8-12. 2 Co. 12. 9, 10.

45 ver. 29.

47 *From thirty.* ver. 3, 23, 30. 1 Ch. 23. 3, 27. *every one.* ver. 15, 24, 37. Ro. 12. 6-8. 1 Co. 12. 4-31.

48 ch. 3. 39. Mat. 7. 14; 20. 16; 22. 15.

49 *According to the.* ver. 37, 41, 45. ch. 1. 54; 2. 33; 3. 51. *every one.* ver. 15, 24, 31. Is. 11. 2-4; 42. 1-7; 49. 1-8. Ro. 12. 4-8. *as the Lord.* ver. 1, 21.

## CHAP. V.

*The unclean are removed out of the camp,* 1-4. *Restitution is to be made in trespass,* 5-10. *The trial of jealousy,* 11-31.

2 *put out of the camp.* The camp of Israel being now formed, with the sanctuary of God in the centre, orders were given that the lepers and unclean persons should be excluded from the camp, according to the laws given at different times on these subjects. (See the Marginal References.) This expulsion was founded, 1. On a purely *physical* reason; for the diseases were *contagious*, and therefore there was a necessity of putting those afflicted with them apart, that the infection might not be communicated. 2. There was also a *spiritual* reason: the camp was the habitation of God; and therefore, in honour of Him who had thus condescended to dwell with them, nothing impure should be permitted to remain. 3. Further, there was a *typical* reason; for the camp was the emblem of the church, where nothing that is defiled should enter, and in which nothing that is unholy should be tolerated. ch. 12. 14. Le. 13. 46. De. 24. 8, 9. 2 Ki. 7. 3. *and every.* Le. 15. 2-27. *and whosoever.* ch. 9. 6-10; 19. 11-16; 31. 19. Le. 21. 1.

3 *without.* 1 Ki. 7. 3. 1 Co. 5. -13. 2 Co. 6. 17. 2 Th.

3. 6. Tit. 3. 10. He. 12. 15, 16. 2 Jno. 10, 11. Re. 21. 27. *defile not.* ch. 19. 22. Hag. 2. 13, 14. *in the midst.* Le. 26. 11, 12. De. 23. 14. Ps. 68. 18. Is. 12. 6. 2 Co. 6. 16. Re. 21. 3.

6 *When.* Le. 5. 1-4, 17; 6. 2, 3. *and that person.* This expression does not merely refer to the actual criminality of the person, but to his consciousness of guilt respecting it: for this case must be distinguished from that of a person detected in dishonesty, which he attempted to conceal.

7 *confess.* Le. 5. 5; 26. 40. Jos. 7. 19. Job 33. 27, 28. Ps. 32. 5. Pr. 28. 13. 1 Jno. 1. 8-10. *and he shall.* Not only *confession*, but *restitution*, in every possible case, is necessary in order to obtain forgiveness. *with the principal.* Le. 5. 15; 6. 4-7; 7. 7. Lu. 19. 8.

8 *have no.* Le. 25. 25, 26. *beside the ram.* Le. 6. 6, 7; 7. 7.

9 *offering. or,* heave offering. ch. 18. 8, 9, 19. Ex. 29. 28. Le. 6. 17, 18, 26; 7. 6-14; 10. 13; 22. 2, 3. De. 18. 3, 4. Eze. 44. 29, 30. Mal. 3. 8-10. 1 Co. 9. 7-13.

12 ver. 19, 20. Pr. 2. 16, 17.

13 Le. 18. 20; 20. 10. Pr. 7. 18, 19; 30. 20.

14 *Rooach kinah,* either a supernatural diabolic influence, exciting him to jealousy, or, rather, the *passion* or *affection* of jealousy. ver. 30. Pr. 6. 34. Ca. 8. 6. Zep. 3. 8. 1 Co. 10. 22.

15 *her offering for her.* This coarse offering, without oil or frankincense, implied the baseness of the crime of which the woman was suspected, and the mournful state of her family. It was not an atoning sacrifice, but an oblation for a *memorial*, as solemnly referring the decision to God, and calling upon him either to acquit or punish. Le. 5. 11. Ho. 3. 2. *bringing.* 1 Ki. 17. 18. Eze. 29. 16. He. 10. 3.

16 *bring her near.* or, rather, 'bring it near;' *i. e.* her offering. *set her.* Rather, 'set it,' *i. e.* the offering; for the woman is afterwards ordered to be set before the Lord. (ver. 18.) Le. 1. 3. Je. 17. 10. He. 13. 4. Re. 2. 22, 23.

17 *holy water.* That is, water from the laver; called *holy*, because separated from common to sacred uses. This is the most ancient account of the trial by *ordeal*, which obtained so generally among various nations; and it was calculated to fortify the minds of the Israelitish women in the hour of temptation, and to render them watchful against all occasions of exciting suspicion in the breasts of their husbands. ch. 19. 2-9. Ex. 30. 18. *of the dust.* Job 2. 12. Je. 17. 13. La. 3. 29. Jno. 8. 6, 8.

18 *the priest.* He. 13. 4. Re. 2. 19-23. *uncover.* Le. 13. 45. 1 Co. 11. 15. He. 4. 12, 13. *and put.* ver. 15, 25, 26. *the bitter water.* So called from the *bitter* effects which it had upon the guilty. ver. 17, 22, 24. De. 29. 18. 1 Sa. 15. 32. Pr. 5. 4. Ec. 7. 26. Is. 38. 17. Je. 2. 19. Re. 10. 9, 10.

19 *charge her.* Mat. 26. 63. *with another. or, being* in the power of thy husband. *Heb.* under thy husband. Ro. 7. 2. Gr.

21 *an oath.* Jos. 6. 26. 1 Sa. 14. 24. Ne. 10. 29. Mat. 26. 74. *The Lord make.* Is. 65. 15. Je. 29. 22. *rot. Heb.* fall. 2 Ch. 21. 15. Pr. 10. 7.

22 *go into.* ver. 27. Ps. 109. 18. Pr. 1. 31. Eze. 3. 3. *the woman.* De. 27. 15-26. Job 31. 21, 22, 39, 40. Ps. 7. 4, 5. *Amen.* Ps. 41. 13; 72. 19; 89. 52. Jno. 3. 3, 11; 5. 24, 25; 6. 53. Gr.

23 *write these.* Ex. 17. 14. De. 31. 19. 2 Ch. 34. 24. Job 31. 35. Je. 51. 60-64. 1 Co. 16. 21, 22. Re. 20. 12. *blot.* Ps. 51. 1, 9. Is. 43. 25; 44. 22. Ac. 3. 19.

24 Zec. 5. 3, 4. Mal. 3. 5.

25 *priest.* ver. 15, 18. *wave.* Ex. 29. 24. Le. 8. 27.

26 Le. 2. 2, 9; 5. 12; 6. 15.

27 *if she be defiled.* ver. 20. Pr. 5. 4-11. Ec. 7. 26. Ro. 6. 21. 2 Co. 2. 16. He. 10. 26-30. 2 Pe. 2. 10. *the woman.* De. 28. 37. Ps. 83. 9-11. Is. 65. 15. Je. 24. 9; 29. 18, 22; 42. 18. Zec. 8. 13.

28 *And if.* ver. 19. Mi. 7. 7-10. 2 Co. 4. 17. 1 Pe. 1. 7. *and shall.* Ps. 113. 9.

29 *the law.* Le. 7. 11; 11. 46; 13. 59; 14. 54-57; 15. 32, 33. *when a wife goeth.* ver. 12, 15, 19. Is. 5. 7, 8.

31 *be guiltless.* Ps. 37. 6. *bear.* ch. 9. 13. Le. 20. 10, 17-20. Eze. 18. 4. Ro. 2. 8, 9.

## CHAP. VI.

*The law of the Nazarite in the days of his separation,* 1-12; *and after their completion,* 13-21. *The form of blessing the people,* 22-27.

2 *When.* ver. 5, 6. Ex. 33. 16. Le. 20. 26. Pr. 18. 1. Ro. 1. 1. 2 Co. 6. 16. Ga. 1. 15. He. 7. 27. *separate themselves.* The word *yaphli*, rendered 'shall separate themselves,' signifies 'the doing of something extraordinary,' and is the same word as is used concerning the making *a singular vow.* (Le. 27. 2); it seems to convey the idea of a person's acting from extraordinary zeal for God and religion. *to vow.* Le. 27. 2. Ju. 13. 5. 1 Sa. 1. 28. Am. 2. 11, 12. Lu. 1. 15. Ac. 21. 23, 24. *to separate themselves. or,* to make *themselves* Nazarites. *Lahazzir,* from *nazar, to be separate;* hence *nazir,* a *Nazarite, i. e.* a person separated; one peculiarly devoted to the service of God by being separated from all servile employments. The Nazarites were of two kinds: such as were devoted to God by their parents in their infancy, or even sometimes before they were born; and such as devoted themselves. The former were Nazarites for life; the latter commonly bound themselves to observe the laws of the Nazarites for a limited time. The Nazarites for life were not bound to the same strictness as the others, concerning whom the laws relate.

3 Besides the religious nature of this institution, it seems to have been partly of a civil and prudential use. *The sobriety and temperance which the Nazarites were obliged to observe were very conducive to health.* Accordingly, they were celebrated for their fair and ruddy complexion; being said to be both whiter than milk, and more ruddy than rubies (La. 4. 7); the sure signs of a sound and healthy constitution. It may here be observed, that when God intended to raise up Samson, by his strength of body, to scourge the enemies of Israel, he ordered, that from his infancy he should drink no wine, but live by the rule of the Nazarites, because that would greatly contribute to make him strong and healthy; intending, after nature had done her utmost to form this extraordinary instrument of his providence, to supply her defect by his own supernatural power. See JENNING's Jewish Antiquities, B. I. c. 8. Le. 10. 9. Ju. 13. 14. Pr. 31. 4, 5. Je. 35. 6-8. Am. 2. 12. Lu. 1. 15; 7. 33, 34; 21. 34. Ep. 5. 18. 1 Th. 5. 22. 1 Ti. 5. 23.

4 *separation. or,* Nazariteship. *vine tree. Heb.* vine of the wine.

5 *razor.* Ju. 13. 5; 16. 17, 19. 1 Sa. 1. 11. La. 4. 7, 8. 1 Co. 11. 10-15.

6 *he shall come.* ch. 19. 11-16. Le. 19. 28. Je. 16. 5, 6. Eze. 24. 16-18. Mat. 8. 21, 22. Lu. 9. 59, 60. 2 Co. 5. 16.

7 *unclean.* ch. 9. 6. Le. 21. 1, 2, 10-12. Eze. 44. 25. *consecration. Heb.* separation. This expression, 'the consecration, or separation, of God is on his head,' denotes his *hair*, which was the proof and emblem of his separation, and of his subjection to God through all the peculiarities of his Nazarate. St. PAUL probably alludes to this circumstance in 1 Co. 11. 10; by considering a married woman as a Nazarite for life, *i. e. separated* from all others, and united to her husband, to whom she is *subject.*

8 2 Co. 6. 17, 18.

9 *and he.* ch. 19. 14-19. *shave.* ver. 18. Ac. 18. 18; 21. 23, 24. Phi. 3. 8, 9.

10 Le. 1. 14; 5. 7-10; 9. 1-21; 12. 6; 14. 22, 23, 31; 15. 14, 29. Ro. 4. 25. Jno. 2. 1, 2.

11 *offer* Le. 5. 8-10; 14. 30, 31. *and shall.* ver. 5.

12 *a trespass.* Le. 5. 6; 14. 24. *but the.* Eze. 18. 24. Mat. 3. 15; 24. 13. Jno. 8. 29-31. Ja. 2. 10. 2 Jno. 8. *lost. Heb.* fall.

13 *are fulfilled.* Ac. 21. 26.

14 *one he.* Le. 1. 10-13. 1 Ch. 15. 26, 28, 32. *one ewe.* Le. 4. 2, 3, 27, 32. Mal. 1. 13, 14. 1 Pe. 1. 19. *one ram.* Le. 3. 6.

15 *a basket.* Le. 2. 4; 8. 2; 9. 4. Jno. 6. 50-59. *anointed.* Ex. 29. 2. *drink.* ch. 15. 5, 7, 10. Is. 62. 9. Joel 1. 9, 13; 2. 14. 1 Co. 10. 31; 11. 26.

18 *shave the head.* The *hair*, which was permitted to grow for this purpose, was shaven off, as a token that the vow was accomplished. ver. 5, 9. Ac. 18. 18; 21. 24, 26. *and put it.* Lu. 17. 10. Ep. 1. 6.

19 *the sodden.* Le. 8. 31. 1 Sa. 2. 15. *put them.* Ex. 29. 23-28. Le. 7. 30; 8. 27.

20 *the priest shall.* ch. 5. 25. Ex. 29. 27, 28. Le. 9. 21; 10. 15; 23. 11. *with the wave.* ch. 18. 18. Le. 7. 31, 34. *and after.* Ps. 16. 10, 11. Ec. 9. 7. Is. 25. 6; 35. 10; 53. 10-12. Zec. 9. 15, 17; 10. 7. Mat. 26. 29. Mar. 14. 25. Jno. 17. 4, 5; 19. 30. 2 Ti. 4. 7, 8.

21 *the law.* See on ch. 5. 29. *beside that.* Ezr. 2. 69. Ga. 6. 6. He. 13. 16.

23 Ge. 14. 19, 20; 24. 60; 27. 27-29; 28. 3, 4; 47. 7, 10; 48. 20. Le. 9. 22, 23. De. 10. 8; 21. 5; 33. 1. Jos. 8. 33. 1 Ch. 23. 13. Lu. 24. 50, 51. Ro. 1. 7. 1 Co. 1. 3. 2 Co. 13. 14. He. 7. 1, 7; 11. 20, 21. 1 Pe. 1. 2. 2 Pe. 1. 2, 3. 2 Jno. 3.

24 *The Lord.* Ru. 2. 4. Ps. 134. 3. 1 Co. 14. 16. Ep. 6. 24. Phi. 4. 23. Re. 1. 4, 5. *keep thee.* Ps. 91. 11; 121. 4-7. Is. 27. 3; 42. 6. Jno. 17. 11. Phi. 4. 7. 1 Th. 5. 23. 1 Pe. 1. 5. Jude 24.

25 *The Lord.* Ps. 21. 6; 31. 16; 67. 1; 80. 1-3, 7, 19; 119. 135. Da. 9. 17. *gracious.* Ge. 43. 29. Ex. 33. 19. Mal. 1. 9. Jno. 1. 17.

26 *lift up.* Ps. 4. 6; 42. 5; 89. 15. Ac. 2. 28. *give thee.* Ps. 29. 11. Is. 26. 3, 12; 57. 19. Mi. 5. 5. Lu. 2. 14. Jno. 14. 27; 16. 33; 20. 21, 26. Ac. 10. 36. Ro. 5. 1; 15. 13, 33. Ep. 2. 14-17; 6. 23. Phi. 4. 7. 2 Th. 3. 16.

27 *put my.* Ex. 3. 13-15; 6. 3; 34. 5-7. De. 28. 10. 2 Ch. 7. 14. Is. 43. 7. Je. 14. 9. Da. 9. 18, 19. Mat. 28. 19. *and I will.* ch. 23. 20. Ge. 12. 2, 3; 32. 26, 29. 1 Ch. 4. 10. Ps. 5. 12; 67. 7; 115. 12, 13. Ep. 1. 3.

## CHAP. VII.

*The offering of the princes at the dedication of the tabernacle,* 1-9. *Their several offerings at the dedication of the altar,* 10-88. *God speaks to Moses from the mercy seat,* 89.

1 *had fully.* Ex. 40. 17-19. *anointed it.* Ex. 30. 23-30. Le. 8. 10, 11; ch. 9. *sanctified them.* Ge. 2. 3. Ex. 13. 2. 1 Ki. 8. 64. Mat. 23. 19.

2 *the princes.* ch. 1. 4-16; ch. 2; 10. *and were over,* etc. *Heb.* who stood. *offered.* Ex. 35. 27. 1 Ch. 29. 6-8. 2 Ch. 35. 8. Ezr. 2. 68, 69. Ne. 7. 70-72.

3 *covered waggons.* The Hebrew *egloth tzav*, signifies 'tilted waggons;' so LXX. αμαξας λαμπηνικας, with which the Coptic agrees. These were given for the more convenient exporting of the heavier parts of the tabernacle.

5 *Take it.* Ex. 25. 1-11; 35. 4-10. Ps. 16. 2, 3. Is. 42. 1-7; 49. 1-8. Ep. 4. 11-13. Tit. 3. 8. *give them. i.e.* distribute them among the Levites as they need them; giving most to those who have the heaviest burdens to bear.

7 *Two waggons.* ch. 3. 25, 26; 4. 24-28. *sons of Gershon.* The Gershonites being fewest in number of able men, had the less burdensome things to carry; for they carried only the *curtains, coverings,* and *hangings,* (ch. 4. 25, 40.) And although this was a *cumbersome* carriage, and they needed waggons, yet it was not a *heavy* one, and they needed few.

8 *four waggons.* ch. 3. 36, 37; 4. 28-33. *the sons.* Though the Merarites were the most numerous, yet they had the greatest burden, namely, the *boards, bars, pillars,* and *sockets,* to carry, (ch. 4. 31, 32, 48.) Therefore they had double the number of waggons to what the Gershonites had assigned them.

9 *unto the.* Because they had the charge of the *ark, table, candlestick, altars,* etc., (ch. 4. 4-15,) which were to be carried *upon their shoulders:* for those sacred things must not be drawn by *beasts. because.* ch. 3. 31; 4. 4-16. 2 Sa. 6. 6, 13. 1 Ch. 15. 3, 13; 23. 26.

10 *princes.* Every prince, or chief, offered in the *behalf,* and doubtless at the *expense,* of his whole tribe. *dedicating.* De. 20. 5. 1 Ki. 8. 63. 2 Ch. 7. 5, 9. Ezr. 6. 16, 17. Ne. 12. 27, 43. Ps. 30, title. Jno. 10. 22.

11 1 Co. 14. 33, 40. Col. 2. 5.

12 ch. 1. 7; 2. 3; 10. 14. Ge. 49. 8, 10. Ru. 4. 20. Mat. 1. 4. Lu. 3. 32. Naasson.

13 *charger.* Ex. 25. 29; 37. 16. 1 Ki. 7. 43, 45. 2 Ki. 25. 14, 15. Ezr. 1. 9, 10; 8. 25. Je. 52. 19. Da. 5. 2. Zec. 14. 20. Mat. 14. 8, 11. *the shekel.* Ex. 30. 13. Le. 27. 3, 25. *a meat offering.* Le. 2. 1.

14 *spoon.* ch. 4. 7. Ex. 37. 16. 1 Ki. 7. 50. 2 Ki. 25. 14, 15. 2 Ch. 4. 22; 24. 14. *incense.* Ex. 30. 7, 8, 34-38; 35. 8.

15 ch. 25; 28; 29. Le. 1. Is. 53. 4, 10, 11. Mat. 20. 28. Jno. 17. 19. Ro. 3. 24-26; 5. 6-11, 16-21; 8. 34; 10. 4. 1 Ti. 2. 6. Tit. 2. 14. He. 2. 10. 1 Pe. 1. 18, 19; 2. 24; 3. 18.

16 Le. 4. 23, 25.

17 *peace.* Le. 3. 2 Co. 5. 19-21. *this was the offering.* It is worthy of remark, that the different tribes are represented here as bringing their offerings precisely in the same order in which they encamped about the tabernacle, (see ch. 2; 10;) beginning at the East, then proceeding to the South, then to the West, and ending with the North, according to the course of the sun. Their order may be thus viewed:

East.

1. *Judah:* Nahshon.
2. *Issachar:* Nathaneel.
3. *Zebulun:* Eliab.

South.

4. *Reuben:* Elizur.
5. *Simeon:* Shelumiel.
6. *Gad:* Eliasaph.

West.

7. *Ephraim:* Elishama.
8. *Manasseh:* Gamaliel.
9. *Benjamin:* Abidan.

North.

10. *Dan:* Ahiezer.
11. *Asher:* Pagiel.
12. *Naphtali:* Ahira.

Thus God evinces that he 'is not the author of confusion, but of peace.' (1 Co. 14. 33.) It is also worthy of remark, that every tribe offers the *same kind of offering,* and in the *same quantity,* to shew, that as every tribe was equally indebted to God for its support, so each should testify an equal sense of obligation. Besides, the vessels were all sacrificial vessels, and the animals were all clean animals, such as were proper for sacrifices; and therefore every thing was intended to point out, that the people were to be a holy people, fully dedicated to God, and that God was to dwell among them. Thus, as the priests, altar, etc., were anointed, and the tabernacle dedicated, so the people, by this offering, became consecrated to God. Therefore every act here was a religious act.

18 ch. 1. 8; 2. 5.

19 See on ver. 12-17.

21 Ge. 8. 20. Ro. 12. 1. Ep. 5. 2.

23 Le. 7. 11-13. 1 Ki. 8. 63. Pr. 7. 14. Col. 1.

24 ch. 1. 9; 2. 7.

27 Ps. 50. 8-14; 51. 16. Is. 1. 11. Je. 7. 22. Am. 5. 22.

30 ch. 1. 5; 2. 10.

31 *offering.* ver. 13, etc. *charger.* *Käârah*, in Arabic, *kâran*, from *küâra*, to *be deep*, a *large deep dish* or *bowl.* It appears, by the metal of which this charger and bowl were made, that they were for the use of the altar of burnt offerings in the outer court; for all the vessels of the sanctuary were of *gold.* It was probably used for receiving the flesh of the sacrifices upon which the priests feasted, or the fine flour for the meat offerings. *bowl. Mizrak*, from *zarak*, to sprinkle, a *bowl* or *bason*, used in *sprinkling* the blood of the sacrifice. (Ex. 27. 23.)

32 *spoon. Kaph*, in Syriac, *kaphtho*, a *pan* or *censer*, on which the incense was put. Both the metal of which it was made, and that which it contained, shew that it was for the use of the golden altar in the sanctuary. *incense.* Ps. 66. 15. Mal. 1. 11. Lu. 1. 10. Re. 8. 3.

35 *And for a sacrifice.* These sacrifices were more numerous than the burnt offering or the sin offering; because the priests, the princes, and as many of the people as they invited, had a share of them, and feasted, with great rejoicing, before the Lord. This custom, as Mr. SELDEN observes, seems to have been imitated by the heathen, who dedicated their altars, temples, statues, etc., with much ceremony.

36 ch. 1. 6; 2. 12.

37 ver. 13, etc.

39 Ex. 12. 5. Jno. 1. 29. Ac. 8. 32. 1 Pe. 1. 19. Re. 5. 6.

42 ch. 1. 14; 2. 14. Son of Reuel.

43 *offering.* ver. 13, etc. *mingled with oil.* Le. 2. 5; 14. 10. He. 1. 9. 1 Jno. 2. 27.

45 Ps. 66. 15. Is. 53. 4. 2 Co. 5. 21.

48 *On the seventh.* Both Jewish and Christain writers have been surprised that this work of offering went forward on the *seventh day* (which they suppose to have been a *sabbath*), as well as on the other days. But, 1. there is no absolute proof that this *seventh* day of offering was a *sabbath.* 2. Were it even so, could the people be better employed than in thus consecrating themselves and their services to the Lord? We have already seen that every act was a religious act; and we may rest assured, that no day was *too holy* for the performance of such acts as are here recorded. Here it may be observed, that Moses has thought fit to set down distinctly, and at full length, the offerings of the princes of each tribe, though, as we have already observed, they were the very same, both in quantity and quality, that an honourable mention might be made of every one apart, and that none might think himself in the least neglected. *Elishama.* ch. 1. 10; 2. 18.

49 ver. 13, etc.

51 Whether there were any prayers made for the gracious acceptance of the sacrifices which should be hereafter offered on the altar, we are not informed; but the sacrifices themselves were of the nature of supplications, and it is probable, that they who offered them, made humble petitions along with them.

54 ch. 1. 10; 2. 20.

55 ver. 13, etc.

60 ch. 1. 11; 2. 22.

61 ver. 13, etc.

62 Ps. 112. 2. Is. 66. 20. Da. 9. 27. Ro. 15. 16. Phi. 4. 18. He. 13. 15.

66 *On the tenth day.* When the twelve days of the dedication commenced cannot be easily determined; but the computation of F. SCACCHUS seems highly probable. He supposes, that the tabernacle being erected the first day of the first month of the second year after the departure from Egypt, seven days were spent in the consecration of it, and the altar, etc.; and that on the eighth day, Moses began to consecrate Aaron and his sons, which lasted seven days more. Then, on the fourteenth day of that month, was the feast day of unleavened bread; which God commanded to be observed in the first month (ch. 9), and which lasted till the 22nd. The rest of the month, we may well suppose, was spent in giving, receiving, and delivering the laws contained in the book of Leviticus; after which, on the first day of the second month, Moses began to number the people, according to the command in the beginning of this book; which may be supposed to have lasted three days. On the fourth, the Levites were numbered; on the next day we may suppose they were offered to God, and given to the priests; and on the sixth, they were expiated and consecrated, as we read in the following chapter. On the seventh day, their several charges were assigned them, (ch. 4;) after which, he supposes the princes began to offer, on the *eight day of the second month*, for the dedication of the altar, which lasted till the nineteenth day inclusively; and on the twentieth day of this month, they removed from Sinai to the wilderness of Paran. (ch. 10. 11, 12.) *Ahiezer.* ch. 1. 12; 2. 25.

67 ver. 13, etc.

72 *eleventh day.* Dr. ADAM CLARKE remarks, that the Hebrew form of expression here, and in the 78th verse, has something curious in it; *beyom âshtey âsar yom*, 'in the day, the first and tenth day;' *beyom shenim âsar yom*, 'in the day, two and tenth day.' But this is the idiom of the language; and to an original Hebrew, our almost anomalous words *eleventh* and *twelfth*, would appear as strange. *Pagiel.* ch. 1. 13; 2. 27.

73 ver. 13, etc. The oblations and sacrifices enumerated in verses 13 to 88 were simple and plain, though costly and magnificent. On this occasion we find there were offered 12 *silver chargers*, each weighing 130 shekels; 12 *silver bowls*, each 70 shekels; 12 *golden spoons*, each 10 shekels; making the total amount of silver vessels 2400 shekels, and that of golden vessels, 120 shekels. A silver charger, at 130 shekels, reduced to troy weight, makes 75 *oz.* 9 *dwts.* 16 8-31 *gr.*; and a silver bowl, at 70 shekels, amounts to 40 *oz.* 12 *dwts.* 21 21-31 *gr.* The total weight of the 12 chargers is therefore 905 *oz.* 16 *dwts.* 3 3-31 *gr.*; and that of the 12 bowls, 487 *oz.* 14 *dwts.* 20 4-31 *gr.*; making the total weight of silver vessels 1393 *oz.* 10 *dwts.* 23 7-31 *gr.* The 12 golden spoons, allowing each to be 5 *oz.* 16 *dwts.* 3 3-31 *gr.*, amount to 69 *oz.* 3 *dwts.* 13 5-31 *gr.* Besides these, there were for sacrifice—

| | |
|---|---|
| Bullocks | 12 |
| Rams | 12 |
| Lambs | 12 |
| Goats | 24 |
| Rams | 60 |
| He goats | 60 |
| Lambs | 60 |
| | 240 |

By this we may at once see, that though the *place* in which they now sojourned was a *wilderness* as to cities, villages, and regular inhabitants, yet there was plenty of pasturage; else the Israelites could not have furnished these cattle, with all the sacrifices necessary for different occasions, and especially for the passover, which must of itself have required an immense number of lambs, when each family of 600,000 males was obliged to provide one. (ch. 9.)

78 ch. 1. 15; 2. 29.

79 ver. 13, etc.

84 *the dedication.* See on ver. 10. 1 Ch. 29. 6-8. Ezr. 2. 68, 69. Ne. 7. 70-72. Is. 60. 6-10. He. 13. 10. Re. 21. 14. *the princes.* Ju. 5. 9. Ne. 3. 9.

85 *two thousand.* 1 Ch. 22. 14; 29. 4, 7. Ezr. 8. 25, 26. *after the shekel.* See on ver. 13.

88 *that it was anointed.* ver. 1, 10, 84.

89 *to speak.* ch. 12. 8. Ex. 33. 9-11. *him. that is,* God. *he heard.* ch. 1. 1; Ex. 25. 22. Le. 1. 1. He. 4. 16. *two cherubims.* Ex. 25. 18-21. 1 Sa. 4. 4. 1 Ki. 6. 23. Ps. 80. 1. 1 Pe. 1. 12.

## CHAP. VIII.

*How the lamps are to be lighted,* 1-4. *The consecration of the Levites,* 5-22. *The age and time of their service,* 23-26.

1 When this was spoken, says Bp. PATRICK, is not certain. If Moses went into the tabernacle immediately after the princes had offered, (ch. 7. 89,) it may be thought he then spake these things unto him; but both this and what follows, concerning the Levites, seem rather to have been delivered after the order for giving them to the priests, and appointing their several charges. (ch. 3; 4.) But some other things intervening, which depended upon what had been ordered respecting their camp, and that of the Israelites, Moses omits this till he had stated them, and some other matters which he had received from God. (See ch. 7. 11.)

2 Ex. 25. 37; 37. 18, 19, 23; 40. 25. Le. 24. 1, 2. Ps. 119. 105, 130. Is. 8. 20. Mat. 5. 14. Jno. 1. 9. 2 Pe. 1. 19. Re. 1. 12, 20; 2. 1; 4. 5.

4 *this work.* Ex. 25. 31-39; 37. 17-24. *beaten work.* Ex. 25. 18; 37. 7, 17, 22. *the pattern.* Ex. 25. 9, 40. 1 Ch. 28. 11-19. He. 8. 5; 9. 23.

6 *cleanse them.* Ex. 19. 15. 2 Co. 7. 1. Ja. 4. 8.

7 *Sprinkle.* Le. 8. 6; 14. 7. Is. 52. 15. Eze. 36. 25. He. 9. 10. *water.* ch. 19. 9, 10, 13, 17-19. Ps. 51. 7. He. 9. 13. *let them shave. Heb.* let them cause a razor to pass over, etc. Le. 14. 8, 9. *wash their.* ch. 19. 7, 8, 10, 19; 31. 20. Ge. 35. 2. Ex. 19. 10. Le. 15. 6, 10, 11, 27; 16. 28. Ps. 51. 2. Je. 4. 14. Mat. 23. 25, 26. Ja. 4. 8. 1 Pe. 3. 21. Re. 7. 14.

8 *a young.* Ex. 29. 1, 3. Le. 1. 3; 8. 2. *his meat.* ch. 15. 8, 9. Le. 2. 1. *another.* Le. 4. 3, 14; 16. 3. Is. 53. 10. Ro. 8. 3. 2 Co. 5. 21.

9 *thou shalt bring.* Ex. 29. 4, etc; 40. 12. *shalt gather the whole.* The words *kol ădath*, which are rendered 'the whole assembly,' often signify *all the elders*, or principal persons in the several tribes. (ch. 15. 4; 25. 7; 35. 12.) And they cannot well have any other sense here; for it would be impossible for all the children of Israel to put their hands on the Levites, as stated in the next verse. Le. 8. 3.

10 ch. 3. 45. Le. 1. 4. Ac. 6. 6; 13. 2, 3. 1 Ti. 4. 14; 5. 22.

11 *offer. Heb.* wave. *offering. Heb.* wave-offering. Not that they were actually *waved*, but they were presented to God, as the God of heaven, and the Lord of the whole earth, as the wave offerings were: and in calling them *wave-offerings*, it was intimated to them that they must move to and fro with readiness in the business of their profession. ch. 6. 20. Ex. 29. 24. Le. 7. 30; 8. 27, 29. *they may execute. Heb.* they may be to execute, etc. ch. 1. 49-53; 3. 5-43.

12 *Levites.* Ex. 29. 10. Le. 1. 4; 8. 14; 16. 21. *the one.* ver. 8; ch. 6. 14, 16. Le. 5. 7, 9, 10; 8. 14, 18; 9. 7; 14. 19, 20, 22. He. 10. 4-10. *atonement.* Le. 1. 4; 4. 20, 35; 8. 34; 16. 6, 11, 16-19. He. 9. 22.

13 *offer them. Wehainaphta othom tenoophah,* literally, as in ver. 11, 'and thou shalt wave them for a wave-offering; manifestly in allusion to the ancient sacrificial rite of waving the sacrifices before the Lord; and it is probable, that some significant action, analogous to the waving of the sacrifice, was employed on this occasion; for the Levites were considered as an *offering* to the Lord, to whose service they were wholly dedicated. To this the apostle Paul manifestly alludes, when, in writing to the Romans, he says, (ch. 12. 1,) 'I beseech you, therefore, brethren, by the mercies of God, that ye present your bodies *a living sacrifice*, holy, acceptable unto God, which is your reasonable service.' ver. 11, 21; ch. 18. 6. Ro. 12. 1; 15. 16.

14 *separate.* ch. 6. 2. De. 10. 8. Ro. 1. 1. Ga. 1. 15. He. 7. 26. *and the Levites.* ver. 17; ch. 3. 45; 16. 9, 10; 18. 6. Mal. 3. 17.

15 *go in.* ver. 11; ch. 3. 23-37; 4. 3-32. 1 Ch. ch. 23; 25; 26. *and offer.* See on ver. 11, 13; ch. 3. 12.

16 *wholly given. Nethunim, nethunim,* 'given; given;' the word being repeated, 'because, says Bp. PATRICK, 'the children of Israel had devoted them to him, by laying their hands upon them, (ver. 10,) and Aaron had waved them as a wave-offering to the Lord.' (ver. 11.) *instead of such.* HOUBIGANT, on the authority of the Samaritan, reads, 'instead of every first-born of the children of Israel, who openeth the womb.' ch. 3. 12, 45.

17 *all the.* ch. 3. 13. Ex. 13. 2, 12-15. Lu. 2. 23. *on the day.* Ex. 12. 29. Ps. 78. 51; 105. 36; 135. 8. He. 11. 28. *I sanctified.* Ex. 13. 14, 15; 29. 44. Le. 27. 14, 15, 26. Eze. 20. 12. Jno. 10. 36; 17. 19. He. 10. 29. Ja. 1. 18.

19 *I have given.* ch. 3. 6-9; 18. 2-6. 1 Ch. 23. 28-32. Ez. 44. 11-14. *a gift. Heb.* given. *that there.* ch. 1. 53; 16. 46; 18. 5. 1 Sa. 6. 19. 2 Ch. 26. 16-20.

21 *were purified.* See on ver. 7; ch. 19. 12, 19. *offered.* See on ver. 11-13, 15; ch. 3. 12. *Aaron made.* ver. 12.

22 *after that.* ver. 15. 2 Ch. 30. 15-17, 27; 31. 2; 35. 8-15. *as the Lord.* ver. 5, etc.

24 *from twenty.* In ch. 4. 3, the Levites are appointed to the service of the tabernacle at the age of 30 years; and in 1 Ch. 23. 24, they are ordered to commence their work at 20 years of age. In order to reconcile this apparent discrepancy, it is to be observed, 1. At the time of which Moses speaks in ch. 4. 3, the Levitical service was exceedingly *severe*, and consequently required *full grown, robust* men, to perform it: the age of 30 was therefore appointed as the period for commencing this service, the *weightier* part of which was probably there intended. 2. In this place God seems to speak of the service in a *general* way: hence the age of 25 is fixed. 3. In David's time, and afterwards, in the *fixed* tabernacle and temple, the *laboriousness* of the service no longer existed, and hence 20 years was the age appointed. ch. 4. 3, 23. 1 Ch. 23. 3, 24-27; 28. 12, 13. *wait upon. Heb.* war the warfare of, etc. 1 Co. 9. 7. 2 Co. 10. 4. 1 Ti. 1. 18; 6. 12. 2 Ti. 2. 3-5.

25 *cease waiting upon the service thereof. Heb.* return from the warfare of the service. ch. 4. 23. 2 Ti. 4. 7. The Levites, above fifty years of age, might superintend and assist their junior brethren in the ordinary offices, and give them and the people counsel and instruction: but they were exempted from carrying the tabernacle, and from other laborious services. It is remarkable, that no law was made concerning the age at which *the priests* should begin to officiate, and though various blemishes disqualified them for the service of the sanctuary, yet they continued their ministrations till death, if capable. On the other hand, nothing is said concerning any bodily defects or blemishes disqualifying *the Levites*; but the time of *their service* is expressly settled. Their work was far more laborious than that of the priests; it is therefore likely that the priests would not begin very early to officiate: and the wisdom and experience of age would increase, rather than diminish, their fitness for the sacred duties of their office.

26 *to keep.* ch. 1. 53; 3. 32; 18. 4; 31. 30. 1 Ch. 23. 32; 26. 20-29. Eze. 44. 8, 11. *and shall.* 1 Ti. 4. 15.

## CHAP. IX.

*The passover is again commanded,* 1-5. *A second passover for the unclean or absent,* 6-14. *The cloud directs the removals and encampments of the Israelites,* 15-23.

1 A.M. 2514. B.C. 1490. An. Ex. Is. 2. Abib. *in the first month.* The fourteen first verses of this chapter evidently refer to a time previous to the commencement of this book; but as there is no evidence of a transposition, it is better to conclude with HOUBIGANT, that 'it is enough to know, that these books contain an account of things transacted in the days of Moses, though not in their regular or chronological order.' See on ch. 1. 1. Ex. 40. 2.

2 *keep.* Ex. 12. 1-3, etc. *his appointed.* ch. 28. 16. Ex. 12. 6, 14. Le. 23. 5. De. 16. 1, 2. Jos. 5. 10. 2 Ch. 35. 1. Ezr. 6. 19. Mar. 14. 12. Lu. 22. 7. 1 Co. 5. 7, 8.

3 *the fourteenth.* 2 Ch. 30. 2, 15. *at even. Heb.* between the two evenings. Ex. 12. 6, marg. He. 9. 26. *according to all the rites.* ver. 11, 12. See on Ex. 12. 7-11.

5 *they kept.* Jos. 5. 10. *according.* ch. 8. 20; 29. 40. Ge. 6. 22; 7. 5. Ex. 39. 32, 42. De. 1. 3; 4. 5. Mat. 28. 20. Jno. 15. 14. Ac. 26. 19. He. 3. 5; 11. 8.

6 *defiled.* ch. 5. 2; 6. 6, 7; 19. 11, 16, 18. Le. 21. 11. Jno. 18. 28. *they came.* ch. 15. 33; 27. 2, 5. Ex. 18. 15, 19, 26. Le. 24. 11.

7 *we may not offer.* ver. 2. Ex. 12. 27. De. 16. 2. 2 Ch. 30. 17-19. 1 Co. 5. 7, 8.

8 *Stand.* Ex. 14. 13. 2 Ch. 20. 17. *I will.* ch. 27. 5. Ps. 25. 14; 85. 8. Pr. 3. 5, 6. Eze. 2. 7; 3. 17. Jno. 7. 17; 17. 8. Ac. 20. 27. 1 Co. 4. 4; 11. 23. He. 3. 5, 6.

10 *be unclean.* ver. 6, 7. Ro. 15. 8-19; 16. 25, 26. 1 Co. 6. 9-11. Ep. 2. 1, 2, 12, 13; 3. 6-9. *yet he shall keep.* Mat. 5. 24. 1 Co. 11. 28.

11 *fourteenth.* ver. 3. Ex. 12. 2-14, 43-49. 2 Ch. 30. 2-15. Jno. 19. 36. *and eat it.* Ex. 12. 8.

12 *shall leave.* Ex. 12. 10. *break any bone.* In the East, BELON says, he 'met with shepherds who were roasting sheep whole, which they sold to travellers stuck upon sticks of willow tree. The entrails were taken out, and the body again sewed up.' Ex. 12. 46. Jno. 19. 36. *according.* ver. 3. Ex. 12. 43.

13 *forbeareth.* ch. 15. 30, 31; 19. 13. Ge. 17. 14. Ex. 12. 15. Le. 17. 4, 10, 14-16. He. 2. 3; 6. 6; 10. 26-29; 12. 25. *because.* See on ver. 2, 3, 7. *bear his sin.* ch. 5. 31. Le. 20. 20; 22. 9. Eze. 23. 49. He. 9. 28.

14 Ex. 12. 48, 49. Le. 19. 10; 22. 25; 24. 22; 35. 15. De. 29. 11; 31. 12. Is. 56. 3-7. Ep. 2. 19-22.

15 *on the day.* Ex. 40. 2, 18. *the cloud.* ch. 14. 14. Ex. 14. 19, 20, 24; 33. 9, 10; 40. 34. Ne. 9. 12, 19. Ps. 78. 14; 105. 39. Is. 4. 5. Eze. 10. 3, 4. 1 Co. 10. 1. *at even.* Ex. 13. 21; 40. 38.

16 ver. 18-22. Ex. 13. 21, 22; 40. 38. De. 1. 33. Ne. 9. 12, 19. Ps. 78. 14; 105. 39. Is. 4. 5, 6. 1 Co. 10. 1. 2 Co. 5. 19. Re. 21. 3. This cloud not only enlightened the Israelites, but also protected them, and was a continual pledge of God's presence and protection. To this manifestation of the Divine glory, the prophet Isaiah alludes, when he says, (Is. 4. 5,) '*The Lord will create upon every dwelling place of mount Zion, and upon her assemblies, a cloud and smoke by day, and the shining of a flaming fire by night.*' God is the director, protector, and glory of his church.

17 *when the cloud.* ch. 10. 11, 33, 34. Ex. 40. 36-38. Ps. 80. 1, 2. Is. 49. 10. Jno. 10. 3-5, 9. *and in the.* Ex. 33. 14, 15. Ps. 32. 8; 73. 24. Jno. 10. 3, 4, 9.

18 *and at the.* ver. 20; ch. 10. 13. Ex. 17. 1. 2 Jno. 6. *as long as.* 1 Co. 10. 1. There is no time lost, while we are waiting God's time. It is as acceptable a piece of submission to the will of God, to sit still contentedly when our lot requires it, as to work for him when we are called to it.

19 *tarried long. Heb.* prolonged. *kept the.* See on ch. 1. 52, 53; 3. 8. Zec. 3. 7.

21 *abode. Heb.* was.

22 *abode.* See on ver. 17; ch. 1. 54; 8. 20; 23. 21, 22. Ex. 39. 42; 40. 16, 36, 37. De. 1. 6, 7; 2. 3, 4. Ps. 32. 8; 48. 14; 73. 24; 77. 20; 107. 7; 143. 10. Pr. 3. 5, 6. Ac. 1. 4.

23 *they kept.* ver. 19. Ge. 26. 5. Jos. 22. 3. Eze. 44. 8. Zec. 3. 7. Some of the Levites may have been appointed to watch the moving of the pillar, and to give timely notice to the camp of its beginning to stir; and this is called 'keeping the charge of the Lord.' It is uncomfortable staying when God is departed, but very safe and pleasant going, when we see God go before us, and resting where he appoints us to rest.

## CHAP. X.

*The use of the silver trumpets,* 1-10. *The Israelites remove from Sinai to Paran,* 11-13. *The order of their march,* 14-28. *Hobab is entreated by Moses not to leave them,* 29-32. *The blessing of Moses at the removing and resting of the ark,* 33-36.

2 *two trumpets.* The necessity of such instruments will at once appear, when the amazing extent of this army is considered. There were various kinds of trumpets among the ancients, of different forms and materials, as EUSTATHIUS shews on *Homer*, where he mentions six; the second of which was στρογγυλη, *turned up round*, like a ram's horn; which he says the Egyptians used (from being invented by Osiris) when they assembled the people to their sacrifices. But in opposition to that form, Moses commands these to be made long, in the shape of those used at present. So JOSEPHUS informs us, who says they were near a cubit long; the tube of the thickness of a common pipe or flute; the mouth no wider than just to admit blowing into them; and their ends wide like those of the modern trumpet. 2 Ki. 12. 13. 2 Ch. 5. 12. *of a whole piece.* Ex. 25. 18, 31. Ep. 4. 5. *the calling.* ver. 7. Ps. 81. 3; 89. 15. Is. 1. 13. Ho. 8. 1. Joel 1. 14.

3 Je. 4. 5. Joel 2. 15, 16.

4 ch. 1. 4-16; 7. 2. Ex. 18. 21. De. 1. 15.

5 *blow.* ver. 6, 7. Is. 58. 1. Joel 2. 1. *camps.* ch. 2. 3-9.

6 *ye blow.* A *single* alarm was a signal for the *eastward* division to march; *two* such alarms the signal for the *south;* and probably *three* for the *west*, and *four* for the *north.* There appears therefore, a deficiency in the Hebrew Text, which is thus supplied by the LXX.: και σαλπιειτε σημασιαν τριτην, και εξαρουσιν αι παρεμβολαι αι παρεμβαλλουσαι παρα θαλασσαν· και σαλπιειτε σημασιαν τεταρτην, και εξαρουσιν αι παρεμβολαι αι παρεμβαλλουσαι προς βορραν. 'And when ye blow a *third* alarm, or signal, the camps on the *west* shall march; and when ye blow a *fourth* alarm, the camps on the *north* shall march.' This addition, however, is not acknowledged by the Samaritan, nor any other version than the Coptic, nor any MS. yet collated. *the camps.* ch. 2. 10-16.

7 *ye shall blow.* ver. 3, 4. *sound.* Joel 2. 1.

8 ch. 31. 6. Jos. 6. 4-16. 1 Ch. 15. 24; 16. 6. 2 Ch. 13. 12-15.

9 *if ye go.* ch. 31. 6. Jos. 6. 5. 2 Ch. 13. 14. *oppresseth.* Ju. 2. 18; 3. 27; 4. 2, 3; 6. 9, 34; 7. 16-21; 10. 8, 12. 1 Sa. 10. 18. Ps. 106. 42. *then ye shall.* Is. 18. 3; 58. 1. Je. 4. 5, 19, 21; 6. 1, 17. Eze. 7. 14; 33. 3-6. Ho. 5. 8. Am. 3. 6. Zep. 1. 16. 1 Co. 14. 8. *remembered.* Ge. 8. 1. Ps. 106. 4; 136. 23. Lu. 1. 70-74.

10 *in the day.* ch. 29. 1. Le. 23. 24; 25. 9, 10. 1 Ch. 15. 24, 28; 16. 42. 2 Ch. 5. 12, 13; 7. 6; 29. 26, 28. Ezr. 3. 10. Ne. 12. 35. Ps. 81. 3; 89. 15; 98. 5, 6; 150. 3. Is. 27. 13; 55. 1-4. Mat. 11. 28. 1 Co. 15. 52. 1 Th. 4. 16, 18. Re. 22. 17. *a memorial.* ver. 9. Ex. 28. 29; 30. 16. Jos. 4. 7. Ac. 10. 4. 1 Co. 11. 24-26.

11 An. Ex. Is. 2. Ijar. *on.* The Israelites had lain encamped in the wilderness of Sinai about eleven months and twenty days (comp. Ex. 19. 1); and they now received the order of God to decamp, and proceed to the promised land: the Samaritan, therefore, introduces at this place, nearly the words of De. 1. 6-8: 'And Jehovah spake unto Moses, saying, Ye have dwelt long enough in this mount; turn, and take your journey,' etc. ch. 1. 1; 9. 1, 5, 11. Ex. 40. 2. *the cloud.* See on ch. 9. 17-23.

12 *took.* ch. 33. 16. Ex. 13. 20; 40. 36, 37. De. 1. 19. *out of the.* ch. 1. 1; 9. 1, 5; 33. 15. Ex. 19. 1, 2. *the wilderness.* ch. 12. 16; 13. 3, 26. Ge. 21. 21. De. 1. 1; 33. 2. 1 Sa. 25. 1. Hab. 3. 3.

13 ch. 9. 23.

14 *the first place.* The following is the order in which this vast company marched:

JUDAH:—Issachar, Zebulun, Gershonites, *and* Merarites, *bearing the tabernacle.*

REUBEN:—Simeon, Gad, Kohathites, *with the sanctuary.*

EPHRAIM:—Manasseh, Benjamin.

DAN:—Asher, Naphtali.

Among other things, it should be remarked, that, according to a well-known rule of military tactics, the *advanced*, and *rear-guards*, were stronger than the centre. See ch. 2. 3-9; 26. 19-27. Ge. 49. 8. *Nahshon.* See on ch. 1. 7; 7. 12.

15 ch. 1. 8; 7. 18.

16 ch. 1. 9; 7. 24.

17 *the tabernacle.* ch. 1. 51. He. 9. 11; 12. 28. 2 Pe. 1. 14. *the sons.* ch. 3. 25, 26, 36, 37; 4. 24-33; 7. 6-8.

18 *the camp.* ch. 2. 10-16; 26. 5-18. *Elizur.* ch. 1. 5; 7. 35.

19 *Simeon.* ch. 1. 6; 7. 36.

20 *Eliasaph.* ch. 1. 14; 2. 14, son of Reuel; 7. 42.

21 *the Kohathites.* ch. 2. 17; 3. 27-32; 4. 4-16; 7. 9. 1 Ch. 15. 2, 12-15. *the other did. that is,* the Gershonites and the Merarites. ver. 17; ch. 1. 51.

22 *the camp.* ch. 2. 18-24; 26. 23-41. Ge. 48. 19. Ps. 80. 1, 2. *Elishama.* ch. 1. 10; 7. 48.

23 *Gamaliel.* ch. 1. 10; 7. 54.

24 *Abidan.* ch. 1. 11; 7. 60.

25 *the camp.* ch. 2. 25, 28-31; 26. 42-51. Ge. 49. 16, 17. *the rereward.* De. 25. 17, 18. Jos. 6. 9. Is. 52. 12; 58. 8. *Ahiezer.* ch. 1. 12; 7. 66.

26 *Pagiel.* ch. 1. 13; 7. 72.

27 *Ahira.* ch. 1. 15; 7. 78.

28 *Thus were. Heb.* These. *according.* ver. 35, 36; ch. 2. 34; 24. 4, 5. Ca. 6. 10. 1 Co. 14. 33, 40. Col. 2. 5.

29 Ex. 2. 18. Reuel; 3. 1; 18. 1, 27. *the Lord.* Ge. 12. 7; 13. 15; 15. 18. Ac. 7. 5. *come.* Ju. 1. 16; 4. 11. 1 Sa. 15. 6. Ps. 34. 8. Is. 2. 3. Je. 50. 5. Zec. 8. 21-23. Re. 22. 17. *for the Lord.* ch. 23. 19. Ge. 32. 12. Ex. 3. 8; 6. 7, 8. Tit. 1. 2. He. 6. 18.

30 Ge. 12. 1; 31. 30. Ru. 1. 15-17. Ps. 45. 10. Lu. 14. 26. 2 Co. 5. 16. He. 11. 8, 13.

31 *forasmuch.* As the Israelites were under the immediate direction of God himself, and were guided by the pillar of cloud and fire, it might be supposed that they had no need of Hobab. But it should be remembered, that the cloud directed only their *general* journeys, not their *particular* excursions. Parties took several journeys while the grand army lay still, (ch. 13; 20; 31; 32.) *instead of eyes.* Job 29. 15. Ps. 32. 8. 1 Co. 12. 14-21. Ga. 6. 2.

32 Ju. 1. 16; 4. 11. 1 Jno. 1. 3.

33 *the mount.* Ex. 3. 1; 19. 3; 24. 17, 18. *the ark.* De. 9. 9; 31. 26. Jos. 4. 7. Ju. 20. 27. 1 Sa. 4. 3. Je. 3. 16. He. 13. 20. *went before.* Ex. 33. 14, 15. De. 1. 33. Jos. 3. 2-6, 11-17. Je. 31. 8, 9. Eze. 20. 6. *a resting place.* Ps. 95. 11. Is. 28. 12; 66. 1. Je. 6. 16. Mat. 11. 28-30. He. 4. 3-11.

34 Ex. 13. 21, 22. Ne. 9. 12, 19. Ps. 105. 39.

35 *Rise up, Lord.* Ps. 68. 1, 2; 132. 8. Is. 51. 9.

36 *Return, O Lord.* Ps. 90. 13-17. *many thousands of Israel. Heb.* ten thousand thousands. Ge. 24. 60. De. 1. 10.

## CHAP. XI.

*The burning at Taberah quenched by Moses' prayer,* 1-3. *The people lust for flesh, and loathe manna,* 4-9. *Moses complains of his charge,* 10-15. *God promises to divide his burden unto seventy elders, and to give the people flesh for a month,* 16-20. *Moses' faith is staggered,* 21-30. *Quails are given in wrath at Kibroth-hattaavah,* 31-35.

1 *And when.* ch. 10. 33; 20. 2-5; 21. 5. Ex. 15. 23, 24; 16. 2, 3, 7, 9; 17. 2, 3. De. 9. 22. La. 3. 39. 1 Co. 10. 10. Jude 16. *complained. or,* were as it were complainers. *it displeased the Lord. Heb.* it was evil in the ears of the Lord. Ge. 38. 10. 2 Sa. 11. 27, marg. Ja. 5. 4. *and the fire.* ch. 16. 35. Le. 10. 2. De. 32. 22. 2 Ki. 1. 12. Job 1. 16. Ps. 78. 21; 106. 18. Is. 30. 33; 33. 14. Na. 1. 5. Mar. 9. 43-49. He. 12. 29. *the uttermost.* De. 25. 18.

2 *cried.* ch. 21. 7. Ps. 78. 34, 35. Je. 37. 3; 42. 2. Ac. 8. 24. *prayed.* ch. 14. 13-20. Ge. 18. 23-33. Ex. 32. 10-14, 31, 32; 34. 9. De. 9. 19, 20. Ps. 106. 23. Is. 37. 4. Je. 15. 1. Am. 7. 2-6. Ja. 5. 16. 1 Jno. 5. 16. *the fire.* ch. 16. 45-48. He. 7. 26. 1 Jno. 2. 1, 2. *was quenched. Heb.* sunk.

3 *Taberah. that is,* a burning. De. 9. 22.

4 *the mixed.* Ex. 12. 38. Le. 24. 10, 11. Ne. 13. 3. *fell a lusting. Heb.* lusted a lust. *the children.* 1 Co. 15. 33. *wept again. Heb.* returned and wept. *Who shall.* Ps. 78. 18-20; 106. 14. Ro. 13. 14. 1 Co. 10. 6.

5 *the fish.* Ex. 16. 3. Ps. 17. 14. Phi. 3. 19. *the cucumbers.* In Hebrew, *kishshuim,* in Arabic, *kiththa,* Chaldee, *keta,* and Syriac, *kati,* a species of *cucumber* peculiar to Egypt, smooth, of a longish cylindrical shape, and about a foot long. PROSPER ALPINUS says that it differs from the common sort by its size, colour, and softness; that its leaves are smaller, whiter, softer, and rounder; its fruit larger, greener, smoother, softer, sweeter, and more easy of digestion than ours. HASSELQUIST describes it in the same manner; and adds, that it is very little watery, but firm like a melon, sweet and cool to the taste, but not so cold as the water-melon, which is meant by the *avutichim* of the text.

6 ch. 21. 5. 2 Sa. 13. 4.

7 *the manna.* Ex. 16. 14, 15, 31. 1 Co. 1. 23, 24. Re. 2. 17. *colour thereof as the colour of. Heb.* eye of it as the eye of. *bdellium.* Ge. 2. 12.

8 *the people.* Ex. 16. 16-18. Jno. 6. 27, 33-58. *baked it.* Ex. 16. 23. *taste of it.* Ex. 16. 31.

9 Ex. 16. 13, 14. De. 32. 2. Ps. 78. 23-25; 105. 40.

10 *weep throughout.* ch. 14. 1, 2; 16. 27; 21. 5. Ps. 106. 25. *the anger.* ver. 1. De. 32. 22. Ps. 78. 21, 59. Is. 5. 25. Je. 17. 4. *Moses.* ch. 12. 3; 20. 10-13. Ps. 106. 32, 33; 139. 21. Mar. 3. 5; 10. 14.

11 *Wherefore hast thou.* The complaint and remonstrance of Moses in these verses serve at once to shew the deeply distressed state of his mind, and the degradation of the minds of the people. ver. 15. Ex. 17. 4. De. 1. 12. Je. 15. 10, 18; 20. 7-9, 14-18. Mal. 3. 14. 2 Co. 11. 28. *wherefore have.* Job 10. 2. Ps. 130. 3; 143. 2. La. 3. 22, 23, 39, 40.

12 *Carry them.* Is. 40. 11. Eze. 34. 23. Jno. 10. 11. *as a nursing.* Is. 49. 15, 23. Ga. 4. 19. 1 Th. 2. 7. *the land.* Ge. 13. 15; 22. 16, 17; 26. 3; 50. 24. Ex. 13. 5.

13 Mat. 15. 33. Mar. 8. 4; 9. 23.

14 Ex. 18. 18. De. 1. 9-12. Ps. 89. 19. Is. 9. 6. Zec. 6. 13. 2 Co. 2. 16.

15 *kill me.* 1 Ki. 19. 4. Job 3. 20-22; 6. 8-10; 7. 15. Jon. 4. 3, 8, 9. Phi. 1. 20-24. Ja. 1. 4. *let me not.* Je. 15. 18; 20. 18. Zep. 3. 15. *my wretchedness.* Two of Dr. KENNICOTT's manuscripts read, '*their* wretchedness.' The Jerusalem Targum has the same, and adds, by way of explanation, 'who are thine own people.'

16 *seventy.* Ge. 46. 27. Ex. 4. 29; 24. 1, 9. Eze. 8. 11. Lu. 10. 1, 17. *officers.* De. 1. 15; 16. 18; 31. 28.

17 *I will come.* ver. 25; ch. 12. 5. Ge. 11. 5; 18. 21. Ex. 19. 11, 20; 34. 5. Jno. 3. 13. *talk with.* ch. 12. 8. Ge. 17. 3, 22; 18. 20-22, 33. *I will take.* ch. 27. 18. 1 Sa. 10. 6. 2 Ki. 2. 9, 15. Ne. 9. 20. Is. 44. 3; 59. 20, 21. Joel 2. 28. Jno. 7. 39. Ro. 8. 9. 1 Co. 2. 12; 12. 4-11. 1 Th. 4. 8. 1 Pe. 1. 22. Jude 19. *they shall.* Ex. 18. 22. Ac. 6. 3, 4.

18 *Sanctify.* Ge. 35. 2. Ex. 19. 10, 15. Jos. 7. 13. *ye have wept.* ver. 1, 4-6. Ex. 16. 3-7. Ju. 21. 2. *it was well.* See on ver. 4, 5; ch. 14. 2, 3. Ac. 7. 39.

19 About a year before this, the people had been thus feasted for one day (Ex. 16. 13); but now such plenty was to be afforded them for a whole month, and they should use it so greedily, that at last they should entirely loathe the food for which they had so inordinately craved.

20 *whole month. Heb.* month of days. Ex. 16. 8, 13. *and it.* ch. 21. 5. Ps. 78. 27-30; 106. 15. Pr. 27. 7. *despised.* 1 Sa. 2. 30. 2 Sa. 12. 10. Mal. 1. 6. Ac. 13. 41. 1 Th. 4. 8.

21 ch. 1. 46; 2. 32. Ge. 12. 2. Ex. 12. 37; 38. 26.

22 There is certainly a considerable measure of *weakness* and *unbelief* manifested in these complaints and questions of Moses; but his conduct appears at the same time so very *simple, honest,* and *affectionate,* that we cannot but admire it, while we wonder that he had not stronger confidence in that God, whose stupendous miracles he had so often witnessed in Egypt. 2 Ki. 7. 2. Mat. 15. 33. Mar. 6. 37; 8. 4. Lu. 1. 18, 34. Jno. 6. 6, 7, 9.

23 *Is the Lord's.* That is, 'Is the power of the Lord diminished?' That power which has been so signally displayed on your behalf, and which is as *unchangeable* as it is *unlimited.* Ge. 18. 14. Ps. 78. 41. Is. 50. 2; 59. 1. Mi. 2. 7. Mat. 19. 26. Lu. 1. 37. *thou shalt.* ch. 23. 19. 2 Ki. 7. 2, 17-19. Je. 44. 28, 29. Eze. 12. 25; 24. 14. Mat. 24. 35.

24 *gathered.* See on ver. 16, 26.

25 *came down.* ver. 17; ch. 12. 5. Ex. 34. 5; 40. 38. Ps. 99. 7. Lu. 9. 34, 35. *took.* See on ver. 17. 2 Ki. 2. 15. Ja. 1. 17. *gave it.* From this place, ORIGEN and THEODORET take occasion to compare Moses to a lamp, at which seventy others were lighted, without any diminution of its lustre. *they prophesied.* By *prophesying* here we are to understand, their performing those civil and sacred functions for which they were qualified; exhorting the people to quiet and peaceable submission, and to trust and confidence in the providence of God. 1 Sa. 10. 5, 6, 10; 19. 20-24. Je. 36. 5, 6. Joel 2. 28, 29. Ac. 2. 17, 18; 11. 28; 21. 9-11. 1 Co. 11. 4, 5; 14. 1-3, 32. 2 Pe. 1. 21.

26 *went not out.* Ex. 3. 11; 4. 13, 14. 1 Sa. 10. 22; 20. 26. Je. 1. 6; 36. 5.

28 *Joshua.* See on Ex. 17. 9. *My lord.* Mar. 9. 38, 39. Lu. 9. 49, 50. Jno. 3. 26.

29 *Enviest.* 1 Co. 3. 3, 21; 13. 4. Phi. 2. 3. Ja. 3. 14, 15; 4. 5; 5. 9. 1 Pe. 2. 1. *would.* Ac. 26. 29. 1 Co. 14. 5. Phi. 1. 15-18. *that the.* Mat. 9. 37, 38. Lu. 10. 2.

31 *a wind.* Ex. 10. 13, 19; 15. 10. Ps. 135. 7. *and brought.* Ex. 16. 13. Ps. 78. 26-29; 105. 40 *quails.* That the word *selav* means the *quail,* we have already had occasion to observe; to which we subjoin the authority of Mr. Maundrell, who visited Naplosa, (the ancient Sichem,) where the Samaritans live. Mr. MAUNDRELL asked their chief priest what sort of animal he took the *selav* to be. He answered, they were a sort of fowls; and, by the description Mr. Maundrell perceived he meant the same kind with our *quails. a day's journey. Heb.* the way of a day. *and as it were two cubits.* That is, as the Vulgate renders, *Volabantque in aëre duobus cubitis altitudine super terram,* 'and they flew in the air, at the height of two cubits above the ground.'

32 *homers.* Ex. 16. 36. Eze. 45. 11.

33 *And while.* Ps. 78. 30, 31; 106. 14, 15. *smote.* ch. 16. 49; 25. 9. De. 28. 27.

34 *Kibroth-hattaavah. that is,* the graves of lust. ch. 33. 16. De. 9. 22. 1 Co. 10. 6.

35 *journeyed.* ch. 33. 17. *unto Hazeroth.* ch. 12. 16. De. 1. 1. *abode at. Heb.* they were in, etc.

## CHAP. XII.

*God rebukes the sedition of Miriam and Aaron,* 1-10. *Miriam's leprosy is healed at the prayer of Moses,* 11-13. *God commands her to be shut out of the host,* 14, 15. *The people encamp in the wilderness of Paran,* 16.

1 *Miriam.* Mat. 10. 36; 12. 48. Jno. 7. 5; 15. 20. Ga. 4. 16. *Ethiopian. or,* Cushite. Ex. 2. 16, 21. *married. Heb.* taken. Ge. 24. 3, 37; 26. 34, 35; 27. 46; 28. 6-9; 34. 14, 15; 41. 45. Ex. 34. 16. Le. 21. 14.

2 *Hath the Lord.* ch. 16. 3. Ex. 4. 30; 5. 1; 7. 10; 15. 20, 21. Mi. 6. 4. *hath he not.* ch. 11. 29. Pr. 13. 10. Ro. 12. 3, 10. Phi. 2. 3, 14. 1 Pe. 5. 5. *And the.* ch. 11. 1. Ge. 29. 33. 2 Sa. 11. 27. 2 Ki. 19. 4. Ps. 94. 7-9. Is. 37. 4. Eze. 35. 12, 13.

3 *very.* Ps. 147. 6; 149. 4. Mat. 5. 5; 11. 29; 21. 5. 2 Co. 10. 1. 1 Th. 2. 7. Ja. 3. 13. 1 Pe. 3. 4. *above.* ch. 11. 10-15; 20. 10-12. Ps. 106. 32, 33. 2 Co. 11. 5; 12. 11. Ja. 3. 2, 3.

4 *the Lord.* Ps. 76. 9. *Come out.* ch. 16. 16-21.

5 ch. 11. 25. Ex. 34. 5; 40. 38. Ps. 99. 7.

6 *a prophet.* Ge. 20. 7. Ex. 7. 1. Ps. 105. 15. Mat. 23. 31, 34, 37. Lu. 20. 6. Ep. 4. 11. Re. 11. 3, 10. *in a vision.* Ge. 15. 1; 46. 2. Job 4. 13; 33. 15. Ps. 89. 19. Eze. 1. 1. Da. 8. 2; 10. 8, 16, 17. Lu. 1. 11, 22. Ac. 10. 11, 17; 22. 17, 18. *a dream.* Ge. 31. 10, 11. 1 Ki. 3. 5. Je. 23. 28. Da. 7. 1. Mat. 1. 20; 2. 12, 13, 19.

7 *My servant.* De. 18. 18. Ps. 105. 26. Mat. 11. 9, 11. Ac. 3. 22, 23; 7. 31. *faithful.* 1 Co. 4. 2. 1 Ti. 3. 15. He. 3. 2-6. 1 Pe. 2. 4, 5.

8 *mouth.* ch. 14. 14. Ex. 33. 11. De. 34. 10. 1 Ti. 6. 16. *dark speeches.* Ps. 49. 4. Eze. 17. 2; 20. 49. Mat. 13. 35. Jno. 15. 15. 1 Co. 13. 12. *similitude.* Ex. 24. 10, 11; 33. 19, 23; 34. 5-7. De. 4. 15. Is. 40. 18; 46. 5. Jno. 1. 18; 14. 7-10; 15. 24. 2 Co. 3. 18; 4. 4-6. Col. 1. 15. He. 1. 3. *were ye.* Ex. 34. 30. Lu. 10. 16. 1 Th. 4. 8. 2 Pe. 2. 10. Jude 8.

9 ch. 11. 1. Ho. 5. 15.

10 *the cloud.* Ex. 33. 7-10. Eze. 10. 4, 5, 18, 19. Ho. 9. 12. Mat. 25. 41. *behold.* De. 24. 9. *leprous.* Le. 13. 2, 3, etc. 2 Ki. 5. 27; 15. 5. 2 Ch. 26. 19-21.

11 *I beseech thee.* Ex. 12. 32. 1 Sa. 2. 30; 12. 19; 15. 24, 25. 1 Ki. 13. 6. Je. 42. 2. Ac. 8. 24. Re. 3. 9. *lay not.* 2 Sa. 19. 19; 24. 10. 2 Ch. 16. 9. Ps. 38. 1-5. Pr. 30. 32.

12 *as one dead.* Ps. 88. 4, 5. Ep. 2. 1-5. Col. 2. 13. 1 Ti. 5. 6. *of whom.* Job 3. 16. Ps. 58. 8. 1 Co. 15. 8.

13 ch. 14. 2, 13-20; 16. 41, 46-50. Ex. 32. 10-14. 1 Sa. 12. 23; 15. 11. Mat. 5. 44, 45. Lu. 6. 28; 23. 34. Ac. 7. 60. Ro. 12. 21. Ja. 5. 15.

14 *spit.* De. 25. 9. Job 30. 10. Is. 50. 6. Mat. 26. 67. He. 12. 9. *let her be.* ch. 5. 2, 3. Le. 13. 45, 46; 14. 8. 2 Ch. 26. 20, 21.

15 *shut out.* De. 24. 8, 9. *and the.* Ge. 9. 21-23. Ex. 20. 12. *till Miriam.* La. 3. 32. Mi. 6. 4; 7. 8, 9. Hab. 3. 2.

16 *afterward.* ch. 11. 35; 33. 18. *Hazeroth.* The exact situation of this place is unknown. Dr. SHAW computes it to be three days' journey, *i.e.* thirty miles from Sinai. From this passage, it appears that the wilderness of Paran commenced immediately upon their leaving this station. CALMET observes, that there is a town called *Hazor* in Arabia Petræa, in all probability the same as *Hazerim,* the ancient habitation of the Hivites (De. 2. 23); and likewise, according to all appearances, the *Hazeroth,* where the Hebrews encamped. *the wilderness.* ch. 10. 12; 13. 3, 26. Ge. 21. 21. 1 Sa. 25. 1. Hab. 3. 3.

## CHAP. XIII.

*The names of the men who were sent to search the land,* 1-16. *Their instructions,* 17-20. *Their acts,* 21-25. *Their relation,* 26-33.

2 *Send thou.* ch. 32. 8. De. 1. 22-25. Jos. ch. 2. *of*

*every.* ch. 1. 4; 34. 18. *a ruler.* ch. 11. 16. Ex. 18. 25. De. 1. 15.

3 The wilderness of Paran, says Dr. Wells, seems to have been taken in a larger, and in a stricter sense. In the larger sense, it seems to have denoted all the desert and mountainous tract, lying between the wilderness of Shur westward, and mount Seir, or the land of Edom, eastward, the land of Canaan northward, and the Red sea southward. And in this sense, it seems to have comprehended the wilderness of Sin, and the wilderness of Sinai, also the adjoining tract wherein lay Kibroth-hattaavah and Hazeroth. In this sense it may be understood in De. 1. 19, where, by 'that great and terrible wilderness,' is intended the wilderness of Paran in its largest acceptation: for, in its stricter acceptation, it seems not to have been so great and terrible a wilderness; but is taken to denote more peculiarly that part of Arabia Petræa which lies between mount Sinai and Hazeroth west, and mount Seir east. See on ch. 12. 16; 32. 8. De. 1. 19, 23; 9, 23.

6 *Caleb.* ver. 30; ch. 14. 6, 24, 30, 38; 26. 65; 27. 15-23; 34. 19. De. 31. 7-17. Jos. 14. 6-15; 15. 13-19. Ju. 1. 10-15. 1 Ch. 4. 15.

8 *Oshea.* ver. 16, Jehoshua; ch. 11. 28; 27. 18-22. Ex. 17. 9-13; 24. 13; 32. 17. De. 31. 7, 8, 14, 23; 34. 9. Jos. 1. 1-9, 16; ch. 24, Joshua.

16 *Oshea.* Ho. 1. 1. Ro. 9. 25. *Jehoshua.* See on ver. 8; ch. 14. 6, 30. Ex. 17. 9. Mat. 1. 21-23. Ac. 7. 45. He. 4. 8, Jesus.

17 *southward.* ver. 21, 22. Ge. 12. 9; 13. 1. Jos. 15. 3. Ju. 1. 15. *the mountain.* ch. 14. 40. Ge. 14. 10. De. 1. 44. Ju. 1. 9, 19.

18 Ex. 3. 8. Eze. 34. 14.

20 *whether it be.* Ne. 9. 25, 35. Eze. 34. 14. *good courage.* ver. 30, 31. De. 31. 6-8, 23. Jos. 1. 6, 9; 2. 3, 22, 23. 1 Ch. 22. 11. He. 13. 6. *the first-ripe.* ver. 23, 24. Mi. 7. 1.

21 *from the wilderness of Zin.* The wilderness of *Zin*, is different from that called *Sin.* (Ex. 16. 1.) The latter was near Egypt, but the former was near Kadesh Barnea, not far from the borders of Canaan. It seems to be the valley mentioned by Burckhardt; which, under the names of *El Ghor* and *El Araba*, form a continuation of the valley of the Jordan, extending from the Dead sea to the eastern branch of the Red sea. The whole plain presents to the view an appearance of shifting sands, whose surface is broken by innumerable undulations and low hills. A few talk, tamarisk, and rethem trees grow among the sand hills; but the depth of sand precludes all vegetation of herbage. ch. 20. 1; 27. 14; 33. 36; 34. 3, 4. De. 32. 51. Jos. 15. 1. *Rehob.* Rehob was a city, afterwards given to the tribe of Asher, situated near mount Lebanon, at the northern extremity of the Promised land, on the road which leads to Hamath, and west of Laish or Dan: compare Ju. 1. 31; 18. 28. Jos. 19. 28. *Hamath.* 2 Sa. 8. 9. Am. 6. 2.

22 *Ahiman.* Jos. 11. 21, 22; 15. 13, 14. Ju. 1. 10. *the children.* ver. 33. *Hebron.* Ge. 13. 18; 23. 2. Jos. 14. 13-15; 21. 13. 2 Sa. 2. 1, 11. *Zoan.* Ps. 78. 12, 43. Is. 19. 11; 30. 4.

23 *brook. or,* valley. ver. 24; ch. 32. 9. De. 1. 24, 25. Ju. 16. 4.

24 *brook. or,* valley. ver. 23. *Eshcol. that is,* a cluster of grapes.

25 *forty days.* ch. 14. 33, 34. Ex. 24. 18; 34. 28.

26 *unto the wilderness.* ver. 3. *Kadesh.* ch. 20. 1, 16; 32. 8; 33. 36. De. 1. 19. Jos. 14. 6.

27 ch. 14. 8. Ex. 3. 8, 17; 13. 5; 33. 3. Le. 20. 24. De. 1. 25, etc.; 6. 3; 11. 9; 26. 9, 11-15; 27. 3; 31. 20. Jos. 5. 6. Je. 11. 5; 32. 22. Eze. 20. 6, 15.

28 *strong.* De. 1. 28; 2. 10, 11, 21; 3. 5; 9. 1, 2. *saw the.* ver. 22, 23, 33. Jos. 11. 22; 15. 14. Ju. 1. 20.

29 *Amalekites.* ch. 14. 43; 24. 20. Ge. 14. 7. Ex. 17. 8-16. Ju. 6. 3. 1 Sa. 14. 48; 15. 3, etc.; 30. 1. Ps. 83. 7. *the Hittites.* See on Ge. 15. 19-21. Ex 3. 8, 17.

30 ch. 14. 6-9, 24. Jos. 14. 6-8. Ps. 27. 1, 2; 60. 12; 118. 10, 11. Is. 41. 10-16. Ro. 8. 31, 37. Phi. 4. 13. He. 11. 33.

31 ch. 32. 9. De. 1. 28. Jos. 14. 8. He. 3. 19.

32 *brought.* ch. 14. 36, 37. De. 1. 28. Mat. 23. 13. *a land.* See on ver. 28. Eze. 36. 13. Am. 2. 9. *men of a great stature. Heb.* men of statures. 2 Sa. 21. 20. Heb. 1 Ch. 20. 6, marg.

33 *saw the giants.* ver. 22. De. 1. 28; 2. 10; 3. 11; 9. 2. 1 Sa. 17. 4-7. 2 Sa. 21. 20-22. 1 Ch. 11. 23. *and we were.* 1 Sa. 17. 42. Is. 40. 22.

## CHAP. XIV.

*The people murmur at the news, 1-5. Joshua and Caleb labour to still them, 6-10. God threatens them, 11, 12. Moses intercedes with God, and obtains pardon, 13-25. The murmurers are debarred from entering into the land, 26-35. The men who raised the evil report die by a plague, 36-39. The people that would invade the land against the will of God are smitten, 40-45.*

1 ch. 11. 1-4. De. 1. 45.

2 *murmured.* ch. 16. 41. Ex. 15. 24; 16. 2, 3; 17. 3. De. 1. 27. Ps. 106. 24, 45. 1 Co. 10. 10. Phi. 2. 14, 15. Jude 16. *Would.* ver. 28, 29; ch. 11. 15. 1 Ki. 19. 4. Job 3. 11; 7. 15, 16. Jon. 4. 3, 8.

3 *the Lord.* Ps. 78. 40. Je. 9. 3. *our wives.* ver. 31, 32.

4 De. 17. 16; 28. 68. Ne. 9. 16, 17. Lu. 17. 32. Ac. 7. 39. He. 10. 38, 39; 11. 15. 2 Pe. 2. 21, 22.

5 ver. 16, 4, 22, 45. Ge. 17. 3. Le. 9. 24. Jos. 5. 14; 7. 10. 1 Ki. 18. 39. 1 Ch. 21. 16. Eze. 9. 8. Da. 10. 9. Mat. 26. 39. Re. 4. 10; 5. 14; 7. 11.

6 *Joshua.* ver. 24, 30, 38; ch. 13. 6, 8, 30. *rent their clothes.* Ge. 37. 29, 34; 44. 13. Jos. 7. 6. Ju. 11. 35. 2 Sa. 3. 31. 2 Ki. 18. 37. Job 1. 20. Joel 2. 12, 13. Mat. 26. 65.

7 *an exceeding good land.* ch. 13. 27. De. 1. 25; 6. 10, 11; 8. 7-9.

8 *delight.* De. 10. 15. 2 Sa. 15. 25, 26; 22. 20. 1 Ki. 10. 9. Ps. 22. 8; 147. 10, 11. Is. 62. 4. Je. 32. 41. Zep. 3. 17. Ro. 8. 31. *a land which.* ch. 13. 27.

9 *Only rebel.* De. 9. 7, 23, 24. Is. 1. 2; 63. 10. Da. 9. 5, 9. Phi. 1. 27. *neither.* De. 7. 18; 20. 3. *are bread.* ch. 24. 8. De. 32. 42. Ps. 14. 4; 74. 14. *defence. Heb.* shadow. *Tzillam*, a metaphor highly expressive of protection and support in the sultry eastern countries. (See the Parallel Passages.) The Arabs and Persians use the same word to express the same thing; using the expressions, 'May the *shadow (zulli)* of thy prosperity be extended.' 'May the *shadow* of thy prosperity be spread over the heads of thy well-wishers.' And in an elegant distich, 'May your protection never be removed from my head; may God extend your *shadow (zullikem)* eternally.' The loftiest and most esteemed title of the sultan, says Thornton, because given him by the kings of Persia, is *zil ullah*, shadow of God. Ps. 91. 1; 121. 5. Is. 30. 2, 3; 32. 2. Je. 48. 45. *the Lord.* Ge. 48. 21. Ex. 33. 16. De. 7. 21; 20. 1-4; 31. 6, 8. Jos. 1. 5. Ju. 1. 22. 2 Ch. 13. 12; 15. 2; 20. 17; 32. 8. Ps. 46. 1, 2, 7, 11. Is. 8. 9, 10; 41. 10. Mat. 1. 23. Ro. 8. 31. *fear them not.* Is. 41. 14.

10 *But all.* Ex. 17. 4. 1 Sa. 30. 6. Mat. 23. 37. Ac. 7. 52, 59. *And the.* ch. 16. 19, 42; 20. 6. Ex. 16. 7, 10; 24. 16, 17; 40. 34. Le. 9. 23.

11 *How long will this.* ver. 27. Ex. 10. 3; 16. 28. Pr. 1. 22. Je. 4. 14. Ho. 8. 5. Zec. 8. 14. Mat. 17, 17. *provoke.* ver. 23. De. 9. 7, 8, 22, 23. Ps. 95. 8. He. 3. 8, 16. *believe me.* De. 1. 32. Ps. 78. 22, 32, 41, 42; 106. 24. Mar. 9. 19. Jno. 10. 38; 12. 37; 15. 24. He. 3. 18.

12 *smite.* ch. 16. 46-49; 25. 9. Ex. 5. 3. 2 Sa. 24. 1, 12-15. *will make.* See on Ex. 32. 10.

13 *And Moses said unto the Lord.* From this verse to ver. 19, inclusive, we have the words of the earnest intercession of Moses: they need no explanation; they are full of simplicity and energy. *Then the.* Ex. 32. 12. De. 9. 26-28; 32. 27. Jos. 7. 8, 9. Ps. 106. 23. Eze. 20. 9, 14.

14 *they have.* Ex. 15. 14. Jos. 2. 9, 10; 5. 1. *art seen.* ch. 12. 8. Ge. 32. 30. Ex. 33. 11. De. 5. 4; 34. 10. Jno. 1. 18; 14. 9. 1 Co. 13. 12. 1 Jno. 3. 2. *thy cloud.* ch. 9. 15-21; 10. 34. Ex. 13. 21, 22; 40. 38. Ne. 9. 12, 19. Ps. 78. 14; 105. 39.

15 Ju. 6. 16.

16 De. 9. 28; 32. 26, 27. Jos. 7. 9.

17 Mi. 3. 8. Mat. 9. 6, 8.

18 *long-suffering.* See on Ex. 34. 6, 7. Ps. 103. 8; 145. 8. Jon. 4. 2. Mi. 7. 18. Na. 1. 2, 3. Ro. 3. 24-26; 5. 21. Ep. 1. 7, 8. *visiting.* Ex. 20. 5; 34. 7. Je. 23. 2.

19 *Pardon.* Ex. 32. 32; 34. 9. 1 Ki. 8. 34. Ps. 51. 1, 2. Eze. 20. 8, 9. Da. 9. 19. *according.* Is. 55. 7. Tit. 3. 4-7. *and as thou.* Ex. 32. 10-14; 33. 17. Ps. 78. 38; 106. 7, 8, 45. Jon. 3. 10; 4. 2. Mi. 7. 18. Ja. 5. 15. 1 Jno. 5. 14-16. *until now.* or, hitherto.

21 *as truly.* De. 32. 40. Is. 49. 18. Je. 22. 24. Eze. 5. 11; 18. 3; 33. 11, 27. Zep. 2. 9. *all the.* Ps. 72. 19. Hab. 2. 14. Mat. 6. 10.

22 *which have.* ver. 11. De. 1. 31-35. Ps. 95. 9-11; 106. 26. He. 3. 17, 18. *tempted.* Ex. 17. 2. Ps. 95. 9; 106. 14. Mal. 3. 15. Mat. 4. 7. 1 Co. 10. 9. He. 3. 9. *ten times.* Ge. 31. 7, 41. Job 19. 3.

23 *Surely they shall not see. Heb.* If they see. ch. 26. 64; 32. 11. De. 1. 35, etc. Ne. 9. 23. Ps. 95. 11; 106. 26. Eze. 20. 15. He. 3. 17, 18; 4. 3.

24 *my servant.* ver. 6-9; ch. 13. 30; 26. 65. De. 1. 36. Jos. 14. 6-14. *another spirit.* Caleb had *another spirit;* not only a bold, generous, courageous, noble, and heroic spirit, but the Spirit and influence of God, which thus raised him above human inquietudes and earthly fears. Therefore he *followed God fully;* literally, 'and he filled after me:' God shewed him the *way* he was to take and the *line* of conduct he was to pursue, and he *filled* up this line, and in all things *followed* the will of his Maker. *followed me.* ch. 32. 11, 12. De. 6. 5. Jos. 14. 8, 9. 1 Ch. 29. 9, 18. 2 Ch. 25. 2. Ps. 119. 80, 145. Pr. 23. 26. Ac. 11. 23. Ep. 6. 6. Col. 3. 23.

25 *the Amalekites.* ch. 13. 29. *turn you.* ver. 4. De. 1. 40. Ps. 81. 11-13. Pr. 1. 31.

27 *How long.* See on ver. 11. Ex. 16. 28. Mat. 17. 7. Mar. 9. 19. *I have heard.* Ex. 16. 12. 1 Co. 10. 10.

28 *As truly.* See on ver. 21, 23; ch. 26. 64, 65; 32. 11. De. 1. 35. Ps. 90. 8, 9. He. 3. 17. *as ye have.* ver. 2.

29 *carcases.* ver. 32, 33. 1 Co. 10. 5. He. 3. 17. Jude 5. *all that were.* ch. 1. 45; 26. 64.

30 *sware. Heb. lifted up my hand.* Ge. 14. 22. *save Caleb.* ver. 38; ch. 26. 65; 32. 12. De. 1. 36-38.

31 *little ones.* ch. 26. 6, 64. De. 1. 39. *ye said.* ver. 3. *know.* Their children, by possessing Canaan, *knew* what a good land their fathers had despised. *the land.* Ge. 25. 34. Ps. 106. 24. Pr. 1. 25, 30. Mat. 22. 5. Ac. 13. 41. He. 12. 16, 17.

32 See on ver. 29. 1 Co. 10. 5. He. 3. 17.

33 *shall wander in the wilderness.* or, feed. This implies, that they should move from place to place in the deserts, as the Bedouin Arabs, who have no certain dwelling, but rove about seeking pasture for their flocks. ch. 32. 13. Jos. 14. 10. Ps. 107. 4, 40. *forty years.* ch. 33. 38. De. 1. 3; 2. 14. *bear.* ch. 5. 31. Je. 3. 1, 2. Eze. 23. 35, 45-49. Ho. 9. 1.

34 *After.* ch. 13. 25. 2 Ch. 36. 21. *the number.* Ps. 95. 10. Eze. 4. 6. Da. 9. 24. Re. 11. 3. *shall ye bear.* ch. 18. 23. Le. 20. 19. Ps. 38. 4. Eze. 14. 10. *ye shall.* 1 Ki. 8. 56. Ps. 77. 8; 105. 42. Je. 18. 9, 10. La. 3. 31-33. He. 4. 1. *breach of promise.* or, altering of my purpose. *Tenooathi,* rather, my *failure,* or *disannulling,* from *noo,* to *fail, disannul;* for as they had broken their engagements, God was no longer held by his covenant. De. 31. 16, 17. 1 Sa. 2. 30. Zec. 11. 10.

35 *I will surely.* ch. 23. 19. *this evil.* ver. 27-29; ch. 26. 65. 1 Co. 10. 5, 11. He. 3. 19.

36 ch. 13. 31-33.

37 *those men.* Thus *ten* of the twelve who searched out the land were struck dead, by the justice of God, on the spot. In commemoration of this event, the Jews, to this day, celebrate a fast, on the seventh day of the month Elul. *died.* ver. 12; ch. 16. 49; 25. 9. Je. 28. 16, 17; 29. 32. 1 Co. 10. 10. He. 3. 17. Jude 5.

38 ch. 26. 65. Jos. 14. 6-10.

39 *mourned greatly.* Ex. 33. 4. Pr. 19. 3. Is. 26. 16. Mat. 8. 12. He. 12. 17.

40 *rose up.* De. 1. 41. Ec. 9. 3. Mat. 7. 21-23; 25. 11, 12. Lu. 13. 25. *for we have sinned.* We are sensible of our sin, and repent of it; and are now ready to do as Caleb and Joshua exhorted us. Or, *though we have sinned,* yet we hope God will make good his promise.

41 *do ye.* ver. 25. 2 Ch. 24. 20. *but it shall.* Job 4. 9. Je. 2. 37; 32. 5.

42 De. 1. 42. Jos. 7. 8, 12. Ps. 44. 1, 2-11.

43 ver. 25; ch. 13. 29. Le. 26. 17. De. 28. 25. *because.* Ju. 16. 20. 1 Ch. 28. 9. 2 Ch. 15. 2. Is. 63. 10. Ho. 9. 12.

44 *they presumed.* This miserable people a short time ago, thought that, though Omnipotence was with them, they could not conquer and possess the land! Now they imagine, that though God himself go not with them, yet they shall be sufficient to drive out the inhabitants, and take possession of their country! Man is ever supposing he can do *all things,* or do *nothing:* he is therefore sometimes *presumptuous,* and at other times *in despair.* ch. 15. 30. De. 1. 43. *the ark.* ch. 10. 33. 1 Sa. 4. 3-11.

45 *the Amalekites.* See on ver. 43. Ex. 17. 16. De. 1. 44; 32. 30. Jos. 7. 5, 11, 12. *Hormah.* ch. 21. 3. Ju. 1. 17.

## CHAP. XV.

*The law of the meat offering, and the drink offering,* 1-13. *The stranger is under the same law* 14-16. *The law of the first of the dough for an heave offering.* 17-21. *The sacrifice for sins of ignorance,* 22-29. *The punishment of presumption,* 30, 31. *He that violated the sabbath is stoned,* 32-36. *The law of fringes,* 37-41.

1 It is very probable, that the transactions recorded in this and the four following chapters took place during the time the Israelites abode in Kadesh (De. 1. 46.)

2 ver. 18. Le. 14. 34; 23. 10; 25. 2. De. 7. 1, 2; 12. 1, 9.

3 *will make.* Ex. 29. 18, 25, 41. Le. 1. 2, 3, 9, 13, 17; 10. 13. *a burnt.* Le. 1. 1, etc. *a sacrifice.* Le. 7. 16; 22. 18-23. De. 12. 11. *performing. Heb.* separating. Le. 27. 2. *or in a free-will.* Le. 22. 21, 23. De. 12. 6, 17; 16. 10. *in your.* ch. 28. 16-19, 27; 29. 1, 2, 8, 13, etc. Le. 23. 8, 12, 36. De. 16. 1-17. *a sweet.* Ge. 8. 21. Ex. 29. 18. Mat. 3. 17. Ep. 5. 2. Phi. 4. 18. *the herd.* Under the term *bakar,* are comprehended the *ox, heifer,* etc.; and under *tzon,* are included *sheep* and *goats.* The animals enjoined in the Levitical law are the very same which God commanded Abraham to offer. (Ge. 15. 9.) Hence it is evident, that God delivered to the patriarchs an epitome of that law which was afterwards given in detail to Moses, the essence of which consisted in its *sacrifices;* and these sacrifices were of clean animals, the most perfect, useful, and healthy of all that are brought under the immediate government of man. Gross feeding and ferocious animals were all excluded, as well as all birds of *prey.*

4 *a meat.* Ex. 29. 40. Le. 2. 1; 6. 14; 7. 9, 10; 23. 13. Is. 66. 20. Mal. 1. 11. Ro. 15. 16. He. 13. 16. *the fourth.* ch. 28. 5, etc. Ex. 29. 40. Le. 2. 15; 14. 10; 23. 13. Ju. 9. 9. Eze. 46. 14.

5 ch. 28. 7, 14. Ju. 9. 13. Ps. 116. 13. Ca. 1. 4. Zec. 9. 17. Mat. 26. 28, 29. Phi. 2. 17. 2 Ti. 4. 6.

6 ver. 4; ch. 28. 12-14.

8 *peace.* See on Le. 3. 1; 7. 11-18.

9 *with a.* ch. 28. 12, 14. *a meat.* ch. 29. 6. Le 6. 14; 7. 37; 14. 10. 1 Ch. 21. 23. Ne. 10. 33. Eze 42. 13; 46. 5, 7, 11, 15. Joel 1. 9; 2. 14.

10 See on ver. 5; ch. 6. 15.

11 ch. 28.

15 *One.* ver. 29; ch. 9. 14. Ex. 12. 49. Le. 24. 22. Ga. 3. 28. Ep. 2. 11-22. Col. 3. 11. *an ordinance.* ch. 10. 8; 18. 8. Ex. 12. 14, 24, 43. 1 Sa. 30. 25.

18 See on ver. 2. De. 26. 1, etc.

19 The oblation before prescribed seems to have been a general acknowledgment from the people at large; but this was an oblation from every one that reaped a harvest: who was required, previously to tasting it himself, to offer a portion of dough as a heave-offering to the Lord. This is supposed to have been given to the priests in their several cities, and not carried to the tabernacle. Jos. 5. 11, 12.

20 *a cake.* ch. 18. 12. Ex. 23. 19. De. 26. 2-10. Ne. 10. 37. Pr. 3. 9, 10. Eze. 44. 30. Mat. 6. 33. Ro. 11. 16. 1 Co. 15. 20. Ja. 1. 18. Re. 14. 4. *the heave-offering.* Le. 2. 14; 23. 10, 16, 17.

21 ch. 18. 26. Ex. 29. 28.

22 This law concerning sins of ignorance, being entirely diverse from one before considered, occasions considerable difficulty. (Le. ch. 4.) Some explain *that* law as relating to sins of *commission, this* to sins of *omission:* others explain the one of inadvertent violations of the *moral* law, and the other of the transgressions of the *ceremonial* law: and some think *that* related to the whole nation, *this* to any one tribe; or *that* to the bulk of the nation, *this* to the rulers and elders. The Jews say, that the former law referred to such national transgressions through heedlessness, as consisted with the maintenance of the prescribed worship in the main; but that this especially respected the case of the nation, when through inattention, and the example and authority of wicked rulers, they had turned aside and committed idolatry, or conducted their worship directly contrary to law; yet through a culpable ignorance, and not in presumption. This was evidently the case under several of their kings; and the explanation seems well grounded. Le. 4. 2, 13, 14, 22, 27; 5. 13, 15-17. Ps. 19. 12. Lu. 12. 48.

24 *if ought.* See on Le. 4. 13. *without. Heb.* from the eyes. *one young bullock.* See on Le. 4. 14-21. *with his.* ver. 8-10. *manner. or,* ordinance. *one kid.* ch. 28. 15. Le. 4. 23. 2 Ch. 29. 21-24. Ezr. 6. 17; 8. 35.

25 *the priest.* See on Le. 4. 20, 26. Ro. 3. 25. 1 Jno. 2. 2. *forgiven them.* Lu. 23. 34. Ac. 13. 39.

27 See on Le. 4. 27, 28. Ac. 3. 17; 17. 30. 1 Ti. 1. 13.

28 Le. 4. 35.

29 *one law.* See on ver. 15; ch. 9. 14. Le. 16. 29; 17. 15. Ro. 3. 29, 30. *sinneth. Heb.* doeth.

30 *doeth ought.* ch. 9. 13; 14. 44. Ge. 17. 14. Ex. 21. 14. Le. 20. 3, 6, 10. De. 1. 43; 17. 12; 29. 19, 20. Ps. 19. 13. Mat. 12. 32. He. 10. 26, 29. 2 Pe. 2. 10. *presumptuously. Heb.* with an high hand. That is, bold, daring, deliberate acts of transgression against the fullest evidence, and in *despite* of the Divine authority. Such conduct 'reproacheth the Lord,' as if his commands were needless, unreasonable, and inimical to the happiness of man; his favour were not desirable, or his wrath not to be feared: in short, as if it were more advantageous to rebel against him than to serve him. Such acts admitted of no atonement: the person was condemned to bear his own iniquity, and to be cut off. *reproacheth.* Ps. 69. 9; 74. 18, 22; 79. 12; 89. 51. Pr. 14. 31. Is. 37. 23, 24.

31 *despised.* Le. 26. 15, 43. 2 Sa. 12. 9. Ps. 119. 126. Pr. 13. 13. Is. 30. 12. 1 Th. 4. 8. He. 10. 28, 29. *his iniquity.* Le. 5. 1. Ps. 38. 4. Is. 53. 6. Eze. 18. 20. 1 Pe. 2. 24. 2 Pe. 2. 21.

32 *they found a man.* This example seems to have been evidently introduced to illustrate the foregoing law. The man despised the word of the Lord, presumptuously broke his commandment, and on this ground was punished with death. Ex. 16. 23, 27, 28; 20. 8-10; 35. 2, 3.

33 Jno. 8. 3, etc.

34 Le. 24. 12.

35 *The man.* Ex. 31. 14, 15. *stone him.* See on Le. 24. 14, 23. 1 Ki. 21. 13. Ac. 7. 58. He. 13. 11, 12.

36 Jos. 7. 25.

38 *fringes in the borders.* The word *tzitzith* properly denotes *an ornament resembling a flower.* From ver. 39, we learn that these were emblematical of the *commands* of God. That there is any analogy between a *fringe* and a *precept,* it would be bold to assert; but when a thing is appointed to *represent* another, no matter how different, that first object becomes the legitimate representative or sign of the other. De. 22. 12. Mat. 9. 20; 23. 5. Lu. 8. 44.

39 *remember.* Ex. 13. 9. De. 6. 6-9; 11. 18-21, 28-32. Pr. 3. 1. *ye seek not.* De. 29. 19. Job 31. 7. Pr. 28. 26. Ec. 11. 9. Je. 9. 14. Eze. 6. 9. *go a whoring.* Ex. 34. 15, 16. Ps. 73. 27; 106. 39. Ho. 2. 2. Ja. 4. 4.

40 *be holy.* Le. 11. 44, 45; 19. 2. Ro. 12. 1. Ep. 1. 4. Col. 1. 2. 1 Th. 4. 7. 1 Pe. 1. 15, 16.

41 Le. 22. 33; 25. 38. Ps. 105. 45. Je. 31. 31-33; 32. 37-41. Eze. 36. 25-27. He. 11. 16. 1 Pe. 2. 9, 10.

## CHAP. XVI.

*The rebellion of Korah, Dathan, and Abiram,* 1-22. *Moses separates the people from the rebels' tents,* 23-30. *The earth swallows up Korah, and a fire consumes others,* 31-35. *The censers are reserved to holy use,* 36-40. *Fourteen thousand and seven hundred are slain by a plague, for murmuring against Moses and Aaron,* 41-45. *Aaron by incense stays the plague,* 46-50.

1 *Korah.* ch. 26. 9, 10; 27. 3. Ex. 6. 18, 21. Jude 11. *sons of Reuben.* Ge. 49. 3, 4. 1 Ch. 5. 1, 2. *took men.* As the word *men* is not in the text, some read 'took counsel;' and some 'took courage.' HOUBIGANT renders *yikkach, rebellionem fecerunt,* 'they rebelled;' which scarcely any rule of criticism can ever justify. Dr. GEDDES' translation is, 'Another insurrection was raised against Moses by Korah,' etc. Others think that it may mean, 'behaved with insolence.' But, as Dr. A. CLARKE observes, the verb *wyyikkach,* 'and he took,' which, though at the end of the sentence in English, is the first word in Hebrew, is not in the plural, but the singular; and hence cannot be applied to the acts of all these chiefs. In every part of the Scripture, where this rebellion is referred to, it is attributed to Korah, therefore the verb here belongs to him; and the whole verse should be translated, 'Now Korah, son of Izhar, son of Kohath, son of Levi, HE TOOK even Dathan and Abiram, the sons of Eliab, and On, son of Peleth, SON of Reuben, and they rose up,' etc.; reading, with some MSS., the Samaritan, and Septuagint, *ben,* SON, instead of *beney,* SONS.

2 *famous.* ch. 26. 9. Ge. 6. 4. 1 Ch. 5. 24; 12. 30. Eze. 16. 14; 23. 10.

3 *gathered.* ver. 11; ch. 12. 1, 2; 14. 1-4. Ps. 106. 16. Ac. 7. 39, 51. *Ye take too much upon you. Heb. It is* much for you. *all the.* Ex. 19. 6. Ezr. 9. 2. Is. 1. 11-16. Je. 7. 3-12. Mat. 3. 9, 10. Ro. 2. 28, 29. *the Lord.* ch. 14. 14; 35. 34. Ex. 29. 45, 46. Ps. 68. 17.

4 ver. 45; ch. 14. 5; 20. 6. Jos. 7. 6.

5 *the Lord.* Mal. 3. 18. 2 Ti. 2. 19. *who is holy.* ver. 3. Le. 21. 6-8, 12-15. Is. 61. 5, 6. 1 Pe. 2. 5-9. Re. 1. 6; 5. 9, 10. *will cause.* Ex. 28. 43. Le. 10. 3. Ps. 65. 4. Eze. 40. 46; 44. 15, 16. Ep. 2. 13. He. 10. 19-22; 12. 14. *even him.* ch. 17. 5. Ex. 28. 1. Le. 8. 2. 1 Sa. 2. 28. Ps. 105. 26. Jno. 15. 16. Ac. 1. 2, 24; 13. 2; 15. 7; 22. 14. 2 Ti. 2. 3, 4.

6 ver. 35-40, 46-48. Le. 10. 1; 16. 12, 13. 1 Ki. 18. 21-23.

7 *that the man.* See on ver. 3, 5. Ep. 1. 4. 2 Th. 2. 13. 1 Pe. 2. 9. *too much.* ver. 3. 1 Ki. 18. 17, 18. Mat. 21. 23-27.

9 *Seemeth it but.* ver. 13. Ge. 30. 15. 1 Sa. 18. 23. 2 Sa. 7. 19. Is. 7. 13. Eze. 34. 18. 1 Co. 4. 3. *separated.* ch. 1. 53; 3. 41-45; 8. 14-16; 18. 2-6. De. 10. 8. 2 Ch. 35. 3. Ne. 12. 44. Eze. 44. 10, 11. Ac. 13. 2.

10 *and seek.* Pr. 13. 10. Mat. 20. 21, 22. Lu. 22. 24. Ro. 12. 10. Phi. 2. 3. 3 Jno. 9.

11 *against.* ver. 3. 1 Sa. 8. 7. Lu. 10. 16. Jno. 13. 20. Ro. 13. 2. *what is Aaron.* Ex. 16. 7, 8; 17. 2. Ac. 5. 4. 1 Co. 3. 5.

12 Pr. 29. 9. Is. 3. 5. 1 Pe. 2. 13, 14. Jude 8.

13 *a small.* See on ver. 9. *out of a.* ch. 11. 5. Ex. 1. 11, 22; 2. 23. *to kill.* ch. 20. 3, 4. Ex. 16. 3; 17. 3. *thou make.* Ex. 2. 14. Ps. 2. 2, 3. Lu. 19. 14. Ac. 7. 25-27, 35.

14 *Moreover.* ch. 45. 8-10. See on Ex. 3. 8, 17. Le. 20. 24. *put out. Heb.* bore out.

15 *very wroth.* ch. 12. 3. Ex. 32. 19. Mat. 5. 22. Mar. 3. 5. Ep. 4. 26. *Respect.* ver. 6, 7. Ge. 4. 4, 5. Is. 1. 10-15. *I have not.* Though Moses was their ruler, under God, yet, so far from oppressing them, he had not imposed the smallest tax, nor taken, as a present, so much as an ass from one of them. The common present that is now made to the great, in these countries, is a *horse;* but there is reason to believe, that an *ass* might formerly have answered the same purpose. 'If it is a visit of ceremony from a bashaw,' says Dr. RUSSELL, 'or other person in power, a fine horse, sometimes with furniture, or some such valuable present, is made to him at his departure.' As asses were esteemed no dishonourable beasts for the saddle, Sir. J. CHARDIN, in his MS., supposes, that when Samuel disclaimed having taken the ass of any one, (1 Sa. 12. 3,) he is to be understood of not having taken any ass for his riding. In the same light, he considers this similar declaration of Moses. His reason is, 'asses being then esteemed very honourable creatures for riding on, (ch. 22. 21, 30. Ju. 5. 10. 2 Sa. 16. 2,) as they are at this very time in Persia, being rode with saddles.' 1 Sa. 12. 3, 4. Ac. 20. 33, 34. 1 Co. 9. 15. 2 Co. 1. 12; 7. 2; 12. 14-17. 1 Th. 2. 10.

16 *Be thou.* See on ver. 6, 7. *before.* 1 Sa. 12. 3, 7. 2 Ti. 2. 14.

17 1 Sa. 12. 7.

19 *Korah.* ver. 1, 2. *and the glory.* ver. 42; ch. 12. 5; 14. 10. Ex. 16. 7, 10. Le. 9. 6, 23.

21 *Separate.* Ge. 19. 15-22. Je. 51. 6. Ac. 2. 40. 2 Co. 6. 17. Ep. 5. 6, 7. Re. 18. 4. *that I may.* ver. 45; ch. 14. 12, 15. Ex. 32. 10; 33. 5. Ps. 73. 19. Is. 37. 36. He. 12. 28, 29.

22 *they fell.* ver. 4, 45; ch. 14. 5. *the God.* ch. 27. 16. Job 12. 10. Ec. 12. 7. Is. 57. 16. Zec. 12. 1. He. 12. 9. *one man sin.* Ge. 18. 23-25, 32. Jos. 7. 1, etc. 2 Sa. 24. 1, 17. Ro. 5. 18. 1 Co. 13. 7.

24 See on ver. 21. It should seem that Dathan and Abiram had set up a spacious tabernacle in the midst of the tents of their families, where they kept court, met in council, and hung out their flag of defiance against Moses; it is here called the tabernacle of Korah, Dathan, and Abiram. There, as in the place of rendezvous, Dathan and Abiram stayed, when Korah and his friends went up to the tabernacle of the Lord, waiting the issue of their trial; but here we are told how they had their business done, before that trial was over. God will take what method he pleases in his judgments.

25 ch. 11. 16, 17, 25, 30.

26 *Depart, I pray you.* The rebels, with all that belonged to them, were, as *an accursed thing,* devoted to utter destruction. (Le. 27. 28, 29. Jos. 7. 13-15, 23-26.) The people therefore were forbidden to touch any thing belonging to them; that they might enter a solemn protest against their wickedness, acknowledge the justice of their punishment, and express their fear of being involved in it. See on ver. 21-24. Ge. 19. 12-14. De. 13. 17. Is. 52. 11. Mat. 10. 14. Ac. 8. 20; 13. 51. 2 Co. 6. 17. 1 Ti. 5. 22. Re. 18. 4.

27 *and stood.* 2 Ki. 9. 30, 31. Job 9. 4; 40. 10, 11. Pr. 16. 18; 18. 12. Is. 28. 14.

28 *Hereby.* Ex. 3. 12; 4. 1-9; 7. 9. De. 18. 22. Zec. 2. 9; 4. 9. Jno. 5. 36; 11. 42; 14. 11. *for I have. Kee lo millibbee,* 'and that not out of my heart.' It was not of my own device or contrivance. It was not out of an ambitious desire to be great myself that I took upon me the government, nor out of private affection to my brother, that I appointed him and his family to the priesthood. *of mine.* ch. 24. 13. 1 Ki. 18. 36. Je. 23. 16. Eze. 13. 17. Jno. 5. 30; 6. 38.

29 *the common,* etc. *Heb.* as every man dieth. *visited.* Ex. 20. 5; 32. 34. Job 35. 15. Is. 10. 3. Je. 5. 9. La. 4. 22. *the Lord.* 1 Ki. 22. 28. 2 Ch. 18. 27.

30 *make a new thing. Heb.* create a creature; *weim beriah yivra Yehowah,* 'And if Jehovah should create a creation,' *i.e.* do such a thing as was never done before. Job 31. 3. Is. 28. 21; 43. 19; 45. 7, 12. Je. 31. 22. *and they.* ver. 33. Ps. 55. 15.

31 ch. 26. 10, 11; 27. 3. De. 11. 6. Ps. 106. 17, 18.

32 *the earth.* ver. 30. Ge. 4. 11. Is. 5. 14. Re. 12. 16. *all the.* ver. 17; ch. 26. 11; 27. 3. 1 Ch. 6. 22, 37. Ps. 84; 85; 88, titles.

33 *into the.* Ps. 9. 15; 55. 23; 69. 15; 143. 7. Is. 14. 9, 15. Eze. 32. 18, 30. *they perished.* Jude 11.

34 *fled.* Is. 33. 3. Zec. 14. 5. Re. 6. 15-17. *Lest.* ch. 17. 12, 13.

35 *And there.* ch. 11. 1; 26. 10. Le. 10. 2. Ps. 106. 18. *two hundred.* See on ver. 2, 17.

37 *the censers.* See on ver. 7, 18. *hallowed. kadashoo,* 'consecrated, *i.e.* to the service of God, though in this instance, improperly employed. See on Le. 27, 28.

38 *sinners.* 1 Ki. 2. 23. Pr. 1. 18; 8. 36; 20. 2. Hab. 2. 10. *a sign.* ver. 40; ch. 17. 10; 26. 10. Eze. 14. 8. 1 Co. 10. 11. 2 Pe. 2. 6.

40 *that no.* ch. 3. 10, 38; 18. 4-7. Le. 22. 10. 2 Ch. 26. 18-20. Jude 11. *come near.* 1 Ki. 13. 1-3. 2 Ch. 26. 16-21.

41 *on the morrow.* It is not unlikely, that the people persuaded themselves that Moses and Aaron had used some *cunning* in this business, and that the *earthquake* and *fire* were artificial; for, had they discerned the hand of God in this punishment, they would scarcely have dared the anger of the Lord in the very face of his justice. And while they thus absurdly imputed this judgment to Moses and Aaron, they impiously called the persons, thus perishing in their rebellion, 'the people of the Lord!' *all the.* See on ver. 1-7; ch. 14. 2. Ps. 106. 13, 23, 25, etc. Is. 26. 11. *Ye have.* ver. 3. 2 Sa. 16. 7, 8. 1 Ki. 18. 17. Je. 37. 13, 14; 38. 4; 43. 3. Am. 7. 10. Mat. 5. 11. Ac. 5. 28; 21. 28. 2 Co. 6. 8.

42 *when the.* ver. 19. *the glory.* ver. 19; ch. 14. 10; 20. 6. Ex. 16. 7, 10; 24. 16; 40. 34, 35. Le. 9. 23.

45 *Get you up.* See on ver. 21, 24, 26. *And they.* ver. 22; ch. 20. 6. 1 Ch. 21. 16. Mat. 26. 39.

46 *from off.* Le. 9. 24; 10. 1; 16. 12, 13. Is. 6. 6, 7. Ro. 5. 9, 10. He. 7. 25-27; 9. 25, 26. Re. 8. 3-5. *and put.* Ps. 141. 2. Mal. 1. 11. *an atonement.* Ex. 30. 7-10. Le. 16. 11-16. 1 Jno. 2. 1, 2. *there is wrath.* ch. 1. 53; 8. 19; 11. 33; 18. 5. Le. 10. 6. 1 Ch. 27. 24. Ps. 106. 29. *the plague is begun.* God now punished them by a *secret blast,* so as to put the matter beyond dispute; His hand, and His alone, was seen, not only in the plague, but in the *manner* in which the mortality was arrested. It was necessary that it should be done in *this way,* that the whole congregation might see that these men who had perished were not 'the people of the Lord,' and that God, not *Moses* and *Aaron,* had destroyed them.

47 *and ran.* Mat. 5. 44. Ro. 12. 21. *and behold.* Ps. 106. 29. *and he put.* See on ver. 46. De. 33. 10, 11. Is. 53. 10-12.

48 What the plague was we know not; but it seems from this to have begun at one part of the camp, and to have proceeded regularly onward. ver. 18, 35; ch. 25. 8-11. 2 Sa. 24. 16, 17, 25. 1 Ch. 21. 26, 27. 1 Th. 1. 10. 1 Ti. 2. 5, 6. He. 7. 24, 25. Ja. 5. 16. Jno. 5. 14.

49 *fourteen thousand.* ver. 32-35; ch. 25. 9. 1 Ch. 21. 14. He. 2. 1-3; 10. 28, 29; 12. 25.

50 ver. 43. 1 Ch. 21. 26-30.

## CHAP. XVII.

*Aaron's rod, among all the rods of the tribes, only flourishes,* 1-9. *It is left for a monument against the rebels,* 10-13.

2 *a rod.* The word *matteh* signifies a *staff*, or *sceptre*, which the prince or chief of each tribe bore, and which was the sign of office or royalty among almost all the people of the earth. *all their princes.* ch. 1. 5-16; 2. 3-30; 10. 14-27. *twelve rods.* Ge. 49. 10. Ex. 4. 2, 17. Ps. 110. 2; 125. 3. Eze. 19. 14; 21. 10, 13; 37. 16-20. Mi. 7. 14.

3 ch. 3. 2, 3; 18. 1, 7. Ex. 6. 16, 20.

4 Ex. 25. 16-22; 29. 42, 43; 30. 6, 36.

5 *whom I.* See on ch. 16. 5. *blossom.* ver. 8. Is. 5. 24; 11. 1; 27. 6; 35. 1, 2. Ho. 14. 5. *I will.* ver. 10. Is. 13. 11. Eze. 16. 41; 23. 27. *they murmur.* See on ch. 16. 11.

6 *a rod a-piece, for each prince one. Heb.* a rod for one prince, a rod for one prince. See on ver. 2.

7 ch. 18. 2. Ex. 38. 21. Ac. 7. 44.

8 *the rod of Aaron.* This fact was so unquestionably miraculous, that no doubt could remain on the minds of the people, or the envious chiefs, of the divine appointment of Aaron: and as there were buds, blossoms, and fruit on the rod at the same time, which was never the case with branches in the natural and ordinary course, this evidently *proved* the miracle, and took away all suspicion of the fraud which has been impiously suggested, that Moses had taken away Aaron's rod in the night time, and put a living branch of an almond tree in the room of it. A sceptre or staff of office resuming its vegetative life, was considered an absolute impossibility among the ancients; and as they were accustomed to swear by their sceptres, this circumstance was added to confirm the oath. *budded.* See on ver. 5. Ge. 40. 10. Ps. 110. 2; 132. 17, 18. Ca. 2. 3. Is. 4. 2. Eze. 17. 24; 19. 12, 14. Jno. 15. 1-6.

10 *Bring Aaron's.* He. 9. 4. *for a token.* ch. 16. 38, 40. Ex. 16. 32. De. 31. 19-26. *rebels. Heb.* children of rebellion. 1 Sa. 2. 12; 30. 22. Ps. 57. 4. Is. 1. 2. Ho. 10. 9. Ep. 2. 2, 3; 5. 6. *and thou* ver. 5.

12 *Behold.* ch. 26. 11. Ps. 90. 7. Pr. 19. 3. Is. 57. 16. He. 12. 5. *we die. Gawanoo,* 'we expire:' it signifies not so much to *die* simply, as to *feel an extreme difficulty in breathing,* which producing *suffocation,* ends at last in death. See the folly and extravagance of this sinful people, in thus rebelling against the authority of those whom Jehovah had appointed to be their rulers.

13 *Whosoever.* ch. 1. 51-53; 18. 4-7. *any thing.* Ge. 3. 3. 1 Sa. 6. 19-21. 2 Sa. 6. 6-12. 1 Ch. 13. 11-13; 15. 13. Ps. 130. 3, 4; Ac. 5. 5, 11-14. Ep. 2. 13. He. 10. 19-22. *consumed.* ch. 16. 26; 32. 13. De. 2. 16. Job 34. 14, 15. Ps. 90. 7. Is. 28. 22.

## CHAP. XVIII.

*The charge of the priests and Levites,* 1-7. *The priests' portion,* 8-20. *The Levites' portion,* 21-24. *The heave offering to the priests out of the Levites' portion,* 25-32.

1 *Aaron, Thou.* ch. 17. 3, 7, 13. He. 4. 15. *shall bear.* To counterbalance the high honour conferred on Aaron and his family, and to allay the fears and abate the envy of the people, it is here declared, that the priests must bear the blame of every thing which was not properly conducted in the sanctuary. ver. 22; ch. 14. 34. Ex. 28. 38. Le. 22. 9. Is. 53. 6, 11. Eze. 3. 18, 19. Ac. 20. 26, 27. He. 13. 17. 1 Pe. 2. 24.

2 *joined unto thee.* There is a fine paronomasia in the original. *Levi* is derived from *lawah,* to join, couple, associate; hence Moses says, the *Levites yillawoo,* 'shall be joined,' or *associated,* with the priests: they shall conjointly perform the sacred office, but the priests shall be *principal,* the Levites their *associates* or assistants. ver. 4. Ge. 29. 34. *minister.* See on ch. 3. 6-9; 8. 19, 22. *but thou.* ch. 3. 10, etc.; 4. 15; 16. 40; 17. 7. 1 Ch. 16. 39, 40. 2 Ch. 30. 16. Eze. 44. 15.

3 *only they.* See on ch. 3. 25, 31, 36; 4. 19, 20; 16. 40. *neither.* ch. 4. 15.

4 *a stranger.* ch. 1. 51; 3. 10. 1 Sa. 6. 19. 2 Sa. 6. 6, 7.

5 *And ye.* ch. 8. 2. Ex. 27. 21; 30. 7, etc. Le. 24. 3. 1 Ch. 9. 19, 23, 33; 24. 5. 1 Ti. 1. 18; 3. 15; 5. 21; 6. 20. *no wrath.* ch. 8. 19; 16. 46. Je. 23. 15. Zec. 10. 3.

6 *And I.* Ge. 6. 17; 9. 9. Ex. 14. 17; 31. 6. Is. 48. 15; 51. 12. Eze. 34. 11, 20. *I have.* See on ch. 3. 12, 45. *given.* ch. 3. 9; 8. 16-19.

7 *Therefore thou.* ver. 5; ch. 3. 10. *within.* Le. 16. 2, 12-14. He. 9. 3-6. *as a service.* ch. 16. 5-7. 1 Sa. 2. 28. Jno. 3. 27. Ro. 15. 15, 16. Ep. 3. 8. He. 5. 4. *the stranger.* ver. 4; ch. 3. 38; 16. 40.

8 *the charge.* ver. 9. Le. 6. 16, 18, 20, 26; 7. 6. 32-34; 10. 14, 15. De. 12. 6, 11; 26. 13. *by reason.* Ex. 29. 21, 29; 40. 13, 15. Le. 7. 35; 8. 30; 21. 10. Is. 10. 27. He. 1. 9. 1 Jno. 2. 20, 27.

9 *every meat.* Le. 2. 2, 3; 10. 12, 13. *every sin.* Le. 4. 22, 27; 6. 25, 26; 10. 17. *every trespass.* Le. 5. 1, 6; 7. 1, 7; 10. 12; 14. 13.

10 *In the.* Ex. 29. 31, 32. Le. 6. 16, 26, 29; 7. 6; 10. 13, 17; 14. 13. *every male.* Le. 6. 18, 29; 7. 6; 21. 22.

11 *the heave.* ver. 8. Ex. 29. 27, 28. Le. 7. 14, 30-34. *unto thee.* Le. 10. 14. De. 18. 3. *every one.* Le. 22. 2, 3, 11-13.

12 *best of the oil. Heb.* fat. ver. 29. *the first-fruits.* ch. 15. 19-21. Ex. 22. 29; 23. 19; 34. 26. Le. 2. 14; 23. 17, 20. De. 18. 4; 26. 2. Ne. 10. 35-37.

13 *whatsoever.* Ex. 22. 29. Je. 24. 2. Ho. 9. 10. Mi. 7. 1. *every one.* ver. 11.

14 Le. 27. 28. Eze. 44. 29, marg.

15 *openeth.* ch. 3. 13. Ex. 13. 2, 12; 22. 29; 34. 20. Le. 27. 26. *the firstborn.* Ex. 13. 13; 34. 20. Le. 27. 27.

16 *shalt thou redeem.* Redemption of the first-born is one of the rites which are still practised among the Jews. According to Leo of Modena, it is performed in the following manner:—When the child is thirty days old, the father sends for one of the descendants of Aaron: several persons being assembled on the occasion, the father brings a cup, containing several pieces of gold and silver coin. The priest then takes the child into his arms, and addressing himself to the mother, he says, 'Is this thy son?' *Mother.* 'Yes.' *Priest.* 'Hast thou never had another child, male or female, a miscarriage, or untimely birth?' *Mother.* 'No.' *Priest.* 'This being the case, this child, as first-born, belongs to me.' Then turning to the father, he says, 'If it be thy desire to have this child, thou must redeem it.' *Father.* 'I present thee with this gold and silver for this purpose.' *Priest.* 'Thou dost wish, therefore, to redeem the child?' *Father.* 'I do wish so to do.' The priest then turning himself to the assembly, says, 'Very well: this child, as first-born, is mine; as it is written in *Bemidbar,* (ch. 18. 16,) *Thou shalt redeem the first-born of a month old for five shekels;* but I shall content myself with this in exchange.' He then takes two gold crowns, or thereabouts, and returns the child to his parents. *according.* ch. 3. 47. Le. 27. 2-7. *which is.* Ex. 30. 13. Le. 27. 25. Eze. 45. 12.

17 *the firstling.* De. 15. 19-22. *thou shalt.* See on Ex. 29. 16. Le. 3. 2-5.

18 Ex. 29. 26-28. Le. 7. 31-34.

19 *the heave.* ver. 8, 11; ch. 15. 19-21; 31. 29, 41. Le. 7. 14. De. 12. 6. 2 Ch. 31. 4. *it is a.* Le. 2. 13. 2 Ch. 13. 5.

20 *Thou shalt have.* The principal part of what was offered to God was the portion of the priests; who had no inheritance of *land* in Israel. The Rabbins say, 24 gifts were given to the priests; all of which are expressed in the law. *Eight* were only eaten in the sanctuary: 1. The flesh of the *sin-offering.* (Le. 6. 25, 26.) 2. The flesh of the *trespass-offering.* (Le. 7. 1, 6.) 3. The *peace-offering* of the congregation. (Le. 23. 19, 20.) 4. The *remainder* of the *sheaf.* (Le. 23. 10.) 5. The *remnants* of the *meat-offerings.* (Le. 6. 16.) 6. The *two loaves.* (Le. 23. 17.) 7. The *shew-bread.* (Le. 24. 9.) 8. The *log* of *oil* offered by the leper. (Le. 14. 10.) *Five* they ate only at Jerusalem: 1. The *breast* and *shoulder* of the *peace-offerings.* (Le. 7. 31, 34.) 2. The *heave-offering* of confession. (Le. 7. 12-14.) 3. The *heave-offering* of the Nazarite's *ram.* (Le. 6. 17-20.) 4. The *firstling.* (ch. 18. 15.) 5 The *first-fruits.* (ch. 18. 13.) *Five* were due to them only in the land of Israel: 1. The *heave-offering* of *first-fruits.* (ver. 12.) 2. Of the *tithe.* (ver. 28.) 3. The *cake.* (ch. 15. 20.) 4. The *first* of the *fleece.* (De. 18. 4.) 5. The *field of possession.* (ch. 35.) *Five* were due both within and without the land: 1. The gifts of *slain beasts.* (De. 18. 3.) 2. The redemption of the *first-born.* (ver. 15.) 3. The *lamb* for a *firstling ass.* (Ex. 4. 20.) 4. That taken by violence from a stranger. (ch. 5. 8.) 5. All devoted things. *One* was from the sanctuary, the *skins,* etc. (Le. 7. 8.) *no inheritance.* ver. 23, 24; ch. 26. 62. De. 10. 9; 12. 12; 14. 27, 29. Jos. 14. 3. *I am thy part.* De. 18. 1, 2. Jos. 13. 14, 33; 14. 3; 18. 7. Ps. 16. 5; 73. 26; 142. 5. La. 3. 24. Eze. 44. 28. 1 Co. 3. 21-23. Re. 21. 3.

21 *the tenth.* ver. 24-26. Le. 27. 30-32. De. 12. 17-19; 14. 22-29. 2 Ch. 31. 5, 6, 12. Ne. 10. 37-39; 12. 44; 13. 12. *even the service.* ver. 6; ch. 3. 7, 8. 1 Co. 9. 13, 14. Ga. 6. 6.

22 *come nigh.* ver. 7; ch. 1. 51; 3. 10, 38. *bear sin.* Le. 20. 20; 22. 9. *and die. Heb.* to die.

23 *do the service.* See on ch. 3. 7. *among.* See on ver. 20.

24 Mal. 3. 8-10.

26 *then ye shall.* See on ver. 19. *a tenth part.* Ne. 10. 38.

27 *as though.* Le. 6. 19-93. *the corn.* ver. 30; ch. 15. 20. De. 15. 14. 2 Ki. 6. 27. Ho. 9. 1, 2.

28 *and ye shall.* Ge. 14. 18. He. 6. 20; 7. 1-10.

29 *best. Heb.* fat. ver. 12.

30 *the best.* ver. 28. Ge. 43. 11. De. 6. 5. Pr. 3. 9, 10. Mal. 1. 8. Mat. 6. 33; 10. 37-39. Phi. 3. 8, 9. *then it shall.* ver. 27.

31 *in every.* De. 14. 22, 23. *your reward.* Mat. 10. 10. Lu. 10. 7. 1 Co. 9. 10-14. 2 Co. 12. 13. Ga. 6. 6. 1 Ti. 5. 17, 18.

32 *bear.* ver. 22. Le. 19. 8. *pollute.* Le. 22. 2, 15. Mal. 1. 7. 1 Co. 11. 27, 29.

## CHAP. XIX.

*The water of separation made of the ashes of a red heifer,* 1-10. *The law for the use of it in purification of the unclean,* 11-22.

2 *the ordinance.* ch. 31. 21. He. 9. 10. *a red heifer.* The following curious particulars have been remarked in this ordinance: 1. A *heifer* was appointed for sacrifice, in opposition to the Egyptian superstition, which held these *sacred,* and worshipped their goddess Isis under this form; and this appears the more likely, because *males* only were chosen for sacrifice. So HERODOTUS says, they sacrifice males, both old and young; but it is not lawful for them to offer females. 2. It was to be a *red* heifer, because the Egyptians sacrificed *red bulls* to the evil demon Typhon. 3. It was to be *without spot,* having no mixture of any other colour. PLUTARCH says, the Egyptians 'sacrifice red bulls, and select them with such scrupulous attention, that if the animal has a single *black* or *white* hair, they reckon it αθυτον, unfit to be sacrificed.' 4. *Without blemish.* (*See note on* Le. 22. 21.) 5. *On which never came yoke:* because an animal which had been used for a common purpose was deemed improper for sacrifice. ver. 6. Le. 14. 6. Is. 1. 18. Re. 1. 5. *no blemish.* See on Ex. 12. 5. Le. 22. 20-25. Mal. 1. 13, 14. Lu. 1. 35. He. 7. 26. 1 Pe. 1. 19; 2. 22. *upon which.* De. 21. 3. 1 Sa. 6. 7. La. 1. 14. Jno. 10. 17, 18. Phi. 2. 6-8.

3 *without the camp.* ch. 5. 2; 15. 36. Le. 4. 12, 21; 13. 45, 46; 16. 27; 24. 14. He. 13. 11-13.

4 *sprinkle.* Le. 4. 6, 17; 16. 14, 19. He. 9. 13, 14; 12. 24. 1 Pe. 1. 2.

5 Ex. 29. 14. Le. 4. 11, 12, 21. Ps. 22. 14. Is. 53. 10.

6 Le. 14. 4, 6, 49. Ps. 51. 7. Is. 1. 18. He. 9. 19-23.

7 ver. 8, 19. Le. 11. 25, 40; 14. 8, 9; 15. 5; 16. 26-28.

9 *clean.* ver. 18; ch. 9. 13. 2 Co. 5. 21. He. 7. 26; 9. 13. *lay them up.* ver. 17. *a water of separation.* That is, water prepared by being mixed with the ashes of the heifer, and set apart for the special purpose of being sprinkled on those who had contracted any legal defilement. To this rite the apostle PAUL, in his Epistle to the Hebrews, (ch. 9. 13, 14,) pointedly alludes: 'For if,' says he, 'the blood of bulls and of goats,' alluding, probably, to the sin-offerings and the scape-goat, 'and the *ashes of a heifer* sprinkling the unclean, sanctifieth to the purifying of the flesh; how much more shall the blood of Christ, who, through the eternal Spirit, offered himself without spot unto God, purge your conscience from dead works to serve the living God.' ver. 13, 20, 21; ch. 6. 12; 31. 23, 24. Le. 15. 20. Zec. 13. 1. 2 Co. 7. 1.

10 *wash his.* See on ver. 7, 8, 19. *it shall be.* ch. 15. 15, 16. Ex. 12. 49. Ro. 3. 29, 30. Col. 3. 11.

11 *toucheth the dead.* He who touched a *dead beast* was only unclean for *one day,* (Le. 11. 12, 27, 39;) but he who touches a *dead man* is unclean for *seven days.* This was certainly designed to show the peculiar impurity and sinfulness of man, and the hatefulness of sin, seven times worse than the vilest animal! ver. 16; ch. 5. 2; 9. 6, 10 31. 19. Le. 11. 31; 21. 1, 11. La. 4. 14. Hag. 2. 13. Ro. 5. 12. 2 Co. 6. 17. Ep. 2. 1. He. 9. 14. *man. Heb.* soul of man.

12 *He shall purify. Yithchatta,* literally, 'he shall sin himself,' *i. e.* not *add sin,* but take it away, *purify.* So we say to *fleece,* and to *skin,* which do not signify to *add* a *fleece,* or a *skin,* but to take one away. ver. 17, 18. Ps. 51. 7. Eze. 36. 25. Ac. 15. 9. Re. 7. 14. *third day.* ch. 31. 19. Ex. 19. 11, 15. Le. 7. 17. Ho. 6. 2. 1 Co. 15. 3, 4.

13 *purifieth.* ch. 15. 30. Le. 5. 3, 6, 17; 15 31. He. 2. 2, 3; 10. 29. Re. 21. 8; 22. 11, 15. *the water.* ver. 9, 18; ch. 8. 7. *his uncleanness.* Le. 7. 20; 22. 3. Pr. 14. 32. Jno. 8. 24.

15 ch. 31. 20. Le. 11. 32; 14. 36.

16 *toucheth.* ver. 11; ch. 31. 19. *a bone.* Eze. 39. 11-16. *a grave.* Mat. 23. 27. Lu. 11. 44.

17 *ashes. Heb.* dust. ver. 9. *running water shall be put thereto. Heb.* living waters shall be given. Ge. 26. 19, marg. Ca. 4. 15. Jno. 4. 10, 11; 7. 38. Re. 7. 17.

18 ver. 9. Ps. 51. 7. Eze. 36. 25-27. Jno. 15. 2, 3; 17. 17, 19. 1 Col. 1. 30. He. 9. 14.

19 *shall sprinkle.* Ep. 5. 25-27. Tit. 2. 14; 3. 3-5. 1 Jno. 1. 7; 2. 1, 2. Jude 23. Re. 1. 5, 6. *on the seventh day he.* ver. 12; ch. 31. 19. Ge. 2. 2. Le. 14. 9.

20 *shall not.* See on ver. 13; ch. 15. 30. Ge. 17. 14. Mar. 16. 16. Ac. 13. 39-41. Ro. 2. 4, 5. 2 Pe. 3. 14. Re. 22. 11.

21 Le. 11. 25, 40; 16. 26-28. He. 7. 19; 9. 10, 13, 14; 10. 4.

22 *whatsoever.* Le. 7. 19. Hag. 2. 13. *the soul.* Le. 15. 5. Mat. 15. 19, 20. Mar. 7. 21-23.

## CHAP. XX.

*The children of Israel come to Zin, where Miriam dies, 1. They murmur for want of water, 2-6. Moses smiting the rock, brings forth water at Meribah, 7-13. Moses at Kadesh desires passage through Edom, which is denied him, 14-21. At mount Hor Aaron resigns his place to Eleazar, and dies, 22-29.*

1 An. Ex. Is. 40. *Then.* This was the first month of the fortieth year after the departure from Egypt. (Compare ch. 33. 38, with ver. 28 of this chap. and De. 1, 3.) This year was the last of their journeyings, for from the going out of the spies (ch. 13) unto this time, was about *thirty-eight* years. De. 1. 22, 23; 2. 14. *into.* ch. 13. 21; 27. 14; 33. 36. De. 32. 51. *Kadesh.* This Kadesh in the wilderness of Zin, is different from Kadesh-barnea, lying in, or adjoining to the wilderness of Paran, about eight leagues south of Hebron. (See ch. 34. 3, 4. Jos. 15. 1, 3.) Kadesh is called *Rekam*, by the Targumists, *Rekem*, in the Syriac, and *Rakim*, in Arabic. *Rekem*, says Rabbi Nissin, (in Gittin, ch. 1.) is on the east, meaning of the land of Israel. ver. 16. Ps. 29. 8. *Miriam.* ch. 12. 1, 10, 15; 26. 59. Ex. 2. 4, 7; 15. 20. Mi. 6. 4.

2 *no.* Ex. 15. 23, 24; 17. 1-4. *gathered.* ch. 11. 1-6; 16. 3, 19, 42; 21. 5. Ex. 16. 2, 7, 12. 1 Co. 10. 10, 11.

3 *God.* ch. 14. 1, 2. Ex. 16. 2, 3; 17. 2. Job 3. 10, 11. *when.* ch. 11. 1, 33, 34; 14. 36, 37; 16. 31-35, 49. La. 4. 9.

4 *why.* ch. 11. 5. Ex. 5. 21; 17. 3. Ps. 106. 21. Ac. 7. 35, 39, 40. *that we.* ch. 16. 13, 14, 41. Ex. 14. 11, 12; 16. 3.

5 *this evil.* ch. 16. 14. De. 8. 15. Ne. 9. 21. Je. 2. 2, 6. Eze. 20. 36. *no place of. i.e.* 'no place for *sowing.*'

6 *they fell.* ch. 14. 5; 16. 4, 22, 45. Ex. 17. 4. Jos. 7. 6. 1 Ch. 21. 16. Ps. 109. 3, 4. Mat. 26. 39. *the glory.* ch. 12. 5; 14. 10; 16. 19, 42. Ex. 16. 10.

8 *the rod.* ch. 21. 15, 18. Ex. 4. 2, 17; 7. 20; 14. 16; 17. 5, 9. *speak.* Ge. 18. 14. Jos. 6. 5, 20. Ps. 33. 9. Mat. 21. 21. Mar. 11. 22-24. Lu. 11. 13. Jno. 4. 10-14; 16. 24. Ac. 1. 14; 2. 1-4. Re. 22. 1, 17. *bring forth.* ver. 11. Ne. 9. 15. Ps. 78. 15, 16; 105. 41; 114. 8. Is. 41. 17, 18; 43. 20; 48. 21.

9 ch. 17. 10.

10 De. 9. 24. Ps. 106. 32, 33. Mat. 5. 22. Lu. 9. 54, 55. Ac. 23. 3-5. Ep. 4. 26. Ja. 3. 2. *we fetch.* ch. 11. 22, 23. Ge. 40. 8; 41. 16. Da. 2. 28-30. Ac. 3. 12-16; 14. 9-15. Ro. 15. 17-19. 1 Co. 3. 7.

11 *smote.* ver. 8. Le. 10. 1. 1 Sa. 15. 13, 14, 19, 24. 1 Ki. 13. 21-24. 1 Ch. 13. 9, 10; 15. 2, 13. Mat. 28. 20. Ja. 1. 20. *the water.* Ex. 17. 6. De. 8. 15. Ho. 13. 5. 1 Co. 10. 4.

12 *Because ye believed.* ch. 11. 21, 22. 2 Ch. 20. 20. Is. 7. 9. Mat. 17. 17, 20. Lu. 1. 20, 45. Ro. 4. 20. *sanctify.* ch. 27. 14. Le. 10. 3. De. 1. 37; 32. 51. Is. 8. 13. Eze. 20. 41; 36. 23; 38. 10. 1 Pe. 3. 15. *ye shall.* ver. 24; ch. 11. 15. De. 3. 23-26; 32. 49, 50; 34. 4. Jos. 1. 2. Jno. 1. 17.

13 *the water.* De. 33. 8. Ps. 95. 8; 106. 32, etc. *Meribah. i. e.* Strife. Ex. 17. 7. De. 32. 51. Meribah-Kadesh. *he was.* Is. 5. 16. Eze. 20. 41; 36. 23; 38. 16.

14 *Moses.* Ju. 11. 16, 17. *thy brother.* Ge. 32. 3, 4. De. 2. 4, etc.; 23. 7. Ob. 10-12. Mal. 1. 2. *befallen us. Heb.* found us. Ex. 18. 8.

15 *our fathers.* Ge. 46. 6. Ac. 7. 15. *dwelt.* Ge. 15. 13. Ex. 12. 40. *vexed us.* ch. 11. 5; 16. 13. Ex. 1. 11-14, 16, 22; 5. 14. De. 26. 6. Ac. 7. 19.

16 *we cried.* Ex. 2. 23, 24; 3. 7-9; 6. 5; 14. 10. *sent an.* Ex. 3. 2-6; 14. 19; 23. 20; 33. 2.

17 ch. 21. 1, 22-24. De. 2. 1-4, 27, 29.

19 De. 2. 6, 28.

20 *Thou shalt.* ver. 18. Ge. 27. 41; 32. 6. Ju. 11. 17, 20. Ps. 120. 7. Eze. 35. 5-11. Am. 1. 11. *And Edom.* Ob. 10-15.

21 *refused.* De. 2. 27, 29. *wherefore.* De. 2. 4-8; 23. 7. Ju. 11. 18, 24.

22 *Kadesh.* ver. 1, 14, 16; ch. 13. 26; 33. 36, 37. Eze. 47. 19; 48. 28. *mount Hor.* Mount Hor was situated in Arabia Petræa, on the confines of Edom. It is described by Burckhardt, as being situated on the western side of a valley called *Wady Mousa;* in which are found the ruins of the ancient Petra, and which is two long days' journey north-east of Accaba (on the northern point of the Elanitic gulf of the Red sea,) in the Djebel Shera, or mount Seir, and on the east side of the Araba, the valley which forms the continuation of that of the Jordan. On the summit of the mountain is the tomb of *Haroun*, or Aaron, which is held in great veneration by the Arabs; which agrees with the testimonies of Josephus, Eusebius, and Jerome, all persons well acquainted with these countries, who agree in proving that the sepulchre of Aaron, in mount Hor, was near Petra. When visited by Mr. Legh, it was attended by a crippled Arab hermit, about 80 years of age, who conducted them into a small white building, crowned by a cupola, that contains the tomb of Aaron. The monument is of stone, about three feet high; and round the chamber where it stood were suspended beads, etc., the votive offerings of the devotees. ch. 21. 4; 33. 37, 38; 34. 7.

24 *gathered.* ch. 27. 13; 31. 2. Ge. 15. 15; 25. 8, 17; 35. 29; 49. 29, 33. De. 32. 50. Ju. 2. 10. 2 Ch. 34. 28. *because ye.* See on ver. 11, 12. *word. Heb* mouth. ch. 4. 27, marg. De. 32. 50.

25 ch. 33. 38, 39.

26 Ex. 29. 29, 30. Is. 22. 21, 22. He. 7. 11, 23, 24.

28 *Moses.* ver. 26; ch. 33. 38, etc. Ex. 29. 29, 30. *put them.* ch. 27. 16-23. De. 31. 7, 8; 34. 9. 1 Ch. 22. 11, 12, 17; 28. 5-9. Ac. 20. 25-29. 2 Pe. 1. 15. *died there.* ch. 33. 38, 39. De. 10. 6; 32. 49, 50; 34. 5. He. 7. 24, 25.

29 Ge. 1. 10. De. 34. 8. 2 Ch. 35. 24, 25. Ac. 8. 2.

## CHAP. XXI.

*Israel destroys the Canaanites at Hormah, 1-3. The people murmuring are plagued with fiery serpents, 4-6. They repenting are healed by a brazen serpent, 7-9. Sundry journeys of the Israelites, 10-20. Sihon is overcome, 21-32, and Og, 33-35.*

1 *Arad.* ch. 33. 40. Jos. 12. 14. Ju. 1. 16. *the way of the spies.* Dr. Kennicott remarks, that the word *atharim*, rendered *spies* in our version, is in the Greek a proper name (Αθαρειν, Atharim). ch. 13. 21, 22; 14. 45. *then.* De. 2. 32. Jos. 7. 5; 11. 19, 20. Ps. 44. 3, 4.

2 *vowed.* Ge. 28. 20. Ju. 11. 30. 1 Sa. 1. 11. 2 Sa. 15. 7, 8. Ps. 56. 12, 13; 116. 18; 132. 2. *I will.* Le. 27. 28, 29. De. 13. 15. Jos. 6. 17, 26. 1 Co. 16. 22.

3 *hearkened.* Ps. 10. 17; 91. 15; 102. 17. *and they utterly. wyyacharem*, rather with the LXX. και ανεθεματισεν, 'and they anathematised, or devoted them to destruction;' for it is certain that these Canaanites and *Arad* were not utterly destroyed till the time of Joshua. (Jos. 12. 14.) *the name.* ch. 14. 45. De. 1. 44. 1 Sa. 30. 30. *Hormah, that is,* utter destruction. *Chormah*, rather a *devoting to destruction:* so LXX. Αναθεμα, and Tremellius, *devotio sive anathema.*

4 *mount Hor.* ch. 20. 22, 23, 27; 33. 41. *by the way.* ch. 14. 25. De. 1. 40. *compass.* ch. 20. 18-21. De. 2. 5-8. Ju. 11. 18. *the soul.* ch. 32. 7, 9. Ex. 6. 9. Ac. 14. 22. 1 Th. 3. 3, 4. *discouraged. or,* grieved. *Heb.* shortened. Ex. 6. 9.

5 *spake.* ch. 11. 1-6; 14. 1-4; 16. 13, 14, 41; 17. 12. Ex. 14. 11; 15. 24; 16. 2, 3, 7, 8; 17. 2, 3. Ps. 68. 6; 78. 19. *and our soul.* ch. 11. 6-9. Ex. 16. 15, 31. Ps. 78. 24, 25. Pr. 27. 7.

6 Ge. 3. 14, 15. De. 8. 15. Is. 14. 29; 30. 6. Je. 8. 17. Am. 9. 3, 4. 1 Co. 10. 9.

7 *We have.* Ex. 9. 27, 28. 1 Sa. 12. 19; 15. 24, 30.

Ps. 78. 34. Mat. 27. 4. *pray.* Ex. 8. 8, 28. 1 Ki. 13. 6. Je. 37. 3. Ac. 8. 24. Ja. 5. 16. *And Moses.* ch. 11. 2; 14. 17-20. Ge. 20. 7. Ex. 32. 11, 30. De. 9. 20, 26-29. 1 Sa. 12. 20-23. Job 42. 8, 10. Ps. 106. 23. Je. 15. 1. Ro. 10. 1.

8 Ps. 106. 43-45; 145. 8.

9 *a serpent of.* 2 Ki. 18. 4. Jno. 3. 14, 15; 12. 32. Ro. 8. 3. 2 Co. 5. 21. *when he.* Is. 45. 22. Zec. 12. 10. Jno. 1. 29. He. 12. 2. 1 Jno. 3. 8. *he lived.* Jno. 6. 40. Ro. 1. 17; 5. 20, 21.

10 ch. 33. 43-45.

11 *Oboth.* Probably *Oboda*, a city of Arabia Petræa, mentioned by PTOLEMY. PLINY assigns it to the Helmodians; but STEPHANUS to the Nabatheans. *Ije-abarim. or*, heaps of Abarim.

12 *the valley of Zared.* De. 2. 13, 14, the brook Zered.

13 ver. 14; ch. 22. 36. De. 2. 24. Ju. 11. 18. Is. 16. 2. Je. 48. 20.

14 *in the book.* Jos. 10. 13. 2 Sa. 1. 18. *What he did. or*, Vaheb in Suphah. The following seems to be the sense of this passage: 'From Vaheb in Suphah, and the torrents of Arnon, even the effusion of the torrents, which goeth down to the dwelling of Ar, and lieth for the boundary of Moab; even from thence to the well; (which is the well of which Jehovah spake unto Moses, Gather the people, and I will give them water. Then sang Israel this song: Spring up, O well! Answer ye to it. The well, princes digged it; even nobles of the people digged it, by a decree, upon their borders;) and from the wilderness (or the *well*, as in LXX.) to Mattanah; and from Mattanah,' etc. The whole of this, from ver. 14-20, is a fragment from 'the book of the wars of Jehovah,' probably a book of *remembrances* or *directions* written by Moses for the use of Joshua, and describes the several boundaries of the land of Moab. This rendering removes every obscurity, and obviates every difficulty.

15 *Ar.* ver. 28. De. 2. 9, 18, 29. Is. 15. 1. *lieth. Heb.* leaneth.

16 *Beer.* Ju. 9. 21. *Gather.* ch. 20. 8. Ex. 17. 6. Is. 12. 3; 41. 17, 18; 43. 20; 49. 10. Jno. 4. 10, 14; 7. 37-39. Re. 21. 6; 22. 1, 17.

17 *sang.* Ex. 15. 1, 2. Ju. 5. 1. Ps. 105. 2; 106. 12. Is. 12. 1, 2, 5. Ja. 5. 13. *Spring up. Heb.* ascend. *sing ye. or*, answer.

18 *princes.* 2 Ch. 17. 7-9. Ne. 3. 1, 5. 1 Ti. 6. 17, 18. *the lawgiver.* De. 5. 31; 33. 4. Is. 33. 22. Jno. 1. 17. Ja. 4. 12. *And from.* ch. 33. 45-47.

20 *country. Heb.* field. ch. 22. 1; 26. 63; 33. 49, 50. De. 1. 5. *to the.* ch. 23. 14. De. 3. 27; 4. 49; 34. 1. *Pisgah. or*, the hill. *Jeshimon. or*, the wilderness. ch. 23. 28.

21 ch. 20. 14-19. De. 2. 26-28. Ju. 11. 19-21.

22 ch. 20. 17.

23 *Sihon would.* De. 2. 30-32; 29. 7, 8. *Jahaz.* Ju. 11. 20. Is. 15. 4. Je. 48. 34.

24 *Israel.* ch. 32. 1-4, 33-42. De. 2. 31-37; 29. 7. Jos. 9. 10; 12. 1-3; 13. 8-10; 24. 8. Ju. 11. 21-23; 12. 1, 2; 24. 8. Ne. 9. 22. Ps. 135. 10-12; 136. 19. Am. 2. 9. *Arnon.* See on ver. 13. Ge. 32. 22. De. 3. 16.

25 *dwelt.* ver. 31; ch. 32. 33-42. De. 2. 12. *in Heshbon.* Heshbon was situated, according to EUSEBIUS, twenty miles east of Jordan; and JEROME, who places it at the same distance, says it was, in his time, a very considerable city. It still subsists, in ruins, under the name of *Heshban.* Ca. 7. 4. Is. 15. 4; 16. 8, 9. Je. 48. 2, 34, 45. *villages. Heb.* daughters. Eze. 16. 46, 49, 53.

26 *Arnon.* Arnon is a stream which takes its rise in the mountains of Moab, and, by a north-west course, during which it receives the waters of several streams, runs into the Dead sea. It is now called *Wady Modjeb*, and divides the province of Belka from that of Kerek, as it formerly divided the kingdoms of the Moabites and Amorites. Its principal source is at a short distance to the north-east of Katrane, a station of the Syrian Hadj, where it is called *Seyl Sayde;* and lower down it receives the name of *Esseim el Kereim*, or *Szefye.*

27 ver. 14. Is. 14. 4. Hab. 2. 6.

28 *a fire.* Ju. 9. 20. Is. 10. 16. Je. 48. 45, 46. Am. 1, 4, 7, 10, 12, 14; 2. 2, 5. *Ar of Moab.* See on ver. 15. De. 2. 9, 18. Is. 15. 1, 2.

29 Ju. 11. 24. 1 Ki. 11. 7, 33. 2 Ki. 23. 13. Je. 48. 7, 13, 46. 1 Co. 8. 4, 5.

30 *have shot.* Ge. 49. 23. 2 Sa. 11. 24. Ps. 18. 14. *Dibon.* ch. 32. 34. Jos. 13. 17. Is. 15. 2, 9. Je. 48. 18, 22.

31 ch. 32. 33-42. De. 3. 16, 17. Jos. 12. 1-6; 13. 8-12.

32 *Jaazer.* ch. 32. 1, 35. Is. 16. 8, 9. Je. 48. 32. Jazer.

33 *they turned.* De. 3. 1-6; 29. 7. Jos. 13. 12. *Bashan.* De. 32. 14. Ps. 22. 12; 68. 15. Is. 33. 9. Eze. 27. 6; 39. 18. Am. 4. 1. *Og.* ch. 32. 33. De. 1. 4; 3. 1; 4. 47; 29. 7. Jos. 9. 10; 12. 4; 13. 30.

34 *Fear him.* ch. 14. 9. De. 3. 2, 11; 20. 3; 31. 6. Jos. 10. 8, 25. Is. 41. 13. *for I have.* De. 3. 3; 7. 24. Jos. 8. 7. Ju. 11. 30. 1 Sa. 23. 4. 2 Sa. 5. 19. 1 Ki. 20. 13, 28. 2 Ki. 3. 18. *thou shalt.* ver. 24. Ps. 135. 10, 11. *as thou.* ver. 24, 25.

35 De. 3. 3-17; 29. 7, 8. Jos. 12. 4-6; 13. 12. Ps. 135. 10-12; 136. 17-21. Ro. 8. 37.

## CHAP. XXII.

*Balak's first message for Balaam is refused, 1-14. His second message obtains him, 15-21. An angel would have slain him, if he had not been saved by his ass, 22-35. Balak entertains him, 36-41.*

1 *the children.* ch. 21. 20; 33. 48-50; 36. 13. De. 34. 1, 8. *on this side.* ch. 32. 19; 34. 15. De. 1. 5; 3. 8. Jos. 3. 16.

2 ch. 21. 3, 20-35. Ju. 11. 25.

3 Ex. 15. 15. De. 2. 25. Jos. 2. 10, 11, 24; 9. 24. Ps. 53. 5. Is. 23. 5.

4 *elders.* ver. 7; ch. 25. 15-18; 31. 8. Jos. 13. 21, 22. *Now shall.* ch. 24. 17. Je. 48. 38. *And Balak.* ver. 2. Ju. 11. 25.

5 *sent.* De. 23. 4. Jos. 13. 22; 24. 9. Ne. 13. 1, 2. Mi. 6. 5. 2 Pe. 2. 15, 16, son of Bosor. Jude 11. Re. 2. 14. *Pethor.* Dr. KENNICOTT justly remarks, that "the description now given of Balaam's residence, instead of being particular, agrees with any place, in any country where there is a *river*; for he lived by 'Pethor, which is by the river of the land of his people.' But was Pethor, then, near the Nile in Egypt? Or in Canaan, near Jordan? Or in Mesopotamia, near the Euphrates, and belonging to the Ammonites? This last was in fact the case; and therefore, it is well that twelve Hebrew MSS. (with two of DE ROSSI'S) confirm the Samaritan text here, in reading instead of *âmmo*, 'his people,' *Ammon*, with the Syriac and Vulgate versions." HOUBIGANT justly contends for this reading; and necessity urges the propriety of adopting it: and it thus agrees with De. 23. 4. PTOLEMY calls *Pethor*, *Pachura*, and EUSEBIUS, *Pathura;* who places it in upper Mesopotamia. CALMET is of opinion, that it was situated towards Thapsacus, beyond the Euphrates. ch. 23. 7. De. 23. 4. *they cover.* Ge. 13. 16. Ex. 1. 7-10. Ps. 105. 24. *face. Heb.* eye.

6 *curse me.* ch. 23. 7, 8; 24. 9. Ge. 12. 3; 27. 29. De. 23. 4. Jos. 24. 9. 1 Sa. 17. 43. Ne. 13. 2. Ps. 109. 17, 18. *I wot.* 1 Ki. 22. 6, 8, 13. Ps. 109. 28. Pr. 26. 2. Is. 47. 12, 13. Eze. 13. 6. Ac. 8. 9, 10; 16. 16.

7 *rewards of divination.* 1 Sa. 9. 7, 8. Is. 56. 11. Eze. 13. 19. Mi. 3. 11. Ro. 16. 18. 1 Ti. 6. 9, 10. Tit. 1. 11. 2 Pe. 2. 15. Jude 11.

8 ver. 19, 20; ch. 12. 6; 23. 12. Je. 12. 2. Eze. 33. 31.

9 *God.* ver. 20. Ge. 20. 3; 31. 24; 41. 25. Da. 2. 45; 4. 31, 32. Mat. 7. 22; 24. 24. Jno. 11. 51. *What men.* Ge. 3. 9-11; 4. 9; 16. 8. Ex. 4. 2. 2 Ki. 20. 14, 15.

10 See on ver. 4-6.

11 *able to overcome them. Heb.* prevail in fighting against them.

12 *Balaam, Thou shalt.* ver. 20. Job 33. 15-17. Mat. 27. 19. *thou shalt not curse.* ver. 19; ch. 23. 3, 13-15, 19, 23. Mi. 6. 5. *for they.* ch. 23. 20. Ge. 12. 2; 22. 16-18. De. 23. 5; 33. 29. Ps. 144. 15; 146. 5. Ro. 4. 6, 7; 11. 29. Ep. 1. 3.

13 *for the Lord.* ver. 14. De. 23. 5.

14 *Balaam refuseth.* ver. 13, 37.

15 *princes.* ver. 7, 8. Ac. 10. 7, 8.

16 *Let nothing,* etc. *Heb.* Be not thou letted from, etc.

17 *I will promote.* ch. 24. 11. De. 16. 9. Es. 5. 11; 7. 9. Mat. 4. 8, 9; 16. 26. *and I will do.* ch. 23. 2, 3, 29, 30. Mat. 14. 7. *come.* ver. 6. *curse me.* An erroneous opinion prevailed, both in those days and in after ages, that some men had the power, by the help of their gods, to devote, not only particular persons, but cities and whole armies, to destruction. This they are said to have done sometimes by words of imprecation; of which there was a set form among some people, which ÆSCHINES calls διοριζομενην αραν, 'the determinate curse.' MACROBIUS has a whole chapter on this subject. He gives us two of the ancient forms used in reference to the destruction of Carthage; the first, which was only pronounced by the dictator, or general, was to call over the protecting deities to their side, and the other to devote the city to destruction, which they were supposed to have abandoned. The Romans held, that no city would be taken till its tutelary god had forsaken it; or if it could be taken, it would be unlawful, as it would be sacrilege to lead the gods into captivity. VIRGIL intimates, that Troy was destroyed because *Excessere omnes adytis, arisque relictis dii, quibus imperium hoc steterat,* 'All the gods, by whose assistance the empire had hitherto been preserved, forsook their altars and temples.' See more on this subject in Dr. A. CLARKE, Bp. PATRICK, and BURDER'S *Oriental Customs,* No. 734.

18 *If Balak.* ch. 24. 13. Tit. 1. 16. *I cannot.* ch. 23. 26; 24. 13. 1 Ki. 22. 14. 2 Ch. 18. 13. Da. 5. 17. Ac. 8. 20.

19 See on ver. 7, 8. 1 Ti. 6. 9, 10. 2 Pe. 2. 3, 15. Jude 11.

20 *God.* See on ver. 9. *If the men.* 1 Sa. 8. 5-9; 12. 12-19. Ps. 81. 12. Eze. 14. 2-5. 2 Th. 2. 9-12. *but yet.* ver. 35; ch. 23. 12, 26; 24. 13. Ps. 33. 10, 11; 78. 30, 31. Is. 37. 29. Ho. 13. 11.

21 Pr. 1. 15, 16.

22 *God's.* 2 Ki. 10. 20. Ho. 1. 4. *and the angel.* ver 35. See on Ge. 48. 15, 16. Ex. 3. 2-6. Ho. 12. 4, 5. *stood.* ver. 32. Ex. 4. 24. La. 2. 4.

23 *the ass saw.* 2 Ki. 6. 17. 1 Ch. 21. 16. Da. 10. 7. Ac. 22. 9. 1 Co. 1. 27-29. 2 Pe. 2. 16. Jude 11. *the ass turned.* Je. 8. 7.

25 *crushed Balaam's.* Job 5. 13-15. Is. 47. 12.

26 *where was no way.* Is. 26. 11. Ho. 2. 6.

27 *and Balaam's anger.* Pr. 14. 16; 27. 3, 4.

28 *the Lord opened.* And where is the wonder of all this? If the *ass* had opened *her own mouth,* and reproved the rash prophet, we might well be astonished; but when *God opens the mouth,* an *ass* can speak as well as a *man.* It is to no purpose to speak of the construction of the ass's mouth, of the formation of the tongue and jaws being unfit for speaking; for an adequate cause is assigned for this wonderful effect, 'The Lord opened the mouth of the ass;' and no one who believes in a God, can doubt of his power to do this and much more. Ex. 4. 11. Lu. 1. 37. 1 Co. 1. 19. 2 Pe. 2. 16. *What have I.* Ro. 8. 22.

29 *for now would.* Pr. 12. 10, 16. Ec. 9. 3.

30 *the ass said.* 2 Pe. 2. 16. *upon which thou hast ridden. Heb.* who hast ridden upon me. *ever since I was thine. or,* ever since thou *wast,* unto, etc. 1 Co. 1. 27, 28.

31 *opened.* ch. 24. 4, marg. 16. Ge. 21. 19. 2 Ki. 6. 17-20. 1 Ch. 21. 16. Lu. 24. 16, 31. Ac. 26. 18. *bowed down.* Ex. 34. 8. Ps. 9. 20. Jno. 18. 6. *fell flat on his face. or,* bowed himself.

32 *Wherefore.* ver. 28. De. 25. 4. Ps. 36. 6; 145. 9; 147. 9. Jon. 4. 11. *withstand thee. Heb.* be an adversary unto thee. ver. 22. *thy way.* De. 23. 4. Pr. 28. 6. Mi. 6. 5. Ac. 13. 10. 2 Pe. 2. 14, 15. *before me.* See on ver. 20, 22, 35. Ex. 3. 2-6. Pr. 14. 2; 28. 18.

33 *surely.* ch. 14. 37; 16. 33-35. 1 Ki. 13. 24-28

34 *I have sinned.* Ex. 9. 27; 10. 16, 17. 1 Sa. 15. 24, 30; 24. 17; 26. 21. 2 Sa. 12. 13. Job 34. 31, 32. Ps. 78. 34. Mat. 27. 4, 5. *if it displease thee. Heb.* be evil in thine eyes. See on ver. 12; ch. 11. 1. 1 Ch. 21. 7. Pr. 24. 18, margins. *I will get.* Job 34. 31, 32.

35 *Go.* See on ver. 20. Ps. 81. 12. Is. 37. 26-29. 2 Th. 2. 9-12. *I shall speak.* See on ver. 20, 21.

36 *went.* Ge. 14. 17; 18. 2; 46. 29. Ex. 18. 7. 1 Sa. 13. 10. Ac. 28. 15. *the border.* ch. 21. 13, 14. De. 2. 24; 3. 8. Ju. 11. 18. Is. 16. 2. Je. 48. 20.

37 *I am not able.* ver. 16, 17; ch. 24. 11. Ps. 75. 6. Mat. 4. 8, 9. Lu. 4. 6. Jno. 5. 44.

38 *have I.* ver. 18. Ps. 33. 10; 76. 10. Pr. 19. 21. Is. 44. 25; 46. 10; 47. 12. *the word.* ch. 23. 16, 26; 24. 13. 1 Ki. 22. 14. 2 Ch. 18. 13.

39 *Kirjath-huzoth. or,* a city of streets. Probably Rabbath-Moab, now called Rabba, the capital of the Moabites; and being the royal city, distinguished by its streets.

40 ch. 23. 2, 14, 30. Ge. 31. 54. Pr. 1. 16.

41 *high places. Bamoth baal,* 'the high places of Baal,' probably the same as *Bamoth* mentioned in ch. 21. 19, 20; evidently not far from *Baal-meon,* in the mountains of Abarim: for the Israelites were now encamped in the plains of Moab, which these mountains overlook. Baal, which signifies a lord or governor, was a name common to many idols; and probably here was the same as *Chemosh,* the god of Moab. ch. 25. 2, 3. De. 12. 2. 2 Ch. 11. 15. Je. 48. 35. *utmost.* ch. 23. 13.

## CHAP. XXIII.

*Balak's sacrifices,* 1-6, 13-17, 25-30. *Balaam's parables,* 7-12, 18-24.

1 *Build me.* ver. 29. Eze. 33. 31. Jude 11. *seven altars.* Ex. 20. 24; 27. 1, etc. 1 Sa. 15. 22. 2 Ki. 18. 22. Ps. 50. 8, 9. Pr. 15. 8. Is. 1. 11-15. Mat. 23. 14. *seven oxen.* ch. 29. 32. 1 Ch. 15. 26. 2 Ch. 29. 21. Job 42. 8. Eze. 45. 23.

2 *offered.* ver. 14, 30.

3 *Stand.* ver. 15. *burnt.* Ge. 8. 20; 22. 2, 7, 8, 13. Ex. 18. 12. Le. ch. 1. *peradventure.* ver. 15; ch. 22. 8, 9, 31-35; 24. 1. *went to an high place. or,* went solitary.

4 *God.* ver. 16; ch. 22. 9, 20. *I have prepared* See on ver. 1. Is. 58. 3, 4. Mat. 20. 12. Lu. 18. 12 Jno. 16. 2. Ro. 3. 27. Ep. 2. 9.

5 ver. 16; ch. 22. 35. De. 18. 18. Pr. 16. 1, 9. Is. 51. 16; 59. 21. Je. 1. 9. Lu. 12. 12. Jno. 11. 51.

6 ver. 3.

7 *he took.* ver. 18; ch. 24. 3, 15, 23. Job 27. 1; 29. 1. Ps. 78. 2. Eze. 17. 2; 20. 49. Mi. 2. 4. Hab 2. 6. Mat. 13. 33, 35. Mar. 12. 12. *parable.* The word *mashal,* which as a verb is to *rule, have authority,* and also to *compare,* as a noun signifies whatever is expressed in *parabolic* or *figurative* language. All these oracular speeches of Balaam are in hemistich metre in the original. They are highly dignified and sublime; and may be considered as immediate poetic productions of the Spirit of God. (ch. 24. 2.) *Aram.* ch. 22. 5. Ge. 10. 22; 28. 2, 7. De. 23. 4. *Come.* ch. 22. 6, 11, 17. Pr. 26. 2. *defy Israel.* 1 Sa. 17. 10, 25, 26, 36, 45. 2 Sa. 21. 21; 23. 9.

8 ver. 20, 23. Is. 44. 25; 47. 12, 13.

9 *the people.* They shall ever be a *distinct* nation. This prophecy has been literally fulfilled, through a period of 3300 years, to the present day. *dwell alone.* Ex. 19. 5, 6; 33. 16. De. 33. 28. Es. 3. 8. 2 Co. 6. 17. Tit. 2. 14. 1 Pe. 2. 9. *shall not* De. 32. 8. Ezr. 9. 2. Je. 46. 28. Am. 9. 9. Ro. 15. 8-10. Ep. 2. 12-14.

10 *can count.* Ge. 13. 16; 22. 17; 28. 14. *the dust. i.e.* the posterity of Jacob, which was to be so numerous as to resemble the dust. *the fourth.* ch. 2. 9, 16, 24, 31. *me. Heb.* my soul, *or,* my life. *the death.* Ps. 37. 37; 116. 15. Pr. 14. 32. Is. 57. 1, 2. Lu. 2. 29, 30. 1 Co. 3. 21, 22; 15. 53-57. 2 Co. 5. 1. Phi. 1. 21-23. 2 Ti. 4. 6-8. 2 Pe. 1. 13-15. Re. 14. 13.

11 See on ver. 7, 8; ch. 22. 11, 17; 24. 10. Ps. 109. 17-20.

12 ver. 20, 26; ch. 22. 38; 24. 13. Ps. 26. 25. Ro. 16. 18. Tit. 1. 16.

13 *unto.* 1 Ki. 20. 23, 28. Mi. 6. 5. *utmost.* ch. 22. 41. *and curse me.* Jos. 24. 9. Ps. 109. 17. Ja. 3. 9, 10.

14 *Pisgah. or,* the hill. ch. 21. 20. De. 3. 27, marg.; 4. 49; 34. 1, marg. *built seven.* ver. 1, 2, 29. Is. 1. 10, 11; 46. 6. Ho. 12. 11.

15 ver. 3; ch. 22. 8.

16 See on ver. 5; ch. 22. 35; 24. 1.

17 *What.* ver. 26. 1 Sa. 3. 17. Je. 37. 17.

18 *Rise up.* Ju. 3. 20.

19 *God.* 1 Sa. 15. 29. Ps. 89. 35. Hab. 2. 3. Mal. 3. 6. Lu. 21. 33. Ro. 11. 29. Tit. 1. 2. He. 6. 18. Ja. 1. 17. *or hath he.* 1 Ch. 17. 17. Mi. 7. 20.

20 *he hath.* ch. 22. 12. Ge. 12. 2; 22. 17. *I cannot.* ch. 22. 18, 38. Jno. 10. 27-29. Ro. 8. 38, 39. 1 Pe. 1. 5.

21 *hath not.* Ps. 103. 12. Is. 1. 18; 38. 17. Je. 50. 20. Ho. 14. 2-4. Mi. 7. 18-20. Ro. 4. 7, 8; 6. 14; 8. 1. 2 Co. 5. 19. *the Lord.* Ex. 13. 21; 29. 45, 46; 33. 14-16; 34. 9. Ju. 6. 13. 2 Ch. 13. 12. Ps. 23. 4; 46. 7, 11. Is. 8. 10; 12. 6; 41. 10. Eze. 48. 35. Mat. 1. 23. 2 Co. 6. 16. *the shout.* Ps. 47. 5-7; 89. 15, 18; 97. 1; 118. 15. Is. 33. 22. Lu. 19. 37, 38. 2 Co. 2. 14.

22 *God.* ch. 22. 5; 24. 8. Ex. 9. 16; 14. 18; 20. 2. Ps. 68. 35. *the strength.* De. 33. 17. Job 39. 10, 11. Ps. 22. 21. *unicorn.* The *reaim,* most probably denotes the *rhinoceros,* so called from the *horn* on its *nose.* In size he is only exceeded by the elephant; and in strength and power inferior to none. He is at least twelve feet in length, from the snout to the tail; six or seven feet in height; and the circumference of the body is nearly equal to his length. He is particularly distinguished from all other animals by the remarkable and offensive weapon he carries on his nose; which is very hard horn, solid throughout, directed forward. He principally feeds upon large succulent plants, prickly shrubs, and branches; and delights in marshy places.

23 *no enchantment.* ch. 22. 6; 24. 1. Ge. 3. 15. Mat. 12. 25, 27; 16. 18. Lu. 10. 18, 19. Ro. 16. 20. Re. 12. 9. *against. or,* in. *according.* Ps. 44. 1-3; 136. 13-20. Is. 63. 9-12. Da. 9. 15. Mi. 6. 4, 5; 7. 15. *What hath.* Ps. 31. 19; 64. 9; 126. 2, 3. Is. 41. 4. Jno. 11. 47. Ac. 4. 16; 5. 12, 14; 10. 38; 15. 12. Ga. 1. 23, 24. 1 Th. 1. 8, 9.

24 *as a great.* ch. 24. 8, 9. Ge. 49. 9. De. 33. 20. Ps. 17. 12. Pr. 30. 30. Is. 31. 4. Am. 3. 8. Re. 5. 5. *he shall.* ch. 24. 17. Ge. 49. 27. Da. 2. 44. Mi. 5. 8, 9. Zec. 10. 4, 5; 12. 6. Re. 19. 11-21.

25 Ps. 2. 1-3.

26 ver. 12, 13; ch. 22. 18, 38; 24. 12, 13. 1 Ki. 22. 14. 2 Ch. 18. 13. Ac. 4. 19, 20; 5. 29.

27 *Come.* ver. 13. *peradventure.* See on ver. 19, 20. Job 23. 13. Pr. 19. 21; 21. 30. Is. 14. 27; 46. 10, 11. Mal. 3. 6. Ro. 11. 29.

28 *Jeshimon.* ch. 21. 20.

29 See on ver. 1, 2.

## CHAP. XXIV.

*Balaam, leaving divinations, prophesies the happiness of Israel,* 1-9. *Balak, in anger, dismisses him,* 10-14. *He prophesies of the Star of Jacob, and the destruction of some nations,* 15-25.

1 *saw.* ch. 22. 13; 23. 20; 31. 16. 1 Sa. 24. 20; 26. 2, 25. Re. 2. 14. *at other times.* ch. 23. 3, 15. *to seek for enchantments. Heb.* to the meeting of enchantments. ch. 23. 23.

2 *abiding.* ver. 5; ch. 2. 2, etc.; 23. 9, 10. Ca. 6. 4, 10. *the spirit.* ch. 11. 25-29. 1 Sa. 10. 10; 19. 20, 23. 2 Ch. 15. 1. Mat. 7. 22; 10. 4, 8. Lu. 10. 20. Jno. 11. 49-51.

3 *he took up.* See on ch. 23. 7, 18. *whose eyes are open hath said. Heb.* who had his eyes shut, *but now opened.* ver. 4, 16; ch. 22. 31.

4 *saw.* See on ch. 12. 6. Ge. 15. 12. Ps. 89. 19. Da. 8. 26, 27. Ac. 10. 10, 19; 22. 17. 2 Co. 12. 1-4. *falling.* ch. 22. 31. 1 Sa. 19. 24. Eze. 1. 28. Da. 8. 17, 18; 10. 15, 16. Re. 1. 10, 17.

6 *as gardens.* Ge. 2. 8-10; 13. 10. Ca. 4. 12-15; 6. 11. Is. 58. 11. Je. 31. 12. Joel 3. 18. *as the trees. Ahalim,* 'lign-aloe trees.' This tree, which grows in the East Indies, is described as being eight or ten feet in height, with a stem the thickness of a man's thigh. At the top grows a large tuft of jagged and thick leaves, thick and indented, broad at the bottom, but growing narrower towards the point, and about four feet in length. The blossoms are red, intermingled with yellow, and double like cloves; from which comes a red and white fruit, of the size of a pea, oblong and triangular, with three apartments filled with seed. The tree has a very beautiful appearance; and a forest of them is said to bear a resemblance to a numerous *encampment.* Ps. 1. 3. Je. 17. 18. *which the.* Ps. 104. 16. Is. 41. 19. *as cedar.* Ps. 92. 12-14. Eze. 31. 3, 4; 47. 12.

7 *pour.* Ps. 68. 26. Pr 5. 16-18. Is. 48. 1. *many waters.* Ps. 93. 3, 4. Je. 51. 13. Re. 17. 1, 15. *his king.* Ezr. 4. 20. Ps. 2. 6-10; 18. 43. Jno. 1. 49. Phi. 2. 10, 11. Re. 19. 16. *Agag.* 1 Sa. 15. 8, 9, 32, 33. *his kingdom.* 2 Sa. 5. 12. 1 Ki. 4. 21. 1 Ch. 14. 2. Is. 2. 2; 9. 7. Da. 2. 44. Re. 11. 15.

8 *God.* ch. 21. 5; 23. 22. *shall eat.* ch. 14. 9; 23. 24. De. 7. 1. *break.* Ps. 2. 9. Is. 38. 13. Je. 50. 17. Da. 6. 24. *pierce.* De. 32. 23, 42. Ps. 21. 12; 45. 5. Je. 50. 9.

9 *couched.* Ge. 49. 9. Job 38. 39, 40. *who shall.* See on ch. 23. 24. Job 41. 10. Ps. 2. 12. *Blessed.* Ge. 12. 3; 27. 29. Ps. 122. 6. Mat. 25. 40, 45. Ac. 9. 5.

10 *he smote.* Job 27. 23. Eze. 21. 14, 17; 22. 13. *I called.* ch. 22. 6, 11, 17; 23. 11. De. 23. 4, 5. Jos. 24. 9, 10. Ne. 13. 2.

11 *I thought.* ch. 22. 17, 37. *the Lord.* Mat. 19. 28-30. Ac. 8. 20. Phi. 3. 8. He. 11. 24-26. 1 Pe. 5. 2, 3. 2 Jno. 8.

12 See on ch. 22. 18, 38.

14 *I will advertise.* ver. 17; ch. 31. 7-18. Mi. 6. 5. Re. 2. 10, 14. *the latter.* Ge. 49. 1. Is. 24. 22. Je. 48. 47; 49. 39. Da. 2. 28; 10. 14. Ho. 3. 5. Ac. 2. 17. 2 Ti. 3. 1.

15 ver. 3, 4; ch. 23. 7, 18. Job 27. 1. Mat. 13. 35.

16 See on ver. 4. 2 Sa. 23. 1, 2. 1 Co. 8. 1; 13. 2.

17 *I shall see him.* The Targum of Onkelos translates this passage in the following manner: 'I shall see him, but not now; I shall behold him, but he is not near. When a king shall arise from the house of Jacob, and the Messiah be anointed from the house of Israel; he shall slay the princes of Moab, and rule over all the children of men.' The marginal references will direct the reader to the fulfilment of these remarkable prophecies. Job 19. 25-27. Zec. 12. 10. Jude 11, 14, 15. Re. 1. 7. *a Star.* Mat. 2. 2-9. Lu. 1. 78. 2 Pe. 1. 19. Re. 22. 16. *a Sceptre.* Ge. 49. 10. Ps. 45. 6; 78. 70-72; 110. 2. Is. 9. 7. Lu. 1. 32, 33. He. 1. 8. *smite the corners of Moab. or,* smite through the princes of Moab. 1 Sa. 14. 38, marg. Zec. 10. 4. *Moab.* 2 Sa. 8. 2. 2 Ki. 3. 5, 26, 27. 1 Ch. 18. 2. Je. 48. 45. *all the children.* Ge. 4. 25, 26; 5. 3-29. Seth. Ps. 72. 8-11. Re. 11. 15.

18 Ge. 27. 29, 40. 2 Sa. 8. 14. Ps. 60, title, 8-12. Is. 34. 5; 63. 1. Am. 9. 12.

19 *of Jacob.* Ge. 49. 10. Ps. 2. 1-12; 72. 10, 11. Is. 11. 10. Mi. 5. 2, 4. Mat. 28. 18. 1 Co. 15. 25. Ep. 1. 20-22. Phi. 2. 10, 11. He. 1. 8. 1 Pe. 3. 22. Re. 19. 16. *shall destroy.* Ps. 21. 7-10. Mat. 25. 46. Lu. 19. 12, 27.

20 *the first of the nations. or,* the first of the nations that warred against Israel. Ex. 17. 8, 16. *his latter end.* Ju. 6. 3. 1 Sa. 14. 48; 15. 3-8; 27. 8, 9; 30. 1, 17. 1 Ch. 4. 43. Es. 3. 1; 7. 9, 10; 9. 14. *shall be that he perish for ever. or, shall be* even to destruction. Ex. 17. 14. 1 Sa. 15. 3, 8.

21 *the Kenites.* Ge. 15. 19. Ju. 1. 16. Job 29. 18.
22 *the Kenite. Heb.* Kain. *until Asshur shall carry thee away captive. or,* how long *shall it be ere* Asshur carry thee away captive? Ge. 10. 11. Ezr. 4. 2. Ps. 83. 8. Ho. 14. 3.
23 *when God.* ch. 23. 23. 2 Ki. 5. 1. Mal. 3. 2.
24 *Chittim.* Ge. 10. 4. Is. 23. 1. Da. 7. 19, 20; 8. 5-8, 21; 10. 20; 11. 30. *and shall afflict Eber.* Ge. 10. 21-25; 14. 13. Da. 9. 26, 27. Mat. 24. 15. Lu. 20. 24; 23. 29-31. Jno. 11. 48. *and he also.* Da. 2. 35, 45; 7. 23-26. 11. 45. Re. 18. 2-24.
25 ver. 11; ch. 31. 8. Jos. 13. 22.

## CHAP. XXV.

*Israel at Shittim commit whoredom and idolatry,* 1-5. *Phinehas kills Zimri and Cozbi,* 6-9. *God therefore gives him an everlasting priesthood,* 10-15. *The Midianites are to be vexed,* 16-18.

1 *Shittim.* ch. 33. 49. Jos. 2. 1; 3. 1. Mi. 6. 5. *the people.* ch. 31. 15, 16. Ec. 7. 26. 1 Co. 10. 8.
2 *they called.* Ex. 34. 15, 16. Jos. 22. 17. 1 Ki. 11. 1-8. Ps. 106. 28 Ho. 9. 10. 1 Co. 10. 20, 27, 28. 2 Co. 6. 16, 17. Re. 2. 14. *bowed.* Ex. 20. 5; 23. 24. Jos. 23. 7, 16. 1 Ki. 19. 18.
3 *joined.* ver. 5. De. 4. 3, 4. Jos. 22. 17. Ps. 106. 28, 29. Ho. 9. 10. *the anger.* Jos. 22. 17. Ju. 2. 14, 20. Ps. 90. 11. Je. 17. 4.
4 *all the heads.* ver. 14, 15, 18. Ex. 18. 25. De. 4. 3. Jos. 22. 17; 23. 2. *and hang.* Dr. KENNICOTT remarks, that the Samaritan and Hebrew texts must be united to make the sense of this verse complete: 'And the Lord said unto Moses, *Speak* unto all the heads of the people; *and let them slay the men that were joined to Baal-peor;* and hang them up before the Lord, against the sun,' etc., De. 13. 6-9, 13, 15; 21. 23. 2 Sa. 21. 6, 9. Es. 7. 9, 10. *that the fierce.* ver. 11. De. 13. 17. Jos. 7. 25, 26. Ps. 85. 3, 4. Jon. 3. 9.
5 *judges.* Ex. 18. 21, 25, 26. *Slay ye.* Ex. 22. 20; 32. 27, 28. De. 13. 6, 9, 13, 15; 17. 3-5. 1 Ki. 18. 40.
6 *a Midianitish.* ver. 14, 15; ch. 22. 4; 31. 2, 9-16. *in the sight of Moses.* ch. 15. 30, 31. De. 29. 19-21. Je. 3. 3; 8. 12; 36. 23; 42. 15-18; 43. 4-7; 44. 16, 17. 2 Pe. 2. 13-15. Jude 13. *weeping.* Ju. 2. 4. Ezr. 9. 1-4; 10. 6-9. Is. 22. 12. Eze. 9. 4-6. Joel 2. 17.
7 *Phinehas.* Ex. 6. 25. Jos. 22. 30, 31. Ju. 20. 28. *a javelin.* 1 Sa. 18. 10, 11; 19. 9.
8 *thrust.* ver. 5, 11. Ps. 106. 29-31. *So the plague.* ch. 16. 46-48. 2 Sa. 24. 25. 1 Ch. 21. 22.
9 St. PAUL reckons only 23,000: Moses includes in the 24,000 he names, the 1000 men who were slain in consequence of the judicial examination, (ver. 4,) as well as the 23,000 who died of the plague; while St. PAUL only refers to the latter. ver. 4, 5; ch. 16. 49, 50. De. 4. 3, 4. 1 Co. 10. 8.
11 *turned my.* Jos. 7. 25, 26. 2 Sa. 21. 14. Ps. 106. 23. Jno. 3. 36. *for my sake. Heb.* with my zeal. 2 Co. 11. 2. *that I.* Ex. 22. 5; 34. 14. De. 4. 24; 29. 20; 32. 16, 21. Jos. 24. 19. 1 Ki. 14. 22. Ps. 78. 58. Eze. 16. 38. Na. 1. 2. Zep. 1. 18; 3. 8. 1 Co. 10. 22.
12 Ne. 13. 29. Mal. 2. 4, 5; 3. 1.
13 *his seed.* 1 Sa. 2. 30. 1 Ki. 2. 27. 1 Ch. 6. 4-15, 50-53. *an everlasting.* Ex. 40. 15. Is. 61. 6. Je. 33. 18, 22. He. 7. 11, 17, 18. 1 Pe. 2. 5, 9. Re. 1. 6. *zealous.* 1 Ki. 19. 10, 14. Ps. 69. 9; 106. 31; 119. 139. Jno. 2. 17. Ac. 22. 3-5. Ro. 10. 2-4. *atonement.* Ex. 32. 30. Jos. 7. 12. 2 Sa. 21. 3. He. 2. 17. 1 Jno. 2. 2.
14 *a prince.* ver. 4, 5. 2 Ch. 19. 7. *chief house. Heb.* house of a father. *the Simeonites.* ch. 1. 23; 26. 14.
15 *Zur.* ch. 31. 8. Jos. 13. 21.
17 Balaam's counsel seems to have been first given to Balak, king of Moab; but probably the Midianitish women, especially of the higher ranks, as Cozbi was, were the principal tempters; and the nation of Midian seems to have come into the execrable measure more generally and heartily than that of Moab: they were therefore first selected to be made examples of, for a warning to the Moabites, who were spared at this time. ch. 31. 2. Re. 18. 6.
18 *vex you.* ch. 31. 15, 16. Ge. 26. 10. Ex. 32. 21, 35. Re. 2. 14. *beguiled.* Ge. 3. 13. 2 Co. 11. 3. 2 Pe. 2. 14, 15, 18. *which.* ver. 8.

## CHAP. XXVI.

*The sum of all Israel is taken in the plains of Moab,* 1-51. *The law of dividing among them the inheritance of the land,* 52-56. *The families and number of the Levites,* 57-62. *None was left of them which were numbered at Sinai, but Caleb and Joshua,* 63-65.

1 ch. 25. 9.
2 The plague having swept away the last of that devoted generation, which provoked the Lord to 'swear in his wrath that they should not enter' Canaan; he now, after an interval of 38 years, commands *another census* of the Israelites to be made, to preserve the distinction of families, and to regulate the tribes previous to their entry into the promised land, as well as to ascertain the proportion of land which should be allotted to each tribe. For, though the whole was divided by *lot,* yet the portions were so disposed, that a numerous tribe did not draw where the lots assigned small inheritances, or the contrary. See on ch. 1. 2, 3. Ex. 30. 12; 38. 25, 26.
3 ver. 63; ch. 22. 1; 31. 12; 33. 48; 35. 1. De. 4. 46-49; 34. 1, 6, 8.
4 ch. 1. 1. 1 Ch. 21. 1.
5 *the eldest.* Ge. 29. 32; 49. 2, 3. 1 Ch. 5. 1. *the children.* Ge. 46. 8, 9. Ex. 6. 14. 1 Ch. 5. 3.
7 ver. 1, 21; ch. 2. 11. Ge. 46. 9.
9 ch. 1. 16; 16. 1, 2, etc. Ps. 106. 17. Jude 11.
10 *earth opened.* ch. 16. 2, 31-35, 38; 27. 3. Ex. 16. 35. Ps. 106. 17, 18. *together.* The Samaritan text does not intimate that Korah was *swallowed up,* but that he was *burnt,* as appears to have been the fact; and the Psalmist also, (Ps. 106. 17,) only mentions Dathan and Abiram as having been swallowed up. 'And the earth swallowed them up, what time that company died; and the fire devoured Korah with the 250 men, who became a sign.' *they became a sign.* ch. 16. 38. 1 Sa. 2. 34. Je. 29. 22. Eze. 14. 8. 1 Co. 10. 6-10. 2 Pe. 2. 6. Jude 7.
11 It seems to be intimated in ch. 16. 27, 31-33, that *the sons and the little ones* of Korah, Dathan, and Abiram, were swallowed up; but the text *here* expressly affirms, that the children of Korah 'died not;' and their descendants were famous even in David's time. On a close inspection, however, of ver. 27, we shall find, that *the sons and the little ones* of Dathan and Abiram alone are mentioned. ch. 16. 5. Ex. 6. 24. 1 Ch. 6. 22-28. Ps. 42; 44; 45; etc., titles.
12 *Nemuel.* Ge. 46. 10. Ex. 6. 15. Jemuel. *Jachin.* 1 Ki. 7. 21. 1 Ch. 4. 24. Jarib.
13 *Zerah.* Ge. 46. 10. Zohar.
14 The immense decrease of this tribe, no less than 37,100, renders it highly probable, that, influenced by the bad example of Zimri, the Simeonites had been peculiarly criminal in the late wickedness, and that multitudes of them had died of the plague. It is remarkable, that Moses, in De. ch. 33, bestows no blessing upon this tribe. ch. 1. 22, 23; 2. 12, 13.
15 *Zephon.* ch. 2. 14. Ge. 46. 16. Ziphion, Haggai, Shuni, Ezbon, Eri, Arodi, Areli.
16 *or,* Ezbon. Ge. 46. 16
17 Ge. 46. 16. Arodi.
18 ch. 1. 24, 25; 2. 14, 15.
19 *Er and Onan.* Ge. 38. 1-10; 46. 12. 1 Ch. 2. 3, etc.
20 *Shelah.* Ge. 38. 5, 11, 14, 26-30. 1 Ch. 4. 21. *Pharez.* Ge. 38. 27-29; 46. 12. Ru. 4. 18-22. 1 Ch. 2. 3, etc. Ne. 11. 4, 6, 24, Perez. Mat. 1. 3. Lu. 3 33, Phares. *Zerah.* Ge. 38. 30; 46. 12, Zarah. 1 Ch. 2. 4. Ne. 11. 24.

22 ch. 1. 26, 27; 2. 3, 4. Ge. 49. 8. 1 Ch. 5. 2. Ps. 115. 14. He. 7. 14.

23 *the sons.* ch. 2. 5. Ge. 30. 17, 18; 46. 13. 1 Ch. 7. 1. *Pua. or,* Phuvah.

24 *Jashub. or,* Job. Ge. 46. 13.

25 *threescore.* ch. 1. 28, 29; 2. 5, 6.

26 Ge. 30. 19, 20; 46. 14.

27 ch. 1. 30, 31; 2. 7, 8.

28 Ge. 41. 51, 52; 46. 20; 48. 5, 13-20.

29 *Machir.* ch. 32. 39, 40; 36. 1. Ge. 48. 14. De. 3. 15. Jos. 17. 1. Ju. 5. 14. 1 Ch. 7. 14-19.

30 *Jeezer. called* Abiezer. Jos. 17. 2. Ju. 6. 11, 24, 34; 8. 2.

33 *Zelophehad.* ch. 27. 1; 36. 10-12.

34 ch. 1. 34, 35; 2. 20, 21.

35 *Becher.* 1 Ch. 7. 20, 21. Bered. Tahath. Eladah. Tahath.

37 ch. 1. 32, 33; 2. 18, 19.

38 *sons of Benjamin.* 1 Ch. 7. 6-12. *Ahiram.* Ge. 46. 2. *Ehi.* 1 Ch. 8. 1. Aharah.

39 *Shupham.* Ge. 46. 21. Muppim, and Huppim.

40 *Ard and Naaman.* 1 Ch. 8. 3. Addar.

41 ch. 1. 36, 37; 2. 22, 23. Ge. 46. 21.

42 *Shuam.* Ge. 46. 23. Hushim.

43 ch. 1. 38, 39; 2. 25, 26.

44 *the children of Asher.* Ge. 46. 17. Jimnah. Ishuah. Isui. 1 Ch. 7. 30. Imnah. Isuah. Ishuai.

46 *Sarah.* Ge. 46. 17. Serah.

47 ch. 1. 40, 41; 2. 27, 28.

48 *the sons of Naphtali.* Ge. 46. 24. 1 Ch. 7. 13.

49 *Shillem.* 1 Ch. 7. 13. *Shallum.*

50 ch. 1. 42, 43; 2. 29, 30.

51 The following comparative statement will show how much some of the tribes had *increased*, and others had *diminished*, since the enumeration in ch. 1:

| | Now. | Before. |
|---|---|---|
| 1 Reuben | 43,730 | 46,500 |
| 2 Simeon | 22,200 | 59,300 |
| 3 Gad | 40,500 | 45,650 |
| 4 Judah | 76,500 | 74,600 |
| 5 Issachar | 64,300 | 54,400 |
| 6 Zebulun | 60,500 | 57,400 |
| 7 Manasseh | 52,700 | 32,200 |
| 8 Ephraim | 32,500 | 40,500 |
| 9 Benjamin | 45,600 | 35,400 |
| 10 Dan | 64,400 | 62,700 |
| 11 Asher | 53,400 | 41,500 |
| 12 Naphtali | 45,400 | 53,400 |
| Total | 601,730 | 603,550 |

Thus we find there was the following *increase* and *decrease* in the several tribes:

| | | |
|---|---|---|
| 1 Reuben | 2,770 | *decrease* |
| 2 Simeon | 37,100 | *decrease* |
| 3 Gad | 5,150 | *decrease* |
| 4 Judah | 1,900 | increase |
| 5 Issachar | 9,900 | increase |
| 6 Zebulun | 3,100 | increase |
| 7 Manasseh | 20,500 | increase |
| 8 Ephraim | 8,000 | *decrease* |
| 9 Benjamin | 10,200 | increase |
| 10 Dan | 1,700 | increase |
| 11 Asher | 11,900 | increase |
| 12 Naphtali | 8,000 | *decrease* |

| | |
|---|---|
| *Decrease* in all - - - | 61,020 |
| Increase in all - - - | 59,200 |
| *Decrease* on the whole - | 1,820 |

It should be observed, that among these there was not one of the former census, except Joshua and Caleb. (See ver. 64, 65.) Thus, though there was such an amazing *increase* in *seven* tribes, yet so great was the *decrease* in the other *five* tribes, that the balance against the present census is 1,820, as appears above. Notwithstanding the amazing increase in some, and decrease in other tribes, the same sort of proportion is kept in their several divisions; so as to keep the division in the *front* the largest, and that in the *rear* the next. ch. 1. 46; 2. 32. Ne. 9. 23. Job. 12. 9, 10, 14, 20-23. Ps. 77. 20.

53 Ge. 12. 2, 7. Jos. 11. 23; 14. 1. Ps. 49. 14; 105. 44. Eze. 47. 22. Da. 7. 27. Mat. 5. 5. Re. 5. 10; 21. 27.

54 *many.* ch. 32. 3, 5; 33. 54. Jos. 17, 14. *give the more. Heb.* multiply his. *give the less. Heb.* diminish his.

55 *by lot.* ver. 56; ch. 33. 54; 34. 13. Jos. 11. 23; 14. 2; 17. 14; 18. 6, 10, 11; 19. 1, 10, 17, 24, 32, 40. Pr. 16. 33; 18. 18. Ac. 1. 26. Col. 1. 12. Re. 7. 4-8.

56 This division by lot seems to have respect only to the quarter, or situation, which each tribe was to possess, and not to the quantity or extent of land, which was to be proportioned to the numbers of each tribe, according to the register now formed. Thus, for instance, it was determined by lot which of the twelve tribes was to inherit in the south, which in the north, etc.: then, in that quarter where the lot fell, a larger or smaller portion of land was assigned them, according to the goodness of the soil, and in proportion as they were more or less numerous. Thus the decreasing of any tribe in the wilderness, proved the decrease of their future political importance and affluence in all succeeding ages. This equal division of property was, under God, the great bulwark and strength of the Hebrew commonwealth. According to the most exact calculations, Canaan contained 14,976,000 acres; which, divided among 600,000 men, will allow of more than 21 acres and a half to each, with a remainder of 1,976,000 acres for the princes of tribes, Levitical cities, etc.: so that there was an ample provision to enable each person, with all the advantages of that fertile country and fine climate, to live, if not in affluent, yet in very comfortable circumstances. Canaan lies between lat. 31° and 33° 30′ N., and long. 35° and 37° E.; its length, from the city of Dan to Beersheba, is about 200 miles; and its breadth, from the shores of the Mediterranean to the eastern borders, about 90. The Canaanites, the descendants of Canaan, son of Ham, and the original inhabitants of the land, were divided into seven principal nations,—the Amorites, Hittites, Jebusites, Girgashites, Canaanites, Perizzites, and Hivites, and formed themselves into almost as many kingdoms as they had cities. After their defeat by the Israelites, such as escaped the sword became tributary; but in process of time, having seduced them to their idolatries, they recovered many of the strongest places in the country; and even formed themselves into a mighty kingdom in Galilee. They were, however, again defeated by Barak, but were not finally subdued till the reign of David and Solomon; the latter of whom employed 153,600 in the most servile parts of the work of building the temple, palace, etc. Ro. 11. 7. 1 Co. 12. 4.

57 *these are.* ch. 35. 2, 3. Ge. 46. 11. Ex. 6. 16-19. 1 Ch. 6. 1, 16, etc. *of Gershon.* See on ch. 3; 4.

58 ch. 3. 17-21; 16. 1.

59 Ex. 2. 1, 2; 6. 20. Le. 18. 12.

60 ch. 3. 2, 8.

61 ch. 3. 4. Le. 10. 1, 2. 1 Ch. 24. 1, 2.

62 *those that.* ch. 1. 49; 3. 39; 4. 47, 48; 18. 20-24; 35. 2-8. De. 10. 9; 14. 27-29; 18. 1, 2. Jos. 13. 14, 33; 14. 3. *they were not.* See on ch. 1. 49. *because.* ch. 18. 20-24; 35. 2-8. De. 10. 9; 14. 27-29; 18. 1, 2. Jos. 13. 14, 33; 14. 3.

63 See on ver. 3.

64 ch. 1; 2. De. 2. 14, 15; 4. 3, 4. 1 Co. 10. 5.

65 *They shall.* ch. 14. 23, 24, 28-30, 35, 38. Ex. 12. 37. De. 2. 14, 15; 32. 49, 50. Ps. 90. 3-7. Ro. 11. 22.

1 Co. 10. 5, 6. He. 3. 17, 18. Jude 5. *save Caleb.* See on ch. 14. 30, 38.

## CHAP. XXVII.

*The daughters of Zelophehad sue for an inheritance,* 1-5. *The law of inheritances,* 6-11. *Moses, being told of his death, sues for a successor,* 12-17. *Joshua is appointed to succeed him,* 18-23.

1 *the daughters.* In the orders for the division of the land, just given, no provision had been made for females, in case of failure of male issue. The five daughters of Zelophehad, therefore, considered themselves as destitute, having neither father nor brother, and being themselves entirely overlooked; and they agreed to refer the case to Moses and the rulers, whether it were not equitable that they should inherit their father's portion. This led to the enactment of an additional law to the civil code of Israel, which satisfactorily ascertained and amply secured the right of succession in cases of inheritance. This law, which is as reasonable as it is just, stands thus:—1. On the demise of the *father,* the estate descends to the *sons.* 2. If there be no *son,* the *daughters* succeed. 3. If there be no *daughter,* the *brothers* of the deceased inherit. 4. If there be no *brethren,* or paternal *uncles,* the estate goes to the *grand uncles,* or *brothers* of his *father.* 5. If there be no *grand uncles,* then the *nearest of kin* succeeds to the inheritance. Beyond this *fifth* degree the law does not extend, because there must always have been some among the Israelites who could be called *kinsmen. Zelophehad.* ch. 26. 33; 36. 1-12. Jos. 17. 3-6. 1 Ch. 7. 15. Ga. 3. 28.

2 ch. 15. 33, 34. Ex. 18. 13, 14, 19-26. De. 17. 8-10.

3 Rosenmuller translates this verse as follows: 'Our father died in the wilderness, leaving no sons; nor was he among those who rebelled against the Lord with Korah, who died on account of his own sin.' Professor Dathe, however, understands by 'his own sin,' that sin which was common to all the Israelites, who died on account of their unbelief. *died in the.* ch. 14. 35; 26. 64, 65. *in the company.* ch. 16. 1-3; 19. 32-35, 49; 26. 9, 10. *died in his.* Eze. 18. 4. Jno. 8. 21, 24. Ro. 5. 12, 21; 6. 23.

4 *Why.* Ex. 32. 11. Ps. 109. 13. Pr. 13. 9. *done away. Heb.* diminished. *Give.* Jos. 17. 4.

5 ch. 15. 34. Ex. 18. 15-19; 25. 22. Le. 24. 12, 13. Job 23. 4. Pr. 3. 5, 6.

6 Ps. 68. 5, 6. Ga. 3. 28.

7 ch. 36. 1, 2. Ps. 68. 5. Je. 49. 11. Ga. 3. 28.

11 *kinsman.* Le. 25. 25, 49. Ru. 4. 3-6. Je. 32. 8. *a statute.* ch. 35. 29. 1 Sa. 30. 25.

12 *mount.* ch. 33. 47, 48. De. 3. 27; 32. 49; 34. 1-4.

13 *thou also.* ch. 31. 2. See on Ge. 25. 8, 17. *as Aaron.* ch. 20. 24-28; 33. 38. De. 10. 6; 32. 50.

14 *ye rebelled.* ch. 20. 8-13. De. 1. 37; 32. 51, 52. Ps. 106. 32, 33. *Meribah.* ch. 20. 1, 13, 24. Ex. 17. 7.

16 *the Lord. Yehowah elohey haroochoth lechol basar,* 'Jehovah, the God of the spirits of all flesh.' This address sufficiently proves, that this holy man believed man to be compounded of flesh and spirit, and that these principles are perfectly distinct. Either the materiality of the soul is a human fable, or, if it be a true doctrine, Moses did not pray under the influence of the Divine Spirit. There is a similar form of expression in ch. 16. 22: 'O God, the God of the spirits of all flesh;' and in Job 12. 10, 'In whose hand is the soul *(nephesh)* of all living; and the spirit *(rooach)* of all flesh of man. These seem decisive proofs, among many others, that the Old Testament teaches that there is an immortal spirit in man; for though *rooach* sometimes denotes *breath* or *wind,* yet it certainly has not that signification *here,* nor in the other passages cited. *the God.* ch. 16. 22. He. 12. 9. *set a man.* De. 31. 14. 1 Sa. 12. 13. 1 Ki. 5. 5. Je. 3. 15; 23. 4, 5. Eze. 34. 11-16, 23; 37. 24. Mat. 9. 38. Jno. 10. 11. Ac. 20. 28. 1 Pe. 5. 2-4.

17 *go out.* De. 31. 2. 1 Sa. 8. 20; 18. 13. 2 Sa. 5. 2. 1 Ki. 3. 7. 2 Ch. 1. 10. Jno. 10. 3, 4, 9. *as sheep.* 1 Ki. 22. 17. 2 Ch. 18. 16. Eze. 34. 5. Zec. 10. 2; 13. 7. Mat. 9. 36; 10. 6; 15. 24. Mar. 6. 34. 1 Pe. 2. 25.

18 *Take thee.* See on ch. 11. 28; 13. 8, 16. Ex. 17. 9. De. 3. 28; 31. 7, 8, 23; 34. 9. *a man.* ch. 11. 17. Ge. 41. 38. Ju. 3. 10; 11. 29. 1 Sa. 16. 13, 14, 18. Da. 5. 14. Jno. 3. 34. Ac. 6. 3. 1 Co. 12. 4-11. *lay.* ver. 23. De. 34. 9. Ac. 6. 6; 8. 15-19; 13. 3; 19. 6. 1 Ti. 4. 14; 5. 22. He. 6. 2.

19 *give him.* De. 31. 7. Lu. 9. 1-5; 10. 2-11. Ac. 20. 28-31. Col. 4. 17. 1 Ti. 5. 21; 6. 13-17. 2 Ti. 4. 1-6.

20 *put some.* ch. 11. 17, 28, 29. 1 Sa. 10. 6, 9. 2 Ki. 2. 9, 10, 15. 1 Ch. 29. 23, 25. *may be.* Jos. 1. 16-18.

21 *he shall.* Jos. 9. 14. Ju. 1. 1; 20. 18, 23, 26-28. 1 Sa. 22. 10; 23. 9; 28. 6; 30. 7. *Urim.* Ex. 28. 30. Le. 8. 8. De. 33. 8. 1 Sa. 28. 6. Ezr. 2. 63. Ne. 7. 65. *at his word.* See on ver. 17. Jos. 9. 14. 1 Sa. 22. 10-15.

23 See on ver. 19. De. 3. 28; 31. 7, 8.

## CHAP. XXVIII.

*Offerings are to be observed,* 1, 2. *The continual burnt offering,* 3-8. *The offering on the sabbath,* 9, 10; *on the new moons,* 11-15; *at the passover,* 16-25; *in the day of first-fruits,* 26-31.

2 *my bread.* Le. 3. 11; 21. 6, 8. Mal. 1. 7, 12. *for a sweet savour unto me. Heb.* savour of my rest. ch. 15. 3, 7, 24. Ge. 8. 21. Ex. 29. 18. Le. 1. 9, 13, 17; 3. 11. Eze. 16. 19; 20. 41, marg. 2 Co. 2. 15. Ep. 5. 2. Phi. 4. 18. *in their due season.* The stated sacrifices and service of the tabernacle having, probably, been greatly interrupted for several years, and a new generation having arisen, who were children or minors when the law was given respecting these ordinances; and as they were now about to enter into the promised land, where they must be established and constantly observed; God commands Moses to repeat them to the people in the following order:—1. Daily: the *morning* and *evening* sacrifices; a lamb each time. (ver. 3, 4.) 2. Weekly: the *sabbath* offerings; two lambs of a year old. (ver. 9, 10.) 3. Monthly: at the beginning of each month, two young bullocks, one ram, and seven lambs of a year old, and a kid for a sin offering. (ver. 11-15.) 4. Annual: (1) the *Passover* to last seven days; the offerings, two young bullocks, one ram, seven lambs of a year old, and a he-goat. (ver. 16-25.) (2) The day of *first-fruits:* the sacrifices the same as on the beginning of the month. (ver. 26-31.) ch. 9. 2, 3, 7, 13. Ex. 23. 15. Ps. 81. 3.

3 *two lambs.* Ex. 29. 38, 39. Le. 6. 9. Eze. 46. 13-15. Jno. 1. 29. 1 Pe. 1. 19, 20. Re. 13. 8. *day by day. Heb.* in a day. Da. 8. 13; 11. 31; 12. 11.

4 *and the other.* 1 Ki. 18. 29, 36. Ezr. 9. 4, 5. Ps. 141. 2. Da. 9. 21. *at even. Heb.* between the two evenings. ch. 9. 3. Ex. 12. 6, marg.

5 ch. 15. 4, 5. Ex. 16. 36; 29. 38-42. Le. 2. 1.

6 *a continual.* Ex. 29. 42. Le. 6. 9. 2 Ch. 2. 4; 31. 3. Ezr. 3. 4. Ps. 50. 8. Eze. 46. 14. Am. 5. 25. *was ordained.* Ex. 24. 18; 29. 38-42; 31. 18.

7 *in the holy.* Ex. 29. 42. *to be poured.* ver. 14, 31. See on ch. 15. 5, 7, 10. Ex. 29. 40; 30. 9. Le. 23. 13. Is. 57. 6. Joel 1. 9, 13; 2. 14. Phi. 2. 17. Gr.

9 Ex. 20. 8-11. Ps. 92. 1-4. Is. 58. 13. Eze. 20. 12. Re. 1. 10.

10 *the burnt.* Eze. 46. 4, 5. *the continual.* ver. 23; ch. 29. 6, 11, 16, 19, 22, 25, 31, 34, 38, 39.

11 *in the beginnings.* ch. 10. 10; 15. 3-11. 1 Sa. 20. 5. 2 Ki. 4. 23. 1 Ch. 23. 31. 2 Ch. 2. 4. Ezr. 3. 5. Ne. 10. 33. Ps. 40. 6, 8; 81. 3. Is. 1. 13, 14; 66. 23. Eze. 45. 17, 18; 46. 1, 6. Ho. 2. 11. Am. 3. 5. Ga. 4. 10. Col. 2. 6, 16. *two young.* ver. 19. He. 10. 10-14.

12 ch. 15. 4-12; 29. 10. Eze. 46. 5-7.

13 *for a burnt.* See on ver. 2.

15 *one kid.* ver. 22; ch. 15. 24. Le. 4. 23; 16. 15. Ro. 8. 3. 2 Co. 5. 21. *beside.* See on ver. 3. 10, 11.

16 ch. 9. 3-5. Ex. 12. 2-11, 18, 43-49. Le. 23. 5-8. De. 16. 1-8. Eze. 45. 21-24. Mat. 26. 2, 17. Lu. 22. 7, 8. Ac. 12. 3, 4. 1 Co. 5. 7, 8.

17 Ex. 12. 15-17; 13. 6. Le. 23. 6.

18 Ex. 12. 16. Le. 23. 7, 8.

19 *two young*. Eze. 45. 21-25. *they shall*. ver. 31; ch. 29. 8. Le. 22. 20. De. 15. 21. Mal. 1. 13, 14. 1 Pe. 1. 19.

22 See on ver. 15.

23 See on ver. 3, 10.

25 *on the seventh*. Ex. 12. 16; 13. 6. Le. 23. 8. *ye shall do*. ver. 18, 26; ch. 29. 1, 12, 35. Le. 23. 3, 8, 21, 25, 35, 36.

26 *in the day*. Ex. 23. 16; 34. 22. Le. 23. 10, 15-21. De. 16. 9-11. Ac. 2. 1, etc. 1 Co. 15. 20. Ja. 1. 18.

27 *two young*. ver. 11, 19. Le. 23. 18, 19. Bishop Patrick observes that no *peace offerings* are appointed in this chapter, which were chiefly for the benefit of the offerers, and therefore in them they were left more to themselves; but *burnt offerings*, which were purely for the honour of God, and confessions of his dominion, and which figured evangelical piety and devotion, by which the soul is wholly offered up to God, in the flames of holy love; and *sin offerings*, which were typical of Christ's sacrifice of himself, by which we and our services are perfected and sanctified.

30 ver. 15, 22; ch. 15. 24. 2 Co. 5. 21. Ga. 3. 13. 1 Pe. 2. 24; 3. 18.

31 *without blemish*. ver. 19. Mal. 1. 13, 14.

## CHAP. XXIX.

*The offering at the feast of trumpets*, 1-6; *at the day of afflicting their souls*, 7-11; *and on the eight days of the feast of tabernacles*, 12-40.

1 *the seventh*. That is, the month *Tisri*, the *seventh* month of their ecclesiastical year, but the *first* of their civil year, answering to our *September*. This, which was their *new year's day*, was a time of great festivity, and ushered in by the blowing of trumpets; whence it was also called *the feast of blowing the trumpets*. In imitation of this Jewish festival, different nations began the new year with sacrifices and festivity. The ancient Egyptians did so; and the Persians also celebrated their *nawee rooz*, or new year's day, which they held on the vernal equinox, and which 'lasted ten days, during which all ranks seemed to participate in one general joy. The rich sent presents to the poor; all were dressed in their holiday clothes; all kept open house; and religious processions, music, dancing, a species of theatrical exhibition, rustic sports, and other pastimes, presented a continued round of varied amusement. Even the dead, and the ideal beings were not forgotten; rich viands being placed on the tops of houses and high towers, on the flavour of which the Peris, and spirits of their departed heroes and friends, were supposed to feast.' After the Mohammedan conquest of Persia, the celebration of this period sensibly declined, and at last totally ceased, till the time of Jelaladdin (about A. D. 1082), who, coming to the crown at the vernal equinox, re-established the ancient festival, which has ever since been celebrated with pomp and acclamations. Le. 23. 24, 25. Ezr. 3. 6. Ne. 7. 73. *the first day of the month*. The monthly sacrifices were regulated by the new moons; and it is probable that the solemn sacrifices were appointed by God, to prevent the idolatry which was usual among the heathen at this period; who expressed the most extravagant rejoicings on the first appearance of the new moon. Moses, however, used the return of the moon only as one of the most natural and convenient measures of time; and appointed sacrifices *to Jehovah*, to prevent the Israelites from falling into the idolatries of their heathen neighbours. In the serene climate of Arabia and Judea, its first faint crescent is, for the most part, visible to all. *blowing*. ch. 10. 1-10. 1 Ch. 15. 28. Ps. 81. 3; 89. 15. Is. 27. 13. Zec. 9. 14. Mar. 16. 15, 16. Ro. 10. 14-18; 15. 16-19.

2 ver. 8, 36; ch. 28. 19, 27. He. 10. 10-14.

5 See on ch. 28. 15, 22, 30.

6 *the burnt*. See on ch. 28. 11-15. *the daily*. See on ch. 28. 3-8. Ex. 29. 38-42. Le. 6. 9. *according*. ver. 18, 21; ch. 9. 14; 15. 11, 12, 24. Ezr. 3. 4.

7 *on the tenth*. Le. 16. 29-31; 23. 27. *afflict*. Le. 16. 29. Ezr. 8. 21. Ps. 35. 13; 126. 5, 6. Is. 22. 12; 58. 3-5. Zec. 7. 3; 12. 10. Mat. 5. 4. Lu. 13. 3, 5. Ac. 27. 9. Ro. 6. 6. 1 Co. 9. 27. 2 Co. 7. 9-11. Ja. 4. 8-10.

8 *without blemish*. ver. 2, 13; ch. 28. 19.

9 See on ch. 15. 3-12.

11 *beside*. Le. 16. 3, 5, 9. Is. 53. 10. Da. 9. 24-26. He. 7. 27; 9. 25-28. *the continual*. See on ver. 6; ch. 28. 3-8.

12 *the fifteenth day*. This was the *feast of Tabernacles*, kept in commemoration of their dwelling in tents in the wilderness for forty years. The first and last days were to be kept as sabbaths, on which there were solemn assemblies; and for *seven* days sacrifices were offered. On the other festivals, two bullocks sufficed, (ch. 28. 11, 19, 27), and on the festival at the beginning of this month, only one was appointed; but, on the *first* day of this festival, thirteen young bullocks were appointed; and so on each successive day, with the decrease of only *one* bullock, till on the seventh day, there were only *seven*, making in all *seventy* bullocks. The lambs, and the rams also, were in a double proportion to the number sacrificed at any other festival. This was an expensive service; but more easy at this time of the year than any other, as Bishop Patrick observes, because now their barns were full, and their wine-presses overflowed; and their hearts might well be supposed to be more enlarged than at other times, in thankfulness to God for the multitude of his mercies. The Jewish doctors give this reason for the daily diminution of the number of the bullocks: the whole number, say they, was according to the languages of the seventy nations of the world; and the diminution of one every day signified, that there should be a gradual diminution of those nations till all things were brought under the government of the Messiah; in whose days 'no sacrifices shall remain, but those of thanksgiving, prayer, and praise.' Ex. 23. 16; 34. 22. Le. 23. 33-43. De. 16. 13, 14. Ne. 8. 14, 18. Eze. 45. 25. Zec. 14. 16-19. Jno. 1. 14. He. 11. 9-13.

13 *thirteen young bullocks*. ver. 2, 8; ch. 28. 11, 19, 27. Ezr. 3. 4. He. 10. 12-14. At this feast thirteen bullocks, two rams, and fourteen lambs, were to be offered. It is worthy of remark, that in each of the seven days of this feast one bullock is to be abated, so that on the seventh day (ver. 32) they were to offer seven bullocks, but the rams and lambs were every day alike; which appointment might signify a diminishing and wearing away of the legal offerings, to lead them to the spiritual and reasonable service, by presenting their own bodies a living sacrifice, holy, and acceptable unto God. Ro. 12. 1.

16 See on ver. 11.

17 ver. 13, 20, etc. Ps. 40. 6; 50. 8, 9; 51. 16, 17; 69. 31. Is. 1. 11. Je. 7. 22, 23. Ho. 6. 6. Ro. 12. 1. He. 8. 13; 9. 3-14.

18 *after the manner*. That is, *after the manner* already prescribed. ver. 3, 4, 6, 9, 10; ch. 15. 4-12; 28. 7, 14.

19 ver. 11, 22, 25. Am. 8. 14.

21 *after the manner*. ver. 18.

22 *drink offering*. Ps. 16. 4. Joel 1. 9, 13; 2. 14.

25 See on ver. 11. Jno. 8. 31. Ac. 13. 43. Ro. 2. 7. Ga. 2. 5; 6. 9. 2 Th. 3. 13. He. 3. 14; 10. 39; 13. 15.

35 *eighth day.* Though this day was properly a distinct festival, and esteemed the chief or high day of the feast, yet fewer sacrifices are appointed for it than for any of the foregoing seven. On every one of them two rams and fourteen lambs were offered; but on this day there were but half as many; and whereas seven bullocks were the fewest that were offered on any of those days, on this there was only one. At this feast, there was an extraordinary ceremony of which the rabbins inform us, namely, the drawing water out of the pool of Siloam, and pouring it, mixed with wine, on the sacrifice as it lay on the altar. This they are said to have done with such expressions of joy, that it became a common proverb, 'He that never saw the rejoicing of drawing of water, never saw rejoicing in all his life.' The Jews pretend to ground this custom on the following passage of Isaiah, (ch. 12. 3,) 'With joy shall ye draw water out of the wells of salvation;' and to this ceremony Jesus is supposed to refer, when 'in the last day, the great day of the feast, he stood and cried, saying, If any man thirst, let him come unto me, and drink: he that believeth on me, as the Scripture saith, out of his belly shall flow rivers of living water,' (Jno. 7. 37, 38:) thereby calling off the people from their carnal mirth and festive and pompous ceremonies, to seek spiritual refreshment for their minds. Le. 23. 36. Jno. 7. 37-39. Re. 7. 9-17.

39 *do. or,* offer. *in your set feasts.* It appears from the account in these two chapters, that there were annually offered to God, at the public charge, independently of a prodigious number of voluntary, vow, and trespass offerings, 15 goats, 21 kids, 72 rams, 132 bullocks, and 1101 lambs. But how little is all this compared with the lambs slain every year at the *passover.* Cestius, the Roman general, asked the priests *how many persons* had come to Jerusalem at their annual festivals: the priests, numbering the *people* by the *lambs* that had been slain, said, 'twenty-five myriads, 5000, and 600.' Le. 23. 2. 1 Ch. 23. 31. 2 Ch. 31. 3. Ezr. 3. 5. Ne. 10. 33. Is. 1. 14. *beside your vows.* ch. 6. 21. Le. 7. 11, 16, etc.; 22. 21-23; 23. 28. De. 12. 6. 1 Co. 10. 31.

40 Ex. 40. 16. De. 4. 5. Mat. 28. 20. Ac. 20. 27. 1 Co. 15. 3. He. 3. 2, 5.

## CHAP. XXX.

*Vows are not to be broken,* 1, 2. *The exceptions of a maid's vows,* 3-5; *of a wife's,* 6-8; *of a widow's, or her that is divorced,* 9-16.

1 ch. 1. 4-16; 7. 2; 34. 17-28. Ex. 18. 25. De. 1. 13-17.

2 *If a man.* The preceding chapters had treated of sacrifices required by law; and in the laws here delivered in respect to vows must have been very useful, as they both *prevented* and *annulled* rash vows, and provided a proper sanction for the support and performance of those which were rationally made, and which were made to the Lord. *vow a vow.* ch. 21. 2. Ge. 28. 20-22. Le. 27. 2, etc. De. 23. 21, 22. Ju. 11. 11, 30, 31, 35, 36, 39. Ps. 15. 3; 56. 12; 76. 11; 119. 106. Pr. 20. 25. *swear.* Ex. 20. 7. Le. 5. 4. Mat. 5. 33, 34; 14. 7-9. Ac. 23. 12. 2 Co. 1. 23; 9. 9-11. *to bind.* ver. 3, 4, 10. Mat. 23. 16, 18. Gr. Ac. 23. 12, 14, 21. *break. Heb.* profane. Ps. 55. 20, marg. *he shall do.* Job 22. 27. Ps. 22. 25; 50. 14; 66. 13, 14; 116. 14. 18. Ec. 5. 4, 5. Na. 1. 15.

4 See on ver. 2.

5 Ho. 6. 6. Mat. 15. 4-6. Mar. 7. 10-13. Ep. 6. 1.

6 *she vowed. Heb.* her vows *were* upon her. Ps. 56. 12.

8 Ge. 3. 16. 1 Co. 7. 4; 14. 34. Ep. 5. 22-24.

9 Le. 21. 7. Lu. 2. 37. Ro. 7. 2.

12 *her husband hath made.* 1 Co. 11. 3. *and the Lord.* ver. 5, 8; ch. 15. 25, 28.

13 *and every.* 1 Co. 11. 3, 9. 1 Pe. 3. 1-6. *to afflict.* See on ch. 29. 7. Le. 16. 29; 23. 27, 32. Ezr. 8. 21. Ps. 35. 13. Is. 58. 5. 1 Co. 7. 5.

14 ver. 7.

15 *he shall bear.* ver. 5, 8, 12. Le. 5. 1. Ga. 3. 28.

16 ch. 5. 29, 30. Le. 11. 46, 47; 13. 59; 14. 54-57; 15. 32, 33.

## CHAP. XXXI.

*The Midianites are spoiled, and Balaam slain,* 1-12. *Moses is wroth with the officers, for saving the women alive,* 13-18. *How the soldiers, with their captives and spoil, are to be purified,* 19-24. *The proportion in which the prey is to be divided,* 25-47. *The voluntary oblation unto the treasury of the Lord,* 48-54.

2 *Avenge.* ver. 3; ch. 25. 17, 18. De. 32. 35. Ju. 16. 24, 28-30. Ps. 94. 1-3. Is. 1. 24. Na. 1. 2. Lu. 21. 22. Ro. 12. 19; 13. 4. 1 Th. 4. 6. He. 10. 30. Re. 6. 10; 18. 20; 19. 2. *the Midianites.* ch. 25. 6, 14-18. Ge. 25. 1-4. Ex. 2 16. *gathered.* ch. 27. 13. Ge. 15. 15; 25. 8, 17. Ju. 2. 10. Ac. 13. 36.

3 *Arm some.* Ex. 17. 9-13. *avenge the Lord.* It was God's quarrel, not their own, that they were now to take up. These people were idolaters, and had seduced the Israelites to practise the same abominations. Idolatry is an offence against God; and the civil power has no authority to meddle with what belongs to Him, without especial directions, certified, as in this case, in the most unequivocal manner. Private revenge, ambition, or avarice were to have no place in this business: Jehovah is to be avenged; and through Him, the children of Israel, (ver. 2,) because they were nearly ruined by their idolatries. If Jehovah, instead of punishing sinners by earthquakes, pestilence, or famine, is pleased expressly to command any person or people to avenge his cause, this commission *justifies,* nay *sanctifies,* war, massacre, or devastation. Though none can at present shew such a commission, yet the Israelites could; and it is therefore absurd to censure Moses, Joshua, and Israel, for the dreadful slaughter made by them. God himself passed sentence of condemnation, and employed them merely as ministers of his vengeance; and unless it could be proved that the criminals did not deserve their doom, or that God had no right to punish his rebellious creatures, such objectors only shew their enmity to God by becoming the unsolicited advocates of his enemies. ch. 25. 11, 13. Ex. 17. 16. Le. 26. 25. Ju. 5. 2, 23. 2 Ki. 9. 7; 10. 30. Je. 46. 10; 50. 28.

4 *Of every tribe a thousand. Heb.* A thousand of a tribe, a thousand of a tribe. *a thousand.* Le. 26. 8. Ju. 7. 2. 1 Sa. 14. 6.

6 *a thousand.* Twelve thousand in all—a small number in proportion to all Israel, or to the forces which they had to encounter. As they were under the conduct of captains of thousands and hundreds, they probably had no general; for Phinehas seems to have accompanied them simply to take charge of 'the holy instruments;' probably the ark and silver trumpets. *Phinehas.* ch. 25. 7-13. *the holy instruments.* ch. 14. 44; 33. 20-22. Ex. 25. 9. Jos. 6. 4-6, 13-15. 1 Sa. 4. 4, 5, 17; 14. 18; 23. 9. 2 Sa. 11. 11. *to blow.* ch. 10. 8, 9. 2 Ch. 13. 12-15.

7 *all.* De. 20. 13, 14. Ju. 21. 11. 1 Sa. 27. 9. 1 Ki. 11. 15, 16. *the males.* Ju. 6. 1, 2, 33.

8 *the kings.* ch. 22. 4. Jos. 13. 21, 22. *Zur.* ch. 25. 15, 18. *Balaam.* ch. 22. 10; 24. 25. Jos. 13. 22. Ps. 9. 16; 10. 2. 1 Ti. 6. 9, 10. 2 Pe. 2. 15. Jude 11. Re. 2. 14; 19. 20.

9 ver. 15, 16. De. 20. 14. 2 Ch. 28. 5, 8-10.

10 Jos. 6. 24. 1 Sa. 30. 1. 1 Ki. 9. 16. Is. 1. 7. Re. 18. 8.

11 De. 20. 14. Jos. 8. 2.

12 *the plains of Moab.* See on ch. 22. 1.

13 *went forth.* Ge. 14. 17. 1 Sa. 15. 12; 30. 21. *without the camp.* ver. 12, 22-24; ch. 5. 2; 19. 11.

14 *wroth.* ch. 12. 3. Ex. 32. 19, 22. Le. 10. 16. 1 Sa. 15. 13, 14. 1 Ki. 20. 42. 2 Ki. 13. 19. Ep. 4. 26. *battle. Heb.* host of war.

15 De. 2. 34; 20. 13, 16-18. Jos. 6. 21; 8. 25; 10. 40; 11. 14. 1 Sa. 15. 3. Ps. 137. 8, 9. Je. 48. 10. Eze. 9. 6.

16 *these caused.* ch. 24. 14; 25. 1-3. Pr. 23. 27. Ec. 7. 26. 2 Pe. 2. 15. Re. 2. 14. *in the matter.* ch. 25. 18. De. 4. 3. Jos. 22. 17. *and there.* ch. 25. 9.

17 *kill every male.* The sword of *war* should spare women and children, as incapable of resisting; but the sword of *justice* knows no distinction, except that of guilty or not guilty, or more or less guilty. This was the execution of a righteous sentence upon a *guilty* nation, in which the women were the greatest criminals; and it may safely be said, that their lives were forfeited by their personal transgressions. With respect to the execution of the male infants, who cannot be supposed to have been guilty, God, the author and supporter of life, who has a right to dispose of it *when* and *how* he thinks proper, commanded it; and 'shall not the Judge of all the earth do *right?*' Ju. 21. 11, 12. *him. Heb.* a male.

18 *keep alive for yourselves.* It has been groundlessly asserted, that Moses here authorised the Israelites to make concubines of the whole number of female children; and an insidious objection against his writings has been grounded upon this monstrous supposition. But the whole tenor of the law, and especially a statute recorded in De. 21. 10-14, proves most decisively to the contrary. They were merely permitted to possess them as female slaves, educating them in their families, and employing them as domestics; for the laws concerning fornication, concubinage, and marriage, were in full force, and prohibited an Israelite even from marrying a captive, without delays and previous formalities; and if he afterwards divorced her, he was to set her at liberty, 'because he had humbled her.' Le. 25. 44. De. 20. 14; 21. 10-14. 2 Ch. 28. 8-10. Is. 14. 2.

19 *abide.* Though the Israelites had acted by the commission of God, yet they had contracted pollution by touching the dead; and the spoil having been used by idolaters, must also be purified in the prescribed manner. ch. 5. 2; 19. 11, etc. 1 Ch. 22. 8.

20 *raiment.* ch. 19. 14-16, 22. Ge. 35. 2. Ex. 19. 10. *that is made. Heb.* instrument, *or,* vessel.

21 See on ch. 30. 16.

23 *abide.* Is. 43. 2. Zec. 13. 9. Mal. 2. 2, 3. Mat. 3. 11. 1 Co. 3. 13. 1 Pe. 1. 7; 4. 12. Re. 3. 18. *it shall be purified.* ch. 8. 7; 19. 9, 17. *ye shall make.* Le. 11. 32; 15. 17. Ep. 5. 26. Tit. 3. 5, 6. 1 Pe. 3. 21.

24 ch. 19. 19. Le. 11. 25; 14. 9; 15. 13.

26 *that was taken. Heb.* of the captivity.

27 *two parts.* Jos. 22. 8. 1 Sa. 30. 4, 24, 25. Ps. 68. 12.

28 *levy.* Ge. 14. 20. Jos. 6. 19, 24. 2 Sa. 8. 11, 12. 1 Ch. 18. 11; 26. 26, 27. Pr. 3. 9, 10. Is. 18. 7; 23. 18; 60. 9. Mat. 22. 21. *one soul.* ver. 30, 47; ch. 18. 26.

29 *an heave.* ch. 18. 26. Ex. 29. 27. De. 12. 12, 19.

30 *one portion.* See ver. 42-47. *flocks, or,* goats. *and give.* ver. 28; ch. 18. 24-28. 1 Co. 9. 13, 14. *keep the.* ch. 3. 7, 8, 25, 31, 36, etc.; 18. 1-5, 23. 1 Ch. 9. 27-29; 23. 32; 26. 20-27. Ac. 20. 28. 1 Co. 4. 2. Col. 4. 17. He. 13. 17.

32 *the booty.* It appears from the enumeration here, that the Israelites, in this war with the Midianites, took 32,000 female prisoners, 61,000 asses, 72,000 beeves, 675,000 sheep and small cattle; besides the immense number of *males* who fell in battle, and the *women* and *children* who were slain by the divine command. (ver. 17.) This booty was divided into equal parts, by which partition a far larger share was justly given to the warriors employed on the expedition, who were only 12,000, than to those, who being equally willing to go, were ordered to stay in the camp. Each party was to give a certain proportion to Jehovah, as their sovereign, in grateful acknowledgment that to him they owed their success. The *soldiers* to give to the Lord *one* out of every *five hundred* persons, beeves, asses, and sheep, (ver. 28,) and the *people,* who by staying at home risked nothing, and had no fatigue, were to give one out of *fifty* of each of the above to the Levites, who were far more numerous than the priests. (ver. 30.) The booty, its division among the soldiers and people, and the proportion given by each to the Lord and to the Levites, will be seen at one view by the following table:—

| | | |
|---|---|---|
| SHEEP . . | 675,000 | |
| To soldiers . . . | | 337,500 |
| To God . . . . | | 675 |
| To people . . . | | 337,500 |
| To Levites . . . | | 6,750 |
| BEEVES . . | 72,000 | |
| To soldiers . . . | | 36,000 |
| To God . . . . | | 72 |
| To people . . . | | 36,000 |
| To Levites . . . | | 720 |
| ASSES . . | 61,000 | |
| To soldiers . . . | | 30,500 |
| To God . . . . | | 61 |
| To people . . . | | 30,500 |
| To Levites . . . | | 610 |
| PERSONS . . | 32,000 | |
| To soldiers . . . | | 16,000 |
| To God . . . . | | 32 |
| To people . . . | | 16,000 |
| To Levites . . . | | 320 |

It does not appear that a single ox, sheep, or ass, was required by Moses as his portion; or that there was any given to him by the people; and though he had a family as well as others, yet no provision was made for them above the common lot of Levites!

41 *Eleazar.* ver. 29-31; ch. 18. 8, 19. Mat. 10. 10. 1 Co. 9. 10-14. Ga. 6. 6. 1 Ti. 5. 17. He. 7. 4-6, 9-12.

47 *the Levites.* ch. 18. 21-24. De. 12. 17-19. Lu. 10. 1-8. 1 Th. 5. 12, 13. *kept the charge.* See on ver. 30. Ps. 134. 1. Is. 56. 10, 11.

49 *charge. Heb.* hand. *lacketh.* 1 Sa. 30. 18, 19. Ps. 72. 14. Jno. 18. 9.

50 *therefore brought.* The officers of the army having mustered their men, found they had not lost a man in the contest with Midian! Penetrated with gratitude for this most remarkable interposition of Providence in their favour, they now offer to Jehovah the golden jewels which they had found among the spoil, to the amount of 16,750 shekels, equal to £37,869 16*s.* 5*d.* of our money. *an oblation.* Ps. 107. 15, 21, 22; 116. 12, 17. *gotten. Heb.* found. *an atonement.* Ex. 30. 12, 15, 16. Le. 17. 11.

51 ch. 7. 2-6.

52 *offering. Heb.* heave-offering.

53 De. 20. 14.

54 *a memorial.* ch. 16. 40. Ex. 30. 16. Jos. 4. 7. Ps. 18. 49; 103. 1, 2; 115. 1; 145. 7. Zec. 6. 14. Lu. 22. 19. Ac. 10. 4.

## CHAP. XXXII.

*The Reubenites and Gadites sue for their inheritance on the east side of Jordan,* 1-5. *Moses reproves them,* 6-15. *They offer him conditions with which he is content,* 16-32. *Moses assigns them the land,* 33-38. *They conquer it,* 39-42.

1 *the children.* ch. 2. 10-15; 26. 5-7, 15-18. Ge. 29. 32; 30. 10, 11. *Jazer.* ver. 3, 35; ch. 21. 32. Jaazer. Jos. 13. 25. 2 Sa. 24. 5. Is. 16. 8, 9. *the place.* ver. 26. Ge. 13. 2, 5, 10, 11; 47. 4. Je. 50. 19. Mi. 7. 14. 1 Jno. 2. 16.

3 *Ataroth.* ver. 1, 34-38. Jos. 13. 17. Is. 15. 2-4. Je.

48. 22, 23. *Nimrah*. ver. 36. Beth-nimrah. Is. 15. 6. Nimrim. *Heshbon*. ch. 21. 25, 26, 28. Ju. 11. 26. Ne. 9. 22. Is. 15. 4; 16. 8, 9. Je. 48. 2, 34, 45. *Shebam*. ver. 38. Shibmah. Jos. 13. 19. Is. 16. 8. Je. 48. 32. Sibmah. *Beon*. ver. 38. Baal-meon.

4 ch. 21. 24, 34. De. 2. 24-35.

5 *if we have*. Ge. 19. 19. Ru. 2. 10. 1 Sa. 20. 3. 2 Sa. 14. 22. Es. 5. 2. Je. 31. 2. *bring us*. De. 1. 37; 3. 25, 26. Jos. 7. 7.

6 *shall ye sit here*. 2 Sa. 11. 11. 1 Co. 13. 5. Phi. 2. 4.

7 *wherefore*. ver. 9; ch. 21. 4. De. 1. 28. *discourage*. *Heb*. break. Ac. 21. 13.

8 See on ch. 13. 2-26; 14. 2. De. 1. 22, 23. Jos. 14. 6, 7.

9 ch. 13. 23-33; 14. 1-10. De. 1. 24-28.

10 ch. 14. 11, 21, 23, 29. De. 1. 34-40. Ps. 95. 11. Eze. 20. 15. He. 3. 8-19.

11 *from twenty*. ch. 14. 28, 29; 26. 2, 64, 65. De. 1. 35; 2. 14, 15. *because*. ch. 14. 24, 30. Jos. 14. 8, 9. *wholly followed me*. *Heb*. fulfilled after me.

12 *for*. ch. 14. 24, 30; 26. 65. De. 1. 36. Jos. 14. 8, 9.

13 *wander*. ch. 14. 33-35. De. 2. 14. Ps. 78. 33. *until all*. ch. 26. 64. De. 2. 15. 1 Co. 10. 5. He. 3. 16-19.

14 *an increase*. Ge. 5. 3; 8. 21. Ne. 9. 24-26. Job 14. 4. Ps. 78. 57. Is. 1. 4; 57. 4. Eze. 20. 21. Mat. 23. 31-33. Lu. 11. 48. Ac. 7. 51, 52. *to augment*. De. 1. 34, 35. Ezr. 9. 13, 14; 10. 10. Ne. 13. 18. Is. 65. 6, 7.

15 *if ye turn*. Le. 26. 14-18. De. 28. 15, etc.; 30. 17-19. Jos. 22. 16-18. 2 Ch. 7. 19-22; 15. 2. *he will yet*. ch. 14. 35. Nu. 14. 30-35. *ye shall*. Je. 38. 23. Mat. 18. 7. Ro. 14. 15, 20, 21. 1 Co. 8. 11, 12.

16 This proposal was very equitable, and it was honestly made and faithfully executed; though it did not imply that all men capable of bearing arms should go, and so leave their families and possessions defenceless, but only a sufficient detachment of them. Among the inhabitants of the land were the Ammonites, Moabites, Idumeans, and the remains of the Midianites and Amorites; and as it was impossible for the women and children to keep the defenced cities, when placed in them, many of the men of war must of course stay behind. In the last census (ch. 26), the tribe of Reuben consisted of 43,730 men; the tribe of Gad 40,500; and the tribe of Manasseh 52,700; the half of which is 26,350; which together amount to 110,580. Now, from Jos. 4. 13, we learn, that of these tribes only 40,000 armed men passed over Jordan to assist their brethren: consequently 70,580 men were left behind for the defence of the women, the children, and the flocks: which was amply sufficient for this purpose. ch. 34. 22. Ge. 33. 17.

17 ver. 29-32. De. 3. 18-20. Jos. 4. 12, 13.

18 Jos. 22. 4, 5.

19 *we will*. Ge. 13. 10-12; 14. 12. 2 Ki. 10. 32, 33; 15. 29. 1 Ch. 5. 25, 26. Pr. 20. 21. *because*. ver. 33. Jos. 12. 1-6; 13. 8. *on this side*. ver. 32; ch. 34. 15. Jos. 1. 14, 15.

20 De. 3. 18-20. Jos. 1. 13-15; 4. 12, 13; 22. 2-4.

22 *land*. De. 3. 20. Jos. 10. 30, 42; 11. 23; 18. 1. Ps. 44. 1-4; 78. 55. *ye shall*. Jos. 22. 4, 9. *be guiltless*. Jos. 2. 19. 2 Sa. 3. 28. *this land*. De. 3. 12-18. Jos. 1. 15; 13. 8, 29-32; 22. 9.

23 *if ye will*. Le. 26. 14, etc. De. 28. 15, etc. *be sure your sin*. If the persons concerned prevaricated, and so imposed on men, or if they afterwards refused to fulfil their engagement, God would most certainly detect and expose their wickedness, and inflict condign punishment upon them. Of all the ways, says Dr. SOUTH, to be taken for the prevention of that great plague of mankind, Sin, there is none so rational and efficacious as to confute and baffle those motives by which men are induced to embrace it; and among all such motives, the heart of man seems to be chiefly overpowered and prevailed upon by two, viz. secrecy in committing sin, and impunity with respect to its consequences. Accordingly, Moses, in this chapter, having to deal with a company of men suspected of a base and fraudulent design, though couched under a very fair pretence, as most such designs are, endeavours to quash it in its very conception, by secretly applying himself to encounter those secret motives and arguments, which he knew were the most likely to encourage them in it. And this he does very briefly, but effectually, by assuring them, that how covertly and artificially soever they might carry on their dark project, yet their sin would infallibly find them out. Though the subject and occasion of these words are indeed particular, yet the design of them is manifestly of an universal import, as reaching the case of all transgressors, in their first entrance on any sinful act or course. Ge. 4. 7; 44. 16. Ps. 90. 8; 139. 11; 140. 11. Pr. 13. 21. Is. 3. 11; 59. 1, 2, 12. Ro. 2. 9. 1 Co. 4. 5.

24 ver. 16, 34, etc.

25 Jos. 1. 13, 14.

27 *thy servants*. Jos. 4. 12. *armed*. ver. 17. 2 Co. 10. 4, 5. Ep. 6. 10-18. 2 Ti. 4. 7, 8. *as my lord*. ch. 11. 28; 12. 11; 36. 2.

28 Jos. 1. 13.

29 See on ver. 20-23.

30 Jos. 22. 19.

33 *Moses*. See on ver. 1. De. 3. 12-17; 29. 8. Jos. 12. 6; 13. 8, etc.; 22. 4. *half the*. ch. 34. 14. 1 Ch. 5. 18; 12. 31; 26. 32. *the kingdom*. ch. 21. 23-35. De. 2. 30-33; 3. 1-8. Ps. 135. 10, 11; 136. 18-21.

34 *Dibon*. EUSEBIUS says that Dibon was a large town, near the river Arnon. BURCKHARDT says, that when he was about an hour's distance north of the Modjeb or Arnon, he was shown to the N. E. the ruins of *Diban*, the ancient Dibon, situated in the low ground of the Koura, or plains of Moab. See on ver. 3; ch. 21. 30; 33. 45, 46. *Aroer*. Aroer was situated, according to EUSEBIUS, on a mountain on the north bank of the river Arnon. This is confirmed by BURCKHARDT, who says it is called *Araayr*, and is seated on the edge of the precipice, at the foot of which the river flows. De. 2. 36. Is. 17. 2.

35 *Jaazer*. ver. 1, 3. Jazer.

36 *Beth-nimrah*. Probably the same as *Nimrim* in Je. 48. 34, and the *Bethnabris* mentioned by EUSEBIUS, five miles north from Livias. BURCKHARDT says, that 'in the valley of the Jordan, south of Abou Obeida, are the ruins of *Nemrim*, probably the Beth-nimrah of the Scriptures.' See on ver. 3. Nimrah. *fenced cities*. ver. 24.

37 *Heshbon*. See on ver. 3; ch. 21. 27. Is. 15. 4. *Eleahleh*. Elealeh is placed, by EUSEBIUS, a mile from Heshbon. It is now called *El Aal*, 'the high,' and is situated on a hill.

38 *Nebo*. Is. 46. 1. *Baal-meon*. This town is placed, by EUSEBIUS and JEROME, nine miles from Heshbon, at the foot of mount Abarim. ch. 22. 41. *gave other names unto the cities*. *Heb*. they called by names the names of the cities. ver. 3. Ge. 26. 18. Ex. 23. 13. Jos. 23. 7. Ps. 16. 4. Is. 46. 1.

39 ch. 26. 29. Ge. 50. 23. Jos. 17. 1.

40 De. 3. 13-15. Jos. 13. 29-31; 17. 1.

41 *Jair*. De. 3. 14. Jos. 13. 30. 1 Ch. 2. 21-23. *Havoth-jair*. Ju. 10. 4. 1 Ki. 4. 13.

## CHAP. XXXIII.

*The two and forty journeys of the Israelites, 1-49. The Canaanites are to be destroyed, 50-56.*

1 *with their armies*. Ex. 12. 37, 51; 13. 18. *under the hand*. Jos. 24. 5. 1 Sa. 12. 8. Ps. 77. 20. Mi. 6. 4.

2 *journeys*. ch. 9. 17-23; 10. 6, 13. De. 1. 2; 10. 11.

3 *they departed*. Ge. 47. 11. Ex. 1. 11; 12. 37. *in the first*. Ex. 12. 2; 13. 4. *with an high*. Ex. 14. 8. Ps. 105. 38. Is. 52. 12. Mi. 2. 13.

4 *buried.* Ex. 12. 29, 30. Ps. 105. 36. *upon their gods.* Ex. 12. 12; 18. 11. Is. 19. 1. Zep. 2. 11. Re. 12. 7-9.

5 *removed.* Ex. 12. 37. *Rameses.* This appears to have been the capital of the land of Goshen, and the rendezvous of the Israelites. It is placed by JEROME in the extremity of Egypt, in the Arsenoitic nome.

6 *departed.* Ex. 13. 20. *Succoth.* Supposed to be the *Suchæ* mentioned by PLINY and the *Scenas Mandrorum,* in the Antonine Itinerary. The Editor of Calmet places it at *Birket el Hadji,* or 'the Pilgrims' pool,' a few miles east of Cairo. *Etham.* This was evidently situated towards the north point of the Red sea. CALMET supposes it to be the same as *Buthus* or *Butham,* mentioned by HERODOTUS, who places it in Arabia, on the frontiers of Egypt.

7 *they removed.* ver. 8. Ex. 14. 2, 9. *Baal-zephon.* CALMET supposes this to be the Clysma of the Greeks, and the Kolzum of the Arabians. His learned Editor thinks the true situation of *Baal-zephon* was some miles more northerly than the present *Suez.*

8 *departed.* Ex. 14. 21, 22, etc.; 15. 22-26. *Etham.* Called *Shur* in Exodus; but Dr. SHAW says that Shur is a particular district of the wilderness of *Etham.*

9 Ex. 15. 27.

10 *Elim.* Ex. 16. 1; 17. 1.

14 *Rephidim.* Ex. 17. 1-8; 19. 2.

15 Ex. 16. 1; 19. 1, 2.

16 *they removed.* ch. 10. 11-13, 33. De. 1. 6. *Kibroth-hattaavah. That is,* the graves of lust. ch. 11. 4, 34.

17 ch. 11. 35.

18 *they departed.* ch. 12. 16. *Rithmah.* Rithmah was a place in the wilderness of Paran, near Kadesh Barnea; probably so called from the great number of *juniper trees,* as the name signifies, growing in that district.

19 *Rimmon-parez.* Probably the same as *Rimmon,* a city of Judah and Simeon, Jos. 15. 32; 19. 7.

21 *Libnah.* De. 1. 1. Laban. *Rissah.* This is supposed, apparently with good reason, by the Editor of Calmet, to be the same with the present *El Arish,* a village three quarters of a league from the Mediterranean, and the last stage in Syria, on the road to Egypt.

24 *Shapher.* The Editor of Calmet, who supposes the Israelites to be now in the regular track from Gaza to Egypt, is of opinion that mount *Shapher* is the ancient name of mount *Cassius, Catjeh,* or *Catié,* a huge mole of sand, almost surrounded by the Mediterranean, on which was built a temple to Jupiter Cassius. THEVENOT states, that at the village of *Catié* there is a well of water unpleasant for drinking; but two miles off, another whose water is good after standing a little.

30 *Moseroth.* This is supposed by Mr. C. TAYLOR, to be *Ain el Mousa,* (probably a corruption of *Moseroth*) or fountains of Moses, at the head of the western gulf of the Red sea, about seven or eight miles east from Suez, seven or eight days' journey from Gaza, and five or six from Sinai. De. 10. 6. Mosera.

31 *Bene-jaakan.* Ge. 36. 27. De. 10. 6. 1 Ch. 1. 43.

32 *Hor-hagid-gad.* De. 10. 7. Gudgodah.

33 *Jotbathah.* Mr. TAYLOR, who imagines the Israelites to be now in the track of the Mecca pilgrims, supposes Jotbathah, which is described as 'a land of brooks of water,' to be *Callah Nahar,* a torrent, said to be *good water* by DR. SHAW. De. 10. 7. Jotbath.

34 *Ebronah.* Probably at *Abiar Ailana,* or *Sat el Acaba,* stations nearer Accaba.

35 *Ezion-gaber.* Dr. SHAW places this port on the western shore of the Elanitic gulf *of* the Red Sea. He says it is now called *Meenah el Dsahab,* or the *golden port,* by the Arabs; because it was from this place that Solomon sent his ships to Ophir. He supposes it to be about sixty miles from Sinai; and it is probable that it was near the present Accaba, *i.e.* the *end* (of the sea). ch. 14. 25. De. 2. 8. 1 Ki. 9. 26; 22. 48. Ezion geber. 2 Ch. 20. 36.

36 *wilderness of Zin.* ch. 13. 21; 20. 1; 27. 14. De. 32. 51.

37 *Kadesh.* ch. 20. 22, 23; 21. 4.

38 ch. 20. 24-28. De. 10. 6; 32. 50.

40 See on ch. 21. 1-3, etc.

41 ch. 21. 4.

42 *Punon.* Called *Phainon* by EUSEBIUS, who places it between Petra and Zoar. Perhaps it is the present *Tafyle,* mentioned by BURCKHARDT.

43 *pitched in Oboth.* ch. 21. 10.

44 *Ije-abarim. or,* heaps of Abarim. ch. 21. 11.

46 *Dibon-gad.* ch. 32. 34. Is. 15. 2. Je. 48. 18. *Almon-diblathaim.* Je. 48. 22. Beth-diblathaim. Eze. 6. 14. Diblath.

47 *the mountains.* These mountains were a ridge of rugged hills east of Jordan, and north and west of the Arnon. *Nebo, Pisgah,* and *Peor,* were but different names of the hills of which they were composed. EUSEBIUS and JEROME inform us, that some part of them, as one went up to Heshbon, retained the old name of Abarim in their time; and that the part called *Nebo* was opposite Jericho, not far from the Jordan, six miles west from Heshbon, and seven east from Livias. Dr. SHAW describes them as 'an exceeding high ridge of desolate mountains, no otherwise diversified than by a succession of naked rocks and precipices; rendered in some places the more frightful by a multiplicity of torrents, which fall on each side of them. This ridge is continued all along the eastern coast of the Dead sea.' Mount Nebo is now called *Djebel Attarous;* and is described as a barren mountain, the highest point in the neighbourhood, with an uneven plain on the top. BURCKHARDT, Travels, pp. 369, 370. ch. 21. 20. De. 32. 49; 34. 1.

48 *in the plains.* See on ch. 22. 1.

49 *Beth-jesimoth.* Probably the place called *Bethsimath* by EUSEBIUS, east of Jordan, and about ten miles south of Jericho. Jos. 13. 20. Eze. 25. 9. *Abel-shittim. or,* the plains of Shittim. This place, according to JOSEPHUS, (Ant. l. iv. c. 7, § 1. Bell. l. v. c. 3,) who calls it *Abela,* was 60 furlongs east of Jordan. ch. 25. 1-9. Ex. 25. 5, 10, 23. Jos. 2. 1.

50 ver. 48, 49.

51 De. 7. 1; 9. 1. Jos. 3. 17.

52 Ex. 23. 24, 31-33; 34. 12-17. De. 7. 2-5, 25, 26; 12. 2, 3, 30, 31; 20. 16-18. Jos. 11. 11, 12; 23. 7. Ju. 2. 2.

53 De. 32. 8. Ps. 24. 1, 2; 115. 16. Je. 27. 5, 6. Da. 4. 17, 25, 32. Mat. 20. 15.

54 *ye shall divide.* See on ch. 26. 53-56. *give the more inheritance. Heb.* multiply his inheritance. ch. 26. 54. *give the less inheritance. Heb.* diminish his inheritance. *in the place.* Jos. 15. 1-12; 16. 1, etc.; 17. 1, etc.; 18. 11, etc.; 19. 1-48.

55 *shall be pricks.* Ex. 23. 33. De. 7. 4, 16. Jos. 23. 12, 13. Ju. 1. 21-36; 2. 3. Ps. 106. 34-36. Eze. 28. 24.

56 Le. 18. 28; 20. 23. De. 28. 63; 29. 28. Jos. 23. 15, 16. 2 Ch. 36. 17-20. Eze. 33. 24-29. Lu. 21. 23, 24.

## CHAP. XXXIV.

*The borders of the land,* 1-15. *The names of the men who shall divide the land,* 16-29.

2 *is the land.* ch. 33. 51, 53. Ge. 12. 6, 7; 13. 15-17; 15. 16-21; 17. 8. De. 1. 7, 8. Ps. 78. 55; 105. 11. Eze. 47. 14. Ac. 17. 26. *an inheritance.* Ps. 16. 5, 6. Je. 3. 19. Ac. 26. 18. Ep. 1. 14, 18. 1 Pe. 1. 3 4.

3 *south quarter* Ex. 23. 31. Jos. 15. 1-12. Eze. 47. 13, 19, etc. *salt sea eastward.* The lake Asphaltites, Dead sea, or Salt sea, is, according to the most authentic accounts, about 70 miles in length, and 18 in breadth. Viewing this sea from the spot where the Jordan discharges its waters into it, it takes a south-easterly direction, visible for ten or fifteen miles, when it disappears in a curve towards the east. Its surface is generally unruffled, from the hollow of the basin in which it lies scarcely admitting the free passage necessary for a strong breeze: it is, however, for the same reason, subject to whirlwinds or squalls of short duration. The mountains on each side are apparently separated by a distance of eight miles; but the expanse of water at this point has been supposed not to exceed five or six: as it advances towards the south, it evidently increases in breadth. The acrid saltness of its waters is much greater than that of the sea; and of such specific gravity that bodies will float on it that would sink in common sea-water. It is probably on this account that few fish can live in it; though the monks of St. Saba affirmed to Dr. Shaw, that they had seen fish caught in it. Ge. 14. 3. Jos. 3. 16; 15. 2. Eze. 47. 8, 18.

4 *Akrabbim.* Jos. 15. 3. Ju. 1. 36. *Zin.* ver. 3; ch. 13. 21; 20. 1; 33. 36, 37. *Kadesh-barnea.* ch. 13. 26; 32. 8. *Hazar-addar.* Jos. 15. 3, 4.

5 *the river.* Ge. 15. 18. Jos. 15. 4, 47. 1 Ki. 8. 65. Is. 27. 12. *the sea.* ver. 6, 7.

6 Jos. 1. 4; 9. 1; 15. 12, 47; 23. 4. Eze. 47. 10, 15, 20.

7 *north border.* ver. 3, 6, 9, 10 *mount Hor.* ch. 33. 37.

8 *the entrance.* ch. 13. 21. Jos. 13. 5, 6. 2 Sa. 8. 9. 2 Ki. 14. 25. Je. 39. 5. Eze. 47. 15-20.

9 *Hazar-enan.* Eze. 47. 17.

11 *Riblah.* 2 Ki. 23. 33; 25. 6. Je. 39. 5, 6; 52. 10, 26, 27. *side. Heb.* shoulder. *sea of Chinnereth.* De. 3. 17. Jos. 11. 2. Chinneroth; 19. 35. Mat. 14. 34. Lu. 5. 1. Gennesaret. Jno. 6. 1. Sea of Tiberias.

12 *the salt sea.* ver. 3. Ge. 13. 10; 14. 3; 19. 24-26.

13 *This is the land.* ver. 1. Jos. 14. 1, 2.

14 ch. 32. 23, 33. De. 3. 12-17. Jos. 13. 8-12; 14. 2, 3.

15 *two tribes.* These two tribes inherited the dominions of Sihon and Og, the two vanquished kings of the Amorites, which extended from the Arnon to Mount Hermon. Of those countries, Moses gave to the tribe of Reuben the south-west part, which was bounded on the south by the river Arnon, on the west by Jordan, and on the north and east by the tribe of Gad. The tribe of Gad was bounded by the river Jordan and tribe of Reuben on the west, by the half tribe of Manasseh on the north, by the kingdom of the Amorites and Arabia Deserta on the east, and by the tribe of Reuben on the south. The part belonging to the tribe of Manasseh was bounded by the tribe of Gad on the south, by the sea of Galilee and part of Jordan on the west, by Hermon and Lebanon on the north, and by the mountains of Trachonitis on the east. *on this side Jordan.* ch. 32. 32.

17 *are the names.* It is worthy of remark, that Moses does not follow any order hitherto used in arranging the tribes, but places them exactly in the order in which they possessed the land, and according to their *fraternal* relationship. *Judah* is first, having the first lot, in the South (Jos. ch. 15); and next him is *Simeon*, because his inheritance was 'within the inheritance of the children of Judah.' (Jos. 19. 1.) *Benjamin*, the third, had his portion between 'Judah and the children of Joseph.' (Jos. 18. 11.) *Dan* was the fourth, and his lot was westward of Benjamin. (Jos. 19. 40, 41.) *Manasseh* and his brother *Ephraim* had their inheritances behind that of Benjamin. (Jos. 16. 7.) Next these dwelt *Zebulun* and *Issachar*, (Jos. 19. 10-17;) and then *Asher* and *Naphtali*. (Jos. 19. 24-32.) *Eleazar.* Jos. 14. 1; 19. 51. *Joshua.* See on ch. 13. 8, 16.

18 See on ch. 1. 4-16.

19 *Caleb.* ch. 13. 30; 14. 6, 24, 30, 38; 26. 65.

29 ver. 18. Jos. 19. 51.

## CHAP. XXXV.

*Eight and forty cities for the Levites, with their suburbs, and measure thereof,* 1-5. *Six of them are to be cities of refuge,* 6-8. *The laws of murder and manslaughter,* 9-30. *No satisfaction for murder,* 31-34.

1 ch. 22. 1; 26. 63; 31. 12; 33. 50; 36. 13.

2 Le. 25. 32, 33. Jos. 14. 3, 4; 21. 2, etc. Eze. 45. 1-8; 48. 8, 22. 1 Co. 9. 10-14.

3 Jos. 21. 11. 2 Ch. 11. 14. Eze. 45. 2.

4 *thousand cubits.* The Septuagint reads δισχιλιους πηχεις, 'two thousand cubits,' as in the following verse; but this reading is not acknowledged by any other ancient version, except the Coptic, nor by any of the MSS. collated by Kennicott and De Rossi. Various modes have been proposed for reconciling the accounts in these two verses, which appear in general to require full as much explanation as the text itself. The explanation of Maimonides is the only one that is intelligible, and appears perfectly satisfactory. 'The suburbs,' says he, 'of the cities are expressed in the law to be 3000 cubits on every side, from the wall of the city and outwards. The first 1000 cubits are the suburbs; and the 2000, which they measured without the suburbs, were for fields and vineyards.' The whole, therefore, of the city, suburbs, fields, and vineyards, may be represented by the following diagram:—

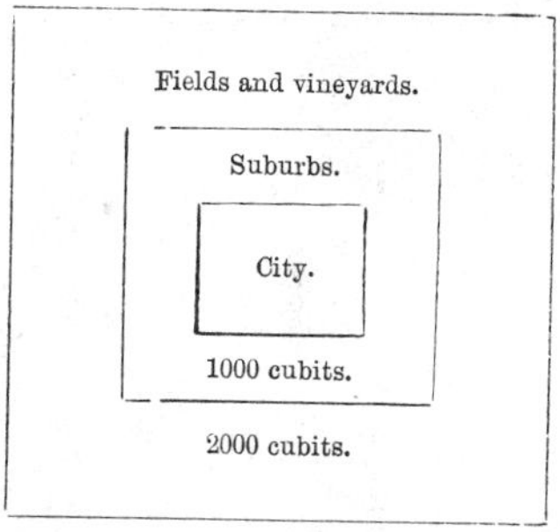


6 *six cities for refuge.* ver. 13, 14. De. 4. 41-43. Jos. 20. 2-9; 21. 3, 13, 21, 27, 32, 36, 38. Ps. 9. 9; 62. 7, 8; 142. 4, 5. Is. 4. 6. Mat. 11. 28. He. 6. 18. *to them ye shall add. Heb.* above them ye shall give.

7 Jos. 21. 3-42. 1 Ch. 6. 54-81.

8 *possession.* Ge. 49. 7. Ex. 32. 28, 29. De. 33. 8-11. Jos. 21. 3. *from them.* ch. 26. 54; 33. 54. Ex. 16. 18. 2 Co. 8. 13, 14. *he inheriteth. Heb.* they inherit.

10 ch. 34. 2. Le. 14. 34; 25. 2. De. 12. 9; 19. 1, 2.

11 *ye shall appoint.* As the *goel*, or *kinsman*, had a right to avenge the death of his relation, by slaying the murderer wherever he found him, the appointment of these cities was a humane institution for the protection of the involuntary homicide; for they were designed only for the protection of such. See on ver. 6. Jos. 20. 2. *unawares. Heb.* by error. ver. 22, 23. Ex. 21. 13. De. 4. 42; 19. 4, 5.

12 *from the avenger.* ver. 19, 25-27. De. 19. 6. Jos. 20. 3-6, 9. 2 Sa. 14. 7. *until he stand.* ver. 24. De. 19. 11, 12. Jos. 20. 4-6.

13 *six cities.* ver. 6.

14 *three cities.* De. 4. 41-43; 19. 8-10. Jos. 20. 7-9.

15 ch. 15. 16. Ex. 12. 49. Le. 24. 22. Ro. 3. 29. Ga. 3. 28.

16 *if he smite.* ver. 22-24. De. 19. 11-13. *the.* ver. 30-33. Ge. 9. 5, 6. Ex. 21. 12-14. Le. 24. 17.

17 *throwing a stone. Heb.* a stone of the hand. Ex. 21. 18.

19 ver. 12, 21, 24, 27. De. 19. 6, 12. Jos. 20. 3, 5.

20 *if he thrust.* Ge. 4. 5, 8. 2 Sa. 3. 27; 13. 22, 28, 29; 20. 10. 1 Ki. 2. 5, 6, 31-33. Pr. 26. 24; 28. 17. Lu. 4. 29. *by laying.* Ex. 21. 14. De. 19. 11. 1 Sa. 18. 10, 11, 25; 19. 9-12; 20. 1; 23. 7-9; 24. 11. Ps. 10. 7-10; 11. 2; 35. 7, 8; 57. 4-6. Pr. 1. 18, 19. Mar. 6. 19, 24-26. Ac. 20. 3; 23. 21.

22 ver. 11. Ex. 21. 13. De. 19. 5. Jos. 20. 3, 5.

24 See on ver. 12. Jos. 20. 6.

25 *abide in it.* ver. 28. Jos. 20. 6. Ro. 3. 24-26. Ep. 2. 16-18. He. 4. 14-16; 7. 25-28; 9. 12-15. 10. 19-22. *anointed.* Ex. 29. 7. Le. 4. 3; 8. 12; 21. 10.

26 After the manslayer had been received into the city of refuge, the avenger of blood could only act as prosecutor; and the magistrates, in the presence of the people, were appointed to decide the cause according to the rules here laid down. Probably the accused person was tried at or near the place where the deceased had been slain, and where evidence could most easily be brought: and in case he was acquitted by the decision of the judges, and with the approbation of the people, he was conveyed back to the city of refuge, where he was protected as a kind of prisoner at large, till the death of the high priest; when the public loss, and the grief occasioned by it, might be supposed to swallow up all personal regrets and resentments: and then he was permitted to return to his house and estate. But if, in the mean while, he ventured to leave the city, and the avenger met him and slew him, he was supposed to merit his doom by thus neglecting the appointment of God for his preservation, and the avenger must not be punished. This shews that in other cases, if the avenger slew an innocent man on surmise, he was liable to the punishment of a murderer; but if, by the testimony of *two* credible witnesses, the man who had fled to the city of refuge was adjudged guilty, he must without fail be put to death.

27 *he shall not be guilty of blood. Heb.* no blood *shall be* to him. Ex. 22. 2. De. 19. 6, 10.

28 *he should.* Jno. 15. 4-6. Ac. 11. 23; 27. 31. He. 3. 14; 6. 4-8; 10. 26-30, 39. *after the death.* He. 9. 11, 12, 15-17.

29 See on ch. 27. 1, 11.

30 De. 17. 6, 7; 19. 15. Mat. 18. 16. Jno. 8. 17, 18. 2 Co. 13. 1. 1 Ti. 5. 19. He. 10. 28. Re. 11. 3.

31 *Moreover.* Ge. 9. 5, 6. Ex. 21. 14. De. 19. 11-13. 2 Sa. 12. 13. 1 Ki. 2. 28-34. Ps. 51. 14, 16. *guilty of death. Heb.* faulty to die.

32 Ac. 4. 12. Ga. 2. 21; 3. 10-13, 22. Re. 5. 9. The region east of Jordan was nearly as *long* as that on the west, and therefore three cities were appointed in each division. One or other of these cities would be within half a day's journey of every part of the land; and as it would rarely happen that the avenger of blood would be on the spot, and none had a right to assault or detain the manslayer, at least if no malicious intention was manifest, the unhappy men would, therefore, get the start of their adversaries, and very few of them be overtaken before they gained the place of refuge. But then they must forsake their families, employments, most important interests, and dearest comforts; and they must neither loiter nor yield to weariness, nor regard difficulties, nor slacken their pace, till they had got safe within the walls of the city. The Jewish writers inform us, that, to afford every facility to those who thus fled for their life, the road to these cities was always preserved in good repair; and way-posts, upon which was inscribed REFUGE, were placed wherever needful, that they might not so much as hesitate for a moment.

33 *it defileth.* Le. 18. 25. De. 21. 1-8, 23. 2 Ki. 23. 26; 24. 4. Ps. 106. 28. Is. 26. 21. Eze. 22. 24-27. Ho. 4. 2, 3. Mi. 4. 11. Mat. 23. 31-35. Lu. 11. 50, 51. *the land cannot be cleansed. Heb.* there can be no expiation for the land.

34 *Defile not.* ch. 5. 3. Le. 20. 24-26. *I dwell.* Ps. 135. 21. Is. 57. 15. Ho. 9. 3. 2 Co. 6. 16, 17. Re. 21. 3, 27. *dwell among.* ch. 5. 3. Ex. 25. 8; 29. 45, 46. 1 Ki. 6. 13. Ps. 132. 14. Is. 8. 12.

## CHAP. XXXVI.

*The inconvenience of the inheritance of daughters is remedied by marrying in their own tribes,* 1-6, *lest the inheritance should be removed from the tribe,* 7-9. *The daughters of Zelophehad marry their father's brothers' sons,* 10-13.

1 *Gilead.* ch. 26. 29-33; 27. 1. Jos. 17. 2, 3. 1 Ch. 7. 14-16.

2 *The Lord commanded.* To one division of the tribe of Manasseh, a portion had been assigned eastward of Jordan; but Zelophehad was of that division, to which an inheritance was afterwards allotted west of Jordan; yet, expecting the promised land, the elders of the Manassites now propose a difficulty, upon the adjudged case of Zelophehad's daughters. (ch. 27. 1-11.) If the females should inherit, in defect of male issue, and should intermarry with other tribes they would diminish the interest, and weaken the influence of their own tribes, and give occasion to future confusion, and perhaps contention. The Manassites therefore referred the case to Moses; and he, by the authority of God, annexed a clause, which would effectually keep the tribes and inheritances distinct, as long as it was observed. Heiresses were not allowed to marry out of their own tribe, though within those bounds they might consult their own inclinations. ch. 26. 56, 56; 27. 1-7; 33. 54. Jos. 13. 6; 14. 1, 2; 17. 3. *to give.* ch. 27. 1, 7. Jos. 17. 3-6. Job 42. 15.

3 *whereunto they are received. Heb.* unto whom they shall be.

4 Le. 25. 10-18, 23. Is. 61. 2. Lu. 4. 18, 19.

5 *hath said well.* ch. 27. 7. De. 5. 28.

6 *marry. Heb.* be wives. *only to the family.* ver. 12. Ge. 24. 3, 57, 58. 2 Co. 6. 14.

7 *for every one. That is,* he shall not endeavour to obtain any part of the inheritance of another tribe by marrying an heiress. *keep himself. Heb.* cleave. ver. 9. 1 Ki. 21. 3.

8 *every daughter.* 1 Ch. 23. 22.

10 Ex. 39. 42, 43. Le. 24. 23. 2 Ch. 30. 12. Mat. 28. 20.

11 ch. 27. 1.

12 *into the families. Heb. to some that were* of the families.

13 *the commandments.* Le. 7. 37, 38; 11. 46; 13. 59; 14. 54-57; 15. 32, 33; 27. 34. *in the plains of Moab.* ch. 26. 3; 33. 50; 35. 1.

## CONCLUDING REMARKS.

Thus terminates the book of Numbers; a book containing a series of the most astonishing providences and events. Every *where* and in every *circumstance* God appears; and yet there is no circumstance or occasion which does not justify those signal displays of his *grace* and *mercy;* and in every relation we perceive the consistency of the divine intentions, and the propriety of those laws which he established.

# The Fifth Book of MOSES, called DEUTERONOMY.

B.C. 1451. A.M. 2553.

## CHAP. I.

*Moses' speech in the end of the fortieth year,* 1-5; *briefly rehearsing the history of God's sending them from Horeb,* 6-13; *of giving them officers,* 14-18; *of sending the spies to search the land,* 19-33; *of his anger for their incredulity,* 34-40; *and disobedience,* 41-46.

1 *on this.* Nu. 32. 5, 19, 32; 34. 15; 35. 14. Jos. 9. 1, 10; 22. 4, 7. *Red sea. or,* Zuph. Or rather, *Suph.* This could not have been the *Red Sea,* not only because the word *yam,* 'sea,' is not joined with it as usual, but because they were now east of Jordan, and farther from the Red Sea than ever. It seems to be the same which is called *Suphah* in Nu. 21. 14; which must necessarily signify some *place* in or adjoining to the plains of Moab, and not far from the Jordan and Arnon. PTOLEMY mentions a people called *Sophonites* that dwelt in Arabia Petræa, who may have taken their name from this place. *Paran. Paran, Tophel, Laban, Hazeroth,* and *Dizahab,* seem to have been either *places* or *cities* not far from the plains of Moab; for it is evident that Paran and Hazeroth could not have been those near the Red sea, and not far from Horeb. ch. 33. 2. Ge. 21. 21. Nu. 10. 12; 12. 16; 13. 3, 26. 1 Sa. 25. 1. Hab. 3. 3. *Hazeroth.* Nu. 11. 35; 33. 17, 18.

2 *by the way.* ver. 44; ch. 2. 4, 8. Nu. 20. 17-21. *unto.* ch. 2. 14; 9. 23. Nu. 13. 26; 32. 8. Jos. 14. 6.

3 Nu. 20. 1; 33. 38.

4 ch. 2. 26-37; 3. 1-11. Nu. 21. 21-35. Jos. 12. 2-6; 13. 10-12. Ne. 9. 22. Ps. 135. 11; 136. 19, 20.

5 *to declare.* ch. 4. 8; 17. 18, 19; 31. 9; 32. 46.

6 *in Horeb.* ch. 5. 2. Ex. 3. 1; 17. 6. *Ye have.* Ex. 19. 1, 2. Nu. 10. 11-13.

7 *the mount.* Ge. 15. 16-21. Ex. 23. 31. Nu. 34. 3-12. Jos. 24. 15. Am. 2. 9. *all the places. Heb.* all his neighbours. *in the plain.* ch. 11. 11. Jos. 10. 40; 11. 16, 17. *the great.* ch. 11. 24. Jos. 1. 4. 2 Sa. 8. 3. 1 Ch. 5. 9; 18. 3.

8 *set. Heb.* given. *which.* Ge. 12. 7; 13. 14, 15 15. 16, 18; 17. 7, 8; 22. 16-18; 26. 3, 4; 28. 13, 14.

9 *I am not.* Ex. 18. 18. Nu. 11. 11-14, 17.

10 *your God.* ch. 10. 22; 28. 62. Ge. 15. 5; 22. 17; 28. 14. Ex. 12. 37; 32. 13. Nu. 1. 46. 1 Ch. 27. 23. Ne. 9. 23. *ye are this day.* This was the promise made by God to Abraham, (Ge. 15. 5, 6,) which Moses considers now as amply fulfilled. Many suppose this expression to be hyperbolical; and others, no friends to revelation, think it a vain, empty boast, because the stars, in their apprehension, amount to innumerable millions. But, as this refers to the number of stars which appear to the *naked eye,* which only amount to about 3010 in both hemispheres, the number of the Israelites far exceeded this; for independently of women and children, at the last census, they amounted to more than 600,000.

11 *make you.* 2 Sa. 24. 3. 1 Ch. 21. 3. Ps. 115. 14. *and bless you.* Ge. 15. 5; 22. 17; 26. 4; 49. 25. Ex. 32. 13. Nu. 6. 27; 22. 12.

12 ver. 9. Ex. 18. 13-16. Nu. 11. 11-15; 1 Ki. 3. 7-9. Ps. 89. 19. 2 Co. 2. 16; 3. 5.

13 *Take. Heb.* Give. Ex. 18. 21. Nu. 11. 16, 17. Ac. 1. 21-23; 6. 2-6.

15 *I took.* ch. 16. 18. Ex. 18. 25, 26. *made. Heb.* gave. Ep. 4. 11. *captains over thousands.* Nu. 31. 14. 1 Sa. 8. 12; 17. 18; 22. 7.

16 *charged.* ch. 27. 11; 31. 14. Nu. 27. 19. 1 Th. 2. 11. 1 Ti. 5. 21; 6. 17. *Hear.* ch. 16. 18, 19. Ex. 23. 2, 3, 7, 8. Le. 19. 15. 2 Sa. 23. 3. 2 Ch. 19. 6-10. Ps. 58. 1. Jno. 7. 24. *the stranger.* ch. 10. 18, 19; 24. 14. Ex. 22. 21; 23. 9. Le. 24. 22.

17 *shall not.* ch. 10. 17; 16. 19. Le. 19. 15. 1 Sa. 16. 7. 2 Sa. 14. 14. Pr. 24. 23. Lu. 20. 21. Ac. 10. 34, 35. Ro. 2. 11. Ep. 6. 9. Col. 3. 25. Ja. 2. 1, 3, 9. 1 Pe. 1. 17. *respect persons. Heb.* acknowledge faces. That is, let not the bold, daring countenances of the rich or mighty induce you to give an unrighteous decision; and let not the abject look of the poor man induce you either to favour him in an unrighteous cause, or to give judgment against him at the demand of the oppressor. *ye shall hear.* Ex. 23. 3, 6, 7. 1 Sa. 12. 3, 4. Job 22. 6-9; 29. 11-17; 31. 13-16. Ps. 82. 3, 4. Pr. 22. 22, 23. Je. 5. 28, 29. Am. 5. 11, 12. Mi. 2. 1-3; 3. 1-4. 7. 3, 4. Ja. 2. 2-4, 6. *ye shall not.* 1 Ki. 21. 8-14. Job 31. 34. Pr. 29. 25. Je. 1. 17. Mat. 22. 16. Mar. 12. 14. 1 Th. 2. 4. *the judgment.* 2 Ch. 19. 6. *the cause.* ch. 17. 8-10. Ex. 18. 18, 22, 26.

18 ch. 4. 5, 40; 12. 28, 32. Mat. 28. 20. Ac. 20. 20, 27.

19 *through.* ch. 8. 15; 32. 10. Nu. 10. 12. Je. 2. 6. *we came.* See on ver. 2. Nu. 13. 26.

20 *the mountain.* See on ver. 7, 8.

21 *fear not.* ch. 20. 1. Nu. 13. 30; 14. 8, 9. Jos. 1. 9. Ps. 27. 1-3; 46. 1, 7, 11. Is. 41. 10; 43. 1, 2. Lu. 12. 32. He. 13. 6.

22 *We will send.* The people proposed this measure through unbelief; Moses, mistaking their motive, approved of it; and God, being justly displeased, permitted them to follow their own counsel, which proved injurious to them only through their sin and folly. See on Nu. 13. 1-20.

23 Nu. 13. 3, etc.

24 See on Nu. 13. 21-27. Jos. 2. 1, 2.

26 Nu. 14. 1-4. Ps. 106. 24, 25. Is. 63. 10. Ac. 7. 51.

27 *The Lord hated us.* ch. 9. 28. Ex. 16. 3, 8. Nu. 14. 3; 21. 5. Mat. 25. 24. Lu. 19. 21.

28 *discouraged. Heb.* melted. ch. 20. 8, marg. Ex. 15. 15. Jos. 2. 9, 11, 24, marg.; 14. 8. Is. 13. 7. Eze. 21. 7. *The people.* ch. 9. 1, 2. Nu. 13. 28-33. *walled.* That is, with very high walls, which could not be easily scaled. HARMER says, high walls are still to be seen in Arabia, and are deemed a sufficient defence against the Arabs, who scarcely ever attempt to plunder except on *horseback.* The monastery on Mount Sinai, and the convent of St. Anthony, in Egypt, are surrounded with a very high wall, without *gates;* the persons and things being taken up and let down through an opening in the upper part, by means of a pulley and a basket. This kind of walling is a sufficient defence. *we have seen.* ch. 9. 2. Jos. 11. 22; 15. 14. Ju. 1. 10, 20. 2 Sa. 21. 16-22.

29 See on ver. 21.

30 *he shall.* ch. 20. 1-4. Ex. 14. 14, 25. Jos. 10. 42. 1 Sa. 17. 45, 46. 2 Ch. 14. 11, 12; 32. 8. Ne. 4. 20. Ps. 46. 11. Is. 8. 9, 10. Ro. 8. 31, 37. *according.* Ex. ch. 7; 15. Ps. 78. 11-13, 43-51; 105. 27-36.

31 *in the wilderness.* Ex. ch. 16; 17. Ne. 9. 12-23. Ps. 78. 14-28; 105. 39-41. *bare thee.* ch. 32. 11, 12. Ex. 19. 4. Nu. 11. 11, 12, 14. Is. 40. 11; 46. 3, 4; 63. 9. Ho. 11. 3, 4. Ac. 13. 18, marg.

32 2 Ch. 20. 20. Ps. 78. 22; 106. 24. Is. 7. 9. He. 3. 12. 18, 19. Jude 5.

33 *Who went.* Ex. 13. 21. Nu. 10. 33. Ps. 77. 20. Eze. 20. 6. *in fire.* Ex. 13. 21, 22; 14. 19, 20, 24; 40. 34-38. Nu. 9. 15-22; 10. 11, 12; 14. 14. Ne. 9. 12. Ps. 78. 14; 105. 39. Is. 4. 5, 6. Zec. 2. 5.

34 *and sware.* ch. 2. 14, 15. Nu. 14. 22-30; 32. 8-13. Ps. 95. 11. Eze. 20. 15. He. 3. 8-11.

36 *Caleb.* Nu. 13. 6, 30; 26. 65; 32. 12; 34. 19. Jos. 14. 6-14. Ju. 1. 12-15. *wholly followed. Heb.* fulfilled *to go* after. Nu. 14. 24.

37 ch. 3. 23-26; 4. 21; 34. 4. Nu. 20. 12; 27. 13, 14. Ps. 106. 32, 33.

38 *Joshua.* See on Nu. 13. 8, 16; 14. 30, 38; 26. 65. *which standeth.* Ex. 17. 9-14; 24. 13; 33. 11. 1 Sa. 16. 22. Pr. 22. 29. *encourage him.* ch. 3. 28; 31. 7, 8, 14, 23. Nu. 27. 18-23. Jos. 1. 1, 6-9.

39 *your little.* Nu. 14. 3, 31. *which in.* Is. 7. 15, 16. Jon. 4. 11. Ro. 9. 11. Ep. 2. 3.

40 See on Nu. 14. 25.

41 *We have sinned.* See on Nu. 14. 39, 40, etc.; 22. 34. Pr. 19. 3.

42 *Go not up.* Nu. 14. 41, 42. *for I am not.* Le. 26. 17. Jos. 7. 8-13. 1 Sa. 4. 2, 10. Is. 30. 17; 59. 1, 2. Ho. 9. 12.

43 *but rebelled.* Is. 63. 10. Ac. 7. 51. Ro. 8. 7, 8. *went presumptuously up. Heb.* ye were presumptuous and went up. Nu. 14. 44.

44 *chased you.* When bees are provoked or disturbed, the whole swarm attack and pursue whatever annoys them, with great courage and fury, and sometimes are a most formidable enemy. They were so troublesome in some districts of Crete, that, according to PLINY, the inhabitants were actually compelled to forsake their homes. ÆLIAN reports, that some places in Scythia were formerly inaccessible on account of the numerous swarms of bees with which they were infested. Mr. PARK relates, that some of his associates imprudently attempted to rob a numerous hive which they found in their way. The exasperated little animals rushed out to defend their property, and attacked them with so much fury, that they quickly compelled the whole company, men, horses, and asses, to scamper off in all directions. The horses were never recovered, and a number of the asses were so severely stung, that they died the next day. ch. 28. 25; 32. 30. Ps. 118. 12. Is. 7. 18. *unto Hormah.* Nu. 14. 45; 21. 3.

45 Ps. 78. 34. He. 12. 17.

46 Nu. 14. 25, 34; 20. 1, 22. Ju. 11. 16, 17.

## CHAP. II.

*The story is continued, that they were not to meddle with the Edomites, 1-8; nor with the Moabites, 9-15; nor with the Ammonites, 16-23; but Sihon the Amorite was subdued by them, 24-37.*

1 *we turned.* ch. 1. 40. Nu. 14. 25. *we compassed.* ch. 1. 2. Nu. 21. 4. Ju. 11. 18.

3 *long enough.* ver. 7, 14; ch. 1. 6.

4 *Ye are to pass.* ch. 23. 7. Nu. 20. 14-21. Ob. 10-13. *they shall.* Ex. 15. 15. Nu. 22. 3, 4; 24. 14-18. *take ye.* Mat. 5. 16. Lu. 12. 15. Ep. 5. 15. Phi. 2. 15. Col. 4. 5.

5 *no, not so much as a foot breadth. Heb.* even to the treading of the sole of the foot. Ac. 7. 5. *because.* ch. 32. 8. Ge. 36. 8. Jos. 24. 4. 2 Ch. 20. 10-12. Je. 27. 5. Da. 4. 25, 32. Ac. 17. 26.

6 ver. 28, 29. Nu. 20. 19. Mat. 7. 12. Ro. 12. 17. 2 Th. 3. 7, 8.

7 *blessed.* Ge. 12. 2; 24. 35; 26. 12; 30. 27; 39. 5. Ps. 90. 17. *he knoweth.* Job 23. 10. Ps. 1. 6; 31. 7. Jno. 10. 27. *these forty.* ch. 8. 2-4; 29. 5. Ne. 9. 21. Lu. 22. 35.

8 *And when.* Nu. 20. 20, 21. Ju. 11. 18. *Elath.* 1 Ki. 9. 26. *Eloth.* 2 Ki. 14. 22; 16. 6.

9 *Distress not the Moabites. or,* Use no hostility against Moab. Nu. 22. 4. Ju. 11. 17. 2 Ch. 20. 10. *Ar.* Ar was situated south of the Arnon; and was called by the Greek writers *Areopolis*, and thought by them to be so named because the inhabitants worshipped Αρης, or Mars. St. JEROME says that it was destroyed by an earthquake when he was an infant. BURCKHARDT supposes that the ruins of a small castle called *Mehatet el Hadj*, may be the site of this ancient city. ver. 5. Nu. 21. 15, 28. *the children.* ver. 19. Ge. 19. 36, 37. Ps. 83. 8.

10 All the nations here mentioned appear to have been the posterity of Ham, who lay under the prophetical curse of Noah, which was thus executed upon this part of them by the Moabites and Edomites. ver. 11. Ge. 14. 5.

11 *as the Anakims.* See on ch. 1. 28; 9. 2. Nu. 13. 22, 28, 33.

12 *Horims.* ver. 22. Ge. 14. 6; 36. 20-30. 1 Ch. 1. 38-42. *succeeded them. Heb.* inherited them. Ge. 36. 31-43. 1 Ch. 1. 43-54. *stead. or,* room. *as Israel did.* Israel had, at the time when Moses spake this, conquered Sihon and Og, and taken possession of their countries, as Edom had done to the Horims. ver. 22. 32-37; ch. 1-11. Ge. 36. 20. Nu. 21. 21, etc.

13 *brook. or,* valley. Nu. 13. 23, marg. *Zered.* The brook or torrent Zered, takes its rise in the mountains of Moab, and, running from east to west, falls into the Dead Sea. It seems to be the stream which BURCKHARDT calls *Wady Beni Hammad*, south of the Modjeb or Arnon, and about five hours north of Kerek. Nu. 21. 12. Zared.

14 *Kadesh-barnea.* ch. 1. 2, 19, 46. Nu. 13. 26. *until all the generation.* ch. 1. 34, 35. Nu. 14. 28-35; 26. 64, 65; 32. 11. Ps. 90. 3, 9; 95. 11. Eze. 20. 15. He. 3. 8-19. Jude 5.

15 *the hand of the.* Ju. 2. 15. 1 Sa. 5. 6, 9, 11; 7. 13. Ps. 32. 4; 78. 33; 90. 7-9; 106. 26. Is. 66. 14. 1 Co. 10. 5.

18 See on Nu. 21. 15, 23. Is. 15. 1.

19 See on ver. 5, 9. Ge. 19. 36-38. Ju. 11. 13-27. 2 Ch. 20. 10.

20 *Zamzummims.* Ge. 14. 5. Zuzims.

21 *great.* See on ver. 10, 11; ch. 1. 28; 3. 11. *but the Lord.* These fragments of ancient history seem to be introduced to encourage the Israelites. If the Lord destroyed these gigantic people before the posterity of Lot and of Esau, what cause had the posterity of Abraham, Isaac, and Jacob, his chosen servants and friends, to fear the Anakims, or the Canaanites? especially as Israel acted by commission from God, and had his promise as their security of success, and the pledge of it in his presence, and the wonders which he had already wrought for them; and as they were the only nation of worshippers of the Lord, in the ordinances of his institution, which could be found on earth. This is so often repeated to possess the minds of the Israelites with a sense of God's providence, which rules every where; displacing one people, and placing another in their stead; and fixing their bounds also, which they cannot pass without his leave. ver. 22. Ju. 11. 24. Je. 27. 7, 8. Hab. 1. 10, 11.

22 *Esau.* Ge. 36. 8. *the Horims.* ver. 12. Ge. 14. 6; 36. 20-30. 1 Ch. 1. 38, etc.

23 *the Avims.* Jos. 13. 3. Avites. *Azzah.* 1 Ki. 4. 24. Je. 25. 20. Zep. 2. 4. Zec. 9. 5. Gaza. *the Caphtorims which came.* Ge. 10. 14. Je. 47. 4. Am. 9. 7. Ac. 17. 26.

24 *the river Arnon.* ver. 36. Nu. 21. 13-15. Ju. 11. 18-21. *behold.* Jos. 6. 16. 2 Ch. 36. 23. Ezr. 1. 2. Je. 27. 5. Eze. 29. 20. Da. 2. 38; 4. 17. *begin to possess it. Heb.* begin, possess.

25 ch. 11. 25; 28. 10. Ex. 15. 14-16; 23. 27. Jos. 2. 9-12; 9. 24. 2 Ki. 7. 6, 7. Ps. 105. 38. Je. 33. 9. Re. 3. 9.

26 *Kedemoth.* Jos. 13. 18; 21. 37. *with words.* ch. 20. 10, 11. Es. 9. 30. Mat. 10. 12-15. Lu. 10. 5, 6, 10-12.

27 ver. 6. Nu. 21. 21-23. Ju. 11. 19.

28 *only I will pass.* Nu. 20. 19.

29 *As the children.* It appears to have been only the Edomites of *Kadesh-barnea*, south of Canaan, who denied the Israelites a passage; for those of mount Seir, now called *Shera*, are here expressly said to have granted it them: and this, in fact, was the very road by which they arrived at Canaan. ch. 23. 3, 4. Nu. 20. 18. Ju. 11. 17, 18. *into the land.* ch. 4. 1, 21, 40; 5. 16; 9. 6; 25. 15. Ex. 20. 12. Jos. 1. 11-15.

30 *for the Lord.* See on Ex. 4. 21; 11. 10. Nu. 21. 23. Jos. 11. 19, 20. Ju. 11. 20. Ro. 9. 17-23. *obstinate.* Is. 48. 4.

31 *give Sihon.* See on ver. 24; ch. 1. 8.
32 Nu. 21. 23-30. Ju. 11. 20-23. Ne. 9. 22. Ps. 120. 7; 135. 11; 136. 19.
33 *the Lord.* ch. 3. 2, 3; 7. 2; 20. 16. Ge. 14. 20. Jos. 21. 44. Ju. 1. 4; 7. 2. *we smote.* ch. 29. 7, 8. Nu. 21. 24. Jos. 10. 30-42.
34 *utterly destroyed.* ch. 7. 2, 26; 20. 16-18. Le. 27. 28, 29. Nu. 21. 2, 3. Jos. 7. 11; 8. 25, 26; 9. 24; 11. 14. 1 Sa. 15. 3, 8, 9. *the men, and the women, and the little ones of every city. Heb.* every city of men, and women, and little ones.
35 ch. 20. 14. Nu. 31. 9-11. Jos. 8. 27.
36 *Aroer.* ch. 3. 12; 4. 48. Jos. 13. 9. Is. 17. 2. Je. 48. 19. *not.* Jos. 1. 5. Ps. 44. 3. Is. 41. 15, 16. Ro. 8. 31.
37 *unto the land.* ver. 5, 9, 19; ch. 3. 16. Ju. 11. 15. *Jabbok.* Ge. 32. 22. Nu. 21. 24. Jos. 12. 2.

## CHAP. III.

*The conquest of Og, king of Bashan,* 1-10. *The size of his bed,* 11. *The distribution of his lands to the two tribes and half,* 12-22. *Moses prays to enter into the land,* 23-25. *He is permitted to see it,* 26-29.

1 *Bashan.* Bashan, one of the most fertile districts of the Holy Land, was bounded on the west by the Jordan and Lake of Gennesareth, on the east by Trachonitis, on the south by the brook Jabbok, and on the north by mount Hermon; and seems to have been composed of two or three districts, on the south the land of Gilead, on the north the region of Argob, and east of both, the plain of Hauran. (See ver. 13-15.) The scenery of this elevated tract is described by Mr. BUCKINGHAM as extremely beautiful: its plains covered with a fertile soil; its hills covered with forests, and at every new turn presenting the most beautiful landscapes that can be imagined. *Og.* ch. 1. 4; 4. 47; 29. 7; 31. 4. Nu. 21. 33-35. Jos. 9. 10; 12. 4; 13. 30. 1 Ki. 4. 19. Ne. 9. 22. Ps. 135. 10, 11; 136. 20. *Edrei.* This town is placed by EUSEBIUS about 25 miles northward from Bostri; and mentioned by BURCKHARDT under the name of *Draa.*
2 *Fear.* ver. 11; ch. 20. 3. Nu. 14. 9. 2 Ch. 20. 17. Is. 41. 10; 43. 5. Ac. 18. 9; 27. 24. Re. 2. 10. *as thou didst.* ch. 2. 24-37. Nu. 21. 23-25.
3 ch. 2. 33, 34. Nu. 21. 35. Jos. 13. 12, 30.
4 *all his cities.* Nu. 32. 33-42. Jos. 12. 4; 13. 30, 31. *all the region.* 1 Ki. 4. 13.
5 ch. 1. 28. Nu. 13. 28. He. 11. 30.
6 *we utterly.* ch. 2. 34; 20. 16-18. Le. 27. 28, 29. Nu. 21. 2. Jos. 11. 14. *as we did.* ver. 2; ch. 2. 24, 34. Ps. 135. 10-12; 136. 19-21.
7 ch. 2. 35. Jos. 8. 27; 11. 11-14.
8 *the land.* Nu. 32. 33-42. Jos. 12. 2-6; 13. 9-12.
9 *Hermon.* Mount Hermon is the south-eastern branch of Lebanon, beyond Jordan. The Chaldee Targumist, who places it at Cæsarea, and Samaritan interpreter call it *toor talga,* 'the mountain of snow,' because of its being always covered with snow; and JEROME informs us, that it lies higher than *Paneas* or *Cæsarea Philippi,* and that in the summer time snow used to be carried from thence to Tyre. It is now called *El Heish,* and is comprised in the district of Kanneytra. ch. 4. 48, 49. Ps. 29. 6; 89. 12; 133. 3. Ca. 4. 8. *Shenir.* 1 Ch. 5. 23. Eze. 27. 5. Senir.
10 *the cities.* ch. 4. 49. *Edrei.* Nu. 21. 33. Jos. 12. 4, 5; 13. 11, 12, 31.
11 *giants.* Ge. 14. 5. *Rabbath.* 2 Sa. 12. 26. Je. 49. 2. Eze. 21. 20. Am. 1. 14. Rabbah. *nine cubits.* 1 Sa. 17. 4. Am. 2. 9.
12 *from Aroer.* ch. 2. 36; 4. 48. Nu. 32. 33-38. Jos. 12. 2-6; 13. 8-12, 14-28. 2 Ki. 10. 33.
13 *the rest.* Nu. 32. 39-42. Jos. 13. 29-32. 1 Ch. 5. 23-26. *which was called.* MICHAELIS says, 'The tradition that giants formerly dwelt in this part, still remains in Arabia, only that it makes them rather *taller* than Moses does Og, and calls the land in which they lived, not Bashan, but Hadrach, which name occurs in Zec. 9. 1. I received this information from the verbal communication of a credible Arab, who was born on the other side of Jordan, about three days' journey from Damascus.'
14 *Jair.* 1 Ch. 2. 21-23. *Argob.* See on ver. 4. *Geshuri.* Jos. 13. 13. 2 Sa. 3. 3; 10. 6; 13. 37. *Bashan-havoth-jair.* Nu. 32. 41.
15 *Machir.* Ge. 50. 23. Nu. 26. 29; 32. 39, 40. Jos. 17. 1, 3; 22. 7.
16 *Reubenites.* Nu. 32. 33-38. 2 Sa. 24. 5. *river Jabbok.* ch. 2. 37. Ge. 32. 22. Nu. 21. 24. Jos. 12. 2, 3.
17 *Chinnereth.* See on Nu. 34. 11. Jos. 12. 3. *the sea.* ch. 4. 49. Ge. 13. 10; 14. 3; 19. 28, 29. Nu. 34. 11, 12. Jos. 3. 16; 12. 3; 15. 2, 5; 18. 19. *Ashdoth-pisgah. or,* the springs of Pisgah, *or,* the hill. Nu. 23. 14.
18 *I commanded.* Nu. 32. 20-24. Jos. 1. 12-15; 4. 12, 13; 22. 1-9. *meet for the war. Heb.* sons of power.
20 *return.* Jos. 22. 4, 8.
21 *I commanded.* Nu. 27. 18-23. *so shall.* Jos. 10. 25. 1 Sa. 17. 36, 37. Ps. 9. 10. 2 Co. 1. 10; 12. 10. Ep. 3. 20. 2 Ti. 4. 17, 18.
22 *shall not.* Is. 43. 1, 2. *for the Lord.* ch. 1. 30; 20. 4. Ex. 14. 14. Nu. 21. 34. Jos. 10. 42. 2 Ch. 13. 12; 20. 17, 29. Ps. 44. 3.
23 2 Co. 12. 8, 9.
24 *thy greatness.* ch. 11. 2. Ne. 9. 32. Ps. 106. 2; 145. 3, 6. Je. 32. 18-21. *what God.* Ex. 15. 11. 2 Sa. 7. 22. Ps. 35. 10; 71. 19; 86. 8; 89. 6, 8. Is. 40. 18, 25. Je. 10. 6. Da. 3. 29.
25 *the good land.* ch. 4. 21, 22; 11. 11, 12. Ex. 3. 8. Nu. 32. 5. Eze. 20. 6. *Lebanon.* Lebanon is a long chain of limestone mountains, extending from near the coast of the Mediterranean on the west to the plains of Damascus on the east, and forming the extreme northern boundary of the Holy Land. It is divided into two principal ridges, running parallel to each other in a north-north-east direction; the most westerly of which was properly called Libanus, and the easterly Anti-Libanus: the Hebrews did not make this distinction. It is computed to be fifteen or sixteen hundred fathoms in height. They are by no means barren, but are almost all well cultivated and well peopled; their summits being in many parts level, and forming extensive plains, in which are sown corn and all kinds of pulse. Vineyards, and plantations of olive, mulberry, and fig trees, are also cultivated in terraces formed by walls; and the soil of the declivities and hollows is most excellent, and produces abundance of corn, oil, and wine.
26 *the Lord.* ch. 1. 37; 31. 2; 32. 51, 52; 34. 4. Nu. 20. 7-12; 27. 12-14. Ps. 106. 32, 33. Is. 53. 5, 6. Mat. 26. 39. *Let it.* 1 Ch. 17. 4, 12, 13; 22. 7-9; 28. 2-4. Mat. 20. 22. 2 Co. 12. 8.
27 *thee up.* ch. 34. 1-4. Nu. 27. 12. *Pisgah. or,* the hill. ver. 17. *lift up.* Ge. 13. 14, 15.
28 *charge Joshua.* ch. 1. 38; 31. 3, 7, 23. Nu. 27. 18-23. 1 Ch. 22. 6, 11-16; 28. 9, 10, 20. 1 Ti. 6. 13, 14. 2 Ti. 2. 1-3; 4. 1-6. *for he shall.* Jos. 1. 2; 3. 7-17. Jno. 1. 17. Ac. 7. 45. He. 4. 8. Jesus.
29 ch. 4. 3, 46; 34. 6. Nu. 25. 3; 33. 48, 49.

## CHAP. IV.

*An exhortation to obedience,* 1-40. *Moses appoints the three cities of refuge on that side Jordan,* 41-43. *Recapitulation,* 44-49.

1 *unto the statutes. Statutes,* every thing that concerned morals and the rites and ceremonies of religion; *judgments,* all matters of civil right and wrong. ver. 8, 45; ch. 5. 1; 6. 1, 2; 8. 1; 11. 1, 32. Le. 19. 37; 20. 8; 22. 31. Ps. 105. 45; 119. 4. Eze. 11. 20; 36. 27; 37. 24. Mat. 28. 20. Lu. 1. 6. Jno. 15. 14. *that ye may.* Le. 18. 5. Eze. 20. 11, 21. Ro. 10. 5.
2 ch. 12. 32. Jos. 1. 7. Pr. 30. 6. Ec. 12. 13. Mat. 5. 18, 43; 15. 2-9. Mar. 7. 1-13. Ga. 3. 15. Re. 22. 18, 19.

3 *what the.* Nu. 25. 1-9; 31. 16. Jos. 22. 17. Ps. 106. 28, 29. Ho. 9. 10. *for all the men.* It appears from this appeal, that the pestilence, as well as the sword of the magistrates, singled out the guilty persons and spared the rest. (Ps. 91. 6-8.) The legislator, in order to deter the Jews from idolatry, alludes to this fact, but he notices no circumstance but one, which, though in the original narrative was not stated, was infinitely the most important to advert to on this occasion; but which no persons, but spectators of the fact, and perfectly acquainted with every individual concerned in it, could possibly feel the truth of. Nu. 26. 64.

4 ch. 10. 20; 13. 4. Jos. 22. 5; 23. 8. Ru. 1. 14-17. Ps. 63. 8; 143. 6-11. Is. 26. 20. Eze. 9. 4. Jno. 6. 67-69. Ac. 11. 23. Ro. 12. 9. Re. 14. 4; 20. 4.

5 ver. 1. Pr. 22. 19, 20. Mat. 28. 20. Ac. 20. 27. 1 Co. 11. 23; 15. 3. 1 Th. 4. 1, 2. He. 3. 5. The people had been often ready to conclude that Moses taught them by his own authority; but at the close of his life he solemnly assured them that he had instructed them exactly as the Lord had commanded him, neither more, nor less, nor otherwise. This is a most express declaration that he was divinely inspired, and utterly incompatible with his integrity of character, if he was not. SCOTT.

6 *this is your.* Job 28. 28. Ps. 19. 7; 111. 10; 119. 98-100. Pr. 1. 7; 14. 8. Je. 8. 9. 2 Ti. 3. 15. Ja. 3. 13. *Surely.* 1 Ki. 4. 34; 10. 6-9. Ps. 119. 99. Da. 1. 20; 4. 9; 5. 11-16. Zec. 8. 20-23. Mal. 3. 12.

7 *what nation.* Nu. 23. 9, 21. 2 Sa. 7. 23. Is. 43. 4. *who hath.* ch. 5. 26. Ps. 46. 1; 73. 28; 145. 18; 148. 14. Is. 55. 6. Ep. 2. 12-22. Ja. 4. 8.

8 ch. 10. 12, 13. Ps. 19. 7-11; 119. 86, 96, 127, 128; 147. 19, 20. Ro. 7. 12-14. 2 Ti. 3. 16, 17.

9 *keep thy soul.* ver. 15, 23. Pr. 3. 1, 3; 4. 20-23. Lu. 8. 18. He. 2. 3. Ja. 2. 22. *lest they.* Jos. 1. 18. Ps. 119. 11. Pr. 3. 1-3, 21; 4. 4; 7. 1. He. 2. 1. Re. 3. 3. *teach them.* ch. 6. 7; 11. 19; 29. 29; 31. 19. Ge. 18. 19. Ex. 13. 8, 9, 14-16. Jos. 4. 6, 7, 21. Ps. 34. 11-16; 71. 18; 78. 3-8. Pr. 1. 8; 4. 1-13; 23. 26. Is. 38. 19. Ep. 6. 4.

10 *the day.* ch. 5. 2. Ex. 19. 9, 16; 20. 18. He. 12. 18, 19, 25. *fear me.* ch. 5. 29. Ex. 20. 20. 1 Sa. 12. 24. Ec. 12. 13. Lu. 1. 50. Re. 19. 5.

11 *stood.* ch. 5. 23. Ex. 19. 16-18; 20. 18, 19. *midst. Heb.* heart.

12 *the Lord.* ch. 5. 4, 22. *no similitude.* ver. 15. Nu. 12. 8. Is. 40. 18. Col. 1. 15. *only ye heard a voice. Heb.* save a voice. ver. 33, 36. Ex. 20. 22. 1 Ki. 19. 12, 13. Is. 30. 21; 40. 3, 6. Mat. 3. 3, 17; 17. 5. Jno. 12. 28-30. 2 Pe. 1. 17, 18.

13 *And he.* ch. 5. 1-21. Ex. 19. 5; 24. 17, 18. He. 9. 19, 20. *ten.* ch. 10. 4. Ex. 34. 28. *he wrote.* ch. 9. 9-11; 10. 1-5. Ex. 24. 12; 31. 18; 34. 28. 2 Co. 3. 7. He. 9. 4.

14 Eze. ch. 21-23. Ps. 105. 44, 45.

15 *Take ye.* See on ver. 9, 23. Jos. 23. 11. 1 Ch. 28. 9, 10. Ps. 119. 9. Pr. 4. 23, 27. Je. 17. 21. Mal. 2. 15. *of similitude.* See on ver. 12. Is. 40. 18. 2 Co. 4. 4-6. He. 1. 3.

16 *corrupt.* ver. 8, 9. Ex. 20. 4, 5; 32. 7. Ps. 106. 19, 20. Ro. 1. 22-24. *the likeness.* Such as Baal-peor, the Roman Priapus; *Ashtaroth* or *Astarte*, the Greek and Roman Venus, and many others. ver. 23. Is. 40. 18. Jno. 4. 24. Ac. 17. 29; 20. 4, 5. 1 Ti. 1. 17.

17 In these verses there is an evident allusion to the idolatrous worship in Egypt. Among the Egyptians, almost every thing in nature was the object of their idolatry: among BEASTS were *oxen, heifers, sheep, goats, lions, dogs, monkeys,* and *cats;* among BIRDS, the *ibis, crane,* and *hawk;* among REPTILES, the *crocodile, serpents, frogs, flies,* and *beetles;* all the FISH of the Nile, and the *Nile* itself; besides the *sun, moon, planets, stars, fire, light, air, darkness,* and *night.* These are all included in the very *circumstantial* prohibition in the text, and very forcibly in the *general* terms of Ex. 20. 4, the reason of which prohibition becomes self-evident, when the various objects of Egyptian idolatry are considered. Ro. 1. 23.

19 *when thou.* ch. 17. 3. 2 Ki. 23. 4, 5, 11. Job 31. 26, 27. Je. 8. 2. Eze. 8. 16. Am. 5. 25, 26. *the host.* Ge. 2. 1. 2 Ki. 17. 16; 21. 3. Je. 19. 13. Zep. 1. 5. Ac. 7. 42. Ro. 1. 25. *which the Lord.* Ge. 1. 16-18. Jos. 10. 12, 13. Ne. 9. 6. Ps. 74. 16, 17; 136. 7-9; 148. 3-5. Je. 31. 35; 33. 25. Mat. 5. 45. *divided. or,* imparted.

20 *the iron.* 1 Ki. 8. 51. Je. 11. 4. *a people.* ch. 9. 26, 29; 32. 9. Ex. 19. 5, 6. Ps. 28. 9; 33. 12; 135. 4. Is. 63. 17, 18. Ep. 1. 18. Tit. 2. 14. 1 Pe. 2. 9.

21 See on ch. 1. 37; 3. 26; 31. 2. Nu. 20. 12. Ps. 106. 32, 33.

22 ch. 3. 25, 27. 1 Ki. 13. 21, 22. Am. 3. 2. He. 12. 6-10. 2 Pe. 1. 13-15.

23 *heed.* See on ver. 9, 15, 16; ch. 27. 9. Jos. 23. 11. Mat. 24. 4. Lu. 12. 15; 21. 8. He. 3. 12. *lest ye forget.* ch. 6. 12; 29. 25; 31. 20. Jos. 23. 16. 1 Ch. 16. 15. Is. 24. 5. Je. 31. 22. Eze. 16. 59. *make you.* See on ver. 16. Ex. 20. 4, 5.

24 *thy God.* ch. 9. 3; 32. 22. Ex. 24. 17. Ps. 21. 9. Is. 30. 33; 33. 14. Je. 21. 12-14. Na. 1. 6. Zep. 1. 18. He. 12. 29. *a jealous God.* ch. 6. 15; 29. 20; 32. 16, 21. Ex. 20. 5; 34. 14. Ps. 78. 58. Is. 42. 8. Na. 1. 2. Zep. 3. 8. 1 Co. 10. 22.

25 *beget.* ch. 31. 16-18. Ju. 2. 8-15. *corrupt.* See on ver. 16; ch. 31. 29. Ex. 32. 7. Ho. 9. 9. *do evil.* 2 Ki. 17. 17-19; 21. 2, 14-16. 2 Ch. 36. 12-16. 1 Co. 10. 22.

26 *I call heaven.* A most solemn method of adjuration, in use among all nations in the world; God and man being called upon to bear testimony to the truth of what was spoken, that if there was any flaw or insincerity it might be detected, and if any crime, it might not go unpunished. Such appeals to God shew at once the origin and use of oaths. ch. 30. 18, 19; 31. 28; 32. 1. Is. 1. 2. Je. 2. 12; 6. 19; 22. 29. Eze. 36. 4. Mi. 1. 2; 6. 2. *ye shall.* ch. 29. 28. Le. 18. 28; 26. 31-35. Jos. 23. 16. Is. 6. 11; 24. 1-3. Je. 44. 22. Eze. 33. 28. Lu. 21. 24.

27 ch. 28. 62-64. Ne. 1. 3, 8, 9. Eze. 12. 15; 32. 26.

28 *ye shall.* ch. 28. 36, 64. 1 Sa. 26. 19. Je. 16. 13. Eze. 20. 32, 39. Ac. 7. 42. *neither see.* Ps. 115. 4-7; 135. 15, 16. Is. 44. 9; 45. 20; 46. 7. Je. 10. 3, 9.

29 *But if.* ch. 30. 10. Le. 26. 39-42. 2 Ch. 15. 4, 15. Ne. 1. 9. Is. 55. 6, 7. Je. 3. 12-14; 29. 12-14. *with all.* ch. 30. 1-3. 1 Ki. 8. 47, 48. 2 Ki. 10. 31; 23. 3. 2 Ch. 15. 12; 31. 21. Ps. 119. 2, 10, 58, 145. Je. 3. 10. Joel 2. 12.

30 *all these.* 1 Ki. 8. 46-53. 2 Ch. 6. 36-39. Da. 9. 11-19. *are come upon thee. Heb.* have found thee. ch. 31. 17. Ex. 18. 8, marg. *in the latter.* ch. 31. 29. Ge. 49. 1. Nu. 24. 20. Je. 23. 20. Da. 10. 14. Ho. 3. 5. He. 1. 2. *if thou.* ch. 30. 10. La. 3. 40. Ho. 14. 2, 3. Joel 2. 12, 13. Ac. 3. 19; 26. 20. *obedient.* Is. 1. 19. Je. 7. 23. Zec. 6. 15. He. 5. 9.

31 *the Lord.* Ex. 34. 6, 7. Nu. 14. 18. 2 Ch. 30. 9. Ne. 1. 5; 9. 31. Ps. 86. 5, 15; 116. 5; 145. 8, 9. Jon. 4. 2. Mi. 7. 18. *forget.* Le. 26. 42, 45. Ps. 105. 8; 111. 5, 9. Je. 14. 21. Lu. 1. 72.

32 *ask now.* Job 8. 8. Ps. 44. 1. Joel 1. 2. *from the one.* ch. 30. 4. Mat. 24. 31. Mar. 13. 27.

33 ver. 24-26; ch. 9. 10. Ex. 19. 18, 19; 20. 18, 19; 24. 11; 33. 20. Ju. 6. 22.

34 *take him.* Ex. 1. 9; 3. 10, 17-20. *temptations.* ch. 7. 19; 29. 3. Ex. 9. 20, 21; 10. 7. *by signs.* Ex. 7. 3. Ps. 78. 12, 48-53. *by a mighty.* ch. 5. 15; 6. 21; 7. 8, 9. Ex. 6. 6; 13. 3. 1 Pe. 5. 6. *and by great.* ch. 26. 8; 34. 12. Ex. 12. 30-33.

35 *know.* 1 Sa. 17. 45-47. 1 Ki. 18. 36, 37. 2 Ki. 19. 19. Ps. 58. 11; 83. 18. *none else.* ch. 32. 39. Ex. 15. 11. 1 Sa. 2. 2. Is. 44. 6, 8; 45. 5, 18, 22. Mar. 12. 29, 32. 1 Jno. 5. 20, 21.

36 ver. 33. Ex. 19. 9, 19; 20. 18-22; 24. 16. Ne. 9. 13. He. 12. 18, 25.

37 *because*. ch. 7. 7-9; 9. 5; 10. 15. Ps. 105. 6-10. Is. 41. 8, 9. Je. 31. 1. Mal. 1. 2. Lu. 1. 72, 73. Ro. 9. 5. *and brought*. Ex. 13. 3, 9, 14. *in his sight*. 2 Ch. 16. 9. Ps. 32. 8; 34. 15. *with his*. See on ver. 34. Ps. 114; 136. 10-15. Is. 51. 9-11; 63. 11, 12.

38 *drive*. ch. 7. 1; 9. 1-5; 11. 23. Ex. 23. 27, 28. Jos. 3. 10. Ps. 44. 2, 3. *as*. ch. 2. 31-37; 3. 1-16; 8. 18.

39 *and consider*. ch. 32. 29. 1 Ch. 28. 9. Is. 1. 3; 5. 12. Ho. 7. 2. *the Lord*. See on ver. 35. Jos. 2. 11. 1 Ch. 29. 11. 2 Ch. 20. 6. Ps. 115. 3; 135. 6. Da. 4. 35.

40 *keep*. See on ver. 1, 6; ch. 28. 1-14. Le. 22. 31; 26. 1-13. Je. 11. 4. Jno. 14. 15, 21-24. *it may go*. ch. 5. 16; 6. 3, 18; 12. 25, 28; 22. 7. Ep. 6. 3. 1 Ti. 4. 8.

41 Nu. 35. 6, 14, 15. Jos. 20. 2-9.

42 ch. 19. 1-10. Nu. 35. 6, 11, 12, 15-28. He. 6. 18.

43 *Bezer*. *Bezer* is the same as *Bozra*, formerly a royal city of Edom. See Note on Ge. 36. 33. Jos. 20. 8. *Ramoth*. Ramoth was a celebrated city in the mountains of Gilead, placed by EUSEBIUS fifteen miles east from Philadelphia or Ammon, and by JEROME in the neighbourhood of Jabbok, and consequently north of Philadelphia. Jos. 21. 38. 1 Ki. 4. 13; 22. 3, 4. 1 Ch. 6. 80. *Golan*. This city gave name to the district of *Gaulonitis*, now called *Djolan*, which comprises the plain to the south of *Djedour* or *Iturea*, and to the west of Haouran: its southern frontier is the Nahar Aweired, by which it is separated from the district of Erbad, and the Sheriat el Mandhour, which separates it from the district of El Kefarat: on the west it is limited by the territory of Feik, and on the north-west by Djebel Heish, or mount Hermon. Jos. 21. 27. 1 Ch. 6. 71.

44 This is evidently an introduction to the discourse of the subsequent chapters. Moses having practically improved some particulars in the history of Israel, proceeded to repeat and enforce the laws which he had before delivered, with additions and explanations, beginning with the ten commandments, ch. 1. 5; 17. 18, 19; 27. 3, 8, 26; 33. 4. Le. 27. 34. Nu. 36. 13. Mal. 4. 4. Jno. 1. 17.

45 *These*. ch. 6. 17, 20. 1 Ki. 2. 3. Ps. 119. 2, 14, 22, 24, 111. *statutes*. See on ver. 1. Ps. 119. 5. *judgments*. Ps. 119. 7.

46 *On this side*. ver. 47. See on ch. 1. 5; 3. 29. Nu. 32. 19. *over*. ch. 3. 29. *Beth-peor*. Beth-peor was a city which was situated, according to EUSEBIUS, opposite Jericho, and six miles above Livias. As the name signifies 'the house of Peor,' it is probable that there was a temple to Peor, situated in this place, full in view of the people, while Moses was pressing upon them the worship of Jehovah alone; and perhaps the very temple where so many had sinned to their own destruction. *Moses*. ch. 1. 4; 2. 30-36; 3. 8. Nu. 21. 21-32.

47 See on ch. 3. 1-14; 29. 7, 8. Nu. 21. 33-35.

48 *Aroer*. ch. 2. 36; 3. 12. Jos. 13. 24, etc. *even unto*. The Samaritan interpreter has, 'unto the mountain of snow, which is Hermon.' See Note on ch. 3. 9. *Sion*. ch. 3. 9. Ps. 133. 3.

49 *under the springs*. ch. 3. 17; 34. 1. Jos. 13. 20.

## CHAP. V.

*The covenant in Horeb, 1-5. The ten commandments, 6-21. At the people's request Moses receives the law from God, 22-33.*

1 *all Israel*. ch. 1. 1; 29. 2, 10. *Hear*. See on ch. 4. 1. *keep, and*. *Heb*. keep to. Mat. 23. 3.

2 ch. 4. 23. Ex. 19. 5-8; 24. 8. He. 8. 6-13; 9. 19-23.

3 ch. 29. 10-15. Ge. 17. 7, 21. Ps. 105. 8-10. Je. 32. 38-40. Mat. 13. 17. Ga. 3. 17-21. He. 8. 8, 9.

4 ver. 24-26; ch. 4. 33, 36; 34. 10. Ex. 19. 9, 18, 19; 20. 18-22; 33. 11. Nu. 12. 8.

5 ver. 27. Ge. 18. 22. Ex. 19. 16; 20. 18-21; 24. 2, 3. Nu. 16. 48. Ps. 106. 23. Je. 30. 21. Zec. 3. 1-5. Ga. 3. 19. He. 9. 24; 12. 18-24.

6 *I am the*. ch. 4. 4. See on Ex. 20. 2-17. Le. 26. 1, 2. *brought*. Ps. 81. 5-10. *bondage*. *Heb*. servants.

7 See on Ex. 20. 3. Mat. 4. 10. Jno. 5. 23. 1 Jno. 5. 21.

8 *graven image*. See on ch. 4. 15-19. Ex. 20. 4.

9 *shalt not*. See on Ex. 20. 4-6. *the Lord*. On the import of the word *yehowah*, which we translate Lord, see Note on Ex. 3. 15. The word *elohim*, which is rendered God, in the singular, *eloah*, and in Arabic, *allah*, is derived from the Arabic *alaha*, he worshipped, adored, was struck with astonishment, fear, or terror: and hence, he adored with sacred horror and veneration: it also signifies, he succoured, liberated, kept in safety, or defended. Hence we learn that *elohim* denotes the *sole object of adoration;* the perfections of whose nature must *astonish* all who contemplate them, and fill with *horror* all who rebel against him; that consequently he must be *worshipped* with *reverence* and *religious fear;* and that every sincere worshipper may expect *help* in all his weaknesses, etc., *freedom* from the power, guilt, and consequences of sin, and *support* and *defence* to the uttermost. *a jealous God*. See on Ex. 34. 14. *visiting*. Ex. 34. 7. Je. 32. 18. Da. 9. 4-9. Mat. 23. 35, 36. Ro. 11. 28, 29.

10 *shewing*. Is. 1. 16-19. Je. 32. 18. Da. 9. 4. Mat. 7. 21-27. Ga. 5. 6. 1 Jno. 1. 7. *love me*. ch. 6. 5, 6; 10. 12, 13. Jno. 14. 15, 21-23; 15. 14. Ro. 8. 28. Ja. 1. 25. 1 Jno. 5. 2, 3.

11 ch. 6. 13. See on Ex. 20. 7. Le. 19. 12. Ps. 139. 20. Je. 4. 2. Mat. 5. 33, 34. Ja. 5. 12.

12 See on Ex. 20. 8-11. Is. 56. 6; 58. 13.

13 Ex. 23. 12; 35. 2, 3. Eze. 20. 12. Lu. 13. 14-16; 23. 56.

14 *the sabbath*. Ge. 2. 2. Ex. 16. 29, 30. He. 4. 4. *thy stranger*. Ne. 13. 15-21. *thy man-servant*. Ex. 23. 12. Le. 25. 44-46. Ne. 5. 5.

15 *remember*. ch. 15. 15; 16. 12; 24. 18-22. Is. 51. 1, 2. Ep. 2. 11, 12. *the Lord*. See on ver. 6. Ps. 116. 16. Is. 63. 9. Lu. 1. 74, 75. Tit. 2. 14. *through*. See on ch. 4. 34-37.

16 *Honour*. See on Ex. 20. 12. Le. 19. 3. Mat. 15. 4-6. Col. 3. 20. *that thy days*. ch. 4. 40; 27. 16. Ep. 6. 1-3.

17 See on Ex. 20. 13. Mat. 5. 21, 22.

18 See on Ex. 20. 14. Pr. 6. 32, 33. Mat. 5. 27, 28. Lu. 18. 20. Ja. 2. 10, 11.

19 See on Ex. 20. 15. Ro. 13. 9. Ep. 4. 28.

20 ch. 19. 16-21. See on Ex. 20. 16; 23. 1. 1 Ki. 21. 13. Pr. 6. 19; 19. 5, 9. Mal. 3. 5.

21 See on Ex. 20. 17. 1 Ki. 21. 1-4. Mi. 2. 2. Hab. 2. 9. Lu. 12. 15. Ro. 7. 7, 8; 13. 9. 1 Ti. 6. 9, 10. He. 13. 5.

22 *These words*. See on ver. 4; ch. 4. 12-15, 36. Ex. 19. 18, 19. *he wrote*. See on ch. 4. 13. Ex. 24. 12; 31. 18.

23 Ex. 20. 18, 19. He. 12. 18-21.

24 *we have heard*. ver. 4, 5. Ex. 19. 19. *he liveth*. ch. 4. 33. Ge. 32. 30. Ex. 33. 20. Ju. 13. 22.

25 *this great*. ch. 18. 16; 33. 2. 2 Co. 3. 7-9. Ga. 3. 10, 21, 22. He. 12. 29. *hear*. *Heb*. add to hear.

26 *who is*. It seems to have been a general opinion, that if God *appeared* to men, it was for the purpose of destroying them. And indeed most of the *extraordinary* manifestations of God were in the way of *judgment;* but here it was widely different. God did appear in a sovereign and extraordinary manner; but it was for the instruction, direction, deliverance, and support of his people. 1. They heard this voice speaking with them in a distinct, articulate manner. 2. They saw the fire, the symbol of his presence, the appearances of which demonstrated it to be supernatural. 3. Notwithstanding God appeared so terrible, yet no person was destroyed; for he came not to *destroy* but to save. See on ch. 4. 33. *all flesh*. Ge. 6. 12. Is. 40. 6. Ro. 3. 20. *living*. Jos. 3. 10. Ps. 42. 2; 84. 2. Je. 10. 10. Da. 6. 26. Mat. 26. 63. Ac. 14. 15. 2 Co. 6. 16. 1 Th. 1. 9.

27 Ex. 20. 19. He. 12. 19.

28 *they have well said all.* ch. 18. 17. Nu. 27. 7; 36. 5.

29 The language of the original is very emphatic: *Mee yittain wehayah levavom zeh lahem,* literally, 'Who will give that there may be such a heart in them?' They refuse to receive such a heart from *me,* who then can supply it? *O that there.* ch. 32. 29, 30. Ps. 81. 13-15. Is. 48. 18. Je. 44. 4. Eze. 33. 31, 32. Mat. 23. 37. Lu. 19. 42. 2 Co. 5. 20; 6. 1. He. 12. 25. *keep all.* ch. 11. 1. Ps. 106. 3; 119. 1-5. Lu. 11. 28. Jno. 15. 14. Re. 22. 14. *that it might.* ver. 16; ch. 4. 40; 6. 3, 18; 12. 25, 28; 19. 13; 22. 7. Ru. 3. 1. Ps. 19. 11. Is. 3. 10. Je. 22. 14, 15. Ep. 6. 3. Ja. 1. 25.

31 See on ver. 1; ch. 4. 1, 5, 45; 6. 1; 11. 1; 12. 1. Eze. 20. 11. Mal. 4. 4. Ga. 3. 19.

32 *observe.* ch. 6. 3, 25; 8. 1; 11. 32; 24. 8. 2 Ki. 21. 8. Eze. 37. 24. *ye shall not.* ch. 4. 1, 2; 12. 32; 17. 20; 28. 14. Jos. 1. 7; 23. 6. Ps. 125. 5. Pr. 4. 27. 2 Pe. 2. 21.

33 *walk.* ch. 10. 12. Ps. 119. 6. Je. 7. 23. Lu. 1. 6. Ro. 2. 7. *well.* ver. 29; ch. 4. 40. Je. 7. 23. 1 Ti. 4. 8.

## CHAP. VI.

*The end of the law is obedience,* 1, 2. *An exhortation thereto,* 3-19. *What they are to teach their children,* 20-25.

1 *the commandments.* ch. 4. 1, 5, 14, 45; 5. 31; 12. 1. Le. 27. 34. Nu. 36. 13. Eze. 37. 24. *go to possess it. Heb.* pass over.

2 *fear.* See on ch. 4. 10; 10. 12, 13, 20; 13. 4. Ge. 22. 12. Ex. 20. 20. Job 28. 28. Ps. 111. 10; 128. 1. Pr. 16. 6. Ec. 12. 13. Lu. 12. 5. 1 Pe. 1. 17. *and thy son.* ver. 7. Ge. 18. 19. Ps. 78. 4-8. *thy days.* ch. 4. 40; 5. 16, 33; 22. 7. Pr. 3. 1, 2, 16. 1 Pe. 3. 10, 11.

3 *and observe.* ch. 4. 6; 5. 32. Ec. 8. 12. Is. 3. 10. *that ye may.* Ge. 12. 2; 13. 16; 15. 5; 22. 17; 26. 4; 28. 14. Ex. 1. 7. Ac. 7. 17. *in the land.* Ex. 3. 8.

4 *Shema Yisraël, Yehowah, Elohainoo, Yehowah aichod,* 'Hear, Israel, Jehovah, our God, is one Jehovah.' On this passage the Jews lay great stress; and it is one of the four passages which they write on their phylacteries. On the word *Elohim,* Simeon ben Joachi says:—'Come and see the mystery of the word Elohim: there are *three degrees,* and each degree is by itself *alone,* and yet they are all *one,* and *joined together* in *one,* and are not *divided* from each other.' *the Lord.* ch. 4. 35, 36; 5. 6. 1 Ki. 18. 21. 2 Ki. 19. 5. 1 Ch. 29. 10. Is. 42. 8; 44. 6, 8; 45. 5, 6. Je. 10. 10, 11. Mar. 12. 29-32. Jno. 17. 3. 1 Co. 8. 4-6. 1 Ti. 2. 5.

5 *thou shalt.* ch. 10. 12; 11. 13; 30. 6. Mat. 22. 37. Mar. 12. 30, 33. Lu. 10. 27. 1 Jno. 5. 3. *God with all.* ch. 4. 29. 2 Ki. 23. 25. Mat. 10. 37. Jno. 14. 20, 21. 2 Co. 5. 14, 15.

6 *shall be.* ch. 11. 18; 32. 46. Ps. 37. 31; 40. 8; 119. 11, 98. Pr. 2. 10, 11; 3. 1-3, 5; 7. 3. Is. 51. 7. Je. 31. 33. Lu. 2. 51; 8. 15. 2 Co. 3. 3. Col. 3. 16. 2 Jno. 2.

7 *And thou shalt.* ver. 2; ch. 4. 9, 10; 11. 19. Ge. 18. 19. Ex. 12. 26, 27; 13. 14, 15. Ps. 78. 4-6. Ep. 6. 4. *teach. Heb.* whet, *or* sharpen. *shalt talk.* Ru. 2. 4, 12; 4. 11. Ps. 37. 30; 40. 9, 10; 119. 46; 129. 8. Pr. 6. 22; 10. 21; 15. 2, 7. Mal. 3. 16. Mat. 12. 35. Lu. 6. 45. Ep. 4. 29. Col. 4. 6. 1 Pe. 3. 15.

8 ch. 11. 18. Ex. 13. 9, 16. Nu. 15. 38, 39. Pr. 3. 3; 6. 21; 7. 3. Mat. 23. 5. He. 2. 1.

9 ch. 11. 20. Ex. 12. 7. Job 19. 23-25. Is. 30. 8; 57. 8. Hab. 2. 2.

10 *land.* Ge. 13. 15-17; 15. 18; 26. 3; 28. 13. *great.* Jos. 24. 13. Ne. 9. 25. Ps. 78. 55; 105. 44.

11 *when thou.* ch. 7. 12-18; 8. 10, etc.; 32. 15. Ju. 3. 7. Pr. 30. 8, 9. Je. 2. 31, 32. Eze. 16. 10-20. Mat. 19. 23, 24.

12 *bondage. Heb.* bondmen, *or* servants.

13 *fear.* See on ver. 2; ch. 5. 29; 10. 12, 20; 13. 4. Mat. 4. 10. Lu. 4. 8. *and serve him.* Our Saviour quotes these words thus: 'And him *only* (αυτω μονω) shalt thou serve;' from which it would appear, that the word *levaddo* was anciently in the Hebrew text, as it was in the Septuagint, Coptic, Vulgate (*illi soli*), and Anglo-Saxon. Dr. Kennicott argues that without the word *only,* the text would not have been conclusive for the purpose for which our Lord advanced it. It is proper, however, to observe, that the word *levaddo* is not found in any MS. yet collated, though retained in the above versions. *shalt swear.* Le. 19. 12. Jos. 2. 12. Ps. 15. 4; 63. 11. Is. 45. 23; 65. 16. Je. 4. 2; 5. 2, 7; 12. 16.

14 *not go.* ch. 8. 19; 11. 28. Ex. 34. 14-16. Je. 25. 6. 1 Jno. 5. 21. *of the gods.* ch. 13. 7.

15 *is a jealous.* See on ch. 4. 24. Ex. 20. 5. Am. 3. 2. 1 Co. 10. 22. *lest.* ch. 7. 4; 11. 17. Nu. 32. 10-15. 2 Ch. 36. 16. Ps. 90. 7, 11. *destroy.* Ge. 7. 4. Ex. 32. 12. 1 Ki. 13. 34. Am. 9. 8.

16 *tempt.* Mat. 4. 7. Lu. 4. 12. *tempted him.* Ex. 17. 2, 7. Nu. 20. 3, 4, 13; 21. 4, 5. Ps. 95. 8, 9. 1 Co. 10. 9. He. 3. 8, 9.

17 ver. 1, 2; ch. 11. 13, 22. Ex. 15. 26. Ps. 119. 4. 1 Co. 15. 58. Tit. 3. 8. He. 6. 11. 2 Pe. 1. 5-10; 3. 14.

18 *shalt do.* ch. 8. 11; 12. 25, 28; 13. 18. Ex. 15. 26. Ps. 19. 11. Is. 3. 10. Eze. 18. 5, 19, 21, 27; 33. 14, 16, 19. Ho. 14. 9. Jno. 8. 29. Ro. 12. 2. *that it may.* See on ch. 4. 40; 5. 29, 33.

19 Ex. 23. 28-30. Nu. 33. 52, 53. Ju. 2. 1-3; 3. 1-4.

20 *when thy son.* See on ver. 7. Ex. 12. 26; 13. 14. Jos. 4. 6, 7, 21-24. Pr. 22. 6. *in time to come. Heb.* to-morrow.

21 *We were.* ch. 5. 6, 15; 15. 15; 26. 5-9. See on Ex. 20. 2. Ne. 9. 9, 10. Ps. 136. 10-12. Is. 51. 1. Je. 32. 20, 21. Ro. 6. 17, 18. Ep. 2. 11, 12. *with a mighty.* Ex. 3. 19; 13. 3.

22 *shewed.* See on ch. 4. 34. Ex. ch. 7-12; 14. Ps. 135. 9. *sore. Heb.* evil. *before.* ch. 1. 30; 3. 21; 4. 3; 7. 19. Ps. 58. 10, 11; 91. 8.

23 *to give us.* ver. 10, 18; ch. 1. 8, 35. See on Ex. 13. 5.

24 *to fear.* ver. 2. *for our good.* ch. 10. 13. Job 35. 7, 8. Pr. 9. 12. Is. 3. 10. Je. 32. 39. Mat. 6. 33. Ro. 6. 21, 22. *he might.* ch. 4. 1, 4; 8. 1, 3. Ps. 41. 2; 66. 9. Pr. 22. 4. Ro. 10. 5.

25 ch. 24. 13. Le. 18. 5. Ps. 106. 30, 31; 119. 6. Pr. 12. 28. Eze. 20. 11. Lu. 10. 28, 29. Ro. 10. 3, 5, 6. Ga. 3. 12. Ja. 2. 10.

## CHAP. VII.

*All communion with the nations is forbidden,* 1-4; *for fear of idolatry,* 5; *for the holiness of the people,* 6-8; *for the nature of God in his mercy and justice,* 9-16; *for the assuredness of victory which God will give over them,* 17-26.

1 *the Lord.* See on ch. 4. 38; 6. 1, 10, 19, 23; 9. 1, 4; 11. 29; 31. 3, 20. Ex. 6. 8; 15. 7. Nu. 14. 31. Ps. 44. 2, 3; 78. 55. *the Hittites.* With respect to the situation of these nations in the land of Canaan, Calmet remarks, that the Canaanites chiefly inhabited Phœnicia; the Hittites, the mountains south of the promised land; the Hivites, mount Ebal, and Gerizim, and towards Hermon; the Girgashites, beyond Jordan, towards the lake of Gennesareth; the Jebusites, about Jerusalem; the Amorites, the mountains west of the Dead Sea, and part of the land of Moab; and that the Perizzites were probably not a distinct nation, but villagers scattered through the country. Ge. 15. 18-21. Ex. 23. 23, 28; 33. 2. *greater.* See on ch. 4. 38; 4. 1-3; 20. 1.

2 *deliver.* ver. 23, 24; ch. 3. 3; 23. 14. Ge. 14. 20. Jos. 10. 24, 25, 30, 32, 42; 21. 44. Ju. 1. 4. *utterly.* ch. 20. 16, 17. Le. 27. 28, 29. Nu. 33. 52. Jos. 6. 17-25; 8. 24; 9. 24; 10. 28, 40; 11. 11, 12. *make no.* ch. 20. 10, 11. Ex. 23. 32, 33; 34. 12-16. Jos. 2. 14; 9. 18-21. Ju. 1. 24; 2. 2. 2 Sa. 21. 2.

3 Ge. 6. 2, 3. Ex. 34. 15, 16. Jos. 23. 12, 13. Ju. 3. 6, 7. 1 Ki. 11. 2. Ezr. 9. 1, 2. Ne. 13. 23-27. 2 Co. 6. 14-17.

4 *so will.* ch. 6. 15; 32. 16, 17. Ex. 20. 5. Ju. 2. 11, 20; 3. 7, 8; 10. 6, 7.

5 *destroy.* ch. 12. 2, 3. Ex. 23. 24; 34. 13. 2 Ki. 23.

6-14. *images. Heb.* statues, *or* pillars. ch. 16. 22. Le. 26. 1. *and cut.* Ju. 6. 25, 26. *burn.* ver. 25; ch. 9. 21. Ex. 32. 20.

6 *an holy.* ch. 14. 2; 26. 19; 28. 9. Ex. 19. 5, 6. Ps. 50. 5. Je. 2. 3. Am. 3. 2. 1 Co. 6. 19, 20. Tit. 2. 14. 2 Pe. 2. 5, 9. *to be a special.* Mal. 3. 17. Tit. 2. 14.

7 *The Lord.* Ps. 115. 1. Ro. 9. 11-15, 18, 21; 11. 6. 1 Jno. 3. 1; 4. 10. *ye were.* ch. 10. 22. Is. 51. 2. Mat. 7. 14. Lu. 12. 32. Ro. 9. 27-29.

8 *because.* ch. 4. 37; 9. 4, 5; 10. 15. 1 Sa. 12. 22. 2 Sa. 22. 20. Ps. 44. 3. Is. 43. 4. Je. 31. 3. Zep. 3. 17. Mat. 11. 26. Ep. 2. 4, 5. 2 Th. 2. 13, 14. Tit. 3. 3-7. 1 Jno. 4. 19. *oath.* Ge. 22. 16-18. Ex. 32. 13. Ps. 105. 8-10, 42. Lu. 1. 55, 72, 73. He. 6. 13-17. *Lord brought.* See on ch. 4. 20, 34. Ex. 12. 41, 42; 13. 3, 14; 20. 2.

9 *the faithful.* Ex. 34. 6, 7. Ps. 119. 75; 146. 6. Is. 49. 7. La. 3. 23. 1 Co. 1. 9; 10. 3. 2 Co. 1. 18. 1 Th. 5. 24. 2 Th. 3. 3. 2 Ti. 2. 13. Tit. 1. 2. He. 6. 18; 10. 23; 11. 11. 1 Jno. 1. 9. *which keepeth.* ch. 5. 10. Ge. 17. 7. Ex. 20. 6. Ne. 1. 5. Da. 9. 4. Ro. 8. 28. 1 Co. 8. 3. Ja. 1. 12. *a thousand.* 1 Ch. 16. 15.

10 *repayeth.* ver. 9; ch. 33. 35, 41. Ps. 21. 8, 9. Pr. 11. 31. Is. 59. 18. Na. 1. 2. Ro. 12. 19. *slack.* ch. 32. 35. 2 Pe. 3. 9, 10. *hateth.* Ex. 20. 5. Jno. 15. 23, 24.

11 See on ch. 4. 1; 5. 32. Jno. 14. 15.

12 *if. Heb.* because. ch. 28. 1. Le. 26. 3. *Lord.* See on ver. 9. Ps. 105. 8-10. Mi. 7. 20. Lu. 1. 55, 72, 73.

13 *he will love.* See on ver. 7; ch. 28. 4. Ex. 23. 25. Ps. 1. 3; 11. 7; 144. 12-15. Jno. 14. 21; 15. 10; 16. 27. *he will also.* ch. 28. 3-5, 11, 15-18. Job 42. 12. Pr. 10. 22. Mal. 3. 10, 11. Mat. 6. 33.

14 *blessed.* ch. 33. 29. Ps. 115. 15; 147. 19, 20. *male or.* ch. 28. 4, 11. Ex. 23. 26, etc. Le. 26. 9. Ps. 127. 3.

15 *will put none.* The Israelites, if obedient, would have been subject to no maladies but those common to fallen man, and generally very healthy and long lived; being exempted from pestilential diseases, which have often most tremendously scourged guilty nations; and from such maladies in particular, as they had witnessed in Egypt, by which God afflicted their cruel oppressors, (Ex. 15. 26.) This must be referred to the *national* covenant; for though godliness often secures the most solid temporal advantages, yet temporal blessings were not, even among them, uniformly dispensed to *individuals* according to their obedience; but they were to the *nation*, with an exactness which is not observed towards any other people. Le. 26. 3, 4. *will put none.* ch. 28. 27, 60. Ex. 9. 11; 15. 26. Ps. 105. 36, 37.

16 *consume.* See on ver. 2. *thine eye.* ch. 13. 8; 19. 13, 21; 25. 12. Je. 21. 7. *for that will.* ch. 12. 30, 31. Ex. 23. 33; 34. 12-16. Nu. 33. 55. Jos. 23. 13-16. Ju. 2. 3, 12; 3. 6; 8. 27. Ps. 106. 36. 1 Co. 15. 33.

17 *thou shalt.* ch. 8. 17; 15. 9; 18. 21. Is. 14. 13. 47. 8; 49. 21. Je. 13. 22. Lu. 9. 47. *These nations.* Nu. 13. 32; 33. 53. Jos. 17. 16-18.

18 *shalt not.* See on ch. 1. 29; 3. 6; 31. 6. Ps. 27. 1, 2; 46. 1, 2. Is. 41. 10-14. *remember.* Ex. ch. 7-14. Ju. 6. 13. Ps. 77. 11; 78. 11, 42-51; 105. 5, 26-36; 135. 8-10; 136. 10-15. Is. 51. 9, 10; 63. 11-15.

19 *great.* See on ch. 4. 34; 11. 2-4; 29. 3. Ne. 9. 10, 11. Je. 32. 20, 21. Eze. 20. 6-9. *so shall.* Jos. 3. 10.

20 *the hornet.* Ex. 23. 28-30. Jos. 24. 12.

21 *the Lord.* Nu. 9. 20; 14. 9, 14, 42; 16. 3; 23. 21. Jos. 3. 10. 2 Ch. 32. 8. Ps. 46. 5, 7, 11. Is. 8. 9, 10. Zec. 2. 10, 11. 1 Co. 14. 25. *a mighty God.* ch. 10. 17; 25. 8. 1 Sa. 4. 8. Ne. 1. 5; 4. 14; 9. 32. Zec. 12. 2-5.

22 *put out. Heb.* pluck off. *thou mayest.* As the Israelites were not yet sufficiently numerous to fill the whole land occupied by these nations; and as wild and ferocious animals might be expected to multiply where the place was but thinly peopled, therefore God informs them that their extermination from before them should be gradual. HAYNES says, 'The approaching to Cana, at the close of the day, as we did, is at once terrifying and dangerous. The surrounding country swarms with wild beasts, such as tigers, leopards, jackals, etc., whose cries and howling, I doubt not, would strike the boldest traveller, who had not been frequently in a like situation, with the deepest sense of horror.' Ex. 23. 29, 30. Jos. 15. 63.

23 *the Lord.* See on ver. 2. *unto thee. Heb.* before thy face. ch. 9. 3. *shall destroy.* ch. 2. 15; 8. 20. Is. 13. 6. Je. 17. 18. Joel 1. 15. 2 Th. 1. 9.

24 *he shall.* Jos. 10. 24, 25, 42; 12. 1, etc. *their name.* ch. 9. 14; 25. 19; 29. 20. Ex. 17. 14. Ps. 9. 5. Pr. 10. 7. Je. 10. 11. Zep. 1. 4. *there shall.* ch. 11. 25. Jos. 1. 5; 10. 8; 23. 9. Is. 54. 17. Ro. 8. 37. 1 Co. 15. 57.

25 *graven.* See on ver. 5; ch. 12. 3. Ex. 32. 20. 1 Ch. 14. 12. Is. 30. 22. *thou shalt.* Jos. 7. 1, 21. *snared.* Ju. 8. 24-27. Zep. 1. 3. 1 Ti. 6. 9, 10. *an abomination.* ch. 17. 1; 23. 18. Re. 17. 5.

26 *shalt.* ch. 13. 17. Le. 27. 28, 29. Jos. 6. 17-24; 7. 1, etc. 11-26. Eze. 14. 7. Hab. 2. 9-11. Zec. 5. 4. *but thou shalt.* Is. 2. 20; 30. 22. Eze. 11. 18. Ho. 14. 8. Ro. 2. 22.

## CHAP. VIII.

*An exhortation to obedience in regard of God's mercy and goodness in his dealings with Israel.*

1 See on ch. 4. 1; 5. 32, 33; 6. 1-3. Ps. 119. 4-6. 1 Th. 4. 1, 2.

2 *remember.* See on ch. 7. 18. Ps. 77. 11; 106. 7. Ep. 2. 11, 12. 2 Pe. 1. 12, 13; 3. 1, 2. *led thee.* ch. 1. 3, 33; 2. 7; 29. 5. Ps. 136. 16. Am. 2. 10. *to humble.* 2 Ch. 32. 25, 26; 33. 12, 19, 23. Job. 33. 17; 42. 5, 6. Is. 2. 17. Lu. 18. 14. Ja. 4. 6, 10. 1 Pe. 5. 5, 6. *prove thee.* ver. 16; ch. 13. 3. Ge. 22. 1. Ex. 15. 25; 16. 4. 2 Ch. 32. 31. Ps. 81. 7. Pr. 17. 3. Mal. 3. 2, 3. Ja. 1. 3. 1 Pe. 1. 7. *to know.* Je. 17. 9, 10. Jno. 2. 25. Re. 2. 23.

3 *fed thee.* Ex. 16. 2, 3, 12-35. Ps. 78. 23-25; 105. 40. 1 Co. 10. 3. *doth.* Ps. 37. 3; 104. 27-29. Mat. 4. 4. Lu. 4. 4; 12. 29, 30. He. 13. 5, 6.

4 Many have attempted to give the following meaning to this text:—'God so amply provided for them all the necessaries of life, that they never were obliged to wear tattered garments, nor were their feet injured for lack of shoes or sandals.' Now, though the Israelites doubtless brought out of Egypt more raiment than what they had upon them; and they might manufacture the fleeces of their flocks in the wilderness; and also might be favoured by Providence with other supplies from the neighbouring nations or travelling hordes of Arabs; yet, when we consider their immense numbers, their situation and long continuance in the wilderness, and the very strong expressions made use of in the text, why should we question the extraordinary and miraculous interposition of God in this respect, as well as in others, not less stupendous in their nature, or constant in their supply? ch. 29. 5. Ne. 9. 21. Mat. 26. 25-30.

5 *consider.* ch. 4. 9, 23. Is. 1. 3. Eze. 12. 3; 18. 28. *as a man.* 2 Sa. 7. 14. Job 5. 17, 18. Ps. 89. 32; 94. 12. Pr. 3. 12. 1 Co. 11. 32. He. 12. 5-11. Re. 13. 19.

6 *walk.* ch. 5. 33. Ex. 18. 20. 1 Sa. 12. 24. 2 Ch. 6. 31. Ps. 128. 1. Lu. 1. 6.

7 ch. 6. 10, 11; 11. 10-12. Ex. 3. 8. Ne. 9. 24, 25. Ps. 65. 9-13. Eze. 20. 6.

8 *wheat.* ch. 32. 14. 2 Sa. 4. 6. 1 Ki. 5. 11. Ps. 81. 16; 147. 14. Eze. 27. 17. *barley.* 2 Ch. 2. 10-15. Jno. 6. 9, 13. *vines.* Is. 7. 23. Je. 5. 17. Ho. 2. 8, 22. Mi. 4. 4. Ha. 3. 17. *oil olive. Heb.* olive tree of oil.

9 *whose stones.* ch. 33. 25. Jos. 22. 8. 1 Ch. 22. 14. Job 28. 2.

10 *thou hast.* ch. 6. 11, 12. Ps. 103. 2. Mat. 14. 19. Jno. 6. 23. Ro. 14. 6. 1 Co. 10. 31. 1 Th. 5. 18. 1 Ti. 4. 4, 5. *then thou.* 1 Ch. 29. 14. Ps. 103. 2. Pr. 3. 9.

11 Ps. 106. 21. Pr. 1. 32; 30. 9. Eze. 16. 10-15. Ho. 2. 8, 9.

12 *Lest when.* ch. 28. 47; 31. 20; 32. 15. Pr. 30. 9. Ho. 13. 5, 6. *and hast built.* Ec. 2. 4. Je. 22. 14, 15. Eze. 11. 3. Am. 5. 11. Hag. 1. 4. Lu. 17. 28.

13 Ge. 13. 1-5. Job 1. 3. Ps. 39. 6. Lu. 12. 13-21.

14 *thine heart.* ch. 17. 20. 2 Ch. 26. 16; 32. 25. Je. 2. 31. 1 Co. 4. 7, 8. *thou forget.* See on ver. 11. Ps. 106. 21. Je. 2. 6.

15 *led thee.* ch. 1. 19. Ps. 136. 16. Is. 63. 12-14; Je. 2. 6. *fiery serpents.* Nu. 21. 6. Ho. 13. 5. *who brought.* Ex. 17. 5. Nu. 20. 11. Ps. 78. 15, 16; 105. 41; 114. 8. Is. 35. 7. 1 Co. 10. 4.

16 *fed thee.* ver. 3. Ex. 16. 15. *he might.* See on ver. 2. *to do thee.* La. 3. 26-33. Je. 24. 5, 6. Ro. 8. 28. 2 Co. 4. 17. He. 12. 10, 11. Ja. 1. 12. 1 Pe. 1. 7.

17 *thou say.* See on ch. 7. 17. *My power.* ch. 9. 4. Is. 10. 8-14. Da. 4. 30. Ho. 12. 8. Hab. 1. 16. 1 Co. 4. 7.

18 *he that.* Ps. 127. 1, 2; 144. 1. Pr. 10. 22. Ho. 2. 8. *that he may.* ch. 7. 8, 12.

19 *I testify against.* ch. 4. 26; 28. 58-68; 29. 25-28; 30. 18, 19. Jos. 23. 13. 1 Sa. 12. 25. Da. 9. 2. Am. 3. 2. Zep. 1. 18; 3. 6. Lu. 12. 47, 48; 13. 3, 5.

20 *so shall ye perish.* 2 Ch. 36. 16, 17. Da. 9. 11, 12.

## CHAP. IX.

*Moses dissuades them from the opinion of their own righteousness, by rehearsing their several rebellions.*

1 *to pass.* ch. 3. 18; 11. 31; 27. 2. Jos. 1. 11; 3. 6, 14, 16; 4. 5, 19. *this day.* The Hebrew *hyyom*, 'this day,' frequently denotes, as here, *this time.* They had come, 38 years before this, nearly to the verge of the promised land, but were not permitted, because of their unbelief and rebellion, at *that day* or *time*, to enter; but *this time* they shall certainly pass over. This was spoken in the *eleventh* month of the fortieth year of their journeying; and it was on the first month of the following year they passed over: and during this interval Moses died. *nations.* See on ch. 4. 38; 7. 1; 11. 23. *cities.* ch. 1. 28. Nu. 13. 22, 28-33.

2 *great.* See on ch. 2. 11, 12, 21. *Who can stand.* ch. 7. 24. Ex. 9. 11. Job 11. 10. Da. 8. 4; 11. 16. Na. 1. 6.

3 *Understand.* ver. 6. Mat. 15. 10. Mar. 7. 14. Ep. 5. 17. *goeth over.* ch. 1. 30; 20. 4; 31. 3-6. Jos. 3. 11, 14. Mi. 2. 13. Re. 19. 11-16. *a consuming fire.* ch. 4. 24. Is. 27. 4; 30. 27, 30, 33; 33. 14. Na. 1. 5, 6. 2 Th. 1. 8. He. 12. 29. *he shall.* ch. 7. 1, 2, 16, 23, 24. Ex. 23. 29-31. Is. 41. 10-16. Ro. 8. 31.

4 *Speak not.* ver. 5; ch. 7. 7, 8; 8. 17. Eze. 36. 22, 32. Ro. 11. 6, 20. 1 Co. 4. 4, 7. Ep. 2. 4, 5. 2 Ti. 1. 9. Tit. 3. 3-5. *for the wickedness.* ch. 12. 31; 18. 12. Ge. 15. 16. Le. 18. 24, 25.

5 *Not for.* Though the Canaanites were expelled for their wickedness, it does not follow, that the Israelites were established in their room on account of any distinguished virtue, or because they *deserved* it. On many occasions, it may be seen in the history of the world, that God punishes the wicked by the instrumentality of other men, who are as wicked as themselves. Not the Israelites' righteousness, but the wickedness of the inhabitants, and the promise of God to their fathers, was the cause of their obtaining Canaan. Tit. 3. 5. *that he may.* Ge. 12. 7; 13. 15; 15. 7; 17. 8; 26. 4; 28. 13. Ex. 32. 13. Eze. 20. 14; Mi. 6. 20. Lu. 1. 54, 55. Ac. 3. 25; 13. 32, 33. Ro. 11. 28; 15. 8.

6 *Understand.* See on ver. 3, 4. Eze. 20. 44. *giveth thee.* Moses repeats this a third time, that, if it were possible, he might root out of the Israelites the opinion of their own deserts, before God rooted out the Canaanites from their country. *a stiff-necked.* ver. 13; ch. 10. 16; 31. 27. Ex. 32. 9; 33. 3; 34. 9. 2 Ch. 30. 8; 36. 13. Ps. 78. 8. Is. 48. 3, 4. Eze. 2. 4. Zec. 7. 11, 12. Ac. 7. 51. Ro. 5. 20, 21.

7 *Remember.* In order to destroy the opinion which the Israelites had of their own righteousness, it was necessary to call to mind some of their most notorious provocations and rebellions, which Moses exhorts them to preserve in their mind, as a mean to keep them humble. ch. 8. 2. Eze. 16. 61-63; 20. 43; 36. 31, 32. 1 Co. 15. 9. Ep. 2. 11. 1 Ti. 1. 13-15. *from the day.* ch. 31. 27; 32. 5, 6. Ex. 14. 11; 16. 2; 17. 2. Nu. 11. 4; 14. 1, etc.; 16. 1, etc.; 20. 2-5; 21. 5; 25. 2. Ne. 9. 16-18. Ps. 78. 8, etc.; 95. 8-11.

8 *Also in Horeb.* Or rather, 'Even at Horeb,' for there is a peculiar emphasis here, even there where they had lately received the law, attended with the most astonishing appearances and circumstances. Ex. 32. 1-6. Ps. 106. 19-22.

9 *I was.* Ex. 24. 12, 15, 18. *the tables.* ver. 15. Ex. 31. 18; 34. 28. Je. 31. 31, 32. Ga. 4. 24. *then I.* Ex. 24. 18; 34. 28. 1 Ki. 19. 8. Mat. 4. 2. *I neither.* ver. 18. 1 Ki. 13. 8, 9. 2 Ki. 6. 22.

10 *the Lord.* Ex. 31. 18. *written with.* ch. 10. 4. Mat. 12. 28. Lu. 11. 20. 2 Co. 3. 3. He. 8. 10. *all the words.* ch. 4. 10-15; 5. 6-21; 18. 16. Ex. 19. 17-19; 20. 1-18.

11 *the tables of the covenant.* See on ver. 9. Nu. 10. 33. He. 8. 6-10; 9. 4.

12 *Arise.* See on Ex. 32. 7, 8. *corrupted.* ch. 4. 16; 31. 29; 32. 5. Ge. 6. 11, 12. Jude 10. *are quickly.* ver. 16. Ju. 2. 17. Ps. 78. 57. Ho. 6. 4. Ga. 1. 6.

13 *I have.* Ge. 11. 5; 18. 21. Ex. 32. 9, 10. Ps. 50. 7. Je. 7. 11; 13. 27. Ho. 6. 10. Mal. 3. 5. *stiff-necked.* See on ver. 6; ch. 10. 16; 31. 27. 2 Ki. 17. 14.

14 *Let me.* Ex. 32. 10-13. Is. 62. 6, 7. Je. 14. 11; 15. 1. Lu. 11. 7-10; 18. 1-8. Ac. 7. 51. *blot.* ch. 29. 20. Ex. 32. 32, 33. Ps. 9. 5; 109. 13. Pr. 10. 7. Re. 3. 5. *and I will.* Nu. 14. 11, 12.

15 *I turned.* Ex. 32. 14, 15, etc. *the mount.* ch. 4. 11; 5. 23. Ex. 9. 23; 19. 18. He. 12. 18.

16 *I looked.* Ex. 32. 19. Ac. 7. 40, 41.

17 *cast them.* Moses might have done this through distress and anguish of spirit, on beholding their abominable idolatry and dissolute conduct; or probably he did it *emblematically*, and perhaps by the direction of God; intimating thereby, that as by this act of his the tables were broken in pieces, on which the Law of God was written, so they, by their present conduct, had made a *breach* in the covenant, and broken the laws of their Maker and Sovereign.

18 *I fell down.* The transgressions of the people rendered this second forty days' fasting necessary to Moses. Their pardon was indeed in some sense obtained before he ascended the mount; yet probably much of the time which he spent there was employed in supplication: and when he descended the second time, with the tables of the law in his hands, the pardon was, as it were, ratified and sealed. See on ver. 9. Ex. 32. 10-14; 34. 28. 2 Sa. 12. 16. Ps. 106. 23.

19 *For I.* ver. 8. Ex. 32. 10, 11. Ne. 1. 2-7. Lu. 12. 4, 5. *But the.* ch. 10. 10. Ex. 32. 14; 33. 17. Ps. 99. 6; 106. 23. Am. 7. 2, 3, 5, 6. Ja. 5. 16, 17.

20 Ex. 32. 2-5, 21, 35. He. 7. 26-28.

21 *I took.* See on Ex. 32. 20. Is. 2. 18-21; 30. 22; 31. 7. Ho. 8. 11. *the brook.* This was the stream which flowed from the rock that Moses smote with his rod, (Ex. 17. 6,) and to which the Psalmist alludes in Ps. 78. 16-20; 105. 41. PHILO relates, that upon Moses' striking the rock, the water poured out like a torrent, affording not only a sufficient quantity for allaying their present thirst, but to fill their water vessels, to carry with them on their journey.

22 *Taberah.* Nu. 11. 1-5. *Massah.* Ex. 17. 7. *Kibroth-hattaavah.* Nu. 11. 4, 34.

23 *Likewise.* ch. 1. 19, etc. Nu. ch. 13. *ye rebelled.* See on Nu. 14. 1-4, 10-41. Is. 63. 10. *ye believed.* ch. 1. 32, 33. Ps. 78. 22; 106. 24, 25. He. 3. 18, 19; 4. 2.

24 ver. 6, 7; ch. 31. 27. Ac. 7. 51.

25 See on ver. 16, 18.

26 *prayed.* Ex. 32. 11-13; 34. 9. Nu. 14. 13-19.

Ps. 99. 6; 106. 23. Je. 14. 21. *thine inheritance.* 1 Ki. 8. 51. *which thou hast redeemed.* ver. 29. ch. 32. 9. Ps. 74. 1, 2. Is. 63. 19. *which thou hast brought forth.* ch. 7. 8; 13. 5; 15. 15; 21. 8; 26. 7, 8. Ex. 15. 13. 2 Sa. 7. 23. Ne. 1. 10. Ps. 77. 15; 107. 2. Is. 44, 23. Mi. 6. 4. Tit. 2. 14. He. 9. 12. Re. 5. 9.

27 *Remember.* Ex. 3. 6, 16; 6. 3-8; 13. 5; 32. 13. Je. 14. 21. *look not.* Ex. 32. 31, 32. 1 Sa. 25. 25. Ps. 78. 8. Pr. 21. 12. Is. 43. 24, 25. Je. 50. 20. Mi. 7. 18, 19.

29 *the land.* Ge. 41. 57. Ex. 6. 6-8. 1 Sa. 14. 25. *Because.* ch. 32. 26, 27. Ex. 32. 12. Nu. 14. 15, 16. Jos. 7. 7-9. Ps. 115. 1, 2. Is. 43. 25; 48. 9-11. Je. 14. 7-9. Eze. 20. 8, 9, 14. Da. 9. 18, 19.

29 *Yet they.* ver. 26; ch. 4. 20. 1 Ki. 8. 15. Ne. 1. 10. Ps. 95. 7; 100. 3. Is. 63. 19. *which thou.* See on ver. 26; ch. 4. 34.

## CHAP. X.

*God's mercy in restoring the two tables,* 1-5; *in continuing the priesthood,* 6, 7; *in separating the tribe of Levi,* 8, 9; *in hearkening unto Moses' suit for his people,* 10, 11. *An exhortation to obedience,* 12-22.

1 *Hew.* ver. 4. Ex. 34. 1, 2, 4. *make thee.* ver. 3. Ex. 25. 10-15. He. 9. 4.

2 *thou shalt.* ver. 5. Ex. 25. 16-22; 40. 20. 1 Ki. 8. 9. He. 9. 4.

3 *I made.* Ex. 25. 5, 10; 37. 1-9. *hewed.* ver. 1. Ex. 34. 4.

4 *he wrote.* See on ch. 9, 10. Ex. 34. 28. *the ten.* ch. 4. 13. *commandments. Heb.* words. *which.* ch. 5. 4-21. Ex. 20. 1-17. *out of the.* ch. 4. 11-15; 5. 22-26. Ex. 19. 18. He. 12. 18, 19. *in the day.* ch. 9. 10; 18. 16. Ex. 19. 17.

5 *I turned.* ch. 9. 15. Ex. 32. 15; 34. 29. *put the.* See on ver. 2. Ex. 25. 16; 40. 20. *there they.* Jos. 4. 9. 1 Ki. 8. 8, 9.

6 *took.* Nu. 10. 6, 12, 13; 33. 1, 2. *Mosera.* Nu. 33. 30-33, Moseroth, Hor-ha-gid-gad, Jotbathah. *there Aaron.* Nu. 20. 23-28; 33. 38.

8 *time the Lord.* Ex. 29. 1, etc. Le. 8. 9. Nu. 1. 47-53; ch. 3; 4; 8; 16. 9, 10; ch. 18. Jno. 15. 16. Ac. 13. 2. Ro. 1. 1. 2 Co. 6. 17. Ga. 1. 15. *bear.* Nu. 3. 31; 4. 15. 1 Ki. 8. 3, 4, 6. 1 Ch. 15. 12-15, 26; 23. 26. 2 Ch. 5. 4, 5. *to stand.* ch. 18. 5. 2 Ch. 29. 11. Ps. 134. 2; 135. 2. Je. 15. 19. Eze. 44. 11, 15. Ro. 12. 7. *to bless.* ch. 21. 5. Le. 9. 22. Nu. 6. 23-26. 2 Ch. 30. 27.

9 ch. 18. 1, 2. Nu. 18. 20-24; 26. 62. Jos. 14. 3. Eze. 44. 28.

10 *I stayed.* ch. 9. 18, 25. Ex. 24. 18; 34. 28. *first time. or,* former days. *the Lord hearkened.* ch. 3. 23-27; 9. 19. Ex. 32. 14, 33, 34; 33. 17. Mat. 27. 42.

11 *Arise.* Ex. 32. 34; 33. 1. *take thy. Heb.* go in.

12 *what doth.* Je. 7. 22, 23. Mi. 6. 8. Mat. 11. 29, 30. 1 Jno. 5. 3. *fear.* ch. 6. 13. Ps. 34. 9; 128. 1. Je. 32. 39, 40. Ac. 9. 31. 1 Pe. 1. 17. *to walk.* See on ch. 5. 33. Jos. 22. 5. Ps. 81. 13. Eze. 11. 20. Tit. 2. 11, 12. 1 Pe. 1. 15, 16. *to love.* See on ch. 6. 5; 11. 13; 30. 16, 20. Ps. 18. 1; 145. 20. Mat. 22. 37. Mar. 12. 29-33. Lu. 10. 27; 11. 42. Ro. 8. 28. 1 Jno. 2. 15; 4. 19, 20; 5. 2, 5. *to serve.* Job 36. 11. Zep. 3. 9. Ro. 1. 9. He. 12. 28. *God with all.* See on ch. 4. 29.

13 *for thy.* ch. 6. 24. Pr. 9. 12. Je. 32. 39. Ja. 1. 25.

14 *the heaven.* 1 Ki. 8. 27. 2 Ch. 6. 18. Ne. 9. 6. Ps. 115. 16; 148. 4. Is. 66. 1. *the earth.* Ge. 14. 19. Ex. 9. 29; 19. 5. Ps. 24. 1; 50. 12. Je. 27. 5, 6. 1 Co. 10. 26, 28.

15 See on ch. 4. 37; 7. 7, 8. Nu. 14. 8. Ro. 9. 13-23.

16 *Circumcise.* ch. 30. 6. Le. 26. 41. Je. 4. 4, 14. Ro. 2. 28, 29. Col. 2. 11. *stiff-necked.* See on ch. 9. 6, 13; 31. 27. Ja. 4. 6, 7.

17 *God of gods.* Jos. 22. 22. 1 Ch. 16. 25, 26. Ps. 136. 2. Da. 2. 47; 11. 36. *Lord of lords.* Ps. 136. 3. Re. 17. 14; 19. 16. *a great.* ch. 7. 21. Ne. 1. 5; 4. 14; 9. 32. Job 37. 22, 23. Ps. 99. 3. Je. 20. 11. *regardeth.* 2 Ch. 19. 7. Job 34. 19. Mar. 12. 14. Ac. 10. 34. Ro. 2. 11. Ga. 2. 6. Ep. 6. 9. Col. 3. 25. 1 Pe. 1. 17.

18 *doth.* Ps. 68. 5; 103. 6; 146. 9. Is. 1. 17. Je. 49. 11. Ho. 14. 3. *loveth.* Ps. 145. 9. Mat. 5. 45. Ac. 14. 17.

19 Ex. 22. 21. Le. 19. 33, 34. Lu. 6. 35; 10. 28-37; 17. 18. Ga. 6. 10. Ja. 2. 15, 16. 1 Jno. 3. 17, 18.

20 *fear.* ch. 6. 13; 13. 4. Mat. 4. 10. Lu. 4. 8. *cleave.* ch. 4. 4; 11. 22; 13. 4. Jos. 23. 8. Ac. 11. 23. Ro. 12. 9. *swear.* See on ch. 6. 13. Ps. 63. 11. Is. 45. 23.

21 *thy praise.* Ex. 15. 2. Ps. 22. 3. Is. 12. 2-6; 60. 19. Je. 17. 14. Lu. 2. 32. Re. 21. 23. *that hath.* ch. 4. 32-35. 1 Sa. 12. 24. 2 Sa. 7. 23. Ps. 106. 21, 22. Is. 64. 3. Je. 32. 20, 21.

22 *with threescore.* And now, from so small a beginning, they are multiplied to more than 600,000 men, besides women and children; and this, indeed, in the space of 40 years; for the 603,000 which came out of Egypt were at this time all dead, except Moses, Joshua, and Caleb. How easy can God increase and multiply, as well as diminish and bring low! In all things, by his omnipotence, he *can* do whatsoever he *will;* and he *will* do whatsoever is *right.* Ge. 46. 27. Ex. 1. 5. Ac. 7. 14. *as the stars.* ch. 1. 10; 28. 62. Ge. 15. 5. Nu. 26. 51, 62. Ne. 9. 23. He. 11. 12.

## CHAP. XI.

*An exhortation to obedience,* 1; *by their own experience of God's great works,* 2-7; *by promise of God's great blessings,* 8-15; *and by threatenings,* 16, 17. *A careful study is required in God's words,* 18-25. *The blessing and curse set before them,* 26-32.

1 *thou shalt.* This verse is the practical improvement of the conclusion of the foregoing chapter; while the next verse begins another view of the subject. See on ch. 6. 5; 10. 12; 30. 16-20. Ps. 116. 1. *keep.* Le. 8. 35. Zec. 3. 7. *his statutes.* See on ch. 4. 1, 5, 40; 6. 1. Ps. 105. 45. Lu. 1. 74, 75.

2 *And know.* Moses seems here to have addressed himself particularly to the *elders,* who had in their youth witnessed the wonderful works which Jehovah had wrought both for them and among them; and who were bound to remember them for their own warning, and testify them to the rising generation who had not been eye-witnesses. ch. 8. 19; 29. 10. Pr. 22. 19. Ac. 26. 22. *the chastisement.* See on ch. 8. 2-5. *his greatness.* See on ch. 5. 24.; 9. 26. *his mighty.* See on ch. 7. 19,

3 See on ch. 4. 34; 7. 19. Ps. 78. 12, 13; 105. 27, etc.; 135. 9. Je. 32. 20, 21.

4 *how he made.* Ex. 14. 23-31; 15. 4, 9, 10, 19. Ps. 106. 11. He. 11. 29.

5 Ps. 77. 20; 78. 14, etc.; 105. 39-41; 106. 12, etc.

6 *he did unto.* Nu. 16. 1, 31-33; 26. 9, 10; 27. 3. Ps. 106. 17. *substance, or,* living substance which followed them. *in their possession. Heb.* at their feet.

7 ch. 5. 3; 7. 19. Ps. 106. 2; 145. 4-6, 12; 150. 2.

8 *Therefore.* See on ch. 8. 10, 11; 10. 12-15; 26. 16-19; 28. 47. Ps. 116. 12-16. *that ye may.* ch. 31. 23. Jos. 1. 6, 7. Ps. 138. 3. Is. 40. 31. Da. 10. 19. 2 Co. 12. 9, 10. Ep. 3. 16; 6. 10. Phi. 4. 13. Col. 1. 11.

9 *prolong.* ch. 4. 40; 5. 16; 6. 2. Ps. 34. 12, etc. Pr. 3. 2, 16; 9. 11; 10. 27. *sware.* See on ch. 6. 18; 9. 5. *a land.* See on Ex. 3. 8. Eze. 20. 6.

10 *wateredst it with thy foot.* Rain seldom falls in Egypt; the land being chiefly watered by the inundations of the Nile. In order to water the grounds where the inundations do not extend, water is collected in ponds, and directed in streamlets to the different parts of the field where irrigation is necessary. It is no unusual thing in the East to see a man, with a small mattock, making a little trench for the water to run into; and, as he opens the passage, the water following, he uses his *foot* to raise up the mould against the side of this little channel, to prevent the water from being shed unnecessarily, before it reaches the place of its destination. Hence he may justly be said *to water the ground with his foot.* Zec. 14. 18.

11 See on ch. 8. 7-9. Ge. 27. 28. Ps. 65. 12, 13; 104. 10-13. Is. 28. 1. Je. 2. 7. He. 6. 7.

12 *careth for. Heb.* seeketh. *the eyes.* 1 Ki. 9. 3. Ezr. 5. 5. Ps. 33. 18; 34. 15. Je. 24. 6.

13 *diligently.* ver. 8, 22. See on ch. 6. 17. Ps. 119. 4. *to love.* See on ch. 4. 29; 6. 5, 6; 10. 12.

14 ch. 28. 12. Le. 26. 4. Job 5. 10, 11; 37. 11-13. Ps. 65. 9-13. Je. 14. 22. Eze. 34. 26. Joel 2. 22, 23. Ja. 5. 7.

15 *And I will.* 1 Ki. 18. 5. Ps. 104. 14. Je. 14. 5. Joel 1. 18; 2. 22. *send. Heb.* give. *eat and be full.* ch. 6. 11; 8. 10. Joel 2. 19. Hag. 1. 6. Mal. 3. 10, 11.

16 *Take heed.* See on ch. 4. 9, 23. Lu. 21. 8, 34, 36. He. 2. 1; 3. 12; 4. 1; 12. 15. *your heart.* ch. 13. 3; 29. 18. Job 31. 27. Is. 44. 20. Ja. 1. 26. 1 Jno. 5. 21. Re. 12. 9; 13. 14; 20. 4. *and serve.* ch. 8. 19; 30. 17.

17 *the Lord's.* See on ch. 6. 15; 30. 17, 18. *shut up.* ch. 28. 23, 24. 1 Ki. 8. 35; 17. 1. 2 Ch. 6. 26; 7. 13. Je. 14. 1-6. Am. 4. 7. Hag. 1. 9-11. *ye perish.* ch. 4. 26; 8. 19, 20; 30. 18. Jos. 23. 13-16.

18 *ye lay up.* See on ch. 6. 6-9; 32. 46. Ex. 13. 9, 16. Ps. 119. 11. Pr. 3. 1; 6. 20-23; 7. 2, 3. Col. 3. 16. He. 2. 1. 2 Pe. 1. 12; 3. 1, 2. *a sign.* Mat. 23. 5.

19 ch. 4. 9, 10; 6. 7. Ps. 34. 11; 78. 5, 6. Pr. 2. 1; 4. 1, etc. Is. 38. 19.

20 ch. 6. 9.

21 *your days.* See on ch. 4. 40; 5. 16; 6. 2. Pr. 3. 2, 16; 4. 10; 9. 11. *as the days.* Ps. 72. 5; 89. 28, 29. Is. 65. 20. Re. 20. 6.

22 *if ye shall.* See on ver. 13; ch. 6. 17. *to love.* See on ver. 13. Mat. 22. 37. 2 Ti. 4. 8. 1 Jno. 5. 2, 3. *to cleave.* See on ch. 10. 20; 30. 20. Ge. 2. 24. Ac. 11. 23. 2 Co. 11. 2, 3.

23 ch. 4. 38; 7. 1, 2, 22, 23; 9. 1, 5. Ex. 23. 27-30; 34. 11.

24 Ge. 15. 18-21. Ex. 23. 31. Nu. 34. 3, etc. Jos. 1. 3, 4; 14. 9. 1 Ki. 4. 21, 24. 2 Ch. 9. 26.

25 *There shall.* See on ch. 2. 25; 7. 24. Jos. 1. 5; 2. 9; 5. 1. *as he hath.* Ex. 23. 27.

26 ch. 30. 1, 15-20. Ga. 3. 10, 13, 14.

27 ch. 28. 1-14. Le. 26. 3-13. Ps. 19. 11. Is. 1. 19; 3. 10. Mat. 5. 3-12; 25. 31, etc. Lu. 11. 28. Jno. 13. 17; 14. 21-23. Ro. 2. 7. Ja. 1. 25. Re. 22. 14.

28 ch. 28. 15, etc.; 29. 19-28. Le. 26. 14, etc. Is. 1. 20; 3. 11. Mat. 25. 41. Ro. 2. 8, 9. Ga. 3. 10.

29 *put the blessing.* ch. 27. 12-26. Jos. 8. 30-35. *Gerizim.* Gerizim and Ebal, mountains west of Jordan, and in the tribe of Ephraim, are opposite, or parallel to each other, extending from east to west; mount Gerizim being on the south, and mount Ebal on the north. They are separated by the beautiful valley in which Shechem or Nablous is situated, which is only about 200 paces in width. Both mountains are much alike in length, height, and figure; being about a league in length, in the form of a semicircle, and so steep, on the side of Shechem, that there is scarcely any shelving: their altitude appeared to Mr. BUCKINGHAM nearly equal, not exceeding 700 or 800 feet from the level of the valley, which is itself elevated. But though they resemble each other in these particulars, yet in another they are very dissimilar; for, says MAUNDRELL, 'though neither of the mountains has much to boast of as to its pleasantness, yet, as one passes between them, Gerizim seems to discover a somewhat more verdant, fruitful aspect than Ebal: the reason of which may be, because fronting towards the north, it is sheltered from the heat of the sun by its own shade; whereas Ebal, looking southward, and receiving the sun that comes directly upon it, must by consequence be rendered more scorched and unfruitful.'

A LIST OF THE MOST FAMOUS MOUNTAINS NAMED IN SCRIPTURE.

*Amalek*, in the tribe of Ephraim. Ju. 12. 15.
*Calvary*, near Jerusalem. Lu. 23. 33.
*Carmel*, near the Mediterranean. Jos. 19. 26.
*Ebal*, near to Gerizim. Jos. 8. 30.
*En-gedi*, near the Dead Sea. Jos. 15. 62.
*Gaash*, in the tribe of Ephraim. Jos. 24. 30.
*Gilboa*, south of the valley of Israel. 2 Sa. 1. 21.
*Gilead*, beyond Jordan. Ge. 31. 21-25.
*Gerizim*, on which afterwards stood a temple of the Samaritans. Ju. 9. 7.
*Hermon*, beyond Jordan. Jos. 11. 3.
*Hor*, in Idumæa. Nu. 20. 22.
*Horeb*, in Arabia Petræa, near to Sinai. De. 1. 2.
*Lebanon*, separates Syria from Palestine. De. 3. 25.
*Moriah*, where the temple was built. 2 Ch. 3. 1.
*Nebo*, part of the mountains of Abarim. Nu. 32. 3.
*Olives*, east of Jerusalem, divided only by brook Kidron. 1 Ki. 11. 1, 7. 2 Ki. 23. 13. Ac. 1. 12.
*Paran*, in Arabia Petræa. Ge. 14. 6. De. 1. 1.
*Pisgah*, beyond Jordan. Nu. 21. 20. De. 34. 1.
*Seir*, in Idumæ. Ge. 14. 6.
*Sinai*, in Arabia Petræa. Ex. 19. 2. De. 33. 2.
*Sion*, near to mount Moriah. 2 Sa. 5. 7.
*Tabor*, in the Lower Galilee. Ju. 4. 6.

30 *Gilgal.* Ge. 12. 6. Jos. 5. 9. Ju. 7. 1.

31 ch. 9. 1. Jos. 1. 11; 3. 13-17.

32 See on ch. 5. 32, 33; 12. 32. Ps. 119. 6. Mat. 7. 21-27; 28. 20. Lu. 1. 6. Jno. 15. 14. 1 Th. 4. 1, 2.

## CHAP. XII.

*Monuments of idolatry are to be destroyed,* 1-3. *The place of God's service to be kept,* 4-14. *Blood is forbidden,* 15, 16, 20-25. *Holy things must be eaten in the holy place,* 17, 18, 26-28. *The Levite is not to be forsaken,* 19. *Idolatry is not to be enquired after,* 29-32.

1 *the statutes.* See on ch. 4. 1, 2, 5, 45; 6. 1, 2. *all the days.* ver. 19; ch. 4. 19. 1 Ki. 8. 40. Job 7. 1. Ps. 104. 33; 146. 2.

2 *utterly.* See on ch. 7. 5, 25, 26. Ex. 23. 24; 34. 12-17. Nu. 33. 51, 52. Ju. 2. 2. *possess. or,* inherit. Nu. 22. 41. 2 Ki. 16. 4; 17. 10, 11; 23. 13. Je. 3. 6. Eze. 20. 28, 29. Ho. 4. 13.

3 *ye shall.* Nu. 33. 52. Ju. 2. 2. 2 Ch. 31. 1. *overthrow. Heb.* break down. *and burn.* 1 Ki. 15. 13. 2 Ki. 18. 4; 23. 14. 2 Ch. 14. 3; 19. 3; 34. 3. Je. 17. 2. Mi. 5. 14. *and destroy.* Ex. 23. 13. Ps. 16. 4. Ho. 2. 17. Zec. 13. 2. Re. 13. 1.

4 ver. 30, 31; ch. 16. 21, 22; 20. 18. Le. 20. 23.

5 *But unto.* ver. 11; ch. 16. 2; 26. 2. Jos. 9. 27; 18. 1. 1 Ki. 8. 16, 20, 29; 14. 21. 1 Ch. 22. 1. 2 Ch. 7. 12. Ps. 78. 68; 87. 2, 3. Jno. 4. 20-22. He. 12. 22. Re. 14. 1. *habitation.* Ex. 15. 2; 25. 22. Nu. 7. 89. 1 Ki. 8. 27. Ps. 132. 13, 14. Is. 66. 1, 2. Ac. 7. 48-50. Ep. 2. 20-22. Col. 2. 9.

6 *your burnt.* Le. 17. 3-9. Eze. 20. 40. *tithes.* ver. 17; ch. 14. 22-26; 15. 19, 20; 26. 2. Le. 27. 32, 33. Nu. 18. 15-17. Mal. 3. 8, 10. Lu. 11. 42; 18. 12.

7 *And there.* ver 18; ch. 14. 23, 26; 15. 20. Is. 23. 18. *ye shall.* ver. 12, 18; ch. 16. 11-15; 26. 11; 27. 7. Le. 23. 40. Ps. 128. 1, 2. Mal. 2. 13. Ac. 2. 46. Phi. 4. 4.

8 *every man.* Nu. 15. 39. Ju. 17. 6; 21. 25. Pr. 21. 2. Am. 5. 25. Ac. 7. 42.

9 ch. 25. 19. 1 Ki. 8. 56. 1 Ch. 23. 25. Mi. 2. 10. He. 4. 8, 9. 1 Pe. 1. 3, 4.

10 *But when.* ch. 3. 27; 4. 22; 9. 1; 11. 31. Jos. 3. 17; 4. 1, 12. *ye dwell.* ch. 33. 12, 28. Le. 25. 18, 19. 1 Sa. 7. 12. 1 Ki. 4. 25. Ps. 4. 8. Pr. 1. 33. Je. 23. 6; 32. 37; 33. 11. Eze. 28. 26; 34. 25, 28; 38. 8.

11 *a place.* See on ver. 5, 14, 18, 21, 26; ch. 14. 23; 15. 20; 16. 2, etc.; 17. 8; 18. 6; 23. 16; 26. 2; 31. 11. Jos. 18. 1. 1 Ki. 8. 13, 29. Ps. 78. 68. Je. 7. 12. Jno. 4. 20-23. *your choice. Heb.* the choice of your.

12 *And ye.* See on ver. 7; ch. 14. 26. 27. 1 Ki. 8. 66. 2 Ch. 29. 36; 30. 21-26. Ne. 8. 10-12. Ps. 100. 1, 2; 147. 1. 1 Jno. 1. 3, 4. *the Levite.* ver. 19; ch. 14. 27, 29; 16. 11, 14; 18. 6; 26. 12. *forasmuch.* ch. 10. 9; 18. 1, 2. See on Nu. 18. 20, 23, 24, 26. Jos. 13. 14, 33; 14. 4.

13 This was directly opposed to the customs of the heathen idolaters, in offering their sacrifices on the tops of hills and mountains. ver. 6. Le. 17. 2-5. 1 Ki. 12. 28-32; 15. 34. 2 Ch. 15. 17.

14 ver. 5, 11. Ps. 5. 7; 9. 11. 2 Co. 5. 19. He. 10. 19-22; 13. 15.

15 *whatsoever*. ch. 14. 26. *the unclean*. ver. 21, 22; ch. 14. 5; 15. 22, 23. Le. 17. 3-5. Of the propriety of eating clean animals there could be no question, but the blood must be poured out: yet there were cases when they might kill and eat in all their gates such as the roebuck and the hart, or all clean *wild* beasts; for these being taken in hunting, and frequently shot by arrows, their blood could not be poured out at the altar.

16 ver. 23, 24; ch. 15. 23. Ge. 9. 4. See on Le. 7. 26, 27; 17. 10-13. Ac. 15. 29. 1 Ti. 4. 4.

17 *the tithe*. See on ver. 6, 11; ch. 14. 22-29; 26. 12, 14. Le. 27. 30-32. Nu. 18. 21, etc.

18 *thou must*. See on ver. 11, 12, 19; ch. 14. 23; 15. 20. *rejoice*. See on ver. 7. Ps. 32. 11; 68. 3. Pr. 3. 17. Is. 12. 3. Ac. 2. 46; 16. 34. 1 Co. 10. 31. Ga. 5. 22. Phi. 3. 1-3.

19 *Take*. ch. 14. 27-29. 2 Ch. 11. 13, 14; 31. 4-21. Ne. 10. 34-39. 1 Co. 9. 10-14. *as long*, etc. *Heb.* all thy days. See on ver. 1.

20 *shall*. 1 Ch. 4. 10. *as he hath*. See on ch. 11. 24; 19. 8. Ge. 15. 18-21; 28. 14. Ex. 23. 31; 34. 24. *I will*. See on ver. 15. Ge. 31. 30. Nu. 11. 4, 20, 34. 2 Sa. 13. 39; 23. 15. Ps. 63. 1; 84. 2; 107. 9; 119. 20, 40, 174. 2 Co. 9. 14. Phi. 1. 8; 2. 26.

21 *to put*. ver. 5, 11; ch. 14. 23, 24; 16. 6, 11; 26. 2 Ex. 20. 24. 1 Ki. 14. 21. 2 Ch. 12. 13. Ezr. 6. 12.

22 See on ver. 15, 16.

23 *sure*. *Heb.* strong. *the blood is*. Ge. 9. 4. Le. 3. 16, 17; 17. 11, 14. Mat. 20. 28. Re. 5. 9.

24 ver. 16; ch. 15. 23.

25 *that it*. ver. 28. See on ch. 4. 40; 5. 16. Ps. 112. 2. Is. 3. 10; 48. 18, 19. Eze. 33. 25. *when*. See on ch. 6. 18; 13. 18. Ex. 15. 26. 1 Ki. 11. 38. Ec. 2. 26.

26 *holy*. ver. 6, 11, 18. Nu. 5. 9, 10; 18. 19. *thy vows*. See on Ge. 28. 20. Le. 22. 18, etc. 1 Sa. 1. 21-24. Ps. 66. 13-15.

27 *thy burnt*. See on Le. 1. 5, 9, 13; 17. 11. *and the blood*. Le. 4. 30; 17. 11.

28 *Observe*. ch. 24. 8. See on Ex. 34. 11. Le. 19. 37. 2 Ch. 7. 17. Ne. 1. 5. Ps. 105. 45. Eze. 37. 24. Jno. 15. 3, 10, 14. *that it may*. See on ver. 25.

29 *cut off*. ch. 9. 3; 19. 1. Ex. 23. 23. Jos. 23. 4. Ps. 78. 55. *succeedest*. *Heb.* inheritest. *or*, possessest.

30 *that thou*. ch. 7. 16. Ex. 23. 31-33. Le. 18. 3. Nu. 33. 52. Ju. 2. 2, 3. 2 Ki. 17. 15. Ps. 106. 34-38. Eze. 20. 28. *by following*. *Heb.* after. *How did*. Je. 10. 2. Eze. 20. 32. Ro. 12. 2. Ep. 4. 17. 1 Pe. 4. 3, 4.

31 *Thou*. ver. 4; ch. 18. 9. Ex. 23. 2. Le. 18. 3, 26-30. 2 Ki. 17. 15-17; 21. 2. 2 Ch. 33. 2; 36. 14. *abomination to the*. *Heb.* abomination of the. *even their sons*. The unnatural and horrid practice of offering human sacrifices not only existed, but universally prevailed among ancient nations. We have already (Note on Lev. 20. 2) referred to the custom among the Phœnicians and Carthaginians, descendants from the Canaanitish nations, of sacrificing their children to Moloch, or Saturn; and we will now cite a passage from DIODORUS SICULUS, (lib. xx.) which immediately precedes that already produced relative to this barbarous custom. He states that the Carthaginians imputed their being besieged by Agathocles to the anger of Saturn, because, instead of sacrificing the best of their own children, as formerly, they had sacrificed children bought for that purpose. 'In haste, therefore, to rectify their errors, they chose 200 of the noblest children, and publicly sacrificed them! Others, accused of irreligion, voluntarily gave themselves up, to the number of no less than 300!' ch. 18. 10. Le. 18. 21; 20. 2. Je. 7. 31; 32. 35. Eze. 20. 31; 23. 37. Mi. 6. 7.

32 *thou shalt not*. ch. 4. 2; 13. 18. Jos. 1. 7. Pr. 30. 6. Mat. 28. 20. Re. 22. 18, 19.

## CHAP. XIII.

*Enticers to idolatry*, 1-5; *how near soever unto thee*, 6-8; *are to be stoned to death*, 9-11. *Idolatrous cities are not to be spared*, 12-18.

1 *a prophet*. That is, one pretending to the divine inspiration and authority of the prophetic office, *or a dreamer of dreams*, one who pretends that some deity has spoken to him in the night season, *and giveth thee a sign*, *oth*, what appears to be a miraculous proof of his mission, *or a wonder*, *mopheth*, some *portentous sign*, such as an *eclipse*, which he, who knew when it would happen, might predict to the people, who knew nothing of the matter, and thereby accredit his pretensions. But no pretended miracles must be admitted as a proof that the people might violate the first and great commandment. 1 Ki. 13. 18. Is. 9. 15. Je. 6. 13; 23. 11. Eze. 13. 2, 3, 23. Zec. 13. 4. Mat. 7. 15; 24. 11. Lu. 6. 26. 2 Pe. 2. 1. 1 Jno. 4. 1. *a dreamer*. Je. 23. 25-28; 27. 9; 29. 8, 24, marg. Zec. 10. 2.

2 ch. 18. 22. Ex. 7. 22. 1 Ki. 13. 3. Je. 28. 9. Mat. 7. 22, 23; 24. 24. 2 Co. 11. 13-15. 2 Th. 2. 9-11. Re. 13. 13, 14.

3 *hearken*. Is. 8. 20. Ac. 17. 11. Ep. 4. 14. 1 Jno. 4. 1. *proveth*. See on ch. 8. 2. Ps. 66. 10; 81. 7. Mat. 24. 24. 1 Co. 11. 19. 2 Th. 2. 11. 1 Jno. 2. 19; 4. 4. Re. 13. 14. *ye love the Lord your God*. See on ch. 6. 5. 2 Co. 8. 8.

4 *walk*. See on ch. 6. 13. 2 Ki. 23. 3. 2 Ch. 34. 31. Mi. 6. 8. Lu. 1. 6. Col. 1. 10. 1 Th. 4. 1, 2. *and obey*. Je. 7. 23. *and cleave*. See on ch. 10. 20; 30. 20. Ro. 6. 13. 1 Co. 6. 17.

5 *prophet*. ch. 18. 20. 1 Ki. 18. 40. Is. 9. 14, 15; 28. 17, 18. Je. 14. 15; 28. 15-17; 29. 21, 22. Zec. 13. 3. Re. 19. 20. *spoken*. *Heb.* spoken revolt against the Lord. *turn you*. ver. 10; ch. 7. 4. Je. 50. 6. Ac. 13. 8. 2 Ti. 4. 4, 5. *put the evil away from the midst*. ch. 17. 7; 19. 19; 22. 21, 24; 24. 7. 1 Co. 5. 13. He. 12. 14, 15.

6 *thy brother*. ch. 17. 2, 3; 28. 54. Ge. 16. 5. Pr. 5. 20; 18. 24. Mi. 7. 5-7. Mat. 12. 48-50. 2 Co. 5. 16. *which is*. 1 Sa. 18. 1, 3; 20. 17. 2 Sa. 1. 26. *entice*. Job 31. 27. Ga. 2. 4. Ep. 4. 14. Col. 2. 4. 2 Pe. 2. 1. 1 Jno. 2. 26, 27. Re. 12. 9; 13. 14; 20. 3. *which thou*. ch. 32. 16-18. Ju. 2. 13; 5. 8; 10. 6. 1 Ki. 11. 5-7. 2 Ki. 17. 30, 31.

8 *consent*. Ex. 20. 3. Pr. 1. 10. Ga. 1. 8, 9. 1 Jno. 5. 21. *shall thine*. See on ch. 7. 16; 19. 13. Eze. 5. 11; 9. 5, 6.

9 *But*. ch. 17. 2-7. Mat. 10. 37. Lu. 14. 26. *thine hand*. ch. 17. 7. Jno. 8. 7. Ac. 7. 58.

10 *stone him*. ch. 21. 21. Le. 20. 2, 27; 24. 14-16, 23. Nu. 15. 35, 36. Jos. 7. 25. 2 Ch. 24. 21. By this law, every Israelite was bound in conscience to inform against, to prosecute, and to assist at the execution of any one, even the nearest relation or friend, who attempted to persuade him to idolatry; yet it is observable that parents and husbands are not expressly mentioned in the list of those who were to be thus publicly accused.—SCOTT. *which brought*. See on Ex. 20. 2. *bondage*. *Heb.* bondmen.

11 ch. 17. 13; 19. 20. Pr. 19. 25; 21. 11. 1 Ti. 5. 20.

12 Jos. 22. 11, etc. Ju. 20. 1, 2, etc.

13 *the children*. *or*, naughty men. Ju. 19. 22; 20. 13. 1 Sa. 2. 12; 10. 27; 25. 17, 25. 2 Sa. 16. 7; 20. 1; 23. 6. 1 Ki. 21. 10, 13. 2 Ch. 13. 7. Jno. 8. 44. 2 Co. 6. 15. 1 Jno. 3. 10. *Belial*. Belial is derived by some from *beli*, not, and *âl*, over, *i. e.* one so proud and envious as not to bear a superior; by others, from *beli*, not, and *ol*, a yoke, *i. e.* a *lawless*, *ungovernable* person; ανδρες παρανομοι, 'lawless men,' as the LXX render. It is, however, more probably derived from *beli*, not, and *yäâl*, profit, *i. e.* a worthless person, *good for nothing* to himself or others, and capable of nothing but mischief. *are gone*. ch. 4. 19. 2 Ki. 17. 21. 1 Jno. 2. 19. Jude 19. *Let us*. ver. 2, 6.

14 ch. 17. 4; 10. 18. Nu. 35. 30. Is. 11. 3, 4. Jno. 7. 24. 1 Ti. 5. 19.

15 *destroying it utterly.* ch. 2. 34; 7. 2, 16. Ex. 22. 20; 23. 24. Le. 27. 28. Jos. 6. 17-21, 24. Ju. 20. 48. Re. 17. 16; 18. 18-24; 19. 2, 3.

16 *burn with.* Jos. 6. 24. *an heap.* Nu. 21. 2, 3. Jos. 6. 26; 8. 28. Is. 17. 1; 25. 2. Je. 49. 2. Mi. 1. 6.

17 *cleave.* See on ch. 7. 26. Jos. 6. 18; 7. 1. *cursed. or,* devoted. See on Le. 27. 28, 29. 1 Co. 16. 22. *the Lord.* Jos. 6. 26; 7. 26; 22. 20. Ps. 78. 38. *and shew.* Ex. 20. 6. La. 3. 32. *and multiply.* Eze. 37. 26. *as he hath.* Ge. 22. 16, 17; 26. 4, 24; 28. 14.

18 *to keep.* See on ch. 12. 25, 28, 32. Ps. 119. 6. Mat. 6. 33; 7. 21, 24.

## CHAP. XIV.

*God's children are not to disfigure themselves in mourning,* 1, 2. *What may, and what may not be eaten,* 3; *of beasts,* 4-8; *of fishes,* 9, 10; *of fowls,* 11-20. *That which dieth of itself may not be eaten,* 21. *Tithes of divine service,* 22. *Tithes and firstlings to be eaten before the Lord,* 23-27. *The third year's tithe of alms and charity,* 28, 29.

1 *the children.* Ge. 6. 2, 4. Ex. 4. 22, 23. Ps. 82. 6, 7. Je. 3. 19. Ho. 1. 10. Jno. 1. 12; 11. 52. Ro. 8. 16; 9. 8, 26. 2 Co. 6. 18. Ga. 3. 26. He. 2. 10. 1 Jno. 3. 1, 2, 10; 5. 2. *ye shall not.* The heathen nations not only did these things in honour of their gods, but in grief for the death of a relative. Le. 19. 27, 28; 21. 5. Je. 16. 6; 41. 5; 47. 5. 1 Th. 4. 13.

2 ver. 21. See on ch. 7. 6; 26. 18, 19; 28. 9. Ex. 19. 5, 6. Le. 11. 45; 19. 2; 20. 26. Is. 6. 13; 62. 12. Eze. 21. 2. Da. 8. 24; 12. 7. Tit. 2. 14. 1 Pe. 2. 9.

3 Le. 11. 43; 20. 25. Is. 65. 4. Eze. 4. 14. Ac. 10. 12-14. Ro. 14. 14. 1 Co. 10. 28. Tit. 1. 15.

4 Le. 11. 2-8. 1 Ki. 4. 23.

5 *the wild goat.* The word *akko,* according to the LXX. and Vulgate, signifies the *tragelephus,* or *goat-deer;* so called from its resemblance to both species. Dr. Shaw states that an animal of this kind is found in the East, where it is called *fishtâll,* and *lerwee.* *pygarg. or,* bison. *Heb.* dishon. The *pygarg,* πυγαργος, or *white-buttocks,* according to the LXX.; and Dr. Shaw states that the *lidmee,* as the Africans call it, is exactly such an animal; being of the same shape and colour as the antelope, and of the size of a roebuck. *the wild ox. Theo,* probably the *oryx* of the Greeks, a species of large stag; and the *Bekkar el wash* of Dr. Shaw.

6 Ps. 1. 1, 2. Pr. 18. 1. 2 Co. 6. 17. On this verse remark, that the clean beast must both *chew the cud* and *part the hoof:* two distinct characteristics, or *general* signs, by which the possibility of error arising from the misinterpretation of names is obviated. When God directs, his commands are not of doubtful interpretation.

7 Mat. 7. 22, 23, 26. 2 Ti. 3. 5. Tit. 1. 16. 2 Pe. 2. 18-22.

8 *the swine.* Is. 65. 4; 66. 3, 17. Lu. 15. 15, 16. 2 Pe. 2. 22. *touch.* Le. 11. 26, 27.

9 Le. 11. 9-12.

12 See on Le. 11. 13-19.

13 *the glede. Raâh,* probably the same as *daâh,* rendered *vulture* in Le. 11. 14, where six of Dr. Kennicott's codices read some animal of the *hawk* or *vulture* kind: LXX. γυπα, *vulture.*

15 Job 30. 29. *the night. Tachmas,* probably the bird which Hasselquist calls *strix orientalis,* or oriental owl. *the cuckow. Shachaph,* probably the *sea-gull* or *mew.*

16 *the swan. Tinshemeth,* probably, as Michaelis supposes, the *goose.*

17 *gier. Rachamah,* probably a species of *vulture,* still called in Arabic by the same name. *the cormorant. Shalach,* probably the *cataract,* or *plungeon,* a sea fowl.

18 *the lapwing. Doocheephath,* the *upupa,* or *hoop,* a beautiful but very unclean bird.

19 Le. 11. 20-23. Phi. 3. 19.

21 *any thing.* Le. 17. 15; 22. 8. Eze. 4. 14. Ac. 15. 20. *the stranger.* Ex. 12. 43-45. Le. 19. 33, 34. *an holy.* See on ver. 2. Da. 8. 24; 12. 7. 1 Pe. 1. 16. *Thou shalt.* Ex. 23. 19; 34. 26. Ro. 12. 2.

22 ch. 12. 6, 17; 26. 12-15. Le. 27. 30-33. Nu. 18. 21. Ne. 10. 37.

23 *eat before.* ch. 12. 5-7, 17, 18. *the firstlings.* ch. 15. 19, 20.

24 *if the place.* ch. 11. 24; 12. 21. Ex. 23. 31. *which.* See on ch. 12. 5.

26 *bestow.* Ezr. 7. 15-17, 22. Mat. 21. 12. Mar. 11. 15. Jno. 2. 14-16. *thy soul.* ch. 12. 15, 20, 21. Ps. 106. 14. 1 Co. 6. 12, 13; 10. 6. *desireth. Heb.* asketh of thee. *eat.* ch. 12. 7, 12, 18; 26. 11. *rejoice.* Ec. 9. 7.

27 *the Levite.* ver. 29; ch. 12. 12, 18, 19. Ga. 6. 6. 1 Ti. 5. 17. *he hath no.* ver. 29; ch. 18. 1, 2. Nu. 18. 20.

28 *the end.* See on ver. 22; ch. 26. 12-15. Am. 4. 4. *thou shalt bring.* As the Levites had no inheritance, the Israelites were not to forget them, but truly tithe their increase. For their support, the Levites had, 1. The tenth of all the productions of the land. 2. Forty-eight cities, each forming a square of 4000 cubits. 3. Two thousand cubits of ground round each city; total of land, 53,000 acres. 4. The first-fruits, and certain parts of all the animals killed in the land. But though this was a very small proportion for a *whole tribe* that had consented to annihilate its *political existence,* that it might wait upon the service of God, yet, let it be considered, that what they possessed was *the best of the land:* and while it was a slender remuneration for their services, yet their portion was such as rendered them independent, and kept them comfortable; so that they could wait on God, and labour in his work, without distraction.

29 *he hath.* ver. 27; ch. 12. 12. *the stranger.* ch. 16. 11, 14; 24. 19-21; 26. 12, 13. Ex. 22. 21-24. Le. 19. 34. Job 31. 16-22. Lu. 14. 12-14. He. 13. 2. Ja. 1. 27. *that the Lord.* ch. 15. 10. Ps. 41. 1. Pr. 3. 9, 10; 11. 24; 19. 17. Is. 58. 7-12. Mal. 3. 10, 11. Lu. 6. 35; 11. 41. 2 Co. 9. 6-11.

## CHAP. XV.

*The seventh year a year of release for the poor,* 1-6. *It must be no let of lending or giving,* 7-11. *An Hebrew servant, except he will not depart, must in the seventh year go forth free and well furnished,* 12-18. *All firstling males of the cattle are to be sanctified unto the Lord,* 19-23.

1 ch. 31. 10. Ex. 21. 2; 23. 10, 11. Le. 25. 2-4. Is. 61. 1-3. Je. 36. 8-18. Lu. 4. 18, 19.

2 *creditor that lendeth. Heb.* master of the lending of his hand. *exact it.* Ne. 5. 7-11. Is. 58. 3. Am. 8. 4-6. Mat. 6. 12, 14, 15; 18. 25-35. Lu. 6. 34-38; 7. 42. Ja. 2. 13.

3 ch. 23. 20. Ex. 46. 16, 17. Mat. 17. 25, 26. Jno. 8. 35. 1 Co. 6. 6, 7. Ga. 6. 10.

4 *Save,* etc. *or,* To the end that there be no poor among you. Houbigant follows this marginal reading, to which he joins the end of the third verse, considering it as explanatory of the law; as if he had said, 'Thou shalt not exact the debt that is due from thy brother, but *thy hand shall release* him, for this reason, *that there may be no poor among you* through your severity.' He justly contends that the phrase *ephes kee,* can here only mean, 'to the end that,' being equivalent to the French *afin que.* *greatly bless.* See on ch. 14. 29; 28. 1-8, 11. Pr. 11. 24, 25; 14. 21; 28. 27. Is. 58. 10, 11.

5 See on ch. 4. 9; 11. 13-15; 28. 1-15. Le. 26. 3-14. Jos. 1. 7. Ps. 19. 11. Is. 1. 19, 20. Phi. 1. 27.

6 *thou shalt lend.* ch. 28. 12, 44. Ps. 37. 21, 26; 112. 5. Pr. 22. 7. Lu. 6. 35. *thou shalt reign.* ch. 28. 13. 1 Ki. 4. 21, 24. 2 Ch. 9. 26. Ezr. 4. 20. Ne. 9. 27.

7 *there be.* Lest the preceding law might render the Israelites cautious in lending to the poor, Moses here warns them against being led by so mean a principle; but to lend liberally, and God would reward them. *thou shalt.* ver. 9. Pr. 21. 13. Mat. 18. 30. Ja. 2. 15, 16. 1 Jno. 3. 16, 17.

9 *Beware.* Pr. 4. 23. Je. 17. 10. Mat. 15. 19. Mar. 7. 21, 22. Ro. 7. 8, 9. Ja. 4. 5. *thought,* etc. *Heb.* word with thine heart of Belial. *thine eye.* ch. 28. 54-56. Pr. 23. 6; 24. 9; 28. 22. Mat. 20. 15. Ja. 5. 9. 1 Pe. 4. 9. *he cry.* ch. 24. 15. Ex. 3. 7; 22. 23. Job 34. 28. Ps. 9. 12. Pr. 21. 13. Ja. 5. 4. *sin unto thee.* Mat. 25. 41-45. Ja. 4. 17. 1 Jno. 3. 15-17.

10 *thine heart.* Mat. 25. 40. Ac. 20. 35. Ro. 12. 8. 2 Co. 9. 5-7. 1 Ti. 6. 18, 19. 1 Pe. 4. 11. *because.* See on ver. 4; ch. 14. 19, 29; 24. 19. Ps. 41. 1, 2. Pr. 11. 24, 25; 22. 9. Is. 32. 8; 58. 10. 2 Co. 9. 8-11. Phi. 4. 18, 19. He. 13. 16.

11 *the poor.* Although Moses, by the statutes relative to the division of the land, and inheritance, and the inalienable nature of it, had studied to prevent any Israelite from being born poor, yet he exhorts them to the exercise of the tenderest compassion and most benevolent actions; and not to refuse assistance to the decayed Israelite, though the sabbatical year drew nigh. Pr. 22. 2. Mat. 26. 11. Mar. 14. 7. Jno. 12. 8. *Thou shalt.* See on ver. 8. Mat. 5. 42. Lu. 12. 33. Ac. 2. 45; 4. 32-35; 11. 28-30. 2 Co. 8. 2-9. 1 Jno. 3. 16-18.

12 See on ver. 1. Ex. 21. 2-6. Le. 25. 39-41. Je. 34. 14. Jno. 8. 35, 36.

13 This is a most humane and merciful addition to the law in Ex. 21. 2-11; enforced upon the Israelites by the consideration of their Egyptian bondage. As a faithful servant has made no property for himself while honestly serving his master, so now, when he quits his service, he has nothing to begin the world with except what the kindness of his master may bestow upon him as a remuneration for his zeal and fidelity. Though what was to be bestowed upon servants is not fixed, yet they were to be *liberally* supplied. (ver. 14.) Ge. 31. 42. Ex. 3. 21. Le. 25. 42-44. Pr. 3. 27, 28. Je. 22. 13. Mal. 3. 5. Col. 4. 1.

14 *the Lord.* Ne. 8. 10. Ps. 68. 10. Pr. 10. 22. Ac. 20. 35. 1 Co. 16. 2.

15 ch. 5. 14, 15; 16. 12. Ex. 20. 2. Is. 51. 1. Mat. 6. 14, 15; 18. 32, 33. Ep. 1. 7; 2. 12; 4. 32; 5. 1, 2. Tit. 2. 14. 1 Jno. 3. 16; 4. 9-11.

16 See on Ex. 21. 5, 6. Ps. 40. 6, 8.

17 *for ever.* Le. 25. 39-42. 1 Sa. 1. 22.

18 *shall not.* ver. 10. *a double.* Is. 16. 14; 21. 16. Lu. 17. 7, 8.

19 *the firstling.* Ex. 13. 2, 12; 34. 19. Le. 27. 26. Nu. 3. 13; 18. 17. Ro. 8. 29. He. 12. 23. *thou shalt do.* ch. 12. 5-7, 17; 14. 23; 16. 11, 14. Nu. 18. 15.

20 See on ch. 12. 5-7, 17.

21 ch. 17. 1. Le. 22. 20-24. Mal. 1. 7, 8.

22 *the unclean.* ch. 12. 15, 21, 22. *the roe-buck.* *Tzevee,* in Arabic *zaby,* Chaldee and Syriac *tavya,* denotes the *gazelle* or *antelope,* so called from its *stately beauty,* as the word imports. In size it is smaller than the roe, of an elegant form, and its motions are light and graceful. It bounds seemingly without effort, and runs with such swiftness that few creatures can exceed it. (2 Sa. 2. 18.) Its fine eyes are so much celebrated as even to become a proverb; and its flesh is much esteemed for food among eastern nations, having a sweet, musky taste, which is highly agreeable to their palates. (1 Ki. 4. 23.) If to these circumstances we add, that they are gregarious, and common all over the East, whereas the *roe* is either not known at all, or else very rare in these countries, little doubt can remain that the *gazelle* and not the *roe* is intended by the original word.

23 See on ch. 12. 16, 23. Le. 7. 26. 1 Sa. 14. 32. Eze. 33. 25.

## CHAP. XVI.

*The feast of the passover,* 1-8, *of weeks,* 9-12, *of tabernacles,* 13-15. *Every male must offer, as he is able, at these three feasts,* 16, 17. *Of judges and justice,* 18-20. *Groves and images are forbidden,* 21, 22.

1 *the month.* Ex. 12. 2, etc.; 34. 18. Le. 23. 5. Nu. 9. 2-5; 28. 16. *the passover.* This word comes from the Hebrew verb *pasach,* to pass, to leap or skip over. The destroying angel *passed over* the houses marked with the blood of the PASCHAL LAMB, so the wrath of God passes over those whose souls are sprinkled with the blood of Christ. 1 Co. 5. 7. As the paschal lamb was killed before Israel was delivered, so by the death of Christ, we have redemption through his blood. It was killed before the tables of the law were delivered to Moses, or Aaron's sacrifices were enjoined; thus deliverance comes to men, not by the works of the law, but by the only true passover, the *Lamb of God.* Ro. 3. 25. He. 9. 14. It was killed the first month of the year, which prefigured that Christ should suffer death in that month. Jno. 18. 28. It was killed in the *evening,* Ex. 12. 6. Christ suffered at that time of the day. Mat. 27. 46. He. 1. 2. At even the sun sets; at Christ's passion, universal darkness was upon the whole earth. The passover was roasted with fire, denoting the sharp and dreadful pains that Christ should suffer, not only from men, but God also. It was to be eaten with bitter herbs, Ex. 12. 8; not only to put them in remembrance of their bitter bondage in Egypt, but also to testify our mortification to sin, and readiness to undergo afflictions for Christ, Col. 1. 24; and likewise to teach us the absolute necessity of true repentance in all that would profitably feed by faith on Christ, the true paschal lamb. *for in.* Ex. 12. 29-42; 13. 4; 23. 15; 34. 18.

2 *sacrifice.* Ex. 12. 5-7. Nu. 28. 16-19. 2 Ch. 35. 7. Mat. 26. 2, 17. Mar. 14. 12. Lu. 22. 8, 15. 1 Co. 5. 7. *in the place which.* See on ch. 12. 5, 11, 14, 18, 26; 15. 20.

3 *eat no.* Ex. 12. 15, 19, 20, 39; 13. 3-7; 34. 18. Le. 23. 6. Nu. 9. 11; 28. 17. 1 Co. 5. 8. *the bread.* 1 Ki. 22. 27. Ps. 102. 9; 127. 2. Zec. 12. 10. 2 Co. 7. 10, 11. 1 Th. 1. 6. *for thou camest.* Ex. 12. 32, 33, 39. *mayest.* Ex. 12. 14, 26, 27; 13. 7-9. Ps. 111. 4. Lu. 22. 19. 1 Co. 11. 24-26.

4 *there shall.* Ex. 12. 15; 13. 7; 34. 25. *neither.* See on Ex. 12. 10.

5 *sacrifice. or,* kill. See on ver. 2; ch. 12. 5, 6.

6 *at even.* Ex. 12. 6-9. Nu. 9. 3, 11. Mat. 26. 20. He. 1. 2, 3; 9. 26. 1 Pe. 1. 19, 20.

7 *roast.* Ex. 12. 8, 9. 2 Ch. 35. 13. Ps. 22. 14, 15. *in the place.* ver. 2, 6. 2 Ki. 23. 23. Jno. 2. 13, 23; 11. 55.

8 *Six days.* Ex. 12. 15, 16; 13. 7, 8. Le. 23. 6-8. Nu. 28. 17-19. *solemn assembly. Heb.* restraint. Le. 23. 36. 2 Ch. 7. 9. Ne. 8. 18. Joel 1. 14, margins.

9 ver. 10, 16. Ex. 23. 16; 34. 22. Le. 23. 15, 16. Nu. 28. 26-30. 2 Ch. 8. 13. Ac. 2. 1. 1 Co. 16. 8. He. 2. 1.

10 *a tribute. or,* sufficiency. ver. 16. Le. 5. 7; 12. 8; 25. 26, margins. Nu. 31. 28, 37. Pr. 3. 9, 10. *according.* ver. 17. Pr. 10. 22. Joel 2. 14. Hag. 2. 15-19. Mal. 3. 10, 11. 1 Co. 16. 2. 2 Co. 8. 10, 12; 9. 5-11.

11 See on ver. 14; ch. 12. 7, 12, 18. Is. 64. 5; 66. 10-14. Hab. 3. 18. Ro. 5. 11. 2 Co. 1. 24. Phi. 4. 4.

12 See on ver. 15; ch. 15. 15. La. 3. 19, 20. Ro. 6. 17, 18. Ep. 2. 1-3, 11.

13 *the feast.* ch. 31. 10. Ex. 23. 16; 34. 22. Le. 23. 34-36. Nu. 29. 12, etc. 2 Ch. 5. 3; 7. 8-10; 8. 13. Ezr. 3. 4. Ne. 8. 14-18. Zec. 14. 16-18. Jno. 7. 2. *corn and thy wine. Heb.* floor and thy wine-press.

14 See on ch. 12. 12; 26. 11. Ne. 8. 9-12. Ec. 9. 7. Is. 12. 1-6; 25. 6-8; 30. 29; 35. 10. 1 Th. 5. 16.

15 *Seven days.* Le. 23. 36-42. Nu. 29. 12-38. *because.* See on ver. 10; ch. 7. 13; 28. 8-12; 30. 16.

16 *Three times.* Ex. 23. 14-17; 34. 22, 23. 1 Ki. 9. 25. *and they shall.* Ex. 23. 15; 34. 20. 1 Ch. 29. 3-9, 14-17. Ps. 96. 8. Pr. 3. 9, 10. Is. 23. 18; 60. 6-9. Hag. 1. 9. Mat. 2. 11. Mar. 12. 3.

17 *as he is able. Heb.* according to the gift of his hand. See on ver. 10. Le. 27. 8. Ezr. 2. 63. Mar. 12. 41-44. 2 Co. 8. 12; 9. 6, 7.

18 *Judges.* ch. 1. 15-17; 17. 9, 12; 19. 17, 18; 21. 2. Ex. 18. 25, 26; 21. 6. 1 Ch. 23. 4; 26. 29. 2 Ch. 19. 5-11. Ps. 82. 2, 3. Ro. 13. 1-6. *in all thy gates.* This expression may refer to the gate of the city, as the *forum* or place of public concourse among the Israelites, where a *court of judicature* was held, to try all causes and decide all affairs. The same practice obtained among other Eastern nations. The Ottoman court, it is well known, derived its appellation of the *Porte*, from the distribution of justice and the dispatch of public business at its gates. And the square tower which forms the principal entrance to the *Alhamra*, or red palace of the Moorish kings of Grenada, retains to this day the appellation of the *Gate of judgment*, from its having been the place where justice was at one period summarily administered.

19 *wrest.* ch. 24. 17; 27. 19. Ex. 23. 2, 6-8. Le. 19. 15. 1 Sa. 8. 3; 12. 3. Job 31. 21, 22. Pr. 17. 23. Ec. 7. 7. Is. 1. 17, 23; 33. 15. Je. 5. 28. Eze. 22. 12. Mi. 7. 3. Hab. 1. 4. Zep. 3. 3-5. Ac. 16. 37; 23. 3. *respect.* See on ch. 1. 16, 17; 10. 17. Ex. 23. 7, 8. Pr. 24. 23, 28. Ac. 10. 34. *words. or,* matters.

20 *That which,* etc. *Heb.* Justice, justice. ch. 25. 13-16. Mi. 6. 8. Phi. 4. 8. *live.* See on ch. 4. 1. Eze. 18. 5, 9. Ro. 10. 5.

21 Ex. 34. 13. Ju. 3. 7. 1 Ki. 14. 15; 16. 33. 2 Ki. 17. 16; 21. 3. 2 Ch. 33. 3.

22 *image. or,* statue, *or* pillar. Ex. 20. 4. Le. 26. 1. *which.* ch. 12. 31. Je. 44. 4. Zec. 8. 17. Re. 2. 6, 15.

## CHAP. XVII.

*The things sacrificed must be sound,* 1. *Idolaters must be slain,* 2-7. *Hard controversies are to be determined by the priests and judges,* 8-11. *The contemner of that determination must die,* 12, 13. *The election,* 14, 15; *and duty of a king,* 16-20.

1 *Thou shalt.* ch. 15. 21. See on Ex. 12. 5. Le. 22. 20-25. Mal. 1. 8, 13, 14. He. 9. 14. 1 Pe. 1. 19. *sheep. or,* goat. *any evil favouredness.* Ge. 41. 3, 4, 19. *for that.* ch. 23. 18; 24. 4; 25. 16. Pr. 6. 16; 11. 1; 15. 8; 20. 10.

2 *within any of thy gates.* The expression, 'within any of thy gates,' denoted all residing in the cities, and all who went in and came out at the gates of them; so that it included the inhabitants of the whole land. *man.* ver. 5; ch. 13. 6, etc.; 29. 18. *in transgressing.* ch. 4. 23; 29. 25; 31. 20. Le. 26. 15, 25. Jos. 7. 11, 15; 23. 16. Ju. 2. 20. 2 Ki. 18. 12. Je. 31. 32. Eze. 16. 38. Ho. 6. 7; 8. 1. He. 8. 9, 10.

3 *the sun.* See on ch. 4. 19. 2 Ki. 21. 3. Job 31. 26, 27. Je. 8. 2. Eze. 8. 16. *which.* Je. 7. 22, 23, 31; 19. 5; 32. 35.

4 *enquired.* ch. 13. 12-14; 19. 18. Pr. 25. 2. Jno 7. 51.

5 *stone them.* ch. 13. 10, 11; 21. 21; 22. 21, 24. Le. 24. 14, 16. Jos. 7. 25.

6 ch. 19. 15. Nu. 35. 30. Mat. 18. 16. Jno. 8. 17, 18. 2 Co. 13. 1. 1 Ti. 5. 19. He. 10. 28.

7 *of the witnesses.* ch. 13. 9. Ac. 7. 58, 59. *So thou.* ver. 12; ch. 13. 5; 19. 19; 24. 7. Ju. 20. 13. 1 Co. 5. 13.

8 *arise.* ch. 1. 17. Ex. 18. 26. 1 Ki. 3. 16-28. 2 Ch. 19. 8-10. Hag. 2. 11. Mal. 2. 7. *between blood.* ch. 19. 4, 10, 11. Ex. 21. 12-14, 20, 22, 28; 22. 2. Nu. 35. 11, 16, 19, etc. *get thee up.* See on ch. 12. 5; 19. 17. Ps. 122. 4, 5.

9 *the priests.* Je. 18. 18. Hag. 2. 11. Mal. 2. 7. *they shall.* ch. 19. 17-21. Eze. 44. 24.

10 Mat. 22. 2, 3.

11 *According to.* Jos. 1. 7. Mal. 2. 8, 9. Ro. 13. 1-6. Tit. 3. 1. 1 Pe. 2. 13-15. 2 Pe. 2. 10. Jude 8. *to the right.* ver. 20; ch. 5. 32; 28. 14. Jos. 1. 7; 23. 6. 2 Sa. 14. 19. Pr. 4. 27.

12 *will do.* ch. 13. 5, 11. Nu. 15. 30. Ezr. 10. 8. Ps. 19. 13. Ho. 4. 4. Mat. 10. 14. He. 10. 26-29. *and will not hearken. Heb.* not to hearken. Je. 25. 3, etc. *the priest.* ch. 10. 8; 18. 5, 7. Lu. 10. 16. Jno. 12. 48; 20. 23. 1 Th. 4. 2, 8. *that man.* He. 10. 28. *thou shalt.* See on ver. 7; ch. 13. 5. Pr. 21. 11. 1 Ti. 5. 20.

13 *shall hear.* See on ch. 13. 11; 19. 20. *presumptuously.* See on Nu. 15. 30, 31.

14 *When thou.* ch. 7. 1; 12. 9, 10; 18. 9; 26. 1, 9. Le. 14. 34. Jos. 1. 13. *I will set.* 1 Sa. 8. 5-7, 19, 20; 12. 19.

15 *whom.* 1 Sa. 9. 15-17; 10. 24; 16. 12, 13. 2 Sa. 5. 2. 1 Ch. 12. 23; 22. 10; 28. 5. Ps. 2. 2, 6. *from among.* Je. 30. 21. Mat. 22. 17. *not set.* Je. 2. 25.

16 *multiply horses.* Multiplying horses for chariots of war and cavalry, or for luxury, would increase the splendour of the monarch, and form a ground of confidence distinct from a proper confidence in God, and inconsistent with it, and with considering him as the glory of Israel. Egypt abounded in horses; and the desire of multiplying these would induce the prince to encourage a trade with that kingdom; and this might make way for the Israelites being again subjugated by the Egyptians, or at least corrupted by their idolatries and vices. Whereas, it was the command of God that they should no more return thither, but be totally detached from them. Besides, they might be tempted to extend their *dominion* by means of cavalry, and so get scattered among the surrounding idolatrous nations, and thus cease to be that distinct, separate people, which God intended they should be. 1 Sa. 8. 11. 2 Sa. 8. 4. 1 Ki. 1. 5; 4. 26; 10. 26-28. 2 Ch. 9. 25. Ps. 20. 7. Is. 36. 8, 9. Ho. 14. 3. *cause.* Is. 31. 1-3. Je. 42. 14. Eze. 17. 15. *Ye shall henceforth.* ch. 28. 68. Ex. 13. 17; 14. 13. Nu. 14. 3, 4. Je. 42. 15, 16. Ho. 11. 5.

17 *multiply wives.* Ge. 2. 24. 2 Sa. 3. 2-5. 1 Ki. 11. 1-4. Ne. 13. 26. Mal. 2. 15. Mat. 19. 5. *neither shall he.* 1 Ki. 10. 21. Ps. 62. 10. Pr. 30. 8, 9. Mat. 6. 19, 20; 13. 22; 19. 23, 24. Lu. 12. 15. 1 Ti. 6. 9, 17.

18 *that he shall.* 2 Ki. 11. 12. *a copy. Mishneh hattorah hazzoth,* 'a duplicate of this law;' translated by the Septuagint, το δευτερονομιον τουτο, *this Deuteronomy.* From this version, both the Vulgate and all the modern versions have taken the name of this book; and from the original word, the Jews call it *Mishneh. out of that which.* ch. 31. 9, 25, 26. 2 Ki. 22. 8. 2 Ch. 34. 15.

19 ch. 6. 6-9; 11. 18. Jos. 1. 8. Ps. 1. 2; 119. 97-100. Jno. 5. 39. 2 Ti. 3. 15-17.

20 *his heart.* ch. 8. 2, 13, 14. 2 Ki. 14. 10. 2 Ch. 25. 19; 26. 16; 32. 25, 26; 33. 12, 19, 23; 34. 27. Ps. 131. 1, 2. Is. 2. 12. Da. 5. 20-23. Hab. 2. 4. 2 Co. 12. 7. 1 Pe. 5. 5. *he turn.* See on ch. 4. 2; 5. 32; 12. 25, 28, 32. 1 Ki. 15. 5. *right hand.* See on ver. 11. 1 Sa. 13. 13, 14; 15. 23. 1 Ki. 11. 12, 13, 34, 36. 2 Ki. 10. 30. Ps. 19. 11; 132. 12. Pr. 27. 24. Ec. 8. 13. *that he.* Pr. 10. 27.

## CHAP. XVIII.

*The LORD is the priests and Levites' inheritance,* 1, 2. *The priests' due,* 3-5. *The Levites' portion,* 6-8. *The abominations of the nations are to be avoided,* 9-14. *Christ the Prophet is to be heard,* 15-19. *The presumptuous prophet is to die,* 20-22.

1 *shall have.* ch. 10. 9; 12. 19. Nu. 18. 20; 26. 62. Jos. 13. 33; 18. 7. 1 Pe. 5. 2-4. *they shall.* Nu. 18. 8, 9. Jos. 13. 14. 1 Co. 9. 13, 14.

2 *the Lord.* Ge. 15. 1. Ps. 16. 5; 73. 24-26; 84. 11; 119. 57. Is. 61. 6. La. 3. 24. 1 Pe. 2. 5, 9. Re. 1. 5, 6.

3 *offer a sacrifice.* ch. 12. 27. Le. 7. 30-34.

4 *first-fruit.* ch. 26. 9, 10. Ex. 22. 29; 23. 19. Le. 23. 10, 17. Nu. 18. 12-24. 2 Co. 31. 4-10. Ne. 12. 44-47. *the fleece.* Job 21. 20.

5 ch. 10. 8; 17. 12. Ex. 28. 1, etc. Nu. 3. 10; 16. 5, 9, 10; 17. 5-9; 25. 13.

6 *come.* See on Nu. 35. 2, 3. *and come with.* Ps. 26. 8; 27. 4; 63. 1, 2; 84. 5, 10. 1 Ti. 3. 1. 1 Pe. 5. 2. *unto the place.* ch. 12. 5; 16. 2.

7 *as all his brethren.* 2 Ch. 31. 2-4.

8 *like portions.* Le. 7. 8, 9, 14. Ne. 12. 44, 47. Lu. 10. 7. 1 Co. 9. 7-14. 1 Ti. 5. 17, 18. *that which cometh of the sale of his patrimony. Heb.* his sales by the fathers.

9 See on ch. 12. 29-31. Le. 18. 26, 27, 30.

10 *maketh.* ch. 12. 31. Le. 18. 21, etc.; 20. 2-5. 2 Ki. 16. 3; 17. 17; 21. 6. 2 Ch. 28. 3. Ps. 106. 37, 38. Je. 19. 4-6; 32. 35. *that useth divination.* The precise import of the terms here used to express these unhallowed practices cannot be clearly ascertained: he *that useth divination, kosaim, kesamim,* seems a *general* term for the various species after specified; *observer of times, meonain,* one who pretends to foretel by the *clouds, planets,* etc.; *enchanter, menachesh,* a diviner, either by means of *serpents,* or by inspecting the entrails of beasts, the flight of birds, etc.; *a witch, mecashsheph,* one who used magical *fumigations,* etc.; *a charmer, chover chaver,* one who uses spells, or a peculiar conjunction of words, or tying knots, etc.; *a consulter with familiar spirits, shoel ov,* a *pythoness; a wizard, yidoni,* a *cunning man; necromancer, doresh el hammaithim,* one who *seeks* enquiries of the dead. Ex. 22. 18. Le. 19. 26, 31; 20. 26, 27. 1 Sa. 28. 3, 7, 9. 1 Ch. 10. 13. 2 Ch. 33. 6. Is. 8. 19, 20; 47. 13. Ac. 19. 19. Ga. 5. 20.

11 *or a necromancer.* 1 Sa. 28. 11-14.

12 ch. 9. 4. Le. 18. 24, 27.

13 *Thou shalt.* Ge. 6. 9; 17. 1. Job 1. 1, 8. Ps. 37. 37. Mat. 5. 48. Phi. 3. 12, 15. Re. 3. 2. *perfect. or,* upright, *or,* sincere.

14 *possess. or,* inherit. *hath not suffered.* ver. 10. Ge. 20. 6. Ps. 147. 19, 20. Ac. 14. 16.

15 *a Prophet.* ver. 18, 19. Jno. 1. 45. Ac. 3. 22, 23; 7. 37. *like unto me.* ch. 5. 5; 34. 10. Lu. 24. 19. 1 Ti. 2. 5. He. 1. 1, 2; 2. 1-3; 3. 2-6. *unto him.* Mat. 17. 5. Lu. 9. 35; 10. 16. Jno. 6. 29. He. 1. 2. 1 Jno. 3. 23.

16 *in Horeb.* ch. 9. 10. *Let me not hear.* ch. 5. 24-28. Ex. 20. 19. He. 12. 19.

17 See on ch. 5. 28.

18 *raise them.* ver. 15. Jno. 1. 45. *like unto.* ch. 5. 5; 33. 5. Ex. 40. 26-29. Nu. 12. 6-8, 13. Ps. 2. 6; 110. 4. Is. 9. 6, 7. Zec. 6. 12, 13. Mal. 3. 1. Lu. 24. 19. Ga. 3. 19, 20. 1 Ti. 2. 5. He. 3. 2-6; 7. 22; 12. 24, 25. *will put.* Is. 50. 4; 51. 16. Jno. 17. 18. *he shall.* Jno. 4. 25; 8. 28; 12. 49, 50; 15. 15.

19 Mar. 16. 16. Ac. 3. 22, 23. He. 2. 3; 3. 7; 10. 26; 12. 25, 26.

20 *the prophet.* ch. 13. 1-5. Je. 14. 14, 15; 23. 13-15, 31; 27. 15. Eze. 13. 6. Mat. 7. 15. 2 Pe. 2. 12. *in the name.* ch. 13. 1, 2. 1 Ki. 18. 19, 27, 40. Je. 2. 8; 28. 15-17. Zec. 13. 3. Re. 19. 20.

21 1 Th. 5. 24. 1 Jno. 4. 1-3. Re. 2. 2.

22 *speaketh.* Is. 41. 22. Je. 28. 1-14. *if the thing.* ch. 13. 2. 2 Ki. 20. 1. Jon. 3. 4; 4. 2. Zec. 1. 5, 6. *presumptuously.* ver. 20. Je. 28. 15-17. *shalt not.* Pr. 26. 2.

## CHAP. XIX.

*The cities of refuge, 1-3. The privilege thereof for the manslayer, 4-13. The land-mark is not to be removed, 14. Two witnesses at the least are required, 15. The punishment of a false witness, 16-21.*

1 *hath cut.* ch. 6. 10; 7. 1, 2; 12. 1, 29; 17. 14. *succeedest. Heb.* inheritest, *or* possessest. ch. 12. 29.

2 *separate three cities.* Unquestionably in imitation of these cities, the heathen had their *asyla,* and the Roman Catholics their *privileged altars:* and similar traditions seem to obtain in many barbarous nations, for 'the North American Indian nations have most of them either a house or town of refuge, which is a sure asylum to protect a manslayer, or the unfortunate captive, if he once enter it. In almost every Indian nation there are several towns, which are called old beloved, ancient, holy, or white towns, (white being their fixed emblem of peace, friendship, prosperity, happiness, purity, etc.) They seem to have been formerly towns of refuge; for it is not in the memory of the oldest people that ever human blood was shed in them. ch. 4. 41-43. Ex. 21. 13. Nu. 35. 10-15. Jos. 20. 2-7. He. 6. 18.

3 Is. 35. 8; 57. 14; 62. 10. He. 12. 13.

4 *the slayer.* ch. 4. 42. Nu. 35. 15-24. *in time past. Heb.* from yesterday the third day. ver. 6. Ge. 31. 2. Jos. 3. 4. 1 Ch. 11. 2. Is. 30. 33, margins.

5 *head. Heb.* iron. 2 Ki. 6. 5-7. *helve. Heb.* wood. *lighteth. Heb.* findeth. *he shall flee.* Nu. 35. 25. Pr. 27. 12. Is. 32. 2.

6 *the avenger.* Nu. 35. 12. Jos. 20. 5. 2 Sa. 14. 7. *slay him. Heb.* smite him in life. *not worthy.* ch. 21. 22. Je. 26. 15, 16. *in time past. Heb.* from yesterday the third day. ver. 4.

8 ch. 11. 24, 25; 12. 20. Ge. 15. 18-21; 28. 14. Ex. 23. 31; 34. 24. 1 Ki. 4. 21. Ezr. 4. 20.

9 *If thou shalt.* See on ch. 11. 22-25; 12. 32. *then shalt thou.* Jos. 20. 7, 8.

10 ver. 13; ch. 21. 8. 1 Ki. 2. 31. 2 Ki. 21. 16; 24. 4. Ps. 94. 21. Pr. 6. 17. Is. 59. 7. Je. 7. 6, 7. Joel 3. 19. Jon. 1. 14. Mat. 27. 4, 5.

11 *But if any.* ch. 27. 24. Ge. 9. 6. Ex. 21. 12-14. Nu. 35. 16-21, 24. Pr. 28. 17. *mortally. Heb.* in life.

12 1 Ki. 2. 5, 6, 28-34.

13 *Thine eye.* ch. 7. 16; 13. 8; 25. 12. Eze. 16. 5. *but thou.* ch. 21. 9. Ge. 9. 6. Le. 24. 17, 21. Nu. 35. 33, 34. 2 Sa. 21. 1, 14. 1 Ki. 2. 31.

14 *shalt not remove.* Before the extensive use of fences, landed property was marked out by *stones* or *posts,* set up so as to ascertain the divisions of family estates. It was easy to remove one of these landmarks, and set it in a different place; and thus a dishonest man might enlarge his own estate by contracting that of his neighbour. Hence it was a matter of considerable importance to prevent this crime among the Israelites; among whom, removing them would be equivalent to forging, altering, destroying, or concealing the title-deeds of an estate among us. Accordingly, by the Moasic law, it was not only prohibited in the commandment against *covetousness,* but we find a particular *curse* expressly annexed to it in ch 27. 17. JOSEPHUS considers this law a general prohibition, intended not only to protect private property, but also to preserve the boundaries of kingdoms and countries inviolable. ch. 27. 17. Job 24. 2. Pr. 22. 28; 23. 10. Ho. 5. 10.

15 *at the mouth.* ch. 17. 6. Nu. 35. 30. 1 Ki. 21. 10, 13. Mat. 18. 16; 26. 60, 61. Jno. 8. 17. 2 Co. 13. 1. 1 Ti. 5. 19. He. 10. 28. Re. 11. 3-7.

16 *a false witness.* Ex. 23. 1-7. 1 Ki. 21. 10-13. Ps. 27. 12; 35. 11. Mar. 14. 55-59. Ac. 6. 13. *that which is wrong. or,* falling away.

17 ch. 17. 9; 21. 5. Mal. 2. 7. Mat. 23. 2, 3.

18 *diligent.* See on ch. 13. 14; 17. 4. 2 Ch. 19. 6, 7. Job 29. 16.

19 *Then shall.* Pr. 19. 5, 9. Je. 14. 15. Da. 6. 24. *so shalt.* ch. 13. 5; 17. 7; 19. 20; 21. 20, 21; 22. 21, 24; 24. 7.

20 ch. 13. 11; 17. 7, 13; 21. 21. Pr. 21. 11. Ro. 13. 3, 4. 1 Ti. 5. 20.

21 *thine eye.* See on ver. 13. *life shall.* Ex. 21. 23-25. Le. 24. 17-21. Mat. 5. 38, 39.

## CHAP. XX.

*The priest's exhortation to encourage the people to battle, 1-4. The officers' proclamation of who are to be dismissed from the war, 5-9. How to use the cities that accept or refuse the proclamation of peace, 10-15. What cities must be devoted, 16-18. Trees of man's meat must not be destroyed in the siege, 19, 20.*

1 *goest out.* ch. 3. 21, 22; 7. 1. *horses.* Jos. 10. 5-8; 11. 4-6, 9. Ju. 4. 3-9. 2 Ch. 14. 11; 20. 12. Ps. 20. 7; 33. 16, 17. Is. 31. 1; 37. 24, 25. *the Lord.* ch. 2. 7; 31. 6, 8. Ge. 26. 3. Nu. 23. 21. Jos. 1. 5, 9. Ju. 6. 12. 2 Ch. 32. 7, 8. Ps. 46. 7, 11; 118. 6. Is. 7. 14; 8. 9, 10; 43. 2. Ro. 8. 31.

2 Nu. 10. 8, 9; 31. 6. Ju. 20. 27, 28. 1 Sa. 14. 18; 30. 7, 8. 2 Ch. 13. 12.

3 *let not.* Ps. 27. 1-3. Is. 35. 3, 4; 41. 10-14. Mat. 10. 16, 28, 31. Ep. 6. 11-18. 1 Th. 5. 14. He. 12. 12, 13. Re. 2. 10. *faint. Heb.* be tender. *tremble. Heb.* make haste. Is. 28. 16. *be ye terrified.* Ps. 3. 6. Is. 8. 12, 13; 57. 7, 8. Mat. 8. 26. Mar. 16. 6, 18. Ac. 18. 9, 10; 27. 24. 1 Ti. 6. 12. He. 13. 6.

4 *to fight.* ch. 1. 30; 3. 22; 11. 25; 32. 30. Ex. 14. 14. Jos. 10. 42; 23. 10. 2 Ch. 13. 12; 32. 7, 8. Ps. 144. 1, 2. Ro. 8. 37.

5 *the officers.* ch. 1. 15; 16. 18. Nu. 31. 14, 48. 1 Sa. 17. 18. *dedicated.* Ne. 12. 27. Ps. 30. Title.

6 *eaten of it. Heb.* made it common. ch. 28-30. Le. 19. 23-25. Je. 31. 5. *lest he die.* Is. 65. 22. Zep. 1. 13.

7 *betrothed a wife.* It was customary among the Jews to contract matrimony, espouse, or betroth, and for a considerable time to leave the parties in the houses of their respective parents; and when the bridegroom had made proper preparations, then the bride was brought home to his house, and the marriage consummated. The provisions in this verse refer to a case of this kind; though the Jews extend it to him who had newly consummated his marriage, and even to him who had married his brother's wife. It was deemed a peculiar hardship for a person to be obliged to go to battle, who had left a house unfinished, newly purchased land half tilled, or a wife with whom he had just contracted marriage. ch. 22. 23-25; 24. 5. Mat. 1. 18. *lest he die.* ch. 28. 30. Lu. 14. 18-20. 2 Ti. 2. 4.

8 *fearful.* ch. 1. 28; 23. 9. Ju. 7. 3. Lu. 9. 62. Ac. 15. 37, 38. Re. 3. 16; 21. 8. *lest his brethren's.* Nu. 13. 31-33; 14. 1-3; 32. 9. 1 Co. 15. 33. *faint. Heb.* melt. ch. 1. 28, marg. Ex. 15. 15.

9 *to lead the people. Heb. to be* in the head of the people.

10 *then proclaim.* 2 Sa. 20. 18-22. Is. 57. 19. Zec. 9. 10. Lu. 10. 5, 6. Ac. 10. 36. 2 Co. 5. 18-21; 6. 1. Ep. 2. 17.

11 *tributaries.* Le. 25. 42-46. Jos. 9. 22, 23, 27; 11. 19, 20; 16. 10. Ju. 1. 28, 30-35. 1 Ki. 9. 21, 22. Ps. 120. 7. Lu. 19. 14.

13 *thou shalt smite.* See on Nu. 31. 7-9, 17, 18. 1 Ki. 11. 15, 16. Ps. 2. 6-12; 21. 8, 9; 110. 1. Lu. 19. 27. 2 Th. 1. 7-9.

14 *the women.* Nu. 31. 9, 12, 18, 35, etc. Jos. 8. 2; 11. 14. 2 Ch. 14. 13-15; 20. 25. Ps. 68. 12. Ro. 8. 37. *take unto thyself. Heb.* spoil. *thou shalt eat.* Jos. 22. 8.

16 ch. 7. 1-4, 16. Nu. 21. 2, 3, 35; 33. 52. Jos. 6. 17-21; 9. 24, 27; 10. 28, 40; 11. 11, 12, 14.

17 *thou shalt.* Is. 34. 5, 6. Je. 48. 10; 50. 35-40. Eze. 38. 21-23. Re. 19. 18. *the Hittites.* See on ch. 7. 1.

18 ch. 7. 4, 5; 12. 30, 31; 18. 19. Ex. 23. 33. Jos. 23. 13. Ju. 2. 3. Ps. 106. 34-40. 1 Co. 15. 33. 2 Co. 6. 17. Ep. 5. 11. 2 Th. 3. 14. 1 Ti. 6. 5. 2 Ti. 2. 17, 18. Re. 18. 3-5.

19 *thou shalt not.* Mat. 3. 10; 7. 15-20; 21. 19. Lu. 13. 7-9. Jno. 15. 2-8. *for the tree*, etc. *or*, for, O man, the tree of the field *is* to be employed in the siege. The original is exceedingly difficult. The LXX. has it, 'Is the tree in the field a man, to enter the trench before thee?' The Latin Vulgate: 'For it is a tree, and not a man, neither can it increase the number of those who war against thee;' ONKELOS, 'For the tree of the field is not as a man, that it should come against thee in the siege;' and to the same purpose the Arabic, PHILO, and JOSEPHUS, who say, 'If trees could speak, they would cry out, that it is unjust that they, who were no cause of the war, should suffer the miseries of it.' However rendered, the sense is sufficiently clear: and it is a merciful provision to spare all the fruit trees for the support of both the besieged and besiegers. ch. 26. 6. *to employ*, etc. *Heb.* to go from before thee.

20 *thou shalt build.* ch 1. 28. 2 Ch. 26. 15. Ec. 9. 14. Is. 37. 33. Je. 6. 6; 33. 4. Eze. 17. 17. *be subdued. Heb.* come down.

## CHAP. XXI.

*The expiation of an uncertain murder*, 1-9. *The usage of a captive taken to wife*, 10-14. *The first-born is not to be disinherited upon private affection*, 15-17. *A rebellious son is to be stoned to death*, 18-21. *The malefactor must not hang all night on a tree*, 22, 23.

1 Ps. 5. 6; 9. 12. Pr. 28. 17. Is. 26. 21. Ac. 28. 4.

2 See on ch. 16. 18, 19. Ro. 13. 3, 4.

3 *an.* Nu. 19. 2. Je. 31. 18. Mat. 11. 28-30. Phi. 2. 8.

4 *a rough valley.* As the word *nachal* signifies both a *torrent*, and the *valley* or *glen* through which it flows, *nachal aithan* may be rendered a *rapid torrent.* Many torrents in Judea are dry during a great part of the year; when not only their banks but their beds may be ploughed, and yield a crop. Hence there is no impropriety in specifying that such a place should be one that 'is neither eared nor sown;' while the circumstance that the elders were to *wash* their hands over the heifer, whose head had been struck off into the stream, confirms this interpretation. The spot of ground where this sacrifice was made must be *uncultivated*, because it was considered as a sacrifice for the atonement of murder, and, consequently, would *pollute* the land. *shall strike.* 1 Pe. 2. 21-24; 3. 18.

5 *for them.* See on ch. 10. 8; 18. 5. Nu. 6. 22-27. 1 Ch. 23. 13. *by their word.* See on ch. 17. 8-12. Mal. 2. 7. *word. Heb.* mouth.

6 *wash their hands.* Washing the hands was anciently a symbolical action, denoting that the person was innocent of the crime in question. Job 9. 30. Ps. 19. 12; 26. 6; 51. 2, 7, 14; 73. 13. Je. 2. 22. Mat. 27. 24, 25. He. 9, 10.

7 Nu. 5. 19-28. 2 Sa. 16. 8. Job 21. 21-23, 37-40. Ps. 7. 3, 4.

8 *lay not.* Nu. 35. 33. 2 Sa. 3. 28. 2 Ki. 24. 4. Ps. 19. 12. Je. 26. 15. Eze. 23. 3, 24, 25. Jon. 1. 14. Mat. 23. 35. 1 Th. 2. 15, 16. *unto thy people. Heb.* in the midst.

9 *shalt thou.* See on ch. 19. 12, 13. *when thou shalt.* ch. 13. 18. 2 Ki. 10. 30, 31.

10 *thou goest.* ch. 20. 10-16.

11 *desire.* Ge. 6. 2; 12. 14, 15; 29. 18-20; 34. 3, 8. Ju. 14. 2, 3. Pr. 6. 25; 31. 10, 30. *that.* Nu. 31. 18.

12 *and she shall.* This was in token of renouncing her religion, and becoming a proselyte to that of the Jews. This is still a custom in the East: when a Christian turns Mohammedan, his head is shaved, and he is carried through the city, crying, *la eelah eela allah wemochammed resoolu 'llahee*, 'There is no God but THE God, and Mohammed is the prophet of God.' 1 Co. 11. 6. Ep. 4. 22. *pare her nails. or*, suffer to grow. *Heb.* make, *or* dress. *Weăsethah eth tzipparneyha*, 'and she shall make her nails;' *i.e.* probably neither *paring* nor letting them *grow*, but *dressing* or *beautifying* them as the Eastern women still do by *tinging* them with the leaves of an odoriferous plant called *alhenna*, which HASSELQUIST (p. 246) informs us, 'grows in India and in upper and lower Egypt, flowering from May to August. The leaves are pulverised and made into a paste with water: they bind this paste on the nails of their hands and feet, and keep it on all night. This gives them a deep yellow, which is greatly admired by Eastern nations. The colour lasts for three or four weeks before there is occasion to renew it. The custom is so ancient in Egypt, that I have seen the nails of mummies dyed in this manner.'

13 *and bewail.* Ps. 45. 10, 11. Lu. 14. 26, 27.

14 *thou shalt.* Ex. 21. 7-11. *because thou.* ch. 22. 19, 24, 29. Ge. 34. 2. Ju. 19. 24.

15 *two wives.* Ge. 29. 18, 20, 30, 31, 33. 1 Sa. 1. 4, 5.

16 1 Ch. 5. 2; 26. 10. 2 Ch. 11. 19-22; 21. 3. Ro. 8. 29. Phi. 4. 8. He. 12. 16, 17.

17 *by giving.* Ge. 25. 5, 6, 32, 34. 1 Ch. 5. 1, 2. *that he hath. Heb.* that is found with him. *the beginning.* Ge. 49. 3. Ps. 105. 36. *the right.* Ge. 25. 31-34.

18 *have a stubborn.* Pr. 28. 24; 30. 11, 17. Is. 1. 2. *obey the voice.* ch. 27. 16. Ex. 20. 12; 21. 15, 17. Le. 19. 3; 21. 9. Pr. 15. 5; 20. 20. Eze. 22. 7. *when they.* ch. 8. 5. 2 Sa. 7. 14. Pr. 13. 24; 19. 18; 22. 15; 23. 13, 14; 29. 17. He. 12. 9-11. *will not.* Is. 1. 5. Je. 5. 3; 31. 18. Eze. 24. 13. Am. 4. 11, 12.

19 *and bring.* ver. 2; ch. 16. 18; 25. 7. Zec. 13. 3.

20 *he will not.* Pr. 29. 17. *he is a glutton.* Pr. 19. 26; 20. 1; 23. 19-21, 29-35.

21 *all the men.* ch. 13. 10, 11; 17. 5. Le. 24. 16. *so shalt thou.* ch. 13. 5, 11; 19. 19, 20; 22. 21, 24. *all Israel.* ch. 13. 11.

22 *worthy of death. Heb.* of the judgment of death. The Hebrews understand this not of putting to death by hanging, but of hanging a man up after he was stoned to death; which was done more ignominiously of some heinous malefactors. We have the examples of Rechab and Baanah, who, for murdering Ish-bosheth, were slain by David's commandment, their hands and feet cut off, and *then* hanged up. 2 Sa. 4. 12. See also Jos. 8. 29; 10. 26. So Nu. 25. 4, we read, 'And the Lord said unto Moses, Take all the heads *(chief men)* of the people, and hang them up before the Lord against the sun, that the fierce anger of the Lord may be turned away from Israel.' Among the Romans, in after ages, they hanged, or rather fastened to the tree ALIVE; and such was the cruel death of our blessed Lord and Saviour Jesus Christ. ch. 19. 6; 22. 26. 1 Sa. 26. 16. Mat. 26. 66. Ac. 23. 29; 25. 11, 25; 26. 31. *thou hang.* 2 Sa. 21. 6, 9. Lu. 23. 33. Jno. 19. 31-38.

23 *he that is hanged is accursed of God. Heb.* the curse of God. That is, it is the highest degree of reproach that can attach to a man, and proclaims him under the curse of God as much as any external punishment can. They that see him thus hanging between heaven and earth, will conclude him abandoned of both, and unworthy of either. Bp. PATRICK observes, that this passage is applied to the death of Christ; not only because he bare our sins and was exposed to shame, as these malefactors were that were accursed of God, but because he was in the evening taken down from the cursed tree and buried, (and that by the particular care of the Jews, with an eye to this law, Jno. 19. 31,) in token, that now the guilt being removed, the law was satisfied, as it was when the malefactors had hanged till sun-set: it demanded no more. Then he, and those that are his, ceased to be a curse. And as the land of Israel was pure and clean when the body was buried, so the church is washed and cleansed by the complete satisfaction which Christ thus made. ch. 7. 26. Nu. 25. 4. Jos. 7. 12. 2 Sa. 21. 6. Ro. 9. 3. Ga. 3. 13. 1 Co. 16. 22. 2 Co. 5. 21. *thy land.* Le. 18. 25. Nu. 35. 33, 34.

## CHAP. XXII.

*Of humanity towards brethren,* 1-4. *The sex is to be distinguished by apparel,* 5. *The dam is not to be taken with her young ones,* 6, 7. *The house must have battlements,* 8. *Confusion is to be avoided,* 9-11. *Fringes upon the vesture,* 12. *The punishment of him that slanders his wife,* 13-21. *Of adultery,* 22; *of rape,* 23-27; *of fornication,* 28, 29; *of incest,* 30.

1 *Thou shalt.* Ex. 23. 4. Eze. 34. 4. 16. Mat. 10. 6; 15. 24; 18. 12, 13. Lu. 15. 4-6. Ja. 5. 19, 20. 1 Pe. 2. 25. *hide thyself.* ver. 3, 4. Le. 20. 4. Pr. 24. 11; 28. 27. Is. 8. 17; 58. 7. Lu. 10. 31, 32.

2 *thou shalt restore.* Mat. 7. 12. 1 Th. 4. 6.

4 *thou shalt surely.* Ex. 23. 4, 5. Mat. 5. 44. Lu. 10. 29-37. Ro. 15. 1. 2 Co. 12. 15. Ga. 6. 1, 2. 1 Th. 5. 14. He. 12. 12, 13.

5 *woman shall not.* 1 Co. 11. 4-15. *abomination.* See on ch. 18. 12.

6 *young ones.* Lu. 12. 6. *thou shalt not.* Ge. 8. 17; 32. 11. Le. 22. 28. Pr. 12. 10. Ho. 10. 14.

7 *But thou shalt.* The extirpation of any species of birds, whether edible or birds of prey, is often attended with serious consequences, and is always productive of evil; to prevent which was the object of this law. Palestine is situated in a climate producing poisonous snakes and scorpions, and between deserts and mountains, from which it would be inundated by them, as well as with immense swarms of flies, locusts, and mice, if the birds which feed upon them were extirpated. In a moral point of view, it may have been intended to inculcate a spirit of mercy and kindness, and to prevent the exercise of cruelty even towards a sparrow; for he who is guilty of such cruelty will, if circumstances be favourable, be cruel to his fellow-creatures. *that it may.* See on ch. 4. 40. *thou mayest.* Pr. 22. 4.

8 *then thou shalt.* The eastern houses being built with flat roofs, which were used for various purposes, as walking, sleeping, etc., it was therefore necessary to have a sort of battlement, or balustrade, to prevent accidents, by people falling off. Ex. 21. 28-36; 22. 6. Ro. 14. 13. 1 Co. 10. 32. Phi. 1. 10. 1 Th. 5. 22. *thy roof.* 2 Sa. 11. 2. Is. 22. 1. Je. 19. 13. Mat. 10. 27. Mar. 2. 4. Ac. 10. 9. *thou bring.* Eze. 3. 18, 20; 32. 2-9. Mat. 18. 6, 7. Ac. 20. 26, 27.

9 *shalt not sow.* Le. 19. 19. Mat. 6. 24; 9. 16. Ro. 11. 6. 2 Co. 1. 12; 11. 3. Ja. 1. 6-8; 3. 10. *fruit of thy seed. Heb.* fulness of thy seed.

10 Two different species cannot associate comfortably together, nor pull pleasantly either in cart or plough; and the ass being lower than the ox, when yoked, he must bear the principal part of the weight. 2 Co. 6. 14-16.

11 Le. 19. 19.

12 *fringes.* Nu. 15. 38, 39. Mat. 23. 5. *quarters. Heb.* wings.

13 Ge. 29. 21, 23, 31. Ju. 15. 1, 2. Ep. 5. 28, 29.

14 ver. 19. Ex. 20. 16; 23. 1. Pr. 18. 8, 21. 1 Ti. 5. 14.

19 *he may not put.* ver. 29; ch. 24. 1-4. Mat. 19. 8, 9.

21 *stone her.* ver. 22, 24. ch. 13. 10; 17. 5; 21. 21. Le. 24. 16, 23. Nu. 15. 35, 36. *she hath wrought.* Ge. 34. 7. Le. 21. 9. Ju. 20. 6, 10. 2 Sa. 13. 12, 13. *shalt thou.* ch. 13. 5; 17. 7; 19. 19.

22 Le. 20. 10. Nu. 5. 22-27. Eze. 23. 45-47. Jno. 8. 4, 5. He. 13. 4.

23 See on ch. 20. 7. Mat. 1. 18, 19.

24 *and ye shall stone.* In these laws, the betrothed damsel was considered as the *wife* of the man to whom she was engaged, though they had not come together; and therefore the crime was adjudged adultery. But a charitable supposition is admitted in the damsel's favour, in case she was found in a solitary place. *he hath humbled.* ch. 21. 14. Ge. 29. 21. Mat. 1. 20, 24. *so thou shalt put.* ver. 21, 22, 24. ch. 13. 5. 1 Co. 5. 2, 13.

25 *force her, or,* take strong hold of her. 2 Sa. 13. 14.

26 *no sin.* See on ch. 21. 22.

27 *cried.* 1 Co. 13. 7.

28 See on Ex. 22. 16, 17.

29 *because he hath humbled.* ver. 19, 24; ch 21. 14.

30 *a man shall.* This is to be understood as referring to the case of a *stepmother.* A man in his old age may have married a young woman, and on his dying, his son by another, or a former wife, may desire to espouse her; which is here forbidden. ch. 27. 20. Le. 18. 8; 20. 11. 1 Co. 5. 1, 13. *discover.* Ru. 3. 9. Eze. 16. 8.

## CHAP. XXIII.

*Who may or may not enter into the congregation*, 1-8. *Uncleanness to be avoided in the host*, 9-14. *Of the fugitive servant*, 15, 16. *Of filthiness*, 17. *Of abominable sacrifices*, 18. *Of usury*, 19. *Of vows*, 21-23. *Of trespasses*, 24, 25.

1 *wounded*. Le. 21. 17-21; 22. 22-24. Ga. 3. 28. *shall not enter*. It is evident that this law was not meant to exclude such Israelites either from the common benefits of civil society, or any essential religious advantages; but merely to lay them under a disgraceful distinction. This would tend to discourage parents from thus treating their children; a practice which was exceedingly common in those ages and countries. To this they were induced by the custom which prevailed, of employing such in the houses of the great and the courts of princes; so that they often rose to the highest posts of honour and authority. Some expositors therefore consider the phrase, 'shall not enter into the congregation of the Lord,' as meaning, that they should be incapable of bearing any office in that government which was placed over the people of God, who must thus enter a protest against this custom, and deliver selfish parents from this temptation. ver. 2, 3, 8. Ne. 13. 1-3. Is. 56. 3, 4. La. 1. 10.

2 Is. 57. 3. Zec. 9. 6. Jno. 8. 41. He. 12. 8.

3 *Ammonite*. These nations were subjected for their impiety, wickedness, and enmity to Israel, (ver. 4, 5,) to peculiar disgrace; and on this account were not permitted to hold any office among the Israelites. This did not, however, disqualify them from becoming *proselytes;* for Ruth, who was a Moabitess, was married to Boaz, and became one of the progenitors of our Lord. Ru. 4. 6, 10-22. Ne. 4. 3, 7; 13. 1, 2, 23. Is. 56. 3.

4 *Because they met*. ch. 2. 28, 29. Ge. 14. 17, 18. 1 Sa. 25. 11. 1 Ki. 18. 4. Is. 63. 9. Zec. 2. 8. Mat. 25. 40. Ac. 9. 4. *because they hired*. See on Nu. 22. 5, 7, 17. Ne. 13. 2.

5 *Nevertheless*. Nu. 22. 35; 23. 5-12, 16-26; 24. 9. Mi. 6. 5. Ro. 8. 31. 2 Co. 4. 17. *because the*. ch. 7. 7, 8; 33. 3. Ps. 73. 1. Je. 31. 3. Eze. 16. 8. Mal. 1. 2. Ro. 9. 13; 11. 28. Ep. 2. 4, 5.

6 *Thou shalt*. 2 Sa. 8. 2; 12. 31. Ezr. 9. 12. Ne. 13. 23-25. *prosperity. Heb.* good.

7 *he is thy*. Ge. 25. 24-26, 30. Nu. 20. 14. Ob. 10-12. Mal. 1. 2. *because thou*. ch. 10. 19. Ge. 45. 17, 18; 46. 7; 47. 6, 12, 27. Ex. 22. 21; 23. 9. Le. 19. 34. Ps. 105. 23. Ac. 7. 10-18.

8 *enter into*. See on ver. 1. Ro. 3. 29, 30. Ep. 2. 12, 13. *third generation*. ver. 2, 3. Ex. 20. 5, 6.

9 Jos. 6. 18; 7. 11-13. Ju. 20. 26. 2 Ch. 19. 4; 20. 3-13; 31. 20, 21; 32. 1-22. Lu. 3. 14. Re. 19. 11-14.

10 Le. 15. 16. Nu. 5. 2, 3. 1 Co. 5. 11-13.

11 *when evening*. Le. 11. 25; 15. 17-23. *cometh on. Heb.* turneth toward. *wash himself*. Le. 14. 9; 15. 5, 11, 13; 22. 6. Ps. 51. 2, 7. Eze. 36. 25. Mat. 3. 11. Lu. 11. 38, 39. Ep. 5. 26, 27. He. 9. 9, 10; 10. 22. 1 Pe. 3. 21. Re. 1. 5.

12 In such a vast camp as that of the Israelites, (See Notes on Nu. ch. 1; 2,) and indeed, as SCHEUCHZER remarks, in every well regulated camp, cleanliness is considered as indispensably necessary.

13 *wilt ease thyself. Heb.* sittest down. *cover that*. Eze. 24. 6-8.

14 *walketh*. Ge. 17. 1. Le. 26. 12. 2 Co. 6. 16. *unclean thing. Heb.* nakedness of any thing.

15 We cannot suppose that this law required the Israelites to entertain slaves who had robbed their masters, or left their service without cause; but such only as were cruelly treated, and fled to them for protection, especially from the neighbouring nations. To such they were commanded to afford shelter, and shew great kindness. 1 Sa. 30. 15. Ob. 14. Phile. 10-19.

16 *shall dwell*. Is. 16. 3, 4. Lu. 15. 15-24. Tit. 3. 2, 3. *liketh him best. Heb*, is good for him. *thou shalt not*. Ex. 22. 21; 23. 9. Je. 7. 6. Zec. 7. 10. Mal. 3. 5. Ja. 2. 6.

17 *There shall be*, etc. The prohibition in the text, like many others, has no direct application to practices that were common among the Israelites at that time; but was intended to guard them against the enormities which were practised among the surrounding nations. ch. 22. 21, 29. Le. 19. 29. Pr. 2. 16. *whore. or*, sodomitess. Ro. 1. 26. *sodomite*. Ge. 19. 4, 5. Ju. 19. 22. 1 Ki. 14. 24; 15. 12; 22. 46. 2 Ki. 23. 7. Ro. 1. 27, 28. 1 Co. 6. 9. 1 Ti. 1. 10.

18 *hire*. Eze. 16. 33. *dog*. Ps. 22. 16. Pr. 26. 11. Is. 56. 10, 11. Mat. 7. 6. Phi. 3. 2. 2 Pe. 2. 22. Re. 22. 15. *any vow*. See on ver. 21; ch. 12. 6. Le. 7. 16. Ps. 5. 4-6. Is. 61. 8. Hab. 1. 13. Mal. 1. 14.

19 Ex. 22. 25. Le. 25. 35-37. Ne. 5. 1-7. Ps. 15. 5. Eze. 18. 7, 8, 13, 16-18; 22. 12. Lu. 6. 34, 35.

20 *a stranger*. ch. 14. 21; 15. 3. Le. 19. 33, 34. *that the*. See on ch. 15. 10. Pr. 19. 17. Is. 1. 19. Lu. 14. 14. 1 Co. 15. 58.

21 ver. 18. Ge. 28. 20; 35. 1-3. Le. 27. 2, etc. Nu. 30. 2, etc. Ps. 56. 12; 66. 13, 14; 76. 11; 116. 18. Ec. 5. 4, 5. Jon. 1. 16; 2. 9. Na. 1. 15.

23 *That which*. Nu. 30. 2. Ju. 11. 30, 31, 35. 1 Sa. 1. 11. Ps. 66. 13, 14; 116. 18. Pr. 20. 25. Ec. 5. 4, 5. *hast vowed*. 1 Sa. 14. 24. Je. 44. 25-27. Mar. 6. 22, 23. Ac. 33. 12, 21.

24 *thou mayest*. Ro. 12. 13. 1 Co. 10. 26. He. 13. 5.

25 *then thou mayest*. Mat. 12. 1, 2. Mar. 2. 23. Lu. 6. 1, 2.

## CHAP. XXIV.

*Of divorce*, 1-4. *A new married man goes not to war*, 5. *Of pledges*, 6, 10-13. *Of man-stealers*, 7. *Of leprosy*, 8, 9. *The hire is to be given*, 14, 15. *Of justice*, 16. *Of charity*, 19-22.

1 *hath taken*. ch. 21. 15; 22. 13. Ex. 21. 10. *uncleanness. Heb.* matter of nakedness. *then let him*. ver. 3. Je. 3. 8. Mat. 5. 31, 32; 19. 7-9. Mar. 10. 4-12. *divorcement. Heb.* cutting off. Is. 50. 1. *send her*. ch. 22. 19, 29. Mal. 2. 16. Mat. 1. 19. Lu. 16. 18. 1 Co. 7. 11, 12.

2 *she may go*. Le. 21. 7, 14; 22. 13. Nu. 30. 9. Eze. 44. 22. Mat. 5. 32. Mar. 10. 11. 1 Co. 7. 15.

4 *Her former*. Je. 3. 1. *thou shalt*. Le. 18. 24-28. Jos. 22. 17, 18.

5 *a man*. See on ch. 20. 7. Ge. 2. 24. Mat. 19. 4-6. Mar. 10. 6-9. 1 Co. 7. 10-15. Ep. 5. 28, 29. Tit. 2. 4, 5. *neither*, etc. *Heb.* not any thing shall pass upon him. *cheer up*. Pr. 5. 18. Ec. 9. 9. 1 Co. 7. 29.

6 *shall take*. Small hand-mills, which ground at one time only a sufficient quantity for a day's consumption; hence they were forbidden to take either of the stones to pledge, because if they did, they would be deprived of the means of preparing their necessary food, and the family be without bread. On this account they are called in the text, a *man's life*. The same reason holds good against receiving in pledge, or distraining for debt, any instrument of labour, by which men earn their livelihood. Ex. 22. 26, 27. Re. 18. 22. *life*. ch. 20. 19. Ge. 44. 30. Lu. 12. 15.

7 *found*. Ex. 21. 16. Eze. 27. 13. 1 Ti. 1. 10. Re. 18. 13. *then that*. See on Ex. 21. 16; 22. 1-4. *and thou shalt*. See on ch. 19. 19.

8 Le. ch. 13; 14. Mat. 8. 4. Mar. 1. 44. Lu. 5. 14; 17. 14.

9 *Remember*. Lu. 17. 32. 1 Co. 10. 6, 11. *Miriam*. Nu. 5. 2; 12. 10-15. 2 Ki. 7. 3. 2 Ch. 26. 20, 21.

10 *When*. See on ch. 15. 8. *lend thy brother any thing. Heb.* lend the loan of any thing to thy brother.

12 ver. 17. Job 22. 6; 24. 3, 9.

13 *deliver*. Ex. 22. 26, 27. Job 24. 7, 8; 29. 11-13; 31. 16-20. Eze. 18. 7, 12, 16; 33. 15. Am. 2. 8. 2 Ti. 1. 16-18. *the sun*. ver. 15. 2 Co. 9. 13, 14. Ep. 4. 26.

*in his own raiment.* The *raiment* here referred to was most likely the same as the *hyke* of the Arabs, a long kind of blanket, resembling a Highland *plaid*, generally about six yards in length, and five or six feet broad; in which they often carry their provisions, as well as wrap themselves in, in the day, and sleep in at night, it being their only substitute for a bed. How necessary, then, it was to restore the *hyke* to a poor man before the going down of the sun, that he might have something to repose on, will sufficiently appear from these considerations. *shall be.* ch. 6. 25; 15. 9, 10. Ge. 15. 6. Ps. 106. 30, 31; 112. 9. Is. 58. 8. Da. 4. 27. Ja. 1. 27; 2. 13-23.

14 Le. 25. 40-43. Job 24. 10, 11; 31. 13-15. Pr. 14. 31; 22. 16. Eze. 22. 7. Am. 2. 7; 4. 1; 8. 4. Mal. 3. 5. Lu. 10. 7.

15 *At his.* Le. 19. 13. Pr. 3. 27, 28. Je. 22. 13. Mat. 20. 8. Mar. 10. 19. Ja. 5. 4. *setteth his heart upon it. Heb.* lifteth his soul unto it. Ps. 24. 4; 25. 1; 86. 4. *lest he.* ch. 15. 9. Ex. 22. 23, 24. Job 31. 38; 34. 28; 35. 9. Pr. 22. 22, 23; 23. 10. 11. Is. 5. 7. Ja. 5. 4.

16 2 Ki. 14. 5, 6. 2 Ch. 25. 4. Je. 31. 29, 30. Eze. 18. 20.

17 *pervert.* ch. 16. 19; 27. 19. Ex. 22. 21, 22; 23. 2, 6, 9. 1 Sa. 12. 3, 4. Job 22. 8, 9; 29. 11-17. Ps. 82. 1-5; 94. 3-6, 20, 21. Pr. 22. 22, 23; 31. 5. Ec. 5. 8. Is. 1. 23; 3. 15; 33. 15. Je. 5. 28; 22. 3. Eze. 22. 7, 29. Am. 5. 7-12. Mi. 2. 1, 2; 7. 3. Zec. 7. 10. Mal. 3. 5. Lu. 3. 14. Ja. 2. 6. *nor take.* See on Ex. 22. 26, 27.

18 See on ver. 22; ch. 5. 15; 15. 15; 16. 12.

19 *When thou.* Le. 19. 9, 10; 23. 22. Ru. 2. 16. Ps. 41. 1. *it shall be.* ver. 20, 21. See on ch. 14. 29; 26. 13. *may bless.* ch. 15. 10. Job 31. 16-22; 42. 12. Ps. 41. 1-3; 112. 9. Pr. 11. 24, 25; 14. 21; 19. 17. Is. 32. 8; 58. 7-11. Lu. 6. 35, 38; 14. 13, 14. 2 Co. 9. 6-8. 1 Jno. 3. 17-19.

20 *go over the boughs again. Heb.* bough *it* after thee.

21 *gatherest.* See on ver. 19. Le. 19. 9, 10. *afterward. Heb.* after thee.

22 ver. 18. See on ch. 5. 14, 15; 7. 8. Is. 51. 1. 2 Co. 8. 8, 9. Ep. 5. 1, 2. 1 Jno. 4. 10, 11.

## CHAP. XXV.

*Stripes must not exceed forty,* 1-3. *The ox is not to be muzzled,* 4. *Of raising seed unto a brother,* 5-10. *Of the immodest woman,* 11, 12. *Of unjust weights and measures,* 13-16. *The memory of Amalek is to be blotted out,* 17-19.

1 ch. 16. 18-20; 17. 8, 9; 19. 17-19. Ex. 23. 6, 7. 2 Sa. 23. 3. 2 Ch. 19. 6-10. Job 29. 7-17. Ps. 58. 1, 2; 82. 2-4. Pr. 17. 15; 31. 8, 9. Is. 1. 17, 23; 5. 23; 11. 4; 32. 1, 2. Je. 21. 12. Eze. 44. 24. Mi. 3. 1, 2. Hab. 1. 4, 13. Mal. 3. 18. Mat. 3. 10.

2 Mat. 10. 17; 27. 26. Lu. 12. 47, 48. Ac. 5. 40; 16. 22-24. 1 Pe. 2. 20, 24.

3 *not exceed.* 2 Co. 11. 24, 25. *vile unto thee.* That is, be beaten so cruelly, that, by retaining the marks, he become contemptible in the eyes of his brethren. Amendment, and not this, was the object of the punishment. We should hate and despise the sin, but not the sinner. Job 18. 3. Lu. 15. 30; 18. 9-12. Ja. 2. 2, 3.

4 *shalt not.* In Judea, as well as in Egypt, Greece, and Italy, they made use of beeves to tread out the corn; and the same mode of threshing still obtains in Arabia, Barbary, and other eastern countries, to the present day. The sheaves lie open and expanded on the threshing floors, and the cattle continually move round them, and thus tread out the grain. The natives of Aleppo still religiously observe the ancient humane practice, inculcated by this law, of permitting the oxen to remain unmuzzled when treading out the corn. *muzzle.* Pr. 12. 10. 1 Co. 9. 9, 10. 1 Ti. 5. 17, 18. *treadeth out. Heb.* thresheth. Is. 28. 27. Ho. 10. 11.

5 *brethren.* Mat. 22. 24. Mar. 12. 19. Lu. 20. 28. *husband's brother. or,* next kinsman. Ge. 38. 8, 9. Ru. 1. 12, 13; 3. 9; 4. 5.

6 *the first-born.* Ge. 38. 8-10. *that his name.* ch. 9. 14; 29. 20. Ru. 4. 10, etc. Ps. 9. 5; 109. 13. *brother's wife. or,* next kinsman's wife. *go up.* ch. 21. 19. Ru. 4. 1-7.

8 *I like not.* Ru. 4. 6.

9 *loose his shoe.* Pulling off the shoe seems to express his being degraded to the situation of slaves, who generally went barefoot; and *spitting in,* or rather *before,* (*biphney*) *his face,* was a mark of the utmost ignominy. Ru. 4. 7, 8. Is. 20. 2. Mar. 1. 7. Jno. 1. 27. *spit.* Nu. 12. 14. Job 30. 10. Is. 50. 6. Mat. 26. 67; 27. 30. Mar. 10. 34. *So shall.* Ge. 38. 8-10. Ru. 4. 10, 11. 1 Sa. 2. 30.

11 *to deliver her husband.* Ro. 3. 8. 1 Ti. 2. 9.

12 See on ch. 19. 13, 21.

13 *in thy bag.* Le. 19. 35, 36. Pr. 11. 1; 16. 11; 20. 10. Eze. 45. 10, 11. Am. 8. 5. Mi. 6. 11, 12. *divers weights. Heb.* a stone and a stone. *Aiven-wäaiven;* because weights were anciently made of stone. Hence the expression, a *stone weight,* which is still in use, though the matter of which it is made be *lead* or *iron;* and the name itself shews us that a *stone* of a certain weight was formerly used.

14 *divers measures. Heb.* an ephah and an ephah.—*Aiphah wäaiphah;* for this was the most common measure among the Israelites, by which all the others were made and adjusted. They are not only forbidden to use divers weights and measures, one *large* or *heavy* to buy with, and another *small* or *light* to sell with, but they were not even allowed to keep such in the house. It is observable also, that these too common but dishonest actions are branded as 'an abomination to the Lord,' equally with idolatry, and other scandalous crimes.

15 *that thy days.* ch. 4. 40; 5. 16, 33; 6. 18; 11. 9; 17. 20. Ex. 20. 12. Ps. 34. 12. Ep. 6. 3. 1 Pe. 3. 10.

16 *all that do.* ch. 18. 12; 22. 5. Pr. 11. 1; 20. 23. Am. 8. 5-7. 1 Co. 6. 9-11. 1 Th. 4. 6. Re. 21. 27.

17 Ex. 17. 8, etc. Nu. 24. 20; 25. 17, 18.

18 *feared.* Ne. 5. 9, 15. Ps. 36. 1. Pr. 16. 6. Ro. 3. 18.

19 *when the.* Jos. 23. 1. *thou shalt.* ch. 9. 14. Ex. 17. 14, 16. Ju. 6. 3; 7. 12, 22-25. 1 Sa. 14. 48; ch. 15; 27. 8; 30. 1-7. 1 Ch. 4. 43. Es. 3. 1; 7. 10; 9. 7-10. Ps. 83. 7-17.

## CHAP. XXVI.

*The confession of him that offers the basket of first-fruits,* 1-11. *The prayer of him that gives his third year's tithes,* 12-15. *The covenant between God and his people,* 16-19.

1 ch. 5. 31; 6. 1-10; 7. 1; 13. 1, 9; 17. 14; 18. 9. Nu. 15. 2, 18.

2 *That thou shalt.* ch. 16. 10; 18. 4. Ex. 23. 16, 19; 34. 26. Le. 2. 12, 14. Nu. 18. 12, 13. 2 Ki. 4. 42. 2 Ch. 31. 5. Ne. 10. 35-37; 12. 44; 13. 31. Pr. 3. 9, 10. Je. 2. 3. Eze. 20. 40; 44. 30; 48. 14. Ro. 8. 23; 11. 16; 16. 5. 1 Co. 15. 20, 23; 16. 2. Ja. 1. 18. Re. 14. 4. *go unto.* See on ch. 12. 5, 6. Jos. 18. 1. 2 Ch. 6. 6.

3 *the priest.* ch. 19. 17. He. 7. 26; 10. 21; 13. 15. 1 Pe. 2. 5. *which the.* Ge. 17. 8; 26. 3. Ps. 105. 9, 10. Lu. 1. 72, 73. He. 6. 16-18.

4 *before the.* Mat. 5. 23, 24; 23. 19. He. 13. 10-12.

5 *A Syrian.* Jacob being called a *Syrian* from his long residence in Padan-aram. Ge. 24. 4; 25. 20; 28. 5; 31. 20, 24. Ho. 12. 12. *ready.* Ge. 27. 41; 31. 40; 43. 1, 2, 12; 45. 7, 11. Is. 51. 1, 2. *he went down.* Ge. 46. 1-7. Ps. 105. 23, 24. Ac. 7. 15. *a few.* ch. 7. 7. Ge. 46. 27. Ex. 1. 5. *became.* See on ch. 10. 22. Ge. 47. 27. Ex. 1. 7, 12.

6 ch. 4. 20. Ex. 1. 11, 14, 16, 22; 5. 9, 19, 23.

7 *we cried.* Ex. 2. 23-25; ch. 3; 4; 6. 5. Ps. 50. 15; 103. 1, 2; 116. 1-4. Je. 33. 2. Ep. 3. 20, 21. *looked.* Ex. 4. 31. 1 Sa. 9. 16. 2 Sa. 16. 12. Ps. 102. 19, 20; 119. 132.

8 *the Lord.* See on ch. 4. 34; 5. 15. Ex. 12. 37, 41, 51; 13. 3, 16; 14. 16, etc. Ps. 78. 12, 13; 105. 27-38; 106. 7-10. Is. 63. 12. *with great.* ch. 4. 34.

9 *he hath.* Jos. 23. 14. 1 Sa. 7. 12. Ps. 105. 44; 107. 7, 8. Ac. 26. 22. *a land.* Ex. 3. 8. Eze. 20. 6, 15.

10 *I have.* See on ver. 2; ch. 26. 17. 1 Ch. 29. 14. Ro. 2. 1. 1 Pe. 4. 10, 11. *And thou.* ver. 4; ch. 18. 4. Ex. 22. 29. Nu. 18. 11-13. *and worship.* ch. 6. 10-13. Ps. 22. 27, 29; 86. 9; 95. 6. Pr. 3. 9. Is. 66. 23. Re. 22. 9. 1 Co. 10. 31.

11 *rejoice.* See on ch. 12. 7, 12, 18; 16. 11; 28. 47. Ps. 63. 3-5; 100. 1, 2. Is. 65. 14. Zec. 9. 17. Ac. 2. 46, 47. Phi. 4. 4. 1 Ti. 6. 17, 18. *the Levite.* 1 Co. 9. 11.

12 *the tithes.* Le. 27. 30. Nu. 18. 24. *the third.* See on ch. 14. 22-29. *hast given it.* ch. 12. 17-19; 16. 14. Pr. 14. 21. Phi. 4. 18, 19.

13 *Levite.* ver. 12; ch. 14. 29; 24. 19-21. Job 31. 16-20. *I have not.* Ps. 18. 21-24; 26. 1-3, 6. Ac. 24. 16. 2 Co. 1. 12; 11. 31. 1 Th. 2. 10. 1 Jno. 3. 17-22. *forgotten.* Ps. 119. 93, 139, 141, 153, 176. Pr. 3. 1.

14 *eaten.* ch. 16. 11. Le. 7. 20; 21. 1, 11. Ho. 9. 4. Mal. 2. 13. *the dead.* Ps. 106. 28. Eze. 24. 17.

15 *Look down.* See on ver. 7. 1 Ki. 8. 27, 43. Ps. 102. 19, 20. Is. 57. 15; 61. 1; 63. 15; 66. 1, 2. Zec. 2. 13. Mat. 6. 9. Ac. 7. 49. *bless thy.* Ps. 28. 9; 51. 18; 90. 17; 115. 12-15; 137. 5, 6. Je. 31. 23. *as thou.* He. 6. 13-18.

16 *This day.* See on ch. 4. 1-6; 6. 1; 11. 1, 8; 12. 1, 32. Mat. 28. 20. *keep.* ch. 6. 5, 17; 8. 2; 13. 3, 4. Jno. 14. 15, 21-24. 1 Jno. 5. 2, 3.

17 *avouched.* ch. 5. 2, 3. Ex. 15. 2; 20. 19; 24. 7. 2 Ch. 34. 31. Is. 12. 2; 44. 5. Zec. 13. 9. Ac. 27. 23. Ro. 6. 13. 1 Co. 6. 19, 20. 2 Co. 8. 5. *and to.* See on ch. 10. 12, 13; 13. 4, 5; 30. 16. Jos. 22. 5. 1 Ki. 2. 3, 4. *to keep.* Ps. 147. 19, 20. *hearken.* ch. 13. 18; 15. 5.

18 *And the.* ch. 7. 6; 14. 2; 28. 9. Ex. 6. 7; 19. 5, 6. Je. 31. 32-34. Eze. 36. 25-27. Tit. 2. 14. *keep.* Ps. 119. 6. Ro. 16. 26.

19 *high above.* ch. 4. 7, 8; 28. 1. Ps. 148. 14. Is. 62. 12; 66. 20, 21. Je. 13. 11; 33. 9. Eze. 16. 12-14. Zep. 3. 19. 1 Pe. 2. 5. Re. 1. 5, 6. *an holy.* ch. 7. 6; 28. 9. Ex. 19. 6. 1 Pe. 2. 9.

## CHAP. XXVII.

*The people are commanded to write the law upon stones, 1-4, and to build an altar of whole stones, 5-10. The tribes to be divided on Gerizim and Ebal, 11-13. The curses to be pronounced on mount Ebal, 14-26.*

1 *Keep all.* See on ch. 4. 1-3; 11. 32; 26. 16. Lu. 11. 28. Jno. 15. 14. 1 Th. 4. 1, 2. Ja. 2. 10.

2 *on the day.* ch. 6. 1; 9. 1; 11. 31. Jos. 1. 11; 4. 1, 5, etc. *unto the.* ver. 3; ch. 26. 1. *great stones.* Eze. 11. 19; 36. 26. *and plaister.* HOUBIGANT and others are of opinion that the original words, *wesadta othom beseed*, should be rendered 'thou shalt cement them with cement,' because this was intended to be a *durable* monument. Some suppose that the writing was to be in *relievo*, and that the spaces were to be filled up by the mortar or cement; as is frequently the case with eastern inscriptions.

3 *thou shalt.* Jos. 8. 32. Je. 31. 31-33. 2 Co. 3. 2, 3. He. 8. 6-10; 10. 16. *this law. This law* probably means only the *blessings* and *curses* mentioned in this and the following chapter; which indeed contain an epitome of the whole law. *a land.* See on ch. 6. 8; 26. 9. Le. 20. 24. Nu. 13. 27; 14. 8. Jos. 5. 6. Je. 11. 5; 32. 22.

4 *in mount Ebal.* The Samaritan text has *in mount Gerizim;* which has given rise to a violent controversy. Dr. KENNICOTT supposes that the Jews corrupted this passage out of their enmity to the Samaritans, who had their temple on mount Gerizim; while Dr. PARRY and H. VERSCHUIR defend the present reading: to the writings of these authors the reader is referred. ch. 11. 29, 30. Jos. 8. 30-33.

5 *And there.* Ex. 24. 4. Jos. 8. 30, 31. 1 Ki. 18. 31, 32. *thou shalt not.* Ex. 20. 25.

6 *burnt offerings.* See on Le. ch. 1. Ep. 5. 2.

7 *peace offerings.* See on Le. ch. 3; 7. 11-17. Ac. 10. 36. Ro. 5. 1, 10. Ep. 2. 16, 17. Col. 1. 20. He. 13. 20, 21. *rejoice.* See on ch. 12. 7, 12; 16. 11, 14; 26. 10, 11. 2 Ch. 30. 23-27. Ne. 8. 10. Ps. 100. 1, 2. Is. 12. 3; 61. 3, 10. Hab. 3. 18. Phi. 3. 3; 4. 4.

8 *thou shalt.* See on ver. 3. *very plainly.* Hab. 2. 2. Jno. 16. 25. 2 Co. 3. 12.

9 *this day.* See on ch. 26. 16-18. Ro. 6. 17, 18, 22. 1 Co. 6. 9-11. Ep. 5. 8, 9. 1 Pe. 2. 10, 11.

10 See on ch. 10. 12, 13; 11. 1, 7, 8. Le. 19. 2. Mi. 4. 5; 6. 8. Mat. 5. 48. Ep. 4. 17-24. 1 Pe. 1. 14-16; 4. 1-3.

12 *upon mount Gerizim.* Mount Gerizim and mount Ebal being only separated by a narrow valley, not above a furlong broad, what was spoken with a loud voice on the one might be heard on the other, (See Ju. 9. 7.) It is probable, however, that the particle *ál* should be rendered *by*, as it frequently signifies; for when this direction was reduced to practice, (Jos. 8. 33,) it seems that the people did not stand *on* the mountains, but *over against* them in the plain. But the Talmud says, that six tribes went up on each, while the priests and Levites and the ark remained beneath. ch. 11. 26-29. Jos. 8. 33, 34. Ju. 9. 7. *Simeon.* Ge. 29. 33-35; 30. 18, 24; 35. 18.

13 *mount Ebal.* See on ver. 4; ch. 11. 29. Jos. 8. 33. *to curse. Heb.* for a cursing. *Reuben.* Ge. 29. 32; 30. 6-13, 20; 49. 3, 4.

14 ch. 33. 9, 10. Jos. 8. 33. Ne. 8. 7, 8. Da. 9. 11. Mal. 2. 7-9.

15 *Cursed be.* ch. 28. 16-19. Ge. 9. 25. 1 Sa. 26. 19. Je. 11. 3. *maketh.* See on ch. 4. 16-23; 5. 8. Ex. 20. 4, 23; 32. 1-4; 34. 17. Le. 19. 4; 26. 1. Is. 44. 9, 10, 17. Ho. 13. 2, 3. *an abomination.* ch. 29. 17. 1 Ki. 11. 5-7. 2 Ki. 23. 13. 2 Ch. 33. 2. Is. 44. 19. Eze. 7. 20. Da. 11. 31. Mat. 24. 15. Re. 17. 4, 5. *and putteth.* Ge. 31. 19, 34. 2 Ki. 17. 19. Ps. 44. 20, 21. Je. 23. 24. Eze. 8. 7-12; 14. 4. *And all.* See on Nu. 5. 22. Je. 11. 5; 28. 6. Mat. 6. 13. 1 Co. 14. 16. *Amen.* To each of *the curses* the people were to say Amen, as well as to the *blessings;* to denote a profession of their faith in the truth of them, that they were the real declarations of the wrath of God; and an acknowledgment of the equity of these curses. It was such an imprecation upon themselves, as strongly obliged them to have nothing to do with those evil practices on which the curse is entailed. We read of those who entered into a curse *to walk in God's law.* Ne. 10. 29. All the people, by saying this *Amen*, became bound one for another, that they would observe God's laws, by which every man was obliged, as far as he could, to prevent his neighbour from breaking these laws, and to reprove those that had offended, lest they should bear sin and the curse for them.

16 ch. 21. 18-21. Ex. 20. 12; 21. 17. Le. 19. 3. Pr. 30. 11-17. Eze. 22. 7. Mat. 15. 4-6.

17 ch. 19. 14. Pr. 22. 28; 23. 10, 11.

18 See on Le. 19. 14. Job 29. 15. Pr. 28. 10. Is. 56. 10. Mat. 15. 14. Re. 2. 14.

19 See on ch. 10. 18; 24. 17. Ex. 22. 21-24; 23. 2, 8, 9. Ps. 82. 2-4. Pr. 17. 23; 31. 5. Mi. 3. 9. Mal. 3. 5.

20 ch. 22. 30. Ge. 35. 22; 49. 4. Le. 18. 8; 20. 11. 2 Sa. 16. 22. 1 Ch. 5. 1. Eze. 22. 10. Am. 2. 7. 1 Co. 5. 1.

21 Ex. 22. 19. Le. 18. 23; 20. 15.

22 Le. 18. 9; 20. 17. 2 Sa. 13. 1, 8-14. Eze. 22. 11.

23 Le. 18. 17; 20. 14.

24 ch. 19, 11, 12. Ex. 20. 13; 21. 12-14. Le. 24. 17. Nu. 35. 31. 2 Sa. 3. 27; 11. 15-17; 12. 9-12; 13. 28; 20. 9, 10.

25 ch. 10. 17; 16. 19. Ex. 23. 7, 8. Ps. 15. 5. Pr. 1. 11-29. Eze. 22. 12, 13. Mi. 3. 10, 11; 7. 2, 3. Mat. 26. 15; 27. 3, 4. Ac. 1. 18.

26 *Cursed.* See on ver. 15; ch. 28. 15, etc. Ps. 119. 21. Mat. 25. 41. 1 Co. 16. 22. *confirmeth.* Je. 11. 3-5. Eze. 18. 24. Ro. 3. 19, 20; 10. 5. Ga. 3. 10.

## CHAP. XXVIII.

*The blessings for obedience*, 1-14. *The curses for disobedience*, 15-68.

1 *If thou shalt.* See on ch. 11. 13; 15. 5; 27. 1. Ex. 15. 26. Le. 26. 3, etc. Ps. 106. 3; 111. 10. Is 1. 19; 3. 10; 55. 2, 3. Je. 11. 4; 12. 16; 17. 24. Lu. 11. 28. *to do all.* Ps. 119. 6, 128. Lu. 1. 6. Jno. 15. 14. Ga. 3. 10. Ja. 2. 10, 11. *will set.* See on ch. 26. 19. Ps. 91. 14; 148. 14. Lu. 9. 48. Ro. 2. 7.

2 *come on thee.* ver. 15, 45. Zec. 1. 6. 1 Ti. 4. 8.

3 *in the city.* Ps. 107. 36, 37; 128. 1-5; 144. 12-15. Is. 65. 21-23. Zec. 8. 3-5. *in the field.* Ge. 26. 12; 39. 5. Am. 9. 13, 14. Hag. 2. 19. Mal. 3. 10, 11,

4 ver. 11; ch. 7. 13. Ge. 22. 17; 49. 25. Le. 26. 9. Ps. 107. 38; 127. 3; 128. 3. Pr. 10. 22; 13. 22; 20. 7. 1 Ti. 4. 8.

5 *thy basket.* By *basket*, may be understood the olive-gathering and vintage, in which it was employed; and by the *store* or *remainder*, all laid up for *future* use, or prepared for present consumption. *store. or*, dough, *or* kneading troughs.

6 ch. 31. 2. Nu. 27. 17. 2 Sa. 3. 25. 2 Ch. 1. 10. Ps. 121. 8.

7 *shall cause.* ver. 25; ch. 32. 30. Le. 26. 7, 8. 2 Sa. 22. 38-41. Ps. 89. 23. *flee before.* Jos. 8. 22; 10. 10, 11, 42. 1 Sa. 7. 3, 4, 10, 11. 2 Ch. 14. 2-6, 9-15; 19. 4; 20. 22-25; 31. 20, 21; 32. 21, 22.

8 *command.* Le. 25. 21. Ps. 42. 8; 44. 4; 133. 3. *storehouses. or*, barns. Le. 26. 4, 5, 10. 2 Ki. 6. 27. Ps. 144. 13. Pr. 3. 9, 10. Hag. 2. 19. Mal. 3. 10, 11. Mat. 6. 26; 13. 30. Lu. 12. 18, 24, 25. *settest.* ch. 15. 10.

9 *establish.* See on ch. 7. 6; 26. 18, 19; 29. 13. Ge. 17. 7. Ex. 19. 5, 6. Ps. 87. 5. Is. 1. 26; 62. 12. 2 Th. 3. 3. Tit. 2. 14. 1 Pe. 2. 9-11; 5. 10. *sworn.* See on ch. 7. 8; 13. 17; 29. 12. Ex. 19. 5, 6. Je. 11. 5. He. 6. 13-18.

10 *And all.* Mal. 3. 12. *called.* Nu. 6. 27. 2 Ch. 7. 14. Is. 63. 19. Da. 9. 18, 19. *and they shall.* See on ch. 4. 6-8; 11. 25. Ex. 12. 33; 14. 25. Jos. 5. 1. 1 Sa. 18. 12-15, 28, 29. 1 Ch. 14. 17. Je. 33. 9. Re. 3. 9.

11 *plenteous.* See on ver. 4; ch. 30. 9. Le. 26. 9. Pr. 10. 22. *in goods. or*, for good. *body. Heb.* belly. Job 19. 17. Ps. 132. 11, margins.

12 *open.* ch. 11. 14. Le. 26. 4. Job 38. 22. Ps. 65. 9-13; 135. 7. Joel 2. 23, 24. *to bless all.* ch. 14. 29; 15. 10. *lend.* ver. 44; ch. 15. 6. Pr. 22. 7.

13 *the head.* Nu. 24. 18, 19. Is. 9. 14, 15. *if that thou.* See on ver. 1; ch. 4. 6-9. Phi. 1. 27.

14 *thou shalt.* See on ch. 5. 32; 11. 16, 26-28. Jos. 23. 6. 2 Ki. 22. 2. Pr. 4. 26, 27. *the right.* Is. 30. 21.

15 *if thou wilt.* Le. 26. 14, etc. La. 2. 17. Da. 9. 11-13. Mal. 2. 2. Ro. 2. 8, 9. *all these curses.* The same variety of expression is used in these terrible curses, as in the preceding blessings, to intimate every kind of prosperity or adversity, personal, relative, and public. Consulting the marginal references will generally lead to the best exposition of the terms employed; and will frequently point out the fulfilment of the promises and threatenings. See on ver. 2; ch. 27. 15-26; 29. 20. Is. 3. 11. Ga. 3. 10.

16 *in the city.* See on ver. 3, etc. Pr. 3. 33. Is. 24. 6-12; 43. 28. Je. 9. 11; 26. 6; 44. 22. La. 1. 1; 2. 11-22; 4. 1-13. Mal. 2. 2; 4. 6. *in the field.* ver. 55. Ge. 3. 17, 18; 4. 11, 12; 5. 29; 8. 21, 22. 1 Ki. 17. 1, 5, 12. Je. 14. 2-5, 18. La. 5. 10. Joel 1. 4, 8-18; 2. 3. Am. 4. 6-9. Hag. 1. 9-11; 2. 16, 17. Mal. 3. 9-12.

17 See on ver. 5. Ps. 69. 22. Pr. 1. 32. Hag. 1. 6. Zec. 5. 3, 4. Mal. 2. 2. Lu. 16. 25.

18 *the fruit of thy body.* See on ver. 4; ch. 5. 9. Job 18. 16-19. Ps. 109. 9-15. La. 2. 11, 12, 20. Ho. 9. 11-14. Mal. 2. 3. Lu. 23. 29, 30. *thy land.* See on ver. 16. Le. 26. 19, 20, 26. Hab. 3. 17.

19 See on ver. 6. Ju. 5. 6, 7. 2 Ch. 15. 5.

20 *send.* Ps. 7. 11. Mal. 2. 2. *vexation.* 1 Sa. 14. 20. Ps. 80. 4-16. Is. 28. 19; 30. 17; 51. 20; 66. 15. Zec. 14. 12, 13. Jno. 3. 36. 1 Th. 2. 16. *for to do. Heb.* which thou wouldest do. *until thou be.* See on ch. 4. 26. Le. 26. 31-33, 38. Jos. 23. 16.

21 Ex. 5. 3. Le. 26. 25. Nu. 14. 12; 16. 46-49; 25. 9. 2 Sa. 24. 15. Je. 15. 2; 16. 4; 21. 6, 7; 24. 10. Mat. 26. 7.

22 *a consumption.* See on Le. 26. 16. 2 Ch. 6. 28. Je. 14. 12. *sword. or*, drought. *blasting.* 1 Ki. 8. 37. Am. 4. 9. Hag. 2. 17.

23 The language here is remarkable: '*Thy* heaven;' that part of the atmosphere which was over Judea, instead of being replenished with aqueous vapours, should become, with respect to moisture, like brass: and consequently their land would become as hard as iron, and wholly incapable of cultivation; while the clouds might give showers in abundance, and the earth be moist and fruitful in other regions. Le. 26. 19. 1 Ki. 17. 1; 18. 2. Je. 14. 1-6. Am. 4. 7.

24 *make the rain.* This was a natural consequence of their heaven's being *brass*, or yielding no rain; for the surface of the earth being reduced to powder, and frequently taken up by strong winds, would fall down in showers instead of rain. These showers of sand frequently, in the East, bury whole *caravans.* ver. 12. Ge. 19. 24. Job 18. 15-21. Is. 5. 24. Am. 4. 11.

25 *cause thee.* See on ver. 7; ch. 32. 30. Le. 26. 17, 36, 37. Is. 30. 17. *removed. Heb.* for a removing. Je. 15. 2-9; 24. 9; 29. 18; 34. 17. Eze. 23. 46. Lu. 21. 24.

26 1 Sa. 17. 44-46. Ps. 79. 1-3. Is. 34. 3. Je. 7. 33; 8. 1; 16. 4; 19. 7; 34. 20. Eze. 39. 17-20.

27 *the botch.* ver. 35. Ex. 9. 9, 11; 15. 26. *emerods.* 1 Sa. 5. 6, 9, 12. Ps. 78. 66. *scab.* Le. 13. 2-8; 21. 20. Is. 3. 17.

28 1 Sa. 16. 14. Ps. 60. 3. Is. 6. 9, 10; 19. 11-17; 43. 19. Je. 4. 9. Eze. 4. 17. Lu. 21. 25, 26. Ac. 13. 41. 2 Th. 2. 9-11.

29 *grope.* Job 5. 14; 12. 25. Ps. 69. 23, 24. Is. 59. 10. La. 5. 17. Zep. 1. 17. Ro. 11. 7-10, 25. 2 Co. 4. 3, 4. *thou shalt be.* Ju. 3. 14; 4. 2, 3; 6. 1-6; 10. 8; 13. 1. 1 Sa. 13. 5-7, 19-22. Ne. 9. 26-29, 37. Ps. 106. 40-42. La. 5. 8. Lu. 21. 24.

30 *betroth.* ch. 20. 6, 7. Job 31. 10. Je. 8. 10. Ho. 4. 2. *build.* Job 31. 8. Is. 5. 9, 10; 65. 21, 22. Je. 12. 13. La. 5. 2. Am. 5. 11. Mi. 6. 15. Zep. 1. 13. *gather. Heb.* profane, *or*, use it as common meat. ch. 20. 6, marg.

31 *ox.* Ju. 6. 1. Job 1. 14, 15. *be restored to thee. Heb.* return to thee.

32 *sons.* In several countries, particularly in Spain and Portugal, the children of the Jews have been taken from them, by order of the government, to be educated in the Popish faith. ver. 18, 41. Nu. 21. 29. 2 Ch. 29. 9. Ne. 5. 2-5. Je. 15. 7-9; 16. 2-4. Eze. 26. 25. Joel 3. 6. Am. 5. 27. Mi. 4. 10. *fail.* ver. 65. Job 11. 20; 17. 5. Ps. 69. 3: 119. 82, 123. Is. 38. 14. La. 2. 11; 4. 17; 5. 17.

33 *The fruit.* See on ver. 30, 51. Le. 26. 16. Ne. 9. 36, 37. Is. 1. 7. Je. 5. 17; 8. 16. *thou shalt be.* See on ver. 29. Je. 4. 17.

34 See on ver. 28, 68. Is. 33. 14. Je. 25. 15, 16. Re. 16. 10, 11.

35 *botch.* ver. 27. Job 2. 6, 7. Is. 1. 6; 3. 17, 24.

36 *bring thee.* 2 Ki. 17. 4-6; 24. 12-15; 25. 6, 7, 11. 2 Ch. 33. 11; 36. 6, 17, 20. Is. 39. 7. Je. 22. 11, 12, 24-27; 24. 8-10; 39. 5-7; 52. 8-11. La. 4. 20. Eze. 12. 12, 13. *there shalt thou.* The Israelites, who were carried captive by the Assyrians, and many of the Jews in Chaldea, were finally incorporated with the nations among whom they lived, and were given up to their idolatry. It is probable, however, that this refers to Jews being compelled, in Popish countries, to conceal their religion, and profess that of the Romish church. ver. 64. See on ch. 4. 28. Je. 16. 13. Eze. 20. 32, 33, 39.

37 *become.* See on ver. 28; ch. 29. 22-28. 1 Ki. 9. 7, 8. 2 Ch. 7. 20. Ps. 44. 13, 14. Je. 24. 9; 25. 9. Joel 2. 17. marg. Zec. 8. 13. *a proverb.* The name of *Jew* has long been a proverbial mark of detestation and contempt among all the nations whither they have been dispersed, and is so to this day, whether among Christians, Mohammedans, or Pagans.

38 *shalt carry.* Is. 5. 10. Mi. 6. 15. Hag. 1. 6. *for the locust.* Ex. 10. 14, 15. Joel 1. 4; 2. 3, 25. Am. 4. 9; 7. 1, 2.

39 *for the worms.* Joel 1. 4-7; 2. 2-4. Jon. 4. 7.

40 *anoint thyself.* Ps. 23. 5; 104. 15. Mi. 6. 15.

41 *thou shalt not enjoy them.* *Heb.* they shall not be thine. *for.* See on ver. 32. 1 Ki. 24. 14. La. 1. 5.

42 *thy trees.* See on ver. 38, 39. Am. 7. 1, 2. *consume. or,* possess.

43 Ju. 2. 3, 11-15; 4. 2, 3; 10. 7-10; 14. 4; 15. 11, 12. 1 Sa. 13. 3-7, 19-23. 2 Ki. 17. 20, 23; 24. 14-16. Jno. 18. 31; 19. 15.

44 See on ver. 12, 13. La. 1. 5.

45 *Moreover.* See on ver. 5, 15; ch. 29. 20, 21. Le. 26. 28. 2 Ki. 17. 20. Pr. 13. 21. Is. 1. 20; 65. 14, 15. Je. 24. 9, 10. La. 2. 15-17. Eze. 7. 15; 14. 21. *because.* See on ch. 11. 27, 28. Ps. 119. 21. Je. 7. 22-25.

46 *a sign.* ver. 37, 59; ch. 29. 20, 28. Is. 8. 18. Je. 19. 8; 25. 18. Eze. 14. 8; 23. 32, 33; 36. 20. 1 Co. 10. 11.

47 See on ch. 12. 7-12; 16. 11; 32. 13-15. Ne. 9. 35. 1 Ti. 6. 17-19.

48 *serve.* 2 Ch. 12. 8. Ne. 9. 35-37. Je. 5. 19; 17. 4. Eze. 17. 3, 7, 12. *in hunger.* Je. 44. 17, 18, 22, 27. La. 5. 2-6. Eze. 4. 16, 17. *a yoke.* Is. 47. 6. Je. 27. 12, 13; 28. 13, 14. Mat. 11. 29.

49 *bring a nation.* Though the Chaldeans are frequently described under the figure of an eagle, yet these verses especially predict the desolations brought on the Jews by the Romans; who came from a country far more distant than Chaldea; whose conquests were as rapid as the *eagle's* flight, and whose standard bore this very figure; who spake a language to which the Jews were then entire strangers, being wholly unlike the Hebrew, of which the Chaldee was merely a dialect; whose appearance and victories were terrible; and whose yoke was a yoke of iron, and the havoc which they made tremendous. Nu. 24. 24. Is. 5. 26-30. Je. 5. 15-17. Da. 6. 22, 23; 9. 26. Hab. 1. 6, 7. Lu. 19. 43, 44. *as the eagle.* Je. 4. 13; 48. 40; 49. 22. La. 4. 19. Eze. 17. 3, 12. Ho. 8. 1. Mat. 24. 28. *a nation whose.* Je. 5. 15. Eze. 3. 6. 1 Co. 14. 21. *understand.* *Heb.* hear.

50 *of fierce countenance.* *Heb.* strong of face. Pr. 7. 13. Ec. 8. 1, margins. Da. 7. 7; 8. 23. *shall not.* 2 Ch. 36. 17. Is. 47. 6. Ho. 13. 18. Lu. 19. 44; 21. 23, 24.

51 *the fruit.* See on ver. 33. Is. 1. 7; 12. 8; 62. 8. *which also.* Le. 26. 26. Je. 15. 13; 17. 3. Eze. 12. 19. Hab. 3. 16, 17.

52 Le. 26. 25. 2 Ki. 17. 1-6; 18. 13; 24. 10, 11; 25. 1-4. Is. 1. 7; 62. 8. Je. 21. 4-7; 37. 8; 39. 1-3; 52. 4-7. Eze. 4. 1-8. Da. 9. 26. Zec. 12. 2; 14. 2. Mat. 22. 7; 24. 15, 16. Lu. 19. 43, 44; 21. 20-24.

53 *the fruit.* ver. 18, 55, 57. Le. 26. 29. 2 Ki. 6. 28, 29. Je. 19. 9. La. 2. 20; 4. 10. Eze. 5. 10. Mat. 24. 19. *body.* *Heb.* belly.

54 *his eye.* ch. 15. 9. Pr. 23. 6; 28. 22. Mat. 20. 15. *and toward.* The Roman armies at length besieged, sacked, and utterly desolated Jerusalem: and during this seige, the famine was so extreme, that even rich and delicate persons, both men and women, ate their own children, and concealed the horrible repast, lest others should tear it from them! 'Women snatched the food out of the very mouths of their husbands, and sons of their fathers, and (what is most miserable) mothers of their infants.' 'In every house, if there appeared any semblance of food, a battle ensued, and the dearest friends and relations fought with one another; snatching away the miserable provisions of life.' 'A woman distinguished by birth and wealth, after she had been plundered by the tyrants (or soldiers) of all her possessions, boiling her own sucking child, ate half of him, and concealing the other half, reserved it for another time!' ch. 13. 6. 2 Sa. 12. 3. Mi. 7. 5. *his children.* Ps. 103. 13. Is. 49. 15. Mat. 7. 9-11. Lu. 11. 11-13.

55 *in the siege.* Je. 5. 10; 34. 2; 52. 6.

56 *and delicate.* Is. 3. 16. La. 4. 3-6. *her eye shall be evil.* See on ver. 54.

57 *young one.* *Heb.* after-birth. *cometh out.* Ge. 49. 10. Is. 49. 15. *for she shall.* ver. 53.

58 *If thou wilt.* See on ver. 15. Le. 26. 14, 15. Je. 7. 9, 10, 26-28. *fear this glorious.* ch. 6. 13. Ex. 3. 14, 15; 6. 2, 3; 20. 2; 34. 5-7. Ne. 9. 5. Ps. 50. 7; 72. 19; 83. 18. Is. 41. 10; 42. 8. Je. 5. 12. Mat. 10. 28. He. 10. 30, 31; 12. 28, 29.

59 ver. 46; ch. 29. 20-28; 31. 17, 18; 32. 22, 26. 1 Ki. 9. 7-9; 16. 3, 4. La. 1. 9, 12; 4. 12. Da. 9. 12. Ho. 3. 4. Mar. 13. 19.

60 See on ch. 7. 15. Ex. 15. 26.

61 *bring upon thee.* *Heb.* cause to ascend.

62 *few in number.* In the siege of Jerusalem there died 1,100,000 persons, and more than 90,000 were carried captive; and, having afterwards provoked the Romans by their crimes and rebellions, they persecuted them nearly to extirpation; to which, if the tens of thousands which were slaughtered year after year in every country be added, it appears wonderful that there were any remains left. ch. 4. 27. Le. 26. 22. 2 Ki. 13. 7; 24. 14. Ne. 7. 4. Is. 1. 9; 24. 6. Je. 42. 2; 52. 28-30. Mar. 13. 20. Ro. 9. 27-29. *as the stars.* See on ch. 10. 22. Ne. 9. 23. Ro. 9. 27.

63 *rejoiced over.* ch. 30. 9. Is. 62. 5. Je. 32. 41. Mi. 7. 18. Zep. 3. 17. Lu. 15. 6-10, 23, 24, 32. *rejoice over.* Pr. 1. 26. Is. 1. 24. Eze. 5. 13; 33. 11. *plucked from.* ch. 7. 22, marg. Je. 12. 14, 15; 18. 7; 24. 6; 31. 28, 40; 42. 10. Da. 7. 8.

64 *scatter.* See on ch. 4. 27, 28. Le. 26. 33. Ne. 1. 8. Je. 16. 13; 50. 17. Eze. 11. 16, 17. Lu. 21. 24. *there thou shalt.* ver. 36. Je. 16. 13.

65 *among.* After the conquest of their country by the Romans, Hadrian, by a public decree, ratified by the senate, forbad any Jew to come even within sight of Judea; and hence they were dispersed over every quarter of the globe, where they found no alleviation or respite from misery. In no country are they treated as denizens; all suspect them as enemies, and behave to them as aliens; if they do not, as has been too frequently the case, harass, oppress, and persecute them, even unto death. *shalt thou.* Ge. 8. 9. Is. 57. 21. Eze. 5. 12-17; 20. 32-35. Am. 9. 4, 9, 10. *the Lord.* Le. 26. 36. Is. 51. 17. Eze. 12. 18, 19. Ho. 11. 10, 11. Hab. 3. 16. Lu. 21. 26. *failing of eyes.* Le. 26. 16. Is. 65. 14. La. 3. 65. Mat. 24. 8. Ro. 11. 10.

66 ver. 67. La. 1. 13. He. 10. 27. Re. 6. 15-17.

67 See on ver. 34. Job 7. 3, 4. Re. 9. 6.

68 *bring thee into Egypt.* This verse seems especially to point out an event, which took place subsequently to the destruction of Jerusalem by Titus, and the desolation made by Hadrian. Numbers of the captives were sent by sea into Egypt (as well as into other countries), and sold for slaves at a vile price, and for the meanest offices; and many thousands were left to perish from want; for the multitude was so great, that purchasers could not be found for them all at any price! ch. 17. 16. Je. 43. 7; 44. 12. Ho. 8. 13; 9. 3. *there ye shall.* Ex. 20. 2. Ne. 5. 8. Es. 7. 4. Joel. 3. 3-7. Lu. 21. 24.

## CHAP. XXIX.

*Moses exhorts them to obedience, by the memory of the works they had seen,* 1-9. *All are presented before the Lord to enter into his covenant,* 10-17. *The great wrath on him that flatters himself in his wickedness,* 18-28. *Secret things belong unto God,* 29.

1 *the words.* ver. 12, 21, 25. Le. 26. 44, 45. 2 Ki. 23. 3. Je. 11. 2, 6; 34. 18. Ac. 3. 25. *beside the.* ch. 4. 10. 13, 23; 5. 2, 3. Ex. 19. 3-5; 24. 2-8. Je. 31. 32. He. 8. 9.

2 *Ye have seen all.* See on Ex. 8. 12; 19. 4. Jos. 24. 5, 6. Ps. 78. 43-51; 105. 27-36.

3 See on ch. 4. 32-35; 7. 18, 19. Ne. 9. 9-11.

4 See on ch. 2. 30. Pr. 20. 12. Is. 6. 9, 10; 63. 17. Eze. 36. 26. Mat. 13. 11-15. Jno. 8. 43; 12. 38-40. Ac. 28. 26, 27. Ro. 11. 7-10. 2 Co. 3. 15. Ep. 4. 18. 2 Th. 2. 10-12. 2 Ti. 2. 25. Ja. 1. 13-17.

5 *I have led.* ch. 1. 3; 8. 2. *your clothes.* See on ch. 8. 4. Ne. 9. 21. Mat. 6. 31, 32. *and thy shoe.* Jos. 9. 5, 13. Mat. 10. 10.

6 *eaten bread.* See on ch. 8. 3. Ex. 16. 12, 35. Ne. 9. 15. Ps. 78. 24, 25. *neither have.* Nu. 16. 14; 20. 8. 1 Co. 9. 25; 10. 4. Ep. 5. 18.

7 ch. 2. 24-37; 3. 1-17. Nu. 21. 21-35; 32. 33-42. Ps. 135. 10-12; 136. 17-22.

8 ch. 3. 12, 13. Nu. 32. 33.

9 See on ver. 1; ch. 4. 6. Jos. 1. 7. 1 Ki. 2. 3. Ps. 25. 10; 103. 17, 18. Is. 56. 1, 2, 4-7. Je. 50. 5. Lu. 11. 28. He. 13. 20, 21.

10 ch. 4. 10; 31. 12, 13. 2 Ch. 23. 16; 34. 29-32. Ne. 8. 2; 9. 1, 2, 38; 10. 28. Joel 2. 16, 17. Re. 6. 15; 20. 12.

11 *stranger.* ch. 5. 14. Ex. 12. 38, 48, 49. Nu. 11. 4. *the hewer.* Jos. 9. 21-27. Ga. 3. 28. Col. 3. 11.

12 *thou shouldest.* ch. 5. 2, 3. Ex. 19. 5, 6. Jos. 24. 25. 2 Ki. 11. 17. 2 Ch. 15. 12-15. *enter. Heb.* pass. This is an allusion to the solemn ceremony used by several ancient nations, when they entered into a covenant with each other. The victims, slain as a sacrifice on this occasion, were divided, and the parts laid asunder: the contracting parties then passed between them, imprecating, as a curse on those who violated the sacred compact, that they might in like manner be cut asunder. (Ge. 15. 10.) St. Cyril, in his work against Julian, shows that *passing between* the *divided parts of a victim* was used also among the Chaldeans and other people. *into his oath.* ver. 14. 2 Ch. 15. 12-15. Ne. 10. 28, 29.

13 *establish.* See on ch. 7. 6; 26. 18, 19; 28. 9. *he may be.* See on Ge. 17. 7; 26. 3, 4; 28. 13-15. Ex. 6. 7. Je. 31. 31-33; 32. 38. He. 11. 16.

14 Je. 31. 31-34. He. 8. 7-12.

15 *also with him.* See on ch. 5. 3. Je. 32. 39; 50. 5. Ac. 2. 39. 1 Co. 7. 14.

16 *through the nations.* ch. 2. 4, 9, 19, 24; 3. 1, 2.

17 *idols. Heb.* dungy gods.

18 *among you man.* ch. 11. 16, 17; 13. 1-15; 17. 2-7. He. 3. 12. *among you a root.* Je. 9. 15. Ho. 10. 4. Am. 6. 12. Ac. 8. 23. He. 12. 15. *gall and wormwood. or,* a poisonful herb. *Heb.* rosh.

19 *this curse.* ver. 12. Ge. 2. 17. *that he bless.* ch. 17. 2. Nu. 15. 30, 39. Ps. 10. 4-6, 11; 49. 18; 94. 6, 7. Pr. 29. 1. Je. 5. 12, 13; 7. 3-11; 28. 15-17; 44. 16, 17, 27. Eze. 13. 16, 22. Ep. 5. 6. *though I walk.* Nu. 15. 30. Ec. 11. 9. Ro. 1. 21. 2 Co. 10. 5. Ep. 4. 17. *imagination. or,* stubbornness. Je. 3. 17; 7. 24, margins. *to add.* A very forcible metaphor, denoting the natural progress and increasing avidity of sinful passions and depraved inclinations; which lead men to drink down iniquity as the drunkard does his liquor, without regard to consequences. Some render, 'to add thirst to drunkenness;' and then it implies the insatiableness of men's sinful passions, which hanker for more and more indulgence after the greatest excesses. *drunkenness to thirst. Heb.* the drunken to the thirsty.

20 *will not spare.* Ps. 78. 50. Pr. 6. 34. Is. 27. 11. Je. 13. 14. Eze. 5. 11; 7. 4, 9; 8. 18; 9. 10; 14. 7, 8; 24. 14. Ro. 8. 32; 11. 21. 2 Pe. 2. 4, 5. *the anger.* Ps. 74. 1. *his jealousy.* Ex. 20. 5; 34. 14. Ps. 78. 58; 79. 5. Ca. 8. 6. Eze. 8. 3, 5; 23. 25; 36. 5. Na. 1. 2. Zep. 1. 18. 1 Co. 10. 22. *smoke.* Ps. 18. 8; 74. 1. He. 12. 29. *all the curses.* ch. 27. 15-26; 28. 15-68. *blot out.* See on ch. 9. 14; 25. 19. Ex. 32. 32, 33. Ps. 69. 28. Eze. 14. 7, 8. Re. 3. 5.

21 *separate.* Jos. ch. 7. Eze. 13. 9. Mal. 3. 18. Mat. 24. 51; 25. 32, 41, 46. *are written. Heb.* is written.

22 *which the Lord hath laid upon it. Heb.* wherewith the Lord hath made it sick.

23 *brimstone.* Job 18. 15. Is. 34. 9. Lu. 17. 29. Re. 19. 20. *salt.* Ju. 9. 45. Ps. 107. 34. Je. 17. 6. Eze. 47. 11. Zep. 2. 9. Lu. 14. 34, 35. *like the.* Ge. 14. 2; 19. 24, 25. Je. 20. 16. Ho. 11. 8, 9. Am. 4. 11.

24 1 Ki. 9. 8, 9. 2 Ch. 7. 21, 22. Je. 22. 8, 9. La. 2. 15-17; 4. 12. Eze. 14. 23. Ro. 2. 5.

25 *Because.* Is. 47. 6. Je. 40. 2, 3; 50. 7. *they have forsaken.* 1 Ki. 19. 10-14. Is. 24. 1-6. Je. 22. 9; 31. 32. He. 8. 9.

26 *they went.* Ju. 2. 12, 13; 5. 8. 2 Ki. 17. 7-18. 2 Ch. 36. 12-17. Je. 19. 3-13; 44. 2-6. *gods whom.* ch. 28. 64. *whom he had,* etc. *or, who* had not given to them *any portion. given. Heb.* divided.

27 *all the curses.* ver. 20, 21; ch. 27. 15, etc.; 28. 15, etc. Le. 26. 14, etc. Da. 9. 11-14.

28 *rooted them.* ch. 28. 25, 36, 64. 1 Ki. 14. 15. 2 Ki. 17. 18, 23. 2 Ch. 7. 20. Ps. 52. 5. Pr. 2. 22. Je. 42. 10. Lu. 21. 23, 24. *as it is this day.* ch. 6. 24; 8. 18. Ezr. 9. 7. Da. 9. 7.

29 *secret.* Job 11. 6, 7; 28. 28. Ps. 25. 14. Pr. 3. 32. Je. 23. 18. Da. 2. 18, 19, 22, 27-30; 4. 9. Am. 3. 7. Mat. 13. 35. Jno. 15. 15; 21. 22. Ac. 1. 7. Ro. 11. 33, 34; 16. 25, 26. 1 Co. 2. 16. *revealed.* Ps. 78. 2-7. Is. 8. 20. Mat. 11. 27-30; 13. 11. Jno. 20. 31. Ro. 16. 26. 2 Ti. 1. 5; 3. 16. *and to our.* See on ch. 6. 7; 30. 2.

## CHAP. XXX.

*Great mercies promised unto the penitent,* 1-10. *The commandment is manifest,* 11-14. *Death and life are set before them,* 15-20.

1 *it shall come.* See on ch. 4. 30. Le. 26. 40-46. *the blessing.* ver. 15, 19; ch. 11. 26-28; ch. 27; 28; 29. 18-23. Le. ch. 26. *thou shalt call.* ch. 4. 29. 1 Ki. 8. 47, 48. Is. 46. 8. Eze. 18. 28. Lu. 15. 17. *whither.* Ge. 4. 14. Je. 8. 3.

2 *return unto.* ch. 4. 28-31. Ne. 1. 9. Is. 55. 6, 7. La. 3. 32, 40. Ho. 3. 5; 6. 1, 2; 14. 1-3. Joel 2. 12, 13. Zec. 12. 10. 2 Co. 3. 16. 1 Jno. 1. 9. *with all thine heart.* ch. 6. 5; 13. 3. 1 Ch. 29. 9, 17. Ps. 41. 12; 119. 80. Je. 3. 10; 4. 14; 29. 13. Ep. 6. 24.

3 *then the.* Ps. 106. 45-47; 126. 1-4. Is. 56. 8. Je. 29. 14; 31. 10. La. 3. 22, 32. Ro. 11. 23, 26, 31. *gather thee.* This seems to refer to a more extensive captivity than that which the Jews suffered in Babylon. Ezr. 1. 1-4. Ps. 147. 2. Je. 32. 37, etc. Eze. 34. 12, 13; 36. 24. Zec. 8. 7, 8.

4 *unto.* ch. 28. 64. Ne. 1. 9. Is. 11. 11-16. Eze. 39. 25-29. Zep. 3. 19, 20. *thence will the.* As this promise refers to a return from a captivity among all nations, consequently it cannot be exclusively the Babylonish captivity which is intended; and the repossession of their land must be different from that which was consequent on their return from Babylon. Nor at that period could it be said that they were *multiplied more than their fathers,* or, as the Hebrew imports, *made greater than their fathers,* when after their return they were tributary to the Persians, and afterwards fell under the power of the Greeks, under whom they suffered much; nor have their hearts, as a nation, yet been *circumcised.*

6 *will circumcise.* ch. 10. 16. Je. 4. 4; 9. 26; 32. 39. Eze. 11. 19, 20; 36. 26, 27. Jno. 3. 3-7. Ro. 2. 28, 29; 11. 26. 2 Co. 5. 17. Col. 2. 11. *to love the Lord.* ch. 6. 5. Ex. 20. 6. Mat. 22. 37. Ro. 8. 28. 1 Co. 8. 3. Ja. 1. 12; 2. 5. 1 Jno. 4. 7, 16-19; 5. 3, 4.

7 Nu. 24. 14. Ps. 137. 7-9. Is. 10. 12; 14. 1-27 Je. 25. 12-16, 29; 50. 33, 34; 51. 24-26, 34-37. La 3. 54-66; 4. 21, 22. Eze. 25. 3, 6, 8, 12, 15. Am. 1. 3, 6, 9, 11, 13. Ob. 10. Zec. 12. 3.

8 See on ver. 2. Pr. 16. 1. Is. 1. 25, 26. Je. 31. 33; 32. 39, 40. Eze. 11. 19, 20; 36. 27; 37. 24. Ro. 11. 26, 27. Ep. 2. 16. Phi. 2. 13.

9 *make thee.* ch. 28. 4. 11-14. Le. 26. 4 6, 9, 10. *rejoice over thee.* ch. 28. 63. Is. 62. 5; 65. 19. Je. 32. 41; 33. 9. Zep. 3. 17. Lu. 15. 6-10, 32. Jno. 15. 11.

10 *hearken unto.* See on ver. 2, 8. Is. 55. 2, 3. 1 Co. 7. 19. *turn unto.* Ne. 1. 9. La. 3. 40, 41. Eze. 18. 21; 33. 11, 14, 19. Ac. 3. 19; 26. 20.

11 *it is not hidden.* Or, as the word *niphlaith* implies, not too *wonderful* for thee to comprehend or perform; but easily to be acquainted with, and understood, because clearly revealed: *neither is it afar off;* it was proclaimed in your ears from mount Sinai, and is now proclaimed in the sanctuary: *it is not in heaven;* for it has been already revealed: *neither is it beyond the sea;* that you need travel for instruction, as the ancient philosophers did, or seek instruction from men, at immense labour and expense; *but the word is very nigh to thee;* brought to thy very doors; *in thy mouth, and in thy heart;* made so familiar as to afford a topic of common discourse, that it might be laid up in the memory and reduced to practice. Ps. 147. 19, 20. Is. 45. 19. Ro. 16. 25, 26. Col. 1. 26, 27.

12 Pr. 30. 4. Jno. 3. 13. Ro. 10. 6, 7.

13 *Who shall.* Ac. 10. 22, 33; 16. 9. Ro. 10. 14, 15. *go over the sea.* Pr. 2. 1-5; 3. 13-18; 8. 11; 16. 6. Mat. 12. 42. Jno. 6. 27. Ac. 8. 27, etc.

14 *very.* Eze. 2. 5; 33. 33. Lu. 10. 11, 12. Jno. 5. 46. Ac. 13. 26, 38-41; 28. 23-28. He. 2. 1-3. *mouth.* Je. 12. 2. Eze. 33. 31. Mat. 7. 21. Ro. 10. 8-10.

15 ver. 1, 19; ch. 11. 26; 28. 1, etc.; 32. 47. Mar. 16. 16. Jno. 3. 16. Ga. 3. 13, 14; 5. 6. 1 Jno. 3. 23; 5. 11, 12.

16 *to love.* See on ver. 6. Mat. 22. 37, 38. 1 Co. 7. 19. 1 Jno. 5. 2, 3. *to keep.* Jno. 14. 21.

17 *if thine.* See on ch. 29. 18-28. 1 Sa. 12. 25. Jno. 3. 19-21. *heart.* ch. 17. 17. 1 Ki. 11. 2. Pr. 1. 32; 14. 14. 2 Ti. 4. 4. He. 3. 12; 12. 25.

18 ch. 8. 19, 20; 31. 29. Jos. 23. 15, 16. Is. 63. 17, 18.

19 *I call heaven.* See on ch. 4. 26; 31. 28; 32. 1. Is. 1. 2. Je. 2. 12, 13; 22. 29, 30. Mi. 6. 1, 2. 1 Ti. 5. 21. *that I have.* See on ver. 15; ch. 11. 26. *choose life.* Jos. 24. 15-22. Ps. 119. 30, 111, 173. Pr. 1. 29; 8. 36. Is. 56. 4. Lu. 10. 42. *that both thou.* Je. 32. 39. Ac. 2. 39.

20 *love.* See on ver. 6, 16; ch. 10. 12; 11. 22. *cleave.* ch. 4. 4; 10. 20. Jos. 23. 8. Ac. 11. 23. Ro. 12. 9. *thy life.* Ps. 27. 1; 30. 5; 36. 9; 66. 9. Jno. 11. 25, 26; 14. 6; 17. 3. Ac. 17. 25, 28. Ga. 2. 20. Col. 3. 3, 4. Re. 21. 6; 22. 1, 17. *thou mayest.* See on ch. 4. 40; 5. 16; 11. 9; 12. 10.

## CHAP. XXXI.

*Moses encourages the people,* 1-6. *He encourages Joshua,* 7, 8. *He delivers the law unto the priests to be read in the seventh year to the people,* 9-13. *God gives a charge to Joshua,* 14-18; *and a song to testify against the people,* 19-23. *Moses delivers the book of the law to the Levites to keep,* 24-27. *He makes a protestation,* 28-30.

2 *I am an.* The life of Moses, the great prophet of Jehovah and lawgiver of the Jews, was exactly the same in length as the time Noah employed in preaching righteousness to the antediluvian world. These *one hundred and twenty years* were divided into three remarkable periods. *Forty years* he lived in Egypt, in the court of Pharaoh, acquiring all the learning and wisdom of the Egyptians (Ac. 7. 20, 23); *forty years* he sojourned in Midian, in a state of preparation for his great and important mission (Ac. 7. 29, 30); and *forty years* he guided, led, and governed the Israelites under the express direction and authority of God: in all 120 years. ch. 34. 7. Ex. 7. 7. Jos. 14. 10, 11. Ps. 90. 10. Ac. 7. 23. *I can no more.* See on ch. 34. 7. Nu. 27. 17. 2 Sa. 21. 17. 1 Ki. 3. 7. *Thou shalt not.* ch. 3. 26, 27; 4. 21, 22; 32. 48-52. Nu. 20. 12; 27. 13, 14. Ac. 20. 25. 2 Pe. 1. 13, 14.

3 *thy God.* See on ch. 9. 3. Ge. 48. 21. Ps. 44. 2, 3; 146. 3-6. *and Joshua.* ver. 7, 8, 14, 23; ch. 3. 28; 34. 9. Nu. 27. 18-21. Jos. 1. 2; 3. 7; 4. 14. Ac. 7. 45. He. 4. 8, Jesus.

4 ch. 2. 33; 3. 3-11, 21; 7. 2, 16. Ex. 23. 28-31. See on Nu. 21. 24-35.

5 *And the Lord.* ch. 7. 2, 18. *according.* ch. 7. 23-25; 20. 16, 17. Ex. 23. 32, 33; 34. 12-16. Nu. 33. 52-56.

6 *Be strong.* ver. 7, 23; ch. 20. 4. Jos. 1. 6, 7, 9; 10. 25. 1 Ch. 22. 13; 28. 10, 20. 2 Ch. 32. 7. Ps. 27. 14. Is. 43. 1-5. Hag. 2. 4. Zec. 8. 13. 1 Co. 16. 13. Ep. 6. 10. 2 Ti. 2. 1. *fear not.* ch. 1. 29; 7. 18; 20. 1, 3, 4. Nu. 14. 9. Ps. 27. 1. Is. 41. 10; 51. 12. Lu. 12. 32. Re. 21. 8. *he will not fail.* ch. 4. 31. Jos. 1. 5. 1 Ch. 28. 20. Is. 41. 13-17. He. 13. 5.

7 *Be strong.* See on ver. 6, 23; ch. 1. 38; 3. 28. Jos. 1. 6. Da. 10. 19. Ep. 6. 10. *for thou must.* See on ver. 3; ch. 1. 38; 3. 28. Jno. 1. 17.

8 *he it is that.* ver. 3; ch. 9. 3. Ex. 13. 21, 22; 33. 14. *he will be.* See on ver. 6. Jos. 1. 5, 9. 1 Ch. 28. 20. Is. 8. 9, 10; 43. 1, 2. Ro. 8. 31.

9 *Moses.* ver. 22-24, 28. Nu. 33. 2. Da. 9. 13. Mal. 4. 4. Mar. 10. 4, 5. 12. 19. Lu. 20. 28. Jno. 1. 17, 45; 5. 46. *delivered.* ver. 24-26; ch. 17. 18. *the priests.* Ho. 4. 6. Mal. 2. 7. *which bare.* Nu. 4. 15. Jos. 3. 3, 14-17; 6. 12. 1 Ki. 8. 3. 1 Ch. 15. 2, 12-15.

10 ch. 15. 1, 2. See on Le. 23. 34-43.

11 *to appear.* ch. 16. 16, 17. Ex. 23. 16, 17; 34. 24. Ps. 84. 7. *in the place.* See on ch. 12. 5. *thou. shalt read.* Jos. 8. 34, 35. 2 Ki. 23. 2. Ne. 8. 1-8, 13, 18; 9. 3. Lu. 4. 16, 17. Ac. 13. 15; 15. 21.

12 *Gather.* See on ch. 4. 10. *men.* ch. 6. 6, 7. Ezr. 10. 1. Ps. 19. 7-11. Jno. 5. 39. 2 Ti. 3. 15-17. *that they may.* ch. 29. 29. Ps. 34. 11-14.

13 See on ch. 6. 7; 11. 2. Ps. 78. 4-8. Pr. 22. 6. Ep. 6. 4.

14 *that thou must die.* See on ver. 2; ch. 34. 5. Nu. 27. 13. Jos. 23. 14. 2 Ki. 1. 4. Ec. 9. 5. Is. 38. 1. *I may give.* ver. 23. See on Nu. 27. 19, 20. Ac. 20. 28-31. 2 Ti. 4. 1-4. *presented.* Ex. 34. 2. Jos. 24. 1. 1 Sa. 10. 19. Job 1. 6; 2. 1. Ro. 12. 1. Jude 24.

15 See on Ex. 33. 9, 10; 40. 38. Ps. 99. 7.

16 *thou shalt.* Ge. 25. 8. 2 Sa. 7. 12. Is. 57. 2. Ac. 13. 36. *sleep. Heb.* lie down. *Shochaiv,* 'lying down:' it signifies to rest, take rest in sleep, and metaphorically, to *die.* Though much stress cannot be safely laid upon this expression to prove the immortality of the soul, or that the people, in the time of Moses, had a distinct notion of its separate existence; yet it was understood in this sense by JONATHAN, who paraphrases the words thus: 'Thou shalt lie down in the dust with thy fathers; and thy soul (*nishmatoch*) shall be laid up in the treasury of the life to come, with thy fathers.' Job 20. 11. *and go a.* Ex. 32. 6; 34. 15. Le. 20. 3-6. Ju. 2. 17-20. Ps. 73. 27; 106. 39. Is. 57. 3-8. Je. 3. 1-3. Eze. 16. 15, 25-36; 23. 5-8, etc. Ho. 2. 2-5. Re. 17. 2-5; 19. 2. *forsake me.* ch. 32. 15. Ju. 2. 12; 10. 6, 13. Je. 2. 11-13. *break my.* Le. 26. 15. Ju. 2. 20. Je. 31. 32.

17 *my anger.* See on ch. 29. 20; 32. 21, 22. Ju. 2. 14, 15. Ps. 2. 12; 90. 11. *I will forsake.* 1 Ch. 28. 9. 2 Ch. 15. 2. Je. 23. 33, 39. Ho. 9. 12. *hide my face.* Though this may *allude* to the withdrawing of the Shechinah, or visible appearance of Jehovah, yet the general meaning of the expression in Scripture is, the withdrawing of his approbation and protection, of which his visible appearance was formerly the sign and pledge. ch. 32. 20. Job 13. 24. Ps. 27. 9; 30. 7; 89. 46; 104. 29. Is. 8. 17; 64. 7. Eze. 39. 23, 24, 29. *befal them. Heb.* find them. Ne. 9. 32, marg. Job 34. 11. *Are not these.* See on ch. 29. 24-27. Nu. 14. 42. Ju. 6. 13. Is. 63. 17.

18 See on ver. 16, 17.

19 *this song.* ver. 22, 30; ch. 32. 1, etc., 44, 45. *and teach it.* See on ch. 4. 9, 10; 6. 7; 11. 19. *put it in their.* Ex. 4. 15. 2 Sa. 14. 3. Is. 51. 16; 59. 21. Je. 1. 9. *a witness.* ver. 21, 26. Eze. 2. 5. Mat. 10. 18. Jno. 12. 48.

20 *when.* See on ch. 6. 10-12; 7. 1; 8. 7. *floweth.* See on Ex. 3. 8, 17. *eaten.* ch. 8. 10-14. Ne. 9. 25, 26. *waxen fat.* ch. 32. 15. Ne. 9. 25, 26, 35. Ps. 17. 10; 73. 7; 119. 70. Je. 5. 28; 50. 11. Eze. 34. 16, 20. Ho. 13. 6. *then.* See on ver. 16, 17.

21 *this song.* A sacred song, appointed to be composed by Moses, doubtless under divine inspiration; which the people were required to learn, and teach to their children from generation to generation. See on ver. 19. *against. Heb.* before. *I know.* Ge. 6. 5; 8. 21. Ps. 139. 2. Is. 46. 10. Eze. 38. 10, 11. Ho. 5. 3; 13. 5, 6. Am. 5. 25, 26. Jno. 2. 24, 25. Ac. 2. 23; 4. 28. *go about. Heb.* do.

22 See on ver. 9, 19.

23 *he gave Joshua.* See on ver. 7, 8, 14. Jos. 1. 5-9. *shalt bring.* See on ver. 3; ch. 3. 28. Ac. 7. 45.

24 *writing the words.* See on ver. 9; ch. 17. 18.

25 *bare the ark.* See on ver. 9.

26 *in the side.* 1 Ki. 8. 9. 2 Ki. 22. 8-11. 2 Ch. 34. 14, 15. *a witness.* See on ver. 19. 2 Ki. 22. 8, 13-19. Ro. 3. 19, 20. Ga. 2. 19.

27 *I know.* ch. 32. 20. *stiff neck.* See on ch. 9. 6; 32. 20. Ex. 32. 8. 2 Ch. 30. 8. Ps. 78. 8. Is. 48. 4. Ac. 7. 51. *ye have been.* See on ch. 9. 24.

28 *Gather unto me.* See on ver. 12; ch. 29. 10. Ge. 49. 1, 2. Ex. 18. 25. Nu. 11. 16, 17. *call heaven.* ch. 4. 26. See on ch. 30. 19; 32. 1. Is. 1. 2. Lu. 19. 40.

29 *corrupt yourselves.* ch. 32. 5. Ju. 2. 19. Is. 1. 4. Ho. 9. 9. Ac. 20. 30. 2 Ti. 3. 1-6. 2 Pe. 1. 14, 15; 2. 1, 2. *and evil.* ch. 28. 15, etc.; 29. 18-28. Le. 26. 14, etc. 2 Ch. 34. 24. Lu. 19. 42-44; 21. 24. *the latter days.* ch. 4. 30. Ge. 49. 1. Job 19. 25. Eze. 38. 8. 1 Ti. 4. 1. 2 Ti. 3. 1. He. 1. 2. 2 Pe. 3. 3.

30 See on ch. 4. 5. Jno. 12. 49. Ac. 20. 27. He. 3. 2, 5.

## CHAP. XXXII.

*Moses' song, which sets forth God's mercy and vengeance, 1-45. He exhorts them to set their hearts upon it, 46, 47. God sends him up to mount Nebo, to see the land, and to die, 48-52.*

1 ch. 4. 26; 30. 19; 31. 28. Ps. 49. 1. Is. 1. 2. Je. 2. 12; 6. 19; 22. 29.

2 *drop.* 2 Sa. 23. 4. Job 29. 22, 23. Ps. 72. 6. Is. 55. 10, 11. Ho. 6. 4; 14. 5. 1 Co. 3. 6-8. He. 6. 7. *as the showers.* Mi. 5. 7. Zec. 10. 1.

3 *Because.* Ex. 3. 13-16; 6. 3; 20. 24; 34. 5-7. Ps. 29. 1, 2; 89. 16-18; 105. 1-5; 145. 1-10. Je. 10. 6; 23. 6. Mat. 1. 23. Jno. 17. 6, 26. *ascribe.* ch. 5. 24. 1 Ch. 17. 19; 29. 11. Ps. 145. 3; 150. 2. Je. 10. 6. Ep. 1. 19.

4 *the Rock.* ver. 18, 30, 31. 1 Sa. 2. 2. 2 Sa. 22. 2, 3, 32, 47; 23. 3. Ps. 18. 2, 31, 46; 61. 2-4; 92. 15. Is. 26. 4; 28. 16; 32. 2. Mat. 16. 16-18. 1 Co. 10. 4. 1 Pe. 2. 6. *his work.* Ge. 1. 31. 2 Sa. 22. 31. Ps. 18. 30; 19. 7; 138. 8. Ec. 3. 14. Mat. 5. 48. Ja. 1. 17. *all his.* ch. 10. 18. Ge. 18. 25. Job 35. 14. Ps. 9. 16; 97. 2; 99. 4. Is. 30. 18. Je. 9. 24. Da. 4. 37. Jno. 5. 22. Ro. 1. 32; 2. 2, 5. Ja. 4. 12. Re. 15. 3, 4. *a God.* Ex. 34. 6. Ps. 31. 5; 98. 3; 100. 5; 146. 6. Is. 25. 1. Je. 10. 10. Jno. 1. 14, 17; 14. 6. *without.* Job 34. 10. Ps. 92. 15. Hab. 1. 13. Ro. 3. 5.

5 *They have corrupted themselves. Heb.* He hath corrupted to himself. ch. 4. 16; 31. 29. Ge. 6. 12. Ex. 32. 7. Ju. 2. 19. Is. 1. 4. Ho. 9. 9. Zep. 3. 7. 2 Co. 11. 3. *their spot,* etc. *or, that they are* not his children, *that is* their blot. Jno. 8. 41. *a perverse.* ch. 9. 24. Ps. 78. 8. Is. 1. 4. Mat. 3. 7; 16. 4; 17. 17. Lu. 9. 41. Ac. 7. 51. Phi. 2. 15.

6 *requite.* ver. 18. Is. 1. 2. 2 Co. 5. 14, 15. Tit. 2. 11-14. *O foolish.* Ps. 74. 18. Je. 4. 22; 5. 21. Ga. 3. 1-3. *thy father.* Ex. 4. 22. Is. 63. 16. Lu. 15. 18-20. Jno. 8. 41. Ro. 8. 15. Ga. 3. 26; 4. 6. 1 Jno. 3. 1. *hath bought.* Ex. 15. 16. Ps. 74. 2. Is. 43. 3, 4. Ac. 20. 28. 1 Co. 6. 20. 2 Pe. 2. 1. *made thee.* Job 10. 8. Ps. 95. 6; 100. 3; 149. 2. Is. 27. 11; 43. 7; 44. 2.

7 *Remember.* Ps. 44. 1; 77. 5; 119. 52. Is. 63. 11. *many generations. Heb.* generation and generation. Ps. 10. 6; 77. 8, marg. *ask.* ch. 4. 32. Ex. 13. 14. Ju. 6. 13. Job 8. 8-10. Ps. 44. 1; 77. 5, 6, 11, 12; 78. 3, 4. Is. 46. 9.

8 *Most.* Nu. 24. 16. Ps. 7. 17; 50. 14; 82. 6; 91. 1; 92. 8. Is. 14. 14. Da. 4. 17; 5. 18. Ac. 7. 48. *divided.* Ge. 10. 25; 11. 9. Ps. 115. 16. Ac. 17. 26. *he set.* Ge. 10. 15; 15. 18-21.

9 *the Lord's.* ch. 26. 18, 19. Ex. 15. 16; 19. 5, 6. 1 Sa. 10. 1. Ps. 78. 71; 135. 4. Is. 43. 21. Je. 10. 16; 51. 19. Ep. 1. 18. 1 Pe. 2. 9, 10. *lot. Heb.* cord. Mi. 2. 5.

10 *found.* ch. 8. 15, 16. Ne. 9. 19-21. Ps. 107. 4, 5. Ca. 8. 5. Je. 2. 6. Ho. 13. 5. *led him. or,* compassed him. *he instructed.* ch. 4. 36. Ne. 9. 20. Ps. 32. 7-10; 147. 19, 20. Ro. 2. 18; 3. 2. *he kept.* Ps. 17. 8. Pr. 7. 2. Zec. 2. 8.

11 Ex. 19. 4. Is. 31. 5; 40. 31; 46. 4; 63. 9. He. 11. 3. Re. 12. 4.

12 *the Lord.* ch. 1. 31. Ne. 9. 12. Ps. 27. 11; 78. 14, 52, 53; 80. 1; 136. 16. Is. 46. 4; 63. 9-13. *no strange.* Is. 43. 11, 12; 44. 7, 8.

13 *ride.* ch. 33. 26, 29. Is. 58. 14. Eze. 36. 2. *honey.* Job 29. 6. Ps. 81. 16. Is. 48. 21. Eze. 27. 17.

14 *Butter.* Ge. 18. 8. Ju. 5. 25. 2 Sa. 17. 29. Job 20. 17. Is. 7. 15, 22. *of Bashan.* Ps. 22. 12. Eze. 39. 18. Am. 4. 1. Mi. 7. 14. *the fat.* Ps. 81. 16; 147. 14. *blood.* Ge. 49. 11. Mat. 26. 28, 29. Jno. 6. 55, 56.

15 *Jeshurun.* ch. 33. 5, 26. Is. 44. 2. *kicked.* 1 Sa. 2. 29. Ac. 9. 5. *waxen fat.* ch. 31. 20. Job 15. 27. Ps. 17. 10; 73. 7; 119. 70. Is. 6. 10. Ac. 28. 27. Ro. 2. 4, 5. *then he.* ch. 6. 10-12; 8. 10-14; 31. 16, 20. Ne. 9. 25. Is. 1. 4. Je. 2. 5; 5. 7, 28. Ho. 13. 6. *the Rock.* See on ver. 4. 2 Sa. 22. 47. Ps. 18. 46; 89. 26; 95. 1.

16 *provoked.* ch. 5. 9. 1 Ki. 14. 22. Na. 1. 1, 2. 1 Co. 10. 22. *abominations.* ch. 7. 25. Le. 18. 27. 2 Ki. 23. 13.

17 *sacrificed.* Le. 17. 7. Ps. 106. 37, 38. 1 Co. 10. 20. 1 Ti. 4. 1. Re. 9. 20. *not to God. or, which were* not God. ver. 21. Je. 10. 15. 1 Co. 8. 4; 10. 19. *to gods.* ch. 28. 64. Is. 44. 8. *to new gods.* Ju. 5. 8.

18 *the Rock.* ver. 4, 15. Is. 17. 10. *forgotten.* ch. 6. 12; 8. 11, 14, 19. Ps. 9. 17; 44. 20-22; 106. 21. Is. 17. 10; 22. 10, 11. Je. 2. 32; 3. 21. Ho. 8. 14.

19 *And when.* Le. 26. 11. Ju. 2. 14. Ps. 5. 4; 10. 3; 78. 59; 106. 40. Am. 3. 2, 3. Zec. 11. 8. Re. 3. 16. *abhorred them. or,* despised. La. 2. 6. *of his sons.* Ps. 82. 6, 7. Is. 1. 2. Je. 11. 15.

20 *I will hide.* ch. 31. 17, 18. Job 13. 24; 34. 29. Is. 64. 7. Je. 18. 17. Ho. 9. 12. *a very.* See on ver. 5. Is. 65. 2-5. Mat. 11. 16, 17. Lu. 7. 31, 32. *children* 2 Ch. 20. 20. Is. 7. 9; 30. 9. Mat. 17. 17. Mar. 9 19. Lu. 18. 8. 2 Th. 3. 2. He. 11. 6.

21 *moved me.* ver. 16. Ps. 78. 58. *with their vanities.* 1 Sa. 12. 21. 1 Ki. 16. 13, 26. Ps. 31. 6. Je. 8. 19; 10. 8; 14. 22; Jon. 2. 8. Ac. 11. 15. *I will.* Ho. 1. 10. Ro. 9. 25; 10. 19; 11. 11-14. 1 Pe. 2. 9, 10.

22 *For a fire.* ch. 29. 20. Nu. 16. 35. Ps. 21. 9; 83. 14; 97. 3. Is. 66. 15, 16. Je. 4. 4; 15. 14; 17. 4. La. 2. 3; 4. 11. Eze. 36. 5. Na. 1. 6. Mal. 4. 1, 2. Mar. 9. 43-48. 2 Th. 1. 8. He. 12. 29. *shall burn. or,* hath burned. *lowest.* Ps. 86. 13. Is. 30. 33. Zep. 3. 8. Mat. 10. 28; 18. 9; 23. 33. *shall consume. or,* hath consumed. Is. 24. 6, 19, 20. *foundations.* Job 9. 5, 6. Ps. 46. 2; 144. 5. Is. 54. 10. Mi. 1. 4. Na. 1. 5. Hab. 3. 10.

23 *heap mischiefs.* ch. 28. 15. Le. 26. 18, 24. Is. 24. 17, 18; 26. 15. Je. 15. 2, 3. Eze. 14. 21. Mat. 24. 7, 8. *spend.* Ps. 7. 12, 13. La. 3. 13. Eze. 5. 16.

24 *burnt.* ch. 28. 53. Je. 14. 18. La. 4. 4-9; 5. 10. *burning heat. Heb.* burning coals. Ps. 18. 12-14; 120. 4. Hab. 3. 5. *the teeth.* Le. 26. 22. Je. 15. 3; 16. 4. Eze. 5. 17; 14. 15, 21. *serpents.* Ge. 3. 14; 49. 15. Is. 65. 25. Am. 9. 3.

25 *sword.* Le. 26. 36, 37. Is. 30. 16. Je. 9. 21. La. 1. 20. Eze. 7. 15. 2 Co. 7. 5. *within. Heb.* from the chambers. *destroy. Heb.* bereave. *the young.* La. 2. 19-22; 4. 4.

26 ch. 28. 25, 37, 64. Le. 26. 33, 38. Is. 63. 16. Lu. 21. 24.

27 *lest their.* 1 Sa. 12. 22. Is. 37. 28, 29, 35; 47. 7. Je. 19. 4. La. 1. 9. Eze. 20. 13, 14, 20-22. Zec. 1. 14, 15. *they should.* Ex. 32. 12. Nu. 14. 15, 16. Jos. 7. 9. Ps. 115. 1, 2; 140. 8. Is. 10. 8-15; 37. 10, 12-23. Da. 4. 30-37. *Our hand,* etc. *or,* Our high hand and not the Lord hath done all this.

28 ver. 6. Job 28. 28. Ps. 81. 12. Pr. 1. 7. Is. 27. 11; 29. 14. Je. 4. 22; 8. 9. Ho. 4. 6. Mat. 13. 14, 15. Ro. 11. 25. 1 Co. 3. 19.

29 *O that.* ch. 5. 29. Ps. 81. 13; 107. 15, 43. Is. 48. 18, 19. Ho. 14. 9. Lu. 19. 41, 42. *they would.* Is. 10. 3; 47. 7. Je. 5. 31; 17. 11. La. 1. 9. Lu. 12. 20; 16. 19-25.

30 *one chase.* Le. 26. 8. Jos. 23. 10. Ju. 7. 22, 23.

1 Sa. 14. 15-17. 2 Ch. 24. 24. Is. 30. 17. *sold them.* Ju. 2. 14; 3. 8. Ps. 44. 12. Is. 50. 1; 52. 3. Mat. 18. 25. *shut them.* Job 11. 10; 16. 11. Ps. 31. 8.

31 Ex. 14. 25. Nu. 23. 8, 23. 1 Sa. 2. 2; 4. 8. Ezr. 1. 3; 6. 9-12; 7. 20, 21. Je. 40. 3. Da. 2. 47; 3. 29; 6. 26, 27.

32 *of the vine of Sodom. or, worse* than the vine of Sodom, etc. Is. 1. 10. Je. 2. 21. La. 4. 6. Eze. 16. 45-51. Mat. 11. 24. *their grapes.* ch. 29. 18. Is. 5. 4. He. 12. 15.

33 *the poison.* Job 20. 14-16. Ps. 58. 4; 140. 3. Je. 8. 14, marg. Ro. 3. 13.

34 Job 14. 17. Je. 2. 22. Ho. 13. 12. Ro. 2. 5. 1 Co. 4. 5. Re. 20. 12, 13.

35 *To me.* ver. 43. Ps. 94. 1. Na. 1. 2, 6. Ro. 12. 19; 13. 4. He. 10. 30. *their foot.* Ps. 73. 17-19. Pr. 4. 19. Is. 8. 15. Je. 6. 21; 13. 16. 1 Pe. 2. 8. *for the day.* 2 Pe. 2. 3. *the things.* Is. 5. 19; 30. 12, 13; 60. 22. Hab. 2. 3. Lu. 18. 7, 8. 2 Pe. 2. 3; 3. 8-10.

36 *For the.* Ps. 7. 8; 50. 4; 96. 13; 135. 14. *repent.* Ju. 2. 18; 10. 15, 16. Ps. 90. 13; 106. 45. Je. 31. 20. Joel 2. 14. Am. 7. 3, 6. *power. Heb.* hand. *none.* 1 Ki. 14. 10; 21. 21. 2 Ki. 9. 8; 14. 26.

37 Ju. 10. 14. 2 Ki. 3. 13. Je. 2. 28.

38 *eat the fat.* Le. 21. 21. Ps. 50. 13. Eze. 16. 18, 19. Ho. 2. 8. Zep. 2. 11. *let them.* Ju. 10. 14. *your protection. Heb.* an hiding for you.

39 *I, even I.* Ps. 102. 27. Is. 41. 4; 45. 5, 18, 22; 46. 4; 48. 12. He. 1. 12. Re. 1. 11; 2. 8. *no god.* ch. 4. 35. Is. 45. 5, 18, 22. *I kill.* 1 Sa. 2. 6. 2 Ki. 5. 7. Job 5. 18. Ps. 68. 20. Is. 43. 13. Ho. 6. 1. Jno. 8. 24. Re. 1. 17, 18. *neither.* Job 10. 7. Ps. 50. 22. Is. 43. 13. Mi. 5. 8.

40 Ge. 14. 22. Ex. 6. 8. Nu. 14. 28-30. Je. 4. 2. He. 6. 17, 18. Re. 10. 5, 6.

41 *whet.* Ps. 7. 12. Is. 27. 1; 34. 5, 6; 66. 16. Eze. 21. 9-15, 20. Zep. 2. 12. *I will.* See on ver. 35. Is. 1. 24; 59. 18; 66. 6. Na. 1. 2. *them that hate.* ch. 5. 9. See on Ex. 20. 5. Ro. 1. 30; 8. 7. 2 Ti. 3. 4.

42 *make mine.* See on ver. 23. Ps. 45. 5; 68. 23. Is. 34. 6-8. Je. 16. 10. Eze. 35. 6-8; 38. 21, 22. *revenges.* The word *parôth,* rendered *revenges,* a sense in which it never seems to be used, has rendered this passage very obscure. As the word *paira* signifies the *hair of the head,* both in Hebrew and Arabic, Mr. PARKHURST and others render *mairosh parôth,* 'from the hairy head;' but to have this sense, the words should rather have been *mipparôth rosh,* according to the Hebrew idiom. The word *farôu,* in Arabic, however, also denotes a *prince* or *chief;* and the words may be literally rendered, with the LXX., απο κεφαλης αρχοντων εχθρων, 'from the head of the chiefs of the enemies.' The *hyperbaton,* or transposition of words from their grammatical order, is very observable in this verse; the third member forming a continuation of the first, and the fourth of the second. Job 13. 24. Je. 30. 14. La. 2. 5.

43 *Rejoice. or,* Praise his people, ye nations; *or,* Sing ye. *O ye nations.* Ge. 12. 3. 1 Ki. 8. 43. Ps. 22. 27. Is. 11. 10; 19. 23, 25. Lu. 2. 10, 11, 32. Ac. 13. 47, 48. Ro. 15. 9-13. Re. 5. 9, 10. *avenge.* See on ver. 35. Job 13. 24. Je. 13. 14. La. 2. 5. Lu. 19. 27, 43, 44; 21. 22-24. Ro. 12. 19. Re. 6. 10; 15. 2, 4; 18. 2, 20; 19. 2. Re. 19. 2. *render.* ver. 41. *will be.* Ps. 85. 1.

44 *spake.* See on ch. 31. 22, 30. *Hoshea. or* Joshua. See on Nu. 13. 8, 16.

46 See on ch. 6. 6, 7; 11. 18. 1 Ch. 22. 19. Pr. 3. 1-4. Eze. 40. 4. Lu. 9. 44. He. 2. 1.

47 ch. 30. 19. Le. 18. 5. Pr. 3. 1, 2, 18, 22; 4. 22. Is. 45. 19. Mat. 6. 33. Ro. 10. 5, 6. 1 Ti. 4. 8; 6. 6-8. 1 Pe. 3. 10-12. 2 Pe. 1. 3, 16. Re. 22. 14.

48 A.M. 2553. B.C. 1451. An. Ex. Is. 40. Adar. Nu. 27. 12, 13.

49 *mountain.* ch. 34. 1; See on Nu. 33. 47, 48. *and behold.* ch. 34. 2-5. Is. 33. 17. 2 Co. 5. 1.

50 *be gathered.* Ge. 15. 15. See on ch. 25. 8, 17; 49. 33. Da. 12. 13. *as Aaron.* Nu. 20. 24-29; 33. 38.

51 *ye trespassed.* ch. 3. 23-27. Nu. 20. 11, 12, 24; 27. 14. *Meribah-Kadesh. or,* strife at Kadesh. Nu. 20. 13, 14. *because ye.* See on Le. 10. 3. 1 Ki. 13. 21-26. Is. 8. 13. 1 Pe. 4. 17.

52 ver. 49; ch. 34. 1-4. Nu. 27. 12. He. 11. 13, 39.

## CHAP. XXXIII.

*The majesty of God,* 1-5. *The blessings of the twelve tribes,* 6-25. *The excellency of Israel,* 26-29.

1 *the blessing.* Ge. 27. 4, 27-29; 49. 1, 28. Lu. 24. 50, 51. Jno. 14. 27; 16. 33. *the man.* Jos. 14. 6. Ju. 13. 6. 1 Sa. 2. 27; 9. 6, 7. 1 Ki. 13. 1, 6. Ps. 90, title. 1 Ti. 6. 11. 2 Ti. 3. 17. 2 Pe. 1. 21.

2 *came from Sinai.* Ex. 19. 18-20. Ju. 5. 4, 5. Hab. 3. 3. *ten thousands.* Ps. 68. 7, 17. Da. 7. 9. Ac. 7. 53. Ga. 3. 19. 2 Th. 1. 7. He. 2. 2. Jude 14. Re. 5. 11. *a fiery law. Heb.* a fire of law. ch. 5. 22. 2 Co. 3. 7, 9. Ga. 3. 10. He. 12. 20.

3 *he loved.* ch. 7. 7, 8. Ex. 19. 5, 6. Ps. 47. 4; 147. 19, 20. Je. 31. 3. Ho. 11. 1. Mal. 1. 2. Ro. 9. 11-13. Ep. 2. 4, 5. 1 Jno. 4. 19. *all his saints.* ch. 7. 6. 1 Sa. 2. 9. Ps. 31. 15; 50. 5. Je. 32. 40. Jno. 10. 28, 29; 17. 11-15. Ro. 8. 35-39. Col. 3. 3, 4. 1 Pe. 1. 5. *they sat.* Lu. 2. 46; 8. 35; 10. 39. Ac. 22. 3. *shall receive.* Pr. 2. 1. 1 Th. 1. 6.

4 *Moses.* Jno. 1. 17; 7. 19. *the inheritance.* ch. 9. 26-29. Ps. 119. 72, 111.

5 *king.* Ge. 36. 31. Ex. 18. 16, 19. Nu. 16. 13-15. Ju. 8. 22; 9. 2; 17. 6. *Jeshurun.* See on ch. 32. 15.

6 Ge. 49. 3, 4, 8. Nu. 32. 31, 32. Jos. 22. 1-9.

7 *and bring.* Ge. 49. 8-12. Ju. 1. 1, etc. Ps. 78. 68, 70. Mi. 5. 2. Mal. 3. 1. He. 7. 14. *let his hands.* 2 Sa. 3. 1; 5. 1, 19, 24. 1 Ch. 12. 22. 2 Ch. 17. 12-19. Is. 9. 7. Re. 19. 13-16. *and be thou.* 2 Sa. 7. 9-12. Ps. 11; 20. 2; 21. 1, 8; 110. 1, 2; 146. 5. Lu. 19. 27. 1 Co. 15. 25. Re. 20. 10-15.

8 *Let thy.* Ex. 28. 30, 36. Le. 8. 8. Nu. 27. 21. 1 Sa. 28. 6. Ezr. 2. 63. Ne. 7. 65. *with thy.* Le. 21. 7. Nu. 16. 5. 2 Ch. 23. 6. Ezr. 8. 28. Ps. 16. 10; 106. 16. He. 7. 26. Re. 3. 7. *prove at.* ch. 8. 2, 3, 16. Ex. 17. 7. Nu. 20. 13. Ps. 81. 7.

9 *Who said.* Ex. 32. 25-29. Le. 10. 6; 21. 11. Mat. 10. 37; 12. 48; 22. 16. Lu. 14. 26. 2 Co. 5. 16. Ga. 1. 10. 1 Th. 2. 4. 1 Ti. 5. 21. *I have not.* Ge. 29. 32. 1 Ch. 17. 17. Job 37. 24. *for they.* Je. 18. 18. Mal. 2. 5-7.

10 *They shall teach. or,* Let them teach, etc. ch. 17. 9-11; 24. 8. Le. 10. 11. 2 Ch. 17. 8-10; 30. 22. Ne. 8. 1-9, 13-15, 18. Eze. 44. 23, 24. Ho. 4. 6. Mal. 2. 6-8. Mat. 23. 2, 3. Jno. 21. 15, 16. *they shall put incense. or,* let them put incense. Ex. 30. 7, 8. Nu. 16. 40, 46. 1 Sa. 2. 28. 2 Ch. 26. 18. Lu. 1. 9, 10. He. 7. 25; 9. 24. Re. 8. 3-5. *before thee. Heb.* at thy nose. *whole.* Le. 1. 9, 13, 17; 9. 12, 13. Ps. 51. 19. Eze. 43. 27.

11 *his substance.* ch. 18. 1-5. Nu. 18. 8-20; 35. 2-8. *accept.* 2 Sa. 24. 23. Ps. 20. 3. Eze. 20. 40, 41; 43. 27. Mal. 1. 8-10. *smite.* Is. 29. 21. Je. 15. 10. Am. 5. 10. Mat. 10. 14, 15. Lu. 10. 10-12, 16. 1 Th. 4. 8.

12 *The beloved.* See on ver. 27-29. Jos. 18. 11-28. Ju. 1. 21. 1 Ki. 12. 21. 2 Ch. 11. 1; 15. 2; 17. 17-19. Ps. 132. 14. Is. 37. 22, 35. *cover him.* Ps. 91. 4. Is. 51. 16. Mat. 23. 37.

13 *Joseph.* See on Ge. 48. 5, 9, 15-20; 49. 22-26. *the dew.* ch. 32. 2. Ge. 27. 28, 29. Job 29. 19. Ps. 110. 3. Pr. 3. 20; 19. 12. Is. 18. 4. Ho. 14. 5. Mi. 5. 7. Zec. 8. 12.

14 *the precious.* ch. 28. 8. Le. 26. 4. 2 Sa. 23. 4. Ps. 65. 9-13; 74. 16; 84. 11. Mal. 4. 2. Mat. 5. 45. Ac. 14. 17. 1 Ti. 6. 17. *put forth. Heb.* thrust forth. *moon. Heb.* moons. Ps. 8. 3; 104. 19. Re. 22. 2.

15 Ge. 49. 26. Hab. 3. 6. Ja. 5. 7.

16 *the earth.* Ps. 24. 1; 50. 12; 89. 11. Je. 8. 16, marg. 1 Co. 10. 26, 28. *the good.* Ex. 3. 2-4. Mar. 12. 26. Lu. 2. 14. Ac. 7. 30-33, 35. 2 Co. 12. 7-10. *and upon the top.* Ge. 37. 28, 36; 39. 2, 3; 43. 32; 45. 9-11. See on Ge. 49. 26. He. 7. 26.

17 *the firstling.* 1 Ch. 5. 1. *his horns.* Nu. 23. 22; 24. 8. Job 39. 9, 10. Ps. 22. 21; 29. 6; 92. 10. Is. 34. 7. *unicorns. Heb.* an unicorn. *he shall push.* 1 Ki. 22. 11. 2 Ch. 18. 10. Ps. 44. 5. *the ten thousands.* Ge. 48. 19. Nu. 26. 34, 37. Ho. 5. 3; 6. 4; 7. 1.

18. Ge. 49. 13-15. Jos. 19. 11. Ju. 5. 14.

19 *call the people.* Is. 2. 3. Je. 50. 4, 5. Mi. 4. 2. *they shall.* Ps. 4. 5; 50. 13-15; 51. 16, 17; 107. 22. He. 13. 15, 16. 1 Pe. 2. 5. *suck of.* ch. 32. 13. Is. 60. 5, 16; 66. 11, 12.

20 *Blessed.* Ge. 9. 26, 27. Jos. 13. 8, 10, 24-28. 1 Ch. 4. 10; 12. 8, 37, 38. Ps. 18. 19, 36. *he dwelleth.* 1 Ch. 5. 18-21; 12. 8-14. *teareth.* Mi. 5. 8.

21 *the first part.* Nu. 32. 1-6, 16, 17, etc. *a portion.* Nu. 32. 33. Jos. 1. 14; 22. 4. *seated. Heb.* cieled. *he came.* Nu. 32. 16, 21. Jos. 4. 12, 13. Ju. 5. 2, 11.

22 Ge. 49. 16, 17. Jos. 19. 47. Ju. 13. 2, 24, 25; 14. 6, 19; 15. 8, 15; 16. 30; 18. 27. 1 Ch. 12. 35.

23 *O.* Ge. 49. 21. Ps. 36. 8; 90. 14. Is. 9. 1, 2. Je. 31. 14. Mat. 4. 13, 16; 11. 28. *possess.* Jos. 19. 32-39.

24 *Asher be blessed.* Ge. 49. 20. Ps. 115. 15; 128. 3, 6. *let him be.* Pr. 3. 3, 4. Ec. 12. 10. Ac. 7. 10. Ro. 14. 18; 15. 31. *let him dip.* Job 29. 6.

25 *Thy shoes,* etc. *or, Under* thy shoes *shall be* iron. ch. 8. 9. Lu. 15. 22. Ep. 6. 15. *and as thy.* 2 Ch. 16. 9. Ps. 138. 3. Is. 40. 29; 41. 10. 1 Co. 10. 13. 2 Co. 12. 9, 10. Ep. 6. 10. Phi. 4. 13. Col. 1. 11.

26 *none.* Ex. 15. 11. Ps. 86. 8. Is. 40. 18, 25; 43. 11-13; 86. 8. Je. 10. 6. *Jeshurun.* See on ch. 32. 15. *rideth.* Ps. 18. 10; 68. 4, 33, 34; 104. 3. Is. 19. 1. Hab. 3. 8.

27 *eternal.* 1 Sa. 15. 29. Ps. 90. 1, 2; 102. 24. Is. 9. 6; 25. 4; 57. 15. Je. 10. 10. Mi. 5. 2. 1 Ti. 1. 17. He. 9. 14. *refuge.* Ps. 18. 2; 27. 5; 36. 7; 46. 1, 7, 11; 48. 3; 91. 1, 2, 9, 15. Pr. 18. 10. Is. 32. 2. Lu. 13. 34. Phi. 3. 9. *underneath.* Ge. 49. 24. Pr. 10. 25. Ca. 2. 6. Is. 26. 4. 1 Pe. 1. 5. Jude 24. *thrust.* See on ch. 9. 3-5. Jno. 10. 28, 29. Ro. 8. 2; 16. 20. Re. 20. 2, 3, 10.

28 *Israel.* Ex. 33. 16. Nu. 23. 9. Je. 23. 6; 33. 16. Eze. 34. 25. Re. 21. 27; 22. 14, 15. *the fountain.* ch. 8. 7, 8. Ps. 68. 26. Pr. 5. 15-18. Is. 48. 1. *his.* See on ver. 13; ch. 11. 11; 32. 2. Ge 27. 28.

29 *Happy.* ch. 4. 7, 8. Nu. 23. 20-24; 24. 5. 2 Sa. 7. 23. Ps. 33. 12; 144. 15. *saved.* Is. 12. 2; 45. 17. 1 Ti. 4. 10. *the shield.* Ge. 15. 1. Ps. 84. 11; 115. 9-11. *the sword.* Ju. 7. 20. Ps. 7. 12; 45. 3. Is. 27. 1; 34. 5, 6. Je. 12. 12; 47. 6. Re. 1. 16; 19. 21. *found. liars. or,* subdued. 2 Sa. 22. 45. Ps. 18. 44; 66. 3; 81. 15, margins. *thou shalt.* ch. 32. 13. Jos. 10. 24, 25. Hab. 3. 19.

### CHAP. XXXIV.

*Moses from mount Nebo views the land,* 1-4. *He dies there,* 5. *His burial,* 6. *His age,* 7. *Thirty days' mourning for him,* 8. *Joshua succeeds him,* 9. *The praise of Moses,* 10-12.

1 *the mountain.* See on ch. 32. 49. Nu. 27. 12; 33. 47. *Pisgah. or,* the hill. See on Nu. 21. 20, marg. *shewed him.* ver. 4; ch. 3. 27. Nu. 32. 33-40. Eze. 40. 2. Re. 21. 10. *Dan.* Ge. 14. 14. Jos. 19. 47. Ju. 18. 29.

2 *unto.* ch. 11. 24. Ex. 23. 31. Nu. 34. 6. Jos. 15. 12.

3 *the city of palm.* Ju. 1. 16; 3. 13. 2 Ch. 28. 15. *Zoar.* Ge. 14. 2, 8; 19. 22. Nu. 34. 3.

4 *This is the land.* Ge. 12. 7; 13. 15; 15. 18-21; 26. 3; 28. 13. Ps. 105. 9-11. *I have caused.* ch. 3. 26, 27; 32. 52. Nu. 20. 12. Jno. 1. 17.

5 *So Moses.* Jos. 1. 1. Mal. 4. 4. Jno. 8. 35, 36. 2 Ti. 2. 25. He. 3. 3-6. 2 Pe. 1. 1. Re. 15. 3. *died there.* ch. 31. 14; 32. 50. Jos. 1. 1, 2.

6 *he buried him.* Jude 9.

7 *an hundred.* ch. 31. 2. Ac. 7. 23, 30, 36. *his eye.* Ge. 27. 1; 48. 10. Jos. 14. 10, 11. *natural force abated. Heb.* moisture fled.

8 *wept for Moses.* Ge. 50. 3, 10. Nu. 20. 29. 1 Sa. 25. 1. Is. 57. 1. Ac. 8. 2.

9 *full of the spirit.* Ex. 31. 3. Nu. 11. 17. 1 Ki. 3. 9, 12. 2 Ki. 2. 9, 15. Is. 11. 2. Da. 6. 3. Jno. 3. 34. Col. 2. 3. *Moses.* Nu. 27. 18-23. Ac. 6. 6; 8. 17-19. 1 Ti. 4. 14; 5. 22. *the children.* Jos. 1. 16-18.

10 *there arose.* ch. 18. 15-18. Ac. 3. 22, 23; 7. 37. He. 3. 5, 6. *the Lord.* ch. 5. 4, 5. Ex. 33. 11. Nu. 12. 6-8.

11 *In all the signs.* Rather, 'with respect to all the signs and the wonders,' etc. ch. 4. 34; 7. 19. Ps. 78. 43-58; 105. 26-38.

## CONCLUDING REMARKS ON DEUTERONOMY AND THE PENTATEUCH.

Thus ends the book of *Deuteronomy*, and with it the *Pentateuch*, commonly called the *Law of Moses;* a work every way worthy of God its author, and only less than the *New Testament*, the *Law* and *Gospel* of our Lord and Saviour Jesus Christ. Its *antiquity* places it at the head of all the writings in the world; and the various subjects it embraces render it of the utmost importance to every part of the civilized world. Its *philosophy, history, geography,* and *chronology* entitle it to the respect of the whole human race; while its system of *theology* and religion demonstrably proves it to be a revelation from God. The *Law of Moses* is more properly the *Law of Jehovah,* תורת יהוה, *torath yehowah,* the grand title of the Pentateuch. Could we conceive Moses to have been the *author* of this system, we must consider him more than mortal:—no wisdom of man has ever yet invented such a *Code of Laws.* His merit, however, has been disputed, and his laws severely criticised, by persons whose interest it was to prove religion a cheat, because they had none themselves. To some, whose mental taste and feeling are strangely perverted, everything in *heathenism* wears not only the most fascinating aspect, but appears to lay claim to and possess every excellence; and hence they have called up Confucius, Menu, Zoroaster, and Mohammed himself, to dispute the palm with Moses!

On this subject in general, it may be just necessary to add, that the utmost that can be said of all laws, merely *human,* is, that they *restrain vices,* through the terror of punishment. God's law not only restrains *vice,* but it infuses *virtue.* It alone brings man to the footstool of his Maker; and keeps him dependent on the strong for strength, on the wise for wisdom, and on the merciful for grace. It abounds with promises of support, and salvation for the *present life,* which no false system dared ever to propose: every where, Moses, in the most confident manner, pledges his God for the fulfilment of all the exceeding great and precious promises, with which his laws are so plentifully interspersed; and while they were obedient they could say, "Not one word hath failed us, of all the good things which the Lord our God spake concerning us." Who that dispassionately reads the *Pentateuch,* that considers it in itself and in its reference to that glorious *Gospel* which it was intended to introduce, can for a moment deny it the palm of infinite superiority over all the systems ever framed or imagined by man? Well might the Israelitish people triumphantly exclaim, "There is none like the God of Jeshurun!" and with what striking propriety does the glorious legislator add, "Happy art thou, O Israel! who is like unto *thee?* O people, saved of the Lord!"

Finally, the treasures of wisdom and knowledge, which are amassed in these *five* books, have enriched the whole civilized earth, and, indeed, greatly promoted that very civilization. They have been a kind of *text-book* to almost every writer on *geology, geography, chronology, astronomy, natural history, ethics, jurisprudence, political economy, theology, poetry,* and *criticism,* from the time of Moses to the present day—books to which the choicest writers and philosophers in Pagan antiquity, have been deeply indebted; and which were the text-books to all the *prophets*—books from which the flimsy writers against Divine Revelation have derived their natural religion, and all their moral excellence—books written in all the energy, and purity, of the incomparable language in which they are composed; and lastly, books, which for importance of matter, variety of information, dignity of sentiment, accuracy of facts, impartiality, simplicity, and sublimity of narration, tending to improve and ennoble the intellect and ameliorate the physical and moral condition of man, have never been equalled, and can only be paralleled by the Gospel of the Son of God! Fountain of endless mercy, justice, truth, and beneficence! How much are thy gifts and bounties neglected by those who do not read *this law;* and by those who having read it, are not morally improved by it, and made wise unto salvation!

# The Book of JOSHUA.

B.C. 1451. A.M. 2553.

## CHAP. I.

*The Lord appoints Joshua to succeed Moses, 1, 2. The borders of the promised land, 3, 4. God promises to assist Joshua, 5-7. He gives him instructions, 8, 9. Joshua prepares the people to pass over Jordan, 10, 11. He puts the two tribes and half in mind of their promise to Moses, 12-15. They promise him fealty, 16-18.*

1 *the death.* ch. 12. 6. See on De. 33. 1; 34. 5. Ac. 13. 36, 37. Ro. 1. 1. Tit. 1. 1. Ja. 1. 1. Re. 1. 18. *Joshua.* Ex. 17. 9-13. See on Nu. 13. 8, 16. De. 1. 38; 31. 3, 23; 34. 9. Ac. 7. 45, Jesus. *Moses' minister.* Ex. 24. 13. Nu. 11. 28. 1 Ki. 19. 16. 2 Ki. 3. 11; 4. 27-29; 5. 25-27. Mat. 20. 26, 27. Lu. 16. 10.

2 *Moses.* See on ver. 1. Is. 42. 1. He. 3. 5, 6; 7. 23, 24. *arise.* Nu. 27. 16-21. De. 3. 28; 31. 7.

3 ch. 14. 9. De. 11. 24. Tit. 1. 2.

4 *From the wilderness.* That is, their utmost limits should be from the Desert of Arabia Petræa on the *south*, to Lebanon on the *north;* and from the Euphrates on the *east*, to the Great Sea, or the Mediterranean, on the *west*. The Israelites did not possess the full extent of this grant till the time of David. Ge. 15. 18-21. Ex. 23. 31. Nu. 34. 2-18. De. 1. 7; 3. 25; 11. 24. 1 Ch. 5. 9; 18. 3.

5 *There shall.* De. 7. 24; 20. 4. Ps. 46. 11. Ro. 8. 31, 37. *as I was.* ver. 9. 17; ch. 3. 7; 6. 27. Ex. 3. 12. De. 31. 8, 23. Mat. 28. 20. Ac. 18. 9, 10. 2 Ti. 4. 17. *I will not.* De. 31. 6-8. Is. 41. 10-14; 43. 2-5. He. 13. 5.

6 *Be strong.* ver. 7, 9. 1 Sa. 4. 9. 1 Ki. 2. 2. 1 Ch. 22. 13; 28. 10. 2 Ch. 32. 7, 8. Ps. 27. 14. Is. 35. 3, 4. Da. 10. 19. Hag. 2. 4. Zec. 8. 9. 1 Co. 16. 13. Ep. 6. 10. 2 Ti. 2. 1. *unto this people*, etc. *or*, thou shalt cause this people to inherit the land. *divide.* Nu. 34. 17-29. *which I sware.* Ge. 26. 3.

7 *which Moses.* See on ver. 1; ch. 11. 15. Nu. 27. 23. De. 31. 7. *turn not.* De. 5. 32; 12. 32; 28. 14. Pr. 4. 27; 8. 20. *that.* De. 29. 9. 1 Ki. 2. 3. 1 Ch. 22. 13. *prosper. or*, do wisely. ver. 8, marg.

8 *book.* De. 6. 6-9; 11. 18, 19; 17. 18, 19; 30. 14; 31. 11. Ps. 37. 30, 31; 40. 10; 119. 42, 43. Is. 59. 21. Mat. 12. 35. Ep. 4. 29. *thou shalt.* Ps. 1. 2, 3; 19. 14; 119. 11, 15, 97, 99. Pr. 2. 1-5; 3. 1. Col. 3. 16. 1 Ti. 4. 14-16. *observe.* See on De. 5. 29, 32, 33; 6. 1-3. Mat. 7. 21, 24; 28. 20. Lu. 11. 28. Jno. 13. 17; 14. 21. Ja. 1. 22-25. Re. 22. 14. *have good success. or*, do wisely. ver. 7, marg.

9 *Have.* De. 31. 7, 8, 28. Ju. 6. 14. 2 Sa. 13. 28. Ac. 4. 19. *Be strong.* ver. 6, 7. *be not.* See on Ge. 28. 15. De. 20. 1. Ps. 27. 1, 2. Je. 1. 7, 8. *for the Lord.* Ps. 46. 7. Is. 43. 1, 5.

10 *the officers of the people.* The *shoterim*, or *officers*, were different from the *shophetim*, who were the *judges* among the people. The *shoterim* have been supposed to be subordinate officers, whose business it was to see the decisions of the *shophetim* carried into effect. CALMET conjectures, that the *shoterim* here may have been the *heralds* of the army.

11 *three days.* ch. 3. 2. Ex. 19. 11. 2 Ki. 20. 5. Ho. 6. 2. *ye shall.* See on De. 9. 1; 11. 31.

13 *Remember.* ch. 22. 1-4. Nu. 32. 20-28. De. 3. 18.

14 *armed. Heb.* marshalled by five. Ex. 13. 18. *the mighty.* De. 20. 8. Re. 17. 4.

15 *Until.* Nu. 32. 17-22. Ga. 5. 13; 6. 2. Phi. 1. 21-26; 2. 4. *then ye shall.* ch. 22. 4, etc. 1 Co. 12. 26; 13. 5.

16 Nu. 32. 25. De. 5. 27. Ro. 13. 1-5. Tit. 3. 1. 1 Pe. 2. 13-15.

17 *only the Lord.* ver. 5. 1 Sa. 20. 13. 1 Ki. 1. 37. 1 Ch. 28. 20. Ps. 20. 1, 4, 9; 118. 25, 26. Mat. 21. 9. 1 Ti. 2. 1, 2.

18 *that doth rebel.* De. 17. 12. 1 Sa. 11. 12. Ps. 2. 1-6. Lu. 19. 27. He. 10. 28, 29; 12. 25. *he shall be.* Ro. 13. 1-5. *only be.* See on ver. 6, 7, 9. Ezr. 10. 4. 1 Co. 16. 13. Ep. 6. 10.

## CHAP. II.

*Rahab receives and conceals the two spies sent from Shittim, 1-7. The covenant between her and them, 8-22. Their return and relation, 23, 24.*

1 *sent. or*, had sent. *Shittim.* Nu. 25. 1; 33. 49. *to spy secretly.* Nu. 13. 2, 17-21. Ju. 18. 2, 14, 17. Mat. 10. 16. Ep. 5. 5. *even Jericho.* ch. 5. 10; 6. 1-24. *harlot's house.* Though the word *zonah* generally denotes a *prostitute*, yet many very learned men are of opinion that it should be here rendered an *innkeeper*, or *hostess*, from *zoon*, to furnish or provide food. In this sense it was understood by the Targumist, who renders it, *ittetha pundekeetha*, 'a woman, a *tavern-keeper;*' and so St. CHRYSOSTOME, in his second sermon on Repentance, calls her πανδοκευτρια. The Greek πορνη, by which the LXX. render it, and which is adopted by the Apostles, is derived from περναω, *to sell*, and is also supposed to denote a *tavern keeper*. Among the ancients, *women* generally kept houses of entertainment. HERODOTUS says, 'Among the Egyptians, the women carry on all commercial concerns, and *keep taverns*, while the men continue at home and weave.' The same custom prevailed among the Greeks. ch. 6. 17, 25. Mat. 1. 5. Rachab; 20. 16; 21. 31. He. 11. 31. Ja. 2. 25. *lodged. Heb.* lay.

2 *told the king.* Ps. 127. 1. Pr. 21. 30. Is. 43. 13. Da. 4. 35.

3 *Bring.* ch. 10. 23. Ge. 38. 24. Le. 24. 14. Job 21. 30. Jno. 19. 4. Ac. 12. 4, 6. *to search.* Ge. 42. 9-12, 31. 2 Sa. 10. 3. 1 Ch. 19. 3.

4 Ex. 1. 19. 2 Sa. 16. 18, 19; 17. 19, 20. 2 Ki. 6. 19.

5 *of shutting.* ver. 7. Ne. 13. 19. Is. 60. 11. Eze. 47. 1, 2, 12. Re. 21. 25. *the men went out.* Je. 50. 20. Ro. 3. 7, 8.

6 *to the roof.* ver. 8. Ex. 1. 15-21. De. 22. 8. 2 Sa. 11. 2. Mat. 24. 17. *hid them.* Ex. 2. 2. 2 Sa. 17. 19. 1 Ki. 18. 4, 13. 2 Ki. 11. 2. Je. 36. 26. Col. 3. 3. He. 11. 23.

7 *the fords.* Ju. 3. 28; 12. 5. *they shut.* ver. 5. Ac. 5. 23.

9 *I know.* Ex. 18. 11. 2 Ki. 5. 15. Job 19. 25. Ec. 8. 12. He. 11. 1, 2. *that the Lord.* Ge. 13. 14-17; 15. 18-21. Ex. 3. 6-8. De. 32. 8. Ps. 115. 16. Je. 27. 5. Mat. 20. 15. *your terror.* Ge. 35. 5. Ex. 15. 15, 16; 23. 27. De. 2. 25; 11. 25; 28. 10. Ju. 7. 14. 1 Sa. 14. 15. 2 Ki. 7. 6. *faint. Heb.* melt. ver. 11. 1 Sa. 14. 16. 2 Sa. 17. 10. Ps. 112. 10. Is. 19. 1. Na. 2. 10.

10 *For we.* ch. 4. 24. Ex. 14. 21-31; 15. 14-16. *what ye did.* Nu. 21. 21-35. De. 2. 30-37; 3. 1-8.

11 *our hearts.* See on ch. 5. 1; 7. 5; 14. 8. De. 1. 28; 20. 8. Is. 13. 7. Na. 2. 10. *did there remain. Heb.* rose up. Re. 6. 16. *for the Lord.* De. 4. 39. 1 Ki. 8. 60. Ps. 83. 18; 102. 15. Je. 16. 19-21. Da. 4. 34, 35; 6. 25-27. Zec. 8. 20-23.

12 *swear*. ch. 9. 15, 18-20. 1 Sa. 20. 14, 15, 17; 30. 15. 2 Ch. 36. 13. Je. 12. 16. *that ye will*. 1 Sa. 20. 14-17; 24, 21, 22. Es. 8. 6. 2 Ti. 1. 16-18. Ja. 2. 13. *my father's*. ver. 13. Ge. 24. 3, 9. Ro. 1. 31. 1 Ti. 5. 8. *give me*. ver. 18. Ex. 12. 13. Eze. 9. 4-6. Mar. 14. 44.

13 *my father*. It is observable that in this enumeration of her kindred, there is no mention made of a *husband*. It is most likely that she was a single woman or a widow, who obtained an honest livelihood by keeping a house for the entertainment of strangers; and not a woman of ill fame, as some have supposed. The spies sent on this occasion were certainly some of the most confidential persons that Joshua had in his host, and their errand was of the greatest importance; is it then not most likely that they lodged at an *inn?*

14 *for your's*. *Heb.* instead of you to die. 1 Ki. 20. 39. *when the Lord*. ch. 6. 17, 25. Ge. 24. 49. Nu. 10. 29-32. Ju. 1. 24, 25. 1 Sa. 20. 8. 2 Sa. 9. 1. Pr. 18. 24. Mat. 5. 7.

15 *she let them*. 1 Sa. 19. 12-17. Ac. 9. 25. 2 Co. 11. 33. *for her house*. ch. 6. 20.

16 *Get you*. ver. 22. 1 Sa. 23. 14, 29. Ps. 11. 1.

17 ver. 20. Ge. 24. 3-8. Ex. 20. 7. Le. 19. 11, 12. Nu. 30. 2. 2 Sa. 21. 1, 2, 7.

18 *scarlet thread*. ver. 21. Le. 14. 4. Nu. 4. 8; 19. 6. He. 9. 19. *bring*. *Heb.* gather. *thy father*. ver. 13; ch. 6. 23. Ge. 7. 1; 12. 2; 19. 12-17. Es. 8. 6. Lu. 19. 9. Ac. 10. 27, 33; 11. 14. 2 Ti. 1. 16.

19 *whosoever*. Ex. 12. 13, 23. Nu. 35. 26-28. 1 Ki. 2. 36-42. Mat. 24. 17. Ac. 27. 31. Phi. 3. 9. He. 10. 29. 1 Jno. 2. 27, 28. *street, his blood*. Le. 20. 9, 11. 2 Sa. 1. 16; 3. 28, 29. Eze. 33. 4, 5. Mat. 27. 24, 25. Ac. 18. 6; 20. 26. *house, his blood*. ver. 14. 2 Sa. 4. 11. 1 Ki. 2. 32. Mat. 27. 25.

20 *And if thou*. Pr. 11. 13. *we will be quit*. See on ver. 17.

21 *And she bound*. See on ver. 18. Mat. 7. 24. Jno. 2. 5.

22 *found them not*. 1 Sa. 19. 10-12. 2 Sa. 17. 20. Ps. 32. 6, 7.

24 *Truly the Lord*. ch. 1. 8; 21. 44, 45. Ex. 23. 31. Nu. 13. 32, 33. Pr. 25. 13. *all the inhabitants*. See on ver. 9-11. Ps. 48. 5, 6. Re. 6. 16, 17. *faint*. *Heb.* melt. ver. 9, 11; ch. 5. 1. Ex. 15. 15.

## CHAP. III.

*Joshua comes to Jordan, 1. The officers instruct the people for their passage, 2-6. The Lord encourages Joshua, 7, 8. Joshua encourages the people, 9-13. The waters of Jordan are divided, 14-17.*

1 *rose early*. Archbishop USHER supposes, that this was upon Wednesday, the 28th of April, A.M. 2553, the fortieth year of the Exodus from Egypt. From Shittim, where the Israelites had been encamped for about two months (De. 1. 3), to the Jordan, was, according to JOSEPHUS, about sixty stadia; that is, between seven and eight English miles. Ge. 22. 3. Ps. 119. 60. Je. 7. 13; 25. 3; 26. 5. Mar. 1. 35. *Shittim*. ch. 2. 1. Nu. 25. 1. Mi. 6. 5. *Jordan*. Jordan, called by the Arabs *El Sharia*, takes its rise in Anti-Libanus, about twelve miles north of Cæsarea Philippi, now Banias; and, having run about twelve miles southward, it receives a considerable stream, which is now called the *Moiet Hasbeia*. About 15 miles farther, it forms the waters of Merom or Semechon, now *Houle;* and, after running about 28 miles more, it passes through the lake of Gennesareth, and thence runs southward till it loses itself in the Dead Sea; its whole course being about 160 miles.

2 *three days*. See on ch. 1. 10, 11.

3 *When ye see*. ver. 11. See on Nu. 10. 33. *the priests*. ver. 6, 8, 14-17; ch. 4. 10; 6. 6. Nu. 4. 15. De. 31. 9, 25. 2 Sa. 6. 3, 13. 1 Ch. 15. 11, 12. *ye shall remove*. Ex. 13. 21, 22. Mat. 8. 19; 16. 24. Re. 14. 4.

4 *a space*. Ex. 3. 5; 19. 12. Ps. 89. 7. He. 12. 28, 29. *heretofore*. *Heb.* since yesterday and the third day. Ge. 31. 2. Ex. 4. 10. 1 Ch. 11. 2. Is. 30. 33, marg.

5 *Sanctify*. ch. 7. 13. Ex. 19. 10-15. Le. 10. 3; 20. 7. Nu. 11. 18. 1 Sa. 16. 5. Job 1. 5. Joel 2. 16. Jno. 17. 19. *the Lord*. ver. 13, 15. Ps. 86. 10; 114. 1-7.

6 *Take up*. See on ver. 3. Nu. 14. 15; 10. 33. Mi. 2. 13. Jno. 14. 2, 3. He. 6. 20.

7 *magnify thee*. ch. 4. 14. 1 Ch. 29. 25. 2 Ch. 1. 1. Job 7. 17. Ps. 18. 35. Jno. 17. 1. Phi. 1. 20; 2. 9-11. *that, as I was*. See on ch. 1. 5, 17.

8 *command*. ver. 3. 1 Ch. 15. 11, 12. 2 Ch. 17. 8, 9; 29. 4-11, 15, 27, 30; 30. 12; 31. 9, 10; 35. 2-6. Ne. 12. 24-28; 13. 22, 28. *ye shall stand*. ver. 17. Ex. 14. 13. La. 3. 26.

9 *Hear the words*. De. 4. 1; 12. 8.

10 *Hereby ye*. Nu. 15. 28-30. 1 Ki. 18. 36, 37; 22. 28. Ps. 9. 16. Is. 7. 14. 2 Co. 13. 2, 3. *living*. De. 5. 26. 1 Sa. 17. 26. 2 Ki. 19. 4. Je. 10. 10. Ho. 1. 10. Mat. 16. 16. Jno. 6. 69. 1 Th. 1. 9. He. 10. 31. *among*. ch. 22. 31. Ex. 17. 7. De. 31. 17. Ju. 6. 12, 13. *drive out from*. See on ch. 21. 45. Ge. 15. 15-18. Ex. 3. 8; 23. 27-30; 33. 2. De. 7. 1. Ps. 44. 2, 3.

11 *the Lord*. ver. 13. Ps. 24. 1. Is. 54. 5. Je. 10. 7. Mi. 4. 13. Zep. 2. 11. Zec. 4. 14; 6. 5; 14. 9. *passeth*. ver. 3-6. Is. 3. 12.

12 ch. 4. 2, 9.

13 *the soles*. ver. 15, 16. Ec. 14. 19-22. *of the Lord*. ver. 11. *stand upon*. ver. 16. Ex. 15. 8. Ps. 33. 7; 78. 13; 114. 3-5. Hab. 3. 15.

14 *bearing the ark*. See on ver. 3, 6; ch. 6. 6. De. 31. 26. Je. 3. 16. Ac. 7. 44, 45. 1 Co. 1. 24, 25. He. 9. 4.

15 *the feet*. ver. 13. Is. 26. 6. *Jordan overfloweth*. The ordinary current of the Jordan, near where the Israelites crossed, is said by MAUNDRELL, to be about twenty yards across, deeper than a man's height, and so rapid, that there is no swimming against it. It has, however, two banks; the first, or inner one, is that of the river in its natural state, and the second, or outer one, about a furlong distant, is that of its overflowings, which it does when the summer's sun has melted the snow on mount Lebanon and Hermon, in the months of March and April. And this was the time which God chose that the Israelites should pass over it; that a miraculous interposition might be necessary; and that, by the *miracle*, they might be convinced of his omnipotence. ch. 4, 18. 1 Ch. 12. 15. Je. 12. 5; 49. 19. *all the time*. ch. 5. 10-12. Le. 23. 10-16. De. 16. 1-9.

16 *rose up*. See on ver. 13. Ps. 29. 10; 77. 19; 114. 3. Mat. 8. 26, 27; 14. 24-33. *Zaretan*. 1 Ki. 4. 12, Zartanah; 7. 46, Zarthan. *the salt sea*. ch. 15. 2. Ge. 14. 3. Nu. 34. 3. De. 3. 17. The passage through the Red Sea took place in the night, when the Israelites were fleeing from the Egyptians with great trepidation: but they passed Jordan in the day-time, with previous warning, leisurely, directly opposite to Jericho, and with a triumphant defiance of the Canaanites; this passage into the promised land evidently typifying the believer's passage through death to heaven.

17 *the priests*. ver. 3, 6. *stood firm*. ch. 4. 3. 2 Ki. 2. 8. *all the Israelites*. Ex. 14. 22, 29. Ps. 66. 6. Is. 25. 8. He. 11. 29.

## CHAP. IV.

*Twelve men are appointed to take twelve stones for a memorial out of Jordan, 1-8. Twelve other stones are set up in the midst of Jordan, 9. The people pass over, 10-13. God magnifies Joshua, 14. The priests commanded to come out of Jordan, 15-19. The twelve stones are pitched in Gilgal, 20-24.*

1 *were clean passed*. ch. 3. 17. De. 27. 2.

2 *twelve men*. ch. 3. 12. Nu. 1. 4-15; 13. 2; 34. 18. De. 1. 23. 1 Ki. 18. 31. Mat. 10. 1-5.

3 *the priests' feet*. See on ch. 3. 13. *twelve stones*. ch. 24. 27. Ge. 28. 22. De. ch. 27. 1 Sa. 7. 12. Ps. 103. 2; 111. 4. Lu. 19. 40. *leave them*. ver. 8, 19, 20.

4 *prepared*. ver. 2. Mar. 3. 14-19.

6 *a sign.* ch. 22. 27. Ex. 12. 14; 13. 9; 31. 13. Nu. 16. 38. Is. 55. 13. Eze. 20. 12, 20. *when your.* ver. 21. Ex. 12. 26, 27; 13. 14. De. 6. 20, 21; 11. 19. Ps. 44. 1; 71. 18; 78. 3-8. Is. 38. 19. Ac. 2. 39. *in time to come. Heb.* to-morrow.

7 *the waters.* ch. 3. 13-16. *memorial.* See on ver. 6. Ex. 12. 14; 28. 12; 30. 16. Nu. 16. 40. Ps. 111. 4. Is. 66. 3, marg. 1 Co. 11. 24.

8 *did so as Joshua.* ver. 2-5; ch. 1. 16-18.

9 *set up twelve.* Ex. 24. 12; 28. 21. 1 Ki. 18. 31. Ps. 111. 2-4. *and they are there.* These words might be written by Joshua at the close of his life, or perhaps be added by some later prophet. It seems from this verse, that there were *two sorts* of stones erected as a memorial of this great event: twelve at Gilgal (ver. 20,) and twelve in the bed of the Jordan; which last might have been placed on a base of strong stone work, so high as always to be visible, and serve to mark the very spot where the priests stood with the ark. Drs. Kennicott and Shuckford, however, would read here with the Syriac, *mittoch*, '*from* the midst,' instead of *bethoch*, '*in* the midst;' and render, 'And Joshua took up the twelve stones (taken) *from* the midst of Jordan,' etc. But this reading is unsupported by any MS. yet collated; and it appears wholly unnecessary. Ge. 26. 33. De. 34. 6. Ju. 1. 26. 1 Sa. 30. 25. 2 Sa. 4. 3. 2 Ch. 5. 9. Mat. 27. 8; 28. 15.

10 *stood in the midst.* See on ch. 3. 13, 16, 17. Is. 28. 16. *Moses.* Nu. 27. 21-23. De. 31. 9. *hasted.* Ex. 12. 39. Ps. 119. 60. Pr. 27. 1. Ec. 9. 10. 2 Co. 6. 2. He. 3. 7, 8.

11 *that the ark.* ver. 18; ch. 3. 8, 17.

12 *the children.* ch. 1. 14. Nu. 32. 20-32.

13 *prepared for war. or,* ready armed. Ep. 6. 11. *to the plains.* ch. 5. 10. 2 Ki. 25. 5. Je. 39. 5; 52. 8.

14 *magnified.* ch. 1. 16-18. See on ch. 3. 7. 1 Co. 10. 2. *they feared him.* Ex. 14. 31. 1 Sa. 12. 18. 1 Ki. 3. 28. 2 Ch. 30. 12. Pr. 24. 21. Ro. 13. 4.

16 See on ch. 3. 3-6. Ex. 25. 16-22. Re. 11. 19.

17 *Come ye up.* Ge. 8. 16-18. Da. 3. 26. Ac. 16. 23, 35-39.

18 *the soles.* See on ch. 3. 13, 15. *lifted up. Heb.* plucked up. *that the waters.* As soon as the priests and the ark were come up out of Jordan, the waters of the river, which had stood on a heap, flowed down according to their natural and usual course, and again soon filled the channel. This makes it abundantly evident, that the miraculous change which had been given to the river was not from any secret natural cause, but solely by the power of God, and for the sake of his chosen people; for when Israel's hosts had passed through, and the token of his presence was removed, immediately the waters went forward again: so that if it be asked, '*What aileth thee, O Jordan, that thou wast driven back?*' it must be answered, it was in obedience to the God of Israel, and in kindness to the Israel of God. Ex. 14. 26-28. *and flowed. Heb.* went. ch. 3. 15. 1 Ch. 12. 15. Is. 8. 8.

19 *first month.* Ex. 12. 2, 3. *Gilgal.* That is, the place afterwards called Gilgal; for it is so called here by anticipation. It was about ten furlongs east from Jericho, and fifty west from the Jordan. See Josephus and Calmet. ch. 5. 9; 10. 6, 43; 15. 7. 1 Sa. 11. 14, 15; 15. 33. Am. 4. 4; 5. 5. Mi. 6. 5.

20 See on ver. 3, 8.

21 *When your.* See on ver. 6. Ps. 105. 2-5; 145. 4-7. *in time to come. Heb.* to-morrow.

22 See on ch. 3. 17. Ex. 14. 29; 15. 19. Ps. 66. 5, 6. Is. 11. 15, 16; 44. 27; 51. 10. Re. 16. 12.

23 *as the Lord.* The parents must take that occasion to tell their children of the drying up of the Red Sea forty years before: 'As the Lord your God did to the Red Sea.' It greatly magnifies later mercies to compare them with those before enjoyed; for, by making the comparison, it appears that God is the same yesterday, to-day, and for ever. Later blessings should also bring to remembrance former mercies, and revive thankfulness for them. *which he dried.* Ex. 14. 21. Ne. 9. 11. Ps. 77. 16-19; 78. 13. Is. 43. 16; 63. 12-14.

24 *all the people.* Ex. 9. 16. De. 28. 10. 1 Sa. 17. 46. 1 Ki. 8. 42, 43. 2 Ki. 5. 15; 19. 19. Ps. 106. 8. Da. 3. 26-29; 4. 34, 35; 6. 26, 27. *that it is.* Ex. 15. 16. 1 Ch. 29. 12. Ps. 89. 13. *ye might.* Ex. 14. 31; 20. 20. De. 6. 2. Ps. 76. 6-8; 89. 7. Je. 10. 6, 7; 32. 40. *for ever. Heb.* all days.

## CHAP. V.

*The Canaanites are afraid,* 1. *Joshua renews circumcision,* 2-9. *The passover is kept at Gilgal,* 10, 11. *manna ceases,* 12. *An Angel appears to Joshua,* 13-15.

1 *all the kings.* ch. 12. 9-24; 24. 15. Ge. 10. 15-19; 15. 18-21; 48. 22. Ju. 11. 23. 2 Sa. 21. 2. Eze. 16. 3. Am. 2. 9. *Canaanites.* ch. 17. 12, 18. Ge. 12. 6. Ex. 23. 28. Ju. 1. 1; 4. 2. Ezr. 9. 1. Ps. 135. 11. *which were by.* Nu. 13. 29. Ju. 3. 3. Zep. 2. 4-6. *heard.* See on ch. 2. 9-11. Ex. 15. 14, 15. Ps. 48. 4-6. Re. 18. 10. *neither was.* 1 Sa. 25. 37. 1 Ki. 10. 5 Is. 13. 6-8. Eze. 21. 7. Da. 5. 6.

2 *sharp knives. or,* knives of flints. Before the use of iron was common, all the nations of the earth had their edge tools made of *stones, flints,* etc. Our ancestors had their *arrows* and *spear-heads* made of flint; which are frequently turned up by the plough. And even when iron became more common, *stone* knives seem to have been preferred for making incisions in the human body. The Egyptians used such to open the bodies for embalming; and the tribe of Alnajab in Ethiopia, who follow the Mosaic institution, perform the rite of circumcision, according to Ludolf, *cultris lapidibus,* with knives made of stone. *circumcise.* Ge. 17. 10-14. De. 10. 16; 30. 6. Ro. 2. 29; 4. 11. Co. 2. 11.

3 *Joshua.* Ge. 17. 23-27. Mat. 16. 24. *the hill of the foreskins. or,* Gibeah haaraloth.

4 *All the.* Nu. 14. 22; 26. 64, 65. De. 2. 16. 1 Co. 10. 5. He. 3. 17-19.

5 *they had not.* De. 12. 8, 9. Ho. 6. 6, 7. Mat. 12. 7. Ro. 2. 26. 1 Co. 7. 19. Ga. 5. 6; 6. 15.

6 *walked.* Nu. 14. 32-34. De. 1. 3; 2. 7, 14; 8. 4. Ps. 95. 10, 11. Je. 2. 2. *sware that.* Nu. 14. 23. He. 3. 11. *a land.* See on Ex. 3. 8, 17. Eze. 20. 6, 15. Joel 3. 18.

7 *their children.* Nu. 14. 31. De. 1. 39.

8 *when they,* etc. *Heb.* when the people had made an end to be circumcised. *till they were whole.* Ge. 34. 25.

9 *I rolled away.* ch. 24. 14. Ge. 34. 14. Le. 24. 14. 1 Sa. 14. 6; 17. 26, 36. Ps. 119. 39. Je. 9. 25. Eze. 20. 7, 8; 23. 3, 8. Ep. 2. 11, 12. *Gilgal. That is,* rolling. ch. 4. 19.

10 *kept the passover.* Ex. 12. 3, 6, etc. Nu. 9. 1-5.

11 *old corn.* The people would find abundance of old corn in the deserted granaries of the affrighted inhabitants: and the barley harvest being ripe, after offering the sheaf of first-fruits, they ate also new parched corn; and thus the manna being no longer necessary, ceased, after having been sent them regularly for almost forty years. To Christians the manna for *their* souls shall never fail, till they arrive at the Canaan above, to feast on its rich and inexhaustible provisions. *unleavened cakes.* Ex. 12. 18-20; 13. 6, 7. Le. 23. 6, 14.

12 *the manna.* Ex. 16. 35. Ne. 9. 20, 21. Re. 7. 16. 17. *but they did eat.* De. 6. 10, 11. Pr. 13. 22. Is. 65. 13, 14. Jno. 4. 38.

13 *he lifted.* Ge. 33. 1, 5. Da. 8. 3; 10. 5. *a man.* ch. 6. 2. Ge. 18. 2; 32. 24-30. Ex. 23. 23. Ju. 13. 8, 9, 11, 22. Da. 10. 5. Ho. 12. 3-5. Zec. 1. 8. Ac. 1. 10. Re. 1. 13. *his sword.* Nu. 22. 23. 1 Ch. 21. 16, 17, 27, 30. *Art thou for us.* 1 Ch. 12. 17, 18.

14 *but as captain. or,* Prince. Ex. 23. 20-22. Is. 55. 4. Da. 10. 13, 21; 12. 1. He. 2. 10. Re. 12. 7; 19. 11-14. *fell on his.* Ge. 17. 3, 17. Le. 9. 24. Nu. 16. 22, 45. Mat. 8. 2. Lu. 5. 12. Ac. 10. 25, 26. Re. 19. 10; 22. 8, 9. *What saith.* 1 Sa. 3. 9, 10. Is. 6. 8. Ac. 9. 6. *my lord.* Ex. 4. 10, 13. Ps. 110. 1. Mat. 22. 44. Lu. 1. 43; 20. 42. Jno. 20. 38. Phi. 3. 8.

15 *Loose.* Ex. 3. 5. Ac. 7. 32, 33. 2 Pe. 1. 18. *And Joshua.* Many persons have been puzzled to know what was intended by this extraordinary appearance of the angel to Joshua, because they supposed that the whole business ends with the chapter; whereas it is continued in the succeeding one, the first verse of which is a mere parenthesis, simply relating to the state of Jericho at the time when Joshua was favoured with this encouraging vision; by which he was shewn that their help came from God alone, and that it was not by human might or power, but by the *Lord of hosts* they were to obtain the victory.

## CHAP. VI.

*Jericho is shut up,* 1. *God instructs Joshua how to besiege it,* 2-11. *The city is compassed,* 12-16. *It must be accursed,* 17-19. *The walls fall down,* 20, 21. *Rahab is saved,* 22-25. *The builder of Jericho is cursed,* 26, 27.

1 *was straitly. Heb.* did shut up, and was shut up. ch. 2. 7. 2 Ki. 17. 4. *because.* ch. 2. 9-14, 24. Ps. 127. 1.

2 *the Lord.* See on ch. 5. 13-15. *See, I have.* ver. 9-24; ch. 2. 9, 24; 8. 1; 11. 6-8. Ju. 11. 21. 2 Sa. 5. 19. Ne. 9. 24. Da. 2. 21, 44; 4. 17, 35; 5. 18. *the king.* De. 7. 24. Ju. 11. 24.

3 *ye shall.* ver. 7, 14. Nu. 14. 9. 1 Co. 1. 21-25. 2 Co. 4. 7.

4 *trumpets of rams'.* The words *shopheroth hyyovelim,* should rather be rendered *jubilee trumpets, i.e.* such as were used on the jubilee, which were probably made of horn or silver: for the entrance of the Israelites into Canaan was indeed a *jubilee* to them (See Note on Le. 25. 11): instead of the dreadful trumpet of war, they were ordered to sound the trumpet of joy, as already conquerors. Le. 25. 9. Nu. 10. 1-10. Ju. 7, 7, 8, 15-22. 2 Ch. 13. 12; 20. 17, 19, 21. Is. 27. 13. Zec. 4. 6. *seven times.* Ge. 2. 3; 7. 2, 3. Le. 4. 6; 14. 16; 25. 8. Nu. 23. 1. 1 Ki. 18. 43. 2 Ki. 5. 10. Job 42. 8. Zec. 4. 2. Re. 1. 4, 20; 5. 1, 6; 8. 2, 6; 10. 3; 15. 1, 7; 16. 1.

5 *make a long.* ver. 16, 20. Ex. 19. 19. 2 Ch. 20. 21, 22. *the people.* Ju. 7. 20-22. 1 Sa. 4. 5; 17. 20, 52. 2 Ch. 13. 14, 15. Je. 50. 15. *and the wall.* The words *wenaphelah chomath hair tachteyha,* are literally, 'and the wall of the city shall fall down *under itself;*' which appears simply to mean, that the wall shall fall down from its very foundation; which was probably the case in every part, though large breaches in different places might have been amply sufficient first to admit the armed men, after whom the host might enter to destroy the city. There is no ground for the supposition that the walls sunk into the earth. Is. 25. 12; 30. 25. 2 Co. 10. 4, 5. He. 11. 30. *flat. Heb.* under it.

6 *Take up the ark.* ver. 8, 13. See on ch. 3. 3, 6. Ex. 25. 14. De. 20. 2-4. Ac. 9. 1.

7 *that is armed.* ver. 3; ch. 1. 14; 4. 13.

8 *before the Lord.* See on ver. 3, 4. Nu. 32. 20.

9 *and the rereward. Heb.* gathering *host.* ver. 13. Nu. 10. 25. Is. 52. 11; 58. 8.

10 *any noise with your voice. Heb.* your voice to be heard. Is. 42. 2. Mat. 12. 19. *until the day.* 2 Sa. 5. 23, 24. Is. 28. 16. Lu. 24. 49. Ac. 1. 7.

12 *Joshua rose.* See on ch. 3. 1. Ge. 22. 3. *the priests.* See on ver. 6-8. De. 31. 25. Jno. 2. 5-8; 6. 10, 11; 9. 6, 7. He. 11. 7, 8.

13 *went on.* 1 Ch. 15. 26. Mat. 24. 13. Ga. 6. 9.

14 ver. 3, 11, 15.

15 *about the dawning.* Ps. 119. 147. Mat. 28. 1. 2 Pe. 1. 19. *only on that day.* See on ver. 4.

16 *Shout.* See on ver. 5. Ju. 7. 20-22. 2 Ch. 13. 15; 20. 22, 23.

17 *accursed. or,* devoted. ch. 7. 1. Le. 27. 28, 29. Nu. 21. 2, 3. 1 Co. 2. 7. Ezr. 10. 8, marg. Is. 34. 6. Je. 46. 10. Eze. 39. 17. Mi. 4. 13. 1 Co. 16. 22. Ga. 3. 10, 13. *only Rahab.* See on ch. 2. 1. *because.* ver. 22, 23; ch. 2. 4-6, 22. Ge. 12. 3. 1 Sa. 15. 6. Mat. 10. 41, 42; 25. 40. He. 6. 10; 11. 31. Ja. 2. 25.

18 *in any wise.* Ro. 12. 9. 2 Co. 6. 17. Ep. 5. 11. Ja. 1. 27. 1 Jno. 5. 21. *lest ye make.* ch. 7. 1, 11, 12, 15. De. 7. 26; 13. 17. *make the camp.* ch. 7, 11, 12; 22. 18-20. 1 Sa. 14. 28-42. Ec. 9. 18. Jon. 1. 12. *and trouble it.* ch. 7. 25. 2 Sa. 21. 1. 1 Ki. 18. 17, 18.

19 *all the silver.* 2 Sa. 8. 11. 1 Ch. 18. 11; 26. 20, 26, 28; 28. 12. 2 Ch. 15. 18; 31. 12. Is. 23. 17, 18. Mi. 4. 13. *consecrated. Heb.* holiness. Le. 19. 24, marg. Zec. 14. 20, 21. *the treasury.* 1 Ki. 7. 51; 14. 26. 2 Ki. 24. 13. 1 Ch. 26. 20. Ne. 7. 70, 71; 10. 38. Je. 38. 11. Mat. 27. 6. Mar. 12. 41.

20 *the wall.* See on ver. 5. 2 Co. 10. 4, 5. He. 11. 30. *flat. Heb.* under it.

21 *And they.* The Canaanites were ripe for destruction; and God was pleased, instead of destroying them by a pestilence, a famine, or an earthquake, to employ the Israelites as the executioners of his vengeance. Had an angel been commissioned to slay them, who would have charged him with iniquity or cruelty? In all public calamities infants are involved; and tens of thousands of infants die in great agony every year. Now, either God is not the agent in these calamities, (which opinion, though often *implied* in men's reasonings on these subjects, is not far from atheism;) or they must consist with the most perfect justice and goodness. *utterly.* ch. 9. 24, 25; 10. 28, 39; 11. 14. De. 2. 34; 7. 2, 3, 16; 20. 16, 17. 1 Sa. 15. 3, 8, 18, 19. 1 Ki. 20. 42. Ps. 137. 8, 9. Je. 48. 18. Re. 18. 21.

22 *Joshua.* ver. 17; ch. 2. 1, etc. *as ye sware unto her.* ch. 2. 12-14, 17-20; 9. 15, 18-20. 2 Sa. 21. 2, 7. Ps. 15. 4. Eze. 17. 13, 16, 18, 19. He. 11. 31.

23 *out Rahab.* ch. 2. 18. Ge. 12. 2; 18. 24; 19. 29. Ac. 27. 24. He. 11. 7. *kindred. Heb.* families. *left them.* Nu. 5. 2, 3; 31. 19. Ac. 10. 28. 1 Co. 5. 12. Ep. 2. 12.

24 *burnt.* ch. 8. 28. De. 13. 16. 2 Ki. 25. 9. Re. 17. 16; 18. 8. *only the silver.* See on ver. 19.

25 *Rahab.* ch. 11. 19, 20. Ju. 1. 24, 25. Ac. 2. 21. He. 11. 31. *she dwelleth.* Mat. 1. 5. *unto.* See on ch. 4. 9. *because.* Ja. 2. 25.

26 *adjured.* This is to be regarded as a *prediction,* that he who rebuilded this city should lose all his children in the interim between the laying of the foundation to the completion of the walls. Nu. 5. 19-21. 1 Sa. 14. 24, etc. 1 Ki. 22. 16. Mat. 26. 63. Ac. 19. 13. *Cursed.* 1 Ki. 16. 34. Mal. 1. 4.

27 *the Lord.* ch. 1. 5, 9. Ge. 39. 2, 3, 21. De. 31. 6. Mat. 18. 20; 28. 20. Ac. 18. 9, 10. 2 Co. 13. 14. 2 Ti. 4. 17, 22. *his fame.* ch. 9. 1, 3, 9. 1 Sa. 2. 30. 2 Sa. 7. 9. Mat. 4. 24; 14. 1.

## CHAP. VII.

*The Israelites are smitten at Ai,* 1-5. *Joshua's complaint,* 6-9. *God instructs him what to do,* 10-15. *Achan is taken by the lot,* 16-18. *His confession,* 19-23. *He and all he had are destroyed in the valley of Achor,* 24-26.

1 *committed.* ver. 20, 21; ch. 22. 16. 2 Ch. 24. 18. Ezr. 9. 6. Da. 9. 7. *for Achan.* ch. 22. 20. 1 Ch. 2. 6, 7. Achar, Zimri. *took.* See on ch. 6. 17, 18. *the anger.* ch. 22. 18. 2 Sa. 24. 1. 1 Ch. 21. 7. Ec. 9. 18. Jon. 1. 7. 1 Co. 5. 1-6. He. 12. 15, 16.

2 *to Ai.* ch. 12. 9. Ge. 12. 8. Hai. Ne. 11. 31. Aija. *Beth-aven.* ch. 18. 12. Ge. 28. 19. Ho. 4. 15. *Go up.* ch. 2. 1. Pr. 20. 18; 24. 6. Mat. 10. 16. Ep. 5. 15.

3 *about two. Heb.* about 2000 men, or about 3000 men. *labour.* Pr. 13. 4; 21. 25. Lu. 13. 24. He. 4. 11; 6. 11, 12. 2 Pe. 1. 5, 10.

4 *fled.* Le. 26. 17. De. 28. 25; 32. 30. Is. 30. 17; 59. 2.

5 *for they*. De. 1. 44. *the going down. or*, Morad. *wherefore*. See on ch. 2. 9, 11; 5.1. Le. 26. 36. Ps. 22. 14. Is. 13. 7.

6 *rent*. Ge. 37. 29, 34. Nu. 14. 6. 2 Sa. 13. 31. Ezr. 9. 3-5. Es. 4. 1. Job 1. 20. Ac. 14. 14. *fell*. Nu. 16. 22, 45. 2 Sa. 12. 16. *until the eventide*. Ju. 20. 23, 26; 21. 2. 2 Sa. 1. 12. *put dust*. Rending the clothes, beating the breast, tearing the hair, throwing dust upon the head, and falling prostrate, were usual signs of deep affliction and distress among the ancient Israelites. In illustration of this custom, see 1 Sa. 4. 12, when the messenger brought tidings to Eli of the discomfiture of the armies of Israel by the Philistines; again, in the case of Tamar, 2 Sa. 13. 19, and in Ne. 9. 1, when a whole nation 'assembled with fasting, and with sackcloth, and earth upon them.' See also the case of Mordecai, Es. 4. 1, and Job, ch. 2. 12, where his friends abased themselves to comfort him; refer also to Eze. 27. 30. Jon. 3. 6. Mi. 1. 10. In each of these instances it is worthy of remark, that putting dust on the head generally follows rending the clothes, and was the usual mode of evincing poignant sorrow.

7 *wherefore*. Ex. 5. 22, 23. Nu. 14. 3. 2 Ki. 3. 10. Ps. 116. 11. Je. 12. 1, 2. He. 12. 5. *to deliver*. Ex. 14. 11, 12; 17. 3. Nu. 20. 4, 5. Mat. 17. 17, 20. Mar. 8. 17, 18. *would to*. Ex. 16. 3. *and dwelt*. See on ch. 1. 2-4.

8 *what shall*. Ezr. 9. 10. Hab. 2. 1. Ro. 3. 5, 6. *back. Heb.* necks.

9 *shall hear*. Ex. 32. 12. Nu. 14. 13. *environ*. Ps. 83. 4; 124. 2, 3. *what wilt thou*. De. 32. 26, 27. Ps. 106. 6-8. Eze. 20. 9; 36. 22, 23. Joel 2. 17. Jno. 12. 28.

10 *wherefore*. Ex. 14. 15. 1 Sa. 15. 22; 16. 1. 1 Ch. 22. 16. *liest. Heb.* fallest. ver. 6.

11 *Israel*. ver. 1, 20, 21. *transgressed*. ch. 23. 16. De. 17. 2. Ju. 2. 20. 2 Ki. 18. 12. Is. 24. 5; 50. 1, 2. Je. 31. 32. Ho. 6. 7. *the accursed*. See on ver. 21; ch. 6. 17-19. *stolen*. Mal. 3. 8, 9. Mat. 22. 21. *dissembled*. 2 Ki. 5. 25, 26. Jno. 12. 5, 6. Ac. 5. 1, 2, 9. He. 4. 13. *among*. Le. 5. 15. Hab. 2. 6. Zec. 5. 4.

12 *the children*. ch. 22. 18-20. Nu. 14. 45. Ju. 2. 4. Ps. 5. 4, 5. Pr. 28. 1. Is. 59. 2. Hab. 1. 13. *they were*. ch. 6. 18. De. 7. 26. Hag. 2. 13, 14. *neither*. Je. 6. 8; 23. 33. Ho. 9. 12.

13 *sanctify*. ch. 3. 5. Ex. 19. 10-15. La. 3. 40, 41. Joel 2. 16, 17. Zep. 2. 1, 2. *an accursed*. See on ver. 11. 2 Ch. 28. 10. Mat. 7. 5. *take away*. 1 Co. 5. 1-6, 11-13.

14 *the tribe*. ver. 17, 18. 1 Sa. 10. 19-21; 14. 38-42. Pr. 16. 33. Jon. 1. 7. Ac. 1. 24-26.

15 *he that is*. ver. 25, 26. De. 13. 15, 16. 1 Sa. 14. 38, 39. *he hath*. See on ver. 11. *wrought*. Ge. 34. 7. Ju. 20. 6. 1 Sa. 26. 21. 2 Sa. 13. 13. *folly. or*, wickedness.

16 *rose up*. See on ch. 3. 1. Ge. 22. 3. Ps. 119. 60. Ec. 9. 10. *and brought*. See on ver. 14.

17 See on Ge. 38. 30, Zarah. Nu. 26. 20. 1 Ch. 2. 4-7.

18 *was taken*. Nu. 32. 23. 1 Sa. 14. 42. Pr. 13. 21. Je. 2. 26. Ac. 5. 1-10.

19 *My son*. 2 Ti. 2. 25. Tit. 2. 2. Ja. 1. 20. 1 Pe. 3. 8, 9. *give*. 1 Sa. 6. 5. Is. 13. 12. Je. 13. 16. Lu. 17. 18. Jno. 9. 24. Re. 16. 9. *make*. Nu. 5. 6, 7. 2 Ch. 30. 22; 33. 12, 13. Ezr. 10. 10, 11. Ps. 32. 5; 51. 3. Pr. 28. 13. Je. 3. 12, 13. Da. 9. 4. Ro. 10. 10. 1 Jno. 1. 8-10. *tell me*. 1 Sa. 14. 43. Jon. 1. 8-10.

20 *Indeed*. Ge. 42. 21. Ex. 10. 16. Nu. 23. 34. 1 Sa. 15. 24, 30. Job 7. 20; 33. 27. Ps. 38. 18. Mat. 27. 4.

21 *I saw*. Ge. 3. 6; 6. 2. 2 Sa. 11. 2. Job 31. 1. Ps. 119. 37. Pr. 23. 31; 28. 22. Mat. 5. 28, 29. 1 Jno. 2. 15, 16. *Babylonish garment. Addereth shinâr*, 'a splendid or costly robe of Shinar,' the plain in which Babylon stood. BOCHART and CALMET have shewn at large, that Babylonish robes were very splendid, and in high reputation. CALMET says, they are generally allowed to have been of various colours, though some suppose they were woven thus; others, that they were embroidered with the needle; and others, that they were painted. SILIUS ITALICUS seems to think they were woven. MARTIAL supposes them to have been embroidered with the needle; and PLINY and APULEIUS speak of them as painted. Ge. 10. 10, marg. *wedge. Heb.* tongue. *I coveted*. Ex. 20. 17. De. 7. 25. 1 Ki. 21. 1, 2. 2 Ki. 5. 20-27. Hab. 2. 9. La. 12. 15. Ro. 7. 7, 8. Ep. 5. 3. Col. 3. 5. 1 Ti. 6. 9, 10. He. 13. 5. 2 Pe. 2. 15. *took them*. Pr. 4. 23. Mi. 2. 1, 2. Ja. 1. 15. *they are hid*. 2 Sa. 11. 6-17. 2 Ki. 5. 24, 25. Is. 28. 15; 29. 15. Lu. 12. 2.

23 *laid them out. Heb.* poured.

24 *took Achan*. See on ver. 1. Job 20. 15. Pr. 15. 27. Ec. 5. 13. Eze. 22. 13, 14. 1 Ti. 6. 9, 10. *his sons*. ch. 6. 18, 21. Ge. 18. 25. Ex. 20. 5. Nu. 16. 27-31. Job 20. 23-28. *the valley*. ver. 26; ch. 15. 7. Is. 65. 10. Ho. 2. 15.

25 *Why hast*. ver. 11-13; ch. 6. 18. Ge. 34. 30. 1 Ki. 18. 17, 18. 1 Ch. 2. 7. Hab. 2. 6-9. Ga. 5. 12. 2 Th. 1. 6. He. 12. 15. *all Israel*. Le. 20. 2; 24. 14. De. 13. 10; 17. 5; 21. 21; 22. 21-24. *burned*. ver. 15. Ge. 38. 24. Le. 20. 14; 21. 9.

26 *raised*. ch. 8. 29; 10. 27. 2 Sa. 18. 17. La. 3. 53. *So the Lord*. De. 13. 17. 2 Sa. 21. 14. Is. 40. 2. Joel 2. 13, 18. Jno. 3. 9, 10. Zec. 6. 8. *The valley*. ver. 24. Is. 65. 10. Ho. 2. 15. *Achor. that is*, Trouble. See on ver. 25.

## CHAP. VIII.

*God encourages Joshua, 1, 2. The stratagem whereby Ai was taken, 3-28. The king thereof is hanged, 29. Joshua builds an altar, 30, 31; writes the law on stones, 32; and pronounces the blessings and curses, 33-35.*

1 *Fear not*. See on ch. 1. 9; 7. 6, 7, 9. De. 1. 21; 7. 18; 31. 8. Ps. 27. 1; 46. 11. Is. 12. 2; 41. 10-16; 43. 2. Je. 46. 27. Mat. 8. 26. *take all*. It would seem, from this verse, that all that were capable of bearing arms were to march out of the camp on this occasion: 30,000 formed an ambuscade in one place; and 5000 were placed in another, who all gained their positions in the night. With the rest of the army, Joshua appeared the next morning before Ai, which the men of that city would naturally suppose was the whole of the Israelitish force; and, consequently, be the more emboldened to come out and attack them. Some, however, think that 30,000 men were the whole that were employed on this occasion, 5000 of whom were placed in ambush on the west of the city, between Bethel and Ai (ver. 12,) and, with the rest, Joshua appeared before the city in the morning. The king, seeing but about 25,000 coming against him, though he had but 12,000 persons in the whole city (ver. 25), determined to risk a battle, issued out, and was defeated by stratagem. *see, I have*. See on ch. 6. 2. Ps. 44. 3. Da. 2. 21, 37, 38; 4. 25, 35.

2 *do to Ai*. ver. 24, 28, 29. See on ch. 6. 21; 10. 1, 28. De. 3. 2. *only the spoil*. ver. 27. De. 20. 14. Job 27. 16, 17. Ps. 39. 6. Pr. 13. 22; 28. 20. Je. 17. 11. Lu. 12. 20, 21. *lay thee*. ver. 7, 9, 12, 14, 19. Ju. 20. 29-33. 2 Ch. 13. 13; 20. 22. Je. 51. 12.

3 *by night*. Mat. 24. 39, 50; 25. 6. 1 Th. 5. 2. 2 Pe. 3. 10.

4 *lie in wait*. ver. 16. Ju. 9. 25; 20. 29, 33, 36. 1 Sa. 15. 2, 5. Ac. 23. 21. *go not*. Ec. 7. 19; 9. 16.

5 *as at*. ch. 7. 5. *that we will*. Ju. 20. 31-33. Mat. 10. 16.

6 *drawn. Heb.* pulled. ver. 16. *They flee*. Ex. 14. 3; 15. 9. Ju. 20. 32. Ec. 8. 11; 9. 12.

7 *for the Lord*. See on ver. 1. 2 Ki. 5. 1. Pr. 21. 30, 31.

8 *set the city*. ver. 28; ch. 6. 24. *See, I have*. ch. 1. 9, 16. Ju. 4. 6. 2 Sa. 13. 28.

9 *between*. ver. 12; ch. 7. 2. Ge. 12. 8, Hai. Ezr. 2. 28. Ne. 7. 32. *lodged*. Ge. 32. 21.

10 *rose up*. See on ch. 3. 1; 6. 12; 7. 16. Ps. 119. 60.

11 See on ver. 1-5.

12 *five thousand.* See on ver. 2, 3. *of the city. or*, of Ai.

13 *liers in wait. Heb.* lying in wait. ver. 4. *on the west.* ver. 8, 12.

14 *Ai saw it.* ver. 5, 16. *he wist not.* Ju. 20. 34, etc. Ec. 9. 12. Is. 19. 11, 13. Da. 4. 31. Mat. 24. 39, 50. 1 Th. 5. 1-3. 2 Pe. 2. 3.

15 *by the way.* ch. 18. 12.

16 *called together.* Ju. 20. 36-39. *drawn away.* ver. 5, 6. Ju. 20. 31. Ps. 9. 16. Eze. 38. 11-22. Re. 16. 14; 19. 19-21.

17 *a man.* ver. 3. 24, 25; ch. 11. 20. De. 2. 30. Job 5. 13. Is. 19. 11-13. *Bethel.* Bethel is not mentioned in the Greek version; and some, with HOUBIGANT and PILKINGTON, think it was not originally in the Hebrew; because, had the men of Bethel pursued, as well as those of Ai, it would have been said that they left the *cities*, and not the *city*, open. The principal strength of Bethel might have been previously taken into Ai, as the strongest place to make a stand in; Bethel being but about three miles westward from Ai.

18 *Stretch.* ver. 7, 26. Ex. 8. 5; 17. 11. Job 15. 25. *the spear.* The word *keedon* is rendered *clypeum*, a shield or buckler, by the Vulgate; but the LXX. translate it γαισον, which SUIDAS says, signifies a kind of weapon, οιον δορατος, *like a spear.* It may denote a *short spear*, *javelin*, or *lance;* for it is evident that it signifies neither the *larger spear* nor the shield, because it is distinguished from both. 1 Sa. 17. 6, 41, 45. Job 39. 23. Joshua may have had a *flag* or *ensign* at the end of the spear, which might be seen at a considerable distance when extended, which was the sign agreed upon between him and the ambush.

19 ver. 6-8.

20 *the smoke.* Ge. 19. 28. Is. 34. 10. Re. 18. 9; 19. 3. *and they had.* Job 11. 20. Ps. 48. 5, 6; 76. 5. Am. 2. 14-16. Re. 6. 15-17. *power. Heb.* hand.

22 *let none.* ch. 6. 21; 10. 28; 11. 11, 12. De. 7. 2. Job 20. 5. Lu. 17. 26-30. 1 Th. 5. 3.

23 ver. 29; ch. 10. 17. 1 Sa. 15. 8. Re. 19. 20.

24 *returned unto Ai.* This must refer to the women, children, and old persons left behind; for it seems that all the effective men had sallied out when they imagined the Israelites had fled. (ver. 16.) ch. 10. 30-41; 11. 10-14. Nu. 21. 24.

26 *Joshua.* Joshua seems to have been not only the *general* but the *standard-bearer* of the army, (ver. 18,) and continued in this employment, by holding up or extending his spear, during the whole of the battle; and did not slacken from the pursuit till the forces of Ai were utterly discomfited. Some commentators, however, understand this action in a *figurative* sense, like the holding up of Moses' hands, as if it implied that Joshua continued in *prayer* for the success of his troops, nor ceased till the armies of Ai were annihilated, and the city taken and destroyed. *drew not.* ver. 18. Ex. 17. 11, 12.

27 *the cattle.* ver. 2; ch. 11. 4. Nu. 31. 22, 26. Ps. 50. 10. Mat. 20. 15. *he commanded.* ver. 2.

28 *an heap.* De. 13. 16. 2 Ki. 19. 25. Is. 17. 1; 25. 2. Je. 9. 11; 49. 2; 50. 26. Mi. 3. 12. *unto this day.* See on ch. 4. 9.

29 *the king.* The kings of Canaan lay under the same curse as their subjects, and probably were more deeply criminal. The reserving of the king of Ai for a solemn execution, would tend to strike terror into the other kings, contribute to the success of Israel, and give their proceedings the stamp of a *judicial process*, and of executing the vengeance of God upon his enemies. ch. 10. 26-28, 30, 33. De. 21. 22, 23. Es. 7. 10. Ps. 107. 40; 110. 5. Ac. 12. 23. Re. 19. 17, 18. *as soon.* ch. 10. 27. *a great heap.* ch. 7. 26. 2 Sa. 18. 17.

30 *built an altar.* Ge. 8. 20; 12. 7, 8. *in mount Ebal.* Moses himself had twice given express orders for this solemnity; once Deut. 11. 29, 30, in which he pointed out the very place where it was to be performed; and again, at the 27th chapter, there is a renewal of the instructions to Joshua, with special reference to minute particulars. It was a federal transaction: the covenant was now renewed between God and Israel upon their taking possession of the land of promise, that they might be encouraged in the conquest of it, and might know upon what terms they held it, and come under fresh obligations to obedience. ver. 33.

31 *as it is.* ver. 34, 35; ch. 1. 8. 2 Ki. 14. 6; 22. 8. 2 Ch. 25. 4; 35. 12. Ezr. 6. 18. Ne. 13. 1. Mat. 12. 26. *altar.* Ex. 20. 24, 25. De. 27. 5, 6. 1 Ki. 18. 31, 32. *and they offered.* Ex. 18. 12; 24. 5. De. 27. 6, 7.

32 De. 27. 2, 3, 8.

13 *all Israel.* ch. 23. 2; 24. 1. De. 27. 12, 13; 29. 10, 11. *priests.* ch. 3. 3, 6, 14; 4. 10, 18; 6. 6. De. 31. 9. 25. 1 Ch. 15. 11-15. *stranger.* Ex. 12. 49. Le. 24. 22. Nu. 15. 16, 29. De. 31. 12. *Moses.* See on ver. 30-32. De. 11. 29; 27. 12.

34 *he read.* De. 31. 10-12. Ne. 8. 2, 3; 9. 3; 13. 1. *blessings.* Le. ch. 26. De. 27. 14-26; ch. 28; 29. 20, 21; 30. 15-20.

35 *was not.* De. 4. 2. Je. 26. 2. Ac. 20. 27. *women.* De. 29. 11; 31. 12. Ezr. 10. 1. Ne. 8. 2. Joel 2. 16. Mar. 10. 14. Ac. 21. 5. *strangers.* ver. 33. *were. Heb.* walked. *conversant.* The word *conversant*, from the Latin *conversor*, is here used in the classical sense of *having intercourse with.*

## CHAP. IX.

*The kings combine against Israel, 1, 2. The Gibeonites by craft obtain a league, 3-21. They are condemned to perpetual bondage, 22-27.*

1 *all the kings.* ch. 10. 2-5, 23, 28-39; 11. 1-5, 10, 11; 12. 7-24. *on this.* ch. 1. 15; 3. 17; 5. 1; 22. 4, 7. De. 4. 49. *of the great.* ch. 1. 4; 15. 12; 23. 4. Nu. 34. 6. *Lebanon.* ch. 11. 17; 12. 7; 13. 5. De. 3. 25. *Hittite.* ch. 24. 11. Ge. 15. 18-21. Ex. 3. 17; 23. 23, 31; 34. 11. De. 7. 1.

2 *gathered.* 2 Ch. 20. 1, etc. Ps. 2. 1, 2; 83. 2-8. Pr. 11. 21. Is. 8. 9, 10, 12; 54. 15. Joel 3. 9-13. Ac. 4. 26-28. Re. 16. 14; 20. 8, 9. *accord. Heb.* mouth.

3 *Gibeon.* ver. 17; ch. 10. 2. 2 Sa. 21. 1, 2. *Jericho.* ch. 6; 8.

4 *work wilily.* Ge. 34. 13. 1 Ki. 20. 31-33. Mat. 10. 16. Lu. 16. 8. *ambassadors.* The word *tzir*, an ambassador, properly denotes a *hinge;* because an ambassador is a person upon whom the business turns as upon a hinge. So the Latin *Cardinalis*, from *cardo*, a hinge, was the title of the prime minister of the emperor Theodosius, though now applied only to the Pope's electors and counsellors. *wine bottles.* These bottles being made of skin, were consequently liable to be rent, and capable of being mended; which is done, according to CHARDIN, by putting in a piece, or by gathering up the wounded piece in the manner of a purse; and sometimes by inserting a flat piece of wood. Ps. 119. 83. Mat. 9. 17. Mar. 2. 22. Lu. 5. 37, 38.

5 *old shoes.* ver. 13. De. 29. 5; 33. 25. Lu. 15. 22. *clouted.* The word *clouted* signifies here *patched*, from the Anglo-Saxon *clut*, a *clout* or *rag;* and not *nailed*, from the French *clou*, a nail.

6 *the camp.* ch. 5. 10; 10. 43. *We be.* ver. 9. De. 20. 11-15. 1 Ki. 8. 41. 2 Ki. 20. 14. *make ye. kirthoo lanoo berith*, 'cut or divide with us a covenant,' or rather the covenant sacrifice offered on these occasions. (See Note on De. 29. 12.)

7 *Hivites.* ch. 11. 19. Ge. 10. 17; 34. 2. Ex. 3. 8. *how shall.* Ex. 23. 31-33; 34. 12. Nu. 33. 52. De. 7. 2, 3; 20. 16. Ju. 2. 2.

8 ver. 11, 23, 25, 27. Ge. 9. 25, 26. De. 20. 11. 1 Ki. 9. 20, 21. 2 Ki. 10. 5.

9 *From a.* De. 20. 15. *because.* 1 Ki. 8. 41. 2 Ch.

3. 32, 33. Ne. 9. 5. Ps. 72. 19; 83. 18; 148. 13. Is. 55. 5. Ac. 8. 7. *we have.* ver. 24; ch. 2. 9, 10. Ex. 9. 16; 15. 14. Nu. 14. 15. Is. 66. 19.

10 *two kings.* Nu. 21. 24-35. De. 2. 30-37; 3. 1-7. *Ashtaroth.* ch. 12. 4. De. 1. 4. 1 Ch. 6. 71.

11 *our elders.* Es. 8. 17. *Take.* ch. 1. 11. Mat. 10. 9, 10. Lu. 9. 3. *with you. Heb.* in your hand. Ge. 43. 12. *We are your.* See on ver. 8. Es. 8. 17.

12 *our bread.* See on ver. 4, 5.

14 *the men took of their victuals. or,* they received the men by reason of their victuals. *asked not.* Ex. 28. 30. Nu. 27. 21. Ju. 1. 1; 20. 18, 28. 1 Sa. 14. 18, 19; 22. 10; 23. 9-12; 30. 7, 8. 2 Sa. 2. 1; 5. 19. 1 Ch. 10. 13, 14. Ezr. 8. 21. Pr. 3. 5, 6. Is. 30. 1, 2. Ja. 1. 5.

15 *made peace.* ch. 2. 12-19; 6. 22-25; 11. 19. De. 20. 10, 11. 2 Sa. 21. 2. Je. 18. 7, 8. *and the.* 2 Sa. 21. 2.

16 *that they heard.* Pr. 12. 19.

17 *Gibeon.* ch. 10. 2; 18. 25-28. 1 Ch. 21. 29. 2 Ch. 1. 3. Ezr. 2. 25. Ne. 7. 29. *Kirjath-jearim.* ch. 15. 9, 60; 18. 14. 1 Sa. 7. 1. 1 Ch. 13. 5, 6. 2 Ch. 1. 4.

18 *had sworn.* 2 Sa. 21. 7. Ps. 15. 4. Ec. 5. 2, 6; 9. 2.

19 *We have.* ver. 20. Ec. 8. 2; 9. 2. Je. 4. 2.

20 *lest wrath.* 2 Sa. 21. 1-6. 2 Ch. 36. 13. Pr. 20. 25. Eze. 17. 12-21. Zec. 5. 3, 4. Mal. 3. 5. Ro. 1. 31. 1 Ti. 1. 10.

21 *let them.* ver. 23, 27. De. 29. 11. 2 Ch. 2. 17, 18. *as the princes.* See on ver. 15.

22 *Wherefore.* Ge. 3. 13, 14; 27. 35, 36, 41-45; 29. 25. 2 Co. 11. 3. *We are.* ver. 6, 9, 10. *ye dwell.* ver. 16.

23 *cursed.* This may refer to the original curse pronounced against the descendants of Canaan: both of them seem to have implied nothing else than perpetual *slavery.* The Gibeonites were brought, no doubt, under tribute; performed the meanest offices for the Israelites; being in the same condition as the servile class of Hindoos, called the *Chetrees;* had their national importance annihilated, and yet were never permitted to incorporate themselves with the Israelites. See on Ge. 9. 25, 26. Le. 27. 28, 29. *none of you be freed. Heb.* not be cut off from you. *hewers.* In the East, collecting wood for fuel, and carrying water, are the peculiar employment of females. The Arab women of Barbary, and the daughters of the Turcomans, are thus employed. Hence Mr. HARMER concludes, that the bitterness of the doom of the Gibeonites does not seem to have consisted in the *laboriousness* of the service enjoined them, but its disgracing them from the characteristic employment of men, that of *bearing arms,* and condemning them and their posterity for ever to the employment of females. ver. 21, 27.

24 *the Lord.* Ex. 23. 31-33. Nu. 33. 51, 52, 55, 56. De. 7. 1, 2, 23, 24; 20. 15-17. *we were sore.* Ex. 15. 14-16. Job 2. 4. Mat. 10. 28.

25 *we are.* Ge. 16. 6. Ju. 8. 15. 2 Sa. 24. 14. Is. 47. 6. Je. 26. 14; 38. 5. *as it seemeth.* Ju. 10. 15. 1 Sa. 3. 18. Mat. 11. 26.

27 *made them. Heb.* gave, *or* delivered to be. ver. 21, 23. 1 Ch. 9. 2. Ezr. 2. 43; 8. 20. Ne. 7. 60; 11. 3, Nethinim. *in the place.* ch. 18. 1. De. 12. 5; 16. 2, 6, 16. 2 Ch. 6. 6. Ps. 78. 68; 132. 13, 14. Is. 14. 32.

## CHAP. X.

*Five kings war against Gibeon,* 1-5. *Joshua rescues it,* 6-9. *God fights against them with hailstones,* 10, 11. *The sun and moon stand still at the word of Joshua,* 12-15. *The five kings are mured in a cave,* 16-21. *They are brought forth,* 22, 23; *scornfully used,* 24, 25; *and hanged,* 26, 27. *Seven kings more are conquered,* 28-42. *Joshua returns to Gilgal,* 43.

1 *Adoni-zedec.* Ge. 14. 18. He. 7. 1. *as he had.* ch. 6. 21; 8. 2, 22-29. *how the.* ch. 9. 15-27; 11. 19, 20.

2 *they feared.* ch. 2. 9-13, 24. Ex. 15. 14-16. De. 11. 25; 28. 10. Ps. 48. 4-6. Pr. 1. 26, 27; 10. 24. He. 10. 27, 31. Re. 6. 15-17. *Gibeon.* Gibeon was situated on an eminence, as its name imports, 40 furlongs north from Jerusalem, according to JOSEPHUS. *the royal cities. Heb.* cities of the kingdom. 1 Sa. 27. 5. 2 Sa. 12. 26.

3 *king of Jerusalem.* ver. 1, 5; ch. 12. 10-13; 15. 35-39, 54, 63; 18. 28. *Hebron.* Hebron was situated on an eminence, 20 miles south of Jerusalem, and the same distance north of Beersheba. It is now called *El Khalil,* 'the well-beloved,' the usual epithet which the Turks and Arabs apply to Abraham, whose sepulchral cave they still shew; over which St. Helena built a magnificent church. Its original site was on an eminence, at the southern foot of which the present village is pleasantly situated, on which are the remains of an ancient castle, its sole defence. ch. 14. 15. Ge. 23. 2; 37. 14. Nu. 13. 22. 2 Sa. 2. 11. *Lachish.* 2 Ki. 18. 14, 17. 2 Ch. 11. 9. Mi. 1. 13.

4 *and help.* Is. 8. 9, 10; 41. 5-7. Ac. 49. 24-27; 21. 28. Re. 16. 14; 20. 8-10. *we may.* ver. 1; ch. 9. 15. Mat. 16. 24. Jno. 15. 19; 16. 2, 3. Ac. 9. 23. 2 Ti. 3. 12. Ja. 4. 4. 1 Pe. 4. 4.

5 ver. 6. See on ch. 9. 1, 2. Ge. 15. 16. Is. 8. 9, 10.

6 *to the camp.* ch. 5. 10; 9. 6. *Slack.* 2 Ki. 4. 24. *from thy.* ch. 9. 15, 24, 25. Is. 33. 22. *mountains.* ch. 21. 11. De. 1. 15. Ps. 125. 2. Lu. 1. 39.

7 Is. 8. 12, 14.

8 ch. 1. 5-9; 8. 1; 11. 6. De. 3. 2; 20. 1-4. Ju. 4. 14, 15. Ps. 27. 1, 2. Is. 41. 10-15. Ro. 8. 31.

9 *all night.* 1 Sa. 11. 9-11. Pr. 22. 29; 24. 11, 12. Ec. 9. 10. 2 Ti. 2. 3; 4. 2.

10 *the Lord.* ch. 11. 8. Ju. 4. 15. 1 Sa. 7. 10-12. 2 Ch. 14. 12. Ps. 18. 14; 44. 3; 78. 55. *at Gibeon.* Is. 28. 21. *Beth-horon.* ch. 16. 3, 5; 21. 22. 1 Sa. 13. 18. *Azekah.* ver. 11; ch. 15. 35. Je. 34. 7. *Makkedah.* ver. 28; ch. 12. 16; 15. 41.

11 *the Lord.* Ge. 19. 24. Ex. 9. 22-26. Ju. 5. 20. Ps. 11. 6; 18. 12-14; 77. 17, 18. Is. 28. 2; 30. 30. Eze. 13. 11. Re. 11. 19; 16. 21.

12 *Sun.* Joshua doubtless acted, on this occasion, by an immediate impulse upon his mind from the Spirit of God. The terms here employed to record the miracle, agree with the accustomed manner in which the motions of the earth and sun are described in our own day. The sun apparently moves, but really is stationary; while the diurnal movement of the earth on its axis is by us unnoticed, and would not have been known except by astronomical science. The sun appeared to the Israelites over Gibeon, and the moon over the valley of Ajalon, and there they stayed in their course for 'a whole day.' Many vain enquiries have been made concerning the way in which this miracle was wrought, and many difficulties and objections have been urged against understanding it *literally.* But *the fact* is authenticated by the Divine testimony; and *the manner* in which it was accomplished lies entirely out of our province, because beyond our comprehension. See on ver. 13. De. 4. 19; 17. 3. Job 9. 7; 31. 26, 27. Ps. 19. 4; 74 16; 148. 3. Is. 28. 21; 38. 8; 60. 20. Am. 8. 9. Hab. 3. 11. *stand thou. Heb.* be silent. Hab. 2. 20, marg. Zec. 2. 13. *Ajalon.* ch. 19. 42. Ju. 12. 12, Aijalon.

13 *until.* Nu. 31. 2. Ju. 5. 2; 16. 28. Es. 8. 13. Lu. 18. 7. Re. 6. 10. *Jasher. or,* the upright. Nu. 21. 14. 2 Sa. 1. 18. *So the sun.* ver. 11, 14. Ps. 19. 4; 74. 16, 17; 136. 7-9; 148. 3. Is. 24. 23; 38. 8. Joel 2. 10, 31; 3. 15. Mat. 5. 45; 24. 29. Ac. 2. 20. Re. 6. 12; 8. 12; 16. 8, 9; 21. 23.

14 *there was.* 2 Ki. 20. 10, 11. Is. 38. 8. *the Lord.* Zec. 4. 6, 7. Mat. 21. 21, 22. Mar. 11. 22-24. Lu. 17 6. *for the Lord.* ver. 42; ch. 23. 3. De. 1. 30.

15 ver. 6, 43.

16 *and hid.* Ps. 48. 4-6; 139. 7-10. Is. 2. 10-12. Am. 9. 2. Re. 6. 15. *in a cave.* Ju. 6. 2. 1 Sa. 13. 6; 24. 3, 8. Is. 2. 19-22; 24. 21, 22. Mi. 7. 17.

17 This information brought to Joshua, is an evidence that there were those of the country, who knew the holes and fastnesses of it, that were in his interests. And the care Joshua took to secure them there, as it is an instance of his policy and presence of mind, even in the heat of action; so, in the success of their project, it shews how they who think to hide themselves from God, not only deceive, but destroy themselves. Their refuge of lies will but bind them over to God's judgment.

18 ver. 22. Ju. 9. 46-49. Job 21. 30. Am. 5. 19; 9. 1. Mat. 27. 66.

19 *stay ye.* Ps. 18. 37-41. Je. 48. 10. *smite. Heb.* cut off the tail. Is. 9. 14, 15. *suffer them.* ver. 20. 2 Sa. 17. 13; 20. 6. Je. 8. 14.

20 *had made.* ver. 10; ch. 8. 24. 2 Ch. 13. 17. *fenced cities.* 2 Sa. 20. 6. Je. 8. 14.

21 *to the camp.* ver. 15-17. *none.* Ex. 11. 7. Is. 54. 17; 57. 4.

22 1 Sa. 15. 32. See on ver. 16-18.

23 See on ver. 1, 3, 5.

24 *put your feet.* De. 33. 29. Ju. 8. 20. Ps. 2. 8-12; 18. 40; 91. 13; 107. 40; 110. 1, 5; 149. 8, 9. Is. 26. 5, 6; 60. 11, 12. Mal. 4. 3. Ro. 16. 20. Re. 2. 26, 27.

25 *Fear not.* See on ch. 1. 9. De. 31. 6-8. 1 Sa. 17. 37. Ps. 63. 9; 77. 11. 2 Co. 1. 10. 2 Ti. 4. 17, 18. *be strong.* Ep. 6. 10. *thus shall.* See on De. 3. 21, 22; 7. 19. Ro. 8. 37.

26 *Joshua.* Ju. 8. 21. 1 Sa. 15. 33. *hanged.* ch. 8. 29. Nu. 25. 4. De. 21. 22, 23. 2 Sa. 21. 6, 9. Es. 2. 23; 7. 9, 10. Mat. 27. 25. Gal. 3. 13.

27 *they took.* ch. 8. 29. De. 21. 23. 2 Sa. 18. 17. *until this very day.* See on ch. 4. 9; 7. 26.

28 *Makkedah.* Situated, according to EUSEBIUS, 8 miles east from Eleutheropolis. It was afterwards assigned to the tribe of Judah. ch. 15. 41. *them.* ver. 32, 35, 37, 39; ch. 6. 21. De. 7. 2, 16; 20. 16, 17. Ps. 21. 8, 9; 110. 1. Lu. 19. 27. 1 Co. 15. 25. *and he did.* ver. 30; ch. 8. 2.

29 *Libnah.* This city was situated in the south of Judah, and in the district of Eleutheropolis, according to EUSEBIUS and JEROME. It is probably the Libnah in the neighbourhood of which the Israelites encamped. ch. 12. 15; 15. 42; 21. 13. Nu. 33. 20. 2 Ki. 8. 22; 19. 8. Je. 52. 1. *as he did.* ver. 28; ch. 6. 21; 8. 2, 29.

31 *Lachish.* Lachish was also situated in the south of Judah, seven miles south from Eleutheropolis, according to EUSEBIUS and JEROME. It appears to have been anciently a very strong place; for though the people were panic struck, and the Israelites flushed with success, yet Joshua could not reduce it till the second day; and the king of Assyria afterwards was obliged to *raise the siege.* ver. 3, 5; ch. 12. 11; 15. 39. 2 Ki. 19. 8. 2 Ch. 11. 9. Is. 37. 8. Mi. 1. 13.

32 *to Libnah.* ver. 30.

33 *Gezer.* Gezer was situated on the confines of Ephraim and Manasseh, between Beth-horon and the sea; and is evidently the village of *Gazara* mentioned by EUSEBIUS, four miles (north) from Nicopolis or Emmaus. ch. 12. 12; 16. 3, 10; 21. 21. Ju. 1. 29. 1 Ki. 9. 16, 17. 1 Ch. 6. 67; 20. 4.

34 *Eglon.* This town appears to have been no great distance from Lachish, with which it is mentioned, ch. 15. 39. as one of the cities given to Judah. ver. 3; ch. 12. 12; 15. 39.

35 *on that day.* ver. 32. *utterly.* ver. 37. Le. 26. 44. Job 19. 10.

36 *Hebron.* ver. 3, 5; ch. 14. 13, 14; 15. 13, 54; 21. 13. Ge. 13. 18. Nu. 13. 22. Ju. 1. 10. 2 Sa. 5. 1-5; 15. 9, 10. 1 Ch. 12. 23, 28.

37 *the king.* From ver. 23, we learn that the king of Hebron was one of the five whom Joshua slew and hanged on five trees at Makkedah. This slaying of the king of Hebron, therefore, must either refer to what had *already* been done, or the Hebronites had set up *another* king, whom Joshua now slew when he took the city. *according.* ver. 35.

38 *Debir.* Debir was situated in the south of the tribe of Judah, near Hebron. The expression of Joshua's *returning* to Debir, probably denotes, that having carried his conquests in the southern parts as far as Gaza, (ver. 41,) which was in the south-west angle of Canaan, he then marched back to besiege Debir. ch. 12. 13; 15. 15, 49; 21. 15. Ju. 1. 11-15.

39 *he left none.* ver. 33, 37, 40; ch. 11. 8. De. 3. 3. 2 Ki. 10. 11. Ob. 18.

40 *all the country.* ch. 15. 21-63; 18. 21-28; 19. 1-8, 40-48. *utterly.* ver. 35, 37. 1 Ki. 15. 29. Ps. 9. 17. 2 Th. 1. 7-9. *as the Lord.* ch. 6. 17; 8. 2, 27 9. 24. Ex. 23. 31-33; 34. 12. De. 7. 2-16; 20. 16, 17.

41 *Kadesh-barnea.* ch. 14. 6, 7. Nu. 13. 26; 32. 8; 34. 4; De. 9. 23. *Gaza.* Ge. 10. 19. Ju. 16. 1, 21. 1 Sa. 6. 17. Zec. 9. 5. Ac. 8. 26. *all the country.* The country of Goshen, mentioned here, seems to have been in the south of Judah; and to have taken its name from the city Goshen, situated in the same tribe. ch. 11. 16; 15. 51. *Gibeon.* ver. 2, 12. 1 Ki. 3. 5.

42 *because.* ver. 14. Ex. 14. 14, 25. De. 20. 4. Ps. 44. 3-8; 46. 1, 7, 11; 80. 3; 118. 6. Is. 8. 9, 10; 43. 4. Ro. 8. 31-37.

43 *unto the camp.* ver. 15; ch. 4. 19. 1 Sa. 11. 14.

## CHAP. XI.

***Divers kings overcome at the waters of Merom,* 1-9. *Hazor is taken and burnt,* 10-15. *All the country taken by Joshua,* 16-20. *The Anakims cut off,* 21, 22. *The land rests from war,* 23.**

1 *Jabin.* ver. 10; ch. 12. 19; 19. 36. Ju. 4. 2, 17. *he sent.* ch. 10. 3, 4. Ps. 2. 1-4; 83. 1-3. Is. 26. 11; 43. 2, 5-7. *Madon.* The LXX. read Μαρων, which, if legitimate, CALMET thinks may be the same as *Maronia* or *Marath*, in Phœnicia, to the north of mount Lebanon, ch. 12. 19, 20; 19. 15, 25. *Shimron.* Supposed to be the same with *Symira*, in Cœle-Syria, joined to Maron or Marath by PLINY and POMPONIUS MELA. *Achshaph.* Supposed by some to be the same as *Achzib* or *Ecdippa;* from which, however, it is distinguished in ch. 19. 25, 29. It was in the northern part of the tribe of Asher.

2 *on the north.* ver. 21; ch. 10. 6, 40. Lu. 1. 39. *Chinneroth.* JEROME and others suppose this city to be the same as was afterwards called *Tiberias*, now *Tabaria*, situated on the western shore of the lake of the same name. ch. 12. 3. See on Nu. 34. 11. Chinnereth. Lu. 5. 1. Gennesaret. *Dor.* ch. 12. 23; 17. 11. Ju. 1. 27. 1 Ki. 4. 11.

3 *the Jebusite.* ch. 15. 63. Nu. 13. 29. 2 Sa. 24. 16. *Hivite.* Ju. 3. 3. *Hermon.* ch. 13. 11. De. 4. 48. Ps. 89. 12; 133. 3. Ca. 4. 8. *land.* ch. 18. 26. Ge. 31. 49. Ju. 20. 1; 21. 5, 8. 1 Sa. 7. 5-7; 10. 17. 1 Ki. 15. 22. Je. 40. 6, 10; 41. 3, 14.

4 *as the sand.* Ge. 22. 17; 32. 12. Ju. 7. 12. 1 Sa. 13. 5. 2 Sa. 17. 11. 1 Ki. 4. 20.

5 *all these.* Ps. 3. 1; 118. 10-12. Is. 8. 9. Re. 16. 14. *met together. Heb.* assembled by appointment. *waters.* This is what JOSEPHUS calls the lake Semechon, now called *Bahr-el-Houlê* (Lake Julias) between the head of the Jordan and the lake of Tiberias. According to JOSEPHUS it was seven miles long; and, according to modern authorities, it is not above two miles broad, except at the north end, where it may be four.

6 *Be not.* See on ch. 10. 8. Ps. 27. 1, 2; 46. 11. *to-morrow.* ch. 3. 5. Ju. 20. 28. 1 Sa. 11. 9. 2 Ch. 20 16. *hough.* ver. 9. 2 Sa. 8. 4. *horses.* De. 7. 16. Ps. 20. 7, 8; 46. 9; 147. 10, 11. Pr. 20. 7. Is. 30. 16; 31. 1. Ho. 14. 3.

7 *suddenly.* ch. 10. 9. 1 Th. 5. 2, 3.

8 *the Lord.* ch. 21. 44. *great Zidon. or,* Zidon

rabbah. ch. 19. 28. Ge. 10. 15; 49. 13. Zec. 9. 2. *Misrephoth-maim.* *or,* salt pits. *Heb.* burning of waters. ch. 13. 6.

9 *he houghed.* ver. 6. Eze. 39. 9, 10.

10 *Hazor.* ver. 1. Ju. 4. 2.

11 *any left to breathe.* *Heb.* any breath. ch.10.40.

12 *all the.* ch. 10. 28, 30, 32, 35, 37, 39, 40. *as Moses.* ver. 15; ch. 8. 8, 31; 9. 24; 10. 40. Nu. 33. 52, 53. De. 7. 2; 20. 16, 17.

13 *in their.* *Heb.* on their heap. The Vulgate, Syriac, ONKELOS and WATERLAND render *al tillom,* 'on their hills.' As the cities of the *plain* might be easily attacked and carried, Joshua destroyed them; but as those on *mountains, hills,* or other *eminences,* might be retained by him with little trouble, prudence would dictate their preservation. Je. 30. 18.

14 *the spoil.* ch. 8. 27. Nu. 31. 9. De. 6. 10, 11; 20. 14. *neither.* ver. 11; ch. 10. 40.

15 *the Lord.* See on ver. 12. Ex. 34. 11-13. *so did Moses.* De. 7. 2; 31. 7. *and so did Joshua.* ch. 1. 7. Ex. 39. 42, 43. De. 4. 5. 2 Ch. 30. 12. *he left nothing.* *Heb.* removed nothing. De. 4. 2; 12. 32. 1 Sa. 15. 1-3, 8, 9, 11, 19-22. Mat. 23. 23. Lu. 11. 42. Ac. 20. 20, 27.

16 *all that land.* Ge. 15. 18-21. Nu. 34. 2-13. De. 34. 2, 3. *hills.* ch. 9. 1; 12. 8. *the land.* ch. 10. 41. *the mountain.* ver. 21. Eze. 17. 23; 36. 1-3, 8.

17 *the mount Halak.* or, the smooth mountain. *that goeth.* Ge. 32. 3. De. 2. 1; 33. 2. *Seir.* ver. 3; ch. 1. 4; 12. 7; 13. 5. *all their.* ch. 12. 7-24. De. 7. 24.

18 *a long time.* Caleb was forty years old when sent from Kadesh-barnea to spy the land, and he was eighty-five at the conclusion of this war. (ch.14. 10.) Almost thirty-nine years of this time were spent before Israel passed Jordan; which leaves between six and seven for the term of Joshua's wars. ver. 23; ch. 14. 7-10.

19 *the Hivites.* See on ch. 9. 3-27.

20 *it was.* See on Ex. 4. 21; 9. 16. De. 2. 30. Ju. 14. 4. 1 Sa. 2. 25. 1 Ki. 12. 15; 22. 20-23. 2 Ch. 25. 16. Is. 6. 9, 10. Ro. 9. 18, 22, 23. *as the Lord.* ver. 12-15. De. 20. 16, 17.

21 *the Anakims.* ch. 14. 12-14; 15. 13, 14. Nu. 13. 22, 23. De. 1. 28; 2. 21; 9. 2. Ju. 1. 10, 11, 20. Je. 3. 23; 9. 23. Am. 2. 9. *Joshua destroyed.* ch. 10. 42; 24. 11, 12. Ps. 110. 5, 6; 149. 6-9. Re. 6. 2; 19. 11-21.

22 *only in Gaza.* Ju. 3. 3. 1 Sa. 17. 4. 2 Sa. 21. 16-22. 1 Ch. 18. 1; 29. 4-8. *Ashdod.* ch. 15. 46. 2 Ch. 26. 6. Ne. 13. 23, 24.

23 *according to all.* Ex. 23. 27-31; 34. 11. Nu. 34. 2-13. De. 11. 23-25. *according to their.* ch. 14-19. Nu. 26. 52-55. *And the land.* ver. 18; ch. 14. 15; 21. 44, 45; 22. 4; 23. 1. Ps. 46. 9. 2 Ti. 4. 7, 8. He. 4. 8, 9.

## CHAP. XII.

*The two kings whose countries Moses took and disposed of,* 1-6. *The one and thirty kings on the other side Jordan which Joshua smote,* 7-24.

1 *on the other.* ch. 1. 15; 22. 4. *from the.* Nu. 21. 13, 24. De. 2. 24. Ju. 11. 18. Is. 16. 2. *unto mount.* ch. 11. 3, 17. De. 3. 8, 9; 4. 48. Ps. 133. 3.

2 *Sihon.* Nu. 21. 23-30. De. 2. 24-37; 3. 6-17. Ne. 9. 22. Ps. 135. 11; 136. 19, 20. *Jabbok.* Ge. 32. 22. Ju. 11. 13, 22.

3 *sea of Chinneroth.* This inland sea, or rather lake, which derives its several names, the Lake of Tiberias, Sea of Galilee, Lake of Gennesareth, from the territory which forms its western and south-western border, is computed to be between seventeen and eighteen miles in length, and from five to six in breadth. The waters of this lake, which are sweet and agreeable, lie in a deep basin, surrounded with lofty hills, except at the north and south, where it is a plain country or level. There is a current through the whole lake even to the shore; and the Jordan through it is discernible by the smoothness of the surface in that part. Its appearance from the north-western extremity is said by Mr. BUCKINGHAM to be exceedingly grand; but the barren aspect of the mountains on each side, and the total absence of wood, give a cast of dulness to the picture. See on ch. 11. 2. De. 3. 17. Jno. 6. 1, Sea of Tiberias. *the sea.* ch. 3. 16; 15. 2, 5. Ge. 14. 3; 19. 25. De. 3. 17. *Beth-jeshimoth.* ch. 13. 20. *the south.* *or,* Teman. *Ashdoth-pisgah.* *or,* the springs of Pisgah, *or,* the hill. Nu. 21. 20. De. 3. 17, marg.; ch. 4. 49.

4 *the coast.* Nu. 21. 33-35. De. 3. 1-7, 10. *the remnant.* ch. 13. 12. De. 3. 11. *dwelt.* See on De. 1. 4.

5 *Hermon.* See on ver. 1; ch. 11. 3. De. 3. 8, 9; 4. 47, 48. *Salcah.* ch. 13. 11. De. 3. 10. *unto the.* De. 3. 14. 1 Sa. 27. 8. 2 Sa. 3. 3; 13. 37; 15. 8; 23. 34. 2 Ki. 25. 23.

6 *did Moses.* Nu. 21. 24-35. *gave it.* ch. 13. 8-32. Lu. 32. 29-42. De. 3. 11-17.

7 *on this side.* ver. 1; ch. 3. 17; 9. 1. *Baal-gad.* ch. 11. 17; 13. 5. *Seir.* Ge. 14. 6; 32. 3; 36. 8, 20, 30. De. 2. 1, 4. *Joshua gave.* ch. 1. 3, 4; 11. 23; ch. 13-19. De. 11. 23, 24.

8 *the mountains.* ch. 10. 40; 11. 16. *the Hittites.* ch. 9. 1. Ge. 15. 18-21. Ex. 3. 8; 23. 23, 28-31. De. 7. 1; 9. 1.

9 *Jericho.* ch. 6. 2-21. *Ai.* ch. 8. 1, 17, 29, etc.

10 *Jerusalem.* See on ch. 10. 23. *Hebron.* ch. 10. 3, 23, 36, 37.

11 *Jarmuth.* Placed by EUSEBIUS and JEROME four miles from Eleutheropolis, near Eshtaol; but, in *Jermus,* which is probably the same, they state it to be ten miles from Eleutheropolis, towards Jerusalem; which is supposed to be nearer the truth. ch. 10. 3-23. *Lachish.* EUSEBIUS and JEROME say it was a village in their time, seven miles south from Eleutheropolis. ch. 10. 3, 23, 31, 32.

12 *Eglon.* ch. 10. 3, 23; 15. 39. *Gezer.* Gezer appears to have been situated in the tribe of Ephraim, near Beth-horon, between it and the sea. EUSEBIUS and JEROME place it four miles north of Nicopolis or Emmaus. ch. 10. 33.

13 *Debir.* ch. 10. 3, 38. *Geder.* ch. 15. 36.

14 *Hormah.* Nu. 14. 45; 21. 3. *Arad.* EUSEBIUS places this city in the neighbourhood of Kadesh, four miles from Malathis, and twenty from Hebron. Nu. 21. 1.

15 *Libnah.* EUSEBIUS and JEROME inform us, that Libnah was a town or village in their time, lying in the district of Eleutheropolis. ch. 10. 29, 30. *Adullam.* 1 Sa. 22. 1.

16 *Makkedah.* ch. 10. 28. *Beth-el.* ch. 8. 17. Ge. 12. 8; 28. 19. Ju. 1. 22.

17 *Tappuah.* ch. 15. 34. *Hepher.* ch. 19. 13. 1 Ki. 4. 10.

18 *Aphek.* ch. 19. 30. 1 Sa. 4. 1. *Lasharon.* *or,* Sharon. Is. 33. 9.

19 *Madon.* ch. 11. 1. *Hazor.* ch. 11. 1, 10, 11. Ju. 4. 2.

20 *Shimron-meron.* ch. 11. 1; 19. 15. *Achshaph.* ch. 11. 1; 19. 25.

21 *Taanach.* ch. 17. 11. Ju. 5. 19. *Megiddo.* 1 Ki. 4. 12. 2 Ki. 23. 29, 30.

22 *Kedesh.* ch. 15. 23; 19. 37; 21. 32. *Jokneam.* ch. 19. 11. *Carmel.* ch. 15. 55. 1 Sa. 25. 2. Is. 35. 2.

23 *Dor.* ch. 11. 2; 17. 11. *the nations.* Ge. 14. 1, 2. Is. 9. 1. *Gilgal.* ch. 4. 19; 5. 9, 10.

24 *Tirzah.* 1 Ki. 16. 23. 2 Ki. 15. 14.

## CHAP. XIII.

*The bounds of the land not yet conquered,* 1-7. *The inheritance of the two tribes and half,* 8-13. *The Lord and his sacrifices are the inheritance of Levi,* 14. *The bounds of the inheritance of Reuben,* 15-21. *Balaam slain,* 22, 23. *The bounds of the inheritance of Gad,* 24-28; *and of the half tribe of Manasseh* 29-33.

1 A.M. 2560. B.C. 1444. An. Ex. Is. 47. *Joshua.* ch. 14. 10; 23. 1, 2; 24. 29. Ge. 18. 11. 1 Ki. 1. 1. Lu. 1. 7. *to be possessed.* *Heb.* to possess it. De. 31. 3.

2 *the land.* Ex. 23. 29-31. De. 11. 23, 24. Ju. 3. 1.

*borders.* Ge. 10. 14; 26. 1. Joel 3. 4. *Geshuri.* ver. 11. 13; ch. 12. 5. 1 Sa. 27. 8. 2 Sa. 3. 3; 13. 37, 38; 15. 8.

3 *Sihor.* Je. 2. 18. *which is counted.* Ge. 10. 15-19. Nu. 34. 2-14. *five lords.* Ju. 3. 3. 1 Sa. 6. 4, 16, 17. Zep. 2. 4, 5. The Philistines were not descended from Canaan, but from Mizraim, the son of Ham; (compare Ge. 10. 6 with ver. 13;) yet they were numbered with the Canaanites in this distribution. *Avites.* De. 2. 23. Avims.

4 *the land of.* ch. 10. 40; 11. 3; 12. 7, 8. *Mearah. or,* the cave. *Aphek.* This is probably the Aphek spoken of in 1 Ki. 20. 26. 2 Ki. 13. 18, as the capital of the kings of Syria; and the same as is mentioned by SOZOMEN, EUSEBIUS, and THEOPHANES, as situated near the river *Adonis* (now *Nahr Ibrahim,*) between Heliopolis and Byblos, and celebrated for the infamous temple of Venus the Aphacite. The village *Afka,* situated in the bottom of a valley, an hour and three quarters from Akoura, and three hours' distance from Lake Liemoun, is supposed to occupy its site. BURCKHARDT, however, could not hear of any remains of antiquity in its neighbourhood. ch. 19. 30. 1 Sa. 4. 1. *the Amorites.* Ju. 1. 34-36.

5 *Giblites.* Probably the inhabitants of the country around *Gebal,* (Eze. 27. 9,) or *Byblos,* as the LXX. render, a city of Phœnicia, situated on the Mediterranean, between Sidon and Tripoli, on the north of the river Adonis. It is now called *Gibyle,* or *Djebail,* situated about a day's journey south of Tripoli. Its walls are about a mile in circumference, with square towers about every forty yards' distance. Anciently it must have been a place of no mean extent and of considerable beauty, from the ruins still visible. 1 Ki. 5. 18, marg. Ps. 83. 7. Eze. 27. 9. *Lebanon.* De. 1. 7; 3. 25. *Baal-gad.* ch. 12. 7. *under mount.* ch. 11. 17. *unto the.* Nu. 34. 8. Is. 10. 9. Am. 6. 2.

6 *Misrephoth-maim.* ch. 11. 8. *them.* ch. 23. 13. Ge. 15. 18-21. Ex. 23. 30, 31. Ju. 2. 21-23. *only divide.* See on ch. 14. 1, 2.

7 Nu. 26. 53-56; 33. 54; 32. 2-14. Eze. 47. 13-23; 48. 23-29.

8 *Moses gave.* ch. 4. 12; 22. 4. Nu. 32. 33-42. De. 3. 12-17.

9 *Aroer.* ver. 16; ch. 12. 2. De. 3. 12, 16. *all the plain.* Nu. 21. 30. Is. 15. 2. Je. 48. 18, 22.

10 Nu. 21. 24-26.

11 ch. 12. 2-5. De. 4. 47, 48. 1 Ch. 2. 23.

12 *Og.* ch. 12. 4. De. 3. 10, 11. *these did.* ch. 14. 3, 4. Nu. 21. 23-35.

13 *expelled.* ver. 11; ch. 23. 12, 13. Nu. 33. 55. Ju. 2. 1-3. 2 Sa. 3. 3; 13. 37, 38.

14 See the Note on ver. 33; ch. 14. 3, 4. Nu. 18. 20-24. De. 10. 9; 12. 12, 19; 18. 2.

16 ver. 9; ch. 12. 2. Nu. 21. 28-30: 32. 33-38. De. 3. 12. Is. 15. 1, 2, 4; 16. 7-9. Je. 48. 21-24.

17 *Dibon.* EUSEBIUS says the city was situated in the plain of the Arnon. *Bamoth-baal. or,* the high places of Baal, and the house of Baal-meon. Nu. 21. 19; 22. 41; 32. 38.

18 *Jahaza.* A city near Medeba and Dibon, afterwards given to the Levites. ch. 21. 36, 37. Nu. 21. 23, Jahaz. 1 Ch. 6, 78, 79, Jahzah. *Kedemoth.* Supposed to have been situated east of the Arnon. *Mephaath.* Situated near the desert, east of Moab. In the time of EUSEBIUS, he says the Romans kept a garrison there.

19 *And Kirjathaim.* This city, according to EUSEBIUS, was situated ten miles west of Medeba. Nu. 32. 37, 38. *Sibman.* Called *Shibmah,* Nu. 32. 38, and celebrated for its vines, Je. 48. 32. Is. 16. 8, 9; on which last place, JEROME says, there were scarcely 500 paces between it and Heshbon.

20 *Beth-peor.* Nu. 25. 3. De. 4. 46. *Ashdoth-pisgah. or,* springs of Pisgah, *or,* the hill. ch. 12. 3. De. 3. 17. *Beth-jeshimoth.* Nu. 33. 49. Eze. 25. 9.

21 *And all the.* De. 3. 10. *whom Moses.* Nu. 21. 24-35. De. 2. 30-36. *with the.* Nu. 31. 8.

22 *Balaam.* Nu. 22. 5-7; 24. 1; 31. 8. 2 Pe. 2. 15. Jude 11. Re. 2. 14; 19. 20. *soothsayer. or,* diviner.

24 Nu. 32. 34-36.

25 *their coast.* Nu. 32. 35. *Jazer.* A city near a brook of the same name, now called *Wady Szyr;* and probably the present *Szyr* occupies its site. *half.* Nu. 21. 26-30. De. 2. 19. Ju. 11. 13-27. *Rabbah.* De. 3. 11. 2 Sa. 11. 1; 12. 26. Eze. 21. 20. Am. 1. 14.

26 *Ramath-mizpeh.* ch. 20. 8. Ge. 31. 49. Ju. 10. 17; 11. 11, 29. 1 Ki. 22. 3. *Mahanaim.* ch. 21. 38. Ge. 32. 1, 2. 2 Sa. 2. 8; 17. 27. *Debir.* 2 Sa. 9. 5; 17. 27, 30, Lodebar.

27 *Beth-aram.* A city near mount Peor, and not far from the entrance of the Jordan into the Dead Sea; rebuilt and called *Livias* by Herod, in honour of *Livia,* wife of Augustus. Nu. 32. 36. *Beth-nimrah.* Nu. 32. 3, 36. *Succoth.* Ge. 33. 17. Ju. 8. 5, 6, 14-16. 1 Ki. 7. 46. *Chinnereth.* ch. 11. 2; 12. 3. Chinneroth. Nu. 34. 11. De. 3. 17. Lu. 5. 1, Gennesaret.

30 ver. 26. Nu. 32. 39-41. De. 3. 13-15. 1 Ch. 2. 21-23.

31 *Ashtaroth.* See on ch. 12. 4. *the children of Machir by.* Nu. 32. 39, 40.

33 At verse 14, as well as here, notice is taken, that to the tribe of Levi, '*Moses gave no inheritance,*' for so God had appointed. Nu. 18. 20. If they had been appointed to a lot entire by themselves, Moses would have served them first, not because it was his own tribe, but because it was God's. but they must be provided for in another manner; their habitation must be scattered in all the tribes, and their maintenance brought out of all the tribes, and God himself was the portion both of their inheritance and of their cup. ch. 18. 7. De. 10. 9; 18. 1, 2.

## CHAP. XIV.

*The nine tribes and a half are to have their inheritance by lot,* 1-5. *Caleb by privilege obtains Hebron,* 6-15.

1 *which Eleazar.* See on Nu. 34. 17-29.

2 *lot.* Though God had sufficiently pointed out by the predictions of Jacob and Moses what portions he designed for each tribe, yet we readily discern an admirable proof of His wisdom, in the orders he gave to decide them by *lot.* By this means the false interpretations which might have been given to the words of Jacob and Moses were prevented; and by striking at the root of whatever might occasion *jealousies* and *disputes* among the tribes, he evidently secured the honesty of those appointed to distribute the conquered lands of Canaan. Besides, the success of this method gave a fresh proof of the divinity of the Jewish religion, and the truth of its oracles. Each tribe finding itself placed by *lot* exactly in the spot where Jacob and Moses foretold, it was evident that Providence had equally directed both the *predictions* and that *lot;* and it would be the greatest folly and presumption not to acknowledge the *inspiration* of God in the *words* of Jacob and Moses; the *direction* of his *hand* in the lot, and his *providence* in the event. Nu. 26. 55, 56; 33. 54; 34. 13. Ps. 16. 5, 6. Pr. 16. 33; 18. 18. Mat. 25. 34.

3 *Moses.* ch. 13. 8. Nu. 32. 29-42. De. 3. 12-17. *but unto.* See on ch. 13. 14, 32, 33.

4 *the children.* Ge. 48. 5. 1 Ch. 5. 1, 2. *save cities.* ch. 21. 2-42. Nu. 35. 2-8. 1 Ch. 6. 54-81.

6 *Gilgal.* ch. 4. 19; 10. 43. *Caleb.* Nu. 13. 6; 14. 6. *Kenezite.* ver. 14; ch. 15. 17. Nu. 32. 12. *Thou knowest.* Nu. 14. 24, 30. De. 1. 36-38. *the man.* Nu. 12. 7, 8. De. 33. 1; 34. 5, 10. Ju. 13. 6-8. 1 Ki. 13. 1, 14. 2 Ki. 4. 9, 16, 42; 8. 7, 11. Ps. 90, title. 1 Ti. 6. 11. 2 Ti. 3. 17. *Kadesh-barnea.* Nu. 13. 26.

7 *sent me.* Nu. 13. 6, 16-20. *I brought.* Nu. 13. 26-33; 14. 6-10.

8 *wholly*. ver. 14. Nu. 14. 24. De. 1. 36. Re. 14. 4.

9 ch. 1. 3. Nu. 13. 22; 14. 22-24.

10 *forty*. ch. 11. 18. Nu. 14. 33, 34. *wandered*. *Heb*. walked.

11 De. 31. 2; 34. 7. Ps. 90. 10; 103. 5.

12 *the Anakims*. ch. 11. 21, 22. Nu. 13. 28, 33. *if so be*. Nu. 14. 8, 9; 21. 34. 1 Sa. 14. 6. 2 Ch. 14. 11. Ps. 18. 32-34; 27. 1-3; 44. 3; 60. 12; 118. 10-12. Ro. 8. 31. Phi. 4. 13. He. 11. 33. *I shall*. ch. 15. 14. Ju. 1. 20.

13 *blessed*. ch. 22. 6. Ge. 47. 7, 10. 1 Sa. 1. 17. Ca. 6. 9. *gave unto*. ch. 10. 36, 37; 15. 13; 21. 11, 12. Ju. 1. 20. 1 Ch. 6. 55, 56.

14 *because*. ver. 8, 9. 1 Co. 15. 58.

15 *And the name*. ch. 15. 13. Ge. 23. 2. *And the land*. ch. 11. 23. Ju. 3. 11, 30; 5. 31; 8. 28.

## CHAP. XV.

*The borders of the lot of Judah*, 1-12. *Caleb's portion and conquest*, 13-15. *Othniel, for his valour, hath Achsah, Caleb's daughter, to wife*, 16, 17. *She obtains a blessing of her father*, 18-20. *The cities of Judah*, 21-62. *The Jebusites unconquered*, 63.

1 A.M. 2561. B.C. 1443. An. Ex. Is. 48. *This then was the lot*. The geography of the sacred writings presents many difficulties, occasioned by the changes which Canaan has undergone, especially for the last 2000 years. Many of the ancient towns and villages have had their names so totally changed that their former appellations are no longer discernible; several lie buried under their own ruins, and others have been so long destroyed that not a vestige of them remains. On these accounts it is very difficult to ascertain the precise situation of many places mentioned in these chapters; but this cannot in any measure affect the *truth* of the narrative. ch. 14. 2. Nu. 26. 55, 56. *even to the*. Nu. 33. 36, 37; 34. 3-5. Eze. 47. 19.

2 *the salt sea*. ch. 3. 16. Ge. 14. 3. Nu. 34. 3. Eze. 47. 8, 18. *bay*. *Heb*. tongue. Is. 11. 15.

3 *Maaleh-acrabbim*. *or*, the going up to Acrabbim. Nu. 34. 4. Ju. 1. 36. *Zin*. Ge. 14. 7. Nu. 20. 1; 32. 8. *Adar*. Probably the same as *Hazar-addar*, Nu. 34. 4. *Karkaa*. Supposed to be the *Coracea* of PTOLEMY, in Arabia Petræa. EUSEBIUS places a castle called *Carcaria* at the distance of a day's journey from Petra.

4 *Azmon*. The last city they possessed towards Egypt; east of the River of Egypt or Rhinocorura. Nu. 34. 5. *river*. ch. 13. 3. Ex. 23. 31.

5 Nu. 34. 12.

6 *Beth-hogla*. Probably the Bethagla mentioned by JEROME is the same as 'the threshing-floor of Atad,' (Ge. 50. 10,) situated three miles from Jericho, and two from Jordan; and belonging to the tribe of Benjamin, though serving as a frontier to the tribe of Judah. ch. 18. 19, 20. *the stone*. ch. 18. 17.

7 *Debir*. ver. 15; ch. 10. 38, 39. *the valley*. ch. 7. 26. Is. 65. 10. Ho. 2. 5. *Gilgal*. ch. 4. 19; 5. 9, 10; 10. 43. *Adummim*. A town and mountain of Benjamin, (Jos. 18. 17,) near Jericho, towards Jerusalem. *En-shemesh*. Situated east of Jerusalem, on the confines of Judah and Benjamin. *En-rogel*. Supposed to be the same as the fountain of *Siloam*, east of Jerusalem, at the foot of mount Zion. 2 Sa. 17. 17. 1 Ki. 1. 9.

8 *valley of the son*. A valley near to Jerusalem. ch. 18. 16. 2 Ki. 23. 10. 2 Ch. 28. 3. Je. 7. 31, 32; 19. 2, 6, 14. *the Jebusite*. ver. 63; ch. 18. 28. Ju. 1. 8, 21; 19. 10. *valley of the giants*. Situated apparently west of Jerusalem and mount Moriah. ch. 18. 16. 2 Sa. 5. 18, 22. Is. 17. 5, the valley of Rephaim.

9 *Nephtoah*. ch. 18. 15. *Baalah*. A city near Bethshemesh, and, according to EUSEBIUS, nine miles from Jerusalem, in going towards Diospolis. 2 Sa. 6. 2. 1 Ch. 13. 6. *Kirjath-jearim*. ch. 9. 17. Ju. 18. 12.

10 *Beth-shemesh*. Placed by EUSEBIUS ten miles east from Eleutheropolis, towards Nicopolis. 1 Sa. 6. 12-21. *Timnah*. ver. 57. Ge. 38. 13. Ju. 14. 1, 5.

11 *Ekron*. ver. 45; ch. 19. 43. 1 Sa. 5. 10; 7. 14. 2 Ki. 1. 2, 3, 6, 16. *mount Baalah*. ch. 19. 44.

12 *the great sea*. ver. 47. Nu. 34. 6, 7. De. 11. 24. Eze. 47. 20.

13 *Caleb*. ch. 14. 6-15. Nu. 13. 30; 14. 23, 24. De. 1. 34-36. *the city of Arba*. *or*, Kirjath-arba. ch. 14. 15.

14 ch. 10. 36, 37; 11. 21. Nu. 13. 22, 23. Ju. 1. 10, 20.

15 ch. 10. 3, 38. Ju. 1. 11-13.

16 Ju. 1. 6, 12, 13.

17 *Othniel*. Ju. 1. 13; 3. 9, 11. *Kenaz*. ch. 14. 6. Nu. 32. 12. *Achsah*. 1 Ch. 2. 49.

18 *she lighted*. Ge. 24. 64. 1 Sa. 25. 23.

19 *Give me*. Ju. 1. 14, 15. *a blessing*. Ge. 33. 11. De. 33. 7. 1 Sa. 25. 27. 2 Co. 9. 5, marg.

20 Ge. 49. 8-12. De. 33. 7.

21 *Kabzeel*. Ne. 11. 25. *Eder*. Ge. 35. 21.

23 *Kedesh*. ch. 12. 22. Nu. 33. 37. De. 1. 19. *Hazor*. The LXX. read Ασοριωναιν, for Hazar-Ithnan, regarding these two as one city.

24 *Ziph*. EUSEBIUS and JEROME say, that Ziph was a village in their time, eight miles east from Hebron. 1 Sa. 23. 14, 19, 24. Ps. 54, title. *Telem*. 1 Sa. 15. 4.

25 *Hazor*. Or, rather, *Hazar-hadattah*, or, as the LXX., Alexandrian, and Vulgate render, Ασωρ η καινη, *Asor nova*, 'New Hazor,' to distinguish it from the preceding (ver. 28,) and following *Hazor*. EUSEBIUS and JEROME say it was a village in their time, on the eastern confines of Askelon. *Kerioth*. Or, rather, *Kerioth-Hezron:* LXX. αι πολεις (Alex. πολις) Ασερων, 'the cities (city) of Hezron.'

26 *Moladah*. Probably the same as *Malatha*, a city frequently mentioned by EUSEBIUS; from whom it appears to have been situated in the southern border of Judah, about twenty miles from Hebron. 1 Ch. 4. 28.

27 *Hazar-gaddah*. This is apparently the city which EUSEBIUS calls Ασερ; which he says, was, in his time, a town situated between Askalon and Ashdod. *Beth-palet*. Ne. 11. 26.

28 *Hazar-shual*. ch. 19. 3. 1 Ch. 4. 28. *Beer-sheba*. ch. 19. 2. Ge. 21. 14, 31-33; 26. 33. *Bizjoth-jah*. Instead of *Bizjothjah*, the LXX. read, 'and their towns and villages.'

29 *Baalah*. ver. 9-11; ch. 19. 3. *Azem*. 1 Ch. 4. 29.

30 *Hormah*. ch. 19. 4. Nu. 14. 45. De. 1. 44. Ju. 1. 17.

31 *Ziklag*. ch. 19. 5. 1 Sa. 27. 6; 30. 1. 1 Ch. 12. 1.

32 *Ain*. Probably the Βηθανιν of EUSEBIUS, four miles from Hebron. Nu. 34. 11. *Rimmon*. Ne. 11. 29.

33 *Eshtaol*. This town is placed by EUSEBIUS ten miles from Eleutheropolis, towards Nicopolis: and it is supposed to be a wretched village, called *Esdad*, about 15 miles south of *Yebna*. ch. 19. 41. Nu. 13. 23. Ju. 13. 25; 16. 31. *Zoreah*. A town near to Eshtaol, placed at ten miles' distance N. of Eleutheropolis by EUSEBIUS.

34 *Tappuah*. ver. 53; ch. 12. 17.

35 *Jarmuth*. ch. 10. 3, 23; 12. 11. Ne. 11. 29. *Adullam*. ch. 12. 15. 1 Sa. 22. 1. Mi. 1. 15. *Socoh*. EUSEBIUS says, there were two cities of *Socoh*, an *upper* and *lower*, nine miles from Eleutheropolis, towards Jerusalem. ver. 48. 1 Sa. 17. 1. 1 Ch. 4. 18. *Azekah*. EUSEBIUS and JEROME say there was a town of this name in their time, between Jerusalem and Eleutheropolis. ch. 10. 10. 1 Sa. 17. 1.

36 *Sharaim*. 1 Sa. 17. 52. *Adithaim*. EUSEBIUS mentions two cities, called *Adatha*, one towards Gaza, and the other east of Lydda. *and Gederothaim*. *or*, or. *fourteen cities*. There are fifteen in all; but the two last seem to be only two names of the same city.

38 *Mizpeh.* Ge. 31. 48, 49. Ju. 20. 1; 21. 5. 1 Sa. 7. 5, 6, 16; 10. 17. *Joktheel.* 2 Ki. 14. 7.

39 *Lachish.* ch. 10. 3, 31, 32; 12. 11. 2 Ki. 18. 14, 17; 19. 8. *Bozkath.* 2 Ki. 22. 1. *Eglon.* ch. 10. 3; 12. 12.

41 *Makkedah.* ch. 10. 21, 28; 12. 16.

42 *Libnah.* ch. 10. 29; 12. 15. 2 Ki. 8. 22. *Ether.* ch. 19. 7.

44 *Keilah.* 1 Sa. 23. 1, etc. *Achzib.* Ge. 38. 5. Mi. 1. 14. *Mareshah.* Mi. 1. 15.

45 *Ekron.* ch. 13. 3. 1 Sa. 5. 10; 6. 17. Am. 1. 8. Zep. 2. 4. Zec. 9. 5-7.

46 *near. Heb.* by the place of. 1 Sa. 5. 1, 6. 2 Ch. 26. 6. Ne. 13. 23, 24. Is. 20. 1. Am. 1. 8.

47 *Gaza.* Ju. 16. 1-21. Je. 47. 1, 5. Am. 1. 6, 7. Zep. 2. 4. Ac. 8. 26. *the river.* ver. 4; ch. 13. 3. Ex. 23. 31. Nu. 34. 5, 6.

48 *Jattir.* ch. 21. 14.

49 *Kirjath-sannah.* ver. 15. Ju. 1. 11.

51 *Goshen.* ch. 10. 41; 11. 16. *Giloh.* 2 Sa. 15. 12.

52 *Dumah.* Is. 21. 11.

53 *Janum. or,* Janus.

54 *Kirjath-arba.* ver. 13; ch. 14. 15. Ge. 23. 2.

55 *Maon.* 1 Sa. 23. 25; 25. 2, 7. 2 Ch. 26. 10. Is. 35. 2. *Carmel.* 1 Ki. 13. 42. *Ziph.* ver. 24. 1 Sa. 23. 14, 15; 26. 1, 2.

57 *Timnah.* ver. 10. Ge. 38. 12. Je. 14. 1.

58 *Gedor.* 1 Ch. 4. 39.

60 *Kirjath-baal.* ch. 18. 14. 1 Sa. 7. 1.

61 *Beth-arabah.* ver. 6; ch. 18. 18.

62 *the city of.* This city was situated somewhere in the vicinity, west of the lake Asphaltites; and supposed by some to be the same as *Zoar. En-gedi. En-gedi*, or *Hazazon-Tamar*, was situated, according to EUSEBIUS, in the desert west of the Dead Sea. JOSEPHUS says it was 300 stadia from Jerusalem, and not far from the lake Asphaltites; and consequently it could not have been far from Jericho and the mouth of the Jordan. It was celebrated for the abundance of its palm-trees. 1 Sa. 23. 29; 34. 1. 2 Ch. 20. 2.

63 Ju. 1. 8, 21. 2 Sa. 5. 6-9 1 Ch. 11. 4-8. Ro. 7. 14-21.

## CHAP. XVI.

*The general borders of the sons of Joseph,* 1-4. *The border of the inheritance of Ephraim,* 5-9. *The Canaanites of Gezer not conquered,* 10.

1 *fell. Heb.* went forth. *the water.* ch. 8. 15; 15. 61; 18. 12. 2 Ki. 2. 19-21.

2 *Beth-el.* ch. 18. 13. Ge. 28. 19. Ju. 1. 22-26. *Archi.* 2 Sa. 16. 16. 1 Ch. 27. 33.

3 *Beth-horon.* EUSEBIUS says that the two *Beth-horons* were twelve miles from Jerusalem, towards Nicopolis or Emmaus: of which the one, called upper Beth-horon, from its situation, was built (re-built) by Solomon, and the other, called nether Beth-horon, was given to the Levites. JOSEPHUS places *Beth-oron* about 100 furlongs from Jerusalem. Dr. CLARKE mentions an Arab village called *Bethoor*, about twelve miles from Jerusalem, a small distance from Rama, which he supposes, from its situation on a hill, to be *Beth-horon the upper.* ch. 18. 13. 1 Ki. 9. 15-17. 1 Ch. 7. 24, 28. 2 Ch. 8. 5. *Gezer.* Probably the Γαζαρα of EUSEBIUS, four miles from Nicopolis. *the sea.* Nu. 34. 6.

4 ch. 17. 14.

5 *Ataroth-addar.* ver. 2; ch. 18. 13.

6 *Michmethah.* ch. 17. 7. *Taanath-shiloh.* Placed by EUSEBIUS ten miles east of Neapolis or Shechem. ch. 18. 1. *Janohah.* EUSEBIUS calls it Ιανω in Acrabatene, twelve miles east from Neapolis.

7 *Ataroth.* 1 Ch. 7. 28. *Jericho.* ch. 3. 16; 6. 1, 26. Nu. 33. 48.

8 *Tappuah.* ch. 12. 17; 17. 8. *river Kanah.* ch. 17. 9; 19. 28. *the sea.* ver. 3-6. Nu. 34. 6.

9 ch. 17. 9.

10 *they drave.* ch. 15. 63. Ju. 1. 29. 1 Ki. 9. 16, 21. *the Canaanites dwell.* Nu. 33. 52-55. De. 7. 1, 2.

## CHAP. XVII.

*The lot of Manasseh,* 1-6. *His coast,* 7-11. *The Canaanites not driven out,* 12, 13. *The children of Joseph obtain another lot,* 14-18.

1 *the firstborn.* Ge. 41. 51; 46. 20; 48. 18. De. 21. 17. *Machir.* Ge. 50. 23. Nu. 26. 29; 27. 1; 32. 39, 40. Ju. 5. 14. 1 Ch. 2. 23; 7. 14, 15. *Gilead.* Nu. 26. 29; 32. 33, 40. De. 3. 13-15.

2 *the rest.* Nu. 26. 29-32. *the children.* Ju. 6. 11; 8. 2. 1 Ch. 7. 18. *Abiezer.* Nu. 26. 30. Jeezer. *children of Asriel.* Nu. 26. 31. *children of Hepher.* Nu. 26. 32.

3 Nu. 26. 33; 27. 1; 36. 2-11.

4 *Eleazar.* ch. 14. 1. Nu. 34. 17-29. *The Lord commanded.* Nu. 27. 6, 7. Ga. 3. 28.

5 *ten portions.* As there were *six* sons and *five* daughters, among whom this division was to be made, there should be *eleven* portions: but Zelophehad, son of Hepher, having lef t five daughters in his place, neither he nor Hepher is reckoned. The lot of Manasseh therefore was divided into *ten* parts; five for the five sons of Gilead, Abiezer, Helek, Asriel, Shechem, and Shemida; and five for the five daughters of Zelophehad, Mahlah, Noah, Hoglah, Milcah, and Tirzah. ver. 2. 3, 14. *beside.* ch. 13. 29-31. Nu. 32. 30-42.

7 *Asher.* EUSEBIUS says this was a town in his time not far from Neapolis, towards Scythopolis or Bethshan; between which towns it is also placed by the old Jerusalem Itinerary. *Michmethah.* Situated, probably, east of Shechem, though its precise situation, as well as that of many others, cannot, at this distance of time, be ascertained. Many of these towns were small, and we may rationally conclude, slightly built; and consequently have perished more than two thousand years ago. It would therefore be useless *now* to look for such places; though in many instances, their ancient names have been preserved, and their sites identified. Several towns even in England, mentioned by Cæsar and other ancient writers, are no longer discernible; several have changed their names, and not a few their situation. ch. 16. 6-8. *Shechem.* ch. 20. 7; 21. 21; 24. 1, 32. Ge. 34. 2; 37. 12, 14. Ju. 9. 1. 1 Ki. 12. 1, 25. 1 Ch. 6. 67.

8 *of Tappuah.* ch. 12. 17; 15. 34, 53; 16. 8.

9 *river Kanah. or,* brook of reeds. The brook *Kanah* seems to be what is now called *Nahr el Kasab*, which falls into the Mediterranean a few miles south of Cæsarea of Palestine, mentioned by the Hon. C. L. IRBY, and J. MANGLES. ch. 16. 8. *these cities.* ch. 16. 9. *the out-goings.* ch. 16. 3, 8; 19. 29. *the sea.* The Mediterranean.

11. *Manasseh.* ch. 16. 9. 1 Ch. 7. 29. *Beth-shean*, the *Scythopolis* of the Greek and Roman writers, was situated in the plain of Jordan, west of that river, 120 furlongs (south) from Tiberias, according to JOSEPHUS, and 600 furlongs (north) from Jerusalem. (2 Mac. 12. 29.) It was the largest city of the Decapolis, and the only one on that side of Jordan. It is now called *Bisan*, 8 hours or 24 miles from Tiberias; and described by Dr. RICHARDSON, exclusive of its ruins, as a 'collection of miserable hovels, containing 200 inhabitants.' 1 Sa. 31. 10, 12. Beth-shan. 1 Ki. 4. 12. *Ibleam.* 2 Ki. 9. 27. 1 Ch. 6. 70, Bileam. *Dor.* Dor, according to EUSEBIUS, was situated on the Mediterranean, nine miles from Cæsarea Palestine, towards Carmel. The village of *Tortura*, four leagues north of Cæsarea, is supposed to nearly occupy its site. ch. 12. 23. Ju. 1. 27. 1 Ki. 4. 11. *Endor.* 1 Sa. 28. 7. Ps. 83. 10. *Taanach.* ch. 12. 21. Ju. 5. 19. *Megiddo.* Ju. 1. 27; 5. 19. 1 Ki. 4. 12; 9. 15. 2 Ki. 9. 27; 23. 29, 30. 2 Ch. 35. 22. Zec. 12. 11.

12 ch. 15. 63; 16. 10. Ex. 23. 29-33. Nu. 33. 52-56. Ju. 1. 27, 28. Ro. 6. 12-14.

13 *waxen strong*. Ju. 1. 28. 2 Sa. 3. 1. Ep. 6. 10. Phi. 4. 13. 2 Pe. 3. 18. *put the*. ch. 16. 10. De. 20. 11-18. Ju. 1. 30, 33, 35. 2 Ch. 8. 7, 8.

14 *one lot*. Ge. 48. 22. Nu. 26. 34-37. De. 33. 13-17. *a great*. Ge. 48. 19; 49. 22-26.

15 *If thou be*. Lu. 12. 48. *the Perizzites*. Ge. 13. 7. Ex. 33. 2. Ezr. 9. 1. *giants*. *or*, Rephaims. Ge. 14. 5; 15. 20. 2 Sa. 5. 18, 22.

16 *chariots*. ver. 18. Ju. 1. 19; 4. 3. *Beth-shean*. ver. 11. 1 Ki. 4. 12. *Jezreel*. ch. 19. 18. Ju. 6. 33. 1 Ki. 4. 12; 18. 46; 21. 1, 23. 2 Ki. 9. 10, 37. Ho. 1. 4, 5.

17 *Thou art a great*. See on ver. 14.

18 *the mountain*. ver. 15; ch. 15. 9; 20. 7. *for thou shalt*. ch. 11. 4-6; 13. 6. Nu. 14. 6-9. De. 20. 1-4. Ps. 27. 1, 2. Is. 41. 10-16; 51. 12, 13. Ro. 8. 31, 37. He. 13. 6.

## CHAP. XVIII.

*The tabernacle is set up at Shiloh*, 1. *The remainder of the land is described, and divided into seven parts*, 2-9. *Joshua distributes it by lot*, 10. *The lot and border of Benjamin*, 11-20. *Their cities*, 21-28.

1 *Shiloh*. *Shiloh* was situated on a hill in the tribe of Ephraim, though near the borders of Benjamin, about fifteen miles north of Jerusalem, and, according to EUSEBIUS, twelve, or according to JEROME, ten miles (south) from Shechem or Nablous. It was but a little north from Bethel or Ai, and near the road from Shechem to Jerusalem. (Ju. 21. 19.) In JEROME's time, Shiloh was ruined; and nothing remarkable was extant, but the foundations of the altar of burnt offerings which had been erected when the tabernacle stood there. ch. 19. 51; 21. 2; 22. 9. *set up*. Ju. 18. 31. 1 Sa. 1. 3, 24; 4. 3, 4. 1 Ki. 2. 27; 14. 2, 4. Ps. 78. 66. Je. 7. 12-14; 26. 6.

3 *How long are*. Ju. 18. 9. Pr. 2. 2-6; 10. 4; 13. 4; 15. 19. Ec. 9. 10. Zep. 3. 16. Mat. 20. 6. Jno. 6. 27. Phi. 3. 13, 14. 2 Pe. 1. 10, 11.

4 *three*. ver. 3; ch. 3. 12; 4. 2. Nu. 1. 4; 13. 2. *describe*. ver. 6, 9.

5 *Judah shall*. ch. 15. 1, etc.; 19. 1-9. *the house*. ch. 16; 17.

6 *that I may cast*. ver. 8, 10; ch. 14. 2. Nu. 26. 54, 55; 33. 54; 34. 13. Ps. 105. 11. Pr. 16. 33; 18. 18. Ac. 13. 19.

7 *the Levites*. ch. 13. 14, 33. Nu. 18. 20, 23. De. 10. 9; 18. 1, 2. *and Gad*. ch. 13. 8-31. Nu. 32. 29-41. De. 3. 12-17; 4. 47, 48.

8 *Go*. Ge. 13. 17. *that I may here*. ver. 6, 10; ch. 7. 16-18; 13. 7; 14. 1, 2; 15. 1. 1 Sa. 14. 41. Ac. 1. 24-26. Ro. 14. 19.

9 *described*. The surveyors seem to have formed some kind of map of the country, as well as a description of it in writing. The Egyptians, from the situation of their fields, as annually overflowed by the Nile, acquired great skill in mensuration and land surveying; and some of the Israelites had, no doubt, learned these from them, without a knowledge of which they could not properly have divided the land. This is probably the first act of *surveying* on record. *into seven*. Ac. 13. 19.

10 *cast lots*. ver. 6, 8. Pr. 18. 18. Eze. 47. 22; 48. 29. Mat. 27. 35. Ac. 13. 19. *before the Lord*. Ps. 16. 5, 6; 47. 4; 61. 5. Jno. 17. 2. Ac. 26. 18. Col. 1. 12.

11 *between the children*. ch. 15. 1-8; 16. 1-10. De. ch. 10; 13. 12.

12 *Jericho*. ch. 2. 1; 3. 16; 6. 1; 16. 1. *the wilderness*. ch. 7. 2. Ho. 4. 15; 5. 8; 10. 5.

13 *side of Luz*. ch. 16. 2. Ge. 28. 19. Ju. 1. 22-26. *Beth-horon*. ch. 10. 11; 16. 3; 21. 22.

14 *Kirjath-baal*. ch. 15. 9, 60. 1 Sa. 7. 1, 2. 2 Sa. 6. 2. 1 Ch. 13. 5, 6.

15 *Nephtoah*. ch. 15. 9.

16 *the valley of the son*. ch. 15. 8. 2 Ki. 23. 10. 2 Ch. 28. 3; 33. 6. Is. 30. 33. Je. 7. 31, 32; 19. 2, 6, 11; 32. 35. *the valley of the giants*. See on ch. 15. 8; 18. 16. 1 Ch. 14. 9. *Jebusi*. Mount *Zion*, south of *Jerusalem*; for *Jebusi* or *Jebus* was the ancient name of that city. ver. 28; ch. 15. 63. Ju. 1. 8. 21; 19. 10. *En-rogel*. ch. 15. 7. 2 Sa. 17. 17. 1 Ki. 1. 9.

17 *En-shemesh*. The fountain of the Sun; whether a town, or simply a fountain, is uncertain. *Geliloth*. *Geliloth* is probably the same as *Gilgal*; though as the word may signify *borders* or *limits*, some think that it is probably not the proper name of a place: 'And went forth towards the *borders* which are over against the ascent to Adummim.' Others render Geliloth *circuits* or *roundings*, or the *hills* about Jordan, *tumuli Jordanis*. Vulgate: *pertransit usque ad tumulos*. *the stone*. ch. 15. 6.

18 *Arabah*. *or*, the plain. ch. 15. 6, 61.

19 *bay*. *Heb.* tongue. ch. 15. 2, marg. Is. 11. 15. *the salt*. ch. 3. 16; 12. 3. Ge. 14. 3; 19. 25. Nu. 34. 3. De. 3. 17. *this was the*. The borders of this tribe on the north were the same as those of Ephraim on the south, and his southern boundaries the same as the northern borders of Judah; but drawn from west to east, instead of from east to west. (ch. 15. 1-12; ch. 16.) As the inheritance of Benjamin did not extend to the Mediterranean sea, and no other sea or lake is known to have been in those parts, perhaps this expression, 'compassed the corner of the sea southward,' (ver. 14,) should be rendered, 'made a circuit on the side next the sea towards the south;' for it seems to connect the *northern* border, in the preceding verses, with the *southern* which follows.

20 ver. 11.

21 *Jericho*. ver. 12; ch. 2. 1; 6. 1. Lu. 10. 30; 19. 1. *Beth-hoglah*. ver. 19; ch. 15. 6.

22 *Beth-arabah*. ver. 18; ch. 15. 6. *Zemaraim*. Ge. 10. 18. 2 Ch. 13. 4. *Beth-el*. 1 Ki. 12. 29-32.

23 *Ophrah*. Situated, according to EUSEBIUS, five miles east of Bethel. 1 Sa. 13. 17.

24 *Ophni*. Probably the same as *Gophna* (ע being often pronounced as G); which, according to JOSEPHUS, was about fifteen miles from Jerusalem, towards Shechem, says EUSEBIUS, (*Onom. in* φαραγξ βοτρους.) *Gaba*. *Gaba* or *Geba*, according to JOSEPHUS, was not far from Rama, forty stadia from Jerusalem, and, according to EUSEBIUS, five miles from Gophna, towards Shechem. ch. 21. 17. Ezr. 2. 26. Ne. 7. 30.

25 *Gibeon*. ch. 9. 17; 10. 2. 1 Ki. 3. 4, 5; 9. 2. Is. 28. 21. *Ramah*. Situated, according to EUSEBIUS, six miles from Jerusalem towards Bethel; though JEROME places it near Gaba, *seven* miles from Jerusalem. 1 Sa. 1. 1, Ramathaim-zophim. ch. 7. 17; 15.34. Je. 31. 15. Mat. 27. 57, Arimathea. *Beeroth*. EUSEBIUS says *Beeroth* was seven miles from Jerusalem, towards *Nicopolis* or Emmaus. JEROME, however, reads *Neapolis* or Shechem; but RELAND prefers the former.

26 *Mizpeh*. Situated not far from Rama, forty stadia from Jerusalem. Ju. 10. 17. *Chephirah*. ch. 9. 17. Ezr. 2. 25.

28 *Zelah*. 2 Sa. 21. 14. *Jebusi*. ver. 16; ch. 15. 8, 63. 2 Sa. 5. 8. *Gibeath*. Ju. 19. 12-15; 20. 4, 5. 1 Sa. 10. 26; 13. 15, 16. Is. 10. 29. Ho. 10. 9, Gibeah. *according*. Nu. 26. 54; 33. 54.

## CHAP. XIX.

*The lot of Simeon*, 1-9; *of Zebulun*, 10-16; *of Issachar*, 17-23; *of Asher*, 24-31; *of Naphtali*, 32-39; *of Dan*, 40-48. *The children of Israel give an inheritance to Joshua*, 49-51.

1 *second lot*. ch. 18. 6-11. *within the*. ver. 9. Ge. 49. 5-7.

2 *Beer-sheba, Sheba, and Moladah*. ch. 15. 28. Ge. 21. 31. 1 Ch. 4. 28-30, Bilhah, Ezem, Tolad, Bethuel. Ne. 11. 26-30.

3 *Hazar-shual.* ch. 15. 28, 29.
4 *Eltolad.* ch. 15. 30. *Hormah.* Ju. 1. 17.
5 *Ziklag.* ch. 15. 31. 1 Sa. 27. 6; 30. 1. *Hazar-susah.* 1 Ch. 4. 31, Hazar-susim.
6 *Beth-lebaoth.* ch. 15. 32.
7 *Ain.* ch. 15. 32. *Remmon.* Nu. 33. 19, 20. 1 Ch. 4. 32, Rimmon. *Ether.* ch. 15. 42.
8 *Baalath-beer.* 1 Ch. 4. 33. *Ramath.* 1 Sa. 30. 27. Ramoth.
9 *too much.* Ex. 16. 18. 2 Co. 8. 14, 15. *therefore.* ver. 1.
10 *third.* ch. 18. 6, 11. *Zebulun.* Ge. 49. 13. De. 33. 18, 19.
11 *the river.* The river *Kishon*, which empties itself into the Mediterranean near mount Carmel, in the vicinity of which Jokneam was situated. *Jokneam.* ch. 12. 22. 1 Ki. 4. 12. 1 Ch. 6. 68. Jokmeam.
12 *Chisloth-tabor.* Called *Chasalus* by EUSEBIUS and JEROME, and placed at the foot of mount *Tabor*, eight miles east of Diocæsarea. ver. 22. Ju. 4. 6, 12. Ps. 89. 12. *Daberath.* JOSEPHUS, who calls this town *Dabaritta*, or *Darabitta*, places it in the plain of Jezreel, or Esdraelon, on the confines of Samaria and Galilee. It is probably the *Dabira* which JEROME places towards mount Tabor, in the district of Diocæsarea; and the *Debora* or *Daboura*, mentioned by travellers as a village at the foot of mount Tabor. ch. 21. 28, Dabareh. 1 Ch. 6. 72. *Japhia.* Probably *Japha*, a city of Galilee, near Jotapata, mentioned by JOSEPHUS.
13 *Gittah-hepher.* Placed by JEROME two miles from Sephoris, or Diocæsarea, towards Tiberias. 2 Ki. 14. 25, Gath-hepher. *methoar. or*, which is drawn.
15 *Kattah*, etc. ch. 21. 34, 35. Ju. 1. 30, Nahalol. *Shimron.* ch. 11. 1; 12. 20. *Beth-lehem.* Ru. 1. 19. 2 Sa. 23. 15. 2 Ch. 11. 6.
18 *Jezreel.* 1 Ki. 21. 1, 15, 16. 2 Ki. 8. 29; 9. 15. 30. Ho. 1. 4, 5. *Chesulloth.* Probably the same as *Chisloth-tabor.* ver. 12. *Shunem.* 1 Sa. 28. 4. 1 Ki. 1. 3; 2. 17, 21. 2 Ki. 4. 8, 12.
19 *Haphraim.* A town called *Aiphraim*, in the time of EUSEBIUS, six miles north of Legio. *Shihon.* A town called *Seon* by EUSEBIUS, at the foot of mount Tabor.
21 *En-gannim.* ch. 21. 29.
22 *Tabor.* ver. 12. Ju. 4. 6. 1 Ch. 6. 77. Je. 46. 18. *Beth-shemesh.* ver. 38; ch. 21. 16. 1 Sa. 6. 9, etc. 1 Ki. 4. 9. 2 Ki. 14. 11-13.
24 The lot of Asher lay upon the coast of the great sea. We read of only one remarkable person of this tribe, and that was Anna, the prophetess, the daughter of Phanuel, a widow of about fourscore and four years, which departed not from the temple, but served God with fastings and prayers night and day. Lu. 2. 36-38.
25 *Helkath.* 2 Sa. 2. 16. *Beten.* Probably the same as *Bebeten* or *Batnai*, mentioned by EUSEBIUS, eight miles east from Ptolemais; and perhaps the *Ecbatana* which PLINY places not far from Ptolemais. *Achshaph.* ch. 11. 1; 12. 20.
26 *Misheal.* Situated, according to EUSEBIUS, near mount Carmel, on the sea coast. ch. 21. 30. 1 Ch. 6. 74, *Mashal.* *Carmel.* 1 Sa. 15. 12. 1 Ki. 18. 20, 42. Ca. 7. 5. Is. 33. 9; 35. 2; 37. 24. Je. 46. 18.
27 *Beth-dagon.* 1 Sa. 5. 2. *Zebulun.* Situated on the sea coast, near Ptolemais. *valley.* ver. 14. *Cabul.* Supposed to be the same town which JOSEPHUS calls Χωβουλο, and which he says was situated near the sea side, near Ptolemais. 1 Ki. 9. 13.
28 *Rehob.* See on ver. 30. *Kanah.* This seems a different Cana from that in Lower Galilee; and to be that which is placed in some maps east of Tyre, between Libanus and Antilibanus, and south of the river Cassimer, or Leitani. Jno. 2. 1, 11; 4. 46, Cana. *great.* ch. 11. 8. Ju. 1. 31. Is. 23. 2, 4, 12.
29 *Ramah.* Probably the *Rama* mentioned by THEODORET as a city of Syria; and placed in some maps between Sarepta and Sidon, eastward, near Lebanon. *Tyre.* *Heb.* Tzor. 2 Sa. 5. 11. Is. ch. 23. Eze. ch. 26-28. *Achzib.* Ge. 38. 5. Ju. 1. 31. Mi. 1. 14.
30 *Aphek.* ch. 12. 18; 13. 4. 1 Sa. 4. 1. 1 Ki. 20. 30. *Rehob.* ver. 28; ch. 21. 31. Nu. 13. 11.
31 Ge. 49. 20. De. 33. 24, 25.
33 *Zaanannim.* Ju. 4. 11, Zaanaim.
34 *turneth.* De. 33. 23. *Aznoth-tabor.* Apparently the same as *Azanoth*, which EUSEBIUS places in the plain not far from Diocæsarea or Sephoris. ver. 12, 22. *Judah.* As it is certain that the tribe of Naphtali did not border upon that of Judah, there being several tribes between, we should probably omit Judah, with the Septuagint; though it may have been a town so called.
35 *Hammath.* Ge. 10. 18. Nu. 13. 21; 34. 8. 1 Ki. 8. 65, Hamath. *Chinnereth.* ch. 11. 2, Chinneroth. ch. 13. 27. Mar. 6. 53, Gennesaret.
36 *Hazor.* ch. 11. 1, 10; 12. 19.
37 *Kedesh.* ch. 12. 22; 20. 7.
38 *Beth-anath.* EUSEBIUS mentions a town of the name of Βαταναιαν, fifteen miles from Cæsarea. (Diocæsarea or Sephoris probably.) *Beth-shemesh.* ver. 22.
41 *Zorah.* Situated on the frontiers of Dan and Judah, ten miles north from Eleutheropolis, towards Nicopolis, according to EUSEBIUS, not far from Caphar Sorek. ch. 15. 33, Zoreah. Ju. 13. 2, 25; 16. 31; 18. 2. 1 Ch. 2. 53. 2 Ch. 11. 10. *Ir-shemesh.* Supposed by some to be the same as *Beth-shemesh* in the tribe of Judah; but this latter city is evidently distinguished from it by being assigned by the tribe of Judah to the Levites. (ch. 21. 16.) *Ir-shemesh*, rendered πολις Σαμμαυς by the LXX., seems to be the same as *Emmaus* or *Nicopolis*, 22 miles south-east from Lydda, according to the Old Jerusalem Itinerary.
42 *Shaalabbin.* EUSEBIUS calls it Σαλαβα, and places it in Samaria: and JEROME calls it *Salebi*, (Eze. 48,) and joins it to Ajalon and Emmaus. Ju. 1. 35, Shaalbim. *Ajalon.* This appears to be the Ajalon which JEROME places two miles from Nicopolis or Emmaus, in the road to Jerusalem. ch. 10. 12; 21. 24. 1 Sa. 14. 31.
43 *Thimnathah.* Ge. 38. 12. Ju. 14. 1, 2, Timnath. *Ekron.* Ekron is placed by EUSEBIUS between Ashdod and Jamnia, eastward; and probably the ruined village of *Tookrair*, mentioned by Dr. RICHARDSON, situated on the top of a hill, and which he says seems to have been a place of considerable consequence, occupies its site. ch. 15. 45. 1 Sa. 5. 10. Am. 1. 8.
44 *Gibbethon.* ch. 21. 23. 1 Ki. 15. 27; 16. 15; *Baalath.* 1 Ki. 9. 18.
45 *Gath-rimmon.* ch. 21. 24.
46 *before. or*, over against. *Japho. or*, Joppa. Jon. 1. 3. Ac. 9. 36, 43; 10. 8.
47 *the coast.* Ju. 1. 34, 35; 18. 1-29. *called Leshem.* Ju. 18. 7, 27, 29, Laish.
49 *gave.* Eze. 45. 7, 8.
50 *Timnath-serah.* ch. 24. 30. Ju. 2. 9, Timnath-heres. 1 Ch. 7. 24.
51 *These are.* ch. 14. 1. Nu. 34. 17-29. Ps. 47. 3, 4. Mat. 20. 23; 25. 34. Jno. 14. 2, 3; 17. 2. He. 4. 8, 9. *in Shiloh.* ch. 18. 1, 10. Ge. 49. 10. Ju. 21. 19, 21. 1 Sa. 1. 3. Ps. 78. 60. Je. 7. 12-14.

## CHAP. XX.

*God commands, 1-6, and the children of Israel appoint the six cities of refuge, 7-9.*

1 *spake.* ch. 5. 14; 6. 2; 7. 10; 13. 1-7.
2 *Appoint.* Ex. 21. 13, 14. Nu. 35. 6, 11-14. De. 4. 41-43; 19. 2-13. Ro. 8. 1, 33, 34. He. 6. 18, 19. *your refuge.* Nu. 35. 15-24.

4 *at the entering*. Ru. 4. 1, 2. Job 5. 4; 29. 7. Pr. 31. 23. Je. 38. 7. *take*. Ps. 26. 9. *that he may*. He. 6. 18.

5 Nu. 35. 12, 25.

6 *until*. Nu. 35. 12, 24, 25. He. 9. 26.

7 *appointed*. *Heb.* sanctified. *Kedesh*. *Kedesh*, called *Cadesa*, or *Caidesa*, by JOSEPHUS, was situated in Upper Galilee, twenty miles south-east from Tyre, according to EUSEBIUS. The cities of refuge were distributed through the land at proper distances from each other, that they might be convenient to every part of the land; and it is said they were situated on *eminences*, that they might be easily seen at a distance; the *roads* leading to them being broad, even, and always kept in good repair. *Kedesh* and *Hebron* were at the two extremities of the land, the former being in Galilee, and the latter in Judah, both in mountainous districts, and *Shechem* was in mount Ephraim, nearly in the centre. *Bezer* was east of Jordan, in the eastern part of the plain opposite Jericho; *Ramoth* was about the midst of the country of the two tribes and a half, being about the middle of the mountains of Gilead; and *Golan*, the capital of Gaulonitis, was situated in the tribe of Manasseh, in the land of Bashan. As this institution is considered as a type of Christ, some expositors observe a significancy in the names of these cities with application to Him as OUR REFUGE. *Kedesh* signifies *holy*, and our refuge is the holy Jesus. *Shechem*, *a shoulder*, 'and the government is upon his shoulder.' *Hebron*, *fellowship*, and believers are called into the fellowship of Christ Jesus our Lord. *Bezer*, *a fortification*, for he is a strong hold to all them that trust in him. *Ramoth*, *high*, or *exalted*, for him hath God exalted with his own right hand. *Golan*, *joy*, or *exultation*, for in him all the saints are justified, and shall glory. ch. 21. 32. 1 Ch. 6. 76. *Shechem*. ch. 21. 21. Ge. 33. 18, 19. 2 Ch. 10. 1. *Kirjath-arba*. ch. 14. 15; 21. 11, 13. *mountain*. Lu. 1. 39.

8 *Bezer*. ch. 21. 36. De. 4. 43. 1 Ch. 6. 78. *Rameth*. ch. 21. 38. 1 Ki. 22. 3, 4, 6. 1 Ch. 6. 80. *Golan*. ch. 21. 27.

9 *the cities*. Nu. 35. 15. *until he stood*. See on ver. 4 6.

## CHAP. XXI.

*Eight and forty cities given by lot, out of the other tribes, unto the Levites, 1-42. God gives the land, and rest unto the Israelites, according to his promise, 43 48.*

1 *the heads*. ch. 19. 51. Ex. 6. 14, 25. *Eleazar*. ch. 14. 1; 17. 4. Nu. 34. 17-29.

2 *Shiloh*. See on ch. 18. 1. *The Lord*. Nu. 35. 2-8. Eze. 48. 9-18. Mat. 10. 10. Ga. 6. 6. 1 Ti. 5. 17, 18.

3 *unto the Levites*. Ge. 49. 7. De. 33. 8-10. 1 Ch. 6. 54-81.

4 *the children*. ver. 8-19; ch. 24. 33. 1 Ch. 6. 54-60. *the tribe*. These tribes furnished more habitations to the Levites, in proportion, than any of the other tribes, because they possessed a more extensive inheritance, agreeably to what Moses had commanded, (Nu. 35. 8.) It is worthy of remark, that the principal part of this tribe, whose business was to minister at the sanctuary, which sanctuary was afterwards established at Jerusalem, had their appointment nearest to that city; so that they were always within reach of the sacred work which God had appointed them.

5 ver. 20-26. Ge. 46. 11. Ex. 6. 16-25. Nu. 3. 27. 1 Ch. 6. 18, 19, 61, 66-70.

6 ver. 27-33. Ex. 6. 16, 17. Nu. 3. 21, 22. 1 Ch. 6. 62, 71-76.

7 ver. 34-40. Ex. 6. 19. Nu. 3. 20. 1 Ch. 6. 63, 77-81.

8 *by lot*. ver. 3; ch. 18. 6. Nu. 33. 54; 35. 3. Pr. 16. 33; 18. 18. *as the Lord*. Nu. 32. 2.

9 *these cities*. ver. 13-18. 1 Ch. 6. 65. *mentioned*. *Heb.* called.

10 See on ver. 4. Ex. 6. 18, 20-26. Nu. 3. 2-4, 19, 27; 4. 2.

11 *And they*. 1 Ch. 6. 55. *the city of Arba*. *or*, Kirjath-arba. ch. 15. 13, 14, 54. Ge. 23. 2; 35. 27. Ju. 1. 10. *is Hebron*. 2 Sa. 2. 1-3; 5. 1-5; 15. 7. *in the hill*. ch. 20. 7, etc. Lu. 1. 39.

12 ch. 14. 13-15. 1 Ch. 6. 55-57.

13 *they gave*. 1 Ch. 6. 56. *Hebron*. ch. 15. 54. *a city*. ch. 20. 7. Nu. 35. 6. *Libnah*. ch. 10. 29; 15. 42. 1 Ch. 6. 57. Is. 37. 8.

14 *Jattir*. *Jattir* or *Jether*, according to EUSEBIUS, was situated in the district of Daroma, or the southern part of Judah, 20 miles (south) from Eleutheropolis, towards the city of Malatha. ch. 15. 48. 1 Sa. 30. 27, 28. *Eshtemoa*. EUSEBIUS says *Eshtemoa*, or *Esthema*, was a great city in the south of Judah, and in the district of Eleutheropolis, north of that city. ch. 15. 50, Eshtemoh.

15 *Holon*. ch. 15. 51. 1 Ch. 6. 58, Hilen. *Debir*. ch. 12. 13; 15. 49.

16 *Ain*. ch. 15. 42. 1 Ch. 6. 59, Ashan. *Juttah*. EUSEBIUS says *Juttah* was a great town 18 miles south from Eleutheropolis. ch. 15. 55. *Bethshemesh*. ch. 15. 10. 1 Sa. 6. 9, 12. 1 Ch. 6. 59.

17 *Gibeon*. ch. 9. 3; 18. 25. 1 Ch. 6. 60. *Geba*. ch. 18. 24, Gaba.

18 *Anathoth*. *Anathoth* was situated about three miles northward from Jerusalem, according to EUSEBIUS and JEROME (in Je. ch. 1; 20;) or twenty furlongs, according to JOSEPHUS. Ant. I. viii. c. 10. 1 Ki. 2. 26. Is. 10. 30. Je. 1. 1. *Almon*. 1 Ch. 6. 60, Alemeth.

20 ver. 5. 1 Ch. 6. 66.

21 *Shechem*. ch. 20. 7. Ge. 33. 19. Ju. 9. 1. 1 Ki. 12. 1. *Gezer*. ch. 16. 10. 1 Ki. 9. 15-17. 1 Ch. 6. 67.

22 *Beth-horon*. ch. 16. 3, 5; 18. 13, 14. 1 Ch. 6. 68.

23 *Eltekeh*. ch. 19. 44, 45. *Gibbethon*. Probably the *Gabatha* mentioned by EUSEBIUS and JEROME, as situated in the south of Judah, 12 miles from Eleutheropolis, where the prophet Habakkuk's sepulchre was shown.

24 *Aijalon*. ch. 10. 12; 19. 42, Ajalon. 1 Ch. 6. 69. *Gathrimmon*. *Gathrimmon* is said by JEROME to be a great town 10 miles from Diospolis, or Lydda, towards Eleutheropolis.

25 Aner and Bileam are mentioned in Chronicles, instead of Tanach and Gath-rimmon. (1 Ch. 6. 70.) Either the cities had at this time different names, or afterwards their names were changed; or the Levites, being by some means dispossessed of the cities first assigned them, received others from their brethren. A careful examination of the marginal references will discover other variations of this kind, which may be accounted for in the same manner. *Tanach*. ch. 17. 11. Ju. 5. 19.

27 *And unto*. ver. 6. *Golan*. ch. 20. 8. De. 1. 4; 4. 43. 1 Ch. 6. 71. *Beesh-terah*. It is very probable that *Beesh-terah* is a contraction of *baith ashtaroth*, 'the house of Ashtaroth,' and the same as *Ashtaroth*, which is the reading in 1 Ch. 6. 71.

28 *Dabareh*. ch. 19. 12. 1 Ch. 6. 72, 73.

29 *Jarmuth*. This seems to be the same city with *Remeth*, Jos. 10. 19, 21, and *Ramoth*, 1 Ch. 6. 73, mentioned with Engannim. ch. 10. 3, 23; 12. 11.

30 *Mishal*. ch. 19. 25-28, Misheal. 1 Ch. 6. 74, 75, Mashal.

31 *Rehob*. See the Note on Nu. 13. 21. Ju. 1. 31; 18. 21. 1 Ch. 6. 75.

32 *Kedesh*. ch. 19. 37; 20. 7. 1 Ch. 6. 76. *Hammoth-dor*. Supposed by many to be the same as *Tiberias;* so called from the *hot-baths*, as the word *Chammoth* may denote, in its vicinity. ch. 19. 35, Hammath. *Kartan*. Supposed to be the same as *Kirjathaim*. 1 Ch. 6. 76.

34 *And unto*. ver. 7. 1 Ch. 6. 77. *Jokneam*. ch. 12. 22; 19. 11, 15.

35 *Dimnah.* This and the following verse are wholly omitted by the Masora, and many Hebrew Bibles which are esteemed very highly; though, without them, neither the twelve cities of the Merarites in particular (ver. 40), nor the forty-eight Levitical cities in general (ver. 41), nor the six cities of refuge, can be made up. But these two verses, thus absolutely necessary for the truth and consistency of this chapter, are happily preserved in no less than 149 MSS. collated by Dr. KENNICOTT, and upwards of 40 collated by DE ROSSI.

36 *Bezer.* ch. 20. 8. De. 4. 43. 1 Ch. 6. 78, 79. *Jahazah.* ch. 13. 18. Nu. 21. 23. 1 Ch. 6. 78, Jahzah.

38 *Ramoth.* ch. 20. 8. 1 Ki. 22. 3. 1 Ch. 6. 80. *Mahanaim.* Ge. 32. 2. 2 Sa. 17. 24; 19. 32.

39 *Heshbon.* ch. 13. 17, 21. Nu. 21. 26-30; 32. 37. 1 Ch. 6. 81. *Jazer.* Nu. 32. 1, 3, 35. Jaazer. Is. 16. 8, 9. Je. 48. 32.

41 *within.* Ge. 49. 7. Nu. 35. 1-8. De. 33. 10. *forty.* At the last census, the tribe of Levi amounted only to 23,000 (Nu. 26. 62); and it is thought by some that forty-eight cities was too great a proportion for this tribe. But it should be considered, that cities in ancient times were little more than *villages.*

43 Ge. 12. 7; 13. 15; 15. 13-21; 26. 3, 4; 28. 4, 13, 14. Ex. 3. 8; 23. 27-31. Ps. 44. 3; 106. 42-45.

44 ch. 1. 15; 11. 23; 22. 4, 9. De. 7. 22-24; 31. 3-5. He. 4. 9.

45 ch. 23. 14, 15. Nu. 23. 19. 1 Ki. 8. 56. 1 Co. 1. 9. 1 Th. 5. 24. Tit. 1. 2. He. 6. 18.

## CHAP. XXII.

*The two tribes and half with a blessing are sent home,* 1-9. *They build the altar of testimony in their journey,* 10. *The Israelites are offended thereat,* 11-20. *They vindicate their conduct, and give them good satisfaction,* 21-34.

1 *Joshua.* See on Nu. 32. 18-33. De. 29. 7, 8. *Reubenites.* We have already seen, that a detachment of 40,000 men, of the tribes of Reuben and Gad, and the half tribe of Manasseh, had passed over Jordan armed, with their brethren, according to their agreement with Moses. The war being now concluded, the land divided, and their brethren settled, Joshua assembles these warriors; and with commendations for their services and fidelity, he dismisses them, having first given them the most pious and suitable instructions. They had now been about seven years absent from their respective families; and though there was only the river Jordan between the camp of Gilgal and their own inheritance, yet it does not appear that they had, during that time, ever revisited their home, which they might have done at any time of the year, except the *harvest,* as the river was at other times easily fordable.

2 *Ye have.* Nu. 32. 20-29. De. 3. 16-20. *obeyed.* ch. 1. 12-18.

3 Phi. 1. 23-27.

4 *given rest.* See on ch. 21. 43, 44. De. 12. 9. *get.* ch. 13. 8, 15-33; 14. 1-5. Nu. 32. 33-42. De. 3. 1-17; 29. 8.

5 *take.* See on Ex. 15. 26. De. 4. 1, 2, 6, 9; 6. 6-9, 17; 11. 22. 1 Ch. 28. 7, 8. Ps. 106. 3; 119. 4-6. Pr. 4. 23. Is. 55. 2. Je. 12. 16. He. 6. 11, 12; 12. 15. 2 Pe. 1. 5-10. *love.* Ex. 20. 6. De. 6. 5; 10. 12, 13; 11. 1, 13. Mat. 22. 37. Jno. 14. 15, 21-23; 21. 15-17. Ro. 8. 28. Ja. 1. 12; 2. 5. 1 Jno. 5. 2, 3. *cleave.* ch. 23. 8. De. 4. 4; 10. 20; 13. 4. Ac. 11. 23. Ro. 12. 9. *serve.* ch. 24. 14, 15. 1 Sa. 7. 3; 12. 20, 24. Mat. 4. 10; 6. 24. Lu. 1. 74. Jno. 12. 26. Ac. 27. 23. Ro. 1. 9.

6 ver. 7, 8; ch. 14. 13. Ge. 14. 19; 47. 7, 10. Ex. 39. 43. 1 Sa. 2. 20. 2 Sa. 6. 18, 20. 2 Ch. 30. 18. Lu. 2. 34; 24. 50. He. 7. 6, 7.

7 ch. 13. 29-31; 17. 1-12.

8 *Return.* De. 8. 9-14, 17, 18. 2 Ch. 17. 5; 32. 27. Pr. 3. 16. 1 Co. 15. 58. He. 11. 26. *divide.* Nu. 31. 27. 1 Sa. 30. 24. Ps. 68. 12.

9 *the country of Gilead.* ch. 13. 11, 25, 31. Nu. 32. 1, 26, 29, 39, 40. De. 3. 15, 16. Ps. 60. 7.

10 *the children.* This verse should probably be rendered, 'And when they came to the borders of Jordan, that *are* in the land of Canaan, the children of Reuben, and the children of Gad, and the half tribe of Manasseh, THEN built an altar by (or *beyond, al*) Jordan, a great altar to the view.' It would appear, that when they came to the river, they formed the purpose of building the altar; and when they crossed it they put that purpose into execution. It is evident that they did not build it west of Jordan, for that was not in their territories, and the next verse expressly says that it was *built over against the land of Canaan. built.* ver. 25-28; ch. 4. 5-9; 24. 26, 27. Ge. 28. 18; 31. 46-52.

11 *heard.* Le. 17. 8, 9. De. 12. 5-7; 13. 12-14. Jno. 20. 1, 12. *at the passage.* ch. 2. 7; 3. 14-16. Ju. 12. 5. Jno. 1. 28.

12 *the whole.* Supposing they had built this altar for sacrifice, in opposition to the command of God, they considered them as rebels against God and the Israelitish constitution. De. 13. 15. Ju. 20. 1-11. Ac. 11. 2, 3. Ro. 10. 2. Ga. 4. 17, 18.

13 *sent.* De. 13. 14. Ju. 20. 12. Pr. 20. 18. Mat. 18. 15. *Phinehas.* Ex. 6. 25. Nu. 25. 7, 11-13. Ju. 20. 28. Ps. 106. 30, 31. Pr. 25. 9-13.

14 *chief house. Heb.* house of the father. *an head.* Ex. 18. 25. Nu. 1. 4.

15 *the whole.* ver. 12. Mat. 18. 17. 1 Co. 1. 10; 5. 4. Ga. 1. 1, 2. *trespass.* Le. 5. 19; 26. 40. Nu. 5. 6. 1 Ch. 21. 3. 2 Ch. 26. 18; 28. 13. Ezr. 9. 2, 15. Mat. 6. 14, 15. *to turn.* ver. 18. Ex. 32. 8. Nu. 14. 43; 32. 15. De. 7. 4; 30. 17. 2 Ch. 10. 19; 25. 27. He. 12. 25. *rebel.* Le. 17. 8, 9. De. 12. 4-6, 13, 14. 1 Sa. 15. 23. Ps. 78. 8. Is. 63. 10.

17 *Is the iniquity.* Nu. 25. 3, 4, etc. De. 4. 3, 4. Ps. 106. 28, 29. *from which.* Ezr. 9. 13, 14. 1 Co. 10. 8, 11.

18 *following.* See on ver. 16. De. 7. 4. 1 Sa. 12. 14, 20. 1 Ki. 9. 6. 2 Ki. 17. 21. 2 Ch. 25. 27; 34. 33. *and it will.* Ezr. 9. 13, 14. *he will be.* ver. 20; ch. 7. 1, 11, 21. Nu. 16. 22. 2 Sa. 24. 1. 1 Ch. 21. 1, 14.

19 *unclean.* Ex. 15. 17. Le. 18. 25-28. Am. 7. 17. Ac. 10. 14, 15; 11. 8, 9. *wherein.* ch. 18. 1. Le. 17. 8, 9. De. 12. 5, 6. 2 Ch. 11. 13, 16, 17.

20 ch. 7. 1, 5, 18, 24. 1 Co. 10. 6. 2 Pe. 2. 6. Jude 5, 6.

21 *Then the children.* The conduct and answer of these Reubenites and their associates are worthy of admiration and imitation. Though conscious of their innocence, they permitted Phinehas to finish his speech, though composed of little else than accusations, without any interruption; and, taking in good part the suspicions, reproofs, and even harshness of their brethren, with the utmost meekness and solemnity they explain their intention, give all the satisfaction in their power, and with great propriety and reverence, appeal to that God against whom they were supposed to have rebelled. *answered.* Pr. 15. 1; 16. 1; 18. 13; 24. 26. Ac. 11. 4. Ja. 1. 19. 1 Pe. 3. 15. *heads.* Ex. 18. 21-25. Mi. 5. 2.

22 *Lord God.* אל אלהים יהוה, *El Elohim Yehowah,* literally 'The strong God, Elohim Jehovah,' which is nearly the version of LUTHER, der starke Gott, der Herr, 'The strong God, the Lord.' Ex. 18. 11. De. 10. 17. Ps. 82. 1; 95. 3; 97. 7; 136. 2. Da. 2. 47; 11. 36. 1 Ti. 6. 16. Re. 19. 16. *he knoweth.* 1 Ki. 8. 39. Job 10. 7; 23. 10. Ps. 7. 3; 44. 21; 139. 1-12. Je. 12. 3; 17. 10. Jno. 2. 24, 25; 21. 17. Ac. 1. 24. 2 Co. 11. 11, 31. He. 4. 13. Re. 2. 23. *Israel.* Ps. 37. 6. Mi. 7. 9. Mal. 3. 18. Ac. 11. 2-18. 2 Co. 5. 11. *if it be.* 1 Sa. 15. 23. Job 31. 5-8, 38-40. Ps. 7. 3-5. Ac. 25. 11.

23 *let the Lord.* Ge. 9. 4. De. 18. 19. 1 Sa. 20. 16. 2 Ch. 24. 22. Ps. 10. 13, 14. Eze. 3. 18; 33. 6, 8.

24 *for fear*. Ge. 18. 19. *In time to come*. *Heb.* To-morrow. ch. 4. 6. Ge. 30. 33. Ex. 13. 14. De. 6. 20, margins.

25 *ye have*. ver. 27. 2 Sa. 20. 1. 1 Ki. 12. 16. Ezr. 4. 2, 3. Ne. 2. 20. Ac. 8. 21. *make*. 1 Sa. 26. 19. 1 Ki. 12. 27-30; 14. 16; 15. 30.

27 *a witness*. ver. 10, 34; ch. 24. 27. Ge. 31. 48, 52. 1 Sa. 7. 12. *that we*. De. 12. 5, 6, 11, 17, 18, 26, 27.

28 *Behold*. Ex. 25. 40. 2 Ki. 16. 10. Eze. 43. 10, 11. He. 8. 5.

29 *God forbid*. ch. 24. 16. Ge. 44. 7, 17. 1 Sa. 12. 23. 1 Ki. 21. 3. Ro. 3. 6; 6. 2; 9. 14. *to build*. ver. 23, 26. De. 12. 13, 14. 2 Ki. 18. 22. 2 Ch. 32. 12.

30 *it pleased them*. *Heb.* it was good in their eyes. It is remarkable, that Joshua is not once named in this transaction; but this only shews, that he did not in his old age assume any *regal* authority, but left the elders and magistrates to conduct the general business, only acting himself when great occasions made it necessary. Yet we cannot doubt, that his wisdom and piety influenced the counsels of the elders and people at this time. ver. 33. Ge. 28. 8. Ju. 8. 3. 1 Sa. 25. 32, 33; 29. 6. 2 Ch. 30. 4. Es. 1. 21, margins. Pr. 15. 1. Ac. 11. 18.

31 *the Lord is*. See on ch. 3. 10. Le. 26. 11, 12. Nu. 14. 41-43. 2 Ch. 15. 2. Ps. 68. 17. Is. 12. 6. Zec. 8. 23. Mat. 1. 23. 1 Co. 14. 25. *now*. *Heb.* then.

32 *and brought*. ver. 12-14. Pr. 25. 13.

33 *the thing*. See on ver. 30. Ac. 15. 12, 31. 2 Co. 7. 7. 1 Th. 3. 6-8. *blessed*. 1 Sa. 25. 32, 33. 1 Ch. 29. 20. Ne. 8. 5, 6. Da. 2. 19. Lu. 2. 28. Ep. 1. 3.

34 *Ed. i.e. a witness*. The word *witness*, or *testimony*, is not found in the common editions of the Hebrew Bible; and is supplied in Italics by our venerable translators, at least in our modern copies; for in the *first edition* of this translation, it stands in the text without any note of this kind; but it is found in several of KENNICOTT'S and DE ROSSI'S MSS., and also in the Syriac and Arabic. Several also of the early printed editions of the Hebrew Bible have the word *ed*, either in the text or in the margin; and it must be allowed to be necesary to complete the sense. It is very probable that an *inscription* was put on this altar, signifying the purpose for which it was erected. Thus was this affair most happily terminated. ver. 27; ch. 24. 27. 1 Ki. 18. 39. Is. 43. 10. Mat. 4. 10. *the Lord is God*. Several MSS. read more emphatically, יהוה הוא אלהים, *Yehowah, hoo Elohim*, 'Jehovah *he* is God.'

## CHAP. XXIII.

*Joshua's exhortation before his death*, 1, 2; *by former benefits*, 3, 4; *by promises*, 5-10; *and by threatenings*, 11-16.

1 *the Lord*. ch. 11. 23; 21. 44; 22. 4. Ps. 46. 9. *waxed old*. ch. 13. 1. Ge. 25. 8. De. 31. 2. *stricken in age*. *Heb.* come into days.

2 *all Israel*. ch. 24. 1. De. 31. 28. 1 Ch. 28. 1. Ac. 20. 17-35. *and for their elders*. Or, '*even* for their elders,' etc.; for it is probable that Joshua gave the following charge only to the elders, judges, etc., to communicate to the people.

3 *And ye*. De. 4. 9. Ps. 44. 1, 2. Mal. 1. 5. *for the*. ch. 10. 14, 42. Ex. 14. 14. De. 20. 4. Ps. 44. 3.

4 *Behold*. ch. 13. 2, 6, 7; 18. 10. *westward*. *Heb.* at the sunset.

4 *he shall*. ver. 12, 13; ch. 13. 6. Ex. 23. 30, 31; 33. 2; 34. 11. De. 11. 23. *as the Lord*. Nu. 33. 52, 53.

6 *very*. ch. 1. 7-9. Je. 9. 3. 1 Co. 16. 13. Ep. 6. 10-19. He. 12. 4. Re. 21. 8. *that ye*. De. 5. 32; 12. 32; 17. 20; 28. 14. Pr. 4. 26, 27.

7 *That ye come*. Have no civil or social contracts with them, as these will infallibly lead to *spiritual* affinities, in consequence of which, ye will make honourable 'mention of the name of their gods,' 'swear by them,' and 'serve them' in their abominable rites; and 'bow yourselves unto them,' as your creators and preservers. All this will follow by simply *coming among them*. He who *walks* in the counsel of the *ungodly*, will soon stand in the way of *sinners*, and *sit* in the seat of *scorners*. ver. 12. Ex. 23. 33. De. 7. 2, 3. Pr. 4. 14. 1 Co. 15. 33. 2 Co. 6. 14-17. Ep. 5. 11. *neither*. Ex. 23. 13. Nu. 32. 38. Ps. 16. 4. Ho. 2. 17. *to swear*. Je. 5. 7. Zep. 1. 5.

8 *or*, For if ye will cleave, etc. ch. 22. 5. De. 4. 4; 10. 20; 11. 22; 13. 4. Ac. 11. 23.

9 *For the Lord*. *or*, Then the Lord will drive. ver. 5; ch. 21. 43, 44. De. 11. 23. *no man*. ch. 1. 5, 8, 9; 15. 14.

10 *One man*. Le. 26. 8. De. 32. 30. Ju. 3. 31; 7. 19-22; 15. 15. 1 Sa. 14. 6, 12-16. 2 Sa. 23. 8. *Lord*. ch. 10. 42. Ex. 14. 14; 23. 27, etc. De. 3. 22; 20. 4. Ps. 35. 1; 44. 4, 5; 46. 7. Ro. 8. 31.

11 *Take good*. ch. 22. 5. De. 4. 9; 6. 5-12. Pr. 4 23. Lu. 21. 34. Ep. 5. 15. He. 12. 15. *yourselves*. *Heb.* your souls. *love*. Ex. 20. 6. Ro. 8. 28. 1 Co. 8. 3; 16. 22. Jude 20, 21.

12 *go back*. Ps. 36. 3; 125. 5. Is. 1. 4. Eze. 18. 24. Zep. 1. 6. Mat. 12. 45. Jno. 6. 66. He. 10. 38, 39. 2 Pe. 2. 18-22. 1 Jno. 2. 9. *cleave*. Ge. 2. 24; 34. 3. 1 Sa. 18. 1-3. 1 Ki. 11. 2. Ro. 12. 9. *shall make*. Ex. 34. 12-16. De. 7. 3. 1 Ki. 11. 4. Ezr. 9. 1, 2, 11, 12. Ne. 13. 23-26. 2 Co. 6. 14-17.

13 *will no*. Ex. 23. 33. Nu. 33. 55. De. 7. 16. Ju. 2. 2, 3. Ps. 106. 35-39. *snares*. De. 7. 16. Ju. 2. 3. 1 Ki. 11. 4. Ps. 69. 22. 2 Ti. 2. 26. *until ye perish*. Le. 26. 31-35. De. 4. 26; 28. 63-68; 29. 28; 30. 18. 2 Ki. 17. 22, 23; 25. 21, 26. Lu. 21. 24.

14 *I am going*. 1 Ki. 2. 2. Job 30. 23. Ec. 9. 10; 12. 5. He. 9. 27. *not one thing*. ch. 21. 43-45. Ex. 3. 8; 23. 27-30. Le. 26. 3-13. Nu. 23. 19. De. 28. 1-14. 1 Sa. 3. 19. 1 Ki. 8. 56. Lu. 21. 33.

15 *so shall*. Le. 26. 14, etc. De. 28. 15-68. Ju. 3. 8, 12; 4. 1, 2; 6. 1; 10. 6, 7; 13. 1. 2 Ch. 36. 16, 17. Lu. 21. 22-24. 1 Th. 2. 16.

16 *then shall*. 2 Ki. 24. 20. *perish*. ver. 13.

## CHAP. XXIV.

*Joshua assembles the tribes at Shechem*, 1. *A brief history of God's benefits, from Terah*, 2-13. *He renews the covenant between them and God*, 14-25. *A stone the witness of the covenant*, 26-28. *Joshua's age, death, and burial*, 29-31. *Joseph's bones are buried*, 32. *Eleazar dies*.

1 *Joshua*. This must have been a different assembly from that mentioned in the preceding chapter, though probably held not long after the former. *Shechem*. As it is immediately added, that 'they presented themselves before God,' which is supposed to mean at the *tabernacle;* some are of opinion that Joshua caused it to be conveyed from Shiloh to Shechem on this occasion, to give the greater solemnity to his last meeting with the people. The Vatican and Alexandrian copies of the Septuagint, however, read Σηλω, *Shiloh*, both here and in verse 25; which many suppose to have been the original reading. Dr. SHUCKFORD supposes that the covenant was made at *Shechem*, and that the people went to Shiloh to confirm it. But the most probable opinion seems to be that of Dr. KENNICOTT, that when all the tribes were assembled at Shechem, Joshua called the chiefs to him on that mount, which had before been consecrated by the law, and by the altar which he had erected. Ge. 12. 6; 33. 18, 19; 35. 4. Ju. 9. 1-3. 1 Ki. 12. 1. *called*. ch. 23. 2. Ex. 18. 25, 26. *presented*. 1 Sa. 10. 19. Ac. 10. 33.

2 *Your fathers*. Ge. 11. 26, 31; 12. 1; 31. 53. De. 26. 5. Is. 51. 2. Eze. 16. 3. *served other gods*. In the case of Abraham this was probably the case, till he was called to the knowledge of God, when above 70 years old. ver. 15. Ge. 31. 19, 30, 32, 53; 35. 4.

3 *I took*. Ge. 12. 1-4. Ne. 9. 7, 8. Ac. 7. 2, 3. *gave*. Ge. 21. 2, 3. Ps. 127. 3.

4 *unto Isaac.* Ge. 25. 24-26. *unto Esau.* Ge. 32. 3; 36. 8. De. 2. 5. *Jacob.* Ge. 46. 1-7. Ps. 105. 23. Ac. 7. 15.

5 *sent.* Ex. 3. 10; 4. 12, 13. Ps. 105. 26. *plagued.* Ex. ch. 7-12. Ps. 78. 43-51; 105. 27-36; 135. 8, 9; 136. 10.

6 *I brought.* Ex. 12. 37, 51. Mi. 6. 4. *Egyptians.* Ex. ch. 14, 15. Ne. 9. 11. Ps. 77. 15-20; 78. 13; 136. 13-15. Is. 63. 12, 13. Ac. 7. 36. He. 11. 29.

7 *And when.* Ex. 14. 10. *he put.* Ex. 14. 20. *brought.* Ex. 14. 27, 28. *your eyes.* Ex. 14. 31. De. 4. 34; 29. 2. *ye dwelt.* ch. 5. 6. Nu. 14. 33, 34. Ne. 9. 12-21. Ps. 95. 9, 10. Ac. 13. 17, 18. He. 3. 17.

8 ch. 13. 10. Nu. 21. 21-35. De. 2. 32-37; 3. 1-7. Ne. 9. 22. Ps. 135. 10, 11; 136. 17-22.

9 Nu. 22. 5, 6, etc. De. 23. 4, 5. Ju. 11. 25. Mi. 6. 5.

10 Nu. 22. 11, 12, 18-20, 35; 23. 3-12, 15-26; 24. 5-10. Is. 54. 17.

11 *And ye.* ch. 3. 14-17; 4. 10-12, 23. Ps. 114. 3, 5. *the men.* ch. 6; 10; 11. Ne. 9. 24, 25. Ps. 78. 54, 55; 105. 44. Ac. 7. 45; 13. 19.

12 *I sent.* Ex. 23. 28. De. 7. 20. *not.* Ps. 44. 3-6.

13 *And I.* ch. 21. 45. *cities.* ch. 11. 13. De. 6. 10-12; 8. 7. Pr. 13. 22.

14 *fear.* De. 10. 12. 1 Sa. 12. 24. Job 1. 1; 28. 28. Ps. 111. 10; 130. 4. Ho. 3. 5. Ac. 9. 31. *serve.* ver. 23. Ge. 17. 1; 20. 5, 6. De. 18. 13. 2 Ki. 20. 3. Ps. 119. 1, 80. Lu. 8. 15. Jno. 4. 23, 24. 2 Co. 1. 12. Ep. 6. 24. Phi. 1. 10. *put.* From this exhortation of Joshua, we not only learn that the Israelites still retained some relics of idolatry, but to what gods they were attached. 1. Those whom their fathers worshipped on the other side of the flood, or the river Euphrates, *i.e.* the gods of the Chaldeans, fire, light, the sun, etc. 2. Those of the Egyptians, Apis, Anubis, serpents, vegetables, etc. 3. Those of the Amorites, Moabites, Canaanites, etc., Baal-peor, Astarte, etc. How astonishing is it, that after all that God had done for them, and all the miracles they had seen, there should still be found among them both *idols and idolaters!* ver. 2, 23. Ge. 35. 2. Ex. 20. 3, 4. Le. 17. 7. Ezr. 9. 11. Eze. 20. 18. Am. 5. 25, 26. *in Egypt.* Eze. 20. 7, 8; 23. 3.

15 *choose.* Ru. 1. 15, 16. 1 Ki. 18. 21. Eze. 20. 39. Jno. 6. 67. *whether the gods.* ver. 14. *or the gods.* Ex. 23. 24, 32, 33; 34. 15. De. 13. 7; 29. 18. Ju. 6. 10. *as for me.* Ge. 18. 19. Ps. 101. 2; 119. 106, 111, 112. Jno. 6. 68. Ac. 11. 23.

16 1 Sa. 12. 23. Ro. 3. 6; 6. 2. He. 10. 38, 39.

17 ver. 5-14. Ex. 19. 4. De. 32. 11, 12. Is. 46. 4; 63. 7-14. Am. 2. 9, 10.

18 *will we also.* Ex. 10. 2; 15. 2. Ps. 116. 16. Mi. 4. 2. Zec. 8. 23. Lu. 1. 73-75.

19 *Ye cannot.* ver. 23. Ru. 1. 15. Mat. 6. 24. Lu. 14. 25-33. *holy.* Le. 10. 3; 19. 2. 1 Sa. 6. 20. Ps. 99. 5, 9. Is. 5. 16; 6. 3-5; 30. 11, 15. Hab. 1. 13. *a jealous.* Ex. 20. 5; 34. 14. 1 Co. 10. 20-22. *he will not.* Ex. 23. 21; 34. 7. 1 Sa. 3. 14. 2 Ch. 36. 16. Is. 27. 11.

20 *he will turn.* ch. 23. 12-15. 1 Ch. 28. 9. 2 Ch. 15. 2. Ezr. 8. 22. Is. 1. 28; 63. 10; 65. 11, 12. Je. 17. 13. Eze. 18. 24. Ac. 7. 42. He. 10. 26, 27, 38.

21 *Nay.* Ex. 19. 8; 20. 19; 24. 3, 7. De. 5. 27, 28; 26. 17. Is. 44. 5.

22 *Ye are witnesses.* Ye have been sufficiently apprised of the difficulties in your way—of God's holiness, and the nature of his service—your own weakness, inconstancy, and insufficiency—your need of the Divine help, and the hope of assistance held out in the law—and the awful consequences of apostacy: and now ye make your choice. Remember then that ye are witnesses against yourselves; and your own conscience will be *witness*, *judge*, and *executioner*. De. 26. 17. Job 15. 6. Lu. 19. 22. *ye have.* Ps. 119. 111, 173. Lu. 10. 42.

23 *put away.* ver. 14. Ge. 35. 2-4. Ex. 20. 23. Ju. 10. 15, 16. 1 Sa. 7. 3, 4. Ho. 14. 2, 3, 8. 1 Co. 10. 19-21. 2 Co. 6. 16-18. *incline.* Pr. 2. 2. He. 12. 28, 29.

24 De. 5. 28, 29.

25 *made.* Ex. 15. 25; 24. 3, 7, 8. De. 5. 2, 3; 29. 1, 10-15. 2 Ki. 11. 17. 2 Ch. 15. 12, 15; 23. 16; 29. 10; 34. 29-32. Ne. 9. 38; 10. 28, 29. *in Shechem.* ver. 1, 26.

26 *Joshua.* Ex. 24. 4. De. 31. 24-26. *took.* Ju. 9. 6. *set it.* ch. 4. 3-9, 20-24. Ge. 28. 18-22. *under.* Ge. 35. 4, 8. Ju. 9. 6.

27 A curious coincidence of circumstances is related by LIVY, the Roman historian: he writes that 'when three ambassadors were sent from Rome to complain of the perfidious conduct of the Æqui, the General informed them, that they might deliver their message to an oak which shaded his tent.' On this one of the ambassadors turning away, said, 'This venerable oak, and all the gods, shall know that you have violated the peace; they shall now hear our complaints; and may they also soon be witnesses, when we revenge with our arms the violation of divine and human rights.' It is worthy of remark, that Joshua merely set up a pillar *under* an oak,—the one, perhaps, to protect the other; while the General directed the ambassadors to address the *oak*, perhaps with an idolatrous feeling that they were addressing one of the gods, who would aid his cause; while the Roman ambassadors caught the feeling, and really invoked the aid of the oak and the gods. ch. 22. 27, 28, 34. Ge. 31. 44-52. De. 4. 26; 30. 19; 31. 19, 21, 26. 1 Sa. 7. 12. *it hath.* De. 32. 1. Is. 1. 2. Hab. 2. 11. Lu. 19. 40. *deny.* Job 31. 28. Pr. 30. 9. Mat. 10. 33. 2 Ti. 2. 12, 13. Tit. 1. 16. Re. 3. 8.

28 Ju. 2. 6.

29 *after these.* De. 34. 5. Ju. 2. 8. Ps. 115. 17. 2 Ti. 4. 7, 8. Re. 14. 13. *an hundred.* Ge. 50. 22, 26.

30 *Timnath-serah.* ch. 19. 50. Ju. 2. 9. *Gaash.* 2 Sa. 23. 30.

31 *served.* De. 31. 29. Ju. 2. 7. 2 Ch. 24. 2, 17, 18. Ac. 20. 29. Phi. 2. 12. *overlived Joshua. Heb.* prolonged their days after Joshua. *which had.* De. 11. 2, 7; 31. 13.

32 *bones.* Ge. 50. 25. Ex. 13. 19. Ac. 7. 16. He. 11. 22. *buried.* Ge. 33. 19; 48. 22. *pieces of silver.* *or*, lambs.

33 *Eleazar.* ch. 14. 1. Ex. 6. 23, 25. Nu. 3. 32; 20. 26-28. *died.* Job 30. 23. Ps. 49. 10. Is. 57. 1, 2. Zec. 1. 5. Ac. 13. 36. He. 7. 24; 9. 26, 27. *Phinehas.* Ju. 20. 28.

## CONCLUDING REMARKS ON JOSHUA.

The Book of Joshua is one of the most important documents in the Old Testament. The rapid conquest of the Promised Land, and the actual settlement of the Israelites in it, afford a striking accomplishment of the Divine predictions to Abraham and the succeeding patriarchs; and at the same time bear the most unequivocal and ample testimony to the authenticity of this sacred book. Several of the transactions related in it are confirmed in a very extraordinary manner, by the traditions current among heathen nations, and preserved by ancient profane historians of undoubted character. Thus there are monuments still in existence, which prove that the Carthaginians were a colony of Syrians who escaped from Joshua; as also that the inhabitants of Leptis, in Africa, came originally from the Sidonians, who abandoned their country on account of the calamities with which it was overwhelmed. *Procopius* relates that the Phœnicians fled before the Hebrews into Africa, and spread themselves abroad as far as the pillars of Hercules; and adds, "In Numidia, where now stands the city Tigisis (Tangiers), they have erected two columns, on which, in Phœnician characters, is the following inscription:—" *We are the Phœnicians who fled from the face of Jesus* (Joshua) *the son of Naue*" (Nun).

# The Book of JUDGES.

B.C. 1425. A.M. 2579.

## CHAP. I.

*The acts of Judah and Simeon*, 1-3. *Adonibezek justly requited*, 4-7. *Jerusalem taken*, 8, 9. *Hebron taken*, 10. *Othniel has Achsah to wife for taking of Debir*, 11-15. *The Kenites dwell in Judah*, 16. *Hormah, Gaza, Askelon, and Ekron taken*, 17-20. *The acts of Benjamin*, 21. *Of the house of Joseph, who take Beth-el*, 22-29. *Of Zebulun*, 30. *Of Asher*, 31, 32. *Of Naphtali*, 33. *Of Dan*, 34-36.

1 *Now.* Jos. 24. 29, 30. *asked.* ch. 20. 18, 28. Ex. 28. 30. Nu. 27. 21. 1 Sa. 22. 9, 10; 23. 9, 10.

2 Ge. 49. 8-10. Nu. 2. 3; 7. 12. Ps. 78. 68-70. He. 7. 14. Re. 5. 5; 19. 11-16.

3 *Simeon.* Ge. 29. 33. Jos. 19. 1. *I likewise.* ver. 17. 2 Sa. 10. 11.

4 *Lord.* Ex. 33. 28, 29. De. 7. 2; 9. 3. Jos. 10. 8-10; 11. 6-8. 1 Sa. 14. 6, 10; 17. 46, 47. 1 Ki. 22. 6, 15. *Bezek.* Eusebius and Jerome mention two villages of this name, near each other, about seventeen miles from Shechem, towards Scythopolis. 1 Sa. 11. 8.

7 *their thumbs. Heb.* the thumbs of their hands and of their feet. This was not an unusual act of cruelty in ancient times towards enemies.—Ælian informs us, that in after ages 'the Athenians, at the instigation of Cleon, son of Cleœnetus, made a decree that all the inhabitants of the island of Ægina should have the thumb cut off from the right hand, so that they might ever after be disabled from holding a spear, yet might handle an oar.' It was a custom among those Romans who did not like a military life, to cut off their thumbs, that they might be incapable of serving in the army; and for the same reason, parents sometimes cut off the thumbs of their children. *gathered. or,* gleaned. *as I have.* Ex. 21. 23-25. Le. 24. 19-21. 1 Sa. 15. 33. Is. 33. 1. Mat. 7. 1, 2. Lu. 6. 37, 38. Ro. 2. 15. Ja. 2. 13. Re. 13. 10; 16. 6.

8 ver. 21. Jos. 15. 63.

9 *afterward.* Jos. 10. 36; 11. 21; 15. 13-20. *valley. or,* low country.

10 *Kirjath-arba.* Jos. 14. 15. *Sheshai.* ver. 20. Nu. 13. 22, 33. Jos. 15. 13, 14. Ps. 33. 16, 17. Ec. 9. 11. Je. 9. 23.

11 *Debir.* Jos. 10. 38, 39; 15. 15.

12 *And Caleb.* The whole of this account is found in Jos. 15. 13-19, and seems to be inserted here by way of recapitulation. Jos. 15. 16, 17. 1 Sa. 17. 25; 18. 23. *to him.* In ancient times fathers assumed an absolute right over their children, especially in disposing of them in marriage; and it was customary for a king or great man to promise his daughter in marriage to him who should take a city, etc.

13 ch. 3. 9.

14 *And it came.* Jos. 15. 18, 19. *and she lighted. Watitznach*, 'she *hastily* or *suddenly* alighted,' as if she had forgotten something, or was about to return.

15 *a blessing.* Ge. 33. 11. 1 Sa. 25. 18, 27. 2 Co. 9. 5, marg. He. 6. 7. 1 Pe. 3. 9. *a south land.* Which was probably dry, or very ill watered. *give me also springs of water.* Let me have some fields with *brooks*, or *wells* already digged.

16 *the Kenite.* ch. 4. 11, 17. Nu. 10. 29-32; 24. 21, 22. 1 Sa. 15. 6. 1 Ch. 2. 15. Je. 35. 2. *Moses.* Ex. 3. 1; 4. 18; 18 1, 7, 12, 14-17, 27. Nu. 10. 29. *city of palm.* ch. 3. 13. De. 34. 3. 2 Ch. 28. 16. *which.* Nu. 21. 1. Jos. 12. 14. *they went.* Nu. 10. 29-32. 1 Sa. 15. 6.

17 *And Judah.* See on ver. 3. *Zephath.* 2 Ch. 14. 10. Zephathah. *Hormah.* Nu. 14. 45; 21. 3. Jos. 19. 4.

18 *Also Judah.* There is the following remarkable variation here in the Septuagint: Και ουκ εκληρονομησεν Ιουδας την Γαζαν, ουδε τα ορια αυτης· ουδε την Ασκαλωνα, ουδε τα ορια αυτης· και την Ακκαρων, ουδε τα ορια αυτης· την Αζωτον, ουδε τα περισπορια αυτης. 'But Judah did *not* possess Gaza, *nor* the coasts thereof; *nor* Askelon, *nor* the coasts thereof; *nor* Ekron, *nor* the coasts thereof; *nor* Ashdod, *nor* the coasts thereof.' Procopius and Augustine read the same; and Josephus (Ant. l. v. c. 2) says that the Israelites only took Askelon and Ashdod, but not Gaza or Ekron: and from ch. 3. 3, and the whole succeeding history, it appears that these cities were not in the possession of the Israelites, but of the Philistines. *Gaza.* ch. 3. 3; 16. 1, 2, 21. Ex. 23. 31. See on Jos. 11. 22; 13. 3; 15. 45-47. 1 Sa. 6. 17.

19 *the Lord.* ver. 2; ch. 6. 12, 13. Ge. 39. 2, 21. Jos. 1. 5, 9; 14. 12. 2 Sa. 5. 10. 2 Ki. 18. 7. Ps. 46. 7, 11; 60. 12. Ec. 9. 11. Is. 7. 14; 8. 10; 41. 10, 14, 15. Mat. 1. 23. Ro. 8. 31. *he drave*, etc. *or,* he possessed the mountain. *but could.* Not because the *iron chariots* were too strong for Omnipotence, or because he refused to help them; but because their courage and faith failed when they saw them. ver. 27-32. Jos. 7. 12. Mat. 14. 30, 31; 17. 19, 20. Phi. 4. 13. *chariots.* Ex. 14. 7, etc. Jos. 11. 1-9; 17. 16-18. Ps. 46. 9.

20 *they gave.* Nu. 14. 24. De. 1. 36. Jos. 14. 9-14; 15. 13, 14; 21. 11, 12. *the three sons.* ver. 10. Nu. 13. 22.

21 ch. 19. 10-12. Jos. 15. 63; 18. 11-28. 2 Sa. 5. 6-9.

22 *the house.* Nu. 1. 10, 32. Jos. 14. 4; 16. 1-4. 1 Ch. 7. 29. Re. 7. 8. *the Lord.* See on ver. 19. Ge. 49. 24. 2 Ki. 18. 7.

23 *sent.* ch. 18. 2. Jos. 2. 1; 7. 2. *Luz.* Ge. 28. 19; 35. 6; 48. 3.

24 *we will.* Jos. 2. 12-14. 1 Sa. 30. 15.

25 *they smote.* Jos. 6. 22-25.

26 *the land.* 2 Ki. 7. 6. 2 Ch. 1. 17.

27 *Manasseh.* Jos. 17. 11-13. *Taanach.* ch. 5. 19. Jos. 21. 25. *the Canaanites.* Ex. 23. 32. De. 7. 2. 1 Sa. 15. 9. Ps. 106. 34, 35. Je. 48. 10.

29 See on Jos. 16. 10. 1 Ki. 9. 16.

30 *Kitron.* The Talmudists say *Kitron* is '*tzippor*,' that is, *Sepphoris*, or *Diocæsarea*, a celebrated city of Galilee, now the village *Safoury*, situated in the plain of Esdraelon, twenty miles (north-west) from Tiberias, according to Benjamin of Tudela. *Nahalol.* Jos. 19. 15.

31 *Asher.* Jos. 19. 24-30. *Accho. Accho*, the *Ptolemais* of the Greeks and Romans, and called *Saint John of Acre* by the Crusaders, is situated on the Mediterranean, in a fine plain, at the north angle of a bay to which it gives name, and which extends in a semicircle of three leagues as far as Carmel, and nine leagues from Tyre. *Zidon.* Another celebrated city of Phœnicia, now *Saidè*, situated in a fine country on the Mediterranean, 400 stadia from Berytus, and 200 (north) from Tyre, according to Strabo, one day's journey from Paneas, according to Josephus, and sixty-six miles from Damascus, according to Abulfeda. *Achzib. or, Ecdippa*, now *Zib*, nine miles north, from Accho.

32 Ps. 106. 34, 35.

33 *Naphtali.* Jos. 19. 32-38. *he dwelt.* ver. 32. *became.* ver. 30, 35. Ps. 18. 24.

34 ch. 18. 1. Jos. 19. 47.
35 *Aijalon.* ch. 12. 12. Jos. 10. 12. *Shaalbim.* Jos. 19. 42. 1 Ki. 4. 9. *prevailed. Heb.* was heavy.
36 *from the going. or,* Maaleh-akrabbim. Nu. 34. 4. Jos. 15. 2.

## CHAP. II.

*An angel rebukes the people at Bochim,* 1-5. *The wickedness of the new generation after Joshua,* 6-13. *God's anger and pity towards them,* 14-19. *The Canaanites left to prove Israel,* 20-23.

1 *And an angel. or,* messenger. ch. 6. 12; 13. 3. Ge. 16. 7-10, 13; 22. 11, 12; 48. 16. Ex. 3. 2-6; 14. 19; 23. 20; 33. 14. Jos. 5. 13, 14. Is. 63. 9. Ho. 12. 3-5. Zec. 3. 1, 2. Mal. 3. 1. Ac. 7. 30-33. *Bochim.* ver. 5. *I made.* Ex. 3. 7, 8; 14. 14; 20. 2. De. 4. 34. Ps. 78. 51-53; 105. 36-38. *have brought.* Ge. 12. 7; 22. 16, 17; 26. 3, 4. Jos. 3. 10. Ps. 105. 44, 45. *I will never.* See on Ge. 17. 7, 8. Le. 26. 42. Nu. 14. 34. Ps. 89. 34. Je. 14. 21; 33. 20, 21. Zec. 11. 10.
2 *And ye shall.* Ex. 23. 32, 33; 34. 12-16. Nu. 33. 52, 53. De. 7. 2-4, 16, 25, 26; 12. 2, 3; 20. 16-18. 2 Co. 6. 14-17. *but ye have.* ver. 20. Ezr. 9. 1-3, 10-13. Ps. 78. 55-58; 106. 34-40. Je. 7. 23-28. 2 Th. 1. 8. 1 Pe. 4. 17. *why have.* Ge. 3. 11, 12; 4. 10. Ex. 32. 21. Je. 2. 5, 18, 31-33, 36.
3 *I also said.* ver. 21. Nu. 33. 55. Jos. 23. 13. *their gods.* ch. 3. 6. Ex. 23. 33; 34. 12. De. 7. 16. 1 Ki. 11. 1-7. Ps. 106. 36.
4 *the people.* 1 Sa. 7. 6. Ezr. 10. 1. Pr. 17. 10. Je. 31. 9. Zec. 12. 10. Lu. 6. 21; 7. 38. 2 Co. 7. 10. Ja. 4. 9.
5 *Bochim. that is,* Weepers. Ge. 35. 8. Jos. 7. 26. *they sacrificed.* ch. 6. 24; 13. 19. 1 Sa. 7. 9.
6 *Joshua.* Jos. 22. 6; 24. 28, etc.
7 *the people.* Jos. 24. 31. 2 Ki. 12. 2. 2 Ch. 24. 2, 14-22. Phi. 2. 12. *outlived. Heb.* prolonged days after.
8 *Joshua.* Jos. 24. 29, 30.
9 *Timnath-heres.* This was his own inheritance; and EUSEBIUS says it was celebrated in his time for the tomb of Joshua. Jos. 19. 50; 24. 30. Timnath-serah.
10 A.M. cir. 2590. B.C. cir. 1414. An. Ex. Is. cir. 77. *gathered.* Ge. 15. 15; 25. 8, 17; 49. 33. Nu. 27. 13. De. 31. 16. 2 Sa. 7. 12. Ac. 13. 36. *knew not.* Ex. 5. 2. 1 Sa. 2. 12. 1 Ch. 28. 9. Job 21. 14. Ps. 92. 5, 6. Is. 5. 12. Je. 9. 3; 22. 16; 31. 34. Ga. 4. 8, 9. 2 Th. 1. 8. Tit. 1. 16.
11 *did evil.* ch. 4. 1; 6. 1; 13. 1. Ge. 13. 13; 38. 7. 2 Ch. 33. 2, 6. Ezr. 8. 12. *and served Baalim. Bäalim,* or *lords,* seems to have been the common appellation of the Syrian gods; whence we have Baal-peor, Baal-zebub, etc. ch. 3. 7; 10. 6, 10. 1 Sa. 7. 4. 1 Ki. 18. 18. 2 Ch. 28. 2; 33. 3. Je. 2. 23; 9. 14. Ho. 2. 13-17.
12 *forsook.* See on De. 13. 5; 29. 18, 25; 31. 16, 17; 32. 15; 33. 17. *other gods.* ch. 5. 8. De. 6. 14, 15. *bowed.* See on Ex. 20. 5. De. 5. 9.
13 *served.* ver. 11. ch. 3. 7; 10. 6. 1 Sa. 31. 10. 1 Ki. 11. 5, 33. 2 Ki. 23. 13. Ps. 106. 36. 1 Co. 8. 5; 10. 20-22.
14 *the anger.* ch. 3. 7, 8; 10. 7. Le. 26. 28. Nu. 32. 14. De. 28. 20, 58; 29. 19, 20; 31. 17, 18. 2 Ch. 36. 16. Ps. 106. 40-42. *he delivered.* 2 Ki. 17. 20. 2 Ch. 15. 5. *sold them.* ch. 3. 8; 4. 2. Ps. 44. 12. Is. 50. 1. *could not.* ch. 1. 19, 34. Le. 26. 37. De. 32. 30. Jos. 7. 12, 13. Ps. 44. 9, 10. Je. 37. 10.
15 *against.* Je. 18. 8; 21. 10; 44. 11, 27. Mi. 2. 3. *had said.* Le. 26. 15, etc. De. 4. 25-28; 28. 15, etc. Jos. 23. 15, 16. *had sworn.* De. 32. 40, 41. *greatly.* ch. 10. 9. 1 Sa. 13. 6; 14. 24; 30. 6. 2 Co. 4. 8.
16 A.M. 2591-2909. B.C. 1413-1095. *the Lord.* ch. 3. 9, 10, 15; 4. 5; 6. 14. 1 Sa. 12. 11. Ac. 13. 20. *judges.* The *shophetim* were not judges in the usual sense of the term; but were heads or chiefs of the Israelites, raised up on extraordinary occasions, who directed and ruled the nation with sovereign power, administered justice, made peace or war, and led the armies over whom they presided. Officers with the same power, and nearly the same name, were established in New Tyre, after the termination of the regal state; and the Carthaginian *Suffetes,* the Athenian *Archons,* and the Roman *Dictators,* appear to have been nearly the same. *delivered. Heb.* saved. Ne. 9. 27. Ps. 106. 43-45.
17 *they would.* 1 Sa. 8. 5-8; 12. 12, 17, 19. 2 Ch. 36. 15, 16. Ps. 106. 43. *whoring.* Ex. 34. 15, 16. Le. 17. 7. Ps. 73. 27; 106. 39. Ho. 2. 2. Re. 17. 1-5. *quickly.* Ex. 32. 8. De. 9. 12, 16. Ga. 1. 6. *which their.* ver. 7. Jos. 24. 24, 31.
18 *then the Lord.* Ex. 3. 12. Jos. 1. 5. Ac. 18. 9, 10. *it repented.* ch. 10. 16. Ge. 6. 6. De. 32. 36. Ps. 90. 13; 106. 44, 45. Je. 18. 7-10. Ho. 11. 8. Jon. 3. 10. *their groanings.* Ex. 2. 24. 2 Ki. 13. 4, 22, 23. Ps. 12. 5.
19 *when the.* See on ver 7; ch. 3. 11, 12; 4. 1; 8. 33. Jos. 24. 31. 2 Ch. 24. 17, 18. *corrupted. or,* were corrupt. *more.* Je. 16. 12. Mat. 23. 32. *ceased not from. Heb.* let nothing fall of. *stubborn.* 1 Sa. 15. 23. Ps. 78. 8. Je. 3. 17; 23. 17.
20 *the anger.* ver. 14; ch. 3. 8; 10. 7. Ex. 32. 10, 11. De. 32. 22. *transgressed.* Ex. 24. 3-8. De. 29. 10-13. Jos. 23. 16; 24. 21-25. Je. 31. 32. Eze. 20. 37.
21 ver. 3; ch. 3. 3. Jos. 23. 13. Eze. 20. 24.
22 *through.* See on ch. 3. 1-4. *prove.* Ge. 22. 1. De. 8. 2, 16; 13. 3. 2 Ch. 32. 31. Job 23. 10. Ps. 66. 10. Pr. 17. 3. Mal. 3. 2, 3.
23 *left. or,* suffered.

## CHAP. III.

*The nations which were left to prove Israel,* 1-4. *By communion with them they commit idolatry,* 5-7. *Othniel delivereth them from Chushan-rishathaim,* 8-11; *Ehud from Eglon,* 12-30; *and Shamgar from the Philistines,* 31.

1 A.M. 2561. B.C. 1443. An. Ex. Is. 48. *the nations.* ch. 2. 21, 22. De. 7. 22. *prove.* De. 8. 2, 16. 2 Ch. 32. 31. Job 23. 10. Pr. 17. 3. Je. 6. 27; 17. 9, 10. Zec. 13. 9. Jno. 2. 24. 1 Pe. 1. 7; 4. 12. Re. 2. 23. *as had not.* ch. 2. 10.
2 *might know.* Ge. 2. 17; 3. 5, 7. 2 Ch. 12. 8. Mat. 10. 34-39. Jno. 16. 33. 1 Co. 9. 26, 27. Ep. 6. 11-18. 1 Ti. 6. 12. 2 Ti. 2. 3; 4. 7. *to teach.* Their fathers fought by a divine power. God taught their hands to war and their fingers to fight, that they might be the instruments of destruction to the wicked nations on whom the curse rested; but now that they had forfeited HIS favour, they must learn what it is to fight like other men.
3 *five lords.* ch. 10. 7; 14. 4. Jos. 13. 3. 1 Sa. 4. 1, 2; 6. 18; 13. 5, 19-23; 29. 2. *Canaanites.* ch. 4. 2, 23, 24. Ge. 10. 15-19. Nu. 13. 29. *Sidonians.* ch. 10. 12; 18. 7. Ge. 49. 13. Jos. 11. 8-13; 19. 28. *in mount.* Nu. 34. 8. De. 1. 7; 3. 9. Jos. 11. 3; 13. 5.
4 *to prove.* See on ver. 1; ch. 2. 22. Ex. 15. 25. De. 33. 8. 1 Co. 11. 19. 2 Th. 2. 9-12.
5 *dwelt.* ch. 1. 29-32. Ps. 106. 34-38. *Canaanites.* Ge. 10. 15-18; 15. 19-21. Ex. 3. 8, 17. De. 7. 1. Jos. 9. 1. Ne. 9. 8.
6 Ex. 34. 16. De. 7. 3, 4. 1 Ki. 11. 1-5. Ezr. 9. 11, 12. Ne. 13. 23-27. Eze. 16. 3.
7 *did evil.* ver. 12; ch. 2. 11-13. *the groves.* ch. 6. 25. Ex. 34. 13. De. 16. 21. 1 Ki. 16. 33; 18. 19. 2 Ki. 23. 6, 14. 2 Ch. 15. 16; 24. 18; 33. 3, 19; 34. 3, 7.
8 A.M. 2591. B.C. 1413. An. Ex. Is. 78. *was hot.* ch. 2. 14, 20. Ex. 22. 24. De. 29. 20. Ps. 6. 1; 85. 3. *he sold.* ch. 2. 14; 4. 9. De. 32. 30. 1 Sa. 12. 9. Is. 50. 1. Ro. 7. 14. *Chushan-rishathaim.* Hab. 3. 7. *Mesopotamia. Heb. Aram-naharaim. Aram-naharayim,* 'Syria of the two rivers,' or *Mesopotamia,* 'between the rivers,' is a famous province situated between the Tigris and Euphrates. It is called by Arabian geographers, *Maverannaher,* 'the country beyond the river;' and is now called Diarbek.
9 A.M. 2599. B.C. 1405. An. Ex. Is. 86. *cried.* ver. 15; ch. 4. 3; 6. 7; 10. 10. 1 Sa. 12. 10. Ne. 9. 27. Ps. 22. 5; 78. 34; 106. 41-44; 107. 13-19. *raised up.* See on ch. 2. 16. *deliverer. Heb.* saviour. *Othniel.* See on ch. 1. 13.

10 *the Spirit.* ch. 6. 34; 11. 29; 13. 25; 14. 6, 19. Nu. 11. 17; 27. 18. 1 Sa. 10. 6; 11. 6; 16. 13. 2 Ch. 15. 1; 20. 14. Ps. 51. 11. 1 Co. 12. 4-11. He. 6. 4. *came. Heb.* was. *Mesopotamia. Heb.* Aram.

11 *the land.* ver. 30; ch. 5. 31; 8. 28. Jos. 11. 23. Es. 9. 22. *Othniel.* ver. 9. Jos. 15. 17. 1 Ch. 4. 13.

12 A.M. 2662. B.C. 1342. An. Ex. Is. 148. *did evil.* ch. 2. 19. Ho. 6. 4. *and the Lord.* Ex. 9. 16. 2 Ki. 5. 1. Is. 10. 15; 37. 26; 45. 1-4. Eze. 38. 16. Da. 4. 22; 5. 18. Jno. 19. 11. *the king.* 1 Sa. 12. 9.

13 *Ammon.* ch. 5. 14. Ps. 83. 6. *the city.* ch. 1. 16. De. 34. 3. Ps. 83. 7.

14 *served.* Le. 26. 23-25. De. 28. 40, 47, 48.

15 A.M. 2679. B.C. 1325. An. Ex. Is. 166. *cried unto.* ver. 9. Ps. 50. 15; 78. 34; 90. 15. Je. 29. 12, 13; 33. 3. *a Benjamite. or,* the son of Jemini. *left-handed. Heb.* shut of his right hand. This Hebrew phrase intimates that, either through disease or disuse, he made little or no use of the right hand, but of his left only, and so was the less fit for war, because he would most likely wield a dagger awkwardly: yet God chose this left-handed man to be the minister of his retributive justice. It was *God's right hand* that gained Israel the victory, Ps. 44. 3; not the right hand of the instruments he employed. ch. 20. 16. 1 Ch. 12. 2. *sent a present.* 1 Sa. 10. 27. Pr. 18. 16; 19. 6; 21. 14. Is. 36. 16.

16 *two edges.* Ps. 149. 6. He. 4. 12. Re. 1. 16; 2. 12. *upon.* ver. 21. Ps. 45. 3. Ca. 3. 8.

17 *a very fat.* ver. 29, marg. 1 Sa. 2. 29. Job 15. 27. Ps. 73. 7, 19. Je. 5. 28; 50. 11. Eze. 34. 20.

19 *quarries. or,* graven images. Jos. 4. 20. *a secret.* ver. 20. 2 Ki. 9. 5, 6. Ac. 23. 18, 19. *And all that.* Ge. 45. 1.

20 *a summer parlour. Heb.* a parlour of cooling. The *âleeyah,* or *upper chamber,* seems to have been of the same description as the *olëah* of the Arabs, but properly ventilated, described by Dr. SHAW, who says, that to most of their houses there is a smaller one annexed, which sometimes rises one story higher than the house; at other times, it consists of one or two rooms only, and a terrace; while others that are built, as they frequently are, over the porch or gateway, have, if we except the ground floor, which they want, all the conveniencies that belong to the house itself. There is a door of communication from them into the gallery of the house; besides another, which opens immediately from a *private staircase,* down into the porch or street, without giving the least disturbance to the house. In these back houses strangers are usually lodged and entertained; and to them likewise the men are wont to retire from the noise and hurry of their families, to be more at leisure for meditation or diversions. Am. 3. 15. *I have.* ver. 19. 2 Sa. 12. 1, etc.; 24. 12. Mi. 6. 9. *he arose.* Ps. 29. 1. Je. 10. 7.

21 *thrust it.* Nu. 25. 7, 8. 1 Sa. 15. 33. Job 20. 25. Zec. 13. 3. 2 Co. 5. 16.

22 *the dirt came out. or,* it came out at the fundament.

24 *covereth,* etc. *or,* doeth his easement. 1 Sa. 24. 3.

26 *the quarries.* ver. 19.

27 *he blew.* ch. 5. 14; 6. 34. 1 Sa. 13. 3. 2 Sa. 20. 22. 2 Ki. 9. 13. *mountain.* ch. 7. 24; 17. 1; 19. 1. Jos. 17. 15, 18.

28 *Follow.* ch. 4. 10; 7. 17. *the Lord.* ch. 7. 9, 15. 1 Sa. 17. 47. *the fords.* ch. 12. 5. Jos. 2. 7.

29 *lusty. Heb.* fat. See on ver. 17. De. 32. 15. Job 15. 27. Ps. 17. 10.

30 *And the land.* ver. 11; ch. 5. 31.

31 *Shamgar.* ch. 5. 6, 8. *an ox goad.* This implement, Mr. MAUNDRELL informs us, in Palestine and Syria is of an extraordinary size. He measured several, and 'found them about eight feet long; and at the bigger end about six inches in circumference. They were armed at the lesser end with a sharp prickle for driving the oxen; and at the other end with a small paddle of iron, strong and massive, for cleansing the plough from the clay. In the hand of a powerful man such an instrument must be more dangerous and fatal than a sword. ch. 15. 15. 1 Sa. 13. 19-22; 17. 47, 50. 1 Co. 1. 17. *also.* ch. 2. 16. *Israel.* '*So part is called Israel,*' ch. 4. 1, 3, etc.; 10. 7, 17; 11. 4, etc. 1 Sa. 4. 1. '*It seems to concern only the country next to the Philistines.*'

## CHAP. IV.

*Deborah and Barak deliver them from Jabin and Sisera,* 1-16. *Jael kills Sisera,* 17-24.

1 A.M. 2699. B.C. 1305. An. Ex. Is. 186. *did evil.* ch. 2. 11, 19, 20; 3. 7, 12; 6. 1; 10. 6. Le. 26. 23-25. Ne. 9. 23-30. Ps. 106. 43-45. Je. 5. 3.

2 *sold.* See on ch. 2. 14, 15; 10. 7. Is. 50. 1. Mat. 18. 25. '*It seems to concern only north Israel.*' *Hazor.* Jos. 11. 1, 10, 11; 19. 36. *Sisera.* 1 Sa. 12. 9. Ps. 83. 9. *Harosheth.* ver. 13, 16.

3 *cried.* ch. 3. 9, 15; 10. 16. 1 Sa. 7. 8. Ps. 50. 15; 78. 34. Je. 2. 27, 28. *chariots.* ch. 1. 19. Jos. 17. 16. *mightily.* ch. 5. 8. De. 28. 29, 33, 47, 48. Ps. 106. 42.

4 A.M. 2719. B.C. 1285. An. Ex. Is. 206. Ex. 15. 20. 2 Ki. 22. 14. Ne. 6. 14. Joel 2. 28, 29. Mi. 6. 4. Lu. 2. 36. Ac. 21. 9. 1 Co. 11. 5. Ga. 3. 28.

5 *the palm.* Ge. 35. 8. *between.* Jos. 16. 2; 18. 22, 25. 1 Sa. 1. 1, 19; 6. 16, 17; 25. 1. Je. 31. 15. *came up.* Ex. 18. 13, 16, 19, 26. De. 17. 8-12. 2 Sa. 15. 2-6.

6 *Barak.* ch. 5. 1. He. 11. 32. *Kedesh-naphtali.* Jos. 19. 32, 37; 21. 32. *Hath.* Jos. 1. 9. Ps. 7. 6. Is. 13. 2-5. Ac. 13. 47. *Tabor.* ch. 8. 18. 1 Sa. 10. 3. Ps. 89. 12. Je. 46. 18. Ho. 5. 1. *ten thousand.* ver. 10; ch. 5. 14-18.

7 *And I.* Ex. 14. 4. Jos. 11. 20. Eze. 38. 10-16. Joel 3. 11-14. *Kishon.* ch. 5. 21. 1 Ki. 18. 40. Ps. 83. 9, 10. *deliver.* ver. 14. Ex. 21. 13. Jos. 8. 7; 10. 8; 11. 6. 1 Sa. 24. 10, 18.

8 Ex. 4. 10-14. Mat. 14. 30, 31.

9 *notwithstanding.* 1 Sa. 2. 30. 2 Ch. 26. 18. *sell Sisera.* See on ch. 2. 14. *into.* ver. 17-22; ch. 5. 24-27; 9. 54. 2 Sa. 20. 21, 22.

10 *Zebulun.* ver. 6; ch. 5. 18. *at his.* ch. 5. 15. Ex. 11. 8. 1 Sa. 25. 27. 1 Ki. 20. 11, marg.

11 *Heber.* ch. 1. 16. Nu. 10. 29; 24. 21. *Hobab.* Ex. 2. 18; 3. 1; 18. 1. *Zaanaim.* Jos. 19. 33, 37. Zaanannim. *Kedesh.* ver. 6. Jos. 19. 37.

12 *mount Tabor.* ver. 6. Jos. 19. 12, 34. Ps. 89. 12. Je. 46. 18.

13 *gathered. Heb.* gathered by cry, *or* proclamation. *nine.* See on ver. 2, 3, 7. *chariots of iron.* Probably chariots armed with *iron scythes,* projecting from the axle on each side, by which the infantry might be easily cut down or thrown into confusion. The ancient Britons are said to have had such chariots.

14 *Up.* ch. 19. 28. Ge. 19. 14; 44. 4. Jos. 7. 13. 1 Sa. 9. 26. *for this.* This is exactly the purpose for which the *Septuagint* states, ver. 8, that Barak wished Deborah to accompany him: 'Because I know not *the day* in which God will send his angel to give me prosperity.' *is not.* De. 9. 3. 2 Sa. 5. 24. Ps. 68. 7, 8. Is. 52. 12. Mi. 2. 13. *mount. Mount Tabor,* called by the Arabs *Djebel Tour,* is almost entirely insulated, and rises up in the plain of Esdraelon, about six miles from Nazareth, in a conical form, somewhat like a sugar-loaf. JOSEPHUS states its height to be thirty stadia, with a plain of 26 stadia in circumference on its top, on which was formerly a city, which was used as a military post. It is described as an exceedingly beautiful mountain, having a rich soil, producing excellent herbage, and adorned with groves and clumps of trees.

15 ch. 5. 20, 21. Jos. 10. 10. 2 Ki. 7. 6. 2 Ch. 13. 15-17. Ps. 83. 9, 10. He. 11. 32.

16 *pursued.* Le. 26. 7, 8. Jos. 10. 19, 20; 11. 8. Ps. 104. 35. Ro. 2. 12. Ja. 2. 13. *there.* Is. 43. 17. *a man left.* *Heb.* unto one.

17 *fled.* Job 12. 19-21; 18. 7-12; 40. 11, 12; Ps. 37. 35, 36; 107. 40. Pr. 29. 23. Am. 5. 19, 20. *Jael.* ch. 5. 6, 24. *peace.* Ps. 69. 22. Is. 57. 21.

18 *Jael.* 2 Ki. 6. 19. *mantle. or,* rug, *or,* blanket.

19 *Give me.* ch. 5. 25, 26. Ge. 24. 43. 1 Ki. 17. 10. Is. 41. 17. Jno. 4. 7.

20 *Is there.* Jos. 2. 3-5. 2 Sa. 17. 20.

21 *took.* ch. 3. 21, 31; 5. 26; 15. 15. 1 Sa. 17. 43, 49, 50. 1 Co. 1. 19, 27. *a nail.* One of the spikes of the tent. See Note on Ex. 35. 18. *and took. Heb.* and put. *smote.* Ps. 3. 7. *he died.* ch. 5. 27.

22 *and I will.* 2 Sa. 17. 3, 10-15.

23 1 Ch. 22. 18. Ne. 9. 24. Ps. 18. 39, 47; 47. 3; 81. 14. 1 Co. 15. 28. He. 11. 33.

24 *prospered,* etc. *Heb.* going, went and was hard against. 1 Sa. 3. 12.

## CHAP. V.

*The song of Deborah and Barak.*

1 *Sang Deborah.* This verse briefly recites the subject of this inspired song, which consists of eight stanzas: The *first* opens with a devout thanksgiving. The *second* describes the magnificent scenes at Mount Sinai, etc. The *third* states the apostacy and consequent punishment of the Israelites. The *fourth* contrasts their present happy state. The *fifth* censures the recreant tribes of Reuben, Gad, etc. The *sixth* records the defeat of the confederate kings of Canaan. The *seventh* contains a panegyric on Jael. And the *eighth* describes the fond anticipations and disappointment of the mother of Sisera. Ex. 15. 1, 21. Nu. 21. 17. 1 Sa. 2. 1. 2 Ch. 20. 21, 27. Job 38. 7. Ps. 18, title. Is. 12. 1-6; 25. 1; 26. 1. Lu. 1. 46, 67, 68. Re. 15. 3, 4; 19. 1-3.

2 *for the avenging.* De. 32. 43. 2 Sa. 22. 47, 48. Ps. 18. 47; 48. 11; 94. 1; 97. 8; 136. 15, 19, 20; 149. 6-9. Re. 16. 5, 6; 18. 20; 19. 2. *when.* ver. 9. 2 Ch. 17. 16. Ne. 11. 2. Ps. 110. 3. 1 Co. 9. 17. 2 Co. 8. 12; 9. 7. Phi. 2. 13. Philem. 14.

3 *O ye kings.* De. 32. 1, 3. Ps. 2. 10-12; 49. 1, 2; 119. 46; 138. 4, 5. *I, even I.* ver. 7. Ge. 6. 17; 9. 9. Ex. 31. 6. Le. 26. 28. 1 Ki. 18. 22; 19. 10, 14. Ezr. 7. 21.

4 *Lord.* De. 33. 2. Ps. 68. 7, 8. Hab. 3. 3-6. *the earth.* 2 Sa. 22. 8. Job 9. 6. Ps. 18. 7-15. *dropped.* Ps. 77. 17.

5 *mountains.* De. 4. 11. Ps. 97. 5; 114. 4. Is. 64. 1-3. Na. 1. 5. Hab. 3. 10. *melted. Heb.* flowed. *that Sinai.* Ex. 19. 18; 20. 18. De. 4. 11, 12; 5. 22-25. He. 12. 18.

6 *Shamgar.* ch. 3. 31. *Jael.* ch. 4. 17, 18. *the highways.* Le. 26. 22. 2 Ch. 15. 5. Is. 33. 8. La. 1. 4; 4. 18. Mi. 3. 12. *travellers. Heb.* walkers of paths. *by-ways. Heb.* crooked ways. Ps. 125. 5.

7 *the villages.* Es. 9. 19. *a mother.* ch. 4. 4-6. 2 Sa. 20. 19. Is. 49. 23. Ro. 16. 13.

8 *new gods.* ch. 2. 12, 17. De. 32. 16, 17. *was there.* ch. 4. 3. 1 Sa. 13. 19-22.

9 *offered.* See on ver. 2. 1 Ch. 29. 9. 2 Co. 8. 3, 4, 12, 17; 9. 5.

10 *Speak. or,* Meditate. Ps. 105. 2; 145. 5, 11. *ride.* ch. 10. 4; 12. 14. *ye that sit.* Ps. 107. 32. Is. 28. 6. Joel 3. 12.

11 *the noise.* La. 5. 4, 9. *in the places.* Dr. Shaw mentions a beautiful rill of water in Barbary, which runs into a large bason, called *shrub we krub,* 'drink and be off,' because of the danger of meeting with robbers and assassins in this place, who fall upon those who come to drink. Ge. 26. 20-22. Ex. 2. 17-19. Is. 12. 3. *righteous acts. Heb.* righteousnesses. 1 Sa. 12. 7. Ps. 145. 7. Mi. 6. 5. *villages.* See on ver. 7. *go down.* De. 22. 24. Job 29. 7. Is. 28. 6. Je. 7. 2.

12 *awake, Deborah.* Ps. 57. 8; 103. 1, 2; 108. 2. Is. 51. 9, 17; 52. 1, 2; 60. 1. Je. 31. 26. 1 Co. 15. 34. Ep. 5. 14. *lead.* Ps. 68. 18. Is. 14. 2; 33. 1; 49. 24-26. Ep. 4. 8. 2 Ti. 2. 26.

13 *he made.* Ps. 49. 14. Is. 41. 15, 16. Eze. 17. 24. Da. 7. 18-27. Ro. 8. 37. Re. 2. 26, 27; 3. 9. *the Lord.* Ps. 75. 7.

14 *of Ephraim.* ch. 3. 27; 4. 5, 6. *Amalek.* See on ch. 3. 13. Ex. 17. 8-16. *after.* ch. 4. 10, 14. *Machir.* Nu. 32. 39, 49. *handle the pen. Heb.* draw with the pen.

15 *the princes.* See on 1 Ch. 12. 32. *Barak.* See on ch. 4. 6, 14. *foot. Heb.* his feet. *Beraglaiv,* rather, 'with his footmen:' so LXX. Alex. *πεζους αυτου,* and Luther, mit seinem Fußvolk. Ac. 20. 13 *For the. or,* In the divisions, etc. Ac. 15. 39. *thoughts. Heb.* impressions. Pr. 22. 13. 2 Co. 11. 2.

16 *sheepfolds.* Nu. 32. 1-5, 24. Phi. 2. 21; 3. 19. *For. or,* In. ver. 15, marg. *great.* Ps. 4. 4; 77. 6. La. 3. 40, 41.

17 *Gilead.* Jos. 13. 25, 31. *Asher.* Jos. 19. 24-31 *sea shore. or,* sea-port. *breaches. or,* creeks.

18 *Zebulun.* See on ch. 4. 10. *jeoparded. Heb* exposed to reproach. *their lives.* Es. 4. 16. Ac. 20. 24. 1 Jno. 3. 16. Re. 12. 11. *in the high.* ch. 4. 6, 10, 14.

19 *kings.* Jos. 10. 22-27; 11. 1, etc. Ps. 48. 4-6; 68. 12-14; 118. 8-12. Re. 17. 12-14; 19. 19. *Taanach.* ch. 1. 27. 1 Ki. 4. 12. *they took.* ver. 30. Ge. 14. 22; 4. 16. Ps. 44. 12.

20 *fought.* Jos. 10. 11. 1 Sa. 7. 10. Ps. 77. 17, 18. *the stars.* ch. 4. 15. *courses. Heb.* paths.

21 *Kishon.* ch. 4. 7, 13. 1 Ki. 18. 40. Ps. 83. 9, 10. *O my soul.* Ge. 49. 18. Ps. 44. 5. Is. 25. 10. Mi. 7. 10.

22 *horsehoofs.* Anciently, horses were not shod; nor are they at the present day in some parts of the East. The flight was so rapid that the hoofs of their horses were splintered and broken by the roughness of the roads; in consequence of which they became lame, and could not carry off their riders. Ps. 20. 7; 33. 17; 147. 10, 11. Is. 5. 28. Je. 47. 4. Mi. 4. 13. *pransings. or,* tramplings, *or,* plungings. *mighty ones.* or, as Dr. Waterland renders, 'mighty horses,' or 'strong steeds,' as Dr. Kennicott, *i. e.* their war-horses, which gives great energy to the text, and renders it perfectly intelligible.

23 *Curse ye.* 1 Sa. 26. 19. Je. 48. 10. 1 Co. 16. 22. *Meroz.* This city of Meroz seems to have been, at this time, a place of considerable importance, since something great was expected from it; but probably, after the angel of the Lord had pronounced this curse, it dwindled, and like the fig-tree which Christ cursed, withered away; so that we never read of it after this in Scripture. *the angel.* ch. 2. 1; 4. 6; 6. 11; 13. 3. Mat. 25. 41. *they came.* ch. 21. 9, 10. Ne. 3. 5. *to the help.* 1 Sa. 17. 47; 18. 17; 25. 28. Ro. 15. 18. 1 Co. 3. 9. 2 Co. 6. 1.

24 ch. 4. 17. Ge. 14. 19. Pr. 31. 31. Lu. 1. 28, 42.

25 *asked.* See on ch. 4. 19-21. *butter. Chemah,* may signify *buttermilk,* which is made by the Arabs by agitating the milk in a leathern bag; and is highly esteemed because of its refreshing and cooling qualities.

26 *with the. Heb.* She hammered. *she smote off.* Or rather, 'she smote his head, then she struck through and pierced his temples:' which is more consonant to the original, and to fact, as it does not appear that she *smote off* his head. 1 Sa. 17. 49-51. 2 Sa. 20. 22.

27 *At. Heb.* Between. *where.* Ps. 52. 7. Mat. 7. 2. Ja. 2. 13. *dead. Heb.* destroyed.

28 *through.* 2 Ki. 1. 2. Ca. 2. 9. *Why is.* ch. 4. 15. Ca. 8. 14. Ja. 5. 7.

29 *answer. Heb.* her words.

30 *Have they not sped.* Ex. 15. 9. Job 20. 5. *every man. Heb.* the head of a man. *of divers.* Ge. 37. 3. 2 Sa. 13. 18. Ps. 45. 14.

31 *So let.* Ps. 48. 4, 5; 58. 10, 11; 68. 1-3; 83. 9-18; 92. 9; 97. 8. Re. 6. 10; 18. 20; 19. 2, 3. *them.*

*that.* Ex. 20. 6. De. 6. 5. Ps. 91. 14; 97. 10. Ro. 8. 28. 1 Co. 8. 3. Ep. 6. 24. Ja. 1. 12; 2. 5. 1 Pe. 1. 8. 1 Jno. 4. 19-21; 5. 2, 3. *the sun.* 2 Sa. 23. 4. Ps. 19. 4, 5; 37. 6. Pr. 4. 18. Da. 12. 3. Ho. 6. 3. Mat. 13. 43. *And the land.* The victory here celebrated in this song, was of such happy consequence to Israel, that for the principal part of one age, they enjoyed the peace to which it had been the means of opening the way. *The land had rest forty years*, that is, so long it was from this victory to the raising up of Gideon. And well would it have been for the Israelites, if while the tribes had rest, they had taken advantage of the cessation from war, and had walked in the fear of the Lord. ch. 3. 11, 30.

## CHAP. VI.

*The Israelites for their sin are oppressed by Midian,* 1-7. *A prophet rebukes them,* 8-10. *An angel sends Gideon for their deliverance,* 11-16. *Gideon's present is consumed with fire,* 17-23. *Gideon destroys Baal's altar, and offers a sacrifice upon the altar Jehovah-shalom,* 24-27. *Joash defends his son, and calls him Jerubbaal,* 28-32. *Gideon's army,* 33-35. *Gideon's signs,* 36-40.

1 *did evil.* ch. 2. 13, 14, 19, 20. Le. 26. 14, etc. De. 28. 15, etc. Ne. 9. 26-29. Ps. 106. 34-42. *delivered.* When God judges, he will overcome; and sinners shall be made either to bend or break before him. See the ensuing history. *Midian.* Ge. 25. 2. Nu. 25. 17, 18. Hab. 3. 7.

2 *the hand.* Le. 26. 17. De. 28. 47, 48. *prevailed. Heb.* was strong. *dens.* Dr. SHAW says, that a great way on each side Joppa, on the sea coast, there is a range of mountains and precipices; and in these high situations are generally found the dens, holes, or caves, which are so frequently mentioned in Scripture; and which were formerly the lonesome retreats of the distressed Israelites. 1 Sa. 13. 6; 14. 11. He. 11. 38. Re. 6. 15.

3 *when Israel.* Le. 26. 16. De. 28. 30-33, 51. Job 31. 8. Is. 65. 21, 22. Mi. 6. 15. *Amalekites.* ch. 3. 13. *children.* ver. 33; ch. 7. 12; 8. 10. Ge. 29. 1. 1 Ki. 4. 30. Job 1. 3.

4 *destroyed.* Le. 26. 16. De. 28. 30, 33, 51. Mi. 6. 15. *till thou come.* The Midianites dwelt beyond the *eastern* borders of the land of Canaan, east of the Dead Sea, and Gaza was on the Mediterranean, on the *west:* so that these invaders ravaged the whole *breadth* of the land. Ge. 10. 19; 13. 10. *left no.* Pr. 28. 3. Je. 49. 9, 10. Ob. 5. *sheep. or,* goat.

5 *tents.* Ca. 1. 5. Is. 13. 20. *as grasshoppers.* ch. 7. 12; 8. 10. Je. 46. 23. *their camels.* ch. 8. 21. 1 Sa. 30. 17. Is. 60. 6. Je. 49. 29, 32. *to destroy.* Ps. 83. 4-12.

6 *impoverished.* Ps. 106. 43, marg. Je. 5. 17. Mal. 1. 4. *cried.* See on ch. 3. 9, 15. Ps. 50. 15; 78. 34; 106. 44. Is. 26. 16. Ho. 5. 15.

8 A. M. 2759. B. C. 1245. An. Ex. Is. 246. *a prophet. Heb.* a man, a prophet. *Thus saith.* See on ch. 2. 1-3. Ne. 9. 9-12. Ps. 136. 10-16. Is. 63. 9-14. Eze. 20. 5, etc.

9 *drave them.* See on Ps. 44. 2, 3.

10 *I am the.* See on Ex. 20. 2, 3. *fear not.* 2 Ki. 17. 33, 35-39. Je. 10. 2. *ye have.* ch. 2. 2. Pr. 5. 13. Je. 3. 13, 25; 9. 13; 42. 21; 43. 4, 7. Zep. 3. 2. Ro. 10. 16. He. 5. 9.

11 *an angel.* ver. 14-16; ch. 2. 1-5; 5. 23; 13. 3, 18-20. Ge. 48. 16. Jos. 18. 23. Is. 63. 9. *Abi-ezrite.* ch. 8. 2. Jos. 17. 2. *Gideon.* He. 11. 32, Gedeon. *hide it. Heb.* cause *it* to flee.

12 *the angel.* ch. 13. 3. Lu. 1. 11, 28. *The Lord.* ch. 2. 18. Ex. 3. 12. Jos. 1. 5, 9. Ru. 2. 4. Mat. 1. 23; 28. 20. Lu. 1. 28. Ac. 18. 9, 10.

13 *if the Lord.* Ge. 25. 22. Ex. 33. 14-16. Nu. 14. 14, 15. Ro. 8. 31. *why then.* De. 29. 24; 30. 17, 18. Ps. 77. 7-9; 89. 49. Is. 59. 1, 2; 63. 15. *our fathers.* Ps. 44. 1; 78. 3, 4. *forsaken us.* De. 31. 17. 2 Ch. 15. 2. Ps. 27. 9. Is. 41. 17. Je. 23. 33.

14 *the Lord.* See on ver. 11. *Go in.* ch. 4. 6. Jos. 1. 5-9. 1 Sa. 12. 11. 1 Ch. 14. 9, 10. He. 11. 32, 34.

15 *wherewith.* Ex. 3. 11; 4. 10. Je. 1. 6. Lu. 1. 34. *my family is poor. Heb.* my thousand *is* the meanest. Ex. 18. 21-25. 1 Sa. 9. 21; 18. 23. Mi. 5. 2. *the least.* Ge. 32. 10. Je. 50. 45. 1 Co. 15. 9. Ep. 3. 8.

16 ver. 12. Ex. 3. 12. Jos. 1. 5. Is. 41. 10, 14-16. Mat. 28. 20. Mar. 16. 20. Ac. 11. 21.

17 *If now.* See on Ex. 33. 13, 16. *shew.* ver. 36-40. Ge. 15. 8-17. Ex. 4. 1-9. 2 Ki. 20. 8-11. Ps. 86. 17. Is. 7. 11.

18 *bring.* ch. 13. 15. Ge. 18. 3, 5; 19. 3. *present. or,* meat offering.

19 *and made.* Dr. SHAW observes, 'Besides a bowl of milk, and a basket of figs, raisins, or dates, which upon our arrival were presented to us, to stay our appetite, the master of the tent fetched us from his flock, according to the number of our company, a kid or a goat, a lamb or a sheep; half of which was immediately seethed by his wife, and served up with cucasoe: the rest was made *kab-ab*, i. e. cut to pieces and roasted, which we reserved for our breakfast or dinner next day.' May we not suppose, says Mr. HARMER, that Gideon presented some slight refreshment to the supposed prophet, according to the present Arab mode, and desired him to stay till he could provide something more substantial; that he immediately killed a kid, seethed a part of it, and when ready brought the stewed meat in a *pot*, with unleavened cakes of bread, which he had baked; and the other part, the *kab-ab*, in a *basket* for him to carry with him, for some after repast in his journey? ch. 13. 15-19. Ge. 18. 6-8. *a kid. Heb.* a kid of the goats. *unleavened cakes.* Le. 2. 4.

20 *lay them.* ch. 13. 19. *pour out.* 1 Ki. 18. 33, 34.

21 *rose up.* ch. 13. 20. Le. 9. 24. 1 Ki. 18. 38. 1 Ch. 21. 26. 2 Ch. 7. 1.

22 *perceived.* ch. 13. 21. *because.* ch. 13. 22, 23. Ge. 16. 13; 32. 30. Ex. 33. 20. De. 5. 5, 24, 26. Is. 6. 5-8. Jno. 1. 18; 12. 41.

23 *Peace be.* Ge. 32. 30; 43. 23. Ps. 85. 8. Da. 10. 19. Jno. 14. 27; 20. 19, 26. Ro. 1. 7.

24 *built.* ch. 21. 4. Ge. 33. 20. Jos. 22. 10, 26-28. *Jehovah-shalom. that is,* The Lord *send* peace. Ge. 22. 14. Ex. 17. 15. Je. 23. 6; 33. 16. Eze. 48. 35. *Ophrah.* ch. 8. 32.

25 *Take thy father's.* Ge. 35. 2. Job 22. 23. Ps. 101. 2. *even. or,* and. *throw.* 1 Ki. 18. 21. Mat. 6. 24. 2 Co. 6. 15-17. *thy father.* Mat. 10. 37. Ac. 4. 19; 5. 29. *cut down.* ch. 3. 7. Ex. 34. 13. De. 7. 5.

26 *build.* 2 Sa. 24. 18. *rock. Heb.* strong place. *the ordered place. or,* an orderly manner. 1 Co. 14. 33, 40.

27 *and did.* De. 4. 1. Mat. 16. 24. Jno. 2. 5; 15. 14. Gal. 1. 16. 1 Th. 2. 4. *he did it.* Ps. 112. 5. Jno. 3. 2.

30 *Bring.* Je. 26. 11; 50. 38. Jno. 16. 2. Ac. 26. 9. Phi. 3. 6.

31 *Will ye plead.* The words are very emphatic: 'Will *ye plead in earnest (tereevoon)* for Baal? Will *ye really save (tosheeoon)* him? If he be God, *(Elohim,)* let him contend for himself, seeing his altar is thrown down.' Ex. 23. 2. Nu. 14. 6. Ep. 5. 11. *let him be.* De. 13. 5, etc.; 17. 2-7. 1 Ki. 18. 40. *if he be.* 1 Ki. 18. 27, 29. Ps. 115. 4-7. Is. 41. 23; 46. 1, 7. Je. 10. 5, 11. 1 Co. 8. 4.

32 *Jerubbaal. that is,* Let Baal plead. 1 Sa. 12. 11. 2 Sa. 11. 21, Jerubbesheth: that is, Let the shameful *thing* plead. Je. 11. 13. Ho. 9. 10.

33 *Then all.* Ps. 3. 1; 27. 2, 3; 118. 10-12. Is. 8. 9, 10. Ro. 8. 35-39. *children.* ver. 3; ch. 8. 10, 11. 1 Ch. 5. 19. Job 1. 3. *went over.* ch. 7. 24. Jos. 3. 16. *the valley.* Jos. 17. 16; 19. 18. 1 Ki. 18. 45; 21. 1.

34 *the Spirit.* ch. 3. 10; 13. 25; 14. 19; 15. 14. 1 Sa. 10. 6; 11. 6; 16. 14. 1 Ch. 12. 18. 2 Ch. 24. 20. Ps. 51. 11. 1. Co. 12. 8-11. *came upon. Heb.* clothed. Ro. 13. 14. Ga. 3. 27. *blew.* ch. 3. 27. Nu. 10. 3. *Abi-ezer.* ver. 11; ch. 8. 2. Jos. 17. 2. *was gathered. Heb.* was called.

35 *messengers.* 2 Ch. 30. 6-12.

36 *If thou wilt.* ver. 14, 17-20. Ex. 4. 1-9. 2 Ki. 20. 9. Ps. 103. 13, 14. Mat. 16. 1.

37 *Behold.* De. 32. 2. Ps. 72. 6. Ho. 6. 3, 4; 14. 5. *only.* Ps. 147. 19, 20. Mat. 10. 5, 6; 15. 24.

38 *a bowl.* Is. 35. 7.

39 *Let not thine.* Ge. 18. 32. *dry.* Ps. 107. 33-35. Is. 35. 6, 7; 43. 19, 20; 50. 2. Mat. 8. 12; 21. 43. Ac. 13. 46; 22. 21; 28. 28. Ro. 11. 12-22.

## CHAP. VII.

*Gideon's army of two and thirty thousand is brought to three hundred,* 1-8. *He is encouraged by the dream and interpretation of the barley cake,* 9-15. *His stratagem of trumpets and lamps in pitchers,* 16-23. *The Ephraimites take Oreb and Zeeb,* 24, 25.

1 *Jerubbaal.* It appears that *Jerubbaal* had now become the surname of Gideon. He is mentioned by SANCHONIATHON, quoted by EUSEBIUS, who lived in the reign of Ithobal, king of Tyre, and consequently a little after the time of Gideon, by the name of *Jerombalus*, a priest of *Jeuo* or *Jao.* ch. 6. 32. *rose up.* Ge. 22. 3. Jos. 3. 1; 6. 12. Ec. 9. 10. *Moreh.* Ge. 12. 6.

2 *too many.* 1 Sa. 14. 6. 2 Ch. 14. 11. Zec. 4. 6; 12. 7. 1 Co. 1. 27-29; 2. 4, 5. 2 Co. 4. 7; 10. 4, 5. *Israel.* De. 32. 27. Is. 2. 11, 17. Je. 9. 23. Ro. 3. 27; 11. 18. 1 Co. 1. 29. Ep. 2. 9. Ja. 4. 6. *Mine own.* De. 8. 17. Is. 10. 13. Eze. 28. 2, 17. Da. 4. 30. Hab. 1. 16.

3 *Whosoever.* De. 20. 8. Mat. 13. 21. Lu. 14. 25-33. Re. 17. 14; 21. 8. *mount Gilead.* Gideon was certainly not at mount *Gilead*, east of Jordan at this time; but rather near mount *Gilboa*, west of Jordan. CALMET thinks there must either have been two Gileads, which does not appear from Scripture to have been the case, or that the Hebrew text is corrupt, and that for *Gilead* we should read *Gilboa.* This reading, though adopted by HOUBIGANT, is not confirmed by any MS. or version. Dr. HALES endeavours to reconcile the whole, by the supposition that in Gideon's army there were many eastern Manassites from mount Gilead, near the Midianites; and therefore proposes to read, 'Whosoever from mount Gilead is fearful and afraid, let him return (home) and depart early.' *twenty.* Mat. 20. 16.

4 *people.* Ps. 33. 16. *I will.* Ge. 22. 1. 1 Sa. 16. 7. Job 23. 10. Ps. 7. 9; 66. 10. Je. 6. 27-30. Mal. 3. 2, 3.

5 *lappeth.* The original word *yalok*, is precisely the sound which the dog makes in *lapping.* It appears that it is not unusual for the Arabs to drink water out of the palms of their hands; and, from this account, we learn that the Israelites did so occasionally. Dr. A. CLARKE, in his edition of HARMER, has presented us with the following curious MS. note from Dr. RUSSELL. 'When they take water with the palms of their hands, they naturally place themselves on their hams, to be nearer the water; but when they drink from a pitcher or gourd, fresh filled, they do not sit down on purpose to drink, but drink standing, and very often put the sleeve of their shirt over the mouth of the vessel, by way of strainer, lest small leeches might have been taken up with the water. For the same reason they often prefer taking the water with the palm of the hand to lapping it from the surface.' From the letters of BUSBEQUIUS we learn, that the Eastern people are not in the habit of drinking standing. The 300 men, who satisfied their thirst in the most expeditious manner, by this sufficiently indicated their spirit, and alacrity to follow Gideon in his dangerous enterprise; while the rest shewed their love of ease, self-indulgence, effeminacy, and want of courage.

7 ver. 18-22. 1 Sa. 14. 6. Is. 41. 14-16.

8 *trumpets.* ch. 3. 27. Le. 23. 24; 25. 9. Nu. 10. 9. Jos. 6. 4, 20. Is. 27. 13. 1 Co. 15. 52. *in the valley.* ch. 6. 33.

9 *the same.* Ge. 46. 2, 3. Job 4. 13; 33. 15, 16. Mat. 1. 20; 2. 13. Ac. 18. 9, 10; 27. 23. *Arise.* Jos. 1. 5-9. Is. 41. 10-16; 43. 1, 2. *I have delivered.* ch. 3. 10, 28; 4. 14, 15. 2 Ch. 16. 8, 9; 20. 17.

10 ch. 4. 8, 9. Ex. 4. 10-14.

11 *thou shalt.* ver. 13-15. Ge. 24. 14. 1 Sa. 14. 8, 12. *thine hands.* 1 Sa. 23. 16. Ezr. 6. 22. Ne. 6. 9. Is. 35. 3, 4. 2 Co. 12. 9, 10. Ep. 3. 16; 6. 10. Phi. 4. 13. *armed men. or,* ranks by five. Ex. 13. 18, marg.

12 *the Midianites.* ch. 6. 3, 5, 33. 1 Ki. 4. 30. *grasshoppers.* ch. 8. 10. 2 Ch. 14. 9-12. Ps. 3. 1; 33. 16; 118. 10-12. Is. 8. 9, 10.

13 *lo, a cake.* ch. 3. 15, 31; 4. 9, 21; 6. 15. Is. 41. 14, 15. 1 Co. 1. 27.

14 *his fellow.* Nu. 22. 38; 23. 5, 20; 24. 10-13. Job 1. 10. *into his hand.* Ex. 15. 14, 15. Jos. 2. 9, 24; 5. 1. 2 Ki. 7. 6, 7.

15 *interpretation thereof. Heb.* breaking thereof. Ge. 40. 8; 41. 11. *worshipped.* Ge. 24. 26, 27, 48. Ex. 4. 30, 31. 2 Ch. 20. 18, 19. *Arise.* ch. 4. 14. 2 Co. 10. 4-6.

16 *three companies.* This small number of men, thus divided, would be able to encompass the whole camp of the Midianites. Concealing the lamps in the pitchers, they would pass unobserved to their appointed stations; then, in the dead of the night, when most of the enemy were fast asleep, all at once breaking their pitchers one against another, with as much noise as they could, and blowing the trumpets and shouting; they would occasion an exceedingly great alarm. The obedience of faith alone could have induced such an expedient, which no doubt God directed Gideon to employ.—SCOTT. *a trumpet. Heb.* trumpets in the hand of all of them. *empty.* 2 Co. 4. 7. *lamps. or,* fire-brands, *or* torches.

17 ch. 9. 48. Mat. 16. 24. 1 Co. 11. 1. He. 13. 7. 1 Pe. 5. 3.

18 *blow ye.* ver. 20. *The sword.* The word *cherev*, 'sword,' necessarily implied, and rightly supplied by our venerable translators from ver. 20, is found in this place, in the Chaldee, Syriac, and Arabic, and in eight MSS.; and evidently appears to be genuine. 1 Sa. 17. 47. 2 Ch. 20. 15-17.

19 *in the beginning.* Ex. 14. 24. Mat. 25. 6. 1 Th. 5. 2. Re. 16. 15. *they blew.* ver. 8. *brake.* ver. 16. Ps. 2. 9. Je. 13. 13, 14; 19. 1-11.

20 *blew.* How astonishing and overwhelming must the effect be, in a dark night, of the sudden glare of 300 torches, darting their splendour in the same instant on the half-awakened eyes of the terrified Midianites; accompanied with the clangor of 300 trumpets, alternately mingled with the thundering shout of *cherav yehovah oolegidon*, 'The sword of Jehovah and of Gideon!' Nu. 10. 1-10. Jos. 6. 4, 16, 20. Is. 27. 13. 1 Co. 15. 52. 1 Th. 4. 16. *brake.* 2 Co. 4. 7. He. 11. 4. 2 Pe. 1. 15.

21 *stood.* Ex. 14. 13, 14. 2 Ch. 20. 17. Is. 30. 7, 15. *all the host.* Ex. 14. 25. 2 Ki. 7. 6, 7. Job 15. 21, 22. Pr. 28. 1.

22 *blew.* Jos. 6. 4, 16, 20. 2 Co. 4. 7. *the Lord.* 1 Sa. 14. 16-20. 2 Ch. 20. 23. Ps. 83. 9. Is. 9. 4; 19. 2. *in. or,* toward. *Zererath.* Probably the same as *Zartanah*, 1 Ki. 4. 12. *border. Heb.* lip. *Abel-meholah.* Situated, according to EUSEBIUS, 16 miles south from Scythopolis, or Bethshan. 1 Ki. 4. 12; 19. 16. *Tabbath.* Probably the town of Θηβης, mentioned by EUSEBIUS, 13 miles from Neapolis, or Shechem, towards Scythopolis.

23 ch. 6. 35. 1 Sa. 14. 21, 22.

24 *sent.* ch. 3. 27. Ro. 15. 30. Phi. 1. 27. *take before.* ch. 3. 28; 12. 5. *Beth-barah.* Probably the same as *Betha-bara*, beyond Jordan, and at the *ford* where the Hebrews passed under the direction of Joshua. Jno. 1. 28.

25 *two princes.* ch. 8. 3. Ps. 83. 11, 12. *rock.* Jos. 7. 26. Is. 10. 26. *Oreb.* EUSEBIUS and JEROME speak of a small place called *Araba*, three miles west from Scythopolis, which is supposed by some to have had its name from *Oreb.* *and brought.* Among ancient nations, the *head* of the conquered chief was usually brought to the conqueror. Thus Pompey's head was brought to Cæsar, Cicero's head to Mark Antony, and the heads of Ahab's children to Jehu. These barbarities are seldom practised now, except among the Mahommedans, or the savages of Africa and America; and for the credit of human nature, it is to be wished that such atrocities had never been committed. *on the other side.* The words *maiaiver lyyarden*, may denote *at the passage of Jordan*, or *from beyond Jordan.* Gideon does not appear to have yet passed the Jordan. ch. 8. 4.

## CHAP. VIII.

*Gideon pacifies the Ephraimites, 1-3. Succoth and Penuel refuse to deliver Gideon's army, 4-9. Zebah and Zalmunna are taken, 10-12. Succoth and Penuel are destroyed, 13-16. Gideon revenges his brethren's death on Zebah and Zalmunna, 17-21. He refuses government, 22, 23. His ephod the cause of idolatry, 24-27. Midian subdued, 28. Gideon's children, and death, 29-32. The Israelites' idolatry and ingratitude, 33-35.*

1 *the men.* ch. 12. 1-6. 2 Sa. 19. 41. Job 5. 2. Ec. 4. 4. Ja. 4. 5, 6. *Why*, etc. *Heb.* What thing *is* this thou hast done unto us? *sharply. Heb.* strongly.

2 *What.* 1 Co. 13. 4-7. Ga. 5. 14, 15. Phi. 2. 2, 3. Ja. 1. 19, 20; 3. 13-18. *Is not the.* That is, the Ephraimites have performed more important services than Gideon and his men had achieved. *Abiezer.* ch. 6. 11, 34.

3 *God.* ch. 7. 24, 25. Ps. 44. 3; 115. 1; 118. 14-16. Jno. 4. 37. Ro. 12. 3, 6; 15. 18, 19. Phi. 2. 3. *Then.* Pr. 15. 1; 16. 32; 25. 11, 15. *anger. Heb.* spirit.

4 *faint.* 1 Sa. 14. 28, 29, 31, 32; 30. 10. 2 Co. 4. 8, 9, 16. Ga. 6. 9. He. 12. 1-4.

5 *Succoth.* Ge. 33. 17. Ps. 60. 6. *loaves.* Ge. 14. 18. De. 23. 4. 1 Sa. 25. 18. 2 Sa. 17. 28, 29. 3 Jno. 6-8.

6 ch. 5. 23. Ge. 25. 13; 37. 25, 28. 1 Sa. 25. 10, 11. 1 Ki. 20. 11. 2 Ki. 14. 9. Pr. 18. 23. Phi. 2. 21.

7 *tear. Heb.* thresh. ver. 16.

8 Ge. 32. 30, 31. 1 Ki. 12. 25.

9 *I come.* 1 Ki. 22. 27, 28. *I will break.* ver. 17.

10 *Karkor.* If this were the name of a *place*, it is no where else mentioned. Some contend that *karkor* signifies *rest;* and the Vulgate renders it *requiescebant*, '*rested.*' This seems the most likely; for it is said (ver. 11) that Gideon 'smote the host: for the host was *secure.*' *children.* ch. 7. 12. *fell an hundred*, etc. *or*, an hundred and twenty thousand, every one drawing a sword. ch. 7. 22; 20. 2, 15, 17, 25, 35, 46. 2 Ki. 3. 26. 2 Ch. 13. 17; 28. 6, 8. Is. 37. 36.

11 *Nobah. Nobah* took its name from an Israelite who conquered it; and is said by EUSEBIUS to have been, in his time, a forsaken place eight miles south from Heshbon. *Jogbehah* was probably near it. Nu. 32. 35, 42. *secure.* ch. 18. 27. 1 Sa. 15. 32; 30. 16. 1 Th. 5. 3.

12 *took.* Jos. 10. 16-18, 22-25. Job 12. 16-21; 34. 19. Ps. 83. 11. Am. 2. 14. Re. 6. 15, 16; 19. 19-21. *discomfited. Heb.* terrified.

13 *before.* The words *milmääleh haichaires* should, most probably, be rendered 'from the ascent of Chares;' which is the reading of the LXX. Syriac, Arabic, and HOUBIGANT.

14 *caught.* ch. 1. 24, 25. 1 Sa. 30. 11-15. *described. Heb.* writ.

15 *upbraid.* ver. 6, 7.

16 *the elders.* ver. 7. Pr. 10. 13; 19. 29; Ezr. 2. 6. *thorns.* Mi. 7. 4. *taught. Heb.* made to know. Instead of *wyyodâ*, HOUBIGANT, LE CLERC, and others read *wyyadosh*, 'and he tore or threshed;' and this is not only agreeable to what Gideon threatened (ver. 7), but is supported by the LXX. Vulgate, Chaldee, Syriac, and Arabic. The Hebrew text might easily have been corrupted simply by the change of ש, *shin*, into ע, *ayin*, letters very similar to each other.

17 ver. 9. 1 Ki. 12. 25.

18 *Tabor.* ch. 4. 6. Ps. 89. 12. *As thou art.* Ps. 12. 2. Jude 16. *resembled. Heb.* according to the form of, etc.

20 Jos. 10. 24. 1 Sa. 15. 33. Ps. 149. 9.

21 *Rise thou.* It was disgraceful to fall by the hands of a *child;* and death by the blows of such a person must be much more lingering and tormenting. Some have employed children to dispatch captives. ch. 9. 54. 1 Sa. 31. 3, 5. Re. 9. 6. *slew.* Ps. 83. 1. *ornaments. or*, ornaments like the moon. Is. 3. 18.

23 *Rule thou.* ch. 9. 8-15. 1 Sa. 8. 5; 12. 12. Jno. 6. 15.

23 *I will.* ch. 2. 18; 10. 18; 11. 9-11. Lu. 22. 24-27. 2 Co. 1. 24. 1 Pe. 5. 3. *the Lord.* 1 Sa. 8. 6, 7; 10. 19; 12. 12. Is. 33. 22; 63. 19.

24 *give me.* Ge. 24. 22, 53. Ex. 12. 35; 32. 3. 1 Pe. 3. 3-5. *because.* Ge. 16. 10, 11; 25. 13; 37. 25, 28. 1 Sa. 25. 11. 1 Ki. 20. 11.

26 *a thousand.* Taking the shekel at half an ounce, the sum of the gold ear-rings was 73lbs. 4oz. and worth about £3300 sterling. *collars. or*, sweet jewels. *purple.* Es. 8. 15. Je. 10. 9. Eze. 27. 7. Lu. 16. 19. Jno. 19. 2, 5. Re. 17. 4; 18. 12, 16. *chains.* ver. 21.

27 *an ephod.* ch. 17. 5; 18. 14, 17. Ex. 28. 6-12. 1 Sa. 23. 9, 10. Is. 8. 20. *Ophrah.* ver. 32; ch. 6. 11, 24. De. 12. 5. *a whoring.* Ex. 23. 33. Ps. 73. 27; 106. 39. Ho. 2. 2; 4. 12-14. *a snare.* ver. 33. De. 7. 16.

28 *was Midian.* Ps. 83. 9-12. Is. 9. 4; 10. 26. *forty years.* ch. 3. 11, 30; 5. 31.

29 *Jerubbaal.* ch. 6. 32. 1 Sa. 12. 11. *in his own house.* Ne. 5. 14, 15.

30 *threescore.* ch. 9. 2, 5; 10. 4; 12. 9, 14. Ge. 46. 26. Ex. 1. 5. 2 Ki. 10. 1. *of his body begotten. Heb.* going out of his thigh. *many wives.* Ge. 2. 24; 7. 7. De. 17. 17. 2 Sa. 3. 2-5; 5. 13-16. 1 Ki. 11. 3. Mal. 2. 15. Mat. 19. 5-8. Ep. 5. 31-33.

31 *concubine.* ch. 9. 1-5. Ge. 16. 15; 22. 24. *called. Heb.* set. *Abimelech.* ch. 9. 18. Ge. 20. 2.

32 *died in.* Ge. 15. 15; 25. 8. Jos. 24. 29, 30. Job 5. 26; 42. 17. *Ophrah.* ver. 27; ch. 6. 24.

33 *as soon.* ch. 2. 7-10, 17, 19. Jos. 24. 31. 2 Ki. 12. 2. 2 Ch. 24. 17, 18. *went.* ver. 27; ch. 2. 17. Ex. 34. 15, 16. Je. 3. 9. *Baal-berith.* Literally, 'the lord of the covenant.' ch. 9. 4, 46.

34 *remembered.* Ps. 78. 11, 42; 106. 18, 21. Ec. 12. 1. Je. 2. 32.

35 *shewed.* ch. 9. 5, 16-19. Ec. 9. 14, 15. *Jerubbaal.* Rather, *Jerubbaal Gideon;* as we say, *Simon Peter;* or call a person by his *Christian* and *surname.* Gideon was a *mighty man of valour*, a *true patriot*, evidently *disinterested* and *void of ambition.* He loved his country, and hazarded his life for it; but refused the kingdom, when offered to him and his heirs. The *act* of making the ephod was totally wrong; yet, probably it was done with no reprehensible *design.*

## CHAP. IX.

*Abimelech by conspiracy with the Shechemites, and murder of his brethren, is made king, 1-6. Jotham by a parable rebukes them, and foretells their ruin, 7-21. Gaal conspires with the Shechemites against him, 22-29. Zebul reveals it, 30-33. Abimelech overcomes them, and sows the city with salt, 34-45. He burns the hold of the god Berith, 46-49. At Thebez he is slain by a piece of a millstone, 50-55. Jotham's curse is fulfilled, 56, 57.*

1 *Abimelech.* ch. 8. 31. *Shechem.* Ge. 33. 18;

34. 2. 1 Ki. 12. 1. *communed.* 2 Sa. 15. 6. 1 Ki. 12. 3, 20. Ps. 83. 2-4. Je. 18. 18.

2 *Whether*, etc. *Heb.* What *is* good? whether, etc. *threescore.* ch. 8. 30. *your bone.* Ge. 29. 14. 2 Sa. 19. 13. 1 Ch. 11. 1. Ep. 5. 30. He. 2. 14.

3 *spake.* Ps. 10. 3. Pr. 1. 11-14. *to follow. Heb. after. our brother.* Ge. 29. 15.

4 *house.* ver. 46-49; ch. 8. 33. *vain*, etc. *anashim raikim oophochozim*, 'worthless and dissolute men;' persons who were living on the public, and had nothing to lose. Such was the foundation of his Babel government. By a cunning management of such unprincipled men most revolutions are brought about. ch. 11. 3. 1 Sa. 22. 2. 2 Ch. 13. 7. Job 30. 8. Pr. 12. 11. Ac. 17. 5.

5 *at Ophrah.* ch. 6. 24. *slew.* 2 Ki. 10. 17; 11. 1, 2. 2 Ch. 21. 4. Mat. 2. 16, 20.

6 *the house.* 2 Sa. 5. 9. 2 Ki. 12. 20. *Millo.* Probably the name of a *person* of note in Shechem. *plain. or*, oak. Jos. 24. 26. 1 Ki. 12. 1, 20, 25.

7 *mount Gerizim.* De. 11. 29; 27. 12. Jos. 8. 33. Jno. 4. 20. *Hearken.* Ps. 18. 40, 41; 50. 15-21. Pr. 1. 28, 29; 21. 13; 28. 9. Is. 1. 15; 58. 6-10. Mat. 18. 26-34. Ja. 2. 13.

8 *The trees.* This is the most ancient *fable* or *apologue* extant; and is extremely beautiful, apposite, and intelligible. 2 Ki. 14. 9. Eze. 17. 3, etc. Da. 4. 10, etc. *olive tree.* The *zayith*, or *olive tree*, in the Linnean system, is a genus of the diandra monogynia class of plants. It is of a moderate height, and grows best in sunny places. Its trunk is knotty; bark smooth, of an ash colour: wood solid and yellowish; leaves oblong, almost like those of the willow, of a dark green colour on the upper side, and whitish below. In June it puts forth white flowers, growing in bunches, each of one piece, widening towards the top, and dividing into four parts. After this succeeds the fruit, which is oblong and plump; first green, then pale, and when quite ripe, black. Within it is enclosed a hard stone, filled with oblong seeds. It was the most *useful* of all trees in the forest; as the *bramble* was the meanest and most worthless. *Reign.* ch. 8. 22, 23.

9 *wherewith.* Ex. 29. 2, 7; 35. 14. Le. 2. 1. 1 Ki. 19. 15, 16. Ps. 89. 20; 104. 15. Ac. 4. 27; 10. 38. 1 Jno. 2. 20. *God. elohim*, rather *gods;* the parable being adapted to the idolatrous Shechemites. *to be promoted over the trees. Heb.* up and down for *other* trees. Job 1. 7; 2. 2.

11 Lu. 13. 6, 7.

13 *cheereth.* Nu. 15. 5, 7, 10. Ps. 104. 15. Pr. 31. 6. Ec. 10. 19.

14 *bramble. or*, thistle. 2 Ki. 14. 9.

15 *shadow.* Is. 30. 2. Da. 4. 12. Ho. 14. 7. Mat. 13. 32. *let fire.* ver. 20, 49. Nu. 21. 28. Is. 1. 31. Eze. 19. 14. *the cedars.* 2 Ki. 14. 9. Ps. 104. 16. Is. 2. 13; 37. 24. Eze. 31. 3.

16 *according.* ch. 8. 35.

17 *fought.* ch. 7; 8. 4-10. *adventured his life. Heb.* cast his life. Es. 4. 16. Ro. 5. 8; 16. 4. Re. 12. 11.

18 *are risen.* ver. 5, 6; ch. 8. 35. Ps. 109. 4. *Abimelech.* ver. 6, 14; ch. 8. 31.

19 *rejoice.* Is. 8. 6. Phi. 3. 3. Ja. 4. 16.

20 *let fire come out.* ver. 15, 23, 56, 57; ch. 7. 22. 2 Ch. 20. 22, 23. Ps. 21. 9, 10; 28. 4; 52. 1-5; 120. 3, 4; 140. 10.

21 *Beer.* Probably the *Beer* mentioned by Mr. MAUNDRELL, three hours and a half, or about ten miles, north of Jerusalem, towards Shechem. It is situated toward the south, on an easy declivity; and has a *fountain* of excellent water at the bottom of the hill, from which it has taken its name. Close to the well are the mouldering walls of a ruined khan; and on the summit of the hill two large arches still remain of a ruined convent. Dr. RICHARDSON says, that it seems to have been once a place of considerable consequence. Nu. 21. 16. Jos. 19. 8. 2 Sa. 20. 14.

23 A.M. 2771. B.C. 1233. An. Ex. Is. 258. *God.* That is, God permitted the evil spirit of jealousy, treachery, and discord, to break out between Abimelech and the Shechemites. ver. 15, 20. 1 Sa. 16. 14-16; 18. 9, 10. 1 Ki. 12. 15; 22. 22, 23. 2 Ch. 10. 15; 18. 19-22. Is. 19. 2, 14. 2 Th. 2. 11, 12. *dealt.* ver. 16. Is. 33. 1. Mat. 7. 2.

24 *That the.* 1 Sa. 15. 33. 1 Ki. 2. 32. Es. 9. 25. Ps. 7. 16. Mat. 23. 34-36. *aided him in the killing of. Heb.* strengthened his hands to kill. Sooner or later, God will make inquisition for blood, and will return it on the heads of those that shed it. Accessaries will be reckoned with, as well as principals, in that and other sins. The Shechemites, who countenanced Abimelech's pretensions, aided and abetted him in his bloody project, and avowed the fact by making him king after he had done it, must fall with him, fall by him, and fall first. Those that combine together to do wickedly, are justly dashed in pieces one against another. Blood cannot be a lasting cement to any interest.

25 Jos. 8. 4, 12, 13. Pr. 1. 11, 12.

26 *brethren.* Ge. 13. 8; 19. 7.

27 *merry. or*, songs. Is. 16. 9, 10; 24. 7-9. Je. 25. 30. Am. 6. 3-6. *the house.* ver. 4; ch. 16. 23. Ex. 32. 6, 19. Da. 5. 1-4, 23. *did eat.* Is. 22. 12-14. Lu. 12. 19, 20; 17. 26-29. *cursed.* Le. 24. 11. 1 Sa. 17. 43. Ps. 109. 17.

28 *Who is Abimelech.* 1 Sa. 25. 10. 2 Sa. 20. 1. 1 Ki. 12. 16. *Hamor.* Ge. 34. 2, 6.

29 *would to God.* The very words and conduct of a sly, hypocritical demagogue. 2 Sa. 15. 4. 1 Ki. 20. 11. Ps. 10. 3. Ro. 1. 30, 31. *And he said.* Rather, 'and I would say to Abimelech,' as the LXX. renders; for, as Dr. WALL observes, this was probably not said in the presence of Abimelech; but at an intemperate feast, in his absence, when he boasted he would challenge him. *Increase thine army.* 2 Sa. 2. 14-17. 2 Ki. 14. 8; 18. 23. Is. 36 8, 9.

30 *kindled. or*, hot.

31 *privily. Heb.* craftily, *or*, to Tormah. *they fortify.* Under pretence of repairing the walls and towers, they were actually putting the place in a state of defence, intending to seize on the government as soon as they found Abimelech coming against them.

32 *by night.* Job 24. 14-17. Ps. 36. 4. Pr. 1. 11-16; 4. 16. Ro. 3. 15.

33 *as thou shalt find. Heb.* as thine hand shall find. Le. 25. 26, marg. 1 Sa. 10. 7; 25. 8. Ec. 9. 10.

35 *Gaal.* Of this person we know no more than is here recorded. He was probably one of the descendants of the Canaanites, who hoped, from the state of the public mind and their disaffection to Abimelech, to cause a revolution, and thus to restore the ancient government as it was under Hamor, the father of Shechem. JOSEPHUS says he was a man of authority, who sojourned with them, with his armed men and kinsmen; and that the Shechemites desired that he would allow them a guard during the vintage. *the people.* ver. 44.

36 *seest the shadow.* DOUBDAN states, that in some parts of the Holy Land there are many detached rocks scattered up and down, some growing out of the ground, and others fragments broken off from rocky precipices, the shadow of which, it appears, JOSEPHUS thought might be most naturally imagined to look like troops of men at a distance, rather than that of the mountains; for he represents Zebul as saying to Gaal, that he mistook the shadow of the *rocks* for men. Eze. 7. 7. Mar. 8. 24.

37 *middle. Heb.* navel. *Meonenim. or*, the regarders of the times. De. 18. 14.

38 ver. 28, 29. 2 Sa. 2. 26, 27. 2 Ki. 14. 8-14. Je. 2. 28.

40 *he fled before.* 1 Ki. 20. 18-21, 30.

41 *Arumah.* This place appears from the next verse to have been near Shechem; and is perhaps the same as *Ruma*, a village of Galilee, mentioned by JOSEPHUS, Bell. l. iii. c. 9. *Zebul.* ver. 28, 30.

44 *rushed forward.* ver. 15, 20. Ga. 5. 15.

45 *he took.* ver. 20. *beat.* De. 29. 23. 1 Ki. 12. 25. 2 Ki. 3. 25. Ps. 107. 34, marg. Eze. 47. 11. Zep. 2. 9. Ja. 2. 13. *sowed.* Salt in small quantities renders land extremely fertile; but too much of it destroys vegetation. Every place, says PLINY, in which salt is found is barren, and produces nothing. Hence the sowing of a place with *salt* was a custom in different nations to express *permanent desolation.* SIGONIUS observes, that when Milan was taken, A.D. 1162, the walls were razed, and it was *sown with salt.* And BRANTOME informs us, that it was an ancient custom in France, to *sow the house* of a man *with salt*, who had been declared a traitor to his king. Charles IX., king of France, the most base and perfidious of human beings, caused the house of Admiral Coligni (whom he and the Duke of Guise caused to be murdered, with thousands more of Protestants, on the eve of St. Bartholomew, 1572,) to be *sown with salt!*

46 *an hold.* ver. 4, 27; ch. 8. 33 1 Ki. 8. 26. 2 Ki. 1. 2-4. Ps. 115. 8. Is. 28. 15-18; 37. 38.

48 *Zalmon.* Ps. 68. 14. *What ye.* ch. 7. 17, 18. Pr. 1. 11, 12. *me do. Heb.* I have done.

49 *put them.* ver. 15, 20. Ga. 5. 15. Ja. 3. 16.

50 *Thebez.* According to EUSEBIUS, thirteen miles from Shechem, towards Scythopolis.

52 ver. 48, 49. 2 Ki. 14. 10; 15. 16.

53 *woman.* ver. 15, 20. 2 Sa. 11. 21; 20. 21. Job 31. 3. Je. 49. 20; 50. 45. *and all to.* An antiquated expression, meaning 'full intention' to complete an object. 'All to,' observes Dr. JOHNSON, 'is a particle of mere enforcement.' The original is *wattaritz eth gulgalto*, which is simply, as the LXX. render, *και εκλασε το κρανιον αυτου*, 'and she brake his skull.' PLUTARCH relates, that Pyrrhus was killed at the siege of Thebes, by *a piece of a tile*, which a *woman* threw upon his head.

54 *Draw thy.* 1 Sa. 31. 4, 5. *And his young man.* It was a disgrace to be killed by a woman.

55 2 Sa. 18. 16; 20. 21, 22. 1 Ki. 22. 35, 36. Pr. 22. 10.

56 *God rendered.* Both the fratricide Abimelech and the unprincipled men of Shechem had the iniquity visited upon them of which they had been guilty. Man's judgment may be avoided; but there is no escape from that of God. How many houses have been *sown with salt* in France, by the just judgment of God, for the massacre of the Protestants on the eve of St. Bartholomew! *See Note on* ver. 45. ver. 24. Job 31. 3. Ps. 9. 12; 11. 6; 58. 10, 11; 94. 23. Pr. 5. 22. Mat. 7. 2. Ac. 28. 4. Ga. 6. 7. Re. 19. 20, 21.

57 *upon them.* ver. 20, 45. Jos. 6. 26. 1 Ki. 16. 34.

## CHAP. X.

*Tola judges Israel in Shamir,* 1, 2. *Jair, whose thirty sons had thirty cities,* 3-5. *The Philistines and Ammonites oppress Israel,* 6-9. *In their misery God sends them to their false gods,* 10-14. *Upon their repentance he pities them,* 15-18.

1 A.M. 2772. B.C. 1232. An. Ex. Is. 259. *arose.* ch. 2. 16; 3. 9. *defend. or,* deliver. *Heb.* save. *Shamir.* Jos. 15. 48.

3 A.M. 2795. B.C. 1209. An. Ex. Is. 282. *a Gileadite.* Ge. 31. 48. Nu. 32. 29.

4 *rode.* ch. 5. 10; 12. 14. *called.* Nu. 32. 41. De. 3. 14. *Havoth-jair. or,* the villages of Jair.

6 A.M. 2817. B.C. 1187. An. Ex. Is. 304. *did evil.* ch. 4. 1; 6. 1; 13. 1. A.M. 2799. B.C. 1205. An. Ex. Is. 286. *Baalim.* ch. 2. 11-14; 3. 7. 2 Ch. 28. 23. Ps. 106. 36. *the gods of Zidon.* 1 Ki. 11. 5, 7, 33; 16. 31. 2 Ki. 17. 16, 29-31; 23. 13. *the gods of the Philistines.* ch. 16. 23. 1 Sa. 5. 2. 2 Ki. 1. 2, 3. Je. 2. 13. Eze. 16. 25, 26.

7 *was hot.* ch. 2. 14. De. 29. 20-28; 31. 16-18; 32. 16-22. Jos. 23. 15, 16. Ps. 74. 1. Na. 1. 2, 6. *he sold.* ch. 4. 2. 1 Sa. 12. 9, 10. Ps. 44. 12. Is. 50. 1.

8 *that year.* ver. 5. Is. 30. 13. 1 Th. 5. 3. *oppressed. Heb.* crushed.

9 *passed.* ch. 3. 12, 13; 6. 3-5. 2 Ch. 14. 9; 20. 1, 2. *distressed.* De. 28. 65. 1 Sa. 28. 15. 2 Ch. 15. 5.

10 *cried.* ch. 3. 9. 1 Sa. 12. 10. Ps. 106. 43, 44; 107. 13, 19, 28.

11 *Did not I.* ch. 2. 1-3. *Egyptians.* Ex. 14. 30. 1 Sa. 12. 8. Ne. 9. 9-11. Ps. 78. 51-53; 106. 8-11. He. 11. 29. *Amorites.* Nu. 21. 21-25, 35. Ps. 135. 10, 11. *children.* ch. 3. 11-15. *Philistines.* ch. 3. 31.

12 *Zidonians.* ch. 5. 19, etc. *Amalekites.* ch. 6. 3. *the Maonites.* The LXX. have 'the Midianites,' which Dr. WALL thinks the true reading. But the Maonites might be a tribe of Arabs, inhabitants of Maon. (Jos. 15. 55. 1 Sa. 23. 24, 25; 25. 2,) which assisted Moab. 2 Ch. 26. 6, 7. Ps. 106. 42, 43.

13 ch. 2. 12. De. 32. 15. 1 Ch. 28. 9. Je. 2. 13. Jon. 2. 8.

14 De. 32. 26-28, 37, 38. 1 Ki. 18. 27, 28. 2 Ki. 3. 13. Pr. 1. 25-27. Is. 10. 3. Je. 2. 28.

15 *We have sinned.* 2 Sa. 12. 13; 24. 10. Job 33. 27. Pr. 28. 13. 1 Jno. 1. 8-10. *do thou.* Jos. 9. 25. 1 Sa. 3. 18. 2 Sa. 10. 12; 15. 26. Jon. 2. 4; 3. 9. *seemeth*, etc. *Heb.* is good in thine eyes. *deliver.* 2 Sa. 24. 14. Job 34. 31, 32.

16 *they put.* 2 Ch. 7. 14; 15. 8; 33. 15. Je. 18. 7, 8. Eze. 18. 30-32. Ho. 14. 1-3, 8. *strange gods. Heb.* gods of strangers. *his soul.* Ge. 6. 6. Ps. 106. 44, 45. Is. 63. 9. Je. 31. 20. Ho. 11. 8. Lu. 15. 20; 19. 41. Jno. 11. 34. Ep. 4. 32. He. 3. 10; 4. 15. *grieved. Heb.* shortened. Not that there is any grief in God; he has infinite joy and happiness in himself, which cannot be broken in upon by either the sins or the miseries of his creatures. Not that there is any change in God; for he is of *one mind*, and who can turn him? But his goodness is his glory; by it he proclaims his name, and magnifies it; and as he is pleased to put himself into the relation of a father to his people, so he is pleased to represent his goodness to them by the compassion of a father to his children; for as he is the Father of lights, so is he the Father of mercies.

17 *gathered together. Heb.* cried together. *Mizpeh.* ch. 11. 11, 29. Ge. 31. 49.

18 *What man.* ch. 1. 1; 11. 5-8. Is. 3. 1-8; 34. 12. *he shall be.* ch. 11. 11; 12. 7. 1 Sa. 17. 25.

## CHAP. XI.

*The covenant between Jephthah and the Gileadites, that he should be their head,* 1-11. *The treaty of peace between him and the Ammonites is in vain,* 12-28. *Jephthah's vow,* 29-31. *His conquest of the Ammonites,* 32, 33. *He performs his vow on his daughter,* 34-40.

1 *Jephthah.* Heb. 11. 32, called Jephthae. *a mighty.* ch. 6. 12. 2 Ki. 5. 1. *an harlot. Heb.* a woman, an harlot. Probably *zonah* should be rendered, as in Jos. 2. 1, *a hostess*, or *inn-keeper:* so Targum of Jonathan, *wehoo bar ittetha pundekeetha*, 'and he was the son of a woman, a *tavern-keeper.*' She was very probably a Caananite, as she is called, ver. 2, a *strange woman*, *ishah achereth*, 'a woman of another race;' and on this account his brethren drove him from the family, as not having a full right to the inheritance.

2 *thrust out.* Ge. 12. 10. De. 23. 2. Ga. 4. 30. *a strange.* Pr. 2. 16; 5. 3, 20; 6. 24-26.

3 *from his brethren. Heb.* from the face of. *Tob.* Probably the same as *Ish-Tob;* and appears to have been a part of Syria, near Zobah, Rehob, and Maachah, east of Jordan, and in the most northern part of the portion of Manasseh. If so, it could not be far from Gilead, the country of Jephthah. This country is called *Tobie* or *Tubin*, 1 Mac. 5. 13; and the Jews who inhabited this district *Tubieni*, 2 Mac. 12. 17. 2 Sa. 10. 6. *vain men.* ch. 9. 4. 1 Sa. 22. 2; 27. 2; 30. 22-24. Job 30. 1-10. Ac. 17. 5.

4 A.M. 2817. B.C. 1187. An. Ex. Is. 304. *in process of time. Heb.* after days.

5 *made war.* ch. 10. 9, 17, 18. *to fetch.* 1 Sa. 10. 27; 11. 6, 7, 12. Ps. 118. 22, 23. Ac. 7. 35-39. 1 Co. 1. 27-29.

7 *Did not ye hate.* Ge. 26. 27; 37. 27; 45. 4, 5. Pr. 17. 17. Is. 60. 14. Ac. 7. 9-14. Re. 3. 9.

8 *the elders.* Ex. 8. 8, 28; 9. 28; 10. 17. 1 Ki. 13. 6. Lu. 17. 3, 4. *we turn.* ch. 10. 18.

9 *If ye bring.* Nu. 32. 20-29.

10 *The Lord.* Ge. 21. 23; 31. 50. 1 Sa. 12. 5. Je. 29. 23; 42. 5. Ro. 1. 9. 2 Co. 11. 31. *be witness. Heb.* be the hearer. Ge. 16. 5; 31. 53. De. 1. 16. 1 Sa. 24. 12. *if we do.* Ex. 20. 7. Zec. 5. 4. Mal. 3. 5.

11 *head.* ver. 8. *uttered.* 1 Sa. 23. 9-12. 1 Ki. 3. 7-9. 2 Co. 3. 5. Ja. 1. 5, 17. *Jephthah uttered.* That is, upon his elevation, he immediately retired to his devotion, and in prayer spread the whole matter before God, both his choice to the office, and his execution of the office, as one that had his eye ever toward the Lord, and would do nothing without him; that leaned not to his own understanding or courage, but depended on the Almighty God, and his favour. This is an ensample worthy of universal imitation; in ALL OUR WAYS, whether great or *apparently* subordinate, let us acknowledge God and seek his direction. So shall we make our way prosperous, and obtain that peace which passeth all understanding. Jephthah opened his campaign with prayer. *before.* ch. 10. 17; 20. 1. 1 Sa. 10. 17; 11. 15. *Mizpeh.* This *Mizpeh* was east of Jordan, in the mountains of Gilead (Ge. 31. 49); and hence called Mizpeh of Gilead (ver. 29), to distinguish it from another place of the same name, west of Jordan, in the tribe of Judah. Jos. 15. 38.

12 *sent messengers.* In this Jephthah acted in accordance with the law of Moses; and hence the justice of his cause would appear more forcibly to the people. Nu. 20. 14; 21. 21. De. 2. 26; 20. 10, 11. Pr. 25. 8, 9. Mat. 18. 15, 16. *What hast.* 2 Ki. 14. 8-12.

13 *Because Israel.* Nu. 21. 24-26. Pr. 19. 5, 9. *from Arnon.* That is, all the land which had belonged to the Amorites and Moabites. *Jabbok.* Ge. 32. 22. De. 2. 37; 3. 16.

14 *again unto.* Ps. 120. 7. Ro. 12. 18. He. 12. 14. 1 Pe. 3. 11.

15 *Israel took.* Nu. 21. 13-15; 27-30. De. 2. 9, 19. 2 Ch. 20. 10. Ac. 24. 12, 13.

16 *But when.* The whole of these messages shew, that Jephthah had well studied the book of Moses. His arguments also are very clear and cogent, and his demands reasonable; for he only required that the Ammonites should cease to harass a people who had neither injured them, nor intended to do so. *walked.* Nu. 14. 25. De. 1. 40. Jos. 5. 6. *came.* Ge. 14. 7. Nu. 13. 26; 20. 1. De. 1. 46.

17 *sent messengers.* Nu. 20. 14-21. De. 2. 4-8, 29. *the king.* De. 2. 9. *abode.* Nu. 20. 1, 16.

18 *went.* Nu. 20. 22; 21. 10-13; 33. 37-44. De. 2. 1-8. *compassed.* Nu. 21. 4, etc. *came by.* Nu. 21. 11. *pitched.* Nu. 21. 13; 22. 36.

19 Nu. 21. 21-35. De. 2. 26-34; 3. 1-17. Jos. 13. 8-12.

20 Nu. 21. 23. De. 2. 32.

*Lord God.* Ne. 9. 22. Ps. 135. 10-12; 136. 17-21. *they smote.* Nu. 21. 24, 25. De. 2. 33, 34. *so Israel.* Jos. 13. 15-32.

22 *And they.* De. 2. 36. *from the wilderness.* From Arabia Deserta on the east, to Jordan on the west.

23 Jephthah shews that the Israelites did not take the land of the Moabites or Ammonites, but that of the *Amorites*, which they had conquered from Sihon their king; and although the Amorites had taken the lands in question from the Ammonites, yet the title by which Israel held them was good, because they took them, not from the Ammonites, but from the Amorites.

24 *Wilt not thou possess.* This is simply an *argumentum ad hominem;* in which Jephthah argues on the principles recognized by the king of Ammon. As if he had said, 'You suppose that the land which you possess was given you by your god Chemosh; and therefore will not relinquish what you believe you hold by a divine right. Now, we know that Jehovah, our God, has given us the land of the Israelites; and therefore we will not give it up.' *Chemosh.* Nu. 21. 29. 1 Ki. 11. 7. Je. 48. 7, 46. *whomsoever.* De. 9. 4, 5; 18. 12. Jos. 3. 10. Ps. 44. 2; 78. 55. Mi. 4. 5.

25 *Balak.* Nu. 22. 2, etc. De. 23. 3, 4. Jos. 24. 9, 10. Mi. 6. 5.

26 *Heshbon.* Nu. 21. 25-30. De. 2. 24; 3. 2, 6. Jos. 12. 2, 5; 13. 10. *Aroer.* De. 2. 36. *three hundred.* ch. 3. 11, 30; 5. 31; 8. 28; 9. 22; 10. 2, 3, 8. Jos. 11. 18; 23. 1.

27 *the Judge.* Ge. 18. 25. 1 Sa. 2. 10. Job 9. 15; 23. 7. Ps. 7. 11; 50. 6; 75. 7; 82. 8; 94. 2; 98. 9. Ec. 11. 9; 12. 14. Jno. 5. 22, 23. Ro. 14. 10-12. 2 Co. 5. 10. 2 Ti. 4. 8. He. 22. 23. *be judge.* Ge. 16. 5; 31. 53. 1 Sa. 24. 12, 15. Ps. 7. 8, 9. 2 Co. 11. 11.

28 2 Ki. 14. 11. Pr. 16. 18.

29 *the Spirit.* ch. 3. 10; 6. 34; 13. 25. Nu. 11. 25. 1 Sa. 10. 10; 16. 13-15. 1 Ch. 12. 18. *Jephthah.* '*Jephthah seems to have been judge only of north-east Israel.*' *over Mizpeh.* ch. 10. 17.

30 Ge. 28. 20. Nu. 30. 2, etc. 1 Sa. 1. 11. Ec. 5. 1, 2, 4, 5.

31 *whatsoever*, etc. *Heb.* that which cometh forth, which shall come forth. *shall surely.* Le. 27. 2, 3, 28, 29. 1 Sa. 1. 11, 28; 2. 18; 14. 24, 44. Ps. 66. 13, 14. *and I will. or,* or I will, etc. *Wehäăleetheehoo ôlah*, rather, as Dr. RANDOLPH and others contend, 'and I will offer Him (or to Him, *i. e.* Jehovah) a burnt offering;' for *hoo* may with much more propriety be referred to the *person* to *whom* the sacrifice was to be made, than to the *thing* to be sacrificed. Unless understood in this way, or as the *marginal* reading, it must have been the vow of a *heathen* or a *madman.* If a *dog*, or other unclean animal had met him, he could not have made it a *burnt offering;* or if his neighbour's wife, sons, etc., his vow gave him no right over them. Le. 27. 11, 12. De. 23. 18. Ps. 66. 13. Is. 66. 3.

32 *the Lord.* ch. 1. 4; 2. 18; 3. 10.

33 *Aroer.* De. 2. 36. *Minnith.* Situated, according to EUSEBIUS, four miles from Heshbon, towards Philadelphia or Rabbath. Eze. 27. 17. *the plain. or,* Abel.

34 *Mizpeh.* ver. 11; ch. 10. 17. *his daughter.* ch. 5. 1, etc. Ex. 15. 20. 1 Sa. 18. 6, 7. Ps. 68. 25; 148. 11, 12; 150. 4. Je. 31. 4, 13. *beside her. or,* he had not of his own either son or daughter. *Heb.* of himself. *neither.* Zec. 12. 10. Lu. 7. 12; 8. 42; 9. 38.

35 *rent his clothes.* Ge. 37. 29, 30, 34, 35; 42. 36-38. 2 Sa. 13. 30, 31; 18. 33. Job 1. 20. *have opened.* Le. 27. 28, 29. Nu. 30. 2-5. Ps. 15. 4. Ec. 5. 2-6. *I cannot.* ch. 21. 1-7. 1 Sa. 14. 44, 45. Mat. 14. 7-9. Ac. 23. 14.

36 *forasmuch.* ch. 16. 28-30. 2 Sa. 18. 19, 31; 19. 30. Ac. 20. 24; 21. 13. Ro. 16. 4. Phi. 2. 30.

37 *go up and down. Heb.* go and go down. *bewail.* 1 Sa. 1. 6. Lu. 1. 25.

39 *did with.* That Jephthah did not *sacrifice* his daughter, but *consecrated* her to the service of God in the tabernacle, in a state of *celibacy*, will, we imagine, be evident from the following considerations:—1. *Human sacrifices* were ever an abomination to Jehovah, of which Jephthah could not be ignorant; and consequently he would neither have made such a vow, nor carried it into execution. 2. We are expressly told (ver. 29) that Jephthah was under the influence of the Spirit of God, which would effectually prevent him from embruing his hands in the blood of his own child. 3. He had it in his power to redeem his daughter, (Le. 27. 4;) and surely his only child must have been of more value than *thirty* shekels. 4. Besides, who was to perform the horrid rite? Not Jephthah himself, who was no priest, and in whom it would have been most unnatural and inhuman; and the priests would certainly have dissuaded him from it. 5. The sacred historian informs us, that *she bewailed her virginity*, that *she knew no man*, and that the Israelitish *women* went yearly to comfort or lament with her. ver. 31. Le. 27. 28, 29. De. 12. 31. Is. 66. 3. *to his vow.* 1 Sa. 1. 11, 22, 24, 28; 2. 18. *custom. or* ordinance.

40 *yearly. Heb.* from year to year. *lament. or,* to talk with. ch. 5. 11. *four days.* 1 Ki. 9. 25.

## CHAP. XII.

*The Ephraimites, quarrelling with Jephthah, and discerned by Shibboleth, are slain by the Gileadites,* 1-6. *Jephthah dies,* 7. *Ibzan, who had thirty sons, and thirty daughters,* 8-10; *and Elon,* 11, 12; *and Abdon, who had forty sons, and thirty nephews, judge Israel,* 13-15.

1 *gathered. Heb.* were called. *Wherefore.* ch. 8. 1. 2 Sa. 19. 41-43. Ps. 109. 4. Ec. 4. 4. Jno. 10. 32. *we will burn.* ch. 14. 15; 15. 6. Pr. 27. 3, 4. Ja. 3. 16; 4. 1, 2.

2 *I and my.* ch. 11. 12, etc.

3 *put.* ch. 9. 17. 1 Sa. 19. 5; 28. 21. Job 13. 14. Ps. 119. 109. Ro. 16. 4. Re. 12. 11. *wherefore.* ch. 11. 27. 2 Ch. 13. 12.

4 *and the men.* ch. 11. 10. Nu. 32. 39, 40. De. 3. 12-17. *fugitives.* 1 Sa. 25. 10. Ne. 4. 4. Ps. 78. 9. Pr. 12. 13; 15. 1.

5 ch. 3. 28; 7. 24. Jos. 2. 7; 22. 11.

6 *Say now.* Mat. 26. 73. Mar. 14. 70. *Shibboleth. which signifieth* a stream, *or* flood. Ps. 69. 2, 15. Is. 27. 12, Heb. *Shibboleth* also means an *ear of corn,* (Job 24. 24,) and *sibboleth* signifies a *burden.* (Ex. 6. 6;) and a heavy burden they were obliged to bear who could not pronounce this *test* letter. It is well known that several nations cannot pronounce certain letters. The sound of *th* cannot be pronounced by the Persians, no more than by some of our Continental neighbours; though it is a common sound among the Arabians. To this day, many of the German Jews cannot articulate ת, th, for which they substitute *ss;* thus for *baith,* a house, they say *baiss. there fell.* Pr. 17. 14; 18. 19. Ec. 10. 12. Mat. 12. 25. Ga. 5. 15. *forty. Arbäim ooshenayim aleph,* 'forty and two thousand.' Here the ו, *and,* may mean simple addition; and this number may denote 2040, and not 42,000. At the last census of the Israelites (Nu. 26. 37) the whole tribe of Ephraim only amounted to 32,500, compared with which this last number appears far too great.

8 *Ibzan.* A.M. 2823. B.C. 1181. An. Ex. Is. 310. '*He seems to have been only a civil judge to do justice in North-east Israel.*' *Beth-lehem.* Ge. 35. 19. 1 Sa. 16. 1. Mi. 5. 2. Mat. 2. 1.

9 ver. 14; ch. 10. 4.

11 A.M. 2830. B.C. 1174. An. Ex. Is. 317. '*A civil judge in North-east Israel.*'

12 *Aijalon.* Jos. 19. 42. 1 Ch. 6. 69; 8. 13.

13 A.M. 2840. B.C. 1164. An. Ex. Is. 327. '*A civil judge also in North-east Israel.*'

14 *nephews. Heb.* sons' sons. *rode.* ch. 5. 10; 10. 4.

15 A.M. 2848. B.C. 1156. An. Ex. Is. 335. *Pirathonite.* 2 Sa. 23. 30. *in the mount.* ch. 3. 13, 27; 5. 14. Ge. 14. 7. Ex. 17. 8. 1 Sa. 15. 7.

## CHAP. XIII.

*Israel is delivered into the hand of the Philistines,* 1. *An angel appears to Manoah's wife,* 2-7. *The angel appears to Manoah,* 8-14. *Manoah's sacrifice, whereby the angel is discovered,* 15-23. *Samson is born,* 24, 25.

1 *did. Heb.* added to commit, etc. ch. 2. 11; 3. 7; 4. 1; 6. 1; 10. 6. Ro. 2. 6. *in the sight.* Je. 13. 23. *delivered.* '*This seems a partial captivity.*' *into the.* 1 Sa. 12. 9.

2 *Zorah.* Jos. 15. 33; 19. 41. *barren.* Ge. 16. 1; 25. 21. 1 Sa. 1. 2-6. Lu. 1. 7.

3 *the angel.* ch. 2. 1; 6. 11, 12. Ge. 16. 7-13. Lu. 1. 11, 28, etc. *but thou.* Ge. 17. 16; 18. 10. 1 Sa. 1. 20. 2 Ki. 4. 16. Lu. 1. 13, 31.

4 *drink not.* ver. 14. Nu. 6. 2, 3. Lu. 1. 15. *eat not.* Le. 11. 27, 47. Ac. 10. 14.

5 *no rasor.* Nu. 6. 2, 3, 5. 1 Sa. 1. 11. *begin.* 1 Sa. 7. 13. 2 Sa. 8. 1. 1 Ch. 18. 1.

6 *A man.* De. 33. 1. Jos. 14. 6. 1 Sa. 2. 27; 9. 6. 1 Ki. 17. 18, 24. 2 Ki. 4. 9, 16. 1 Ti. 6. 11. *countenance was.* Mat. 28. 3. Lu. 9. 29. Ac. 6. 15. *terrible.* ver. 22. Ge. 28. 16, 17. Ex. 3. 2, 6. Da. 8. 17; 10. 5. 11. Mat. 28. 4. Re. 1. 17. *but I asked,* etc. The *Vulgate* renders this clause very differently, the negative NOT being omitted: *Quem cùm interrogâssim quis esset, et unde venisset, et quo nomine vocaretur, noluit mihi dicere; sed hoc respondit,* etc.; 'Whom when I asked who he was, and whence he came, and by what name he was called, would not tell me: but this he said,' etc. The negative is also wanting in the Septuagint, as it is in the Complutensian Polyglott: Και ηρωτον αυτον ποθεν εστιν, και το ονομα αυτον, ουκ απηγγειλεν μοι· 'And I asked him whence he was, and his name, but he did not tell me.' This is also the reading of the Codex Alexandrinus; but the Septuagint in the London Polyglott, the Chaldee, Syriac, and Arabic, read the *negative* particle with the Hebrew text: *I asked* NOT *his name,* etc. *his name.* ver. 17, 18. Ge. 32. 29. Lu. 1. 19.

8 *teach us.* Job 34. 32. Pr. 3. 5, 6. Ac. 9. 6.

9 *hearkened.* Ps. 65. 2. Mat. 7. 7-11.

10 *Behold.* Jno. 1. 41, 42; 4. 28, 29. *the other day. Byyom,* rather, 'in this day,' or 'to-day,' for the word *other* is not in the original, and it is probable that the angel appeared in the morning and evening of the same day.

12 *How shall we order the child. Heb.* what shall be the manner of the child? Ge. 18. 19. Pr. 4. 4; 22. 6; Ep. 6. 4. *how shall we do unto him.* or, *what* shall he do? *Heb. what shall be* his work?

14 *neither.* ver. 4. *all that I.* De. 12. 32. Mat. 28. 20. Jno. 2. 5; 15. 14. 2 Th. 3. 4.

15 *let us.* ch. 6. 18, 19. Ge. 18. 3-5. *until.* Manoah, not knowing the quality of his guest, wished to do this as an act of hospitality. *for thee. Heb.* before thee.

16 *I will not.* As I am a spiritual being, I subsist not by earthly food; and cannot partake of your bounty. *and if,* etc. Rather, 'but if thou wilt offer,' etc. *unto the.* ver. 23; ch. 6. 26.

18 *Why askest.* ver. 6. Ge. 32. 29. *secret. or,* wonderful. It was because his name was *secret* that Manoah wished to know it. But the angel does not say it was *secret,* but *hoo pailee,* 'it is *wonderful;*' the very character given to the Messiah: 'His name shall be called *pailai,* WONDERFUL,' Is. 9. 6.

19 *took.* ch. 6. 19, 20. 1 Ki. 18. 30-38. *did won-*

*derously.* He acted according to His name: He, being *wonderful*, performed *wonders;* probably causing fire to arise out of the rock and consume the sacrifice, and then ascended in the flame. ch. 6. 21. 1 Ki. 18. 38.

20 *when the flame.* 2 Ki. 2. 11. Ps. 47. 5. He. 1. 3. *fell on.* Ge. 17. 3. Le. 9. 24. 1 Ch. 21. 16, 26. Eze. 1. 26, 28. Da. 10. 9. Mat. 17. 6.

21 *knew.* ch. 6. 22. Ho. 12. 4, 5.

22 *We shall.* Ge. 32. 30. Ex. 33. 20. De. 4. 38; 5. 26. Is. 6. 5. *we have.* Jno. 1. 18; 5. 37.

23 *his wife.* Ec. 4. 9, 10. 1 Co. 12. 21. *he would not.* Ge. 4. 4, 5. Ps. 86. 17. *he have shewed.* Ps. 25. 14; 27. 13. Pr. 3. 32. Jno. 14. 20, 23; 15. 15.

24 A.M. 2849. B.C. 1155. An. Ex. Is. 336. *Samson.* He. 11. 32. *the child.* 1 Sa. 3. 19. Lu. 1. 80; 2. 52.

25 *the Spirit.* ch. 3. 10; 6. 34; 11. 29. 1 Sa. 11. 6. Mat. 4. 1. Jno. 3. 34. *the camp of Dan. Heb.* Mahaneh-dan, as ch. 18. 12. *between.* ch. 18. 11. Jos. 15. 33.

## CHAP. XIV.

*Samson desires a wife of the Philistines,* 1-5. *In his journey he kills a lion,* 6, 7. *In a second journey he finds honey in the carcase,* 8, 9. *Samson's marriage feast,* 10, 11. *His riddle by his wife is made known,* 12-18. *He spoils thirty Philistines,* 19. *His wife is married to another,* 20.

1 *Timnath.* Ge. 38. 12, 13. Jos. 15. 10; 19. 43. *saw.* Ge. 6. 2; 34. 1, 2. 2 Sa. 11. 2. Job 31. 1. Ps. 119. 37. 1 Jno. 2. 16.

2 *get her.* Ge. 21. 21; 24. 2, 3; 34. 4; 38. 6. 2 Ki. 14. 9.

3 *thy brethren.* Ge. 13. 8; 21. 3, 4, 27. *uncircumcised.* ch. 15. 18. Ge. 34. 14. Ex. 34. 12-16. De. 7. 2, 3. 1 Sa. 14. 6; 17. 26, 36; 31. 4. 2 Sa. 1. 20. *she pleaseth me well. Heb.* she *is* right in mine eyes.

4 *it was of the Lord.* That is, God *permitted* it, that it might be a means of bringing about the deliverance of Israel. Such marriages were forbidden to the Israelites, to keep them separate from the idolatrous nations. Jos. 11. 20. 1 Ki. 12. 15. 2 Ki. 6. 33. 2 Ch. 10. 15; 22. 7; 25. 20. Ps. 115. 3. *had dominion.* ch. 13. 1; 15. 11. De. 28. 48.

5 *against him. Heb.* in meeting him.

6 *the Spirit.* ch. 3. 10; 11. 29; 13. 25. 1 Sa. 11. 6. *rent him.* Now it is not intimated that he did this by his own natural strength; but by the supernatural strength communicated by *the Spirit of the Lord coming mightily upon him;* which strength was not at his own command, but was, by the will of God, attached to his *hair* and *nazarate.* ch. 15. 8, 15; 16. 30. 1 Sa. 17. 34-37, 46. Zec. 4. 6. 1 Jno. 3. 8. *he told.* Is. 42. 2. Mat. 11. 29.

8 *to take her.* Ge. 29. 21. Mat. 1. 20. *a swarm.* It is probable, that the flesh had been entirely consumed off the bones, which had become dry; and the body having been thrown into some private place, (for Samson *turned aside* to visit it,) a swarm of bees had formed their combs in the cavity of the dry ribs, or region of the thorax: nor was it a more improper place than a hollow rock.

9 1 Sa. 14. 25-30. Pr. 25. 15.

10 *made there.* Ge. 29. 22. Es. 1. 7, etc. Ec. 10. 19. Mat. 22. 2-4. Jno. 2. 9. Re. 19. 9.

11 *saw him.* 1 Sa. 10. 23; 16. 6. *thirty.* Mat. 9. 15. Jno. 3. 29.

12 *a riddle.* 1 Ki. 10. 1. Ps. 49. 4. Pr. 1. 6. Eze. 17. 2; 20. 49. Mat. 13. 13, 34. Lu. 14. 7. Jno. 16. 29. 1 Co. 13. 12, marg. *the seven.* Ge. 29. 27, 28. 2 Ch. 7. 8. *sheets. or,* shirts. This will receive illustration from Mr. JACKSON's description of the Moorish dress:—'It resembles that of the ancient patriarchs, as represented in paintings; *(but the paintings are taken from Asiatic models:)* that of the men consists of a *red cap* and turban, a (kumja) shirt, which hangs outside of the drawers, and comes below the knee; a *(caftan)* coat, which buttons close before, and down to the bottom, with large open sleeves; over which, when they go out of doors, they throw carelessly, and sometimes elegantly, a *hayk,* or garment of white cotton, silk, or wool, five or six yards long, and five feet wide. The Arabs often dispense with the caftan, and even with the shirt, wearing nothing but the hayk.' Mat. 27. 28. Mar. 14. 51, 52. *change.* Ge. 45. 22. 2 Ki. 5. 5, 22. Mat. 6. 19. Ja. 5. 2.

14 *Out of the eater.* Ge. 3. 15. De. 8. 15, 16. 1 Ki. 17. 6. 2 Ch. 20. 2, 25. Is. 53. 10-12. Ro. 5. 3-5; 8. 37. 2 Co. 4. 17; 12. 9, 10. Phi. 1. 12-20. He. 2. 14, 15; 12. 10, 11. Ja. 1. 2-4. 1 Pe. 2. 24. *they could.* Pr. 24. 7. Mat. 13. 11. Ac. 8. 31.

15 *on the seventh day.* The LXX. reads 'on the *fourth* day:' with which the Syriac and Arabic agree. This, as Dr. WALL observes, is certainly right; for it appears from ver. 17, that she wept the *remainder* of the seven days; for which there could have been no time, if they did not threaten her till the *seventh. Entice.* ch. 16. 5. Ge. 3. 1-6. Pr. 1. 11; 5. 3; 6. 26. Mi. 7. 5. *lest we burn.* ch. 12. 1; 15. 6. *take that we have. Heb.* possess us, *or,* impoverish us.

16 *Thou dost.* ch. 16. 15. *I have not.* Ge. 2. 24.

17 *the seven. or, the rest of* the seven days. *she lay.* ch. 16. 6, 13, 16. Ge. 3. 6. Job 2. 9. Pr. 7. 21. Lu. 11. 8; 18. 4, 5. *and she told.* Pr. 2. 16, 17.

19 *the Spirit.* ver. 6; ch. 3. 10; 13. 25; 15. 14. 1 Sa. 11. 6. *spoil. or,* apparel.

20 *given to.* ch. 15. 2. *his friend.* Ps. 55. 12, 13. Je. 9. 5. Mi. 7. 5. Mat. 26. 49, 50. Jno. 3. 29; 13. 18.

## CHAP. XV.

*Samson is denied his wife,* 1, 2. *He burns the Philistines' corn with foxes and firebrands,* 3-5. *His wife and her father are burnt by the Philistines,* 6. *Samson smites them hip and thigh,* 7, 8. *He is bound by the men of Judah, and delivered to the Philistines,* 9-13. *He kills them with a jawbone,* 14-17. *God makes the fountain En-hakkore for him in Lehi,* 18-20.

1 *a kid.* Ge. 38. 17. Lu. 15. 29. *I will go.* Ge. 6 4; 29. 21.

2 *I verily.* ch. 14. 16, 20. Ac. 26. 9. *I gave.* ch. 14. 20. Ge. 38. 14. *take her. Heb.* let her be thine.

3 *Now shall,* etc. *or,* Now shall I be blameless from the Philistines, though, etc. ch. 14. 15.

4 *caught three.* Dr. KENNICOTT and others contend, that for *shüâlim,* 'foxes,' we should read *shöâlim,* 'handfuls,' or sheaves of corn. But, 1. The word *lachad,* rendered *caught,* never signifies simply to *get* or *take,* but always to *catch, seize, or take by assault* or *stratagem.* 2. Though the proposed alteration is sanctioned by seven MSS., yet all the versions are on the other side. 3. Admitting this alteration, it will be difficult to prove that the word *shöâl* means either a *sheaf* or a *handful of corn in the ear,* and *straw.* It occurs but thrice in Scripture (1 Ki. 20. 10. Is. 40. 12. Eze. 13. 9): where it evidently means as much as can be contained in the *hollow of the hand;* but when *handfuls* of grain in the shock, or *sheaves* are intended, very different words are used. See Ru. 2. 15, 16, etc. 4. It is not hinted that Samson collected them *alone,* or in *one day;* he might have employed many hands and several days in the work. 5. The word *shüâl* properly denotes the *jackal,* which travellers describe as an animal in size between the wolf and fox, gregarious, as many as 200 having been seen together, and the most numerous of any in eastern countries; so that Samson might have caught many of them together in nets. Ps. 63. 10. Ca. 2. 15. La. 5. 18. *firebrands. or,* torches.

5 *he let them go.* Ex. 22. 6. 2 Sa. 14. 30.

6 *and burnt.* ch. 12. 1; 14. 15. Pr. 22. 8. 1 Th. 4. 6.

7 *Though.* ch. 14. 4, 19. Ro. 12. 19.

8 Is. 25. 10; 63. 3, 6.

9 *Lehi.* ver. 17, 19.

11 went. *Heb.* went down. *the rock Etam.* Probably near the town *Etam*, mentioned in 1 Ch. 4. 32. *Philistines.* ch. 13. 1; 14. 4. De. 28. 13, 47, 48. Ps. 106. 41.

12 *to bind thee.* Mat. 27. 2. Ac. 7. 25. *fall.* ch. 8. 21. 1 Ki. 2. 25, 34.

14 *the Philistines.* ch. 5. 30; 10. 24. Ex. 14. 3, 5. 1 Sa. 4. 5. Job 20. 5. Mi. 7. 8. *the Spirit.* ch. 3. 10; 14. 6, 19. Zec. 4. 6. *the cords.* ch. 16. 9, 12. 1 Sa. 17. 35. Ps. 18. 34; 118. 11. Phi. 4. 3. *loosed. Heb.* were melted.

15 *new jaw-bone. Heb.* moist. *slew.* ch. 3. 31; 4. 21; 7. 16. Le. 26. 8. Jos. 23. 10. 1 Sa. 14. 6, 14; 17. 49, 50. 1 Co. 1. 27, 28. *a thousand.* Some would render the words *aileph ish*, 'a chief;' but it is *alluph*, and not *aileph*, which signifies a *chief;* besides which, the Hebrew idiom would, even in that case, require it to be *ish alluph*, 'a man, a chief,' and not *alluph ish*, 'a chief, a man.' Add to which, that every version renders it 'a thousand men.'

16 *with the jaw-bone.* There is here a fine paronomasia upon the word *chamor*, 'an ass,' which also signifies 'a heap:' *bilchee hachamor, chamor chamorathayim*, 'With the jaw-bone of an ass, a heap upon two heaps.' *heaps upon heaps. Heb.* an heap, two heaps.

17 *Ramath-lehi. that is*, the lifting up of the jaw-bone, *or*, the casting away of the jaw-bone.

18 *he was sore.* ch. 8. 4. Ps. 22. 14, 15. Jno. 19. 28. 2 Co. 4. 8, 9. *Thou hast given.* Ps. 3. 7, 8; 18. 31-40. *shall.* Ge. 32. 31. 2 Co. 12. 7, 8. *and fall.* Ge. 12. 12, 13; 20. 11. 1 Sa. 27. 1. 2 Co. 1. 8, 9. He. 11. 32. *the uncircumcised.* 1 Sa. 17. 26, 36. 2 Sa. 1. 20.

19 *the jaw. or*, Lehi. This reading is certainly preferable: it was in the *place* called Lehi where a spring was supernaturally opened. *there came.* Is. 44. 3. *his spirit.* Ge. 45. 27. 1 Sa. 30. 12. Is. 40. 26. *En-hakkore.* Samson gave this expressive name to the miraculously springing water, to be as a memorial of the goodness of God to him. En-hakkore, *the well of him that cried*, which kept him in remembrance both of his own distress which caused him to cry, and the favour of Jehovah to him in answer to his cry. Many a spring of comfort God opens to his people, which may fitly be called by the name *En-hakkore:* and this instance of Samson's relief should encourage us to trust in God, for when he pleases he can *open rivers in high places.* Is. 41. 17, 18. Samson at first gave the name of *Ramath-lehi (the lifting up of the jaw-bone)*, which denoted him great and triumphant: but now he gives it another name, *En-hakkore*, which denotes him wanting and dependent. Ge. 16. 13; 22. 14; 28. 19; 30. 30. Ex. 17. 15. Ps. 34. 6; 120. 1.

20 ch. 13. 1, 5; 16. 31. '*He seems to have judged South-west Israel during twenty years of their servitude of the Philistines.*'

## CHAP. XVI.

*Samson at Gaza escapes, and carries away the gates of the city, 1-3. Delilah, corrupted by the Philistines, entices Samson, 4, 5. Thrice she is deceived, 6-14. At last she overcomes him, 15-20. The Philistines take him, and put out his eyes, 21. His strength renewing, he pulls down the house upon the Philistines, and dies, 22-31.*

1 *Gaza.* Gaza, a city of great antiquity, was situated between Raphia and Askelon, twenty-two miles north of the former, and sixteen south of the latter, according to the Antonine Itinerary; three miles from the sea, according to ARRIAN, and thirty-four from Ashdod or Azotus, according to DIODORUS SICULUS. It was a place of great strength and importance; and successively belonged to the Philistines, Hebrews, Chaldeans, and Persians; which latter defended it for two months against Alexander the great, who finally took and destroyed it. It was afterwards rebuilt, and alternately possessed by the Egyptians, Syrians, and Jews. The present town, which the Arabs call *Razza*, is situated on an eminence, and is rendered picturesque by the number of fine minarets which rise majestically above the buildings, with beautiful date trees interspersed. It contains upwards of 2000 inhabitants. Ge. 10. 19. Jos. 15. 47. *an harlot. Heb.* a woman an harlot. *and went.* Ge. 38. 16-18. Ezr. 9. 1, 2.

2 *compassed.* 1 Sa. 19. 11; 23. 26. Ps. 118. 10-12. Ac. 9. 24. 2 Co. 11. 32, 33. *quiet. Heb.* silent. *kill him.* ch. 15. 18. Mat. 21. 38; 27. 1. Ac. 23. 15.

3 *took.* Ps. 107. 16. Is. 63. 1-5. Mi. 2. 13. Ac. 2. 24. *bar and all. Heb.* with the bar.

4 *he loved.* 1 Ki. 11. 1. Ne. 13. 26. Pr. 22. 14; 23. 27; 26. 11; 27. 22. 1 Co. 10. 6. *in the valley. or*, by the brook.

5 *the lords.* ch. 3. 3. Jos. 13. 3. 1 Sa. 29. 6. *Entice.* ch. 14. 15. Pr. 2. 16-19; 5. 3-11; 6. 24-26; 7. 21-27. 1 Co. 6. 15-18. *afflict. or*, humble. *we will.* ch. 17. 2. Ge. 38. 16. Nu. 22. 17, 18. Mi. 7. 3. Mat. 26. 15. 1 Ti. 6. 9, 10.

6 Ps. 12. 2. Pr. 6. 26; 7. 21; 22. 14; 26. 28. Je. 9. 2-5. Mi. 7. 2, 5.

7 *If they bind.* ver. 10. 1 Sa. 19. 17; 21. 2, 3; 27. 10. Pr. 12. 19; 17. 7. Ro. 3. 8. Ga. 6. 7. Col. 3. 9. *green withs. or*, new cords. *Heb.* moist. *another. Heb.* one.

8 *bound him.* Ec. 7. 26.

9 *toucheth. Heb.* smelleth. Ps. 58. 9.

10 *now tell me.* ver. 7, 13, 15-17. Pr. 23. 7, 8; 24. 28. Eze. 33. 31. Lu. 22. 48.

11 *If they bind me.* Pr. 13. 3, 5; 29. 25. Ep. 4. 25. *that never*, etc. *Heb.* wherewith work hath not been done.

13 *with the web.* It is evident that this verse ends abruptly, and does not contain a full sense. HOUBIGANT has particularly noticed this, and corrected the text from the Septuagint: which adds after these words, *και εγκρουσης τω πασσαλω εις τον τοιχον, και εσομαι ως εις των ανθρωπων ασθενης· και εγενετο εν τω κοιμασθαι αυτον, και ελαβε Δαλιδα τας επτα σειρας της κεφαλης αυτου, και υφανεν εν τω διασματι, κ. τ. λ.* 'and shall fasten them with the pin in the wall, I shall become weak like other men: and so it was, that when he slept, Dalida took the seven locks of his head, and wove them with the web,' etc. This is absolutely necessary to complete the sense; else Delilah would appear to do something she was not ordered to do, and to omit what she was commanded. Dr. KENNICOTT very judiciously observes, that the omission, for such it appears to be, begins and ends with the same word; and that the same word occurring in different places, is a very common cause of omission in Hebrew manuscripts.

14 *went away.* Ezr. 9. 13, 14. Ps. 106. 43.

15 *How canst.* ch. 14. 16. Pr. 2. 16; 5. 3-14. *when thine.* Ge. 29. 20. De. 6. 5. 1 Sa. 15. 13, 14. 2 Sa. 16. 17. Pr. 23. 26. Ca. 8. 6, 7. Jno. 14. 15, 21-24; 15. 10. 2 Co. 5. 14, 15. 1 Jno. 2. 15, 16; 5. 3.

16 *she pressed.* Pr. 7. 21-23, 26, 27. Lu. 11. 8; 18. 5. *vexed. Heb.* shortened. Job 21. 4, marg. Jon. 4. 9. Mar. 14. 24.

17 *all his heart.* Pr. 12. 23; 29. 12. Mi. 7. 5. *There hath.* ch. 13. 5. Nu. 6. 5. Ac. 18. 18.

18 *Come up.* Ps. 62. 9. Pr. 18. 8. Je. 9. 4-6. *brought money.* ver. 5. Nu. 22. 7. 1 Ki. 21. 20. Mat. 26. 15. Ep. 5. 5. 1 Ti. 6. 10.

19 *she made.* Pr. 7. 21-23, 26, 27; 23. 33, 34. Ec. 7. 26.

20 *I will go.* ver. 3, 9, 14. De. 32. 30. Is. 42. 25. Ho. 7. 9. *the Lord.* Nu. 14. 9, 42, 43. Jos. 7. 12. 1 Sa. 16. 14; 18. 12; 28. 14-16. 2 Ch. 15. 2. Is. 59. 1, 2. Je. 9. 23, 24. Mat. 17. 16, 20. 2 Co. 3. 5.

21 *and put out. Heb.* and bored out. Pr. 5. 22; 14. 14. Je. 2. 19. *bound him.* 2 Ki. 25. 7. 2 Ch. 33. 11. Ps. 107. 10-12; 149. 8. *grind.* Ex. 11. 5. Is. 47. 2. Mat. 24. 41.

22 *the hair.* Le. 26. 44. De. 32. 36. Ps. 106. 44, 45; 107. 13, 14. *after he was shaven. or,* as when he was shaven.

23 *Dagon.* 1 Sa. 5. 2-5. Je. 2. 11. Mi. 4. 5. Ro. 1. 23-25. 1 Co. 8. 4, 5; 10. 20. *to rejoice.* Job 30. 9, 10. Ps. 35. 15, 16. Pr. 24. 17.

24 *praised.* De. 32. 27. Is. 37. 20. Eze. 20. 14. Da. 5. 4, 23. Hab. 1. 16. Re. 11. 10. *which slew many of us. Heb.* and who multiplied our slain. ch. 15. 8, 16.

25 *their hearts.* ch. 9. 27; 18. 20; 19. 6, 9. 2 Sa. 13. 28. 1 Ki. 20. 12. Es. 3. 15. Is. 22. 13. Da. 5. 2, 3. Mat. 14. 6, 7. *them. Heb.* before them. *sport.* Job 30. 9, 10. Ps. 35. 15, 16; 69. 12, 26. Pr. 24. 17, 18. Mi. 7. 8-10. Mat. 26. 67, 68; 27. 29, 39-44. He. 11. 36.

27 *and there.* 'Samson, therefore,' says Dr. Shaw, 'must have been in a court or area below; and consequently the temple will be of the same kind with the ancient τεμενη, or sacred enclosures, which were only surrounded either in part, or on all sides, with some plain or cloistered buildings. Several palaces, *doutwanas,* (as the courts of justice are called in those countries) are built in this fashion. On their public festivals and rejoicings, the roofs of these cloisters are crowded with spectators. I have often seen numbers of people diverted in this manner on the roof of the dey's palace at Algiers; which, like many others, has an advanced cloister, over against the gate of the palace, like a long pent-house, supported by one or two contiguous pillars in front, or centre.' *the roof.* ch. 9. 51. De. 22. 8. Jos. 2. 8. 2 Sa. 11. 2.

28 *called.* 2 Ch. 20. 12. Ps. 50. 15; 91. 15; 116. 4. La. 3. 31, 32. He. 11. 32. *remember me.* Ps. 74. 18-23. Jon. 2. 1, 2, 27. Je. 15. 15. *that I may.* ch. 5. 31. Ps. 58. 10, 11; 143. 12. 2 Ti. 4. 14. Re. 6. 10.

29 *on which it was borne up. or,* he leaned on them.

30 *me. Heb.* my soul. *die.* Mat. 16. 25. Ac. 20. 24; 21. 13. Phi. 2. 17, 30. He. 12. 1-4. *and the house.* Job 20. 5; 31. 3. Ps. 62. 3. Ec. 9. 12. Mat. 24. 38, 39. 1 Th. 5. 2. *So the dead.* ch. 14. 19; 15. 8, 15. Ge. 3. 15. Phi. 2. 8. Col. 2. 15. He. 2. 14, 15.

31 *his brethren.* Jno. 19. 39-42. *between Zorah.* ch. 13. 2, 25. Jos. 19. 41. *And he judged.* ch. 15. 20.

## CHAP. XVII.

*Of the money that Micah first stole, then restored, his mother makes images,* 1-4; *and he ornaments for them,* 5, 6. *He hires a Levite to be his priest,* 7-13.

1 A.M. 2585. B.C. 1419. An. Ex. Is. 72. *there was.* It is extremely difficult to fix the chronology of this and the following transactions. Some think them to be here in their natural order; others that they happened in the time of Joshua, or immediately after the ancients who outlived him. All that can be said with certainty is, that they happened when there was no king in Israel; that is, about the time of the *judges,* or in some time of the anarchy. (ver. 6.) *mount.* ch. 10. 1. Jos. 15. 9; 17. 14-18.

2 *about,* etc. Houbigant renders this, 'and for which you put me to my oath.' *cursedst.* ch. 5. 23. De. 27. 16. 1 Sa. 14. 24, 28; 26. 19. Ne. 13. 25. Je. 48. 10. Mat. 26. 74. Ro. 9. 3. 1 Co. 16. 22. *I took it.* Pr. 28. 24. *Blessed.* Ge. 14. 19; 24. 30, 31. Ex. 20. 7. Ru. 3. 10. 1 Sa. 23. 21. Ne. 13. 25. Ps. 10. 3. 2 Jno. 11.

3 *I had wholly.* ver. 13; ch. 18. 5. Is. 66. 3. *a graven image.* Ex. 20. 4, 23. Le. 19. 4. De. 12. 3. Ps. 115. 4-8. Is. 40. 18-25; 44. 9-20. Je. 10. 3-5, 8. Hab. 2. 18, 19. Jno. 16. 2.

4 *two hundred.* Is. 46. 6, 7. Je. 10. 9, 10.

5 *an house of gods. or,* as *baith Elohim* may also signify, 'a house of God.' ch. 18. 24. Ge. 31. 30. Ezr. 1. 7. Ho. 8. 14. *ephod.* ch. 8. 27; 18. 14. Ex. 28. 4, 15. 1 Sa. 23. 6. *teraphim.* Ge. 31. 19, 30, marg. Ho. 3. 4. *consecrated. Heb.* filled the hand. Ex. 29. 9. 1 Ki. 12. 31; 13. 33, 34. He. 5. 4. *his sons.* Ex. 24. 5.

6 *no king.* ch. 18. 1; 19. 1; 21. 3, 25. Ge. 36. 31. De. 33. 5. *right.* De. 12. 8. Ps. 12. 4. Pr. 12. 15; 14. 12; 16. 2. Ec. 11. 9. Je. 44. 16, 17.

7 *Beth-lehem-judah.* ch. 19. 1, 2. Ge. 35. 19. Jos. 19. 15. Ru. 1. 1, 2. Mi. 5. 2. Mat. 2. 1, 5, 6. *of the family.* That is, of the tribe of *Judah* by his mother; and of that of *Levi* by his father.

8 *departed.* ver. 11. Ne. 13. 10, 11. *as he journeyed. Heb.* in making his way.

10 *a father.* ver. 11; ch. 18. 19. Ge. 45. 8. 2 Ki. 6. 21; 8. 8, 9; 13. 14. Job 29. 16. Is. 22. 21. *I will give.* ch. 18. 20. 1 Sa. 2. 36. Eze. 13. 19. Mat. 26. 15. Jno. 12. 6. 1 Ti. 6. 10. 1 Pe. 5. 2. *a suit of apparel. or,* a double suit, etc. *Heb.* an order of garments.

12 *consecrated.* ver. 5. *his priest.* ch. 18. 30. Nu. 16. 5, 8-10. 1 Ki. 12. 31; 13. 33, 34.

13 Pr. 14. 12. Is. 44. 20; 66. 3, 4. Mat. 15. 9, 13 Jno. 16. 2. Ac. 26. 9. Ro. 10. 2, 3.

## CHAP. XVIII.

*The Danites send five men to seek out an inheritance,* 1, 2. *At the house of Micah they consult with Jonathan, and are encouraged on their way,* 3-6. *They search Laish, and bring back news of good hope,* 7-10. *Six hundred men are sent to surprise it,* 11-14. *In their way they rob Micah of his priest and his consecrated things,* 14-26. *They win Laish, and call it Dan,* 27-29. *They set up idolatry, wherein Jonathan inherits the priesthood,* 30, 31.

1 *no king.* The word *mailech,* which generally means a *king,* is sometimes taken for a supreme *ruler, governor,* or *judge* (see Ge. 36. 31. De. 33. 5;) and it is probable it should be so understood here, and in the parallel passages. ch. 17. 6; 19. 1; 21. 25. *the tribe.* Jos. 19. 40-48. *for unto.* ch. 1. 34.

2 *men. Heb.* sons. *Zorah.* ver. 8, 11; ch. 13. 2, 25; 16. 31. Ge. 42. 9. Jos. 19. 41. *to spy.* Nu. 13. 17. Jos. 2. 1. Pr. 20. 18. Lu. 14. 31. *mount.* ch. 17. 1; 19. 1, 18. Jos. 17. 15-18.

3 *they knew.* They knew by his dialect or mode of *pronunciation,* that he was not an Ephraimite: see the parallel texts. ch. 12. 6. Ge. 27. 22. Mat. 26. 73. *and what hast.* Is. 22. 16.

4 *hired me.* ch. 17. 10. Pr. 28. 21. Is. 56. 11. Eze. 13. 19. Ho. 4. 8, 9. Mal. 1. 10. Jno. 10. 12, 13. Ac. 8. 18-21; 20. 33. 1 Ti. 3. 3. Tit. 1. 11. 2 Pe. 2. 3, 14, 15.

5 *Ask counsel.* 1 Ki. 22. 5. 2 Ki. 16. 15. Is. 30. 1. Eze. 21. 21. Ho. 4. 12. Ac. 8. 10. *of God.* ver. 14; ch. 17. 5, 13.

6 *Go in peace.* 1 Ki. 22. 6, 12, 15. Je. 23. 21, 22, 32. *before.* De. 11. 12. Ps. 33. 18. 1 Th. 3. 11. *the Lord.* As the Levite uses the word Jehovah, and as the Danites succeeded according to the oracle delivered by him, some learned men are of opinion, that the worship established by Micah was not of an *idolatrous* kind.

7 *Laish.* Jos. 19. 47, *called* Leshem. *how they.* ver. 27, 28. Re. 18. 7. *magistrate. Heb.* possessor, *or* heir, of restraint. 1 Sa. 3. 13. 1 Ki. 1. 6. Ro. 13. 3. 1 Pe. 2. 14. *and had no.* In the most correct copies of the LXX. this clause stands thus: και λογος ουκ ην αυτοις μετα Συριας· 'and they had no transactions with *Syria*;' evidently reading instead of אדם, *adam,* MAN, ארם, *aram,* Syria; words so nearly similar that the only difference between them is in the ר, *raish,* and ד, *daleth,* which in both MSS. and printed books is sometimes indiscernible. Laish was situated on the frontiers of *Syria.*

8 *Zorah and Eshtaol.* ver. 2, 11; ch. 13. 2; 16. 31.

9 *Arise.* Nu. 13. 30; 14. 7-9. Jos. 2, 23, 24. *are ye still.* 1 Ki. 22. 23. *be not.* Jos. 18. 3. 1 Sa. 4. 9. 2 Sa. 10. 12. Jno. 6. 27. He. 6. 11, 12. 2 Pe. 1. 10, 11.

10 *secure.* ver. 7, 27. *God hath.* De. 2. 29; 4. 1. Jos. 6. 16. *where there.* Ex. 3. 8. De. 8. 7-9; 11. 11, 12. Eze. 20. 6. 1 Ti. 6. 17.

11 *appointed. Heb.* girded.

12 *Kirjath-jearim.* A city of Judah, on the confines of Benjamin; distant nine miles from Ælia or Jerusalem, in going towards Diospolis or Lydda, according to EUSEBIUS. Jos. 15. 60. 1 Sa. 7. 1. 1 Ch. 13. 5, 6. 2 Ch. 1. 4. *Mahaneh-dan.* ch. 13. 25, marg.

13 *mount Ephraim.* ver. 2, 3; ch. 17. 1; 19. 1. Jos. 24. 30, 33.

14 *Then.* 1 Sa. 14. 28. *in these.* ver. 3, 4; ch. 17. 5. *now therefore.* Pr. 19. 27. Is. 8. 19, 20.

15 *saluted him. Heb.* asked him of peace. Ge. 37. 14; 43. 27. 1 Sa. 17. 22, marg. 2 Ki. 4. 26. Mat. 10. 12, 13. Lu. 10. 4-6. Jno. 14. 27.

16 *six hundred.* ver. 11.

17 *five men.* ver. 2, 14. *the graven.* ch. 6. 31; 17. 4, 5. Ex. 32. 20. 1 Sa. 4. 11; 6. 2-9. 2 Ki. 19. 18, 19. Is. 46. 1, 2, 7.

19 *lay thine.* This was the token of *silence.* These men were evidently very ignorant; and absurdly concluded that they should, by taking Micah's gods, secure the presence and favour of the God of Israel, in their expedition and settlement. They perhaps supposed the *piety* of their *motives*, and the *goodness* of their *end*, would justify the means. But it was a base robbery of Micah, aggravated by the Levite's ingratitude, and their menaces. Job 21. 5; 29. 9; 40. 4, 5. Pr. 30. 32. Mi. 7. 16. *a father.* ch. 17. 10. 2 Ki. 6. 21; 8. 8, 9; 13. 14. Mat. 23. 9.

20 *heart.* ch. 17. 10. Pr. 30. 15. Is. 56. 11. Eze. 13. 19. Ho. 4. 3. Ac. 20. 33. Phi. 3. 19. 2 Pe. 2. 3, 15, 16. *went.* He was glad of his preferment among the Danites; and went into the *crowd*, that he might not be discovered by Micah or his family.

21 *and put*, etc. These men were so confident of success, that they removed their whole families, household goods, cattle, and all. *the carriage. Kevoodah*, from *kavad*, to be heavy, denotes the *luggage* or *baggage.*

23 *What aileth.* Ge. 21. 17. 1 Sa. 11. 5. 2 Sa. 14. 5. 2 Ki. 6. 28. Ps. 114. 5. Is. 22. 1. *comest. Heb.* art gathered together.

24 *what have.* ch. 17. 13. Ps. 115. 8. Is. 44. 18-20. Je. 50. 38; 51. 17. Eze. 23. 5. Hab. 2. 18, 19. Ac. 19. 26. Re. 17. 2.

25 *angry. Heb.* bitter of soul. 1 Sa. 30. 6. 2 Sa. 17. 8. Job 3. 5; 27. 2, marg.

27 *Laish.* ver. 7, 10. *they smote.* De. 33. 22. Jos. 19. 47. *burnt.* Jos. 11. 11.

28 *And there.* 2 Sa. 14. 6, marg. Ps. 7. 2; 50. 22. Da. 3. 15-17. *far from.* Probably the people of Laish were originally a colony of the Zidonians; who being an opulent people, and in possession of a strong city, lived in a state of security, not being afraid of their neighbours. In this the Leshemites imitated them, though they appear not to have had the same reason for their confidence; and though they might naturally expect help from their countrymen, yet as they lived at a considerable distance from Sidon, the Danites saw they could strike the blow before the news of the invasion could reach that city. ver. 1, 7. Jos. 11. 8. Is. 23. 4, 12. *Beth-rehob.* Nu. 13. 21. Rehob. 2 Sa. 10. 6.

29 *Dan.* ch. 20. 1. Ge. 14. 14. Jos. 19. 47. 2 Sa. 17. 11. 1 Ki. 12. 29, 30; 15. 20. *who was.* Ge. 30. 6; 32. 28. *Laish*, or *Dan*, was situated at the northern extremity of the land of Canaan, in a beautiful and fertile plain, at the foot of mount Lebanon, on the springs of Jordan, and, according to EUSEBIUS, four miles from Cæsarea Philippi, or Paneas, now Banias, (with which some have confounded it,) towards Tyre. BURCKHARDT says, that the source of the river El Dhan, or Jordan, is at an hour's distance from Banias, which agrees with EUSEBIUS.

30 *set up.* Ex. 20. 4. Le. 26. 1. De. 17. 2-7; 27. 15; 31. 16, 29. Ju. 18. 30. God had graciously performed his promise, in putting these Danites in possession of that which fell to their lot, obliging them thereby to be faithful to him who had been so to them; they inherited the labour of the people, that they might observe his statutes. Ps. 105. 44, 45. But the first thing they do after they are settled is to break his laws, by setting up the graven image, attributing their success to that idol, which, if God had not been infinitely patient, would have been their ruin. Thus a prosperous idolater goes on to offend, *imputing this his power unto his God.* Instead of *Manasseh*, some would read *Moses;* as it is found in some MSS., in the Vulgate, and in the *concessions* of the most intelligent Jews. But Bp. PATRICK takes this to be an idle conceit of the Rabbins, and supposes this Jonathan to be of some other family of the Levites. Yet KIMCHI acknowledges, that the Jews, deeply concerned for the honour of their lawgiver, to whom they thought it would be a great dishonour to have a grandson who was an idolater, suspended the letter נ, *noon*, over the word משה, *Moses*, thus מנשה, as it is found in Hebrew Bibles; which, by means of the *points*, they have changed into *Manasseh.* *until.* ch. 13. 1. 1 Sa. 4. 2, 3, 10, 11. Ps. 78. 60-62. *the land.* HOUBIGANT contends, that, instead of *haäretz*, 'the land,' we should read *haäron*, 'the ark;' for the ו, *wav*, and ן, *noon final*, might easily be mistaken for ץ, *tzadday final;* which is the only difference between the two words. This conjecture is the more likely, as the next verse tells us, that Micah's graven image continued at Dan 'all the time that the house of God was at Shiloh;' which was till the ark was taken by the Philistines.

31 *all the time.* ch. 19. 18; 21. 12. Jos. 18. 1. 1 Sa. 1. 3; 4. 4. Je. 7. 12.

## CHAP. XIX.

*A Levite goes to Beth-lehem to fetch home his concubine,* 1-15. *An old man entertains him at Gibeah,* 16-21. *The Gibeonites abuse his concubine to death,* 22-28. *He divides her into twelve pieces, and sends them to the twelve tribes,* 29, 30.

1 *when there.* ch. 17. 6; 18. 1; 21. 25. *mount* ch. 17. 1, 8. Jos. 24. 30, 33. *a concubine. Heb.* a woman, a concubine, *or*, a wife, a concubine. Ge. 22. 24; 25. 6. 2 Sa. 3. 7; 5. 13; 16. 22; 19. 5; 20. 3. 1 Ki. 11. 3. 2 Ch. 11. 21. Es. 2. 14. Ca. 6. 8, 9. Da. 5. 3. Mal. 2. 15. *Beth-lehem-judah.* ch. 17. 8. Ge. 35. 19. Mat. 2. 6.

2 *played.* Le. 21. 9. De. 22. 21. Eze. 16. 28. *four whole months. or*, a year *and* four months. *Heb.* days, four months.

3 *went.* ch. 15. 1. *speak.* Ge. 50. 21. Le. 19. 17; 20. 10. Ho. 2. 14. Mat. 1. 19. Jno. 8. 4, 5, 11. Ga. 6. 1. *friendly unto her. Heb.* to her heart. Ge. 34. 3. *to bring.* Je. 3. 1. *his servant.* Nu. 22. 22.

5 *Comfort. Heb.* Strengthen. ver. 8. Ge. 18. 5. 1 Sa. 14. 27-29; 30. 12. 1 Ki. 13. 7. Ps. 104. 15. Jno. 4. 34. Ac. 9. 19. *with a morsel.* ver. 22.

6 *let thine heart.* ver. 9, 21; ch. 9. 27; 16. 25. Ru. 3. 7. 1 Sa. 25. 36. Es. 1. 10. Ps. 104. 15. Lu. 12. 19. 1 Th. 5. 3. Re. 11. 10, 13. *until afternoon. Heb.* till the day declined. Merely that they might avoid the *heat* of the day, which would have been very inconvenient in travelling.

9 *the day.* Lu. 24. 29. *draweth*, etc. *Heb.* is weak.

*the day groweth to an end. Heb. it is* the pitching *time* of the day, Je. 6. 4. That is, it was near the time in which travellers ordinarily *pitched* their tents, to take up their lodging for the night. In the latter part of the afternoon, eastern travellers begin to look out for a place for this purpose. So Dr. SHAW observes, 'Our constant practice was to rise at break of day, set forward with the sun, and travel to the middle of the afternoon; at which time we began to look out for encampments of Arabs; who, to prevent such parties as ours from living at free charges upon them, take care to pitch in woods, valleys, or places the least conspicuous.' *to morrow.* Pr. 27. 1. Ja. 4. 13, 14. *home. Heb.* to thy tent.

10 *over against. Heb.* to over against. *Jebus.* ch. 1. 8. Jos. 15. 8, 63; 18. 28. 2 Sa. 5. 6.

11 *the Jebusites.* ver. 10; ch. 1. 21. Ge. 10. 16. Jos. 15. 63. 2 Sa. 5. 6.

12 *Gibeah.* Gibeah, a city of Benjamin, and the birth-place of Saul, was situated near Rama and Gibeon, according to JOSEPHUS, thirty furlongs north from Jerusalem; or, according to JEROME, about two leagues.

13 *Gibeah.* Jos. 18. 25, 26, 28. 1 Sa. 10. 26. Is. 10. 29. Ho. 5. 8.

15 *no man.* There was probably no *inn,* or house of public entertainment in this place; and therefore they could not have a lodging unless furnished by mere hospitality. But these Benjamites seem to have added to their other vices, avarice and inhospitality, like the inhabitants of Akoura in mount Lebanon, mentioned by BURCKHARDT. ver. 18. Ge. 18. 2-8; 19. 2, 3. Mat. 25. 35, 43. He. 13. 2.

16 *his work.* Ge. 3. 19. Ps. 104. 23; 128. 2. Pr. 13. 11; 14. 23; 24. 27. Ec. 1. 13; 5. 12. Ep. 4. 28. 1 Th. 4. 11, 12. 2 Th. 3. 10.

17 *Whither.* Ge. 16. 8; 32. 17.

18 *I am now.* The LXX. read, εις τον οικον μου εγω πορευομαι: 'I am going to my *own* house;' which is probably the true reading, as we find (ver. 29) that he really went home; yet he might have gone previously to Shiloh, or to 'the house of the Lord,' because that was also in mount Ephraim. *the house.* ch. 18. 31; 20. 18. Jos. 18. 1. 1 Sa. 1. 3, 7. *receiveth. Heb.* gathereth. ver. 5. Ps. 26. 9. Jno. 15. 6.

19 *straw and provender.* In those countries principally devoted to *pasturage,* they made little or no *hay:* but as they raised corn, they took great care of their *straw* for their cattle, which by their mode of threshing was chopped very small. See Note on Ge. 24. 32.

20 *Peace be.* ch. 6. 23. Ge. 43. 23, 24. 1 Sa. 25. 6. 1 Ch. 12. 18. Lu. 10. 5, 6. Jno. 14. 27. 1 Co. 1. 3. *let all thy wants.* Here was genuine hospitality: 'Keep your bread and wine for yourselves, and your straw and provender for your asses; you may need them before you finish your journey: I will supply all your wants for this night; only do not lodge in the street.' Ro. 12. 13. Ga. 6. 6. He. 13. 2. Ja. 2. 15, 16. 1 Pe. 4. 9. 1 Jno. 3. 18. *lodge not.* Ge. 19. 2, 3; 24. 31-33.

21 *So he brought.* Ge. 24. 32; 43. 24. *they washed.* Ge. 18. 4. 1 Sa. 25. 41. 2 Sa. 11. 8. Lu. 7. 44. Jno. 13. 4, 5, 14, 15. 1 Ti. 5. 10.

22 *they were.* ver. 6, 7; ch. 16. 25. *the men.* ch. 20. 5. Ge. 19. 4. Ho. 9. 9; 10. 9. *sons of Belial.* De. 13. 13. 1 Sa. 1. 16; 2. 12; 10. 27; 25. 25. 2 Sa. 23. 6, 7. 2 Co. 6. 15. *Bring forth.* Ge. 19. 5. Ro. 1. 26, 27. 1 Co. 6. 9. Jude. 7.

23 *the man.* Ge. 19. 6, 7. *do not this folly.* ch. 20. 6. Ge. 34. 7. Jos. 7. 15. 2 Sa. 13. 12.

24 *Behold.* The rites of hospitality are regarded as sacred and inviolable in the East: and a man who has admitted a stranger under his roof, is bound to protect him even at the expense of his life. On these high notions only, the influence of which an Asiatic mind alone can appreciate, can the present transaction be either excused or palliated. *them.* Ge. 19. 8. Ro. 3. 8. *humble ye.* Ge. 34. 2, marg. De. 21. 14. *so vile a thing. Heb.* the matter of this folly.

25 *knew her.* Ge. 4. 1. *and abused.* Je. 5. 7, 8. Ho. 7. 4-7; 9. 9; 10. 9. Ep. 4. 19.

26 *her lord was.* ver. 3, 27. Ge. 18. 12. 1 Pe. 3. 6.

28 *But none.* ch. 20. 5. 1 Ki. 18. 29.

29 *divided her.* It is probable, that with the pieces he sent to each tribe a circumstantial account of the barbarity of the men of Gibeah; and that they considered each of the pieces as expressing an *execration.* That a similar custom prevailed in ancient times is evident from 1 Sa. 11. 7. It had an inhuman appearance, thus to mangle the corpse of this unhappy woman; but it was intended to excite a keener resentment against so horrible a crime, which called for a punishment proportionably severe. ch. 20. 6, 7. Ro. 10. 2. *with her bones.* De. 21. 22, 23.

30 *consider.* ch. 20. 7. Pr. 11. 14; 13. 10; 15. 22; 20. 18; 24. 6.

## CHAP. XX.

*The Levite in a general assembly declares his wrong,* 1-7. *The decree of the assembly,* 8-11. *The Benjamites, being cited, make head against the Israelites,* 12-17. *The Israelites in two battles lose forty thousand,* 18-25. *They destroy by a stratagem all the Benjamites, except six hundred,* 26-48.

1 *Then all.* ver. 2, 8, 11; ch. 21. 5. De. 13. 12, etc. Jos. 22. 12. *as one man.* 1 Sa. 11. 7, 8. 2 Sa. 19. 14. Ezr. 3. 1. Ne. 8. 1. *from Dan.* ch. 18. 29. 1 Sa. 3. 20. 2 Sa. 3. 10; 24. 2. 1 Ch. 21. 2. 2 Ch. 30. 5. *with the.* Nu. 32. 1, 40. Jos. 17. 1. 2 Sa. 2. 9. *unto the.* ver. 18, 26; ch. 11. 11. *in Mizpeh.* ch. 10. 17; 11. 11. Jos. 15. 38; 18. 26. 1 Sa. 7. 5, 6; 10. 17. 2 Ki. 25. 23. It does not appear that the Israelites on this occasion, were summoned by the authority of any one common head, but they came together by the consent and agreement, as it were, of one common heart, fired with a holy zeal for the honour of God and Israel. The place of their meeting was Mizpeh; they gathered together unto the Lord there; for Mizpeh was so very near to Shiloh, that their encampment might very well be supposed to reach from Mizpeh to Shiloh. Shiloh was a small town, and therefore, when there was a general meeting of the people to present themselves before God, they chose Mizpeh for their head quarters, which was the next adjoining city of note; perhaps, because they were not willing to give that trouble to Shiloh, which so great an assembly would occasion; it being the residence of the priests that attended the tabernacle.

2 *drew sword.* ver. 15, 17; ch. 8. 10. 2 Sa. 24. 9. 2 Ki. 3. 26.

3 *the children of Benjamin.* Pr. 22. 3. Mat. 5. 25. Lu. 12. 58, 59; 14. 31, 32. *how was.* ch. 19. 22-27.

4 *the Levite. Heb.* the man the Levite. *I came.* ch. 19. 15-28.

5 *And the men.* ch. 19. 22. *beset.* Ge. 19. 4-8. *and my concubine.* ch. 19. 25, 26. *forced. Heb.* humbled. De. 22. 24. Eze. 22. 10, 11.

6 *cut her.* ch. 19. 29. *folly in Israel.* ver. 10; ch. 19. 23. Ge. 34. 7. Jos. 7. 15. 2 Sa. 13. 12, 13.

7 *ye are all.* Ex. 19. 5, 6. De. 4. 6; 14. 1, 2. 1 Co. 5. 1, 6, 10-12. *give here.* ch. 19. 30. Jos. 9. 14. Pr. 20. 18; 24. 6. Ja. 1. 5.

8 *as one man.* See on ver. 1, 11. *We will not.* ch. 21. 1, 5. Pr. 21. 3. Ec. 9. 10.

9 *by lot against it.* Jos. 14. 2. 1 Sa. 14. 41, 42. 1 Ch. 24. 5. Ne. 11. 1. Pr. 16. 33. Jon. 1. 7. Ac. 1. 26.

11 *knit together as one man. Heb.* fellows.

12 *sent men.* De. 13. 14; 20. 10. Jos. 22. 13-16. Mat. 18. 15-18. Ro. 12. 18.

13 *deliver.* 2 Sa. 20. 21, 22. *children of Belial.* ch. 19. 22. De. 13. 13. 1 Sa. 30. 22. 2 Sa. 20. 1; 23. 6. 1 Ki. 21. 13. 2 Ch. 13. 7. *put away.* De. 17. 7, 12; 19. 19; 21. 21; 22. 21, 24; 24. 7. Ec. 11. 10. *would not.* 1 Sa. 2. 25. 2 Ch. 25. 16, 20. Pr. 29. 1. Ho. 9. 9; 10. 9. Ro. 1. 32. Re. 18. 4, 5. The conduct of the Israelites was very equitable in this demand; but perhaps the rulers or elders of Gibeah ought previously to have been applied to, to deliver up the criminals to justice. However, the refusal of the Benjamites, and their protection of those who had committed this horrible wickedness, because they were of their own tribe, prove them to have been deeply corrupted, and (all their advantages considered) as ripe for divine vengeance as the inhabitants of Sodom and Gomorrah had been. Confiding in their own valour and military skill, they seem to have *first* prepared for battle in this unequal contest with such superior numbers.

14 Nu. 20. 20; 21. 23. 2 Ch. 13. 13. Job 15. 25, 26.

15 *twenty.* ver. 25, 35, 46, 47. Nu. 26. 41.

16 *left-handed. Itter yad yemeeno,* 'obstructed in his right hand;' so the Chaldee Targum, *gemid beedaih deyammeena,* 'contracted or impeded in his right hand.' Le Clerc observes, that the 700 men left-handed seem therefore to have been made slingers, because they could not use the right hand, which is employed in managing heavier arms; and they could discharge the stones from the sling in a direction against which their opponents were not upon their guard, and thus do the greater execution. ch. 3. 15. 1 Ch. 12. 2. *sling stones.* The *sling* was a very ancient warlike instrument; and, in the hands of those who were skilled in the use of it, produced astonishing effects. The inhabitants of the islands of *Baleares,* now Majorca and Minorca, were the most celebrated slingers of antiquity. They did not permit their children to break their fast, till they had struck down the bread they had to eat from the top of a pole, or some distant eminence. Vegetius tells us, that slingers could in general hit the mark at 600 feet distance. 1 Sa. 17. 40, 49, 50; 25. 29. 2 Ch. 26. 14.

17 *four hundred.* ver 2. Nu. 1. 46; 26. 51. 1 Sa. 11. 8; 15. 4. 1 Ch. 21. 5. 2 Ch. 17. 14-18.

18 *house of.* ch. 18. 31; 19. 18. Jos. 18. 1. Joel 1. 14. *asked.* ver. 7, 23, 26, 27; ch. 1. 1. Nu. 27. 5, 21. Jos. 9. 14. *Judah.* ch. 1. 1, 2. Ge. 49. 8-10.

19 *rose up.* Jos. 3. 1; 6. 12; 7. 16.

21 *the children.* Ge. 49. 27. Ho. 10. 9. *destroyed.* De. 23. 9. 2 Ch. 28. 10. Ps. 33. 16; 73. 18, 19; 77. 19. Ec. 9. 1-3. Je. 12. 1.

22 *encouraged.* ver. 15, 17. 1 Sa. 30. 6. 2 Sa. 11. 25. Ps. 64. 5.

23 *wept.* ver. 26, 27. Ps. 78. 34-36. Ho. 5. 15. *And the.* It seems most evident that the Israelites did not seek the protection of God. When they 'went to the house of God,' (ver. 18,) it was not to enquire concerning the *expediency* of the war, nor of its *success,* but which of the tribes should begin the attack: and here the question is, 'Shall I go up again to battle against the children of Benjamin my brother?' Having so much *right* on their side, they had no doubt of the *justice* of their cause, and the *propriety* of their conduct; and having such a *superiority* of numbers, they had no doubt of *success.* But God humbled them, and delivered them into the hands of their enemies; and shewed them that the race was not to the swift, nor the battle to the strong.

25 *destroyed.* ver. 21. Ge. 18. 25. Job 9. 12, 13. Ps. 97. 2. Ro. 2. 5; 3. 5; 11. 33.

26 *all the children.* ver. 18, 23. *wept.* 1 Sa. 7. 6. 2 Ch. 20. 3. Ezr. 8. 21; 9. 4, 5. Joel. 1. 14; 2. 12-18. Jon. 3. 5-10.

27 *enquired.* ver. 18, 23. Nu. 27. 21. *the ark.* Jos. 18. 1. 1 Sa. 4. 3, 4. Ps. 78. 60, 61. Je. 7. 12. The loss of two battles at length brought this stiff-necked people to enquire of the Lord; for all the company at this time met at Shiloh, and kept a day of fasting and prayer with great earnestness and solemnity. 'Behold, the Lord's hand is not shortened, that it cannot save; neither his ear heavy, that it cannot hear.' Is. 59. 1.

28 *Phinehas.* It is evident, from this mention of Phinehas, the son of Eleazar, that these transactions must have taken place not long after the death of Joshua. Nu. 25. 7-13. Jos. 22. 13, 30-32; 24. 33. *stood.* De. 10. 8; 18. 5. *Shall I yet.* Jos. 7. 7. 1 Sa. 14. 37; 23. 4-12; 30. 8. 2 Sa. 5. 19-24; 6. 3, 7-12. Pr. 3. 5, 6. Je. 10. 23. *Go up.* ch. 1. 2; 7. 9. 2 Ch. 20. 17.

29 *Israel.* Though God had promised them success, they knew they could expect it only by the use of proper means. Hence they used all prudent precaution, and employed all their military skill. *liers.* ver. 34. Jos. 8. 4. 2 Sa. 5. 23.

31 *drawn.* Jos 8. 14-16. *smite of the people, and kill, as at. Heb.* smite of the people wounded as at, etc. *the house of God. or,* Beth-el. *Gibeah* ch. 19. 13, 14. Is. 10. 29. *thirty.* Jos. 7. 5.

32 *Let us flee.* This was done, not only because they had placed an ambuscade behind Gibeah, which was to enter and burn the city as soon as the Benjamites left it; but it would seem, that the slingers, by being within the city and its fortifications, had great advantage over the Israelites by their slings, when they could not come among them with their swords, unless they got them in the plain country. Jos. 8. 15, 16.

33 *rose up.* Jos. 8. 18-22. *put themselves.* There appear to have been three divisions of the Israelitish army: one at Baal-tamar, (which was situated, says Eusebius, near Gibeah;) a second behind the city in ambush; and a third, who skirmished with the Benjamites *before* Gibeah.

34 *ten thousand.* ver. 29. *knew not.* Jos. 8. 14. Job 21. 13. Pr. 4. 19; 29. 6. Ec. 8. 11, 12; 9. 12. Is. 3. 10, 11; 47. 11. Mat. 24. 44. Lu. 21. 34. 1 Th. 5. 3.

35 *twenty.* ver. 15, 44-46. Job 20. 5. Though the numbers of the Israelites were immensely superior to those of Benjamin, though the stratagem was well laid and ingeniously executed, and the battle bravely fought, yet the inspired historian ascribes the victory to the hand of the Lord, as entirely as if he had smitten the Benjamites by a miracle.

36 *for the man.* Jos. 8. 15, etc.

37 *the liers in wait hasted.* Jos. 8. 19. *drew themselves along. or,* made a long *sound with the trumpets.* Ex. 19. 13. Jos. 6. 5.

38 *Now there.* From this verse to the end of the chapter, we have the *details* of the same operations which are mentioned, in a general way, in the preceding verses of this chapter. *sign. or,* time. *and. Heb.* with. *flame. Heb.* elevation.

39 *And when.* ver. 31. *smite and kill. Heb.* smite the wounded.

40 *a pillar.* Ge. 19. 28. Ca. 3. 6. Joel 2. 30. Re. 19. 3. *looked.* Jos. 8. 20. *flame. Heb.* whole consumption.

41 *were amazed.* Ex. 15. 9, 10. Is. 13. 8, 9; 33. 14. Lu. 17. 27, 28; 21. 26. 1 Th. 5. 3. 2 Pe. 2. 12. Re. 6. 15-17; 18. 8-10. *was come upon them. Heb.* touched them.

42 *the battle.* La. 1. 3. Ho. 9. 9; 10. 9.

43 *inclosed.* Jos. 8. 20-22. *with ease. or, from* Menuchah, etc. *over against. Heb.* unto over against.

45 *Rimmon.* Jos. 15. 32. 1 Ch. 6. 77. Zec. 14. 10

46 *twenty.* ver. 15, 35.

47 *six hundred.* ch. 21. 13. Ps. 103. 9, 10. Is. 1. 9. Je. 14. 7. La. 3. 32. Hab. 3. 2. *rock of Rimmon.* The rock Rimmon was doubtless a strong place; but it is uncertain where situated. It is probable however, that it was near, and took its name from, the village of *Remmon*, mentioned by EUSEBIUS, fifteen miles north from Jerusalem. It appears that rocks are still resorted to in the East, as places of security; and some of them are even capable of sustaining a siege. DE LA ROQUE says, that 'The Grand Seignior, wishing to seize the person of the emir (Fakr-eddin, prince of the Druses,) gave orders to the pacha to take him prisoner: he accordingly came in search of him, with a new army, in the district of Chouf, which is part of mount Lebanon, wherein is the village of Gesin, and close to it, the rock which served for a retreat to the emir. It is named in Arabic, *Magara Gesin*, i.e. the cavern of Gesin, by which name it is famous. The pacha pressed the emir so closely, that this unfortunate prince was obliged to shut himself up in the cleft of a great *rock*, with a small number of his officers. The pacha besieged him there several months; and was going to blow up the rock by a mine, when the emir capitulated.'

48 *smote them.* De. 13. 15-17. 2 Ch. 25. 13; 28. 6-9. Pr. 18. 19. *came to hand. Heb.* was found. *they came to. Heb.* were found.

## CHAP. XXI.

*The people bewail the desolation of Benjamin*, 1-7. *By the destruction of Jabesh-gilead they provide them four hundred wives*, 8-15. *They advise the remainder to surprise the virgins that danced at Shiloh*, 16-25.

1 *had sworn.* ch. 20. 1, 8, 10. Je. 4. 2. *There.* ver. 5; ch. 11. 30, 31. 1 Sa. 14. 24, 28, 29. Ec. 5. 2. Mar. 6. 23. Ac. 23. 12. Ro. 10. 2. *his daughter.* Ex. 34. 12-16. De. 7. 2, 3.

2 *the house.* ver. 12; ch. 20. 18, 23, 26. Jos. 18. 1. *lifted.* ch. 2. 4. Ge. 27. 38. 1 Sa. 30. 4.

3 *why is.* De. 29. 24. Jos. 7. 7-9. Ps. 74. 1; 80. 12. Pr. 19. 3. Is. 63. 17. Je. 12. 1.

4 *rose early.* Ps. 78. 34, 35. Ho. 5. 15. *built there.* ch. 6. 26. Ex. 20. 24, 25. 2 Sa. 24. 18, 25. 1 Ki. 8. 64. He. 13. 10.

5 *a great oath.* ver. 1, 18; ch. 5. 23. Le. 27. 28, 29. 1 Sa. 11. 7. Je. 48. 10.

6 *repented them.* ver. 15; ch. 11. 35; 20. 23. 2 Sa. 2. 26. Ho. 11. 8. Lu. 19. 41, 42.

7 *sworn.* ver. 1, 18. 1 Sa. 14. 28, 29, 45.

8 *Jabesh-gilead.* This place, as its name imports, was situated in Gilead, east of Jordan. EUSEBIUS and JEROME say it was a great town in their time, standing upon a hill, six miles south from Pella, in the way to Gerasa, now Djerash. The *Wady Yabes*, mentioned by BURCKHARDT, which empties itself into the Jordan, in the neighbourhood of Bisan or Beth-shan, (see 1 Sa. 31. 11,) and upon which Pella was situated, (celebrated by PLINY, l. v. c. 18, for its fine waters,) seems to have taken its name from *Jabesh*. Near this spot, we must therefore look for its site; and the place called *Kalaat Rabbad* seems to correspond, very nearly, to the spot; though it probably still retains among the Arabs its ancient name. 1 Sa. 11. 1-3; 31. 11-13. 2 Sa. 2. 5, 6.

10 *Go and smite.* As they had sworn to destroy those who would not assist in the war, (ver. 5,) they determined to destroy the men of Jabesh, and to leave none except the virgins; and to give these to the 600 Benjamites who had escaped to the rock of Rimmon. The whole account is dreadful. The crime of the men of Gibeah was of the deepest dye; the punishment involving both the guilty and innocent, was extended to the most criminal excess; and their mode of remedying the evil they had occasioned was equally abominable. ver. 5; ch. 5. 23. De. 13. 15. Jos. 7. 24. 1 Sa. 11. 7; 15. 3.

11 *every male.* Nu. 31. 17, 18. De. 2. 34. *hath lain by man. Heb.* knoweth the lying *with* man.

12 *virgins. Heb.* women, virgins. *Shiloh.* ch. 20. 18, 23. Jos. 18. 1. Ps. 78. 60. Je. 7. 12.

13 *to speak. Heb.* and spake and called. *the rock Rimmon.* ch. 20. 47. Jos. 15. 32. *call peaceably. or*, proclaim peace. De. 20. 10. Is. 57. 19. Lu. 10. 5. Ep. 2. 17.

14 *sufficed them not.* ver. 12; ch. 20. 47. 1 Co. 7. 2.

15 *repented.* See on ver. 6, 17. *a breach.* 1 Ch. 13. 11; 15. 13. Is. 30. 13; 58. 12.

17 *an inheritance.* Nu. 26. 55; 36. 7.

18 *sworn.* See on ver. 1; ch. 11. 35.

19 *a feast.* Ex. 23. 14-16. Le. 23. 2, 4, 6, 10, 34. Nu. 10. 10; 28. 16, 26; 29. 12. De. 16. 1, 10, 13. Ps. 81. 3. Jno. 5. 1; 7. 2. *yearly. Heb.* from year to year. *on the east side. or*, toward the sun rising. *of the highway. or*, on. *Lebonah.* MAUNDRELL supposes, that either *Khan Leban*, which is situated on the eastern side of a 'delicious vale,' four leagues south from Shechem, and two leagues north from Bethel, or the village of *Leban*, which is on the opposite side, occupies the site of the ancient *Lebonah*. It is eight hours, or about 24 miles, from Jerusalem, according to Dr. RICHARDSON.

21 *dance.* ch. 11. 34. Ex. 15. 20. 1 Sa. 18. 6. 2 Sa. 6. 14, 21. Ps. 149. 3; 150. 4. Ec. 3. 4. Je. 31. 13. Mat. 10. 17. Lu. 15. 25.

22 *Be favourable unto them. or*, Gratify us in them. Phile. 9-12. *each man.* ver. 14. Ge. 1. 27; 7. 13. Mar. 10. 6-8. 1 Co. 7. 2. *give unto.* ver. 1, 7, 18. Pr. 20. 25.

23 *and they went.* It appears that the Benjamites acted in the most honourable way to the women they had thus violently carried off, and we may rest assured, that they took them to an inheritance more than equal to their own. But this transaction, as well as the indiscriminate massacre of the people of Jabesh-gilead, as Dr. GRAY observes, was certainly stamped with injustice and cruelty; and must be condemned on those principles which the Scriptures elsewhere furnish. *repaired.* ch. 20. 48.

25 *no.* ch. 17. 6; 18. 1; 19. 1. *right.* ch. 18. 7. De. 12. 8. Ps. 12. 4. Pr. 3. 5; 14. 12. Ec. 11. 9. Mi. 2. 1, 2.

## CONCLUDING REMARKS ON THE BOOK OF JUDGES.

The book of Judges forms an important link in the history of the Israelites. It furnishes us with a lively description of a fluctuating and unsettled nation; a striking picture of the disorders and dangers which prevailed in a republic without magistracy; when "the high-ways were unoccupied, and the travellers walked through by-ways," (ch. 5. 6;) when few prophets were appointed to control the people, and "every one did that which was right in his own eyes." (ch. 17. 6.) It exhibits the contest of true religion with superstition; and displays the beneficial effects that flow from the former, and the miseries and evil consequences of impiety. It is a most remarkable history of the long-suffering of God towards the Israelites, in which we see the most signal instances of his *justice* and *mercy* alternately displayed: the people sinned, and were punished; they repented, and found mercy. These things are written for our warning: none should *presume*, for God is *just;* none need *despair*, for God is *merciful.* Independently of the internal evidence of the authenticity of this sacred book, the transactions it records are not only cited or alluded to by other inspired writers, but are further confirmed by the traditions current among heathen nations.

# The Book of RUTH.

B.C. 1322. A.M. 2682.

## CHAP. I.

*Elimelech, driven by famine into Moab, dies there,* 1-3. *Mahlon and Chilion, having married wives of Moab, die also,* 4, 5. *Naomi, returning homeward,* 6, 7, *dissuades her two daughters-in-law from going with her,* 8-13. *Orpah leaves her, but Ruth with great constancy accompanies her,* 14-18. *They two come to Beth-lehem, where they are gladly received,* 19-22.

1 *the judges.* Ju. 2. 16; 12. 8. *ruled. Heb.* judged. *a famine.* Ge. 12. 10; 26. 1; 43. 1. Le. 26. 19. De. 28. 23, 24, 38. 2 Sa. 21. 1. 1 Ki. 17. 1-12; 18. 2. 2 Ki. 8. 1, 2. Ps. 105. 16; 107. 34. Je. 14. 1. Eze. 14. 13, 21. Joel 1. 10, 11, 16-20. Am. 4. 6. *Beth-lehem-judah.* Ju. 17. 8; 19. 1, 2.

2 *Elimelech.* The Rabbins say, that Elimelech was the son of Salmon, who married Rahab; and that Naomi was his niece. *Naomi.* ver. 20. *Mahlon.* It is imagined, and not without probability, that Mahlon and Chilion are the same with *Joash* and *Saraph*, mentioned in 1 Ch. 4. 22. *Ephrathites.* Ge. 35. 19. 1 Sa. 1. 1; 17. 12. Mi. 5. 2. *continued. Heb.* were.

3 *and she was.* 2 Ki. 4. 1. Ps. 34. 19. He. 12. 6, 10, 11.

4 *they took.* The Targum says, 'they transgressed the decree of the word of the Lord, and took to them strange women.' *wives.* De. 7. 3; 23. 3. 1 Ki. 11. 1, 2. *Ruth.* Mat. 1. 5.

5 A.M. 2696. B.C. 1308. An. Ex. Is. 183. *Mahlon.* De. 32. 39. Ps. 89. 30-32. Je. 2. 19. *died.* The Targum adds, 'And because they transgressed the decree of the word of the Lord, and joined affinity with strange people, therefore their days were cut off.' *and the woman.* Is. 49. 21. Mat. 22. 25-27. Lu. 7. 12.

6 *visited.* Ge. 21. 1; 50. 25. Ex. 3. 16; 4. 31. 1 Sa. 2. 21. Lu. 1. 68; 19. 44. 1 Pe. 2. 12. *in giving.* Ge. 28. 20; 48. 15. Ex. 16. 4-6. Ps. 104. 14, 15; 111. 5; 132. 15; 145. 15; 146. 7; 153. 15. Pr. 30. 8. Is. 55. 10. Mat. 6. 11. 1 Ti. 6. 8.

7 *she went.* 2 Ki. 8. 3. *they went.* ver. 10, 14. Ex. 18. 27.

8 *Go.* Jos. 24. 15, etc. Lu. 14. 25, etc. *the Lord.* Phi. 4. 18, 19. 2 Ti. 1. 16-18. *the dead.* ver. 5; ch. 2. 20. Ep. 5. 22; 6. 2, 3. Col. 3. 18, 24.

9 *rest.* ch. 3. 1. *she kissed.* Ge. 27. 27; 29. 11; 45. 15. Ac. 20. 37.

10 *Surely.* Ps. 16. 3; 119. 63. Zec. 8. 23.

11 *are there.* This alludes to the custom that when a married brother died, without leaving posterity, his brother should take his widow; and the children of such marriages were accounted those of the deceased brother. This address of Naomi to her daughter-in-law is exceedingly tender, persuasive, and affecting. *that they.* Ge. 38. 11. De. 25. 5.

12 *too old.* Ge. 17. 17. 1 Ti. 5. 9. *I should have. or,* I were with.

13 *tarry. Heb.* hope. *it grieveth me much. Heb.* I have much bitterness. *the hand.* De. 2. 15. Ju. 2. 15. 1 Sa. 5. 11. Job 19. 21. Ps. 32. 4; 38. 2; 39. 9, 10.

14 *Orpah.* Ge. 31. 28, 55. 1 Ki. 19. 20. Mat. 10. 37; 19. 22. 2 Ti. 4. 10. *but Ruth.* The LXX. add, και επεστρεψεν εις τον λαον αυτης, 'and returned to her own people.' The Vulgate, Syriac, and Arabic, are to the same purpose. It seems a very natural addition, and agrees with the assertion in the next verse; and is accordingly adopted by HOUBIGANT as a part of the text. De. 4. 4; 10. 20. Pr. 17. 17; 18. 24. Is. 14. 1. Zec. 8. 23. Mat. 16. 24. Jno. 6. 66-69. Ac. 17. 34. He. 10. 39.

15 *gone back.* Ps. 36. 3; 125. 5. Zep. 1. 6. Mat. 13. 20, 21. He. 10. 38. 1 Jno. 2. 19. *and unto.* They were probably both idolaters at this time. That they were *proselytes* is an unfounded conjecture; and the conversion of Ruth now only commenced. *her gods.* Ju. 11. 24. *return.* Jos. 24. 15, 19. 2 Sa. 15. 19, 20. 2 Ki. 2. 2. Lu. 14. 26-33; 24. 28.

16 *Ruth.* A more perfect surrender of friendly feelings to a friend was never made. This was a most extraordinary and disinterested attachment. *Intreat me not. or,* Be not against me. *to leave.* 2 Ki. 2. 2-6. Lu. 24. 28, 29. Ac. 21. 13. *whither.* 2 Sa. 15. 21. Mat. 8. 19. Jno. 13. 37. Re. 14. 4. *thy people.* ch. 2. 11, 12. Ps. 45. 10. Is. 14. 1. *thy God.* Jos. 24. 18. Da. 2. 47; 3. 29; 4. 37. Ho. 13. 4. 2 Co. 6. 16-18. 1 Th. 1. 9.

17 *the Lord.* 1 Sa. 3. 17; 25. 22. 2 Sa. 3. 9, 35; 19. 13. 1 Ki. 2. 23; 19. 2; 20. 10. 2 Ki. 6. 31. *but death.* Ac. 11. 23; 20. 24.

18 *When.* Ac. 21. 14. *was stedfastly minded. Heb.* strengthened herself. Ac. 2. 42. Ep. 6. 10.

19 *all the city.* From this it would appear that Naomi was not only well known, but also highly respected at Beth-lehem: a proof that Elimelech was of high consideration at that place. Mat. 21. 10. *Is this Naomi?* Is. 23. 7. La. 2. 15.

20 *Naomi. that is,* Pleasant. *Mara. that is,* Bitter. *the Almighty.* Ge. 17. 1; 43. 14. Job 5. 17; 11. 7. Re. 1. 8; 21. 22. *dealt.* Job 6. 4; 19. 6. Ps. 73. 14; 88. 15. Is. 38. 13. La. 3. 1-20. He. 12. 11.

21 *and the.* 1 Sa. 2. 7, 8. Job 1. 21. *the Lord.* Job 10. 17; 13. 26; 16. 8. Mal. 3. 5.

22 *in the beginning.* At the beginning of *Spring;* for the barley harvest began immediately after the passover, and that festival was held on the 15th of *Nisan*, corresponding nearly with our *March.* ch. 2. 23. Ex. 9. 31, 32. 2 Sa. 21. 9.

## CHAP. II.

*Ruth gleans in the field of Boaz,* 1-3. *Boaz takes notice of her,* 4-7, *and shews her great favour,* 8-17. *That which she got, she carries to Naomi,* 18-23.

1 *kinsman.* ch. 3. 2, 12. *a mighty.* De. 8. 17, 18. Job 1. 3; 31. 25. *Boaz.* Boaz, according to the Targumist, was the same as Ibzan. ch. 4. 21. Ju. 12. 8-10. 1 Ch. 2. 10-12. Mat. 1. 5. Lu. 3. 32. Booz.

2 *glean ears.* Le. 19. 9, 16; 23. 22. De. 24. 19-21.

3 *gleaned.* 1 Th. 4. 11, 12. 2 Th. 3. 12. *hap was. Heb.* hap happened. 2 Ki. 8. 5. Es. 6. 1, 2. Mat. 10. 29. Lu. 10. 31.

4 *The Lord.* Ps. 118. 26; 129. 7, 8. Lu. 1. 28. 2 Th. 3. 16. 2 Ti. 4. 22. 2 Jno. 10, 11. *And they.* ch. 4. 11. Ge. 18. 19. Jos. 24. 15. Ps. 133. 1-3. 1 Ti. 6. 2.

5 ch. 4. 21. 1 Ch. 2. 11, 12.

6 *the servant.* This seems to have been a kind of steward, who had the under-management of the estate. Ge. 15. 2; 24. 2; 39. 4. Mat. 20. 8; 24. 45. *It is the.* ch. 1. 16, 19, 22.

7 *I pray.* Pr. 15. 33; 18. 23. Mat. 5. 3. Ep. 5. 21. 1 Pe. 5. 5, 6. *continued.* Pr. 13. 4; 22. 29. Ec. 9. 10. Ro. 12. 11. Ga. 6. 9. *in the house.* It seems that the reapers were now resting in a *tent*, erected for that purpose; and that Ruth had just gone in with them, to take her rest also.

8 *my daughter.* 1 Sa. 3. 6, 16. 2 Ki. 5. 13. Mat. 9. 2, 22. *neither.* Ca. 1. 7, 8. *abide.* Mat. 10. 7-11. Phi. 4. 8.

9 *touch thee.* Ge. 20. 6. Job 19. 21. Ps. 105. 15. Pr. 6. 29. 1 Co. 7. 1. 1 Jno. 5. 18. *go.* Ge. 24. 18-20. Mat. 10. 42. Jno. 4. 7-11.

10 *fell.* Ge. 18. 2. 1 Sa. 25. 23. *Why have.* ver. 2, 13. 2 Sa. 9. 8; 19. 28. Lu. 1. 43, 48. Ro. 12. 10. *seeing.* Is. 56. 3-8. Mat. 15. 22-28; 25. 35. Lu. 7. 6, 7; 17. 16-18.

11 *all that.* ch. 1. 11, 14-24. Ps. 37. 5, 6. *and how.* Ps. 45. 10. Lu. 5. 11, 28; 14. 33; 18. 29, 30. He. 11. 8, 9, 24-26.

12 *recompense.* 1 Sa. 24. 19. Ps. 19. 11; 58. 11. Pr. 11. 18; 23. 18, marg. Mat. 5. 12; 6. 1; 10. 41, 42. Lu. 6. 35; 14. 12-14. Col. 2. 18. 2 Ti. 1. 18; 4. 8. He. 6. 10; 11. 6, 26. *wings.* ch. 1. 16. Ps. 17. 8; 36. 7; 57. 1; 61. 4; 63. 7; 91. 4. Mat. 23. 37.

13 *Let me find. or,* I find favour. Ge. 33. 8, 10, 15; 43. 14. 1 Sa. 1. 18. 2 Sa. 16. 4. *friendly. Heb.* to the heart. Ge. 34. 3. Ju. 19. 3. *not like.* 1 Sa. 25. 41. Pr. 15. 33. Phi. 2. 3.

14 *At meal-time.* Job 31. 16-22. Pr. 11. 24, 25. Is. 32. 8; 58. 7, 10, 11. Lu. 14. 12-14. *dip thy morsel.* Vinegar, robb of fruits, etc., are used for this purpose in the East to the present day; into which, says Dr. SHAW, they *dip the bread* and hand together. *parched.* 1 Sa. 17. 17; 25. 18. 2 Sa. 17. 28. *she did.* De. 8. 10; 11. 15. 2 Ki. 4. 43, 44. Mat. 14. 20. *was sufficed.* ver. 18. Ps. 23. 5.

15 *glean.* The word *glean* comes from the French *glaner*, to gather ears or grains of corn. This was formerly a general custom in England and Ireland: the poor went into the fields, and collected the straggling ears of corn after the reapers; and it was long supposed that this was their right, and that the law recognised it; but although it has been an old custom, it is now settled by a solemn judgment of the Court of Common Pleas, that a right to glean in the harvest field cannot be claimed by any person at common law. Any person may *permit* or *prevent* it on his own grounds. By the Irish Acts, 25 Henry VIII. c. 1, and 28 Henry VIII. c. 24, gleaning and leasing are so restricted as to be in fact prohibited in that part of the United Kingdom. *reproach. Heb.* shame. Ja. 1. 5.

16 De. 24. 19-21. Ps. 112. 9. Pr. 19. 17. Mat. 25. 40. Ro. 12. 13. 2 Co. 8. 5-11. Phile. 7. He. 6. 10. 1 Jno. 3. 17, 18.

17 *she gleaned.* Pr. 31. 27. 2 Th. 3. 10. *ephah.* Ex. 16. 36. Eze. 45. 11, 12.

18 *she had reserved.* ver. 14. Jno. 6. 12, 13. 1 Ti. 5. 4.

19 *blessed.* ver. 10. Ps. 41. 1. 2 Co. 9. 13-15. *Boaz.* 1 Ki. 7. 21.

20 *Blessed.* ch. 3. 10. 2 Sa. 2. 5. Job 29. 12, 13. 2 Ti. 1. 16-18. *hath not.* 2 Sa. 9. 1. Pr. 17. 17. Phi. 4. 10. *one of our. or,* one that hath right to redeem. ch. 3. 9; 4. 6. Le. 25. 25. De. 25. 5-7. Job 19. 25.

21 *Thou shalt.* ver. 7, 8, 22. Ca. 1. 7, 8. *young men.* The word *hannĕārim* should be translated *the servants;* both *male* and *female* being included in it, the latter especially; see ver. 8, 22, 23.

22 *Ruth.* Ruth is said, by the Targumist, to have been the daughter of Eglon, king of Moab. *It is good.* Pr. 27. 10. Ca. 1. 8. *meet. or,* fall not upon thee.

23 Pr. 6. 6-8; 13. 1, 20. 1 Co. 15. 33. Ep. 6. 1-3.

## CHAP. III.

*By Naomi's instruction,* 1-4. *Ruth lies at Boaz's feet,* 5-7. *Boaz acknowledges the right of a kinsman,* 8-13. *He sends her away with six measures of barley,* 14-18.

1 *shall I not.* ch. 1. 9. 1 Co. 7. 36. 1 Ti. 5. 8, 14. *may be.* Ge. 40. 14. De. 4. 40. Ps. 128. 2. Je. 22. 15, 16.

2 *is not Boaz.* ch. 2. 20-23. De. 25. 5, 6. He. 2. 11-14. *with whose.* ch. 2. 8, 23. *he winnoweth.* It is probable that the winnowing of grain was effected by taking up a portion of the corn in a sieve, and letting it down slowly in the wind; thus the grain would, by its own weight, fall in one place, while the chaff, etc., would be carried a distance by the wind. It is said here that this was done *at night;* probably what was threshed out in the day was winnowed in the evening, when the *sea breeze* set in, which was common in Palestine.

3 *anoint thee.* 2 Sa. 14. 2. Ps. 104. 15. Ec. 9. 8. Mat. 6. 17. *put thy.* Es. 5. 1. 1 Ti. 2. 9, 10.

4 *uncover his feet. or,* lift up the clothes that are on his feet. 1 Th. 5. 22.

6 *and did.* Ex. 20. 12. Pr. 1. 8. Jno. 2. 5; 15. 14.

7 *his heart.* Ge. 43. 34. Ju. 16. 25; 19. 6, 9, 22. 2 Sa. 13. 28. Es. 1. 10. Ps. 104. 15. Ec. 2. 24; 3. 12, 13; 8. 15; 9. 7; 10. 19. 1 Co. 10. 31. Ep. 5. 18. *went to lie.* Such was the simplicity of those early times, that the most wealthy persons looked after their own affairs, both at home and in the field. These threshing-floors were covered at top to keep off the rain, but lay open on all sides, that the wind might come in freely, for winnowing the corn; which being done, it is probable they were shut up at night, with doors fitted to them, that if any one lay there he might be kept warm, and the corn be secured from robbers.

8 *turned. or,* took hold on.

9 *Ruth.* ch. 2. 10-13. 1 Sa. 25. 41. Lu. 14. 11. *spread therefore. Heb.* 'spread thy wing:' the emblem of protection; and a metaphor taken from the young of fowls, which run under the wings of their mother from birds of prey. Even to the present day, when a Jew marries a woman, he throws the skirts of his *talith* over her, to signify that he has taken her under his protection. Eze. 16. 8. *a near kinsman. or,* one that has right to redeem. ver. 12; ch. 2. 20.

10 *Blessed.* ch. 2. 4, 20. 1 Co. 13. 4, 5. *at the beginning.* ch. 1. 8.

11 *city. Heb.* gate. Pr. 12. 4; 31. 10, 29-31.

12 *there is.* ch. 4. 1. Mat. 7. 12. 1 Th. 4. 6.

13 *if he will.* ch. 2. 20; 4. 5. De. 25. 5-9. Mat. 22. 24-27. *the Lord liveth.* Ju. 8. 19. Je. 4. 2. 2 Co. 1. 23. He. 6. 16.

14 *Let it not.* Ec. 7. 1. Ro. 12. 17; 14. 16. 1 Co. 10. 32. 2 Co. 8. 21. 1 Th. 5. 22. 1 Pe. 2. 12.

15 *vail. or,* sheet, *or* apron. The word *mitpachath* has been variously rendered. The LXX. translate it περιζωμα, an *apron*, and Vulgate, *pallium*, a *cloak*. By the circumstances of the story, it must have been of a considerable size; and accordingly Dr. SHAW thinks it was no other than the *hyke*, the finer sort of which, such as are still worn by ladies and persons of distinction among the Arabs, he takes to answer to the πεπλος, or *robe*, of the ancient Greeks. *he measured.* Is. 32. 8. Ga. 6. 10. *six measures.* The quantity of this barley is uncertain. The Targum renders it, *shith sein,* 'six seahs.' A seah contained about two gallons and a half, six of which must have been a very heavy load for a woman; and so the Targumist thought, for he adds, 'And she received strength from the Lord to carry it.'

16 *Who art thou. Or,* as the Vulgate renders, *Quid egisti filia?* 'What hast thou done, my daughter?'

18 *Sit still.* Ps. 37. 3-5. Is. 28. 16; 30. 7.

## CHAP. IV.

*Boaz calls into judgment the next kinsman,* 1-5. *He refuses the redemption according to the manner in Israel,* 6-8. *Boaz buys the inheritance,* 9, 10. *He marries Ruth,* 11, 12. *She bears Obed, the grandfather of David,* 13-17. *The generations of Pharez unto David,* 18-22.

1 *to the gate.* De. 16. 18; 17. 5; 21. 19; 25. 7. Job 29. 7; 31. 21. Am. 5. 10-12, 15. *the kinsman.* ch. 3. 12. *Ho, such.* Is. 55. 1. Zec. 2. 6.

2 *the elders.* Ex. 18. 21, 22; 21. 8. De. 29. 10; 31. 28. 1 Ki. 21. 8. Pr. 31. 23. La. 5. 14. Ac. 6. 12.

3 *he said.* Ps. 112. 5. Pr. 13. 10.

4 *I thought. Heb.* I said I will reveal *in* thine ear. *Buy it.* Je. 32. 7-9, 25. Ro. 12. 17. 2 Co. 8. 21. Phi. 4. 8. *before the inhabitants.* Ge. 23. 18. Je. 32. 10-12. *for there is none.* Le. 25. 25-29.

5 *What day.* Or rather, according to the emendations proposed by HOUBIGANT and Dr. KENNICOTT, and which have been confirmed by a great many MSS. since collated, and agreeably to the ancient versions, 'In the day thou purchasest the land from the hand of Naomi, thou wilt also acquire Ruth, the Moabitess, the wife of the dead,' etc. This is Boaz's statement of the case to his kinsman, before the people and elders. *to raise up.* ch. 3. 12, 13. Ge. 38. 8. De. 25. 5, 6. Mat. 22. 24. Lu. 20. 28.

6 *I cannot.* The Targum seems to give the proper sense of this passage: 'I cannot redeem it, because I have a wife already; and it is not fit for me to bring another into my house, lest brawling and contention arise in it; and lest I hurt my own inheritance. Do thou redeem it, for thou hast no wife; which hinders me from redeeming it.'

7 *a man plucked off.* This custom does not refer to the law about refusing to marry a brother's widow, but was usual in the transfer of inheritances: for this relative was not a *brother*, but simply a *kinsman;* and the shoe was not pulled off by Ruth, but by the kinsman himself. The Targumist, instead of *his shoe*, renders 'his right hand glove,' it probably being the custom, in his time, to give that instead of a shoe. JARCHI says, 'When we purchase any thing new, it is customary to give, instead of a shoe, a handkerchief or veil.' De. 25. 7-10.

9 *Ye are witnesses.* Ge. 23. 16-18. Je. 32. 10-12.

10 *have I.* Ge. 29. 18, 19, 27. Pr. 18. 22; 19. 14; 31. 10, 11. Ho. 3. 2; 12. 12. Ep. 5. 25. *the name.* De. 25. 6. Jos. 7. 9. Ps. 34. 16; 109. 15. Is. 48. 19. Zec. 13. 2. *ye are witnesses.* Is. 8. 2, 3. Mal. 2. 14. He. 13. 4.

11 *the Lord.* Ge. 24. 60. Ps. 127. 3-5; 128. 3-6. *Rachel.* Ge. 29. 32-35; 30. 1-24; 35. 16-20; 46. 8-27. Nu. ch. 26. *build.* De. 25. 9. Pr. 14. 1. *do thou worthily. or*, get thee riches, *or* power. *Ephratah.* ch. 1. 2. Ge. 35. 16, 19. Ps. 132. 6. Mi. 5. 2. Mat. 2. 6. *be famous. Heb.* proclaim *thy* name.

12 *the house.* Ge. 46. 12. Nu. 26. 20-22. *whom.* Ge. 38. 29. 1 Ch. 2. 4. Mat. 1. 3. *of the seed.* 1 Sa. 2. 20.

13 A.M. 2697. B.C. 1307. An. Ex. Is. 184. *Boaz.* ch. 3. 11. *the Lord.* ver. 12. Ge. 20. 17, 18; 21. 1-3; 25. 21; 29. 31; 30. 2, 22, 23; 33. 5. 1 Sa. 1. 27; 2. 5. Ps. 113. 9; 127. 3.

14 *the women.* Lu. 1. 58. Ro. 12. 15. 1 Co. 12. 26. *Blessed.* Ge. 29. 35. Ps. 34. 1-3; 103. 1, 2. 1 Th. 5. 18. 2 Th. 1. 3. *which hath.* Ge. 24. 27. *left thee. Heb.* caused to cease unto thee. *kinsman, or*, redeemer. *that his.* ver. 21, 22. Ge. 12. 2. Is. 11. 1-4. Mat. 1. 5-20.

15 *a nourisher*, etc. *Heb.* to nourish thy grey hairs. Ge. 45. 11; 47. 12. Ps. 55. 22. Is. 46. 4. *for thy.* ch. 1. 16-18. *better.* 1 Sa. 1. 8. Pr. 18. 24.

17 *the women.* Lu. 1. 58-63. *Obed.* That is, δουλευων, *serving*, or a *servant*, as JOSEPHUS interprets it. ver. 15.

18 *Pharez.* 1 Ch. 2. 4, etc; 4. 1. Mat. 1. 3. Lu. 3. 33, Phares, Esrom.

19 *begat Ram.* 1 Ch. 2. 9, 10. Mat. 1. 4. Lu. 3. 33, Aram, Aminadab.

20 *Nahshon.* Nu. 1. 7. Mat. 1. 4. Lu. 3. 32 Naasson. *Salmon. or*, Salmah.

21 *Salmon.* 1 Ch. 2. 11, Salma. Mat. 1. 5. Lu. 3. 32, *and Boaz.* 1 Ch. 2. 12. Mat. 1. 5. Lu. 3. 32, Booz.

22 *Jesse.* 1 Sa. 16. 1. Is. 11. 1. *David.* 1 Ch. 2. 15. Mat. 1. 6. Lu. 3. 31.

## CONCLUDING REMARKS ON THE BOOK OF RUTH.

This book is evidently a supplement to the book of Judges, and an introduction to that of Samuel, between which it is placed with great propriety. In the ancient Jewish canon, it formed a part of the book of Judges; but the modern Jews make it one of the five Megilloth, which they place towards the end of the Old Testament. This book has been attributed to various authors; but the best founded and generally received opinion, and in which the Jews coincide, is that which ascribes it to the prophet Samuel; before whose time it could not have been written, as is evident from the genealogy recorded in ch. 4. 17-22. The time in which the events detailed in this book happened is involved in much obscurity and uncertainty. *Augustine* refers it to the time of the regal government of the Hebrews; *Josephus* to the administration of Eli; *Moldenhawer*, after some Jewish writers, to the time of Ehud; *Rabbi Kimchi*, and other Jewish authors, to the time of Ibzan; *Bps. Patrick* and *Horne* to the judicature of Gideon; *Lightfoot* to the period between Ehud and Deborah; and *Usher*, who is followed by most chronologers, to the time of Shamgar. The authenticity and canonical authority of this sacred book cannot be questioned; and the Evangelists, in describing our Saviour's descent, have followed its genealogical accounts. To delineate part of this genealogy appears to be the principal design of the book; it had been foretold that the Messiah should be of the tribe of Judah, and it was *afterwards* revealed that he should be of the family of David; and therefore it was necessary, to prevent the least suspicion of fraud or design, that the history of that family should be written *before* these prophecies were revealed. And thus this book, these prophecies, and their accomplishment, serve mutually to illustrate each other. The whole narrative is extremely interesting and instructive, and is written with the most beautiful simplicity. The distress of Naomi; her affectionate concern for her daughter-in-law; the reluctant departure of Orpah; the dutiful attachment of Ruth; and the sorrowful return to Bethlehem, are very beautifully told. The simplicity of manners, likewise, which is shewn in the account of Ruth's industry and attention to Naomi; of the elegant charity of Boaz; and of his acknowledgment of his kindred with Ruth, afford a very pleasing contrast to the turbulent scenes described in the preceding book. And while it exhibits, in a striking and affecting manner, the care of Divine Providence over those who sincerely fear God, and honestly aim at fulfilling his will, the circumstance of a Moabitess becoming an ancestor of the Messiah seems to have been a pre-intimation of the admission of the Gentiles into his church. It must be remarked, that in the estimation of the Jews, it was disgraceful to David to have derived his birth from a Moabitess; and Shimei, in his revilings against him, is supposed by them to have tauntingly reflected on his descent from Ruth. This book, therefore, contains an intrinsic proof of its own verity, as it reveals a circumstance so little flattering to the sovereign of Israel; and it is scarcely necessary to appeal to its admission into the canon of Scripture, for a testimony of its authentic character. Add to which, that the native, the amiable *simplicity* in which the story is told, is a sufficient proof of its *genuineness.* There are several sympathetic circumstances recorded which no forger could have invented: there is too much of *nature* to admit any thing of *art.*

# The First Book of SAMUEL, otherwise called The First Book of the KINGS.

B.C. 1171. A.M. 2833.

## CHAP. I.

*Elkanah, a Levite, having two wives, worships yearly at Shiloh,* 1-3. *He cherishes Hannah, though barren, and provoked by Peninnah,* 4-8. *Hannah in grief prays for a child,* 9-11. *Eli first rebuking her, afterwards blesses her,* 12-18. *Hannah, having born Samuel, stays at home till he is weaned,* 19-23. *She presents him, according to her vow, to the Lord,* 24-28.

1 *Ramathaim-zophim.* This ancient town, now called *Ramla*, is, according to PHOCAS, about thirty-six miles west of Jerusalem, and, according to modern travellers, about nine miles from Joppa and a league from Lydda, between which it is situated. It is built on a rising ground, on a rich plain, and contains about two thousand families. ver. 19. Mat. 27. 57. Arimathea. *mount.* Ju. 17. 1; 19. 1. *Elkanah.* 1 Ch. 6. 25-27, 34. *Zuph.* ch. 9. 5. *Ephrathite.* ch. 17. 12. Ju. 12. 5. Ru. 1. 2. 1 Ki. 11. 26.

2 *two.* Ge. 4. 19, 23; 29. 23-29. Ju. 8. 30. Mat. 19. 8. *but.* Ge. 16. 1, 2; 25. 21; 29. 31. Ju. 13. 2. Lu. 1. 7.

3 *yearly. Heb.* from year to year. Ex. 23. 14, 17; 34. 23. De. 16. 16. Lu. 2. 41. *to worship.* De. 12. 5-7, 11-14. *Shiloh.* ver. 9. Jos. 18. 1. Ju. 18. 51. Ps. 78. 60. Je. 7. 12-14. *And the.* ver. 9; ch. 2. 12-17, 34; 3. 13; 4. 4, 11, 17, 18.

4 *offered.* Le. 3. 4; 7. 15. De. 12. 5-7, 17; 16. 11.

5 *a worthy portion. or,* a double portion. The Hebrew phrase, *manah achath appayim*, is correctly rendered by GESENIUS, ein Stück für zwei Personen, doppelte Portion, 'a portion for two persons, a double portion;' for *aph* in Hebrew, and προσωπον in Greek, which literally mean a *face*, are used for a *person.* Ge. 43. 34; 45. 22. *he loved.* Ge. 29. 30, 31. De. 21. 15. *shut up.* Ge. 20. 18; 30. 2.

6 *adversary.* Le. 18. 18. Job 6. 14. *provoked her. Heb.* angered her.

7 *year.* ch. 2. 19. *when she. or,* from the time that she. *Heb.* from her going up.

8 *why weepest.* 2 Sa. 12. 16, 17. 2 Ki. 8. 12. Job 6. 14. Jno. 20. 13, 15. 1 Th. 5. 14. *am not.* Ru. 4. 15. Ps. 43. 4. Is. 54. 1, 6.

9 ch. 3. 3, 15. 2 Sa. 7. 2. Ps. 5. 7; 27. 4; 29. 9.

10 *in bitterness of soul. Heb.* bitter of soul. Ru. 1. 20. 2 Sa. 17. 8. Job 7. 11; 9. 18; 10. 1. Is. 38. 15; 54. 6. La. 3. 15. *prayed.* Ps. 50. 15; 91. 15. Lu. 22. 44. He. 5. 7. *wept sore.* Ge. 50. 10. Ju. 21. 2. 2 Sa. 13. 36. 2 Ki. 20. 3. Je. 13. 17; 22. 10.

11 *vowed.* Ge. 28. 20. Nu. 21. 2; 30. 3-8. Ju. 11. 30. Ec. 5. 4. *look.* Ge. 29. 32. Ex. 4. 31. 2 Sa. 16. 12. Ps. 25. 18. *remember.* ver. 19. Ge. 8. 1; 30. 22. Ps. 132. 1, 2. *a man child. Heb.* seed of men. *I will give.* Samuel, as a descendant of *Levi*, was the Lord's property, from twenty-five years of age till fifty; but the vow here implies that he should be consecrated to the Lord from his infancy to his death, and that he should not only act as a *Levite*, but as a *Nazarite.* *there.* Nu. 6. 5. Ju. 13. 5.

12 *continued praying. Heb.* multiplied to pray. Lu. 11. 8-10; 18. 1. Ep. 6. 18. Col. 4. 2. 1 Th. 5. 17. Ja. 5. 16.

13 *spake.* Ge. 24. 42-45. Ne. 2. 4. Ps. 25. 1. Ro. 8. 26. *she had.* Zec. 9. 15. Ac. 2. 13. 1 Co. 13. 7.

14 *How long.* Jos. 22. 12-20. Job 8. 2. Ps. 62. 3. Pr. 6. 9. Mat. 7. 1-3. *put away.* Job 11. 14; 22. 23. Pr. 4. 24. Ep. 4. 25, 31.

15 *No, my Lord.* Pr. 15. 1; 25. 15. *of a sorrowful spirit. Heb.* hard of spirit. *poured.* Ps. 42. 4; 62. 8; 142. 2, 3; 143. 6. La. 2. 19.

16 *a daughter.* ch. 2. 12; 10. 27; 25. 25. De. 13. 13. *out of.* Job 6. 2, 3; 10. 1, 2. Mat. 12. 34, 35. *complaint. or,* meditation.

17 *Go.* ch. 25. 35; 29. 7. Ju. 18. 6. 2 Ki. 5. 19. Mar. 5. 34. Lu. 7. 50; 8. 48. *the God.* 1 Ch. 4. 10. Ps. 20. 3-5.

18 *Let thine.* Ge. 32. 5; 33. 8, 15. Ru. 2. 13. *went. her.* Ec. 9. 7. Jno. 16. 24. Ro. 15. 13. Phi. 4. 6, 7.

19 *they rose.* ch. 9. 26. Ps. 5. 3; 55. 17; 119. 147. Mar. 1. 35. *knew.* Ge. 4. 1. *and the Lord.* ver. 11. Ge. 8. 1; 21. 1; 30. 22. Ps. 25. 7; 136. 23. Lu. 23. 42.

20 *when the time was come about. Heb.* in revolution of days. *Samuel. that is,* Asked of God. *Because.* Ge. 4. 25; 5. 29; 16. 11; 20. 32-35; 30. 6-21; 41. 51, 52. Ex. 2. 10, 22. Mat. 1. 21.

21 ver. 3. Ge. 18. 19. Jos. 24. 15. Ps. 101. 2.

22 *then.* De. 16. 16. Lu. 2. 22, 41, 42. *and there.* ver. 11, 28; ch. 2. 11, 18; 3. 1. Ps. 23. 6; 27. 4. *for ever.* Ex. 21. 6. Le. 25. 23. Jos. 4. 7. Ps. 110. 4. Is. 9. 7.

23 *Do what.* Nu. 30. 7-11. *the Lord.* 2 Sa. 7. 25. Is. 44. 26. *son suck.* Ge. 21. 7, 8. Ps. 22. 9. Mat. 24. 19. Lu. 11. 27.

24 A.M. 2839. B.C. 1165. An. Ex. Is. 326. *she took.* Nu. 15. 9, 10. De. 12. 5, 6, 11; 16. 16. *three bullocks.* The LXX., Syriac, and Arabic, read 'a bullock of three years old;' which is probably correct, as we read (ver. 25) that they slew *eth happar*, '*the* bullock.' *house.* ch. 4. 3, 4. Jos. 18. 1.

25 *brought.* Lu. 2. 22; 18. 15, 16.

26 *as thy soul.* ch. 17. 55; 20. 3. Ge. 42. 15. 2 Sa. 11. 11; 14. 19. 2 Ki. 2. 2, 4, 6; 4. 30.

27 *For this.* ver. 11-13. Mat. 7. 7. *and the Lord.* Ps. 66. 19; 116. 1-5; 118. 5. 1 Jno. 5. 15.

28 *lent him. or,* returned him, whom I have obtained by petition, to the Lord. The word *hishilteehoo*, 'I have lent him,' is the Hiphil conjugation of *shaäl*, 'he asked,' (ver. 27,) and refers to the name of Samuel. *he shall be. or,* he whom I have obtained by petition shall be returned. *he worshipped.* Ge. 24. 26, 48, 52. 2 Ti. 3. 15.

## CHAP. II.

*Hannah's song in thankfulness,* 1-11. *The sin of Eli's sons,* 12-17. *Samuel's ministry,* 18, 19. *By Eli's blessing Hannah is more fruitful,* 20, 21. *Eli reproves his sons,* 22-26. *A prophecy against Eli's house,* 27-36.

1 *prayed.* Ne. 11. 17. Hab. 3. 1. Phi. 4. 6. *My heart.* Lu. 1. 46, 47, etc. Ro. 5. 11. Phi. 3. 3; 4. 4. 1 Pe. 1. 8. *mine horn.* Ps. 18. 2; 89. 17; 92. 10; 112. 8, 9. Lu. 1. 69. *my mouth.* Ex. 15. 1, 21. Ju. 5. 1, 2. Ps. 51. 15; 71. 8. Re. 18. 20. *I rejoice.* Ps. 9. 14; 13. 5; 20. 5; 35. 9; 118. 14. Is. 12. 2, 3. Hab. 3. 18.

2 *none holy.* Ex. 15. 11. De. 32. 4. Ps. 99. 5, 9; 111. 9. Is. 6. 3; 57. 15. 1 Pe. 1. 16. Ro. 4. 8; 15. 4. *none beside.* De. 4. 35. 2 Sa. 22. 32. Ps. 73. 25. Is. 43. 10, 11; 44. 6, 8. *rock.* De. 3. 24; 32. 30, 31, 39. Ps. 18. 2; 71. 3, 19; 86. 8; 89. 6, 8. Is. 40. 18. Je. 10. 6.

3 *let not arrogancy. Heb.* hard. Ps. 94. 4. Pr. 8. 13. Is. 37. 23. Da. 4. 30, 31, 37. Mal. 3. 13. Jude 15, 16. *a God.* 1 Ki. 8. 39. Ps. 44. 21; 94. 7-10; 147. 5. Je. 17. 10. He. 4. 12. Re. 2. 23. *by him.* Job 31. 6. Is. 26. 7. Da. 5. 27.

4 *The bows.* Ps. 37. 15, 17; 46. 9; 76. 3. *stumbled.* Is. 10. 4. Je. 37. 10. 2 Co. 4. 9, 10; 12. 9. Ep. 6. 14. Phi. 4. 13. He. 11. 34.

5 *full.* Ps. 34. 10. Lu. 1. 53; 16. 25. *the barren.* ch. 1. 20. Ps. 113. 9. *waxed feeble.* ch. 1. 6. Is. 54. 1. Je. 15. 9. Ga. 4. 27.

6 *killeth.* De. 32. 39. 2 Ki. 5. 7. Job 5. 18. Ps. 68. 20. Ho. 6. 1, 2. Jno. 5. 25-29; 11. 25. Re. 1. 18. *he bringeth.* ch. 20. 3. Ps. 116. 3. Is. 26. 19. Jon. 2. 2-6. Mat. 12. 40. 2 Co. 1. 9, 10.

7 *maketh.* De. 8. 17, 18. Job 1. 21; 5. 11. Ps. 102.

10. *bringeth.* Ps. 75. 7. Is. 2. 12. Ja. 1. 9, 10; 4. 10.

8 *the poor.* Job 2. 8; 42. 10-12. Ps. 113. 7, 8. Da. 4. 17. Lu. 1. 51, 52. *set them.* ch. 15. 17. Ge. 41. 14, 40. 2 Sa. 7, 8. Job 36. 6, 7. Ec. 4. 14. Da. 2. 48; 6. 3. Ja. 2. 5. Re. 1. 6; 3. 21; 5. 10; 22. 5. *the pillars.* Job 38. 4-6. Ps. 24. 2; 102. 25; 104. 5. He. 1. 3.

9 *will keep.* Job 5. 24. Ps. 37. 23, 24; 91. 11, 12; 94. 18; 121. 3, 5, 8. Pr. 16. 9. 1 Pe. 1. 5. *his saints.* De. 33. 3. Ps. 37. 28; 97. 10. Pr. 2. 8. Jude 1, 3. *be silent.* Job 5. 16. Ec. 5. 17. Je. 8. 14. Zep. 1. 15. Mat. 8. 12; 22. 12, 13. Ro. 3. 19. 2 Pe. 2. 17. Jude 13. *by strength.* ch. 17. 49, 50. Ps. 33. 16, 17. Ec. 9. 11. Je. 9. 23. Zec. 4. 6.

10 *adversaries.* Ex. 15. 6. Ju. 5. 31. Ps. 2. 9; 21. 8, 9; 68. 1, 2; 92. 9. Lu. 19. 27. *out of heaven.* The LXX. insert, 'Let not the wise glory in his wisdom, nor the strong glory in his strength, nor the rich glory in his riches; but let him who glorieth glory in this, that he understandeth and knoweth the Lord, and executeth judgment and righteousness in the midst of the earth.' *he thunder.* ch. 7. 10; 12. 18. Job 40. 9. Ps. 18. 13, 14. *judge.* Ps. 50. 1-6; 96. 13; 98. 9. Ec. 11. 9; 12. 14. Mat. 25. 31, 32. Jno. 5. 21, 22. Ro. 14. 10-12. 2 Co. 5. 10. Re. 20. 11-15. *he shall.* ch. 12. 13; 15. 28; 16. 1. 2 Sa. 7. 8, 13. Ps. 2. 6; 21. 1, 7. Is. 32. 1; 45. 24. Mat. 25. 34; 28. 18. *exalt.* Ps. 89. 17, 24; 92. 10; 148. 14. Lu. 1. 69. *anointed.* ch. 12. 3. Ps. 2. 2; 20. 6; 28. 8; 45. 7. Ac. 4. 27; 10. 38.

11 *minister.* ver. 18; ch. 1. 28; 3. 1, 15.

12 *the sons.* Ho. 4. 6-9. Mal. 2. 1-9. *sons of Belial.* ch. 10. 27; 25. 17. De. 13. 13. Ju. 19. 22. 1 Ki. 21. 10, 13. 2 Co. 6. 15. *knew.* ch. 3. 7. Ju. 2. 10. Je. 2. 8; 22. 16. Jno. 8. 55; 16. 3; 17. 3. Ro. 1. 21, 28-30.

14 *all that the flesh-hook.* ver. 29. Ex. 29. 27, 28. Le. 7. 34. Is. 56. 11. Mal. 1. 10. 2 Pe. 2. 13-15.

15 Le. 3. 3-5, 16. Ro. 16. 18. Phi. 3. 19. Jude 12.

16 *presently. Heb.* as on the day. Le. 3. 16; 7. 23-25. *I will take.* Ju. 18. 25. Ne. 5. 15. Mi. 2. 1, 2; 3. 5. 1 Pe. 5. 2, 3.

17 *before.* Ge. 6. 11; 10. 9; 13. 13. 2 Ki. 21. 6. Ps. 51. 4. Is. 3. 8. *abhorred.* Mal. 2. 8, 13. Mat. 18. 7.

18 *ministered.* ver. 11; ch. 3. 1. *a linen ephod.* ch. 22. 18. Ex. 28. 4. Le. 8. 7. 2 Sa. 6. 14.

19 *a little coat. Meil katon,* 'a little cloak' or *surtout;* an upper garment: see note on Ex. 28. 4. *from year to year.* ch. 1. 3, 21. Ex. 23. 14.

20 The natural place for this verse seems to be before the 11th, after which the 21st should probably come in; and after the 21st, perhaps the 26th should follow. *blessed.* Ge. 14. 19; 27. 27-29. Nu. 6. 23-27. Ru. 2. 12; 4. 11. *loan. or,* petition which she asked, etc. ch. 1. 27, 28.

21 *visited.* ch. 1. 19, 20. Ge. 21. 1. Lu. 1. 68. *grew.* ver. 26; ch. 3. 19. Ju. 13. 24. Lu. 1. 80; 2. 40, 52.

22 *Now.* ch. 8. 1. *did unto.* ver. 13-17. Je. 7. 9, 10. Eze. 22. 26. Ho. 4. 9-11. *women.* It is probable that these were persons who had some employment about the tabernacle: see note on Ex. 38. 8. *assembled.* assembled by troops. Ex. 38. 8.

23 *Why.* 1 Ki. 1. 6. Ac. 9. 4; 14. 15. *I hear,* etc. *or,* I hear evil words of you. *by all.* Is. 3. 9. Je. 3. 3; 8. 12. Phi. 3. 19.

24 *no good.* Ac. 6. 3. 2 Co. 6. 8. 1 Ti. 3. 7. 3 Jno. 12. *ye make.* ver. 17, 22. Ex. 32. 21. 1 Ki. 13. 18-21; 15. 30. 2 Ki. 10. 31. Mal. 2. 8. Mat. 18. 7. 2 Pe. 2. 18. Re. 2. 20. *transgress. or,* cry out.

25 *sin against.* De. 17. 8-12; 25. 1-3. *if a man.* ch. 3. 14. Nu. 15. 30. Ps. 51. 4, 16. He. 10. 26. *who shall.* 1 Ti. 2. 5. He. 7. 25. *hearkened.* De. 2. 30. Jos. 11. 20. 2 Ch. 25. 16. Pr. 15. 10. Jno. 12. 39, 40. *because.* Rather, *therefore,* as the particle *kee* also signifies, (see Ps. 116. 10:) so NOLDIUS, IDEO *voluit Jehova eos interficere,* 'THEREFORE Jehovah purposed to destroy them.'

26 *grew on.* ver. 21. *was in.* Pr. 3. 3. Lu. 1. 80; 2. 40, 52. Ac. 2. 47. Ro. 14. 18.

27 *a man.* ch. 9. 4. De. 33. 1. Ju. 6. 8; 13. 6. 1 Ki. 13. 1. 1 Ti. 6. 11. 2 Pe. 1. 21. *Did I.* Ex. 4. 14, 27.

28 *And did I.* Ex. 28. 1, 4, 6-30; 29. 4, etc.; 39. 1, etc. Le. 8. 7, 8. Nu. 16. 5; 17. 5-8; 18. 1-7. 2 Sa. 12. 7. *did I give.* Le. 2. 3, 10; 6. 16; 7. 7, 8, 32, 34, 35; 10. 14, 15. Nu. 5. 9, 10; 18. 8, 19. De. 18. 1-8.

29 *kick ye.* ver. 13-17. De. 32. 15. Mal. 1. 12, 13. *and at mine.* They disdained to take the *part* allowed by the law; and would take for themselves *what* part they pleased, and as *much* as they pleased. ver. 13-16. *habitation.* De. 12. 5, 6. Jos. 18. 1. *and honourest.* By permitting his sons to deal thus with the sacrifices, and to be served *first,* by taking their part *before* the fat, etc., was burnt to the Lord, Eli thus honoured his sons *above* God. Le. 19. 15. De. 33. 9. Mat. 10. 37; 22. 16. Lu. 14. 26. 2 Co. 5. 16. Ja. 3. 17. *make.* ver. 13-16. Is. 56. 11, 12. Eze. 13. 19; 34. 2. Ho. 4. 8. Mi. 3. 5. Ro. 16. 18.

30 *I said.* Ex. 28. 43; 29. 9. Nu. 25. 11-13. *Be it far.* Nu. 45. 34, marg. 2 Ch. 15. 2. Je. 18. 9, 10. *them.* Ju. 9. 10. Ps. 50. 23. Pr. 3. 9, 10. Is. 29. 13. Da. 4. 34. Mal. 1. 6. Jno. 5. 23; 8. 49; 13. 31, 32; 17. 4, 5. *I will honour.* Ps. 18. 20; 91. 14. Jno. 5. 44; 12. 26. 1 Co. 4. 5. 1 Pe. 1. 7. *that despise.* Nu. 11. 20. 2 Sa. 12. 9, 10. Mal. 2. 8, 9.

31 *I will cut.* That is, I will destroy the strength, power, influence, and authority of thee and thy family; of which the arm of man being the instrument, is used as the emblem. ch. 4. 2, 11, 17-20; 14. 3; 22. 17-20. 1 Ki. 2. 26, 27, 35. Job 22. 9. Ps. 37. 17. Eze. 30. 21-24; 44. 10.

32 *an enemy,* etc. *or,* the affliction of the tabernacle, for all the wealth which God would have given Israel. This appears to be the right translation; for, agreeably to this prediction, he *did* see the tabernacle deprived of the ark, which was its glory, and lived to hear that it was captured by the Philistines. ch. 4. 4, 11, 22. Ps. 78. 59-64. *an old man.* Zec. 8. 4.

33 *to consume.* ch. 22. 21-23. 1 Ki. 1. 7, 19; 2. 26, 27. Mat. 2. 16-18. *in the flower,* etc. *Heb.* men.

34 *a sign.* ch. 3. 12. 1 Ki. 13. 3; 14. 12. *in one day.* ch. 4. 11, 17.

35 *I will raise.* 1 Ki. 1. 8, 45; 2. 35. 1 Ch. 29. 22. Eze. 34. 23; 44. 15, 16. He. 2. 17; 7. 26-28. *I will build.* ch. 25. 28. Ex. 1. 21. Nu. 25. 13. 2 Sa. 7. 11, 27. 1 Ki. 11. 38. 1 Ch. 6. 8-15. Ne. 12. 10, 11. *mine.* Ps. 2. 2; 18. 50.

36 *is left.* 1 Ki. 2. 27. Eze. 44. 10-12. *Put. Heb.* Join. *one of the priest's offices. Heb.* somewhat about the priesthood. *eat.* ver. 29, 30. Mal. 1. 13.

## CHAP. III.

*How the word of the Lord was first revealed to Samuel, 1-10. God tells Samuel the destruction of Eli's house, 11-14. Samuel, though loath, tells Eli the vision, 15-18. Samuel grows in credit, 19-21.*

1 *the child.* ver. 15; ch. 2. 11, 18. *the word.* ver. 21. Ps. 74. 9. Is. 13. 12. Am. 8. 11, 12.

2 *his eyes.* ch. 2. 22; 4. 15. Ge. 27. 1; 48. 19. Ps. 90. 10. Ec. 12. 3.

3 *ere.* Before sun-rise: for it is probable the lamps were extinguished before the rising of the sun; see the Parallel Passages. *the lamp.* Ex. 27. 20, 21; 30. 7, 8. Le. 24. 2-4. 2 Ch. 13. 11. *the temple.* ch. 1. 3. Ps. 5. 7; 27. 4; 29. 9.

4 *called Samuel.* Ge. 22. 1. Ex. 3. 4. Ps. 99. 6. Ac. 9. 4. 1 Co. 12. 6-11, 28. Ga. 1. 15, 16.

6 ch. 4. 16. Ge. 43. 29. 2 Sa. 18. 22. Mat. 9. 2.

7 *Now Samuel. or,* Thus *did* Samuel before he knew the Lord, and before the word of the Lord was revealed unto him. *did not yet.* Samuel was not destitute of the knowledge of God, in that sense which implies the total absence of true piety, as Eli's sons were; for he *knew* and *worshipped* the God of Israel: but he did not know him as communicating special revelations of his will to him, in the manner in which he made it known to the prophets. Je. 9. 24. Ac. 19. 2.

8 *the third.* Job 33. 14, 15. Although Samuel did not apprehend the way in which God reveals himself to his servants the prophets—by the '*still small voice*'—yet when this direct communication from the Almighty was made the third time, in a way altogether new and strange to him, it seems astonishing that he did not immediately apprehend. Perhaps he would have been sooner aware of a divine revelation, had it come in a dream or a vision. Those who have the greatest knowledge of divine things, should remember the time when they were as babes, unskilful in the word of righteousness. 1 Co. 13. 11, 12.

9 *Speak.* Ex. 20. 19. Ps. 85. 8. Is. 6. 8. Da. 10. 19. Ac. 9. 6.

10 *the Lord came.* This seems to imply a visible appearance, as well as an audible voice. *as at other.* ver. 4-6, 8. Samuel did not now rise and run as before, when he thought Eli called, but lay still and listened. All must be silent, when God speaks. Observe, however, Samuel in his reply left out one word: he did not say, *Speak, Lord*, but only, *Speak, for thy servant heareth;* perhaps, as Bp. PATRICK suggests, out of uncertainty, whether it was God that spake to him or not. However, by this answer way was made for the message he was now to receive, and Samuel was brought acquainted with the words of God and visions of the Almighty.

11 *I will do.* Is. 29. 14. Am. 3. 6, 7. Hab. 1. 5. Ac. 13. 41. *both the ears.* 2 Ki. 21. 12. Is. 28. 19. Je. 19. 3. Lu. 21. 26.

12 *I will perform.* ch. 2. 27-36. Nu. 23. 19. Jos. 23. 15. Zec. 1. 6. Lu. 21. 33. *when I begin*, etc. *Heb.* beginning and ending.

13 *For I have told him. or*, And I will tell him, etc. ch. 2. 27-30, etc. *I will.* 2 Ch. 20. 12. Eze. 7. 3; 18. 30. Joel 3. 12. *which he knoweth.* 1 Ki. 2. 44. Ec. 7. 22. 1 Jno. 3. 20. *his sons.* ch. 2. 12, 17, 22, 23, etc. *vile. or*, accursed. *restrained them not. Heb.* frowned not upon them. ch. 2. 23-25. 1 Ki. 1. 6. Pr. 19. 18; 23. 13, 14; 29. 15. Mat. 10. 37.

14 *the iniquity.* ch. 2. 25. Nu. 15. 30, 31. Ps. 51. 16. Is. 22. 14. Je. 7. 16; 15. 1. Eze. 24. 13. He. 10. 4-10, 26-31.

15 *opened.* ch. 1. 9. Mal. 1. 10. *Samuel.* Samuel reverenced Eli as a father, and feared to distress him by shewing what God had purposed to do. It does not appear that God commanded Samuel to deliver this message; he therefore did not attempt it till adjured by Eli. It might be supposed that Samuel would have been so full of ecstacy as to have forgotten his ordinary service, and run amongst his friends to tell them of the converse he had had with God in the night: but he modestly keeps it to himself. Our secret communion with God is not to be proclaimed on the house-top. *feared.* Je. 1. 6-8. 1 Co. 16. 10, 11.

17 *I pray thee.* Ps. 141. 5. Da. 4. 19. Mi. 2. 7. *God.* ch. 20. 13. Ru. 1. 17. 2 Sa. 3. 35; 19. 13. 1 Ki. 22. 16. Mat. 26. 63. *more also. Heb.* so add. *thing. or*, word.

18 *every whit. Heb.* all the things, *or*, words. *Whit*, or *wid*, comes from the Anglo-Saxon *wiht*, which signifies *person, thing*, etc.: *every whit* is *every thing:* equivalent to *every jot. It is the Lord.* Ge. 18. 25. Ju. 10. 15. 2 Sa. 16. 10-12. Job 1. 21; 2. 10. Ps. 39. 9. Is. 39. 8. La. 3. 39. 1 Pe. 5. 6.

19 *grew.* ch. 2. 21. Ju. 13. 24. Lu. 1. 80; 2. 40, 52. *the Lord.* ch. 18. 14. Ge. 39. 2, 21-23. Is. 43. 2. Mat. 1. 23. Lu. 1. 28. 2 Co. 13. 11, 14. 2 Ti. 4. 22. *let none.* ch. 9. 6. 1 Ki. 8. 56. Is. 44. 26.

20 *Dan.* Ju. 20. 1. 2 Sa. 3. 10; 17. 11. *established. or*, faithful. 1 Ti. 1. 12.

21 *And the Lord. Wyyoseph yehowah lehairaöh*, 'And Jehovah *added* to appear:' that is, He *continued* to reveal himself to Samuel at Shiloh. *appeared.* Ge. 12. 7; 15. 1. Nu. 12. 6. Am. 3. 7. He. 1. 1. *the word.* ver. 1, 4.

## CHAP. IV.

*The Israelites are overcome by the Philistines at Eben-ezer*, 1, 2. *They fetch the ark unto the terror of the Philistines*, 3-9. *They are smitten again, the ark taken, and Hophni and Phinehas are slain*, 10, 11. *Eli at the news, falling backward, breaks his neck*, 12-18. *Phinehas's wife, discouraged in her travail with I-chabod, dies*, 19-22.

1 A.M. 2863. B.C. 1141. An. Ex. Is. 350. *came. or*, came to pass. *Heb.* was. ch. 3. 11. *Eben-ezer.* That is, the *place* afterwards so called. See the Parallel Texts. ch. 5. 1; 7. 12. *Aphek.* This *Aphek* was situated in the tribe of Judah, and is probably the same as *Aphekah.* Jos. 15. 53. It must be carefully distinguished from that near Jezreel, and another in Asher. ch. 29. 1. Jos. 19. 30. 1 Ki. 20. 30.

2 *put.* ch. 17. 8, 21. *they joined battle. Heb.* the battle was spread. *Israel.* Jos. 7. 5-8, 12. Ps. 44. 9, 10. *and they.* Ps. 79. 7, 8; 106. 40, 41. La. 3. 40. *the army. Heb.* the array.

3 *Wherefore.* De. 29. 24. Ps. 74. 1, 11. Is. 50. 1; 58. 3. *Let us.* ch. 14. 18. Nu. 31. 6. Jos. 6. 4, 5. 2 Sa. 15. 25. Is. 1. 11-15. Je. 7. 4, 8-15. Mat. 3. 9, 10. *fetch. Heb.* take unto us. *the ark.* Nu. 10. 33. De. 31. 26. Jos. 4. 7. 1 Ch. 17. 1. Je. 3. 16. He. 9. 4. *it may save.* Je. 7. 8-11. Am. 5. 21, 22. Mat. 23. 25-28. Ro. 2. 28, 29. 1 Co. 10. 1-5. 2 Ti. 3. 5. 1 Pe. 3. 21. Jude 5.

4 *which dwelleth.* 2 Sa. 6. 2. 2 Ki. 19. 15. Ps. 80. 1; 99. 1. *the cherubims.* Ex. 25. 18-22. Nu. 7. 89. *Hophni.* ch. 2. 12-17, 22. Ps. 50. 16, 17. Mal. 1. 9. Ac. 19. 15, 16. *with the ark.* Nu. 4. 5, 15.

5 *all Israel.* They vainly supposed that the ark would save them, when the God of it had departed from them because of their wickedness. Ju. 15. 14. Job 20. 5. Je. 7. 4. Am. 6. 3. Mi. 2. 11.

6 *What meaneth.* Ex. 32. 17, 18.

7 *were afraid.* Ex. 14. 25; 15. 14-16. De. 32. 30. *heretofore. Heb.* yesterday *or* the third day.

8 *smote.* Ex. 7. 5; 9. 14. Ps. 78. 43-51.

9 *Be strong.* 2 Sa. 10. 12. 1 Co. 16. 13. Ep. 6. 10, 11. *as they have.* De. 28. 47, 48. Ju. 10. 7; 13. 1. Is. 14. 2; 33. 1. *quit yourselves like men. Heb.* be men.

10 *Israel.* ver. 2. Le. 26. 17. De. 28. 25. Ps. 78. 9, 60-64. *every man.* 2 Sa. 20. 1. 1 Ki. 12. 16; 22. 36. 2 Ki. 14. 12. *a very great.* 2 Sa. 18. 7. 2 Ch. 13. 17; 28. 5, 6. Is. 10. 3-6.

11 *the ark.* ch. 2. 32. Ps. 78. 61. *the two sons.* ch. 2. 34. Ps. 78. 64. Is. 3. 11. *were slain. Heb.* died.

12 *with his clothes rent.* These, as we have already remarked, were the general signs of *sorrow* and *distress.* 2 Sa. 1. 2. *with earth.* Jos. 7. 6. 2 Sa. 13. 19; 15. 32. Ne. 9. 1. Job 2. 12.

13 *sat upon.* ch. 1. 9. *his heart.* Jos. 7. 9. Ne. 1. 3, 4. Ps. 26. 8; 79. 1-8; 137. 4-6.

14 *What meaneth.* ver. 6.

15 *ninety.* ch. 3. 2. Ps. 90. 10. *and his eyes.* See on Ge. 27. 1. *were dim. Heb.* stood.

16 *What is there done. Heb.* What is the thing. 2 Sa. 1. 4. *my son.* See on ch. 3. 6. Jos. 7. 19.

17 *Israel.* ver. 10, 11; ch. 3. 11.

18 *when he made.* ver. 21, 22. Ps. 26. 8; 42. 3, 10; 69. 9. La. 2. 15-19. *his neck.* ch. 2. 31, 32; 3. 12, 13. Le. 10. 3. 1 Co. 11. 30-32. 1 Pe. 4. 17, 18. *And he had.* '*He seems to have been a judge to do justice only, and that in south-west Israel.*'

19 *be delivered. or*, cry out. *came upon her. Heb.* were turned.

20 *Fear not.* Ge. 35. 17, 18. Jno. 16. 21. *neither did she regard it. Heb.* and set not her heart. Ps. 77. 2.

21 *I-chabod. that is*, Where *is* the glory? *or There is* no glory. ch. 14. 3. *The glory.* Ps. 26. 8 78. 61, 64; 106. 20. Je. 2. 11. Ho. 9. 12.

22 *The glory.* Ps. 137. 5, 6. Jno. 2. 17.

## CHAP. V.

*The Philistines having brought the ark into Ashdod, set it in the house of Dagon,* 1, 2. *Dagon is smitten down and cut in pieces, and they of Ashdod smitten with emerods,* 3-7. *So God deals with them of Gath, when it was brought thither,* 8, 9; *and so with them of Ekron, when it was brought thither,* 10-12.

*took.* ch. 4. 11, 17, 18, 22. Ps. 78. 61. *Eben-ezer.* ch. 4. 1; 7. 12. *Ashdod.* *Ashdod,* called *Azotus* by the Greeks, was one of the five satrapies of the Philistines, and a place of great strength and consequence. It was situated near the Mediterranean, between Askelon and Jamnia, thirty-four miles north of Gaza, according to DIODORUS SICULUS, and the Antonine and Jerusalem Itineraries. It is now called *Shdood*; and Dr. RICHARDSON says they neither saw nor heard of any ruins there. 'The ground,' he observes, 'around Ashdod is beautifully undulating, but not half stocked with cattle. The site of the town is on the summit of a grassy hill; and, if we are to believe historians, was anciently as strong as it was beautiful.' Jos. 11. 22. Ac. 8. 40. Azotus.

2 *of Dagon.* Ju. 16. 23. 1 Ch. 10. 10. Da. 5. 2, 23. Hab. 1. 11, 16.

3 *Dagon was.* Ex. 12. 12. Ps. 97. 7. Is. 19. 1; 46. 1, 2. Zep. 2. 11. Mar. 3. 11. Lu. 10. 18-20. 2 Co. 6. 14-16. *set him.* Is. 19. 1; 40. 20; 41. 7; 44. 17-20; 46. 1, 2, 7. Je. 10. 8.

4 *the head.* Is. 2. 18, 19; 27. 9. Je. 10. 11; 50. 2. Eze. 6. 4-6. Da. 11. 8. Mi. 1. 7. *of Dagon.* The name of this idol, *Dagon*, signifies a *fish*: and it is supposed to be the *Atergatis* of the Syrians, corruptly called *Derceto* by the Greeks, which had the upper part like a *woman*, and the lower part like a *fish*; as Lucian informs us: Δερκετους δε ειδος εν Φοινικη εθεησαμην, θεημα ξενον· ημισεη μεν γυνη· το δε οκοσον εκ μηρων ες ακρους ποδας, ιχθυος ουρη αποτεινεται· 'In Phœnicia I saw the image of *Derceto*; a strange sight truly! For she had the half of a *woman*, but from the thighs downwards a *fish's* tail.' DIODORUS, (l. ii.) describing the same idol, as represented at Askelon, says, Το μεν προσωπον εχει γυναικος, το δ'αλλο σωμα παν ιχθυος· 'It had the head of a *woman*, but all the rest of the body a *fish's*.' Probably HORACE alludes to this idol, in *De Art. Poet.* v. 4; *Desinat in piscem, mulier formosa superne*: 'The upper part a *handsome woman*, and the lower part a *fish*.' If such was the form of this idol, then everything that was *human* was broken off from what resembled a *fish*. *the stump.* *or,* the fishy part.

5 *neither.* Ps. 115. 4-7; 135. 15-18. *tread.* Jos. 5. 15. Zep. 1. 9.

6 *the hand.* ver. 7, 11. Ex. 9. 3. Ps. 32. 4. Ac. 13. 11. *emerods.* ver. 9, 11; ch. 6. 5. De. 28. 27. Job 31. 3. Ps. 78. 66. *thereof.* The LXX. and Vulgate add: Και μεσον της χωρας αυτης ανεφυησαν μυες· και εγενετο συγχυσις θανατου μεγαλη εν τη πολει· *Et ebullierunt villæ et agri in medio regionis illius, et nati sunt mures; et facta est confusio mortis magnæ in civitate*; 'And [the cities and fields in *Vulg.*] the midst of that region produced mice; [*Vulg.* burst up, and mice were produced;] and there was the confusion of a great death in the city.' See ch. 6. 4, 5.

7 *saw.* ch. 4. 8. Ex. 8. 8, 28; 9. 28; 10. 7; 12. 33. *The ark.* ch. 6. 20. 2 Sa. 6. 9. 1 Ch. 13. 11-13; 15. 13. *upon Dagon our god.* See on ver. 3, 4. Je. 46. 25; 48. 7.

8 *What shall.* Zec. 12. 3. *Gath.* ch. 17. 4. Am. 6. 2.

9 *the hand.* ver. 6; ch. 7. 13; 12. 15. De. 2. 15. Am. 5. 19; 9. 1-4. *with a very.* ver. 11. *and they had emerods.* ver. 6; ch. 6. 4, 5, 11. Ps. 78. 66.

10 *God to Ekron.* Jos. 15. 45. Ju. 1. 18. 2 Ki. 1. 2. Am. 1. 8. *us, to slay us and our people. Heb.* me, to slay me and my people.

11 *us not, and our people. Heb.* me not, and my people. *a deadly.* Is. 13. 7-9. Je. 48. 42-44. *the hand.* ver. 6, 9.

12 *died.* 1 Ki. 19. 17. Am. 5. 19. *the cry.* ch. 9. 16. Ex. 12. 30. Is. 15. 3-5. Je. 14. 2; 25. 34; 48. 3.

## CHAP. VI.

*After seven months the Philistines take counsel how to send back the ark,* 1-9. *They bring it on a new cart with an offering unto Beth-shemesh,* 10-18. *The people are smitten for looking into the ark,* 19, 20. *They send to them of Kirjath-jearim to fetch it,* 21.

1 A.M. 2864. B.C. 1140. An. Ex. Is. 351. *the ark.* ch. 5. 1, 3, 10, 11. Ps. 78. 61.

2 *called.* Ge. 41. 8. Ex. 7. 11. Is. 47. 12, 13. Da. 2. 2; 5. 7. Mat. 2. 4. *wherewith.* Mi. 6. 6-9.

3 *empty.* Ex. 23. 15; 34. 20. De. 16. 16. *a trespass.* Le. 5. 6, 15-19; 6. 6; 7. 1-7. *known.* ver. 9; ch. 5. 7, 9, 11. Job 10. 2; 34. 31, 32.

4 *Five golden.* ver. 5, 17, 18; ch. 5. 6, 9. Ex. 12. 35. Jos. 13. 3. Ju. 3. 3. *you all. Heb.* them.

5 *mice.* BOCHART has collected many curious accounts relative to the terrible devastations made by these mischievous animals. WILLIAM, Archbishop of Tyre, records, that in the beginning of the twelfth century, a penitential council was held at Naplouse, where five and twenty canons were framed for the correction of the manners of the inhabitants of the Christian kingdom of Jerusalem, who they apprehended had provoked to bring upon them the calamities of earthquakes, war, and famine. This last he ascribes to locusts and devouring *mice*, which had for four years together so destroyed the fruits of the earth as to cause an almost total failure of their crops. It was customary for the ancient heathen to offer to their gods such *monuments* of their deliverance as represented the evils from which they had been rescued; and TAVERNIER informs us, that among the Indians, when a pilgrim goes to one of the pagodas for a cure, he brings the *figure* of the member affected, made of gold, silver, or copper, according to his circumstances, which he offers to his god. Ex. 8. 5, 17, 24; 10. 14, 15. Joel 1. 4-7; 2. 25. *give glory.* Jos. 7. 19. Ps. 18. 44; 66. 3, marg. Is. 42. 12. Je. 3. 13; 13. 16. Mal. 2. 2. Jno. 9. 24. Re. 11. 13; 16. 9. *lighten.* ch. 5. 6, 11. Ps. 32. 4; 39. 10. *off your.* ch. 5. 3, 4, 7. Ex. 12. 12. Nu. 33. 4. Is. 19. 1.

6 *harden.* Job 9. 4. Ps. 95. 8. Ro. 2. 5. He. 3. 13. *the Egyptians.* Ex. 7. 13; 8. 15; 9. 16, 34; 10. 3; 14. 17, 23; 15. 14-16. *wonderfully. or,* reproachfully. *did they not.* Ex. 12. 31-33. *the people. Heb.* them.

7 *new cart.* 2 Sa. 6. 3. 1 Ch. 13. 7. *on which.* Nu. 19. 2.

8 *jewels.* ver. 4, 5.

9 *Beth-shemesh.* Jos. 15. 10; 21. 16. *he. or,* it. Am. 3. 6. *we shall.* ver. 3. *not his hand.* Is. 26. 11. *a chance.* 2 Sa. 1. 6. Ec. 9. 11. Lu. 10. 31.

11 *they laid.* 2 Sa. 6. 3. 1 Ch. 13. 7; 15. 13-15.

14 *offered.* ch. 7. 9-17; 11. 5; 20. 29. Ex. 20. 24. Ju. 6. 26; 21. 4. 2 Sa. 24. 18, 22, 25. 1 Ki. 18 30-38.

16 *the five.* ver. 4, 12. Jos. 13. 3. Ju. 3. 3; 16. 5, 23-30. *they returned.* ch. 5. 10.

17 *these.* ver. 4. *Ashdod.* ch. 5. 1. 2 Ch. 26. 6. Je. 25. 20. Zec. 9. 6. *Gaza.* Ju. 16. 1, 21. Am. 1. 7, 8. *Askelon.* Ju. 1. 18. Zec. 9. 5. *Gath.* ch. 5. 8. 2 Sa. 1. 20; 21. 22. Am. 6. 2. *Ekron.* ch. 5. 10. 2 Ki. 1. 2. Am. 1. 8.

18 *the five lords.* ver. 16. Jos. 13. 3. *great stone of. or,* great stone.

19 *he smote*. Ex. 19. 21. Le. 10. 1-3. Nu. 4. 4, 5, 15, 20. De. 29. 29. 2 Sa. 6. 7. 1 Ch. 13. 9, 10. Col. 2. 18. 1 Pe. 4. 17. *fifty thousand*. As it is very improbable that the village of Beth-shemesh should *contain*, or be capable of *employing*, 50,070 men in the fields at wheat harvest, much less that they could all peep into the ark, and from the uncommon manner in which it is expressed in the original, it is generally allowed that there is some corruption in the text, or that some explanatory word is omitted. The Hebrew is *shivim ish, chamishim aileph ish*, literally, 'seventy men, fifty thousand men:' so LXX. εβδομηκοντα ανδρας και πεντηκοντα χιλιαδας ανδρων. Vulgate, *septuaginta viros, et quinquaginta millia plebis*, '70 (chief) men, and 50,000 (common) people.' Targum, *besabey âmma*, 'of the *elders* of the people 70 men, *ovekahala*, and in the *congregation* 50,000 men.' But the Syriac, *chamsho alphin weshivin gavrin*, '5000 and 70 men;' with which the Arabic agrees; while JOSEPHUS has only εβδομηκοντα, SEVENTY *men;* and three reputable MSS. of Dr. KENNICOTT's also omit '50,000 men.' Some learned men, however, would render, by supplying מ, *mem*, '70 men; fifty *out of* a thousand;' which supposes about 1400 present, and that a *twentieth* part were slain.

20 ch. 5. 8-12. Nu. 17. 12, 13. 2 Sa. 6. 7, 9. 1 Ch. 13. 11-13. Ps. 76. 7. Mal. 3. 2. Lu. 5. 8; 8. 37.

21 *Kirjath-jearim*. Jos. 18. 14. Ju. 18. 12. 1 Ch. 13. 5, 6. Ps. 78. 60. Je. 7. 12, 14.

## CHAP. VII.

*They of Kirjath-jearim bring the ark into the house of Abinadab, and sanctify Eleazar his son to keep it*, 1. *After twenty years*, 2, *the Israelites, by Samuel's means, solemnly repent at Mizpeh*, 3-6. *While Samuel prays and sacrifices, the Lord discomfits the Philistines by thunder at Eben-ezer*, 7-12. *The Philistines are subdued*, 13, 14. *Samuel judges Israel*, 15-17.

1 *Kirjath-jearim*. ch. 6. 21. Jos. 18. 14. 2 Sa. 6. 2. 1 Ch. 13. 5, 6. Ps. 132. 6. *Abinadab*. 2 Sa. 6. 3, 4. 1 Ch. 13. 7. Is. 52. 11.

2 *lamented*. Ju. 2. 4. Je. 3. 13, 22-25; 31. 9. Zec. 12. 10, 11. Mat. 5. 4. 2 Co. 7. 10, 11.

3 A.M. 2884. B.C. 1120. An. Ex. Is. 371. *return*. De. 30. 2-10. 1 Ki. 8. 48. Is. 55. 7. Ho. 6. 1, 2; 14. 1. Joel 2. 12, 13. *put away*. Ge. 35. 2. Jos. 24. 14, 23. Ju. 2. 13; 10. 6. *prepare*. De. 30. 6. 1 Ch. 22. 19; 28. 9. 2 Ch. 30. 19. Job 11. 13, 14. Pr. 16. 1. Je. 4. 3, 4. Eze. 18. 31. Mat. 15. 8. Jno. 4. 24. *serve him*. De. 6. 13; 10. 20; 13. 4. Mat. 4. 10; 6. 24. Lu. 4. 8.

4 Ju. 2. 11, 13; 10. 15, 16. 1 Ki. 11. 33. Ho. 14. 3, 8.

5 *Gather*. Ne. 9. 1. Joel 2. 16. *Mizpeh*. ver. 12, 16; ch. 10. 17. Jos. 15. 38. Ju. 20. 1. 2 Ki. 25. 23. *I will pray*. ch. 12. 23.

6 *drew water*. GROTIUS says, that the *pouring out of water* means the shedding of tears; and the Targum reads, 'And they *poured out* their *hearts* in *penitence*, as WATERS, before the Lord.' Others suppose that it was done *emblematically*, to represent the *contrition* of their hearts, and their desire to *wash* away their past offences. But some learned men conceive that it was *poured out* as a libation, in token of joy, after they had fasted and confessed their sin, as they were wont to do in the feast of tabernacles. (See note on Nu. 29. 35.) ch. 1. 15. 2 Sa. 14. 14. Job 16. 20. Ps. 6. 6; 42. 3; 119. 136. Je. 9. 1. La. 2. 11, 18; 3. 49. *fasted*. 2 Ch. 20. 3. Ezr. 8. 21-23. Ne. 9. 1-3. Da. 9. 3-5. Joel 2. 12. Jon. ch. 3. *We have sinned*. Le. 26. 40. Ju. 10. 10. 1 Ki. 8. 47. Ezr. 9. 5-10. Job 33. 27; 40. 4; 42. 6. Ps. 38. 3-8; 106. 6. Je. 3. 13, 14; 31. 19. Lu. 15. 18. *judged*. Ju. 3. 10. Ne. 9. 27. Eze. 20. 4.

7 *afraid*. ch. 13. 6; 17. 11. Ex. 14. 10. 2 Ch. 20. 3.

8 *Cease*, etc. *Heb*. Be not silent from us from crying. ch. 12. 19-24. Is. 37. 4; 62. 1, 6, 7. Ja. 5. 16.

9 *a sucking*. ver. 17; ch. 6. 14, 15; 9. 12; 10. 8; 16. 2. Ju. 6. 26, 28. 1 Ki. 18. 30-38. *cried unto*. Ps. 50. 15; 99. 6. Je. 15. 1. Ja. 5. 16. *heard. or*, answered.

10 *thundered*. ch. 2. 10; 12. 17. Ex. 9. 23-25. Ju. 5. 8, 20. Ps. 18. 11-14; 77. 16-18; 97. 3, 4. Re. 16. 18-21. *discomfited*. De. 20. 3, 4. Jos. 10. 10. Ju. 4. 15; 5. 20. Zec. 4. 6.

11 *Beth-car*. This place was probably situated in the tribe of Dan. JOSEPHUS calls it Κορραιοι; the LXX. Βαιθχορ; Targum, *Beth-saron;* Syriac and Arabic, *Beth-jasan;* by which HOUBIGANT supposes is meant *Beth-shan*.

12 *took a stone*. Ge. 28. 18, 19; 31. 45-52; 35. 14. Jos. 4. 9, 20-24; 24. 26, 27. Is. 19. 19. *Eben-ezer. that is*, The stone of help. ch. 4. 1; 5. 1. Ge. 22. 14. Ex. 17. 15. *Hitherto*. Ps. 71. 6, 17. Is. 46. 3, 4. Ac. 26. 22. 2 Co. 1. 10.

13 *subdued*. Ju. 13. 1. *came no more*. ch. 13. 1-5. *against*. ch. 14. 6-16, 20-23; 17. 49-53; 28. 3-5; 31. 1-7.

14 *peace*. De. 7. 2, 16. Ju. 4. 17. Ps. 106. 34.

15 A.M. 2873-2947. B.C. 1131-1057. *judged*. ver. 6; ch. 12. 1; 25. 1. Ju. 2. 16; 3. 10, 11. Ac. 13. 20, 21.

16 *he went*. When he was at *Bethel*, the tribe of Ephraim and all the northern parts of the country could attend him; when at *Gilgal*, the tribe of Benjamin and those beyond Jordan could have easy access to him; and when at *Mizpeh*, he was within the reach of Judah, Simeon, and Gad: but at *Ramah* was the place of his ordinary abode; and there he held his court, for *there he judged Israel:* and as it is probable Shiloh was destroyed, it is said (ver. 17) that *there*, i.e. at *Ramah*, 'he built an altar to the Lord.' *in circuit. Heb*. and he circuited. Ju. 5. 10; 10. 4; 12. 14. Ps. 75. 2; 82. 3, 4.

17 *his return*. ch. 1. 1, 19; 8. 4; 19. 18-23. *he built*. ch. 11. 15. Ge. 12. 7, 8; 33. 20; 35. 7. Ju. 21. 5. 1 Ki. 18. 30-36.

## CHAP. VIII.

*By occasion of the ill government of Samuel's sons, the Israelites ask a king*, 1-5. *Samuel praying in grief, is comforted by God*, 6-9. *He tells the manner of a king*, 10-18. *God wills Samuel to yield unto the importunity of the people*, 19-22.

1 A.M. 2892. B.C. 1112. An. Ex. Is. 379. *made his*. De. 16. 18, 19. Ju. 8. 22, 23. 2 Ch. 19. 5, 6. Ne. 7. 2. 1 Ti. 5. 21. *sons judges*. Ju. 5. 10; 10. 4; 12. 14.

2 *Joel*. 1 Ch. 6. 28, 38, Vashni.

3 *his sons*. 2 Sa. 15. 4. 1 Ki. 12. 6-11. 2 Ki. 21. 1-3. Ec. 2. 19. Je. 22. 15-17. *but turned*. Ex. 18. 21. De. 16. 19. Ps. 15. 5; 26. 10. Is. 33. 15. 1 Ti. 3. 3; 6. 10.

4 *the elders*. Ex. 3. 16; 24. 1. 2 Sa. 5. 3.

5 *now make*. ver. 6-8, 19, 20; ch. 12. 17. Nu. 23. 9. De. 17. 14, 15. Ho. 13. 10, 11. Ac. 13. 21.

6 *displeased. Heb*. was evil in the eyes of. ch. 12. 17. *prayed*. ch. 15. 11. Ex. 32. 31, 32. Nu. 16. 15, 22, 46. Ezr. 9. 3-5. Ps. 109. 4. Lu. 6. 11, 12. Phi. 4. 6. Ja. 1. 5.

7 *Hearken*. Nu. 22. 20. Ps. 81. 11, 12. Is. 66. 4. Ho. 13. 10, 11. *they have not*. ch. 10. 19; 12. 17-19. Ex. 16. 8. Mat. 10. 24, 25, 40. Lu. 10. 16; 19. 14, 27. Jno. 13. 16; 15. 20, 21.

8 Ex. 14. 11, 12; 16. 3; 17. 2; 32. 1. Nu. 14. 2-4; 16. 2, 3, 41. De. 9. 24. Ju. 2. 2, 3, 20; 4. 1; 6. 1; 13. 1. Ps. 78. 56-59; 106. 14-21, 34-40. Ac. 7. 51-53.

9 *hearken unto. or*, obey. *howbeit*, etc. *or*, notwithstanding when thou hast solemnly protested against them, then thou shalt shew, etc. Eze. 3. 18. *the manner*. ver. 11-18; ch. 2. 13; 10. 25; 14. 52. Eze. 45. 7, 8; 46. 18.

11 *This will*. ch. 10. 25. De. 17. 14-20. *He will take*. ch. 14. 52. 1 Ki. 9. 22, 23; 10. 26; 12. 4, 10. 2 Ch. 26. 10-15. *run*. 2 Sa. 15. 1. 1 Ki. 1. 5; 18. 46.

12 *appoint*. 1 Ch. 27. 1-22. *and will set*. 1 Ki. 4. 7, 22, 23, 27, 28. 2 Ch. 32. 28, 29.

14 ch. 22. 7. 1 Ki. 21. 7, 19. Eze. 46. 18.

15 *officers. Heb*. eunuchs. Ge. 37. 36. Is. 39. 7. Da. 1. 3, 7-10, 18.

18 *cry out*. Is. 8. 21. *and the Lord*. 'Hitherto,'

says PUFFENDORF, 'the people of Israel had lived under governors raised up by God, who had exacted no tribute of them, nor put them to any charge; but little content with this form of government, they desire to have *a king like other nations*, who should live in magnificence and pomp, keep *armies*, and be able to resist any invasion. Samuel informs them what it was they desired; that, when they understood it, they might consider whether they would persist in their choice. If they would have a king splendidly attended, he tells them that he would *take their sons for his chariots*, etc.: if they would have him keep up constant *forces*, then he would appoint them for *colonels* and *captains*, and employ those in his *wars* who were accustomed to follow their family business; and since, after the *manner* of other kings, he must keep a *stately court*, they must be content that their *daughters* should serve in several offices, which the king would think below the dignity of his wives and daughters. (ver. 13.) In one word, that, to sustain his dignity, their king would exact the *tenth* of all they possessed, and be maintained in a royal manner out of their estates.' *will not hear.* Job 27. 9. Ps. 18. 41. Pr. 1. 25-28; 21. 13. Is. 1. 15. Mi. 3. 4. Lu. 13. 25.

19 *refused to obey.* Ps. 81. 11. Je. 7. 13; 44. 16. Eze. 33. 31.

20 ver. 5. Ex. 33. 16. Le. 20. 24-26. Nu. 23. 9. De. 7. 6. Ps. 106. 35. Jno. 15. 19. Ro. 12. 2. 2 Co. 6. 17. Phi. 3. 20. 1 Pe. 2. 9.

21 *he rehearsed.* Ju. 11. 11.

22 ver. 7. Ho. 13. 11.

## CHAP. IX.

*Saul despairing to find his father's asses, 1-5, by the counsel of his servant, 6-10, and direction of young maidens, 11-14, according to God's revelation, 15-17, comes to Samuel, 18. Samuel entertains Saul at the feast, 19-24. Samuel, after secret communication, brings Saul on his way, 25-27.*

1 *Kish.* ch. 14. 51. 1 Ch. 8. 30-33; 9. 36-39. Ac. 13. 21. Cis. *a Benjamite. or*, the son of a man of Jemini. *power. or*, substance. ch. 25. 2. 2 Sa. 19. 32. Job 1. 3.

2 *choice.* ch. 16. 7. Ge. 6. 2. 2 Sa. 14. 25, 26. Je. 9. 23. *from his shoulders.* ch. 10. 23; 17. 4. Nu. 13. 33.

3 ch. 10. 2. Ju. 5. 10; 10. 4.

4 *mount.* Ju. 17. 1; 19. 1. *Shalisha.* 2 Ki. 4. 42. *Shalim.* Ge. 33. 18. Jno. 3. 23.

5 *Zuph.* ch. 1. 1. *take thought.* ch. 10. 2. Mat. 6. 25, 28, 34. Lu. 12. 11, 22.

6 *city.* ch. 2. 27. De. 33. 1. 1 Ki. 13. 1. 2 Ki. 6. 6. 1 Ti. 6. 11. *an honourable.* 1 Th. 2. 10; 5. 13. *all that he saith.* ch. 3. 19, 20. Is. 44. 26. Zec. 1. 5, 6. Mat. 24. 35.

7 *what shall.* Ju. 6. 18; 13. 15-17. 1 Ki. 14. 3. 2 Ki. 4. 42; 5. 5; 8. 8. *spent in. Heb.* gone out of, etc. *there is not.* We are not to suppose from this that the prophets took money to predict future events: Saul only refers to an invariable custom, that no man approached a *superior* without some *present* or another, however small in value. Dr. POCOCKE tells us of a present of *fifty radishes!* Other authors mention a flower, an orange, or similar trifles; and Mr. BRUCE says, that one who wished to solicit a favour from him, presented him with *about a score of dates!* 'I mention this trifling circumstance,' says Mr. B. 'to shew how ESSENTIAL to human and civil intercourse *presents* are considered to be in the East; whether it be dates, or whether it be diamonds, they are so much a part of their manners, that without them, an inferior will never be at peace in his own mind, or think that he has hold of his superior for protection. But superiors give no presents to their inferiors.' Presents then are tokens of honour; not intended as offers of payment or enrichment. *have we. Heb. is* with us.

8 *I have here at hand. Heb.* there is found in my hand.

9 *enquire.* Ge. 25. 22. Ju. 1. 1. *a Seer.* 2 Sa. 24. 11. 2 Ki. 17. 13. 1 Ch. 26. 28; 29. 29. 2 Ch. 16. 7, 10. Is. 29. 10; 30. 10. Am. 7. 12.

10 *Well said. Heb.* Thy word *is* good. 2 Ki. 5. 13, 14.

11 *the hill to the city. Heb.* in the ascent of the city. *found.* Ge. 24. 11, 18-20. Ex. 2. 16. Ju. 5. 11.

12 *sacrifice. or*, feast. ch. 16. 2. Ge. 31. 54. De. 12, 6, 7. 1 Co. 5. 7, 8. *the high place.* 1 Ki. 3. 2-4. 1 Ch. 16. 39.

13 *he doth bless.* Mat. 26. 26. Mar. 6. 41. Lu. 24. 30. Jno. 6. 11, 23. 1 Co. 10. 30. 1 Ti. 4. 4. *this time. Heb.* to-day.

15 *the Lord.* ver. 17; ch. 15. 1. Ps. 25. 14. Am. 3. 7. Mar. 11. 2-4; 14. 13-16. Ac. 13. 21; 27. 23. *told Samuel in his ear. Heb.* revealed the ear of Samuel. ch. 20. 2. 2 Sa. 7. 27. Job 33. 16, marg.

16 *thou shalt.* ch. 10. 1; 15. 1; 16. 3. 1 Ki. 19. 15, 16. 2 Ki. 9. 3-6. *looked upon.* Ex. 2. 23-25; 3. 7-9. Ps. 25. 18; 106. 44.

17 *Behold.* ch. 16. 6-12. Ho. 13. 11. *reign over. Heb.* restrain in. ch. 3. 13. 2 Sa. 23. 6, 7. Ne. 13. 19, 25. Ac. 13. 21. Ro. 13. 3, 4.

19 *the Seer.* The word *roaih* literally signifies *one who* SEES; particularly *preternatural* sights. A *seer* and a *prophet* were the same in most cases; only with this difference, the *seer* was always a *prophet*, but the *prophet* was not always a *seer*. A seer seems to imply one who *frequently* met with and *saw* some symbolical representation of God. All prophets, true or false, profess to see God, (see Nu. 24. 4, 16. Je. 14. 4;) and *diviners*, in their enthusiastic flights, boasted that they had those things *exhibited* to their *sight* which should come to pass. *and will tell.* Jno. 4. 29. 1 Co. 14. 25.

20 *three days ago. Heb.* to-day three days. ver. 3. *set not.* ch. 4. 20, marg. 1 Ch. 29. 3. Ps. 62. 10. Col. 3. 2. *on whom.* ch. 8. 5, 19; 12. 13, 15.

21 *a Benjamite.* Ju. 20. 46-48. Ps. 68. 27. *my family.* ch. 10. 27; 15. 17; 18. 18, 23. Ju. 6. 14, 15. Ho. 13. 1. Lu. 14. 11. Ep. 3. 8. *so to me. Heb* according to this word.

22 *in the chiefest.* Ge. 43. 32. Lu. 14. 10.

23 *Bring.* ch. 1. 5. Ge. 43. 34.

24 *the shoulder.* Probably the *shoulder* was set before Saul, not because it was the *best* part, but because it was an emblem of the government to which he was now called. (See Is. 9. 6.) Le. 7. 32, 33. Eze. 24. 4. *left. or*, reserved.

25 *And when.* ver. 13. *the top.* De. 22. 8. 2 Sa. 11. 2. Ne. 8. 16. Je. 19. 13. Mat. 10. 27. Ac. 10. 9.

26 *Samuel.* Saul had no doubt slept there all night, as is usual in the East; and now, being the *break of day*, 'Samuel called *to* Saul *on* the top of the house:' there was no calling him *to* the top of the house a *second* time; he was sleeping there, and Samuel called him up. *Up.* Ge. 19. 14; 44. 4. Jos. 7. 13. Ju. 19. 28.

27 *Bid the servant.* ch. 20. 38, 39. Jno. 15. 14, 15. *a while. Heb.* to-day. *that I may.* ch. 15. 16. 2 Ki. 9. 5, 6.

## CHAP. X.

*Samuel anoints Saul, 1. He confirms him by prediction of three signs, 2-8. Saul's heart is changed, and he prophesies, 9-13. He conceals the matter of the kingdom from his uncle, 14-16. Saul is chosen at Mizpeh by lot, 17-25. The different affections of his subjects, 26, 27.*

1 *a vial.* ch. 2. 10; 9. 16; 16. 13; 24. 6; 26. 11. 2 Ki. 9. 3-6. Ac. 13. 21. Re. 5. 8. *kissed him.* 2 Sa. 19. 39. 1 Ki. 19. 18. Ps. 2. 12. Ho. 13. 2. 1 Th. 5. 26. *captain.* ch. 8. 9, 19; 13. 14. Jos. 5. 14, 15. 2 Sa. 5. 2. 2 Ki. 20. 5. He. 2. 10. *his inheritance.* Ex. 19. 5, 6. De. 32. 9. Ps. 78. 71; 135. 4. Je. 10. 16.

2 *Rachel's*. Ge. 35. 19. Je. 31. 15. *Zelzah*. Jos. 18. 28. *The asses*. ver. 16; ch. 9. 3-5. *care*. *Heb*. business.

3 *Tabor*. Jos. 19. 12, 22. Ju. 4. 6, 12; 8. 18. Ps. 89. 12. *Beth-el*. Ge. 28. 19, 22; 35. 1, 3, 6, 7. *three kids*. Le. 1. 10; 3. 6, 12; 7. 13; 23. 13. Nu. 15. 5-12.

4 *salute thee*. *Heb*. ask thee of peace. Ju. 18. 15.

5 *hill of God*. ver. 10; ch. 13. 3. *a company*. ch. 19. 20. 2 Ki. 2. 3, 5, 15; 4. 38; 6. 1. *a psaltery*. Ex. 15. 20, 21. 2 Ki. 3. 15. 1 Ch. 13. 8; 15. 19-21, 27, 28; 16. 5, 42; 25. 1-6. 2 Ch. 29. 25-27. Ps. 49. 4; 150. 3-6.

6 *Spirit*. ver. 10; ch. 16. 13; 19. 23, 24. Nu. 11. 25. Ju. 3. 10. Mat. 7. 22. *another man*. ver. 9-12.

7 *let it be*. *Heb*. it shall come to pass that, etc. *signs*. Ex. 4. 8. Lu. 2. 12. Jno. 6. 14. *that thou do as occasion*, etc. *Heb*. do for thee as thine hand shall find. Ju. 9. 33. *God*. Ge. 21. 20. De. 20. 1. Ju. 6. 12. Is. 7. 14; 45. 1, 2. Mat. 1. 23; 28. 20.

8 *to Gilgal*. ch. 11. 14, 15; 13. 4, 8-15; 15. 33.

9 *back*. *Heb*. shoulder. *gave*. *Heb*. turned. *another heart*. ver. 6. *and all those signs*. The following history of Saul is given by the Afghans, a people generally supposed to be of Jewish origin: "In a war which raged between the children of Israel and the Amalekites, the latter being victorious, plundered the Jews, and obtained possession of the ark of the covenant. Considering this [as] the God of the Jews, they threw it into the fire, which did not affect it. They afterwards attempted to cleave it with axes, but without success: every individual who treated it with indignity, was punished for his temerity. They then placed it in their temple; but all their idols bowed to it. At length they fastened it upon a cow, which they turned loose in the wilderness. When the prophet Samuel arose, the children of Israel said to him, 'We have been totally subdued by the Amalekites, and have no king. Raise to us a king, that we may be enabled to contend for the glory of God.' Samuel said, 'In case you are led out to battle, are you determined to fight?' They answered, 'What has befallen us, that we should not fight against infidels? That nation has banished us from our country and children.' At this time the angel Gabriel descended, and delivering a wand, said, 'It is the command of God, that the person whose stature shall correspond with this wand, shall be king of Israel.' *Melec Táút* was at that time a man of inferior condition, and performed the humble employment of feeding the goats and cows of others. One day, a cow under his charge was accidentally lost. Being disappointed in his searches, he was greatly distressed, and applied to Samuel, saying, 'I have lost a cow, and I do not possess the means of satisfying the owner. Pray for me, that I may be extricated from this difficulty.' Samuel perceiving that he was a man of lofty stature, asked his name. He answered, *Tálút*. Samuel then said, 'Measure Tálút with the wand which the angel Gabriel brought.' His stature was equal to it. Samuel then said, 'God has raised Tálút to be your king.' The children of Israel answered, 'We are greater than our king. We are men of dignity, and he is of inferior condition. How shall he be our king?' Samuel informed them, they should know that God had constituted Tálút king, by his restoring the ark of the covenant. He accordingly restored it, and they acknowledged him their sovereign." *Asiatic Researches*, vol. ii. p. 119, *et seq*. ver. 2-5. Ju. 6. 21, 36-40; 7. 11. Is. 38. 7, 8. Mar. 14. 16.

10 *they came*. ver. 5; ch. 19. 20-24.

11 *when all*. Jno. 9. 8, 9. Ac. 3. 10. *one to another*. *Heb*. a man to his neighbour. *What is this*. Mat. 13. 54, 55. Ac. 2. 7, 8; 4. 13; 9. 21. *Is Saul*. ch. 19. 24. Jno. 7. 15.

12 *of the same place*. *Heb*. from thence. *who is their*. Is. 54. 13. Jno. 6. 45; 7. 16. Ja. 1. 17.

14 *And he said*. ch. 9. 3-10. *no where*. 2 Ki. 5. 25.

16 *matter*. ch. 9. 27. Ex. 4. 18. Ju. 14. 6. Pr. 29. 11.

17 *unto the Lord*. ch. 7. 5, 6. Ju. 20. 1.

18 *Thus saith*. Ju. 2. 1; 6. 8, 9. Ne. 9. 9-12, 27, 28.

19 *And ye have*. ch. 8. 7-9, 19; 12. 12, 17-19. *by your tribes*. Nu. 17. 2. Jos. 7. 14, etc. Mi. 5. 2.

20 *caused*. ch. 14. 41. Jos. 7. 16-18. Ac. 1. 24-26.

22 *enquired*. ch. 23. 2-4, 11, 12. Nu. 27. 21. Ju. 1. 1; 20. 18, 23, 28. *hid*. ch. 9. 21; 15. 17. Lu. 14. 11.

23 *he was higher*. ch. 9. 2; 16. 7; 17. 4.

24 *See ye him*. De. 17. 15. 2 Sa. 21. 6. *God save the king*. *Heb*. Let the king live. 1 Ki. 1. 25, 31, 39. 2 Ki. 11. 12. Mat. 21. 9.

25 ch. 8. 11-18. De. 17. 14-20. Eze. 45. 9, 10; 46. 16-18. Ro. 13. 1-7. 1 Ti. 2. 2. Tit. 3. 1. 1 Pe. 2. 13, 14.

26 *Gibeah*. ch. 11. 4; 15. 34. Jos. 18. 28. Ju. 19. 12-16; 20. 14. 2 Sa. 21. 6. *whose hearts*. Ezr. 1. 5. Ps. 110. 3. Ac. 7. 10; 13. 48.

27 *children*. ch. 2. 12; 11. 12. De. 13. 13. 2 Sa. 20. 1. 2 Ch. 13. 7. Ac. 7. 35, 51, 52. *brought him*. 2 Sa. 8. 2. 1 Ki. 4. 21; 10. 25. 2 Ch. 17. 5. Ps. 72. 10. Mat. 2. 11. *he held his peace*. *or*, he was as though he had been deaf. Ps. 38. 13. Is. 36. 21. Mat. 27. 12-14.

## CHAP. XI.

*Nahash offers them of Jabesh-gilead a reproachful condition*, 1-3. *They send messengers, and are delivered by Saul*, 4-11. *Saul thereby is confirmed, and his kingdom renewed*, 12-15.

1 *Nahash*. In the Vulgate this chapter begins thus: *Et factum est quasi post mensem*, 'And it came to pass about a month after;' which is also the reading of the principal copies of the Septuagint; and is also found in JOSEPHUS, though it appears to be of little authority. ch. 12. 12. Ju. 10. 7; 11. 8, etc. *Jabesh-gilead*. ch. 31. 11-13. Ju. 21. 8, 10, etc. *Make*. Ge. 26. 28. Ex. 23. 32. De. 23. 3. 1 Ki. 20. 34. Job 41. 4. Is. 36. 16. Eze. 17. 13.

2 *On this*. 2 Ki. 18. 31. *thrust*. Ju. 16. 21. Es. 3. 6. Pr. 12. 10. Je. 39. 7. *reproach*. ch. 17. 26. Ge. 34. 14.

3 *Give us*. *Heb*. Forbear us.

4 *to Gibeah*. ch. 10. 26; 14. 2; 15. 34. 2 Sa. 21. 6. *lifted up*. ch. 30. 4. Ju. 2. 4; 21. 2. Ro. 12. 15. 1 Co. 12. 26. Ga. 6. 2. He. 13. 3.

5 *after the herd*. ch. 9. 1. 1 Ki. 19. 19. Ps. 78. 71. *What aileth*. Ge. 21. 17. Ju. 18. 23. Is. 22. 1.

6 *Spirit of God*. ch. 10. 10; 16. 13. Ju. 3. 10; 6. 34; 11. 29; 13. 25; 14. 6. *his anger*. Ex. 32. 19. Nu. 12. 3. Mar. 3. 5. Ep. 4. 26.

7 *he took*. The sending the *pieces* of the oxen was an act similar to that of the Levite, Ju. 19. 29, *where see the Note*. An eminent Scotch writer describes the rites, incantations, and imprecations used prior to the *fiery* cross being circulated, to summon the rough warriors of ancient times to the service of their chief; and he alludes to this ancient custom, which in comparatively modern times, has been practised in Scotland; and proves that a similar punishment of death, or destruction of their houses, for disobeying the summons, was inflicted by the ancient Scandinavians, as recorded by OLAUS MAGNUS, in his *History of the Goths*. This bears a striking similarity to the ancient custom of the Israelites. With the Highlanders, a goat was slain; with the Israelites, an ox. The exhibition of a cross, stained with the blood of the sacrificed animal, was the summons of the former, while part of the animal was the mandate of the latter. Disobedience in one nation was punished with the death of themselves or oxen, and burning of their dwellings in the other. *hewed*. Ju. 19. 29. *Whosoever*. Ju. 21. 5-11. *the fear*. Gen. 35. 5. 2 Ch. 14. 14; 17. 10. *with one consent*. *Heb*. as one man. Ju. 20. 1.

8 *Bezek*. Ju. 1. 4, 5. *the children*. ch. 13. 15; 15. 4. 2 Sa. 24. 9. 2 Ch. 17. 12-19.

9 *help. or*, deliverance. Ps. 18. 17.

10 *To-morrow*. ver. 2, 3.

11 *on the morrow*. Ge. 22. 14. Ps. 46. 1. *in three*. Ju. 7. 16; 9. 43. *morning*. Ex. 14. 24. *slew*. ver. 2. Ju. 1. 7. Mat. 7. 2. Ja. 2. 13. *so that two*. ch. 30. 17, 18. Ju. 4. 16.

12 *Who is he*. ch. 10. 27. Ps. 21. 8. Lu. 19. 27.

13 *There shall*. 1 Sa. 14. 45. 2 Sa. 19. 22. *the Lord*. ch. 19. 5. Ex. 14. 13, 30. Ps. 44. 4-8. Is. 59. 16. 1 Co. 15. 10.

14 *let us go*. ch. 7. 16; 10. 8. *renew*. ch. 10. 24. 1 Sa. 5. 3. 1 Ch. 12. 38, 39.

15 *before the Lord*. ch. 10. 17. *sacrificed*. ch. 10. 8. Ex. 24. 5. 1 Ch. 29. 21-24. *rejoiced greatly*. ch. 8. 19; 12. 13-15, 17. Ho. 13. 10, 11. Ja. 4. 16.

## CHAP. XII.

*Samuel testifies his integrity*, 1-5. *He reproves the people of ingratitude*, 6-15. *He terrifies them with thunder in harvest time*, 16-19. *He comforts them in God's mercy*, 20-25.

1 *Behold*. ch. 8. 5-8, 19-22. *have made*. ch. 10. 1, 24; 11. 14, 15.

2 *walketh*. ch. 8. 20. Nu. 27. 17. *I am old*. ch. 8. 1, 5. Ps. 71. 18. Is. 46. 3, 4. 2 Ti. 4. 6. 2 Pe. 1. 14. *my sons*. ch. 2. 22, 29; 3. 13, 16; 8. 3. *I have walked*. ch. 3. 19, 20.

3 *his anointed*. ver. 5; ch. 10. 1; 24. 6. 2 Sa. 1. 14-16. Mat. 22. 21. Ro. 13. 1-7. *whose ox*. Nu. 16. 15. Ac. 20. 33. 2 Co. 12. 14. 1 Th. 2. 5, 10. 1 Pe. 5. 2. *bribe. Heb*. ransom. *blind mine eyes. or*, that I should hide mine eyes at him. Ex. 23. 8. De. 16. 19. *I will*. Ex. 22. 4. Le. 6. 4. Lu. 19. 8.

4 Ps. 37. 5, 6. Da. 6. 4. 3 Jno. 12.

5 *The Lord*. Job 31. 35-40; 42. 7. *his anointed*. ch. 26. 9. *ye have*. Jno. 18. 38. Ac. 23. 9; 24. 16, 20. 1 Co. 4. 4. 2 Co. 1. 12. *in my hand*. Ex. 22. 4. Ps. 17. 3.

6 *It is the Lord*. Ex. 6. 26. Ne. 9. 9-14. Ps. 77. 19. 20; 78. 12, etc.; 99. 6; 105. 26, 41. Is. 63. 7-14. Ho. 12. 13. Mi. 6. 4. *advanced. or*, made.

7 *reason*. Is. 1. 18; 5. 3, 4. Eze. 18. 25-30. Mi. 6. 2, 3. Ac. 17. 3. *righteous acts. Heb*. righteousnesses *or* benefits. Ju. 5. 11. *to. Heb*. with.

8 *Jacob*. Ge. 46. 5-7. Nu. 20. 15. Ac. 7. 15. *cried*. Ex. 2. 23, 24; 3. 9. *sent Moses*. See on ver. 6. Ex. 3. 10; 4. 14-16, 27-31; 6. 26. *brought*. Ex. 12. 51; 14. 30, 31. *made them*. Jos. 1. 2-4, 6; 3. 10-13. Ps. 44. 1-3; 78. 54, 55; 105. 44.

9 *forgat*. De. 32. 18. Ju. 3. 7. Ps. 106. 21. Je. 2. 32. *he sold*. De. 32. 30. Ju. 2. 14; 3. 8; 4. 2. Is. 50. 1, 2. *of the Philistines*. Ju. 10. 7; 13. 1. *into the*. Ju. 3. 12. Is. 63. 10.

10 *And they*. ch. 7. 2. Ju. 3. 9, 15; 4. 3; 6. 7; 10. 10, 15. Ps. 78. 34, 35; 106. 44. Is. 26. 16. *Baalim*. Ju. 2. 13; 3. 7. *deliver*. Ju. 10. 15, 16. Is. 33. 22. Lu. 1. 74, 75. 2 Co. 5. 14, 15.

11 *Jerubbaal*. Ju. 6. 14, 32; 8. 29, 35. *Bedan*. *Bedan*, whose name occurs no where else as a judge of Israel, Bp. PATRICK and others suppose to be a contraction of *ben Dan*, 'the son of Dan;' by which they suppose *Samson* is meant, as the Targum reads. The LXX., Syriac, and Arabic, however, instead of *Bedan* read *Barak;* and the two latter versions, instead of *Samuel* have *Samson*. These readings are adopted by HOUBIGANT, and appear to be genuine; for it is not probable that Samuel would enumerate *himself*. Ju. ch. 13-16. *Jephthah*. Ju. 11. 1, etc. *Samuel*. ch. 7. 13.

12 *Nahash*. ch. 11. 1, 2. *Nay*. ch. 8. 3, 5, 6, 19, 20. Ju. 9. 18, 56, 57. *when the Lord*. ch. 8. 7; 10. 19. Ge. 17. 7. Ex. 19. 5, 6. Nu. 23. 21. Ju. 8. 23. Ps. 74. 12. Is. 33. 22. Ho. 13. 10.

13 *behold*. ch. 10. 24; 11. 15. *whom ye*. ch. 8. 5; 9. 20. *have desired*. Ps. 78. 29-31. Ho. 13. 11. Ac. 13. 21.

14 *If ye will*. Le. 20. 1-13. De. 28. 1-14. Jos. 24. 14, 20. Ps. 81. 12-15. Is. 3. 10. Ro. 2. 7. *commandment. Heb*. mouth. *continue. Heb*. be after.

15 *But if ye*. Le. 26. 14-30. De. 28. 15-68. Jos. 24. 20. Is. 1. 20; 3. 11. Ro. 2. 8, 9. *against*. See on ver. 9.

16 *stand*. ver. 7; ch. 15. 16. Ex. 14. 13, 31.

17 *Is it*. In northern latitudes, thunder and rain are far from being uncommon during harvest. But rain is hardly ever known in Palestine during that season, which commences about the end of June, or beginning of July. This fact is abundantly confirmed by modern travellers, and is demonstrative to every unprejudiced reader of the Holy Scriptures, that the thunder and rain, which at Samuel's invocation, was sent at *this season* of the year, was a miraculous interposition of the power of God; for we read in ver. 16, it was a 'great thing which the Lord will do.' Thus were the Israelites warned of their sin in having asked a king, and of the omnipotence of that God, whose gracious promises they virtually neglected by this act. Pr. 26. 1. *I will call*. ch. 7. 9, 10. Jos. 10. 12. Ps. 99. 6. Je. 15. 1. Ja. 5. 16-18. *your wickedness*. See on ch. 8. 7.

18 *sent thunder*. Ex. 9. 23-25. Re. 11. 5, 6. *feared*. Ex. 14. 31. Ezr. 10. 9. Ps. 106. 12, 13.

19 *Pray for thy*. ch. 7. 5, 8. Ge. 20. 7. Ex. 9. 28; 10. 17. Job 42. 8. Ps. 78. 34, 35. Is. 26. 16. Mal. 1. 9. Ac. 8. 24. Ja. 5. 15. 1 Jno. 5. 16.

20 *Fear not*. Ex. 20. 19, 20. 1 Pe. 3. 16. *turn not*. De. 11. 16; 31. 29. Jos. 23. 6. Ps. 40. 4; 101. 3; 125. 5. Je. 3. 1.

21 *vain things*. De. 32. 21. Je. 2. 5, 13; 10. 8, 15; 14. 22; 16. 19. Jon. 2. 8. Hab. 2. 18. 1 Co. 8. 4. *cannot profit*. Ps. 115. 4-8. Is. 41. 23, 24; 44. 9, 10; 45. 20; 46. 7. Je. 10. 15.

22 *the Lord*. De. 31. 17. 1 Ki. 6. 13. 2 Ki. 21. 14. 1 Ch. 28. 9. 2 Ch. 15. 2. Ps. 94. 14. Is. 41. 17; 42. 16. Je. 33. 24-26. La. 3. 31, 32; 5. 20. He. 13. 5. *for his great*. Ex. 32. 12. Nu. 14. 13-19. De. 32. 26, 27. Jos. 7. 9. Ps. 106. 8. Is. 37. 35; 43. 25; 48. 11. Je. 14. 7, 21. Eze. 20. 9, 14. Ep. 1. 6, 12. *it hath*. Ex. 19. 5, 6. De. 7. 7, 8; 9. 5; 14. 2. Mal. 1. 2. Mat. 11. 26. Jno. 15. 16. Ro. 9. 13-18; 11. 29. 1 Co. 4. 7. Phi. 1. 6.

23 *God forbid*. Ac. 12. 5. Ro. 1. 9. Col. 1. 9. 1 Th. 3. 10. 2 Ti. 1. 3. *in ceasing. Heb*. from ceasing. *I will teach*. Ps. 34. 11. Pr. 4. 11. Ec. 12. 10. Ac. 20. 20. Col. 1. 28. *the good*. 1 Ki. 8. 36. 2 Ch. 6. 27. Je. 6. 16.

24 *fear the Lord*. Job 28. 28. Ps. 110. 10. Pr. 1. 7. Ec. 12. 13. He. 12. 29. *in truth*. Ps. 119. 80. Jno. 1. 47. *consider*. Ezr. 9. 13, 14. Is. 5. 12. Ro. 12. 1. *how great things. or*, what a great *thing*, etc. De. 10. 21. Ps. 126. 2, 3.

25 *But if*. De. 32. 15, etc. Jos. 24. 20. Is. 3. 11. *ye and*. ch. 31. 1-5. De. 28. 36. Ho. 10. 3.

## CHAP. XIII.

*Saul's select band*, 1, 2. *He calls the Hebrews to Gilgal against the Philistines, whose garrison Jonathan had smitten*, 3, 4. *The Philistines' great host*, 5. *The distress of the Israelites*, 6, 7. *Saul, weary of staying for Samuel, sacrifices*, 8-10. *Samuel reproves him*, 11-16. *The three spoiling bands of the Philistines*, 17, 18. *The policy of the Philistines, to suffer no smith in Israel*, 19-23.

1 A.M. 2911. B.C. 1093. An. Ex. Is. 398. *reigned one year. Heb*. the son of one year in his reigning. This verse is variously interpreted; but probably it only means, according to the Hebrew idiom, that, during the first year nothing remarkable occurred; but after two years, (or in the second year of his reign,) the subsequent events took place. Ex. 12. 5. Mi. 6. 6, marg.

2 *chose*. ch. 8. 11; 14. 52. *Michmash*. Michmash was situated east of Bethaven, or Bethel; and EUSEBIUS says it was in his time a considerable place, about nine miles from Jerusalem, towards Rama. ver. 5, 23; ch. 14. 5, 31. Is. 10. 28. *in Gibeah*. ch. 10. 26; 15. 34. Jos. 18. 28. Ju. 19. 12. 2 Sa. 21. 6. Is. 10. 29.

3 *the garrison*. ch. 10. 5; 14. 1-6. 2 Sa. 23. 14.

*Geba. or*, the hill. Jos. 18. 24, Gaba; 21. 17. Is. 10. 29. Zec. 14. 10. *blew*. Ju. 3. 27; 6. 34. 2 Sa. 2. 28; 20. 1.

4 *was had in abomination. Heb.* did stink. Ge. 34. 30; 46. 34. Ex. 5. 21. Zec. 11. 8. *to Gilgal*. ch. 10. 8; 11. 14, 15. Jos. 5. 9.

5 *thirty thousand chariots*. The Philistines had no doubt collected troops in this emergency, from all the surrounding nations; but the number of *chariots* is immensely large beyond any example, and wholly disproportioned to the number of their *cavalry*. It is probable, therefore, that for *sheloshim aileph*, 'thirty thousand,' we should read *shelosh aileph*, '*three* thousand,' with the Syriac and Arabic. *as the sand*. Ge. 22. 17. Jos. 11. 4. Ju. 7. 12. 2 Ch. 1. 9. Is. 48. 19. Je. 15. 8. Ro. 9. 27. *Beth-aven*. ch. 14. 23. Jos. 7. 2; 18. 12. Ho. 4. 15; 5. 8; 10. 5.

6 *in a strait*. Ex. 14. 10-12. Jos. 8. 20. Ju. 10. 9; 20. 41. 2 Sa. 24. 14. Phi. 1. 23. *in caves*. ch. 14. 11; 23. 19; 24. 3. Ju. 6. 2. Is. 42. 22. He. 11. 38.

7 *the Hebrews*. Le. 26. 17, 36, 37. De. 28. 25. *Gad*. Nu. 32. 1-5, 33-42. De. 3. 12. Jos. 13. 24-31. *followed him trembling. Heb.* trembled after him. De. 20. 8. Ju. 7. 3. Ho. 11. 10, 11.

8 *tarried*. ch. 10. 8.

9 *he offered*. ver. 12, 13; ch. 14. 18; 15. 21, 22. De. 12. 6. 1 Ki. 3. 4. Ps. 37. 7. Pr. 15. 8; 20. 22; 21. 3, 27. Is. 66. 3.

10 *Saul*. ch. 15. 13. *salute him. Heb.* bless him. ch. 15. 13. Ru. 2. 4. Ps. 129. 8.

11 *What hast*. Ge. 3. 13; 4. 10. Jos. 7. 19. 2 Sa. 3. 24. 2 Ki. 5. 25. *Michmash*. ver. 2, 5, 16, 23; ch. 14. 5. Is. 10. 28.

12 *said I*. 1 Ki. 12. 26, 27. *made supplication unto. Heb.* intreated the face of, etc. *I forced*. ch. 21. 7. Ps. 66. 3. Am. 8. 5. 2 Co. 9. 7.

13 *Thou hast done*. 2 Sa. 12. 7-9. 1 Ki. 18. 18; 21. 20. 2 Ch. 16. 9; 19. 2; 25. 15, 16. Job 34. 18. Pr. 19. 3. Mat. 14. 3, 4. *hast not kept*. ch. 15. 11, 22, 28. Ps. 50. 8-15.

14 *But now*. ch. 2. 30; 15. 28. *the Lord*. ch. 16. 1, 12. 2 Sa. 7. 15, 16. Ps. 78. 70; 89. 19, 20, etc. Ac. 13. 22. *captain over*. ch. 9. 16. 2 Sa. 5. 2. 2 Ki. 20. 5. He. 2. 10.

15 *Samuel*. The LXX. have, 'Samuel arose and went away from Gilgal, and the remainder of the people went up along with the men of war after Samuel from Gilgal to Gibeah of Benjamin.' This is probably the true reading; for it does not appear that Samuel went to Gibeah, which was Saul's usual residence; and the Hebrew copyist, as Dr. WALL observes, seems to have missed a line, and added to the sentence concerning Samuel, that which ended the sentence concerning Saul. One MS. instead of *Samuel*, in the beginning of the sentence, reads *Saul*. *present. Heb.* found. *about six*. ver. 2, 6, 7; ch. 14. 2.

16 *Gibeah. Heb.* Gebah. See on ver. 3.

17 *in three companies*. ch. 11. 11. *Ophrah*. Jos. 18. 23. *Shual*. Jos. 19. 3.

18 *Beth-horon*. Jos. 10. 11; 16. 3, 5; 18. 13, 14. 1 Ch. 6. 68. 2 Ch. 8. 5. *Zeboim*. Ge. 14. 2. Ne. 11. 34. Ho. 11. 8.

19 *there was no*. It is probable that the Philistines in the former wars had carried away all the smiths from Israel. Ju. 5. 8. 2 Ki. 24. 14. Is. 54. 16. Je. 24. 1.

21 *a file. Heb.* a file with mouths. *sharpen. Heb.* set.

22 *there was neither*. ch. 17. 47, 50. Ju. 5. 8. Zec. 4. 6. 1 Co. 1. 27-29. 2 Co. 4. 7.

23 *garrison. or*, standing camp. ver. 3; ch. 14. 4. *passage*. ver. 2, 5; ch. 14. 1, 4, 5. Is. 10. 28.

## CHAP. XIV.

*Jonathan goes and miraculously smites the Philistines' garrison*, 1-14. *A divine terror makes them beat themselves*, 15, 16. *Saul, not staying the priest's answer, sets on them*, 17-20. *The captivated Hebrews, and the hidden Israelites, join against them*, 21-23. *Saul's unadvised adjuration hinders the victory*, 24-30. *He restrains the people from eating blood*, 31-34. *He builds an altar*, 35, 36. *Jonathan, taken by lot, is saved by the people*, 37-46. *Saul's victories, strength, and family*, 47-52.

1 A.M. 2917. B.C. 1087. An. Ex. Is. 404. *it came to pass upon a day. or*, there was a day. *Jonathan*. ver. 39-45; ch. 13. 2, 22; 18. 1-4. 2 Sa. 1. 4, 5, 25, 26. *he told not*. ch. 25. 19. Ju. 6. 27; 14. 6. Mi. 7. 5.

2 *in the uttermost*. ch. 13. 15, 16. Is. 10. 28, 29. *a pomegranate*. The word *rimmon*, in Arabic *romman*, whence the Portuguese *romaa*, denotes the *pomegranate*, both tree and fruit; called by naturalists *malus punica* or *malo-granatum*. It is, according to the Linnean system, a genus of the icosandria monogynia class of plants; and is a low tree, growing very common in Palestine, and other parts of the East. It has several small angular boughs, very thick and bushy, covered with a reddish bark, and some of them armed with sharp thorns. They are garnished with small, narrow, spear-shaped leaves, like those of the myrtle, but not so sharp, of a green colour, inclining to red. Its blossoms are large, beautiful, of an elegant red colour, inclining to purple, composed of several stalks resembling a rose, in the hollow of the cup: this cup is oblong, hard, purple, having a figure somewhat like that of a bell. It is chiefly valued for its fruit, which is exceedingly beautiful, of the form and size of a large apple, with a reddish rind, and red within; being full of small kernels, with red grains, replenished with a generous liquor, of which, Sir JOHN CHARDIN informs us, they still make considerable quantities of wine in the East, particularly in Persia. But as the pomegranate tree, from its low growth, is but little adapted for pitching a tent under, it is probable that *Rimmon* here is the name of the rock mentioned in Ju. 20. 45.

3 *Ahiah*. ch. 22. 9-12, 20, called Ahimelech. *I-chabod's*. ch. 4. 21. *wearing*. ch. 2. 28. Ex. 28. 26-32.

4 *the passages*. ch. 13. 23.

5 *forefront. Heb.* tooth.

6 *Come*. This action of Jonathan's was totally contrary to the laws of war; no military operation should be undertaken without the knowledge and command of the general. But it is highly probable, that this gallant man was led to undertake the hazardous enterprise by an immediate divine impulse; and by the same influence was kept from informing the soldiers, and even from consulting his father, who might have opposed his design. *uncircumcised*. ch. 17. 26, 36. Ge. 17. 7-11. Ju. 15. 18. 2 Sa. 1. 20. Je. 9. 23, 26. Ep. 2. 11, 12. Phi. 3. 3. *it may be*. 2 Sa. 16. 12. 2 Ki. 19. 4. Am. 5. 15. Zep. 2. 3. *for there is no restraint*. Where there is a promise of defence and support, the weakest, in the face of the strongest enemy, may rely upon it with the utmost confidence. De. 32. 30. Ju. 7. 4-7. 2 Ch. 14. 11. Ps. 115. 1-3. Zec. 4. 6. Mat. 19. 26. Ro. 8. 31.

7 *Do all*. ch. 10. 7. 2 Sa. 7. 3. Ps. 46. 7. Zec. 8. 23.

8 *we will pass*. Ju. 7. 9-14.

9 *they*. Ge. 24. 13, 14. Ju. 6. 36-40. *Tarry. Heb.* Be still.

10 *this shall be a sign*. ch. 10. 7. Ge. 24. 14. Ju. 7. 11. Is. 7. 11-14.

11 *out of the holes*. ver. 22; ch. 13. 6. Ju. 6. 2.

12 *Come up to us*. Meaning, that they would cause them to repent of their audacity. This was the favourable sign which Jonathan had requested. ver. 10; ch. 17. 43, 44. 2 Sa. 2. 14-17. 2 Ki. 14. 8. *Come up after me*. Ge. 24. 26, 27, 42, 48. Ju. 4. 14; 7. 15. 2 Sa. 5. 24.

13 *climbed up*. Ps. 18. 29. He. 11. 34. *fell*. Le. 26. 7, 8. De. 28. 7; 32. 30. Jos. 23. 10. Ro. 8. 31.

14 *an half acre of land. or*, half a furrow of an acre of land. The original is obscure and variously understood; but it is probably a proverbial expression for a *small space*.

15 *there was trembling*. Jos. 2. 9. Ju. 7. 21. 2 Ki. 7. 6, 7. Job 18. 11. Ps. 14. 5. *the spoilers*. ch. 13. 17, 23. *the earth quaked*. Ex. 19. 18. Mat. 24. 6; 27. 50, 51. *very great trembling. Heb.* trembling of God. Ge. 35. 5. Le. 26. 36, 37. 2 Sa. 5. 24. Da. 5. 6. God will in some way or other direct the steps of those who acknowledge him in all their ways, and seek unto him for direction with full purpose of heart. Sometimes we find most comfort in that which is least our own doing, and into which we have been led by the unexpected, but well observed, turns of Providence.

16 *melted away*. Ps. 58. 7; 68. 2. *beating down*. ver. 20. Ju. 7. 22. 2 Ch. 20. 22-25. Is. 19. 2.

18 *Bring hither*. The Septuagint reads, Προσαγαγε το εφουδ· οτι αυτος ηρε το εφουδ εν τη ημερα εκεινη ενωπιον Ισραηλ· 'Bring hither the *ephod*; for he bore the *ephod* on that day before Israel:' which HOUBIGANT and others think is the true reading. Finding that his son Jonathan and his armour-bearer were absent, Saul wished to consult the high-priest; but the tumult increasing, he says to him, 'Withdraw thine hand:' *i.e.* desist from consulting the ephod on the present occasion; and immediately hastened to make the best use he could of this astonishing victory. ch. 4. 3-5; 30. 8. Nu. 27. 21. Ju. 20. 18, 23, 27, 28. 2 Sa. 11. 11; 15. 24-26. *For the ark*. ch. 5. 2; 7. 1.

19 *noise. or*, tumult. *Withdraw*. ver. 24; ch. 13. 11. Jos. 9. 14. Ps. 106. 13. Is. 28. 16.

20 *assembled themselves. Heb.* were cried together. *every man's*. ver. 16. Ju. 7. 22. 2 Ch. 20. 23. Is. 9. 19-21; 19. 2.

21 *the Hebrews*. Probably such as they held in bondage, or who were their servants. Instead of *häivrim*, 'the Hebrews,' the LXX. evidently read *haâvdim*, for they have οι δουλοι, 'the slaves;' but this reading is not countenanced by any other version, nor by any MS. ch. 29. 4. Ju. 7. 23.

22 *hid themselves*. ch. 13. 6; 31. 7. *the battle*. The LXX. and Vulgate add here, και πας ο λαος ην μετα Σαουλ ως δεκα χιλιαδες ανδρων, *Et erant cum Saul, quasi decem millia virorum*. 'And [all the people who were, *LXX.*] there were with Saul about ten thousand men;' but this is supported by no other authority.

23 *the Lord*. Ex. 14. 30. Ju. 2. 18. 2 Ki. 14. 27. Ps. 44. 6-8. Ho. 1. 7. *Beth-aven*. ch. 13. 5.

24 *Cursed*. ver. 27-30. Le. 27. 29. Nu. 21. 2. De. 27. 15-26. Jos. 6. 17-19, 26. Ju. 11. 30, 31; 21. 1-5. Pr. 11. 9. Ro. 10. 2. 1 Co. 16. 22. *I may be*. Ju. 5. 2; 16. 28. Ps. 18. 47.

25 *all they*. De. 9. 28. Mat. 3. 5. *honey*. This was *wild* honey, which to this day abounds in Judea; and bursting from the comb, runs down the hollow trees, rocks, etc. Ex. 3. 8. Nu. 13. 27. Mat. 3. 4.

26 *the people*. Ec. 9. 2.

27 *his eyes*. ver. 29; ch. 30. 12. Pr. 25. 26.

28 *Cursed*. See on ver. 24, 43. *faint. or*, weary.

29 *My father*. 1 Ki. 18. 18. *see*. It is well known, that hunger and fatigue produce faintness and dim the sight; and on taking a little food, this affection is immediately removed.

30 *had there*. Ec. 9. 18.

31 *from Michmash*. The distance, CALMET states to be three or four leagues. *Aijalon*. Jos. 10. 12; 19. 42.

32 *flew*. ch. 15. 19. *the people*. The people having abstained from food the whole of the day, and being now faint through hunger and fatigue, they flew upon the cattle, and not taking time to bleed them properly, they eagerly devoured the flesh with the blood, directly contrary to the law—another bad effect of Saul's rash adjuration. *did eat*. Ge. 9. 4. Le. 3. 17; 7. 26, 27; 17. 10-14; 19. 26. De. 12. 16, 23, 24. Eze. 33. 25. Ac. 15. 20, 29.

33 *transgressed. or*, dealt treacherously. Mat. 7. 5. Ro. 2. 1.

34 *with him. Heb.* in his hand.

35 *built*. It is probable that Saul converted the great stone, on which the cattle had been slaughtered, into an altar, on which sacrifices were offered, before the people attempted to proceed any further. This we are told was the *first* he had built. Samuel, as a prophet and a priest, had hitherto erected the altars; but Saul seems to have thought he had sufficient authority to erect one himself, without the prophet, as he had once offered sacrifice without him. ch. 7. 9, 17. Ju. 21. 4. He. 8. 14. 2 Ti. 3. 5. *the same*, etc. *Heb.* that altar he began to build unto the Lord.

36 *Let us go*. Jos. 10. 9-14, 19. Je. 6. 5. *let us not leave*. ch. 11. 11. Jos. 11. 14. *Then said the priest*. It is evident that Ahiah, who had before been interrupted by Saul's impatience, doubted of the propriety of pursuing the Philistines that night, and properly counselled them to enquire of the Lord. Nu. 27. 21. Ps. 73. 28. Is. 48. 1, 2; 58. 2. Mal. 2. 7. Ja. 4. 8.

37 *Shall I go*. ch. 23. 4. 9-12; 30. 7, 8. Ju. 1. 1; 20. 18, 28. 2 Sa. 5. 19, 23. 1 Ki. 22. 5, 15. *he answered*. ch. 28. 6. Eze. 14. 3-5; 20. 3.

38 *Draw ye near*. ch. 10. 19, 20. Jos. 7. 14, etc. *chief. Heb.* corners. Nu. 24. 17. Ju. 20. 2. 2 Sa. 18. 3. Ps. 47. 9. Zec. 10. 4. Mat. 21. 42. Ep. 2. 20.

39 ver. 24, 44; ch. 19. 6; 20. 31; 22. 16; 28. 10. 2 Sa. 12. 5. Ec. 9. 2.

40 *Do what seemeth*. ver. 7, 36. 2 Sa. 15. 15.

41 *Therefore*. Both the Septuagint and Vulgate add much to this verse:—Και ειπε Σαουλ, Κυριε ο Θεος Ισραηλ, τι οτι ουκ απεκριθης τω δουλω σου σημερον; ει εν εμοι η εν Ιωναθαν τω νιω μου η αδικια, Κυριε ο Θεος Ισραηλ δος δηλους· και εαν ταδε ειπη, δος δη τω λαω σου Ισραηλ, δος δη οσιοτητα, κ.τ.λ. *Et dixit Saul ad Dominum Deum Israel; Domine Deus Israel da indicium: quid est quòd non responderis servo tuo hodie? Si in me, aut in Jonatha filio meo est iniquitas hæc, da ostensionem: aut si hæc iniquitas est in populo tuo, da sanctitatem*, etc. 'And Saul said [to the Lord God of Israel, *Vulg.*] Lord God of Israel [give a sign, *Vulg.*] Why is it that thou hast not answered thy servant to-day? If the iniquity be in me, or in my son Jonathan, [O Lord God of Israel, *LXX.*] make it manifest; and if thou say thus, give to thy people Israel, give mercy,' etc. [but *Vulg.* Or, if this iniquity be in thy people, give sanctification,' etc.] *Give a perfect lot. or*, Shew the innocent. Pr. 16. 33. Ac. 1. 24. *And Saul*. ch. 10. 20, 21. Jos. 7. 16-18. Jon. 1. 7. *escaped. Heb.* went forth.

43 *Tell me*. Jos. 7. 19. Jon. 1. 7-10. *I did but*. ver. 27.

44 *God*. ch. 25. 22. Ru. 1. 17. 2 Sa. 3. 9; 19. 13. *thou shalt*. See on ver. 39. Ge. 38. 24. 2 Sa. 12. 5, 31. Pr. 25. 16.

45 *who hath*. ver. 23; ch. 19. 5. Ne. 9. 27. *there shall not*. The people judged rightly, that the guilt was contracted by Saul, and not by Jonathan; and therefore they rescued him from the hands of his rash and severe father. 2 Sa. 14. 11. 1 Ki. 1. 52. Mat. 10. 30. Lu. 21. 18. Ac. 27. 34. *he hath*. 2 Ch. 19. 11. Is. 13. 3. Ac. 14. 27; 15. 12; 21. 19. Ro. 15. 18. 1 Co. 3. 9. 2 Co. 6. 1. Phi. 2. 12, 13. Re. 17. 14; 19. 14. *the people*. Is. 29. 20, 21.

47 *Saul*. ch. 13. 1. *fought*. 2 Ki. 14. 27. *Ammon*. ch. 11. 11; 12. 2. *Zobah*. 2 Sa. 10. 6. 1 Ki. 11. 23.

48 *gathered an host. or*, wrought mightily. *smote*. ch. 15. 3-7. Ex. 17. 14. De. 25. 19.

49 *Jonathan.* ch. 31. 2. 1 Ch. 8. 33; 9. 39. *name of the first-born.* ch. 18. 7-21; 25. 44. 2 Sa. 3. 13-16; 6. 20-23.

50 *the name of the captain.* ch. 17. 55. 2 Sa. 2. 8; 3. 27. *Abner. Heb.* Abiner.

51 *Kish.* ch. 9. 1, 21.

52 *when Saul.* ch. 8. 1, 11.

## CHAP. XV.

*Samuel sends Saul to destroy Amalek,* 1-5. *Saul favours the Kenites,* 6. *He spares Agag and the best of the spoil,* 7-9. *Samuel denounces unto Saul God's rejection of him for his disobedience,* 10-23. *Saul's humiliation,* 24-31. *Samuel kills Agag,* 32, 33. *Samuel and Saul part,* 34, 35.

1 A.M. 2925. B.C. 1079. An. Ex. Is. 412. *The Lord.* ver. 17, 18; ch. 9. 16; 10. 1. *hearken.* ver. 16; ch. 12. 14; 13. 13. 2 Sa. 23. 2, 3. 1 Ch. 22. 12, 13. Ps. 2. 10, 11.

2 *I remember.* Je. 31. 34. Ho. 7. 2. Am. 8. 7. *Amalek.* Ex. 17. 8-16. Nu. 24. 20. De. 25. 17-19.

3 *Now go.* The Amalekites, a people of Arabia Petræa, who inhabited a tract of country on the frontiers of Egypt and Canaan, had acted with great cruelty towards the Israelites on their coming out of Egypt, and God then purposed that Amalek, as a nation, should be blotted out from under heaven; but it had been spared till it had filled up the measure of its iniquities, and now this purpose is carried into effect by Saul, upwards of 400 years afterwards! Nothing could justify such an exterminating decree but the absolute authority of God; and this was given: all the reasons of it we do not know; but this we know well, *the Judge of all the earth doeth right. utterly destroy.* Le. 27. 28, 29. Nu. 24. 20. De. 13. 15, 16; 20. 16-18. Jos. 6. 17-21. *slay.* Ex. 20. 5. Nu. 31. 17. Is. 14. 21, 22. *ox and sheep.* Ge. 3. 17, 18. Ro. 8. 20-22.

4 *Telaim.* Jos. 15. 24, Telem. *two.* ch. 11. 8; 13. 15.

5 *laid wait. or,* fought.

6 *the Kenites.* ch. 27. 10. Nu. 24. 21, 22. Ju. 1. 16; 4. 11; 5. 24. 1 Ch. 2. 55. *Go, depart.* Ge. 18. 25; 19. 12-16. Nu. 16. 26, 27, 34. Pr. 9. 6. Ac. 2. 40. 2 Co. 6. 17. Re. 18. 4. *ye shewed.* Ex. 18. 9, 10, 19. Nu. 10. 29-32. 2 Ti. 1. 16.

7 *smote.* ch. 14. 48. Job 21. 30. Ec. 8. 13. *Havilah.* This *Havilah* was probably situated in Arabia, and the district of *Chaulon* may mark the spot. It seems different from that encompassed by the river Pison, one of the rivers of Eden. Ge. 2. 11; 25. 18. *Shur.* ch. 27. 8. Ge. 16. 7.

8 *Agag.* ver. 3. Nu. 24. 7. 1 Ki. 20. 30, 34-42. Es. 3. 1. *utterly.* ch. 27. 8; 30. 1. Jos. 10. 39; 11. 12.

9 *the best.* ver. 3, 15, 19. Jos. 7. 21. *the fatlings. or,* the second sort. 2 Sa. 6. 13.

11 *repenteth me.* ver. 35. Ge. 6. 6. 2 Sa. 24. 16. Ps. 110. 4. Je. 18. 7-10. Am. 7. 3. Jon. 3. 10; 4. 2. *turned.* Jos. 22. 16. 1 Ki. 9. 6. Ps. 36. 3; 78. 41, 57; 125. 5. Zep. 1. 6. Mat. 24. 13. He. 10. 38. *hath not performed.* ver. 3, 9; ch. 13. 13. *it grieved.* ver. 35; ch. 16. 1. Ps. 119. 136. Je. 9. 1, 18; 13. 17. Lu. 19. 41-44. Ro. 9. 1-3. *he cried.* ch. 12. 23. Ps. 109. 4. Mat. 5. 44. Lu. 6. 12.

12 *Carmel.* ch. 25. 2. Jos. 15. 55. 1 Ki. 18. 42. *he set him.* ch. 7. 12. Jos. 4. 8, 9. 2 Sa. 18. 18. *a place. Yad,* literally as the LXX. render χειρα, a *hand;* probably because the trophy or monument of victory was in the shape of a large hand, the emblem of power, erected on a pillar. These memorial pillars were anciently much in use; and the figure of a hand, by its emblematical meaning, was well adapted to preserve the remembrance of a victory. NIEBUHR, speaking of the Mesjed Ali, or Mosque of Ali, says that, 'at the top of the dome, where one generally sees on the Turkish mosques a crescent, or only a pole, there is here a hand stretched out, to represent that of Ali.' Another writer informs us, that at the Alhamra, or red palace of the Moorish kings in Grenada, 'on the key-stone of the outward arch [of the present principal entrance] is sculptured the figure of an arm, the symbol of strength and dominion.'

13 *Blessed.* ch. 13. 10. Ge. 14. 19. Ju. 17. 2. Ru. 3. 10. *I have performed.* ver. 9, 11. Ge. 3. 12. Pr. 27. 2; 28. 13; 30. 13; 31. 31. Lu. 17. 10; 18. 11.

14 *What meaneth.* Ps. 36. 2; 50. 16-21. Je. 2. 18, 19, 22, 23, 34-37. Mal. 3. 13-15. Lu. 19. 22. Ro. 3. 19. 1 Co. 4. 5.

15 *for.* ver. 9, 21. Ge. 3. 12, 13. Ex. 32. 22, 23. Job 31. 33. Pr. 28. 13. *to.* Mat. 2. 8. Lu. 10. 29.

16 *Stay.* ch. 9. 27; 12. 7. 1 Ki. 22. 16.

17 *When thou.* ch. 9. 21; 10. 22. Ju. 6. 15. Ho. 13. 1. Mat. 18. 4. *the Lord.* ver. 1-3; ch. 10. 1.

18 *the sinners.* Ge. 13. 13; 15. 16. Nu. 16. 38. Job 31. 3. Pr. 10. 29; 13. 21. *they be consumed. Heb.* they consume them.

19 *fly upon.* Pr. 15. 27. Je. 7. 11. Hab. 2. 9-12. 2 Ti. 4. 10. *didst evil.* 2 Ch. 33. 2, 6; 36. 12.

20 *Yea.* ver. 13. Job 33. 9; 34. 5; 35. 2; 40. 8. Mat. 19. 20. Lu. 10. 29; 18. 11. Ro. 10. 3. *have brought.* ver. 3, 8.

21 *the people.* ver. 15. Ge. 3. 13. Ex. 32. 22, 23.

22 *Hath the Lord.* Ps. 50. 8, 9; 51. 16, 17. Pr. 21. 3. Is. 1. 11-17. Je. 7. 22, 23. Ho. 6. 6. Am. 5. 21-24. Mi. 6. 6-8. Mat. 9. 13; 12. 7; 23. 23. He. 10. 4-10. *obey.* Ex. 19. 5. Ec. 5. 1. Je. 7. 23; 11. 4, 7; 26. 13. Ho. 6. 6. Mat. 5. 24. Mar. 12. 33.

23 *rebellion.* ch. 12. 14, 15. Nu. 14. 9. De. 9. 7, 24. Jos. 22. 16-19. Job 34. 37. Ps. 107. 11. Je. 28. 16; 29. 32. Eze. 2. 5-8. *witchcraft. Heb.* divination. Ex. 22. 18. Le. 20. 6, 27. De. 18. 10, 11. Is. 8. 19; 19. 3. Re. 22. 15. *stubbornness.* 2 Co. 6. 16. Ga. 5. 20. Re. 21. 8. *thou hast rejected.* ch. 2. 30; 13. 14; 16. 1. 2 Ki. 17. 15-20. 1 Ch. 28. 9.

24 *I have sinned.* ver. 30. Ex. 9. 27; 10. 16. Nu. 22. 34. 2 Sa. 12. 13. Mat. 27. 4. *I feared.* ver. 9, 15. Ex. 23. 2. Job 31. 34. Pr. 29. 25. Is. 51. 12, 13. Lu. 23. 20-25. Ga. 1. 10. Re. 21. 8. *obeyed.* ch. 2. 29. Ge. 3. 12, 17. Je. 38. 5.

25 *pardon.* Ex. 10. 17.

26 *I will not.* ver. 31. Ge. 42. 38; 43. 11-14. Lu. 24. 28, 29. 2 Jno. 11. *for thou.* See on ver. 23; ch. 2. 30; 13. 14; 16. 1. Je. 6. 19. Ho. 4. 6.

28 *The Lord.* ch. 28. 17, 18. 1 Ki. 11. 30, 31. *hath given.* ch. 2. 7, 8. Je. 27. 5, 6. Da. 4. 17, 32. Jno. 19. 11. Ro. 13. 1. *a neighbour.* ch. 13. 14; 16. 12. Ac. 13. 22.

29 *Strength. or,* Eternity, *or,* Victory. De. 33. 27. Ps. 29. 11; 68. 35. Is. 45. 24. Joel 3. 16. 2 Co. 12. 9. Phi. 4. 13. *will not lie.* Nu. 14. 28, 29; 23. 19. Ps. 95. 11. Eze. 24. 14. 2 Ti. 2. 13. Tit. 1. 2. He. 6. 18.

30 *honour me now.* Hab. 2. 4. Jno. 5. 44; 12. 43. *that I may worship.* Is. 29. 13. Lu. 18. 9-14. 2 Ti. 3. 5.

32 *Agag said.* Je. 48. 44. 1 Th. 5. 3. Re. 18. 7.

33 *As thy sword.* Ge. 9. 6. Ex. 17. 11. Nu. 14. 45. Ju. 1. 7. Mat. 7. 2. Ja. 2. 13. Re. 16. 6; 18. 6. *Samuel.* It has been a matter of wonder to many, how Samuel could thus slay a captive prince, even in the presence of Saul, who from motives of clemency had spared him; but it should be remarked, that what Samuel did here, he did in his magisterial capacity; and that Agag had been a cruel tyrant, and therefore was cut off for his merciless cruelties. Farther, it is not likely that he did it by his *own sword,* but by that of the *executioner.* What kings, magistrates, and generals do, in an official way, by their subjects, servants, or soldiers, they are said to do themselves:—*qui facit per alterum, facit per se. hewed.* Nu. 25. 7, 8. 1 Ki. 18. 40. Is. 34. 6. Je. 48. 10.

34 *Gibeah.* ch. 11. 4.

35 *Samuel.* ch. 19. 24. *Samuel mourned.* ver. 11; ch. 16. 1. Ps. 119. 136, 158. Je. 9. 1, 2. Ro. 9. 2, 3. Phi. 3. 18. *repented.* ver. 11. Ge. 6. 6.

## CHAP. XVI.

*Samuel sent by God, under pretence of a sacrifice, comes to Beth-lehem, 1-5. His human judgment is reproved, 6-10. He anoints David, 11-14. Saul sends for David to quiet his evil spirit, 15-23.*

1 A.M. 2941. B.C. 1063. An. Ex. Is. 428. *How long.* ch. 15. 11, 35. Je. 7. 16; 11. 14. *seeing.* ver. 15, 23; ch. 13. 13, 14; 15. 23, 26. Je. 6. 30; 14. 11, 12; 15. 1. 1 Jno. 5. 16. *horn with oil.* ch. 9. 16; 10. 1. 2 Ki. 9. 1, 3, 6. *Jesse.* ch. 13. 14. Ge. 49. 8-10. Ru. 4. 18-22. 1 Ch. 2. 10-15. Ps. 78. 68-71; 89. 19, 20. Is. 11. 1, 10; 55. 4. Ac. 13. 21, 22. Ro. 15. 12.

2 *How can I go.* Ex. 3. 11. 1 Ki. 18. 9-14. Mat. 10.16. Lu. 1. 34. *Take an heifer.* For the prudent management of the affair, and to avoid suspicion, Samuel was directed to go to Bethlehem to *sacrifice*, as he probably did from time to time in many different places; and the answer which he was instructed to return was strictly *true* though he did not tell the principal design of his coming; for though no man in any circumstances should *tell a lie*, yet, in all circumstances, he is not bound to tell the *whole* truth, though he must tell *nothing but the truth*, and so tell that truth that the hearer shall not believe a *lie* by it. *with thee. Heb.* in thine hand. ch. 9. 12. *I am come.* ch. 9. 12; 20. 29. Je. 38. 26, 27.

3 *call Jesse.* ch. 9. 12, 13. 2 Sa. 15. 11. Mat. 22. 1-4. *and I will shew.* Ex. 4. 15. Ac. 9. 6. *anoint.* ver. 12, 13; ch. 9. 16. De. 17. 14.

4 *trembled.* ch. 21. 1. 2 Sa. 6. 9. 1 Ki. 17. 18. Ho. 6. 5; 11. 10. Lu. 5. 8; 8. 37. *coming. Heb.* meeting. *Comest.* 1 Ki. 2. 13. 2 Ki. 9. 22. 1 Ch. 12. 17, 18.

5 *sanctify yourselves.* Ex. 19. 10, 14, 15. Le. 20. 7, 8. Nu. 11. 18. Jos. 3. 5; 7. 13. 2 Ch. 30. 17-20. Job 1. 5. Ps. 26. 2-6. Joel 2. 16. 1 Co. 11. 28.

6 *Eliab.* ch. 17. 13, 22. 1 Ch. 2. 13; 27. 18, Elihu. *Surely.* Ju. 8. 18. 1 Ki. 12. 26.

7 *Look not.* ch. 9. 2; 10. 23, 24. 2 Sa. 14. 25. Ps. 147. 10, 11. Pr. 31. 30. *seeth not.* Job 10. 4. Is. 55. 8, 9. Lu. 16. 15. 1 Pe. 2. 4; 3. 4. *looketh.* Jno. 7. 24. 2 Co. 10. 7, 10. *outward appearance. Heb.* eyes. *on the heart.* 1 Ki. 8. 39. 1 Ch. 28. 9. 2 Ch. 16. 9. Ps. 7. 9; 139. 2. Pr. 15. 11; 16. 2. Je. 11. 20; 17. 10; 20. 12. Ac. 1. 24. He. 4. 13. Re. 2. 23.

8 *Abinadab.* ch. 17. 13. 1 Ch. 2. 13.

9 *Shammah.* ch. 17. 13. 2 Sa. 13. 3, Shimeah. 1 Ch. 2. 13. Shimma.

10 *seven.* 1 Ch. 2. 13-15.

11 *There remaineth.* ch. 17. 12-15, 28. 2 Sa. 7. 8. 1 Ch. 17. 7. Ps. 78. 70, 71. *down. Heb.* round.

12 *ruddy.* ch. 17. 42. Ca. 5. 10. La. 4. 7. Ac. 7. 20. He. 11. 23. *of a beautiful countenance. Heb.* fair of eyes. ver. 7. *And the Lord.* ch. 9. 17. *anoint him.* Ps. 2. 2, 6; 89. 19, 20. Ac. 4. 27.

13 *anointed.* ch. 10. 1. 2 Ki. 9. 6. *the Spirit.* ver. 18; ch. 10. 6, 9, 10. Nu. 11. 17; 27. 18. Ju. 3. 10; 11. 29; 13. 25; 14. 6. Is. 11. 1-3. Jno. 3. 34. He. 1. 9.

14 *the Spirit.* ch. 11. 6; 18. 12; 28. 15. Ju. 16. 20. Ps. 51. 11. Ho. 9. 12. *evil spirit.* The evil spirit was either sent immediately from the Lord, or permitted to come; but whether this was a diabolic possession, or a mere mental malady, is not agreed: it seems to have partaken of both. That Saul had fallen into a deep melancholy, there is little doubt; and that an evil spirit might work more effectually on such a state of mind, there can be little question. His malady appears to have been of a *mixed* kind, *natural* and *diabolical:* there is too much of apparent *nature* in it to permit us to believe it was all *spiritual;* and there is too much of apparently *supernatural* influence, to suffer us to believe it was all *natural.* ch. 18. 10; 19. 9, 10. Ju. 9. 23. 1 Ki. 22. 22. Ac. 19. 15, 16. *troubled. or,* terrified.

16 *before thee.* ver. 21, 22. Ge. 41. 46. 1 Ki. 10. 8. *play.* ver. 23; ch. 10. 5. 2 Ki. 3. 15.

18 *a mighty.* ch. 17. 32-36. 2 Sa. 17. 8, 10. *and prudent.* 2 Sa. 14. 20. *matters. or,* speech. *a comely.* ver. 12. *the Lord.* ch. 3. 19; 10. 7; 18. 12-14. Ge. 39. 2, 23. Mat. 1. 23; 28. 20.

19 *with the sheep.* ver. 11; ch. 17. 15, 33, 34. Ex. 3. 1-10. 1 Ki. 19. 19. Ps. 78. 70-72; 113. 8. Am. 1. 1; 7. 14, 15. Mat. 4. 18-22.

20 *an ass laden. Chamor lechem*, literally, 'an ass of bread,' rendered by the LXX. γομορ αρτων, *a gomor of bread;* meaning, probably, not an animal, but a vessel containing a certain *measure* of bread. ch. 10. 27; 17. 18; 25. 18. Ge. 43. 11. 2 Sa. 16. 1, 2. Pr. 18. 16.

21 *stood before him.* Ge. 41. 46. De. 1. 38; 10. 8. 1 Ki. 10. 8. Pr. 22. 29. *loved him.* Ps. 62. 9; 118. 9; 146. 3.

23 *the evil spirit.* See on ver. 14, 16. *Saul.* ch. 18. 10, 11. Mat. 12. 43-45. Lu. 11. 24-26.

## CHAP. XVII.

*The armies of the Israelites and Philistines being ready to battle, 1-3, Goliath challenges a combat, 4-11. David, sent by his father to visit his brethren, takes the challenge, 12-27. Eliab chides him, 28, 29. He is brought to Saul, 30, 31; shews the reason of his confidence, 32-37; and slays the giant, 38-54. Saul takes notice of David, 55-58.*

1 *gathered.* ch. 7. 7; 13. 5; 14. 46, 52. Ju. 3. 3. *Shochoh.* Jos. 15. 35, Socoh. 2 Ch. 11. 7, Shoco; 28. 18, Shocho. *Azekah.* Jos. 10. 10, 11; 15. 35. Je. 34. 7. *Ephes-dammim. or,* the coast of Dammim. 1 Ch. 11. 13, Pas-dammim.

2 *the valley.* ver. 19; ch. 21. 9. *set the battle in array. Heb.* ranged the battle.

4 *Goliath.* ver. 23; ch. 21. 9, 10. 2 Sa. 21. 19. 1 Ch. 20. 5. *of Gath.* ch. 27. 4. Jos. 11. 22. 2 Sa. 21. 16-22. 1 Ch. 20. 4-8. *whose height.* De. 3. 11. 1 Ch. 11. 23. Am. 2. 9. *six cubits.* According to Bp. CUMBERLAND's calculation, the height of Goliath was about eleven feet ten inches; but PARKHURST, estimating the ordinary cubit at seventeen inches and a half, calculates that he was nine feet six inches high. Few instances can be produced of men who can be compared with him. PLINY says, 'The tallest man that hath been seen in our days was one named Gabara, who, in the days of Claudius, the late Emperor, was brought out of Arabia: he was nine feet nine inches.' JOSEPHUS mentions a Jew, named Eleazar, whom Vitellius sent to Rome, who was seven cubits, or ten feet two inches, high. BECANUS saw a man near ten feet, and a woman that was full ten feet. And, to mention no more, a man of the name of John Middleton, born at Hale, near Warrington, in Lancashire, in the reign of James the First, was more than nine feet high. Dr. PLOTT, in his history of Staffordshire, says, that 'his hand, from the carpus to the end of the middle finger, was seventeen inches, his palms eight inches and a half broad, and his whole height was nine feet three inches; wanting but six inches of the height of Goliath of Gath.'

5 *armed. Heb.* clothed.

6 *target of brass. or,* gorget. 1 Ki. 10. 16. 2 Ch. 9. 15.

7 *the staff.* 2 Sa. 21. 19. 1 Ch. 11. 23; 20. 5.

8 *servants to Saul.* ver. 26; ch. 8. 17. 2 Sa. 11. 11. 1 Ch. 21. 3.

9 *and serve us.* ch. 11. 1.

10 *I defy.* ver. 25, 26, 36, 45. Nu. 23. 7, 8. 2 Sa. 21. 21; 23. 9. Ne. 2. 19. *give me.* Job 40. 9-12. Ps. 9. 4, 5. Pr. 16. 18. Je. 9. 23. Da. 4. 37.

11 *dismayed.* De. 31. 8. Jos. 1. 9. Ps. 27. 1. Pr. 28. 1. Is. 51. 12, 13; 57. 11.

12 *David.* ver. 58; ch. 16. 1, 18. Ru. 4. 22. Mat. 1. 6. Lu. 3. 31, 32. *Ephrathite.* Ge. 35. 19. Ps. 132. 6. Mi. 5. 2. Mat. 2. 1, 6. *eight sons.* ch. 16. 10, 11. 1 Ch. 2. 13-16.

13 *the names.* ver. 28; ch. 16. 6-9. 1 Ch. 2. 13. *Shammah.* 2 Sa. 13. 3, 32; 21. 21, Shimeah.

14 *the youngest.* ch. 16. 11. Ge. 25. 23.

15 *returned.* ch. 16. 11, 19-23.

16 *forty days.* Mat. 4. 2. Lu. 4. 2.

17 *Take now.* Mat. 7. 11. Lu. 11. 13. *parched corn.* ch. 25. 18. Ru. 2. 14. 2 Sa. 17. 28.

18 *carry.* ch. 16. 20. *cheeses. Heb.* cheeses of milk. 2 Sa. 17. 29. Job 10. 10. *their thousand. Heb.* a thousand. *look.* Ge. 37. 14. Ac. 15. 36. 1 Th. 3. 5, 6.

19 *the valley.* Dr. RICHARDSON says, that in about twenty minutes, in an easterly direction, from the cave of St. John, (which is about two hours or six miles, in a westerly direction, from Jerusalem,) they came to the *valley of Elah;* which position seems to agree with that of Shochoh and Azekah. He describes it as 'a small valley, and the place of their encampment is pointed out where it narrows into a broad, deep ravine; part of it was in crop, and part of it was under the plough, which was drawn by a couple of oxen. A small stream, which had shrunk almost under its stony bed, passes through it from east to west, from which we are informed that David chose out five smooth stones, and hasted and ran to meet the haughty champion of Gath. A well of water under the bank, with a few olive trees above, on the north side of the valley, are said to mark the spot of the shepherd's triumph over his boasting antagonist. Saul and his men probably occupied the side of the valley which is nearest to Jerusalem, on which the ground is higher and more rugged than on the other side.'

20 *left the sheep.* ver. 28. Ep. 6. 1, 2. *trench. or,* place of the carriage. ch. 26. 5. Lu. 19. 43. *fight. or,* battle array, *or* place of fight.

22 *his carriage. Heb.* the vessels from upon him. *saluted his brethren. Heb.* asked his brethren of peace; *as* Ge. 37. 14. Ju. 18. 15. Mat. 10. 12, 13. Lu. 10. 5, 6.

23 *according.* ver. 4-10.

24 *him. Heb.* his face. ch. 13. 6, 7. *sore.* ver. 11. Le. 26. 36. Nu. 13. 33. De. 32. 30. Is. 7. 2; 30. 17.

25 *the king.* ch. 18. 17-27. Jos. 15. 16. Re. 2. 7, 17; 3. 5, 12, 21. *free in Israel.* Ezr. 7. 24. Mat. 17. 26.

26 *reproach.* ch. 11. 2. Jos. 7. 8, 9. 2 Ki. 19. 4. Ne. 5. 9. Ps. 44. 13; 74. 18; 79. 12. Da. 9. 16. Joel 2. 19. *uncircumcised.* ver. 36; ch. 14. 6. *defy.* ver. 10. De. 5. 26. Je. 10. 10. 1 Th. 1. 9. 1 Jno. 5. 20.

27 *So shall it.* ver. 25.

28 *Eliab's anger.* ch. 16. 13. Ge. 37. 4, 8, 11. Pr. 18. 19; 27. 4. Ec. 4. 4. Mat. 10. 36; 27. 18. Mar. 3. 21. *with.* ver. 20. *I know.* ch. 16. 7. Ps. 35. 11. Jude 10.

29 Pr. 15. 1. Ac. 11. 2-4. 1 Co. 2. 15. 1 Pe. 3. 9.

30 *manner. Heb.* word. ver. 26, 27.

31 *sent for him. Heb.* took him. Pr. 22. 29. The preceding twenty verses, from the 12th to the 31st inclusive, the 41st, and from the 54th to the end of this chapter, with the five first verses and the 9th, 10th, 11th, 17th, 18th, and 19th of ch. 18, are all wanting in the Vatican copy of the LXX.; and they are supposed by Dr. KENNICOTT, and others, to be an interpolation. But, as Bp. HORSLEY observes, it appears, from many circumstances of the story, that David's combat with Goliath was many years prior to Saul's madness, and David's introduction to him as a musician. In the first place, David was quite a youth when he engaged with Goliath, (ver. 33, 42:) when introduced to Saul he was of full age, (ch. 16. 18.) Again, this combat was his first appearance in public life, and his first military exploit, (ver. 36, 38, 39:) when introduced as a musician, he was a man of established character, and a man of war. (ch. 16. 18.) Now the just conclusion is, that the last ten verses of ch. 16 have been misplaced; their true place being between the ninth and tenth verses of ch. 18. Let them be removed there, and the whole *apparent* disorder will be removed.

32 *Let.* Nu. 13. 30; 14. 9. De. 20. 1-3. Is. 35. 4. He. 12. 12. *thy.* ch. 14. 6; 16. 18. Jos. 14. 12. Ps. 3. 6; 27. 1-3.

33 *Thou art not.* Nu. 13. 31. De. 9. 2. Ps. 11. 1. Re. 13. 4. *for thou art but.* ver. 42, 56.

34 *lamb. or,* kid.

35 *smote him.* Ju. 14. 5, 6. 2 Sa. 23. 20. Ps. 91. 13. Da. 6. 22. Am. 3. 12. Ac. 28. 4-6. 2 Ti. 4. 17, 18.

36 *this.* ver. 26. Eze. 32. 19, 27-32. Ro. 2. 28, 29. *seeing.* ver. 10. Is. 10. 15; 36. 8-10, 15, 18; 37. 22, 23, 28, 29. Zec. 2. 8; 12. 3. Ac. 5. 38, 39; 9. 4, 5; 12. 1, 2, 22, 23.

37 *The Lord.* ch. 7. 12. Ps. 11. 1; 18. 16, 17; 63. 7; 77. 11; 138. 3, 7, 8. 2 Co. 1. 9, 10. 2 Ti. 4. 17, 18. *Go.* ch. 20. 13; 24. 19; 26. 25. 2 Sa. 10. 12. 1 Ch. 22. 11, 16.

38 *armed David with his armour. Heb.* clothed David with his clothes, ver. 5.

39 *put them off.* Ho. 1. 7. Zec. 4. 6. 2 Co. 10. 4, 5.

40 *staff.* Ju. 3. 31; 7. 16-20; 15. 15, 16; 20. 16. 1 Co. 1. 27-29. *brook. or,* valley. *bag. Heb.* vessel. Mat. 10. 10.

42 *disdained.* 1 Ki. 20. 18. 2 Ki. 18. 23, 24. Ne. 4. 2-4. Ps. 123. 4, 5. 2 Co. 1. 27-29. *a youth.* ver. 33; ch. 16. 12.

43 *Am.* ch. 24. 14. 2 Sa. 3. 8; 9. 8; 16. 9. 2 Ki. 8. 13. *cursed.* Ge. 27. 29. Nu. 22. 6, 11, 12. Ju. 9. 27. Pr. 26. 2.

44 *Come to me.* 1 Ki. 20. 10, 11. Pr. 18. 12. Ec. 9. 11, 12. Je. 9. 23. Eze. 28. 2. 9, 10; 39. 17-20. *I will give.* Parallel instances of vaunting occur in some writers of a more recent date:—The conspirators against the emperor Maximinus having slain him, his son, and several of his best friends, threw out their bodies to be devoured by dogs and the fowls of the air. This custom appears to have been frequently threatened; and, however shocking to human feelings, was often carried into effect.

45 *Thou comest.* Ps. 44. 6. *in the name.* 2 Sa. 22. 33-35. 2 Ch. 32. 8. Ps. 3. 8; 18. 2; 20. 5-7; 118. 10. 11; 124. 8; 125. 1. Pr. 18. 10. 2 Co. 3. 5; 10. 4. Phi. 4. 13. He. 11. 33, 34. *defied.* ver. 10, 26, 36. Is. 37. 23, 28.

46 *will the Lord.* De. 7. 2, 23; 9. 2, 3. Jos. 10. 8. *deliver thee. Heb.* shut thee up. Ps. 31. 8. *take thine.* ver. 51. *carcases.* ver. 44. De. 28. 26. Is. 56. 9. Mat. 24. 28. Re. 19. 17, 18. *all the earth.* Ex. 9. 16; 15. 14, 15. Jos. 4. 24. 1 Ki. 8. 43; 18. 36, 37. 2 Ki. 19. 19. Ps. 46. 10. Is. 52. 10. Da. 2. 47; 3. 29; 6. 26, 27.

47 *saveth not.* Ps. 33. 16, 17; 44. 6, 7. Pr. 21. 30, 31. Ho. 1. 7. *the battle.* ch. 14. 6. 2 Ch. 20. 15-17. Ps. 46. 11. Is. 9. 7. Zec. 4. 6. Ro. 8. 31, 37.

48 *David hasted.* Ps. 27. 1. Pr. 28. 1.

49 *smote.* 1 Ki. 22. 34. 2 Ki. 9. 24. 1 Co. 1. 27, 28.

50 *So David prevailed.* The tradition of the combat between David and Goliath, in which the latter was killed, is preserved among the Arabs; for he is mentioned in the Koran, where he is called *Galut*, or *Jalut*. The Arabs also call the dynasty of the Philistine kings, who reigned in Palestine when the Hebrews came there, *Galutiah*, or *Jalutiah*. ACHMED AL FASSI says, 'Those kings were as well known by the name of *Jalaut*, as the ancient kings of Egypt by that of Pharaoh. David killed the *Jalaut* who reigned in his time, and entirely rooted out the Philistines, the rest of whom fled into Africa, and from them descended the Brebers or Berbers, who inhabit the coast of Barbary.' It is remarkable that the Berbers themselves should acknowledge their descent from the Philistines. "The name Goliath, which they pronounce *Sghiàlud*, is very common among the Brebers, and the history of the champion of the Philistines is very well known to the Moors. When children quarrel, and the bigger one challenges the smaller to fight, the latter answers, 'Who will fight with you? (Enta men ulid Sgiàlud.) You are of the race of Goliath.' The Jews who dwell among them, on the mountains, all call them Philistines." ch. 21. 9; 23. 21. Ju. 3. 31; 15. 15. *but there was.* ver. 39; ch. 13. 22.

51 *his sword.* ch. 21. 9. 2 Sa. 23. 21. Es. 7. 10. Ps. 7. 15, 16. He. 2. 14. *cut off.* ver. 46. *fled.* Heb. 11. 34.

52 *the men of Israel.* ch. 14. 21, 22. Ju. 7. 23. 2 Sa. 23. 10. *valley.* Jos. 15. 33-36, 45, 46.
53 *they spoiled.* 2 Ki. 7. 7-16. Je. 4. 20; 30. 16.
54 *took the head.* ch. 21. 9. Ex. 16. 33. Jos. 4. 7, 8.
55 *whose son.* ver. 58; ch. 16. 21, 22.
57 *the head.* ver. 54.
58 *Whose son.* To account for the *apparent* inconsistency of Saul not knowing David, see the Note at the end of ver. 31. *I am the son.* ver. 12; ch. 16. 18, 19.

## CHAP. XVIII.

*Jonathan loves David,* 1-4. *Saul envies his praise,* 5-9; *seeks to kill him in his fury,* 10, 11; *fears him for his good success,* 12-16; *offers him his daughters for a snare,* 17-21. *David persuaded to be the king's son-in-law, gives two hundred foreskins of the Philistines for Michal's dowry,* 22-27. *Saul's hatred and David's glory increase,* 28-30.

1 *the soul of Jonathan.* The modesty, piety, and courage of David were so congenial to the character of the amiable Jonathan, that they attracted his most cordial esteem and affection; so that the most intimate friendship subsisted between them from that time, and they loved each other with pure hearts fervently. Their friendship could not be affected by the common vicissitudes of life; and it exemplifies by fact what the ancients have written on the subject; Την φιλιαν ισοτητα ειναι, και μιαν ψυχην· τον φιλον ετερον αυτον. 'Friendship is an entire sameness, and one soul: a friend is another self.' ch. 14. 1-14, 45. Ge. 44. 30. Ju. 20. 11. 1 Ch. 12. 17. Ps. 86. 11. Col. 2. 2. *loved him.* ver. 3. ch. 19. 2; 20. 17. De. 13. 6. 2 Sa. 1. 26. Pr. 18. 24.
2 *took him.* ch. 16. 21-23; 17. 15.
3 *made a covenant.* ch. 20. 8-17, 42; 23. 18. 2 Sa. 9, 1-3; 21. 7.
4 *stripped himself.* Presents of clothes or rich robes, as tokens of respect or friendship, are frequent in the East. Ge. 41. 42. Es. 6. 8, 9. Is. 61. 10. Lu. 15. 22. 2 Co. 5. 21. Phi. 2. 7, 8.

5 *behaved. or,* prospered. ver. 14, 15, 30. Ge. 39. 2, 3, 23. Ps. 1. 3. Ac. 7. 10. *wisely.* Mat. 10. 16. Ep. 5. 17. Col. 4. 5. *the men of war.* ch. 13. 2; 14. 52.

6 *Philistine. or,* Philistines. *the women.* Ex. 15. 20. Ju. 11. 34. Ps. 68. 25. Je. 31. 11-13. *instruments of music. Heb.* three stringed instruments. The original *shalishim,* is rendered by the Vulgate *sistris.* The *sistrum* was an ancient Egyptian instrument made of brass, with *three,* and sometimes more brass rods across; which, being loose in their holes, made a jingling noise when shaken.
7 *answered.* Ex. 15. 21. Ps. 24. 7, 8. *Saul.* ch. 21. 11; 29. 5.
8 *the saying.* Es. 3. 5. Pr. 13. 10; 27. 4. Ec. 4. 4. Ja. 4. 5. *displeased him. Heb.* was evil in his eyes. Nu. 11. 1; 22. 34, *margins. and what.* ch. 13. 14; 15. 28; 16. 13; 20. 31. 1 Ki. 2. 22.

9 *eyed David.* Ge. 4. 5, 6; 31. 2. Mat. 20. 15. Mar. 7. 22. Ep. 4. 27. Ja. 5. 9.

10 *the evil spirit.* ch. 16. 14, 15; 19. 9; 26. 19. *and he prophesied. Wyyithnabbai,* rather, 'and he *pretended* to prophesy; for the verb is in *Hithpaël,* the signification of which conjugation is not only *reflex* action, but also *affectation* of that action: Je. 29. 26, 27. The meaning seems to be, that Saul, influenced by the evil spirit, *feigned* to be prophesying, the better to conceal his murderous intentions, and to render David unsuspicious. ch. 19. 24. 1 Ki. 18. 29; 22. 12, 20-23. Je. 28. 2-4, 11. Zec. 13. 2-5. Ac. 16. 16. 2 Th. 2. 11. *played.* ch. 16. 16, 23. *and there was. Wehachanith beyad Shäool,* rather, 'and *the* javelin was in the hand of Saul;' for the *javelin* or *spear* was the emblem of regal authority; and kings had it always in their hand, as may be seen represented on ancient monuments. In ancient times, says JUSTIN, kings used a *spear* instead of a sceptre.

11 *cast the javelin.* ch. 19. 9, 10; 20. 33. Pr. 27. 4. Is. 54. 17. *And David.* Ps. 37. 32, 33. Is. 54. 17. Lu. 4. 30. Jno. 8. 59; 10. 39.

12 *afraid.* ver. 15, 20, 29; ch. 16. 4. Ps. 48. 3-6; 53. 5. Mar. 6. 20. Lu. 8. 37. Ac. 24. 25. *the Lord.* ch. 16. 13, 18; 22. 13. Ac. 7. 9. *departed.* ch. 16. 14; 28. 15. Ps. 51. 11. Ho. 9. 12. Mat. 25. 41.

13 *removed.* ver. 17, 25; ch. 8. 12; 22. 7. *he went out.* ver. 16. Nu. 27. 16, 17. 2 Sa. 5. 2. Ps. 121. 8. Saul was sensible that the Lord was departed from him; while he perceived, with evident sorrow of heart, that the Lord had given David peculiar wisdom, and that he was with him to prosper all his undertakings. This increased the disquietude of his malevolent mind, and his dread of David as a prevailing rival: he therefore removed him from his presence. This impolitic step, however, served the more to ingratiate David with the people, by affording him the opportunity of leading them forth to victory over their enemies.

14 *behaved. or,* prospered. See on ver. 5. *the Lord.* ch. 10. 7; 16. 18. Ge. 39. 2, 3, 23. Jos. 6. 27. Mat. 1. 23; 28. 20. Ac. 18. 10.

15 *wisely.* Ps. 112. 5. Da. 6. 4, 5. Col. 4. 5. Ja. 1. 5; 3. 17.

16 *all Israel.* ver. 5. Lu. 19. 48; 20. 19. *he went.* Nu. 27. 17. 2 Sa. 5. 2. 1 Ki. 3. 7.

17 *her will I give.* ch. 17. 25. Ps. 12. 2; 55. 21. *valiant. Heb.* a son of valour. *the Lord's.* ch. 17. 47; 25. 28. Nu. 32. 20, 27, 29. *Let not mine.* ver. 21, 25. De. 17. 7. 2 Sa. 11. 15; 12. 9.

18 *Who am I.* ver. 23; ch. 9. 21. Ex. 3. 11. Ru. 2. 10. 2 Sa. 7. 18. Pr. 15. 33; 18. 12. Je. 1. 6.

19 *Adriel.* Ju. 14. 20. 2 Sa. 21. 8. *Meholathite.* Ju. 7. 22.

20 *loved David.* ver. 28. Ge. 29. 18, 20; 34. 3. Ju. 16. 4, 15. 2 Sa. 13. 1. 1 Ki. 11. 1, 2. Ho. 3. 2. *pleased him. Heb.* was right in his eyes.

21 *a snare.* Ex. 10. 7. Ps. 7. 14-16; 38. 12. Pr. 26. 24-26; 29. 5. Je. 5. 26; 9. 8. *the hand.* ver. 17. ch. 19. 11, 12. *this day.* ver. 26.

22 *commanded.* Ps. 36. 1-3; 55. 21. *servants.* 2 Sa. 13. 28, 29. Pr. 29. 12.

23 *a light.* 1 Jno. 3. 1. *a poor man.* ch. 9. 21. Pr. 14. 20; 19. 6, 7. Ec. 9. 15, 16. *and lightly.* Ps. 119. 141.

24 *On this manner. Heb.* According to these words.

25 *dowry.* Ge. 29. 18; 34. 12. Ex. 22. 16, 17. *but an hundred.* That is, Thou shalt slay one hundred Philistines, and thou shalt produce their foreskins as a proof, not only that thou hast killed one hundred men, but that these are of the uncircumcised Philistines. *foreskins.* ch. 17. 26, 36. Ge. 17. 11-14. Jos. 5. 3. *to be avenged.* ch. 14. 24. *thought.* ver. 17. 2 Sa. 17. 8-11.

26 *the days.* ver. 21. *expired. Heb.* fulfilled.

27 *his men.* ver. 13. *slew.* Ju. 14. 19. 2 Sa. 3. 14. *two hundred men.* The Septuagint has only εκατον ανδρας, *one hundred men;* and as Saul covenanted for *a hundred,* and as David himself says, (2 Sa. 3. 14,) that he espoused Michal for *a hundred,* it is very probable that this is the true reading.

28 ch. 24. 20; 26. 25. Ge. 30. 27; 37. 8-11; 39. 3. Re. 3. 9.

29 *yet the.* ver. 12, 15. Ps. 37. 12-14. Ec. 4. 4. Ja. 2. 19. *Saul became.* Ge. 4. 4-8. Jno. 11. 53. 1 Jno. 3. 12-15.

30 *the princes.* Of this war we know no more than that David, whose military skill was greater, was more successful in it, than all the other officers of Saul. *went forth.* 2 Sa. 11. 1. *behaved himself.* ver. 5. Ps. 119. 99. Da. 1. 20. Lu. 21. 15. Ep. 5. 15. *set by. Heb.* precious. ch. 2. 30; 26. 21. 2 Ki. 1. 13. Ps. 116. 15. 1 Pe. 2. 4, 7.

## CHAP. XIX.

*Jonathan discloses his father's purpose to kill David, 1-3. He persuades his father to reconciliation, 4-7. By reason of David's good success in a new war, Saul's malicious rage breaks out against him, 8-11. Michal deceives her father with an image in David's bed, 12-17. David comes to Samuel in Naioth, 18, 19. Saul's messengers sent to take David, 20, 21, and Saul himself, prophesy, 22-24.*

1 *And Saul.* Saul's enmity now burst forth, in the avowed purpose of putting David to death; and nothing less than the especial interposition of Providence could have saved David's life, when every officer about the king's person, and every soldier, had positive orders to dispatch him. ch. 18. 8, 9. Pr. 27. 4. Ec. 9. 3. Je. 9. 3. 2 Ti. 3. 13.

2 *delighted.* ch. 18. 1-3. Ps. 16. 3. Jno. 15. 17-19. 1 Jno. 3. 12-14. *Jonathan.* ch. 20. 2. Pr. 17. 17. Ac. 9. 24; 23. 16.

3 *what I see.* ch. 20. 9, 13.

4 *spake good.* ch. 20. 32; 22. 14. Pr. 24. 11, 12; 31. 8, 9. Je. 18. 20. *sin against.* ch. 2. 25. Ge. 9. 6; 42. 22. 2 Ch. 6. 22. 1 Co. 8. 12. 1 Jno. 3. 15. *because his works.* Ps. 35. 12; 109. 4, 5. Pr. 17. 13. Je. 18. 20.

5 *put his life.* ch. 28. 21. Ju. 9. 17; 12. 3. Ps. 119. 109. Ac. 20. 24. Phi. 2. 30. *slew.* ch. 17. 49-51. *wrought.* ch. 11. 13; 14. 45; 17. 52, 53. Ex. 14. 13. 1 Sa. 11. 13. 1 Ch. 11. 14. He. 2. 3. *sin against innocent.* ch. 20. 32. Je. 26. 15. Mat. 27. 4, 24. *without a cause.* Ps. 25. 3; 69. 4. Jno. 15. 25.

6 *sware.* ch. 14. 39; 28. 10. Ps. 15. 4. Pr. 26. 24, 25. Je. 5. 2. *he shall not.* ver. 10, 11.

7 *in times past. Heb.* yesterday, third day. ch. 16. 21; 18. 2, 10, 13. Ge. 31. 2. Ex. 4. 10. 1 Ch. 11. 2. Is. 30. 33, margins.

8 *David.* Ps. 18. 32, etc.; 27. 3. *him. Heb.* his face.

9 ch. 16. 14; 18. 10, 11.

10 *sought.* ver. 6. Ho. 6. 4. Mat. 12. 43-45. Lu. 11. 24-26. 2 Pe. 2. 20-22. *he slipped.* ch. 20. 33. Job 5. 14, 15. Ps. 18. 17; 34. 19. Pr. 21. 30. Is. 54. 17. Lu. 4. 30. Jno. 10. 39. *and escaped.* Ps. 124. 7. Mat. 10. 23.

11 *sent messengers.* Ps. 59, title, 3, 4, 6, 15, 16. *to watch him.* Ju. 16. 2.

12 *Michal.* Ps. 34. 19. *let David.* Jos. 2. 15. Ac. 9. 24, 25. 2 Co. 11. 32, 33.

13 *an image. Heb.* teraphim. Ge. 31. 19, marg. Ju. 17. 5; 18. 14, 17. Ho. 3. 4. *a pillow.* Rather, 'the *net-work* of goats' hair at its (the Teraphim's) pillow;' for the *kevir*, (whence the Chaldee and Syriac *kavreetho*, a *honey-comb*, from its *net-like* form), seems to have been a kind of *mosquito-net*, which, says Dr. Shaw, is 'a close curtain of gauze, used all over the East, by people of fashion, to keep out the flies.' That they had such anciently cannot be doubted. Thus when Judith had beheaded Holofernes in his bed, (ch. 13. 9, 15) 'she pulled down the *canopy* (or the *mosquito net*, το κωνωπειον, from κωνωψ, a *gnat*, or *mosquito*, whence our word *canopy*) wherein he did lie in his drunkenness, from the pillars.'

14 *she said.* Jos. 2. 5. 2 Sa. 16. 17-19; 17. 20.

15 *Bring him.* The eastern beds consist merely of two thick cotton quilts, one of which, folded double, serves as a mattress, the other as a covering. Such seems to have been the bed of David, which could easily have been carried, with himself in it, to the presence of Saul. ver. 6. Job 31. 31. Ps. 37. 12. Pr. 27. 3, 4. Ro. 3. 15.

16 *And when.* It is highly probable that David, when supposed to be sick, was thought to be hid in the *harem* or chamber of Michal. 'The harems,' says De la Motraye, 'are sanctuaries, as *sacred* and *inviolable*, for persons pursued by justice for any crime, debt, etc. as the Roman Catholic churches in Italy, Spain, Portugal, etc.' Thus we find, that to effect his purpose, Saul sent messengers to Michal, but they treated her *harem* with too much respect to enter it at first; but being authorised by Saul, they entered even into her chamber; and during the delay occasioned by respect for the privacy of Michal, David escaped.

17 *Why hast.* ch. 22. 17; 28. 12. Mat. 2. 16. *mine enemy.* 1 Ki. 21. 20. Ga. 4. 16. *And Michal.* 2 Sa. 17. 20. *He said.* ver. 14. Ex. 1. 17-19. *why should.* 2 Sa. 2. 22.

18 *to Samuel.* ch. 7. 17; 15. 34; 28. 3. Ps. 116. 11. Ja. 5. 16.

19 ch. 22. 9, 10; 23. 19; 26. 1. Pr. 29. 12.

20 *sent messengers.* ver. 11, 14. Jno. 7. 32, 45. *when they.* ch. 10. 5, 6, 10. Nu. 11. 25, 26. Joel 2. 28. Jno. 7. 32, 45, 46, etc. 1 Co. 14. 3, 24, 25.

21 *sent messengers.* 2 Ki. 1. 9-13. Pr. 27. 22. Je. 13. 23. *prophesied also.* Joel 2. 28.

23 *the Spirit.* ver. 20; ch. 10. 10. Nu. 23. 5; 24. 2. Mat. 7. 22. Jno. 11. 51. 1 Co. 13. 2. *until he came.* Pr. 16. 9; 21. 1.

24 *stripped.* 2 Sa. 6. 14, 20. Is. 20. 2. Mi. 1. 8. *lay. Heb.* fell. Nu. 24. 4. *Is Saul.* ch. 10. 10-12. Ac. 9. 21.

## CHAP. XX.

*David consults with Jonathan for his safety, 1-10. Jonathan and David renew their covenant by oath, 11-17. Jonathan's token to David, 18-23. Saul, missing David, seeks to kill Jonathan, 24-34. Jonathan affectionately takes his leave of David, 35-42.*

1 *fled.* ch. 19. 19-24; 23. 26-28. Ps. 124. 6-8. 2 Pe. 2. 9. *What have.* ch. 12. 3; 24. 11, 17. Ps. 7. 3-5; 18. 20-24. 2 Co. 1. 12. 1 Jno. 3. 21.

2 *God forbid.* ch. 14. 45. Ge. 44. 7. Jos. 22. 29; 24. 16. Lu. 20. 16. *shew it me. Heb.* uncover mine ear. ver. 12; ch. 9. 15, marg. Ps. 40. 6. Is. 50. 5. Jno. 15. 15; 17. 8.

3 *sware.* De. 6. 13. Je. 4. 2. He. 6. 16. *but truly.* ch. 25. 26; 27. 1. 2 Sa. 15. 21. 2 Ki. 2. 2, 4, 6. *as thy soul.* ch. 1. 26; 17. 55. Je. 38. 16. *but a step.* ch. 27. 1. De. 28. 66. Ps. 116. 3. 1 Co. 15. 30, 31. 2 Co. 1. 9, 10.

4 *Whatsoever. or,* Say what *is* thy mind, and I will do, etc. *desireth. Heb.* speaketh, *or* thinketh.

5 *the new moon.* The months of the Hebrews were *lunar* months, and they reckoned from one new moon to another: and, as their feasts, particularly the passover, were reckoned according to this, they were very scrupulous in observing the first appearance of each new moon. On these new moons, they offered sacrifices, and feasted together: but the gathering together of all the families of a tribe on such occasions seems to have taken place only once in the year. ver. 6. Nu. 10. 10; 28. 11. 2 Ki. 4. 23. Ps. 81. 3. Col. 2. 16. *that I may.* ver. 19; ch. 19. 2. Ps. 55. 12. Pr. 22. 3. Jno. 8. 59. Ac. 17. 14.

6 *Beth-lehem.* ch. 17. 58. Jno. 7. 42. *sacrifice. or,* feast. ch. 9. 12; 16. 2-5.

7 *It is well.* De. 1. 23. 2 Sa. 17. 4. *evil.* ver. 9; ch. 25. 17. Es. 7. 7.

8 *deal kindly.* Ge. 24. 49; 47. 29. Jos. 2. 14. Ru. 1. 8. Pr. 3. 3. *thou hast.* ver. 16; ch. 18. 3; 23. 18. *if there be.* Jos. 22. 22. 2 Sa. 14. 32. Ps. 7. 4, 5. Ac. 25. 11. *why shouldest.* 1 Ch. 12. 17. Ps. 116. 11.

9 *then would.* ver. 38, 42; ch. 19. 2.

10 *answer thee.* ver. 30-34; ch. 25. 10, 14, 17. Ge. 42. 7, 30. 1 Ki. 12. 13. Pr. 18. 23.

12 *O Lord.* This verse is evidently deficient. The LXX. have Κυριος ο Θεος Ισραηλ οιδεν, 'The Lord God of Israel *doth know*;' the Syriac and Arabic, 'The Lord God of Israel *is witness*;' either of which makes a good sense. But two of Dr. Kennicott's MSS. supply the word *chai*, 'liveth;' and the text reads thus: 'As the Lord God of Israel *liveth*, when I have sounded my father,—if there be good unto David, and I then send not unto thee,' etc.; which is a still better sense. Jos. 22. 22. Job 31. 4. Ps. 17. 3; 139. 1-4. *sounded. Heb.* searched. Pr. 20. 5; 25. 2, 3. *shew it thee. Heb.* uncover thine ear. ver. 2.

13 *The Lord do.* ch. 3. 17; 25. 22. Ru. 1. 17. 2 Sa. 3. 35; 19. 13. 1 Ki. 19. 2; 20. 10. *the Lord be.* ch. 17. 37. Jos. 1. 5. 1 Ch. 22. 11, 16. Mat. 28. 20. Phi. 4. 9. *he hath been with my father.* ch. 10. 7; 11. 6-13; 14. 47. 2 Sa. 7. 15.

14 *the kindness.* 2 Sa. 9. 3. Ep. 5. 1, 2.

15 *thou shalt.* ch. 24. 21. 2 Sa. 9. 1-7; 21. 7.

16 *made. Heb.* cut. ch. 18. 3. Ge. 15. 18. *Let the Lord.* ch. 25. 22; 31. 2. 2 Sa. 4. 7, 8; 21. 8.

17 *because he loved him. or,* by his love toward him. *for he loved.* ch. 18. 1, 3. De. 13. 6. 2 Sa. 1. 26. Pr. 18. 24.

18 *new moon.* See on ver. 5. *and thou shalt.* Among the forms of salutation and compliment used in Persia, one was, 'according to my mode of notation in italics, *Já i sháma khali bud pish yárán*, signifying, Thy place or seat was empty among thy friends. This phrase, or the greater part of it, was frequently addressed to myself when coming into a circle of Persian acquaintances, after an absence of several days or weeks. It reminded me of a passage in the First Book of Samuel, (ch. 20. 18.) *And thou shalt be missed, because thy seat will be empty.* And again, *David's place was empty.*' Sir W. OUSELEY'S Travels, vol. i. preface, p. 16. *empty. Heb.* missed.

19 *quickly. or,* diligently. *Heb.* greatly. *hide thyself.* ver. 5; ch. 19. 2. *when the business. Heb.* in the day of the business. *Ezel. or,* that sheweth the way.

21 *no. Heb.* not *any* thing. *as the.* Je. 4. 2; 5. 2; 12. 16. Am. 8. 14.

23 *the matter.* ver. 14, 15. *the Lord.* ver. 42. Ge. 16. 5; 31. 50.

24 *the king.* Ps. 50. 16-21. Pr. 4. 17; 15. 17; 17. 1; 21. 3, 27. Is. 1. 11-15. Zec. 7. 6. Jno. 18. 28.

25 *as at other times.* Ju. 16. 20.

26 *he is not clean.* Le. 7. 21; 11. 24, 27, 31, 40; 15. 5, 16, 17, 19-21. Nu. 19. 16.

27 *Wherefore.* ch. 18. 11; 19. 9, 10, 15. *the son.* ch. 22. 7-9, 13, 14; 25. 10. Is. 11. 1, 2. Mat. 13. 55. 1 Pe. 2. 4.

28 ver. 6.

29 *my brother.* ch. 17. 28.

30 *Saul's.* Job 5. 2. Pr. 14. 29; 19. 12, 19; 21. 24; 25. 28; 27. 3. Ja. 1. 19, 20. *Thou,* etc. *or,* Thou perverse rebel. *Heb.* Son of perverse rebellion. Pr. 15. 2; 21. 24. Mat. 5. 22. Ep. 4. 31; 6. 4. *and unto the.* This reflection on the mother of Jonathan, by the passionate monarch, reflects more dishonour on himself than on his brave and noble-minded son. MUNGO PARK gives an instance of the prevalence of the same principles in Africa; for he says, "Maternal affection is every where conspicuous among the Africans, and creates a correspondent return of tenderness in the child. 'Strike me,' said my attendant, 'but do not curse my mother.' I found the same sentiment to prevail universally in all parts of Africa." King Saul, unable to villify Jonathan to his own satisfaction by personal reproaches, outstepped the ordinary abuse of his day, and proceeded to that which was designed to produce unusual vexation, and vented the bitterness of his mind by maligning the character of his own wife and Jonathan's mother.

31 *send.* ver. 8; ch. 19. 6, 11-15. *shall surely die. Heb. is* the son of death. ch. 26. 16. 2 Sa. 19. 28. Ps. 79. 11, marg.

32 *Wherefore.* ch. 19. 5. Pr. 24. 11, 12; 31. 8, 9. Jno. 7. 51. *what hath.* Mat. 27. 23. Lu. 23. 22. *cast.* ch. 18. 11; 19. 10, 11. Pr. 22. 24. Ec. 9. 3. Je. 17. 9. *whereby.* ver. 7. Ec. 7. 9.

34 *in fierce.* Ec. 7. 20. Ep. 4. 26. *he was grieved.* Mar. 3. 5.

35 *at the time.* ver. 19. 2 Sa. 20. 5.

36 *Run.* ver. 20, 21. *beyond him. Heb.* to pass over him. ver. 21, 22.

38 Ps. 55. 6-9. Pr. 6. 4, 5. Mat. 24. 16-18. Mar 13. 14-16. Lu. 17. 31, 32.

40 *artillery. Heb.* instruments. Rather *weapons*, as the word *kelim* also denotes; and here means the bow, quiver, and arrows. This is probably the only place in our language in which the word *artillery* is not applied to *cannon* or *ordnance*, but simply to *weapons* of war. *his lad. Heb.* the lad that *was* his.

41 *and fell.* ch. 25. 23. Ge. 43. 28. 2 Sa. 9. 6. *and they kissed.* ch. 10. 1. Ge. 29. 11, 13; 45. 15. 2 Sa. 19. 39. Ac. 20. 37. *David exceeded.* ch. 18. 3. 2 Sa. 1. 26.

42 *Go in peace.* ver. 22; ch. 1. 17. Nu. 6. 26. Lu. 7. 50. Ac. 16. 36. *forasmuch as. or, the Lord be witness of that* which, etc. ver. 23. *And he arose.* ch. 23. 18. The separation of two such faithful friends was equally grievous to them both, but David's case was the more deplorable: for when Jonathan was returning to his family and friends, David was leaving all his comforts, even those of God's sanctuary, and therefore his grief exceeded Jonathan's; or, perhaps it was because his temper was more tender and his passions stronger. They referred each other to the covenant of friendship that was between them, both of them being comforted thereby in this very mournful separation:—'We have sworn both of us in the name of the Lord, for ourselves and our heirs, that we and they will be faithful and kind to each other from generation to generation.'

## CHAP. XXI.

*David at Nob obtains of Ahimelech hallowed bread,* 1-6. *Doeg is present,* 7. *David takes Goliath's sword,* 8, 9. *David at Gath feigns himself mad,* 10-15.

1 *Nob. Nob* appears to have been a sacerdotal city of Benjamin or Ephraim. JEROME says, that in his time the ruins of it might be seen not far from Diospolis or Lydda. But the Rabbins assert that Jerusalem might be seen from this town. The tabernacle resided some time at Nob; and after it was destroyed, it was removed to Gibeon; 'and the days of Nob and Gibeon were fifty-seven years.' MAIMONIDES *in Bethhabbechirah*, c. 1. ch. 22. 19. Ne. 11. 32. Is. 10. 32. *to Ahimelech.* ch. 14. 3, *called* Ahiah. ch. 22. 9-19, *called also* Abiathar, Mar. 2. 26. *afraid.* ch. 16. 4.

2 *The king.* The whole of this is a gross falsehood; and which was attended with the most fatal consequences. It is well known that from all antiquity it was held no crime to tell a lie in order to save life. Thus DIPHILON, Υπολαμβανω το ψευδος επι σωτηρια λεγομενον, ουδεν περιποιεισθαι δυσχερες· 'I hold it right to tell a lie for safety: nothing should be avoided to save life.' *A heathen* may say or sing thus: but no *Christian* can act thus and *save his soul*, though he may save *his life.* ch. 19. 17; 22. 22. Ge. 27. 20, 24. 1 Ki. 13. 18. Ps. 119. 29. Ga. 2. 12. Col. 3. 9.

3 *under thine.* ver. 4. Ju. 9. 29. Is. 3. 6. *present. Heb.* found.

4 *hallowed bread.* ver. 6. Ex. 25. 30. Le. 24. 5-9. Mat. 12. 3, 4. *if the young.* Ex. 19. 15. Zec. 7. 3. 1 Co. 7. 5.

5 *the vessels.* Ac. 9. 15. 1 Th. 4. 3, 4. 2 Ti. 2. 20, 21. 1 Pe. 3. 17. *in a manner.* Le. 24. 9. *yea, though it were sanctified this day in the vessel. or,* especially when this day there is *other* sanctified in the vessel. Le. 8. 26.

6 *gave him.* Mat. 12. 3, 4. Mar. 2. 25-27. Lu. 6. 3, 4. *hot bread.* Le. 24. 5-9.

7 *detained.* Je. 7. 9-11. Eze. 33. 31. Am. 8. 5. Mat. 15. 8. Ac. 21. 26, 27. *Doeg.* ch. 22. 9. Ps. 52, title. *herdmen.* ch. 11. 5. Ge. 13. 7, 8; 26. 20. 1 Ch. 27. 29. 2 Ch. 26. 10.

9 *The sword.* ch. 17. 51-54. *the valley.* ch. 17. 2, 50. *behold.* ch. 31. 10. *behind.* Ex. 28. 6, etc.

10 *fled.* ch. 27. 1. 1 Ki. 19. 3. Je. 26. 21. *Achish. or,* Abimelech. ch. 27. 2. Ps. 34, title. *Gath.* JEROME says there was a large town called *Gath,* in the way from Eleutheropolis to Gaza; and EUSEBIUS speaks of another *Gath,* five miles from Eleutheropolis, towards Lydda, (and consequently different from that mentioned by JEROME;) and also of another *Gath,* between Jamnia and Antipatris. It appears to have been the extreme boundary of the Philistine territory in one direction, as Ekron was on the other, (ch. 7. 14; 17. 52,) and lay near Mareshah, (2 Ch. 11. 8. Mi. 1. 14,) which agrees pretty well with the position assigned it by JEROME. But RELAND and Dr. WELLS agree with EUSEBIUS; and the authors of the Universal History (b. i. c. 7) place it about six miles from Jamnia, fourteen south of Joppa, and thirty-two west of Jerusalem.

11 *the servants.* Ps. 56, title. *the king.* ch. 16. 1; 18. 7, 8; 29. 5.

12 *laid up.* Ps. 119. 11. Lu. 2. 19, 51. *sore.* ver. 10. Ge. 12. 11-13; 26. 7. Ps. 34. 4; 56. 3.

13 *changed.* Ps. 34, title. Pr. 29. 25. Ec. 7. 7. *scrabbled. or,* made marks.

14 *is mad. or,* playeth the madman. Ec. 7. 7.

## CHAP. XXII.

*Companies resort unto David at Adullam, 1, 2. At Mizpeh he commends his parents unto the king of Moab, 3, 4. Admonished by Gad, he comes to Hareth, 5. Saul going to pursue him, complains of his servants' unfaithfulness, 6-8. Doeg accuses Ahimelech, 9, 10. Saul commands to kill the priests, 11-16. The footmen refusing, Doeg executes it, 17-19. Abiathar escaping, brings David the news, 20-23.*

1 *David.* ch. 21. 10-15. Ps. 34; 57, titles. *the cave.* Jos. 12. 15; 15. 35. 2 Sa. 23. 13, 14. 1 Ch. 11. 15. Ps. 142, title. Mi. 1. 3, 15. He. 11. 38. *Adullam.* Adullam was a city of Judah; and, according to EUSEBIUS, ten miles (JEROME says eleven) eastward from Eleutheropolis.

2 *distress.* Ju. 11. 3. Mat. 11. 12, 28. *was in debt. Heb.* had a creditor. Mat. 18. 25-34. *discontented. Heb.* bitter of soul. ch. 1. 10; 30. 6. Ju. 18. 25. 2 Sa. 17. 8. Pr. 31. 6, margins. *a captain.* ch. 9. 16; 25. 15, 16; 30. 22-24. 2 Sa. 5. 2. 2 Ki. 20. 5. 1 Ch. 11. 15-19. Ps. 72. 12-14. Mat. 9. 12, 13. He. 2. 10.

3 *Mizpeh.* Ju. 11. 29. *the king.* ch. 14. 47. Ru. 1. 1-4; 4. 10, 17. *Let my father.* Ge. 47. 11. Ex. 20. 12. Mat. 15. 4-6. 1 Ti. 5. 4. *till I know.* ch. 3. 18. 2 Sa. 15. 25, 26. Phi. 2. 23, 24.

4 *in the hold.* 2 Sa. 23. 13, 14. 1 Ch. 12. 16. *Gad.* 2 Sa. 24. 11. 1 Ch. 21. 9; 29. 29. 2 Ch. 29. 25. *depart.* ch. 23. 1-6. Ne. 6. 11. Ps. 11. 1. Is. 8. 12-14. *David departed.* Mat. 10. 23.

6 *tree. or,* grove in a high place. *spear.* ch. 18. 10; 19. 9; 20. 33.

7 *the son of Jesse.* ver. 9, 13; ch. 18. 14; 20. 27, 30; 25. 10. 2 Sa. 20. 1. 1 Ki. 12. 16. Is. 11. 1, 10. *give.* ch. 8. 14, 15. *captains.* ch. 8. 11, 12.

8 *sheweth me. Heb.* uncovereth mine ear. ch. 20. 2. Job. 33. 16, marg. *that my son.* ch. 18. 3; 20. 8, 13-17, 30-34, 42; 23. 16-18.

9 *Doeg.* He is also said to be 'the chiefest of the herdsmen that belonged to Saul;' and the Septuagint intimates that he was *over the mules of Saul.* He may have been what we call the king's *equerry* or *groom.* ch. 21. 7. Ps. 52, title, 1-5. Pr. 19. 5; 29. 12. Eze. 22. 9. Mat. 26. 59-61. *Ahimelech.* ch. 21. 1, etc. *Ahitub.* ch. 14. 3.

10 *he enquired.* ver. 13, 15; ch. 23. 2, 4, 12; 30. 8. Nu. 27. 21. *him victuals.* ch. 21. 6-9.

11 *sent to call.* Ro. 3. 15.

12 *thou son.* ver. 7, 13. *Here I am. Heb.* Behold me. 2 Sa. 9. 6. Is. 65. 1.

13 *Why have.* ver. 8. Ps. 119. 69. Am. 7. 10. Lu. 23. 2-5.

14 *And who.* ch. 19. 4, 5; 20. 32; 24. 11; 26. 23. 2 Sa. 22. 23-25. Pr. 24. 11, 12; 31. 8, 9. *the king's.* ver. 13; ch. 17. 25; 18. 27. *goeth.* ch. 18. 13; 21. 2.

15 *Did I then.* He seems to intimate, that his enquiring *now* for David was no *new thing,* having often done so before, without ever being informed it was wrong in itself or displeasing to the king. *the servant.* Ge. 20. 5, 6. 2 Sa. 15. 11. 2 Co. 1. 12. 1 Pe. 3. 16, 17. *less or more. Heb.* little or great. ch. 25. 36.

16 *Thou shalt.* ch. 14. 44; 20. 31. 1 Ki. 18. 4; 19. 2. Pr. 28. 15. Da. 2. 5, 12; 3. 19, 20. Ac. 12. 19. *thou, and.* De. 24. 16. Es. 3. 6. Mat. 2. 16.

17 *footmen. or,* guard. *Heb.* runners. ch. 8. 11. 2 Sa. 15. 1. 1 Ki. 1. 5. *slay the priests.* ver. 13; ch. 20. 33; 25. 17. 1 Ki. 18. 4. *would not.* ch. 14. 45. Ex. 1. 17. 2 Ki. 1. 13, 14. Ac. 4. 19.

18 *Doeg.* See on ver. 9. *he fell.* 2 Ch. 24. 21. Ho. 5. 11; 7. 3. Mi. 6. 16. Zep. 3. 3. Ac. 26. 10, 11. *fourscore.* The LXX. read, τριακοσιους και πεντε ανδρας, 'three hundred and five men;' and JOSEPHUS, 'three hundred and eighty-five men.' Probably the eighty-five were priests and the three hundred the families of the priests; three hundred and eighty-five being the whole population of Nob. ch. 2. 30-33, 36; 3. 12-14. *a linen ephod.* ch. 2. 28. Ex. 28. 40.

19 *Nob.* ver. 9, 11; ch. 21. 1. Ne. 11. 32. Is. 10. 32. *men.* ch. 15. 3, 9. Jos. 6. 17, 21. Ho. 10. 14. Ja. 2. 13. *with the edge.* This is one of the worst acts of Saul's life: his malice was implacable, and his wrath cruel; and there is no motive of justice or policy by which such a barbarous massacre can be justified.

20 *one.* ch. 23. 6; 30. 7. 2 Sa. 20. 25. 1 Ki. 2. 26, 27. *escaped.* ch. 2. 33; 4. 12. Job 1. 15-17, 19.

22 *I have occasioned.* ch. 21. 1-9. Ps. 44. 22.

23 *he that seeketh.* 1 Ki. 2. 26. Mat. 24. 9. Jno. 15. 20; 16. 2, 3. He. 12. 1-3. *but with me.* Jno. 10. 28-30; 17. 12; 18. 9.

## CHAP. XXIII.

*David, enquiring of the Lord by Abiathar, rescues Keilah, 1-6. God shewing him the coming of Saul, and the treachery of the Keilites, he escapes from Keilah, 7-13. In Ziph Jonathan comes and comforts him, 14-18. The Ziphites discover him to Saul, 19-24. At Maon he is rescued from Saul by the invasion of the Philistines, 25-28. He dwells at En-gedi, 29.*

1 *Keilah.* Keilah was a city of Judah, situated, according to EUSEBIUS, eight miles from Eleutheropolis, towards Hebron. SOZOMEN says that the prophet Habakkuk's tomb was shewn there. Jos. 15. 44. Ne. 3. 17, 18. *rob the.* Le. 26. 16. De. 28. 33, 51. Ju. 6. 4, 11. Mi. 6. 15.

2 *enquired.* In what way David made this enquiry we are not told; but it was probably by means of Abiathar; and therefore it would seem, that with HOUBIGANT, we should read the sixth verse immediately after the first.—This adventure was truly noble and patriotic. Had not David loved his country, and been above all motives of private and personal revenge, he would have rejoiced in this invasion of Judea, as producing a strong diversion in his favour, and embroiling his inveterate enemy. In most cases, a man with David's wrongs would have joined with the enemies of his country, and avenged himself on the author of his calamities; but *he* thinks of nothing but succouring Keilah, and using his power and influence in behalf of his brethren. ver. 4, 6, 9-12; ch. 30. 8. Nu. 27. 21. Jos. 9. 14. Ju. 1. 1. 2 Sa. 5. 19, 23. 1 Ch. 14. 10. Ps. 32. 8. Pr. 3. 5, 6. Je. 10. 23.

3 *Behold.* ver. 15, 23, 26. Ps. 11. 1. Je. 12. 5.

4 *yet again.* ch. 28. 6. Ju. 6. 39. *for I will.* Jos. 8. 7. Ju. 7. 7. 2 Sa. 5. 19. 2 Ki. 3. 18.

6 *when Abiathar.* ch. 22. 20. *an ephod.* ch. 14. 3, 18, 36, 37. Ex. 28. 30, 31.

7 A.M. 2943. B.C. 1061. An. Ex. Is. 430. *God hath.* ver. 14; ch. 24. 4-6; 26. 8, 9. Ps. 71. 10, 11. *he is shut.* Ex. 14. 3; 15. 9. Ju. 16. 2, 3. Job 20. 5. Lu. 19. 43, 44.

9 *David.* Je. 11. 18, 19. Ac. 9. 24; 14. 6; 23. 16-18. *Bring.* ver. 6; ch. 14. 18; 30. 7. Nu. 27. 21. Je. 33. 3.

10 *destroy the city.* ver. 8; ch. 22. 19. Ge. 18. 24. Es. 3. 6. Pr. 28. 15. Ro. 3. 15, 16.

11 *And the Lord.* Ps. 50. 15. Je. 33. 3. Mat. 7. 7, 8.

12 *deliver. Heb.* shut up. Ps. 31. 8. *They will.* ver. 7. Ps. 62. 1; 118. 8. Ec. 9. 14, 15. Is. 29. 15. He. 4. 13.

13 *six hundred.* ch. 22. 2; 25. 13; 30. 9, 10.

14 *a mountain.* Ps. 11. 1-3. *the wilderness. Ziph* is mentioned in *Joshua* with Carmel and Maon, near which it seems to have been situated; and as we have mention of Carmel and Maon in the history of David, as adjoining to Ziph, it cannot be doubted that by the Ziph, in the wilderness of which David now lay, and where was the hill of Hachilah, is to be understood Ziph near Carmel and Maon. Jos. 15. 24, 55. *Saul.* ch. 27. 1. Ps. 54. 3, 4. Pr. 1. 16; 4. 16. *but God.* ver. 7. Ps. 32. 7; 37. 32, 33; 54. 3, 4. Pr. 21. 30. Je. 36. 26. Ro. 8. 31. 2 Ti. 3. 11; 4. 17, 18.

16 *strengthened.* De. 3. 28. Ne. 2. 18. Job 4. 3, 4; 16. 5. Pr. 27. 9, 17. Ec. 4. 9-12. Is. 35. 3, 4. Eze. 13. 22. Lu. 22. 32, 43. Ep. 6. 10. 2 Ti. 2. 1. He. 12. 12, 13.

17 *Fear not.* Is. 41. 10, 14. He. 13. 6. *shall not.* Job 5. 11-15. Ps. 27. 1-3; 46. 1, 2; 91. 1, 2. Pr. 14. 26. Is. 54. 17. *thou shalt be.* Lu. 12. 32. *I shall be.* Pr. 19. 21. Ac. 28. 16. Ro. 15. 24. *that also Saul.* ch. 20. 31; 24. 20. Ac. 5. 39.

18 ch. 18. 3; 20. 12-17, 42. 2 Sa. 9. 1; 21. 7.

19 *the Ziphites.* ch. 22. 7, 8; 26. 1. Ps. 54, title, 3, 4. Pr. 29. 12. *Hachilah.* CALMET states, that *Hachilah* was a mountain about ten miles south of Jericho, where Jonathan Maccabæus built the castle of Massada, west of the Dead Sea, and not far from En-gedi. ch. 26. 1, 3. *on the south. Heb.* on the right hand. *Jeshimon. or,* the wilderness. EUSEBIUS places *Jeshimon* ten miles south of Jericho, near the Dead Sea; which agrees extremely well with the position of Hachilah, as stated by CALMET.

20 *all the desire.* De. 18. 6. 2 Sa. 3. 21. Ps. 112. 10. Pr. 11. 23. *our part.* 1 Ki. 21. 11-14. 2 Ki. 10. 5-7. Ps. 54. 3. Pr. 29. 26.

21 ch. 22. 8. Ju. 17. 2. Ps. 10. 3. Is. 66. 5. Mi. 3. 11.

22 *haunt is. Heb.* foot shall be. Job 5. 13.

23 *take knowledge.* Mar. 14. 1, 10, 11. Jno. 18. 2, 3. *I will search.* 2 Sa. 17. 11-13. 1 Ki. 18. 10. Pr. 1. 16. Ro. 3. 15, 16. *the thousands.* Nu. 10. 36. Mi. 5. 2.

24 *the wilderness. Maon,* from which the adjoining mountainous district derived its name, was a city in the most southern parts of the tribe of Judah, and a neighbouring town to Carmel. Hence Nabal (ch. 25. 2) is described as a man of Maon, whose possessions were in Carmel; and though he might dwell generally in Maon, yet he is styled Nabal the Carmelite, from the place where his estate lay. CALMET supposes it to be the city *Minoïs,* which EUSEBIUS places in the vicinity of Gaza; and the *Mœnœmi Castrum,* which the Theodosian code places near Beersheba. *Maon.* ch. 25. 2. Jos. 15. 55. *the south.* ver. 19.

25 *into a rock. or,* from the rock. ver. 28. Ju. 15. 8.

26 *David made haste.* ch. 19. 12; 20. 38. 2 Sa. 15. 14; 17. 21, 22. Ps. 31. 22. *away.* 2 Ch. 20. 12. Ps. 17. 9, 11; 22. 12, 16; 118. 11-13; 140. 1-9. 2 Co. 1. 8. Re. 20. 9.

27 *there came.* Ge. 22. 14. De. 32. 36. 2 Ki. 19. 9. Ps. 116 3. *the Philistines.* 2 Ki. 19. 9. Re. 12. 16. *invaded. Heb.* spread themselves upon. 1 Ch. 14. 13.

28 *Sela-hammahlekoth. that is,* the rock of divisions. Because, says the Targum, 'the heart of the king was divided to go hither and thither.' Here Saul was obliged to *separate* himself from David, in order to go and oppose the invading Philistines; which deliverance of David was of such a nature as made the Divine interposition fully visible.

29 The district around *En-gedi,* near the western coast of the Dead Sea, is reported by travellers to be a mountainous territory, filled with caverns; and consequently, proper for David in his present circumstances. Dr. LIGHTFOOT thinks this was the wilderness of Judah, in which David was when he penned the 63rd Psalm, which breathes as much pious and devout affection as almost any of his Psalms; for in all places and in all conditions he still kept up his communion with God.—If Christians knew their privileges better, and acted up thereto, there would be less murmuring at the dark dispensations of Divine Providence. ch. 24. 1. Ge. 14. 7. Jos. 15. 62. 2 Ch. 20. 2. Ca. 1. 14. Eze. 47. 10.

## CHAP. XXIV.

*David, in a cave at En-gedi, having cut off Saul's skirt, spares his life,* 1-7. *He shews thereby his innocency,* 8-15. *Saul, acknowledging his fault, takes an oath of David, and departs,* 16-22.

1 *when Saul.* ch. 23. 28, 29. *following. Heb.* after. *it was told.* ch. 23. 19. Pr. 25. 5; 29. 12. Eze. 22. 9. Ho. 7. 3. *the wilderness.* ch. 23. 29.

2 *Saul took.* ch. 13. 2. *and went.* Ps. 37. 32; 38. 12. *the rocks.* Ps. 104. 18; 141. 6.

3 *the sheepcotes.* Caves in the rocks, in which it is still common for shepherds and their flocks to lodge. Dr. POCOCKE observes, 'Beyond the valley [of Tekoa,] there is a very large grotto, which the Arabs call *El-Maamah,* a hiding place: the high rocks on each side of the valley are almost perpendicular; and the way to the grotto is by a terrace formed in the rock, which is very narrow. There are two entrances into it; we went by the farthest, which leads by a narrow passage into a very large grotto, the rock being supported by natural pillars; the top of it rises in several places like domes; the grotto is perfectly dry. There is a tradition, that the people of the country, to the number of 30,000, retired into this grotto, to avoid a bad air. This place is so strong, that one would imagine it to be one of the strong holds of *En-gedi,* to which David and his men fled from Saul: and possibly it may be that very cave in which he cut off Saul's skirt; for David and his men might, with good ease, lie hid there and not be seen by him.' Travels, vol. ii. P. 1. p. 41. *and Saul.* Ps. 141. 6. *to cover.* Ju. 3. 24, David. Ps. 57, title; 142, title.

4 *the men.* ch. 26. 8-11. 2 Sa. 4. 8. Job 31. 31. *I will deliver.* ver. 10, 18; ch. 23. 7; 26. 23. *Saul's robe. Heb.* the robe which *was* Saul's.

5 *David's heart.* 2 Sa. 12. 9; 24. 10. 2 Ki. 22. 19. 1 Jno. 3. 20, 21.

6 *the Lord forbid.* ch. 26. 9-11. 2 Sa. 1. 14. 1 Ki. 21. 3. Job 31. 29, 30. Mat. 5. 44. Ro. 12. 14-21; 13. 1, 2. 1 Th. 5. 15.

7 *stayed. Heb.* cut off. Ps. 7. 4. Mat. 5. 44. Ro. 12. 17-21. *suffered.* ch. 25. 33.

8 *My lord.* ch. 26. 17. *David stooped.* ch. 20. 41; 25. 23, 24. Ge. 17. 3. Ex. 20. 12. Ro. 13. 7. 1 Pe. 2. 17.

9 ch. 26. 19 Le. 19. 16. Ps. 101. 5; 141. 6. Pr. 16. 28; 17. 4; 18. 8; 25. 23; 26. 20-22, 28; 29. 12. Ec. 7. 21, 22. Ja. 3. 6.

10 *bade me.* ver. 4; ch. 26. 8. *the Lord's.* ch 26. 9. Ps. 105. 15.

11 *my father.* ch. 18. 27. 2 Ki. 5. 13. Pr. 15. 1 *neither evil.* ch. 26. 18. Ps. 7. 3, 4; 35. 7. Jno. 15. 25. *thou huntest.* ch. 23. 14, 23; 26. 20. Job 10 16. Ps. 140. 11. La. 4. 18. Eze. 13. 18. Mi. 7. 2.

12 *Lord judge.* ch. 26. 10, 23. Ge. 16. 5. Ju. 11. 27. Job 5. 8. Ps. 7. 8, 9; 35. 1; 43. 1; 94. 1. Ro. 12. 19. 1 Pe. 2. 23. Re. 6. 10. *but mine hand.* ch. 26. 11.

13 *Wickedness.* Mat. 7. 16-18; 12. 33, 34; 15. 19.

14 *the king.* 2 Sa. 6. 20. 1 Ki. 21. 7. *a dead dog.* ch. 17. 43. 2 Sa. 3. 8; 9. 8; 16. 9. *a flea.* ch. 26. 20. Ju. 8. 1-3.

15 *be judge.* See on ver. 12. 2 Ch. 24. 22. Mi. 1. 2. *plead.* Ps. 35. 1; 43. 1; 119. 154. Mi. 7. 9. *deliver. Heb.* judge. ch. 26. 4.

16 *Is this.* ch. 26. 17. Job 6. 25. Pr. 15. 1; 25. 11. Lu. 21. 15. Ac. 6. 10. *Saul lifted.* Ge. 33. 4.

17 *Thou art.* ch. 26. 21. Ge. 38. 26. Ex. 9. 27. Ps. 37. 6. Mat. 27. 4. *thou hast.* Mat. 5. 44. Ro. 12. 20, 21.

18 *Lord.* ver. 10; ch. 23. 7; 26. 23. *delivered me. Heb.* shut me up. ch. 23. 12; 26. 8, margins. Ps. 31. 8.

19 *the Lord.* ch. 23. 21; 26. 25. Ju. 17. 2. Ps. 18. 20. Pr. 25. 21, 22.

20 *I know well.* ch. 20. 30, 31; 23. 17. 2 Sa. 3. 17, 18. Job 15. 25. Mat. 2. 3-6, 13, 16.

21 *Swear.* ch. 20. 14-17. Ge. 21. 23; 31. 48, 53. He. 6. 16. *that thou.* 2 Sa. 21. 6-8.

22 *David and.* Pr. 26. 24, 25. Mat. 10. 16, 17. Jno. 2. 24. *the hold.* ch. 23. 29.

## CHAP. XXV.

*Samuel dies,* 1. *David in Paran sends to Nabal,* 2-9. *Provoked by Nabal's churlishness, he minds to destroy him,* 10-13. *Abigail understanding thereof,* 14-17, *takes a present,* 18-22; *and by her wisdom,* 23-31, *pacifies David,* 32-35. *Nabal hearing thereof, dies,* 36-38. *David takes Abigail and Ahinoam to be his wives,* 39-43. *Michal is given to Phalti,* 44.

1 A.M. 2944. B.C. 1060. An. Ex. Is. 431. *Samuel.* ch. 28. 3. *lamented.* Ge. 50. 11. Nu. 20. 29. De. 34. 8. Ac. 8. 2. *in his house.* ch. 7. 17. 1 Ki. 2. 34. 2 Ch. 33. 20. Is. 14. 18. *the wilderness.* Ge. 14. 6; 21. 21. Nu. 10. 12; 12. 16; 13. 3, 26. Ps. 120. 5.

2 *Maon.* ch. 23. 24. *possessions were.* or, business *was.* *Carmel.* Not the famous mount Carmel, in the north of Canaan, and in the tribe of Asher; but a city, on a mountain of the same name, in the south of Judah, which seems to have given name to the surrounding territory. EUSEBIUS and JEROME inform us, that there was in their time a town called *Carmelia,* ten miles east from Hebron, where the Romans kept a garrison, whose position well agrees with this Carmel. *man.* Ge. 26. 13. 2 Sa. 19. 32. Ps. 17. 14; 73. 3-7. Lu. 16. 19-25. *three thousand.* Ge. 13. 2. Job 1. 3; 42. 12. *shearing.* This was a very ancient custom, and appears to have been always attended with festivity. The ancient Romans, however, used to *pluck off* the wool from the sheeps' backs; and hence a fleece was called *vellus, a vellendo,* from plucking it off. PLINY says, that in his time sheep were not *shorn* every where, but in some places the wool was still *plucked off.* Ge. 38. 13. 2 Sa. 13. 23, 24. *Carmel.* ch. 30. 5. Jos. 15. 55.

3 *good.* Pr. 14. 1; 31. 26, 30, 31. *was churlish.* ver. 10, 11, 17. Ps. 10. 3. Is. 32. 5-7. *and he was. Wehoo calibbee,* literally, 'and he was a Calebite;' but as the word *cailev* signifies *a dog,* the Septuagint has understood it as implying a man of a *canine disposition,* and translated it, και ανθρωπος κυνικος, 'and he was a *doggish* man.' It is understood in the same way by the Syriac and Arabic.

4 *did shear.* Ge. 38. 13. 2 Sa. 13. 23.

5 *greet him,* etc. *Heb.* ask him in my name of peace. ch. 17. 22. Ge. 43. 23.

6 *liveth.* 1 Th. 3. 8. 1 Ti. 5. 6. *Peace be both.* 2 Sa. 18. 28, marg. 1 Ch. 12. 18. Ps. 122. 7. Mat. 10. 12, 13. Lu. 10. 5. Jno. 14. 27. 2 Th. 3. 16.

7 *thy shepherds.* In those times, and at the present day, wandering Arabs, under their several chiefs, think that they have a right to exact contributions of provisions, etc. wherever they come. But David, though he lived in the wilderness like the Arab emirs, had not adopted their manners: one of them, at the head of 600 men, would have demanded, from time to time, some provision or other present from Nabal's servants, for permitting them to feed at quiet; and would have driven them away from the watering place upon any dislike. David had done nothing of this kind; but had protected them against those who would. *we hurt. Heb.* we shamed. ver. 15, 16, 21; ch. 22. 2. Is. 11. 6-9. Lu. 3. 14. Phi. 2. 15; 4. 8.

8 *a good day.* Ne. 8. 10-12. Es. 9. 19. Ec. 11. 2. Lu. 11. 41; 14. 12-14. *thy son.* ch. 3. 6; 24. 11.

9 *ceased. Heb.* rested.

10 *Who is David.* ch. 20. 30; 22. 7, 8. Ex. 5. 2. Ju. 9. 28. 2 Sa. 20. 1. 1 Ki. 12. 16. Ps. 73. 7, 8; 123. 3, 4. Is. 32. 5, 7. *there be.* ch. 22. 2. Ec. 7. 10.

11 *Shall I then.* ver. 3; ch. 24. 13. De. 8. 17. Ju. 8. 6. Job 31. 17. Ps. 73. 7, 8. 1 Pe. 4. 9. *flesh. Heb.* slaughter. *give it.* Ec. 11. 1, 2. Ga. 6. 10. *whom.* ver. 14, 15. Jno. 9. 29, 30. 2 Co. 6. 9.

12 *came.* 2 Sa. 24. 13. Is. 36. 21, 22. He. 13. 17.

13 *Gird ye.* Jos. 9. 14. Pr. 14. 29; 16. 32; 19. 2, 11; 25. 8. Ja. 1. 19, 20. *David also.* ch. 24. 5, 6. Ro. 12. 19-21. *two hundred.* ch. 30. 9, 10, 21-24.

14 *railed on them. Heb.* flew upon them. Mar. 15. 29.

15 *very good.* ver. 7, 21. Phi. 2. 15. *hurt. Heb.* shamed.

16 *a wall.* Ex. 14. 22. Job 1. 10. Je. 15. 20. Zec. 2. 5.

17 *evil.* ch. 20. 7, 9, 33. 2 Ch. 25. 16. Es. 7. 7. *a son of Belial.* ver. 25; ch. 2. 12. De. 13. 13. Ju. 19. 22. 2 Sa. 23. 6, 7. 1 Ki. 21. 10, 13. 2 Ch. 13. 7. *that a man.* ch. 20. 32, 33. 2 Ki. 5. 13, 14.

18 *made haste.* ver. 34. Nu. 16. 46-48. Pr. 6. 4, 5. Mat. 5. 25. *took two.* The Eastern bread is generally both *thin* and *small;* and answers to our *cakes.* Ge. 32. 13-20; 43. 11-14. 2 Sa. 17. 28, 29. Pr. 18. 16; 21. 14. *two bottles.* That is, two goat-skins' full. *five sheep.* Not one sheep to one hundred men. *clusters. Heb.* lumps. Raisins dried in the sun. 2 Sa. 16. 1. *cakes of figs.* Figs cured and then pressed together. Now all this provision was a matter of little worth; and had it been granted in the first instance, it would have perfectly satisfied David, and secured his good offices.

19 *Go.* Ge. 32. 16, 20. *But.* Pr. 31. 11, 12, 27.

20 *rode.* 2 Ki. 4. 24. *she came down.* David was coming down mount Paran; Abigail was coming down from Carmel.

21 *Surely.* ver. 13. Job 30. 8. Ps. 37. 8. Ep. 4. 26, 31. 1 Th. 5. 15. 1 Pe. 2. 21-23; 3. 9. *he hath requited.* Ge. 44. 4. Ps. 35. 12; 38. 20; 109. 3-5. Pr. 17. 13. Je. 18. 20. Ro. 12. 21. 1 Pe. 2. 20; 3. 17.

22 *So and more.* Nothing can justify this conduct of David, which was rash, unjust, and cruel in the extreme. David himself condemns it, and thanks God for being prevented from executing this evil. (ver. 32-34.) ch. 3. 17; 14. 44; 20. 13, 16. Ru. 1. 17. *if I leave.* ver. 34. *any that pisseth,* etc. This seems to have been a proverbial expression among the Israelites; and may with the utmost propriety be read 'any male.' 1 Ki. 14. 10; 16. 11; 21. 21. 2 Ki. 9. 8.

23 *lighted.* Jos. 15. 18. Ju. 1. 14. *fell.* ch. 20. 41; 24. 8.

24 *fell.* 2 Ki. 4. 37. Es. 8. 3. Mat. 18. 29. *Upon.* ver. 28. Ge. 44. 33, 34. 2 Sa. 14. 9. Phile. 18. 19. *let thine.* Ge. 44. 18. 2 Sa. 14. 12. *audience. Heb.* ears.

25 *regard. Heb.* lay *it* to his heart. 2 Sa. 13. 33. Is. 42. 25. Mal. 2. 2. *man of Belial.* See on ver. 17, 26. *Nabal. that is,* fool.

26 *as the Lord liveth.* ver. 34; ch. 22. 3. 2 Ki. 2. 2; 4. 6. *and as thy.* See on ch. 1. 26. *the Lord hath.* ver. 33. Ge. 20. 6. *from.* Ro. 12. 19, 20. *avenging thyself. Heb.* saving thyself. Ps. 18. 47, 48; 44. 3. *now let.* 2 Sa. 18. 32. Je. 29. 22. Da. 4. 19.

27 *blessing. or,* present. ch. 30. 26. Ge. 33. 11. 2 Ki. 5. 15. 2 Co. 9. 5. *follow. Heb.* walk at the feet of. ver. 42, marg. Ju. 4. 10. 2 Sa. 16. 2.

28 *forgive.* ver. 24. *the Lord.* ch. 15. 28. 2 Sa. 7. 11, 16, 27. 1 Ki. 9. 5. 1 Ch. 17. 10, 25. Ps. 89. 29. *fighteth.* ch. 17. 47; 18. 17. 2 Sa. 5. 2. 2 Ch. 20. 15. Ep. 6. 10, 11. *evil hath.* ch. 24. 6, 7, 11, 17. 1 Ki. 15. 5. Ps. 119. 1-3. Mat. 5. 16. Lu. 23. 41, 47.

29 *bound.* The metaphors in this verse are derived from the consideration, that things of value are collected together, and often tied up in bundles, like sheaves of corn, to prevent their being scattered and lost; and that whatever is put into a sling is not intended to be preserved, but to be thrown away. ch. 2. 9. Ge. 15. 1. De. 33. 29. Ps. 66. 9; 116. 15. Mal. 3. 17. Mat. 10. 29, 30. *with the Lord.* Jno. 10. 27-30; 14. 19; 17. 21, 23. Col. 3. 3, 4. 1 Pe. 1. 5. *sling out.* Je. 10. 18. *as out of the middle of a sling. Heb.* in the midst of the bow of a sling.

30 *according.* ch. 13. 14; 15. 28; 23. 17. Ps. 89. 20.

31 *grief. Heb.* staggering, *or,* stumbling. Pr. 5. 12, 13. Ro. 14. 21. 2 Co. 1. 12. *avenged.* ver. 33; ch. 24. 15; 26. 23. 2 Sa. 22. 48. Ps. 94. 1. Ro. 12. 19. *remember.* ver. 40. Ge. 40. 14. Lu. 23. 42.

32 David overlooks the rich and seasonable present of Abigail, though pressed with hunger and wearied with travel; but her advice, which disarmed his rage, and calmed his revenge, draws forth these high and affectionate gratulations. These were his joyful and glorious trophies; not over his enemies, but over himself. Ge. 24. 27. Ex. 18. 10. Ezr. 7. 27. Ps. 41. 12, 13; 72. 18. Lu. 1. 68. 2 Co. 8. 16.

33 *blessed.* Ps. 141. 5. Pr. 9. 9; 17. 10; 25. 12; 27. 21; 28. 23. *which hast.* ver. 26. *avenging.* See on ver. 26, 31; ch. 24. 19; 26. 9, 10.

34 *kept me back.* ver. 26. *hasted.* ver. 18; ch. 11. 11. Jos. 10. 6, 9. *there had.* See on ver. 22.

35 *Go up.* ch. 20. 42. 2 Sa. 15. 9. 2 Ki. 5. 19. Lu. 7. 50; 8. 48. *accepted.* Ge. 19. 21. Job 34. 19.

36 *a feast.* 2 Sa. 13. 23. Es. 1. 3-7. Lu. 14. 12. *merry.* 2 Sa. 13. 28. 1 Ki. 20. 16. Pr. 20. 1; 23. 29-35. Ec. 2. 2, 3; 10. 19. Is. 28. 3, 7, 8. Je. 51. 57. Da. 5. 1-5. Na. 1. 10. Hab. 2. 15, 16. Lu. 21. 34. Ro. 13. 13. Ep. 5. 18. 1 Th. 5. 7, 8. *she told him.* ver. 19. Ps. 112. 5. Mat. 10. 16. Ep. 5. 15.

37 *had told him.* ver. 22, 34. *his heart.* De. 28. 28. Job 15. 21, 22. Pr. 23. 29-35.

38 *the Lord.* ver. 33; ch. 6. 9. Ex. 12. 29. 2 Ki. 15. 5; 19. 35. 2 Ch. 10. 15. Ac. 12. 23.

39 *Blessed.* ver. 32. Ju. 5. 2. 2 Sa. 22. 47-49. Ps. 58. 10, 11. Re. 19. 1-4. *pleaded.* Pr. 22. 23. La. 3. 58-60. Mi. 7. 9. *kept his servant.* ver. 26, 34. Ho. 2. 6, 7. 2 Co. 13. 7. 1 Th. 5. 23. 2 Ti. 4. 18. *hath returned.* 2 Sa. 3. 28, 29. 1 Ki. 2. 44. Es. 7. 10. Ps. 7. 16. *to take her.* It is probable that David had heard that Saul, to cut off his pretensions to the throne, had married Michal to Phalti; and this justified him in taking Abigail, it not being then unlawful for a man to have several wives. This conduct of David's corresponds with the manner in which the Oriental princes generally form their matrimonial alliances. 'The king of Abyssinia,' says Mr. Bruce, 'sends an officer to the house where the lady lives, who announces to her that it is the king's pleasure she should remove instantly to the palace. She then dresses herself in the best manner, and immediately obeys. Thenceforward he assigns her an apartment in the palace, and gives her a house elsewhere in any part she chooses.' Pr. 18. 22; 19. 14; 31. 10, 30.

40 *David sent.* Ge. 24. 37, 38, 51.

41 *thine.* Ru. 2. 10, 13. Pr. 15. 33; 18. 12. *to wash.* Ge. 18. 4. Jno. 13. 3-5. 1 Ti. 5. 10.

42 *Abigail.* Ge. 24. 61-67. Ps. 45. 10, 11. *after her. Heb.* at her feet. ver. 27.

43 *Jezreel.* Jos. 15. 56. 2 Sa. 3. 2. *both.* Ge. 2. 24. Mat. 19. 5, 8. *his wives.* ch. 27. 3; 30. 5. 2 Sa. 5. 13-16.

44 *But Saul.* Rather, '*For* Saul,' etc. as the particle ו, *wav,* frequently signifies; this being the cause why David took another wife. *Michal.* ch. 18. 20, 27. *Phalti.* 2 Sa. 3. 14, 15, Phaltiel. *Gallim.* This town appears to have been situated in the tribe of Benjamin, as it is mentioned in Is. 10. 30, with *Michmash, Geba,* etc.

## CHAP. XXVI

*Saul, by the discovery of the Ziphites, comes to Hachilah against David,* 1-3. *David coming into the trench stays Abishai from killing Saul, but takes his spear and cruse,* 4-12. *David reproves Abner,* 13-16; *and exhorts Saul,* 17-20. *Saul acknowledges his sin,* 21-25.

1 *Ziphites.* Jos. 15. 24, 55. *Doth not.* ver. 3; ch. 23. 19. Ps. 54, title.

2 *Saul arose.* ch. 23. 23-25; 24. 17. Ps. 38. 12; 140. 4-9. *three thousand.* ch. 24. 2.

3 *Hachilah.* ver. 1; ch. 23. 19.

4 Jos. 2. 1. Mat. 10. 16.

5 *Abner.* ch. 9. 1; 14. 50, 51; 17. 55. 2 Sa. 2. 8, etc.; 3. 7, 8, 27, 33-38. 1 Ch. 9. 39. *trench. or,* midst of his carriages. ch. 17. 20. The word *maügal* never signifies a *ditch* or *rampart,* but a *chariot* or *waggon way.* Nor does it seem to denote a *ring of carriages,* as Buxtorf and others interpret the word; for it is not probable that Saul would encumber his army with baggage in so rapid a pursuit, nor that so mountainous a country was practicable for waggons. It appears simply to mean here, the *circular encampment* (from *agal,* 'round') which these troops formed, in the midst of which, as being the place of honour, Saul reposed. An Arab camp, D'Arvieux informs us, is always *circular,* when the disposition of the ground will permit, the prince being in the middle, and the troops at a respectful distance around him. Add to which, their *lances are fixed near them in the ground* all the day long, ready for action.

6 *Hittite.* Ge. 10. 15; 15. 20. 2 Sa. 11. 6, 21, 24; 12. 9; 23. 39. *to Abishai.* 2 Sa. 2. 18; 16. 9, 10; 18. 5; 23. 18. 1 Ch. 2. 16. *Zeruiah.* 1 Ch. 2. 15, 16. *Who will go.* ch. 14. 6, 7. Ju. 7. 10, 11.

7 *sleeping.* 1 Th. 5. 2, 3.

8 *God.* ver. 23; ch. 23. 14; 24. 4, 18, 19. Jos. 21. 44. Ju. 1. 4. *delivered. Heb.* shut up. ch. 24. 18. De. 32. 30. Ps. 31. 8. Ro. 11. 32, marg. Ga. 3. 22, 23. *the second time.* Na. 1. 9.

9 *who can stretch.* ch. 24. 6, 7. 2 Sa. 1. 14, 16. Ps. 105. 15.

10 *the Lord liveth.* ch. 24. 15; 25. 26, 38. Ps. 94. 1, 2, 23. Lu. 18. 7. Ro. 12. 19. Re. 18. 8. *his day.* Ge. 47. 29. De. 31. 14. Job 7. 1; 14. 5, 14. Ps. 37. 10, 13. Ec. 3. 2. He. 9. 27. *he shall descend.* ch. 31. 6. De. 32. 35.

11 *that I should.* ch. 24. 6, 12. 2 Sa. 1. 14, 16.

12 *So David.* ver. 7; ch. 24. 4. *a deep sleep.* Ge. 2. 21; 15. 12. Es. 6. 1. Is. 29. 10.

13 *the top.* ch. 24. 8. Ju. 9. 7. David, by retiring to a place of safety before he called to Abner, seems to have manifested more distrust of Saul than he had done on a former occasion. Yet he desired that Saul and all Israel should be informed of his conduct at this time. Abner and his soldiers, by neglecting to guard Saul when he slept, had exposed his life, and merited to be treated as his enemies, though he confided in them as friends; for, although their *sound sleep* was undoubtedly supernatural, yet there might be a neglect of placing sentinels, arising from contempt of David's small company. Saul also deemed David his enemy, though he had before spared and protected his life.

15 *there came.* ver. 8.

16 *worthy to die. Heb.* the sons of death. ch. 20. 31. 2 Sa. 12. 5; 19. 28. Ps. 79. 11; 102. 20, margins. Ep. 2. 3. *Lord's.* ver. 9 11; ch. 24. 6.

17 *Is this thy.* ch. 24. 8, 16.

18 *Wherefore.* ch. 24. 9, 11-14. Ps. 7. 3-5; 35. 7; 69. 4. *what have I.* ch. 17. 29. Jno. 8. 46; 10. 32; 18. 23.

19 *let my lord.* ch. 25. 24. Ge. 44. 18. *stirred.* ch. 16. 14-23; 18. 10. 2 Sa. 16. 11; 24. 1. 1 Ki. 22. 22. 1 Ch. 21. 1. *accept. Heb.* smell. Ge. 8. 21. Le. 26. 31. Ps. 119. 1-8. *cursed.* Pr. 6. 16-19; 30. 10. Ga. 1. 8, 9; 5. 12. 2 Ti. 4. 14. *they have driven.* De. 4. 27, 28. Jos. 22. 25-27. Ps. 42. 1, 2; 120. 5. Is. 60. 5. Ro. 14. 15. *abiding. Heb.* cleaving. *the inheritance.* 2 Sa. 14. 16; 20. 19.

20 *let not my.* ch. 2. 9; 25. 29. *the king.* ch. 24. 14. Mat. 26. 47, 55. *a flea. Parosh,* (in Arabic *borghooth,* Syriac, *poorthano,*) the well-known little contemptible and troublesome insect, the *flea,* seems to be so called from its *agility* in leaping and skipping, from *para,* 'free,' and *raash,* '*to leap, bound.*' David, by comparing himself to this insect, seems to import, that while it would cost Saul much pains to catch him, he would obtain but very little advantage from it. *a partridge. Korai* certainly denotes the *partridge,* which is called in Arabic, *kirä̈a.* It seems to be so called from the *cry* or *cur* which it utters when calling its young.

21 *I have sinned.* ch. 15. 24, 30; 24. 17. Ex. 9. 27. Nu. 22. 34. Mat. 27. 4. *I will no.* ch. 27. 4. *my soul.* ver. 24; ch. 18. 30. Ps. 49. 8; 116. 15.

23 *render.* 1 Ki. 8. 32. Ne. 13. 14. Ps. 7. 8, 9; 18. 20-26. *I would not.* ver. 9, 11; ch. 24. 6, 7.

24 *as thy life.* Ps. 18. 25. Mat. 5. 7; 7. 2. *let him deliver.* Ge. 48. 16. Ps. 18, title, 48; 34. 17, 18; 144. 2. Ac. 14. 22. 2 Co. 1. 9, 10. 2 Th. 3. 2. Re. 7. 14.

25 *Blessed.* ch. 24. 19. Nu. 24. 9, 10. *prevail.* Ge. 32. 28. Is. 54. 17. Ho. 12. 4. Ro. 8. 35, 37. *So David.* ch. 24. 22. Pr. 26. 25.

## CHAP. XXVII.

*Saul, hearing David to be in Gath, seeks no more for him,* 1-4. *David begs Ziklag of Achish,* 5-7. *He, invading other countries, persuades Achish he fought against Judah,* 8-12.

1 A.M. 2946. B.C. 1058. An. Ex. Is. 433. *And David.* ch. 16. 1, 13; 23. 17; 25. 30. Ps. 116. 11. Pr. 13. 12. Is. 40. 27-31; 51. 12. Mat. 14. 31. Mar. 4. 40. 2 Co. 7. 5. *I shall.* This was a rash conclusion: God had caused him to be anointed king of Israel, and promised his accession to the throne, and had so often interposed in his behalf, that he was authorised to believe the very reverse. *perish. Heb.* be consumed. *there is nothing.* ch. 22. 5. Ex. 14. 12. Nu. 14. 3. Pr. 3. 5, 6. Is. 30. 15, 16. La. 3. 26, 27. *into the land.* ver. 10, 11; ch. 21. 10-15; 28. 1, 2; 29. 2-11; 30. 1-3.

2 *David.* This measure of David's, in uniting himself to the enemies of his God and people, was highly blameable; was calculated to alienate the affections of the Israelites; and led to equivocation, if not downright falsehood. *the six.* ch. 25. 13; 30. 8. *Achish.* ch. 21. 10. 1 Ki. 2. 40.

3 *with his two.* ch. 25. 3, 18-35, 42, 43; 30. 5.

4 *he sought.* ch. 26. 21.

5 *some town.* Ge. 46. 34. 2 Co. 6. 17.

6 *Ziklag. Ziklag* was at first given to the tribe of Judah, but was afterwards ceded to that of Simeon; but as it bordered on the Philistines, if they had ever been expelled, they had retaken it. EUSEBIUS simply says it was situated in the south of Canaan. ch. 30. 1, 14. Jos. 51. 31; 19. 5. 2 Sa. 1. 1. 1 Ch. 4. 30; 12. 1, 20. Ne. 11. 28.

7 *the time. Heb.* the number of days. *a full year. Heb. a year of* days. ch. 29. 3.

8 A.M. 2948. B.C. 1056. An. Ex. Is. 435. *the Geshurites.* Jos. 13. 2, 13. 2 Sa. 13. 37, 38; 14. 23, 32; 15. 8. 1 Ch. 2. 23. *Gezrites. or,* Gerzites. These people seem to be the Gerrhenians, (2 Mac. 13. 24) whose chief city, *Gerrha,* is mentioned by STRABO as lying between Gaza and Pelusium in Egypt. *the Amalekites.* Jos. 16. 10. Ju. 1. 29. 1 Ki. 9. 15-17. *as thou goest.* ch. 15. 7, 8; 30. 1. Ex. 17. 14-16.

9 *left neither.* ch. 15. 7. Ge. 16. 7; 25. 18. Ex. 15. 22. *and the camels.* ch. 15. 3. De. 25. 17-19 Jos. 6. 21.

10 *Whither,* etc. *or,* Did you not make a road. *And David.* ch. 21. 2. Ge. 27. 19, 20, 24. Jos. 2. 4-6. 2 Sa. 17. 20. Ps. 119. 29, 163. Pr. 29. 25. Ga. 2. 11-13. Ep. 4. 25. *Against.* David here meant the Geshurites, and Gezrites, and Amalekites, which people occupied that part of the country which lies to the south of Judah. But Achish, as was intended, understood him in a different sense, and believed that he had attacked his own countrymen. David's answer, therefore, though not an absolute falsehood, was certainly an equivocation intended to deceive, and therefore incompatible with that sense of truth and honour which became him as a prince, and a professor of true religion. From these, and similar passages, we may observe the strict impartiality of the Sacred Scriptures. They present us with the most faithful delineation of human nature; they exhibit the frailties of kings, priests, and prophets, with equal truth; and examples of vice and frailty, as well as of piety and virtue, are held up, that we may guard against the errors to which the best men are exposed. *the Jerahmeelites.* 1 Ch. 2. 9, 25. *Kenites.* ch. 15. 6. Nu. 24. 21. Ju. 1. 16; 4. 11; 5. 24.

11 *Lest.* ch. 22. 22. Pr. 12. 19; 29. 25.

12 *utterly to abhor. Heb.* to stink. ch. 13. 4. Ge. 34. 30.

## CHAP. XXVIII.

*Achish puts confidence in David,* 1, 2. *Saul having destroyed the witches,* 3, *and now in his fear forsaken of God,* 4-6, *has recourse to a witch,* 7; *who, encouraged by Saul, raises up Samuel,* 8-14. *Saul hearing his ruin, faints,* 15-20. *The woman and his servants refresh him with meat,* 21-25.

1 *that the.* ch. 7. 7; 13. 5; 17. 1; 29. 1. *Philistines.* Ju. 3. 1-4. *thou shalt go.* ch. 27. 12; 29. 2, 3.

2 *Surely.* ch. 27. 10. 2 Sa. 16. 16-19. Ro. 12. 9.

3 *Samuel.* ch. 25. 1. Is. 57. 1, 2. *put away.* ver. 9. Ex. 22. 18. Le. 19. 31; 20. 6, 27. De. 18. 10, 11. Ac. 16. 16-19.

4 *Shunem.* Jos. 19. 18. 2 Ki. 4. 8. *Gilboa.* ch. 31. 1. 2 Sa. 1. 6, 21; 21. 12.

5 *he was afraid.* Job 15. 21; 18. 11. Ps. 48. 5, 6; 73. 19. Pr. 10. 24. Is. 7. 2; 21. 3, 4; 57. 20, 21. Da. 5. 6.

6 *enquired.* ch. 14. 37. 1 Ch. 10. 14. Pr. 1. 27, 28. La. 2. 9. Eze. 20. 1-3. Jno. 9. 31. Ja. 4. 3. *by dreams.* Ge. 28. 12-15; 46. 2-4. Nu. 12. 6. Job 33. 14-16. Je. 23. 28. Mat. 1. 20. *by Urim.* Ex. 28. 30. Nu. 27. 21. De. 33. 8. *by prophets.* Ps. 74. 9. La. 2. 9. Eze. 20. 3.

7 *Seek me.* 2 Ki. 1. 2, 3; 6. 33. Is. 8. 19, 20. La. 3. 25, 26. Hab. 2. 3. *a familiar spirit.* ver. 3. De. 18. 11. Is. 19. 3. Ac. 16. 16. *that I may.* Le. 19. 31. 1 Ch. 10. 13. Is. 8. 19. *En-dor. En-dor,* a city of Manasseh, was situated in the plain of Jezreel; and EUSEBIUS and JEROME inform us, that it was a great town in their days, four miles south from mount Tabor, near Nain, towards Scythopolis. This agrees with MAUNDRELL, who says, that not many miles eastward of Tabor, you see mount Hermon, at the foot of which is seated Nain and *Endor;* and BURCKHARDT says, that in two hours and a half from Nazareth, towards Scythopolis or Bisan, they came to the village of Denouny, near which are the ruins of *Endor;* where the witch's grotto is shewn. Jos. 17. 11. Ps. 83. 10.

8 *disguised.* 1 Ki. 14. 2, 3; 22. 30, 34. Job 24. 13-15. Je. 23. 24. Jno. 3. 19. *I pray thee.* De. 18. 11. 1 Ch. 10. 13. Is. 8. 19. *bring me.* ver. 15.

9 *how he hath.* See on ver. 3. *wherefore.* 2 Sa. 18. 13. 2 Ki. 5. 7.

10 *sware.* ch. 14. 39; 19. 6. Ge. 3. 5. Ex. 20. 7 De. 18. 10-12. 2 Sa. 14. 11. Mat. 26. 72. Mar. 6. 23.

12 *thou art Saul.* ver. 3. 1 Ki. 14. 5.

13 *gods ascending.* Ex. 4. 16; 22. 28. Ps. 82. 6, 7. Jno. 10. 34, 35.

14 *What form is he of? Heb.* What *is* his form? *a mantle.* ch. 15. 27. 2 Ki. 2. 8, 13, 14.

15 *Why hast.* ver. 8, 11. *I am sore.* Pr. 5. 11-13; 14. 14. Je. 2. 17, 18. *the Philistines.* ver. 4. *God.* ch. 16. 13, 14; 18. 12. Ju. 16. 20. Ps. 51. 11. Ho. 9. 12. Mat. 25. 41. *answereth.* ver. 6; ch. 23. 2, 4, 9, 10. *prophets. Heb.* the hand of prophets. *therefore.* Lu. 16. 23-26.

16 *Wherefore.* Ju. 5. 31. 2 Ki. 6. 27. Ps. 68. 1-3. Re. 18. 20, 24; 19. 1-6. *and is become.* La. 2. 5.

17 *to him. or,* for himself. The LXX. read σοι, and the Vulgate *tibi,* to *thee;* which is the reading of five of Dr. KENNICOTT'S and DE ROSSI'S MSS., as well as both the Bibles printed at Venice in 1518, where we read *lecha,* 'to thee,' for *lo,* 'to him;' and as the words are spoken *to* Saul, this seems to be evidently the correct reading. Pr. 16. 4. *as he spake.* ch. 13. 13, 14; 15. 27-29. *me. Heb.* mine hand. *thy neighbour.* ch. 15. 28; 16. 13; 24. 20.

18 *obeyedst.* ch. 13. 9; 15. 9, 23-26. 1 Ki. 20. 42. 1 Ch. 10. 13. Je. 48. 10. *hath the Lord.* Ps. 50. 21, 22.

19 *the Lord.* ch. 12. 25; 31. 1-6. 1 Ki. 22. 20, 28. *and to-morrow.* There is considerable diversity of opinion, both among learned and pious men, relative to this appearance to Saul. But the most probable opinion seems to be, that *Samuel himself* did actually appear to Saul, not by the power of enchantment, but by the appointment and especial mercy of God, to warn this infatuated monarch of his approaching end, that he might be reconciled with his Maker. There is not the smallest intimation of *chicanery* or *Satanic* influence given in the text; but on the contrary, from the plain and obvious meaning of the language employed, it is perfectly evident that it was *Samuel himself, (Shemooel hoo,)* as it is expressed in ver. 14. Indeed the very soul of Samuel seems to breathe in his expressions of displeasure against the disobedience and wickedness of Saul; while the awful prophetic denunciations which accordingly came to pass, were such as neither human nor diabolical wisdom could foresee, and which could only be known to God himself, and to those to whom he chose to reveal them. Ex. 9. 18. Je. 28. 16, 17. Da. 5. 25-28. Mat. 26. 24. Ac. 5. 5, 9, 10.

20 *fell straightway. Heb.* made haste and fell with the fulness of his stature. *sore afraid.* ver. 5; ch. 25. 37. Job 15. 20-24; 26. 2. Ps. 50. 21, 22.

21 *I have put.* ch. 19. 5. Ju. 12. 3. Job 13. 14.

23 *I will.* 1 Ki. 21. 4. Pr. 25. 20. *compelled him.* 2 Ki. 4. 8. Lu. 14. 23; 24. 29. Ac. 16. 15. 2 Co. 5. 14.

24 *a fat calf.* Ge. 18. 7, 8. Lu. 15. 23.

## CHAP. XXIX.

*David marching with the Philistines, 1, 2, is disallowed by their princes, 3-5. Achish dismisses him, with commendations of his fidelity, 6-11.*

1 *the Philistines.* ch. 28. 1, 2. *Aphek.* ch. 4. 1. Jos. 19. 30. 1 Ki. 20. 30. *Jezreel.* ch. 28. 4. Jos. 19. 18. Ju. 6. 33. 1 Ki. 18. 45, 46; 21. 1, 23. 2 Ki. 9. 36. Ho. 1. 4-11.

2 *the lords.* ver. 6, 7; ch. 5. 8-11; 6. 4. Jos. 13. 3. *but David.* ch. 28. 1, 2.

3 *Is not this David.* These words seem to mark no *definite* time; and may be understood thus: 'Is not this David, the servant of Saul the king of Israel, who has been with me for a considerable time?' *these days.* ch. 27. 7. *found.* ch. 25. 28. Da. 6. 5. Jno. 19. 6. Ro. 12. 17. 1 Pe. 3. 16.

4 *Make this fellow.* The princes reasoned wisely, according to the common practice of mankind; and it was well for David that they were such good politicians: it was ordered by a gracious Providence that they refused to let David go with them to this battle, in which he must have been either an enemy to his country, or false to his friends and to his trust. Had he fought *for the Philistines,* he would have fought against *God* and his *country;* and had he in the battle gone over to the *Israelites,* he would have *deceived* and become a *traitor* to the hospitable Achish. God therefore delivered him from such disgrace; and by the same kind Providence he was sent back to rescue his wives, and the wives and children of his people, from captivity. ch. 14. 21. 1 Ch. 12. 19. Lu. 16. 8.

5 ch. 18. 6, 7; 21. 11. Pr. 27. 14.

6 *the Lord.* ch. 20. 3; 28. 10. De. 10. 20. Is. 65. 16. Je. 12. 16. *thou hast.* Mat. 5. 16. 1 Pe. 2. 12; 3. 16. *thy going.* Nu. 27. 17. 2 Sa. 3. 25. 2 Ki. 19. 27. Ps. 121. 8. *I have not.* ver. 3. *the lords favour,* etc. *Heb.* thou *art* not good in the eyes of the lords.

7 *displease. Heb.* do not evil in the eyes of the lords.

8 *But what have.* ch. 12. 3; 17. 29; 20. 8; 26. 18. *with. Heb.* before. *that I may not.* ch. 28. 2. 2 Sa. 16. 18, 19. Ps. 34. 13, 14. Mat. 6. 13.

9 *as an angel.* 2 Sa. 14. 17, 20; 19. 27. Ga. 4. 14. *the princes.* ver. 4.

10 ch. 30. 1, 2. Ge. 22. 14. Ps. 37. 23, 24. 1 Co. 10. 13. 2 Pe. 2. 9.

11 *And the Philistines.* See on ver. 1. Jos. 19. 18. 2 Sa. 4. 4. *Jezreel.* Jezreel, or Esdrælon, was a city of Issachar, afterwards celebrated as the residence of the kings of Israel, delightfully situated in the extensive and fertile plain of the same name, which extends from Scythopolis or Bethshan on the east to mount Carmel on the west. EUSEBIUS and JEROME inform us, that it was in their time a place of considerable consequence, lying between Scythopolis on the east and Legio on the west; and the latter (on Ho. 1.) informs us that it was pretty near Maximianopolis. The Jerusalem Itinerary places it ten miles west from Scythopolis; and WILLIAM of *Tyre* says it was called *Little Gerinum* in his time, and that there was a fine fountain in it, whose waters fell into the Jordan near Scythopolis. See ver. 1.

## CHAP. XXX.

*The Amalekites spoil Ziklag, 1-3. David asking counsel, is encouraged by God to pursue them, 4-10. By the means of a revived Egyptian he is brought to the enemies, and recovers all the spoil, 11-21. David's law to divide the spoil equally between them that fight and them that keep the stuff, 22-25. He sends presents to his friends, 26-31.*

1 *were come.* ch. 29. 11. 2 Sa. 1. 2. *on the third.* This was the third day after he had left the Philistine army at Aphek, from which place, CALMET supposes, Ziklag was distant more than thirty leagues. *the Amalekites.* ch. 15. 7; 27. 8-10. Ge. 24. 62. Jos. 11. 6.

2 *slew not.* ver. 19; ch. 27. 11. Job 38. 11. Ps. 76. 10. Is. 27. 8, 9.

3 *burned.* Ps. 34. 19. He. 12. 6. 1 Pe. 1. 6, 7. Re. 3. 9.

4 *lifted up.* ch. 4. 13; 11. 4. Ge. 37. 33-35. Nu. 14. 1, 39. Ju. 2. 4; 21. 2. Ezr. 10. 1.

5 *two wives.* ch. 1. 2; 25. 42, 43; 27. 3. 2 Sa. 2. 2; 3. 2, 3.

6 *was greatly.* Ge. 32. 7. Ps. 25. 17; 42. 7; 116. 3, 4, 10. 2 Co. 1. 8, 9; 4. 8; 7. 5. *the people.* Ex. 17. 4. Nu. 14. 10. Ps. 62. 9. Mat. 21. 9; 27. 22. *grieved. Heb.* bitter. ch. 1. 10. Ju. 18. 25. 2 Sa. 17. 8. 2 Ki. 4. 27, margins. *David.* Job 13. 15. Ps. 18. 6; 26. 1, 2; 27. 1-3; 34. 1-8; 40. 1, 2; 42. 5, 11; 56. 3, 4, 11; 62. 1, 5, 8; 118. 8-13. Pr. 18. 10. Is. 25. 4; 37. 14-20. Je. 16. 19. Hab. 3. 17, 18. Ro. 4. 18; 8. 31. 2 Co. 1. 6, 9, 10. He. 13. 6.

7 *Abiathar.* ch. 22. 20, 21; 23. 2-9. 1 Ki. 2. 26. Mar. 2. 26.

8 *enquired.* ch. 23. 2, 4, 10-12. Ju. 20. 18, 23, 28. 2 Sa. 5. 19, 23. Pr. 3. 5, 6. *he answered him.* ch. 14. 37; 28. 6, 15, 16. Nu. 27. 21. Ps. 50. 15; 91. 15.

10 *for two hundred.* ver. 21. *so faint.* ch. 14. 30, 31. Ju. 8. 4, 5. *the brook Besor.* This brook or torrent, it is evident from the circumstances of the history, must be in the south-west part of Judea, and must empty itself into the Mediterranean Sea. In the more particular situation of it writers are not agreed. Some suppose it to be between Gaza and Rhinocorura; but JEROME places it between Rhinocorura and Egypt. It is supposed by some to be the same as the *river of the wilderness,* (Am. 6. 14,) and the *river of Egypt,* Jos. 15. 4.

11 *gave him.* De. 15. 7-11; 23. 7. Pr. 25. 21. Mat. 25. 35. Lu. 10. 36, 37. Ro. 12. 20, 21.

12 *his spirit.* ch. 14. 27. Ju. 15. 19. Is. 40. 29-31. *three days.* ver. 13. Es. 4. 16. Jon. 1. 17. Mat. 27. 63.

13 *my master.* Though they had booty enough, and this poor sick slave might have been carried on an ass or a camel, yet they inhumanly left him to perish; but, in the righteous providence of God, this cruelty was the occasion of their destruction; whilst David's kindness to a perishing stranger and slave was the means of his success, and proved the truest policy. Job 31. 13-15. Pr. 12. 10. Ja. 2. 13.

14 *the Cherethites.* CALMET and others suppose that these people, who inhabited the same district as the Philistines, were the aborigines of the island of *Crete,* from which they derived their name. ver. 16. 2 Sa. 8. 18. 1 Ki. 1. 38, 44. 1 Ch. 18. 17. Eze. 25. 16. Zep. 2. 5. *Caleb.* A district in the south of Judea, in which were the cities of Kirjath-Arba or Hebron, and Kirjath-sepher, belonging to the family of *Caleb.* Jos. 14. 13; 15. 13. *we burned.* ver. 1-3.

15 *Swear.* ch. 29. 6. Jos. 2. 12; 9. 15, 19, 20. Eze. 17. 13, 16, 19. *nor deliver.* De. 23. 15, 16.

16 *when he.* Ju. 1. 24, 25. *eating.* ch. 25. 36-38. Ex. 32. 6, 17-19, 27, 28. Ju. 16. 23-30. 2 Sa. 13. 28. Is. 22. 13. Da. 5. 1-4, 30. Lu. 12. 19, 20; 17. 27-29; 21. 34, 35. 1 Th. 5. 3. Re. 11. 10-13. *because of all.* Job 20. 5.

17 *the next day. Heb.* their morrow. *and there.* ch. 11. 11. Ju. 4. 16. 1 Ki. 20. 29, 30. Ps. 18. 42.

19 ver. 8. Ge. 14. 14-16. Nu. 31. 49. Job 1. 10. Ps. 34. 9 10; 91. 9, 10. Mat. 6. 33.

20 *This is David's spoil.* ver. 26. Nu. 31. 9-12. 2 Ch. 20. 25. Is. 53. 12. Ro. 8. 37.

21 *two hundred men.* ver. 10. *came near.* He. 13. 1. 1 Pe. 3. 8. *saluted them. Heb.* asked them how they did. Ju. 18. 15.

22 *wicked.* ch. 22. 2; 25. 17, 25. De. 13. 13. Ju. 19. 22. 1 Ki. 21. 10, 13. *those. Heb.* the men. *Because.* Mat. 7. 12.

23 *my brethren.* Ge. 19. 7. Ju. 19. 23. Ac. 7. 2; 22. 1. *which the Lord.* ver. 8; ch. 2. 7. Nu. 31. 49-54. De. 8. 10, 18. 1 Ch. 29. 12-14. Hab. 1. 16. *who hath.* Ps. 44. 2-7; 121. 7, 8.

24 *but as his part.* This equitable edict was somewhat different from that which had so long obtained in Israel, and by which the spoil of the Midianites was divided: *that* related to the whole *people: this* only to the *soldiers,* some of whom went to battle, while others guarded the baggage. Nu. 31. 27. Jos. 22. 8. Ps. 68. 12. *tarrieth.* ch. 25. 13.

25 *forward. Heb.* and forward.

26 *to his friends.* 1 Ch. 12. 1, etc. Ps. 35. 27; 68. 18. Pr. 18. 16-24. Is. 32. 8. *present. Heb.* blessing. ch. 25. 27. Ge. 33. 11. 2 Ki. 5. 15. 2 Co. 9. 5.

27 *Beth-el.* Probably not the celebrated city of this name, but *Bethul* a city of Simeon, (Jos. 19. 4,) supposed to be the same as *Bethelia,* mentioned by SOZOMEN as belonging to Gaza, well peopled, and having several temples remarkable for their structure and antiquity; and which JEROME says, in his life of Hilarion, was five short days' journey from Pelusium. Ge. 28. 19. Jos. 16. 2. Ju. 1. 22, 23. 1 Ki. 12. 29. *south Ramoth.* A city of Simeon; so called to distinguish it from *Ramoth Gilead* beyond Jordan. Jos. 19. 8, Ramath. *Jattir.* Jos. 15. 48; 21. 14.

28 *Aroer.* Jos. 13. 16. *Siphmoth.* Supposed to be the same with *Shepham,* (Nu. 34. 10,) on the eastern borders of Canaan. *Eshtemoa.* Jos. 15. 50, Eshtemoh; 21. 14.

29 *Rachal.* Supposed by CALMET to be the same as *Hachilah,* ch. 23. 19. *Jerahmeelites.* The descendants of *Jerahmeel* son of Hezron, (1 Ch. 2. 9, 25-27,) who inhabited a district in the south of Judah. ch. 27. 10. *Kenites.* These people inhabited a small tract west of the Dead Sea. Ju. 1. 16.

30 *Hormah.* Jos. 19. 4. Ju. 1. 17. *Chorashan.* Probably the same as *Ashan* in Simeon, Jos. 15. 42; 19. 7, which EUSEBIUS says was sixteen miles west from Jerusalem.

31 *Hebron.* Jos. 14. 13, 14. 2 Sa. 2. 1; 4. 1; 15. 10.

## CHAP. XXXI.

*Saul, having lost his army, and his sons slain, he and his armour-bearer kill themselves,* 1-6. *The Philistines possess the forsaken towns of the Israelites,* 7. *They triumph over the dead carcases,* 8-10. *They of Jabesh-gilead recovering the dead bodies by night, burn them at Jabesh, and mournfully bury their bones,* 11-13.

1 *the Philistines.* ch. 28. 1, 15; 29. 1. *fell down.* ch. 12. 25. 1 Ch. 10. 1-12. *slain. Heb.* wounded. *Gilboa.* EUSEBIUS and JEROME place this mountain six miles west from Bethshan, where was a large place called *Gelbus.* The natives still call it Djebel *Gilbo.* ch. 28. 4. 2 Sa. 1. 21.

2 *followed.* ch. 14. 22. 2 Sa. 1. 6. *Jonathan.* ch. 13. 2, 16; 14. 1-14, 49; 18. 1-4; 23. 17. 1 Ch. 8. 33; 9. 39. *Saul's sons.* Ex. 20. 5. 2 Ki. 25. 7.

3 *went sore.* 2 Sa. 1. 4. Am. 2. 14. *archers hit him. Heb.* shooters, men with bows, found him. Ge. 49. 23. 1 Ki. 22. 34.

4 *Draw.* Ju. 9. 54. 1 Ch. 10. 4. *uncircumcised.* ch. 14. 6; 17. 26, 36. 2 Sa. 1. 20. Je. 9. 25, 26. Eze. 44. 7-9. *abuse me. or,* mock me. *he was sore.* 2 Sa. 1. 14. *Saul.* 2 Sa. 1. 9, 10; 17. 23. 1 Ki. 16. 18. 1 Ch. 10. 13, 14. Mat. 27. 4, 5. Ac. 1. 18; 16. 27. *a sword. Eth hacherev,* rather, '*the sword,*' i.e. his *armour-bearer's,* who, according to the Jews, was Doeg; and if so, then Saul and his executioner fell by the same sword with which they massacred the priests of God.

5 1 Ch. 10. 5.

6 ch. 4. 10, 11; 11. 15; 12. 17, 25; 28. 19. 1 Ch. 10. 6. Ec. 9. 1, 2. Ho. 13. 10, 11.

7 *they forsook the cities.* ch. 13. 6. Le. 26. 32, 36. De. 28. 33. Ju. 6. 2.

8 *to strip.* 1 Ch. 10. 8. 2 Ch. 20. 25.

9 *cut off.* ver. 4; ch. 17. 51, 54. 1 Ch. 10. 9, 10. *to publish.* Ju. 16. 23, 24. 2 Sa. 1. 20.

10 *they put.* The Philistines placed the armour of Saul in the temple of Ashtaroth as a trophy of victory, and a testimony of their gratitude, in the same manner as David placed the sword of Goliath in the tabernacle. ch. 21. 9. *Ashtaroth.* Ju. 2. 13. *Bethshan.* Jos. 17. 11. Ju. 1. 27. 2 Sa. 21. 12-14.

11 *Jabesh-gilead.* ch. 11. 1. 2 Sa. 2. 4. *of that. or,* concerning him, that which, etc.

12 *burnt them there.* 2 Ch. 16. 14. Je. 34. 5. Am. 6. 10.

13 *their bones.* Ge. 35. 8. 2 Sa. 2. 4, 5; 21. 12-14. *fasted seven.* Ge. 50. 10.

# The Second Book of SAMUEL, otherwise called The Second Book of the KINGS.

B.C. 1056. A.M. 2948.

## CHAP. I.

*The Amalekite, who brought tidings of the overthrow, and accused himself of Saul's death, is slain,* 1-16. *David laments Saul and Jonathan with a song,* 17-27.

1 *when David.* 1 Sa. 30. 17-26. *Ziklag.* 1 Sa. 27. 6.

2 *the third.* Ge. 22. 4. Es. 4. 16; 5. 1. Ho. 6. 2. Mat. 12. 40; 16. 21. *a man.* ch. 4. 10. *clothes.* Ge. 37. 29, 34. Jos. 7. 6. 1 Sa. 4. 12, 16. Joel 2. 13. *and earth.* ch. 15. 32. See on 1 Sa. 4. 12. *he fell.* ch. 14. 4. Ge. 37. 7-10; 43. 28. 1 Sa. 20. 41; 25. 23. Ps. 66. 3. Re. 3. 9.

3 *From.* 2 Ki. 5. 25. *am I.* Job 1. 15-19.

4 *How went. Heb.* What was, etc. 1 Sa. 4. 16, marg. *the people.* 1 Sa. 31. 1-6. 1 Ch. 10. 1-6.

5 *How knowest.* Pr. 14. 15; 25. 2.

6 *As I happened.* The story of this young man appears to be wholly a fiction, formed for the purpose of ingratiating himself with David, as the next probable successor to the crown. There is no *fact* in the case, except the bringing of the diadem and bracelets of Saul, as a sufficient evidence of his death, which, as he appears to have been a plunderer of the slain, he seems to have stripped from the dead body of the unfortunate monarch. It is remarkable, that Saul, who had forfeited his crown by his disobedience and ill-timed clemency with respect to the Amalekites, should now have the insignia of royalty stripped from his person by one of those very people. Ru. 2. 3. 1 Sa. 6. 9. Lu. 10. 31. *mount.* ver. 21. 1 Sa. 28. 4; 31. 1. *Saul.* 1 Sa. 31. 2-7.

7 *Here am I. Heb.* Behold me. ch. 9. 6. Ju. 9. 54. 1 Sa. 22. 12. Is. 6. 8, marg.; 65. 1.

8 *an Amalekite.* Ge. 14. 7. Ex. 17. 8-16. Nu. 24. 20. De. 25. 17-19. 1 Sa. 15. 3; 27. 8; 30. 1, 13, 17.

9 *anguish,* etc. *or,* my coat of mail, *or,* my embroidered coat hindereth me, that my, etc.

10 *slew.* Ju. 1. 7; 9. 54. 1 Sa. 22. 18; 31. 4, 5. Mat. 7. 2. *crown.* ch. 12. 30. La. 5. 16. *bracelet.* This was probably worn as an ensign of royalty, as is frequently the case in the East. When the Khalif Cayem Bemrillah granted the investiture of certain dominions to an Eastern prince, the ceremony was performed by sending him letters patent, a crown, chain, and bracelets. The bracelet, says Mr. MORIER, are ornaments fastened above the elbows, composed of precious stones of great value, and are only worn by the king and his sons.

11 *rent.* ch. 3. 31; 13. 31. Ge. 37. 29, 34. Ac. 14. 14. *likewise.* Ro. 12. 15.

12 Ps. 35. 13, 14. Pr. 24. 17. Je. 9. 1. Am. 6. 6. Mat. 5. 44. 2 Co. 11. 29. 1 Pe. 3. 8.

13 ver. 8.

14 *How.* Nu. 12. 8. 1 Sa. 31. 4. 2 Pe. 2. 10. *stretch forth.* 1 Sa. 24. 6; 26. 9. Ps. 105. 15.

15 *Go near.* ch. 4. 10-12. Ju. 8. 20. 1 Sa. 22. 17, 18. 1 Ki. 2. 25, 34, 46. Job 5. 12. Pr. 11. 18.

16 *Thy blood.* Ge. 9. 5, 6. Le. 20. 9, 11-13, 16, 27. De. 19. 10. Jos. 2. 19. Ju. 9. 24. 1 Sa. 26. 9. 1 Ki. 2. 32, 33, 37. Eze. 18. 13; 33. 5. Mat. 27. 25. Ac. 20. 26. *mouth.* ver. 10. Job 15. 6. Pr. 6. 2. Lu. 19. 22. Ro. 3. 19.

17 *lamented.* ver. 19. Ge. 50. 11. 2 Ch. 35. 25. Je. 9. 17-21.

18 *teach.* Ge. 49. 8. De. 4. 10. *bow. Kasheth,* or *the bow,* was probably the title of the following threnody; so called, in the Oriental style, because Saul's death was occasioned by that weapon, and because the *bow* of Jonathan, out of which 'the arrow was shot beyond the lad,' (1 Sa. 20. 36.) is celebrated in this song. *the book.* Jos. 10. 13. *Jasher. or,* the upright. So LXX. επι βιβλιου του ευθους; Targum, *siphra deooritha,* 'the book of the law;' the Arabic, 'the book of Ashee: this is the book of Samuel.' This book was probably a collection of divine odes, written to commemorate remarkable events.

19 *beauty.* ver. 23. De. 4. 7, 8. 1 Sa. 31. 8. Is. 4. 2; 53. 2. La. 2. 1. Zec. 11. 7, 10. *how are.* ver. 25, 27. La. 5. 16.

20 *Tell.* De. 32. 26, 27. Ju. 14. 19; 16. 23, 24. 1 Sa. 31. 9. Mi. 1. 10. *Philistines.* Ex. 15. 20, 21. Ju. 11. 34. 1 Sa. 18. 6. Eze. 16. 27, 57. *uncircumcised.* 1 Sa. 17. 26, 36; 31. 4, 9.

21 *mountains.* 1 Sa. 31. 1. 1 Ch. 10. 1, 8. *no dew.* Ju. 5. 23. Job 3. 3-10. Is. 5. 6. Je. 20. 14-16. *offerings.* Joel 1. 9; 2. 14. *not.* Instead of *belee,* 'not,' we should probably, with Dr. DELANEY and others, read *keley,* 'WEAPONS,' as it is found in one MS. and in the first edition of the Hebrew Bible, printed at Soncini, 1488: 'the shield of Saul; the *weapons* of the anointed with oil.' *anointed.* 1 Sa. 10. 1. Is. 21. 5.

22 *the bow.* 1 Sa. 14. 6-14; 18. 4. Is. 34. 6, 7.

23 *pleasant. or,* sweet. 1 Sa. 18. 1; 20. 2. *they were.* 1 Sa. 31. 1-5. *swifter.* ch. 2. 18. De. 28. 49. 1 Ch. 12. 8. Job 9. 26. Je. 4. 13. La. 4. 19. *stronger.* ch. 23. 20. Ju. 14. 18. Pr. 30. 30.

24 Ju. 5. 30. Ps. 68. 12. Pr. 31. 21. Is. 3. 16-26. Je. 2. 32. 1 Ti. 2. 9, 10. 1 Pe. 3. 3-5.

25 *How.* ver. 19, 27. La. 5. 16. *thou wast.* Ju. 5. 18. 1 Sa. 14. 13-15.

26 *thy love.* 1 Sa. 18. 1-4; 19. 2; 20. 17, 41; 23. 16.

27 *How are.* ver. 19, 25. *weapons.* 2 Ki. 2. 12; 13. 14. Ps. 46. 9; 76. 6. Eze. 39. 9, 10.

## CHAP. II.

*David, by God's direction, with his company goes up to Hebron, where he is made king of Judah,* 1-4. *He commends them of Jabesh-gilead for their kindness to Saul,* 5-7. *Abner makes Ishbosheth king of Israel,* 8-11. *A mortal skirmish between twelve of Abner's and twelve of Joab's men,* 12-17. *Asahel is slain,* 18-24. *At Abner's motion, Joab sounds a retreat,* 25-31. *Asahel's burial,* 32.

1 *enquired.* ch. 5. 19, 23. Nu. 27. 21. Ju. 1. 1. 1 Sa. 23. 2, 4, 9-12; 30. 7, 8. Ps. 25. 4, 5; 27. 4; 143. 8. Pr. 3. 5, 6. Eze. 36. 37. *Hebron.* ver. 11; ch. 5. 1-3; 15. 7. Ge. 32. 2. Nu. 13. 22. Jos. 14. 14, 15. 1 Sa. 30. 31. 1 Ki. 2. 11. 1 Ch. 29. 7.

2 1 Sa. 25. 42, 43; 30. 5. Lu. 22. 28, 29.

3 *his men.* 1 Sa. 22. 2; 27. 2, 3; 30. 1, 9, 10. 1 Ch. 12. 1, etc. *the cities.* Jos. 21. 11, 12.

4 *the men of Judah.* ver. 11; ch. 19. 11, 42. Ge. 49. 8-10. *anointed.* ver. 7; ch. 5. 3, 5, 17. 1 Sa. 16. 13. 1 Ch. 11. 3. *the men of Jabesh-gilead.* 1 Sa. 31. 11-13.

5 *David.* This was a generous and noble act, highly indicative of the grandeur of David's mind. He respected Saul, though he had been greatly injured by him, as the anointed king of Israel, and once his legitimate sovereign; and he loved Jonathan as his most intimate friend. *Blessed.* Ru. 1. 8; 2. 20; 3. 10. 1 Sa. 23. 21; 24. 19; 25. 32, 33. Ps. 115. 15.

6 *the Lord.* ch. 15. 20. Ps. 57. 3. Pr. 14. 22. Mat 5. 7. 2 Ti. 1. 16-18. *I also.* ch. 9. 3, 7; 10. 2. Mat. 5. 44; 10. 16. Phile. 18, 19.

7 *let your.* ch. 10. 12. Ge. 15. 1. 1 Sa. 4. 9; 31. 7, 12. 1 Co. 16. 13. Ep. 6. 10. *valiant. Heb.* the sons of valour.

8 *Abner.* 1 Sa. 14. 50; 17. 55; 26. 14. *Saul's*

*host. Heb.* the host which *was* Saul's. *Ish-bosheth.* ch. 3. 7, 8; 4. 5, 6. 1 Ch. 8. 33; 9. 39, Esh-baal. *Mahanaim.* ch. 17. 26, 27. Ge. 32. 2.

9 *Gilead.* Nu. 32. 1, etc. Jos. 13. 8-11. Ps. 108. 8. *Ashurites.* The LXX. read τον Θασιρι, *Thasiri;* and the Vulgate *Gessuri*, 'Geshurites;' but it is probable that for *ashuri*, 'Ashurites,' we should read *ashairi*, 'Asherites,' or those of the tribe of *Asher*. Ge. 30. 13. Nu. 1. 40. *over Jezreel.* Jos. 19. 18.

10 *two years.* HOUBIGANT proposes to read *shesh shanah*, 'six years,' instead of *shetayim shanim*, 'two years,' of the text, which he contends is a solecism; for, in pure Hebrew, the words should be *shetayim shanah;* and this is the reading of twenty MSS.; but *two* is acknowledged by all the versions and MSS. yet collated.

11 *time. Heb.* number of days. ch. 5. 4, 5. 1 Ki. 2. 11. 1 Ch. 3. 4; 29. 27.

12 A.M. 2951. B.C. 1053. An. Ex. Is. 438. *Mahanaim.* ch. 17. 14. Ge. 32. 2. *Gibeon.* Jos. 9. 3; 10. 2. 4, 12; 18. 25.

13 *Joab.* ver. 18; ch. 8. 16; 20. 23. 1 Ki. 1. 7; 2. 28-35. 1 Ch. 2. 16. *together. Heb.* them together. *pool.* Je. 41. 12.

14 *play before.* ver. 17. 26, 27. Pr. 10. 23; 17. 14; 20. 18; 25. 8; 26. 18, 19.

16 *by the head.* Probably by the beard or hair of the head. PLUTARCH, in his *Apophthegms*, informs us, that all things being ready for a battle, Alexander's captains asked him whether he had any thing else to command them. 'Nothing,' said he, 'but that the Macedonians shave their beards.' Parmenio wondering what he meant, 'Dost thou not know,' said he, 'that in fight, there is no better hold than the beard?' *Helkath-hazzurim. that is,* the field of strong men.

17 *Abner.* ch. 3. 1.

18 *three.* 1 Ch. 2. 15, 16; 11. 26. *was as light.* ch. 1. 23. 1 Ch. 12. 8. Ps. 147. 10, 11. Ec. 9. 11. Am. 2. 14. *foot. Heb.* his feet. *a wild roe. Heb.* one of the roes that *is* in the field. Ps. 18. 33. Ca. 2. 17; 8. 14. Hab. 3. 19. The word *tzevee*, rather denotes the *gazelle* or *antelope*. (See note on De. 15. 22.)

19 *turned.* ver. 21. Jos. 1. 7; 23. 6. 2 Ki. 22. 2. Pr. 4. 27. *following Abner. Heb.* after Abner.

21 *and take thee.* It seems that Asahel wished to get the armour of Abner as a trophy. *armour. or,* spoil. Ju. 14. 19.

22 *wherefore.* 2 Ki. 14. 10-12. Pr. 29. 1. Ec. 6. 10. *how then.* ch. 3. 27.

23 *the fifth rib.* ch. 3. 27; 4. 6; 5. 6; 20. 10. *stood still.* ch. 20. 12, 13.

26 *Shall.* ver. 14. Ac. 7. 26. *sword.* ch. 11. 25. Is. 1. 20. Je. 2. 30; 12. 12; 46. 10, 14. Ho. 11. 6. *it will be.* ver. 16. Pr. 17. 14. *how long.* Job 18. 2; 19. 2. Ps. 4. 2. Je. 4. 21.

27 *As God.* This was spoken in allusion to the proposal of Abner, (ver. 14,) which led to the slaughter of twelve young men of each party, and thus provoked the battle. It is probable, that Joab had orders simply to act on the defensive, and would not have attacked the Israelites that day unless compelled; therefore the blame lay upon Abner and Israel. 1 Sa. 25. 26. Job 27. 2. *unless.* ver. 14. Pr. 15. 1; 17. 14; 20. 18; 25. 8. Is. 47. 7. Lu. 14. 31, 32. *in the morning. Heb.* from the morning. *gone up. or,* gone away.

29 *Bithron. Bithron* or *Bether* is probably the same as *Betarus*, which is placed in the Antonine Itinerary between Cæsarea of Palestine and Diospolis or Lydda, 18 miles from the former, and 22 from the latter. The Jerusalem Itinerary mentions a place called *Bethar*, 16 miles from Cæsarea, and 20 from Diospolis, which is probably the same. The Talmudists say that it was four miles distant from the sea. Ca. 2. 17, Bether. *Mahanaim.* ver. 12.

31 *three hundred.* The slain of Israel, though greatly exceeding those of Judah, were not great. This might be owing to the directions given by David, to be as lenient as possible; but the death of Asahel seems to have stopped the pursuers, and greatly favoured the escape of the vanquished. ch. 3. 1. 1 Ki. 20. 11.

32 *buried.* 1 Sa. 17. 58. 1 Ch. 2. 13-16. 2 Ch. 16. 14; 21. 1. *went.* ch. 5. 1. Pr. 22. 29.

## CHAP. III.

*During the war David still waxes stronger,* 1. *Six sons are born to him in Hebron,* 2-5. *Abner, displeased with Ish-bosheth,* 6, *revolts to David,* 7-12. *David requires as a condition to bring him his wife Michal,* 13-16. *Abner, having communed with the Israelites, is feasted by David, and dismissed,* 17-21. *Joab returning from battle, is displeased with the king, and kills Abner,* 22-27. *David curses Joab,* 28-30; *and mourns for Abner,* 31-39.

1 *long war.* 1 Ki. 14. 30; 15. 16, 32. *between.* Ge. 3. 15. Ps. 45. 3-5. Mat. 10. 35, 36. Ga. 5. 17. Ep. 6. 12. *David waxed.* ch. 2. 17. Es. 6. 13. Job 8. 7; 17. 9. Ps. 84. 7. Pr. 4. 18, 19. Da. 2. 34, 35, 44, 45. Re. 6. 2.

2 *sons born.* 1 Ch. 3. 1-4. *Amnon.* ch. 13. 1-29. Ge. 49. 3, 4. *Ahinoam.* 1 Sa. 25. 43.

3 *Chileab.* 1 Ch. 3. 1, Daniel. *Abigail.* ch. 2. 2. 1 Sa. 25. 3, 42. *Absalom.* ch. 13. 20-28; 14. 24-33; 15. 1-18; 17. 1-14; 18. 9-18, 33. *Talmai.* ch. 13. 37, 38. *Geshur.* De. 3. 14. Jos. 13. 13. 1 Sa. 27. 8.

4 *Adonijah.* 1 Ki. 1. 5, etc.; 2. 13-25.

6 *Abner.* ch. 2. 8, 9. 2 Ki. 10. 23. 2 Ch. 25. 8. Pr. 21. 30. Is. 8. 9, 10. Joel 3. 9-13. Mat. 12. 30.

7 *Rizpah.* ch. 21. 8-11. *Wherefore.* This action of Abner's seems a most evident proof that he intended to seize on the government; and it was so understood by Ish-bosheth; see Parallel Texts. *gone in.* ch. 12. 8; 16. 21, 22. 1 Ki. 2. 17, 21, 22.

8 *Abner.* Ps. 76. 10. Mar. 6. 18, 19. *Am I a dog's head.* This was a proverbial expression among the Hebrews to denote whatever was deemed worthless and contemptible. Something similar to this was the answer of the Turkish commander at Beer, on the Euphrates, to a request made to see the castle. 'Do they,' said he, 'take me for a child, or *an ass's head*, that they would feed me with sweetmeats, and dupe me with a bit of cloth? No, they shall not see the castle.' ch. 9. 8; 16. 9. De. 23. 18. 1 Sa. 24. 14, 15. 2 Ki. 8. 13. *do shew.* ver. 9, 18; ch. 5. 2. 1 Sa. 15. 28. Ps. 2. 1-4. Is. 37. 23. Ac. 9. 4, 5.

9 *So do God.* ver. 35; ch. 19. 13. Ru. 1. 17. 1 Sa. 3. 17; 14. 44; 25. 22. 1 Ki. 19. 2. *as the Lord.* 1 Sa. 15. 28; 16. 1-13; 28. 17. 1 Ch. 12. 23. Ps. 89. 3, 4, 19 20 35-37.

10 *from Dan.* ch. 17. 11; 24. 2. Ju. 20. 1. 1 Ki. 4. 25.

11 *because.* ver. 39.

12 *Whose.* ch. 19. 6; 20. 1-13. *Make.* Ps. 62. 9. Lu. 16. 5-8. *my hand.* ver. 21, 27; ch. 5. 1-3; 19. 14, 41-43; 20. 1, 2. 1 Ch. 11. 1-3; 13. 38-40. Mat. 21. 8-10.

13 *that is. Heb.* saying. *Thou shalt.* Ge. 43. 3; 44. 23, 26. *except.* As Michal was not divorced, but violently separated from David, he had a legal right to demand her, and was justified in receiving her again. It is probable, also, that her marriage with Phaltiel was a force upon her inclinations; and whatever affection he might have for her, it was highly criminal for him to take another man's wife. David required Michal probably both out of affection for her, and to strengthen his interest, by asserting his affinity with the house of Saul. *Michal.* ver. 20-23. 1 Sa. 18. 20-28; 19. 11-17. 1 Ch. 15. 29.

14 *Ish-bosheth.* ch. 2. 10. *an hundred.* 1 Sa. 18. 25, 27.

15 *Phaltiel.* 1 Sa. 25. 44, Phalti.

16 *along weeping. Heb.* going and weeping. Pr. 9. 17, 18. *Bahurim.* ch. 16. 5; 17. 18; 19. 16. 1 Ki. 2. 8.

17 *in times past. Heb.* both yesterday and the third day.

18 *for the Lord.* ver. 9. 1 Sa. 13. 14; 15. 28; 16. 1, 12, 13. Jno. 12. 42, 43. *By the hand.* Ps. 89. 3, 4, 19-23; 132. 17, 18.

19 *Benjamin.* 1 Sa. 10. 20, 21. 1 Ch. 12. 29. Ps. 68. 27.

20 *David.* Ge. 26. 30; 31. 54. Es. 1. 3.

21 *will gather.* ver. 10, 12; ch. 2. 9. Phi. 2. 21. *reign over.* 1 Ki. 11. 37. Ps. 20. 4.

24 *What hast.* Joab and his brother Abishai, David's nephews, had been very faithful and highly useful to him in his distresses; and, from gratitude and natural affection, he had inadvertently permitted them to assume almost as much ascendancy over him as Abner had over the pusillanimous Ish-bosheth: he trusted and feared them too much, and allowed them all the importance they claimed; which had emboldened them, especially Joab, to a high degree of presumption. ver. 8, 39; ch. 19. 5-7. Nu. 23. 11. Jno. 18. 35.

25 *that he came.* ver. 27. 2 Ki. 18. 32, marg. Jno. 7. 12, 47. Ro. 2. 1. *and to know.* ch. 10. 3. Ge. 42. 9, 12, 16. Nu. 27. 17. De. 28. 6. 1 Sa. 29. 4-6. Ps. 121. 8. Is. 37. 28.

26 *he sent.* Pr. 26. 23-26; 27. 4-6.

27 *took him.* ch. 20. 9, 10. De. 27. 24. 1 Ki. 2. 5, 32. *quietly. or,* peaceably. Je. 41. 2, 6, 7. *and smote.* Joab was afraid that Abner, after rendering such essential service to David, would be made the general of the army; and therefore, under pretence of avenging the death of his brother, he treacherously assassinated the unsuspecting and too-confiding Abner: and such was the power of this cool-blooded and nefarious murderer, that the king dared not bring him to justice for his crime. But, while Joab's conduct cannot be too severely reprobated, the justice of God is apparent in Abner's punishment; who, from ambition, had pertinaciously, against his conscience, opposed the declared will of God; and was induced by base resentment to desert Ish-bosheth, and offer his services to David: see ver. 6-10; ch. 4. 6. *for the blood.* ch. 2. 19-23.

28 *guiltless.* Ge. 9. 6. Ex. 21. 12. Nu. 35. 33. De. 21. 1-9. Mat. 27. 24. *blood. Heb.* bloods. Ge. 4. 10, marg.

29 *rest.* ch. 1. 16. Ju. 9. 24, 56, 57. 1 Ki. 2. 31-34. Ac. 28. 4. Re. 16. 6. *let there.* 1 Sa. 2. 32-36. 2 Ki. 5. 27. Ps. 109. 8-19. *fail. Heb.* be cut off. *an issue.* Le. 15. 2. *leper.* Le. 13. 44-46. 2 Ki. 5. 1.

30 *slew Abner.* Pr. 28. 17. Ac. 28. 4. *because.* ch. 2. 19-23.

31 *And David.* David, intending no doubt to punish Joab, and to lessen his authority with the people, commanded him to take upon him the office of chief mourner; but, as his revenge was gratified, his rival removed, and no heavier punishment inflicted, it is probable his hardened mind would feel but little objection to the ceremony. *Rend.* ch. 1. 2, 11. Ge. 37. 29, 34. Jos. 7. 6. Ju. 11. 35. 2 Ki. 19. 1. *bier. Heb.* bed. Lu. 7. 14.

32 *lifted.* ch. 1. 12; 18. 33. 1 Sa. 30. 4. Job 31. 28. Pr. 24. 17. Lu. 19. 41, 42.

33 *as a fool dieth.* That is, as a bad man, as the word frequently signifies in Scripture. ch. 13. 12, 13, 28, 29. Pr. 18. 7. Ec. 2. 15, 16. Je. 17. 11. Lu. 12. 19, 20.

34 *hands.* The hands of malefactors were usually secured with cords, and their feet with fetters; a custom to which David affectingly alludes in his lamentation over the dust of Abner. Thy hands, O Abner, were not bound, as found to be a malefactor, nor thy feet put in fetters; thou wast treated with honour by him whose business it was to judge thee, and thy attachment to the house of Saul was esteemed rather generous than culpable: as the best of men may fall, so thou fellest by the sword of treachery, not of justice. Ju. 16. 21. Ps. 107. 10, 11. *wicked men. Heb.* children of iniquity. Job 24. 14. Ho. 6. 9. *wept.* ch. 1. 12.

35 *cause.* ch. 12. 17. Je. 16. 7. Eze. 24. 17, 22. *So do.* ver. 9. Ru. 1. 17. *till the.* ch. 1. 12. Ju. 20. 26.

36 *pleased them. Heb.* was good in their eyes. *as.* ch. 15. 6, 13. Ps. 62. 9. Mar. 7. 37; 15. 11-13.

38 *a prince.* ver. 12; ch. 2. 8. 1 Sa. 14. 50, 51. Job 32. 9.

39 *I am.* Ex. 21. 12. 2 Ch. 19. 6, 7. Ps. 75. 10; 101. 8. Pr. 20. 8; 25. 5. *weak. Heb.* tender. 1 Ch. 22. 5. Is. 7. 4, marg. Ro. 13. 4. *the sons.* 1 Ch. 2. 15, 16. *too hard.* ch. 19. 6, 7, 13. *the Lord.* 1 Ki. 2. 5, 6, 33, 34. Ps. 7. 16; 28. 4; 62. 12. 2 Ti. 4. 14.

## CHAP. IV.

*The Israelites being troubled at the death of Abner,* 1, *Baanah and Rechab slay Ish-bosheth, and bring his head to Hebron,* 2-8. *David causes them to be slain, and Ish-bosheth's head to be buried,* 9-12.

1 *his hands.* ch. 17. 2. Ezr. 4. 4. Ne. 6. 9. Is. 13. 7; 35. 3. Je. 6. 24; 50. 43. Zep. 3. 16. *and all.* Mat. 2. 2, 3.

2 *captains.* ch. 3. 22. 2 Ki. 5. 2; 6. 23. *other. Heb.* second. *Beeroth.* Jos. 9. 17; 18. 25.

3 1 Sa. 31. 7. Ne. 11. 33.

4 *Jonathan.* ch. 9. 3. *when the tidings.* 1 Sa. 29. 1, 11; 31. 1-10. *Mephibosheth.* 1 Ch. 8. 34; 9. 40, Meribbaal.

5 *went.* 2 Ch. 24. 25; 25. 27; 33. 24. *lay on a bed.* It is customary, in all hot countries, to travel or work very *early* and very *late*, and to rest at *noon*, at which time the heat most prevails. ch. 11. 2. 1 Ki. 16. 9. Pr. 24. 33, 34. 1 Th. 5. 3-7.

6 *as though.* It is still the custom of the East, according to Dr. Perry, to allow the soldiers a certain quantity of *corn*, with other articles of provision, together with some pay: and as it was the custom also to grind the corn, as needed, at the break of day, these two captains very naturally went the day before to the palace, where the king's stores appear to have been kept, to fetch wheat, in order to distribute it to the soldiers under them, to be ground at the accustomed hour in the morning. The princes of the East, in those days, as appears from the history of David, reposed on their couches till the cool of the evening: they therefore came in the heat of the day, when they knew their master would be resting on his bed; and as it was necessary to have the corn before it was needed, their coming at this time, though it might be earlier than usual, excited no suspicion. *under.* ch. 2. 23; 3. 27; 20. 10.

7 *took his head.* 1 Sa. 17. 54; 31. 9. 2 Ki. 10. 6, 7. Mat. 14. 11. Mar. 6. 28, 29. When those difficulties dispirit us which should rather invigorate us and sharpen our endeavours, we betray a carelessness of character which is soon taken advantage of by our more watchful neighbours. Love not sleep, lest thou come to poverty and ruin. The idle soul is an easy prey to the destroyer.

8 *sought.* 1 Sa. 18. 11; 19. 2-11, 15; 20. 1; 23. 15; 25. 29. Ps. 63. 9, 10; 71. 24. Mat. 2. 20. *the Lord.* ch. 18. 19, 31; 22. 48. Lu. 18. 7, 8. Re. 6. 10; 18. 20.

9 *who hath.* Ge. 48. 16. 1 Ki. 1. 29. Ps. 31. 5-7; 34. 6, 7, 17, 22; 71. 23; 103. 4; 106. 10; 107. 2. 2 Ti. 4. 17, 18.

10 *one.* ch. 1. 2-16. *thinking,* etc. *Heb.* he was in his own eyes, as a bringer, etc. *who thought,* etc. *or,* which *was* the reward I gave him for his tidings.

11 *when wicked.* 1 Ki. 2. 32. Pr. 25. 26. Hab. 1. 4, 12. 1 Jno. 3. 12. *require.* ch. 3. 27, 39. Ge. 9. 5, 6. Ex. 21. 12. Nu. 35. 31-34. Ps. 9. 12. *from.* Ge. 4. 11; 6. 13; 7. 23. Ex. 9. 15. Ps. 109. 15. Pr. 2. 22. Je. 10. 11.

12 *slew them.* ch. 1. 15. Ps. 55. 23. Mat. 7. 2. *hanged.* ch. 21. 9. De. 21. 22, 23. *in the sepulchre.* ch. 3. 32.

## CHAP. V.

*The tribes come to Hebron and anoint David over Israel, 1-3. David's age, 4, 5. He taking Zion from the Jebusites, dwells in it, 6-10. Hiram sends to David, 11, 12. Eleven sons are born to him in Jerusalem, 13-16. David, directed by God, smites the Philistines at Baal-perazim, 17-21; and again at the mulberry trees, 22-25.*

1 *came.* 1 Ch. 11. 1-3; 12. 23-40. *we.* ch. 19. 13. Ge. 29. 14. De. 17. 15. Ju. 9. 2. Ep. 5. 30. He. 2. 14.

2 *leddest out.* Nu. 27. 17. 1 Sa. 18. 13, 16; 25. 28. Is. 55. 4. *feed.* ch. 7. 7. 1 Sa. 16. 1, 12, 13; 25. 30. Ps. 78. 70-72. Is. 40. 11. Eze. 34. 23; 37. 24, 25. Mi. 5. 4. Mat. 2. 6. Jno. 10. 3, 4, 11. *a captain.* 1 Sa. 9. 16; 13. 14. 2 Ki. 20. 5. Is. 55. 4. He. 2. 10.

3 *So all.* Ex. 3. 16. 1 Ch: 11. 3. *made.* 1 Sa. 11. 15. 2 Ki. 11. 17. 2 Ch. 23. 16. Ne. 9. 38. *before.* Ju. 11. 11. 1 Sa. 23. 18. *anointed.* ch. 2. 4. 1 Sa. 16. 13.

4 *thirty.* Lu. 3. 23. *forty.* 1 Ch. 26. 31; 29. 27.

5 *seven years.* ch. 2. 11. 1 Ki. 2. 11. 1 Ch. 3. 4.

6 *Jerusalem.* Ge. 14. 18. Jos. 10. 3. Ju. 1. 8. He. 7. 1. *the Jebusites.* Jos. 15. 63; 18. 28. Ju. 1. 8, 21; 19. 10-12. *which spake,* etc. Dr. KENNICOTT's amended translation is as follows: 'Who spake unto David, saying, Thou shalt not come in hither; for the blind and the lame shall drive thee away, by saying, David shall not come in hither.' ver. 8. 'And David said, Whosoever smiteth the Jebusites, and through the subterraneous passage reacheth the lame and the blind, who hate the life of David, (because the blind and the lame said, he shall not come into the house,) shall be chief and captain. So Joab, the son of Zeruiah, went up first, and was chief.' *Except.* Je. 37. 10. *thinking, David cannot. or,* saying, David shall not, etc.

7 *Zion.* Ps. 2. 6; 9. 11; 48. 12; 51. 18; 87. 2; 132. 13. Is. 12. 6; 59. 20. Mi. 4. 2. Ro. 9. 33. He. 12. 22. Re. 14. 1. *the same.* ver. 9; ch. 6. 10. 1 Ki. 2. 10; 3. 1; 8. 1. 1 Ch. 11. 7. 2 Ch. 5. 2; 24. 16.

8 *Whosoever.* Jos. 15. 16, 17. 1 Sa. 17. 25. *he shall be.* 1 Ch. 11. 6-9. *Wherefore,* etc. *or,* Because they had said, even the blind and the lame, he shall not come into the house.

9 *city.* ver. 7. *Millo.* Ju. 9. 6, 20. 1 Ki. 9. 15, 24; 11. 27. 1 Ch. 11. 8. 2 Ch. 32. 5.

10 *went on, and grew great. Heb.* went going and growing. ch. 3. 1. Job 17. 9. Pr. 4. 18. Is. 9. 7. Da. 2. 44, 45. Lu. 2. 52. *the Lord.* Ge. 21. 22. Ps. 46. 7, 11. Is. 8. 9, 10. Ro. 8. 31.

11 *Hiram.* 1 Ki. 5. 1, 2, 8, 9. 1 Ch. 14. 1. *masons. Heb.* hewers of the stone of the wall. *they built.* ch. 7. 2. 1 Ki. 7. 1-12. Ec. 2. 4-11. Je. 22. 14-16.

12 *David.* ch. 7. 16. 1 Ch. 14. 2. *his people.* 1 Ki. 10. 9. 2 Ch. 2. 11. Es. 4. 14. Is. 1. 25-27. Da. 2. 30.

13 Ge. 25. 5, 6. De. 17. 17. 1 Ch. 3. 9; 14. 3-7. 2 Ch. 11. 18-21; 13. 21.

14 *the names.* 1 Ch. 3. 5-9; 14. 4. *Shammuah. or,* Shimea. 1 Ch. 3. 5. *Nathan.* ch. 12. 1-7. Lu. 2. 31. *Solomon.* ch. 12. 24, 25. Mat. 1. 6.

15 *Elishua. or,* Elishama. 1 Ch. 3. 6; 14. 5.

16 *Eliada. or,* Beeliada. 1 Ch. 14. 7. *Eliphalet.* Eliphelet. 1 Ch. 3. 8.

17 *But when.* 1 Ch. 14. 8, 9. Ps. 2. 1-5. Re. 11. 15-18. *the hold.* ch. 23. 14. 1 Ch. 11. 16.

18 *the valley.* ch. 23. 13. Ge. 14. 5. Jos. 15. 8. 1 Ch. 11. 15. Is. 17. 5.

19 *enquired.* ch. 2. 1. 1 Sa. 23. 2, 4; 30. 7, 8. Ja. 4. 15. *And the Lord.* ver. 23. Ju. 20. 28. 1 Sa. 28. 6; 30. 8. 1 Ki. 22. 6, 15-23. Pr. 3. 6.

20 *Baal-perazim. that is,* The plain of breaches. Is. 28. 21.

21 *David.* De. 7. 5, 25. 1 Sa. 5. 2-6. 1 Ch. 14. 11, 12. Is. 37. 19. *burned them. or,* took them away. Is. 46. 1, 2. Je. 43. 12.

22 *came up.* 1 Ki. 20. 22. 1 Ch. 14. 13.

23 *enquired.* ver. 19. *fetch.* Jos. 8. 2, 7. 1 Ch. 14. 14. Mat. 9. 29, 30. Mar. 8. 23-25. Jno. 9. 6, 7. *the mulberry trees.* The word *bechaïm,* rendered *mulberry trees,* is rendered by AQUILA, απιων, *pear-trees,* as the LXX. also render in 1 Ch. 14. 14, 15; and so the Vulgate in both places has *pyrorum.* The Rabbins, however, believe *bacha* signifies the *mulberry-tree:* with whom URSINUS agrees. It more probably denotes a large shrub which the Arabs still call *baca,* from its *distilling* an odoriferous gum, from *bachah,* to *distil,* as tears. Of this opinion is CELSIUS, who quotes a passage from *Abulfadi,* who describes it as a balsam shrub, having longish leaves, and bearing a large fruit with an acrid taste. M. FORSKAL mentions a tree by the name of *bæca,* with leaves rather ovated, smooth, entire: its berries are poisonous to the sheep.

24 *sound.* 2 Ki. 7. 6. *thou shalt bestir.* Ju. 4. 14 7. 15. 1 Sa. 14. 9-12. 1 Ch. 14. 15. Phi. 2. 11, 12.

25 *Geba.* 1 Ch. 14. 16, Gibeon. *Gazer.* Jos. 16. 10.

## CHAP. VI.

*David fetches the ark from Kirjath-jearim on a new cart, 1-5. Uzzah is smitten at Perez-uzzah, 6-8. God blesses Obed-edom for the ark, 9-11. David brings the ark into Zion with sacrifices, and dances before it; for which Michal despises him, 12-16. He places it in a tabernacle with great joy and feasting, 17-19. Michal, reproving David for his religious joy, is childless to her death, 20-23.*

1 ch. 5. 1. 1 Ki. 8. 1. 1 Ch. 13. 1-4. Ps. 132. 1-6.

2 *Baale.* Jos. 15. 9, 10, 60, Baalah, *i. e.* Kirjath-jearim. 1 Sa. 7. 1. 1 Ch. 13. 5, 6. *whose name,* etc. *or,* at which the name, *even* the name of the Lord of hosts, was called upon. Le. 24. 11-16. Is. 47. 4; 54. 5. *dwelleth.* Ex. 25. 18-22. 1 Sa. 4. 4. 1 Ki. 8. 6, 7. Ps. 80. 1. 1 Pe. 1. 12.

3 *set,* etc. *Heb.* made the ark of God to ride. Nu. 4. 5-12; 7. 9. 1 Sa. 6. 7. *Gibeah. or,* the hill.

4 1 Sa. 7. 1, 2. 1 Ch. 13. 7. *accompanying. Heb.* with.

5 *David.* 1 Sa. 10. 5; 16. 16. 2 Ki. 3. 15. 1 Ch. 13. 8; 15. 10-24. Ps. 47. 5; 68. 25-27; 150. 3-5. Da. 3. 5, 7, 10, 15. Am. 5. 23; 6. 5. *on all manner.* This place should doubtless be corrected from the parallel place, 1 Ch. 13. 8; where, instead of *bechol ǎtzey beroshim,* which is literally, 'with all trees or wood of fir,' we read *bechol ǒz oovesheerim,* 'with all *their* might, and with songs.' This makes a good sense, while the former makes none: the LXX. have the same reading here, εν ισχυι, και εν ωδαις.

6 *Nachon's.* 1 Ch. 13. 9, *he is called* Chidon. *put forth.* Even the Kohathites, who were appointed to carry the ark, after it was covered by the priests, were forbidden to *touch* it on *pain of death;* but Uzzah, who certainly was no priest, probably with some degree of irreverance, having presumed to lay his hand upon the ark, which perhaps was not covered, thus incurred the penalty due to his rashness. Nu. 4. 15, 19, 20. *shook it. or,* stumbled.

7 *God smote.* Le. 10. 1-3. 1 Sa. 6. 19. 1 Ch. 13. 10; 15. 2, 13. 1 Co. 11. 30-32. *error. or,* rashness.

8 *displeased.* 1 Ch. 13. 11, 12. Jon. 4. 1, 9. *made. Heb.* broken. *Perez-uzzah. that is,* The breach of Uzzah.

9 *afraid.* Nu. 17. 12, 13. 1 Sa. 5. 10, 11; 6. 20. Ps. 119. 120. Is. 6. 5. Lu. 5. 8, 9. 1 Pe. 3. 6. *How shall.* 1 Ki. 8. 27. 1 Ch. 13. 11, 12. Job 25. 5, 6.

10 *Obed-edom.* 1 Ch. 13. 13, 14; 15. 18; 16. 5; 26. 4-8. *Gittite.* ch. 4. 3; 15. 19; 18. 2.

11 *the Lord blessed.* Ge. 30. 27; 39. 5, 23. Pr. 3. 9, 10. Mal. 3. 10.

12 *because.* Mat. 10. 42. *So David.* 1 Ch. 15. 1-3, 25. Ps. 24. 7-10; 68. 24-27; 132. 6-8.

13 *when they.* Nu. 4. 15; 7. 9. Jos. 3. 3. 1 Ch. 15. 2, 15, 25, 26. *oxen.* 1 Ki. 8. 5. 2 Ch. 5. 6.

14 *danced.* Ex. 15. 20. Ju. 11. 34; 21. 21. Ps. 30. 11; 149. 3; 150. 4. Lu. 15. 25. *with all his.* De. 6. 5. Ec. 9. 10. Col. 3. 23. *girded.* 1 Sa. 2. 18, 28; 22. 18. 1 Ch. 15. 27.

15 *David.* Ps. 132. 28. *with shouting.* 1 Ch. 15. 16, 25, 28. Ezr. 3. 10, 11. Ps. 47. 1, 5, 6; 68. 24-27. *the sound.* Nu. 10. 1-10. Jos. 6. 4, 5. Ps. 150. 3.

16 *And as.* 1 Ch. 15. 29. *Michal.* See on ch. 3. 14. *despised.* 1 Ch. 15. 29. Ps. 69. 7. Is. 53. 3. Ac. 2. 13. 1 Co. 2. 14.

17 *they brought.* 1 Ch. 15. 1; 16. 1. 2 Ch. 1. 4. Ps. 132. 8. *pitched.* *Heb.* stretched. *offered.* 1 Ki. 8. 5, 62-65. 2 Ch. 5. 6; 7. 5-7. Ezr. 6. 16, 17.

18 *as soon.* 1 Ki. 8. 55. 1 Ch. 16. 2. 2 Ch. 6. 3; 30. 18, 19, 27. Ac. 3. 26. *he blessed.* Ge. 14. 19. Ex. 39. 43. Le. 9. 22, 23. He. 7. 1-7.

19 *he dealt.* 1 Ch. 16. 3. 2 Ch. 30. 24; 35. 7, 8, 12, 13. Ne. 8. 10. Eze. 45. 17. Ac. 20. 35. Ep. 4. 8. *So all the.* 1 Ki. 8. 66. 2 Ch. 7. 10.

20 *bless.* ver. 18. Ge. 18. 19. Jos. 24. 15. 1 Ch. 16. 43. Ps. 30, title; 101. 2. *Michal.* ver. 16. Ps. 69. 7-9. Mar. 3. 21. *glorious.* Ne. 4. 3, 4. Is. 53. 2, 3. Jno. 13. 6. 1 Co. 4. 10-13. Phi. 2. 7, 8. *uncovered.* We are only to understand by this expression that David had divested himself of his royal robes, in order to appear humble *before the Lord*, by assimilating himself to the condition of one of the priests or Levites: for we find that he was 'girded with a linen ephod;' and consequently no part of his body was exposed, having only put off his outer garments. The terms *uncovered* or *naked* frequently mean no more than this in Scripture. ver. 14, 16. 1 Sa. 19. 23, 24. *vain fellows.* Ju. 9. 4. Job 30. 8. *shamelessly.* *or,* openly.

21 *before.* ver. 14, 16. 1 Co. 10. 31. *chose.* 1 Sa. 13. 14; 15. 28; 16. 1, 12. Ps. 78. 70-72; 89. 19, 20. Ac. 13. 22. *play.* ver. 5. 1 Ch. 15. 29.

22 *more vile.* Is. 50. 6; 51. 7. Mat. 5. 11, 12. Ac. 5. 41, 42. He. 12. 2. 1 Pe. 4. 14. *in mine.* Ge. 32. 10. Job 40. 4; 42. 6. 1 Ti. 1. 15. 1 Pe. 5. 6. *maid-servants.* *or,* handmaids. *I be had.* 1 Sa. 2. 30.

23 *Michal,* 1 Sa. 1. 6-8. Is. 4. 1. Ho. 9. 11. Lu. 1. 25. *unto the day.* 1 Sa. 15. 35. Is. 22. 14. Mat. 1. 25.

## CHAP. VII.

*Nathan, first approving the purpose of David to build God a house,* 1-3, *after by the word of God forbids him,* 4-11. *God promises him benefits and blessings in his seed,* 12-17. *David's prayer and thanksgiving,* 18-29.

1 *the king.* 1 Ch. 17. 1, etc. Da. 4. 29, 30. *the Lord.* Jos. 21. 44; 23. 1. 1 Ki. 5. 4. 2 Ch. 14. 6. Ps. 18, title. Pr. 16. 7. Lu. 1. 74, 75.

2 *Nathan.* ch. 12. 1. 1 Ch. 29. 29. *I dwell.* ch. 5. 11. 1 Ch. 14. 1. Je. 22. 13-15. Hag. 1. 4. *the ark.* Ps. 132. 5. Jno. 2. 17. Ac. 7. 46. *curtains.* ch. 6. 17. Ex. 26. 1-14; 40. 21. 1 Ch. 16. 1. 2 Ch. 1. 4.

3 *Go, do.* 2 Ki. 4. 27. *all that.* 1 Sa. 16. 7. 1 Ki. 8. 17, 18. 1 Ch. 22. 7; 28. 2. Ps. 20. 4; 37. 4. *for the.* 1 Sa. 10. 7. 1 Jno. 2. 27.

4 *that night.* Nu. 12. 6. 1 Ch. 17. 3. Am. 3. 7.

5 *my servant David.* *Heb.* to my servant, to David. *Shalt.* 1 Ki. 5. 3; 8. 16-19. 1 Ch. 17. 4; 22. 7, 8; 23. 3, etc.

6 *I have not.* Jos. 18. 1. 1 Ki. 8. 16. 1 Ch. 17. 5, 6. *walked.* Ex. 33. 14, 15; 40. 35-38. Le. 26. 23, 24, 27, 28. Nu. 10. 33-36. De. 23. 14. 2 Co. 6. 16. Re. 2. 1. *tent.* Ex. 40. 18, 19, 34. Ac. 7. 44.

7 *walked.* Le. 26. 11, 12. *any of the tribes.* 1 Ch. 17. 6, any of the judges. Instead of שבטי, *shivtey*, 'tribes,' we should probably read, with Houbigant, Drs. Waterland and A. Clarke, and others, שפטי, *shophtey*, 'judges;' which is the reading in the parallel passage. Indeed there is but *one letter* of difference between them, and letters which might be easily mistaken for each other; the apex under the upper stroke of the פ, *pay*, being the only mark to distinguish it from the ב, *baith*. Compare ver. 11. *feed.* ch. 5. 2. Ps. 78. 71, 72. Is. 40. 11. Je. 3. 15; 23. 4. Eze. 34. 2, 15, 23. Mi. 5. 4. Mat. 2. 6, marg. Jno. 21. 15-17. Ac. 20. 28; 21. 28. 1 Pe. 5. 1.

8 *I took thee.* 1 Sa. 16. 11, 12. 1 Ch. 17. 7. Ps. 78. 70. *following.* *Heb.* after. *ruler.* ch. 6. 21; 12. 7. 1 Sa. 9. 16; 10. 1.

9 *And I was.* ch. 5. 10; 8. 6, 14; 22. 30, 34-38. 1 Sa. 18. 14. 1 Ch. 17. 8. *cut off.* ch. 22. 1. 1 Sa. 31. 6. Ps. 18. 37-42; 89. 23. *out of thy sight.* *Heb.* from thy face. *a great.* Ge. 12. 2. 1 Sa. 2. 8. 1 Ch. 17. 8. Ps. 113. 7, 8. Lu. 1. 52. *like unto.* Ps. 87. 3-6.

10 *plant them.* 1 Ch. 17. 9. Ps. 44. 4; 80. 8. Je. 18. 9; 24. 6. Eze. 37. 25-27. Am. 9. 15. *neither.* Ps. 89. 22, 23. Is. 60. 18. Eze. 28. 24. Ho. 2. 18. Re. 21. 4. *as beforetime.* Ex. 1. 13, 14, 22. Ju. 4. 3; 6. 2-6. 1 Sa. 13. 17.

11 *since.* Ju. 2. 14-16. 1 Sa. 12. 9-11. Ps. 106. 42. *have caused.* ver. 1. Job 5. 18, 19; 34. 29. Ps. 46. 9. *he will make.* ver. 27. Ex. 1. 21. 1 Ki. 2. 24; 11. 38. 1 Ch. 17. 10; 22. 10. Ps. 89. 3, 4; 127. 1. Pr. 14. 1.

12 *And when.* 1 Ki. 2. 1; 8. 20. *sleep.* De. 31. 16. 1 Ki. 1. 21. Da. 12. 2. Ac. 13. 36. 1 Co. 15. 51. 1 Th. 4. 14. *I will set.* Ge. 15. 4. 1 Ki. 8. 20. 1 Ch. 17. 11. Ps. 89. 29; 132. 11, 12. Is. 9. 7; 11. 1-3, 10. Mat. 22. 42-44. Ac. 2. 30.

13 *He shall.* 1 Ki. 5. 5; 6. 12; 8. 19. 1 Ch. 17. 11, 12; 22. 9, 10; 28. 6, 10. Zec. 6. 13. Mat. 16. 18. Lu. 1. 31-33. He. 3. 3. 1 Pe. 2. 5. *I will stablish.* ver. 16. 1 Ch. 28. 7. Ps. 89. 4, 21, 29, 36, 37. Is. 9. 7; 49. 8. Lu. 1. 32, 33.

14 *I will be.* 1 Ch. 17. 13; 28. 6. Ps. 89. 20-37. Mat. 3. 17. He. 1. 5. *If he.* Ps. 89. 30-35. *I will.* De. 8. 5. Job 5. 17. Ps. 94. 12, 13. Pr. 3. 11, 12. Je. 30. 11. 1 Co. 11. 32. He. 12. 5-11. Re. 3. 19.

15 *But my.* ver. 14, 16. 1 Sa. 19. 24. Ps. 89. 28, 34. Is. 55. 3. Ac. 13. 34-37. *as I took.* 1 Sa. 15. 23, 28; 16. 14. 1 Ki. 11. 13, 34-36. Is. 9. 7; 37. 35.

16 ver. 13. Ge. 49. 10. 2 Ki. 19. 34. 1 Ch. 17. 13, 14. Ps. 45. 6; 72. 5, 17-19; 89. 36, 37. Is. 9. 7. Da. 2. 44; 7. 14. Mat. 16. 18. Lu. 1. 32, 33. Jno. 12. 34. He. 1. 8. Re. 11. 15.

17 1 Ch. 17. 15. Ac. 20. 20, 27. 1 Co. 15. 3.

18 *sat.* 1 Ch. 17. 16. Is. 37. 14. *Who am I.* Ge. 32. 10. Ex. 3. 11. Ju. 6. 15. 1 Sa. 9. 21; 15. 17; 18. 18. Ps. 8. 4. Ep. 3. 8.

19 *And this.* ch. 12. 8. Nu. 16. 9, 13. *but thou.* ver. 11-16. 1 Ch. 17. 17. *And is this.* Ps. 36. 7. Is. 55. 8, 9. Ep. 2. 7; 3. 19, 20. *manner.* *Heb.* law.

20 *knowest.* Ge. 18. 19. 1 Sa. 16. 7. Ps. 139. 1. Jno. 2. 25; 21. 17. He. 4. 13. Re. 2. 23.

21 *thy word's.* Nu. 23. 19. De. 9. 5. Jos. 23. 14, 15. Ps. 115. 1; 138. 2. Mat. 24. 35. Lu. 1. 54, 55, 72. *according.* Mat. 11. 26. Lu. 10. 21; 12. 32. 1 Co. 1. 1. Ep. 1. 9; 3. 11.

22 *Wherefore.* De. 3. 24. 1 Ch. 16. 25. 2 Ch. 2. 5. Ps. 48. 1; 86. 10; 96. 4; 135. 5; 145. 3. Eze. 36. 22, 32. *none.* Ex. 15. 11. De. 4. 35; 32. 39. 1 Sa. 2. 2. Ps. 86. 8; 89. 6, 8. Is. 40. 18, 25; 45. 5. 18, 22. Je. 10. 6, 7. Mi. 7. 18.

23 *what one.* De. 4. 7, 8, 32-34; 33. 29. Ps. 147. 20. Ro. 3. 1, 2, *went.* Ex. 3. 7, 8; 19. 5, 6. Nu. 14. 13, 14. Ps. 111. 9. Is. 63. 7-14. Tit. 2. 14. 1 Pe. 2. 9. Re. 5. 9. *make him.* Ex. 9. 16. Jos. 7. 9. 1 Ch. 17. 21. Is. 63. 12, 14. Eze. 20. 9. Ep. 1. 6. *great things.* De. 10. 21. Ps. 40. 5; 65. 5; 66. 3; 106. 22; 145. 6. *thy people.* De. 9. 26; 15. 15. Ne. 1. 10. *nations and their gods.* Ex. 12. 12.

24 *confirmed.* Ge. 17. 7. De. 26. 18. *art become.* ver. 23. Ex. 15. 2. De. 27. 9. 1 Ch. 17. 22. Ps. 48. 14. Is. 12. 2. Je. 31. 1, 33; 32. 38. Ho. 1. 10. Zec. 13. 9. Jno. 1. 12. Ro. 9. 25, 26. 1 Pe. 2. 10.

25 *establish it.* Ge. 32. 12. Ps. 119. 49. Je. 11. 4 5. Eze. 36. 37.

26 *let thy.* 1 Ch. 17. 23, 24; 29. 10-13. Ps. 72. 18, 19; 115. 1. Mat. 6. 9. Jno. 12. 28. *before thee.* Ge 17. 18. 1 Ch. 17. 23, 24. Ps. 89. 36.

27 *revealed. Heb.* opened the ear. Ru. 4. 4. 1 Sa. 9. 15, marg. Ps. 40. 6. *I will.* ver. 11. *found.* 1 Ch. 17. 25, 26. Ps. 10. 17.

28 *thy words.* Nu. 23. 19. Jno. 17. 17. Tit. 1. 2.

29 *let it please thee to bless. Heb.* be thou pleased and bless. Nu. 6. 24-26. 1 Ch. 17. 27. Ps. 115. 12-15. *for ever.* ch. 22. 51.

## CHAP. VIII.

*David subdues the Philistines and the Moabites,* 1, 2. *He smites Hadadezer, and the Syrians,* 3-8. *Toi sends Joram with presents to bless him,* 9, 10. *The presents and the spoil David dedicates to God,* 11-13. *He puts garrisons in Edom,* 14, 15. *David's officers,* 16-18.

1 A.M. 2964. B.C. 1040. An. Ex. Is. 451. *And after.* ch. 7. 9; 21. 15-22. *Metheg-ammah. or,* the bridle of Ammah. ch. 2. 24. 1 Ch. 18. 1, etc., Gath. In the parallel passage of Chronicles, we read, 'David took Gath and her towns;' and it is probable, that *Gath* and its districts were called *Metheg-ammah* in David's time; which, being unusual or becoming obsolete, in the time of the author of the Chronicles, led him thus to explain it.

2 *he smote.* Nu. 24. 17. Ju. 3. 29, 30. 1 Sa. 14. 47. Ps. 60. 8; 83. 6; 108. 9. *measured.* ch. 12. 31. *And so.* ver. 6, 12-14. 2 Ki. 1. 1; 3. 4-27. 1 Ch. 18. 2. *brought gifts.* 1 Sa. 10. 27. 2 Ch. 26. 8. Ps. 72. 10, 11. Is. 36. 16.

3 *Hadadezer.* 1 Ch. 18. 3, Hadarezer. *Zobah.* ch. 10. 6. 1 Sa. 14. 47. 1 Ki. 11. 23, 24. Ps. 60, title. *at the river.* Ge. 15. 18. Ex. 23. 31. De. 11. 24. 1 Ki. 4. 21. Ps. 72. 8.

4 *from him. or,* of his. *chariots.* As 1 Ch. 18. 4. *seven hundred.* In the parallel place in Chronicles it is '*seven thousand* horsemen,' a far more probable number. The letter ז, *zayin,* with a dot upon it, stands for *seven thousand,* and the final letter, ן, *noon,* for *seven hundred:* the great similarity of these letters might easily cause the one to be mistaken for the other, and so produce an error in this place. *David houghed.* De. 17. 16. Jos. 11. 6, 9. Ps. 20. 7; 33. 16, 17. *reserved.* 1 Ki. 10. 26.

5 *And when.* 1 Ki. 11. 23-25. 1 Ch. 18. 5, 6. Is. 7. 8. *came.* Job 9. 13. Ps. 83. 4-8. Is. 8. 9, 10; 31. 3. *Zobah.* From 2 Ch. 8. 3, we learn that *Zobah* was the district in which *Tadmor* or *Palmyra* was situated; and consequently lay between the land of Israel and the Euphrates. The capital was probably the same as the *Sabe* mentioned by PTOLEMY as a city of Arabia Deserta.

6 *garrisons.* ver. 14; ch. 23. 14. 1 Sa. 13. 3; 14. 1, 6, 15. 2 Ch. 17. 2. Ps. 18. 34-46. *became.* ver. 2. *the Lord.* ver. 14; ch. 7. 9. 1 Ch. 18. 13. Ps. 5. 11, 12; 121. 7, 8; 140. 7; 144. 1, 2. Pr. 21. 31.

7 *shields.* 1 Ki. 10. 16, 17; 14. 26, 27. 1 Ch. 18. 7. 2 Ch. 9. 15, 16.

8 *Betah.* Probably the same as *Bathne* in Syria, between Berœa and Hierapolis. 1 Ch. 18. 8, Tibhath, Chun. *Berotha.* Berothai is probably the *Barathena* of PTOLEMY, which he mentions, along with *Sabe,* as a city of Arabia Deserta, in the confines of the Palmyrenian district. *exceeding.* 1 Ch. 22. 14, 16; 29. 7. 2 Ch. 4. 1-18.

9 *Toi.* 1 Ch. 18. 9, Tou. *Hamath.* Am. 6. 2.

10 *Joram.* 1 Ch. 18. 10, Hadoram. *salute him. Heb.* ask him of peace. Ge. 43. 27. Is. 39. 1. *to bless him.* 1 Sa. 13. 10, marg. 1 Ki. 1. 47. Ps. 129. 8. *had wars. Heb.* was a man of wars. *brought with him. Heb.* in his hand were.

11 *Which.* 1 Ki. 7. 51. 1 Ch. 18. 11; 22. 14-16; 26. 26-28; 29. 2. Mi. 4. 13.

12 *Syria.* ch. 10. 11, 14; 12. 26-31. 1 Ch. 18. 11.

13 *gat him.* ch. 7. 9. 1 Ch. 18. 12. Ps. 60, title. *smiting. Heb.* his smiting. *the valley of salt.* 2 Ki. 14. 7. 2 Ch. 25. 11. *being. or, slaying.*

14 *all they.* Ge. 25. 23; 27. 29, 37, 40. Nu. 24. 18. 1 Ki. 22. 47. 1 Ch. 18. 13. Ps. 60. 8, 9; 108. 9, 10. *the Lord.* See on ver. 6. Ps. 121. 4-8.

15 *over all Israel.* ch. 3. 12; 5. 5. *David executed.* ch. 23. 3, 4. 1 Ch. 18. 14. Ps. 45. 6, 7; 72. 2; 75. 2; 78. 71, 72; 89. 14; 101. 1-8. Is. 9. 7. Je. 22. 15, 16; 23. 5, 6. Am. 5. 15, 24.

16 *Joab.* ch. 19. 13; 20. 23. 1 Ch. 11. 6; 18. 15-17. *Jehoshaphat.* 1 Ki. 4. 3. *recorder. or,* remembrancer, *or* writer of chronicles.

17 *Zadok.* 1 Ch. 6. 8, 53; 24. 3, 4. *and Seraiah.* 1 Ch. 18. 16, Shavsha. *scribe. or,* secretary.

18 *Benaiah.* 1 Ki. 1. 44; 2. 34, 35. 1 Ch. 18. 17. *the Cherethites.* ch. 15. 18; 20. 7, 23; 23. 20-23. 1 Sa. 30. 14. Eze. 25. 16. Zep. 2. 5. *chief rulers. or,* princes. ch. 20. 26.

## CHAP. IX.

*David by Ziba sends for Mephibosheth,* 1-6. *For Jonathan's sake he entertains him at his table, and restores him all that was Saul's,* 7, 8. *He makes Ziba his farmer,* 9-13.

1 *shew him.* ch. 1. 26. 1 Sa. 18. 1-4; 20. 14-17, 42; 23. 16-18. 1 Ki. 2. 7. Pr. 27. 10. Mat. 10. 42; 25. 40. Mar. 9. 41. Jno. 19. 26, 27. Phile. 9-12. 1 Pe. 3. 8.

2 *a servant.* Ge. 15. 2, 3; 24. 2; 39. 6. *was Ziba.* ch. 16. 1-4; 19. 17, 27-29.

3 *the kindness of God.* That is, the *highest degree of kindness;* as *the hail of God* is very great hail; the *mountains of God* exceeding high mountains; besides which, this kindness was according to the *covenant of God* made between him and Jonathan. De. 4. 37; 10. 15. 1 Sa. 20. 14-17. Mat. 5. 44, 45. Lu. 6. 36. Tit. 3. 3, 4. *yet a son.* ch. 4. 4; 19. 26.

4 *Machir.* ch. 17. 27-29. *Lo-debar.* This place appears to have been situated beyond Jordan; and was probably, as RELAND supposes, the same as *Debir* or *Lidbir,* Jos. 13. 26.

6 *Mephibosheth.* 1 Ch. 8. 34; 9. 40, *called* Merib-baal. *he fell.* Ge. 18. 2; 33. 3. 1 Sa. 20. 41; 25. 23.

7 *Fear not.* Ge. 43. 18, 23; 50. 18-21. 1 Sa. 12. 19, 20, 24. Is. 35. 3, 4. Mar. 5. 33, 34. Lu. 1. 12, 13, 29, 30. *for I will.* See on ver. 1, 3. Ru. 2. 11, 12. 2 Ti. 1. 16-18. *eat bread.* ver. 11; ch. 19. 28, 33. 1 Ki. 2. 7. Ps. 41. 9. Je. 25. 33, 34. Mat. 6. 11. Lu. 22. 30. Re. 3. 20.

8 *a dead dog.* ch. 3. 8; 16. 9. 1 Sa. 24. 14, 15; 26. 20. Mat. 15. 26, 27.

9 *I have given.* ch. 16. 4; 19. 29. 1 Sa. 9. 1. Is. 32. 8.

10 *shall eat bread.* The eating at courts was of two kinds; the one public and ceremonious, the other private. Sir JOHN CHARDIN understands those passages which speak of a right to eat at the royal table, as pointing out a right to a seat there, when the repast was public and solemn. So in a MS. Note on 1 Ki. 2. 7, he tells us that it was to be understood of the *majilis,* (the term for an assembly of lords, or a *public* feast,) and not of the daily and ordinary repast. Hence, though Mephibosheth was was to eat at all public times at the king's table, yet he would want the produce of his lands for food at other times, which it was necessary for Ziba to understand. ver. 7, 11-13; ch. 19. 28. 2 Ki. 25. 29. Lu. 14. 15.

11 *Ziba.* ch. 19. 17. *According.* ch. 16. 1-4; 19. 26.

12 *son.* 1 Ch. 8. 8, 34-40; 9. 40-44, Micah. *servants.* Mi. 7. 5, 6.

13 *he did eat.* ver. 7, 10, 11. *was lame.* ver. 3.

## CHAP. X.

*David's messengers, sent to comfort Hanun the son of Nahash, are villanously treated,* 1-5. *The Ammonites, strengthened by the Syrians, are overcome by Joab and Abishai,* 6-14. *Shobach, making a new supply of the Syrians at Helam, is slain by David,* 15-19.

1 A.M. 2967. B.C. 1037. An. Ex. Is. 454. *king.* Ju. 10. 7-9; 11. 12-28. 1 Sa. 11. 1-3. 1 Ch. 19. 1-3.

2 *shew kindness.* De. 23. 3-6. Ne. 4. 3-7; 13. 1-3. *Nahash.* 1 Sa. 11. 1. *as his father.* 1 Sa. 22. 3, 4.

3 *Thinkest thou that David doth. Heb.* In thine eyes doth David. *not.* Ge. 42. 9, 16. 1 Co. 13. 5, 7.

4 *and shaved.* The *beard* is held in high respect and greatly valued in the East: the possessor considers it as his greatest ornament; often swears by it; and, in matters of great importance, *pledges* it; and nothing can be more secure than such a pledge; for its owner will redeem it at the hazard of his life. The beard was never cut off but in *mourning*, or as a sign of *slavery*. It is customary to shave the Ottoman princes, as a mark of their subjection to the reigning emperor. The beard is a mark of authority and liberty among the Mohammedans. The Persians who clip the beard, and shave above the jaw, are reputed heretics. They who serve in the seraglios have their beards shaven, as a sign of servitude; nor do they suffer them to grow till the sultan has set them at liberty. Among the Arabians, it is more infamous for any one to appear with his beard cut off, than among us to be publicly whipped or branded; and many would prefer death to such a punishment. Le. 19. 27. 1 Ch. 19. 3, 4. Ps. 109. 4, 5. Is. 15. 2. *cut off.* Is. 20. 4; 47. 2, 3. Je. 41. 5.

5 *Jericho.* Jos. 6. 24-26. 1 Ki. 16. 34. 1 Ch. 19. 5.

6 *stank.* Ge. 34. 30. Ex. 5. 21. 1 Sa. 13. 4; 27. 12. 1 Ch. 19. 6, 7. *Syrians of Beth-rehob.* ch. 8. 3, 5, 12, Zobah. Pr. 25. 8. Is. 8. 9, 10. *Maacah.* Jos. 13. 11-13. *Ish-tob. or,* the men of Tob. Ju. 11. 3, 5.

7 *all the host.* ch. 23. 8, etc. 1 Ch. 19. 8, etc.

8 *at the entering.* This was at the city of *Medeba*, a city upon the borders of the Ammonites, and in their possession. 1 Ch. 19. 7. *Rehob.* ver. 6. Nu. 13. 21. Jos. 19. 28. Ju. 1. 31.

9 Jos. 8. 21, 22. Ju. 20. 42, 43.

11 1 Ch. 19. 9-12. Ne. 4. 20. Lu. 22. 32. Ro. 15. 1. Ga. 6. 2. Phi. 1. 27, 28.

12 *Be of good.* This is a very animating address, and equal to any thing of the kind in ancient or modern times. Ye fight *pro aris et focis;* for every good, sacred and civil; for God, for your families, and for your countries. Such harangues, especially in very trying circumstances, are very natural, and may perhaps be found in the records of every nation. Several instances might be quoted from Roman and Grecian history; but few are more remarkable than that of TYRTÆUS, the lame Athenian poet, to whom the command of the army was given in one of the Messenian wars. The Spartans had at that time suffered great losses, and all their stratagems proved ineffectual, so that they began to despair of success; when the poet, by his lectures on honour and courage, delivered in moving verse to the army, ravished them to such a degree with the thoughts of dying for their country, that, rushing on with a furious transport to meet their enemies, they gave them an entire overthrow, and by one decisive battle brought the war to a happy conclusion. Nu. 13. 20. De. 31. 6. Jos. 1. 6, 7, 9, 18. 1 Sa. 14. 6, 12; 17. 32. 2 Ch. 32. 7. Ne. 4. 14. He. 13. 6. *play.* 1 Sa. 4. 9. 1 Ch. 19. 13. 1 Co. 16. 13. *the Lord.* ch. 16. 10, 11. Ju. 10. 15. 1 Sa. 3. 18. Job 1. 21.

13 *they fled.* 1 Ki. 20. 13-21, 28-30. 1 Ch. 19. 14, 15. 2 Ch. 13. 5-16.

15 A.M. 2968. B.C. 1036. An. Ex. Is. 455. *gathered.* Ps. 2. 1. Is. 8. 9, 10. Mi. 4. 11, 12. Zec. 14. 2, 3. Re. 19. 19-21.

16 *Hadarezer.* ch. 8. 3-8. 1 Ch. 18. 3, 5. *the river. i. e.* Euphrates. *Shobach. or,* Shophach. 1 Ch. 19. 16.

17 *he gathered.* 1 Ch. 19. 17.

18 *fled.* ch. 8. 4. Ps. 18. 38; 46. 11. *horsemen.* 1 Ch. 19. 18, footmen. *Shobach.* Ju. 4. 2, 22; 5. 26.

19 *servants.* Ge. 14. 1-5. Jos. 11. 10. Ju. 1. 7. 1 Ki. 20. 1. Da. 2. 37. *feared.* ch. 8. 6. 1 Ch. 19. 19. Ps. 18. 37, 38; 48. 4, 5. Is. 26. 11. Re. 18. 10.

## CHAP. XI.

*While Joab besieges Rabbah, David commits adultery with Bath-sheba,* 1-5. *Uriah, sent for by David to cover the adultery, would not go home.* 6-13. *He carries to Joab the letter of his death,* 14-17. *Joab sends the news thereof to David,* 18-25. *David takes Bath-sheba to wife,* 26, 27.

1 A.M. 2969. B.C. 1035. An. Ex. Is. 456. *after the year,* etc. *Heb.* at the return of the year. 1 Ki. 20. 22, 26. 2 Ch. 36. 10. Ec. 3. 8. *at the time.* The sacred historian seems to intimate that there was one particular time of the year to which military operations were limited; and JOSEPHUS informs us that this took place in the beginning of *spring.* In another part of his works he says, that as soon as spring was begun, Adad levied and led forth his army against the Hebrews. Antiochus also prepared to invade Judea at the first appearance of spring; and Vespasian marched to Antipatris at the commencement of the same season. The kings and armies of the East, says CHARDIN, do not march but when there is grass, and when they can encamp, which is in April. This rule, however, seems to be disregarded in modern times. *David sent.* 1 Ch. 20. 1. Zec. 14. 3. *Rabbah.* ch. 12. 26. De. 3. 11. 1 Ch. 20. 1. Eze. 21. 20.

2 *arose from.* ch. 4. 5, 7. Pr. 19. 15; 24. 33, 34. Mat. 26. 40, 41. 1 Th. 5. 6, 7. 1 Pe. 4. 7. *the roof of.* De. 22. 8. Je. 19. 13. Mat. 10. 27. Ac. 10. 9. *he saw.* Ge. 3. 6; 6. 2; 34. 2. Job 31. 1. Ps. 119. 37. Mat. 5. 28. 1 Jno. 2. 16. *very beautiful.* Ge. 39. 6. Pr. 6. 25; 31. 30.

3 *sent.* Je. 5. 8. Ho. 7. 6, 7. Ja. 1. 14, 15. *Bath-sheba. or,* Bath-shua. *Eliam. or,* Ammiel. 1 Ch. 3. 5. *Uriah.* ch. 23. 39. 1 Ch. 11. 41.

4 *sent messengers.* Ge. 39. 7. Job 31. 9-11. Ps. 50. 18. *he lay.* Ps. 51, title. Ja. 1. 14, 15. *she was,* etc. *or,* and when she had purified herself, etc., she returned. Pr. 30. 20. *purified.* Le. 12. 2-5; 15. 19-28, etc.; 18. 19.

5 *I am with child.* De. 22. 22. Pr. 6. 34.

6 *Send me.* Ge. 4. 7; 38. 18-23. 1 Sa. 15. 30. Job 20. 12-14. Pr. 28. 13. Is. 29. 13. Mat. 26. 70, 72, 74.

7 *how Joab did. Heb.* of the peace of Joab. Ge. 29. 6; 37. 14. 1 Sa. 17. 22.

8 *go down.* Ps. 44. 21. Is. 29. 15. Lu. 12. 2. He. 4. 13. *wash.* Ge. 18. 4; 19. 2. *there followed him. Heb.* there went out after him. Ps. 12. 2; 55. 21. *a mess.* Ge. 43. 34.

9 Job 5. 12-14. Pr. 21. 30.

11 *The ark.* ch. 7. 2, 6. 1 Sa. 4. 4; 14. 18. *my lord.* ch. 20. 6. Mat. 10. 24, 25. Jno. 13. 14. 1 Co. 9. 25-27. 2 Ti. 2. 3, 4, 12. He. 12. 1, 2. *shall I then.* Is. 22. 12-14. *as thou livest.* ch. 14. 19. 1 Sa. 1. 26; 17. 55; 20. 3; 25. 26.

12 Je. 2. 22, 23, 37.

13 *made him.* Ge. 19. 32-35. Ex. 32. 21. Hab. 2. 15. *with the servants.* ver. 9.

14 *wrote a letter.* It was resolved in David's breast that Uriah must die—that innocent, valiant, and gallant man, who was ready to sacrifice his life for the honour of his prince; and, worse than all, by being himself made the bearer of letters to Joab which prescribed the mode by which he was to be murdered. This was the greatest treachery and villany on the part of David; while Joab appears to enter as fully upon the execution of the murder, being perhaps pleased to have this opportunity of further enthralling his king, and thus increasing his own power. 1 Ki. 21. 8-10. Ps. 19. 13; 52. 2; 62. 9. Je. 9. 1-4; 17. 9. Mi. 7. 3-5.

15 *Set ye.* ver. 17. 1 Sa. 18. 17, 21, 25. Ps. 51. 4, 14. Je. 20. 23. *hottest. Heb.* strong. *from him. Heb.* from after him. *and die.* ch. 12. 9.

16 *he assigned.* ver. 21; ch. 3. 27; 20. 9, 10. 1 Sa. 22. 17-19. 1 Ki. 2. 5, 31-34; 21. 12-14. 2 Ki. 10. 6. Pr. 29. 12. Ho. 5. 11. Ac. 5. 29.

17 *there fell.* ch. 12. 9. Ps. 51. 14.

21 *Abimelech.* Ju. 9. 53. *Jerubbesheth.* Ju. 6. 32; 7. 1, Jerubbaal. *Thy servant.* ch. 3. 27, 34. Ps. 39. 8. Is. 14. 10. Eze. 16. 51, 52.

25 *displease thee. Heb.* be evil in thine eyes. *for the sword.* Jos. 7. 8, 9. 1 Sa. 6. 9. Ec. 9. 1-3, 11, 12. *one. Heb.* so and such. What abominable hypocrisy was here! He well knew that the death of this noble and gallant man was no chance-medley: he was by his own order thrust on the sword. *make.* ch. 12. 26.

26 *she mourned.* ch. 3. 31; 14. 2. Ge. 27. 41.

27 *And when,* etc. The whole of her conduct indicates that she observed the *form,* without feeling the *power* of *sorrow.* She lost a *captain,* and got a *king* for her husband: and therefore, *Lacrymas non sponte cadentes effudit; gemitusque expressit pectore læto;* 'She shed reluctant tears; and forced out groans from a joyful breast!' *fetched her.* ch. 3. 2-5; 5. 13-16; 12. 9. De. 22. 29. *But the thing.* Ge. 38. 10. 1 Ch. 21. 7. *displeased. Heb.* was evil in the eyes of. Ps. 5. 6; 51. 4, 5. He. 13. 4.

## CHAP. XII.

*Nathan's parable of the ewe lamb causes David to be his own judge,* 1-6. *David, reproved by Nathan, confesses his sin, and is pardoned,* 7-14. *David mourns and prays for the child while it lives,* 15-23. *Solomon is born, and named Jedidiah,* 24, 25. *David takes Rabbah, and tortures the people thereof,* 26-31.

1 A.M. 2970. B.C. 1034. An. Ex. Is. 457. *the Lord.* ch. 7. 1-5; 24. 11-13. 1 Ki. 13. 1; 18. 1. 2 Ki. 1-3. *unto David.* ch. 11. 10-17, 25; 14. 14. Is. 57. 17, 18. *he came.* Ps. 51, title. *There were.* There is nothing in this parable which requires illustration. Its bent is evident; and it was wisely constructed, by not having too near a resemblance, to make David unwittingly pass sentence on himself. The parable was in David's hand what his own letter was in the hands of the brave Uriah. Nathan at length closed in with him in the application of it. In beginning with a parable he shewed his prudence, and great need there is of prudence in giving reproof; but now he speaks as an ambassador from God. He reminds David of the great things God had designed and done for him, and then charges him with a high contempt of the Divine authority, and threatens an entail of judgments upon his family for this sin. Those who despise the word and law of God, despise God himself, and will assuredly suffer for such contempt. ch. 14. 5-11. Ju. 9. 7-15. 1 Ki. 20. 35-41. Is. 5. 1-7. Mat. 21. 33-45. Lu. 15. 11, etc.; 16. 19, etc.

2 *exceeding.* ver. 8; ch. 3. 2-5; 5. 13-16; 15. 16. Job 1. 3.

3 *one little.* ch. 11. 3. Pr. 5. 18, 19. *meat. Heb.* morsel. *lay in his.* De. 13. 6. Mi. 7. 5.

4 *a traveller.* Ge. 18. 2-7. Ja. 1. 14. *took the.* ch. 11. 3, 4.

5 *David's.* Ge. 38. 24. 1 Sa. 25. 21, 22. Lu. 6. 41, 42; 9. 55. Ro. 2. 1. *As the Lord.* 1 Sa. 14. 39. *shall surely die. or,* is worthy to die. *Heb. is* a son of death. 1 Sa. 20. 31; 26. 16, marg.

6 *restore.* Ex. 22. 1. Pr. 6. 31. Lu. 19. 8. *because.* Ja. 2. 13.

7 *Thou art.* 1 Sa. 13. 13. 1 Ki. 18. 18; 21. 19, 20. Mat. 14. 4. *I anointed.* ch. 7. 8. 1 Sa. 15. 17; 16. 13. *I delivered.* ch. 22. 1, 49. 1 Sa. 18. 11, 21; 19. 10-15; 23. 7, 14, 26-28. Ps. 18, title.

8 *thy master's wives.* ver. 11. 1 Ki. 2. 22. *gave thee.* ch. 2. 4; 5. 5. 1 Sa. 15. 19. *I would.* ch. 7. 19. Ps. 84. 11; 86. 15. Ro. 8. 32.

9 *despised.* ver. 10; ch. 11. 4, 14-17. Ge. 9. 5, 6. Ex. 20. 13, 14. Nu. 15. 30, 31. 1 Sa. 15. 19, 23. Is. 5. 24. Am. 2. 4. He. 10. 28, 29. *to do evil.* 2 Ch. 33. 6. Ps. 51. 4; 90. 8; 139. 1, 2. Je. 18. 10. *thou hast.* ch. 11. 15-27.

10 *the sword.* ch. 13. 28, 29; 18. 14, 15, 33. 1 Ki. 2. 23-25. Am. 7. 9. Mat. 26. 52. *because.* Nu. 11. 20. 1 Sa. 2. 30. Mal. 1. 6, 7. Mat. 6. 24. Ro. 2. 4. 1 Th. 4. 8. *hast taken.* Ge. 20. 3. Pr. 6. 32, 33.

11 *I will raise.* ch. 13. 1-14, 28, 29; 15. 6, 10. *I will take.* That is, in the course of my providence I will *permit* this to be done. Such phrases in Scripture do not mean that God either does or can do evil himself; but only that he *permits* such evil to be done as he foresaw would be done, and which, *had he pleased,* he might have prevented. ch. 16. 21, 22. De. 28. 30. Eze. 14. 9; 20. 25, 26. Ho. 4. 13, 14.

12 *secretly.* ch. 11. 4, 8, 13, 15. Ec. 12. 14. Lu. 12. 1, 2. 1 Co. 4. 5.

13 *David.* 1 Sa. 15. 20, 24. 1 Ki. 13. 4; 21. 20; 22. 8. 2 Ki. 1. 9. 2 Ch. 16. 10; 24. 20-22; 25. 16. Mat. 14. 3-5, 10. *I have sinned.* ch. 24. 10. 1 Sa. 15. 24, 25, 30. Job 7. 20; 33. 27. Ps. 32. 3-5; 51. 4. Pr. 25. 12; 28. 13. Lu. 15. 21. Ac. 2. 37. 1 Jno. 1. 8-10. *The Lord.* Job 7. 21. Ps. 32. 1, 2; 130. 3, 4. Is. 6. 5-7; 38. 17; 43. 25; 44. 22. La. 3. 32. Mi. 7. 18, 19. Zec. 3. 4. He. 9. 26. 1 Jno. 1. 7, 9; 2. 1. Re. 1. 5. *thou.* Le. 20. 10. Nu. 35. 31-33. Ps. 51. 16. Ac. 13. 38, 39. Ro. 8. 33, 34.

14 *by this deed.* Ne. 5. 9. Ps. 74. 10. Is. 52. 5. Eze. 36. 20-23. Mat. 18. 7. Ro. 2. 24. *the child.* Ps. 89. 31-33; 94. 12. Pr. 3. 11, 12. Am. 3. 2. 1 Co. 11. 32. He. 12. 6. Re. 3. 19.

15 *struck the child.* De. 32. 39. 1 Sa. 25. 38; 26. 10. 2 Ki. 15. 5. 2 Ch. 13. 20. Ps. 104. 29. Ac. 12. 23.

16 *besought.* ver. 22. Ps. 50. 15. Is. 26. 16. Joel 2. 12-14. Jon. 3. 9. *fasted. Heb.* fasted a fast. Es. 4. 16. Ps. 69. 10. Is. 22. 12. Ac. 9. 9. *lay all night.* ch. 13. 31. Job 20. 12-14.

17 *the elders.* ch. 3. 35. 1 Sa. 28. 23.

18 *vex. Heb.* do hurt to.

20 *arose.* Job 1. 20; 2. 10. Ps. 39. 9. La. 3. 39-41. *anointed.* Ru. 3. 3. Ec. 9. 8. *the house.* ch. 6. 17; 7. 18. Job 1. 20.

21 *What thing.* 1 Co. 2. 15.

22 *I fasted.* Is. 38. 1-3, 5. Joel 1. 14; 2. 14. Am. 5. 15. Jon. 1. 6; 3. 9, 10. Ja. 4. 9, 10.

23 *I shall go.* Ge. 37. 35. Job 30. 23. Lu. 23. 43. *he shall not.* Job 7. 8-10.

24 A.M. 2971. B.C. 1033. An. Ex. Is. 458. *she bare.* ch. 7. 12. 1 Ch. 3. 5; 22. 9, 10; 28. 5, 6; 29. 1. Mat. 1. 6.

25 *Nathan.* ver. 1-14; ch. 7. 4. 1 Ki. 1. 11, 23. *Jedidiah. that is,* Beloved of the Lord. Ne. 13. 26. Mat. 3. 17; 17. 5.

26 *Joab.* ch. 11. 25. 1 Ch. 20. 1. *Rabbah.* Rabbah, or *Rabbath-Ammon,* also called *Philadelphia,* from Ptolemy Philadelphus, king of Egypt, was situated east of Jordan, and, according to EUSEBIUS, ten miles east from Jazer. It is sometimes mentioned as belonging to Arabia, sometimes to Cœlo-Syria; and was one of the cities of the Decapolis east of Jordan. JOSEPHUS extends the region of Perea as far as Philadelphia. It is now, says BURCKHARDT, called *Amman,* distant about 19 miles to the S.E. by E. of Szalt, and lies along the banks of a river called Moiet Amman, which has its source in a pond, at a few hundred paces from the south-western end of the town, and empties itself into the Zerka, or Jabbok, about four hours to the northward. This river runs in a valley bordered on both sides by barren hills of flint, which advance on the south side close to the edge of the stream. The edifices which still remain, though in a decaying state, from being built of a calcareous stone of moderate hardness, sufficiently attest the former greatness and splendour of this metropolis of the children of Ammon.

27 *Rabbah.* ch. 11. 1. De. 3. 11. Eze. 21. 20. *the city of waters.* Probably that part of the city situated near the *pond,* from which the rest received their water.

28 *it be called after my name. Heb.* my name be called upon it. Jno. 7. 18.

30 *took.* 1 Ch. 20. 2. *the weight.* If this talent was only *seven pounds*, as WHISTON says, David might have carried it on his head with little difficulty; but this weight, according to common computation, would amount to nearly 114 *pounds!* Some, therefore, think, that *mishkelah* should be taken for *its value*, not *weight*; which renders it perfectly plain, as the worth of the crown will be about 5075*l.* 15*s.* 7*d.* sterling. The ancients mention several such large crowns, made more for sight than use. ATHENÆUS describes a crown of gold that was 24 feet in circumference; and mentions others that were two, some four, and others five feet deep. PLINY takes notice of some that were no less than eight pounds weight. Besides the crown usually worn, it was customary for kings, in some nations, to have such large ones as described, either hung or supported over the throne, where they sat at their coronation or other solemn occasions. *in great abundance. Heb.* very great.

31 *and put them.* Rather, as the particle ב frequently signifies, 'And he put them *to* saws, and *to* harrows, and *to* axes,' etc. as we say, *to put a person to the plough, to the anvil, to the last*, etc. See on 1 Ch. 20. 3. ch. 8. 2. Ps. 21. 8, 9.

## CHAP. XIII.

*Amnon loving Tamar, by Jonadab's counsel feigning himself sick, ravishes her*, 1-14. *He hates her, and shamefully turns her away*, 15-18. *Absalom entertains her, and conceals his purpose*, 19-22. *At a sheep-shearing among all the king's sons, he kills Amnon*, 23-30. *David grieving at the news, is comforted by Jonadab*, 31-36. *Absalom flies to Talmai at Geshur*, 37-39.

1 A.M. 2972. B.C. 1032. An. Ex. Is. 459. *Absalom.* ch. 3. 2, 3. 1 Ch. 3. 2. *a fair sister.* ch. 11. 2. Ge. 6. 2; 39. 6, 7. Pr. 6. 25; 31. 30. *Tamar.* ch. 14. 27. 1 Ch. 3. 9. *loved her.* ver. 15. Ge. 29. 18, 20; 34. 3. 1 Ki. 11. 1.

2 *vexed.* 1 Ki. 21. 4. Ca. 5. 8. 2 Co. 7. 10. *Amnon*, etc. *Heb.* it was marvellous, *or* hidden, in the eyes of Amnon.

3 *a friend.* Ge. 38. 1, 20. Ju. 14. 20. Es. 5. 10, 14; 6. 13. Pr. 19. 6. *Shimeah.* ver. 32. 1 Sa. 16. 9, Shammah. *subtil man.* ch. 14. 2, 19, 20. Ge. 3. 1. Je. 4. 22. 1 Co. 3. 19. Ja. 3. 15.

4 *Why art.* 1 Ki. 21. 7. Es. 5. 13, 14. Lu. 12. 32. *lean. Heb.* thin. *from day to day. Heb.* morning by morning. *I love.* Is. 3. 9. Je. 8. 12. Mi. 7. 3. *my brother.* Le. 18. 9; 20. 17.

5 *Lay thee.* ch. 16. 21-23; 17. 1-4. Ps. 50. 18, 19. Pr. 19. 27. Mar. 6. 24, 25. Ac. 23. 15.

6 *make me.* Ge. 18. 6. Mat. 13. 33.

8 *she took.* Dr. RUSSELL says, 'The Eastern ladies often wash their own hands, prepare cakes, pastry, etc. in their apartments; and some few particular dishes are cooked by themselves, but not in their apartments: on such occasions, they go to some room near the kitchen.' *flour. or*, paste. *and made cakes.* Rather, as Mr. PARKHURST renders, 'and *tossed* it *(wattelabbaiv)* in his sight, and dressed *the tossed cakes (halleveevoth)*.' This will receive illustration from the account which Mr. JACKSON gives of the Arabian manner of kneading and baking. 'They have a small place built with clay, between two and three feet high, having a hole at the bottom for the convenience of drawing out the ashes, something similar to that of a brick-kiln. The oven is usually about fifteen inches wide at top, and gradually grows wider to the bottom. It is heated with wood; and when sufficiently hot, and perfectly clear from smoke, having nothing but clear embers at bottom, which continue to reflect great heat, they prepare the dough in a large bowl, and mould the cakes to the desired size on a board or stone placed near the oven. After they have kneaded the cake to a proper consistence, they pat it a little, then *toss it about* with great dexterity in one hand till it is as thin as they choose to make it. They then wet one side of it with water, at the same time wetting the hand and arm with which they put it into the oven.'

9 *And Amnon.* Ge. 45. 1. Ju. 3. 19. Jno. 3. 20.

11 *Come lie.* Ge. 39. 11, 12.

12 *force me. Heb.* humble me. Ge. 34. 2. De. 22. 29. *no such thing ought. Heb.* it ought not so. Le. 18. 9, 11; 20. 17. *folly.* Ge. 34. 7. Ju. 19. 23; 20. 6. Pr. 5. 22, 23; 7. 7.

13 *Now therefore.* Ge. 19. 8. Ju. 19. 24.

14 *forced her.* ch. 12. 11. De. 22. 25-27. Ju. 20. 5. Es. 7. 8.

15 *hated her.* Eze. 23. 17. *exceedingly. Heb.* with great hatred greatly.

18 *a garment.* Ge. 37. 3, 32. Ju. 5. 30. Ps. 45. 13, 14.

19 *put ashes.* ch. 1. 2. Jos. 7. 6. Job 2. 12; 42. 6. *laid her.* Je. 2. 37.

20 *Amnon. Heb.* Aminon. *but hold.* Pr. 26. 24. Ro. 12. 19. *regard not. Heb.* set not thine heart on. *desolate. Heb.* and desolate. Ge. 34. 2; 46. 15.

21 *he was very wroth.* The Septuagint and Vulgate add, και ουκ ελυπησε το πνευμα Αμνων του υιου αυτου, οτι ηγαπα αυτον, οτι πρωτοτοκος αυτου ην· *et noluit contristare spiritum Amnon filii sui, quoniam diligebat eum, quia primogenitus erat ei:* 'But he would not grieve the soul of Amnon his son, for he loved him because he was his first-born.' The same addition is found in JOSEPHUS; and it is probable that it once formed a part of the Hebrew text. ch. 3. 28, 29; 12. 5, 10. Ge. 34. 7. 1 Sa. 2. 22-25, 29. Ps. 101. 8.

22 *spake.* Le. 19. 17, 18. Pr. 25. 9. Mat. 18. 15. *neither good.* Ge. 24. 50; 31. 24, 29. *hated.* Le. 19. 17, 18. Pr. 10. 18; 26. 24; 27. 4-6. Ec. 7. 9. Ep. 4. 26, 31. 1 Jno. 3. 15.

23 A.M. 2974. B.C. 1030. An. Ex. Is. 461. *sheep-shearers.* Ge. 38. 12, 13. 1 Sa. 25. 2, 4, 36. 2 Ki. 3. 4. 2 Ch. 26. 10. *invited.* 1 Ki. 1. 9, 19, 25.

24 *let the king.* ch. 11. 8-15. Ps. 12. 2; 55. 21. Je. 41. 6, 7.

25 *pressed.* Ge. 19. 2, 3. Ju. 19. 7-10. Lu. 14. 23; 24. 29. Ac. 16. 15. *blessed.* ch. 14. 22, marg. Ru. 2. 4.

26 *let my brother.* He urged this with the more plausibility because Amnon was the first-born, and presumptive heir to the crown; and he had dissembled his resentment so long and so well, that he was not suspected. ch. 3. 27; 11. 13-15; 20. 9. Ps. 55. 21.

27 *Absalom.* Pr. 26. 24-26.

28 *commanded.* ch. 11. 15. Ex. 1. 16, 17. 1 Sa. 22. 17, 18. Ac. 5. 29. *heart is merry.* ch. 11. 13. Ge. 9. 21; 19. 32-35. Ju. 19. 6, 9, 22. Ru. 3. 7. 1 Sa. 25. 36-38. 1 Ki. 20. 16. Es. 1. 10. Ps. 104. 15. Ec. 9. 7; 10. 19. Da. 5. 2-6, 30. Na. 1. 10. Lu. 21. 34. *fear not.* Nu. 22. 16, 17. 1 Sa. 28. 10, 13. *have not I. or*, Will you not, since I have, etc. Jos. 1. 9. *valiant. Heb.* sons of valour.

29 *servants.* 1 Sa. 22. 18, 19. 1 Ki. 21. 11-13. 2 Ki. 1. 9-12. Pr. 29. 12. Mi. 7. 3. *gat him up. Heb.* rode. *mule.* ch. 18. 9. Ge. 36. 24. Le. 19. 19. 1 Ki. 1. 33.

31 *arose.* ch. 12. 16. Ge. 37. 29, 34. Jos. 7. 6. Job 1. 20. *all his servants.* ch. 1. 11; 3. 31.

32 *Jonadab.* ver. 3-5. *Shimeah.* 1 Sa. 16. 9, Shammah. *David's brother.* This was a very bad man: he had given his cousin Amnon the most detestable advice; and here speaks coolly of a most bloody tragedy of which he had been the cause. *appointment. Heb.* mouth. *determined. or*, settled. Ge. 27. 41. Ps. 7. 14. Pr. 24. 11, 12.

33 *let not my lord.* ch. 19. 19.

34 *Absalom fled.* ver. 38. Ge. 4. 8-14. Pr. 28. 17. Je. 49. 44. Am. 5. 19.

35 *as thy servant said. Heb.* according to the word of thy servant.

36 *very sore. Heb.* with a great weeping greatly. ver. 15, marg.; ch. 12. 21; 18. 33.

37 *Absalom fled.* As Absalom had committed wilful murder, he could not avail himself of a city of refuge; but went to Talmai, king of Geshur, his maternal grandfather. *Talmai.* ch. 3. 3. 1 Ch. 3. 2. *Ammihud. or,* Ammihur.

38 A.M. 2974-2977. B.C. 1030-1027. An. Ex. Is. 461-464. *Geshur.* This was not the *Geshur* lying between Philistia and Egypt, (Jos. 13. 13. 1 Sa. 27. 8,) but another in Syria; probably the same as that beyond Jordan, whose inhabitants are joined with those of Maachathi, De. 3. 14. Jos. 12. 5. ch. 14. 23, 32; 15. 8.

39 *the soul of.* Ge. 31. 30. De. 28. 32. Phi. 2. 26. *longed. or,* was consumed. Ps. 84. 2; 119. 20. *comforted.* ch. 12. 23. Ge. 24. 67; 37. 35; 38. 12.

## CHAP. XIV.

*Joab, suborning a widow of Tekoah by a parable to incline the king's heart to fetch home Absalom, brings him to Jerusalem, 1-24. Absalom's beauty, hair, and children, 25-27. After two years, Absalom is brought into the king's presence by Joab, 28-33.*

1 A.M. 2977. B.C. 1027. An. Ex. Is. 464. *Joab.* ch. 2. 18. 1 Ch. 2. 16. *toward Absalom.* ch. 13. 39; 18. 33; 19. 2, 4. Pr. 29. 26.

2 *to Tekoah.* Tekoah was a city of Judah, situated, according to EUSEBIUS and JEROME, twelve miles south of Jerusalem. JOSEPHUS says it was not far from the castle of Herodium; and JEROME *(Prologue to Amos)* says it stood on a hill six miles south from Bethlehem. Dr. POCOCKE places it at the same distance; and says there are still considerable ruins on the top of a hill, which is about half a mile long and a furlong broad. 2 Ch. 11. 6; 20. 20. Ne. 3. 5, 27. Je. 6. 1. Am. 1. 1, Tekoa. *mourning.* ch. 11. 26. Ru. 3. 3. Ps. 104. 15. Ec. 9. 8. Mat. 6. 17.

3 *put the words.* ver. 19. Ex. 4. 15. Nu. 23. 5. De. 18. 18. Is. 51. 16; 59. 21. Je. 1. 9.

4 *fell on her.* ch. 1. 2. 1 Sa. 20. 41; 25. 23. *Help. Heb.* Save. 2 Ki. 6. 26-28. Job 29. 12-14. Lu. 18. 3-5.

5 *I am indeed.* It is very possible that the principal incidents mentioned here were real; and that Joab found out a person whose circumstances bore a near resemblance to that which he wished to represent. She did not make the similitude too plain and visible, lest the king should see her intention before she had obtained a grant of pardon; and thus her circumstances, her mournful tale, her widow's dress, her aged person, (for JOSEPHUS says she was advanced in years,) and her impressive manner, all combined to make one united irresistible impression on the heart of the aged monarch. ch. 12. 1-3. Ju. 9. 8-15.

6 *and they two.* Ge. 4. 8. Ex. 2. 13. De. 22. 26, 27. *none to part. Heb.* no deliverer between.

7 *the whole.* Ge. 4. 14. Nu. 35. 19. De. 19. 12. *so they.* Ge. 27. 45. De. 25. 6. *quench.* ch. 12. 17. *upon the earth. Heb.* upon the face of the earth.

8 *I will give.* ch. 12. 5, 6; 16. 4. Job 29. 16. Pr. 18. 13. Is. 11. 3, 4.

9 *the iniquity.* Ge. 27. 13. 1 Sa. 25. 24. Mat. 27. 25. *and the king.* ch. 3. 28, 29. Nu. 35. 33. De. 21. 1-9. 1 Ki. 2. 33.

11 *let the king.* Ge. 14. 22; 24. 2, 3; 31. 50. 1 Sa. 20. 42. *thou,* etc. *Heb.* the revenger of blood do not multiply to destroy. *the revengers.* Nu. 35. 19, 27. De. 19. 4-10. Jos. 20. 3-6. *As the Lord.* 1 Sa. 14. 45; 28. 10. Je. 4. 2. *not one hair.* 1 Ki. 1. 52. Mat. 10. 30. Ac. 27. 34.

12 *Let thine.* 1 Sa. 25. 24. *speak one word.* Ge. 18. 27, 32; 44. 18. Je. 12. 1. *Say on.* Ac. 26. 1.

13 *Wherefore.* ch. 12. 7. 1 Ki. 20. 40-42. Lu. 7. 42-44. *people.* ch. 7. 8. Ju. 20. 2. *in that the king.* ch. 13. 37, 38.

14 *we must.* ch. 11. 25. Job 30. 23; 34. 15. Ps. 90. 3, 10. Ec. 3. 19, 20; 9. 5. He. 9. 27. *as water.* Job 14. 7-12, 14. Ps. 22. 14; 79. 3. *neither,* etc. *or,* because God hath not taken away *his* life, he hath also devised means, etc. *God.* De. 10. 17. Job 34. 19. Mat. 22. 16. Ac. 10. 34. Ro. 2. 11. 1 Pe. 1. 17. *he devise.* Ex. 21. 13. Le. 26. 40. Nu. 35. 15, 25, 28. Is. 50. 1, 2.

17 *comfortable. Heb.* for rest. *as an angel.* This is very much like the hyperbolical language which is addressed by the Hindoos to an European when they desire to obtain something from him: 'Saheb,' say they, 'can do every thing. No one can prevent the execution of Saheb's commands. Saheb is God.' Though this expression may be imputed to the hyperbolical genius of these countries, yet there was, perhaps, more of real persuasion than we are apt to suppose. Sir JOHN CHARDIN states, that having found fault with the king of Persia's valuation of a rich trinket, the grand master told him that if a Persian had dared to have done such a thing, it would have been as much as his life was worth. 'Know,' said he, 'that the kings of Persia have a general and full knowledge of matters, as sure as it is extensive; and that, equally in the greatest and the smallest things, there is nothing more just and sure than what they pronounce.' ver. 20; ch. 19. 27. 1 Sa. 29. 9. Pr. 27. 21; 29. 5. *to discern. Heb.* to hear. 1 Ki. 3. 9, 28. Job 6. 30. 1 Co. 2. 14, 15, marg. He. 5. 14.

18 *Hide not.* 1 Sa. 3. 17, 18. Je. 38. 14, 25.

19 *of Joab.* ch. 3. 27, 29, 34; 11. 14, 15. 1 Ki. 2. 5, 6. *As thy soul.* ch. 11. 11. 1 Sa. 1. 26; 17. 55; 20. 3; 25. 26. 2 Ki. 2. 2. *turn.* Nu. 20. 17. De. 5. 32; 28. 14. Jos. 1. 7. Pr. 4. 27. *he put.* See on ver. 3. Ex. 4. 15. Lu. 21. 15.

20 *fetch.* ch. 5. 23. *according.* ver. 17; ch. 19. 27. Job 32. 21, 22. Pr. 26. 28; 29. 5. *to know.* Ge. 3. 5. Job 38. 16, etc. 1 Co. 8. 1, 2.

21 *I have done.* ver. 11. 1 Sa. 14. 39. Mar. 6. 26.

22 *thanked. Heb.* blessed. ch. 19. 39. Ne. 11. 2. Job 29. 11; 31. 20. Pr. 31. 28. *I have found.* Ge. 6. 8. Ex. 33. 16, 17. Ru. 2. 2. 1 Sa. 20. 3. *his. or,* thy.

23 *Geshur.* ch. 3. 3; 13. 37.

24 *let him not.* ver. 28; ch. 3. 13. Ge. 43. 3. Ex. 10. 28. Re. 22. 4.

25 *But in all Israel,* etc. *Heb.* And as Absalom there was not a beautiful man in all Israel to praise greatly. 1 Sa. 9. 2; 16. 7. Pr. 31. 30. Mat. 23. 27. *from the sole.* De. 28. 35. Job 2. 7. Is. 1. 6. Ep. 5. 27.

26 *when he polled.* ch. 18. 9. Is. 3. 24. 1 Co. 11. 14. *two hundred shekels.* If the shekel be allowed to mean the common shekel, the amount will be utterly incredible; for JOSEPHUS says that 'two hundred shekels make five minæ:' and the mina, he says, 'weighs two pounds and a half;' which calculation makes Absalom's hair weigh twelve pounds and a half! But it is probable that the *king's shekel* was that which EPIPHANIUS and HESYCHIUS say was the *fourth part of an ounce,* half a stater, or two drachms: the whole amount, therefore, of the 200 shekels is about 50 ounces, which make 4 lb. 2 oz. troy weight, or 3 lb. 2 oz. avoirdupois. This need not be accounted incredible, especially as abundance of oil and ointment was used by the ancients in dressing their heads. JOSEPHUS informs us, that the Jews also put *gold dust* in their hair. Ge. 23. 16. Le. 19. 36. Eze. 45. 9-14

27 *born.* ch. 18. 18. Job 18. 16-19. Is. 14. 22. Je. 22. 30. *Tamar.* ch. 13. 1.

28 A.M. 2977-2979. B.C. 1027-1025. An. Ex. Is 464-466. *and saw not.* ver. 24.

29 *but he would.* ver. 30, 31. Es. 1. 12. Mat. 22. 3

30 *near mine. Heb.* near my place. *go and set* ch. 13. 28, 29. Ju. 15. 4, 5. *And Absalom's.* 1 Ki 21. 9-14. 2 Ki. 9. 33; 10. 6, 7.

32 *it had been.* Ex. 14. 12; 16. 3; 17. 3. *if there.* Ge. 3. 12. 1 Sa. 15. 13. Ps. 36. 2. Pr. 28. 13. Je. 2. 22, 23; 8. 12. Mat. 25. 44. Ro. 3. 19.

33 A.M. 2979. B.C. 1025. An. Ex. Is. 466. *kissed Absalom.* Ge. 27. 26; 33. 4; 45. 15. Lu. 15. 20.

## CHAP. XV.

*Absalom, by fair speeches and courtesies, steals the hearts of Israel, 1-6. Under pretence of a vow, he obtains leave to go to Hebron, 7-9. He makes there a great conspiracy, 10-12. David upon the news flees from Jerusalem, 13-18. Ittai will not leave him, 19-23. Zadok and Abiathar are sent back with the ark, 24-29. David and his company go up mount Olivet weeping, 30. He curses Ahithophel's counsel, 31. Hushai is sent back with instructions, 32-37.*

1 A.M. 2980. B.C. 1024. *Absalom.* ch. 12. 11. De. 17. 16. 1 Sa. 8. 11. 1 Ki. 1. 5, 33; 10. 26-29. Ps. 20. 7. Pr. 11. 2; 16. 18; 17. 19. Je. 22. 14-16.

2 *rose up.* Job 24. 14. Pr. 4. 16. Mat. 27. 1. *came. Heb.* to come. Ex. 18. 14, 16, 26. 1 Ki. 3. 16-28.

3 *thy matters.* Nu. 16. 3, 13, 14. Ps. 12. 2. Da. 11. 21. 2 Pe. 2. 10. *there is*, etc. *or*, none will hear thee from the king *downward.* ch. 8. 15. Ex. 20. 12; 21. 17. Pr. 30. 11, 17. Eze. 22. 7. Mat. 15. 4. Ac. 23. 5. 1 Pe. 2. 17.

4 *Oh that I.* Ju. 9. 1-5, 29. Pr. 25. 6. Lu. 14. 8-11. *I would do.* Pr. 27. 2. 2 Pe. 2. 19.

5 *took him.* Ps. 10. 9, 10; 55. 21. Pr. 26. 25. *and kissed.* ch. 14. 33.

6 *stole.* Pr. 11. 9. Ro. 16. 18. 2 Pe. 2. 3.

7 A.M. 2983. B.C. 1021. An. Ex. Is. 470. *forty years.* As David reigned in the whole only forty years, this reading is evidently corrupt, though supported by the commonly printed Vulgate, LXX. and Chaldee. But the Syriac, Arabic, JOSEPHUS, THEODORET, the Sixtine edition of the Vulgate, and several MSS. of the same version, read FOUR *years;* and it is highly probable that *arbâim*, FORTY, is an error for *arbâ*, FOUR, though not supported by any Hebrew MS. yet discovered. Two of those collated by Dr. KENNICOTT, however, have *yom*, 'day,' instead of *shanah*, 'year,' i.e. *forty* DAYS, instead of *forty* YEARS; but this is not sufficient to outweigh the other authorities. ch. 13. 38. 1 Sa. 16. 1, 13. *let me go.* ch. 13. 24-27. *pay.* 1 Sa. 16. 2. Pr. 21. 27. Is. 58. 4. Mat. 2. 8; 23. 14.

8 *thy servant.* Ge. 28. 20, 21. 1 Sa. 1. 11; 16. 2. Ps. 56. 12. Ec. 5. 4. *Geshur.* ch. 13. 37, 38; 14. 23, 32. *I will serve.* Jos. 24. 15. Is. 28. 15. Je. 9. 3-5; 42. 20.

10 *spies.* ch. 13. 28; 14. 30. *reigneth.* ch. 19. 10. Job 20. 5, etc. Ps. 73. 18, 19. *Hebron.* ch. 2. 1, 11; 3. 2, 3; 5. 5. 1 Ch. 11. 3; 12. 23, 38.

11 *called.* 1 Sa. 9. 13; 16. 3-5. *their simplicity.* Ge. 20. 5. 1 Sa. 22. 15. Pr. 14. 15; 22. 3. Mat. 10. 16. Ro. 16. 18, 19.

12 *Ahithophel.* ver. 31; ch. 16. 20-23; 17. 14, 23. *David's.* Ps. 41. 9; 55. 12-14. Mi. 7. 5, 6. Jno. 13. 18. *Giloh.* Jos. 15. 51. *while he offered.* Nu. 23. 1, 14, 30. 1 Ki. 21. 9, 12. Ps. 50. 16-21. Pr. 21. 27. Is. 1. 10-16. Tit. 1. 16. *the people.* Ps. 3. 1, 2; 43. 1, 2.

13 *The hearts.* ver. 6; ch. 3. 36. Ju. 9. 3. Ps. 62. 9. Mat. 21. 9; 27. 22.

14 *Arise.* ch. 19. 9. Ps. 3, title. *bring. Heb.* thrust. Eze. 46. 18. Mat. 11. 12, marg. Lu. 10. 15. *and smite.* ch. 23. 16, 17. Ps. 51. 18; 55. 3-11; 137. 5, 6.

15 *Behold.* Pr. 18. 24. Lu. 22. 28, 29. Jno. 6. 66-69; 15. 14. *appoint. Heb.* choose.

16 *the king.* Ps. 3, title. *after him. Heb.* at his feet. Ju. 4, 10. 1 Sa. 25. 27, 42, marg. *ten women.* ch. 12. 11; 16. 21, 22; 20. 3. Ro. 12. 2.

17 *went forth.* Ps. 3, title, 2; 66. 12. Ec. 10. 7.

18 *Cherethites.* ch. 8. 18; 20. 7, 23. 1 Sa. 30. 14. 1 Ki. 1. 38. 1 Ch. 18. 17. *Gittites.* ver. 19-22; ch. 6. 10; 18. 2. 1 Sa. 27. 3.

19 *Ittai.* ch. 18. 2. Ru. 1. 11-13.

20 *go up and down. Heb.* wander in going. Ps. 56. 8; 59. 15. Am. 8. 12. He. 11. 37, 38. *seeing.* 1 Sa. 23. 13. *mercy.* ch. 2. 6. Ps. 25. 10; 57. 3; 61. 7; 85. 10; 89. 14. Pr. 14. 22. Jno. 1. 17. 2 Ti. 1. 16-18.

21 *As the Lord.* 1 Sa. 20. 3; 25. 26. 2 Ki. 2. 2, 4, 6; 4. 30. *surely.* Ru. 1. 16, 17. Pr. 17. 17; 18. 24. Mat. 8. 19, 20. Jno. 6. 66-69. Ac. 11. 23; 21. 13. 2 Co. 7. 3.

22 *and all the little.* Sir JOHN CHARDIN informs us, in a MS. note on this place, that it is usual with the greatest part of the eastern people, especially the Arabs, to carry their whole family with them when they go to war.

23 *all the country.* Ro. 12. 15. *the brook.* The brook *Kidron*, which is but a few paces broad, runs along the valley of Jehoshaphat, east of Jerusalem, to the south-west corner of the city, and then, turning to the south-east, empties itself into the Dead Sea. Like the Ilissus, it is dry at least nine months in the year, being only furnished with water in the winter, and after heavy rains: its bed is narrow and deep, which indicates that it must formerly have been the channel for waters which have found some other, and probably subterraneous course. *Kidron.* 1 Ki. 2. 37. Jno. 18. 1, Cedron. *the wilderness.* ch. 16. 2. Mat. 3. 1, 3. Lu. 1. 80.

24 *Zadok.* ver. 27, 35; ch. 8. 17; 20. 25. 1 Ki. 1. 8; 2. 35; 4. 2-4. 1 Ch. 6. 8-12. Eze. 48. 11. *bearing.* ch. 6. 13. Nu. 4. 15; 7. 9. Jos. 3. 3, 6, 15-17; 4. 16-18; 6. 4, 6. 1 Sa. 4. 3-5, 11. 1 Ch. 15. 2.

25 *Carry back.* ch. 12. 10, 11. 1 Sa. 4. 3-11. Je. 7. 4. *he will bring.* Ps. 26. 8; 27. 4, 5; 42. 1, 2; 43. 3, 4; 63. 1, 2; 84. 1-3, 10; 122. 1, 9. Is. 38. 22. *habitation.* ch. 6. 17; 7. 2.

26 *I have no.* ch. 22. 20. Nu. 14. 8. 1 Ki. 10. 9. 2 Ch. 9. 8. Is. 42. 1; 62. 4. Je. 22. 28; 32. 41. Mal. 1. 10. *let.* Ju. 10. 15. 1 Sa. 3. 18. Job 1. 20, 21. Ps. 39. 9.

27 *a seer.* ch. 24. 11. 1 Sa. 9. 9. 1 Ch. 25. 5. *return.* ver. 34, 36; ch. 17. 17.

28 ver. 23; ch. 16. 2; 17. 1, 16.

30 *the ascent.* Zec. 14. 4. Lu. 19. 29, 37; 21. 37; 22. 39. Ac. 1. 12. *mount Olivet.* Mount *Olivet*, so called from its abounding with *olive trees*, is situated east of Jerusalem, being separated from it only by the valley of Jehoshaphat and the brook Kidron. JOSEPHUS says it is five stadia, *i.e.* 625 geometrical paces, from Jerusalem; and St. LUKE (Ac. 1. 12) says it is a Sabbath day's journey, or about eight stadia distant, *i.e.* to the summit. It forms part of a ridge of limestone hills, extending from north to south for about a mile; and it is described as having three, or, according to others, four summits; the central and highest of which overlooks the whole of the city, over whose streets and walls the eye roves as if in the survey of a model. *and wept as he went up. Heb.* going up and weeping. Ps. 42. 3-11; 43. 1, 2, 5. Lu. 19. 41. *his head covered.* This custom was only practised by persons in great *distress*, or when convicted of great *crimes*. Thus Darius, when informed by Tyriotes, the eunuch, that his queen was dead, and that she had suffered no violence from Alexander, *covered his head*, and wept a long time; then throwing off the garment that covered him, he thanked the gods for Alexander's moderation and justice. ch. 19. 4. Es. 6. 12. Je. 14. 3, 4. *barefoot.* Is. 20. 2, 4. Eze. 24. 17, 23. *weeping.* Ps. 126. 5, 6. Mat. 5. 4. Ro. 12. 15. 1 Co. 12. 26.

31 *Ahithophel.* ver. 12. Ps. 3. 1; 41. 9; 55. 12, 14. Mat. 26. 14, 15. Jno. 13. 18. *O Lord.* Ps. 55. 15; 109. 3. *turn the counsel.* ch. 16. 23; 17. 14, 23. Job 5. 12; 12. 16-20. Is. 19. 3, 11-41. Je. 8. 8, 9. 1 Co. 1. 20; 3. 18-20. Ja. 3. 15.

32 *the top.* ver. 30. 1 Ki. 11. 7. Lu. 19. 29. *he worshipped.* 1 Ki. 8. 44, 45. Job 1. 20, 21. Ps. 3. 3-5, 7; 4. 1-3; 50. 15; 91. 15. *Hushai.* ch. 16. 16-19. *Archite.* Jos. 16. 2. *coat rent.* ch. 1. 2; 13. 19.

33 *then thou.* ch. 19. 35.

34 *return.* ver. 20. Jos. 8. 2. Mat. 10. 16. *as I have been.* ch. 16. 16-19. *then mayest.* ch. 17. 5-14.

35 *thou shalt tell.* ch. 17. 15, 16.
36 *their two sons.* ver. 27; ch. 17. 17; 18. 19, etc.
37 *friend.* ch. 16. 16. 1 Ch. 27. 33. *Absalom.* ch. 16. 15.

## CHAP. XVI.

*Ziba, by presents and false suggestions, obtains his master's inheritance, 1-4. At Bahurim Shimei curses David, 5-8. David with patience abstains, and restrains others, from revenge, 9-14. Hushai insinuates himself into Absalom's counsel, 15-19. Ahithophel's counsel, 20-23.*

1 *little past.* ch. 15. 30, 32. *Ziba.* ch. 9. 2, 9-12. *with a couple.* ch. 17. 27-29; 19. 32. 1 Sa. 17. 17, 18; 25. 18. 1 Ch. 12. 40. Pr. 18. 16; 29. 4, 5. *summer.* These were probably pumpions, cucumbers, or water-melons; the two latter being extensively used in the East to refresh travellers in the burning heat of the summer; and probably, as Mr. HARMER supposes, called *summer fruits* on this very account. Je. 40. 10, 12. Am. 8. 1. Mi. 7. 1. *a bottle.* 1 Sa. 10. 3; 16. 20.

2 *What meanest.* Ge. 21. 29; 33. 38. Eze. 37. 18. *The asses.* This is the eastern mode of speaking when presenting any thing to a great man: 'This is for the slaves of the servants of your majesty;' when at the same time the presents are intended for the sovereign himself, and it is so understood. ch. 15. 1; 19. 26. Ju. 5. 10; 10. 4. *for the young.* 1 Sa. 25. 27. *that such.* ch. 15. 23; 17. 29. Ju. 8. 4, 5. 1 Sa. 14. 28. Pr. 31. 6, 7.

3 *where is.* ch. 9. 9, 10. Ps. 88. 18. Mi. 7. 5. *Today.* ch. 19. 24-30. Ex. 20. 16. De. 19. 18, 19. Ps. 15. 3; 101. 5. Pr. 1. 19; 21. 28. 1 Ti. 6. 9, 10. Jude 11.

4 *Behold.* ch. 14. 10, 11. Ex. 23. 8. De. 19. 15. Pr. 18. 13, 17; 19. 2. *I humbly beseech thee. Heb.* I do obeisance. ch. 14. 4, 22.

5 *Bahurim.* This place is supposed to be the same as *Almon,* (Jos. 21. 18,) and *Alemeth,* (1 Ch. 6. 60,) a city of Benjamin, north of Jerusalem, and apparently not far from Olivet. ver. 14; ch. 3. 16; 17. 18. *whose name.* ch. 19. 16, etc. 1 Ki. 2. 8, 9, 36-44, etc. *he came,* etc. *or,* he still came forth and cursed. *cursed.* Ex. 22. 28. 1 Sa. 17. 43. Ps. 69. 26; 109. 16-19, 28. Pr. 26. 2. Ec. 10. 20. Is. 8. 21. Mat. 5. 11, 12.

7 *bloody man. Heb.* man of blood. ch. 3. 37; 11. 15-17; 12. 9. Ps. 5. 6; 51. 14. *man of Belial.* De. 13. 13. 1 Sa. 2. 12; 25. 17. 1 Ki. 21. 10, 13.

8 *returned.* Ju. 9. 24, 56, 57. 1 Ki. 2. 32, 33. Ac. 28. 4, 5. Re. 16. 6. *the blood.* ch. 1. 16; 3. 28, 29; 4. 8-12. Ps. 3. 2; 4. 2. *thou,* etc. *or,* thee in thy evil.

9 *Abishai.* ch. 3. 30. 1 Sa. 26. 6-8. *dead dog.* ch. 3. 8; 9. 8. 1 Sa. 24. 14. *curse.* See on Ex. 22. 28. Ac. 23. 5. 1 Pe. 2. 17. *let me go.* 1 Sa. 26. 6-11. Job 31. 30, 31. Je. 40. 13-16.

10 *What have.* ch. 3. 39; 19. 22. 1 Ki. 2. 5. Mat. 16. 23. Lu. 9. 54-56. 1 Pe. 2. 23. *so let him.* Ge. 50. 20. 1 Ki. 22. 21-23. 2 Ki. 18. 25. La. 3. 38, 39. Jno. 18. 11. *Who shall.* Job 9. 12. Ec. 8. 4. Da. 4. 35. Ro. 9. 20.

11 *Behold.* ch. 12. 11, 12. *came forth.* ch. 7. 2. Ge. 15. 4. *seeketh.* ch. 17. 1-4. 2 Ki. 19. 37. 2 Ch. 32. 21. Mat. 10. 21. *the Lord.* Is. 10. 5-7. Eze. 14. 9; 20. 25.

12 *the Lord.* Ge. 29. 32, 33. Ex. 2. 24, 25; 3. 7, 8. 1 Sa. 1. 11. Ps. 25. 18. *affliction. or,* tears. *Heb.* eye. *requite.* De. 23. 5. Is. 27. 7. Mat. 5. 11, 12. Ro. 8. 28. 2 Co. 4. 17. 2 Th. 1. 7. He. 12. 10. 1 Pe. 4. 12-19.

13 *cursed.* ver. 5, 6. *cast dust. Heb.* dusted *him* with dust. Ac. 22. 23.—It was an ancient custom, in those warm and arid countries, to lay the dust before a person of distinction, by sprinkling the ground with water. Dr. POCOCKE and the consul were treated with this respect when they entered Cairo. The same custom is alluded to in the well-known fable of Phædrus, in which a slave is represented going before Augustus and officiously laying the dust. To throw dust in the air while a person was passing was therefore an act of great disrespect; to do so before a sovereign prince, an indecent outrage. But it is probable that Shimei meant more than disrespect and outrage to this afflicted king. Sir JOHN CHARDIN informs us, that in the East, in general, those who demand justice against a criminal throw dust upon him, signifying that he ought to be put in the grave: and hence the common imprecation among the Turks and Persians, 'Be covered with earth,' or, 'Earth be upon thy head.'

14 *there.* ver. 5.
15 *Absalom.* ch. 15. 37.
16 *God save the king. Heb.* Let the king live. 1 Sa. 10. 24. 1 Ki. 1. 25, 34. 2 Ki. 11. 12. Da. 2. 4; 5. 10; 6. 6, 21. Mat. 21. 9.
17 *Is this thy.* De. 32. 6. *why wentest.* ch. 15. 32-37; 19. 25. Pr. 17. 17; 18. 24.
18 ch. 5. 1-3. 1 Sa. 16. 13.
19 *should I not serve.* ch. 15. 34. 1 Sa. 28. 2; 29. 8. Ps. 55. 21. Ga. 2. 13.
20 *Give counsel.* Ex. 1. 10. Ps. 2. 2; 37. 12, 13. Pr. 21. 30. Is. 8. 10; 29. 15. Mat. 27. 1. Ac. 4. 23-28.

21 *Go in.* Ge. 6. 4; 38. 16. *unto thy.* ch. 12. 11; 15. 16; 20. 3. Ge. 35. 22. Le. 18. 8; 20. 11. 1 Ki. 2. 17, 22. 1 Co. 5. 1. *abhorred.* Ge. 34. 30. 1 Sa. 13. 4. *thy father.* Ge. 49. 3, 4. *then shall.* 1 Sa. 27. 12. *the hands.* ch. 2. 7. Zec. 8. 13.

22 *the top.* ch. 11. 2. *went in.* ch. 12. 11, 12; 15. 16; 20. 3. Nu. 25. 6. Is. 3. 9. Je. 3. 3; 8. 12. Eze. 24. 7. Phi. 3. 19.

23 *as if.* Nu. 27. 21. 1 Sa. 30. 8. Ps. 28. 2. 1 Pe. 4. 11. *oracle of God. Heb.* word *of God.* Ps. 19. 7. *so was.* The first counsel of this sagacious but wicked man to Absalom was more like an *oracle of Satan,* both for subtlety and atrocity. He advised the shameless measure just detailed, in order to establish Absalom, and to preclude the possibility of a reconciliation with David. The wives of a conquered king were always the property of the conqueror; and in possessing these he appeared to possess the right to the kingdom. *all the counsel.* ch. 17. 14, 23. Job 5. 12; 28. 28. Je. 4. 22; 8. 9. Mat. 11. 25. Lu. 16. 8. Ro. 1. 22. 1 Co. 3. 19, 20. Ja. 3. 13-18. *both.* ch. 15. 12. Ec. 10. 1.

## CHAP. XVII.

*Ahithophel's counsel is overthrown by Hushai's, according to God's appointment, 1-14. Secret intelligence is sent unto David, 15-22. Ahithophel hangs himself, 23, 24. Amasa is made captain, 25, 26. David at Mahanaim is furnished with provisions, 27-29.*

1 *I will arise.* Pr. 1. 16; 4. 16. Is. 59. 7, 8. *this night.* Ps. 3. 3-5; 4. 8; 109. 2-4.
2 *weary.* ch. 16. 14. De. 25. 18. *I will smite.* 1 Ki. 22. 31. Zec. 13. 7. Mat. 21. 38; 26. 31. Jno. 11. 50; 18. 4-8.
3 *I will bring.* ch. 3. 21. *shall be.* Is. 48. 22; 57. 21. 1 Th. 5. 3.
4 *the saying.* 1 Sa. 18. 20, 21; 23. 21. Es. 5. 14. Ro. 1. 32. *pleased Absalom well. Heb.* was right in the eyes of Absalom. 2 Ch. 30. 4. Es. 1. 21.

5 *Hushai.* ch. 15. 32-37; 16. 16-19. *he saith. Heb. is* in his mouth.
6 *saying. Heb.* word.
7 *given. Heb.* counselled. *not good.* Pr. 31. 8.
8 *mighty men.* ch. 15. 18; 21. 18-22; 23. 8, 9, 16, 18, 20-22. 1 Sa. 16. 18; 17. 34-36, 50. 1 Ch. 11. 25-47. He. 11. 32-34. *chafed in their minds. Heb.* bitter of soul. Ju. 18. 25. *as a bear.* 2 Ki. 2. 24. Pr. 17. 12; 28. 15. Da. 7. 5. Ho. 13. 8. *thy father is.* 1 Sa. 23. 23.

9 *he is hid.* Ju. 20. 33. 1 Sa. 22. 1; 24. 3. *some.* Jos. 7. 5; 8. 6. Ju. 20. 32. 1 Sa. 14. 14, 15. *over thrown. Heb.* fallen.

10 *heart.* ch. 1. 23; 23. 20. Ge. 49. 9. Nu. 24 8, 9. Pr. 28. 1. *utterly melt.* Ex. 15. 15. De. 1. 28. Jos. 2. 9-11 Is. 13. 7; 19. 1. *thy father.* 1 Sa. 18. 17. He. 11. 34. *and they which.* Ca. 3. 7.

11 *all Israel.* ch. 24. 2. Ju. 20. 1. *as the sand*

Ge. 13. 16; 22. 17. Jos. 11. 4. 1 Ki. 4. 20; 20. 10. *thou go. Heb.* thy face, *or* presence, go, etc. *in thine.* ch. 12. 28. Ps. 7. 15, 16; 9. 16.

12 *in some place.* 1 Sa. 23. 23. *we will light.* This is a very beautiful and expressive figure. The dew in Palestine, and other warm climates, falls fast, sudden, and heavy; and it falls upon every spot of earth, so that not a blade of grass escapes it. It is therefore no inapt emblem of a numerous and active army; and it was, perhaps, for this reason that the Romans called their light armed forces *rorarii.* 1 Ki. 20. 10. 2 Ki. 18. 23; 19. 24. Is. 10. 13, 14. Ob. 3.

13 *bring ropes.* In the same manner the king of Maturan, in Java, proposed pulling down a tower which the Dutch had built, by making his people and elephants pull at a number of chains, and ropes of cocoa-nut bark, thrown around it. *one small.* Mat. 24. 2.

14 *the Lord.* ch. 15. 31. Ge. 32. 28. Ex. 9. 16. De. 2. 30. 2 Ch. 25. 16, 20. *appointed. Heb.* commanded. Ps. 33. 9, 10. La. 3. 37. Am. 9. 3. *to defeat.* ch. 15. 34; 16. 23. Job 5. 12-14. Pr. 19. 21; 21. 30. Is. 8. 10. 1 Co. 1. 19, 20; 3. 19. *good counsel.* Lu. 16. 8.

15 *Zadok.* ch. 15. 35.

16 *Lodge.* ch. 15. 28. *but speedily.* ver. 21, 22; ch. 15. 14, 28. 1 Sa. 20. 38. Ps. 55. 8. Pr. 6. 4, 5. Mat. 24. 16-18. *be swallowed.* ch. 20. 19, 20. Ps. 35. 25; 56. 2; 57. 3. 1 Co. 15. 54. 2 Co. 5. 4.

17 *Jonathan.* ch. 15. 27, 36. *stayed.* Jos. 2. 4, etc. *En-rogel.* Jos. 15. 7; 18. 16. 1 Ki. 1. 9.

18 *Bahurim.* ch. 3. 16; 16. 5; 19. 16.

19 *spread a covering.* Jos. 2. 4-6, etc. *the thing.* Ex. 1. 19.

20 *They be gone.* ch. 15. 34. Ex. 1. 19. Jos. 2. 4, 5. 1 Sa. 19. 14-17; 21. 2; 27. 11, 12. *when they had sought.* Jos. 2. 22, 23.

21 *Arise.* See on ver. 15, 16. *thus hath Ahithophel.* ver. 1-3.

22 *and they passed.* ver. 24. Pr. 27. 12. Mat. 10. 16. *there lacked.* Nu. 31. 49. Jno. 18. 9.

23 *saw.* Pr. 16. 18; 19. 3. *followed. Heb.* done. *his city.* ch. 15. 12. *put his household in order. Heb.* gave charge concerning his house. 2 Ki. 20. 1. *and hanged.* ch. 15. 31. 1 Sa. 31. 4, 5. 1 Ki. 16. 18. Job 31. 3. Ps. 5. 10; 55. 23. Mat. 27. 5.

24 *Mahanaim.* ch. 2. 8. Ge. 32. 2. Jos. 13. 26.

25 *Amasa.* ch. 19. 13; 20. 4, 9-12. *Ithra.* 1 Ch. 2. 16, 17, Jether the Ishmaelite. *Abigail. Heb.* Abigal. *Nahash. or,* Jesse. 1 Ch. 2. 13, 16.

26 *land of Gilead.* Nu. 32. 1, etc. De. 3. 15. Jos. 17. 1.

27 *the son of Nahash.* ch. 10. 1, 2; 12. 29, 30. 1 Sa. 11. 1. *Machir.* ch. 9. 4. *Barzillai.* ch. 19. 31, 32. 1 Ki. 2. 7. Ezr. 2. 61.

28 *beds.* These no doubt consisted of skins of beasts, mats, carpets, and such like. ch. 16. 1, 2. 1 Sa. 25. 18. Is. 32. 8. *basons. or,* cups. *Sappoth,* probably *wooden bowls,* such as the Arabs still eat out of, and knead their bread in. *earthen vessels. Keley yotzair,* literally, 'vessels of the potter.' So when Dr. PERRY visited the temple of Luxor, in Egypt, he says, 'We were entertained by the Caliph here with great civility and favour; he sent us, in return of our presents, several sheep, a good quantity of eggs, *bardacks,*' etc. The *bardacks,* he informs us, were *earthen vessels,* used 'to cool and refresh their water in, by means of which it drinks very cool and pleasant in the hottest seasons of the year.' See HARMER, ch. vi. Ob. 3. *wheat.* Mr. JONES says, 'Travellers use *zumeet, tumeet,* and *limereece. Zumeet* is flour mixed with honey, butter, and spice; *tumeet* is flour done up with organ oil; and *limereece* is flour mixed with water, for drink. This quenches thirst much better than water alone; satisfies a hungry appetite; cools and refreshes tired and weary spirits,' etc.

29 *cheese of kine.* 1 Sa. 17. 18. *for David.* Lu. 8. 3. Phi. 4. 15-19. *to eat.* ch. 17. 2. Ps. 34. 8-10; 84. 11. *The people.* Ju. 8. 4-6. Ec. 11. 1, 2. Is. 21. 14; 58. 7. *in the wilderness.* ch. 16. 2, 14.

## CHAP. XVIII.

*David viewing the armies in their march gives them charge of Absalom,* 1-5. *The Israelites are sorely smitten in the wood of Ephraim,* 6-8. *Absalom, hanging in an oak is slain by Joab, and cast into a pit,* 9-17. *Absalom's place,* 18. *Ahimaaz and Cushi bring tidings to David,* 19-32. *David mourns for Absalom,* 33.

1 *numbered.* Ex. 17. 9. Jos. 8. 10. *captains of thousands.* 1 Sa. 8. 12.

2 *a third part.* Ju. 7. 16, 19; 9. 43. *the hand of Joab.* ch. 10. 7-10. *Ittai.* ch. 15. 19-22. *I will surely.* ch. 17. 11. Ps. 3. 6; 27. 1-3; 118. 6-8.

3 *Thou shalt.* ch. 21. 17. *if we flee.* ch. 17. 2. 1 Ki. 22. 31. Zec. 13. 7. *care for us. Heb.* set *their* heart on us. *but now.* The particle *ǎttah,* NOW, is doubtless a mistake for the pronoun *attah,* THOU: and so it appears to have been read by the LXX. Vulgate, and Chaldee, and by *two* of KENNICOTT'S and DE ROSSI'S MSS. *worth,* etc. *Heb.* as ten thousand of us. La. 4. 20. *succour. Heb.* be to succour. ch. 10. 11. Ex. 17. 10-12.

4 *by the gate.* ver. 24. Is. 28. 6. *by hundreds.* David's small company, by this time, was greatly recruited; but what its number was we cannot tell. JOSEPHUS says it amounted only to 4000 men. ver. 1. 1 Sa. 29. 2.

5 *Deal gently.* ch. 16. 11; 17. 1-4, 14. De. 21. 18-21. Ps. 103. 13. Lu. 23. 34. *all the people.* ver. 12.

6 *wood of Ephraim.* The *wood of Ephraim* was evidently beyond Jordan, and apparently not far from Mahanaim; and it is supposed to be the place where the Ephraimites were slain by Jephthah. Jos. 17. 15, 18. Ju. 12. 4-6.

7 *the people.* ch. 2. 17; 15. 6; 19. 41-43. *a great.* Pr. 11. 21; 24. 21. *twenty thousand men.* ch. 2. 26, 31. 2 Ch. 13. 16, 17; 28. 6.

8 *the wood.* That is, probably, many more were slain in pursuit through the wood than in the battle, by falling into swamps, pits, etc., and being entangled and cut down by David's men. Such is the relation of JOSEPHUS; but the Chaldee, Syriac, and Arabic state, that they were *devoured by wild beasts* in the wood. Ex. 15. 10. Jos. 10. 11. Ju. 5. 20, 21. 1 Ki. 20. 30. Ps. 3. 7; 43. 1. *devoured more. Heb.* multiplied to devour.

9 *his head.* Riding furiously under the thick boughs of a great oak, which hung low and had never been cropped, either the twisted branches, or some low forked bough of the tree, caught him by the neck, or, as some think, by the loops into which his long hair had been pinned, which had been so much his pride, and was now justly made a halter for him. He may have hung so low from the bough, in consequence of the length of his hair, that he could not use his hands to help himself, or so entangled that his hands were bound, so that the more he struggled the more he was embarrassed. This set him up as a fair mark to the servants of David; and although David would have spared his rebellious son, if *his* orders had been executed, yet he could not turn the sword of Divine justice, in executing the just, righteous sentence of death on this traitorous son. ver. 14; ch. 14. 26; 17. 23. Mat. 27. 5. *taken up.* De. 21. 23; 27. 16, 20. Job 18. 8-10; 31. 3. Ps. 63. 9, 10. Pr. 20. 20; 30. 17. Je. 48. 44. Mar. 7. 10. Ga. 3. 13.

12 *receive,* etc. *Heb.* weigh upon mine hand. *in our hearing.* ver. 5. *Beware,* etc. *Heb.* Beware, whosoever *ye be,* of the, etc.

13 *wrought.* ch. 1. 15, 16; 4. 10-12. *for there is no.* ch. 14. 19, 20. He. 4. 13.

14 *with thee. Heb.* before thee. *thrust them.* ver. 5. Ju. 4. 21; 5. 26, 31. Ps. 45. 5. 1 Th. 5. 3. *midst. Heb.* heart. Mat. 12. 40.

16 *blew the trumpet.* ch. 2. 28; 20. 22. Nu. 10. 2-10. 1 Co. 14. 8.

17 *laid.* This was the ancient method of burying, whether heroes or traitors; the heap of stones being designed to perpetuate the memory of the event, whether good or bad. The Arabs in general make use of no other monument than a *heap of stones* over a grave. Thus, in an Arabic poem, it is related, that Hatim the father, and Adi the grandfather of Kais, having been murdered, at a time before Kais was capable of reflection, his mother kept it a profound secret; and in order to guard him against having any suspicion, she collected a parcel of stones on two hillocks in the neighbourhood, and told her son that the one was the grave of his father, and the other of his grandfather. The ancient *cairns* in Ireland and Scotland, and the *tumuli* in England, are of this kind. Jos. 7. 26; 8. 29; 10. 27. Pr. 10. 7. Je. 22. 18, 19.

18 *reared up.* 1 Sa. 15. 12. *the king's.* Ge. 14. 17. *I have no son.* ch. 14. 27. Job 18. 16, 17. Ps. 109. 13. Je. 22. 30. *he called.* Ge. 11. 4. 1 Sa. 15. 12. Ps. 49. 11. Da. 4. 30. *Absalom's place.* JOSEPHUS says there was in his time, about two furlongs from Jerusalem, a marble pillar called *Absalom's hand*, as it is in the Hebrew, (See Note on 1 Sa. 15. 12;) and there is one shewn to the present day, in the valley of Jehoshaphat, which, though comparatively a modern structure, probably occupies the site of the original one set up by Absalom. Ge. 11. 9. Ac. 1. 18, 19.

19 *Ahimaaz.* ver. 23, 27-29; ch. 15. 36; 17. 17. *avenged him. Heb.* judged him from the hand, etc. Ps. 7. 6, 8, 9; 9. 4, 16; 10. 14, 18. Ro. 12. 19.

20 *bear tidings. Heb.* be a man of tidings. ch. 17. 16-21. *because.* ver. 5, 27, 29, 33.

22 *howsoever. Heb.* be what *may.* *ready. or,* convenient. Ro. 1. 28. Ep. 5. 4.

23 *overran Cushi.* Jno. 20. 4.

24 *between.* ver. 4. 1 Sa. 4. 13. *the watchman.* 2 Ki. 9. 17-20. Is. 21. 6-9, 11, 12. Eze. 33. 2-7.

27 *Methinketh. Heb.* I see. 2 Ki. 9. 20. *He is a good.* 1 Ki. 1. 42. Pr. 25. 13, 25. Is. 52. 7. Ro. 10. 15.

28 *All is well. or,* Peace *be to thee. Heb.* Peace. *he fell down upon his face.* This act was not only in reverence to the king, but in humble adoration of God, whose name he praises for this victory. The more our hearts are fixed and enlarged, in thanksgiving to God for our mercies, the better disposed we shall be to bear with patience the afflictions mixed with them. ch. 1. 2; 14. 4. *Blessed.* ch. 22. 47. Ge. 14. 20; 24. 27. 2 Ch. 20. 26. Ps. 115. 1; 124. 6; 144. 1, 2. Re. 19. 1-3. *delivered up. Heb.* shut up. 1 Sa. 24. 18; 26. 8. Ps. 31. 8.

29 *Is the young man Absalom safe? Heb. is there* peace to, etc.? *I saw a great.* ver. 19, 20, 22.

31 *Tidings. Heb.* Tidings is brought. *the Lord.* ver. 19, 28; ch. 22. 48, 49. De. 32. 35, 36. Ps. 58. 10; 94. 1-4; 124. 2, 3. Lu. 18. 7, 8. Cushi was the man Joab ordered to carry the tidings to David. He was an Ethiopian, as his name signifies, and some think he was so by birth—a black, who waited on Joab, probably one of the ten who had helped to dispatch Absalom; though it was dangerous for one of those to bring the news to David, lest his fate should be the same with theirs that reported the death of Saul and Ishbosheth to him.

32 *The enemies.* Thus Cushi obliquely and slowly informs David of the death of his son Absalom. Ju. 5. 31. Ps. 68. 1, 2. Da. 4. 19.

33 *O my son.* ch. 19. 4. *would God.* ch. 12. 10-23. Ps. 103. 13. Pr. 10. 1; 17. 25. Ja. 5. 17.

## CHAP. XIX.

***Joab causes the king to cease his mourning,* 1-8. *The Israelites are earnest to bring the king back,* 9, 10. *David sends to the priests to incite them of Judah,* 11-17. *Shimei is pardoned,* 18-23; *Mephibosheth excused,* 24-31; *Barzillai dismissed, and Chimham his son taken into the king's family,* 32-40. *The Israelites expostulate with Judah for bringing home the king without them,* 41-43.**

1 ch. 18. 5, 12, 14, 20, 33. Pr. 17. 25.

2 *victory. Heb.* salvation, *or,* deliverance. *turned.* Pr. 16. 15; 19. 12.

3 *into the city.* ver. 32; ch. 17. 24. *steal.* Ge. 31. 27.

4 *covered.* See on ch. 15. 30. *O my son.* It is allowed by competent critics that the lamentation of David over his son, of which this forms a part, is exceedingly pathetic; and CALMET properly remarks, that the frequent repetition of the name of the deceased is common in the language of lamentation. ch. 18. 33.

5 *Thou hast.* Every one must admit that David's immoderate grief for his rebellious son was imprudent, and that Joab's firm and sensible reproof was necessary to arouse him to a sense of his duty to his people: but, in his *manner*, Joab far exceeded the bounds of that reverence which a servant owes to his master, or a subject to his prince. *saved.* Ne. 9. 27. Ps. 3. 8; 18. 47, 48.

6 *In that,* etc. *Heb.* By loving, etc. *thou regardest,* etc. *Heb.* princes or servants *are* not to thee. *then it had.* ch. 3. 24, 25. Job 34. 18. Pr. 19. 9, 10. Ac. 23. 5.

7 *comfortably unto thy. Heb.* to the heart of thy. Ge. 34. 3. Pr. 19. 15. Is. 40. 1. Ho. 2. 14, marg. *there.* Pr. 14. 28. *all the evil.* Ps. 71. 4-6, 9-11, 18-20; 129. 1, 2.

8 *sat in the gate.* How prudently and mildly David took the reproof and counsel given him! He shook off his grief, anointed his head, and washed his face, that he might not appear unto men to mourn, and then made his appearance at the gate of the city, which was the public place of resort for the hearing of causes and giving judgment, as well as a place to ratify special bargains. Thither the people flocked to congratulate him on his and their safety, and that all was well. When we are convinced of a fault, we must amend, though we are told of it by our inferiors in a way which is peculiarly painful to our natural feelings. This ancient custom still obtains in the East; for when Dr. POCOCKE returned from viewing the town of ancient Byblus, he says, 'The sheik and the elders were sitting in the gate of the city, after the ancient manner, and I sat awhile with them.' ch. 18. 4, 24. *for Israel.* ver. 3; ch. 18. 6-8. 1 Ki. 22. 36. 2 Ki. 14. 12.

9 *strife.* Ge. 3. 12, 13. Ex. 32. 24. Ja. 3. 14-16. *The king.* ch. 8. 10. 1 Sa. 17. 50; 18. 5-7, 25; 19. 5. *he is fled.* ch. 15. 14.

10 *whom.* ch. 15. 12, 13. Ho. 8. 4. *is dead.* ch. 18. 14. *speak ye not a word. Heb. are* ye silent? Ju. 18. 9.

11 *sent.* ch. 15. 29, 35, 36. 1 Ki. 2. 25, 26, 35. *Speak.* 2 Co. 5. 20. *Why are.* Mat. 5. 16. 2 Th. 3. 9.

12 *my bones.* ch. 5. 1. Ge. 2. 23. Ju. 9. 2. Ep. 5. 30.

13 *Amasa.* ch. 17. 25. 1 Ch. 2. 16, 17; 12. 18. *God.* Ru. 1. 17. 1 Ki. 19. 2. *room of Joab.* ver. 5-7; ch. 3. 29, 30; 8. 16; 18. 11.

14 *he bowed.* The measures that he pursued were the best calculated that could be adopted for accomplishing this salutary end. David appears to take no notice of their infidelity, but rather to place confidence in them, that their confidence in him might be naturally excited; and to oblige them yet farther, purposes to make Amasa general of the army, instead of Joab. *even.* Ju. 20. 1. Ps. 110. 2, 3. Ac. 4. 32.

15 *Gilgal.* Jos. 5. 9. 1 Sa. 11. 14, 15.

16 *Shimei.* It appears that Shimei was a powerful chieftain in the land; for he had here in his retinue no less than a thousand men. ch. 16. 5-13. 1 Ki. 2. 8, 36-46. *hasted.* Job 2. 4. Pr. 6. 4, 5. Mat. 5. 25.

17 *Ziba.* ver. 26, 27; ch. 9. 2, 10; 16. 1-4.

18 *And there.* The LXX. connecting this with the preceding verse, render, και κατευθυναν τον Ιορδανην εμπροσθεν του βασιλεως, και ελειτουργησαν την λειτουργιαν του διαβιβασαι τον βασιλεα, 'and they made ready Jordan before the king, and did the necessary service to bring over the king;' and the Vulgate has, *et irrumpentes Jordanem, ante regem transierunt vada, ut traducerent domum regis,* 'and breaking into Jordan, they passed the fords before the king, to bring over the king's household.' JOSEPHUS says they prepared a *bridge* over the Jordan, to facilitate his passage. *what he thought good. Heb.* the good in his eyes. *fell down.* Ps. 66. 3; 81. 15. Re. 3. 9.

19 *And said.* Ec. 10. 4. *Let not.* 1 Sa. 22. 15. Ps. 32. 2. Ro. 4. 6-8. 2 Co. 5. 19. *remember.* Ps. 79. 8. Is. 43. 25. Je. 31. 34. *did perversely.* ch. 16. 5-9, etc. Ex. 10. 16, 17. 1 Sa. 26. 21. Mat. 27. 4. *take it.* ch. 13. 20, 33. 1 Sa. 25. 25.

20 *I am come.* Ps. 78. 34-37. Je. 22. 23. Ho. 5. 15. *Joseph.* ver. 9; ch. 16. 5. Ge. 48. 14, 20. 1 Ki. 12. 20, 25. Ho. 4. 15-17; 5. 3.

21 *Shall not.* Ex. 22. 28. 1 Ki. 21. 10, 11. *cursed.* ch. 16. 5, 7, 13. 1 Sa. 24. 6; 26. 9.

22 *What have.* ch. 3. 39; 16. 10. 1 Sa. 26. 8. Mat. 8. 29. *shall there any man.* 1 Sa. 11. 13. Is. 16. 5. Lu. 9. 54-56.

23 *Thou shalt.* 1 Ki. 2. 8, 9, 37, 46. *sware.* 1 Sa. 28. 10; 30. 15. He. 6. 16.

24 *Mephibosheth.* ch. 9. 6; 16. 3. *dressed his feet.* Literally, *made his feet,* which seems to mean washing the feet, paring the nails, and perhaps anointing or otherwise perfuming them, if not tinging the nails with *henna;* see Note on De. 21. 12. Sir JOHN CHARDIN, in his MS. note on this place, informs us, that it is customary in the East to have as much care of the feet as the hands; and that their barbers cut and adjust the nails with a proper instrument, because they often go barefoot. The nails of the toes of the mummies inspected in London in 1763, of which an account is given in the Philosophical Transactions for 1764, seem to have been tinged with some reddish colour. ch. 15. 30. Is. 15. 2. Je. 41. 5. Mat. 6. 16. Ro. 12. 15. He. 13. 3. *trimmed.* Literally, *made his beard,* which may mean, combing, curling, and perfuming it. But Mr. MORIER says that they almost universally dye the beard black, by successive layers of a paste made of henna, and another made of the leaf of the indigo: the first tinging it with an orange colour, and the next with a dark bottle green, which becomes jet black when exposed to the air for twenty-four hours.

25 *Wherefore.* ch. 16. 17.

26 *I will saddle.* ch. 16. 2, 3. *thy servant.* ch. 4. 4.

27 *slandered.* ch. 16. 3. Ex. 20. 16. Ps. 15. 3; 101. 5. Je. 9. 4. *as an angel.* ch. 14. 17, 20. 1 Sa. 29. 9.

28 *were.* Ge. 32. 10. *dead men. Heb.* men of death. 1 Sa. 26. 16. *didst thou.* ch. 9. 7, 8, 10, 13. *to cry.* 2 Ki. 8. 3.

29 *Why speakest.* Job 19. 16, 17. Pr. 18. 13. Ac. 18. 15. *Thou.* De. 19. 17-19. Ps. 82. 2; 101. 5.

30 *Yea.* ch. 1. 26. Ac. 20. 24. Phi. 1. 20.

31 1 Ki. 2. 7. Ezr. 2. 61. Ne. 7. 63.

32 *fourscore.* Ge. 5. 27; 9. 29; 25. 7; 47. 28; 50. 26. De. 34. 7. Ps. 90. 3-10. Pr. 16. 31. *provided.* ch. 17. 27. *for he was.* 1 Sa. 25. 2. Job 1. 3.

33 *Come thou.* ch. 9. 11. Mat. 25. 34-40. Lu. 22. 28-30. 2 Th. 1. 7.

34 *How long have I to live? Heb.* How many days *are* the years of my life? Ge. 47. 9. Job 14. 14. Ps. 39. 5, 6. 1 Co. 7. 29. Ja. 4. 14.

35 *can I discern.* Job 6. 30; 12. 11. He. 5. 14. 1 Pe. 2. 3. *taste.* Ec. 12. 1-5. *I hear.* Ezr. 2. 65. Ne. 7. 67. Ec. 2. 8; 12. 4. *a burden.* ch. 13. 25; 15. 33.

36 *the king.* Lu. 6. 38.

37 *Let thy.* The whole of this little episode is extremely interesting, and contains an affecting description of the infirmities of old age. The venerable and kind Barzillai was fourscore years old; his *ear* was become dull of hearing, and his *relish* for even royal dainties was gone: the evil days had arrived in which he was constrained to say, 'I have no pleasure in them.' (Ec. 12. 1.) As he was too old either to enjoy the pleasures of a court, or to be of any further service to the king, he finishes his affecting address to the aged monarch with the request, that he would suffer him to enjoy what old men naturally desire, to 'die in mine own city, and be buried by the grave of my father and my mother;' at the same time commending his son Chimham to his kind offices. *I may die.* Ge. 48. 21. Jos. 23. 14. Lu. 2. 29, 30. 2 Ti. 4. 6. 2 Pe. 1. 14. *by the grave.* Ge. 47. 30; 49. 29-31; 50. 13. 1 Ki 13. 22. *Chimham.* ver. 40. 1 Ki. 2. 7. Je. 41. 17.

38 *require. Heb.* choose.

39 *the king.* The *kiss* was the token of friendship and farewell; the *blessing* was a *prayer to God* for his prosperity: probably a prophetical benediction. *kissed Barzillai.* Ge. 31. 55; 45. 15. Ru. 1. 14. 1 Ki. 19. 20. Ac. 20. 37. 1 Th. 5. 26. *blessed.* ch. 6. 18, 20; 13. 25. Ge. 14. 19; 28. 3; 47. 7, 10. Lu. 2. 34. *returned.* Ge. 31. 55. Nu. 24. 25. 1 Sa. 24. 22.

40 *Chimham. Heb.* Chimhan. *all the people.* ver. 11-15. Ge. 49. 10. Mat. 21. 9.

41 *Why have.* Ju. 8. 1; 12. 1. Jno. 7. 5, 6. *stolen.* ver. 3. Ge. 31. 26, 27.

42 *Because.* ver. 12; ch. 5. 1. 1 Ch. 2. 3-17.

43 *We have.* ch. 20. 1, 6. 1 Ki. 12. 16. *ten parts.* ch. 5. 1. Pr. 13. 10. *despise us. Heb.* set us at light. *our advice.* ver. 9, 14. Ga. 5. 20, 26. Phi. 2. 3. *the words.* Ju. 8. 1; 9. 23; 12. 1-6. Pr. 15. 1; 17. 14; 18. 19. Ro. 12. 21. Ga. 5. 15, 20. Ja. 1. 20; 3. 2-10, 14-16; 4. 1-5. Whatever value or respect the men of Israel at this time professed for their king, they would not have quarrelled so fiercely about their own credit and interest in recalling him, if they had been truly sorry for their former rebellion.

## CHAP. XX.

*By occasion of the quarrel, Sheba makes a party in Israel,* 1, 2. *David's ten concubines are put in confinement for life,* 3. *Amasa, made captain over Judah, is slain by Joab,* 4-13. *Joab pursues Sheba unto Abel,* 14, 15. *A wise woman saves the city by Sheba's head,* 16-22. *David's officers,* 23-26.

1 *And there.* ch. 19. 41-43. Ps. 34. 19. *a man.* ch. 23. 6. De. 13. 13. Ju. 19. 22. 1 Sa. 2. 12; 30. 22. Ps. 17. 13. Pr. 26. 21. Hab. 1. 12, 13. *he blew.* ch. 15. 10. Ju. 3. 27. Pr. 24. 21, 22; 25. 8. *We have.* ch. 19. 43. 1 Ki. 12. 16. 2 Ch. 10. 6. Lu. 19. 14, 27.

2 *every man.* ch. 19. 41. Ps. 62. 9; 118. 8-10. Pr. 17. 14. *the men.* Jno. 6. 66-68. Ac. 11. 23. *from Jordan.* ch. 19. 15, 40, 41. 2 Ch. 10. 17.

3 *ten women.* ch. 15. 16; 16. 21, 22. *and put.* The confinement and retired maintenance of these women was the only measure which in justice and prudence could be adopted. In China, when an emperor dies, all his women are removed to an edifice called the *palace of chastity,* situated within the palace, in which they are shut up for the remainder of their lives. *ward. Heb.* an house of ward. Ge. 40. 3. *shut. Heb.* bound. *living in widowhood. Heb.* in widowhood of life.

4 *Amasa.* ch. 17. 25; 19. 13. 1 Ch. 2. 17. *Assemble. Heb.* Call.

5 *So Amasa.* ch. 19. 13. *tarried.* 1 Sa. 13. 8.

6 *Abishai.* ch. 2. 18; 3. 30, 39; 10. 9, 10, 14; 18. 2, 12; 21. 17; 23. 18. 1 Sa. 26. 6. 1 Ch. 11. 20; 18. 12. *do us.* ch. 19. 7. *thy lord's.* ch. 11. 11. 1 Ki. 1. 33. *escape us. Heb.* deliver himself from our eyes.

7 ver. 23; ch. 8. 16, 18; 15. 18; 23. 22, 23. 1 Ki. 1. 38, 44.

8 *in Gibeon.* ch. 2. 13; 3. 30. *Amasa.* ver. 4, 5.

9 *Art thou.* Ps. 55. 21. Pr. 26. 24-26. Mi. 7. 2. *took Amasa.* THEVENOT says, that among the Turks it is a great affront to take one by the beard, unless it be to kiss him, in which case they often do it. D'ARVIEUX, describing an assembly of Arab emirs at an entertainment, says, 'After the usual civilities, caresses, *kissings of the beard*, and of the hand, which every one gave and received according to his rank and dignity, they sat down upon mats.' The doing this by the Arab emirs corresponds with the conduct of Joab, and illustrates this horrid assassination. *to kiss him.* Mat. 26. 48, 49. Lu. 22. 47, 48.

10 *in Joab's.* ver. 9. Ju. 3. 21. 1 Ch. 12. 2. *he smote.* ch. 2. 23; 3. 27. Ge. 4. 8. 1 Ki. 2. 5, 6, 31-34. *and shed.* Ac. 1. 18, 19. *struck him not again. Heb.* doubled not his *stroke.* 1 Sa. 26. 8.

11 *He that.* ver. 6, 7, 13, 21. *for David.* ver. 4. 2 Ki. 9. 32.

12 ch. 17. 25. Ps. 9. 16; 55. 23. Pr. 24. 21, 22.

14 *Abel.* Or rather, probably, *Abel of Beth-Maachah*, as in the next verse. It appears, from Joab having marched 'through all the tribes of Israel,' to have been situated in the northern confines of the land of Israel, and in the half tribe of Manasseh, east of Jordan, as that was the situation of Maachah, to which it belonged. This agrees with the situation of the *Abela* which EUSEBIUS and JEROME place between Paneas, or Cæsarea Philippi, and Damascus. JOSEPHUS says it was a fortified city, and a metropolis of the Israelites; and also that it belonged to the ten tribes, having been taken from the king of Damascus. 1 Ki. 15. 20. 2 Ki. 15. 29. 2 Ch. 16. 4. *Berites.* Jos. 18. 25, Beeroth.

15 *cast up.* 2 Ki. 19. 32. Je. 32. 24; 33. 4. Lu. 19. 43. *a bank.* So LXX. generally render *solelah*, by προσχωμα or χωμα; which latter is described by POTTER as 'a *mount*, which was raised so high as to equal, if not exceed, the top of the besieged walls. The sides were walled in with bricks or stones, or secured with strong rafters; the fore part only, *being by degrees to be moved near the walls*, remained bare.' *it stood in the trench. or,* it stood against the outmost wall. *battered,* etc. *Heb.* marred to throw down.

16 ch. 14. 2. 1 Sa. 25. 3, 32, 33. Ec. 9. 14-18.

17 *Hear the words.* ch. 14. 12. 1 Sa. 25. 24.

18 *They were wont,* etc. *or,* They plainly spake in the beginning, saying, Surely they will ask of Abel, and so make an end. De. 20. 10, 11.

19 *peaceable.* Ge. 18. 23. Ro. 13. 3, 4. 1 Ti. 2. 2. *a mother.* Ju. 5. 7. Eze. 16. 45-49. *swallow.* ch. 17. 16. Nu. 16. 32; 26. 10. Ps. 124. 3. Je. 51. 34, 44. La. 2. 2, 5, 16. 1 Co. 15. 54. 2 Co. 5. 4. *the inheritance.* ch. 21. 3. Ex. 19. 5, 6. De. 32. 9. 1 Sa. 26. 19.

20 *Far be it.* ch. 23. 17. Job 21. 16; 22. 18. *that I should.* ver. 10. Pr. 28. 13. Je. 17. 9. Lu. 10. 29.

21 *a man.* ver. 1. Ju. 2. 9; 7. 24. 2 Ki. 5. 22. Je. 4. 15; 50. 19. *by name. Heb.* by his name. *lifted.* ch. 23. 18. 1 Sa. 24. 6; 26. 9. *his head.* ch. 17. 2, 3. 2 Ki. 10. 7. Ju. 18. 4-8.

22 *in her wisdom.* Ec. 7. 19; 9. 14-18. *he blew.* ver. 1; ch. 2. 28; 18. 16. *retired. Heb.* were scattered. *And Joab.* ch. 3. 28-39; 11. 6-21. Ec. 8. 11.

23 *Now Joab.* ch. 8. 16-18. 1 Ch. 18. 15-17. *and Benaiah.* See on ver. 7.

24 *Adoram.* 1 Ki. 4. 6; 12. 18. *recorder. or,* remembrancer. 1 Ki. 4. 3.

25 *Sheva.* ch. 8. 17. 1 Ki. 4. 4. 1 Ch. 18. 16, *Shavsha.*

26 *Ira.* ch. 23. 38. 1 Ch. 11. 40, Ithrite. *Jairite.* Ju. 10. 4, 5. *chief ruler. or,* prince. ch. 8. 18. Ge. 41. 43, 45. Ex. 2. 14, 16. The Hebrew is *cohen ledawid*, which might be rendered, a *priest of David;* and so the Septuagint, Vulgate, Syriac, and Arabic. The Chaldee has *rav*, a *chief* or *prince:* probably he was a kind of *domestic chaplain* or *seer* to the king. See ch. 24. 11. 2 Ch. 35. 15.

## CHAP. XXI.

*The three years' famine for the Gibeonites ceases, by hanging seven of Saul's sons, 1-9. Rizpah's kindness unto the dead, 10, 11. David buries the bones of Saul and Jonathan in his father's sepulchre, 12-14. Four battles against the Philistines, wherein four valiants of David slay four giants, 15-22.*

1 A.M. 2986. B.C. 1018. An. Ex. Is. 473. *a famine.* Ge. 12. 10; 26. 1; 41. 57; 42. 1; 43. 1. Le. 26. 19, 20, 26. 1 Ki. 17. 1; 18. 2. 2 Ki. 6. 25; 8. 1. Je. 14. 1, etc. *enquired. Heb.* sought the face, etc. *of the Lord.* ch. 5. 19, 23. Nu. 27. 21. 1 Sa. 23. 2, 4, 11. Job 5. 8-10; 10. 2. Ps. 50. 15; 91. 15. *It is.* Jos. 7. 1, 11, 12. *Saul.* 1 Sa. 22. 17-19.

2 *now the.* Jos. 9. 3-21. *the Amorites.* The Gibeonites were *Hivites*, not Amorites, as appears from Jos. 6. 19; but *Amorites* is a name often given to the Canaanites in general. Ge. 15. 16. Am. 11. 9. *in his zeal.* De. 7. 16. 1 Sa. 14. 44; 15. 8, 9. 2 Ki. 10. 16, 31. Lu. 9. 54, 55. Jno. 16. 2. Ro. 10. 2. Ga. 4. 17.

3 *wherewith.* Ex. 32. 30. Le. 1. 4. 1 Sa. 2. 25. Mi. 6. 6, 7. He. 9. 22; 10. 4-12. *bless.* ch. 20. 19.

4 *We will,* etc. *or, It is* not silver nor gold that we have to do with Saul, or his house; neither *pertains it* to us to kill, etc. *no silver.* Ps. 49. 6-8. 1 Pe. 1. 18, 19.

5 *The man.* ver. 1. Es. 9. 24, 25. Mat. 7. 2. *devised. or,* cut us off. Da. 9. 26.

6 *Let seven.* As God accepted the expiation here demanded, we must suppose that both the enquiry of David, and the answer of the Gibeonites, were directed by some open or secret intimation from him. *hang.* ch. 17. 23; 18. 10. Ge. 40. 19, 22. Nu. 25. 4, 5. De. 21. 22. Jos. 8. 29; 10. 26. Ezr. 6. 11. Es. 9. 10, 13, 14. Mat. 27. 5. *in.* 1 Sa. 10. 26; 11. 4. *whom the Lord did choose. or,* the chosen of the Lord. 1 Sa. 9. 16, 17; 10. 1, 24. Ac. 13. 21.

7 *Mephibosheth.* ch. 4. 4; 9. 10; 16. 4; 19. 25. *because.* 1 Sa. 18. 3; 20. 8, 15, 17, 42; 23. 18.

8 *Rizpah.* ch. 3. 7. *and the five sons.* This Adriel did not marry Michal, Saul's younger daughter, but *Merab*, 1 Sa. 18. 19; Michal being married to David, and afterwards to Phaltiel; though it is here said *she bore, (yaledah,)* not *brought up*, as falsely rendered, five sons to Adriel. Two of Dr. KENNICOTT's MSS., however, have *Merab*, instead of Michal; the Syriac and Arabic have *Nadab;* and the Chaldee renders the passage thus: 'And the five sons of *Merab* which Michal the daughter of Saul brought up, which she brought forth to Adriel the son of Barzillai.' *Michal. or,* Michal's sister. 1 Sa. 18. 19. *brought up for. Heb.* bare to.

9 *before the Lord.* See on ver. 6; ch. 6. 17, 21. Ex. 20. 5. Nu. 35. 31-34. De. 21. 1-9. 1 Sa. 15. 33. 2 Ki. 24. 3, 4. *in the beginning.* This happened in Judea about the vernal equinox, or 21st of March. Ru. 1. 22.

10 *Rizpah.* ver. 8; ch. 3. 7. *took sackcloth.* 1 Ki. 21. 27. Joel 1. 13. *from the.* See on ver. 9. De. 21. 13. *until water.* Some suppose that this means a providential supply of *rain*, in order to remove the famine; but from the manner in which it is introduced, it seems to denote the *autumnal* rains, which commence about October. For five months did this broken-hearted woman watch by the bodies of her sons! De. 11. 14. 1 Ki. 18. 41-45. Je 5. 24, 25; 14. 22. Ho. 6. 3. Joel 2. 23. Zec. 10. 1. *the birds.* Ge. 40. 19. Eze. 39. 4.

11 *told David.* ch. 2. 4. Ru. 2. 11, 12.

12 *the bones of Saul.* ch. 2. 5-7. 1 Sa. 31. 11-13.

*Beth-shan.* Jos. 17. 11. Beth-shean. 1 Sa. 31. 10. *in Gilboa.* ch. 1. 6, 21. 1 Sa. 28. 4; 31. 1. 1 Ch. 10. 1, 8.

14 *buried.* ch. 3. 32; 4. 12. *Zelah.* Jos. 18. 28. 1 Sa. 10. 2, Zelzah. *God.* ch. 24. 25. Ex. 32. 27-29. Nu. 25. 13. Jos. 7. 26. 1 Ki. 18. 40, 41. Je. 14. 1-7. Joel 2. 18, 19. Am. 7. 1-6. Jon. 1. 15. Zec. 6. 8.

15 *the Philistines.* ch. 5. 17, 22. 1 Ch. 20. 4. *and David waxed faint.* Jos. 14. 10, 11. Ps. 71. 9, 18; 73. 26. Ec. 12. 3. Is. 40. 28-30. Je. 9. 23, 24. 1 Pe. 1. 24, 25.

16 *of the sons.* Ge. 6. 4. Nu. 13. 32, 33. De. 1. 28; 2. 10, 21; 3. 11; 9. 2. 1 Sa. 17. 4, 5. *the giant. or,* Rapha. ver. 18, 20, marg.; ch. 5. 18. Ge. 14. 5. *whose spear. Heb.* the staff, *or,* the head. *thought.* 1 Sa. 17. 45-51.

17 *Abishai.* ch. 20. 6-10. *succoured.* ch. 22. 19. Ps. 46. 1; 144. 10. *Thou shalt.* ch. 18. 3. *quench.* ch. 14. 7. 1 Ki. 11. 36; 15. 4. Ps. 132. 17. Jno. 1. 8, 9; 5. 35. *light. Heb.* candle, *or* lamp.

18 *Sibbechai.* 1 Ch. 11. 29; 20. 4. *Saph. or,* Sippai. 1 Ch. 20. 4. *the giant. or,* Rapha. ver. 16, 20, marg.

19 *Elhanan,* etc. Instead of יערי ארגים בית הלחמי את גלית of the text, we should certainly read, as in the parallel text, 'And Elhanan the son of Jair, *slew* Lahmi the brother of Goliath.' 1 Ch. 11. 26. *Jaare-oregim. or,* Jair. 1 Ch. 20. 5. *Goliath.* 1 Sa. 17. 4, etc.

20 *yet a battle.* 1 Ch. 20. 6. *the giant. or,* Rapha. ver. 16, 18, marg.

21 *defied. or,* reproached. 1 Sa. 17. 10, 25, 26, 36. 2 Ki. 19. 13. *Jonathan.* 1 Ch. 27. 32. *Shimeah.* 1 Sa. 16. 9; 17. 13, Shammah. 1 Ch. 2. 13, Shimma.

22 *four.* 1 Ch. 20. 8. *fell by.* Jos. 14. 12. Ps. 60. 12; 108. 13; 118. 15. Ec. 9. 11. Je. 9. 23. Ro. 8. 31, 37.

## CHAP. XXII.

*David's psalm of thanksgiving for God's powerful deliverance, and manifold blessings.*

1 *David.* Ps. 50. 14; 103. 1-6; 116. 1, etc. *words.* Ex. 15. 1. Ju. 5. 1. *in.* ver. 49. Ps. 18, title; 34. 19. Is. 12. 1, etc. 2 Co. 1. 10. 2 Ti. 4. 18. Re. 7. 9-17. *and out.* 1 Sa. 23. 14; 24. 15; 25. 29; 26. 24; 27. 1.

2 De. 32. 4. 1 Sa. 2. 2. Ps. 18. 2, etc.; 31. 3; 42. 9; 71. 3; 91. 2; 144. 2. Mat. 16. 18.

3 *in him.* He. 2. 13. *shield.* Ge. 15. 1. De. 33. 29. Ps. 3. 3; 5. 12; 28. 7; 84. 9, 11; 115. 9-11. Pr. 30. 5. *the horn.* 1 Sa. 2. 1. Lu. 1. 69. *my high.* ver. 51. Ps. 61. 3; 144. 2. Pr. 18. 10. *my refuge.* Ps. 9. 9; 14. 6; 18. 2; 27. 5; 32. 7; 46. 1, 7, 11; 59. 16; 71. 7; 142. 4. Is. 32. 2. Je. 16. 9. *my saviour.* Is. 12. 2; 45. 21. Lu. 1. 47, 71. Tit. 3. 4, 6. *thou savest.* ver. 49. Ps. 55. 9; 72. 14; 86. 14; 140. 1, 4, 11.

4 *I will.* Ps. 116. 2, 4, 13, 17. *worthy.* Ne. 9. 5. Ps. 18. 3; 66. 2; 106. 2; 148. 1-4. Re. 4. 11; 5. 12. *so.* Ps. 34. 6; 50. 15; 55. 16; 56. 9; 57. 1-3. Ro. 10. 13.

5 *waves. or,* pangs. 1 Th. 5. 3. *the floods.* Ps. 18. 4; 69. 14, 15; 93. 3, 4. Is. 59. 19. Je. 46. 7, 8. Re. 12. 15, 16; 17. 1, 15. *ungodly men. Heb.* Belial.

6 *sorrows. or,* cords. Job 36. 8. Ps. 18. 5; 116. 3; 140. 5. Pr. 5. 22. Jon. 2. 2. Ac. 2. 24. *the snares.* Pr. 13. 14; 14. 27.

7 *my distress.* Ps. 116. 4; 120. 1. Mat. 26. 38, 39. Lu. 22. 44. He. 5. 7. *did hear.* Ex. 3. 7. Ps. 34. 6, 15-17. *out.* 1 Ki. 8. 28-30. Ps. 18. 6; 27. 4. Jon. 2. 4, 7. Hab. 2. 20. *my cry.* Ja. 5. 4.

8 *the earth.* Ju. 5. 4. Ps. 18. 7; 77. 18; 97. 4. Hab. 3. 6-11. Mat. 27. 51; 28. 2. Ac. 4. 31. *foundations.* Job 26. 11. Na. 1. 5.

9 *went.* ver. 16. Ex. 15. 7, 8; 19. 18; 24. 17. De. 32. 22. Job 4. 9; 41. 20, 21. Ps. 18. 8, 15; 97. 3-5. Is. 30. 27, 33. Je. 5. 14; 15. 14. He. 12. 29. *out of his. Heb.* by his, etc. *coals.* Hab. 3. 5.

10 *bowed.* Ps. 144. 5. Is. 64. 1-3. *darkness.* Ex. 20. 21. De. 4. 11. 1 Ki. 8. 12. Ps. 97. 2; 104. 3. Mat. 27. 45. Lu. 23. 44, 45.

11 *a cherub.* Ge. 3. 24, Ex. 25. 19. 1 Sa. 4. 4. Ps. 18. 10; 68. 17; 80. 1; 99. 1. Eze. 9. 3; 10. 2-14. He. 1. 14. *upon the.* Ps. 104. 3; 139. 9.

12 *made.* ver. 10. Ps. 18. 11, 12; 27. 5; 97. 2. *dark waters. Heb.* binding of waters.

13 *coals of fire.* ver. 9.

14 *thundered.* Ex. 19. 6. Ju. 5. 20. 1 Sa. 2. 10; 7. 10; 12. 17, 18. Job 37. 2-5; 40. 9. Ps. 29. 3-9; 77. 16-19. Is. 30. 30. Eze. 10. 5. Re. 11. 19.

15 *arrows.* De. 32. 23. Jos. 10. 10. Ps. 7. 12, 13; 18. 14; 45. 5; 144. 6, 7. Hab. 3. 11.

16 *the channels.* Ex. 14. 21-27; 15. 8-10. Ps. 18. 15-17; 114. 3-7. *rebuking.* Ex. 15. 8. Job 38. 11. Ps. 106. 9. Na. 1. 4. Hab. 3. 8-10. Mat. 8. 26, 27. *nostrils. or,* anger. ver. 9. Ps. 74. 1.

17 *sent.* Ps. 18. 16; 144. 7. *he drew.* Ps. 32. 6; 59. 1, 2; 93. 3, 4; 124. 4, 5; 130. 1. Is. 43. 2. La. 3. 54. Re. 17. 15. *many. or,* great.

18 *delivered.* ver. 1. Ps. 3. 7; 56. 9. 2 Co. 1. 10. 2 Ti. 4. 17.

19 *prevented.* ch. 15. 10-13. 1 Sa. 19. 11-17; 23. 26, 27. Ps. 18. 18, 19; 118. 10-13. Mat. 27. 39-44. *the Lord.* Ps. 71. 20, 21. Is. 26. 34; 50. 10.

20 *brought.* Ge. 26. 22. 1 Ch. 4. 10. Ps. 31. 8; 118. 5. Ho. 4. 16. *delighted.* ch. 15. 26. Ps. 22. 8; 147. 11; 149. 4. Is. 42. 1. Mat. 3. 17; 17. 5; 27. 43. Ac. 2. 32-36.

21 *rewarded.* ver. 25. 1 Sa. 26. 23. 1 Ki. 8. 32. Ps. 7. 3, 4, 8; 18. 20-25; 19. 11. 1 Co. 15. 58. *cleanness.* Job 17. 9. Ps. 24. 4. Ja. 4. 8.

22 *I have kept.* Nu. 16. 15. 1 Sa. 12. 3. Job 23. 10-12. 2 Co. 1. 12. *the ways.* Ge. 18. 19. Ps. 119. 1; 128. 1. Pr. 8. 32. *have not.* Ps. 36. 3; 125. 5. Zep. 1. 6. Jno. 15. 10. He. 10. 38, 39.

23 *For all.* Ps. 119. 6, 86, 128. Lu. 1. 6. Jno. 15. 14. *judgments.* De. 6. 1, 2; 7. 12. Ps. 19. 8, 9; 119. 13, 30, 102. *I did not.* De. 8. 11.

24 *upright.* Ge. 6. 9; 17. 1. Job 1. 1. Ps. 51. 6; 84. 11. Jno. 1. 47. 2 Co. 5. 11. *before him. Heb.* to him. *kept.* Pr. 4. 23. He. 12. 1.

25 *recompensed.* ver. 21. Is. 3. 10. Ro. 2. 7, 8. 2 Co. 5. 10. *in his eye sight. Heb.* before his eyes. Pr. 5. 21.

26 *the merciful.* Mat. 5. 7. Ja. 2. 13.

27 *the pure.* Mat. 5. 8. *froward.* Le. 26. 23-28. De. 28. 58-61. Ps. 125. 5. *shew thyself unsavoury. or,* wrestle. Ex. 18. 11. Ps. 18. 26. Is. 45. 9.

28 *afflicted.* Ex. 3. 7, 8. Ps. 12. 5; 72. 12, 13; 140. 12. Is. 61. 1-3; 63. 9. Mat. 5. 3. *but thine.* Ex. 9. 14-17; 10. 3; 18. 11. Job 40. 11, 12. Ps. 138. 6. Pr. 21. 4. Is. 2. 11; 5. 15; 37. 23, 28, 29. Da. 4. 37. Ja. 4. 6, 7. 1 Pe. 5. 5, 6.

29 *lamp. or,* candle. Job 29. 3. Ps. 27. 1; 84. 11. Jno. 8. 12. Re. 21. 23. *lighten.* Ps. 4. 6; 18. 28; 97. 11; 112. 4. Is. 50. 10; 60. 19, 20. Mi. 7. 9. Mal. 4. 2. Jno. 12. 46.

30 *run through. or,* broken. Ps. 18. 29; 118. 10-12. Ro. 8. 37. Phi. 4. 13.

31 *his way.* De. 32. 4. Da. 4. 37. Mat. 5. 48. Re. 15. 3. *the word.* Ps. 12. 6; 18. 30; 119. 140. Pr. 30. 5. *tried. or,* refined. *a buckler.* ver. 3. Ps. 35. 2; 91. 4. Pr. 2. 7.

32 *For who.* De. 32. 31, 39. 1 Sa. 2. 2. Is. 44. 6, 8; 45. 5, 6, 21. Je. 10. 6, 7, 16. *a rock.* ver. 2, 3.

33 *strength.* Ex. 15. 2. Ps. 18. 32; 27. 1; 28. 7, 8; 31. 4; 46. 1. Is. 41. 10. Zec. 10. 12. 2 Co. 12. 9. Ep. 6. 10. Phi. 4. 13. *maketh. Heb.* riddeth, *or* looseth. *my way.* He. 13. 21. *perfect.* De. 18. 13. Job 22. 3. Ps. 101. 2, 6; 119. 1.

34 *maketh. Heb.* equalleth to. *like hinds'.* ch. 2. 18. De. 33. 25. Hab. 3. 19. *setteth.* De. 32. 13. Is. 33. 16; 58. 14.

35 *teacheth.* Ps. 18. 33, 34; 144. 1. *to war. Heb.* for the war. *a bow.* Ps. 46. 9. Eze. 39. 3, 9, 10.

36 *the shield.* Ge. 15. 1. Ps. 84. 11. Ep. 6. 16. *gentleness.* Ps. 18. 35. *made me great. Heb.* multiplied me. Ge. 12. 2; 22. 17. Ps. 115. 14.

37 *enlarged.* Ps. 4. 1; 18. 36. Pr. 4. 12. *feet. Heb.* ankles. 1 Sa. 2. 9. Ps. 17. 5; 94. 18; 121. 3.

32 ch. 5. 18-25; 8. 1, 2, 13, 14; 10. 14. Ps. 21. 8, 9. Ro. 8. 37.

39 Ps. 18. 37, 38; 110. 1, 5, 6; 118. 10-12. Mal. 4. 1, 3.

40 *girded.* 1 Sa. 17. 49-51; 23. 5. Ps. 18. 32, 39

Is. 45. 5. Col. 1. 11. *them.* Ps. 44. 5; 144. 2. *subdued. Heb.* caused to bow. Is. 60. 14. Re. 5. 9.

41 *necks.* Ge. 49. 8. Ex. 23. 27. Jos. 10. 24. Ps. 18. 40, 41. *I might.* Ps. 21. 8, 9. Lu. 19. 14, 27. 2 Th. 1. 8, 9.

42 *unto the Lord.* 1 Sa. 28. 6. Job 27. 9. Pr. 1. 28. Is. 1. 15. Eze. 20. 3. Mi. 3. 4. Mat. 7. 22, 23. Lu. 13. 25, 26.

43 *as small.* 2 Ki. 13. 7. Ps. 35. 5. Da. 2. 35. Mal. 4. 1. *as the mire.* Ps. 18. 42. Is. 10. 6. Mi. 7. 10. Zec. 10. 5. *did spread.* De. 32. 26. Is. 26. 15. Zec. 2. 6. Lu. 21. 24.

44 *delivered.* ch. 3. 1; 5. 1; 18. 6-8; 19. 9, 14; 20. 1, 2, 22. Ps. 2. 1-6; 18. 43. Ac. 4. 25-28; 5. 30, 31. *head.* ch. 8. 1-14. De. 28. 13. Ps. 2. 8; 60. 8, 9; 72. 8, 9; 110. 6. Is. 60. 12. Da. 7. 14. Ro. 15. 12. Re. 11. 15. *a people.* Is. 55. 5; 65. 1. Ho. 2. 23. Ro. 9. 25.

45 *Strangers. Heb.* Sons of the stranger. Is. 56. 3, 6. *submit themselves. or,* yield feigned obedience. *Heb.* lie. De. 33. 29. Ps. 18. 44, 45; 66. 3; 81. 15. Ac. 8. 13, 21-23.

46 *fade away.* Is. 64. 6. Ja. 1. 11. *out.* Is. 2. 19, 21. Am. 9. 3. Mi. 7. 17.

47 *Lord.* De. 32. 39, 40. Job 19. 25. *the rock of.* Ps. 89. 26. Lu. 1. 47.

48 *avengeth me. Heb.* giveth avengement for me. ch. 18. 19, 31. 1 Sa. 25. 30. Ps. 94. 1. *that bringeth.* Ps. 110. 1; 144. 2. 1 Co. 15. 25.

49 *thou also.* ch. 5. 12; 7. 8, 9. Nu. 24. 7, 17-19. 1 Sa. 2. 8. Ps. 18. 48. *the violent.* Ps. 52. 1; 140. 1.

50 *among.* Ro. 15. 9. *I will sing.* Ps. 18. 49; 145. 1, 2; 146. 1, 2. Is. 12. 1-6.

51 *the tower.* ver. 2. Ps. 3. 3; 21. 1; 48. 3; 89. 26; 91. 2; 144. 10. *his anointed.* Ps. 18. 50; 89. 20. *seed.* ch. 7. 12, 13. Ps. 18. 50; 89. 29, 36. Je. 30. 9. Lu. 1. 31-33. Re. 11. 15.

## CHAP. XXIII.

*David, in his last words, professes his faith in God's promises to be beyond sense or experience, 1-5. The different state of the wicked, 6, 7. A catalogue of David's mighty men, 8-39.*

1 A.M. 2989. B.C. 1015. An. Ex. Is. 476. *the last.* Ge. 49. 1. De. 33. 1. Jos. ch. 23; 24. Ps. 72. 20. 2 Pe. 1. 13-15. *raised.* ch. 7. 8, 9; Ps. 78. 70. *the anointed.* 1 Sa. 2. 10; 16. 12, 13. Ps. 2. 6; 89. 20. *sweet psalmist.* 1 Ch. 16. 4, 5, 7, 9. Am. 6. 5. Lu. 20. 42; 24. 44. Ep. 5. 19, 20. Col. 3. 16. Ja. 5. 13.

2 Mat. 22. 43. Mar. 12. 36. Ac. 2. 25-31. He. 3. 7, 8. 2 Pe. 1. 21.

3 *God.* Ge. 33. 20. Ex. 3. 15; 19. 5, 6; 20. 2. *the Rock.* ch. 22. 2, 32. De. 32. 4, 30, 31. Ps. 42. 9. *He that ruleth. or,* Be thou ruler, etc. Ps. 110. 2. *must be just.* Ex. 23. 6-8. De. 16. 18-20. Ps. 82. 3, 4. Pr. 31. 9. Is. 11. 4, 5; 32. 1. Je. 23. 5. Zec. 9. 9. He. 1. 8. *ruling.* Ex. 18. 21. 2 Ch. 19. 7-9. Ne. 5. 15.

4 *as the light.* Ju. 5. 31. Ps. 89. 36; 110. 3. Pr. 4. 18. Is. 60. 1, 3, 18-20. Ho. 6. 5. Mal. 4. 2. Lu. 1. 78, 79. Jno. 1. 7. *morning.* Ho. 6. 3. *tender.* De. 32. 2. Ps. 72. 6. Is. 4. 2. Mi. 5. 7.

5 *Although.* ch. 7. 18; 12. 10; 13. 14, 28; 18. 14. 1 Ki. 1. 5; 2. 24, 25; 11. 6-8; 12. 14. *he hath made.* ch. 7. 14-16. 1 Ch. 17. 11-14. Ps. 89. 3, 28. Is. 9. 6, 7; 55. 3; 61. 8. Je. 32. 40; 33. 25, 26. Eze. 37. 26. He. 13. 20. *and sure.* 1 Sa. 2. 35; 25. 28. 1 Ki. 11. 38. Ac. 13. 34. He. 6. 19. *all my salvation.* Ps. 62. 2; 119. 81. *desire.* Ps. 27. 4; 63. 1-3; 73. 25, 26. *to grow.* Is. 4. 2; 7. 14; 9. 6, 7; 11. 1; 27. 6. Am. 9. 11. 1 Co. 3. 6, 7.

6 *the sons.* ch. 20. 1. De. 13. 13. 1 Sa. 2. 12. *thorns.* Ge. 3. 18. Ca. 2. 2. Is. 33. 12. Eze. 2. 6.

7 *fenced. Heb.* filled. *and they shall.* ch. 22. 8-10. Is. 27. 4. Mat. 3. 10-12; 13. 42. Lu. 19. 14, 27. Jno. 15. 6. 2 Th. 1. 8; 2. 8. He. 6. 8.

8 A.M. 2949-2989. B.C. 1055-1015. An. Ex. Is. 436-476. *The Tachmonite. or,* Josheb-bassebet, the Tachmonite, head of the three. 1 Ch. 11. 11, 12; 27. 2, 32. It is highly probable that in this verse, instead of *yoshaiv bashshaiveth tachkemoni,* we should read *yoshavâm ben chachmoni,* '*Joshebeam,* son of Hachmoni;' and instead of *hoo adino haëtzni, hoo ôrair eth chanitho,* 'he lift up his spear,' which are the readings in the parallel place in Chronicles, where it is also '*three* hundred,' instead of '*eight* hundred.' *whom he slew. Heb.* slain.

9 *Eleazar.* 1 Ch. 11. 12-14; 27. 4, Dodai. *defied.* Nu. 23. 7, 8. 1 Sa. 17. 10, 26, 36, 45, 46. *the men.* Is. 63. 3, 5. Mar. 14. 50.

10 *the Lord.* Jos. 10. 10, 42; 11. 8. Ju. 15. 14, 18. 1 Sa. 11. 13; 14. 6, 23; 19. 5. 2 Ki. 5. 1. Ps. 108. 13; 144. 10. Ro. 15. 18. 2 Co. 4. 5. Ep. 6. 10-18. *and the people.* Ps. 68. 12. Is. 53. 12.

11 *Shammah.* 1 Ch. 11. 27, Shammoth the Harorite. *the Philistines.* 1 Ch. 11. 13, 14. *into a troop. or,* for foraging.

12 *the Lord.* See on ver. 10. Ps. 3. 8; 44. 2. Pr. 21. 31.

13 *three,* etc. *or,* the three captains over the thirty. 1 Ch. 11. 15-19. *Shalishim,* 'captains,' should most probably be read, instead of *shaloshim:* thirty *shalishim,* as it is in ver. 8, and Ex. 14. 7: where LXX. render τριστατας, which JEROME (on Ezek. 33) says 'among the Greeks is the name of the second rank after the royal dignity.' *the cave.* Jos. 12. 15; 15. 35. 1 Sa. 22. 1. Mi. 1. 15. *the valley.* ch. 5. 18, 22. 1 Ch. 11. 15; 14. 9. Is. 17. 5.

14 *an hold.* 1 Sa. 22. 1, 4, 5; 24. 22. 1 Ch. 12. 16. *garrison.* 1 Sa. 10. 5; 13. 4, 23; 14. 1, 6.

15 *longed.* Nu. 11. 4, 5. Ps. 42. 1, 2; 63. 1; 119. 81. Is. 41. 17, 18; 44. 3. Jno. 4. 10, 14; 7. 37. *Bethlehem.* Bethlehem signifies the 'house of bread,' and the place was likewise noted for excellent water. There Christ was born, who is the 'bread of life,' and who also gives us the 'water of life.' 'The water that I shall give him shall be in him a well of water springing up into everlasting life. Jno. 4. 14.

16 *the three.* ver. 9. 1 Sa. 19. 5. Ac. 20. 24. Ro. 5. 7. 2 Co. 5. 14. *poured it.* Nu. 28. 7. 1 Sa. 7. 6. La. 2. 19. Phi. 2. 17.

17 *Be it far.* ch. 20. 20. Ge. 44. 17. 1 Sa. 2. 30; 26. 11. 1 Ki. 21. 3. 1 Ch. 11. 19. *the blood.* Ge. 9. 4. Le. 17. 10. Ps. 72. 14. Mat. 26. 28. Mar. 14. 24. Jno. 6. 52-54. *jeopardy.* Ju. 5. 18. 1 Co. 15. 30.

18 *Abishai.* ch. 2. 18; 3. 30; 10. 10, 14; 18. 2; 20. 10. 1 Sa. 26. 6-8. 1 Ch. 2. 16; 11. 20, 21. *and slew them. Heb.* slain.

19 *he attained.* ver. 9, 13, 16. 1 Ch. 11. 25. Mat. 13. 8, 23. 1 Co. 15. 41.

20 *Benaiah.* ch. 8. 18; 20. 23. 1 Ki. 1. 8, 26, 38; 2. 29-35, 46. 1 Ch. 18. 17; 27. 5, 6. *Kabzeel.* Jos. 15. 21. *who had done many acts. Heb.* great of acts. *he slew.* Ex. 15. 15. *lion-like men. Heb.* lions of God. ch. 1. 23. 1 Ch. 11. 22-24; 12. 8. *slew a lion.* Ju. 14. 5, 6. 1 Sa. 17. 34-37.

21 *a goodly man. Heb.* a man of countenance, *or* sight, *called,* 1 Ch. 11. 23, a man of *great* stature. *slew him.* 1 Sa. 17. 51. Col. 2. 15.

23 *more honourable. or,* honourable among the thirty. 1 Ch. 27. 6. *over his guard. or,* over his council. *Heb.* at his command. ch. 8. 8; 20. 23. 1 Sa. 22. 14.

24 *Asahel.* ch. 2. 18. 1 Ch. 11. 26; 27. 7.

25 *Shammah.* 1 Ch. 11. 27, 28, Shammoth the Harorite.

26 *Paltite.* 1 Ch. 11. 27; 27. 10, Pelonite. *Ira.* 1 Ch. 11. 28; 27. 9. *Tekoite.* See on ch. 14. 2.

27 *Abiezer.* 1 Ch. 11. 28, Antothite; 27. 12, Anetothite. *Mebunnai.* 1 Ch. 11. 29, Sibbecai.

28 *Maharai.* 1 Ch. 11. 30; 27. 13.

29 *Heleb.* 1 Ch. 11. 30, Heled; 27. 15, Heldai. *Ittai.* 1 Ch. 11. 31, Ithai.

30 *Benaiah.* 1 Ch. 11. 31; 27. 14. *Pirathonite.* Ju. 12. 15. *Hiddai.* 1 Ch. 11. 32, Hurai. *brooks. or,* valleys. De. 1. 24. Ju. 2. 9.

31 *Abi-albon.* 1 Ch. 11. 32, Abiel. *Barhumite.* 1 Ch. 11. 33, Baharumite.

32 *Jashen.* 1 Ch. 11. 34, Hashem, the Gizonite.
33 *Shammah.* 1 Ch. 11. 27. *Sharar.* 1 Ch. 11. 35, Sacar.
34 *Eliam.* ch. 11. 3; 15. 31; 17. 23. 1 Ch. 27. 33, 34.
35 *Hezrai.* 1 Ch. 11. 37, Hezro.
36 *Igal.* 1 Ch. 11. 38, Joel.
37 *Zelek.* 1 Ch. 11. 39. *Nahari.* 1 Ch. 11. 37.
38 *Ira.* ch. 20. 26. 1 Ch. 2. 53; 11. 40.
39 *Uriah.* ch. 11. 3, 6, etc.; 12. 9. 1 Ki. 15. 5. 1 Ch. 11. 41. Mat. 1. 6. *thirty and seven in all.* From the number of these officers being *thirty-seven*, it is almost self-evident that *shalishim* cannot denote *the thirty*, as rendered in ver. 13, etc., but some *particular description* of men, or *officers;* for it can scarcely be said, with propriety, that we have *thirty-seven* out of *thirty;* and besides, in the parallel place in 1 Chronicles, there are *sixteen* added!

## CHAP. XXIV.

*David, tempted by Satan, forces Joab to number the people, 1-4. The captains, in nine months and twenty days, bring the muster of thirteen hundred thousand fighting men, 5-9. David repents, and having three plagues propounded by God, chooses the three days' pestilence, 10-14. After the death of threescore and ten thousand, David by prayer prevents the destruction of Jerusalem, 15-17. David, by God's direction, purchases Araunah's threshing floor; where having sacrificed, the plague stays, 18-25.*

1 A.M. 2987. B.C. 1017. An. Ex. Is. 474. *again.* ch. 21. 1, etc. *he.* This verse, when read without reference to any other part of the word of God, is very difficult to understand, and has been used by those who desire to undermine the justice of God, to shew that he sought occasion to punish—that he incited David to sin; and when he had so incited him, gave *to him* the dreadful alternative of choosing one of three scourges by which his people were to be cut off. On the face of the passage these thoughts naturally arise, because 'the Lord' is the antecedent to the pronoun 'he,'—HE moved David. But to those who 'search the Scriptures,' this exceedingly difficult passage receives a wonderful elucidation. By referring to 1 Ch. 21. 1, the reader will there find that *Satan was the mover*, and that the Lord most righteously punished David for the display of pride he had manifested. Oh! that Christians, who sometimes have their minds harassed with doubts, would remember the promise, that what they know not now they shall know hereafter; and if no other instance of elucidation than this passage occurred to them to remove their doubts, let this be a means of stirring them up to dig deeper than ever into the inexhaustible mines of the Inspired Word. Ja. 1. 13, 14. *moved.* ch. 12. 11; 16. 10. Ge. 45. 5; 50. 20. Ex. 7. 3. 1 Sa. 26. 19. 1 Ki. 22. 20-23. Eze. 14. 9; 20. 25. Ac. 4. 28. 2 Th. 2. 11. *Go, number.* 1 Ch. 27. 23, 24.

2 *Joab.* ch. 2. 13; 8. 16; 20. 23; 23. 37. *Go now,* etc. *or,* Compass now all. 1 Ch. 21. 2. *from Dan.* ch. 3. 10; 17. 11. Ju. 20. 1. *and number.* We know not in what the sinfulness of this action consisted. Some think it was a contempt of the promise that the Israelites should be innumerable, and that they ought not to have been numbered without an express command, as in the days of Moses. Others suppose with JOSEPHUS that it was a kind of sacrilege, in omitting to collect the half-shekel a-piece for the use of the sanctuary. It however would appear that *pride* and *ambition*, and a desire of conquest, induced David to this measure, and rendered it so displeasing to God. *that I may.* De. 8. 13, 14. 2 Ch. 32. 25, 26, 31. Pr. 29. 23. Je. 17. 5. 2 Co. 12. 7.

3 ch. 10. 12. 1 Ch. 21. 3, 4. Ps. 115. 14. Pr. 14. 28. Is. 60. 5.

4 *the king's.* 1 Ch. 21. 4. Ec. 8. 4. *went out.* Ex. 1. 17. Ac. 5. 29.

5 *Aroer.* De. 2. 36. Jos. 13. 9, 16. 1 Sa. 30. 28. Is. 17. 2. *river. or,* valley. *Jazer.* Nu. 32. 1, 3, 35. Is. 16. 8, 9.

6 *Gilead.* Ge. 31. 21, 47, 48. Nu. 32. 1, 39. *land of Tahtim-hodshi. or,* nether land newly inhabited. *Dan-jaan.* Jos. 19. 47. Ju. 18. 29. *Zidon.* Ge. 10. 15. Jos. 11. 8; 19. 28. Ju. 18. 28.

7 *Tyre.* Jos. 19. 29. *to Beer-sheba.* ver. 2. Ge. 21. 31-33.

9 *eight hundred thousand.* 1 Ch. 21. 5, 6; 27. 23, 24.

10 *David's heart.* 1 Sa. 24. 5. Jno. 8. 9. 1 Jno. 3. 20, 21. *I have sinned.* ch. 12. 13. 1 Ch. 21. 8. 2 Ch. 32. 26. Job 33. 27, 28. Ps. 32. 5. Pr. 28. 13. Mi. 7. 8, 9. 1 Jno. 1. 9. *take away.* Job 7. 21. Ho. 14. 2. Jno. 1. 29. *foolishly.* ch. 12. 13. De. 32. 6. 1 Sa. 13. 13; 26. 21. 2 Ch. 16. 9. Mar. 7. 22. Ti. 3. 3.

11 *Gad.* 1 Sa. 22. 5. 1 Ch. 21. 9; 29. 29. *seer.* 1 Sa. 9. 9.

12 *I offer.* 1 Ch. 21. 10, 11. *that I may.* ch. 12. 9, 10, 14. Le. 26. 41, 43. Job 5. 17, 18. Pr. 3. 12. He. 12. 6-10. Re. 3. 19.

13 *seven.* ch. 21. 1. Le. 26. 20. 1 Ki. 17. 1, etc. 1 Ch. 21. 12. Eze. 14. 13, 21. Lu. 4. 25. *flee.* Le. 26. 17, 36, 37. De. 28. 25, 52. *three days.* Le. 26. 16, 25. De. 28. 22, 27, 35. Ps. 91. 6. Eze. 14. 19-21.

14 *I am in.* 1 Sa. 13. 6. 2 Ki. 6. 15. Jno. 12. 27. Phi. 1. 23. *for his.* Ex. 34. 6, 7. 1 Ch. 21. 13. Ps. 51. 1; 86. 5, 15; 103. 8-14; 119. 156; 136; 145. 9. Is. 55. 7. Jon. 4. 2. Mi. 7. 18. *great. or,* many. *let me not.* 2 Ki. 13. 3-7. 2 Ch. 28. 5-9. Ps. 106. 41, 42. Pr. 12. 10. Is. 47. 6. Zec. 1. 15.

15 *the Lord.* Nu. 16. 46-49; 25. 9. 1 Sa. 6. 19. 1 Ch. 21. 14; 27. 4. Mat. 24. 7. Re. 6. 8. *from Dan.* See on ver. 2. *seventy thousand men.* Is. 37. 36.

16 *the angel.* Ex. 12. 23. 2 Ki. 19. 35. 1 Ch. 21. 15, 16. 2 Ch. 32. 21. Ps. 35. 6. Ac. 12. 23. *repented.* Ge. 6. 6. 1 Sa. 15. 11. Ps. 78. 38; 90. 13; 135. 14. Je. 18. 7-10. Joel 2. 13, 14. Am. 7. 3, 6. Hab. 3. 2. *It is enough.* Ex. 9. 28. 1 Ki. 19. 4. Is. 27. 8; 40. 1, 2; 57. 16. Joel 2. 13, 14. Mar. 14. 41. 2 Co. 2. 6. *Araunah.* ver. 18. 1 Ch. 21. 15. 2 Ch. 3. 1, Ornan. *the Jebusite.* ch. 5. 8. Ge. 10. 16. Jos. 15. 63. Ju. 1. 21; 19. 11. Zec. 9. 7.

17 *spake.* 1 Ch. 21. 16, 17. *Lo, I have sinned.* ver. 10. Job 7. 20; 42. 6. Ps. 51. 2-5. Is. 6. 5. *these sheep.* 1 Ki. 22. 17. Ps. 44. 11; 74. 1. Eze. 34. 2-6, 23, 24. Zec. 13. 7. *let thine.* Ge. 44. 33. Jno. 10. 11, 12. 1 Pe. 2. 24, 25.

18 *Gad.* ver. 11. 1 Ch. 21. 18, etc. *threshing-floor.* These, among the ancient Jews, were only round, level plats of ground in the open air, as they are to this day in the East, where the corn was trodden out by oxen. *Araunah. Heb.* Araniah. See on ver. 16.

19 *as the Lord.* Ge. 6. 22. 1 Ch. 21. 19. 2 Ch. 20. 20; 36. 16. Ne. 9. 26. He. 11. 8.

20 *bowed.* ch. 9. 8. Ge. 18. 2. Ru. 2. 10. 1 Ch. 21. 20, 21.

21 *Wherefore.* ver. 3, 18. *To buy.* Ge. 23. 8-16. 1 Ch. 21. 22. Je. 32. 6-14. *the plague.* ch. 21. 3-14. Nu. 16. 47-50; 25. 8. Ps. 106. 30.

22 *Let my lord.* Ge. 23. 11. 1 Ch. 21. 22. *be oxen.* 1 Sa. 6. 14. 1 Ki. 19. 21.

23 *as a king.* Ps. 45. 16. Is. 32. 8. *The Lord.* Job 42. 8, 9. Ps. 20. 3, 4. Is. 60. 7. Eze. 20. 40, 41. Ho. 8. 13. Ro. 15. 30, 31. 1 Ti. 2. 1, 2. 1 Pe. 2. 5.

24 *Nay.* Ge. 23. 13. 1 Ch. 21. 24. Mal. 1. 12-14. Ro. 12. 17. *So David.* 1 Ch. 21. 25; 22. 1.

25 *built there.* Ge. 8. 20; 22. 9. 1 Sa. 7. 9, 17. *So the Lord.* ver. 14; ch. 21. 14. 1 Ch. 21. 26, 27. La. 3. 32, 33.

# The First Book of the KINGS, commonly called The Third Book of the KINGS.

B.C. 1015. A.M. 2989.

## CHAP. I.

*Abishag cherishes David in his extreme age*, 1-4. *Adonijah, David's darling, usurps the kingdom*, 5-10. *By the counsel of Nathan*, 11-14, *Bath-sheba moves the king*, 15-21, *and Nathan seconds her*, 22-27. *David renews his oath to Bath-sheba*, 28-31. *Solomon, by David's appointment, being anointed king by Zadok and Nathan, the people triumph*, 32-40. *Jonathan bringing the news, Adonijah's guests fly*, 41-49. *Adonijah, flying to the horns of the altar, upon his good behaviour, is dismissed by Solomon*, 50-53.

1 *old.* David was probably now about *sixty-nine* years of age. He was *thirty* years old when he began to reign, reigned *forty*, and died in his *seventieth* year; and the transactions mentioned here are supposed to have taken place about a year before his death. Sixty-nine was not an advanced age; but he had been exhausted with various fatigues, and especially family afflictions, so that he was much older in constitution than in years. 2 Sa. 5. 4. 1 Ch. 23. 1; 29. 27, 28. Ps. 90. 10. *and stricken in years. Heb.* and entered into days. Ge. 18. 11; 24. 1. Jos. 23. 1, 2. Lu. 1. 7.

2 *Let there be sought. Heb.* Let them seek. *a young virgin. Heb.* a damsel, a virgin. *stand.* De. 10. 8. 1 Sa. 16. 21, 22. 2 Ch. 29. 11. *cherish him. Heb.* be a cherisher unto him. *lie.* Ge. 16. 5. De. 13. 6. 2 Sa. 12. 3. Mi. 7. 5. *get heat.* Ec. 4. 11.

3 *So.* Es. 2. 2-4. *Abishag.* ch. 2. 17-25. *Shunammite.* Jos. 19. 18. 1 Sa. 28. 4. 2 Ki. 4. 8, 25.

4 *knew her not.* Mat. 1. 25.

5 *Adonijah.* 2 Sa. 3. 4. 1 Ch. 3. 2. *exalted.* ver. 11; ch. 2. 24. Ex. 9. 17. Pr. 16. 18; 18. 12. Lu. 14. 11; 18. 14. *I will.* De. 17. 15. Ju. 9. 2. 1 Ch. 22. 5-11; 28. 5; 29. 1. *be king. Heb.* reign. *and he.* De. 17. 16. 2 Sa. 15. 1. Is. 2. 7.

6 *had not.* 1 Sa. 3. 13. Pr. 22. 15; 23. 13, 14; 29. 15. He. 12. 5, 6. *at any time. Heb.* from his days. *very.* 1 Sa. 9. 2; 10. 23. 2 Sa. 14. 25. *bare him.* 2 Sa. 3. 3, 4. 1 Ch. 3. 2.

7 *And he conferred. Heb.* his words were. 2 Sa. 15. 12. Ps. 2. 2. *Joab.* ch. 2. 28. 2 Sa. 8. 16; 20. 23. *Abiathar.* 1 Sa. 22. 20-23. 2 Sa. 15. 24-29, 35; 20. 25. *following Adonijah helped him. Heb.* helped after Adonijah. ch. 2. 22, 26-35.

8 *Zadok.* ch. 2. 35. 2 Sa. 8. 17, 18; 20. 25. 1 Ch. 27. 5, 6. Eze. 44. 15. *Nathan.* 2 Sa. 7. 2-4; 12. 1-15. *Shimei.* ch. 4. 18. Zec. 12. 13. *the mighty.* 2 Sa. 23. 8-39. 1 Ch. 11. 10-47.

9 *Adonijah.* The Oriental banquet, in consequence of the intense heat, is often spread upon the verdant turf, beneath the shade of a tree, where the streaming rivulet supplies the company with wholesome water, and excites a gentle breeze to cool their burning temples. *slew.* 2 Sa. 15. 12. Pr. 15. 8. *En-rogel. or,* the well Rogel. 2 Sa. 17. 17. *called.* 2 Sa. 13. 23-27; 15. 11.

10 ver. 8, 19. 2 Sa. 12. 1, etc.

11 *Nathan.* 2 Sa. 7. 12-17; 12. 24, 25. 1 Ch. 22. 9, 10; 28. 4, 5; 29. 1. *Adonijah.* See on ver. 5. *Haggith.* 2 Sa. 3. 4.

12 *let me.* Pr. 11. 14; 20. 18; 27. 9. Je. 38. 15. *save.* ver. 21. Ge. 19. 17. Ac. 27. 31. *the life.* Ju. 9. 5. 2 Ki. 11. 1. 2 Ch. 21. 4; 22. 10. Mat. 21. 38.

13 *Assuredly.* See on ver. 11, 17, 30. 1 Ch. 22. 6-13. *sit.* ver. 17, 24, 30, 35, 48; ch. 2. 12. De. 17. 18. 1 Ch. 29. 23. Ps. 132. 11, 12. Is. 9. 7. Je. 33. 21. Lu. 1. 32, 33.

14 *I also.* ver. 17-27. 2 Co. 13. 1. *confirm. Heb.* fill up.

15 *very old.* ver. 2-4.

16 *bowed.* ver. 23. 1 Sa. 20. 41; 24. 8; 25. 23. *And the.* ch. 2. 20. Es. 7. 2. Mat. 20. 21, 32. *What wouldest thou? Heb.* What to thee?

17 *My lord.* Ge. 18. 12. 1 Pe. 3. 6. *thou swarest.* It is not recorded when or upon what occasion David sware to Bathsheba that Solomon should succeed him; but it is supposed, with some degree of probability, that it took place after Absalom's rebellion; and as God himself had settled the succession, he might very properly give her this assurance. ver. 13, 30.

18 *Adonijah.* ver. 5, 24. 2 Sa. 15. 10. *thou knowest.* ver. 11, 24, 27. Ac. 3. 17.

19 ver. 7-10, 25.

20 *the eyes.* 2 Ch. 20. 12. Ps. 25. 15; 123. 2. Zec. 3. 9. *that thou.* At this time the monarchy of Israel was *unsettled:* no man knew who was to succeed to the crown; and the minds of the people were as unsettled as the succession. It was neither *hereditary* nor *elective:* the king, as was anciently the case in most countries, *named* his successor; but in this instance, God had already assigned the throne to Solomon. 2 Sa. 23. 2. 1 Ch. 22. 8-10; 28. 5, 6, 10; 29. 1.

21 *sleep.* See on ch. 2. 10. Ge. 15. 15. De. 31. 16. *that I.* That is, when Adonijah is established on the throne, I and my son Solomon shall be put to death as state criminals. The history of the world demonstrates, that the lust of dominion has tempted men to commit the most enormous crimes. A father has destroyed his son, a son deposed a father, and a brother murdered a brother, in order to obtain a crown! *offenders. Heb.* sinners. ch. 2. 15, 22-24.

22 Ge. 24. 15. Job 1. 16-18. Da. 9. 20.

23 *he bowed.* See on ver. 16. Ro. 13. 7. 1 Pe. 2. 17.

24 *hast thou.* ver. 14, 18. *reign.* ver. 5, 13, 17.

25 *slain.* See on ver. 9, 19. 1 Sa. 11. 14, 15. 1 Ch. 29. 21-23. *God save king Adonijah. Heb.* Let king Adonijah live. ver. 34. 1 Sa. 10. 24. 2 Sa. 16. 16. 2 Ki. 11. 12. 2 Ch. 23. 11, margins. Mat. 21. 9. Mar. 11. 9, 10. Lu. 19. 38.

26 ver. 8, 19. 2 Sa. 7. 2, 12-17; 12. 25.

27 *and thou.* ver. 24. 2 Ki. 4. 27. Jno. 15. 15.

28 *Call me.* She appears to have gone out when Nathan entered; and he retired when she was readmitted. *into the king's presence. Heb.* before the king.

29 *As the.* ch. 2. 24; 17. 1; 18. 10. Ju. 8. 19. 1 Sa. 14. 39, 45; 19. 6; 20. 21. 2 Sa. 12. 5. 2 Ki. 4. 30; 5. 16, 20. *hath.* Ge. 48. 16. 2 Sa. 4. 9. Ps. 34. 19-22; 72. 14; 136. 24; 138. 7.

30 *Even as I sware.* See on ver. 13, 17.

31 *did reverence.* 2 Sa. 9. 6. Es. 3. 2. Mat. 21. 37. Ep. 5. 33. He. 12. 9. *Let my.* See on ver. 25. Ne. 2. 3. Da. 2. 4; 3. 9; 5. 10; 6. 6, 21.

32 *Zadok.* See on ver. 8, 26, 38.

33 *Take.* 2 Sa. 20. 6. *and cause.* MAIMONIDES informs us, that it was a capital offence for any one to ride on the king's mule, to sit on his throne, or to handle his sceptre, without permission; and as David ordered Solomon to ride on his own mule, etc., it was ample evidence that he had appointed him his successor. *to ride.* ver. 5, 38, 44. Ge. 41. 43. Es. 6. 6-11. *mine own mule. Heb.* the mule which *belongeth* to me. Le. 19. 19. *Gihon.* ver. 38, 45. 2 Ch. 32. 30.

34 *Zadok.* ch. 19. 16. 1 Sa. 10. 1; 16. 3, 12, 13. 2 Sa. 2. 4; 5. 3. 2 Ki. 9. 3, 6; 11. 12. 2 Ch. 23. 11. Ps. 45. 7; 89. 20, 36. Is. 45. 1. Ac. 10. 38. 2 Co. 1. 21, 22. *blow*

*ye*. 2 Sa. 15. 10. 2 Ki. 9. 13; 11. 14. Ps. 98. 5-7. *God*. See on ver. 25. 2 Ki. 11. 12.

35 *sit*. See on ver. 13, 17; ch. 2. 12. *I have*. ch. 2. 15. 1 Ch. 23. 1; 28. 4, 5. Ps. 2. 6; 72, title, 1, 2.

36 *Amen*. De. 27. 15-26. Ps. 72. 19. Je. 11. 5; 28. 6. Mat. 6. 13; 28. 20. 1 Co. 14. 16. *the Lord*. 1 Sa. 25. 29. 1 Ch. 17. 27. Ps. 18. 2; 63. 1; 89. 20, 26.

37 *As the*. ch. 3. 7-9. Ex. 3. 12. Jos. 1. 5, 17. 1 Sa. 20. 13. 1 Ch. 28. 20. 2 Ch. 1. 1. Ps. 46. 7, 11. Is. 8. 10. Mat. 1. 23. Ro. 8. 31. *and make*. ver. 47. 2 Sa. 24. 3. 2 Ki. 2. 9. Ps. 72. 8, 17-19; 89. 27. Da. 7. 14.

38 *Zadok*. See on ver. 8, 26. *the Cherethites*. 1 Sa. 30. 14. 2 Sa. 8. 18; 15. 18; 20. 20-23. 1 Ch. 18. 17. Zep. 2. 5. *king David's*. See on ver. 33.

39 *an horn*. See on 1 Sa. 16. 3. *out*. Ex. 30. 23-33. Ps. 89. 20. *anointed*. 1 Ch. 29. 22. *all the people*. See on ver. 25. 1 Sa. 10. 24. 2 Ki. 11. 12. 2 Ch. 23. 11, 13.

40 *pipes*. *or*, flutes. Da. 3. 5. *rejoiced*. 1 Sa. 11. 15. 2 Ki. 11. 14, 20. 1 Ch. 12. 38-40. Ps. 97. 1. Zec. 9. 9. Lu. 19. 37. Re. 11. 15-18. *the earth rent*. We use a similar expression in precisely the same sense: 'They *rent the air* with their cries.'

41 *as they*. Job 20. 5. Pr. 14. 13. Ec. 7. 4-6. Mat. 24. 38, 39. Lu. 17. 26-29. *Wherefore*. Ex. 32. 17. Job 15. 21, 22. Ps. 73. 18-20. *the city*. Mat. 21. 9-11, 15. Ac. 21. 31.

42 *Jonathan*. 2 Sa. 15. 36; 17. 17. *a valiant*. ch. 22. 18. 2 Sa. 18. 27. 2 Ki. 9. 22. Is. 57. 21. 1 Th. 5. 2, 3.

43 *Verily*. See on ver. 32-40.

45 *Gihon*. This was a fountain on the west of Jerusalem, (consequently in an opposite direction to En-rogel on the east, where Adonijah was proclaimed king,) of which there were two pools, an upper and a lower. (2 Ch. 32. 30.) There is a large square cistern in the ravine west of the city, mentioned by Dr. Richardson as a little to the south of the Jaffa gate, which Dr. Pococke describes as a basin about 250 paces long and 100 broad. It is commonly called the pool of Bath-sheba, but seems to be the lower pool of Gihon. 'Nearly a mile to the N.N.W. is the pool of Gihon, which I suppose to be the upper pool. It is a very large basin, and, if I mistake not, is cut down about ten feet into the rock, there being a way down to it by steps. It was almost dry at that time, and seems designed to receive the rain waters which come from the hills about it. There is a canal from the pool to the city, which is uncovered part of the way, and, it is said, goes to the pool in the streets near the holy sepulchre. The fountain of Gihon arose either in the upper pool, or out of the high ground above it.'—*Travels*, book i. ch. 6. *the city*. ver. 40. 1 Sa. 4. 5. Ezr. 3. 13. *This is*. ch. 14. 6. 1 Sa. 28. 29. Da. 5. 26-28.

46 ver. 13. 1 Ch. 29. 23. Ps. 132. 11. Hag. 2. 22.

47 *bless*. Ex. 12. 32. 2 Sa. 8. 10; 21. 3. Ezr. 6. 10. Ps. 20. 1-4. *God*. ver. 37. Lu. 19. 38. *bowed*. Ge. 47. 31. He. 11. 21.

48 *Blessed*. Ge. 14. 20. 1 Ch. 29. 10, 20. Ne. 9. 5. Ps. 34. 1; 41. 13; 72. 17-19; 103. 1, 2; 145. 2. Da. 4. 34. Lu. 1. 46, 47, 68, 69. Ep. 1. 3. 1 Pe. 1. 3. *which*. ch. 3. 6. 1 Ch. 17. 11-14, 17. Ps. 132. 11, 12. Pr. 17. 6. *mine eyes*. 2 Sa. 24. 3. Ps. 128. 5, 6.

49 Pr. 28. 1. Is. 21. 4, 5. Da. 5. 4-6.

50 *caught*. ch. 2. 28. Ex. 21. 14; 38. 2. Ps. 118. 27.

52 *there shall*. 1 Sa. 14. 45. 2 Sa. 14. 11. Mat. 10. 30. Lu. 21. 18. Ac. 27. 34. *wickedness*. ch. 2. 21-25. Job 15. 22. Pr. 13. 6; 21. 12.

53 *bowed himself*. See on ver. 16, 31. 2 Sa. 1. 2. *Go to*. ch. 2. 36. 2 Sa. 14. 24, 28. Pr. 24. 21.

## CHAP. II.

*David, having given a charge to Solomon, 1, 2, of religiousness, 3, 4; of Joab, 5, 6; of Barzillai, 7; of Shimei, 8, 9; dies, 10, 11. Solomon succeeds, 12. Adonijah, moving Bath-sheba to sue unto Solomon for Abishag, is put to death, 13-25. Abiathar, having his life given him, is deprived of the priesthood, 26, 27. Joab fleeing to the horns of the altar, is there slain, 28-34. Benaiah is put in Joab's room, and Zadok in Abiathar's, 35. Shimei, confined to Jerusalem, by occasion of going thence to Gath, is put to death, 36-46.*

1 *the days*. Ge. 47. 29. De. 31. 14; 33. 1. 2 Ti. 4. 6. 2 Pe. 1. 13-15. *charged*. Nu. 27. 19. De. 3. 28; 31. 23. Ac. 20. 28-31. 1 Ti. 1. 18; 6. 13. 2 Ti. 4. 1.

2 *I go*. Jos. 23. 14. Job 16. 22; 30. 23. Ps. 89. 48. He. 9. 27. *be thou*. De. 17. 19, 20; 31. 6. Jos. 1. 6, 7. 1 Ch. 28. 20. Ep. 6. 10. 2 Ti. 2. 1. *and shew*. ch. 3. 7. 2 Sa. 10. 12. Ec. 12. 13. 1 Co. 16. 13. 1 Ti. 4. 12.

3 *And keep*. De. 29. 9. Jos. 1. 7; 22. 5. 1 Ch. 22. 12, 13; 28. 8, 9; 29. 19. *statutes*. See on De. 4. 1, 5, 8; 5. 1; 6. 1, 2. *testimonies*. De. 4. 45. Ps. 19. 7; 119. 2, 111, 138. *written*. De. 17. 18-20. Mal. 4. 4. *that thou*. De. 29. 9. *prosper*. *or*, do wisely. Jos. 1. 7, 8, marg. 1 Sa. 18. 5, 14, 30. 2 Ch. 31. 20, 21. Ps. 1. 2, 3; 119. 98-100. Pr. 3. 1-4. *whithersoever*. 2 Sa. 8. 6, 14. 2 Ki. 18. 7.

4 *That the Lord*. Ge. 18. 19. De. 7. 12. 1 Ch. 28. 9. Jno. 15. 9, 10. Jude 20, 21, 24. *his word*. 2 Sa. 7. 11-16, 25. 1 Ch. 17. 11-15; 22. 9-11; 28. 5-7. Ps. 89. 29-37; 132. 11, 12. *walk*. ch. 3. 3, 14; 8. 23. Ge. 17. 1. Le. 26. 3. 2 Ki. 20. 3; 23. 3, 25. 2 Ch. 17. 3. Lu. 1. 6. *with all their heart*. De. 6. 5; 10. 12; 11. 13. Mat. 22. 37. *fail*, etc. *Heb.* be cut off from thee from the throne. ch. 8. 25. 2 Sa. 7. 12, 13, 16. Ps. 37. 9, 22. Zec. 14. 2.

5 *Joab*. ch. 1. 7, 18, 19. 2 Sa. 3. 39; 18. 5, 12, 14; 19. 5-7. *Abner*. 2 Sa. 3. 27. *Amasa*. 2 Sa. 20. 10. *Jether*. 2 Sa. 17. 25, Ithra. *shed*. *Heb.* put. *put*. Je. 2. 34; 6. 15. Eze. 24. 7, 8.

6 *according*. ver. 9. Pr. 20. 26. *let*. ver. 28-34. Ge. 9. 6. Nu. 35. 33. Pr. 28. 17. Ec. 8. 11. Is. 65. 20. *in*. Ge. 42. 38. 2 Ki. 22. 20. Ps. 37. 37. Is. 48. 22; 57. 2, 21.

7 *Barzillai*. 2 Sa. 17. 27-29; 19. 31-40. Pr. 27. 10. *eat*. 2 Sa. 9. 7, 10; 19. 28. Lu. 12. 37; 22. 28-30. Re. 3. 20, 21. *when I fled*. 2 Sa. 15. 13-15.

8 *Shimei*. ver. 36-46. 2 Sa. 16. 5-8. *grievous*. *Heb.* strong. *he came*. 2 Sa. 19. 16-23. Je. 4. 2.

9 *hold him*. Do not consider him as an innocent man; for, as thou art a wise man, and knowest how to treat such persons, treat him as he deserves; only, as I have sworn to him that I would not put him to death, 'bring NOT his hoar head down to the grave with blood.' So Solomon understood David; for, after he had commanded Joab to be slain, in obedience to his father, he sent for Shimei, and knowing he ought to be well watched, he confined him to Jerusalem for the rest of his life: and so it appears David should be understood; for the negative particle *lo*, in the former clause, 'hold him *not* guiltless,' should be repeated in the latter clause, though not expressed; instances of which frequently occur in the Hebrew Scriptures. (See Ju. 5. 30. 1 Sa. 2. 3. Ps. 1. 5; 9. 18; 38. 1; 75. 5. Pr. 5. 16; 24. 12, etc.) This is the view taken of the subject by Dr. Kennicott, and it seems the best and most correct mode of interpreting the text. Ex. 20. 7; 22. 28. Job 9. 28. *wise*. ch. 3. 12, 28. *his*. ver. 6. Ge. 42. 38; 44. 31. *with*. Nu. 32. 23.

10 *So David*. See on ch. 1. 21. 1 Ch. 29. 28. Ac. 2. 29; 13. 36. *the city*. ch. 3. 1; 11. 43. 2 Sa. 5. 7. 1 Ch. 11. 7.

11 *reigned over*. 2 Sa. 5. 4. 1 Ch. 29. 26, 27.

12 A.M. 2990. B.C. 1014. An. Ex. Is. 477. *sat Solomon*. ch. 1. 46. 1 Ch. 29. 23-25. 2 Ch. 1. 1. Ps. 132. 12. *his kingdom*. 2 Sa. 7. 12, 13, 29. Ps. 72. 8, etc.; 89. 36, 37.

13 *Adonijah*. See on ch. 1. 5-10, 50-53. *Comest*. 1 Sa. 16. 4, 5. 2 Ki. 9. 18-22. 1 Ch. 12. 17, 18. Lu. 10. 5, 6.

14 2 Sa. 14. 12. Lu. 7. 40.

15 *Thou knowest*. ch. 1. 5, 25. 2 Sa. 15. 6, 13; 16. 18. *for it was*. 2 Sa. 7. 12; 12. 24. 1 Ch. 22. 9, 10; 28. 5-7. Pr. 21. 30. Je. 27. 5-8. Da. 2. 22.

16 *deny me not*. *Heb.* turn not away my face. Ps. 132. 10. Pr. 30. 7.

17 *Abishag.* ch. 1. 2-4. 2 Sa. 3. 7; 12. 8.
18 *Well.* Pr. 14. 15.
19 *rose up.* Ex. 20. 12. Le. 19. 3, 32. *she sat.* Ps. 45. 9; 110. 1. Mat. 25. 33.
20 *I desire.* Mat. 20. 20, 21. Jno. 2. 3, 4. *Ask on.* Mat. 7. 7-11; 18. 19. Mar. 10. 35, 36; 11. 24. Lu. 11. 9, 10. Jno. 14. 13, 14; 15. 16.
21 *Let Abishag.* 2 Sa. 16. 21, 22.
22 *why dost.* Mat. 20. 22. Mar. 10. 38. Ja. 4. 3. *the kingdom.* ch. 1. 5-7, 11, 24, 25.
23 *God.* ch. 20. 10. Ru. 1. 17. 1 Sa. 14. 44. 2 Sa. 3. 9, 35; 19. 13. 2 Ki. 6. 31. *if Adonijah.* We have already seen, that the whole harem of an eastern monarch was a part of the regal succession (See note on 2 Sa. 16. 23); and it was treason for a subject to claim any wife or virgin who had once formed a part of it. Solomon evidently considered the request of Adonijah in this light; and was convinced that he was still aiming to seize the crown, to which he considered this as one step. But it is very doubtful, how far the plea either of policy or state necessity can justify Solomon in thus embruing his hands in his brother's blood, whatever might have been his treasonable intentions or conduct. *spoken.* Ps. 64. 8; 140. 9. Pr. 18. 6, 7. Ec. 10. 12. Lu. 19. 22.
24 *as the Lord.* See on ch. 1. 29. *set me.* ch. 3. 6, 7; 10. 9. 1 Ch. 29. 23. 2 Ch. 1. 8, 9. *made me.* Ex. 1. 21. 1 Sa. 25. 28. 2 Sa. 7. 11-13, 27. 1 Ch. 17. 10, 17, 23. Ps. 127. 1. *as he promised.* 1 Ch. 22. 10. *put.* ch. 1. 52. Ec. 8. 11-13.
25 *he fell.* ver. 31, 34, 46. Ju. 8. 20, 21. 1 Sa. 15. 33. 2 Sa. 1. 15; 4. 12.
26 *Abiathar.* ver. 35; ch. 1. 7, 25. *Anathoth.* Jos. 21. 18. Is. 10. 30. Je. 1. 1. *worthy of death.* *Heb.* a man of death. 1 Sa. 26. 16. 2 Sa. 12. 5, marg. *barest.* 1 Sa. 22. 20-23; 23. 6-9. 2 Sa. 15. 24, 29. 1 Ch. 15. 11, 12. *hast been.* 2 Sa. 15. 24-29. Mat. 10. 42. Lu. 22. 28. Ga. 3. 4.
27 *So Solomon.* This was for having taken part with Adonijah; but by it a remarkable prophecy was fulfilled. God had told Eli, (1 Sa. 2. 30-36) that the priesthood should depart from his house; Abiathar was the last of the priests of *Ithamar*, of which family was Eli the high priest. Zadok, who succeeded, was of the family of Eleazar; and by this change the priesthood reverted to its ancient channel. *that he.* 1 Sa. 2. 30-36; 3. 12-14. Mat. 26. 56. Jno. 12. 38; 19. 24, 28, 36, 37. *Shiloh.* Jos. 18. 1. Ps. 78. 60. Je. 7. 12-14.
28 *Joab had.* ch. 1. 7. De. 32. 35. 2 Sa. 18. 2, 14, 15. *caught.* See on ch. 1. 50. Ex. 27. 2.
29 *he is by.* Ex. 21. 14. Eze. 9. 6. 1 Pe. 4. 17. *Go.* ver. 25, 31, 46.
31 *Do.* Ex. 21. 14. *that thou.* Ge. 9. 5, 6. Nu. 35. 33. De. 19. 12, 13; 21. 8, 9. 2 Ki. 9. 26. Pr. 28. 17. Ac. 28. 4. *which.* ver. 5. *and from.* 2 Sa. 3. 28.
32 *return.* ver. 44. Ge. 4. 11. Ju. 9. 24, 57. Ps. 7. 16. *two men.* 2 Sa. 3. 27; 20. 10. *more righteous.* 1 Sa. 15. 28. 2 Sa. 4. 11. 2 Ch. 21. 13. Es. 1. 19. *my father.* 2 Sa. 3. 26, 37. *Abner.* 2 Sa. 3. 27. *Amasa.* 2 Sa. 20. 10. *Jether.* ver. 5. 2 Sa. 17. 25, Ithra.
33 *return upon.* See on ver. 32. 2 Sa. 3. 29. 2 Ki. 5. 27. Ps. 101. 8; 109. 6-15. Mat. 27. 25. *upon David.* 2 Sa. 3. 28. Pr. 25. 5. *his house.* Ps. 89. 29, 36, 37 132. 12. Is. 9. 6, 7; 11. 1-9. Lu. 1. 31-33; 2. 14.
34 *Benaiah.* ver. 25, 31, 46. *and fell.* It appears that he slew him at the very altar. The altar was so sacred among all people, that, in general, even the vilest wretch found safety, if he once reached it. This led to many abuses, and the perversion of public justice; and God decreed (Ex. 24. 14) that the presumptuous murderer, who had taken refuge at his altar, should be dragged thence and put to death. *buried.* 2 Ki. 21. 18. 2 Ch. 33. 20. *in the.* Jos. 15. 61. Mat. 3. 1.
35 *in his room.* Job 34. 24. *Zadok.* See on ver. 27. Nu. 25. 11-13. 1 Sa. 2. 35. 1 Ch. 6. 4-15, 50-53; 24. 3. Ps. 109. 8. Ac. 1. 20.
36 *Shimei.* ver. 8, 9. 2 Sa. 16. 5-9. Pr. 20. 8, 26. *Build.* No doubt Solomon suspected that Shimei's influence would be dangerous upon his own estate and among his numerous dependents in different parts of the land; and therefore he proposed to him, as the condition of his indemnity for former crimes, that he should live in Jerusalem under his eye, and by no means remove thence. These terms Shimei readily agreed to, and solemnly swore to observe them; and for three years he lived unmolested and in affluence. But growing secure, in contempt of Solomon's authority and of the oath of God, upon an unnecessary business he took a journey, which according to his own engagement forfeited his life. Thus the Lord left him to be infatuated, that due punishment might be inflicted upon him; in order that every ringleader of opposition to Solomon's kingdom might be crushed, and others be intimidated by their examples. Solomon's throne by the death of this man was established in peace, and became a type of the Redeemer's kingdom of peace and righteousness.—SCOTT. ch. 1. 53. 2 Sa. 14. 24, 28.
37 *over the.* ch. 15. 13. 2 Sa. 15. 23. 2 Ki. 23. 6. 2 Ch. 29. 16. Je. 31. 40. Jno. 18. 1, Cedron. *thy blood.* See on ver. 31, 33. Le. 20. 9. Jos. 2. 19. 2 Sa. 1. 16. Eze. 18. 13.
38 *The saying.* ch. 20. 4. 2 Ki. 20. 19.
39 A.M. 2993. B.C. 1011. An. Ex. Is. 480. *Achish.* 1 Sa. 21. 10; 27. 2, 3.
40 *arose.* Pr. 15. 27. Lu. 12. 15. 1 Ti. 6. 10.
42 *Did I not.* ver. 36-38. Ps. 15. 4. Lu. 19. 22. *and thou saidst.* Lu. 15. 22.
43 *Why.* 2 Sa. 21. 2. Eze. 17. 18, 19. *commandment.* 2 Ch. 30. 12. Ec. 8. 2. Ro. 13. 5.
44 *Thou knowest.* 2 Sa. 16. 5-13. Jno. 8. 9. Ro. 2. 15. 1 Jno. 3. 20. *return.* See on ver. 32, 33. Ps. 7. 16. Pr. 5. 22. Eze. 17. 19. Ho. 4. 9, marg.
45 *blessed.* Ps. 21. 6; 72. 17. *the throne.* See on ver. 24, 33, 34. Pr. 25. 5. Is. 9. 6, 7.
46 *the kingdom.* ver. 12, 45. 2 Ch. 1. 1. Pr. 29. 4.

## CHAP. III.

*Solomon marries Pharaoh's daughter,* 1. *High places being in use, Solomon sacrifices at Gibeon,* 2-4. *Solomon at Gibeon, in the choice which God gave him, preferring wisdom, obtains wisdom, riches, and honour,* 5-15. *Solomon's judgment makes him renowned,* 16-28.

1 A.M. 2990. B.C. 1014. An. Ex. Is. 477. *affinity.* 2 Ch. 18. 1. Ezr. 9. 14. *and took.* ch. 7. 8; 9. 24; 11. 1. *the city.* 2 Sa. 5. 7. 1 Ch. 11. 7. *his own.* ch. 7. 1-12. *the house.* ch. 6; 7. 13-51. 2 Ch. ch. 2-4. Ezr. 5. 11. *the wall.* ch. 9. 15-19.
2 *the people.* It was not right to offer sacrifices in any place but where the tabernacle and ark were; and wherever they were, whether on a high place or a plain, sacrifices might be lawfully offered, previously to the building of the temple. The tabernacle was now at Gibeon, (2 Ch. 1. 3,) which was therefore called the great high place; whither we find Solomon, without censure, repaired to sacrifice. ch. 22. 43. Le. 17. 3-6; 26. 30. De. 12. 2-5. 2 Ch. 33. 17. *was no.* ch. 5. 3. 1 Ch. 17. 4-6; 28. 3-6. Ac. 7. 47-49.
3 *loved.* De. 6. 5; 10. 12; 30. 6, 16, 20. 2 Sa. 12. 24, 25. Ps. 31. 23. Mat. 22. 37. Mar. 12. 29, 30. Ro. 8. 28. 1 Co. 8. 3. Ja. 1. 12; 2. 5. 1 Jno. 4. 19, 20; 5. 2, 3. *walking.* See on ver. 6, 14; ch. 2. 3, 4; 11. 34; 15. 3. 1 Ch. 28. 8, 9. 2 Ch. 17. 3-5. Jno. 14. 15, 21. *only he.* ch. 15. 14; 22. 43. 2 Ki. 12. 3; 14. 4; 15. 4, 35; 18. 4, 22.
4 *Gibeon.* ch. 9. 2. Jos. 9. 3; 10. 2. 1 Ch. 16. 39; 21. 29. 2 Ch. 1. 3, 7, etc. *a thousand.* ch. 8. 63. 2 Ch. 1. 6; 7. 5; 29. 32-35; 30. 24. Is. 40. 16. Mi. 6. 6, 7.

5 *the Lord.* ch. 9. 2. *in a dream.* Ge. 28. 12, 13. Nu. 12. 6. Job 33. 14, 15. Mat. 1. 20; 2. 13, 19. *Ask what.* 2 Ch. 1. 7-12. Mat. 7. 7, 8. Mar. 10. 36, 38-51; 11. 24. Jno. 14. 13, 14; 15. 16; 16. 23, 24. Ja. 1. 5, 6. 1 Jno. 5. 14, 15.

6 *thy servant.* Nu 12. 7. 2 Sa. 7. 5. *great.* 2 Sa. 7. 8-12; 12. 7, 8; 22. 47-51. 1 Ch. 29. 12-14. Ps. 78. 70-72. *mercy. or,* bounty. Ps. 13. 6; 116. 7; 119. 17. 2 Co. 9. 5, 11. *according.* ch. 2. 4; 9. 4; 15. 5. 2 Ki. 20. 3. Ps. 15. 2; 18. 20-24. *that.* See on ch. 1. 48.

7 *thou hast.* Da. 2. 21; 4. 25, 32; 5. 18, 21. *a little.* 1 Ch. 29. 1. Job 32. 6-8. Ec. 10. 16. Je. 1. 6. Mat. 18. 3, 4. *to go.* Nu. 27. 17. De. 31. 2. 1 Sa. 18. 16. 2 Sa. 5. 2. Ps. 121. 8. Jno. 10. 3, 4, 9.

8 *thy people.* Ex. 19. 5, 6. De. 7. 6-8. 1 Sa. 12. 22. Ps. 78. 71. *cannot.* Ge. 13. 16; 15. 5; 22. 17. 1 Ch. 21. 2, 5, 6; 27. 23, 24.

9 *Give therefore.* 1 Ch. 22. 12; 29. 19. 2 Ch. 1. 10. Ps. 119. 34, 73, 144. Pr. 2. 3-9; 3. 13-18; 16. 16. Ja. 1. 5; 3. 17. *understanding. Heb.* hearing. Pr. 20. 12. *to judge.* ver. 28. Ps. 72. 1, 2. Pr. 14. 8. Ec. 7. 11, 19; 9. 15-18. Jno. 5. 30. *discern.* 2 Sa. 14. 17. Is. 11. 2-4. 1 Co. 2. 14, 15. Ep. 5. 17. Phi. 1. 10, Gr. He. 5. 14. *who is able.* Ex. 3. 11, 12; 4. 10-13. Je. 1. 6. Mat. 3. 11, 14. 2 Co. 2. 16; 3. 5.

10 *pleased.* Pr. 15. 8.

11 *hast not.* Ps. 4. 6. Pr. 16. 31. Mat. 20. 21, 22. Ro. 8. 26. Ja. 4. 2, 3. *long life. Heb.* many days. *discern. Heb.* hear. ver. 9, marg.

12 *I have done.* Ps. 10. 17. Is. 65. 24. Ro. 8. 26, 27. 1 Jno. 5. 14, 15. *I have given.* ver. 28; ch. 2. 6, 9; 4. 29-34; 5. 12; 10. 3-8, 23, 24. 2 Ch. 1. 11, 12; 2. 12; 9. 5-8. Ec. 1. 13, 16. Lu. 21. 15. *neither.* Mat. 12. 42. Col. 2. 3.

13 *And I.* Ps. 84. 11, 12. Mat. 6. 33. Ro. 8. 32. 1 Co. 3. 22, 23. Ep. 3. 20. *riches.* ch. 4. 21-24; 10. 23-29. Pr. 3. 16. *shall not be. or,* hath not been.

14 *if thou.* ch. 2. 3, 4. 1 Ch. 22. 12, 13; 28. 9. 2 Ch. 7. 17-19. Ps. 132. 12. Zec. 3. 7. *as thy.* See on ver. 3; ch. 9. 4, 5; 15. 5. 2 Ch. 17. 3, 4; 29. 2; 34. 2. Ac. 13. 22. *I will lengthen.* De. 5. 16; 25. 15. Ps. 21. 4; 91. 16. Pr. 3. 2, 16. 1 Ti. 4. 8.

15 *awoke.* Ge. 41. 7. Je. 31. 26. *before.* 2 Sa. 6. 17. 1 Ch. 16. 1, 2. *peace offerings.* ch. 8. 63, 65. Le. ch. 3; 7. 11-19. 2 Sa. 6. 18, 19. 2 Ch. 7. 5, 7-10; 30. 22-26. *a feast.* Ge. 31. 54; 40. 20. Es. 1. 3. Da. 5. 1. Mar. 6. 21.

16 *two women.* Le. 19. 29. De. 23. 17. Jos. 2. 1. *harlots.* The word *zanoth,* rendered *harlots,* is here translated by the Targumist, the best judge in this case, *pundekon,* 'tavern-keepers:' see on Jos. 2. 1. Ju. 11. 1. Had these women been harlots, it is not likely that they would have dared to appear before Solomon; nor is it likely that such persons would have been permitted in the reign of David. Their *husbands* might at this time have been following their necessary occupations in distant parts. *stood.* Ex. 18. 13, 16. Nu. 27. 2.

17 *O my lord.* Ge. 43. 20. Ro. 13. 7.

20 *midnight.* Job 24. 13-17. Ps. 139. 11. Mat. 13. 25. Jno. 3. 20. *took.* ver. 21.

21 *give.* Ge. 21. 7. 1 Sa. 1. 23. La. 4. 3, 4.

22 *Nay.* ver. 23, 24.

25 *Divide.* This was apparently a very strange decision; but Solomon saw that the only way to discover the real mother was by the affection and tenderness she would necessarily shew to her offspring. The plan was tried, and succeeded; and it was a proof of his sound judgment, penetration, and acquaintance with the human heart, or rather, of his extraordinary and supernatural wisdom. See ver. 28. The two following instances are in some faint manner to be compared to Solomon's decision, inasmuch as they also work upon the human sympathies. SUETONIUS, in his Life of the emperor Claudian, tells us, that this emperor discovered a woman to be the real mother of a young man, whom she refused to acknowledge, by commanding her to marry him, the proofs being doubtful on both sides; for, rather than commit incest, she confessed the truth. DIODORUS SICULUS also informs us, that Ariopharnes, king of Thrace, being appointed to decide between three young men, each of whom professed to be the son of the deceased king of the Cimmerians, and claimed the succession, discovered the real son by ordering each to shoot an arrow into the dead body of the king: two of them did this without hesitation; but the real son of the deceased monarch refused. Pr. 25. 8.

26 *her bowels.* Ge. 43. 30. Is. 49. 15. Je. 31. 20. Ho. 11. 8. Phi. 1. 8; 2. 1. 1 Jno. 3. 17. *yearned. Heb.* were hot. Ps. 39. 3. *give her.* Ro. 1. 31. 2 Ti. 3. 3.

28 *feared.* Ex. 14. 31. Jos. 4. 14. 1 Sa. 12. 18. 1 Ch. 29. 24. Pr. 24. 21. *the wisdom.* ver. 9-12. Ezr. 7. 25. Ec. 7. 19. Da. 2. 21, 47; 5. 11. 1 Co. 1. 24, 30. Col. 2. 3. *in him. Heb.* in the midst of him. *to do.* Ps. 72. 2, 4.

## CHAP. IV.

*Solomon's princes,* 1-6. *His twelve officers for provision,* 7-19. *The peace and largeness of his kingdom,* 20, 21. *His daily provision,* 22-25. *His stables,* 26-28. *His wisdom,* 29-34.

1 *over all Israel.* ch. 11. 13, 35, 36; 12. 19, 20. 2 Sa. 5. 5. 1 Ch. 12. 38. 2 Ch. 9. 30. Ec. 1. 12.

2 *the princes.* That is, *great, chief,* or *principal* men; for none of them were *princes,* in the common acceptation of the word. Ex. 18. 21. 2 Sa. 8. 15-18; 20. 23-26. 1 Co. 12. 28. *Azariah.* 1 Ch. 6. 8-10; 27. 17. *priest. or,* chief officer.

3 *Shisha.* 2 Sa. 20. 25, Sheva. 1 Ca. 18. 6, Shavsha. *scribes. or,* secretaries. *recorder. or,* remembrancer. 2 Sa. 8. 16; 20. 24. 1 Ch. 18. 15. Is. 62. 6, margins.

4 *Benaiah.* See on ch. 2. 35. *Zadok.* See on ch. 2. 26, 27, 35.

5 *son of Nathan.* ch. 1. 10, etc. 2 Sa. 7. 2; 12. 1-15, 25. *the officers.* ver. 7. *the principal.* 2 Sa. 8. 18; 20. 26. *the king's.* 2 Sa. 15. 37; 16. 16; 19. 37, 38. 1 Ch. 27. 33. Pr. 22. 11. Jno. 13. 23; 15. 14, 15. Ja. 2. 23.

6 *Adoniram.* ch. 12. 18. 2 Sa. 20. 24, Adoram. *tribute. or,* levy. ch. 5. 13, 14; 9. 15.

7 *officers.* These are doubtless to be considered as general receivers; for, as Sir JOHN CHARDIN observes, 'the revenues of the princes of the East are paid in the fruits and productions of the earth: there are no other taxes on the peasants.' *each man.* 1 Ch. 27. 1-15.

8 *The son of Hur. or,* Ben-hur. Ju. 17. 1; 19. 1.

9 *The son of Dekar. or,* Ben-dekar. *Shaalbim.* Jos. 19. 42, Shaalabbin. *Beth-shemesh.* See on 1 Sa. 6. 12, 20.

10 *The son of Hesed. or,* Ben-hesed. *Sochoh.* See on Jos. 15. 35. *Hepher.* Jos. 12. 17; 17. 2.

11 *The son of Abinadab. or,* Ben-abinadab. *Dor.* Jos. 12. 23; 17. 11. Ju. 1. 27.

12 *Taanach.* See on Jos. 17. 11. Ju. 5. 19. *Megiddo.* 2 Ki. 23. 29, 30. *Beth-shean.* 1 Sa. 31. 10, 12. *Zartanah.* ch. 7. 46, Zarthan. Jos. 3. 16, Zaretan. *Jezreel.* ch. 18. 46. *Abel-meholah.* ch. 19. 16.

13 *The son of Geber. or,* Ben-geber. *Ramoth-gilead.* ch. 22. 3. De. 4. 43. Jos. 20. 8; 21. 38. 2 Ki. 9. 1, 14. *the towns.* Nu. 32. 41. De. 3. 14. *Argob.* De. 3. 4, 8, 13, 14. Ps. 22. 12; 68. 15. *threescore great cities.* These were fortified cities; their gates and bars being covered with plates of brass.

14 *Mahanaim. or,* to Mahanaim. Ge. 32. 2. 2 Sa. 2. 8; 17. 24, 27.

15 *Naphtali.* Jos. 19. 32-39. *the daughter.* ver. 11. 1 Sa. 18. 18.

16 *Asher.* Jos. 19. 24-31.

17 *Issachar.* Jos. 19. 17-23.

18 *Shimei.* ch. 1. 8. Zec. 12. 13. *Benjamin.* Jos. 18. 20-28.

19 *the country of Sihon.* Nu. 21. 21-35. De. 2. 26-37; 3. 1-17. Jos. 13. 9-12.

20 *as the sand.* ch. 3. 8. Ge. 13. 16; 15. 5; 22. 17. Pr. 14. 28. *eating.* 1 Sa. 30. 16. 1 Ch. 12. 39. Job 1. 18. Ps. 72. 3-7. Ec. 2. 24. Is. 22. 13. Mi. 4. 4. Zec. 3. 10; 9. 15. Ac. 2. 46.

21 *Solomon.* ver. 24. Ge. 15. 18. Ex. 23. 31. De. 11. 24. Jos. 1. 4. 2 Ch. 9. 26, etc. Ezr. 4. 20. Ps. 72. 8-11. *brought.* 1 Sa. 10. 27. 2 Ki. 17. 3. 2 Ch. 17. 5; 32. 23. Ps. 68. 29; 72. 10, 11; 76. 11.

22 *provision. Heb.* bread. *measures. Heb.* cors.

23 *Ten fat.* Ne. 5. 17, 18. *harts.* Dr. SHAW understands *ayil* as the name of the *genus*, including all the species of the *deer* kind, whether they are distinguished by round horns, as the stag, or by flat ones, as the fallow deer, or by the smallness of the branches, as the roe. *roe-bucks.* See Note on De. 15. 22. *fallow-deer. Yachmur*, rendered *bubalus* by the Vulgate, probably the *buffalo;* and though 'the flesh of a buffalo does not seem so well tasted as beef, being harder and more coarse,' yet in our times, 'persons of distinction, as well as the common people, and even the European merchants, eat a good deal of it, in the countries where that animal abounds.' NIEBUHR, Descrip. de l'Arab. p. 146.

24 *Azzah.* Ge. 10. 19. Ju. 16. 1, Gaza. *all the kings.* See on ver. 21. Ps. 72. 8, 11. *had peace.* ch. 5. 4. 1 Ch. 22. 9. Ps. 72. 3, 7. Is. 9. 7. Lu. 2. 14. He. 7. 1, 2.

25 *safely. Heb.* confidently. Is. 60. 18. Je. 23. 5, 6; 33. 15, 16. Eze. 38. 11, marg. *every man.* 2 Ki. 18. 31. Mi. 4. 4. Zec. 3. 10. *from Dan.* Ju. 20. 1. 2 Sa. 17. 11; 24. 15.

26 *forty thousand.* ch. 10. 25, 26. De. 17. 16. 2 Sa. 8. 4. 2 Ch. 1. 14; 9. 25. Ps. 20. 7.

27 *those officers.* ver. 7-19.

28 *dromedaries. or,* mules, *or* swift beasts. Es. 8. 10, 14. Mi. 1. 13.

29 *God.* See on ch. 3. 12, 28; 10. 23, 24. 2 Ch. 1. 10-12. Ps. 119. 34. Pr. 2. 6. Ec. 1. 16; 2. 26. Ja. 1. 5, 17; 3. 17. *largeness.* Is. 60. 5. *as the sand.* See on ver. 20. Ge. 41. 49. Ju. 7. 12. Je. 33. 22. Hab. 1. 9.

30 *the children.* Ge. 25. 6. Job 1. 3. Da. 1. 20; 4. 7; 5. 11, 12. Mat. 2. 1, 16. *the wisdom of Egypt.* Is. 19. 11, 12. Ac. 7. 22.

31 *wiser.* See on ch. 3. 12. Mat. 12. 42. Lu. 11. 31. Col. 2. 3. *Ethan.* 1 Ch. 15. 19. Ps. 89, title. *Heman.* 1 Ch. 2. 6; 6. 33; 15. 17. Ps. 88, title. *his fame.* ch. 5. 7; 10. 1, 6. 2 Ch. 9. 23. Mat. 4. 24.

32 *he spake.* Pr. ch. 1, etc. Ec. 12. 9. Mat. 13. 35. *songs.* Ca. 1. 1, etc.

33 *the cedar tree.* The word *airez*, whence the Chaldee and Syriac *arzo*, and the Arabic and Ethiopic *arz*, and Spanish *alerze*, unquestionably denotes the *cedar;* it is thus rendered by the LXX. and other versions, κεδρος, and by the Vulgate *cedrus;* and the inhabitants of mount Lebanon still call it *ars.* The cedar is a large and noble evergreen tree, and grows on the most elevated part of the mountain, is taller than the pine, and so thick that five men together could scarcely fathom one. It shoots out its branches at ten or twelve feet from the ground; they are large and distant from each other, and are perpetually green. The wood is of a brown colour, very solid and incorruptible, if preserved from wet. The tree bears a small cone, like that of the pine. Nu. 24. 6. 2 Ki. 19. 23. Ps. 92. 12. *the hyssop.* Ex. 12. 22. Nu. 19. 18. Ps. 51. 7. He. 9. 19. *of beasts.* See on Ge. 1. 20-25.

34 ch. 10. 1. 2 Ch. 9. 1, 23. Is. 2. 2. Zec. 8. 23.

## CHAP. V.

*Hiram, sending to congratulate Solomon, is desired to furnish him with timber to build the temple,* 1-6. *Hiram, blessing God for Solomon, and requesting food for his family, furnishes him with trees,* 7-12. *The number of Solomon's workmen and labourers,* 13-18.

1 A.M. 2990. B.C. 1014. An. Ex. Is. 477. *Hiram.* ver. 10, 13; ch. 9. 12-14. 2 Ch. 2. 3, Huram. *sent.* 2 Sa. 8. 10; 10. 1, 2. Ps. 45. 12. *for Hiram.* 2 Sa. 5. 11. 1 Ch. 14. 1. Am. 1. 9.

2 2 Ch. 2. 3.

3 *could not.* 2 Sa. 7. 5-11. 1 Ch. 22. 4-6. 2 Ch. 6. 6-8. *the wars.* 1 Ch. 22. 8; 28. 3. *put.* Jos. 10. 24. Ps. 8. 6; 110. 1. Mal. 4. 3. 1 Co. 15. 25. Ep. 1. 22.

4 *hath given.* See on ch. 4. 24. 1 Ch. 22. 9. Ps. 72. 7. Is. 9. 7. Ac. 9. 31.

5 *behold.* 2 Ch. 2. 1-4, etc. *purpose. Heb.* say. *as the Lord.* 2 Sa. 7. 12, 13. 1 Ch. 17. 12; 22. 10; 28. 6, 10. Zec. 6. 12, 13.

6 *cedar trees.* ch. 6. 9, 10, 16, 20. 2 Ch. 2. 8, 10. Ps. 29. 5. *will I give hire.* Ro. 12. 17. Phi. 4. 8. *appoint. Heb.* say. *that there is not.* 1 Co. 12. 14-21. Ep. 4. 7. *Sidonians.* Ge. 10. 15. Ezr. 3. 7.

7 *Blessed.* ch. 10. 9. 2 Ch. 2. 11, 12; 9. 7, 8. Ps. 122. 6, 7; 137. 6. *which hath.* ch. 1. 48. Ge. 33. 5. Is. 8. 18; 9. 6. *a wise son.* See on ch. 3. 9. 2 Ch. 2. 11. Pr. 10. 1; 13. 1; 15. 20; 23. 24.

8 *considered. Heb.* heard. *timber of fir.* ch. 6. 15, 34. 2 Sa. 6. 5. 2 Ch. 3. 5.

9 *Lebanon.* De. 3. 25. *and I will.* 2 Ch. 2. 16. *appoint. Heb.* send. *in giving food.* 2 Ch. 1. 15. Ezr. 3. 7. Eze. 27. 17. Ac. 12. 20.

11 *measures. Heb.* cors. ch. 4. 22, marg. 2 Ch. 2. 10. *twenty measures.* 'Twenty thousand *baths* of oil' are mentioned in Chronicles; and the Syriac, Arabic, and Septuagint also have here 'twenty thousand measures.' But as *barley* and wine are also spoken of *there*, it is probable that the *wheat* mentioned *here*, and the small quantity of fine *oil*, were intended for the use of Hiram's own family, while that in Chronicles was for his workmen.

12 *as he promised him.* ch. 3. 12; 4. 29. 2 Ch. 1. 12. Ja. 1. 5. *they two.* ch. 15. 19. Ge. 21. 32. Am. 1. 9.

13 *levy. Heb.* tribute *of men.* ch. 4. 6. *the levy.* ch. 9. 15.

14 *a month.* ch. 4. 7-19. 1 Ch. 27. 1-15. *Adoniram.* See on ch. 4. 6.

15 *threescore.* These were all *strangers*, or *proselytes*, dwelling among the Israelites, as we learn from the parallel place in 2 Chron. ch. 9. 20-22. 2 Ch. 2. 17, 18; 8. 7-9. Ezr. 2. 58. Ne. 7. 57, 60.

16 *three thousand.* In the parallel passage of Chronicles, it is 'three thousand *six* hundred,' which is also the reading of the Septuagint here. ch. 9. 23. 2 Ch. 2. 2.

17 *costly stones.* ch. 6. 7; 7. 9. 1 Ch. 22. 2. Is. 28. 16. 1 Co. 3. 11, 12. 1 Pe. 2. 6, 7. Re. 21. 14-21.

18 *the stone-squarers. or,* Giblites. Jos. 13. 5. Ps. 83. 7. Eze. 27. 9.

## CHAP. VI.

*The building of Solomon's temple,* 1-4. *The chambers thereof,* 5-10. *God's promise unto it,* 11-14. *The ceiling and adorning of it,* 15-22. *The cherubims,* 23-30. *The doors,* 31-35. *The court,* 36. *The time of building it,* 37, 38.

1 A.M. 2993. B.C. 1011. An. Ex. Is. 480. *And it came.* Ju. 11. 26. 2 Ch. 3. 1, 2. *in the month Zif.* ver. 37. Nu. 1. 1. *began. Heb.* built. Ac. 7. 47. *build.* 1 Ch. 29. 19. Zec. 6. 12, 13, 15. Jno. 2. 19-21. 1 Co. 6. 19. 2 Co. 6. 16. Ep. 2. 20-22. Col. 2. 7. He. 9. 11; 11. 10. 1 Pe. 2. 5.

2 *the house.* Eze. ch. 40-41. *the length.* According to Bp. CUMBERLAND's estimation of the cubit, its length was 36 yds. 1 ft. 5·28 inch.; its breadth, 12 yds. 5·76 inch.; and its height, 18 yds. 8·64 inch. This constituted what is properly called the temple; but, besides this, there were the courts and colonnades, where the people might assemble to perform their devotions, without being exposed to the open air. *threescore.* Ezr. 6. 3, 4. Eze. 41. 1, etc. Re. 21. 16, 17.

3 1 Ch. 28. 11. 2 Ch. 3. 3, 4. Eze. 41. 15. Mat. 4. 5. Jno. 10. 23. Ac. 3. 10, 11.

4 *windows of narrow lights. or,* windows broad *within, and* narrow *without; or,* skewed *and* closed. See on ch. 6. 4. Ca. 2. 9. Eze. 40. 16; 41. 26.

5 *against. or*, upon, *or* joining to. *built.* 1 Ch. 9. 26; 23. 28; 28. 11. 2 Ch. 31. 11. Ne. 10. 37; 12. 44; 13. 5-9. Ca. 1. 4. Je. 35. 4. Eze. 40. 44; 41. 5-11; 42. 3-12. *chambers. Heb.* floors. These appear to have been what we should now call corridors or galleries; in which were apartments for the use of the priests. They consisted of three stories, and increased one cubit in breadth in every story, the wall of the temple being two cubits thicker at the bottom than at the top; and where the wall diminished, a rest was thus formed for the beams of the chambers to lodge upon. *oracle.* ver. 16, 19-21, 31. Ex. 25. 22. Le. 16. 2. Nu. 7. 89. 2 Ch. 4. 20; 5. 7, 9. Ps. 28. 2. *chambers. Heb.* ribs.

6 *narrowed rests. or*, narrowings, *or* rebatements.

7 *built of stone.* ch. 5. 17, 18. De. 27. 5, 6. Pr. 24. 27. Ro. 9. 23. 2 Co. 5. 5. Col. 1. 12. 1 Pe. 2. 5. *neither hammer.* Is. 42. 2. Ac. 9. 31. Ja. 1. 20; 3. 17, 18.

8 *side. Heb.* shoulder. *went up.* Eze. 41. 6, 7.

9 *he built.* ver. 14, 38. *with beams and boards of cedar. or*, the vault beams and the ceilings with cedar.

12 *if thou wilt.* ch. 2. 3, 4; 3. 14; 8. 25; 9. 3-6. 1 Sa. 12. 14, 15. 1 Ch. 28. 9. 2 Ch. 7. 17, 18. Ps. 132. 12. Zec. 3. 7. Col. 1. 23. *then will I perform.* 2 Sa. 7. 13. 1 Ch. 22. 10.

13 *I will dwell.* ch. 8. 27. Ex. 25. 8. Le. 26. 11. Ps. 68. 18; 132. 12, 13. Is. 57. 15. Eze. 37. 26-28. 2 Co. 6. 16. Re. 21. 3. *will not forsake.* See on De. 31. 6, 8. 1 Sa. 12. 22. 1 Ch. 28. 9, 20. He. 13. 5.

14 A.M. 2993-3000. B.C. 1011-1004. ver. 9, 38. Ac. 7. 47, 48.

15 *he built.* That is, he lined or wainscoted the walls with cedar, the floor being covered with planks of fir: the marginal reading in this verse is preferable, as it removes every difficulty and obscurity. *both the floor of the house, and the walls. or*, from the floor of the house, unto the walls, etc. and so ver. 16.

16 *built them.* ver. 5, 19, 20; ch. 8. 6. Ex. 25. 21, 22; 26. 23. Le. 16. 2. 2 Ch. 3. 8. Eze. 45. 3. He. 9. 3. *the oracle.* The *oracle* was the *sanctuary*, or *holy of holies*, in which there was nothing but the ark of the covenant, including the tables of the law, and into which the high priest alone was to enter but once a year.

18 *knops. or*, gourds. *Pekaïm*, 'artificial knops,' in the shape of *colocynths*, or *wild gourds*, as the word denotes, (See Note on 2 Ki. 4. 39;) the full-blown flowers of which must have been very ornamental. *open flowers. or*, openings of flowers.

19 *the oracle.* See on ver. 5, 16. 2 Ch. 4. 20. Ps. 28. 2. *to set.* ch. 8. 6-10. Ex. 40. 20, 21. 2 Ch. 5. 7. He. 9. 3, 4.

20 *twenty cubits.* See on ver. 2, 3. *pure. Heb.* shut up. *the altar.* ver. 22; ch. 7. 48. Ex. 30. 1-3.

21 *overlaid.* Ex. 26. 29, 32; 36. 34. 2 Ch. 3. 7-9. *by the chains.* ver. 5. Ex. 26. 32, 33. 2 Ch. 3. 14-16.

22 *the whole house.* It is impossible to calculate this expense, or the quantity of gold employed in this sacred building; but both must have been immense. *also.* See on ver. 20. Ex. 30. 1, 3, 5, 6. 2 Ch. 3. 7, etc. *the whole altar.* This was the altar of incense without the vail, in the *holy place*, which was twice the length of the *most holy place*.

23 *two cherubims.* These were distinct from, and much larger than those which covered the mercy-seat. Ge. 3. 24. Ex. 25. 18-22; 37. 7-9. 2 Ch. 3. 10-13. Ps. 18. 10; 80. 1. Is. 37. 16. Eze. 10. 2, etc. He. 1. 14. 1 Pe. 1. 12. *olive tree. or*, oily trees. *Heb.* trees of oil.

27 *they stretched forth the wings of the cherubims. or*, the cherubims stretched forth their wings. Ex. 25. 20; 37. 9. 2 Ch. 3. 11; 5. 8.

29 *carved figures.* Ex. 36. 8. 2 Ch. 3. 14; 4. 2-5. Ps. 103. 20; 148. 2. Lu. 2. 13, 14. Ep. 3. 10. Re. 5. 11-14. *palm trees. Tamar*, in Ethiopic, *tamart*, the *palm tree*, is so called, says PARKHURST, from its *straight, upright* growth, for which it seems more remarkable than any other tree; and it sometimes rises to the height of more than 100 feet. The trunk is remarkably straight and lofty; and it is crowned at the top with a large tuft of spiring leaves, about four feet long, which never fall off, but always continue in the same flourishing verdure. The stalks are generally full of rugged knots, which are vestiges of decayed leaves: for the trunk of the tree is not solid, but its centre is filled with pith, round which is a tough bark full of strong fibres when young, which, as the tree becomes old, hardens and becomes ligneous. To this bark the leaves are closely joined, which in the centre rise erect, but after they are advanced above the vagina which surrounds them, they expand very wide on every side of the stem, and as the older leaves decay, the stalk advances in height. The leaves, when the tree has grown to a size for bearing fruit, are six or eight feet long, and very broad when expanded. The fruit, called the *date*, grows below the leaves in clusters. Ps. 92. 12-15. Re. 7. 9. *open flowers. Heb.* openings of flowers. ver. 18, 32.

30 Is. 54. 11, 12; 60. 17. Re. 21. 18-21.

31 *doors.* Jno. 10. 9; 14. 6. Ep. 3. 18. He. 10. 19, 20. *a fifth part. or*, five square.

32 *two doors. or*, leaves of the doors. *open flowers. Heb.* openings of flowers. ver. 18, 29.

33 *a fourth part. or*, four square.

34 *fir tree.* ch. 5. 8. *the two leaves.* Eze. 41. 23-25.

36 *the inner.* Ex. 27. 9-19; 38. 9-20. 2 Ch. 4. 9; 7. 7. Re. 11. 2.

37 ver. 1. 2 Ch. 3. 2. Among chronologists there is a great diversity of opinion respecting the time of the building of the temple. The Septuagint has 440 years; GLYCAS, 330; JOSEPHUS and MŒSLINUS, 592; MELCHIUS CANUS, 590; SULPICIUS SEVERUS, 588; CLEMENS ALEXANDRINUS, 570; CEDRENUS, 672; CODOMUS, 598; VOSSIUS and CAPELLUS, 580; SERARIUS, 680; NICHOLAS ABRAHAM, 527; PETAVIUS and VALTHERUS, 520. After all, that in the common Hebrew text is more likely to be the true one, than any of the others.

38 *finished.* Ezr. 6. 14, 15. Zec. 4. 9; 6. 13-15. *throughout*, etc. *or*, with all the appurtenances thereof, and with all the ordinances thereof. *seven years.* ver. 1, 9; ch. 7. 1. Ezr. 3. 8-13; 6. 15. Jno 2. 20.

## CHAP. VII.

*The building of Solomon's house*, 1. *Of the house of Lebanon*, 2-5. *Of the porch of pillars*, 6. *Of the porch of judgment*, 7. *Of the house for Pharaoh's daughter*, 8-12. *Hiram's work of the two pillars*, 13-22. *Of the molten sea*, 23-26. *Of the ten bases*, 27-37. *Of the ten lavers*, 38, 39, *and all the vessels*, 40-51.

1 *thirteen years.* ch. 9. 10. 2 Ch. 8. 1. Ec. 2. 4, 5. Mat. 6. 33.

2 ch. 9. 19; 10. 17. 2 Ch. 9. 16. Ca. 7. 4.

3 *beams. Heb.* ribs. ch. 6. 5, marg.

4 *windows.* ver. 5; ch. 6. 4. Is. 54. 12. Eze. 40. 16, 22, 25, 29, 33, 36; 41. 26. *light was against light. Heb.* sight against sight.

5 *doors and posts were square, with the windows. or*, spaces and pillars *were* square in prospect.

6 *before them. or*, according to them. *before them. or*, according to them.

7 *a porch.* ch. 6. 3. *for the throne.* ch. 10. 18-20. Ps. 122. 5. Is. 9. 7. *of judgment.* ch. 3. 9, 28. Pr. 20. 8. *from one side of the floor to the other. Heb.* from floor to floor.

8 *another court.* 2 Ki. 20. 4. *an house.* See on ch. 3. 1; 9. 24. 2 Ch. 8. 11.

9 *costly stones.* ver. 10, 11; ch. 5. 17.

10 *the foundation.* Is. 28. 16; 54. 11. 1 Co. 3. 10, 11. Re. 21. 19, 20. *stones of ten cubits.* Reckoning the cubit at 21 inches, the ten cubits are 17 feet and a half, and the eight cubits are 14 feet. The magnitude of these stones was certainly extraordinary; but let us hear M. VOLNEY, and our surprise will no longer be fixed on these stones, but transferred from Solomon's house to the ruins of Balbec: 'What is still more astonishing is the enormous stones which compose the sloping wall. To the west, the second layer is formed of stones which are from 28 to 35 feet long, by about 9 in height. Over this layer, at the north-west angle, there are three stones, which alone occupy a space of 175 feet and a half; viz. the first, 58 feet 7 inches; the second, 58 feet 11 inches; and the third, exactly 58 feet; and each of these is 12 feet thick. These stones are of white granite, with large shining flakes, like gypsum: there is a quarry of this kind of stone under the whole city, and another in the adjacent mountains, which is open in several places. On the right, as we approach the city, there is still lying there a stone hewn on three sides, which is 69 feet 2 inches long, 12 feet 10 inches broad, and 13 feet 3 inches in thickness.'

11 Ep. 2. 20-22. 1 Pe. 2. 5.

12 *three rows.* See on ch. 6. 36. *the porch.* Jno. 10. 23. Ac. 3. 11; 5. 12.

13 *Hiram.* ver. 40. 2 Ch. 2. 13; 4. 11, Huram.

14 *a widow's son. Heb.* the son of a widow woman. *tribe.* The mother of Hiram (not the Tyrian king mentioned before, but an intelligent coppersmith, of Jewish extraction by his mother's side) in Chronicles, is said to have been of 'the daughters of *Dan;*' and she might have been of *Naphtali* by her *father*, and of *Dan* by her *mother;* or she might originally be of the tribe of *Dan*, and have been first married to a man of the tribe of *Naphtali;* and, in either case, she might be indifferently called 'of the tribe of *Naphtali*,' or of 'the daughters of Dan.' *Naphtali.* 2 Ch. 2. 14. *his father.* 2 Ch. 4. 16. *he was filled.* Ex. 31. 2-6; 35. 30-35; 36. 1, 2, 8. Is. 28. 26. Da. 1. 17.

15 *cast. Heb.* fashioned. *two pillars.* ver. 21. 2 Ki. 25. 16, 17. 2 Ch. 3. 15-17; 4. 12, etc. Je. 52. 21-23. *eighteen cubits.* That is, nearly thirty feet, English measure. But in the parallel place in Chronicles, these pillars are said to be thirty-five cubits high. TREMELLIUS reconciles this difference by observing, that the common cubit was but one half of the cubit of the sanctuary; so that eighteen of the one would make thirty-six of the other; from which, if we deduct one cubit for the base, there will remain thirty-five. Notwithstanding the *names* of these pillars, they seem to have supported no part of the building, and appear to have been formed for ornament; and were no doubt also emblematical. The right pillar was called *Jachin*, which signifies, 'He will establish;' while that on the left was named *Boaz*, 'In it is strength.' Some think they were intended for memorials of the pillar and cloud of fire, which led Israel through the wilderness; but HENRY supposes them designed for memorandums to the priests and others that came to worship at God's door. 1st. To depend upon God only, and not upon any sufficiency of their own, for strength and establishment in all their religious exercises. 2nd. It was a memorandum to them of the strength and establishment of the temple of God among them. When the temple was destroyed, particular notice is taken of the breaking up and carrying away of these brazen pillars, 2 Ki. 25. 13, 17, which had been the tokens of its establishment, and would have been still so, if they had not forsaken God.

16 Ex. 36. 38; 38. 17, 19, 28. 2 Ch. 4. 12, 13.

17 Ex. 28. 14, 22, 24, 25; 39. 15-18. 2 Ki. 25. 17.

19 *lily work.* ver. 22; ch. 6. 18, 32-35.

20 *and the pomegranates.* 2 Ki. 25. 17. 2 Ch. 3. 16; 4. 13. Je. 52. 22, 23.

21 *And he set.* 2 Ch. 3. 17. Ga. 2. 9. Re. 3. 12. *the porch.* ver. 12; ch. 6. 3. Eze. 40. 48, 49. *Jachin.* 2 Sa. 7. 12. Is. 9. 7. *Boaz.* Ru. 4. 21. Is. 45. 24. Mat. 16. 18.

23 *he made.* Ex. 30. 18-21; 38. 8. *a molten sea.* 2 Ki. 25. 13. 2 Ch. 4. 2. Je. 52. 17, 20. *the one brim to the other. Heb.* his brim *to* his brim.

24 *knops.* ch. 6. 18. Ex. 25. 31-36; 37. 17-22. *compassing the sea.* 2 Ch. 4. 3.

25 2 Ch. 4. 4, 5. Je. 52. 20. Eze. 1. 10. Mat. 28. 19. Mar. 16. 15, 16. Lu. 24. 47. 1 Co. 9. 9. Re. 4. 6, 7.

26 *an hand breadth.* Je. 52. 21. *with flowers.* ver. 19; ch. 6. 18, 32, 35. *it contained.* This immense laver, called a *sea* from its magnitude, held, at a moderate computation, 16,000 gallons. Besides this great brazen laver, there were in the temple ten lavers of brass of a less size, which moved on wheels, and were ornamented with the figures of various animals, having, probably, always some relation to the cherubim. These lavers were to hold water for the use of the priests in their sacred office, particularly to wash the victims that were to be offered as a burnt offering, as we learn from 2 Ch. 4. 6; but the *brazen sea* was for the priests to wash in. The *knops* are supposed to have been in the form of an ox's head, (2 Ch. 4. 3;) and some think the water flowed out at their mouths. *two thousand.* ver. 38. 2 Ch. 4. 5. Eze. 45. 14.

27 *ten bases.* These highly ornamental bases appear to have been square stands, or immense pedestals, for the purpose of supporting the lavers. 2 Ki. 25. 13, 16. 2 Ch. 4. 14. Je. 52. 17, 20.

28 *bases was on.* It seems evident that these bases or pedestals rose with steps, and that the ornaments mentioned in the next verse appeared in front, forming so many entablatures. But the description of these bases is very difficult to comprehend: many of the original words are seldom, if at all, used elsewhere; and it would be impossible to give an explanation of each particular, without a labour and prolixity disproportioned to its importance to us.

29 *lions.* See on ver. 25; ch. 6. 27. Eze. 1. 10; 10. 14; 41. 18, 19. Ho. 5. 14. Re. 4. 6, 7; 5. 5. *cherubims.* Ge. 3. 34. Ex. 25. 18; 37. 7. He. 9. 5. *certain additions.* 1 Pe. 2. 5.

30 *wheels.* Eze. 1. 15-21; 3. 13; 10. 10-13. *had undersetters.* It is probable that these *undersetters* were so many strong legs, somewhat shorter than the wheels, and were intended to prevent the laver from tilting, or falling, in case of any accident.

32 *joined to the base. Heb.* in the base.

33 Eze. 1. 16, 18.

36 *graved cherubims.* ver. 29; ch. 6. 29, 32, 35. Eze. 40. 31, 37; 41. 18-20, 25, 26. *proportion. Heb.* nakedness.

38 *ten lavers.* Ex. 30. 17-21, 28; 38. 8; 40. 11, 12. 2 Ch. 4. 6, etc. Zec. 13. 1. He. 9. 10; 10. 22. Jno. 1. 7. Re. 7. 14.

39 *side. Heb.* shoulder. *he set.* 2 Ch. 4. 6, 10.

40 *Hiram. Heb.* Hirom. ver. 13. *the lavers.* ver. 28. 2 Ki. 25. 14, 15. 2 Ch. 4. 8, 11-16. Je. 52. 18, 19. *the shovels.* ver. 45. *the basons.* Ex. 24. 6. *So Hiram.* Ex. 39. 32-43.

41 *two pillars.* See on ver. 15-22. 2 Ch. 4. 12. *two networks.* ver. 17, 18.

42 *the pillars. Heb.* the face of the pillars.

43 *ten bases.* ver. 27-39.

44 *one sea.* See on ver. 23-26.

45 *the pots.* Ex. 27. 3; 38. 3. Le. 8. 31. 1 Sa. 2. 13, 14. 2 Ch. 4. 16. Eze. 46. 20-24. Zec. 14. 21. *bright brass. Heb.* brass made bright, *or* scoured.

46 *the clay ground. Heb.* the thickness of the ground. *Succoth.* Ge. 33. 17. *Zarthan.* Zarthan is supposed to have been situated in the tribe of Manasseh, *west* of Jordan, near Jezreel and Bethshan or Scythopolis, and not far from the Jordan. Succoth we know was situated *east* of Jordan, in the tribe of Gad, and according to JEROME, in the district of Scythopolis: hence the 'plain of Jordan,' where Hiram cast the brazen vessels, must be the plain in which that river runs, Zarthan and Succoth being probably nearly opposite each other; but whether the precise spot of his operations was on *this* side or on the *other* side, is uncertain. In this place he found that particular *clay* that was proper for his purpose; and it being a considerable distance from Jerusalem, that city would not be annoyed by the smoke and noxious vapours necessarily occasioned by the process. ch. 4. 12, Zartanah. Jos. 3. 16, Zaretan. 2 Ch. 4. 17, Zeredathah.

47 *because they were exceeding many. Heb.* for the exceeding multitude. 2 Ch. 4. 18. *found out. Heb.* searched. 1 Ch. 22. 14, 16.

48 *the altar.* Ex. 30. 1-5; 37. 25-28; 39. 38; 40. 26. 2 Ch. 4. 19. *the table.* Ex. 25. 23-30; 37. 10-16; 39. 36; 40. 22, 23. Le. 24. 5-9. 2 Ch. 4. 8. Eze. 40. 39, 42; 41. 22; 44. 16. Mal. 1. 12. 1 Co. 10. 21.

49 *the candlesticks.* Ex. 25. 31, etc.; 37. 17, etc.; 39. 37; 40. 24, 25. 2 Ch. 4. 7. Zec. 4. 1-3, 11-14. Mat. 5. 14-16. Re. 1. 20; 2. 1. *before the oracle.* See on 2 Ch. 4. 20. *the tongs.* Ex. 25. 38. Nu. 4. 9.

50 *spoons.* Ex. 25. 29. Nu. 7. 86. *censers. Heb.* ash pans. Le. 16. 12. 2 Ch. 4. 21, 22.

51 *was ended.* Ex. 40. 33. Ezr. 6. 15. Zec. 4. 9. *Solomon brought.* It appears, therefore, that Solomon did not use any of the gold and silver in the structure of the temple which his father had provided. *things which David his father had dedicated. Heb.* holy things of David. 2 Sa. 8. 7-11. 1 Ch. 18. 7, 8, 10, 11; 26. 26-28; 28. 11-18; 29. 2-8. 2 Ch. 5. 1.

## CHAP. VIII.

*The feast of the dedication of the temple,* **1-11.** *Solomon's blessing,* **12-21, 54-61.** *Solomon's prayer,* **22-35.** *His sacrifice of peace offerings,* **62-66.**

1 A.M. 3000. B.C. 1004. *Solomon.* This did not take place, according to Abp. USHER, till the year after the temple was finished, because that year was a *jubilee.* 'The 8th day of the 7th month, *viz.* the 30th of our October, being Friday, was the first of the seven days of dedication; the 10th day, Saturday, November 1, the fast of expiation or atonement was held; whereon, according to the Levitical law, the jubilee was proclaimed by sound of trumpet. The 15th day, Friday, was the feast of tabernacles, which was always very solemnly kept; and the day following, Nov. 14, being our Saturday, when the Sabbath was ended, the people returned home.' 2 Ch. 5. 2, etc. *assembled.* Jos. 23. 2; 24. 1. 1 Ch. 28. 1. 2 Ch. 30. 1. Ezr. 3. 1. *chief of the fathers. Heb.* princes. Nu. 7. 3. *that they might bring.* 2 Sa. 6. 1, 2, 6, 12. 1 Ch. 13. 1-5; 15. 3, 25. *out of the city.* ch. 3. 15. 2 Sa. 5. 7-9; 6. 12-17. 1 Ch. 11. 7; 15. 29; 16. 1. Ps. 9. 11; 102. 21. Is. 28. 16; 46. 13. 1 Pe. 2. 6.

2 *at the feast.* Le. 23. 34. Nu. 29. 12, etc. De. 16. 13. 2 Ch. 5. 3; 7. 8-10. Ezr. 3. 4. Ne. 8. 14-18. Zec. 14. 16-19. Jno. 7. 2, 37.

3 *the priests took up.* Nu. 4. 15. De. 31. 9. Jos. 3. 6, 14, 15; 4. 9; 6. 6. 1 Ch. 15. 2, 11-15. 2 Ch. 5. 5-8.

4 *and the.* ch. 3. 4. 2 Ch. 1. 3. *tabernacle.* See on Ex. 40. 2-33.

5 *sacrificing sheep.* ver. 62, 63. 2 Sa. 6. 13. 1 Ch. 16. 1.

6 *And the priests.* ver. 4. 2 Sa. 6. 17. 2 Ch. 5. 7. *his place.* ch. 6. 19. Ex. 26. 33, 34; 40. 20, 21. *under the wings.* ch. 6. 27. Ex. 25. 20-22; 37. 9. 1 Sa. 4. 4. 2 Sa. 6. 2. Ps. 80. 1; 99. 1. Is. 37. 16. Eze. 10. 5.

8 *drew out the staves.* Ex. 25. 14, 15; 37. 4, 5; 40. 20. *ends. Heb.* heads. *holy place. or,* ark, as 2 Ch. 5. 9. *unto this day.* Jos. 4. 9. Mat. 28. 15.

9 *nothing.* Ex. 25. 21. De. 10. 2. 2 Ch. 5. 10. *in the ark.* Ex. 16. 33. Nu. 17. 10. He. 9. 4. *put there at Horeb.* Ex. 25. 21; 40. 20. De. 10. 2, 5; 31. 26. *when. or,* where. ver. 21. Ex. 24. 8; 34. 27, 28. De. 4. 13. *the cloud.* Ex. 13. 21; 14. 24; 16. 10; 24. 16-18; 40. 34, 35. Le. 16. 2. Nu. 9. 15. 2 Ch. 5. 13, 14; 7. 1-3. Eze. 10. 4. Re. 15. 8.

11 *for the glory.* Le. 9. 6, 23. Eze. 43. 2, 4, 5; 44. 4. Jno. 1. 14. Ac. 7. 55. 2 Co. 3. 18; 4. 6. Re. 21. 11, 23.

12 *The Lord.* De. 4. 11. 2 Ch. 6. 1, 2, etc. Ps. 18. 8-11; 97. 2. *the thick.* Ex. 20. 21. Le. 16. 2. De. 5. 22. Is. 45. 15. He. 12. 18.

13 *surely built.* 2 Sa. 7. 13. 1 Ch. 17. 12; 22. 10, 11; 28. 6, 10, 20. 2 Ch. 6. 2. *a settled.* Ps. 78. 68, 69; 132. 13, 14. Jno. 4. 21-23. Ac. 6. 14. He. 8. 5-13; 9. 11, 12, 24.

14 *blessed all.* ver. 55, 56. Jos. 22. 6. 2 Sa. 6. 18. 1 Ch. 16. 2. 2 Ch. 6. 3; 30. 18-20. Ps. 118. 26. Lu. 24. 50, 51. *all the congregation.* 2 Ch. 7. 6. Ne. 8. 7; 9. 2. Mat. 13. 2.

15 *Blessed.* 1 Ch. 29. 10, 20. 2 Ch. 6. 4; 20. 26. Ne. 9. 5. Ps. 41. 13; 72. 18, 19; 115. 18; 117. 1, 2. Lu. 1. 68. Ep. 1. 3. 1 Pe. 1. 3. *which spake.* 2 Sa. 7. 5, 25, 28, 29. 1 Ch. 17. 12. Is. 1. 20. Lu. 1. 70. *hath.* Jos. 21. 45; 23. 15, 16. Ps. 138. 2. Mat. 24. 35. Lu. 1. 54, 55, 72.

16 *Since.* See on 2 Sa. 7. 6, 7. 2 Ch. 6. 5, etc. *I chose.* 1 Ch. 17. 5, 6. Ps. 132. 13. *my name.* See on ver. 29; ch. 11. 36. De. 12. 11. 2 Ki. 23. 27. Ne. 1. 9. Je. 7. 12. Da. 9. 19. *I chose David.* 1 Sa. 16 1. 2 Sa. 7. 8. 1 Ch. 28. 4. Ps. 78. 70; 89. 19, 20.

17 2 Sa. 7. 2, 3. 1 Ch. 17. 1, 2, etc.; 22. 7; 28. 2.

18 *Whereas.* 2 Ch. 6. 7-9. 2 Co. 8. 12.

19 ch. 5. 3-5. 2 Sa. 7. 5, 12, 13. 1 Ch. 17. 4, 11, 12; 22. 8-10; 28. 6.

20 *hath performed.* See on ver. 15. Ne. 9. 8. Is. 9. 7. Je. 29. 10, 11. Eze. 12. 25; 37. 14. Mi. 7. 20. Ro. 4. 21. Phi. 1. 6. *as the Lord.* 1 Ch. 28. 5, 6.

21 *And I have.* See on ver. 5, 6. *the covenant.* ver. 9. Ex. 34. 28. De. 9. 9, 11; 31. 26.

22 *stood before the altar.* See ver. 54. 2 Ki. 11. 14; 23. 3. 2 Ch. 6. 12, 13, etc. *spread forth.* Ex. 9. 29, 33. See on 2 Ch. 6. 12. Ezr. 9. 5. Job 11. 13. Ps. 28. 2; 63. 4. Is. 1. 15. 1 Ti. 2. 8.

23 *Lord God.* Ge. 33. 20. Ex. 3. 15. *no God.* Ex. 15. 11. 1 Sa. 2. 2. 2 Sa. 7. 22. Ps. 35. 10; 86. 8; 89. 6-8; 113. 5. Is. 40. 18, 25. Je. 10. 6, 16. Mi. 7. 18. *who keepest.* De. 7. 9. Ne. 1. 5; 9. 32. Ps. 89. 3-5. Da. 9. 4. Mi. 7. 19, 20. Lu. 1. 72. *walk before.* ch. 2. 4; 3. 6; 6. 12. Ge. 17. 1. 2 Ki. 20. 3.

24 *thou spakest.* See on ver. 15. 2 Sa. 7. 12, 16. 2 Ch. 6. 14, 15.

25 *keep with thy.* ch. 2. 4. 2 Sa. 7. 27-29. 1 Ch. 17. 23-27. Lu. 1. 68-72. *There shall not,* etc. *Heb.* There shall not be cut off unto thee a man from my sight. Je. 33. 17-26. *so that. Heb.* only if. *thy children.* ch. 2. 4; 9. 4-6. 1 Ch. 28. 9. 2 Ch. 6. 16, 17.

26 *And now.* ver. **23.** Ex. 24. 10. 1 Sa. 1. 17. Ps. 41. 13. Is. 41. 17; 45. 3. *let thy word.* 2 Sa. 7. 25-29. 2 Ch. 1. 9. Ps. 119. 49. Je. 11. 5. Eze. 36. 36, 37.

27 *But will.* 2 Ch. 6. 18. Is. 66. 1. Jno. 1. 14. Ac. 7. 48, 49; 17. 24. 2 Co. 6. 16. 1 Jno. 3. 1. *the heaven.* De. 10. 14. 2 Ch. 2. 6. Ps. 113. 4; 139. 7-16. Je. 23. 24. 2 Co. 12. 2.

28 *Yet have thou.* 2 Ch. 6. 19. Ps. 141. 2. Da. 9. 17-19. Lu. 18. 1, 7. *hearken.* Ps. 4. 1; 5. 1; 86. 3, 6, 7; 88. 1, 2.

29 *That thine.* ver. 52. 2 Ki. 19. 16. 2 Ch. 6. 20, 40; 7. 15; 16. 9. Ne. 1. 6. Ps. 34. 15. Da. 9. 18. *My name.* ver. 16, 43, marg.; ch. 11. 36. Ex. 20. 24. De. 12. 11; 16. 2, 6; 26. 2. 2 Ki. 21. 4, 7; 23. 27. 2 Ch. 6. 5, 6, 20; 7. 16; 20. 8; 33. 4, 7. Ne. 1. 9. Jno. 14. 13, 14

*toward this place. or*, in this place. Da. 6. 10.

30 *when they shall.* 2 Ch. 20. 8, 9. Ne. 1. 5, 6. *toward this place. or*, in this place. *and hear.* ver. 34, 36, 39, 43, 49. 2 Ch. 6. 21. Ps. 33. 13, 14; 113. 5, 6; 123. 1. Ec. 5. 2. Is. 57. 15. Mat. 6. 9. *forgive.* ver. 34, 36, 39. 2 Ch. 7. 14. Ps. 130. 3, 4. Da. 9. 19. Mat. 6. 12.

31 *If any man.* Solomon here puts *seven cases*, in all of which the mercy and intervention of God would be indispensably requisite; and he earnestly bespeaks that mercy and intervention, on condition that the people pray towards that holy place, and with a feeling heart make earnest supplication to the throne of mercy. *trespass.* 2 Ch. 6. 22, 23. *an oath be laid upon him. Heb.* he require an oath of him. Ex. 22. 8-11. Le. 5. 1. Pr. 30. 9. *the oath.* Nu. 5. 16-22.

32 *hear thou.* See on ver. 30. *condemning.* Ex. 34. 7. Nu. 5. 27. De. 25. 1. Pr. 1. 31. Is. 3. 10, 11. Eze. 18. 13, 30. Ro. 2. 6-10. *justifying.* Ex. 23. 7. Pr. 17. 15. Is. 3. 10. Eze. 18. 20. Ro. 2. 13; 7. 9.

33 *smitten down.* Le. 26. 17, 25. De. 28. 25, 48. Jos. 7, 8. 2 Ch. 6. 24, 25. Ps. 44. 10. *because they have.* Jos. 7. 11, 12. Ju. 6. 1, 2. 2 Ki. 17. 7-18; 18. 11, 12. 2 Ch. 36. 14-17. *turn again.* Le. 26. 39-42. Ne. 1. 8, 9. Jon. 3. 10. *pray.* Ezr. 9. 5, etc. Ne. 9. 1-3, etc. Is. 63. 15-19; ch. 64, etc. Da. 9. 3, etc. *in. or*, toward. ver. 30.

34 *forgive the sin.* ver. 30. Ezr. 1. 1-6. Ps. 106. 47. Je. 31. 4-9, 27; 32. 37; 33. 10-13. Da. 9. 2, 19, 25. Am. 7. 2. *which thou gavest.* Ge. 13. 15. Ex. 6. 8. Jos. 21. 43.

35 *heaven.* ch. 17. 1. Le. 26. 19. De. 11. 17; 28. 12, 23, 24. 2 Sa. 24. 13. Je. 14. 1-7. Eze. 14. 13. Mal. 3. 10. Lu. 4. 25. Re. 11. 6. *if they pray.* ver. 33. 2 Ch. 6. 24, 26. Ro. 10. 9; 15. 9. *confess.* ver. 29, 30. Joel 1. 13-20; 2. 15-17. *and turn.* ver. 33. Is. 1. 15, 16; 9. 13. Eze. 18. 30-32. Ho. 14. 1.

36 *thou teach.* Ps. 25. 4, 5, 8, 12; 27. 11; 32. 8; 94. 12; 119. 33; 143. 8. Is. 35. 8. Mi. 4. 2. *the good way.* 1 Sa. 12. 23. 2 Ch. 6. 26, 27. Is. 30. 21. Je. 6. 16; 42. 3. Mat. 22. 16. *give rain.* ch. 18. 1, 27-40, 45. Ps. 68. 9. Je. 14. 22. Ja. 5. 17, 18.

37 *in the land famine.* Le. 26. 16, 25, 26, etc. De. 28. 21, 22, 25, 38-42, 52-61. 2 Ki. 6. 25-29. 1 Ch. 21. 12. 2 Ch. 6. 28-31; 20. 9. Ps. 105. 34, 35. Je. 32. 2; 39. 1-3. Eze. 14. 21. Joel 1. 4-7; 2. 25, 26. *cities. or*, jurisdiction.

38 *prayer.* 2 Ch. 20. 5-13. Ps. 50. 15; 91. 15. Is. 37. 4, 15-21. Joel 2. 17. Am. 7. 1-6. *the plague.* 2 Ch. 6. 29. Job 7. 11. Ps. 32. 3, 4; 42. 6, 9, 11; 73. 21, 22; 142. 3-5. Pr. 14. 10. Ro. 7. 24. Phi. 4. 6. *spread forth.* ver. 22. Is. 1. 15.

39 *Then hear.* See on ver. 32, 36. *give to every man.* Ps. 18. 20-26; 28. 4. Je. 17. 10; 32. 19. Eze. 18. 30. Re. 22. 12. *for thou.* 1 Sa. 16. 7. 1 Ch. 28. 9. 2 Ch. 6. 30. Ps. 11. 4, 5. Jno. 2. 25; 21. 17. Ac. 1. 24. He. 4. 12, 13. Re. 2. 23.

40 *fear thee.* Ge. 22. 12. Ex. 20. 20. De. 6. 2, 13. 1 Sa. 12. 24. Ps. 115. 13; 130. 4. Je. 32. 39, 40. Ho. 3. 5. Ac. 9. 31; 10. 2. He. 12. 28. Re. 15. 4; 19. 5.

41 *a stranger.* ch. 10. 1, 2. Ru. 1. 16; 2. 11. 2 Ch. 6. 32. Is. 56. 3-7. Mat. 8. 5, 10, 11; 15. 22-28. Lu. 17. 18. Jno. 12. 20. Ac. 10. 1-4. *cometh out.* ch. 10. 1, 2. Ex. 18. 8-12. 2 Ki. 5. 1-7, 16, 17. Is. 60. 1-10. Mat. 2. 1; 12. 42. Ac. 8. 27, etc.

42 *For they shall.* Ex. 15. 14. De. 4. 6. Jos. 2. 10, 11; 9. 9, 10. 2 Ch. 32. 31. Da. 2. 47; 3. 28; 4. 37. *great name.* Ex. 3. 13-16; 34. 5-7. Jos. 7. 9. Ps. 86. 8, 9. Eze. 20. 9. *thy strong hand.* Ex. 3. 19; 9. 15; 13. 14. De. 3. 24; 4. 34; 11. 2, 3. 2 Ki. 17. 36. Ps. 89. 13; 136. 12. Is. 51. 9; 63. 12. Je. 31. 11; 32. 17. *when he shall.* Is. 66. 19, 20. Je. 3. 19. Zec. 14. 16. Ac. 8. 27.

43 *that all the people.* 1 Sa. 17. 46. 2 Ki. 19. 19. 2 Ch. 6. 33. Ps. 22. 27; 67. 2; 72. 10, 11; 86. 9. Is. 11. 9. Re. 11. 15. *fear thee.* Ps. 102. 15; 117. *this house. Heb.* thy name is called upon this house. ver. 29.

44 *go out to battle.* De. 20. 1-4; 31. 3-6. Jos. 1. 2-5. 2 Ch. 6. 34. *whithersoever.* Nu. 31. 1, etc. Jos. 6. 2-5; 8. 1, 2. Ju. 1. 1, 2; 4. 6; 6. 14. 1 Sa. 15. 3, 18; 30. 8. 2 Sa. 5. 19, 23. *shall pray.* 2 Ch. 14. 9-12; 18. 31; 20. 6-13; 32. 20. *toward the city. Heb.* the way of the city. See on ver. 16. Ps. 78. 67-69; 132. 13, 14. Da. 9. 17-19.

45 *cause. or*, right. Ge. 18. 25. Ps. 9. 4. Je. 5. 28.

46 *If they sin.* The second clause of this verse, as it is here translated, renders this *supposition* entirely nugatory; for if there be *no man that sinneth not*, it is useless to say, IF *they sin:* but this objection is removed by rendering the original, 'If they shall sin against thee, (for there is no man that, *lo yechetai, may* not sin;') *i.e.* there is no man *impeccable* or *infallible;* none that is not liable to transgress. *there is no man.* 2 Ch. 6. 36. Job 14. 4; 15. 14-16. Ps. 19. 12; 130. 3; 143. 2. Pr. 20. 9. Ec. 7. 20. Is. 53. 6; 64. 6. Ro. 3. 19. Ga. 3. 22. Ja. 3. 2. 1 Jno. 1. 8-10. *unto the land.* Le. 26. 34-39. De. 4. 26, 27; 28. 36, 64-68; 29. 28. 2 Ki. 17. 6, 18, 23; 25. 21. Da. 9. 7-14. Lu. 21. 24.

47 *Yet if they.* Le. 26. 40-45. De. 4. 29-31; 30. 1, 2. 2 Ch. 6. 37; 33. 12, 13. Eze. 16. 61, 63; 18. 28. Hag. 1. 7. Lu. 15. 17. *bethink themselves. Heb.* bring back to their heart. *saying.* Ezr. 9. 6, 7. Ne. 1. 6, etc.; 9. 26-30. Ps. 106. 6. Is. 64. 6-12. Da. 9. 5-11. Zec. 12. 10. *done perversely.* Job 33. 27, 28. Je. 31. 18-20. Lu. 15. 18.

48 *And so return.* De. 4. 29; 6. 5, 6. Ju. 10. 15, 16. 1 Sa. 7. 3, 4. Ne. 1. 9. Ps. 119. 2, 10, 145. Pr. 23, 26. Is. 55. 6, 7. Je. 3. 10; 24. 7; 29. 12-14. Da. 9. 13. Ho. 14. 1, 2. Ac. 8. 37. Ro. 10. 10. *pray unto.* See on ver. 29, 30. Da. 6. 10. *the city.* See on ver. 44.

49 *Then hear.* See on ver. 30. *cause. or*, right. ver. 45. 2 Ki. 19. 19. Zec. 1. 15, 16.

50 *and give them.* 2 Ch. 30. 9. Ezr. 7. 6, 27, 28. Ne. 1. 11; 2. 4-8. Ps. 106. 46. Pr. 16. 7. Da. 1. 9, 10. Ac. 7. 10.

51 *thy people.* ver. 53. Ex. 32. 11, 12. Nu. 14. 13-19. De. 9. 26-29. 2 Ch. 6. 39. Ne. 1. 10. Is. 63. 16-18 64. 9. Je. 51. 19. *the furnace.* De. 4. 20. Je. 11. 4.

52 *That thine.* ver. 29. 2 Ch. 6. 40. *in all that.* Ps. 86. 5; 145. 18.

53 *separate.* Ex. 19. 5, 6; 33. 16. Nu. 23. 9. De. 4. 34; 7. 6-8; 9. 26, 29; 14. 2; 32. 9. 2 Co. 6. 14-18. Tit. 2. 14. 1 Pe. 2. 9. *thine inheritance.* De. 32. 9. Je. 10. 16. Ep. 1. 18. *as thou.* De. 33. 1-3, 26-29.

54 *when Solomon.* Lu. 11. 1; 22. 45. *kneeling.* See on 2 Ch. 6. 13. Ps. 95. 6. Lu. 22. 41, 45. Ac. 20. 36; 21. 5. *with his hands.* See on ver. 22. 2 Ch. 6. 12.

55 *blessed.* See on ver. 14. Nu. 6. 23-26. 2 Sa. 6. 18. 1 Ch. 16. 2.

56 *Blessed be.* See on ver. 15. *hath given rest.* De. 3. 20; 12. 10, 12. Jos. 21. 44. 2 Ch. 14. 6. He. 4. 3-9. *there.* Jos. 21. 45; 23. 14, 15. Lu. 1. 54, 55, 72, 73; 21. 33. *failed. Heb.* fallen. 1 Sa. 3. 19. 2 Ki. 10. 10.

57 De. 31. 6, 8. Jos. 1. 5, 9. 1 Ch. 28. 9. 2 Ch. 32. 7, 8. Ps. 46. 7, 11. Is. 8. 10; 41. 10. Mat. 1. 23; 28. 20. Ro. 8. 31. He. 13. 5.

58 *incline.* Ps. 110. 3; 119. 36. Ca. 1. 4. Je. 31. 33. Eze. 36. 26, 27. Phi. 2. 13. He. 13. 21. *his commandments.* See on De. 4. 1, 45; 6. 1.

59 *let these my words.* This and the following verse are a sort of supplement to the prayer; and there is an important addition to this prayer in 2 Ch. 6. 41, 42, apparently taken from one of the Psalms. *nigh.* Ps. 102. 1, 2; 141. 2. Jno. 17. 9, 20-24. 1 Jno. 2. 2. *at all times. Heb.* the thing of a day in his day. Lu. 11. 3. *as the matter.* De. 33. 25.

60 *That all.* See on ver. 43. Jos. 4. 24. 1 Sa. 17. 46. 2 Ki. 19. 19. *the Lord.* ch. 18. 39. De. 4. 35, 39. Is. 44. 6, 8, 24; 45. 5, 6, 22. Je. 10. 10-12. Joel 2. 27.

61 *perfect.* ch. 11. 4; 15. 3, 14. Ge. 17. 1. De. 18. 13. 2 Ki. 20. 3. 1 Ch. 28. 9. Job 1. 1, 8. Ps. 37. 37. 2 Co. 7. 1. Phi. 3. 12-16.

62 2 Sa. 6. 17-19. 2 Ch. 7. 4-7.

63 *a sacrifice.* Le. ch. 3. 1 Ch. 29. 21. 2 Ch. 15. 11; 29. 32-35; 30. 24; 35. 7-9. Ezr. 6. 16, 17. Eze. 45. 17. Mi. 6. 7. *two and twenty.* We are not to suppose that all these victims were sacrificed in one day, or on one altar; for this was the whole amount of those that had been offered during the *fourteen days* which the feast of the dedication and the feast of tabernacles lasted; and there appears to have been an altar erected in the middle of the court, which was *set apart* for that purpose, in consequence of the great altar of burnt offering being not sufficient for the multitude of sacrifices then offered. *dedicated.* Nu. 7. 10, 11, 84-88. 2 Ch. 2. 4; 7. 5. Ezr. 6. 16, 17. Ne. 12. 27. Jno. 10. 22.

64 *hallow.* 2 Ch. 7. 7. *the brasen.* 2 Ch. 4. 1.

65 *held.* ver. 2. Le. 23. 34-43. 2 Ch. 7. 8, 9. *a great.* 2 Ch. 30. 13. Ps. 40. 9, 10. *from the entering.* ch. 4. 21, 24. Nu. 34. 5, 8. Jos. 13. 5. Ju. 3. 3. 2 Ki. 14. 25. Am. 6. 14. *the river.* Ge. 15. 18. Ex. 23. 31. Nu. 34. 5. Jos. 13. 3. *seven days.* 2 Ch. 7. 8, 9; 30. 23.

66 *the eighth day.* In the parallel passage of Chronicles this is termed 'the three and twentieth day of the seventh month;' that is, the *ninth* day of the dedication; which JARCHI reconciles by supposing that Solomon gave them leave to return on the *eighth* day, and many of them did return; and that he dismissed the remainder on the *ninth*, or twenty-third of the seventh month: see Note on ver. 1. 2 Ch. 7. 10; 31. 1. *blessed. or,* thanked. ver. 1, 47. *joyful.* De. 12. 7, 12, 18; 16. 11. 2 Ch. 29. 36; 30. 26, 27. Ne. 8. 10. Ps. 95. 1, 2; 100. 1, 2; 106. 4, 5; 122. 6, 9. Is. 61. 9, 10; 66. 13, 14. Je. 31. 12-14. Zep. 3. 14. Zec. 9. 9, 17. Ac. 2. 46. Ga. 5. 22. Phi. 4. 4.

## CHAP. IX.

*God's covenant in a vision with Solomon,* 1-9. *The mutual presents of Solomon and Hiram,* 10-14. *In Solomon's works the Gentiles were his bondmen, the Israelites honourable servants,* 15-23. *Pharaoh's daughter removes to her house,* 24. *Solomon's yearly solemn sacrifices,* 25. *His navy fetches gold from Ophir,* 26-28.

1 A.M. 3013. B.C. 991. *it came.* ch. 6. 37, 38; 7. 1, 51. 2 Ch. 7. 11, etc. *the house.* 2 Ch. 8. 1-6. Ec. 2. 4. *all Solomon's.* ver. 11, 19. Ec. 2. 10; 6. 9.

2 *as he.* ch. 3. 5; 11. 9. 2 Ch. 1. 7-12; 7. 12.

3 *I have heard.* 2 Ki. 20. 5. Ps. 10. 17; 66. 19; 116. 1. Da. 9. 23. Jno. 11. 42. Ac. 10. 31. 1 Jno. 5. 14. *I have hallowed.* ch. 8. 10, 11. Ex. 20. 11. Nu. 16. 38. Mat. 6. 9. *to put.* ch. 8. 29. De. 12. 5, 11, 21; 16. 11. *mine eyes.* De. 11. 12. 2 Ch. 6. 40; 7. 15, 16. Ps. 132. 13, 14. Ca. 4. 9, 10. Je. 15. 1.

4 *And if thou.* ch. 3. 14; 8. 25; 11. 4, 6, 38; 14. 8; 15. 5. Ge. 17. 1. De. 28. 1. 2 Ch. 7. 17, 18. Job 23. 11, 12. Ps. 15. 2; 26. 1, 11. Pr. 20. 7. Zec. 3. 7. Lu. 1. 6. 1 Th. 4. 1, 2. *in integrity.* Pr. 10. 9; 28. 18.

5 *I will establish.* ch. 2. 4; 6. 12; 8. 15, 20. 2 Sa. 7. 12, 16. 1 Ch. 22. 9, 10. Ps. 89. 28-39; 132. 11, 12.

6 *if ye.* 1 Sa. 2. 30. 2 Sa. 7. 14-16. 1 Ch. 28. 9. 2 Ch. 7. 19-22; 15. 2. *go.* ch. 11. 4-10. Jos. 23. 15, 16.

7 *will I cut.* Le. 18. 24-28. De. 4. 26; 29. 26-28. 2 Ki. 17. 20-23; 25. 9, 21. Je. 7. 15; 24. 9. Eze. 33. 27-29. Lu. 21. 24. *this house.* See on ver. 3. 2 Ki. 25. 9. 2 Ch. 7. 20; 36. 19. Je. 7. 4-14; 26. 6, 18; 52. 13. La. 2. 6, 7. Eze. 24. 21. Mi. 3. 12. Mat. 24. 2. Lu. 21. 24. *and Israel.* De. 28. 37. Ne. 4. 1-4. Ps. 44. 14. Is. 65. 15. Je. 24. 9. La. 2. 15, 16. Joel 2. 17.

8 *at.* 2 Ch. 7. 21. Is. 64. 11. Je. 19. 8; 49. 17; 50. 13. Da. 9. 12. *Why.* De. 29. 24-26. Je. 22. 8, 9, 28.

9 *Because.* De. 29. 25-28. 2 Ch. 7. 22. Je. 2. 10-13, 19; 5. 19; 16. 10-13; 50. 7. La. 2. 16, 17; 4. 13-15. Eze. 36. 17-20. Zep. 1. 4, 5. *therefore.* Je. 12. 7, 8.

10 *at the end of twenty.* ver. 1; ch. 6. 37, 38; 7. 1. 2 Ch. 8. 1, etc.

11 *Now Hiram.* See on ch. 5. 6-10. 2 Ch. 2. 8-10, 16. *king Solomon.* 2 Ch. 8. 2. *of Galilee.* See on Jos. 20. 7.

12 *they pleased him not. Heb.* were not right in his eyes. Nu. 22. 34. Ju. 14. 3, margins.

13 *my brother.* ch. 5. 1, 2. Am. 1. 9. *Cabul. that is,* Displeasing, *or* dirty. JOSEPHUS says that *Cabul*, in the Phœnician language, signifies ουκ αρεσκον, *displeasing;* and that these cities were situated in the neighbourhood of Tyre. Most commentators are persuaded that the city *Cabul* in the tribe of Asher was one; and probably from this Hiram took occasion to give this name to all the other cities which Solomon had ceded to him. Jos. 19. 27.

14 ver. 11, 28; ch. 10. 10, 14, 21.

15 A.M. 2989-3029. B.C. 1015-975. *the reason.* ver. 21. See on ch. 5. 13. *to build.* ver. 10; ch. 6. 38; 7. 1. 2 Ch. 8. 1. *Millo.* Millo is said to have been a deep valley, between the ancient city of Jebus and the city of David on mount Zion. This Solomon filled up, and built upon; and it became a fortified place, and a place for public assemblies. ver. 24; ch. 11. 27. Ju. 9. 6, 20. 2 Sa. 5. 9. 2 Ki. 12. 20. *the wall.* Ps. 51. 18. *Hazor.* Probably the city *Hazor* in Naphtali, and the famous capital of Jabin, situated on the lake Merom or Semechon, and placed by JOSEPHUS south of Tyre, near Ptolemais. Jos. 11. 1; 19. 36. Ju. 4. 2. 2 Ki. 15. 29. *Megiddo.* ch. 4. 12. Jos. 17. 11. Ju. 5. 19. 2 Ki. 9. 27; 23. 29, 30. 2 Ch. 35. 22. Zec. 12. 11. *Gezer.* ver. 16, 17. Jos. 10. 33; 16. 10; 21. 21. Ju. 1. 29. 1 Ch. 6. 67; 20. 4.

16 *daughter.* See on ver. 24; ch. 3. 1.

17 *Beth-horon.* Jos. 16. 3; 19. 44; 21. 22. 2 Ch. 8. 4-6, etc.

18 *Baalath.* Jos. 19. 44. *Tadmor.* 2 Ch. 8. 4.

19 *the cities of store.* ch. 4. 26-28. Ex. 1. 11. *that which Solomon desired. Heb.* the desire of Solomon which he desired. See on ver. 1. Ec. 2. 10; 6. 9.

20 *left.* 2 Ch. 8. 7, 8, etc. *Amorites.* Ge. 15. 19-21. Ex. 23. 23, 28-33; 34. 11, 12. De. 7. 1-3.

21 *left.* Ju. 1. 21, 27-35; 2. 20-23; 3. 1-4. Ps. 106. 34-36. *not.* Jos. 15. 63; 17. 12, 16-18. *levy.* ver. 15; ch. 5. 13. Ju. 1. 28, 35. *tribute.* He made them do the most laborious parts of the public works, the *Israelites* being exempt from all but the more honourable employments. *bond-service.* Ge. 9. 25, 26. Ezr. 2. 55-58. Ne. 7. 57; 11. 3.

22 *of the children.* Le. 25. 39. *but they were men.* ch. 4. 1-27. 1 Sa. 8. 11, 12. 2 Ch. 8. 9, 10.

23 *chief.* ch. 5. 16. 2 Ch. 2. 18; 8. 10.

24 *Pharaoh's.* ver. 16; ch. 3. 1; 7. 8. 2 Ch. 8. 11. *the city of David.* 2 Sa. 5. 9. *Millo.* ver. 15; ch. 11. 27. 2 Ch. 32. 5.

25 *three times.* Ex. 23. 14-17; 34. 23. De. 16. 16. 2 Ch. 8. 12, 13. *he burnt.* Ex. 30. 7. 1 Ch. 23. 13. 2 Ch. 26. 16-21; 29. 11; 34. 25. *upon the altar that was before. Heb.* upon it which *was* before. *So he finished the house.* ch. 6. 38. 2 Ch. 8. 16.

26 *made a navy.* 2 Ch. 8. 12, 17, 18, etc. *Ezion-geber.* ch. 22. 48. Nu. 33. 35. De. 2. 8. *Eloth.* 2 Ki. 14. 22. *shore. Heb.* lip.

27 *his servants.* ch. 5. 6, 9; 22. 49. 2 Ch. 20. 36, 37.

28 *Ophir.* ch. 10. 11. Ge. 10. 29. 1 Ch. 29. 4. 2 Ch. 8. 18; 9. 10. Job 22. 24; 28. 16. Ps. 45. 9. Is. 13. 12. *four hundred.* 2 Ch. 8. 18.

## CHAP. X.

*The queen of Sheba admires the wisdom of Solomon,* 1-13. *Solomon's gold,* 14, 15. *His targets,* 16, 17. *The throne of ivory,* 18-20. *His vessels,* 21-23. *His presents,* 24, 25. *His chariots and horse,* 26, 27. *His tribute,* 28, 29.

1 A.M. 3014. B.C. 990. *And when.* 2 Ch. 9. 1, etc. Mat. 12. 42. Lu. 11. 31. *Sheba.* Ge. 10. 7, 28; 25. 3. Job 6. 19. Ps. 72. 10, 15. Is. 60. 6. Je. 6. 20. Eze. 27. 22, 23; 38. 13. *heard.* ch. 4. 31, 34. *concerning.* Job 28. 28. Pr. 2. 3-6. Jno. 17. 3. 1 Co. 1. 20, 21. *prove him.* Ju. 14. 12-14. Ps. 49. 4. Pr. 1. 5, 6. Mat. 13. 11, 35. Mar. 4. 34.

2 *a very great train.* 2 Ki. 5. 5, 9. Is. 60. 6-9. Ac. 25. 23. *spices.* Ex. 25. 6. 2 Ki. 20. 13. *com-*

*muned.* Ge. 18. 33. Job 4. 2. Ps. 4. 4. Lu. 24. 15.

3 *told her.* 2 Ch. 9. 2. Pr. 1. 5, 6; 13. 20. Is. 42. 16. Mat. 13. 11. Jno. 7. 17. 1 Co. 1. 30. Col. 2. 3. *questions. Heb.* words. *hid from the king.* See on ver. 1; ch. 3. 12. 2 Sa. 14. 17, 20. Da. 2. 20-23. He. 4. 12, 13.

4 *Solomon's.* ch. 3. 28; 4. 29-31. 2 Ch. 9. 3, 4. Ec. 12. 9. Mat. 12. 42. *the house.* ch. 6; 7.

5 *the meat.* ch. 4. 22, 23. *attendance. Heb.* standing. *cup-bearers. or,* butlers. *ascent.* The original *weölatho asher yaäleh baith yehowah,* is rendered by the LXX. and Vulgate, και την ολοκαυτωσιν αυτου ην ανεφερεν εν οικω Κυριου· *et holocausta, quæ offerebat in domo Domini,* 'And the burnt offerings (or holocausts) which he offered in the house of the Lord;' with which the Chaldee, Syriac, and Arabic agree; and so also LUTHER, Und seine Brandopfer, die er in dem Hause des Herrn opferte; and this seems to be the true sense of the passage. 2 Ki. 16. 18. 1 Ch. 9. 18; 26. 16. 2 Ch. 23. 13. Eze. 44. 3; 46. 2. *there was no.* Jos. 5. 1. 2 Ch. 9. 4.

6 *report. Heb.* word. 2 Ch. 9. 5, 6, marg. *acts. or,* sayings.

7 *I believed.* Is. 64. 4. Zec. 9. 17. Mar. 16. 11. Jno. 20. 25-29. 1 Co. 2. 9. 1 Jno. 3. 2. *thy wisdom and prosperity exceeded the fame. Heb.* thou hast added wisdom and goodness to the fame.

8 *happy are these.* 2 Ch. 9. 7, 8. Pr. 3. 13, 14; 8. 34; 10. 21; 13. 20. Lu. 10. 39-42; 11. 28, 31.

9 *Blessed.* See on ch. 5. 7. Ps. 72. 17-19. *delighteth.* Ps. 18. 19; 22. 8. Is. 42. 1; 62. 4. *because the.* De. 7. 8. 1 Ch. 17. 22. 2 Ch. 2. 11. *to do.* 2 Sa. 8. 15; 23. 3. Ps. 72. 2. Pr. 8. 15, 16. Is. 9. 7; 11. 4, 5; 32. 1, 2. Je. 23. 5, 6. Ro. 13. 3, 4.

10 *she gave.* See on ver. 2; ch. 9. 14. Ps. 72. 10, 15. Mat. 2. 11. *an hundred.* According to Mr. REYNOLDS, equal to 843,905*l.* 10*s.* 4*d.* sterling. *spices.* Ge. 43. 11. Ex. 30. 34. *and precious.* Pr. 3. 13-15; 20. 15. Re. 21. 11.

11 *from Ophir.* See on ch. 9. 27, 28. 2 Ch. 8. 18. Ps. 45. 9. *almug.* 2 Ch. 2. 8; 9. 10, 11, algum trees.

12 *pillars. or,* rails. *Heb.* a prop. *harps.* 1 Ch. 23. 5; 25. 1, etc. Ps. 92. 1-3; 150. 3-5. Re. 14. 2, 3.

13 *all her desire.* ver. 2; ch. 9. 1. Ps. 20. 4; 37. 4. Mat. 15. 28. Jno. 14. 13, 14. Ep. 3. 20. *which Solomon gave her of his royal bounty. Heb.* which he gave her, according to the hand of king Solomon.

14 A.M. 2989-3029. B.C. 1015-975. *was six hundred.* Equal to 4,683,675*l.* 12*s.* 8*d.* sterling; which was what he got annually in *bullion.* See on ch. 9. 28.

15 *all the kings.* 1 Ch. 9. 24. 2 Ch. 9. 13, 14. Ps. 72. 10. Is. 21. 13. Ga. 4. 25. *governors. or,* captains.

16 *two hundred.* Mr. REYNOLDS computes that these 200 targets were worth 28,131*l.* 16*s.* 9*d.*; and that the 300 shields were worth 210,976*l.* 7*s.* 7*d.* ch. 14. 26-28. 2 Ch. 9. 15, 16; 12. 9, 10.

17 *in the house.* See on ch. 7. 2.

18 *a great throne.* 2 Ch. 9. 17-19. Ps. 45. 6; 110. 1; 122. 5. He. 1. 3, 8. Re. 20. 11. *ivory.* ver. 22; ch. 22. 39. Ps. 45. 8. Eze. 27. 6. Am. 6. 4. Re. 18. 12.

19 *behind. Heb.* on the hinder part thereof. *stays. Heb.* hands.

20 *lions.* Ge. 49. 9. Nu. 23. 24; 24. 9. Re. 5. 5. *the like made. Heb.* so made.

21 *drinking.* 2 Ch. 9. 20-22. *the house.* ver. 17; ch. 7. 2. *none were of silver. or, there was* no silver *in them.*

22 *Tharshish.* ch. 22. 48. Ge. 10. 4. 2 Ch. 9. 21; 20. 36, 37. Ps. 48. 7; 72. 10. Is. 2. 16; 23. 1, 6, 10; 60. 9; 66. 19. Eze. 27. 12. Jon. 1. 3, Tarshish. *ivory. or,* elephants' teeth. ver. 18. Am. 3. 15. *apes. Kophim,* rather *monkeys,* the same as the Syriac קופא, Greek κηφος, κηπος, *or* κηβος, and Roman *Cephus,* which animal both PLINY and SOLINUS inform us was brought from Ethiopia. The same name appears in the *monkeys,* called KEIIIEN in the Prænestine Pavement, and in the French *cep* or *ceb. peacocks.* Job 39. 13.

23 *exceeded.* Mr. REYNOLDS, stating Solomon's income at about four times as much as his father left him, reckons that he had each *year,* 142,242,034*l.* 9*s.* 7*d.,* each *week,* 2,735,423*l.* 14*s.* 9*d.,* and each *day,* 390,770*l.* 16*s.* 4*d.* ch. 3. 12, 13; 4. 29-34. 2 Ch. 9. 22, 23. Ps. 89. 27. Ep. 3. 8. Col. 1. 18, 19; 2. 2, 3.

24 *to. Heb.* the face of. *which God.* See on ch. 3. 9, 12, 28. Pr. 2. 6. Da. 1. 17; 2. 21, 23; 5. 11. Ja. 1. 5.

25 *every man.* ver. 10. Ju. 3. 15. 1 Sa. 10. 27. 2 Sa. 8. 2, 10. 2 Ch. 26. 8. Job 42. 11. Ps. 72. 10, 15. Is. 36. 16. Mat. 2. 11. *and mules.* ch. 1. 33; 18. 5. Ge. 36. 24. Ezr. 2. 66. Es. 8. 10, 14. Is. 66. 20. Eze. 27. 14. *a rate.* 2 Ki. 17. 4. 2 Ch. 9. 24.

26 *Solomon.* See on ch. 4. 26. De. 17. 16. 2 Ch. 1. 14; 9. 25. Is. 2. 7. *in the cities.* 2 Ch. 9. 25.

27 *the king.* 2 Ch. 1. 15-17; 9. 27. Job 22. 24, 25. *made. Heb.* gave.

28 *Solomon,* etc. *Heb.* the going forth of the horses which *was* Solomon's. *horses brought.* De. 17. 16. 2 Ch. 1. 16, 17; 9. 28. Is. 31. 1-3; 36. 9. *and linen yarn.* Ge. 41. 42. Pr. 7. 16. Is. 19. 9. Eze. 27. 7.

29 *for six hundred.* This was the ordinary price of a *chariot,* as 150 shekels was that of a *horse.* It seems that neither horses nor chariots came out of Egypt but by means of Solomon's servants. *the kings.* Jos. 1. 4. 2 Ki. 7. 6. *their means. Heb.* their hand. Ho. 12. 10. Mal. 1. 1.

## CHAP. XI.

*Solomon's wives and concubines,* 1-3. *In his old age they draw him to idolatry,* 4-8. *God threatens him,* 9-13. *Solomon's adversaries were Hadad, who was entertained in Egypt,* 14-22; *Rezon, who reigned in Damascus,* 23-25; *and Jeroboam, to whom Ahijah prophesied,* 26-40. *Solomon's acts, reign, and death. Rehoboam succeeds him,* 41-43.

1 A.M. 3020-3029. B.C. 984-975. *loved.* ver. 8. Ge. 6. 2-5. De. 17. 17. Ne. 13. 23-27. Pr. 2. 16; 5. 3-20; 6. 24; 7. 5; 22. 14; 23. 33. *together with. or,* beside. ch. 3. 1. Le. 18. 18.

2 *Ye shall not go in.* Ex. 23. 32, 33; 34. 16. De. 7. 3, 4. Jos. 23. 12, 13. Ezr. 9. 12; 10. 2, etc. Mal. 2. 11. *surely.* ch. 16. 31-33. Nu. 25. 1-3. Ju. 3. 6, 7. 2 Ch. 21. 6. 2 Co. 6. 14-16. *Solomon.* Ge. 2. 24; 34. 3. Ju. 16. 4-21. 2 Ch. 19. 2. Ps. 139. 21. Ro. 1. 32; 12. 9. 1 Co. 15. 33. Re. 2. 4.

3 *seven hundred.* Ju. 8. 30, 31; 9. 5. 2 Sa. 3. 2-5; 5. 13-16. 2 Ch. 11. 21. Ec. 7. 28.

4 *when Solomon.* ver. 42; ch. 6. 1; 9. 10; 14. 21. *his wives.* See on ver. 2. De. 7. 4; 17. 17. Ne. 13. 26, 27. *his heart.* ver. 6, 38; 6. 12, 13; 8. 61; 9. 4; 15. 3, 14. 2 Ki. 20. 3. 1 Ch. 28. 9; 29. 19. 2 Ch. 17. 3; 25. 2; 31. 20, 21; 34. 2.

5 *Ashtoreth.* ver. 33. Ju. 2. 13; 10. 6. 1 Sa. 7. 3, 4; 12. 10. 2 Ki. 23. 13. Je. 2. 10-13. *Milcom.* ver. 7. Le. 18. 21; 20. 2-5, Molech. Zep. 1. 5, Malcham.

6 *went not fully after. Heb.* fulfilled not after. Nu. 14. 24. Jos. 14. 8, 14. Heb.

7 *build an high.* Le. 26. 30. Nu. 33. 52. 2 Ki. 21. 2, 3; 23. 13, 14. Ps. 78. 58. Eze. 20. 28, 29. *Chemosh.* Nu. 21. 29. Ju. 11. 24. Je. 48. 13. *abomination.* De. 13. 14; 17. 3, 4; 27. 15. Is. 44. 19. Eze. 18. 12. Da. 11. 31; 12. 11. Re. 17. 4, 5. *the hill.* This was the *mount of Olives,* which lay *east* of Jerusalem; and that the Hebrews would consider *before it,* while the *west* would be *behind it;* for the very term used to denote the *east, kedem,* means *before,* while *acharon, behind,* sometimes signifies the *west.* Ge. 33. 2. 2 Sa. 15. 30. 2 Ki. 23. 13. Zec. 14. 4. Mat. 26. 30. Ac. 1. 9, 12.

8 *all his strange wives.* ver. 1. Eze. 16. 22-29. Ho. 4. 11, 12. 1 Co. 10. 11, 12, 20-22.

9 *angry.* Ex. 4. 14. Nu. 12. 9. De. 3. 26; 9. 8, 20. 2 Sa. 6. 7; 11. 27. 1 Ch. 21. 7. Ps. 78. 58-60; 90. 7, 8. *his heart.* ver. 2, 3. De. 7. 4. Pr. 4. 23. Is. 29. 13, 14. Ho. 4. 11. 2 Ti. 4. 10. *which had appeared.* ch. 3. 5; 9. 2.

10 *commanded.* ch. 6. 12, 13; 9. 4-7. 2 Ch. 7. 17-22.

11 *is done of thee. Heb.* is with thee. *thou hast not.* Is. 29. 13, 14. *I will surely.* ver. 31; ch. 12. 15, 16, 20. Nu. 14. 23, 35. 1 Sa. 2. 30-32; 13. 13, 14; 15. 26-28. 2 Sa. 12. 9-12.

12 *in thy days.* ch. 21. 29. 2 Ki. 20. 17, 19; 22. 19, 20. *for David.* ch. 9. 4, 5. Ge. 12. 2; 19. 29. *I will rend it out.* See on Ex. 20. 5.

13 *Howbeit.* ver. 39. 2 Sa. 7. 15, 16. 1 Ch. 17. 13, 14. Ps. 89. 33-37. *one tribe.* ver. 35, 36; ch. 12. 20. *for David.* See on ch. 11. 12, 32. De. 9. 5. 2 Ki. 13. 23; 19. 34. Ps. 89. 49; 132. 1, 17. Is. 9. 7. Je. 33. 17-26. Lu. 1. 32, 33. *for Jerusalem's.* De. 12. 5, 11. 2 Ki. 21. 4; 23. 27. Ps. 132. 13, 14. Is. 14. 32; 62. 1, 7. Je. 33. 15, 16.

14 *the Lord.* ch. 12. 15. 1 Sa. 26. 19. 2 Sa. 24. 1. 1 Ch. 5. 26. Is. 10. 5, 26; 13. 17. *an adversary.* 2 Sa. 7. 14. Ps. 89. 30-34.

15 *when David.* 2 Sa. 8. 14. 1 Ch. 18. 12, 13. Ps. 60, title; 108. 10. *after he had.* Ge. 25. 23; 27. 40. Nu. 24. 18, 19. De. 20. 13. Mal. 1. 2, 3. *every male.* Nu. 31. 17.

17 *Hadad.* Ex. 2. 1-10. 2 Sa. 4. 4. 2 Ki. 11. 2. Mat. 2. 13, 14. *a little child. Näär katon,* rather, 'a little boy:' one who was apprehensive of his danger, and could, with his father's servants, make his escape.

18 *Midian.* Probably not the *Midian* east of the Red Sea, to which Moses fled, (Ex. 2. 15, etc.) but the *Midian* east of the Dead Sea, and south of Moab. These Midianites, whose daughters seduced the Israelites to commit idolatry (Nu. 22. 4, 7; 25. 15; 31. 2, etc.) were descendants of *Midian*, son of Abraham, (Ge. 25. 2.) Their capital city was called *Midian*, and its remains were to be seen in the time of EUSEBIUS and JEROME: it was situated on the Arnon, south of the city Ar, or Areopolis. Ge. 25. 2, 4. Nu. 22. 4; 25. 6, 14, 18. *Paran.* Probably the city of *Paran*, or the district around it, situated in the south of Idumea, and according to EUSEBIUS, three days' journey east from Elah or Elath, at the head of the eastern branch, or Elamitic gulf of the Red Sea. Ge. 14. 6; 21. 21. Nu. 10. 12. De. 1. 1; 33. 2. Hab. 3. 3.

19 *found.* Ge. 39. 4, 21. Ac. 7. 10, 21. *that he gave.* Ge. 41. 45. *Tahpenes.* Je. 43. 7-9.

20 *weaned.* Ge. 21. 7. 1 Sa. 1. 24.

21 *Hadad.* ch. 2. 10, 34. Ex. 4. 19. Mat. 2. 20. *Let me depart. Heb.* Send me away. Ge. 45. 24. Jos. 2. 21. 1 Sa. 9. 26. 2 Sa. 3. 21.

22 *But.* Je. 2. 31. Lu. 22. 35. *Nothing. Heb.* Not. *let me go.* 2 Sa. 18. 22, 23. Ps. 37. 8. Mar. 14. 31.

23 *God.* See on ver. 14 2 Sa. 16. 11. Ezr. 1. 1. Is. 13. 17; 37. 26; 45. 5. Eze. 38. 16. *Hadadezer.* 2 Sa. 8. 3; 10. 8, 15-18. 1 Ch. 18. 3-9; 19. 6, 16-19, Hadarezer. Ps. 60, title.

24 *to Damascus.* ch. 19. 15; 20. 34. Ge. 14. 15. Ac. 9. 2. *in Damascus. Damascus,* called also *Damesk*, but generally *El Sham*, by the Arabs, is situated in a delightful plain, well watered by the Barrada, at the eastern foot of Antilibanus, being surrounded by the hills in the form of a triumphal arch, 136 miles N. of Jerusalem, 195 S. of Antioch, and 276 S.S.W. of Diarbekir. It is a city of the highest antiquity, being at least as ancient as the time of Abraham: it has been often captured, and several times demolished, but has always risen to splendour and dignity. The modern town is described by MAUNDRELL as of a long, straight figure, its ends pointing nearly N.E. and S.W. It is very slender in the middle, but swells bigger at each end, especially at that to the N.E. According to NIEBUHR, the walls are something less than a league and a half in circumference; and the population is estimated at from 100,000 to 150,000.

25 *all the days.* ch. 5. 4. 2 Ch. 15. 2. *abhorred.* Ge. 34. 30. De. 23. 7. 2 Sa. 16. 21. Ps. 106. 40. Zec. 11. 8.

26 *Jeroboam.* ver. 11, 28; ch. 12. 2, 20, etc.; 13. 1, etc.; 14. 16; 15. 30; 16. 3; 21. 22. *an Ephrathite.* Ge. 35. 16. Ru. 1. 2. 1 Sa. 1. 1; 17. 12. 1 Ch. 2. 19. *Solomon's servant.* ch. 9. 22. 2 Ch. 13. 6.

27 *lifted up.* 2 Sa. 20. 21. Pr. 30. 32. Is. 26. 11. *Solomon.* See on ch. 9. 15, 24. *repaired. Heb.* closed. Am. 9. 11. *the breaches.* Ne. 4. 7. Ps. 60. 2. Is. 22. 9. Eze. 13. 5. *the city.* See on 2 Sa. 5. 7.

28 *was industrious. Heb.* did work. Pr. 22. 29. *he made.* ch. 5. 16. *charge. Heb.* burden. De. 1. 12. Is. 14. 25. Mat. 11. 30. *the house.* Jos. 18. 5. Ju. 1. 22, 23. 2 Sa. 19. 20. Am. 5. 6. Zec. 10. 6.

29 *Ahijah.* ch. 12. 15; 14. 2. 2 Ch. 9. 29. *Shilonite.* Jos. 18. 1. *and they two.* Ge. 4. 8. 2 Sa. 14. 6.

30 *rent it.* 1 Sa. 15. 27, 28; 24. 4, 5.

31 *thus saith.* See on ver. 11, 12.

32 *he shall.* See on ch. 12. 20. *for Jerusalem's sake.* See on ver. 13.

33 *they have forsaken.* ver. 9; ch. 3. 14; 6. 12, 13; 9. 5-7. 1 Ch. 28. 9. 2 Ch. 15. 2. Je. 2. 13. Ho. 4. 17. *Ashtoreth.* See on ver. 5-8.

34 *Howbeit.* See on ver. 12, 13, 31. Job 11. 6. Ps. 103. 10. Hab. 3. 2. *for David.* Is. 55. 3.

35 *I will take.* Ex. 20. 5, 6. *will give.* ch. 12. 15-17, 20. 2 Ch. 10. 15-17.

36 *David.* ch. 15. 4. 2 Sa. 7. 16, 29; 21. 17. 2 Ki. 8. 19. 2 Ch. 21. 7. Ps. 132. 17. Je. 33. 17-21. Am. 9. 11, 12. Lu. 1. 69, 70, 78, 79. Ac. 15. 16, 17. *light. Heb.* lamp, *or* candle. *the city.* See on ver. 13; ch. 9. 3. Ga. 4. 25, 26. He. 12. 22. Re. 21. 10.

37 *according.* ver. 26. De. 14. 26. 2 Sa. 3. 21.

38 *if thou wilt.* ch. 3. 14; 6. 12; 9. 4, 5. Ex. 19. 5. De. 15. 5. Zec. 3. 7. *that I will.* See on De. 31. 8. Jos. 1. 5. *build thee.* ch. 14. 7-14. 2 Sa. 7. 11, 16, 26-29. 1 Ch. 17. 10, 24-27.

39 *afflict.* ch. 12. 16; 14. 8, 25, 26. Ps. 89. 38-45, 49-51. *not for ever.* See on ver. 36. Ps. 89. 30-34. Is. 7. 14; 9. 7; 11. 1-10. Je. 23. 5, 6. La. 3. 31, 32. Lu. 1. 32, 33; 2. 4, 11.

40 *Solomon sought.* 2 Ch. 16. 10. Pr. 21. 30. Is. Is. 14. 24-27; 46. 10. La. 3. 37. *Shishak.* This is the first time we meet with the proper name of an Egyptian king in Scripture, *Pharaoh* being the general appellation for all the sovereigns of that country. Some are of opinion that *Shishak* is the same with the celebrated *Sesostris* of the Greek historians; but it is probable that this king lived long before Solomon's time. USHER thinks him to be *Sesonchis*, and places the beginning of his reign, A.M. 3026. B.C. 978. ch. 14. 25, 26. 2 Ch. 12. 2-9.

41 *rest.* 2 Ch. 9. 29-31. *acts. or,* words, *or* things.

42 *time. Heb.* days. *forty years.* JOSEPHUS says *fourscore years;* which is sufficiently absurd. CALMET supposes him to have been 18 years old when he came to the throne, and 58 when he died. ch. 2. 11.

43 A.M. 3029. B.C. 975. *slept.* ch. 1. 21; 14. 20; 15. 8, 24; 16. 6. De. 31. 16. 2 Ki. 16. 20; 20. 21; 21. 18. *buried.* ch. 2. 10; 14. 31. 2 Ki. 21. 18, 26. 2 Ch. 21. 20; 26. 23; 28. 27. Je. 22. 19. *Rehoboam.* 1 Ch. 3. 10. 2 Ch. 9. 31; 13. 7. Mat. 1. 5, Roboam.

## CHAP. XII.

*The Israelites, assembled at Shechem to crown Rehoboam, by Jeroboam make a suit of relaxation unto him,* 1-5. *Rehoboam, refusing the old men's counsel, answers them roughly,* 6-15. *Ten tribes revolting, kill Adoram, and make Rehoboam flee,* 16-20. *Rehoboam, raising an army, is forbidden by Shemaiah,* 21-24. *Jeroboam strengthens himself by cities,* 25; *and by the idolatry of the two calves,* 26-33.

1 *Rehoboam.* See on ch. 11. 43. 2 Ch. 10. 1, etc. *Shechem.* Ge. 12. 6, Sichem; 33. 18, 19. Jos. 20. 7; 24. 1, 32. Ju. 9. 1. Ps. 60. 6. Ac. 7. 16, Sychem.

2 *Jeroboam the son of Nebat.* ch. 11. 26-31, 40. 2 Ch. 10. 2, 3.

4 *our yoke.* ch. 4. 7, 20, 22, 23, 25; 9. 15, 22, 23. 1 Sa. 8. 11-18. 2 Ch. 10. 4, 5. Mat. 11. 29, 30; 23. 4. 1 Jno. 5. 3

6 *consulted.* 2 Sa. 16. 20; 17. 5. Job 12. 12; 32. 7. Pr. 27. 10. Je. 42. 2-5; 43. 2.

7 *If thou wilt.* 2 Ch. 10. 6, 7. Pr. 15. 1. Mar. 10. 43, 44. Phi. 2. 7-11. *speak good.* ver. 13. 2 Sa. 15. 3-6. Ec. 10. 4. Zec. 1. 13.

8 2 Ch. 10. 8; 25. 15, 16. Pr. 1. 2-5, 25, 30; 19. 20; 25. 12. Ec. 10. 2, 3.

9 ch. 22. 6-8. 2 Sa. 17. 5, 6. 2 Ch. 10. 9; 18. 5-7.

10 *Thus shalt thou.* 2 Sa. 17. 7-13. *My little finger.* A proverbial mode of expression: 'My little finger is thicker than my father's thigh.' As much as the *thigh* surpasses the *little finger* in thickness, so much does my power exceed that of my father; and the use I shall make of it to oppress and tax you shall be in proportion. 2 Ch. 10. 10, 11. Pr. 10. 14; 18. 6, 7; 28. 25; 29. 23. Is. 47. 6.

11 *I will add.* Ex. 1. 13, 14; 5. 5-9, 18. 1 Sa. 8. 18. 2 Ch. 16. 10. Is. 58. 6. Je. 27. 11; 28. 13, 14. *but I will chastise.* Should you rebel or become disaffected, my father's *whip* shall be a *scorpion* in my hand. His was *chastisement*, mine shall be *punishment*. CELSIUS and HILLER conjecture that *ăkrabbim* denotes a thorny kind of shrub, whose prickles are of a venomous nature, called by the Arabs *scorpion thorns*, from the exquisite pain which they inflict. But the Chaldee renders it *margenin*, and the Syriac *moragyai*, *i. e.* μαραγναι, *scourges;* and in the parallel place of Chronicles the Arabic has *saut*, a *scourge*. ISIDORE, and after him CALMET and others, assert that the *scorpion* was a sort of severe *whip*, the lashes of which were armed with knots or points that sunk into and tore the flesh. *scorpions.* ver. 14. Eze. 2. 6. Re. 9. 3-10.

12 *Come to me again.* ver. 5. 2 Ch. 10. 12-14.

13 *answered.* ch. 20. 6-11. Ge. 42. 7, 30. Ex. 5. 2; 10. 28. Ju. 12. 1-6. 1 Sa. 20. 10, 30, 31; 25. 10, 11. 2 Sa. 19. 43. Pr. 10. 11, 32; 15. 1; 18. 23. Ec. 10. 12. Ja. 3. 17. *roughly. Heb.* hardly. Ge. 16. 6. *forsook.* Pr. 13. 20.

14 *the counsel.* 2 Ch. 22. 4, 5. Es. 1. 16-21; 2. 2-4. Pr. 12. 5. Is. 19. 11-13. Da. 6. 7. *My father made.* ver. 10, 11. Pr. 13. 10; 16. 18; 17. 14. Ec. 7. 8. Ja. 3. 14-18; 4. 1, 2.

15 *the cause.* The *cause* of all this confusion and anarchy was Rehoboam's *folly*, *cruelty*, and *despotic tyranny*, and *this* was certainly *not* 'from the Lord,' nor does the original text speak this doctrine. See an elucidation of a similar passage at 2 Sa. 24. 1. It says, *sibbah*, (from *savav*, to *turn*, *change*,) 'the *change* or REVOLUTION was from the Lord;' which is consistent with all the preceding declarations. God stirred up the people to revolt from a man who had neither skill nor humanity to govern them. God serves his own wise and righteous purpose by the imprudences and iniquities of men, and snares sinners in the work of their own hands. 'He maketh the wrath of man to praise him.' ver. 24; ch. 22. 23. De. 2. 30. Ju. 14. 4. 2 Ch. 10. 15; 22. 7; 25. 16, 20. Ps. 5. 10. Am. 3. 6. Ac. 2. 23; 4. 28. *that he might.* See on ch. 11. 11, 29-38. 1 Sa. 15. 29. 2 Sa. 17. 14. 2 Ki. 9. 36; 10. 10. Is. 14. 13-17; 46. 10, 11. Da. 4. 35. Jno. 19. 23, 24, 28, 29, 32-37. Ac. 3. 17; 13. 27-29.

16 *What portion.* See on 2 Sa. 20. 1. 2 Ch. 10. 16. *to your tents.* ch. 22. 17, 36. *now see.* ch. 11. 13, 34, 36, 39. 2 Sa. 7. 15, 16. Ps. 2. 1-6; 76. 10; 89. 29-37; 132. 17. Is. 7. 2, 6, 7; 9. 6, 7. Je. 23. 5, 6; 33. 15, 16, 21. Lu. 19. 14, 27. *So Israel.* Ju. 8. 35. 2 Sa. 15. 13; 16. 11.

17 *the children.* ch. 11. 13, 36. 2 Ch. 10. 17; 11. 13-17.

18 *Adoram.* ch. 4. 6; 5. 14, Adoniram. 2 Sa. 20. 24. 2 Ch. 10. 18, Hadoram. *all Israel.* Ex. 17. 4. Nu. 14. 10. 2 Ch. 24. 21. Ac. 5. 26; 7. 57, 58. *made speed. Heb.* strengthened himself. *flee to Jerusalem.* ch. 20. 18-20. Pr. 28. 1, 2. Am. 2. 16.

19 *Israel.* 1 Sa. 10. 19. 2 Ki. 17. 21. 2 Ch. 10. 19; 13. 5-7, 17. Is. 7. 17. *rebelled. or*, fell away. He. 6. 6. *unto this day.* See on Jos. 4. 9.

20 *and made him.* 1 Sa. 10. 24. Ho. 8. 4. *none that followed.* See on ver. 17; ch. 11. 13, 32. Ho. 11. 12.

21 *when Rehoboam.* 2 Ch. 11. 1-3. *an hundred.* 1 Ch. 21. 5. 2 Ch. 14. 8, 11; 17. 14-19. Pr. 21. 30, 31.

22 *Shemaiah.* 2 Ch. 11. 2; 12. 5, 7. *the man.* ch. 13. 1, 4, 5, 11; 17. 18, 24. See on De. 33. 1. 2 Ki. 4. 16, 22, 25, 27. 1 Ti. 6. 11.

24 *Ye shall not go up.* Nu. 14. 42. 2 Ch. 11. 4; 25. 7, 8; 28. 9-13. *for this thing.* See on ver. 15; ch. 11. 29-38. Ho. 8. 4. *They hearkened.* 2 Ch. 25. 10; 28. 13-15.

25 *built.* ch. 9. 15, 17, 18; 15. 17; 16. 24. 2 Ch. 11. 5-12. *Shechem.* See on ver. 1. Ju. 9. 1, 45-49. *Penuel.* Ge. 32. 30, 31. Ju. 8. 8, 17.

26 *said in his heart.* Ps. 14. 1. Mar. 2. 6-8. Lu. 7. 39. *Now shall.* ch. 11. 38. 1 Sa. 27. 1. 2 Ch. 20. 20. Is. 7. 9. Je. 38. 18-21. Jno. 11. 47-50; 12. 10, 11, 19. Ac. 4. 16, 17.

27 *go up.* ch. 8. 29, 30, 44; 11. 32. De. 12. 5-7 14; 16. 2, 6. *and they shall.* Ge. 12. 12, 13; 26. 7. Pr. 29. 25. 1 Co. 1. 19, 20.

28 *took counsel.* See on ver. 8, 9. Ex. 1. 10. Is. 30. 1. *two calves of gold.* He invented a political religion, and instituted feasts in his own times, different from those appointed by Jehovah; gave the people certain objects of adoration, and pretended to think that it would be both inconvenient and oppressive to them to go up to Jerusalem to worship. These calves were doubtless of the same kind as the calf which was set up by Aaron; and it is remarkable, that in pointing them out to the people he should use the same words that Aaron used on that occasion, when they must have heard what terrible judgments fell upon their forefathers for this idolatry. Solomon's idolatry, however, had prepared the people for Jeroboam's abominations. Ex. 20. 4. De. 4. 14-18. 2 Ki. 10. 29; 17. 16. 2 Ch. 11. 15. Ho. 8. 4-7; 10. 5, 6. *It is too much.* Is. 30. 10. 2 Pe. 2. 19. *behold.* See on Ex. 32. 4, 8.

29 *Beth-el.* Ge. 12. 8; 28. 19; 35. 1. Ho. 4. 15. *Dan.* Ge. 14. 14. De. 34. 1. Ju. 18. 29-31; 20. 1. 2 Ki. 10. 29. Je. 8. 16. Am. 8. 14.

30 *became a sin.* ch. 13. 34. 2 Ki. 10. 31; 17. 21.

31 *an house.* ch. 13. 24, 32. De. 24. 15. Eze. 16. 25. Ho. 12. 11. *priests.* ch. 13. 33. Nu. 3. 10. 2 Ki. 17. 32. 2 Ch. 11. 14, 15; 13. 9. Eze. 44. 6-8.

32 *like unto.* ch. 8. 2, 5. Le. 23. 33, 34, etc. Nu. 29. 12, etc. Eze. 43. 8. Mat. 15. 8, 9. *offered upon the altar. or*, went up to the altar. *sacrificing. or*, to sacrifice. *he placed.* Am. 7. 10-13.

33 *offered upon the altar. or*, went up to the altar, etc. ver. 32. *in the month.* Nu. 15. 39. Ps. 106. 39. Is. 29. 13. Mat. 15. 6. Mar 7. 13. *he offered.* ch. 13. 1. 1 Sa. 13. 12. 2 Ch. 26. 6. *and burnt incense. Heb.* to burn incense.

## CHAP. XIII.

*Jeroboam's hand withers, 1-5, and at the prayer of the prophet is restored, 6. The prophet departs from Beth-el, 7-10. An old prophet brings him back, 11-19. He is reproved by God, 20-22, slain by a lion, 23-25, buried by the old prophet, 26-30, who confirms his prophecy, 31, 32. Jeroboam's obstinacy, 33, 34.*

1 *there came.* See on ch. 12. 22. 2 Ki. 23. 17. 2 Ch. 9. 29. *by the word.* ver. 5, 9, 26, 32; ch. 20. 35. Je. 25. 3. 1 Th. 4. 15. *Jeroboam.* ch. 12. 32, 33. 2 Ch. 26. 18. *burn. or*, offer. Nu. 16. 40. Je. 11. 12; 32. 29. Mal. 1. 11. Re. 8. 3.

2 *O altar.* De. 32. 1. Is. 1. 2; 58. 1. Je. 22. 29. Eze. 36. 1, 4; 38. 4. Lu. 19. 40. *Josiah by name.* 2 Ki. 22. 1, 2; 23. 15-18. 2 Ch. 34. 1, 4-7. Is. 42. 9; 44. 26-28; 46. 10; 48. 5-7. *offer.* 2 Ki. 23. 15-17.

3 Ex. 4. 3-5, 8, 9; 7. 10. De. 13. 1-3. 1 Sa. 2. 34. 2 Ki. 20. 8. Is. 7. 11-14; 38. 6-8, 22. Je. 44. 29. Mat. 12. 38-40. Jno. 2. 18. 1 Co. 1. 22.

4 *Lay hold.* 2 Ch. 16. 10; 18. 25, etc.; 25. 15, 16. Ps. 105. 15. Je. 20. 2-4; 26. 8-11, 20-23; 38. 4-6. Am. 7. 10-17. Mat. 25. 40; 26. 57. Mar. 14. 44-46. Jno. 13. 20. Ac. 6. 12-14. *his hand.* Ge. 19. 11. 2 Ki. 6. 18-20. Je. 20. 4-6. Lu. 3. 19, 20; 6. 10. Jno. 18. 6. Ac. 9. 4, 5; 13. 8-11. Re. 11. 5.

5 ver. 3; ch. 22. 28, 35. Ex. 9. 18-25. Nu. 16. 23-35. De. 18. 22. Je. 28. 16, 17. Mar. 16. 20. Ac. 5. 1-10.

6 *now.* Ex. 8. 8, 28; 9. 28; 10. 17; 12. 32. Nu. 21. 7. 1 Sa. 12. 19. Je. 37. 3; 42. 2-4. Ac. 8. 24. Ja. 5. 16. Re. 3. 9. *besought.* Ex. 8. 12, 13. Nu. 12. 13. 1 Sa. 12. 23. Mat. 5. 44. Lu. 6. 27, 28; 23. 34. Ac. 7. 60. Ro. 12. 14, 21. Ja. 5. 16-18. *Lord. Heb.* face of the Lord.

7 *refresh.* Ge. 18. 5. Ju. 13. 15; 19. 21. *I will give.* As great men in the East make no presents to equals or inferiors when visited, Sir JOHN CHARDIN thinks that the king intended by this to treat the prophet as his superior. 1 Sa. 9. 7, 8. 2 Ki. 5. 15. Je. 40. 5. Mal. 1. 10. Ac. 8. 18-20. 1 Pe. 5. 2.

8 *If.* Nu. 22. 18; 24. 13. Es. 5. 3, 6; 7. 2. Mar. 6. 23. *go.* 2 Ki. 5. 16, 26, 27. Mar. 6. 11. 2 Co. 11. 9, 10.

9 *For.* See on ver. 1, 21, 22. 1 Sa. 15. 22. Job 23. 12. Jno. 13. 17; 15. 9, 10, 14. *Eat no bread.* Nu. 16. 26. De. 13. 13-18. Ps. 141. 4. Ro. 16. 17. 1 Co. 5. 11. Ep. 5. 11. 2 Jno. 10, 11. Re. 18. 4.

11 *an old prophet.* ver. 20, 21. Nu. 23. 4, 5; 24. 2. 1 Sa. 10. 11. 2 Ki. 23. 18. Eze. 13. 2, 16. Mat. 7. 22. 2 Pe. 2. 16. *sons. Heb.* son. *came.* 1 Ti. 3. 5.

13 ver. 27. Nu. 22. 21. Ju. 5. 10; 10. 4. 2 Sa. 19. 26.

14 *sitting.* ch. 19. 4. Jno. 4. 6, 34. 1 Co. 4. 11, 12. 2 Co. 11. 27. Phi. 4. 12, 13. *Art thou.* See on ver. 1.

16 ver. 8, 9. Ge. 3. 1-3. Nu. 22. 13, 19. Mat. 4. 10; 16. 23.

17 *It was. Heb.* a word *was.* *by the word.* See on ver. 1; ch. 20. 35. 1 Th. 4. 15.

18 *an angel.* Nu. 22. 35. Ju. 6. 11, 12; 13. 3. *But.* Ge. 3. 4, 5. Is. 9. 15. Je. 5. 12, 31; 23. 14, 17, 32; 28. 15, 16. Eze. 13. 9, 10, 22. Mat. 7. 15; 24. 24. Ro. 16. 18. 2 Co. 11. 3, 13-15. 2 Pe. 2. 1. 1 Jno. 4. 1. Re. 19. 20.

19 ver. 9. Ge. 3. 6. De. 13. 1, 3, 5; 18. 20. Ac. 4. 19. 2 Pe. 2. 18, 19.

20 *the word of the Lord.* "A great clamour," says Dr. KENNICOTT, "has been raised against this part of history, on account of God's denouncing sentence on the *true* prophet by the mouth of the *false* prophet; but if we examine with attention the original words here, they will be found to signify either *he who brought him back*, or, *whom he had brought back;* for the very same words, *asher heshivo*, occur again, ver. 23, where they are now translated, *whom he had brought back;* and where they cannot be translated otherwise. This being the case, we are at liberty to consider the words of the Lord as delivered to the *true* prophet, thus brought back; and then the sentence is pronounced by God himself, calling to him out of heaven, as in Ge. 22. 11. And that this doom was thus pronounced by God, not by the false prophet, we are assured in ver. 26. 'The Lord hath delivered him unto the lion, according to the word of the Lord, which HE spake unto him.' JOSEPHUS [and also the *Arabic*] asserts, that the sentence was declared by God to the *true* prophet." Nu. 23. 5, 16; 24. 4, 16-24. Mat. 7. 22. Jno. 11. 51. 1 Co. 13. 2.

21 *Thus saith.* ver. 17. Ge. 3. 7. Es. 6. 13. Je. 2. 19. Ga. 1. 8, 9. *thou hast disobeyed.* Le. 10. 3. Nu. 20. 12, 24. 1 Sa. 4. 18; 13. 13, 14; 15. 19, 22-24. 2 Sa. 6. 7; 12. 9-11; 24. 13. Re. 3. 19.

22 *eaten.* ver. 19. *of the.* ver. 9. *carcase.* ver. 30; ch. 14. 13. 2 Ch. 21. 19, 20. Is. 14. 18-20. Je. 22. 18, 19.

24 *a lion.* ch. 20. 36. 2 Ki. 2. 24. Pr. 22. 13; 26. 13. Am. 5. 19. 1 Co. 11. 31, 32. 1 Pe. 4. 17, 18.

26 *the man.* Le. 10. 3. 2 Sa. 12. 10, 14. Ps. 119. 120. Pr. 11. 31. Eze. 9. 6. 1 Co. 11. 30. He. 12. 28, 29. 1 Pe. 4. 17. *torn. Heb.* broken. *which he spake.* ver. 9.

28 *the lion had.* All here was supernatural. The lion, though he had killed the man, yet, contrary to his nature, did not devour him, nor tear the ass, nor meddle with the travellers that passed by; while the ass stood quietly by, not fearing the lion, nor betaking himself to flight: both stood as guardians of the fallen prophet, till this extraordinary intelligence was carried into the city which rendered the miracle the more illustrious, and plainly shewed that this event did not happen by chance. This concatenation of miracles marked the death of the man of God as a Divine rebuke for his disobedience in eating bread at idolatrous Beth-el; and here we see, as in various other cases, that 'often judgment begins at the house of God.' The true prophet, for suffering himself to be seduced by the old prophet, and for receiving that as a revelation from God which was opposed to the revelation which himself had received, and which was confirmed by so many miracles, is slain by a lion, and his body deprived of the burial of his fathers; while the wicked king and the fallen prophet are both permitted to live. ch. 17. 4, 6. Le. 10. 2, 5. Job 38. 11. Ps. 148. 7, 8. Je. 5. 22, 23. Da. 3. 22, 27, 28; 6. 22-24. Ac. 16. 26. He. 11. 33, 34. *torn. Heb.* broken.

30 *mourned over.* ch. 14. 13. Je. 22. 18. Ac. 8. 2.

31 *lay my bones.* Nu. 23. 10. Ps. 26. 9. Ec. 8. 10. Lu. 16. 22, 23.

32 *the saying.* ver. 2. 2 Ki. 23. 16-19. *the houses.* ch. 12. 29, 31. Le. 26. 30. *in the cities.* ch. 16. 24. 2 Ch. 25. 13. Ezr. 4. 10. Jno. 4. 4, 5.

33 A.M. 3030-3050. B.C. 974-954. *Jeroboam.* ch. 12. 31-33. 2 Ch. 11. 15; 13. 9. Am. 4. 6-11. *made again. Heb.* returned and made. Ps. 78. 34. Je. 18. 4, marg. 2 Ti. 3. 13. *whosoever.* Nu. 1. 51; 3. 10; 17. 5, 12, 13. *consecrated him. Heb.* filled his hand. Ex. 28. 41, marg. Ju. 17. 12.

34 *became sin.* ch. 12. 30. 2 Ki. 10. 31; 17. 21. *to cut it off.* ch. 12. 26; 14. 10; 15. 29, 30. Pr. 13. 6.

## CHAP. XIV.

*Abijah being sick, Jeroboam sends his wife, disguised, with presents to the prophet Ahijah at Shiloh,* 1-4. *Ahijah, forewarned by God, denounces God's judgment,* 5-16. *Abijah dies, and is buried,* 17, 18. *Nadab succeeds Jeroboam,* 19, 20. *Rehoboam's wicked reign,* 21-24. *Shishak spoils Jerusalem,* 25-28. *Abijam succeeds Rehoboam,* 29-31.

1 *that time.* ch. 13. 33, 34. *the son.* ver. 12, 13. Ex. 20. 5. 1 Sa. 4. 19, 20; 31. 2. 2 Sa. 12. 15.

2 *disguise thyself.* ver. 5, 6; 22. 30. 1 Sa. 28. 8. 2 Sa. 14. 2. 2 Ch. 18. 29. Lu. 12. 2. *Ahijah.* See on ch. 11. 29-38.

3 *And take.* ch. 13. 7. 1 Sa. 9. 7, 8. 2 Ki. 4. 42; 5. 5, 15; 8. 7-9. *with thee. Heb.* in thine hand. *cracknels. or,* cakes. *Nikkoodim, spotted,* or *perforated cakes;* either, as some suppose, thin cakes pierced through with holes, the same as is called *Jews' bread* to the present day, and used by them at the passover; or, as Mr. HARMER imagines, cakes *spotted* with seeds, as with sesamum, Roman coriander, etc. such as he proves from RAUWOLFF, RUSSELL, and HANWAY, are still used in the East. This was certainly not a present that proclaimed royalty; but it does not appear to have been, in the estimation of the East, a present only fit for a country woman to have made, as Bp. PATRICK supposes: for D'ARVIEUX informs us, that when he waited on an Arab emir, his mother and sisters sent him a present of pastry, honey, and fresh butter, with a bason of sweetmeats of Damascus. *cruse. or,* bottle. *he shall tell.* 2 Ki. 1, 2; 8. 8. Lu. 7. 2, 3. Jno. 4. 47, 48; 11. 3.

4 *Shiloh.* ch. 11. 29. Jos. 18. 1. 1 Sa. 4. 3, 4. Je. 7. 12-14. *for his eyes.* Ge. 27. 1; 48. 10. De. 34. 7. 1 Sa. 3. 2; 4. 15. Ps. 90. 10. Ec. 12. 3. *were set by reason of his age. Heb.* stood for his hoariness.

5 *the Lord.* 2 Ki. 4. 27; 6. 8-12. Ps. 139. 1-4. Pr 21. 30. Am. 3. 7. Ac. 10. 19, 20.

6 *thou wife.* Job 5. 13. Ps. 33. 10. *why feignest.* ver. 2, 5. Eze. 14. 3-5, 7, 8. Lu. 20. 20-23. Ac. 5. 3-5, 9, 10. He. 4. 13. *for I am.* ver. 10, 11; 13. 20-22; 20. 42; 21. 18-24; 22. 8. 1 Sa. 15. 16, 26; 28. 18. Je. 21. 2-7. Eze. 2. 4, 5. Da. 4. 19-25; 5. 17-28. Mar. 14. 21. *heavy tidings. Heb.* hard tidings.

7 *Forasmuch.* ch. 12. 24; 16. 2. 1 Sa. 2. 27-30; 15. 16. 2 Sa. 12. 7, 8.

8 *rent.* ch. 11. 30, 31. *my servant David.* ch. 3. 14; 11. 33-38; 15. 5. 2 Ch. 17. 3; 28. 1. Ac. 13. 22, 36.

9 *hast done.* ver. 16; ch. 12. 28; 13. 33, 34; 15. 34; 16. 31. *thou hast gone.* De. 32. 16, 17, 21. Ju. 5. 8. 2 Ch. 11. 15. Ps. 106. 19, 20; 115. 4-8. Is. 44. 9-20. Je. 10. 14-16. *to provoke.* ver. 22. De. 9. 8-16, 24. 2 Ki. 21. 3; 23. 26. 2 Ch. 33. 6. Ps. 78. 40, 56; 106. 29. Je. 7. 9, 10. Eze. 8. 3, 17. 1 Co. 10. 22. *cast me.* Ne. 9. 26. Ps. 50. 17. Eze. 23. 35.

10 *I will bring.* ch. 15. 25-30. Am. 3. 6. *him that pisseth.* ch. 16. 11; 21. 21. 1 Sa. 25. 22, 34. 2 Ki. 9. 8, 9. *him that is shut up.* De. 32. 36. 2 Ki. 14. 26. *as a man taketh.* 1 Sa. 2. 30. 2 Ki. 9. 37; 21. 13. Job 20. 7. Ps. 83. 10. Is. 5. 25; 14. 19, 23. Je. 8. 2. Eze. 26. 4. Zep. 1. 17. Mal. 2. 3. Lu. 14. 34, 35.

11 *that dieth.* ch. 16. 4; 21. 19, 23, 24. Is. 66. 24. Je. 15. 3. Eze. 39. 17-19. Re. 19. 17, 18.

12 *when thy feet.* ver. 3, 16, 17. 2 Ki. 1. 6, 16. Jno. 4. 50-52.

13 *shall mourn.* Nu. 20. 29. Je. 22. 10, 18. *there is found.* 2 Ch. 12. 12; 19. 3. Job 19. 28. Eze. 18. 14, etc. Phile. 6. 2 Pe. 2. 8, 9.

14 *the Lord.* ch. 15. 27-29. *but what.* Ec. 8. 11. Eze. 7. 2-7; 12. 22-28. Ja. 5. 9. 2 Pe. 2. 3.

15 *the Lord.* 1 Sa. 12. 25. 2 Ki. 17. 6, 7. *as a reed.* Mat. 11. 7. Lu. 7. 24. *root up Israel.* De. 29. 28. Ps. 52. 5. Pr. 2. 22. Am. 2. 9. Zep. 2. 4. Mat. 15. 13. *this good land.* Le. 26. 32-34, 43. De. 4. 26, 27; 28. 36, 63-68; 29. 24-28. Jos. 23. 15, 16. *shall scatter.* 2 Ki. 15. 29; 17. 6, 23; 18. 11, 12. Am. 5. 27. Ac. 7. 43. *beyond the river. i. e.* Beyond the river Euphrates. *because.* Ex. 34. 13, 14. De. 12. 3, 4. Is. 1. 28, 29. *provoking.* See on ver. 9, 23, 24.

16 *he shall give Israel.* Ps. 81. 12. Is. 40. 24. Ho. 9. 11, 12, 16, 17. *who did sin.* ch. 12. 30; 13. 34; 15. 30, 34; 16. 2. Ex. 32. 21, 35. Je. 5. 31. Ho. 5. 11, 12. Mi. 6. 16. Mat. 18. 7. Ro. 14. 13.

17 *Tirzah. Tirzah* was a city of Ephraim, to which tribe Jeroboam belonged; and appears to have been pleasantly situated, as it is said in Ca. 6. 4, 'Thou art beautiful, O my love, as Tirzah,' though its precise situation cannot now be ascertained. It seems to have been the *royal city*, and the seat of government for a long time after the revolt of the ten tribes, till Omri built Samaria. ch. 15. 21, 33; 16. 6, 8, 9, 15, 23. Jos. 12. 24. Ca. 6. 4. *when she came.* See on ver. 12, 13. 1 Sa. 2. 30-34; 4. 18-20.

19 A.M. 3029-3050. B.C. 975-954. *how he warred.* ver. 30. 2 Ch. 13. 2-20. *book.* ver. 29; ch. 15. 31; 16. 5, 14, 20, 27; 22. 39. 1 Ch. 27. 24. Es. 6. 1.

20 *slept. Heb.* lay down. ch. 2. 10; 11. 43. Job 14. 12. Ps. 3. 5; 4. 8. *Nadab.* ch. 15. 25-31.

21 *Rehoboam.* ch. 11. 43. 2 Ch. 12. 13; 13. 7. *the city.* See on ch. 8. 16, 44; 11. 36. Ps. 78. 68, 69; 87. 1, 2; 132. 13, 14. Is. 12. 6. *to put his name.* See on Ex. 20. 24. De. 12. 5, 21. *Naamah.* ver. 31. De. 23. 3. 2 Ch. 12. 13.

22 *Judah.* Ju. 3. 7, 12; 4. 1. 2 Ki. 17. 19. 2 Ch. 12. 1. Je. 3. 7-11. *they provoked.* See on ver. 9. De. 4. 24; 29. 28; 32. 16-21. Ps. 78. 58. Is. 65. 3, 4. 1 Co. 10. 22. *all.* ch. 16. 30. 2 Ki. 21. 11. Eze. 16. 47, 48.

23 *built.* ch. 3. 2. De. 12. 2. Is. 57. 5. Eze. 16. 24, 25; 20. 28, 29. *images. or,* standing images, *or* statues. Le. 26. 1. *groves.* Mi. 5. 14. De. 12. 2. 2 Ki. 17. 9, 10; 21. 3-7. 2 Ch. 28. 4. Je. 17. 2. *under every.* Is. 57. 5. Je. 3. 13.

24 *And there.* ch. 15. 12; 22. 46. Ge. 19. 5. De. 23. 17. Ju. 19. 22. 2 Ki. 23. 7. Ro. 1. 24-27. 1 Co. 6. 9.

25 A.M. 3034. B.C. 970. *Shishak.* ch. 11. 40. 2 Ch. 12. 2-4.

26 *he took away.* See on ch. 7. 51; 15. 18. 2 Ki. 24. 13. 2 Ch. 12. 9-11. Ps. 39. 6; 89. 35-45. *the shields of gold.* ch. 10. 16, 17. 2 Ch. 9. 15, 16. Pr. 23. 5. Ec. 2. 18, 19.

27 *made.* La. 4. 1, 2. *guard. Heb.* runners. ver. 1, 5; ch. 18. 46. 1 Sa. 8. 11; 22. 17. 2 Sa. 15. 1.

28 *the guard chamber.* 2 Ch. 12. 11.

29 A.M. 3029-3046. B.C. 975-958. *are they not written.* See on ver. 19; ch. 11. 41; 15. 23; 22. 45. 2 Ch. 12. 15.

30 ch. 12. 24; 15. 6, 7. 2 Ch. 12. 15.

31 A.M. 3046. B.C. 958. *Rehoboam.* See on ver. 20; ch. 11. 43; 15. 3, 24; 22. 50. 2 Ch. 12. 16. *his mother's.* See on ver. 21. *Abijam.* Dr. KENNICOTT observes, that the name of this king of Judah is now expressed *three* ways; here, and in four other places, it is *Abijam;* in two others (2 Ch. 13. 20, 21) it is *Abijahu;* but in *eleven* others it is *Abijah* or *Abiah*, as it is expressed by St. Matthew, (ch. 1. 7,) Αβια; and this is the reading of thirteen of KENNICOTT'S and DE ROSSI'S MSS., and of thirteen respectable editions of the Hebrew Bible. The Syriac is the same. The Septuagint in the London Polyglott has Αβιου, *Abihu;* but in the Complutensian and Antwerp Polyglotts it has Αβια, *Abiah;* and the Editio Princeps of the Vulgate, some MSS. and the text in these two Polyglotts, instead of *Abiam*, have *Abia.* 1 Ch. 3. 10, Abia. 2 Ch. 12. 16, Abijah. Mat. 1. 7, Abia.

## CHAP. XV.

*Abijam's wicked reign*, 1-6. *Asa succeeds him*, 7, 8. *Asa's good reign*, 9-15. *The war between Baasha and him causes him to make a league with Ben-hadad*, 16-22. *Jehoshaphat succeeds Asa*, 23, 24. *Nadab's wicked reign*, 25, 26. *Baasha conspiring against him, executes Ahijah's prophecy*, 27-30. *Nadab's acts and death*, 31, 32. *Baasha's wicked reign*, 33, 34.

1 See on ch. 14. 31. 2 Ch. 13. 1, 2, etc.

2 *his mother's.* ver. 13. 2 Ch. 11. 20-22. *Maachah.* 2 Ch. 13. 2, Michaiah the daughter of Uriel. *Abishalom.* 2 Ch. 11. 21, Absalom.

3 *all the sins.* ch. 14. 21, 22. *and his heart.* See on ch. 3. 14; 11. 4, 33. 2 Ki. 20. 3. 2 Ch. 25. 2; 31. 20, 21. Ps. 119. 80.

4 *for David's.* ch. 11. 12, 32. Ge. 12. 2; 19. 29; 26. 5. De. 4. 37. 2 Sa. 7. 12-16. Is. 37. 35. Je. 33. 20-26. Ro. 11. 28. *give him.* ch. 11. 36. 2 Ch. 21. 7. Ps. 132. 17. Lu. 1. 69-79; 2. 32. Jno. 8. 12. Re. 22. 16. *lamp. or,* candle. Ps. 18. 28. *and to establish.* Ps. 87. 5. Is. 9. 7; 14. 32; 62. 7. Je. 33. 2. Mi. 4. 1, 2. Mat. 16. 18.

5 *David.* See on ver. 3; ch. 14. 8. 2 Ki. 22. 2. 2 Ch. 34. 2. Ps. 119. 6. Lu. 1. 6. Ac. 13. 22, 36. *save only.* 2 Sa. 11. 4, 15-17; 12. 9, 10. Ps. 51, title.

6 *there was war.* Instead of *Rehoboam, fourteen* MSS., the Arabic, and some copies of the Targum, read *Abijam.* The Syriac has '*Abia*, the son of Rehoboam;' and the Editio Princeps of the Vulgate has *Abia.* This is doubtless the true reading, as otherwise it would be an unnecessary repetition of ch. 14. 30, and a repetition which interrupts the history of Abijah: (see 2 Ch. 13. 3, etc.) See on ch. 14. 30.

7 *the rest.* See on ch. 14. 29. 2 Ch. 13. 2, 21, 22. *there was war.* 2 Ch. 13. 3-20.

8 A.M. 3049. B.C. 955. *Abijam.* See on ch. 14. 1, 31. 2 Ch. 14. 1. *Asa.* 1 Ch. 3. 9. Mat. 1. 7, 8.

10 A.M. 3049-3090. B.C. 955-914. *mother's. that is,* grandmother's. ver. 2, 13. 2 Ch. 11. 20, 21; 13. 2.

11 *Asa.* ver. 3. 2 Ch. 14. 2, 11; 15. 17; 16. 7-10.

12 *the sodomites.* See on ch. 14. 24; 22. 46. Ro. 1. 26, 27. Jude 7. *all the idols.* ver. 3; ch. 11. 7, 8; 14. 23. 2 Ch. 14. 2-5. Eze. 20. 18, 19. Zec. 1. 2-6. 1 Pe. 1. 18.

13 *Maachah.* ver. 2, 10. 2 Ch. 15. 15, 16, etc. *his mother.* De. 13. 6-11; 33. 9. Zec. 13. 3. Mat. 10. 37; 12. 46-50. 2 Co. 5. 16. Ga. 2. 5, 6, 14. *destroyed.*

*Heb.* cut off. Le. 26. 30. De. 7. 5. 2 Ki. 18. 4; 23. 12-15. 2 Ch. 34. 4. *and burnt.* Ex. 32. 20. De. 9. 21. Jos. 6. 24. *the brook.* 2 Sa. 15. 23. 2 Ki. 23. 6. Jno. 18. 1, Cedron.

14 *the high places.* ch. 22. 43. 2 Ki. 12. 3; 14. 4; 15. 4. 2 Ch. 14. 3, 5. *was perfect.* ver. 3; ch. 8. 61; 11. 4. 2 Ch. 15. 17, 18; 16. 9; 25. 2.

15 *he brought.* See on ch. 7. 51. 1 Ch. 26. 26-28. 2 Ch. 14. 13; 15. 18. *things. Heb.* holy.

16 ver. 6, 7, 32; ch. 14. 30. 2 Ch. 16. 1, etc.

17 A.M. 3074. B.C. 930. *Baasha.* ver. 27. 2 Ch. 16. 1, etc. *Ramah.* By *building* Ramah is here meant *fortifying* it, in order to prevent all intercourse with the kingdom of Judah, lest his subjects should cleave to the house of David: for *Ramah* was a city of Benjamin, situated on the confines of both kingdoms, probably on a *hill*, as the name imports, commanding a narrow defile between the mountains, through which lay the principal road to Jerusalem; so that a fortification being erected here, no communication could be held between the people of Israel and Judah, without Baasha's permission. ver. 21. Jos. 18. 25. 1 Sa. 15. 34. Je. 31. 15. *he might not suffer.* ch. 12. 27. 2 Ch. 11. 13-17.

18 *Asa.* ver. 15; ch. 14. 26. 2 Ki. 12. 18; 18. 15, 16. 2 Ch. 15. 18; 16. 2-6. *Ben-hadad.* ch. 20. 1-5, 33, 34. 2 Ki. 8. 7-15. *Damascus.* ch. 11. 23, 24. Ge. 14. 15; 15. 2. Je. 49. 27. Am. 1. 4.

19 *There is a league.* 2 Ch. 19. 2. Is. 31. 1. *break thy league.* 2 Sa. 21. 2. 2 Ch. 16. 3. Eze. 17. 13-16. Ro. 1. 31; 3. 8. *depart. Heb.* go up.

20 *Ijon.* Probably the same as *Hazar-enan*, a frontier town to Damascus, (Eze. 48. 1;) and perhaps the *Inna* of Cœle-Syria, long. 68 degrees and a half, lat. 33, according to PTOLEMY. 2 Ki. 15. 29. *Dan.* ch. 12. 29. Ge. 14. 14. Ju. 18. 29. *Abel-beth-maachah.* 2 Sa. 20. 14, 15. *Cinneroth.* Jos. 11. 2; 12. 3.

21 *when Baasha.* 2 Ch. 16. 5. *Tirzah.* ch. 14. 17; 16. 15-18. Ca. 6. 4.

22 *made a proclamation.* 2 Ch. 16. 6. *exempted. Heb.* free. *Geba.* Jos. 18. 24, Gaba; 21. 17. *Mizpah.* Jos. 18. 26. 1 Sa. 7. 5, Mizpeh. Je. 40. 6, 10.

23 *rest of all.* ver. 7, 8; ch. 14. 29-31. *in the time.* 2 Ch. 16. 12-14. Ps. 90. 10.

24 A.M. 3090. B.C. 914. *was buried.* Of his splendid and costly funeral we read in 2 Ch. 16. 14. *Jehoshaphat.* ch. 22. 41-43. 2 Ch. 17. 1, etc. Mat. 1. 8, Josaphat.

25 A.M. 3050-3051. B.C. 954-953. *Nadab.* ch. 14. 12, 20. *began to reign. Heb.* reigned.

26 *he did evil.* ch. 16. 7, 25, 30. *walked.* ch. 12. 28-33; 13. 33, 34. *in his sin.* ver. 30, 34; ch. 14. 16; 16. 19, 26; 21. 22; 22. 52. Ge. 20. 9. Ex. 32. 21. 1 Sa. 2. 24. 2 Ki. 3. 3; 21. 11; 23. 15. Je. 32. 35. Ro. 14. 15. 1 Co. 8. 10-13.

27 *Baasha the son.* See on ver. 16, 17; ch. 14. 14. *conspired.* ch. 16. 9. 2 Ki. 12. 20. *Gibbethon.* ch. 16. 15, 17. Jos. 19. 44; 21. 23.

28 De. 32. 35.

29 *he left not.* ch. 14. 9-16. 2 Ki. 9. 7-10, 36, 37; 10. 10, 11, 31; 19. 25.

30 *the sins.* See on ver. 26; ch. 14. 9-16. *by his provocation.* ch. 14. 22.

31 A.M. 3050-3051. B.C. 954-953. *are they not written.* ch. 14. 19; 16. 5, 14, 20, 27.

32 A.M. 3051-3074. B.C. 953-930. *there was war.* That is, there was a constant spirit of hostility kept up between the two kingdoms, and no doubt frequent skirmishing between the bordering parties; but there was no open war till Baasha king of Israel began to build Ramah, which was, according to 2 Ch. 15. 19; 16. 1, in the *thirty-sixth* year of Asa; but according to ch. 16. 8, 9, his son was killed by Zimri in the *twenty-sixth* year of Asa, and consequently he could not make war upon him in the *thirty-sixth* year of his reign. Chronologers endeavour to reconcile this, by saying that the years should be reckoned, not from the beginning of Asa's reign, but from the separation of the kingdoms of Israel and Judah. We must either adopt this mode of solution, or admit that there is a mistake in some of the numbers, probably in the parallel places in Chronicles, but which we have no direct means of correcting. See on ver. 16.

33 *twenty and four years.* ch. 16. 8.

34 *he did evil.* ver. 26. *walked.* See on ver. 26; ch. 12. 28, 29; 13. 33, 34; 14. 16. Is. 1. 4.

## CHAP. XVI.

*Jehu's prophecy against Baasha,* 1-4. *Elah succeeds him,* 5-7. *Zimri, conspiring against Elah, succeeds him,* 8-10. *Zimri executes Jehu's prophecy,* 11-14. *Omri, made king by the soldiers, forces Zimri desperately to burn himself,* 15-20. *The kingdom being divided, Omri prevails against Tibni,* 21, 22. *Omri builds Samaria,* 23, 24. *His wicked reign,* 25, 26. *Ahab succeeds him,* 27, 28. *Ahab's most wicked reign,* 29-33. *Joshua's curse upon Hiel the builder of Jericho,* 34.

1 A.M. 3073. B.C. 931. *Jehu.* ver. 7. 2 Ch. 19. 2; 20. 34. *Hanani.* ch. 15. 33. 2 Ch. 16. 7-10.

2 *I exalted thee.* ch. 14. 7. 1 Sa. 2. 8, 27, 28; 15. 17-19. 2 Sa. 12. 7-11. Ps. 113. 7, 8. Lu. 1. 52. *thou hast walked.* See on ch. 13. 33, 34; 15. 34. *hast made my people.* See on ch. 14. 16; 15. 26. Ex. 32. 21. 1 Sa. 2. 24; 26. 19. Mat. 5. 19.

3 *will make thy house.* ver. 11, 12; ch. 14. 10 15. 29, 30; 21. 21-24. Is. 66. 24. Je. 22. 19.

4 *shall the dogs eat.* See on ch. 14. 11.

5 A.M. 3051-3074. B.C. 953-930. *the rest.* See on ch. 14. 19; 15. 31. 2 Ch. 16. 1, etc.

6 A.M. 3074. B.C. 930. *Baasha.* ch. 14. 20; 15. 24. *Tirzah.* ch. 14. 17; 15. 21. *Elah.* ver. 8. 13, 14.

7 *the hand.* See on ver. 1, 2. *and against his house.* Ex. 20. 5. *in provoking.* ver. 13. *with the work.* Ps. 115. 4. Is. 2. 8; 44. 9-20. *because he killed him.* This the Vulgate understands of *Jehu the prophet;* some think *Baasha* is intended; others *Nadab* the son of Jeroboam; and others *Jeroboam*, whom Baasha destroyed in his posterity by cruelly murdering them all. ch. 14. 14; 15. 27-29. 2 Ki. 10. 30, 31. Is. 10. 6, 7. Ho. 1. 4. Ac. 2. 23; 4. 27, 28.

8 A.M. 3075. B.C. 929. *In the twenty.* Baasha began to reign in the third year of Asa, and reigned 24 years; yet he died and was succeeded by Elah in the 26th year of Asa; and, in like manner, Elah, who began to reign in the 26th year of Asa, and was killed in the 27th, is said to have reigned *two* years. Thus it is evident that a *part* of a year is calculated as a whole year. In the Chinese annals, the whole year in which a king dies is ascribed to his reign, the years of the succeeding king being reckoned only from the beginning of the following year.

9 *his servant.* 2 Ki. 9. 31. *conspired.* ch. 15. 27. 2 Ki. 9. 14; 12. 20; 15. 10, 25, 30. *drinking.* ch. 20. 16. 1 Sa. 25. 36-38. 2 Sa. 13. 28, 29. Pr. 23. 29-35. Je. 51. 57. Da. 5. 1-4, 30. Na. 1. 10. Hab. 2. 15, 16. Mat. 24. 49-51. Lu. 21. 34. *steward of. Heb.* which *was* over. Ge. 15. 2; 24. 2, 10; 39. 4, 9.

10 *Zimri.* 2 Ki. 9. 31. *reigned.* ver. 15.

11 *he slew.* ch. 15. 29. Ju. 1. 7. *he left him.* See on ch. 14. 10. 1 Sa. 25. 22, 34. *neither of his kinsfolks, nor of his friends. or,* both his kinsmen and his friends.

12 *according.* See on ver. 1-4. *by Jehu the prophet. Heb.* by the hand of Jehu the prophet. ver. 1, 7; ch. 14. 18. 2 Ki. 14. 25. 2 Ch. 10. 15. Pr. 26. 6.

13 *in provoking.* ch. 15. 30. *vanities.* De. 32. 21. 1 Sa. 12. 21. 2 Ki. 17. 15. Is. 41. 29. Je. 10. 3-5, 8, 15. Jon. 2. 8. Ro. 1. 21-23. 1 Co. 8. 4; 10. 19, 20.

14 *they not written.* See on ver. 5.

15 *seven.* ver. 8. 2 Ki. 9. 31. Job 20. 5. Ps. 37. 35

*And the people were encamped.* ch. 15. 27. Jos. 19. 44; 21. 23.

16 *Omri.* ver. 30. 2 Ki. 8. 26. 2 Ch. 22. 2. Mi. 6. 16.

17 *besieged Tirzah.* Ju. 9. 45, 50, 56, 57. 2 Ki. 6. 24, 25; 18. 9-12; 25. 1-4. Lu. 19. 43, 44.

18 *and burnt the king's house.* Ju. 9. 54. 1 Sa. 31. 4, 5. 2 Sa. 17. 23. Job 2. 9, 10. Mat. 27. 5.

19 *in doing.* ver. 7, 13; ch. 15. 30. Ps. 9. 16; 58. 9-11. *in his.* See on ch. 12. 28; 14. 16; 15. 26, 34.

20 *the rest.* ver. 5, 14, 27; ch. 14. 19; 15. 31; 22. 39.

21 *divided.* ver. 8, 29; ch. 15. 25, 28. Pr. 28. 2. Is. 9. 18-21; 19. 2. Mat. 12. 25. 1 Co. 1. 12, 13. Ep. 4. 3-5.

23 A.M. 3079-3086. B.C. 925-918. *the thirty.* As it is stated in verses 10 and 15, that Zimri began to reign in the 27th year of Asa; and as he reigned only *seven days*, and Omri *immediately* succeeded him, this could not be in the 31st, but in the 27th year of Asa. JARCHI, from *Sedar Olam*, reconciles this, by stating that Tibni and Omri began to reign *jointly* in the 27th year of Asa; and that Tibni dying about *five* years afterwards, Omri began to reign *alone* in the 31st year of Asa. 2 Ch. 22. 2. *twelve years.* ver. 8, 29.

24 *the name of the city.* ch. 13. 32; 18. 2; 20. 1; 22. 37. 2 Ki. 17. 1, 6, 24. Jno. 4. 4, 5. Ac. 8. 5-8. *Samaria. Heb.* Shomeron. *Samaria* was situated on an agreeable and fertile hill in the tribe of Ephraim, twelve miles from Dothaim and four from Atharoth, according to EUSEBIUS, and one day's journey from Jerusalem, according to JOSEPHUS.

25 *did worse.* ver. 30, 31, 33; ch. 14. 9. Mi. 6. 16.

26 *he walked.* ver. 2, 7, 19; ch. 12. 26-36; 13. 33, 34. *their vanities.* See on ver. 13. Ps. 31. 6. Je. 8. 19; 10. 3, 8; 14. 22; 16. 19; 18. 15. Ac. 14. 15. Ro. 1. 21-23.

27 *the rest.* ver. 5, 14, 20; ch. 15. 31.

28 *So Omri slept.* See on ver. 6.

29 A.M. 3086-3107. B.C. 918-897. *Samaria.* See on ver. 24.

30 *above.* ver. 25, 31, 33; ch. 14. 9; 21. 25. 2 Ki. 3. 2.

31 *as if it had been a light thing. Heb.* was it a light thing. Ge. 30. 15. Nu. 16. 9. Is. 7. 13. Eze. 8. 17; 16. 20, 47; 34. 18. *took to wife.* Ge. 6. 2. De. 7. 3, 4. Jos. 23. 12, 13. Ne. 13. 23-29. *Jezebel.* ch. 18. 4, 19; 19. 1, 2; 21. 5-14, 25. 2 Ki. 9. 30-37. Re. 2. 20. *the Zidonians.* ch. 11. 1. Ju. 10. 12; 18. 7. *and went.* See on ch. 11. 4-8. *served Baal.* ch. 21. 25, 26. Ju. 2. 11; 3. 7; 10. 6. 2 Ki. 10. 18; 17. 16.

32 *the house of Baal.* 2 Ki. 10. 21, 26, 27.

33 *made a grove.* Ex. 34. 13. 2 Ki. 13. 6; 17. 16; 21. 3. Je. 17. 1, 2. *did more to provoke.* ver. 30; ch. 21. 19, 25; 22. 6, 8.

34 Jos. 6. 26; 23. 14, 15. Zec. 1. 5. Mat. 24. 35.

## CHAP. XVII.

*Elijah, having prophesied against Ahab, is sent to Cherith, where the ravens feed him, 1-7. He is sent to the widow of Zarephath, 8-16. He raises the widow's son, 17-23. The woman believes him, 24.*

1 A.M. 3094. B.C. 910. *Elijah. Heb.* Elijahu. Mat. 11. 14; 16. 14; 27. 47, 49. Lu. 1. 17; 4. 25, 26; 9. 30, 33, 54. Jno. 1. 21, 25. Ro. 11. 2, Elias. *As the Lord God.* ch. 22. 14. 2 Ki. 3. 14; 5. 16. Is. 49. 18. Mat. 7. 29. Lu. 1. 17. *before whom.* De. 10. 8. Je. 15. 19. Lu. 1. 19; 21. 36. Ac. 27. 23. *dew nor rain.* Lu. 4. 25. Ja. 5. 17. Re. 11. 6.

2 ch. 12. 22. 1 Ch. 17. 3. Je. 7. 1; 11. 1; 18. 1. Ho. 1. 1, 2.

3 *hide thyself.* ch. 22. 25. Ps. 31. 20; 83. 3. Je. 36. 19, 26. Jno. 8. 59. Ac. 17. 14. He. 11. 38. Re. 12. 6, 14.

4 *I have commanded.* ver. 9; ch. 19. 5-8. Nu. 20. 8. Job 34. 29; 38. 8-13, 41. Ps. 33. 8, 9; 147. 9. Am. 9. 3, 4. Mat. 4. 4, 11.

5 *did according.* ch. 19. 9. Pr. 3. 5. Mat. 16. 24. Jno. 15. 14. Many learned men have raised doubts on those parts of the Inspired Word, which may, by the perverseness of their argument and the ingenuity of their surmises, be made *to appear* inconsistent with fact. In this case, they are not satisfied with being expressly told by God that the ravens supplied Elijah with food, while the brook gave him drink, but apparently to mystify a manifest miracle, they suggest whether these ravens might not be *merchantmen*, or *the inhabitants of a neighbouring town.* Let any unprejudiced reader and lover of the Bible take the whole history of Elijah, and he will find that his life was almost a daily illustration of the power of God in his miraculous interpositions. Instance the supply of provision in the unwasting barrel of meal and cruse of oil, after the prophet had removed to Zarephath: the power communicated to him to raise the widow's son from death: the wonderful interposition of the Lord to prove the folly of Baal's worshippers, in sending down fire from heaven to consume Elijah's sacrifice and lick up the water, although the sacrifice had been saturated therewith, and the altar surrounded by a deep trench to prevent its running away. The prayer for rain is another instance: the sojourn in Horeb forty days and forty nights, after having eaten of the cake: the destruction of Ahaziah's messengers twice: the smiting of the waters at Jordan: the fall of the mantle on Elisha: and finally, in the closing scene of life, he was taken to glory without tasting the pains of death, the sting was taken away.

6 *the ravens.* Ex. 16. 35. Nu. 11. 23. Ju. 14. 14; 15. 18, 19. Ps. 34. 9, 10; 37. 3, 19; 78. 15, 16, 23, 24. Is. 33. 16. Je. 37. 21; 40. 4. Hab. 3. 17, 18. Mat. 6 31-33; 14. 19-21; 19. 26. Lu. 22. 35. He. 6. 18; 13 5, 6.

7 A.M. 3095. B.C. 909. *after a while. Heb.* at the end of days. *the brook.* Is. 40. 30, 31; 54. 10.

8 *the word.* ver. 2. Ge. 22. 14. Is. 41. 17. He. 13. 6.

9 *Zarephath.* Ob. 20. Lu. 4. 26, Sarepta. *which belongeth.* Mat. 15. 21, 22. *widow woman.* ver. 4. Ju. 7. 2, 4. Ro. 4. 17-21. 2 Co. 4. 7.

10 *Fetch me.* Ge. 21. 15; 24. 17. Jno. 4. 7. 2 Co. 11. 27. He. 11. 37.

11 *as she was going.* Ge. 24. 18, 19. Mat. 10. 42; 25. 35-40. He. 13. 2. *a morsel.* ver. 9; ch. 18. 4. Ge. 18. 5.

12 *As the Lord.* ver. 1. 1 Sa. 14. 39, 45; 20. 3, 21; 25. 26; 26. 10. 2 Sa. 15. 21. Je. 4. 2; 5. 2. *but an handful.* 2 Ki. 4. 2-7. Mat. 15. 33, 34. *that we may eat it.* Ge. 21. 16. Je. 14. 18. La. 4. 9. Eze. 12. 18, 19. Joel 1. 15, 16.

13 *Fear not.* Ex. 14. 13. 2 Ki. 6. 16. 2 Ch. 20. 17. Is. 41. 10, 13. Mat. 28. 5. Ac. 27. 24. *make me thereof.* Ge. 22. 1, 2. Ju. 7. 5-7. Mat. 19. 21, 22. He. 11. 17. 1 Pe. 1. 7. *first.* Pr. 3. 9. Mal. 3. 10. Mat. 6. 33; 10. 37.

14 *thus saith.* 2 Ki. 3. 16; 7. 1; 9. 6. *The barrel of meal.* ver. 4. 2 Ki. 4. 2-7, 42-44. Mat. 14. 17-20 15. 36-38. *sendeth. Heb.* giveth.

15 *did according.* Ge. 6. 22; 12. 4; 22. 3. 2 Ch 20. 20. Mat. 15. 28. Mar. 12. 43. Jno. 11. 40. Ro. 4. 19, 20. He. 11. 7, 8, 17. *many days. or,* a full year.

16 *the barrel.* Mat. 9. 28-30; 19. 26. Lu. 1. 37, 45. Jno. 4. 50, 51. *according.* See on ch. 13. 5. *by Elijah. Heb.* by the hand of Elijah. ch. 16. 12.

17 A.M. 3096. B.C. 908. *the son of the woman.* Ge. 22. 1, 2. 2 Ki. 4. 18-20. Zec. 12. 10. Jno. 11. 3, 4, 14. Ja. 1. 2-4, 12. 1 Pe. 1. 7; 4. 12. *that there was.* Job 12. 10; 34. 14. Ps. 104. 29. Da. 5. 23. Ja. 2. 26, marg.

18 *What have I.* 2 Sa. 16. 10; 19. 22. 2 Ki. 3. 13. 2 Ch. 35. 21. Lu. 4. 34; 5. 8; 8. 28. Jno. 2. 4. *O thou man.* See on ch. 13. 1. *art thou come.* ch. 18. 9. Ge. 42. 21, 22; 50. 15, 17. 1 Sa. 16. 4. Job 13. 23, 26. Eze. 21. 23, 24. Mar. 5. 7, 15-17; 6. 16.

19 *into a loft.* 2 Ki. 4. 10, 21, 32. Ac. 9. 37.

20 *he cried.* ch. 18. 36, 37. Ex. 17. 4. 1 Sa. 7. 8, 9. 2 Ki. 19. 4, 15. Ps. 99. 6. Mat. 21. 22. Ja. 5. 15-18.

*hast thou also.* Ge. 18. 23-25. Jos. 7. 8, 9. Ps. 73. 13, 14. Je. 12. 1.

21 *stretched himself. Heb.* measured himself. 2 Ki. 4. 33-35. Ac. 10. 10. *O Lord my God.* Ac. 9. 40. He. 11. 19.

22 *into him. Heb.* into his inward parts. *and he revived.* De. 32. 39. 1 Sa. 2. 6. 2 Ki. 13. 21. Lu. 8. 54. Jno. 5. 28, 29; 11. 43. Ac. 20. 12. Ro. 14. 9. Re. 11. 11.

23 *See, thy son liveth.* 2 Ki. 4. 36, 37. Lu. 7. 15. Ac. 9. 41. He. 11. 35.

24 *Now by this.* Jno. 2. 11; 3. 2; 4. 42-48; 11. 15, 42; 15. 24; 16. 30. *the word.* Ec. 12. 10. 1 Th. 2. 13. 1 Jno. 2. 21.

## CHAP. XVIII.

*In the extremity of famine Elijah, sent to Ahab, meets good Obadiah, 1-8. Obadiah brings Ahab to Elijah 9-16. Elijah, reproving Ahab, by fire from heaven convinces Baal's prophets, 17-40. Elijah, by prayer obtaining rain, follows Ahab to Jezreel, 41-46.*

1 A.M. 3098. B.C. 906. *after many days.* Lu. 4. 25. Ja. 5. 17. Re. 11. 2, 6. *in the third year.* This form of expression, both in Hebrew and Latin, means 'after the third year,' *i.e.* some time between the third and fourth year. ch. 17. 1, 7, 15. Lu. 4. 25. Ja. 5. 17. *Go.* ver. 2, 15, etc. *I will send rain.* Le. 26. 4. De. 28. 12. Ps. 65. 9-13. Is. 5. 6. Je. 10. 13; 14. 22. Joel 2. 23. Am. 4. 7.

2 *went to shew.* Ps. 27. 1; 51. 4. Pr. 28. 1. Is. 51. 12. He. 13. 5, 6. *a sore.* Le. 26. 26. De. 28. 23, 24. 2 Ki. 6. 25. Je. 14. 2-6, 18. Joel 1. 15-20.

3 *Obadiah. Heb.* Obadiahu. *the governor of his house. Heb.* over *his* house. Ge. 24. 2, 10; 39. 4, 5, 9; 41. 40. *feared the Lord.* ver. 12. Ge. 22. 12; 42. 18. 2 Ki. 4. 1. Ne. 5. 15; 7. 2 Pr. 14. 26. Mal. 3. 16. Mat. 10. 28. Ac. 10. 2, 35.

4 *Jezebel. Heb.* Izabel. *cut off the prophets.* Ne. 9. 26. Mat. 21. 35. Re. 17. 4-6. *in a cave.* He. 11. 38. *fed them.* ver. 13. 2 Ki. 6. 22, 23. Mat. 10. 40-42; 25. 35, 40. *bread and water.* ch. 13. 8, 9, 16.

5 *grass.* Ps. 104. 14. Je. 14. 5, 6. Joel 1. 18; 2. 22. Hab. 3. 17. Ro. 8. 20-22. *we lose not all the beasts. Heb.* we cut not off *ourselves* from the beasts.

6 *Ahab went.* Je. 14. 3.

7 *was in the way.* ch. 11. 29. *he knew.* 2 Ki. 1. 6-8. Mat. 3. 4; 11. 8. *fell on.* Ge. 18. 2; 50. 18. 1 Sa. 20. 41. 2 Sa. 19. 18. Is. 60. 14. *my lord Elijah.* Ge. 18. 12; 44. 16, 20, 33. Nu. 12. 11.

8 *thy lord.* ver. 3. Ro. 13. 7. 1 Pe. 2. 17, 18.

9 *What have I sinned.* ver. 12. See on ch. 17. 18. Ex. 5. 21.

10 *the Lord.* ver. 15; ch. 1. 29; 2. 24; 17. 1, 12. 1 Sa. 29. 6. *whither my lord.* Ps. 10. 2. Je. 26. 20-23. *they found thee not.* ch. 17. 5, 9. Ps. 12. 7, 8; 31. 20; 91. 1. Je. 36. 26. Jno. 8. 59.

11 *Go, tell thy lord.* ver. 8, 14.

12 *the Spirit of the Lord.* 2 Ki. 2. 11, 16. Eze. 3. 12-14; 8. 3; 11. 24; 37. 1; 40. 1, 2. Mat. 4. 1. Ac. 8. 39. 2 Co. 12. 2, 3. *he shall slay me.* 1 Sa. 22. 11-19. Da. 2. 5-13. Mat. 2. 16. Ac. 12. 19. *from my youth.* 1 Sa. 2. 18, 26; 3. 19, 20. 2 Ch. 34. 3. Ps. 71. 17, 18. Pr. 8. 13. Ec. 7. 18. Is. 50. 10. Lu. 1. 15. 2 Ti. 3. 15.

13 *what I did.* ver. 4. Ge. 20. 4, 5. Ps. 18. 21-24. Ac. 20. 34. 1 Th. 2. 9, 10. *I hid an hundred.* Mat. 10. 41, 42. *fed them.* Mat. 25. 35.

14 *and he shall slay me.* Mat. 10. 28.

15 *As the Lord.* See on ver. 10. He. 6. 16, 17. *of hosts liveth.* Ge. 2. 1. De. 4. 19. Job 25. 3. Ps. 24. 8-10; 103. 21; 148. 2, 3. Is. 6. 3. Je. 8. 2. Lu. 2. 13, 14. *before whom I.* See on ch. 17. 1. De. 1. 38. Lu. 1. 19. *I will surely.* Is. 51. 7, 8.

17 *he that troubleth Israel.* ch. 21. 20. Jos. 7. 25. Je. 26. 8, 9; 38. 4. Am. 7. 10. Ac. 16. 20; 17. 6; 24. 5.

18 *I have not.* Eze. 3. 8. Mat. 14. 4. Ac. 24. 13, 20. *in that ye have.* ch. 9. 9. 2 Ch. 15. 2. Pr. 11. 19; 13. 21. Is. 3. 11. Je. 2. 13, 19. Re. 2. 8, 9.

19 *mount Carmel. Mount Carmel* is situated north of Dora and south of Ptolemais or Acre, from which it is distant, according to JOSEPHUS, 120 stadia, or, according to THEVENOT, 10 miles; one of its principal points advancing considerably into the Mediterranean, and forming an elevated promontory. It is described as a flattened cone, about 2000 feet (some say 1500) in height, very rocky, its sides steep and rugged, and the soil neither deep nor rich. Capt. MANGLES says it is now quite barren, though at the north-eastern foot of it there are some pretty olive-grounds. ver. 42, 43. Jos. 19. 26. 1 Sa. 15. 12. 2 Ki. 2. 25. Je. 46. 18. Am. 1. 2; 9. 3. *the prophets of Baal.* ch. 22. 6. 2 Pe. 2. 1. Re. 19. 20. *prophets of the groves.* ch. 15. 13; 16. 33. 2 Ki. 13. 6. Though *ashairah* certainly denotes in some places a *grove*, yet it is equally certain, that in others, as here, it must signify an idol; and it is thought by learned men to be the same as *Ashtoreth*, or *Astarte*, the Syrian *Venus*. *eat at Jezebel's table.* ch. 19. 1, 2. 2 Ki. 9. 22. Re. 2. 20.

20 *gathered.* ch. 22. 9.

21 *How long.* De. 4. 35. 2 Ki. 17. 41. Zep. 1. 5. Mat. 6. 24. Lu. 6. 13. Ro. 6. 16-22. 1 Co. 10. 21, 22. 2 Co. 6. 14-16. Re. 3. 15, 16. *opinions. or,* thoughts. *if the Lord.* ver. 39. Ex. 5. 1, 2. Jos. 24. 15, 23, 24. 1 Sa. 7. 3. 1 Ch. 17. 26. 2 Ch. 33. 13. Ps. 100. 3. *answered.* Ge. 24. 50; 44. 16. Job 40. 4, 5. Mat. 22. 12, 34, 36. Ro. 3. 19; 6. 21.

22 *I only.* ch. 19. 10, 14; 20. 13, 22, 35, 38; 22. 6-8. Ro. 11. 3. *Baal's prophets.* ver. 19, 20. Mat. 7. 13-15. 2 Ti. 4. 3, 4. 2 Pe. 2. 1-3.

24 *answereth by fire.* ver. 38. Le. 9. 24. Ju. 6. 21. 1 Ch. 21. 26. 2 Ch. 7. 1, 3. *and said.* 2 Sa. 14. 19. *It is well spoken. Heb.* the word *is* good. Is. 39. 8.

26 *from morning.* Mat. 6. 7. *hear. or,* answer. *no voice.* ver. 24. Ps. 115. 4-8; 135. 15-20. Is. 37. 38; 44. 17; 45. 20. Je. 10. 5. Da. 5. 23. Hab. 2. 18. 1 Co. 8. 4; 10. 19, 20; 12. 2. *answered. or,* heard. *leaped upon the altar. or,* leaped up and down at the altar. Zep. 1. 9.

27 *Elijah.* ch. 22. 15. 2 Ch. 25. 8. Ec. 11. 9. Is. 8. 9, 10; 44. 15-17. Eze. 20. 39. Am. 4. 4, 5. Mat. 26. 45. Mar. 7. 9; 14. 41. *aloud. Heb.* with a great voice. *for he is a god.* Is. 41. 23. *either.* Such were the absurd and degrading notions which the heathens entertained of their gods. 'Vishnoo sleeps four months in the year; and to each of the gods some particular business is assigned. Vayoo manages the winds; Vuroonu the waters, etc. According to a number of fables in the pooranus, the gods are often out on journeys on expeditions.' WARD'S *View of the Hindoos*, vol. ii. p. 324. *he is talking. or,* he meditateth. *is pursuing. Heb.* hath a pursuit. *must be awaked.* Ps. 44. 23; 78. 65, 66; 121. 4. Is. 51. 9. Mar. 4. 38, 39.

28 *cut themselves.* Le. 19. 28. De. 14. 1. Mi. 6. 7. Mar. 5. 5; 9. 22. *the blood gushed out upon them. Heb.* they poured out blood upon them.

29 *prophesied.* ch. 22. 10, 12. 1 Sa. 18. 10. Je. 28. 6-9. Ac. 16. 16, 17. 1 Co. 11. 4, 5. *offering. Heb.* ascending. See on ver. 36. *voice.* See on ver. 26. Ga. 4. 8. 2 Ti. 3. 8, 9. *that regarded. Heb.* attention.

30 *he repaired.* ch. 19. 10, 14. 2 Ch. 33. 16. Ro. 11. 3. *the altar of the Lord.* This altar of Jehovah was probably built in the time of the judges; and it was even known among the heathen by the name of the *altar of Carmel.* Both TACITUS and SUETONIUS mention an altar on mount Carmel, which Vespasian went to consult: there was no temple nor statue, but simply an altar, venerable for its antiquity.

31 *twelve stones.* Ex. 24. 4. Jos. 4. 3, 4, 20. Ezr. 6. 17. Je. 31. 1. Eze. 37. 16-22; 47. 13. Ep. 2. 20; 4. 4-6. Re. 7. 4-8; 21. 12. *saying.* Ge. 32. 28; 33. 20; 35. 10. 2 Ki. 17. 34. Is. 48. 1.

32 *And with.* Ex. 20. 24, 25. Ju. 6. 26; 21. 4. 1 Sa. 7. 9, 17. *in the name.* 1 Co. 10. 31. Col. 3. 17.

33 *he put.* Ge. 22. 9. Le. 1. 6-8. *Fill four.* Da. 3. 19. 25. Jno. 11. 39, 40; 19. 33, 34. *pour it.* Ju. 6. 20

34 *Do it the second.* 2 Co. 4. 2; 8. 21.

35 *ran. Heb.* went. *the trench.* ver. 32, 38.

36 *at the time.* ver. 29. Ex. 29. 39-41. Ezr. 9. 4, 5. Ps. 141. 2. Da. 8. 13; 9. 21; 12. 11. Ac. 3. 1; 10. 30. *Lord God.* ver. 21. Ge. 26. 24; 31. 53; 32. 9; 46. 3. Ex. 3. 6, 15, 16. 1 Ch. 29. 18. 2 Ch. 20. 6, 7. Ep. 1. 17; 3. 14. *let it.* ch. 8. 43. 1 Sa. 17. 46, 47. 2 Ki. 1. 3, 6; 5. 15; 19. 19. Ps. 67. 1, 2; 83. 18. Eze. 36. 23; 39. 7. *and that I have.* ch. 22. 28. Nu. 16. 28-30. Jno. 11. 42.

37 *Hear me.* ver. 24, 29, 36. Ge. 32. 24, 26, 28. 2 Ch. 14. 11; 32. 19, 20. Is. 37. 17-20. Da. 9. 17-19. Lu. 11. 8. Ja. 5. 16, 17. *thou hast turned.* Je. 31. 18, 19. Eze. 36. 25-27. Mal. 4. 5, 6. Lu. 1. 16, 17.

38 *Then the.* Ge. 15. 17. Le. 9. 24. Ju. 6. 21. 1 Ch. 21. 26. 2 Ch. 7. 1. *fire.* ver. 24. Le. 10. 2. 2 Ki. 1. 12. Job 1. 16. Is. 31. 9.

39 *they fell.* Ju. 13. 20. 1 Ch. 21. 16. 2 Ch. 7. 3. *The Lord.* ver. 21, 24. Jno. 5. 35. Ac. 2. 37; 4. 16.

40 *Take. or,* Apprehend. 2 Ki. 10. 25. *Kishon.* See on Ju. 5. 21. *slew them there.* De. 13. 5; 18. 20. Je. 48. 10. Zec. 13. 2, 3. Re. 19. 20; 20. 10.

41 *Get.* Ec. 9. 7. Ac. 27. 34. *a sound,* etc. *or,* a sound of a noise of rain. See on ver. 1; ch. 17. 1.

42 *Elijah.* ver. 19. Mat. 14. 23. Lu. 6. 12. Ac. 10. 9. *he cast himself.* Ge. 24. 52. Jos. 7. 6. 2 Sa. 12. 16. Da. 9. 3. Mar. 14. 35. Ja. 5. 16-18. *put his face.* ch. 19. 13. Ezr. 9. 6. Ps. 89. 7. Is. 6. 2; 38. 2. Da. 9. 7.

43 *Go up.* Ps. 5. 3. Lu. 18. 1. *Go again.* Ge. 32. 26. Hab. 2. 3. Lu. 18. 7. Ep. 6. 18. He. 10. 36, 37.

44 *a little cloud. Kekaph ish,* 'like the *hollow* of a man's hand;' in the form of a hand bent, the concave side downmost. Mr. BRUCE mentions a similar cloud in Abyssinia, as attending the inundation of the Nile. 'Every morning, about nine, a small cloud, not above four feet broad, appears in the east, whirling violently round, as if upon an axis; but arrived near the zenith, it first abates its motion, then loses its form, and extends itself greatly, and seems to call up vapours from all opposite quarters. These clouds having attained nearly the same height, rush against each other with great violence, and put me always in mind of Elijah foretelling rain on Mount Carmel.' Job 8. 7. Zec. 4. 10. *Prepare. Heb.* Tie, *or* Bind. 1 Sa. 6. 7, 10. Mi. 1. 13.

45 *there was.* ver. 39, 40. Nu. 25. 8. 2 Sa. 21. 14. *Ahab.* ch. 21. 1, 23. Jos. 19. 18. 2 Sa. 2. 9. 2 Ki. 9. 16.

46 *the hand.* 2 Ki. 3. 15. Is. 8. 11. Eze. 1. 3; 3. 14. *he girded.* 2 Ki. 4. 29; 9. 1. Job 38. 3. Je. 1. 17. Ep. 6. 14. 1 Pe. 1. 13. *ran before.* Mat. 22. 21. 1 Pe. 2. 17. *to the entrance of. Heb.* till thou come to.

## CHAP. XIX.

*Elijah, threatened by Jezebel, flees to Beer-sheba,* 1-3. *In the wilderness, being weary of his life, he is comforted by an angel,* 4-8. *At Horeb God appears unto him, sending him to anoint Hazael, Jehu, and Elisha,* 9-18. *Elisha, taking leave of his friends, follows Elijah,* 19-21.

1 *Ahab.* ch. 16. 31; 21. 5-7, 25. *how he had slain.* See on ch. 18. 40.

2 *So let.* ch. 2. 28; 20. 10. Ru. 1. 17. 2 Ki. 6. 31. *if I.* Ex. 10. 28; 15. 9. 2 Ki. 19. 10-12, 22, 27, 28. Da. 3. 15. *to-morrow.* Pr. 27. 1. Ac. 12. 4-6. Ja. 4. 13, 14.

3 *he arose.* Ge. 12. 12, 13. Ex. 2. 15. 1 Sa. 27. 1. Is. 51. 12, 13. Mat. 26. 56, 70-74. 2 Co. 12. 7. *Beer-sheba.* ch. 4. 25. Ge. 21. 31. Am. 7. 12, 13.

4 *sat down.* ch. 13. 14. Ge. 21. 15, 16. Jno. 4. 6. *he requested.* ver. 3. Nu. 11. 15. 2 Ki 2. 11. Job 3. 20-22. Je. 20. 14-18. Jon. 4. 3, 8. Phi. 1. 21-24. *for himself. Heb.* for his life. *better.* Am. 6. 2. Na. 3. 8. Mat. 6. 26. Ro. 3. 9.

5 *as he lay.* Ge. 28. 11-15. *an angel.* Ps. 34. 7, 10. Da. 8. 19; 9. 21; 10. 9, 10. Ac. 12. 7. He. 1. 14; 13. 5.

6 *cake.* ch. 17. 6, 9-15. Ps. 37. 3. Is. 33. 16. Mat. 4. 11; 6. 32. Mar. 8. 2, 3. Jno. 21. 5, 9. *head. Heb.* bolster.

7 *the angel.* See on ver. 5. *because the journey.* De. 33. 25. Ps. 103. 13, 14.

8 *in the strength.* Da. 1. 15. 2 Co. 12. 9. *forty days.* Ex. 24. 18; 34. 28. De. 9. 9, 18. Mat. 4. 2. Mar. 1. 13. Lu. 4. 2. *Horeb.* See on Ex. 3. 1; 19. 18. Mal. 4. 4, 5.

9 *unto a cave.* Ex. 33. 21, 22. Je. 9. 2. He. 11. 38. *What doest thou.* ver. 13. Ge. 3. 9; 16. 8. Je. 2. 18. Jon. 1. 3, 4.

10 *very jealous.* Ex. 20. 5; 34. 14. Nu. 25. 11, 13. Ps. 69. 9; 119. 139. Jno. 2. 17. *thrown down.* ver. 14; ch. 18. 4, 30. Je. 2. 30. Ho. 5. 11. Mi. 6. 16; 7. 2. *I only.* ch. 18. 4, 20, 22; 20. 13, 22, 35, 41, 42; 22. 8. Ro. 11. 2-4. *they seek my life.* ver. 2; ch. 18. 10, 17.

11 *stand upon the mount.* Ex. 19. 20; 24. 12, 18; 34. 2. Mat. 17. 1-3. 2 Pe. 1. 17, 18. *the Lord passed.* Ex. 33. 21-23; 34. 6. Hab. 3. 3-5. *and a great.* Ex. 19. 16; 20. 18. Job 38. 1. Ps. 50. 3. Is. 30. 30. Eze. 1. 4; 37. 7. Na. 1. 3, 6. He. 12. 18-21. Re. 20. 11. *but the Lord was not in the wind.* Zec. 4. 6. *an earthquake.* 1 Sa. 14. 15. Ps. 68. 8. Na. 1. 5. Zec. 14. 5. Mat. 24. 7; 27. 51-54; 28. 2. He. 12. 26. Re. 11. 19; 16. 18.

12 *a fire.* ch. 18. 38. Ge. 15. 17. Ex. 3. 2. De. 4. 11, 12, 33. 2 Ki. 1. 10; 2. 11. He. 12. 29. *a still.* Ex. 34. 6. Job 4. 16; 33. 7. Zec. 4. 6. Ac. 2. 2, 36, 37.

13 *he wrapped his face.* This he did to signify his *reverence;* for *covering the face* was a token of respect among the Asiatics, as *uncovering* the head is among Europeans. See on ch. 18. 42. Ex. 3. 5, 6; 33. 23. Is. 6. 2, 5. *What doest.* ver. 9. Ge. 16. 8. Jno. 21. 15-17.

14 *I have been.* See on ver. 9, 10. Is. 62. 1, 6, 7. *forsaken.* De. 29. 25; 31. 20. Ps. 78. 37. Is. 1. 4. Je. 22. 9. Da. 11. 30. Ho. 6. 7. He. 8. 9.

15 *wilderness of Damascus.* The *wilderness of Damascus* seems to have been that part of Arabia Deserta which lay on the south-east of that city, and east of the Trachonites, or the Djebel Haouran and El Ledja; at which the prophet could arrive without meeting Jezebel or any of his enemies. Ge. 14. 15. 2 Ki. 8. 7. Ac. 9. 2, 3. *anoint.* Is. 45. 1. Je. 1. 10; 27. 2, etc. *Hazael.* 2 Ki. 8. 8-15, 28; 9. 14. Am. 1. 4.

16 *Jehu.* See on 2 Ki. 9. 1-3, 6-14. *Elisha.* See on ver. 19-21. Lu. 4. 27, Eliseus. *Abel-meholah.* ch. 4. 12. Ju. 7. 22.

17 *him that escapeth.* Is. 24. 17, 18. Am. 2. 14; 5. 19. *the sword of Hazael.* 2 Ki. 8. 12; 10. 32; 13. 3, 22. *the sword of Jehu.* 2 Ki. 9. 14, etc.; 10. 6, etc. *Elisha slay.* 2 Ki. 2. 23, 24. Is. 11. 4. Je. 1. 10. Ho. 6. 5. Re. 19. 21.

18 *Yet I have left. or,* Yet I will leave. Is. 1. 9; 10. 20-22. Ro. 11. 4, 5. *the knees.* Ex. 20. 5. Is. 49. 23. Ro. 14. 10-12. Phi. 2. 10. *every mouth.* Idolaters often *kissed their hand* in honour of their idols; and hence the origin of *adoration,* from *ad,* to, and *os, oris,* the *mouth.* CICERO mentions a statue of Hercules, the chin and lips of which were considerably *worn* by the *kissing* of his worshippers. Job 31. 27. Ps. 2. 12. Ho. 13. 2.

19 *Elisha.* See on ver. 16. *he with.* Ex. 3. 1. Ju. 6. 11. Ps. 78. 70-72. Am. 7. 14. Zec. 13. 5. Mat. 4. 18, 19. *his mantle.* ver. 13. 1 Sa. 28. 14. 2 Ki. 2. 8, 13, 14.

20 *he left.* Mat. 4. 20, 22; 9. 9; 19. 27. *Let me, I pray.* Mat. 8. 21, 22. Lu. 9. 61, 62. Ac. 20. 37. *Go back again. Heb.* Go, return.

21 *boiled their flesh.* 2 Sa. 24. 22. *gave unto.* Lu. 5. 28, 29. *ministered.* ch. 18. 43. Ex. 24. 13. Nu. 27. 18-20. 2 Ki. 2. 3; 3. 11. Ac. 13. 5. 2 Ti. 4. 11. Phile. 13.

## CHAP. XX.

*Ben-hadad, not content with Ahab's homage, besieges Samaria,* 1-12. *By the direction of a prophet, the Syrians are slain,* 13-21. *As the prophet forewarned Ahab, the Syrians, trusting in the valleys, come against him in Aphek,* 22-27. *By the word of the prophet, and God's judgment, the Syrians are smitten again,* 28-30. *The Syrians submitting themselves, Ahab sends Ben-hadad away with a covenant,* 31-34. *The prophet, under the parable of a prisoner, making Ahab judge himself, denounces God's judgment against him,* 35-43.

1 A.M. 3103. B.C. 901. *Ben-hadad.* ch. 15. 18, 20. 2 Ki. 8. 7-10. 2 Ch. 16. 2-4. Je. 49. 27. Am. 1. 4.

*thirty and two.* ver. 16, 24. Ge. 14. 1-5. Ju. 1. 7. Ezr. 7. 12. Is. 10. 8. Eze. 26. 7. Da. 2. 37. *and horses.* Ex. 14. 7. De. 20. 1. Ju. 4. 3. 1 Sa. 13. 5. Is. 37. 24. *besieged.* Le. 26. 25. De. 28. 52. 2 Ki. 6. 24-29; 17. 5, 6.

2 2 Ki. 19. 9. Is. 36. 2, etc.; 37. 9, 10.

3 Ex. 15. 9. Is. 10. 13, 14.

4 *I am thine.* Le. 26. 36. De. 28. 48. Ju. 15. 11-13. 1 Sa. 13. 6, 7. 2 Ki. 18. 14-16.

6 *and they shall search.* 1 Sa. 13. 19-21. 2 Sa. 24. 14. 2 Ki. 18. 31, 32. *pleasant. Heb.* desirable. Ge. 27. 15. Ezr. 8. 27. Is. 44. 9. Je. 25. 34. La. 1. 7, 10. Ho. 13. 15. Joel 3. 5, margins.

7 *all the elders.* ch. 8. 1. 2 Ki. 5. 7. 1 Ch. 13. 1; 28. 1. Pr. 11. 14. *Mark.* 2 Ki. 5. 7. *seeketh mischief.* Job 15. 35. Ps. 7. 14; 36. 4; 62. 3; 140. 2. Pr. 6. 14; 11. 27; 24. 2. Da. 11. 27. Ro. 3. 13-18. *denied him not. Heb.* kept not back from him. ver. 4.

10 *The gods.* ch. 19. 2. Ac. 23. 12. *if the dust.* 2 Sa. 17. 12, 13. 2 Ki. 19. 23, 24. Is. 10. 13, 14; 37. 24, 25. *follow me. Heb. are* at my feet. Ex. 11. 8, marg. Ju. 4. 10.

11 *Let not him,* etc. This was no doubt a proverbial mode of expression. JONATHAN renders it: 'Let not him who girds himself, and goes down to the battle, boast as he who has conquered and returned from it.' 1 Sa. 14. 6, 12, 13; 17. 44-47. Pr. 27. 1. Ec. 9. 11. Is. 10. 15, 16. Mat. 26. 33-35, 75. *harness.* The word *harness* is an obsolete word for *armour,* derived from the French *harnois;* see Ex. 13. 18.

12 *message. Heb.* word. *drinking.* ver. 16; ch. 16. 9. 1 Sa. 25. 36. 2 Sa. 13. 28. Pr. 31. 4, 5. Da. 5. 2, 30. Lu. 21. 34. Ep. 5. 18. *pavilions. or,* tents. That persons of regal dignity regaled themselves in this manner, we may learn from Dr. CHANDLER, who, when he went to visit the Aga of Suki, after his return from hawking, found him vexed and tired; and 'a couch was prepared for him beneath a shed made against a cottage, and covered with green boughs to keep off the sun. He entered as we were standing by, and fell down on it to sleep, without taking any notice of us.' Je. 43. 10. *Set yourselves in array. And they set,* etc. *or,* Place *the engines.* And they placed *engines.*

13 *came. Heb.* approached. *Hast thou.* 2 Ki. 6. 8-12; 7. 1; 13. 23. Is. 7. 1-9. Eze. 20. 14, 22. *and thou shalt.* ver. 28; ch. 18. 37. Ex. 14. 18; 16. 12. Ps. 83. 18. Is. 37. 20. Eze. 6. 7. Joel 3. 17.

14 *young men. or,* servants. Ge. 14. 14-16. Ju. 7. 16-20. 1 Sa. 17. 50. 1 Co. 1. 27-29. *order. Heb.* bind, *or* tie. See on ch. 18. 44.

15 *two hundred.* Ju. 7. 7, 16. 1 Sa. 14. 6. 2 Ch. 14. 11. *seven thousand.* ch. 19. 18. 1 Sa. 14. 2. 2 Ki. 13. 7. Ps. 106. 40-43.

16 *Ben-hadad.* See on ver. 11, 12; ch. 16. 7. Pr. 23. 29-32. Ec. 10. 16, 17. Ho. 4. 11. *the thirty.* Is. 54. 15. The Syrians, the besiegers, had their directions from a drunken king, who gave orders over his cups, while he was drinking at noon. Drunkenness is a sin which is most detestable in all, but more so in a king than in a private individual, inasmuch as the greater weight a man's situation carries, whether from accumulated riches, family connections, hereditary authority, or invested command, so is the influence which his vices must have on those around him. Perhaps it may be said, from past experience, that drunkenness, which is a most heinous sin in the sight of God, may be charged on those who indulge *only now and then* in that which may eventually lead them into drunkenness; for they shut their eyes against the most palpable facts, and rather than give up the paltry gratification of a debauch, involve thousands by their example to positive harm. Benhadad's drunkenness was the forerunner of his fall. Belshazzar also, we read, drank wine with his princes, his wives, and his concubines, and praised the gods of gold, silver, brass, iron, wood, and stone: and in *the same hour* came forth the finger of a man's hand and wrote his doom on the plaster of the wall. Those who fancy themselves perfectly secure, and above the possibility of falling, are commonly nearest their destruction: there is always an Ahab ready to take advantage of and improve the self-imposed imbecility.

17 ver. 14, 15, 19.

18 1 Sa. 2. 3, 4; 14. 11, 12; 17. 44. 2 Ki. 14. 8-12. Pr. 18. 12.

20 *they slew.* 2 Sa. 2. 16. Ec. 9. 11. *the Syrians.* Le. 26. 8. Ju. 7. 20-22. 1 Sa. 14. 13-15. 2 Ki. 7. 6, 7. Ps. 33. 16; 46. 6. *escaped.* 1 Sa. 30. 16, 17. 2 Ki. 19. 36.

21 *went out.* Ju. 3. 28; 7. 23-25. 1 Sa. 14. 20-22; 17. 52. 2 Ki. 3. 18, 24.

22 *the prophet.* ver. 13, 38; ch. 19. 10; 22. 8. 2 Ki. 6. 12. *strengthen.* 2 Ch. 25. 8, 11. Ps. 27. 14. Pr. 18. 10; 20. 18. Is. 8. 9. Joel 3. 9, 10. Ep. 6. 10. *at the return.* ver. 26. 2 Sa. 11. 1. 1 Ch. 20. 1. Ps. 115. 2, 3. Is. 26. 11; 42. 8.

23 *Their gods.* It was a general belief in the heathen world, that each *district* had its tutelary and protecting deity, who could do nothing out of his own province. ver. 28; ch. 14. 23. 1 Sa. 4. 8. 2 Ki. 19. 12. 2 Ch. 32. 13-19. Ps. 50. 21, 22; 121. 1, 2. Is. 42. 8.

24 *Take the.* ver. 1, 16; ch. 22. 31. Pr. 21. 30.

25 *thou hast lost. Heb.* was fallen. *and surely.* Ps. 10. 3.

26 *Aphek.* Supposed to be the *Aphek* near the river Adonis, between Heliopolis and Biblos, and probably the same place that PAUL LUCAS mentions in his Voyage to the Levant. It was swallowed up by an earthquake, and formed a lake about nine miles in circumference, in which he says there were several houses still to be seen entire, under the water. ver. 30. Jos. 13. 4; 19. 30. Ju. 1. 31, Aphik. 1 Sa. 4. 1; 29. 1. 2 Ki. 13. 17. *to figh against Israel. Heb.* to the war with Israel.

27 *were all present. or,* were victualled. Jos. 1. 11. Ju. 7. 8. *like two.* De. 32. 30. Ju. 6. 5. 1 Sa. 13. 5-8; 14. 2. 2 Ch. 32. 7, 8. Ec. 9. 11.

28 *there came.* ver. 13, 22; ch. 13. 1; 17. 18. 2 Ch. 20. 14-20. *Because.* See on ver. 23. Is. 37. 29-37. *therefore will.* ver. 13. De. 32. 27. Jos. 7. 8, 9. Job 12. 16-19. Ps. 58. 10, 11; 79. 10. Is. 37. 29, 35. Je. 14. 7. Eze. 20. 9, 14; 36. 21-23, 32. *ye shall know.* See on ver. 13. Ex. 6. 7; 7. 5; 8. 22. De. 29. 6. Eze. 6. 14; 11. 12; 12. 16; 36. 22; 39. 7.

29 *seven days.* Jos. 6. 15. 1 Sa. 17. 16. Ps. 10. 16. *an hundred thousand.* 2 Sa. 10. 18. 2 Ch. 13. 17; 20. 23-25; 28. 6. Is. 37. 36.

30 *the rest.* Ps. 18. 25. *a wall.* Is. 24. 18. Je. 48. 44. Am. 2. 14, 15; 5. 19; 9. 3. Lu. 13. 4. *fled.* ver. 10, 20. Da. 4. 37. *into an inner chamber. or,* from chamber to chamber. *Heb.* into a chamber within a chamber. ch. 22. 25. 2 Ch. 18. 24.

31 *his servants.* ver. 23. 2 Ki. 5. 13. *merciful kings.* Pr. 20. 28. Is. 16. 5. Ep. 1. 7, 8. *let us, I pray thee.* Six of the citizens of Calais are reported to have acted nearly in the same manner, when they surrendered their city to Edward the Third, king of England, in 1346. See the whole story circumstantially related by Sir JOHN FROISSART, (who lived in that time,) with that simplicity and detail that give it every appearance of truth. *put sackcloth.* ch. 21. 27-29. Ge. 37. 34. 2 Sa. 3. 31; 14. 2. 2 Ki. 19. 1, 2. Es. 4. 1-3. Is. 22. 12; 37. 1. Jon. 3. 5, 6. Re. 11. 3. *peradventure.* 2 Ki. 7. 4. Es. 4. 16. Job 2. 4. Mat. 10. 28.

32 *Thy servant.* ver. 3-6. Job 12. 17, 18; 40. 11, 12. Is. 2. 11, 12; 10. 12. Da. 5. 20-23. Ob. 3, 4. *he is my brother.* ver. 42. 1 Sa. 15. 8-20.

33 *the men.* Pr. 25. 13. Lu. 16. 8. *and he caused.* 2 Ki. 10. 15. Ac. 8. 31.

34 *The cities.* ch. 15. 20. 2 Ch. 16. 4.

34 *So he made a covenant.* One of the conditions of this covenant, we learn, was, that Ahab should have '*streets (chutzoth)* in Damascus;' a proposal better relished by Ahab than understood by the generality of commentators. This, however, is well illustrated by Mr. HARMER, from WILLIAM of Tyre, the great historian of the Crusades; from whom it appears that it was customary to give those nations which were engaged in them, churches, *streets*, and great jurisdiction therein, in those places which they assisted to conquer. The Genoese and Venetians had each a *street* in Acon, or Acre, in which they had their own jurisdiction, with liberty to have an oven, mill, baths, weights and measures, etc. ver. 42; ch. 22. 31. 2 Ch. 18. 30. Is. 8. 12; 26. 10.

35 *of the sons.* ver. 38. 1 Sa. 10. 12. 2 Ki. 2. 3, 5, 7, 15; 4. 1, 38. Am. 7. 14. *in the word.* ch. 13. 1, 2, 17, 18. *Smite me.* ver. 37. Is. 8. 18; 20. 2, 3. Je. 27. 2, 3. Eze. 4. 3. Mat. 16. 24.

36 ch. 13. 21-24, 26. 1 Sa. 15. 22, 23.

37 *Smite me.* ver. 35. Ex. 21. 12. *so that*, etc. *Heb.* smiting and wounding.

38 *disgutsed.* ch. 14. 2; 22. 30. 2 Sa. 14. 2. Mat. 6. 16.

39 *Thy servant.* Ju. 9. 7-20. 2 Sa. 12. 1-7; 14. 5-7. Mar. 12. 1-12. *thy life.* ver. 42. 2 Ki. 10. 24. *or else.* Ex. 21. 30. Job 36. 18. Ps. 49. 7. Pr. 6. 35; 13. 8. 1 Pe. 1. 18, 19. *pay. Heb.* weigh.

40 *he was gone. Heb.* he *was* not. *So shall thy judgment be.* 2 Sa. 12. 5-7. Job 15. 6. Mat. 21. 41-43; 25. 24-27. Lu. 19. 22.

41 *the ashes away.* ver. 38. 2 Sa. 13. 19. Job 2. 8. Je. 6. 26.

42 *Because.* ver. 34; ch. 22. 31-37. 1 Sa. 15. 9-11. *thy life shall go.* ch. 22. 31-37. 2 Ki. 6. 24; 8. 12. 2 Ch. 18. 33, 34.

43 *went.* ch. 21. 4; 22. 8. Es. 5. 13; 6. 12, 13. Job 5. 2. Pr. 19. 3.

## CHAP. XXI.

*Ahab being denied Naboth's vineyard, is grieved, 1-4. Jezebel writing letters against Naboth, he is condemned of blasphemy, 5-14. Ahab takes possession of the vineyard, 15, 16. Elijah denounces judgments against Ahab and Jezebel, 17-24. Wicked Ahab repenting, God defers the judgment, 25-29.*

1 A.M. 3105. B.C. 899. *after.* ch. 20. 35-43. 2 Ch. 28. 22. Ezr. 9. 13, 14. Is. 9. 13. Je. 5. 3. *Jezreel.* ch. 18. 45. Jos. 19. 18. Ju. 6. 33. 1 Sa. 29. 1. Ho. 1. 4, 5.

2 *Give me.* The request of Ahab, at first view, appears fair and honourable. But, as he most evidently wished Naboth to *alienate* it *finally*, which was expressly forbidden and provided against in the law of God, (Le. 25. 14-28,) it was high iniquity in Ahab to tempt him to do it, and to covet it showed the depravity of his soul. Ge. 3. 6. Ex. 20. 17. De. 5. 21. 1 Sa. 8. 14. Je. 22. 17. Hab. 2. 9-11. Lu. 12. 15. 1 Ti. 6. 9. Ja. 1. 14, 15. *a garden of herbs.* 2 Ki. 9. 27. De. 11. 10. Ec. 2. 5. Ca. 4. 15. *seem good to thee. Heb.* be good in thine eyes. Ge. 16. 6. 1 Sa. 8. 6; 29. 6.

3 *The Lord.* Ge. 44. 7, 17. Jos. 22. 29; 24. 16. 1 Sa. 12. 23; 24. 6; 26. 9-11. 1 Ch. 11. 19. Job 27. 5. Ro. 3. 4, 6, 31; 6. 2, 15; 7. 7, 13. 1 Co. 6. 15. Ga. 6. 14. *I should give.* Le. 25. 23. Nu. 36. 7. Eze. 46. 18.

4 *heavy.* ch. 20. 43. Job 5. 2. Is. 57. 20, 21. Jon. 4. 1, 9. Hab. 2. 9-12. *I will not.* ver. 3. Nu. 22. 13, 14. *And he laid him.* Ge. 4. 5-8. 2 Sa. 13. 2, 4. Ec. 6. 9; 7. 8, 9. Ep. 4. 27. Ja. 1. 14.

5 *Jezebel.* ver. 25; ch. 16. 31; 18. 4; 19. 2. Ge. 3. 6. *Why is thy spirit.* 2 Sa. 13. 4. Ne. 2. 2. Es. 4. 5.

6 *Because.* ver. 2. Es. 5. 9-14; 6. 12. Pr. 14. 30. 1 Ti. 6. 9, 10. Ja. 4. 2-7. *I will not give.* See on ver. 3, 4.

7 *Dost thou now.* 1 Sa. 8. 4. 2 Sa. 13. 4. Pr. 30. 31. Ec. 4. 1; 8. 4. Da. 5. 19-21. *I will give thee.* ver. 15, 16. Mi. 2. 1, 2; 7. 3.

8 *she wrote.* 2 Sa. 11. 14, 15. 2 Ch. 32. 17. Ezr. 4. 7, 8, 11. Ne. 6. 5. Es. 3. 12-15; 8. 8-13. *the elders.* Nu. 11. 16. De. 16. 18, 19; 21. 1-9. *the nobles.* ver. 1. 2 Ki. 10. 1-7, 11.

9 *Proclaim a fast.* Ge. 34. 13-17. Is. 58. 4. Mat. 2. 8; 23. 14. Lu. 20. 47. Jno. 18. 28. *on high among. Heb.* in the top of.

10 *two men.* De. 19. 15. Mat. 26. 59, 60. Ac. 6. 11. *sons of Belial.* De. 13. 13. Ju. 19. 22. *Thou didst blaspheme.* Some, with PARKHURST, would render the original, *bairachta elohim wamailech*, 'Thou hast blessed the gods and Molech;' a sense, however, which seems extremely forced, and is not acknowledged by any of the ancient versions, though the LXX. and Vulgate render *bairachta* by ευλογησε, *benedixit*, 'blessed.' It is no unusual thing for a word to have opposite senses. Ex. 22. 28. Le. 24. 15. Mat. 26. 59-66. Jno. 10. 33. Ac. 6. 13.

11 *did as Jezebel.* Ex. 1. 17, 21; 23. 1, 2. Le. 19. 15. 1 Sa. 22. 17; 23. 20. 2 Ki. 10. 6, 7. 2 Ch. 24. 21. Pr. 29. 12, 26. Da. 3. 18-25. Ho. 5. 11. Mi. 6. 16. Mat. 2. 12, 16. Ac. 4. 19; 5. 29.

12 ver. 8-10. Is. 58. 4.

13 *the men of Belial.* Ex. 20. 16. De. 5. 20; 19. 16-21. Ps. 27. 12; 35. 11. Pr. 6. 19; 19. 5, 9; 25. 18. Mal. 3. 5. Mar. 14. 56-59. *blaspheme God.* Job 1. 5, 11; 2. 9. Mat. 9. 3. Ac. 6. 11. *the king.* Ec. 10. 20. Is. 8. 21. Am. 7. 10. Lu. 23. 2. Jno. 19. 12. Ac. 24. 5. *they carried him.* Le. 24. 11-16. Nu. 15. 35, 36. De. 13. 10; 21. 21; 22. 21, 24. Jos. 7. 24, 25. 2 Ki. 9. 26. Ec. 4. 1. Ac. 7. 57-59.

14 *Naboth is stoned.* 2 Sa. 11. 14-24. Ec. 5. 8; 8. 14.

15 *Arise.* See on ver. 7. Pr. 1. 10-16; 4. 17.

16 *Ahab rose up.* 2 Sa. 1. 13-16; 4. 9-12; 11. 25-27; 23. 15-17. Ps. 50. 18. Is. 33. 15. Ob. 12-14. Ro. 1. 32. 2 Pe. 2. 15.

17 2 Ki. 1. 15, 16; 5. 26. Ps. 9. 12. Is. 26. 21.

18 *which is in Samaria.* ch. 13. 32. 2 Ch. 22. 9.

19 *Hast thou killed.* Ge. 3. 11; 4. 9, 10. 2 Sa. 12. 9. Mi. 3. 1-4. Hab. 2. 9, 12. *In the place.* This punishment, on Ahab's humiliation and repentance, was transferred from him to his son Jehoram, (ver. 29,) in whom it was literally accomplished: see the parallel texts. ch. 22. 38. Ju. 1. 7. 2 Sa. 12. 11. 2 Ki. 9. 25, 26. Es. 7. 10. Ps. 7. 15, 16; 9. 16; 58. 10, 11. Mat. 7. 2.

20 *Hast thou found me.* ch. 18. 17; 22. 8. 2 Ch. 18. 7, 17. Am. 5. 10. Mar. 12. 12. Ga. 4. 16. Re. 11. 10. *thou hast sold.* ver. 25. 2 Ki. 17. 17. Is. 50. 1; 52. 3. Ro. 7. 14. *to work.* ch. 16. 30. 2 Ki. 21. 2. 2 Ch. 33. 6. Ep. 4. 19.

21 *Behold.* See on ch. 14. 10. Ex. 20. 5, 6. 2 Ki. 9. 7-9; 10. 1-7, 11-14, 17, 30. *him that pisseth.* 1 Sa. 25. 22, 34. *him that is shut up.* ch. 14. 10. De. 32. 36. 2 Ki. 9. 8, 9; 14. 26.

22 *make thine.* ch. 15. 29; 16. 3, 11. *made Israel to sin.* See on ch. 14. 16; 15. 30, 34; 16. 26.

23 *Jezebel.* See on ver. 25. 2 Ki. 9. 10, 30-37. *the dogs.* Shocking as this must appear to minds that have been humanized by the kindly influence of Christianity, we still find similar instances in the accounts of modern travellers. Mr. BRUCE says, that when at Gondar, 'the bodies of those killed by the sword were hewn to pieces and scattered about the streets, being denied burial. I was miserable, and almost driven to despair, at seeing my hunting dogs, twice let loose by the carelessness of my servants, bringing into the court-yard the heads and arms of slaughtered men, and which I could no way prevent, but by the destruction of the dogs themselves.' *wall. or,* ditch.

24 *that dieth.* ch. 14. 11; 16. 4. Is. 14. 19. Je. 15. 3. Eze. 32. 4, 5; 39. 18-20. Re. 19. 18.

25 *But there.* ver. 20; ch. 16. 30-33. 2 Ki. 23. 25. *sell himself.* ver. 20. 2 Ki. 17. 17. Is. 50. 1; 52. 3. Ro. 6. 19; 7. 14. *whom Jezebel.* ver. 7; ch. 11. 1-4; 16. 31; 18. 4; 19. 2. Pr. 22. 14. Ec. 7. 26. Mar. 6. 17-27. Ac. 6. 12; 14. 2. *stirred up. or,* incited.

26 *very abominably*. 2 Ch. 15. 8. Is. 65. 4. Je. 16. 18; 44. 4. Eze. 18. 12. 1 Pe. 4. 3. Re. 21. 8. *according to*. Ge. 15. 16. Le. 18. 25-30; 20. 22, 23. De. 12. 31. 2 Ki. 16. 3; 21. 2, 11. 2 Ch. 33. 2, 9; 36. 14. Ezr. 9. 11-14. Ps. 106. 35-39. Eze. 16. 47.

27 *he rent*. Ge. 37. 34. 2 Ki. 6. 30; 18. 37. Jon. 3. 6. *lay in sackcloth*. 2 Sa. 12. 17. Job 16. 15. Is. 22. 12; 58. 5-8. Joel 1. 13. *went softly*. Is. 38. 15.

29 *Seest thou*. Je. 7. 17. Lu. 7. 44. *Ahab*. Ex. 10. 3. Ps. 18. 44; 66. 3; 78. 34-37. *I will not*. Ps. 86. 15. Eze. 33. 10, 11. Mi. 7. 18. Ro. 2. 4. 2 Pe. 3. 9. *the evil in*. See on ver. 21-23. *in his son's days*. 2 Ki. 9. 25, 26, 33-37; 10. 1-7, 11.

## CHAP. XXII.

*Ahab, seduced by false prophets, according to the word of Micaiah, is slain at Ramoth-gilead*, 1-36. *The dogs lick up his blood, and Ahaziah succeeds him*, 37-40. *Jehoshaphat's good reign*, 41-44. *His acts*, 45. *Jehoram succeeds him*, 46-50. *Ahaziah's evil reign*, 51-53.

1 A.M. 3104-3107. B.C. 900-897. See on ch. 20. 34.

2 A.M. 3107. B.C. 897. *in the third*. ver. 1. Mat. 12. 40; 16. 21. *Jehoshaphat*. ver. 41, 44. See on ch. 15. 24. 2 Ki. 8. 18. 2 Ch. 18. 1, 2, etc.

3 *Ramoth*. ch. 4. 13. De. 4. 43. Jos. 20. 8. *still*. *Heb*. silent from taking it. Ju. 16. 2. 2 Sa. 19. 10, marg.

4 *Wilt thou go*. 2 Ki. 3. 7. 2 Ch. 18. 3. *I am as thou*. 2 Ch. 19. 2. Ps. 139. 21, 22. Pr. 13. 20. 1 Co. 15. 33. 2 Co. 6. 16, 17. Ep. 5. 11. 2 Jno. 11. Re. 2. 2, 6.

5 *Enquire*. Nu. 27. 21. Jos. 9. 14. Ju. 1. 1; 20. 18, 23, 29. 1 Sa. 14. 18; 23. 2, 4, 9-12; 30. 8. 2 Ki. 1. 3; 3. 11. 1 Ch. 10. 13. 2 Ch. 18. 4, 5. Pr. 3. 5, 6. Je. 21. 2; 42. 2-6. Eze. 14. 3; 20. 1-3.

6 *the prophets together*. ch. 18. 19. 2 Ti. 4. 3. *Go up*. ver. 15, 22, 23. 2 Ch. 18. 14. Je. 5. 31; 8. 10, 11; 14. 13, 14; 23. 14-17; 28. 1-9. Eze. 13. 7-16, 22. Mat. 7. 15. 2 Pe. 2. 1-3. Re. 19. 20. *the Lord*. This prophecy is couched in the *ambiguous terms* in which the heathen oracles were delivered. It may mean, either 'The Lord will deliver *it* (Ramoth Gilead) into the king's (Ahab's) hand;' or, 'The Lord will deliver (Israel) into the king's (of Syria) hand.' So in the famous reply of the Delphian oracle to Pyrrhus: *Aio te Æacida, Romanos vincere posse: Ibis redibis nunquam in bello peribis;* 'I say to thee, Pyrrhus the Romans shall overcome: thou shalt go, thou shalt return never in war shalt thou perish.'

7 *Is there not*. 2 Ki. 3. 11-13. 2 Ch. 18. 6, 7.

8 *yet one man*. ch. 18. 4; 19. 10, 14; 20. 41, 42. *but I hate him*. ver. 27; ch. 20. 43; 21. 20. Ge. 37. 8. 2 Ch. 36. 16. Ps. 34. 21. Pr. 9. 8; 15. 12. Is. 49. 7. Je. 18. 18; 20. 10; 43. 3, 4. Am. 5. 10. Zec. 11. 8. Mat. 10. 22. Jno. 3. 19-21; 7. 7; 15. 18, 19; 17. 14. Ga. 4. 16. Re. 11. 7-10. *good*. ver. 13. Is. 30. 10. Je. 38. 4. Mi. 2. 11. *concerning me*. ch. 20. 35-42. 2 Ki. 9. 22. Is. 3. 11; 57. 19-21. *Let not the*. ch. 21. 27-29. Pr. 5. 12-14. Mi. 2. 7.

9 *officer*. *or*, eunuch. 2 Ki. 9. 32. 2 Ch. 18. 8. Is. 39. 7. Da. 1. 18. *Hasten*. ver. 26, 27.

10 *having put*. ver. 30. Es. 5. 1; 6. 8, 9. Mat. 6. 20; 11. 8. Ac. 12. 21; 25. 23. *void place*. *Heb*. floor. *all the prophets*. ch. 18. 29. 2 Ch. 18. 9-11. Je. 27. 14-16. Eze. 13. 1-9.

11 *horns of iron*. Je. 27. 2; 28. 10-14. Zec. 1. 18-21. Ac. 19. 13-16. 2 Co. 11. 13-15. 2 Ti. 3. 8. *Thus saith*. Je. 23. 17, 25, 31; 28. 2, 3; 29. 21. Eze. 13. 6-9; 22. 27, 28. Mi. 3. 11.

12 *Go up*. See on ver. 6-15, 32-36. 2 Ch. 35. 22.

13 *Behold now*. Ps. 10. 11; 11. 1; 14. 1; 50. 21. Is. 30. 10, 11. Ho. 7. 3. Am. 7. 13-17. Mi. 2. 6, 7, 11. 1 Co. 2. 14-16.

14 *what the Lord*. Nu. 22. 38; 24. 13. 2 Ch. 18. 12, 13. Je. 23. 28; 26. 2, 3; 42. 4. Eze. 2. 4-8; 3. 17-19. Ac. 20. 26, 27. 2 Co. 2. 17; 4. 2. Ga. 1. 10.

15 *shall we go*. See on ver. 6. *Go and prosper*. This was strong *irony;* they were the precise words of the false prophets; but were spoken by Micaiah in such a tone and manner as at once shewed Ahab that he did not believe, but ridiculed these words of uncertainty. The reply of the Delphian oracle to Crœsus was as ambiguous as that returned to Pyrrhus: *Crœsus Halym penetrans magnam pervertet opum vim*, 'If Crœsus crosses the Halys, he will overthrow a great empire.' This he understood of the empire of Cyrus; the event proved it to be his own: he was deluded, yet the oracle maintained its credit. ch. 18. 27. Ju. 10. 14. 2 Ki. 3. 13. 2 Ch. 18. 14. Ec. 11. 9. Mat. 26. 45.

16 *shall I adjure*. Jos. 6. 26. 1 Sa. 14. 24. 2 Ch. 18. 15. Mat. 26. 63. Mar. 5. 7. Ac. 19. 13. *that thou tell*. Je. 42. 3-6. Mat. 22. 16, 17.

17 *I saw*. 1 Sa. 9. 9. Je. 1. 11-16. Eze. 1. 4. Ac. 10. 11-17. *as sheep*. ver. 34-36. Nu. 27. 17. 2 Ch. 18. 16, 17. Je. 23. 1, 2; 50. 6, 17. Eze. 34. 4-6. Zec. 10. 2; 13. 7. Mat. 9. 36.

18 *Did I not tell*. See on ver. 8. Pr. 10. 24; 27. 22; 29. 1. Lu. 11. 45.

19 *Hear thou*. Is. 1. 10; 28. 14. Je. 2. 4; 29. 20; 42. 15. Eze. 13. 2. Am. 7. 16. *I saw the Lord*. Micaiah evidently gives here an account of what appeared to him in a vision: many of the circumstances must be considered as *parabolical;* for *truth*, rather than *facts*, is revealed in such representations. 2 Ch. 18. 18-22. Is. 6. 1-3. Eze. 1. 26-28. Da. 7. 9, 10. Ac. 7. 55, 56. Re. 4. 2, 3. *all the host*. Job 1. 6; 2. 1. Ps. 103. 20, 21. Is. 6. 2, 3. Zec. 1. 10. Mat. 18. 10; 25. 31. He. 1. 7, 14; 12. 22. Re. 5. 11.

20 *persuade*. *or*, deceive. Job 12. 16. Je. 4. 10. Eze. 14. 9.

21 ver. 23. Job 1. 6, 7; 2. 1.

22 *a lying spirit*. Job 1. 8-11; 2. 4-6. Jno. 8. 44. Ac. 5. 3, 4. 2 Th. 2. 9, 10. 1 Ti. 4. 1. 1 Jno. 4. 6. Re. 12. 9, 10; 13. 14; 16. 13, 14; 20. 3, 7, 10. *Thou shalt*. ver. 20. Ju. 9. 23. Job 12. 16. Ps. 109. 17. 2 Th. 2. 10-12. Re. 17. 17.

23 *behold, the Lord*. Ex. 4. 21; 10. 20. De. 2. 30. 2 Ch. 25. 16. Is. 6. 9, 10; 44. 20. Eze. 14. 3-5, 9. Mat. 13. 13-15; 24. 24, 25. *and the Lord*. See on ver. 8-11; ch. 20. 42; 21. 19. Nu. 23. 19, 20; 24. 13. Is. 3. 11.

24 *Zedekiah*. ver. 11. *smote Micaiah*. 2 Ch. 18. 23, 24. Is. 50. 5, 6. La. 3. 30. Mi. 5. 1. Mar. 14. 65; 15. 19, 20. Jno. 15. 18, 20. Ac. 23. 2. *Which way*. Je. 28. 10, 11; 29. 26, 27. Mat. 26. 68; 27. 42, 43.

25 *Behold*. Nu. 31. 8. Is. 9. 14-16. Je. 23. 15; 28. 16, 17; 29. 21, 22, 32. Am. 7. 17. 2 Pe. 2. 1. Re. 19. 20. *into an inner chamber*. *or*, from chamber to chamber. *Heb*. a chamber in a chamber. ch. 20. 30, marg.

26 *carry him back*. ver. 9.

27 *Put this fellow*. 2 Ch. 16. 10; 18. 25-27. Je. 20. 2; 29. 26; 37. 15; 38. 6. La. 3. 53-55. Mar. 6. 17-28. Lu. 3. 20. Ac. 5. 18; 16. 23, 24; 24. 25-27; 26. 10. Ep. 3. 1. Re. 2. 10. *bread of affliction*. De. 16. 3. Ps. 80. 5; 102. 9; 127. 2. Is. 30. 20. *until I come in peace*. Lu. 12. 45, 46. 1 Th. 5. 2, 3. Ja. 4. 13, 14.

28 *If thou return*. Nu. 16. 29. De. 18. 20-22. 2 Ki. 1. 10, 12. Is. 44. 26. Je. 28. 8, 9. Ac. 13. 10, 11. *Hearken*. ch. 18. 21-24, 36, 37. 2 Ch. 18. 27. Am. 3. 1. Mi. 1. 2. Mar. 7. 14-16; 12. 37.

29 ver. 2-9. 2 Ch. 18. 28.

30 *I will*, etc. *or*, when he was to disguise himself, and enter into the battle. *put thou on*. ver. 10. Ps. 12. 2. *disguised himself*. ch. 14. 2; 20. 38. 1 Sa. 28. 8. 2 Sa. 14. 2. 2 Ch. 18. 29; 35. 22. Pr. 21. 30. Je. 23. 24.

31 *thirty and two*. ch. 20. 24. 2 Ch. 18. 30. *Fight*. See on ch. 20. 33-42. *small nor great*. See on Ge. 19. 11. 1 Sa. 30. 2. Je. 16. 6.

32 *they turned*. Pr. 13. 20. *Jehoshaphat*. Ex. 14. 10. 2 Ch. 18. 31. Ps. 50. 15; 91. 15; 116. 1, 2; 130. 1-4. Jon. 2. 1, 2.

33 *that they turned*. ver. 31. Ps. 76. 10.

34 *at a venture*. *Heb*. in his simplicity. 2 Sa.

15. 11. *and smote.* 1 Sa. 17. 49. 2 Ki. 9. 24. *joints of the harness. Heb.* joints and the breast-plate. Re. 9. 9. *wounded. Heb.* made sick. 2 Ch. 18. 30; 35. 23, margins. Mi. 6. 13.

35 *increased. Heb.* ascended. *died at even.* ver. 28; ch. 20. 42. *midst. Heb.* bosom.

36 *there went.* ver. 17, 31; ch. 12. 16. 2 Ki. 14. 12. *Every man.* ch. 12. 24. Ju. 7. 7, 8; 21. 24. 1 Sa. 4. 10. 2 Sa. 19. 8. 2 Ki. 14. 12.

37 *was brought. Heb.* came.

38 *and the dogs.* See on ch. 21. 19. Jos. 23. 14, 15. Is. 44. 25, 26; 48. 3-5. Je. 44. 21-23. Zec. 1. 4-6. Mat. 24. 35.

39 A.M. 3086-3107. B.C. 918-897. *the rest.* ch. 14. 19; 15. 23, 31; 16. 5, 20, 27. *the ivory house.* That is, probably, decorated with *ivory* in such abundance as to merit the appellation of an *ivory house.* ch. 10. 18, 22. Ps. 45. 8. Eze. 27. 6, 15. Am. 3. 15; 6. 4.

40 *slept.* See on ch. 2. 10; 11. 21; 14. 31. De. 31. 16. 2 Sa. 7. 12. *Ahaziah.* ver. 51. 2 Ki. 1. 2, 17. 2 Ch. 20. 35.

41 A.M. 3090. B.C. 914. *Jehoshaphat.* ver. 2. 1 Ch. 3. 10. 2 Ch. 17. 1; 20. 31. *began to reign.* '*Began to reign alone.* ver. 51.'

42 *thirty and five.* 2 Ki. 1. 17; 8. 16. *And his mother's.* ch. 14. 21; 15. 2, 10.

43 *he walked.* ch. 15. 11, 14. 2 Ch. 14. 2-5, 11; 15. 8, 17; 17. 3. *he turned.* ch. 15. 5. Ex. 32. 8. 1 Sa. 12. 20, 21. 2 Ch. 16. 7-12. Ps. 40. 4; 101. 3; 125. 5. Pr. 4. 27. *doing.* 2 Ch. 17. 3-6; 19. 3, 4; 20. 3, etc. *the high.* ch. 14. 23; 15. 14. 2 Ki. 12. 3; 14. 3, 4; 15. 3, 4; 18. 22.

44 *made peace.* ver. 2. 2 Ki. 8. 18. 2 Ch. 19. 2; 21. 6. 2 Co. 6. 14.

45 *Now.* ver. 39. *are they.* ch. 11. 41; 14. 29.

46 *the remnant.* ch. 14. 24; 15. 12. Ge. 19. 5. De 23. 17. Ju. 19. 22. Ro. 1. 26, 27. 1 Co. 6. 9. 1 Ti. 1. 10. Jude 7.

47 *no king.* Ge. 25. 23; 27. 40; 36. 31, etc. 2 Sa. 8. 14. 2 Ki. 3. 9; 8. 20. Ps. 108. 9, 10.

48 *Jehoshaphat.* 2 Ch. 20. 35, 36, etc. *made ships. or, had* ten ships. ch. 10. 22. 2 Ch. 9. 21. Ps. 48. 7. Is. 2. 16; 60. 9. Jon. 1. 3. *Tharshish.* JOSEPHUS and the Chaldee and Arabic paraphrasts explain this place of *Tarsus* in Cilicia; the LXX. THEODORET, and JEROME, understand it of *Carthage;* but the learned BOCHART makes it *Tartessus,* an island in the straits of Gades. IBN HAUKAL describes *Tarsousa* as belonging to Andalus, or *Andalusia;* and FESTUS AVIENUS expressly says, *Hic Gadir urbs est dicta Tartessus prius,* 'the city Cadiz was formerly called *Tartessus.*' *to Ophir.* See on ch. 9. 28. Ps. 45. 9. *they went not.* 2 Ch. 20. 37; 25. 7. *Ezion-geber.* See on ch. 9. 26. Nu. 33. 35, 36.

50 A.M. 3115. B.C. 889. *slept with his fathers.* See on ver. 40; ch. 2. 10. 2 Ch. 21. 1. *in the city.* See on ch. 11. 43; 14. 31; 15. 24. *Jehoram.* 2 Ki. 8. 16-18. 2 Ch. 21. 5-7.

51 A.M. 3107-3108. B.C. 897-896. *began.* '*Now he begins to reign alone.* ver. 40.' *two years.* ch. 15. 25. 2 Ki. 1. 17.

52 *he did evil.* See on ch. 15. 26; 16. 30-33. 2 Ki. 1. 2-7. *in the way.* ch. 21. 25. 2 Ki. 8. 27; 9. 22. 2 Ch. 22. 3. Mar. 6. 24. Re. 3. 20. *and in the way.* See on ch. 12. 28-33; 14. 9-16; 15. 34. 2 Ki. 3. 3.

53 *he served Baal.* ch. 16. 31. Ju. 2. 1-11. 2 Ki. 1. 2; 3. 2. *provoked.* ch. 16. 7. Ps. 106. 29. Is. 65. 3. Eze. 8. 3. *according to all.* ch. 21. 29. Eze. 18. 14-18.

# The Second Book of the KINGS, commonly called The Fourth Book of the KINGS.

B.C. 896. A.M. 3108.

## CHAP. I.

*Moab rebels,* 1. *Ahaziah, sending to Baal-zebub, hath his judgment by Elijah,* 2-4. *Elijah twice brings fire from heaven upon them whom Ahaziah sent to apprehend him,* 5-12. *He pities the third captain, and, encouraged by an angel, tells the king of his death,* 13-16. *Jehoram succeeds Ahaziah,* 17, 18.

1 *Moab.* Nu. 24. 17. 2 Sa. 8. 2. 1 Ch. 18. 2. Ps. 60. 8. *after the.* ch. 3. 4, 5; 8. 20, 22.

2 *a lattice.* The flat roofs of the eastern houses are generally surrounded by a parapet wall breast high; but, instead of this, some terraces are guarded with balustrades only, or latticed work. Of the same kind, probably, was the lattice, or net, as the term *shevacha* seems to import, through which Ahaziah fell into the court. This incident proves the necessity of the law for the formation of battlements for the roof, (De. 22. 8,) which God graciously dictated from Sinai, which furnishes a beautiful example of his paternal care and goodness; for the terrace was a place where many offices of the family were performed, and business frequently transacted. Ju. 5. 28. Ca. 2. 9. Ac. 20. 9. *was sick.* 1 Ki. 22. 34, marg. 2 Ch. 21. 14, 15. Job 31. 3. *Baal-zebub.* ver. 3. 6, 16. Mat. 10. 25; 12. 24-27. Mar. 3. 22. Lu. 11. 15, Beelzebub. *god.* Ju. 11. 24. 1 Sa. 5. 10. 1 Ki. 11. 33. Is. 37. 12, 19. *whether.* ch. 8. 7-10. 1 Ki. 14. 3.

3 *angel.* ver. 15. 1 Ki. 19. 5, 7. Ac. 8. 26; 12. 7-11. *Elijah.* ver. 8. 1 Ki. 17. 1. *Arise.* 1 Ki. 18. 1. *it.* ver. 6, 16; ch. 5. 8, 15. 1 Sa. 17. 46. 1 Ki. 18. 36. Ps. 76. 1. *ye go.* Je. 2. 11-13. Jon. 2. 8. Mar. 3. 22.

4 *Thou shalt,* etc. *Heb.* The bed whither thou art gone up, thou shalt not come down from it. *but shalt.* Ge. 2. 17; 3. 4. Nu. 26. 65. 1 Sa. 28. 19. 1 Ki. 14. 12. Pr. 11. 19; 14. 32. Eze. 18. 4.

6 *Thus saith.* Is. 41. 22, 23. *therefore.* ver. 3, 4. 1 Ch. 10. 13, 14. Ps. 16. 4.

7 *What manner of man was he? Heb.* What *was* the manner of the man? Ju. 8. 18. 1 Sa. 28. 14.

8 *an hairy man.* That is, he wore a *rough garment,* either made of camels' hair, as that of John the Baptist, or of a skin, dressed with the *hair* on. Sir J. CHARDIN informs us, in a MS. note on this place, cited by Mr. HARMER, that the eastern dervishes and fakeers are clothed just as Elijah was, with a *hairy* garment, girded with a leathern girdle. Is. 20. 2. Zec. 13. 4. Mat. 3. 4; 11. 8. Lu. 1. 17. Re. 11. 3.

9 *sent unto.* ch. 6. 13, 14. 1 Ki. 18. 4, 10; 19. 2; 22. 8. 26, 27. Mat. 14. 3. *he sat.* 1 Ki. 18. 42. Lu. 6. 11, 12. *Thou man.* Am. 7. 12. Mat. 26. 68; 27. 29, 41-43. Mar. 15. 29, 32. He. 11. 36.

10 *If I be a man.* ch. 2. 23, 24. Nu. 16. 28-30. 1 Ki. 18. 36-38; 22. 28. 2 Ch. 36. 16. Ps. 105. 15. Mat. 21. 41; 23. 34-37. Ac. 5. 3-10. *let fire.* Or, rather, as the original literally imports, and the LXX. render, καταβησεται πυρ, *fire* SHALL *come down;* Elijah's words being simply *declarative,* and not *imprecatory.* Nu. 11. 1; 16. 35. Job 1. 16. Ps. 106. 18. Lu. 9. 54. He. 12. 29. Re. 11. 5. *consumed.* Da. 3. 22, 25; 6. 24. Ac. 12. 19.

11 *Again.* Nu. 16. 41. 1 Sa. 6. 9. Is. 26. 11. Je. 5. 3. Jno. 18. 5-12. Ac. 4. 16, 17. *O man.* 1 Sa. 22. 17-19. Pr. 29. 12. Is. 32. 7. Mat. 2. 16. Lu. 22. 63, 64.

12 See on ver. 9, 10.

13 *he sent again.* Job 15. 25, 26. Pr. 27. 22. Ec. 9, 3. Is. 1. 5. *fell on. Heb.* bowed. Is. 66. 2. *besought.* Ex. 11. 8. Nu. 12. 11-13. 1 Ki. 13. 6. Is. 60. 14. Re. 3. 9. *O man of God.* Ps. 102. 17. Ja. 4. 7.

14 *Behold.* ver. 10, 11. *let my life.* 1 Sa. 26. 21, 24. Ps. 49. 8; 72. 14; 116. 15. Pr. 6. 26. Mat. 16. 25, 26. Ac. 20. 24.

15 *be not afraid of him.* Ge. 15. 1. 1 Ki. 18. 15. Ps. 27. 1. Is. 51. 12, 13. Je. 1. 17; 15. 20. Eze. 2. 6. Mat. 10. 28. He. 11. 27.

16 *Forasmuch.* See on ver. 3, 4, 6. Ex. 4. 22, 23. 1 Ki. 14. 6-13; 21. 18-24; 22. 28. *Baal-zebub.* Literally, 'the lord of flies;' or, as the LXX. render, Βααλ μυιαν θεον, *Baal the fly god.* See Note on Ex. 8. 24. *on which thou art gone up.* In the East there is usually at the end of each chamber a little gallery, raised three or four feet above the floor, with a balustrade in front, to which they *go up* by a few steps: here they place their beds; an allusion to which situation is involved in this declaration of Elijah's, and frequently referred to in the Sacred Scriptures: see Ge. 49. 4. Ps. 132. 3.

17 *Jehoram.* As it is said in ch. 3. 1, that he began his reign in the *eighteenth of Jehoshaphat,* it is supposed that Jehoshaphat admitted his son Jehoram to reign with him eight or nine years before his death. '*The second year that* Jehoram *was* Prorex, *and the eighteenth of* Jehoshaphat.' *in the second.* ch. 3. 1; 8. 16, 17. 1 Ki. 22. 51.

18 *in the book.* See on 1 Ki. 14. 19; 22. 39.

## CHAP. II.

*Elijah, taking his leave of Elisha, with his mantle divides Jordan, 1-8; and, granting Elisha his request, is taken up by a fiery chariot into heaven, 9-11. Elisha, dividing Jordan with Elijah's mantle, is acknowledged his successor, 12-15. The young prophets, hardly obtaining leave to seek Elijah, cannot find him, 16-18. Elisha with salt heals the unwholesome waters, 19-22. Bears destroy the children that mocked Elisha, 23-25.*

1 *take up.* Ge. 5. 24. 1 Ki. 19. 4. Lu. 9. 51. Ac. 1. 9. He. 11. 5. Re. 11. 12. *by a whirlwind.* 1 Ki. 18. 12; 19. 11. Job 38. 1. *Elisha.* 1 Ki. 19. 16-21. *Gilgal.* Jos. 4. 19; 5. 9.

2 *Tarry here.* Ru. 1. 15, 16. 2 Sa. 15. 19, 20. Jno. 6. 67, 68. *As the Lord.* ver. 4, 6; ch. 4. 30. 1 Sa. 1. 26; 17. 55; 25. 26. Je. 4. 2. *I will not.* Ru. 1. 16-18. 2 Sa. 15. 21. 1 Jno. 2. 19. *Beth-el.* Ge. 28. 19. 1 Ki. 12. 29, 33; 13. 1, 2.

3 *And the sons.* ver. 5, 7, 15; ch. 4. 1, 38; 9. 1. 1 Sa. 10. 10-12; 19. 20. 1 Ki. 18. 4; 20. 35. Is. 8. 18. *thy master.* De. 33. 3. Ac. 22. 3.

4 *Jericho.* Jos. 6. 26. 1 Ki. 16. 34. Lu. 19. 1. *As the Lord.* ver. 2; ch. 4. 30. Ac. 2. 42; 11. 23.

5 *the sons. i.e.* as the Targumist renders, *talmeedey neveeya,* 'disciples of the prophets.' *thy master.* See on ver. 3. Jos. 1. 1, 2. Lu. 24. 51. Jno. 17. 5-7. Ac. 1. 2, 11; 26. 25. *Yea, I know it.* Ge. 48. 19. Ec. 3. 7. Is. 41. 1. Hab. 2. 20.

7 *fifty men.* ver. 17. 1 Ki. 18. 4, 13. *to view afar off. Heb.* in sight, *or* over against.

8 *his mantle.* Την μηλωτην αυτου, *his sheep skin,* says the Septuagint; the skins of sheep being formerly worn by prophets as the simple insignia of their office: see Note on ch. 1. 8. 1 Ki. 19. 13, 19. *were.* ver. 14. Ex. 14. 21, 22. Jos. 3. 14-17. Ps. 114. 5-7. Is. 11. 15. He. 11. 29. Re. 16. 12.

9 *Ask what.* ch. 13. 14-19. Nu. 27. 16-23. De. 34. 9. 1 Ch. 29. 18, 19. Ps. 72. 1, 20. Lu. 24. 45-51. Jno. 17. 9-13. Ac. 1. 8; 8. 17; 20. 25-36. *Elisha said.* Nu. 11. 17, 25. 1 Ki. 3. 9. 2 Ch. 1. 9, 10. Jno. 14. 12-14; 16. 7. 1 Co. 12. 31. *a double portion.* This probably refers to the law respecting the first-born, who had a *double portion* of the property of his father. As Elisha may have considered himself as the first-born of Elijah, so he requested a double portion of his spiritual influence. Nu. 27. 20. De. 21. 17. Zec. 9. 12; 12. 8. 1 Ti. 5. 17.

10 *Thou hast.* Mar. 11. 22-24. Jno. 16. 24. *asked a hard thing. Heb.* done hard in asking. *if thou see.* ver. 12. Ac. 1. 9, 10.

11 ch. 6. 17. Ps. 68. 17; 104. 3, 4. Eze. 1. 4, etc.; 10. 9, etc. Hab. 3. 8. Zec. 6. 1-8. He. 1. 14. *by a whirlwind.* See on ver. 1. *into heaven.* Mar. 16. 19.

12 *saw it.* ver. 10. *My father.* ch. 13. 14. Job 22. 30. Pr. 11. 11. Ec. 7. 19; 9. 16-18. Is. 37. 4, 15, 21. Ac. 27. 24. *he saw him.* Pr. 30. 4. Mar. 16. 19. Lu. 2. 15; 24. 51. Jno. 3. 13. Ac. 1. 9. 2 Co. 5. 2, 4. Ep. 4. 8. Re. 11. 12. *rent them.* Job 1. 20, 21. Is. 57. 1, 2. Ac. 8. 2.

13 *the mantle.* ver. 8. 1 Ki. 19. 19. *bank. Heb.* lip. 1 Ki. 9. 26.

14 *smote.* See on ver. 8-10. Jos. 1. 1-9. Mar. 16. 20. Jno. 14. 12. Ac. 2. 33; 3. 12, 13. *Where is.* Ju. 6. 13. 1 Ki. 18. 36-39. Ps. 42. 2, 10; 115. 2. Joel 2. 17.

15 *to view.* See on ver. 7. *The spirit.* Nu. 11. 25-29; 27. 20. Jos. 3. 7. Is. 11. 2; 59. 21. Jno. 15. 26, 27. Ac. 1. 8. 2 Co. 12. 9. 1 Pe. 4. 14. *bowed.* ver. 19; ch. 4. 1-4, 37; 6. 1-7. Jos. 4. 14.

16 *strong men. Heb.* sons of strength. *the Spirit.* 1 Ki. 18. 12. Eze. 3. 14; 8. 3; 11. 24; 40. 2. Ac. 8. 39. 2 Co. 12. 2, 3. *some mountain. Heb.* one of the mountains.

17 *they urged.* 2 Sa. 18. 22, 23. Lu. 11. 8. Ro. 10. 2. *found him not.* He. 11. 5.

19 *my Lord seeth.* Nu. 12. 11. 1 Ki. 18. 7, 13. 1 Ti. 5. 17. *the water.* Ex. 7. 19; 15. 23. Jos. 6. 17, 26. 1 Ki. 16. 34. *barren. Heb.* causing to miscarry. Ex. 23. 26. De. 28. 2-4, 11, 15-18. Ho. 9. 14.

20 *salt therein.* Ju. 9. 45. Eze. 47. 11. Zep. 2. 9.

21 *cast.* ch. 4. 41; 6. 6. Ex. 15. 25, 26. Le. 2. 13. Mat. 5. 11. Mar. 9. 50. Jno. 9. 6. *I have healed.* Eze. 47. 8-11. 1 Co. 1. 18-28. Re. 22. 2, 3. *there shall.* Ps. 107. 33-38. Re. 21. 4.

23 *Beth-el.* 1 Ki. 12. 28-32. Ho. 4. 15; 10. 5, 15. Am. 3. 14; 4. 4; 5. 5; 7. 13. *little children.* The words *nĕărim ketannim* not only signify *little children,* but *young men;* for *katon* signifies not only *little,* but *young,* in opposition to *old;* and *năăr* signifies not only a *child,* but a *young man,* grown to years of maturity: thus Isaac is called *năăr* when *twenty-eight* years old, Joseph when *thirty-nine,* and Rehoboam when *forty.* These idolatrous *young men,* having heard of the ascension of Elijah, without believing it, blasphemously bade Elisha follow him. The venerable prophet, from a Divine impulse, pronounced a *curse* 'in the name of the Lord,' which was immediately followed by the most terrible judgment; thus evincing the Source from which it flowed. Job 19. 18; 30. 1, 8, etc. Pr. 20. 11; 22. 6, 15. Ec. 11. 10. Is. 1. 4; 3. 5. Je. 7. 18. *mocked.* Ge. 21. 9. 2 Ch. 36. 16. Job 30. 1, 8, 9. Ps. 35. 15. Is. 57. 3, 4. Ga. 4. 29. He. 11. 36. *Go up.* ver. 11. Mat. 27. 29-31, 40-43.

24 *cursed them.* ch. 1. 10-12. Ge. 9. 25. De. 28. 15-26. Ju. 9. 20, 57. Je. 28. 16; 29. 21-23. La. 3. 65. Am. 7. 17. Mar. 11. 14, 21. Ac. 5. 5, 9; 8. 20; 13. 9-11. 2 Co. 10. 6. *she bears.* 2 Sa. 17. 8. Pr. 17. 12; 28. 15. Ho. 13. 8. *children of them.* Ex. 20. 5. 1 Ki. 13. 24; 19. 17; 20. 36.

26 *mount Carmel.* ch. 4. 25. 1 Ki. 18. 19, 42.

## CHAP. III.

*Jehoram's reign, 1-3. Mesha rebels, 4, 5. Jehoram, with Jehoshaphat, and the king of Edom, being distressed for want of water, by Elisha obtains water, and promise of victory, 6-20. The Moabites, deceived by the colour of the water, coming to spoil, are overcome, 21-25. The king of Moab, failing in his attempt to break through to the king of Edom, sacrifices his son, and raises the siege, 26, 27.*

1 *Jehoram.* ch. 1. 17; 8. 16, Joram. 1 Ki. 22. 51.

2 *wrought.* ch. 6. 31, 32; 21. 6, 20. See on 1 Sa. 15. 19. 1 Ki. 16. 19. *but not.* 1 Ki. 16. 33; 21. 20, 25. *and like.* ch. 9. 22, 34. 1 Ki. 21. 5-15, 25. *image. Heb.* statue. *Baal.* ch. 10. 18, 26-28. 1 Ki. 16. 31, 32.

3 *he cleaved.* ch. 10. 20-31. See on 1 Ki. 12. 28-33.

*which made.* See on 1 Ki. 14. 16; 15. 26, 34; 16. 31. *he departed.* ch. 13. 2, 6, 11; 14. 24; 15. 9, 18; 17. 22. 1 Ki. 12. 26-28; 13. 33. 1 Co. 1. 19, 20.

4 *a sheepmaster.* Ge. 13. 2; 26. 13, 14. 2 Ch. 26. 10. Job 1. 3; 42. 12. *rendered.* 2 Sa. 8. 2. 1 Ch. 18. 2. Ps. 60. 8; 108. 9, 10. *lambs.* Is. 16. 1.

5 See on ch. 1. 1; 8. 20. 2 Ch. 21. 8-10.

6 A.M. 3109. B.C. 895. *numbered.* 1 Sa. 11. 8; 15. 4. 2 Sa. 24. 1, etc. 1 Ki. 20. 27.

7 *wilt thou go.* See on 1 Ki. 22. 4, 32, 33. 2 Ch. 18. 3, 29-32; 19. 2; 21. 4-7; 22. 3, 4, 10-12.

8 *the wilderness of Edom.* The *wilderness of Edom* was probably the same as that of *Zin* or *Kadesh*, through which the children of Israel passed; extending southward from the Dead Sea, to the eastern branch of the Red Sea. See Note on Nu. 13. 21. Nu. 21. 4. Mal. 1. 2, 3.

9 *Edom.* See on 1 Ki. 22. 47. *no water.* Ex. 15. 22; 17. 1. Nu. 20. 2, 4; 21. 5; 33. 14. *that followed them. Heb.* at their feet. Ex. 11. 8, marg. Ju. 4. 10.

10 *the Lord.* ch. 6. 33. Ge. 4. 13. Ps. 78. 34-36. Pr. 19. 3. Is. 8. 21; 51. 20.

11 *Is there not here.* See on 1 Ki. 22. 7. Ps. 74. 9. Am. 3. 7. *that we may.* ver. 1, 3. Jos. 9. 14. Ju. 20. 8-11, 18, 23, 26-28. 1 Ch. 10. 13; 14. 10, 14; 15. 13. *poured water.* That is, was his constant and confidential servant. Mr. Hanway, speaking of a Persian supper, says, 'Supper being now brought in, a servant presented a basin of water, and a napkin hung over his shoulders; he went to every one in the company, and *poured water* on their hands to wash.' Ge. 18. 4. Jos. 1. 1. 1 Ki. 19. 21. Lu. 22. 26, 27. Jno. 13. 4, 5, 13, 14. 1 Ti. 5. 10. Phi. 2. 22.

12 *The word.* ch. 2. 14, 15, 21, 24. 1 Sa. 3. 19-21. *Israel.* ch. 2. 25; 5. 8, 9, 15. Is. 49. 23; 60. 14. Re. 3. 9.

13 *What.* Eze. 14. 3-5. Mat. 8. 29. Jno. 2. 4. 2 Co. 5. 16; 6. 15. *get.* Ju. 10. 14. Ru. 1. 15. Pr. 1. 28. Je. 2. 27, 28. *the prophets.* 1 Ki. 18. 19; 22. 6, 10, 11, 22-25. *Nay.* See on ver. 10. De. 32. 37-39. Ho. 6. 1.

14 *As the Lord.* ch. 5. 16. 1 Ki. 17. 1; 18. 15. *I regard.* 2 Ch. 17. 3-9; 19. 3, 4. Ps. 15. 4. *I would not look.* 1 Sa. 15. 26-31. 1 Ki. 14. 5, etc.; 21. 20. Je. 1. 18. Da. 5. 17-23. Mat. 22. 16.

15 *bring me.* This was evidently intended to soothe and tranquillize the prophet's mind, which had been agitated and discomposed with holy indignation by the presence of the idolatrous king, and the recollection of his abomination. The soothing influence of music is generally acknowledged in every civilized nation. 1 Sa. 10. 5; 16. 23; 18. 10. 1 Ch. 25. 2, 3. Ep. 5. 18, 19. *the hand.* 1 Ki. 18. 46. Eze. 1. 3; 3. 14, 22; 8. 1. Ac. 11. 21.

16 *Make this valley.* ch. 4. 3. Nu. 21. 8, 16-18.

17 *Ye shall not.* 1 Ki. 18. 36-39. Ps. 84. 6; 107. 35. Is. 41. 17, 18; 43. 19, 20; 48. 21. *that ye may.* Ex. 17. 6. Nu. 20. 8-11.

18 *And this.* 1 Ki. 3. 13. Je. 32. 17, 27. Lu. 1. 37. Ep. 3. 20. *a light.* ch. 20. 10. 1 Ki. 16. 31. Is. 7. 13; 49. 6. Eze. 8. 17. *he will.* 1 Ki. 20. 13, 28. Is. 7. 1-9.

19 *And ye.* ch. 13. 17. Nu. 24. 17. Ju. 6. 16. 1 Sa. 15. 3; 23. 2. *fell.* De. 20. 19, 20. *mar. Heb.* grieve. ver. 25.

20 *when the meat.* Ex. 29. 39, 40. 1 Ki. 18. 36. Da. 9. 21. *there came water.* This supply was altogether *miraculous;* for there was neither *wind* nor *rain*, nor any other natural means to furnish it. *filled.* See on Ps. 78. 15, 16, 20. Is. 35. 6, 7.

21 *gathered. Heb.* were cried together. *put on armour. Heb.* gird himself with a girdle. 1 Ki. 20. 11. Ep. 6. 14.

23 *This is blood.* ch. 6. 18-20; 7. 6. *slain. Heb.* destroyed. *now therefore.* Ex. 15. 9. Ju. 5. 30. 2 Ch. 20. 25. Is. 10. 14.

24 *smote the.* Jos. 8. 20-22. Ju. 20. 40-46. 1 Th. 5. 3, 4. *went forward. or,* smote in it even.

25 *beat down.* ver. 19. Ju. 9. 45. 2 Sa. 8. 2. Is. 37. 26, 27. *stopped.* Ge. 26. 15, 18. 2 Ch. 32. 4. *and felled.* De. 20. 19, 20. *only in*, etc. *Heb.* until he left the stones thereof in Kir-haraseth. *Kir-haraseth.* Supposed to be the same as *Ar*, or *Areopolis*, the capital of Moab. See on De. 2. 9. Is. 16. 7, 11. Je. 48. 31, 36, Kir-heres.

26 *unto the king of Edom.* ver. 9. Am. 2. 1.

27 *offered him.* In cases of great extremity, it was customary in various heathen nations, to offer *human* sacrifices, and even their own *children.* This was frequent among the Phœnicians, Greeks, Romans, Scythians, Gauls, Africans, and others; and was the natural fruit of a religious system, which had for the objects of its worship cruel and merciless divinities. The king of Moab, in this case, sacrificed his son to obtain the favour of Chemosh *his god*, who, being a devil, delighted in blood and murder, and the destruction of mankind. The dearer any thing was to them, the more acceptable those idolaters thought the sacrifice, and therefore burnt their children in the fire to their honour. Ge. 22. 2, 13. De. 12. 31. Ju. 11. 31, 39. Ps. 106. 37, 38. Eze. 16. 20. Mi. 6. 7. *they departed.* 1 Sa. 14. 36-46. 1 Ki. 20. 13, 28, 43.

## CHAP. IV.

*Elisha multiplies the widow's oil, 1-7. He obtains a son for the good Shunammite, 8-17. He restores her son when dead, 18-37. At Gilgal he heals the deadly pottage, 38-41. He satisfies an hundred men with twenty loaves, 42-44.*

1 A.M. 3110. B.C. 894. *sons.* ver. 38. See on ch. 2. 3, 5. 1 Ki. 20. 35. *thy servant did fear.* Ge. 22. 12. 1 Ki. 18. 3. Ne. 7. 2. Ps. 103. 11, 17; 112. 1, 2; 115. 13; 147. 11. Ec. 8. 12; 12. 13. Mal. 3. 16; 4. 2. Ac. 13. 26. Re. 15. 4; 19. 5. *the creditor.* Le. 25. 39, 40, 48. Ne. 5. 2-5; 10. 31. Je. 34. 14. Mat. 18. 25, 30, 35. Ja. 2. 13.

2 *What shall I.* ch. 2. 9; 6. 26, 27. Mat. 15. 34. Jno. 6. 5-7. Ac. 3. 6. 2 Co. 6. 10. *save a pot of oil.* 1 Ki. 17. 12. Ja. 2. 5.

3 *empty vessels.* ch. 3. 16. Jno. 2. 7. *borrow not a few. Heb.* scant not. ch. 13. 18, 19. Ps. 81. 10. Jno. 16. 24.

4 *thou shalt shut.* ver. 32, 33. 1 Ki. 17. 19, 20. Is. 26. 20. Mat. 6. 6. Mar. 5. 40. Ac. 9. 40. *and shalt pour.* Mar. 6. 37-44; 8. 5-9. Jno. 2. 7-9; 6. 11. Ep. 3. 20.

5 *she went.* ch. 5. 11. 1 Ki. 17. 15, 16. Lu. 1. 45. He. 11. 7, 8.

6 *when the vessels.* ver. 43, 44. Mat. 9. 29; 13. 58; 14. 20; 15. 37. Lu. 6. 19. 2 Ch. 6. 12, 13. *And the oil.* ch. 13. 19. Jos. 5. 12. 1 Ki. 17. 14. Jno. 6. 12.

7 *pay.* Ps. 37. 21. Ro. 12. 17. Phi. 4. 8. 1 Th. 2. 9, 10; 4. 12. 2 Th. 3. 7-12. *debt. or,* creditor.

8 *it fell on. Heb.* there was. ver. 11, 18. *Shunem.* This city was situated in the tribe of Issachar, five miles south from mount Tabor, according to Eusebius; and is probably the place which he calls *Sanim*, in Acrabatene, in the neighbourhood of Samaria or Sebaste. ver. 12. Jos. 19. 18. 1 Sa. 28. 4. 1 Ki. 1. 3. *a great woman.* 2 Sa. 19. 32. Job 1. 3; 32. 9. Lu. 1. 15. *she constrained him. Heb.* she laid hold on him. Ge. 19. 3. Ju. 19. 20. Pr. 7. 21. Lu. 14. 23; 24. 29. Ac. 16. 15.

9 *she said.* Pr. 31. 10, 11. 1 Pe. 3. 1. *this is.* Mat. 5. 16. 1 Th. 2. 10. Tit. 1. 8. 2 Pe. 1. 21; 3. 2. *man of God.* See on De. 33. 1. 1 Ki. 13. 1; 17. 18, 24. 1 Ti. 6. 11.

10 *Let us.* Is. 32. 8. Mat. 10. 41, 42; 25. 40. Mar. 9. 41. Lu. 8. 3. Ro. 12. 13. He. 10. 24; 13. 2. 1 Pe. 4. 9, 10. *a little chamber.* An *âleeyah*, or *oleäh*, as the Arabs call it; a small back house annexed to the principal dwelling, in which the prophet could live in as great privacy as in his own house, and to which he could retire at pleasure, without breaking in upon the private affairs of the family, or being in his turn interrupted by them in his devotions. See the Note on Ju. 3. 20. 1 Ki. 17. 19.

12 *Gehazi.* ver. 29-31; ch. 5. 20-27; 8. 4, 5. *servant.* ch. 3. 11. 1 Ki. 18. 43; 19. 3. Ac. 13. 5.

13 *thou hast.* Mat. 10. 40-42. Lu. 9. 3-5. Ro. 16. 2, 6. Phi. 4. 18, 19. 1 Th. 5. 12, 13. 2 Ti. 1. 16-18. He. 6. 10. *to the king.* ch. 3. 15-18; 8. 3-6. Ge. 14. 24. 2 Sa. 19. 32-38. *to the captain.* ch. 9. 5. 2 Sa. 19. 13. 1 Ki. 2. 32. *I dwell.* 1 Ti. 6. 6-8. He. 13. 5. *among mine.* ch. 8. 1. Ru. 1. 1-4. Ps. 37. 3.

14 *she hath no child.* Ge. 15. 2, 3; 17. 17; 18. 10-14; 25. 21; 30. 1. Ju. 13. 2. 1 Sa. 1. 2, 8. Lu. 1. 7.

16 *About this.* Ge. 17. 21; 18. 10, 14. *season. Heb.* set time. *thou shalt.* Ge. 17. 16, 17. Lu. 1. 13, 30, 31. *my lord.* See on ch. 2. 19. *do not lie.* ver. 28; ch. 5. 10, 11. Ge. 18. 12-15. 1 Ki. 17. 18; 18. 9. Ps. 116. 11. Lu. 1. 18-20.

17 Ge. 21. 1. 1 Sa. 1. 19, 20. Ps. 113. 9. Lu. 1. 24, 25, 36. He. 11. 11.

18 *to the reapers.* Ru. 2. 4.

19 *My head.* From this peculiar exclamation, and the season of the year, it is probable he was affected by the *coup de soleil*, or stroke of the sun, which is by no means uncommon in hot climates, and often proves fatal. Job 14. 1, 2. Je. 4. 19.

20 *his mother.* Is. 49. 15; 66. 13. Lu. 7. 12. *and then died.* Ge. 22. 2; 37. 3, 5. 1 Ki. 17. 17. Eze. 24. 16-18. Lu. 2. 35. Jno. 11. 3, 5, 14.

21 *the bed.* ver. 10. 1 Ki. 17. 19.

22 *I may run.* ver. 24, 26. Jno. 11. 3. Ac. 9. 38.

23 *new moon.* Nu. 10. 10; 28. 11. 1 Ch. 23. 31. Is. 1. 13-15. *well. Heb.* peace. ver. 26.

24 *Then she.* Ex. 4. 20. 1 Sa. 25. 20. 1 Ki. 13. 13, 23. *an ass.* These animals were not anciently, as now, used only by the lower classes, but were in general use among the noble and chief personages of the East, and it was not unusual for even the husband to walk by the side of his wife while thus riding; the driver, as was the custom, following. The Shunammite, when she went to the prophet, did not desire so much attendance; but only requested her husband to send her an ass and its driver. *Drive.* 1 Sa. 25. 19. *slack not thy riding for me. Heb.* restrain not for me to ride.

25 *to mount.* ch. 2. 25. 1 Ki. 18. 19, 42. Is. 35. 2.

26 *Run now.* Zec. 2. 4. *Is it well with thee.* Ge. 29. 6; 37. 14. 1 Sa. 17. 18. Mat. 10. 12, 13. Ac. 15. 36. *It is well.* ver. 23. Le. 10. 3. 1 Sa. 3. 18. Job 1. 21, 22. Ps. 39. 9.

27 *him by the feet. Heb.* by his feet. Mat. 28. 9. Lu. 7. 38. *thrust.* Mat. 15. 23; 20. 31. Mar. 10. 13. Jno. 4. 27; 12. 4-6. *Let her alone.* Mar. 14. 6. Jno. 12. 7. *vexed. Heb.* bitter. 1 Sa. 1. 10. Job 10. 1. Pr. 14. 10; 18. 14. *hid it from me.* ch. 6. 12. Ge. 18. 17. 2 Sa. 7. 3. Am. 3. 7. Jno. 15. 15.

28 *Did I desire.* Ge. 30. 1. *Do not.* See on ver. 16.

29 *Gird up thy loins.* ch. 9. 1. 1 Ki. 18. 46. Ep. 6. 14. 1 Pe. 1. 13. *take my.* ch. 2. 14. Ex. 4. 17. *salute him not.* Lu. 10. 4. *lay my staff.* ch. 2. 8, 14. Ex. 7. 19, 20; 14. 16. Jos. 6. 4, 5. Ac. 3. 16; 19. 12.

30 *As the Lord.* See on ch. 2. 2, 4. *I will not.* Ex. 33. 12-16. Ru. 1. 16-18.

31 *neither voice.* 1 Sa. 14. 37; 28. 6. Eze. 14. 3. Mat. 17. 16-21. Mar. 9. 19-29. Ac. 19. 13-17. *hearing. Heb.* attention. 1 Ki. 18. 26, 29. *not awaked.* Job 14. 12. Da. 12. 2. Mar. 5. 39. Jno. 11. 11, 43, 44. Ep. 5. 14.

32 *the child.* 1 Ki. 17. 17. Lu. 8. 52, 53. Jno. 11. 17.

33 *shut the door.* ver. 4. Mat. 6. 6. *prayed.* ch. 5. 11; 6. 17, 18, 20. 1 Ki. 17. 20, 21; 18. 26, 27. Jno. 11. 41, 42. Ac. 9. 40. Ja. 5. 13-18.

34 1 Ki. 17. 21. Ac. 20. 10.

35 *to and fro. Heb.* once hither and once thither. *and the child opened.* ch. 8. 1, 5; 13. 21. 1 Ki. 17. 22. Lu. 7. 14, 15; 8. 55. Jno. 11. 43, 44. Ac. 9. 40.

36 *Call this Shunammite.* ver. 12. *Take up.* 1 Ki. 17. 23. Lu. 7. 15. He. 11. 35.

37 *fell at his feet.* ver. 27; ch. 2. 15. 1 Ki. 17. 24.

38 *Elisha.* ch. 2. 1. 1 Sa. 7. 16, 17. Ac. 10. 38; 15. 36. *a dearth.* ch. 8. 1. Le. 26. 26. De. 28. 22-24, 38-40. 2 Sa. 21. 1. Je. 14. 1-6. Eze. 14. 13. Lu. 4. 25. *the sons.* ch. 2. 3. 1 Sa. 19. 20. *were sitting.* Pr. 8. 34. Lu. 2. 46; 8. 35, 38; 10. 39. Ac. 22. 3. *Set on the great pot.* Mar. 6. 37; 8. 2-6. Lu. 9. 13. Jno. 21. 5, 9.

39 *a wild vine.* Is. 5. 4. Je. 2. 21. Mat. 15. 13. He. 12. 15. *wild gourds.* The word *pakkuoth*, from *peka*, in Chaldee, to *burst*, and in Syriac, to *crack*, *thunder*, is generally supposed to be the fruits of the *coloquintida*, or *colocynth;* whose leaves are large, placed alternately, very much like those of the *vine*, whence it might be called a *wild vine:* the flowers are white, and the fruit of the gourd kind, of the size of a large apple, and when ripe, of a yellow colour, and a pleasant and inviting appearance. It ranks among vegetable *poisons*, as all intense bitters do; but, judiciously employed, it is of considerable use in medicine. It is said that the fruit, when ripe, is so full of wind that it *bursts*, and throws its liquor and seeds to a great distance: and if touched, before it breaks of itself, it flies open with an explosion, and discharges its fœtid contents in the face of him who touched it.

40 *O thou.* ver. 9; ch. 1. 9, 11, 13. De. 33. 1. 1 Ki. 17. 18. *death.* Ex. 10. 17; 15. 23. Mar. 16. 18.

41 *he cast.* ch. 2. 21; 5. 10; 6. 6. Ex. 15. 25. Jno. 9. 6. 1 Co. 1. 25. *there.* Ac. 28. 5. *harm. Heb.* evil thing.

42 *Baal-shalisha.* 1 Sa. 9. 4, 7. *bread.* ver. 38. Ex. 23. 16. De. 12. 6; 26. 2-10. 1 Sa. 9. 7. 2 Ch. 11. 13, 14. Pr. 3. 9, 10. 1 Co. 9. 11. Ga. 6. 6. *of barley.* ch. 7. 1, 16-18. De. 8. 8; 32. 14. Jno. 6. 9, 13. *the husk thereof. or,* his scrip, *or* garment. *Note:* Parched corn, or corn to be parched; full ears before they are ripe, parched on the fire: a very frequent food in the East. The loaves were probably extremely small, as their loaves of bread still are in eastern countries. But small as this may appear, it would be a considerable present in the time of famine; though very inadequate to the number of persons. *Baal-shalisha*, of which the person who made this seasonable present was an inhabitant, was situated, according to Eusebius and Jerome, fifteen miles north of Diospolis, or Lydda.

43 *his servitor.* See on ver. 12. *What.* Mat. 14. 16. 17; 15. 33, 34. Mar. 6. 37-39; 8. 4. Lu. 9. 13. Jno. 6. 9. *They shall eat.* Mat. 14. 20; 15. 37; 16. 8-10. Mar. 6. 42, 43; 8. 20. Lu. 9. 17. Jno. 6. 11-13.

## CHAP. V.

*Naaman, by the report of a captive maid, is sent to Samaria to be cured of his leprosy,* 1-7. *Elisha, sending him to Jordan cures him,* 8-14. *He refusing Naaman's gifts grants him some of the earth,* 15-19. *Gehazi, abusing his master's name unto Naaman, is smitten with leprosy,* 20-27.

1 A.M. 3110. B.C. 894. *Naaman.* Lu. 4. 27. *a great.* ch. 4. 8. Ex. 11. 3. Es. 9. 4; 10. 3. *with. Heb.* before. *honourable. or,* gracious. *Heb.* lifted up, *or* accepted in countenance. *by him.* Pr. 21. 31. Is. 10. 5, 6. Je. 27. 5, 6. De. 2. 37. Jno. 19. 11. Ro. 15. 18. *deliverance. or,* victory. *a leper.* ver. 27; ch. 7. 3. Le. 13. 2, 3, 44-46. Nu. 12. 10-12. 2 Sa. 3. 29. 2 Ch. 26. 19-23. 2 Co. 12. 7.

2 *by companies.* ch. 6. 23; 13. 20. Ju. 9. 34. 1 Sa. 13. 17, 18. *waited on. Heb.* was before. Ps. 123. 2.

3 *Would God.* Nu. 11. 29. Ac. 26. 29. 1 Co. 4. 8. *with. Heb.* before. *he would.* ver. 8. Mat. 8. 2, 3; 11. 5. Lu. 17. 12-14. *recover him of. Heb.* gather in.

4 *and told his lord.* ch. 7. 9-11. Mar. 5. 19; 16. 9, 10. Jno. 1. 42-46; 4. 28, 29. 1 Co. 1. 26, 27.

5 *Go to, go.* Ge. 11. 3, 7. Ec. 2. 1. Is. 5. 5. Ja. 4. 13; 5. 1. *and took.* ch. 8. 8, 9. Nu. 22. 7, 17, 18; 24. 11-13. 1 Sa. 9. 8. 1 Ki. 13. 7; 45. 3. Ac. 8. 18-20. *with him. Heb.* in his hand. *ten talents of silver.* This, at 353*l.* 11*s.* 10½*d.* the talent, would amount to 3535*l.* 18*s.* 9*d.* *six thousand.* If *shekels* are meant, as the Arabic reads, then this, at 1*l.* 16*s.* 5*d.* each, will amount to 10,925*l.*; and the whole to 14,464*l.* 18*s.* 9*d.*: besides the value of the ten changes of raiment. *ten changes.* Ge. 45. 22. Ju. 14. 12. Ja. 5. 2, 3.

7 *that he rent.* ch. 11. 14; 18. 37; 19. 1. Nu. 14. 6. Je. 36. 24. Mat. 26. 65. Ac. 14. 14. *Am I God.* Ge. 30. 2. De. 32. 39. 1 Sa. 2. 6. Da. 2. 11. Ho. 6. 1. *see how.* 1 Ki. 20. 7. Lu. 11. 54.

8 *rent his clothes.* ver. 7. 2 Sa. 3. 31. *let him come.* ver. 3, 15; ch. 1. 6. 1 Ki. 17. 24; 18. 36, 37. *and he shall.* Ex. 11. 8. Ro. 11. 13. Eze. 2. 5. Ho. 12. 13.

9 ch. 3. 12; 6. 32. Is. 60. 14. Ac. 16. 29, 30, 37-39.

10 *sent a messenger.* Mat. 15. 23-26. *wash.* ch. 2. 21; 3. 16; 4. 41. Jno. 9. 7. 1 Co. 6. 11. *seven times.* Le. 14. 7, 16, 51; 16. 14, 19. Nu. 19. 4, 19. Jos. 6. 4, 13-16. *thy flesh.* ver. 14. Ex. 4. 6, 7.

11 *Naaman.* Pr. 13. 10. Mat. 8. 8; 15. 27. Lu. 14. 11. *went away.* Pr. 1. 32. Mat. 19. 22. Jno. 6. 66-69; 13. 20. He. 12. 25. *Behold.* Pr. 3. 7. Is. 55. 8, 9. Jno. 4. 48. 1 Co. 1. 21-25; 2. 14-16; 3. 18-20. *I thought,* etc. *Heb.* I said, etc. *or,* I said with myself, He will surely come out, etc. *strike. Heb.* move up and down.

12 *Abana and Pharpar. or,* Amana. This river is evidently the *Barrada,* or *Barda,* as the Arabic renders, the *Chrysorrhoas* of the Greeks, which taking its rise in Antilibanus, runs eastward towards Damascus, where it is divided into three streams, one of which passes through the city, and the other two through the gardens; which reuniting at the east of the city, forms a lake about five or six leagues to the south-east, called *Behairat el Marj,* or, Lake of the Meadow. Pharpar was probably one of the branches. *better.* ver. 17; ch. 2. 8, 14. Jos. 3. 15-17. Eze. 47. 1-8. Zec. 13. 1; 14. 8. Mar. 1. 9.

13 *his servants.* ver. 3. 1 Sa. 25. 14-17. 1 Ki. 20. 23, 31. Job 32. 8, 9. Je. 38. 7-10. *My father.* ch. 2. 12; 6. 21; 13. 14. Ge. 41. 43. Mal. 1. 6. Mat. 23. 9. 1 Co. 4. 15. *how much rather.* 1 Co. 1. 21, 27. *Wash.* See on ver. 10. Ps. 51. 2, 7. Is. 1. 16. Jno. 13. 8. Ac. 22. 16. Ep. 5. 26, 27. Tit. 3. 5. He. 10. 22. 1 Pe. 3. 21. Re. 7. 14.

14 *went he down.* Job 31. 13. Pr. 9. 9; 25. 11, 12. Eze. 47. 1-9. Zec. 13. 1; 14. 8. *according to.* 2 Ch. 20. 20. Jno. 2. 5. He. 11. 7, 8. *his flesh.* ver. 10. Job 33. 25. *and he was clean.* Lu. 4. 27; 5. 13. Tit. 2. 14.

15 *he returned.* Lu. 17. 15-18. *now I know.* ver. 8. Jos. 2. 9-11; 9. 9, 24. 1 Sa. 17. 46, 47. 1 Ki. 18. 36. Is. 43. 10, 11; 44. 6, 8; 45. 6. Je. 10. 10, 11; 16. 19-21. Da. 2. 47; 3. 29; 4. 34; 6. 26, 27. Ro. 10. 10. *a blessing.* Ge. 33. 11. 1 Sa. 25. 27. 2 Co. 9. 5.

16 *As the Lord.* See on ch. 3. 14. 1 Ki. 17. 1; 18. 15. *I will receive.* ver. 20, 26. Ge. 14. 22, 23. 1 Ki. 13. 8. Da. 5. 17. Mat. 10. 8. Ac. 8. 18-20; 20. 33-35. 1 Co. 6. 12; 10. 32, 33. 2 Co. 11. 9, 10; 12. 14.

17 *of earth.* ver. 12. Ro. 14. 1. *will henceforth.* Ac. 26. 18. 1 Th. 1. 9. 1 Pe. 4. 3.

18 *and he leaneth.* This verse should probably, as many learned men have supposed, be read in the *past,* and not in the *future* tense: 'In this thing the Lord pardon thy servant, that when my master *went* into the house of Rimmon to worship there, and he *leaned* on my hand, and I *worshipped* in the house of Rimmon; in that I have *worshipped* in the house of Rimmon, the Lord pardon thy servant in this thing.' *Rimmon* is supposed by SELDEN to be the same with *Elion,* a god of the Phœnicians, borrowed undoubtedly from the *Elyon* of the Hebrews, one of the names of God. ch. 7. 2, 17. *and I bow.* ch. 17. 35. Ex. 20. 5. 1 Ki. 19. 18. *the Lord pardon.* 2 Ch. 30. 18, 19. Je. 50. 20.

19 *he said.* Mat. 9. 16, 17. Jno. 16. 12. 1 Co. 3. 2. He. 5. 13, 14. *Go in peace.* Ex. 4. 18. 1 Sa. 1. 17; 25. 35. Mar. 5. 34. Lu. 7. 50; 8. 48. *little way. Heb.* a little piece of ground. Ge. 35. 16, marg.

20 *Gehazi.* ch. 4. 12, 31, 36. Mat. 10. 4. Jno. 6. 70; 12. 6; 13. 2. Ac. 8. 18, 19. *my master.* Pr. 26. 16. Lu. 16. 8. Jno. 12. 5, 6. Ac. 5. 2. *as the Lord liveth.* ch. 6. 31. Ex. 20. 7. 1 Sa. 14. 39. *and take.* Ex. 20. 17. Ps. 10. 3. Je. 22. 17. Hab. 2. 9. Lu. 12. 15. 1 Ti. 6. 9-11. 2 Ti. 4. 10. Tit. 1. 7. 1 Pe. 5. 2. 2 Pe. 2. 14, 15.

21 *he lighted.* Lu. 7. 6, 7. Ac. 8. 31; 10. 25, 26. *Is all well. Heb. Is there* peace? ch. 4. 26; 9. 17-22.

22 *My master.* 1 Ki. 13. 18. Is. 59. 3. Je. 9. 3, 5. Jno. 8. 44. Ac. 5. 3, 4. Re. 21. 8. *the sons.* See on ch. 2. 3. 1 Ki. 20. 35. *give them.* 2 Co. 12. 16-18. *a talent.* See on ver. 5. Ex. 38. 24-28. 1 Ki. 20. 39.

23 *Be content.* 1 Ki. 20. 7. Lu. 11. 54. *And he urged him.* ver. 16; ch. 2. 17. *bound.* ch. 12. 10, marg. *and they bare.* Is. 30. 6.

24 *tower. or,* secret place. *and bestowed.* Jos. 7. 1, 11, 12, 21. 1 Ki. 21. 16. Is. 29. 15. Hab. 2. 6 Zec. 5. 3, 4.

25 *stood before.* Pr. 30. 20. Eze. 33. 31. Mat. 26. 15, 16, 21-25. Jno. 13. 2, 26-30. *Whence.* ch. 20. 14. Ge. 3. 8, 9; 4. 9; 16. 8. *Thy servant.* ver. 22. Ac. 5. 3, 4. *no whither. Heb.* not hither or thither.

26 *he said.* Ps. 63. 11. Pr. 12. 19, 22. Ac. 5. 9. *Went.* ch. 6. 12. 1 Co. 5. 3. Col. 2. 5. *Is it a time.* ver. 16. Ge. 14. 23. Ec. 3. 1-8. Mat. 10. 8. Ac. 20. 33, 35. 1 Co. 9. 11, 12. 2 Co. 11. 8-12. 2 Th. 3. 8, 9.

27 *leprosy.* See on ver. 1. Jos. 7. 25. Is. 59. 2, 3. Ho. 10. 13. Mal. 2. 3, 4, 8, 9. Mat. 27. 3-5. Ac. 5. 5, 10; 8. 20. 1 Ti. 6. 10. 2 Pe. 2. 3. *unto thy seed.* 1 Sa. 2. 30-36. 2 Sa. 3. 29. *a leper.* ch. 15. 5. Ex. 4. 6. Nu. 12. 10.

## CHAP. VI.

*Elisha, giving leave to the young prophets to enlarge their dwellings, causes iron to swim,* 1-7. *He discloses the king of Syria's counsel,* 8-12. *The army which was sent to Dothan to apprehend Elisha, is smitten with blindness,* 13-18. *Being brought into Samaria, they are dismissed in peace,* 19-23. *The famine in Samaria causes women to eat their own children,* 24-29. *The king sends to slay Elisha,* 30-33.

1 *the sons.* See on ch. 2. 3; 4. 1. 1 Ki. 20. 35. *the place.* ch. 4. 38. 1 Sa. 19. 20. *too strait for us.* Jos. 17. 14; 19. 47. Job 36. 16. Is. 49. 19, 20; 54. 2, 3.

2 *and take thence.* Jno. 21. 3. Ac. 18. 3; 20. 34, 35. 1 Co. 9. 6. 1 Th. 2. 9. 2 Th. 3. 8. 1 Ti. 6. 6.

3 *Be content.* ch. 5. 23. Ju. 19. 6. Job 6. 28. *go with thy.* Ju. 4. 8.

4 *they cut down wood.* De. 19. 5; 29. 11.

5 *ax head. Heb.* iron. Ec. 10. 10. Is. 10. 34. *Alas, master.* ver. 15; ch. 3. 10. Re. 18. 10, 16, 19. *for it was borrowed.* ch. 4. 7. Ex. 22. 14, 15. Ps. 37. 21.

6 *he cut down.* This could have no natural tendency to raise the iron and to cause it to swim: it was only a sign, or ceremony, which the prophet chose to employ on the occasion. ch. 2. 21; 4. 41. Ex. 15. 25. Mar. 7. 33, 34; 8. 23-25. Jno. 9. 6, 7. *the iron.* This was a real miracle; for the gravity of the metal must otherwise still have kept it at the bottom of the river.

7 *Take it up.* ch. 4. 7, 36. Lu. 7. 15. Ac. 9. 41. *put out.* Ex. 4. 4.

8 *the king.* ver. 24. 1 Ki. 20. 1, 34; 22. 31. *took.* 1 Ki. 20. 23. Job 5. 12, 13. Pr. 20. 18; 21. 30. Is. 7. 5-7; 8. 10. *camp. or,* encamping.

9 *Beware.* ch. 3. 17-19. 1 Ki. 20. 13, 28. *thither the Syrians.* ch. 4. 27. Am. 3. 7. Re. 1. 1.

10 *sent to the place.* To see if it were so. But the Vulgate renders, *misit rex Israel ad locum, et præoccupavit eum;* 'the king of Israel sent to the place, and pre-occupied it;' which is very likely, though not expressed in the Hebrew text. ch. 5. 14. Ex. 9. 20, 21. 1 Ki. 20. 15. Pr. 27. 12. Mat. 24. 15-17. *warned him.* Eze. 3. 18-21. Mat. 2. 12; 3. 7. He. 11. 7. *saved.* ch. 2. 12; 13. 14. 2 Ch. 20. 20. Am. 7. 1-6. Ac. 27. 24.

11 *Therefore.* 1 Sa. 28. 21. Job 18. 7-11. Ps. 48. 4, 5. Is. 57. 20, 21. Mat. 2. 3, etc. *Will ye not.* 1 Sa. 22. 8.

12 *None. Heb.* No. *Elisha.* ch. 5. 3, 8, 13-15. Am. 3. 7. *telleth.* See on ver. 9, 10. Is. 29. 15. Je. 23. 23, 24. Da. 2. 22, 23, 28-30, 47; 4. 9-18. *thy bed chamber.* Ps. 139. 1-4. Ec. 10. 20.

13 *spy where.* 1 Sa. 23. 22, 23. Ps. 10. 8-10; 37. 12-14. 32, 33. Je. 36. 26. Mat. 2. 4-8. Jno. 11. 47-53. Ac.

23. 12-27. *Dothan.* This is supposed to be the same place where Joseph was sold by his brethren; and it is placed by EUSEBIUS 12 miles north of Samaria. Ge. 37. 17.

14 *sent he thither horses.* It is strange the Syrian monarch did not think, that he who could penetrate his secrets with respect to the Israelitish army, could inform himself of all the machinations against his own life. ch. 1. 9-13. 1 Sa. 23. 26; 24. 2. Mat. 26. 47, 55. Jno. 18. 3-6. *great. Heb.* heavy. ch. 18. 17, marg.

15 *servant. or,* minister. See on ch. 3. 11; 5. 20, 27. Ex. 24. 13. 1 Ki. 19. 21. Mat. 20. 26-28. Ac. 13. 5. *Alas.* ver. 5. 2 Ch. 20. 12. Ps. 53. 5. Mat. 8. 26.

16 *Fear not.* Ex. 14. 13. Ps. 3. 6; 11. 1; 27. 3; 118. 11, 12. Is. 8. 12, 13; 41. 10-14. Mar. 16. 6. Ac. 18. 9, 10. Phi. 1. 28. *they that be.* 2 Ch. 16. 9; 32. 7, 8. Ps. 46. 7, 11; 55. 18. Is. 8. 10. Mat. 26. 53. Ro. 8. 31. 1 Jno. 4. 4.

17 *prayed.* Ps. 91. 15. Ja. 5. 16-18. *open his eyes.* ver. 18-20. Ps. 119. 18. Is. 42. 7. Ac. 26. 18. Ep. 1. 18. Re. 3. 7. *full of horses.* ch. 2. 11. Ps. 34. 7; 68. 17; 91. 11; 104. 3. Eze. 1. 13-16. Zec. 1. 8; 6. 1-7. Mat. 26. 53. He. 1. 14. Re. 19. 11, 14.

18 *Smite this people.* Confound their sight, so that they may not know what they see; and so mistake one place for another. The word *sanverim*, rendered *blindness*, occurs only here and in Ge. 19. 11, on which see the Note. De. 28. 28. Job 5. 14. Zec. 12. 4. Jno. 9. 39; 12. 40. Ac. 13. 11. Ro. 11. 7.

19 *follow me. Heb.* come ye after me. Mat. 16. 24. Mar. 8. 34. Lu. 9. 23. *I will bring.* 2 Sa. 16. 18, 19. Lu. 24. 16.

20 *open the eyes.* See on ver. 17. Lu. 24. 31. *opened.* Ju. 20. 40-42. Lu. 16. 23.

21 *My father.* This was dastardly: the utmost he ought to have done with these men, when thus brought into his hand, was to make them prisoners of war. ch. 2. 12; 5. 13; 8. 9; 13. 14. *shall.* 1 Sa. 24. 4, 19; 26. 8. Lu. 9. 54-56; 22. 49.

22 *wouldest.* De. 20. 11-16. 2 Ch. 28. 8-13. *thy sword.* Ge. 48. 22. Jos. 24. 12. Ps. 44. 6. Ho. 1. 7; 2. 18. *set bread.* Pr. 25. 21, 22. Mat. 5. 44. Ro. 12. 20, 21.

23 *he prepared.* 1 Sa. 24. 17, 18. 2 Ch. 28. 15. Pr. 25. 21, 22. Mat. 5. 47. Lu. 6. 35; 10. 29-37. *So the bands.* That is, for a considerable time. What is mentioned in the next verse was more than a year afterwards. See on ver. 8, 9; ch. 5. 2; 24. 2.

24 *gathered.* ch. 17. 5; 18. 9; 25. 1. De. 28. 52. 1 Ki. 20. 1; 22. 31. Ec. 9. 14.

25 *a great famine.* ver. 28, 29; ch. 7. 4; 25. 3. Le. 26. 26, 52. 1 Ki. 18. 2. Je. 14. 13-15, 18; 32. 24; 52. 6. *an ass's head.* If the *pieces* of silver were *drachms*, the whole would amount to about 2*l.* 9*s.*; which was a great price for so *mean* a part of this *unclean* animal. Eze. 4. 13-16. *dove's dung.* This probably denotes, as BOCHART, SCHEUCHZER, and others suppose, a kind of *pulse*, or *vetches*, which the Arabs still call *pigeon's dung.* 'They never,' says Dr. SHAW, 'constitute a dish by themselves, but are strewed singly as a garnish over *cuscasowe*, *pillowe*, and other dishes. They are besides in the greatest repute after they are parched in pans and ovens; then assuming the name *leblebby*;' and he thinks they were so called from being pointed at one end, and acquiring an ash colour in parching.

26 *Help, my lord.* 2 Sa. 14. 4. Is. 10. 3. Lu. 18. 3. Ac. 21. 28.

27 *If the Lord,* etc. *or,* Let not the Lord save thee. *whence.* Ps. 60. 11; 62. 8; 118. 8, 9; 124. 1-3; 127. 1; 146. 3. Is. 2. 22. Je. 17. 5.

28 *What aileth thee.* Ge. 21. 17. Ju. 18. 23. 1 Sa. 1. 8. 2 Sa. 14. 5. Ps. 114. 5. Is. 22. 1. *Give thy son.* Le. 26. 29. De. 28. 53-57. Is. 9. 20, 21; 49. 15. La. 4. 10. Eze. 5. 10. Mat. 24. 18-21. Lu. 23. 29.

29 *next. Heb.* other. *she hath hid.* 1 Ki. 3. 26. Is. 49. 15; 66. 13.

30 *he rent his clothes.* ch. 5. 7; 19. 1. 1 Ki. 21. 27. Is. 58. 5-7.

31 *God do so.* Ru. 1. 17. 1 Sa. 3. 17; 14. 44; 25. 22. 2 Sa. 3. 9, 35; 19. 13. 1 Ki. 2. 23. *if the head.* 1 Ki. 18. 17; 19. 2; 22. 8. Je. 37. 15, 16; 38. 4. Jno. 11. 50. Ac. 23. 12, 13.

32 *the elders.* Eze. 8. 1; 14. 1; 20. 1; 33. 31. *ere the messenger.* ver. 12; ch. 5. 26. *See ye how.* Lu. 13. 32. *son of a murderer.* 1 Ki. 18. 4, 13, 14; 21. 10. *the sound.* 1 Ki. 14. 6.

33 *this evil is of the Lord.* Ge. 4. 13. Ex. 16. 6-8. 1 Sa. 28. 6-8; 31. 4. Job 1. 11, 21; 2. 5, 9. Pr. 19. 3. Is. 8. 21. Je. 2. 25. Eze. 33. 10. Mat. 27. 4, 5. 2 Co. 2. 7, 11. Re. 16. 9-11. *wait for the.* Ps. 27. 14; 37. 7, 9; 62. 5. Is. 8. 17; 26. 3; 50. 10. La. 3. 25, 26. Hab. 2. 3. Lu. 18. 1.

## CHAP. VII.

*Elisha prophesies incredible plenty in Samaria,* 1, 2. *Four lepers, venturing on the host of the Syrians, bring tidings of their flight,* 3-11. *The king, finding by spies the news to be true, spoils the tents of the Syrians,* 12-16. *The lord who would not believe the prophecy of plenty, having the charge of the gate, is trodden to death in the press,* 17-20.

1 *Elisha said.* See on ch. 6. 33; 20. 16. 1 Ki. 22. 19. Is. 1. 10. Eze. 37. 4. *To-morrow.* ver. 18, 19. Ex. 8. 23; 9. 5, 6; 14. 13; 16. 12. Jos. 3. 5. 1 Sa. 11. 9. Ps. 46. 5. *a measure of fine flour.* A *seah* of flour: the *seah* was about two gallons and a half; the *shekel* 2*s.* 4*d.* at the lowest computation: a wide difference between this and the price of the ass's head. ch. 6. 25. Re. 6. 6. *of barley.* ch. 4. 42. Jno. 6. 9. *in the gate of Samaria.* From this it appears that the *gates* were not only used as courts of judicature, but as market-places. So Mr. MORIER observes: 'In our rides we usually went out of the town at the *Derwazeh Shah Abdul Azeem*, or the *gate* leading to the village of Shah Abdul Azeem, where a *market* was held every morning, particularly of horses, mules, asses, and camels. At about sun-rise, the owners of the animals assemble and exhibit them for sale. But besides, here were sellers of all sorts of goods, in temporary shops and tents: and this, perhaps, will explain the custom alluded to in 2 Ki. 7. 18.'

2 *a lord,* etc. *or,* a lord which *belonged* to the king, leaning on his hand. ch. 5. 18. *if the Lord.* Ge. 18. 12-14. Nu. 11. 21-23. Ps. 78. 19-21, 41. *windows.* Ge. 7. 11. Mal. 3. 10. *thou shalt see it.* ver. 17-20. De. 3. 27. 2 Ch. 20. 20. Is. 7. 9. Ro. 3. 3. 2 Ti. 2. 13. He. 3. 17-19.

3 *four leprous.* See on ch. 5. 1; 8. 4. Le. 13. 46. Nu. 5. 2-4; 12. 14. *Why.* ver. 4. Je. 8. 14; 27. 13.

4 *we will enter.* Je. 14. 18. *let us fall.* 1 Ch. 12. 19. Je. 37. 13, 14. *if they save us.* Es. 4. 16. Je. 8. 14. Jon. 3. 9. Lu. 15. 17-19. *we shall but die.* 2 Sa. 14. 14. He. 9. 27.

5 *in the twilight.* 1 Sa. 30. 17. Eze. 12. 6, 7, 12. *behold.* Le. 27. 8, 36. De. 28. 7; 32. 25, 30.

6 *the Lord.* ch. 3. 22, 23, etc.; 19. 7. 2 Sa. 5. 24. Job 15. 21. Ps. 14. 5. Je. 20. 3, 4. Eze. 10. 5. Re. 6. 15, 16; 9. 9. *the kings of the Hittites.* 1 Ki. 10. 29. *the kings of the Egyptians.* 2 Ch. 12. 2, 3. Is. 31. 1; 36. 9.

7 *they arose.* Job 18. 11. Ps. 48. 4-6; 68. 12. Pr. 21. 1; 28. 1. Je. 48. 8, 9. *their horses.* Ps. 20. 7, 8; 33. 17. Am. 2. 14-16. *and fled for their life.* Nu. 35. 11, 12. Pr. 6. 5. Is. 2. 20. Mat. 24. 16-18. He. 6. 18.

8 *hid it.* ch. 5. 24. Jos. 7. 21. Je. 41. 8. Mat. 13. 44; 25. 18.

9 *they said one.* ver. 3. Hag. 1. 4, 5. *this day.* ver. 6. Is. 41. 27; 52. 7. Na. 1. 15. Lu. 2. 10. Phi. 2. 4. *some mischief will come upon us. Heb.* we shall find punishment. ch. 5. 26, 27. Nu. 32. 23. Pr. 24. 16.

10 *the porter.* ver. 11. 2 Sa. 18. 26. Ps. 127. 1. Mar. 13. 34, 35. *no man there.* See on ver. 6, 7.

12 *unto his servants.* ch. 6. 8. Ge. 20. 8; 41. 38. 1 Ki. 20. 7, 23. *I will now.* ver. 1; ch. 5. 7. *They*

*know that we be hungry.* This was a very natural conclusion; and, in the history of the revolt of Ali Bey, we have an account of a stratagem very similar to that supposed to have been practised by the Syrians. The pasha of Damascus having approached the Sea of Tiberias, found sheik Daher encamped there; but the sheik, deferring the engagement till the next morning, during the night divided his army into three parts, and left the camp with great fires blazing, all sorts of provisions, and a large quantity of spirituous liqours. In the middle of the night the pasha, thinking to surprise the sheik, marched in silence to the camp, which, to his astonishment, he found entirely abandoned; and imagining the sheik had fled with so much precipitation that he could not carry off his baggage and stores, he stopped in the camp to refresh his soldiers. They soon fell to plunder, and drank so freely of the spirits, that, overcome with its fumes, they sunk into a deep lethargy. At that time, two sheiks came silently to the camp, and being rejoined by Daher, rushed upon the sleeping foe, 8000 of whom were slain; the pasha and a few soldiers barely escaping with their lives. ch. 6. 25-29. *hide themselves.* Jos. 8. 4-12. Ju. 20. 29-37.

13 *one.* See on ch. 5. 13. *in the city. Heb.* in it. *they are even.* ver. 4; ch. 6. 33. Je. 14. 18. La. 4. 9.

15 *vessels.* Es. 1. 7. Is. 22. 24. *had cast away.* Job 2. 4. Is. 2. 20; 10. 3; 31. 7. Eze. 18. 31. Mat. 16. 26; 24. 16-18. Phi. 3. 7, 8. He. 12. 1.

16 *spoiled the tents.* 1 Sa. 17. 53. 2 Ch. 14. 12-15; 20. 25. Job 27. 16, 17. Ps. 68. 12. Is. 33. 1, 4, 23. *according to.* ver. 1. Nu. 23. 19. Is. 44. 26. Mat. 24. 35.

17 *the lord.* See on ver. 2. *the people trode upon him.* ch. 9. 33. Ju. 20. 43. Is. 25. 10. Mi. 7. 10. He. 10. 29.

18 *as the man.* See on ver. 1, 2; ch. 6. 32. Ge. 18. 14.

20 Nu. 20. 12. 2 Ch. 20. 20. Job 20. 23. Is. 7. 9. Je. 17. 5, 6. He. 3. 18, 19.

## CHAP. VIII.

*The Shunammite, having left her country seven years, to avoid the forewarned famine, for Elisha's miracle's sake has her land restored by the king, 1-6. Hazael, being sent with a present by Bed-hadad to Elisha at Damascus, after he had heard the prophecy, kills his master, and succeeds him, 7-15. Jehoram's wicked reign in Judah, 16-19. Edom and Libnah revolt, 20-22. Ahaziah succeeds Jehoram, 23, 24. Ahaziah's wicked reign, 25-27. He visits Joram, being wounded, at Jezreel, 28, 29.*

1 A.M. 3113. B.C. 891. *whose son.* See on ch. 4. 18, 31-35. *sojourn.* Ge. 12. 10; 26. 1; 47. 4. Ru. 1. 1. *the Lord.* Ge. 41. 25, 28, 32. Le. 26. 19, 20, 26. De. 28. 22-24, 38-40. 1 Ki. 17. 1; 18. 2. Ps. 105. 16; 107. 34. Hag. 1. 11. Lu. 21. 11, 22. Ac. 11. 28. *called for a famine.* Je. 25. 29. *seven years.* Ge. 41. 27. 2 Sa. 21. 1; 24. 13. Lu. 4. 25.

2 *with.* 1 Ti. 5. 8. *land.* Ju. 3. 3. 1 Sa. 27. 1-3.

3 A.M. 3119. B.C. 885. ver. 6; ch. 4. 13; 6. 26. 2 Sa. 14. 4. Ps. 82. 3, 4. Je. 22. 16. Lu. 18. 3-5.

4 *the king.* As it appears not likely that the king would hold conversation with a leprous man; or, that, knowing Gehazi had been dismissed with the highest disgrace from the prophet's service, he would talk with him concerning his late master; some have supposed that this happened *before* the cleansing of Naaman. But it agrees better with the chronology to consider it as having taken place *after* that event; the king, probably, having an insatiable curiosity to know the private history of a man who had done such astonishing things. As to the circumstance of Gehazi's disease, he might overlook that, and converse with him, keeping at a reasonable distance, as nothing but actual contact could defile. *Gehazi.* ch. 5. 20-27; 7. 3, 10. *Tell.* Mat. 2. 8. Lu. 9. 9; 23. 8. Jno. 9. 27. Ac. 24. 24. *all the great.* ch. 2. 14, 20-22, 24; 3. 14-16; 4. 3-6, 16, 17; 5. 14, 27; 6. 6, 9-12, 17-20, 32; 7. 1, 16-20.

5 *he had restored.* ch. 4. 35. *behold, the woman.* Ru. 2. 3. Es. 5. 14; 6. 11, 12. Pr. 16. 9. Ec. 9. 11. Mat. 10. 29, 30. Ac. 8. 27, etc. Ro. 8. 31. *My lord.* ch. 6. 12, 26. 1 Sa. 26. 17. Ps. 145. 1.

6 *officer. or,* eunuch. ch. 9. 32. Ge. 37. 36. 1 Ch. 28. 1, margins. *Restore all.* De. 22. 2. Ju. 11. 13. 2 Sa. 9. 7. Pr. 16. 7; 21. 1.

7 *Damascus.* Ge. 14. 15. 1 Ki. 11. 24. Is. 7. 8. *Ben-hadad.* ch. 6. 24. 1 Ki. 15. 18; 20. 1, 34. *The man of God.* ch. 1. 9, 10; 2. 15; 6. 12. See on De. 33. 1. 1 Ki. 13. 1. *is come.* Ju. 16. 2. Ac. 17. 6.

8 *Hazael.* 1 Ki. 19. 15. *Take.* See on ch. 5. 5. 1 Sa. 9. 7. 1 Ki. 14. 3. *enquire.* ch. 1. 2, 6; 3. 11-13. 1 Ki. 14. 1-4. Lu. 13. 23. Ac. 16. 30.

9 *Hazael.* See on 1 Ki. 19. 15. *with him. Heb.* in his hand. ch. 5. 5. *Thy son Ben-hadad.* ch. 6. 21; 13. 14; 16. 7. 1 Sa. 25. 8. Phile. 14.

10 *Thou mayest.* 1 Ki. 22. 15. *the Lord.* ver. 13. Ge. 41. 39. Je. 38. 21. Eze. 11. 25. Am. 3. 7; 7. 1, 4, 7; 8. 1. Zec. 1. 20. Re. 22. 1. *he shall surely die.* ver. 15; ch. 1. 4, 16. Ge. 2. 17. Eze. 18. 13.

11 *stedfastly. Heb.* and set *it.* *wept.* Ge. 45. 2. Ps. 119. 136. Je. 4. 19; 9. 1, 18; 13. 17; 14. 17. Lu. 19. 41. Jno. 11. 35. Ac. 20. 19, 31. Ro. 9. 2. Phi. 3. 18.

12 *my lord.* See on ch. 4. 28. 1 Ki. 18. 13. *the evil.* ch. 10. 32, 33; 12. 17; 13. 3, 7. Am. 1. 3, 4. *dash.* ch. 15. 16. Ps. 137. 8, 9. Is. 13. 16, 18. Ho. 10. 14; 13. 16. Am. 1. 3-5, 13. Na. 3. 10.

13 *a dog.* 1 Sa. 17. 43. 2 Sa. 9. 8. Ps. 22. 16, 20. Is. 56. 10, 11. Mat. 7. 6. Phi. 3. 2. Re. 22. 15. *he should do.* Je. 17. 9. Mat. 26. 33-35. *The Lord.* See on ver. 10. 1 Ki. 19. 15. Mi. 2. 1.

14 *He told me.* ver. 10; ch. 5. 25. Mat. 26. 16.

15 *And it came.* ver. 13. 1 Sa. 16. 12, 13; 24. 4-7, 13; 26. 9-11. 1 Ki. 11. 26-37. *on the morrow.* Ps. 36. 4. Mi. 2. 1. *that he took a thick cloth.* There is a considerable degree of ambiguity in this passage. The pronoun *he* is generally referred to *Hazael;* but Dr. GEDDES and others are decidedly of opinion, that we should understand by it *Ben-hadad;* who, encouraged by the favourable answer of Elisha, as reported by Hazael, adopted a violent remedy to allay the heat of his fever, and put over his face the *keveer*, or *fly-net*, (See Note on 1 Sa. 19. 13,) dipped in water, which suddenly checked the perspiration, and occasioned his death. *so that he died.* ch. 9. 24; 15. 10-14, 25, 30. 1 Ki. 15. 28; 16. 10, 18. Is. 33. 1. *Hazael.* ver. 13. 1 Ki. 19. 15.

16 A.M. 3112. B.C. 892. *Jehoram.* ch. 1. 17. 1 Ki. 22. 50. 2 Ch. 21. 1-20. *began to reign. Heb.* reigned. '*Began to reign in concert with his father.*'

17 A.M. 3112-3119. B.C. 892-885.

18 *in the way.* ch. 3. 2, 3. 1 Ki. 22. 52, 53. *the house.* ch. 9. 7, 8; 21. 3, 13. 2 Ch. 21. 13. Mi. 6. 16. *the daughter.* ver. 26. 1 Ki. 21. 25. 2 Ch. 18. 1; 19. 2; 21. 6; 22. 1-4. *his wife.* Ge. 6. 1-5. De. 7. 3, 4. See on 1 Ki. 11. 1-5. Ne. 13. 25, 26.

19 *for David.* ch. 19. 34. 2 Sa. 7. 12, 13, 15. 1 Ki. 11. 36; 15. 4, 5. 2 Ch. 21. 7. Is. 7. 14; 37. 35. Je. 33. 25, 26. Ho. 11. 9. Lu. 1. 32, 33. *light. Heb.* candle, *or* lamp. See on 1 Ki. 11. 36.

20 *Edom.* ver. 22; ch. 3. 9, 27. Ge. 27. 40. 2 Ch. 21. 8-10. *made a king.* 2 Sa. 8. 14. 1 Ki. 22. 47.

21 *Zair.* *Zaïr* is supposed by CALMET and others to be the same as *Seïr*, the country of *Seir* the Horite, inhabited by the Edomites or Idumeans. Probably the former was a dialectical pronunciation of the latter.

22 *Yet.* '*And so fulfilled.* Ge. 27. 40.' See ver 20. *Libnah.* ch. 19. 8. Jos. 21. 13. 2 Ch. 21. 10.

23 ch. 15. 6, 36. See on 1 Ki. 11. 41; 14. 29; 15. 23. 2 Ch. 21. 11-20.

24 *slept.* See on 1 Ki. 2. 10; 11. 43; 14. 20, 31. *Ahaziah.* 1 Ch. 3. 11. 2 Ch. 21. 1, 17; 25. 23, Jeho ahaz; 22. 1, 6, Azariah.

25 A.M. 3119-3120. B.C. 885-884. See on ver. 16, 17; ch. 9. 29. 2 Ch. 21. 20.

26 *Two and twenty.* In the parallel passage of Chronicles, it is said, '*forty and two* years old was Ahaziah when he began to reign;' but this is evidently a mistake, as it makes the *son two years older* than his *own father!* For his father began to reign when he was *thirty-two* years old, and reigned *eight* years, and so died, being *forty* years old. See ver. 17, and the Note on 2 Ch. 22. 2. *one year.* ch. 9. 21-27. 2 Ch. 22. 5-8. *Athaliah.* ch. 11. 1, 13-16. *daughter. or,* grand-daughter. ver. 18.

27 *he walked.* See on ver. 18. *the son in law.* ver. 18. 2 Ch. 22. 3, 4. Ec. 7. 26. 2 Co. 6. 14-17.

28 A.M. 3120. B.C. 884. *he went.* ch. 3. 7; 9. 15. 1 Ki. 22. 4. 2 Ch. 18. 2, 3, 31; 19. 2; 22. 5. *Hazael.* ver. 12, 13. 1 Ki. 19. 17. *Ramoth-gilead.* Jos. 21. 38. 1 Ki. 4. 13; 22. 3.

29 *Joram.* ch. 9. 15. *which the Syrians had given. Heb.* wherewith the Syrians had wounded. *Ramah.* '*Called* Ramoth, ver. 28.' *Ahaziah.* ch. 9. 16. 2 Ch. 22. 6, 7. *sick. Heb.* wounded. 1 Ki. 22. 34.

## CHAP. IX.

*Elisha sends a young prophet with instructions to anoint Jehu at Ramoth-gilead,* 1-3. *The prophet having done his message, flees,* 4-10. *Jehu, being made king by the soldiers, kills Joram in the field of Naboth,* 11-26. *Ahaziah is slain at Gur, and buried at Jerusalem,* 27-29. *Proud Jezebel is thrown down out of a window, and eaten by dogs,* 30-37.

1 *one.* The Jews say that this was *Jonah* the prophet, the son of Amittai. *the children.* ch. 4. 1; 6. 1-3. See on 1 Ki. 20. 35. *Gird up thy loins.* As the upper garments of the Orientals were long and flowing, it was indispensably necessary to tuck up the skirts with a girdle about their loins, in order to use any expedition in their work or on a journey. ch. 4. 29. 1 Ki. 18. 46. Je. 1. 17. Lu. 12. 35-37. 1 Pe. 1. 13. *box of oil.* 1 Sa. 10. 1; 16. 1. 1 Ki. 1. 39. *Ramoth-gilead.* ch. 8. 28, 29. De. 4. 1, 3. 1 Ki. 22. 4, 20.

2 *Jehu.* Jehoram having retired from the army, Jehu seems to have been left first in command, having been long employed by Ahab's family. ver. 14. 1 Ki. 19. 16, 17. *among his brethren.* ver. 5, 11. *inner chamber. Heb.* chamber in a chamber. 1 Ki. 20. 30; 22. 25, margins.

3 *pour it.* Ex. 29. 7. Le. 8. 12. 1 Sa. 16. 13. 1 Ki. 19. 16. *I have anointed.* ch. 8. 13. 1 Sa. 9. 16; 15. 1, 17; 16. 12. Ps. 75. 6, 7. Pr. 8. 15, 16. Je. 27. 5-7. Da. 2. 21; 4. 35; 5. 18. Jno. 19. 10, 11. *and flee.* 1 Sa. 16. 2. Mat. 2. 13; 10. 16.

4 *the young man. Hannäâr hannavee,* not as some would render, 'the servant of the prophet,' but, as correctly rendered by our venerable translators, 'the young man, the prophet;' for הנער, *hannäâr,* 'the young man,' is not in *regimine,* but in *appositione,* with הנביא, *hannavee,* 'the prophet.'

5 *I have an errand.* Ju. 3. 19.

6 *he arose.* Ac. 23. 18, 19. *I have anointed.* See on ver. 3. 1 Ki. 1. 34; 19. 16. 2 Ch. 22. 7. Ps. 2. 6, marg.; 75. 6. Is. 45. 1. Da. 2. 21; 4. 17, 32; 5. 20, 21. *over the people.* 1 Ki. 3. 8; 10. 9; 14. 7; 16. 2.

7 *I may avenge.* De. 32. 35, 43. Ps. 94. 1-7. Mat. 23. 35. Lu. 18. 7, 8. Ro. 12. 19; 13. 4. He. 10. 30. Re 6. 9, 10; 18. 20; 19. 2. *at the hand.* ver. 32-37. 1 Ki. 18. 4; 21. 15, 21, 25.

8 *I will cut off.* See on 1 Ki. 14. 10, 11; 21. 21, 22. *him that pisseth.* 1 Sa. 25. 22. *him that is shut up.* ch. 14. 26. De. 32. 36.

9 *like the house.* 1 Ki. 14. 10, 11; 15. 29; 21. 22. *and like the house.* 1 Ki. 16. 3-5, 11, 12.

10 *the dogs.* ver. 35, 36. 1 Ki. 21. 23. Je. 22. 19. *he opened.* ver. 3. Ju. 3. 26.

11 *Is all well.* ver. 17, 19, 22; ch. 4. 26; 5. 21. *this mad fellow.* It is probable there was something peculiar in the young prophet's manner and address, similar to the vehement actions sometimes used by the prophets when under the Divine influence, which caused the bystanders to use this contemptuous language. Is. 59. 15, marg. Je. 29. 26. Ho. 9. 7. Mar. 3. 21. Jno. 10. 20. Ac. 17. 18; 26. 24. 1 Co. 4. 10. 2 Co. 5. 13.

12 *Thus and thus.* See on ver. 6-10.

13 *and took every.* The spreading of garments in the street, before persons to whom it was intended to shew particular honour, was an ancient and very general custom; the garments in these cases being used for carpets. In the *Agamemnon* of ÆSCHYLUS, the hypocritical Clytemnestra commands the maids to spread carpets before her returning husband, that on his descending from his chariot he may place his foot on 'a purple-covered path.' We also find this custom among the Romans. PLUTARCH relates, that when Cato of Utica left the Macedonian army, where he had become legionary tribune, the soldiers spread their clothes in the way. Mat. 21. 7, 8. Mar. 11. 7, 8. *on the top.* The ancient fortified cities were generally strengthened with a citadel, (Ju. 9. 46, 51,) commonly built on an eminence, to which they ascended by a *flight of stairs,* (Ne. 3. 15.) It is extremely probable, therefore, that Ramoth-gilead, being a frontier town of Israel and Syria, had a tower of this nature; and that Jehu was proclaimed king on the *top of the stairs* by which they ascended the hill on which the tower stood, *i.e.* in the area before the door of the tower, and consequently the most public place in the city. *blew with trumpets.* 2 Sa. 15. 10. 1 Ki. 1. 34, 39. Ps. 47. 5-7; 98. 6. *is king. Heb.* reigneth.

14 *conspired.* ver. 31; ch. 8. 12-15; 10. 9; 15. 30. 1 Ki. 15. 27; 16. 7, 9, 16. *kept Ramoth-gilead.* ch. 8. 28. 1 Ki. 22. 3.

15 *Joram. Heb.* Jehoram. *returned.* ch. 8. 29. 2 Ch. 22. 6. *had given. Heb.* smote. *none go forth. Heb.* no escaper go forth. 1 Sa. 27. 9-11.

16 *And Ahaziah.* ch. 8. 28, 29. 2 Ch. 22. 6, 7.

17 *a watchman.* 2 Sa. 13. 34; 18. 24. Is. 21. 6-9, 11, 12; 56. 10; 62. 6. Eze. 33. 2-9. Ac. 20. 26-31. *Take an horseman.* ch. 7. 14. *Is it peace.* ver. 19. 1 Sa. 16. 4; 17. 22. 1 Ki. 2. 15. Lu. 10. 5, 6.

18 *What hast thou to do.* ver. 19, 22. Is. 48. 22; 59. 8. Je. 16. 5. Ro. 3. 17.

20 *driving. or,* marching. Hab. 1. 6; 3. 12. *for he driveth.* ch. 10. 16. Ec. 9. 10. Is. 54. 16. Da. 11. 44. *furiously. Heb.* in madness.

21 *Make ready. Heb.* bind. 1 Ki. 20. 14, marg. Mi. 1. 13. *Joram.* 2 Ch. 22. 7. *met. Heb.* found. Nu. 20. 14, marg. *the portion of Naboth.* ver. 25. 1 Ki. 21. 1-7, 15, 18, 19.

22 *Is it peace.* See on ver. 17. *What peace.* ver. 18. Is. 57. 19-21. *the whoredoms.* 1 Ki. 16. 30-33; 18. 4; 19. 1, 2; 21. 8-10, 25. Na. 3. 4. Re. 2. 20-23; 17. 4, 5; 18. 3, 23.

23 *There is treachery.* ch. 11. 14. 2 Ch. 23. 13.

24 *drew a bow with his full strength. Heb.* filled his hand with a bow. *smote.* 1 Ki. 22. 34. Job 20. 23-25. Ps. 50. 22. Pr. 21. 30. Ec. 8. 12, 13. 1 Th. 5. 3. *sunk. Heb.* bowed.

25 *the Lord.* 1 Ki. 21. 19, 24-29. Is. 13. 1. Je. 23. 33-38. Na. 1. 1. Mal. 1. 1. Mat. 11. 30.

26 *blood of Naboth. Heb.* bloods of Naboth. *of his sons.* De. 24. 16. 2 Ch. 24. 25; 25. 4. *I will requite.* Ex. 20. 5. De. 5. 9. Eze. 18. 19. *plat. or,* portion.

27 *Ahaziah.* ch. 8. 29. Nu. 16. 26. 2 Ch. 22. 7-9. Pr. 13. 20. 2 Co. 6. 17. *garden house.* 1 Ki. 21. 2. *Ibleam.* Jos. 17. 11. Ju. 1. 27. *Megiddo.* '*In the kingdom of Samaria.*' ch. 23. 29, 30. Ju. 1. 27; 5. 19. 1 Ki. 4. 12. 2 Ch. 22. 9.

28 ch. 12. 21; 14. 19, 20; 23. 30. 2 Ch. 25. 28; 35. 24.

29 *in the eleventh.* ch. 8. 16, 24. 2 Ch. 21. 18, 19; 22. 1, 2. *began Ahaziah.* '*Then he began to reign as viceroy to his father in his sickness.* 2 Ch. 21. 18, 19. *But in Joram's twelfth year, he began to reign alone.* ch. 8. 25.'

30 *Jezebel.* 1 Ki. 19. 1, 2. *painted her face. Heb.* put her eyes in painting. Je. 4. 30. Eze. 23. 40. *tired.* Is. 3. 18-24. Eze. 24. 17. 1 Ti. 2. 9, 10. 1 Pe. 3. 3.

31 *Zimri.* 1 Ki. 16. 9-20. *peace.* See on ver. 18-22.

32 *Who is on my side?* Ex. 32. 26. 1 Ch. 12. 18. 2 Ch. 11. 12. Ps. 118. 6; 124. 1, 2. *eunuchs. or,* chamberlains. Es. 1. 10; 2. 15, 21. Ac. 12. 20.

33 *Throw her down.* See on 1 Ki. 21. 11. *and on the horses.* This terrible mode of punishment appears to have been but rarely used, though we occasionally meet with it during this and subsequent periods. The same punishment, it is well known, obtained among the Romans, who used to throw certain malefactors from the Tarpeian rock. This practice obtains among the Moors at Constantia, a town of Barbary; and is also of frequent occurrence in Persia. *and he trode.* ver. 26; ch. 7. 20. Is. 25. 10. La. 1. 15. Mi. 7. 10. Mal. 4. 3. Mat. 5. 13. He. 10. 29.

34 *he did eat.* 1 Ki. 18. 41. Es. 3. 15. Am. 6. 4. *this cursed woman.* 1 Ki. 21. 25. Pr. 10. 7. Is. 65. 15. Mat. 25. 41. *she is a king's.* 1 Ki. 16. 31.

35 *but they found.* Job 31. 3. Ec. 6. 3. Is. 14. 18-20. Je. 22. 19; 36. 30. Ac. 12. 23.

36 *This is.* See on 1 Ki. 21. 23. *by his. Heb.* by the hand of his. ch. 14. 25. Le. 8. 36. 2 Sa. 12. 25.

37 *the carcase.* Ps. 83. 10. Ec. 6. 3. Is. 14. 18-20. Je. 8. 2; 16. 4; 22. 19; 36. 20. Eze. 32. 23-30.

## CHAP. X.

*Jehu, by his letters, causes seventy of Ahab's children to be beheaded,* 1-7. *He excuses the fact by the prophecy of Elijah,* 8-11. *At the shearing house he slays two and forty of Ahaziah's brethren,* 12-14. *He takes Jehonadab into his company,* 15-17. *By subtilty he destroys all the worshippers of Baal,* 18-28. *Jehu follows Jeroboam's sins,* 29-31. *Hazael oppresses Israel,* 32, 33. *Jehoahaz succeeds Jehu,* 34-36.

1 *seventy sons.* Ju. 8. 30; 10. 4; 12. 14. *in Samaria.* ch. 5. 3. 1 Ki. 13. 32; 16. 28. 2 Ch. 22. 9. *the rulers.* See on De. 16. 18. 1 Ki. 21. 8-14. *them. Heb.* nourishers.

2 *as soon.* See on ch. 5. 6.

3 *Look even.* De. 17. 14, 15. 1 Sa. 10. 24; 11. 15. 2 Sa. 2. 8, 9. 1 Ki. 1. 24, 25; 12. 20. *fight for.* 2 Sa. 2. 12-17. 1 Ki. 12. 21. Jno. 18. 36.

4 *Behold.* ch. 9. 24, 27. *how then shall.* Is. 27. 4. Je. 49. 19. Na. 1. 6. Lu. 14. 31.

5 *We are thy servants.* ch. 18. 14. Jos. 9. 11, 24, 25. 1 Ki. 20. 4, 32. Je. 27. 7, 8, 17. Jno. 12. 26.

6 *If ye be mine. Heb.* If ye be for me. See on ch. 9. 32. Mat. 12. 30. Lu. 9. 50. *take ye.* Nu. 25. 4. See on 1 Ki. 21. 8-11. *your master's sons.* De. 5. 9. Jos. 7. 24, 25. Job 21. 19. Is. 14. 21, 22. Re. 2. 20-23. *which brought them up.* 'The rich,' says Mr. MORIER, 'hire a *dedeh*, or wet nurse for their children. If a boy, the father appoints a steady man from the age of two years to be his *laleh*, who, I conjecture, must stand in the same capacity as the bringers up of children mentioned in the catastrophe of Ahab's sons. But if it be a daughter, she has a *gees sefeed*, or white head, attached to her for the same purpose as the *laleh*.'

7 *slew seventy.* ver. 9; ch. 11. 1. Ju. 9. 5, etc. 1 Ki. 21. 21. 2 Ch. 21. 4. Mat. 14. 8-11.

8 *there came.* 2 Sa. 11. 18-21. 1 Ki. 21-14. Mar. 6. 28. *Lay ye them.* Such barbarities are by no means uncommon in the East. 'It has been known to occur,' says Mr. MORIER, 'after the combat was over, that prisoners have been put to death in cold blood, in order that the heads, which are immediately despatched to the king, and deposited in heaps at the palace gates, might make a more considerable show.' *until the morning.* De. 21. 23.

9 *Ye be righteous.* 1 Sa. 12. 3. Is. 5. 3. *I conspired.* See on ch. 9. 14-24. Ho. 1. 4.

10 *fall unto the earth.* 1 Sa. 3. 19; 15. 29. Je. 44. 28, 29. Zec. 1. 6. Mar. 13. 31. *the Lord hath done.* ch. 9. 7-10. 1 Ki. 21. 19, 21-24, 29. *by. Heb.* by the hand of. ch. 9. 36, marg.

11 *and.* Ps. 125. 5. Pr. 13. 20. *kinsfolks. or,* acquaintance. *his priests.* ch. 23. 20. 1 Ki. 18. 19, 40; 22. 6. Re. 19. 20; 20. 10. *he left.* Jos. 10. 30; 11. 8. 1 Ki. 14. 10; 15. 29; 16. 11; 21. 22. Job 18. 19. Ps. 109. 13. Is. 14. 21, 22.

12 *shearing house. Heb.* house of shepherds binding *sheep.*

13 *met with. Heb.* found. *the brethren.* ch. 8. 24, 29; 9. 21-27. 2 Ch. 21. 17; 22. 1-10. *salute. Heb.* the peace of, etc.

14 *Take them alive.* ver. 6, 10, 11. 1 Ki. 20. 18. *neither left.* ch. 8. 18; 11. 1. 2 Ch. 22. 8, 10.

15 *lighted on. Heb.* found. ver. 13; ch. 9. 21, margins. *Jehonadab.* Je. 35. 6, 8, 14-19, Jonadab. *Rechab.* 1 Ch. 2. 55. *saluted. Heb.* blessed. See on Ge. 31. 55; 47. 7, 10. *Is thine heart right.* 1 Ch. 12. 17, 18. Jno. 21. 15-17. Ga. 4. 12. *give me.* Ezr. 10. 19. Eze. 17. 18. Ga. 2. 9. *he took him.* Jehu asked for the hand of Jehonadab not merely for the purpose of assisting him into the chariot, but that he might give him an assurance that he would assist him in the prosecution of his desires; for *giving the hand* is considered as a pledge of friendship and fidelity, or a form of entering into a contract, among all nations. Mr. BRUCE relates, that when he entreated the protection of a *sheikh*, the great people who were assembled came, 'and after *joining hands*, repeated a kind of prayer, of about two minutes long; by which they declared themselves and their children accursed, if ever they lifted their hands against me in the *tell*, (or field) in the desert, or on the river; or, in case that I, or mine, should fly to them for refuge, if they did not protect us at the risk of their lives, their families, and their fortunes, or, as they emphatically expressed it, to the death of the last male child among them.' Another striking instance occurs in OCKLEY'S *History of the Saracens.* Telha, just before he died, asked one of Ali's men if he belonged to the emperor of the faithful; and being informed that he did, 'Give me then,' said he, 'your hand, that I may put mine in it, and by this action renew the oath of fidelity which I have already made to Ali.' Ac. 8. 31.

16 *Come with me.* ver. 31; ch. 9. 7-9. Nu. 23. 4; 24. 13-16. 1 Ki. 19. 10, 14, 17. Pr. 27. 2. Eze. 33. 31. Mat. 6. 2, 5. Ro. 10. 2.

17 *he slew.* See on ver. 11; ch. 9. 8. 2 Ch. 22. 8. Ps. 109. 8, 9. Mal. 4. 1. *according.* See on ver. 10; ch. 9. 25, 26. 1 Ki. 21. 21.

18 *Ahab served Baal.* ch. 3. 2. 1 Ki. 16. 31, 32; 18. 19, 22, 40. *Jehu.* Job 13. 7. Ro. 3. 8. Phi. 4. 8.

19 *all the prophets.* ch. 3. 13. 1 Ki. 22. 6. *all his servants.* ver. 21. *all his priests.* ver. 11. *But Jehu.* See on ver. 18. Job 13. 7. Pr. 29. 5. 2 Co. 4. 2; 11. 3, 13-15; 12. 16-18. 1 Th. 2. 3.

20 *Proclaim. Heb.* Sanctify. 1 Ki. 18. 19, 20; 21. 12. Joel 1. 14.

21 *And they came.* Joel 3. 2, 11-14. Re. 16. 16. *the house of Baal.* 1 Ki. 16. 32. *full from one end to another. or,* so full *that they stood* mouth to mouth. Ju. 16. 27.

22 *vestments.* Ex. 28. 2. Mat. 22. 11, 12.

23 *Jehonadab.* ver. 15. *the worshippers.* Mat. 13. 30, 41; 25. 32, 33.

24 *If any of the men.* 1 Ki. 20. 30-42.

25 *Go in.* Ex. 32. 27. De. 13. 6-11. Eze. 9. 5-7. *let.* Eze. 22. 21, 22. Re. 16. 6, 7. *edge. Heb.* mouth.

26 *images. Heb.* statues. 1 Ki. 14. 23, marg. *and burned them.* ch. 19. 18. 2 Sa. 5. 21.

27 *brake down the image.* ch. 18. 4; 23. 7-14. Le. 26. 30. De. 7. 5, 25. 1 Ki. 16. 32. 2 Ch. 34. 3-7. *made it a draught house.* This was an ancient mode of degradation, which still continues in the East; and we are informed, that Abbas the Great, king of Persia, having conquered Bagdad, treated the tomb of Hanifah, one of the fathers of the church among the Turks, in a similar manner. Ezr. 6. 11. Da. 2. 5; 3. 29.

29 A.M. 3120-3148. B.C. 884-856. *the sins.* ch. 13. 2, 11; 14. 24; 15. 9, 18, 24, 28; 17. 22. 1 Ki. 12. 28-30; 13. 33, 34; 14. 16. *made Israel.* Ge. 20, 9. Ex. 32. 21. 1 Sa. 2. 24. Mar. 6. 24-26. 1 Co. 8. 9-13. Ga. 2. 12, 13. *the golden calves.* Ex. 32. 4. Ho. 8. 5, 6; 10. 5; 13. 2. *in Beth-el.* 1 Ki. 12. 29.

30 *Because thou hast.* 1 Ki. 21. 29. Eze. 29. 18-20. Ho. 1. 4. *according to all that.* 1 Sa. 15. 18-24. 1 Ki. 20. 42; 21. 22. *thy children.* ver. 35; ch. 13. 1, 10; 14. 23; 15. 8-12.

31 *took no heed. Heb.* observed not. De. 4. 15, 23. 1 Ki. 2. 4. Ps. 39. 1; 119. 9. Pr. 4. 23. He. 2. 1; 12. 15. *walk.* De. 5. 33; 10. 12, 13. 2 Ch. 6. 16. Ne. 10. 29. Ps. 78. 10. Eze. 36. 27. Da. 9. 10. *he departed.* ver. 29; ch. 3. 3. 1 Ki. 14. 16.

32 *cut. Heb.* cut off the ends of. *Hazael.* ch. 8. 12; 13. 22. 1 Ki. 19. 17.

33 *eastward. Heb.* toward the rising of the sun. *the land of Gilead.* Nu. 32. 33-42. De. 3. 12-17. Jos. 13. 9-12. *even. or,* even to. Am. 1. 3, 4.

34 ch. 12. 29; 13. 8. See on 1 Ki. 11. 41; 14. 19, 29.

35 A.M. 3148. B.C. 856. *Jehu slept.* 2 Sa. 7. 12. 1 Ki. 1. 21; 2. 10; 14. 20, 31. *Jehoahaz.* ch. 13. 1, 7, 8.

36 *the time. Heb.* the days *were.*

## CHAP. XI.

*Jehoash, being saved by Jehosheba his aunt from Athaliah's massacre of the seed royal, is hid six years in the house of God,* 1-3. *Jehoiada, giving order to the captains, in the seventh year anoints him king,* 4-12. *Athaliah is slain,* 13-16. *Jehoiada restores the worship of God,* 17-21.

1 A.M. 3120. B.C. 884. *Athaliah.* 2 Ch. 22. 10; 24. 7. *the mother.* ch. 8. 26; 9. 27. *and destroyed.* A similar history is related by Mr. BRUCE, as having occurred in Abyssinia. Judith 'surprised the rock Damo, and slew the whole of the princes, to the number, it is said, of about 400;' while the infant king, Del Naad, was conveyed for safety to a loyal province, and afterwards restored. Mat. 2. 13, 16; 21. 38, 39. *seed royal. Heb.* seed of the kingdom. ch. 25. 25, marg. Je. 41. 1.

2 *Jehosheba.* 2 Ch. 22. 11, Jehoshabeath. *Joram.* ch. 8. 16, Jehoram. *Joash.* ch. 12. 1, 2, Jehoash. *they hid him.* ch. 8. 19. Pr. 21. 30. Is. 7. 6, 7; 37. 35; 65. 8, 9. Je. 33. 17, 21, 26. *in the bed-chamber. Bachadar hammittoth,* 'in a chamber of beds;' which Sir J. CHARDIN thinks does not mean a room to sleep in, but a chamber used as a *repository for beds*; for, in the East, they sleep upon cotton mattresses, 'of which they have several in great houses, against they should have occasion, and a room on purpose for them.' 1 Ki. 6. 5, 6, 8, 10. Je. 35. 2. Eze. 40. 45.

3 A.M. 3120-3126. B.C. 884-878. *And Athaliah.* 2 Ch. 22. 12. Ps. 12. 8. Mal. 3. 15.

4 A.M. 3126. B.C. 878. *the seventh.* 2 Ch. 23. 1, etc. *rulers.* ver. 9. 1 Ch. 9. 13. *the captains.* Ac. 5. 24, 26. *made a covenant.* ver. 17; ch. 23. 3. Jos. 24. 25. 1 Sa. 18. 3; 23. 18. 2 Ch. 15. 12; 29. 10; 34. 31, 32. Ne. 9. 38. *took an oath.* Ge. 50. 25. 1 Ki. 18. 10. Ne. 5. 12; 10. 29.

5 *that enter.* 1 Ch. 9. 25; 23. 3-6, 32; 24. 3-6. Lu. 1. 8, 9. *the watch.* ver. 19; ch. 16. 18. 1 Ki. 10. 5. Je. 26. 10. Eze. 44. 2, 3; 46. 2, 3.

6 *the gate of Sur.* 1 Ch. 26. 13-19. 2 Ch. 23. 4, 5. *that it be not broken down. or,* from breaking up.

7 *parts. or,* companies. *Heb.* hands. *go forth.* ver. 5. 2 Ch. 23. 6.

8 *he that cometh.* ver. 15. Ex. 21. 14. 1 Ki. 2. 28-31. 2 Ch. 23. 7.

9 *the captains.* See on ver. 4. 1 Ch. 26. 26. 2 Ch. 23. 8.

10 *king David's spears.* JOSEPHUS states that, for fear of creating suspicion, they came *unarmed*, 'and Jehoiada having opened the arsenal in the temple which David had prepared, he divided among the centurions, priests, and Levites, the spears (arrows), and quivers, and all other kinds of weapons which he found there.' 1 Sa. 21. 9. 2 Sa. 8. 7. 1 Ch. 26. 26, 27. 2 Ch. 5. 1; 23. 9, 10.

11 *every man.* ver. 8, 10. *corner. Heb.* shoulder. *by the altar.* Ex. 40. 6. 2 Ch. 6. 12. Eze. 8. 16. Joel 2. 17. Mat. 23. 35. Lu. 11. 51.

12 *he brought.* ver. 2, 4. 2 Ch. 23. 11. *put the crown.* 2 Sa. 1. 10; 12. 30. Es. 2. 17; 6. 8. Ps. 21. 3; 89. 39; 132. 18. Mat. 27. 29. He. 2. 9. Re. 19. 12. *the testimony.* Ex. 25. 16; 31. 18. De. 17. 18-20. Ps. 78. 5. Is. 8. 16, 20. *anointed him.* ch. 9. 3. 1 Sa. 10. 1; 16. 13. 2 Sa. 2. 4, 7; 5. 3. 1 Ki. 1. 39. La. 4. 20. Ac. 4. 27. 2 Co. 1. 21. He. 1. 9. *and they clapped. Wyyakkoo kaph,* 'they clapped the hand,' which Mr. HARMER thinks was similar to the mode in which Oriental females express their respect for persons of high rank, by gently applying one of their hands to their mouth. So PITTS relates, that in some of the towns of Barbary, the leaders of the sacred caravan being received with loud acclamations, 'the very women get upon the tops of the houses to view the parade, or fine show, where they keep striking their four fingers on their lips, as fast as they can, making a joyful noise all the while.' Ps. 47. 1; 98. 8. Is. 55. 12. *and said.* 1 Ki. 1. 34. Ps. 72. 15-17. Da. 3. 9; 6. 21. Mat. 21. 9. *God save the king. Heb.* Let the king live. 1 Sa. 10. 24. 2 Sa. 16. 16, margins.

13 2 Ch. 23. 12-15.

14 *stood.* The Orientals considered a seat by a pillar or column as particularly honourable. *a pillar.* ch. 23. 3. 2 Ch. 34. 31. *the princes.* ver. 10, 11. See on Nu. 10. 1-10. *all the people.* 1 Ki. 1. 39, 40. 1 Ch. 12. 40. Pr. 29. 2. Lu. 19. 37. Re. 19. 1-7. *Treason.* ver. 1, 2; ch. 9. 23. 1 Ki. 18. 17, 18.

15 *captains.* ver. 4, 9, 10. 2 Ch. 23. 9, 14. *Have.* Ex. 21. 14. *followeth.* See on ver. 8. *Let.* Eze. 9. 7.

16 *by the which.* 2 Ch. 23. 15. *there was she slain.* Ge. 9. 6. Ju. 1. 7. Mat. 7. 2. Ja. 2. 13. Re. 16. 5-7.

17 *made a covenant.* See on ver. 4. De. 5. 2, 3; 29. 1-15. Jos. 24. 25. 2 Ch. 15. 12-14; 29. 10; 34. 31. Ezr. 10. 3. Ne. 5. 12, 13; 9. 38; 10. 28, 29. 2 Co. 8. 5. *between the king.* 1 Sa. 10. 25. 2 Sa. 5. 3. 1 Ch. 11. 3. 2 Ch. 23. 16. Ro. 13. 1-6.

18 *went.* ch. 9. 25-28; 10. 26; 18. 4; 23. 4-6, 10, 14. 2 Ch. 23. 17; 34. 4, 7. *brake they.* ch. 18. 4. Ex. 32. 20. De. 12. 3. 2 Ch. 21. 17. Is. 2. 18. Zec. 13. 2. *slew Mattan.* De. 13. 5, 9. 1 Ki. 18. 40. Zec. 13. 2, 3. *appointed.* 2 Ch. 23. 18-20. *officers. Heb.* offices.

19 *took.* See on ver. 4-11. *by the way.* See on ver. 5. 2 Ch. 23. 5, 19. *he sat.* 1 Ki. 1. 13. 1 Ch. 29. 23. Je. 17. 25; 22. 4, 30. Mat. 19. 28; 25. 31.

20 *rejoiced.* See on ver. 14. 2 Ch. 23. 21. Pr. 11. 10; 29. 2. *slew Athaliah.* See on ver. 15.

21 ver. 4; ch. 22. 1. 2 Ch. 24. 1, etc.

## CHAP. XII.

*Jehoash reigns well all the days of Jehoiada,* 1-3. *He gives order for the repair of the temple,* 4-16. *Hazael is diverted from Jerusalem by a present of the hallowed treasures,* 17, 18. *Jehoash being slain, Amaziah succeeds him,* 19-21.

1 *the seventh.* ch. 9. 27; 11. 1, 3, 4, 21. 2 Ch. 24. 1, etc. *Jehoash.* ch. 11. 2. 1 Ch. 3. 11, Joash.

2 ch. 14. 3. 2 Ch. 24. 2, 17-22; 25. 2; 26. 4.

3 ch. 14. 4; 18. 4. 1 Ki. 15. 14; 22. 43. 2 Ch. 31. 4. Je. 2. 20.

4 A.M. 3148. B.C. 856. *said to the priests.* ch.

22. 4. 2 Ch. 29. 4-11; 35. 2. *the money.* ver. 18. 1 Ki. 7. 51. 1 Ch. 18. 11. 2 Ch. 15. 18; 31. 12. *dedicated things. or,* holy things. *Heb.* holinesses. Le. 5. 15, 16; 27. 12-27, 31. *even the money.* ch. 22. 4. Ex. 30. 12-16. 2 Ch. 24. 9, 10. *that every man is set at. Heb.* of the souls of his estimation. Le. 27. 2-8. *and all the money.* Ex. 25. 1, 2; 35. 5, 22, 29; 36. 3. 1 Ch. 29. 3-9, 17. Ezr. 1. 6; 2. 69; 7. 16; 8. 25-28. Lu. 21. 4. *cometh,* etc. *Heb.* ascendeth upon the heart of a man.

5 *Let the priests.* 2 Ch. 24. 5. *let them repair.* ver. 12; ch. 22. 5, 6. 1 Ki. 11. 27. 2 Ch. 24. 7. Is. 58. 12.

6 *three and twentieth year. Heb.* twentieth year and third year. *the priests.* 1 Sa. 2. 29, 30. 2 Ch. 29. 34. Is. 56. 10-12. Mal. 1. 10. Phi. 2. 21. 1 Pe. 5. 2.

7 *king Jehoash.* 2 Ch. 24. 5, 6, etc. *Jehoiada.* ver. 2; ch. 11. 4. 2 Ch. 23. 1; 24. 16. *Why repair ye.* 1 Ch. 21. 3.

9 *took a chest.* 2 Ch. 24. 8, etc. Mar. 12. 41. *beside.* 2 Ch. 24. 10. *the priests.* ch. 22. 4; 23. 4; 25. 18. 1 Ch. 15. 18, 24. Je. 35. 4; 52. 24. *door. Heb.* threshold. Ps. 84. 10, marg.

10 *the king's.* ch. 19. 2; 22. 3, 12. 2 Sa. 8. 17; 20. 25. *scribe. or,* secretary. *put up. Heb.* bound up. ch. 5. 23. *in bags.* Sir J. CHARDIN informs us, 'it is a custom of Persia always to seal up bags of money; and the money of the king's treasure is not told, but is received by bags sealed up.' These are what are called in the East *purses;* each of which, as MAILLET informs us, contains money to the amount of 1500 livres, or about 63*l.* of our money. The money thus collected for the reparation of the temple, seems, in like manner, to have been reckoned in bags of equal value to each other; as we can scarcely imagine the placing it in bags would otherwise have been mentioned. The value of a Jewish purse is unknown; but the bags mentioned in ch. 5. 23, amounted to a talent.

11 *gave the money.* ch. 22. 5, 6. 2 Ch. 24. 11, 12; 34. 9-11. *laid it out. Heb.* brought it forth.

12 *masons.* 1 Ki. 5. 17, 18. Ezr. 3. 7; 5. 8. Lu. 21. 5. *was laid out. Heb.* went forth.

13 *there were not.* That is, there were no vessels made for the service of the temple till all the outward repairs were completed; but, when this was done, 'they brought the rest of the money before the king and Jehoiada, whereof were made vessels of gold and silver,' (2 Ch. 24. 14,) to replace those which had been taken away by Athaliah and her sons. 2 Ch. 24. 14. *bowls.* See on Nu. 7. 13, 14. 1 Ki. 7. 48-50. Ezr. 1. 9-11. *trumpets.* See on Nu. 10. 2.

15 *they reckoned.* ch. 22. 7. *for they dealt.* 2 Ch. 34. 12. Ne. 7. 2. Mat. 24. 45. Lu. 16. 1, 10, 11. 1 Co. 4. 2, 3. 3 Jno. 5.

16 *trespass money.* Le. 5. 15-18; 7. 7. Nu. 5. 8-10; 18. 8, 9. Ho. 4. 8.

17 A.M. 3164. B.C. 840. *Hazael.* See on ch. 8. 12-15. *against Gath.* 1 Sa. 27. 2. 1 Ki. 2. 39, 40. 1 Ch. 8. 13; 18. 1. *set his face.* Je. 42. 15. Lu. 9. 51, 53. *to Jerusalem.* 2 Ch. 24. 23, 24.

18 *took all the hallowed.* He dearly bought, by such unhallowed means, a peace which was of *short duration;* for the next year Hazael returned, and Jehoash having no more treasures, was obliged to hazard a battle, which he lost, and the principal part of his nobility, so that Judah was totally ruined, and Jehoash soon after slain in his bed by his own servants. ch. 18. 15, 16. 1 Ki. 15. 18. 2 Ch. 16. 2. *went away. Heb.* went up.

19 *the rest.* ch. 8. 23. 1 Ki. 11. 41; 14. 19, 29.

20 *his servants.* ch. 14. 5. 2 Ch. 24. 24, 25; 25. 27; 33. 24. *the house of Millo. or,* Beth-millo. Ju. 9. 6. 2 Sa. 5. 9. 1 Ki. 11. 27.

21 *Jozachar.* This person is called *Zabad* in Chronicles, and Shimeath his mother is said to be an *Ammonitess;* and *Jehozabad* is said to be the son, not of *Shomer,* but of *Shimrith,* a *Moabitess.* Who the *fathers* of these two persons were we know not; they were probably *foreigners* and *aliens.* Some suppose that they belonged to the king's *chamber,* and therefore could have easy access to him. 2 Ch. 24. 26, Zabad. *Shomer.* 2 Ch. 24. 26, Shimrith. *Amaziah his son.* 2 Ch. 24. 27.

## CHAP. XIII.

*Jehoahaz's wicked reign,* 1, 2. *Jehoahaz, oppressed by Hazael, is relieved by prayer,* 3-7. *Joash succeeds him,* 8, 9. *His wicked reign,* 10, 11. *Jeroboam succeeds him,* 12, 13. *Elisha dying, prophesies to Joash three victories over the Syrians,* 14-19. *The Moabites invading the land, Elisha's bones raise a dead man,* 20, 21. *Joash gets three victories over Ben-hadad,* 22-25.

1 *three and twentieth year. Heb.* twentieth year, and third year. ch. 8. 26; 10. 36; 11. 4, 21. *Jehoahaz.* ch. 10. 35.

2 A.M. 3148-3165. B.C. 856-839. *followed. Heb.* walked after. ver. 11. See on ch. 10. 29. 1 Ki. 12. 26-33; 14. 16. Ho. 5. 11.

3 *and he delivered.* Le. 26. 17. De. 4. 24-27; 28. 25. Ju. 2. 14; 3. 8; 10. 7-14. Is. 10. 5, 6. He. 12. 29. *Hazael.* ver. 22. See on ch. 8. 12, 13; 12. 17. 1 Ki. 19. 17. *Ben-hadad.* ver. 24, 25. *all their days.* Rather 'all *his* days;' for Joash son of Jehoahaz delivered Israel from Ben-hadad. ver. 22-25.

4 *Jehoahaz.* Nu. 21. 7. Ju. 6. 6, 7; 10. 10. Ps. 78. 34. Is. 26. 16. Je. 2. 27. *the Lord.* ch. 14. 26. Ge. 21. 17. Ex. 3. 7. Ju. 10. 15, 16. 2 Ch. 33. 12, 13, 19. Ps. 50. 15; 106. 43, 44. Je. 33. 3. *he saw.* Ge. 31. 42. Ex. 3. 9. Is. 63. 9. *because the king.* ver. 22; ch. 14. 26.

5 *a saviour.* This *saviour* was undoubtedly *Joash,* whose successful wars are subsequently detailed. HOUBIGANT recommends to read the *seventh* verse after the *fourth.* ver. 25; ch. 14. 25, 27. Ne. 9. 27. Is. 19. 20. Ob. 21. Lu. 2. 11. *beforetime. Heb.* yesterday *and* third day. Ex. 4. 10. De. 19. 4. 1 Sa. 19. 7. 1 Ch. 11. 2.

6 *departed.* See on ver. 2; ch. 10. 29; 17. 20-23. De. 32. 15-18. *walked. Heb.* he walked. 1 Ki. 15. 3; 16. 26. *and there remained. Heb.* and there stood. ch. 17. 16; 18. 4; 23. 4. De. 7. 5. 1 Ki. 16. 33.

7 *fifty horsemen.* 1 Sa. 13. 6, 7, 15, 19-23. 1 Ki. 20. 15, 27. Is. 36. 8. *the king.* ch. 8. 12; 10. 32. *like the dust.* Ps. 18. 42. Is. 41. 2, 15, 16. Joel 3. 14, marg. Am. 1. 3.

8 *the rest.* ch. 10. 34, 35. See on 1 Ki. 11. 4; 14. 19, 20, 29, 31.

9 A.M. 3165. B.C. 839. *buried him.* ver. 13; ch. 10. 35. 1 Ki. 14. 13. *Joash.* ver. 10; ch. 14. 8, Jehoash. *reigned in his stead.* '*Alone.*'

10 *In the thirty.* Joash, the son of Jehoahaz, was associated with his father in the government two years before his death. It is this association that is spoken of here. Joash reigned *sixteen* years, which include the years he reigned conjointly with his father. *began Jehoash.* '*In consort with his father.* ch. 14. 1.'

11 *he departed.* See on ver. 2, 6; ch. 3. 3; 10. 29.

12 A.M. 3163-3179. B.C. 841-825. *the rest.* ver. 14-25; ch. 14. 15, 25. *his might.* ch. 14. 8-16. 2 Ch. 25. 17-24.

13 *slept.* 2 Sa. 7. 12. 1 Ki. 1. 21; 2. 10; 11. 31. *Jeroboam.* ch. 14. 28, 29. *was buried.* See on ver. 9.

14 A.M. 3166. B.C. 838. *fallen sick.* ch. 20. 1. Ge. 48. 1. Jno. 11. 3. Phi. 2. 26. *he died.* Ps. 12. 1. Is. 57. 1. Zec. 1. 5. Ac. 13. 36. *O my father.* ch. 2. 12; 6. 21. Pr. 11. 11. Eze. 14. 14; 22. 30. Mar. 6. 20.

16 *Put thine hand. Heb.* make thine hand to ride. *Elisha.* ch. 4. 34. Ge. 49. 24. Ps. 144. 1.

17 *Open.* ch. 5. 10-14. Jno. 2. 5-8; 11. 39-41. *The arrow.* This was a *symbolical* action, indicative of the deliverance of Israel from Syria. It was

an ancient custom to shoot an arrow or cast a spear into a country before the commencement of hostilities. Ex. 4. 2, 17. Ju. 7. 9-20. 2 Sa. 5. 24. 1 Co. 1. 18. *Aphek.* 1 Sa. 4. 1. 1 Ki. 20. 26.

18 *Smite.* Is. 20. 2-4. Eze. 4. 1-10; 5. 1-4; 12. 1-7. *he smote thrice.* ch. 4. 6. Ex. 17. 11.

19 *the man of God.* ch. 1. 9-15; 4. 16, 40; 6. 9. *was wroth.* Le. 10. 16. Nu. 16. 15. Mar. 3. 5; 10. 14. *now thou shalt.* ver. 25. Mar. 6. 5.

20 A.M. 3167. B.C. 837. *buried him.* 2 Ch. 24. 16. Ac. 8. 2. *the bands.* ch. 5. 2; 6. 23; 24. 2. *the Moabites.* ch. 3. 5, 24-27. Ju. 3. 12; 6. 3-6.

21 *was let down. Heb.* went *down. touched.* ch. 4. 35. Is. 26. 19. Eze. 37. 1-10. Mat. 27. 52, 53. Jno. 5. 25, 28, 29; 11. 44. Ac. 5. 15; 19. 12. Re. 11. 11.

22 A.M. 3148-3165. B.C. 856-839. *Hazael.* ver. 3-7; ch. 8. 12. Ps. 106. 40-42.

23 *the Lord.* ch. 14. 27. Ex. 33. 19; 34. 6, 7. Ju. 10. 16. Ne. 9. 31. Ps. 86. 15. Is. 30. 18, 19. Je. 12. 15. La. 3. 32. Mi. 7. 18, 19. *had respect.* Ex. 2. 24, 25. 1 Ki. 8. 28. *because of his covenant.* Ge. 13. 16, 17; 17. 2-5, 7, 8. Ex. 3. 6, 7; 32. 13, 14. Le. 26. 42. De. 32. 36. Ne. 9. 32. Ps. 105. 8. Mi. 7. 20. Lu. 1. 54, 55, 72, 73. *neither cast he.* ch. 17. 18; 24. 20. Ps. 51. 11. Mat. 25. 41. 2 Th. 1. 9. *presence. Heb.* face. Ge. 6. 3.

24 *Hazael.* Ps. 125. 3. Lu. 18. 7.

25 A.M. 3168. B.C. 836. *took again. Heb.* returned and took. *Three times.* ver. 18, 19.

## CHAP. XIV.

*Amaziah's good reign,* 1-4. *His justice on the murderers of his father,* 5, 6. *His victory over Edom,* 7. *Amaziah, provoking Jehoash, is overcome and spoiled,* 8-14. *Jeroboam succeeds Jehoash,* 15, 16. *Amaziah slain by a conspiracy,* 17-20. *Azariah succeeds him,* 21, 22. *Jeroboam's wicked reign,* 23-27. *Zachariah succeeds him,* 28, 29.

1 A.M. 3165. B.C. 839. *Joash.* ver. 15; ch. 13. 10. *reigned Amaziah.* 1 Ch. 3. 12. 2 Ch. 25. 1, etc.

3 A.M. 3165-3194. B.C. 839-810. *he did.* ch. 12. 2. 1 Ki. 11. 4; 15. 3. 2 Ch. 25. 2, 3. *he did according.* 2 Ch. 24. 2, 17; 25. 14-16. Je. 16. 19. Zec. 1. 4-6. 1 Pe. 1. 18.

4 *the high places.* ch. 12. 3; 15. 4, 35.

5 A.M. 3166. B.C. 838. *that he slew.* Ge. 9. 6. Ex. 21. 12-14. Nu. 35. 33. *his servants.* ch. 12. 20, 21. 2 Ch. 25. 3, 4.

6 *The fathers.* De. 24. 16. Eze. 18. 4, 20.

7 A.M. 3177. B.C. 827. *slew.* ch. 8. 20-22. 2 Ch. 25. 11, 12. *the valley of salt.* Some suppose that the *Valley of Salt* was south of the Dead, or Salt Sea, towards the land of Edom; and others suppose it to be the Valley of Salt, about three or four miles south-east of Palmyra, which now supplies, in a great measure, the surrounding country with salt. 2 Sa. 8. 13. 1 Ch. 18. 12. Ps. 60, title. *Selah. or,* the rock. *Selah* is generally supposed to be the same as *Petra,* which in Greek signifies a *rock,* the celebrated capital of Arabia Petræa. STRABO places it three or four days' journey from Jericho, and five days' journey from the forest of palm trees on the Red Sea. PLINY places it 600 miles from Gaza, and 125 from the Persian Gulf; but CELLARIUS and RELAND very justly consider that the numbers have been changed, and that we ought to read 125 miles from Gaza, and 600 from the Persian Gulf. EUSEBIUS places Beerothbenejaakan 30 miles west from *Petra,* and Elath ten miles east; and BURCKHARDT discovered the ruins of this ancient city in a valley called *Wady Mousa. Joktheel.* Jos. 15. 38.

8 A.M. 3178. B.C. 826. *Amaziah.* 2 Ch. 25. 17-24. *Come.* ver. 11. 2 Sa. 2. 14-17. Pr. 13. 10; 17. 14; 18. 6; 20. 18; 25. 8.

9 *The thistle.* Ju. 9. 8-15. 2 Sa. 12. 1-4. 1 Ki. 4. 33. Eze. 20. 49. The word *choach,* which is rendered here, and in 2 Ch. 25. 18. Job 31. 18, *thistle,* in 1 Sa. 13. 6, *thicket,* in Is. 34. 13, *bramble,* and in 2 Ch. 33. 11. Pr. 26. 9. Ca. 2. 2. Ho. 9. 6, *thorn,* is probably the *black thorn,* or *sloe tree,* the *prunus spinosa* of LINNÆUS, as the same word signifies in Arabic. There is a vast deal of insolent dignity in this remonstrance of Jehoash; but it has nothing conciliatory; no proposal of making amends for the injury his army had done to the unoffending inhabitants of Judah. (2 Ch. 25. 10-13.) The comparatively useless thorn, which may by chance lacerate the incautious passenger, is made the emblem of the house of Judah and David, while the house of Jehu is represented by the stately cedar.

10 *thine heart.* De. 8. 14. 2 Ch. 26. 16; 32. 25. Pr. 16. 18. Eze. 38. 2, 5, 17. Da. 5. 20-23. Hab. 2. 4. Ja. 4. 6. *glory of this.* Ex. 8. 9. Je. 9. 23, 24. Ja. 1. 9. *home. Heb.* thy house. *why shouldest.* 2 Ch. 35. 21. Pr. 3. 30; 15. 18; 17. 14; 20. 3; 25. 8; 26. 17. Lu. 14. 31, 32.

11 *Amaziah.* 2 Ch. 25. 16, 20. *Beth-shemesh.* Jos. 19. 38; 21. 16. 1 Sa. 6. 9, etc.

12 *was put to the worse. Heb.* was smitten. *they fled.* 1 Sa. 4. 10. 2 Sa. 18. 17. 1 Ki. 22. 36.

13 *took Amaziah.* ch. 25. 6. 2 Ch. 33. 11; 36. 6, 10. Job 40. 11, 12. Pr. 16. 18; 29. 23. Is. 2. 11, 12. Da. 4. 37. Lu. 14. 11. *the gate of Ephraim.* 2 Ch. 25. 23, 24. Ne. 8. 16; 12. 39. *the corner.* Je. 31. 38. Zec. 14. 10.

14 *all the gold.* ch. 24. 13; 25. 15. 1 Ki. 7. 51; 14. 26; 15. 18. *and hostages.* ch. 18. 23, marg.

15 A.M. 3163-3179. B.C. 841-825. *the rest.* ch. 10. 35, 35; 13. 12. 1 Ki. 14. 19, 20.

16 A.M. 3179. B.C. 825. *Jehoash.* See on 2 Sa. 7. 12. 1 Ki. 1. 21. *was buried.* See on ch. 13. 9. *Jeroboam.* ch. 13. 13. Ho. 1. 1. Am. 1. 1; 7. 10, 11.

17 A.M. 3179-3194. B.C. 825-810. *Amaziah.* ver. 1, 2, 23; ch. 13. 10. 2 Ch. 25. 25, etc.

18 ch. 13. 8, 12. 1 Ki. 11. 41; 14. 29.

19 A.M. 3194. B.C. 810. *they made.* ch. 12. 20, 21; 15. 10, 14, 25, 30; 21. 23. 2 Ch. 25. 27, 28. *fled to Lachish.* Jos. 10. 31. Mi. 1. 13.

20 *he was buried.* ch. 8. 24; 9. 28; 12. 21. 1 Ki. 2. 10; 11. 43. 2 Ch. 21. 20; 26. 23; 33. 20.

21 *Azariah.* ch. 15. 13. 2 Ch. 26. 1, Uzziah. Mat. 1. 8, 9, Ozias. *made him king.* ch. 21. 24. 1 Ch. 3. 12.

22 *Elath.* *Elath,* the *Æla* or *Elana* of the Greek and Roman writers, was a celebrated port situated at the extremity of the eastern branch of the Red Sea, hence called the *Elanitic Gulf,* ten miles east from Petra, according to EUSEBIUS, and 150 Roman miles from Gaza, according to PLINY, but 1260 stadia, or 157 miles, according to STRABO and MARCIANUS HERECLEOTA. It is now called *Akaba,* and is nothing but a tower or castle, surrounded by a large grove of date trees, the residence of a governor, dependent on him of Grand Cairo. ch. 16. 6. De. 2. 8. 1 Ki. 9. 26. 2 Ch. 26. 2, Eloth.

23 A.M. 3179-3220. B.C. 825-784. *the fifteenth.* ver. 17. *Jeroboam.* ver. 27. Ho. 1. 1. Am. 1. 1; 7. 9-11. *began to reign.* '*Now he begins to reign alone.*'

24 *in the sight.* ch. 21. 6. Ge. 38. 7. De. 9. 18. 1 Ki. 21. 25. *he departed.* See on ch. 13. 2, 6, 11. 1 Ki. 12. 28, etc. Ps. 106. 20.

25 *from the entering.* Nu. 13. 21; 34. 7, 8. Eze. 47. 16-18. Am. 6. 14. *unto the sea.* Ge. 14. 3. De. 3. 17. *Jonah.* Jon. 1. 1. Mat. 12. 39, 40; 16. 4, Jonas. *Gath-hepher.* Jos. 19. 13, Gittah-hepher.

26 *saw the affliction.* ch. 13. 4. Ex. 3. 7, 9. Ju. 10. 16. Ps. 106. 43-45. Is. 63. 9. *not any shut.* De. 32. 36. 1 Ki. 14. 10; 21. 21.

27 *said not.* ch. 13. 23. Ho. 1. 6. *blot out.* Ex. 32. 32, 33. De. 9. 14; 25. 19; 29. 20. Ps. 69. 28. Ro. 11. 2, etc. Re. 3. 5. *he saved.* ch. 5. 1; 13. 5. Ho. 1. 7. Tit. 3. 4-6.

28 *the rest.* See on ver. 15. *Damascus.* 2 Sa. 8. 6. 1 Ki. 11. 24. 1 Ch. 18. 5, 6. 2 Ch. 8. 3, 4. *which belonged to Judah.* These places belonged to Judah by David's conquest, (2 Sa. 3. 11,) but had been repossessed by the Syrians.

29 A.M. 3220. B.C. 784. *Zachariah.* ch. 15. 8. *reigned.* '*After an interregnum of eleven years.*'

## CHAP. XV.

*Azariah's good reign,* 1-4. *He dying a leper, Jotham succeeds,* 5-7. *Zachariah the last of Jehu's generation, reigning ill, is slain by Shallum,* 8-12. *Shallum, reigning a month, is slain by Menahem,* 13-15. *Menahem strengthens himself by Pul,* 16-20. *Pekahiah succeeds him,* 21, 22. *Pekahiah is slain by Pekah,* 23-26. *Pekah is oppressed by Tiglath-pileser, and slain by Hoshea,* 27-31. *Jotham's good reign,* 32-35. *Ahaz succeeds him,* 36-38.

1 A.M. 3194. B.C. 810. *In the.* ver. 8; ch. 14. 16, 17. *twenty and seventh.* '*This is the twenty-seventh year of Jeroboam's partnership in the kingdom with his father, who made him consort at his going to the Syrian wars. It is the sixteenth year of Jeroboam's monarchy.*' *Azariah.* ver. 13, 30, etc.; ch. 14. 21. 2 Ch. 26. 1, 3, 4, Uzziah.

3 ch. 12. 2, 3; 14. 3, 4. 2 Ch. 26. 4.

4 *the high places.* ver. 35; ch. 14. 4; 18. 4. 1 Ki. 15. 14; 22. 43. 2 Ch. 17. 6; 32. 12; 34. 3.

5 A.M. 3239-3246. B.C. 765-758. *the Lord.* 2 Sa. 3. 29. 2 Ch. 26. 16-20. Job 34. 19. *so that.* ch. 5. 27. Nu. 12. 10. *and dwelt.* ch. 7. 3. Le. 13. 46. Nu. 12. 14. De. 24. 8. *Jotham.* 2 Ch. 26. 21, 23. *judging.* 2 Sa. 8. 15; 15. 2-4. 1 Ki. 3. 9, 28. Ps. 72. 1.

6 *Azariah.* Dr. KENNICOTT complains loudly here of 'the corruption in the name of this king of Judah, who is expressed by *four* different names in this chapter: *Ozriah, Oziah, Ozrihu,* and *Ozihu.* Our oldest Hebrew MS. relieves us here, by reading truly, in verses 1, 6, 7, *Uzziah,* where the printed text is differently corrupted. This reading is called *true,* 1. Because it is supported by the Syriac and Arabic versions in these three verses. 2. Because the printed text itself has it so in ver. 32 and 34 of this very chapter. 3. Because it is so expressed in the parallel place in Chronicles: and 4. because it is not Αζαριας, *Azarias,* but Οζιας, *Ozias, (Uzziah)* in St. Matthew's genealogy.' *they not written.* See on ch. 14. 18. 2 Ch. 26. 5-15.

7 A.M. 3246. B.C. 758. 2 Ch. 26. 23. Is. 6. 1, Uzziah.

8 A.M. 3231. B.C. 773. *the thirty.* '*There having been an interregnum for eleven years.*' ver. 1; ch. 14. 16, 17, 21. *Zachariah.* ch. 14. 29.

9 *as his.* See on ch. 10. 29, 31; 13. 2, 11; 14. 24.

10 A.M. 3232. B.C. 772. *smote him.* '*As prophesied.* Am. 7. 9.' *slew him.* ver. 14, 25, 30; ch. 9. 24, 31. 1 Ki. 15. 28; 16. 9, 10. Ho. 1. 4, 5.

11 See on ch. 14, 28.

12 A.M. 3120. B.C. 884. *the word.* ch. 10. 30. *Thy son.* ch. 13. 1, 10, 13; 14. 29. *And so.* ch. 9. 25, 26, 36, 37; 10. 10. Nu. 23. 19. Zec. 1. 6. Mar. 13. 31. Jno. 10. 35; 19. 24, 36, 37. Ac. 1. 16.

13 A.M. 3232. B.C. 772. *Uzziah.* ver. 1, Azariah. Mat. 1. 8, 9, Ozias. *a full month. Heb.* a month of days. 1 Ki. 16. 15. Job 20. 15. Ps. 55. 23. Pr. 28. 2, 17.

14 *Tirzah.* 1 Ki. 14. 17; 15. 21, 33; 16. 8, 9, 15, 17. *and smote.* See on ver. 10.

15 See on ver. 11. 1 Ki. 14. 19, 29; 22. 39.

16 *Tiphzah.* 1 Ki. 4. 24. *all the women.* ch. 8. 12. Am. 1. 13.

17 A.M. 3232-3243. B.C. 772-761. *nine.* ver. 13.

18 See on ver. 9.

19 A.M. 3233. B.C. 771. *Pul.* PRIDEAUX supposes that this *Pul* was the father of the famous *Sardanapalus,* who was called *Sardan* with his father's name *Pul* annexed, as was frequent in those times, making *Sardanpul:* thus Merodach, king of Babylon, was Merodach-Baladan, because he was the son of Baladan. This *Pul* began to reign, according to USHER, A.M. 3237, the fifth year of Menahem; and he is supposed to be the same that reigned in Nineveh, when Jonah preached in that city. 1 Ch. 5. 25, 26. Is. 9. 1. *Menahem.* ch. 12. 18; 16. 8; 17. 3, 4; 18. 16. Ho. 5. 13; 8. 9, 10; 10. 6. *to confirm.* ch. 14. 5. Je. 17. 5.

20 *Menahem.* ch. 23. 35. *exacted. Heb.* caused to come forth. *the mighty.* Ru. 2. 1. 2 Sa. 19. 32. Job 1. 3. *of each man,* etc. Or rather, as Bishop PATRICK renders, 'to give to the king of Assyria fifty shekels of silver for each man,' *i.e.* in his army. It may be supposed, that Menahem compelled 'the mighty men of wealth' to give much more a-piece than this sum, (somewhat about 5*l.* sterling each) and each of them in some proportion to his affluence. *stayed not.* ver. 29; ch. 17. 3, 4; 18. 14-17.

21 A.M. 3232-3243. B.C. 772-761. See on ver. 15.

23 A.M. 3243. B.C. 761. *and reigned two years.* ch. 21. 19. 1 Ki. 15. 25; 16. 8; 22. 51. Job 20. 5.

24 A.M. 3243-3245. B.C. 761-759. See on ver. 9, 18.

25 A.M. 3245. B.C. 759. *Pekah.* ver. 27. 2 Ch. 28. 6. *a captain.* ch. 9. 5. 1 Ki. 16. 9. *conspired.* ver. 10; ch. 9. 14. *with Argob.* From the construction of the Hebrew text, it would appear that Argob and Arieh were slain with the king, and that the fifty Gileadites were conspirators with Pekah.

26 See on ver. 15.

27 A.M. 3245-3265. B.C. 759-739. *the two.* ver. 2, 8, 13, 23. *Pekah.* ver. 25, 37. Is. 7. 1, 4, 9.

28 *evil.* See on ver. 9, 18; ch. 13. 2, 6; 21. 2.

29 *Tiglath-pileser.* Some suppose *Tiglath-pileser* to be the son of Sardanapalus: but the learned PRIDEAUX makes him the same as *Arbaces* the Mede, called by ÆLIAN, *Thelgamus,* and by CASTOR, *Ninus Junior,* who, with Belesis, headed the conspiracy against Sardanapalus, and fixed his royal seat at Nineveh, as *Belesis,* called in Scripture *Baladan* (Is. 39. 1), did his at Babylon. He reigned nineteen years, from A.M. 3257 to A.M. 3276. ch. 16. 7. 1 Ch. 5. 6, 26. 2 Ch. 28. 20, 21, Tiglath-pilneser. Is. 9. 1. *Ijon.* 1 Ki. 15. 20. 2 Ch. 16. 4. *Abel-beth-maachah.* 2 Sa. 20. 14, 15. *Janoah.* Jos. 16. 6, Janohah. *Kedesh.* Jos. 19. 37; 20. 7. *Hazor.* Jos. 11. 1, 10, 13; 12. 19. Ju. 4. 2. *Gilead.* Nu. 32. 1, 40. De. 3. 15. Am. 1. 3, 13. *Galilee.* Jos. 20. 7. 1 Ki. 9. 11. Is. 9. 1, 2. Mat. 4. 15, 16. *carried them.* ch. 17. 6, 23. Le. 26. 32, 38, 39. De. 4. 26, 27; 28. 25, 64, 65. Is. 1. 7; 7. 20.

30 A.M. 3265. B.C. 739. *made.* See on ver. 10, 25. *and smote.* Ho. 10. 3, 7, 15. *reigned.* '*After an anarchy for some years.*' *in the twentieth.* '*In the fourth year of Ahaz, in the twentieth year after Jotham had begun to reign.*'—USHER. ver. 32, 33; ch. 16. 1; 17. 1. 2 Ch. 28. 4-6, 16. Is. 7. 1-9; 8. 6.

32 A.M. 3246. B.C. 758. *Jotham.* ver. 7. 1 Ch. 3. 12. 2 Ch. 27. 1, etc. Mat. 1. 9, Joatham. *Uzziah.* See on ver. 1, 7, 13, 17, 23, 27; ch. 14. 21. 1 Ch. 3. 12, Azariah.

33 A.M. 3246-3262. B.C. 758-742. *Jerusha.* 2 Ch. 27. 1, Jerushah.

34 *according.* ver. 3, 4. 2 Ch. 26. 4, 5; 27. 2.

35 *Howbeit.* See on ver. 4; ch. 18. 4. 2 Ch. 32. 12. *the higher gate.* 2 Ch. 27. 3, etc.

36 *the rest.* See on ver. 6, 7. 2 Ch. 27. 4-9.

37 A.M. 3262. B.C. 742. *In those days.* '*At the end of Jotham's reign.*' This Jotham died at forty-one. He was too great a blessing to be continued long to such an unworthy people. His death was a judgment, especially considering the character of Ahaz, his son and successor: for we read (ch. 16. 3) Ahaz made his son pass through the fire. This son may have been Hezekiah, who served the Lord, and whose prayer in sickness was most graciously heard and answered. Is. ch. 38. *began.* ch. 10. 32. 1 Sa. 3. 12. Je. 25. 29. Lu. 21. 28. *to send.* De. 28. 48. Ps. 78. 49. Is. 10. 5-7. Je. 16. 16; 43. 10. *Rezin.* ch.

16. 5. 2 Ch. 28. 6. Is. 7. 1, 8. Ho. 5. 12, 13. *Pekah.* See on ver. 27.

38 *Jotham.* See on 2 Sa. 7. 12. 1 Ki. 1. 2; 14. 20, 31. *Ahaz.* ch. 16. 1. 1 Ch. 3. 13. 2 Ch. 28. 1. Mat. 1. 9, Achaz.

## CHAP. XVI.

*Ahaz's wicked reign, 1-4. Ahaz, assailed by Rezin and Pekah, hires Tiglath-pileser against them, 5-9. Ahaz, sending a pattern of an altar from Damascus to Urijah, diverts the brazen altar to his own devotions, 10-16. He spoils the temple, 17, 18. Hezekiah succeeds him, 19, 20.*

1 *seventeenth.* ch. 15. 27-30, 32, 33. *Ahaz.* See on ch. 15. 38. 2 Ch. 28. 1, etc. Is. 1. 1; 7. 1. Ho. 1. 1. Mi. 1. 1.

2 *did not.* ch. 14. 3; 15. 3, 34; 18. 3; 22. 2. 1 Ki. 3. 14; 9. 4; 11. 4-8; 15. 3. 2 Ch. 17. 3; 29. 2; 34. 2, 3.

3 *he walked.* ch. 8. 18. 1 Ki. 12. 28-30; 16. 31-33; 21. 25, 26; 22. 52, 53. 2 Ch. 22. 3; 28. 2-4. *made his son.* ch. 17. 17; 23. 10. Le. 18. 21; 20. 2. De. 12. 31; 18. 10. 2 Ch. 33. 6. Ps. 106. 37, 38. Je. 32. 35. Eze. 16. 21; 20. 26, 31. *according.* ch. 21. 2, 11. De. 12. 31. 1 Ki. 14. 24. 2 Ch. 33. 2. Ps. 106. 35. Eze. 16. 47.

4 *on the hills.* De. 12. 2. 1 Ki. 14. 23. Is. 57. 5-7; 65. 4; 66. 17. Je. 17. 2. Eze. 20. 28, 29.

5 A.M. 3262. B.C. 742. *Rezin.* ch. 15. 37. 2 Ch. 28. 5-15. Is. 7. 1, 2, etc. *but could not.* 1 Ki. 11. 36; 15. 4. Is. 7. 4-6, 14; 8. 6, 9, 10; 9. 6, 7.

6 *recovered.* ch. 14. 22. De. 2. 8. *Elath. Heb.* Eloth. 1 Ki. 9. 26. 2 Ch. 26. 2.

7 *Tiglath-pileser. Heb.* Tilgath-pileser. See on ch. 15. 29. 1 Ch. 5. 26, etc. 2 Ch. 28. 20, Tilgath-pilneser. *I am thy servant.* 1 Ki. 20. 4, 32, 33. *and save.* Ps. 146. 3-5. Je. 17. 5. La. 4. 17. Ho. 14. 3.

8 *the silver.* ver. 17, 18; ch. 12. 17, 18; 18. 15, 16. 2 Ch. 16. 2; 28. 20, 21. *to the king.* Ps. 7. 15, 16. Is. 7. 17; 8. 7, 8.

9 A.M. 3264. B.C. 740. *went up.* 2 Ch. 28. 5. *Foretold.* Am. 1. 3-5. *Damascus. Heb.* Dammesek. *Kir.* JOSEPHUS informs us that this place was in Upper Media; and it is clear that it must be understood of some city or country in the dominions of the king of Assyria. It is highly probable that it was the country on the banks of the river Κυρος, *Cyrus*, or *Kyrus*, now called *Kur*, or *Kura;* and we find cities called *Cyropolis*, *Cyrena*, and *Carine*, mentioned by writers as lying in these parts; and a part of Media, called *Syromedia*, as it is thought, from the Syrians who were carried captive thither. Is. 22. 6. Am. 9. 7. *slew Rezin.* Is. 7. 16; 9. 11.

10 *saw an altar.* De. 12. 30. 2 Ch. 28. 23-25. Je. 10. 2. Eze. 23. 16, 17. Ro. 12. 2. 1 Pe. 1. 18. *the pattern.* Ex. 24. 4; 39. 43. 1 Ch. 28. 11, 12, 19. Ps. 106. 39. Eze. 43. 8, 11. Mat. 15. 6, 9.

11 *built an altar.* 1 Ki. 21. 11-13. 2 Ch. 26. 17, 18. Je. 23. 11. Eze. 22. 26. Da. 3. 7. Ho. 4. 6; 5. 11. Mal. 2. 7-9. Gal. 1. 10. *Urijah.* Is. 8. 2.

12 *approached.* 1 Ki. 13. 1. 2 Ch. 26. 16-19; 28. 23, 25. *offered thereon.* Nu. 18. 4-7.

13 *he burnt.* Le. ch. 1-3. *of his peace-offerings. Heb.* of the peace-offerings which *were* his.

14 *the brasen.* Ex. 40. 6, 29. 2 Ch. 1. 5; 4. 1. Mat. 23. 35. *the altar.* ver. 10-12.

15 *the morning.* ch. 3. 20. Ex. 29. 39-41. Nu. 28. 2-10. Da. 9. 21, 27; 11. 31; 12. 11. *the king's burnt.* Le. 4. 13-26. 2 Sa. 6. 17, 18. 1 Ki. 3. 4; 8. 64. 2 Ch. 7. 4, 5; 29. 21-24, 32, 35. Eze. 46. 4-7, 12-14. *for me to enquire by.* ch. 18. 4. Ge. 44. 5. 2 Ch. 33. 6. Is. 2. 6. Ho. 4. 12.

16 See on ver. 11. Ac. 4. 19; 5. 29. 1 Th. 2. 4. Jude 11.

17 A.M. 3265. B.C. 739. *cut off.* 2 Ch. 28. 24; 29. 19. *borders.* 1 Ki. 7. 23, 27-39. 2 Ch. 4. 14. *sea.* ch. 25. 13-16. 1 Ki. 7. 23-26. 2 Ch. 4. 15. Je. 52. 20.

18 *the covert.* There are a great number of conjectures concerning this covert; but it is probable that it was either, as LOCKE supposes, a sort of shelter or *canopy* erected for the people on the sabbath when the crowd was too great for the porch to contain them; or, as Dr. GEDDES supposes, a seat, covered with a *canopy*, placed on an elevation, for the king and his court, when they attended public worship. ch. 11. 5. 1 Ki. 10. 5. Eze. 46. 2.

19 A.M. 3262-3278. B.C. 742-726. ch. 15. 6, 7, 36, 38; 20. 20, 21. 1 Ki. 14. 29.

20 A.M. 3278. B.C. 726. *buried.* ch. 21. 18, 26. 2 Ch. 28. 27. *Hezekiah.* ch. 18. 1. 1 Ch. 3. 13. 2 Ch. 29. 1. Is. 1. 1. Ho. 1. 1. Mi. 1. 1. Mat. 1. 9, Ezekias.

## CHAP. XVII.

*Hoshea's wicked reign, 1, 2. Being subdued by Shalmaneser, he conspires against him with So, king of Egypt, 3, 4. Samaria for sinning is led into captivity, 5-23. The strange nations which were transplanted into Samaria, being plagued with lions, make a mixture of religions, 24-41.*

1 A.M. 3274. B.C. 730. *In the twelfth.* In ch. 15. 30, this is said to be 'the twentieth year of Jotham,' which CALMET thus reconciles: 'Hosea conspired against Pekah, the 20th year of the reign of this prince, which was the 18th of Jotham, king of Judah. Two years after this, that is, the 4th of Ahaz and the 20th of Jotham, Hosea made himself master of a *part* of the kingdom, according to ch. 15. 30. Finally, the 12th year of Ahaz, Hosea had peaceable possession of the *whole* kingdom, agreeably to ch. 17. 1.' *Hoshea.* '*After an interregnum*, ch. 15. 30; 18. 9.'

2 *but not as the kings.* ch. 3. 2; 10. 31; 13. 2, 11; 15. 9, 18, 24. 2 Ch. 30. 5-11.

3 *Shalmaneser.* This was the son and successor of *Tiglath-pileser:* he reigned 14 years, from A.M. 3276 to 3290. ch. 18. 9. Ho. 10. 14, Shalman. *king of Assyria.* ch. 15. 19, 29; 16. 7; 18. 13; 19. 36, 37. Is. 7. 7, 8; 10. 5, 6, 11, 12. *and Hoshea.* ch. 16. 8; 18. 14-16, 31. *gave. Heb.* rendered. *presents. or,* tribute. 2 Sa. 8. 2, 6.

4 A.M. 3279. B.C. 725. *found conspiracy.* ch. 24. 1, 20. Eze. 17. 13-19. *king of Egypt.* ch. 18. 21. Is. 30. 1-4; 31. 1-3. Eze. 17. 15. *brought.* ch. 18. 14, 15. *bound him.* ch. 25. 7. 2 Ch. 32. 11. Ps. 149. 7, 8.

5 A.M. 3281-3283. B.C. 723-721. *the king.* ch. 18. 9. *three years.* ch. 25. 1-3. Je. 52. 4, 5.

6 A.M. 3283. B.C. 721. *the king of Assyria.* ch. 18. 10, 11. Ho. 1. 6, 9; 13. 16, *foretold. carried.* Le. 26. 32, 33, 38. De. 4. 25-28; 28. 36, 64; 29. 27, 28; 30. 18. 1 Ki. 14. 15, 16. Am. 5. 27. *Halah.* ch. 19. 12. 1 Ch. 5. 26. Is. 37. 12, 13. *the Medes.* Is. 13. 17; 21. 2. Da. 5. 28.

7 *sinned.* De. 31. 16, 17, 29; 32. 15, etc. Jos. 23. 16. Ju. 2. 14-17. 2 Ch. 36. 14-16. Ne. 9. 26. Ps. 106. 35-41. Eze. 23. 2, etc. Ho. 4. 1-3; 8. 5-14. *the Lord.* ch. 16. 2. 1 Ki. 11. 4; 15. 3. 2 Ch. 36. 5. *which had.* See on Ex. 20. 2. *and had feared.* ver. 35. Je. 10. 5.

8 *walked.* ch. 16. 3, 10; 21. 2. Le. 18. 3, 27-30. De. 12. 30, 31; 18. 9. 1 Ki. 12. 28; 16. 31-33; 21. 26. Ps. 106. 35. Je. 10. 2. *of the kings of Israel.* Ho. 5. 11. Mi. 6. 16.

9 *secretly.* De. 13. 6; 27. 15. Job 31. 27. Eze. 8. 12. *from the tower.* ch. 18. 8. Ho. 12. 11.

10 *they set.* ch. 16. 4. Ex. 34. 13. Le. 26. 1. 1 Ki. 14. 23. Is. 57. 5. *images. Heb.* statues. *groves.* De. 16. 21. Mi. 5. 14. *in every.* ch. 16. 4. 1 Ki. 14. 23. De. 12. 2, 3.

11 *burnt.* 1 Ki. 13. 1. 2 Ch. 28. 25. Je. 44. 17. *to provoke.* ch. 21. 6. Ps. 78. 56-58.

12 *whereof.* Ex. 20. 3-5; 34. 14. Le. 26. 1. De. 4. 19; 5. 7-9. *Ye shall not.* De. 4. 15-19, 23-25; 12. 4.

13 *testified.* De. 8. 19; 31. 21. Ne. 9. 29, 30. Ps. 50. 7; 81. 8, 9. Je. 42. 19. Ac. 20. 21. *and against.* 2 Ch. 36. 15, 16. Je. 3. 8-11. Ho. 4. 15. *all. Heb.* the hand of all. De. 4. 26. Jos. 23. 16. Ju. 6. 10; 10. 11-14. 1 Sa. 12. 7-15. Is. 1. 5-15, 21-24. Je. 5. 29-31. Zec. 1. 3-6. *seers.* See on 1 Sa. 9. 9. 1 Ch. 29. 29. *Turn ye.* Is. 1. 16-20; 55. 6, 7. Je. 7. 3-7; 18. 11; 25. 4, 5; 35. 15. Eze. 18. 31. Ho. 14. 1. 2 Pe. 3. 9. *keep.* Je. 7. 22, 23; 26. 4-6.

14 *but hardened.* De. 31. 27. 2 Ch. 36. 13. Pr. 29. 1. Is. 48. 4. Je. 7. 26. Ro. 2. 4, 5. He. 3. 7, 8. *did not believe.* De. 1. 32. Ps. 78. 22, 32; 106. 24. He. 3. 12.

15 *they rejected.* Je. 8. 9. *his covenant.* Ex. 24. 6-8. De. 29. 10-15, 25, 26. Je. 31. 32. *testimonies.* De. 6. 17, 18. 2 Ch. 36. 15, 16. Ne. 9. 26, 29, 30. Je. 44. 4, 23. *vanity.* De. 32. 21, 31. 1 Sa. 12. 21. 1 Ki. 16. 13. Ps. 115. 8. Je. 10. 8, 15. Jon. 2. 8. *became vain.* Je. 2. 5. Ro. 1. 21-23. 1 Co. 8. 4. *concerning whom.* ver. 8, 11, 12. De. 12. 30, 31. 2 Ch. 33. 2, 9.

16 *molten images.* Ex. 32. 4, 8. 1 Ki. 12. 28. Ps. 106. 18-20. Is. 44. 9, 10. *a grove.* ver. 10. 1 Ki. 14. 15, 23; 15. 13; 16. 33. *worshipped.* De. 4. 19. Je. 8. 2. *Baal.* ch. 10. 18-28; 11. 18. 1 Ki. 16. 31; 22. 53.

17 *they caused.* ch. 16. 3; 21. 6. Le. 18. 21. 2 Ch. 28. 3. Ps. 106. 37, 38. Eze. 20. 26, 31; 23. 37, 39. *used.* ch. 21. 6. De. 18. 10-12. 2 Ch. 33. 6. Is. 8. 19; 47. 9, 12, 13. Je. 27. 9. Mi. 5. 12. Ac. 16. 16. Ga. 5. 26. *sold.* 1 Ki. 21. 20, 25. Is. 50. 1. *in the sight.* ver. 11; ch. 21. 6.

18 *removed.* ch. 13. 23; 23. 27. De. 29. 20-28; 32. 21-26. Jos. 23. 13, 15. Je. 15. 1. Ho. 9. 3. *the tribe.* 1 Ki. 11. 13, 32, 36; 12. 20. Ho. 11. 12.

19 *Also Judah.* 1 Ki. 14. 22, 23. 2 Ch. 21. 11, 13. Je. 2. 28; 3. 8-11. Eze. 16. 51, 52; 22. 2-16; 23. 4-13. *walked.* ch. 8. 18, 27; 16. 3.

20 *rejected.* ver. 15. 1 Sa. 15. 23, 26; 16. 1. Je. 6. 30. Ro. 11. 1, 2. *all the seed.* 1 Ch. 16. 13. Ne. 9. 2. Is. 45. 25. Je. 31. 36, 37; 33. 24-26; 46. 28. *delivered.* ch. 13. 3, 7; 15. 18-20, 29; 18. 9. 2 Ch. 28. 5, 6. Ne. 9. 27, 28. *until he had cast.* See on ver. 18. De. 11. 12. Jon. 1. 3, 10. Mat. 25. 41. 2 Th. 1. 9.

21 *For he rent.* 1 Ki. 11. 11, 31; 14. 8. Is. 7. 17. *they made.* 1 Ki. 12. 19, 20. 2 Ch. 10. 15-19. *Jeroboam drave.* See on 1 Ki. 12. 20, 28-30; 14. 16. 2 Ch. 11. 11, 15. *a great sin.* Ge. 20. 9. Ex. 32. 21. 1 Sa. 2. 17, 24. Ps. 25. 11. Jno. 19. 11.

22 *walked in all the sins.* See on ch. 3. 3; 10. 29, 31; 13. 2, 6, 11; 15. 9.

23 *the Lord.* See on ver. 18, 20. *as he had said.* See on ver. 13. 1 Ki. 13. 2; 14. 16. Ho. 1. 4-9. Am. 5. 27. Mi. 1. 6. *So was Israel.* ver. 6; ch. 18. 11, 12.

24 A.M. 3326. B.C. 678. *the king.* Ezr. 4. 2-10. *Babylon.* ver. 30. 2 Ch. 33. 11. *Ava.* ver. 31; ch. 18. 31. Is. 37. 13, Ivah. *Hamath.* ch. 19. 13. Is. 10. 9; 36. 19. *in the cities thereof.* ver. 6. Mat. 10. 5.

25 *they feared.* ver. 28, 32, 34, 41. Jos. 22. 25. Je. 10. 7. Da. 6. 26. Jon. 1. 9. *the Lord sent.* ch. 2. 24. 1 Ki. 13. 24; 20. 36. Je. 5. 6; 15. 3. Eze. 14. 15, 21.

26 *and placed.* See on ver. 24. *know not.* ver. 27. 1 Sa. 8. 9; 10. 25. Am. 8. 14.

27 *one of the priests.* Ju. 17. 13. 1 Ki. 12. 31; 13. 2. 2 Ch. 11. 15.

28 *in Bethel.* 1 Ki. 12. 29-32. *taught them.* Is. 29. 13. Mat. 15. 14.

29 *made gods.* Ps. 115. 4-8; 135. 15-18. Is. 44. 9-20. Je. 10. 3-5. Ho. 8. 5, 6. Mi. 4. 5. Ro. 1. 23.

30 *Babylon.* ver. 24. *Succoth benoth. Succoth-benoth,* literally 'the tents of the daughters.' *Cuth. Cuth* is probably the *Cush* watered by the Gihon, or Araxes, now Aras, (Ge. 2. 13,) the ancient country of the *Scythians,* where we meet with the *Quitians, Coëthians,* or *Coëtæ,* and *Cytheans,* and the cities of *Cotatis, Cetemane, Cythanum, Cyta, Cethena,* etc. *Nergal.* Supposed to denote the *solar orb;* the emblem of which, according to the Rabbins, was *a cock. Ashima.* JARCHI says this idol was of the form of a *goat.*

31 *the Avites.* ver. 24. Ezr. 4. 9. *Nibhaz.* Supposed to be the same as the *Anubis* of the Egyptians; and was in form partly a *dog* and partly a man. *burnt their children.* See on ver. 17. Le. 18. 21. De. 12. 38, 31.

32 *made unto themselves.* 1 Ki. 12. 31; 13. 33. *the houses.* ver. 29; ch. 23. 19. 1 Ki. 13. 31.

33 *They feared.* ver. 41. 1 Ki. 18. 21. Ho. 10. 2. Zep. 1. 5. Mat. 6. 24. Lu. 16. 13. *whom they carried,* etc. *or,* who carried them away from thence. The new inhabitants of the land imitated the idolatrous Israelites, by associating their idols with Jehovah, as the objects of worship. The remainder, however, of the verses seem to relate to the Israelites after they were carried captive. They still persevered in idolatry and disobedience; and not being purified, were left to be consumed in the furnace. It is said that the Israelites 'did not fear the Lord,' yet the heathens, who followed their example, are said 'to have feared the Lord.' The Israelites did not so much as fear the wrath of Almighty God; but, on the other hand, the poor pagans feared the power of his wrath, and to avert it paid some ignorant worship, according to the wretched instructions given them. As this was an external acknowledgment of his power and Godhead, and a homage paid to him, he was pleased in consequence to withdraw his judgments from them. —SCOTT.

34 *fear not.* See on ver. 25, 27, 28, 33. *whom he named Israel.* Ge. 32. 28; 33. 20; 35. 10. 1 Ki. 11. 31; 18. 11. Is. 48. 1.

35 *With whom.* ver. 15. Ex. 19. 5, 6; 24. 6-8. De. 29. 10-15. Je. 31. 31-34. He. 8. 6-13. *charged them.* Ex. 20. 4, 5; 34. 12-17. De. 4. 23-27; 13. 1, etc. Jos. 23. 7, 16. *fear other gods.* Ju. 6. 10. Je. 10. 5.

36 *a stretched.* See on Ex. 6. 6; 9. 15. De. 5. 15. Je. 32. 21. Ac. 4. 30. *him shall ye fear.* Le. 19. 32. De. 6. 13; 10. 20; 12. 5, 6, 11, 12. Mat. 10. 28. Re. 15. 4.

37 *the statutes.* Le. 19. 37. De. 4. 44, 45; 5. 31-33; 6. 1, 2; 12. 32. 1 Ch. 29. 19. Ps. 19. 8-11; 105. 44, 45. *wrote for you.* De. 31. 9, 11. Ne. 9. 13, 14. *and ye shall not.* See on ver. 35.

38 *ye shall not forget.* De. 4. 23; 6. 12; 8. 14-18.

39 *the Lord.* See on ver. 36. 1 Sa. 12. 24. Is. 8. 12-14. Je. 10. 7. Mat. 10. 28. Lu. 1. 50. *he shall deliver.* Ne. 9. 27. Lu. 1. 71, 74, 75.

40 *they did not.* Je. 13. 23. *but they did.* See on ver. 8, 12, 34. De. 4. 28.

41 *these nations.* ver. 32, 33. Jos. 24. 14-20. 1 Ki. 18. 21. Zep. 1. 5. Mat. 6. 24. Re. 3. 15, 16. *unto this day.* Ezr. 4. 1-3.

## CHAP. XVIII.

*Hezekiah's good reign,* 1-3. *He destroys idolatry, and prospers,* 4-8. *The inhabitants of Samaria are carried captive for their sins,* 9-12. *Sennacherib invading Judah, is pacified by a tribute,* 13-16. *Rab-shakeh, by blasphemous persuasions, solicits the people to revolt,* 17-37.

1 A.M. 3278. B.C. 726. *in the third.* ver. 9; ch. 15. 30; 17. 1. *Hezekiah.* ch. 16. 20. 1 Ch. 3. 13. 2 Ch. 28. 27; 29. 1. Mat. 1. 9, 10, Ezekias.

2 *Twenty and five years old.* As Ahaz was 20 years old when he began to reign, and died when he had reigned 16 years, his whole age only amounted to 36 years; and as Hezekiah was, at least, entering on his 25th year when he began to reign, then Ahaz must have been under 12 years of age when his son was born! This is not at all impossible: and there are well-attested facts of men having children at as early a period, especially in eastern countries. A.M. 3278-3306. B.C. 726-698. *Abi.* 2 Ch. 29. 1, Abijah.

3 *right in the sight.* ch. 20. 3. Ex. 15. 26. De. 6. 18. 2 Ch. 31. 20, 21. Job 33. 27. Ps. 119 128. Ro. 7. 12. Ep. 6. 1. *according.* ch. 22. 2. 1 Ki. 3. 14; 11. 4, 38; 15. 5, 11. 2 Ch. 29. 2.

4 *removed.* ch. 12. 3; 14. 4; 15. 4, 35. Le. 26. 30. 1 Ki. 3. 2, 3; 15. 14; 22. 43. Ps. 78. 58. Eze. 20. 28, 29. *brake.* ch. 23. 4. De. 7. 5; 12. 2, 3. Ju. 6. 25, 28. 1 Ki. 15. 12, 13. 2 Ch. 19. 3; 31. 1; 33. 3. *images. Heb.* statues. *the brasen serpent.* Nu. 21. 8, 9. Jno. 3. 14, 15. *unto those days.* ch. 16. 15. *Nehushtan. that is,* a piece of brass.

5 *trusted.* ch. 19. 10. 2 Ch. 32. 7, 8. Job 13. 15. Ps. 13. 5; 27. 1, 2; 46. 1, 2; 84. 12; 146. 5, 6. Je. 17. 7, 8. Mat. 27. 43. Ep 1. 12. *after him.* ch. 19. 15-19; 23. 25. 2 Ch. 14. 11; 16. 7-9; 20. 20, 35.

6 *he clave.* None of the kings of Judah, from the time of the division of the kingdom, equalled Hezekiah in the stedfastness and simplicity of his dependence upon the Lord; in which he aspired to an equality with his progenitor David, who had reigned over the whole land. Even Asa, through weakness of faith, sought the assistance of a heathen prince; and Jehoshaphat formed an alliance with idolatrous Ahab; but Hezekiah clave to the Lord, in entire confidence and unreserved obedience, to the end of his life. De. 10. 20. Jos. 23. 8. Ac. 11. 23. *from following him. Heb.* from after him. *kept.* ch. 17. 13, 16, 19. Je. 11. 4. Jno. 14. 15, 21; 15. 10, 14. 1 Jno. 5. 3.

7 *And the Lord.* Ge. 21. 22; 39. 2, 3. 1 Sa. 18. 14. 2 Ch. 15. 2. Ps. 46. 11; 60. 12. Mat. 1. 23; 28. 20. Ac. 7. 9, 10. *he prospered.* Ge. 39. 2. 1 Sa. 18. 5, 14, marg. 2 Sa. 8. 6, 14. 2 Ch. 31. 21; 32. 30. Ps. 1. 3; 60. 12. Ro. 8. 31. *rebelled.* ver. 20; ch. 16. 7.

8 *the Philistines.* 1 Ch. 4. 41. 2 Ch. 28. 18. Is. 14. 29. *Gaza. Heb.* Azzah. *from the tower.* ch. 17. 9. 2 Ch. 26. 10. Is. 5. 2.

9 A.M. 3281. B.C. 723. *the fourth year.* ver. 1; ch. 17. 4-6. *Shalmaneser.* ch. 17. 3, etc. Ho. 10. 14, Shalman.

10 A.M. 3283. B.C. 721. *they took it.* Ho. 13. 16. Am. 3. 11-15; 4. 1-3; 6. 7; 9. 1-4. Mi. 1. 6-9; 6. 16; 7. 13.

11 *the king.* ch. 17. 6; 19. 11. 1 Ch. 5. 26. Is. 7. 8; 8. 4; 9. 9-21; 10. 5, 11; 37. 12. Ho. 8. 8, 9; 9. 3. Am. 5. 1-3, 6, 25-27. Ac. 7. 43. *Halah.* It is thought, with much probability, that *Halah*, or *Chalach*, is PTOLEMY'S *Calachene*, the northern part of Assyria; that *Habor*, or *Chabor*, is the mountain, or mountainous country, between Media and Assyria, called by PTOLEMY Χαβωρας, *Chaboras;* and that *Gozan* is the *Gauzanitis* of PTOLEMY, situated between that mountain and the Caspian sea, and between the two channels of the river Cyrus.

12 *they obeyed not.* ch. 17. 7-23. De. 8. 20; 11. 28; 29. 24-28; 31. 17. Ne. 9. 17, 26, 27. Ps. 107. 17. Is. 1. 19. Je. 3. 8; 7. 23. Da. 9. 6-11. Mi. 3. 4. 2 Th. 1. 8. 1 Pe. 2. 8; 4. 17. *Moses.* Nu. 12. 7. De. 34. 5. Jos. 1. 1. 2 Ti. 2. 24. He. 3. 5, 6.

13 A.M. 3291. B.C. 713. *the fourteenth.* 2 Ch. 32. 1, etc. Is. 36. 1, etc. *Sennacherib. Heb.* Sanherib. *come up.* Is. 7. 17, etc.; 8. 7, 8; 10. 5. Ho. 12. 1, 2.

14 *I have offended.* ver. 7. 1 Ki. 20. 4. Pr. 29. 25. Lu. 14. 32.

15 ch. 12. 18; 16. 8. 1 Ki. 15. 15, 18, 19. 2 Ch. 16. 2.

16 *gold.* 1 Ki. 6. 31-35. 2 Ch. 29. 3. *it. Heb.* them.

17 A.M. 3294. B.C. 710. *the king.* 2 Ch. 32. 9. Is. 20. 1; 36. 2. *Tartan.* CALMET remarks, that these are not the names of *persons*, but of *offices: Tartan* signifies, 'he who presides over gifts or tribute;' *Rabsaris*, 'the chief of the eunuchs;' and *Rabshakeh*, 'the chief cup-bearer.' *great. Heb.* heavy. *the conduit of the upper pool.* If the *Fuller's field* were near *En-Rogel*, or the *Fuller's fountain*, east of Jerusalem, as is generally supposed, then the *conduit of the upper pool* may have been an aqueduct that brought the water from the *upper* or *eastern* reservoir of that fountain, which had been seized in order to distress the city. ch. 20. 20. Is. 7. 3; 22. 9-11; 36. 2.

18 *Eliakim.* ch. 19. 2. Is. 22. 20-24; 36. 3, 22; 37. 2. *Shebna.* Is. 22. 15-19. *the scribe. or*, secretary. 2 Sa. 8. 17, marg. *the recorder.* 2 Sa. 8. 16; 20. 24. 1 Ki. 4. 3. 2 Ch. 34. 8.

19 *Rab-shakeh.* He was the chief speaker, being a very eloquent man, and, according to the Hebrews, whom PROCOPIUS follows, an apostate Jew; which is not improbable, as he spoke Hebrew so fluently; and when he blasphemed the Divine Majesty, the king and nobles rent their clothes, which was not usual unless the blasphemer were an Israelite. *Thus saith.* 2 Ch. 32. 10. Is. 10. 8-14; 36. 4; 37. 13. Da. 4. 30. *What confidence.* ver. 22, 29, 30; ch. 19. 10. 2 Ch. 32. 7, 8, 10, 11, 14-16. Ps. 4. 2. Is. 36. 4, 7; 37. 10.

20 *sayest. or*, talkest. *vain words. Heb.* word of the lips. *I have counsel and strength for the war. or*, but counsel and strength *are* for the war. Pr. 21. 30, 31. *rebellest.* ver. 14.

21 *trustest. Heb.* trustest thee. *the staff.* Is. 36. 6. Eze. 29. 6, 7. *upon Egypt.* Is. 30. 2, 7; 31. 1-3. *so is Pharaoh.* ch. 17. 4. Je. 46. 17.

22 *We trust.* ver. 5. Da. 3. 15. Mat. 27. 43. *whose high places.* ver. 4. 2 Ch. 31. 1; 32. 12. Is. 36. 7. 1 Co. 2. 15.

23 *pledges. Heb.* hostages. *I will deliver.* 1 Sa. 17. 42, 44. 1 Ki. 20. 10, 18. Ne. 4. 2-5. Ps. 123. 3, 4. Is. 10. 13, 14; 36. 8, 9.

24 *How then.* Is. 10. 8. Da. 2. 37, 38; 4. 22, 37. *thy trust.* ver. 21. See on De. 17. 16. Is. 31. 1, 3; 36. 6, 9. Je. 37. 7; 42. 14-18. Eze. 17. 15, 17. *chariots.* Ps. 20. 7, 8.

25 *Am I now.* ch. 19. 6, 22, etc. 1 Ki. 13. 18. 2 Ch. 35. 21. Is. 10. 5, 6. Am. 3. 6. Jno. 19. 10, 11.

26 *Speak.* Perceiving that the object of this blasphemous caitiff was to stir up the people to sedition, they mildly and reasonably required him to make his proposals in the Syrian language. *in the Syrian language.* Ezr. 4. 7. Is. 36. 11, 12. Da. 2. 4.

27 *eat.* ch. 6. 25. De. 28. 53-57. Ps. 73. 8. La. 4. 5. Eze. 4. 13, 15. *their own piss. Heb.* the water of their feet.

28 *Rab-shakeh.* 2 Ch. 32. 18. Is. 36. 13-18. *the king of Assyria.* ver. 19. Ezr. 7. 12. Ps. 47. 2. Is. 10. 8-13. Eze. 29. 3; 31. 3-10. Re. 19. 16.

29 *saith.* Ps. 73. 8, 9. *Let not.* 2 Ch. 32. 11, 15. Da. 3. 15-17; 6. 16. Jno. 19. 10, 11. 2 Th. 2. 4, 8.

30 *make you.* ver. 22; ch. 19. 10, 22. Ps. 4. 2; 11. 1; 22. 7, 8; 71. 9, 11; 125. 1, 2. Mat. 27. 43. Lu. 23. 35. *this city.* ch. 19. 32-34.

31 *Make an agreement with me. or*, Seek my favour. *Heb.* Make with me a blessing. Ge. 32. 20; 33. 11. Pr. 18. 16. *eat ye.* 1 Ki. 4. 20, 25. Zec. 3. 10. *cistern. or*, pit.

32 *I come.* ver. 11; ch. 17. 6, 23; 24. 14-16; 25. 11. *like your own.* Ex. 3. 8. Nu. 13. 26, 27; 14. 8. De. 8. 7-9; 11. 12; 32. 13, 14. *persuadeth. or*, deceiveth. ver. 29.

33 *Hath any.* ch. 19. 12, 13, 17, 18. 2 Ch. 32. 14-17, 19. Is. 10. 10; 36. 18-20.

34 *the gods.* ch. 19. 13. Nu. 13. 21. 2 Sa. 8. 9. Je. 49. 23. *Hamath. Hamath*, there is little doubt, was the *Epiphania* of the Greeks, as JOSEPHUS, THEODORET, and JEROME, expressly assert. It was a celebrated city of Syria, situated on the Orontes, and the present *Hamah* doubtless occupies its site; as Abulfeda, who was prince or emir of *Hamah* about A.D. 1345, expressly states, in his Description of Syria, that *Hamah* is an ancient city mentioned in the writings of the Israelites. It is still a considerable town, situated on both sides of the Orontes, about three days' journey and a half from Tripoli; and must contain, BURCKHARDT says, at least 30,000 inhabitants. *Arpad. Arpad* is probably the town of *Arphas*, mentioned by JOSEPHUS as limiting the province of Gamalitis, Gaulanitis, Batanea, and Trachonitis, to the N.E.; and the *Raphan*, or *Raphanea*, which STEPHANUS places near Epiphania. *the gods.* ch. 17. 24-33, Ava. Is. 36. 18, 19; 37. 11, 12, 18, 19. *have they delivered.* ch. 17. 6, 23, 24, 30, 31; 19. 12, 13.

35 *Who are.* ch. 19. 17. Da. 3. 15. *that the Lord.* Ex. 5. 2. 2 Ch. 32. 15. Job 15. 25, 26. Is. 10. 15; 37. 23-29.

36 *held their peace.* Ps. 38. 13, 14; 39. 1. Pr. 9. 7; 26. 4. Am. 5. 13. Mat. 7. 6.

37 *with their clothes rent.* ch. 5. 7; 22. 11, 19. Ge. 37. 29, 34. Job 1. 20. Is. 33. 7; 36. 21, 22. Je. 36. 24. Mat. 26. 65.

## CHAP. XIX.

*Hezekiah mourning, sends to Isaiah to pray for them,* 1-5. *Isaiah comforts them,* 6, 7. *Sennacherib, going to encounter Tirhakah, sends a blasphemous letter to Hezekiah,* 8-13. *Hezekiah's prayer,* 14-19. *Isaiah's prophecy of the pride and destruction of Sennacherib, and the good of Zion,* 20-34. *An angel slays the Assyrians,* 35. *Sennacherib is slain by his own sons,* 36, 37.

1 *when king.* Is. 37. 1, etc. *he rent.* ch. 5. 7; 18. 37. 1 Sa. 4. 12. Ezr. 9. 3. Job 1. 20. Je. 36. 24. Mat. 26. 65. *covered.* ch. 6. 30. Ge. 37. 34. 1 Ki. 21. 27, 29. Es. 4. 1-4. Ps. 35. 13. Jon. 3. 8. Mat. 11. 21. *went into.* 2 Ch. 7. 15, 16. Job 1. 20, 21.

2 *he sent Eliakim.* ch. 18. 18; 22. 13, 14. Is. 37. 2-5. *to Isaiah.* 2 Ch. 26. 22. Mat. 4. 14. Lu. 3. 4, Esaias. *the son of Amoz.* Is. 1. 1; 2. 1.

3 *This day.* ch. 18. 29. Ps. 39. 11; 123. 3, 4. Je. 30. 5-7. Ho. 5. 15; 6. 1. *blasphemy. or,* provocation. Ps. 95. 8. He. 3. 15, 16. *for the children.* Is. 26. 17, 18; 66. 9. Ho. 13. 13.

4 *the Lord.* Ge. 22. 14. De. 32. 36. Jos. 14. 12. 1 Sa. 14. 6. 2 Sa. 16. 12. *whom the king.* ch. 18. 17-35. *reprove.* ver. 22. 1 Sa. 17. 45. Ps. 50. 21; 74. 18. *lift up.* 2 Ch. 32. 20. Ps. 50. 15. Je. 33. 3. Eze. 36. 37. Ro. 9. 27. Ja. 5. 16, 17. *the remnant.* ch. 17. 5, 6; 18. 13. 2 Ch. 28. 5, 6. Is. 8. 7, 8; 10. 6. *left. Heb.* found.

6 *Isaiah.* Is. 37. 6, 7, etc. *Be not afraid.* ch. 6. 16. Ex. 14. 13. Le. 26. 8. De. 20. 1, 3, 4. Jos. 11. 6. 2 Ch. 20. 15, 17. Is. 41. 10-14; 51. 7, 12, 13. *the servants.* ch. 18. 17, 35. Ps. 74. 18, 23. Re. 13. 6.

7 *a blast.* ver. 35-37. Job 4. 9. Ps. 11. 6; 18. 14, 15; 50. 3. Is. 10. 16-18; 11. 4. Je. 51. 1. *hear a rumour.* ch. 7. 6. Job 15. 21. Je. 49. 14; 51. 46. Ob. 1. *I will cause.* ver. 36, 37. 2 Ch. 32. 21.

8 *Libnah.* ch. 8. 22. Jos. 10. 29; 12. 15; 15. 42. *Lachish.* ch. 18. 14. Jos. 12. 11; 15. 39. Is. 37. 8, 9. Mi. 1. 13.

9 *when he heard.* When Sennacherib had levied contributions on Hezekiah, he marched his army into Egypt; where, after several successes, he laid siege to Pelusium, and spent much time in it; but hearing that Tirhakah, king of Ethiopia, whom STRABO calls *Therchon*, was marching against him with a great army, to assist his kinsman *Sevechus*, or *Sethon*, the king of Egypt, he durst not abide his coming, but raised the siege; and returning to Judea, he encamped against Lachish, and afterwards against Libnah. But finding that Tirhakah pursued him as a fugitive, he marched back to encounter him; and having totally routed his army, he returned to wreak his vengeance on Hezekiah. 1 Sa. 23. 27. Is. 37. 9. *sent.* ch. 18. 17.

10 ch. 18. 5, 29, 30. 2 Ch. 32. 15-19. Is. 37. 10-14.

11 ver. 17, 18; ch. 17. 5, etc. 2 Ch. 32. 13, 14. Is. 10. 8-11.

12 *Have the gods.* ch. 18. 33, 34. *Gozan.* ch. 17. 6. 1 Ch. 5. 26. *Haran.* Ge. 11. 31; 29. 4. Ac. 7. 4, Charran. *Rezeph.* Rezeph was probably either *Rezapha*, which PTOLEMY places in the Palmyrene, west of the Euphrates; or rather, *Rezipha*, in Mesopotamia, east of the Euphrates. *Eden.* Ge. 2. 8. Is. 37. 12, Telassar. Eze. 27. 23.

13 *the king.* ch. 17. 24. Nu. 13. 21; 34. 8. Is. 11. 11. Je. 39. 5; 49. 23. Zec. 9. 2. *Arpad.* ch. 18. 34. Is. 37. 13, etc. Arphad.

14 *Hezekiah.* Is. 37. 14. *spread it.* 1 Ki. 8. 28-30. Ezr. 9. 5. Ps. 74. 10, 11; 91. 1, 2; 123. 1-4.

15 *prayed.* 2 Sa. 7. 18, etc. 2 Ch. 14. 11; 20. 6; 32. 20. Da. 9. 3, 4. *O Lord God.* Ge. 32. 28; 33. 20. 1 Ki. 8. 23. 1 Ch. 4. 10. Is. 41. 17. *dwellest.* Ex. 25. 22. 1 Sa. 4. 4. 2 Ch. 5. 7, 8. Ps. 80. 1; 99. 1. *thou art the God.* ch. 5. 15. 1 Ki. 18. 39. Is. 43. 10; 44. 6, 8; 45. 22. Da. 4. 34, 35. *thou hast made.* Ge. 1. 1; 2. 4. Ps. 33. 9; 102. 25; 146. 6. Je. 10. 10-12. Jno. ch. 1-3.

16 *bow down.* Ps. 31. 2. Is. 37. 17. *open.* 1 Ki. 8. 29. 2 Ch. 6. 40. Da. 9. 18. *which hath sent.* ver. 4. Ps. 79. 12. Is. 37. 4, 17. He. 11. 26.

17 *Of a truth.* Job 9. 2. Is. 5. 9. Je. 26. 15. Da. 2. 47. Mat. 14. 33. Lu. 22. 59. Ac. 4. 27. 1 Co. 14. 25. *the kings.* ch. 16. 9; 17. 6, 24. 1 Ch. 5. 26. Is. 7. 17, 18; 10. 9-11.

18 *have cast. Heb.* have given. 2 Sa. 5. 21. Is. 46. 1, 2. *for they were.* Ps. 115. 4-8. Is. 37. 18, 19; 44. 9-20. Je. 10. 3-9, 14-16. Ac. 17. 29.

19 *O Lord.* Ex. 9. 15, 16. Jos. 7. 9. 1 Sa. 17. 45-47. 1 Ki. 8. 43; 18. 36, 37; 20. 28. Ps. 67. 1, 2; 83. 18. Da. 4. 34-37.

20 *which thou hast.* 2 Sa. 15. 31; 17. 23. *I have heard.* ch. 20. 5. 2 Ch. 32. 20, 21. Job 22. 27. Ps. 50. 15; 65. 2. Is. 58. 9; 65. 24. Je. 33. 3. Da. 9. 20-23. Jno. 11. 42. Ac. 10. 4, 31. 1 Jno. 5. 14, 15.

21 *The virgin.* Is. 23. 12; 37. 21, 22, etc.; 47. 1. Je. 14. 17; 18. 13; 31. 4. La. 1. 15; 2. 13. Am. 5. 2. *the daughter.* Ps. 9. 14; 137. 8. Is. 1. 8; 23. 10; 47. 5. Je. 46. 11. La. 2. 13; 4. 21. Mi. 4. 8. Zec. 9. 9. *shaken her head.* Job 16. 4. Ps. 22. 7, 8. Is. 37. 22. La. 2. 15. Mat. 27. 39.

22 *Whom.* ch. 18. 28-35. Ex. 5. 2. Ps. 73. 9; 74. 22, 23. *exalted thy voice.* Ex. 9. 17. Pr. 30. 13. Is. 10. 15; 14. 13, 14. Eze. 28. 2-9. Da. 5. 20-23. 2 Co. 10. 5. 2 Th. 2. 4. *the Holy One.* Ps. 71. 22. Is. 5. 24; 30. 11, 12, 15. Je. 51. 5.

23 *By. Heb.* By the hand of. *messengers.* ch. 18. 17. 2 Ch. 32. 17. *With the multitude.* ch. 18. 23, 33, 34. Ps. 20. 7. Is. 10. 7-11, 14; 37. 24, 25. Eze. 31. 3, etc. *tall cedar trees thereof. Heb.* tallness of the cedar-trees thereof. *the forest of his Carmel. or,* the forest, *and* his fruitful field.

24 *I have digged,* etc. I have conquered *strange countries*, and marched through the driest places, in which I have digged wells for my army. *with the sole.* My infantry have been so numerous, that they alone have been sufficient to dry up all the rivers of besieged places, either by drinking them, or by diverting their course into other channels. Ex. 15. 9. 2 Sa. 17. 13. 1 Ki. 20. 10. Da. 4. 30. *besieged places. or,* fenced places.

25 *Hast thou not,* etc. *or,* Hast thou not heard *how* I have made it long ago, and formed it of ancient times? should I now bring it to be laid waste, *and* fenced cities *to be* ruinous heaps? *I have done it.* Ps. 33. 11; 76. 10. Is. 10. 5, 6, 15; 37. 26, 27; 45. 7; 46. 10, 11; 54. 16. Ac. 4. 27, 28.

26 *of small power. Heb.* short of hand. Nu. 11. 23; 14. 9. Ps. 48. 4-7; 127. 1. Je. 37. 10; 50. 36, 37; 51. 30, 32. *they were.* Ps. 92. 7; 102. 11. Is. 40. 6-8 Ja. 1. 10, 11. 1 Pe. 1. 24. *the grass.* Ps. 129. 6-8.

27 *I know.* Ps. 139. 1-11. Je. 23. 23, 24. *abode. or,* sitting. *thy going out.* De. 28. 6, 19. Ps. 121. 8. Is. 37. 28, 29.

28 *thy rage.* Ps. 2. 1-5; 7. 6; 10. 13, 14; 46. 6; 93. 3, 4. Lu. 6. 11. Jno. 15. 18, 23, 24. Ac. 7. 51. *thy tumult.* Ps. 65. 7; 74. 4, 23; 83. 2. *I will put.* This alludes to the method by which the common people manage their beasts in the East, especially the dromedaries, which are governed by a bridle fastened to a ring, which runs through the nostril of the beast. Job 41. 2. Ps. 32. 9. Eze. 29. 4; 38. 4. Am. 4. 2. *by the way.* ver. 33, 36, 37.

29 *a sign.* ver. 21, 31-34; ch. 20. 8, 9. Ex. 3. 12. 1 Sa. 2. 34. Is. 7. 11-14. Lu. 2. 12. *Ye shall eat.* Le. 25. 4, 5, 20-22. Is. 37. 30.

30 *the remnant that,* etc. *Heb.* the escaping of the house of Judah that remaineth. ver. 4. 2 Ch. 32. 22, 23. Is. 1. 9; 10. 20-22. *shall yet again.* Ps. 80. 9. Is. 27. 6; 37. 31, 32.

31 *For.* ver. 4. Je. 44. 14. Ro. 9. 27; 11. 5. *they that escape. Heb.* the escaping. *the zeal.* Is. 9. 7; 59. 17; 63. 15. Eze. 5. 13; 20. 9. Zec. 1. 14. Jno. 2. 17.

32 *He shall not come.* Is. 8. 7-10; 10. 24, 25, 28-32; 37. 33-35. *cast a bank.* 2 Sa. 20. 15. Eze. 21. 22. Lu. 19. 43, 44.

34 *I will defend.* ch. 20. 6. Ps. 46. 5, 6; 48. 2-8. Is. 31. 5; 38. 6. *for mine.* De. 32. 27. Is. 43. 25 48. 9, 11. Eze. 36. 22. Ep. 1. 6, 14. *my servant.* 1 Ki 11, 12, 13; 15. 4. Is. 9. 7. Je. 23. 5, 6; 33. 21, 26.

35 *that night*. Ex. 12. 29. Da. 5. 30. 1 Th. 5. 2, 3. *the angel*. Ex. 12. 29, 30. 2 Sa. 24. 16. 1 Ch. 21. 12, 16. 2 Ch. 32. 21, 22. Ps. 35. 5, 6. Ac. 12. 23. *and smote*. Is. 10. 16-19, 33; 30. 30-33; 37. 36. Ho. 1. 7. *when they arose*. Ex. 12. 30. Ps. 76. 5-7, 10.

36 *Sennacherib*. ver. 7, 28, 33. *Nineveh*. Ge. 10. 11, 12. Jon. 1. 2; 3. 2, etc. Na. 1. 1; 2. 8. Mat. 12. 41.

37 *Nisroch*. ver. 10; ch. 18. 5, 30. De. 32. 31. 2 Ch. 32. 14, 19. Is. 37. 37, 38. *his sons smote*. ver. 7. 2 Ch. 32. 21. *the land*. *Armenia* or *Ararat* is a province of Asia, comprising the modern Turcomania and part of Persia; having Georgia on the north, Curdistan, or the ancient Assyria, on the south, and Asia Minor, now Natolia, on the west. *Armenia*. *Heb*. Ararat. Ge. 8. 4. Je. 51. 27. *Esarhaddon*. Ezr. 4. 2.

## CHAP. XX.

*Hezekiah, having received a message of death, by prayer has his life lengthened,* 1-7. *The sun goes ten degrees backward for a sign of that promise,* 8-11. *Berodach-baladan sending to visit Hezekiah, because of the wonder, has notice of his treasures,* 12, 13. *Isaiah understanding thereof, foretells the Babylonian captivity,* 14-19. *Manasseh succeeds Hezekiah,* 20, 21.

1 A.M. 3291. B.C. 713. *was Hezekiah*. 2 Ch. 32. 24, etc. Is. 38. 1, etc. Jno. 11. 1-5. Phi. 2. 27, 30. *the prophet*. ch. 19. 2, 20. *Set thine house in order*. *Heb*. Give charge concerning thine house. 2 Sa. 17. 23. Is. 38. 1, margins. *thou shalt die*. Je. 18. 7-10. Jon. 3. 4-10.

2 *he turned*. 1 Ki. 8. 30. Ps. 50. 15. Is. 38. 2, 3. Mat. 6. 6.

3 *remember*. Ge. 8. 1. Ne. 5. 19; 13. 14, 22, 31. Ps. 25. 7; 89. 47, 50; 119. 49. Is. 63. 11. *I have walked*. ch. 18. 3-6. Ge. 5. 22, 24; 17. 1. 1 Ki. 2. 4; 3. 6. Job 1. 1, 8. Lu. 1. 6. *in truth*. 2 Ch. 31. 20, 21. Ps. 32. 2; 145. 18. Je. 4. 2. Jno. 1. 47. 2 Co. 1. 12. 1 Jno. 3. 21, 22. *a perfect heart*. 1 Ki. 8. 61; 11. 4; 15. 14. 2 Ch. 16. 9. *wept sore*. *Heb*. wept with a great weeping. 2 Sa. 12. 21, 22. Ps. 6. 6; 102. 9. Is. 38. 14. He. 5. 7.

4 *court*. *or*, city.

5 *Turn again*. 2 Sa. 7. 3-5. 1 Ch. 17. 2-4. *the captain*. Jos. 5. 14, 15. 1 Sa. 9. 16; 10. 1. 2 Sa. 5. 2. 2 Ch. 13. 12. He. 2. 10. *the God*. 2 Ch. 34. 3. Is. 38. 5; 55. 3. Mat. 22. 32. *I have heard*. ch. 19. 20. Ps. 65. 2; 66. 19, 20. Lu. 1. 13. *I have seen*. Ps. 39. 12; 56. 8; 126. 5. Re. 7. 17. *I will heal*. ver. 7. Ex. 15. 26. De. 32. 39. Job 33. 19-26. Ps. 147. 3. Ja. 5. 14, 15. *thou shalt go*. ver. 8. Ps. 66. 13-15, 19, 20; 116. 12-14; 118. 17-19. Is. 38. 22. Jno. 5. 14.

6 *I will add*. Ps. 116. 15. Ac. 27. 24. *I will defend*. See on ch. 19. 34. 2 Ch. 32. 22. Is. 10. 24.

7 *Take a lump*. ch. 2. 20-22; 4. 41. Is. 38. 21. *the boil*. The word *shechin*, from the Arabic *sachana*, to be *hot*, signifies an *inflammatory tumour*, or *burning boil;* and some think that Hezekiah's malady was a *pleurisy;* others, that it was the *plague;* and others, the *elephantiasis*, a species of *leprosy*, as one of the Hexapla versions renders in Job 2. 7. A poultice of *figs* might be very proper to maturate a boil, or dismiss any obstinate inflammatory swelling; but we need not discuss its propriety in this case, because it was as much the means which God chose to bless for his recovery, as the clay which Christ moistened to anoint the eyes of the blind man; for in both cases, without Divine interposition the cure could not have been effected.

8 *What shall be*. ver. 5; ch. 19. 29. Ju. 6. 17, 37-40. Is. 7. 11, 14; 38. 22. Ho. 6. 2.

9 *This sign*. Is. 38. 7, 8. Mat. 16. 1-4. Mar. 8. 11, 12. Lu. 11. 29, 30.

10 ch. 2. 10; 3. 18. Is. 49. 6. Mar. 9. 28, 29. Jno. 14. 12.

11 *cried unto*. Ex. 14. 15. 1 Ki. 17. 20, 21; 18. 36-38. Ac. 9. 40. *he brought*. Jos. 10. 12-14. 2 Ch. 32. 24, 31. Is. 38. 8. *dial*. *Heb*. degrees.

12 A.M 3292. B.C. 712. *Berodach-baladan*. Is. 39. 1, etc., Merodach-baladan. *king*. 2 Ch. 32. 31. *Babylon*. Ge. 10. 10; 11. 9. Is. 13. 1, 19; 14. 4. *sent letters*. 2 Sa. 8. 10; 10. 2. *for he had heard*. Is. 39. 1.

13 *shewed*. 2 Ch. 32. 27. Is. 39. 2. *precious things*. *or*, spicery. 1 Ki. 10. 2, 10, 15, 25. *armour*. *or*, jewels. *Heb*. vessels. *there was nothing*. 2 Ch. 32. 25, 26. Pr. 23. 5. Ec. 7. 20.

14 *came Isaiah*. Is. 39. 3-8. *What said*. ch. 5. 25, 26. 2 Sa. 12. 7, etc. 2 Ch. 16. 7-10; 25. 7-9, 15, 16. Ps. 141. 5. Pr. 25. 12. Je. 26. 18, 19. Am. 7. 12, 13. Mar. 6. 18, 19. *a far country*. De. 28. 49. Jos. 9. 6, 9. Is. 13. 5.

15 *All the things*. ver. 13. Jos. 7. 19. Job 31. 33. Pr. 28. 13. 1 Jno. 1. 8-10.

16 *Hear*. ch. 7. 1. 1 Ki. 22. 19. Is. 1. 10. Am. 7. 16.

17 *shall be carried*. ch. 24. 13; 25. 13-15. Le. 26. 19. 2 Ch. 36. 10, 18. Je. 27. 21, 22; 52. 17-19.

18 *thy sons*. ch. 24. 12; 25. 6. 2 Ch. 33. 11. *they shall be*. '*Fulfilled*. Da. 1. 3-7.'

19 *Good*. Le. 10. 3. 1 Sa. 3. 18. Job 1. 21. Ps. 39. 9. La. 3. 22, 39. *Is it not good*, etc. *or*, Shall there not be peace and truth, etc. *peace and truth*. Es. 9. 30. Je. 33. 6. Zec. 8. 19. Lu. 2. 10, 14.

20 *he made a pool*. 2 Ch. 32. 4, 30, 32. Ne. 3. 16. Is. 22. 9-11. *the book*. ch. 8. 23; 15. 6, 26; 16. 19. 1 Ki. 14. 19; 15. 7, 23.

21 A.M. 3306. B.C. 698. *slept*. ch. 21. 18. 1 Ki. 2. 10; 11. 43; 14. 31. 2 Ch. 26. 23; 32. 33. *Manasseh*. ch. 21. 1.

## CHAP. XXI.

*Manasseh's reign,* 1, 2. *His great idolatry,* 3-9. *His wickedness causes prophecies against Judah,* 10-16. *Amon succeeds him,* 17, 18. *Amon's wicked reign,* 19-22. *He being slain by his servants, and those murderers slain by the people, Josiah is made king,* 23-26.

1 A.M. 3306-3361. B.C. 698-643. *was twelve*. ch. 20. 21. 1 Ch. 3. 13. 2 Ch. 32. 33; 33. 1, etc. Mat. 1. 10, Manasses. *Hephzi-bah*. Pr. 5. 19. Is. 62. 4, marg.

2 *And he did*. ver. 7, 16; ch. 16. 2-4; 22. 17. 2 Ch. 33. 2-4. *after the abominations*. Le. 18. 25-29. De. 12. 31. 2 Ch. 36. 14. Eze. 16. 51.

3 *the high places*. ch. 18. 4, 22. 2 Ch. 32. 12; 34. 3. *he reared*. ch. 10. 18-20. 1 Ki. 16. 31-33; 18. 21, 26. *a grove*. Rather, as we have before remarked, *Asherah* or *Astarte*. So CASTEL defines *Asherah* to be *Simulacrum ligneum* Astartæ *dicatum;* 'A wooden image dedicated to *Astarte*.' *Ahab*. ch. 8. 18, 27. Mi. 6. 16. *and worshipped*. ch. 17. 16; 23. 4. De. 4. 19; 17. 3. 2 Ch. 33. 3-5. Job 31. 26.

4 *he built*. ch. 16. 10-16. Je. 32. 34. *In Jerusalem*. Ex. 20. 24. De. 12. 5. 2 Sa. 7. 13. 1 Ki. 8. 29; 9. 3. Ps. 78. 68, 69; 132. 13, 14.

5 *in the two courts*. ch. 23. 4, 6. 1 Ki. 6. 36; 7. 12. 2 Ch. 33. 5, 15. Eze. 40. 28, 32, 37, 47; 42. 3; 43. 5; 44. 19.

6 A.M. 3321. B.C. 683. *he made*. ch. 16. 3; 17. 17. Le. 18. 21; 20. 2, 3. 2 Ch. 28. 3; 33. 6. Mi. 6. 7. *observed times*. Le. 19. 26, 31. De. 18. 10-14. *familiar*. 1 Ch. 10. 13. Is. 8. 19; 19. 3. Ac. 16. 16. *wrought*. ch. 24. 3, 4. Ge. 13. 13.

7 A.M. 3306-3327. B.C. 698-677. *he set*. ch. 23. 6. 2 Ch. 33. 7, 15. *In this house*. ver. 4; ch. 23. 27. 2 Sa. 7. 13. 1 Ki. 8. 29, 44; 9. 3, 7. 2 Ch. 7. 12, 16, 20. Ne. 1. 9. Ps. 74. 2; 78. 68, 69; 132. 13, 14. Je. 32. 34.

8 *will I make*. ch. 18. 11. 2 Sa. 7. 10. 1 Ch. 17. 9. 2 Ch. 33. 8. *only if they*. Le. 26. 3, etc. De. 5. 28, 29; 28. 1, etc. Jos. 23. 11-13. Ps. 37. 3; 81. 11-16. Is. 1. 19. Je. 7. 3-7, 23; 17. 20-27. Eze. 22. 2-16; 33. 25-29.

9 *they hearkened*. 2 Ch. 36. 16. Ezr. 9. 10, 11. Ne. 9. 26, 29, 30. Ps. 81. 10. Da. 9. 6, 10, 11. Lu. 13. 34. Jno. 15. 22. Ja. 4. 17. *seduced*. 1 Ki. 14. 16 2 Ch. 33. 9. Ps. 12. 8. Pr. 29. 12. Ho. 5. 11. Re. 2 20. *more evil*. Eze. 16. 47, 51, 52.

10 2 Ch. 33. 10; 36. 15. Ne. 9. 26, 30. Mat. 23. 34-37. In the following verses the doom of Judah and Jerusalem is passed, and it is a heavy doom. The prophets were sent in the first place to teach them the knowledge of God, to remind them of their duty, and direct them in it: if they succeeded not in that, their next work was to reprove them for their sins, and to set them in view before them, that they might repent and reform, and return to their duty: if in this they prevailed not, their next work was to foretell the judgments of God, that the terror of them might awaken to repentance those who would not be made sensible of the obligations of his love; or else that the execution of them, in their season, might be a demonstration of the divine mission of the prophets who foretold them. They were made *judges* to those who would not hear and receive them *as teachers*.—HENRY.

11 *Because.* ch. 23. 26, 27; 24. 3, 4. Je. 15. 4. *above all.* ver. 9. 1 Ki. 21. 26. Eze. 16. 3, 45. *made Judah.* ver. 9. 1 Ki. 14. 16; 15. 30; 16. 19.

12 *I am bringing.* ch. 22. 16. Da. 9. 12. Mi. 3. 12. *whosoever.* 1 Sa. 3. 11. Is. 28. 16. Je. 19. 3. Am. 3. 2. Mat. 24. 21, 22. Lu. 23. 28, 29. Re. 6. 15-17.

13 *I will stretch.* This metaphor is taken from the custom of using a *line* in measuring land, and in dividing portions of it among several persons. Samaria was taken, pillaged, and ruined, and its inhabitants carried into captivity: Jerusalem shall have the same measure. ch. 17. 6. Is. 10. 22; 28. 17; 34. 11. La. 2. 8. Eze. 23. 31-34. Am. 7. 7, 8. Zec. 1. 16. *the plummet.* ch. 10. 11. 1 Ki. 21. 21-24. *I will wipe.* I will empty Jerusalem of all its wealth and inhabitants, as truly as a dish turned up and wiped is emptied of its contents. 1 Ki. 14. 10. Is. 14. 23. Je. 25. 9. Eze. 24. 10, 11. Re. 18. 21-23. *wiping it, and turning it upside down. Heb.* he wipeth and turneth *it* upon the face thereof.

14 *And I will.* De. 31. 17. 2 Ch. 15. 2. Ps. 37. 28; 89. 38, etc. Je. 12. 7; 23. 33. La. 5. 20. Am. 5. 2. *the remnant.* ch. 19. 4, 30, 31; 24. 2. 2 Ch. 36. 16, 17. Je. 23. 33. *deliver.* Le. 26. 17, 36-38. De. 4. 26, 27; 28. 25, 31-33, 48. Ju. 2. 14, 15. Ne. 9. 27-37. Ps. 71. 1-7; 106. 40-43. Is. 10. 6. La. 1. 5, 10.

15 *since the day.* De. 9. 21; 31. 27, 29. Ju. 2. 11-13. Ps. 106. 34-40. Eze. 16. 15, etc.; 20. 4, 13, 21, 30; 23. 3, 8, etc. Da. 9. 5-11.

16 *Manasseh.* ch. 24. 3, 4. Nu. 35. 33. De. 21. 8, 9. Je. 2. 34; 7. 6; 15. 4; 19. 4. Mat. 23. 30, 31; 27. 6. Lu. 13. 34. He. 11. 37. *one end to another. Heb.* mouth to mouth. *beside his sin.* ver. 7, 11. Ex. 32. 21. 1 Ki. 14. 15, 16. 2 Ch. 33. 9.

17 *the rest.* See on ch. 20. 20, 21. 2 Ch. 33. 1-20.

18 A.M. 3361. B.C. 643. *and was buried.* 2 Ch. 21. 20; 24. 16, 25; 28. 27; 32. 33; 33. 20. Je. 22. 19.

19 A.M. 3361-3363. B.C. 643-641. *Amon.* 1 Ch. 3. 14. 2 Ch. 33. 21-23. Mat. 1. 10. *two years.* ch. 15. 23. 1 Ki. 15. 25; 16. 8; 22. 51.

20 *as his father.* ver. 2-7. Nu. 32. 14. 2 Ch. 33. 22, 23. Mat. 23. 32. Ac. 7. 51.

22 ch. 22. 17. De. 32. 15. 1 Ki. 11. 33. 1 Ch. 28. 9. Je. 2. 13. Jon. 2. 8.

23 A.M. 3363. B.C. 641. ch. 12. 20; 14. 19; 15. 25, 30. 1 Ki. 15. 27; 16. 9. 2 Ch. 33. 24, 25.

24 *the people of the land slew.* ch. 14. 5. *made Josiah.* ch. 11. 17; 14. 21. 1 Sa. 11. 15. 2 Sa. 5. 3. 1 Ki. 12. 1, 20. 2 Ch. 22. 1; 26. 1; 33. 25.

25 ver. 17; ch. 20. 20.

26 *in the garden.* See on ver. 18. *Josiah.* 1 Ki. 13. 5. Mat. 1. 10.

## CHAP. XXII.

*Josiah's good reign, 1, 2. He takes care for the repair of the temple, 3-7. Hilkiah having found a book of the law, Josiah sends to Huldah to enquire of the Lord, 8-14. Huldah prophesies the destruction of Jerusalem, but respite thereof in Josiah's time, 15-20.*

1 A.M. 3363-3394. B.C. 641-610. *Josiah.* This prince was one of the best, if not the best, of all the Jewish kings since the time of David. He began well, continued well, and ended well. 1 Ki. 13. 2. 2 Ch. 34. 1, 2, etc. Je. 1. 2. Zep. 1. 1. Mat. 1. 10, Josias. *eight years old.* ch. 11. 21; 21. 1. Ps. 8. 2. Ec. 10. 16. Is. 3. 4. *Boscath.* This was a city in the plain country of the tribe of Judah; and is mentioned in the parallel passage along with Lachish and Eglon. Jos. 15. 39, Bozkath.

2 *right.* ch. 16. 2; 18. 3. 2 Ch. 17. 3; 29. 2. Pr. 20. 11. *walked.* 1 Ki. 3. 6; 11. 38; 15. 5. *turned.* De. 5. 32. Jos. 1. 7. Pr. 4. 27. Eze. 18. 14-17.

3 A.M. 3380. B.C. 642. *in the.* 2 Ch. 34. 3-8, etc.

4 *Hilkiah.* 1 Ch. 6. 13; 9. 11. 2 Ch. 34. 9-18. *that he may.* Ten years seem to have elapsed since the people began to present the accustomed offerings; yet no one had taken an account of them, nor were they applied to the purpose for which they were given. *sum the silver.* ch. 12. 4, 8-11. 2 Ch. 24. 8-12. Mar. 12. 41, 42. *the keepers.* 1 Ch. 9. 19; 26. 13-19. 2 Ch. 8. 14. Ne. 11. 19. Ps. 84. 40. *door. Heb.* threshold.

5 *deliver.* ch. 12. 11-14. *to repair.* ch. 12. 5. 2 Ch. 24. 7, 12, 13, 27. Ezr. 3. 7.

7 *Howbeit.* ch. 12. 15. 2 Ch. 24. 14. *they dealt faithfully.* Ex. 36. 5, 6. Ne. 7. 2. Pr. 28. 20. Lu. 16. 10-12. 1 Co. 4. 2. 2 Co. 8. 20, 21. 2 Ti. 2. 2. 3 Jno. 5.

8 *I have found.* This certainly was a genuine copy of the divine law, and probably the *autograph* of Moses, as it is said, in the parallel place of Chronicles, to be the book of the *law of the Lord by Moses.* It is not probable that this was the *only* copy of the law in the land, or that Josiah had never before seen the book of Moses; but the fact seems to be, that this was the original of the covenant renewed by Moses in the plains of Moab, and now being unexpectedly found, its *antiquity*, the *occasion* of its being made, the present *circumstances* of the people, the *imperfect state* in which the reformation was as yet, after all that had been done, would all concur to produce the effect here mentioned on the mind of the pious Josiah. De. 31. 24-26. 2 Ch. 34. 14, 15, etc.

9 *Shaphan.* ver. 3, 12; ch. 25. 22. Je. 26. 24; 29. 3; 36. 10-12; 39. 14; 40. 11; 41. 2. Eze. 8. 11. *the scribe.* See on ch. 18. 18. *gathered. Heb.* melted.

10 *Shaphan.* De. 31. 9-13. 2 Ch. 34. 18. Ne. 8. 1-7, 14, 15, 18; 13. 1. Je. 36. 6, 15, 21. *the king.* De. 17. 18-20. Je. 13. 18; 22. 1, 2.

11 *that he rent.* ver. 19. 2 Ch. 34. 19. Je. 36. 24. Joel 2. 13. Jon. 3. 6, 7.

12 *the king.* ch. 19. 2, 3. 2 Ch. 34. 19-21. Is. 37. 1-4. *Ahikam.* ver. 9. Je. 26. 22, 24. *Achbor.* 2 Ch. 34. 20, Abdon. *Michaiah. or,* Micah.

13 *enquire.* ch. 3. 11. 1 Ki. 22. 7, 8. 1 Ch. 10. 13, 14. Ps. 25. 14. Pr. 3. 6. Je. 21. 1, 2; 37. 17. Eze. 14. 3, 4; 20. 1-3. Am. 3. 7. *great.* Ex. 20. 5. De. 4. 23-27; 29. 23-28; 31. 17, 18. Ne. 8. 8, 9; 9. 3. Ps. 76. 7. Da. 9. 5-7. Na. 1. 6. Ro. 3. 20; 4. 15; 7. 9. Re. 6. 17. *because our fathers.* 2 Ch. 29. 6; 34. 21. Ps. 106. 6. Je. 16. 12; 44. 17. La. 5. 7. Da. 9. 8, 10. Ja. 1. 22-25.

14 *prophetess.* Ex. 15. 20. Ju. 4. 4. Mi. 6. 4. Lu. 1. 41, etc.; 2. 36. Ac. 21. 9. 1 Co. 11. 5. *Tikvah.* 2 Ch. 34. 22, Tikvath, Hasrah. *wardrobe. Heb.* garments. 2 Ki. 10. 22. Ne. 7. 72. *college. or,* second part.

15 ch. 1. 6, 16. Je. 23. 28.

16 *Behold.* ch. 20. 17; 21. 12, 13. 2 Ch. 34. 24, 25. *all the words.* ch. 25. 1-4. Le. 26. 15, etc. De. 28. 15, etc.; 29. 18-23; 30. 17, 18; 31. 16-18; 32. 15-26. Jos. 23. 13, 15. Da. 9. 11-14.

17 *have forsaken.* Ex. 32. 34. De. 29. 24-28; 32. 15-19. Ju. 2. 12-14; 3. 7, 8; 10. 6, 7, 10-14. 1 Ki. 9. 6-9. Ne. 9. 26, 27. Ps. 106. 35-42. Je. 2. 11-13, 27, 28. *the works.* Ps. 115. 4-8. Is. 2. 8, 9; 44. 17-20; 46. 5-8. Mi. 5. 13. *therefore.* 1 Th. 2. 16. *shall not be.* De. 32. 22. 2 Ch. 36. 16. Is. 33. 14. Je. 7. 20; 17. 27. Eze. 20. 47, 48. Zep. 1. 18.

18 *the king.* 2 Ch. 34. 26-28. *thus shall ye.* Is. 3. 10. Mal. 3. 16, 17.

19 *thine heart.* 1 Sa. 24. 5. Ps. 51. 17; 119. 120. Is. 46. 12; 57. 15; 66. 2, 5. Je. 36. 24, 29-32. Eze. 9. 4. Ro. 2. 4, 5. Ja. 4. 6-10. *humbled.* Ex. 10. 3. Le. 26. 40, 41. 1 Ki. 21. 29. 2 Ch. 35. 12, 19, 23. Mi. 6. 8. 1 Pe. 5. 5, 6. *a desolation.* Le. 26. 31, 32. De. 29. 23. Je. 26. 6; 44. 22. *hast rent.* ver. 17. *wept.* Nu. 25. 6. Ju. 2. 4, 5; 20. 26. Ezr. 9. 3, 4; 10. 1. Ne. 1. 4; 8. 9. Ps. 119. 136. Je. 9. 1; 13. 17; 14. 17. Lu. 19. 41. Ro. 9. 2, 3. *I also have.* ch. 19. 20; 20. 5.

20 *I will gather.* Ge. 25. 8. De. 31. 16. 1 Ch. 17. 11. 2 Ch. 34. 28. *thou shalt.* During thy life, none of *these calamities* shall fall upon thee nor thy people; no *adversary* shall be permitted to disturb the peace of Judea; and thou shalt at last 'be gathered into thy grave in peace.' Now, though it is stated that Pharaoh-Necho slew him at Megiddo, yet the Assyrians and the Jews were at peace; and though Josiah might feel it his duty to oppose the Egyptian king's going against his friend and ally, and that, in his endeavours to oppose him, he was mortally wounded at Megiddo, yet certainly he was not killed *there*, but was brought to Jerusalem, where he died in peace. *gathered.* ch. 23. 29, 30. Ps. 37. 37. Is. 57. 1, 2. Je. 22. 10, 15, 16.

## CHAP. XXIII.

*Josiah causes the book to be read in a solemn assembly,* 1, 2. *He renews the covenant of the Lord,* 3. *He destroys idolatry,* 4-14. *He burns dead men's bones upon the altar of Beth-el, as was fore-prophesied,* 15-20. *He keeps a most solemn passover,* 21-23. *He puts away witches and all abomination,* 24, 25. *God's final wrath against Judah,* 26-28. *Josiah, provoking Pharaoh-nechoh, is slain at Megiddo,* 29, 30. *Jehoahaz, succeeding him, is imprisoned by Pharaoh-nechoh, who makes Jehoiakim king,* 31-35. *Jehoiakim's wicked reign,* 36, 37.

1 *the king.* De. 31. 28. 2 Sa. 6. 1. 2 Ch. 29. 20; 30. 2; 34. 29, 30, etc.

2 *both small and great. Heb.* from small even unto great. Ge. 19. 11. 1 Sa. 5. 9; 30. 2. 2 Ch. 15. 13. Es. 1. 5. Job 3. 19. Ps. 115. 13. Ac. 26. 22. Re. 20. 12. *he read.* De. 31. 10-13. 2 Ch. 17. 9. Ne. 8. 1-8; 9. 3; 13. 1. *the book.* ch. 22. 8. De. 31. 26. 1 Ki. 8. 9.

3 *stood.* ch. 11. 14, 17. 2 Ch. 23. 13; 34. 31, 32. *made a covenant.* Ex. 24. 7, 8. De. 5. 1-3; 29. 1, 10-15. Jos. 24. 25. 2 Ch. 15. 12-14; 23. 16; 29. 10. Ezr. 10. 3. Ne. 9. 38; 10. 28, etc. Je. 50. 5. He. 8. 8-13; 12. 24; 13. 20. *to walk.* De. 8. 19. *his commandments.* De. 4. 45; 5. 1; 6. 1. Ps. 19. 7-9. *with all their heart.* De. 6. 5; 10. 12; 11. 13. Mat. 22. 36, 37. *And all.* Ex. 24. 3. Jos. 24. 24. 2 Ch. 34. 32, 33. Ec. 8. 2. Je. 4. 2.

4 *priests of the second order.* These were either such as occasionally supplied the high priest's office, or those of the *second course* or *order* established by David. *See the References.* 1 Ch. 24. 4-19. Mat. 26. 3; 27. 1. *the keepers.* See on ch. 22. 4. 1 Ch. 26. 1-19. *to bring.* ch. 21. 3, 7. 2 Ch. 33. 3, 7; 34. 3, 4. *Baal.* ch. 17. 16. Ju. 2. 13. 1 Ki. 16. 31; 18. 19, 26, 40; 19. 18. Is. 27. 9. Je. 7. 9. *Kidron.* 2 Sa. 15. 23. Jno. 18. 1, Cedron. *Beth-el.* 1 Ki. 12. 29. Ho. 4. 15. Am. 4. 4.

5 *put down. Heb.* caused to cease. *the idolatrous priests. Heb.* Chemarim. Ho. 10. 5, marg. '*Foretold.* Zep. 1. 4, 5.' *planets. or,* twelve signs, *or* constellations. So the Vulgate *duodecim signa,* 'the twelve signs,' *i.e.* the *zodiac;* which is the most probable meaning of the word *mazzaloth,* from the Arabic *manzeel,* a caravanserai, house, or dwelling, as being the apparent *dwellings* of the sun in his annual course; and the Targumists and Rabbins often employ the words *tereysar mazzalaya,* to denote the signs of the *zodiac.* *all the host.* See on ch. 21. 3, 4. Je. 8. 1, 2; 44. 17-19.

6 *the grove.* Or rather, *Asherah,* or Astarte. ch. 21. 7. Ju. 3. 7. 1 Ki. 14. 23; 16. 33. Je. 17. 2. *and burned.* Ex. 32. 20. De. 7. 25; 9. 21. *the graves.* ch. 10. 27. 2 Ch. 34. 4. *the children.* Probably the *common* people.

7 *the sodomites.* Ge. 19. 4, 5. 1 Ki. 14. 24; 15. 12; 22. 46. 2 Ch. 34. 33. Ro. 1. 26, 27. *where.* Ex. 35. 25, 26. Eze. 8. 14; 16. 16. Ho. 2. 13. *hangings. Heb.* houses.

8 *from,* etc. The northern and southern borders of Judah. *Geba.* Jos. 21. 17. 1 Ki. 15. 22. 1 Ch. 6. 60. Is. 10. 29. Zec. 14. 10. *Beer-sheba.* Ge. 21. 31; 26. 23. Ju. 20. 1. 1 Ki. 19. 3.

9 *the priests.* Eze. 44. 10-14. Mal. 2. 8, 9. *but they did.* 1 Sa. 2. 36. Eze. 44. 29-31.

10 *Topheth.* Is. 30. 33. Je. 7. 31, 32; 19. 6, 11-13, Tophet. *the valley.* Jos. 15. 8. 2 Ch. 28. 3; 33. 6. Je. 19. 2; 32. 35. Mat. 5. 22. Gr. *might make.* ch. 16. 3; 17. 17; 21. 6. Le. 18. 21. De. 18. 10. Je. 32. 35. Eze. 16. 21; 20. 26, 31; 23. 37-39.

11 *the sun.* ver. 5. 2 Ch. 14. 5; 34. 4. Eze. 8. 16. *house of the Lord.* Throughout the East, the *horse* because of his *swiftness* and utility, was dedicated to the *sun;* and the Greeks and Romans feigned that the *chariot* of the sun was drawn by *four horses,* Pyrous, Eous, Aithon, and Phlegon; and hence also *chariots* were dedicated to that luminary. Jarchi says, that those who adored the sun had *horses,* which they mounted every morning, to go out to meet him at his rising. The kings of Judah had imitated these idolatrous customs, and kept the horses of the sun even at the entrance of the temple of the Lord! *chamberlain. or,* eunuch, *or* officer.

12 *on the top.* De. 22. 8. Je. 19. 13. Zep. 1. 5. *which Manasseh.* ch. 21. 5, 21, 22. 2 Ch. 33. 5, 15. *brake them down from thence. or,* ran from thence. *cast.* See on ver. 6.

13 *the mount of corruption. that is, the mount of Olives.* Houbigant, deriving the Hebrew *mashchith* from *mashach,* 'to anoint,' reads 'the Mount of *Olives.*' Jarchi, following the Chaldee, also says this was the Mount of Olives; for this is the mount *hammishchah,* of *unction:* but because of the idolatrous purposes for which it was used, the Scripture changed the appellation to *the mount of hammashchith, corruption.* *Solomon.* 1 Ki. 11. 7. Ne. 13. 26. *Ashtoreth.* Ju. 2. 13; 10. 6. 1 Sa. 7. 4; 12. 10. 1 Ki. 11. 5, 33. *Chemosh.* Nu. 21. 29. Ju. 11. 24. Je. 48. 7, 13, 16. *Milcom.* Zep. 1. 5, Malcham.

14 *he brake.* Ex. 23. 24. Nu. 33. 52. De. 7. 5, 25, 26. 2 Ch. 34. 3, 4. Mi. 1. 7. *images. Heb.* statues. *the bones of men.* ver. 16. Nu. 19. 16, 18. Je. 8. 1, 2. Eze. 39. 12-16. Mat. 23. 27, 28.

15 *the altar.* ch. 10. 31. 1 Ki. 12. 28-33; 14. 16; 15. 30; 21. 22. *stamped.* See on ver. 6.

16 *burned.* 1 Ki. 13. 1, 2, 32. Mat. 24. 35. Jno. 10. 35. *who proclaimed.* The Septuagint and Hexaplar Syriac at Paris insert, 'when Jeroboam stood by the altar at the feast. And turning about, he cast his eyes on the sepulchre of the man of God'—

17 *It is the sepulchre.* 1 Ki. 13. 1, 30, 31.

18 *alone. Heb.* to escape. *the bones of the prophet.* 1 Ki. 13. 1-22, 31.

19 *the houses.* ch. 17. 9. 1 Ki. 12. 31; 13. 32. *the cities.* 2 Ch. 30. 6-11; 31. 1; 34. 6, 7. *the kings.* ch. 8. 18. 1 Ki. 16. 33. Mi. 6. 16. *to provoke the Lord.* ch. 17. 16-18; 21. 6. Ps. 78. 58. Je. 7. 18, 19. Eze. 8. 17, 18.

20 *he slew. or,* he sacrificed. ch. 10. 25; 11. 18. Ex. 22. 20. De. 13. 5. 1 Ki. 13. 2; 18. 40. Is. 34. 6. Zec. 13. 2, 3. *burned.* 2 Ch. 34. 5.

21 *Keep.* 2 Ch. 35. 1, etc. *as it is written.* Ex. 12. 3, etc. Le. 23. 5-8. Nu. 9. 2-5; 28. 16-25. De. 16. 1-8.

22 *Surely.* 2 Ch. 35. 18, 19. *of the kings.* 2 Ch 30. 1-3, 13-20; 35. 3-17.

24 *Moreover.* '*His eighteenth year ending.*' *the workers.* ch. 21. 3, 6. 1 Sa. 28. 3-7. Is. 8. 19; 19. 3. Ac. 16. 16-18. Re. 22. 15. *images. or,* teraphim. Ge. 31. 19. Ju. 17. 5; 18. 17, 18. Ho. 3. 4. *that he might.* Le. 19. 31; 20. 27. De. 18. 10-12. Is. 8. 20. Ro. 3. 20. Ja. 1. 25. *the book.* ch. 22. 8-13. 2 Ch. 34. 14-19.

25 A.M. 3363-3394. B.C. 641-610. *unto him.* ch. 18. 5. *that turned.* ver. 3. De. 4. 29; 6. 5. 1 Ki. 2. 4; 8. 48; 15. 5. Je. 29. 13. *according.* Ne. 10. 29. Mal. 4. 4. Jno. 1. 17; 7. 19.

26 *Notwithstanding.* ch. 21. 11-13; 22. 16, 17; 24. 2, 4. 2 Ch. 36. 16. Je. 3. 7-10; 15. 1-4. *provocations. Heb.* angers.

27 *I will remove.* ch. 17. 18, 20; 18. 11; 21. 13; 24. 3; 25. 11. De. 29. 27, 28. Eze. 23. 32-35. *out of my sight.* Ps. 51. 11. Je. 31. 37; 33. 24. La. 2. 7. *My name.* See on ch. 21. 4, 7. 1 Ki. 8. 29; 9. 3.

28 *the rest.* See on ch. 20. 20.

29 A.M. 3394. B.C. 610. *Pharaoh-nechoh. Pharaoh-nechoh,* called Νεκως, *Necos,* the son of Psammiticus, by HERODOTUS, was now marching 'to make war upon the Medes and Babylonians, who had dissolved the Assyrian empire,' the king of the latter being the famous *Nabopollasar,* who had also become king of Assyria. ver. 33, 34. 2 Ch. 35. 20-24. Je. 46. 2. *slew him.* Ec. 8. 14; 9. 1, 2. Is. 57. 1, 2. Ro. 11. 33. *Megiddo. Megiddo,* called Μαγδολον, *Magdolum,* by HERODOTUS, was situated in the tribe of Manasseh, west of Jordan, in the valley of Jezreel, and not far from Hadad-Rimmon, or Maximianopolis. This shews that Josiah reigned over the country formerly possessed by the ten tribes; and it is also probable, that Nechoh had landed his troops at or near Cæsarea of Palestine. ch. 9. 27. Ju. 1. 27; 5. 19. 1 Ki. 4. 12. Zec. 12. 11, Megiddon. Re. 16. 16, Armageddon. *he had seen him.* ch. 14. 8, 11.

30 *servants.* ch. 9. 28. 1 Ki. 22. 33-38. 2 Ch. 35. 24. *the people.* ch. 14. 21; 21. 24. 2 Ch. 36. 1, 2, etc.

31 *Jehoahaz.* 1 Ch. 3. 15. Je. 22. 11, Shallum. *Hamutal.* ch. 24. 18.

32 ch. 21. 2-7, 21, 22.

33 *put him.* 2 Ch. 36. 3, 4. Eze. 19. 3, 4. *Riblah.* THEODORET (in Je. ch. 46,) expressly affirms that *Riblah* or *Reblatha* was in his time called *Emesa.* Κωμη δε εστιν η Ρεβλαθα της νυν καλουμενης Εμεσης. *Emesa* was a city of Syria, situated on the Orontes, and, according to the *Antonine Itinerary,* 18 miles from Laodicea ad Libanum. It is now called *Homs,* or *Hems,* about eight hours, or twenty-four miles S.E. of Hamah or Hamath, in the road to Damascus. The present town only occupies about one quarter of the space contained within the ancient walls, which apparently date from the time of the Saracens. Here is nothing remarkable, except a Roman sepulchre, and a large castle in ruins. ch. 25. 6. Je. 39. 5, 6; 52. 9, 10, 26, 27. *that he might not reign. or,* because he reigned. *put,* etc. *Heb.* set a mulct upon the land. ch. 18. 14.

34 *Eliakim.* 2 Ch. 36. 3, 4. *turned.* ch. 24. 17. Ge. 41. 45. Da. 1. 7. *Jehoiakim.* '*Called* Jakim, Mat. 1. 11. *he came.* Je. 22. 11, 12. Eze. 19. 3, 4.

35 *the silver.* ver. 33. *taxed.* ch. 15. 19, 20.

36 A.M. 3394-3405. B.C. 610-599. *Jehoiakim.* 1 Ch. 3. 15. 2 Ch. 36. 5. Je. 1. 3. *Rumah.* JOSEPHUS here reads *Abuma;* but he also speaks of *Ruma,* a village of Galilee.

37 *he did.* Je. 22. 13-17; 26. 20-23; 36. 23-26, 31. Eze. 19. 5-9. *all that.* 2 Ch. 28. 22-25; 33. 4-10, 22, 23.

## CHAP. XXIV.

*Jehoiakim, first subdued by Nebuchadnezzar, then rebelling against him, procures his own ruin,* 1-4. *Jehoiachin succeeds him,* 5, 6. *The king of Egypt is vanquished by the king of Babylon,* 7. *Jehoiachin's evil reign,* 8, 9. *Jerusalem is taken and carried captive into Babylon,* 10-16. *Zedekiah is made king, and reigns ill, unto the utter destruction of Judah,* 17-20.

1 *his days.* ch. 17. 5. 2 Ch. 36. 6, etc. Je. 25. 1, 9; 46. 2. Da. 1. 1. *Nebuchadnezzar.* This prince, so famous in the writings of the prophets, was the son of Nabopollasar king of Babylon.

2 *the Lord.* ch. 6. 23; 13. 20, 21. De. 28. 49, 50. 2 Ch. 33. 11. Job 1. 17. Is. 7. 17; 13. 5. Je. 35. 11. Eze. 19. 8. *according.* ch. 20. 17; 21. 12-14; 23. 27. Is. 6. 11, 12. Je. 25. 9; 26. 6, 20; 32. 28. Mi. 3. 12. *his. Heb.* the hand of his.

3 *Surely.* ch. 18. 25. Ge. 50. 20. 2 Ch. 24. 24; 25. 16. Is. 10. 5, 6; 45. 7; 46. 10, 11. Am. 3. 6. *remove them.* ch. 23. 26, 27. Le. 26. 33-35. De. 4. 26, 27; 28. 63; 29. 28. Jos. 23. 15. Je. 15. 1-4. Mi. 2. 10. *for the sins.* ch. 21. 2-11. Ex. 20. 5.

4 *for the innocent.* ch. 21. 16. Nu. 35. 33. De. 19. 10. Je. 2. 34; 19. 4. *he filled.* Ps. 106. 38. *which.* Je. 15. 1, 2. La. 3. 42. Eze. 33. 25.

5 *the rest.* 2 Ch. 36. 8. Je. 22. 13-17; ch. 26-36.

6 A.M. 3405. B.C. 599. *slept.* As Jehoiakim was 'buried with the burial of an ass,' by being 'drawn and cast forth beyond the gates of Jerusalem,' without interment, the expression 'slept with his fathers,' can only mean that he died, or slept the sleep of death. In the East, a body exposed during the night would be a prey to wild animals; if any of it were left till the morning, the carnivorous birds would devour it. 2 Ch. 36. 6, 8. Je. 22. 18, 19; 36. 30. *Jehoiachin.* As this man reigned only *three months,* and was a mere *vassal* of the king of Babylon, his reign is scarcely reckoned; and therefore Jeremiah (ch. 31. 30) says of Jehoiakim, 'he shall have none to sit upon the throne of David.'

7 *the king.* Je. 37. 5-7; 46. 2. *from the river.* Ge. 15. 18. Nu. 34. 5. Jos. 15. 4. 1 Ki. 4. 21. Is. 27. 12.

8 *Jehoiachin.* 1 Ch. 3. 16. Je. 24. 1, Jeconiah. Je. 22. 24, 28; 37. 1, Coniah. Mat. 1. 11, 12, Jechonias. *eighteen years.* In the parallel place, he is said to be only *eight* years old; but this must be a mistake, for we find that having reigned only *three months,* he was carried captive to Babylon, and there had *wives;* and had he been of such a tender age, it could scarcely have been said that, as a king, 'he did that which was evil in the sight of the Lord.' 2 Ch. 36. 9.

10 *At that time.* Da. 1. 1, 2. *was besieged. Heb.* came into siege. ch. 25. 2.

12 *Jehoiachin.* 2 Ch. 36. 10. Je. 24. 1; 29. 1, 2; 38. 17, 18. Eze. 17. 12. *officers. or,* eunuchs. *took him.* ch. 25. 27. Je. 52. 28, 31. *eighth year.* '*Nebuchadnezzar's eighth year.*' Je. 25. 1; 52. 28.

13 *he carried.* ch. 20. 17. Is. 39. 6. Je. 20. 5. *and cut.* ch. 25. 13-15. Ezr. 1. 7-11. Je. 27. 16-21; 28. 3, 4, 6. Da. 5. 2, 3. *which Solomon.* 1 Ki. 7. 48-50. 2 Ch. 4. 7-22.

14 *all.* That is, all the chief men, the nobles, and the artificers. Among these were 7000 mighty men, and 1000 craftsmen and smiths. *Jerusalem.* 2 Ch. 36. 9, 10. Je. 24. 1-5; 52. 28. Eze. 1. 1, 2. *craftsmen. So* 1 Sa. 23. 19-22. *the poorest sort* ch. 25. 12. Je. 39. 10; 40. 7; 52. 16. Eze. 17. 14.

15 *he carried.* See on ver. 8. 2 Ch. 36. 10. Es. 2. 6. Je. 22. 24-28. *officers. or,* eunuchs.

16 *seven thousand.* Je. 29. 2; 52. 28.

17 *the king.* 2 Ch. 36. 10, 11. Je. 37. 1; 52. 1. *his father's brother.* He was son of Josiah, brother to Jehoiakim, and uncle of Jehoiachin. 1 Ch. 3. 15, 16. 2 Ch. 36. 10. *changed.* The *change* of name was to shew Nebuchadnezzar's *supremacy,* and that Zedekiah was only his *vassal* or *viceroy.* The custom of changing names, we are assured by travellers, still exists in the East. ch. 23. 34. 2 Ch. 36. 4.

18 A.M. 3405-3416. B.C. 599-588. *Zedekiah.* 2 Ch. 36. 11. Je. 37. 1; 52. 1, etc. *Hamutal.* ch. 23. 31.

19 *And he did.* ch. 23. 37. 2 Ch. 36. 12. Je. 24. 8; ch. 37; 38. Eze. 21. 25.

20 *through.* ch. 22. 17. Ex. 9. 14-17. De. 2. 30. Is. 19. 11-14. 1 Co. 1. 20. 2 Th. 2. 9-11. *Zedekiah.* 2 Ch. 36. 13. Je. 27. 12-15; 38. 17-21. Eze. 17. 15-20.

## CHAP. XXV.

*Jerusalem is besieged, 1-3. Zedekiah taken, his sons slain, his eyes put out, 4-7. Nebuzar-adan defaces the city, carries the remnant, except a few poor labourers, into captivity, 8-12; and spoils and carries away the treasures, 13-17. The nobles are slain at Riblah, 18-21. Gedaliah, who was over them that remained, being slain, the rest flee into Egypt, 22-26. Evil-merodach advances Jehoiachin in his court, 27-30.*

1 A.M. 3414. B.C. 590. *in the ninth.* This, according to the computation of Archbishop USHER, was on Thursday, January 30th, A.M. 3414, which was a sabbatical year; wherein they proclaimed liberty to their servants, according to the law, but soon enthralled them again. (See Je. 34. 8-10.) 2 Ch. 36. 17, etc. Je. 34. 2, 3, etc.; 39. 1, etc.; 52. 4, 5, etc. Eze. 24. 1, 2, etc. *Nebuchadnezzar.* ch. 24. 1, 10. 1 Ch. 6. 15. Je. 27. 8; 32. 28; 43. 10; 51. 34. Eze. 26. 7, Nebuchadrezzar. Da. 4. 1, etc. *pitched.* Is. 29. 3. Je. 32. 24. Eze. 4. 1-8; 21. 22-24. Lu. 19. 43, 44.

3 A.M. 3416. B.C. 588. *the ninth day.* Je. 39. 2; 52. 6. Zec. 8. 19. *the famine.* Le. 26. 26. De. 28. 52, 53. La. 4. 4-10. Eze. 4. 9-17; 5. 10, 12; 7. 15; 14. 21. *there was no.* Je. 37. 21; 38. 2.

4 *the city.* This being the ninth day of the fourth month, corresponded to Wednesday, July 27. Je. 5. 10; 39. 2, 3; 52. 6, 7, etc. Eze. 33. 21. *fled.* Le. 26. 17, 36. De. 28. 25; 32. 24, 25, 30. Je. 39. 4-7. *and the king.* ver. 5. Eze. 12. 12.

5 *and overtook.* Is. 30. 16. Je. 24. 8; 39. 5; 52. 8. Am. 2. 14-16.

6 *they took.* 2 Ch. 33. 11. Je. 21. 7; 34. 21, 22; 38. 23. La. 4. 19, 20. Eze. 17. 20, 21; 21. 25-27. *Riblah.* ch. 23. 33. Je. 52. 9. *gave judgment upon him. Heb.* spake judgment with him.

7 *they slew.* Ge. 21. 16; 44. 34. De. 28. 34. Je. 22. 30; 39. 6, 7; 52. 10, 11. *and put out. Heb.* and made blind. Thus were fulfilled the apparently contradictory prophecies of Jeremiah and Ezekiel—that his eyes should *see* the king of Babylon, but Babylon he should *not see, though he should die there.* Je. 32. 4, 5; 34. 3. Eze. 12. 13, etc. *bound him.* Ju. 16. 21. 2 Ch. 33. 11; 36. 6. Ps. 107. 10, 11; 149. 8. Eze. 7. 27; 17. 16-20.

8 *in the fifth month.* This answered to Wednesday, August 24; and three days after he reduced the temple to ashes, and carried Judah captive; in the 11th year of Zedekiah; the 19th of Nebuchadnezzar; 424 years, 3 months, and 8 days from the foundation of the temple; 468 years from the beginning of the reign of David; 388 years from the division of the ten tribes; and 134 years from their captivity. Je. 52. 12-14. Zec. 8. 19. *the nineteenth.* ver. 27; ch. 24. 12. *Nebuzar-adan.* Je. 39. 9-14; 40. 1-4; 52. 12-16. La. 4. 12. *captain. or,* chief marshal.

9 *he burnt.* 1 Ki. 9. 8. 2 Ch. 36. 19. Ps. 74. 3-7; 79. 1. Is. 64. 10, 11. Je. 7. 14; 26. 9. La. 1. 10; 2. 7. Mi. 3. 12. Lu. 21. 5, 6. Ac. 6. 13, 14. *the king's.* Je. 34. 22; 37. 8, 10; 39. 8; 52. 13. Am. 2. 5.

10 *brake.* Ne. 1. 3. Je. 5. 10; 39. 8; 52. 14, etc.

11 *the rest.* Je. 15. 1, 2; 39. 9; 52. 12. Eze. 5. 2; 12. 15, 16; 22. 15, 16. *fugitives. Heb.* fallen away.

12 *left of the poor.* ch. 24. 14. Je. 39. 10; 40. 7; 52. 16. Eze. 33. 24.

13 *the.* ch. 20. 17. 2 Ch. 36. 18. Je. 27. 19-22; 52. 17-20. La. 1. 10. *pillars.* Ex. 27. 3. 1 Ki. 7. 15, 27. 2 Ch. 4. 12, 13. *bases.* 1 Ki. 7. 23-45. 2 Ch. 4. 2-6, 14-16.

14 *the pots.* Ex. 27. 3; 38. 3. 1 Ki. 7. 47-50. 2 Ch. 4. 20-22; 24. 14.

15 *and such things.* Ex. 37. 23. Nu. 7. 13, 14. 1 Ki. 7. 48-51. 2 Ch. 24. 14. Ezr. 1. 9-11. Da. 5. 2, 3.

16 *one sea. Heb.* the one sea. *the brass.* 1 Ki. 7. 47.

17 *one pillar.* 1 Ki. 7. 15, 16. Je. 52. 21-23.

18 *captain.* ver. 24, 25, etc. *Seraiah.* 1 Ch. 6. 14. Ezr. 7. 1. Je. 52. 24. *Zephaniah.* Je. 21. 1; 29. 25, 29. *the second priest.* Called by the Jews *sagan*, who officiated for the high priest in case of any temporary incapacity. *door. Heb.* threshold.

19 *officer. or,* eunuch. *were in the king's presence. Heb.* saw the king's face. Es. 1. 14. *principal. or,* scribe of the captain of the host.

20 *and brought.* Je. 52. 26, 27. La. 4. 16.

21 *the king.* These men were put to death as accessaries to Zedekiah's rebellion; for the king of Babylon had no doubt found that they had counselled him to revolt. *So Judah.* ch. 17. 20; 23. 27. Le. 26. 33-35. De. 4. 26; 28. 36, 64. Je. 24. 9, 10; 25. 9-11. Eze. 12. 25-28; 24. 14. Am. 5. 27.

22 *the people.* Je. 40. 5, 6, etc. *Gedaliah.* ver. 25. Je. 39. 14; 41. 2. *Ahikam.* ch. 22. 12. 2 Ch. 34. 20. Je. 26. 24.

23 *And when.* Je. 40. 7-9, 11, 12. *Mizpah.* There were several places of the name of *Mizpah*, or *Mizpeh*, and we do not certainly know which of them this was; but it is probable that it was that situated *east* of Jordan, in the mountains of Gilead, (Ge. 31. 49,) and most contiguous to Babylon; and therefore the most proper for the residence of Gedaliah.

24 *sware to them.* 2 Sa. 14. 11; 19. 23. Je. 40. 9, 10. Eze. 33. 24-29. *and it shall be.* Je. 40. 9; 43. 6.

25 *seventh.* Zec. 7. 5; 8. 19. *Ishmael.* Je. 40. 15, 16; 41. 1-15. *royal. Heb.* of the kingdom. ch. 11. 1.

26 Je. 41. 16-18; 42. 14-22; 43. 4-7.

27 A.M. 3442. B.C. 562. *it came to pass.* Je. 24. 5, 6; 52. 31-34. *king of Babylon.* Pr. 21. 1. *lift up the head.* Ge. 40. 13, 20.

28 *kindly to him. Heb.* good things with him. *the throne.* Je. 27. 6-11. Da. 2. 37; 5. 18, 19.

29 *changed.* ch. 24. 12. Ge. 41. 14, 42. Es. 4. 4; 8. 15. Is. 61. 3. Zec. 3. 4. Lu. 15. 22. *he did eat bread.* 2 Sa. 9. 7.

30 *a daily rate.* Ne. 11. 23; 12. 47. Da. 1. 5. Mat. 6. 11. Lu. 11. 3. Ac. 6. 1. *all the days of his life.* Ge. 48. 15, 16.

## CONCLUDING REMARKS ON THE TWO BOOKS OF KINGS.

THE events detailed in these books are highly interesting and important. The account of the wisdom, magnificence, and extended commerce of Solomon; the rash and impolitic conduct of Rehoboam; the disobedient prophet; the widow of Zarephath; Elijah and the prophets of Baal; Ben-hadad's pride and defeat; Elijah's assumption into heaven; Elisha's succession to his ministry, and the series of illustrious miracles he performed; the panic flight of the Syians; the history of Ben-hadad and Hazael; and the predicted death of Ahab and Jezebel, and their children, are all pregnant with instruction, and have furnished themes for frequent dissertation. We perceive in these impressive histories the characters and qualities of men painted with the utmost fidelity, and the attributes of God displayed with great effect: we contemplate the exact accomplishment of God's promises and threatenings, the wisdom of his dispensations, and the mingled justice and mercy of his government. The particulars and circumstances are sketched out with a brief and lively description, and the imagination lingers with pleasure in filling up the striking outlines presented to our view. The authenticity of these books is attested by the prophecies they contain, which were subsequently fulfilled; by the citation of our Saviour and his Apostles; by their universal reception by the Jewish and Christian churches; and by the corresponding testimonies of profane authors and ancient sculptures.

# The First Book of the CHRONICLES.

B.C. 1004. A.M. 1.

## CHAP. I.

*Adam's line to Noah, 1-4. The sons of Japheth, 5-7. The sons of Ham, 8-16. The sons of Shem, 17-23. Shem's line to Abraham, 24-28. Ishmael's sons, 29-31. The sons of Keturah, 32, 33. The posterity of Abraham by Esau, 34-37. The sons of Seir, 38-42. The kings of Edom, 43-50. The dukes of Edom, 51-54.*

1 *Sheth.* Ge. 4. 25, 26; 5. 3, 8. Lu. 3. 38, Seth. *Enosh.* Ge. 5. 9-11. Lu. 3. 38, Enos.

2 *Kenan.* Ge. 5. 12-14. Lu. 3. 37, Cainan. *Mahalaleel.* Ge. 5. 15-17. Lu. 3. 37, Maleleel. *Jered.* Ge. 5. 18-20. Lu. 3. 37, Jared.

3 *Henoch.* Ge. 5. 21-24. He. 11. 5. Jude 14, Enoch. *Methuselah.* Ge. 5. 25-27. Lu. 3. 37, Mathusala. *Lamech.* Ge. 5. 28-31. Lu. 3. 36.

4 *Noah.* Ge. 5. 32; 6. 8, 9; 7. 1; 9. 29. Is. 54. 9, 10. Eze. 14. 14. Mat. 24. 37, 38. Lu. 3. 36; 17. 26, Noe. He. 11. 7. 2 Pe. 2. 5. *Shem.* Ge. 5. 32; 6. 10; 9. 18.

5 Ge. 10. 1-5. Eze. 27. 13; 38. 2, 3, 6; 39. 1.

6 *Aschchenaz.* Ge. 10. 3, Ashkenaz. *Riphath. or,* Diphath, *as it is in some copies.*

7 *Tarshish.* Ps. 72. 10. Is. 66. 19. *Kittim.* These, and other words ending in *im*, forming the Hebrew plural, are not the names of individuals, but of nations. Nu. 24. 24. Is. 23. 1, 12. Je. 2. 10. Eze. 27. 6. Da. 11. 30, Chittim. *Dodanim. or,* Rodanim, *according to some copies.*

8 *sons.* Ge. 10. 6, 7. *Put.* Ge. 10. 6, Phut.

10 Ge. 10. 8-12. Mi. 5. 6.

11 Ge. 10. 13, 14.

12 *Caphthorim.* De. 2. 23. Je. 47. 4. Am. 9. 7.

13 *Canaan.* Ge. 9. 22, 25, 26; 10. 15-19, Sidon. *Heth.* Ge. 23. 3, 5, 20; 27. 46; 49. 30-32. Ex. 23. 28. Jos. 9. 1. 2 Sa. 11. 6.

14 *Jebusite.* Ge. 15. 21. Ex. 33. 2; 34. 11. Ju. 1. 21; 19. 11. 2 Sa. 24. 16. Zec. 9. 7. *Amorite.* Ge. 48. 22. Nu. 21. 21-32. De. 20. 17. Jos. 3. 10; 24. 15. 2 Sa. 21. 2. 2 Ki. 21. 11. Am. 2. 9. *Girgashite.* Ge. 15. 21. De. 7. 1. Jos. 3. 10. Ne. 9. 8.

15 *Hivite.* Ex. 3. 8, 17; 13. 5. 1 Ki. 9. 20.

16 *Hamathite.* Nu. 34. 8. 1 Ki. 8. 65.

17 *sons of Shem.* Ge. 10. 22-32; 11. 10. *Elam.* Ge. 14. 1. Is. 11. 11; 21. 2; 22. 6. Je. 25. 25. Eze. 32. 24. Da. 8. 2. *Asshur.* Nu. 24. 22-24. Ezr. 4. 2. Ps. 83. 8, Assur. Eze. 27. 23; 32. 22. Ho. 14. 3. *Lud.* Is. 66. 19. Eze. 27. 10. *Aram.* Nu. 23. 7. *Meshech.* Ge. 10. 23, Mash.

18 *Shelah.* Ge. 10. 24; 11. 12-15, Salah.

19 *Eber.* Ge. 10. 21, 25; 11. 16, 17. Nu. 24. 24. *Peleg. that is,* Division.

20 *Hazarmaveth.* Ge. 10. 26, 27.

22 *Ebal.* Ge. 10. 28, Obal.

23 *Ophir.* Ge. 10. 29. 1 Ki. 9. 28; 10. 11. 1 Ch. 29. 4. Job 22. 24. Pr. 45. 9. Is. 13. 12. *Havilah.* Ge. 2. 11; 25. 18. 1 Sa. 15. 7.

24 *Shem.* Ge. 11. 10-26. *Shelah.* Lu. 3. 35, Sala.

25 *Eber.* Lu. 3. 35, Heber. *Peleg.* Lu. 3. 35, Phalec. *Reu.* Lu. 3. 35, Ragau.

26 *Serug.* Lu. 3. 35, Saruch. *Nahor.* Lu. 3. 34, Nachor. *Terah.* Lu. 3. 34, Thara.

27 *Abram.* Ge. 11. 27-32; 17. 5. Jos. 24. 2. Ne. 9. 7.

28 *Isaac.* Ge. 17. 19-21; 21. 2-5, 12. *Ishmael.* Ge. 16. 11-16; 21. 9, 10.

29 *The firstborn.* Ge. 25. 12-16. *Nebaioth.* Ge. 28. 9, Nebajoth. Is. 60. 7. *Kedar.* Ps. 120. 4. Ca. 1. 5. Is. 21. 17.

30 *Dumah.* Is. 21. 11. *Hadad. or,* Hadar. Ge. 25. 15.

32 A.M. 2151. B.C. 1853. *the sons.* Ge. 25. 1-4. *Midian.* Ge. 37. 28. Ex. 2. 15, 16. Nu. 22. 4-7; 25. 6; 31. 2. Ju. 6. 1-6. *Sheba.* 1 Ki. 10. 1. Job 6. 19. Ps. 72. 10, 15. Is. 60. 6. *Dedan.* Is. 21. 13. Je. 25. 23; 49. 8. Eze. 25. 13; 27. 20.

33 *Ephah.* Is. 60. 6.

34 *Abraham.* Ge. 21. 2, 3. Mat. 1. 2. Lu. 3. 34. Ac. 7. 8. *The sons of Isaac.* Ge. 25. 24-28. Mal. 1. 2-4. Ro. 9. 10-13. *Israel.* Ge. 32. 28.

35 *sons of Esau.* Ge. 36. 4, 5, 9, 10.

36 *Teman.* ver. 53. Ge. 36. 11-15. Je. 49. 7, 20. Am. 1. 12. Ob. 9. Hab. 3. 3. *Zephi.* The various reading of צפי, *Zephi*, and צפו, *Zepho*, is caused simply by the mutation of י, *yood*, and ו, *wav*. Ge. 36. 15, Zepho.

38 *the sons of Seir.* Ge. 36. 20, 29, 30. *Ezar.* The variation here is only in the translation. Ge. 36. 21, Ezer.

39 *Hori.* De. 2. 12, 22. *Homam.* This variation is simply the mutation of י, *yood*, and ו, *wav;* that in Genesis being properly הימם, *Hemam*, and this, הומם, *Homam.* Ge. 36. 22, Hemam.

40 *Alian.* Both these variations are also caused by the mutation of י and ו; the former being written עלון, *Alvan*, and עלין, *Alian;* and the latter, שפו, *Shepho*, and שפי, *Shephi.* Ge. 36. 23, Alvan, Shepho. *Aiah.* The difference here is only in the translation; the original being uniformly איה, *Aiyah.* Ge. 36. 24, Ajah.

41 *Dishon.* Ge. 36. 25. *Amram.* This variation is only caused by the mutation of a ד, *daleth*, and a ר, *raish;* the original being in Genesis חמדן, *Hemdan*, and here חמרן, *Hamran.* Ge. 36. 26, Hemdan.

42 *Zavan.* The former of these is the same in the original, זעון, *Zaüvan;* and the latter, יעקן, is an error for ועקן, *wëakan*, 'and Achan.' Ge. 36. 27, Zaavan, Achan. *Uz.* Ge. 36. 28. La. 4. 21.

43 *the kings.* Ge. 36. 31-39; 49. 10. Nu. 24. 17-19.

44 *Bozrah.* Is. 34. 6; 63. 1. Je. 49. 13. Am. 1. 12. Mi. 2. 12.

48 *Shaul.* The original is uniformly *Shaül.* Ge. 36. 37, Saul.

50 *Hadad.* This variation is occasioned simply by the mutation of ר, *raish*, and ד, *daleth;* being in Genesis, הדר, *Hadar*, and here, הדד, *Hadad.* Ge. 36. 39, Hadar. *Pai.* This simply depends on the interchange of י and ו; being written in Genesis פעו, *Paü*, and here פעי, *Paï.* Ge. 36. 39, Pau.

51 *Aliah.* This is another instance of the mutation of י and ו; in the former instance being עלוה, *Alvah*, and here עליה, *Aliah*, though the Keri also reads עלוה. Ge. 36. 40, Alvah.

54 *These are.* Ge. 36. 41-43.

## CHAP. II.

*The sons of Israel, 1, 2. The posterity of Judah by Tamar, 3-12. The children of Jesse, 13-17. The posterity of Caleb the son of Hezron, 18-20. Hezron's posterity by the daughter of Machir, 21-24. Jerahmeel's posterity, 25-33. Sheshan's posterity, 34-41. Another branch of Caleb's posterity, 42-49. The posterity of Caleb the son of Hur, 50-55.*

1 A.M. 2252, etc. B.C. 1752, etc. *Israel. or,* Jacob. Ge. 32. 28; 49. 2. *Reuben.* Ge. 29. 32-35; 30. 5-24; 35. 18, 22-26; 46. 8, etc.; 49. 4-28. Ex. 1. 2-4. Nu. 1. 5-15; 13. 4-15; 26. 5, etc. Re. 7. 5-8.

3 *Er, and.* ch. 9. 5. Ge. 38. 2-10; 46. 12. Nu. 26. 19.

4 *Tamar.* Ge. 38. 13-30. Ru. 4. 12. Mat. 1. 3, Thamar. *Pharez.* ch. 9. 4. Nu. 26. 21. Ru. 4. 18. Ne. 11. 4, Perez. Mat. 1. 3. Lu. 3. 33, Phares. *Zerah.* ch. 9. 6. Nu. 26. 13, 20. Ne. 11. 24. Mat. 1. 3, Zara.

5 *Hezron.* Ge. 46. 12. Nu. 26. 21. Ru. 4. 18. Mat. 1. 3. Lu. 3. 33, Esrom.

6 *Zimri. Zabdi,* זבדי, is apparently here called *Zimri,* זמרי, in consequence of a ב, *baith,* being mistaken for a מ, *mem,* and a ד, *daleth,* for a ר, *raish.* Jos. 7. 1, 17, 18, Zabdi. *Ethan.* 1 Ki. 4. 31. *Dara. Darda,* דרדע, is here called *Dara,* דרע, by the elision of a ד, *daleth.* 1 Ki. 4. 31, Darda.

7 *Carmi.* ch. 4. 1. *Achar. Achan* is probably called *Achar,* from the *trouble* he occasioned. Jos. 7. 1-5, Achan. *accursed.* De. 7. 26; 13. 17. Jos. 6. 18; 7. 11-15, 25; 22. 20.

9 *Jerahmeel.* ver. 25-33. *Ram.* Ru. 4. 19. Mat. 1. 3. Lu. 3, 33, Aram. *Chelubai.* ver. 18, 19, 24, 42, Caleb.

10 *Amminadab.* Ru. 4. 19, 20. Mat. 1. 4. Lu. 3. 33, Aminadab. *Nahshon.* Nu. 1. 7; 2. 3; 7. 12, 17; 10. 14. Ru. 4. 20. Mat. 1. 4. Lu. 3. 32, Naasson.

11 *Salma.* Ru. 4. 21. Mat. 1. 4, 5. Lu. 3. 32, Salmon, Booz.

12 *Jesse.* ch. 10. 14. Ru. 4. 22. 1 Sa. 16. 1. Is. 11. 1, 10. Mat. 1. 5. Lu. 3. 32. Ac. 13. 22. Ro. 15. 12.

13 *his first-born.* 1 Sa. 16. 6, etc.; 17. 13, 28. *Eliab.* ch. 27. 18, Elihu. *Shimma.* ch. 20. 7, Shimea. 1 Sa. 16. 9, Shammah.

15 *David.* It appears from the parallel places of Samuel, that Jesse had *eight* sons, of whom David was the *eighth* and youngest; but one may have died before David came to the throne. 1 Sa. 16. 10, 11; 17. 12-14.

16 *the sons of.* 1 Sa. 26. 6. 2 Sa. 2. 18-23; 3. 39; 16. 9-11; 19. 22.

17 *Amasa.* 2 Sa. 17. 25; 19. 13; 20. 4-12. 1 Ki. 2. 5, 32. *Jether. Jether,* יתר, is essentially the same with יתרא, *Ithra,* the latter only having the addition of an א; and it is probable, that he was an *Ishmaelite* by birth but an *Israelite* by religion. 2 Sa. 17. 25, Ithra an Israelite.

18 A.M. 2534, etc. B.C. 1470, etc. *Caleb. Caleb,* כלב, is the same as *Chelubai,* כלובי; the latter simply having a ו, *wav,* inserted, and a י, *yood,* affixed. This person must have lived some time before Israel left Egypt; for Bezaleel, the principal person employed in constructing the tabernacle, was his grandson. ver. 9, Chelubai, 42.

19 *Ephrath.* ver. 24, 50; ch. 4. 4. Mi. 5. 2, Ephratah.

20 *Bezaleel.* Ex. 31. 2; 36. 1, 2; 37. 1; 38. 22. 2 Ch. 1. 5.

21 *Machir.* Ge. 50. 23. Nu. 26. 29; 27. 1; 32. 39, 40. De. 3. 15. *married. Heb.* took.

22 *Jair.* Nu. 32. 41. De. 3. 14. Jos. 13. 30.

23 *Geshur.* Jos. 13. 13. 2 Sa. 13. 38. *Kenath. Kenath* was situated in the tribe of Manasseh, east of Jordan. EUSEBIUS says it was called in his time Καναθα, *Kanatha;* and was a town in the Trachonitis, near Bozra. JOSEPHUS places it in Cœlo-syria; and PLINY reckons it among the cities of the Decapolis. It was also called *Nobah,* after Nobah an Israelite, who conquered it, (Nu. 32. 42;) which is placed by EUSEBIUS, eight miles south of Heshbon: See Note on Ju. 8. 11.

24 *Caleb-Ephratah.* ver. 9, 18, 19. 1 Sa. 30. 14. *Ashur.* ch. 4. 5. *Tekoa.* 2 Sa. 14. 2. Am. 1. 1.

25 *the sons of.* Of the persons mentioned in verses 25-33, nothing more is recorded or known. *Jerahmeel.* ver. 9.

27 *Ram.* ver. 25.

28 *Onam.* ver. 26.

30 *Nadab.* ver. 28.

31 *the children of Sheshan.* ver. 34, 35.

35 *Sheshan.* When the people of the East have no sons, they frequently marry their daughters to their slaves, even when they have much property to bestow upon them. Hassan had been the slave of of Kamel, his predecessor; but Kamel, according to the custom of the country, gave him one of his daughters in marriage, and left him at his death one part of his great riches. MAILLET, Lett. xi. p. 118. ver. 31.

36 *Zabad.* ch. 11. 41.

42 *Caleb.* This was not Caleb the son of Jephunneh, but Caleb the son of Hezron, and therefore called the brother of Jerahmeel: See the parallel texts. ver. 9, Chelubai, 18, 19, 24. *his firstborn.* Ge. 49. 3. Ex. 4. 22, 23. Ro. 8. 29. He. 12. 23. *the father. i.e.* the founder, or, as the Targum renders, 'the prince of the Ziphites;' for it was usual to call both the founder and the prince of a city its father. *Ziph.* Jos. 15. 24. 1 Sa. 23. 19; 26. 1. *the father of Hebron.* ver. 23, 24, 45, 49, 52; ch. 8. 29. Ezr. 2. 21-35. Ne. 7. 25-38.

45 *Beth-zur. Beth-zur* was situated in the tribe of Judah, twenty miles south from Jerusalem, towards Hebron, according to EUSEBIUS. It was fortified by Rehoboam, (2 Ch. 11. 7,) and was a fortress of great consequence, principally in the time of the Maccabees. 1 Mac. 4. 28; 6. 7, etc. Jos. 15. 58.

46 *Caleb's.* ver. 18, 19, 48.

48 *concubine.* ver. 46. Ge. 25. 5, 6.

49 *the father of Madmannah.* See on ver. 42. *Madmannah* was a city situated in the southern part of Judah, and towards Gaza, according to EUSEBIUS. Jos. 15. 31. Is. 10. 31, Madmenah. *Gibea.* It is probable this was not Gibeah of Benjamin, and the royal residence of Saul, but Gibeah in the tribe of Judah, to which tribe all these other cities belonged. Jos. 15. 57. 2 Sa. 21. 6, Gibeah.

50 *Caleb.* This *Caleb* was the grandson of the preceding, and brother to Uri, the father of Bezaleel. *Ephratah.* ver. 19, 20, Ephrath. *Kirjath-jearim.* ver. 53; ch. 13. 5, 6. Jos. 15. 9, 60. 1 Sa. 7. 1.

51 *Salma.* ch. 4. 4. *Beth-lehem.* Ge. 35. 19. Ru. 1. 19; 2. 4; 4. 11. Mat. 2. 1, 6. Jno. 7. 42.

52 *Haroeh. or,* Reaiah, ch. 4. 2. As *Haroeh* and *Reaiah* have nearly the same signification, it is probable they were deemed perfectly interchangeable, and indifferently applied. *half of the Manahethites. or,* half of the Menuchites, *or,* Hatsihammenuchoth.

53 *Ithrites.* ch. 11. 40. 2 Sa. 23. 38. *the Zareathites.* Jos. 15. 33; 19. 41. Ju. 13. 2, 25; 16. 31.

54 *Beth-lehem.* ver. 51. *Netophathites.* ch. 11. 30. 2 Sa. 23. 29. Ezr. 2. 22. Ne. 7. 26; 12. 28. *Ataroth. or,* Atarites, *or,* crowns of the house of Joab. Jos. 16. 2.

55 *the scribes.* Ezr. 7. 6. Je. 8. 8. *Jabez.* ch. 4. 9, 10. *Kenites.* Ju. 1. 16; 4. 11. 1 Sa. 15. 6. *Rechab.* 2 Ki. 10. 15. Je. 35. 2-8, 19.

## CHAP. III.

*The sons of David,* 1-9. *His line to Zedekiah,* 10-16. *The successors of Jeconiah,* 17-24.

1 A.M. 2951, etc. B.C. 1053, etc. *the sons of David.* 2 Sa. 3. 2-5. *Amnon.* 2 Sa. 13. 1, 29. *Ahinoam.* 1 Sa. 25. 42, 43; 27. 3. *Jezreelitess.* Jos. 15. 56. *Daniel.* It is probable this person had two names. The Targumist says he was 'called *Chileab,* because he was in every respect like his father.' 2 Sa 3. 3. *of Abigail.* 1 Sa. 25. 39-42.

2 *Absalom.* 2 Sa. 13. 1, 20-28, 38; 18. 14, 18, 33; 19. 4-10. *Geshur.* ch. 2. 23. Jos. 13. 13. 2 Sa. 14 23, 32; 15. 8. *Adonijah.* 2 Sa. 3. 4. 1 Ki. 1. 5; 2 24, 25.

3 *Eglah.* The Targumist, JARCHI, and others, maintain that this was Michal; and though it is stated (2 Sa. 6. 23) that 'she had no child to the day of her death,' yet she might have had a child before, at that time living. 2 Sa. 3. 5.

4 *there he reigned.* 2 Sa. 2. 11; 5. 4, 5. 1 Ki. 2. 11. *and in Jerusalem.* 2 Sa. 5. 4, 14, etc.

5 *Shimea.* ch. 14. 4. 2 Sa. 5. 14, Shammuah. *Nathan.* 2 Sa. 7. 2-4; 12. 1-15. Lu. 3. 31. *Solomon.* ch. 28. 5, 6. 2 Sa. 12. 24, 25. *Bath-shua.* 2 Sa. 11. 3, Bath-sheba. Mat. 1. 6. *Ammiel.* 2 Sa. 11. 3, Eliam.

6 *Elishama.* ch. 14. 5. 2 Sa. 5. 15, Elishua. *Eliphelet.* ch. 14. 5, Elpalet.

7 *Nogah.* 2 Sa. 5. 15, 16.

8 *Eliada.* ch. 14. 7, Beeliada. *Eliphelet.* ch. 14. 7. 2 Sa. 5. 14-16, Eliphalet.

9 *of the concubines.* 2 Sa. 5. 13. *Tamar.* 2 Sa. 13. 1-20.

10 *Rehoboam.* 1 Ki. 11. 43; 14. 31; 15. 6. Mat. 1. 7, Roboam. *Abia.* 1 Ki. 15. 1, Abijam. 2 Ch. 13. 1, Abijah. *Asa.* 1 Ki. 15. 8. 2 Ch. 14. 1. *Jehoshaphat.* 1 Ki. 15. 24. 2 Ch. 17. 1. Mat. 1. 8, Josaphat.

11 *Joram.* 1 Ki. 22. 50. 2 Ch. 21. 1, Jehoram. *Ahaziah.* 2 Ki. 8. 24. 2 Ch. 21. 17, Jehoahaz; 22. 1-6, Azariah. *Joash.* 2 Ki. 11. 21. 2 Ch. 24. 1.

12 *Amaziah.* 2 Ki. 14. 1. 2 Ch. 25. 1. *Azariah.* 2 Ki. 14. 21; 15. 30. 2 Ch. 26. 1, Uzziah. Mat. 1. 8, 9, Ozias. *Jotham.* 2 Ki. 15. 5, 32. 2 Ch. 27. 1. Mat. 1. 9, Joatham.

13 *Ahaz.* 2 Ki. 16. 1. 2 Ch. 28. 1-8. Mat. 1. 9, Achaz. *Hezekiah.* 2 Ki. 18. 1. 2 Ch. 29. 1. Mat. 1. 9, Ezekias. *Manasseh.* 2 Ki. 21. 1. 2 Ch. 33. 1. Mat. 1. 10, Manasses.

14 *Amon.* 2 Ki. 21. 19. 2 Ch. 33. 20, 21. *Josiah.* 2 Ki. 22. 1. 2 Ch. 34. 1. Mat. 1. 10, 11, Josias. *Johanan. or,* Jehoahaz. 2 Ki. 23. 30. *Jehoiakim.* 2 Ki. 23. 34, Eliakim. 2 Ch. 36. 5. Je. 22. 18. *Zedekiah.* 2 Ki. 24. 17, 18, Mattaniah. 2 Ch. 36. 11. *Shallum.* The Targumist says he was called *Shallum,* 'because the kingdom departed from the house of David in his days.' 2 Ki. 23. 30. 2 Ch. 36. 1, Jehoahaz. Je. 22. 11.

16 *Jeconiah.* 2 Ki. 24. 6, 8; 25. 27. 2 Ch. 36. 9, Jehoiachin. Je. 22. 24, 28, Coniah. Mat. 1. 11, Jechonias. *Zedekiah.* As the sons of Jeconiah are enumerated in the succeeding verse, and as Zedekiah is no where else mentioned as the son of Jeconiah, but as the son of Josiah, it is highly probable that *son* here means *successor.* ver. 15. 2 Ki. 24. 17, *being his uncle.*

17 *Assir.* As Salathiel was not the son of *Assir,* but of Jeconiah, it is probable that the word *assir,* which signifies a *prisoner,* is an epithet applied to Jeconiah, who was a long time a *prisoner* at Babylon. *Salathiel.* Ezr. 3. 2, 8; 5. 2, Shealtiel. Mat. 1. 12.

19 *the sons of Pedaiah.* As St. Matthew states that Zerubbabel was the son of Salathiel, HOUBIGANT thinks these words should be omitted; and *Pedaiah* is wanting in the Arabic and Syriac. *Zerubbabel.* Ezr. 2. 2; 3. 2. Hag. 1. 12-14; 2. 2, 4. Zec. 4. 6-9. Mat. 1. 12, Zorobabel.

21 Ne. 10. 22.

22 *Hattush.* Ezr. 8. 2. *six. Five* only are enumerated in the text, which HOUBIGANT would substitute as the true reading; but probably the *father* is reckoned with his *sons.*

23 *Hezekiah. or,* Hiskijahu.

## CHAP. IV.

*The posterity of Judah by Caleb, the son of Hur,* 1-4. *Of Ashur, the posthumous son of Hezron,* 5-8. *Of Jabez, and his prayer,* 9, 10. *The other families of the same stock,* 11-20. *The sons of Shelah,* 21-23. *The posterity and cities of Simeon,* 24-38. *Their conquest of Gedor, and of the Amalekites in mount Seir,* 39-43.

1 A.M. 2283, etc. B.C. 1721, etc. *Pharez.* ch. 2. 5. Ge. 38. 29; 46. 12. Nu. 26. 20, 21. Ru. 4. 18. Mat. 1. 3. Lu. 3. 33, Phares, Esrom. *Carmi.* ch. 2. 9, Chelubai; 2. 18, Caleb.

2 *Reaiah.* ch. 2. 52, Haroeh. *Zorathites.* ch. 2. 53, 54. Jos. 15. 33. Ju. 13. 25.

3 *Etam.* Ju. 15. 11. 2 Ch. 11. 6.

4 *Gedor.* ver. 18, 39. Jos. 15. 36. *Hur.* ch. 2. 19, 50.

5 See on ch. 2. 24.

8 Probably *Jabez* should be mentioned here; as otherwise he is as a *consequent* without an antecedent.

9 *more.* Ge. 34. 19. Is. 43. 4. Ac. 17. 11. *Jabez. i.e.* Sorrowful. *I bare him.* ch. 7. 23. Ge. 3. 16; 35. 18. 1 Sa. 4. 21.

10 *called.* ch. 16. 8. Ge. 12. 8. Job 12. 4. Ps. 55. 16; 99. 6; 116. 2-4. Je. 33. 3. Ro. 10. 12-14. 1 Co. 1. 2. *the God.* Ge. 32. 28; 33. 20. 1 Sa. 1. 17. Is. 41. 17. *Oh that,* etc. *Heb.* If thou wilt, etc. Lu. 19. 42. *bless me.* Ge. 12. 2; 32. 26. Ps. 72. 17. Ac. 3. 26. Ep. 1. 3. *enlarge.* Jos. 17. 14-18. Ju. 1. 27-36. Pr. 10. 22. *thine hand.* Ps. 119. 173. Is. 41. 10. Jno. 10. 28. *that thou.* Ge. 48. 16. Pr. 30. 8. Mat. 6. 13. Ro. 12. 9; 16. 19. 2 Ti. 4. 18. *keep me. Heb.* do *me. that it may.* Ps. 32. 3, 4; 51. 8, 12. Mat. 26. 75. Jno. 21. 17. 2 Co. 2. 1-7. Ep. 4. 30. Re. 3. 19. *God granted.* 1 Ki. 3. 7-13. Job 22. 27, 28. Ps. 21. 4; 65. 2; 66. 19, 20; 116. 1, 2. Mat. 7. 7-11. Ep. 3. 20.

12 *Irnahash. or,* the city of Nahash.

13 *Kenaz.* Jos. 15. 17. Ju. 1. 13; 3. 9-11. *Hathath. or,* Hathath *and* Meonathai, *who* begat, etc.

14 *valley. or, inhabitants* of the valley. *Charashim. that is,* craftsmen. 2 Ki. 24. 14. Ne. 11. 35.

15 *Caleb.* Nu. 13. 6, 30; 14. 6-10, 24, 30. Jos. 14. 6-14; 15. 13-20. Ju. 1. 12-14. *Kenaz. or,* Uknaz.

17 *Ezra.* Ezra seems to be the person before called *Asareel* in ver. 16. *and she bare Miriam.* It is probable that the latter part of ver. 18 should be transposed before this passage, which MICHAELIS thinks its right place; for otherwise we have the pronoun *she* without an antecedent, and children born without their father's being mentioned. *Eshtemoa.* ver. 19; ch. 6. 57. Jos. 15. 50, Eshtemoh; 21. 24. 1 Sa. 30. 28.

18 *Jehudijah. or,* the Jewess. *the father.* ver. 4, 39. Jos. 15. 58. *Gedor.* Gedor was a city in the tribe of Judah; and probably the same which EUSEBIUS calls Κεδους, and JEROME *Gedrus,* ten miles from Diospolis, or Lydda, towards Eleutheropolis. *Socho.* Jos. 15. 34, 35, 48, Socoh.

19 *Hodiah. or,* Jehudijah, *mentioned before,* ver. 18. *Keilah.* Jos. 15. 44. 1 Sa. 23. 1, etc.

20 *Shimon.* Shimon is supposed to have been another son of Mered, by Jehudijah. As this latter name signifies a Jewess, it rather favours the opinion that Bithiah was not a Jewess, but an Egyptian.

21 *Shelah.* ch. 2. 3; 9. 5. Ge. 38. 5; 46. 12. Nu. 26. 20. Ne. 11. 5, Shiloni.

23 ver. 14. Ps. 81. 6.

24 *The sons of Simeon.* This genealogy differs in many particulars from those in the parallel places; probably occasioned by the same person's having several names. *Nemuel.* Ge. 46. 10. Ex. 6. 15, Jemuel. *Jarib.* Nu. 26. 12-14, Jachin. *Zerah.* Ge. 46. 10, Zohar.

27 *like to. Heb.* unto. Nu. 2. 4, 13; 26. 14, 22.

28 *Beer-sheba.* Beer-sheba was situated twenty miles south of Hebron, according to EUSEBIUS and JEROME, in whose time it was occupied by a Roman garrison. Jos. 15. 28, 29; 19. 2, 3, 9. *Moladah.* Probably the same as *Malatha,* so often mentioned by EUSEBIUS; from whom it appears it was situated about twenty miles from Hebron.

29 *Bilhah.* Jos. 19. 3, Balah-Azem. *Tolad.* Jos. 19. 4, Eltolad.

30 *Bethuel.* Jos. 19. 4, Bethul. *Ziklag.* ch. 12. 1. Jos. 15. 31; 19. 5. 1 Sa. 27. 6; 30. 1. Ne. 11. 28.

31 *and Hazar-susim.* Jos. 19. 5, 6, Hazar-susah, Beth-lebaoth, Sharuhen.

32 *Etam. Ether,* or *Etham,* was situated near Malatha, according to EUSEBIUS. Jos. 19. 7, Ether, Remmon. *Ashan.* EUSEBIUS says *Beth-ashan* was sixteen miles west of Jerusalem.

33 *Baal.* Jos. 19. 8, Baalath-beer. *their genealogy. or,* as they divided themselves by nations among them.

38 *mentioned by their names. Heb.* coming by names. ch. 5. 24. Ge. 6. 4.

39 *they went.* This expedition of the Simeonites took place in the days of Hezekiah, and, as CALMET conjectures, near the time of the captivity of the ten tribes; when the remnant of Simeon would feel themselves obliged to retire more southward into Arabia Petræa, for fear of the Jews, and to seek pasture for their flocks. *Gedor.* ver. 4, 18. Jos. 12. 13, Geder. ch. 15. 58.

40 *the land.* Ju. 18. 7-10. *Ham.* These were probably either *Philistines* or *Egyptians*, who dwelt at Gedor. Ge. 9. 22, etc.; 10. 6. Ps. 78. 51; 105. 23.

41 *these written.* ver. 33-38. *Hezekiah.* 2 Ki. 18. 8, etc. Is. 14. 28-32. *the habitations.* Or, the *Meunnim*, or Maonites. Ju. 10. 12. Je. 49. 20. Ac. 17. 26. *pasture.* Nu. 32. 1-4.

42 *mount Seir.* Ge. 36. 8, 9. De. 1. 2.

43 *the rest.* That is, those who had escaped in the war which Saul, and afterwards David, made against them. Ex. 17. 14-16. De. 25. 17-19. 1 Sa. 15. 7, 8; 30. 17. 2 Sa. 8. 12. *unto this day.* De. 34. 6. Ju. 1. 26. 2 Ch. 5. 9. Je. 44. 6. Mat. 27. 8; 28. 15.

## CHAP. V.

*The line of Reuben (who lost his birthright) unto the captivity*, 1-8. *Their habitation, and conquest of the Hagarites*, 9, 10. *The chief men and habitations of Gad*, 11-17. *The number and conquest of Reuben, Gad, and the half tribe of Manasseh*, 18-22. *The habitations and chief men of that half tribe*, 23, 24. *Their captivity for their sin*, 25, 26.

1 A.M. 2294, etc. B.C. 1710, etc. *he was.* ch. 2. 1. Ge. 29. 32; 46. 8; 49. 3. Ex. 6. 14. Nu. 1. 5; 16. 1; 26. 5. *forasmuch.* Ge. 35. 22; 49. 4. Le. 18. 8; 20. 11. De. 27. 20. 1 Co. 5. 1. *birthright.* Ge. 48. 15-22. De. 21. 17. *and.* Ge. 25. 23. 1 Sa. 16. 6-11.

2 *Judah.* Ge. 49. 8-10. Nu. 2. 3; 7. 12. Ju. 1. 2. Ps. 60. 7; 108. 8. Mi. 5. 2. He. 7. 14. *the chief ruler. or*, the prince. By *the chief ruler* is meant first David, and after him the Messiah, agreeably to the celebrated prophecy of Jacob. The Syriac calls him 'Christ the king,' and the Arabic 'Messiah the king.' 1 Sa. 16. 1, 10, 12. 2 Sa. 8. 15. Ps. 78. 68-71. Je. 23. 5, 6. Mi. 5. 2. Mat. 2. 6. He. 7. 14.

3 *sons.* Ge. 46. 9. Ex. 6. 14. Nu. 26. 5-9. *Pallu.* Ge. 46. 9, Phallu.

6 *Beerah.* After their separation from the house of David, the ten tribes continued to have princes of the tribes, till the time that Tiglath-pileser carried them captive; at which time *Beerah*, who according to the Targum was the same as Baruch, was their *prince*. *Tilgath-pilneser.* ver. 26. 2 Ki. 15. 29; 16. 7, Tiglath-pileser.

7 *when the genealogy.* ver. 17.

8 *Shema.* ver. 4, Shemaiah. *Aroer.* Nu. 32. 34. De. 2. 36. Jos. 13. 15-21. Is. 17. 2. *Nebo.* The city of *Nebo* was doubtless situated on or near the celebrated mountain of the same name, east of Jordan. Nu. 32. 38. De. 32. 49; 34. 1. Is. 15. 2. *Baal-meon.* Jos. 13. 17. Eze. 25. 9.

9 *unto the entering.* That is, unto the borders of Arabia Deserta, which extends to the Euphrates. *because.* Jos. 22. 8, 9.

10 A.M. 2944. B.C. 1060. *the Hagarites.* ver. 19, 20. Ge. 21. 9; 25. 12. Ps. 83. 6. *throughout*, etc. *Heb.* upon all the face of the East.

11 *the children.* The Gadites and the half tribe of Manasseh are joined to the genealogy of Reuben, because they inhabited the same country, and formed a sort of separate colony east of Jordan. *in the land.* Nu. 32. 34-36. De. 3. 10-17. Jos. 13. 11, 24-28.

13 This verse is wanting both in the Syriac and Arabic.

16 *Sharon.* ch. 27. 29. Ca. 2. 1. Is. 35. 2. *borders. Heb.* goings forth.

17 *reckoned.* ver. 7. *Jotham.* 2 Ki. 15. 5, 32. 2 Ch. 27. 1. *Jeroboam.* 2 Ki. 14. 16, 23, 28.

18 *valiant men. Heb.* sons of valour. *four and forty.* Jos. 4. 12, 13.

19 *made war.* See on ver. 10. *the Hagarites.* The *Hagarites*, and these other tribes, were descendants of *Hagar*, and dwelt, according to STRABO, in Arabia Deserta. *Nephish.* ch. 1. 31. Ge. 25. 15, Naphish.

20 *And they.* ver. 22. Ex. 17. 11. Jos. 10. 14, 42. 1 Sa. 7. 12; 19. 5. Ps. 46. 1; 146. 5, 6. *for they.* 2 Ch. 14. 11-13; 18. 31; 20. 12; 32. 20, 21. *because.* Ps. 9. 10; 20. 7, 8; 22. 4, 5; 84. 11, 12. Je. 17. 7, 8. Na. 1. 7. Ep. 1. 12.

21 *took away. Heb.* led captive. *camels.* The *camel*, in Hebrew *gamal*, retained with little variation in all languages, is, according to the Linnæan system, a genus of quadrupeds of the order *pecora*; comprehending the camel, properly so called, with two prominences; the dromedary, with a single one; the lama, or Peruvian camel, with the back even and the breast gibbose; and the pacos, or camel without any gibbosity. The camel, properly so called, is about 6½ feet in height: its head is small; ears short; neck long, slender, and bending; legs long and slender, having four callosities on the fore legs and two on the hinder, on which it rests; feet soft, parted, but not thoroughly divided; bottom of the foot tough and pliant; tail about two feet in length, terminating in a tuft; and hair fine, soft, of considerable length, and of a dusky reddish colour. Besides the same internal structure as other ruminating animals, it is furnished with an additional bag for containing a quantity of water till wanted. *men. Heb.* souls of men. Nu. 31. 35. Re. 18. 13.

22 *the war.* Jos. 23. 10. 2 Ch. 32. 8. Ro. 8. 31. *until the captivity.* ver. 26. 2 Ki. 15. 29; 17. 6.

23 *Baal-hermon.* Jos. 13. 29-31. *Hermon.* De. 3. 8, 9; 4. 48. Jos. 13. 11. Ps. 133. 3. Ca. 4. 8.

24 *famous men. Heb.* men of names. ch. 4. 38.

25 *went.* Ju. 2. 17; 8. 33. 2 Ki. 17. 7-18. Ho. 1. 2; 9. 1. Re. 17. 5. *after the gods.* Ju. 2. 12. 2 Ch. 25. 14, 15. Ps. 106. 34-39.

26 *stirred up.* 2 Sa. 24. 1. 2 Ch. 33. 11. Ezr. 1. 5. Is. 10. 5, 6; 13. 2-5. *Pul.* 2 Ki. 15. 19. *Tilgath-pilneser.* ver. 6. 2 Ki. 15. 29; 16. 7, Tiglath-pileser. *and brought them.* 2 Ki. 17. 6; 18. 11; 19. 12. Is. 37. 12.

## CHAP. VI.

*The sons of Levi*, 1-3. *The line of Eleazar unto the captivity*, 4-15. *The families of Gershom, Kohath, and Merari*, 16-48. *The office of Aaron, and his line unto Ahimaaz*, 49-53. *The cities of the priests and Levites*, 54-81.

1 A.M. 2304, etc. B.C. 1700, etc. *sons of Levi.* ch. 23. 6. Ge. 46. 11. Ex. 6. 16. Nu. 3. 17; 26. 57. *Gershon.* ver. 16, 20, Gershom.

2 *the sons of Kohath.* ch. 23. 12. Ex. 6. 18, 21-24. *Amram.* ver. 22, Amminadab.

3 *Aaron.* ch. 23. 13. Ex. 6. 20. *Miriam.* Ex. 2. 4, 7; 15. 20. Mi. 6. 4. *Nadab.* ch. 24. 1, 2. Ex. 6. 23; 24. 1; 28. 1. Le. 10. 1, 12, 16. *Eleazar.* ch. 24. 3-6.

4 *Phinehas.* ver. 50; ch. 9. 20. Ex. 6. 25. Nu. 25. 6-11, 13; 31. 6. Jos. 22. 13, 30-32; 24. 33. Ju. 20. 28. Ezr. 8. 2. Ps. 106. 30, 31. *Abishua.* Ezr. 7. 1-5.

8 *Ahitub.* 2 Sa. 8. 17. *Zadok.* 2 Sa. 15. 35; 17. 15; 20. 25. 1 Ki. 1. 8, 34, 44; 2. 35. *Ahimaaz.* 2 Sa. 15. 27, 36; 17. 17, 20; 18. 19, 22, 27-29.

10 A.M. 3244. B.C. 760. *Johanan. Johanan* is supposed to be the same as *Jehoiada*, as he would otherwise not be mentioned. *executed.* 2 Ch. 26. 17-20. *the temple. Heb.* the house. *Solomon.* 1 Ki. ch. 6; 7. 2 Ch. 3. 4.

11 *Amariah.* Ezr. 7. 3.

12 *Shallum.* ch. 9. 11. Ne. 11. 11, Meshullam.

13 *Hilkiah.* 2 Ki. 22. 12-14. 2 Ch. 34. 14-20; 35. 8.

14 A.M. 3416. B.C. 588. *Seraiah.* Seraiah was carried to Riblah, and there put to death by order of Nebuchadnezzar; so that with him ended the succession of high priests in the first temple. 2 Ki. 25. 18. Ezr. 7. 1. Ne. 11. 11. Je. 3. 24-27. Zec. 6. 11.

15 *Jehozadak.* Ezr. 5. 2, Jozadak. Hag. 1. 1, 12, 14; 2. 2, Josedech. *when the Lord.* 2 Ki. 25. 18, 21. 2 Ch. 36. 17-21. Je. 39. 9; 52. 12-15, 28. *by the hand.* Ex. 4. 13. 2 Ki. 14. 27. Ac. 14. 27. Ro. 15. 18.

16 A.M. 2304, etc. B.C. 1700, etc. *Gershom.* ver 1. Ex. 6. 16, Gershon.

17 *the sons of Gershom.* ch. 23. 7. Nu. 3. 18, 21. *Shimei.* Ex. 6. 17, Shimi.

18 *Amram.* ver. 2, 3; ch. 23. 12.

19 *Mahli.* ch. 23. 21; 24. 26. Ex. 6. 19, Mahali. Nu. 3. 20; 26. 57, 58.

20 *Libni.* ver. 17. *Zimmah.* ver. 42.

21 *Joah.* ver. 42, Ethan. *Zerah.* ver. 41, Adaiah. *Jeaterai.* ver. 41, Ethni.

22 *Amminadab.* ver. 2, 18. Ex. 6. 21, 24, Izhar.

24 *Uriel.* ver. 36, Zephaniah, Azariah, Joel.

25 A.M. 2904, etc. B.C. 1100, etc. *Elkanah.* ver. 35, 36. Ex. 6. 24.

26 *Zophai.* ver. 35. 1 Sa. 1. 1, Zuph. *Nahath.* ver. 34, Toah. 1 Sa. 1. 1, Tohu.

27 *Eliab.* ver. 34, Eliel. 1 Sa. 1. 1, Elihu. *Elkanah.* 1 Sa. 1. 1, 19, 20. HOUBIGANT says that we may here venture to add, 'Samuel his son.'

28 *Vashni.* It appears that the word *Joel* is here lost out of the text; and that *washni*, which signifies *and the second*, and which refers to *Abiah*, is made into a proper name. The Syriac and Arabic read as in Samuel. The marginal references contain the variations in the names given to the same persons; and nearly all that is known of them may be learned by consulting them. ver. 33. 1 Sa. 8. 2, Joel.

29 *Mahli.* ver. 19. Nu. 3. 33.

31 A.M. 2962. B.C. 1042. *whom David.* ch. 15. 16-22, 27; 25. 1-31. *after that.* ch. 16. 1. 2 Sa. 6. 17. Ps. 132. 8, 14.

32 *they ministered.* ch. 16. 4-6, 37-42. Ps. 68. 24, 25. *until Solomon.* ver. 10. 1 Ki. 8. 6-13. *and then.* ch. 9. 33; 25. 7-31. 2 Ch. 29. 25-30; 31. 2; 35. 15. Ezr. 3. 10, 11; 6. 18. Ne. 11. 17-23; 12. 27, 28, 45-47. Ps. 134. 1, 2; 135. 1-3. *waited. Heb.* stood. *according to their order.* This order is specified below.

33 *Heman.* ch. 15. 17, 19; 16. 41, 42; 25. 1-5. 2 Ch. 5. 12; 29. 14. Ps. 88, title. *Joel.* ver. 28, Vashni. *Shemuel.* This variation, as well as some others, only exists in the translation; the Hebrew being uniformly *Shemuël.* ver. 28. 1 Sa. 1. 20, 28, Samuel.

34 *Eliel.* ver. 27, Eliab. *Toah.* ver. 26, Nahath.

35 *Zuph.* ver. 26, Zophai.

36 *Joel.* While it is sufficiently evident that many of the variations of the names of persons have arisen from the carelessness of transcribers, or the inattention of translators, and others from a difference (probably dialectical) in the pronunciation; it is also evident, that the same persons, as in these instances, must have had two or more totally distinct names. ver. 24, Shaul, Uzziah, Uriel.

37 *Ebiasaph.* Ex. 6. 21-24, Abiasaph. *Korah.* Nu. 16. 1, etc.; 26. 10, 11. Ps. 42, 44, 45, 49, 84, 85, titles.

38 *Izhar.* Nu. 3. 19, Izehar; 16. 1.

39 *his brother.* Asaph is probably called his *brother*, because he was of the same tribe as Heman; or, perhaps, because he was his companion or associate. *Asaph.* ch. 15. 17-19; 16. 7; 25. 2; 26. 1. 2 Ch. 5. 12; 20. 14; 29. 13, 30; 35. 15. Ezr. 2. 41; 3. 10. Ne. 7. 44; 11. 17, 22; 12. 35, 46. Ps. 50, 73, 83, titles.

41 *Ethni.* ver. 21, Jeaterai. *Adaiah.* ver. 21, Iddo.

42 *Ethan.* ver. 21, Joah.

43 *Jahath.* ver. 20. *Gershom.* ver. 1, 16, 20; ch. 23. 6. Ge. 46. 11. Ex. 6. 16. Nu. 3. 17, Gershon.

44 *Ethan.* ch. 25. 1, 3, 6, Jeduthun. Ps. 89, title. *Kishi.* ch. 15. 17, Kushaiah.

47 *Merari.* ch. 23. 21, 28. Ex. 6. 19. Nu. 3. 20, 33-36; 4. 42; 7. 8; 10. 17. Jos. 21. 7, 34-40.

48 *brethren.* ch. 23. 2, etc.; ch. 25; 26. Nu. ch. 3; 4; 8. 5-26; 16. 9, 10; 18.

49 A.M. 2513, B.C. 1491. *Aaron.* Ex. 27. 1-8; 30. 1-7. Le. 1. 5, 7-9; ch. 8-10; 21; 22. Nu. 16. 16-50; ch. 17. De. 18. 1-8. He. 7. 11-14. *make an atonement.* Ex. 29. 33, 36, 37; 30. 10-16. Le. 4. 20. Nu. 15. 25; 16. 46. Job 33. 24, marg. *Moses.* De. 34. 5. Jos. 1. 1.

50 *these are*, etc. We have already had a list of these, though more extensive. *Eleazar.* ver. 3-9; ch. 24. 1. Ex. 6. 23; 28. 1. Le. 10. 16. Nu. 3. 4, 32; 20. 26-28; 27. 22. Ezr. 7. 1-5; 8. 33. *Phinehas.* See on ver. 4; ch. 9. 20.

53 ch. 12. 28; 23. 16; 24. 3, 31. 1 Sa. 2. 35. 2 Sa. 8. 17; 15. 24-27, 35, 36; 17. 15-17; 20. 25. 1 Ki. 1. 8, 26, 34; 2. 35; 4. 4. Eze. 44. 15.

54 A.M. 2561. B.C. 1443. *these are.* Nu. 35. 1-8. Jos. 21. 3-8. *castles.* Ge. 25. 16. *of the families.* Jos. 21. 4, 5.

55 *Hebron.* Jos. 14. 13; 15. 13; 21. 11-13. Ju. 1. 20.

57 *the city of refuge.* Nu. 35. 13-15. Jos. 20. 7-9, *Libnah.* Jos. 10. 29; 15. 42; 21. 13, 14. *Jattir.* See on ch. 4. 17. Jos. 15. 48.

58 *Hilen.* This variation simply arises from the introduction of a י *yood*, and a change of the vowel points; *Holon* being written חלן, and *Hilen* חילן. Jos. 15. 51; 21. 15, Holon. *Debir.* Jos. 10. 38; 12. 13; 15. 49.

59 *Ashan.* It is probable that either *Ain*, in Joshua, is a mistake for *Ashan*, or that it was called by both names. ch. 4. 32. Jos. 21. 16, Ain. *Beth-shemesh.* Jos. 15. 10; 21. 16. 1 Sa. 6. 12-19.

60 *Geba.* ch. 8. 6. Jos. 18. 24; 21. 17. *Alemeth.* *Almon* and *Alemeth* having the same signification, are perfectly interchangeable. Jos. 21. 18, Almon. *Anathoth.* 1 Ki. 2. 26. Is. 10. 30. Je. 1. 1; 11. 23; 37. 12. *thirteen cities.* Here there are only *eleven* enumerated; but two more are added in the book of Joshua, *Juttah* and *Gibeon*, which make thirteen. None of the versions give the full number of names, though they all give the whole sum thirteen; and it is probable that these two cities had been destroyed and lay in ruins when this book was written, and hence were not enumerated.

61 *And unto.* ver. 1, 2, 18, 33. *left.* ver. 66. Jos. 21. 4, 5, 20-26.

62 *Gershom.* ver. 71-76. Jos. 21. 27-33.

63 *Merari.* ver. 77-81. Nu. 3. 20. Jos. 21. 7, 34-40.

64 *the children.* Jos. 21. 41, 42. *with their.* Nu. 35. 2-5.

65 *these cities.* ver. 57-60.

66 ver. 61.

67 *Shechem.* Ge. 35. 4. Jos. 20. 7; 21. 21. *Gezer.* Jos. 12. 12; 16. 3, 10; 21. 21.

68 *Jokmeam.* Jos. 21. 22, Kibzaim. *Beth-horon.* Jos. 10. 11; 16. 5. 1 Sa. 13. 18.

69 *Aijalon.* Jos. 10. 12, Ajalon; 21. 24. *Gath-rimmon.* Jos. 21. 24.

70 *Aner.* Aner is probably another name of *Tanach*, which was a city of the half tribe of Manasseh, west of Jordan; and EUSEBIUS, JEROME, and PROCOPIUS of Gaza, say that it was in their time a considerable place, three miles from Legio. Jos. 21. 25, Tanach, Gath-rimmon. *Bileam.* *Ibleam* is here called *Bileam*, by a transposition of letters common to all languages. It is evident, however, that many of these cities or their names have been changed since the time of Joshua; but, as it has been well observed, Salop and Shrewsbury, Sarum and Salisbury, are as different names as any in these catalogues; yet those who live in their vicinity are not at all confused by them. Some cities also are here mentioned as belonging to Ephraim, which in Joshua are spoken of as cities of Dan; but various changes in such matters would occur in a course of ages. Jos. 17. 11, Ibleam.

71 *Golan.* De. 4. 43. Jos. 20. 8; 21. 27. *Ashtaroth.* De. 1. 4. Jos. 9, 10; 21. 27, Beesh-terah.

72 *Kedesh.* Jos. 19. 37; 21. 32. Ju. 4. 9. *Daberath.* Jos. 21. 28, 29, Kishon, Daberah, Jarmuth, Engannim.

74 *Mashal.* Jos. 19. 26; 21. 30, Mishal.
75 *Hukok.* Jos. 21. 31, Helkath.
76 *Kedesh.* Jos. 12. 22; 19. 37; 20. 7; 21. 32. Ju. 4. 6, Kadesh-naphtali. *Hammon.* Jos. 21. 32, Hammoth-dor, Kartan.

77 *Rimmon.* Jos. 21. 34, 35, Jokneam, Kartah, Dimnah, Nahalal. *Tabor.* Probably the city on the summit of *Tabor*, mentioned by POLYBIUS and JOSEPHUS, the remains of which still exist.

78 *Bezer.* De. 4. 41-43. Jos. 20. 8; 21. 36. *Jahzah.* Jos. 21. 36, 37, Jahazah.

80 *Ramoth.* Jos. 21. 38, 39. 1 Ki. 22. 3, etc. 2 Ki. 9. 1. *Mahanaim.* Ge. 32. 2. Jos. 21. 38. 2 Sa. 17. 24, 27; 19. 32.

81 *Heshbon.* Nu. 21. 25; 32. 37. De. 2. 24. Jos. 13. 26. Ne. 9. 22. Ca. 7. 4. *Jazer.* Nu. 32. 1, 3. Jos. 13. 25; 21. 39.

## CHAP. VII.

*The sons of Issachar, 1-5; of Benjamin, 6-12; of Naphtali, 13; of Manasseh, 14; and of Ephraim, 15-20. The calamity of Ephraim by the men of Gath, 21, 22. His posterity by Beriah, 23-27. Their habitations, 28, 29. The sons of Asher, 30-40.*

1 Ge. 46. 13, Phuvah, Job. Nu. 26. 23, 24, Pua.

2 *whose number.* This was probably the number returned by Joab and his assistants, when they made that census of the people with which God was so much displeased. We find that the effective men of Issachar amounted to 87,000, (ver. 5;) 22,600 of whom descended from Tola his eldest son; but whether the 36,000 (ver. 4) were descendants of Tola by Uzzi, and the 22,600 his descendants by Tola's other sons; or whether another of Issachar's sons be intended, does not clearly appear; though the former seems the more obvious meaning. ch. 21. 1-5; 27. 1, 23, 24. 2 Sa. 24. 1-9.

4 ch. 12. 32.

6 *of Benjamin.* In the parallel place of Genesis, *ten* sons of Benjamin are reckoned, *Bela*, *Becher*, *Ashbel*, *Gera*, *Naaman*, *Ehi*, *Rosh*, *Muppim*, *Huppim*, and *Ard;* and in Numbers, *five* only are mentioned, *Bela*, *Ashbel*, *Ahiraim*, *Shupham*, and *Hupham;* and *Ard* and *Naaman* are said to be the sons of Bela, and consequently Benjamin's *grandsons.* In the beginning of the following chapter, also, *five* are only mentioned, *Bela*, *Ashbel*, *Aharah*, *Nohah*, and *Rapha;* and *Addar*, *Gera*, *Abihud*, *Abishua*, *Naaman*, *Ahoha*, another *Gera*, *Shephuphan*, and *Huram*, are all represented as *grandsons*, not *sons* of Benjamin: hence we see that in many cases, *grandsons* are called *sons*, and both are often confounded in the genealogical tables. It seems, also, that the persons mentioned in the following verses were neither *sons* nor *grandsons* of Bela and Becher, but distinguished persons among their *descendants.* ch. 8. 1, etc. Ge. 46. 21. Nu. 26. 38-41. *Jediael.* ver. 10, 11.

7 *were reckoned.* ch. 21. 1-5. 2 Ch. 17. 17, 18.
10 *Ehud.* Ju. 3. 15, etc.
11 *mighty men.* 2 Ch. 17. 13, etc.
12 *Shuppim.* ver. 15. Ge. 46. 21, Muppim, Huppim. Nu. 26. 39, Shupham, Hupham. *Ir.* ver. 7, Iri. *Aher.* Aher signifies *another*, and it has been conjectured that these were Danites, 'the sons of another *tribe;*' especially as Hushim is named as the only son of Dan, Ge. 46. 23. And they suppose that the name of Dan was not mentioned, because his descendants first established idolatry. But Zebulun, as well as Dan, is here omitted, perhaps because none of either of these tribes returned at first from Babylon. Though the Benjamites had been almost destroyed in the first days of the judges, they soon became numerous and powerful. Nu. 26. 38, Ahiram.

13 *Jahziel.* Ge. 46. 24. Nu. 26. 48, Jahzeel. *Shallum.* Ge. 46. 24. Nu. 26. 49, Shillem. *the sons of Bilhah.* Ge. 30. 3-8; 35. 22; 46. 25.

14 *The sons.* The text in these two verses seems to be strangely corrupted; and, as it stands, is scarcely intelligible. Probably it should be rendered, 'The sons of Manasseh were Ashriel, whom his Syrian concubine bore to him; and Machir the father of Gilead, whom (his wife) bore to him. Machir took for a wife Maachah, sister to Huppim and Shuppim.' This is nearly the version of Dr. GEDDES. *Machir.* ch. 2. 21-23. Ge. 50. 23. Nu. 26. 29-34; 27. 1; 32. 30-42. De. 3. 13-15. Jos. 13. 31; 17. 1-3. Ju. 5. 14.

15 *Huppim.* ver. 12. *and the name.* It is certain that Zelophehad was not a *son*, but a *descendant* of Manasseh's, three generations having intervened; for he was the son of Hepher, the son of Gilead, the son of Machir, the son of Manasseh. *and Zelophehad.* Nu. 26. 33; 27. 1-11; 36. 1-12.

17 *Bedan.* 1 Sa. 12. 11.
18 Nu. 26. 30, Jeezer. Ju. 6. 11, 24, 34; 8. 2.
20 Nu. 26. 35, 36.
21 *because they came.* Or rather, 'when (*kee*) they came down to take away their cattle;' for it does not appear that the sons of Ephraim were the aggressors, but the men of Gath, who appear to have been born in Egypt. This is the only place in the Sacred Writings where this piece of history is mentioned, and the transaction seems to have happened before the Israelites came out of Egypt; for it appears from the following verse, that Ephraim was alive when these children of his were slain.

22 *mourned.* Ge. 37. 34. *and his brethren.* Job 2. 11.

23 *Beriah. that is*, In evil. *because.* Many similar instances of the naming of children from passing circumstances, occur throughout the sacred volume. See those of a similar character with this verse: Ge. 35. 18, where Rachel, while dying, names her new-born son Ben-oni, or, *the son of my sorrow.* So in 1 Sa. 4. 21, the wife of Phinehas, on being apprised of the death of Eli and her husband, and that the ark was taken by the Philistines, while in the pains of travail, and dying, named her son I-chabod, or, *there is no glory.* So also in the 4th chapter of this book, ver. 9, we read that Jabez, or, *sorrowful*, had that name given to him, because his mother 'bare him with sorrow.' 2 Sa. 23. 5.

24 *Beth-horon.* Jos. 16. 3, 5. 1 Ki. 9. 17. 2 Ch. 8. 5.

27 *Non.* Nu. 13. 8, 16, Nun, Oshea. *Jehoshuah.* Ex. 17. 9-14; 24. 13; 32. 17. Nu. 11. 28; 14. 6; 27. 18. De. 31. 23, Joshua. Ac. 7. 45. He. 4. 8, Jesus.

28 *Beth-el.* Ge. 28. 19. Jos. 16. 2. Ju. 1. 22. *Naaran.* *Naaran*, or *Naarath*, EUSEBIUS says, was a town in his time called Νοοραθ, *Noorath*, five miles from Jericho. It appears to be the same as Νεαρα, *Neara*, mentioned by JOSEPHUS, from whence, he says, they brought the water which watered the palm-trees of Jericho. Jos. 16. 17, *Naarath.* *Gezer.* See on ch. 6. 66, 67. *towns.* *Heb.* daughters.

29 *Manasseh.* Jos. 17. 7-11. *Beth-shean.* 1 Sa. 31. 10, Bethshan. *Taanach.* Ju. 5. 19. 1 Ki. 4. 12. *Megiddo.* Ju. 1. 27. 1 Ki. 9. 15. 2 Ki. 9. 27; 23. 29. 2 Ch. 35. 22. Zec. 12. 11. Re. 16. 16. *In these dwelt.* Jos. ch. 16; 17. Ju. 1. 22-29.

30 *Imnah.* This variation only exists in the translation; the original being uniformly *Jimnah*, or *Yimnah.* Ge. 46. 17. Nu. 26. 44-46, Jimnah. *Ishuai.* This variation is also attributable to the translator; the Hebrew being in both places *Isui*, or rather, *Yishwi.* Ge. 46. 17, Isui.

32 *Shomer.* ver. 34, Shamer.
34 *Shamer.* ver. 32, Shomer.
37 *Ithran.* This name is essentially the same, the variation being caused by a paragogic ן, *noon:* here it is written יתרן, *Ithran*, and in the following verse, יתר, *Jether.* ver. 38, Jether.
40 *the number.* ch. 21. 1-5. 2 Sa. 24. 1-9.

## CHAP. VIII.

*The sons and chief men of Benjamin*, 1-32. *The stock of Saul and Jonathan*, 33-40.

1 *Bela*. ch. 7. 6-12. Ge. 46. 21. *Aharah*. Nu. 26. 38, Ahiram.

3 *Addar*. The variation in this name is occasioned simply by the transposition of a ד, *daleth*, and ר, *raish;* being in the parallel passage ארד, *Ard*, and here, אדר, *Addar*. Ge. 46. 21. Nu. 26. 40, Ard.

5 *Gera*. Ju. 3.15. *Shephuphan*. שפם, *Shuppim*, seems to be merely a contracted form of שופם, *Shupham*, or rather, *Shephupham*, which, by the mutation of ם, *mem*, into ן, *noon*, is here changed into שפופן, *Shephuphan*. ch. 7. 12, Shuppim. Nu. 26. 39, Shupham. *Huram*. Huram appears to be an error for *Hupham*, in the parallel passage of Numbers, which, by contraction, is written *Huppim*.

6 *Ehud*. ch. 7. 10. Ju. 3. 20, etc.; 4. 1. *Geba*. ch. 6. 60. *Manahath*. ch. 2. 52, 54.

8 *in the*. Ru. 1. 1. *he had*. Ge. 25. 6.

9 *Hodesh*. In the preceding verse it is said that '*Hushim* and *Baara* were his wives;' and here it is said, 'he begat of *Hodesh* his wife,' etc.; and then in the eleventh verse, his children by *Hushim* are mentioned, but not a word of *Baara*. It is probable, therefore, that Hodesh was another name for Baara; and this is asserted by the Targumist: 'And he begat of Baara, that is, of Chodesh, his wife, so called because he espoused her anew.'

12 *Ono*. Ono is stated by RELAND to have been three miles from Lydda. Ezr. 2. 33. Ne. 6. 2; 7. 37; 11. 35. *Lod*. *Lod*, or *Lydda*, was situated about four leagues from Joppa, and a day's journey, or about thirty-two miles N.W. from Jerusalem; and, according to the Antonine Itinerary, twelve miles from Jamnia, eighteen from Eleutheropolis, and twenty-two from Bethar. JOSEPHUS says it was a village, not yielding to a city in greatness; and that it was one of three toparchies dismembered from Samaria, and given to the Jews. It was destroyed by Cestius in the Jewish war, and, when rebuilt, was called *Diospolis*. It is now called *Loudd*, and is a poor village, situated in a fine plain about a league to the E.N.E. of Ramla.

13 *Shema*. ver. 21, Shimhi. *the fathers*. ch. 2. 49, 50, 52; 4. 4. *Aijalon*. Jos. 19. 42, Ajalon.

16 *Beriah*. ver. 13.

21 *Shimhi*. ver. 13, Shema.

28 *dwelt*. Jos. 15. 63; 18. 28. Ju. 1. 21. Ne. 11. 1, 7-9. *Jerusalem*. *Jerusalem*, the ancient capital of Judea, is situated in long. 35 deg. 20 min. E., lat. 31 deg. 47 min. 47 sec. N.; and, according to the best authorities, 136 miles S.W. of Damascus, 34 miles S. of Shechem or Nablous, 45 miles E. of Jaffa, 27 miles N. of Hebron, and about 20 miles W. of Jericho. The city of Jerusalem was built on hills, and encompassed with mountains, (Ps. 125. 2,) in a stony and barren soil, and was about sixteen furlongs in length, says STRABO. The ancient city of *Jebus*, taken by David from the Jebusites, was not large, and stood on a mountain south of that on which the temple was erected. Here David built a new city, called the city of David, wherein was the royal palace. Between these two mountains lay the valley of Millo, filled up by David and Solomon; and after the reign of Manasseh, another city is mentioned, called the *second*. The Maccabees considerably enlarged Jerusalem on the north, enclosing a third hill; and JOSEPHUS mentions a fourth hill, called *Bezetha*, which Agrippa joined to the former: this new city lay north of the temple, along the brook Kidron. See Note on ch. 9. 34.

29 *the father*. ch. 9. 35, 36, Jehiel.

30 *Abdon*. ch. 9. 36, 37.

31 *Zacher*. ch. 9. 37, Zechariah.

32 *Shimeah*. ch. 9. 38, Shimeam.

33 *Ner*. ch. 9. 39. 1 Sa. 9. 1; 14. 50, 51. *Kish*. 1 Sa. 9. 1. Ac. 13. 21, Cis. *Saul*. 1 Sa. 14. 49; 31. 2. *Abinadab*. 1 Sa. 14. 49, Ishui. *Esh-baal*. 2 Sa. 2. 8; 4. 12, Ish-bosheth.

34 *Merib-baal*. 2 Sa. 4. 4; 9. 6, 10; 19. 24-30, Mephibosheth. *Micah*. 2 Sa. 9. 12, Micha.

35 *Tarea*. ch. 9. 41, Tahrea.

36 *Jehoadah*. ch. 9. 42, Jarah.

37 *Rapha*. ch. 9. 43, Rephaiah.

40 *archers*. ch. 12. 2. 2 Ch. 14. 8. *many sons*. Ps. 127. 3-5; 128. 3-6.

## CHAP. IX.

*The original of Israel and Judah's genealogies*, 1. *The Israelites*, 2-9; *the priests*, 10-13; *and the Levites, with Nethinims, which dwelt in Jerusalem*, 14-26. *The charge of certain Levites*, 27-34. *The stock of Saul and Jonathan*, 35-44.

1 A.M. 2804, etc. B.C. 1200, etc. *all Israel*. Ezr. 2. 59, 62, 63. Ne. 7. 5, 64. Mat. 1. 1-16. Lu. 3. 28-38. *carried*. 2 Ch. 33. 11; 36. 9, 10, 18-20. Je. 39. 9; 52. 14, 15. Da. 1. 2.

2 A.M. 3468. B.C. 536. *the first*. Ezr. 2. 70. Ne. 7. 73; 11. 3. *the Nethinims*. Jos. 9. 21-27. Ezr. 2. 43, 58; 8. 20. Ne. 7. 60, 73; 11. 3, 21.

3 *Jerusalem*. Ne. 11. 1, 4-9. *of the children of Ephraim*. 2 Ch. 11. 16; 30. 11.

4 *Bani*. Ne. 8. 7; 10. 13. *Pharez*. ch. 2. 5; 4. 1. Ge. 46. 12. Nu. 26. 20. Ne. 11. 4, 6, Perez.

5 *Shilonites*. Nu. 26. 20, Shelanites. Ne. 11. 5, Shiloni.

6 *Zerah*. ch. 2. 4, 6. Ge. 38. 30, Zarah. Nu. 26 20.

7 *Sallu*. Ne. 8. 4; 10. 20; 11. 7.

10 *Jehoiarib*. Ne. 11. 10, etc.; 12. 19, Joiarib.

11 *Azariah*. ch. 6. 8-15. Ne. 10. 2; 11. 11, Seraiah. *the ruler*. ch. 24. 5. Nu. 4. 15, 16, 28, 33. 2 Ki. 23. 4; 25. 18. Ne. 11. 11. Ac. 5. 24, 26.

12 *Meshillemith*. Ne. 11. 12, 13, Meshillemoth. *Immer*. ch. 24. 14. Ezr. 2. 37. Ne. 7. 40.

13 *very able men*. *Heb*. mighty men of valour. ch. 26. 6, 30, 32. Ne. 11. 14.

14 *Shemaiah*. Ne. 11. 15. *Hashabiah*. Ne. 10 11; 12. 24. *of the sons*. See on ch. 6. 19, 29, 63. Nu. 26. 57.

15 *Mattaniah*. Ne. 11. 17, 22, Micha; 12. 25 *Zichri*. ch. 25. 2. Ne. 10. 12, Zaccur; 11. 17, Zabdi; 12. 35, Zaccur.

16 *Obadiah*. Ne. 11. 17, Abda, Shammua; 12. 25. *the sons of Jeduthun*. ch. 25. 1, 3, 6. 2 Ch. 35. 15. *Netophathites*. ch. 2. 54. Ne. 7. 26; 12. 28-30.

17 *the porters*. ch. 23. 5; ch. 26. Ne. 11. 19. *Shallum*. ver. 19.

18 *Who hitherto waited*. The original is *weäd hennah*, which HOUBIGANT and Dr. GEDDES consider as a proper name, and render, 'And Adanah was over the eastern gate, called the king's;' *i.e.* the gate by which the kings of Judah went to the temple. The list is here nearly the same with those found in *Ezra* and *Nehemiah*, and contains those who returned to Jerusalem with Zerubbabel: but the list in Nehemiah is more ample, probably because it contains those who came *afterwards;* the object of the sacred writer here being to give the names of those who came *first*, (ver. 2.) These consisted of men belonging not only to the tribes of Judah and Benjamin, but to many of the other tribes of *Israel*, who took advantage of the proclamation of Cyrus to return to Jerusalem. Properly speaking, the divisions mentioned here constituted the *whole* of the Israelitish people, who were divided into *priests*, *Levites*, *common Israelites*, and *Nethinims*. *the king's*. 1 Ki. 10. 5. 2 Ki. 11. 19. Eze. 44. 2, 3; 46. 1, 2. Ac. 3. 11. *they*. ch. 26. 12-19.

19 *Ebiasaph*. ch. 6. 22, 23. *Korah*. Nu. 26. 9-11.

Ps. 42; 44; 49, titles. *gates. Heb.* thresholds. Ps. 84. 10, marg. *over the host.* 2 Ki. 11. 9, 15. 2 Ch. 23. 4-10. *keepers of the entry.* ch. 26. 7, 8, 13-19.

20 *Phinehas.* Nu. 3. 32; 4. 16, 28, 33; 31. 6. *the Lord.* Nu. 25. 11-13. 1 Sa. 16. 18. Ac. 7. 9, 10.

21 *Zechariah.* ch. 26. 14.

22 *in their.* ver. 16, 25. Ne. 11. 25-30, 36; 12. 28, 29, 44. *David.* ch. 23; 25; 26; 28. 13, 21. *Samuel.* 1 Sa. 9. 9. *did ordain. Heb.* founded. *set office. or,* trust. ver. 26, 31.

23 *the oversight.* ch. 23. 32. 2 Ch. 23. 19. Ne. 12. 45. Eze. 44. 10, 11, 14.

24 *four.* ch. 26. 14-18.

25 *seven.* 2 Ki. 11. 5, 7. 2 Ch. 23. 8.

26 *set office. or,* trust. *chambers. or,* storehouses. *treasuries.* ch. 26. 20-27. 2 Ch. 31. 5-12. Ne. 10. 38, 39; 13. 5.

27 *the charge.* ch. 23. 32. Ro. 12. 7. *the opening.* 1 Sa. 3. 15. Mal. 1. 10.

28 *the charge.* ch. 26. 22-26. Nu. 23. 25-37. Ezr. 8. 25-30. Ne. 12. 44; 13. 4, 5. *bring them in and out. Heb.* bring them in by tale, and carry them out.

29 *instruments. or,* vessels. *the oil.* Ex. 27. 20. *the frankincense.* Ex. 30. 23-38.

30 *of the sons.* Ex. 30. 25, 33, 35-38; 37. 29.

31 *Shallum.* ver. 17, 19. *set office. or,* trust. ver. 22, 26. *in the pans. or,* on flat plates, *or* slices. Le. 2. 5, 7; 6. 21.

32 *the sons.* ch. 6. 33, etc. *shewbread. Heb.* bread of ordering. *to.* Ex. 25. 30. Le. 24. 5-8.

33 *the singers.* See on ch. 6. 31-33; 15. 16-22; 16. 4-6; 25. 1, etc. Ezr. 7. 24. *were free.* Ne. 11. 17, 22, 23. *they,* etc. *Heb.* upon them. *employed.* A number of Levites were employed by rotation in singing the praises of Jehovah; and they seem to have continued the service day and night: *see the References.* Ps. 134. 1, 2; 135. 1-3.

34 *chief fathers.* ver. 13. Ne. 11. 1-15. *Jerusalem.* We have already seen the situation and extent of this ancient city, (Note on ch. 8. 28;) but the Jerusalem of sacred history is no more. After having been successively destroyed by the Babylonians and Romans, and taken by the Saracens, Crusaders, and Turks, in the possession of the latter of whom it still continues, not a vestige remains of the capital of David and Solomon, not a monument of Jewish times is standing. The very course of the walls is changed, and the boundaries of the ancient city are become doubtful. The monks pretend to shew the sites of the sacred places; but they have not the slightest pretensions to even a probable identity with the real places. The Jerusalem that now is, however, called by the Arabs *El Kouds,* or 'the holy city,' is still a respectable, good-looking town, of an irregular shape: it is surrounded by high embattled walls, enclosing an area not exceeding two miles and a half, and occupying two small hills, having the valley of Jehoshaphat on the east, the valley of Siloam and Gehinnom on the south, and the valley of Rephaim on the west; and containing a population variously estimated at from 20,000 to 30,000 souls.

35 A.M. 2804, etc. B.C. 1200, etc. *in Gibeon.* ch. 8. 29-40. *the father.* ch. 2. 23, 24, 45, 50-52. *whose.* Some editions read *achatho,* 'his *sister;*' but in the parallel place, ch. 8. 29, it is *ishto,* 'his *wife,*' which is also the reading of the LXX., Vulgate, Arabic, and Syriac here, and is undoubtedly the true reading. This repetition of part of Benjamin's genealogy seems to have been intended merely as an introduction to the ensuing history.

36 *Kish.* ver. 39. See on ch. 8. 33.

37 *Zechariah.* Zacher is merely an abbreviation of Zechariah, by the omission of *Jah,* or *Yah,* one of the names of God. ch. 8. 31, Zacher.

38 *Shimeam.* Shimeam seems to be a mistake for *Shimeah;* the only difference being ם, *mem final,* and ה, *hay;* and the LXX. in both places read Σαμαα, *Samaä.* ch. 8. 32, Shimeah.

39 *Ner.* ch. 8. 33. 1 Sa. 14. 50, 51. *and Saul.* ch. 10. 2. 1 Sa. 13. 22; 14. 1, 49, Ishui; 31. 2. *Eshbaal.* See on ch. 8. 33.

40 *Merib-baal.* See on ch. 8. 34-36.

41 *Ahaz.* ch. 8. 35.

42 *begat Jarah.* Jarah seems also to be a mistake for *Jehoadah,* as the LXX. read uniformly Ιαδα, *Iada.* ch. 8. 36, Jehoadah.

43 *Rephaiah. Rapha* is merely a contracted form of *Rephaiah.* ch. 8. 37, Rapha.

## CHAP. X.

*Saul's overthrow and death,* 1-7. *The Philistines triumph over Saul,* 8-10. *The kindness of Jabesh-gilead towards Saul and his sons,* 11, 12. *Saul's sin, for which the kingdom was translated from him to David,* 13, 14.

1 A.M. 2948. B.C. 1056. *the Philistines fought.* 1 Sa. 28. 1; 29. 1, 2; 31. 1, 2, etc. *slain. or,* wounded. *mount.* ver. 8. 1 Sa. 28. 4; 31. 1. 2 Sa. 1. 6, 21; 21. 12.

2 *Jonathan.* ch. 8. 33; 9. 39. 1 Sa. 14. 6, 39, 40. 2 Ki. 23. 29. Is. 57. 1, 2. *Abinadab.* 1 Sa. 14. 49, Ishui. *the sons.* Ex. 20. 5. 2 Ki. 25. 7.

3 *went.* 1 Sa. 31. 3-6. 2 Sa. 1. 4-10. Am. 2. 14. *archers. Heb.* shooters with bows. *hit. Heb.* found. *he was.* Ge. 49. 23, 24.

4 *Draw.* Ju. 9. 54. *uncircumcised.* Ju. 15. 18. 1 Sa. 14. 6; 17. 26, 36. 2 Sa. 1. 20. *abuse. or* mock. Ju. 16. 21, 23-25. *he was.* 1 Sa. 31. 4. 2 Sa. 1. 14-16. *Saul took.* ver. 5. 2 Sa. 1. 9, 10; 17. 23. 1 Ki. 16. 18. Mat. 27. 4, 5. Ac. 1. 18; 16. 27.

6 *Saul.* 1 Sa. 4. 10, 11, 18; 12. 25. Ec. 9. 1, 2. Ho. 13. 10, 11. *all his house.* 'All his men,' in Samuel; that is, all who were present with him in the battle; and his family received such a blow, that it never recovered itself again. For though Ishbosheth reigned over a part of the country, yet it was not in any splendour. This history seems to be repeated here as an introduction to that of the kingdom of David.

7 *then they.* Le. 26. 31, 36. De. 28. 33, 43. Ju. 6. 2. 1 Sa. 13. 6; 31. 7.

8 *to strip.* 1 Sa. 31. 8. 2 Ki 3. 23. 2 Ch. 20. 25.

9 *took.* ver. 4. 1 Sa. 31. 9, 10. 2 Sa. 1. 20. Mat. 14. 11. *tidings.* Ju. 16. 23, 24. Da. 5. 2-4, 23.

10 *their gods.* 1 Sa. 31. 10, Ashtaroth. *in the temple.* 1 Sa. 5. 2-7.

11 *when.* 1 Sa. 11. 1-11; 31. 11-13. 2 Sa. 2. 4-7.

12 *the oak.* Ge. 35. 8. 2 Sa. 21. 12-14. *fasted.* Ge. 50. 10. 2 Sa. 3. 35.

13 *committed. Heb.* transgressed. *even against.* 1 Sa. 13. 13; 15. 2, 23. *for asking.* 1 Sa. 28. 7-20. *a familiar.* Ex. 22. 18. Le. 19. 31; 20. 6. De. 18. 10-14. 2 Ki. 21. 6. Is. 8. 19. Ac. 8. 9-11; 16. 16-18.

14 *enquired.* Ju. 10. 11-16. 1 Sa. 28. 6. Eze. 14. 3-6. *he slew.* Pr. 17. 13. Is. 10. 7, 15. *turned.* 1 Sa. 13. 14; 15. 28; 16. 1, 11-13; 28. 17. 2 Sa. 3. 9, 10; 5. 3. *Jesse. Heb.* Isai.

## CHAP. XI.

*David by general consent is made king at Hebron,* 1-3. *He wins the castle of Zion from the Jebusites by Joab's valour,* 4-9. *A catalogue of David's mighty men,* 10-47.

1 A.M. 2956. B.C. 1048. An. Ex. Is. 443. *all Israel.* ch. 12. 23-40. 2 Sa. 5. 1, etc. *Hebron.* Nu. 13. 22. 2 Sa. 2. 1; 15. 10. 1 Ki. 2. 11. *Behold.* Ge. 29. 14. De. 17. 15. Ju. 9. 2. 2 Sa. 19. 12, 13. Ep. 5, 30.

2 *in time past. Heb.* both yesterday and the third day. *that leddest.* Nu. 27. 17. 1 Sa. 18. 13. Is. 55. 4. Jno. 10. 4. *Thou shalt.* 1 Sa. 16. 1, 13. 2 Sa. 7. 7. Ps. 78. 71, 72. Is. 40. 11. Je. 3. 15. Mi. 5. 2, 4. Mat. 2. 6. *feed. or,* rule. *ruler.* 2 Sa. 5. 2. 1 Ki. 3. 9; 14. 7.

3 *elders.* 2 Sa. 5. 3. *David made.* 1 Sa. 11. 15. 2 Ki. 11. 17. 2 Ch. 23. 3. *before.* Ju. 11. 11. 1 Sa. 23. 18. *anointed.* 1 Sa. 16. 1, 12, 13. 2 Sa. 2. 4. 2 Ki. 23. 30. *according.* 1 Sa. 15. 28; 28. 17. *by. Heb.* by the hand of.

4 *David.* 2 Sa. 5. 6-10. *Jebus.* ver. 5. Jos. 15. 63; 18. 28, Jebusi. Ju. 1. 21; 19. 10-12. *the inhabitants.* Ge. 10. 16; 15. 21. Ex. 3. 17.

5 *Thou shalt.* 1 Sa. 17. 9, 10, 26, 36. *the castle.* 1 Ki. 8. 1. 2 Ch. 5. 2. Ps. 2. 6; 9. 11; 48. 2, 12, 13; 78. 68; 87. 2, 5; 125. 1, 2; 132. 13. La. 4. 11, 12. Ro. 9. 33. He. 12. 22. Re. 14. 1. *the city.* ver. 7. 2 Sa. 5. 9; 6. 10, 12. Ps. 122. 5.

6 *Whosoever.* Jos. 15. 16, 17. 1 Sa. 17. 25. *chief. Heb.* head. *Joab.* 2 Sa. 2. 18; 3. 27; 8. 16; 20. 23.

7 *David dwelt.* Ps. 2. 6. *the city of David. that is,* Zion. ver. 5. 2 Sa. 5. 7.

8 *Millo.* Ju. 9. 6, 20. 1 Ki. 9. 15; 11. 27. 2 Ki. 12. 20. *repaired. Heb.* revived. Ne. 4. 2.

9 *waxed greater and greater. Heb.* went in going and increasing. 2 Sa. 3. 1; 5. 10. Job 17. 9. Is. 9. 7. *for.* ch. 9. 20. Ps. 46. 7, 11. Is. 8. 9, 10; 41. 10, 14. Ro. 8. 31.

10 A.M. 2949-2989. B.C. 1055-1015. An. Ex. Is. 436-476. *the chief.* The valiant men who assisted David in his advancement, and helped to establish him in his authority, were those, in all likelihood, that had accompanied him during his persecution by Saul. 2 Sa. 23. 8. *strengthened themselves with. or,* held strongly with. *to make.* ch. 12. 38. 2 Sa. 3. 17, 18, 21. *according.* 1 Sa. 16. 1, 12-14.

11 *Jashobeam.* ch. 27. 2. 2 Sa. 23. 8, The Tachmonite, Adino, the Eznite. *an Hachmonite. or,* son of Hachmoni.

12 *Eleazar.* ch. 27. 4, Dodai. 2 Sa. 23. 9. *Dodo.* This variation arises from the mutations of ו, *wav,* and י, *yood;* it being written here דודו, *Dodo,* and in the parallel passage דודי, *Dodai. Ahohite.* ch. 8. 4. *the three.* ver. 19, 21. 2 Sa. 23. 17-19, 23.

13 *Pas-dammim. Ephes-dammim* is here called *Pas-dammim,* by aphæresis. 1 Sa. 17. 1, Ephes-dammim. *a parcel.* In Samuel it is, 'a piece of ground full of *lentiles;*' and there is probably a mistake of *seörim,* 'barley,' for *âdashim,* 'lentiles,' or *vice versa.* Some, however, think there were both *lentiles* and *barley* in the field, which is not unlikely.

14 *set. or,* stood. *and the Lord.* 1 Sa. 14. 23; 19. 5. 2 Sa. 23. 10. 2 Ki. 5. 1. Ps. 18. 50. *deliverance. or,* salvation. Ps. 144. 10. Pr. 21. 31.

15 *of the thirty captains. or,* captains over the thirty. 2 Sa. 23. 13, etc. *the cave.* Jos. 12. 15. 1 Sa. 22. 1. Mi. 1. 15. *in the.* ch. 14. 9. 2 Sa. 5. 18, 22. Is. 17. 5. *Rephaim.* Jos. 15. 8, the giants.

16 *in the hold.* 1 Sa. 22. 1; 23. 25. Ps. 142, title. *the Philistines'.* 1 Sa. 10. 5; 13. 4, 23.

17 *longed.* Nu. 11. 4, 5. 2 Sa. 23. 15, 16. Ps. 143. 6. *of the water.* Ps. 42. 1, 2; 63. 1. Is. 12. 3. Jno. 4. 10, 14.

18 *brake.* 1 Sa. 19. 5. Ca. 8. 6. Ac. 20. 24; 21. 13. 2 Co. 5. 14, 15. *poured.* 1 Sa. 7. 6.

19 *My God.* 2 Sa. 23. 17. 1 Ki. 21. 3. Ro. 6. 1, 2. *shall I.* Le. 17. 10. Job 31. 31. Ps. 72. 14. Mar. 14. 24. Jno. 6. 55. *that have put their lives. Heb.* with their lives. Ro. 16. 4. *in jeopardy.* Ju. 5. 18; 9. 17. 1 Sa. 19. 5. 1 Co. 15. 30. *These.* See on ver. 12.

20 *Abishai.* ch. 2. 16. 1 Sa. 26. 6. 2 Sa. 2. 18; . 30; 18. 2; 20. 6; 21. 17; 23. 18, 19, etc.

21 *howbeit.* Mat. 13. 8. 1 Co. 15. 41.

22 *Benaiah.* ch. 27. 5, 6. 2 Sa. 8. 18; 20. 23; 23. 20-23. 1 Ki. 1. 8, 38; 2. 30, 34, 35. *Kabzeel.* Jos. 15. 21. *who had done many acts. Heb.* great of deeds. *lion-like.* ch. 12. 8. 2 Sa. 1. 23. *slew a.* Ju. 14. 5, 6. 1 Sa. 17. 34-36.

23 *a man of great stature. Heb.* a man of measure. *five.* De. 3. 11. 1 Sa. 17. 4. *a spear.* ch. 20. 5. *slew him.* 1 Sa. 17. 51.

25 *but attained.* ver. 21. *David.* 2 Sa. 20. 23.

26 *Asahel.* ch. 27. 7. 2 Sa. 2. 18-23; 3. 30; 23. 24. *Elhanan.* 2 Sa. 21. 19.

27 *Shammoth. Shammah, Shammoth,* and as it is in ch. 27. 8, *Shamhuth,* having all the same signification, appear to have been deemed perfectly interchangeable, and accordingly used indifferently. 2 Sa. 23. 25, Shammah the Harodite. *Harorite.* The variation of הרורי, *Harorite,* for חרדי, *Harodite,* arises from the mutation of ר *raish,* and ד, *daleth. Pelonite.* 2 Sa. 23. 26, Paltite.

28 *Ira.* ch. 27. 9. *Antothite.* This variation springs simply from the points; the word being written ענתתי, *Anethothite* in Samuel, and here ענתותי, *Antothite.* ch. 27. 12. 2 Sa. 23. 27, Anethothite.

29 *Sibbecai.* The reading of מבני, *Mebunnai,* for סבכי, *Sibbecai,* seems to be occasioned by the mistake of a ס, *samech,* for a מ, *mem,* and a נ, *noon,* for a כ, *caph;* and a difference in the vowel points. ch. 27. 11. 2 Sa. 23. 27, 28, Mebunnai, Zalmon. *Ahohite.* ver. 12.

30 *Maharai.* ch. 27. 13. *Heled. Heleb* seems evidently a mistake for *Heled,* which is essentially the same with *Heldai,* the latter merely having a paragogic י, *yood.* ch. 27. 15, Heldai. 2 Sa. 23. 29 Heleb.

31 *Ithai.* The variation of איתי, *Ithai,* and אתי, *Ittai,* simply arises from the elision of י, *yood,* which is compensated by the reduplication of the next letter. 2 Sa. 23. 29, Ittai.

32 *Hurai.* 2 Sa. 23. 30, Hiddai. *Abiel.* 2 Sa. 23. 31, Abi-albon.

33 *Baharumite. Barhumhite,* ברחמי seems a mistake for בחרומי, *Baharumite;* the letters ח, *cheth,* and ר, *raish,* being transposed. 2 Sa. 23. 31. Barhumite.

34 *Hashem.* 1 Sa. 23. 32, 33, Jashen.

35 *Sacar.* 2 Sa. 23. 33, Sharar. *Eliphal.* 2 Sa. 23. 34, Eliphelet, Ahasbai.

37 *Hezro.* 2 Sa. 23. 35, Hezrai, Paarai the Arbite.

38 *Joel.* 2 Sa. 23. 36, Igal the son of Nathan. *the son of Haggeri. or,* the Haggerite.

40 *Ithrite.* 2 Sa. 20. 26, Jairite.

41 *Uriah.* 2 Sa. 11. 6, etc; 23. 39.

45 *son of Shimri. or* Shimrite.

## CHAP. XII.

*The companies that came to David at Ziklag,* 1-22. *The armies that came to him at Hebron,* 23-40.

1 *these are.* 1 Sa. 27. 2, 6. 2 Sa. 1. 1; 4. 10. *while he yet,* etc. *Heb. being* yet shut up. Sometimes, in the East, when a successful prince endeavoured to extirpate the preceding royal family, some of them escaped the slaughter, and secured themselves in an impregnable fortress, or in a place of great secresy; while others have been known to seek an asylum in a foreign country, from whence they have occasioned, from time to time, great anxiety and great difficulties to the usurper of the crown. The expression *shut up,* so often applied to the extermination of eastern royal families, (De. 32. 36. 1 Ki. 14. 10; 21. 21. 2 Ki. 9. 8; 14. 26,) strictly speaking, refers to the two first of these cases; but the term may be used in a more extensive sense, for those who, by retiring into deserts, or foreign countries, preserve themselves from being slain by the men who usurp the dominions of their ancestors. Thus the term is here applied to David, though he did not shut himself up, strictly speaking, in Ziklag. It is described as a town in the country, and was probably an unwalled town; and it is certain that he did not confine himself to it, but, on the contrary, was continually making excursions from thence. *Saul.* ch. 8. 33; 9. 39. *the mighty.* ch. 11. 10, 19, 24, 25.

2 *could use.* Ju. 3. 15; 20. 16. *in hurling.* 1 Sa. 17. 49.

3 *Shemaah. or,* Hasmaah. *Gibeathite.* 1 Sa 11. 4. 2 Sa. 21. 6. *Azmaveth.* ch. 11. 33. *the Antothite.* ch. 11. 28.

4 *Gibeonite.* Jos. 9. 3, 17-23. *a mighty man.* ch. 11. 15. *Gederathite.* Jos. 15. 36.

7 *Gedor*. ch. 4. 18, 39. Jos. 15. 58.

8 *into the hold*. ver. 16; ch. 11. 16. 1 Sa. 23. 14, 29; 24. 22. *of war*. *Heb.* of the host. *handle*. 2 Ch. 25. 5. Je. 46. 9. *whose faces*. ch. 11. 22. 2 Sa. 1. 23; 17. 10; 23. 20. Pr. 28. 1. *as swift as the roes upon the mountains*. *Heb.* as the roes upon the mountains to make haste. 2 Sa. 2. 18. Pr. 6. 5. Ca. 8. 14.

14 *one of the least was over an hundred, and the greatest over a thousand*. *or*, one that was least *could resist* an hundred, and the greatest a thousand. Le. 26. 8. De. 32. 30.

15 *it had overflown*. *Heb.* it had filled over. Jos. 3. 15; 4. 18. Je. 12. 5; 49. 19.

16 *the children*. ver. 2. *the hold*. See on ver. 8.

17 *to meet them*. *Heb.* before them. *If ye be come*. 1 Sa. 16. 4. 2 Sa. 3. 20-25. 1 Ki. 2. 13. 2 Ki. 9. 22. Ps. 12. 1, 2. *heart*. 1 Sa. 18. 1, 3. 2 Ki. 10. 15. Ps. 86. 11. 2 Co. 13. 11. Phi. 1. 27. *knit*. *Heb.* one. Je. 32. 39. Ac. 4. 32. 1 Co. 1. 10. *wrong*. *or*, violence. *God*. Ge. 31. 42, 53. 1 Sa. 24. 11-17; 26. 23, 24. Ps. 7. 6. 1 Pe. 2. 23. *rebuke it*. Zec. 3. 2. Jude 9.

18 *the spirit*. Ju. 6. 34; 13. 25. Is. 59. 17. *came upon Amasai*. *Heb.* clothed Amasai. ch. 2. 17. 2 Sa. 17. 25; 19. 13; 20. 4, etc., Amasa. *Thine are we*. 2 Ki. 10. 5. *and on thy side*. Ru. 1. 16. 2 Sa. 15. 21. 2 Ki. 9. 32. Mat. 12. 30. *peace*. Ga. 6. 16. Ep. 6. 23, 24. *thy God*. 1 Sa. 25. 28, 29. 2 Sa. 5. 2. Zec. 8. 23. Jno. 6. 67, 68. *captains of the band*. 1 Sa. 8. 12; 22. 7. 1 Ki. 9. 22.

19 *when he came*. 1 Sa. 29. 2-4. *to the jeopardy of our heads*. *Heb.* on our heads.

20 *As he went*. These captains of Manasseh seem to have met David as he was returning from the army of the Philistines to Ziklag. It is probable that they did not bring their companies with them; yet they both assured him of future assistance, and very seasonably helped him against the Amalekites who had spoiled Ziklag. 1 Sa. 29. 11. *captains*. Ex. 18. 21. De. 1. 15; 33. 17.

21 *against the band*. *or*, with a band. 1 Sa. 30. 1-17. *mighty men*. ver. 20; ch. 5. 24; 11. 10, 21, 22.

22 *day by day*. 2 Sa. 2. 2-4; 3. 1. Job 17. 9. *like the host of God*. That is, says the Targumist, a very numerous army, like the army of the angel of God. Ge. 32. 2. Jos. 5. 14. Ps. 148. 2.

23 A.M. 2956. B.C. 1048. An. Ex. Is. 433. *the numbers*. ch. 11. 1-3. 2 Sa. 2. 3, 4; 5. 1-3. *bands*. *or*, captains, *or* men. *Heb.* heads. *came to David*. Some learned men understand this as relating to the time when David was made king over Judah, on his first coming to Hebron: but it seems wholly to refer to his being made king over all Israel, after the death of Ishbosheth; for there was no such union or assembly of the several tribes on the former occasion, as is here described. *to turn*. ch. 10. 14. *according*. ch. 11. 10. 1 Sa. 16. 1, 3, 12, 13. 2 Sa. 3. 18. Ps. 2. 6; 89. 19, 20.

24 *armed*. *or*, prepared.

27 *the leader*. ch. 9. 20. 2 Ki. 11. 4, 9; 25. 18. *Aaronites*. ch. 6. 49-57; 27. 17.

28 *Zadok*. ch. 6. 8, 53. 2 Sa. 8. 17. 1 Ki. 1. 8; 2. 35. Eze. 44. 15.

29 *kindred*. *Heb.* brethren. ver. 2. Ge. 31. 23. *the greatest part of them*. *Heb.* a multitude of them. 2 Sa. 2. 8, 9.

30 *famous*. *Heb.* men of names. Ge. 6. 4.

31 *the half tribe*. Jos. ch. 17.

32 *understanding of the times*. That is, as the following words indicate, intelligent men, who understood the signs of the times, well versed in political affairs, and knew what was proper to be done in all the exigencies of human life; and who now perceived that it was both the duty and political interest of Israel to advance David to the throne. Ge. 49. 14. Es. 1. 13. Is. 22. 12-14; 33. 6. Mi. 6. 9. Mat. 16. 3. Lu. 12. 56, 57. *to know*. Pr. 14. 8. Ep. 5. 17. *all their*. Pr. 24. 5. Ec. 7. 19; 9. 18.

33 *expert in war*. *or*, rangers of battle, *or* ranged in battle. *keep rank*. *or*, set the battle in array. *they were not of double heart*. *Heb.* they were without a heart and a heart. That is, they were all sincerely affected towards David, though so numerous. Ps. 12. 2. Jno. 1. 47.

36 *expert in war*. *or*, keeping their rank. ver. 33. Joel 2. 7.

37 *the other side*. ch. 5. 1, etc. Nu. 32. 33-42. De. 3. 12-16. Jos. 13. 7-32; 14. 3; 22. 1-10.

38 *with a perfect heart*. The meaning of this expression may be inferred from that of *a double heart*, in ver. 33. If a double heart be expressive of insincerity or duplicity, a *perfect heart*, which seems to be put in opposition to it, must signify a sincere, faithful, and entire attachment. 1 Ki. 8. 61; 11. 4. 2 Ki. 20. 3. Ps. 101. 2. *all the rest*. ver. 17, 18. Ge. 49. 8-10. 2 Ch. 30. 12. Ps. 110. 3. Eze. 11. 19.

39 *eating and drinking*. Ge. 26. 30; 31. 54. 2 Sa. 6. 19; 19. 42.

40 *brought*. The Septuagint reads εφερον αυτοις, 'brought (to) *them*,' which is probably correct; the Hebrew *lahem*, 'to them,' might be easily mistaken for *lechem*, 'bread.' The passage will then read, 'brought them on asses, on camels, and on mules, and on oxen, meat, meal, cakes of figs,' etc., which renders the introduction of *and* unnecessary. From the mention of *oil*, *figs*, and *raisins*, Mr. HARMER thinks that this assembly was held in autumn. 2 Sa. 16. 1; 17. 27-29. *meat, meal*. *or*, victual of meal. *cakes of figs*. 1 Sa. 25. 18. *there was joy*. 1 Ki. 1. 40. 2 Ki. 11. 20. Pr. 11. 10; 29. 2. Je. 23. 5, 6. Lu. 19. 37, 38. Re. 19. 5-7.

## CHAP. XIII.

*David fetches the ark with great solemnity from Kirjath jearim, 1-8. Uzza being smitten, the ark is left at th house of Obed-edom, 9-14.*

1 *consulted*. ch. 12. 14, 20, 32. 2 Sa. 6. 1. 2 Ki 23. 1. 2 Ch. 29. 20; 34. 29, 30.

2 *If it seem*. 1 Ki. 12. 7. 2 Ki. 9. 15. Pr. 15. 22. Phile. 8. 9. *and that it be*. Ex. 18. 23. 2 Sa. 7. 2-5. *send abroad*. *Heb.* break forth, *and* send. *left*. ch. 10. 7. 1 Sa. 31. 1. Is. 37. 4. *the priests*. ch. 15. 2-14. Nu. 4. 4, etc. 2 Ch. 31. 4, etc. *their cities and suburbs*. *Heb.* the cities of their suburbs. ch. 6. 54-81. Nu. 35. 2-9.

3 *bring again*. *Heb.* bring about. *the ark*. 1 Sa. 7. 1, 2. Ps. 132. 6. *we enquired*. 1 Sa. 14. 18, 36; 22. 10, 15; 23. 2, 9-12.

4 *the thing*. 1 Sa. 18. 20. 2 Sa. 3. 36. 2 Ch. 30. 4, marg. Es. 8. 5.

5 *David*. 1 Sa. 7. 1. 2 Sa. 6. 1. *Shihor*. Nu. 34. 5-8. Jos. 13. 3-6, Sihor. 1 Ki. 4. 21. Je. 2. 18, Sihor. *Hemath*. Nu. 34. 8. Jos. 13. 5. 1 Ki. 8. 65. 2 Ki. 25. 21, Hamath. *Kirjath-jearim*. ver. 6. 1 Sa. 6. 21; 7. 1.

6 *Baalah*. Jos. 15. 9, 60. 2 Sa. 6. 2, Baale. *that dwelleth*. Ex. 25. 22. Nu. 7. 89. 1 Sa. 4. 4. 2 Ki. 19. 15. Ps. 80. 1; 99. 1. Is. 37. 16. *whose name*. Ex. 20. 24; 23. 21. Nu. 6. 27. 1 Ki. 8. 16.

7 *carried the ark*. *Heb.* made the ark to ride. At Nu. 3. 10, and again at ver. 38, a particular caution is given that strangers must not touch, or even pry into, the most holy things connected with the tabernacle, *lest the offender die*. In giving the law, also, even a beast which touched Sinai's mount was, by the Almighty's fiat, to be stoned or thrust through with a dart. And again we read, (Nu. 4. 15) after special orders to Aaron and his sons about *covering* the sanctuary and all the vessels previously to a removal, that the Kohathites, who were to carry them, 'shall not touch any holy thing, lest they die.' These were positive commands. May the sin of Uzza in touching the ark, warn Christians to take heed of rashness and irreverence in dealing about holy things: see ver. 9.

*in a new cart.* ch. 15. 2, 13. Nu. 4. 15. 1 Sa. 6. 7. 2 Sa. 6. 3. *out of the house.* 1 Sa. 7. 1, 2.

8 *David.* ch. 15. 10-24. 1 Sa. 10. 5. 2 Sa. 6. 5, etc. 2 Ki. 3. 15. Ps. 47. 5; 68. 25-27; 150. 3-5. *singing. Heb.* songs. *with harps.* The word *kinnor*, in Chaldee, *kinnora*, in Syriac, *kainoro*, in Arabic, *kinnarat*, and in Greek κινυρος, certainly denotes a *harp*, played on with the hand, according to 1 Sa. 16. 23. The number of strings in the harp was at first three; but afterwards they were increased to four, and at last to seven. ch. 15. 28; 16. 5, 42; 23. 5; 25. 1-6. Da. 3. 5-7. Am. 5. 23; 6. 5. *psalteries, Naivel*, or *naibel*, in Greek ναβλα, and in Latin, *nablium*, was an instrument of the *harp* kind; having twelve sounds.

9 *Chidon.* 2 Sa. 6. 6, Nachon. *stumbled. or* shook it.

10 *he put.* ch. 15. 13, 15. Nu. 4. 15. Jos. 6. 6. *there he died.* Le. 10. 1-3. Nu. 16. 35. 1 Sa. 6. 19. 2 Ch. 26. 16-20. 1 Co. 11. 30-32.

11 *displeased.* 2 Sa. 6. 7-9. Jon. 4. 4, 9. *Perez-uzza. that is*, The breach of Uzza. *to this day.* Ge. 32. 32. De. 34. 6. Jos. 4. 9.

12 *afraid of God.* Nu. 17. 12, 13. 1 Sa. 5. 10, 11; 6. 20. Ps. 119. 120. Is. 6. 5. Lu. 5. 8, 9. *How.* 1 Ki. 8. 27. Job 25. 5, 6. Mat. 25. 24.

13 *brought. Heb.* removed. *Obed-edom.* ch. 15. 18; 16. 5; 26. 4, 8. 2 Sa. 6. 10, 11. *the Gittite.* 2 Sa. 4. 3.

14 *the Lord.* ch. 26. 5. Ge. 30. 27; 39. 5. Pr. 3. 9, 10; 10. 22. Mal. 3. 10, 11.

## CHAP. XIV.

*Hiram's kindness to David,* 1. *David's felicity in people, wives, and children,* 2-7. *His two victories against the Philistines,* 8-17.

1 A.M. 2961. B.C. 1043. An. Ex. Is. 448. *Hiram.* 2 Sa. 5. 11, 12, etc. 1 Ki. 5. 1, 8-12. 2 Ch. 2. 11, 12, Huram. *and timber.* ch. 22. 2. 1 Ki. 5. 6, 9, 10, 18. 2 Ch. 2. 3, 8-10. Ezr. 3. 7. *to build him.* ch. 17. 1. 2 Sa. 7. 2. 1 Ki. 7. 1-12. Je. 22. 13-15.

2 *the Lord.* ch. 17. 17. 2 Sa. 7. 16. Ps. 89. 20-37. *his kingdom.* Nu. 24. 7. 2 Sa. 7. 8. *because.* 1 Ki. 10. 9. 2 Ch. 2. 11. Es. 4. 14. Is. 1. 25-27. Da. 2. 30.

3 *took.* ch. 3. 1-4. De. 17. 17. 2 Sa. 5. 13. 1 Ki. 11. 3. Pr. 5. 18, 19. Ec. 7. 26-29; 9. 9. Mal. 2. 14. Mat. 19. 4, 5, 8. *more. Heb.* yet.

4 *Shammua.* ch. 3. 5, etc., Shimea. 2 Sa. 5. 14, Shammuah. *Nathan.* 2 Sa. 12. 1. Lu. 3. 31. *Solomon.* ch. 22. 9-12; 28. 5, 6. 2 Sa. 12. 24, 25. 1 Ki. 1. 13, 17; 2. 15; 3. 3, 5-11. Mat. 1. 6.

5 *Elishua.* ch. 3. 6, Elishama. 2 Sa. 5. 15.

7 *Beeliada.* Probably *Beeliada* is a mistake for *Eliada*, as the LXX., Syriac, and Arabic read here. 2 Sa. 5. 16, Eliada. *and Eliphalet.* ch. 3. 8, Eliphelet. This variation merely arises from the change of a vowel. Here we have 13 persons mentioned, but only 11 in Samuel; and it is probable that the duplicate *Elishama* and *Eliphelet* dying when young, were therefore omitted in the latter.

8 A.M. 2957. B.C. 1047. An. Ex. Is. 444. *And when.* 1 Sa. 21. 11. 2 Sa. 5. 17-25. *anointed.* ch. 11. 3. 2 Sa. 5. 3. *all the Philistines.* Ps. 2. 1-6. Re. 11. 15-18.

9 *the valley.* ch. 11. 15. 2 Sa. 5. 18; 23. 13. Is. 17. 5.

10 *enquired.* ver. 14; ch. 13. 3. 1 Sa. 23. 2-4, 9-12. 2 Sa. 2. 1; 5. 19, 23. *Shall I go.* 1 Sa. 30. 8. Pr. 3. 6. *Go up.* Ju. 4. 6, 7. 1 Ki. 22. 6, 15-17.

11 *Baal-perazim.* 2 Sa. 5. 20. Is. 28. 21. *God.* Ps. 18. 13-15; 44. 3; 144. 1, 10. *like the breaking.* Ex. 14. 28. Job 30. 14. Mat. 7. 27. *Baal-perazim. that is*, a place of breaches.

12 *were burned.* Ex. 12. 12; 32. 20. De. 7. 5, 25. 1 Sa. 5. 2-6. 2 Ki. 19. 18.

13 *yet again.* ver. 9. 2 Sa. 5. 22-25. 1 Ki. 20. 22.

14 *enquired.* ver. 10. Ps. 27. 4. *turn away.* Jos. 8. 2-7. Jno. 9. 6, 7.

15 *when thou shalt hear.* Some, taking the word *bechaïm*, translated 'mulberry trees,' as a proper name, render, 'when thou shalt hear a sound of going upon the summits of *Bechaïm*;' others understanding *rosh*, 'a top,' in the sense of beginning or entrance, read, 'when thou hearest a sound of footsteps at the entrance of the grove of mulberry trees;' and others think a *rustling* among the leaves is intended. The Targumist reads, 'When thou shalt hear the sound of the angels coming to thy assistance, then go out to battle; for an angel is sent from the presence of God, that he may render thy way prosperous.' If there had not been an evident *supernatural* interference, David might have thought that the *ruse de guerre* which he had used, was the cause of his victory. Le. 26. 36. 2 Ki. 7. 6; 19. 7. Ac. 2. 2. *then thou.* Ju. 4. 14; 7. 9, 15. 1 Sa. 14. 9-22. Phi. 2. 12, 13. *for God.* Is. 13. 4; 45. 1, 2. Mi. 2. 12, 13.

16 *did as God.* Ge. 6. 22. Ex. 39. 42, 43. Jno. 2. 5; 13. 17; 15. 14. *Gibeon.* 2 Sa. 5. 25, Geba. *Gazer.* ch. 6. 67. Jos. 16. 10, Gezer.

17 *fame of David.* Jos. 6. 27. 2 Ch. 26. 8. Ps. 18. 44. *the fear of him.* Ex. 15. 14-16. De. 2. 25; 11. 25. Jos. 2. 9-11; 9. 24.

## CHAP. XV.

*David having prepared a place for the ark, the priests and Levites bring it from Obed-edom,* 1-24. *He performs the solemnity thereof with great joy,* 25-28. *Michal despises him,* 29.

1 A.M. 2962. B.C. 1042. *houses.* 2 Sa. 5. 9; 13. 7, 8; 14. 24. *and prepared.* ver. 3; ch. 16. 1; 17. 1-5. Ps. 132. 5. Ac. 7. 46.

2 *None ought to*, etc. *Heb. It is* not to carry the ark of God, but for the Levites. *them hath.* Nu. 4. 2-15, 19, 20; 7. 9. De. 10. 8; 31. 9. Jos. 3. 3; 6. 6. 2 Ch. 35. 3. *to minister.* Nu. 8. 13, 14, 24-26; 18. 1-8. Is. 66. 21. Je. 33. 17-22.

3 *gathered.* ch. 13. 5. 1 Ki. 8. 1. *to bring up.* ver. 1. 2 Sa. 6. 12.

4 *the children of Aaron.* ch. 6. 16-20, 49, 50; 12. 26-28. Ex. 6. 16-22. Nu. 3. 4.

5 *Uriel.* ch. 6. 22-24. *brethren. or*, kinsmen.

6 *Merari.* ch. 6. 29, 30.

7 *Joel.* ver. 11; ch. 23. 8.

8 *Elizaphan.* Ex. 6. 22, Elzaphan. *Shemaiah.* ver. 11.

9 *Hebron.* ch. 6. 2; 23. 12, 19; 26. 23, 30, 31. Ex. 6. 18. Nu. 26. 58.

10 *Uzziel.* ch. 6. 18; 23. 12. Ex. 6. 18, 22. *Amminadab.* ch. 6. 22.

11 *Zadok.* ch. 12. 28; 18. 16. 1 Sa. 22. 20-23. 2 Sa. 8. 17; 15. 24-29, 35; 20. 25. 1 Ki. 2. 35. *Uriel.* See on ver. 5-10.

12 *Ye are the chief.* ch. 9. 34; 24. 31. *sanctify.* ver. 14. Ex. 19. 14, 15. 2 Ch. 5. 11; 29. 4, 5; 30. 15; 35. 6. Eze. 48. 11. Jno. 17. 17. Ro. 12. 1, 2. Re. 5. 9, 10.

13 *ye did it.* ch. 13. 7-9. 2 Sa. 6. 3. *the Lord.* ch. 13. 10, 11. 2 Sa. 6. 7, 8. *for that.* See on ver. 2. Nu. 4. 15; 7. 9. De. 31. 9. 2 Ch. 30. 17-20. Pr. 28. 13. 1 Co. 11. 2; 14. 40. 1 Jno. 1. 8-10.

14 *sanctified.* Le. 10. 3. 2 Ch. 29. 15, 34. Joel 2. 16, 17.

15 *bare the ark.* Ex. 25. 12-15; 37. 3-5; 40. 20. Nu. 4. 6, 15; 7. 9. 1 Ki. 8. 8. 2 Ch. 5. 9.

16 *And David.* 2 Ch. 30. 12. Ezr. 7. 24-28. Is. 49. 23. *chief.* ver. 12. Ac. 14. 23. 1 Ti. 3. 1-15. 2 Ti. 2. 2. Tit. 1. 5. *the singers.* ver. 27, 28; ch. 6. 31-38; 13. 8; 16. 42; 23. 5; 25. 1-6. 2 Ch. 29. 28-30. Ne. 12. 36, 46. Ps. 87. 7; 149. 3; 150. 3, 4. *lifting up.* 2 Ch. 5. 13. Ezr. 3. 10, 11. Ne. 12. 43. Ps. 81. 1; 92. 1-3; 95. 1; 100. 1. Je. 33. 11.

17 *Heman.* ch. 6. 33; 25. 1-5. 1 Sa. 8. 2. *Asaph.* ch. 6. 39; 25. 2. Ps. 73; 83, titles. *Ethan.* ver. 19; ch. 6. 44, son of Kishi.

18 *the second.* ch. 25. 2-6, 9-31. *Zechariah.* ch. 16. 5, 6. *Jaaziel.* ver. 20, Aziel. *Obed-edom.* ch. 13. 14; 16. 5, 38; 26. 4, 8, 15.

19 ver. 16; ch. 13. 8; 16. 5, 42; 25. 1, 6. Ps. 150. 5.

20 *Aziel.* ver. 18, Jaaziel. *Alamoth.* Ps. 46, title.

21 *Mattithiah.* ver. 18; ch. 16. 5. *harps.* ch. 25. 6, 7. 1 Sa. 10. 5. Ps. 33. 2; 81. 1, 2; 92. 3; 150. 3. *Sheminith to excel. or,* eighth to oversee. Ps. 6; 12, titles.

22 *for.* etc. *or,* for the carriage: he instructed about the carriage. *song. Heb.* lifting up. ver. 16, 27. *he instructed.* ch. 25. 7, 8.

23 ch. 9. 21-23. 2 Ki. 22. 4; 25. 18. Ps. 84. 10.

24 *the priests.* ch. 16. 6. Nu. 10. 8. 2 Ch. 5. 12, 13. Ps. 81. 3. Joel 2. 1, 15. *Obed-edom.* ver. 18, 23.

25 *David.* 2 Sa. 6. 12, 13, etc. 1 Ki. 8. 1. *captains.* Nu. 31. 14. De. 1. 15. 1 Sa. 8. 12; 10. 19; 22. 7. Mi. 5. 2. *Obed-edom.* ch. 13. 14. *with joy.* ch. 13. 11, 12. De. 12. 7, 18; 16. 11, 15. 2 Ch. 20. 27, 28. Ezr. 6. 16. Ps. 95. 1, 2; 100. 1, 2. Phi. 3. 3; 4. 4.

26 *God.* ch. 29. 14. 1 Sa. 7. 12. Ac. 26. 22. 2 Co. 2. 16; 3. 5. *they.* 2 Sa. 6. 13. Ps. 66. 13-15. *bullocks.* Nu. 23. 1, 2, 4, 29; 29. 32. Job 42. 8. Ezr. 43. 23.

27 *a robe.* 1 Sa. 2. 18. 2 Sa. 6. 14. *Chenaniah.* ver. 22. *song. or,* carriage. ver. 22.

28 *brought up.* 2 Sa. 6. 15. *with shouting.* ver. 16; ch. 13. 8. 2 Ch. 5. 12, 13. Ezr. 3. 10, 11. Ps. 47. 1-5; 68. 25; 98. 4-6; 150. 3-5. *the cornet.* JEROME on Ho. 5. 8, says this instrument is properly called in Greek κερατινη, from κερας, a horn. The *trumpets* were, according to JOSEPHUS, made of *metal,* and about a cubit in length. See Note on Nu. 10. 2.

29 *as the ark.* ch. 17. 1. Nu. 10. 33. De. 31. 26. Jos. 4. 7. Ju. 20. 27. 1 Sa. 4. 3. Je. 3. 16. He. 9. 4. *Lord.* 2 Sa. 6. 16. *Michal.* 1 Sa. 18. 27, 28; 19. 11-17; 25. 44. 2 Sa. 3. 13, 14. *dancing.* Ex. 15. 20. Ps. 30. 11; 149. 3; 150. 4. Ec. 3. 4. Je. 30. 19; 33. 11. *she despised.* 2 Sa. 6. 20-23. Ps. 69. 7-9. Ac. 2. 13. 1 Co. 2. 14. 2 Co. 5. 13.

## CHAP. XVI.

*David's festival sacrifice,* 1-3. *He orders a choir to sing thanksgiving,* 4-6. *The psalm of thanksgiving,* 7-36. *He appoints ministers, porters, priests, and musicians, to attend continually on the ark,* 37-43.

1 *they brought.* 2 Sa. 6. 17-19. 1 Ki. 8. 6. 2 Ch. 5. 7. *in the midst.* ch. 15. 1, 12. 2 Ch. 1. 4. Ps. 132. 8. *they offered.* 1 Ki. 8. 5. 2 Ch. 5. 6. Ezr. 6. 16-18.

2 *the burnt.* Le. 1. 3. *he blessed.* Ge. 14. 19; 20. 7; 47. 7, 10. Nu. 6. 23-27. Jos. 22. 6. 2 Sa. 6. 18. 1 Ki. 8. 55, 56. 2 Ch. 29. 29; 30. 18-20, 27. Lu. 24. 50, 51. He. 7. 7.

3 *to every one.* 2 Ch. 30. 24; 35. 7, 8. Ne. 8. 10. Eze. 45. 17. 1 Pe. 4. 9.

4 *he appointed.* ch. 15. 16; 23. 2-6; 24. 3. *minister.* ver. 37-42; ch. 23. 27-32. Nu. 18. 1-6. *to record.* ver. 8. Ps. 37; 70, titles; 103. 2; 105. 5. Is. 62. 6, 7. *the Lord God.* Ge. 17. 7; 32. 28; 33. 20, marg. 1 Ki. 8. 15. Ps. 72. 18; 106. 48.

5 *Asaph.* See on ch. 6. 39; 15. 16-24; 25. 1-6. *psalteries and with harps. Heb.* instruments of psalteries and harps. ch. 15. 20, 21. 2 Ch. 29. 25.

6 *with trumpets.* Nu. 10. 8. 2 Ch. 5. 12, 13; 13. 12; 29. 26-28.

7 *on that day.* 2 Sa. 22. 1; 23. 1, 2. 2 Ch. 29. 30. Ne. 12. 24. *into the hand.* Ps. 12; 18, titles.

8 *Give thanks.* This beautiful hymn, to the 22nd verse, is nearly the same as Ps. 105. 1-15; from the 23rd to the 33rd it accords with Ps. 96; and the conclusion agrees with Ps. 106, with the addition of ver. 34-36. Ps. 105. 1-15. *call.* Is. 12. 4. Ac. 9. 14. 1 Co. 1. 2. *make.* 1 Ki. 8. 43. 2 Ki. 19. 19. Ps. 67. 2-4; 78. 3-6; 145. 5, 6.

9 *Sing unto.* Ps. 95. 1, 2; 96. 1, 2; 98. 1-4. Mal. 3. 16. *psalms.* Mat. 26. 30. Ep. 5. 19. Col. 3. 16. Ja. 5. 13. *talk ye.* Ps. 40. 10; 71. 17; 96. 3; 145. 4-6, 12.

10 *Glory.* Ps. 34. 2. Is. 45. 25. Je. 9. 23, 24. 1 Co. 1. 30, 31, Gr. *let the heart.* ch. 28. 9. Pr. 8. 17. Is. 45. 19; 55. 6, 7. Je. 29. 13. Mat. 7. 7, 8.

11 *Seek.* Am. 5. 6. Zep. 2. 2, 3. *his strength.* 2 Ch. 6. 41. Ps. 68. 35; 78. 61. *seek his.* Ps. 4. 6; 27. 8, 9; 67. 1.

12 *Remember.* ver. 8, 9. Ps. 103. 2; 111. 4. *the judgments.* Ps. 19. 9; 119. 13, 20, 75, 137. Ro. 11. 33. Re. 16. 7; 19. 2.

13 *ye seed.* Ge. 17. 7; 28. 13, 14; 35. 10-12. *his chosen.* Ex. 19. 5, 6. De. 7. 6. Ps. 135. 4. 1 Pe. 2. 9.

14 *the Lord.* Ex. 15. 2. Ps. 63. 1; 95. 7; 100. 3; 118. 28. *his judgments.* ver. 12. Ps. 48. 10, 11; 97. 8, 9.

15 *ye mindful.* Ps. 25. 10; 44. 17; 105. 8; Mal. 4. 4. *a thousand.* De. 7. 9.

16 *which he made.* Ge. 15. 18; 17. 2; 26. 3; 28. 13, 14; 35. 11. Ex. 3. 15. Ne. 9. 8. Lu. 1. 72, 73. Ac. 3. 25. Ga. 3. 15-17. He. 6. 13-18.

17 *for a law.* Ps. 78. 10. *an everlasting.* Ge. 17. 7, 8. Ex. 3. 17. Jos. 24. 11-13. 2 Sa. 23. 5. Is. 55. 3. Je. 11. 2. He. 13. 20.

18 *Unto thee.* Ge. 12. 7; 13. 15; 17. 8; 28. 13, 14; 35. 11, 12. *lot. Heb.* cord. Mi. 2. 5. *inheritance.* Nu. 26. 53-56. De. 32. 8.

19 *but few. Heb.* but men of number. *a few.* Ge. 34. 30. Ac. 7. 5. He. 11. 13.

20 *they went.* Ge. 12. 10; 20. 1; 46. 3, 6.

21 *He suffered.* Ge. 31. 24, 29, 42. *he reproved.* Ge. 12. 17; 20. 3. Ex. 7. 15-18; 9. 13-18.

22 *Touch.* 1 Ki. 19. 16. Ps. 105. 15. 1 Jno. 2. 27. *prophets.* Ge. 20. 7; 27. 39, 40; 48. 19, 20; 49. 8-10.

23 *Sing.* ver. 9. Ps. 96. 1-13. Ex. 15. 21. Ps. 30. 4. Is. 12. 5. *shew forth.* Ps. 40. 10; 71. 15. Is. 51. 6-8.

24 2 Ki. 19. 19. Ps. 22. 27. Is. 12. 2-6. Da. 4. 1-3.

25 *great.* Ps. 89. 7; 144. 3-6. Is. 40. 12-17. Re. 15. 3, 4. *he also.* Ex. 15. 11. Ps. 66. 3-5; 76. 7. Je. 5. 22; 10. 6-10. Re. 15. 4.

26 *all the gods.* Le. 19. 4. Ps. 115. 4-8. Is. 44. 9, etc. Je. 10. 10-14. Ac. 19. 26. 1 Co. 8. 4. *the Lord.* Ps. 102. 25. Is. 40. 26; 42. 5; 44. 24. Je. 10. 11, 12. Re. 14. 7.

27 *Glory.* Ps. 8. 1; 16. 11; 63. 2, 3. Jno. 17. 24. *strength.* Ps. 27. 4-6; 28. 7, 8; 43. 2-4. *place.* Ps 96. 6.

28 *Give.* Ps. 29. 1, 2; 68. 34. *ye kindreds.* Ps. 66. 1, 2; 67. 4, 7; 86. 8-10; 98. 4; 100. 1, 2. Is. 11. 10. *glory.* ch. 29. 10-14. Ps. 115. 1, 2. 1 Co. 15. 10. 2 Co. 12. 9, 10. Ep. 1. 6, 17-19. Phi. 4. 13.

29 *the glory.* Ps. 89. 5-8; 108. 3-5; 148. 13, 14. Is. 6. 3. Re. 4. 9-11; 5. 12-14; 7. 12. *bring.* 1 Ki. 8. 41-43. Ps. 68. 30, 31; 62. 10, 15. Is. 60. 6, 7. *come.* Ps. 95. 2; 100. 4. *the beauty.* 2 Ch. 20. 21. Ps. 29. 2; 50. 2; 96. 6, 9; 110. 3. Eze. 7. 20; 24. 25.

30 *before him.* See on ver. 23, 25. Ps. 96. 9. Re. 11. 15. *stable.* Ps. 33. 9; 93. 1; 148. 5, 6. Is. 49. 8. Je. 10. 12. Col. 1. 17. He. 1. 3.

31 *Let the heavens.* Ps. 19. 1; 89. 5; 148. 1-4. Lu. 2. 13, 14; 15. 10. *let the earth.* Ps. 97. 1; 98. 4. Lu. 2. 10. *The Lord.* Ps. 93. 1, 2; 96. 10; 99. 1; 145. 1. Is. 33. 22. Mat. 6. 13. Re. 19. 6.

32 *the sea.* Ps. 93. 4; 98. 7. *fields.* Ps. 98. 8; 148. 9, 10. Is. 44. 23.

33 *the trees.* Ps. 96. 12, 13. Eze. 17. 22-24. *because.* Ps. 98. 9. 2 Th. 1. 8, 10. 2 Pe. 3. 14. Re. 11. 17, 18.

34 *give thanks.* 2 Ch. 5. 13; 7. 3. Ezr. 3. 11. Ps. 106. 1; 107. 1; 118. 1; 136. 1, etc. Je. 33. 11.

35 *Save us.* Ps. 14. 7; 53. 6; 79. 9, 10; 106. 47, 48. *that we may give.* Ps. 105. 45. Is. 43. 21. Ep. 1. 12. 1 Pe. 2. 5, 9. *glory.* ver. 9, 10. Ps. 44. 8. Is. 45. 25. 1 Co. 1. 31.

36 *Blessed.* 1 Ki. 8. 15, 56. Ps. 72. 18, 19; 106. 48. Ep. 1. 3. 1 Pe. 1. 3. *said.* De. 27. 15-26. Ne. 8. 6. Je. 28. 6. 1 Co. 14. 16.

37 *before the ark.* See on ver. 4-6; ch. 15. 17-24; 25. 1-6. *as every.* 2 Ch. 8. 14. Ezr. 3. 4.

38 *Obed-edom.* ch. 13. 14; 26. 4-8. *Jeduthun.* ch. 25. 3.

39 *Zadok.* See on ch. 12. 28. *before.* ch. 21. 29. 2 Ch. 1. 3, 4, 13. *in the high.* 1 Ki. 3. 4.

40 *To offer.* Ex. 29. 38-42. Nu. 28. 3-8. 1 Ki. 18. 29. 2 Ch. 2. 4; 31. 3. Ezr. 3. 3. Eze. 46. 13-15. Da. 9. 21. Am. 4. 4. *morning and evening. Heb.* in the morning and in the evening.

41 *Heman.* ver. 37; ch. 6. 39-47; 25. 1-6

*expressed.* ch. 12. 31. Nu. 1. 17. Eze. 8. 20. *to give.* See on ver. 34. 2 Ch. 5. 13; 7. 3; 20. 21. Ezr. 3. 11. Ps. 103. 17. Je. 33. 11. Lu. 1. 50.

42 *trumpets.* 2 Ch. 29. 25-28. Ps. 150. 3-6. *musical instruments.* ch. 25. 6. Ps. 84. 10. *porters. Heb.* for the gate.

43 *all the people.* 2 Sa. 6. 19, 20. 1 Ki. 8. 66. *to bless.* Ge. 18. 19. Jos. 24. 15. Ps. 101. 2.

## CHAP. XVII.

*Nathan first approving the purpose of David, to build God a house,* 1, 2, *after by the word of God forbids him,* 3-10. *He promises him blessings and benefits in his seed,* 11-15. *David's prayer and thanksgiving,* 16-27.

1 *as David.* 2 Sa. 7. 1, 2, etc. 2 Ch. 6. 7-9. Da. 4. 4, 29, 30. *Nathan.* ch. 29. 29. 2 Sa. 12. 1, 25. 1 Ki. 1. 8, 23, 44. *I dwell.* ch. 14. 1. Je. 22. 15. Hag. 1. 4, 9. *the ark.* Ps. 132. 5. Ac. 7. 46. *under curtains.* ver. 5; ch. 15. 1; 16. 1. Ex. 40. 19-21. 2 Sa. 6. 17. 2 Ch. 1. 4.

2 *Do all.* ch. 22. 7; 28. 2. Jos. 9. 14. 1 Sa. 16. 7. Ps. 20. 4. 1 Co. 13. 9. *for God.* 1 Sa. 10. 7. 2 Sa. 7. 3. Zec. 8. 23. Lu. 1. 28.

3 *word.* Nu. 12. 6. 2 Ki. 20. 1-5. Is. 30. 21. Am. 3. 7.

4 *tell.* Is. 55. 8, 9. Ro. 11. 33, 34. *Thou shalt not.* ch. 22. 7, 8; 28. 2, 3. 2 Sa. 7. 4, 5. 1 Ki. 8. 19. 2 Ch. 6. 8, 9.

5 *dwelt.* 2 Sa. 7. 6. 1 Ki. 8. 27. 2 Ch. 2. 6; 6. 18. Is. 66. 1, 2. Ac. 7. 44-50. *gone. Heb.* been. *from tent to tent.* Ex. 40. 2, 3. 2 Sa. 6. 17. 1 Ki. 8. 4, 16.

6 *walked.* Ex. 33. 14, 15; 40. 35-38. Le. 26. 11, 12. Nu. 10. 33-36. De. 23. 14. 2 Co. 6. 16. Re. 2. 1. *the judges.* Ju. 2. 16-18. 1 Sa. 12. 11. 2 Sa. 7. 7, tribes. Ac. 13. 20. *feed.* ch. 11. 2. Ps. 78. 71, 72. Je. 23. 4. Eze. 34. 2. Mi. 5. 4. Mat. 2. 6, marg.

7 *I took thee.* Ex. 3. 1-10. 1 Sa. 16. 11, 12; 17. 15. 2 Sa. 7. 8. Ps. 78. 70, 71. Am. 7. 14, 15. Mat. 4. 18-22. Lu. 5. 10. *from following. Heb.* from after. *ruler.* 2 Sa. 6. 21. Mat. 2. 6.

8 *I have been.* ver. 2. Ge. 28. 15. 1 Sa. 18. 14, 28. 2 Sa. 7. 9; 8. 6, 8, 14. Ps. 46. 7, 11. *have cut off.* 1 Sa. 26. 10; 31. 1-6. 2 Sa. 22. 1, 38-41. Ps. 18, title. *made thee.* ver. 17. 2 Sa. 8. 13. Ezr. 4. 20. Ps. 71. 21; 75. 7; 113. 7, 8. Lu. 1. 52.

9 *I will.* Je. 31. 3-12. Eze. 34. 13. *plant.* Ps. 44. 2; 92. 13. Is. 61. 3. Je. 24. 6; 32. 41. *and shall be.* Eze. 28. 4; 36. 14, 15; 37. 25. Am. 9. 15. Re. 21. 4. *the children.* Ps. 89. 22. Ep. 2. 2, 3; 5. 6. *waste.* Is. 49. 17; 60. 18. *as at the.* Ex. 1. 13, 14; 2. 23.

10 *And since.* Ju. 2. 14-18; 3. 8; 4. 3; 6. 3-6. 1 Sa. 13. 5, 6, 19, 20. *Moreover.* Ps. 18. 40, etc.; 21. 8, 9; 89. 23; 110. 1. 1 Co. 15. 25. *the Lord.* Ex. 1. 21. 2 Sa. 7. 11. Ps. 127. 1.

11 *when thy.* ch. 29. 15, 28. Ac. 13. 36. *go to be.* Ge. 15. 15. De. 31. 16. 1 Ki. 1. 21; 2. 10. Ac. 2. 29. *I will raise.* ch. 28. 5. 2 Sa. 7. 12, 13; 12. 24, 25. 1 Ki. 8. 20. Ps. 132. 11. Je. 23. 5, 6. Ro. 1. 3, 4.

12 *He shall.* ch. 22. 9, 10; 28. 6-10. 1 Ki. 5. 5. 2 Ch. ch. 3; 4. Ezr. 5. 11. Zec. 6. 12, 13. Jno. 2. 19-21. Ac. 7. 47, 48. Col. 2. 9. *I will.* Ps. 89. 4, 29, 36, 37. Is. 9. 7. Da. 2. 44. 1 Co. 15. 25. Re. 11. 15.

13 *I will be.* 2 Sa. 7. 14. Ps. 89. 26-28, etc. Is. 55. 3. He. 1. 5. *my son.* Ps. 2. 7, 12. Lu. 9. 35. Jno. 3. 35. *I will not.* 2 Sa. 7. 15, 16. 1 Ki. 11. 12, 13, 36. *as I took.* ver. 12; ch. 10. 14. 1 Sa. 15. 28.

14 *in mine.* In the parallel passage, it is '*thine* house, and *thy* kingdom.' Jehovah was Israel's king; and David and Solomon were merely his vicegerents, as well as types of the Messiah. Ps. 2. 6; 72. 17; 89. 36. Lu. 1. 32, 33. He. 3. 6.

15 *According.* 2 Sa. 7. 17. Je. 23. 28. Ac. 20. 27.

16 *sat before.* 2 Sa. 7. 18. 2 Ki. 19. 14. *Who am I.* Ge. 32. 10. Ps. 144. 3. Ep. 3. 8. *what is.* Ju. 6. 15. 1 Sa. 9. 21. *that thou hast.* Ge. 48. 15, 16. 1 Sa. 7. 12. Ac. 26. 22. 2 Co. 1. 10.

17 *a small thing.* ver. 7, 8. 2 Sa. 7. 19; 12. 8. 2 Ki. 3. 18. Is. 49. 6. *thou hast.* ver. 11-15. Ep. 3. 20. *hast regarded.* ver. 8. 1 Ki. 3. 13. Ps. 78. 70-72; 89. 19, etc. Phi. 2. 8-11.

18 *the honour.* 1 Sa. 2. 30. 2 Sa. 7. 20-24. *thou knowest.* 1 Sa. 16. 7. Ps. 139. 1. Jno. 21. 17. Re. 2. 23.

19 *thy servants.* Is. 37. 35; 42. 1; 49. 3, 5, 6. Da. 9. 17. *according.* Mat. 11. 26. Ep. 1. 9-11; 3. 11. *great things. Heb.* greatnesses. ch. 29. 11, 12. Ps. 111. 3, 6.

20 *none.* Ex. 15. 11; 18. 11. De. 3. 24; 33. 26. Ps. 86. 8; 89. 6, 8. Is. 40. 18, 25. Je. 10. 6, 7. Ep. 3. 20. *beside thee.* De. 4. 35, 39. 1 Sa. 2. 2. Is. 43. 10; 44. 6; 45. 5, 22. *according.* Ps. 44. 1; 78. 3, 4. Is. 63. 12.

21 *what one.* De. 4. 7, 32-34; 33. 26-29. Ps. 147. 20. *redeem.* Ex. 3. 7, 8; 19. 4-6. De. 15. 15. Ps. 77. 15; 107. 2; 111. 9. Is. 63. 9. Tit. 2. 14. *make thee.* Ne. 9. 10. Is. 48. 9; 63. 12. Eze. 20. 9, 10. *greatness.* De. 4. 34. Ps. 65. 5; 66. 3-7; 114. 3-8. Is. 64. 3. *by driving.* De. 7. 1, 2. Jos. 10. 42; 21. 43-45; 24. 11, 12. Ps. 44. 2, 3.

22 *thy people.* Ge. 17. 7. Ex. 19. 5, 6. De. 7. 6-8; 26. 18, 19. 1 Sa. 12. 22. Je. 31. 31-34. Zec. 13. 9. Ro. 9. 4-6, 25, 26; 11. 1, 2, etc. 1 Pe. 2. 9.

23 *let the thing.* Ge. 32. 12. 2 Sa. 7. 25-29. Ps. 119. 49. Je. 11. 5. Lu. 1. 38.

24 *that thy name.* 2 Ch. 6. 33. Ps. 21. 13; 72. 19. Mat. 6. 9, 13. Jno. 12. 28; 17. 1. Phi. 2. 11. 1 Pe. 4. 11. *a God.* Je. 31. 1. He. 8. 10; 11. 16. Re. 21. 3. *and let.* Ps. 90. 17.

25 *told thy servant. Heb.* revealed the ear of thy servant. 1 Sa. 9. 15. *that thou.* See on ver. 10. *found.* Ps. 10. 17. Eze. 36. 37. 1 Jno. 5. 14, 15.

26 *thou art God.* Ex. 34. 6, 7. Tit. 1. 2. He. 6. 18.

27 *let it please. or,* it hath pleased. *blessest.* Ge. 27. 33. Ps. 72. 17. Ro. 11. 29. Ep. 1. 3.

## CHAP. XVIII.

*Davids subdues the Philistines and the Moabites,* 1, 2. *He smites Hadarezer and the Syrians,* 3-8. *Tou sends Hadoram with presents to bless David,* 9, 10. *The presents and the spoil David dedicates to God,* 11, 12. *He puts garrisons in Edom,* 13. *David's officers,* 14-17.

1 A.M. 2964. B.C. 1040. An. Ex. Is. 451. *after this.* 2 Sa. 8. 1, 2, etc. *Gath.* 1 Sa. 5. 8; 27. 4. 2 Sa. 1. 20; 8. 1, Metheg-ammah.

2 *He smote.* Nu. 24. 17. Ju. 3. 29, 30. 2 Sa. 8. 2. Ps. 60. 8. Is. 11. 14. *brought gifts.* 1 Sa. 10. 27. 1 Ki. 10. 2, 25. 2 Ki. 3. 4, 5. Ps. 68. 29, 30; 72. 8-10. Is. 16. 1.

3 *Hadarezer. Hadadezer,* הדדעזר, in the parallel passage, seems an evident mistake for הדרעזר, *Hadarezer;* for the LXX. and Vulgate there, as here, read Αδρααζαρ, *Adarezer.* The difference arises from the mistake of a ר, *raish,* for a ד, *daleth,* two letters very similar. 2 Sa. 8. 3, Hadadezer. *Zobah.* 1 Sa. 14. 47. 2 Sa. 10. 6. Ps. 60, title. *by the river.* Ge. 15. 18. Ex. 23. 31.

4 *seven thousand.* 2 Sa. 8. 4, seven hundred. *David.* The words *wyakker Dawid eth col haraichev,* should be rendered, 'and David disjointed all the chariots;' which is nearly the rendering of the LXX., και παραλυσε Δαυιδ παντα τα αρματα. To have houghed the horses would have been both unreasonable and inhuman; for, as he had gained so complete a victory, there was no danger of their falling into the hands of the enemy; and if he did not choose to keep them, which indeed the law would not permit, he ought to have killed them outright. *houghed.* De. 17. 16. Jos. 11. 6, 9. Ps. 20. 7; 33. 16, 17. *an hundred chariots.* 1 Ki. 4. 2; 10. 26.

5 *the Syrians.* 2 Sa. 8. 5, 6. 1 Ki. 11. 23, 24. *Damascus. Heb.* Darmesek. *to help.* Is. 8. 9, 10. *Zobah.* ver. 3. 1 Sa. 14. 47.

6 *became David's.* See on ver. 2. Ps. 18. 43, 44. *Thus the Lord.* ch. 17. 8. Ps. 121. 8. Pr. 21. 31.

7 *shields.* 1 Ki. 10. 16, 17; 14. 26-28. 2 Ch. 9. 15, 16; 12. 9, 10.

8 *Tibhath.* 2 Sa. 8. 8, Betah, Berothai. *wherewith.* ch. 22. 14. 1 Ki. 7. 15-47. 2 Ch. 4. 2-6, 12-18 Je. 52. 17-23.

9 *Tou.* 2 Sa. 8. 9, Toi.

10 *Hadoram. or,* Joram. 2 Sa. 8. 10. *Joram,* in the parallel text, seems a mistake for *Hadoram,* or *Idoram;* for the LXX. have there Ιεδδουραμ.

*enquire.* *or*, salute him. *congratulate him.* *Heb.* bless him. *had war.* *Heb.* was the man of wars. *all manner.* 2 Ch. 9. 1, 23, 24. Is. 39. 1.

11 *dedicated.* ch. 22. 14; 26. 20, 26, 27; 29. 14. Ex. 35. 5, 21-24. Jos. 6. 19. 2 Sa. 8. 11, 12. 1 Ki. 7. 51 2 Ki. 12. 18. 2 Ch. 5. 1. Mi. 4. 13. *the children.* ch 20 1, 2. *Amalek.* 1 Sa. 27. 8, 9; 30. 13, 20. Ps. 83. 6, 7.

12 *Moreover.* ch. 2. 16; 11. 20. 1 Sa. 26. 6, 8. 1 Sa. 3. 30; 10. 10, 14; 16. 9-11; 19. 21, 22; 20. 6; 21. 17; 23. 18. *Abishai.* *Heb.* Abshai. ch. 19. 11, marg. *slew of the Edomites.* 2 Sa. 7. 13; 8. 13, 14. Ps. 60, title, 8, 9. *the valley of Salt.* 2 Ki. 14. 7. 2 Ch. 25. 11.

13 *garrisons.* ver. 6. 1 Sa. 10. 5; 13. 3; 14. 1. 2 Sa. 7. 14, etc.; 23. 14. 2 Co. 11. 32. *all the Edomites.* Ge. 25. 23; 27. 29, 37, 40. Nu. 24. 18. *Thus the Lord.* ver. 6. Ps. 18. 48-50; 121. 7; 144. 10.

14 *David.* ch. 12. 38. *executed.* 2 Sa. 8. 15. Ps. 78. 71, 72; 89. 14. Is. 9. 7; 32. 1, 2. Je. 22. 15; 23. 5, 6; 33. 15.

15 *Joab.* ch. 11. 6. 2 Sa. 8. 16. *Jehoshaphat.* 1 Ki. 4. 3. *recorder.* *or*, remembrancer.

16 *Abimelech.* 2 Sa. 8. 17, Ahimelech. *Abiathar.* 2 Sa. 20. 25. 1 Ki. 2. 35. *Shavsha.* 2 Sa. 8. 17, Seraiah. ch. 20. 25, Sheva. 1 Ki. 4. 3, Shisha.

17 *Benaiah.* 2 Sa. 8. 18; 15. 18; 20. 7, 23; 23. 19-23. 1 Ki. 1. 38, 44; 2. 34, 35. *Cherethites.* Zep. 2. 5. *about the king.* *Heb.* at the hand of the king. ch. 23. 28, marg.

## CHAP. XIX.

*David's messengers, sent to comfort Hanun the son of Nahash, are villainously treated, 1-5. The Ammonites, strengthened by the Syrians, are overcome by Joab and Abishai, 6-15. Shophach, making a new supply of the Syrians, is slain by David, 16-19.*

1 *Nahash.* 1 Sa. 11. 1, 2; 12. 12. 2 Sa. 10. 1-3.

2 *I will shew.* 1 Sa. 30. 26. 2 Sa. 9. 1, 7. 2 Ki. 4. 13. Es. 6. 3. Ec. 9. 15. *the children.* Ge. 19. 37, 38. De. 23. 3-6. Ne. 4. 3, 7; 13. 1.

3 *the princes.* 1 Sa. 29. 4, 9. 1 Ki. 12. 8-11. *Thinkest thou that David.* *Heb.* In thine eyes doth David. 1 Co. 13. 5-7. *to search.* Ge. 42. 9-18. Jos. 2. 1-3. Ju. 1. 23, 24; 18. 2, 8-10.

4 *took David's.* Ps. 35. 12; 109. 4, 5. *shaved them.* Le. 19. 27. Is. 15. 2. Je. 41. 5; 48. 37. *and cut.* Is. 20. 4; 47. 2, 3. *sent them.* 2 Sa. 10. 4, 5. 2 Ch. 36. 16. Mar. 12. 4. Lu. 20. 10, 11.

5 *and told David.* Mat. 18. 31. *at Jericho.* Jos. 6. 24-26. 1 Ki. 16. 34. *your beards.* Ju. 16. 22.

6 *had made.* Lu. 10. 16. 1 Th. 4. 8. *odious.* *Heb.* to stink. Ge. 34. 30. Ex. 5. 21. 1 Sa. 13. 4; 27. 12. Ps. 14. 3, margins. *a thousand.* 2 Ch. 16. 2, 3; 25. 6; 27. 5. Ps. 46. 9. *Syria-maachah.* 2 Sa. 10. 6. *Zobah.* ch. 18. 3, 5, 9. 1 Sa. 14. 47. 2 Sa. 8. 3. 1 Ki. 11. 23, 24.

7 *hired.* ch. 18. 4. Ex. 14. 9. Ju. 4. 3. 1 Sa. 13. 5. 2 Ch. 14. 9. Ps. 20. 7-9. *thirty.* Thirty-two thousand soldiers, exclusive of the thousand sent by the king of Maachah, are mentioned in the parallel passage, (2 Sa. 10. 6;) but of *chariots* or cavalry there is no mention; and the number of chariots stated here is prodigious, and beyond all credibility. But as the word *raichev* denotes not only a *chariot*, but a *rider*, (see Is. 21. 7,) it ought most probably to be rendered here, in a collective sense, *cavalry;* and then the number of troops will exactly agree with the passage of Samuel. It is probable that they were a kind of auxiliary troops who were usually mounted on horses, or in chariots, but who occasionally served as foot-soldiers. *the king of Maachah.* This variation exists only in the translation, the original being the same in both places, *melech mäachah*, 'the king of Maachah.' 2 Sa. 10. 6, king Maachah. *Medeba.* Nu. 21. 30. Jos. 13. 9. Is. 15. 2.

8 *Joab.* ch. 11. 6, 10, etc. 2 Sa. 23. 8, etc.

9 *put the battle.* 1 Sa. 17. 2. 2 Sa. 18. 4. 2 Ch. 13. 3; 14. 10. Is. 28. 6. Je. 50. 42. Joel 2. 5. *the kings.* 2 Sa. 10. 8. 1 Ki. 20. 1, 24.

10 *when Joab.* 2 Sa. 10. 9-14. *battle.* *Heb.* face of the battle. *set against.* Jos. 8. 22. Ju. 20. 42, 43. *choice.* *or*, young men.

11 *Abishai.* *Heb.* Abshai. ch. 11. 20; 18. 12. The variation of אבישי, *Abishai*, and אבשי, *Abshai*, is simply caused by the elision of י, *yood*, which is by no means uncommon. *and they set.* See on ver. 9.

12 *If the Syrians.* Ne. 4. 20. Ec. 4. 9-12. Ga. 6. 2. Phi. 1. 27, 28.

13 *of good.* De. 31. 6, 7. Jos. 1. 7; 10. 25. 1 Sa. 4. 9; 14. 6-12; 17. 32. 2 Sa. 10. 12. Ezr. 10. 4. Ne. 4. 14. Ps. 27. 14. 1 Co. 16. 13. *let us behave*, etc. In Samuel, 'let us play the men;' but the original is the same in both places, *nithchazzak*. *let the Lord.* Ju. 10. 15. 1 Sa. 3. 18. 2 Sa. 15. 26; 16. 10, 11. Job 1. 22.

14 *they fled.* 1 Ki. 20. 13, 19-21, 28-30. 2 Ch. 13. 5-16. Je. 46. 15, 16.

15 *they likewise.* Le. 26. 7. Ro. 8. 31.

16 A.M. 2968. B.C. 1036. An. Ex. Is. 455. *and drew.* Ps. 2. 1. Is. 8. 9. Mi. 4. 11, 12. Zec. 14. 1-3. *river.* *that is*, Euphrates. *Shophach.* This variation arises from the permutation of ב, *baith*, and פ, *pay;* being written in the parallel passage שובך, *Shobach*, and here שופך, *Shophach.* 2 Sa. 10. 16, Shobach.

17 *upon them.* Instead of *alaihem*, 'upon them,' it is in 2 Sa. 10. 17, *chelamah*, 'to Helam:' the one seems evidently to be a mistake for the other. *and set.* ver. 9. Is. 22. 6, 7.

18 *fled before Israel.* ver. 13, 14. Ps. 18. 32; 33. 16; 46. 11. *seven thousand.* In the parallel passage, '*the men of* seven hundred chariots;' which difference probably arose from mistaking ן, *noon final*, which stands for 700, for ז, *zayin*, with a dot above, which denotes 7000, or *vice versa:* the great similarity of these letters might easily cause the one to be mistaken for the other. *footmen.* If these troops were as we have supposed, a kind of *dismounted cavalry*, the terms *footmen* and *horsemen* might be indifferently applied to them. 2 Sa. 10. 18, horsemen.

19 *the servants.* Ge. 14. 4, 5. Jos. 9. 9-11. 2 Sa. 10. 19. 1 Ki. 20. 1, 12. Ps. 18. 39, 44. Is. 10. 8. *would.* ch. 14. 17. Ps. 48. 3-6.

## CHAP. XX.

*Rabbah is besieged by Joab, spoiled by David, and the people thereof tortured, 1-3. Three giants are slain in three several overthrows of the Philistines, 4-8.*

1 A.M. 2969. B.C. 1035. An. Ex. Is. 456. *And it came.* 2 Sa. 11. 1. *after the year was expired.* *Heb.* at the return of the year. 1 Ki. 20. 22, 26. 2 Ki. 13. 20. *wasted.* Is. 6. 11; 54. 16. *Rabbah.* De. 3. 11. 2 Sa. 12. 26; 17. 27. Je. 49. 2, 3. Eze. 21. 20; 25. 5. Am. 1. 14. *Joab smote.* 2 Sa. 11. 16-25; 12. 26-31.

2 *it.* *Heb.* the weight of it. *and he brought.* ch. 18. 11. 2 Sa. 8. 11, 12.

3 *And he.* ch. 19. 2-5. Ps. 21. 8, 9. *and cut.* Instead of *wyyasar*, 'and he cut,' the parallel passage is *wyyasem*, 'and he put them;' which is also the reading here of seven MSS. collated by Dr. KENNICOTT. Sawing asunder, etc. of human beings, have no more place in the text, than they had in David's conduct towards the Ammonites. *with saws.* Ex. 1. 14. Jos. 9. 23. Ju. 8. 6, 7, 16, 17. 1 Ki. 9. 21.

4 A.M. 2986. B.C. 1018. An. Ex. Is. 473. *there arose.* *or*, there continued. *Heb.* there stood. 2 Sa. 21. 15. *Gezer.* *or*, Gob. Jos. 12. 12; 16. 3. 2 Sa. 21. 18, etc. *Sibbechai.* ch. 11. 29, Sibbecai. *Sippai.* 2 Sa. 21. 18, Saph. *the giant.* *or*, Rapha.

5 *Jair.* 2 Sa. 21. 19, Jaare-oregim. *Goliath.* 1 Sa. 17. 4; 21. 9; 22. 10. 2 Sa. 21. 19.

6 *of great stature. Heb.* of measure. 2 Sa. 21. 20. *the son of the giant. Heb.* born to the giant. *or* Rapha.

7 *defied. or*, reproached. 1 Sa. 17. 10, 26, 36. Is. 37. 23. *Shimea.* ch. 2. 13, Shimma. 1 Sa. 16. 9, Shammah.

8 *they fell.* Jos. 14. 12. Ec. 9. 11. Je. 9. 23. Ro. 8. 31.

## CHAP. XXI.

*David, tempted by Satan, forces Joab to number the people*, 1-4. *The number of the people being brought, David repents of it*, 5-8. *David having three plagues propounded by Gad, chooses the pestilence*, 9-13. *After the death of seventy thousand, David by repentance prevents the destruction of Jerusalem*, 14-17. *David, by Gad's direction, purchases Ornan's threshing-floor; where having built an altar, God gives a sign of his favour by fire, and stays the plague*, 18-27. *David sacrifices there, being restrained from Gibeon by fear of the angel*, 28-30.

1 A.M. 2987. B.C. 1017. An. Ex. Is. 474. *Satan.* 2 Sa. 24. 1. 1 Ki. 22. 20-22. Job 1. 6-12; 2. 1, 4-6. Zec. 3. 1. Mat. 4. 3. Lu. 22. 31. Jno. 13. 2. Ac. 5. 3. Ja. 1. 13. Re. 12. 10. *provoked David.* Lu. 11. 53. He. 10. 24.

2 *Joab.* 2 Sa. 24. 2-4. *Beer-sheba.* Ju. 20. 1. 1 Sa. 3. 20. 2 Sa. 3. 10; 17. 11; 24. 15. 1 Ki. 4. 25. 2 Ch. 30. 5. *bring.* ch. 27. 23, 24. *that I may.* De. 8. 13-17. 2 Ch. 32. 25, 26. Pr. 29. 23. 2 Co. 12. 7.

3 *The Lord.* ch. 19. 13. Ps. 115. 14. Pr. 14. 28. Is. 26. 15; 48. 19. *why will.* Ge. 20. 9. Ex. 32. 21. Nu. 32. 9, 10. 1 Sa. 2. 24. 1 Ki. 14. 16.

4 *the king's.* Ec. 8. 4. *Wherefore.* Ex. 1. 17. Da. 3. 18. Ac. 5. 29. *and went.* 2 Sa. 24. 3-8.

5 *a thousand.* The Syriac has 800,000, as in the parallel passage of Samuel. ch. 27. 23. 2 Sa. 24. 9.

6 *Levi.* Nu. 1. 47-49. *Joab.* 2 Sa. 3. 27; 11. 15-21; 20. 9, 10.

7 *And God was displeased with this thing. Heb.* And it was evil in the eyes of God concerning this thing. 2 Sa. 11. 27. 1 Ki. 15. 5. *he smote.* ver. 14. Jos. 7. 1, 5, 13; 22. 16-26; 2 Sa. 21. 1, 14; 24. 1.

8 *I have sinned.* 2 Sa. 12. 13; 24. 10. Ps. 25. 11; 32. 5. Je. 3. 13. Lu. 15. 18, 19. 1 Jno. 1. 9. *do away.* Ps. 51. 1-3. Ho. 14. 2. Jno. 1. 29. *I have done.* Ge. 34. 7. 1 Sa. 13. 13; 26. 21. 2 Sa. 13. 13. 2 Ch. 10. 9.

9 *Gad.* ch. 29. 29. 1 Sa. 9. 9. 2 Sa. 24. 11.

10 *offer thee. Heb.* stretch out. *choose.* Jos. 24. 15. Pr. 1. 29-31. *that I may.* Nu. 20. 12. 2 Sa. 12. 10-12. 1 Ki. 13. 21, 22. Pr. 3. 12. Re. 3. 19.

11 *Choose thee. Heb.* Take to thee.

12 *three years' famine.* In 2 Sa. 24. 13, it is *seven years;* but the Septuagint has there τρια ετη, *three years*, as here; which is, no doubt, the true reading; the letter ז, *zayin*, SEVEN, being mistaken for ג, *gimmel*, THREE. Le. 26. 26-29. 2 Sa. 21. 1; 24. 13. 1 Ki. 17. 1. 2 Ki. 8. 1. La. 4. 9. Lu. 4. 25. *to be destroyed.* Le. 26. 17, 36, 37. De. 28. 15, 25, 51, 52. Je. 42. 16. *the sword.* ver. 16. Is. 66. 16. Je. 12. 12; 47. 6. *even the pestilence.* Le. 26. 10, 25. De. 28. 22, 27, 35. Ps. 91. 6. Eze. 14. 19-21. *the angel.* ver. 15, 16. Ex. 12. 23. 2 Ki. 19. 35. Mat. 13. 49, 50. Ac. 12. 23. Re. 7. 1-3. *Now therefore.* 2 Sa. 24. 13, 14.

13 *I am in.* 2 Ki. 6. 15; 7. 4. Es. 4. 11, 16. Jno. 12. 27. Phi. 1. 23. *let me fall.* David here acted nobly: had he chosen *war*, his *personal safety* was in no danger, as there was an ordinance preventing him from going to battle; and in *famine*, his wealth would have secured his and his family's support; but all were equally exposed to the pestilence. He. 10. 31. *great. or*, many. Ex. 34. 6, 7. Ps. 5. 7; 51. 1, 2; 69. 13, 16; 86. 5, 15; 103. 8; 106. 7; 130. 7. Is. 55. 7; 63. 7, 15. La. 3. 32. Jon. 3. 9; 4. 2. Mi. 7. 18. Hab. 3. 2. *but let me.* 2 Ch. 28. 9. Pr. 12. 10. Is. 46. 7; 47. 6.

14 *the Lord.* Nu. 16. 46-49. 2 Sa. 24. 15. *seventy.* Ex. 12. 30. Nu. 25. 9. 1 Sa. 6. 19. 2 Ki. 19. 35.

15 *unto Jerusalem.* 2 Sa. 24. 16. Je. 7. 12; 26 9, 18. Mat. 23. 37, 38. *repented him.* See on Ge. 6. 6. Ex. 32. 14. Ju. 2. 18; 10. 16. Ps. 78. 38. Je. 18. 7-10. Jon. 4. 2. *It is enough.* Ex. 9. 28. 1 Ki. 19. 4. Ps. 90. 13. Mar. 14. 41. *Ornan.* 2 Sa. 24. 18, Araunah. 2 Ch. 3. 1.

16 *saw the angel.* Ge. 3. 24. Ex. 14. 19, 20. Nu. 22. 31. Jos. 5. 13, 14. 2 Ki. 6. 17. *clothed.* 1 Ki. 21. 27. 2 Ki. 19. 1. Ps. 35. 13, 14. Jon. 3. 6-8. *fell upon.* Nu. 14. 5; 16. 22.

17 *Is it not I.* ver. 8. 2 Sa. 24. 17. Ps. 51. 4. Eze. 16. 63. *these sheep.* 1 Ki. 22. 17. Ps. 44. 11. *what have.* 2 Sa. 24. 1. *let thine.* Ge. 44. 33. Ex. 32. 32, 33. Jno. 10. 11, 12. Ro. 9. 3. 1 Jno. 3. 16. *on my father's.* Ex. 20. 5. 2 Sa. 12. 10. Ps. 51. 14. Is. 39. 7, 8. *that they should.* Jos. 22. 18.

18 *the angel.* ver. 11. Ac. 8. 26, etc. *that David.* ver. 15. 2 Sa. 24. 18. 2 Ch. 3. 1.

19 *went up.* 2 Ki. 5. 10-14. Jno. 2. 5. Ac. 9. 6.

20 *And Ornan*, etc. *or*, When Ornan turned back and saw the angel, *then he*, and his four sons with him, hid themselves. Ju. 6. 11.

21 *bowed himself.* 1 Sa. 25. 23. 2 Sa. 24. 18-20.

22 *Grant. Heb.* Give. 1 Ki. 21. 2. *thou shalt grant.* 2 Sa. 24. 21. *that the plague.* Nu. 16. 48; 25. 8.

23 *Take it.* Ge. 23. 4-6. 2 Sa. 24. 22, 23. Je. 32. 8. *the oxen.* 1 Sa. 6. 14. 1 Ki. 19. 21. Is. 28. 27, 28.

24 *Nay.* Ge. 14. 23; 23. 13. De. 16. 16, 17. Mal. 1. 12-14. Ro. 12. 17. *for I will not.* It is a maxim from heaven, 'Honour the Lord with thy substance.' He who has a religion that *costs him nothing*, has a religion that is *worth nothing;* nor will any man esteem the ordinances of God, if those ordinances cost him nothing. Had Araunah's noble offer been accepted, it would have been *Araunah's sacrifice*, not *David's;* nor would it have answered the end of turning away the displeasure of the Most High. It was David that sinned, not Araunah; therefore David must offer sacrifice.

25 2 Sa. 24. 24, 25.

26 *built there.* Ex. 20. 24, 25; 24. 4, 5. *and called.* 1 Sa. 7. 8, 9. Ps. 51. 15; 91. 15; 99. 9. Pr. 15. 8. Is. 65. 24. Je. 33. 3. *by fire.* Le. 9. 24. Ju. 6. 21; 13. 20. 1 Ki. 18. 24, 38. 2 Ch. 3. 1; 7. 1.

27 *the Lord.* ver. 15, 16. 2 Sa. 24. 16. Ps. 103. 20. He. 1. 14. *he put.* ver. 12, 20. Je. 47. 6. Eze. 21. 30. Mat. 26. 52. Jno. 18. 11.

29 *the tabernacle.* Ex. ch. 40. *Gibeon.* ch. 16. 39. 1 Ki. 3. 4, etc. 2 Ch. 1. 3, 13.

30 *he was afraid.* ver. 16; ch. 13. 12. De. 10. 12. 2 Sa. 6. 9. Job 13. 21; 21. 6; 23. 15. Ps. 90. 11; 119. 120. Je. 5. 22; 10. 7. He. 12. 28, 29. Re. 1. 17. 15. 4.

## CHAP. XXII.

*David, foreknowing the place of the temple, prepares abundance for the building of it*, 1-5. *He instructs Solomon in God's promises, and his duty in building the temple*, 6-16. *He charges the princes to assist his son*, 17-19.

1 *This is the house.* David perhaps had some assurance that this was the *place* on which God designed that His house should be built; and perhaps it was this that induced him to buy not only the threshing-floor, but probably some adjacent ground also, as CALMET supposes, that there might be sufficient room for such a structure. ch. 21. 18-28. Ge. 28. 17. De. 12. 5-7, 11. 2 Sa. 24. 18. 2 Ch. 3. 1; 6. 5, 6. Ps. 78. 60, 67-69; 132. 13, 14. Jno. 4. 20-22. *and this is the altar.* 2 Ki. 18. 22. 2 Ch. 32. 12.

2 *the strangers.* 1 Ki. 9. 20, 21. 2 Ch. 2. 17; 8. 7, 8. Is. 61. 5, 6. Ep. 2. 12, 19-22. *masons.* ch. 14. 1. 2 Sa. 5. 11. 1 Ki. 5. 17, 18; 6. 7; 7. 9-12. 2 Ki. 12. 12; 22. 6. Ezr. 3. 7.

3 *prepared iron.* ch. 29. 2, 7. *without weight.* ver. 14. 1 Ki. 7. 47. 2 Ch. 4. 18. Je. 52. 20.

4 *cedar trees.* 2 Sa. 5. 11. 1 Ki. 5. 6-10. 2 Ch. 2. 3. Ezr. 3. 7.

5 *Solomon.* ch. 29. 1. 1 Ki. 3. 7. 2 Ch. 13. 7

*exceeding.* 1 Ki. 9. 8. 2 Ch. 2. 5; 7. 21. Ezr. 3. 12. Is. 64. 11. Eze. 7. 20. Hag. 2. 3, 9. Lu. 21. 5. *David prepared.* De. 31. 2-7. Ec. 9. 10. Jno. 3. 30; 4. 37, 38; 9. 4; 13. 1. 2 Pe. 1. 13-15.

6 *charged him.* Nu. 27. 18, 19, 23. De. 31. 14, 23. Mat. 28. 18-20. Ac. 1. 2; 20. 25-31. 1 Ti. 5. 21; 6. 13-17. 2 Ti. 4. 1.

7 *it was in.* ch. 17. 1, etc.; 28. 2, etc.; 29. 3. 2 Sa. 7. 2. 1 Ki. 8. 17-19. 2 Ch. 6. 7-9. Ps. 132. 5. Ac. 6. 46. *unto the name.* De. 12. 5, 11, 21. 1 Ki. 8. 16, 20, 29; 9. 3. 2 Ch. 2. 4. Ezr. 6. 12.

8 *Thou hast shed.* ch. 28. 3. Nu. 31. 20, 24. 1 Ki. 5. 3. *thou shalt not.* ch. 17. 4-10. 2 Sa. 7. 5-11.

9 *a son.* ch. 17. 11; 28. 5-7. 2 Sa. 7. 12, 13. *I will give.* 1 Ki. 4. 20, 25; 5. 4. Ps. 72. 7. Is. 9. 6, 7. *Solomon. that is,* Peaceable. 2 Sa. 12. 24, 25. *I will give peace.* Ju. 6. 24, marg. Job 34. 29. Is. 26. 12; 45. 7; 57. 19; 66. 12. Hag. 2. 9.

10 *He shall build.* ch. 17. 12, 13; 28. 6. 2 Sa. 7. 13. 1 Ki. 5. 5; 8. 19, 20. Zec. 6. 12, 13. *he shall be.* Ps. 89. 26. He. 1. 5. *I will establish.* ch. 17. 14; 28. 7. Ps. 89. 36, 37. Is. 9. 7.

11 *the Lord.* ver. 16; ch. 28. 20. Is. 26. 12. Mat. 1. 23; 28. 20. Ro. 15. 33. 2 Ti. 4. 22.

12 *Only the.* 1 Ki. 3. 9-12. 2 Ch. 1. 10. Ps. 72. 1. Pr. 2. 6, 7. Lu. 21. 15. Ja. 1. 5. *that thou mayest.* De. 4. 6. 1 Ki. 11. 1-10. Pr. 14. 8. 1 Jno. 2. 3.

13 *Then shalt.* ch. 28. 7. Jos. 1. 7, 8, marg. 1 Ki. 2. 3. 2 Ch. 20. 20. Ps. 119 6. Je. 22. 3, 4. *to fulfil.* Mat. 3. 15. Ac. 13. 22. Ga. 6. 2. Ja. 2. 8. *be strong.* ch. 28. 10, 20. De. 31. 7, 8. Jos. 1. 6-9, 18. 1 Co. 16. 13. Ep. 6. 10. 2 Ti. 2. 1.

14 *trouble. or,* poverty. 2 Co. 8. 2. *an hundred thousand.* This, at 5075*l.* 15*s.* 7½*d.* the talent, would amount to the sum of 507,578,125*l.* ch. 29. 4-7. 1 Ki. 10. 14. *thousand thousand talents of silver.* This, at 353*l.* 11*s.* 10*d.* the talent, would amount to 353,591,666*l.* 13*s.* 4*d.*; and both sums would amount to the immense sum of 861,169,791*l.* 13*s.* 4*d.* *without weight.* As. ver. 3. 2 Ki. 25. 16. Je. 52. 20.

15 *hewers and workers of stone and timber. that is,* masons and carpenters. See on ver. 2-4. *all manner.* Ex. 28. 6; 31. 3-5; 35. 32-35. 1 Ki. 7. 14.

16 *the gold.* See on ver. 3, 14. *Arise.* Jos. 1. 2, 5, 9; 7. 10. Ju. 4. 14; 18. 9, 10. 2 Ch. 20. 17. 1 Co. 15. 58. Ep. 5. 14. Phi. 2. 12, 13; 4. 13. *and the Lord.* ver. 11. 1 Sa. 17. 37; 20. 13.

17 *all the princes.* ch. 28. 21; 29. 6. Ro. 16. 2, 3. Phi. 4. 3. 3 Jno. 8.

18 *Is not.* Ju. 6. 12-14. Ro. 8. 31. *and hath.* See on ver. 9; ch. 23. 25. De. 12. 10, 11. Jos. 22. 4; 23. 1. 2 Sa. 7. 1. Ac. 9. 31. *before the Lord.* De. 20. 4. Jos. 10. 42. 1 Sa. 25. 28. 2 Sa. 5. 19, 20. Ps. 44. 1-5.

19 *set your.* ch. 16. 11; 28. 9. De. 4. 29; 32. 46, 47. Ps. 27. 4. 2 Ch. 20. 3. Da. 9. 3. Hag. 1. 5, marg. Ac. 11. 23. *arise.* See on ver. 16. Is. 60. 1. Ac. 22. 16. *to bring.* 1 Ki. 8. 6, 21. 2 Ch. 5. 7; 6. 11. *to the name.* See on ver. 7. 1 Ki. 5. 3.

## CHAP. XXIII.

*David in his old age makes Solomon king,* 1. *The number and distribution of the Levites,* 2-6. *The families of the Gershonites,* 7-11. *The sons of Kohath,* 12-20. *The sons of Merari,* 21-23. *The office of the Levites,* 24-32.

1 A.M. 2989. B.C. 1015. An. Ex. Is. 476. *old.* ch. 29. 28. Ge. 25. 8; 35. 29. 1 Ki. 1. 1. Job 5. 26. *he made.* ch. 28. 5; 29. 22-25. 1 Ki. 1. 33-39.

2 *he gathered.* ch. 13. 1; 28. 1. Jos. 23. 2; 24. 1. 2 Ch. 34. 29, 30.

3 *the Levites.* Nu. 4. 2, 3, 23, 30, 35, 43, 47. *thirty and eight.* Nu. 4. 48.

4 *twenty.* ver. 28-32; ch. 4. 48; 9. 28-32; 26. 20-27. *set forward. or,* oversee. Ne. 11. 9, 22. Ac. 20. 28. *officers and judges.* ch. 26. 29-31. De. 16. 18; 17. 8-10. 2 Ch. 19. 8. Mal. 2. 7.

5 *porters.* ch. 9. 17-27; 15. 23, 24; 16. 38; 26. 1-12. 2 Ch. 8. 14; 35. 15. Ezr. 7. 7. Ne. 7. 73. *praised.* ch. 6. 31-48; 9. 33; 15. 16-22; 16. 41, 42; 25. 1-7. 2 Ch. 20. 19-21. Ps. 87. 7. *the instruments.* 1 Ki. 10. 12. 2 Ch. 29. 25, 26. See on Am. 6. 5.

6 *divided.* 2 Ch. 8. 14; 29. 25; 31. 2; 35. 10. Ezr. 6. 18. *courses. Heb.* divisions. ch. 24. 1; 26. 1. *Gershon. Gershon,* גרשון, is called גרשם, *Gershom,* in the parallel passage, simply by the mutation of נ, *noon,* into ם, *mem.* ch. 6. 1, 16, Gershom. Ex. 6. 16-24. Nu. 26. 57, 58.

7 *Gershonites.* ch. 6. 17-20; 15. 7; 26. 21. *Laadan. Laadan* and *Libni,* seem to have been two distinct names of this person; but the variation of *Shimi* and *Shimei* exists only in the translation, the original being uniformly שמעי. Ex. 6. 17, Libni, Shimi.

8 *Jehiel.* ch. 15. 18, 20, 21. *Joel.* ch. 6. 33, 34; 15. 7, 11, 17.

10 *Zina. Zina* seems to be a mistake for *Zizah;* for both the LXX. and Vulgate read uniformly Ζιζα, *Ziza.* ver. 11, Zizah.

11 *Zizah.* ver. 10, Zina. *had not many sons. Heb.* did not multiply sons.

12 *sons of Kohath.* See on ch. 6. 2. Ex. 6. 18. Nu. 3. 27; 26. 58.

13 *The sons.* See on ch. 6. 3. Ex. 6. 20. Nu. 3. 27; 26. 59. *separated.* Ex. 28. 1, etc. Nu. 18. 1. Ps. 99. 6; 106. 16. Ac. 13. 2. Ro. 1. 1. Ga. 1. 15. He. 5. 4. *sanctify.* Ex. 29. 33-37, 44; 49. 9-15. Le. 10. 10, 17, 18; 16. 11-19, 32, 33; 17. 2-6. Nu. 18. 3-8. *to burn incense.* Ex. 30. 6-10, 34-38. Le. 10. 1, 2; 16. 12, 13. Nu. 16. 16-18, 35-40, 46, 47. 1 Sa. 2. 28. 2 Ch. 26. 18-21. Lu. 1. 9. Re. 8. 3. *to bless.* Le. 9. 22, 23. Nu. 6. 23-27. De. 21. 5.

14 *the man.* See on De. 33. 1. Ps. 90, title. *his sons.* ch. 26. 23-25.

15 *Gershom.* Ex. 2. 22; 4. 20; 18. 3, 4.

16 *Shebuel.* ch. 24. 20; 25. 20, Shubael; 26. 24.

17 *the chief. or,* the first. ch. 26. 25. *were very many. Heb.* were highly multiplied.

18 *Shelomith.* ch. 24. 22, Shelomoth; 26. 26.

19 *Hebron.* ver. 12; ch. 15. 9; 24. 23.

21 *Merari.* ver. 6. See on ch. 6. 20, 30; 24. 26-30. *Mahli.* Ex. 6. 19, Mahali.

22 *had no sons.* ch. 24. 28. *brethren. or,* kinsmen. *took them.* Nu. 36. 6-8.

23 *Jeremoth.* ch. 24. 30, Jerimoth.

24 *the sons of Levi.* Nu. 10. 17, 21. *after the house.* Nu. 1. 4; 2. 32; 3. 15, 20; 4. 34-49. *by their polls.* Nu. 1. 2, 18, 22; 3. 47. *from the age.* At first David appointed the Levites to serve from *thirty years* old and *upwards;* but considering, probably, that the temple which was about to be built, with its courts, chambers, etc., would require a more numerous ministry, he fixed this period, by this subsequent regulation, at *twenty* years and upwards. In the time of Moses, the age was from *thirty* years to *fifty:* here this latter period is not mentioned, probably because the service was not so laborious now; for the ark being fixed, they had no longer any burdens to carry; and therefore even an old man might continue to serve. See the Note on Nu. 8. 24. *twenty.* ver. 3, 27. Nu. 1. 3; 4. 3; 8. 24. Ezr. 3. 8.

25 *The Lord.* See on ch. 22. 18. 2 Sa. 7. 1, 11. *that they may dwell in Jerusalem. or,* and he dwelleth in Jerusalem. 1 Ki. 8. 13, 27. Ps. 9. 11; 68. 16, 18; 132. 13, 14; 135. 21. Is. 8. 18. Joel 3. 21. Zec. 8. 3. 2 Co. 6. 16. Col. 2. 9.

26 *carry.* Nu. 4. 5, 49; 7. 9.

27 *by the last.* ver. 3, 24. 2 Sa. 23. 1. Ps. 72. 20. *numbered. Heb.* numbers.

28 *office was to wait,* etc. *Heb.* station *was* at the hand of Aaron. ch. 18. 17, marg. Ne. 11. 24. *for the service.* ver. 4; ch. 28. 13. Nu. 3. 6-9; 8. 11-22, 26; 18. 2-6. *in the chambers.* ch. 9. 26. 1 Ki. 6. 5. 2 Ch. 31. 11. Ezr. 8. 29. Ne. 13. 4, 5, 9. Je. 35. 4. Eze. 41. 6-11, 26; 42. 3, 13. *purifying.* ch. 9. 28, 29. 2 Ch. 29. 5, 18, 19; 35. 3-6, 11-14.

29 *for the shewbread.* It was the *priests'* office to place this bread before the Lord; and it was their privilege to feed on the old loaves when they were replaced by the *new*. ch. 9. 31, 32. Ex. 25. 30. Le. 24. 5-9. 1 Ki. 7. 48. 2 Ch. 13. 11; 29. 18. Ne. 10. 33. Mat. 12. 4. He. 9. 2. *the fine flour.* ch. 9. 29, etc. Le. 6. 20-23. *unleavened.* Le. 2. 4-7; 7. 9. *pan. or*, flat plate. *for all manner of measure.* The *standards* of all weights and measures were in the sanctuary; and therefore the Levites had the inspection of weights and measures of every kind, that no fraud might in this way be committed. Honesty is inseparably connected with piety; and hence the Levites, being sufficiently numerous, were employed to superintend the former, as well as the latter. Le. 19. 35, 36. Nu. 3. 50.

30 *stand.* ch. 6. 31-33; 9. 33; 16. 37-42; 25. 1-7. 2 Ch. 29. 25-28; 31. 2. Ezr. 3. 10, 11. Ps. 135. 1-3, 19, 20; 137. 2-4. Re. 5. 8-14; 14. 3. *every morning.* Ex. 29. 39-42. Ps. 92. 1-3; 134. 1, 2.

31 *in the sabbaths.* Le. 23. 24, 39. Nu. 10. 10. Ps. 81. 1-4. Is. 1. 13, 14. *set feasts.* Le. ch. 23. Nu. ch. 28; 29.

32 *keep.* ch. 9. 27. Nu. 1. 53. 1 Ki. 8. 4. *the charge of the sons.* Nu. 3. 6-9, 38.

## CHAP. XXIV.

*The division of the sons of Aaron by lot into four and twenty orders, 1-19. The Kohathites, 20-25, and the Merarites, divided by lot, 26-31.*

1 *the divisions.* ch. 23. 6, marg. *The sons.* ch. 6. 3. Ex. 6. 23; 28. 1. Le. 10. 1-6. Nu. 3. 2; 26. 60.

2 *Nadab.* Ex. 24. 1, 9. *died.* Le. 10. 2. Nu. 3. 4; 26. 61. *Eleazar.* Ex. 29. 9. Le. 10. 12. Nu. 16. 39, 40; 18. 7.

3 *Zadok.* ver. 6, 31; ch. 6. 4-8, 50-53; 12. 27, 28; 15. 11; 16. 39. 2 Sa. 20. 25. 1 Ki. 2. 35. *Ahimelech.* This was *Abiathar*, who appears to have had the name of *Ahimelech*, as well as his father. 1 Sa. 21. 1; 22. 9, etc. 2 Sa. 8. 17.

4 *more.* ch. 15. 6-12, 16. *sons of Eleazar.* Nu. 25. 11-13. 1 Sa. 2. 30-38. *according.* See on ch. 23. 24.

5 *they divided by lot.* Jos. 18. 10. Pr. 16. 33. Jon. 1. 7. Ac. 1. 26. *the governors.* ch. 9. 11. 2 Ch. 35. 8. Ne. 11. 11. Mat. 26. 3; 27. 1. Ac. 4. 1, 6; 5. 24.

6 *the scribe.* 1 Ki. 4. 3. 2 Ch. 34. 13. Ezr. 7. 6. Ne. 8. 1. Mat. 8. 19; 13. 52; 23. 1, 2. *principal household. Heb.* house of the father. ch. 23. 24.

7 *Jehoiarib.* ch. 9. 10. Ne. 12. 19, Joiarib. *to Jedaiah.* Ezr. 2. 36. Ne. 7. 39; 11. 10.

8 *Harim.* Ezr. 2. 39; 10. 21. Ne. 7. 35; 12. 15.

9 *Mijamin.* Ne. 12. 17, Miniamin.

10 *Abijah.* As the Evangelist Luke mentions *the course of Abia*, it is evident that these courses of the priests, established by David, no doubt under Divine direction, were continued, with some alteration, till the days of Christ: these records must therefore have been very useful after the Babylonian captivity. Ne. 12. 4, 17. Lu. 1. 5, Abia.

11 *Jeshuah.* Ezr. 2. 36. Ne. 7. 39; 12. 10.

12 *Eliashib.* Ne. 12. 10.

14 *Immer.* Ezr. 2. 37; 10. 20. Ne. 7. 40.

19 *the orderings.* ch. 9. 25. 2 Ch. 23. 4, 8. 1 Co. 14. 40. *under Aaron.* ver. 1. He. 7. 11.

20 *Amram.* ch. 6. 18; 23. 12-14. *Shubael.* ch. 23. 16; 26. 24, Shebuel.

21 *Rehabiah.* ch. 23. 17. *Isshiah.* Probably *Isshiah* is a contracted form, or a corruption, of *Jeshaiah.* ch. 26. 25, Jeshaiah.

22 *Izharites.* The original is uniformly *Izharites.* ch. 23. 18. Ex. 6. 21. Nu. 3. 19, 27, Izeharites. *Shelomoth.* The variation of שְׁלֹמִית, *Shelomith*, and שְׁלֹמוֹת, *Shelomoth*, arises from the mutation of ו, *wav*, and י, *yood.* ch. 23. 18; 26. 26, Shelomith.

23 *Jeriah.* The following variations exist only in the translation, the original being uniformly יְרִיָּה, or יְרִיָּהוּ. *Jerijah*, מִיכָה, *Michah*, and יִשִּׁיָּה, *Isshiah.* ch. 23. 19; 26. 31, Jerijah.

24 *Michah.* ch. 23. 20, Micah.

25 *Isshiah.* ch. 23. 20, Jesiah. *Zechariah.* ch 15. 18, 20.

27 *sons.* ch. 6. 19; 23. 21. Ex. 6. 19. Nu. 3. 20.

28 *who had no sons.* ch. 23. 22.

30 *Mushi.* ch. 6. 47; 23. 23.

31 *lots.* ver. 5, 6. Nu. 26. 56. *even the principal.* The whole company being ranged according to their families, with the proper number of divisions, the order of their courses was assigned them by lot, without respect to rank or seniority. ch. 25. 8; 26. 13.

## CHAP. XXV.

*The number and offices of the singers, 1-7. Their division by lot into four and twenty orders, 8-31.*

1 *the captains.* That is, the chiefs of the several orders; not *military* captains. ch. 12. 28; 23. 2; 24. 5, 6. 2 Ch. 23. 1, 9. *Asaph.* See on ch. 6. 33, 39, 44; 15. 16-19. *prophesy.* The word *prophesy*, here, seems to mean no more than praising God by singing inspired prophetical hymns. ver. 3. 1 Sa. 10. 5. 2 Ki. 3. 15. 1 Co. 14. 24-26. *harps.* ch. 15. 16-21; 16. 4, 5, 42. 23. 5-7. 2 Ch. 23. 13; 29. 25, 26; 31. 2; 34. 12. Ezr. 3. 10, 11. Ne. 12. 24, 27, 43-46. Ps. 81. 2; 92. 1-3; 150. 3-5. Re. 15. 2-4.

2 *Asaph.* ver. 1; ch. 6. 39; 15. 17; 16. 5. Ps. 73-83, titles. *Asarelah. 'Otherwise called* Jesharelah. ver. 14.' *under the hands.* ver. 3, 6. Is. 3. 6. *according to the order of the king. Heb.* by the hands of the king. ver. 6, marg.

3 *Jeduthun.* ch. 9. 16; 16. 41, 42. 2 Ch. 29. 14. *Gedaliah.* ver. 9. *Zeri.* ver. 11, Izri. *Jeshaiah.* ver. 15. *Mattithiah.* ver. 21; ch. 15. 18, 21. *six. 'With Shimei, mentioned* ver. 17.' *Shimei* is not only mentioned in the parallel passage, but is supplied here by the Arabic version. *to give thanks.* Ps. 92. 1. Je. 33. 11.

4 *Heman.* ch. 6. 33; 15. 17, 19; 16. 41, 42. Ps. 88, title. *Bukkiah.* ver. 13. *Mattaniah.* ver. 16. *Uzziel.* ver. 18, Azareel. ch. 24. 24. *Shebuel.* ver. 20; ch. 24. 20, Shubael. *Jerimoth.* ver. 22; ch. 24. 30. *Hananiah.* ver. 23. *Hanani.* ver. 25. *Eliathah.* ver. 27. *Giddalti.* ver. 29. *Romamti-ezer.* ver. 31. *Joshbekashah.* ver. 24. *Mallothi.* ver. 26. *Hothir.* ver. 28, 30.

5 *the king's seer.* ch. 21. 9. 1 Sa. 9. 9. *words. or*, matters. *to lift up.* This may denote that he presided over those who used wind instruments. *God gave.* ch. 28. 5. Ge. 33. 5. Ps. 127. 3. Is. 8. 18.

6 *under the hands.* ver. 2, 3. *for song.* ver. 1-3; ch. 15. 22; 23. 5. Ps. 68. 25. Ep. 5. 19. Col. 3. 16. *according to the king's order. Heb.* by the hands of the king. ver. 2, marg. *Asaph.* See on ver. 1-4.

7 *two hundred.* These two hundred and eighty-eight, being twenty-four courses of twelve each, were more skilful than the other Levites; and being placed under the twenty-four sons of the chief singers, they had the four thousand before mentioned divided among them, to officiate by courses, according to their instructions: ch. 23. 5.

8 *cast lots.* See on ch. 24. 5. Le. 16. 8. 1 Sa. 14. 41, 42. Pr. 16. 33. Ac. 1. 26. *ward against ward.* ch. 24. 31; 26. 13, 16. Ne. 12. 24. *the teacher.* Even among the twenty-four leaders, some were more expert than others; some were *teachers*, and others were *scholars;* but every one was taken by the solemn casting of lots, without any regard to these distinctions. Thus all things were disposed for the preserving of order, and avoiding all disputes about precedence: there being no respect had, in this divine distribution, to birth, but the younger in course preceded the elder. ch. 15. 22. 2 Ch. 23. 13.

9 *Joseph.* ver. 2. *the second.* Dr. GEDDES, chiefly on the authority of the Arabic, adds, 'who with his sons and brethren were twelve.'

10 *Zaccur.* ver. 2.

11 *Izri.* יִצְרִי. *Izri*, seems to be called צְרִי, *Zeri*, by the aphæresis of י, *yood.* ver. 3, Zeri.

12 *Nethaniah.* ver. 2.

14 *Jesharelah.* This variation arises from the mutation of א, *aleph*, and י, *yood;* the word being written in the parallel passage אשראלה, *Asarelah*, and here, ישראלה, *Jesarelah.* ver. 2, Asarelah.

18 *Azareel.* Probably this person was called by both names; or *Uzziel* may be a mistake for *Azareel.* In the Syriac and Arabic, the name is nearly the same in both places. ver. 4, Uzziel.

9 *Hashabiah.* ver. 3.

20 *Shubael.* ver. 4, Shebuel.

30 *Mahazioth.* ver. 4.

## CHAP. XXVI.

*The divisions of the porters,* 1-12. *The gates assigned by lot,* 13-19. *The Levites that had charge of the treasures,* 20-28. *Officers and judges,* 29-32.

1 *the divisions.* There were four classes of these, each of which belonged to the four gates of the temple, which opened to the four cardinal points of heaven. The *eastern* gate fell to Shelemiah; the *northern* to Zechariah, (ver. 14;) the *southern* to Obed-edom, (ver. 15;) and the *western* to Shuppim and Hosah, (ver. 16.) These several persons were *captains* of these porter-bands, or door-keepers, at the different gates. There were probably *a thousand men* under each of these captains; as we find, from ch. 23. 5, that their whole number was *four thousand. the porters.* ch. 9. 17-27; 15. 18, 23, 24. 2 Ch. 23. 19. *Korhites.* Nu. 26. 9-11. Ps. 44; 49, titles. *Meshelemiah.* שלמיה, *Shelemiah*, is merely an abbreviation of משלמיה, *Meshelemiah*, by the aphæresis of מ, *mem.* ver. 14, Shelemiah. *Asaph.* This variation arises from the rejection of the word אב, *av*, 'father,' and the mutation of י, *yood*, into א, *aleph;* being written in the parallel passages אביסף, *Ebiasaph*, and here אסף, *Asaph.* ch. 6. 37; 9. 19, Ebiasaph.

4 *Obed-edom.* ch. 15. 18, 21, 24; 16. 5, 38.

5 *him.* '*That is, Obed-edom, as* ch. 13. 14.' Ps. 128. 1.

6 *mighty men of valour.* They were not only porters, or door-keepers, in the ordinary sense of the word, but they were a military *guard* to the gate, as Dr. DELANEY suggests that the word *shöărim* should be rendered here: and perhaps in this sense alone are we to understand their office, which appears to have been of considerable dignity, and conferred only on men of the first rank. They were appointed to attend the temple, to guard all the avenues to it, to open and shut all the outer gates, and attend at them, not only for state but for service. They were also required to direct and instruct those who were going to worship in the courts of the sanctuary in the conduct they were to observe, to encourage those who were timid, to send back the strangers and unclean, and to guard against thieves and others who were enemies to the house of God. ver. 8; ch. 42. 28. 2 Ch. 26. 17. Ne. 11. 14. 1 Ti. 6. 12. 2 Ti. 2. 3.

8 *able men.* Mat. 25. 15. 1 Co. 12. 4-11. 2 Co. 3. 6. 1 Pe. 4. 11.

9 *Meshelemiah.* ver. 1, 14.

10 *Hosah.* ch. 16. 38. *his father.* See on ch. 5. 1, 2.

12 *wards.* That is, classes against each other. *Ward* formerly signified a class or division: we still apply the term to the different apartments in hospitals, and to the more extensive districts into which the city of London is divided. See on ch. 25. 8.

13 *as well the small as the great. Heb. or,* as well for the small as for the great. ch. 24. 31; 5. 28.

14 *Shelemiah.* ver. 1, Meshelemiah. *Zechariah.* ver. 2.

15 *Asuppim. Heb.* gatherings. ver. 17; *Or, collections;* probably the place where either the supplies of the porters, or the offerings made for the priests and Levites, were laid up. Obed-edom is said to have had the charge of the treasures, etc., in 2 Ch. 25. 24.

16 *Hosah.* ver. 10, 11. *Shallecheth.* That is, *ejection;* probably the gate through which all the filth, which from time to time might accumulate in the temple and its courts, was cast out. *causeway.* 1 Ki. 10. 5. 2 Ch. 9. 4. *ward against ward.* That is, their stations were opposite to each other; as the north to the south, and the east to the west. ver. 12; ch. 25. 8. Ne. 12. 24.

17 *Eastward.* ch. 9. 24. 2 Ch. 8. 14. *Asuppim.* ver. 15.

18 *Parbar. Parbar* is most probably the same as *parwar*, which denotes *suburbs*, (2 Ki. 23. 11,) in which sense it is often used in the Chaldee Targums; and consequently this may be considered as leading to the suburbs.

19 *Kore. Kore*, or rather, *Korhi*, קרחי, is essentially the same with קרח, *Korah*, merely having a paragogic י, *yood.* Nu. 16. 11, Korah.

20 *treasures.* ver. 22; ch. 9. 26-30; 22. 3, 4, 14-16; 28. 12-19; 29. 2-8. 1 Ki. 14. 26; 15. 18. Mal. 3. 10. *dedicated things. Heb.* holy things. ver. 26-28; ch. 18. 11. 1 Ki. 7. 51. 2 Ch. 31. 11, 12.

21 *Laadan.* ch. 6. 17, Libni; 23. 7.

22 *Jehieli. Jehieli*, יחיאלי, is the same as *Jehiel*, יחיאל, with the addition of י, *yood.* ch. 23. 8; 29. 8, Jehiel. *over the treasures.* ver. 20. Ne. 10. 38.

23 *Amramites.* ch. 23. 12. Nu. 3. 19, 27.

24 *Shebuel.* The difference between שובאל, *Shubael*, and שבאל, *Shebuel*, simply arises from the elision of ו, *wav*, and a change of vowels. ch. 23. 15, 16; 24. 20, Shubael.

25 *Eliezer.* ch. 23. 15. Ex. 18. 4. *Rehabiah.* ch. 23. 17, *Shelomith.* ch. 23. 18.

26 *over all the treasures.* ch. 18. 11; 22. 14; 29. 2-9. Nu. 31. 30-52.

27 *Out.* Jos. 6. 19. *spoils won in battles. Heb.* battles and spoils. *to maintain.* 2 Ki. 12, 14. Ne. 10. 32-34.

28 *Samuel.* 1 Sa. 9. 9. *Abner.* 1 Sa. 14. 47-51; 17. 55. *Joab.* 2 Sa. 10. 9-14.

29 *Izharites.* ver. 23; ch. 23. 12. *the outward.* 2 Ch. 34. 13. Ne. 11. 16. *officers.* ch. 23. 4. 2 Ch. 19. 8-11.

30 *the Hebronites.* ch. 23. 12, 19. *men of valour.* ver. 6. *officers. Heb.* over the charge.

31 *Jerijah.* ch. 23. 19, Jeriah. *fortieth.* ch. 29. 27. 1 Ki. 2. 11. *Jazer.* Jos. 21. 39. Is. 16. 9.

32 *men of valour.* ver. 6-9. *chief fathers.* ch. 15. 12; 23. 24; 24. 31. *Reubenites.* ch. 12. 37. *and affairs. Heb.* and thing. 2 Ch. 19. 11. There were more Levites employed as judges with the two tribes and half on the other side Jordan, than with all the rest of the tribes; there were two thousand seven hundred, whereas on the west side of Jordan there were only one thousand seven hundred. Either those remote tribes were not so well furnished as the rest with judges of their own, or because they lay farthest from Jerusalem, on the borders of the neighbouring nations, and were thus much in danger of being infected with idolatry, they most needed the help of Levites to prevent their running into the abominations of the idolaters.

## CHAP XXVII.

*The twelve captains for every several month,* 1-15. *The princes of the twelve tribes,* 16-22. *The numbering of the people is hindered,* 23, 24. *David's several officers,* 25-34.

1 *the chief fathers.* The patriarchs, chief generals, or generals of brigade. This enumeration is widely different from that of the preceding. In *that*, we have the order and courses of the *priests* and *Levites*, in their *ecclesiastical* ministrations: in *this*, we have the account of the order of the *civil* service, what related simply to the *political state* of the king and the kingdom. Twenty-four persons, chosen out of David's worthies, each of whom had a second, were placed over 24,000 men, who all served a month at a time, in turn; and this was the whole of their service during the year, after which they attended to their own affairs. Thus the king had always on foot a regular force of 24,000, who served without expense to him or the state, and were not oppressed by the service, which took up only a *twelfth* part of their time; and by this plan he could, at any time, bring into the field 12 times 24,000, or 288,000 fighting men, independently of the 12,000 officers, which made in the whole an effective force of 300,000 soldiers; and all these men were prepared, disciplined, and ready at a call, without the smallest expense to the state or the king. These were, properly speaking, the *militia* of the Israelitish kingdom *captains.* ch. 13. 1. Ex. 18. 25. De. 1. 15. 1 Sa. 8. 12. Mi. 5. 2. *served.* ch. 28. 1. 2 Ch. 17. 12-19; 26. 11-13. *any matter.* 1 Ki. 5. 14. *month.* 1 Ki. 4. 7, 27.

2 *Jashobeam.* ch. 11. 11. 2 Sa. 23. 8, Adino the Eznite.

3 *Perez.* Ge. 38. 29. Nu. 26. 20, Pharez. *the chief.* Ge. 49. 8-10. Nu. 7. 12; 10. 14.

4 *Dodai.* ch. 11. 12. 2 Sa. 23. 9, Dodo.

5 *Benaiah.* Or, 'Benaiah, the son of Jehoiada the chief priest:' it was Jehoiada, and not Benaiah, who was a priest. ch. 18. 17. 1 Ki. 4. 4. *chief priest. or*, principal officer. 1 Ki. 4. 5.

6 *mighty.* ch. 11. 22-25. 2 Sa. 22. 20-23; 23. 20-23.

7 *Asahel.* ch. 11. 26. 2 Sa. 2. 18-23; 23. 24.

8 *Shamhuth.* If this person was the same as *Shammoth the Hararite*, or *Shammah the Harodite*, it is probable that he took the denomination *Izrahite*, from one of his progenitors of the name of *Izrah*, and derived the other from the place of his residence. ch. 11. 27, Shammoth the Hararite; 26. 29. 2 Sa. 23. 25, Shammah the Harodite.

9 *Ira.* ch. 11. 28. 2 Sa. 23. 26.

10 *Helez.* ch. 11. 27. *Pelonite.* 2 Sa. 23. 26, Paltite.

11 *Sibbecai.* ch. 11. 29. 2 Sa. 21. 18. *Zarhites.* Nu. 26. 20.

12 *Anetothite.* ch. 11. 28, Antothite. 2 Sa. 23. 27, Anethothite.

13 *Maharai.* ch. 11. 30. 2 Sa. 23. 28. *Zarhites.* ver. 11.

14 *Benaiah.* ch. 11. 31. 2 Sa. 23. 30.

15 *Heldai.* ch. 11. 30, Heled. 2 Sa. 23. 29, Heleb. *Othniel.* ch. 4. 13. Ju. 3. 9.

16 *Furthermore.* These persons, called 'princes of the tribes,' in ver. 22, and ch. 28. 1, appear to have been *civil* rulers over their several tribes, and honorary men, without pay, not unlike the lords lieutenants of our counties. In this enumeration there is no mention of the tribes of Gad and Asher, probably because they were joined to the neighbouring tribes; or, perhaps, the account of these has been lost from the register.

17 *Hashabiah.* ch. 26. 30. *of the Aaronites.* ch. 12. 27, 28; 24. 4, 31.

18 *Elihu.* If *Elihu* be not a mistake for *Eliab*, it is probable that he was called by both names. 1 Sa. 16. 6; 17. 13, 29, Eliab.

21 *Iddo.* 1 Ki. 4. 14. *Abner.* 1 Sa. 14. 50, 51. 2 Sa. 3. 27, 37.

23 *David took not.* It seems probable, from this passage, that Joab began, by David's order, to number the children, as well as adults, but was prevented from finishing the account, probably because the plague had begun. The numbering of the effective men might have been deemed a political expedient; but pride and ostentation alone could dictate the numbering of minors and infants, especially as God had pronounced the seed of Abraham, Isaac, and Jacob, innumerable. *from twenty.* Nu. 1. 18. *he would increase.* Ge. 15. 5. He. 11. 12.

24 *began to number.* ch. 21. 1-17. 2 Sa. 24. 1-15. *was the number put. Heb.* ascended the number.

25 *the king's.* 2 Ki. 18. 15. 2 Ch. 16. 2. *the storehouses.* Ge. 41. 48. Ex. 1. 11. 2 Ch. 26. 10. Je. 41. 8.

27 *the increase of the vineyards. Heb.* that which *was* of the vineyards.

28 *And over.* 1 Ki. 4. 7. *the sycamore trees.* The Hebrew *shikmim*, Syriac *shekmo*, and Arabic *jummeez*, is the συκομορος, or *sycomore*, of the Greeks, so called from συκος, a *fig-tree*, and μορος, a *mulberry-tree*, because it resembles the latter in its leaves, and the former in its fruit. 'The sycamore,' says Mr. NORDEN, 'is of the height of a beech, and bears its fruit in a manner quite different from other trees: it has them on the trunk itself, which shoots out little sprigs, in form of grape stalks, at the end of which grow the fruit close to one another, almost like a cluster of grapes. The tree is always green, and bears fruit several times in the year, without observing any certain seasons; for I have seen some sycamores that have given fruit two months after others. The fruit has the figure and smell of real figs, but is inferior to them in the taste, having a disgustful sweetness. Its colour is a yellow, inclining to an ochre, shadowed by a flesh colour. In the inside it resembles the common figs, excepting that it has a blackish colouring with yellow spots. This sort of tree is pretty common in Egypt; the people, for the greater part, live on its fruit, and think themselves well regaled when they have a piece of bread, a couple of sycamore figs, and a pitcher of water.' 1 Ki. 20. 27.

29 *Sharon.* ch. 5. 16. Is. 65. 10.

30 *the camels.* Job 1. 3. *the Ishmaelite.* Ge. 47. 6.

32 *uncle.* 2 Sa. 13. 3; 21. 21, nephew. *scribe. or*, secretary. *son of Hachmoni. or*, Hachmonite. ch. 11. 11.

33 *Ahithophel.* 2 Sa. 15. 12; 16. 23; 17. 23. *Hushai.* 2 Sa. 15. 32, 37; 16. 16. *companion.* 2 Sa. 16. 17. Ps. 55. 13. Zec. 13. 7.

34 *Abiathar.* 1 Ki. 1. 7. *the general.* ch. 11. 6.

## CHAP. XXVIII.

***David in a solemn assembly having declared God's favour to him, and promise to his son Solomon, exhorts them to fear God,* 1-8. *He encourages Solomon to build the temple,* 9, 10. *He gives him patterns, gold and silver, etc.,* 11-21.**

1 *assembled.* ch. 23. 2. Jos. 23. 2; 24. 1. *the princes.* ch. 27. 16-22. *the captains of the companies.* ch. 27. 1-15, 25. *the stewards.* ch. 27. 25-31. *substance. or*, cattle. *and of his sons. or*, and his sons. *officers. or*, eunuchs. ch. 27. 32-34. *the mighty men.* ch. 11. 10, etc.

2 *stood up.* Ge. 48. 2. 1 Ki. 1. 47. *my brethren.* ch. 11. 1-3. De. 17. 15, 20. Ps. 22. 22. He. 2. 11, 12. *I had in mine heart.* ch. 17. 1, 2. 2 Sa. 7. 1, 2. 1 Ki. 8. 17, 18. *rest.* ch. 6. 31. Ps. 132. 3-8, 14. *the footstool.* Ps. 99. 5; 132. 7. Is. 66. 1. La. 2. 1. Ac. 7. 49. *had made ready.* ch. 18. 7-11; 22. 2-5, 14.

3 *Thou shalt.* ch. 17. 4; 22. 8. 2 Sa. 7. 5-13. 1 Ki. 5. 3. 2 Ch. 6. 8, 9. *blood. Heb.* bloods.

4 *chose me.* 1 Sa. 16. 6-13. 2 Sa. 7. 8-16. Ps. 78. 68-72; 89. 16-27. *chosen Judah.* ch. 5. 2. Ge. 49. 8-10. Ps. 60. 7; 108. 8. He. 7. 14. *the house of Judah.* 1 Sa. 16. 1. *the house of my father.* 1 Sa 26. 1. *among the sons.* 1 Sa. 16. 12, 13. Ps. 18. 19 147. 10, 11.

5 *all my sons.* ch. 3. 1-9; 14. 4-7. *he hath*

*chosen.* ch. 22. 9, 10; 23. 1; 29. 1. *to sit.* ch. 17. 14; 29. 23. 2 Ch. 1. 8, 9. Ps. 72, title, 1, etc. Is. 9. 6, 7.

6 *he shall.* ch. 17. 11-14; 22. 9, 10. 2 Sa. 7. 13, 14. 2 Ch. 1. 9. Zec. 6. 12, 13. He. 3. 3, 6. *I have.* He. 4. 5.

7 *Moreover.* Ps. 89. 28-37; 132. 12. Da. 2. 44. *if.* ch. 22. 13. 1 Ki. 6. 12, 13; 9. 4, 5; 11. 9-13. *constant. Heb.* strong. ver. 10. Jos. 1. 6, 7. 1 Ki. 2. 2-4. *as at this day.* 1 Ki. 8. 61; 11. 4.

8 *in the sight.* De. 4. 6. Mat. 5. 14-16. Phi. 2. 15, 16. He. 12. 1, 2. *in the audience.* De. 4. 26; 29. 10, 15. Ac. 10. 33. *keep.* Ps. 119. 4, 10, 11, 27, 33, 34, 44. Pr. 2. 1-5; 3. 1. Is. 34. 16. Ac. 17. 11. *that ye may.* De. 4. 1; 5. 32, 33; 6. 1-3. *leave it.* Ezr. 9. 12. Pr. 13. 22.

9 *know thou.* De. 4. 35. 1 Ki. 8. 43. Ps. 9. 10. Je. 9. 24; 22. 16; 24. 7; 31. 34. Ho. 4. 1, 6. Jno. 8. 55; 17. 3. Ac. 17. 23, 30. Ro. 1. 28. 1 Co. 15. 34. 2 Co. 4. 6. *the God.* Ge. 28. 13. Ex. 3. 16; 15. 2. 1 Ki. 3. 6. Ps. 18. 2; 89. 26. *serve him.* ch. 29. 9, 17-19. 1 Ki. 8. 61. 2 Ki. 20. 3; 22. 2. Job 36. 11, 12. Ps. 101. 2. Jno. 1. 47; 4. 24. Ro. 1. 29. He. 12. 28. *a willing mind.* 2 Co. 8. 12; 9. 7. 1 Pe. 5. 2. *the Lord.* ch. 29. 17. 1 Sa. 16. 7. 1 Ki. 8. 39. Ps. 7. 9; 139. 2. Pr. 17. 3. Je. 11. 20; 17. 10; 20. 12. Jno. 2. 25; 21. 17. Ac. 1. 24. He. 4. 13. Re. 2. 23. *the imaginations.* Ge. 6. 5; 8. 21. De. 31. 21. Ps. 139. 2. Eze. 38. 10. *if thou seek.* 2 Ch. 15. 2. Pr. 2. 1-6. Is. 45. 19; 55. 6, 7. Je. 29. 13. Mat. 7. 7, 8. Ja. 4. 8-11. *if thou forsake.* De. 31. 16, 17. 1 Ki. 9. 6-9. Ezr. 8. 22. Is. 1. 28. He. 10. 38, 39.

10 *Take heed now.* ver. 6; ch. 22. 16-19. 1 Ti. 4. 16.

11 *David.* He gave him an ichnograph of the building, with elevations, sections and specifications of every part; and all this he himself received by inspiration from God himself, (ver. 12, 19,) just as Moses had received the plan of the tabernacle. *the pattern.* ver. 19. Ex. 25. 40; 26. 30; 39. 42, 43. 2 Ch. 3. 3. Eze. 43. 10, 11. He. 8. 5. *the porch.* 1 Ki. 6. 3. 2 Ch. 3. 4. Eze. 40. 8, 9, 15, 48, 49. *the houses.* 1 Ki. 6. 16-20. 2 Ch. 3. 5-10. Eze. 41. 13, etc. He. 9. 2-8. *the treasuries.* גנזכיו, *ganzakkaiv:* the word גנזך, *ganzach*, is supposed to be not Hebrew, but Persian; in which language we have גנג, *ganj*, a granary, a hidden treasure, and גנגור, *gunjoor*, and גנגינה, *gunjineh*, a treasure, treasury, or barn. It may, however, be a Chaldee form of the Hebrew גנז, *genez*, (from גנז, *genaz*, to treasure up;) the ך being merely formative, as in דך, *dech*, אלך, *illaich*, and other Chaldee words. ch. 9. 26-29; 26. 20-27. Lu. 21. 1. *upper chambers.* 1 Ki. 6. 5, 6, 10. 2 Ch. 3. 9. Ne. 10. 38, 39; 13. 5. Je. 35. 2. Eze. 41. 6, etc. *the place.* Ex. 25. 17-22; 40. 20, 21. 1 Ki. 6. 19. 2 Ch. 5. 7. He. 9. 5.

12 *the pattern.* Ex. 31. 2. *all.* 'By the spirit of prophecy that was with him,' says the Targumist. *that he had by. Heb.* that was with him by. *the spirit.* Ex. 25. 40. He. 8. 5. *the treasuries.* ch. 26. 20, 26-28. 1 Ki. 14. 26; 15. 15, 18. 2 Ki. 16. 8; 18. 15.

13 *the courses.* ch. 24. 1, etc.; 25. 1, etc. *the vessels.* ch. 9. 29. 1 Ki. ch. 7. Ezr. 8. 25-30, 33.

14 *of gold.* The quantity of gold which was to be put in *each article.*

15 *the candlesticks.* Ex. 25. 31-39. 1 Ki. 7. 19. 2 Ch. 4. 7. Zec. 4. 2, 3, 11-14. Re. 1. 12, 13, 20; 2. 1.

16 *tables of shewbread.* Ex. 25. 23-30. 1 Ki. 7. 48. 2 Ch. 4. 8, 19.

17 *pure gold.* 1 Sa. 2. 13, 14. 2 Ch. 4. 20-22. *the bowls.* Nu. 7. 13, 14. 1 Ki. 7. 48-50; 10. 21.

18 *the altar.* Ex. 30. 1-10. 1 Ki. 7. 48. *the chariot.* Ex. 25. 18-22. 1 Sa. 4. 4. 1 Ki. 6. 23-30. Ps. 18. 10; 68. 17; 80. 1; 99. 1. Eze. 1. 15-24; 10. 2, etc. He. 9. 5.

19 *the Lord.* ver. 11, 12. Ex. 25. 40; 26. 30. *by his hand upon me.* Eze. 1. 3; 3. 14, 22.

20 *Be strong.* ver. 10; ch. 22. 13. De. 31. 7, 8. Jos. 1. 6-9. 1 Co. 16. 13. *fear not.* Ps. 27. 1, 2. Is. 41. 10, 13. Ro. 8. 31. *he will not fail thee.* Jos. 1. 5. He. 13. 5.

21 *the courses.* ch. 24-26. *all manner.* Ex. 31. 3. *willing.* Ex. 35. 25, 26, 35; 36. 1-4. Ro. 13. 1. Ps. 110. 3. *also the princes.* ch. 22. 17, 18. Tit. 3. 1.

## CHAP. XXIX.

*David, by his example and entreaty,* 1-5, *causes the princes and people to offer willingly,* 6-9. *David's thanksgiving and prayer,* 10-19. *The people, having blessed God, and sacrificed, make Solomon king,* 20-25. *David's reign and death,* 26-30.

1 *said unto.* ch. 28. 1, 8. *whom.* ch. 28. 5, 6. 1 Ki. 8. 19, 20. *young.* ch. 22. 5. 1 Ki. 3. 7. 2 Ch. 13. 7. Pr. 4. 3. Je. 1. 6, 7. *palace.* ch. 28. 10. 2 Ch. 2. 4, 5.

2 *I have prepared.* ch. 22. 3-5, 14-16. *with all.* 2 Ch. 31. 20, 21. Ec. 9. 10. 2 Co. 8. 3. Col. 3. 23. 1 Pe. 4. 10, 11. *the gold.* ch. 28. 14-18. *onyx stones. Avney shoham,* which was, probably, not the precious stone or gem called *onyx*, but a marble called in Greek *onychites*, which PLINY mentions as a stone of Caramania; for one would hardly think that gems of any kind were used externally in such a building as the temple. Antiquity gave both stones this name, because of their resemblance to the nail of the finger. Ge. 2. 12. Ex. 28. 17, 20; 39. 6, 13. Job 28. 16. Is. 54. 11, 12. Re. 21. 18-21. *glistering stones. Avney phuch* seems to denote a kind of *black marble*, so called from its colour resembling *stibium:* so Vulgate *quasi stibinos.* *marble stones. Avney shayish* is rendered in the Targum *avney marmoraiyah*, 'stones of marble,' and by the LXX. and Vulgate, Παριον or Παρινον, *marmor Parium*, 'Parium marble,' which was remarkable for its *bright white* colour. JOSEPHUS says that the temple was built of large blocks of white marble, beautifully polished, so as to produce a most splendid appearance.

3 *I have set.* Ps. 26. 8; 27. 4; 84. 1, 10; 122. 1-9. *I have.* ch. 21. 24. Pr. 3. 9, 10. *of mine own proper good. i.e.* 'of my own private property:' at present we only use the plural *goods* to designate property or personal effects. *over and above.* ch. 22. 4, 5, 14-16.

4 *gold of Ophir.* 1 Ki. 9. 28. Job 28. 16.

5 *who then.* Ex. 25. 2-9; 35. 5, etc. Nu. 7. 2, 3, 10-14, etc. Ezr. 1. 4-6; 2. 68, 69; 7. 15, 16. *consecrate his service. Heb.* to fill his hand.

6 *the chief.* ch. 27. 1, etc. Is. 60. 3-10. *the rulers.* ch. 27. 25, etc. 2 Co. 9. 7.

8 *Jehiel the Gershonite.* ch. 26. 21, 22.

9 *they offered.* De. 16. 10, 11. Ju. 5. 9. Ps. 110. 3. 2 Co. 8. 3, 12; 9. 7, 8. *perfect heart.* ver. 17. 1 Ki. 8. 61. *David.* Pr. 23. 15, 16. Lu. 15. 6. Jno. 15. 11. Phi. 2. 15-17; 4. 1, 10. 1 Th. 3. 6-9.

10 *David blessed.* ver. 20. 2 Ch. 20. 26-28. Ps. 103. 1, 2; 138. 1; 146. 2. *Blessed be thou.* 1 Ki. 8. 15. 2 Ch. 6. 4. Ps. 72. 18, 19; 89. 52. Eze. 3. 12. Ep. 1. 3. 1 Ti. 1. 17. 1 Pe. 1. 3. Re. 5. 12. *Lord God.* Ge. 32. 28; 33. 20. *our father.* Is. 63. 16. Mat. 6. 9. Lu. 11. 3. Ro. 1. 7; 8. 15. Phi. 4. 20. 2 Th. 2. 16.

11 *is the greatness.* Da. 4. 30, 34, 35. Mat. 6. 13. 1 Ti. 1. 17; 6. 15, 16. Jude 25. Re. 4. 10, 11; 5. 12; 7. 9-12; 19. 1. *the victory.* 1 Sa. 15. 29. Ps. 98. 1. *majesty.* Job 37. 22. Ps. 29. 4; 45. 3, 4; 104. 1. Is. 2. 10. He. 1. 3. *all that.* Ge. 1. 1; 14. 19, 22. Ps. 115. 15, 16. Is. 42. 5; 66. 1. Je. 10. 10-12; 27. 5. Da. 4. 32, 34, 35. *thine is the.* Ps. 97. 1; 99. 1; 145. 1, 12, 13. Da. 4. 3. Re. 11. 15. *exalted.* Ne. 9. 5. Ps. 21. 13; 46. 10; 47. 9; 57. 5, 11; 97. 9. Is. 2. 11; 12. 4.

12 *riches.* De. 8. 18. 1 Sa. 2. 7, 8. Job 42. 10. Ps. 75. 6, 7; 113. 7, 8. Pr. 8. 18; 10. 22. Ec. 5. 19. Lu. 1. 51-53. Ro. 11. 35, 36. *reignest over all.* Da. 6. 26. *power.* Job 9. 19. Ps. 62. 11. Is. 43. 13; 46. 10. Da. 5. 18-21. Mat. 28. 18. Jno. 19. 11. Ep. 3. 20. Re. 11. 17. *give strength.* 2 Ch. 16. 9. Ps. 18. 31, 32; 28. 8; 29. 1, 11; 68. 34, 35; 144. 1, 2. Is. 40. 29; 45. 24. Ep. 3. 16. Phi. 4. 13. Col. 1. 11.

13 *we thank.* Ps. 105. 1; 106. 1. Da. 2. 23. 2 Co. 2. 14; 8. 16; 9. 15. 1 Th. 2. 13.

14 *who am I.* Ge. 32. 10. 2 Sa. 7. 18. Da. 4. 30.

1 Co. 15. 9, 10. 2 Co. 3. 5; 12. 9-11. *that we should.* Ps. 115. 1. Re. 4. 10. *be able. Heb.* retain, *or* obtain strength. *willingly.* ver. 9. Phi. 2. 13. Ja. 1. 17. *all things.* Ge. 28. 22. Ps. 50. 10-12. Ro. 11. 36. 1 Co. 16. 2. *of thine own. Heb.* of thine hand.

15 *For we.* Ge. 47. 9. Ps. 39. 12; 119. 19. He. 11. 13-16. 1 Pe. 2. 11. *our days.* Job 14. 2. Ps. 90. 9; 102. 11; 144. 4. Ec. 6. 12. Is. 40. 6-8. Ja. 4. 14. *abiding. Heb.* expectation.

16 *all this store.* ver. 14. 2 Ch. 31. 10. Ps. 24. 1. Ho. 2. 8. Lu. 19. 16.

17 *triest the heart.* ch. 28. 9. De. 8. 2. 1 Sa. 16. 7. Ps. 7. 9; 51. 6. Pr. 16. 2; 21. 2. Je. 17. 10. He. 4. 12. Re. 2. 23. *hast pleasure.* Pr. 11. 20; 15. 8, 9. Jno. 1. 47. *in the uprightness.* Ac. 24. 16. 2 Co. 1. 12. 1 Th. 2. 10. *joy thy people.* ver. 9. Phile. 7, 20. *present. Heb.* found.

18 *Lord God.* Ex. 3. 6, 15; 4. 5. Mat. 22. 32. Ac. 3. 13. *keep.* De. 30. 6. Ps. 51. 10; 119. 166. Je. 10. 23; 32. 39. Phi. 1. 6, 9-11. 1 Th. 3. 11. He. 13. 21. *in the imagination.* ch. 28. 9. Ge. 6. 5. Ps. 119. 113. *prepare. Heb.* stablish. Ps. 10. 17. 2 Th. 2. 16, 17.

19 *And give.* ch. 28. 9. Ps. 72. 1; 119. 80. Ja. 1. 17. *the which.* ver. 2; ch. 22. 14.

20 *Now bless.* ch. 16. 36. 2 Ch. 20. 21. Ps. 134. 2; 135. 19-21; 145; 146. 1, 2; 148. 13, 14, etc. *bowed down.* Ge. 24. 26, 48. Ex. 4. 31. Ps. 29. 1, 2; 95. 6. *worshipped.* Ex. 14. 31. 1 Sa. 12. 18. Pr. 24. 21. 1 Pe. 2. 17.

21 *sacrificed.* 1 Ki. 8. 62-65. 2 Ch. 7. 4-9. Ezr. 6. 17. *drink-offerings.* Le. 23. 13. Nu. 15. 5, 7, 10.

22 *eat and drink.* Ex. 24. 11. De. 12. 7, 11, 12; 16. 14-17. 2 Ch. 7. 10. Ne. 8. 12. Ec. 2. 24; 3. 12, 13; 8. 15; 9. 7. 1 Ti. 6. 17, 18. *the second time.* ch. 23. 1. *and anointed.* 1 Ki. 1. 31, 34-39. *Zadok.* 1 Ki. 2. 35.

23 *sat on the throne.* ch. 17. 11, 12; 28. 5. Ps. 132. 11. Is. 9. 6, 7. *prospered.* ch. 22. 11. *all Israel.* Ec. 8. 2-5. Ro. 13. 1.

24 *all the princes.* ch. 22. 17; 28. 21. *all the sons.* ch. 2. 3-9. 1 Ki. 1. 50-53; 2. 24, 25. *submitted themselves unto. Heb.* gave the hand under. See Ge. 24. 2; 47. 29. 2 Ch. 30. 8, marg. Eze. 17. 18.

25 *magnified Solomon.* Jos. 3. 7; 4. 14. 2 Ch. 1. 1. Job 7. 17. Ac. 19. 17. *bestowed.* 1 Ki. 3. 13. 2 Ch. 1. 12. Ec. 2. 9. Da. 5. 18, 19. He. 2. 9.

26 *over all Israel.* ch. 18. 14. Ps. 78. 71, 72.

27 *forty years.* ch. 3. 4. 2 Sa. 5. 4, 5. 1 Ki. 2. 11.

28 *he died.* David at his death had every thing that his heart could wish: 'he died in a good old age, full of days, riches, and honour;' having gained more renown than any crowned head ever did. 'David,' says Dr. DELANEY, 'was a true believer, a zealous adorer of God, teacher of His law and worship, and inspirer of His praise; a glorious example, a perpetual and inexhaustible fountain of true piety; a consummate and unrivalled hero; a skilful and successful captain; a steady patriot; a wise ruler; a faithful, generous, and magnanimous friend; and what is yet rarer, a no less generous and magnanimous enemy; a true penitent, a divine musician, a sublime poet, and an inspired prophet. By birth a peasant, by merit a prince! In youth a hero, in manhood a monarch, and in age a saint.' *a good old age.* Ge. 15. 15; 25. 8. Job 5. 26. Pr. 16. 31. Ac. 13. 36. *full of days.* ch. 23. 1. Ge. 35. 29. Job 5. 26.

29 *the acts.* 1 Ki. 11. 41; 14. 29. He. 11. 32, 33. *book. or,* history. *Heb.* words. *Samuel.* 1 Sa. 9. 9. *Nathan.* 2 Sa. 7. 2-4; 12. 1-7. *Gad the seer.* ch. 21. 9-11.

30 *his might.* 2 Ki. 10. 34; 14. 28. *the times.* Da. 2. 21; 4. 23, 25.

# The Second Book of the CHRONICLES.

## CHAP. I.

*The solemn offering of Solomon at Gibeon, 1-6. Solomon's choice of wisdom is blessed by God, 7-12. Solomon's forces and wealth, 13-17.*

1 *was strengthened.* 1 Ki. 2. 12, 46. *the Lord.* Ge. 21. 22; 39. 2, 21. Ex. 3. 12. 1 Ch. 17. 8. Mat. 28. 20. *magnified.* 1 Ch. 29. 25. Phi. 2. 9-11.

2 *Then Solomon.* This seems to have taken place a short time after David's decease, and, according to some, in the *second* year of Solomon's reign; when being established in his kingdom, he convened his chief men, and spake to them concerning the solemn sacrifice which he purposed to offer to God. *to the captains.* ch. 29. 20; 30. 2; 34. 29, 30. 1 Ch. 13. 1; 15. 3; 27. 1; 28. 1; 29. 1. *the chief.* 1 Ch. 15. 12; 24. 4, 31.

3 *Gibeon.* 1 Ki. 3. 4, etc. 1 Ch. 16. 39; 21. 29. *the tabernacle.* Ex. 26. 1, etc.; 40. 2, 34. Le. 1. 1. *the servant.* De. 34. 5.

4 *the ark.* The tabernacle and the brazen altar still remained at Gibeon; but David had brought away the ark out of the tabernacle, and placed it in a tent at Jerusalem. 2 Sa. 6. 2, 17. 1 Ch. 13. 5, 6; 15. 1, 25-28. *for he had pitched.* 1 Ch. 16. 1. Ps. 132. 5, 6.

5 *the brasen.* Ex. 27. 1-8; 38. 1-7. *Bezaleel.* Ex. 31. 2. 1 Ch. 2. 19, 20. *he put. or, was* there. *sought unto it.* went to seek the Lord there.

6 *a thousand.* 1 Ki. 3. 4; 8. 63. 1 Ch. 29. 21. Is. 40. 16.

7 *In that night.* This was the night following the sacrifice which Solomon had offered. 1 Ki. 3. 5-15. Pr. 3. 5, 6. *Ask.* Mat. 7. 7, 8. Mar. 10. 36, 37, 51. Jno. 16. 23. 1 Jno. 5. 14, 15.

8 *Thou hast shewed.* 2 Sa. 7. 8, 9; 12. 7, 8; 22. 51; 23. 1. Ps. 86. 13; 89. 20-28, 49. Is. 55. 3. *to reign.* 1 Ch. 28. 5; 29. 23.

9 *let thy promise.* 2 Sa. 7. 12-16, 25-29. 1 Ch. 17. 11-14, 23-27; 28. 6, 7. Ps. 89. 35-37; 132. 11, 12. *for thou hast.* 1 Ki. 3. 7, 8. *like the dust. Heb.* much as the dust. Ge. 13. 16; 22. 17. Nu. 23. 10.

10 *Give me.* 1 Ki. 3. 9. Ps. 119. 34, 73. Pr. 2. 2-6; 3. 13-18; 4. 7. Ja. 1. 5. *go out.* Nu. 27. 17. De. 31. 2. 2 Sa. 5. 2. *for who can.* 2 Co. 2. 16; 3. 5.

11 *Because.* This does not occur in Kings: and it implies that the request of Solomon, as arising from a spiritual judgment and heart, was peculiarly acceptable to that God who searches, regards, and demands the heart. God promised Solomon all the things which he had not asked, except the life of his enemies; for he was to be a peaceable king, a type of the Prince of peace. *this was.* 1 Sa. 16. 7. 1 Ki. 3. 11-13; 8. 18. 1 Ch. 28. 2; 29. 17, 18. Pr. 23. 7. Ac. 5. 4. He. 4. 12. *that thou mayest.* 1 Ki. 3. 28. Pr. 14. 8. Ja. 3. 13, 17.

12 *I will give.* Mat. 6. 33. Ep. 3. 20. *such as none.* ch. 9. 22. 1 Ch. 29. 25. Ec. 2. 9. Ja. 1. 5.

13 *at Gibeon.* ver. 3. *reigned.* 1 Ki. 4. 24, 25.

14 *Solomon.* ch. 9. 25. De. 17. 16. 1 Ki. 4. 26; 10. 16, 26, etc. *the chariot cities.* Cities where the chariots, and horses belonging to them, were kept.

15 *the king.* He destroyed its value by making it so exceedingly plentiful. ver. 12; ch. 9. 27. 1 Ki. 10. 27, etc. Job 22. 24, 25. Is. 60. 17. *made. Heb.* gave. *sycamore trees.* ch. 9. 27. Is. 9. 10. Am. 7. 14.

16 *Solomon. Heb.* the going forth of the horses which *was* Solomon's. ch. 9. 28. 1 Ki. 10. 28, 29. *linen yarn.* The word מקוא, or מקוה, *mikweh*, is regarded by the ancient translators as a proper name: the LXX. have εκ Θεκουε, 'from *Tekoa*,' the Vulgate, *de Coa*, 'from Koa,' which is adopted by Dr. Geddes; the Syriac, 'from the city Aphelia;' and the Arabic, 'ex urbe Australium.' Bochart thinks it signifies a *tribute;* others suppose that it signifies a *string* or *drove* of horses; or as Jarchi says, what the Germans call Stutte, a *stud;* but Houbigant supposes it to be a corruption for *mercavah*, 'chariots.' Our English translation, however, which regards it as synonymous with *tikwah*, seems by far the best. According to Norden, *linen yarn* is still one of the principal articles of commerce in Egypt, and is exported in very large quantities, together with unmanufactured flax and spun cotton; and Sanutus, 400 years ago, remarked that though Christian countries abounded in flax, yet the goodness of the Egyptian was such, that it was dispersed even to the west.

17 *the kings.* 2 Ki. 10. 29. *means. Heb.* hand.

## CHAP. II.

*Solomon's labourers for the building of the temple,* 1, 2, 17, 18. *His embassage to Huram for workmen and provision of stuff,* 3-10. *Huram sends him a kind answer,* 11-16.

1 *determined.* 1 Ki. 5. 5. *for the name.* De. 12. 5, 11; 28. 58. 1 Ki. 8. 18, 20. 1 Ch. 22. 10. Mat. 6. 9, 10. *an house.* 1 Ki. 7. 1; 9. 1.

2 *told out threescore.* ver. 18. 1 Ki. 5. 15, 16.

3 *Huram.* 1 Ki. 5. 1, Hiram. *As thou didst.* 2 Sa. 5. 11. 1 Ch. 14. 1.

4 *build.* ver. 1. 1 Ki. 8. 18. *to dedicate.* 1 Ki. 8. 63. *to burn.* Ex. 30. 7. *sweet incense. Heb.* incense of spices. *the continual.* Ex. 25. 30. Le. 24. 5-9. *the burnt.* Ex. 29. 38-42. Nu. 28. 3, 4, 9-11. *the solemn feasts.* Le. ch. 23. Nu. ch. 28; 29.

5 *great.* ver. 9. 1 Ki. 9. 8. 1 Ch. 29. 1. Eze. 7. 20. *great is our God.* Ex. 15. 11. 1 Ch. 16. 25. Ps. 86. 8, 9; 135. 5; 145. 3. Je. 10. 6. 1 Ti. 6. 15.

6 *But who.* ch. 6. 18. 1 Ki. 8. 27. Is. 66. 1. Ac. 7. 48, 49. *is able. Heb.* hath returned, *or* obtained strength. *who am I then.* ch. 1. 10. Ex. 3. 11. 2 Sa. 7. 18. 1 Ch. 29. 14. 2 Co. 2. 16. Ep. 3. 8. *save only.* De. 12. 5, 6, 11, 14, 26.

7 *cunning.* Ex. 31. 3-5. 1 Ki. 7. 14. Is. 28. 26, 29; 60. 10. *to grave. Heb.* to grave gravings. *whom David.* 1 Ch. 22. 15, 16.

8 *Send me also.* 1 Ki. 5. 6. *algum trees. or,* algummim. Called in the parallel passage, by a transposition of letters, *almuggim*, or 'almug-trees;' which is rendered by the Vulgate, *ligna thyina*, the *thya* or *lignum vitæ* wood. Theophrastus says that 'the *thyon* or *thya* tree grows near the temple of Jupiter Ammon (in Africa), and in the Cyrenaica; that it resembles the cypress in its boughs, leaves, stalk, and fruit; and that its wood (from its close texture) never rots.' The LXX. render here πευκινα; and Josephus calls it ξυλα πευκινα, *torch* or *pine-trees;* but cautions us against supposing that the wood was like what was known in his time by that name; for these 'were to the sight like the wood of the fig-tree, but more white and shining.' The Syriac version has *kaiso dekeesotho*, probably *cypress wood;* and Dr. Shaw supposes it denotes the *cypress.* Several critics understand it to mean *gummy wood;* and Celsius queries whether it may not be the *sandal-tree*, as the Rabbins and Dr. Geddes suppose. 1 Ki. 10. 11, almug-trees.

9 *wonderful great. Heb.* great and wonderful. ver. 5; ch. 7. 21. 1 Ki. 9. 8.

10 *I will give.* 1 Ki. 5. 11. Lu. 10. 7. Ro. 13. 7, 8. *baths of wine.* 1 Ki. 7. 26, 38. Ezr. 7. 22.

11 *Because.* ch. 9. 8. De. 7. 7, 8. 1 Ki. 10. 9. Ps. 72. 17.

12 *Huram.* 1 Ki. 5. 7. 1 Ch. 29. 20. Ps. 72. 18, 19. Lu. 1. 68. 1 Pe. 1. 3. *that made heaven.* Ge. ch. 1; 2. Ps. 33. 6; 102. 25; 124. 8; 136. 5, 6; 146. 5, 6. Je. 10. 10. Ac. 4. 24; 14. 15. Col. 1. 16, 17. Re. 4. 11; 10. 6. *endued*, etc. *Heb.* knowing prudence and understanding. ch. 1. 10-12. *an house.* ver. 1.

13 *of Huram.* ch. 4. 16.

14 *The son.* 1 Ki. 7. 13, 14. *skilful.* ver. 7. Ex. 31. 3, 4.

15 *which my lord.* ver. 10. 1 Ki. 5. 11.

16 *we will cut.* 1 Ki. 5. 8, 9. *as much as thou shalt need. Heb.* according to all thy need. *Joppa. Heb.* Japho. Jos. 19. 46. Ezr. 3. 7. Jno. 1. 3. Ac. 9. 36; 10. 32.

17 *numbered.* ver. 2; ch. 8. 7, 8. 1 Ki. 5. 13-16; 9. 20, 21. *the strangers. Heb.* the men the strangers. *after the numbering.* 1 Ch. 22. 2.

18 *threescore.* '*As it is* ver. 2.'

## CHAP III.

*The place and time of building the temple,* 1, 2. *The measure and ornaments of the house,* 3-10. *The cherubims,* 11-13. *The vail and pillars,* 14-17.

1 A.M. 2993. B.C. 1011. An. Ex. Is. 480. *Solomon.* 1 Ki. 6. 1, etc. *in mount Moriah.* Ge. 22. 2, 14. *where the Lord appeared unto David. or,* which was seen of David. *Ornan.* 2 Sa. 24. 18-25, Araunah 1 Ch. 21. 18; 22. 1.

2 *in the second.* 1 Ki. 6. 1.

3 A.M. 2993-3000. B.C. 1011-1004. *Solomon.* 1 Ch 28. 11-19. *instructed. Heb.* founded. *The length* 1 Ki. 6. 2, 3. *the first measure.* It is supposed, with much probability, that the *first measure* means the cubit used in the time of Moses, contradistinguished from that used in Babylon, and which the Israelites used after their return from captivity: and, as these Books were written after the captivity, it was necessary for the writer to make this remark, lest it should be thought that the measurement was by the Babylonish cubit, which was a *palm* or *one-sixth* shorter than the cubit of Moses; which may serve to reconcile some variations in the historical books, with respect to numbers when applied to measures.

4 *the porch.* Jno. 10. 23. Ac. 3. 11; 5. 12. *an hundred and twenty.* As the height of the temple was only thirty cubits, 120 seems too great a height for the porch; but the Syriac, Arabic, and the LXX. in the codex Alexandrinus, have only *twenty*, probably reading, instead of *maiah weesrim*, 'one hundred and twenty,' *ammoth esrim*, 'twenty cubits;' which brings it within the proportion of the other measures.

5 *the greater.* 1 Ki. 6. 15-17, 21, 22.

6 *garnished. Heb.* covered. *precious.* 1 Ch. 29. 2, 8. Is. 54. 11, 12. Re. 21. 18-21. *Parvaim. Parvaim* is supposed by Calmet to be the same as *Sepharvaim* in Armenia or Media; Bochart is of opinion that it is *Taprobanes*, now the island of *Ceylon*, which he derives from *taph*, a border, and *Parvan*, i. e. 'the coast of Parvan;' but the late Editor of Calmet thinks it the same as the *Parvatoi* mountains of Ptolemy, at the head of the Indus.

7 *overlaid.* Ex. 26. 29. 1 Ki. 6. 20-22, 30. Eze. 7. 20. *graved cherubims.* Ex. 26. 1. 1 Ki. 6. 35.

8 *the most holy.* Ex. 26. 33. 1 Ki. 6. 19, 20. He. 9. 3, 9; 10. 19.

10 *two cherubims.* 1 Ki. 6. 23-28. *image work. or, as some think,* of moveable work.

13 *inward. or*, toward the house. Ex. 25. 20.

14 *the vail.* Ex. 26. 31-35. Mat. 27. 51. He. 9. 3; 10. 20. *wrought. Heb.* caused to ascend.

15 *two pillars.* 1 Ki. 7. 15-24. Je. 52. 20-23. *thirty.* The Syriac and Arabic have, agreeably to the parallel passage, 'eighteen cubits high;' but the Septuagint, Chaldee, and Vulgate have 'thirty and five cubits high.' See the Note on 1 Ki. 7. 15. *high. Heb.* long.

16 *chains.* 1 Ki. 6. 21. *an hundred.* 1 Ki. 7. 20.

17 *reared up.* 1 Ki. 7. 21. *Jachin. that is*, He shall establish. *Boaz. that is*, In it *is* strength.

## CHAP. IV.

*The altar of brass*, 1. *The molten sea upon twelve oxen*, 2-5. *The ten lavers, candlesticks, and tables*, 6-8. *The courts, and the instruments of brass*, 9-18. *The instruments of gold*, 19-22.

1 *an altar.* ch. 1. 5. Ex. 27. 1-8. 1 Ki. 8. 22, 64; 9. 25. 2 Ki. 16. 14, 15. Eze. 43. 13-17.

2 *a molten sea.* Ex. 30. 18-21. 1 Ki. 7. 23. Zec. 13. 1. Tit. 3. 5. Re. 7. 14. *brim to brim. Heb.* his brim to his brim.

3 *And under.* 1 Ki. 7. 24-26. Eze. 1. 10; 10. 14. 1 Co. 9. 9, 10. Re. 4. 7. *oxen.* In the parallel passage of Kings, instead of *bekarim*, 'oxen,' we have *pekaïm*, 'knops,' in the form of *colocynths.* (See on 1 Ki. 6. 18, and 2 Ki. 4. 39;) which last is supposed by able critics to be the reading which ought to be received here; *bekarim*, 'oxen,' being a mistake for *pekaïm*, 'knops.' Houbigant, however, contends that the words in both places are right; but that *bakar* does not signify an *ox* here, but a large kind of *grape*, according to its meaning in Arabic. But Dr. A. Clarke states that *bakar*, or *bakarat*, has no such meaning in Arabic, though the phrase *aino 'lbikri*, or 'ox eye,' signifies a species of black grape, very large, and of incredible sweetness; that consequently the criticism of this great man is not solid; and that the likeliest method of reconciling the two places is supposing a change in the letters as above.

4 *It stood.* Mat. 16. 18. Ep. 2. 20. Re. 21. 14. *three.* Mat. 28. 19, 20. Mar. 16. 15. Lu. 24. 46, 47. Ac. 9. 15.

5 *with flowers of lilies. or*, like a lily flower. *three thousand baths.* In the parallel passage, it is said to hold only *two thousand baths;* which some think may be reconciled by supposing that the quantity of water which was commonly in it was 2000 baths, but that, if filled up to the top, it would hold 3000. But, as we have already seen that the Babylonish cubit was *less* than that of the ancient Hebrews, it might be the same with measures of capacity; so that 2000 of the *ancient* Jewish baths might have been equal to 3000 of those used *after the captivity.* The Targum cuts the knot: 'It received 3000 baths of dry measure, and held 2000 of liquid measure.' See 1 Ki. 7. 26.

6 *ten lavers.* Ex. 30. 18-21. 1 Ki. 7. 38, 40. Ps. 51. 2. 1 Co. 6. 11. 1 Jno. 1. 7. *such things as they offered for the burnt offering. Heb.* the work of burnt offering. Le. 1. 9, 13. Eze. 40. 38. *but the sea.* ver. 2. Ex. 29. 4. He. 9. 14, 23. Re. 1. 5, 6; 7. 14.

7 *ten candlesticks.* 1 Ki. 7. 49. 1 Ch. 28. 15. Zec. 4. 2, 3, 11-14. Mat. 5. 14-16. Jno. 8. 12. Re. 1. 20. *according to.* Ex. 25. 31-40. 1 Ch. 28. 12, 19. He. 8. 5.

8 *ten tables.* Ex. 25. 23-30; 37. 10-16. 1 Ki. 7. 48. Is. 25. 6. Eze. 44. 16. Mal. 1. 12. 1 Co. 10. 21. *basons. or*, bowls. Je. 52. 18, 19. Zec. 14. 20.

9 *the court.* 1 Ki. 6. 36; 7. 12.

10 1 Ki. 7. 39.

11 *the pots.* See 1 Ki. 7. 40, 45. *basons. or*, bowls. *finished. Heb.* finished to make.

12 *To wit.* ch. 3. 15-17. *the pommels.* 1 Ki. 7. 41.

13 *four hundred.* Ex. 28. 33, 34. 1 Ki. 7. 20, 42. Ca. 4. 13. Je. 52. 23. *pillars. Heb.* face of the pillars.

14 *bases.* 1 Ki. 7. 27-43. *lavers. or*, caldrons. ver. 6.

15 ver. 2-5.

16 *pots also.* ver. 11. Ex. 27. 3; 38. 3. Zec. 14. 20, 21. *flesh-hooks.* 1 Sa. 2. 13, 14. 1 Ch. 28. 17. *Huram.* 1 Ki. 7. 13, 14, 45, Hiram. *his father.* ch. 2. 13. *bright. Heb.* made bright, *or*, scoured.

17 *clay ground. Heb.* thicknesses of the ground. *Zeredathah.* 1 Ki. 7. 46, Zarthan.

18 *the weight.* 1 Ki. 7. 47. 1 Ch. 22. 3, 14. Je. 52. 20.

19 *all the vessels.* ch. 36. 10, 18. 1 Ki. 7. 48-50. 2 Ki. 24. 13; 25. 13-15. Ezr. 1. 7-11. Je. 28. 3; 52. 18, 19. Da. 5. 2, 3, 23. *the golden.* ch. 26. 16-18. Ex. 30. 1-10; 37. 25-29. Re. 8. 3; 9. 13. *the tables.* Ex. 25. 23-30. Le. 24. 5-8. 1 Ch. 28. 16.

20 *the candlesticks.* ver. 7. Ex. 25. 31-37. *burn after.* Ex. 27. 20, 21. *the oracle.* 1 Ki. 6. 5, 16, 17; 8. 6. Ps. 28. 2.

21 *the flowers.* Probably each branch of the chandelier was made like a *plant in flower;* and the opening of the flower was either the *lamp*, or served to support it. ver. 5. Ex. 25. 31, etc.; 37. 20. 1 Ki. 6. 18, 29, 35. *perfect gold. Heb.* perfections of gold. That is, the purest and best gold

22 *snuffers.* Ex. 37. 23. 1 Ki. 7. 50. 2 Ki. 12. 13; 25. 14. Je. 52. 18. *basons. or*, bowls. *the entry.* Capellus and others suppose we should read, agreeably to 1 Ki. 7. 50, 'The hinges also of the doors of the inner house,' etc.; the word *pothoth*, 'hinges,' being mistaken for *paithach*, 'an entry' or 'door-way.' 1 Ki. 6. 31, 32.

## CHAP. V.

*The dedicated treasures*, 1. *The solemn induction of the ark into the oracle*, 2-10. *God being praised, gives a visible sign of his favour*, 11-14.

1 A.M. 3000. B.C. 1004. *brought in all.* 1 Ki. 7. 51. 1 Ch. 22. 14; 26. 26-28.

2 *Then Solomon.* ver. 1, 12. 1 Ki. 8. 1-11. 1 Ch. 28. 1. *the chief.* 1 Ch. 15. 12; 24. 6, 31; 26. 26. *the ark.* Nu. 10. 33, 36. *out.* ch. 1. 4. 2 Sa. 6. 12. 1 Ch. 16. 1. *the city.* 2 Sa. 5. 7. *which is Zion.* Ps. 2. 6; 87. 2; 132. 13-17.

3 *Wherefore.* 1 Ki. 8. 2. *in the feast.* That is, as the Targumist observes, in the feast of tabernacles, which was held in the *seventh* month of the ecclesiastical year, which was called *Ethanim.* ch. 7. 8-10. Le. 23. 34-36. 1 Ki. 8. 2.

4 *the Levites.* Probably the Levites, of the family of Kohath, carried the ark into the courts of the temple; and then the priests conveyed it into its proper place. Nu. 4. 15. Jos. 3. 6; 6. 6. 1 Ki. 8. 3. 1 Ch. 15. 2, 12-14.

5 *the tabernacle.* ch. 1. 3. 1 Ki. 8. 4, 6.

6 2 Sa. 6. 13. 1 Ki. 8. 5. 1 Ch. 16. 1, 2; 29. 21.

7 *the priests.* Ps. 132. 8. *to the oracle.* ch. 4. 20. Ex. 37. 6-9. 1 Ki. 6. 23-28; 8. 6, 7. He. 9. 4, 5.

8 *the staves.* Ex. 25. 12-15; 37. 3-5. Nu. 4. 6.

9 *they drew.* As the ark was no longer to be carried about, the staves were unnecessary. *the ends.* 1 Ki. 8. 8, 9. *there it is, or*, they are there: as 1 Ki. 8. 8. *unto this day.* That is, the day *when these events were recorded;* not the day when these extracts were made, after the captivity, and consequently, long after the destruction of the temple.

10 *There was nothing.* In the parallel passage in the Epistle to the Hebrews, it is expressly stated that in the ark were 'the golden pot that had manna, and Aaron's rod that budded, and the tables of the covenant;' but it is evident that the apostle speaks there of the tabernacle erected by Moses, and of the state and contents of that tabernacle in the time of Moses; and in the temple there were several things *added*, and several *left out.* *save.* ch. 6. 11. Ex. 31. 18; 32. 15, 16, 19; 34. 1; 40. 20. De. 10. 2-5. He. 9. 4. *when. or*, where. *the Lord.* Ex. 19. 5; 24. 7, 8. De. 29. 1, 10-14. Je. 31. 31-34. He. 8. 6-13.

11 *present. Heb.* found. *sanctified.* ch. 29. 5, 15, 34; 30. 15, 17-20. Ex. 19. 10, 14, 15. Job 1. 5. *wait by course.* ch. 35. 4. 1 Ch. ch. 24.

12 *the Levites.* ch. 29 25. 1 Ch. 15. 16-22; 16. 4-6. 41, 52; 23. 5, 30; 25. 1-7. Ezr. 3. 10, 11. *Asaph.* 1 Ch. 6. 33, 39; 25. 6. Ps. 50; 62; 88, titles. *arrayed.* 1 Ch. 15. 27. Re. 15. 6; 19. 8. *cymbals.* Ps. 92. 3; 149. 3; 150. 3-5. *an hundred.* Nu. 10. 1-5. Jos. 6. 3-20. 1 Ch. 15. 24; 16. 6. Ps. 68. 25.

13 *as one.* Ps. 95. 1, 2; 100. 1, 2. Is. 52. 8. Je. 32. 39. Ac. 4. 32. Ro. 15. 6. Re. 5. 8-14. *with the trumpets.* Ps. 68. 25, 26. *he is good.* ch. 7. 3; 20. 21. 1 Ch. 16. 34-41. Ezr. 3. 11. Ps. 136. Je. 33. 11. *then the house.* Ex. 40. 34, 35. 1 Ki. 8. 10-12.

14 *the priests.* ch. 7. 2. 1 Ti. 6. 16. *the glory.* Ex. 40. 35. Is. 6. 1-4. Eze. 10. 4. Re. 15. 8.

## CHAP. VI.

*Solomon, having blessed the people, blesses God, 1-11. Solomon's prayer in the consecration of the temple, upon the brasen scaffold, etc., 12-42.*

1 *The Lord.* Ex. 20. 21; 24. 15-18. Le. 16. 2. De. 4. 11. 1 Ki. 8. 12, etc. Ps. 18. 8-11; 97. 2. Na. 1. 3. He. 12. 18.

2 *I have built.* ch. 2. 4-6. 2 Sa. 7. 13. 1 Ki. 8. 13. 1 Ch. 17. 12; 22. 10, 11; 28. 6, 20. Ps. 132. 5, 13, 14. Jno. 4. 21-23. He. 9. 11, 12. Re. 21. 3.

3 *turned his face.* 1 Ki. 8. 14. *blessed.* ch. 29. 29. Nu. 6. 23-27. Jos. 22. 6. 1 Ki. 8. 55-61. 1 Ch. 16. 2. Lu. 24. 50, 51. *all the congregation.* 1 Ki. 8. 14. Ne. 8. 5-7. Mat. 13. 2.

4 *Blessed.* 1 Ki. 8. 15. 1 Ch. 29. 10, 20. Ps. 41. 13; 68. 4, 32-35; 72. 18, 19. Lu. 1. 68, 69. Ep. 1. 3. *who hath with.* 1 Ch. 17. 12. Ps. 138. 1, 2. Mat. 24. 35. Lu. 1. 70.

5 *Since the day.* 2 Sa. 7. 6, 7. 1 Ki. 8. 16. *my name.* Ex. 20. 24; 23. 21. De. 12. 5, 11. Da. 9. 19. *neither chose.* The judges and Saul were chosen by God, for a season, to be rulers of Israel; but not to establish a *permanent* and *hereditary* authority over that people, as was the case with David. This clause is wanting in the parallel passage of Kings; but it helps to clear the sense. 1 Sa. 10. 24; 13. 13, 14; 15. 23. 2 Sa. 7. 15, 16.

6 *But I have chosen Jerusalem.* This clause is also not found in Kings. Jerusalem was expressly marked out, by the building of the temple, to be the centre of the worship of Israel; as Jehovah had before spoken by Moses: see the parallel passages. ch. 12. 13. Ps. 48. 1; 78. 68-70; 132. 13. Is. 14. 32. *chosen David.* 1 Sa. 16. 1. 1 Ch. 28. 4. Ps. 89. 19, 20.

7 2 Sa. 7. 2, 3. 1 Ki. 5. 3; 8. 17. 1 Ch. 17. 1; 22. 7; 28. 2, etc.

8 *thou didst well.* 1 Ki. 8. 18-21. Mar. 14. 8. 2 Co. 8. 12.

9 *thy son.* 2 Sa. 7. 12, 13. 1 Ch. 17. 4, 11, 12.

10 *performed his word.* See on ver. 4. *I am risen.* ch. 1. 1. 1 Ki. 2. 12; 3. 6, 7. 1 Ch. 29. 15, 23. Ec. 1. 4; 2. 18, 19. *as the Lord.* 1 Ch. 17. 11; 28. 5.

11 *I put the ark.* ch. 5. 7, 10. Ex. 40. 20. 1 Ki. 8. 9, 21. He. 9. 4. *the covenant.* As 'there was nothing in the ark but the two tables of stone,' consequently they are called *the covenant, i. e.* a *sign* of the covenant.

12 *he stood.* 1 Ki. 8. 22, etc. 2 Ki. 11. 14; 23. 3. Ps. 29. 1, 2. *spread forth.* Ex. 9. 33. Job 11. 13. Ps. 28. 2; 63. 4; 68. 31; 141. 2; 143. 6. Is. 50. 15. 1 Ti. 2. 8.

13 *scaffold.* Ne. 8. 4. *long. Heb.* the length thereof, etc. *the court.* ch. 4. 9. 1 Ki. 6. 36; 7. 12. *kneeled down.* 1 Ki. 8. 54. Ezr. 9. 5. Ps. 95. 6. Da. 6. 10. Lu. 22. 41. Ac. 20. 36; 21. 5.

14 *O Lord God.* Ge. 33. 20; 35. 10. Ex. 3. 15. 1 Ki. 8. 23; 18. 36. 1 Ch. 29. 10, 20. *no God.* Ex. 15. 11. De. 4. 39. 2 Sa. 7. 22. Ps. 86. 8; 89. 6, 8. Je. 10. 6, 16. *keepest covenant.* De. 7. 9. Ne. 1. 5. Ps. 89. 28. Da. 9. 4. Mi. 7. 18-20. Lu. 1. 72. *mercy.* Ps. 103. 17, 18. Lu. 1. 50, 54, 55. *walk before.* Ge. 5. 24; 17. 1. 1 Ki. 3. 6; 6. 12. Lu. 1. 6. 1 Th. 2. 12.

15 *and spakest.* 2 Sa. 7. 12. 1 Ki. 8. 24. 1 Ch. 22. 9, 10. *hast fulfilled.* ver. 4.

16 *keep.* Eze. 36. 37. Jno. 15. 14, 15. *saying.* ch. 7. 18. 2 Sa. 7. 12-16. 1 Ki. 2. 4; 6. 12. Ps. 132. 12. *There shall not fail thee a man. Heb.* There shall not a man be cut off. *to walk.* Ps. 26. 3; 119. 1.

17 *O Lord.* ver. 4, 14. Ex. 24. 10. Is. 41. 17; 45. 3. *let thy.* 2 Sa. 7. 25-29. Je. 11. 5.

18 *But will.* Ex. 29. 45, 46. 1 Ki. 8. 27. Ps. 68. 18; 113. 5, 6. Is. 57. 15; 66. 1. Ac. 7. 48, 49; 17. 24. *heaven. Hashshamayim ooshemey hashshamayim* 'the heavens and the heavens of heavens;' which words seem to imply that there are systems and systems of systems, each possessing its sun, its primary and secondary planets; all extending beyond each other in unlimited space, in the same regular and graduated order which we find to prevail in our solar system; which, probably, in its thousands of millions of miles in diameter, is, to some others, no more than the area of the lunar orbit to that of the Georgium Sidus. ch. 2. 6. Ps. 139. 7-10. Je. 23. 24. 2 Co. 12. 2. *how much.* ch. 32. 15. Job 4. 19; 9. 14; 25. 4-6. Mat. 7. 11.

19 *Have respect.* 1 Ki. 8. 28. Ps. 74. 20; 130. 2. Da. 9. 17-19. Lu. 18. 1-7. *to hearken.* Ps. 4. 1; 5. 1, 2; 20. 1-3. Jno. 17. 20.

20 *thine eyes.* ch. 16. 9. 1 Ki. 8. 29, 30. 2 Ki. 19. 16. Ne. 1. 6. Ps. 34. 15; 121. 5. *put thy name.* ver. 6. De. 26. 2. Col. 2. 9. *toward this place. or,* in this place. Da. 6. 10.

21 *make. Heb.* pray. *thy dwelling place.* ver. 39. ch. 30. 27. Job 22. 12-14. Ps. 123. 1. Ec. 5. 2. Is. 57. 15. Mat. 6. 9. *forgive.* Ps. 85. 2, 3; 130. 3, 4. Is. 43. 25. Da. 9. 19. Mi. 7. 18. Mat. 6. 12.

22 *sin.* 1 Ki. 8. 31, 32. *and an oath,* etc. *Heb.* and he require an oath of him. Ex. 22. 11. Le. 5. 1. Pr. 30. 9. *the oath.* Nu. 5. 19-22. Mat. 23. 18.

23 *from heaven.* ver. 21. *requiting.* Nu. 5. 27. 2 Ki. 9. 26. Ps. 10. 14. Pr. 1. 31. Is. 3. 11. Je. 28. 16, 17; 51. 56. Ro. 2. 9. *justifying.* De. 25. 1. Pr. 17. 15. Is. 3. 10. Eze. 18. 20. Ro. 2. 10.

24 *put to the worse. or,* be smitten. Le. 26. 17, 37. De. 28. 25, 48. Jos. 7. 8. 1 Ki. 8. 33, 34. Ps. 44. 10. *because.* Jos. 7. 11, 12. Ju. 2. 11, 14, 15. 2 Ki. 17. 7-18. *shall return.* Le. 26. 40-42. De. 4. 29-31 30. 1-6. Ne. 1. 8, 9. Pr. 28. 13. Je. 3. 12, 13. *pray.* Ezr. 9. 5, etc. Ne. 9. 1, etc. Is. ch. 63; 64. Da. 9. 3, etc. *in. or,* toward. ver. 20.

25 *forgive the sin.* Ezr. 1. 1-6. Ps. 106. 40-47. Je. 33. 6-13. *which thou.* Ge. 13. 15. Ex. 6. 8. Jos. 21. 43.

26 *the heaven.* Le. 26. 19. De. 11. 17; 28. 23. 1 Ki. ch. 17; 18. Lu. 4. 25. *there is no rain.* Is. 50. 1, 2; 5. 6. Eze. 14. 13. Am. 4. 4-9. Re. 11. 6. *if they pray.* Je. 14. 1-9. Joel 1. 13-20; 2. 15-17. *turn.* Pr. 28. 13. Eze. 18. 27-32. *thou dost.* ch. 33. 12, 13. Ho. 5. 15. 6. 1.

27 *when thou hast.* 1 Ki. 8. 35, 36. Ps. 25. 4, 5, 8, 12; 94. 12; 119. 33. Mi. 4. 2. Jno. 6. 45. *good way.* Is. 30. 21. Je. 6. 16; 42. 3. *send rain.* 1 Ki. 18. 40-45. Job 37. 11-14. Ps. 68. 9. Je. 5. 24; 14. 22. Eze. 34. 26. Ho. 2. 21, 22. Joel 2. 23. Zec. 10. 1. Ja. 5. 17, 18.

28 *if there be dearth.* 'Persia,' says CHARDIN, 'is subject to have its harvest spoiled by hail, by drought, or by insects; either locusts, or small insects, which they call *sim,* which are small white lice;' probably the caterpillars of the text. ch. 20. 5-13. Le. 26. 16, 25, 26. De. 28. 21-61. Ru. 1. 1. 1 Ki. 8. 37-40. 2 Ki. 6. 25-29; 8. 1. *locusts.* Ex. 10. 12-15. Joel 1. 4-7, 11; 2. 25. Re. 9. 3-11. *their enemies.* ch. 12. 2-5; 20. 9-13; 32. 1. Le. 26. 25. De. 28. 52-57. *cities of their land. Heb.* land of their gates. *whatsoever.* ch. 32. 24. 1 Ki. 8. 37, 38. Ja. 5. 13.

29 *what prayer.* Ps. 33. 12, 13; 50. 15; 91. 15. *know.* Ps. 32. 2-6; 142. 1, 2. Pr. 14. 10. *spread forth.* ver. 12, 13. Is. 1. 15. *in. or,* toward.

30 *render.* Ps. 18. 20-26; 62. 12. Je. 17. 10. Eze. 18. 30. Mat. 16. 27. *thou only.* 1 Ki. 8. 39. 1 Ch. 28. 9; 29. 17. Ps. 11. 4, 5. Jno. 2. 25. He. 4. 13. Re. 2. 23.

31 *fear thee.* Ex. 20. 20. 1 Sa. 12. 24. Job 28. 28. Ps. 128. 1; 130. 4. Ac. 9. 31. *so long*, etc. *Heb.* all the days which they live upon the face of the land.

32 *the stranger.* Ex. 12. 48, 49. Ru. 1. 16; 2. 11, 12. 1 Ki. 8. 41-43; 10. 1, 2. Is. 56. 3-7. Mat. 2. 1; 8. 10, 11. Jno. 10. 16; 12. 20. Ac. 8. 27-39; 10. 1-4. Ep. 2. 12, 13. *is come.* Ex. 18. 8-12. Jos. 2. 9; 9. 9. 2 Ki. 5. 3, 8, 15. Is. 60. 1-10. Zec. 8. 22. Mat. 12. 42. *thy mighty.* Ex. 3. 19, 20; 13. 14. Ps. 89. 13. *if they come.* Is. 66. 20. Zec. 14. 16, 17. Ac. 2. 10.

33 *that all people.* 1 Sa. 17. 46. 2 Ki. 19. 19. Ps. 22. 27; 46. 10; 67. 2; 138. 4, 5. Is. 11. 10; 49. 6; 54. 1-3. Re. 11. 15. *fear thee.* Je. 10. 7. *this house*, etc. *Heb.* thy name is called upon this house. Nu. 6. 27. 1 Ki. 8. 16.

34 *thy people.* ch. 14. 11, 12; 20. 4. De. 20. 1-4. Jos. 1. 2-5. 1 Ki. 8. 44, 45. *by the way.* Nu. 31. 2-6. Jos. 8. 1-8. Ju. 1. 1, 2. 1 Sa. 15. 3, 18. *they pray.* ch. 14. 9-12; 18. 31; 20. 6-13; 32. 20, 21. *toward.* ver. 6. 1 Ki. 8. 13. Is. 14. 32. Da. 6. 10.

35 *hear thou.* Da. 9. 17-19. *maintain.* Is. 37. 21-36. *cause. or*, right. Ps. 9. 3, 4. Je. 5. 28.

36 *they sin.* 1 Ki. 8. 46, 50. *for there is no man.* Job 15. 14-16. Ps. 130. 3; 143. 2. Pr. 20. 9. Ec. 7. 20. Ja. 3. 2. 1 Jno. 1. 8-10. *thou be angry.* Le. 26. 34-44. De. 4. 26, 27; 28. 36, 64-68; 29. 24-28. 2 Ki. 17. 6, 18, 23; 15. 21. Da. 9. 7-14. Lu. 21. 24. *they carry them away captives. Heb.* they that take them captives carry them away.

37 *Yet if.* Le. 26. 40-45. De. 4. 29, 30; 30. 1-3. Lu. 15. 17. *bethink themselves. Heb.* bring back to their heart. *We have sinned.* Ezr. 9. 6, 7. Ne. 1. 3; 9. 26-30. Job 33. 27, 28. Ps. 106. 6. Is. 64. 6-12. Je. 3. 12-14; 31. 18-20. Da. 9. 5-11. Lu. 15. 18, 19.

38 *return.* De. 30. 2-6. Je. 29. 12-14. Ho. 14. 1-4. Joel 2. 12, 13. *pray toward.* ch. 33. 11-13. Da. 9. 3, 4. *the city.* ver. 34. Da. 6. 10.

39 *cause. or*, right. ver. 35. Zec. 1. 15, 16. *forgive.* Ps. 25. 18. Mi. 7. 18-20.

40 *my God.* Ps. 7. 3; 13. 3; 22. 1, 2; 88. 1. *thine eyes.* ch. 7. 15; 16. 9. 1 Ki. 8. 52. Ps. 34. 15. Is. 37. 17. Da. 9. 16-19. *thine ears.* Ps. 17. 1; 31. 2; 116. 2. *that is made in this place. Heb.* of this place.

41 *arise.* Ps. 132. 8-10, 16. *thy resting.* 1 Ch. 28. 2. Is. 66. 1. *the ark.* Jos. 3. 13; 6. 4, 5. Ps. 110. 2. Ro. 1. 16. *thy priests.* Is. 59. 16-18; 61. 3, 6, 10. Ro. 13. 14. Ga. 3. 27. Ep. 4. 22-24. Re. 19. 8, 14. *thy saints.* Ne. 9. 25. Ps. 65. 4, 11. Is. 65. 18, 19. Zec. 9. 17. Phi. 3. 3; 4. 4.

42 *turn not.* That is, 'reject not thine anointed;' or, 'repulse him not,' agreeably to the interpretation of this phrase in the Syriac and Arabic versions. See 1 Ki. 2. 16. *thine anointed.* 1 Ki. 1. 34. Ps. 2. 2. Is. 61. 1. *remember.* Ps. 132. 1. Is. 55. 3. Ac. 13. 34. *the mercies.* Or, as Dr. GEDDES renders, 'the pious deeds of thy servant David.' The Syriac has, 'the good actions of thy servant.'

## CHAP. VII.

*God having given testimony to Solomon's prayer by fire from heaven, and glory in the temple, the people worship him,* 1-3. *Solomon's solemn sacrifice,* 4-7. *Solomon having kept the feast of tabernacles, and the feast of the dedication of the altar, dismisses the people,* 8-11. *God appearing to Solomon, gives him promises upon condition,* 12-22.

1 *when Solomon.* 1 Ki. 8. 54, etc. Is. 65. 24. Da. 9. 20. Ac. 4. 31; 16. 25, 26. *the fire.* Ge. 15. 17. Ex. 29. 43. Le. 9. 24. Ju. 6. 21. 1 Ki. 18. 24, 38. 1 Ch. 21. 26. Mal. 3. 1, 2. *the glory.* ch. 5. 13, 14. Ex. 40. 34, 35. Le. 9. 23. 1 Ki. 8. 10, 11. Is. 6. 1-4. Eze. 10. 3, 4; 43. 5. 44. 4. Hag. 2. 7-9. Re. 21. 23.

2 *the priests.* ch. 5. 14. Ex. 24. 17. Is. 6. 5. Re. 15. 8.

3 *they bowed.* Ex. 4. 31. Le. 9. 24. Nu. 14. 5; 16. 22. 1 Ki. 18. 39. 1 Ch. 29. 20. Ps. 95. 6. *For he is.* ch. 5. 13; 20. 21. 1 Ch. 16. 41. Ezr. 3. 11. Ps. 103. 17; 136. 1, etc. Is. 63. 7. Je. 33. 11. He. 7. 24, 25. Lu. 1. 50.

4 *Then the king.* They presented the victims to the priests, and they and the Levites slew them, and sprinkled the blood; or, perhaps, the people themselves slew them, and having caught the blood, collected the fat, etc., presented them to the priests to be offered as the law required.

5 *a sacrifice.* ch. 1. 6; 5. 6; 15. 11; 29. 32, 33; 30. 24; 35, 7-9. 1 Ki. 8. 62, 63. 1 Ch. 29. 21. Ezr. 6. 16, 17. Eze. 45. 17. Mi. 6. 7. *twenty and two.* The number of sheep and oxen here mentioned has to some appeared incredibly large; but it must be considered that a prodigious number of persons was now at Jerusalem, and that this was the amount of all the victims that had been offered during the seven days of the feast of tabernacles, as well as the time the feast of the dedication lasted. *dedicated.* ch. 2. 4. Nu. 7. 10. 1 Ki. 8. 63. Ezr. 6. 16. Jno. 10. 22.

6 *the priests.* 1 Ch. 16. 39, 40; 24. 1-3. *the Levites.* ch. 29. 25. 1 Ch. 6. 31, 32; 15. 16-21; 16. 4-6, 41, 42; 25. 1-7. Ps. 87. 7. *which David.* Am. 6. 5. *because his mercy.* ver. 3. 1 Ch. 16. 34. Ps. 106. 1; 107. 1; 118. 1-4; 138. 8. *ministry. Heb.* hand. Is. 52. 6. *the priests.* ch. 5. 12. Nu. 10. 1-10. Jos. 6. 4. 1 Ch. 13. 8; 15. 24; 16. 6, 42.

7 *hallowed.* ch. 36. 14. Nu. 16. 37, 38. 1 Ki. 8. 64. He. 13. 10-12. *the brazen.* ch. 4. 1.

8 *kept.* Le. 23. 34-43. Nu. 29. 12-38. De. 16. 13-15. 1 Ki. 8. 65. Ne. 8. 13-18. Zec. 14. 16-19. Jno. 7. 2, 37-39. *a very great.* ch. 30. 13. *from the entering.* That is, from one extremity of the land to another; *Hamath* being situated on the *north*, and the river of Egypt on the *south.* Ge. 15. 18. Nu. 34. 5-8. Jos. 13. 3-5. 1 Ki. 4. 21-25. Am. 6. 14.

9 *solemn assembly. Heb.* restraint. Le. 23. 36. De. 16. 8. Ne. 8. 18. Joel 1. 14. *seven days.* ch. 30. 23. 1 Ki. 8. 65.

10 *three and twentieth.* 1 Ki. 8. 66. *glad.* ch. 29. 36; 30. 26. De. 12. 7, 12, 18; 16. 11, 14. Ne. 8. 10. Ps. 32. 11; 33. 1; 92. 4; 100. 2; 105. 3; 106. 5. Ac. 2. 46; 16. 34. Phi. 4. 4. *goodness.* ch. 6. 41. Ex. 18. 1.

11 *Solomon.* ch. 2. 1. 1 Ki. 9. 1, etc. *all that came.* Ec. 2. 4, 10, 11.

12 *the Lord.* ch. 1. 7. Ge. 17. 1. 1 Ki. 9. 2. *I have heard.* 2 Ki. 20. 5. Ps. 10. 17; 66. 19. Lu. 1. 13. Ac. 10. 31. 1 Jno. 5. 14, 15. *have chosen.* ver. 16. De. 12. 5, 11. Ps. 78. 68, 69; 132. 13, 14. *an house of sacrifice.* ch. 2. 6. De. 12. 6.

13 *If I shut up heaven.* ch. 6. 26-28. De. 11. 17. Job 11. 10; 12. 14. Ps. 107. 34. Lu. 4. 25. Re. 3. 7; 11. 6. *I command.* Ex. 10. 4-6. Ps. 105. 34. Joel 1. 4-7; 2. 25. *I send.* Nu. 14. 12; 16. 46, 47. 2 Sa. 24. 13-15. Eze. 14. 19-21.

14 *my people.* Is. 63. 19. *which are called by my name. Heb.* upon whom my name is called. *humble.* ch. 6. 37-39; 33. 12, 13, 18, 19. Le. 26. 40, 41. De. 4. 29, 30; 30. 1-6. Eze. 33. 11. Ja. 4. 9, 10. *and pray.* Ac. 9. 11. *seek my face.* Is. 45. 19. La. 3. 40, 41. *turn from.* Pr. 28. 13. Is. 55. 6, 7; 59. 20. Eze. 18. 27-30. *will I hear.* ch. 6. 27, 30, 39. *heal their land.* Ps. 60. 2. Je. 8. 22; 33. 6; 51. 9.

15 *mine eyes.* ch. 6. 20, 40. De. 11. 12. Ne. 1. 6. Ps. 65. 2; 130. 2. 1 Pe. 3. 12. *that is made in this place. Heb.* of this place. ch. 6. 40.

16 *have I chosen.* De. 12. 21; 16. 11. 1 Ki. 8. 16, 44. 48. Ps. 132. 14. Zec. 3. 2. *my name.* See on ch. 6. 5, 6, 20; 33. 4-7. 1 Ki. 8. 35; 9. 3. 2 Ki. 21. 4. 7, 8. *eyes.* See on ver. 15. Mat. 3. 17. Jno. 2. 19-21. Col. 2. 9.

17 *if thou wilt.* De. 28. 1, etc. 1 Ki. 2. 3; 3. 14; 8. 25; 9. 4, etc.; 11. 38. 1 Ch. 28. 9. Zec. 3. 7. *observe.* De. 4. 40. Ps. 105. 45. Eze. 36. 27. Jno. 14. 21; 15. 10.

18 *stablish.* 2 Sa. 7. 13-16. *as I have.* Ps. 89. 28-40; 132. 11, 12. *shall not.* 1 Ki. 9. 5. Je. 33. 20, 21, 25, 26. *fail thee. Heb.* be cut off to thee. ch. 6. 16.

19 *if ye turn away.* Le. 26. 14, 33, etc. De. 28. 15, 36, 37, etc. 1 Sa. 12. 25. 1 Ch. 28. 9. *shall go.* See on De. 4. 23-27. Jos. 23. 15, 16. 1 Ki. 9. 6, 7; 11. 4-8.

20 *I pluck.* 2 Ki. 17. 20. Ps. 52. 5. Je. 12. 17; 18. 7; 31. 28; 45. 4. Jude 12. *a proverb.* De. 28. 37. 1 Ki. 9. 7. Ne. 4. 1-4. Ps. 44. 14. Je. 24. 9. La. 2. 15, 16.

21 *this house.* 1 Ki. 9. 8. *astonishment.* ch. 29. 8. Je. 19. 8; 49. 17; 50. 13. *Why.* De. 29. 24-28. 1 Ki. 9. 8, 9. Je. 5. 19; 13. 22; 16. 10-12; 22. 8, 9, 28.

22 *Because they forsook.* Ju. 2. 12, 13. Je. 1. 16. La. 2. 16, 17; 4. 13-15. Eze. 14. 23; 36. 17-20. *therefore.* ch. 36. 17. Da. 9. 12.

## CHAP. VIII.

***Solomon's buildings,* 1-6. *The Canaanites which were left, Solomon makes tributaries, but the Israelites rulers,* 7-10. *Pharaoh's daughter removes to her house,* 11. *Solomon's yearly solemn sacrifices,* 12, 13. *He appoints the priests and Levites to their places,* 14-16. *The navy fetches gold from Ophir,* 17, 18.**

1 *at the end.* See on 1 Ki. 9. 10.

2 *the cities.* 1 Ki. 9. 11-18.

3 *Hamath-zobah.* Nu. 13. 21; 34. 8. 2 Sa. 8. 3. 1 Ki. 11. 23-25. 1 Ch. 18. 3.

4 *he built.* 1 Ki. 9. 17-19. *Tadmor.* Tadmor, the *Palmyra* of the Greeks, as we learn from JOSEPHUS, a celebrated city of Syria, situated in an *oasis*, or fertile spot of land, surrounded on all sides by a vast sandy desert, like an island in the midst of the ocean; according to PLINY, 337 miles from Seleucia and Tigrim, 203 from the nearest part of the Mediterranean, and 176 from Damascus; according to JOSEPHUS, one day's journey west of the Euphrates, and six from Babylon; and according to PTOLEMY, in lat. 34° north, or that of Tripoli, and about 4° more easterly; and it is described by Mr. WOOD as 'situated under a barren ridge of hills to the west, and open on the other sides to the desert:' 'about six days' journey from Aleppo, and as much from Damascus, and about twenty leagues west of the Euphrates.' Palmyra attained the height of its splendour when the royal city of Zenobia was conquered by the emperor Aurelian; became a Roman colony after the victories of Trajan; and was probably reduced to its present miserable state in the wars of the Saracens. Its magnificent ruins, however, scattered over an extent of several miles, sufficiently attest its former splendour and riches.

5 *Beth-horon.* Jos. 16. 3, 5. 1 Ch. 7. 24.

6 *Baalath.* Jos. 19. 44. 1 Ki. 9. 18. *the store cities.* ver. 4; ch. 17. 12. 1 Ki. 9. 19. *chariot cities.* ch. 1. 14. 1 Ki. 10. 26. *all that Solomon desired to build. Heb.* all the desire of Solomon which he desired to build. 1 Ki. 9. 19. Ec. 2. 4, 10, etc. *and in Lebanon.* 1 Ki. 7. 2. Ca. 4. 8.

7 *As for all.* 1 Ki. 9. 20-22. *the Hittites.* Ge. 15. 19-21. De. 7. 1.

8 *whom the children.* Ju. 1. 21-36. Ps. 106. 34. *to pay.* ch. 2. 17, 18. Jos. 16. 10; 17. 13. 1 Ki. 5. 13, 14.

9 *But of the.* Ex. 19. 5, 6. Le. 25. 39-46. Ga. 4. 26, 31. *they were men.* 1 Sa. 8. 11, 12.

10 *two hundred.* ch. 2. 18. 1 Ki. 5. 16; 9. 23.

11 *brought up.* 1 Ki. 3. 1. 7. 8; 9. 24. *holy. Heb.* holiness. Ex. 3. 5; 29. 43. Eze. 21. 2. 2 Pe 1. 18.

12 *on the altar.* ch. 4. 1. 1 Ch. 28. 17. Eze. 8. 16. Joel 2. 17. *before the porch.* Jno. 10. 23.

13 *every day.* Ex. 29. 38-42. Le. ch. 23. Nu. ch. 28; 29. Eze. 45. 17; 46. 3-15. *three times.* Ex. 23. 14-17. De. 16. 16. 1 Ki. 9. 25.

14 *the courses.* ch. 5. 11; 23. 4; 31. 2. 1 Ch. 24. 1-19. Lu. 1. 5, 8. *the Levites.* ch. 35. 10. 1 Ch. 6. 31, 32, etc.; 15. 16-22; 16. 4-6, 42; ch. 23; 24. 20-31; ch. 25. Ezr. 6. 18. *the porters.* See on 1 Ch. 9. 17; 26. 1-19. *so had David the man of God commanded. Heb.* so *was* the commandment of David the man of God. De. 33. 1. 2 Sa. 23. 2. 1 Ki. 13. 1. 1 Ch. 28. 19. Ac. 13. 22, 36.

15 *they departed.* See on ch. 30. 12. Ex. 39. 42, 43. *the treasures.* 1 Ki. 7. 51. 1 Ch. 9. 29; 26. 20-26.

16 1 Ki. 5. 18; 6. 7.

17 *Ezion-geber.* ch. 20. 36. Nu. 33. 35. 1 Ki. 9. 26, 27; 22. 48. *Eloth.* De. 2. 8. 2 Ki. 14. 22; 16. 6, Elath.

18 *Huram.* ch. 9. 10, 13. See on 1 Ki. 9. 27, 28; 10. 22, Hiram. *Ophir.* Conjectures respecting the situation of *Ophir* are endless. GROTIUS conjectures it to be a part of Arabia called *Aphar* by ARRIAN; while BOCHART and others have placed it in the island of *Ceylon.* CALMET supposes it to have been situated in Armenia; but his late Editor places it at the head of the Indus. JOSEPHUS says that Ophir is the *Indies*, called the *Gold country;* by which he is supposed to mean *Chersonesus Aurea*, now *Malacca*, opposite Sumatra; and LE POIVRE observes that the inhabitants of these places call their gold mines *ophirs. took thence.* Ec. 2. 8.

## CHAP. IX.

***The queen of Sheba admires the wisdom of Solomon,* 1-12. *Solomon's revenue in gold,* 13, 14. *His targets and shields,* 15, 16. *The throne of ivory,* 17-19. *His vessels,* 20-22. *His presents,* 23, 24. *His chariots and horse,* 25. *His tributes,* 26-28. *His reign ana death,* 29-31.**

1 A.M. 3014. B.C. 990. *And when.* See on 1 Ki. 10. 1, 2, etc. Mat. 12. 42. Lu. 11. 31. *Sheba.* Ge. 10. 7, 28; 25. 3. *fame.* ch. 1. 1, 12. 1 Ki. 4. 31. *questions.* Ps. 49. 4; 78. 2. Pr. 1. 6. Mat. 13. 11, 35. *camels.* Ps. 72. 10, 15. Is. 60. 6. *spices.* ver. 9. Mat. 2. 11. *communed.* 1 Sa. 1. 15. Ps. 142. 2. Mat. 12. 34.

2 *all.* Pr. 13. 20; 18. 4. Mar. 4. 11, 34. Jno. 15. 15. Ja. 1. 5. *there.* 1 Ki. 3. 12; 4. 29. Col. 2. 3. He. 4. 12.

3 *seen the wisdom.* 1 Ki. 10. 3. Ac. 11. 23. *the house.* ch. 3; 4. 1 Ki. ch. 6; 7.

4 *the meat.* 1 Ki. 4. 22, 23. Pr. 9. 5. Jno. 6. 53-57. *the sitting.* 1 Ki. 10. 5. Lu. 12. 37. Re. 3. 20. *cupbearers. or,* butlers. Ne. 1. 11. *ascent.* ch. 23. 13. 2 Ki. 16. 18. 1 Ch. 9. 18. Eze. 44. 3; 46. 2. *there was.* Ps. 119. 81; 143. 7. Ca. 5. 8. Da. 10. 17. Re. 1. 17.

5 *report. Heb.* word. See on 1 Ki. 10. 6. *acts. or,* sayings.

6 *I believed.* Jno. 20. 25-29. *the one half.* See on 1 Ki. 10. 7. Ps. 31. 19. Zec. 9. 17. 1 Co. 2. 9. 1 Jno. 3. 2. *exceedest.* ver. 5. 1 Ki. 4. 31, 34. Ca. 5. 9-16.

7 De. 33. 9. 1 Ki. 10. 8. Ps. 27. 4; 84. 10-12. Pr. 3. 3, 14; 8. 34; 10. 21; 13. 20. Lu. 10. 39-42; 11. 28.

8 *Blessed.* 1 Ch. 29. 10, 20. Ps. 72. 18, 19. 2 Co. 9. 12-15. *which delighted.* 2 Sa. 15. 25, 26. See on 1 Ki. 10. 9. Ps. 18. 19; 22. 8. Is. 42. 1; 62. 4. *because thy God.* ch. 2. 11. De. 7. 8. 1 Ch. 17. 22. *to do judgment.* 2 Sa. 8. 15; 23. 3. 1 Ki. 3. 28. Ps. 72. 2; 99. 4. Pr. 21. 3. Is. 9. 7; 11. 1-5; 32. 1, 2. Je. 33. 15, 16. He. 1. 8, 9.

9 *she gave.* ver. 24. 1 Ki. 9. 14; 10. 10. Ps. 72. 10, 15. *of spices.* ver. 1. Ge. 43. 11. Ex. 30. 34. *Sheba.* This queen is called *Balkis* by the Arabians, who say she came from the city of *Sheba*, also called *Mareb*, in Yemen or Arabia Felix; but the Ethiopians call her *Maqueda*, claim her as their sovereign, and say that her posterity reigned there for a long time. Mr. BRUCE has given us the history of her and her descendants from Abyssinian records; and JOSEPHUS says that *Sheba* was the ancient name of the city of *Meroë*, (south of Egypt, and sometimes comprehended in Ethiopia,) and that this princess came from thence. Those who think the princess came from Arabia, rely chiefly on the fact that gold, silver, spices, and precious stones, which were the presents she made to Solomon, are the natural products of that country; and that it may well be placed at the uttermost part of the earth, as it borders on the southern ocean, and formerly they knew no land beyond it.

10 *brought gold.* See on ch. 8. 18. 1 Ki. 9. 27, 28; 10. 22. *algum trees.* 1 Ki. 10. 11, almug-trees.

11 *terraces. or,* stairs. *Heb.* highways. *harps.* 1 Ki. 10. 12. 1 Ch. 23. 5; 25. 1. Ps. 92. 1-3; 150. 3-5. Re. 5. 8.

12 *all her desire.* 1 Ki. 10. 13. Ps. 20. 4. Ep. 3. 20.

13 *the weight.* 1 Ki. 10. 14, 15. Ps. 68. 29; 72. 10, 15.

14 *governors. or,* captains.

15 *two.* ch. 12. 9, 10. See on 1 Ki. 10. 16, 17.

16 *in the house.* 1 Ki. 7. 2.

17 See on 1 Ki. 10. 18-20. Ps. 45. 8. Re. 20. 11.

18 *stays. Heb.* hands. *two lions.* Ge. 49. 9, 10. Nu. 23. 24; 24. 9. Re. 5. 5.

19 *twelve lions.* Mat. 19. 28. Re. 21. 12.

20 *drinking.* 1 Ki. 10. 21. Es. 1. 7. Da. 5. 2, 3. *pure. Heb.* shut up. *none were of silver. or, there was* no silver *in them. it was.* ver. 27. Is. 2. 22. Je. 31. 5.

21 *Tarshish.* BOCHART thinks this *Tarshish* was probably the promontory *Cory*, on the north of the island of *Ceylon*, which, according to him, was the land of *Ophir*. That it was the name of a place in the *East Indies*, seems probable from the articles brought thence, and also from the ships sent thither being built at Ezion-geber, on the Red Sea; though MICHAELIS supposes that the fleet coasted along the shore of Africa, doubling the Cape of Good Hope, and came to *Tartessus*, in Spain, and thence back again the same way; that this accounts for their three years' voyage out and home; and that Spain and the coasts of Africa furnish all the commodities which they brought back. See on 1 Ki. 10. 22; 22. 48, Tharshish. *ivory. or,* elephants' teeth. *peacocks. Tukkeeyim* is rendered *taysin* in the Targum, *ταωνων* in the Alexandrian MS. of the LXX., and *pavos*, 'peacocks,' in the Vulgate; with which the Syriac, Arabic, and Rabbins agree. This derives confirmation from the fact, that the *peacock* is called in Malabaric, *Togei.* Job 39. 13.

22 *passed all the kings.* ch. 1. 12. 1 Ki. 3. 12, 13; 4. 30, 31; 10. 23, 24. Ps. 89. 27. Mat. 12. 42. Col. 2. 2, 3.

23 *sought.* ver. 6, 7. 1 Ki. 4. 34. Is. 11. 2, 10. *God.* ch. 1. 10-12. See on 1 Ki. 3. 28. Pr. 2. 6. Da. 1. 17; 2. 21-23; 5. 11. Lu. 21. 15. 1 Co. 1. 30; 12. 8. Ep. 1. 17. Ja. 1. 5, 16, 17; 3. 17.

24 *every man.* ver. 9. 1 Sa. 10. 27. 1 Ki. 9. 14; 10. 10, 25. Job 42. 11.

25 ch. 1. 14. De. 17. 16. 1 Ki. 4. 26; 10. 26.

26 *reigned over.* 1 Ki. 4. 21, 24. Ps. 72. 8-11. Da. 7. 14. Re. 19. 16. *river.* '*That is,* Euphrates.' Ge. 15. 18. Ex. 23. 31. Jos. 13. 2-7.

27 *the king.* ver. 20; ch. 1. 15-17. 1 Ki. 10. 27, etc. Job 22. 24, 25. *made. Heb.* gave. *the sycamore.* 1 Ch. 27. 28. Ps. 78. 47. Is. 9. 10. Am. 7. 14. Lu. 19. 4.

28 *brought.* 'Moses,' says Bp. WARBURTON, 'had expressly prohibited the multiplying of *horses*, (De. 17. 16;) by which the future king was forbidden to establish a body of cavalry, because this could not be effected without sending into Egypt, with which people God had forbidden any communication, as this would be dangerous to religion. When Solomon had violated *this law*, and multiplied horses to excess, (1 Ki. 4. 26,) it was soon attended with those fatal consequences that the law foretold: for this wisest of kings having likewise, in violation of *another* law, married Pharaoh's daughter, (the early fruits of this commerce,) and then, by a repetition of the same crime, but a transgression of *another* law, had espoused more strange women, (1 Ki. 4. 26; 11. 1,) they first, in defiance of a *fourth* law, persuaded him to build them idol temples for *their use;* and afterwards, against a *fifth* law, brought him to erect other temples for *his own.*' ver. 25; ch. 1. 16. 1 Ki. 10. 28. Is. 2. 7, 8; 31. 1.

29 *the rest.* 1 Ki. 11. 41-43. *book. Heb.* words. *Nathan.* 2 Sa. 7. 1-3; 12. 1, 25. 1 Ki. 1. 8, 10, 11, 22-27, 32-38. 1 Ch. 29. 29. *Ahijah.* 1 Ki. 11. 29; 14. 2. *Iddo.* ch. 12. 15, 25; 13. 22.

30 *Solomon.* 1 Ki. 11. 42, 43.

31 A.M. 3029. B.C. 975. *slept.* See on 2 Sa. 7. 12. 1 Ki. 1. 21; 2. 10.

## CHAP. X.

*The Israelites, assembled at Shechem to crown Rehoboam, by Jeroboam make a suit of relaxation unto him,* 1-5. *Rehoboam, refusing the old mens' counsel, by the advice of young men answers them roughly,* 6-15. *Ten tribes revolting, kill Hadoram, and make Rehoboam flee,* 16-19.

1 *Rehoboam.* 1 Ki. 12. 1. 1 Ch. 3. 10. Mat. 1. 7, Roboam. *Shechem.* Ge. 12. 6, Sichem; 37. 12, 13. Jos. 20. 7; 24. 1. Ju. 9. 1. *all.* 1 Ki. 4. 1. 1 Ch. 12. 38.

2 *Jeroboam.* 1 Ki. 11. 26, 28, 40; 12. 2.

3 *they sent.* 1 Ki. 12. 3.

4 *Thy father.* 1 Sa. 8. 11-18. 1 Ki. 12. 4. Is. 47. 6. Mat. 11. 29, 30; 23. 4. 1 Jno. 5. 3. *grievous.* Ex. 1. 13, 14; 2. 23. 1 Ki. 4. 20, 25; 9. 22.

5 *Come again.* 1 Ki. 12. 5. Pr. 3. 28.

6 *took counsel.* Job 12. 12, 13; 32. 7. Pr. 12. 15; 19. 20; 27. 10. Je. 42. 2-5, 20. *What counsel.* 2 Sa. 16. 20; 17. 5, 6.

7 *If thou be kind.* 1 Ki. 12. 7. Pr. 15. 1. *speak good.* Ge. 49. 21. 2 Sa. 15. 2-6.

8 *he forsook.* ch. 25. 15, 16. 2 Sa. 17. 14. Pr. 1. 25; 9. 9; 19. 20; 25. 12. Ec. 10. 2, 3, 16. Is. 30. 1. *the young men.* It was a custom in different countries to educate with the heir to the throne, young noblemen of nearly the same age. This, as CALMET observes, answered two great and important ends: 1. It excited the prince to emulation; that he might, as far as possible, surpass in all manly exercises, and in all acts of prudence and virtue, those whom one day he was to surpass in the elevation and dignity of his station. 2. That he might acquire a correct knowledge of the disposition and views of those who were likely to be, under him, the highest officers of the state, and consequently know the better how to trust and employ them.

9 *What advice.* ver. 6. 2 Sa. 17. 5, 6. 1 Ki. 22. 6-8. *Ease.* See on ver. 4.

10 *Thus shalt.* 2 Sa. 17. 7-13. Pr. 21. 30. Is. 19. 11-13. *My little finger.* 'My weakness,' says the Targumist, 'shall be stronger than the might of my father.' 1 Ki. 12. 10, 11. Pr. 10. 14; 13. 16; 14. 16; 18. 6, 7; 28. 25; 29. 23.

11 *my father.* See on ver. 4. *put. Heb.* laded. *I will put.* Ex. 1. 13, 14; 5. 5-9, 18. 1 Sa. 8. 18. Is. 47. 6; 58. 6. Je. 28. 13, 14. Mat. 11. 29. *scorpions.* Lu. 10. 19. Re. 9. 3, 5, 10.

12 *Come.* ver. 5. 1 Ki. 12. 12-15.

13 *answered.* Ge. 42. 7, 30. Ex. 10. 28. 1 Sa. 25. 10, 11. 1 Ki. 20. 6-11. Pr. 15. 1. *forsook.* ver. 8. Pr. 19. 27.

14 *the advice.* ch. 22. 4, 5. Pr. 12. 5. Da. 6. 7. *My father.* See on ver. 10, 11. Pr. 17. 14. Ec. 2. 19; 7. 8; 10. 16. Ja. 3. 14-18; 4. 1, 2.

15 *the king.* Is. 30. 12, 13. *the cause.* ch. 25. 16-20. De. 2. 30. Ju. 14. 4. 1 Sa. 2. 25. 1 Ki. 12. 15, 24; 22. 20. Is. 19. 14. Ac. 2. 23; 4. 28. *that the Lord.* See on 1 Ki. 11. 29-39. Jno. 12. 37-39; 19. 24, 32-36. *Ahijah.* See on ch. 9. 29. 1 Ki. 11. 31.

16 *What portion.* 2 Sa. 20. 1. 1 Ki. 12. 16, 17. *the son.* 1 Sa. 20. 27, 30, 31; 22. 7, 9, 13. *David.* 2 Sa. 7. 15, 16. 1 Ki. 11. 13, 34-39. 1 Ch. 17. 14. Ps. 2. 1-6; 76. 10; 89. 29-37; 132. 17. Is. 9. 6, 7; 11. 1. Je. 33. 20, 21, 25, 26. Eze. 37. 24, 25. Am. 9. 11. Lu. 1. 32, 33; 19. 14, 27. Ac. 2. 30. 1 Co. 15. 25. Re. 22. 16. *So all Israel.* ver. 19. Ju. 8. 35. 2 Sa. 15. 13; 16. 11. Jno. 6. 66; 7. 53.

17 *But as for.* ch. 11. 1. 1 Ki. 11. 36; 12. 17.

18 *Hadoram.* 1 Ki. 4. 6; 5. 14, Adoniram; 12. 18, Adoram. *stoned him.* ch. 24. 21. Ac. 7. 57, 58. *made speed. Heb.* strengthened himself.

19 *Israel.* ver. 16; ch. 13. 5-7. 1 Ki. 12. 19, 20. 2 Ki. 17. 21-23. Ps. 89. 30. *unto this day.* ch. 5. 9. Jos. 4. 9. Ezr. 9. 7.

## CHAP. XI.

*Rehoboam raising an army to subdue Israel, is forbidden by Shemaiah,* 1-4. *He strengthens his kingdom with forts and provisions,* 5-12. *The priests and Levites, and such as feared God, forsaken by Jeroboam, strengthen the kingdom of Judah,* 13-17. *The wives and children of Rehoboam,* 18-23.

1 *when Rehoboam.* See on 1 Ki. 12. 21. *an hundred.* Ps. 33. 10, 16. Ps. 21. 30, 31.

2 *to Shemaiah.* ch. 12. 5, 7, 15. 1 Ki. 12. 22-24. *the man.* ch. 8. 14. De. 33. 1. 1 Sa. 2. 27. 1 Ti. 6. 11.
3 *to all Israel.* Ge. 49. 28. Ex. 24. 4. 2 Ki. 17. 34. Phi. 3. 5. Re. 7. 4-8.
4 *against.* Ge. 13. 8. 2 Sa. 2. 26. Ac. 7. 26. 1 Co. 6. 5-8. He. 13. 1. 1 Pe. 3. 8. 1 Jno. 3. 11-13. *return.* ch. 10. 16. 1 Ki. 22. 36. *for this thing.* See on ch. 10. 15. Ge. 50. 20. 1 Ki. 11. 29-38. Ps. 33. 11. Ho. 8. 4. *they obeyed.* ch. 25. 7-10; 28. 9-15.
5 A.M. 3029-3032. B.C. 975-972. *built.* ch. 8. 2-6; 14. 6, 7; 16. 6; 17. 12; 26. 6; 27. 4. Is. 22. 8-11.
6 *Beth-lehem.* *Bethlehem*, called *Bethlehem Judah*, (Ju. 17. 7,) to distinguish it from another *Bethlehem* in Zebulun, (Jos. 19. 15,) and also *Ephratah*, (*i.e. fruitful*,) and by the Arabs, *Bait-el-lahm*, is situated on a rising ground on the southern side of a deep and extensive valley, and reclining from E. to W. not quite six miles S. of Jerusalem. Ge. 35. 19. 1 Sa. 17. 12. Mat. 2. 5, 6. *Etam.* Ju. 15. 8. 1 Ch. 4. 32. *Tekoa.* ch. 20. 20. 2 Sa. 14. 2. Ne. 3. 5, 27. Je. 6. 1. Am. 1. 1.
7 *Beth-zur.* Jos. 15. 58. *Shoco.* Jos. 15. 35, Socoh. *Adullam.* Jos. 12. 15; 15. 35. 1 Sa. 22. 1. 2 Sa. 23. 13. Mi. 1. 15.
8 *Gath.* 1 Ch. 18. 1. *Mareshah.* Jos. 15. 44. *Ziph.* Jos. 15. 24. 1 Sa. 23. 14, 19. Ps. 54, title.
9 *Lachish.* ch. 32. 9. Jos. 10. 5, 11; 15. 35, 39.
10 *Zorah.* Jos. 15. 33, Zoreah; 19. 41, 42, Ajalon. *Hebron.* Ge. 23. 2. Nu. 13. 22. Jos. 14. 14; 20. 7. 2 Sa. 2. 11.
11 *he fortified.* Is. 22. 10, 11. *captains.* ver. 23; ch. 17. 19.
12 *he put shields.* ch. 26. 14, 15; 32. 5. 2 Sa. 13. 19, 22. *having Judah.* See on ver. 1.
13 A.M. 3030. B.C. 974. *resorted to him.* *Heb.* presented themselves to him.
14 *suburbs.* Nu. 35. 2-5. Jos. 21. 20-42. 1 Ch. 6. 66-81. *their possession.* Le. 27. 30-34. Nu. 18. 21-28. *Jeroboam.* ch. 13. 9. 1 Ki. 12. 28-33; 13. 33.
15 *for the devils.* The word, *seïrim* literally signifies *hairy ones*, or *goats:* see Note on Le. 17. 7. De. 32. 17. 1 Co. 10. 20, 21. 1 Ti. 4. 1. Re. 16. 14. *for the calves.* Ex. 32. 4-8, 31. 1 Ki. 12. 28; 14. 9. Ps. 106. 19, 20. Ho. 8. 5, 6; 13. 2.
16 *And after.* ch. 15. 9; 30. 11, 18, 19. Jos. 22. 19. Ps. 84. 5-7. *set.* Ex. 9. 21, marg. De. 32. 46. 1 Sa. 7. 3, 4. 1 Ch. 22. 19. Job 34. 14. Ps. 62. 10; 108. 1. Da. 6. 14. Ho. 4. 8. Hag. 1. 5, marg. Ac. 11. 23. *to sacrifice.* De. 12. 5, 6, 11, 13, 14. 1 Ch. 16. 29; 22. 1.
17 A.M. 3029-3032. B.C. 975-972. *strengthened.* ch. 12. 1. *three years.* ch. 1. 1-12; 7. 17-19; 8. 13-16. Ho. 6. 4. Mat. 13. 20, 21.
18 A.M. 3029-3046. B.C. 975-958. *daughter.* Eliab was David's eldest brother; and more than eighty years had elapsed since David, at the age of thirty, began to reign: *Abihail* must therefore have been grand-daughter to Eliab; and this shews the latitude in which the words *son* and *daughter* are used in Scripture. *Eliab.* 1 Sa. 16. 6; 17. 13, 28. 1 Ch. 2. 13; 27. 18, Elihu.
20 *Maachah.* ver. 21; ch. 13. 2, Michaiah the daughter of Uriel. *Absalom.* 1 Ki. 15. 2, Abishalom. *Abijah.* ch. 12. 16. 1 Ki. 15. 1, Abijam. Mat. 1. 7, Abia.
21 *eighteen wives.* ver. 23. De. 17. 17. Ju. 8. 30. 2 Sa. 3. 2-5; 5. 13. 1 Ki. 11. 3. 1 Ch. 3. 1-9. Ca. 6. 8, 9.
22 *made Abijah.* De. 21. 15-17. 1 Ch. 5. 1, 2; 29. 1.
23 *he dealt.* ch. 10. 8-15. Lu. 16. 8. *dispersed.* ch. 21. 3. Ge. 25. 6. 1 Ki. 1. 5, 6. *every fenced city.* ver. 11. *many wives.* *Heb.* a multitude of wives. See on ver. 21.

## CHAP. XII.

*Rehoboam, forsaking the Lord, is punished by Shishak, 1-4. He and the princes, repenting at the preaching of Shemaiah, are delivered from destruction, but not from spoil, 5-12. The reign and death of Rehoboam, 13-16.*

1 A.M. 3032. B.C. 972. *when Rehoboam.* ver. 13; ch. 11. 17. *he forsook.* ch. 26. 13-16. De. 6. 10-12; 8. 10-14; 32. 15, 18. 1 Ki. 9. 9. Je. 2. 31. Ho. 13. 1, 6-8. *all Israel.* ch. 11. 3. 1 Ki. 12. 17; 14. 22-24. 2 Ki. 17. 19. Ho. 5. 10, 11. Mi. 6. 16.
2 A.M. 3034. B.C. 970. *Shishak.* See on 1 Ki. 11. 40; 14. 24-26. *because.* ch. 7. 19, 20; 36. 14-19. Ju. 2. 13-15. 1 Ch. 28. 9. Ne. 9. 26, 27. Ps. 106. 43, 44. Is. 63. 10. Je. 2. 19; 44. 22, 23. La. 5. 15.
3 *twelve hundred.* Ju. 4. 13. 1 Sa. 13. 5. 2 Sa. 10. 18. *without number.* ch. 14. 9. Ju. 6. 5. Re. 9. 16. *Lubims.* *Lubim*, apparently the same with *Lehabim*, (Ge. 10. 13,) were probably the ancient inhabitants of *Lybia*, (called *Lubi* in the Syriac version, Ac. 2. 10,) a district of Africa, adjoining to Egypt, and extending along the shore of the Mediterranean as far as the city of Cyrene. ch. 16. 8. Eze. 30. 5. Na. 3. 9. *the Sukkiims.* The *Sukkiim*, (from *sachach*, 'to cover,') are supposed to have been the *Troglodites*, as the LXX. and Vulgate render, a people of Egypt, on the west of the Red Sea, so called because they dwelt εν τρωγλαις, in *caves.* *Ethiopians.* These *Cushim* were probably the inhabitants of *Ethiopia*, south of Egypt. ch. 14. 12; 16. 8. Is. 43. 3. Da. 11. 43. Na. 3. 9, Cushim. Heb. Ge. 10. 6-8.
4 *the fenced.* ch. 11. 5-12. Is. 36. 1. Je. 5. 10. *came.* 2 Ki. 18. 17. Is. 8. 8; 10. 11.
5 *Shemaiah.* ch. 11. 2. 1 Ki. 12. 22. *Ye have forsaken me.* See on ver. 1, 2; ch. 15. 2. De. 28. 15, etc. Ju. 10. 9-14. 1 Ch. 28. 9. Je. 2. 19; 4. 18; 5. 19; 23. 33. *left you.* 2 Sa. 24. 14. Ps. 37. 33.
6 *humbled.* ch. 32. 26; 33. 12, 19, 23. Ex. 10. 3. Le. 26. 40, 41. 1 Ki. 8. 37-39. Ps. 78. 34, 35. Je. 13. 15, 18; 44. 10. Da. 5. 22. Ho. 5. 15. Lu. 18. 14. Ja. 4. 6, 10. *the Lord.* Ex. 9. 27. Ju. 1. 7. Job 33. 27. Ps. 129. 4. La. 1. 18. Da. 9. 14. Ro. 10. 3.
7 *the Lord.* Ju. 10. 15, 16. 1 Ki. 21. 28, 29. Je. 3. 13. Lu. 15. 18-21. *therefore.* Le. 26. 41, 42. *some.* or, a little while. 2 Ki. 13. 4-7, 23. Am. 7. 6-8. *and my wrath.* ch. 34. 21, 25. Ps. 79. 6. Is. 42. 25. Je. 7. 20. Re. 14. 10; 16. 2-17.
8 *Nevertheless.* Ne. 9. 36. Is. 26. 13. *that they may.* De. 28. 47. Ju. 3. 1. Je. 10. 24. Ho. 8. 10.
9 *Shishak.* 1 Ki. 14. 25, 26. *took away.* 1 Ki. 15. 18. 2 Ki. 16. 8; 18. 15, 16. La. 1. 10. *the shields.* ch. 9. 15, 16. 1 Ki. 10. 16, 17.
10 *shields of brass.* 1 Ki. 14. 27. La. 4. 1. *the chief.* 2 Sa. 8. 18; 23. 23. 1 Ch. 11. 25. Ca. 3. 7, 8.
12 *when.* See on ver. 6, 7; ch. 33. 12, 13. Is. 57. 15. La. 3. 22, 33, 42. 1 Pe. 5. 6. *also in Judah things went well.* or, yet in Judah there were good things. ch. 19. 3. Ge. 18. 24. 1 Ki. 14. 13. Is. 6. 13.
13 A.M. 3029-3046. B.C. 975-958. *for Rehoboam.* ch. 13. 7. 1 Ki. 14. 21. *the city.* See on ch. 6. 6. Ps. 48. 1-3; 78. 68, 69. *to put.* Ex. 20. 24. De. 12. 5, 11. Eze. 48. 35. *an Ammonitess.* De. 23. 3. 1 Ki. 11. 1. Ne. 13. 1, 26.
14 *he prepared.* *Heb.* he fixed. ch. 11. 16; 19. 3; 30. 19. 1 Sa. 7. 3. 1 Ch. 29. 18. Ps. 57. 7; 78. 8, 37. 1 Co. 15. 58; 16. 13. *to seek.* De. 5. 29. Ps. 105. 3, 4. Is. 45. 19; 55. 6, 7. Eze. 33. 31. Mat. 7. 7.
15 *first and last.* ch. 9. 29. *book.* *Heb.* words. *Shemaiah.* ver. 5. 1 Ki. 12. 22. *Iddo.* ch. 9. 29; 13. 22. *wars.* 1 Ki. 14. 30.
16 *slept.* 1 Ki. 14. 29-31. *Abijah.* ch. 13. 1. 1 Ki. 14. 31, Abijam. 1 Ch. 3. 10. Mat. 1. 7, Abia.

## CHAP. XIII.

*Abijah succeeding makes war against Jeroboam, 1-3. He declares the right of his cause, 4-12. Trusting in God, he overcomes Jeroboam, 13-20. The wives and children of Abijah, 21, 22.*

1 A.M. 3046-3049. B.C. 958-955. *in the eighteenth.* See on ch. 12. 16. 1 Ki. 15. 1, etc.
2 *Michaiah.* ch. 11. 20, Maachah the daughter of Absalom. 1 Ki. 15. 2, Abishalom. *Gibeah.* Jos. 18. 28, Gibeath. Ju. 19. 14, 16. 1 Sa. 10. 26. A.M. 3047. B.C. 957. *And there was.* 1 Ki. 15. 6, 7.
3 *set.* *Heb.* bound together. 1 Sa. 17. 1-3. *four hundred.* ch. 11. 1; 14. 8; 17. 14-18; 26. 12, 13. 1 Ch. 21. 5. *eight hundred.* ch. 14. 9.

4 *Zemaraim.* Zemaraim could not be, as some have supposed, the same as the hill of *Samaria*, שמרון, so called from *Shemer*, in the days of Omri; but was probably a hill on the confines of Ephraim, near *Zemaraim*, a city of Benjamin, near Bethel. Ge. 10. 18. Jos. 18. 22. *Hear me.* ch. 15. 2. Ju. 9. 7.

5 *Ought ye not.* Ne. 5. 9. Pr. 1. 29. 2 Pe. 3. 5. *the Lord.* Ju. 11. 21-24. Je. 27. 5-7. Da. 4. 25-32; 5. 18. *to David.* 1 Sa. 16. 1, 12. 2 Sa. 7. 12-16. 1 Ki. 8. 20. 1 Ch. 17. 11, 14; 28. 4, 5. Ps. 89. 19-37. Je. 33. 21, 22, 26. Lu. 1. 31-33. *a covenant of salt.* Le. 2. 13. Nu. 18. 19. Eze. 43. 24. Mar. 9. 49, 50.

6 *rebelled.* ch. 10. 19. 1 Ki. 11. 26; 12. 20, 27.

7 *vain men.* Ju. 9. 4; 11. 3. 1 Sa. 22. 2. Job 30. 8. Ps. 26. 4. Pr. 12. 11; 28. 19. Ac. 17. 5. Tit. 1. 10. *the children of Belial.* See on De. 13. 13. 1 Ki. 21. 10, 13. *young.* ch. 10. 16; 12. 13. Ec. 10. 16. Is. 3. 4. 1 Co. 14. 20. He. 5. 12. *could not.* ch. 11. 1-4.

8 *the kingdom.* ch. 9. 8. Ps. 2. 1-6. Is. 7. 6, 7; 9. 6, 7. Lu. 19. 14, 27. *a great multitude.* ch. 14. 9-11; 20. 6, 12. Ps. 33. 16. *with you golden.* ch. 11. 15. 1 Ki. 12. 28; 14. 9. Ho. 8. 5, 6.

9 *cast out.* ch. 11. 14, 15. *made you priests.* 1 Ki. 12. 31-33; 13. 33. *consecrate himself. Heb.* fill his hand. Ex. 32. 29. Le. 16. 32. 1 Ch. 29. 5, margins. *young.* Ex. 29. 1, 35. Le. 8. 2. *no gods.* De. 32. 17. 2 Ki. 19. 18. Je. 2. 11. Ho. 8. 6. Ac. 19. 26. Ga. 4. 8.

10 *the Lord.* We have not abandoned the Lord; and we still serve Him according to His own law. But what Abijah urged concerning the state of religion in Judah was not strictly just; and, as spoken by him, it savoured of ostentation. Abijah himself was but an indifferent character; and idolatry was evidently connived at in his days. Yet it was true, that the men of Judah had the priests, ordinances, and worship of Jehovah among them; that there were numbers of pious worshippers in the land; that theirs was the more righteous cause; that Jehovah was on their side as their Captain, while Israel fought against him; and that the presence of the priests with the sacred trumpets was a token of His presence and favour. ch. 11. 16, 17. Ex. 19. 5, 6. Zec. 13. 9. *the priests.* Ex. 29. 1, etc. Nu. 16. 40; 18. 1-7.

11 *they burn.* ch. 2. 4. Ex. 29. 38. *sweet incense.* Ex. 30. 1-10. Le. 2. 1-3. Nu. 16. 6, 46. Lu. 1. 9. Re. 8. 3, 4. *shewbread.* Ex. 25. 30. Le. 24. 5-9. *the candlestick.* Ex. 25. 31-39; 27. 20, 21. Le. 24. 2-4. *we keep.* Ge. 26. 5. Nu. 9. 19. Eze. 44. 8, 15; 48. 11.

12 *God.* Nu. 23. 21. 1 Sa. 4. 5-7. Is. 8. 10. Zec. 10. 5. Ro. 8. 31. *for our captain.* De. 20. 4. Jos. 5. 13-15. Ps. 20. 7. He. 2. 10. *his priests.* Nu. 10. 8, 9; 31. 6. Jos. 6. 13-20. *fight ye.* Job 15. 25, 26; 40. 9. Is. 45. 9. Je. 50. 24. Ac. 5. 39; 9. 4, 5. *ye shall not.* ch. 24. 20. Nu. 14. 41. De. 28. 29. Job 9. 4. Is. 54. 17. Je. 2. 37. Eze. 17. 9.

13 *an ambushment.* ch. 20. 22. Jos. 8. 4. Pr. 21. 30. Je. 4. 22.

14 *looked back.* Ex. 14. 10. Jos. 8. 20. Ju. 20. 33-43. 2 Sa. 10. 8-14. *cried.* ch. 14. 11; 18. 31. Ps. 50. 15; 91. 5. *the priests.* See on ver. 12.

15 *as the men.* ch. 20. 21. Jos. 6. 16, 20. Ju. 7. 18-22. Ps. 47. 1, 5. *God smote.* ch. 14. 12. Nu. 32. 4. Jos. 11. 8. Ju. 4. 15. 2 Ki. 5. 1. Ps. 118. 4-7. Is. 37. 36.

16 *God delivered.* Ge. 14. 20. De. 2. 36; 3. 3. Jos. 10. 12; 21. 44. Ju. 1. 4; 11. 21. 1 Sa. 23. 7.

17 *five hundred.* ver. 3, 12; ch. 28. 6. Is. 10. 16-19; 37. 36. Na. 1. 5. 1 Co. 10. 22.

18 *relied.* ch. 16. 8, 9; 20. 20. 2 Ki. 18. 5. 1 Ch. 5. 20. Ps. 22. 4, 5; 146. 5. Da. 3. 28. Na. 1. 7. Ep. 1. 12.

19 *took cities.* Jos. 10. 19, 39; 11. 12. 1 Sa. 31. 7. *Jeshanah. Jeshanah*, according to the Talmud, was not far from *Sephoris*. Perhaps it is the *Migdal-Senna* of EUSEBIUS, eight miles north of Jericho. *Ephrain. Ephrain*, or *Ephron*, a city of Benjamin, is placed by EUSEBIUS, eight miles north of Jerusalem, near Bethel. JOSEPHUS calls *Ephrain* and Bethel two little cities; and places the former in the tribe of Benjamin, near the wilderness of Judea, in the way to Jericho. ch. 15. 8. Jos. 15. 9, Ephron. Jno. 11. 54.

20 *did.* Ps. 18. 37, 38. *Lord.* 1 Sa. 25. 38; 26. 10. Eze. 24. 16. Ac. 12. 23. *he died.* 1 Ki. 14. 20; 15. 9.

21 *waxed.* 2 Sa. 5. 12, 13. *fourteen wives.* See on ch. 11. 21. *begat.* Ju. 8. 30, 31; 9. 5; 10. 4.

22 *story. or,* commentary. *Iddo.* ch. 9. 29; 12. 15.

## CHAP. XIV.

*Asa succeeding, destroys idolatry*, 1-5. *Having peace, he strengthens his kingdom with forts and armies*, 6-8. *Calling on God, he overthrows Zerah, and spoils the Ethiopians*, 9-15.

1 A.M. 3049. B.C. 955. *slept.* ch. 9. 31. See on 1 Ki. 2. 10; 14. 31. *Asa.* 1 Ki. 15. 8, etc. 1 Ch. 3. 10. Mat. 1. 7, 8.

2 A.M. 3063-3073. B.C. 941-931. *good and right.* ch. 31. 20. 1 Ki. 15. 11, 14. Lu. 1. 75.

3 *For he took.* De. 7. 5. 1 Ki. 11. 7, 8; 14. 22-24. *the high places.* ch. 15. 17. Le. 26. 30. 1 Ki. 15. 12-14. *brake.* ch. 34. 4. Ex. 34. 13. De. 7. 5, 25. *images. Heb.* statues. 2 Ki. 23. 14, marg. *cut down.* Ju. 6. 25-28. 1 Ki. 11. 7. 2 Ki. 18. 4; 23. 6, 14.

4 *commanded.* ch. 29. 21, 27, 30; 30. 12; 33. 16; 34. 32, 33. Ge. 18. 19. Jos. 24. 15. 1 Sa. 3. 13. Ezr. 10. 7-12. Ne. 13. 9, 19-22. Ps. 101. 2-8. *seek.* See on ch. 11. 16; 30. 19. Is. 55. 6, 7. Am. 5. 4. *to do.* Ne. 10. 29-39. Ps. 119. 10.

5 *images. Heb.* sun-images. ch. 34. 4, marg.

6 *And he built.* ch. 8. 2-6; 11. 5-12. *for the land.* Ju. 3. 11, 30; 5. 31. 1 Ki. 5. 4. 1 Ch. 22. 9. *the Lord.* ch. 15. 15. Jos. 23. 1. Job 34. 29. Ps. 46. 9.

7 *Therefore.* ch. 32. 5. Ac. 9. 31. *while the land.* Jno. 9. 4; 12. 35, 36. He. 3. 13-15. *we have sought.* See on ver. 4. 1 Ch. 28. 9. Ps. 105. 3, 4. Je. 29. 12-14. 1 Pe. 3. 12. *and he hath given.* See on ver. 6. Jos. 23. 1. Mat. 11. 28, 29.

8 *out of Judah.* ch. 11. 1; 13. 3; 17. 14-19; 25. 5.

9 A.M. 3063. B.C. 941. *Zerah.* See on ch. 12. 2, 3; 16. 8. 2 Ki. 19. 9. Is. 8. 9, 10. Eze. 30. 5. Re. 16. 14. *Mareshah.* Jos. 15. 44. Mi. 1. 15.

10 *Zephathah.* Jos. 19. 4. Ju. 1. 17, Zephath.

11 *cried unto.* ch. 13. 14; 18. 31; 32. 20. Ex. 14. 10. 1 Ch. 5. 20. Ps. 18. 6; 22. 5; 34. 6; 50. 15; 91. 15; 120. 1. Ac. 2. 21. *nothing.* Le. 26. 8. De. 32. 30. Ju. 7. 7. 1 Sa. 14. 6. 1 Ki. 20. 27-30. Am. 5. 9. 2 Co. 12. 9, 10. *them that.* ch. 20. 12. De. 32. 36. Is. 40. 29-31. *rest on thee.* ch. 32. 8. 1 Sa. 17. 35, 36. Ps. 37. 5. Pr. 18. 10. Is. 26. 3, 4; 41. 10-14. Jno. 14. 1, 27. Ro. 8. 31. *in thy name.* ch. 13. 12, 18. 1 Sa. 17. 45, 46. Ps. 20. 5, 7. Is. 26. 13. Ac. 3. 16. *man. or,* mortal man. De. 32. 27. Jos. 7. 8, 9. 1 Sa. 2. 9. Ps. 9. 19; 79. 9, 10. Is. 2. 22. Je. 1. 19. Zec. 2. 8. Mat. 16. 18. Ac. 9. 4.

12 ch. 13. 15; 20. 22. Ex. 14. 25. De. 28. 7; 32. 39. Jos. 10. 10. Ps. 60. 12; 136. 17, 18. 1 Co. 9. 26; 15. 57.

13 *Gerar.* ver. 14. Ge. 10. 1, 19; 20. 1; 26. 1. *destroyed. Heb.* broken. *before the Lord.* Job 6. 9; 9. 4. 2 Th. 1. 9. *his host.* Jos. 5. 14. 1 Sa. 25. 28. 1 Ch. 12. 22. Ps. 108. 11.

14 *the fear.* ch. 17. 10; 20. 29. Ge. 35. 5. De. 2. 25. Jos. 2. 9-11, 24; 5. 1. 1 Sa. 14. 15. 2 Ki. 7. 6. Job 15. 21. Ps. 48. 5, 6. Is. 31. 9. *exceeding.* ch. 20. 25. Ju. 14. 19. 2 Ki. 7. 7, 8, 16. Ps. 68. 12. Is. 33. 23. Ro. 8. 37.

15 *the tents of cattle.* 1 Ch. 4. 41. *carried away.* Nu. 31. 9, 30-47. 1 Sa. 30. 20. 1 Ch. 5. 21.

## CHAP. XV.

*Asa, with Judah and many of Israel, moved by the prophecy of Azariah the son of Oded, make a solemn covenant with God*, 1-15. *He puts down Maachah his mother for her idolatry*, 16, 17. *He brings dedicated things into the house of God, and enjoys a long peace*, 18, 19.

1 *the Spirit.* ch. 20. 14; 24. 20. Nu. 24. 2. Ju. 3. 10. 2 Sa. 23. 2. 2 Pe. 1. 21.

2 *to meet Asa. Heb.* before Asa. *Hear ye me.* ch. 13. 4; 20. 15, 20. Ju. 9. 7. Ps. 49. 1, 2. Is. 7. 13. Mat. 13. 9. Re. 2. 7, 11, 17, 29; 3. 6, 13, 22. *The Lord.*

ch. 13. 12; 32. 8. De. 20. 1. Ja. 4. 8. *if ye seek him.* ver. 4, 15; ch. 33. 12, 13. Is. 55. 6, 7. Je. 29. 12-14. Mat. 7. 7, 8. *if ye forsake.* ch. 12. 1-3; 24. 20. 2 Ki. 21. 14. 1 Ch. 28. 9. Ro. 11. 1, 2. He. 10. 38; 12. 25.

3 *a long.* 1 Ki. 12. 28-33. Ho. 3. 4. *true God.* Je. 10. 10. Jno. 17. 3. 1 Th. 1. 9. 1 Jno. 5. 20. *a teaching.* ch. 17. 8, 9. Le. 10. 11. De. 33. 10. Ne. 8. 9. Eze. 44. 21-23. Mi. 3. 11. Mal. 2. 7. Mat. 2. 4, 5. 1 Ti. 3. 2. *without law.* Ro. 2. 12; 7. 8, 9. 1 Co. 9. 21.

4 *in their trouble.* De. 4. 29, 30. Ju. 3. 9, 10; 10. 10-16. Ps. 106. 44. Ho. 6. 1; 14. 1-3. *found of them.* ver. 15. Is. 55. 6; 65. 1, 2. Ro. 10. 20.

5 *no peace.* Ju. 5. 6. 1 Sa. 13. 6. Ps. 121. 8. *great vexations.* Mat. 24. 6, 7. Lu. 21. 25.

6 *nation.* ch. 12. 15; 13. 17. Mar. 13. 8. Lu. 21. 9, 10. *destroyed. Heb.* beaten in pieces. *God.* ch. 33. 11; 36. 17. Ju. 2. 14. Ps. 106. 41. Is. 10. 6. Am. 3. 6. Lu. 21. 22-24.

7 *ye strong.* Jos. 1. 7, 9. 1 Ch. 28. 20. Ps. 27. 14. Is. 35. 3, 4. Da. 10. 19. 1 Co. 16. 13. Ep. 6. 10. *your work.* Ge. 15. 1. Ru. 2. 12. Ps. 19. 11; 58. 11. Mat. 5. 12, 46; 6. 1, 4, 6, 18; 10. 41, 42. Lu. 6. 35. Ro. 4. 4, 5. 1 Co. 3. 8, 14; 9. 17, 18; 15. 58. Col. 3. 24. He. 6. 10; 10. 35. 2 Jno. 8.

8 *Oded.* ver. 1. *took courage.* ch. 19. 11. Is. 44. 14, margins. Ac. 28. 15. *abominable idols. Heb.* abominations. Le. 18. 30. De. 27. 15. 1 Ki. 11. 5, 7. 2 Ki. 23. 13. Is. 65. 4. Je. 16. 18. Eze. 8. 10. 1 Pe. 4. 3. Re. 17. 4, 5. *the cities.* ch. 13. 19. *the altar of the Lord.* ch. 4. 1; 8. 12; 29. 18. 2 Ki. 16. 14; 18. 22.

9 *the strangers.* ch. 11. 16; 30. 1-11, 25. *they fell.* 1 Ki. 12. 19. 1 Ch. 12. 19. *they saw.* Ge. 39. 3. 1 Sa. 18. 28. 1 Ki. 3. 28. Zec. 8. 21-23. Ac. 7. 9, 10; 9. 31.

10 *the third month.* Es. 8. 9.

11 *offered.* ch. 14. 13-15. Nu. 31. 28, 29, 50. 1 Sa. 15. 15, 21. 1 Ch. 26. 26, 27. *the same time. Heb.* in that day. *seven hundred.* ch. 1. 6; 7. 5.

12 *they entered.* ch. 23. 16; 29. 10; 34. 31, 32. De. 29. 1, 12. 2 Ki. 23. 3. Ne. 9. 38; 10. 29. Je. 50. 5. 2 Co. 8. 5. *seek.* See on ver. 4. De. 4. 29; 10. 12. 1 Ki. 8. 48. Je. 29. 12, 13. Ac. 24. 14.

13 *whosoever.* Ex. 22. 20. De. 13. 5-15; 17. 2-5. 1 Ki. 18. 40. *whether small.* Ge. 19. 11. Ex. 12. 29. De. 29. 18. Job 3. 19; 34. 19. Ps. 115. 13. Ac. 26. 22. Re. 6. 15; 20. 12.

14 *sware.* Ne. 5. 13; 10. 29. *trumpets.* Ps. 81. 1-4.

15 *rejoiced.* ch. 23. 16-21; 29. 10, 36. De. 26. 11. Ne. 8. 9. Ps. 32. 11; 119. 111. Pr. 3. 17. 2 Co. 1. 12. *sworn.* Ps. 119. 106. *sought him.* See on ver. 2, 4, 12. Is. 26. 8; 45. 19. Phi. 1. 23. *and he was.* See on ver. 4. *the Lord.* See on ver. 6. Jos. 23. 1. Job 34. 29.

16 *Maachah.* 1 Ki. 15. 13, etc. *the mother. that is,* grandmother. 1 Ki. 15. 2, 10. *he removed.* ch. 14. 3-5. Ex. 32. 27, 28. De. 13. 6-8; 33. 9. Zec. 13. 3. Mar. 3. 21, 31-35. 2 Co. 5. 16. *idol. Heb.* horror. *cut down.* See on ch. 14. 3-5; 34. 7. Ex. 32. 20. Le. 26. 30. De. 7. 5, 25, 26; 9. 21. 1 Ki. 15. 14, etc. 2 Ki. 23. 6, 12, 15.

17 *the high places.* ch. 14. 3-5. De. 12. 13, 14. 1 Ki. 3. 2-4; 22. 43. 2 Ki. 12. 3; 14. 4. *the heart of Asa.* ch. 16. 7-12. 1 Ki. 11. 4.

18 *brought.* 1 Ki. 7. 51; 15. 14, 15. 1 Ch. 26. 20-26.

19 A.M. 3063-3073. B.C. 941-931. *five and thirtieth.* ch. 16. 1. 1 Ki. 15. 16, 17, 31, 33.

## CHAP. XVI.

*Asa, by the aid of the Syrians, diverts Baasha from building Ramah,* 1-6. *Being reproved thereof by Hanani, he puts him in prison,* 7-10. *Among his other acts in his disease he seeks not to God, but to the physicians,* 11, 12. *His death and burial,* 13, 14.

1 A.M. 3074. B.C. 930. *In the six.* See Note on 1 Ki. 15. 32. '*From the rending of the ten tribes from Judah, over which Asa was now king.*' See on 1 Ki. 15. 16-22. *to the intent.* See on ch. 11. 13-17; 15. 5, 9. 1 Ki. 12. 27.

2 *brought out.* ch. 28. 21. 2 Ki. 12. 18; 16. 8; 18. 15. *Damascus. Heb.* Darmesek.

3 *a league.* ch. 18. 3; 19. 2. Ju. 2. 2. Is. 31. 1-3. 2 Co. 6. 16. *break.* Ge. 20. 9, 10. Ex. 32. 21. Jos. 9. 19, 20. 2 Sa. 21. 2. Ps. 15. 4. Eze. 17. 18, 19. Ro. 1. 31, 32. 2 Ti. 3. 3.

4 *hearkened.* 1 Ti. 6. 10. 2 Pe. 2. 15. *his armies. Heb.* armies which *were* his. *Ijon.* 1 Ki. 15. 20. *Dan.* Ge. 14. 14. Ju. 18. 28, 29; 20. 1. *Abel-maim. Abel-maim* is called *Abel-beth-maachah* in 1 Ki. 15. 20, and elsewhere, on account of its belonging to the district of *Beth-maachah. the store cities.* ch. 8. 6; 17. 12. 1 Ki. 9. 19.

5 *that he left off.* See on ver. 1.

6 *they carried.* 1 Ki. 15. 22. *Geba.* Jos. 18. 24-26, Gaba; 21. 17. 1 Ch. 6. 60. Is. 10. 29. Zec. 14. 10. *Mizpah.* Jos. 15. 38; 18. 26. 1 Sa. 7. 6, 16; 10. 17, Mizpeh.

7 *Hanani.* ch. 19. 2; 20. 34. 1 Ki. 16. 1. *Because.* Ps. 146. 3-6. Is. 31. 1; 32. 2. Je. 17. 5, 6. Ep. 1. 12, 13. *relied on.* ch. 13. 18; 32. 7, 8. 2 Ki. 18. 5. 1 Ch. 5. 20. *the host.* See on ver. 3.

8 *the Ethiopians.* See on ch. 12. 3; 14. 9-12. *the Lubims.* ch. 12. 3. *a huge host. Heb.* in abundance. *because.* See on ver. 7. Ps. 9. 9, 10; 37. 39, 40.

9 *the eyes.* ch. 6. 20. Job 34. 21. Ps. 34. 15; 113. 6. Pr. 5. 21; 15. 3. Je. 16. 17; 32. 19. Zec. 4. 10. He. 4. 13. 1 Pe. 3. 12. *to shew himself,* etc. *or,* strongly to hold with *them,* etc. *whose heart.* See on ch. 15. 17. 2 Ki. 20. 3. Ps. 37. 37. *Herein.* 1 Sa. 13. 13. 2 Sa. 12. 7-12. 1 Ch. 21. 8. Job 34. 18, 19. Je. 5. 21. Mat. 5. 22. Lu. 12. 20. 1 Co. 15. 36. Ga. 3. 1. *henceforth.* 1 Ki. 15. 32.

10 *wroth.* ch. 25. 16; 26. 19. 2 Sa. 12. 13; 24. 10-14. Ps. 141. 5. Pr. 9. 7-9. *put him.* ch. 18. 26. Je. 20. 2; 29. 26. Mat. 14. 3, 4. Lu. 3. 20. Ac. 16. 23, 24. *oppressed. Heb.* crushed. Job 20. 19, marg. Is. 51. 23. Je. 51. 34. La. 3. 34. *the same time.* 2 Sa. 11. 4; 12. 31.

11 A.M. 3049-3090. B.C. 955-914. *the acts of Asa.* ch. 9. 29; 12. 15; 20. 34; 26. 22. *Judah.* ch. 25. 26; 27. 7; 32. 32; 34. 18; 35. 27. 1 Ki. 15. 23.

12 A.M. 3088. B.C. 916. *diseased.* Mat. 7. 2. Lu. 6. 37, 38. Re. 3. 19. *in his disease.* See on ver. 9; ch. 28. 22. 1 Ch. 10. 14. Je. 17. 5. *physicians.* Ge. 50. 2. Job 13. 4. Je. 8. 22. Mat. 9. 12. Mar. 2. 17; 5. 26. Col. 4. 14.

13 A.M. 3090. B.C. 914. *slept.* 1 Ki. 15. 24.

14 *his own sepulchres.* ch. 35. 24. Is. 22. 16. Jno. 19. 41, 42. *made. Heb.* digged. *sweet odours.* Ge. 50. 2. Mar. 16. 1. Jno. 19. 39, 40. *the apothecaries' art.* Ex. 30. 25-37. Ec. 10. 1. *a very great.* ch. 21. 19. Je. 34. 5.

## CHAP. XVII.

*Jehoshaphat, succeeding Asa, reigns well, and prospers,* 1-6. *He sends Levites with the princes to teach Judah,* 7-9. *His enemies being terrified by God, some of them bring him presents and tribute,* 10, 11. *His greatness, captains, and armies,* 12-19.

1 *Jehoshaphat.* 1 Ki. 15. 24; 22. 41. 1 Ch. 11. 10. Mat. 1. 8, Josaphat. *and strengthened.* ch. 12. 1; 26. 8; 32. 5. 1 Sa. 23. 16. Eze. 7. 28. Ep. 6. 10.

2 *placed forces.* See on ch. 11. 11, 12. *in the cities.* ch. 15. 8.

3 *the Lord.* ch. 15. 2, 9. Ge. 39. 2, 3, 21. Ex. 3. 12; 4. 12. Jos. 1. 5, 9. Ju. 2. 18; 6. 12. 2 Sa. 5. 10. 1 Ch. 22. 18. Ps. 46. 7, 11. Is. 8. 10; 41. 10. Mat. 1. 23; 18. 20; 28. 20. 2 Ti. 4. 22. *he walked.* 2 Sa. 8. 15. 1 Ki. 11. 6; 15. 3, 4. 2 Ki. 14. 3; 16. 2; 18. 3; 22. 2. Ps. 132. 1-5. *his father David. or,* his father, and of David. ch. 14. 2-5, 11; 15. 8-13. *sought.* Ju. 2. 11; 8. 33. Je. 2. 23.

4 *walked.* Lu. 1. 6. 1 Th. 2. 12; 4. 1. *not after.* 1 Ki. 12. 28, 30, 33; 13. 33, 34; 16. 31-33. 2 Ki. 8. 18; 17. 19. Je. 3. 7, 8. Ho. 4. 15.

5 A.M. 3091. B.C. 913. *the Lord.* 2 Sa. 7. 25, 26. 1 Ki. 9. 4, 5. Ps. 127. 1; 132. 12. 1 Pe. 5. 10. *brought. Heb.* gave. *presents.* ch. 32. 23. 1 Sa. 10. 27. 1 Ki. 4. 21; 10. 25. Ps. 68. 29; 72. 10; 76. 11. Mat. 2. 11. *he had riches.* ch. 1. 15; 9. 27; 18. 1; 32. 27-29. Ge. 13. 2; 26. 13, 14. De. 8. 13, 14. 1 Ki. 10. 27. Job 42. 12. Mat. 6. 33.

6 *his heart.* De. 28. 47. Job 22. 26. *lifted up. that is,* was encouraged. *in the ways.* Ps. 18. 21, 22; 119. 1; 138. 5. Hos. 14. 9. Ac. 13. 10. *he took away.* ch. 14. 3; 15. 17; 19. 3; 20. 33; 31. 1; 34. 3-7. 1 Ki. 22. 43.

7 A.M. 3092. B.C. 912. *he sent.* In these verses we have an account of a remarkable itinerant ministry established by Jehoshaphat, in which *three* classes of men were employed: 1. the *Princes;* 2. the *Levites;* 3. the *Priests.* We may presume that the *Princes* instructed the people in the nature of the *civil law* and *constitution* of the kingdom; that the *Levites* instructed them in every thing that appertained to the *temple service,* and *ritual law;* and that the *Priests* instructed them in the *nature* and *design* of their religion. Thus the nation became thoroughly instructed in their duty to *God,* to the *king,* and to *each other:* they therefore became as *one man;* and against a people thus united, on *such principles,* no enemy could be successful. De. 4. 5. Ps. 34. 11; 51. 13. Ec. 1. 12; 12. 9, 10. Is. 49. 23. *to teach.* ch. 15. 3; 30. 22; 35. 3. De. 33. 10. Ne. 8. 7, 8, 13, 14; 9. 3. Mat. 4. 23. Mar. 4. 2. Lu. 4. 43, 44. Ac. 1. 1.

8 *priests.* Ezr. 7. 1-6. Mal. 2. 7.

9 *they taught.* ch. 35. 3. Ne. 8. 7. *the book.* De. 6. 6-9; 31. 11-13. Jos. 1. 7, 8. Is. 8. 20. Mat. 15. 2-9; 28. 19, 20. Lu. 4. 17-19. Jno. 5. 39, 46. Ac. 13. 15; 15. 21; 28. 23. Ro. 3. 2. 1 Pe. 4. 11. *throughout.* Mat. 10. 23; 11. 1. Ac. 8. 40.

10 *the fear.* See on ch. 14. 14. Ge. 35. 5. Ex. 15. 14-16. Jos. 2. 9-11. *fell. Heb.* was. *so that.* ch. 16. 9. Ex. 34. 24. Pr. 16. 7.

11 *brought.* See on ver. 5; ch. 9. 14; 26. 8. 2 Sa. 8. 2. 2 Ki. 3. 4.

12 A.M. 3092-3115. B.C. 912-889. *waxed great.* ch. 18. 1. 1 Ch. 29. 25. *in Judah.* ch. 8. 2-6; 11. 5-12; 14. 6, 7; 26. 6-9; 27. 4; 32. 5, 27-29. *castles. or,* palaces.

13 *much business.* ch. 26. 10-15. 1 Ch. 27. 25-31.

14 *the numbers.* Ge. 12. 2; 13. 16; 15. 5. *to the house.* See on Nu. 1. 2, 18. *three hundred.* ch. 11. 1; 13. 3; 14. 8; 26. 13.

15 *next to him. Heb.* at his hand.

16 *willingly.* Ju. 5. 2, 9. 1 Ch. 29. 9, 14, 17. Ps. 110. 3. 2 Co. 8. 3-5, 12.

17 *armed men.* ch. 14. 8. 2 Sa. 1. 21, 22.

19 *put in.* ver. 2, 12; ch. 11. 12, 23.

## CHAP. XVIII.

*Jehoshaphat, joined in affinity with Ahab, is persuaded to go with him against Ramoth-gilead,* 1-3. *Ahab, seduced by false prophets, according to the word of Micaiah, is slain there,* 4-34.

1 A.M. 3107. B.C. 897. *riches.* ch. 1. 11-15; 17. 5, 12. Mat. 6. 33. *joined affinity.* He took Athaliah, the daughter of Ahab, to be wife to his son Joram, (2 Ki. 8. 18;) which fatal connection was highly displeasing to God, and Jehoshaphat was severely reproved for it by Jehu the seer, ch. 19. 1-3. ver. 31; ch. 19. 2; 21. 6; 22. 2, 3. 1 Ki. 16. 31-33; 21. 25. 2 Ki. 8. 18, 26, 27; 11. 1. 2 Co. 6. 14.

2 *after certain years. Heb.* at the end of years. 1 Ki. 17. 7. Ne. 13. 6, margins. *he went.* ch. 19. 2. 1 Ki. 22. 2, etc. *Ahab.* 1 Ki. 1. 9. Is. 22. 12, 13. Lu. 17. 27-29. *persuaded.* 1 Ki. 22. 4, 20-22. *Ramoth-gilead.* De. 4. 43. Jos. 20. 8. 1 Ki. 4. 13. 2 Ki. 9. 1.

3 *I am as thou.* See on 1 Ki. 22. 4. 2 Ki. 3. 7. Ps. 139. 21. Ep. 5. 11. 2 Jno. 10, 11.

4 *Enquire.* ch. 34. 26. 1 Sa. 23. 2, 4, 9-12. 2 Sa. 2. 1; 5. 19, 23. 1 Ki. 22. 5, 6. Ps. 27. 4. Je. 21. 2. Eze. 20. 3.

5 *prophets.* 1 Ki. 18. 19. 2 Ki. 3. 13. 2 Ti. 4. 3. *Shall we go.* Je. 38. 14, etc.; 42. 2, 3, 20. *Go up.* ver. 14, 20, 21. Je. 8. 10, 11; 23. 14, 17; 28. 1, etc. Eze. 13. 3-16, 22. Mi. 2. 11; 3. 11. Re. 19. 20.

6 *Is there not.* See on 1 Ki. 22. 7-9. 2 Ki. 3. 11-13. *besides. Heb.* yet, *or* more.

7 *one man.* 1 Ki. 18. 4; 19. 10. *I hate him.* 1 Ki. 18. 17; 20. 42, 43; 21. 20. Ps. 34. 21; 55. 3; 69. 14. Pr. 9. 8; 29. 10. Je. 18. 18. Am. 5. 10. Mar. 6. 18, 19, 27. Lu. 6. 22. Jno. 7. 7; 15. 18, 19, 24. Ga. 4. 16. *good.* Is. 30. 10. Je. 38. 4. *me.* ver. 13. 2 Ki. 9. 22. Eze. 3. 17-19. Ac. 20. 26, 27. *Let not the.* Pr. 25. 12. Mi. 2. 7.

8 *officers. or,* eunuchs. 1 Sa. 8. 15. 1 Ch. 28. 1, margins. Is. 39. 7. Da. 1. 3, 7, 8. *Fetch quickly. Heb.* Hasten. ver. 25, 26. 1 Ki. 22. 9.

9 *sat either.* See on 1 Ki. 22. 10-12. Is. 14. 9. Eze. 26. 16. Da. 7. 9. Mat. 19. 28. *clothed.* ver. 29. Mat. 6. 29; 11. 8. *void place. or,* floor. Threshing-floors, among the ancient Jews, as we have before remarked, were only, as they are to this day in the East, round level plats of ground in the open air. Hence a floor might well be near the gate of Samaria, which was built on a hill, and afford no improper place for the kings of Judah and Israel to give audience to the prophets. *all the prophets.* Je. 27. 14-16.

10 *horns of iron.* Mr. BRUCE, in describing the head-dress of the governors of Abyssinia, says, 'A large broad fillet was bound upon their forehead, and tied behind their head: in the middle of this was a *horn,* or conical piece of silver, gilt, about four inches long, much in the shape of our common candle extinguishers. This is called *kirn,* [*keren,*] and is only worn in reviews, or parades after victory.' Such, it may be supposed, were *the horns of iron* which Zedekiah (who appears to have acted the hero returning from a military triumph) made for himself, when he presumed, in the name of Jehovah, to flatter his prince with the promise of victory: 'Thus saith the Lord, With these thou shalt push Syria, until they be consumed.' Je. 27. 2; 28. 10-14. Zec. 1. 18-21. 2 Ti. 3. 8. *Thus.* Je. 23. 17, 21, 25, 31; 28. 2, 3; 29. 21. Eze. 13. 7; 22. 28. *they be consumed. Heb. thou* consume them.

11 *all the prophets.* ver. 5, 12, 33, 34. Pr. 24. 24, 25. Mi. 3. 5. 2 Pe. 2. 1-3. Jude 16. Re. 16. 13, 14; 19. 20.

12 *Behold.* Job 22. 13. Ps. 10. 11. Is. 30. 10. Ho. 7. 3. Am. 7. 13. Mi. 2. 6, 11. 1 Co. 2. 14-16. *assent. Heb.* mouth. Jos. 9. 2, marg.

13 *even what my God.* Nu. 22. 18-20, 35; 23. 12, 26; 24. 13. 1 Ki. 22. 14. Je. 23. 28; 42. 4. Eze. 2. 7. Mi. 2. 6, 7. Ac. 20. 27. 1 Co. 11. 23. 2 Co. 2. 17. Gal. 1. 10. 1 Th. 2. 4.

14 *Go ye up.* 1 Ki. 18. 27; 22. 15. Ec. 11. 1. La. 4. 21. Am. 4. 4, 5. Mat. 26. 45.

15 *shall I adjure.* 1 Sa. 14. 24. 1 Ki. 22. 16. Mat. 26. 63. Mar. 5. 7. Ac. 19. 13.

16 *he said.* Mat. 26. 64. *as sheep.* ver. 33, 34. 1 Ki. 22. 17, 34-36. Je. 23. 1, 2. Eze. 34. 5, 6, 8. Zec. 10. 2; 13. 7. Mat. 9. 36. Mar. 6. 34. *master.* 2 Sa. 2. 7; 5. 2. 2 Ki. 10. 3.

17 *Did I not tell.* ver. 7. 1 Ki. 22. 18. Pr. 29. 1. Je. 43. 2, 3. *but evil. or,* but for evil.

18 *hear the word.* Is. 1. 10; 28. 14; 39. 5. Je. 2. 4; 19. 3; 34. 4. Am. 7. 16. *I saw.* 1 Ki. 22. 19-23. Is. 6. 1-5. Da. 7. 9, 10. Ac. 7. 55, 56. *all the host.* Ge. 32. 2. Ps. 103. 20, 21. Zec. 1. 10.

19 *Who shall entice.* 1 Ki. 22. 20. Job 12. 16. Is. 6. 9, 10; 54. 16. Eze. 14. 9. 2 Th. 2. 11, 12. Ja. 1. 13, 14. *go up.* ch. 25. 8, 19. Pr. 11. 5.

20 *there came.* Job 1. 6; 2. 1. 2 Co. 11. 3, 13-15.

21 *a lying spirit.* ver. 22. Ge. 3. 4, 5. See on 1 Ki. 22. 21, 22. Jno. 8. 44. 1 Jno. 4. 6. Re. 12. 9; 13. 14; 20. 8. *Thou shalt.* See on ver. 19. Ju. 9. 23. Job 1. 12; 2. 6. Ps. 109. 17.

22 *the Lord hath.* Ex. 4. 21. Job 12. 16. Is. 19. 14. Eze. 14. 3-5, 9. Mat. 24. 24, 25. 2 Co. 11. 11-13. 2 Th. 2. 9-11. 1 Ti. 4. 1, 2. *and the Lord.* See on ver. 7, 17; ch. 25. 18. Is. 3. 11. Je. 18. 11. Mi. 2. 3. Mat. 26. 24, 25. Mar. 14. 20, 21.

23 *Zedekiah.* See on ver. 10. 1 Ki. 22. 23-25. Is. 50. 5, 6. Je. 20. 2. La. 3. 30. Mi. 5. 1. Mat. 26. 67. Mar. 14. 65. Jno. 18. 22, 23. Ac. 23. 2, 3. *Which way.* Je. 29. 26, 27. Mat. 26. 67, 68. Jno. 9. 40, 41.

24 *Behold.* Is. 26. 11. Je. 28. 16, 17; 29. 21, 22, 32. *into an inner chamber. or,* from chamber to chamber. *Heb.* into a chamber in a chamber. 'In one of the halls of the seraglio at Constantinople,' says DE LA MOTRAYE, 'the eunuch made us pass by several little chambers, with doors shut, like the cells of monks or nuns, as far as I could judge by one that another eunuch opened.' This exactly corresponds with the idea of a 'chamber within a chamber;' and it would appear that Micaiah predicted, that Zedekiah should fly for shelter to a *Harem,* which we have seen was deemed *inviolate.* (See on 1 Sa. 19. 16.) 1 Ki. 20. 30. Is. 26. 20.

25 *and carry him back.* ver. 8. Je. 37. 15-21; 38. 6, 7. Ac. 24. 25-27.

26 *Put.* See on ver. 15; ch. 16. 10. 1 Ki. 22. 26-28. Je. 20. 2, 3. Mat. 5. 12. Lu. 3. 19, 20. Ac. 5. 18. 2 Co. 11. 23. Re. 11. 10. *this fellow.* 1 Sa. 25. 21. Mat. 12. 24. Lu. 23. 2. Ac. 22. 22. *bread of affliction.* Ps. 80. 5; 102. 9. Is. 30. 20. *until I return.* De. 29. 19. Ps. 10. 5. Pr. 14. 16. 1 Th. 5. 2, 3.

27 *If.* Nu. 16. 29. Am. 9. 10. Ac. 13. 10, 11. *Hearken.* Mat. 13. 9; 15. 10. Mar. 7. 14. Lu. 20. 45, 46.

28 *the king.* See on 1 Ki. 22. 29-33.

29 *I will disguise.* 1 Sa. 28. 8. 1 Ki. 14. 2-6; 20. 38. Job 24. 15. Je. 23. 24. *put thou on thy robes.* Ps. 12. 2. Pr. 26. 25. *the king.* ch. 35. 22, 23.

30 *Fight ye.* 1 Ki. 20. 33, 34, 42. *small or great.* See on ch. 15. 13. Ge. 19. 11. De. 1. 17.

31 *Jehoshaphat.* ch. 13. 14; 14. 11. Ex. 14. 10. Ps. 116. 1, 2. 2 Co. 1. 9, 10. *the Lord.* ch. 26. 7. Ps. 34. 7; 46. 1, 11; 94. 17; 118. 13. *God moved them.* Ezr. 1. 1; 7. 27. Ne. 1. 11. Pr. 16. 7; 21. 1.

32 *from pursuing him. Heb.* from after him.

33 *a certain man.* See on 1 Ki. 22. 34. *at a venture. Heb.* in his simplicity. 2 Sa. 15. 11. *between the,* etc. *Heb.* between the joints and between the breast-plate. The *shiryon,* in Syriac, *sheryono,* seems to have covered both the back and breast of the warrior, and was consequently not properly a *breast-plate,* but a *coat of mail* or *corslet.* The corslet was made of flax or of wool woven very thick, of ox-hide, of brass, or of iron. The metallic corslet consisted not of one solid piece, but of scales, hooks, or rings, connected like the links of a chain, that the warrior might move with greater ease. It was between the joints of this *harness* that Ahab received his mortal wound. 1 Ki. 22. 34, 35. *wounded. Heb.* made sick. ch. 35. 23.

34 *he died.* See on ver. 16, 19, 27. Nu. 32. 23. Pr. 13. 21; 28. 17.

## CHAP. XIX.

*Jehoshaphat, reproved by Jehu, visits his kingdom,* 1-4. *His instructions to the judges,* 5-7; *to the priests and Levites,* 8-11.

1 A.M. 3108. B.C. 896. *in peace.* ch. 18. 31, 32.

2 *And Jehu.* ch. 20. 34. 1 Ki. 16. 1, 7, 12. *Hanani.* ch. 16. 7. *the seer.* See on 1 Sa. 9. 9. *Shouldest.* ch. 18. 3, 28. 1 Ki. 21. 25. Ps. 15. 4; 139. 21, 22. Pr. 1. 10-19. Ro. 1. 32. Ep. 5. 11. 2 Jno. 10, 11. *hate the Lord.* ch. 18. 7. Ex. 20. 5. De. 5. 9; 7. 10; 32. 41; 33. 11. Ps. 21. 8; 68. 1; 71. 15. Jno. 15. 18, 23. Ro. 1. 30; 8. 7. Ja. 4. 4. *is wrath.* ch. 32. 25. Ps. 90. 7, 8. Ro. 1. 18. 1 Co. 11. 31, 32.

3 *good things.* ch. 12. 12; 17. 3-6. 1 Ki. 14. 13. Ro. 7. 18. *prepared.* See on ch. 12. 14; 30. 19. Ezr. 7. 10. Ps. 57. 7.

4 *went out again. Heb.* returned and went out. 1 Sa. 7. 15-17. *Beer-sheba.* Ge. 21. 33. Ju. 20. 1. *mount.* Jos. 17. 15. Ju. 19. 1. *brought.* See on ch. 15. 8-13; 29. 10, 11. 1 Sa. 7. 3, 4. Mal. 4. 6. Lu. 1. 17.

5 ver. 8. De. 16. 18-20. Ro. 13. 1-5. 1 Pe. 2. 13, 14.

6 *Take.* Jos. 22. 5. 1 Ch. 28. 10. Lu. 12. 15; 21. 8. Ac. 5. 35; 22. 26. *ye judge.* De. 1. 17. Ps. 82. 1-6. Ec. 5. 8. *judgment. Heb.* matter of judgment.

7 *let the.* Ge. 42. 18. Ex. 18. 21, 22, 25, 26. Ne. 5. 15. Is. 1. 23-26. *no iniquity.* Ge. 18. 25. De. 32. 4. Ro. 3. 5, 6; 9. 14. *respect of persons.* De. 10. 17, 18. Job 34. 19. Mat. 22. 16. Ac. 10. 34. Ro. 2. 11. Ga. 2. 6. Ep. 6. 9. Col. 3. 25. 1 Pe. 1. 17. *taking of gifts.* Ex. 23. 8. De. 16. 18, 19. Is. 1. 23; 33. 15. Mi. 7. 3.

8 *Levites.* ch. 17. 8. De. 17. 8-13. 1 Ch. 23. 4; 26. 29. *the judgment.* Ex. 18. 19-26. De. 21. 5; 25. 1.

9 *in the fear.* See on ver. 7. De. 1. 16, 17. 2 Sa. 23. 3. Is. 11. 3-5; 32. 1.

10 *between blood.* De. 17. 8, etc. *warn them.* Eze. 3. 18-21; 33. 6. Ac. 20. 31. 1 Th. 5. 14. *wrath come.* Nu. 16. 46. Jos. 22. 18-20.

11 *Amariah.* 1 Ch. 6. 11. *all matters.* ver. 8. 1 Ch. 26. 30. Mal. 2. 7. *Deal courageously. Heb.* Take courage and do. Jos. 1. 6, 9. 1 Ch. 22. 11, 16, 19. 1 Co. 16. 13. 2 Ti. 2. 1. *the Lord.* ver. 6; ch. 15. 2. Ps. 18. 25, 26. Jno. 14. 23, 24. Ro. 2. 4-13. Phi. 4. 8, 9. *the good.* Ps. 37. 23; 112. 5. Pr. 2. 20. Ec. 2. 26. Lu. 23. 50. Ac. 11. 24.

## CHAP. XX.

*Jehoshaphat, invaded by Moab, proclaims a fast,* 1-4. *His prayer,* 5-13. *The prophecy of Jahaziel,* 14-19. *Jehoshaphat exhorts the people, and sets singers to praise the Lord,* 20, 21. *The great overthrow of his enemies,* 22-25. *The people, having blessed God at Berachah, return in triumph,* 26-30. *Jehoshaphat's reign,* 31-34. *His convoy of ships, according to the prophecy of Eliezer, unhappily perish,* 35-37.

1 *after this also.* ch. 19. 5, 11; 32. 1. *the children of Moab.* Ps. 83. 5-8. Is. 7. 1; 8. 9, 10; 16. 6. *came against.* ch. 19. 2. Je. 10. 24. Re. 3. 19.

2 *beyond the sea.* That is, the *Dead* or *Salt Sea,* the western and northern boundary of *Edom,* which is the reading of one of Dr. KENNICOTT'S MSS. (89,) instead of *aram,* 'Syria.' Ge. 14. 3. Nu. 34. 12. Jos. 3. 16. *Hazazon-tamar.* Ge. 14. 7. *Engedi.* Jos. 15. 62. 1 Sa. 23. 29. Ca. 1. 14.

3 *feared.* Ge. 32. 7-11, 24-28. Ps. 56. 3, 4. Is. 37. 3-6. Jon. 1. 16. Mat. 10. 28. *himself. Heb.* his face. *seek the Lord.* See on ch. 11. 16; 19. 3. *proclaimed.* Ju. 20. 26. 1 Sa. 7. 6. Ezr. 8. 21-23. Es. 4. 16. Je. 36. 9. Da. 9. 3. Joel 1. 14; 2. 12-18. Jon. 3. 5-9.

4 *ask help of the Lord.* Ps. 34. 5, 6; 50. 15; 60. 10-12. *the cities.* ch. 19. 5. Ps. 69. 35.

5 *Jehoshaphat.* See on ch. 6. 12, 13; 34. 31. 2 Ki. 19. 15-19.

6 *O Lord.* See on Ex. 3. 6, 15, 16. 1 Ch. 29. 18. *God in heaven.* De. 4. 39. Jos. 2. 11. 1 Ki. 8. 23. Ps. 115. 3. Is. 57. 15, 16; 66. 1. Mat. 6. 9. *rulest not.* 1 Ch. 29. 11, 12. Ps. 47. 2, 8. Je. 27. 5-8. Da. 4. 17, 25, 32-35. *in thine hand.* 1 Ch. 29. 11, 12. Ps. 62. 11. Mat. 6. 13. *none is able.* Ac. 11. 17.

7 *our God.* ch. 14. 11. Ge. 17. 7. Ex. 6. 7; 19. 5-7; 20. 2. 1 Ch. 17. 21-24. *who. Heb.* thou. *drive out.* See on Ex. 33. 2. Ps. 44. 2. *gavest.* Ge. 12. 7; 13. 15. Jos. 24. 3, 13. Ne. 9. 8. *thy friend.* Is. 41. 8. Jno. 11. 11; 15. 15. Ja. 2. 23.

8 *built thee.* See on ch. 2. 4; 6. 10.

9 *If, when evil.* See on ch. 6. 28-30. 1 Ki. 8. 33, 37. *and in thy presence.* Mat. 18. 20. *thy name.* See on ch. 6. 20. Ex. 20. 24; 23. 21. *is in this house.* Several MSS. with the Syriac, Arabic, and Vulgate, read *nikra,* 'is invoked:' 'thy name is *invoked* in this house.'

10 *whom thou.* Nu. 20. 17-21. De. 2. 4, 5, 9, 19. Ju. 11. 15-18.

11 *how they reward us.* Six of Dr. KENNICOTT'S and DE ROSSI'S MSS. and *rââh,* 'evil:' 'Behold they reward us *evil:*' which is also the reading of the Targum. Ge. 44. 4. Ps. 7. 4; 35. 12. Pr. 17. 13. Je. 18. 20. *to cast us.* Ju. 11. 23, 24. Ps. 83. 3-12.

12 *wilt.* De. 32. 36. Ju. 11. 27. 1 Sa. 3. 13. Ps. 7. 6, 8; 9. 19; 43. 1. Is. 2. 4; 42. 4. Joel 3. 12. Re. 19. 11. *we have.* See on ch. 14. 11. 1 Sa. 14. 6. 2 Co. 1. 8, 9. *neither.* 2 Ki. 6. 15. *our eyes.* Ps. 25. 15; 121. 1, 2; 123. 1, 2; 141. 8. Jon. 2. 4.

13 *all Judah.* De. 29. 10. Ezr. 10. 1. Jon. 3. 5 Ac. 21. 5.

14 *Then upon.* Is. 58. 9; 65. 24. Da. 9. 20, 21. Ac. 10. 4, 31. *came the Spirit.* ch. 15. 1; 24. 20. Nu. 11. 25, 26; 24. 2.

15 *Be not afraid.* ch. 32. 7, 8. Ex. 14. 13, 14. De. 1. 29, 30; 20. 1, 4; 31. 6, 8. Jos. 11. 6. Ne. 4. 14. Ps. 27. 1, 2. Is. 41. 10-16; 43. 1, 2. *the battle.* ch. 32. 8. 1 Sa. 17. 47.

16 *cliff. Heb.* ascent. *Ziz.* The cliff of *Ziz* was probably near *Ziza*, which PTOLEMY places in Arabia Petræa, long. 69$\frac{11}{24}$°. lat. 31°. *brook. or,* valley. *the wilderness.* The wilderness of *Jeruel* seems, from ver. 20, to have been a part of the wilderness of *Tekoa.*

17 *not need.* ver. 22, 23. Ex. 14. 13, 14, 25. *stand ye still.* Ps. 46. 10, 11. Is. 30. 7, 15. La. 3. 26. *for the Lord.* ch. 15. 2; 32. 8. Nu. 14. 9. Ps. 46. 7, 11. Is. 8. 9, 10; 41. 10. Am. 5. 14. Mat. 1. 23; 28. 20. Ro. 8. 31. 2 Ti. 4. 22.

18 *bowed his head.* ch. 7. 3. Ge. 24. 26. Ex. 4. 31. *fell before.* Job 1. 20. Ps. 95. 6.

19 *Levites.* 1 Ch. 15. 16-22; 16. 5, 42; 23. 5; 25. 1-7. *Korhites.* Ps. 44; 49, titles. *a loud.* ch. 5. 13. Ezr. 3. 12, 13. Ne. 12. 42, 43. Ps. 81. 1; 95. 1, 2.

20 *Tekoa.* ch. 11. 6. 2 Sa. 14. 2. 1 Ch. 4. 5. Je. 6. 1. *Hear me.* See on ver. 15. *Believe in the Lord.* Is. 7. 9; 26. 3. Jno. 11. 40; 14. 1. Ro. 8. 31. He. 11. 6. *believe his.* Ex. 14. 31. Lu. 16. 31. Jno. 5. 46, 47; 13. 20.

21 *consulted.* 1 Ch. 13. 1, 2. Pr. 11. 14. *appointed.* ch. 29. 25-30; 30. 21. Ezr. 3. 10, 11. Ne. 12. 27. *that should praise. Heb.* praisers of. *the beauty.* 1 Ch. 16. 29. Ps. 29. 2; 50. 2; 90. 17; 96. 9. *Praise the Lord.* ch. 5. 13; 7. 3, 6. 1 Ch. 16. 34, 41. Ezr. 3. 11. Ps. 106. 1; 107. 1; 136. Je. 33. 11.

22 *when they. Heb.* in the time that they, etc. *to sing and to. Heb.* in singing and. *the Lord set ambushments.* HOUBIGANT'S version is, 'the Lord set against the children of Ammon and Moab ambushments of those who came from mount Seir against Judah; and the children of Ammon and Moab were smitten: but they afterwards rose up against the inhabitants of mount Seir, and utterly destroyed them; who being destroyed, they rose up one against another, and mutually destroyed each other.' Ju. 7. 22. 1 Sa. 14. 16, 20. 2 Ki. 6. 17. Ps. 35. 5, 6. Is. 19. 2. Eze. 38. 21. *were smitten. or,* smote one another.

23 *mount Seir.* Ge. 14. 6; 36. 8, 9. De. 2. 5. Jos. 24. 4. Eze. 35. 2, 3. *to destroy another. Heb.* for the destruction.

24 *they were dead.* Ex. 14. 30. 1 Ch. 5. 22. Ps. 110. 6. Is. 37. 36. Je. 33. 5. *none escaped. Heb. there was* not an escaping. Ezr. 9. 14.

25 *they found.* Ex. 12. 35, 36. 1 Sa. 30. 19, 20. 2 Ki. 7. 9-16. Ps. 68. 12. Ro. 8. 37. *dead bodies.* Instead of *pegarim*, 'dead bodies,' eight MSS. and several ancient editions read *begadim*, 'garments.' None of the ancient versions, except the Chaldee, have *dead bodies: garments* would therefore appear to be the true reading; and the succeeding clause should be rendered, 'which they seized for themselves.' *precious jewels.* Ex. 3. 22. Nu. 31. 51. Ju. 8. 24-26. Pr. 3. 15. *it was so much.* Eze. 39. 8, 9.

26 *Berachah. that is,* Blessing. Having previously sought deliverance by fasting and prayer, and received the assurance of it with grateful joy, Jehoshaphat and his army returned immediate and fervent thanks and praise to the Lord, who had in so wonderful a manner performed his promise. SCOTT, who quotes the following from Bp. PATRICK: 'They did not return every man to his own home; but first went back to Jerusalem, to bless the Lord again for hearing their prayer and making good his promises.' *blessed.* Ex. 15. 1-19. 2 Sa. 22. 1. Ps. 103. 1, 2; 107. 21, 22. Lu. 1. 68. Re. 19. 1-6. *the name.* Ge. 28. 19; 32. 30. Ex. 17. 15. 1 Sa. 7. 12. Is. 62. 4. Ac. 1. 19. *unto this day.* ch. 5. 9.

27 *forefront. Heb.* head. 2 Sa. 6. 14, 15. Mi. 2. 13. Heb. 6. 20. *the Lord.* 1 Sa. 2. 1. Ne. 12. 43. Ps. 20. 5; 30. 1. Is. 35. 10; 51. 11. Re. 18. 20.

28 *with psalteries.* Instead of celebrating his own heroism or the valour of his troops on this memorable occasion, this excellent prince sung with his whole army the praises of Jehovah, the God of hosts, who disposes of the victory according to his pleasure. This conduct was becoming the descendant and successor of David, the man after God's own heart, and of a religious people, the peculiar inheritance of Jehovah. 2 Sa. 6. 5. 1 Ch. 13. 8; 23. 5; 25. 6. Ps. 57. 8; 92. 3; 149. 3; 150. 3-5. Re. 14. 2, 3.

29 *the fear.* ch. 17. 10. Ge. 35. 5. Ex. 23. 27. Jos. 5. 1. 2 Ki. 7. 6. *they had heard.* Ex. 15. 14-16. Jos. 2. 9-11; 9. 9-11.

30 *his God.* ch. 14. 6, 7; 15. 15. Jos. 23. 1. 2 Sa. 7. 1. Job 34. 29. Pr. 16. 7. Jno. 14. 27.

31 A.M. 3090-3115. B.C. 914-889. *Jehoshaphat.* 1 Ki. 22. 41-44.

32 *he walked.* See on ch. 17. 3-6. *the way.* See on ch. 14. 2-5, 11-13. 1 Ki. 15. 11. *departed not.* ch. 16. 7-12. Ps. 18. 21; 36. 3.

33 *the high places.* ch. 14. 3; 17. 6. *had not.* See on ch. 12. 14; 19. 3; 30. 19. De. 29. 4. 1 Sa. 7. 3.

34 *the rest.* See on ch. 12. 15; 13. 22; 16. 11. *book. Heb.* words. *Jehu the son of Hanani.* ch. 19. 2. 1 Ki. 16. 1, 7. *is mentioned. Heb.* was made to ascend.

35 A.M. 3108. B.C. 896. *did Jehoshaphat.* 1 Ki. 22. 48, 49. *who did very.* 2 Ki. 1. 2-16.

36 *And he joined.* '*At first Jehoshaphat was unwilling*, 1 Ki. 22. 48, 49.' *Tarshish.* 'Tarsos in the great sea,' says the Targumist, by which is meant a place in the Mediterranean, called the *Great Sea* by the Hebrews. See on 1 Ki. 10. 22, Tharshish. *Ezion-gaber.* 1 Ki. 9. 26, Ezion-geber.

37 *Because.* See on ch. 19. 2. Jos. 7. 11, 12. Pr. 13. 20. *the Lord.* ch. 16. 9. Pr. 9. 6; 13. 20. He. 12. 6. Re. 3. 19. *And the ships.* 1 Ki. 22. 48. *to Tarshish.* ch. 9. 21.

## CHAP. XXI.

*Jehoram, succeeding Jehoshaphat, slays his brethren,* 1-4. *His wicked reign,* 5-7. *Edom and Libnah revolt,* 8-11. *The prophecy of Elijah against him in writing,* 12-15. *Philistines and Arabians oppress him,* 16, 17. *His incurable disease, infamous death, and burial,* 18-20.

1 A.M. 3115. B.C. 889. *Jehoshaphat.* 1 Ki. 22. 50. *was buried.* See on ver. 20; ch. 9. 31; 12. 16. *Jehoram.* 2 Ki. 8. 16, 17. *reigned.* '*Alone.*'

2 *Israel.* Jehoshaphat was certainly not king of *Israel*, but of *Judah: Yisraël* must therefore be a mistake for *Yehoodah;* which is the reading of *thirty-eight* of Dr. KENNICOTT'S and DE ROSSI'S MSS., and of the Syriac, Arabic, Septuagint, and Vulgate.

3 *gave them.* ch. 11. 23. Ge. 25. 6. De. 21. 15-17. *the kingdom.* He associated him with himself in the kingdom about *three* years before his death, and in the fifth year of Joram king of Israel; so that Jehoram reigned *three* years with his father, and *five* years alone, in all *eight* years. *Jehoram.* '*Jehoram made partner of the kingdom with his father*, 1 Ki. 8. 16.'

4 *slew all.* ver. 17; ch. 22. 8, 10. Ge. 4. 8. Ju. 9. 5, 56, 57. 1 Jno. 3. 12.

5 A.M. 3112-3119. B.C. 892-885. *Jehoram.* '*In consort*, 2 Ki. 8. 17.'

6 *in the way.* 1 Ki. 16. 25-33. *he had.* ch. 18. 1; 22. 2. 2 Ki. 8. 18. Ne. 13. 25, 26.

7 *Howbeit.* ch. 22. 11. Is. 7. 6, 7. *because.* 2 Sa. 23. 5. Ps. 89. 28-34, 39. Je. 33. 20-26. *as he promised.* 2 Sa. 7. 12-17. 1 Ki. 11. 13, 36. 2 Ki. 8. 19. Ps. 132. 11, 17, 18, etc. Lu. 1. 69, 79. *light. Heb.* lamp, *or* candle.

8 A.M. 3115. B.C. 889. *the Edomites.* Ge. 27. 40. 2 Ki. 8. 20-22. *dominion. Heb.* hand. *and made.* 1 Ki. 22. 47. 2 Ki. 3. 9.

10 *Libnah*. Jos. 21. 13. 2 Ki. 19. 8. *because*. ch. 13. 10; 15. 2. De. 32. 21. 1 Ki. 11. 31, 33. Je. 2. 13.

11 *Moreover*. De. 12. 2-4. 1 Ki. 11. 7. Ps. 78. 58. Eze. 20. 28. *caused*. 1 Ki. 14. 9, 16. 2 Ki. 21. 11. Hab. 2. 15. Re. 2. 20. *fornication*. ver. 13. Le. 17. 7; 20. 5. 2 Ki. 9. 22. Ps. 106. 39. Eze. 16. 15, etc. Re. 2. 20-22; 17. 1-5. *compelled*. ch. 33. 9. Da. 3. 5, 6, 15. Re. 13. 15-17; 17. 5, 6.

12 A.M. 3116. B.C. 888. *a writing*. '*Which was writ before his assumption*.' 2 Ki. 2. 1. Je. 36. 2, 23, 28-32. Eze. 2. 9, 10. Da. 5. 5, 25-29. *Elijah the prophet*. If the account of the translation of Elijah be given in the order in which it happened, then it occurred in the reign of Jehoshaphat, the father of Jehoram. Hence it is probable that he wrote it before his assumption, and left it to be delivered by Elisha or one of the prophets. 2 Ki. 2. 11. *in the ways of Jehoshaphat*. ch. 17. 3, 4. 1 Ki. 22. 43. *in the ways of Asa*. ch. 14. 2-5. 1 Ki. 15. 11.

13 *in the way*. 1 Ki. 16. 25, 30-33. *a whoring*. ver. 11. Ex. 34. 15. De. 31. 16. 2 Ki. 9. 22. Je. 3. 8, 9. *hast slain*. ver. 4. Ge. 4. 10-12; 42. 21, 22. Ju. 9. 56, 57. 1 Ki. 2. 31-33. Is. 26. 21. Hab. 2. 12. 1 Jno. 3. 12.

14 *plague*. *Heb*. stroke. Le. 26. 21. *thy people*. Many of the people had concurred in Jehoram's idolatry, and some of them must have been instruments in his base, unnatural murders; they were therefore joined in his punishment, and he suffered by the loss of his subjects. Ho. 5. 11. Mi. 6. 16. *thy children*. Ex. 20. 5.

15 *by disease*. This is supposed to have been a violent dysentery, a disease which is often attended with symptoms similar to those described in the text; by the same death perished Antiochus Epiphanes, and Herod Agrippa. ver. 18, 19. Nu. 5. 27. De. 28. 61. Ac. 12. 23. *thy bowels fall*. Ps. 109. 18. Ac. 1. 18. *the sickness*. ver. 18. De. 28. 27, 37, 59, 67.

16 A.M. 3117. B.C. 887. *the Lord*. ch. 33. 11. 1 Sa. 26. 19. 2 Sa. 24. 1. 1 Ki. 11. 11, 14, 23. Ezr. 1. 1, 5. Is. 10. 5, 6; 45. 5-7. Am. 3. 6. *Philistines*. ch. 17. 11.

17 *carried away*. *Heb*. carried captive. Job 5. 3, 4. *his sons also* ch. 22. 1; 24. 7. *Jehoahaz*. ch. 22. 1, Ahaziah; 22. 6, Azariah.

18 A.M. 3117-3119. B.C. 887-885. *And after all*. '*His son Ahaziah Prorex, soon after*.' *an incurable disease*. See on ver. 15. 2 Ki. 9. 29. Ac. 12. 23.

19 *made no*. ch. 16. 14. Je. 34. 5.

20 A.M. 3119. B.C. 885. *Thirty and two*. ver. 5. *without being desired*. *Heb*. without desire. That is, without being regretted: no one wished him to live any longer. He was hated while he lived, and neglected when he died. ch. 23. 21. Pr. 10. 7. Je. 22. 18, 28.

## CHAP. XXII.

*Ahaziah succeeding, reigns wickedly*, 1-4. *In his confederacy with Joram, the son of Ahab, he is slain by Jehu*, 5-9. *Athaliah, destroying all the seed royal, save Joash, whom Jehoshabeath his aunt hid, usurps the kingdom*, 10-12.

1 *the inhabitants*. ch. 23. 3; 26. 1; 33. 25; 36. 1. *Ahaziah*. ver. 6, Azariah; ch. 21. 17, Jehoahaz. 2 Ki. 8. 24, etc. 1 Ch. 3. 11. *slain*. ch. 21. 16, 17.

2 A.M. 3119, 3120. B.C. 885, 884. *Forty and two*. In the parallel passage, (on which see the Note) he is said to be only *twenty-two;* and this is doubtless the true reading, as it is supported here by several MSS. and Versions. 2 Ki. 8. 26. *Athaliah*. ch. 21. 6. 1 Ki. 16. 28.

3 *his mother*. Ge. 6. 4, 5. De. 7. 3, 4; 13. 6-10. Ju. 17. 4, 5. Ne. 13. 23-27. Mal. 2. 15. Mat. 14. 8-11. *his counseller*. Ge. 27. 12, 13. Mat. 10. 37. Ac. 4. 19.

4 *they were his*. ch. 24. 17, 18. Pr. 1. 10; 12. 5; 13. 20; 19. 27.

5 *He walked*. Ps. 1. 1. Mi. 6. 16. *went with*. 2 Ki. 3. 28, 29, etc. *Ramoth-gilead*. ch. 18. 3, 31; 19. 2. 1 Ki. 22. 3. Da. 5. 22.

6 *And he returned*. 2 Ki. 9. 15. *which were given him*. *Heb*. wherewith they wounded him. *Azariah*. *Ahaziah*, אחזיהו, and *Jehoahaz*, יהואחז, are essentially the same both in letters and sense, the word יהו, *yeho*, or יה, *yah*, being merely transposed: but *Azariah*, עזריהו, seems to have been a distinct name by which he was known. ver. 1, 7, Ahaziah; ch. 21. 17, Jehoahaz. *to see Jehoram*. 2 Ki. 8. 29; 10. 13, 14.

7 *destruction*. *Heb*. treading down. Mal. 4. 3. *was of God*. ch. 10. 15. De. 32. 35. Ju. 14. 4. 1 Ki. 12. 15; 22. 20. Ps. 9. 16. Is. 46. 10. Ho. 14. 9. *he went out*. 2 Ki. 9. 21. *the Lord had*. 1 Ki. 19. 16. 2 Ki. 9. 1-7.

8 *when Jehu*. 2 Ki. 10. 10-14.

9 *he sought Ahaziah*. The account in the parallel passage is somewhat different. 'The current of the story at large is this,' says Dr. LIGHTFOOT: 'Jehu slayeth Joram in the field of Jezreel, as Ahaziah and Joram were together: Ahaziah seeing this, flies, and gets into Samaria, and hides himself there. Jehu marcheth to Jezreel, and makes Jezebel dogs' meat: from thence sends to Samaria for the heads of Ahab's children and posterity; which are brought him by night, and shewed to the people in the morning. Then he marcheth to Samaria, and, by the way, slayeth forty-two of Ahab's kinsmen, and findeth Jehonadab, the father of the Rechabites. Coming into Samaria, he maketh search for Ahaziah: they find him hid, bring him to Jehu, and he commands to carry him towards *Gur*, by *Ibleam*, and there to slay him. They do so: smite him in his chariot, and his charioteer driveth away to *Megiddo* before he dies.' '2 Ki. 9. 27, *at Megiddo, in the kingdom of Samaria*.' *in Samaria*. 1 Ki. 13. 32. *Because*. 1 Ki. 14. 13. 2 Ki. 9. 28, 34. *the son of Jehoshaphat*. ch. 17. 3, 4; 21. 20. *the house*. ver. 1, 8; ch. 21. 4, 17.

10 *Athaliah*. ver. 2-4. 2 Ki. 11. 1.

11 *Jehoshabeath*. 2 Ki. 11. 2. *bedchamber*. Eze. 40. 45, 46. *Jehoiada*. ch. 23. 1. *she slew him not*. ch. 21. 7. 2 Sa. 7. 13. 1 Ki. 15. 4. Ps. 33. 10; 76. 10. Pr. 21. 30. Is. 65. 8. Ac. 4. 28.

12 A.M. 3120-3126. B.C. 884-878. *hid in the house*. Ps. 27. 5. *Athaliah*. Ps. 12. 8; 73. 14, 18, 19. Je. 12. 1. Hab. 1. 12.

## CHAP. XXIII.

*Jehoiada, having set things in order, makes Joash king*, 1-11. *Athaliah is slain*, 12-15. *Jehoiada restores the worship of God*, 16-21.

1 *seventh year*. 2 Ki. 11. 4, etc. *covenant with him*. ch. 15. 12. 1 Sa. 18. 3. Ne. 9. 38.

2 *went about*. Ps. 112. 5. Mat. 10. 16. Ep. 5. 15. *the chief of*. HOUBIGANT omits the words *of Israel*. Bp. PATRICK, however, is of opinion that Judah is here called by the general name of *Israel:* but it is probable, that these 'chief of the fathers of Israel,' were the descendants of those priests and Levites, and other pious persons of the ten tribes, who left their cities and possessions, and joined themselves to Judah, in the days of Jeroboam. See the parallel passages. ch. 11. 13-17. 1 Ch. 15. 12; 24. 6.

3 *made a covenant*. ver. 16. 2 Sa. 5. 3. 2 Ki. 11. 17. 1 Ch. 11. 3. *as the Lord*. ch. 6. 16; 7. 18; 21. 7. 2 Sa. 7. 12, 16. 1 Ki. 2. 4; 9. 5. 1 Ch. 9. 9-27. Ps. 89. 29, 36.

4 *entering*. 1 Ch. 23. 3-6; 24. 3-6. Lu. 1. 8, 9. *porters*. 1 Ch. 26. 13-16. *doors*. *Heb*. thresholds.

5 *the king's house*. 2 Ki. 11. 5, 6. Eze. 44. 2, 3; 46. 2, 3. *the gate*. Ac. 3. 2.

6 *they that minister*. 2 Ki. 11. 6, 7. 1 Ch. 23. 28-32.

7 *the Levites*. 2 Ki. 11. 8, 9. *whosoever*. Ex. 19. 12, 13; 21. 14. Nu. 3. 10, 38.

8 *the Levites*. 2 Ki. 11. 9. *the courses*. 1 Ch. ch. 24-26.

9 *spears.* 1 Sa. 21. 9. 2 Sa. 8. 7. *which were in the house.* When the soldier retired from the tumults of war to the bosom of his family, he frequently hung up his arms in the temple, as a grateful acknowledgment of the protection he had received, and of the victories he had won. It is highly probable, therefore, that the arms of David which Jehoiada delivered to the captains of hundreds, 'which were in the house of God,' were laid up in the tabernacle by David when he resigned the command of his armies to his generals; and there is reason to believe that his conduct, in this respect, was followed by many of his companions in arms.

10 *side of the temple. Heb.* shoulder of the house. 2 Ki. 11. 11. *along by.* ch. 6. 12. Ex. 40. 6.

11 *they brought.* ch. 22. 11. 2 Ki. 11. 12. *put upon.* 2 Sa. 1. 10. Ps. 21. 3; 89. 39; 132. 18. He. 2. 9. Ja. 1. 12; 2. 5. Re. 4. 4, 10; 5. 10; 19. 12. *the testimony.* Ex. 25. 16; 31. 18. De. 17. 18-20. Ps. 2. 10-12; 78. 5. Is. 8. 16, 20; 49. 23. *anointed him.* 1 Sa. 10. 1. 2 Sa. 5. 3. 1 Ki. 1. 39. Ps. 89. 20. Ac. 4. 26, 27. *God save the king. Heb.* Let the king live. 1 Sa. 10. 24. 2 Sa. 16. 16. 1 Ki. 1. 34. Mat. 21. 9.

12 *Now when.* 2 Ki. 11. 13-16. *she came.* 2 Ki. 9. 32-37.

13 *she looked.* Ps. 14. 5. *the king.* ch. 34. 31. 2 Ki. 23. 3. *and the princes.* Nu. 10. 1-10. 1 Ch. 15. 24. *all the people.* 1 Ki. 1. 39, 40. 1 Ch. 12. 40. Pr. 11. 10; 29. 2. *sounded.* Ju. 7. 8, 18-22. 2 Ki. 9. 13. *the singers.* 1 Ch. 15. 16-22, 27; 25. 1-8. *Then Athaliah.* Ec. 9. 12. *Treason. Heb.* Conspiracy. 1 Ki. 18. 17, 18. 2 Ki. 9. 23. Ro. 2. 1, 2.

14 *Have her forth.* The Vulgate has here, and in the parallel place, *Educite illam extra septa templi,* 'Take her out beyond the precincts of the temple.' These were walls erected in parallel lines, and forming an extensive range of buildings around the sacred edifice. Ex. 21. 14. *whoso followeth her.* He who takes her part let him be instantly slain. 2 Ki. 10. 25; 11. 8, 15. *Slay her not.* Eze. 9. 7.

15 *the horse gate.* This gate was in the *eastern* wall of the city, towards the brook Kidron, (Je. 31. 40,) at which the king's horses probably went out from the stables at Millo. It was near the temple; and some Rabbins suppose that, in order to go to the temple, a person might go on horseback to this place, but was then obliged to alight. Ne. 3. 28. *they slew her there.* ch. 22. 10. Ju. 1. 7. Ps. 5. 6; 55. 23. Mat. 7. 2. Ja. 2. 13. Re. 16. 5-7.

16 *made a covenant.* ch. 15. 12, 14; 29. 10; 34. 31, 32. De. 5. 2, 3; 29. 1-15. 2 Ki. 11. 17. Ezr. 10. 3. Ne. 5. 12, 13; 9. 38; 10. 29, etc. *that they should.* De. 26. 17-19. Jos. 24. 21-25. Is. 44. 5.

17 *the house of Baal.* ch. 34. 4, 7. 2 Ki. 10. 25-28; 11. 18; 18. 4. *brake his altars.* De. 12. 3. Is. 2. 18. Zec. 13. 2, 3. *slew Mattan.* De. 13. 5, 9. 1 Ki. 18. 40. 2 Ki. 11. 18, 19.

18 *whom David.* 1 Ch. ch. 23; 24. *as it is written.* Nu. ch. 28. *by David. Heb.* by the hands of David. ch. 29. 25. 1 Ch. ch. 25.

19 *porters.* 1 Ch. 9. 23, 24; ch. 26.

20 *the captains.* 2 Ki. 11. 9, 10, 19.

21 2 Ki. 11. 20. Ps. 58. 10, 11. Pr. 11. 10. Re. 18. 20; 19. 1-4.

## CHAP. XXIV.

*Joash reigns well all the days of Jehoiada, 1-3. He gives order for the repair of the temple, 4-14. Jehoiada's death and honourable burial, 15, 16. Joash, falling into idolatry, slays Zechariah the son of Jehoiada, 17-22. Joash is spoiled by the Syrians, and slain by Zabad and Jehozabad, 23-26. Amaziah succeeds him, 27.*

1 A.M. 3126-3165. B.C. 878-839. *Joash.* Joash, יואש, or יאש, is merely an abbreviation of *Jehoash,* יהואש, by the elision of ה, *hay,* and here also of ו, *wav.* 2 Ki. 11. 21; 12. 1, Jehoash. 1 Ch. 3. 11. *seven years old.* As Joash was hidden *six* years in the temple, and was but *seven* when he came to the throne, he could have been but *one year* old when secreted by his aunt.

2 A.M. 3126-3162. B.C. 878-842. *Joash.* ch. 25. 2; 26. 4, 5. 2 Ki. 12. 2. Ps. 78. 36, 37; 106. 12, 13. Mar. 4. 16, 17. *all the days of Jehoiada.* ver. 17-22. Is. 29. 13.

3 *took for him.* Not *for himself,* as the Jewish expositors suppose, but *for Joash;* for Jehoiada's advanced age renders it highly improbable that he should take them for himself. He was born in the reign of Solomon, and lived through six successive reigns; and must, on any computation, have been upwards of 100 years old when Joash began to reign. See ver. 15. Ge. 21. 21; 24. 4. *two wives.* Ge. 4. 19. Mat. 19. 4-8.

4 A.M. 3148. B.C. 856. *repair. Heb.* renew. ver. 5-7.

5 *gather of all Israel.* ch. 29. 3; 34. 8, 9. 2 Ki. 12. 4, 5. *Howbeit.* 2 Ki. 12. 6, 7.

6 *Why hast thou.* 2 Sa. 24. 3. *the collection.* This was the poll-tax fixed by Moses, of half a shekel, which was levied on every man of twenty years old and upwards, as 'a ransom for their souls, that there might be no plague among them.' Ex. 30. 12-16. *tabernacle.* Nu. 1. 50; 17. 7, 8; 18. 2. Ac. 7. 44.

7 *the sons of Athaliah.* As Jehoram's sons, Ahaziah excepted, whether by Athaliah or any other, were all slain before his death (ch. 22. 1), this spoliation of the temple must have taken place in his life-time. ch. 21. 17. *that wicked.* ch. 28. 22-24. Es. 7. 6. Pr. 10. 7. 2 Th. 2. 8. Re. 2. 20. *the dedicated.* 2 Ki. 12. 4. *did they bestow.* De. 32. 15-17. Eze. 16. 17-21. Da. 5. 2-4, 23. Ho. 2. 8, 9, 13.

8 *at the king's.* 2 Ki. 12. 8, 9. Mar. 12. 41.

9 *proclamation. Heb.* voice. *collection.* ver. 6. Mat. 17. 24-27.

10 *rejoiced.* 1 Ch. 29. 9. Is. 64. 5. Ac. 2. 45-47. 2 Co. 8. 2; 9. 7.

11 *at what time.* 2 Ki. 12. 10-12. *the king's scribe.* It was necessary to associate with the high priest some *civil authority* and activity, in order to get the neglected work performed. *Thus they did.* 1 Co. 16. 2.

12 *gave it to such.* ch. 34. 9-11. *masons.* 1 Ki. 5. 15.

13 *the work was perfected by them. Heb.* the healing went up upon the work by their hand. Ne. 4. 7. *they set,* etc. That is, 'they restored it to its former proper state.' *in his state.* 1 Ch. 22. 5. Hag. 2. 3. Mar. 13. 1, 2.

14 *vessels of the house.* 2 Ki. 12. 13, 14. *vessels to minister.* 1 Ki. 7. 50. *to offer withal. or,* pestils. Pr. 27. 22. *And they offered.* It appears from this, that the daily morning and evening sacrifices had been previously intermitted; and that they were again neglected after the death of Jehoiada. Ex. 29. 38-42. Nu. 28. 2, etc. *all the days.* ver. 2.

15 A.M. 3162. B.C. 842. *and was full of days. Wyyisbâ yamim,* 'satiated with days;' which seems to be a metaphor taken from a guest regaled by a plentiful banquet, used to express the termination of life without reluctance. Ge. 15. 15; 25. 8. 1 Ch. 23. 1. Job 5. 26. Ps. 91. 16. *an hundred.* Ge. 47. 9. Ps. 90. 10.

16 *in the city.* 1 Sa. 2. 30. 1 Ki. 2. 10. Ac. 2. 29. *because.* ch. 23; 31. 20. Ne. 13. 14. He. 6. 10.

17 A.M. 3162-3165. B.C. 842-839. *Now after.* De. 31. 27. Ac. 20. 29, 30. 2 Pe. 1. 15. *the princes of Judah.* ch. 10. 8-10; 22. 3, 4. Pr. 7. 21-23; 20. 19; 26. 8, 28; 29. 5. Da. 11. 32. *Then the king.* Pr. 29. 12.

18 *And they left.* ver. 4; ch. 21. 13; 33. 3-7. 1 Ki. 11. 4, 5; 14. 9, 23. *wrath.* ch. 19. 2; 28. 13; 29. 8; 32. 25; 36. 14-16. Jos. 22. 20. Ju. 5. 8. 2 Sa. 24. 1. Ho. 5. 10, 11, 14. Zep. 1. 4-6. Ep. 5. 6.

19 *Yet he sent.* ch. 36. 15, 16. 2 Ki. 17. 13-15. Ne. 9. 26. Je. 7. 25, 26; 25. 4, 5; 26. 5; 44. 4, 5. Lu. 11. 47-51: 16. 31; 20. 9-15. *but they would.* Ps. 95. 7, 8. Is. 28. 23; 42. 23; 51. 4; 55. 3. Mat. 13. 9, 15, 16.

20 *And the Spirit.* ch. 15. 1; 20. 14. *came upon. Heb.* clothed. Ju. 6. 34. 1 Ch. 12. 18. *the son.* ch. 23. 11. *transgress.* Nu. 14. 41. 1 Sa. 13. 13, 14. 2 Sa. 12. 9, 10. Zec. 7. 11-14. *because.* ch. 15. 2. De. 29. 25, 26. 1 Ch. 28. 9. Je. 2. 19; 4. 18; 5. 19, 25.

21 *conspired.* Je. 11. 19; 18. 18; 38. 4-6. *stoned him.* Mat. 21. 35; 23. 34-37. Ac. 7. 58, 59.

22 *remembered.* Ps. 109. 4. Lu. 17. 15-18. Jno. 10. 32. *but slew his son.* Pr. 17. 13. *The Lord.* These words were *prophetic*, and not *imprecatory;* and should be rendered as HOUBIGANT proposes, in the *future* tense: 'The Lord *will* look upon it, and avenge it.' The event soon verified this prediction; for, before the year was expired, the Syrians came up against Jerusalem, and destroyed all the princes of the people, and Joash himself was slain in his bed by his own servants. Many circumstances served to aggravate this barbarous act. Zechariah was a high-priest and a prophet, upright and unblameable in the discharge of his high offices; this murder was perpetrated within the very precincts of the courts of the Lord; and this truly good man was by blood the nearest relative of Joash, and the son of the man who had saved him from being murdered, and raised him to the throne! Ge. 9. 5. Je. 11. 20; 26. 14, 15. Lu. 11. 51. 2 Ti. 4. 14, 16. Re. 6. 9-11; 18. 20; 19. 2. *and require it.* Ps. 10. 14. Je. 51. 56.

23 A.M. 3165. B.C. 839. *at the end. Heb.* in the revolution. 1 Ki. 20. 22, 26. *the host.* De. 32. 35. 2 Ki. 12. 17, 18. *princes.* ver. 17, 18. Ps. 2. 10, 11; 58. 10, 11; 82. 6, 7. *Damascus. Heb.* Darmesek.

24 *came.* Le. 26. 8, 37. De. 32. 30. Is. 30. 17. Je. 37. 10. *delivered.* ch. 16. 8, 9; 20. 11, 12. Le. 26. 25. De. 28. 25, 48. *So.* ch. 22. 8. Is. 10. 5, 6; 13. 5. Hab. 1. 12.

25 *great diseases.* ch. 21. 16, 18, 19; 22. 6. *his own servants.* 2 Ki. 12. 20; 14. 19, 20. *for the blood.* ver. 21, 22. Ps. 10. 14. Re. 16. 6. *the sons of Jehoiada.* HOUBIGANT reads, 'the *son* of Jehoiada;' but perhaps Joash slew some other sons of Jehoiada. *not.* ver. 16; ch. 21. 20; 28. 27.

26 *Zabad. or,* Jozachar. 2 Ki. 12. 21. *Shimrith. or,* Shomer.

27 *burdens.* 2 Ki. 12. 18. *repairing. Heb.* founding. ver. 13. *story. or,* commentary. ch. 9. 29; 16. 11; 20. 34. *Amaziah.* ch. 25. 1. 2 Ki. 12. 21. 1 Ch. 3. 12.

## CHAP. XXV.

*Amaziah begins to reign well,* 1, 2. *He executes justice on the traitors,* 3, 4. *Having hired an army of Israelites against the Edomites, at the word of a prophet dismisses them,* 5-10. *He overthrows the Edomites,* 11, 12. *The Israelites, discontented with their dismission, spoil as they return home,* 13. *Amaziah, proud of his victory, serves the gods of Edom, and despises the admonitions of the prophet,* 14-16. *He provokes Joash to his overthrow,* 17-24. *His reign,* 25, 26. *He is slain by conspiracy,* 27, 28.

1 *twenty and five.* 2 Ki. 14. 1-3.

2 *but not.* ver. 14; ch. 24. 2; 26. 4. 1 Sa. 16. 7. 2 Ki. 14. 4. Ps. 78. 37. Is. 29. 13. Ho. 10. 2. Ac. 8. 21. Ja. 1. 8; 4. 8.

3 A.M. 3166. B.C. 838. *Now it came.* 2 Ki. 14. 5, etc. *established to him. Heb.* confirmed upon him. *he slew.* ch. 24. 25, 26. Ge. 9. 5, 6. Ex. 21. 14. Nu. 35. 31-33. No doubt those wicked men, Jozachar and Jehozabad, who murdered his father, had considerable power and influence; and therefore he found it dangerous to bring them to justice, till he was assured of the loyalty of his other officers: when this was clear, he called them to an account, and justly put them to death for treason and murder; for, if even these conspirators against Joash intended to avenge upon him the death of Zechariah, they acted without a commission from that God 'to whom vengeance belongeth.'

4 *as it is written.* De. 24. 16. 2 Ki. 14. 5, 6. Je. 31. 29, 30. Eze. 18. 4, 20.

5 A.M. 3177. B.C. 827. *captains over thousands.* Ex. 18. 25. 1 Sa. 8. 12. 1 Ch. 13. 1; 27. 1. *from twenty.* Nu. 1. 3. *three.* ch. 11. 1; 14. 8; 17. 14-18.

6 *an hundred talents of silver.* Estimating the shekel at 2*s.* 6*d.*, and the talent, being 3000 shekels, (see Ex. 38. 25, 26,) at 375*l.*, one hundred talents would amount to 37,500*l.;* which, divided among 100,000 men, quotes only 7*s.* 6*d.;* hence we may suppose, that this was only an earnest of their pay, or that they expected to be enriched by the plunder of the Edomites.

7 *a man of God.* 2 Sa. 12. 1. 1 Ki. 13. 1. 1 Ti. 6. 11. 2 Ti. 3. 17. *for the Lord.* ch. 13. 12; 19. 2. 1 Ki. 12. 28. Is. 28. 1-3. Ho. 5. 13-15; 9. 13.

8 *be strong.* ch. 18. 14. Ec. 11. 9. Is. 8. 9, 10. Joel 3. 9-14. Mat. 26. 45. *God hath power.* ch. 14. 11; 20. 6. Ju. 7. 7. 1 Sa. 14. 6. Job 5. 18; 9. 13. Ps. 20. 7; 33. 16-20; 62. 11. Ec. 9. 11. *army. Heb.* band. ver. 13. *The Lord.* ch. 1. 12. De. 8. 18. Ps. 24. 1. Pr. 10. 22. Hag. 2. 8. Lu. 18. 29, 30. Phi. 4. 19.

10 *Amaziah.* 1 Ki. 12. 24. *home. Heb.* to their place. *great anger. Heb.* heat of anger. 2 Sa. 19. 43. Pr. 29. 22.

11 *valley.* 2 Sa. 8. 13. 2 Ki. 14. 7. Ps. 60, title.

12 *And other ten thousand.* No intimation is given on what account, or on what provocation, this most cruel conduct towards the prisoners of war was adopted. The enmity between Israel and Edom seems to have been reciprocal and deeply malignant. The victorious king and his army considered every individual of Edom as a traitor and rebel; and so adjudged them to death, and acted on this judgment. But their conduct was wholly inexcusable, and could only perpetuate rancour to future generations, and provoke the surviving Edomites to cruel retaliations, whenever they had it in their power. *cast them.* 2 Sa. 12. 31. 1 Ch. 20. 3. *broken in pieces.* ch. 20. 10; 21. 8-10.

13 *soldiers of the army. Heb.* sons of the band. ver. 9. *fell upon the cities.* These Israelites seem to have returned *home*, when discharged by Amaziah, whose powerful army deterred them from attempting revenge at that time; but when he was engaged in war with the Edomites, they marched from Samaria, and plundered all the cities till they came to Beth-horon, where they slew 3000 of the inhabitants. *Samaria.* 1 Ki. 16. 24, 29. *Beth-horon.* ch. 8. 5. 1 Ki. 9. 17.

14 *he brought.* ch. 28. 23. Is. 44. 19. *his gods.* Ex. 20. 3-5. De. 7. 5, 25. 2 Sa. 5. 21.

15 *a prophet.* ver. 7; ch. 16. 7-9; 19. 2; 20. 37. 2 Sa. 12. 1-6. *Why hast thou sought.* ch. 24. 20. Ju. 2. 2. Je. 2. 5. *the gods.* Ps. 96. 5. *which could.* ver. 11, 12. Ps. 115. 4-8. Is. 44. 9, 10; 46. 1, 2. Je. 10. 7. 1 Co. 8. 4; 10. 20.

16 *Art thou made.* ch. 16. 10; 18. 25; 24. 21. Am. 7. 10-13. Mat. 21. 23. *forbear.* Pr. 9. 7, 8. Is. 30. 10, 11. Je. 29. 26. 2 Ti. 4. 3. Re. 11. 10. *determined. Heb.* counselled. ch. 18. 20, 21. Ex. 9. 16. De. 2. 30. 1 Sa. 2. 25. Is. 46. 10. Ac. 4. 28. Ro. 9. 22. Ep. 1. 11.

17 A.M. 3178. B.C. 826. *Amaziah.* ver. 13. 2 Ki. 14. 8-14. *let us see.* 2 Sa. 2. 14. Pr. 20. 3.

18 *thistle. or,* furze-bush, *or* thorn. Ju. 9. 8-15. 1 Ki. 4. 33. *a wild beast. Heb.* a beast of the field. Ps. 80. 13.

19 *heart.* ch. 26. 16; 32. 25. De. 8. 14. Pr. 13. 10; 16. 18; 28. 25. Da. 5. 20-23. Hab. 2. 4. Ja. 4. 6. 1 Pe. 5. 5. *to boast.* Je. 9. 23. 1 Co. 1. 29. *why shouldest.* ch. 35. 21. Pr. 18. 6; 20. 3; 26. 17. Lu. 14. 31.

20 *it came of God.* ver. 16; ch. 22. 7. 1 Ki. 12. 15. Ps. 81. 11, 12. Ac. 28. 25-27. 2 Th. 2. 9-11. 1 Pe. 2. 8. *sought.* ver. 14.

21 *they saw one another.* That is, 'they fought against each other.' To face an enemy, or to face one another, is still a common expression. The reason of this war was evidently the injury the army of Joash had done to the unoffending inhabitants of Judah. The ravages committed by them were totally unprovoked, base, and cowardly: they fell upon women, old men, and children, and butchered them in cold blood, when all the effective men were gone with their king against the Edomites. The quarrel of Amaziah was certainly *just*, yet he was put to the rout: he fell, and Judah with him, as Joash had said; and the reason was, because 'it came of God, that he might deliver them into the hands *of their enemies*, because they sought after the gods of Edom.' This was the reason why the Israelites triumphed. ver. 17. *Beth-shemesh.* Jos. 21. 16. 1 Sa. 6. 9, 19, 20.

22 *put to the worse. Heb.* smitten. ch. 28. 5, 6. *fled.* 1 Sa. 4. 10. 1 Ki. 22. 36.

23 *took Amaziah.* ch. 33. 11; 36. 6, 10. Pr. 16. 18; 29. 23. Da. 4. 37. Ob. 3. Lu. 14. 11. *Jehoahaz.* ch. 21. 17; 22. 1, Ahaziah. ch. 22. 6, Azariah. *gate of Ephraim.* Ne. 8. 16; 12. 39. *corner gate. Heb.* the gate of it that looketh. ch. 26. 9. Je. 31. 38.

24 *all the gold.* ch. 12. 9. 2 Ki. 14. 14. *the hostages also.* It is probable that these *hostages* were given in order that Amaziah might regain his liberty.

25 A.M. 3179-3194. B.C. 825-810. *Joash.* 2 Ki. 14. 17, etc., Jehoash.

26 *rest of the acts.* ch. 20. 34. 2 Ki. 14. 15.

27 A.M. 3194. B.C. 810. *after the time.* ch. 15. 2. *following. Heb.* after. *made. Heb.* conspired. ch. 24. 25. 2 Ki. 14. 19. *Lachish.* Jos. 10. 31.

28 *the city of Judah. that is,* the city of David, *as it is* 2 Ki. 14. 20.

## CHAP. XXVI.

*Uzziah succeeding, and reigning well in the days of Zechariah, prospers, 1-15. Waxing proud, he invades the priest's office, and is smitten with leprosy, 16-21. He dies, and Jotham succeeds him, 22, 23.*

1 *all the.* ch. 22. 1; 33. 25. *Uzziah.* 2 Ki. 14. 21; 15. 1, etc. 1 Ch. 3. 12, Azariah. Mat. 1. 8, 9, Ozias.

2 *Eloth.* ch. 8. 17. 2 Ki. 14. 22; 16. 6, Elath. *restored.* ch. 25. 23, 28.

3 A.M. 3194-3246. B.C. 810-758. *Uzziah.* Is. 1. 1; 6. 1. Ho. 1. 1. Am. 1. 1. Zec. 14. 5. *Jecoliah.* 2 Ki. 15. 2, 3, Jecholiah.

4 *according to all.* ch. 25. 2.

5 *he sought God.* ch. 24. 2. Ju. 2. 7. Ho. 6. 4. Mar. 4. 16, 17. Ac. 20. 30. *had.* Ge. 41. 15, 38. Da. 1. 17; 2. 19; 5. 16; 10. 1. *visions. Heb.* seeing. *and as long.* ch. 15. 2; 25. 8. 1 Ch. 22. 11, 13. Ps. 1. 3.

6 *warred against.* ch. 21. 16. Is. 14. 29. *the wall of Gath.* 2 Sa. 8. 1. 1 Ch. 18. 1. *Jabneh.* Jabneh, or *Jamnia*, was given to the tribe of Dan; and was situated between Lydda and Azotus. It is now called *Yebna*, and is described as 'a village about twelve miles distant from Jaffa, (Joppa,) in a fine open plain, surrounded by hills, and covered by herbage. On sloping hills of easy ascent, by which the plains were bordered, Yebna, Ekron, Ashdod, and Askalon were in sight.' *about. or,* in *the country of.* 1 Sa. 5. 1, 6.

7 *God helped.* ch. 14. 11. 1 Ch. 5. 20; 12. 18. Ps. 18. 29, 34, 35. Is. 14. 29. Ac. 26. 22. *the Arabians.* ch. 17. 11; 21. 16.

8 *the Ammonites.* ch. 20. 1. Ge. 19. 38. De. 2. 19. Ju. 11. 15-18. 1 Sa. 11. 1. 2 Sa. 8. 2. *his name.* Ge. 12. 2. 2 Sa. 8. 13. 1 Ki. 4. 31. Mat. 4. 24. *spread. Heb.* went.

9 *the corner gate.* ch. 25. 23. 2 Ki. 14. 13. Je. 31. 38. Zec. 14. 10. *the valley gate.* Ne. 3. 13; 3. 13, 19, 32. *the turning.* Ne. 2. 20, 24. *fortified. or,* repaired.

10 *digged many wells. or,* cut out many cisterns. Ge. 26. 18-21. *he had much.* 2 Ki. 3. 4. 1 Ch. 27. 26-31. *Carmel. or,* fruitful fields. 2 Ki. 19. 23. Is. 29. 17. *husbandry. Heb.* ground.

11 *went out.* 2 Ki. 5. 2.

13 *an army. Heb.* the power of an army. *three hundred.* ch. 11. 1; 13. 3; 14. 8; 17. 14-19.

14 *slings to cast stones. Heb.* stones of slings. Ju. 20. 16. 1 Sa. 17. 49.

15 *cunning men.* ch. 2. 7, 14. Ex. 31. 4. *to shoot arrows.* These engines, it is probable, bore some resemblance to the *balistæ* and *catapultæ* of the Romans, which were employed for throwing stones and arrows, and were in reality the mortars and carcasses of antiquity. With respect to the towers which Uzziah built in the wilderness, (ver. 10,) Mr. HARMER appears to have given a truer view of the subject than commentators in general have done, who suppose that they were conveniences made only for sheltering the shepherds from bad weather, or to defend them from incursions of enemies; for they might rather be designed to keep the nations that pastured there in awe, and also to induce them quietly to pay the tribute to which the 8th verse seems to refer. WILLIAM of Tyre describes a country not far from the Euphrates as inhabited by Syrian and Armenian Christians, who fed great flocks and herds there, but were kept in subjection to the Turks, in consequence of their living among them in strong places. *spread far. Heb.* went forth. Mat. 4. 24.

16 *when he was.* ch. 25. 19; 32. 25. De. 8. 14, 17; 32. 13-15. Pr. 16. 18. Hab. 2. 4. Col. 2. 18. *went into.* 2 Ki. 16. 12, 13. *to burn.* Nu. 16. 1, 7, 18, 35. 1 Ki. 12. 33; 13. 1-4.

17 *Azariah.* 1 Ch. 6. 10. *valiant men.* 1 Ch. 12. 28; 26. 6.

18 *withstood Uzziah.* ch. 16. 7-9; 19. 2. Je. 13. 18. Mat. 10. 18, 28; 14. 4. 2 Co. 5. 16. Ga. 2. 11. *not unto thee.* Nu. 16. 40, 46-48; 18. 7. *to the priests.* Ex. 30. 7, 8. He. 5. 4. *go out.* 1 Co. 5. 5. *neither shall it be.* 1 Sa. 2. 30. Da. 4. 37. Jno. 5. 44. Ja. 2. 1.

19 *he.* ch. 16. 10; 25. 16. *even.* Nu. 12. 10. 2 Ki. 5. 27.

20 *hasted also.* Es. 6. 12. *the Lord.* Le. 14. 34. De. 28. 22, 35.

21 A.M. 3239-3246. B.C. 765-758. *Uzziah.* 2 Ki. 15. 5. *dwelt.* Le. 13. 46. Nu. 5. 2, 3; 12. 15. 2 Ki. 7. 3. *several. Heb.* free.

22 *first.* ch. 9. 29; 12. 15. *Isaiah.* Is. 1. 1; 6. 1.

23 A.M. 3246. B.C. 758. *slept.* 2 Ki. 15. 6, 7. *they buried him.* ver. 18; ch. 21. 20; 28. 27; 33. 20.

## CHAP. XXVII.

*Jotham reigning well, prospers, 1-4. He subdues the Ammonites, 5, 6. His reign and death; Ahaz succeeds him, 7-9.*

1 A.M. 3246-3262. B.C. 758-742. *twenty and five.* 2 Ki. 15. 32, 33, etc. 1 Ch. 3. 12. Is. 1. 1. Ho. 1. 1. Mi. 1. 1. Mat. 1. 9, Joatham.

2 *And he did.* ch. 26. 4. 2 Ki. 15. 34. *he entered not.* He copied his father's conduct as far as it was pious and constitutional; and avoided his transgression. ch. 26. 16-21. Ps. 119. 120. Ac. 5. 13. *the people.* 2 Ki. 15. 35.

3 *high gate.* ch. 23. 20. Je. 20. 2. *Ophel. or,* the tower. 'The wall,' says the Targum, 'of the interior palace.' *Ophel* appears to have been a tower, or fort, on the city wall, in which we read 'the Nethinim dwelt.' ch. 33. 14. Ne. 3. 26, 27.

4 *he built cities.* ch. 11. 5-10; 14. 7; 26. 9, 10. *the mountains.* Jos. 14. 12, 13. Lu. 1. 39. *castles and towers.* These castles and towers he doubtless built for the protection of the country people against marauders.

5 *the king of the Ammonites.* We find here, that he brought the Ammonites under a heavy tribute for *three* years; but whether this was the *effect* of his prevailing against them, is not so evident. Some think that they paid this tribute for three years, and then revolted; that, in consequence, he attacked them, and their utter subjection was the result. ch. 20. 1. Ju. 11. 4, etc.

2 Sa. 10. 1-14. Je. 49. 1-6. *ten thousand.* Rather, 'ten thousand *cors* (*korim*) of wheat.' The *cor* was the same as the *homer*, and contained about 32 pecks 1 pint. *So much. Heb.* This.

6 *Jotham.* ch. 26. 5. *prepared. or*, established. ch. 19. 3.

7 *Now the rest.* ch. 20. 34; 26. 22, 23; 32. 32, 33. A.M. 3262. B.C. 742. *they are written.* There is not so much found in the book of Kings, which we have now, as here: in both places we have abridged accounts; the larger histories having been lost.

9 *Jotham.* 2 Ki. 15. 38.

## CHAP. XXVIII.

*Ahaz reigning very wickedly, is greatly afflicted by the Syrians,* 1-5. *Judah being captivated by the Israelites, is sent home by the counsel of Oded the prophet,* 6-15. *Ahaz sending for aid to Assyria, is not helped thereby,* 16-21. *In his distress he grows more idolatrous,* 22-25. *He dying, Hezekiah succeeds him,* 26, 27.

1 A.M. 3262-3278. B.C. 742-726. *Ahaz.* 2 Ki. 16. 1, 2, etc. 1 Ch. 3. 13. Is. 1. 1; 7. 1-12. Ho. 1. 1. Mi. 1. 1. Mat. 1. 9. *like David his father.* ch. 17. 3.

2 *For he walked.* ch. 21. 6; 22. 3, 4. 1 Ki. 16. 31-33. 2 Ki. 10. 26-28. *molten images.* Ex. 34. 17. Le. 19. 4. *Baalim.* Ju. 2. 11, 13. Ho. 2. 13, 17.

3 *burnt incense. or*, offered sacrifice. *the valley.* 2 Ki. 23. 10. Je. 7. 31, 32; 19. 2-6, 13. *burnt.* ch. 33. 6. Le. 18. 21. 2 Ki. 16. 3. Ps. 106. 37, 38. Je. 2. 34; 32. 35. Eze. 16. 20, 21. Mi. 6. 7. *after the abominations.* ch. 33. 2. De. 12. 31.

4 Le. 26. 30. De. 12. 2, 3. 2 Ki. 16. 4.

5 *his God.* ch. 36. 5. Ex. 20. 2, 3. *delivered him.* ch. 24. 24; 33. 11; 36. 17. Ju. 2. 14. 2 Ki. 16. 5, 6. Is. 7. 1, 6. *Damascus. Heb.* Darmesek.

6 *Pekah.* 2 Ki. 15. 27, 37. Is. 7. 4, 5, 9; 9. 21. *an hundred.* ch. 13. 17. *valiant men. Heb.* sons of valour. *because.* ch. 15. 2. De. 6. 14, 15; 28. 15, 25; 29. 24-26; 31. 16, 17; 32. 30. Jos. 23. 16; 24. 20. Is. 1. 28; 24. 5, 6. Je. 2. 19; 15. 6.

7 *next to the king. Heb.* the second to the king.

8 *carried.* De. 28. 25, 41. *brethren.* ch. 11. 4. Ac. 7. 26; 13. 26.

9 *he went out.* ch. 19. 1, 2; 25. 15, 16. 1 Ki. 20. 13, 22, 42. 2 Ki. 20. 14, 15. *Behold.* To this beautiful speech nothing can be added by the best comment: it is simple, humane, pious, and overwhelmingly convincing; and it is no wonder that it produced the effect here described. That there was much humanity, as well as firmness, in the heads of the children of Ephraim, who joined with the prophet of Jehovah on this occasion, their subsequent conduct, as detailed in the fifteenth verse, sufficiently proves. They did not barely dismiss these most unfortunate captives, but they took that very spoil which their victorious army had taken, and with it clothed, shod, fed, and anointed these distressed people, set the feeblest of them upon asses, and escorted them safely to Jericho! We can scarcely find a parallel to this in the universal history of the wars which savage man has carried on against his fellows from the foundation of the world. The compliance also of the whole army, in leaving both the captives and spoil to the disposal of the princes, was really wonderful, and perhaps unparalleled in history. Both the princes and army are worthy to be held up to the admiration and imitation of mankind. *because the Lord God.* ver. 5. Ju. 3. 8. Ps. 69. 26. Is. 10. 5-7; 47. 6. Je. 15. 17, 18. Eze. 25. 12-17; 26. 2, 3. Ob. 10-16. Zec. 1. 15. *reacheth.* Ge. 4. 10; 11. 4. Ezr. 9. 6. Re. 18. 5.

10 *keep.* Le. 25. 39-46. *not with.* Je. 25. 29. Mat. 7. 2-4. Ro. 12. 20, 21. 1 Pe. 4. 17, 18. *the Lord.* ver. 5.

11 *deliver.* Is. 58. 6. Je. 34. 14, 15. He. 13. 1-3. *the fierce.* Ezr. 10. 14. Mat. 5. 7; 7. 2. Ja. 2. 13.

12 *the heads.* 1 Ch. 28. 1. *stood up.* Je. 26. 6.

13 *add more.* Nu. 32. 14. Jos. 22. 17, 18. Mat. 23. 32, 35. Ro. 2. 5.

15 *expressed by name.* ver. 12. *clothed.* Job 31. 15-23. Is. 58. 7. Mat. 25. 35-45. Ac. 9. 39. 1 Ti. 5. 10. Ja. 2. 15, 16. 1 Jno. 3. 17, 18. *gave them.* 2 Ki. 6. 22. Pr. 25. 21, 22. Lu. 6. 27; 8. 27, 35. Ro. 12. 20, 21. *carried.* Ro. 15. 1. *the city.* De. 34. 3. Ju. 1. 16.

16 *did king.* 2 Ki. 16. 5-7. Is. 7. 1-9, 17. *the kings.* Instead of *malchey*, 'kings,' the Chaldee, Syriac, Arabic, and Vulgate, one MS., and the parallel place, have *mailech*, 'king.'

17 *the Edomites.* ch. 25. 11, 12. Le. 26. 18. Ob. 10, 13, 14. *captives. Heb.* a captivity.

18 *Philistines.* Eze. 16. 27, 57. *Beth-shemesh.* Jos. 15. 10. 1 Sa. 6. 9. *Ajalon.* ch. 11. 10, Aijalon. *Gederoth.* Jos. 15. 41. *Shocho.* Jos. 15. 48, Socoh. *Timnah.* Ju. 14. 1, Timnath.

19 *the Lord.* De. 28. 43. 1 Sa. 2. 7. Job 40. 12. Ps. 106. 41-43. Pr. 29. 23. *because of Ahaz.* Ho. 5. 11. Mi. 6. 16. *Israel.* ch. 21. 2. *made Judah.* Ge. 3. 7, 11. Ex. 32. 25. Re. 3. 17, 18; 16. 15.

20 A.M. 3264. B.C. 740. *Tilgath-pilneser.* 2 Ki. 15. 29; 16. 7-10, Tiglath-pileser. 1 Ch. 5. 26. Ho. 5. 13. *distressed him.* 2 Ki. 17. 5. Is. 7. 20; 30. 3, 16. Je. 2. 37.

21 *took away.* ch. 12. 9. 2 Ki. 18. 15, 16. Pr. 20. 25.

22 *in the.* ch. 33. 12. Ps. 50. 15. Is. 1. 5. Eze. 21. 13. Ho. 5. 15. Re. 16. 9-11. *this is.* Es. 7. 6. Ps. 52. 7.

23 *For he sacrificed.* This passage, says Mr. HALLET, greatly surprised me; for the sacred historian himself is here represented as saying, 'The gods of Damascus had smitten Ahaz.' But it is impossible to suppose that an *inspired* author should say this; for the Scripture every where represents the heathen *idols* as *nothing* and *vanity*, and as incapable of doing either good or hurt. All difficulty is avoided if we follow the *old Hebrew* copies, from which the Greek translation was made: '*And king Ahaz* said, I will seek to the gods of Damascus which have smitten *me*.' ch. 25. 14. 2 Ki. 16. 12, 13. *Damascus. Heb.* Darmesek. *Because the gods.* Hab. 1. 11. *sacrifice to them.* Je. 10. 5; 44. 15-18. *But they were.* Is. 1. 28. Je. 44. 20-28. Ho. 13. 9.

24 *cut in pieces.* 2 Ki. 16. 17, 18; 25. 13, etc. *shut up.* ch. 29. 3, 7. *he made.* ch. 33. 3-5. Je. 2. 28. Ho. 12. 11. Ac. 17. 16, 23.

25 *burn. or*, offer.

26 *the rest.* ch. 20. 34; 27. 7-9. 2 iK. 16. 19, 20.

27 A.M. 3278. B.C. 726. *they brought.* ch. 21. 20; 26. 23; 33. 20. 1 Sa. 2. 30. Pr. 10. 7. *the kings of Israel.* Or, 'the kings of *Judah*;' the name *Israel* being sometimes applied, by the writer of this book, in a general way, to *Judah.* The Hebrews were accustomed to honour the memory of those kings who had reigned well, by depositing their remains in the royal cemetery. On the contrary, those who died under the disapprobation of the people, as a mark of posthumous disgrace, were denied interment with their predecessors, and were buried in some other place in Jerusalem. So it was with Ahaz, who, though brought into the city, was not buried in the sepulchres of the kings of Judah. It was doubtless with a design to make a suitable impression on the minds of their kings while living, that such distinctions were observed. They might thus restrain them from evil, or excite them to good, according as they were fearful of being execrated, or desirous of being honoured, when dead.

## CHAP. XXIX.

*Hezekiah's good reign,* 1, 2. *He restores religion,* 3, 4. *He exhorts the Levites,* 5-11. *They sanctify themselves, and cleanse the house of God,* 12-19. *Hezekiah offers solemn sacrifices, wherein the Levites are more forward than the priests,* 20-36.

1 A.M. 3278-3306. B.C. 726-698. *Hezekiah.* 2 Ki. 18. 1-3. 1 Ch. 3. 13. Is. 1. 1. Ho. 1. 1. Mi. 1. 1.

Mat. 1. 9, 10, Ezekias. *Zechariah.* ch. 26. 5. Is. 8. 2.

2 ch. 28. 1; 34. 2. 2 Ki. 18. 3. Of several of Hezekiah's predecessors it had been said that they did that which was right, *but not like David*, that is, not with David's integrity and zeal.

3 A.M. 3278. B.C. 726. *He in the first.* ch. 34. 3. Ps. 101. 3. Ec. 9. 10. Mat. 6. 33. Ga. 1. 16. *opened.* ver. 7; ch. 28. 24. 2 Ki. 16. 14-18.

4 *east street.* ch. 32. 6. Ne. 3. 29. Je. 19. 2.

5 *sanctify now.* ch. 35. 6. Ex. 19. 10, 15. 1 Ch. 15. 12. *sanctify the house.* ver. 16; ch. 34. 3-8. Eze. 36. 25. Mat. 21. 12, 13. 1 Co. 3. 16, 17. 2 Co. 6. 16; 7. 1. Ep. 5. 26, 27. *carry forth.* Eze. 8. 3, 9, etc.

6 *For our fathers.* ch. 28. 2-4, 23-25; 34. 21. Ezr. 5. 12; 9. 7. Ne. 9. 16, 32. Je. 16. 19; 44. 21. La. 5. 7. Da. 9. 16. Mat. 10. 37; 23. 30-32. *have forsaken him.* Je. 2. 13, 17. *turned away.* Je. 2. 27. Eze. 8. 16. *turned their backs. Heb.* given the neck.

7 Those, says MATTHEW HENRY, who turn their backs upon God's ordinances, may truly be said to forsake God himself. The lamps were not lighted, and incense was not burnt: there are still such neglects as these, and they are no less culpable, if the Word be not duly read and opened, *answering to the lighting of the lamps*, and if prayers and praises be not duly offered up, which was signified by *the burning of incense.* ver. 3; ch. 28. 24. Le. 24. 2-8. 2 Ki. 16. 17, 18. Mal. 1. 10.

8 *Wherefore.* ch. 24. 18; 34. 24, 25; 36. 14-16. De. 28. 15-20. *he hath delivered.* It is probable Hezekiah refers to that dreadful defeat by the Israelites, in which one hundred and twenty thousand were slain, and two hundred thousand taken prisoners: see ch. 28. 6-8. *trouble. Heb.* commotion. De. 28. 25. *to astonishment.* Le. 26. 32. De. 28. 59. 1 Ki. 9. 8. Je. 18. 15, 16; 19. 8; 25. 9, 18; 29. 18.

9 *our fathers.* ch. 28. 5-8, 17. Le. 26. 17. La. 5. 7.

10 *Now it is.* ch. 6. 7, 8. *to make a covenant.* To renew that covenant under which the whole people were constantly considered, and of which circumcision was the sign, and the *spirit* of which was, 'I will be your God, ye shall be my people.' ch. 15. 12, 13; 23. 16; 34. 30-32. Ezr. 10. 3. Ne. 9. 38; 10. 1, etc. Je. 34. 15, 18; 50. 5. 2 Co. 8. 5. *that his fierce.* 2 Ki. 23. 3, 26.

11 *negligent. or,* deceived. Ga. 6. 7, 8. *the Lord.* Nu. 3. 6-9; 8. 6-14; 18. 2-6. De. 10. 8. *burn incense. or,* offer sacrifice. Nu. 16. 35-40; 18. 7.

12 *Kohathites.* Ex. 6. 16-25. Nu. 4. 2, etc. 1 Ch. 6. 16-18; 15. 5; 23. 12-20. *of the sons.* 1 Ch. 6. 19, 44; 15. 6; 23. 21-23. *of the Gershonites.* 1 Ch. 6. 17. 20, 21; 15. 7; 23. 7-11.

13 *Elizaphan.* Le. 10. 4, Elzaphan. 1 Ch. 15. 8. *Asaph.* 1 Ch. 6. 39; 15. 17; 25. 2.

14 *Heman.* 1 Ch. 6. 33; 15. 19. *Jeduthun.* 1 Ch. 25. 1, 3, 6.

15 *sanctified themselves.* ver. 5. *by the words of the Lord. or,* in the business of the Lord. ch. 30. 12. *to cleanse.* 1 Ch. 23. 28.

16 *the priests.* The priests and Levites cleansed first the courts both of the *priests* and of the *people.* On this labour they spent eight days. Then they cleansed the *interior* of the temple; but, as the Levites had no right to enter the temple, the priests carried all the dirt and rubbish to the *porch,* whence they were collected by the Levites, carried away, and cast into the brook Kidron: in this work, eight days more were occupied; and thus the temple was purified in sixteen days. *the inner part.* ch. 3. 8; 5. 7. Ex. 26. 33, 34. 1 Ki. 6. 19, 20. He. 9. 2-8, 23, 24. *all the uncleanness.* Eze. 36. 29. Mat. 21. 12, 13; 23. 27. *Kidron.* ch. 15. 16. 2 Ki. 23. 4-6. Jno. 18. 1, Cedron.

17 *the porch.* ver. 7; ch. 3. 4. 1 Ki. 6. 3. 1 Ch. 28. 11. *the sixteenth.* Ex. 12. 2-8.

18 *the altar.* ch. 4. 1, 7. *the shewbread.* ch. 4. 8; 13. 11.

19 *all the vessels.* ch. 28. 24. *did cast away.* Or, as the LXX., Vulgate, and Targum read, 'did pollute,' *hizneeach,* he rendered them so abominable that they were *rejected* with abhorrence.

20 *rose.* Ge. 22. 3. Ex. 24. 4. Jos. 6. 12. Je. 25. 4.

21 *they brought.* The law only required *one bullock* for the sins of the *high priest,* another for the sins of the *people,* and *one he-goat* for the sins of the *prince:* but Hezekiah offered many more, and the reason appears sufficiently evident: the law only speaks of *sins of ignorance,* but here there were sins of every dye, idolatry, apostacy from the Divine worship, profanation of the temple, etc., etc. The sin offerings, we are informed, were offered, *first,* for the KINGDOM, for the transgressions of the *king* and his family; *secondly,* for the SANCTUARY, which had been defiled and polluted; and for the *priests,* who had been profane, negligent, and unholy; and *finally,* for JUDAH, for the whole mass of the people, who had been led away into every kind of abomination by the above examples. *seven.* Nu. 23. 1, 14, 29. 1 Ch. 15. 26. Ezr. 8. 35. Job 42. 8. Eze. 45. 23. *a sin offering.* Le. 4. 3-14. Nu. 15. 22-24. 2 Co. 5. 24.

22 *sprinkled.* Le. 1. 5; 4. 7, 18, 34; 8. 14, 15, 19, 24. He. 9. 21, 22.

23 *forth. Heb.* near. *they laid.* Le. 1. 4; 4. 15, 24.

24 *reconciliation.* Le. 6. 30; 8. 15. Eze. 45. 15, 17. Da. 9. 24. Ro. 5. 10, 11. 2 Co. 5. 18-21. Col. 1. 20, 21. He. 2. 17. *to make.* Le. 14. 20. *the sin offering.* Le. 4. 13, etc.

25 *And he set.* 1 Ch. 9. 33; 15. 16-22; 16. 4, 5, 42; 25. 1-7. *according.* ch. 8. 14; 35. 15. 1 Ch. 23. 5; 28. 12, 19. *Gad.* 2 Sa. 24. 11. 1 Ch. 21. 9; 29. 29. *Nathan.* 2 Sa. 7. 2-4; 12. 1-7. *for so was.* ch. 30. 12. *of the Lord by his prophets. Heb.* by the hand of the Lord, by the hand of his prophets.

26 *the instruments.* 1 Ch. 23. 5. Ps. 87. 7; 150. 3-5. Is. 38. 20. Am. 6. 5. *the priests.* ch. 5. 12, 13. Nu. 10. 8, 10. Jos. 6. 4-9. 1 Ch. 15. 24; 16. 6. Ps. 81. 3; 98. 5, 6.

27 *when. Heb.* in the time. *the song.* ch. 7. 3; 20. 21; 23. 18. Ps. 136. 1; 137. 3, 4. *the instruments. Heb.* hands of instruments.

28 *And all the congregation.* Ps. 68. 24-26. Re. 5. 8-14. *the singers sang. Heb.* song. Ps. 89. 15.

29 *present. Heb.* found. *bowed themselves.* ch. 20. 18. 1 Ch. 29. 20. Ps. 72. 11. Ro. 14. 11. Phi. 2. 10, 11.

30 *with the words.* 2 Sa. 23. 1, 2. 1 Ch. 16. 7-36. *they sang.* Ps. 32. 11.; 33. 1; 95. 1, 2, 6; 100. 1, 2; 149. 2. Phi. 4. 4.

31 *consecrated yourselves. or,* filled your hand. ch. 13. 9. *sacrifices.* Le. ch. 1-3. *thank.* Le. 7. 12. *and as many,* etc. As the burnt offerings were wholly consumed on the altar, the offering of them evinced greater zeal and liberality than the oblation of peace offerings, the greater part of which was eaten by the offerer and his friends. Le. 1. 3; 23. 38. Ezr. 1. 4.

32 *the number.* Comparing the sacrifices offered on this occasion with those of Solomon at the dedication of the temple, we may form some idea of the decrease of the prosperity and riches of Judah, or of the decline of the general spirit of piety. 1 Ki. 3. 4; 8. 63. 1 Ch. 29. 21. Ezr. 6. 17.

33 *the consecrated.* It is probable that *the consecrated things* denote the peace offerings and thank offerings. ver. 31.

34 *the priests.* Peace offerings, and such like, the Levites might flay and dress; but the whole burnt offerings could be touched only by the priests, except in a case of necessity, such as the present. ver. 5; ch. 30. 16, 17. *their brethren.* ch. 35. 11. Nu. 8. 15, 19; 18. 3, 6, 7. *did help them. Heb.* strengthened them. *for the Levites.* ch.

30. 3. *upright.* 1 Ch. 29. 17. Ps. 7. 10; 26. 6; 94. 15.
35 *the burnt.* ver. 32. *the fat.* Ex. 29. 13. Le. 3. 15, 16. *the drink.* Ge. 35. 14. Le. 23. 13. Nu. 15. 5-10. *So the.* 1 Ch. 16. 37-42. Ezr. 6. 18. 1 Co. 14. 40.
36 *Hezekiah rejoiced.* Both Hezekiah and the people rejoiced, that God had prepared the hearts of the people to bring about so great and glorious a reformation in so short a time. This good king's example and influence were here, as in many other cases, under God, the grand spring of all those mighty movements. 1 Ch. 29. 9, 17. Ezr. 6. 22. 1 Th. 3. 8, 9. *God.* ch. 30. 12. 1 Ch. 29. 18. Ps. 10. 17. Pr. 16. 1. *the thing.* Ac. 2. 41.

## CHAP. XXX.

*Hezekiah proclaims a solemn passover on the second month for Judah and Israel,* 1-12. *The assembly, having destroyed the altars of idolatry, keep the feast fourteen days,* 13-26. *The priests and Levites bless the people,* 27.

1 *Israel.* ch. 11. 13, 16. *Ephraim.* ver. 10, 11; ch. 25. 7; 35. 6. Ho. 5. 4; 7. 8, 9; 11. 8. *to the house.* De. 16. 2-6. *to keep.* Ex. 12. 3-20. 1 Co. 5. 7, 8.
2 *the king.* 1 Ch. 13. 1-3. Pr. 11. 14; 15. 22. Ec. 4. 13. *in the second month.* In *Ijar*, as they could not celebrate it in *Nisan*, the 14th of which month was the proper time. But Hezekiah and his counsellors justly concluded, that the regulation of the 14th day of the second month, which had been made for individuals who were hindered from eating the passover at the appointed season, might in their present circumstances, be extended to the people at large. Nu. 9. 10, 11.
3 *at that time.* Ex. 12. 6, 18. *because.* ch. 29. 34.
4 *pleased the king. Heb.* was right in the eyes of the king. 1 Ch. 13. 4.
5 *established.* Ezr. 6. 8-12. Es. 3. 12-15; 8. 8-10; 9. 20, 21. Da. 6. 8. *to make proclamation.* ch. 24. 9; 36. 22. Le. 23. 2, 4. Da. 4. 1, etc. *from Beer-sheba.* Ju. 20. 1. *for they.* ch. 35. 18. De. 12. 32. 1 Co. 11. 2.
6 *the posts went. Ratzim,* 'runners,' or *couriers,* of the same kind as the running footmen, who were formerly, before the establishment of posts, and still are in some places, trained, and kept on purpose to convey dispatches speedily by running. Job 9. 25. Es. 8. 14. Je. 51. 31. *the king. Heb.* the hand of the king. *turn again.* Is. 55. 6, 7. Je. 4. 1. La. 5. 21. Eze. 33. 11. Ho. 14. 1. Joel 2. 12-14. Ja. 4. 8. *and he will.* Is. 6. 13. *escaped.* ch. 28. 20. 2 Ki. 15. 19, 29. 1 Ch. 5. 26. Is. 1. 9.
7 *like.* Eze. 20. 13-18. Zec. 1. 3, 4. *as.* ch. 29. 8.
8 *be ye not stiffnecked. Heb.* harden not your necks. ch. 36. 13. Ex. 32. 9. De. 10. 16. Ro. 10. 21. *yield yourselves. Heb.* give the hand. 1 Ch. 29. 24. Ezr. 10. 19. Ps. 68. 31. Ro. 6. 13-19. *enter into.* Ps. 63. 2; 68. 24; 73. 17. *which he hath.* Ps. 132. 13, 14. *serve.* De. 6. 13, 17. Jos. 24. 15. Mat. 4. 10. Jno. 12. 26. Ro. 6. 22. Col. 3. 22-24. Re. 7. 15. *the fierceness.* ch. 28. 11, 13; 29. 10. 2 Ki. 23. 26. Ps. 78. 49.
9 *if ye turn.* ch. 7. 14. Le. 26. 40-42. De. 30. 2-4. 1 Ki. 8. 50. Ps. 106. 46. *so that they shall.* Je. 29. 12-14; 31. 27, 28. *the Lord.* Ex. 34. 6, 7. Ne. 9. 17, 31. Ps. 86. 5, 15; 111. 4; 145. 7, 8. Jon. 4. 2. Mi. 7. 18. *will not.* ch. 15. 2. Pr. 28. 13. Is. 55. 7. Eze. 18. 30-32. *turn away.* Je. 18. 17.
10 *the posts.* ver. 6. Es. 3. 13, 15; 8. 10, 14. Job 9. 25. *they laughed.* ch. 36. 16. Ge. 19. 14. Ne. 2. 19. Job 12. 4. Lu. 8. 53; 16. 14; 22. 63, 64; 23. 35. Ac. 17. 32. He. 11. 36.
11 *divers of Asher.* It has been said, that Hezekiah had no right to invite Hoshea's subjects to repair to Jerusalem to his passover; but it may be presumed, that he was encouraged to do this by Hoshea himself, who was one of their best kings; besides which, both the golden calves having been taken away by the Assyrians, the apostate Israelites, being thus deprived of their idols, had begun to return to the Lord, and to go up to Jerusalem to worship, some time before Hezekiah gave them this invitation. ver. 18, 21; ch. 11. 16. Ac. 17. 34. *humbled themselves.* ch. 12. 6, 7, 12; 33. 12, 19, 23; 34. 27. Ex. 10. 3. Le. 26. 41. Da. 5. 22. Lu. 14. 11; 18. 14. Ja. 4. 10. 1 Pe. 5. 6.
12 *the hand of God.* ch. 29. 36. 1 Ch. 29. 18, 19. Ezr. 7. 27. Ps. 110. 3. Je. 24. 7; 32. 39. Eze. 36. 26. Phi. 2. 13. 2 Th. 2. 13, 14. *the commandment.* De. 4. 2, 5, 6. 1 Th. 4. 2. *by the word.* ch. 29. 25. Ac. 4. 19.
13 *there assembled.* Ps. 84. 7. *the second month.* See on ver. 2.
14 *altars.* ch. 28. 24; 34. 4, 7. 2 Ki. 18. 22; 23. 12, 13. Is. 2. 18-20. *the brook.* ch. 15. 16; 29. 16. 2 Sa. 15. 23. Jno. 18. 1, Cedron.
15 *were ashamed.* ch. 29. 34. Eze. 16. 61-63; 43 10, 11. *and sanctified.* ver. 24; ch. 5. 11; 29. 15, 34; 31. 18. Ex. 19. 10, 22.
16 *they stood.* ch. 35. 10, 15. *place. Heb.* standing. *after their manner.* 2 Ki. 11. 14. *Moses.* See on De. 33. 1. *the priests.* ch. 35. 10, 11. Le. 1. 5. He. 11. 28.
17 *the Levites.* ch. 29. 34; 35. 3-6. *the killing.* Ex. 12. 6.
18 *many of Ephraim.* See on ver. 11. *had not cleansed.* Nu. 9. 10, etc.; 19. 20. 1 Co. 11. 28. *the passover.* Ex. 12. 43, etc. *prayed.* Ge. 20. 7, 17. Job 42. 8, 9. Ja. 5. 15, 16. 1 Jno. 5. 16. *The good.* ch. 6. 21. Ex. 34. 6-9. Nu. 14. 18-20. Ps. 25. 8; 36. 5; 86. 5; 119. 68. Da. 9. 19.
19 *prepareth.* ch. 19. 3; 20. 33. 1 Sa. 7. 3. 1 Ch. 29. 18. Ezr. 7. 10. Job 11. 13. Ps. 10. 17. Pr. 23. 26. *though he be not.* Le. 12. 4; 15. 31-33; 21. 17-23; 22. 3-6. Nu. 9. 6; 19. 13-20.
20 *healed.* Ex. 15. 26. Ps. 103. 3. Ja. 5. 15, 16.
21 *present. Heb.* found. *the feast.* Ex. 12. 15; 13. 6. Le. 23. 6. Lu. 22. 1, 7. 1 Co. 5. 7, 8. *great gladness.* ver. 26; ch. 7. 10. De. 12. 7, 12; 16. 14. Ne. 8. 10. Ac. 2. 46. Phi. 4. 4. *the priests.* See on ch. 20. 21; 29. 25-27. *loud instruments. Heb.* instruments of strength. Ps. 150. 3-5.
22 *comfortably unto all. Heb.* to the heart of all. ch. 32. 6. Is. 40. 1, 2. Ho. 2. 14. *taught.* ch. 15. 3; 17. 9; 35. 3. De. 33. 10. Ezr. 7. 10, 25. Ne. 8. 7, 8, 18; 9. 3. 2 Ti. 4. 2. *the good.* Pr. 2. 6, 7; 8. 6. Jno. 17. 3. 2 Co. 4. 6. Phi. 3. 8. *and making.* De. 26. 3-11. Ezr. 10. 11. Ne. 9. 3.
23 *took counsel.* See on ver. 2. *to keep.* They did not observe other seven days of unleavened bread, but offered sacrifices with praise and thanksgiving, and feasting, other seven days; and, as the people in general, and especially those who came out of the kingdom of Israel, would be unprepared for this additional expense, both Hezekiah and his princes liberally supplied them with cattle for sacrifices. ch. 7. 9. 1 Ki. 8. 65.
24 *did give. Heb.* lifted up, *or,* offered. ch. 35 7, 8. 1 Ch. 29. 3-9. Eze. 45. 17. Ep. 4. 8. *a great* ch. 29. 34.
25 *the strangers.* See on ver. 11, 18. Ex. 12. 43-49. *rejoiced.* 1 Ch. 16. 10, 11. Ps. 92. 4; 104. 34.
26 *since the time.* ch. 7. 9, 10.
27 *the priests.* See on Nu. 6. 23-26. De. 10. 8. *their prayer.* See on 1 Ki. 8. 30, 39. Ac. 10. 4. *his holy dwelling place. Heb.* the habitation of his holiness. De. 26. 15. Ps. 68. 5. Is. 57. 15; 63. 15; 66. 1.

## CHAP. XXXI.

*The people is forward in destroying idolatry,* 1. *Hezekiah orders the courses of the priests and Levites, and provides for their work and maintenance,* 2-4. *The people's forwardness in offerings and tithes,* 5-10. *Hezekiah appoints officers to dispose of the tithes,* 11-19. *The sincerity of Hezekiah,* 20, 21.

1 *Now when.* ch. 30. *all Israel.* 1 Ki. 18. 38-40. 2 Ki. 23. 2-20. *present. Heb.* found. Ge. 19. 15. Es. 4. 16. *brake.* ch. 14. 3; 23. 17; 32. 12; 34. 3-7. Ex. 23. 24. De. 7. 5. 2 Ki. 18. 4. *images. Heb.* statues. ch. 30. 14. *in Ephraim.* ch. 30. 1, 18; 34. 6, 7. 2 Ki. 17. 2; 18. 4; 23. 15. *until,* etc. *Heb.* until to make an end.

2 *the courses.* ch. 5. 11; 8. 14; 23. 8. 1 Ch. 16. 37, 40; ch. 23-26. Ezr. 6. 18. Lu. 1. 5. *to give thanks.* ch. 29. 24-26. 1 Ch. 16. 4-6, 41; 23. 30; 25. 1-3. Ne. 11. 17. Ps. 134. 1-3; 135. 1-3, 26. Je. 33. 11. *in the gates of the tents of the Lord. Beshäärey machanoth Yehowah,* 'within the gates of the camps of Jehovah;' which comprehended the whole of the buildings that surrounded the temple, in which the priests and Levites were stationed, and which resembled military encampments.

3 *the king's.* ch. 30. 24. 1 Ch. 26. 26. Eze. 45. 17; 46. 4-7, 12-18. *for the morning.* See on Ex. 29. 38-42. Nu. 28. 3-8. *the burnt.* See on Nu. 28. 9, 10. *for the new moons.* See on Nu. 28. 11-31; ch. 29. De. 16. 1-17. Ps. 81. 1-4. Col. 2. 16, 17. *the set feasts.* Le. 23. 2, etc.

4 *the portion.* ver. 16. Le. 27. 30-33. Nu. 18. 8-21, 26-28. Mal. 3. 8-10. *that they might.* Ne. 13. 10-13. 1 Co. 9. 9-14. Ga. 6. 6. *the law.* Mal. 2. 7.

5 *as soon.* ch. 24. 10, 11. Ex. 35. 5, 20-29; 36. 5, 6. 2 Co. 8. 2-5. *came abroad. Heb.* brake forth. *the first fruits.* Ex. 22. 29; 23. 19; 34. 22, 26. Nu. 18. 12. Ne. 10. 35-39; 12. 44; 13. 12, 31. Pr. 3. 9. 1 Co. 15. 20. Ja. 1. 18. Re. 14. 4. *honey. or,* dates. The word *devash* generally denotes the *honey* produced by bees; but, as we have already observed, (on Ge. 43. 11,) the Jewish doctors are of opinion that it here signifies *dates,* or the fruit of the palm-tree; which the Arabians call *daboos,* and the honey produced from them, *dibs.* 'This liquor,' says Dr. SHAW, 'which has a more luscious sweetness than honey, is of the consistence of a thin syrup, but quickly grows tart and ropy, acquiring an intoxicating quality, and giving by distillation an agreeable spirit, or *arâky,* according to the general name of these people for all hot liquors, extracted by the alembic.' Though Jehovah forbad any *devash,* or honey, to be offered to him upon the altar, yet it appears it might be presented as first-fruits, or in the way of *tithes,* which were designed for the sustenance of the priests.

6 *the children.* ch. 11. 16, 17. *the tithe.* Le. 27. 30. De. 14. 28. *by heaps. Heb.* heaps, heaps.

7 Le. 23. 16-24.

8 *blessed.* Ge. 14. 20. Ju. 5. 9. 1 Ki. 8. 14, 15. 1 Ch. 29. 10-20. Ezr. 7. 27. 2 Co. 8. 16. Ep. 1. 3. Phi. 4. 10, 19. 1 Th. 3. 9. 1 Pe. 1. 3. *and his people.* ch. 6. 3. Ge. 14. 19. 2 Sa. 6. 18. 1 Ki. 8. 55.

10 *Azariah.* ch. 26. 17. 1 Ki. 2. 35. 1 Ch. 6. 8, 14. Eze. 44. 15. *Since.* Pr. 3. 9. Hag. 2. 18. Mal. 3. 10. 1 Ti. 4. 8. *we have had.* 2 Ki. 4. 43, 44. Mat. 15. 37. Phi. 4. 18. *the Lord.* Ge. 26. 12; 30. 27-30; 39. 5, 23. Le. 25. 21; 26. 4, 5. De. 28. 8. Pr. 10. 22. 2 Co. 9. 8-11.

11 *chambers. or,* store-houses Ne. 10. 38, 39; 13. 5, 12, 13.

12 *the dedicated.* 2 Ki. 12. 15. *over which.* 1 Ch. 26. 20-26.

13 *under. Heb.* at. *at the commandment.* ver. 4, 11. See on ch. 30. 12. *Azariah.* See on ver. 10. 1 Ch. 9. 11; 24. 5. Ne. 11. 11.

14 *the porter.* 1 Ch. 26. 12, 14, 17. *the free-will.* Le. 22. 18; 23. 38. Nu. 29. 39. De. 12. 6, 17; 16. 10. Ezr. 1. 4; 3. 5; 7. 16. Ps. 119. 108. *to distribute.* Ne. 13. 13. *the most.* Le. 2. 10; 6. 16, 17; 7. 1-6; 10. 12, 13; 27. 28.

15 *next him. Heb.* at his hand. ver. 13, marg. *Miniamin.* Instead of *Miniamin, Benjamin* is the reading of three MSS., and of the Syriac, Arabic, LXX., and Vulgate. *the cities.* Jos. 21. 9-19. 1 Ch. 6. 54-60. *set office. or,* trust. 1 Ch. 9. 22, marg. *as well.* 1 Ch. 25. 8.

16 *his daily.* Le. 21. 22, 23.

17 *genealogy.* Nu. 3. 15, 20; 4. 38, 42, 46; 17. 2, 3. Ezr. 2. 59. *twenty.* Nu. 4. 3; 8. 24. 1 Ch. 23. 24, 27. *by their courses.* See on ver. 2. 1 Ch. 24. 20-31; ch. 25; 26.

18 *set office. or,* trust. ver. 15. 1 Ch. 9. 22, margins. *they sanctified.* Is. 5. 16. Ro. 15. 16.

19 *the fields.* ver. 15. Le. 25. 34. Nu. 35. 2-5. 1 Ch. 6. 54, 60. *the men.* ver. 12-15; ch. 28. 15.

20 *wrought.* 1 Ki. 15. 5. 2 Ki. 20. 3; 22. 2. Jno. 1. 47. Ac. 24. 16. 1 Th. 2. 10. 3 Jno. 5.

21 *in the law.* Ps. 1. 2, 3. *he did it.* De. 6. 5; 10. 12. 1 Ki. 2. 4. 1 Ch. 22. 19. Ec. 9. 10. Je. 29. 13. *prospered.* ch. 14. 7; 20. 26; 26. 5. Jos. 1. 7, 8. 1 Ch. 22. 13. Ps. 1. 3. Mat. 6. 33; 7. 24-27.

## CHAP. XXXII.

*Sennacherib invading Judah, Hezekiah fortifies himself, and encourages his people,* 1-8. *Against the blasphemies of Sennacherib, Hezekiah and Isaiah pray,* 9-20. *An angel destroys the host of the Assyrians,* 21-23. *Hezekiah praying in his sickness, God gives him a sign of recovery,* 24. *He waxing proud, is humbled by God,* 25, 26. *His wealth and works,* 27-30. *His error in the ambassage of Babylon,* 31. *He dying, Manasseh succeeds him,* 32, 33.

1 *these things.* ch. 20. 1, 2. 2 Ki. 18. 13, etc. Is. 36. 1, etc. *king of Assyria.* 2 Ki. 15. 19; 17. 6; 18. 11, 19, 20. Is. 7. 17, 18; 8. 6-8; 10. 5, 6. Ho. 11. 5. *win them. Heb.* break them up. Is. 10. 7-11; 37. 24, 25. Mi. 2. 13.

2 *he was purposed to fight. Heb.* his face *was* to war. 2 Ki. 12. 17. Lu. 9. 51, 53.

3 *took counsel.* ch. 30. 2. 2 Ki. 18. 20. Pr. 15. 22; 20. 18; 24. 6. Is. 40. 13. Ro. 11. 34. *to stop.* 2 Ki. 20. 20. Is. 22. 8-11.

4 *who stopped.* This was prudently done; for, without water, how could an immense army subsist in an arid country? No doubt the Assyrian army suffered much through this; as a Christian army did, through the same cause, 1800 years afterwards. *the brook.* ver. 30; ch. 30. 14. *ran through the midst of. Heb.* overflowed. *kings.* The Septuagint, Syriac, and Arabic read *king,* in the singular number. See on ver. 1. 2 Ki. 18. 9, 13; 19. 17. Is. 10. 8. *find.* 1 Ki. 3. 9, 16, 17; 19. 21.

5 *he strengthened.* ch. 12. 1; 14. 5-7; 17. 1, 2; 23. 1; 26. 8. Is. 22. 9, 10. *that was broken.* ch. 25. 23. *another wall.* 2 Ki. 25. 4. Je. 39. 4. *Millo.* Ju. 9. 6. 2 Sa. 5. 9. 1 Ki. 9. 24; 11. 27. 2 Ki. 12. 20. *darts. or,* swords, *or* weapons. ch. 26. 14, 15.

6 *he set captains.* ch. 17. 14-19. 1 Ch. 27. 3, 4, etc. *in the street.* Ezr. 10. 9. Ne. 8. 1-3, 16. *comfortably to them. Heb.* to their heart. ch. 30. 22. Ge. 34. 3. Is. 40. 2, margins.

7 *strong.* De. 31. 6, 7, 23. Jos. 1. 6-9. 1 Ch. 28. 10, 20. Is. 35. 4. Da. 10. 19. Zec. 8. 9, 23. Ep. 6. 10. 2 Ti. 2. 1. *be not afraid.* ch. 20. 15. 2 Ki. 18. 30; 19. 6, 7. *for there.* 2 Ki. 6. 16. Ro. 8. 31. 1 Jno. 4. 4.

8 *an arm.* Job 40. 9. Je. 17. 5. 1 Jno. 4. 4. *with us.* ch. 13. 12; 14. 11. Ps. 46. 7, 11. Is. 8. 10; 41. 10. Ac. 18. 10. 2 Ti. 4. 17, 22. *to fight.* ch. 20. 15. De. 20. 1, 4. Jos. 10. 42. *rested. Heb.* leaned. ver. 15; ch. 20. 20. Is. 36. 18. *upon the words.* Pr. 12. 25.

9 A.M. 3294. B.C. 710. *Sennacherib.* See on 2 Ki. 18. 17. Is. 36. 2. *Lachish.* Jos. 10. 31; 12. 11; 15. 39. Is. 37. 8. Mi. 1. 13. *power. Heb.* dominion.

10 *Thus saith.* See on 2 Ki. 18. 19. Is. 36. 4. *siege. Heb.* strong-hold.

11 *to give over.* See on 2 Ki. 18. 27. Is. 36. 12, 18. *The Lord our God.* ver. 15. 2 Ki. 18. 30; 19. 10. Ps. 3. 2; 11. 1-3; 22. 8; 42. 10; 71. 11. Mat. 27. 43.

12 *Hath not.* ch. 31. 1. 2 Ki. 18. 4, 22. Is. 36. 7. *taken away.* This was artfully malicious: many of the people had sacrificed to Jehovah on *high places,* (ch. 31. 1;) and Hezekiah had removed them, as incentives to idolatry. Hence Rabshakeh insinuates that by so doing he had offended Jehovah, deprived the people of their religious rights, and that, consequently, he could neither expect the blessing of God, nor the co-

operation of the people. *Ye shall worship.* See on De. 12. 13, 14, 26, 27. *one altar.* ch. 4. 1. Ex. 27. 1-8; 30. 1-6; 40. 26-29. 1 Ki. 7. 48.

13 *I and my.* 2 Ki. 15. 29; 17. 5, 6; 19. 11-13, 17, 18. Is. 10. 9, 10, 14; 37. 12, 13, 18-20. Da. 4. 30, 37; 5. 19. *were the gods.* See on ver. 19. 2 Ki. 18. 33-35; 19. 18, 19. Ps. 115. 3-8. Is. 44. 8-10. Je. 10. 11, 12, 16. Ac. 19. 26. 1 Co. 8. 4.

14 *among.* See on Is. 10. 11, 12. *your God.* Ex. 14. 3; 15. 9-11. Is. 42. 8.

15 *deceive.* See on 2 Ki. 18. 29; 19. 10. *persuade.* ver. 11. 1 Ki. 22. 22. Is. 36. 18. Ac. 19. 26. Ga. 1. 10. *much less.* Ex. 5. 2. Da. 3. 15. Jno. 19. 10, 11.

16 *yet.* Job 15. 25, 26. Ps. 73. 9. *against.* Jno. 15. 21.

17 *He wrote.* See on 2 Ki. 19. 9, 14. Ne. 6. 5. Is. 37. 14. *to rail.* 2 Ki. 19. 22, 28. Is. 10. 15; 37. 23, 24, 28, 29. Re. 13. 6. *As the gods.* 2 Ki. 19. 12.

18 *they cried.* 2 Ki. 18. 26-28. Is. 36. 13. *to affright.* 1 Sa. 17. 10, 26. Ne. 6. 9.

19 *spake.* See on ver. 13-17. 1 Sa. 17. 36. Job 15. 25, 26. Ps. 10. 13, 14; 73. 8-11; 139. 19, 20. *the God.* ch. 6. 6. Ps. 76. 1, 2; 78. 68; 87. 1-3; 132. 13, 14. Is. 14. 32. He. 12. 22. *the work.* De. 4. 28; 27. 15. 2 Ki. 19. 18. Ps. 135. 15-18. Is. 2. 8; 37. 19; 44. 16-20. Je. 1. 16; 10. 3, 9; 32. 30. Ho. 8. 5, 6.

20 *Hezekiah.* See on 2 Ki. 19. 14-19. Is. 37. 1, 14-20. *the prophet.* 2 Ki. 19. 2-4. Is. 37. 2-4. *prayed.* ch. 14. 11; 20. 6-12. Ps. 50. 15; 91. 14, 15.

21 *the Lord.* See on 2 Ki. 19. 20, 35, etc. Is. 10. 16-18; 37. 21, 36, 37; 42. 8. *angel.* 2 Sa. 24. 16. Ps. 18. 50. Da. 3. 28; 6. 22. Mat. 13. 49, 50. Ac. 12. 23. *cut off all.* Job 9. 4. Ps. 76. 5, 7, 12. *the leaders.* Is. 10. 8, 16-19, 33, 34; 17. 12-14; 29. 5-8; 30. 30-33; 33. 10-12; 36. 9. Re. 6. 15, 16; 19. 17, 18. *with shame.* Ps. 132. 18. Pr. 11. 2; 16. 18. *he was come.* See on 2 Ki. 19. 36, 37. Is. 37. 37, 38. *slew him.* *Heb.* made him fall.

22 *Lord.* Ps. 18. 48-50; 37. 39, 40; 144. 10. Is. 10. 24, 25; 31. 4, 5; 33. 22. Ho. 1. 7. *guided.* Ps. 48. 14; 71. 20, 21; 73. 24. Is. 58. 11. Jno. 16. 13. 2 Th. 3. 5.

23 *gifts.* 2 Sa. 8. 10, 11. Ezr. 7. 15-22, 27. Ps. 68. 29; 72. 10. Is. 60. 7-9. Mat. 2. 11. *presents.* *Heb.* precious things. ch. 9. 9, 10, 24; 17. 5, 11. 1 Ki. 4. 21; 10. 10, 25. *he was magnified.* ch. 1. 1. 1 Ch. 29. 25.

24 *Hezekiah.* See on 2 Ki. 20. 1-3. Is. 38. 1-3. *gave him a sign.* *or,* wrought a miracle for him. See on 2 Ki. 20. 4-11. Is. 38. 4-8, 21, 22.

25 *rendered.* De. 32. 6. Ps. 116. 12, 13. Ho. 14. 2. Lu. 17. 17, 18. *his heart.* ver. 31; ch. 25. 19; 26. 16. De. 8. 12-14, 17. 2 Ki. 14. 10; 20. 13. Eze. 28. 2, 5, 17. Da. 5. 20, 23. Hab. 2. 4. 2 Co. 12. 7. 1 Ti. 3. 6. 1 Pe. 5. 5, 6. *therefore.* ch. 24. 18. See on 2 Sa. 24. 1, 10-17. 1 Ch. 21. 1, 12-17.

26 *Hezekiah.* ch. 33. 12, 19, 23; 34. 27. Le. 26. 40, 41. 2 Ki. 20. 19. Je. 26. 18, 19. Ja. 4. 10. *pride.* *Heb.* lifting up. *so.* 1 Ki. 21. 19. *days.* ch. 34. 27, 28. 1 Ki. 21. 29. See on 2 Ki. 20. 16-19. Is. 39. 6-8.

27 A.M. 3278-3306. B.C. 726-698. *exceeding much.* ch. 1. 12; 9. 27; 17. 5. Pr. 10. 22. *treasuries.* 1 Ch. 27. 25, etc. *pleasant jewels.* *Heb.* instruments of desire.

28 *Storehouses.* ch. 26. 10. *stalls.* 1 Ki. 4. 26. *cotes.* 2 Sa. 7. 8.

29 *possessions.* ch. 26. 10. Ge. 13. 2-6. 1 Ch. 27. 29-31. Job 1. 3, 9; 42. 12. *God.* ch. 25. 9. De. 8. 18. 1 Sa. 2. 7. 1 Ch. 29. 12. Pr. 10. 22. 1 Ti. 6. 17, 18.

30 *Hezekiah.* Or, 'Hezekiah stopped the upper going out (*motza, i.e.* the egress into the open air,) of the waters of Gihon, and brought them underneath, (*lemattah,* by a subterraneous course,) to the west of the city of David:' see Note on 1 Ki. 1. 45. *stopped.* See on ver. 4. Is. 22. 9-11. *Gihon.* 1 Ki. 1. 33, 38, 45. *And Hezekiah.* Jos. 1. 7, 8. Ps. 1. 1-3.

31 A.M. 3292. B.C. 712. *in the business.* 2 Ki. 20. 12, 13. Is. 39. 1, 2, etc. *ambassadors.* *Heb.* interpreters. *the wonder.* 2 Ki. 20. 8-11. Is. 38. 8. *left him.* Ju. 16. 20. Ps. 27. 9; 51. 11, 12; 119. 116, 117. Jno. 15. 5. *to try him.* Ge. 22. 1. De. 8. 2, 16. Job 1. 11, 12; 2. 3-6. Ps. 139. 1, 2, 23, 24. Pr. 17. 3. Zec. 13. 9. Mal. 3. 2, 3. 1 Pe. 1. 7. Ja. 1. 13. *that he might.* De. 8. 2; 13. 3.

32 A.M. 3278-3306. B.C. 726-698. *goodness.* *Heb.* kindnesses. ch. 31. 20, 21. *in the vision.* Is. ch. 36-39. *in the book.* 2 Ki. ch. 18-20.

33 *slept.* See on 1 Ki. 1. 21; 2. 10; 11. 43. *chiefest.* *or,* highest. *did him.* ch. 16. 14. Ge. 50. 10, 11. Nu. 20. 29. De. 34. 8. 1 Sa. 2. 30; 25. 1. Pr. 10. 7. *And Manasseh.* See on ch. 33. 1, etc.

## CHAP. XXXIII.

*Manasseh's wicked reign,* 1, 2. *He sets up idolatry, and will not be admonished,* 3-10. *He is carried into Babylon,* 11. *Upon his prayer to God he is released, and puts down idolatry,* 12-17. *His acts,* 18, 19. *He dying, Amon succeeds him,* 20; *who is slain by his servants,* 21-24. *The murderers being slain, Josiah succeeds him,* 25.

1 A.M. 3306-3361. B.C. 693-643. *Manasseh.* ch. 32. 33. 2 Ki. 21. 1, etc. 1 Ch. 3. 13. Mat. 1. 10, Manasses. *twelve.* ch. 34. 1, 2. Ec. 10. 16. Is. 3. 4, 12.

2 *like unto.* ch. 28. 3; 36. 14. Le. 18. 24-30; 20. 22, 23. De. 12. 31; 18. 9-14. 2 Ki. 17. 11, 15; 21. 2, 9. Ezr. 9. 14. Ps. 106. 35-40. Eze. 11. 12.

3 *he built again.* *Heb.* he returned and built. Ec. 2. 19; 9. 18. *which Hezekiah.* ch. 30. 14; 31. 1; 32. 12; 2 Ki. 18. 4; 21. 3. *he reared.* ch. 28. 2-4. Ju. 2. 11-13. *made groves.* De. 16. 21. 1 Ki. 14. 23. Je. 17. 2. *the host.* De. 4. 19; 17. 3. 2 Ki. 23. 5, 6, 11. Je. 8. 2; 19. 13. Zep. 1. 5. Ac. 7. 42.

4 *he built.* ver. 15; ch. 34. 3, 4. 2 Ki. 21. 4, 5. Je. 7. 30. *In Jerusalem.* ch. 6. 6; 7. 16; 32. 19. De. 12. 11. 1 Ki. 8. 29; 9. 3.

5 *in the two.* ch. 4. 9. Je. 32. 34, 35. Eze. 8. 7-18.

6 *caused.* ch. 28. 3. Le. 18. 21; 20. 2. De. 12. 31; 18. 10. 2 Ki. 21. 6; 23. 10. Je. 7. 31, 32. Eze. 23. 37, 39. *he observed.* Le. 19. 26; 20. 6. De. 18. 10-14. 1 Sa. 15. 23. 2 Ki. 17. 17. Is. 47. 9-12. Ga. 5. 20. *dealt.* 2 Ki. 21. 6; 23. 24. 1 Ch. 10. 13. Is. 8. 19; 19. 3.

7 *he set a carved image.* The Targumist says, 'He set up an image, the likeness of himself, in the house of the sanctuary.' In the parallel passage it is, 'a graven image of the grove,' or rather, *Asherah* or *Astarte.* Manasseh, as Bp. PATRICK observes, seems to have studied to find out what God had forbidden in his law, that he might practise it: a most prodigious change from the height of piety in his father's time, into the sink of impiety in this! *in the house.* 2 Ki. 21. 7, 8; 23. 6. *God had said.* See on ver. 4. 1 Ki. 8. 29. Ps. 132. 13, 14. *which I have.* ch. 6. 6. 1 Ki. 8. 44, 48; 11. 13, 32. Ps. 78. 68.

8 *will I.* See on 2 Sa. 7. 10. 1 Ch. 17. 9. *so that they.* See on ch. 7. 17-22. De. 28. 1-14; 30. 15-20. Is. 1. 19, 20. Eze. 33. 25, 26. *to do all.* De. 4. 40; 5. 1, 31-33; 6. 1; 8. 1; 27. 26. Lu. 1. 6. Ga. 3. 10-13. *by the hand.* Le. 8. 36; 10. 11.

9 *made Judah.* 1 Ki. 14. 16; 15. 26. 2 Ki. 21. 16; 23. 26; 24. 3, 4. Pr. 29. 12. Mi. 6. 16. *to do worse.* See on ver. 2. 2 Ki. 21. 9-11. Eze. 16. 45-47. *the heathen.* Le. 18. 24. De. 2. 21. Jos. 24. 8. 2 Ki. 17. 8-11.

10 ch. 36. 15, 16. Ne. 9. 29, 30. Je. 25. 4-7; 44. 4, 5. Zec. 1. 4. Ac. 7. 51, 52.

11 A.M. 3327. B.C. 677. *the Lord.* De. 28. 36. Job 36. 8. *the captains.* Is. 10. 8; 36. 9. *of the king.* *Heb.* which *were* the king's. Ne. 9. 32, 37. Is. 5. 26-30; 7. 18-20. *among the thorns.* The word *bachochim* may possibly here signify *with fetters* or *chains,* as the kindred word *chachim* denotes, Eze. 19. 4, 9. The Syriac and Arabic have *alive,* probably reading *bechayim.* 1 Sa. 13. 6. La. 3. 7. *bound him.* 2 Ki. 23. 33; 25. 6. Job 36. 8-11. Ps. 107. 10-14. *fetters.* *or,* chains.

12 *And when.* ch. 28. 22. Le. 26. 39-42. De. 4. 30, 31. Je. 31. 18-20. Ho. 5. 15. Mi. 6. 9. Lu. 15. 16-18. *he besought.* ver. 18, 19. Ps. 50. 15. Ac. 9. 11. *the Lord.* See on ch. 28. 5. *humbled.* ver. 19, 23; ch. 32. 26. Ex. 10. 3. Lu. 18. 14, 15. Ja. 4. 10. 1 Pe. 5. 5, 6.

13 *he was intreated.* 1 Ch. 5. 20. Ezr. 8. 23. Job 22. 23, 27; 33. 16-30. Ps. 32. 3-5; 86. 5. Is. 55. 6-9. Je. 29. 12, 13. Mat. 7. 7, 8. Lu. 23. 42, 43. Jno. 4. 10. *brought him.* Ezr. 7. 27. Pr. 16. 7; 21. 1. Mat. 6. 33. *knew.* De. 29. 6. Ps. 9. 16; 46. 10. Je. 24. 7. Da. 4. 25, 34, 35. Jno. 17. 3. He. 8. 11.

14 A.M. 3327-3361. B.C. 677-643. *he built.* ch. 32. 5. *Gihon.* ch. 32. 30. 1 Ki. 1. 33, 45. *fish gate.* Ne. 3. 3; 12. 39. Zep. 1. 10. *Ophel. or,* the tower. ch. 27. 3. Ne. 3. 26, 27. *put.* ch. 11. 11, 12; 17. 19.

15 *he took.* See on ver. 3-7. 2 Ki. 21. 7. Is. 2. 17-21. Eze. 18. 20-22. Ho. 14. 1-3. Mat. 3. 8.

16 *repaired.* ch. 29. 18. 1 Ki. 18. 30. *peace.* Le. 3. 1, etc. *thank.* Le. 7. 12-18. *commanded.* ver. 9; ch. 14. 4. See on ch. 30. 12. Ge. 18. 19. Lu. 22. 32.

17 *people.* ch. 15. 17; 32. 12. 1 Ki. 22. 43; 2 Ki. 15. 4.

18 A.M. 3306-3361. B.C. 698-643. *the rest.* ch. 20. 34; 32. 32. See on 1 Ki. 11. 41. *his prayer.* See on ver. 12, 13, 19. *the seers.* ver. 10. 1 Sa. 9. 9. 2 Ki. 17. 13. Is. 29. 10; 30. 10. Am. 7. 12. Mi. 3. 7. *in the book.* 1 Ki. 14. 19; 15. 31.

19 *his prayer also.* ver. 11, 12, 19. Pr. 15. 8. Ac. 9. 11. 1 Jno. 1. 9. *all his sins.* ver. 1-10. Ro. 5. 16. *before he.* See on ver. 12; ch. 30. 11; 36. 12. Ps. 119. 67, 71, 75. Je. 44. 10. Da. 5. 22. *the seers. or,* Hosai. So the Targum and Vulgate: the Syriac has *Hanun the prophet;* and the Arabic, *Saphan the prophet.* This record is totally lost; for the captivity and repentance of Manasseh are related no where else; and the prayer of Manasseh in the Apocrypha was probably composed long afterwards: it is not acknowledged as canonical even by the Romish church, though it was anciently used as a form of confession, and as such still received by the Greek church.

20 *Manasseh.* See on ch. 32. 33. 2 Ki. 21. 18. *Amon.* 2 Ki. 21. 19-25. 1 Ch. 3. 14. Mat. 1. 10.

21 A.M. 3361-3363. B.C. 643-641. *two years.* ver. 1. Lu. 12. 19, 20. Ja. 4. 13-15.

22 *as did Manasseh.* See on ver. 1-10. 2 Ki. 21. 1-11, 20. Ezr. 20. 18. *for Amon sacrificed.* Amon's conduct is recorded as like his father Manasseh, in sacrificing to graven images; by which some think it is an evidence that Manasseh did not truly repent, but they forget how many good kings had wicked sons. In *one* point of view Manasseh was defective, although it cannot be supposed that it affected his eternal state; for when he *cast out the images,* he did not utterly deface and destroy them, according to the law in De. 7. 5, which required, moreover, that *the graven images should be burnt with fire.* How necessary that law was, this instance shews; for the *carved images* being only thrown aside, and not burnt, Amon knew where to find them, soon set them up, and sacrificed to them. Is. 44. 13, etc.

23 *humbled.* See on ver. 1, 12, 19. Je. 8. 12. *trespassed more and more. Heb.* multiplied trespass. ch. 28. 22. Je. 7. 26. 2 Ti. 3. 13.

24 A.M. 3363. B.C. 641. ch. 24. 25, 26; 25. 27, 28. 2 Sa. 4. 5-12. 2 Ki. 21. 23-26. Ps. 55. 23. Ro. 11. 22.

25 *slew.* Ge. 9. 5, 6. Nu. 35. 31, 33. *the people.* ch. 26. 1; 36. 1. *Josiah.* See on ch. 34. 1.

## CHAP. XXXIV.

*Josiah's good reign, 1, 2. He destroys idolatry, 3-7. He takes order for the repair of the temple, 8-13. Hilkiah, having found a book of the law, Josiah sends to Huldah to enquire of the Lord, 14-22. Huldah prophesies the destruction of Jerusalem, but respite thereof in Josiah's time, 23-28. Josiah, causing it to be read in a solemn assembly, renews the covenant with God, 29-33.*

1 A.M. 3363-3394. B.C. 641-610. *Josiah.* ch. 33. 25. 1 Ki. 13. 2. 2 Ki. 22. 1, etc. 1 Ch. 3. 14, 15. Je. 1. 2. Zep. 1. 1. Mat. 1. 10, 11, Josias. *eight years.* ch. 24. 1; 26. 1; 33. 1. 1 Sa. 2. 18, 26. 1 Ki. 3. 7-9. Ec. 4. 13.

2 *right in the sight.* ch. 14. 2; 17. 3; 29. 2. 1 Ki. 14. 8; 15. 5. 2 Ki. 22. 2. *declined.* De. 5. 32; 17. 11, 20; 28. 14. Jos. 1. 7; 23. 6. Pr. 4. 27.

3 A.M. 3370. B.C. 634. *while he.* 1 Ch. 22. 5; 29. 1. Ps. 119. 9. Ec. 12. 1. 2 Ti. 3. 15. *to seek.* See on ch. 15. 2. 1 Ch. 28. 9. Pr. 8. 17. Mat. 6. 33. *purge.* See on ch. 33. 17, 22. Le. 26. 30. 2 Ki. 23. 4, 14. *the high places.* ch. 30. 14. See on 2 Ki. 18. 4.

4 *brake down.* ch. 33. 3. Ex. 23. 24. Le. 26. 30. De. 7. 5, 25. *images. or,* sun images. ch. 14. 5. 2 Ki. 23. 4, 5, 11. *made dust.* ver. 7. Ex. 32. 20. De. 9. 21. 2 Ki. 23. 12. Ps. 18. 42. Is. 27. 9. *graves. Heb.* face of the graves. 2 Ki. 10. 26, 27; 23. 4, 6.

5 *he.* 1 Ki. 13. 2. 2 Ki. 23. 16. Je. 8. 1, 2. *cleansed.* ver. 7. Nu. 35. 33. Je. 3. 10; 4. 14. Eze. 22. 24.

6 *in.* ch. 30. 1, 10, 11; 31. 1. 2 Ki. 23. 15-20. *mattocks. or,* mauls. 1 Sa. 13. 20, 21. Pr. 25. 18. Is. 7. 25.

7 *beaten.* See on ver. 1. De. 9. 21. *into powder. Heb.* to make powder. *he returned.* ch. 31. 1.

8 A.M. 3380. B.C. 624. *the eighteenth.* Je. 1. 2, 3. *sent Shaphan.* 2 Ki. 22. 3, 12, 14. Je. 26. 24; 29. 3; 36. 10; 39. 14; 40. 11. Eze. 8. 11. *Maaseiah.* Je. 21. 1; 29. 21, 25. *recorder.* 2 Sa. 8. 16; 20. 24. 1 Ch. 18. 15.

9 *Hilkiah.* ver. 14, 15, 18, 20, 22. 2 Ki. 22. 4; 23. 4. *they delivered.* ch. 24. 11-14. 2 Ki. 22. 5-7. Phi. 4. 8. *Manasseh.* ch. 30. 10, 18; 31. 1. *and they returned.* Instead of *wyyashuvoo,* 'and they returned,' as the *Keri* has, we should, with the *Kethiv,* read *weyoshevey,* 'and the inhabitants of;' a reading which is supported by many MSS., printed editions, and all the versions, as well as necessity and common sense. ver. 7.

10 *in the hand.* 2 Ki. 12. 11, 12, 14; 22. 5, 6. Ezr. 3. 7.

11 *floor. or,* rafter. *the kings.* ch. 33. 4-7, 22.

12 *faithfully.* ch. 31. 12. 2 Ki. 12. 15; 22. 7. Ne. 7. 2. Pr. 28. 20. 1 Co. 4. 2. *all.* 1 Ch. 6. 31, etc.; 15. 16-22; 16. 4, 5, 41; 23. 5; 25. 1, etc. *skill.* The verb *skill* is now obsolete: the meaning is, 'every one who is skilful, *maiveen,* on instruments of music.'

13 *the bearers.* ch. 2. 10, 18; 8. 10. Ne. 4. 10. *and of the Levites.* 1 Ch. 23. 4, 5. *scribes.* Ezr. 7. 6. Je. 8. 8. Mat. 26. 3. *officers.* ch. 19. 11. 1 Ch. 23. 4; 26. 29, 30. *porters.* ch. 8. 14. 1 Ch. 9. 17; 15. 18; 16. 38, 42; 26. 1, etc. Ezr. 7. 7.

14 *Hilkiah.* See on 2 Ki. 22. 8, etc. De. 31. 24-26. *a book.* Literally, 'a book of the law of the Lord, *by the hand* of Moses,' *i.e.* as Dr. KENNICOTT understands it, 'in the handwriting of Moses;' for, says he, though there are fifteen places in the Old Testament which mention 'the law of Moses,' and 'book of Moses,' yet this one place only mentions 'the book of the law in, or by, the hand of Moses.' *the law.* ch. 12. 1; 31. 4; 35. 26. De. 17. 18, 19. Jos. 1. 8. Ezr. 7. 10. Ps. 1. 2. Is. 5. 24; 30. 9. Je. 8. 8. Lu. 2. 39. *Moses. Heb.* the hand of Moses. Le. 8. 36; 10. 11; 26. 46.

16 *Shaphan.* See on 2 Ki. 22. 9, 10. Je. 36. 20, 21. *thy servants. Heb.* the hand of thy servants.

17 *And they.* See on ver. 8-10. *gathered together. Heb.* poured out, *or* melted.

18 *And Shaphan read.* De. 17. 19. Jos. 1. 8. Ps. 119. 46, 97-99. Je. 36. 20, 21. *it. Heb.* in it.

19 *the words.* Ro. 3. 20; 7. 7-11. Ga. 2. 19; 3. 10-13. *that he rent.* 2 Ki. 19. 1; 22. 11, 19. Je. 36. 22-24. Joel 2. 13.

20 *Ahikam.* 2 Ki. 25. 22. Je. 26. 24; 40. 6, 9, 14. *Abdon.* This person seems to have borne both the name of *Achbor* and *Abdon.* 2 Ki. 22. 12, Achbor. Je. 26. 22. *Micah. Michaiah,* מיכיה, as he is named in the parallel passage, is here called מיכה, *Michah,* merely by the omission of יה, *yah,* one of the Divine names. *Asaiah.* This variation only exists in the translation; the original being uniformly *Asaiah,* or rather, *Asayah.* 2 Ki. 22. 12, Asahiah.

21 *enquire.* Ex. 18. 15. 1 Sa. 9. 9. 1 Ki. 22. 5-7. Je. 21. 2. Eze. 14. 1, etc.; 20. 1-7. *that are left.* ch. 28. 6; 33. 11. 2 Ki. 17. 6, 7; 22. 13. Is. 37. 2-4. Je. 42. 2.

*great.* Le. 26. 14, etc. De. 28. 15; 29. 18-28; 30. 17-19; 31. 16-22; 32. 15-25. Ro. 1. 18; 2. 8-12; 4. 15.

22 *the prophetess.* Ex. 15. 20. Ju. 4. 4. Lu. 1. 41-45; 2. 36. Ac. 21. 9. *Hasrah. Hasrah* is most probably a mistake for *Harhas;* as the Septuagint reads, both here and in the parallel place, Αρας, *Aras.* See on 2 Ki. 22. 14, Harhas. *wardrobe. Heb.* garments. *college. or,* school, *or* second part. It is probable that *Mishneh* was either the name of a street, or a particular part of the city of Jerusalem.

23 *Tell ye the man.* See on 2 Ki. 22. 15-20. Je. 21. 3-7; 37. 7-10.

24 *I will bring.* ch. 36. 14-20. Jos. 23. 16. 2 Ki. 21. 12; 23. 26, 27. Is. 5. 4-6. Je. 6. 19; 19. 3, 15; 35. 17; 36. 31. *all the curses.* See on ver. 21.

25 *Because.* See on ch. 12. 2; 15. 2; 33. 3-9. 2 Ki. 24. 3, 4. Is. 2. 8, 9. Je. 15. 1-4. *my wrath.* Is. 42. 25. Je. 7. 20. La. 2. 4; 4. 11. Na. 1. 6. Re. 14. 10, 11. *shall not.* 2 Ki. 22. 17. See on Je. 4. 4; 7. 20. Eze. 20. 48. Mar. 9. 43-48.

26 *as for.* ver. 21, 23.

27 *Because.* 'Because,' says the Targumist, 'thy heart was melted, and thou hast humbled thyself in the sight of the *word* of the Lord, *meymra dyya,* when thou didst hear His *words, yath pithgamoi,* against this place.' Here *meymra,* the *personal word,* is plainly distinguished from *pithgam,* a *word spoken. thine heart.* See on ch. 32. 12, 13. 2 Ki. 22. 18, 19. Ps. 34. 18; 51. 17. Is. 57. 15; 66. 2. Eze. 9. 4; 36. 26. *humble.* See on ch. 32. 26; 33. 12, 19. Ja. 4. 6-10. *didst rend.* See on ver. 19. Je. 36. 23, 24. *I have even.* Ps. 10. 17. Is. 65. 24.

28 *I will gather.* ch. 35. 24. See on 2 Ki. 22. 20. Is. 57. 1, 2. Je. 15. 1. Eze. 14. 14-21. *in peace.* Ps. 37. 37. *neither.* 1 Ki. 21. 29. 2 Ki. 20. 19. Is. 39. 8.

29 *the king.* 1 Sa. 12. 23. 1 Ch. 29. 2, etc. Mar. 14. 8. *gathered.* ch. 30. 2. 2 Ki 23. 1-3.

30 *great and small. Heb.* from great even to small. ch. 15. 12, 13; 18. 30. De. 1. 17. Job 3. 19. *he read.* ch. 6. 1, etc.; 17. 7-9. De. 17. 18-20. Ne. 8. 2-5. Ec. 1. 12; 12. 9, 10. *the book.* ver. 15, 18, 19, 24. Ex. 24. 7. 2 Ki 23. 2, 21. Je. 31. 31, 32.

31 *in his place.* Instead of *âl ômdo,* 'in his place,' the parallel passage, 2 Ki. 23. 3, has *âl häâmmood,* 'by the pillar;' which is probably the true reading, as the LXX. in both places read, τον στυλον, 'the pillar.' ch. 6. 13. 2 Ki. 11. 14; 23. 3. Eze. 46. 2. *made a covenant.* This was expressed, 1. In general, To walk after Jehovah; to have no gods beside him. 2. To take his law for the regulation of their conduct. 3. In particular, To bend their whole heart and soul to the performance of it; so that they might not only have *religion* without, but *piety* within. ch. 23. 16; 29. 10. Ex. 24. 6-8. De. 29. 1, 10-15. Jos. 24. 25. Ne. 9. 38; 10. 29. Je. 50. 5. He. 8. 6-13. *and his testimonies.* Ps. 119. 111, 112. *with all.* ch. 15. 12, 15. See on ch. 31. 21. De. 6. 5. Lu. 10. 27-29. *to perform.* Ps. 119. 106.

32 *caused.* ch. 14. 4; 30. 12; 33. 16. Ge. 18. 19. Ec. 8. 2. *present. Heb.* found. ch. 29. 29. *did.* Je. 3. 10.

33 *took away.* See on ver. 3-7. 2 Ki. 23. 4-20. *the abominations.* 1 Ki. 11. 5-7. *all his days.* Jos. 24. 31. Je. 3. 10. Ho. 6. 4. *from following. Heb.* from after.

## CHAP. XXXV.

*Josiah keeps a most solemn passover,* 1-19. *He, provoking Pharaoh-necho, is slain at Megiddo,* 20-24. *Lamentations for Josiah,* 25-27.

1 *Josiah.* The whole solemnity was performed with great exactness according to the law, and upon that account there was none like it since Samuel's time; for even in Hezekiah's passover there were several irregularities. Bp. PATRICK observes, that in this also it exceeded the other passovers which preceding kings had kept, that though Josiah was by no means so rich as David, or Solomon, or Jehoshaphat, yet he furnished the whole congregation with beasts for sacrifice, both paschal and eucharistical, at his own proper cost and charge, which was more than any king ever did before. ch. 30. 2 Ki. 23. 21-23. *the fourteenth.* Ex. 12. 6. Nu. 9. 3. De. 16. 1-8. Ezr. 6. 19. Eze. 45. 21. Josiah's solemnization of the passover, which is merely alluded to at 2 Ki. 23. 21, is very particularly related here, while the destruction of idolatry is largely related in the Kings, and here only touched upon. The feasts of the Lord God, appointed by the ceremonial law, were very numerous; but the passover was the chief. It was *the first* which was solemnized in the night wherein Israel came out of Egypt, and ushered in those which were afterwards instituted: and it was *the last* great feast which was held in the night wherein Christ was betrayed, before the vail of the temple was rent in twain. By means of this feast, both Josiah and Hezekiah revived religion in their day.

2 *charges.* ch. 23. 8, 18; 31. 2. Nu. 18. 5-7. 1 Ch. ch. 24. Ezr. 6. 18. *encouraged.* ch. 29. 5-11; 31. 2. 1 Ch. 22. 19.

3 *the Levites.* ch. 17. 8, 9; 30. 22. De. 33. 10. Ne. 8. 7, 8. Mal. 2. 7. *Put.* ch. 8. 11; 34. 14. *in the house.* See on ch. 5. 7. *not be.* Nu. 4. 15-49. 1 Ch. 23. 26. *serve now.* Nu. 8. 19; 16. 9, 10. 2 Co. 4. 5.

4 *the houses.* 1 Ch. 9. 10-34. Ne. 11. 10-20. *after your courses.* The regulations formed by David, and established by Solomon, concerning the courses of the priests and Levites, were committed to writing, and preserved, for them to refer to continually Josiah, as well as Hezekiah, required the priests and Levites to attend to their several duties, and encouraged them therein, but he neither added, altered, nor retrenched any thing: he merely enforced what had been established in the law, and in the regulations made by David and the contemporary prophets: 'the commandment of the king . . . . was by the word of the Lord.' 1 Ch. ch. 23-26. *and according.* ch. 8. 14.

5 *And stand.* Ps. 134. 1; 135. 2. *families of the fathers. Heb.* house of the fathers. *people. Heb.* sons of the people.

6 *So kill.* ch. 30. 15-17. Ex. 12. 6, 21, 22. Ezr. 6. 20, 21. *sanctify.* ch. 29. 5, 15, 34; 30. 3, 15-19. Ge. 35. 2. Ex. 19. 10, 15. Nu. 19. 11-20. Job 1. 5. Ps. 51. 7. Joel 2. 16. He. 9. 13, 14.

7 *Josiah.* ch. 7. 8-10; 30. 24. Is. 32. 8. Eze. 45. 17. *gave. Heb.* offered. 1 Ki. 8. 63. *thirty thousand.* According to the calculation, that not fewer than ten, nor more than twenty persons, were to join for one kid or lamb, the numbers given on this occasion would suffice for above 400,000 persons. *the king's substance.* 1 Ki. 8. 63. 1 Ch. 29. 3.

8 *his princes.* ch. 29. 31-33. 1 Ch. 29. 6-9, 17. Ezr. 1. 6; 2. 68, 69; 7. 16; 8. 25-35. Ne. 7. 70-72. Ps. 45. 12. Ac. 2. 44, 45; 4. 34, 35. *gave. Heb.* offered. *willingly.* 2 Co. 8. 12; 9. 7. *Hilkiah.* ch. 34. 14-20. *rulers.* 1 Ch. 9. 20; 24. 4, 5. Je. 29. 25, 26. Ac. 4. 1; 5. 26.

9 *gave. Heb.* offered. Is. 1. 10-15. Je. 3. 10; 7. 21-28. Mi. 6. 6-8.

10 *the priests.* ver. 4, 5; ch. 30. 16. Ezr. 6. 18.

11 *the priests.* ch. 29. 22-24; 30. 16. Le. 1. 5, 6. Nu. 18. 3, 7. He. 9. 21, 22. *flayed them.* ch. 29. 34.

12 *as it is written.* Le. 3. 3, 5, 9-11, 14-16.

13 *roasted.* Ex. 12. 8, 9. De. 16. 7. Ps. 22. 14. La. 1. 12, 13. *sod.* Le. 6. 28. Nu. 6. 19. 1 Sa. 2. 13-15. Eze. 46. 20-25. *divided them speedily. Heb.* made *them* run. Ro. 12. 11.

14 *because the priests.* Ac. 6. 2-4.

15 *place. Heb.* station. *according.* ch. 29. 25, 26. 1 Ch. 16. 41, 42; 23. 5; 25. 1-7. Ps. 77-79, titles. *the porters.* 1 Ch. 9. 17-19; 26. 14-19.

17 *present.* *Heb.* found. *the feast.* ch. 30. 21-23. Ex. 12. 15-20; 13. 6, 7; 23. 15; 34. 18. Le. 23. 5-8. Nu. 28. 16-25. De. 16. 3, 4, 8. 1 Co. 5. 7, 8.

18 *there was no passover.* Not one on *purer* principles, more *heartily* joined in by the people present, more *literally* or *exactly consecrated*, according to the law, or more *religiously* observed. The words do not refer to the number present, but to the manner and spirit. ch. 30. 5. 2 Ki. 23. 21-23. *neither did.* ch. 30. 26, 27.

20 A.M. 3394. B.C. 610. *temple.* *Heb.* house. *Necho.* *Pharaoh the lame*, says the Targumist. 2 Ki. 23. 29, etc., Pharaoh-nechoh. Je. 46. 2, etc. *Charchemish.* Is. 10. 9.

21 *What.* 2 Sa. 16. 10. Mat. 8. 29. Jno. 2. 4. *house wherewith I have war.* *Heb.* house of my war. *God.* 2 Ki. 18. 25. Is. 36. 10. *forbear thee.* ch. 25. 19.

22 *Nevertheless.* Josiah's conduct in this affair has been treated with great severity; and he has been charged with engaging rashly in an *unjust* war, and *disregarding the express command of God.* But Scripture no where condemns him; and Pharaoh, in marching through Josiah's territories, against his will, certainly committed an act of hostility. It is evident that Josiah was in possession of the whole land of Israel (ch. 26. 6); and probably he held the northern parts of it as a grant from the king of Babylon; and was not only in alliance with him, but bound to guard his frontiers against hostile invaders. He may, therefore, be fairly justified from the charge of *unjustly* meddling in a war that did not belong to him. It is true the ambassadors assured Josiah, that 'God had commanded Pharaoh to make haste;' and he is therefore said not to have 'hearkened to the words of Necho, from the mouth of God.' But Necho produced no proof that he was a prophet of Jehovah; and the word he employed, *elohim*, may denote *gods* or *idols;* and critics have noticed that the expression, 'from the mouth of God,' is not used when the true God is meant. *but disguised.* ch. 18. 29. 1 Ki. 14. 2; 22. 30, 34. *the mouth.* ver. 21; ch. 18. 4-6. Jos. 9. 14. *Megiddo.* Ju. 5. 19. 2 Ki. 9. 27; 23. 30. Zec. 12. 11, Megiddon. Re. 16. 16, Armageddon.

23 *the archers.* ch. 18. 33. Ge. 49. 23. 2 Ki. 9. 24. La. 3. 13. *wounded.* *Heb.* made sick. 1 Ki. 22. 34. 2 Ki. 8. 29.

24 *the second.* Ge. 41. 43. *they.* 2 Ki. 23. 30. *died.* Ps. 36. 6. Ec. 8. 14; 9. 1, 2. *in one of the.* *or,* among the. ch. 34. 28. *Judah.* Zec. 12. 11.

25 *Jeremiah.* Je. 22. 10. La. 4. 20. *all the singing.* Job 3. 8. Ec. 12. 5. Je. 9. 17-21. Mat. 9. 23. *and made them.* Je. 22. 20.

26 *goodness.* *Heb.* kindnesses. ch. 31. 20; 32. 32.

27 *deeds.* ch. 20. 34; 24. 27; 25. 26; 26. 22; 32. 32. 33. 19. 2 Ki. 10. 34; 16. 19; 20. 20; 21. 25.

## CHAP. XXXVI.

*Jehoahaz succeeding, is deposed by Pharaoh, and carried into Egypt,* 1-4. *Jehoiakim reigning ill, is carried bound into Babylon,* 5-8. *Jehoiachin succeeding, reigns ill, and is brought into Babylon,* 9, 10. *Zedekiah succeeding, reigns ill, despises the prophets, and rebels against Nebuchadnezzar,* 11-13. *Jerusalem, for the sins of the priests and the people, is wholly destroyed,* 14-21. *The proclamation of Cyrus,* 22, 23.

1 *the people.* ch. 26. 1; 33. 25. 2 Ki. 23. 30, etc. *Jehoahaz.* 2 Ki. 23. 31-34. 1 Ch. 3. 15. Je. 22. 11.

3 *put him down.* *Heb.* removed him. 2 Ki. 23. 33. *condemned.* *Heb.* mulcted.

4 *made Eliakim.* 2 Ki. 23. 34, 35. 1 Ch. 3. 15. *Necho.* Je. 22. 10-12. Eze. 19. 3, 4.

5 *Jehoiakim.* 2 Ki. 23. 36, 37. Je. 22. 13-19; 26. 21-23; 36. 1, 27-32.

6 A.M. 3397. B.C. 607. *came up.* 2 Ki. 24. 1, 2, 5, 6, 13, etc. Eze. 19. 5-9. Da. 1. 1, 2. Hab. 1. 5-10. *fetters.* *or,* chains.

7 A.M. 3398. B.C. 606. *the vessels.* 2 Ki. 24. 13. Ezr. 1. 7-11. Je. 27. 16-18; 28. 3. Da. 5. 2-4.

8 A.M. 3394-3405. B.C. 610-599. *written.* 2 Ki. 24. 5, 6. *Jehoiachin.* 1 Ch. 3. 16, 17, Jeconiah. Je. 22. 24, 28, Coniah. Mat. 1. 11, 12, Jechonias.

9 A.M. 3405. B.C. 599. *eight years old.* The Syriac, Arabic, and the parallel place, (on which see the Note,) have 'eighteen years;' which, as SCALIGER observes, is no doubt the genuine reading. 2 Ki. 24. 8, 9.

10 *when the year was expired.* *Heb.* at the return of the year. *king Nebuchadnezzar.* 2 Ki. 24. 10-17; 25. 27-30. Je. 29. 2. Eze. 1. 2. *goodly vessels* *Heb.* vessels of desire. ver. 7. Je. 27. 18-22. Da. 1. 1, 2; 5. 2, 23. *Zedekiah.* 2 Ki. 24. 17, Mattaniah his father's brother. 1 Ch. 3. 15, 16. Je. 37. 1.

11 A.M. 3405-3416. B.C. 599-588. *one and twenty.* 2 Ki. 24. 18-20. Je. 52. 1-3.

12 *humbled.* ch. 32. 26; 33. 12, 19, 23. Ex. 10. 3. Da. 5. 22, 23. Ja. 4. 10. 1 Pe. 5. 6. *before Jeremiah.* Je. 21. 1, etc.; 27. 12, etc.; 28. 1, etc.; 34. 2, etc.; 37. 2, etc.; 38. 14, etc. *the mouth.* ch. 35. 22.

13 *rebelled.* 2 Ki. 24. 20. Je. 52. 2, 3. Eze. 17. 11-20. *who had.* Jos. 9. 15, 19, 20. 2 Sa. 21. 2. *stiffened.* 2 Ki. 17. 14. Ne. 9. 16, 17. Is. 48. 4. *hardened.* Ex. 8. 15, 32; 9. 17. Ne. 9. 29. Ro. 2. 4, 5. He. 3. 8, 13.

14 *all the chief.* 2 Ki. 16. 10-16. Ezr. 9. 7. Je. 5. 5; 37. 13-15; 38. 4. Eze. 22. 6, 26-28. Da. 9. 6, 8. Mi. 3. 1-4, 9-11; 7. 2. Zep. 3. 3, 4. *very much.* ch. 28. 3; 33. 9. *polluted.* ch. 33. 4-7. Eze. 8. 5-16.

15 *the Lord.* ch. 24. 18-21; 33. 10. 2 Ki. 17. 13. Je. 25. 3, 4; 26. 5; 35. 15; 44. 4, 5. *his messengers.* *Heb.* the hand of his messengers. *betimes.* *i. e.* continually and carefully. *because.* Ju. 10. 16. 2 Ki. 13. 23. Ho. 11. 8. Lu. 19. 41-44.

16 *mocked.* ch. 30. 10. Ps. 35. 16. Is. 28. 22. Je. 5. 12, 13; 20. 7. Lu. 18. 32; 22. 63, 64; 23. 11, 36. Ac. 2. 13; 17. 32. He. 11. 36. *despised.* Pr. 1. 24-30. Lu. 16. 14. Ac. 13. 41. 1 Th. 4. 8. *misused.* Je. 32. 3; 38. 6. Mat. 5. 12; 21. 33-41; 23. 34-47. Ac. 7. 52. *the wrath.* Ps. 74. 1; 79. 1-5. *till.* Pr. 6. 15; 29. 1. *remedy.* *Heb.* healing.

17 *he brought.* ch. 33. 11. De. 28. 49. 2 Ki. 24. 2, 3. Ezr. 9. 7. Je. 15. 8; 32. 42; 40. 3. Da. 9. 14. *the king.* 2 Ki. 25. 1, etc. Je. 39. 1, etc.; 52. 1, etc. *who slew.* Le. 26. 14, etc. De. 28. 15, etc.; 29. 18-28; 30. 18; 31. 16-18; 32. 15-28. Ps. 74. 20; 79. 2, 3. Je. 15. 9; 18. 21. La. 2. 21, 22. *in the house.* ch. 24. 21. La. 2. 20. Eze. 9. 5-7. Lu. 13. 1, 2. *no compassion.* De. 28. 50. Ps. 74. 20.

18 A.M. 3416. B.C. 588. *all the vessels.* ver. 7, 10. 2 Ki. 25. 13-17. Je. 27. 18-22; 52. 17-23. Da. 5. 3. *treasures.* 2 Ki. 20. 13-17. Is. 39. 6. Zec. 1. 6.

19 *they burnt.* 2 Ki. 25. 9. Ps. 74. 4-8; 79. 1, 7. Is. 64. 10, 11. Je. 7. 4, 14; 52. 13. La. 4. 1. Mi. 3. 12. Lu. 21. 6. *brake down.* 2 Ki. 25. 10, 11. Je. 52. 14, 15.

20 A.M. 3416-3468. B.C. 588-536. *And them that had escaped from.* *Heb.* And the remainder from. *they were servants.* De. 28. 47, 48. Je. 27. 7. *until the reign.* ver. 22. Ezr. 1. 1, etc.

21 *To fulfil.* Je. 25. 9, 12; 26. 6, 7; 27. 12, 13; 29. 10. Da. 9. 2. Zec. 1. 4-6. *until the land.* Le. 25. 4-6; 26. 34, 35, 43. Zec. 1. 12.

22 A.M. 3468. B.C. 536. This verse and the next have a double aspect. They look back to the prophecy of Jeremiah, and show how that was accomplished; and they look forward to the history of Ezra, which begins with a repetition of these two last verses. *in the first.* Ezr. 1. 1-3. *Cyrus.* Is. 44. 28. Da. 10. 1. *that the word.* ver. 21. Je. 25. 12, 14; 29. 10; 32. 42-44; 33. 10-14. He. 10. 23. *the Lord stirred.* ch. 21. 16. 1 Sa. 26. 19. 1 Ki. 11. 14, 23. 1 Ch. 5. 26. Ezr. 1. 5. Is. 13. 3-5, 17, 18; 44. 28; 45. 1-5. Hag. 1. 14. *a proclamation.* ch. 24. 9; 30. 5.

23 *All the kingdoms.* Ps. 75. 5-7. Da. 2. 21, 37; 4. 35; 5. 18, 23. *he hath charged.* Is. 44. 26-28. *Who is there.* 1 Ch. 22. 16; 29. 5. Ezr. 7. 13. Zec. 2. 6, 7. Ro. 8. 31.

# The Book of EZRA.



## CHAP. I.

*The proclamation of Cyrus for the building of the temple, 1-4. The people provide for their return, 5, 6. Cyrus restores the vessels of the temple to Sheshbazzar, 7-11.*

1 *Now in the.* 2 Ch. 36. 22, 23. *Cyrus.* *Cyrus* is said to have been the son of *Cambyses*, king of Persia, and *Mandane*, daughter of Astyages, king of Media: he was born about 600 years before Christ, and died at the age of 70, after a reign of 30 years. He was mentioned by name, and his conquests foretold, by the prophet Isaiah, above a century before his birth. JOSEPHUS states the partiality he evinced towards the Jews, arose from the circumstance of these prophecies being shewn him, probably by Daniel. *by the mouth.* Je. 25. 12-14; 29. 10; 33. 7-13. *the Lord.* ch. 5. 13-15; 6. 22; 7. 27. Ps. 106. 46. Pr. 21. 1. Da. 2. 1. *made a proclamation. Heb.* caused a voice to pass. Mat. 3. 1-3. Jno. 1. 23.

2 *Lord God.* 1 Ki. 8. 27. 2 Ch. 2. 12. Is. 66. 1. Je. 10. 11. Da. 2. 21, 28; 5. 23. *hath given.* Je. 27. 6, 7. Da. 2. 37, 38; 4. 25, 32; 5. 19-21. *all the kingdoms.* According to the testimony of ancient writers, Cyrus, at this time, reigned over the Medes, Persians, Hyrcanians, Syrians, Assyrians, Indians, etc., and all lesser Asia. *he hath charged.* Is. 44. 26-28; 45. 1, 12, 13.

3 *his God.* Jos. 1. 9. 1 Ch. 28. 20. Mat. 28. 20. *he is the God.* De. 32. 31. Ps. 83. 18. Is. 45. 5. Je. 10. 10. Da. 2. 47; 6. 26. Ac. 10. 36.

4 *let the men.* ch. 7. 16-18. Ac. 24. 17. 3 Jno. 6-8. *help him. Heb.* lift him up. Ec. 4. 9, 10. Ga. 6. 2. *the freewill.* ch. 6. 68-70. 1 Ch. 29. 3, 9, 17.

5 *whose spirit.* ver. 1. 2 Ch. 36. 22. Ne. 2. 12. Pr. 16. 1. 2 Co. 8. 16. Phi. 2. 13. Ja. 1. 16, 17. 3 Jno. 11.

6 *strengthened their hands.* *that is,* helped them. ch. 7. 15, 16; 8. 25-28, 33. *willingly offered.* ver. 4. Ps. 110. 3. 2 Co. 9. 7.

7 *Also Cyrus.* ch. 5. 14; 6. 5. *Nebuchadnezzar.* 2 Ki. 24. 13; 25. 13-16. 2 Ch. 36. 7, 10, 18. Je. 27. 21, 22; 28. 3-6. Da. 1. 2; 5. 2, 3, 23.

8 *Sheshbazzar.* ver. 11; ch. 5. 14, 16. Hag. 1. 1, 14; 2. 2-4. Zec. 4. 6-10.

9 *chargers of gold.* Nu. 7. 13, 19, etc. 1 Ki. 7. 50. 2 Ch. 4. 8, 11, 21, 22; 24. 14. Mat. 14. 8. *nine.* Mat. 10. 29-31.

11 *the vessels.* Ro. 9. 23. 2 Ti. 2. 19-21. *five thousand.* Instead of 5400, the enumeration of the articles in ver. 9, 10, only amounts to 2499; but in the account, Esdras 2. 13, 14, the amount is 5469, as will be evident from the following statements:

| IN EZRA. | | IN ESDRAS. | |
|---|---|---|---|
| Gold chargers . . | 30 | Gold cups . . | 1000 |
| Silver ditto . . | 1000 | Silver cups . . | 1000 |
| Knives . . . | 29 | Silver censers | 29 |
| Gold basons . . | 30 | Gold vials . | 30 |
| Silver ditto . . | 410 | Silver vials . . | 2410 |
| Other vessels . | 1000 | Other vessels . | 1000 |
| Said to be . . | 5400 | Total . . . . | 5469 |
| But only . . | 2499 | | |
| | | Surplus . . | 69 |
| Deficiency . . | 2901 | | |

It is supposed that they actually amounted to 5400, but that only the *chief* of them were specified, the spoons, etc. being omitted. *captivity. Heb.* transportation. Mat. 1. 11, 12.

## CHAP. II.

*The number that return of the people, 1-35; of the priests, 36-39; of the Levites, 40-42; of the Nethinims, 43-54; of Solomon's servants, 55-60; of the priests who could not shew their pedigree, 61-63. The whole number of them, with their substance, 64-67. Their oblations, 68-70.*

1 *the children.* ch. 5. 8; 6. 2. Ne. 7. 6, etc. Es. 1. 1, 3, 8, 11; 8. 9. Ac. 23. 34. *whom Nebuchadnezzar.* 2 Ki. 24. 14-16; 25. 11. 2 Ch. ch. 36. Je. 39. 52. La. 1. 3, 5; 4. 22. Zep. 2. 7.

2 *Zerubbabel.* ch. 1. 11, Sheshbazzar. Ne. 7. 7. Hag. 1. 1, 12, 14; 2. 2, 4, 21. Zec. 4. 6-10. Mat. 1. 12, 13, Zorobabel. *Jeshua.* ch. 3. 8, 9; 4. 3; 5. 2. Hag. 1. 12, 14; 2. 4. Zec. 3. 1, 3, 8, 9, Joshua. *Seraiah.* Ne. 7. 7, Azariah, Raamiah, Nahamani, Mispereth, Nehum. *Rehum.* ch. 4. 8.

3 *children.* The word *children*, in this table, when prefixed to the name of a *man*, signifies the *descendants* of that person, as from ver. 3-21; and when prefixed to the name of a *town, place*, etc., it signifies the *inhabitants* of that place, as from ver. 21-25. *Parosh.* ch. 8. 3, Pharosh; 10. 25. Ne. 7. 8.

4 *Shephatiah.* ch. 8. 8. Ne. 7. 9.

5 *Arah.* Ne. 6. 18; 7. 10. 652.

6 *Pahath-moab.* ch. 8. 4; 10. 30. Ne. 7. 11. 2818; 10. 14. *Joab.* ch. 8. 9.

7 *Elam.* ver. 31; ch. 8. 7; 10. 26. Ne. 7. 12.

8 *Zattu.* ch. 10. 27. Ne. 7. 13. 845.

9 *Zaccai.* Ne. 7. 14.

10 *Bani.* The variation of *Bani*, בני, and *Binnui*, בנוי, arises from the elision of ו, *wav:* but the LXX. have here Βανουι, as in the parallel place. ch. 10. 34. Ne. 7. 15, Binnui. 648.

11 *Bebai.* ch. 8. 11; 10. 28. Ne. 7. 16. 628.

12 *Azgad.* ch. 8. 12. Ne. 7. 17. 2322.

13 *Adonikam.* ch. 8. 13. Ne. 7. 18. 667.

14 *Bigvai.* ch. 8. 14. Ne. 7. 19. 2067.

15 *Adin.* ch. 8. 6. Ne. 7. 20. 655.

16 *Ater.* Ne. 7. 21.

17 *Bezai.* Ne. 7. 23. 324.

18 *Jorah.* Ne. 7. 24, Hariph.

19 *Hashum.* ch. 10. 33. Ne. 7. 22. 328.

20 *Gibbar.* Ne. 7. 25, Gibeon.

21 *Beth-lehem.* 1 Ch. 2. 50-52.

22 *Netophah.* 2 Sa. 23. 28. 1 Ch. 2. 54. Ne. 7. 26. 188. Je. 40. 8.

23 *Anathoth.* Jos. 21. 18. Ne. 7. 27. Is. 10. 30. Je. 1. 1; 11. 21.

24 *Azmaveth.* Ne. 7. 28, Beth-azmaveth.

25 *Kirjath-arim.* Jos. 9. 17. Ne. 7. 29, Kirjath-jearim.

26 *Ramah.* Jos. 18. 24, 25. Ne. 7. 30.

27 *Michmas.* 1 Sa. 13. 5, 23. Is. 10. 28, Michmash. Ne. 7. 31.

28 *Ai.* Ge. 12. 8, Hai. Jos. 7. 2; 8. 9, 17. Ne. 7. 33. 123.

29 *Nebo.* This *Nebo* was probably the *Nabau* which EUSEBIUS and JEROME place eight miles south from Hebron. Nu. 32. 3. De. 32. 49. Ne. 7. 33. Is. 15. 2. Je. 48. 1, 22.

30 *Magbish.* The children of Magbish are not named in our present copies of Nehemiah; but the Alexandrian MS. of the LXX. has the same reading as here.

31 *Elam.* ver. 7. Ne. 7. 34.

32 *Harim.* ch. 10. 31. Ne. 7. 35.

33 *Lod.* 1 Ch. 8. 12. Ne. 6. 2; 7. 37; 11. 34, 35. *Hadid.* *or,* Harid, as it is in some copies. *Hadid* is probably the *Adida* of JOSEPHUS, and the Maccabees, (1 Mac. 12. 38; 13. 13,) a city situated on a hill in the plain country of Judah, and the *Aditha* of EUSEBIUS, which he places near Diospolis, *Lydda*, or *Lod.*

34 *Jericho.* 1 Ki. 16. 34. Ne. 7. 36.

35 *Senaah.* Ne. 7. 38. 3930.

36 *Jedaiah.* 1 Ch. 9. 10; 24. 7. *Jeshua.* ch. 3. 9. Ne. 7. 39.

37 *Immer.* ch. 10. 20. 1 Ch. 24. 14. Ne. 7. 40.

38 *Pashur.* ch. 10. 22. 1 Ch. 9. 12. Ne. 7. 41.

39 *Harim.* ch. 10. 21. 1 Ch. 24. 8. Ne. 7. 42.

40 *Hodaviah.* ch. 3. 9, Judah. Ne. 7. 43, Hodevah.

41 *Asaph.* 1 Ch. 6. 39; 15. 17; 25. 1, 2. Ne. 7. 44; 11. 17.

42 *the porters.* 1 Ch. 26. 1, etc. Ne. 7. 45. 138.

43 *Nethinims.* ver. 58. 1 Ch. 9. 2. Ne. 7. 46-56; 10. 28. *Hasupha.* This variation only exists in the translation, the original being written here *Husupha*, and in the parallel place defectively, *Hasupha.* Ne. 7. 46, Hashupha.

44 *Siaha.* Sia, סיעא, is merely a contraction of סיעהא, *Siaha*, by the elision of ה, *hay.* Ne. 7. 47, Sia.

45 *Lebanah.* These variations merely arise from the mutation of ה, *hay*, into א, according to the Chaldee dialect; the original, being respectively לבנה, *Lebanah*, and לבנא, *Lebana*; חגבה, *Hagabah*, and חגבא, *Hagaba.* Ne. 7. 48, Lebana, Hagaba.

46 *Shalmai. or*, Shamlai. *Shamlai*, of the *Kethiv*, is evidently a mistake for *Shalmai*, as the *Keri* and LXX. have.

49 *Paseah.* Ne. 7. 51, Phaseah.

50 *Mehunim.* Ne. 7. 52, Meunim, Nephisheshim.

52 *Bazluth.* Ne. 7. 54, Bazlith.

53 *Thamah.* Ne. 7. 55, Tamah.

55 *Solomon's.* 1 Ki. 9. 21. *Peruda.* Ne. 7. 57, Perida.

56 *Jaalah.* Ne. 7. 58, Jaala.

57 *Pochereth.* Ne. 7. 59. *Ami.* Ne. 7. 59, Amon.

58 *Nethinims.* ch. 7. 7. Jos. 9. 21, 23, 27. 1 Ch. 9. 2. Ne. 3. 26; 7. 60. *Solomon's.* 1 Ki. 9. 21.

59 *Tel-harsa.* Ne. 7. 61, Tel-haresha, Addon. *seed. or*, pedigree.

60 *of Delaiah.* Ne. 7. 62. 642.

61 *the children.* Ne. 7. 63, 64. *Barzillai.* 2 Sa. 17. 27; 19. 31-39. 1 Ki. 2. 7.

62 *therefore.* Le. 21. 21-23. Nu. 3. 10; 16. 40; 18. 7. *were they, as polluted, put from the priesthood. Heb.* they were polluted from the priesthood. Eze. 44. 10-14.

63 *Tirshatha. or*, governor. The person who held this office at this time was probably *Zerubbabel.* The word *Tirshatha* is supposed to be Persian; and if, as CASTEL supposes, it signifies *austerity*, or that *fear* which is impressed by the authority of a governor, it may be derived from *tars*, 'ear,' or *tursh*, 'acid, austere.' Ne. 7. 65; 8. 9; 10. 1. *should not.* Le. 2. 3, 10; 6. 17, 29; 7. 16; 10. 17, 18; 22. 2, 3, 10, 14-16. Nu. 18. 9-11, 19, 32. *Urim.* Ex. 28. 30. Le. 8. 8. Nu. 27. 21. De. 33. 8. 1 Sa. 28. 6.

64 *forty.* Though the sum total, both here and in Nehemiah, is equal, namely, 42,360, yet the particulars reckoned up only make 29,818 in Ezra, and 31,089 in Nehemiah; and we find that Nehemiah mentions 1765 persons who are not in Ezra, and Ezra has 494 not mentioned in Nehemiah. This last circumstance, which seems to render all hope of reconciling them impossible, Mr. ALTING thinks is the very point by which they can be reconciled; for, if we add Ezra's *surplus* to the *sum* in Nehemiah, and Nehemiah's *surplus* to the *number* in Ezra, they will both amount to 31,583; which subtracted from 42,360, leaves a deficiency of 10,777, which are not named because they did not belong to the tribes of Judah and Benjamin, or to the priests, but to the other Israelitish tribes. ch. 9. 8. Ne. 7. 66-69. Is. 10. 20-22. Je. 23. 3.

65 *servants.* Is. 14. 1, 2. *two hundred.* Ex. 15. 20, 21. 2 Sa. 19. 35. Ne. 7. 67. Ps. 68. 25 148. 12, 13. Ec. 2. 8. Je. 9. 17, 18. Mat. 9. 23.

68 *offered freely.* Ex. 35. 5, etc., 29; 36. 3. Nu. 7. 3, etc. 1 Ch. 29. 5-17. Ne. 7. 70, etc. Ps. 110. 3. Lu. 21. 1-4. 2 Co. 8. 3, 12; 9. 7. *in his place.* ch. 3. 3. 1 Ch. 21. 18; 22. 1. 2 Ch. 3. 1.

69 *the treasure.* ch. 8. 25-34. 1 Ki. 7. 51. 1 Ch. 22. 14; 26. 20-28. Ne. 7. 71, 72.

70 ch. 6. 16, 17. 1 Ch. 11. 2. Ne. 7. 73; 11. 3, etc.

## CHAP. III.

*The altar is set up*, 1-3. *Offerings renewed*, 4-6. *Workmen employed in preparing materials*, 7. *The foundations of the temple are laid in great joy and mourning.* 8-13.

1 *the seventh.* Ex. 23. 14-17. Le. 16. 29; 23. 24, 27, etc. Nu. 29. 1, etc. Ne. 8. 2, 14. *as one.* Ju. 20. 1. Ne. 8. 1. Zep. 3. 9. Ac. 2. 46; 4. 32. 1 Co. 1. 10.

2 *Jeshua.* Hag. 1. 1, 12, 14; 2. 2-4. Zec. 3. 1, 8; 6. 11, Joshua the son of Josedech. *Zerubbabel.* ch. 2. 2. 1 Ch. 3. 17, 19. Hag. 2. 21, 23. Zec. 4. 6-10 Mat. 1. 12, 13. Lu. 3. 27, Zorobabel, Salathiel. *as it is written.* Ex. 20. 24, 25. Nu. 28. 3, etc. De. 12. 5-7. 2 Ch. 6. 6. Ps. 78. 68. Bp. PATRICK observes, that before the temple was built, there seems to have been a tabernacle pitched for Divine service, as was in David's time, not on mount Moriah, but mount Sion, to be used while the temple was building. Let us learn hence *to begin with God*, and *to do what we can* in the worship of God, *when we cannot do what we would.* They could not immediately have a temple, but they would not be without an altar. Wherever a Christian goes, if he carry not with him the sacrifices of prayer and praise, he is wanting in his duty; for he has an altar *ever* ready that sanctifies both the gift and the giver.

3 *the altar.* 2 Ch. 4. 1. *for fear.* ch. 4. 11-16; 8. 21, 22. Ps. 27. 1, 2; 56. 2-4. *even burnt.* Ex. 29. 38-42. Nu. 28. 2-8.

4 *the feast.* Ex. 23. 16. Le. 23. 34-36. Ne. 8. 14-17. Zec. 14. 16-19. Jno. 7. 2, 37. *the daily.* Nu. 29. 12-38. *as the duty of every day required. Heb.* the matter of the day in his day. Ex. 5. 13; 29. 38. Je. 52. 34, marg.

5 *the continual.* Ex. 29. 38-42. Nu. 28. 3-10, 11, 19, 27; 29. 2, 8, 13. *willingly.* Le. 1. 3. De. 12. 6, 17. 2 Ch. 29. 31, 32.

6 *the foundation of the temple of the Lord was not yet laid. Heb.* the temple of the Lord was not *yet* founded.

7 *gave money.* 2 Ki. 12. 11, 12; 22. 5, 6. 2 Ch. 24. 12, 13. *carpenters. or*, workmen. *meat.* 1 Ki. 5. 6, 9-11. 2 Ch. 2. 10-15. Eze. 27. 17. Ac. 12. 20. *Joppa. Joppa*, now *Jaffa* or *Yaffa*, one of the most ancient sea-ports in the world, is situated in a fine plain on the shore of the Mediterranean, between Jamnia south and Cæsarea of Palestine north, 150 stadia from Antipatris, according to JOSEPHUS, 30 miles south of Cæsarea, 12 miles north of Ashdod, 9 miles west of Ramla, and 40 miles west of Jerusalem, according to modern authorities; and in lat. 32° 50′ long. 65° 40′ according to PTOLEMY. It is still a considerable town, containing about 4000 or 5000 souls, and occupying a circular eminence close to the seaside, with a citadel on the summit; the bottom of the hill being surrounded by a wall 12 or 14 feet high, and two or three feet thick. The environs are occupied by extensive gardens. 2 Ch. 2. 16. Jon. 1. 3. Ac. 9. 36; 10. 5, 6. *according.* ch. 6. 3-5.

8 *Zerubbabel.* See on ver. 2. *twenty years old.* Nu. 4. 3. 1 Ch. 23. 24-32.

9 *Jeshua.* Not *Jeshua* the high-priest, before mentioned, but another *Jeshua*, a Levite, mentioned in the parallel passage. ch. 2. 40. *Judah. Hodaviah*, הודויה, is called *Hodevah*, הודוה, by the elision of י, *yood*, and was probably named *Judah*, from the word having the same signification. ch. 2. 40, Hodaviah. Ne. 7. 43, Hodevah. *together. Heb.* as one.

10 *when the builders.* Zec. 4. 10. *they set.* Ex. 28. 40-42. 1 Sa. 22. 18. 1 Ch. 15. 27. Ne. 12. 24, etc. *trumpets.* Nu. 10. 1-10. 1 Ch. 15. 24; 16. 5, 6, 42. *the sons of Asaph.* 1 Ch. 6. 39; 16. 37; 25. 1-7. 2 Ch. 35. 15. *after the ordinance.* 1 Ch. 6. 31, etc.; 16. 4-7; 23. 5. 2 Ch. 29. 25, 26.

11 *they sang.* Ex. 15. 21. Ne. 12. 24, 40. Ps. 24. 7-10. Is. 6. 3. *because.* 1 Ch. 16. 34, 41. 2 Ch. 7. 3. Ps. 103. 17; 106. 1; 107. 1; 135. 3; 136; 145. 1-11. Je. 33. 11. Lu. 1. 50. *shouted.* Jos. 6. 5, 10, 16. Ps. 47. 1, 5. Is. 12. 6; 44. 23. Zec. 9. 9. *because.* Ps. 102. 13, 14. Re. 21. 10-14.

12 *many.* Hag. 2. 3. *when the foundation.* Job 8. 7. Is. 41. 14; 60. 22. Da. 2. 34, 35. Zec. 4. 10. Mat. 13. 31, 32. *wept.* Ps. 126. 6. Je. 31. 8, 9.

13 *So that.* This sight must have been very affecting; a whole people, one part *weeping* aloud with *sorrow*, the other *shouting* aloud for *joy;* and on the same occasion too, in which both sides felt an equal interest. The prophet Haggai (ch. 2. 1-9) comforted them on this occasion, by assuring them that the glory of this latter house should exceed that of the former, because the Lord would come to this temple, and fill it with His glory. *the noise.* Ju. 2. 5. *shouted.* Ne. 12. 43. Ps. 5. 11. Je. 33. 11. Zec. 4. 7. Lu. 19. 37-40. *and the noise.* Ex. 32. 17, 18. 1 Sa. 4. 5. 1 Ki. 1. 40, 45. Ps. 100. 1, 2.

## CHAP. IV.

*The adversaries, being not accepted in the building of the temple with the Jews, endeavour to hinder it,* 1-6. *Their letter to Artaxerxes,* 7-16. *The answer and decree of Artaxerxes,* 17-22. *The building is hindered,* 23, 24.

1 *the adversaries.* These were the Samaritans, the descendants of the various nations with which the kings of Assyria had peopled Israel, when they had carried the original inhabitants captive. ver. 7-9. 1 Ki. 5. 4, 5. 1 Ch. 22. 9, 10. Ne. 4. 1-11. Da. 9. 25. 1 Co. 16. 9. *children of the captivity. Heb.* sons of the transportation. ch. 1. 11, marg.; 6. 16, 19, 20; 10. 7, 16. Da. 5. 13.

2 *Zerubbabel.* ch. 1. 5; 2. 2; 3. 2, 12. *Let us.* Pr. 26. 23-26. 2 Co. 11. 13-15. Ga. 2. 4. 2 Ti. 3. 8. 2 Pe. 2. 1, 2. *we do.* 2 Ki. 17. 24, 27-33, 41. *Esarhaddon.* ver. 10, Asnapper. 2 Ki. 19. 37. *Assur.* Ge. 10. 11. Ps. 73. 8. Is. 37. 37, Assyria. Ho. 14. 3, Asshur.

3 *Ye have nothing.* Ne. 2. 20. Jno. 4. 22, 23. Ac. 8. 21. Ro. 9. 4, 5. 3 Jno. 9, 10. *king Cyrus.* ch. 1. 1-3; 6. 3-5. 2 Ch. 36. 22, 23. Is. 44. 28; 45. 1, 4 Mat. 10. 16.

4 *weakened.* ch. 3. 3. Ne. 6. 9. Is. 35. 3, 4. Je. 38. 4. *troubled.* Ne. 4. 7, 8, 11.

5 *hired.* Ps. 2. 1, 2. Na. 1. 11. Ac. 24. 1, etc. *Darius.* ver. 24; ch. 5. 5, etc.; 6. 1, etc.

6 A.M. 3475. B.C. 529. *Ahasuerus. Heb.* Ahashverosh. This was *Cambyses*, son of Cyrus, who succeeded his father, A.M. 3475, and reigned seven years and five months. *wrote.* Mat. 27. 37. Ac. 24. 5-9, 13; 25. 7. Re. 12. 10.

7 A.M. 3482. B.C. 522. *Artaxerxes.* This *Artaxerxes* was one of the Magi, who usurped the throne after the death of Cambyses, for seven months, feigning himself to be *Smerdis*, brother of Cambyses: he is called *Oropæstus* by JUSTIN, *Smerdis* by HERODOTUS, *Mardus* by ÆSCHYLUS, and *Sphendatates* by CTESIAS. *Bishlam. or,* in peace. *companions. Heb.* societies. ver. 9, 17; ch. 5. 6. *the Syrian tongue.* That is, probably, both the *language* and *character* were Syrian or Chaldaic; and therefore, from the 8th verse of this chapter, to ch. 7. 27, the original is not Hebrew, but Chaldee, in those parts which consist of letters, decrees, etc., originally written in that language. 2 Ki. 18. 26. Is. 36. 11. Da. 2. 4.

8 *scribe. or,* secretary. ver. 9. 2 Sa. 8. 17; 20. 25. 2 Ki. 18. 18.

9 *companions. Chal.* societies. *the Dinaites.* 2 Ki. 17. 24, 30, 31. *Apharsathchites.* ch. 5. 6; 6. 6, Apharsachites. *Susanchites.* Es. 1. 2; 2. 3. Da. 8. 2. *Elamites.* Ge. 10. 22. Is. 21. 2. Je. 25. 25; 49. 34. Eze. 32. 24. Ac. 2. 9.

10 *And the rest.* ver. 1. 2 Ki. 17. 24, etc. *noble Asnapper.* Ro. 13. 7. *at such a time. Chal.* Cheeneth. ver. 11, 17; ch. 7. 12.

12 *rebellious.* ver. 15, 19. 2 Ki. 18. 20; 24. 1. 2 Ch. 36. 13. Je. 52. 3. Eze. 17. 12-21. Lu. 23. 2-5. Ac. 24. 5. 1 Th. 5. 22. 1 Pe. 2. 13-15. *bad city.* Ps. 48. 1, 2. Is. 1. 21-23. Lu. 13. 34. *set up. or,* finished. Ne. 1. 3. Da. 9. 25. *joined. Chal.* sewed together.

13 *if this city.* Ne. 5. 4. Ps. 52. 2; 119. 69. *pay. Chal.* give. *toll.* ch. 7. 24. Mat. 9. 9; 17. 25. Ro. 13. 6, 7. *revenue. or,* strength.

14 *have maintenance,* etc. *Chal.* are salted with the salt of the palace. *Salt* is reckoned among the principal necessaries of life, (*Ecclus.* 39. 26 or 31;) hence, by a very natural figure, *salt* is used for *food* or *maintenance* in general. I am well informed, says Mr. PARKHURST, that it is a common expression of the natives in the East Indies, 'I eat such a one's *salt*,' meaning, I am *fed* by him. *Salt* was also, as it still is, among eastern nations, a symbol of *friendship* and *hospitality;* and hence, to eat a man's *salt*, is to be bound to him by the ties of friendship. *and it was.* Eze. 33. 31. Jno. 12. 5, 6; 19. 12-15.

15 *this city.* ver. 12. Ne. 2. 19; 6. 6. Es. 3. 5-8. Da. 6. 4-13. Ac. 17. 6, 7. *moved. Chal.* made. *within the same. Chal.* in the midst thereof. *for which.* 2 Ki. 24. 20; 25. 1, 4. Je. 52. 3, etc.

16 *thou shalt have.* ver. 20. 2 Sa. 8. 3. 1 Ki. 4. 24.

17 *companions. Chal.* societies. ver. 7, 9. *Peace.* ch. 5. 7; 7. 12. Lu. 10. 5. Ac. 23. 26. Ro. 1. 7. *at such a time.* ver. 10, 11.

19 *I commanded. Chal.* by me a decree is set. *search.* ver. 15; ch. 5. 17; 6. 1, 2. De. 13. 14. Pr. 25. 2. *and it is found.* 2 Ki. 18. 7; 24. 20. Eze. 17. 13-19. *made insurrection. Chal.* lifted up itself.

20 *mighty kings.* 1 Ki. 4. 21, 24. 1 Ch. 18. 3. Ps. 72. 8. *beyond.* ver. 16. Ge. 15. 18. Jos. 1. 3, 4. *toll.* 1 Ch. 18. 6, 13; 19. 19. 2 Ch. 9. 14, 23, 24; 17. 11; 26. 7, 8.

21 *Give ye,* etc. *Chal.* Make a decree. ver. 19.

22 *why should.* ver. 13. Es. 3. 8, 9; 7. 3, 4.

23 *Rehum.* ver. 8, 9, 17. *they went up.* Pr. 4. 16. Mi. 2. 1. Ro. 3. 15. *force. Chal.* arm.

24 *So.* Ne. 6. 3, 9. Job 20. 5. 1 Th. 2. 18. *Darius.* This was *Darius Hystaspes*, one of the seven princes who slew the usurper Smerdis: he ascended the throne of Persia, A.M. 3483, B.C. 521, and reigned 36 years. ch. 5. 5; 6. 1. Hag. 1. 15.

## CHAP. V.

*Zerubbabel and Jeshua, incited by Haggai and Zechariah, set forward the building of the temple,* 1, 2. *Tatnai and Shethar-boznai are not able to hinder the Jews,* 3-5. *Their letter to Darius against the Jews,* 6-17.

1 A.M. 3484. B.C. 520. *Haggai.* These are the same *Haggai* and *Zechariah*, whose writings we have among the twelve minor prophets; and, as a great part of them refer to the events here recorded, the reader will find it very profitable to compare them with the history. Hag. 1. 1, etc. *Zechariah.* Zec. 1. 1, etc. *the son of Iddo.* That is, 'the *grandson* of Iddo;' for Zechariah was the son of Berechiah, the son of Iddo. *in the name.* Mi. 5. 4. Hag. 1. 2-8. Zec. 1. 3, 4; 4. 6-10.

2 *rose up.* ch. 3. 2. Hag. 1. 12-15. *Jeshua.* Zec. 6. 11, Joshua, Josedech. *the prophets.* ch. 6. 14. Hag. 2. 4-9, 20-23. Zec. ch. 3; 4. 2 Co. 1. 24.

3 *Tatnai.* *Tatnai* was governor of the provinces which belonged to the Persian empire west of the Euphrates, comprehending Syria, Arabia Deserta, Phœnicia, and Samaria. He seems to have been a mild and judicious man, and to have acted with great prudence and caution, and without any passion or prejudice. ver. 6; ch. 6. 6, 13; 7. 21. Ne. 2. 7-9. *Who hath commanded you.* ver. 9; ch. 1. 3. Mat. 21. 23. Ac. 4. 7.

4 *What are.* ver. 10. *make this building. Chal.* build this building.

5 *But the eye.* ch. 7. 6, 28; 8. 22. 2 Ch. 16. 9. Ps. 32. 8; 33. 18; 34. 15; 76. 10. Phi. 1. 28. 1 Pe. 3. 12. *that they.* Ps. 129. 2-5. *then they returned.* ch. 6. 6-12.

6 A.M. 3485. B.C. 519. *copy.* ch. 4. 11, 23. *Apharsachites.* ch. 4. 9, Apharsathchites. ch. 6. 6.

7 *wherein. Chal.* in the midst whereof. *all peace.* ch. 4. 17. Da. 3. 9; 4. 1; 6. 21. Jno. 14. 27. 2 Th. 3. 16.

8 *the province.* ch. 2. 1. Ne. 7. 6; 11. 3. Es. 1. 1, 22. *the great God.* ch. 1. 2, 3; 6. 10; 7. 23. De. 10. 17; 32. 31. Ps. 145. 3. Da. 2. 47; 3. 26; 4. 2, 34-37; 6. 26. *great stones. Chal.* stones of rolling. Mar. 13. 1, 2.

9 *Who commanded.* ver. 3, 4.

10 *asked.* ver. 4.

11 *We are.* Jos. 24. 15. Ps. 119. 46. Da. 3. 26. Jon. 1. 9. Mat. 10. 32. Lu. 12. 8. Ac. 27. 23. Ro. 1. 16; 6. 16. Ga. 6. 14. *which a great.* 1 Ki. ch. 6; 7. 2 Ch. ch. 3-5.

12 A.M. 3408. B.C. 536. *But after.* 2 Ki. 21. 12-15. 2 Ch. 34. 24, 25; 36. 16, 17. Ne. 9. 26, 27. Is. 59. 1, 2. Je. 5. 29. Da. 9. 5. *he gave.* De. 28. 15, etc.; 29. 24-28; 31. 17; 32. 30. Ju. 2. 14; 4. 2; 6. 1. 1 Ki. 9. 6-9. 2 Ch. 7. 19-22. Ps. 106. 40. *into the hand.* 2 Ki. 24. 2, 10, etc.; 25. 1, 8-11, etc. 2 Ch. 36. 6, etc. Je. 39. 1, etc. Da. 1. 1, 2.

13 ch. 1. 1-8; 6. 3-5. Is. 44. 28; 45. 1.

14 *the vessels.* ch. 1. 7-10; 6. 5. 2 Ch. 36. 7, 18. Je. 52. 19. Da. 5. 2, 3. *the king.* ch. 7. 27. Pr. 21. 1. *Sheshbazzar.* ver. 16; ch. 1. 11. *whom.* Hag. 1. 1, 14; 2. 2, 21. *governor. or,* deputy. Ac. 13. 7, 8, 12.

15 *let the house.* ch. 1. 2; 3. 3; 6. 3.

16 *Sheshbazzar.* ver. 14. *laid.* ver. 2; ch. 3. 8, 10. Hag. 1. 12-14; 2. 18. Zec. 4. 10. A.M. 3468-3485. B.C. 536-519. *it is not finished.* ch. 6. 15.

17 A.M. 3485. B.C. 519. *let there be.* ch. 4. 15, 19; 6. 1, 2. Pr. 25. 2. *a decree.* ch. 6. 3-5.

## CHAP. VI.

*Darius, finding the decree of Cyrus, makes a new decree for the advancement of the building,* **1-12.** *By the help of Tatnai and Shethar-boznai, according to the decree, the temple is finished,* **13-15.** *The feast of the dedication is kept,* **16-18**; *and the passover,* **19-22.**

1 *and search.* ch. 4. 15, 19; 5. 17. Job 29. 16. Pr. 25. 2. *rolls. Chal.* books. Ps. 40. 7. Je. 36. 2-4, 20-23, 29, 32. Eze. 2. 9; 3. 1. Re. 5. 1. *laid up. Chal.* made to descend.

2 *at Achmetha. or,* at Ecbatana, *or,* in a coffer. אחמתא, probably from the Persian חם, *kham,* 'a house for a summer residence,' with a prefix א, *aleph,* and the Chaldee termination תא, *tha,* most likely denotes *Ecbatana,* as the Vulgate and JOSEPHUS read, the *summer residence* of the Persian monarchs. It was situated in a mountainous region at the foot of mount Orontes, or Jasonius, according to AMMIANUS, on the southern confines of Media and Persia, and according to PLINY, 750 miles from Seleucia the Great, 20 miles from the Caspian passes, 450 miles from Susa, and the same from Gazæ Atropatene, and in lat. 37 deg. 45 min., long. 88 deg., according to PTOLEMY. The building of the city is ascribed to Semiramis by DIODORUS, but to Deioces by EUSEBIUS, (in Chron. l. 1,) and HERODOTUS, who states that it was surrounded by seven walls, strong and ample, built in circles one within another, rising each above each by the height of their respective battlements; each being distinguished by a different colour, the first white, the second black, the third purple, the fourth blue, the fifth orange, the sixth plated with silver, and the seventh with gold. The largest of these was nearly the extent of Athens, *i. e.* 200 furlongs, according to DION CHRYSOSTOM; but DIODORUS SICULUS states the circumference of Ecbatana to be 250 furlongs. Within the inner circle stood the king's palace and the royal treasury, so much celebrated for its splendour and riches by POLYBIUS. It is highly probable, as D'ANVILLE and Major RENNEL suppose, that the present *Hamadan,* whose ruins attest its former splendour, occupies the site of *Ecbatana.* It is situated in Al Gebal, at the foot of the lofty mountain Alwend, about 80 leagues from Ispahan, and also from Bagdad.

3 *the first year.* ch. 1. 1-4; 5. 13-15. 2 Ch. 36. 22, 23. *the place.* De. 12. 5, 6, 11-14. 2 Ch. 2. 6. Ps. 122. 4. *the height.* 1 Ki. 6. 2, 3. 2 Ch. 3. 3, 4. Eze. 41. 13-15. Re. 21. 16.

4 *three rows.* 1 Ki. 6. 36. *the expences.* ch. 7. 20-23. Ps. 68. 29; 72. 10. Is. 49. 23; 60. 6-10. Re. 12. 16.

5 *the golden.* ch. 1. 7, 8; 5. 14. Je. 27. 16, 18-22; Da. 1. 2; 5. 2. *which Nebuchadnezzar.* 2 Ki. 24. 13; 25. 14, 15. 2 Ch. 36. 6, 7, 10, 18. Je. 52. 19. *brought. Chal.* go.

6 *Tatnai.* ch. 5. 3. *your companions. Chal.* their societies. ch. 5. 6. *be ye far.* Ge. 32. 28; 43. 14. Ne. 1. 11. Ps. 76. 10. Pr. 21. 1, 30. Is. 27. 8. Ac. 4. 26-28. Ro. 8. 31.

7 *Let the work.* Ac. 5. 38, 39.

8 *I make a decree. Chal.* by me a decree is made. *the king's.* ver. 4; ch. 4. 16, 20; 7. 15-22. Ps. 68. 29-31. Hag. 2. 8. *hindered. Chal.* made to cease. ch. 4. 21, 23; 5. 5.

9 *young bullocks.* Le. 1. 3-5, 10; 9. 2. Ps. 50. 9-13. *lambs.* Ex. 29. 38-42. Nu. ch. 28; 29. *wheat.* Le. 2. 1, etc. Nu. 15. 4, etc. 1 Ch. 9. 29. *salt.* Le. 2. 13. Mar. 9. 49. *let it be given.* Is. 49. 23.

10 *sweet savours. Chal.* rest. Ge. 8. 21. Le. 1. 9, 13. Ep. 5. 2. *pray.* ch. 7. 23. Je. 29. 7. 1 Ti. 2. 1, 2.

11 *whosoever.* ch. 7. 26. *timber.* Es. 5. 4; 7. 10. *hanged. Chal.* destroyed. *his house.* 2 Ki. 9. 37; 10. 27. Da. 2. 5; 3. 29.

12 *caused.* Ex. 20. 24. De. 12. 5, 11; 16. 2. 1 Ki. 9. 3. 2 Ch. 7. 16. Ps. 132. 13, 14. *destroy.* Ps. 5. 10; 21. 8-10; 137. 8, 9. Is. 60. 12. Ob. 10. Zec. 12. 2-4. Ac. 5. 38, 39; 9. 5. Re. 19. 14-21. *I Darius.* Es. 3. 14, 15; 8. 14. *speed.* ver. 13. Ec. 9. 10.

13 *Tatnai.* ch. 4. 9, 23; 5. 6. *so they did.* Es. 6. 11. Job 5. 12, 13. Pr. 29. 26.

14 *And the elders.* ch. 3. 8; 4. 3. *through.* ch. 5. 1, 2. Hag. 1. 12-14; 2. 2, etc. Zec. ch. 2-4; 6. *finished it.* Zec. 4. 9. *according.* Is. 44. 28. Hag. 1. 8. *commandment. Chal.* decree. *Cyrus.* ver. 13; ch. 1. 1-4; 4. 24; 5. 13. *Artaxerxes.* This was *Artaxerxes,* the third son and successor of Xerxes, surnamed Μακροχειρ, or *Longimanus,* or in Persian, *Ardsheer deeraz dest,* 'Ardsheer the long-handed;' so called, according to the Greeks, from the extraordinary length of his hands, but according to the Easterns, from the extent of his dominions. He ascended the Persian throne, A.M. 3540, B.C. 464, and reigned forty-one years. He is said to have been the most handsome person of his age, and to have been a prince of a very mild and generous disposition. ch. 7. 1.

15 A.M. 3489. B.C. 515. *Adar.* Es. 3. 7, 13; 8. 12; 9. 1, 15, 17, 19, 21.

16 *the children.* 1 Ch. 9. 2. Ne. 7. 73. *children of the captivity. Chal.* sons of the transportation. See on ch. 4. 1. *the dedication.* 1 Ki. 8. 63. 2 Ch. 7. 5, 9. Jno. 10. 22. *with joy.* ver. 22; ch. 3. 11, 12. De. 12. 7. 1 Ch. 15. 28. 2 Ch. 7. 10; 30. 23, 26. Ne. 8. 10; 12. 43. Ps. 122. 1. Phi. 4. 4. Having set up the worship of God in this dedication, they took care to keep it up, and made the *book of Moses* their rule, to which they had an eye in this establishment. Though the temple service could not now be performed with so much pomp and plenty as formerly, because of their poverty, yet no doubt it was performed with as much purity and close adherence to the Divine institutions as ever. No beauty is like the beauty of holiness.

17 *offered.* ch. 8. 35. Nu. 7. 2, etc. 1 Ki. 8. 63, 64. 1 Ch. 16. 1-3. 2 Ch. 7. 5; 29. 31-35. *a sin offering.* Le. 4. 3, 13, 14, 22, 23, 28. 2 Ch. 29. 21-23. *according to.* Though the tribes of Benjamin and Judah, with the priests and Levites, formed the bulk of the people, yet many from the other tribes had returned with them from captivity. 1 Ki. 18. 31. Lu. 22. 30. Re. 7. 4-8; 21. 12.

18 *the priests.* 1 Ch. ch. 23-26. 2 Ch. 35. 4, 5. *as it is written. Chal.* according to the writing. Nu. 3. 6; 8. 9, etc.

19 *the children.* ver. 16. *kept.* Ex. 12. 6, etc. Jos. 5. 10. 2 Ch. ch. 30-35.

20 *purified together.* 2 Ch. 29. 34; 30. 15-17. *killed.* Ex. 12. 21. 2 Ch. 35. 11. He. 7. 27.

21 *all such.* ch. 9. 11. Nu. 9. 6, 7, 10-14. Is. 52. 11. Eze. 36. 25. 2 Co. 6. 17; 7. 1. *did eat.* Ex. 12. 47-49. Ps. 93. 5.

22 *the feast.* Ex. 12. 15-20; 13. 6, 7. 2 Ch. 30. 21; 35. 17. Mat. 26. 17. 1 Co. 5. 7, 8. *turned.* ch. 7. 27. Pr. 16. 7; 21. 1. Jno. 19. 11. *the king.* Darius, as reigning over the country of Assyria, is here called 'the king of Assyria.' ver. 6, etc.; ch. 1. 1. 2 Ki. 23. 29. 2 Ch. 33. 11. Zec. 10. 10, 11.

## CHAP. VII.

*Ezra goes up to Jerusalem,* 1-10. *The gracious commission of Artaxerxes to Ezra,* 11-26. *Ezra blesses God for this favour,* 27, 28.

1 A.M. 3547. B.C. 457. *Artaxerxes.* ver. 12, 21; ch. 6. 14. Ne. 2. 1. *Ezra.* ver. 10; ch. 8-10. Ne. 8. 2-9. *Seraiah.* 2 Ki. 25. 18. 1 Ch. 6. 4-14; 9. 11. Ne. 11. 11. Je. 52. 24-27. *Hilkiah.* 2 Ki. 22. 4, 8. 2 Ch. 34. 9, 15.

2 *Zadok.* 2 Sa. 8. 17. 1 Ki. 2. 35.

5 *Phinehas.* Ex. 6. 25. Nu. 25. 7-13; 31. 6. Jos. 22. 13, 31. Ju. 20. 28. 1 Ch. 6. 4, 50-52. Ps. 106. 30, 31. *Eleazar.* Le. 10. 6, 12, 16. Nu. 3. 32; 20. 25-28; 27. 2; 31. 31, 54. Jos. 14. 1; 24. 33. 1 Ch. 24. 1-6. *chief priest.* 2 Ch. 19. 11; 26. 20. He. 5. 4.

6 *a ready. Sopher mahir* does not merely signify a *speedy writer*, or an *excellent penman*, but one eminently skilful in *expounding the law, sophro chochmo*, 'a wise scribe,' as the Syriac renders. ver. 11, 12, 21. Ps. 45. 1. Mat. 13. 52. *scribe.* Ne. 8. 4, 9, 13; 12. 26, 36. Je. 8. 8. 1 Co. 1. 20. *the law.* De. 4. 5; 28. 1. Mat. 28. 20. 1 Co. 15. 1. 1 Th. 4. 1, 2. *granted him.* ver. 11-26. *according to.* ver. 9, 28; ch. 6. 22; 8. 18, 22, 31. Ge. 32. 28. Ne. 1. 10, 11; 2. 8, 12, 18; 4. 15. Pr. 3. 6. Is. 50. 2; 59. 1.

7 *the children.* ch. 8. 1-14. *the Levites.* ch. 2. 40, 41; 8. 15-20. *singers.* 1 Ch. 6. 31, etc.; 25. 1-8. *porters.* ch. 2. 42. 1 Ch. 9. 17, etc. Ne. 7. 45. *Nethinims.* ver. 24; ch. 2. 43, etc.; 8. 20. Ne. 7. 46, etc.; 10. 28. *Artaxerxes.* ver. 11, 12; ch. 6. 14; 8. 1. Ne. 2. 1.

9 *began he to go up. Heb. was* the foundation of the going up. *according to.* ver. 6. Ne. 2. 8, 18.

10 *prepared.* 1 Sa. 7. 3. 1 Ch. 29. 18. 2 Ch. 12. 14; 19. 3. Job 11. 13. Ps. 10. 17; 57. 7. *the law.* ver. 6. Ps. 1. 2; 19. 7; 119. 45, 96-100. *to do it.* De. 16. 12. Mat. 5. 19; 7. 24. Jno. 13. 17. Re. 22. 14. *and to teach.* ver. 25. De. 33. 10. 2 Ch. 17. 8, 9; 30. 22. Ne. 8. 1-9. Mal. 2. 7. Ac. 1. 1. 1 Ti. 3. 2. 2 Ti. 4. 2. Tit. 2. 1, 15.

11 *the copy.* ch. 4. 11; 5. 6. *a scribe.* ver. 6. Mat. 23. 2, 13. Mar. 7. 1-13.

12 *Artaxerxes.* The title of the king would, in Persian, run thus: *Ardsheer shahinshah*, or *padshah*, 'Ardsheer, king of kings,' *i. e.* great or supreme king or emperor. 1 Ki. 4. 24; 20. 1. Is. 10. 8. Eze. 26. 7. Da. 2. 37, 47. 1 Ti. 6. 15. Re. 17. 14; 19. 16. *unto Ezra*, etc. *or*, to Ezra the priest, a perfect scribe of the law of the God of heaven, *peace*, etc. *and at such a time.* ch. 4. 10, 11, 17.

13 *I make.* ch. 5. 13; 6. 1. 2 Ch. 30. 5. Es. 3. 15; 9. 14. Ps. 148. 6. *minded.* ch. 1. 3. Ps. 110. 3. Phi. 2. 13. Re. 22. 17.

14 *of the king. Chal.* from before the king. *seven counsellors. Seven* princes of Persia having conspired against and slain the usurper Smerdis, and thus made way for the family of Darius, which afterwards filled the throne, the Persian kings of this race had always *seven* chief princes as their counsellors, who possessed peculiar privileges, were his chief assistants in the government, and by whose advice all the public affairs of the empire were transacted. The names of these counsellors are given in the parallel place of the book of Esther. Es. 1. 14. *according.* ver. 25, 26. De. 17. 18, 19. Is. 8. 20. *thy God.* ch. 1. 3; 5. 8; 6. 12. Da. 2. 47; 6. 20, 26.

15 *the silver.* ch. 6. 4, 8-10. Ps. 68. 29, 30; 72. 10; 76. 11. Is. 60. 6-9. Re. 21. 24-26. *whose habitation.* ch. 6. 12. 2 Ch. 2. 6; 6. 2, 6. Ps. 9. 11; 26. 8; 76. 2; 135. 21.

16 *all the silver.* ch. 8. 25-28. *offering.* ch. 1. 4, 6. 1 Ch. 29. 6, 9, 17. 2 Co. 8. 12; 9. 7.

17 *buy speedily.* See on ch. 6. 9, 10. De. 14. 24-26. Mat. 21. 12, 13. Jno. 2. 14. *their meat offerings.* Nu. 15. 4-13. *offer them.* De. 12. 5-11.

18 *whatsoever.* 2 Ki. 12. 15; 22. 7. *that do.* ver. 26. Ep. 5. 17. *after the will.* He gave them the fullest liberty to order every thing according to their own institutions; binding them to no form or mode of worship.

19 *The vessels.* ch. 8. 27-30, 33, 34. *the God of Jerusalem.* 2 Ch. 32. 19. Je. 3. 17.

20 *bestow it.* ch. 6. 4, 8, etc.

21 *Artaxerxes.* ver. 12, 13. *beyond the river.* ch. 4. 16, 20; 6. 6. *Ezra the priest.* ver. 6, 10, 11.

22 *measures. Chal.* cors. Lu. 16. 7, marg. *baths of wine.* Eze. 45. 14. Lu. 16. 6, marg. *salt.* Le. 2. 13.

23 *Whatsoever is commanded. Chal.* Whatsoever *is* of the decree. ver. 13, 18. *let it be.* Ps. 119. 4. *why should there be wrath.* As Artaxerxes believed he was appointed by the Almighty to do this work, he therefore wished to do it heartily; knowing that if he did not, God would be displeased, and that the kingdom would be cut off from him or his posterity. ch. 6. 10-12. Zec. 12. 3.

24 *touching any.* ver. 7; ch. 2. 36-55.

25 *the wisdom.* ver. 14. 1 Ki. 3. 28. 1 Ch. 22. 12. Ps. 19. 7; 119. 98-100. Pr. 2. 6; 6. 23. Ja. 1. 5; 3. 17, 18. *set magistrates.* Ex. 18. 21-25. De. 16. 18. 1 Ch. 23. 4. 2 Ch. 19. 8-10. *beyond the river.* That is, 'west of the Euphrates,' which was *beyond* with regard to the king of Persia, who was on the east. ch. 6. 6. *teach ye.* ver. 10. 2 Ch. 17. 7-9. Ne. 8. 1-3, 7, 8; 9. 3; 13. 1-3. Mal. 2. 7. Mat. 13. 52; 23. 2, 3. Mar. 6. 34. Ro. 10. 14-17.

26 *whosoever.* ch. 6. 11. Da. 3. 28, 29; 6. 26. *the law of thy God.* 2 Ch. 30. 12. *whether it be.* Ex. ch. 21; 22. Le. ch. 20. De. ch. 13. *banishment. Chal.* rooting out. Ps. 52. 5.

27 *Blessed.* There is a most amiable spirit of piety in these reflections. Instead of expatiating on the praises of his munificent patron, or boasting of his own services, he blesses God for 'putting such a thing in the king's heart;' and for all the assistance and favour shewn him by the king and his counsellors. ch. 6. 22. 1 Ch. 29. 10, etc. Phi. 4. 10. *put such.* ch. 6. 22. Ne. 2. 12; 7. 5. 2 Co. 8. 16. He. 8. 10; 10. 16. Ja. 1. 17. Re. 17. 17. *in the king's heart.* Ne. 2. 8. Pr. 21. 1. *to beautify.* Is. 60. 13.

28 *extended.* ch. 9. 9. Ge. 32. 28; 43. 14. Ne. 1. 11. *his counsellors.* ver. 14. Jon. 3. 7. *And I was strengthened.* In what the king decreed he saw the hand of God: he therefore gave Him the praise, and took courage. *as the hand.* ver. 6, 9; ch. 5. 5; 8. 18. Ne. 2. 8. 2 Ti. 4. 17, 18.

## CHAP. VIII.

*The companions of Ezra, who returned from Babylon,* 1-14. *He sends to Iddo for ministers for the temple,* 15-20. *He keeps a fast,* 21-23. *He commits the treasures to the custody of the priests,* 24-30. *From Ahava they come to Jerusalem,* 31, 32. *The treasure is weighed in the temple,* 33-35. *The commission is delivered,* 36.

1 *the chief.* ch. 1. 5. 1 Ch. 9. 34; 24. 31; 26. 32.

2 Ch. 26. 12. Ne. 7. 70, 71. *genealogy.* ch. 2. 62. 1 Ch. 4. 33; 9. 1. *them that went up.* ch. 7. 7, 13.

2 *Phinehas.* 1 Ch. 6. 3, 4, etc.; 24. 1-6. *David.* 1 Ch. 3. 1, 22.

3 *Pharosh.* This variation is attributable to the translators; the original being uniformly *Parôsh.* ch. 2. 3. Ne. 7. 8; 10. 14, Parosh.

4 *Pahath-moab.* ch. 2. 6. Ne. 7. 11; 10. 14.
6 *Adin.* ch. 2. 15. Ne. 7. 20; 10. 16.
7 *Elam.* ch. 2. 7, 31. Ne. 7. 12, 34.
8 *Shephatiah.* ch. 2. 4. Ne. 7. 9; 11. 4.
9 *Joab.* ch. 2. 6. Ne. 7. 11.
11 *Bebai.* ch. 2. 11; 10. 28. Ne. 7. 16.

12 *Azgad.* ch. 2. 12. Ne. 7. 17. *the son of Hakkatan. or,* the youngest son.

13 *Adonikam.* ch. 2. 13. Ne. 7. 18.

14 *Bigvai.* ch. 2. 14. Ne. 7. 19. *Zabbud. or,* Zaccur, *as some read.* Ne. 10. 12.

15 *the river that runneth. Ahava* is supposed to be the river *Adiava,* which, with the *Diava,* is said by AMMIANUS to have given name to *Adiabene,* a province of Assyria, through which they flowed into the Tigris. These rivers were also called respectively, *Anzabas* and *Zabas,* the *Caprus* and *Lycus* of PTOLEMY; the former of which he places, at its source, in long. 79°, lat. 39½°, and at its junction with the Tigris, in long. 79½°, lat. 36° 6′; and the latter, at its source, in long. 78°, lat. 39°; and where it falls into the Tigris, in long. 79°, lat. 36½°. They are now called the *Great and Little Zab,* or the *Zabein, i. e.* the *two Zabs,* which, says IBN HAUKAL, 'are considerable streams, each about half as large as the Dejleh (or Tigris). They rise among the mountains of Azerbaijan: of these, the larger is that which runs towards *Haditheh.* These streams form part of the Tigris, and water the district of *Semerah.*' Ps. 137. 1. Eze. 1. 1; 3. 15. Ac. 16. 13. *Ahava.* ver. 21, 31. *abode. Heb.* pitched. *and found.* ver. 2; ch. 7. 7, 24.

16 *Shemaiah.* ver. 13; ch. 10. 21. *Nathan.* ch. 10. 39. *Zechariah.* ver. 11. *chief men.* ver. 1. *men of understanding.* ver. 18. 1 Ki. 3. 11. 1 Ch. 12. 32; 26. 14. 2 Ch. 2. 12. Pr. 2. 6; 20. 5; 28. 2. Da. 2. 21. 2 Ti. 2. 7. 1 Jno. 5. 20.

17 *Casiphia. Casiphia* is supposed to denote the *Caspian mountains,* between Media and Hyrcania, near the *Caspian* Sea. It is evident, from a comparison of ch. 7. 9 with ver. 31, that *Casiphia* could not be far from Ahava. *I told them. Heb.* I put words in their mouth. Ex. 4. 15. De. 18. 18. 2 Sa. 14. 3, 19. Je. 1. 9; 15. 19. *the Nethinims.* ch. 2. 43, 58; 7. 7. *ministers.* Nu. 8. 22-26; 18. 6. 1 Ch. 23. 3-6, 26-32. Tit. 1. 5.

18 *by the good hand.* ver. 22; ch. 7. 28. Ne. 2. 8. Pr. 3. 6. *a man of understanding.* See on ver. 16. Pr. 24. 3. Je. 3. 15. Da. 1. 20. 1 Co. 14. 20. *Mahli.* Nu. 3. 20. 1 Ch. 6. 19. *Sherebiah.* ver. 24. Ne. 8. 7; 9. 4, 5; 10. 12; 12. 24.

19 *Hashabiah.* Ne. 3. 17; 10. 11. *Merari.* 1 Ch. 6. 1, 16, 19.

20 *Nethinims.* ver. 17; ch. 2. 43; 7. 7. 1 Ch. 9. 2. *all of them.* Phi. 4. 3.

21 *I proclaimed.* Ju. 20. 26. 1 Sa. 7. 6. 2 Ch. 20. 3. Joel 1. 14; 2. 12-18. Jon. 3. 5. *afflict ourselves.* Le. 16. 29, 31; 23. 29. Is. 58. 3, 5. Je. 31. 8, 9; 50. 4, 5. *to seek.* Ps. 5. 8; 107. 2-8; 143. 8-10. Pr. 3. 6. Is. 30. 21; 35. 8; 42. 16; 49. 10. Je. 10. 23. *for our little ones.* Nu. 14. 3, 31. Ps. 8. 2. Mar. 10. 13-16. Ac. 2. 39.

22 *I was ashamed.* 1 Co. 9. 15. 2 Co. 7. 14. *The hand.* ch. 7. 6, 9, 28. 1 Ch. 28. 9. 2 Ch. 16. 9. Ps. 33. 18, 19; 34. 15, 22. Is. 3. 10, 11. La. 3. 25. Ro. 8. 28. 1 Pe. 3. 12. *his power and his wrath.* Jos. 23. 16. 2 Ch. 15. 2. Ps. 21. 8, 9; 34. 16; 90. 11. Zep. 1. 2-6. He. 10. 38. 1 Pe. 3. 12.

23 *we fasted.* Ne. 9. 1. Es. 4. 16. Da. 9. 3. Lu. 2. 37. Ac. 10. 30. *besought.* Je. 29. 12, 13; 33. 3; 50. 4, 5. *and he was intreated.* ver. 31. De. 4. 29. 1 Ch. 5. 20. 2 Ch. 33. 12, 13. Ps. 66. 18-20. Is. 19. 22. Je. 29. 12, 13. Mat. 7. 7, 8.

24 *Sherebiah.* ver. 18, 19.

25 *weighed.* ver. 33; ch. 1. 8. 2 Co. 8. 20, 21. Phi. 4. 8. *the silver.* ch. 7. 15, 16.

27 *fine copper. Heb.* yellow, *or* shining brass. The Syriac renders, *nechosho korinthyo tovo,* 'good Corinthian brass;' so called from the brass found after the burning of Corinth by Lucius Mummius, which was, as is generally supposed, brass, copper, silver, and gold, melted together. Sir J. CHARDIN, however, in a MS. note, cited by HARMER, mentioned a factitious metal used in the East, and highly esteemed there, which might probably be of an origin as ancient as Ezra. He says, 'I have heard some Dutch gentlemen speak of a metal in the island of Sumatra, and among the Macassars, much more esteemed than gold, which royal personages alone are privileged to wear. It is a mixture, if I remember right, of gold and steel, or copper and steel.' He afterwards added, 'calmbac is the name of this metal, which is composed of gold and copper.' *precious. Heb.* desirable. La. 4. 2.

28 *Ye are holy.* Le. 21. 6-8. De. 33. 8. Is. 52. 11. *the vessels.* ch. 1. 7-11. Le. 22. 2, 3. Nu. 4. 4-15, 19, 20; 7. 13, 84-88. 1 Ki. 7. 48-51. 1 Ch. 23. 28. 2 Ch. 24. 14.

29 *Watch ye.* 1 Ch. 26. 20-26. Mar. 13. 34, 35. Ac. 20. 31. 2 Ti. 4. 5. *until ye weigh them before.* ver. 33, 34.

30 *the house of our God.* ver. 22. 1 Ch. 29. 2, 3. Ps. 122. 9. Is. 60. 13.

31 *the river of Ahava.* ver. 15, 21. *the hand.* ver. 22; ch. 7. 9, 28. Job 5. 19-24. Ps. 91. 9-14. Is. 41. 10-14. Ac. 25. 3; 26. 22. *and he delivered.* Ezra and his company had now entered upon a journey of several hundred miles through the desert, which they were nearly four months in completing, encumbered with families and possessions, and carrying large treasures with them, which would invite the attempts of the Arabian hordes, and others, that infested that neighbourhood; yet, having declared to the king, 'that the hand of God was upon all them for good that seek him, and that his power and wrath were against all them that forsook him,' (ver. 22,) he determined to travel without a guard, except that of the Almighty, being ashamed to ask any other, after his former avowed confidence in Him! Having, therefore, humbled themselves before the Lord, and besought his guidance and protection, he was intreated by them, their enemies were restrained or disabled, and they arrived unmolested at Jerusalem.

32 ch. 7. 8, 9. Ne. 2. 11.

33 *weighed.* ver. 26, 30. 1 Ch. 28. 14-18. 2 Co. 8. 20, 21. *Meremoth.* Ne. 10. 5. *Uriah.* Ne. 3. 4, Urijah. *Jozabad.* Ne. 8. 7. *Binnui.* Ne. 10. 9.

35 *offered burnt.* Le. ch. 1, etc. 2 Ch. 29. 31, 32. Ps. 66. 10-15; 116. 12-19. Lu. 1. 74, 75. *twelve bullocks.* ch. 6. 17. Nu. 7. 27.

36 *the king's commissions.* ch. 7. 21-24. *lieutenants.* ch. 4. 7, etc.; 5. 6, etc. *they furthered.* ch. 6. 13. Is. 56. 6, 7. Ac. 18. 27. Re. 12. 16.

## CHAP. IX.

*Ezra mourns for the affinity of the people with strangers,* 1-4. *He prays unto God, with confession of sins,* 5-15.

1 *the princes.* ch. 10. 8. Je. 26. 10, 16. *have not separated.* ch. 6. 21, 22; 10. 10, 11. Ex. 33. 16. Nu. 23. 9. Ne. 9. 2; 13. 3. Is. 52. 11. 2 Co. 6. 14-18. *doing according.* Le. 18. 3, 24-30. De. 12. 30, 31; 18. 9. 2 Ch. 33. 2. Ps. 106. 35. Ro. 2. 17-25. *of the Canaanites.* Ge. 15. 16, 19-21. Ex. 23. 23. De. 20.

17, 18. *Ammonites.* De. 23. 3-5. 1 Ki. 11. 1, 5-7. Ne. 4. 3, 7; 13. 1-3. *Moabites.* Nu. 25. 1-3.

2 *taken of their.* ch. 10. 18-44. Ex. 34. 16. De. 7. 1-4. Ne. 13. 23, 24. Mal. 2. 11. *the holy seed.* Ex. 19. 6; 22. 31. De. 7. 6; 14. 2. Is. 6. 13. Mal. 2. 15. 1 Co. 7. 14. *mingled.* Ge. 6. 2. Ne. 13. 3, 23, 24. 2 Co. 6. 14. *the hand.* ch. 10. 18-44. Ne. 13. 4, 17, 28.

3 *rent.* Jos. 7. 6. 2 Ki. 18. 37; 19. 1. Job 1. 20. Je. 36. 24. *off.* Le. 21. 5. Ne. 13. 25. Is. 15. 2. Je. 7. 29; 48. 37, 38. Eze. 7. 18. Mi. 1. 16. *sat.* Ne. 1. 4. Job 2. 12, 13. Ps. 66. 3; 143. 4. Eze. 3. 15. Da. 4. 19; 8. 27.

4 *trembled.* ch. 10. 3. 2 Ch. 34. 27. Ps. 119. 136. Is. 66. 2. Eze. 9. 4. *until.* Ex. 29. 39. Da. 9. 21. Ac. 3. 1.

5 *heaviness. or,* affliction. *I fell.* 2 Ch. 6. 13. Ps. 95. 6. Lu. 22. 41. Ac. 21. 5. Ep. 3. 14. *spread.* Ex. 9. 29, 33. 1 Ki. 8. 22, 38, 54. Ps. 141. 2; 143. 6. Is. 1. 15.

6 *I am ashamed.* Job 40. 4; 42. 6. Je. 3. 3, 24, 25; 6. 15; 8. 12; 31. 19. Eze. 16. 63. Da. 9. 7, 8. Ro. 6. 21. *our iniquities.* Ge. 13. 13. Ps. 38. 4. Is. 1. 18; 59. 12. *trespass. or,* guiltiness. *grown up.* 2 Ch. 28. 9. Lu. 15. 21. Re. 18. 5.

7 *Since the days.* Nu. 32. 14. 2 Ch. 29. 6; 30. 7. Ne. 9. 32-34. Ps. 106. 6, 7. La. 5. 7. Da. 9. 5-8. Zec. 1. 4, 5. Mat. 23. 30-33. Ac. 7. 51, 52. *for our iniquities.* Le. 26. 14, etc. De. 4. 25-28; 28. 15, etc.; 29. 22-28; 30. 17-19; 31. 20-22; 32. 15-28. 1 Sa. 12. 15. 1 Ki. 9. 6-9. Ne. 9. 30. *into the hand.* 2 Ki. 17. 5-8; 18. 9-12; 24. 1-4. 2 Ch. 36. 16-19. Ne. 9. 36, 37. Da. 9. 11-14. *to confusion.* Da. 9. 7, 8. *as it is this day.* Ne. 9. 32. Je. 25. 18; 44. 22.

8 *little space. Heb.* moment. *grace hath.* ver. 9. Ne. 1. 11; 9. 31. Hab. 3. 2. *a remnant.* ver. 14. 2 Ki. 19. 4, 30, 31. Is. 1. 9. Je. 42. 2; 44. 14. Eze. 6. 8, 9; 14. 22. Zec. 8. 6, 12. Ro. 9. 27; 11. 5, 6. *a nail. or,* a pin. *i. e.* a constant and sure abode. Ec. 12. 11. Is. 22. 23-25. Zec. 10. 4. *in his holy place.* Is. 56. 5. Re. 3. 12. *lighten.* 1 Sa. 14. 27, 29. Job 33. 30. Ps. 13. 3; 34. 5. *reviving.* Ps. 85. 6; 138. 7. Is. 57. 15. Eze. 37. 11-14. Ho. 6. 2.

9 *we were bondmen.* Ne. 9. 36, 37. *yet our God.* Ps. 106. 45, 46; 136. 23, 24. Eze. 11. 16. *in the sight.* ch. 1. 1-4, 7-11; 6. 1-12; 7. 6, 8, 11-28. *to set up.* ch. 6. 14, 15. Hag. 1. 9. Zec. 4. 6-10. *repair. Heb.* set up. *a wall.* Or rather, a *hedge* or *fence, gader,* such as were made for sheep-folds. Is. 5. 2, 5. Da. 9. 25. Zec. 2. 5.

10 *what shall we say.* Ge. 44. 16. Jos. 7. 8. La. 3. 22. Da. 9. 4-16. Ro. 3. 19.

11 *by thy servants. Heb.* by the hand of thy servants. *The land.* ver. 1. Le. 18. 24-30. De. 12. 31; 18. 12. 2 Ch. 33. 2. *the filthiness.* ch. 6. 21. Eze. 36. 25-27. 2 Co. 7. 1. *one end to another. Heb.* mouth to mouth. 2 Ki. 21. 16, marg.

12 *give not.* Ex. 23. 32; 34. 16. De. 7. 3. Jos. 23. 12, 13. *nor seek their peace.* De. 23. 6. 2 Ch. 19. 2. 2 Jno. 10. 11. *that ye may.* De. 6. 1, 2. Jos. 1. 6-9. *and eat.* Is. 1. 19. *and leave it.* Ge. 18. 18, 19. Ps. 112. 1, 2. Pr. 13. 22; 20. 7.

13 *after all.* Ne. 9. 32. Eze. 24. 13, 14. Ga. 3. 4. *hast punished,* etc. *Heb.* hast withheld beneath our iniquities. *less.* Ps. 103. 10. La. 3. 22, 39, 40. Hab. 3. 2. *hast given us.* Ps. 106. 45, 46.

14 *we again.* Jno. 5. 14. Ro. 6. 1. 2 Pe. 2. 20, 21. *join in.* ver. 2. Ex. 23. 32. Ju. 2. 2. Ne. 13. 23-27. *wouldest not thou.* Ex. 32. 10. Nu. 16. 21, 45. De. 9. 8, 14. *no remnant.* ver. 8. De. 32. 26, 27. Is. 1. 9. Je. 46. 28. Eze. 6. 8.

15 *thou art righteous.* Ne. 9. 33, 34. Da. 9. 7-11, 14. Ro. 10. 3. *for we remain.* La. 3. 22, 23. *in our trespasses.* Is. 64. 6, 7. Eze. 33. 10. Zec. 3. 3, 4. Jno. 8. 21, 24. 1 Co. 15. 17. *we cannot.* Job 9. 2, 3. Ps. 130. 3; 143. 2. Ro. 3. 19.

## CHAP. X.

*Ezra encouraged to reform the strange marriages,* 1-5. *Ezra assembles the people,* 6-8. *The people repent, and promise amendment,* 9-14. *The care to perform it,* 15-17. *The names of them which had married strange wives,* 18-44.

1 *when Ezra.* Da. 9. 3, 4, 20. Ac. 10. 30. *when he had.* Le. 26. 40, 41. Ps. 32. 5. Ho. 14. 2. 1 Jno. 1. 8-10. *weeping.* Ps. 119. 136. Je. 9. 1; 13. 17. Zec. 12. 10. Lu. 19. 41. Ro. 9. 2. *before the house.* 1 Ki. 8. 30; 9. 3. 2 Ch. 20. 9. *a very great.* De. 31. 12. 2 Ch. 20. 13. Ne. 10. 28. Joel 2. 16-18. Ac. 21. 5. *very sore. Heb.* a great weeping. Ju. 2. 4, 5. Ne. 8. 9.

2 *Shechaniah.* ver. 26. Ne. 3. 29. *Elam.* ch. 2. 7, 31. Ne. 7. 12, 34. *We have trespassed.* Shechaniah here speaks in the name of the *people,* not acknowledging himself culpable; for he is not in the following list. Compare Ja. 2. 9. Ex. 34. 12. Ne. 13. 27. *yet now there is hope.* Ex. 34. 6, 7. Is. 55 6, 7. Je. 3. 12, 13. 1 Jno. 1. 7-9.

3 *let us make. Nichrath berith,* 'let us cut a covenant:' see on De. 29. 12. Jos. 9. 6. 2 Ki. 11. 17. 2 Ch. 29. 10; 34. 31, 32. Ne. 9. 38; 10. 29, etc. *put away. Heb.* bring forth. *according to the counsel.* 2 Ch. 30. 12. *of those that.* ch. 9. 4. 2 Ch. 34. 21, 27. Ps. 119. 59, 120. Is. 66. 2. Eze. 9. 4. *at the commandment.* De. 7. 2, 3. Jos. 23. 12, 13. *let it.* Ne. 8. 14; 13. 1-3. Is. 8. 20. Shechaniah's counsel, which he was then so clear in, will not hold now: such marriages, it is certain, are contrary to the will of God, and ought not to be made; but they are not null. Our rule under the gospel is *Quod fieri non debuit, factum valet,* 'That which ought not to have been done must, when done, abide.' See 1 Cor. 7. 12, 13.

4 *Arise.* Jos. 7. 10, etc. 1 Ch. 22. 16, 19. Ec. 9. 10. *for this matter.* By the decree of Artaxerxes, Ezra was authorised to do every thing that the law of God required. ch. 7. 23-28. Mar. 13. 34. *we also will.* Jos. 1. 16-18. 1 Ch. 28. 10, 21. *be of good.* Is. 35. 3, 4. He. 10. 24; 12. 12, 13.

5 *arose.* Pr. 1. 5; 9. 9; 15. 23; 25. 11, 12; 27. 9. *made.* ver. 3. Ne. 5. 12; 10. 29; 13. 25. Mat. 26. 63.

6 *the chamber.* Ne. 13. 5. *Johanan.* Ne. 3. 1, 20; 12. 10, 22; 13. 28. *he did eat.* De. 9. 18. Job 23. 12. Jno. 4. 31-34. *he mourned.* ch. 9. 4. Is. 22. 12. Da. 9. 3.

7 *they made.* ch. 1. 1. 2 Ch. 30. 5.

8 *And that whosoever.* ch. 7. 26. Ju. 21. 5. 1 Sa. 11. 7. *forfeited. Heb.* devoted. Le. 27. 28. Jos. 6. 19. *himself separated.* Ne. 13. 3. Mat. 18. 17. Jno. 9. 22, 34; 16. 2. 1 Co. 5. 13.

9 *the ninth month.* That is, some time in *December,* which is the coldest and most rainy time of the year in Palestine. Dr. RUSSEL, in his account of the weather at Aleppo, which very much resembles that in Judea, says, that the natives reckon the severity of the winter, which they call *marbania,* to last but forty days, beginning from the 12th of December, and ending the 20th of January, and that this computation comes in fact very near the truth: and that the air during this time is excessively piercing, even to those that are just come from a cold climate. ch. 7. 8, 9. Es. 2. 16. *trembling.* 1 Sa. 12. 17, 18. Je. 10. 10, 13. *great rain. Heb.* showers.

10 *taken. Heb.* caused to dwell. *or,* brought back. *to increase.* ch. 9. 6. Nu. 32. 14. Jos. 22. 17, 18. 2 Ch. 28. 13. Mat. 23. 32.

11 *make confession.* Le. 26. 40-42. Jos. 7. 19. Ps. 32. 5. Pr. 28. 13. Je. 3. 13. 1 Jno. 1. 7-9. *do his.* Is. 1. 16-18; 56. 4. Ro. 12. 2. Col. 1. 10. He. 13. 21. *separate.* ch. 9. 1. Ne. 13. 3. 2 Co. 6. 17. *and from the.* De. 7. 3, 4. 1 Co. 2. 12-14.

12 *As thou hast said.* They all resolved to do what Ezra had commanded; and they did put away their wives, even those by whom they had children, (ver. 44,) each of whom doubtless received a portion according to the circumstances of her husband, and was not turned away desolate. *Humanity* must have dictated this, and no law of God is contrary to humanity. *so must we do.* ver. 3, 4. Ne. 13. 23. Ps. 78. 37, 57.

13 *the people.* ver. 18-44. Mat. 7. 13, 14. *we are many that have transgressed in this thing. or,* we have greatly offended in this thing.

14 *our rulers.* De. 17. 9, 18, 19. 2 Ch. 19. 5-7.

*the fierce.* Nu. 25. 4. De. 13. 17. Jos. 7. 26. 2 Ch. 29. 10; 30. 8. Ps. 78. 38. Is. 12. 1. *for this matter be turned from us.* *or*, be turned from us, till this matter *be dispatched.*

15 *were employed. Heb.* stood. *Meshullam.* Ne. 3. 6; 10. 20; 12. 33. *Shabbethai.* Ne. 11. 16.

16 *to examine the matter.* De. 13. 14. Job 29. 16. 1 Jno. 7. 51.

17 A.M. 3548. B.C. 456. *the first day.* The cases brought before the council were either so many, or so complicated, that, though they separated themselves from other employments, yet they were *three whole months* in examining into their affairs, and making the necessary separations required by the law.

18 *the sons.* ch. 9. 1. Le. 21. 7, 13-15. 1 Sa. 2. 22-24. Ne. 13. 28. Je. 23. 11, 14. Eze. 44. 22. Mal. 2. 8, 9. 1 Ti. 3. 11. *Jeshua.* See on ch. 2. 2; 3. 2; 5. 2. 1 Ch. 6. 14, 15. Ne. 12. 10. Hag. 1. 1. Zec. 3. 1, Joshua. *Maaseiah.* Ne. 8. 4, 7.

19 *gave their hands.* They bound themselves in the most solemn manner to do as the rest of the delinquents had done, and make an acknowledgment to God of their iniquity, by offering each a *ram* for a trespass offering. 2 Ki. 10. 15. 1 Ch. 29. 24. 2 Ch. 30. 8, marg. La. 5. 6. Ga. 2. 9. *a ram.* Le. 5. 15, 16; 6. 4, 6.

20 *Immer.* ch. 2. 37. 1 Ch. 24. 14. Ne. 7. 40.

21 *Harim.* ch. 2. 39. 1 Ch. 24. 8. Ne. 7. 42.

22 *Pashur.* ch. 2. 38. 1 Ch. 9. 12. Ne. 7. 41.

23 *Jozabad.* ch. 8. 33. Ne. 11. 16. *Kelita.* Ne. 10. 10.

25 *Moreover of Israel.* That is, as CALMET observes, *simple Israelites;* thus distinguished from the *priests*, *Levites*, and *singers*, mentioned in ver. 18, 23, 24. *sons of Parosh.* ch. 2. 3. Ne. 7. 8.

26 *Elam.* ver. 2; ch. 2. 7, 31; 8. 7. Ne. 7. 12, 34. *Jehiel.* ver. 2.

27 *Zattu.* ch. 2. 8. Ne. 7. 13.

28 *Bebai.* ch. 2. 11; 8. 11. Ne. 7. 16.

29 *Bani.* ch. 2. 10. Ne. 7. 15, Binnui. *Malluch.* Ne. 10. 4.

30 *Pahath-moab.* ch. 2. 6; 8. 4. Ne. 7. 11.

31 *Harim.* ch. 2. 32. Ne. 7. 35. *Malchiah.* This variation only exists in the translation, the original being uniformly *Malchijah*, or rather, *Malkeeyah* Ne. 3. 11, Malchijah.

33 *Hashum.* ch. 2. 19. Ne. 7. 22.

34 *Bani.* ver. 29.

40 *Machnadebai.* *or*, Mabnadebai, *according to some copies.*

43 *Nebo.* ch. 2. 29. Ne. 7. 33.

44 *strange wives.* Pr. 2. 16; 5. 3, 20. *and some of them.* This observation was probably intended to shew that only a *few* of them had children, and also how rigorously the law was put in execution. According to a passage in JUSTIN MARTYR'S Dialogue with Trypho, a Jew, Ezra offered a paschal lamb on this occasion, and addressed the people thus: 'And Ezra said to the people, This pass-over is our Saviour and our Refuge; and if ye will be persuaded of it, and let it enter into your hearts, that we are to humble to Him in a sign, and afterwards shall believe in Him, this place shall not be destroyed for ever, saith the Lord of hosts; but, if ye will not believe in Him, nor hearken to his preaching, ye shall be a laughing-stock to the Gentiles.' This was probably a marginal note added by some early Christian.

## CONCLUDING REMARKS ON THE BOOK OF EZRA.

THIS book details the events of a very interesting period of the Sacred History, when, according to the decree of PROVIDENCE, the Jewish people were to be delivered from their captivity, at the expiration of *seventy years*, and restored to the land of their fathers. This book informs us *how* the Divine goodness accomplished this most gracious design, and the *movers* and *agents* He employed on the occasion. Ezra was undoubtedly the chief agent under God in effecting this arduous work; and his zeal, piety, knowledge, and discretion, appear here in a most conspicuous point of view, and claim our utmost admiration. Descended from Seraiah, in a direct line from Aaron, he seems to have united all the requisites of a profound statesmen with the functions of the sacerdotal character. He appears to have made the Sacred Scriptures, during the captivity, his peculiar study; and, perhaps, assisted by Nehemiah and the great synagogue, he corrected the errors which had crept into the Sacred Writings, through the negligence or mistake of transcribers; he collected all the books of which the Sacred Scriptures then consisted, disposed them in their proper order, and settled the canon of Scripture for his time; he occasionally added, under the dictation of the HOLY SPIRIT, whatever appeared necessary for the purpose of illustrating, completing, or connecting them; he substituted the modern for the ancient names of some places, which had now become obsolete; and transcribed the whole of the Scriptures into the Chaldee character. He is said to have lived to the age of 120 years, and, according to JOSEPHUS, was buried in Jerusalem; but the Jews believe he died in Persia, in a second journey to Artaxerxes, where his tomb is shewn in the city of Zamusa. Though not styled a prophet, he wrote under the Divine Spirit; and the canonical authority of his book has never been disputed. It is written with all the spirit and fidelity that could be displayed by a writer of contemporary times; and those parts which chiefly consist of letters, decrees, etc., are written in Chaldee, because it seemed more suitable to the fidelity of a sacred historian to give these official documents, as they may be termed, in the original language, especially as the people, recently returned from the captivity, were familiar. and perhaps more conversant with the Chaldee, than with the Hebrew.

# The Book of NEHEMIAH.

B.C 446. A.M. 3558.

## CHAP. I.

*Nehemiah, understanding by Hanani the misery of Jerusalem, mourns, fasts, and prays, 1-4. His prayer, 5-11.*

1 *Nehemiah.* ch. 10. 1. *in the month.* Ezr. 10. 9. Zec. 7. 1. *in the twentieth.* Ezr. 7. 7. *Shushan.* *Shushan*, or *Susa*, was the capital of *Susiana*, a province of Persia, and the winter residence of the Persian monarchs; situated about 252 miles east of Babylon, and the same distance south-south-east of Ecbatana, in lat. 32°, long. 49°. The circumference of its walls was about 120 stadia. *Shouster* is supposed to occupy its site. Es. 1. 2; 3. 15. Da. 8. 2.

2 *Hanani.* ch. 7. 2. *I asked.* Ps. 122. 6-9; 137. 5, 6. *that had escaped.* Ezr. 9. 8, 9, 14. Je. 44. 14. Eze. 6. 9; 7. 16; 24. 26, 27.

3 *the province.* ch. 7. 6; 11. 3. Ezr. 2. 1; 5. 8. Es. 1. 1. *in great.* ch. 9. 36, 37. Ps. 44. 11-14; 137. 1-3. Is. 32. 9-14. La. 1. 7; 3. 61; 5. 1. *reproach.* 1 Ki. 9. 7. Ps. 79. 4. Is. 43. 28. Je. 24. 9; 29. 18; 42. 18; 44. 8-12. *the wall.* ch. 2. 17. 2 Ki. 25. 10. Is. 5. 5; 64. 10, 11. Je. 5. 10; 39. 8; 52. 14.

4 *I sat down.* 1 Sa. 4. 17-22. Ezr. 10. 1. Ps. 69. 9, 10; 102. 13, 14; 137. 1. Da. 9. 3. Zep. 3. 18. Ro. 12. 15. *the God.* ch. 2. 4. Ezr. 5. 11, 12. Da. 2. 18. Jon. 1. 9.

5 *the great.* ch. 4. 14. De. 7. 21. 1 Ch. 17. 21. Ps. 47. 2. Da. 9. 4, etc. *keepeth.* Ex. 20. 6. De. 7. 9. 1 Ki. 8. 23. He. 6. 13-18.

6 *thine ear.* 1 Ki. 8. 28, 29. 2 Ch. 6. 40. Ps. 34. 15; 130. 2. Da. 9. 17, 18. *day and night.* 1 Sa. 15. 11. Ps. 55. 17; 88. 1. Lu. 2. 37; 18. 7. 1 Ti. 5. 5. 2 Ti. 1. 3. *confess.* Ezr. 9. 6, 7; 10. 11. Ps. 32. 5. Is. 64. 6, 7. La. 3. 39-42. Da. 9. 4, 20. 1 Jno. 1. 9. *both I.* 2 Ch. 28. 10; 29. 6. Ps. 106. 6. Is. 6. 5. La. 5. 7. Ep. 2. 3.

7 *dealt.* ch. 9. 29-35. Ps. 106. 6. Da. 9. 5, 6. *corruptly.* 2 Ch. 27. 2. Ho. 9. 9. Zep. 3. 7. Re. 19. 2. *the commandments.* Le. 27. 34. De. 4. 1; 5. 1; 6. 1; 28. 15. 1 Ki. 2. 3. Ps. 19. 8, 9; 119. 5-8. *which thou.* De. 4. 5. 2 Ch. 25. 4. Ezr. 7. 6. Da. 9. 11, 13. Mal. 4. 4.

8 *Remember.* Ps. 119. 49. Lu. 1. 72. *If ye transgress.* Le. 26. 33, etc. De. 4. 25-27; 28. 64; 32. 26-28. 1 Ki. 9. 6, 7.

9 *if ye turn.* Le. 26. 39-42. De. 4. 29-31; 30. 2-5. Je. 29. 11-14. *yet will I.* 1 Ch. 16. 35. Ps. 106. 47; 147. 2. Is. 11. 12; 56. 8. Je. 12. 15; 31. 10; 32. 37; 50. 19, 20. Mat. 24. 31. *will bring.* Je. 3. 14. Eze. 36. 24. *the place.* De. 12. 5, 21. 1 Ki. 9. 3. Ezr. 6. 12.

10 *Now these.* Ex. 32. 11. De. 9. 29. Is. 63. 16-19; 64. 9. Da. 9. 15, etc. *whom.* Ex. 15. 13. De. 15. 15. Ps. 74. 2. *thy strong.* Ex. 6. 1; 13. 9. Ps. 136. 12. Da. 9. 15.

11 *let now.* See on ver. 6. Ps. 86. 6; 130. 2. *who desire.* Pr. 1. 29. Is. 26. 8, 9. He. 13. 18. *grant.* ch. 2. 8. Ge. 32. 11, 28; 43. 14. Ezr. 1. 1; 7. 6, 27, 28. Pr. 21. 1. *For I was.* The office of cup-bearer was one of great trust, honour, and emolument, in the Persian court. To be in such a place of trust he must have been in the king's confidence; for no eastern potentate would have a cup-bearer to whom he could not trust his life, poison being often administered in that way. It was an office much desired, because it gave access to the king in those seasons of hilarity when men are most disposed to grant favours. ch. 2. 1. Ge. 40. 2, 9-13, 21, 23; 41. 9.

## CHAP. II.

*Artaxerxes, understanding the cause of Nehemiah's sadness, sends him with letters and commission to Jerusalem, 1-8. Nehemiah, to the grief of the enemies, comes to Jerusalem, 9-11. He views secretly the ruins of the walls, 12-16. He incites the Jews to build, 17-20.*

1 *Nisan.* Es. 3. 7. *the twentieth.* ch. 1. 1. Ezr. 7. 1, 7. *I took up.* ch. 1. 11. Ge. 40. 11, 21.

2 *Why is thy.* Ge. 40. 7. *sorrow.* Pr. 15. 13. *Then I.* Probably the king spoke as if he had some suspicion that Nehemiah harboured some bad design, and that his face indicated some conceived treachery, or remorse; and, indeed, the words rendered *sad*, and *sorrow of heart*, might be rendered *evil*, and *wickedness of heart*.

3 *Let the king.* Far from wishing ill to my master, I wish him to live for ever. 1 Ki. 1. 31. Da. 2. 4; 3. 9; 5. 10; 6. 6, 21. *the city.* ch. 1. 3. Ps. 102. 14; 137. 6. La. 2. 9. *the place.* 2 Ch. 21. 20; 28. 27; 32. 33.

4 *For what.* 1 Ki. 3. 5. Es. 5. 3, 6; 7. 2. Mar. 10. 51. *So I prayed.* ch. 1. 4, 11. 2 Sa. 15. 31. Pr. 3. 6. Phi. 4. 6.

5 *If it please.* Ezr. 5. 17. Es. 1. 19; 5. 8; 7. 3; 8. 5. *and if thy.* Ru. 2. 13. 2 Sa. 14. 22. Pr. 3. 4.

6 *the queen.* *Heb.* the wife. It was probably Esther who was present at this time, and who seconded Nehemiah's request. *So it pleased.* ver. 4; ch. 1. 11. Is. 58. 12; 61. 4; 65. 24. *I set him a time.* It is probable that this time was no more than six months, or a year; after which he either returned, or had his leave of absence lengthened, as we find he was twelve years governor of the Jews. ch. 5. 14; 13. 6.

7 *let letters.* ver. 9. Ezr. 6. 6; 7. 21. *that they may.* Ezr. 8. 22.

8 *the wall.* ver. 17; ch. 3. 1, etc. *the house.* ch. 3. 7; 7. 2. *the king.* ver. 18. Ge. 32. 28. Ezr. 5. 5; 6. 22; 7. 6, 9, 27, 28. Pr. 21. 1. Is. 66. 14. Da. 1. 9. Ac. 7. 10; 26. 22. 2 Co. 8. 16.

9 *to the governors.* ver. 7. *Now the.* Ezr. 8. 22.

10 *Sanballat.* ver. 19; ch. 4. 1-3, 7; 6. 1. *Horonite.* Is. 15. 5. Je. 48. 5, 34. *the servant.* Pr. 30. 22. Ec. 10. 7. *the Ammonite.* ch. 13. 1. *it grieved.* Nu. 22. 3, 4. Ps. 112. 10; 122. 6-9. Pr. 27. 4. Eze. 25. 6-8. Mi. 7. 9, 10, 16, 17. Ac. 4. 2; 5. 24; 19. 26, 27. *there was come.* Ezr. 4. 4, etc.

11 Ezr. 8. 32.

12 *I arose.* Ge. 32. 22-24. Jos. 10. 9. Ju. 6. 27; 9. 32. Mat. 2. 14. *neither.* Ec. 3. 7. Am. 5. 13. Mi. 7. 5. Mat. 10. 16. *my God.* This pious and noble-minded man attributes every thing to God. If he *purposed* any good, it was because *God put it into his heart;* if he *did* or *received* any good, it was because *the good hand of his God was upon him;* if he *expected* any good, it was because he earnestly *prayed God to remember him for good.* Ezr. 7. 27. Ps. 51. 18; 122. 6. Je. 31. 33; 32. 40. 2 Co. 8. 16. Ja. 1. 16, 17. Re. 17. 17.

13 *the gate.* ver. 15; ch. 3. 13. 2 Ch. 26. 9. *the dung port.* This was the gate on the eastern side of the city, through which the filth was carried to the brook Kidron and valley of Hinnom. ch. 3. 13, 14; 12. 31. *the walls.* ver. 3, 17; ch. 1. 3. Je. 5. 10.

14 *the gate of the fountain.* The gate leading either to the fountain of *Siloam*, on the east of the city, or to that of *Gihon*, on the west. ch. 3. 15. 2 Ki. 18. 17; 20. 20. 2 Ch. 32. 30. *the king's pool.* Probably the *aqueduct* made by Hezekiah to bring the waters of Gihon to the city of David.

15 *the brook.* The brook *Kidron.* 2 Sa. 15. 23. Je. 31. 38-40. Jno. 18. 1. *the gate.* The gate leading to the valley of Jehoshaphat, east of the city, through which the brook Kidron flows. It was by this gate he went out; so that he went round the whole of the city, and entered by the same gate. ver. 13.

16 *the rulers.* ver. 12.

17 *Ye see.* La. 2. 2, 8, 9; 3. 51. *come.* Ezr. 5. 1, 2; 10. 2-4. Is. 35. 3, 4. *a reproach.* ch. 1. 3. 1 Sa. 11. 2. Ps. 44. 13; 79. 4, 12; 89. 50, 51. Je. 24. 9. La. 3. 45, 46. Eze. 5. 14, 15; 22. 4, 5.

18 *the hand.* See on ver. 8. *So they strengthened.* 2 Sa. 2. 7. 1 Ch. 11. 10; 19. 13. 2 Ch. 32. 5. Ezr. 6. 22. Hag. 1. 13, 14. Ep. 6. 10. Phi. 2. 13.

19 *Sanballat.* ver. 10; ch. 6. 1, 2. *Geshem.* ch. 6. 9, Gashmu. *they.* Job 30. 1. Ps. 44. 13, 14; 79. 4; 80. 6. Je. 20. 8. Mar. 5. 40. He. 11. 36. *will ye rebel.* ch. 6. 6. Ezr. 4. 15, 16. Lu. 23. 2. Jno. 19. 12. Ac. 24. 5.

20 *The God.* ver. 4. 2 Ch. 26. 5. Ps. 20. 5; 35. 27; 102. 13, 14; 122. 6. Ec. 7. 18. *ye have no.* Ezr. 4. 3. Ac. 8. 21. *memorial.* Ex. 28. 29. Le. 2. 2; 24. 7. Nu. 10. 10. Is. 56. 5. Zec. 6. 14. Ac. 10. 4, 31. When Nehemiah had prayed for the relief of his countrymen, and perhaps in David's words, Ps. 51. 18, he did not sit still and say, 'Let God now do his own work, for I have no more to do;' but set himself to do what he could towards it; and here we find that the people were of one heart with Nehemiah. Our prayers must be seconded with our serious endeavours, or else we mock God. Nearly four months had passed, namely, from Chisleu to Nisan (November to March), before Nehemiah made his application to the king for leave to go to Jerusalem; either because the winter was not a proper time for such a journey, and he would not make a motion till he could pursue it, or because it was so long before his month of waiting upon the king came, and there was no coming into his presence until called for. Es. 4. 11. We are not thus limited to certain moments in our addresses to the King of kings, but have liberty of access to him at all times; to the throne of grace we never come unseasonably.

## CHAP. III.

*The names and order of them that built the wall.*

1 *Eliashib.* ch. 12. 10; 13. 28. *the sheep gate.* This gate is supposed to have immediately communicated with the temple, and to have been called *the sheep gate*, because the sheep intended for sacrifice passed through it. But, after all which learned men have written on this subject, which is but of little interest, we scarcely know any thing about these gates: what they were, why called by these names, or in what part of the wall they were situated, beyond what may be learned from the parallel passages. ch. 12. 39. Jno. 5. 2. *sanctified it.* ch. 12. 30. De. 20. 5. Ps. 30, title. Pr. 3. 6, 9. *the tower.* ch. 12. 39. Je. 31. 38. Zec. 14. 10.

2 *next unto him. Heb.* at his hand. *the men.* ch. 7. 36. Ezr. 2. 34. *Zaccur.* ch. 10. 12.

3 *the fish gate.* ch. 12. 39. 2 Ch. 33. 14. Zep. 1. 10. *the beams.* ver. 6; ch. 2. 8. *the doors.* ch. 6. 1; 7. 1.

4 *Meremoth.* ver. 21; ch. 10. 15. *Urijah.* Ezr. 8. 33, Uriah. *Meshullam.* ch. 10. 7.

5 *the Tekoites.* ver. 27. 2 Sa. 14. 2. Am. 1. 1. *their nobles.* Ju. 5. 23. Je. 5. 4, 5. 1 Co. 1. 26. 1 Ti. 6. 17, 18. *put not.* Je. 27. 2, 8, 12; 30. 8, 9. Mat. 11. 29. Ac. 15. 10.

6 ch. 12. 39.

7 *the Gibeonite.* Jos. 9. 3, etc. 2 Sa. 21. 2. *Mizpah.* ver. 19. 2 Ch. 16. 6. *the throne.* That is, probably, the *palace* of the Persian governor, west of the Euphrates; the term *throne* being used to signify any royal abode: for Sir J. CHARDIN, describing a splendid tent erected by the king of Persia, says 'that there was an inscription wrought upon the cornice of the anti-chamber, which gave it the appellation of the *throne* of the second Solomon.' Sitting upon a *throne* has, however, sometimes been granted to governors. ch. 2. 8.

8 *the goldsmiths.* ver. 31, 32. Is. 46. 6. *of the apothecaries.* Ge. 50. 2. Ex. 30. 25. Ec. 10. 1. *fortified. or,* left. *the broad wall.* ch. 12. 38.

9 *the ruler.* ver. 12, 17.

10 *even.* ver. 23, 28-30. *Hattush.* ch. 10. 4.

11 *Harim.* ch. 10. 5. *Pahath-moab.* ch. 7. 11; 10. 14. Ezr. 2. 6; 8. 4. *other piece. Heb.* second measure. *the tower.* ch. 12. 38.

12 *the ruler.* ver. 9, 14-18. *he and his daughters.* Ex. 35. 25. Ac. 21. 8, 9. Phi. 4. 3.

13 *the valley gate.* ch. 2. 13. *Zanoah.* There were two towns of the name of *Zanoah* in the tribe of Judah: see the parallel passages. ch. 14. 30. Jos. 15. 34, 56. 1 Ch. 4. 18.

14 *the dung gate.* ch. 2. 13; 12. 31. *the ruler.* ver. 9, 12, 15-18. *Beth-haccerem. Beth-haccerem* was a town of Judah, situated on a mountain, between Jerusalem and Tekoa, according to JEROME on Je. ch. 6. Dr. POCOCKE conjectures that the *Mountain of the Franks*, called also the *Mount of Bethulia*, from a village of that name near it, west-north-west of Tekoa, is the ancient *Beth-haccerem;* the position of which seems to agree with the citadel of Herodium, built by Herod, on a moderate-sized hill, sixty furlongs from Jerusalem. Je. 6. 1.

15 *the gate.* ch. 2. 14; 12. 37. 2 Ch. 32. 30. *the ruler.* ver. 9, 12, 14. *Mizpah.* ver. 7. Ju. 20. 1, 3, Mizpeh. Je. 40. 6. *Siloah. Siloah* was situated under the eastern wall of Jerusalem, between that city and the brook Kedron, and is described by CHATEAUBRIAND as lying at the foot of Mount Zion. Dr. RICHARDSON represents the pool of Siloam as occurring higher up the valley of Jehoshaphat, towards the north, than the well of Nehemiah, a little beyond the village of Siloa, and nearly opposite the tombs of Jehoshaphat and Zechariah. Is. 8. 6, Shiloah. Lu. 13. 4. Jno. 9. 7, Siloam. *the stairs.* 2 Sa. 5. 6, 7.

16 *the ruler.* ver. 9, 12, 14. *Beth-zur.* Jos. 15. 58. 1 Ch. 2. 45. 2 Ch. 11. 7. *the sepulchres.* 2 Ch. 16. 14. Ac. 2. 29. *the pool.* 2 Ki. 20. 20. Is. 7. 3; 22. 11. *the house.* 1 Ki. 14. 27, 28. 2 Ch. 12. 10, 11. Ca. 3. 7.

17 *the ruler.* ver. 16. 1 Ch. 23. 4. *Keilah.* Jos. 15. 44. 1 Sa. 23. 1, 2, etc.

19 *Jeshua.* ch. 10. 9; 12. 8. *Mizpah.* ver. 15. *the turning.* 2 Ch. 26. 9.

20 *Zabbai. or,* Zaccai. *earnestly.* Ec. 9. 10. Ro. 12. 11. *Eliashib.* ver. 1, 21; ch. 12. 22, 23; 13. 4, 28.

21 *Meremoth.* ver. 4. *Koz.* ch. 7. 63. Ezr. 2. 61.

22 *the men of the plain.* ch. 6. 2; 12. 28.

23 *over against.* ver. 10, 29, 30. *Azariah.* ch. 10. 2. *Maaseiah.* ch. 8. 4, 7.

24 *Binnui.* ch. 10. 9. *another piece.* That which had been left by Azariah, after he had repaired the wall by his own house. It is probable that some of the principal people were either obliged, or voluntarily offered, to repair those parts of the wall which were opposite, or adjacent, to their own houses. The names of those who repaired the walls are commemorated, because it was an undertaking of piety, virtue, and courage, to restore the holy city. ver. 11, 19, 27. *the turning.* ver. 20.

25 *the king's.* Je. 22. 14; 39. 8. *by the court.* ch. 12. 39. Je. 32. 2; 33. 1; 37. 21; 39. 15. *Pedaiah.* ch. 8. 4. *Parosh.* ch. 7. 8. Ezr. 2. 3.

26 *Nethinims.* ch. 7. 46-56; 10. 28. 1 Ch. 9. 2. Ezr. 2. 43-58. *dwelt,* etc. *or, which* dwelt in Ophel, *repaired* unto. *Ophel. or,* the tower. ver. 27; ch. 11. 21. 2 Ch. 27. 3; 33. 14. *the water.* The water gate is supposed to have been that by which the Nethinim brought in water for the use of the temple. ch. 8. 1, 3; 12. 37.

27 *the Tekoites.* ver. 5. *the wall.* ver. 26.

28 *the horse.* 2 Ki. 11. 16. 2 Ch. 23. 15. Je. 31. 40. *every one.* ver. 10, 23.

29 *the son.* ch. 7. 40. Ezr. 2. 37. *Shechaniah.* Ezr. 10. 2. *the east gate.* Je. 19. 2.

30 *another piece.* ver. 21. *Meshullam.* ver. 4.

31 *the goldsmith's.* ver. 8, 32. *going up of the corner. or,* corner-chamber.

32 *the sheep gate.* Thus the whole city was surrounded with a wall; for Eliashib began at the sheep gate. ver. 1; ch. 12. 39. Jno. 5. 2. *the goldsmiths.* The word *tzeraphim* may denote *smiths*, or *refiners*, or persons that worked in *metals* of any kind; but it is generally understood of those who worked in *gold.* From the remotest period of the history of the Jews, they had artists in all the elegant and ornamental trades; and it appears that goldsmiths, apothecaries, and merchants were formed into *companies* in the time of Nehemiah. ver. 8, 31.

## CHAP. IV.

*While the enemies scoff, Nehemiah prays and continues the work,* 1-6. *Understanding the wrath and secrets of the enemy, he sets a watch,* 7-12. *He arms the labourers,* 13-18; *and gives military precepts,* 19-23.

1 *Sanballat.* ch. 2. 10, 19. Ezr. 4. 1-5. Ac. 5. 17. *mocked.* Ps. 35. 15, 16; 44. 13, 14. Mat. 27. 29. He. 11. 36.

2 *the army.* Ezr. 4. 9, 10. *feeble.* 1 Sa. 14. 11, 12; 17. 43, 44. Zec. 12. 8. 1 Co. 1. 27. *fortify themselves. Heb.* leave to themselves. *sacrifice.* ch. 12. 27. 43. *revive.* ver. 10. Eze. 37. 3-13. Hab. 3. 2.

3 *Tobiah.* ch. 2. 10, 19; 6. 1. 1 Ki. 20. 10, 18. 2 Ki. 18. 23.

4 *Hear.* Ps. 123. 3, 4. *despised. Heb.* despite. *turn.* 1 Sa. 17. 26. Ps. 79. 12. Pr. 3. 34. Ho. 12. 14.

5 *cover not.* Ps. 59. 5-13; 69. 27; 109. 14. Je. 18. 23. 2 Ti. 4. 14. *their sin.* Ps. 51. 1, 9. Is. 43. 25; 44. 22. *before the builders.* Is. 36. 11, 12.

6 *and all the wall.* That is, the whole circuit of the wall was completed unto *half* the intended height. *for the people.* The original is very emphatic, *wyhee laiv lëâm läâsoth*, 'for the people had a *heart* to work.' Their heart was engaged in it, and they went about it cheerfully and vigorously. *had a mind.* ch. 6. 15. 1 Ch. 29. 3, 14, 17, 18. 2 Ch. 29. 36. Ps. 110. 3. 2 Co. 8. 16, 17. Phi. 2. 13. He. 13. 21.

7 *Sanballat.* ver. 1; ch. 2. 10, 19. *the Ammonites.* Ju. 10. 7, etc.; 11. 12, etc. 1 Sa. 11. 2. 2 Sa. 10. 1-5. 2 Ki. 24. 2. 2 Ch. 20. 1. Eze. 25. 3-7. Am. 1. 13. *Ashdodites.* ch. 13. 23, 24. 1 Sa. 5. 1, 2. 2 Ch. 26. 6-8. Je. 25. 20. Am. 1. 8; 3. 9. Zec. 9. 5, 6. *heard.* Ezr. 4. 4-16; 5. 8. *were made up. Heb.* ascended. *then.* Ge. 3. 15. Ac. 4. 17, 18; 5. 33. Re. 12. 12, 13, 17.

8 *all.* Ps. 2. 1-3; 83. 3-11. Is. 8. 9, 10. Ac. 23. 12, 13. *hinder it. Heb.* make an error to it. Je. 20. 10.

9 *Nevertheless.* ver. 11. Ge. 32. 9-12, 28. 2 Ki. 19. 14-19. Ps. 50. 15; 55. 16-22. Lu. 6. 11, 12. Ac. 4. 24-30. *set a watch.* Mat. 26. 41. Lu. 21. 36. 1 Pe. 5. 8.

10 *The strength.* Nu. 13. 31; 32. 9. Ps. 11. 1, 2. Hag. 1. 2. *bearers.* 2 Ch. 2. 18. Eze. 29. 18.

11 *They shall not.* Ju. 20. 29, etc. 2 Sa. 17. 2. Ps. 56. 6. Is. 47. 11. Ac. 23. 12, 21. 1 Th. 5. 2.

12 *ten times.* Ge. 31. 7, 41. Nu. 14. 22. Job 19. 3. *From all places,* etc. *or,* That from all places ye must return to us. *ye shall return.* HOUBIGANT, MICHAELIS, and DATHE contend, that instead of *tashoovoo*, 'ye shall return,' we should read *chashevoo*, 'they designed.'

13 *Therefore.* Ge. 32. 13-20. 2 Ch. 32. 2-8. Ps. 112. 5. Mat. 10. 16. 1 Co. 14. 20. *in the lower places. Heb.* from the lower parts of the place, etc. *their swords.* ver. 17, 18. Ca. 3. 7, 8. Ep. 6. 11-20.

14 *Be not ye afraid.* Nu. 14. 9. De. 1. 21, 29, 30; 20. 3, 4. Jos. 1. 9. 2 Ch. 20. 15-17; 32. 7. Ps. 27. 1; 46. 11. Is. 41. 10-14. Mat. 10. 28. He. 13. 6. *remember.* Ps. 20. 7; 77. 10-20; 143. 5. Is. 51. 12, 13; 63. 11-13. *great.* ch. 1. 5. De. 10. 17. Job 37. 22. Ps. 65. 5; 66. 3, 5. Is. 64. 1-3. Na. 1. 2-7. He. 12. 20, 21, 28, 29. *fight.* 2 Sa. 10. 12.

15 *God.* 2 Sa. 15. 31; 17. 14. Job 5. 12, 13. Ps. 33. 10, 11. Pr. 21. 30. Is. 8. 10; 44. 25. La. 3. 37, 38. 1 Co. 3. 19, 20. *every one.* Mar. 13. 34. Ro. 12. 11. 1 Th. 4. 11.

16 *my servants.* ver. 23; ch. 5. 15, 16. Ps. 101. 6. *and the other half.* This is no unusual thing in Palestine, even at the present day; people sowing their seed are often attended by armed men, to prevent the Arabs from robbing them of it. *habergeons. Habergeon,* from the Teutonic *hals*, the *neck*, and *bergen*, to *cover*, *defend*, may be considered as signifying a *breast-plate*, though the Franco-Gallic *hautbergon* signifies a *coat of mail;* the original *shiryon*, we have already seen, denotes a *corslet.*

17 *bare burdens.* ver. 10. *every one.* That is, he had his *arms* at hand; and was as fully prepared to *fight* as to *work.* The builders could not possibly have made any progress, if they had *literally* held a weapon in one of their hands; but the expression is evidently figurative, implying that every man was as much a soldier as a builder. *with one.* Da. 9. 25. 1 Co. 9. 12; 16. 9, 13. 2 Co. 6. 7. Ep. 6. 11, etc. Phi. 1. 28. 2 Ti. 2. 3; 4. 7.

18 *by his side. Heb.* on his loins. *he that sounded.* Nu. 10. 9. 2 Ch. 13. 12-17.

20 *our God.* Ex. 14. 14, 25. De. 1. 30; 3. 22; 20. 4. Jos. 23. 10. Zec. 14. 3.

21 *So we.* 1 Co. 15. 10, 58. Ga. 6. 9. Col. 1. 29.

22 *every one.* ch. 11. 1, 2.

23 *So neither I.* ch. 5. 16; 7. 2. Ju. 9. 48. 1 Co. 15. 10. *saving that,* etc. *or,* every one *went* with his weapon *for* water, Ju. 5. 11. The original of this obscure clause is *ish shilcho hammayim,* which is rendered by MONTANUS, *vir missile suum aquas,* 'a man his dart to the waters,' of which it is difficult to make sense. It is wholly omitted by the LXX.; and one of DE ROSSI'S MSS. reads, *meshallachah âl hammayim,* 'in order to send them to the water.'

## CHAP. V.

*The Jews complain of their debt, mortgage, and bondage,* 1-5. *Nehemiah rebukes the usurers, and causes them to make a covenant of restitution,* 6-13. *He forbears his own allowance, and keeps hospitality,* 14-19.

1 *a great cry.* Ex. 3. 7; 22. 25-27. Job 31. 38, 39; 34. 28. Is. 5. 7. Lu. 18. 7. Ja. 5. 4. *their brethren.* Le. 25. 35-37. De. 15. 7-11. Ac. 7. 26. 1 Co. 6. 6-8.

2 *We, our sons.* Ps. 127. 3-5; 128. 2-4. Mal. 2. 2. *we take up corn.* Ge. 41. 57; 42. 2; 43. 8.

3 *mortgaged.* Ge. 47. 15-25. Le. 25. 35-39. De. 15. 7. *because.* Mal. 3. 8-11.

4 *the king's tribute.* ch. 9. 37. De. 28. 47, 48. Jos. 16. 10. 1 Ki. 9. 21. Ezr. 4. 13, 20.

5 *our flesh.* Ge. 37. 27. Is. 58. 7. Ja. 2. 5, 6. *we.* Ex. 21. 1-11. Le. 25. 39-43. 2 Ki. 4. 1. Mat. 18. 25.

6 ch. 13. 8, 25. Ex. 11. 8. Nu. 16. 15. Mar. 3. 5. Ep. 4. 26.

7 *I consulted with myself. Heb.* my heart consulted in me. Ps. 4. 4; 27. 8. *I rebuked.* Le. 19. 15. 2 Ch. 19. 6, 7. Ps. 82. 1-4. Pr. 27. 5. 2 Co. 5. 16. Ga. 2. 11. 1 Ti. 5. 20. Tit. 2. 15. *Ye exact usury.* Ex. 22. 25. Le. 25. 36. De. 15. 2, 3; 23. 19, 20; 24. 10-13. Ps. 15. 1, 5. Eze. 22. 12; 45. 9. *I set a great assembly.* 2 Ch. 28. 9-13. Mat. 18. 17.

8 *We after.* Mat. 25. 15, 29. 2 Co. 8. 12. Ga. 6. 10. *redeemed.* Le. 25. 47-49. *sell your.* Ex. 21. 16. De. 24. 7. *shall they.* Ro. 14. 15. 1 Co. 8. 11. *held.* Job 29. 10; 32. 15. Mat. 22. 12. Ro. 3. 19.

9 *It is not.* 1 Sa. 2. 24. Pr. 16. 29; 17. 26; 18. 5; 19. 2; 24. 23. *walk.* ver. 15. Ge. 20. 11; 42. 18. Le. 25. 36. Ac. 9. 31. *reproach.* Ge. 13. 7, 8. 2 Sa. 12. 14. Eze. 36. 20. Ro. 2. 24. 1 Ti. 5. 14. Tit. 2. 5. 1 Pe. 2. 12.

10 *I likewise.* Mi. 2. 1. Lu. 3. 13, 14. 1 Co. 9. 12-18. *I pray you.* 2 Co. 5. 11, 20; 6. 1. Phile. 8. 9. *leave.* ver. 7. Ex. 22. 25-27. Ps. 15. 5. Eze. 18. 8, 13.

11 *Restore.* Le. 6. 4, 5. 1 Sa. 12. 3. 2 Sa. 12. 6. Is. 58. 6. Lu. 3. 8. *their lands.* ver. 3, 4. *the hundredth.* This was probably the rate of interest which they obliged their poor debtors to pay each month, which would amount to about 12 per cent. Another author states that this is the lowest rate of interest in Syria: the usual rate is 20; and it is sometimes as high as 30 per cent.

12 *We will restore.* 2 Ch. 28. 14, 15. Ezr. 10. 12. Mat. 19. 21, 22. Lu. 19. 8. *I called.* ch. 10. 29; 13. 25. 2 Ki. 23. 2, 3. 2 Ch. 6. 22, 23; 15. 13, 14. Ezr. 10. 5. Je. 34. 8-10. Mat. 26. 63.

13 *I shook my lap.* So 'when the Roman ambassadors entered the senate of Carthage, they had their toga gathered up in their bosom, and said, We carry here peace and war; you may have which you will. The senate answered, You may give which you please. They then *shook their toga*, and said, We bring you war.'—LIVY. Mat. 10. 14. Ac. 13. 51; 18. 6. *So God.* 1 Sa. 15. 28. 1 Ki. 11. 29-31. Zec. 5. 3, 4. *emptied. Heb.* empty, *or* void. *Amen.* Nu. 5. 22. De. 27. 14-26. *praised.* 1 Ch. 16. 36. *the people.* 2 Ki. 23. 3. Ps. 50. 14; 76. 11; 119. 106. Ec. 5. 5.

14 *from the twentieth.* ch. 2. 1; 13. 6. *I and my.* 1 Co. 9. 4-15, 18. 2 Th. 3. 8, 9. *the bread.* Ezr. 4. 13, 14. Ro. 13. 6, 7.

15 *even their.* 1 Sa. 2. 15-17; 8. 15. Pr. 29. 12. *so did.* Mat. 5. 47. 2 Co. 11. 9; 12. 13. *because.* ver. 9. Job 31. 23. Ps. 112. 1; 147. 11. Pr. 16. 6. Ec. 12. 13, 14. Is. 50. 10. Lu. 18. 2-4.

16 *I continued.* Lu. 8. 15. Ro. 2. 7. 1 Co. 15. 58. Ga. 6. 9. *neither bought.* Nu. 16. 15. Ac. 20. 33-35. 1 Th. 2. 5, 6. *all my.* 2 Co. 12. 16-18. Phi. 2. 20, 21.

17 *Moreover.* He kept open house, and entertained all comers; besides having 150 Jews, who had their food constantly at his table, and at his expense. *at my table.* 2 Sa. 9. 7, 13. 1 Ki. 18. 19. *an hundred.* Is. 32. 8. Ro. 12. 13. 1 Pe. 4. 9, 10.

18 *Now that.* 1 Ki. 4. 22, 23. *one ox.* This was food sufficient for more than two hundred men. Bp. POCOCKE says that the bey of Tunis had daily twelve sheep, with fish and fowls, soups, oranges, eggs, onions, boiled rice, etc., etc. His *nobles* dined with him; after they had done, the *servants* sat down; and when they had finished, the *poor* took what was left. Here the bey's *twelve sheep* are equal to Nehemiah's *one ox and six choice sheep;* and probably the mode of living between the two was nearly alike. It is still the practice in the East to calculate the expenses of the table, not by the money paid, but by the provisions consumed by the guests. *required.* ver. 14, 15. *because the bondage.* Ps. 37. 21, 26.

19 *Think.* ch. 13. 14, 22, 31. Ge. 40. 14. Ps. 25. 6, 7; 40. 17; 106. 4. Je. 29. 11. *according to.* Ps. 18. 23-25. Mat. 10. 42; 25. 34-40. Mar. 9. 41.

## CHAP. VI.

*Sanballat practises by craft, by rumours, and by hired prophecies, to terrify Nehemiah, 1-14. The work is finished, to the terror of the enemies, 15, 16. Secret intelligence passes between the enemies and the nobles of Judah, 17-19.*

1 *when Sanballat.* ch. 2. 10, 19; 4. 1, 7. *Geshem.* ver. 6, Gashmu. *no breach.* ch. 4. 6, 7. Da. 9. 25. *at that time.* ch. 3. 1, 3, 6.

2 *Come.* They wished to get him out of Jerusalem, from his friends, that they might either carry him off or murder him. 2 Sa. 3. 27; 20. 9. Ps. 37. 12. Pr. 26. 24-26. Ec. 4. 4. *Ono.* ch. 11. 35. 1 Ch. 8. 12. *they thought.* Ps. 12. 2; 37. 12, 32. Je. 41. 2. Eze. 33. 31. Mi. 7. 4, 5. Lu. 20. 19-21.

3 *And I sent.* Pr. 14. 15. Mat. 10. 16. *I am doing.* Ec. 9. 10. Lu. 14. 30. Jno. 9. 4. 1 Ti. 4. 15, 16.

4 *four times.* Ju. 16. 6, 10, 15-20. Pr. 7. 21. Lu. 18. 5. 1 Co. 15. 58. Ga. 2. 5. *and I answered.* Pr. 14. 15.

5 *with an open letter.* This was a gross insult to a person of Nehemiah's quality; as the letters sent to chiefs and governors in the East are always carefully folded up, put in silk bags, and then sealed. 2 Ki. 18. 26-28. 2 Co. 2. 11; 11. 13-15. Ep. 6. 11. 2 Th. 2. 10.

6 *It is reported.* Je. 9. 3-6; 20. 10. Mat. 5. 11. Ro. 3. 8. 2 Co. 6. 8. 1 Pe. 2. 12, 13; 3. 16. *Gashmu.* ver. 1, 2, Geshem. *that thou and.* ch. 2. 19. Ezr. 4. 12, 15. *that thou mayest.* Lu. 23. 2. Jno. 19. 13.

7 *appointed.* ver. 12, 13. *a king.* 2 Sa. 15. 10. 12. 1 Ki. 1. 7, 18, 25, 34. *Come now.* Pr. 26. 24-26. Ac. 23. 15.

8 *There are.* Ac. 24. 12, 13; 25. 7, 10. *thou feignest.* Job 13. 4. Ps. 36. 3; 38. 12; 52. 2. Is. 59. 4. Da. 11. 27. Mat. 12. 34. Jno. 8. 44.

9 *For they.* ver. 14; ch. 4. 10-14. 2 Ch. 32. 18. *Their hands.* 2 Ch. 15. 7. Ezr. 4. 1-24. Is. 35. 3, 4. Je. 38. 4. He. 12. 12. *Now therefore.* 1 Sa. 30. 6. Ps. 56. 3; 71. 1; 68. 35; 138. 3. Is. 41. 10. Zec. 10. 12. 2 Co. 12. 9. Ep. 3. 16; 6. 10. Phi. 4. 13. 1 Pe. 5. 10.

10 *Shemaiah.* ver. 12. Ezr. 8. 16; 10. 31. Pr. 11. 9. Mat. 7. 15. *shut up.* 2 Ki. 9. 8. Je. 36. 5. Eze. 3. 24. *Let us meet.* Ps. 12. 2; 37. 12; 120. 2, 3. *the house.* 1 Ki. 6. 5. 2 Ki. 11. 3. *let us shut.* 2 Ch. 28. 24; 29. 3, 7. Mal. 1. 10. Ac. 21. 30. *in the night.* Job 24. 13-17. Jno. 3. 20.

11 *Should such.* ver. 3. 1 Sa. 19. 5. Job 4. 3-6. Ps. 11. 1, 2; 112. 6, 8. Pr. 28. 1. Is. 10. 18. Lu. 13. 31-33. Ac. 8. 1; 20. 24; 21. 13. He. 11. 27. *would go.* ver. 9. Nu. 32. 7-9. Ec. 10. 1. Phi. 2. 17, 30.

12 *I perceived.* Eze. 13. 22. 1 Co. 2. 15; 12. 10. *God had.* Je. 14. 14; 23. 16, 25; 28. 15. Eze. 13. 7. 1 Jno. 4. 1. *hired him.* Is. 56. 11. Eze. 13. 19. Mi. 3. 11. Ac. 20. 33. 1 Ti. 3. 3. Tit. 1. 7. 1 Pe. 5. 2. 2 Pe. 2. 3. Re. 18. 13.

13 *that I should.* Pr. 29. 5. Is. 51. 7, 12, 13; 57. 11. Je. 1. 17. Eze. 2. 6; 13. 17, etc. Mat. 10. 28. 2 Ti. 1. 7. Re. 21. 8. *and sin.* Ja. 4. 17. *and that they.* ver. 6. Pr. 22. 1. Ec. 7. 1. *report, that.* Je. 18. 18; 20. 10. Da. 6. 4, 5. Mat. 22. 15; 26. 59. Ac. 6. 13. 2 Co. 11. 12. 1 Ti. 5. 14. Tit. 2. 8.

14 *My God.* ch. 5. 19. Ps. 22. 1; 63. 1. *think thou.* ch. 4. 4, 5; 13. 29. Ps. 36. 11, 12; 140. 5-11. Je. 11. 20-23; 18. 20-23. 2 Ti. 4. 14, 15. 1 Jno. 5. 16. *on the prophetess.* 1 Ki. 22. 22-24. Is. 9. 14, 15. Je. 14. 15, 18; 28. 1, 10, 15. Eze. 13. 16, 17. Mat. 7. 15; 24. 11, 24. 2 Ti. 3. 8. Re. 19. 20.

15 *wall.* Ezr. 6. 15. Ps. 1. 3. Da. 9. 25. *fifty.* ch. 4. 1, 2.

16 *when all our enemies.* ch. 2. 10; 4. 1, 7; 6. 1, 2. *for they perceived.* Ex. 14. 25. Nu. 23. 23. Jos. 5. 1. Ps. 126. 2. Ac. 5. 38.

17 *the nobles.* ch. 3. 5; 5. 7; 13. 28. Mi. 7. 1-6. Mat. 24. 10-12. *sent many letters unto Tobiah. Heb.* multiplied their letters passing to Tobiah.

18 *Arah.* ch. 7. 10. Ezr. 2. 5. *Meshullam.* ch. 3. 4, 30.

19 *they reported.* Pr. 28. 4. Jno. 7. 7; 15. 19. 1 Jno. 4. 5. *words. or,* matters. *to put.* ver. 9, 13. Is. 37. 10-14. Ac. 4. 18-21.

## CHAP. VII.

*Nehemiah commits the charge of Jerusalem to Hanani and Hananiah, 1-4. A register of the genealogy of them which came at the first out of Babylon, 5-8; of the people, 9-38; of the priests, 39-42; of the Levites, 43-45; of the Nethinims, 46-56; of Solomon's servants, 57-62; and of the priests which could not find their pedigree, 63-65. The whole number of them, with their substance, 66-69. Their oblations, 70-73.*

1 *the wall.* ch. 3. 1, etc.; 6. 15. *I had set up.* ch. 3. 3; 6. 1. *the porters.* ch. 10. 39; 11. 3; 12. 24. 1 Ch. ch. 23; 25; 26. 2 Ch. 31. 2. Ezr. 3. 8.

2 *my brother.* ch. 1. 2. *Hananiah.* ch. 10. 23. *the ruler.* ch. 2. 8. *a faithful man.* Nu. 12. 7. Ps. 101. 6. Da. 6. 4. Mat. 24. 45; 25. 21. Lu. 16. 10-12. 1 Co. 4. 2. 2 Ti. 2. 2. *feared God.* ch. 5. 15. Ge. 42. 18. Ex. 18. 21. 2 Sa. 23. 3. 1 Ki. 18. 3, 12. Job 1. 1. Is. 33. 5, 6.

3 *Let not the gates.* This is, the gates were not to be opened till *sun-rise*, and to be shut at *sun-set;* which is still the custom in many cities of the East. If a traveller arrives after sun-set, he finds the gates shut, and on no consideration will they open them till morning. ch. 13. 19. Ps. 127. 1. Mat. 10. 16. *every one to be.* ch. 3. 23, 28-30.

4 *large and great. Heb.* broad in spaces. *the houses.* Is. 58. 12. Hag. 1. 4-6. Mat. 6. 33.

5 *my God.* ch. 5. 19; 6. 14. *put into mine.* Ezr. 7. 27. 1 Co. 15. 10. 2 Co. 3. 5; 8. 16. Phi. 2. 12, 13. Col.

1. 29. **Ja.** 1. 16. Whatever good motion is in our minds, whether prudent or pious, we must acknowledge it to come from God; for every good gift and every good work are from above; he gives knowledge, he gives grace. What is commonly called human prudence, ought to be ascribed to the direction of Divine Providence. He who teaches the husbandman discretion, Is. 28. 26, as certainly overrules the deliberations of senators. *that.* ver. 64. 1 Ch. 9. 1, etc. Ezr. 2. 62.

6 *the children.* Ezr. ch. 2; 5. 8; 6. 2. *whom Nebuchadnezzar.* 2 Ki. 24. 14-16; 25. 11. 2 Ch. ch. 36. Je. ch. 39; 52.

7 *Zerubbabel.* ch. 12. 1, 7, 10. Eze. 1. 11, Sheshbazzar; 2. 2. Hag. 1. 1. Mat. 1. 12, 13, Zorobabel. *Jeshua.* Ezr. 3. 8, 9; 5. 2. Zec. 3. 1-3, Joshua. *Azariah.* One of Dr. KENNICOTT'S codices has *Seraiah*, as in the parallel passage. Ezr. 2. 2, Seraiah, Reelaiah. *Mispereth.* Ezr. 2. 2, Mizpar. *Nehum.* Three MSS. in the parallel place have *Nehum*, and four have here *Rehum.* ch. 12. 3. Ezr. 2. 2, Rehum.

8 *Parosh.* ch. 10. 14. Ezr. 2. 3; 8. 3, Pharosh; 10. 25.

9 *Shephatiah.* Ezr. 2. 4; 8. 8.

10 *Arah.* ch. 6. 18. Ezr. 2. 5. 775.

11 *Pahath-moab.* ch. 10. 14. Ezr. 2. 6. 2812; 8. 4.

12 *Elam.* Ezr. 2. 7; 8. 7; 10. 26.

13 *Zattu.* Ezr. 2. 8. 945.

14 *Zaccai.* Ezr. 2. 9.

15 *Binnui.* Ezr. 2. 10, Bani. 642.

16 *Bebai.* Ezr. 2. 11. 623.

17 *Azgad.* Ezr. 2. 12. 1222.

18 *Adonikam.* Ezr. 2. 13. 666.

19 *Bigvai.* Ezr. 2. 14. 2056. *two thousand.* One MS. of Dr. KENNICOTT'S reads 'two thousand sixty and six;' but no doubt 'two thousand and fifty-six,' is the true reading, as in the parallel passage.

20 *Adin.* Ezr. 2. 15. 454. *six hundred.* One of Dr. KENNICOTT'S codices has 'six hundred fifty and four.'

21 *Ater.* Ezr. 2. 16.

22 *Hashum.* Ezr. 2. 19. 223.

23 *Bezai.* Ezr. 2. 17. 323.

24 *Hariph.* *Hariph* and *Jorah* were probably two distinct names of this person. Ezr. 2. 18, Jorah.

25 *Gibeon.* *Gibeon* is probably a mistake for *Gibbar*, or the contrary; though this person may have been called by both names. Ezr. 2. 20, Gibbar.

26 *The men.* The Septuagint reads here the same as in the parallel place, Υιοι Βαιθαλεμ, εκατον εικοσιτρεις· υιοι Ατωφα [Alex. Ανετωφα] πεντηκονταεξ· 'The children of Bethlehem, one hundred twenty and three; the children of Netophah, fifty and six.' Though this reading is not found in any Hebrew MS. yet collated, it is doubtless the true one. *Bethlehem.* Ezr. 2. 21, 22. 179.

27 *Anathoth.* Ezr. 2. 23. Is. 10. 30. Je. 1. 1; 11. 21.

28 *Beth-azmaveth.* Ezr. 2. 24, Azmaveth.

29 *Kirjath-jearim.* Instead of *Kirjath-arim*, in the parallel place of Ezra, many MSS. read *Kirjath-jearim*, as here. Jos. 9. 17; 18. 25. Ju. 18. 12. Ezr. 2. 25, Kirjath-arim.

30 *Ramah.* Jos. 18. 24, 25. Ezr. 2. 26.

31 *Michmas.* The variation between מכמש, *Michmash*, and מכמס, *Michmas*, arises from the mutation of ש, *sheen*, and ס, *samech;* though several MSS. have the former reading here also. 1 Sa. 13. 5, 23. Ezr. 2. 27. Is. 10. 28, Michmash.

32 *Beth-el.* Jos. 8. 9, 17. Ezr. 2. 28. 223.

33 *Nebo.* Ezr. 2. 29. *fifty and two.* The Alexandrian MS. of the Septuagint adds, Υιοι Μαγαβως εκατον πεντηκονταεξ, 'The children of Magbish an hundred fifty and six,' as in Ezr. 2. 30.

34 *the other Elam.* ver. 12. Ezr. 2. 31.

35 *Harim.* Ezr. 2. 32; 10. 31.

36 *Jericho.* Ezr. 2. 34.

37 *Lod.* ch. 6. 2; 11. 34, 35. 1 Ch. 8. 12. Ezr. 2. 33. 725.

38 *Senaah.* Ezr. 2. 35. 3630.

39 *Jedaiah.* 1 Ch. 24. 7, etc. Ezr. 2. 36.

40 *Immer.* 1 Ch. 24. 14. Ezr. 2. 37.

41 *Pashur.* 1 Ch. 9. 12; 24. 9. Ezr. 2. 38; 10. 22.

42 *Harim.* 1 Ch. 24. 8. Ezr. 2. 39; 10. 31.

43 *Hodevah.* Ezr. 2. 40, Hodaviah; 3. 9, Judah.

44 *The singers.* 1 Ch. 25. 2. Ezr. 2. 41. 128. *an hundred.* One of Dr. KENNICOTT'S MSS. reads in the parallel place of *Ezra*, 'an hundred and forty and eight,' as here.

45 *The porters.* 1 Ch. ch. 26. Ezr. 2. 42. 130.

46 *Nethinims.* Le. 27. 2-8. Jos. 9. 23-27. 1 Ch. 9. 2. *Hashupha.* Ezr. 2. 43, Hasupha.

47 *Sia.* Ezr. 2. 44, Siaha.

48 *Hagaba.* Ezr. 2. 45, 46, Hagabah, *or* Hagab. The Alexandrian MS. of the Septuagint inserts here, υιοι Ακουδ, υιοι Ουτα, υιοι Κηταρ, υιοι Αγαβ, 'the children of Akoud, the children of Outa, the children of Ketar, the children of Agab,' or Hagab: see the parallel passages. *Shalmai.* In the parallel passage not only the *Keri* and Septuagint, but many of Dr. KENNICOTT'S MSS. read *Shalmai*, as here. A more extensive collation of MSS. would doubtless tend still more to harmonize both the names and numbers. Ezr. 2. 46, Shamlai.

51 *Phaseah.* This variation only exists in the translation; the original being uniformly *Paseäh.* Ezr. 2. 49, Paseah.

52 *Meunim.* The first of these variations is attributable to the translation, the original being uniformly מעונים, *Meûnim;* and the latter arises from the mutation of ו, *wav*, and י, *yood*, and insertion of ש, *sheen*, though in the parallel passage the *Kethiv* is נפיסים, *Nephisim;* and here the *Keri* and many MSS. have נפישסים, *Nephishesim.* Ezr. 2. 50, Mehunim, Nephusim.

54 *Bazlith.* Instead of *Bazlith*, many MSS. and the LXX. have *Bazluth*, as in the parallel place. Ezr. 2. 52, Bazluth.

55 *Tamah.* Here there is no variation in the original; it being uniformly *Tamah.* Ezr. 2. 53, Thamah.

57 *Solomon's.* ch. 11. 3. *Perida.* Three MSS. have *Peruda*, instead of *Perida*, as in Ezra. Ezr. 2. 55, Peruda.

58 *Jaala.* The variation of יעלה, *Jaalah*, and יעלא, *Jaala*, merely arises from the mutation of ה, *hay*, into א, *aleph*, according to the Chaldee dialect. Ezr. 2. 56, Jaalah.

59 *Amon.* Instead of *Amon*, two of DE ROSSI'S MSS. have *Amin*, and the LXX. have Ημιμ, *Emim;* which nearly approaches the *Ami* of Ezra. Ezr. 2. 57, Ami.

60 *the Nethinims.* Ezr. 2. 58.

61 *Tel-haresha.* The first of these variations only exists in the translation; the original being uniformly תל הרשא, *Tel-harsha:* the latter simply arises from the insertion of a ו, *wav;* being written אדן, *Addan*, in the parallel passage, and אדון, *Addon*, here. Ezr. 2. 59, Tel-harsa, Addan. *seed. or,* pedigree.

62 *six hundred.* Ezr. 2. 60. 652.

63 *of the priests.* Ezr. 2. 61-63. *Barzillai.* 2 Sa. 17. 27; 19. 31-33. 1 Ki. 2. 7.

64 *These sought.* Mat. 22. 11-13. *those that were.* ver. 5. 1 Ch. 9. 1. *but it was.* Mat. 25. 11, 12. *as polluted.* ch. 13. 29. Le. 4. 3.

65 *the Tirshatha. or,* the governor. ch. 8. 9; 10. 1. Ezr. 2. 63. *that they should.* Le. 2. 3, 10; 6. 17; 7. 19, 20; 10. 17, 18; 21. 21-23. *till there.* Ex. 28. 30. Nu. 27. 21. De. 33. 8.

66 Ezr. 2. 64.

67 *their man-servants.* Is. 45. 1, 2. Je. 27. 7. *two hundred.* Ezr. 2. 65. 200.

68 Ezr. 2. 66, 67.

69 Here JEROME adds, in the Vulgate, *Hucusque refertur quid in commentario scriptum fuerit; exin Nehemiæ historia texitur:* 'Thus far do the words extend which were written in the register; what follows belongs to the history of Nehemiah.' This addition is not found in the Hebrew, or any ancient version: it is also wanting in the Paris and Complutensian Polyglotts; but is found in the Editio Prima of the Vulgate. What follows, however, seems to relate to a distinct oblation from that recorded in Ezra; and was probably made after the people were registered by Nehemiah, who was the Tirshatha, or governor, at this time, as Zerubbabel had been at the first return of the Jews from captivity. Blessed be God that our faith and hope are not built upon the niceties of names and numbers, genealogy and chronology, but on the great things of the law and gospel. Whatever is given to the work of God and his cause will surely be remembered by him.

70 *some. Heb.* part. Ezr. 2. 68-70. *the chief.* Nu. 7. 2-86. 1 Ch. 29. 3-9. *The Tirshatha.* ch. 8. 9; 10. 1. *drams. Darkemonim,* or *darics;* a Persian gold coin, worth about 1*l.* 5*s.* *basons.* Ex. 12. 22; 24. 26. 1 Ki. 7. 45. 1 Ch. 28. 17. 2 Ch. 4. 8, 11. Je. 52. 19.

71 *chief.* Job 34. 19. Lu. 21. 1-4. 2 Co. 8. 12. *pound. Manim,* manehs or minas. As a *weight,* the *maneh* was equal to 100 shekels; but as a coin, equal to 60 shekels, or about 9*l.*

73 *all Israel.* It was for the purpose of ascertaining the different *families,* and consequently the different cities, villages, etc., which belonged to them, according to the ancient division of the land, that the public registers were examined. *when the seventh.* Ezr. 2. 70; 3. 1.

## CHAP. VIII.

*The religious manner of reading and hearing the law,* 1-8. *They comfort the people,* 9-12. *The forwardness of them to hear and be instructed,* 13-15. *They keep the feast of tabernacles,* 16-18.

1 A.M. 3559. B.C. 445. *all the people.* Ezr. 3. 1, etc. *as one man.* Ju. 20. 1, 8. *before.* ver. 16; ch. 3. 26; 12. 37. *Ezra.* ver. 4-9. Ezr. 7. 6, 11. Je. 8. 8, 9. Mat. 13. 52; 23. 2, 13, 34. *bring.* 2 Ch. 34. 15. Is. 8. 20. Mal. 4. 4.

2 *priest.* De. 17. 18; 31. 9, 10. Mal. 2. 7. *congregation.* De. 31. 11-13. 2 Ch. 17. 7-9. Ac. 15. 21. *could hear with understanding. Heb.* understood in hearing. Is. 28. 9. *the first.* Le. 23. 24. Nu. 29. 1.

3 *he read.* Lu. 4. 16-20. Ac. 13. 15, 27; 15. 21. *morning. Heb.* light. Ac. 20. 7, 11; 28. 23. *ears.* Mat. 7. 28, 29. Mar. 12. 37. Lu. 8. 18; 19. 48. Ac. 16. 14; 17. 11. 1 Th. 2. 13. He. 2. 1-3. Re. 2. 29; 3. 22.

4 *pulpit. Heb.* tower. *Maaseiah.* ch. 10. 25; 11. 5. *Malchiah.* ch. 10. 3. *Hashum.* ch. 10. 18. Ezr. 10. 33. *Meshullam.* ch. 10. 7, 20; 11. 7; 12. 13. Ezr. 10. 29.

5 *opened.* Lu. 4. 16, 17. *sight. Heb.* eyes. *stood up.* Ju. 3. 20. 1 Ki. 8. 14.

6 *blessed.* 1 Ch. 29. 20. 2 Ch. 6. 4. Ps. 41. 13; 72. 18, 19. Ep. 1. 3. 1 Pe. 1. 3. *Amen.* ch. 5. 13. Je. 28. 6. Mat. 6. 13. 1 Co. 14. 16. *with lifting.* Ge. 14. 22. Ps. 28. 2; 63. 4; 134. 2; 141. 2. La. 3. 41. 1 Ti. 2. 8. *bowed.* Ge. 24. 26. Ex. 4. 31; 12. 27. 2 Co. 20. 18; 29. 30. *with their faces.* Le. 9. 24. Mat. 26. 39. Re. 7. 11.

7 *Jeshua.* ch. 3. 19; 9. 4; 10. 9; 12. 24. *Bani.* ch. 3. 17; 9. 4; 10. 13. *Sherebiah.* ch. 9. 4; 10. 12; 12. 24. Ezr. 8. 18. *Akkub.* ch. 11. 16, 19; 12. 25. *Hodijah.* ch. 10. 10, 18. *Maaseiah.* ver. 4; ch. 3. 23; 12. 41, 42. Ezr. 10. 22. *Kelita.* ch. 10. 10. Ezr. 10. 23. *Azariah.* ch. 3. 23; 10. 2; 12. 33. *Jozabad.* Ezr. 10. 22, 23. *Hanan.* ch. 10. 10. *Pelaiah.* ch. 10. 10. *caused.* Le. 10. 11. De. 33. 10. 2 Ch. 17. 7-9; 30. 22. Mal. 2. 7.

8 *and gave the sense.* Hab. 2. 2. Mat. 5. 21, 22, 27, 28. Lu. 24. 27, 32, 45. Ac. 8. 30-35; 17. 2, 3; 28. 23.

9 *Nehemiah.* ch. 7. 65, 70; 10. 1. Ezr. 2. 63. *Tirshatha. or,* governor. *Ezra.* Ezr. 7. 11. *the Levites.* ver. 7, 8. 2 Ch. 15. 3; 30. 22; 35. 3. Ho. 4. 6. *This day.* ver. 2. Le. 23. 24. Nu. 29. 1-6. *mourn not.* De. 12. 7, 12; 16. 11, 14, 15; 26. 14. Ec. 3. 4. Is. 61. 3. Mal. 2. 13. *all the people.* 2 Ki. 22. 11, 19. 2 Ch. 34. 19, 21. Ro. 3. 20; 7. 9. 2 Co. 7. 9-11.

10 *Go your way.* Ec. 2. 24; 3. 13; 5. 18; 9. 7. 1 Ti. 6. 17, 18. *eat.* Ca. 5. 1. *send.* De. 26. 11-13. Es. 9. 19, 22. Job 31. 16-18. Ec. 11. 2. Lu. 11. 41. Re. 11. 10. *the joy.* Ps. 28. 7, 8; 149. 2. Pr. 17. 22. Is. 6. 7, 8; 12. 1-3; 35. 1-4; 61. 10. Joel 2. 23. 2 Co. 8. 2; 12. 8, 9. Phi. 3. 4.

11 *stilled.* Nu. 13. 30.

12 *to send.* ver. 10. *to make.* Ps. 126. 1-3. *because.* ver. 7, 8. Job 23. 12. Ps. 19. 8-11; 119. 14, 16, 72, 97, 103, 104, 111, 127, 128, 130, 171, 174. Pr. 2. 10, 11; 24. 13, 14. Je. 15. 16. Lu. 24. 32. Ro. 7. 18.

13 *the second.* 2 Ch. 30. 23. Pr. 2. 1-6; 8. 33, 34; 12. 1. Mar. 6. 33, 34. Lu. 19. 47, 48. Ac. 4. 1; 13. 42. *to understand the words of the law. or,* that they might instruct in the words of the law. ver. 7, 8. Lu. 24. 32. 2 Ti. 2. 24, 25.

14 *by. Heb.* by the hand of. *dwell.* Le. 23. 34, 40-43. De. 16. 13-15. Zec. 14. 16-19. Jno. 7. 2. *booths.* Ge. 33. 17. *the feast.* That is, the *feast of tabernacles,* which was held in the month *Tisri,* the seventh of the ecclesiastical year, in commemoration of the sojourning of the Israelites in the wilderness after they had been delivered from Egyptian bondage. For other particulars see the parallel passages.

15 *And that.* Le. 23. 4. *in Jerusalem.* De. 16. 16. *the mount.* Ju. 9. 48, 49. Mat. 21. 1. *fetch.* Le. 23. 40. *olive.* Ge. 8. 11. *palm.* Jno. 12. 13. Re. 7. 9.

16 *the roof.* De. 22. 8. 2 Sa. 11. 2. Je. 19. 13; 32. 29. *the courts.* 2 Ch. 20. 5; 33. 5. *the street of the water gate.* ver. 3; ch. 3. 26; 12. 37. *gate of Ephraim.* ch. 12. 37, 39. 2 Ki. 14. 13.

17 *sat under.* Jno. 1. 14. He. 11. 9, 13. *Jeshua.* Jos. 1. 1, Joshua. He. 4. 8, Jesus. *had not.* 2 Ch. 7. 8-10; 8. 13. Ezr. 3. 4. *done so.* 2 Ch. 30. 26; 35. 18. *there was.* 1 Ch. 29. 22. 2 Ch. 7. 10; 30. 21-23.

18 *day by day.* De. 31. 10-13. *a solemn assembly. Heb.* a restraint. *according.* Le. 23. 36. Nu. 29. 35. Jno. 7. 37.

## CHAP. IX.

*A solemn fast, and repentance of the people,* 1-3. *The Levites make a religious confession of God's goodness, and their wickedness,* 4-38.

1 *Now.* On the *first* of this month was the *feast of trumpets;* on the *tenth,* the *day of atonement;* on the *fourteenth* began the *feast of tabernacles,* which lasted seven days, ending on the *twenty-second;* on the *twenty-third,* they separated themselves from their *illegitimate wives;* and on the *twenty-fourth,* they held a *solemn day of fasting and confession* of sin, and reading the law; the whole of which they closed by renewing their covenants. *twenty.* Le. 23. 34, 39. 2 Ch. 7. 10. *of this month.* ch. 8. 2. *children.* Ju. 20. 26. 2 Ch. 20. 3. Ezr. 8. 23. Es. 4. 3, 16. Is. 22. 12. Joel. 1. 13, 14; 2. 15-17. Jon. 3. 5-8. Ac. 13. 2, 3. *earth.* Jos. 7. 6. 1 Sa. 4. 12. 2 Sa. 1. 2. Job 2. 12.

2 *the seed.* ch. 13. 3, 30. Ezr. 9. 2; 10. 11. *strangers. Heb.* strange children. Ps. 144. 7, 11. Is. 2. 6. Ho. 5. 7. *confessed.* ch. 1. 6. Le. 26. 39, 40. Ezr. 9. 6, 7, 15. Ps. 106. 6, 7. Da. 9. 3-10, 20. 1 Jno. 1. 7-9.

3 *they stood.* ch. 8. 4, 7, 8. *one fourth.* ch. 8. 3.

4 *stairs. or,* scaffold. *Jeshua.* ver. 5. See on ch. 8. 7; 10. 9-13; 12. 8. *cried.* 2 Ch. 20. 19. Ps. 3. 4; 77. 1; 130. 1. La. 3. 8. Jno. 11. 43. Ac. 7. 60.

5 *Stand up.* 1 Ki. 8. 14, 22. 2 Ch. 20. 13, 19. Ps. 134; 135. 1-3. *bless.* 1 Ch. 29. 20. Ezr. 3. 11. Ps. 103. 1, 2; 117; 145. 2; 146. 2. Je. 33. 10, 11. Mat. 11. 25. Ep. 3. 20, 21. 1 Pe. 1. 3. *thy*

*glorious.* Ex. 15. 6, 11. De. 28. 58. 1 Ch. 29. 13. Ps. 72. 18, 19; 145. 5, 11, 12. 2 Co. 4. 6. *exalted.* 1 Ki. 8. 27. 1 Ch. 29. 11. Ps. 16. 2; 106. 2.

6 *even thou.* De. 6. 4. 2 Ki. 19. 15, 19. Ps. 86. 10. Is. 37. 16, 20; 43. 10; 44. 6, 8. Mar. 12. 29, 30. Jno. 10. 30. *thou hast.* Ge. 1. 1; 2. 1. Ex. 20. 11. Ps. 33. 6; 136. 5-9; 146. 6. Je. 10. 11, 12. Col. 1. 15, 16. Re. 4. 11; 14. 7. *the heaven.* De. 10. 14. 1 Ki. 8. 27. *preservest.* Ps. 36. 6. Col. 1. 17. He. 1. 3. *the host.* Ge. 2. 1; 32. 2. 1 Ki. 22. 19. Ps. 103. 21; 148. 2-4. Is. 6. 2, 3. He. 1. 6. Re. 5. 11-13.

7 *choose.* Ge. 12. 1, 2. De. 10. 15. Jos. 24. 2, 3. Is. 41. 8, 9; 51. 2. *Ur.* Ge. 11. 31; 15. 7. Ac. 7. 2-4. *gavest.* Ge. 17. 5.

8 *foundest.* Ge. 12. 1-3; 15. 6, 18; 22. 12. Ac. 13. 22. 1 Ti. 1. 12, 13. He. 11. 17. Ja. 2. 21-23. *madest.* Ge. 12. 7; 15. 18; 17. 7, 8; 22. 16-18. De. 7. 8, 9; 9. 5. Ps. 105. 8, 9. Lu. 1. 72, 73. *the Canaanites.* Ge. 15. 18-21. Ex. 3. 8, 17. De. 7. 1. Jos. 9. 1; 11. 3. *hast performed.* De. 26. 3. Jos. 11. 23; 21. 43-45; 23. 14. Ps. 105. 43, 44. *righteous.* Nu. 23. 19. Ps. 92. 14, 15. Tit. 1. 2. He. 6. 18. 1 Jno. 1. 9.

9 *didst see.* Ex. 2. 25; 3. 7-9, 16. Ac. 7. 34. *heardest.* Ex. 14. 10-12.

10 *shewedest.* Ex. ch. 7; 14. De. 4. 34; 11. 3, 4. Ps. 78. 12, 13, 43-53; 105. 27-37; 106. 7-11; 135. 8, 9; 136. 10-15. Ac. 7. 36. *they.* Ex. 5. 2, 7, 8; 9. 17; 10. 3; 18. 11. Job 40. 11, 12. Da. 4. 37; 5. 23. 1 Pe. 5. 5. *didst.* Ex. 9. 16. Jos. 2. 10, 11. Ps. 83. 18. Is. 63. 12, 14. Je. 32. 20. Eze. 20. 9. Da. 9. 15. Ro. 9. 17.

11 *divide.* Ex. 14. 21, 22, 27, 28. Ps. 66. 6; 78. 13; 114. 3-5; 136. 13-15. Is. 63. 11-13. *their persecutors.* Ex. 15. 1-21. Ps. 106. 9-11. He. 11. 29. *as a stone.* Ex. 15. 5, 10. Re. 18. 21.

12 *thou leddest.* ver. 19. Ex. 13. 21, 22; 14. 19, 20. Ps. 78. 14; 105. 39. *in the way.* Ps. 107. 7; 143. 8.

13 *camest.* Ex. 19. 11, 16-20. De. 33. 2. Is. 64. 1, 3. Hab. 3. 3. *spakest.* Ex. 20. 1, 22. De. 4. 10-13, 33; 5. 4, 22-26. He. 12. 18-26. *gavest.* De. 4. 8; 10. 12, 13. Ps. 19. 7-11; 119. 127, 128. Eze. 20. 11-13. Ro. 7. 12-14, 16. *true laws. Heb.* laws of truth. Ps. 119. 160.

14 *madest.* Ge. 2. 3. Ex. 16. 29; 20. 8-11. Eze. 20. 12, 20. *commandedst.* Ex. ch. 21-23. Le. 27. 34. De. 4. 5, 45; 5. 31. *Moses.* ch. 1. 8. Jno. 1. 17.

15 *gavest.* Ex. 16. 4, 14, 15. De. 8. 3, 16. Ps. 78. 24, 25; 105. 40. Jno. 6. 31-35. 1 Co. 10. 3. *broughtest.* ver. 20. Ex. 17. 6. Nu. 20. 7-11. De. 8. 15. Ps. 77. 15-20; 105. 41; 114. 8. 1 Co. 10. 4. *go.* De. 1. 8. Jos. 1. 2-4. *sworn. Heb.* lift up thine hand. Ge. 14. 22. Nu. 14. 30. Eze. 20. 15.

16 *dealt.* See on ver. 10, 29. Ex. 32. 9. De. 9. 6, 13, 23, 24, 27; 32. 15. Ps. 78. 8, etc.; 106. 6. Is. 63. 10. Je. 2. 31. Ac. 7. 51. *hardened.* De. 31. 27. 2 Ki. 17. 14. 2 Ch. 30. 8; 36. 13. Ps. 95. 8-10. Pr. 29. 1. Is. 48. 4. Je. 19. 15. Ro. 2. 5. He. 3. 13, 15. *hearkened.* Ex. 15. 26. De. 5. 29. Ps. 81. 8, 11-14. Is. 48. 18. There were two things to which the Israelites did not duly give heed, else they had not done as they did. The word of God they heard, but they gave no heed to God's commandments: and the works of God they saw, but were not mindful of his wonders. Had they really considered them as miracles, they would have obeyed from a principle of faith and holy fear: had they duly considered them as mercies, they would have obeyed from a principle of gratitude and holy love.

17 *refused.* Nu. 14. 3, 4, 11, 41; 16. 14. Ps. 106. 24, 25. Pr. 1. 24. He. 12. 25. *mindful.* Ps. 78. 11, 42, 43; 86. 5, 15; 106. 7, 13. Mat. 16. 9-11. 2 Pe. 1. 12-15. *in their rebellion.* Instead of *bemiryam*, 'in their rebellion,' seven MSS., one edition, and the LXX., have *bemitzrayim*, 'in Egypt:' 'appointed a captain to return to their bondage in Egypt.' *appointed.* Nu. 14. 4. Ac. 7. 39. *a God.* Nu. 14. 18, 19. Ps. 86. 5, 15; 130. 4. Mi. 7. 18, 19. *ready to pardon. Heb.* of pardons. *gracious.* Ex. 34. 6, 7. Ps. 78. 38; 103. 8-18; 145. 8, 9. Is. 55. 7-9. Joel 2. 13. Ro. 9. 15. Ep. 1. 6, 7. *forsookest.* 1 Ki. 6. 13; 8. 57. Ps. 106. 43-46.

18 Ex. 32. 4-8, 31, 32. De. 9. 12-16. Ps. 106. 19-23. Eze. 20. 7, etc.

19 *in thy.* ver. 27. 1 Sa. 12. 22. Ps. 106. 7, 8, 45. Is. 44. 21. La. 3. 22. Eze. 20. 14, 22. Da. 9. 9, 18. Mal. 3. 6. *the pillar.* See on ver. 12. Ex. 13. 21, 22; 40 38. Nu. 9. 15-22; 14. 14. Is. 4. 5, 6. 1 Co. 10. 1, 2.

20 *gavest.* ver. 30. Nu. 11. 17, 25-29. Is. 63. 11-14. *good.* Ps. 143. 10. Ro. 15. 30. Ga. 5. 22, 23. Ep. 5. 9. 2 Pe. 1. 21. *withheldest.* Ex. 16. 15, 35. Jos. 5. 12. *gavest.* Ex. 17. 6. Ps. 105. 41. Is. 41. 17, 18; 48. 21; 49. 10. Jno. 4. 10, 14; 7. 37-39.

21 *forty.* Ex. 16. 35. Nu. 14. 33, 34. De. 2. 7; 8. 2. Am. 5. 25. Ac. 13. 18. *their.* De. 8. 4; 29. 5. Ps. 34. 10.

22 *thou.* Jos. 10. 11. Ps. 78. 65; 105. 44. *divide.* De. 32. 26. Jos. 11. 23. *Sihon.* Nu. 21. 21-35. De. 2. 26-36; 3. 1-17. Ps. 135. 10-12; 136. 17-22.

23 *multipliedst.* Ge. 15. 5; 22. 17. 1 Ch. 27. 23. *broughtest.* Jos. ch. 1; 3, etc. *which thou.* Ge. 12. 7; 13. 15-17; 15. 18; 17. 8; 26. 3.

24 *So the.* Nu. 14. 31. Jos. 21. 43, 45. *thou subduedst.* Jos. 18. 1. 1 Ch. 22. 18. Ps. 44. 2, 3. *as they would. Heb.* according to their will. 2 Ti. 2. 26.

25 *strong.* Nu. 13. 27, 28. De. 3. 5; 6. 10-12; 9. 1-3. *a fat land.* ver. 35. De. 8. 7-10; 32. 13. Eze. 20. 6. *wells. or,* cisterns. *fruit trees. Heb.* trees of food. *did eat.* De. 32. 15. Ps. 65. 11. Is. 6. 10. Je. 5. 27, 28. Ho. 13. 6. *and became fat.* They became effeminate, fell under the power of *luxury*, got totally corrupted in their manners, sinned against all the mercies of God, and then were destroyed by His judgments. *delighted.* 1 Ki. 8. 66. Je. 31. 14. Ho. 3. 5. Ro. 2. 4.

26 *they were.* Ju. 2. 11, 12; 3. 6, 7; 10. 6, 13, 14. Ps. 78. 56, 57; 106. 34-40. Eze. 16. 15, etc.; 20. 21; 23. 4, etc. *cast thy law.* 1 Ki. 14. 9. Ps. 50. 17. Eze. 33. 3-5. *slew.* 1 Ki. 18. 4, 13; 19. 10. 2 Ch. 24. 20, 21; 36. 16. Je. 26. 20-23. Mat. 21. 35; 23. 34-37. Ac. 7. 52. *wrought.* ver. 18. 2 Ki. 21. 11. Eze. 22. 25-31.

27 *thou deliveredst.* De. 31. 16-18. Ju. 2. 14, 15; 3. 8, etc. 2 Ch. 36. 17. Ps. 106. 41, 42. Da. 9. 10-14. *in the time.* De. 4. 29-31. Ju. 3. 15; 6. 6-10; 10. 15, 16. Ps. 106. 43-45. *saviours.* Ju. 2. 18; 3. 9-15. 1 Sa. 12. 10, 11. 2 Ki. 13. 5; 14. 27. Ob. 21.

28 *did evil again. Heb.* returned to do evil. Ju. 3. 11, 12, 30; 4. 1; 5. 31; 6. 1. *heardest.* 1 Ki. 8. 33, 34, 39. Is. 63. 15. *many times.* Ps. 106. 43-45.

29 *testifiedst.* ver. 26. De. 4. 26; 31. 21. 2 Ki. 17. 13. 2 Ch. 24. 19; 36. 15. Je. 25. 3-7. Ho. 6. 5. *yet they.* ver. 10, 16. Ex. 10. 3. Je. 13. 15-17; 43. 2; 44. 10, 16, 17. Da. 5. 20. Ja. 4. 6-10. *which.* Le. 18. 5. Eze. 20. 11. Lu. 10. 28. Ro. 10. 5. Ga. 3. 12. *withdrew the shoulder. Heb.* gave a withdrawing shoulder. Zec. 7. 11, 12. *and hardened.* See on Je. 7. 26; 17. 23; 19. 15.

30 *many years.* Ps. 86. 15. Ro. 2. 4. 2 Pe. 3. 9. *forbear them. Heb.* protract over them. *testifiedst.* 2 Ki. 17. 13. 2 Ch. 36. 15. Je. 7. 25; 25. 4. *by thy spirit.* ver. 20. Is. 63. 10. Ac. 7. 51; 28. 25. 1 Pe. 1. 11. 2 Pe. 1. 21. *thy prophets. Heb.* the hand of thy prophets. *therefore.* Is. 5. 5, 6; 42. 24. Je. 40. 2, 3; 44. 22. La. 2. 17. Zec. 7. 13.

31 *for thy great.* Je. 4. 27; 5. 10, 18. La. 3. 22. Eze. 14. 22, 23. Da. 9. 9. *gracious.* See on ver. 17. Ex. 34. 6, 7. 2 Ki. 13. 23. 2 Ch. 30. 9. Ps. 103. 8, 9; 145. 8, 9.

32 *our God.* ch. 1. 5. De. 7. 21. Ps. 47. 2; 66. 3, 5. *keepest.* De. 7. 9. 1 Ki. 8. 23. Da. 9. 4. Mi. 7. 18-20. *trouble. Heb.* weariness. *little before thee.* Le. 26. 18, 21, 24, 28. Ezr. 9. 13. *come upon us. Heb.* found us. *on our kings.* 2 Ki. 23. 29, 33, 34; 25. 7, 18-21, 25, 26. 2 Ch. ch. 36. Je. 8. 1-3; 22. 18, 19; 34. 19-22; ch. 39; 52. Da. 9. 6, 8. *since the time.* 2 Ki. 15. 19, 29; 17. 3. Is. 7. 17, 18; 8. 7, 8; 10. 5-7; ch. 36; 37.

33 *Howbeit.* Ge. 18. 25. Job 34. 23. Ps. 119. 137; 145. 17. Je. 12. 1. La. 1. 18. Da. 9. 5-14. *but we.* Le. 26. 40, 41. Job 33. 27. Ps. 106. 6. Da. 9. 5-10.

34 *nor hearkened.* Je. 29. 19. *thy testimonies.* ver. 30. 2 Ki. 17. 15. *thou didst.* De. 31. 21. 2 Ki. 17. 13.

35 *For they.* De. 28. 47. Je. 5. 19. Ro. 3. 4, 5. *in their kingdom.* Instead of *bemalkuthom*, 'in *their* kingdom,' *bemalkuthecha*, 'in *thy* kingdom,' is the reading of two of Dr. KENNICOTT'S MSS., LXX., Syriac, and Arabic. *thy great.* ver. 25. *fat land.* De. 8. 7-10; 31. 21; 32. 12-15.

36 De. 28. 48. 2 Ch. 12. 8. Ezr. 9. 9.

37 *it yieldeth.* De. 28. 33, 39, 51. Ezr. 4. 13; 6. 8; 7. 24. *dominion.* ch. 5. 8. Le. 26. 17. De. 28. 48. Jno. 8. 33.

38 *we make.* ch. 10. 29. 2 Ki. 23. 3. 2 Ch. 15. 12, 13; 23. 16; 29. 10; 34. 31. Ezr. 10. 3. *seal unto it. Heb. are* at the sealing, *or* sealed. ch. 10. 1.

## CHAP. X.

*The names of them that sealed the covenant,* 1-28. *The points of the covenant,* 29-39.

1 *those that sealed. Heb.* at the sealings. ch. 9. 38. *Nehemiah.* ch. 8. 9. *Tirshatha. or,* governor. ch. 7. 70. Ezr. 2. 63. *son of Hachaliah.* ch. 1. 1.

2 *Seraiah.* ch. 3. 23; 11. 11; 12. 1, 33, 34.

3 *Pashur.* ch. 11. 12. *Amariah.* ch. 12. 2, 13. *Malchijah.* The original is uniformly *Malchijah*, or rather, *Malkeeyah.* ch. 3. 11; 8. 4, Malchiah.

4 *Hattush.* ch. 3. 10. *Shebaniah.* ch. 12. 14. *Malluch.* ch. 12. 2.

5 *Harim.* ch. 3. 11. *Meremoth.* ch. 3. 4, 21; 12. 3.

6 *Ginnethon.* ch. 12. 4, Ginnetho. *Baruch.* ch. 3. 20.

7 *Meshullam.* ch. 3. 6; 8. 4; 11. 11; 12. 13, 25-33. *Abijah.* ch. 12. 4. *Mijamin. Mijamin* and *Miamin* are the same in the original, מימין, which is a defective form of מנימין, *Miniamin.* ch. 12. 5, Miamin, 17, 41, Miniamin.

8 *Bilgai* ch. 12. 5, Bilgah. *Shemaiah.* ch. 3. 29; 12. 6, 18, 42. Ezr. 10. 21.

9 *Jeshua.* ch. 3. 19; 7. 43; 8. 7; 9. 4. *Henadad.* ch. 3. 18, 24; 12. 8, 24.

10 *Shebaniah.* ch. 8. 7; 9. 4, 5. Ezr. 10. 23.

11 *Hashabiah.* ch. 11. 15, 22; 12. 24. Ezr. 8. 19, 24.

12 *Sherebiah.* ch. 8. 7; 9. 4; 12. 8.

14 *Parosh.* ch. 3. 11; 7. 8, 11-13, Zattu. Ezr. 2. 3, etc. The original is uniformly *Zattu. Bani.* ch. 7. 15, Binnui. Ezr. 2. 10.

15 *Azgad.* ch. 7. 16, 17. Ezr. 2. 11, 12; 8. 11, 12; 10. 28.

16 *Bigvai.* ch. 7. 19-21. Ezr. 2. 14-16; 8. 14.

18 *Hashum.* ch. 7. 22, etc. Ezr. 2. 17, etc.

25 ch. 3. 17, etc.

28 *the rest.* ch. 7. 72, 73. Ezr. 2. 36-43, 70. *all they.* ch. 9. 2; 13. 3. Le. 20. 24. Ezr. 9. 1, 2; 10. 11-19. 2 Co. 6. 14-17. *unto the law.* Ro. 1. 1. *every one.* ch. 8. 2. Ps. 47. 7. Ec. 5. 2. Je. 4. 2.

29 *clave.* Is. 14. 1. Ac. 11. 23; 17. 34. Ro. 12. 9. *entered.* ch. 5. 12, 13; 13. 25. De. 27. 15, etc.; 29. 12-14. 2 Ch. 15. 13, 14. Ps. 119. 106. Ac. 23. 12-15, 21. *to walk.* 2 Ki. 10. 31; 23. 3. 2 Ch. 6. 16; 34. 31. Je. 23. 4. *given.* De. 33. 4. Mal. 4. 4. Jno. 1. 17; 7. 19. *by. Heb.* by the hand of. *to observe.* De. 5. 1, 32. Ps. 105. 45. Eze. 36. 27. Jno. 15. 14. Tit. 2. 11-14. *the Lord.* Ps. 8. 1, 9.

30 Ex. 34. 16. De. 7. 3. Ezr. 9. 1-3, 12-14; 10. 10-12.

31 *the people.* ch. 13. 15-22. Ex. 20. 10. Le. 23. 3. De. 5. 12-14. Is. 58. 13, 14. Je. 17. 21, 22. *on the holy day.* Ex. 12. 16. Le. 16. 29; 23. 21, 35, 36. Col. 2. 16. *and that we.* Ex. 23. 10, 11. Le. 25. 4-7. 2 Ch. 36. 21. *the exaction.* ch. 5. 1-13. De. 15. 1-3, 7-9. Mat. 6. 12; 18. 27-35. Ja. 2. 13. *debt. Heb.* band. Is. 58. 6.

32 *to charge.* Ge. 28. 22. Pr. 3. 9. *the third part.* According to the law, every one above twenty years of age was to give *half a shekel* to the sanctuary for a *ransom* for their souls. But, on account of the general *poverty* of the people, occasioned by their wars, and captivity, and by heavy tributes, etc., in the land of their captivity, this sum was reduced to *the third part of a shekel.* Ex. 30. 11-16. Mat. 17. 24-27. 2 Co. 8. 12.

33 *the shewbread.* Le. 24. 5. 2 Ch. 2. 4. *the continual burnt.* Nu. ch. 28; 29. He. 10. 11. *all the work.* 2 Ch. 24. 5-14.

34 *cast.* 1 Ch. 24. 5, 7; 25. 8, 9. Pr. 18. 18. *the wood offering.* It was the business of the Nethinim to procure the *wood* for the fires of the temple: but it is probable few of them returned to their former masters after the captivity; and therefore they found it necessary to cast lots among the priests, Levites, and people, who should furnish the wood at appointed times. This bringing of the wood to the temple at last became a great day; and was constituted into a *feast,* called by JOSEPHUS, ξυλοφορια, the carrying of the wood. ch. 13. 31. Le. 6. 12. Jos. 9. 27. Is. 40. 16. *at times.* He. 10. 3-7. *as it is written.* Le. 6. 12, 13.

35 Ex. 23. 19; 34. 26. Le. 19. 23-26. Nu. 18. 2, 13 De. 26. 2. 2 Ch. 31. 3-10. Pr. 3. 9, 10. Mal. 3. 8-12.

36 *the first-born.* Ex. 13. 2, 12-15; 34. 19. Le. 27. 26, 27. Nu. 18. 15, 16. De. 12. 6. *unto.* Nu. 18. 9-19. 1 Co. 9. 6-14. Ga. 6. 6.

37 *the first-fruits.* Le. 23. 17. Nu. 15. 19-21; 18. 12, 13. De. 18. 4; 26. 2. *to the chambers.* ch. 13. 5, 9. 1 Ki. 6. 5-10. 2 Ch. 31. 11, 12. *and the tithes.* Le. 27. 30-33. Nu. 18. 21, 24-32. 2 Ch. 31. 6. Mal. 3. 8, 10.

38 *when the Levites.* Nu. 18. 26-28. *the tithe.* The tithes of all the produce of the fields were brought to the Levites; and out of these a *tenth* part was given to the priests, which is here called *the tithe of the tithes:* see the parallel passages. *the treasure house.* ch. 13. 12, 13. 1 Ch. 9. 26. 2 Ch. 31. 11, 12.

39 *For the children.* De. 12. 6-11, 17; 14. 23-27. 2 Ch. 31. 12. *the children.* Nu. 18. 30. *we will not.* ch. 13. 10, 11. Ps. 122. 9. He. 10. 25.

## CHAP. XI.

*The rulers, voluntary men, and the tenth man chosen by lot, dwell at Jerusalem,* 1, 2. *A catalogue of their names,* 3-19. *The residue dwell in other cities,* 20-36.

1 *the rulers.* ch. 7. 4, 5. De. 17. 8, 9. Ps. 122. 5. *cast lots.* Jerusalem certainly had many inhabitants at this time, but not sufficient to preserve the city, which was now encompassed with a wall, the building of which was going on fast. Nehemiah, therefore, obliged *one-tenth* of the country people to come and dwell in it, that the population might be sufficient for the defence of the city. Some *volunteered* their services, which was at that time considered a sacrifice to patriotism; as Jerusalem then afforded very few advantages, and was a place of considerable danger: hence 'the people blessed them that willingly offered themselves.' ch. 10. 34. Jos. 18. 10. 1 Ch. 26. 13. Pr. 16. 33. Ac. 1. 24. *one of ten.* Ju. 20. 9, 10. *the holy.* ver. 18. Is. 48. 2; 52. 1. Mat. 4. 5; 27. 53.

2 *blessed.* De. 24. 13. Job 29. 13; 31. 20. *willingly.* Ju. 5. 9. 2 Co. 8. 16, 17.

3 *Now.* There is a good deal of difference between this enumeration and that in *Chronicles;* as this comprehends not only those who came *first* with Zerubbabel, but also those who came with Ezra and Nehemiah: see on 1 Ch. 9. 18. *the chief.* ch. 7. 6. Ezr. 2. 1. *Israel.* ch. 7. 73. 1 Ch. 9. 1-3. Ezr. 2. 70. *Nethinims.* Ezr. 2. 43, 55. *the children.* ch. 7. 57-60. Ezr. 2. 55-58.

4 *dwelt.* 1 Ch. 9. 3, 4, etc. *Perez.* The variation of *Pharez* and *Perez* is only found in the translation; the original being uniformly פרץ. Ge. 38. 29. Ru. 4. 18, Pharez. Mat. 1. 3. Lu. 3. 33, Phares.

5 *Col-hozeh.* ch. 3. 15. *Shiloni.* Some suppose *Shiloni* to be the name of a man; others derive it from *Shiloh,* the city so called; and others derive it from *Shelah,* son of Judah. Ge. 38. 5, Shelah. Nu. 26. 20, Shelanites. 1 Ch. 4. 21; 9. 5.

7 *the sons.* 1 Ch. 9. 7-9. *Joed.* It is probable that *Joed* was also called *Hodaviah*, and that *Pedaiah* had also the name of *Hasenuah.*

9 *Judah.* 1 Ch. 9. 7, Hodaviah, Hasenuah.

10 *Jedaiah.* One of Dr. KENNICOTT'S MSS. omits בן, *ben*, 'son of,' and reads 'Jedaiah, Joiarib, Jachin; which is nearly that of the parallel place. *Joiarib*, יריב, is merely a contracted form of יהויריב, *Jehoiarib*, by the elision of ה, *hay.* ch. 7. 39; 12. 19. 1 Ch. 9. 10, and Jehoiarib. Ezr. 2. 36; 8. 16. *Joiarib.* ch. 12. 6.

11 *Seraiah. Seraiah* probably had also the name of *Azariah.* 1 Ch. 6. 7-14; 9. 11, Azariah. Ezr. 7. 1-5. *the ruler.* He had the command over all *secular* matters; as the high priest had over all those which were *spiritual.* Nu. 3. 32. 1 Ch. 9. 1. 2 Ch. 19. 11; 31. 13. Ac. 5. 24.

12 *Adaiah.* 1 Ch. 9. 12, 13.

14 *of one of the great men. or*, of Haggedolim.

15 *Shemaiah.* 1 Ch. 9. 14, 19.

16 *Shabbethai.* ch. 8. 7. *had the oversight of. Heb. were* over. 1 Ch. 26. 20. *outward.* CALMET supposes they provided the victuals for the priests, the victims for the sacrifices, the sacerdotal vestments, the sacred vessels, and other necessaries for the service of the temple. Ac. 6. 2, 3.

17 *Zabdi.* In the parallel passage, instead of *Zichri*, many manuscripts have *Zabdi*, as here: he is also called *Zaccur*, ch. 10. 12. 1 Ch. 9. 15, Zichri. *to begin.* ch. 12. 8, 31. 1 Ch. 16. 4, 41; 25. 1-6. *thanksgiving.* Phi. 4. 6. 1 Th. 5. 17, 18. *Bakbukiah.* ch. 12. 9, 25.

18 *the holy.* ver. 1. 1 Ki. 11. 13. Da. 9. 24. Mat. 24. 15; 27. 53. Re. 11. 2; 21. 2.

19 *Akkub.* ch. 7. 45; 12. 25. 1 Ch. 9. 17-22. *that kept.* Ps. 84. 10. *the gates. Heb.* at the gates.

21 *the.* ch. 3. 26, 31. 2 Ch. 27. 3. *Ophel. or*, the tower.

22 *overseer.* ver. 9, 14; ch. 12. 42. Ac. 20. 28. *Uzzi.* ch. 12. 42. *Bani.* ch. 3. 17; 8. 7; 9. 4, 5; 10. 13. *Hashabiah.* ch. 10. 11; 12. 24. Ezr. 8. 19. *Mattaniah.* ver. 17; ch. 12. 25, 35; 13. 13. 1 Ch. 9. 15. *Of the sons.* ver. 17; ch. 12. 46. 1 Ch. 25. 1-6. *were over.* ver. 11, 16. 1 Ch. 9. 16-32.

23 *the king's.* 1 Ch. 9. 33. Ezr. 6. 8, 9; 7. 20-24. *a certain portion. or*, a sure ordinance.

24 *Meshezabeel.* ch. 10. 21. *Zerah.* Ge. 38. 30, Zarah. Nu. 26. 20. Mat. 1. 3, Zara. *at the king's.* 1 Ch. 18. 17; 23. 28, margins.

25 *Kirjath-arba.* Jos. 14. 15. *Dibon.* Jos. 15. 22, Dimonah. *Jekabzeel.* Jos. 15. 21, Kabzeel.

26 *Moladah.* Jos. 15. 26; 19. 2. *Beth-phelet.* Jos. 15. 27, Beth-palet.

27 *Hazar-shua.* Jos. 15. 28; 19. 3. *Beth-sheba.* Ge. 21. 31; 26. 33. Ju. 20. 1.

28 *Ziklag.* Jos. 15. 31. 1 Sa. 27. 6. *Mekonah.* Probably the *Mechanam* which JEROME (in *Bethmacha*) places eight miles from Eleutheropolis, towards Jerusalem.

29 *En-rimmon. Rimmon* is placed by EUSEBIUS in the south of Judah, 16 miles south of Eleutheropolis. Jos. 15. 32, Rimmon. *Zareah.* These variations are only chargeable to the translator; the original being uniformly *Zorâh.* Jos. 15. 33, Zoreah; 19. 41. Ju. 13. 25, Zorah. *Jarmuth.* Jos. 12. 11; 15. 35.

30 *Zanoah.* ch. 3. 13. Jos. 15. 34. *Adullam.* Jos. 12. 15. Mi. 1. 15. *Lachish.* Jos. 10. 3; 15. 39. Is. 37. 8. *Azekah.* Jos. 15. 35. *the valley.* Jos. 15. 8; 18. 16. 2 Ki. 23. 10. Je. 7. 31, 32; 19. 2, 6; 32. 35.

31 *from Geba. or*, of Geba. ch. 7. 30, Gaba. Jos. 18. 24. *at Michmash. or*, to Michmash. ch. 7. 31, Michmas. 1 Sa. 13. 11, 23. Is. 10. 28. *Aija.* ch. 7. 32, Ai. Ge. 12. 8, Hai. Jos. 8. 9, Ai. *Beth-el.* Ge. 28. 19. Jos. 18. 13.

32 *Anathoth.* ch. 7. 27. Jos. 21. 18. Is. 10. 30. Je. 1. 1. *Nob.* 1 Sa. 21. 1; 22. 19. Is. 10. 32.

33 *Ramah.* Jos. 18. 25. 1 Sa. 7. 17. Mat. 2. 18, Rama. *Gittaim.* 2 Sa. 4. 3.

34 *Zeboim.* 1 Sa. 13. 18.

35 *Lod.* ch. 7. 37. 1 Ch. 8. 12. *the valley.* 1 Ch. 4. 14.

36 *And of.* Jos. ch. 21. 1 Ch. 6. 54-81. *divisions.* Ge. 49. 7.

## CHAP. XII.

*The priests and the Levites which came up with Zerubbabel, 1-9. The succession of high priests, 10-21. Certain chief Levites, 22-26. The solemnity of the dedication of the walls, 27-43. The offices of priests and Levites appointed in the temple, 44-47.*

1 We have in this chapter a record of little more than the names of a great many priests and Levites, that were eminent in their day among the returned Jews. It is good to know what our godly ancestors and predecessors were, that we may learn thereby what we should be. *the priests.* ch. 7. 7. Ezr. 2. 1, 2. *Zerubbabel.* 1 Ch. 3. 17-19. Ezr. 3. 8; 4. 2; 5. 2. Hag. 1. 1, 12, 14; 2. 2, 21-23. Zec. 4. 6-10. Mat. 1. 12, 13, Zorobabel, Salathiel. *Jeshua.* ver. 10. Zec. 3. 1-9; 6. 11, Joshua. *Seraiah.* ver. 12-21; ch. 10. 2-8. Ezr. 2. 2.

2 *Malluch.* ver. 14, Melicu.

3 *Shechaniah.* ver. 14, Shebaniah. *Rehum.* ver. 15, Harim. *Meremoth.* ver. 15, Meraioth.

4 *Ginnetho.* Instead of *Ginnetho*, many MSS. and Vulgate have *Ginnethon.* ver. 16, Ginnethon. *Abijah.* Lu. 1. 5, Abia.

5 *Miamin.* ver. 17, Miniamin. *Maadiah.* The variation between *Moadiah*, מועדיה, and *Maadiah*, מעדיה, merely arises from the elision of ו, *wav:* the LXX., however, in ver. 17, have Μααδαι. ver. 17, Moadiah.

6 *Joiarib.* ch. 11. 10. 1 Ch. 9. 10, Jehoiarib.

7 *Sallu.* The variation of סלו, *Sallu*, and סלי, *Sallai*, is simply caused by the mutation of ו, *wav*, and י, *yood.* ver. 20, Sallai. *the chief.* 'The chief of the priests' seem to have been the heads of the courses established by David, 1 Ch. 24. 18. *of Jeshua.* ver. 1. Ezr. 3. 2. Hag. 1. 1. Zec. 3. 1.

8 *Jeshua.* ch. 7. 48; 9. 4; 10. 9-13. *Mattaniah.* ch. 11. 17, 22. *the thanksgiving. that is*, The psalms of thanksgiving. ver. 24. 1 Ch. 9. 33.

9 *over against.* Ps. 134. 1-3.

10 *Jeshua.* ver. 26. 1 Ch. 6. 3-15. *Eliashib.* ch. 3. 1; 13. 4, 7, 28.

11 *Jonathan. Jaddua* is supposed to be *Jaddus* the high priest, who went in his pontifical robes to meet Alexander the Great, when advancing to destroy Jerusalem; who was so struck with his appearance, that he forbore all hostilities, and granted many privileges to the Jews. According to EUSEBIUS, he was high priest from A.M. 3665 to 3982.

12 *the chief.* ver. 22. 1 Ch. 9. 33, 34; 15. 12; 24. 6-31. *Seraiah.* ver. 1.

14 *Melicu.* ver. 2, Malluch. *Shebaniah.* Two MSS. and Vulgate in ver. 3, have *Shebaniah;* and here many MSS. have *Shechaniah.* ver. 3, Shechaniah.

15 *Harim.* ver. 3, Rehum. *Meraioth.* ver. 3, Meremoth.

16 *Iddo.* ver. 4. *Ginnethon.* ver. 4, Ginnetho.

17 *Miniamin.* The LXX. and Vulgate have here Μιαμιν, *Miamin.* ver. 5, Miamin. *Moadiah.* ver. 5, Maadiah.

18 *Shemaiah.* ver. 6.

20 *Sallai.* ver. 7, Sallu.

22 *Eliashib.* ver. 10, 11. *recorded.* ver. 12, 13.

23 *the book.* 1 Ch. 9. 14, etc.

24 *Hashabiah.* ver. 8; ch. 8. 7; 9. 4; 10. 9-13. *according.* 1 Ch. ch. 23; 25; 26. *the man.* De. 33. 1. Jos. 14. 6. 1 Ki. 17. 24. 2 Ch. 8. 14. 1 Ti. 6. 11. 2 Ti. 3. 17. *ward.* ver. 9. Ezr. 3. 10, 11.

25 *Mattaniah.* ver. 8, 9; ch. 11. 17-19. 1 Ch. 9. 14-17. *keeping.* 1 Ch. 23. 32; 26. 12. Is. 21. 8. *thresholds. or*, treasuries, *or* assemblies.

26 *Joiakim.* ver. 10. *Nehemiah.* ch. 8. 9. Ezr 7. 6, 11.

27 A.M. 3559. B.C. 445. *the dedication.* Jerusalem was the holy city, and the wall was built under the immediate superintendence and blessing of Jehovah: it was therefore proper that it should be dedicated to that God who was there worshipped by solemn praises, prayers, and sacrifices. The dedication seems to have consisted in processions of the most eminent persons around the walls, with thanksgivings to God, who had enabled them to bring the work to so happy a conclusion; and, no doubt, to all this were added a particular *consecration* of the city to God, and the most earnest *invocation* that He would take it under His guardianship, and defend it and its inhabitants against their enemies. De. 20. 5. Ps. 30, title. *out.* ch. 11. 20. 1 Ch. 15. 4, 12; 25. 6; 26. 31. 2 Ch. 5. 13; 29. 4-11, 30. Ezr. 8. 15-20. *gladness.* ch. 8. 17. De. 16. 11. 2 Sa. 6. 12. 2 Ch. 29. 30. Ezr. 6. 16. Ps. 98. 4-6; 100. 1, 2. Phi. 4. 4. *thanksgivings.* 1 Ch. 13. 8; 15. 16, 28; 16. 5, 42; 23. 5; 25. 1-6. 2 Ch. 5. 13; 7. 6. Ezr. 3. 10, 11. Ps. 81. 1-4; 92. 1-3; 149. 3; 150. 2-5. Re. 5. 8.

28 *plain.* ch. 6. 2. *Netophathi.* 1 Ch. 2. 54; 9. 16.

29 *the house.* Or, *Beth-Gilgal*, a village erected where the Israelites encamped after they had crossed the Jordan. De. 11. 30. Jos. 5. 9; 10. 43. *Geba.* ch. 11. 31. Jos. 21. 17. 1 Ch. 6. 60. *Azmaveth.* Ezr. 2. 24.

30 *themselves.* Ge. 35. 2. Ex. 19. 10, 15. Nu. 19. 2-20. 2 Ch. 29. 5, 34. Ezr. 6. 21. Job 1. 5. He. 5. 1, 3.

31 *the princes.* 1 Ch. 13. 1; 28. 1. 2 Ch. 5. 2. *two great.* ver. 38, 40. *dung gate.* ch. 2. 13; 3. 13, 14.

33 *Azariah.* ch. 10. 2-7.

35 *with trumpets.* Nu. 10. 2-10. Jos. 6. 4. 2 Ch. 5. 12; 13. 12. *Zechariah.* ch. 11. 17. 1 Ch. 6. 39-43; 25. 2; 26. 10, 11.

36 *musical instruments.* ver. 24. 1 Ch. 23. 5. 2 Ch. 8. 14. Am. 6. 5. *Ezra.* Ezr. 7. 1; 8. 1.

37 *the fountain gate.* ch. 2. 14; 3. 15, etc. *the stairs.* Jerusalem was built on very uneven ground, some hills being enclosed within the walls, there was a necessity, therefore, for *steps*, by which to ascend and descend; probably similar to what is seen in the city of Bristol. ch. 3. 15. 2 Sa. 5. 7-9. *water gate.* ch. 3. 26; 8. 1, 3, 16.

38 *other.* ver. 31. *tower.* ch. 3. 11. *broad.* ch. 3. 8.

39 *the gate of Ephraim.* ch. 8. 16. 2 Ki. 14. 13. *the old.* ch. 3. 6. *the fish gate.* ch. 3. 3. Zep. 1. 10. *the tower.* ch. 3. 1. Je. 31. 38. *the sheep.* ch. 3. 32. Jno. 5. 2. *the prison.* ch. 3. 25, 31, Heb. Je. 32. 2.

40 ver. 31, 32. Ps. 42. 4; 47. 6-9; 134.

41 *with trumpets.* ver. 35.

42 *sang loud.* *Heb.* made *their voice* to be heard. Ps. 81. 1; 95. 1; 98. 4-9; 100. 1, 2. Is. 12. 5, 6. *overseer.* ch. 11. 14.

43 *offered.* Nu. 10. 10. De. 12. 11, 12. 1 Ch. 29. 21, 22. 2 Ch. 7. 5-7, 10; 29. 35, 36. Ps. 27. 6. *God.* 2 Ch. 20. 27. Job 34. 29. Ps. 28. 7; 30. 11, 12; 92. 4. Is. 61. 3; 66. 10-14. Je. 33. 11. Jno. 16. 22. *the wives also.* Ex. 15. 20, 21. 2 Ch. 20. 13. Ps. 148. 11-13. Je. 31. 13. Mat. 21. 9, 15. Ep. 5. 19. Ja. 5. 13. *the joy.* 1 Sa. 4. 5. Ezr. 3. 13.

44 *some.* ch. 10. 37-39; 13. 5, 12, 13. 2 Ch. 13. 11, 12; 31. 11-13. *chambers.* 1 Ch. 9. 26; 26. 21-26. *of the law.* *that is,* appointed by the law. *Judah rejoiced.* *Heb.* the joy of Judah. *Levites.* Nu. 3. 10; 8. 24, 25. 1 Ch. 23. 28. 2 Ch. 5. 11, 12. Pr. 8. 34. Is. 40. 31. Ro. 12. 7. *waited.* *Heb.* stood.

45 *the singers.* 1 Ch. ch. 25; 26. *the ward.* That is, they suffered no unclean person to enter the temple. 1 Ch. 23. 28. 2 Ch. 23. 6.

46 *and Asaph.* 1 Ch. 25. 1, etc. 2 Ch. 29. 30. Ps. 73; 83, titles.

47 *Zerubbabel.* ver. 1, 12, 26. *gave.* ch. 10. 35-39; 13. 10-12. 2 Ch. 31. 5, 6. Mal. 3. 8-10. Ga. 6. 6. *and they.* That is, the people separated, or set apart, the *tenth* of the produce of their lands for the use of the Levites; and the Levites separated the *tenth* of their tithes for the priests. Nu. 18. 21-29. *sanctified.* *that is,* set apart.

## CHAP. XIII.

*Upon the reading of the law, separation is made from the mixed multitude,* 1-3. *Nehemiah, at his return, causes the chambers to be cleansed,* 4-9. *He reforms the offices in the house of God,* 10-14; *the violation of the sabbath,* 15-22; *and the marriages with the strange wives,* 23-31.

1 *that day.* Some suppose that the events recorded in these verses took place several years after those related in the preceding chapter, while Nehemiah was absent at the Persian court; but the introductory language, *on that day*, seems rather to imply that they occurred immediately, or at least *about that time.* *they read.* *Heb.* there was read. ch. 8. 3-8; 9. 3. De. 31. 11, 12. 2 Ki. 23. 2. Is. 34. 16. Lu. 4. 16-19; 10. 26. Ac. 13. 15; 15. 21. *audience.* *Heb.* ears. *the Ammonite.* ver. 23. De. 23. 3-5. Is. ch. 15; 16. Je. ch. 48. Eze. 25. 1-11. Am. 2. 1-3. *Moabite.* ch. 2. 10, 19; 4. 3. Ps. 83. 7-9. Je. 49. 1-6. Am. 1. 13-15.

2 *Because.* Mat. 25. 40. *hired Balaam.* Nu. 22. 3-6. Jos. 24. 9, 10. *our God.* Nu. 23. 8-11, 18; 24. 5-10. De. 23. 5. Ps. 109. 28. Mi. 6. 5.

3 *when they.* Ps. 19. 7-11; 119. 9, 11. Pr. 6. 23. Ro. 3. 20. *that they.* ch. 9. 2; 10. 28. Ezr. 10. 11. Ja. 1. 27. *the mixed.* Ex. 12. 38. Nu. 11. 4.

4 *Eliashib.* ver. 7; ch. 12. 10. *having the oversight of.* *Heb.* being set over. ch. 12. 44. *allied.* ver. 28; ch. 6. 17, 18.

5 *a great.* ch. 10. 38; 12. 44. 2 Ch. 34. 11. *which was commanded to be given to the.* *Heb.* the commandment of the. Nu. 18. 21-24.

6 *But.* Ex. 32. 1. 2 Ch. 24. 17, 18. Mat. 13. 25. *was.* Nehemiah came to Jerusalem in the twentieth year of Artaxerxes, and remained there till the thirty-second, being twelve years; then returned to Babylon; and probably, after about a year, got leave to revisit his brethren, and found matters as here stated. *the two.* ch. 2. 1; 5. 14. *after certain days.* *Heb.* at the end of days. ch. 2. 5, 6. *obtained I.* *or,* I earnestly requested.

7 *understood.* Ezr. 9. 1. 1 Co. 1. 11. *in preparing.* ver. 1, 5. La. 1. 10. Mat. 21. 12, 13. Ac. 21. 28, 29.

8 *it grieved.* Ezr. 9. 3, 4; 10. 1. Ps. 69. 9. *I cast.* Mar. 11. 15-17. Jno. 2. 13-17.

9 *they cleansed.* ch. 12. 45. 2 Ch. 29. 5, 15-19.

10 *the portions.* ch. 10. 37; 12. 47. Mal. 1. 6-14; 3. 8. 1 Ti. 5. 17, 18. *to his field.* Nu. 35. 2.

11 *contended.* ver. 17, 25; ch. 5. 6-13. Job 31. 34. Pr. 28. 4. *Why is the house.* ch. 10. 39. 1 Sa. 2. 17. Mal. 3. 8-11. *place.* *Heb.* standing.

12 *brought.* ch. 10. 37-39; 12. 44. Le. 27. 30. Nu. 18. 20-26. De. 14. 22. *treasuries.* *or,* storehouses. Mal. 3. 10.

13 *I made.* ch. 12. 44. 2 Ch. 31. 12-15. *Shelemiah.* ch. 3. 30. *Pedaiah.* ch. 8. 4. *next to them.* *Heb.* at their hand. *Zaccur.* ch. 10. 12. *Mattaniah.* ch. 11. 22; 12. 35. *counted.* ch. 7. 2. 2 Ki. 12. 15; 22. 7. Lu. 12. 42; 16. 10-12. Ac. 6. 3. 1 Co. 4. 2. 1 Ti. 1. 12; 3. 10. *their office.* *Heb. it was* upon them. *to distribute.* Ac. 4. 35; 6. 1.

14 *Remember me.* ver. 22, 31; ch. 5. 19. Ps. 122. 6-9. He. 6. 10. Re. 3. 5. *wipe not.* If thou wert strict to mark what is done amiss, even *my good deeds* must be *wiped out:* but, Lord, remember me in thy mercy, and let my upright conduct be acceptable to Thee! By some, Nehemiah has been thought to deal too much with God on the principle of *merit.* That he wished God to *remember him for good* is sufficiently evident, and who does not wish the same? but that he *expected heaven for his good deeds* does not appear; for it is perfectly clear that he expected nothing from God but through the *greatness of his mercy.* ver. 22. *good deeds.* *Heb.* kindnesses. *house.* 1 Ch. 29. 3. 2 Ch. 24. 16; 31. 20, 21. Ezr. 7. 20, 24, 27. Ps. 122. 6-9. *offices.* *or,* observations.

15 *treading wine.* Ex. 20. 8-11; 34. 21; 35. 2. Is 58. 13. Eze. 20. 13. *burdens.* ch. 10. 31. Nu. 15. 32-36. Je. 17. 21, 22, 24, 27. *I testified.* ver. 21; ch. 9. 29. De. 8. 19. 2 Ch. 24. 19. Ps. 50. 7. Je. 42. 19. Mi. 6. 3. Ac. 2. 40; 20. 21. Ga. 5. 3. Ep. 4. 17. 1 Th. 4. 6. Re. 22. 18, 19.

16 *men of Tyre.* Ex. 23. 12. De. 5. 14.

17 *I contended.* ver. 11, 25; ch. 5. 7. Ps. 82. 1, 2. Pr. 28. 4. Is. 1. 10. Je. 5. 5; 13. 18; 22. 2, etc. Mi. 3. 1, 9.

18 *Did not your.* Ezr. 9. 13-15. Je. 17. 21-23, 27; 44. 9, 22. Eze. 23. 8, 26. Zec. 1. 4-6. *ye bring more.* Le. 26. 18, 28. Nu. 32. 14. Jos. 22. 17, 18.

19 *began to be.* Le. 23. 22. *I commanded.* ch. 7. 3. Ex. 31. 14-17. Je. 17. 19-22.

21 *I testified.* See on ver. 15. *about the wall. Heb.* before the wall. *I will lay.* Ezr. 7. 26. Ro. 13. 3, 4. 1 Pe. 2. 14.

22 *I commanded.* ch. 7. 64, 65; 12. 30. 2 Ki. 23. 4. 1 Ch. 15. 12-14. 2 Ch. 29. 4, 5, 24, 27, 30. Is. 49. 23. *cleanse.* ch. 12. 10. *sanctify.* De. 5. 12. *Remember.* ver. 14, 31; ch. 5. 19. Ps. 132. 1-5. Is. 38. 3. 2 Co. 1. 12. 2 Ti. 4. 7, 8. *spare me.* Ps. 25. 6, 7; 51. 1; 130. 3, 4, 7; 143. 1, 2. *greatness. or,* multitude. Ps. 5. 7. Is. 55. 7.

23 *married. Heb.* made to dwell *with them.* ch. 10. 30. Ezr. 9. 2, 11, 12; 10. 10, 44. 2 Co. 6. 14. *Ashdod.* 1 Sa. 5. 1. *Ammon.* See on ver. 1-3.

24 *could not speak. Heb.* they discerned not to speak. *each people. Heb.* people and people. Zep 3. 9.

25 *I contended.* ver. 11, 17. Pr. 28. 4. *cursed. or,* reviled. ch. 5. 13. De. 27. 14-26. Ps. 15. 4. Lu. 11. 45, 46. *smote.* De. 25. 2, 3. Ezr. 7. 26. *plucked.* Is. 50. 6. *made them.* ch. 10. 29, 30. De. 6. 13. 2 Ch. 15. 12-15. Ezr. 10. 5. *Ye shall not.* Ex. 34. 16. De. 7. 3.

26 *Did not Solomon.* 1 Ki. 11. 1-8. Ec. 7. 26. *yet among.* 2 Sa. 12. 24, 25. 1 Ki. 3. 13. 2 Ch. 1. 12; 9. 22. *who was beloved.* 2 Sa. 12. 24.

27 *Shall we then.* 1 Sa. 30. 24. *to transgress.* Ezr. 10. 2.

28 *And one.* JOSEPHUS relates, that this young man was named *Manasseh;* and that at his request, Sanballat and the Samaritans built their temple upon mount Gerizim, in opposition to that at Jerusalem, at which he officiated, in some measure, according to the Mosaic ritual. *Joiada.* ch. 12. 10, 22. *Eliashib.* ch. 3. 1. *son in law.* ver. 4, 5; ch. 6. 17-19. *Sanballat.* ch. 2. 19. *I chased.* ver. 25. Ps. 101. 8. Pr. 20. 8, 26. Ro. 13. 3, 4.

29 *Remember.* ch. 6. 14. Ps. 59. 5-13. 2 Ti. 4. 14. *because they have defiled. Heb.* for the defilings of. Le. 21. 1-7. *the covenant.* Nu. 16. 9, 10; 25. 12, 13. 1 Sa. 2. 30. Mal. 2. 4-8, 10-12.

30 *cleansed.* ch. 10. 30. *appointed.* ch. 12. 1-26. 1 Ch. ch. 23-26.

31 *the wood.* ch. 10. 34. *Remember.* ver. 14, 22. Ps. 25. 7; 26. 8, 9; 106. 4. Lu. 23. 42.

## CONCLUDING REMARKS ON THE BOOK OF NEHEMIAH.

OF Nehemiah, the author and principal actor in the events recorded in this book, the Jews speak as one of the greatest men of their nation. His concern for his country entitles him to the character of the *first patriot* that ever lived. Descended, according to some, of the family of Aaron, or according to others, of the tribe of Judah, and allied to the royal family of David, in the course of Divine Providence, he was a captive in Babylon: but there his excellences were so apparent, that he was chosen by the Persian king to fill an office the most respectable and the most *confidential* in the whole court. Here he lived in ease and affluence: he lacked no good thing; and here he might have *continued* to live, in the same affluence, and in the same confidence; but he could enjoy neither, so long as he knew his people distressed, the sepulchres of his fathers trodden under foot, the altars of his God overturned, and his worship either totally neglected or corrupted. He sought the peace of Jerusalem; prayed for it; and was willing to sacrifice wealth, ease, safety, and even life itself, if he might be the instrument of restoring the desolations of Israel. And God, who saw the desire of his heart, and knew the excellences with which he had endowed him, granted his request, and gave him the high honour of restoring the desolated city of his ancestors, and the pure worship of their God. The opposition of Sanballat and the Samaritans, and the firmness and zeal with which he repelled their insults and ineffectual efforts cannot be read without the liveliest emotions; and will afford to the latest times, a noble and animating example of distinguished patriotism, united with the sincerest devotion to the interests of religion. The virtue and piety of this great and good man, appear with equal lustre in the numerous and important reformations he effected. He relieved the people from their hardships and oppressions, by abolishing the harsh and usurious practices of the nobles and rulers; gave up his own revenue, as governor of the province, for the benefit of the people; and, as a further means of conciliating their affections, exhibited an example of the most princely hospitality. As the best security for good morals, and the better observance of the laws of God, he re-established the offices of public worship, and prevented the profanation of the sabbath, which had arrived at a shameful excess; he furnished the returned captives with authentic registers, and enabled them, in the best manner possible, after so long and calamitous an interval, to trace the genealogies, and claim the inheritance of their respective families; and further, he accomplished the separation of the Jewish people from the mixed multitude, with which they had been incorporated, and annulled the numerous marriages which they had made with heathens and idolaters of every description. For disinterestedness, philanthropy, patriotism, prudence, courage, zeal, humanity, and every virtue that constitutes a great mind, and proves a soul in deep communion with God, Nehemiah will ever stand conspicuous among the greatest men of the Jewish nation; and an *exemplar* worthy of being copied by the first patriots in every nation under heaven.

# The Book of ESTHER.

B.C. 521.

A.M.

## CHAP. I.

*Ahasuerus makes royal feasts,* 1-9. *Vashti, sent for, refuses to come,* 10-12. *Ahasuerus, by the counsel of Memucan, puts away Vashti, and makes the decree of men's sovereignty,* 13-22.

1 *Ahasuerus.* PRIDEAUX has shewn satisfactorily that *Ahasuerus* was the *Artaxerxes Longimanus* of the Greeks, agreeably to the Septuagint and JOSEPHUS. See Note on Ezr. 6. 14. Ezr. 4. 6. Da. 9. 1. *from India.* ch. 8. 9. Is. 18. 1; 37. 9. *an hundred.* Da. 6. 1.

2 *sat.* 2 Sa. 7. 1. 1 Ki. 1. 46. Da. 4. 4. *Shushan.* ch. 2. 3; 3. 15; 4. 16; 9. 12-15. Ne. 1. 1. Da. 8. 2.

3 A.M. 3542. B.C. 462. *he made.* ch. 2. 18. Ge. 40. 20. 1 Ki. 3. 15. Da. 5. 1. Mar. 6. 21. *of Persia.* ver. 14. Ezr. 1. 2. Is. 21. 2. Je. 51. 11. Da. 5. 28; 8. 20. *the nobles.* Da. 3. 2, 3; 6. 1, 6, 7.

4 *When he.* Is. 39. 2. Eze. 28. 5. Da. 4. 30. *the riches.* Ps. 76. 1-4; 145. 5, 12, 13. Da. 2. 37-44; 7. 9-14. Mat. 4. 8; 6. 13. Ro. 9. 23. Ep. 1. 18. Col. 1. 27. Re. 4. 11. *excellent.* 1 Ch. 29. 11, 12, 25. Job 40. 10. Ps. 21. 5; 45. 3; 93. 1. Da. 4. 36; 5. 18. 2 Pe. 1. 16, 17.

5 *present. Heb.* found. *seven days.* 2 Ch. 7. 8, 9; 30. 21-25.

6 *white.* Ex. 26. 1, 31, 32, 36, 37. *blue. or,* violet. ch. 8. 15. *the beds.* These were *couches,* covered with gold and silver cloth, on which the guests reclined; for the Orientals do not sit, but *recline* at their meals. ch. 7. 8. Eze. 23. 41. Am. 2. 8; 6. 4. *red,* etc. *or,* of porphyre, and marble, and alabaster, and stone of blue colour.

7 *vessels of gold.* 1 Ki. 10. 21. 2 Ch. 9. 20. Da. 5. 2-4. *royal wine. Heb.* wine of the kingdom. *state of the king. Heb.* hand of the king.

8 *none did compel.* Every person drank what he pleased. Among the Greeks, however, each guest was obliged to *keep the round,* or leave the company: hence the proverb, Η πιθι, η απιθι, *Drink, or begone.* Mr. HERBERT, in his poem entitled *The Church Porch,* has severely reprobated this vile custom. In Britain, however, this demoralizing custom is now almost destroyed, and a new era of social pleasure is arising, by temperate habits, increased domestic comforts, and the spread of gospel truths. Je. 35. 8; 51. 7. Hab. 2. 15, 16. *the officers.* Jno. 2. 8.

9 *the queen.* ch. 5. 4, 8.

10 *the heart.* Ge. 43. 34. Ju. 16. 25. 1 Sa. 25. 36, 37. 2 Sa. 13. 28. Pr. 20. 1. Ec. 7. 2-4; 10. 19. Ep. 5. 18, 19. *Harbona.* ch. 7. 9, Harbonah. *chamberlains. or,* eunuchs. Da. 1. 3-5, 18, 19.

11 *Vashti.* Pr. 16. 9; 23. 29-33. Mar. 6. 21, 22. *fair to look on. Heb.* good of countenance. 1 Sa. 25. 3. 2 Sa. 14. 25. Pr. 31. 30.

12 *the queen.* This refusal of Vashti's, to expose herself to the view of such a group of drunken Bacchanalians, was highly praiseworthy, and became the dignity of her rank and the modesty of her sex. *refused.* Ge. 3. 16. Ep. 5. 22, 24. 1 Pe. 3. 1. *by his chamberlains. Heb.* which *was* by the hand of *his* eunuchs. *was the king.* Pr. 19. 12; 20. 2. Da. 2. 12; 3. 13, 19. Na. 1. 6. Re. 6. 16, 17. *burned.* Ex. 32. 19, 22. De. 29. 20. Ps. 74. 1; 79. 5.

13 *the wise.* Je. 10. 7. Da. 2. 2, 12, 27; 4. 6, 7; 5. 7. Mat. 2. 1. *knew.* 1 Ch. 12. 32. Mat. 16. 3.

14 *the seven.* Ezr. 7. 14. *saw.* 2 Ki. 25. 19. Mat. 18. 10. Re. 22. 4.

15 *What shall we do. Heb.* What to do. ch. 6. 6.

16 *Vashti.* This reasoning was inconsequent and false. Vashti had not *generally* disobeyed the king, therefore she could be no *precedent* for the *general* conduct of the Persian women. She disobeyed only in *one particular;* and this, to serve a purpose, Memucan draws into a *general consequence:* and the rest came into the conclusion, being either too intoxicated to be able to discern right from wrong, or too intent on reducing women to a state of vassalage, to neglect the present favourable opportunity. *done wrong.* Ac. 18. 14; 25. 10. 1 Co. 6. 7, 8.

17 *despise.* 2 Sa. 6. 16. Ep. 5. 33.

18 *the ladies. Saroth,* the *princesses:* but the meaning is well expressed by our term *ladies.*

19 *it please the king. Heb.* it be good with the king. ver. 21; ch. 3. 9; 8. 5. *from him. Heb.* from before him. *it be not altered. Heb.* it pass not away. ch. 8. 8. Da. 6. 8-15, 17. Let it be inserted among the permanent laws, and be made a part of the constitution of the empire. The Persians seem to have affected such a degree of wisdom in the construction of their laws, that they never could be amended, and should never be repealed; and this formed the ground of the saying, 'The laws of the Medes and Persians that change not.' *another. Heb.* her companion. *that is better.* 1 Sa. 15. 28. 1 Ki. 3. 32.

20 *throughout.* De. 17. 13; 21. 21. *all the wives.* Ep. 5. 33. Col. 3. 18. 1 Pe. 3. 1-7.

21 *pleased the king. Heb.* was good in the eyes of the king. ver. 19; ch. 2. 4. Ge. 41. 37.

22 *into every province.* ch. 3. 12; 8. 9. Da. 3. 29; 4. 1. *that every man.* Both the law of God and common sense taught this from the foundation of the world; and this parade of enactment was only to deprive Vashti of her crown. Ep. 5. 22-24. 1 Ti. 2. 12. Tit. 2. 4, 5. *it should,* etc. *Heb.* one should publish *it* according to the language of his country. ch. 3. 12. *according.* Lu. 16. 8. Ac. 2. 5-11. 1 Co. 14. 19, 20.

## CHAP. II.

*Out of the choice of virgins a queen is to be chosen,* 1-4. *Mordecai the nursing father of Esther,* 5-7. *Esther preferred before the rest,* 8-11. *The manner of purification, and going in to the king,* 12-14. *Esther best pleasing the king, is made queen,* 15-20. *Mordecai discovering a treason, is recorded in the chronicles,* 21-23.

1 A.M. 3543. B.C. 461. *he remembered.* Da. 6. 14-18. *what was decreed.* ch. 1. 12-21.

2 *king's servants.* ch. 1. 10, 14; 6. 14. *Let there be.* Ge. 12. 14. 1 Ki. 1. 2.

3 *in all the provinces.* ch. 1. 1, 2. *that they may gather.* This was the usual way in which the *harem,* or *seraglio,* was furnished: the finest women in the land, whether of high or low birth, were sought out and brought to the harem. They all became the king's concubines; but *one* was raised as *chief wife,* or *sultana,* to the throne; and her issue was especially entitled to inherit. *the custody. Heb.* the hand. *Hege.* ver. 8, Hegai. *the king's chamberlain. Saris hammelech,* 'the king's eunuch:' so the LXX., Vulgate, Targum, and Syriac. *their things.* ver. 12-14. Is. 3. 18-23.

4 *let the maiden.* Mat. 20. 16; 22. 14. *the thing.* ch. 1. 21; 3. 9, 10. 2 Sa. 13. 4-6; 16. 21-23; 17. 4. Mat. 14. 6.

5 *Shushan.* ver. 3; ch. 1. 2; 5. 1. *a certain Jew.* ch. 3. 2-6; 10. 3. *the son of Shimei.* 1 Sa. 9. 1. 2 Sa. 16. 5.

6 *Jeconiah.* 2 Ki. 24. 6, 14, 15. 2 Ch. 36. 9, 10, 20, Jehoiachin. Je. 22. 24, 28, Coniah; 24. 1.

7 *brought up. Heb.* nourished. Ep. 6. 4. *Hadassah.* Da. 1. 6, 7. *his uncle's.* ver. 15. Je. 32. 7-12. *fair and beautiful. Heb.* fair of form and good of countenance. ch. 1. 11. *took.* Ge. 48. 5. 2 Co. 6. 18. 1 Jno. 3. 1.

8 *Hegai.* One of Dr. KENNICOTT'S MSS. instead of *Hegai* has *Hegé*, as in ver. 3.

9 *she obtained.* Ge. 39. 21. 1 Ki. 8. 50. Ezr. 7. 6. Ne. 2. 8. Ps. 106. 46. Pr. 16. 7. Da. 1. 9. Ac. 7. 10. *her her things.* ver. 3, 12. *such things. Heb.* her portions. *preferred her. Heb.* changed her.

10 *had not shewed.* ch. 3. 8; 4. 13, 14; 7. 4. Mat. 10. 16. *for Mordecai.* ver. 7, 20. Ep. 6. 1.

11 *Mordecai.* The apartments of the women are accounted so inviolable, that it is even a crime to enquire what passes within their walls. A man, says CHARDIN, may walk a hundred days, one after the other, by the house where the women are, and yet know no more what is done there than at the farther end of Tartary. This sufficiently explains the conduct of Mordecai. *walked.* ver. 13, 14. *how Esther did. Heb.* the peace of Esther. Ge. 37. 14. 1 Sa. 17. 18. Ac. 15. 36.

12 A.M. 3546. B.C. 458. *to go in.* 1 Th. 4. 4, 5. *six months.* Pr. 7. 17. Ca. 3. 6. Is. 57. 9. Lu. 7. 37, 38.

14 *delighted.* ch. 4. 11. Ge. 34. 19. De. 21. 14. Is. 62. 4, 5. *she were called.* Is. 43. 1; 45. 4.

15 *who had taken.* ver. 7. *Esther.* Ca. 6. 9; 8. 10. Ac. 7. 10.

16 *the tenth month.* ch. 8. 9. *the seventh.* ver. 1, 3. Ezr. 7. 8.

17 *favour. or,* kindness. *in his sight. Heb.* before him. *so that he set.* ch. 4. 14. 1 Sa. 2. 8. Ps. 75. 6, 7; 113. 7, 8. Eze. 17. 24. Lu. 1. 48-52. Bishop PATRICK observes, that those who suggest that Esther committed a great sin to come at the dignity of queen of Persia, do not consider the custom of those times and countries. Every one that the king took to his bed was married to him, and was his wife of a lower rank, as Hagar was to Abraham.

18 A.M. 3547. B.C. 457. *made a great.* ch. 1. 3-5. Ge. 29. 22. Ju. 14. 10-17. Ca. 3. 11; 5. 1. Mat. 22. 2. Lu. 14. 8. Re. 19. 9. *he made.* We learn from HERODOTUS and ATHENÆUS, that the Persian monarchs were accustomed to give their wives distinct cities and provinces for the purpose of supplying them with different articles of dress: one was assigned for ornamenting the head and neck; another provided robes, zones, etc.; and the city of Anthilla was given to a Persian queen, we read, to supply her with shoes and sandals. It is probable, therefore, that, at the desire of Esther, Ahasuerus relieved those cities and provinces that had before paid it, from this expense. *release. Heb.* rest. *gave gifts.* ch. 9. 22. 1 Sa. 25. 8. Ne. 8. 11. Re. 11. 10.

19 *the virgins.* ver. 3, 4. *sat in the king's gate.* ver. 21; ch. 3. 2, 3; 5. 13.

20 *had not yet shewed.* ver. 10. *for Esther.* Ep. 6. 1-3.

21 *Bigthan.* ch. 6. 2, Bigthana. *door. Heb.* threshold. *and sought.* 2 Sa. 4. 5, 6; 16. 11. 1 Ki. 15. 25-27; 16. 9. 2 Ki. 9. 22-24; 12. 20; 21. 23. Ps. 144. 10.

22 *the thing.* Ec. 10. 20. Ac. 23. 12-22. *and Esther certified.* ch. 6. 1, 2. Ro. 11. 33. *Mordecai's name.* Phi. 2. 4.

23 *hanged.* ch. 5. 14; 7. 10. Ge. 40. 19, 22. De. 21. 22, 23. Jos. 8. 29. *the book.* ch. 6. 1, 2. Mal. 3. 16.

## CHAP. III.

*Haman, advanced by the king, and despised by Mordecai, seeks revenge upon all the Jews,* 1-6. *He casts lots,* 7. *He obtains by calumniation a decree of the king to put the Jews to death,* 8-15.

1 A.M. 3551. B.C. 453. *promote Haman.* ch. 7. 6. Ps. 12. 8. Pr. 29. 2. *Agagite.* Nu. 24. 7. 1 Sa. 15. 8, 33. *above all the princes.* ch. 1. 14. Ge. 41. 40, 55. Ezr. 7. 14. Da. 6. 2.

2 *the king's servants.* Dr. SHAW, speaking of the cities in the East, says, 'If we quit the streets, and enter into any of the principal houses, we shall first pass through a porch, or gate-way, with benches on each side, where the master of the family receives visits, and despatches business; few persons, not even the nearest relations, having admission any farther, except upon extraordinary occasions.' These *servants* were probably *officers* who here waited the king's call; and it is likely that Mordecai was one of them. ch. 2. 19, 21. *bowed.* Ge. 41. 43. Phi. 2. 10. *bowed not. Yichrâ welo yishtachaweh,* 'bowed not down, nor prostrated himself,' or *worshipped* him. Had this meant only *civil reverence* the king would not have needed to *command* it; nor would Mordecai have refused it; there was, therefore, some kind of divine honour intended, such as was paid to the Persian kings, and which even the Greeks refused, as express adoration. ver. 1, 5. Ex. 17. 14, 16. De. 25. 19. 1 Sa. 15. 3. Ps. 15. 4.

3 *Why.* ver. 2. Ex. 1. 17. Mat. 15. 2, 3.

4 *when they spake.* Ge. 39. 10. *that they told.* Da. 3. 8, 9; 6. 13. *he had told.* Ezr. 1. 3. Da. 3. 12, 16-18, 23-30; 6. 20-28. Jon. 1. 9.

5 *that Mordecai.* ver. 2; ch. 5. 9. *full of wrath.* ch. 1. 12. Ge. 4. 5, 6. Job 5. 2. Pr. 12. 16; 19. 19; 21. 24; 27. 3, 4. Da. 3. 19.

6 *sought.* Ps. 83. 4. Re. 12. 12.

7 *the first month.* Ne. 2. 1. *in the twelfth.* ch. 1. 3; 2. 16. *they cast Pur.* ch. 9. 24-26. Pr. 16. 33. Eze. 21. 21, 22. Mat. 27. 35. *Adar.* ch. 9. 1, 5, 17-19, 21. Ezr. 6. 15.

8 *scattered abroad.* Le. 26. 33. De. 4. 27; 30. 3; 32. 26. Ne. 1. 8. Je. 50. 17. Eze. 6. 8; 11. 16. Zec. 7. 14. Jno. 7. 35. Ja. 1. 1. 1 Pe. 1. 1. *their laws.* Ezr. 4. 12-15. Ac. 16. 20, 21; 17. 6, 7; 24. 5; 28. 22. *for the king's profit to. Heb.* meet, *or* equal for the king to, etc.

9 *that they may be destroyed. Heb.* to destroy them. *and I will pay. Heb.* and I will weigh. Ge. 23. 16. Here Haman is obliged to acknowledge that there would be a *loss* to the revenue, which he was willing to make up out of his own property. Ten thousand talents of silver, counted by the Babylonish talent, amount to 2,119,000*l.*; but reckoned by the Jewish talent, they amount to double that sum. In those days, silver and gold were more plentiful than at present; and we have many instances of individuals possessing almost incredible riches. HERODOTUS relates, that when Xerxes went into Greece, Pythius the Lydian had 2000 talents of silver, and 4,000,000 of gold darics, which unitedly amount to nearly 5,500,000*l.* PLUTARCH tells us, that after Crassus had dedicated the *tenth* of all he had to Hercules, he entertained the Roman people at 10,000 tables, and distributed to every citizen as much corn as was sufficient for three months; and, after all these expenses, he had 7100 Roman talents left, which amount to more than 1,500,000*l.* Lentulus the augur is said to have possessed no less than 3,333,333*l.* 6*s.* 8*d.* Apicius was worth more than 916,671*l.* 13*s.* 4*d.*; and, after having spent in his kitchen 833,333*l.* 6*s.* 8*d.* he considered the remainder too little for his support, and poisoned himself! *ten thousand.* Mat. 18. 24.

10 *took.* ch. 8. 2, 8. Ge. 41. 42. *enemy.* *or*, oppressor. ch. 7. 6.

11 *to do.* Ps. 73. 7. Je. 26. 14; 40. 4. Lu. 23. 25.

12 *Then were.* ch. 8. 9, etc. *scribes.* *or*, secretaries. *according.* ch. 1. 22; 8. 9; 9. 27. *in the name.* 1 Ki. 21. 8. Da. 6. 8, 12, 15. *sealed.* ch. 8. 2, 8, 10.

13 *by posts.* ch. 8. 10, 14. 2 Ch. 30. 6. Job 9. 25. Je. 51. 31. Ro. 3. 15. *both young.* 1 Sa. 15. 3; 22. 19. *in one day.* ch. 8. 12-14. Ja. 2. 13. *the spoil.* ch. 8. 11; 9. 10. Is. 10. 6.

14 *The copy.* ch. 8. 13, 14.

15 *hastened.* Pr. 1. 16; 4. 16. *sat down.* Ho. 7. 5. Am. 6. 6. Jno. 16. 20. Re. 11. 10. *the city.* ch. 4. 16; 8. 15. Pr. 29. 2.

## CHAP. IV.

*The great mourning of Mordecai and the Jews,* 1-3. *Esther, understanding it, sends to Mordecai, who shews the cause, and advises her to undertake the suit,* 4-9. *She excusing herself, is threatened by Mordecai,* 10-14. *She appointing a fast, undertakes the suit,* 15-17.

1 *all that.* ch. 3. 8-13. *rent.* 2 Sa. 1. 11. Job 1. 20. Jon. 3. 4-9. Ac. 14. 14. *with ashes.* ver. 3. Jos. 7. 6. 2 Sa. 13. 19. Job 2. 8; 42. 6. Is. 58. 5. Eze. 27. 30. Da. 9. 3. Jon. 3. 6. Mat. 11. 21. *and cried.* Mordecai gave every demonstration of the most poignant grief. Nor did he hide this from the city; and the Greek says that he uttered these words aloud: Αιρεται εθνος μηδεν ηδικηκος· 'A people is going to be destroyed who have done no evil.' Ge. 27. 34. Is. 15. 4; 22. 4. Eze. 21. 6; 27. 31. Mi. 1. 8. Zep. 1. 14. Re. 18. 17-19.

3 *in every province.* ch. 1. 1; 3. 12. *great mourning.* It cannot reasonably be doubted, that the mournings, fastings, and weepings of the Jews were attended by constant prayers and supplications; though all mention of them, and of the glorious God whom they worshipped, seems to have been studiously avoided. 1 Sa. 4. 13, 14; 11. 4. Is. 22. 4, 12; 37. 1-3. *weeping.* Mat. 13. 42; 22. 13; 25. 30. *many lay in sackcloth and ashes.* *Heb.* sackcloth and ashes were laid under many. Is. 58. 5. Da. 9. 3.

4 *chamberlains.* *Heb.* eunuchs. ch. 1. 12. 1 Sa. 8. 15, marg. 2 Ki. 9. 32. Is. 56. 3. Ac. 8. 27. *but he received it not.* Ge. 37. 35. Ps. 77. 2. Je. 31. 15.

5 *appointed to attend upon her.* *Heb.* set before her. ch. 1. 10, 12. *to know.* Ro. 12. 15. 1 Co. 12. 26. Phi. 2. 4. He. 4. 15.

7 *all that had.* ch. 3. 2-15.

8 *the copy.* ch. 3. 14, 15. *to charge.* ch. 2. 20. 1 Ti. 6. 13, 17. *to make supplication.* Job 9. 15. Pr. 16. 14, 15. Ec. 10. 4. Ac. 12. 20. *request.* ch. 7. 3, 4; 8. 6. Ne. 2. 3-5. Pr. 21. 1.

11 *shall come.* HERODOTUS informs us, that ever since the reign of Deioces, king of Media, for the security of the king's person, it was enacted that no one should be admitted into his presence; but that if any one had business with him, he should transact it through the medium of his ministers. *the inner court.* ch. 5. 1. *one law.* Da. 2. 9. *the king shall.* ch. 5. 2; 8. 4. *the golden sceptre.* That the kings of Persia carried a golden sceptre, we have the following proof in XENOPHON: 'Οτι ου τοδε το χρυσουν σκηπτρον το μην βασιλειαν διασωζον εστιν, αλλ' οι πιστοι φιλοι σκηπτρον βασιλευσιν αληθεστατον και ασφαλεστατον·' 'It is not (said Cyrus to his son Cambyses) the *golden* sceptre that saves the kingdom; but faithful friends are the truest and best sceptre of the kingdom.' *but I.* ch. 1. 19; 2. 14. 1 Pe. 3. 7.

13 *Think not.* Pr. 24. 10-12. Mat. 16. 24, 25. Jno. 12. 25. Phi. 2. 30. He. 12. 3.

14 *then shall.* Ge. 22. 14. Nu. 23. 22-24. De. 32. 26, 27, 36. 1 Sa. 12. 22. Is. 54. 17. Je. 30. 11; 33. 24-26; 46. 28. Am. 9. 8, 9. Mat. 16. 18; 24. 22. *enlargement.* *Heb.* respiration. Ezr. 9. 9. Job 9. 18. *but thou.* ch. 2. 7, 15. Ju. 14. 15-18; 15. 6. *whether.* Ge. 45. 4-8. Is. 45. 1-5; 49. 23. Ac. 7. 20-25. *for such a time.* 1 Sa. 17. 29. 2 Ki. 19. 3. No. 6. 11. The fact related in this verse was unquestionably the reason why Esther was raised to regal honours, by the overruling providence of God: she was therefore bound in gratitude to do this service for God, else she would not have answered the end of her elevation: and she need not fear the miscarriage of the enterprise, for if God designed her for it, he would surely bear her through and give success. It appeared by the event that Mordecai spoke prophetically, when he modestly *conjectured* that Esther came to the kingdom that she might be the instrument of the Jews' deliverance. Mordecai thoroughly believed that it was a cause which one way or other would certainly be carried, and which, therefore, she might safely venture upon. Instruments might fail, but God's covenant cannot. There is a wise design in all the providences of God, which is unknown to us till it is accomplished; but it will prove in the issue that all is intended for and centre in the good of those who trust in Him.

16 *present.* *Heb.* found. *fast.* 2 Ch. 20. 3. Is. 22. 12. Joel 1. 14, 15; 2. 12-17. Jon. 3. 4-9. *eat nor drink.* ch. 5. 1. Mat. 12. 40. Ac. 9. 9; 27. 33. *I also.* Ge. 18. 19. Jos. 24. 15. Ac. 10. 7. *if I perish.* If I lose my life in the attempt to save my people, I shall lose it cheerfully. I see it is my duty to make the attempt; and, come what will, I am resolved to do it. Ge. 43. 14. 1 Sa. 19. 5. 2 Sa. 10. 12. Lu. 9. 24. Ac. 20. 24; 21. 13. Ro. 16. 4. Phi. 2. 30.

17 *went.* *Heb.* passed.

## CHAP. V.

*Esther, adventuring on the king's favour, obtains the grace of the golden sceptre, and invites the king and Haman to a banquet,* 1-5. *She, being encouraged by the king in her suit, invites them to another banquet the next day,* 6-8. *Haman, proud of his advancement, repines at the contempt of Mordecai,* 9-13. *By the counsel of Zeresh he prepares for him a gallows,* 14.

1 *on the.* ch. 4. 16. Mat. 27. 64. *royal.* ch. 1. 11; 8. 15. Mat. 10. 16; 11. 8. 1 Pe. 3. 3-5. *inner.* ch. 4. 11; 6. 4. *sat.* 1 Ki. 10. 18-20. Lu. 22. 30. Re. 3. 21.

2 *she.* Ge. 32. 28. Ne. 1. 11. Ps. 116. 1. Pr. 21. 1. Ac. 7. 10; 10. 4. *golden sceptre.* ch. 4. 11; 8. 4.

3 *What.* ver. 6; ch. 7. 2; 9. 12. 1 Ki. 2. 20; 3. 5. Mat. 20. 20-22. Lu. 18. 41. *to.* ver. 6. Mar. 6. 23.

4 *If it seem.* ver. 8. Pr. 29. 11. *the banquet.* *Mishteh*, from *shathah*, 'to drink,' a *compotation*, *feast*, or *banquet* accompanied with *drinking*; the drinking in the East being at the *beginning*, and not at the end of the entertainment. OLEARIUS, describing an entertainment at the Persian court, says, 'The floor of the hall was covered with cotton cloth, which was covered with all sorts of fruits and sweetmeats in basons of gold. With them was served up excellent Shiraz wine. After an hour's time, the sweetmeats were removed, to make way for the more substantial part of the entertainment, such as rice, boiled and roast mutton, etc. When the company had been at table an hour and a half, warm water was brought, in a ewer of gold, for washing; and grace being said, they began to retire without speaking a word, according to the custom of the country.' ver. 8; ch. 3. 15. Ge. 27. 25; 32. 20. Ps. 112. 5. 1 Co. 14. 20.

5 *Cause Haman.* ch. 6. 14.

6 *the king said.* ver. 3; ch. 7. 2; 9. 12.

8 *perform.* *Heb.* do. *let the king.* Esther probably wished another interview, that she might ingratiate herself more fully into the king's favour, and thus secure the success of her design. But Providence disposed of things thus, to give time for the important event mentioned

in the following chapter. *to-morrow*. ch. 6. 1, etc. Pr. 16. 9.

9 *joyful*. Job 20. 5. Am. 6. 12, 13. Lu. 6. 25. Jno. 16. 20. Ja. 4. 9. *he stood not up*. ch. 3. 2. Ps. 15. 4. Mat. 10. 28. *he was full*. ch. 3. 5. 1 Ki. 21. 4. Job 31. 31. Ps. 27. 3. Da. 3. 13, 16-19. Mat. 2. 16. Ac. 7. 54.

10 *refrained*. Ge. 43. 30, 31; 45. 1. 2 Sa. 13. 22, 23. Ec. 7. 9. *called for his friends*. *Heb*. caused his friends to come. *Zeresh*. ch. 6. 13.

11 *the glory*. ch. 1. 4. Ge. 31. 1. Job 31. 24, 25. Ps. 49. 6, 16, 17. Is. 10. 8. Je. 9. 23, 24. Da. 4. 30. Mar. 10. 24. Lu. 12. 19, 20. 1 Ti. 6. 17. *the multitude*. ch. 9. 7-10, 12, 13. Job 27. 14, 15. Ho. 9. 13, 14. *and how he had*. ch. 3. 1.

12 *Yea, Esther*. PLUTARCH, in his life of Artaxerxes, informs us, that none but the king's mother, and his real wife, were permitted to sit at his table; and therefore he mentions it as a condescension in that prince, that he sometimes invited his brothers. Haman, therefore, had some reason to be proud of this favour. *to-morrow*. Job 8. 12, 13; 20. 5-8. Ps. 37. 35, 36. Pr. 7. 22, 23; 27. 1. Lu. 21. 34, 35. 1 Th. 5. 3.

13 *Yet all this*. *Pride* will ever render its possessor unhappy. Haman, though possessed of immense riches, glory, and honour, and the prime favourite of his king, is wretched, because he could not have the *homage* of that man whom his heart even despised! Oh, how distressing are the inquietudes of pride and vanity! 1 Ki. 21. 4-6. Job 15. 20; 18. 4. Ec. 1. 2, 14. Phi. 4. 11, 12.

14 *said Zeresh*. 2 Sa. 13. 3-5. 1 Ki. 21. 7, 25. 2 Ch. 22. 3, 4. Mar. 6. 19-24. *Let a gallows*. *Heb*. Let a tree. ch. 7. 9. *speak thou*. ch. 3. 8, etc.; 6. 4. *go thou in*. ch. 3. 15. 1 Ki. 21. 7. Am. 6. 4-6. Re. 11. 10. *the thing*. 2 Sa. 16. 21-23; 17. 1-4. Mar. 14. 10, 11. Ac. 23. 14, 15. Ro. 1. 32. *he caused*. ch. 7. 10. Ps. 7. 13-16; 9. 15; 37. 14, 32. Pr. 1. 18; 4. 16. Ro. 3. 15.

## CHAP. VI.

*Ahasuerus, reading in the chronicles of the good service done by Mordecai, takes care for his reward*, 1-3. *Haman, coming to sue that Mordecai might be hanged, gives counsel that he might do him honour*, 4-11. *Complaining of this, his friends tell him of his final destiny*, 12-14.

1 *that night*. ch. 5. 8. Ge. 22. 14. 1 Sa. 23. 26, 27. Is. 41. 17. Ro. 11. 33. *could not the king sleep*. *Heb*. the king's sleep fled away. Da. 2. 1; 6. 18. *the book of records*. As *chronicles* were composed among the Persians, a more instructive and interesting work could not be brought before the king; because they were all written in verse, and were generally the work of the most eminent poets of the empire. ch. 2. 23. Mal. 3. 16.

2 *Bigthana*. ch. 2. 21, Bigthan. *door*. *Heb*. threshold.

3 *What honour*. Ju. 1. 12, 13. 1 Sa. 17. 25, 26. 1 Ch. 11. 6. Da. 5. 7, 16, 29. Ac. 28. 8-10. *There is nothing*. Ge. 40. 23. Ps. 118. 8, 9. Ec. 9. 15.

4 *Who is in the court*. Pr. 3. 27, 28. Ec. 9. 10. *the outward*. ch. 4. 11; 5. 1. *to speak*. ch. 3. 8-11; 5. 14; 7. 9. Job 5. 13. Ps. 2. 4; 33. 19.

6 *whom the king*, etc. *Heb*. in whose honour the king delighteth. Ps. 35. 27. Is. 42. 1; 62. 4, 5. Je. 32. 41. Mat. 3. 17. Jno. 5. 23. *To whom*. ch. 3. 2, 3; 5. 11. Pr. 1. 32; 16. 18; 18. 12; 30. 13. Ob. 3.

7 *whom the king*, etc. *Heb*. in whose honour the king delighteth.

8 *Let the royal*, etc. *Heb*. Let them bring the royal apparel, wherewith the king clotheth *himself*. 1 Sa. 18. 4. Lu. 15. 22. *the horse*. HERODOTUS relates, that the kings of Persia had horses peculiar to themselves, which were brought from Armenia, and were remarkable for their beauty; and if the same law prevailed in Persia as in Judea, no man, under the penalty of death, might ride on the king's horse, any more than sit on his throne, wear his crown, or hold his sceptre. 1 Ki. 1. 33.

9 *bring him*. *Heb*. cause him to ride. *proclaim*. Ge. 41. 43. 1 Ki. 1. 33, 34. Zec. 9. 9.

10 *Make haste*. Da. 4. 37. Lu. 14. 11. Re. 18. 7. *let nothing fail*. *Heb*. suffer not a whit to fall, 2 Ki. 10. 10.

11 *took Haman*. Ezr. 6. 13. Is. 60. 14. Lu. 1. 52. Re. 3. 9. *and arrayed*. ch. 8. 15; 9. 3. *the street*. PITTS gives a similar account of the mode of honouring a person who turns a Mohammedan, at Algiers: 'The apostate is to get on a stately steed, with a rich saddle and fine trappings: he is also richly habited, and has a turban on his head, but nothing of this is to be called his own; only there are given him about two or three yards of broad cloth, which is laid before him on the saddle. The horse, with him on his back, is led all round the city, which he is several hours in doing. The apostate is attended with drums and other music, and twenty or thirty serjeants. They march in order on each side of the horse, with naked swords in their hands. The crier goes before, with a loud voice giving thanks to God for the proselyte that is made.'

12 *came again*. ch. 2. 19. 1 Sa. 3. 15. Ps. 131. 1, 2. *hasted to his house*. 2 Sa. 17. 23. 1 Ki. 20. 43; 21. 4. 2 Ch. 26. 20. Job 20. 5. *having*. ch. 7. 8. 2 Sa. 15, 30. Job 9. 24. Je. 14. 3, 4.

13 *Zeresh*. ch. 5. 10-14. *said his wise*. Ge. 41. 8. Da. 2. 12. *If Mordecai*. Ge. 40. 19. 1 Sa. 28. 19, 20. Job 15. 24. Da. 5. 26-28. Zec. 12. 2, 3. *but shalt surely*. Job 16. 2. Pr. 28. 18. Ho. 14. 9.

14 *hasted to bring*. ch. 5. 8, 14. De. 32. 35, 36.

## CHAP. VII.

*Esther, entertaining the king and Haman, makes suit for her own life, and her people's*, 1-4. *She accuses Haman*, 5, 6. *The king in his anger, understanding of the gallows which Haman had made for Mordecai, causes him to be hanged thereon*, 7-10.

1 *banquet*. *Heb*. drink. ch. 3. 15; 5. 8.

2 *the king said*. See on ch. 5. 6. Jno. 16. 24.

3 *let my life*. ver. 7. 1 Ki. 20. 31. 2 Ki. 1. 13. Job 2. 4. Je. 38. 26. *my people*. ch. 4. 8. Ps. 122. 6-9.

4 *we are sold*. ch. 3. 9; 4. 7, 8. De. 28. 68. 1 Sa. 22. 23. *to be destroyed*, etc. *Heb*. that they should destroy, and kill, and cause to perish. ch. 3. 13; 8. 11. Ps. 44. 22, 23. *But if we*. Ge. 37. 26-28. De. 28. 68. Jos. 9. 23. Ne. 5. 5. Joel 3. 6. Am. 2. 6. *the enemy*. ver. 6; ch. 3. 9.

5 *Who is he*. Ge. 27. 33. Job 9 24. *that durst*, etc. *Heb*. whose heart hath filled him. Ac. 5. 3.

6 *The adversary*. *Heb*. The man adversary. *this wicked*. 1 Sa. 24. 13. Ps. 27. 2; 139. 19-22. Pr. 24. 24, 25. Ec. 5. 8. 1 Co. 5. 13. 2 Th. 2. 8. *was afraid*. Ne. 6. 16. Job 15. 21, 22; 18. 5-12. Ps. 73. 5-9, 17-20. Pr. 16. 14. Is. 21. 4. Da. 5. 5, 6. *before*. *or*, at the presence of.

7 *in his wrath*. ch. 1. 12. *Haman*. Pr. 14. 19. Is. 60. 14. Re. 3. 9. *for he saw*. 1 Sa. 20. 7, 9; 25. 17. Ps. 112. 10. Pr. 19. 12. Da. 3. 19.

8 *the bed*. ch. 1. 6. Is. 49. 23. *before me*. *Heb*. with me. *they covered Haman's*. When a criminal was condemned by a Roman judge, he was delivered to the serjeant with these words: *I, lictor, caput obnubito arbori infelici suspendito*, 'Go, serjeant, cover his head, and hang him on the accursed tree.' ch. 6. 12. Job 9. 24. Is. 22. 17.

9 *Harbonah*. ch. 1. 10, Harbona. *one of the chamberlains*. ch. 6. 14. 2 Ki. 9. 32. *Behold*. ch. 5. 14. Job 27. 20-23. Ps. 7. 15, 16; 35. 8; 141. 10. Pr. 11. 5, 6. *gallows*. *Heb*. tree. *who had spoken*. ch. 2. 21-23; 6. 2. *Hang him thereon*. ch. 9. 25. 1 Sa. 17. 51. Ps. 7. 15, 16; 9. 15, 16; 35. 8; 37. 35, 36; 73. 19. Pr. 11. 5, 6. Da. 6. 7, 24.

10 *Then was the king's*. Ju. 15. 7. Eze. 5. 13. Zec. 6. 8.

## CHAP. VIII.

*Mordecai is advanced*, 1, 2. *Esther makes suit to reverse Haman's letters*, 3-6. *Ahasuerus grants to the Jews to defend themselves*, 7-14. *Mordecai's honour, and the Jews' joy*, 15-17.

1 *give the house.* Job 27. 16, 17. Ps. 39. 6; 49. 6- 3. Pr. 13. 22; 28. 8. Ec. 2. 18, 19. Lu. 12. 20. *came before.* ch. 1. 14; 2. 7, 15.

2 *his ring.* ch. 3. 10. Ge. 41. 42. Is. 22. 19-22. Lu. 15. 22. *Esther set.* 2 Sa. 9. 7-10. Ps. 37. 34. Ec. 2. 18, 19-26; 5. 13, 14. Da. 2. 48.

3 *fell.* 1 Sa. 25. 24. 2 Ki. 4. 27. *besought him with ears. Heb.* she wept and besought him. Is. 38. 2. Ho. 12. 4. He. 5. 7. *mischief.* ch. 3. 8-15; 7. 4.

4 *held out* ch. 4. 11; 5. 2.

5 *and, if I.* ch. 7. 3. Ex. 33. 13, 16. 1 Sa. 20. 29. *I be pleasing* ch. 2. 4, 17. *letters. Heb.* device. ch. 3. 12, 13. *which he wrote. or,* who wrote.

6 *For how.* Ge. 44. 34. Je. 4. 19; 9. 1. Lu. 19. 41, 42. Ro. 9. 2, 3; 10. 1. *endure to see. Heb.* be able that I may see. *the evil.* ch. 7. 4. Ne. 2. 3.

7 *Behold.* ver. 1. Pr. 13. 22. *him they have hanged.* ch. 7. 10. Ga. 3. 13.

8 *in the king's name.* ch. 3. 12. 1 Ki. 21. 8. *may no man reverse.* No, not the king himself; and this was the reason that the king was forced not to reverse, but to give a contradictory decree; that if the Jews, pursuant to the first decree, were assaulted, they might legitimately, by virtue of the second, defend themselves, slay their enemies, and even take the spoil. ver. 5; ch. 1. 19. Da. 6. 8, 12-15. 2 Ti. 2. 19. He. 6. 17, 18.

9 *the king's.* ch. 3. 12. *and to the lieutenants.* ch. 1. 1, 22; 3. 12, 13. Da. 6. 1. *India.* The Hebrew word *Hoddo*, in Syriac, *Hendoo*, and in Arabic, *Hind*, is rendered *India* by all the versions. *India*, or *Hindostan*, is a large country of the south of Asia, extending from north to south about 2400 miles, and from east to west 1800, between 8° and 35° N. lat. and 68° and 92° E. long.; being bounded on the west by the Indus, east by the Birman empire and Thibet, north by the Indian Caucasus, and south by the Indian Ocean. It is probable, however, that all the country east of the Indus was anciently called *India. and according.* ch. 1. 22; 3. 12. 2 Ki. 18. 26. Da. 4. 1. 1 Co. 14. 9-11.

10 *in the king.* 1 Ki. 21. 8. Ec. 8. 4. Da. 4. 1. *by posts.* ch. 3. 13. 2 Ch. 30. 6. Job 9. 25. Je. 51. 21. *mules. Rechesh*, in Syriac, *rechesha*, probably denotes a swift horse. *camels. Achashteranim*, from the Persian *akhash*, large, and *aster*, a mule, probably, as Bochart supposes, denotes a *large mule. young dromedaries. Beney harammachim*, 'the sons of mares,' as the word *ramakat* denotes in Arabic; probably an expletive of the preceding word. Is. 60. 6; 66. 20. Je. 2. 23.

11 *to gather.* ch. 9. 2-16. *to destroy.* Ps. 37. 14, 15; 68. 3; 137. 8; 146. 6-9. Eze. 39. 10. *and to take the spoil.* ch. 3. 13; 9. 10, 15, 16. Is. 10. 6.

12 *one day.* ch. 9. 1. Ex. 15. 9, 10. Ju. 1. 6, 7. *upon the thirteenth.* ch. 3. 13-15.

13 *published. Heb.* revealed. *avenge themselves.* Ju. 16. 28. Ps. 37. 14, 15; 68. 23; 92. 10, 11; 149. 6-9. Lu. 18. 7. Re. 6. 10.

14 *being hastened.* 1 Sa. 21. 8. Ec. 9. 10. *Shushan.* ch. 1. 2; 2. 3; 3. 15. Ne. 1. 1. Da. 8. 2.

15 *royal apparel.* ch. 5. 1; 6. 8, 11. Ge. 41. 42. Mat. 6. 29; 11. 8. Lu. 16. 19. *blue. or,* violet. ch. 1. 6. *and with a great crown.* Mordecai was now made the chief minister, or *vizier*, instead of Haman; and was accordingly invested with the 'royal apparel,' in conformity to the custom of the East. So we are informed, in the History of the Revolt of Ali Bey, that on the election of a new *sheikh bellet*, or chief of the country, in Egypt, the pasha who approves of him invests him with a robe of valuable fur. Perhaps the *crown* was one of the *insignia* of the office of vizier. Concerning the *blue, fine linen*, and *purple*, see the Notes on Ex. 25. 4; 39. 27. *the city.* Haman was too *proud* to be *popular:* few lamented his fall. ch. 3. 15. Pr. 29. 2.

16 *Jews.* ch. 4. 1-3, 16. Ps. 30. 5-11. *had light.* That is, *prosperity* and *hope.* The dark cloud which had so long hung over them was dispelled; and again the sunshine of prosperity beamed upon them. ch. 9. 17. Ps. 18. 28; 97. 11. Pr. 4. 18, 19; 11. 10. Is. 30. 29, 39; 35. 10.

17 *a feast.* ch. 9. 17, 19, 22. 1 Sa. 25. 8. Ne. 8. 10. *many of the people.* Ps. 18. 43. Zec. 8. 20-23. *for the fear.* ch. 9. 2. Ge. 35. 5. Ex. 15. 16. De. 2. 25; 11. 25.

## CHAP. IX.

*The Jews slay their enemies, with the ten sons of Haman*, 1-11. *Ahasuerus, at the request of Esther, grants another day of slaughter, and Haman's sons to be hanged*, 12-19. *The two days of Purim are made festival*, 20-32.

1 A.M. 3552. B.C. 452. *in the twelfth.* ch. 3. 7, 13; 8. 12. *hoped.* Ac. 12. 11. *though it was turned.* De. 32. 36. 2 Sa. 22. 41. Ps. 30. 11. Is. 14. 1, 2; 60. 14-16. Re. 11. 18.

2 *gathered.* ver. 10, 16; ch. 8. 11. *as sought.* De. 2. 30. Jos. 11. 20. Ps. 71. 13, 24. Is. 8. 9. *the fear.* ch. 8. 17. Ge. 35. 5. Ex. 23. 27. Jos. 2. 9.

3 *the rulers.* ch. 3. 12; 8. 9. Ezr. 8. 36. Da. 3. 2; 6. 1, 2. *officers of the king. Heb.* those which did the business that *belonged* to the king. *the fear* ch. 3. 2-6; 8. 5.

4 *was great.* Ps. 18. 43. *his fame.* Jos. 6. 27. 1 Sa. 2. 30. 1 Ch. 14. 17. Zep. 3. 19. Mat. 4. 24. *waxed.* 2 Sa. 3. 1. 1 Ch. 11. 9. Ps. 1. 3. Pr. 4. 18. Is. 9. 7.

5 *smote.* Ps. 18. 34-40, 47, 48; 20. 7, 8; 149. 6-9. 2 Th. 1. 6. *the stroke.* Je. 18. 21. *what they would. Heb.* according to their will. The Chaldee paraphrast says that none appeared against the Jews but Amalekites only, who were infatuated, and had their hearts hardened, as Pharaoh's against Israel, to take up arms to their own destruction. Some had such an inveterate, implacable malice against the Jews, that Haman's fall and Mordecai's advancement, instead of convincing, seemed only to exasperate them the more. How have the most dreadful scourges ravaged a country, and yet the inhabitants are unmindful of the Almighty Disposer of events, and that the cause of his righteous displeasure is their continual provocation! Forty years long was he grieved with one generation, who learned not his ways, although daily fed and clothed by a miracle.

6 *Shushan.* See on ch. 3. 15.

10 *ten sons.* ch. 5. 11. Ex. 20. 5. Job 18. 18, 19; 27. 13-15. Ps. 21. 10; 109. 12, 13. *enemy.* ch. 3. 1; 7. 4, 6. Ex. 17. 16. *but on the spoil.* It does not appear that the Jews slew any person who did not rise up to destroy them: they stood for their lives; and gave full proof that they sought their own personal safety, and not the *property* of their enemies: though the decree in their favour gave them authority to take the property of all their adversaries. ver. 15, 16; ch. 8. 11. Ge. 14. 23. Ro. 12. 17. Phi. 4. 8.

11 *was brought. Heb.* came.

12 *what is thy petition.* ch. 5. 6; 7. 2.

13 *If it please the king.* Esther had probably been informed by Mordecai, that there were still many enemies of the Jews who sought their destruction, who had escaped the preceding day; and therefore begged that the second day might be added to the former permission; and that the sons of Haman, who had already been slain, might be suspended on gibbets, as a terror to those who sought the destruction of the Jews. *according unto.* ch. 8. 11. *let Haman's ten sons be hanged. Heb.* let men hang Haman's ten sons. De. 21. 23. 2 Sa. 21. 6, 9. Ga. 3. 13.

15 *gathered themselves.* ver. 2, 13; ch. 8. 11. Ps. 118. 7-12. *but on the prey.* ver. 10, 16. 1 Th. 5. 22. He. 13. 5.

16 *gathered themselves.* ver. 2; ch. 8. 11. *stood.* ch. 8. 11. Le. 26. 7, 8.

17 *of the same. Heb.* in it.

18 *on the thirteenth.* ver. 1, 11, 13, 15.

19 *gladness.* ver. 22; ch. 8. 17. De. 16. 11, 14. Ne. 8. 10-12. Ps. 118. 11-16. Lu. 11. 41. Re. 11. 10. *sending portions.* The eastern princes and people not only invite their friends to feasts, but it is their custom to send a portion of the banquet to those that cannot well attend, especially their relations, and those in a state of mourning. Thus, when the Grand Emir found that it incommoded M. D'ARVIEUX to eat with him, he desired him to take his own time for eating, and sent him from his kitchen what he liked best.

20 *Mordecai.* That is, as the words imply, the history contained in this book; and not merely the letters afterwards mentioned, as some understand it. *wrote these.* Ex. 17. 14. De. 31. 19-22. 1 Ch. 16. 12. Ps. 124. 1-3; 145. 4-12. 2 Co. 1. 10, 11. *in all the provinces.* ch. 1. 1, 22; 3. 12; 8. 9.

22 *the days.* ch. 3. 12, 13. Ex. 13. 3-8. Ps. 103. 2. Is. 12. 1, 2; 14. 3. *from sorrow.* Ps. 30. 11. Mat. 5. 4. Jno. 16. 20-22. *sending portions.* ver. 19. Ne. 8. 10-12. Lu. 11. 41. Ac. 2. 44-46. Ga. 2. 10.

24 *the enemy.* ver. 10; ch. 3. 5-13. *Pur.* The word *pur* seems to be derived either from the Persian *bahr* and *bar*, a part, portion, lot, or *pari*, any thing which happens *fortuitously* or *fortunately;* whence the annual festival in commemoration of the wonderful deliverance of the Jews from their enemies was called *Purim*, or in Arabic and Persian, *Fuhr*, or *Lots;* which has been observed by them, in all places of their dispersion, from that day to the present time, without any interruption. ch. 3. 7. *consume. Heb.* crush.

25 *when Esther came. Heb.* when she came. ver. 13, 14; ch. 7. 5-10; 8. 1-14. *return.* Ps. 7. 16; 109. 17, 18; 140. 9; 141. 10. Mat. 21. 44.

26 *they called.* Nu. 16. 40. Eze. 39. 11. *Pur. that is,* Lot. *letter.* ver. 20.

27 *and upon their seed.* De. 5. 3; 29. 14, 15. Jos. 9. 15. 1 Sa. 30. 25. 2 Sa. 21. 1, 2. *all such.* ch. 8. 17. Is. 56. 3, 6. Zec. 2. 11; 8. 23. *fail. Heb.* pass.

28 *remembered.* Ex. 12. 17. Ps. 78. 5-7; 103. 2. *fail. Heb.* pass. *the memorial.* Ex. 13. 8, 9. Jos. 4. 7. Zec. 6. 14. *perish from their seed. Heb.* be ended from their seed.

29 *the daughter of Abihail.* ch. 3. 15. *authority. Heb.* strength. *confirm.* ver. 20; ch. 8. 10.

30 *the hundred.* ch. 1. 1; 8. 9. *words of peace.* Is. 39. 8. Zec. 8. 19.

31 *themselves. Heb.* their souls. *and for their seed.* ver. 27. *the fastings.* ch. 4. 3, 16. Jon. 3. 2-9.

## CHAP. X.

*Ahasuerus' greatness*, 1, 2. *Mordecai's advancement*, 3.

1 *laid a tribute.* ch. 1. 1; 8. 9. Lu. 2. 1. *the isles.* Ge. 10. 5. Ps. 72. 10. Is. 24. 15. Da. 11. 18.

2 *all the acts.* 1 Ki. 11. 41; 22. 39. *advanced him. Heb.* made him great. ch. 8. 15; 9. 4. Ps. 18. 35. Da. 2. 48. *in the book.* ch. 2. 23; 6. 1. 1 Ki. 14. 19. *Media.* Media, which comprehended the modern *Azerbijan* and part of *Irak*, was a celebrated country of Asia, bounded on the north by the Caspian Sea and Armenia, west by Assyria, south by Susiana and Persia, and east by Hyrcania and Parthia, extending from 30° to 37° N. lat. and 45° to 53° E. long. *Persia.* *Persia* Proper, now *Fars*, was but a small province, being bounded on the north by Media, west by Susiana, south by the Persian Gulf, and east by Caramania, extending from 27° to 33° N. lat. and 50° to 55° E. long. But the Persian empire in its ancient state extended from the Hellespont to the Indus, above 2800 miles, and from Pontus to the shores of Arabia, above 2000 miles; comprehending a multitude of various nations.

3 *next unto king.* Ge. 41. 44. 1 Sa. 23. 17. 2 Ch. 28. 7. Da. 5. 16, 29. *accepted.* ch. 3. 2. Ro. 14. 18. *seeking.* Ne. 2. 10. Ps. 122. 6-9. Ro. 9. 2, 3; 10. 1.

## REMARKS ON THE BOOK OF ESTHER.

THIS Book, which derives its name from the person whose history it chiefly relates, is termed in Hebrew, מגלת אסתר, *megillath Esther*, 'the volume of Esther.' Concerning its author there are various opinions: some attribute it to Ezra; some to Joachim, the son of Joshua the high priest; others to the men of the great synagogue; and others to Mordecai, which seems the most probable opinion. The events here related probably refer to the time of Artaxerxes Longimanus, who, according to PRIDEAUX, was the Ahasuerus of Esther, agreeably to JOSEPHUS, (Ant. l. xi. c. 6,) the Septuagint version, and the apocryphal additions to this book. The history, therefore, comes in between the sixth and seventh chapters of Ezra, commencing about A.M. 3540, and continuing through a period of twelve years: it relates the royal feast of Ahasuerus; the disgrace of Vashti, (ch. i.;) the elevation of Esther to the Persian throne; the essential service rendered to the king by Mordecai, in detecting a plot against his life, (ch. ii.;) the promotion of Haman, and his purposed destruction of the Jews, (ch. iii.;) the consequent affliction of the Jews, and the measures pursued by them, (ch. iv.;) the defeat of Haman's plot, through the instrumentality of Esther, against Mordecai, (ch. v.-vii.;) and also the defeat of his general plot against the Jews, (ch. viii.; ix. 1-15;) the institution of the feast of Purim to commemorate this deliverance, (ch. ix. 16-32;) and the advancement of Mordecai, (ch. x.;) and though some Christians have hesitated to receive this book into the sacred canon, yet it has always been received by the Jews, not only as perfectly *authentic*, but also as one of the most excellent of their sacred books. That it is a genuine and faithful description of a real fact, the observation of the feast of Purim, to the present day, is a sufficient evidence; since it is impossible, and in fact inconceivable, that a nation should institute, and afterwards continue to celebrate without interruption, through every generation of that people, in a long succession of ages, in whatever places they may have sojourned, this solemn annual festival, merely because one of their nation had written an agreeable fable or romance. It has been remarked, as an objection to this book, that the name of GOD no where occurs in it: His superintending providence, however, is frequently illustrated. It is shewn, indeed, in every part of the work; disconcerting evil designs, and producing great events, by means seemingly inadequate. It also presents an interesting description of mortified pride, and of malice baffled to the destruction of its possessors; and exhibits a very lively representation of the vexations and troubles, the anxieties, treachery, and dissimulation of a corrupt court.

# The Book of JOB.

B.C. 1520. A.M. 2484.

## CHAP. I.

*The holiness, riches, and religious care of Job for his children,* 1-5. *Satan, appearing before God, by calumniation obtains leave to afflict Job,* 6-12. *Understanding of the loss of his children and goods, in his mourning he blesses God,* 13-22.

1 *Uz.* Ge. 10. 23; 22. 20, 21, Huz; 36. 28. 1 Ch. 1. 17, 42. Je. 25. 20. La. 4. 21. *Job.* Eze. 14. 14, 20. Ja. 5. 11. *perfect.* ver. 8; ch. 2. 3; 23. 11, 12; 31. 1, etc. Ge. 6. 9; 17. 1. 2 Ki. 20. 3. 2 Ch. 31. 20, 21. Lu. 1. 6. *one.* Ge. 22. 12. Pr. 8. 13; 16. 6. 1 Pe. 3. 11.

2 *seven sons.* ch. 13. 13. Es. 5. 11. Ps. 107. 38; 127. 3-5; 128. 3.

3 *substance. or,* cattle. Ge. 12. 5; 13. 6; 34. 23. 2 Ch. 32. 29. *seven.* ch. 42. 12. Ge. 12. 16. Nu. 31. 32-34. Ju. 6. 5. 1 Sa. 25. 2. 2 Ki. 3. 4. Pr. 10. 22. *household. or,* husbandry. 2 Ch. 26. 10. *greatest.* ch. 29. 9, 10, 25. *men. Heb.* sons. Ju. 6. 3; 7. 12; 8. 10. 1 Ki. 4. 30. *of the east.* Ge. 25. 6; 29. 1. Nu. 23. 7.

4 *sent and called.* Ps. 133. 1. He. 13. 1.

5 *sanctified.* ch. 41. 25. Ge. 35. 2, 3. Ex. 19. 10. 1 Sa. 16. 5. Ne. 12. 30. Jno. 11. 55. *rose up.* Ge. 22. 3. Ps. 5. 3. Ec. 9. 10. *offered.* ch. 42. 8. Ge. 8. 20. Ex. 18. 12; 24. 5. Le. 1. 3-6. *according.* 1 Ki. 18. 31. Ac. 21. 26. *It may be.* 2 Co. 11. 2. *cursed.* ver. 11; ch. 2. 9. Le. 24. 10-16. 1 Ki. 21. 10, 13. *in their hearts.* Ge. 6. 5. Je. 4. 14; 17. 9, 10. Mar. 7. 21-23. Ac. 8. 22. 1 Co. 4. 5. *Thus.* ch. 27. 10. *continually. Heb.* all the days. Lu. 1. 75; 18. 7. Ep. 6. 18.

6 *Now.* ch. 2. 1. *the sons.* ch. 38. 7. Da. 3. 25. Lu. 3. 38. *came to.* Ps. 103. 20. Mat. 18. 10. *Satan. Heb.* the adversary. 1 Ki. 22. 19. 1 Ch. 21. 1. Zec. 3. 1. Re. 12. 9, 10. *came also.* Jno. 6. 70. *among them. Heb.* in the midst of them.

7 *Whence.* ch. 2. 2. 2 Ki. 5. 25. *From going.* Zec. 1. 10, 11; 6. 7. Mat. 12. 43. 1 Pe. 5. 8. Re. 12. 9, 12-17; 20. 8.

8 *considered. Heb.* set thy heart on. ch. 2. 3; 34. 14. Eze. 40. 4. *my servant.* Nu. 12. 7, 8. Ps. 89. 20. Is. 42. 1. *none.* Nu. 12. 3. 1 Ki. 4. 30, 31. 2 Ki. 23. 25. *a perfect.* ver. 1; ch. 8. 20; 9. 22, 23. Ps. 18. 23. Jno. 1. 47. *upright.* ch. 12. 4; 17. 8, 9; 23. 11, 12. Ps. 84. 11. *one.* Ne. 5. 15. Ps. 36. 1. Pr. 8. 13. Lu. 23. 39, 40. *escheweth.* Ps. 34. 14; 37. 27. Is. 1. 16.

9 *Doth Job.* ver. 21; ch. 2. 10; 21. 14, 15. Mal. 1. 10. Mat. 16. 26. 1 Ti. 4. 8; 6. 6.

10 *an hedge.* Ge. 15. 1. De. 33. 27. 1 Sa. 25. 16. Ps. 5. 12; 34. 7; 80. 12. Is. 5. 2, 5. Zec. 2. 5, 8. 1 Pe. 1. 5. *about.* Ge. 39. 5. De. 28. 2-6. Ps. 71. 21; 128. 1-4. *thou hast blessed.* ch. 42. 12. Ge. 26. 12; 30. 30; 49. 25. De. 7. 13; 33. 11. Ps. 90. 17; 107. 38. Pr. 10. 22. *substance. or,* cattle. Ge. 30. 43.

11 *But put.* ver. 12; ch. 2. 5. Is. 5. 25. *touch.* ch. 4. 5; 19. 21. Ge. 26. 11. Ps. 105. 15. Zec. 2. 8. *and he will curse thee. Heb.* if he curse thee not. ver. 5, 21. See on ch. 2. 9. Is. 8. 21. Mal. 3. 13, 14. Re. 16. 9, 11, 21.

12 *Behold.* 1 Ki. 22. 23. Lu. 8. 32; 22. 31, 32. Jno. 19. 11. 2 Co. 12. 7. *power. Heb.* hand. Ge. 16. 6. Je. 38. 5. Jno. 3. 35, 36. *only.* ch. 2. 4-6. Ps. 76. 10. Is. 27. 8. 1 Co. 10. 13. *So Satan.* ch. 2. 7. Lu. 8. 33.

13 *when.* ver. 4. Pr. 27. 1. Ec. 9. 12. Lu. 12. 19, 20; 17. 27-29; 21. 34.

14 *messenger.* 1 Sa. 4. 17. 2 Sa. 15. 13. Je. 51. 31.

15 *Sabeans.* Ge. 10. 7, 28; 25. 3. Ps. 72. 10. Is. 45. 14. Eze. 23. 42. Joel 3. 8. *and I only.* ver. 16, 17, 19. 1 Sa. 22. 20, 21.

16 *there came.* Ge. 19. 24. Le. 9. 24. 1 Ki. 18. 38. 2 Ki. 1. 10, 12, 14. Am. 7. 4. Re. 13. 13. *The fire of God. or,* A great fire. Ex. 9. 28. 1 Sa. 14. 15, marg.

17 *The Chaldeans.* Ge. 11. 28. Is. 23. 13. Hab. 1. 6. *fell. Heb.* rushed *I only am.* ver. 15. 2 Sa. 1. 3..

18 *there came.* ch. 6. 2, 3; 16. 14; 19. 9, 10; 23. 2. Is. 28. 19. Je. 51. 31. La. 1. 12. Am. 4. 6-11. *Thy sons.* ver. 4, 13; ch. 8. 4; 27. 14. Ps. 34. 19. Ec. 9. 2. *eating.* 2 Sa. 13. 28.

19 *a great.* Je. 4. 11, 12. Ep. 2. 2. *from. Heb.* from aside, etc. *it fell.* Ju. 16. 30. 1 Ki. 20. 30. Mat. 7. 27. Lu. 13. 1-5. Ac. 28. 4. *they are dead.* Ge. 37. 32, 33; 42. 36. 2 Sa. 18. 33.

20 *rent.* Ge. 37. 29, 34. Ezr. 9. 3. *mantle. or* robe. *fell.* De. 9. 18. 2 Sa. 12. 16-20. 2 Ch. 7. 3. Mat. 26. 39. 1 Pe. 5. 6.

21 *Naked came.* Ge. 3. 19. Ps. 49. 17. Ec. 5. 15; 12. 7. 1 Ti. 6. 7. *the Lord gave.* ch. 2. 10. Ge. 30. 2. Ec. 5. 19. La. 3. 38. Ja. 1. 17. *taken away.* Ge. 45. 5. 2 Sa. 16. 12. 1 Ki. 12. 15. Ps. 39. 9. Is. 42. 24; 45. 7. Am. 3. 6. Mat. 20. 15. Ac. 4. 28. *blessed.* ver. 11. 1 Sa. 3. 18. 2 Ki. 20. 19. Ps. 34. 1; 89. 38-52. Is. 24. 15. Ep. 5. 20. 1 Th. 5. 18.

22 *In all this.* ch. 2. 10. Ja. 1. 4, 12. 1 Pe. 1. 7. *charged God foolishly. or,* attributed folly to God. ch. 34. 10, 18, 19; 40. 4-8. Ro. 9. 20.

## CHAP. II.

*Satan appearing again before God, obtains further leave to tempt Job,* 1-6. *He smites him with sore boils,* 7, 8. *Job reproves his wife, who moved him to curse God,* 9, 10. *His three friends condole with him in silence,* 11-13.

1 *Again.* See on ch. 1. 6. Is. 6. 1, 2. Lu. 1. 19. He. 1. 14.

2 *From whence.* Ge. 16. 8. *From going.* ch. 1. 7. Jno. 14. 30. 2 Co. 4. 4. 1 Pe. 5. 8.

3 *Hast thou.* See on ch. 1. 1, 8; 9. 20. Ge. 6. 9. Ps. 37. 37. Phi. 3. 12. 1 Pe. 5. 10. *an upright.* Pr. 11. 8; 13. 6; 14. 2; 15. 8; 16. 17. *holdeth.* ch. 1. 21, 22; 13. 15; 27. 5, 6. Ps. 26. 1; 41. 12. Ja. 1. 12. 1 Pe. 1. 7. *thou movedst.* ch. 1. 11. *destroy him. Heb.* swallow him up. 2 Sa. 20. 20. *without.* ch. 9. 17. Jno. 9. 3.

4 *all that.* Es. 7. 3, 4. Is. 2. 20, 21. Je. 41. 8. Mat. 6. 25; 16. 26. Ac. 27. 18, 19. Phi. 3. 8-10.

5 *put forth.* ch. 1. 11; 19. 20, 21. 1 Ch. 21. 17. Ps. 32. 3, 4; 38. 2-7; 39. 10. *He will curse.* ver. 9; ch. 1. 5, 11. Le. 24. 15. Is. 8. 21.

6 *Behold.* See on ch. 1. 12. *but. or,* only. *save.* ch. 38. 10, 11. Ps. 65. 7. Lu. 8. 29-33; 22. 31, 32. 1 Co. 10. 13. Re. 2. 10; 20. 1, 2, 7. *his life.* By *naphsho*, 'his soul,' MAIMONIDES understands 'his mind,' or intellectual powers.

7 *So went.* 1 Ki. 22. 22. *sore boils.* *Shechin râ*, supposed to be the *Judham*, or black leprosy, of the Arabs, termed *Elephantiasis* by the Greeks, from its rendering the skin, like that of the elephant, scabrous, dark coloured, and furrowed all over with tubercles. This loathsome and most afflictive disease is accompanied with most intolerable itching. ch. 30. 17-19, 30. Ex. 9. 9-11. De. 28. 27, 35. Re. 16. 11. *from the sole.* Is. 1. 6; 3. 17.

8 *took him.* ch. 19. 14-17. Ps. 38. 5, 7. Lu. 16. 20, 21. *he sat.* ch. 42. 6. 2 Sa. 13. 19. Is. 61. 3. Eze. 27. 30. Jon. 3. 6. Mat. 11. 21.

9 *his wife.* Ge. 3. 6, 12. 1 Ki. 11. 4. *retain.* ver. 3; ch. 21. 14, 15. 2 Ki. 6. 33. Mal. 3. 14. *curse God.* ver. 5; ch. 1. 11.

10 *Thou speakest.* Ge. 3. 17. 2 Sa. 19. 22. Mat. 16. 23. *as one.* 2 Sa. 6. 20, 21; 13. 13; 24. 10. 2 Ch. 16. 9. Pr. 9. 6, 13. Mat. 25. 2. *shall we receive.* ch. 1. 1-3, 10, 21. 2 Sa. 19. 28. La. 3. 38-41. Jno. 18. 11. Ro. 12. 12. He. 12. 9-11. Ja. 5. 10. *In all this.* ch. 1. 22. Ps. 39. 1; 59. 12. Mat. 12. 34-37. Ja. 3. 2.

11 *friends.* ch. 6. 14; 16. 20; 19. 19, 21; 42. 7. Pr. 17. 17; 18. 24; 27. 10. *Temanite.* ch. 6. 19; 15. 1. Ge. 36. 11, 15. Je. 49. 7. *Shuhite.* ch. 8. 1; 18. 1. Ge. 25. 2. 1 Ch. 1. 32. *to come.* ch. 42. 11. Ge. 37. 35. Is. 51. 19. Jno. 11. 19. Ro. 12. 15. 1 Co. 12. 26. He. 13. 3. *to comfort.* ch. 13. 4; 16. 2.

12 *knew him.* ch. 19. 14. Ru. 1. 19-21. La. 4. 7, 8. *their voice.* Ge. 27. 34. Ju. 2. 4. 1 Sa. 11. 4; 30. 4. 2 Sa. 13. 36. Es. 4. 1. *they rent.* ch. 1. 20. *sprin-*

*kled dust upon.* Ne. 9. 1. La. 2. 10. Eze. 27. 30. Re. 18. 19.
13 *they sat.* Ezr. 9. 3. Ne. 1. 4. Is. 3. 26; 47. 1. *seven days.* Ge. 1. 5, 8; 50. 10. *none spake.* ch. 4. 2. Ps. 77. 4.

## CHAP. III.

*Job curses the day and services of his birth,* 1-12. *The ease of death,* 13-19. *He complains of life, because of his anguish,* 20-26.

1 *After.* ch. 1. 22; 2. 10. *opened.* ch. 35. 16. Ps. 39. 2, 3; 106. 33. *cursed.* ver. 3; ch. 1. 11; 2. 5, 9. Je. 20. 14, 15. *his day.* That is, the day of his birth.
2 *spake. Heb.* answered.
3 *Let the day.* That is, as we say, 'Let it be blotted out of the calendar.' ch. 10. 18, 19. Je. 15. 10; 20. 14, 15.
4 *darkness.* Ex. 10. 22, 23. Joel 2. 2. Am. 5. 18. Mat. 27. 45. Ac. 27. 20. Re. 16. 10. *God regard.* De. 11. 12.
5 *the shadow.* ch. 10. 21, 22; 16. 16; 24. 17; 28. 3; 38. 17. Ps. 23. 4; 44. 19; 107. 10, 14. Is. 9. 2. Je. 2. 6; 13. 16. Am. 5. 8. Mat. 4. 16. Lu. 1. 79. *stain it. or,* challenge it. *let a cloud.* De. 4. 11. Eze. 30. 3; 34. 12. Joel 2. 2. He. 12. 18. *let the blackness. or,* let them terrify it, as those *who have* a bitter day. Je. 4. 28. Am. 8. 10.
6 *let it not be joined unto the days. or,* let it not rejoice among the days.
7 *solitary.* Is. 13. 20-22; 24. 8. Je. 7. 34. Re. 18. 22, 23.
8 *who are ready.* 2 Ch. 35. 25. Je. 9. 17, 18. Am. 5. 16. Mat. 11. 17. Mar. 5. 38. *their mourning. or,* a leviathan. ch. 41. 1, 10.
9 *look for light.* ch. 30. 26. Je. 8. 15; 13. 16. *the dawning of the day. Heb.* the eye-lids of the morning. ch. 41. 18.
10 *it shut not.* ch. 10. 18, 19. Ge. 20. 18; 29. 31. 1 Sa. 1. 5. Ec. 6. 3-5. Je. 20. 17. *hid.* ch. 6. 2, 3; 10. 1; 23. 2. Ec. 11. 10.
11 *died I.* Ps. 58. 8. Je. 15. 10. Ho. 9. 14. *when I came.* Ps. 22. 9, 10; 71. 6; 139. 13-16. Is. 46. 3.
12 *the knees.* Ge. 30. 3; 50. 23. Is. 66. 12. Eze. 16. 4, 5.
13 *then had I been at rest.* Ec. 6. 3-5; 9. 10.
14 *kings.* ch. 30. 23. 1 Ki. 2. 10; 11. 43. Ps. 49. 6-10, 14; 89. 48. Ec. 8. 8. Is. 14. 10-16. Eze. 27. 18-32. *which built.* Who erect splendid mausoleums, funeral monuments, etc. to keep their *names* from *perishing,* while their *bodies* are turned to *corruption.* ch. 15. 28. Is. 5. 8. Eze. 26. 20.
15 *who filled their houses.* That is, 'the *covetous,* whom nothing can satisfy,' as the poet SAADY has observed, 'but the dust that fills his mouth, when laid in the grave.' ch. 22. 25; 27. 16. Nu. 22. 18. 1 Ki. 10. 27. Is. 2. 7. Zep. 1. 18. Zec. 9. 3.
16 *an hidden.* Ps. 58. 8. 1 Co. 15. 8.
17 *the wicked.* ch. 14. 13. Ps. 55. 5-8. Mat. 10. 28. Lu. 12. 4. 2 Th. 1. 6, 7. 2 Pe. 2. 8. *the weary. Heb.* the wearied *in* strength. *at rest.* Is. 57. 1, 2. He. 4. 9, 11. Re. 14. 13.
18 *they.* ch. 39. 7. Ex. 5. 6-8, 15-19. Ju. 4. 3. Is. 14. 3, 4.
19 *The small.* ch. 30. 23. Ps. 49. 2, 6-10. Ec. 8. 8; 12. 5, 7. Lu. 16. 22, 23. He. 9. 27. *and the servant.* Ps. 49. 14-20.
20 *Wherefore.* ch. 6. 9; 7. 15, 16. Je. 20. 18. *light.* ver. 16; ch. 33. 28, 30. *the bitter.* ch. 7. 15, 16. 1 Sa. 1. 10. 2 Ki. 4. 27. Pr. 31. 6.
21 *long. Heb.* wait. Nu. 11. 15. 1 Ki. 19. 4. Jon. 4. 3, 8. Re. 9. 6. *dig.* Pr. 2. 4.
23 *whose way.* Is. 40. 27. *hedged in.* ch. 12. 14; 19. 8. Ps. 31. 8. La. 3. 7, 9. Ho. 2. 6.
24 *my sighing.* ch. 7. 19. Ps. 80. 5; 102. 9. *I eat. Heb.* my meat. *my roarings.* Ps. 22. 1, 2; 32. 3; 38. 8. Is. 59. 11. La. 3. 8.
25 *the thing, etc. Heb.* I feared a fear and it came upon me. *that which.* ch. 1. 5; 31. 23.
26 *yet trouble came.* ch. 27. 9. Ps. 143. 11.

## CHAP. IV.

*Eliphaz reproves Job for want of religion,* 1-6. *He teaches God's judgments to be not for the righteous, but for the wicked,* 7-11. *His fearful vision to humble the excellency of creatures before God,* 12-21.

1 *Eliphaz.* ch. 2. 11; 15. 1; 22. 1; 42. 9. *answered.* ch. 3. 1, 2; 6. 1; 8. 1.
2 *to commune. Heb.* a word. *wilt thou.* 2 Co. 2. 4-6; 7. 8-10. *withhold himself from speaking. Heb.* refrain from words. ch. 32. 18-20. Je. 6. 11; 20. 9. Ac. 4. 20.
3 *Behold.* Ge. 18. 19. Pr. 10. 21; 15. 7; 16. 21. Is. 50. 4. Ep. 4. 29. Col. 4. 6. *and thou hast.* ch. 16. 5. De. 3. 28. Ezr. 6. 22. Is. 35. 3. Eze. 13. 22. Lu. 22. 32, 43.
4 *upholden.* Ps. 145. 14. Pr. 12. 18; 16. 23, 24. 2 Co. 2. 7; 7. 6. 1 Th. 5. 14. *feeble knees. Heb.* bowing knees. Is. 35. 3, 4. Da. 5. 6. He. 12. 12.
5 *it is come.* ch. 3. 25, 26. *thou faintest.* Pr. 24. 10. 2 Co. 4. 1, 16. He. 12. 3, 5. *it toucheth.* ch. 1. 11; 2. 5; 19. 21.
6 *thy fear.* ch. 1. 1, 9, 10. 2 Ki. 20. 3. *thy confidence.* ch. 13. 15. Pr. 3. 26; 14. 26. *thy hope.* ch. 17. 15. 1 Pe. 1. 13, 17. *the uprightness.* ch. 1. 8; 16. 17; 23. 11, 12; 27. 5, 6; 29. 12-17; 31. 1, etc.
7 *who ever.* ch. 9. 22, 23. Ps. 37. 25. Ec. 7. 15; 9. 1, 2. Ac. 28. 4. 2 Pe. 2. 9.
8 *they that plow.* Ps. 7. 14-16. Ps. 22. 8. Je. 4. 18. Ho. 8. 7; 10. 12, 13. 2 Co. 9. 6. Ga. 6. 7, 8.
9 *the blast.* Ex. 15. 8, 10. 2 Ki. 19. 7. Ps. 18. 15. *by the breath of his nostrils. that is,* by his anger. ch. 1. 19; 15. 30. Is. 11. 4; 30. 33. 2 Th. 2. 8. Re. 2. 16.
10 *the teeth.* ch. 29. 17. Ps. 3. 7; 57. 4; 58. 6. Pr. 30. 14.
11 *old lion.* ch. 38. 39. Ge. 49. 9. Nu. 23. 24; 24. 9. Ps. 7. 2. Je. 4. 7. Ho. 11. 10. 2 Ti. 4. 17. *perisheth.* Ps. 34. 10. *the stout.* ch. 1. 19; 8. 3, 4; 27. 14, 15.
12 *a thing.* Ps. 62. 11. *secretly. Heb.* by stealth. *a little.* 1 Co. 13. 12.
13 *thoughts.* ch. 33. 14-16. Ge. 20. 3; 28. 12; 31. 24; 46. 2. Nu. 12. 6; 22. 19, 20. Da. 2. 19, 28, 29; 4. 5. *deep sleep.* Ge. 2. 21; 15. 12. Da. 8. 18; 10. 9.
14 *Fear.* ch. 7. 14. Ps. 119. 120. Is. 6. 5. Da. 10. 11. Hab. 3. 16. Lu. 1. 12, 29. Re. 1. 17. *came upon. Heb.* met. *all my bones. Heb.* the multitude of my bones. ch. 33. 19.
15 *a spirit.* Ps. 104. 4. Mat. 14. 26. Lu. 24. 37-39. He. 1. 7, 14. *the hair.* Is. 13. 8; 21. 3, 4. Da. 5. 6.
16 *there, etc. or,* I heard a still voice. 1 Ki. 19. 12.
17 *Shall mortal.* ch. 8. 3; 9. 2; 35. 2; 40. 8. Ge. 18. 25. Ps. 143. 2; 145. 17. Ec. 7. 20. Je. 12. 1. Ro. 2. 5; 3. 4-7; 9. 20; 11. 33. *shall a man.* ch. 9. 30, 31; 14. 4; 15. 14; 25. 4. Je. 17. 9. Mar. 7. 20-23. Re. 4. 8.
18 *he put.* ch. 15. 15, 16; 25. 5, 6. Ps. 103. 20, 21; 104. 4. Is. 6. 2, 3. *and his angels he charged with folly. or,* nor in his angels *in whom* he put light. 2 Pe. 2. 4. Jude 6.
19 *dwell.* ch. 10. 9; 13. 12; 33. 6. Ge. 2. 7; 3. 19; 18. 27. Ec. 12. 7. 2 Co. 4. 7; 5. 1. *crushed.* ch. 13. 28; 14. 2. Ps. 39. 11; 90. 5-7; 103. 15, 16; 146. 4. 1 Pe. 1. 24.
20 *destroyed. Heb.* beaten in pieces. 2 Ch. 15. 6, marg. *from morning.* Is. 38. 12, 13. *they perish.* ch. 14. 14; 16. 22. Ps. 39. 13; 92. 7. *without.* ch. 18. 17; 20. 7. 2 Ch. 21. 20. Ps. 37. 36. Pr. 10. 7.
21 *excellency.* Ps. 39. 5, 11; 49. 14; 146. 3, 4. Is. 14. 16. Lu. 16. 22, 23. Ja. 1. 11. *die.* ch. 36. 12. Ps. 49. 20. Is. 2. 22. Lu. 12. 20.

## CHAP. V.

*Eliphaz shews that the end of the wicked is misery,* 1-5; *that man is born to trouble,* 6, 7; *that God is to be regarded in affliction,* 8-16; *the happy end of God's correction,* 17-27.

1 *and to which.* ch. 15. 8-10, 15. Is. 41. 1, 21-23. He. 12. 1. *the saints.* ch. 4. 18; 15. 15. De. 33. 2, 3. Ps. 16. 3; 106. 16. Ep. 1. 1. *turn. or,* look.
2 *wrath.* ch. 18. 4. Jon. 4. 9. *the foolish.* Ps. 14. 1; 75. 4; 92. 6; 107. 17. Pr. 1. 22, 23; 8. 5. Ec. 7. 9. *envy. or,* indignation. Ge. 30. 1. 1 Sa. 18. 8, 9. Ro. 2. 8. *one.* Ho. 7. 11. 2 Ti. 3. 6.
3 *taking.* ch. 27. 8. Ps. 37. 35, 36; 73. 3-9, 18-20; 92. 7. Je. 12. 1-3. *cursed.* De. 27. 15, etc. Ps. 69. 25. Ac. 1. 20.
4 *children.* ch. 4. 10, 11; 8. 4; 18. 16-19; 27. 14. Ex. 20. 5. Ps. 109. 9-15; 119. 155; 127. 5. *they are crushed.* ch. 1. 19. Lu. 13. 4, 5. *neither.* ch. 10. 7. Ps. 7. 2.
5 *harvest.* De. 28. 33, 51. Ju. 6. 3-6. Is. 62. 8. *the thorns.* Ju. 6. 11. 2 Ch. 33. 11. *the robber.* ch. 1. 15, 17; 12. 6; 18. 9. Ho. 8. 7. *swalloweth.* ch. 2. 3; 20. 15. Je. 51. 34, 44. La. 2. 5, 16.
6 *affliction. or,* iniquity. *trouble.* ch. 34. 29. De. 32. 27. 1 Sa. 6. 9. Ps. 90. 7. Is. 45. 7. La. 3. 38. Am. 3. 6. *spring out.* Ho. 10. 4. He. 12. 15.
7 *man.* ch. 14. 1. Ge. 3. 17-19. Ps. 90. 8, 9. 1 Co. 10. 13. *trouble. or,* labour. Ec. 1. 8; 2. 22; 5. 15-17. *sparks fly upward. Heb.* sons of the burning coal lift up to fly.
8 *seek.* ch. 8. 5; 22. 21, 27. Ge. 32. 7-12. 2 Ch. 33. 12, 13. Ps. 50. 15; 77. 1, 2. Jon. 2. 1-7. *unto God.* Ps. 37. 5. 2 Ti. 1. 12. 1 Pe. 2. 23; 4. 19.
9 *doeth.* ch. 9. 10; 11. 7-9; 37. 5. Ps. 40. 5; 72. 18; 86. 10. Ro. 11. 33. *unsearchable. Heb. there is* no search. Is. 40. 28. *marvellous.* ch. 26. 5-14. *without number. Heb.* till *there be* no number. Ps. 40. 5; 139. 18.
10 *giveth.* ch. 28. 26. Ps. 65. 9-11; 147. 8. Je. 5. 24; 10. 13; 14. 22. Am. 4. 7. Ac. 14. 17. *fields. Heb.* out-places. ch. 38. 26-28.
11 *set up.* 1 Sa. 2. 7, 8. Ps. 91. 14; 107. 41. Eze. 17 24. Lu. 1. 52, 53. *those.* Lu. 6. 21. Ja. 1. 9; 4. 6-10. 1 Pe. 5. 10. *exalted.* De. 33. 27. 1 Pe. 1. 3.
12 *disappointeth.* ch. 12. 16, 17. Ne. 4. 15. Ps. 33. 10, 11.

37. 17. Pr. 21. 30. Is. 8. 10; 19. 3. *their hands.* Ps. 21. 11. Is. 37. 36. Ac. 12. 11; 23. 12, etc. *their enterprise. or,* any thing.

13 *taketh.* 2 Sa. 15. 31, 34; 17. 23. Es. 6. 4-11; 7. 10; 9. 25. Ps. 7. 15, 16; 9. 15, 16; 35. 7, 8. Lu. 1. 51. 1 Co. 1. 19, 20. *of the froward.* Ps. 18. 26. Pr. 3. 32.

14 *meet with. or,* run into. *darkness.* ch. 12. 25. De. 28. 29. Pr. 4. 19. Is. 59. 10. Am. 8. 9.

15 *he saveth.* Ps. 10. 14, 17; 35. 10; 72. 4, 12, 13; 107. 41; 109. 31; 140. 12.

16 *the poor.* 1 Sa. 2. 8, 9. Ps. 9. 18. Is. 14. 32. Zec. 9. 12. *and.* Ex. 11. 7. Ps. 63. 11; 107. 42. Ro. 3. 19.

17 *happy.* Ps. 94. 12. Pr. 3. 11, 12. Je. 31. 18. He. 12. 5-11. Ja. 1. 12; 5. 11. Re. 3. 19.

18 De. 32. 39. 1 Sa. 2. 6. Ps. 147. 3. Is. 30. 26.

19 *deliver thee.* Ps. 34. 19; 91. 3-7. Pr. 24. 16. 1 Co. 10. 13. 2 Co. 1. 8. 2 Pe. 2. 9. *no evil.* Ps. 91. 7-10.

20 *famine.* Ge. 45. 7. 1 Ki. 17. 6. Ps. 33. 19. Pr. 10. 3. Is. 33. 16. Hab. 3. 17. *redeem.* Ps. 49. 7. Ho. 13. 14. *in war.* Ps. 27. 3. Mat. 24. 6. *the power. Heb.* hands.

21 *be hid.* Ps. 31. 20; 55. 21; 57. 4. Pr. 12. 18. Is. 54. 17. Je. 18. 18. Ja. 3. 5-8. *from the scourge. or,* when the tongue scourgeth. *neither.* Ps. 91. 5-7.

22 *laugh.* 2 Ki. 19. 21. *afraid.* Is. 35. 9; 65. 25. Eze. 34. 25.

23 *thou.* Ps. 91. 12, 13. Ho. 2. 18. Ro. 8. 38, 39. *beasts.* Le. 26. 6. Eze. 14. 15, 16. Is. 11. 9. Da. 6. 22.

24 *thou shalt know.* ch. 18. 6, 15, 21; 21. 7-9. 1 Sa. 30. 3. Is. 4. 5, 6. *thy tabernacle,* etc. *or,* peace *is* thy tabernacle. Ps. 25. 13. *thou shalt visit.* De. 28. 6. Ps. 91. 10; 121. 7, 8. *sin. or,* err. Ps. 107. 4, 40.

25 *thy seed.* ch. 42. 13-16. Ge. 15. 5. Le. 26. 9. De. 28. 4. Ps. 112. 2; 127. 3-5; 128. 3-6. *great. or,* much. *as the grass.* Ps. 72. 16.

26 *in a full age.* ch. 42. 16, 17. Ge. 15. 15; 25. 8. Ps. 91. 16. Pr. 9. 11; 10. 27. *cometh. Heb.* ascendeth.

27 *we have searched.* ch. 8. 8-10; 12. 2; 15. 9, 10, 17; 32. 11, 12. Ps. 111. 2. Pr. 2. 3-5. *for thy good. Heb.* for thyself. ch. 22. 2. De. 10. 13. Pr. 9. 12.

## CHAP. VI.

*Job shews that his complaints are not causeless, 1-7. He wishes for death, wherein he is assured of comfort, 8-13. He reproves his friends of unkindness, 14-30.*

1 *answered.* ch. 4. 1.

2 *throughly.* ch. 4. 5; 23. 2. *laid. Heb.* lifted up.

3 *heavier.* Pr. 27. 3. Mat. 11. 28. *my words are swallowed up. that is,* I want words to express my grief. ch. 37. 19, 20. Ps. 40. 5; 77. 4.

4 *the arrows.* ch. 16. 12-14. De. 32. 23, 42. Ps. 7. 13; 18. 14; 21. 12; 38. 2; 45. 5. La. 3. 12, 13. *drinketh up.* De. 32. 24. Ps. 143. 7. Pr. 18. 14. Mar. 14. 33, 34; 15. 34. *the terrors.* ch. 9. 17; 30. 15; 31. 23. Ps. 88. 15, 16. 2 Co. 5. 11.

5 *when he hath grass. Heb.* at grass. Ps. 104. 14. *loweth.* Ps. 42. 1. Je. 14. 6. Joel 1. 18-20.

6 *that which.* ver. 25; ch. 16. 2. Le. 2. 13. Lu. 14. 34. Col. 4. 6. *taste.* ver. 30; ch. 12. 11; 34. 3. Ps. 119. 103. He. 6. 4, 5.

7 *as my sorrowful meat.* 1 Ki. 17. 12; 22. 27. Ps. 102. 9. Eze. 4. 14, 16; 12. 18, 19. Da. 10. 3.

8 *the thing that I long for. Heb.* my expectation. ver. 11-13; ch. 17. 14-16. Ps. 119. 81.

9 *that it would.* ch. 3. 20-22; 7. 15, 16; 14. 13. Nu. 11. 14, 15. 1 Ki. 19. 4. Jon. 4. 3, 8. Re. 9. 6. *that he would.* ch. 19. 21. Ps. 32. 4. Is. 48. 10-13.

10 *Then.* ch. 3. 22; 21. 33. *I would.* ch. 9. 4. *let him not.* De. 29. 20. Ro. 8. 32. 2 Pe. 2. 4, 5. *have not concealed.* ch. 23. 12. Ps. 37. 30; 40. 9, 10; 71. 17, 18; 119. 13. Ac. 20. 20, 27. *the Holy One.* Le. 19. 2. 1 Sa. 2. 2. Is. 30. 11, 12; 57. 15. Ho. 11. 9. Hab. 1. 12; 3. 3. Re. 3. 7; 4. 8.

11 *What.* ch. 7. 5-7; 10. 20; 13. 25, 28; 17. 1, 14-16. Ps. 39. 5; 90. 5-10; 102. 23; 103. 14-16.

12 *of brass. Heb.* brasen. ch. 40. 18; 41. 24.

13 *Is not my.* ch. 19. 28. 2 Co. 1. 12. Ga. 6. 4. *and is wisdom.* ch. 12. 2, 3; 13. 2.

14 *To him.* ch. 4. 3, 4; 16. 5; 19. 21. Pr. 17. 17. Ro. 12. 15. 1 Co. 12. 26. 2 Co. 11. 29. Ga. 6. 2. He. 13. 3. *is afflicted. Heb.* melteth. *he forsaketh.* Ge. 20. 11. Ps. 36. 1-3. Lu. 23. 40.

15 *My brethren.* ch. 19. 19. Ps. 38. 11; 41. 9; 55. 12-14; 88. 18. Je. 9. 4, 5; 30. 14. Mi. 7. 5, 6. Jno. 13. 18; 16. 32. *as the stream.* Je. 15. 18. Jude 12.

17 *vanish. Heb.* are cut off. *when it is hot they are consumed. Heb.* in the heat thereof they are extinguished. 1 Ki. 17. 1.

19 *Tema.* Ge. 25. 15. Is. 21. 14. Je. 25. 23. *Sheba.* Ge. 10. 7; 25. 3. 1 Ki. 10. 1. Ps. 72. 10. Eze. 27. 22, 23.

20 *confounded.* Je. 14. 3, 4; 17. 13. Ro. 5. 5; 9. 33.

21 *ye are nothing. or,* ye are *like* to them. *Heb.* to it. ver. 15; ch. 13. 4. Ps. 62. 9. Is. 2. 22. Je. 17. 5, 6. *nothing. Heb.* not. *ye see.* ch. 2. 11-13. Ps. 38. 11. Pr. 19. 7. Je. 51. 9. Mat. 26. 31, 56. 2 Ti. 4. 16. Re. 18. 9, 10, 17, 18.

22 *Bring unto me.* ch. 42. 11. 1 Sa. 12. 3. Ac. 20. 33.

23 *Redeem.* ch. 5. 20. Le. 25. 48. Ne. 5. 8. Ps. 49. 7, 8, 15; 107. 2. Je. 15. 21.

24 *Teach me.* ch. 5. 27; 32. 11, 15, 16; 33. 1, 31-33; 34. 32. Ps. 32. 8. Pr. 9. 9; 25. 12. Ja. 1. 19. *I will.* Ps. 39. 1, 2. Ja. 3. 2. *cause me.* ch. 10. 2. Ps. 19. 12.

25 *forcible.* ch. 4. 4; 16. 5. Pr. 12. 18; 16. 21-24; 18. 21; 25. 11. Ec. 12. 10, 11. *what doth.* ch. 13. 5; 16. 3, 4; 21. 34; 24. 25; 32. 3.

26 *reprove.* ch. 2. 10; 3. 3, etc.; 4. 3, 4; 34. 3-9; 38. 2; 40. 5, 8; 42. 3, 7. Mat. 12. 37. *one that.* ver. 4, 9; ch. 10. 1. *as wind.* ch. 8. 2. Ho. 12. 1. Ep. 4. 14.

27 *overwhelm. Heb.* cause to fall upon. *the fatherless.* ch. 22. 9; 24. 3, 9; 29. 12; 31. 17, 21. Ex. 22. 22-24. Ps. 82. 3. Pr. 23. 10, 11. Eze. 22. 7. Mal. 3. 5. Ja. 1. 27. *ye dig.* Ps. 7. 15; 57. 6. Je. 18. 20, 22.

28 *evident unto you. Heb.* before your face. *if I lie.* ch. 11. 3; 13. 4.

29 *Return.* ch. 17. 10. Mal. 3. 18. *my righteousness.* ch. 27. 4-6. *in it. that is,* in this matter.

30 *iniquity.* ch. 33. 8-12; 42. 3-6. *cannot.* ver. 6; ch. 12. 11; 34. 3. He. 5. 14. *taste. Heb.* palate.

## CHAP. VII.

*Job excuses his desire of death, 1-11. He complains of his own restlessness, and expostulates with God, 12-21.*

1 *Is there.* ch. 14. 5, 13, 14. Ps. 39. 4. Is. 38. 5. Jno. 11. 9, 10. *an appointed time. or,* a warfare. Ec. 8. 8. *like the days.* ch. 14. 6. Le. 25. 50. De. 15. 18. Is. 21. 16. Mat. 20. 1-15.

2 *earnestly desireth. Heb.* gapeth after. Ps. 119. 131; 143. 6. *the shadow.* Je. 6. 4. *as an hireling.* Le. 19. 13. De. 24. 15. Mal. 3. 5. Ja. 5. 4.

3 *months of.* ch. 29. 2. Ps. 6. 6; 39. 5. Ec. 1. 14.

4 *When.* ver. 13, 14; ch. 17. 12; 30. 17. De. 28. 67. Ps. 6. 6; 77. 4; 130. 6. *night,* etc. *Heb.* evening be measured. *tossings.* Ps. 109. 23. Is. 54. 11.

5 *flesh.* ch. 2. 7, 8; 17. 14; 19. 26; 24. 20; 30. 18, 19. Ps. 38. 5-7. Is. 1. 6; 14. 11. Ac. 12. 23. *loathsome.* ch. 9. 31. Is. 66. 24. Eze. 20. 43.

6 *swifter.* ch. 9. 25; 16. 22; 17. 11. Ps. 90. 5, 6; 102. 11; 103. 15, 16; 144. 4. Is. 38. 12, 13; 40. 6, 7. Ja. 1. 11; 4. 14. 1 Pe. 1. 24. *without hope.* ch. 6. 11; 17. 15. Pr. 14. 32. Je. 2. 25. Ep. 2. 12. 1 Pe. 1. 13.

7 *remember.* ch. 10. 9. Ge. 42. 36. Ne. 1. 8. Ps. 74. 18, 22; 89. 47, 50. Je. 15. 15. *my life.* Ps. 78. 39. Ja. 4. 14. *no more see. Heb.* not return to see, *that is,* to enjoy. ch. 10. 21, 22.

8 *The eye.* ch. 20. 9. Ps. 37. 36. *thine eyes.* ch. 13. 27; 14. 3. Ps. 39. 11; 90. 8, 9. *I am not. that is,* I can live no longer. ver. 21.

9 *the cloud.* ch. 37. 11. *he.* ch. 10. 21; 14. 10-14; 16. 22. 2 Sa. 12. 23; 14. 14. Ps. 39. 13. Is. 38. 11.

10 *shall return.* ch. 8. 18; 20. 9. Ps. 103. 16.

11 *I will not.* ch. 6. 26; 10. 1; 13. 13; 16. 6; 21. 3. Ps. 39. 3; 40. 9. *the anguish.* Ge. 42. 21. 2 Ki. 4. 27, 28. Mat. 26. 37, 38. Lu. 22. 44. 2 Co. 2. 4. *the bitterness.* ch. 10. 15; 21. 25. 1 Sa. 1. 10. Is. 38. 15, 17.

12 *I a sea.* ver. 17; ch. 38. 6-11. La. 3. 7. *a whale.* ch. 41. 1, etc.

13 *My bed.* ver. 3, 4; ch. 9. 27, 28. Ps. 6. 6; 77. 4.

14 *thou scarest.* Ge. 40. 5-7; 41. 8. Ju. 7. 13, 14. Da. 2. 1. Mat. 27. 19.

15 *chooseth.* 2 Sa. 17. 23. Mat. 27. 5. *life. Heb.* bones.

16 *I loathe it.* ch. 3. 20-22; 6. 9; 10. 1. Ge. 27. 46. 1 Ki. 19. 4. Jon. 4. 3, 8. *let me alone.* ch. 10. 20; 14. 6. Ps. 39. 10, 13. *my days.* Ps. 62. 9; 78. 33; 144. 4. Ec. 6. 11, 12.

17 *What is man.* Ps. 8. 4; 144. 3. He. 2. 6. *magnify.* ver. 12. 1 Sa. 24. 14. *set thine.* ch. 34. 14, 15.

18 *visit.* Ex. 20. 5; 32. 34. Is. 26. 14; 38. 12, 13. *try.* Ge. 22. 1. De. 8. 16. Je. 9. 7. Da. 12. 10. Zec. 13. 9. 1 Pe. 1. 7.

19 *How long.* ch. 9. 18. Ps. 6. 3; 13. 1-3; 94. 3. Re. 6. 10.

20 *I have sinned.* ch. 9. 29-31; 13. 26; 14. 16; 22. 5; 31. 33; 33. 9, 27. Ps. 80. 4. *O thou preserver.* Ne. 9. 6. Ps. 36. 6. *why hast.* ver. 12; ch. 6. 4; 16. 12-14. Ps. 21. 12. La. 3. 12. *I am.* ver. 11; ch. 3. 24.

21 *why dost.* ch. 10. 14; 13. 23, 24. Is. 64. 9. La. 3. 42-44; 5. 20-22. *take away.* 2 Sa. 24. 10. Mi. 7. 18, 19. Ho. 14. 2. Jno. 1. 29. Tit. 2. 14. 1 Jno. 1. 9; 3. 5. *sleep.* ch. 3. 13; 17. 14; 21. 32, 33. Ec. 12. 7. Is. 26. 19. Da. 12. 2. *in the morning.* ver. 18. *but I shall not be.* Ps. 37. 36; 103. 15.

## CHAP. VIII.

*Bildad shews God's justice in dealing with men according to their works,* 1-7. *He alleges antiquity to prove the certain destruction of the hypocrite,* 8-19. *He applies God's just dealing to Job,* 20-22.

1 *Bildad.* ch. 2. 11.

2 *How long.* ch. 11. 2, 3; 16. 3; 18. 2; 19. 2, 3. Ex. 10. 3, 7. Pr. 1. 22. *the words.* ch. 6. 9, 26; 7. 11; 15. 2. 1 Ki. 19. 11.

3 *God.* ch. 4. 17; 9. 2; 10. 3; 19. 7; 34. 5, 12, 17-19; 40. 8. Ge. 18. 25. De. 32. 4. 2 Ch. 19. 7. Eze. 18. 25; 33. 17, 20. Ps. 89. 14. Da. 9. 14. Ro. 2. 5; 3. 4-6. *Almighty.* ch. 21. 15, 20; 34. 10-12; 35. 13; 40. 2. Ps. 99. 4. Re. 15. 3; 16. 7.

4 *he have cast.* ch. 1. 5, 18, 19; 5. 4; 18. 16-19. Ge. 13. 13; 19. 13-25. *for their transgression. Heb.* in the hand of their transgression.

5 *thou wouldest.* ch. 5. 8; 11. 13; 22. 21-23, etc. 2 Ch. 33. 12, 13. Is. 55. 6, 7. Mat. 7. 7, 8. He. 3. 7, 8. Ja. 4. 7-10.

6 *thou wert.* ch. 1. 8; 4. 6, 7; 21. 14, 15; 16. 17. Ps. 26. 5, 6. Pr. 15. 8. Is. 1. 15. 1 Ti. 2. 8. 1 Jno. 3. 19-22. *he would.* Ps. 44. 23; 59. 4, 5. Is. 51. 9. *make.* ch. 22. 23-30. Is. 3. 10.

7 *thy beginning.* ch. 42. 12, 13. Pr. 4. 18. Zec. 4. 10. Mat. 13. 12, 31, 32. *thy latter.* De. 8. 16. Pr. 19. 20. Zec. 14. 7. 2 Pe. 2. 20.

8 *enquire.* ch. 12. 12; 15. 10, 18; 32. 6, 7. De. 4. 32; 32. 7. Ps. 44. 1; 78. 3, 4. Is. 38. 19. Ro. 15. 4. 1 Co. 10. 11.

9 *we are but.* ch. 7. 6. Ge. 47. 9. 1 Ch. 29. 15. Ps. 39. 5; 90. 4; 102. 11; 144. 4. *nothing. Heb.* not.

10 *Shall not.* ch. 12. 7, 8; 32. 7. De. 6. 7; 11. 19. Ps. 145. 4. He. 11. 4; 12. 1. *utter words.* Pr. 16. 23; 18. 15. Mat. 12. 35.

11 *the rush.* Ex. 2. 3. Is. 19. 5-7.

12 Ps. 129. 6, 7. Je. 17. 6. Mat. 13. 20. Ja. 1. 10, 11. 1 Pe. 1. 24.

13 *that forget God.* De. 6. 12; 8. 11, 14, 19. Ps. 9. 17; 10. 4; 50. 22. Is. 51. 13. *the hypocrite's.* ch. 11. 20; 13. 16; 15. 34; 18. 14; 20. 5; 27. 8-10; 36. 13. Pr. 10. 28; 12. 7. Is. 33. 14. La. 3. 18. Mat. 24. 51. Lu. 12. 1, 2.

14 *web. Heb.* house. Is. 59. 5, 6.

15 *it shall not stand.* ch. 18. 14; 27. 18. Ps. 52. 5-7; 112. 10. Pr. 10. 28. Mat. 7. 24-27. Lu. 6. 47-49.

16 *green.* ch. 21. 7-15. Ps. 37. 35, 36; 73. 3-12. *his branch.* ch. 5. 3.

17 *roots.* ch. 18. 16; 29. 19. Is. 5. 24; 40. 24. Je. 12. 1, 2. Mar. 11. 20. Jude 12.

18 *he.* ch. 7. 10; 20. 9. Ps. 37. 10, 36; 73. 18, 19; 92. 7.

19 *this is the joy.* ch. 20. 5. Mat. 13. 20, 21. *out of the earth.* 1 Sa. 2. 8. Ps. 75. 7; 113. 7. Eze. 17. 24. Mat. 3. 9.

20 *God.* ch. 4. 7; 9. 22. Ps. 37. 24, 37; 94. 14. *help the evil doers. Heb.* take the ungodly by the hand. Is. 45. 1.

21 *he fill.* Ge. 21. 6. Ps. 126. 2, 6. Lu. 6. 21. *rejoicing. Heb.* shouting for joy. Ezr. 3. 11-13. Ne. 12. 43. Ps. 32. 11; 98. 4; 100. 1. Is. 65. 13, 14.

22 *clothed.* Ps. 35. 26; 109. 29; 132. 18. 1 Pe. 5. 5. *come to nought. Heb.* not be. ver. 18; ch. 7. 21.

## CHAP. IX.

*Job acknowledges God's justice,* 1-21. *Man's innocency is not to be condemned by afflictions,* 22-35.

2 *how.* ch. 4. 17; 14. 3, 4; 25. 4; 32. 2; 33. 9; 34. 5. 1 Ki. 8. 46. Ps. 130. 3; 143. 2. Ro. 3. 20. *with. or,* before.

3 *he will contend.* ver. 20. 32, 33; 10. 2; 23. 3-7; 31. 35-37; 33. 13; 34. 14, 15; 40. 2. Is. 57. 15, 16. Ro. 9. 20. *he cannot.* Ps. 19. 12; 40. 12. 1 Jno. 1. 8; 3. 20.

4 *wise in heart.* ver. 19; ch. 36. 5. Ps. 104. 24; 136. 5. Da. 2. 20; 4. 34-37. Ro. 11. 33. Ep. 1. 8, 19; 3. 10, 20. Jude 24, 25. *who hath hardened.* ch. 6. 10; 15. 23-27; 40. 9. Ex. 9. 14-17; 14. 17, 18. Pr. 28. 14; 29. 1. Da. 5. 20-30. 1 Co. 10. 22.

5 *removeth.* ch. 28. 9. Ps. 46. 2; 68. 8; 114. 6. Is. 40. 12. Hab. 3. 6, 10. Zec. 4. 7. Mat. 21. 21. Co. 13. 2. Re. 6. 14; 11. 13. *which overturneth.* Na. 1. 5, 6. Zec. 14. 4, 5. Mat. 27. 51. Lu. 21. 11. Re. 16. 18-20.

6 *shaketh.* Is. 2. 19, 21; 13. 13, 14; 24. 1, 19, 20. Hag. 2. 6, 21. He. 12. 26. Re. 20. 11. *the pillars.* ch. 26. 11; 38. 4-7. 1 Sa. 2. 8. Ps. 75. 3; 114. 7. Je. 4. 24. Joel 2. 10.

7 *commandeth.* Ex. 10. 21, 22. Jos. 10. 12. Da. 4. 35. Am. 4. 13; 8. 9. Mat. 24. 29. *sealeth.* ch. 37. 7; 38. 12-15, 19, 20. Is. 13. 10. Eze. 32. 7. Lu. 21. 25, 26.

8 *Which.* ch. 37. 18. Ge. 1. 6, 7. Ps. 33. 6; 104. 2, 3. Is. 40. 22; 42. 5; 44. 24. Je. 10. 11. Zec. 12. 1. *treadeth.* ch. 38. 11. Ps. 93. 3, 4. Mat. 14. 25-30. Jno. 6. 19. *waves. Heb.* heights.

9 *maketh.* ch. 38. 31, 32, etc. Ge. 1. 16. Ps. 147. 4. Am. 5. 8. *Arcturus, Orion, and Pleiades. Heb.* Ash, Cesil, and Cimah. *the chambers.* Ps. 104, 3, 13. Ac. 28. 13.

10 *great things.* ch. 5. 9; 26. 12-14; 37. 23. Ps. 71. 15; 72. 18. Ec. 3. 11. Is. 40. 26-28. Ro. 11. 33. Ep. 3. 20. *wonders.* Ex. 15. 11. Ps. 136. 4. Da. 4. 2, 3.

11 *he goeth.* ch. 23. 8, 9; 35. 14. Ps. 77. 19. 1 Ti. 6. 16.

12 *he taketh.* ch. 23. 13; 34. 29. Da. 4. 35. Ep. 1. 11. *hinder him. Heb.* turn him away. ch. 11. 10. *What.* ch. 33. 13. Is. 45. 9. Je. 18. 6. Mat. 11. 26; 20. 15. Ro. 9. 18-20; 11. 34.

13 *the proud helpers. Heb.* the helpers of pride, *or* strength. ch. 26. 12; 40. 9-11. Is. 30. 7; 31. 2, 3. Ja. 4. 6, 7.

14 *How much.* ch. 4. 19; 25. 6. 1 Ki. 8. 27. *shall I.* ch. 11. 4, 5. *choose.* ch. 23. 4, 7; 33. 5.

15 *though.* ch. 10. 15. 1 Co. 4. 4. *I would.* ch. 5. 8; 8. 5; 10. 2; 22. 27; 34. 31, 32. 1 Ki. 8. 38, 39. 2 Ch. 33. 13. Je. 31. 9. Da. 9. 3, 18. *my judge.* ch. 23. 7. 1 Pe. 2. 23.

16 *If I had.* Ps. 18. 6; 66. 18-20; 116. 1, 2. *would I.* ch. 29, 24. Ex. 6. 9. Ju. 6. 13. Ps. 126. 1. Lu. 24. 41. Ac. 12. 14-16.

17 *For he.* ch. 16. 14. Ps. 29. 5; 42. 7; 83. 15. Is. 28. 17. Je. 23. 19. Eze. 13. 13. Mat. 7. 27; 12. 20. *multiplieth.* ch. 1. 14-19; 2. 7, 13. *without cause.* ch. 2. 3; 16. 17; 34. 6. Ps. 25. 3. Jno. 9. 3; 15. 25.

18 *will not.* ch. 7. 19. Ps. 39. 13; 88. 7, 15-18. La. 3. 3, 18. *filleth me.* ch. 3. 20. La. 3. 15, 19. He. 12. 11.

19 *he is strong.* See on ver. 4; ch. 36. 17-19; 40. 9, 10. Ps. 62. 11. Mat. 6. 13. 1 Co. 1. 25; 10. 22. *who shall.* ver. 32, 33. ch. 31. 35; 33. 5-7.

20 *justify.* ver. 2; ch. 4. 17; 32. 1, 2. Ps. 130. 3; 143. 2. Lu. 10. 29; 16. 15. *mine.* ch. 15. 5, 6; 34. 35; 35. 16. Pr. 10. 19. Is. 6. 5. Mat. 12. 36, 37. Ja. 3. 2. *I am perfect.* ch. 1. 1. Phi. 3. 12-15. *it shall.* ch. 33. 8-13. Pr. 17. 20. 1 Ti. 6. 5.

21 *yet would.* Ps. 139. 23, 24. Pr. 28. 26. Je. 17. 9, 10. 1 Co. 4. 4. 1 Jno. 3. 20. *I would.* ch. 7. 15, 16, 21.

22 *He destroyeth.* Ec. 9. 1-3. Eze. 21. 3, 4. Lu. 13. 2-4.

23 *If the.* ch. 1. 13-19; 2. 7. *he will.* ch. 4. 7; 8. 20. 2 Sa. 14. 15, 17. Ps. 44. 22. Eze. 14. 19-21; 21. 13. He. 11. 36, 37.

24 *earth.* ch. 12. 6-10; 21. 7-15. Ps. 17. 14; 73. 3-7. Je. 12. 1, 2. Da. 4. 17; 5. 18-21; 7. 7, etc. Hab. 1. 14-17. *he covereth.* 2 Sa. 15. 30; 19. 4. Es. 6. 12; 7. 8. Je. 14. 4. *if not.* ch. 24. 25; 32. 2.

25 *swifter.* ch. 7. 6, 7. Es. 8. 14. *a post. Rotz,* a *runner,* or *courier;* some of whom are said to go 150 miles in less than 24 hours. *they flee away.* Ps. 39. 5, 11; 89. 47; 90. 9, 10. Ja. 4. 14.

26 *swift ships. Heb.* ships of desire, *or,* ships of Ebeh. *as the eagle.* ch. 39. 27-30. 2 Sa. 1. 23. Pr. 23. 5. Je. 4. 13. La. 4. 19. Hab. 1. 8.

27 ch. 7. 13. Ps. 77. 2, 3. Je. 8. 18.

28 *afraid.* ch. 21. 6. Ps. 88. 15, 16; 119. 120. *I know.* ver. 2, 20, 21; ch. 14. 16. Ex. 20. 7. Ps. 130. 3.

29 ver. 22; ch. 10. 7, 14-17; 21. 16, 17, 27; 22. 5, etc. Ps. 73. 13. Je. 2. 35.

30 Ps. 26. 6. Pr. 28. 13. Is. 1. 16-18. Je. 2. 22; 4. 14. Ro. 10. 3. 1 Jno. 1. 8.

31 *shalt.* ver. 20; ch. 15. 6. *mine.* Is. 59. 6; 64. 6. Phi. 3. 8, 9. *abhor me. or,* make me to be abhorred.

32 *not a man.* ch. 33. 12; 35. 5-7. Nu. 23. 19. 1 Sa. 16. 7. Ec. 6. 10. Is. 45. 9. Je. 49. 19. Ro. 9. 20. 1 Jno. 3. 20. *we should.* ch. 13. 18-23; 23. 3-7. Ps. 143. 2.

33 *is there.* ver. 19. 1 Sa. 2. 25. Ps. 106. 23. 1 Jno. 2. 1, 2. *daysman. Heb.* one that should argue, *or,* umpire. *that might.* 1 Ki. 3. 16, etc.

34 *let not.* ch. 13. 11, 20-22; 23. 15; 31. 23; 33. 7; 37. 1. Ps. 39. 10; 90. 11. *but it is not so with me. Heb.* but I *am* not so with myself. ch. 29. 2, etc.

## CHAP. X.

*Job, taking liberty of complaint, expostulates with God about his afflictions,* 1-17. *He complains of life, and craves a little ease before death,* 18-22.

1 *My soul.* ch. 3. 20-23; 6. 8, 9; 5. 15, 16, 20; 9. 21; 14. 13. Nu. 11. 15. 1 Ki. 19. 4. Jon. 4. 3, 8. *is weary of my life. or,* cut off while I live. *I will leave.* ch. 7. 11; 19. 4;

21. 2-4. *I will speak.* ver. 15, 16; ch. 6. 2-4, 26; 7. 11; 16. 6-16. Ps. 32. 3-5. Is. 38. 15, 17.

2 *Do not.* Ps. 6. 1-4; 25. 7; 38. 1-8; 109. 21; 143. 2. Ro. 8. 1. *shew me.* ch. 8. 5, 6; 34. 31, 32. Ps. 139. 23, 24. La. 3. 40-42; 5. 16, 17. 1 Co. 11. 31, 32.

3 *Is it good.* ch. 34. 5-7, 18, 19; 36. 7-9, 17, 18; 40. 2, 8. La. 3. 2-18. *despise.* Ps. 69. 33. *the work. Heb.* the labour. ch. 14. 15; 34. 19. Ps. 138. 8. Is. 64. 8. 1 Pe. 4. 19. *shine upon.* ch. 8. 20. Je. 12. 1-3.

4 *seest thou.* ch. 9. 32. 1 Sa. 16. 7. Lu. 16. 15. Re. 1. 14.

5 Ps. 90. 2-4; 102. 12, 24-27. He. 1. 12. 2 Pe. 3. 8.

6 ver. 14-17. Ps. 10. 15; 44. 21. Je. 2. 34. Zep. 1. 12. Jno. 2. 24, 25. 1 Co. 4. 5.

7 *Thou knowest. Heb. It is* upon thy knowledge. ch. 23. 10; 31. 6, 14, 35; 42. 7. Ps. 1. 6; 7. 3, 8, 9; 17. 3; 26. 1-5; 139. 1, 2, 21-24. Jno. 21. 17. 2 Co. 1. 12. 1 Th. 2. 10. *and there.* ch. 23. 13, 14. De. 32. 39. Ps. 50. 22. Da. 3. 15. Ho. 2. 10. Jno. 10. 28-30.

8 *hands.* Ps. 119. 73. Is. 43. 7. *have made me. Heb.* took pains about me. *yet thou.* ver. 3. Ge. 6. 6, 7. Je. 18. 3-10.

9 *Remember.* ch. 7. 7. Ps. 25. 6, 7, 18; 89. 47; 106. 4. *thou hast.* Ge. 2. 7; 3. 19. Is. 45. 9; 64. 8. Je. 18. 6. *into dust again.* ch. 17. 14. Ps. 22. 15; 90. 3. Ec. 12. 7. Ro. 9. 21.

10 *poured.* Ps. 139. 14-16.

11 *clothed.* 2 Co. 5. 2, 3. *fenced. Heb.* hedged. ch. 40. 17, 18. Eze. 37. 4-8. Ep. 4. 16.

12 *life and favour.* Ge. 19. 19. Mat. 6. 25. Ac. 17. 25, 28.

13 *hid.* ch. 23. 9. Ec. 8. 6, 7. Is. 45. 15. Ro. 11. 33. *I know.* ch. 23. 13. De. 32. 39. Is. 45. 7; 46. 9-11. La. 3. 37. Ep. 3. 11.

14 *then.* ch. 13. 26, 27; 14. 16. Ps. 130. 3; 139. 1. *thou wilt.* ch. 7. 21. Ex. 34. 7. Nu. 14. 18.

15 *If I be wicked.* ver. 7; ch. 9. 29; 27. 7. Ps. 9. 17. Is. 3. 11; 6. 5. Mal. 3. 18. Ro. 2. 8, 9. *righteous.* ch. 9. 12, 15, 20, 21. Is. 64. 5, 6. Lu. 17. 10. *I am full.* ch. 21. 6; 23. 15. *see.* Ex. 3. 7. Ps. 25. 18; 119. 153. La. 1. 20; 5. 1, etc.

16 *Thou huntest.* Is. 38. 13. La. 3. 10. Ho. 13. 7, 8. Am. 3. 8. *marvellous.* Nu. 16. 29, 30. De. 28. 59.

17 *witnesses. that is,* plagues. ch. 16. 8. Ru. 1. 21. *changes.* I am as if attacked by successive troops; if one company be wearied, another succeeds to the attack. Ps. 55. 19. Je. 48. 11. Zep. 1. 12. *war.* ch. 16. 11-16; 19. 6-11.

18 *hast thou.* ch. 3. 10, 11. Je. 15. 10; 20. 14-18. Mat. 26. 24. *given up.* ch. 11. 20; 14. 10.

19 Ps. 58. 8.

20 *my days few.* ch. 7. 6, 7, 16; 8. 9; 9. 25, 26; 14. 1. Ps. 39. 5; 103. 15, 16. *cease.* ch. 7. 17-21; 13. 21. Ps. 39. 13.

21 *I go whence.* ch. 7. 8-10; 14. 10-14. 2 Sa. 12. 23; 14. 14. Is. 38. 11. *the land.* ch. 3. 5. Ps. 88. 6, 11, 12. *the shadow.* See on ch. 3. 5. Ps. 23. 4. Je. 2. 6.

22 *the shadow of death.* Where death projects his shadow, intercepting the light of life: *without any order*, having no arrangement, no distinction of inhabitants; the poor and the rich are there, the king and the beggar, their bodies in equal corruption and disgrace: *where the light* is as *darkness*, a palpable obscure, space and place, with only such a light or capability of distinction, as renders 'darkness visible.'

## CHAP. XI.

*Zophar reproves Job for justifying himself*, 1-4. *God's wisdom is unsearchable*, 5-12. *The assured blessing of repentance*, 13-20.

1 *Zophar.* See on ch. 2. 11; 20. 1.

2 *the multitude.* ch. 16. 3; 18. 2. Ps. 140. 11. Pr. 10. 19. Ac. 17. 18. Ja. 1. 19. *full of talk. Heb.* of lips.

3 *thy lies. or,* thy devices. ch. 13. 4; 15. 2, 3; 24. 25. *mockest.* ch. 12. 4; 13. 9; 17. 2; 34. 7. Ps. 35. 16. Je. 15. 17. Jude 18. *make thee.* Ps. 83. 16. 2 Th. 3. 14. Tit. 2. 8.

4 *For thou.* ch. 6. 10; 10. 7. 1 Pe. 3. 15. *I am clean.* ch. 6. 29, 30; 7. 20; 9. 2, 3; 14. 4; 34. 5, 6; 35. 2.

5 ch. 23. 3-7; 31. 35; 33. 6-18; 38. 1, 2; 40. 1-5, 8; 42. 7.

6 *shew thee.* ch. 15. 8, 11; 28. 28. De. 29. 29. Ps. 25. 14. Da. 2. 28, 47. Mat. 13. 35. Ro. 16. 25, 26. 1 Co. 2. 9-11. Ep. 3. 5. *God exacteth.* Ezr. 9. 13. Ps. 103. 10; 106. 43-46. La. 3. 22.

7 *Canst.* ch. 5. 9; 26. 14; 37. 23. Ps. 77. 19; 145. 3. Ec. 3. 11. Is. 40. 28. Mat. 11. 27. Ro. 11. 33. 1 Co. 2. 10, 16. Ep. 3. 8.

8 *It is as high as heaven. Heb.* the heights of heaven. ch. 22. 12; 35. 5. 2 Ch. 6. 18. Ps. 103. 11; 148. 13. Pr. 25. 2, 3. Is. 55. 9. *deeper.* ch. 26. 6. Ps. 139. 6-8. Am. 9. 2. Ep. 3. 18, 19.

9 *longer.* ch. 28. 24, 25. Ps. 65. 5-8; 139. 9, 10.

10 *If he cut off. or,* If he make a change. ch. 5. 18; 9. 4, 12, 13; 12. 14; 34. 29. Is. 41. 27. Da. 4. 35. *shut up.* ch. 38. 8. De. 32. 30. Ps. 31. 8. Re. 3. 7. *hinder him. Heb.* turn him away.

11 *he knoweth.* Ps. 94. 11. Je. 17. 9, 10. Jno. 2. 24, 25. He. 4. 13. Re. 2. 23. *he seeth.* ch. 22. 13, 14. Ps. 10. 11, 14; 35. 22. Ec. 5. 8. Ho. 7. 2. Hab. 1. 13. He. 4. 13.

12 *For vain. Heb.* For empty. Ps. 62. 9, 10; 73. 22; 92. 6. Ec. 3. 18. Ro. 1. 22. Ja. 2. 20. *would.* ch. 5. 13; 12. 2, 3; 28. 28. Pr. 30. 2-4. Ro. 12. 16. 1 Co. 3. 18-20. Ja. 3. 13-17. *man be.* ch. 15. 14. Ps. 51. 5. Ep. 2. 3. *a wild.* ch. 6. 5; 39. 5-8. Je. 2. 24.

13 *prepare.* ch. 5. 8; 8. 5, 6; 22. 21, 22. 1 Sa. 7. 3. 2 Ch. 12. 14; 19. 3. Ps. 78. 8. Lu. 12. 47. *stretch.* Ps. 68. 31; 88. 9; 143. 6.

14 *iniquity.* ch. 4. 7; 22. 5. Is. 1. 15. *put it far.* ch. 22. 23; 34. 32. Eze. 18. 30, 31. Ja. 4. 8. *let not.* Ps. 101. 2. Zec. 5. 3, 4.

15 *lift up.* ch. 10. 15; 22. 26. Ge. 4. 5, 6. Ps. 119. 6, 7. 2 Co. 1. 12. 1 Ti. 2. 8. 1 Jno. 2. 28; 3. 19-22; *thou shalt be.* Ps. 27. 1; 46. 1; 112. 6-8. Pr. 14. 26; 28. 1.

16 *Because.* Ge. 41. 51. Pr. 31. 7. Ec. 5. 20. Is. 54. 4; 65. 16. Jno. 16. 21. Re. 7. 14-17. *as waters.* ch. 6. 15. Ge. 9. 11. Is. 12. 1, 2; 54. 9.

17 *age.* ch. 42. 11-17. Ps. 37. 6; 92. 14; 112. 4. Pr. 4. 18. Is. 58. 8-10. Mi. 7. 8, 9. Zec. 14. 6, 7. Mal. 4. 2. Lu. 2. 26-32. *be clearer than. Heb.* arise above, etc. *thou shalt.* 1 Ch. 29. 10. Ho. 6. 3.

18 *because.* ch. 6. 11; 7. 6; 22. 27-29. Ps. 43. 5. Pr. 14. 32. Ro. 5. 3-5. Col. 1. 27. *thou shalt take.* Le. 26. 5, 6. Ps. 3. 5; 4. 8. Pr. 3. 24-26.

19 *many.* ch. 42. 8, 9. Ge. 26. 26-31. Ps. 45. 12. Pr. 19. 6. Is. 60. 14. Re. 3. 9. *make suit unto thee. Heb.* intreat thy face.

20 *the eyes.* ch. 31. 16. Le. 26. 16. De. 28. 65. Ps. 69. 3. La. 4. 17. *they shall not escape. Heb.* flight shall perish from them. Am. 2. 14; 5. 19, 20; 9. 1-3. He. 2. 3. *their hope.* ch. 8. 13, 14; 18. 14; 27. 8. Pr. 10. 24; 20. 20. Lu. 16. 23-26. *the giving up of the ghost. or,* a puff of breath.

## CHAP. XII.

*Job maintains himself against his friends that reprove him*, 1-6. *He acknowledges the general doctrine of God's omnipotence*, 7-25.

2 *ye are the people.* ch. 6. 24, 25; 8. 8-10; 11. 2, 6, 12; 15. 2; 17. 4; 20. 3; 32. 7-13. Pr. 28. 11. Is. 5. 21. 1 Co. 4. 10; 6. 5.

3 *But I have.* ch. 13. 2-5. Pr. 26. 4. 2 Co. 11. 5, 21-23. *understanding. Heb.* an heart. *I am not inferior to you. Heb.* I fall not lower than you. *who knoweth not such things as these. Heb.* with whom *are* not such as these. ch. 6. 6, 7; 26. 2, 3.

4 *one mocked.* ch. 11. 3; 16. 10; 17. 2, 6; 21. 3; 30. 1. Ps. 22. 7, 8; 35. 16. Mat. 27. 29. He. 11. 36. *calleth.* ch. 16. 20. Ps. 91. 15. Je. 33. 3. Mi. 7. 7. *the just.* Pr. 14. 2. Mar. 5. 40. Lu. 16. 14. Ac. 17. 32.

5 *ready.* De. 32. 35. Ps. 17. 5; 94. 18. Je. 13. 16. *a lamp.* ch. 18. 5. Pr. 13. 9; 20. 20. Mat. 25. 8. *of him.* ch. 6. 5; 16. 4. Ps. 123. 3, 4. Am. 6. 1-6. Lu. 12. 19; 16. 19, 20.

6 *tabernacles.* ch. 9. 24; 21. 7-15. Ps. 17. 14; 37. 1, 35; 73. 11, 12. Je. 5. 27.

7 *But ask.* ch. 21. 29, 30. Pr. 6. 6. Is. 1. 3. Je. 8. 7.

9 *Who.* ver. 3. Ac. 19. 35. *the hand.* ch. 22. 18. De. 8. 17, 18. 1 Sa. 2. 7. Je. 27. 5, 6. Da. 9. 17; 5. 18. Ro. 11. 36. Ja. 2. 5-7.

10 *whose hand.* Nu. 16. 22. Da. 5. 23. Ac. 17. 25, 28. *soul. or,* life. *the breath.* ch. 27. 3; 34. 14, 15. Ge. 2. 7; 6. 17. Ps. 104. 29; 146. 3, 4. *mankind. Heb.* flesh of man. Jno. 3. 6.

11 *Doth.* ch. 34. 3. 1 Co. 10. 15. Phi. 1. 10, marg. He. 5. 14. 1 Pe. 2. 3. *mouth. Heb.* palate. ch. 6. 30.

12 ch. 8. 8; 15. 10; 32. 7.

13 *him. that is,* God. ch. 32. 6-9. *wisdom.* ver. 16; ch 9. 4; 28. 20-28; 36. 5. Ps. 147. 5. Pr. 2. 6, 7. Je. 10. 12. Da 2. 20. Lu. 21. 15. 1 Co. 1. 24. Col. 2. 3. Ja. 1. 5. *counsel.* Pr. 8. 14. Is. 40. 13, 14; 46. 10. Ro. 11. 34. Ep. 1. 8, 11.

14 *he breaketh.* ch. 9. 12, 13; 11. 10. Is. 14. 23. Je. 51. 58, 64. Mal. 1. 4. *he shutteth.* ch. 16. 11. 1 Sa. 17. 46; 24. 18; 26. 8, marg. Is. 22. 22. Ro. 11. 32, marg. Re. 3. 7. *up. Heb.* upon.

15 *Behold.* ver. 10. Ge. 8. 1, 2. 1 Ki. 8. 35, 36; 17. 1. Je. 14. 22. Na. 1. 4. Lu. 4. 25. Ja. 5. 17, 18. Re. 11. 6. *he sendeth.* Ge. 6. 13, 17; 7. 11, 23. Ps. 104. 7-9. Am. 5. 8.

16 *With.* ver. 13. Mat. 6. 13. *the deceived.* 1 Ki. 22. 22, 23. Eze. 14. 9.

17 2 Sa. 15. 31; 17. 14, 23. Is. 19. 12-14; 29. 14. 1 Co. 1. 19, 20.

18 2 Ch. 33. 11-14. Je. 52. 31-34. Da. 2. 21. Re. 19. 16.
19 Jos. 10. 24, 42. 1 Sa. 17. 45, 46. Is. 37. 36-38; 45. 1. Re. 17. 14; 19. 19-21.
20 *the speech of the trusty. Heb.* the lip of the faithful. Pr. 10. 21; 12. 19, 22. *taketh.* ver. 24; ch. 17. 4; 32. 9; 39. 17. Is. 3. 1-3.
21 *poureth.* Ex. 8. 2, 16. 24. 1 Ki. 21. 23, 24. 2 Ki. 9. 26, 34-37. Ps. 107. 40. Is. 23. 9; 24. 21, 22; 37. 38. Da. 2. 21, 22; 4. 32, 33. Mat. 2. 12, 13. Ac. 12. 23. *weakened the strength of the mighty. or,* looseth the girdle of the strong. Is. 5. 27; 11. 5; 22. 21. Ep. 6. 10, 14.
22 *discovereth.* ch. 11. 6; 28. 20-23. 2 Ki. 6. 12. Ps. 44. 21; 139. 12. Da. 2. 22. Mat. 10. 26. 1 Co. 2. 10; 4. 5. *bringeth.* ch. 3. 5; 24. 17; 34. 22. Am. 5. 8. Lu. 1. 79.
23 *increaseth.* Ex. 1. 7, 20. Ps. 107. 38. Is. 9. 3; 26. 15; 27. 6; 51. 2; 60. 22. Je. 21. 19; 33. 22. Zec. 10. 8. *straiteneth them again. Heb.* leadeth in.
24 *He taketh.* ver. 20; ch. 17. 4. Is. 6. 9, 10; 19. 1. Da. 4. 16, 33. Ho. 7. 11. *and causeth.* Ps. 107. 4, 40. *in a wilderness. Bethohoo,* 'in chaos,' *i.e.* in a state of utter confusion; it is the same word which is employed in Ge. 1. 2, to describe the *chaotic* state of the earth at the creation.
25 *grope.* ch. 5. 14. Ge. 19. 11. De. 28. 29. Is. 69. 10. Ac. 13. 11. 1 Jno. 2. 11. *maketh.* Ps. 107. 27. Is. 19. 14; 24. 20. *stagger. Heb.* wander.

## CHAP. XIII.

*Job reproves his friends for partiality,* 1-13. *He professes his confidence in God; and intreats to know his own sins, and God's purpose in afflicting him,* 14-28.

1 *Lo.* ch. 5. 9-16; 12. 9, etc.; 42. 3-6. *ear.* ch. 4. 12; 5. 27; 8. 8-10; 15. 17, 18. Ps. 78. 3, 4. 1 Jno. 1. 3.
2 ch. 12. 3; 15. 8, 9; 34. 35; 35. 16; 37. 2; 40. 4, 5; 42. 7. 1 Co. 8. 1, 2. 2 Co. 11. 4, 5, 16-18; 12. 11.
3 *Surely.* ver. 22; ch. 9. 34, 35; 11. 5; 23. 3-7; 31. 35. *I desire.* ch. 9. 3, 14, 15. Is. 1. 18-20; 41. 21. Je. 12. 1, 2, marg. Mi. 6. 2.
4 *ye are forgers.* ch. 4. 7-11; 5. 1-5; 8. 3, 4; 18. 5, etc.; 21. 27-34; 22. 6, etc. Ex. 20. 16. Ps. 119. 69. *physicians.* ch. 6. 21; 16. 2. Je. 6. 14; 8. 22; 30. 13; 46. 11. Eze. 34. 4. Ho. 5. 13. Mar. 2. 17; 5. 26.
5 *Oh that ye.* ver. 13; ch. 11. 3; 16. 3; 18. 2; 19. 2; 21. 2, 3; 32. 1. *and it.* Pr. 17. 28. Ec. 5. 3. Am. 5. 13. Ja. 1. 19.
6 ch. 21. 2, 3; 33. 1-3; 34. 2. Ju. 9. 7. Pr. 8. 6, 7.
7 ch. 4. 7; 11. 2-4; 17. 5; 32. 21, 22; 36. 4. Jno. 16. 2. Ro. 3. 5-8. 2 Co. 4. 2.
8 ch. 32. 21; 34. 19. Ex. 23. 2, 3. Pr. 24. 23. Mal. 2. 9, marg.
9 *search.* ch. 34. 36. Ps. 44. 21; 139. 23. Je. 17. 10. *as one.* ch. 17. 2. Is. 28. 22. Gal. 6. 7, 8.
10 *reprove.* ch. 42. 7, 8. Ps. 50. 21, 22; 82. 2. Ja. 2. 9.
11 *Shall.* Ps. 119. 120. Je. 5. 22; 10. 10. Mat. 10. 28. Re. 15. 3, 4. *his dread.* ver. 21. Ex. 15. 16. Is. 8. 13.
12 *remembrances.* ch. 18. 17. Ex. 17. 14. Ps. 34. 16; 102. 12; 109. 15. Pr. 10. 7. Is. 26. 14. *ashes.* Ge. 18. 27. *to bodies.* ch. 4. 19. Ge. 2. 7. 2 Co. 5. 1.
13 *Hold your peace. Heb.* Be silent from me. *let me.* See on ver. 5; ch. 7. 11; 10. 1; 21. 3. *and let come.* ch. 6. 9, 10; 7. 15, 16.
14 *I take.* ch. 18. 4. Ec. 4. 5. Is. 9. 20; 49. 26. *and put.* Ju. 12. 3. 1 Sa. 19. 5; 28. 21. Ps. 119. 109.
15 *he slay me.* ver. 18; ch. 19. 25-28; 23. 10. Ps. 23. 4. Pr. 14. 32. Ro. 8. 38, 39. *but I will.* ch. 10. 7; 16. 17, 21; 23. 4-7; 27. 5; 31. 31-37; 40. 2, 4, 5, 8. 1 Jno. 3. 20. *maintain. Heb.* prove, *or* argue.
16 *my salvation.* Ex. 15. 2. Ps. 27. 1; 62. 6, 7; 118. 14, 21. Is. 12. 2. Je. 3. 23. Ac. 13. 47. *for an hypocrite.* ch. 8. 13; 27. 8-10; 36. 13. Is. 33. 14.
17 ver. 6; ch. 33. 1.
18 *I have ordered.* ch. 16. 21; 23. 4; 40. 7. *I know.* ch. 9. 2, 3, 20; 40. 7, 8. Is. 43. 26. Ro. 8. 33, 34. 2 Co. 1. 12.
19 *that will plead.* ch. 19. 5; 33. 5-7, 32. Is. 50. 7, 8. Ro. 8. 33. *if I hold.* ver. 13; ch. 7. 11. Je. 20. 9.
20 *do not two.* ch. 9. 34, 35. *hide myself.* Ge. 3. 8-10. Ps. 139. 12. Re. 6. 15, 16.
21 *Withdraw.* ch. 10. 20; 22. 15-17. *let not.* ver. 11. See on ch. 33. 7. Ps. 119. 120.
22 ch. 9. 32; 38. 3; 40. 4, 5; 42. 3-6.
23 *many.* ch. 22. 5. Ps. 44. 20, 21. *make me.* ch. 36. 8, 9. Ps. 139. 23.
24 *hidest thou.* ch. 10. 2; 29. 2, 3. De. 32. 20. Ps. 10. 1; 13. 1; 44. 24; 77. 6-9; 88. 14. Is. 8. 17. *holdest me.* ch. 16. 9; 19. 11; 30. 21; 31. 35; 33. 10. 1 Sa. 28. 16. La. 2. 5. 2 Th. 3. 15.
25 *break.* ch. 14. 3. 1 Sa. 24. 14. Is. 17. 13. Mat. 12. 20.
26 *writest.* ch. 3. 20. Ru. 1. 20. Ps. 88. 3, etc. *makest.* ch. 20. 11. Ps. 25. 7. Pr. 5. 11-13. Je. 31. 19. Jno. 5. 5, 14.
27 *puttest.* ch. 33. 11. 2 Ch. 16. 10-12. Pr. 7. 22. Ac. 16. 24. *and lookest. Heb.* and observest. ch. 10. 6; 14. 16; 16. 9. *settest.* ch. 2. 7. *heels. Heb.* roots.
28 *And he.* ch. 30. 17-19, 29, 30. Nu. 12. 12. *as a garment.* ch. 4. 19. Ps. 39. 11. Ho. 5. 12.

## CHAP. XIV.

*Job intreats God for favour, by the shortness of life, and certainty of death,* 1-6. *He waits for his change,* 7-15. *By sin the creature is subject to corruption,* 16-22.

1 *born.* ch. 15. 14; 25. 4. Ps. 51. 5. Mat. 11. 11. *of few days. Heb.* short of days. ch. 7. 1, 6; 9. 25. Ge. 47. 9. Ps. 39. 5. *full.* ch. 5. 7. Ec. 2. 17, 23.
2 *like.* Ps. 90. 5-9; 92. 7, 12; 103. 15, 16. Is. 40. 6-8. Ja. 1. 10, 11; 4. 14. 1 Pe. 1. 24. *fleeth.* ch. 8. 9; 9. 25, 26. 1 Ch. 29. 15. Ps. 102. 11; 144. 4. Ec. 8. 13.
3 *And dost.* ch. 7. 17, 18; 13. 25. Ps. 144. 3. *bringest.* ch. 9. 19, 20, 32; 13. 27. Ps. 143. 2. Ro. 3. 19.
4 *Who can bring. Heb.* Who will give. ch. 15. 14; 25. 4-6. Ge. 5. 3. Ps. 51. 5; 90. 5. Jno. 3. 6. Ro. 5. 12; 8. 8, 9. Ep. 2. 3. *a clean.* Lu. 1. 35.
5 *his days.* ver. 14; ch. 7. 1; 12. 10. Ps. 39. 4. Da. 5. 26, 30; 9. 24; 11. 36. Lu. 12. 20. Ac. 17. 26. He. 9. 27. *the number.* ch. 21. 21. *thou hast.* ch. 23. 13, 14. Ps. 104. 9, 29. Da. 4. 35. Re. 1. 18; 3. 7.
6 *Turn.* ch. 7. 16, 19; 10. 20. Ps. 39. 13. *rest. Heb.* cease. *as an hireling.* ch. 7. 1, 2. Mar. 20. 1-8.
7 *that it will sprout.* ver. 14; ch. 19. 10. Is. 11. 1; 27. 6. Da. 4. 15, 23-25.
8 *die in the ground.* Is. 26. 19. Jno. 12. 24. 1 Co. 15. 36.
9 *and bring.* Eze. 17. 3-10, 22-24; 19. 10. Ro. 11. 17-24.
10 *wasteth away. Heb.* is weakened, *or,* cut off. *man.* ch. 3. 11; 10. 18; 11. 20; 17. 13-16. Ge. 49. 33. Mat. 27. 50. Ac. 5. 10. *where is he.* ver. 12; ch. 7. 7-10; 19. 26. Pr. 14. 32. Lu. 16. 22, 23.
11 *the flood.* ch. 6. 15-18. Je. 15. 18.
12 *So man.* ch. 10. 21, 22; 30. 23. Ec. 3. 19-21; 12. 5. *till the heavens.* ch. 19. 25-27. Ps. 102. 26. Is. 51. 6; 65. 17; 66. 22. Mat. 24. 35. Ac. 3. 21. Ro. 8. 20. 2 Pe. 3. 7, 10-13. Re. 20. 11; 21. 1. *awake.* ch. 3. 13; 7. 21. Is. 26. 19. Da. 12. 2. Jno. 11. 11-13. Ep. 5. 14. 1 Th. 4. 14, 15.
13 *hide me.* ch. 3. 17-19. Is. 57. 1, 2. *until.* Is. 12. 1; 26. 20, 21. *appoint me.* Mar. 13. 32. Ac. 1. 7; 17. 31. *remember.* Ge. 8. 1. Ps. 106. 4. Lu. 23. 42.
14 *shall he live.* ch. 19. 25, 26. Eze. 37. 1-14. Mat. 22. 29-32. Jno. 5. 28, 29. Ac. 26. 8. 1 Co. 15. 42-44. 1 Th. 4. 14-16. Re. 20. 13. *all the days.* ver. 5; ch. 7. 1; 42. 16. Ps. 27. 14; 40. 1, 2. La. 3. 25, 26. Ja. 5. 7, 8. *will I wait.* ch. 13. 15. 1 Co. 15. 51, 52. Phi. 3. 21.
15 *shalt call.* ch. 13. 22. Ps. 50. 4, 5. 1 Th. 4. 17. 1 Jno. 2. 28. *thou wilt have.* ch. 7. 21; 10. 3, 8. Ps. 138. 8. 1 Pe. 4. 19.
16 *thou numberest.* ch. 10. 6, 14; 13. 27; 31. 4; 33. 11; 34. 21. Ps. 56. 6; 139. 1-4. Pr. 5. 21. Je. 32. 19.
17 *sealed up.* ch. 21. 19. De. 32. 34. Ho. 13. 12.
18 *the mountain.* Ps. 102. 25, 26. Is. 40. 12; 41. 15, 16; 54. 10; 64. 1. Je. 4. 24. Re. 6. 14; 8. 8; 20. 11. *cometh to nought. Heb.* fadeth. *the rock.* ch. 18. 4. Mat. 27. 51.
19 *The waters.* Hence the proverb, 'Constant droppings make a hole in a stone.' *washest. Heb.* overflowest. Ge. 6. 17; 7. 21-23. *destroyest.* ch. 19. 10; 27. 8. Ps. 30. 6, 7. Eze. 37. 11. Lu. 12. 19, 20.
20 *prevailest.* Ec. 8. 8. *changest.* ver. 14; ch. 2. 12. La. 4. 8.
21 *he knoweth it not.* 1 Sa. 4. 20. Ps. 39. 6. Ec. 2. 18, 19; 9. 5. Is. 39. 7, 8; 63. 16.
22 *his flesh.* ch. 19. 20, 22, 26; 33. 19-21. *his soul.* Pr. 14. 32. Lu. 16. 23, 34.

## CHAP. XV.

*Eliphaz reproves Job for impiety in justifying himself,* 1-16. *He proves by tradition the unquietness of wicked men,* 17-35.

1 *Eliphaz.* ch. 2. 11; 4. 1; 22. 1; 42. 7, 9.
2 *a wise man.* ch. 11. 2, 3; 13. 2. Ja. 3. 13. *vain knowledge. Heb.* knowledge of wind. ch. 6. 26; 8. 2. *fill.* Ho. 12. 1.
3 *he reason.* ch. 13. 4, 5; 16. 2, 3; 26. 1-3; Mal. 3. 13-15. Mat. 12. 36, 37. Col. 4. 6. 1 Ti. 6. 4, 5.
4 *castest off. Heb.* makest void. ch. 4. 5, 6; 6. 14. Ps. 36. 1-3; 119. 126. Zep. 1. 6. Ro. 3. 31. Ga. 2. 21. *restrainest.* ch. 5. 8; 27. 10. 1 Ch. 10. 13, 14. Ho. 7. 14. Am. 6. 10. Lu. 18. 1. *prayer. or,* speech.

5 *uttereth. Heb.* teacheth. ch. 9. 22-24; 12. 6. Mar. 7. 21. 22. Lu. 6. 45. Ja. 1. 26. *thou choosest.* Ps. 50. 19, 20; 52. 2-4; 64. 3; 120. 2, 3. Je. 9. 3-5, 8. Ja. 3. 5-8.

6 *own mouth.* ch. 9. 20. Ps. 64. 8. Mat. 12. 37; 26. 65. Lu. 19. 22. *thine own.* ch. 33. 8-12; 34. 5-9; 35. 2, 3; 40. 8; 42. 3.

7 *the first.* ver. 10; ch. 12. 12. Ge. 4. 1. *or wast thou.* ch. 38. 4, etc. Ps. 90. 2. Pr. 8. 22-25.

8 *the secret.* ch. 11. 6. De. 29. 29. Ps. 25. 14. Pr. 3. 32. Je. 23. 18. Am. 3. 7. Mat. 11. 25; 13. 11, 35. Jno. 15. 15. Ro. 11. 34; 16. 25, 26. 1 Co. 2. 9-11, 16. *thou restrain.* ch. 12. 2; 13. 5, 6.

9 *knowest.* ch. 13. 2; 26. 3, 4. 2 Co. 10. 7; 11. 5, 21-30.

10 *the gray-headed.* ch. 8. 8-1 12. 20; 32. 6, 7. De. 32. 7. Pr. 16. 31.

11 *the consolations.* ch. 5. 8-26; 11. 13-19. 2 Co. 1. 3-5; 7. 6. *is there.* ver. 8; ch. 13. 2. 1 Ki. 22. 24.

12 *thine heart.* Ec. 11. 9. Mar. 7. 21, 22. Ac. 5. 3, 4; 8. 22. Ja. 1. 14, 15. *thy eyes.* ch. 17. 2. Ps. 35. 19. Pr. 6. 13.

13 *turnest.* ver. 25-27; ch. 9. 4. Ro. 8. 7, 8. *and lettest.* ch. 10. 3; 12. 6. Ps. 34. 13. Mal. 3. 13. Ja. 1. 26; 3. 2-6.

14 *is man.* ch. 9. 2; 14. 4; 25. 4-6. 1 Ki. 8. 46. 2 Ch. 6. 36. Ps. 14. 3; 51. 5. Pr. 20. 9. Ec. 7. 20, 29. Jno. 3. 6. Ro. 7. 18. Ga. 3. 22. Ep. 2. 2, 3. 1 Jno. 1. 8-10.

15 *he putteth.* See on ch. 4. 18; 25. 5. Is. 6. 2-5.

16 *How much.* Rather, 'How *much less (aph kee,)* abominable and filthy man,' who, under the influence of sinful propensities, commits sin as greedily as a thirsty man or camel *drinks down water. abominable.* ch. 4. 19; 42. 6. Ps. 14. 1-3; 53. 3. Ro. 1. 28-30; 3. 9-19. Tit. 3. 3. *drinketh.* ch. 20. 12; 34. 7. Pr. 19. 28.

17 *hear me.* ch. 5. 27; 13. 5, 6; 33. 1; 34. 2; 36. 2.

18 *from their.* ver. 10; ch. 8. 8. Ps. 71. 18; 78. 3-6. Is. 38. 19.

19 *Unto whom.* Ge. 10. 25, 32. De. 32. 8. Joel 3. 17.

20 *travaileth.* Ro. 8. 22. Ec. 9. 3. *the number.* Ps. 90. 3, 4, 12. Lu. 12. 19-21. Ja. 5. 1-6.

21 *dreadful sound. Heb.* sound of fears. ch. 18. 11. Ge. 3. 9, 10. Le. 26. 36. 2 Ki. 7. 6. Pr. 1. 26, 27. *in prosperity.* ch. 1. 13-19; 20. 5-7, 22-24. Le. 26. 36. 1 Sa. 25. 36-38. Ps. 73. 18-20; 92. 7. Ac. 12. 21-23. 1 Th. 5. 3. *the destroyer.* 1 Co. 10. 10. Re. 9. 11.

22 *He believeth not.* ch. 6. 11; 9. 16. 2 Ki. 6. 33. Is. 8. 21, 22. Mat. 27. 5. *and he is.* ch. 20. 24, 25.

23 *wandereth.* ch. 30. 3, 4. Ge. 4. 12. Ps. 59. 15; 109. 10. La. 5. 6, 9. He. 11. 37, 38. *the day.* ch. 18. 5, 6, 12, 18. Ec. 11. 8. Joel 2. 2. Am. 5. 20. Zep. 1. 15. He. 10. 27.

24 *anguish.* ch. 6. 2-4. Ps. 119. 143. Pr. 1. 27. Is. 13. 3. Mat. 26. 37, 38. Ro. 2. 9. *as a king.* Pr. 6. 11; 24. 34.

25 *he stretcheth.* Le. 26. 23. Ps. 73. 9, 11. Is. 27. 4. Da. 5. 23. Mal. 3. 13. Ac. 9. 5; 12. 1, 23. *strengtheneth.* ch. 9. 4; 40. 9-11. Ex. 5. 2, 3; 9. 17. 1 Sa. 4. 7-9; 6. 6. Ps. 52. 7. Is. 8. 9, 10; 10. 12-14; 41. 4-7.

26 *runneth.* 2 Ch. 28. 22; 32. 13-17. *even on.* ch. 16. 12. Ge. 49. 8. Ps. 18. 40.

27 *he covereth.* ch. 17. 10. De. 32. 15. Ps. 17. 10; 73. 7; 78. 31. Is. 6. 10. Je. 5. 28.

28 *desolate.* ch. 3. 14; 18. 15. Is. 5. 8-10. Mi. 7. 18. *which are ready.* Je. 9. 11; 26. 18; 51. 37. Mi. 3. 12.

29 *neither shall.* ch. 20. 22-28; 22. 15-20; 27. 16, 17. Ps. 49. 16, 17. Lu. 12. 19-21; Ec. 2, 19-22. Ja. 1. 11; 5. 1-3.

30 *depart.* ver. 22; ch. 10. 21, 22; 18. 5, 6, 18. Mat. 8. 12; 22. 13. 2 Pe. 2. 17. Jude 13. *the flame.* ch. 20. 26. Is. 30. 33. Eze. 15. 4-7; 20. 47, 48. Mat. 25. 41. Mar. 9. 43-49. 2 Th. 1. 8, 9. *by the breath.* ch. 4. 9. Is. 11. 4. Re. 19. 15.

31 *not him.* ch. 12. 16. Is. 44. 20. Ga. 6. 3, 7. Ep. 5. 6. *trust.* Ps. 62. 10. Is. 59. 4. Jon. 2. 8. *for vanity.* ch. 4. 8. Pr. 22. 8. Is. 17. 10, 11. Ho. 8. 7. Ga. 6. 8.

32 *accomplished. or,* cut off. ch. 22. 16. Ps. 55. 23. Ec. 7. 17. *and his branch.* ch. 8. 16-19; 14. 7-9; 18. 16, 17. Ps. 52. 5-8. Is. 27. 11. Eze. 17. 8-10. Ho. 9. 16; 14. 5-7. Jno. 15. 6.

33 *shake off.* Is. 33. 9. Re. 6. 13. *and.* De. 28. 39, 40.

34 *the congregation.* ch. 8. 13; 20. 1; 27. 8; 36. 13. Is. 33. 14, 15. Mat. 24. 51. *the tabernacles.* ch. 11. 14; 12. 6; 22. 5-9; 29. 12-17. 1 Sa. 8. 3; 12. 3. Mi. 7. 2. Am. 5. 11, 12.

35 *conceive.* Ps. 7. 14. Is. 59. 4, 5. Ho. 10. 13. Ga. 6. 7, 8. Ja. 1. 15. *vanity. or,* iniquity.

## CHAP. XVI.

*Job reproves his friends for unmercifulness,* 1-16. *He maintains his innocency,* 17-22.

2 *heard.* ch. 6. 6, 25; 11. 2, 3; 13. 5; 19. 2, 3; 26. 2, 3. Ja. 1. 19. *miserable. or,* troublesome. ch. 13. 4. Ps. 69. 26. Phi. 1. 16.

3 *vain words. Heb.* words of wind. ch. 6. 26; 8. 2; 15. 2. *what emboldeneth.* ch. 20. 3; 32. 3-6. Mat. 22. 46. Tit. 1. 11; 2. 8.

4 *if your soul.* ch. 6. 2-5, 14. Mat. 7. 12. Ro. 12. 15. 1 Co. 12. 26. *up words.* ch. 11. 2; 35. 16. Pr. 10. 19. Ec. 10. 14. *shake mine.* 2 Ki. 19. 21. Ps. 22. 7; 44. 14; 109. 25. Je. 18. 16. La. 2. 15. Mat. 27. 39, 40.

5 *But I would.* ch. 4. 3, 4; 6. 14; 29. 25. Ps. 27. 14. Pr. 27. 9, 17. Is. 35. 3, 4. Ga. 6. 1.

6 *my grief.* ch. 10. 1. Ps. 77. 1-9; 88. 15-18. *what am I eased. Heb.* what goeth from me.

7 *he hath.* ch. 3. 17; 7. 3, 16; 10. 1. Ps. 6. 6, 7. Pr. 3. 11, 12. Is. 50. 4. Mi. 6. 13. *hast made.* ch. 1. 15-19; 29. 5, etc.

8 *And thou hast,* etc. Some render, 'thou hast fettered me,' as *kamat* signifies in Arabic; but as it signifies in Syriac to be *wrinkled,* the common version seems, from the connexion, to be more correct; and if Job's disease were the *elephantiasis,* these words would apply most forcibly to the *wrinkled* state of the skin in that disorder. *is a witness.* ch. 10. 17; Ru. 1. 21. Ep. 5. 27. *my leanness.* Ps. 106. 15. Is. 10. 16; 24. 16.

9 *teareth me.* ch. 10. 16, 17; 18. 4. Ps. 50. 22. La. 3. 10. Ho. 5. 14. *he gnasheth.* Ps. 35. 16; 37. 12. La. 2. 16. *mine.* ch. 13. 24, 27; 19. 11. Mi. 7. 8.

10 *gaped.* Ps. 22. 13, 16, 17; 35. 21. Lu. 23. 35, 36. *they have smitten.* 1 Ki. 22. 24. 2 Ch. 18. 23. Is. 50. 6. La. 3. 30. Mi. 5. 1. Mat. 26. 67. Jno. 18. 22. Ac. 23. 2. 2 Co. 11. 20. *gathered.* Ps. 35. 15; 94. 21. Ac. 4. 27.

11 *delivered me. Heb.* shut me up. 1 Sa. 24. 18, marg. Ps. 31. 8. Ro. 11. 32, marg. *to the ungodly.* ch. 1. 13-19; 2. 7. Ps. 7. 14. Jno. 19. 16. 2 Co. 12. 7. *turned.* Ps. 27. 12.

12 *at ease.* ch. 1. 2, 3; 3. 26; 29. 3, 18, 19. *broken me.* ch. 4. 10. Ps. 44. 19. La. 3. 4. Mat. 21. 44. *by my neck.* ch. 15. 26. Ro. 16. 4. *shaken.* La. 3. 11. Eze. 29. 7. *set me up.* ch. 7. 12, 20. La. 3. 12.

13 *archers.* ch. 6. 4. Ge. 49. 23. Ps. 7. 12, 13. *he cleaveth.* ch. 19. 27. La. 3. 13. *doth.* ch. 6. 10. De. 29. 20. Eze. 5. 11. Ro. 8. 32. 2 Pe. 2. 5. *poureth.* ch. 20. 25. La. 2. 11.

14 *breaketh.* La. 3. 3-5. *runneth.* Ju. 15. 8. Ps. 42. 7.

15 *sewed.* 1 Ki. 21. 27. Is. 22. 12. *defiled my horn.* ch. 30. 19. 1 Sa. 2. 10. Ps. 7. 5; 75. 5, 10.

16 *face.* Ps. 6. 6, 7; 31. 9; 32. 3; 69. 3; 102. 3-5, 9. Is. 52. 14. La. 1. 16. *on my eyelids.* ch. 17. 7. Ps. 116. 3. Jon. ch. 2. Mar. 14. 34.

17 *Not for.* ch. 11. 14; 15. 20, 34; 21. 27, 28; 22. 5-9; 27. 6, 7; 29. 12-17; 31. 1, etc. Ps. 7. 3-5; 44. 17-21. *my prayer.* ch. 8. 5, 6. Ps. 66. 18, 19. Pr. 15. 8. 1 Ti. 2. 8.

18 *O earth.* Je. 22. 29. *cover not.* Ge. 4. 11. Ne. 4. 5. Is. 26. 21. Eze. 24. 7. *let my cry.* ch. 27. 9. Ps. 66. 18, 19. Is. 1. 15; 58. 9, 10. Ja. 4. 3, 4.

19 *my witness.* 1 Sa. 12. 5. Ro. 1. 9; 9. 1. 2 Co. 1. 23; 11. 31. 1 Th. 2. 10. *on high. Heb.* in the high places. ch. 25. 2. Ps. 113. 5.

20 *scorn me. Heb. are* my scorners. ver. 4; ch. 12. 4, 5; 17. 2. *poureth.* Ps. 109. 4; 142. 2. Ho. 12. 4, 5. Lu. 6. 11, 12. He. 5. 7.

21 *plead.* ch. 9. 34, 35; 13. 3, 22; 23. 3-7; 31. 35; 40. 1-5. Ec. 6. 10. Is. 45. 9. Ro. 9. 20. *neighbour. or,* friend.

22 *a few years. Heb.* years of number. ch. 14. 5, 14. *whence.* ch. 7. 9, 10; 14. 10. Ec. 12. 5.

## CHAP. XVII.

*Job appeals from men to God,* 1-5. *The unmerciful dealing of men with the afflicted may astonish, but not discourage the righteous,* 6-10. *His hope is not in life, but in death,* 11-16.

1 *breath is corrupt. or,* spirit is spent. ch. 19. 17. *my days.* ch. 6. 11; 42. 16. Is. 57. 16. *the graves.* ver. 13, 14. Ps. 88. 3-5. Is. 38. 10-14.

2 *mockers.* ch. 12. 4; 13. 9; 16. 20; 21. 3. Ps. 35. 14-16. Mat. 27. 39-44. *continue. Heb.* lodge. Ps. 25. 13; 91. 1, marg. *provocation.* 1 Sa. 1. 6, 7.

3 *put me.* ch. 9. 33. Ge. 43. 9; 44. 32. Pr. 11. 15; 20. 16. He. 7. 22. *strike.* Pr. 6. 11; 11. 15, marg.; 17. 18; 22. 26.

4 2 Sa. 15. 31; 17. 14. 2 Ch. 25. 16. Is. 19. 14. Mat. 11. 25; 13. 11. Ro. 11. 8. 1 Co. 1. 20.

5 *He that.* ch. 32. 21, 22. Ps. 12. 2, 3. Pr. 20. 19; 29. 5. 1 Th. 2. 5. *the eyes.* Ex. 20. 5. De. 28. 65. 1 Ki. 11. 12. La. 4. 17.

6 *a by-word.* ch. 30. 9. 1 Ki. 9. 7. Ps. 44. 14. *aforetime. or,* before them. *as a tabret.* Ge. 31. 27. Is. 5. 12.

7 *Mine eye.* ch. 16. 16. Ps. 6. 7; 31. 9, 10. La. 5. 17. *members. or,* thoughts. ver. 11. *shadow.* Ps. 109. 23. Ec. 6. 12.

8 *astonied.* Ps. 73. 12-15. Ec. 5. 8. Hab. 1. 13. Ro. 11. 33. *stir up.* ch. 34. 30. Ac. 13. 46.

9 *hold on.* Ps. 84. 7, 11. Pr. 4. 18; 14. 16. Is. 35. 8-10. 1 Pe. 1. 5. 1 Jno. 2. 19. *clean.* Ge. 20. 5. Ps. 24. 4; 26. 6; 73. 13. Is. 1. 15, 16. Mar. 7. 2. *be stronger and stronger. Heb.* add strength. Is. 40. 29-31. 2 Co. 12. 9, 10.

10 *do ye return.* ch. 6. 29. Mal. 3. 18. *for I.* ver. 4; ch. 15. 9; 32. 9; 42. 7. 1 Co. 1. 20; 6. 5.

11 *My days.* ch. 7. 6; 9. 25, 26. Is. 38. 10. *purposes.* Pr. 16. 9; 19. 21. Ec. 9. 10. Is. 8. 10. La. 3. 37. Ro. 1. 13. 2 Co. 1. 15-17. Ja. 4. 13-15. *thoughts. Heb.* possessions.

12 *change.* ch. 7. 3, 4, 13, 14; 24. 14-16. De. 28. 67. *short. Heb.* near.

13 *If I wait.* ch. 14. 14. Ps. 27. 14. La. 3. 25, 26. *the grave.* See on ver. 1; ch. 10. 21, 22; 30. 23. *I have made.* Ps. 139. 8. Is. 57. 2.

14 *said. Heb.* cried, *or*, called. *corruption.* ch. 21. 32, 33. Ps. 16. 10; 49. 9. Ac. 2. 27-31; 13. 34-37. 1 Co. 15. 42, 53, 54. *to the worm.* ch. 19. 26; 24. 20. Is. 14. 11.

15 *my hope.* ch. 4. 6; 6. 11; 13. 15; 19. 10.

16 *the bars of the pit.* ch. 18. 13, 14; 33. 18-28. Ps. 88. 4-8; 143. 7. Is. 38. 17, 18. Jon. 2. 6. *rest.* ch. 3. 17-19. Eze. 37. 11. 2 Co. 1. 9.

## CHAP. XVIII.

*Bildad reproves Job for presumption and impatience,* 1-4. *The calamities of the wicked,* 5-21.

1 *Bildad.* ch. 2. 11; 8. 1; 25. 1; 42. 7-9.

2 *How long.* ch. 8. 2; 11. 2; 13. 5, 6; 16. 2, 3. *mark.* ch. 3. 5, 6, 17; 21. 2; 33. 1. Pr. 18. 13. Ja. 1. 19.

3 *Wherefore.* ch. 12. 7, 8; 17. 4, 10. Ps. 73. 22. Ec. 3. 18. Ro. 12. 10.

4 *teareth.* ch. 5. 2; 13. 14; 16. 9. Jon. 4. 9. Mar. 9. 18. Lu. 9. 39. *himself. Heb.* his soul. *shall the.* ch. 40. 8. Eze. 9. 9. *the rock.* ch. 14. 18. Is. 54. 10. Mat. 24. 35.

5 *the light.* ch. 20. 5. Pr. 4. 19; 13. 9; 20. 20; 24. 20. *spark.* Is. 50. 11.

6 *candle. or*, lamp. ch. 21. 17. Ps. 18. 28. Re. 18. 23.

7 *steps.* ch. 20. 22; 36. 16. Ps. 18. 36. Pr. 4. 12. *his own.* ch. 5. 12, 13. 2 Sa. 15. 31; 17. 14. Ps. 33. 10. Pr. 1. 30-32. Ho. 10. 6. 1 Co. 3. 19.

8 *he is cast.* ch. 22. 10. Es. 3. 9; 6. 13; 7. 5, 10. Ps. 9. 15; 35. 8. Pr. 5. 22; 29. 6. Eze. 32. 3. 1 Ti. 3. 7; 6. 9. 2 Ti. 2. 26.

9 *The gin.* Is. 8. 14, 15. *robber.* ch. 1. 15, 17; 5. 5.

10 *snare.* Ps. 11. 6. Eze. 12. 13. Ro. 11. 9. *laid. Heb.* hidden.

11 *Terrors.* ch. 6. 4; 15. 21; 20. 25. Ps. 73. 19. Je. 6. 25; 20. 3, 4; 46. 5; 49. 29. 2 Co. 5. 11. Re. 6. 15, 16. *drive him. Heb.* scatter him. *to his feet.* Le. 26. 36. 2 Ki. 7. 6, 7. Ps. 53. 5. Pr. 28. 1.

12 *hunger-bitten.* ch. 15. 23, 24. 1 Sa. 2. 5, 36. Ps. 34. 10; 109. 10. *destruction.* Ps. 7. 12-14. 1 Th. 5. 3. 2 Pe. 2. 3.

13 *strength. Heb.* bars. ch. 17. 16. Jon. 2. 6. *the first-born.* Ge. 49. 3. Is. 14. 30. Re. 6. 8.

14 *confidence.* ch. 8. 14; 11. 20. Ps. 112. 10. Pr. 10. 28. Mat. 7. 26, 27. *the king.* ch. 24. 17; 41. 34. Ps. 55. 4. Pr. 14. 32. 1 Co. 15. 55, 56. He. 2. 15.

15 *dwell.* ver. 12, 13. Zec. 5. 4. *because.* ch. 20. 18-21; 31. 38, 39. Je. 22. 13. Hab. 2. 6-11. *brimstone.* Ge. 19. 24. De. 29. 23. Ps. 11. 6. Is. 34. 9, 10. Re. 19. 20; 21. 8.

16 *roots.* ch. 29. 19. Is. 5. 24. Ho. 9. 16. Am. 2. 9. Mal. 4. 1. *shall his branch.* ch. 5. 3, 4; 15. 30.

17 ch. 13. 12. Ps. 34. 16; 83. 4; 109. 13. Pr. 2. 22; 10. 7.

18 *He shall be driven. Heb.* They shall drive him. ch. 3. 20; 10. 22; 11. 14. Is. 8. 21, 22. Jude 13. *chased.* ch. 20. 8. Pr. 14. 32. Is. 17. 13, 14. Da. 4. 33; 5. 21.

19 *neither.* ch. 1. 19; 8. 4; 42. 13-16. Ps. 109. 13. Is. 14. 21, 22. Je. 22. 30. *nor any.* ch. 20. 26-28. Is. 5. 8, 9.

20 *astonied.* De. 29. 23, 24. 1 Ki. 9. 8. Je. 18. 16. *his day.* Ps. 37. 13; 137. 7. Eze. 21. 25. Ob. 11-15. Lu. 19. 42, 44. *went. or*, lived with him. *were affrighted. Heb.* laid hold on horror. ch. 2. 12, 13; 19. 13-19.

21 *such are.* ver. 14-16. *knoweth.* ch. 21. 14. Ex. 5. 2. Ju. 2. 10. 1 Sa. 2. 12. 1 Ch. 28. 9. Ps. 79. 6. Je. 9. 3; 10. 25. Ro. 1. 28. 1 Th. 4. 5. 2 Th. 1. 8. Tit. 1. 16.

## CHAP. XIX.

*Job, complaining of his friends' cruelty, shews there is misery enough in him to feed their cruelty,* 1-20. *He craves pity,* 21, 22. *He believes the resurrection,* 23-29.

2 *How long.* ch. 8. 2; 18. 2. Ps. 13. 1. Re. 6. 10. *vex.* ch. 27. 2. Ju. 16. 16. Ps. 6. 2, 3; 42. 10. 2 Pe. 2. 7, 8. *break me.* Ps. 55. 21; 59. 7; 64. 3. Pr. 12. 18; 18. 21. Ja. 3. 6-8.

3 *ten times.* Ge. 31. 7. Le. 26. 26. Nu. 14. 22. Ne. 4. 12. Da. 1. 20. *ye reproached.* ch. 4. 6-11; 5. 3, 4; 8. 4-6; 11. 3, 14; 15. 4-6, 11, 12; 18. 4, etc. *make yourselves strange to me. or*, harden yourselves against me. ver. 17. Ge. 42. 7. Ps. 69. 8.

4 *I have erred.* ch. 11. 3-6. *mine.* 2 Sa. 24. 17. Pr. 9. 12. Eze. 18. 4. 2 Co. 5. 10. Ga. 6. 5.

5 *magnify.* Ps. 35. 26; 38. 16; 41. 11; 55. 12. Mi. 7. 8. Zep. 2. 10. Zec. 12. 7. *plead.* 1 Sa. 1. 6. Ne. 1. 3. Is. 4. 1. Lu. 1. 25; 13. 2-4. Jno. 9. 2, 34.

6 *God.* ch. 7. 20; 16. 11-14. Ps. 44. 9-14; 66. 10-12. *compassed.* ch. 18. 8-10. La. 1. 12, 13. Eze. 12. 13; 32. 3. Ho. 7. 12.

7 *I cry.* ch. 10. 3, 15-17; 16. 17-19; 21. 27. Ps. 22. 2. Je. 20. 8. La. 3. 8. Hab. 1. 2, 3. *wrong. or*, violence. *no judgment.* ch. 9. 32; 13. 15-23; 16. 21; 23. 3-7; 31. 35, 36; 34. 5; 40. 8.

8 *fenced.* ch. 3. 23. Ps. 88. 8. La. 3. 7, 9. Ho. 2. 6. *set.* Jos. 24. 7. Pr. 4. 19. Is. 50. 10. Je. 13. 16; 23. 12. Jno. 8. 12.

9 *stripped.* ch. 29. 7-14, 20, 21; 30. 1. Ps. 49. 16, 17; 89. 44. Is. 61. 6. Ho. 9. 11.

10 *destroyed.* ch. 1. 13-19; 2. 7. Ps. 88. 13-18. La. 2. 5, 6. 2 Co. 4. 8, 9. *I am gone.* ch. 17. 11. Ps. 102. 11. *mine hope.* ch. 6. 11; 8. 13-18; 17. 15; 24. 20. Ps. 37. 35, 36.

11 *kindled.* De. 32. 22. Ps. 89. 46; 90. 7. *he counteth.* ch. 13. 24; 16. 9; 33. 10. La. 2. 5.

12 *His.* ch. 16. 11. Is. 10. 5, 6; 51. 23. *raise.* ch. 30. 12.

13 *put my brethren.* Ps. 31. 11; 38. 11; 69. 8, 20; 88. 8, 18. Mat. 26. 56. 2 Ti. 4. 16. *estranged.* ch. 6. 21-23.

14 *kinsfolk.* Ps. 38. 11. Pr. 18. 24. Mi. 7. 5, 6. Mat. 10. 21. *familiar.* 2 Sa. 16. 23. Ps. 55. 12-14. Je. 20. 10. Jno. 13. 18.

15 *dwell.* ver. 16-19. *count me.* ch. 31. 31, 32. Ps. 123. 3.

16 *my servant.* ch. 1. 15, 16, 17, 19.

17 *breath.* ch. 2. 9, 10; 17. 1. *body. Heb.* belly.

18 *Yea.* ch. 30. 1, 12. 2 Ki. 2. 23. Is. 3. 5. *young children. or*, the wicked.

19 *my inward friends. Heb.* the men of my secret. Ps. 41. 9; 55. 12-14, 20. *they whom.* ch. 6. 14, 15. Ps. 109. 4, 5. Lu. 22. 48.

20 *bone.* ch. 30. 30; 33. 19-22. Ps. 22. 14-17; 32. 3, 4; 38. 3; 102. 3, 5. La. 4. 8. *and to. or*, as. *and I am.* ch. 2. 4-6; 7. 5. La. 3. 4; 5. 10.

21 *have pity.* ch. 6. 14. Ro. 12. 15. 1 Co. 12. 26. He. 13. 3. *the hand.* ch. 1. 11; 2. 5, 10; 6. 4. Ps. 38. 2.

22 *persecute.* ch. 10. 16; 16. 13, 14. Ps. 69. 26. *and are not.* ch. 2. 5; 31. 31. Is. 51. 23. Mi. 3. 3.

23 *Oh. Heb.* Who will give, etc. *my words.* ch. 31. 35. Is. 8. 1; 30. 8. *oh that they were.* Rather, 'Oh that they were *described (yuchakoo)* in a book, with an iron stile and lead! Were graven on a rock for ever!' PLINY observes, 'At first men wrote on palm leaves, and afterwards on the bark or rind of other trees. In process of time, public monuments were written on *rolls of lead (plumbeis voluminibus)*; and those of a private nature on *linen books*, or tables covered with *wax*.'

24 *graven.* Ex. 28. 11, 12, 21; 32. 16. De. 27. 2, 3, 8. Je. 17. 1.

25 *I know.* ch. 33. 23, 24. Ps. 19. 14. Is. 54. 5; 59. 20, 24. Ep. 1. 7. *he shall.* Ge. 3. 15; 22. 18. Jno. 5. 22-29. Jude 14.

26 *And though*, etc. *or*, After I shall awake, though this *body* be destroyed, yet out of my flesh shall I see God. Ps. 17. 15. *in my flesh.* Ps. 16. 9, 11. Mat. 5. 8. 1 Co. 13. 12; 15. 53. Phi. 3. 21. 1 Jno. 3. 2. Re. 1. 7.

27 *I shall.* Nu. 24. 17. Is. 26. 19. *another. Heb.* a stranger. *though my reins*, etc. *or*, my reins within me are consumed with earnest desire [*for that day.*] Ps. 119. 81. Phi. 1. 23. *within me. Heb.* in my bosom.

28 *Why.* ver. 22. Ps. 69. 26. *seeing*, etc. *or*, and *what* root of matter is found in me? *the root.* 1 Ki. 14. 13. *in me.* Instead of *bee*, 'in me,' *bo*, 'in him,' is the reading of more than 100 MSS.

29 *ye afraid.* ch. 13. 7-11. Ro. 13. 1-4. *that ye may.* Ps. 58. 10, 11. Ec. 11. 9. Mat. 7. 1, 2. Ja. 4. 11, 12.

## CHAP. XX.

*Zophar shews the state and portion of the wicked.*

1 *Zophar.* ch. 2. 11; 11. 1; 42. 9.

2 *my thoughts.* ver. 3; ch. 4. 2; 13. 19; 32. 13-20. Ps. 39. 2, 3. Je. 20. 9. Ro. 10. 2. *and for.* Ps. 31. 22; 116. 11. Pr. 14. 29; 29. 20. Ec. 7. 9. Mar. 6. 25. Ja. 1. 19. *I make haste. Heb.* my haste *is* in me.

3 *the check.* ch. 19. 29. *the spirit.* ver. 2; ch. 27. 11; 33. 3. Ps. 49. 3; 78. 2-5.

4 *thou not.* ch. 8. 8, 9; 15. 10; 32. 7. *man.* Ge. 1. 28; 9. 1-3. Ps. 115. 16.

5 *the triumphing.* ch. 5. 3; 15. 29-34; 18. 5, 6; 27. 13-23. Ex. 15. 9, 10. Ju. 16. 21-30. Es. 5. 11, 12; 7. 10. Ps. 37. 35,

36; 73. 18-20. Ac. 12. 22, 23. *short. Heb.* from near. *the joy.* ch. 8. 19; 27. 8. Mat. 7. 21; 13. 20, 21. Ga. 6. 4. Ja. 4. 16.

6 *his excellency.* Ge. 11. 4. Is. 14. 13, 14. Da. 4. 11, 22. Am. 9. 2. Ob. 3, 4. Mat. 11. 23. *clouds. Heb.* cloud.

7 *perish.* 1 Ki. 14. 10. 2 Ki. 9. 37. Ps. 83. 10. Je. 8. 2. *shall say.* ch. 14. 10.

8 *fly away.* Ps. 73. 20; 18. 10; 90. 5. Is. 29. 7, 8.

9 *The eye.* ver. 7; ch. 7. 8, 10; 8. 18; 27. 3. Ps. 37. 10, 36; 103. 15, 16.

10 *His children,* etc. *or,* The poor shall oppress his children. Pr. 28. 3. *seek.* Ps. 109. 10. *his hands.* ver. 18. Ex. 12. 36; 22. 1, 3, 9. 2 Sa. 12. 6. Pr. 6. 31. Lu. 19. 8.

11 *bones.* ch. 13. 26; 19. 20. Ps. 25. 7. Pr. 5. 11-13, 22, 23. Eze. 32. 27. *which shall lie.* ch. 21. 26. Pr. 14. 32. Eze. 24. 13. Jno. 8. 21, 24. Ac. 1. 25.

12 *wickedness.* ch. 15. 16. Ge. 3. 6. Pr. 9. 17, 18; 20. 17. Ec. 11. 9. *he hide.* Ps. 10. 7; 109. 17, 18.

13 *spare it.* Mat. 5. 29, 30. Mar. 9. 43-49. Ro. 8. 13. *within his mouth. Heb.* in the midst of his palate.

14 *his meat.* 2 Sa. 11. 2-5; 12. 10, 11. Ps. 32. 3, 4; 38. 1-8; 51. 8, 9. Pr. 1. 31; 23. 20, 21, 29-35. Je. 2. 19. Mal. 2. 2. *the gall.* ver. 16. De. 32. 24. Ro. 3. 13.

15 *swallowed.* Pr. 23. 8. Mat. 27. 3, 4.

16 *the poison.* Ro. 3. 13. *the viper's.* Is. 30. 6. Mat. 3. 7. Ac. 28. 3-6.

17 *shall not see.* Nu. 14. 23. 2 Ki. 7. 2. Je. 17. 6-8. Lu. 16. 24. *the rivers.* Ps. 36. 8, 9. Is. 41. 17. Je. 17. 6. Re. 22. 1. *floods. or,* streaming brooks. *of honey.* De. 32. 13, 14. 2 Sa. 17. 29. Ps. 81. 16. Is. 7. 15, 22.

18 *shall he restore.* See on ver. 10, 15. *swallow.* ver. 5. Pr. 1. 12. Je. 51. 34, 44. La. 2. 16. Ho. 8. 7, 8. Am. 8. 4. Mat. 23. 14, 24. *his substance. Heb.* the substance of his exchange. *and he shall.* ch. 31. 25, 29. Is. 24. 7-11. Je. 11. 15, 16; 22. 13, 17. Eze. 7. 12. Ho. 9. 1. Ja. 4. 8, 9.

19 *Because.* ch. 21. 27, 28; 22. 6; 24. 2-12; 31. 13-22, 38, 39; 35. 9. 1 Sa. 12. 3, 4. Ps. 10. 18; 12. 5. Pr. 14. 31; 22. 22, 23. Ec. 4. 1; 5. 8. Eze. 22. 29. Am. 4. 1-3. Ja. 2. 6, 13; 5. 4. *oppressed. Heb.* crushed. De. 28. 33. La. 3. 34. *he hath violently.* ch. 18. 15; 24. 2. 1 Ki. 21. 19. Is. 5. 7, 8. Mi. 2. 2, 9.

20 *Surely.* Ec. 5. 13, 14. Is. 57. 20, 21. *feel. Heb.* know.

21 *none of his meat be left. or, be* none left for his meat. ch. 18. 19. Je. 17. 11. Lu. 16. 24, 25.

22 *the fulness.* ch. 15. 29; 18. 7. Ps. 39. 5. Ec. 2. 18-20. Re. 18. 7. *every hand.* ch. 1. 15, 17; 16. 11. 2 Ki. 24. 2. Is. 10. 6. *wicked. or,* troublesome. ch. 3. 17.

23 *he is about.* Nu. 11. 33. Ps. 78. 30, 31. Mal. 2. 2. Lu. 12. 17-20. *rain it.* Ge. 19. 24. Ex. 9. 23. Ps. 11. 6; 78. 30, 31. Is. 21. 4.

24 *flee from.* 1 Ki. 20. 30. Is. 24. 18. Je. 48. 43, 44. Am. 5. 19; 9. 1-3. *the bow.* 2 Sa. 22. 35. *strike him.* Pr. 7. 23.

25 *drawn.* ch. 16. 13. De. 32. 41. 2 Sa. 18. 14. Ps. 7. 12. *terrors.* ch. 6. 4; 15. 21; 18. 11; 27. 20. Ps. 73. 19; 88. 15. Je. 20. 3, 4. 2 Co. 5. 11.

26 *darkness.* ch. 18. 5, 6. Is. 8. 22. Mat. 8. 12. Jude 13. *a fire.* Ps. 21. 9; 120. 4. Is. 30. 33. Mat. 3. 12. *it shall go.* ch. 18. 19. Ps. 109. 9-15. Is. 14. 20-22.

27 *heaven.* Ps. 44. 20, 21. Je. 29. 23. Mal. 3. 5. Lu. 12. 2, 3. Ro. 2. 16. 1 Co. 4. 5. *earth.* ch. 16. 18; 18. 18. Is. 26. 21.

28 *increase.* ver. 10. 18-22; ch. 5. 5; 27. 14-19. 2 Ki. 20. 17. Re. 18. 17. *and his goods.* Pr. 11. 4. Zep. 1. 18. Mat. 16. 26. Ja. 5. 1-3.

29 *the portion.* ch. 18. 21; 27. 13; 31. 2, 3. De. 29. 20-28. Ps. 11. 5, 6. Mat. 24. 51. *appointed unto him by God. Heb.* of his decree from God. La. 3. 38.

## CHAP. XXI.

*Job shews that even in the judgment of man he has reason to be grieved,* 1-6. *Sometimes the wicked prosper, though they despise God,* 7-15. *Sometimes their destruction is manifest,* 16-20. *The happy and unhappy are alike in death,* 21-26. *The judgment of the wicked is in another world,* 27-34.

2 *Hear.* ch. 13. 3, 4; 18. 2; 33. 1, 31-33; 34. 2. Ju. 9. 7. Is. 55. 2. He. 2. 1. *let this be.* ch. 15. 11; 16. 2.

3 *that I may.* ch. 13. 13; 33. 31-33. *mock on.* ch. 12. 4, 5; 13. 9; 16. 10, 20; 17. 2.

4 *is my complaint.* ch. 7. 11-21; 10. 1, 2. 1 Sa. 1. 16. Ps. 22. 1-3; 77. 3-9; 102, title; 142. 2, 3. Mat. 26. 38. *if it were.* 2 Ki. 6. 26, 27. Ps. 42. 11. *troubled. Heb.* shortened. Ex. 6. 9, marg.

5 *Mark me. Heb.* Look unto me. *be astonished.* ch. 2. 12; 17. 8; 19. 20, 21. *lay your.* ch. 29. 9; 40. 4. Ju. 18. 19. Ps. 39. 9. Pr. 30. 32. Am. 5. 13. Mi. 7. 16. Ro. 11. 33.

6 *Even when.* Ps. 77. 3; 88. 15; 119. 120. La. 3. 19, 20. Hab. 3. 16.

7 *Wherefore.* ch. 12. 6. Ps. 17. 10; 73. 3-12. Je. 12. 1-3. Hab. 1. 15, 16. *mighty.* Ps. 37. 35. Da. 4. 17. Re. 13. 2 7; 17. 2-4.

8 ch. 5. 3, 4; 18. 19; 20. 10, 28. Pr. 17. 6.

9 *safe from fear. Heb.* peace from fear. ch. 15. 21; 18 11. Ps. 73. 19. Is. 57. 19-21. *the rod.* ch. 9. 34. Ps. 73. 5.

10 *their cow.* Ex. 23. 26. De. 7. 13, 14; 28. 11. Ps. 144. 13, 14. Ec. 9. 1, 2. Lu. 12. 16-21; 16. 19.

11 Ps. 107. 41; 127. 3-5.

12 Ge. 4. 21; 31. 27. Is. 5. 12; 22. 13. Am. 6. 4-6.

13 *They.* ch. 36. 11. Ps. 73. 4. Mat. 24. 38, 39. Lu. 12. 19, 20; 17. 28, 29. *wealth. or,* mirth.

14 *they say.* ch. 22. 17. Ps. 10. 4, 11. Lu. 8. 28, 37. Hab. 1. 15. Jno. 15. 23, 24. Ro. 8. 7. *for we.* Pr. 1. 7, 22, 29. Jno. 3. 19, 20; 8. 45-47. Ro. 1. 28. 2 Th. 2. 10-12. 2 Ti. 4. 3, 4.

15 *What is.* Ex. 5. 2. Ps. 12. 4. Pr. 30. 9. Ho. 13. 6. *and what.* ch. 34. 9; 35. 3. Is. 30. 11. Mal. 1. 13, 14. *if we.* Is. 45. 19. Mat. 7. 7. Jno. 16. 24.

16 *Lo.* ch. 1. 21; 12. 9, 10. Ps. 49. 6, 7; 52. 5-7. Ec. 8. 8. Lu. 16. 2, 25. *the counsel.* ch. 22. 18. Ge. 49. 6. Ps. 1. 1. Pr. 1. 10; 5. 8.

17 *oft.* ch. 18. 5, 6, 18. Pr. 13. 9; 20. 20; 24. 20. Mat. 25. 8. *candle. or,* lamp. *distributeth.* Ps. 32. 10; 90. 7-9. Lu. 12. 46. Ro. 2. 8, 9.

18 *as stubble.* ch. 13. 25. Ex. 15. 7. Ps. 1. 4; 35. 5; 83. 13. Is. 5. 24; 17. 13; 29. 5; 40. 24; 41. 15, 16. Je. 13. 24. Ho. 13. 3. Na. 1. 10. Mat. 3. 12. *carrieth. Heb.* stealeth.

19 *layeth.* ch. 22. 24. De. 32. 34. Mat. 6. 19, 20. Ro. 2. 5. *iniquity. that is,* the punishment of his iniquity. Ge. 4. 7. Is. 53. 4-6. 2 Co. 5. 21. *for his.* Ex. 20. 5. Ps. 109. 9, etc. Is. 14. 21. Eze. 18. 14, 19, 20. Mat. 23. 31-35. *he rewardeth.* De. 32. 41. 2 Sa. 3. 39. Ps. 54. 5. Mat. 16. 27. 2 Ti. 4. 14. Re. 18. 6. *he shall.* Mal. 3. 18.

20 *see.* ch. 27. 19. Lu. 16. 23. *drink.* Ps. 75. 8. Is. 51. 17. Je. 25. 15, 16; 51. 7. Re. 14. 10; 19. 15.

21 *For what.* ch. 14. 21. Ec. 2. 18, 19. Lu. 16. 27, 28. *the number.* ch. 14. 5. Ps. 55. 23; 102. 24.

22 *teach.* ch. 40. 2. Is. 40. 13, 14; 45. 9. Ro. 11. 34. 1 Co. 2. 16. *he judgeth.* ch. 34. 17-19. Ps. 113. 5, 6. Ec. 5. 8. Is. 40. 22, 23. 1 Co. 6. 3. 2 Pe. 2. 4. Jude 6. Re. 20. 1-3, 12-15.

23 *in his full strength. Heb.* in his very perfection, *or,* the strength of his perfection. ch. 20. 22, 23. Ps. 49. 17; 73. 4, 5. Lu. 12. 19-21.

24 *His breasts. or,* His milk pails. ch. 15. 27. Ps. 17. 10. *moistened.* Pr. 3. 8.

25 *in the bitterness.* ch. 3. 20; 7. 11; 9. 18; 10. 1. 2 Sa. 17. 8, marg. Pr. 14. 10. Is. 38. 15-17. *never.* ch. 20. 23. 1 Ki. 17. 12. Ec. 6. 2. Eze. 4. 16, 17; 12. 18.

26 *alike.* ch. 3. 18, 19; 20. 11. Ec. 9. 2. *the worms.* ch. 17. 14; 19. 26. Ps. 49. 14. Is. 14. 11.

27 *I know.* ch. 4. 8-11; 5. 3-5; 8. 3-6; 15. 20, etc.; 20. 5, 29. Lu. 5. 22. *ye wrongfully.* ch. 32. 3; 42. 7. Ps. 59. 4; 119. 86. 1 Pe. 2. 19.

28 *Where.* ch. 20. 7. Ps. 37. 36; 52. 5, 6. Hab. 2. 9-11. Zec. 5. 4. *dwelling places. Heb.* tent of the tabernacles. Nu. 16. 26-34.

29 *go by.* Ps. 129. 8.

30 *the wicked.* Pr. 16. 4. Na. 1. 2. 2 Pe. 2. 9-17; 3. 7. Jude 13. *day.* ch. 20. 28. Ps. 110. 5. Pr. 11. 4. Zep. 1. 15. Ro. 2. 5. Re. 6. 17. *wrath. Heb.* wraths.

31 *declare.* 2 Sa. 12. 7-12. 1 Ki. 21. 19-24. Ps. 50. 21. Je. 2. 33-35. Mar. 6. 18. Ac. 24. 25. Ga. 2. 11. *repay.* ver. 19; ch. 41. 11. De. 7. 10. Is. 59. 18. Ro. 12. 19. Ja. 2. 13.

32 *he be.* Ps. 49. 14. Eze. 32. 21-32. Lu. 16. 22. *grave. Heb.* graves. *remain in the tomb. Heb.* watch in the heap.

33 *sweet.* ch. 3. 17, 18. *every man.* ch. 30. 23. Ge. 3. 19. Ec. 1. 4; 8. 8; 12. 7. He. 9. 27.

34 *comfort.* ch. 16. 2. *seeing.* ch. 13. 4; 32. 3; 42. 7. *falsehood. Heb.* transgression.

## CHAP. XXII.

*Eliphaz shews that man's goodness profits not God,* 1-4. *He accuses Job of divers sins,* 5-20. *He exhorts him to repentance, with promises of mercy,* 21-30.

2 *a man.* ch. 35. 6-8. Ps. 16. 2. Lu. 17. 10. *as he that,* etc. *or,* if he may be profitable, *doth his* good success *depend* thereon? ch. 21. 15. De. 10. 13. Pr. 3. 13-18; 4. 7-9; 9. 12. Ec. 7. 11, 12. Mat. 5. 29. Ga. 6. 7, 8.

3 *any pleasure.* 1 Ch. 29. 17. Ps. 147. 10, 11. Pr. 11. 1, 20; 12. 22; 15. 8. Mal. 2. 17. Phi. 4. 18. *thou makest.* ch. 23. 10-12. Ps. 39. 1; 119. 3-6, 59. Ac. 24. 16. 2 Co. 7. 1.

4 *reprove.* Ps. 39. 11; 76. 6; 80. 16. Re. 3. 19. *for fear.* ch. 7. 12. *will he enter.* ch. 9. 19, 32; 14. 3; 16. 21; 23. 6, 7; 34. 23. Ps. 130. 3, 4; 143. 2. Ec. 12. 14. Is. 3. 14, 15.

5 *not thy.* ch. 4. 7-11; 11. 14; 15. 5, 6, 31-34; 21. 27; 32. 3. *thine.* Ps. 19. 12; 40. 12.

6 *For thou.* ch. 24. 3, 9. Ex. 22. 26. De. 24. 10-18. Eze. 18. 7, 12, 16. Am. 2. 8. *stripped,* etc. *Heb.* stripped the clothes of the naked. ch. 24. 10; 31. 19, 20.

7 *not given.* ch. 31. 17. De. 15. 7-11. Ps. 112. 9. Pr. 11. 24, 25; 19. 17. Is. 58. 7, 10. Eze. 18. 7, 16. Mat. 25. 42. Ro. 12. 20.

8 *But as.* ch. 29. 7-17; 31. 34. 1 Ki. 21. 11-15. Ps. 12. 8. Mi. 7. 3. *mighty man. Heb.* man of arm. *honourable. Heb.* eminent, *or,* accepted for countenance. ch. 13. 8.

9 *widows.* ch. 24. 3, 21; 29. 12, 13; 31. 16-18, 21. Ex. 22. 21-24. De. 27. 19. Ps. 94. 6. Is. 1. 17, 23; 10. 2. Eze. 22. 7. Mal. 3. 5. Lu. 18. 3-5. *arms.* Ps. 10. 15; 37. 17. Eze. 30. 22.

10 *snares.* ch. 18. 8-10; 19. 6. Ps. 11. 6. *sudden.* ch. 6. 4; 13. 21. Pr. 1. 27; 3. 25, 26. 1 Th. 5. 3.

11 *darkness.* ch. 18. 6, 18; 19. 8. Pr. 4. 19. Is. 8. 22. La. 3. 2. Joel 2. 2, 3. Mat. 8. 12. *abundance.* Ps. 42. 7; 69. 1, 2; 124. 4. La. 3. 54. Jon. 2. 3.

12 *not God.* Ps. 115. 3, 16. Ec. 5. 2. Is. 57. 15; 66. 1. *height. Heb.* head. *the stars.* Ps. 8. 3, 4.

13 *How. or,* What. *doth God know.* Ps. 10. 11; 59. 7; 73. 11; 94. 7-9. Eze. 8. 12; 9. 9. Zep. 1. 12.

14 ch. 34. 22. Ps. 33. 14; 97. 2; 139. 1, 2, 11, 12. Je. 23. 24. Lu. 12. 2, 3.

15 *the old way.* Ge. 6. 5, 11-13. Lu. 17. 26, 27.

16 *cut down.* ch. 15. 32. Ps. 55. 23; 102. 24. Ec. 7. 17. *whose foundation was overflown with a flood. Heb.* a flood was poured upon their foundation. Ge. 7. 11, 17-24. Mat. 24. 37-39. 1 Pe. 3. 19, 20. 2 Pe. 2. 5.

17 *Depart.* ch. 21. 10, 14, 15. Is. 30. 11. Mat. 8. 29, 34. Ro. 1. 28. *and what.* Ps. 4. 6. Mal. 3. 14. *for them. or,* to them.

18 *he filled.* ch. 12. 6. 1 Sa. 2. 7. Ps. 17. 14. Je. 12. 2. Ac. 14. 17; 15. 16. *the counsel.* ch. 21. 16. Ps. 1. 1.

19 *righteous.* Ps. 48. 11; 58. 10; 97. 8; 107. 42. Pr. 11. 10. Re. 18. 20; 19. 1-3. *innocent.* ch. 9. 23. Ps. 52. 6.

20 *our substance. or,* our estate. ch. 4. 7; 8. 3, 4; 15. 5, 6; 20. 18, 19; 21. 27, 28. Lu. 13. 1-5. *the remnant. or,* their excellency. *the fire.* ch. 1. 16; 20. 26. Ge. 19. 24. Lu. 17. 29, 30. 2 Pe. 2. 6, 7.

21 *Acquaint.* 1 Ch. 28. 9. Jno. 17. 3. 2 Co. 4. 6. *him. that is,* God. *be at peace.* Is. 27. 5; 57. 19-21. Mat. 5. 25. Ac. 10. 36. 2 Co. 5. 20. Phi. 4. 7. Ep. 2. 14-17.

22 *receive.* De. 4. 1, 2. Pr. 2. 1-9. 1 Th. 4. 1, 2. *lay up.* ch. 23. 12. De. 6. 6-9. Ps. 119. 11. Pr. 4. 4, 21. Je. 15. 16. Mat. 12. 35; 13. 52. Lu. 2. 19, 51.

23 *return.* ch. 8. 5, 6; 11. 13, 14. Is. 55. 6, 7. Ho. 14. 1, 2. Zec. 1. 3. Ac. 26. 20. *built up.* ch. 12. 14. Je. 31. 4. Col. 2. 7. Jude 20. *thou shalt.* ch. 11. 14; 18. 15. Jos. 7. 13-16. Is. 33. 15. Zec. 5. 3, 4. *put.* 2 Ti. 2. 19.

24 *lay up.* 1 Ki. 10. 21. 2 Ch. 1. 5; 9. 10, 27. *as dust. or,* on the dust. *Ophir.* Ge. 10. 29. 1 Ki. 9. 28; 22. 48. Ps. 45. 9. Is. 13. 12.

25 *the Almighty.* Ge. 15. 1. Ps. 18. 2; 84. 11. Is. 41. 10. Ro. 8. 31. *defence. or,* gold. Ps. 16. 5, 6. Is. 33. 6. 2 Co. 6. 10. Ja. 2. 5. *plenty of silver. Heb.* silver of strength.

26 *shalt thou.* ch. 27. 10; 34. 9. Ps. 37. 4. Ca. 2. 3. Is. 58. 14. Ro. 7. 22. *lift up.* ch. 11. 15. Ps. 25. 1; 86. 4; 143. 8. 1 Jno. 3. 20, 21.

27 *make thy.* Ps. 50. 14, 15; 66. 17, 18-20; 91. 15; 116. 1. Is. 58. 9. 1 Jno. 5. 14, 15. *pay thy.* Ps. 56. 12; 66. 13, 14; 116. 14. Ec. 5. 4. Jon. 2. 9.

28 *decree.* Ps. 20. 4; 90. 17. La. 3. 37. Mat. 21. 22. Ja. 4. 15. *the light.* ch. 29. 3. Ps. 97. 11; 112. 4. Pr. 4. 18. Is. 30. 21. Mal. 4. 2. Jno. 8. 12.

29 *men.* ch. 5. 19, etc. Ps. 9. 2, 3; 91. 14-16; 92. 9-11. *he shall.* Pr. 29. 23. Is. 57. 15. Lu. 14. 11; 18. 9-14. Ja. 4. 6. 1 Pe. 5. 5. *the humble person. Heb.* him that hath low eyes. Ps. 138. 6. Is. 66. 2. Eze. 21. 26, 27. Lu. 1. 52.

30 *He shall deliver the island of the innocent. or,* The innocent shall deliver the island. ch. 42. 8. Ge. 18. 26-32. Is. 58. 12. Je. 5. 1. Ac. 27. 24. *pureness.* Is. 1. 15. Mal. 1. 9. Mat. 17. 19, 20. Ac. 19. 15, 16. 1 Ti. 2. 8. Ja. 5. 15, 16.

## CHAP. XXIII.

*Job longs to appear before God,* 1-5, *in confidence of his mercy,* 6, 7. *God, who is invisible, observes our ways,* 8-10. *Job's innocency,* 11, 12. *God's decree is immutable,* 13-17.

2 *my complaint.* ch. 6. 2; 10. 1. La. 3. 19, 20. Ps. 77. 2-9. *stroke. Heb.* hand. *heavier.* ch. 11. 6.

3 *Oh that.* ch. 13. 3; 16. 21; 40. 1-5. Is. 26. 8. Je. 14. 7. *where.* Is. 55. 6, 7. 2 Co. 5. 19, 20. He. 4. 6. *that I might.* ch. 31. 35-37.

4 *order.* ch. 13. 18; 37. 19. Ps. 43. 1. Is. 43. 26. *fill my mouth.* Ge. 18. 25-32; 32. 12. Ex. 32. 12, 13. Nu. 14. 13-19. Jos. 7. 8, 9. Ps. 25. 11. Da. 9. 18, 19.

5 *know.* ch. 10. 2; 13. 22, 23; 42. 2-6. 1 Co. 4. 3, 4.

6 *plead.* ch. 9. 19, 33, 34; 13. 21. Is. 27. 4, 8. Ez. 20. 33, 35. *but he would.* Ps. 138. 3. 2 Co. 12. 9, 10.

7 *There.* Is. 1. 18. Je. 3. 5; 12. 1. *so should.* ch. 9. 15. Ro. 3. 19-22; 8. 1, 33, 34.

8 ch. 9. 11. Ps. 10. 1; 13. 1-3. Is. 45. 15. 1 Ti. 6. 16.

9 *he hideth himself.* Ps. 89. 46. Is. 8. 17.

10 *he knoweth.* Ge. 18. 19. 2 Ki. 20. 3. Ps. 1. 6; 139. 1-3. Jno. 21. 17. 2 Ti. 2. 19. *the way that I take. Heb.* the way *that is* with me. *he hath.* ch. 1. 11, 12; 2. 5, 6. De. 8. 2. Ps. 17. 3; 66. 10. Pr. 17. 3. Zec. 13. 9. Mal. 3. 2, 3. He. 11. 17. Ja. 1. 2-4, 12. 1 Pe. 1. 7. *I shall.* ch. 42. 5-8.

11 *My foot.* 1 Sa. 12. 2-5. Ps. 18. 20-24; 44. 18. Ac. 20. 18, 19, 33, 34. 2 Co. 1. 12. 1 Th. 2. 10. *his way.* ch. 17. 9. Ps. 36. 3; 125. 5. Zep. 1. 6. Lu. 8. 13-15. Ro. 2. 7. 2 Pe. 2. 20-22.

12 *Neither.* Jno. 6. 66-69; 8. 31. Ac. 14. 22. He. 10. 38, 39. 1 Jno. 2. 19. *I have esteemed. Heb.* hid, *or,* laid up. ch. 22. 22. Ps. 19. 9, 10; 119. 11, 103, 127. Je. 15. 16. Jno. 4. 32, 34. 1 Pe. 2. 2. *necessary food. or,* appointed portion. Lu. 12. 42, 46.

13 *who can.* ch. 9. 12, 13; 11. 10; 12. 14; 34. 29. Nu. 23. 19, 20. Ec. 1. 15; 3. 14. Ro. 9. 19. Ja. 1. 17. *and what.* Ps. 115. 3; 135. 6. Pr. 19. 21. Is. 14. 24-27; 46. 10. Da. 4. 35. Ep. 1. 9-11.

14 *appointed.* ch. 7. 3. Mi. 6. 9. 1 Th. 3. 3; 5. 9. 1 Pe. 2. 8. *many such.* Ps. 77. 19; 97. 2. Is. 40. 27, 28. Ro. 11. 33.

15 ver. 3; ch. 10. 15; 31. 23. Ps. 77. 3; 119. 120. Hab. 3. 16.

16 *For God.* Ps. 22. 14. Is. 6. 5; 57. 16. *Almighty.* ch. 27. 2. Ru. 1. 20. Ps. 88. 16. Joel 1. 15.

17 *cut off.* ch. 6. 9. 2 Ki. 22. 20. Is. 57. 1. *the darkness from.* ch. 15. 22; 18. 6, 18; 19. 8; 22. 11.

## CHAP. XXIV.

*Wickedness often goes unpunished,* 1-16. *There is a secret judgment for the wicked,* 17-25.

1 *seeing.* Ps. 31. 15. Ec. 3. 17; 8. 6, 7; 9. 11, 12. Is. 60. 22. Da. 2. 21. Lu. 21. 22-24. Ac. 1. 7; 17. 26. 1 Th. 5. 1. 1 Ti. 4. 1; 6. 15. 2 Pe. 2. 3; 3. 7, 8. *they that know.* Ps. 9. 10; 36. 10. Jno. 17. 3. *not see.* Ge. 7. 4; 18. 17, 20, 21. Ps. 73. 16-19. Je. 12. 1-3. Mat. 24. 38. Ro. 2. 5.

2 *landmarks.* De. 19. 14; 27. 17. Pr. 22. 28; 23. 10. Ho. 5. 10. *violently.* ch. 1. 15, 17; 5. 5. *feed thereof. or,* feed them.

3 *drive.* ch. 22. 6-9; 31. 16, 17. De. 24. 6, 10-13, 17-21. 1 Sa. 12. 3.

4 *turn.* ver. 14; ch. 31. 16. Ps. 109. 16. Pr. 22. 16; 30. 14. Is. 10. 2. Eze. 18. 12, 18; 22. 29. Am. 2. 7; 8. 4-6. Mi. 2. 1, 2. *hide.* Pr. 28. 12, 28. Ja. 5. 4-6.

5 *wild asses.* ch. 39. 5-7. Je. 2. 24. Ho. 8. 9. *rising.* ver. 14. Pr. 4. 16. Ho. 7. 6. Mi. 2. 1. Zep. 3. 3. Jno. 18. 28. Ac. 23. 12. *the wilderness.* ch. 5. 5; 12. 6. Ge. 16. 12; 27. 40.

6 *They reap.* De. 28. 33, 51. Ju. 6. 3-6. Mi. 6. 15. *corn. Heb.* mingled corn, *or,* dredge. *they gather,* etc. *Heb.* the wicked gather the vintage.

7 *the naked.* ver. 10; ch. 22. 6; 31. 19, 20. Ex. 22. 26, 27. De. 24. 11-13. Is. 58. 7. Ac. 9. 31. *no covering.* Ge. 31. 40. Pr. 31. 21, marg.

8 *wet.* Ca. 5. 2. *embrace.* La. 4. 5. He. 11. 38.

9 2 Ki. 4. 1. Ne. 5. 5.

10 *they take away.* De. 24. 19. Am. 2. 7, 8; 5. 11, 12.

11 De. 25. 4. Je. 22. 13. Ja. 5. 4.

12 *groan.* Ex. 1. 13, 14; 2. 23, 24; 22. 27. Ju. 10. 16. Ps. 12. 5. Ec. 4. 1. Is. 52. 5. *wounded.* Ps. 69. 26; 109. 22. *yet God.* Ps. 50. 21. Ec. 8. 11, 12. Mal. 2. 17; 3. 15. Ro. 2. 4, 5. 2 Pe. 3. 15.

13 *rebel.* Lu. 12. 47, 48. Jno. 3. 19, 20; 9. 39-41; 15. 22-24. Ro. 1. 32; 2. 17-24. Ja. 4. 17. *they know.* Pr. 4. 19. Jno. 12. 35, 40. Ro. 3. 11-17. 2 Th. 2. 10-12. *nor abide.* ch. 23. 11, 12. Jno. 8. 31, 44; 15. 6. 2 Pe. 2. 20-22. 1 Jno. 2. 19. Jude 6.

14 *murderer.* 2 Sa. 11. 14-17. Ps. 10. 8-10. Mi. 2. 1, 2. Ep. 5. 7-11. *in the night.* Lu. 12. 39. 1 Th. 5. 2. Re. 3. 3.

15 *eye.* Ex. 20. 14. 2 Sa. 11. 4-13; 12. 12. Ps. 50. 18. Pr. 6. 32-35; 7. 9, 10. *No eye.* ch. 22. 13, 14. Ps. 10. 11; 73. 11; 94. 7. Eze. 8. 12; 9. 9. *disguiseth his face. Heb.* setteth *his* face in secret. Or, 'putteth a *covering* on his face;' probably the hood of the burnoose, or cloak, which the Arabs sometimes throw over their other garments. Ge. 38. 14, 15.

16 *In the dark.* Ex. 22. 2, 3. Eze. 12. 5-7, 12. Mat. 24. 43. *they know.* ver. 13; ch. 38. 12, 13. Jno. 3. 20. Ep. 5. 11-13.

17 *in the terrors.* See on ch. 3. 5. Ps. 73. 18, 19. Je. 2. 26. 2 Co. 5. 10, 11. Re. 6. 16, 17.

18 *swift.* Ps. 58. 7; 73. 18-20. Is. 23. 10. *their portion.* De. 28. 16-20. Ps. 69. 22. Pr. 3. 33. Mal. 2. 2.

19 *Drought.* ch. 6. 15-17. *consume. Heb.* violently take. *so doth.* ch. 21. 23, 32-34. Ps. 49. 14; 58. 8, 9; 68. 2. Pr. 14. 32. Ec. 9. 4-6. Lu. 12. 20; 16. 22.

20 *the worm.* ch. 17. 14; 19. 26. *he shall be.* Pr. 10. 7. Ec. 8. 10. Is. 26. 14. *wickedness.* ch. 14. 7-10; 18. 16, 17. Da. 4. 14. Mat. 3. 10.

21 *evil.* 1 Sa. 1. 6, 7. *doeth not.* ver. 3; ch. 29. 13; 31. 16-18.

22 *draweth.* Es. 3. 8-10. Da. 6. 4-9. Jno. 19. 12-16. Re. 16. 13, 14; 17. 2. *no man is sure of life. or,* he trusteth not *his own* life.

23 *it be given.* Ps. 73. 3-12. Je. 12. 1-3. *whereon.* Ec. 8. 11. Is. 10. 8-11; 56. 12. Lu. 12. 16-20, 45. 1 Th. 5. 3. *yet his eyes.* Ps. 10. 13, 14; 11. 4, 5. Pr. 5. 21; 15. 3; 25. 21-23. Ec. 5. 8. Am. 8. 7; 9. 2. Hab. 1. 13. Re. 2. 23.

24 *are exalted.* ch. 20. 5. Ps. 37. 10, 35, 36; 73. 19; 92. 7. Ja. 1. 11; 5. 1-3. *gone. Heb.* not. ch. 8. 22, marg. *taken out. Heb.* closed up. *cut off.* Is. 17. 5, 6. Re. 14. 14-20.

25 *who will make.* ch. 9. 24; 11. 2, 3; 15. 2.

## CHAP. XXV.

*Bildad shews that man cannot be justified before God.*

2 *Dominion.* ch. 9. 2-10; 26. 5-14; 40. 9-14. 1 Ch. 29. 11, 12. Ps. 99. 1-3. Je. 10. 6, 7. Da. 4. 34-37. Mat. 6. 13; 28. 18. Ep. 1. 20, 21. Jude 25. Re. 6. 16. *he maketh.* Is. 57. 15, 19. Mat. 5. 9. 2 Co. 5. 18-21. Ep. 2. 16, 17. Col. 1. 20.

3 *there.* Ps. 103. 20, 21; 148. 2-4. Is. 40. 26. Da. 7. 10. Mat. 26. 53. Re. 5. 11. *upon whom.* ch. 38. 12, 13. Ge. 1. 3-5, 14-16. Ps. 19. 4-6. Mat. 5. 45. Jno. 1. 4, 9. Ja. 1. 17.

4 *How then.* ch. 4. 17-19; 9. 2; 15. 14-16. Ps. 130. 3; 143. 2. Ro. 3. 19, 20; 5. 1. *how can.* ch. 14. 3, 4. Ps. 51. 5. Zec. 13. 1. Ep. 2. 3. 1 Co. 6. 11. 1 Jno. 1. 9. Re. 1. 5.

5 Is. 24. 23; 60. 19, 20. 2 Co. 3. 10.

6 *How much less,* etc. The original is degradingly expressive: 'How much less *enosh,* miserable man, who is a worm; and the son of Adam, who is *tolëäh, a maggot.*' ch. 4. 19. Ge. 18. 27. Ps. 22. 6. Is. 41. 14.

## CHAP. XXVI.

*Job, reproving the uncharitable spirit of Bildad,* 1-4, *acknowledges the power of God to be infinite and unsearchable,* 5-14.

2 *How hast thou.* Bildad had produced no argument to refute Job's doctrine; and therefore Job *ironically* admires the assistance which Bildad had given to his friends in their extremity, and the instruction he had afforded him in his perplexity. ch. 12. 2. 1 Ki. 18. 27. *helped.* ch. 4. 3, 4; 6. 25; 16. 4, 5. Is. 35. 3, 4; 40. 14; 41. 5-7.

3 *counselled.* ch. 6. 13; 12. 3; 13. 5; 15. 8-10; 17. 10; 32. 11-13. *plentifully.* ch. 33. 3, 33; 38. 2. Ps. 49. 1-4; 71. 15-18. Pr. 8. 6-9. Ac. 20. 20, 27.

4 *whose spirit.* ch. 20. 3; 32. 18. 1 Ki. 22. 23, 24. Ec. 12. 7. 1 Co. 12. 3. 1 Jno. 4. 1-3. Re. 16. 13, 14.

5 *Dead things.* Or, 'The giants (*rephaïm*) are in anguish under the waters and their inhabitants;' probably in allusion to the destruction of the earth by the deluge. ch. 41. 1, etc. Ge. 6. 4. Ps. 104. 25, 26. Eze. 29. 3-5. *and. or,* with.

6 *Hell.* ch. 11. 8. Ps. 139. 8, 11. Pr. 15. 11. Is. 14. 9. Am. 9. 2. He. 4. 13. *destruction.* ch. 28. 22. Ps. 88. 10.

7 ch. 9. 8. Ge. 1. 1, 2. Ps. 24. 2; 104. 2-5. Pr. 8. 23-27. Is. 40. 22, 26; 42. 5.

8 *bindeth up.* ch. 36. 29; 38. 9, 37. Ge. 1. 6, 7. Ps. 135. 7. Pr. 30. 4. Je. 10. 13. *thick clouds.* ch. 37. 11-16. Ps. 18. 10, 11. *and the cloud.* Is. 5. 6.

9 Ex. 20. 21; 33. 20-23; 34. 3. 1 Ki. 8. 12. Ps. 97. 2. Hab. 3. 3-5. 1 Ti. 6. 16.

10 *compassed.* ch. 38. 8-11. Ps. 33. 7; 104. 6-9. Pr. 8. 29. Je. 5. 22. *until.* Ge. 8. 22. Is. 54. 9, 10. *day and night come to an end. Heb.* end of light with darkness.

11 *pillars.* 1 Sa. 2. 8. Ps. 18. 7. Hag. 2. 21. He. 12. 26, 27. 2 Pe. 3. 10. Re. 20. 11. *are astonished.* ch. 15. 15.

12 *divideth.* Ex. 14. 21, etc. Ps. 29. 10; 74. 13; 93. 3, 4; 114. 2-7. Is. 51. 15. Je. 31. 35. *he smiteth.* ch. 40. 11, 12. Is. 2. 12. Da. 4. 37. Ja. 4. 6. *the proud. Heb.* pride. Ps. 89. 9, 10. Is. 51. 9.

13 *his spirit.* Ge. 1. 2. Ps. 33. 6, 7; 104. 30. *the crooked serpent.* Ps. 74. 13, 14. Is. 27. 1. Re. 12. 9.

14 *how little.* ch. 11. 7-9. Ps. 139. 6; 145. 3. Is. 40. 26-29. Ro. 11. 33. 1 Co. 13. 9-12. *the thunder.* ch. 40. 9. 1 Sa. 2. 10. Ps. 29. 3.

## CHAP. XXVII.

*Job protests his sincerity,* 1-7. *The hypocrite is without hope,* 8-10. *The blessings which the wicked have are turned into curses,* 11-23.

1 *Job.* Nu. 23. 7; 24. 3, 15. Ps. 49. 4; 78. 2. Pr. 26. 7. *continued. Heb.* added to take up.

2 *God liveth.* Nu. 14. 21. Ru. 3. 13. 1 Sa. 14. 39, 45; 20. 21; 25. 26, 34. 2 Sa. 2. 27. 1 Ki. 17. 1; 18. 15. Je. 4. 2; 5. 2; 12. 16. Eze. 33. 11. *taken.* ch. 10. 3; 34. 5. Is. 40. 27. *vexed my soul. Heb.* made my soul bitter. Ru. 1. 20, 21. 2 Ki. 4. 27.

3 *the spirit of God. that is,* the breath which God gave him. Ge. 2. 7. Is. 2. 22. Ac. 17. 25.

4 ch. 13. 7; 34. 6. Jno. 8. 55. 2 Co. 11. 10.

5 *justify.* ch. 32. 3; 42. 7. De. 25. 1. Pr. 17. 15. Ga. 2. 11. *I will not.* ch. 2. 9; 13. 15; 29. 14. 2 Co. 1. 12.

6 *I hold fast.* ch. 2. 3. Ps. 18. 20-23. Pr. 4. 13. *my heart.* Ac. 24. 16. 2 Co. 12. 11. 1 Jno. 3. 20, 21. *so long as I live. Heb.* from my days.

7 1 Sa. 25. 26. 2 Sa. 18. 32. Da. 4. 19.

8 ch. 11. 20; 13. 16; 15. 34; 20. 5; 31. 3. Is. 33. 14, 15. Mat. 16. 26; 23. 14. Mar. 8. 36, 37. Lu. 9. 25; 12. 20, 21. 1 Ti. 6. 9, 10. Ja. 5. 1-3.

9 *Will God.* ch. 35. 12, 13. Ps. 18. 41; 66. 18; 109. 7. Pr. 1. 28; 28. 9. Is. 1. 15. Je. 11. 11; 14. 12. Eze. 8. 18. Mi. 3. 4. Zec. 7. 13. Jno. 9. 31. Ja. 4. 3. *his cry.* Ho. 7. 14. Lu. 13. 25.

10 *delight.* ch. 22. 26, 27. Ps. 37. 4; 43. 4. Hab. 3. 18. *will he always.* Ps. 78. 34-36. Mat. 13. 21. Lu. 18. 1. Ac. 10. 2. Ep. 6. 18. 1 Th. 5. 17.

11 *teach.* ch. 4. 3, 4; 6. 10. Is. 8. 11. *by the hand. or, being* in the hand, etc. *that which.* ch. 32. 8-10. De. 4. 5. Ps. 71. 17. Ac. 20. 20.

12 *ye yourselves.* ch. 21. 28-30. Ec. 8. 14; 9. 1-3. *altogether.* ch. 6. 25-29; 13. 4-9; 16. 3; 17. 2; 19. 2, 3; 21. 3; 26. 2-4.

13 *the portion.* ch. 20. 29; 31. 3. Ps. 11. 6. Ec. 8. 13. Is. 3. 11. 2 Pe. 2. 9. *the heritage.* ch. 15. 20, etc.; 20. 19, etc. Ps. 12. 5. Pr. 22. 22, 23. Mal. 3. 5. Ja. 5. 4-6.

14 *children.* ch. 21. 11, 12. De. 28. 32, 41. 2 Ki. 9. 7, 8; 10. 6-10. Es. 5. 11; 9. 5-10. Ps. 109. 13. Ho. 9. 13, 14. Lu. 23. 29. *his offspring.* 1 Sa. 2. 5.

15 *Those.* 1 Ki. 14. 10, 11; 16. 3, 4; 21. 21-24. *his widows.* Ps. 78. 64. Je. 22. 18.

16 *heap up.* ch. 22. 24. 1 Ki. 10. 27. Hab. 2. 6. Zec. 9. 3. *prepare raiment.* D'HERBELOT tells us, that Bokhten, an illustrious poet of Cufah, in the 9th century, had so many presents made him, that at his death he was found possessed of 100 suits of clothes, 200 shirts, and 500 turbans. Mat. 6. 19. Ja. 5. 2.

17 *but the just.* Pr. 13. 22; 28. 8. Ec. 2. 26.

18 *as a moth.* ch. 8. 14, 15. Is. 51. 8. *as a booth.* Is. 1. 8; 38. 12. La. 2. 6.

19 *shall lie.* ch. 14. 13-15; 21. 23-26, 30; 30. 23. *gathered.* Ge. 49. 10. Je. 8. 2. Mat. 3. 12; 23. 37. *he openeth.* ch. 20. 7-9. Ps. 58. 9; 73. 19, 20. *he is not.* ch. 8. 22; 14. 10, 12; 24. 24, marg.

20 *Terrors.* ch. 15. 21; 18. 11; 22. 16. Ps. 18. 4; 42. 7; 69. 14, 15. Jon. 2. 3. *a tempest.* ch. 20. 23; 21. 18. Ex. 12. 29. 2 Ki. 19. 35. Da. 5. 30.

21 *east wind.* Je. 18. 17. Ho. 13. 15. *a storm.* Ex. 9. 23-25. Ps. 11. 6; 58. 9; 83. 15. Na. 1. 3-8. Mat. 7. 27.

22 *For God.* Ex. 9. 14. De. 32. 23. Jos. 10. 11. *not spare.* De. 29. 20. Eze. 9. 5, 6. Ro. 8. 32. 2 Pe. 2. 4, 5. *he would fain flee. Heb.* in fleeing he would flee. ch. 20. 24. Ex. 14. 25-28. Ju. 4. 17-21. Is. 10. 3. Am. 2. 14; 9. 1-3.

23 *clap.* Es. 9. 22-25. Pr. 11. 10. La. 2. 15. Re. 18. 20. *hiss him.* 1 Ki. 9. 8. Je. 19. 8. Mi. 6. 16. Zep. 2. 15.

## CHAP. XXVIII.

*There is a knowledge of natural things,* 1-11. *But wisdom is an excellent gift of God,* 12-28.

1 *vein. or,* mine. *the silver.* Ge. 2. 11, 12; 23. 15; 24. 22. 1 Ki. 7. 48-50; 10. 21. 1 Ch. 29. 2-5. *where they fine it.* Ps. 12. 6. Pr. 17. 3; 27. 21. Is. 48. 10. Zec. 13. 9. Mal. 3. 2, 3. 1 Pe. 1. 7.

2 *Iron.* Ge. 4. 22. Nu. 31. 22. De. 8. 9. 1 Ch. 22. 14. *earth. or,* dust.

3 *searcheth.* Pr. 2. 4. Ec. 1. 13. Hab. 2. 13. Mat. 6. 33. Lu. 16. 8. *the stones.* ch. 10. 21, 22; 12. 22; 38. 16, 17.

5 *out of it.* Ge. 1. 11, 12, 29. Ps. 104. 14, 15. Is. 28. 25-29. *fire.* Eze. 28. 13, 14.

6 *sapphires.* ver. 16. Ex. 24. 10. Ca. 5. 14. Is. 54. 11. Re. 21. 19. *dust of gold. or,* gold ore.

7 *a path.* ver. 21-23; ch. 11. 6; 38. 19, 24. Ro. 11. 33.

9 *rock. or*, flint. *he overturneth*. Na. 1. 4-6.
10 *every precious thing*. Pr. 14. 23; 24. 4. Hab. 3. 9.
11 *bindeth*. ch. 26. 8. Is. 37. 25; 44. 27. *overflowing. Heb.* weeping. *and the thing*. Is. 45. 2, 3. 1 Co. 4. 5.
12 ver. 20, 28. 1 Ki. 3. 9. Ps. 51. 6. Pr. 2. 4-6; 3. 19. Ec. 7. 23-25. 1 Co. 1. 19, 20. Col. 2. 3. Ja. 1. 5, 17.
13 *knoweth*. ver. 15-19. Ps. 19. 10; 119. 72. Pr. 3. 14, 15; 8. 11, 18, 19; 16. 16; 23. 23. Ec. 8. 16, 17. *in the land*. ver. 21, 22. Ps. 52. 5. Is. 38. 11; 53. 8.
14 Ro. 11. 33, 34.
15 *It cannot be gotten for gold. Heb.* Fine gold shall not be given for it. ver. 18. Pr. 3. 13-15; 8. 10, 17, 19; 16. 16.
16 *the gold*. 1 Ch. 29. 4. Ps. 45. 9. Is. 13. 12. *onyx*. Ex. 28. 20. Eze. 28. 13.
17 *crystal*. Eze. 1. 22. Re. 4. 6; 21. 11; 22. 1. *jewels. or*, vessels.
18 *coral. or*, Ramoth. Eze. 27. 16. *pearls*. Mat. 7. 6; 13. 45, 46. 1 Ti. 2. 9. Re. 17. 4; 18. 12; 21. 21. *rubies*. Pr. 3. 15; 31. 10. La. 4. 7.
19 *topaz*. Ex. 28. 17; 39. 10. Eze. 28. 13. Re. 21. 20.
20 See on ver. 12. Pr. 2. 6. Ec. 7. 23, 24. 1 Co. 2. 6-15. Ja. 1. 5, 17.
21 *hid*. Ps. 49. 3, 4. Mat. 11. 25; 13. 17, 35. 1 Co. 2. 7-10. Col. 2. 3. *from the fowls*. ver. 7. *air. or*, heaven.
22 *Destruction*. ver. 14. Ps. 83. 10-12.
23 Ps. 19. 7; 147. 5; Pr. 2. 6; 8. 14. Mat. 11. 27. Lu. 10. 21, 22. Ac. 15. 18. Ro. 11. 33. 1 Co. 1. 30. Jude 25.
24 2 Ch. 16. 9. Pr. 15. 3. Zec. 4. 10. Re. 5. 6.
25 *To make the weight*, etc. God has given an atmosphere to the earth, which, possessing a certain degree of *gravity* perfectly suited to the necessities of all animals, vegetables, and fluids, should be the cause, in His hands, of preserving animal and vegetable life; for by it the *blood* circulates in the veins of animals, and the *juices* in the tubes of vegetables. Without this atmospheric *pressure* there could be no respiration; and the *elasticity* of the particles of air in animal and vegetable bodies, would rupture the vessels in which they are contained, and destroy both kinds of life. Ps. 135. 7. Is. 40. 12. *he weigheth*. He has exactly proportioned the *aqueous* surface of the earth to the *terrene* parts, for the purpose of evaporation, etc.
26 *he made*. ch. 36. 26, 32; 38. 25. Ps. 148. 8. Je. 14. 22. Am. 4. 7. Zec. 10. 1. *a way*. ch. 37. 3. Ps. 29. 3-10.
27 *declare it. or*, number it. *he prepared it*. Ps. 19. 1. Pr. 8. 22-29.
28 *unto man*. De. 29. 29. Pr. 8. 4, 5, 32-26. *fear*. De. 4. 6. Ps. 111. 10. Pr. 1. 7; 9. 10. Ec. 12. 13. Ja. 3. 13-17. *to depart*. Pr. 34. 14. Pr. 3. 7; 13. 14; 16. 17. Is. 1. 16. 2 Ti. 2. 19. 1 Pe. 3. 11.

## CHAP. XXIX.

*Job bemoans his former prosperity.*

1 *continued. Heb.* added to take up. ch. 27. 1.
2 *as in months*. ch. 1. 1-5; 7. 3. *God*. ch. 1. 10. Ps. 37. 28. Jude 1.
3 *candle. or*, lamp. ch. 18. 6; 21. 17. Ps. 18. 28. Pr. 13. 9; 20. 20; 24. 20. *by his light*. ch. 22. 28. Ps. 4. 6; 23. 4; 27. 1; 84. 11. Is. 2. 4. Jno. 8. 12; 12. 46. Ep. 5. 8, 14.
4 *the secret*. ch. 1. 10; 15. 8. Ps. 25. 14; 27. 5; 91. 1. Pr. 3. 32. Col. 3. 3.
5 *the Almighty*. ch. 23. 3, 8-10. De. 33. 27-29. Jos. 1. 9. Ju. 6. 12, 13. Ps. 30. 7; 43. 2; 44. 8, 9. Ca. 2. 4; 3. 1, 2. Je. 14. 8. Mat. 9. 15. *my children*. ch. 1. 2-5; 42. 13-16. Ps. 127. 3-5; 128. 3. Pr. 17. 6.
6 *I washed*. ch. 20. 17. Ge. 49. 11. De. 32. 13; 33. 24. Ps. 81. 16. *me out. Heb.* with me.
7 De. 16. 18; 21. 19. Ru. 4. 1, 2, 11. Zec. 8. 16.
8 *young men*. Le. 19. 32. Pr. 16. 31; 20. 8. Ro. 13. 3, 4. Tit. 3. 1. 1 Pe. 5. 5. *the aged*. Ro. 13. 7. 1 Pe. 2. 17.
9 *refrained*. ch. 4. 2; 7. 11. Pr. 10. 19. Ja. 1. 19. *laid*. ch. 21 5; 40. 4. Ju. 18. 19. Pr. 30. 32.
10 *nobles held their peace. Heb.* voice of the nobles was hid. *their tongue*. Ps. 137. 6. Eze. 3. 26.
11 *the ear*. ch. 31. 20. Pr. 29. 2. Lu. 4. 22; 11. 27.
12 *I delivered*. ch. 22. 5-9. Ne. 5. 2-13. Ps. 72. 12; 82. 2-4. Pr. 21. 13; 24. 11, 12. Je. 22. 16. *the fatherless*. Ex. 22. 22-24. De. 10. 18. Ps. 68. 5. Ja. 1. 27.
13 *The blessing*. De. 24. 13. Ac. 9. 39-41. 2 Co. 9. 12-14. 2 Ti. 1. 16-18. *ready*. ch. 31. 19. De. 26. 5. Pr. 31. 6-9. Is. 27. 13. *I caused*. De. 16. 11. Ne. 8. 10-12. Phile. 7. *sing*. Ps. 67. 4. Is. 65. 14.
14 *I put*. De. 24. 13. Ps. 132. 9. Is. 59. 17; 61. 10. Ro. 13. 14. 2 Co. 6. 7. Ep. 6. 14. 1 Th. 5. 8. Re. 19. 8. *a diadem*. Is. 28. 5; 62. 3.
15 *eyes*. Nu. 10. 31. Mat. 11. 5. 1 Co. 12. 12, etc.
16 *a father*. ch. 31. 18. Es. 2. 7. Ps. 68. 5. Ep. 5. 1. Ja. 1. 27. *the cause*. Ex. 18. 26. De. 13. 14; 17. 8-10. 1 Ki. 3. 16-28. Pr. 25. 2; 29. 7.
17 *I brake*. Ps. 3. 7; 58. 8. Pr. 30. 14. *jaws. Heb.* jaw teeth, *or*, grinders. *and plucked. Heb.* and cast. 1 Sa. 17. 35. Ps. 124. 3, 6.
18 *I shall die*. Ps. 30. 6, 7. Je. 22. 23; 49. 16. Ob. 4. Hab. 2. 9. *multiply*. ch. 5. 26; 42. 16, 17. Ps. 91. 16. *as the sand*. Ge. 32. 12; 41. 49.
19 *root*. ch. 18. 16. Ps. 1. 3. Je. 17. 8. Ho. 14. 5-7. *spread out. Heb.* opened.
20 *glory*. ver. 14; ch. 19. 9. Ge. 45. 13. Ps. 3. 3. *fresh. Heb.* new. *my bow*. Ge. 49. 24. *renewed. Heb.* changed. Ps. 103. 5. Is. 40. 31. 2 Co. 4. 16.
21 *gave ear*. ver. 9, 10; ch. 32. 11, 12.
22 *After my*. ch. 32. 15, 16; 33. 31-33. Is. 52. 15. Mat. 22. 46. *speech*. De. 32. 2. Ca. 4. 11. Eze. 20. 46. Am. 7. 16. Mi. 2. 6, marg.
23 *as for the rain*. Ps. 72. 6. *the latter rain*. Ho. 6. 3. Zec. 10. 1.
24 *they believed*. Ge. 45. 26. Ps. 126. 1. Lu. 24. 41. *the light*. Ps. 4. 6; 89. 15.
25 *chose out*. Ge. 41. 40. Ju. 11. 8. 2 Sa. 5. 2. 1 Ch. 13. 1-4. *dwelt*. Ge. 14. 14-17. De. 33. 5. *one that*. ch. 4. 3, 4. Is. 35. 3, 4; 61. 1-3. 2 Co. 1. 3, 4; 7. 5-7. 1 Th. 3. 2, 3.

## CHAP. XXX.

*Job's honour is turned into extreme contempt*, 1-14; *and his prosperity into calamity*, 15-31.

1 *they that are*. ch. 19. 13-19; 29. 8-10. 2 Ki. 2. 23. Is. 3. 5. *younger than I. Heb.* of fewer days than I. *whose*. Ps. 35. 15, 16; 69. 12. Mar. 14. 65; 15. 17-20. Lu. 23. 14, 18, 35, 39. Ac. 17. 5. Tit. 1. 12.
3 *solitary. or*, dark as the night. ch. 24. 13-16. *fleeing into*. ch. 24. 5. He. 11. 38. *in former time. Heb.* yesternight.
4 *mallows*. The Hebrew *malluäch*, in Arabic, *malluch*, and in Syriac *mallucho*, is probably the *αλιμα* or *αλιμος* of the Greeks, and the *halimus* of the Romans, which Dioscorides describes as a kind of bramble, without thorns, the leaves of which are boiled and eaten. *juniper roots*. The Hebrew *rothem*, in Arabic, *ratim*, and in Spanish, *retama*, most probably signifies the *genista* or *broom*, which is very abundant in the deserts of Arabia. *for their meat*. 2 Ki. 4. 38, 39. Am. 7. 14. Lu. 15. 16.
5 *driven*. Ge. 4. 12-14. Ps. 109. 10. Da. 4. 25, 32, 33.
6 *dwell*. Ju. 6. 2. 1 Sa. 22. 1, 2. Is. 2. 19. Re. 6. 15. *caves. Heb.* holes.
7 *brayed*. ch. 6. 5; 11. 12. Ge. 16. 12. *the nettles*. *Charul* probably denotes some kind of *briar* or *bramble*: so Vulgate renders it by *spina* or *sentis*, (Pr. 24. 31. Zep. 2. 9.) Celsius and Scheuchzer are inclined to think it the *paliurus*, a shrub growing sometimes to a considerable height in desert places. 'One of the inconveniences of the vegetable thickets of Egypt is,' says Denon, 'that it is difficult to remain in them, as nine-tenths of the trees and plants are armed with inexorable thorns, which suffer only an unquiet enjoyment of the shadow which is so constantly desirable.'
8 *children*. 2 Ki. 8. 18, 27. 2 Ch. 22. 3. Ps. 49. 10-13. Je. 7. 18. Mar. 6. 24. *fools*. Pr. 1. 7, 22; 16. 22. *base men. Heb.* men of no name. *viler*. ch. 40. 4. Ps. 15. 4. Is. 32. 6.
9 *am I*. ch. 17. 6. Ps. 35. 15, 16; 44. 14; 69. 12. La. 3. 14, 63.
10 *abhor me*. ch. 19. 19; 42. 6. Ps. 88. 8. Zec. 11. 8. *flee far*. ch. 19. 13, 14. Ps. 88. 8. Pr. 19. 7. Mat. 26. 56. *spare not to spit in my face. Heb.* withhold not spittle from my face. Nu. 12. 14. De. 25. 9. Is. 50. 6. Mat. 26. 67; 27. 30.
11 *loosed*. ch. 12. 18, 21. 2 Sa. 16. 5-8. *let loose*. Ps. 35. 21. Mat. 26. 67, 68; 27. 39-44. Ja. 1. 26.
12 *rise*. ch. 19. 18. Is. 3. 5. *they raise up*. ch. 19. 12.
13 *they set forward*. Ps. 69. 26. Zec. 1. 15.
14 *as a wide*. ch. 22. 16. Ps. 18. 4; 69. 14, 15. Is. 8. 7, 8.
15 *Terrors*. ch. 6. 4; 7. 14; 9. 27, 28; 10. 16. Ps. 88. 15. *soul. Heb.* principal one. *as a cloud*. Is. 44. 22. Ho. 6. 4; 13. 3.
16 *my soul*. Ps. 22. 14; 42. 4. Is. 53. 12. *have taken hold*. Ps. 40. 12.
17 *My bones*. ch. 33. 19-21. Ps. 6. 2-6; 38. 2-8. *in the night season*. ch. 7. 4. Ps. 22. 2. Is. 38. 13.
18 *By the great*. ch. 2. 7; 7. 5; 19. 20. Ps. 38. 5. Is. 1. 5, 6.
19 *cast me*. ch. 9. 31. Ps. 69. 1, 2. Je. 38. 6. *dust*. ch. 2. 8; 42. 6. Ge. 18. 27.

20 *I cry.* ch. 19. 7; 27. 9. Ps. 22. 2; 80. 4, 5. La. 3. 8, 44. Mat. 15. 23.

21 *become cruel. Heb.* turned to be cruel. ch. 7. 20, 21; 10. 14-17; 13. 25-28; 16. 9-14; 19. 6-9. Ps. 77. 7-9. Je. 30. 14. *thy strong hand. Heb.* the strength of thy hand. ch. 6. 9; 23. 6. Ps. 89. 13. 1 Pe. 5. 6.

22 *liftest me.* ch. 21. 18. Ps. 1. 4. Is. 17. 13. Je. 4. 11, 12. Eze. 5. 2. Ho. 4. 19; 13. 3. *to ride.* Ps. 18. 10; 104. 3. *substance. or,* wisdom.

23 *the house.* ch. 14. 5; 21. 33. Ge. 3. 19. 2 Sa. 14. 14. Ec. 8. 8; 9. 5; 12. 5-7. He. 9. 27.

24 *grave. Heb.* heap. *they cry.* Ju. 5. 31. Ps. 35. 25. Mat. 27. 39-44.

25 *Did not I.* Ps. 35. 13, 14. Je. 13. 17; 18. 20. Lu. 19. 41. Jno. 11. 35. Ro. 12. 15. *in trouble. Heb.* hard of day. *was.* ch. 31. 16-21. Ps. 12. 1. Pr. 14. 21, 31; 17. 5; 19. 17; 28. 8. Is. 58. 7, 8. Da. 4. 27. 2 Co. 9. 9.

26 *When I looked.* ch. 3. 25, 26; 29. 18. Je. 8. 15; 14. 19; 15. 18. Mi. 1. 12. *light.* ch. 18. 6, 18; 23. 17. Ps. 97. 11. Is. 50. 10.

27 Ps. 22. 4. Je. 4. 19; 31. 20. La. 1. 20; 2. 11.

28 Ps. 38. 6; 42. 9; 43. 2. Is. 53. 3, 4. La. 3. 1-3.

29 *a brother.* ch. 17. 14. Ps. 102. 6. Is. 13. 21, 22; 38. 14. Mi. 1. 8. Mal. 1. 3. *owls. or,* ostriches. *Benoth yäänah,* in Arabic, *bintu näämatin,* not *owls, but ostriches,* so called from their doleful and hideous noises. 'I have often,' says Dr. Shaw, 'heard them groan as if they were in the greatest agonies.'

30 *my skin.* Ps. 119. 83. La. 3. 4; 4. 8; 5. 10. *my bones.* Ps. 102. 3.

31 Ps. 137. 1-4. Ec. 3. 4. Is. 21. 4; 22. 12; 24. 7-9. La. 5. 15. Da. 6. 18.

## CHAP. XXXI.

*Job makes a solemn protestation of his integrity in several duties.*

1 *a covenant.* Ge. 6. 2. 2 Sa. 11. 2-4. Ps. 119. 37. Pr. 4. 25; 23. 31-33. Mat. 5. 28, 29. 1 Jno. 2. 16. *think.* Pr. 6. 25. Ja. 1. 14, 15.

2 ch. 20. 29; 27. 13. He. 13. 4.

3 *destruction.* ch. 21. 30. Ps. 55. 23; 73. 18. Pr. 1. 27; 10. 29; 21. 15. Mat. 7. 13. Ro. 9. 22. 1 Th. 5. 3. 2 Th. 1. 9. 2 Pe. 2. 1. *a strange.* Is. 28. 21. Jude 7.

4 ch. 14. 16; 34. 21. Ge. 16. 13. 2 Ch. 16. 9. Ps. 44. 21; 139. 1-3. Pr. 5. 21; 15. 3. Je. 16. 17; 32. 19. Jno. 1. 48. He. 4. 13.

5 *If.* Ps. 7. 3-5. *walked.* Ps. 4. 2; 12. 2; 44. 20, 21. Pr. 12. 11. Je. 2. 5. Eze. 13. 8.

6 *Let me be weighed in an even balance. Heb.* Let him weigh me in balances of justice. 1 Sa. 2. 3. Ps. 7. 8, 9; 17. 2, 3; 26. 1. Pr. 16. 11. Is. 26. 7. Da. 5. 27. Mi. 6. 11. *know.* Jos. 22. 22. Ps. 1. 6; 139. 23. Mat. 7. 23. 2 Ti. 2. 19.

7 *If my.* Ps. 44. 20, 21. *mine heart.* Nu. 15. 39. Ec. 11. 9. Eze. 6. 9; 14. 3, 7. Mat. 5. 29. *cleaved.* Ps. 101. 3. Is. 33. 15.

8 *let me.* ch. 5. 5; 24. 6. Le. 26. 16. De. 28. 30-33, 38, 51. Ju. 6. 3-6. Mi. 6. 15. *let my.* ch. 5. 4; 15. 30; 18. 19. Ps. 109. 13.

9 *If mine.* Ju. 16. 5. 1 Ki. 11. 4. Ne. 13. 26. Pr. 2. 16-19; 5. 3, etc.; 6. 25; 7. 21; 22. 14. Ec. 7. 26. *if I.* ch. 24. 15, 16. Je. 5. 8. Ho. 7. 4.

10 *grind.* Ex. 11. 5. Is. 47. 2. Mat. 24. 41. *and let.* 2 Sa. 12. 11. Je. 8. 10. Ho. 4. 13, 14.

11 *an heinous.* Ge. 20. 9; 26. 10; 39. 9. Ex. 20. 14. Pr. 6. 29-33. *an iniquity.* ver. 28. Ge. 38. 24. Le. 20. 10. De. 22. 22-24. Eze. 16. 38.

12 Pr. 3. 33; 6. 27. Je. 5. 7-9. Mal. 3. 5. He. 13. 4.

13 *the cause.* Ex. 21. 20, 21, 26, 27. Le. 25. 43, 46. De. 15. 12-15. Je. 34. 14-17. Ep. 6. 9. Col. 4. 1. *when.* In ancient times *slaves* had no action at law against their owners; but Job admitted them to all civil rights, and permitted them to complain even against *himself.*

14 *What then.* ch. 9. 32; 10. 2. Ps. 7. 6; 9. 12, 19; 10. 12-15; 44. 21; 76. 9; 143. 2. Is. 10. 3. Zec. 2. 13. *when he.* Ho. 9. 7. Mi. 7. 4. Mar. 7. 2. Ja. 2. 13. *what shall.* Ro. 3. 19.

15 *Did not he.* ch. 34. 19. Ne. 5. 5. Pr. 14. 31; 22. 2. Is. 58. 7. Mal. 2. 10. *did not one fashion us in the womb? or,* did he not fashion us in one womb? ch. 10. 8-12. Ps. 139. 14-16.

16 *withheld.* ch. 22. 7-9. De. 15. 7-10. Ps. 112. 9. Lu. 16. 21. Ac. 11. 29. Ga. 2. 10. *the eyes.* De. 28. 32. Ps. 69. 3; 119. 82, 123. Is. 38. 14. La. 4. 17.

17 *have.* De. 15. 11, 14. Ne. 8. 10. Lu. 11. 41. Jno. 13. 29. Ac. 4. 32. *the fatherless.* ch. 29. 13-16. Eze. 18. 7, 16. Ro. 12. 13. Ja. 1. 27. 1 Jno. 3. 17.

18 *her. that is,* the widow.

19 ch. 22. 6. 2 Ch. 28. 15. Is. 58. 7. Mat. 25. 36, 43. Lu. 3. 11. Ac. 9. 39. Ja. 2. 16. 1 Jno. 3. 18.

20 ch. 29. 11. De. 24. 13.

21 *lifted.* ch. 6. 27; 22. 9; 24. 9; 29. 12. Pr. 23. 10, 11. Je. 5. 28. Eze. 22. 7. *when.* Mi. 2. 1, 2; 7. 3.

22 *let.* ver. 10, 40. Jos. 22. 22, 23. Ps. 7. 4, 5; 137. 6. *bone. or,* chanel bone.

23 *destruction.* ch. 20. 23; 21. 20. Ge. 39. 9. Ps. 119. 120. Is. 13. 6. Joel 1. 15. 2 Co. 5. 11. *by.* ch. 13. 11; 40. 9; 42. 5, 6. Ps. 76. 7.

24 Ge. 31. 1. De. 8. 12-14. Ps. 49. 6, 7, 17; 52. 7; 62. 10. Pr. 10. 15; 11. 28; 30. 9. Mar. 10. 24. Lu. 12. 15. Col. 3. 5. 1 Ti. 6. 10, 17.

25 *rejoiced.* Es. 5. 11. Pr. 23. 5. Je. 9. 23. Eze. 28. 5. Lu. 12. 19; 16. 19, 25. *because.* De. 8. 17, 18. Is. 10. 13, 14. Da. 4. 30. Ho. 12. 8. Hab. 1. 16. *gotten much. Heb.* found much.

26 *beheld.* Ge. 1. 16-18. De. 4. 19; 11. 16; 17. 3. 2 Ki. 23. 5, 41. Je. 8. 2. Eze. 8. 16. *sun. Heb.* light. *the moon.* Ps. 8. 3, 4. Je. 44. 17. *in brightness. Heb.* bright.

27 *my heart.* De. 11. 16; 13. 6. Is. 44. 20. Ro. 1. 21, 28. *my mouth hath kissed my hand. Heb.* my hand hath kissed my mouth. 1 Ki. 19. 18. Ps. 2. 12. Ho. 13. 2.

28 *an.* ver. 11; ch. 9. 15; 23. 7. Ge. 18. 25. De. 17. 2-7, 9. Ju. 11. 27. Ps. 50. 6. He. 12. 23. *for.* Jos. 24. 23, 27. Pr. 30. 9. Tit. 1. 16. 2 Pe. 2. 1. 1 Jno. 2. 23. Jude 4.

29 2 Sa. 1. 12; 4. 10, 11; 16. 5-8. Ps. 35. 13, 14, 25, 26. Pr. 17. 5; 24. 17, 18.

30 *have.* Ex. 23. 4, 5. Mat. 5. 43, 44. Ro. 12. 14. 1 Pe. 2. 22, 23; 3. 9. *mouth. Heb.* palate. Ec. 5. 2, 6. Mat. 5. 22; 12. 36. Ja. 3. 6, 9, 10.

31 *the men.* 1 Sa. 24. 4, 10; 26. 8. 2 Sa. 16. 9, 10; 19. 21, 22. Je. 40. 15, 16. Lu. 9. 54, 55; 22. 50, 51. *Oh.* ch. 19. 22. Ps. 27. 2; 35. 25. Pr. 1. 11, 12, 18. Mi. 3. 2, 3.

32 *The stranger.* ver. 17, 18. Ge. 19. 2, 3. Ju. 19. 15, 20, 21. Is. 58. 7. Mat. 25. 35, 40, 44, 45. Ro. 12. 13. 1 Ti. 5. 10. He. 13. 2. 1 Pe. 4. 9. *traveller. or,* way.

33 *covered.* Ge. 3. 7, 8, 12. Jos. 7. 11. Pr. 28. 13. Ho. 6. 7. Ac. 5. 8. 1 Jno. 1. 8-10. *as Adam. or,* after the manner of men. Ho. 6. 7.

34 *Did I.* Ex. 23. 2. Pr. 29. 25. Je. 38. 4, 5, 16, 19. Mat. 27. 20-26. *the contempt.* ch. 22. 8; 34. 19. Ex. 32. 27. Nu. 25. 14, 15. Ne. 5. 7; 13. 4-8, 28. 2 Co. 5. 16. *that I.* Es. 4. 11, 14. Pr. 24. 11, 12. Am. 5. 11-13. Mi. 7. 3.

35 *Oh.* ch. 13. 3; 17. 3; 23. 3-7; 33. 6; 38. 1-3; 40. 4, 5. *my desire is, that the Almighty would answer me. or,* my sign *is that* the Almighty will answer me. ch. 13. 21, 22. Ps. 26. 1. *mine.* ch. 13. 24; 19. 11, 23, 24; 33. 10, 11. Mat. 5. 25.

36 *I.* Ex. 28. 12. Is. 22. 22. *a crown.* ch. 29. 14. Is. 62. 3. Phi. 4. 1.

37 *declare.* ch. 9. 3; 13. 15; 14. 16; 42. 3-6. Ps. 19. 12. *as a.* Ge. 32. 28. Ep. 3. 12. He. 4. 15, 16. 1 Jno. 3. 19-21.

38 *cry.* ch. 20. 27. Hab. 2. 11. Ja. 5. 4. *complain. Heb.* weep. Ps. 65. 13.

39 *fruits. Heb.* strength. Ge. 4. 12. *caused the owners thereof to lose their life. Heb.* caused the soul of the owners thereof to expire, or breathe out. 1 Ki. 21. 13-16, 19. Pr. 1. 19. Is. 26. 21. Eze. 22. 6, 12, 13.

40 *thistles. Choach,* probably the *black thorn.* (See on 2 Ki. 14. 9.) Ge. 3. 17, 18. Is. 7. 23. Zep. 2. 9. Mal. 1. 3. *cockle. or,* noisome weeds. *The.* Ps. 72. 20.

## CHAP. XXXII.

*Elihu is angry with Job and his three friends,* 1-5. *Because wisdom comes not from age, he excuses the boldness of his youth,* 6-10. *He reproves them for not satisfying Job,* 11-15. *His zeal to speak,* 16-22.

1 *to answer. Heb.* from answering. *righteous.* ch. 6. 29; 10. 2, 7; 13. 15; 23. 7; 27. 4-6; 29. 11-17; 31. 1, etc.; 33. 9.

2 *kindled.* Ps. 69. 9. Mar. 3. 5. Ep. 4. 26. *Buzite.* Ge. 22. 21. *because.* ch. 10. 3; 27. 2; 34. 5, 6, 17, 18; 35. 2; 40. 8. Lu. 10. 29. *himself. Heb.* his soul.

3 *because.* ver. 1; ch. 24. 25; 25. 2-6; 26. 2-4. *and yet.* ch. 8. 6; 15. 34; 22. 5, etc. Ac. 24. 5, 13.

4 *waited till Job had spoken. Heb.* expected Job in words. ver. 11, 12. Pr. 18. 13. *elder. Heb.* elder for days.

5 *his wrath.* ver. 2. Ex. 32. 19.

6 *I am.* Le. 19. 32. Ro. 13. 7. 1 Ti. 5. 1. Tit. 2. 6. 1 Pe. 5. 5. *young. Heb.* few of days. *ye are.* ch. 15. 10. *durst not. Heb.* feared. ch. 15. 7. 1 Sa. 17. 28-30.

7 ch. 8. 8-10; 12. 12. 1 Ki. 12. 6-8. Ps. 34. 11, 12. Pr. 1. 1-4; 16. 31. He. 5. 12.

8 *the inspiration.* ch. 4. 12-21; 33. 16; 35. 11; 38. 36. Ge. 41. 39. 1 Ki. 3.12, 28; 4. 29. Pr. 2. 6. Ec. 2. 26. Da. 1. 17; 2. 21. 1 Co. 2. 10-12; 12. 8. 2 Ti. 3. 16. Ja. 1. 5.

9 *Great.* Je. 5. 5. Mat. 11. 25. Jno. 7. 48. 1 Co. 1. 26, 27; 2. 7, 8. Ja. 2. 6, 7. *neither.* ch. 12. 20. Ec. 4. 13.

10 1 Co. 7. 25, 40.

11 *I waited for.* ver. 4; ch. 29. 21, 23. *reasons. Heb.* understandings. Instead of *tevoonotheychem*, nine MSS. read *techoonotheychem*, 'your arguments;' but the sense is nearly the same. *whilst. Ad tachkeroon millin*, 'whilst ye were searching for words;' a fine irony, which they must have felt. ch. 5. 27. Pr. 18. 17; 28. 11. Ec. 12. 9, 10. *what to say. Heb.* words.

12 *unto you. Weádeychem* is rendered 'and your testimonies,' by the Syriac, Arabic, and LXX., and one of De Rossi's MSS. (874) is so *pointed* as to require this reading. *behold.* ver. 3. 1 Ti. 1. 7.

13 *Lest.* Ge. 14. 23. Ju. 7. 2. Is. 48. 5, 7. Zec. 12. 7. *We.* ch. 12. 2; 15. 8-10. Is. 5. 21. Je. 9. 23. Eze. 28. 3. 1 Co. 1. 19-21, 27-29; 3. 18. *God.* ch. 1. 21; 2. 10; 4. 9; 6. 4; 19. 6, 21. Jno. 19. 11.

14 *directed. Heb.* ordered.

15 *amazed.* ch. 6. 24, 25; 29. 22. Mat. 7. 23; 22. 22, 26, 34, 46. *left off speaking. Heb.* removed speeches from themselves.

16 ch. 13. 5. Pr. 17. 28. Am. 5. 13. Ja. 1. 19.

17 ver. 10; ch. 33. 12; 35. 3, 4.

18 *matter. Heb.* words. *the spirit.* Ps. 39. 3. Je. 20. 9. Eze. 3. 14, etc. Ac. 4. 20. 2 Co. 5. 13, 14. *within me. Heb.* of my belly.

19 *hath no vent. Heb.* is not opened. *new.* Mat. 9. 17.

20 *I will speak.* ch. 13. 13, 19; 20. 2; 21. 3. *be refreshed. Heb.* breathe. *I will open.* Pr. 8. 6, 7.

21 *accept.* ch. 13. 8; 34. 19. Le. 19. 15. De. 1. 17; 16. 19. Pr. 24. 23. Mat. 22. 16. *flattering.* 2 Sa. 14. 17, 20. Ac. 12. 22, 23; 24. 2, 3.

22 *I know not.* That is, *I cannot.* ch. 17. 5. Ps. 12. 2, 3. Pr. 29. 5. 1 Th. 2. 5. Ga. 1. 10.

## CHAP. XXXIII.

*Elihu offers himself instead of God to reason with Job, 1-7. He excuses God from giving man an account of his ways, by his greatness, 8-13. God calls man to repentance by visions, by afflictions, and by his ministry, 14-30. He incites Job to attention, 31-33.*

1 *hear.* ch. 13. 6; 34. 2. Ps. 49. 1-3. Mar. 4. 9.

2 *I.* ch. 3. 1. Ps. 78. 2. Mat. 5. 2. *mouth. Heb.* palate. ch. 31. 30, marg.

3 *the.* ch. 27. 4. Pr. 8. 7, 8. 1 Th. 2. 3, 4. *my lips.* ch. 15. 2; 36. 3, 4; 38. 2. Ps. 37. 30, 31. Pr. 15. 2, 7; 20. 15.

4 ch. 10. 12; 32. 8. Ge. 2. 7. Ps. 33. 6. Ro. 8. 2. 1 Co. 15. 45.

5 *If.* ver. 32, 33; ch. 32. 1, 12. *set.* ch. 23. 4, 5; 32. 14. Ps. 50. 21. *stand.* Ac. 10. 26.

6 *I am.* ch. 9. 32-35; 13. 3, 20-22; 23. 3, 4; 31. 35. *wish. Heb.* mouth. *in.* Ge. 30. 2. Ex. 4. 16. 2 Co. 5. 20. *I also.* ch. 4. 19; 10. 9; 13. 12. Ge. 2. 7; 3. 19. 2 Co. 5. 1. *formed. Heb.* cut.

7 *my terror.* ch. 9. 34; 13. 21. Ps. 88. 16. *my hand.* Ps. 32. 4.

8 *hearing. Heb.* ears. De. 13. 14. Je. 29. 23.

9 *clean.* ch. 9. 17; 10. 7; 11. 4; 16. 17; 23. 11, 12; 27. 5, 6; 29. 14. *innocent.* ch. 9. 23, 28; 17. 8. Je. 2. 35.

10 *he findeth.* ch. 9. 30, 31; 10. 15-17; 13. 25; 14. 16; 34. 5. *he counteth.* ch. 13.24; 16.9; 19.11; 30.21; 31.35.

11 *putteth.* ch. 13. 27. Ps. 105. 18. Je. 20. 2. Ac. 16. 24. *marketh.* ch. 31. 4. Da. 4. 35.

12 *thou.* ch. 1. 22; 34. 10-12, 17-19, 23; 35. 2; 36. 22, 23. Eze. 18. 25. Ro. 9. 19-21. *I will.* ch. 32. 17; 35. 4. *God.* ch. 9. 4; 26. 14; 36. 5; 40. 2, 8, 9. Je. 18. 6.

13 *strive.* ch. 9. 14; 15. 25, 26. Is. 45. 9. Je. 50. 24. Eze. 22. 14. Ac. 5. 39; 9. 4, 5. 1 Co. 10. 22. *giveth not account. Heb.* answereth not. ch. 40. 2. De. 29. 29. Ps. 62. 11. Is. 46. 10. Da. 4. 35. Mat. 20. 15. Ac. 1. 7. Ro. 11. 34.

14 *God.* ch. 40. 5. Ps. 62. 11. *perceiveth.* 2 Ch. 33. 10. Pr. 1. 24, 29. Is. 6. 9. Mat. 13. 14. Mar. 8. 17, 18. Lu. 24. 25. Jno. 3. 19.

15 *a dream.* ch. 4. 13. Ge. 20. 3; 31. 24. Nu. 12. 6. Je. 23. 28. Da. 4. 5. He. 1. 1. *deep.* Ge. 15. 12. Da. 8. 18.

16 *openeth. Heb.* revealeth, *or*, uncovereth. ch. 36. 10, 15. 2 Sa. 7. 27. Ps. 40. 6. Is. 6. 10; 48. 8; 50. 5. Lu. 24. 45. Ac. 16. 14. *sealeth.* Ne. 9. 38. Ro. 15. 28.

17 *withdraw.* ch. 17. 11. Ge. 20. 6. Is. 23. 9. Ho. 2. 6. Mat. 27. 19. Ac. 9. 2-6. *purpose. Heb.* work. *hide.* De. 8. 16. 2 Ch. 32. 25. Is. 2. 11. Da. 4. 30-37. 2 Co. 12. 7. Ja. 4. 10.

18 *keepeth.* Ac. 16. 27-33. Ro. 2. 4. 2 Pe. 3. 9, 15. *perishing. Heb.* passing.

19 *chastened.* ch. 5. 17, 18. De. 8. 5. Ps. 94. 12; 119. 67, 71. Is. 27. 9. 1 Co. 11. 32. Re. 3. 19. *pain.* ch. 7. 4; 20. 11; 30. 17. 2 Ch. 16. 10, 12. Ps. 38. 1-8. Is. 37. 12, 13.

20 *his life.* Ps. 107. 17, 18. *dainty meat. Heb.* meat of desire. Ge. 3. 6. Je. 3. 19. Am. 5. 11, marg.

21 *His flesh.* ch. 7. 5; 13. 28; 14. 20, 22; 19. 20. Ps. 32. 3, 4; 39. 11; 102. 3-5. Pr. 5. 11. *his bones.* Ps. 22. 15-17.

22 *his soul.* ch. 7. 7; 17. 1, 13-16. 1 Sa. 2. 6. Ps. 30. 3; 88. 3-5. Is. 38. 10. *his life.* ch. 15. 21. Ex. 12. 23. 2 Sa. 24. 16. Ps. 17. 4. Ac. 12. 23. 1 Co. 10. 10. Re. 9. 11.

23 *a messenger.* Ju. 2. 1. 2 Ch. 36. 15, 16. Hag. 1. 13. Mal. 2. 7; 3. 1. 2 Co. 5. 20. *an interpreter.* ch. 34. 32. Ps. 94. 12. Is. 61. 1-3. Ac. 8. 30. 1 Co. 11. 30-32. He. 12. 5-12. *one.* ch. 9. 3. Ec. 7. 28. Ro. 11. 13. *to.* ch. 11. 6; 34. 10, 12; 35. 14; 36. 3, 8-13; 37. 23. Ne. 9. 33. Ps. 119. 75. La. 3. 22, 23, 32, 39-41. Eze. 18. 25-28. Da. 9. 14.

24 *Then.* ver. 18; ch. 22. 21. Ex. 33. 19; 34. 6, 7. Ps. 86. 5, 15. Ho. 14. 2, 4. Mi. 7. 18-20. Ro. 5. 20, 21. *Deliver.* ch. 36. 10, 11. Ps. 22. 4. Ps. 30. 9-12; 40. 2; 71. 3; 86. 13. Is. 38. 17-19. Je. 31. 20. Zec. 9. 11. *I.* ch. 33. 24. Ps. 49. 7, 8. Mat. 20. 28. Ro. 3. 24-26. 1 Ti. 2. 6. 1 Pe. 1. 18, 19. *a ransom. or*, an atonement.

25 *His flesh.* 2 Ki. 5. 14. *a child's. Heb.* childhood. *return.* ch. 42. 16. De. 34. 7. Jos. 14. 10, 11. Ps. 103. 5. Ho. 2. 15.

26 *pray.* 2 Ki. 20. 2-5. 2 Ch. 33. 12, 13, 19. Ps. 6. 1-9; 28. 1, 2, 6; 30. 7-11; 41. 8-11; 50. 15; 91. 51; 116. 1-6. Is. 30. 19. Je. 33. 3. Jon. 2. 2-7. Ac. 9. 11. *and he shall.* ch. 42. 8, 9. Nu. 6. 25, 26. Ps. 4. 6, 7; 16. 11; 30. 5; 67. 1. Ac. 2. 28. Jude 24. *he will.* ch. 34. 11. 1 Sa. 26. 23. Ps. 18. 20; 62. 12. Pr. 24. 12. Mat. 10. 41, 42. He. 11. 26.

27 *looketh*, etc. *or*, shall look upon men, and say, I have sinned, etc. Ge. 16. 13. 2 Ch. 16. 9. Ps. 11. 4; 14. 2; 139. 1-4. Pr. 5. 21; 15. 3. Je. 23. 24. *I.* ch. 7. 20. Nu. 12. 11. 2 Sa. 12. 13. Pr. 28. 13. Je. 3. 13; 31. 18, 19. Lu. 15. 18-22; 18. 13. 1 Jno. 1. 8-10. *perverted.* Ec. 5. 8. *right.* Ps. 19. 7, 8; 119. 128. Ro. 7. 12-14, 16, 22. *it profited.* ch. 34. 9. Je. 2. 8. Mat. 16. 26. Ro. 6. 21.

28 *will deliver*, etc. *or*, hath delivered my soul, etc. and my life. ver. 18, 24; ch. 17. 16. Ps. 55. 23; 69. 15. Is. 38. 17, 18. Re. 20. 1-3. *see.* ver. 20, 22; ch. 3. 9, 16, 20. Ps. 49. 19. Is. 9. 2. Jno. 11. 9.

29 *all.* ver. 14-17. 1 Co. 12. 6. 2 Co. 5. 5. Ep. 1. 11. Phi. 2. 13. Col. 1. 29. He. 13. 21. *oftentimes. Heb.* twice and thrice. ver. 14; ch. 40. 5. 2 Ki. 6. 10. 2 Co. 12. 8.

30 *To bring.* ver. 24, 28. Ps. 40. 1, 2; 118. 17, 18. *enlightened.* Ps. 56. 13. Is. 2. 5; 38. 17. Jno. 8. 12. Ac. 26. 18.

31 ch. 13. 6; 18. 2; 21. 2; 32. 11.

32 ch. 15. 4, 5; 21. 27; 22. 5-9; 27. 5.

33 *hearken.* Ps. 34. 11. Pr. 4. 1, 2; 5. 1, 2. *I.* ver. 3. Ps. 49. 3. Pr. 8. 5.

## CHAP. XXXIV.

*Elihu accuses Job for charging God with injustice, 1-9. God omnipotent cannot be unjust, 10-30. Man must humble himself unto God, 31-33. Elihu reproves Job, 34-37.*

2 Pr. 1. 5. 1 Co. 10. 15; 14. 20.

3 *the ear.* ch. 6. 30; 12. 11. 1 Co. 2. 15. He. 5. 14. *mouth. Heb.* palate. ch. 31. 30; 33. 2, marg.

4 *choose.* ver. 36. Ju. 19. 30; 20. 7. 1 Co. 6. 2-5. Ga. 2. 11-14. 1 Th. 5. 21. *know.* Is. 11. 2-5. Jno. 7. 24. Ro. 12. 2.

5 *I.* ch. 10. 7; 11. 4; 16. 17; 29. 14; 32. 1; 33. 9. *God.* ch. 9. 17; 27. 2.

6 *I.* ch. 27. 4-6. *wound. Heb.* arrow. ch. 6. 4; 16. 13.

7 ch. 15. 16. De. 29. 19. Pr. 1. 22; 4. 17.

8 ch. 2. 10; 11. 3; 15. 5. Ps. 1. 1; 26. 4; 50. 18; 73. 12-15. Pr. 1. 15; 2. 12; 4. 14; 13. 20. 1 Co. 15. 33.

9 *It.* ch. 9. 22, 23, 30, 31; 21. 14-16, 30; 22. 17; 35. 3. Mal. 3. 14. *delight.* ch. 27. 10. Ps. 37. 4.

10 *understanding. Heb.* heart. ver. 2, 3, 34. Pr. 6. 32; 15. 32, marg. *far.* ch. 8. 3; 36. 23; 37. 23. Ge. 18. 25. De. 32. 4. 2 Ch. 19. 7. Ps. 92. 15. Je. 12. 1. Ro. 3. 4, 5; 9. 14. Ja. 1. 13.

11 *the work.* ch. 33. 26. Ps. 62. 12. Pr. 24. 12. Je. 32. 19. Eze. 33. 17-20. Mat. 16. 27. Ro. 2. 6. 2 Co. 5. 10. 1 Pe. 1. 17. Re. 22. 12. *cause.* Pr. 1. 31. Ga. 6. 7, 8.

12 *surely.* Ps. 11. 7; 145. 17. Hab. 1. 12, 13. *pervert.* ch. 8. 3.

13 *Who hath given.* ch. 36. 23; 38. 4, etc.; 40. 8-11. 1 Ch. 29. 11. Pr. 8. 23-30. Is. 40. 13, 14. Da. 4. 35. Ro. 11. 34-36. *the whole world. Heb.* the world, all of it.

14 *set.* ch. 7. 17; 9. 4. *upon man. Heb.* upon him. *he gather.* Ps. 104. 29. Is. 24. 22.

15 ch. 30. 23. Ge. 3. 19. Ps. 90. 3-10. Ec. 12. 7. Is. 27. 4; 57. 16.

16 ch. 12. 3; 13. 2-6.

17 *even.* Ge. 18. 25. 2 Sa. 23. 3. Ro. 3. 5-7. *govern. Heb.* bind. *wilt.* ch. 1. 22; 40. 8. 2 Sa. 19. 21. Ro. 9. 14.
18 Ex. 22. 28. Pr. 17. 26. Ac. 23. 3, 5. Ro. 13. 7. 1 Pe. 2. 17. 2 Pe. 2. 10. Jude 8.
19 *accepteth.* ch. 13. 8. De. 10. 17. 2 Ch. 19. 7. Ac. 10. 34. Ro. 2. 11. Ga. 2. 6. Ep. 6. 9. Col. 3. 25. 1 Pe. 1. 17. He. 12. 28. *princes.* ch. 12. 19, 21. Ps. 2. 2-4. Ec. 5. 8. Is. 3. 14. *regardeth.* ch. 36. 19. Ps. 49. 6, 7. Ja. 2. 5. *they.* ch. 31. 15. Pr. 14. 31; 22. 2.
20 *a moment.* Ps. 73. 19. Is. 30. 13; 37. 38. Da. 5. 30. Lu. 12. 20. Ac. 12. 23. 1 Th. 5. 2. 2 Pe. 2. 3. *troubled.* Ex. 12. 29, 30. Is. 37. 36. Mat. 25. 6. Lu. 17. 26-29. *the mighty shall be taken away. Heb.* they shall take away the mighty. *without.* 1 Sa. 25. 37-39; 26. 10. Is. 10. 16-19; 30. 30-33. Da. 2. 34, 44, 45. Zec. 4. 6.
21 ch. 31. 4. Ge. 16. 13. 2 Ch. 16. 9. Ps. 34. 15; 139. 23. Pr. 5. 21; 15. 3. Je. 16. 17; 17. 10; 32. 19. Am. 9. 8.
22 *no.* Ps. 139. 11, 12. Is. 29. 15. Je. 23. 24. Am. 9. 2, 3. 1 Co. 4. 5. He. 4. 13. Re. 6. 15, 16. *nor.* ch. 3. 5; 24. 17. Is. 9. 2. *the.* ch. 31. 3. Ps. 5. 5. Pr. 10. 29. Mat. 7. 23. Lu. 13. 27.
23 *he will.* ver. 10-12; ch. 11. 6. Ezr. 9. 13. Ps. 119. 137. Is. 42. 3. Da. 9. 7-9. *that he.* ch. 9. 32, 33; 16. 21; 23. 7. Je. 2. 5. Ro. 9. 20. *enter. Heb.* go.
24 *break.* ch. 19. 2. Ps. 2. 9; 72. 4; 94. 5. Je. 51. 20-23. Da. 2. 21, 34, 35, 44, 45. *number. Heb.* searching out. *set.* 1 Sa. 2. 30-36; 15. 28. 1 Ki. 14. 7, 8, 14. Ps. 113. 7, 8. Da. 5. 28-31.
25 *he knoweth.* Ps. 33. 15. Is. 66. 18. Ho. 7. 2. Am. 8. 7. Re. 20. 12. *in the.* ver. 20. Ca. 3. 8. Is. 15. 1. 1 Th. 5. 2. *destroyed. Heb.* crushed.
26 *in.* Ex. 14. 30. De. 13. 9-11; 21. 21. 2 Sa. 12. 11, 12. Ps. 58. 10, 11. Is. 66. 24. 1 Ti. 5. 20, 24. Re. 18. 9, 10, 20. *open sight of others. Heb.* place of beholders.
27 *turned.* 1 Sa. 15. 11. Ps. 125. 5. Zep. 1. 6. Lu. 17. 31, 32. Ac. 15. 38. 2 Ti. 4. 10. He. 10. 39. *from him. Heb.* from after him. *would.* Ps. 28. 5; 107. 43. Pr. 1. 29, 30. Is. 1. 3; 5. 12. Hag. 2. 15-19.
28 *they.* ch. 22. 9, 10; 24. 12; 29. 12, 13; 31. 19, 20; 35. 9. Ex. 2. 23, 24; 3. 7, 9. Ps. 12. 5. Is. 5. 7. Ja. 5. 4. *and he.* Ex. 22. 23-27.
29 *When he giveth.* ch. 29. 1-3. 2 Sa. 7. 1. Is. 14. 3-8; 26. 3; 32. 17. Jno. 14. 27. Ro. 8. 31-34. Phi. 4. 7. *when he hideth.* ch. 23. 8, 9. Ps. 13. 1; 27. 9; 30. 7; 143. 7. *who then can behold.* ch. 12. 14; 23. 13. *whether.* 2 Ki. 18. 9-12. 2 Ch. 36. 14-17. Je. 27. 8.
30 ver. 21. 1 Ki. 12. 28-30. 2 Ki. 21. 9. Ps. 12. 8. Ec. 9. 18. Ho. 5. 11; 13. 11. Mi. 6. 16. 2 Th. 2. 4-11. Re. 13. 3, 4, 11-14.
31 ch. 33. 27; 40. 3-5; 42. 6. Le. 26. 41. Ezr. 9. 13, 14. Ne. 9. 33-38. Je. 31. 18, 19. Da. 9. 7-14. Mi. 7. 9.
32 *which.* ch. 10. 2. Ps. 19. 12; 25. 4, 5; 32. 8; 139. 23, 24; 143. 8-10. *if.* Pr. 28. 13. Lu. 3. 8-14. Ep. 4. 22, 25-28.
33 *Should.* ch. 9. 12; 18. 4. Is. 45. 9. Ro. 9. 20; 11. 35. *according to thy mind. Heb.* from with thee. *he will.* ver. 11; ch. 15. 31. Pr. 89. 30-32. Pr. 11. 31. 2 Th. 1. 6, 7. He. 2. 2; 11. 26. *whether thou refuse.* Ps. 135. 6. Mat. 20. 12-15. *what.* ch. 33. 5, 32.
34 *understanding. Heb.* heart. ver. 2, 4, 10, 16. 1 Co. 10. 15.
35 ch. 13. 2; 15. 2; 35. 16; 38. 2; 42. 3.
36 *My desire is that Job may be tried. or,* My father, let Job be tried. ch. 23. 16. Ps. 17. 3; 26. 2. Ja. 5. 11. *his answers.* ver. 8, 9; ch. 12. 6; 21. 7; 24. 1.
37 *rebellion.* 1 Sa. 15. 23. Is. 1. 19, 20. *he clappeth.* ch. 27. 23. *multiplieth.* ch. 8. 2, 3; 11. 2, 3; 35. 2, 3, 16; 42. 7.

## CHAP. XXXV.

*Comparison is not to be made with God, because our good or evil cannot extend unto him,* 1-8. *Many cry in their afflictions, but are not heard for want of faith,* 9-16.

2 *Thinkest.* Mat. 12. 36, 37. Lu. 19. 22. *My.* ch. 9. 17; 10. 7; 16. 17; 19. 6, 7; 27. 2-6; 34. 5; 40. 8.
3 *what advantage.* ch. 9. 21, 22; 10. 15; 21. 15; 31. 2; 34. 9. Ps. 73. 13. Mal. 3. 14. *If I be cleansed from my sin. or, by it* more than by my sin.
4 *answer thee. Heb.* return to thee words. *thy.* ch. 34. 8. Pr. 13. 20.
5 *Look.* ch. 22. 12; 25. 5, 6; 36. 26-33; 37. 1-5, 22, 23. 1 Ki. 8. 27. Ps. 8. 3, 4. Is. 40. 22, 23; 55. 9. *the clouds.* ch. 36. 29; 37. 16. Na. 1. 3.
6 Pr. 8. 36; 9. 12. Je. 7. 19.
7 ch. 22. 2, 3. 1 Ch. 29. 14. Ps. 16. 2. Pr. 9. 12. Ro. 11. 35.
8 *may hurt.* Jos. 7. 1-5; 22. 20. Ec. 9. 18. Jon. 1. 12. *may profit.* ch. 42. 8. Ge. 12. 2; 18. 24, etc.; 19. 29. Ps. 106. 23, 30. Eze. 22. 30. Ac. 27. 24. He. 11. 7.
9 *they make.* ch. 24. 12; 34. 28. Ex. 2. 23; 3. 7, 9. Ne. 5. 1-5. Ps. 12. 5; 43. 2; 55. 2, 3; 56. 1, 2. Lu. 18. 3-7. *the arm.* ch. 40. 9. Ps. 10. 15.
10 *none.* ch. 36. 13. 1 Ch. 10. 13, 14. 2 Ch. 28. 22, 23. Is. 8. 21. *Where.* Ec. 12. 1. Is. 51. 13. 1 Pe. 4. 19. *my.* ch. 32. 22; 36. 3. Is. 54. 5. *who.* Ps. 42. 8; 77. 6; 119. 62; 149. 5. Ac. 16. 25.
11 ch. 32. 8. Ge. 1. 26; 2. 7. Ps. 94. 12.
12 *There.* Ps. 18. 41. Pr. 1. 28. Jno. 9. 31. *because.* Ps. 73. 6-8; 123. 3, 4. Is. 14. 14-17.
13 *God.* ch. 22. 22-27; 27. 8, 9. Pr. 15. 8, 29; 28. 9. Ec. 5. 1-3. Is. 1. 15. Je. 11. 11. Ho. 7. 14; 8. 2, 3. Mat. 6. 7; 20. 21, 22. Ja. 4. 3. *regard.* ch. 30. 20. Ps. 102. 17. Am. 5. 22.
14 *thou sayest.* ch. 9. 11; 23. 3, 8-10. *yet.* ch. 9. 19; 19. 7. Ps. 77. 5-10; 97. 2. Is. 30. 18; 54. 17. Mi. 7. 7-9. *trust.* Ps. 27. 12-14; 37. 5, 6; 62. 5, 8. Is. 50. 10. Ro. 8. 33, 34.
15 *because.* ch. 9. 14; 13. 15. Nu. 20. 12. Lu. 1. 20. *he, that is,* God. *visited.* Ps. 89. 32. Re. 3. 19. *he, that is,* Job. *in great.* ch. 4. 5; 30. 15, etc. Ps. 88. 11-16. Ho. 11. 8, 9. He. 12. 11, 12.
16 ch. 3. 1; 33. 2, 8-12; 34. 35-37; 38. 2.

## CHAP. XXXVI.

*Elihu shews how God is just in his ways,* 1-15. *How Job's sins hinder God's blessings,* 16-23. *God's works are to be magnified,* 24-33.

2 *Suffer.* ch. 21. 3; 33. 31-33. He. 13. 22. *I have yet to speak,* etc. *Heb. there are* yet words for God. ch. 13. 7, 8; 33. 6. Ex. 4. 16. Je. 15. 19. Eze. 2. 7. 2 Co. 5. 20.
3 *fetch.* ch. 28. 12, 13, 20-24; 32. 8. Pr. 2. 4, 5. Mat. 2. 1, 2; 12. 42. Ac. 8. 27, etc. Ro. 10. 6-8. Ja. 1. 5, 17; 3. 17. *ascribe.* ch. 32. 2; 34. 5, 10-12. De. 32. 4. Ps. 11. 7; 145. 17. Je. 12. 1. Da. 9. 7, 14. Ro. 3. 25, 26; 9. 14. Re. 15. 3.
4 *my.* ch. 13. 4, 7; 21. 27, 34; 22. 6, etc. Pr. 8. 7, 8. 2 Co. 2. 17. *perfect.* ch. 37. 16. Lu. 1. 3. Ac. 24. 22. 1 Co. 14. 20, marg. Col. 4. 12. 2 Ti. 3. 16, 17. *in.* Ps. 49. 3. Pr. 22. 20, 21.
5 *despiseth.* ch. 10. 3; 31. 13. Ps. 22. 24; 138. 6. *mighty.* ch. 9. 4, 19; 12. 13-16; 26. 12-14; 37. 23. Ps. 99. 4; 147. 5. Je. 10. 12; 32. 19. 1 Co. 1. 24-28. *wisdom. Heb.* heart.
6 *preserveth.* ch. 21. 7-9, 30. Ps. 55. 23. Je. 12. 1, 2. 2 Pe. 2. 9. *giveth.* ch. 29. 12-17. Ps. 9. 12; 10. 14, 15; 72. 4, 12-14; 82. 1-4. Pr. 22. 22, 23. Is. 11. 4. *poor. or,* afflicted. Ex. 22. 22-24. Ps. 140. 12.
7 *withdraweth.* 2 Ch. 16. 9. Ps. 33. 18; 34. 15. Zep. 3. 17. 1 Pe. 3. 12. *with.* ch. 1. 3; 42. 12. Ge. 23. 6; 41. 40. 1 Sa. 2. 8. Es. 10. 3. Ps. 78. 70-72; 113. 7, 8. *he doth.* 2 Sa. 7. 13-16. Ps. 112. 7-10. 2 Th. 3. 3.
8 *if.* ch. 13. 27; 19. 6; 33. 18, 19. Ps. 18. 5; 107. 10; 116. 3. La. 3. 9. *cords.* Pr. 5. 22.
9 *he.* ch. 10. 2. De. 4. 21, 22. 2 Ch. 33. 11-13. Ps. 94. 12; 119. 67, 71. La. 3. 39, 40. Lu. 15. 17-19. 1 Co. 11. 32. *their.* Ps. 5. 10. Is. 59. 12. Eze. 18. 28-31. Ro. 5. 20. 1 Ti. 1. 15
10 *openeth.* ver. 15; ch. 33. 16-23. Ps. 40. 6. Is. 48. 8, 17; 50. 5. Ac. 16. 14. *commandeth.* Pr. 1. 22, 23; 8. 4, 5; 9. 4-6. Is. 1. 16-20; 55. 6, 7. Je. 4. 3, 4; 7. 3-7. Eze. 18. 30, 31. Ho. 14. 1. Mat. 3. 8. Ac. 3. 19; 17. 30. Ja. 4. 8.
11 *If.* ch. 22. 21. De. 4. 30. Je. 7. 23; 26. 13. Ro. 6. 17. He. 11. 8. *spend.* ch. 11. 13-19; 21. 11; 22. 23; 42. 12. Ec. 9. 2, 3. Ja. 5. 5. Re. 18. 7.
12 *if.* De. 18. 15, etc.; 29. 15-20. Is. 1. 20; 3. 11. Ro. 2. 8, 9. *perish. Heb.* pass away. *die.* ch. 4. 21. Jno. 8. 21-24.
13 *heap.* Nu. 32. 14. 2 Ch. 28. 13, 22. Ro. 2. 5. *they.* ch. 15. 4; 27. 8-10; 35. 9, 10. Mat. 22. 12, 13. *bindeth.* ver. 8. Ps. 107. 10.
14 *They die. Heb.* Their soul dieth. ch. 15. 32; 21. 23-25; 22. 16. Ge. 38. 7-10. Le. 10. 1, 2. Ps. 55. 23. *unclean. or,* sodomites. Ge. 19. 5, 24, 25. De. 23. 17.
15 *delivereth.* ver. 6. *poor. or,* afflicted. *openeth.* ver. 10. 2 Ch. 12. 8.
16 *a broad.* ch. 19. 8; 42. 10-17. Ps. 18. 19; 31. 8; 40. 1-3; 118. 5. *that which should be set on thy table. Heb.* the rest of thy table. *full.* Ps. 23. 5; 36. 8; 63. 5. Is. 25. 6; 55. 2.
17 *fulfilled.* ch. 16. 5; 34. 8, 36. Ro. 1. 32. Re. 18. 4. *take hold on thee.* should uphold *thee.*
18 *Because.* Ps. 2. 5, 12; 110. 5. Mat. 3. 7. Ro. 1. 18; 2. 5. Ep. 5. 6. *his.* Ps. 39. 10. Is. 14. 6. Eze. 24. 16. *then.* ch. 33. 24. Ps. 49. 7, 8. 1 Ti. 2. 6. He. 2. 3. *deliver thee. Heb.* turn thee aside.
19 *Will.* Pr. 10. 2; 11. 4. Is. 2. 20. Zep. 1. 18. Ja. 5. 3. *nor all.* ch. 9. 13; 34. 20. Ps. 33. 16, 17. Pr. 11. 21. Is. 37. 36.
20 *Desire.* ch. 3. 20, 21; 6. 9; 7. 15; 14. 13; 17. 13, 14. *cut.* Ex. 12. 29. 2 Ki. 19. 35. Pr. 14. 32. Ec. 11. 3. Da. 5. 30. Lu. 12. 20. Ac. 1. 25. 1 Th. 5. 2, 3.
21 *regard.* Ps. 66. 18. Eze. 14. 4. Mat. 5. 29, 30. *this.* ch. 34. 7-9; 35. 3. Da. 3. 16-18; 6. 10. Mat. 13. 21; 16. 24. Ac. 5. 40, 41. He. 11. 25. 1 Pe. 3. 17; 4. 15, 16.

22 *God.* 1 Sa. 2. 7, 8. Ps. 75. 7. Is. 14. 5. Je. 27. 5-8. Da. 4. 25, 32; 5. 18. Lu. 1. 52. Ro. 13. 1. *who.* Ps. 94. 10, 12. Is. 48. 17; 54. 13. Je. 31. 33. Jno. 6. 45.

23 *Who hath.* ch. 34. 13-33. Is. 40. 13, 14. Ro. 11. 34. 1 Co. 2. 16. Ep. 1. 11. *Thou.* ch. 8. 3; 34. 10; 40. 8. Ro. 2. 5; 3. 5; 9. 14.

24 *magnify.* ch. 12. 13, etc.; 26. 5-14. Ps. 28. 5; 34. 3; 72. 18; 86. 8-10; 92. 4, 5; 104. 24; 107. 8, 15; 111. 2-4, 8; 145. 10-12. Je. 10. 12. Da. 4. 3, 37. Lu. 1. 46. *which.* De. 4. 19. Ps. 19. 1-4.

26 *God.* ch. 37. 5. Ps. 145. 3. *we.* ch. 11. 7-9; 26. 14; 37. 23. 1 Ki. 8. 27. *neither.* Ps. 90. 2; 102. 24-27. He. 1. 12. 2 Pe. 3. 8.

27 *he.* ch. 5. 9; 38. 25-28, 34. Ge. 2. 5, 6. Ps. 65. 9-13. Is. 5. 6. Je. 14. 22. *the vapour.* ver. 33. Ps. 148. 8.

28 ch. 37. 11-13. Ge. 7. 11, 12. Pr. 3. 20.

29 *the spreadings.* ch. 37. 16; 38. 9, 37. 1 Ki. 18. 44, 45. Ps. 104. 3. *the noise.* ch. 37. 2-5. Ps. 18. 13; 29. 3-10; 77. 16-19; 104. 7. Na. 1. 3. Hab. 3. 10.

30 *he.* ch. 38. 25, 34, 35. Lu. 17. 24. *and.* ch. 38. 8-11. Ge. 1. 9. Ex. 14. 22, 28; 15. 4, 5. Ps. 18. 11-16; 104. 5-9. *bottom. Heb.* roots.

31 *by.* ch. 37. 13; 38. 22, 23. Ge. 6. 17; 7. 17-24; 19. 24. Ex. 9. 23-25. De. 8. 2, 15. Jos. 10. 11. 1 Sa. 2. 10; 7. 10; 12. 18. *he giveth.* ch. 38. 26, 27. Ps. 65. 9-13; 104. 13-15, 27, 28; 136. 25. Ac. 14. 17.

32 Perhaps these difficult verses should be rendered, 'He covereth the concave with lightning, and chargeth it what it shall strike. Its noise declareth concerning him; a magazine of wrath against iniquity.' ch. 26. 9. Ex. 10. 21-23. Ps. 18. 11; 135. 7; 147. 8, 9; 148. 8. Ac. 27. 20.

33 *noise.* ver. 29; ch. 37. 2. 2 Sa. 22. 14. 1 Ki. 18. 41-45. *the cattle.* Je. 14. 4-6. Joel 1. 18; 2. 22. *the vapour. Heb.* that which goeth up. ver. 27.

## CHAP. XXXVII.

*God is to be feared because of his great works,* 1-14. *His wisdom is unsearchable in them,* 15-24.

1 ch. 4. 14; 21. 6; 38. 1. Ex. 19. 16. Ps. 89. 7; 119. 120. Je. 5. 22. Da. 10. 7, 8. Hab. 3. 16. Mat. 28. 2-4. Ac. 16. 26, 29.

2 *Hear attentively. Heb.* Hear in hearing. *the noise.* ver. 5; ch. 36. 29, 33; 38. 1. Ex. 19. 16-19. Ps. 104. 7.

3 *He.* Ps. 77. 18; 97. 4. Mat. 24. 27. Re. 11. 19. *lightning. Heb.* light. *ends. Heb.* wings. ch. 38. 13. Is. 11. 12, marg.

4 *a voice.* Ps. 29. 3-9; 68. 33. *the voice.* Ex. 15. 7, 8. De. 33. 26. *he will.* ch. 36. 27-33.

5 *thundereth.* 2 Sa. 22. 14, 15. *great.* ch. 5. 9; 9. 10; 11. 7; 26. 14; 36. 26. Ec. 3. 11. Is. 40. 21, 22, 28. Ro. 11. 33. Re. 15. 3.

6 *he.* ch. 38. 22. Ps. 147. 16-18; 148. 8. *likewise to the small,* etc. *Heb.* and to the shower of rain, and to the showers of rain of his strength. ch. 36. 27. *great.* Ge. 7. 10-12. Ezr. 10. 9, 13. Pr. 28. 3. Eze. 13. 11, 13. Am. 9. 6. Mat. 7. 25-27.

7 *He.* ch. 5. 12; 9. 7. *that.* ch. 36. 24. Ps. 46. 8; 64. 9; 92. 4; 109. 27; 111. 2. Ec. 8. 17. Is. 5. 12; 26. 11.

8 Ps. 104. 22.

9 *south. Heb.* chamber. ch. 9. 9. Ps. 104. 3. *the whirlwind.* ch. 38. 1. Is. 21. 1. Zec. 9. 14. *north. Heb.* scattering *winds.*

10 ch. 38. 29, 30. Ps. 78. 47; 147. 16-18.

11 *he wearieth.* ch. 36. 27, 28. *he scattereth.* ch. 36. 30, 32. Is. 18. 4. Mat. 17. 5. *his bright cloud. Heb.* the cloud of his light.

12 *it.* Ps. 65. 9, 10; 104. 24. Je. 14. 22. Joel 2. 23. Am. 4. 7. *that.* Ps. 148. 8. Ja. 5. 17, 18. Re. 11. 6.

13 *whether.* ver. 6; ch. 36. 31; 38. 37, 38. Ex. 9. 18-25. 1 Sa. 12. 18, 19. Ezr. 10. 9. *correction. Heb.* a rod. *for his.* ch. 38. 26, 27. *for mercy.* 2 Sa. 21. 10, 14. 1 Ki. 18. 45. Joel 2. 23.

14 *stand.* Ex. 14. 13. Ps. 46. 10. Hab. 2. 20. *consider.* ch. 26. 6-14; 36. 24. Ps. 111. 2; 145. 5, 6, 10-12.

15 *Dost.* ch. 28. 24-27; 34. 13; 38. 4, etc. Ps. 119. 90, 91. Is. 40. 26. *the light.* ver. 11; ch. 36. 30-32; 38. 24, 25.

16 *the balancings.* ch. 26. 8; 36. 29. Ps. 104. 2, 3. Is. 40. 22. Je. 10. 13. *perfect.* ch. 36. 4. Ps. 104. 24; 147. 5. Pr. 3. 19, 20. Je. 10. 12.

17 *he.* ch. 6. 17; 38. 31. Ps. 147. 18. Lu. 12. 55.

18 *spread.* ch. 9. 8, 9. Ge. 1. 6-8. Ps. 104. 2; 148. 4-6; 150. 1. Pr. 8. 27. Is. 40. 12, 22; 44. 24. *as.* Ex. 38. 8.

19 *Teach.* ch. 12. 3; 13. 3, 6. *we.* ch. 26. 14; 28. 20, 21; 38. 2; 42. 3. Ps. 73. 16, 17, 22; 139. 6. Pr. 30. 2-4. 1 Co. 13. 12. 1 Jno. 3. 2.

20 *Shall it.* Ps. 139. 4. Mat. 12. 36, 37. *surely.* ch. 6. 3; 11. 7, 8.

21 ch. 26. 9; 36. 32; 38. 25.

22 *Fair. Heb.* Gold *weather.* Pr. 25. 23. *with.* ch. 40. 10. 1 Ch. 29. 11. Ps. 29. 4; 66. 5; 68. 7, 8; 76. 12; 93. 1; 104. 1; 145. 5. Is. 2. 10, 19. Mi. 5. 4. Na. 1. 3. Hab. 3. 3, etc. He. 1. 3; 12. 29. Jude 25.

23 *we.* ver. 19; ch. 11. 7; 26. 14; 36. 26. Pr. 30. 3, 4. Ec. 3. 11. Lu. 10. 22. Ro. 11. 33. 1 Ti. 6. 16. *excellent.* ch. 9. 4, 19; 12. 13; 36. 5. Ps. 62. 11; 65. 6; 66. 3; 93. 1; 99. 4; 146. 6, 7. Is. 45. 21. Mat. 6. 13. *in judgment.* Ps. 36. 5-7. *he will.* ch. 16. 7-17. Ps. 30. 5. La. 3. 32, 33. He. 12. 10.

24 *fear.* Ps. 130. 4. Je. 32. 39; 33. 9. Ho. 3. 5. Mat. 10. 28. Lu. 12. 4, 5. Ro. 2. 4; 11. 20-22. *he.* ch. 5. 13. Ec. 9. 11. Is. 5. 21. Mat. 11. 25, 26. Lu. 10. 21. 1 Co. 1. 26; 3. 19.

## CHAP. XXXVIII.

*God challenges Job to answer,* 1-3. *God, by his mighty works, convinces Job of ignorance,* 4-30, *and of imbecility,* 31-41.

1 ch. 37. 1, 2, 9, 14. Ex. 19. 16-19. De. 4. 11, 12; 5. 22-24. 1 Ki. 19. 11. 2 Ki. 2. 1, 11. Eze. 1. 4. Na. 1. 3.

2 ch. 12. 3; 23. 4, 5; 24. 25; 26. 3; 27. 11; 34. 35; 35. 16; 42. 3. 1 Ti. 1. 7.

3 *Gird.* ch. 40. 7. Ex. 12. 11. 1 Ki. 18. 46. Je. 1. 17. 1 Pe. 1. 13. *for.* ch. 13. 15, 22; 23. 3-7; 31. 35-37. *answer thou me. Heb.* make me know.

4 *Where.* Pr. 8. 22, 29, 30; 30. 4. *I.* Ge. 1. 1. Ps. 102. 25; 104. 5. He. 1. 2, 10. *hast. Heb.* knowest.

5 *laid.* ch. 11. 9; 28. 25. Pr. 8. 27. Is. 40. 12, 22. *who hath stretched.* Ps. 19. 4; 78. 55. Is. 34. 11. Zec. 2. 1, 2. 2 Co. 10. 16.

6 *Whereupon.* ch. 26. 7. 1 Sa. 2. 8. Ps. 24. 2; 93. 1; 104. 5. Zec. 12. 1. 2 Pe. 3. 5. *foundations. Heb.* sockets. Ex. 26. 18-25. *fastened. Heb.* made to sink. *or.* Ps. 118. 22; 144. 12. Is. 28. 16. Ep. 2. 20, 21.

7 *the morning.* Re. 2. 28; 22. 16. *the sons.* ch. 1. 6; 2. 1. Ps. 104. 4. Re. 5. 11. *shouted.* Ezr. 3. 11, 12. Zec. 4. 7.

8 *who.* ver. 10. Ge. 1. 9. Ps. 33. 7; 104. 9. Pr. 8. 29. Je. 5. 22. *out.* ver. 29.

9 *thick.* Ge. 1. 2.

10 *brake up for it my decreed place. or,* established my decree upon it. ch. 26. 10. Ge. 1. 9, 10; 9. 15. Ps. 104. 9. Je. 5. 22.

11 *Hitherto.* Thus far shall thy flux and reflux extend. The *tides* are marvellously limited and regulated, not only by the *lunar* and *solar attraction,* but by the quantum of *time* required to remove any part of the earth's surface, by its rotation round its axis, from under the immediate attractive influence of the sun and moon. Hence the attraction of the sun and moon, and the gravitation of the sea to its own centre, which prevent too great a *flux* on the one hand, and too great *reflux* on the other, are some of those *bars* and *doors* by which *its proud waves are stayed,* and prevented from *coming farther.* Ps. 65. 6, 7; 93. 3, 4. Pr. 8. 29. Mar. 4. 39-41. *but.* ch. 1. 22; 2. 6. Ps. 76. 10; 89. 9. Is. 27. 8. Lu. 8. 32, 33. Re. 20. 2, 3, 7, 8. *thy proud waves. Heb.* the pride of thy waves.

12 *commanded.* Ge. 1. 5. Ps. 74. 16; 136. 7, 8; 148. 3-5. *since.* ver. 4, 21; ch. 8. 9; 15. 7. *the dayspring.* Lu. 1. 78. 2 Pe. 1. 19.

13 *take.* Ps. 19. 4-6; 139. 9-12. *ends. Heb.* wings. ch. 37. 3, marg. *the wicked.* ch. 24. 13-17. Ex. 14. 27. Ps. 104. 21, 22, 35.

14 *as a.* Ps. 104. 2, 6.

15 *from.* ch. 5. 14; 18. 5, 18. Ex. 10. 21-23. 2 Ki. 6. 18. Pr. 4. 19. Is. 8. 21, 22. Je. 13. 16. Ac. 13. 10, 11. *the high.* Ps. 10. 15; 37. 17. Eze. 30. 22.

16 *the springs.* Ps. 77. 19. Pr. 8. 24. Je. 51. 36. *walked.* ch. 26. 5, 6.

17 *the gates.* Ps. 9. 13; 107. 18; 116. 3. *the shadow.* ch. 3. 5; 12. 22. Ps. 23. 4; 107. 10, 14. Am. 5. 8. Mat. 4. 16.

18 Ps. 74. 17; 89. 11, 12. Is. 40. 28. Je. 31. 37. Re. 20. 9.

19 *the way.* ver. 12, 13. Ge. 1. 3, 4, 14-18. De. 4. 19. Is. 45. 7. Jno. 1. 9; 8. 12. *darkness.* Ps. 18. 11; 104. 20; 105. 28. Je. 13. 16. Eze. 32. 8. Am. 4. 13. Mat. 27. 45.

20 *it to. or,* it at.

21 ver. 4, 12; ch. 15. 7.

22 ch. 6. 16; 37. 6. Ps. 33. 7; 135. 7.

23 ch. 36. 31; 36. 13. Ex. 9. 18, 24. Jos. 10. 11. Is. 30. 30. Eze. 13. 11-13. Mat. 7. 27. Re. 16. 21.

24 ver. 12, 13. Jon. 4. 8. Mat. 24. 27.

25 ch. 28. 26; 36. 27, 28; 37. 3-6. Ps. 29. 3-10.

26 *To cause.* It is well known that *rain* falls copiously in thunder storms. The *flash* is first seen, the *clap* is next heard, and last the *rain* descends; though in fact they all take place at the same time. The *lightning* traverses all space in no perceivable succession of time. *Sound* is propagated at the rate of 1142 feet in a second. *Rain* travels still more slowly, and will be seen sooner or later according to the weight of the drops, and the distance of the cloud. Now as *water* is composed of two elastic *airs* or *gases*, called *oxygen* and *hydrogen*, in the proportion of $88\frac{1}{4}$ of the former and $11\frac{3}{4}$ of the latter in 100 parts, the electric spark, or matter of lightning, passing through the atmosphere, ignites and decomposes those gases, which *explode;* and the water falls down in the form of *rain.* This *explosion,* as well as the rushing in of the circumambient air to restore the equilibrium, will account for the *clap* and *peal;* and thus by *the lightning of thunder God causes it to rain on the earth. on the wilderness.* Ps. 104. 10-14; 107. 35; 147. 8, 9. Is. 35. 1, 2; 41. 18, 19; 43. 19, 20. Je. 14. 22. He. 6. 7, 8.

28 *Hath the.* ver. 8; ch. 5. 9, 10. 1 Sa. 12. 17, 18. Ps. 65. 9, 10. Je. 5. 24; 10. 13; 14. 22. Joel 2. 23. Am. 4. 7. Mat. 5. 45. *dew.* ch. 29. 19. Ge. 27. 28, 39. De. 33. 13, 28. 2 Sa. 1. 21. 1 Ki. 17. 1. Pr. 3. 20. Ho. 14. 5.

29 ver. 8; ch. 6. 16; 37. 10. Ps. 147. 16, 17.

30 *the face.* ch. 37. 10. *frozen. Heb.* taken.

31 *Pleiades. or,* the seven stars. *Heb.* Cimah. ch. 9. 9, marg. Am. 5. 8. *Orion. or,* Cesil.

32 *Mazzaroth. or,* the twelve signs. Probably the same as *mazzaloth,* 2 Ki. 23. 5. *guide Arcturus. Heb.* guide them. ch. 9. 9.

33 *the ordinances.* Ge. 1. 16; 8. 22. Ps. 119. 90, 91. Je. 31. 35, 36; 33. 25. *canst.* ver. 12, 13.

34 1 Sa. 12. 18. Am. 5. 8. Zec. 10. 1. Ja. 5. 18.

35 *Canst.* Ex. 9. 23-25, 29. Le. 10. 2. Nu. 11. 1; 16. 35. 2 Ki. 1. 10, 14. Re. 11. 5, 6. *Here we are. Heb.* Behold us. 1 Sa. 22. 12. Is. 6. 8, marg.; 65. 1.

36 *Who hath put.* ch. 32. 8. Ps. 51. 6. Pr. 2. 6. Ec. 2. 26. Ja. 1. 5, 17. *who hath given.* Ex. 31. 3; 36. 1, 2. Is. 28. 26.

37 *number.* Ge. 15. 5. Ps. 147. 4. *or who.* Ge. 8. 1; 9. 15. *stay. Heb.* cause to lie down.

38 *groweth into hardness. or,* is turned into mire. *Heb.* is poured.

39 *Wilt.* ch. 4. 10, 11. Ps. 34. 10; 104. 21; 145. 15, 16. *appetite. Heb.* life.

40 Ge. 49. 9. Nu. 23. 24; 24. 9.

41 Ps. 104. 27, 28; 147. 9. Mat. 6. 26. Lu. 12. 24.

## CHAP. XXXIX.

*Of the wild goats and hinds,* 1-4. *Of the wild ass,* 5-8. *The unicorn,* 9-12. *The peacock, stork, and ostrich,* 13-18. *The horse,* 19-25. *The hawk,* 26. *The eagle,* 27-30.

1 *the wild.* 1 Sa. 24. 2. Ps. 104. 18. *when.* Ps. 29. 9. Je. 14. 5.

2 Je. 2. 24.

5 *the wild.* ch. 6. 5; 11. 12; 24. 5. Ge. 16. 12. Ps. 104. 11. Is. 32. 14. Je. 2. 24; 14. 6. Da. 5. 21. Ho. 8. 9. *who hath loosed.* Ge. 49. 14.

6 *barren land. Heb.* salt places. De. 29. 23. Ps. 107. 34. Je. 17. 6. Eze. 47. 11.

7 *scorneth.* ver. 18; ch. 3. 18. Is. 31. 4. *driver. Heb.* exactor. Ex. 5. 13-16, 18. Is. 58. 3.

8 ch. 40. 15, 20-22. Ge. 1. 29, 30. Ps. 104. 27, 28; 145. 15, 16.

9 *the.* Nu. 23. 22. De. 33. 17. Ps. 22. 21; 92. 10. *or.* Is. 1. 3.

10 ver. 5, 7; ch. 1. 14; 41. 5. Ps. 129. 3. Ho. 10. 10, 11. Mi. 1. 13.

11 *trust.* Ps. 20. 7; 33. 16, 17; 147. 10. Is. 30. 16; 31. 1-3. *leave.* Ge. 1. 26, 28; 9. 2; 42. 26. Ps. 144. 14. Pr. 14. 4. Is. 30. 6; 46. 1.

12 *he.* Ne. 13. 15. Am. 2. 13. *gather.* Pr. 3. 16. Hag. 2. 19. Mat. 3. 2; 13. 30.

13 *peacocks.* 1 Ki. 10. 22. 2 Ch. 9. 21. *wings and feathers unto the. or,* the feathers of the stork and. ch. 30. 29, marg. Le. 11. 19. Ps. 104. 17. Je. 8. 7. Zec. 5. 9.

16 *hardened.* La. 4. 3. *as.* De. 28. 56, 57. 1 Ki. 3. 26, 27. 2 Ki. 6. 28, 29. La. 2. 20. Ro. 1. 31. *her labour.* Ec. 10. 15. Hab. 2. 13.

17 ch. 17. 4; 35. 11. De. 2. 30. 2 Ch. 32. 31. Is. 19. 11-14; 57. 17. Ja. 1. 17.

18 ver. 7, 22; ch. 5. 22; 41. 29. 2 Ki. 19. 21.

19 *the horse.* Ex. 15. 1. Ps. 147. 10. *clothed.* Ps. 93. 1; 104. 1. *thunder.* ver. 25. Mar. 3. 17.

20 *the glory.* ch. 41. 20, 21. Je. 8. 16. *terrible. Heb.* terrors.

21 *He paweth. or, His feet* dig. Ju. 5. 22. *and.* 1 Sa. 17. 4-10, 42. Ps. 19. 5. Je. 9. 23. *he goeth.* Pr. 21. 31. Je. 8. 6. *armed men. Heb.* armour.

22 ver. 16, 18; ch. 41. 33.

23 ch. 41. 26-29.

24 *He swalloweth.* ch. 37. 20. Hab. 1. 8, 9. *neither.* ch. 9. 16; 29. 24. Lu. 24. 41.

25 *Ha, ha.* Ps. 70. 3. Eze. 26. 2; 36. 2.

26 *the hawk. Netz,* Arabic *naz,* Latin *nisus,* the *hawk,* so called from *natzah,* to *shoot away, fly,* because of the rapidity of its flight. It probably comprehends various species of the *falcon* family, as the *ger-falcon, goshawk,* and *sparrowhawk.* Le. 11. 16. De. 14. 15. *stretch.* Is it through thy teaching that the *falcon,* or any other bird of *passage,* knows the precise time for taking flight, and the direction in which she is to go to arrive at a warmer climate? Ca. 2. 12. Je. 8. 7.

27 *the eagle.* Ex. 19. 4. Le. 11. 13. Ps. 103. 5. Pr. 23. 5. Is. 40. 31. Ho. 8. 1. *at thy command. Heb.* by thy mouth. *make.* Je. 49. 16. Ob. 4.

28 *upon.* 1 Sa. 14. 4.

29 *she.* ch. 9. 26. *her.* The *eagle* is proverbial for her strong and clear sight.

30 *where.* Eze. 39. 17-19. Mat. 24. 28. Lu. 17. 37.

## CHAP XL.

*Job humbles himself to God,* 1-5. *God stirs him up to shew his righteousness, power, and wisdom,* 6-15. *Of the behemoth,* 16-24.

1 ver. 6; ch. 38. 1.

2 *Shall.* ch. 9. 3; 33. 13. Ec. 6. 10. Is. 45. 9-11; 50. 8. 1 Co. 10. 22. *instruct.* Is. 40. 14. 1 Co. 2. 16. *he that reproveth.* ch. 3. 11, 12, 20, 23; 7. 12, 19-21; 9. 17, 18, 32-35; 10. 3-7, 14-17; 13. 21-27; 14. 16, 17; 16. 11-21; 19. 6-11; 27. 2; 30. 21. Eze. 18. 2. Mat. 20. 11. Ro. 9. 19-23; 11. 34-36.

4 *Behold.* ch. 42. 6. Ge. 18. 27; 32. 10. 2 Sa. 24. 10. 1 Ki. 19. 4. Ezr. 9. 6, 15. Ne. 9. 33. Ps. 51. 4, 5. Is. 6. 5; 53. 6; 64. 6. Da. 9. 5, 7. Lu. 5. 8; 15. 18, 19; 18. 13. 1 Ti. 1. 15. *what.* ch. 9. 31-35; 16. 21; 23. 4-7; 31 37. *I will.* ch. 21. 5; 29. 9. Ju. 18. 19. Ps. 39. 9. Pr. 30. 32. Mi. 7. 16. Hab. 2. 20. Zec. 2. 13.

5 *but I will not.* ch. 34. 31, 32. Ro. 3. 19. *twice.* ch. 33. 14. 2 Ki. 6. 10. Ps. 62. 11. *but I will proceed.* Je. 31. 18, 19.

6 *out.* ch. 38. 1. Ps. 50. 3, 4. He. 12. 18-20. 2 Pe. 3. 10-12.

7 *Gird.* ch. 13. 22; 23. 3, 4; 38. 3. *I.* ch. 42. 4.

8 *Wilt.* Ps. 51. 4. Ro. 3. 4. *disannul.* Is. 14. 27; 28. 18. Ga. 3. 15, 17. He. 7. 18. *wilt thou condemn.* ch. 10. 3; 27. 2-6; 32. 2; 34. 5, 6; 35. 2, 3.

9 *Hast.* ch. 9. 4; 23. 6; 33. 12, 13. Ex. 15. 6. Ps. 89. 10, 13. Is. 45. 9. 1 Co. 10. 22. *canst.* ch. 37. 4, 5. Ps. 39. 3-9.

10 *Deck.* ch. 39. 19. Ps. 93. 1; 104. 1, 2. Is. 59. 17. *majesty.* 1 Ch. 29. 11. Ps. 21. 5; 45. 3, 4. Mat. 6. 13. 2 Pe. 1. 16, 17. Jude 24, 25. *glory.* Ex. 28. 2. Ps. 50. 2; 90. 16, 17; 149. 4. Is. 4. 2, marg. 1 Co. 15. 54.

11 *Cast.* ch. 20. 23; 27. 22. De. 32. 22. Ps. 78. 49, 50; 144. 6. Ro. 2. 8, 9. *behold.* Ex. 9. 16, 17; 15. 6; 18. 11. Is. 2. 11, 12, 17; 10. 12-19. Eze. 28. 2. Da. 4. 37; 5. 20-23. Ob. 3, 4. Mal. 4. 1. Lu. 18. 14. Ac. 12. 22, 23. Ja. 4. 6. 1 Pe. 5. 5, 6.

12 *tread.* Ps. 60. 12. Pr. 15. 25. Is. 10. 6. Zec. 10. 5. Mal. 4. 3. Ro. 16. 20. *in.* ch. 36. 20. Ec. 11. 3. Ac. 1. 25.

13 *Hide.* ch. 14. 13. Ps. 49. 14. Is. 2. 10. *bind.* ch. 36. 13. Es. 7. 8. Jno. 11. 44.

14 *that.* Ps. 44. 3, 6. Is. 40. 29. Ro. 5. 6. Ep. 2. 4-9.

15 *behemoth. or,* the elephant, *as some think;* בהמות, is probably the same as the Egyptian *Pehemou, Pehemout,* (from *P,* the article, *ehe,* a bull, and *mout,* water: the *hippopotamus,* or *river horse.* It is nearly as large as the elephant; its head is enormously large, its mouth very wide, the jaws extending upwards of two feet, armed with four cutting teeth, each twelve inches long; its hide is so tough and so thick as to resist the strokes of a sabre, and is thinly covered with hair of a lightish colour; its legs are three feet long; though amphibious, its hoofs, which are quadrified, are unconnected; and its tail is naked, about a foot in length, but exceedingly thick and strong. It inhabits the rivers of Africa; feeds on grass and other vegetables; moves slowly and heavily; swims dexterously; sleeps in reedy places; has a tremendous voice between the lowing of the ox and the roar of the elephant; and when irritated, will attack boats and men with fury. *which.* Ge. 1. 24-26. *he.* ver. 20; ch. 39. 8. Ps. 104. 14.

17 *moveth. or,* setteth up. *the.* ch. 41. 23.

18 ch. 7. 12. Is. 48. 4.

19 *the chief.* ch. 26. 13. Ps. 104. 24. *he that.* Ps. 7. 12. Is. 27. 1.

20 *the mountains.* ver. 15. Ps. 147. 8, 9. *where.* Ps. 104. 14, 26.

21 *the reed.* Is. 19. 6, 7; 35. 7.

22 *the willows.* Le. 23. 40. Is. 15. 7. Eze. 17. 5.

23 *drinketh. Heb.* oppresseth. Is. 37. 25. *hasteth.* Ps. 55. 8. Is. 28. 16. *Jordan.* Ge. 13. 10. Jos. 3. 15.

24 *Or,* Will *any* take him in his sight, *or* bore *his* nose with a gin? ch. 41. 1, 2.

## CHAP. XLI.

*Of God's great power in the leviathan.*

1 *leviathan. that is,* a whale, *or* a whirlpool. ch. 3. 8, marg. Ps. 74. 14; 104. 26. Is. 27. 1. *lettest down. Heb.* drownest.

2 Is. 27. 1; 37. 29. Eze. 29. 4, 5.

3 Ps. 55. 21. Pr. 15. 1; 18. 23; 25. 15. Is. 30. 10.

4 *Will he.* 1 Ki. 20. 31-34. *wilt thou.* Ge. 1. 28. Ps. 8. 5, 6. *a servant.* Ex. 21. 6. De. 15. 17.

5 *play.* Ju. 16. 25-30. *bind.* ch. 28. 11.

6 Ju. 14. 11.

7 *Canst.* The Leviathan, לויתן, described here, has been solidly proved by BOCHART to denote the *crocodile;* and the description suits no other species of amphibious animals. It is a species of lizard, with a two-edged tail, large oblong head, small but vivacious eyes, short legs, and triangular feet, the fore ones having four, and the hinder ones five toes, armed with strong, sharp claws. Its length is usually about twenty feet, and its circumference about five feet; it has, in proportion to its size, the largest mouth of all monsters; moves both its jaws equally, the upper of which is armed with not less than forty, and the under with thirty-eight sharp, strong, and massy teeth; its voice is a loud, hollow growling, of the most terrific description; and is furnished with a coat of mail, so scaly and callous as to resist the force of a musket-ball in every part, except under the belly. It is a natural inhabitant of the Nile, and other African and Asiatic rivers; is of enormous voracity and strength, as well as fleetness in swimming; attacks mankind and the largest animals with the most daring impetuosity; and when taken by means of a powerful net, will often overturn the boats that surround it. Nothing that it once seizes can escape; and, shaking its prey to pieces, it is swallowed without mastication. *fish.* ver. 26-29.

8 1 Ki. 20. 11. 2 Ki. 10. 4. Lu. 14. 31, 32.

9 *shall.* De. 28. 34. 1 Sa. 3. 11. Is. 28. 19. Lu. 21. 11.

10 *dare.* Ge. 49. 9. Nu. 24. 9. Ps. 2. 11, 12. Eze. 8. 17, 18. *who.* ch. 9. 4; 40. 9. Je. 12. 5. 1 Co. 10. 22.

11 *Who.* ch. 22. 2, 3; 35. 7. Ps. 21. 3. Ro. 11. 35. *whatsoever.* Ex. 19. 5. De. 10. 14. 1 Ch. 29. 11-14. Ps. 24. 1; 50. 12; 115. 16. 1 Co. 10. 26, 28.

12 *comely.* Ge. 1. 25.

13 *with. or,* within. *double.* 2 Ki. 19. 28. Ps. 32. 9. Ja. 3. 3.

14 *the.* ch. 38. 10. Ec. 12. 4. *his teeth.* Ps. 57. 4; 58. 6. Pr. 30. 14. Da. 7. 7.

15 *scales. Heb.* strong pieces of shields. *pride.* Je. 9. 23. *a close.* Re. 5. 2, 3, 5.

18 *the eye-lids.* ch. 3. 9, marg. Re. 1. 14.

19 Ps. 18. 8.

20 Je. 1. 13, 14.

21 Ps. 18. 8, 12. Is. 30. 33. Hab. 3. 5.

22 ch. 39. 19; 40. 16. *is turned into joy. Heb.* rejoiceth. Ho. 13. 14. 1 Co. 15. 55-57.

23 *flakes. Heb.* fallings. *are joined.* ver. 17.

24 *as hard.* Is. 48. 4. Je. 5. 3. Zec. 7. 12.

25 *by.* Ps. 107. 28. Jon. 1. 4-6.

26 *The sword.* ch. 39. 21-24. *habergeon. or,* breastplate.

28 *sling-stones.* ch. 39. 7. Hab. 1. 10.

29 2 Ch. 26. 14.

30 *Sharp stones. Heb.* Sharp pieces of potsherd. *he.* So hard and impenetrable are his scales, that splinters of flint are the same to him as the softest reeds.

31 When a large crocodile dives to the bottom, the violent agitation of the water may justly be compared to liquor boiling in a caldron; and his body being strongly impregnated with the scent of musk, the water is affected by it to a considerable distance. In the oriental style, great rivers and lakes are called *seas.* ver. 20.

32 By his rapid passage through the water he makes it white with *foam;* and by his tail he causes the waves behind him to sparkle like a trail of light.

33 *Upon.* There is no creature among terrestrial animals so thoroughly dangerous, so exceedingly strong, and so difficult to be wounded or slain; and perhaps there is no creature so totally destitute of fear as the crocodile. ch. 40. 19. *is made. Heb.* behave themselves. ver. 24.

34 *he is.* ch. 26. 12. Ex. 5. 2. Ps. 73. 6, 10. Is. 28. 1. Eze. 29. 3. Re. 12. 1-3; 13. 2; 20. 2, 3.

## CHAP. XLII.

*Job submits himself unto God,* 1-6. *God, preferring Job's cause, makes his friends submit themselves, and accepts him,* 7-9. *He magnifies and blesses Job,* 10-15. *Job's age and death,* 16, 17.

2 *thou.* Ge. 18. 14. Is. 43. 13. Je. 32. 17. Mat. 19. 26. Mar. 10. 27; 14. 36. Lu. 18. 27. *no.* Ps. 44. 21; 139. 2. Je. 17. 10. Eze. 38. 10. Jno. 2. 24, 25; 21. 17. He. 4. 12, 13. *can be withholden from thee. or,* of thine can be hindered. ch. 23. 13. Pr. 19. 21. Ec. 3. 14. Is. 14. 27; 46. 10. Da. 4. 35. Ep. 1. 11.

3 *Who.* ch. 38. 2. *things.* Ps. 40. 5; 131. 1; 139. 6. Pr. 30. 2-4.

4 *Hear.* Ge. 18. 27, 30-32. *I will.* ch. 38. 3; 40. 7.

5 *heard.* ch. 4. 12; 28. 22; 33. 16. Ro. 10. 17. *mine.* ch. 23. 8, 9. Nu. 12. 6-8. Is. 6. 1. Jno. 1. 18; 12. 41, 45. Ac. 7. 55, 56.

6 *I.* ch. 9. 31; 40. 3, 4. Ezr. 9. 6. Ps. 51. 17. Is. 5. 5. Je. 31. 19. Eze. 16. 63; 20. 43; 36. 31. Lu. 15. 18, 19. 1 Co. 15. 8, 9. 1 Ti. 1. 13-16. Ja. 4. 7-10. *repent.* ch. 2. 8; 30. 19. 1 Ki. 21. 27. Es. 4. 1-3. Is. 58. 5. Da. 9. 3. Jon. 3. 6-10. Mat. 11. 21. Lu. 10. 13.

7 *Eliphaz.* ch. 2. 11; 4. 1; 8. 1; 11. 1. *My.* ch. 32. 2, 3, 5. *ye have.* ch. 11. 5, 6. Ps. 51. 4.

8 *Therefore.* From this it appears that Job was considered as a *priest,* not only to his own family, but also to others. For his children he offered burnt offerings, (ch. 1. 5,) and now he is to make the same kind of *offerings,* accompanied with *intercession,* in behalf of his three friends. This is a full proof of the innocence and integrity of Job. *seven bullocks.* Nu. 23. 1, 14, 29. 1 Ch. 15. 26. 2 Ch. 29. 21. Eze. 45. 23. He. 10. 4, 10-14. *go.* Mat. 5. 23, 24. *offer.* ch. 1. 5. Ex. 18. 12. *my servant Job shall.* Ge. 20. 17. Is. 60. 14. Je. 14. 11; 15. 1. Eze. 14. 14. He. 7. 25. Ja. 5. 14. 1 Jno. 5. 6. Re. 3. 9. *him. Heb.* his face, *or* person. ver. 9. 1 Sa. 25. 35. Mal. 1. 8, 9. Mat. 3. 17. Ep. 1. 6. *lest.* Ps. 103. 10. 2 Ti. 4. 14.

9 *did.* ch. 34. 31, 32. Is. 60. 14. Mat. 7. 24. Jno. 2 5. Ac. 9. 6; 10. 33. He. 11. 8. *Job. Heb.* the face of Job. ver. 8; ch. 22. 27. Pr. 3. 11, 12. Ec. 9. 7.

10 *turned.* ch. 5. 18-20. De. 30. 3. Ps. 14. 7; 53. 6; 126. 1, 4. *when.* Ge. 20. 17. Ex. 17. 4, 5. Nu. 12. 2, 13; 14. 1-4, 10, 13-20; 16. 21, 22, 46-48. De. 9. 20. Lu. 16. 27. Ac. 7. 50, 60. *the Lord.* ch. 8. 6, 7; 22. 24, 25. De. 8. 18. 1 Sa. 2. 7. 2 Ch. 25. 9. Pr. 22. 4. Hag. 2. 8. *gave Job twice as much as he had before. Heb.* added all that *had been* to Job unto the double. Is. 40. 2; 61. 7.

11 *all his brethren.* ch. 19. 13, 14. Pr. 16. 7. *they bemoaned.* ch. 2. 11; 4. 4; 16. 5. Ge. 37. 35. Is. 35. 3, 4. Jno. 11. 19. Ro. 12. 15. 1 Co. 12. 26. He. 12. 12; 13. 3. *every man.* ch. 6. 22, 23. Ge. 24. 22, 53. 1 Sa. 10. 27.

12 *So.* ch. 8. 7. De. 8. 16. Pr. 10. 22. Ec. 7. 8. 1 Ti. 6. 17. Ja. 5. 11. *he had.* ch. 1. 3. Ge. 24. 35; 26. 12-14. Ps. 107. 38; 144. 13-15.

13 ch. 1. 2. Ps. 107. 41; 127. 3. Is. 49. 20.

15 *no.* Ps. 144. 12. Ac. 7. 20. *gave.* Nu. 27. 7. Jos. 15. 18, 19; 18. 4.

16 *After.* How long he had lived before his afflictions we cannot tell: if we could rely upon the LXX. all would be plain, which adds here, τα δε παντα ετη εζησεν διακοσια τεσσαρακοντα· 'And all the years he lived were two hundred and forty.' *an.* Ge. 11. 32; 25. 7; 35. 28; 47. 28; 50. 26. De. 34. 7. Jos. 24. 29. Ps. 90. 10. *and saw.* Ge. 50. 23. Ps. 128. 6. Pr. 17. 6.

17 ch. 5. 26. Ge. 15. 15; 25. 8. De. 6. 2. Ps. 91. 16. Pr. 3. 16.

# The Book of PSALMS.

## PSALM I.

*The happiness of the godly, 1-3. The unhappiness of the ungodly, 4-6.*

1 A.M. 3560. B.C. 444. *Blessed.* Ps. 2. 12; 32. 1, 2; 34. 8; 84. 12; 106. 3; 112. 1; 115. 12-15; 119. 1, 2; 144. 15; 146. 5. De. 28. 2, etc.; 33. 29. Je. 17. 7. Mat. 16. 17. Lu. 11. 28. Jno. 13. 17; 20. 29. Re. 22. 14. *walketh.* Ps. 81. 12. Ge. 5. 24. Le. 26. 27, 28. 1 Ki. 16. 31. Job. 31. 5. Pr. 1. 15; 4. 14, 15; 13. 20. Eze. 20. 18. 1 Pe. 4. 3. *counsel.* Ps. 64. 2. Ge. 49. 6. 2 Ch. 22. 3. Job 10. 3; 21. 16. Lu. 23. 51. *ungodly. or,* wicked. *standeth.* Ps. 26. 12. Ro. 5. 2. Ep. 6. 13. *way.* ver. 6. Ps. 36. 4; 146. 9. Pr. 2. 12; 4. 19; 13. 15. Mat. 7. 13, 14. *sitteth.* Ps. 26. 4, 5; 119. 115. Je. 15. 17. *scornful.* Pr. 1. 22; 3. 34; 9. 12; 19. 29.

2 *But his.* Ps. 40. 8; 112. 1; 119. 11, 35, 47, 48, 72, 92. Job 23. 12. Je. 15. 16. Ro. 7. 22. 1 Jno. 5. 3. *meditate.* Ps. 104. 34; 119. 11, 15, 97-99. Jos. 1. 8. 1 Ti. 4. 15. *day.* Ps. 88. 1. Lu. 2. 37; 18. 7. 1 Th. 2. 9. 2 Ti. 1. 3.

3 *tree.* Job. 14. 9. Is. 44. 4. Je. 17. 8. Eze. 17. 8; 19. 10; 47. 12. Re. 22. 2. *bringeth.* Ps. 92. 14. Mat. 21. 34, 41. *shall not.* Is. 27. 11. Mat. 13. 6; 21. 19. Jno. 15. 6. Jude 12. *wither. Heb.* fade. *whatsoever.* Ps. 128. 2; 129. 8. Ge. 39. 3, 23. Jos. 1. 7, 8. 1 Ch. 22. 11. 2 Ch. 31. 21; 32. 23. Is. 3. 10.

4 *like.* Ps. 35. 5. Job 21. 18. Is. 17. 13; 29. 5. Ho. 13. 3. Mat. 3. 12.

5 *shall.* Ps. 5. 5; 24. 3. Lu. 21. 36. Jude 15. *sinners.* Ps. 26. 9. Mal. 3. 18. Mat. 13. 49; 25. 32, 41, 46.

6 *knoweth.* Ps. 37. 18-24; 139. 1, 2; 142. 3. Job 23. 10. Na. 1. 7. Jno. 10. 14, 27. 2 Ti. 2. 19. *way.* Ps. 112. 10; 146. 9. Pr. 14. 12; 15. 9. Mat. 7. 13. 2 Pe. 2. 12.

## PSALM II.

*The kingdom of Christ, 1-9. Kings are exhorted to accept it, 10-12.*

1 A.M. 2963. B.C. 1042. *Why.* Ps. 18. 42; 46. 6; 83. 4-8. Is. 8. 9. Lu. 18. 32. Ac. 4. 25. *rage. or,* tumultuously assemble. Lu. 22. 1, 2, 5, 22, 23. Ac. 16. 22; 17. 5, 6; 19. 28-32. *people.* Mat. 21. 38. Jno. 11. 49, 50. Ac. 5. 33. Re. 17. 14. *imagine. Heb.* meditate.

2 *kings.* ver. 10. Ps. 48. 4; 110. 5. Mat. 2. 16. Lu. 13. 31; 23. 11, 12. Ac. 12. 1-6. Re. 17. 12-14. *rulers.* Mat. 26. 3, 59; 27. 1. Ac. 4. 5-8. *Lord.* Ex. 16. 7. Pr. 21. 30. Jno. 15. 23. Ac. 9. 4. *anointed.* Ps. 45. 7; 89. 20. Is. 61. 1. Jno. 1. 41; 3. 34. Ac. 10. 38. He. 1. 9.

3 Je. 5. 5. Lu. 19. 4. 1 Pe. 2. 7, 8.

4 *He that.* Ps. 11. 4; 68. 33; 115. 3. Is. 40. 22; 57. 15; 66. 1. *shall laugh.* Ps. 37. 13; 53. 5; 59. 8. 2 Ki. 19. 21. Pr. 1. 26.

5 *Then.* Ps. 50. 16-22. Is. 11. 4; 66. 6. Mat. 22. 7; 23. 33-36. Lu. 19. 27, 43, 44. Re. 1. 16; 19. 15. *vex. or,* trouble. *sore.* Ps. 110. 5, 6. Zec. 1. 15.

6 *Yet.* Ps. 45. 6; 89. 27, 36, 37; 110. 1, 2. Is. 9. 6, 7. Da. 7. 13, 14. Mat. 28. 18. Ac. 2. 34-36; 5. 30, 31. Ep. 1. 22. Phi. 2. 9-11. *set. Heb.* anointed. *my,* etc. *Heb.* Zion, the hill of my holiness. Ps. 48. 1, 2; 50. 2; 78. 68; 132. 13, 14. He. 12. 22. Re. 14. 1.

7 *the decree. or,* for a decree. Ps. 148. 6. Job 23. 13. Is. 46. 10. *Thou.* Mat. 3. 17; 8. 29; 16. 16; 17. 5. Ac. 8. 37; 13. 33. Ro. 1. 4. He. 1. 5; 3. 6; 5. 5, 8. *this.* Ps. 89. 27. Jno. 1. 14, 18; 3. 16. He. 1. 6.

8 *Ask.* Jno. 17. 4, 5. *and I.* Ps. 22. 27; 72. 8. Da. 7. 13.

9 Ps. 21. 8, 9; 89. 23; 110. 5, 6. Is. 30. 14; 60. 12. Je. 19. 11. Da. 2. 44. Mat. 21. 44. Re. 2. 26, 27; 12. 5.

10 *Be wise.* Je. 6. 8. Ho. 14. 9. *O.* Ps. 45. 12; 72. 10, 11. Is. 49. 23; 52. 15; 60. 3, 10, 11. *be instructed.* Ps. 82. 1-8.

11 *Serve.* Ps. 89. 7. He. 12. 28, 29. *rejoice.* Ps. 95. 1-8; 97. 1; 99. 1; 119. 120. Phi. 2. 12. He. 4. 1, 2; 12. 25.

12 *Kiss.* Ge. 41. 40, 43, 44. 1 Sa. 10. 1. 1 Ki. 19. 18. Ho. 13. 2. Jno. 5. 23. *Son.* ver. 7. *and,* etc. Or, 'and ye lose the way,' or, 'and ye perish in the way.' The LXX. and Vulgate have, 'and ye perish from the righteous way:' and the Syriac, 'and ye perish from his way.' *ye perish.* Ps. 1. 6. Jno. 14. 6. *when.* ver. 5. 2 Th. 1. 8, 9. Re. 6. 16, 17; 14. 9-11. *Blessed.* Ps. 40. 4; 84. 12; 146. 3-5. Pr. 16. 20. Is. 26. 3, 4; 30. 18. Je. 17. 7. Ro. 9. 33; 10. 11. Ep. 1. 12. 1 Pe. 1. 21; 2. 6.

## PSALM III.

*The security of God's protection.*

A.M. 2983. B.C. 1021. (*Title.*) *Psalm. Mizmor,* from the verb to *cut, prune, sing,* a poem *cut* into short sentences, divided into syllables, *pruned* from every redundancy, and thus adapted for *singing. when.* 2 Sa. ch. 15-18.

1 *how.* 2. Sa. 15. 12; 16. 15; 17. 11-13. Mat. 27. 25. *many.* Ps. 17. 7. Mat. 10. 21.

2 *no.* Ps. 22. 7; 42. 3, 10; 71. 11. 2 Sa. 16. 7, 8. Mat. 27. 42, 43. *Selah.* ver. 4, 8. Ps. 4. 2, 4. Hab. 3. 3, 9, 13.

3 *a shield.* Ps. 18. 2; 28. 7; 84. 11; 119. 114. Ge. 15. 1. De. 33. 29. *for. or,* about. *my.* Ps. 4. 2; 62. 7. Is. 45. 25; 60. 19. Lu. 2. 32. Re. 21. 11, 23. *the.* Ps. 27. 6; 110. 7. Ge. 40. 13. 2 Ki. 25. 27.

4 *I cried.* Ps. 22. 2-5; 34. 6; 50. 15; 66. 17-19; 86. 3, 4; 91. 15; 116. 1-4; 130. 1, 2; 138. 3; 142. 1-3. Is. 65. 24. Je. 29. 12, 13. Mat. 7. 7. Ja. 5. 13. *he.* Ps. 34. 4. *his.* Ps. 2. 6; 43. 3; 99. 9; 132. 13, 14.

5 *I laid.* Ps. 4. 8; 127. 2. Le. 26. 6. Job 11. 18, 19. Pr. 3. 24. Ac. 12. 6. *the.* Ps. 4. 8; 66. 9. Pr. 14. 26; 18. 10. Is. 26. 3.

6 *I will.* Ps. 27. 1-3; 46. 2, 7; 118. 10-12. 2 Ki. 6. 15-17. Ro. 8. 31. *ten.* 2 Sa. 18. 7. *set.* Ps. 2. 2.

7 *Arise.* Ps. 10. 12; 12. 5; 35. 23; 44. 23; 59. 5; 74. 11; 76. 9. Is. 51. 9. Hab. 2. 19. *thou.* Ps. 58. 6. Job 16. 10; 29. 17. La. 3. 30.

8 *Salvation.* Ps. 37. 39, 40. Pr. 21. 31. Is. 43. 11; 45. 21, 22. Je. 3. 23. Ho. 13. 4. Jon. 2. 9. Ac. 4. 12. Re. 7. 10; 19. 1. *thy blessing.* Ps. 29. 11; 72. 17. Ac. 3. 26. Ep. 1. 3. He. 6. 14. 1 Pe. 3. 9.

## PSALM IV.

*David prays for audience, 1. He reproves and exhorts his enemies, 2-5. Man's happiness is in God's favour, 6-8.*

(*Title*) *chief Musician. or,* overseer. Ps. 22; 42; 45; titles. 1 Ch. 25. 1-6. *Neginoth.* Ps. 6; 67; 76; titles. Hab. 3. 19, marg.

1 *O.* Ps. 11. 7; 24. 5; 41. 12. Is. 45. 24. Je. 23. 6. 1 Co. 1. 30. 2 Co. 5. 20, 21. *thou.* Ps. 18. 18, 19; 31. 8; 40. 1-3; 116. 6, 16. 1 Sa. 17. 37; 19. 11, 12; 23. 26-28. Job. 36. 16. 2 Co. 1. 8, 10. *have mercy upon me. or,* be gracious unto me. Ps. 56. 1; 57. 1; 86. 3-5; 119. 75-77, 132; 143. 2. Ex. 34. 6, 7.

2 *O.* Ps. 57. 4; 58. 1. Ec. 8. 11; 9. 3. *how.* Ps. 72. 2. Ex. 10. 3. Nu. 14. 11. Pr. 1. 22. *my glory.* Ps. 3. 3; 14. 6; 106. 20. Is. 20. 5; 45. 17. Je. 2. 11. Ho. 4. 7. 1 Co. 1. 31. *love.* Ps. 2. 1. 1 Sa. 12. 21. Is. 59. 4. Je. 2. 5. Jon. 2. 8. *leasing.* Ps. 5. 6; 58. 3; 63. 11. Je. 9. 3. Ep. 4. 25.

3 *that the.* Ex. 33. 16. Ep. 2. 10. 2 Th. 2. 13, 14. 2 Ti. 2. 19. 1 Pe. 2. 9. 2 Pe. 2. 9. *for.* Tit. 2. 14. *the Lord.* Ps. 34. 15; 55. 16, 17; 56. 9; 91. 14, 15. Jno. 15. 16.

4 *Stand.* Ps. 2. 11; 33. 8; 119. 161. Je. 5. 22. *sin.* Job 28. 28. Pr. 3. 7; 16. 6, 17. Ep. 4. 26. *commune.* Ps. 63. 6; 77. 6. 2 Co. 13. 5. *be still.* Ps. 46. 10. Hab. 2. 20. *Selah.* Ps. 3. 2, 4.

5 *Offer.* Ps. 50. 14; 51. 19. De. 33. 19. 2 Sa. 15. 12. Is. 1. 11-18; 61. 8. Mal. 1. 8, 11-14. Mat. 5. 23, 24. He. 13. 15, 16. *put.* Ps. 2. 12; 26. 1; 37. 3; 62. 8; 84. 11, 12. Is. 26. 3, 4; 50. 10. 1 Pe. 4. 19.

6 *many.* Ps. 39. 6; 49. 16-20. Ec. 2. 3, etc. Is. 55. 2. Lu. 12. 19; 16. 19. Ja. 4. 13; 5. 1-5. *lift.* Ps. 21. 6; 42. 5; 44. 3; 67. 1; 80. 1-3, 7, 19; 89. 15; 119. 135. Nu. 6. 26.

7 *put.* Ps. 37. 4; 43. 4; 63. 2-5; 92. 4. Ca. 1. 4. 1 Pe. 1. 8. *the time.* Ju. 9. 27. Is. 9. 3. Je. 48. 33.

8 *I will.* Ps. 3. 5; 16. 8. Job 11. 18, 19. Pr. 3. 24. 1 Th. 4. 13, 14; 5. 10. Re. 14. 13. *for.* Le. 25. 18, 19; 26. 5. De. 12. 10; 33. 27-29. Eze. 34. 25. Ho. 2. 18. Ro. 8. 35-39.

## PSALM V.

*David prays, and professes his study in prayer, 1-3. God favours not the wicked, 4-6. David, professing his faith, prays to God to guide him, 7-9; to destroy his enemies, 10; and to preserve the godly, 11, 12.*

1 *Give.* Ps. 17. 1; 54. 2; 55. 1, 2; 64. 1; 80. 1; 86. 1. 1 Pe. 3. 12. 1 Jno. 5. 14, 15. *consider my.* Ps. 19. 14. 1 Sa. 1. 13, 16, marg. Ro. 8. 26.

2 *unto the* Ps. 3. 4. *my King.* Ps. 10. 16; 24. 7, 8; 44. 4; 47. 6, 7; 74. 12; 99. 1-4; 145. 1. Is. 33. 22. *unto thee.* Ps. 65. 2.

3 Ps. 22. 2; 55. 17; 69. 16; 88. 13; 119. 147; 130. 6. Is. 26. 9. Mar. 1. 35.

4 *God.* Ps. 50. 21. 1 Ch. 29. 17. Hab. 1. 13. Mal. 2. 17. *evil.* Ps. 94. 20; 101. 7; 140. 13. Jno. 14. 23. He. 12. 14. 2 Pe. 3. 13. Re. 21. 23, 27.

5 *The.* Ps. 14. 1; 92. 6; 94. 8. Pr. 1. 7, 22; 8. 5. Ec. 5. 4. Hab. 1. 13. *stand.* Ps. 1. 5; 130. 3. *in thy sight. Heb.* before thine eyes. *thou.* Ps. 10. 3. Le. 20. 23. Pr. 6. 16-19. Ho. 9. 15. Zec. 11. 8. Mat. 7. 23; 25. 41.

6 *destroy.* Ps. 4. 2. Re. 21. 8; 22. 15. *the bloody,* etc. *Heb.* man of bloods and deceit. Ps. 26. 8-10; 43. 1; 55. 23. Ge. 34. 14, 25, 26. 2 Sa. 16. 8; 20. 1. Is. 26. 21. Ro. 1. 29.

7 *But.* Ps. 55. 16. Jos. 24. 15. Lu. 6. 11, 12. *in the.* Ps. 51. 1; 52. 8; 69. 13, 16. Is. 55. 7. Ro. 5. 20, 21. *in thy.* Ps. 130. 4. Ho. 3. 5. Ac. 9. 31. He. 12. 28, 29. 1 Pe. 1. 17-19. *I worship.* Ps. 28. 2; 132. 7; 138. 2. 1 Ki. 8. 29, 30, 35, 38. Da. 6. 10. He. 4. 16. *thy holy temple. Heb.* the temple of thy holiness. Is. 64. 11.

8 *Lead.* Ps. 25. 4, 5; 86. 11; 119. 10, 64; 143. 8-10. Pr. 3. 5, 6. *mine. Heb.* those which observe me. Ps. 27. 11; 54. 5; 59. 10, marg. 2 Sa. 12. 14. *make.* Ps. 25. 4; 27. 11. Pr. 4. 25. Mat. 3. 3. He. 12. 13.

9 *For.* Ps. 36. 1-4; 52. 2; 58. 3; 62. 4, 9; 111. 1-3. Je. 9. 3-6. Mi. 6. 12. Ro. 1. 29-31; 3. 13. *faithfulness. or,* stedfastness. *their mouth. Heb.* his mouth, *that is,* the mouth of any of them. *inward,* Ps. 51. 6; 58. 2; 62. 4, marg.; 64. 6. Je. 4. 14; 17. 9. Mar. 7. 21, 22. Lu. 11. 39. *very wickedness. Heb.* wickednesses. *throat.* Lu. 11. 44. Ro. 3. 13. *they.* Ps. 12. 2, 3. Job. 32. 21, 22. Pr. 29. 5. 1 Th. 2. 5.

10 *Destroy. or,* Make them guilty. Ro. 3. 19, 20. *let.* Ps. 7. 9-15; 9. 15, 16; 10. 15; 17. 13; 21. 8-10; 28. 3, 4; 31. 18; 35. 1-8, 26; 55. 15; 59. 12, 13; 64. 6-8; 66. 7; 68. 1, 2; 69. 22-25; 71. 13; 79. 12; 83. 9-18; 109. 6-20; 137. 7-9; 140. 9, 10; 144. 6, 7. De. 2. 30. 1 Sa. 25. 29, 39. 2 Sa. 15. 31; 17. 14, 23. 2 Ch. 25. 16. Es. 7. 10. Job 5. 12-14. 1 Co. 3. 19. *by. or,* from. *the.* La. 1. 5. Ho. 9. 7. *they.* Is. 1. 2, 20; 68. 10. Da. 9. 5, 9.

11 *But.* Ps. 35. 27; 40. 16; 58. 10; 68. 3, 70. 1-4. Ju. 5. 31. Is. 65. 13-16. Re. 18. 20; 19. 1-7. *shout.* Ps. 47. 1-5; 65. 13. Job 38. 7. Zec. 9. 9. *defendest. Heb.* coverest over, *or,* protectest. *love.* Ps. 69. 36. Ro. 8. 28. 1 Co. 2. 9. Ja. 1. 12; 2. 5.

12 *bless.* Ps. 1. 1-3; 3. 8; 29. 11; 112. 1; 115. 13. *wilt.* Ps. 32. 10. *compass. Heb.* crown. *shield.* Ps. 3. 3; 84. 11.

## PSALM VI.

*David's complaint in his sickness*, 1-7. *He triumphs over his enemies*, 8-10.

A.M. 2970. B.C. 1034. *(Title.) Neginoth.* Ps. 4, title. *Sheminith. or*, the eighth. Ps. 12, title. 1 Ch. 15. 21, marg.

1 *rebuke*. Ps. 2. 5; 38. 1. Is. 54. 9; 57. 16. Je. 10. 24; 46. 28. 1 Co. 11. 31, 32.

2 *for I*. Ps. 38. 7; 41. 3; 103. 13-17. *O Lord, heal.* Ps. 30. 2. Ge. 20. 17. Ex. 15. 26. Nu. 12. 13. De. 32. 39. Job 5. 18. Je. 17. 14. Ho. 6. 1. Mat. 4. 24. *my*. Ps. 32. 3; 38. 3; 51. 8. Job 19. 21; 33. 19-21.

3 *My*. Ps. 22. 14; 31. 9, 10; 38. 8; 42. 5, 11; 77. 2, 3. Pr. 18. 14. Mat. 26. 38. *how*. Ps. 13. 1, 2; 77. 7; 90. 13. Lu. 18. 7.

4 *Return*. Ps. 80. 14; 90. 13. Mal. 3. 7. *deliver*. Ps. 17. 13; 22. 20; 86. 13; 116; 4, 8; 120. 2; 121. 7. Is. 38. 17. *for*. Ps. 25. 7; 69. 13; 79. 8, 9. Da. 9. 18. Ep. 1. 6; 2. 7, 8.

5 *For*. Ps. 30. 9; 88. 10-12; 115. 17; 118. 17. Is. 38. 18, 19. *in the*. Ec. 9. 10. Jno. 9. 4.

6 *I am*. Ps. 38. 9; 69. 3; 77. 2-9; 88. 9; 102. 3-5; 143. 4-7. Job 7. 3; 10. 1; 23. 2. *all the. or*, every. *I water*. Ps. 39. 12. 42. 3. Job 16. 20. Je. 14. 17. La. 1. 2, 16; 2. 11, 18, 19; 3. 48-50. Lu. 7. 38.

7 *Mine*. Ps. 31. 9, 10; 38. 10; 88. 9. Job 17. 7. La. 5. 17. *it waxeth*. Ps. 32. 3.

8 *Depart*. Ps. 119. 115; 139. 19. Mat. 7. 23; 25. 41. Lu. 13. 27. *for*. Ps. 3. 4; 56. 8; 116. 8; 145. 18. Is. 30. 19; 38. 3, 5. He. 5. 7.

9 *hath heard*. Ps. 3. 4; 31. 22; 40. 1, 2; 66. 19, 20; 118. 5; 120. 1; 138. 3. Jon. 2. 2, 7. 2 Co. 12. 8-10. *will receive*. Ps. 116. 1, 2. 2 Co. 1. 10, 11.

10 *Let all*. Ps. 5. 10; 7. 6; 25. 3; 35. 26; 40. 14, 15; 71. 13; 83. 16, 17; 86. 17; 109. 28, 29; 112. 10; 132. 18. Is. 26. 11. Je. 20. 11. *sore*. Ps. 2. 5; 21. 8, 9. *return*. Job 6. 29. Mal. 3. 18. *and be*. Pr. 29. 1. 1 Th. 5. 3.

## PSALM VII.

*David prays against the malice of his enemies, professing his innocency*, 1-9. *By faith he sees his defence, and the destruction of his enemies*, 10-17.

A.M. 2983. B.C. 1021. *(Title) Shiggaion. Shiggaion* probably denotes a *mournful song* or, *elegy*, from the Arabic *shaga*, to be *anxious*, *sorrowful*. Hab. 3. 1. *words. or*, business. 2 Sa. ch. 16. *Cush. Cush* signifies *black*, an epithet, in all languages, when applied to the mind, expressive of moral turpitude; and therefore probably here applied to *Shimei*, denoting that he was a calumniator and villain.

1 *O*. Ps. 13. 3, 5; 18. 28; 30. 2, 12; 43. 4; 89. 26. Jos. 14. 8. Je. 31. 18. Da. 9. 4, 19, 20. Zec. 14. 5. *in*. Ps. 11. 1; 18. 2; 25. 2; 26. 1; 31. 1; 32. 10; 146. 3-6. Is. 50. 10. 1 Pe. 1. 21. *save*. Ps. 3. 7; 17. 7-9; 31. 15; 35. 1-3. Je. 15. 15; 20. 11. 1 Pe. 4. 19.

2 *Lest*. Ps. 35. 15. Is. 38. 13. *like*. Ps. 10. 9; 17. 12; 22. 13. De. 33. 20. Pr. 19. 12. 2 Ti. 4. 17. 1 Pe. 5. 8. *rending*. Ps. 50. 22. Ho. 13. 7, 8. *while*. Ju. 18. 28. 2 Sa. 14. 6, marg. Job 10. 7. *not to deliver*. *Heb*. not a deliverer.

3 *if I*. Ps. 59. 3. Jos. 22. 22. 1 Sa. 20. 8; 22. 8, 13; 24. 9; 26. 18, 19. 2 Sa. 16. 7, 8. Job. 16. 17-19. *if there*. Ps. 66. 18. 1 Sa. 24. 11. Job 11. 14.

4 *If I*. Ps. 55. 20; 109. 5. Ge. 44. 4. Pr. 17. 13. Je. 18. 20, 21. *I have*. 1 Sa. 24. 7, 10, 11; 26. 9-17, 24. *without*. 1 Sa. 19. 4, 5; 20. 1; 22. 14; 24. 11-15, 17-19; 25. 28, 29; 26. 21.

5 *Let*. Job 31. 5-10, 38-40. *tread*. Ps. 44. 5; 60. 12. Job 40. 12. Is. 10. 6; 63. 3. Zec. 10. 5. Mal. 4. 3. *lay*. Ps. 49. 12. Job 16. 15; 40. 13. Je. 17. 13. *Selah*. Ps. 3. 2. Hab. 3. 13.

6 *Arise*. Ps. 3. 7; 12. 5; 35. 1, 23; 44. 26; 68. 1, 2. Is. 3. 13. *lift up*. Ps. 74. 3; 94. 1, 2. Is. 33. 10; 37. 20. *awake* Ps. 44. 23; 59. 5; 73. 20; 78. 65. Is. 51. 9. *to the*. Ps. 76. 8, 9; 103. 6. 2 Sa. 17. 14, marg.

7 *So*. Ps. 48. 11; 58. 10, 11. Re. 11. 17, 18; 16. 5-7; 18. 20; 19. 2. *return*. Ps. 93. 4; 113. 5, 6; 138. 6. Is. 57. 15.

8 *The Lord*. Ps. 9. 8; 11. 4; 82. 1; 96. 13; 98. 9. Ge. 18. 25. Ac. 17. 31. Ro. 14. 10-12. 1 Co. 4. 4, 5. *judge*. Ps. 26. 1; 35. 24; 43. 1. Ge. 31. 53. 2 Ch. 20. 12. *according*. Ps. 17. 2, 3; 18. 20-24; 35. 24-27. 2 Co. 1. 12. *to mine*. Ps. 25. 21; 26. 11; 41. 12; 78. 72. Pr. 19. 1. 1 Th. 2. 10.

9 *Oh*. Ps. 9. 5, 6; 10. 15, 18; 58. 6; 74. 10, 11, 22, 23. Is. 37. 36-8. Da. 11. 45. Ac. 12, 23, *but*. Ps. 37. 23, marg.; 40. 2. 1 Sa. 2. 9. Ro. 16. 25. 1 Th. 3. 13. 1 Pe. 5. 10. Jude 1. *for*. Ps. 17. 3; 44. 21; 139. 1. 1 Sa. 16. 7. 1 Ch. 28. 9. Je. 11. 20; 17. 10; 20. 12. Re. 2. 23.

10 *My*, etc. *Heb*. My buckler *is* upon God. Ps. 3. 3; 18. 1, 2; 84. 11; 89. 18. Ge. 15. 1. *which*. Ps. 112. 2; 125. 4. Job 8. 6. Pr. 2. 21; 11. 20; 28. 18.

11 *or*, God *is* a righteous Judge. ver. 8. Ps. 94. 15; 140. 12, 13.

12 *If*. Ps. 85. 4. Is. 55. 6, 7. Je. 31. 18, 19. Eze. 18. 30; 33. 11. Mat. 3. 10. Ac. 3. 19. *he will*. De. 32. 41. Is. 27. 1; 34. 5. Eze. 21. 9-11, 23.

13 *ordaineth*. Ps. 11. 2; 45. 5; 64. 3, 7; 144. 6. De. 32. 23, 42. Job 6. 4. La. 3. 12, 13. Hab. 3. 11, 13. *persecutors*. 2 Th. 1. 6. Re. 6. 10; 16. 6.

14 Job 15. 20, 35. Is. 33. 11; 59. 4, 5. Ja. 1. 15.

15 *made*. *Heb*. hath digged. Ps. 35. 7; 119. 85. Job 6. 27. Je. 18. 20. *and is*. Ps. 9. 15, 16; 10. 2; 35. 8; 94. 13; 140. 9, 10; 141. 10. Es. 7. 10. Job. 4. 8. Pr. 5. 22; 26. 27; Ec. 10. 8, 9.

16 Ps. 36. 4, 12; 37. 12, 13. 1 Sa. 23. 9; 24. 12, 13; 26. 10; 28. 19; 31. 3, 4. 1 Ki. 2. 32. Es. 9. 25. Mal. 27. 3-5.

17 *according*. Ps. 35. 28; 51. 14; 71. 15, 16; 98. 2; 111. 3; 145. 7. *most*. Ps. 9. 2; 92. 1, 8. Da. 4. 17, 25, 34. Ac. 7. 48.

## PSALM VIII.

*God's glory is magnified by his works, and by his love to man.*

*(Title.) Gittith*, Ps. 81. 84, titles.

1 *our*. ver. 9. Ps. 63. 1; 145. 1. Is. 26. 13. Mat. 22. 45. Jno. 20. 28. Phi. 2. 11; 3. 8. Re. 19. 6. *how*. Ps. 72. 17-19; 113. 2-4; 148. 13. Ex. 15. 11; 34. 5-7. De. 28. 58. Ca. 5. 16. *thy*. Ps. 36. 5; 57. 10, 11; 68. 4; 108. 4. 5. 1 Ki. 8. 27. Hab. 3. 3. Ep. 4. 10. Phi. 2. 9, 10. Heb. 7. 26.

2 *Out*. Mat. 11. 25; 21. 16. Lu. 10. 21. 1 Co. 1. 27. *ordained*. *Heb*. founded. *strength*. Ps. 84. 5-7. Is. 40. 31. Am. 5. 9. 2 Co. 12. 9, 10. *still*. Ps. 4. 4; 46. 10. Ex. 11. 7; 15. 16. Jos. 2. 9-11. 1 Sa. 2. 9. Is. 37. 20-29, 36-38. Hab. 2. 20. *the enemy*. Ps. 44. 16.

3 *When*. Ps. 19. 1; 111. 2. Job 22. 12; 36. 24. Ro. 1. 20. *work*. Ps. 33. 6. Ge. 1. 1. Ex. 8. 19; 31. 18. Lu. 11. 20. *moon*. Ps. 104. 19; 136. 7-9; 148. 3. Ge. 1. 16-18. De. 4. 19. Job 25. 3, 5.

4 *What*. Ps. 144. 3. 2 Ch. 6. 18. Job 7. 17; 25. 6. Is. 40. 17. Heb. 2. 6-9. *son*. Ps. 4. 2; 80. 17; 146. 3. Is. 51. 12. Eze. 8. 15. Mat. 8. 20. *visitest*. Ps. 106. 4. Ge. 21. 1. Ex. 4. 31. Lu. 1. 68; 19. 44. 1 Pe. 2. 12.

5 *thou*. Ps. 103. 20. Ge. 1. 26, 27; 2. 7. 2 Sa. 14. 29. Job 4. 18-20. Phi. 2. 7, 8. Heb. 2. 7, 9, 16. *hast*. Ps. 21. 3-5; 45. 1-3, 6. Jno. 13. 31, 32. Ep. 1. 21. Phi. 2. 9-11. Heb. 2. 9. 1 Pe. 1. 20, 21.

6 *madest*. Ge. 1. 26, 28; 9. 2. Mat. 28. 18. Heb. 1. 2. *put*. Ps. 110. 1. 1 Co. 15. 24-27. Ep. 1. 22. Heb. 2. 8. 1 Pe. 3. 22.

7 *Heb*. Flocks and oxen, all of them. Ge. 2. 20.

8 *The fowl*. Ps. 148. 10. Ge. 1. 20-25. Job 38. 39-41; 39. 1, etc.; 40. 15-24; 41. 1, etc.

9 ver. 1. Ps. 104. 24. De. 33. 26. Job 11. 7.

## PSALM IX.

*David praises God for executing judgment*, 1-10. *He incites others to praise him*, 11, 12. *He prays that he may have cause to praise him*, 13-20.

A.M. 2941. B.C. 1063. *(Title.) Muthlabben*. Probably, 'the death of the champion:' so the Chaldee has, 'A Psalm of David, to be sung concerning the death of the man who went out between *(mibbeyney)* the camps;' evidently considering *labben*, of the same import as *bainayim*, 'a middle-man or champion,' as Goliath is termed, 1 Sa. 17. 4, concerning whose defeat this psalm is generally supposed to have been composed.

1 *praise*. Ps. 7. 17; 34. 1-4; 103. 1, 2; 145. 1-3; 146. 1, 2. 1 Ch. 29. 10-13. Is. 12. 1. He. 13. 15. Re. 5. 9-14. *with my*. Ps. 86. 12; 111. 1; 138. 1. Lu. 10. 27. *shew*. ver. 14. Ps. 51. 15; 106. 2. 1 Ch. 16. 12, 24. Is. 43. 21; 60. 6. Re. 15. 3.

2 *I will be*. Ps. 5. 11; 27. 6; 28. 7; 43. 4; 92. 4; 97. 12. Hab. 3. 17, 18. Phi. 4. 4. *O thou*. Ps. 7. 17; 56. 2, 3; 83. 18; 97. 9. Da. 5. 18.

3 *they shall*. Ps. 68. 1, 2; 76. 7; 80. 16. Is. 64. 3. 2 Th. 1. 9. Re. 6. 12-17; 20. 11.

4 *For*. Ps. 16. 5; 140. 12. *maintained*, etc. *Heb*. made my judgment. *right*. *Heb*. in righteousness. Ps. 45. 6, 7; 47. 8; 89. 14; 96. 13; 98. 9. Is. 11. 4. 1 Pe. 2. 23.

5 *rebuked*. Ps. 2. 1, 8, 9; 78. 55; 79. 10; 149. 7. 1 Sa. 17. 45-51. 2 Sa. 5. 6, etc.; 8. 1-15; 10. 6-9; 21. 15-22; 22. 44-46. Re. 19. 15. *destroyed*. Ps. 5. 6. 1 Sa. 25. 32; 31. 4. 2 Sa. 17. 23. Mal. 4. 3. *put out*. De. 9. 14. Pr. 10. 7; 13. 9.

6 *O thou*, etc. *or*, The destructions of the enemy are come to a perpetual end, and *their* cities hast thou destroyed, etc. Ps. 7. 5; 8. 2. Ex. 15. 16. Mi. 7. 8, 10. *destructions*. Ps. 46. 9. Ex. 14. 13. Is. 10. 24, 25; 14. 6-8. Na. 1. 9-13. 1 Co. 15. 26, 54-57. Re. 20. 2. *thou hast*. 1 Sa. 30. 1, 31. 7. Is. 10. 6, 7, 13, 14; 14. 17; 37. 26. Je. 51. 25. *memorial*. 2 Ki. 19. 25. Is. 14. 22, 23. Je. 51. 62-64.

7 *But*. Ps. 90. 2; 102. 12, 24-27. He. 1. 11, 12; 13. 8. 2 Pe. 3. 8. *he hath*. Ps. 50. 3-5; 103. 19. Re. 20. 11.

8 Ps. 50. 6; 94. 15; 96. 13; 98. 9; 99. 4. Ge. 18. 25. Is. 11. 4, 5. Ac. 17. 31. Ro. 2. 5, 6, 16. Re. 20. 12, 13.

9 *The Lord*. Ps. 18. 2; 32. 7; 37. 39; 46. 1; 48. 3; 62. 8; 91. 1, 2; 142. 4. De. 33. 27. Pr. 18. 10. Is. 4. 5, 6; 8. 14; 32. 2. Na. 1. 7. Lu. 13. 34. He. 6. 18. *be a refuge*. *Heb*. be a high place. Ps. 20. 1; 46. 7, marg. *in times*. Ps. 50. 15; 77. 1, 2; 108. 12.

10 *know*. Ps. 91. 14. Ex. 34. 5-7. 1 Ch. 28. 9. Pr. 18. 10. Jno. 17. 3. 2 Co. 4. 6. 2 Ti. 1. 12. 1 Jno. 2. 3; 5. 20. *put*. Ps. 5. 11; 57. 1; 146. 5, 6. Is. 26. 3, 4. *hast*. Ps. 105. 3, 4. Is. 45. 19; 46. 3, 4; 55. 6, 7. Je. 29. 13. 2 Co. 1. 9, 10.

11 *Sing*. Ps. 33. 1-3; 47. 6, 7; 96. 1, 2; 148. 1-5, 13, 14. *which*. Ps. 78. 68; 132. 13, 14. Is. 12. 6; 14. 32. He. 12. 22. Re. 14. 1. *declare*. Ps. 66. 2, 5; 96. 10; 105. 1, 2; 107. 22; 118. 17. Is. 12. 4-6. Jno. 17. 26.

12 *When*. Ge. 9. 5. 2 Ki. 24. 4. Is. 26. 21. Mat. 23. 35. Lu. 11. 50, 51. Re. 6. 9, 10; 16. 6. *he forgetteth*. Ps. 10. 14, 17; 22. 24; 34. 6; 102. 17. Ex. 3. 7, 9. Lu. 18. 7, 8. *humble*. *or*, afflicted. Ju. 10. 16.

13 *Have*. Ps. 51. 1; 119. 132. *consider*. Ps. 13. 3; 25. 19; 119. 153; 142. 6. Ne. 9. 32. La. 1. 9, 11. *thou*. Ps. 30. 3; 56. 13; 86. 13; 107. 18; 116. 3, 4. Is. 38. 10. Jon. 2. 6.

14 *That*. Ps. 51. 15; 79. 13; 106. 2. *in the gates*. Ps. 22. 22, 25; 35. 18; 42. 4; 109. 30, 31; 116. 18, 19; 118. 19, 20; 149. 1, 2. *daughter*. Is. 37. 22; 62. 11. Mi. 4. 13. *I will*. Ps. 13. 5; 20. 5; 21. 1, 35. 9; 51. 12. 1 Sa. 2. 1. Is. 12. 3. Hab. 3. 18. Lu. 1. 47.

15 Ps. 7. 15, 16; 35. 8; 37. 15; 57. 6; 94. 23. Pr. 5. 22; 22. 8.

16 *known*. Ps. 48. 11; 58. 10, 11; 83. 17, 18. Ex. 7. 5; 14. 4, 10, 31. De. 29. 22-28. Jos. 2. 10, 11. Ju. 1. 7. 1 Sa. 6. 19, 20; 17. 46. 2 Ki. 19. 19, 34, 35. *wicked*. Ps. 11. 6; 140. 9. Pr. 6. 2; 12. 13. Is. 8. 15; 28. 13. *Higgaion, that is*, Meditation. Ps. 5. 1; 19. 14; 92. 3, marg.

17 *The wicked*. Pr. 14. 32. Is. 3. 11; 5. 14. Mat. 25. 41-46. Ro. 2. 8, 9. 2 Th. 1. 7-9. Re. 20. 15; 21. 8. *forget*. Ps. 44. 17, 20; 50. 22; 106. 13. Job 8. 13. Je. 2. 32; 3. 21; 13. 25; 18. 15. Ho. 2. 13.

18 *For the.* ver. 12. Ps. 12. 5; 72. 4, 12-14; 102. 17, 20; 109. 31. Lu. 1. 53; 6. 20. Ja. 2. 5. *expectation.* Pr. 23. 18; 24. 14.

19 *Arise.* Ps. 3. 7; 7. 6; 10. 12; 14. 23, 26; 68. 1, 2; 74. 22, 23; 76. 8, 9; 80. 2. Is. 42. 13, 14; 51. 9. Zep. 3. 8. *let not.* Ge. 32. 28. 1 Sa. 2. 9. 2 Ch. 14. 11. Is. 42. 13. *let the.* Ps. 2. 1-3; 79. 6; 149. 7. Je. 10. 25. Joel 3. 12. Mi. 5. 15. Zec. 14. 18. Re. 19. 15.

20 *Put.* Ps. 76. 12. Ex. 15. 16; 23. 27. De. 2. 25. Je. 32. 40 Eze. 30. 13. *may.* Ps. 82. 6, 7. Is. 31. 3. Eze. 28. 2, 9. Ac. 12. 22, 23.

## PSALM X.

*David complains of the wicked,* 1-11. *He prays for remedy,* 12-15. *He professes his confidence,* 16-18.

1 A.M. 3463. B.C. 541. *standest.* Ps. 22. 1; 46. 1. Je. 14. 8. *hidest.* Ps. 13. 1-3; 27. 9; 30. 7; 44. 24; 88. 14. Job 13. 24; 23. 9; 34. 29.

2 *The wicked,* etc. *Heb.* In the pride of the wicked he doth, etc. Ps. 31. 18; 36. 11; 59. 12; 119. 51, 69, 85, 122; 140. 5. Ex. 9. 17; 18. 11. Is. 10. 12, 13; 14. 13, 16. Je. 43. 2. *let.* Ps. 7. 16; 9. 15, 16. Pr. 5. 22.

3 *boasteth.* Ps. 35 21; 49. 6; 52. 1; 73. 8, 9; 94. 4. Ex. 15. 9. Is. 10. 7-11; 37. 23. Ja. 4. 13, 16. *heart's. Heb.* soul's. *and blesseth,* etc. *or,* the covetous blesseth *himself,* he abhorreth the Lord. Ps. 49. 11-13, 18. De. 29. 19. 1 Sa. 23. 21. Job 31. 24. Pr. 28. 4. Ho. 12. 7, 8. Zec. 11. 5-8. Lu. 12. 19. Ro. 1. 29. 32. 2 Ti. 3. 2-4. 1 Jno. 2. 15. *whom.* Is. 57. 17. Je. 22. 17. Mi. 6. 10-12. Hab. 2. 9. Mat. 26. 15, 16. Lu. 12. 15; 16. 14, 15. 1 Co. 6. 10. Ep. 5. 5. Col. 3. 5. 1 Ti. 6. 9, 10. *abhorreth.* Ps. 5. 6. Le. 26. 30. De. 32. 19.

4 *the pride.* Ps. 18. 27; 101. 5. Pr. 6. 17; 21. 4; 30. 13. Is. 2. 11; 3. 9. *will not.* Ps. 14. 2; 27. 8. Ex. 5. 2. De. 8. 14. Job 22. 17. Pr. 30. 9. Je. 2. 31. Da. 5. 22, 23. Zep. 2. 3. *God,* etc. *or,* all his thoughts *are, There is* no God. Ps. 14. 1; 53. 1. Ep. 2. 12. *thoughts.* Ge. 6. 5. Is. 59. 7; 65. 2. Je. 4. 14. Mar. 7. 21. Ac. 8. 22. Ro. 1. 21, 28.

5 *His.* Ge. 6. 12. Pr. 1. 19; 2. 13, 15. Is. 10. 1. Ho. 9. 9. Ro. 3. 16. *thy judgments.* Ps. 92. 5, 6. Pr. 15. 24; 24. 1. Is. 5. 12; 26. 11; 28. 15; 42. 25. Ho. 14. 9. *he puffeth.* Ps. 12. 5. Ju. 9. 27, 38. 2 Sa. 5. 6. 1 Ki. 20. 10, 11, 13.

6 *said.* Ps. 11. 1; 14. 1. Mat. 24. 48. *not.* Ps. 15. 5; 30. 6. Ec. 8. 11. Is. 47. 7; 56. 12. Na. 1. 10. Mat. 24. 48. 1 Th. 5. 3. *never. Heb.* unto generation and generation.

7 *full.* Ps. 59. 12; 62. 4. Ro. 3. 14. *and deceit. Heb.* deceits. Ps. 5. 9; 7. 14; 36. 3; 52. 4; 55. 21; 58. 3; 64. 3. Is. 59. 4. Je. 9. 3, 6. Ro. 3. 13. *under.* Job 20. 12. *mischief.* Ps. 7. 14; 140. 9. Job 15. 35. Mat. 12. 34. Ja. 3. 6-8. *vanity, or,* iniquity. Ps. 12. 2; 41. 6; 144. 8, 11. Pr. 21. 6; 30. 8.

8 *sitteth.* 1 Sa. 22. 18; 23. 23. 2 Ki. 21. 16. Pr. 1. 11, 12. Hab. 3. 14. Lu. 8. 1; 10. 1. *his eyes.* Ps. 17. 11. Pr. 6. 12, 13. Je. 22. 17. *are privily set. Heb.* hide themselves.

9 *He lieth.* Ps. 17. 12; 59. 3. Mi. 7. 2. Ac. 23. 21. *secretly. Heb.* in the secret places. La. 3. 10. Am. 3. 4. Na. 2. 11, 12. Zec. 11. 3. *to catch.* Je. 5. 26. Eze. 19. 3-6. Hab. 1. 15. Jno. 10. 12. *poor, when.* Ps. 12. 5; 35. 10; 37. 14; 109. 31. Job 5. 15, 16; Pr. 14. 31; 22. 16; 28. 15. Is. 3. 15; 32. 7. Eze. 22. 29. Am. 2. 6, 7; 5. 11, 12. Hab. 3. 14.

10 *croucheth. Heb.* breaketh himself. 1 Sa. 2. 36. *humbleth.* 1 Sa. 18. 21-26; 23. 21, 22. 2 Sa. 15. 5. *by his strong ones. Heb. or,* into his strong parts.

11 *said.* ver. 6. Mar. 2. 6. Lu. 7. 39. *God.* Ps. 64. 5; 73. 11; 94. 7. Job 22. 13, 14. Ec. 8. 11. Eze. 8. 12; 9. 9.

12 *Arise.* Ps. 3. 7; 7. 6; 9. 19. *lift.* Ps. 94. 2. Is. 26. 11; 33. 10. Mi. 5. 9. *forget.* Ps. 9. 12; 13. 1; 77. 9. *humble. or,* afflicted.

13 *contemn.* Ps. 74. 10, 18. Nu. 11. 20. 2 Sa. 12. 9, 10. Lu. 10. 16. 1 Th. 4. 8. *Thou.* Ge. 9. 5; 42. 22. 2 Ch. 24. 22. Lu. 11. 50, 51.

14 *Thou hast.* Ps. 35. 22. Pr. 15. 3. Je. 16. 17; 23. 24. He. 4. 13. *for thou.* Hab. 1. 13. *to requite.* Ju. 1. 7. 2 Ki. 9. 26. 2 Ch. 6. 23. Je. 51. 56. Joel 3. 4. *the poor.* Ps. 55. 22. 2 Ti. 1. 12. 1 Pe. 4. 19; 5. 7. *committeth. Heb.* leaveth. Is. 10. 3. Je. 49. 11. *helper.* Ps. 68. 5; 146. 9. De. 10. 18. Ho. 14. 3.

15 *Break.* Ps. 3. 7; 37. 17. Job 38. 15. Eze. 30. 21 22. Zec. 11. 17. *seek.* Ps. 7. 9. 2 Ki. 21. 12-15. Je. 2. 34. Eze. 23. 48. Zep. 1. 12.

16 *The Lord.* Ps. 29. 10; 93. 1; 145. 13; 146. 10. Is. 33. 22. Je. 10. 10. La. 5. 19. Da. 4. 34; 6. 26. 1 Ti. 1. 17; 6. 15, 16. *heathen.* Ps. 9. 5, 15; 18. 43-45; 44. 2, 3; 78. 55.

17 *Lord.* Ps. 9. 12, 18; 37. 4; 145. 19. Pr. 10. 24. *humble.* 2 Ch. 33. 12, 13; 34. 27. Pr. 15. 8. Mat. 5. 3. Lu. 18. 13, 14. Ja. 4. 6, 10. 1 Pe. 5. 5. *thou wilt prepare. or,* establish. Ps. 112. 7, 8. 1 Ch. 29. 18. 2 Ch. 29. 36; 30. 12. Pr. 16. 1. Ro. 8. 26. Ep. 2. 18; 3. 12. Ja. 1. 16, 17. *cause.* Ps. 102. 17. Is. 65. 24. Ac. 4. 24-31; 12. 5, etc. 1 Pe. 3. 12.

18 *judge.* ver. 14. Ps. 72. 4; 82. 3; 94. 1-6. Is. 11. 4. Lu. 18. 7, 8. *the man.* Ps. 17. 14. Lu. 16. 25. 1 Co. 15. 47, 48. Phi. 3. 18, 19. *oppress, or,* terrify.

## PSALM XI.

*David encourages himself in God against his enemies,* 1-3. *The providence and justice of God,* 4-7.

1 A.M. 2942. B.C. 1062. *In the.* Ps. 7. 1; 9. 10; 16. 1; 25. 2; 31. 14; 56. 11. 2 Ch. 14. 11; 16. 8. Is. 26. 3, 4. *how.* 1 Sa. 19. 11; 20. 38; 21. 10-12; 22. 3; 23. 14; 27. 1. *Flee.* Ps. 55. 6, 7. Pr. 6. 5. Lu. 13. 31.

2 *For, lo.* Ps. 10. 2; 37. 14; 64. 3, 4. Je. 9. 3. *make.* Ps. 21. 12. *that.* Ps. 10. 8, 9; 64. 5; 142. 3. 1 Sa. 18. 21; 23. 9. Mat. 26. 4. Ac. 23. 12-15. *privily. Heb.* in darkness. *the upright.* Ps. 7. 10; 32. 11; 64. 10; 94. 15; 97. 11; 125. 4.

3 *If the.* Ps. 75. 3; 82. 5. Is. 58. 12. 2 Ti. 2. 19. *what.* 2 Ki. 19. 13-18; 22. 12-14. 2 Ch. 32. 13-15. Ne. 6. 10-12. Je. 26. 11-15. Da. 3. 15-18; 6. 10, etc. Jno. 11. 8-10. Ac. 4. 5-12, 24-33.

4 *The Lord.* Ps. 9. 11; 18. 6. Ex. 40. 34, 35. 1 Ch. 17. 5. Hab. 2. 20. Zec. 2. 13. 2 Th. 2. 4. *the Lord's.* Ps. 2. 4; 103. 19. Is. 66. 1. Mat. 5. 34; 23. 21, 22. Ac. 7. 49. Re. 4. 2. *his eyes.* Ps. 33. 13; 44. 21; 66. 7. 2 Ch. 16. 9. Pr. 15. 3. Je. 17. 10; 23. 24. He. 4. 13.

5 *trieth.* Ps. 7. 9; 17. 3; 26. 2; 139. 1, 23, 24. Ge. 22. 1. Zec. 13. 9. Mal. 3. 3. Ja. 1. 12. 1 Pe. 1. 7; 4. 12. *wicked.* Ps. 5. 4, 5; 10. 3; 21. 8. Pr. 6. 16-19. Je. 12. 8. Zec. 11. 8.

6 *Upon.* Ps. 105. 32. Ge. 19. 24. Ex. 9. 23, 24. Job 18. 15; 20. 23. Is. 24. 17, 18. Eze. 13. 13; 38. 22. Lu. 17. 29. *snares, or,* quick burning coals. *an horrible, or,* a burning. *portion.* Ps. 16. 5. Ge. 43. 34. 1 Sa. 1. 4; 9. 23. Job 27. 13, etc. *their.* Ps. 75. 8. Is. 51. 17, 22. Je. 25. 15-17. Hab. 2. 16. Jno. 18. 11.

7 *For.* Ps. 45. 7; 99. 4; 146. 8. Is. 61. 8. *his.* Ps. 5. 12; 21. 6; 33. 18; 34. 15; 42. 5. Job 36. 7. 1 Pe. 3. 12.

## PSALM XII.

*David, destitute of human comfort, craves help of God,* 1, 2. *He comforts himself with God's promises, and his judgments on the wicked,* 3-8.

*(Title.) Sheminith, or,* The eighth. Ps. 6, title. 1 Ch. 15. 21.

1 *Help. or,* Save. Ps. 3. 7; 6. 4; 54. 1. Mat. 8. 25; 14. 30. *godly.* Ge. 6. 12. Is. 1. 9, 21, 22; 57. 1; 63. 5. Je. 5. 1. Mi. 7. 1, 2. Mat. 24. 12. *faithful.* Pr. 20. 6. Is. 59. 4, 13-15.

2 *They.* Ps. 10. 7; 36. 3, 4; 38. 12; 41. 6; 52. 1-4; 59. 12; 144. 8, 11. Je. 9. 2-6, 8. *flattering.* Ps. 5. 9; 28. 3; 62. 4. Pr. 20. 19; 29. 5. Eze. 12. 24. Ro. 16. 18. 1 Th. 2. 5. *a double heart. Heb.* an heart and an heart. 1 Ch. 12. 33, marg. Ja. 1. 8.

3 *cut.* Job 32. 22. *tongue.* Ps. 17. 10; 73. 8, 9. Ex. 15. 9. 1 Sa. 2. 3; 17. 43, 44. 2 Ki. 19. 23, 24. Is. 10. 10. Eze. 28. 2, 9; 29. 3. Da. 4. 30, 31; 7. 8, 25. Mal. 3. 13. 2 Pe. 2. 18. Jude 16. Re. 13. 5. *proud. Heb.* great. Pr. 18. 21.

4 *With.* Je. 18. 18. Ja. 3. 5, 6. *our own. Heb.* with us. *who.* Ge. 3. 5. Ex. 5. 2. Job 21. 14, 15. Je. 2. 31. Da. 3. 15. 2 Th. 2. 4.

5 *oppression.* Ps. 10. 12; 74. 21, 22; 79. 10, 11; 146. 7, 8. Ex. 2. 23, 24; 3. 7-9. Ju. 10. 16. Pr. 14. 31; 22. 22, 23. Ec. 4. 1; 5. 8. Is. 19. 20. Eze. 18. 12, 13, 18. Ja. 5. 4. *now.* Is. 33. 10. Mi. 7. 8, 9. *puffeth at. or,* would ensnare. Ps. 10. 5. Job 5. 15, 21.

6 *words.* Ps. 18. 30; 19. 8; 119. 140. 2 Sa. 22. 31. Pr. 30. 5. *as silver.* Ps. 66. 10.

7 *thou shalt.* Ps. 16. 1; 37. 28, 40; 121. 8; 145. 20. De. 33. 3. 1 Sa. 2. 9. Is. 27. 3. 1 Pe. 1. 5. Jude 1. *them,* etc. *Heb.* him, *i. e.* every one of them. *this.* Ps. 10. 18. Mat. 3. 7.

8 *wicked.* Pr. 29. 12. Ho. 5. 11. Mi. 6. 16. *when.* Ju. 9. 18, etc. 1 Sa. 18. 17, 18. Es. 3. 6, etc. Is. 32. 4-6. Mar. 14. 63-65. *men. Heb.* of the sons of men. Job 30. 8. Da. 11. 21.

## PSALM XIII.

*David complains of delay,* 1, 2. *He prays for preventing grace,* 3, 4. *He boasts of divine mercy,* 5, 6.

A.M. 3464. B.C. 540. *(Title.) chief, or,* overseer.

1 *How.* Ps. 6. 3; 35. 17; 74. 1; 80. 4; 85. 5; 89. 46; 90. 14; 94. 3, 4. *forget.* Ps. 10. 12. La. 5. 20. *wilt thou hide.* Ps. 22. 1, 2. De. 31. 17. Job 13. 24. Is. 59. 2.

2 *take.* Ps. 77. 2-12; 94. 18, 19; 142. 4-7. Job 7. 12-15; 9. 19-21, 27, 28; 10. 15; 23. 8-10. Je. 15. 18. *sorrow.* Ps. 38. 17; 116. 3. Ne. 2. 2. Pr. 15. 13. Ec. 5. 17. Je. 8. 18; 45. 3. Mat. 26. 38. Jno. 16. 6. Ro. 9. 2. Phi. 2. 27. *enemy.* Ps. 7. 2, 4, 5; 8. 2; 9. 6; 10. 18; 17. 9; 74. 10, 18. 1 Sa. 18. 29; 24. 19 Es. 7. 6. La. 1. 9. Mi. 7. 8-10. *exalted.* Ps. 22. 7, 8; 31. 18; 42. 10; 44. 14-16; 123. 3, 4; 143. 3, 4. La. 1. 5. Lu. 22. 53.

3 *Consider.* Ps. 9. 13; 25. 19; 31. 7; 119. 153. La. 5. 1. *lighten.* Ps. 18. 28. 1 Sa. 14. 27, 29. Ezr. 9. 8. Lu. 2. 32. Re. 21. 23. *less.* Je. 51. 39. 57. Ep. 5. 14.

4 *Lest.* Ps. 10. 11; 25. 2; 35. 19, 25; 38. 16. Jos. 7. 9. Eze. 35. 12-15. *I have.* Ps. 9. 19. Je. 1. 19. La. 1. 16. *when.* Ps. 55. 22; 62. 2, 6; 112. 6; 121. 1-3. Pr. 12. 3.

5 *But.* Ps. 32. 10; 33. 18, 21, 22; 36. 7; 52. 8; 147. 11. Is. 12. 2. Jude 21. *my heart.* Ps. 9. 14; 43. 4, 5; 51. 12; 119. 81. 1 Sa. 2. 1. Hab. 3. 18. Lu. 1. 47; 2. 20.

6 *I.* Ps. 21. 13. *he.* Ps. 116. 7; 119. 17.

## PSALM XIV.

*David describes a natural man,* 1-3. *He convinces the wicked by the light of their conscience,* 4-6. *He glories in the salvation of God,* 7.

1 *fool.* Ps. 73. 3; 92. 6; 107. 17. 1 Sa. 25. 25. Pr. 1. 7, 22; 13. 19; 27. 22. Lu. 12. 20. *no.* Ps. 10. 4, marg.; 52. 1-6. Job 22. 13. Ro. 1. 28. Ep. 2. 12. *They are.* Ps. 36. 1-4; 94. 4-8. Ge. 6. 5, 11, 12. Is. 1. 4. *abominable.* Job 15. 16. Mat. 12. 34; 15. 19. Jno. 3. 19, 20. Ro. 1. 21, etc. Tit. 1. 16; 3. 3. Re. 21. 8. *there.* Ro. 3. 10-12. Ep. 2. 1-3.

2 *The Lord.* Ps. 33. 13, 14; 102. 19, 20. Ge. 6. 12; 11. 5; 18. 21. Is. 63. 15; 64. 1. La. 3. 50. *any.* Ps. 82. 5; 107. 43. Pr. 2. 9; 8. 5; 9. 4, 16. Is. 27. 11. Je. 4. 22. Da. 12. 10. Mat. 13. 15. Ro. 3. 11. *seek.* Ps. 69. 32; 2 Ch. 19. 3; 30. 19. Is. 8. 19; 55. 6. Heb. 11. 6.

3 *all gone.* Ps. 119. 176. Ec. 7. 29. Is. 53. 6; 59. 7, 8, 13-15. Je. 2. 13. Ro. 3. 10-12, 23. Ep. 2. 3. 2 Pe. 2. 13-15. *filthy. Heb.* stinking. Ps. 38. 5. Job 15. 16. Is. 64. 6. Eze. 36. 25. 2 Co. 7. 1. *there.* ver. 1. Ex. 8. 31; 12. 30. De. 1. 35. Job 14. 4. Ro. 3. 10. 1 Co. 6. 5.

4 *Have.* Ps. 94. 8, 9. Is. 5. 13; 27. 11; 29. 14; 44. 19, 20; 45. 20. Ro. 1. 21, 22, 28. 2 Co. 4. 3, 4. Ep. 4. 17, 18. *eat up.* Je. 10. 25. Am. 8. 4. Mi. 3. 2, 3. Ga. 5. 15. *and.* Ps. 79. 6. Job 21. 15; 27. 10. Is. 64. 7.

5 *were,* etc. *Heb.* they feared a fear. Ps. 53. 5. Ex. 15. 16. Es. 8. 7. Pr. 1. 26, 27; 28. 1. *God.* Ps. 46. 5, 7, 11. Is. 8. 10; 12. 6; 41. 10; 43. 1, 2. Mat. 1. 23. *the generation.* Ps. 22. 30; 24. 6; 73. 15; 112. 2. 1 Pe. 2. 9.

6 *Ye.* Ps. 3. 2; 4. 2; 22. 7, 8; 42. 10. Ne. 4. 2-4. Is. 37. 10, 11. Eze. 35. 10. Da. 3. 15. Mat. 27. 40-43. *Lord.* Ps. 9. 9. He. 6. 18.

7 *Oh,* etc. *Heb.* Who will give, etc. See on Ps. 53. 6.

## PSALM XV.

*David describes a citizen of Zion.*

1 *Lord.* Ps. 1. 1-4; 23. 6; 21. 3-5; 27. 4; 61. 4; 84. 4; 92. 13. Jno. 3. 3-5; 14. 3; 17. 24. Re. 7. 14-17; 21. 3, 4, 23, 24. *abide. Heb.* sojourn. *holy.* Ps. 2. 6; 3. 4; 43. 3, 4; 87. 1-3. He. 12. 22. Re. 14. 1.

2 *He.* Ps. 84. 11. Pr. 2. 7, 8; 28. 18. Is. 33. 15. Mi. 2. 7. Lu. 1. 6. Ga. 2. 14. 1 Jno 2. 6. *worketh.* Ac. 10. 35. Ro. 2. 10. Ep. 2 10. He. 11. 33. 1 Jno. 2. 29; 3. 7. Re. 22 14, 15. *speaketh.* Ps. 34. 12, 13. Is. 63. 8 Zec. 8. 16, 17. Ep. 4. 25. Col. 3. 9. Re 21. 8.

3 *backbiteth.* Ps. 101. 5-8. Ex. 23. Le. 19. 16. Je. 9. 4-9. Ro. 1. 30. Tit. 3. 2. Ja. 4. 11. 1 Pe. 2. 1, 2. *doeth.* 1 Sa. 24. 11. Is. 56. 2. Mat. 7, 12. Ro. 12. 17; 13. 10. 3 Jno. 11. *taketh up. or,* receiveth *or,* endureth. Pr. 22. 10; 25. 3.

4 *a vile*. Ps. 101. 4. 2 Ki. 3. 13, 14. Es. 3. 2. Job 32. 21, 22. Is. 32. 5, 6. Da. 5. 17, etc. Ac. 24. 2, 3, 25. Ja. 2. 1-9. *but*. Ps. 16. 3; 101. 6; 119. 63. Mat. 12. 49, 50. 1 Jno. 3. 14. *sweareth*. Jos. 9. 18-20. Ju. 11. 35. 2 Sa. 21. 1, 2. Mat. 5. 33.

5 *putteth*. Ex. 22. 25. Le. 25. 35-37. De. 23. 19, 20. Ne. 5. 2-5, 7-13. Eze. 18. 8, 17; 22. 12. *nor taketh*. Ex. 23. 7, 8. De. 16. 19. Is. 33. 15. Mi. 7. 3. Mat. 26. 15; 27. 3-5. *He that doeth*. Ps. 16. 8; 55. 22; 106. 3; 112. 6. Pr. 12. 3. Eze. 18. 27. Mat. 7. 21-25. Jno. 13. 17. Ja. 1. 22-25. 2 Pe. 1. 10, 11.

## PSALM XVI.

*David, in distrust of merits, and hatred of idolatry, flees to God for preservation, 1-4. He shews the hope of his calling, of the resurrection, and life everlasting, 5-11.*

A.M. 2962. B.C. 1042 (*Title.*) *Michtam. or,* A golden *Psalm* of David, 56; 60, titles.

1 *Preserve*. Ps. 17. 5, 8; 31. 23; 37. 28, 97. 10; 116. 6. Pr. 2. 8. *for*. Ps. 9. 10; 22. 8; 25. 20; 84. 12; 125. 1; 146. 5. Is. 26. 3, 4. Je. 17. 7, 8. 2 Co. 1. 9. 2 Ti. 1. 12.

2 *thou hast*. Ps. 8. 1; 27. 8; 31. 14; 89. 26; 91. 2. Is. 26. 13; 44. 5. Zec. 13. 9. Jno. 20. 28. *my goodness*. Ps. 50. 9, 10. Job 22. 2, 3; 35. 7, 8. Lu. 17. 10. Ro. 11. 35.

3 *But*. Ga. 6. 10. Tit. 3. 8. He. 6. 10. *the saints*. Is. 30. 4; 116. 15. 2 Ch. 6. 41. Ac. 9. 13. Ep. 1. 1. *the excellent*. Pr. 12. 26. Ca. 4. 1, etc.; 6. 1, etc.; 7. 1, etc. Mal. 3. 17. *in whom*. Ps. 119. 63. Pr. 8. 31; 13. 20. Ca. 7. 10. Is. 62. 4. Ep. 5. 25-27. 1 Jno. 3. 14-17.

4 *Their*. Ps. 32. 10; 97. 7; Jon. 2. 8. Re. 14. 9-11; 18. 4, 5. *hasten*, etc. *or*, give gifts to another. *drink*. Ge. 35. 14. Le. 23. 13. Is. 57. 6; 65. 11; 66. 3. Je. 7. 18. *take*. Ex. 23. 13. Jos. 23. 7. Ho. 2. 16, 17.

5 *The Lord*. Ps. 73. 26; 119. 57; 142. 5. De. 32. 9. Je. 10. 16. La. 3. 24. *mine inheritance. Heb.* my part. *of my*. Ps. 11. 6; 23. 5; 116. 13. Ep. 5. 18. *thou*. Ps. 2. 6; 9. 4; 21. 7-12; 61. 6, 7; 89. 4, 20-37; 110. 1, 2; 132. 11, 17, 18. Is. 42. 1; 53. 12. Ac. 2. 32; 5. 31. 1 Co. 15. 25.

6 *The lines*. Ps. 78. 55. Am. 7. 17. *in pleasant*. Ps. 21. 1-3. He. 12. 2. *I have*. Je. 3. 19. Jno. 20. 17. Ro. 8. 17. 1 Co. 3. 21-23. Ep. 1. 18. Phi. 2. 9-11. 2 Ti. 2. 12. Re. 3. 21.

7 *who hath*. Ps. 73. 24; 119. 7. Pr. 8. 14. Is. 11. 2-4; 48. 17; 50. 4. *my reins*. Ps. 73. 21. Je. 12. 2; 17. 10. Re. 2. 23. *in the*. Ps. 17. 3; 22. 2; 42. 8; 63. 6; 77. 2, 6; 119. 55, 148. Is. 26. 9. Lu. 6. 12.

8 *I have*. Ps. 139. 18. Ac. 2. 25-28. He. 11. 27. *he is*. Ps. 73. 23, 26; 109. 31; 110. 5; 121. 5. *I shall*. Ps. 15. 5; 62. 6.

9 *my heart*. Lu. 10. 21, 22. *my glory*. Ps. 30. 12; 57. 8. Ac. 2. 26. Ja. 3. 5-9. *my flesh*. Job 14. 14, 15; 19. 26, 27. Pr. 14. 32. Is. 26. 19. 1 Th. 4. 13, 14. *rest in hope. Heb.* dwell confidently.

10 *my*. Ps. 9. 17; 49. 15, marg.; 139. 8. Le. 19. 28. Nu. 6. 6. De. 32. 22. Job 11. 8. Pr. 15. 11; 27. 20. Is. 5. 14; 14. 9. Am. 9. 2. Lu. 16. 23. Ac. 3. 15. 1 Co. 15. 55. Re. 1. 18; 20. 13. *hell*. The word *hell*, from the Saxon *hillan* or *helan*, to *hide*, or from *holl*, a *cavern*, though now used only for the place of torment, anciently denoted the *concealed* or *unseen place* of the dead in general; corresponding to the Greek αδης *i. e.* ο αιδης τοπος, the *invisible place*, and the Hebrew *sheol*, from *shaal*, to *ask, seek*, the place and state of those who are out of the way, and to be *sought* for. *neither*. Ac. 2. 27-31; 13. 35-38. 1 Co. 15. 42, 50-54. *thine*. Da. 9. 24. Lu. 1. 35; 4. 34. Ac. 3. 14.

11 *path*. Ps. 21. 4. Pr. 2. 19; 4. 18; 5. 6; 12. 28. Is. 2. 3. Mat. 7. 14. Ro. 8. 11. 1 Pe. 1. 21. *in thy*. Ps. 17. 15; 21. 5, 6. Mat. 5. 8. Ac. 2. 28. 1 Co. 13. 12. 2 Co. 4. 17. Ep. 3. 19. 1 Jno. 3. 2. Jude 24. Re. 7. 15-17; 22. 5. *at thy*. Mar. 16. 19. Ac. 7. 56. 1 Pe. 3. 22. *pleasures*. Ps. 36. 8. Mat. 25. 33, 46.

## PSALM XVII.

*David, in confidence of his integrity, craves defence of God against his enemies, 1-9. He shews their pride, craft, and eagerness, 10-12. He prays against them in confidence of his hope, 13-15.*

A.M. 2942. B.C. 1062. (*Title.*) Ps. 86; 142, titles.

1 *Hear*. Ps. 7. 8; 18. 20; 43. 1; 140. 12. 1 Jno. 3. 21. *the right. Heb.* justice. *attend*. Ps. 5. 2; 55. 2, 3; 61. 1, 66. 19; 142. 6. 2 Ch. 7. 15. Ne. 1. 6. Da. 9. 18, 19. *not out of feigned lips. Heb.* without lips of deceit. Ps. 18. 44, marg.; 145. 18. Je. 3. 10. Mat. 15. 8. Jno. 1. 47.

2 *Let my*. Ps. 37. 6, 33. 2 Th. 1. 6-9. Jude 24. *things*. Eze. 18. 25, 29; 33. 17, 20.

3 *proved*. Ps. 11. 5; 26. 2; 66. 10; 139. 1. Job 23. 10. Zec. 13. 9. Mal. 3. 2. 1 Co. 4. 4. 1 Pe. 1. 7. *thou hast*. Ps. 16. 7. Job 24. 14. Ho. 7. 6. Mi. 2. 1. Ac. 16. 9; 18. 9, 10. *shalt*. Ps. 7. 4; 44. 17-21. 1 Sa. 24. 10, 12; 26. 11, 23. 2 Co. 1. 12. *I am*. Ps. 39. 1; 119. 106. Pr. 13. 3. Ac. 11. 23. Ja. 3. 2.

4 *works*. Ps. 14. 1-3. Ge. 6. 5, 11. Job 15. 16; 31. 33. 1 Co. 3. 3. 1 Pe. 4. 2, 3. *word*. Ps. 119. 9-11. Pr. 2. 10-15. Mat. 4. 4, 7, 10. Jno. 17. 17. Ep. 6. 17. Ja. 1. 18. Re. 12. 11. *destroyer*. 1 Pe. 5. 8. Re. 9. 11, marg.

5 *Hold*. Ps. 119. 116, 117, 133; 121. 3, 7. 1 Sa. 2. 9. Je. 10. 23. *that*. Ps. 18. 36; 38. 16; 94. 18. *slip not. Heb.* be not moved.

6 *I have*. Ps. 55. 16; 66. 19, 20; 116. 2. *incline*. Ps. 13. 3, 4. Is. 37. 17, 20. Da. 9. 17-19.

7 *Shew*. Ps. 31. 21; 78. 12. Ro. 5. 20, 21. Re. 15. 3. *savest*, etc. *or*, savest them which trust *in thee*, from those that rise up against thy right hand. Ps. 5. 11, 12; 10. 12-16. 1 Sa. 17. 45-47; 25. 28, 29. 2 Ki. 19. 22, 34. 2 Ch. 16. 9. *by thy*. Ps. 20. 6; 44. 3; 60. 5. Ex. 15. 6. Is. 41. 10. Ac. 2. 33.

8 *apple*. De. 32. 10. Pr. 7. 2. Zec. 2. 8. *hide*. Ps. 36. 7; 57. 1; 61. 4; 63. 7; 91. 1, 4. Ru. 2. 12. Mat. 23. 37. Lu. 13. 34.

9 *oppress me. Heb.* waste. 1 Ch. 17. 9. *deadly enemies. Heb.* enemies against the soul. Ps. 7. 5; 35. 4, 7, 12. 1 Sa. 24. 11.

10 *They are*. Ps. 73. 7-9; 119. 70. De. 32. 15. Job 15. 27. Is. 6. 10. Mat. 13. 15. Ac. 28. 27. *with*. Ps. 12. 3, 4; 31. 18; 123. 4. Ex. 5. 2; 15. 9. 1 Sa. 2. 3. 2 Pe. 2. 18. Re. 13. 5, 6.

11 *compassed*. 1 Sa. 23. 26; 24. 2, 3; 26. 2, 3. *set*. Ps. 10. 8-10. Pr. 6. 13, 14.

12 *Like*, etc. *Heb.* The likeness of him, (*that is*, of every one of them,) *is* as a lion *that* desireth to ravin. Ps. 7. 2; 22. 13. 2 Ti. 4. 17. 1 Pe. 5. 8. *lurking. Heb.* sitting.

13 *Arise*. Ps. 3. 7; 7. 6; 44. 23, 26; 119. 126. Is. 51. 9. *disappoint him. Heb.* prevent his face. *which is. or, by*. Ps. 7. 11-13. *thy*. Is. 10. 5, 15; 13. 5; 37. 26. Hab. 1. 12. Ac. 4. 28.

14 *which are. or, by. men of*. Lu. 16. 8. Jno. 8. 23; 15. 19; 17. 14. 1 Jno. 4. 4, 5. *portion*. Ps. 49. 17-19; 73. 12. Lu. 12. 19-21; 16. 25. Ja. 5. 5. *belly*. Job 12. 6, 9; 21. 7-15; 22. 18. *hid*. Pr. 2. 4. Mat. 13. 44. *they are full*, etc. *or, their* children are full. *leave*. Ps. 39. 6. Job 21. 21; 27. 14-17. Lu. 16. 27, 28.

15 *As*. Ps. 5. 7. Jos. 24. 15. *I will*. Ps. 4. 6; 119. 111. Job 19. 26, 27. 2 Co. 3. 18. *I shall*. Ps. 16. 11; 36. 8, 9; 65. 4. Mat. 5. 6. Re. 7. 16, 17; 21. 3, 4, 23. *I awake*. Ps. 49. 14. Job 14. 12. Is. 26. 19. Mat. 27. 52, 53. *with*. Ge. 1. 26, 27. Phi. 3. 21. 1 Jno. 3. 2, 3.

## PSALM XVIII.

*David praises God for his manifold and marvellous blessings.*

A.M. 2986. B.C. 1018. (*Title.*) *the servant*. Ps. 36, title; 116. 16. 2 Sa. ch. 22. Ac. 13. 36. He. 3. 5. *in the day*. Ps. 34. 19. Ex. 15. 1, etc. Ju. 5. 1, etc. 1 Sa. 2. 1-10. Is. 12. 1-6.

1 *I will*. Ps. 116. 1-6; 144. 1, 2. 1 Jno. 4. 19. *my*. ver. 32. Ps. 28. 7, 8; 118. 14. Is. 12. 2. Phi. 4. 13. Col. 1. 11.

2 *Lord*. Ps. 28. 1; 62. 2, 7. Is. 32. 2. *fortress*. Ps. 91. 2; 144. 2. Je. 16. 19. *strength. Heb.* rock. *whom*. He. 2. 13. *buckler*. Ps. 91. 4. Pr. 2. 7. *horn*. Ps. 132. 17. 2 Sa. 22. 3. *high*. Pr. 18. 10.

3 *I will*. Ps. 5. 2, 3; 28. 1, 2; 55. 16; 62. 8. 2 Sa. 22. 4. Phi. 4. 6, 7. *who*. Ps. 65. 1, 2; 76. 4. Ne. 9. 5. Re. 4. 11; 5. 12-14. *so shall*. Ps. 50. 15; 91. 15. Lu. 1. 71. Ac. 2. 21. Ro. 8. 31-39.

4 *sorrows*. Ps. 116. 3. 2 Sa. 22. 5, 6. Is. 13. 8; 53. 3, 4. Mat. 26. 38, 39. Mar. 14. 33, 34. 2 Co. 1. 9. *floods*. Ps. 22. 12, 13, 16. Jon. 2. 2-7. Mat. 26. 47, 55; 27. 24, 25, 39-44. Ac. 21. 30. *ungodly men. Heb.* Belial.

5 *The sorrows, or*, cords. Ps. 86. 13; 88. 3-8, 15-17. Ac. 2. 24. *snares*. Ec. 9. 12.

6 *distress*. ver. 3, 4. Ps. 50. 15; 130. 1, 2. Mar. 14. 36. Ac. 12. 5. *heard*. Ps. 5. 7; 11. 4; 27. 4, 5. 2 Sa. 22. 7. Hab. 2. 20. Re. 11. 19. *my cry*. Ex. 2. 23. 1 Ki. 8. 27-30. 2 Ch. 30. 27.

7 *earth*. Ps. 114. 4-7. Mat. 28. 2. Ac. 4. 31; 16. 25, 26. *foundations*. Ps. 46. 2. De. 32. 22. Je. 4. 24. Eze. 38. 19, 20. Hab. 3. 6, 10. Zec. 14. 4. 1 Co. 13. 2.

8 *went*. Ps. 11. 6; 21. 9; 74. 1; 104. 32; 144. 5, 6. Ge. 19. 28. Le. 10. 2. Nu. 11. 1; 16. 35. De. 29. 20, 23, 24. 2 Th. 1. 8. *out of his. Heb.* by his. *fire*. Da. 7. 10. Am. 4. 11. Na. 1. 5, 6. Re. 11. 5.

9 *He bowed*. Jehovah is here represented as a mighty warrior going forth to fight the battles of David. When He descended to the engagement, the very *heavens bowed* to render his descent more awful: His military tent was *substantial darkness;* the *voice* of His *thunder* was the warlike alarm which sounded to the battle; the chariot in which He rode was the *thick clouds* of heaven, conducted by *cherubs*, and carried on by the irresistible force and rapid wings of an *impetuous tempest;* and the darts and weapons He employed were *thunder-bolts, lightnings, fiery hail, deluging rains*, and *stormy winds!* No wonder that when God arose all His enemies were scattered, and those that hated Him fled before Him. Ps. 68. 4; 144. 5, etc. De. 33. 26. 2 Sa. 22. 10. Is. 51. 6. Joel 3. 16. Mat. 24. 29. He. 12. 26. 2 Pe. 3. 10. Re. 20. 11. *darkness*. De. 5. 22, 23. Mar. 15. 33. Jno. 13. 7.

10 *rode*. Ps. 99. 1. 2 Sa. 22. 11, 12. Eze. 1. 5-14; 10. 20-22. *he did fly*. Ps. 104. 3.

11 *secret*. Ps. 27. 5; 81. 7; 91. 1. *thick*. Ps. 97. 2. De. 4. 11. Joel 2. 2.

12 *At the*. Ps. 97. 3, 4. Hab. 3. 4, 5. Mat. 17. 2, 5. *hail*. Ex. 9. 23, 24. Jos. 10. 11. 2 Sa. 22. 13-15. Re. 16. 21.

13 *thundered*. Ps. 78. 48; 104. 7. Ex. 20. 18. 1 Sa. 7. 10. Job 40. 9. Jno. 12. 29. Re. 4. 5; 8. 5; 19. 6. *Highest*. Ps. 29. 3, 4. Eze. 10. 5. *coals*. Ps. 120. 3, 4; 140. 10. De. 32. 24, marg. Hab. 3. 5.

14 *Yea*. Ps. 21. 12; 77. 17. Nu. 24. 8. De. 32. 23, 42. Jos. 10. 10. Job 6. 4. Is. 30. 30. Hab. 3. 11. *he shot*. Ps. 144. 6. Job 38. 35; 40. 9-12. Zec. 9. 14, 15.

15 *channels*. Ps. 74. 15; 106. 9. Ex. 15. 8. Jos. 3. 13-16. 2 Sa. 22. 16. *foundations*. Ps. 104. 5. Job 38. 4-6. Je. 31. 37. Jon. 2. 6. Mi. 6. 2. *O Lord*. 2 Ki. 19. 7. Job 4. 9. Is. 11. 4; 30. 27, 28, 33.

16 *He sent*. Ps. 57. 3; 144. 7. *drew*. ver. 43. Ps. 40. 1-3. Ex. 2. 10. 2 Sa. 22. 17. *many waters. or*, great waters. Jon. 2. 5, 6. Re. 17. 15.

17 *strong*. Ps. 38. 19. 2 Sa. 22. 1, 18. He. 2. 14, 15. *them*. ver. 40, 41. Ps. 9. 13; 25. 19; 69. 4-14; 118. 7. Job 16. 9. Lu. 19. 14. *they were*. Ps. 35. 10. Ep. 6. 10-12.

18 *me in*. De. 32. 35. 2 Sa. 22. 19. Je. 18. 17. Ob. 10-14. Zec. 1. 15. *but*. Ps. 46. 1, 2, 11. 1 Sa. 30. 6.

19 *brought*. ver. 36. Ps. 31. 8; 40. 2; 118. 5. Job 36. 16. *because*. Ps. 37. 23. 2 Sa. 22. 18-27. 1 Ki. 10. 9.

20 *rewarded*. Ps. 58. 11. 1 Sa. 24. 17, 20. Pr. 11. 18. Is. 49. 4; 62. 11. Mat. 6. 4. 1 Co. 3. 8. *cleanness*. ver 24. Ps. 7. 3, 24. 4; 26. 6. 1 Sa. 24. 11-13. He. 7. 26.

21 *For I*. Ps. 17. 4; 26. 1; 119. 10, 11. Ac. 24. 16. 1 Th. 2. 10. *have not*. Ps. 119. 102. 1 Sa. 15. 11. 1 Jno. 2. 19.

22 *For all*. Ps. 119. 13, 128. Jno. 5. 14. *I did*. Ps. 119. 112, 117.

23 *upright*. Ps. 7, 8; 11. 7; 17. 3; 37. 27. 1 Sa. 26. 23. 1 Ch. 29. 17. *before. Heb.* with. *I kept*. Mat. 5. 29, 30; 18. 8, 9.

24 *the Lord recompensed me*. Ru. 2. 12. Mat. 10. 41. 42. 2 Th. 1. 6, 7. He. 6. 16.

*in his eyesight. Heb.* before his eyes.

25 *With the.* Ps.41.1-4; 112.4-6. Ne. 9.17. Is.57.1,2; 58.7,8. Mat. 18.33-35. Lu. 6.35-38. *thou wilt.* Is. 26.7. Eze. 18.25-30. Ro.9.14.

26 *froward.* Ps. 109.17-19. Le. 26.23, 24,27,28. Pr.3.34. Ro.2.4-6,9. Ja.2. 13. *shew thyself froward. or,* wrestle.

27 *save.* Ps.9.18; 34.6,19; 40.17. 2 Sa. 22.28. Is. 57.15; 66.2. Lu.1.52, 53. 2 Co.8.9. Ja.2.5. *bring.* Ps.10.4; 17.10,13; 101.5. Pr.6.16,17; 30.12. Is. 3.9; 10.12. Lu.18.14.

28 *thou wilt.* Ps.112.4. Job 18.6; 29. 3. *candle. or,* lamp. Ps. 132.17. 2 Sa. 22.29. 1 Ki.11.36. Pr.20.27. Is.62.1. *my God.* Is.42.16. Mat.4.16. Lu.1.79. 1 Pe.2.9.

29 *by thee.* Ps.44.6,7; 144.1,10. 1 Sa. 17.49; 23.2; 30.8. 2 Sa.5.19,20,25. Ep. 6.10-13. Col.2.15. Re.3.21. *run. or,* broken. *by my God.* 2 Sa.22.30. 1 Co. 15.10. 2 Co.12.9,10.

30 *his way.* Ps.19.7; 25.10. De.32. 4. 2 Sa.22.31. Da.4.37. Ro.12.2. Re. 15,3. *tried. or,* refined. Ps.12.6; 19. 8-10; 119.140. Pr.30.5. *a buckler.* ver. 2. Ps.17.7; 84.11,12.

31 Ps.86.8. De.32.31,39. 1 Sa.2.2. 2 Sa.22.32. Is.45.5,21,22.

32 *girdeth.* The *girdle* was a necessary part of the eastern dress: it *strengthened* and *supported* the loins; served to *confine* the *garments* close to the body; and to tuck them in when journeying. The *strength* of God was to his *soul* what the *girdle* was to the body. Ps.28.7; 91.2; 93.1. Is.45.5. 2 Co.3.5. *maketh.* 2 Sa.22.33.

33 *maketh.* 2 Sa.2.18. *high.* De.32. 13; 33.29. 2 Sa.22.14. Hab.3.19.

34 *teacheth.* Ps.144.1. 2 Sa.22.36. Is. 28.6; 45.1. *so that.* Ps.46.9. Je.49.35. Ho.1.5.

35 *shield.* Ps.5.12; 28.7. De.33.29. 2 Sa.22.36. *right.* Ps.17.7; 45.3. *gentleness. or,* with thy meekness thou hast multiplied me. Ps.45.4. Is.40.11; 22.3. 2 Co.10.1. Ga.5.22,23. Ja.3.17, 18.

36 *enlarged.* Ps.4.1. Job 18.7; 36.16. Lu.12.50; 24.46-48. *feet. Heb.* ancles. 2 Sa.22.37. Pr.4.12.

37 Ps.3.7; 9.3; 35.2,5; 118.11,12. Nu.24.17-19. Is.53.10-12; 63.1-6. Re. 6.2; 19.19,20.

38 1 Sa.17.49-51; 23.5; 30.17. 2 Sa. ch.5; 8; 10; 18.7,8; 21.15-22; 22.39.

39 *girded.* ver.32. Eze.30.24,25. *subdued. Heb.* caused to bow. Ps.66.3. 2 Sa.22.40. 1 Ch.22.18. Is.45.14. 1 Co. 15.25-28. Ep.1.22. Phi.3.21. *necks.* La.5.5. *that.* Ps.34.21. 2 Sa.22.41. Pr.8.36. Jno.15.23.

41 2 Sa.22.42,43. Job 35.12,13. Pr. 1.28. Is.1.15; 59.1,2. Je.11.11; 14.12. Eze.8.18. Ho.7.14. Mi.3.4. Zec.7. 13. Lu.13.25.

42 *beat.* Ps.50.22. 2 Ki.13.7. Is.41. 2,15,16. *cast.* Is.10.6; 25.10. Zec. 10.5. Mal.4.3.

43 *from.* 2 Sa.2.9,10; 3.1; 5.1-7. Ac. 5.31. *made.* Ps.22.27,28; 108.9. 2 Sa. ch.5; 8; 10; 22.44-46. Is.49.6,22,23; 52.15. Ro.15.12,18. Ep.1.22. *a people.* Is.52.15; 55.5. Ho.1.10. Ro.16.26. 1 Pe.2.10. Re.11.15.

44 *As soon,* etc. *Heb.* at the hearing of the ear. Ro.10.16,17. *strangers. Heb.* sons of the stranger. Ps.66.3; 81. 15. De.33.29. 2 Sa.1.13. Is.62.8. Eze. 44.7, marg. *shall submit. or,* yield feigned obedience. *Heb.* lie. Ps.68.30; 81.15. 2 Sa.22.44-46.

45 *strangers.* Is.24.4. Mi.7.17. Ja. 1.11. *afraid.* Re.6.16.

46 *Lord.* 2 Sa.22.47. Je.10.10. Jno. 14.19. Re.1.18. *blessed.* ver.2. Ps.42. 9. *the God.* Ps.25.5; 68.20; 79.9. Ex. 15.2. Is.12.2. Lu.1.47. *exalted.* Ps. 21.13; 57.5,11; 99.9.

47 *avengeth. Heb.* giveth avengements for me. De.32.35. 2 Sa.22.48. Na.1.2. Ro.12.19. *subdueth. or,* destroyeth. Ps.47.3.

48 *liftest.* Ps.22.27-30; 59.1,2; 89. 13. Phi.2.9. *violent man. Heb.* man of violence. Ps.7.16; 86.14; 140.1,4,11.

49 *will I give thanks. or,* confess. Ps.14.7; 30.12; 72.18,19; 138.4. 2 Sa. 22.50,51. Ro.15.9. 1 Ti.6.13. *sing.* Ps.108.3. Mat.26.30. Ro.15.9.

50 *Great.* Ps.2.6; 78.71,72; 89.3,4; 144.10. 1 Sa.2.10; 16.1. Ac.2.34-36. Phi.2.9-11. *to his.* Ps.89.20-38; 132. 10. 2 Sa.7.13. 1 Ch.17.11-14,27. Is.9. 6,7. Lu.1.31-33,69. Ro.1.3; 11.29. Ga. 3.16.

## PSALM XIX.

*The creatures shew God's glory,* 1-6. *The excellency of the divine law,* 7-12. *David prays for grace,* 12-14.

*(Title.) A Psalm.* It is uncertain when this highly finished and beautiful ode was composed; though some think it was written by David in the wilderness when persecuted by Saul.

1 *The heavens.* Ps.8.3; 33.6; 115.16. 148.3,4. Is.40.22-26. Je.10.11,12. Ro. 1.19,20. *the firmament. rakeeâ,* from *rakâ,* to *stretch out,* the *expanse;* not only containing the *celestial bodies,* but also the *air, light, rain, dews,* etc. all of which display the infinite *power* and *wisdom* of their Almighty Creator. Ps.150.1,2. Ge.1.6-8,14,15. Da.12.3.

2 *Day unto.* Ps.24.7-10; 78.3-6; 134. 1-3; 148.12. Ex.15.20,21. Is.38.19. *nigh unto.* Ps.74.16; 136.8,9. Ge.1.17, 18; 8.22.

3 *There. or,* 'They have no speech, nor words, nor is their voice heard; yet into all the earth hath gone out their sound, and to the extremity of the world their words.' The Hebrew *kav,* rendered *line,* like the Greek φθογγος, by which the LXX. (who are followed by St. Paul), render it, no doubt signifies the *sound* as well as the *cord* which emits it. The Vulgate, *Jerome,* and *Symmachus,* render it to the same purpose. De.4.19. *where. or,* without *these* their voice is heard. *Heb.* without their voice heard.

4 *Their.* Ps.98.3. Is.49.6. Ro.10.18. 2 Co.10.13-16. *line. or,* rule, *or,* direction. *In them.* Ge.1.14-18. Mal.4.2.

5 *bridegroom.* Is.61.10; 62.5. Jno.3. 29. *rejoiceth.* Ec.1.5. 1 Co.9.24-26. Phi.3.13,14. He.12.1,2.

6 *His going.* Ps.139.9. Job 25.3. Ec. 1.5. Col.1.23. *circuit.* Job 22.14.

7 *law. or,* doctrine. Ps.78.1-7; 119. 72,96-100,105,127,128; 147.19,20. De.6. 6-9; 17.18-20. Jos.1.8. Job 23.12. Ro. 3.2; 15.4. *perfect.* Ps.18.30; 111.7. De. 32.4. Ro.12.2. Ja.1.17. *converting. or,* restoring. Ps.23.3; 119.9. Ja.1.21-25. *testimony.* Ps.93.5; 119.14,24,111,152. Is.8.16,20. Jno.3.32,33; 5.39. Ac.10. 43. 2 Ti.1.8. 1 Jno.5.9-12. Re.19.10. *sure.* Ps.111.7. 2 Sa.23.5. 2 Ti.2.19. He.6.18,19. *making.* Ps.119.130. Pr. 1.4,22,23. Col.3.16. 2 Ti.3.15-17.

8 *statutes.* Ps.105.45; 119.12,16,80, 171. Ge.26.5. Ex.18.16. De.4.5,6. Eze. 36.27. *right.* Ps.119.128. Ne.9.13. *rejoicing.* Ps.40.8; 119.14,24,54,92,121, 143. De.12.11,12; 16.11,14. Ne.8.12. Is.64.5. Je.15.16. Ro.7.22. *is pure.* Ps.12.6; 119.140. Pr.30.5. Ro.7.12-14. *enlightening.* Ps.13.3; 119.98-100,105, 130. Pr.2.6; 6.23. Ro.2.17-20; 3.20; 7.7. Ga.2.19; 3.10-13,21.

9 *The fear.* Ps.34.11-14; 36.1; 115. 13. Ge.22.12; 42.18. 1 Sa.12.24. 1 Ki. 18.3,4,12. Ne.5.15. Pr.8.13. Ac.10. 22. Ro.3.10-18. *enduring.* Ps.111.10; 112.1-6. *judgments.* Ps.10.5; 36.6; 72.1,2; 119.7,39,62,75,106,137,138,142, 160,164; 147.19. Ex.21.1. De.4.8. Is. 26.8. Ro.2.2; 11.22. Re.15.3; 16.7; 19.2. *true. Heb.* truth.

10 *than gold.* Ps.119.72,127. Job 28. 15-17. Pr.3.13-15; 8.10,11,19; 16.16. *sweeter.* Ps.63.5; 119.103. Job 23.12. Pr.24.13,14. *honeycomb. Heb.* the dropping of honey-combs. 1 Sa.14.26-29.

11 *Moreover.* Ps.119.11. 2 Ch.19.10. Pr.6.22,23. Eze.3.17-21; 33.3-9. Mat. 3.7. Ac.20.31. 1 Co.4.14. 1 Th.5.14. He.11.7. *keeping.* Pr.3.16-18; 11.18; 29.18. Is.3.10,11. Mat.6.4,6,18. He. 11.6,26. Ja.1.25. 2 Jno.8. Re.14.13.

12 *can.* Ps.40.12. Job 6.24. Is.64.6. 1 Co.4.4. He.9.7. *cleanse.* Ps.51.5-10; 65.3. 1 Jno.1.7. *secret.* Ps.90.8; 139.2,23,24. Le.4.2, etc. Je.17.9.

13 *Keep.* Ge.20.6. 1 Sa.25.32-34,39. *presumptuous.* Ex.21.14. Nu.15.30,31. De.17.12,13. 2 Pe.2.10. *let.* Ps.119. 133. Ro.6.12-14,16-22. *upright.* Ps.7. 10; 11.7; 84.11. Ac.24.16. *I shall.* Ps 18.23. 1 Ch.10.13,14. *great. Heb.* much.

14 *Let.* Ps.5,1,2; 51.15; 66.18-20; 119.108. Ge.4.4,5. Pr.15.8. Ro.15.16. He.11.4; 13.15. 1 Pe.2.5. *strength. Heb.* rock. Ps.18.1,2. *redeemer.* Job 19.25. Is.43.14; 44.6; 47.4; 54.5. 1 Th. 1.10. Tit.2.14. 1 Pe.1.18,19. Re.5.9.

## PSALM XX.

*The church blesses the king in his exploits,* 1-6; *and expresses her confidence in God's succour,* 7-9.

1 A.M.2968. B.C.1036. *hear.* Ps.41. 1; 46.1; 50.5; 60.11; 91.15; 138.7. Je. 30.7. Mat.26.38,39. He.5.7. *name.* Ps.9.10; 83.18. Ex.34.5-7. Pr.18.10. Is.50.10. *God.* Ps.46.7,11. Ge.32.27-29; 48.15,16. Ex.3.13-15. *defend. Heb.* set thee on an high place. Ps.18. 2; 91.14; 144.2.

2 *thee help. Heb.* thy help. *from.* Ps. 73.17. 1 Ki.6.16; 8.44,45. 2 Ch.20. 8,9. *strengthen. Heb.* support thee. *out.* 2 Sa.5.7; 6.17. Is.12.6; 14.32; 37.34,35.

3 *Remember.* Ge.4.4. Is.60.7. Ep. 5.2. 1 Pe.2.5. *accept. Heb.* turn to ashes, *or,* make fat. Le.9.24. 1 Ch.21. 26. 2 Ch.7.1.

4 Ps.21.2; 37.4; 145.19. Pr.11.23. Mat.21.22. Jno.11.42; 16.23. Ro.8. 27,28. 1 Jno.5.14,15.

5 *rejoice.* Ps.13.5; 19.4; 21.1; 35. 9; 118.15. Is.12.1-3; 25.9; 61.10. Hab.3.18. Lu.1.47. *and in.* Ps.60.4. Ex.17.15, marg. Nu.10.35,36. 1 Sa. 17.45. Is.11.10. Mi.4.5.

6 *Now.* Ps.2.2; 18.50; 28.8; 89.20-23. Ac.2.36; 4.10. *he will.* 1 Ki.8.30, 43. Mat.6.9. *his holy heaven. Heb.* the heaven of his holiness. Is.57.15; 63. 15. *with,* etc. *Heb.* by the strength of the salvation of his right hand. Ps.17. 7; 18.35. Ac.2.33; 5.31.

7 *Some trust.* Ps.33.16,17. 1 Sa.13.5. 2 Sa.8.4; 10.18. Pr.21.31. Is.30.16; 31. 1. Je.17.5. *but we.* Ps.45.17. 2 Ch.13. 10-12,16; 14.11; 20.12-20; 32.8.

8 *They.* Ps.34.21,22. Ju.5.31. *but we.* Ps.125.1; 146.5-9. Je.17.7,8.

9 *Save,* etc. *or,* 'O Jehovah, save the king; answer us when we call upon thee.' Ps.118.25,26. Mat.21.9,15. *let.* Ps.2.6-10; 5.2; 24.7; 44.4; 74.12.

## PSALM XXI.

*A thanksgiving for victory,* 1-6; *with confidence of further success,* 7-13.

*(Title.) A Psalm.* This is the people's επινικιον, or song of triumph, after the victory for which they prayed in the former Psalm.

1 *The king.* Ps.2.6; 20.6,9; 63.11; 72.1,2. Is.9.6,7. Mat.2.2. *joy.* Ps.28. 7; 62.7; 95.1; 99.4. *in thy.* Ps.20.5; 71.17-24; 118.14,15. He.12.2.

2 Ps.2.8,9; 20.4,5; 92.11. Is.49. 6-12. He.7.25.

3 *preventest.* Ps.18.18. 1 Sa.16.13. 2 Sa.2.4; 5.3. Job 41.11. Ro.11.35. *blessings.* Ps.31.19. 2 Ch.6.41. Ro.2. 4. Ep.1.3. *settest.* 2 Sa.12.30. 1 Ch.20. 2. He.2.9. Re.19.12.

4 *asked.* Ps.13.3; 16.10,11; 61.5,6; 119.77,175. *length.* Ps.72.17; 89.29, 36,37; 91.16. Re.1.18.

5 *glory.* Ps.3.3; 62.7. 2 Sa.7.8,9, 19. Is.49.5-7; 63.1. Jno.13.31,32; 17. 1,5,22. Phi.2.9-11. He.8.1. Re.5.8-13. *honour.* Ps.110.1. 1 Ch.17.11-15,27. Mat.28.18. Ep.1.20-22. 1 Pe.3.22.

6 *made. Heb.* set him *to be* blessings. Ps.72.17-19. Ge.12.2. Lu.2.10,11, 30-32. Ac.3.26. Ga.3.9,14. Ep.1.3. *made him exceeding glad. Heb.* gladdened him with joy. Ps.4.6,7; 16.11; 45.7; 63.2-5. Ac.2.28.

7 *For the.* Ps.13. 5; 18. 2; 20. 7, 8; 26. 1; 61. 4, 6, 7; 91. 2, 9, 10. 1 Sa. 30. 6. Mat. 27. 43. He. 2. 13. *most.* Ps. 9. 2. De. 32. 8, 9. *he shall.* Ps.16. 8. Da. 7. 14.

8 Ps. 2. 9; 18, title; 72. 9; 89. 22, 23; 110.1, 2. 1 Sa. 25. 29; 31. 3. 2 Sa. 7. 1. Am. 9. 2, 3. Lu. 19. 14, 27. 1 Co. 15. 25. He.10. 28, 29. Re. 19. 15.

9 *Thou.* Ge. 19. 28. Da. 3. 20-22. Mal. 4. 1. Mat. 13. 42, 50; 25. 41, 46. 2 Th. 1. 8. Re. 20. 14. *the Lord.* Ps. 56. 1, 2; 106. 17. Job 6. 3. La. 2. 2. *in his.* Ps. 2. 5, 12. Mat. 22. 7. 1 Th. 2. 16. Re. 6. 16, 17; 19. 15. *the fire.* Ps. 18. 8. De. 32. 22. Is. 26. 11. Na. 1. 6. Mat. 3. 10, 12.

10 Ps. 37. 28; 109. 13. 1 Ki. 13. 34. Job 18. 16-19; 20. 28. Is. 14. 20. Mal. 4. 1.

11 *imagined.* Ps. 2. 1; 10. 2; 31. 13; 35. 20. Je. 11. 18, 19. Eze. 11. 2. Mat. 21. 46; 26. 4, 5. Ac. 5. 27, 28. *are not.* Ps. 83. 4. Is. 7. 6, 7; 8. 9, 10. Mat. 2. 8, 16; 27. 63, 64; 28. 2-6. Ac. 4. 17, 18.

12 *Therefore.* Ps. 9. 3; 44. 10; 56. 9. *make,* etc. *or,* set them *as* a butt. Job 7. 20; 16. 12, 13. La. 3. 12. *back. Heb.* shoulder. *thou shalt.* Ps. 7. 13; 18. 14; 64. 7.

13 *Be thou.* Ps. 18. 46; 46. 10; 57. 5, 11; 72. 18, 19; 113. 5, marg. 1 Ch. 29. 11. Job 9. 19. Mat. 6. 10, 13. Re. 11. 17. *so will.* Ps. 58. 10, 11. Re. 15. 3, 4; 16. 5-7; 18. 20; 19. 1-6.

## PSALM XXII.

*David complains in great discouragement,* 1-8. *He prays in great distress,* 9-22. *He praises God,* 23-31.

A.M. 2962. B.C. 1042. *(Title.) Aijeleth. or,* the hind of the morning. ver. 16. Ps. 42. 1, 2.

1 *my God.* Ps. 31. 14-16; 43. 1-5. Mat. 27. 46. Mar. 15. 34. Lu. 24. 44. *why hast.* Ps. 26. 9; 37. 28; 71. 11. 1 Sa. 12. 22. He. 13. 5. *far.* ver. 11. Ps. 16. 1. *helping. Heb.* my salvation. Is. 46. 13. *words.* Ps. 32. 3, 4; 38. 8. Job 3. 24. Is. 59. 11. Lu. 22. 44. He. 5. 7.

2 *I cry.* Ps. 42. 3; 55. 16, 17; 88. 1. Lu. 18. 7. 1 Th. 3. 10. 2 Ti. 1. 3. *but.* Ps. 80. 4. La. 3. 8, 44. *in the night.* Lu. 6. 12; 18. 7; 22. 41-46. *am not silent. Heb. there is* no silence to me. Mat. 26. 44.

3 *But.* Ps. 145. 17. Is. 6. 3. Re. 4. 8. *that.* Ps. 50. 23; 65. 1. De. 10. 21.

4 Ps. 44. 1-7. Ge. 15. 6; 32. 9-12, 28. Ex. 14. 13, 14, 31. 1 Sa. 7. 9-12. Ro. 4. 18-22. He. 11. 8-32.

5 *cried.* Ps. 99. 6, 7; 106. 44; Ju. 4. 3; 6. 6; 10. 10-16. *and were.* Ps. 25. 2, 3; 31. 1; 69. 6, 7; 71. 1. Is. 45. 17; 49. 23. Ro. 9. 33; 10. 11. 1 Pe. 2. 6.

6 *I am.* Job 25. 6. Is. 41. 14. *a reproach.* Ps. 31. 11; 69. 7-12, 19, 20; 88. 8. Is. 49. 7; 53. 3. La. 3. 30. Mat. 11. 19; 12. 24; 27. 20-23. Jno. 7. 15, 20, 47-49; 8. 48. Re. 15. 3. He. 13. 13.

7 *laugh.* Ps. 35. 15, 16. Mat. 9. 24; 27. 29, 39. Mar. 15. 20, 29. Lu. 16. 14; 23. 11, 35-39. *shoot out. Heb.* open. Ps. 31. 18. Job 16. 4, 10; 30. 9-11. Is. 57. 4. Mat. 26. 66-68. *shake.* Ps. 44. 14; 109. 25; Is. 37. 22, 23. Mat. 27. 39, 40. Mar. 11. 29-32.

8 *He trusted. Heb.* rolled *himself* on. Ps. 37. 5; 55. 22. Pr. 16. 3, marg. Mat. 27. 42, 43. *let him.* Ps. 3. 1, 2; 42. 10; 71. 11; 91. 14. Mar. 15. 30-32. *seeing,* etc. *or,* if he delight. Ps. 18. 19. Is. 42. 1. Mat. 3. 17; 12. 18; 17. 5. Lu. 23. 35.

9 *that took.* Ps. 71. 6; 139. 15, 16. Is. 49. 1, 2. *thou didst.* Ps. 71. 17. Is. 7. 14, 15; 9. 6. *make me hope. or,* keep me in safety. Mat. 2. 13-15. Re. 12. 4, 5.

10 *cast.* Is. 46. 3, 4; 49. 1. Lu. 2. 40, 52. *thou.* Jno. 20. 17. *from.* Je. 1. 5. Ga. 1. 15.

11 *Be not.* Ps. 10. 1; 13. 1-3; 35. 22; 38. 21; 69. 1, 2, 18; 71. 12. Jno. 16. 32. He. 5. 7. *none to help. Heb.* not a helper. Ps. 72. 12; 142. 4-6. De. 32. 36. Mat. 26. 56, 72, 74.

12 *Many.* Ps. 68. 30. Je. 50. 11. *strong.* De. 32. 14, 15. Is. 34. 7. Eze. 39. 18. Am. 4. 1-3. Mat. 27. 1. Ac. 4. 27.

13 *gaped,* etc. *Heb.* opened their mouths against me. ver. 7. Pr. 35. 21. Job 16. 10. La. 2. 16; 3. 46. Mat. 26. 3, 4, 59-65. *as a.* ver. 21. Ps. 7. 2; 17. 12; 35. 17. Eze. 22. 27, 28. 1 Pe. 5. 8.

14 *I am.* Jos. 7. 5. Mat. 26. 38. Lu. 22. 44. Jno. 12. 27. *all.* ver. 17. Da. 5. 6. *out of joint. or,* sundered. *heart.* Ps. 68. 2. Jos. 7. 5. Job 23. 16. Mar. 14. 33, 34.

15 *strength.* Ps. 32. 3, 4. Pr. 17. 22. *tongue.* Ps. 69. 3, 21. Job 29. 10. La. 4. 4. Jno. 19. 28. *into the.* Ps. 30. 9; 104. 29. Ge. 3. 19; 18. 27. Job 7. 21; 10. 9; 34. 15. Is. 53. 12. Da. 12. 2. Mat. 27. 50. 1 Co. 15. 3.

16 *dogs.* title, ver. 20. Ps. 59. 6, 14. Mat. 7. 6. Phi. 3. 2. Re. 22. 15. *compassed.* Lu. 11. 53, 54. *assembly.* Ps. 86. 14. Je. 12. 6. Mat. 26. 57. Mar. 15. 16-20. Lu. 22. 63-71; 23. 4, 5, 10, 11, 23. *they pierced.* The textual reading is *kaări,* '*as a lion* my hands and feet;' but several MSS. read *kâroo,* and others *karoo* in the margin, which affords the reading adopted by our translators. So the LXX. ωρυξαν χειρας μου και ποδας, so also the Vulgate, Syriac, Arabic, and Ethiopic; and as all the Evangelists so quote the passage, and apply it to the crucifixion of Christ, there seems scarcely the shadow of a doubt that this is the genuine reading; especially when it is considered, that the other contains no clear sense at all. The whole difference lies between ו *wav* and י *yood,* which might easily be mistaken for each other. Zec. 12. 10. Mat. 27. 35. Mar. 15. 24. Lu. 23. 33. Jno. 19. 23, 37; 20. 25, 27.

17 *I may.* Ps. 102. 3-5. Job 33. 21. Is. 52. 14. *look.* Mat. 27. 36, 39-41. Mar. 15. 29-32. Lu. 23. 27, 35.

18 Mat. 27. 35. Mar. 15. 24. Lu. 23. 34. Jno. 19. 23, 24.

19 *But.* ver. 11. Ps. 10. 1. *O my.* Ps. 18. 1; 21. 1; 40. 13, 17; 69. 13-18.

20 *soul.* Ps. 17. 13. Zec. 13. 7. *my darling,* etc. *Heb.* my only one from the hand. Ps. 35. 17. *the dog.* ver. 16.

21 *me from.* Lu. 22. 53. Jno. 14. 30. 2 Ti. 4. 17. 1 Pe. 5. 8. *horns.* Nu. 23. 22. De. 33. 17. Job 39. 9, 10. Is. 34. 7. Jno. 8. 59. Ac. 4. 27; 5. 30-32.

22 *I will.* Ps. 40. 9; 71. 18, 19. Jno. 7. 25, 26. He. 2. 11, 12. *my brethren.* Mat. 12. 48, 49; 25. 40; 28. 10. Jno. 20. 17. Ro. 8. 29. *in the.* ver. 25. Ps. 40. 9, 10.

23 *Ye that.* Ps. 115. 11, 13; 135. 19, 20; 145. 19. 1 Ch. 16. 8-13. Lu. 1. 50. *all ye.* Ps. 105. 3-7; 106. 5; 107. 1, 2; 135. 19, 20. *glorify.* Ps. 50. 23. Is. 25. 3. Lu. 2. 20. 1 Co. 6. 19, 20; 10. 31. Re. 15. 4. *all ye the.* ver. 30. 1 Ch. 16. 13.

24 *For.* ver. 6. Ps. 35. 10; 69. 29-34. Is. 50. 6-9. *neither.* Lu. 23. 46. *but.* ver. 2. Ps. 34. 6; 116. 3-6; 118. 5. He. 5. 7.

25 *My praise.* ver. 22. Ps. 35. 18; 40. 9, 10; 111. 1. *I will.* Ps. 56. 12; 65. 1; 66. 13, 16; 116. 14-19; 118. 19, 20. Ec. 5. 4, 5.

26 *The meek.* Ps. 69. 32. Le. 7. 11-17. Is. 25. 6; 65. 13. Jno. 6. 48-58. *they.* Ps. 105. 3, 4. *your.* Ps. 69. 32. Jno. 4. 14; 6. 51.

27 *All the ends.* Ps. 2. 8; 72. 8, 11; 86. 9; 98. 3. Is. 45. 22; 46. 8, 9; 49. 6, 12. *turn.* Ac. 14. 15; 20. 21; 26. 18-20. Ro. 16. 26. 1 Th. 1. 9. *and all.* Ps. 96. 7; 102. 22; 117. 1. Re. 7. 9-12; 15. 4.

28 Ps. 47. 7, 8. Da. 7. 14. Ob. 21. Zec. 14. 9. Mat. 6. 13. Re. 11. 15.

29 *that be.* Ps. 73. 7; 78. 31. Is. 10. 16. *shall.* Ps. 45. 12; 72. 10, 11. Is. 60. 3-5, 16. Re. 21. 24. *all they that.* Ps. 113. 7. Is. 26. 19; 29. 4. Phi. 2. 10. Re. 20. 12-15. *bow.* Is. 45. 23. Ro. 14. 10-12. *and none.* Ps. 49. 6-9. Ho. 13. 9. Jno. 3. 36; 11. 25, 26.

30 *A seed.* Is. 53. 10. He. 2. 13. *it shall.* Ps. 14. 5; 24. 6; 73. 15; 87. 6. Mat. 3. 9. Ga. 3. 26-29. 1 Pe. 2. 9.

31 *They.* Ps. 78. 6; 86. 9; 102. 18; 145. 4-7. Is. 44. 3-5; 49. 21-23; 54. 1; 60. 4; 66. 7-9. *his righteousness.* Ro. 1. 17; 3. 21-25; 5. 19-21. 2 Co. 5. 21.

## PSALM XXIII.

*David's confidence in God's grace.*

1 *my.* Ps. 79. 13; 80. 1. Is. 40. 11. Je. 23. 3, 4. Eze. 34. 11, 12, 23, 24. Mi. 5. 2, 4. Jno. 10. 11, 14, 27-30. He. 13. 20. 1 Pe. 2. 25; 5. 4. Re. 7. 17. *I shall.* Ps. 34. 9, 10; 84. 11. Mat. 6. 33. Lu. 12. 30-32. Ro. 8. 32. Phi. 4. 19. He. 13. 5, 6.

2 *maketh.* Is. 30. 23. Eze. 34. 13, 14. *green pastures. Heb.* pastures of tende grass. *leadeth.* Ps. 46. 4. Is. 49. 9, 10. Re. 7. 17; 21. 6; 22. 1, 17. *still waters. Heb. waters of quietness.* Job 34. 29. Is. 8. 6.

3 *restoreth.* Ps. 19. 7, marg.; 51. 10, 12; 85. 4-7; 119. 176. Job 33. 30. Je. 32. 37-42. Ho. 14. 4-9. Mi. 7. 8, 9, 18, 19. Lu. 22. 31, 32. Re. 3. 19. *leadeth.* Ps. 5. 8; 34. 3; 143. 8-10. Pr. 8. 20. Is. 42. 16. Je. 31. 8. *for his.* Ps. 79. 9. Eze. 20. 14. Ep. 1. 6.

4 *through.* Ps. 44. 19. Job 3. 5. 10. 21, 22; 24. 17. Je. 2. 6. Lu. 1. 79. *I will.* Ps. 3. 6; 27. 1-4; 46. 1-3; 118. 6; 138. 7. Is. 41. 10. 1 Co. 15. 55-57. *for thou.* Ps. 14. 5, 46. 11. Is. 8. 9, 10; 43. 1, 2. Zec. 8. 23. Mat. 1. 23; 28. 20. Ac. 18. 9, 10. 2 Ti. 4. 22. *thy rod.* Ps. 110. 2. Mi. 7. 14. Zec. 11. 10, 14.

5 *preparest.* Ps. 22. 26, 29; 31. 19, 20; 104. 15. Job 36. 16. Is. 25. 6. Jno. 6. 53-56; 10. 9, 10; 16. 22. *thou anointest. Heb.* makest fat. Ps. 45. 7; 92. 10. Am. 6. 6. Mat. 6. 17. 2 Co. 1. 21. 1 Jno. 2. 20, 27. *my cup.* Ps. 16. 5; 116. 13. 1 Co. 10. 16. Ep. 3. 20.

6 *goodness.* Ps. 30. 11, 12; 36. 7-10; 103. 17. 2 Co. 1. 10. 2 Ti. 4. 18. *and I.* Ps. 16. 11; 17. 15; 73. 24-26. 2 Co. 5. 1. Phi. 1. 23. *for ever. Heb.* to length of days. Ps. 21. 4.

## PSALM XXIV

*God's lordship in the world,* 1, 2. *The citizens of his spiritual kingdom,* 3-6. *An exhortation to receive him,* 7-10.

1 A.M. 2962. B.C. 1042. *earth.* Ps. 50. 12. Ex. 9. 29; 19. 5. De. 10. 14. 1 Ch. 29. 11. Job 41. 11. Da. 4. 25. 1 Co. 10. 26. *world.* Ps. 89. 11; 98. 7. Na. 1. 5.

2 *For.* Ps. 33. 6; 95. 4; 104. 5, 6; 136. 6. Ge. 1. 9, 10. Job 38. 4. Je. 10. 11-16. 2 Pe. 3. 5-7. *and.* Ps. 93. 1; 96. 10. Ge. 8. 22. Job 38. 8-11. Je. 5. 22.

3 *Who.* Ps. 15. 1; 68. 18. Jno. 13. 36; 20. 17. Ep. 4. 8-10. *the hill.* Ps. 68. 15, 16; 78. 68, 69; 132. 13, 14. 2 Sa. 6. 12-17. 1 Ch. 15. 1, 25-28. He. 12. 22-24. *stand.* Le. 10. 3. Mal. 3. 1. He. 12. 28.

4 *He that,* etc. *Heb.* the clean of hands. Ps. 18. 20; 26. 6. Job 9. 30; 17. 9. Is. 1. 15, 16; 33. 15, 16. 1 Ti. 2. 8. Ja. 4. 8. *pure.* Ps. 51. 10; 73. 1. Ge. 6. 5. Pr. 20. 9. Je. 4. 14. Mat. 5. 8. Ac. 15. 9. 2 Co. 7. 1. Re. 21. 1-4, 27; 22. 14, 15. *lifted.* Ps. 25. 1; 143. 8. De. 4. 19. Eze. 18. 6, 15. Ac. 14. 15. *sworn.* Ps. 15. 4. Je. 5. 2; 7. 9, 10. Zec. 5. 3, 4. Mal. 3. 5. 1 Ti. 1. 10.

5 *receive.* Ps. 50. 23; 67. 6, 7; 72. 17; 115. 12, 13; 128. 1-5. Nu. 6. 24-27. Is. 33. 15, 17. Mat. 5. 3-12. Jno. 7. 17. Ro. 4. 6-9. Ga. 3. 9, 14. Ep. 1. 3. 1 Pe. 3. 9. *righteousness.* Is. 46. 13; 51. 5, 6, 8; 54. 17; 61 10. Ro. 3. 22; 5. 17, 18. 1 Co. 1. 30. 2 Co 5. 21. Ga. 5. 5. Phi. 3. 9. *God.* Ps. 68. 19; 88. 1. Is. 12. 2; 45. 17. Tit. 2. 10-14; 3. 4-6.

6 *This is.* Ps. 22. 30; 73. 15. Is. 53. 10. Ro. 4. 16. 1 Pe. 2. 9. *that seek.* Ps. 27. 8; 105. 4. Jno. 1. 47. *O Jacob. or, O God of* Jacob.

7 *Lift.* Ps. 118. 19, 20. Is. 26. 2. *King.* Ps. 21. 1, 5; 97. 6. Hag. 2. 7, 9. Mal. 3. 1. 1 Co. 2. 8. Ja. 2. 1. 2 Pe. 3. 18. Re. 4. 11. *shall.* Ps. 68. 16-18; 132. 8. Nu. 10. 35, 36. 2 Sa. 6. 17. 1 Ki. 8. 6, 11. Mar. 16. 19. Ep. 4. 8-10. 1 Pe. 3. 22.

8 *The Lord strong.* Ps. 45. 3-6; 50. 1; 93. 1. Is. 9. 6; 19. 24-26; 63. 1-6. Col. 2. 15. Re. 6. 2; 19. 11-21.

10 *The Lord.* Is. 6. 3-5; 54. 5. Ho. 12. 3-5. Zec. 2. 8-11. Jno. 12. 40; 14. 9. *he is.* Ps. 2. 6-12. Mat. 25. 31, 34. Lu. 9. 26. Tit. 2. 13.

## PSALM XXV.

*David's confidence in prayer,* 1-6. *He prays for remission of sins,* 7-15; *and for help in affliction,* 16-22.

1 A.M. cir. 3463. B.C. cir. 541. *do I.* Ps. 24. 4; 86. 4; 143. 8. 1 Sa. 1. 15. La. 3. 41

2 *O.* Ps. 7. 1; 18. 2; 22. 1, 5, 8; 31. 1; 34. 8; 37. 40; 71. 1. Is. 26. 3; 28. 16; 41. 16; 49. 23. Ro. 5. 5; 10. 11. 1 Pe. 2. 6. *let not.* Ps. 13. 2-4; 35. 19-25; 41. 11; 56. 1; 94. 3; 142. 6. Is. 36. 14-20; 37. 10, 20, 35.

3 *wait.* Ps. 27. 14; 33. 20; 37. 34; 40. 1-3; 62. 1, 5; 123. 2. Ge. 49. 18. Is. 25. 9; 40. 31. La. 3. 25. Mi. 7. 7. Ro. 8. 25. *be ashamed.* Ps. 69. 6. *let.* Ps. 6. 10; 31. 17; 35. 26; 40. 14, 15; 70. 2, 3; 71. 13; 132. 18. Je. 20. 11. *without.* Ps. 7. 4, 5; 59. 2-5; 69. 4; 109. 3; 119. 78. Jno. 15. 25.

4 Ps. 5. 1, 8; 27. 11; 86. 11; 119. 27; 143. 8. Ex. 33. 13. Pr. 8. 20. Is. 2. 3. Je. 6. 16.

5 *Lead.* ver. 8, 10. Ps. 43. 3, 4; 107. 7. Is. 35. 8; 42. 16; 49. 10. Je. 31. 9. Jno. 8. 31, 32; 14. 26; 16. 13. Ro. 8. 14. Ep. 4. 21. 1 Jno. 2. 27. Re. 7. 17. *teach.* Ps. 119. 26, 33, 66. Ne. 9. 20. Job 36. 22. Is. 54. 13. Je. 31. 33, 34. Jno. 6. 45. Ep. 4. 20, 21. *God.* Ps. 24. 5; 68. 20; 79. 9; 88. 1. *on thee.* Ps. 22. 2; 86. 3; 88. 1; 119. 97. Pr. 8. 34; 23. 17. Is. 30. 18. Lu. 18. 7.

6 *Remember.* Ps. 98. 3; 106. 45; 136. 23. 2 Ch. 6. 42. Lu. 1. 54, 71, 72. *thy tender mercies. Heb.* bowels. Ps. 40. 11; 69. 13, 16; 103. 4; 119. 77. Is. 55. 7; 63. 15. Je. 31. 20. Lu. 1. 78, marg. 2 Co. 1. 3. Phi. 1. 8; 2. 1. Col. 3. 12. 1 Jno. 3. 17. *for they.* Ps. 77. 7-12; 103. 17; 106. 1; 107. 1; 136. 11, etc. Ge. 24. 27; 32. 9. Ex. 15. 13; 34. 6. Ne. 9. 19. Je. 33. 11. Mi. 7. 18-20. Lu. 1. 50.

7 *Remember.* Ps. 79. 8; 109. 14, 16. Is. 38. 17; 43. 25; 64. 9. He. 8. 12; 10. 16-18. *the sins.* Job 13. 26; 20. 11. Pr. 5. 7-14. Je. 3. 25. Jno. 5. 5, 14. *according.* Ps. 51. 1; 109. 26; 119. 124. *for thy.* Ps. 6. 4; 31. 16. Ep. 1. 6, 7; 2. 4-8.

8 *Good.* Ps. 119. 68. *upright.* Ps. 92. 15. Is. 26. 7. *teach.* Pr. 1. 20-23; 2. 1-6; 9. 4-6. Mi. 4. 2. Mat. 9. 13; 11. 29, 30. Lu. 11. 13. Jno. 6. 44, 45. 2 Co. 4. 6. Ep. 1. 17, 18. Ja. 1. 5.

9 *meek.* Ps. 22. 26; 76. 9; 147. 6; 149. 4. Is. 11. 4; 61. 1. Zep. 2. 3. Mat. 5. 5. Ga. 5. 23. Ja. 1. 21. 1 Pe. 3. 4, 15. *guide.* Ps. 23. 3; 32. 8, 9; 73. 24; 119. 66; 143. 10. Pr. 3. 5, 6; 8. 20. Is. 42. 1-3. Eze. 11. 19, 20; 36. 27. *his way.* Ps. 119. 35. Jno. 14. 6. Ac. 9. 2; 13. 10. He. 10. 20.

10 *the paths.* Ps. 18. 25, 26; 23. 4-6; 37. 23, 24; 91. 14; 119. 75, 76; 138. 7; Ge. 5. 24; 17. 1; 48. 15, 16. Is. 43. 2. Ro. 8. 28. *mercy.* Ps. 33. 4; 57. 3; 85. 10; 89. 14; 98. 3. Ge. 24. 27. 2 Sa. 15. 20. Is. 25. 1. Jno. 1. 14, 17. Ja. 5. 11. *keep.* Ps. 24. 4, 5; 50. 23; 103. 17, 18. Is. 56. 1-6. Ho. 14. 9. Zep. 2. 3. Ac. 10. 35. Ro. 2. 13. He. 8. 8-12; 12. 14.

11 *thy.* Ps. 31. 3; 79. 9; 109. 21; 143. 11. Is. 43. 25; 48. 9. Eze. 20. 9; 36. 22. 1 Jno. 2. 12. *for it.* Nu. 14. 17-19. Ro. 5. 15, 20, 21.

12 *What.* Ps. 111. 10. Pr. 1. 7; 2. 5; 15. 33; 16. 6. Ec. 12. 13. Is. 50. 10. Ac. 10. 2, 22; 13. 26. *him.* Ps. 32. 8; 37. 23. Is. 35. 8. Jno. 3. 20, 21; 7. 17; 8. 31, 32. Ac. 11. 14. 2 Th. 2. 10-12. 1 Jno. 2. 27.

13 *His soul.* De. 33. 12, 26-29. Pr. 1. 33; 19. 23; 29. 25. Eze. 34. 25-28. Mat. 11. 28, 29. *dwell at ease. Heb.* lodge in goodness. Ps. 31. 19; 36. 8; 63. 5. Is. 66. 10-14. Je. 31. 12-14. Zep. 3. 17. Zec. 9. 17. Phi. 4. 19. *his seed.* Ps. 37. 26; 69. 36; 112. 2. Ge. 17. 7-10. Pr. 20. 7. Is. 65. 23. Je. 32. 39. Ac. 2. 39. *inherit.* Ps. 37. 11, 22, 29. Eze. 33. 24-26. Mat. 5. 5. 1 Pe. 3. 10. 2 Pe. 3. 13.

14 *secret.* Ge. 18. 17-19. Ju. 13. 18. Pr. 3. 32; 5. 32. Mat. 13. 11, 12. Jno. 7. 17; 14. 17, 21-23; 15. 15; 17. 6. 1 Co. 2. 14. Ep. 1. 9, 18. Col. 3. 3. Re. 2. 17. *he will,* etc. *or,* his covenant to make them know *it.* Ge. 17. 13. De. 4. 13. Je. 31. 31-34. Ro. 11. 26, 27.

15 *Mine.* Ps. 121. 1, 2; 123. 2; 141. 8. *pluck. Heb.* bring forth. *out.* Ps. 31. 4; 124. 7, 8. Je. 5. 26. 2 Ti. 2. 25, 26.

16 *Turn.* Ps. 60. 1; 69. 16; 86. 16. Mi. 7. 19. *for I.* Ps. 69. 14-20; 88. 15-18; 143. 4. Da. 9. 17. Mar. 15. 33-35.

17 Ps. 34. 19; 38. 1-8; 42. 7; 77. 2-4. Hab. 3. 17-19. 1 Co. 4. 11-13. 2 Co. 4. 8, 9.

18 *Look.* Ps. 119. 132, 153. 1 Sa. 1. 11. 2 Sa. 16. 12. La. 5. 1. Lu. 1. 25. *forgive.* Ps. 32. 1-5; 51. 8, 9. Mat. 9. 2.

19 *Consider.* Ps. 3. 1, 2; 27. 2, 12; 38. 19; 56. 2; 57. 4; 138. 7; 143. 3. 2 Sa. 16. 11; 17. 2-4. Lu. 22. 2; 23. 5, 21-23. *cruel hatred. Heb.* hatred of violence. Ps. 11. 5; 18. 48, marg.; 52. 2; 86. 14; 140. 1, 4, 11.

20 *O.* Ps. 17. 8; 22. 20, 21; 121. 7. Lu. 23. 46. Ac. 7. 59. *let.* Ps. 71. 1, 2. Joel 2. 26, 27.

21 Ps. 7. 8; 18. 20-24; 26. 1, 11; 41. 12. 1 Sa. 24. 11-13; 26. 23. Pr. 11. 3; 20. 7. Da. 6. 22. Ac. 24. 16; 25. 10, 11.

22 Ps. 14. 7; 51. 18, 19; 122. 6; 130. 8.

## PSALM XXVI.

*David resorts to God in confidence of his integrity.*

1 *Judge.* Ps. 7. 8; 35. 24; 43. 1; 54. 1; 1 Sa. 24. 15, marg. 1 Co. 4. 3-6. *for.* ver. 11. Ps. 15. 2; 25. 21. 2 Ki. 20. 3. Pr. 20. 7. 2 Co. 1. 12. *trusted.* Ps. 4. 5; 25. 2; 28. 7; 31. 14. Pr. 29. 25. *I shall.* Ps. 21. 7; 37. 31; 62. 2, 6; 94. 18; 121. 3, 7, 8. 1 Sa. 2. 9. 1 Pe. 1. 5. 2 Pe. 1. 10.

2 Ps. 7. 9; 17. 3; 66. 10; 139. 23, 24. Job 13. 23; 31. 4-6. Je. 20. 12. Zec. 13. 9.

3 *For.* Ps. 52. 1; 85. 10-13. Mat. 5. 44-48. Lu. 6. 36. 2 Co. 3. 18; 5. 14, 15; 8. 9. Ep. 4. 32; 5. 1, 2. Col. 3. 12, 13. 1 Jno. 4. 7-12, 19-21. 3 Jno. 11. *and.* Ps. 25. 5; 101. 2; 119. 142. 2 Ki. 20. 3. Is. 2. 5; 8. 20. Jno. 14. 6. Ep. 4. 20-25. 1 Jno. 1. 7. 2 Jno. 4. 3 Jno. 3, 4.

4 Ps. 1. 1; 119. 63, 115. Pr. 9. 6; 12. 11; 13. 20. Je. 15. 17. 1 Co. 15. 33. 2 Co. 6. 17.

5 *hated.* Ps. 31. 6; 101. 3-8; 139. 21, 22. *will.* Ps. 1. 1. Mat. 9. 11, 12. 1 Co. 5. 9-11.

6 *wash.* Ps. 24. 4; 73. 13. Ex. 30. 19, 20. Is. 1. 16-18. Tit. 3. 5. He. 10. 19-22. *so will.* Ps. 43. 4. Mal. 2. 11-13. Mat. 5. 23, 24. 1 Co. 11. 28, 29. 1 Ti. 2. 8.

7 *That.* Ps. 9. 14; 66. 13-15; 95. 2; 100. 4, 5; 116. 12-14, 18, 19; 118. 19, 27; 134. 2. De. 26. 2-10. 1 Sa. 1. 24, 27. 2 Ch. 20. 26-29. *tell.* Ps. 71. 17-19; 72. 18; 105. 2; 119. 27. 136. 4, 5; 145. 5. Lu. 19. 37-40.

8 *Lord.* Ps. 27. 4-6; 42. 4; 84. 1, 2, 10; 122. 1-4, 9. 2 Sa. 15. 25. 1 Ch. 29. 3. Is. 38. 20, 22. Lu. 2. 46, 49; 19. 45-47. Jno. 2. 14-17. *where,* etc. *Heb.* of the tabernacle of thine honour. Ps. 63. 2, 3. Ex. 25. 21, 22; 40. 34, 35. 2 Ch. 5. 14; 6. 1, 2.

9 *Gather not.* *or,* Take not away. Ps. 28. 1-3. 1 Sa. 25. 29. Mal. 3. 18. Mat. 24. 51; 25. 32, 44, 46. Re. 22. 14, 15. *bloody men. Heb.* men of blood. Ps. 51. 14; 55. 23; 139. 19. 1 Sa. 22. 18, 19. 2 Sa. 16. 7; 21. 1.

10 *In.* Ps. 10. 14; 11. 2; 36. 4; 52. 2; 55. 9-11. Pr. 1. 16; 4. 16; Mi. 2. 1-3. Mat. 26. 3, 4. Ac. 23. 12. *full of. Heb.* filled with. *bribes.* Ex. 23. 8. De. 16. 19. 1 Sa. 8. 3. Is. 33. 15. Eze. 22. 12, 13. Am. 5. 12. Mi. 7. 3.

11 *I will.* ver. 1. 1 Sa. 12. 2-5. 2 Ch. 31. 20, 21. Ne. 5. 15. Job 1. 1. Is. 38. 3. Lu. 1. 6. 1 Th. 2. 10. *redeem.* Ps. 49. 7, 15; 69. 18. Tit. 2. 14. 1 Pe. 1. 18, 19. *and.* Ps. 103. 3, 4, 7, 8. Ne. 13. 14, 22, 31.

12 *My.* Ps. 27. 11; 40. 2. 1 Sa. 2. 9. Pr. 10. 9. *in the.* ver. 7. Ps. 22. 22-25; 107. 32; 111. 1; 122. 4. He. 2. 12.

## PSALM XXVII.

*David sustains his faith by prayer.*

1 *light.* Ps. 18. 28; 84. 11. Job 29. 3. Is. 2. 5; 60. 1-3, 19, 20. Mi. 7. 7, 8. Mal. 4. 2. Jno. 1. 1-5, 9; 8. 12. Re. 21. 23; 22. 5. *salvation.* Ps. 3. 8; 18. 2; 62. 2, 6; 68. 19, 20; 118. 14, 15, 21. Ex. 15. 2. Is. 12. 2; 51. 6-8; 61. 10. Lu. 2. 30; 3. 6. Re. 7. 10. *strength.* Ps. 18. 1, 2, 46; 19. 14; 28. 7, 8; 43. 2. Is. 45. 24. 2 Co. 12. 9. Phi. 4. 13. *of whom.* Ps. 11. 1; 46. 1, 2; 56. 2-4; 118. 6. Mat. 8. 26. Ro. 8. 31. He. 13. 6.

2 *wicked.* Ps. 3. 7; 18. 4; 22. 16; 62. 3, 4. *came upon. Heb.* approached against. *to.* Ps. 14. 4; 53. 4. Job 19. 22; 31. 31. *they.* Ps. 18. 38-42; 118. 12. Is. 8. 15. Jno. 18. 3-6.

3 *host.* Ps. 3. 6; 52. 6. 2 Ki. 6. 15-17. 2 Ch. 20. 15. Phi. 1. 28. 1 Pe. 3. 14. *war.* 1 Sa. 28. 15, 16. Is. 41. 11, 12; 54. 16, 17. Ro. 8. 35-37. Re. 2. 10; 12. 7-11. *in.* 2 Co. 5. 6-8.

4 *One.* Ps. 26. 8. Lu. 10. 42. Phi. 3. 13. *seek.* ver. 8. Je. 29. 13. Da. 9. 3. Mat. 6. 33; 7. 7, 8. Lu. 11. 9, 10; 13. 24; 18. 1. He. 11. 6. *dwell.* Ps. 23. 6; 26. 6; 65. 4. 84. 4, 10. 1 Sa. 1. 11. Lu. 2. 37. 1 Ti. 5. 5. *behold.* Ps. 50. 2; 63. 2; 90. 17. Zec. 9. 9. 2 Co. 3. 18; 4. 6. *beauty.* *or,* delight. Ps. 63. 2-5. *enquire.* 1 Sa. 22. 10; 30. 8. 2 Sa. 21. 1. 1 Ch. 10. 13, 14.

5 *For in.* Ps. 10. 1; 32. 6, 7; 46. 1; 50. 15; 77. 2; 91. 15; 138. 7. Pr. 1. 24-28. Is. 26, 16. Je. 2. 27, 28. *hide.* Ps. 57. 1; 83. 3; 119. 114. Pr. 18. 10. Is. 4. 5, 6; 26. 20; 32. 2. Mat. 23. 37. Col. 3. 3. *secret.* Ps. 31. 20; 91. 1. 2 Ch. 22. 12. Ne. 6. 10, 11. *set me.* Ps. 18. 33; 40. 2; 61. 2. Hab. 3. 18, 19. Mat. 7. 24, 25; 16. 16-18.

6 *And.* Ps. 3. 3; 110. 7. Ge. 40. 13, 20 2 Ki. 25. 27. *above.* 2 Sa. 7. 9; 22. 1, 49. 1 Ch. 22. 18. *therefore.* Ps. 22. 22-25; 26. 6, 7; 43. 3, 4; 66. 13-16; 107. 22; 116. 17-19. 2 Ch. 30. 21-26. Je. 33. 11. He. 13. 15. 1 Pe. 2. 5. *joy. Heb.* shouting. Ps. 47. 1. Ezr. 3. 11-13. Is. 12. 6. Je. 31. 7. Zep. 3. 14, 15. Zec. 9. 9. Lu. 19. 37, 38. *I will.* Ps. 21. 1, 13; 81. 1; 95. 1; 100. 1, 2; 138. 5. Ep. 5. 19, 20. Re. 5. 9; 15. 3.

7 Ps. 4. 1; 5. 2; 130. 2-4; 143. 1, 2.

8 *When,* etc. *or,* My heart said unto thee, Let my face seek thy face, etc. *Seek.* Ps. 24. 6; 105. 4. Is. 45. 19; 55. 6, 7. Ho. 5. 15. *Thy.* Ps. 63. 1, 2; 119. 58, marg. Je. 29. 12, 13.

9 *Hide.* Ps. 13. 1; 44. 24; 69. 17; 102. 2; 143. 7. Is. 59. 2. *put.* Ps. 51. 11. Is. 50. 1. *thou.* Ps. 71. 5, 6, 17, 18. 1 Sa. 7. 12. Is. 46. 3, 4. 2 Co. 1. 9, 10. 2 Ti. 4. 17, 18. *leave.* Ps. 38. 21; 119. 121. 1 Ch. 28. 9. Je. 32. 40. He. 13. 5. *O God.* Ps. 24. 5; 38. 21, 22; 88. 1.

10 *When.* Ps. 69. 8. 2 Sa. 16. 11. Is. 49. 15. Mat. 10. 21, 22, 36. *the Lord.* Jno. 9. 35; 16. 32. 2 Ti. 4. 16. *take me up. Heb.* gather me. Is. 40. 11.

11 *Teach.* Ps. 25. 4, 5, 9, 12; 86. 11; 119. 10; 143. 8-10. Pr. 2. 6-9. Is. 30. 20, 21. *a plain path. Heb.* a way of plainness, Ps. 26. 12. Pr. 8. 9; 15. 19. Is. 35. 8. Lu. 3. 4-6. *mine enemies. Heb.* those which observe me. Ps. 5. 8; 54. 5, marg.; 56. 5, 6; 64. 6. Je. 20. 10. Da. 6. 4, 5. Lu. 20. 20.

12 *will.* Ps. 31. 8; 35. 25; 38. 16; 41. 11; 140. 8. *false.* Ps. 35. 11. Ex. 20. 16. 1 Sa. 22. 9, 10; 26. 19. 2 Sa. 16. 7, 8. Mat. 26. 59, 60. Ac. 6. 11-13. *breathe.* Ps. 25. 19. Ac. 9. 1; 26. 11.

13 *fainted.* Ps. 42. 5; 56. 3; 116. 9-11. 2 Co. 4. 1, 8-14, 16. Ep. 2. 8. *in the.* Ps. 52. 5; 56. 13; 142. 5. Job 33. 30. Is. 38. 11, 19. Je. 11. 19. Eze. 26. 20.

14 *Wait.* Ps. 25. 3, 21; 31. 24; 33. 20; 62. 1, 5; 130. 5. Ge. 49. 18. Is. 8. 17; 25. 9; 26. 8; 30. 18. La. 3. 26. Hab. 2. 3. Lu. 2. 25, 38. Ro. 8. 25. *be.* Ps. 31. 24. Ac. 28. 15. 1 Co. 16. 13. 2 Ti. 4. 5-8. *and.* Ps. 138. 3. Is. 40. 31. 2 Co. 12. 9, 10. Ep. 3. 16; 6. 10. Phi. 4. 13. Col. 1. 11.

## PSALM XXVIII.

*David prays earnestly against his enemies,* 1-5; *and for the people,* 6-9.

1 *Unto.* Ps. 3. 4; 5. 2; 22. 2; 77. 1; 142. 1. *O.* Ps. 18. 2; 42. 9. Is. 26. 4, marg. *be.* Ps. 35. 22; 83. 1. *to. Heb.* from. *I become.* Ps. 30. 9; 69. 15; 88. 4-6; 143. 7. Job 33. 28. Pr. 1. 12. Is. 38. 18. Re. 20. 3.

2 *when.* Ps. 63. 4; 125. 5; 134. 2; 141. 2; 143. 6. 2 Ch. 6. 13. 1 Ti. 2. 8. *thy holy oracle.* *or,* the oracle of thy sanctuary. Ps. 5. 7; 138. 2. 1 Ki. 6. 19, 22, 23; 8. 6-8, 28-30, 38. Da. 6. 10.

3 *Draw.* Ps. 26. 9. Nu. 16. 26. Mat. 25. 41, 46. *speak.* Ps. 12. 2; 55. 21; 62. 4. Je. 9. 8, 9. Mi. 3. 5. Mat. 22. 15-18. *mischief.* Ps. 7. 14; 10. 7, 14; 36. 4; 52. 1. Pr. 26. 23-26.

4 *Give.* Ps. 5. 10; 59. 12, 13; 69. 22-24. Je. 18. 21-23. 2 Ti. 4. 14. Re. 18. 6. *and.* Ps. 2. 1-5; 21. 10. Eze. 38. 10. *the work.* Ps. 62. 12; 103. 10; 109. 17-21; 103. 3, 4. Ro. 2. 6-8; 11. 22. *render.* Ezr. 9. 13.

5 *Because.* Ps. 10. 5; 92. 4-6; 104. 24; 111. 2-4. Job 34. 26, 27. Is. 5. 12; 22. 11; 26. 9-11. Ho. 14. 9. Jno. 12. 37. Ro. 1. 20, 28. *operation.* Ps. 8. 3; 19. 1, 2. Nu. 23. 23. Is. 40. 26; 45. 8, 12, 18. Je. 10. 12, 13. Ep. 1. 19-21. *not build.* 2 Sa. 7. 13, 27. 1 Ki. 11. 38. Je. 31. 4; 33. 20, 21.

6 Ps. 31. 21, 22; 66. 19, 20; 69. 33, 34; 107. 19-22; 116. 1, 2; 118. 5.

7 *strength.* ver. 8. Ps. 18. 1, 2; 19. 14; 46. 1. Is. 12. 2; 45. 24. Ep. 6. 10. *shield.* Ps. 84. 11; 91. 4. Ge. 15. 1. *heart.* Ps. 13. 5; 22. 4; 56. 3, 4; 118. 6-9, 13-15. *therefore.* Ps. 16. 9-11; 21. 1; 30. 11, 12; 33. 21; 68. 3, 4. Is. 61. 10. *with.* Ps. 96. 1-3. Ex. 15. 1, etc. Ju. 5. 1, etc. 1 Sa. 2. 1, etc. 2 Sa. 22. 1, etc. Re. 5. 9; 15. 3.

8 *their.* *or,* his. *saving strength. Heb.* strength of salvations. *his.* Ps. 2. 2; 20. 6. 1 Sa. 16. 13. Is. 61. 1.

9 *Save.* Ps. 14. 7; 25. 22; 80. 14-19. Je. 31. 7. *bless.* De. 9. 29. 2 Sa. 21. 3. 1 Ki. 8. 51, 53. Je. 10. 16. Ep. 1. 18. *feed. or*, rule. Ps. 78. 71. 2 Sa. 7. 7. Is. 40. 11. Eze. 34. 23, 24. Mi. 5. 2, 4; 7. 14. Mat. 2. 6, marg. *lift.* Ezr. 1. 4, marg.

## PSALM XXIX.

*David exhorts princes to give glory to God,* 1, 2; *by reason of his power,* 3-10; *and protection of his people,* 11.

1 *Give.* Ps. 2. 10-12; 68. 31-34; 96. 7-9. Is. 60. 12. Je. 13. 16-18. Re. 5. 11-14. *mighty. Heb.* sons of the mighty.

2 *Give.* 1 Ch. 16. 28, 29. *glory*, etc. *Heb.* honour of his name. Ps. 96. 6, 8; 97. 9; 113. 3-6; 145. 3-7. *worship.* Ps. 27. 4; 96. 9. 2 Ch. 20. 21. *the beauty of holiness. or, his* glorious sanctuary. Ps. 90. 17.

3 *The voice.* Ps. 18. 13-15; 77. 16-19. Mat. 8. 26, 27. Re. 17. 14, 15. *God.* Ps. 24. 7-10. Ac. 7. 2. *thundereth.* Ex. 9. 28, 33; 19. 16. 1 Sa. 7. 10. Job. 37. 2-5. Jno. 12. 29. Re. 4. 5; 8. 5; 11. 19; 16. 18; 19. 6. *many waters. or,* great waters. Ps. 93. 3, 4; 104. 3.

4 *powerful. Heb.* in power. Ps. 33. 9. Job. 26. 11-14. Je. 51. 15, 16. Lu. 4. 36; 8. 25. *full of. Heb.* in. Job 40. 9-12. Is. 66. 6. Eze. 10. 5.

5 Is. 2. 13.

6 *skip.* Ps. 114. 4-7. *Lebanon.* Je. 4. 23-25. Hab. 3. 6-11. Re. 20. 11. *Sirion.* De. 3. 9. *unicorn.* Ps. 92. 10. Nu. 23. 22.

7 *divideth. Heb.* cutteth out. *flames.* Ps. 77. 18; 144. 5, 6. Ex. 9. 23. Le. 10. 2. Nu. 16. 35. 2 Ki. 1. 10-12. Job 37. 3; 38. 35.

8 *shaketh.* Ps. 18. 7. 46. 3. Job. 9. 6. Is. 13. 13. Joel 3. 16. Hag. 2. 6, 21. He. 12. 26. *Kadesh.* Nu. 13. 26.

9 *maketh. Or,* as Bp. *Lowth* and others, 'maketh the oaks to tremble, and maketh bare the forests;' understanding *ayyaloth*, as denoting here, not *hinds*, but *oaks*, as it signifies in Syriac, Job 39. 1-3. *calve. or,* be in pain. *discovereth.* Ps. 63. 2. Is. 9. 18; 10. 18, 19. Eze. 20. 46-48. *in his temple.* Ps. 46. 2-5; 48. 9; 134. 1, 2; 135. 1, 2. *doth,* etc. *or,* every whit of it uttereth.

10 *sitteth.* ver. 3. Ps. 65. 7; 104. 6-9. Ge. 6. 17; 8. 1, 2. Job. 38. 8-11, 25. Mar. 4. 41. *King.* Ps. 2. 6-9; 10. 16; 93. 1; 99. 1. Da. 2. 44. Mat. 6. 13. 1 Ti. 1. 17.

11 *give.* Ps. 28. 8, 9; 68. 35; 84. 7; 85. 8, 10; 138, 3. Is. 40. 29, 31; 41. 10. Zec. 10. 6, 12. Ep. 3. 16. 2 Ti. 4. 17. *bless.* Ps. 72. 3, 7. Nu. 6. 24-27. Is. 9. 6, 7. Jno. 14. 27; 16. 33. Ro. 14. 17. 1 Co. 1. 3. Ep. 2. 17. 2 Th. 3. 16. Re. 1. 4.

## PSALM XXX.

*David praises God for his deliverance,* 1-3. *He exhorts others to praise him by example of God's dealings with him,* 4-12.

A.M. 2987. B.C. 1017. *(Title.) A Psalm. Or,* 'A Psalm or song of David, at the dedication of the house;' by which is supposed to be meant the place he built on the threshing floor of Araunah, after the grievous *plague* which had nearly desolated the kingdom. 2 Sa. 24. 25, etc. 1 Ch. 21. 6. *at the.* De. 20. 5. 2 Sa. 5. 11; 6. 20; 7. 2; 20. 3.

1 *extol.* Ps. 34. 3, 4; 66. 17; 145. 1. Da. 4. 37. *for.* Ps. 27. 6; 28. 9. *hast not.* Ps. 13. 4; 25. 2; 35. 19, 24, 25; 41. 11; 79. 4, 10; 89. 41-46; 140. 8. La. 2. 15.

2 *and.* Ps. 6. 2; 51. 8; 103. 3, 4; 107. 17-22; 118. 18; 147. 3. Ge. 20. 17. Ex. 15. 26. 2 Ki. 20. 5. Ja. 5. 14, 15.

3 *brought.* Ps. 16. 10; 40. 1, 2; 56. 13; 71. 20; 86. 13, marg.; 116. 8. Job 33. 19-22, 28. Is. 38. 17, 18. Jon. 2. 4-6. *down.* Ps. 28. 1.

4 *Sing.* Ps. 32. 11; 33. 1-3; 97. 12; 103. 20-22; 132. 9; 135. 19-21; 148. 14; 149. 1. 1 Ch. 16. 4. Re. 19. 5, 6. *at the remembrance. or,* to the memorial. Ps. 97. 12, marg. *holiness.* Ex. 15. 11. Is. 6. 3. Re. 4. 8.

5 *For.* Ps. 103. 9, 17. Is. 26. 20; 54. 7, 8; 57. 15, 16. 2 Co. 4. 17. *his anger,* etc. *Heb. there is but* a moment in his anger. *in his.* Ps. 16. 11; 36. 7-9; 63. 3. Re. 22. 1, 17. *weeping.* Ps. 6. 6-9; 56. 8-11; 126. 5, 6. Is. 38. 3-5. Mat. 5. 4. Jno. 16. 20-22. 2 Co. 7. 9, 10. *for a night. Heb.* in the evening. *joy. Heb.* singing. *in the.* Ps. 46. 5, marg.; 59. 16; 143. 8. Ge. 32. 24, marg. Ho. 6. 3.

6 *And.* Job 29. 18-20. Is. 47. 7; 56. 12. Da. 4. 30. Lu. 12. 19. 2 Co. 12. 7. *I shall.* Ps. 15. 5; 16. 8; 119. 117.

7 *by thy.* ver. 5. Ps. 5. 12; 18. 35, 36; 44. 3; 89. 17. Job 10. 12. *made,* etc. *Heb.* settled strength for my mountain. Ps. 40. 2. 1 Ch. 17. 26, 27. *thou.* Ps. 10. 1; 13. 1, 2; 102. 10; 104. 29; 143. 7. Job. 30. 26-31. Is. 38. 17.

8 *unto.* Ps. 34. 6; 77. 1, 2; 130. 1, 2. 1 Co. 12. 8, 9. Phi. 4. 6, 7.

9 *What.* Ps. 6. 5; 88. 10-12; 115. 17, 18; 118. 17. Ec. 9. 10. Is. 38. 18.

10 *Hear.* Ps. 51. 1, 2; 143. 1, 7-9. *be thou.* Ps. 28. 7; 54. 4.

11 *turned.* ver. 5. Ps. 126. 1, 2. Ge. 37. 35; 45. 28. 2 Ch. 20. 3, 9, 12, 27, 28. Es. 9. 22. Is. 25. 8; 66. 10, 11. Jno. 16. 20. Re. 7. 14-17; 21. 4. *dancing.* Ps. 149. 3; 150. 4. 2 Sa. 6. 14. Ec. 3. 4. Je. 31. 4, 13, 14. *girded.* Ne. 8. 10. Is. 61. 3, 10. Lu. 15. 22.

12 *my glory. that is, my* tongue, *or my* soul. Ps. 16. 9; 57. 8. Ge. 49. 6. *and.* Lu. 19. 40. Ac. 4. 20. *I will.* Ps. 13. 6; 71. 14, 23; 145. 2; 146. 1, 2. Re. 4. 8, 9; 7. 12.

## PSALM XXXI.

*David, shewing his confidence in God, craves his help,* 1-6. *He rejoices in his mercy,* 7, 8. *He prays in his calamity,* 9-18. *He praises God for his goodness,* 19-24.

1 A.M. 2943. B.C. 1061. *thee.* Ps. 22. 4, 5; 25. 2; 71. 1, 2. Is. 49. 23. Ro. 5. 5; 10. 11. *deliver.* Ps. 7. 8, 9; 43. 1; 143. 1, 11, 12. Da. 9. 16.

2 *Bow.* Ps. 71. 2; 86. 1; 130. 2. Pr. 22. 17. *deliver.* Ps. 40. 17; 69. 17; 70. 1; 102. 2; 143. 7. Job. 7. 21. Lu. 18. 8. *my strong rock. Heb.* to me for a rock of strength. Ps. 18. 1, 2; 62. 7; 94. 22. De. 32. 31. 2 Sa. 22. 3. *an house.* Ps. 71. 3; 90. 1; 91. 9. Is. 33. 16. Jno. 6. 56. 1 Jno. 4. 12, 15, 16.

3 *for thy.* Ps. 23. 2, 3; 25. 11; 79. 9. Jos. 7. 9. Je. 14. 7. Eze. 36. 21, 22. Ep. 1. 12. *lead.* Ps. 25. 5, 9; 43. 3; 139. 24; 143. 10, 11. Ne. 9. 12, 19. Is. 49. 10. Lu. 1. 79. Jno. 16. 13.

4 *Pull.* Ps. 25. 15; 35. 7; 57. 6; 124. 7; 140. 5. Pr. 29. 5. 2 Ti. 2. 26. *my strength.* Ps. 19. 14. 2 Co. 12. 9.

5 *Into.* Lu. 23. 46. Ac. 7. 59. 2 Ti. 1. 12. *thou.* Ps. 71. 23; 130. 8. Ge. 48. 16. Le. 25. 48. Is. 50. 2. Tit. 2. 14. 1 Pe. 1. 18, 19. Re. 5. 9. *God.* De. 32. 4. 2 Ti. 2. 13. Tit. 1. 2. He. 6. 18.

6 *hated.* Ps. 26. 5; 139. 2. *lying.* Ps. 24. 4; 96. 7-9. 1 Ch. 16. 28, 29. Je. 10. 8, 15. Jno. 2. 8. Ro. 1. 21. 1 Co. 8. 4; 10. 20.

7 *I will.* Ps. 13. 5. Is. 49. 13. Je. 33. 11. *for.* Ps. 9. 13; 25. 18; 71. 20; 119. 153. Ne. 9. 32. Job 10. 9. La. 3. 50; 5. 1. *known.* Ps. 1. 6; 142. 3. Job 23. 10. Is. 43. 2; 63. 9, 16. Jno. 10. 27-30. 1 Co. 8. 3. Ga. 4. 9. 2 Ti. 2. 19.

8 *shut me.* Ps. 88. 8. De. 32. 30. 1 Sa. 17. 46; 24. 18; 26. 8. Job 16. 11. Is. 19. 4, marg. *set.* Ps. 4. 1; 18. 19. Job. 36. 16.

9 *mine.* Ps. 6. 7; 88. 9. Job 17. 7. La. 4. 17; 5. 17. *my soul.* Ps. 6. 1, 2; 22. 14, 15; 38. 1-10; 44. 25; 73. 14, 26; 88. 3-5; 102. 3-5; 107. 10. Job 33. 19-22.

10 *my life.* Ps. 78. 33; 88. 15; 102. 3, etc. Job 3. 24. Ro. 9. 2. *strength.* Ps. 71. 9. *bones.* Ps. 32. 3, 4; 102. 3-5.

11 *I was.* Ps. 22. 6; 69. 19. 20; 89. 50. 51. Is. 49. 7; 53. 4, 5. Mat. 27. 39-44. Ro. 15. 3. He. 11. 36; 13. 13. 1 Pe. 4. 14. *especially.* Ps. 38. 11; 41. 8, 9; 88. 8, 18. Job 19. 13, 14. Je. 12. 6. Mi. 7. 6. Mat. 10. 21, 22. *a fear.* Ps. 64. 8. Job 6. 21-23. Mat. 26. 56, 74. 2 Ti. 4. 16.

12 *forgotten.* Ps. 88. 4, 5. Is. 38. 11, 12. *a broken vessel. Heb.* a vessel that perisheth. Ps. 2. 9; 119. 83. Is. 30. 14. Ro. 9. 21, 22. Re. 2. 27.

13 *I have.* Ps. 55. 10; 101. 5. 1 Sa. 22. 8-10; 24. 9. Je. 20. 10. Lu. 23. 1, 2, 5. *fear.* Ps. 56. 1-3; 57. 4. Je. 6. 25; 20. 3, 4, marg. La. 2. 22. *while.* 1 Sa. 19. 10-17; 20. 33; 23. 19, 20. 2 Sa. 17. 1-4. Je. 11. 19. Mat. 26. 3, 4, 59; 27. 1.

14 *Thou.* Ps. 16. 1, 2; 18. 2; 22. 1, 2, 43. 5; 56. 3, 4; 63. 1; 71. 12, 22. Mat. 26. 39, 42; 27. 46. Jno. 20. 17.

15 *My times.* Ps. 116. 15. 1 Sa. 26. 10. 2 Sa. 7. 12. Job. 24. 1. Ec. 3. 1-8. Lu. 9. 51. Jno. 7. 6, 30; 12. 27; 13. 1; 17. 1. Ac. 1. 7; 23. 11; 27. 24. 2 Ti. 4. 6. 2 Pe. 1. 14. *deliver.* Ps. 17. 8, 9, 13; 71. 10-12; 142. 6; 143. 3, 12. Je. 15. 20, 21.

16 *Make.* Ps. 4. 6; 30. 7; 67. 1; 80. 3, 7, 19. Nu. 6. 25, 26. Da. 9. 17. *save.* Ps. 6. 4; 51. 1; 106. 45. Da. 9. 9, 18. Ro. 9. 15, 23. Ep. 1. 6, 7; 2. 4-7.

17 *Let me.* ver. 1. Ps. 25. 2, 3; 34. 5; 69. 6, 7. Is. 50. 6, 7. Joel. 2. 26, 27. *wicked.* Ps. 6. 10; 35. 4, 26; 40. 14. 15; 70. 2, 3; 71. 24; 83. 16, 17. Is. 41. 11, 12; 45. 16, 17; 65. 13, 14. Je. 20. 11. Da. 12. 2. *them.* Ps. 115. 17. 1 Sa. 2. 9. Mat. 22. 12, 13. *silent in the grave.' or,* cut off for the grave.

18 *the lying.* Ps. 12. 3; 59. 12; 63. 11; 140. 9-11. Pr. 12. 19. Is. 54. 17. Jno. 8. 44. Re. 21. 8; 22. 15. *speak.* Ps. 64. 3, 4; 123. 3, 4. 1 Sa. 2. 3. 2 Ch. 32. 16. Is. 37. 22-24. Mat. 10. 25; 12. 24. Jno. 8. 48. Ac. 25. 7. *grievous things. Heb.* a hard thing. Ps. 94. 4. Jude 15.

19 *Oh.* Ps. 36. 7-10; 73. 1, 24-26; 145. 7-9. Is. 64. 4. La. 3. 23-25. 1 Co. 2. 9. 1 Jno. 3. 1, 2. *laid up.* Ps. 16. 11. Is. 35. 10. Col. 3. 2-4. He. 10. 34. Ja. 2. 5. 1 Pe. 1. 4, 5. *wrought.* Ps. 68. 28; 126. 2, 3. Nu. 23. 23. Is. 26. 12. Jno. 3. 21. Ac. 15. 12. 2 Co. 5. 5.

20 *hide.* Ps. 27. 5; 32. 7; 64. 2; 91. 1-4. *from.* Ps. 10. 2; 36. 11; 40. 4; 86. 14; 124. 5; 140. 5. Ex. 18. 11. Ja. 4. 6. *the strife.* Ps. 64. 2-4; 140. 3. Job 5. 21. Ro. 13. 13. 2 Co. 12. 20. Ga. 5. 20. 1 Ti. 6. 4. Ja. 3. 5, 6, 14-16.

21 *marvellous.* Ps. 17. 7; 98. 1; 118. 23. 1 Pe. 2. 9. *strong city. or,* fenced city. 1 Sa. 23. 7-13. Je. 1. 18.

22 *I said.* Ps. 116. 11. 1 Sa. 23. 26; 27. 1. *I am.* ver. 17, marg. Ps. 88. 16. Is. 6. 5, marg. Ps. 38. 10-12; 49. 14. Job 35. 14. La. 3. 54, 55. Eze. 37. 11. Jon. 2. 4. *nevertheless.* Ps. 6. 9. 2 Ch. 33. 11-13. Jon. 2. 7-9. He. 5. 7.

23 *O love.* Ps. 34. 9; 97. 10. De. 10. 12; 30. 16. Is. 56. 6. Mar. 12. 23. 1 Th. 4. 1. *saints.* Ps. 30. 4; 89. 7; 97. 10; 145. 10. Re. 19. 5, 6. *for the.* De. 33. 3. 1 Sa. 2. 9. Jno. 10. 27-30. Jude 1. *plentifully.* Ps. 54. 5; 94. 2. Re. 18. 6.

24 *Be of.* Ps. 27. 14. Is. 35. 3, 4. Lu. 22. 31, 32. He. 12. 12, 13. Ja. 5. 10, 11. *shall.* Ps. 29. 11; 138. 3. Col. 1. 11. *all ye.* Ps. 146. 5. Ro. 15. 12, 13. 1 Pe. 1. 21.

## PSALM XXXII.

*Blessedness consists in remission of sins,* 1, 2. *Confession of sins gives ease to the conscience,* 3-7. *God's promises bring joy,* 8-11.

A.M. 2970. B.C. 1034. *(Title.) or, A Psalm* of David giving instruction. Ps. 42; 45; 52; 53; 55, titles.

1 *Blessed.* Ps. 1. 1, 2; 40. 4; 84. 12; 89. 15; 106. 3; 119. 1, 2; 128. 1. Je. 17. 7, 8. Mat. 5. 3-12; 16. 17. Lu. 11. 28. Re. 22. 14. *transgression.* Is. 1. 18; 43. 25; 44. 22. Mi. 7. 18, 19. Ac. 13. 38, 39. Ro. 4. 6-8. *covered.* Ps. 85. 2. Ne. 4. 5.

2 *The Lord.* Le. 17. 4. Ro. 5. 13. 2 Co. 5. 19-21. *whose.* Jno. 1. 47. 2 Co. 1. 12. 1 Pe. 2. 1, 2. Re. 14. 5.

3 *When.* Ge. 3. 8-19. 1 Sa. 31. 13. 2 Sa. 11. 27; 12. 1-12; 21. 12-14. Pr. 28. 13. Is. 57. 17. Je. 31. 18, 19. Lu. 15. 15, 16. *bones.* Ps. 6. 2; 31. 9, 10; 38. 3; 51. 8; 102. 3-5. Job 30. 17, 30. La. 1. 3; 3. 4. *roaring.* Ps. 22. 1; 38. 8. Job 3. 24. Is. 51. 20; 59. 11. La. 3. 8. Ho. 7. 14.

4 *hand.* Ps. 38. 2-8; 39. 10, 11. 1 Sa. 5. 6, 7, 9, 11; 6. 9. Job 16. 21; 33. 7. *moisture.* Ps. 22. 15; 90. 6, 7; 102. 3, 4. Job 30. 30. La. 4. 8; 5. 10.

5 *acknowledged.* Ps. 38. 18; 51. 3-5. Le. 26. 39, 40. Jos. 7. 19. 2 Sa. 12. 13; 24. 10. Job 33. 27. Pr. 28. 13. Je. 3. 13. 1 Jno. 1. 8-10. *have.* Job 31. 33. Pr. 30. 20. Je. 2. 23, 35. Lu. 16. 15. *I said.* Is. 65. 24 Ho. 6. 1. Lu. 15. 17-19, 21. *forgavest* Ps. 30. 5; 86. 5, 15; 103. 3. 2 Sa. 12. 13 Is. 65. 24. Je. 31. 20. Lu. 7. 47; 15, 20-23. Ep. 4. 32. *iniquity.* Ps. 51. 4. 2 Sa. 12. 9, 13. Mal. 3. 8.

6 *For this.* Ps. 34. 2-5; 40. 3; 51. 12, 13. 2 Co. 1. 4. 1 Ti. 1. 16. *godly.* Ps. 4. 3. 2 Co. 7. 9, 10. Tit. 2. 12. *pray.* Pr. 1. 28. Is. 49. 8; 55. 6. Lu. 19. 42-44. Jno. 7. 34. 2 Co. 6. 2. *a time,* etc. *Heb.* a time of finding. *in the floods.* Ps. 42. 7; 69. 1, 2, 13-15; 124. 4, 5. Ge. 7. 17-22. Is. 43. 2. Mat. 7. 24-27. Re. 12. 15, 16.

7 *my.* Ps. 9. 9; 27. 5; 31. 20; 119. 114; 143. 9. Je. 36. 26. Col. 3. 3. *compass.* ver. 10. Ps. 5. 12; 18. 5. *songs.* Ps. 40. 3; 98. 1. Ex. 15. 1-3. Ju. 5. 1. 2 Sa. 22. 1. Re. 7. 10; 15. 2, 3.

8 *instruct.* Ps. 34. 11. Pr. 3. 1; 4. 1-13; 8. 10, 11. Mat. 11. 29. *I will guide,* etc. *Heb.* I will counsel *thee,* mine eye *shall be* upon thee. Ps. 25. 9, 10; 33. 18. Pr. 3. 5, 6. Is. 49. 10.

9 *Be ye.* Pr. 26. 3. Je. 31. 18. Ja. 3. 3; 4. 7-10. *no.* Job 35. 11. Je. 4. 22; 8. 6, 7.

10 *Many.* Ps. 16. 4; 34. 19-21; 140. 11. Pr. 13. 21. Ec. 8. 12. Is. 3. 11; 57. 21. Ro. 2. 8, 9. 1 Ti. 6. 10. *but.* Ps. 2. 12; 5. 12; 34. 8; 40. 4; 84. 12; 146. 5; 147. 11. Pr. 16. 20. Is. 12. 2, 3. Je. 17. 7, 8.

11 *Be glad.* Ps. 33. 1; 64. 40; 68. 3; 97. 12. De. 12. 12. 1 Sa. 2. 1. Ro. 5. 11. Phi. 3. 1, 3; 4. 4. *shout.* Ps. 5. 11; 97. 1; 98. 4. Ezr. 3. 11-13. Zec. 4. 7. *upright.* ver. 2. Ps. 125. 4.

## PSALM XXXIII.

*God is to be praised for his goodness,* 1-5; *for his power,* 6-11; *and for his providence,* 12-19. *Confidence is to be placed in God,* 20-22.

1 *Rejoice.* Ps. 32. 11; 97. 12. 1 Co. 1. 30, 31. Phi. 4. 4. *ye righteous.* Ps. 118. 15. Ro. 3. 10; 5. 19. *praise.* Ps. 50. 14-16; 78. 36, 37; 135. 3; 147. 1. Pr. 15. 8.

2 *Praise.* Ps. 81. 2, 3; 92. 3; 98. 4, 5; 144. 9; 149. 3; 150. 3-6. Ex. 15. 20. 2 Sa. 6. 5. 1 Ch. 15. 16, 28; 25. 3, 6. Re. 5. 8; 14. 2. *with the psaltery. Benaivel ăsor,* rather, 'with the ten-stringed *nabla;*' see on 1 Ch. 13. 8.

3 *a new.* Ps. 96. 1; 98. 1; 144. 9; 149. 1. Is. 42. 10. Ep. 5. 19. Col. 3. 16. Re. 5. 9; 14. 3. *play.* 1 Ch. 13. 8; 15. 22; 25. 7. 2 Ch. 34. 12.

4 *the word.* Ps. 12. 6; 19. 8, 119. 75, 128. Pr. 30. 5. Mi. 2. 7. Ro. 7. 12. *all his.* Ps. 25. 10; 36. 5, 6; 85. 10, 11; 96. 13. Ge. 24. 27. De. 32. 4. Da. 4. 37. Jno. 14. 6. Ro. 15. 8, 9. Tit. 1. 2.

5 *He.* Ps. 11. 7; 45. 7; 99. 4. He. 1. 9. Re. 15. 3, 4. *earth.* Ps. 104. 24; 119. 64; 145. 15, 16. Mat. 5. 45. Ac. 14. 17. *goodness. or,* mercy.

6 *By the.* ver. 9. Ps. 148. 1-5. Ge. 1. 1, 6, 7. Jno. 1. 1-3. He. 11. 3. 2 Pe. 3. 5. *the host.* Ps. 148. 2, 3. Ge. 2. 1. De. 4. 19. Je. 8. 2. Ro. 1. 25. *breath.* Ps. 104. 30. Ge. 2. 7. Job 26. 13; 33. 4. Jno. 20. 22.

7 *He gathereth.* Ps. 104. 6-9. Ge. 1. 9, 10. Job 26. 10; 38. 8-11. Pr. 8. 29. Je. 5. 22. *heap.* Ex. 15. 8. Jos. 3. 13, 16. Hab. 3. 15.

8 *the earth.* Ps. 22. 27; 96. 9, 10. Je. 10. 7-12. Da. 6. 25, 26. Re. 14. 6, 7; 15. 4. *stand.* Ps. 76. 7. He. 12. 29.

9 *For.* ver. 6. Ps. 148. 5, 6. Ge. 1. 3. He. 11. 3. *and it stood.* Ps. 93. 5; 119. 90, 91. Col. 1. 16, 17. He. 1. 3. Re. 4. 11.

10 *The Lord.* Ps. 2. 1-4; 9. 15. Ex. 1. 10-12. 2 Sa. 15. 31, 34; 17. 14, 23. Job 5. 12, 13. Pr. 21. 30. Is. 7. 5-7; 8. 9, 10; 19. 3. 11-14; 44. 23. *bringeth. Heb.* maketh frustrate. Is. 44. 25. *he maketh.* Ps. 21. 11; 140. 8.

11 *The counsel.* Job 23. 13. Pr. 19. 21. Is. 14. 24, 27; 46. 10. La. 3. 37. Eze. 38. 10, etc. Da. 4. 37. Ac. 4. 27, 28. Ep. 1. 11. *thoughts.* Ps. 92. 5. Is. 55. 8, 9. Je. 29. 11. Mi. 4. 12. *all generations. Heb.* generation and generation. Ac. 15. 18.

12 *Blessed.* Ps. 144. 15; 147. 19, 20. Ex. 19. 5, 6. De. 33. 29. *people.* Ps. 65. 4; 135. 4. De. 7. 6-8. Jno. 15. 16. Ep. 1. 4. 1 Pe. 2. 9. *his own.* Ps. 28. 9. Je. 10. 16. Tit. 2. 14.

13 *looketh.* Ps. 11. 4; 14. 2; 102. 19. Ge. 6. 12. 2 Ch. 16. 9. Job 28. 24. Pr. 15. 3. La. 3. 50. *beholdeth.* Ps. 53. 2. Je. 23. 23, 24. He. 4. 13.

14 Ps. 123. 1. 1 Ki. 8. 27, 30. Is. 57. 15; 66. 1. Lu. 11. 2. 1 Ti. 6. 16.

15 *fashioneth.* Pr. 22. 2; 27. 19. Ec. 7. 29. Is. 64. 8. Ac. 17. 26. *considereth.* Ps. 44. 21. Job 11. 11; 34. 21, 22. Pr. 24. 12. Je. 32. 19. Ho. 7. 2. 1 Co. 4. 5.

16 *no king.* Ps. 44. 3, 6, 7. Ex. 14. 17, 18, 28. Jos. 11. 4-8. Ju. 7. 2, 12, etc. 1 Sa. 14. 8-16. 1 Ki. 20. 10, 27-29. 2 Ch. 14. 9-13; 20. 12, 23; 32. 8, 9, 21. *mighty.* Jos. 14. 12. 1 Sa. 17. 4, 45-49. 2 Sa. 21. 16-22. Je. 9. 23.

17 *An horse.* Ps. 20. 7. Ju. 4. 15. 2 Ki. 7. 6, 7. Pr. 21. 31. Ec. 9. 11. Is. 30. 16. Ho. 14. 3. *his great.* Ps. 147. 10. Job 39. 19-25.

18 *the eye.* Ps. 34. 15-20; 147. 11. Job 36. 7. 1 Pe. 3. 12. *hope.* Ps. 13. 5; 52. 8. Ro. 4. 4-8. He. 6. 18.

19 *To deliver.* Ps. 91. 3-7, 10. Jno. 10. 28. 30. *to keep.* Ps. 37. 3, 19. Job 5. 19-22. Pr. 10. 3. Is. 33. 16. Mat. 6. 31-33.

20 *soul.* Ps. 27. 14; 62. 1, 2, 5, 6; 130. 5, 6. Is. 40. 31. *he is.* Ps. 115. 9-12; 144. 1, 2. 1 Ch. 5. 20.

21 *For.* Ps. 13. 5; 28. 7; 30. 10-12; 32. 10, 11. Is. 25. 9. Zec. 10. 7. Jno. 16. 22. *his.* 1 Ch. 16. 10, 35. Lu. 1. 47-50. Re. 4. 8.

22 Ps. 5. 11, 12; 13. 5; 32. 10; 119. 49, 76. Mat. 9. 29.

## PSALM XXXIV.

*David praises God, and exhorts others thereto by his experience,* 1-7. *They are blessed that trust in God,* 8-10. *He exhorts to the fear of God,* 11-14. *The privileges of the righteous,* 15-22.

A.M. 2942. B.C. 1062. *(Title.) Abimelech. or,* Achish. This is the *second* of the alphabetical Psalms (the *first* being Ps. 25.); each verse beginning consecutively with a letter of the Hebrew alphabet. The verse, however, which begins with ו, *wav,* and which should come in between the fifth and sixth, is totally wanting; but as the 22nd, which now begins with פ, *pay, podeh,* 'redeemeth,' is entirely out of the series, it is not improbable that it was originally written *oophodeh,* '*and* redeemeth,' and occupied that situation, in which connection it reads admirably. Ge. 20. 2; 26. 1. 1 Sa. 21. 13-15. Pr. 29. 25.

1 Ps. 71. 8, 14, 15; 145. 1, 2. Is. 24. 15, 16. Ac. 5. 41; 16. 25. Ep. 5. 20. Col. 3. 17. 1 Th. 5. 18. 2 Th. 1. 3; 2. 13.

2 *make.* Ps. 44. 8; 105. 3. Is. 45. 25. Je. 9. 24. 1 Co. 1. 31. 2 Co. 10. 17. *the humble.* Ps. 22. 22-24; 32. 5, 6; 119. 74; 142. 7. 1 Ti. 1. 15, 16.

3 *magnify.* Ps. 35. 27; 40. 16; 69. 30. Lu. 1. 46. Ac. 19. 17. Phi. 1. 20. *let us.* Ps. 33. 1, 2; 66. 8; 103. 20-22; 148. 1, etc. 1 Ch. 29. 20. 2 Ch. 29. 30. Re. 14. 7; 19. 5, 6.

4 *sought.* Ps. 18. 6; 22. 24; 31. 22; 77. 1, 2; 116. 1-6. Jon. 2. 2. Mat. 7. 7. Lu. 11. 9. 2 Co. 12. 8, 9. He. 5. 7. *from.* Ps. 27. 1, 2; 46. 2; 56. 3. 1 Sa. 27. 1. Is. 12. 2. 2 Co. 7. 5, 6. 2 Ti. 1. 7.

5 *They.* Ps. 123. 1, 2. Is. 45. 22. He. 12. 2. *and were.* Ps. 13. 3; 18. 28; 97. 11. Es. 8. 16. Job 33. 30. Mi. 7. 8, 9. Jno. 8. 12. *lightened. or,* flowed *unto him.* *their.* Ps. 83. 16. 2 Sa. 19. 5.

6 *This.* Ps. 3. 4; 10. 17; 40. 17; 66. 16-20. *saved.* ver. 17-19. Ge. 48. 16. 2 Sa. 22. 1. Re. 7. 14-17.

7 *The angel.* Ps. 91. 11. 2 Ki. 6. 17; 19. 35. Da. 6. 22. Mat. 18. 10. Lu. 16. 22. Heb. 1. 14. *encampeth.* Ge. 32. 1, 2. Zec. 9. 8.

8 *taste.* Ps. 63. 5; 119. 103. Ca. 2. 3; 5. 1. He. 6. 4, 5. 1 Pe. 2. 2, 3. 1 Jno. 1. 1-3. *Lord.* Ps. 36. 7, 10; 52. 1. Je. 31. 14. Zec. 9. 17. 1 Jno. 4, 7-10. *blessed.* Ps. 2. 12; 84. 12.

9 *fear.* Ps. 22. 23; 31. 23; 89. 7. Ge. 22. 12. Is. 8. 13, 14. Ho. 3. 5. Re. 15. 3, 4. *for.* Ps. 23. 1. Lu. 12. 30-32. Ro. 8. 32. 1 Co. 3. 22, 23. Phi. 4. 19.

10 *lions.* Ps. 104. 21. Job 4. 10, 11. Lu. 1. 51-53. *but.* Ps. 84. 11. Mat. 6. 32.

11 *Come.* Pr. 4. 1; 7. 24; 8. 17, 32; 22. 6. Ec. 11. 9, 10; 12. 1. Is. 28. 9. Mat. 18. 2-4. Mar. 10. 14-16. Jno. 13. 33. 2 Ti. 3. 15. *I will.* Ps. 32. 8; 111. 10. Pr. 1. 7; 2. 1-9.

12. *What.* Ps. 21. 4; 91. 16. De. 6. 2; 30. 20. 1 Pe. 3. 10, 11. *that he.* Ps. 4. 6. Job 7. 7. Ec. 2. 3; 12. 13.

13 *Keep.* Ps. 39. 1. Pr. 18. 21. Mat. 12. 35-37. Ja. 1. 19, 26; 3. 2, 5-10. *speaking.* Ps. 55. 11. Pr. 12. 17, 19, 22; 19. 9. Is. 63. 8. Col. 3. 9. 1 Pe. 2. 1, 22. Re. 14 4, 5.

14 *Depart.* Ps. 37. 27. Job 28. 28. Pr. 3. 7; 8. 13; 13. 14; 16. 16, 17. Is. 1. 16, 17. Ro. 12. 9. 2 Ti. 2. 19. 1 Pe. 3. 11. *do.* Ac. 10. 38. Ga. 6. 10. Tit. 2. 14. He. 13. 16. 3 Jno. 11. *seek.* Ps. 120. 7. Mat. 5. 9. Ro. 12. 18; 14. 17. 2 Co. 13. 11. 1 Th. 4. 11. He. 12. 14. Ja. 3. 17, 18.

15 *The.* Ps. 33. 18. Job 36. 7. 1 Pe. 3. 12. *and.* ver. 6, 17. Ps. 130. 2. 2 Ch. 6. 40. Is. 37. 14-21. Da. 9. 17-23.

16 *face.* Le. 17. 10; 26. 17. Je. 44. 11. Eze. 14. 7, 8. Am. 9. 4. *to cut.* Ps. 10. 16. Job 18. 17. Pr. 10. 7. Ec. 8. 10. Je. 17. 13.

17 *The righteous.* There is no word for *the righteous* in the present Hebrew text; but it is preserved in all the versions; and it was probably lost from its similitude to *tzăăkoo,* 'they cry:'—*tzăăkoo tzaddeekim,* 'the righteous cry.' *cry.* ver. 6, 15, 19. Ps. 91. 15; 145. 18-20. 2 Ch. 32. 20, 21, 24. Is. 65. 24. Ac. 12. 5-11.

18 *is nigh.* Ps. 75. 1; 85. 9; 119. 151; 145. 18. Is. 55. 6. *unto them,* etc. *Heb.* to the broken of heart. Ps. 51. 17; 147. 3. Is. 61. 1. Lu. 4. 18. *such as,* etc. *Heb.* the contrite of spirit. 2 Ki. 22. 19. Is. 57. 15; 66. 2. Eze. 36. 26, 31.

19 *Many.* Ps. 71. 20. Job 5. 19; 30. 9, etc.; 42. 12. Pr. 24. 16. Jno. 16. 33. Ac. 14. 22. 2 Co. 4. 7-12, 17; 11. 23-27. 1 Th. 3. 3, 4. 2 Ti. 3. 11, 12. He. 11. 33-38. Ja. 5. 10, 11. 1 Pe. 4. 12, 13. Re. 7. 14-17. *but.* ver. 6, 17.

20 Ps. 35. 10; 91. 12. Da. 6. 22-24. Jno. 19. 36.

21 *Evil.* Ps. 37. 30-40; 94. 23. Is. 3. 11. *they.* Ps. 37. 12-15; 40. 15; 89. 23. 1 Sa. 19. 4, 5; 31. 4. 1 Ki. 22. 8, 37. Lu. 19. 14, 27, 41-44. Jno. 7. 7; 15. 18-23. 1 Th. 2. 15, 16. 2 Th. 1. 6-9. *desolate. or,* guilty. Ex. 20. 7.

22 *redeemeth.* Ps. 31. 5; 71. 23; 103. 4; 130. 8. Ge. 48. 16. 2 Sa. 4. 9. 1 Ki. 1. 29. La. 3. 58. 1 Pe. 1. 18, 19. Re. 5. 9. *none.* Ps. 9. 9, 10; 84. 11, 12. Jno. 10. 27-29. Ro. 8. 31-39. 1 Pe. 1. 5.

## PSALM XXXV.

*David prays for his own safety, and his enemies' confusion,* 1-10. *He complains of their wrongful dealing,* 11-21. *Thereby he incites God against them,* 22-28.

1 A.M. 2942. B.C. 1062. *Plead.* Ps. 43. 1; 119. 154. 1 Sa. 24. 15. Pr. 22. 23; 23. 11. Je. 51. 36. La. 3. 58. Mi. 7. 9. *fight.* Ex. 14. 25. Jos. 10. 42. Ne. 4. 20. Ac. 5. 39; 23. 9.

2 Ps. 7. 12, 13. Ex. 15. 3. De. 32. 41, 42. Is. 13. 5; 42. 13.

3 *stop.* Ps. 27. 2; 76. 10. 1 Sa. 23. 26, 27. Job 1. 10. Is. 8. 9, 10; 10. 12. Ac. 4. 28. *say.* Ps. 51. 12; 62. 7; 91. 16. Ge. 49. 18. Is. 12. 2. Lu. 2. 30.

4 *confounded.* ver. 26. Ps. 31. 17, 18; 40. 14, 15; 70. 2, 3; 71. 24. *that.* Ps. 38. 12. 1 Sa. 23. 23. 1 Ki. 19. 10. Eze. 13. 19. Mat. 27. 1. *turned.* Ps. 129. 5. Is. 37. 29. Je. 46. 5. Jno. 18. 6.

5 *as chaff.* Ps. 1. 4; 83. 13-17. Job 21. 18. Is. 17. 13; 29. 5. Ho. 13. 3. *and.* Ex. 14. 19. Is. 37. 36. Ac. 12. 23. He. 11. 28.

6 *their.* Ps. 73. 18. Pr. 4. 19. Je. 13. 16; 23. 12. *dark and slippery. Heb.* darkness and slipperiness.

7 *without.* Ps. 7. 3-5; 25. 3; 64. 4. Jno. 15. 25. *hid.* Ps. 9. 15; 119. 85; 140. 5. Job 18. 8.

8 *Let destruction.* All the verbs in these verses, (ver. 4-8,) in the original, are in the *future* tense, as a prediction, and should probably be so rendered; though as that tense is frequently used in Hebrew for the *imperative,* most translators, both ancient and modern, have considered them as an *imprecation.* Ps. 64. 7; 73. 18-20. Pr. 29. 1. Lu. 21. 34. 1 Th. 5. 3. *at unawares. Heb. which* he knoweth not of. *net.* Ps. 7. 15, 16; 57. 6; 141. 9, 10. Pr. 5. 22. *into.* 1 Sa. 18. 17; 31. 2-4. 2 Sa. 17. 2-4, 23; 18. 14, 15. Es. 7. 10. Mat. 27. 3-5.

9 Ps. 13. 5; 21. 1; 33. 21; 48. 11; 58. 10, 11; 68. 1-3. 1 Sa. 2. 1. Is. 61. 10. Hab. 3. 18. Lu. 1. 46, 47. Ga. 5. 22. Phi. 3. 1-3.

10 *All.* Ps. 22. 14; 32. 3; 34. 20; 38. 3; 51. 8; 102. 3. Job 33. 19-25. *who.* Ps. 71. 19; 86. 8; 89. 6-8. Ex. 15. 11. Is. 40. 18, 25. Je. 10. 7. *which.* Ps. 10. 14; 22. 24; 34. 6; 69. 33; 102. 17-20; 109. 31; 140. 12. Job 5. 15, 16. Pr. 22. 22, 23. *too.* Ps. 18. 17.

11 *False witnesses. Heb.* Witnesses of wrong. Ps. 27. 12. 1 Sa. 24. 9; 25. 10. Mat. 26. 59, 60. Ac. 6. 13; 24. 5, 6, 12, 13. *laid*, etc. *Heb.* asked me.

12 *They.* Ps. 38. 20; 109. 3-5. 1 Sa. 19. 4, 5, 15; 22. 13, 14. Pr. 17. 13. Je. 18. 20. Jno. 10. 32. *spoiling. Heb.* depriving. 1 Sa. 20. 31-33. Lu. 23. 21-23. *my soul. Or*, 'my life,' as the word *nephesh* frequently denotes.

13 *when.* Ps. 69. 10, 11. Job 30. 25. Mat. 5. 44. Ro. 12. 14, 15. *humbled. or*, afflicted. Le. 16. 29, 31. 1 Ki. 21. 27-29. Is. 58. 3, 5. Mat. 9. 14, 15. *my prayer.* Mat. 10. 13. Lu. 10. 6.

14 *I behaved*, etc. *Heb.* I walked as a friend, as a brother to me. *I bowed.* 2 Sa. 1. 11, 12, 17, etc. Lu. 19. 41, 42. *as one. Or*, 'as a mourning mother,' *kdavel aim.* Ge. 24. 67.

15 *in mine.* ver. 25, 26. Ps. 41. 8; 71. 10, 11. Job 31. 29. Pr. 17. 5; 24. 17, 18. *adversity. Heb.* halting. Ps. 38. 17. Je. 20. 10. 1 Co. 13. 6. *the abjects.* Ps. 22. 16; 69. 12. Job 30. 1-12. Mat. 27. 27-30, 39-44. Mar. 44. 65. Ac. 17. 5. *I knew.* ver 8, marg. *they.* Ps. 7. 2; 57. 4. Job 16. 9.

16 *hypocritical.* 1 Sa. 20. 24, etc. Is. 1. 14, 15. Jno. 18. 28. 1 Co. 5. 8. *gnashed.* Ps. 37. 12. Job 16. 9. La. 2. 16. Ac. 7. 54.

17 *how.* Ps. 6. 3; 13. 1, 2; 74. 9, 10; 89. 46; 94. 3, 4. *look.* Ps. 10. 14. Hab. 1. 13. *rescue.* Ps. 22. 20, 21; 57. 4; 69. 14. 15; 142. 6, 7. *darling. Heb.* only one.

18 *give.* Ps. 22. 22-25, 31; 40. 9, 10; 69. 30-34; 111. 1; 116. 14, 18. He. 2. 12. *praise.* Ps. 67. 1-4; 117; 138. 4, 5. Ro. 15. 9. *much. Heb.* strong. Is. 25. 3.

19 *Let.* ver. 15. Ps. 13. 4; 25. 2; 38. 16. Jno. 16. 20-22. Re. 11. 7-10. *wrongfully. Heb.* falsely. Ps. 38. 19. *wink.* Job 15. 12. Pr. 6. 13; 10. 10. *that hate.* Ps. 69. 4; 109. 3; 119. 161. 1 Sa. 24. 11, 12. La. 3. 52. Jno. 15. 25.

20 *For.* Ps. 120. 5-7. *but.* Ps. 31. 13; 36. 3, 4; 38. 12; 52. 2; 64. 4-6; 140. 2-5. Je. 11. 19. Da. 6. 5. Mat. 26. 4. Ac. 23. 15; 25. 3. *quiet.* Mat. 12. 19, 24. 1 Pe. 2. 22, 23.

21 *Yea.* Ps. 22. 13. Is. 9. 12. Lu. 11. 53, 54. *Aha.* Ps. 40. 15; 54. 7; 70. 3.

22 *This.* Ex. 3. 7. Ac. 7. 34. *keep.* Ps. 28. 1; 39. 12; 50. 21; 83. 1. *be.* Ps. 10. 1; 22. 11, 19; 38. 21; 71. 12. Is. 65. 6.

23 *Stir.* Ps. 7. 6; 44. 23; 80. 2. Is. 51. 9. *my God.* Ps. 89. 26; 142. 5. Jno. 20. 28.

24 *Judge.* Ps. 7. 8; 18. 20-24; 26. 1; 43. 1. 2 Th. 1. 6. 1 Pe. 2. 22. *and let.* ver. 19. Job 20. 5.

25 *say.* Ps. 27. 12; 28. 3; 70. 3; 74. 8. Job 1. 5. Mar. 2. 6, 8. *Ah. Heb.* Ah, ah, our soul. *so.* Ps. 140. 8. Ex. 15. 9. Mat. 27. 43. *We have.* Ps. 56. 1, 2; 57. 3; 124. 3. 2 Sa. 20. 19. La. 2. 16. 1 Co. 15. 54.

26 *ashamed.* ver. 4. Ps. 40. 14, 15; 71. 13; 129. 5; 132. 18. Is. 41. 11; 65. 13-15. *clothed.* Ps. 109. 28, 29; 132. 18. Job 8. 22. 1 Pe. 5. 5. *magnify.* Ps. 38. 16; 55. 12. Job 19. 5. Je. 48. 26. Da. 11. 36.

27 *shout.* Ps. 40. 16; 68. 3; 132. 9, 16; 142. 7. Is. 66. 10, 11. Jno. 16. 22. Ro. 12. 15. 1 Co. 12. 26. *righteous cause. Heb.* righteousness. Pr. 8. 18. *say.* Ps. 70. 4. *which.* Ps. 149. 4. Je. 32. 40, 41. Zep. 3. 14, 17.

28 Ps. 34. 1; 50. 15; 51. 14, 15; 71. 24; 104. 33, 34; 145. 1, 2, 5, 21.

## PSALM XXXVI.

*The grievous estate of the wicked*, 1-4. *The excellency of God's mercy*, 8, 9. *David prays for favour to God's children*, 10-12.

A.M. cir. 3463. B.C. cir. 541. *(Title.) A Psalm.* This Psalm is supposed by some to have been composed by David at the beginning of Saul's persecution; but *Calmet* and others, on good grounds, are of opinion that it was written during the Babylonian captivity. *servant.* Ps. 18; 90, titles; 143. 12. De. 34. 5. 2 Ti. 2. 24. Tit. 1. 1. Ja. 1. 1. 2 Pe. 1. 1. Jude 1. Re. 1. 1.

1 *The transgression.* Or, rather, 'The speech of transgression to the wicked is within *his heart:* there is no fear of God before his eyes;' for instead of *libbi*, '*my* heart,' four MSS. have *libbo*, '*his* heart,' which is also the reading of the LXX. Vulgate, Syriac, Arabic, Ethiopic, and Anglo-Saxon. 1 Sa. 15. 13, 14. Pr. 20. 11. Mat. 7. 16-20; 12. 33, 34. Tit. 1. 16. *no.* Ps. 112. 1. Ge. 20. 11. Pr. 8. 13; 16. 6. Ec. 12. 13. Ro. 3. 18.

2 *For he.* Ps. 10. 3; 49. 18. De. 29. 19. Je. 2. 23, 34, 35; 17. 9. Ho. 12. 7, 8. Lu. 10. 29; 16. 14, 15. Ro. 7. 9; 10. 3. *until*, etc. *Heb.* to find his iniquity to hate. 1 Sa. 15. 18-24. 1 Ch. 10. 13, 14. Ro. 3. 9.

3 *The words.* Ps. 5. 9; 12. 2, 3; 55. 21; 58. 3; 140. 3. 1 Sa. 18. 21; 19. 6, 7; 26. 21. Mat. 22. 15-18, 35. *he hath.* Ps. 125. 5. 1 Sa. 11. 6-13; 13. 13, 14; 15. 26; 16, 14. Je. 4. 32. Zep. 1. 6. He. 10. 39. 1 Jno. 2. 19.

4 *deviseth.* Ps. 38. 12. 1 Sa. 19. 11. Es. 5. 14; 6. 4. Pr. 4. 16. Ho. 7. 6, 7. Mi. 2. 1. Mat. 27. 1. Ac. 23. 12. *mischief. or*, vanity *setteth.* Pr. 24. 23. Is. 65. 2. Je. 6. 16; 8. 6; 9. 2-9. Mi. 6. 8. *abhorreth.* Ps. 97. 10. Job 15. 16. Am. 5. 15. Ro. 1. 32; 12. 9. Re. 2. 2.

5 *mercy.* Ps. 52. 1; 57. 10; 103. 11; 108. 4. Is. 55. 7-9. *faithfulness.* Ps. 89. 2; 92. 2; 100. 5. Mat. 24. 35. He. 6. 18-20.

6 *righteousness.* Ps. 71. 19; 97. 2; 145. 17. Ge. 18. 25. De. 32. 4. Is. 45. 19, 21-24. Ro. 3. 25. *great mountains. Heb.* mountains of God. Ex. 9. 28. 1 Sa. 14. 15, margins. *judgments.* Ps. 77. 19; 92. 5. Job 11. 7-9; 37. 23. Is. 40. 28. Je. 12. 1. Mat. 11. 25, 26. Ro. 11. 33. *thou.* Ps. 104. 14, etc.; 145. 9; 147. 9. Job 7. 20. Jon. 4. 11. Mat. 10. 29, 30. 1 Ti. 4. 10.

7 *How.* Ps. 31. 19; 86. 5, 15; 145. 7, 8. Ex. 34. 6. Jno. 3. 16. 1 Jno. 3. 1; 4. 9, 10. *excellent. Heb.* precious. Ps. 139. 17. 1 Pe. 2. 6, 7. 2 Pe. 1. 4. *put their.* Ps. 17. 8; 57. 1; 63. 7; 91. 4. Ru. 2. 12. Lu. 13. 34.

8 *abundantly.* Ps. 16. 11; 17. 15; 63. 5; 65. 4. Ca. 5. 1. Is. 25. 6; 55. 1, 2. Je. 31. 12-14. Zec. 9. 17. Mat. 5. 6. Jno. 7. 37. *satisfied. Heb.* watered. *Yirweyun*, 'they shall be saturated,' as a thirsty field by showers from heaven. Is. 58. 11. *and thou.* Ps. 16. 11; 46. 4. Job 20. 17. Is. 43. 20; 48. 21. Re. 22. 1-17. *thy pleasures.* Or, *adanacha*, 'thy *pleasure*,' as four MSS. read; in which there is probably a reference to the garden of *Eden*, and the *river* that ran through, and watered it.

9 *For.* Is. 12. 3. Je. 2. 13. Jno. 4. 10, 14; 7. 37-39. Re. 21. 6; 22. 17. *in thy.* Ps. 27. 1. Job 29. 3. Pr. 4. 18. Is. 2. 5; 60. 1, 2, 19. Mal. 4. 2. Jno. 1. 8, 9; 8. 12. 2 Co. 4. 6. Ja. 1. 17. 1 Pe. 2. 9. 1 Jno. 1. 7. Re. 21. 23.

10 *continue. Heb.* draw out at length. Ps. 103. 17. Je. 31. 3. Jno. 15. 9, 10. 1 Pe. 1. 5. *that.* Ps. 9. 10. Je. 22. 16; 24. 7. Jno. 17. 3. He. 8. 11. *and thy.* Ps. 7. 8-10; 18. 24, 25; 94. 14, 15; 97. 10, 11; 143. 1, 2. Is. 51. 6-8. 2 Ti. 4. 7, 8.

11 *foot.* Ps. 10. 2; 12. 3-5; 119. 51, 69, 85, 122; 123. 3, 4. Job 40. 11, 12. Is. 51. 23. Da. 4. 37. *hand.* Ps. 16. 8; 17. 8-14; 21. 7, 8; 62. 6; 125. 1-3. Ro. 8. 35-39.

12 *There.* Ps. 9. 16; 55. 23; 58. 10, 11; 64. 7-9. Ju. 5. 31. 2 Th. 1. 8, 9. Re. 15. 4; 19. 1-6. *shall.* Ps. 1. 5; 18. 38. Je. 51. 64.

## PSALM XXXVII.

*David persuades to patience and confidence in God, by the different estate of the godly and the wicked.*

*(Title.)* This is the third alphabetical Psalm. It seems to have been intended as an instructive and consoling ode for the captives in Babylon, who might feel themselves severely tempted when they saw those idolaters in prosperity, and themselves in adversity.

1 *Fret.* ver. 7. 1 Sa. 1. 6-8. Pr. 19. 3; 24. 1, 19. *neither.* Ps. 73. 3. Pr. 3. 31; 23. 17. Ga. 5. 21. Ja. 4. 5, 6.

2 ver. 35, 36. Ps. 73. 17-20; 90. 5, 6; 92. 7; 129. 5-7. Job 20. 5-9. Ja. 1. 10, 11. 1 Pe. 1. 24.

3 *Trust.* Ps. 4. 5; 26. 1. Is. 1. 16-19; 50. 10. Je. 17. 7, 8. 1 Co. 15. 57, 58. He. 6. 10-12. *so shalt.* Ge. 26. 2. 1 Sa. 26. 19. He. 11. 13-16. *verily. Heb.* in truth, *or* stableness. *be fed.* Ps. 33. 19; 34. 9, 10. Mat. 6. 31-33. Lu. 22. 35.

4 *Delight.* Ps. 43. 4; 104. 34. Job 27. 10; 34. 9. Ca. 2. 3. Is. 58. 14. 1 Pe. 1. 8. *and.* Ps. 21. 1, 2; 145. 19. Jno. 15. 7, 16. 1 Jno. 5. 14, 15.

5 *Commit. Heb.* Roll thy way upon. Ps. 22. 8; 55. 22. Pr. 16. 3, marg. Mat. 6. 25. Lu. 12. 22, 29, 30. Phi. 4. 6, 7. 1 Pe. 5. 7. *and.* Job 22. 28. Ec. 9. 1. La. 3. 37. Ja. 4. 15.

6 *he shall.* Ps. 31. 20. Is. 54. 17. Mi. 7. 8, 9. 1 Co. 4. 5. *light.* Job 11. 17. Mal. 3. 18. Mat. 13. 43.

7 *Rest in. Heb.* Be silent to. Ps. 62. 1. Jos. 10. 12. Jon. 1. 11, margins. *wait.* Ps. 27. 14; 40. 1. Pr. 20. 22. Is. 8. 17; 30. 15. La. 3. 25, 26. Hab. 2. 3. Ga. 6. 9. He. 10. 36, 37. Ja. 5. 7-11. *fret.* Ps. 50. 8; 73. 3-14. Je. 12. 1. *the man.* Job 21. 7, etc. Ec. 5. 8. Is. 10. 13, 14. Da. 11. 36. Re. 13. 3-10.

8 *Cease.* Job 5. 2; 18. 4. Pr. 14. 29; 16. 32. Ep. 4. 26, 31. Ja. 1. 19, 20; 3. 14-18. *fret.* Ps. 31. 22; 73. 15; 116. 11. 1 Sa. 25. 21-23. Je. 20. 14, 15. Jon. 4. 1, 9. Lu. 9. 54, 55.

9 *evil-doers.* ver. 35, 36. Ps. 55. 23. Job 20. 23-29; 27. 13, 14, etc. *inherit.* ver. 11, 12, 29. Ps. 25. 13. Is. 58. 14; 60. 21. He. 11. 16. Re. 5. 10. *the earth.* Or, 'the *land*,' *airetz*, probably the *land of Judea*, given by God himself as an inheritance to their fathers, and their posterity for ever: and this verse seems to contain a promise of their *return* thither.

10 *yet.* Ps. 73. 18-20. Job 24. 24. He. 10. 36, 37. 1 Pe. 4. 7. Re. 6. 10, 11. *wicked.* ver. 35, 36. Ps. 49. 10; 103. 16. Job 7. 10, 21; 14. 10; 20. 8, 9. Lu. 12. 20, 21; 16. 27, 28. *thou.* Ps. 52. 5-7; 58. 10, 11; 107. 42, 43. 1 Sa. 25. 38, 39. 2 Ki. 9. 25, 34-37. Es. 7. 10; 8. 1. Is. 14. 16-19.

11 *the meek.* Mat. 5. 5. Ga. 5. 22, 23. 1 Ti. 6. 11. Ja. 1. 21; 3. 13. *delight.* Ps. 36. 8; 72. 7; 119. 165. Is. 26. 3; 48. 18; 57. 18-21. Jno. 14. 27. Phi. 4. 7.

12 ver. 32. 1 Sa. 18. 21; 23. 7-9. 2 Sa. 15. 10-12. Es. 3. 6. Mat. 26. 4, 16. *plotteth. or*, practiseth. Da. 8. 12, 24. Mi. 2. 1. *gnasheth.* Ps. 35. 16.

13 *laugh.* Ps. 2. 4. Pr. 1. 26. *his day.* 1 Sa. 26. 10. Je. 50. 27. Eze. 21. 25, 29. Da. 5. 26.

14 *wicked.* Ps. 64. 2-6. Ac. 12. 2, 3, 11, 23. *slay.* 1 Sa. 24. 11, 17. Pr. 29. 10, 27. Hab. 1. 13. Mat. 23. 30-34. Ac. 7. 52. 1 Jno. 3. 12. *such as*, etc. *Heb.* the upright of way.

15 *sword.* Ps. 7. 14, 15; 35. 8. 1 Sa. 31. 4. 2 Sa. 17. 23. Es. 7. 9, 10. Is. 37. 38. Mi. 5. 6. Mat. 27. 4, 5. *bows.* Ps. 46. 9; 76. 3-6. Je. 1. 56. Ho. 1. 5; 2. 18.

16 Pr. 3. 33; 13. 25; 15. 16, 17; 16. 8; 30. 9. Ec. 2. 26; 4. 6. Mat. 6. 11. 1 Ti. 6. 6.

17 *arms.* Ps. 10. 15. Job 38. 15. Eze. 30. 21-25. *Lord.* ver. 24. Ps. 41. 12; 51. 12; 63. 8; 119. 116, 117; 145. 14. Is. 41. 10; 42. 1. Jude 24.

18 *knoweth.* Ps. 1. 6; 31. 7. Mat. 6. 32. 2 Ti. 2. 19. *the days.* ver. 13. Ps. 31. 15; 49. 5. De. 33. 25. Mat. 24. 21-24. 2 Ti. 3. 1-5; 4. 2-4. Re. 11. 3-5. *their.* Ps. 16. 11; 21. 4; 73. 24; 103. 17. Is. 60. 21. Ro. 5. 21; 6. 23. 1 Pe. 1. 4, 5. 1 Jno. 2. 25.

19 *in the evil.* Ec. 9. 12. Am. 5. 13. Mi. 2. 3. Ep. 5. 16. *days.* Ps. 33. 19. Job 5. 20-22. Pr. 10. 3. Is. 33. 16.

20 *But the.* Ps. 68. 2; 92. 9. Ju. 5. 31. Lu. 13. 3, 5. 2 Pe. 2. 12. *as the fat of lambs. Heb.* preciousness. That is, as the *fat* was *wholly consumed* in sacrifices, by the fire on the altar, so the wicked shall consume away in the fire of God's anger. De. 33. 14-16. *smoke.* Ps. 102. 3. Ge. 19. 28. Le. 3. 3-11, 16. De. 29. 20. He. 12. 29.

21 *borroweth.* De. 28. 12, 43, 44. 2 Ki. 4. 1-5. Ne. 5. 1-5. Pr. 22. 7. *righteous.* Ps. 112. 5, 9. De. 15. 9-11. Job 31. 16-20. Is. 32. 8; 58. 7-10. Lu. 6. 30. Ac. 11. 29; 20. 35. 2 Co. 8. 9; 9. 6, etc. He. 6. 10; 13. 16.

22 *Blessed.* ver. 11, 18. Ps. 32. 1; 115. 15; 128. 1. Pr. 3. 33. *cursed.* Ps. 119. 21. Mat. 25. 41. 1 Co. 16. 22. Ga. 3. 10, 13. *cut off.* ver. 9, 28. Zec. 5. 3, 4.

23 *steps.* Ps. 17. 5; 85. 13; 119. 133; 121. 3, 8. 1 Sa. 2. 9. Job 23. 11, 12. Pr. 16. 9. Je. 10. 23. *ordered. or*, established. Ps. 40. 2. Pr. 4. 26. *delighteth.* Ps. 147. 10. Pr. 11. 1, 20. Je. 9. 24. He. 13. 16.

24. *Though.* Ps. 34. 19, 20; 40. 2; 91. 12; 94. 18; 145. 14. Pr. 24. 16. Mi. 7. 7, 8. Lu. 2. 34; 22. 31, 32, 60-62. *for.* ver. 17. Ps. 145. 14. Jno. 10. 27-30.

25 *I have.* Ps. 71. 9, 18. Job 32. 6, 7. Ac. 21. 16. Phile. 8, 9. *yet.* ver. 28. Ps. 94. 14. Jos. 1. 5. 1 Sa. 12. 22. Is. 13. 16. 2 Co. 4. 9. He. 12. 5, 6; 13. 5. *nor his seed.* Ps. 25. 13; 59. 15; 109. 10; 112. 2. Ge. 17. 7. Job 15. 23. Pr. 13. 22. Lu. 1. 53-55.

26 *ever. Heb.* all the day. *merciful.* ver. 21. Ps. 112. 5, 9. De. 15. 8-10. Mat. 5. 7. Lu. 6. 35-38. *his seed.* Pr. 20. 7. Je. 32. 39.

27 *Depart.* Ps. 34. 14. Job 28. 28. Pr. 16. 6, 17. Is. 1. 16, 17. 2 Ti. 2. 19. Tit. 2. 11-14. *do good.* ver. 3. 1 Th. 5. 15. Tit. 3. 8, 14. He. 13. 16, 21. 1 Jno. 2. 16, 17.

28 *loveth.* Ps. 11. 7; 45. 6, 7; 99. 4. Is. 30. 18; 61. 8. Je. 9. 24. *forsaketh.* ver. 25, 40. Ps. 92. 13-15. Is. 59. 21. Je. 32. 40, 41. Jno. 5. 24; 6. 39, 40; 10. 28-30; 15. 9. 1 Jno. 2. 19. 1 Pe. 1. 5. Jude 1. *but.* Ps. 21. 10. Ex. 20. 5. Job 18. 19; 27. 14. Pr. 2. 22. Is. 14. 20, 21.

29 ver. 9, 11, 18, 27. De. 30. 20. Pr. 2. 21. 2 Pe. 3. 13. Re. 21. 3, 4, 7.

30 Ps. 71. 15, 24. De. 6. 7-9. Pr. 10. 21, 31; 15. 7; 25. 11-13; 27. 9. Mat. 12. 35. Ep. 4. 29. Col. 4. 6.

31 *law.* Ps. 1. 2; 40. 3, 8; 119. 11, 98. De. 6. 6; 11. 18-20. Pr 4. 4. Is. 51. 7. Je. 31. 33. He. 8. 10. *none.* ver. 23. Ps. 121. 3. *steps. or*, goings. Ps. 40. 2.

32 *watcheth.* ver. 12. Ps. 10. 8-10. Je. 20. 10. Lu. 6. 7; 11. 54; 14. 1; 19. 47, 48; 20. 20. Ac. 9. 24.

33 *will not.* Ps. 31. 7, 8; 124. 6, 7. 1 Sa. 23. 26-28. 2 Ti. 4. 17. 2 Pe. 2. 9. *condemn.* Ps. 109. 31. Ro. 8. 1, 33, 34.

34 *Wait. Kawah*, to wait, implies the *extension of a right line from one point to another.* The *first point* is the human *heart;* the *line* is its intense *desire;* and the *last point* is God, to whom the *heart* extends this straight *line* of earnest *desire.* He who, while he *waits on* God, *keeps his way*, is sure to have the further blessings of which he is in pursuit. ver. 3, 7, 9. Ps. 27. 14. Pr. 20. 22. *keep.* Job 17. 9; 23. 10-12. Pr. 4. 25-27; 16. 17. Mat. 24. 13. *exalt.* Ps. 92. 10; 112. 9. Lu. 14. 11. 1 Pe. 1. 7; 5. 6. *when.* Ps. 52. 5, 6; 91. 8; 92. 11.

35 *I have.* Ps. 73. 3-11. Es. 5. 11. Job 5. 3; 21. 7-17. Is. 14. 14-19. *a green bay-tree. or*, a green tree that groweth in his own soil. Job 8. 13-19. Eze. 31. 6-10, 18. Da. 4. 20, etc.

36 See on ver. 10. Ex. 15. 9, 10, 19. Job 20. 5, etc. Is. 10. 16-19, 33, 34. Ac. 12. 22, 23.

37 Job 1. 1; 42. 12-17. Pr. 14. 32. Is. 32. 17; 57. 2. Lu. 2. 25-29. Ac. 7. 59, 60. 2 Ti. 4. 6-8. 2 Pe. 1. 14.

38 Ps. 1. 4-6; 9. 17; 52. 5. Pr. 14. 32. Mat. 13. 30, 49, 50; 25. 46. 2 Th. 1. 8, 9.

39 *salvation.* Ps. 3. 8. Is. 12. 2. Jon. 2. 9. Ep. 2. 8. *strength.* Ps. 9. 9; 46. 1; 91. 15. Is. 33. 2. Col. 1. 11. 2 Ti. 4. 17.

40 *the Lord.* Is. 31. 5; 46. 4. Da. 3. 17, 28; 6. 23. *from.* Ps. 17. 13; 27. 2. 1 Jno. 2. 13, 14; 5. 18. *because.* Ps. 22. 4, 5. 1 Ch. 5. 20.

## PSALM XXXVIII.

*David moves God to take compassion on his pitiful case.*

(*Title.*) This deeply penitential Psalm is supposed to have been composed by David under some grievous affliction, either bodily or mental, or both, after his illicit intercourse with Bathsheba. *to bring.* Ps. 70, title.

1 *rebuke.* Ps. 6. 1; 88. 7, 15, 16. Is. 27. 8; 54. 8. Je. 10. 24; 30. 11. Hab. 3. 2. He. 12. 5-11. *hot.* De. 9. 19.

2 *thine.* Ps. 21. 12; 64. 7. Job 6. 4. La. 3. 12. *thy hand.* Ps. 32. 4; 39. 10, 11. De. 2. 15. Ru. 1. 13. 1 Sa. 5. 6, 11; 6. 9.

3 *soundness.* Ps. 31. 9. 2 Ch. 26. 19. Job 2. 7, 8; 33. 19-22. Is. 1. 5, 6. *neither.* Ps. 6. 2; 51. 8; 102. 3, 5. *rest. Heb.* peace, *or*, health. *because.* Ps. 51. 8; 90. 7, 8. La. 3. 40-42.

4 *mine.* Ps. 40. 12. Ezr. 9. 6. *as an.* Le. 7. 18. Is. 53. 11. La. 1. 14. Mat. 11. 28. 1 Pe. 2. 24.

5 *My wounds.* The soul being invisible, its distempers are also so; therefore the sacred writers describe them by the distempers of the body. (*See the Parallel Texts on these verses.*) On reading these and similar passages, says Bp. *Lowth*, some, who were but little acquainted with the genius of the Hebrew poetry, have pretended to enquire into the nature of the disease with which the poet was afflicted; not less absurdly, in my opinion, than if they had perplexed themselves to discover in what river he was plunged, when he complains that 'the deep waters had gone over his soul.' ver. 7. Ps. 32. 3. Is. 1. 5, 6. Je. 8. 22.

6 *troubled. Heb.* wearied. *bowed.* Ps. 35. 14; 42. 5, marg.; 57. 6; 145. 14. *mourning.* Ps. 6. 6; 31. 10; 42. 9; 43. 2; 88. 9. Job 30. 28. Is. 38. 14.

7 *my loins.* Ps. 41. 8. 2 Ch. 21. 18, 19. Job 7. 5; 30. 18. Ac. 12. 23. *no.* ver. 3.

8 *roared.* Ps. 22. 1, 2; 32. 3. Job 3. 24; 30. 28. Is. 59. 11.

9 *Lord.* Instead of *adonay*, 'Lord,' several MSS. read *yehowah*, 'Jehovah.' *groaning.* Ps. 102. 5, 20. Jno. 1. 48. Ro. 8. 22, 23, 26, 27. 2 Co. 5. 2.

10 *heart.* Ps. 42. 1; 119. 81-83; 143. 4-7. Is. 21. 4. *the light.* Ps. 6. 7; 69. 3; 88. 9; 119. 123. 1 Sa. 14. 27-29. La. 2. 11; 5. 16, 17. *gone from. Heb.* not with.

11 *lovers.* Ps. 31. 11. Job 6. 21-23; 19. 13-17. Mat. 26. 56. Jno. 16. 32. *stand.* Lu. 10. 31, 32. *sore. Heb.* stroke. *kinsmen. or*, neighbours. *afar off.* Lu. 22. 54; 23. 49.

12 *lay snares.* Ps. 10. 9; 64. 2-5; 119. 110; 140. 5; 141. 9. 2 Sa. 17. 1-3. Lu. 20. 19, 20. *speak.* Ps. 35. 20; 62. 3, 4. 2 Sa. 16. 7, 8. Lu. 20. 21, 22.

13 Ps. 39. 2, 9. 2 Sa. 16. 10-12. Is. 53. 7. 1 Pe. 2. 23.

14 *that heareth.* Am. 5. 13. Mi. 7. 5. Mar. 15. 3-5. Jno. 8. 6.

15 *in thee*, etc. *or*, thee do I wait for. *do.* Ps. 39. 7; 123. 1-3. *hear. or*, answer. Ps. 138. 3. *Lord.* Here also, instead of *adonay*, one hundred and two MSS. read *yehowah*, 'Jehovah.'

16 *For I said.* Ps. 13. 3, 4; 35. 24-26. *foot.* Ps. 94. 18. De. 32. 35. *magnify.* Ps. 35. 26.

17 *to halt. Heb.* for halting. Ps. 35. 15, marg. Mi. 4. 6, 7. *sorrow.* ver. 6. Ps. 6. 6; 77. 2, 3. Is. 53. 3-5.

18 *For.* Ps. 32. 5; 51. 3. Job 31. 33; 32. 27. Pr. 28. 13. *sorry.* 2 Co. 7. 7-11.

19 *But.* Ps. 3. 1; 25. 19; 56. 1, 2; 59. 1-3. *are lively*, etc. *Heb. being* living are strong. Instead of *chayim*, 'lively,' Bp. *Lowth* would read *chinnom*, 'without cause:'—'But mine enemies without cause have strengthened themselves.' As this emendation renders this member of the sentence parallel to the other, it is by no means improbable: see Ps. 35. 19; 79. 5. *they that.* Ps. 35. 19; 69. 4. Mat. 10. 22. Jno. 15. 18-25. Ac. 4. 25-28.

20 *render.* Ps. 7. 4; 35. 12; 109. 3-5. 1 Sa. 19. 4-6; 23. 5, 12; 25. 16, 21. Je. 18. 20. *because.* Mat. 5. 10. Jno. 10. 32. 1 Pe. 3. 13, 17, 18; 4. 14-16. 1 Jno. 3. 12.

21 *O my God.* Ps. 22. 1, 11, 19, 24; 35. 21, 22.

22 *Make.* Ps. 40. 13, 17; 70. 1, 5; 71. 12; 141. 1. *to help me. Heb.* for my help. *O Lord.* Ps. 27. 1; 62. 2, 6. Is. 12. 2.

## PSALM XXXIX.

*David's care of his thoughts*, 1-3. *The consideration of the brevity and vanity of life*, 4-6; *the reverence of God's judgments*, 7-9, *and prayer, are his bridles of impatience*, 10-13.

A.M. 2970. B.C. 1034. (*Title.*) *Jeduthun. Jeduthun*, probably the same as *Ethan*, 1 Ch. 6. 44, was one of the sons of Merari, and is supposed to have been one of the four masters of music, or leaders of bands, belonging to the temple service. It is therefore probable that David, having composed this Psalm, gave it to Jeduthun and his company to sing; and it is very likely, that it was written on the same occasion as the preceding. Ps. 62; 77, titles. 1 Ch. 16. 41; 25. 1-6.

1 *I said.* Ps. 119. 9. 1 Ki. 2. 4. 2 Ki. 10. 31. Pr. 4. 26, 27. He. 2. 1. *that I.* Ps. 12. 4; 73. 8, 9; 141. 3. Pr. 18. 21; 21. 23. *my mouth*, etc. *Heb.* a bridle, *or* muzzle, for my mouth. Ja. 1. 26; 3. 2-8. *while.* Am. 5. 13. Mi. 7. 5, 6. Col. 4. 5.

2 *I was.* Ps. 38. 13, 14. Is. 53. 7. Mat. 27. 12-14. *even.* Mat. 7. 6. *my sorrow.* Job 32. 19, 20. Ac. 4. 20. *stirred, Heb.* troubled.

3 Je. 20. 9. Eze. 3. 14. Lu. 24. 32.

4 *make.* Ps. 90. 12; 119. 84. Job 14. 13. *how frail I am. or*, what time I have *here.*

5 *Behold.* Ps. 90. 4, 5, 9, 10. Ge. 47. 9. Job 7. 6; 9. 25, 26; 14. 1, 2. Ja. 4. 14. *as nothing.* Ps. 89. 47. 2 Pe. 3. 8. *verily.* ver. 11. Ps. 62. 9; 144. 4. Ec. 1. 2; 2. 11. Is. 40. 17. *at his best state. Heb.* settled.

6 *a vain shew. Heb.* an image. There is but the *semblance* of being: he *appeareth* for a little, and then *vanisheth* away. 1 Co. 7. 31. Ja. 4. 14. *surely.* Ec. 1. 14; 2. 17, 18, 20, 21; 4. 7, 8; 6. 11, 12; 12. 8, 13. Is. 55. 2. Lu. 10. 40-42; 12. 20, 21, 29. 1 Pe. 5. 7. *he heapeth.* Ps. 49. 10, 11. Job 27. 16, 17. Pr. 13. 22; 23. 5; 27. 24. Ec. 2. 8, 18-21, 26; 5. 14. Lu. 12. 20, 21. Ja. 5. 3.

7 *what wait.* Ps. 130. 5, 6. Ge. 49. 18. Lu. 2. 25. *hope.* Ps. 38. 15; 119. 81, 166. Job 13. 15. Ro. 15. 13.

8 *Deliver.* Ps. 25. 11, 18; 51. 7-10, 14; 65. 3; 130. 8. Mi. 7. 19. Mat. 1. 21. Tit. 2. 14. *make.* Ps. 35. 21; 44. 13; 57. 3; 79. 4; 119. 39. 2 Sa. 16. 7, 8. Joel 2. 17, 19. Ro. 2. 23, 24.

9 Ps. 38. 13. Le. 10. 3. 1 Sa. 3. 18. 2 Sa. 16. 10. Job 1. 21; 2. 10; 40. 4, 5. Da. 4. 35.

10 *Remove.* Ps. 25. 16, 17. 1 Sa. 6. 5. Job 9. 34; 13. 21. *I am consumed.* Ps. 38. 3, 4. *blow. Heb.* conflict. Job 40. 8.

11 *When.* Ps. 38. 1-8; 90. 7-10. 1 Co. 5. 5; 11. 30-32. He. 12. 6. Re. 3. 19. *his beauty*, etc. *Heb.* that which is to be desired in him to melt away. Ps. 102. 10, 11. Job 4. 19; 13. 28; 30. 30. Is. 50. 9. Ho. 5. 12. *surely.* ver. 5.

12 *hold.* Ps. 56. 8; 116. 3. 2 Sa. 16. 12, marg. 2 Ki. 20. 5. Job 16. 20. Heb. 5. 7. *for I am.* Ps. 119. 19, 54. Le. 25. 23. 1 Ch. 29. 15. 2 Co. 5. 6. He. 11. 13. 1 Pe. 1. 17; 2. 11. *as all.* Ge. 47. 9.

13 *spare.* Job 10. 20, 21; 14. 5, 6. *be no.* Ge. 5. 24; 42. 36. Job 14. 10-12.

## PSALM XL.

*The benefit of confidence in God*, 1-5. *Obedience is the best sacrifice*, 6-10. *The sense of David's evils inflames his prayer*, 11-17.

A.M. 2970. B.C. 1034. (*Title.*) This Psalm is supposed to have been composed by David about the same time, and on the same occasion, as the two preceding; with this difference, that *here* he magnifies God for having obtained the mercy which he sought *there.* It also contains a remarkable prophecy of the incarnation and sacrifice of Jesus Christ.

1 *I waited. Heb.* In waiting I waited. Ps. 27. 13, 14; 37. 7. Ja. 5. 7-11. *inclined.* Ps. 116. 2; 130. 2. Da. 9. 18.

2 *brought.* Ps. 18. 16, 17; 71. 20; 86. 13; 116. 3; 142. 6, 7; 143. 3. Is. 24. 22. Jon. 2. 5, 6. Zec. 9. 11. Ac. 2. 24, 27-31. *horrible pit. Heb.* pit of noise. Mat. 13. 50. *the miry.* Ps. 69. 2, 14, 15. Je. 38. 6-12. La. 3. 53-55. *set.* Ps. 27. 5; 61. 2. Mat. 7. 24, 25. *established.* Ps. 17. 5; 18. 36; 37. 23; 119. 133.

3 *And he.* Ps. 33. 3; 144. 9. Re. 5. 9, 10; 14. 3. *praise.* Ps. 103. 1-5. Is. 12. 1-4. *many.* Ps. 34. 1-6; 35. 27; 52. 6; 64. 9, 10; 142. 7. Ho. 3. 5. Ac. 2. 31-41; 4. 4.

4 *Blessed.* Ps. 2. 12; 34. 8; 84. 11, 12; 118. 8, 9. Je. 17. 7, 8. Ro. 15. 12, 13.

*respecteth.* Ps. 15. 4; 101. 3-7; 119. 21. *as turn.* Ps. 125. 5. Is. 44. 18-20. Je. 10. 14, 15. Jon. 2. 8. 2 Th. 2. 9-11.

5 *Many.* Ps. 136. 4. Ex. 11. 15; 15. 11. Job 5. 9; 9. 10; 26. 14. *thoughts.* Ps. 71. 15; 92. 5; 139. 6, 17, 18. Is. 55. 8, 9. Je. 29. 11. *they cannot*, etc. *or*, none can order them unto thee. Job 37. 19, 20.

6 *Sacrifice.* Ps. 50. 8; 51. 16. 1 Sa. 15. 22. Is. 1. 11; 66. 3. Je. 7. 21-23. Ho. 6. 6. Mat. 9. 13; 12. 7. He. 10. 5-12. *mine ears.* Ex. 21. 6. Job 33. 16. Is. 50. 4, 5. *opened. Heb.* digged.

7 *Lo.* He. 10. 7-9. *in the.* Ge. 3. 15. Lu. 24. 27, 44. Jno. 5. 39. Ac. 10. 43. 1 Co. 15. 3, 4. 1 Pe. 1. 10, 11. Re. 19. 10.

8 *I delight.* Ps. 112. 1; 119, 16, 24, 47, 92. Job 23. 12. Je. 15. 16. Jno. 4. 34. Ro. 7. 22; 8. 29. *yea.* Ps. 37. 30, 31. Pr. 3. 1. Je. 31. 33. 2 Co. 3. 3. *within my heart. Heb.* in the midst of my bowels.

9 *preached.* Ps. 22. 22, 25; 35. 18; 71. 15-18. Mar. 16. 15, 16. Lu. 4. 16-22. He. 2. 12. *not.* Ps. 119. 13, 171, 172. *thou knowest.* Ps. 139. 2. Jno. 21. 17.

10 *not hid.* Eze. 2. 7; 3. 17, 18. Ac. 20. 20, 21, 26, 27. Ro. 10. 9, 10. 1 Th. 1. 8. Re. 22. 17. *righteousness.* Ro. 1. 16, 17; 3. 22-26; 10. 3. Phi. 3. 9. *faithfulness.* Ac. 13. 32, 33. Ro. 15. 8, 9. *salvation.* Is. 49. 6. Lu. 2. 30-32; 3. 6. 1 Ti. 1. 15. *lovingkindness.* Ps. 25. 10; 34. 6. Mi. 7. 20. Jno 1. 17; 3. 16, 17.

11 *Withhold.* From this verse to the end, we have quite a new subject; for the former contains a thanksgiving, and this contains a supplication. It is nearly the same as the seventieth, and probably formed a distinct Psalm. Ps. 69. 13, 16. *let thy.* Ps. 23. 6; 43. 3; 57. 3; 61. 7; 85. 10. Heb. 5. 7.

12 *innumerable.* Ps. 22. 11-19. He. 4. 15. *mine.* Ps. 38. 4. Is. 53. 6. Lu. 18. 13, 14. 1 Pe. 3. 18. *they are.* Ps. 19. 12; 69. 4. *heart.* Ps. 73. 26. Ge. 42. 28. Lu. 21. 26. *faileth. Heb.* forsaketh.

13 *Be.* Ps. 25. 17, 18. Mat. 26. 36-44. *make.* Ps. 38. 22; 70. 1, etc.

14 *Let them be ashamed.* The verbs in the preceding verse, in which the Psalmist simply prays for deliverance, are in the *imperative;* but here, and in the following verses, they are in the *future* tense, and naturally express the language of lively faith and hope, rather than that of wishing the destruction foreseen and predicted. Ps. 31. 17, 18; 35. 4, 26; 70. 2, 3; 71. 13. Is. 41. 11; 45. 24. *that.* Mat. 21. 38-41. *driven.* Ps. 9. 3. Jno. 18. 6. Ac. 9. 4-6; 12. 23, 24.

15 *desolate.* Ps. 69. 24, 25; 70. 3; 73. 19; 109. 6-20. Lu. 19. 43, 44; 21. 23, 24. *say.* Ps. 35. 21, 55; 70. 3, 4.

16 *all.* Ps. 22. 26; 35. 27; 68. 3; 105. 3. Is. 65. 13, 14. *love.* Ps. 119. 81, 111, 123, 166, 167. Mat. 13. 45, 46. Phi. 3. 7-9. *say.* Ps. 35. 27. Lu. 1. 46, 47. Ac. 19. 17.

17 *I am poor.* ver. 5. Ps. 34. 6; 69. 33; 70. 5. Is. 41. 17. Mat. 8. 20. 2 Co. 8. 9. Ja. 2. 5. *the Lord.* 1 Pe. 2. 23; 5. 7. *help.* Ps. 54. 4. Is. 50. 7-9. He. 13. 6. *make.* Ps. 143. 7, 8. Re. 22. 20.

## PSALM XLI.

*The recompence of the charitable, 1-3. David complains of his enemies' treachery, 4-9. He flees to God for succour, 10-13.*

(*Title.*) This Psalm is supposed to have been written on the same occasion as the three former; and to relate to David's affliction, and the evil treatment he received from his enemies during its continuance.

1 *Blessed.* Ps. 112. 9. De. 15. 7-11. Job 29. 12-16; 31. 16-20. Pr. 14. 21; 19. 17. Ec. 11. 1, 2. Is. 58. 7-11. Mar. 14. 7. Lu. 14. 13, 14. 2 Co. 9. 8-14. Ga. 2. 10. *the poor. or*, the weak, *or* sick. Mat. 25. 34-39. Ac. 20. 35. 1 Th. 5. 14. *Lord.* Ps. 34. 19; 37. 26, 39, 40. Heb. 6. 10. Ja. 2. 13. *time of trouble. Heb.* the day of evil. Ps. 37. 19. Pr. 16. 4. Ec. 12. 1. Re. 3. 10.

2 *preserve.* Ps. 33. 19; 91. 3-7. Je. 45. 4, 5. *blessed.* Ps. 128. 1-6. 1 Ti. 4. 8. *thou wilt not. or*, do not thou. Ps. 27. 12; 37. 32, 33; 140. 8, 9.

3 *strengthen.* Ps. 73. 26. 2 Ki. 1. 6, 16; 20. 5, 6. 2 Co. 4. 16, 17. Phi. 2. 26, 27. *make. Heb.* turn.

4 *Lord.* Ps. 32. 5; 51. 1-3. *heal.* Ps. 6. 2-4; 103. 3; 147. 3. 2 Ch. 30. 18-20. Ho. 6. 1. Ja. 5. 15, 16.

5 *Mine.* Ps. 22. 6-8; 102. 8. *his name.* Job 18. 17; 20. 7. Pr. 10. 7.

6 *speaketh.* Ps. 12. 2; 26. 24, 25. Ne. 6. 1-14. Pr. 26. 24-26. Da. 11. 27. Mi. 7. 5-7. Lu. 11. 53, 54; 20. 20-23. 2 Co. 11. 26. *when.* Je. 20. 10.

7 *whisper.* Pr. 16. 28; 26. 20, marg. Ro. 1. 29. 2 Co. 12. 20. *against.* Ps. 31. 13; 56. 5, 6. Mat. 22. 15; 26. 3, 4. *my hurt. Heb.* evil to me.

8 *An evil disease. Heb.* A thing of Belial. Ps. 38. 3-7. Job 2. 7, 8. Lu. 13. 16. *and.* Ps. 3. 2; 71. 11. Mat. 27. 41-43, 63, 64.

9 *Yea.* Ps. 55. 12-14, 20-22. 2 Sa. 15. 12. Job 19. 19. Je. 20. 10. *mine own familiar friend. Heb.* the man of my peace. *which.* De. 32. 15. Ob. 7. Jno. 13. 18, 26, 27. *lifted up. Heb.* magnified.

10 *be merciful.* Ps. 57. 1; 109. 21. *that.* Ps. 18. 37-42; 21. 8-10; 69. 22-28; 109. 6-20. Lu. 19. 27.

11 *because.* Ps. 13. 4; 31. 8; 35. 25; 86. 17; 124. 6. Je. 20. 13. Col. 2. 15.

12 *thou.* Ps. 25. 21; 94. 18. *settest.* Ps. 16. 11; 17. 15; 34. 15; 73. 23, 24. Job 36. 7. Jno. 17. 24.

13 *Blessed.* Ps. 72. 18, 19; 89. 52; 106. 48. 1 Ch. 29. 10. Ep. 1. 3. Re. 4. 8; 5. 9-14; 7. 12; 11. 17. *Amen.* The LXX. and Vulgate render, Γενοιτο, γενοιτο· *Fiat, fiat.* So be it! So be it! With this Psalm ends the *first* of the *five* books into which the Hebrews have divided the Psalms. Nu. 5. 22. De. 27. 15, etc. 1 Ki. 1. 36. 1 Ch. 16. 36. Je. 28. 6. Mat. 6. 13. 1 Co. 14. 16. Re. 22. 20.

## PSALM XLII.

*David's zeal to serve God in the temple, 1-4. He encourages his soul to trust in God, 5-11.*

A.M. 2983. B.C. 1021. (*Title.*) *Maschil, or, a Psalm* giving instruction, of the sons, etc. Or, 'An instructive Psalm,' or didactic ode, 'for the sons of Korah.' It is generally supposed to have been written by David when driven from Jerusalem and beyond Jordan, by Absalom's rebellion. *the sons.* Ps. 44-49; 84; 85, titles. Nu. 16. 1, 32; 26. 11. 1 Ch. 6. 33-37; 25. 1-5.

1 *panteth. Heb.* brayeth. *so panteth.* Ps. 63. 1, 2; 84. 2; 143. 6, 7. Is. 26. 8, 9.

2 *thirsteth.* Ps. 36. 8, 9; 63. 1. Jno. 7. 37. Re. 22. 1. *living.* Job 23. 3. Je. 2. 13; 10. 10. Jno. 5. 26. 1 Th. 1. 9. *when.* Ps. 27. 4; 84. 4, 10.

3 *tears.* Ps. 80. 5; 102. 9. 2 Sa. 16. 12, marg. *while.* ver. 10. Ps. 3. 2; 22. 8; 79. 10, 12; 115. 2.

4 *When.* Ru. 1. 21. Job 29. 2, etc.; 30. 1, etc. La. 4. 1. Lu. 16. 25. *I pour.* Ps. 62. 8. 1 Sa. 1. 15, 16. Job 30. 16. *for I.* 1 Ch. 15. 15-28; ch. 16. *with the voice.* Ps. 81. 1-3; 122. 1. De. 16. 11, 14, 15. 2 Ch. 7. 10; 30. 23-26. Is. 30. 29. Na. 1. 15.

5 *Why art thou cast down. Heb.* Why art thou bowed down. ver. 11. Ps. 35. 14; 43. 5; 55. 4, 5; 61. 2; 142. 2, 3; 143. 3, 4. 1 Sa. 30. 6. Mar. 14. 33, 34. *hope.* Ps. 27. 13, 14; 37. 7; 56. 3, 11; 71. 14. Job 13. 15. Is. 50. 10. La. 3. 24-26. Ro. 4. 18-20. He. 10. 36, 37. *praise him. or*, give thanks. *for the help*, etc. *or*, his presence *is* salvation. Ps. 44. 3; 91. 15, 16. Nu. 6. 26. Mat. 1. 23; 28. 20.

6 *my God.* Ps. 22. 1; 43. 4; 88. 1-3. Mat. 26. 39; 27. 46. *therefore.* Ps. 77. 6-11. Jon. 2. 7. *from the.* Ps. 61. 2. 2 Sa. 17. 22, 27. *Hermonites.* De. 3. 8, 9; 4. 47, 48. *the hill Mizar. or*, the little hill. Ps. 133. 3.

7 *Deep calleth.* Job 1. 14-19; 10. 17. Je. 4. 20. Eze. 7. 26. *water-spouts.* A *water-spout* is a large tube formed of clouds by means of the electric fluid, the base being uppermost, and the point let down perpendicularly from the clouds. It has a particular kind of *circular motion* at the point; and, being hollow within, attracts vast quantities of water, which it frequently pours down in torrents upon the earth. These spouts are frequent on the coast of Syria; and no doubt the Psalmist had often seen them, and the ravages which they made. *all thy.* Ps. 69. 14, 15; 88. 7. 15-17. La. 3. 53-55. Jon. 2. 3.

8 *command.* Ps. 44. 4; 133. 3. Le. 25. 21. De. 28. 8. Mat. 8. 8. *in the night.* Ps. 32. 7; 63. 6; 149. 5. Job 35. 10. Is. 30. 29. Ac. 16. 25. *the God.* Ps. 27. 1. Col. 3. 3.

9 *God.* Ps. 18. 2; 28. 1; 62. 2, 6, 7; 78. 35. *Why hast.* Ps. 13. 1; 22. 1, 2; 44. 23, 24; 77. 9. Is. 40. 27; 49. 15. *why go.* Ps. 38. 6; 43. 2; 88. 9. Job 30. 26-31. *because.* Ps. 55. 3. Ec. 4. 1. La. 5. 1-16.

10 *As with.* ver. 3. Pr. 12. 18. Lu. 2. 35. *sword. or*, killing. *while.* ver. 3. Joel 2. 17. Mi. 7. 10.

11 *cast down.* ver. 5. Ps. 43. 5. *the health.* Je. 30. 17; 33. 6. Mat. 9. 12.

## PSALM XLIII.

*David, praying to be restored to the temple, promises to serve God joyfully, 1-4. He encourages his soul to trust in God, 5.*

A.M. 2983. B.C. 1021. (*Title.*) This Psalm is evidently a continuation of the preceding, and had the same author; and they are written as one in forty-six MSS. The sameness of subject, similarity of composition, and return of the same burden in both, are sufficient evidence of this opinion.

1 *Judge.* Ps. 7. 8; 26. 1; 35. 24; 75. 7. 1 Co. 4. 4. 1 Pe. 2. 23. *plead.* Ps. 35. 1. 1 Sa. 24. 15. Pr. 22. 23; 23. 11. Mi. 7. 9. *ungodly. or*, unmerciful. *the deceitful. Heb.* a man of deceit and iniquity. Ps. 71. 4. 2 Sa. 15. 31; 16. 20-23; 17. 1-4.

2 *the God.* Ps. 28. 7; 140. 7. Ex. 15. 2. Is. 40. 31; 45. 24. Zec. 10. 12. Ep. 6. 10. Phi. 4. 13. *why dost.* Ps. 71. 9; 77. 7; 94. 14. 1 Ch. 28. 9. *why go.* Ps. 42. 9.

3 *send.* Ps. 40. 11; 57. 3; 97. 11; 119. 105. 2 Sa. 15. 20. Mi. 7. 8, 20. Jno. 1. 4, 17. *lead.* Ps. 25. 4, 5; 143. 10. Pr. 3. 5, 6. *thy holy.* Ps. 2. 6; 3. 4; 68. 15, 16; 78. 68; 132. 13, 14. *tabernacles.* 1 Ch. 16. 1, 39; 21. 29.

4 *Then.* Ps. 66. 13-15; 116. 12-19. *my exceeding joy. Heb.* the gladness of my joy. Ps. 71. 23. Is. 61. 10. Hab. 3. 17, 18. Ro. 5. 11. *upon.* Ps. 57. 8; 71. 22; 81. 2. 2 Sa. 6. 5. Re. 5. 8. *O God.* Ps. 42. 6.

5 *cast down.* Ps. 42. 5, 11. *health.* *Yeshûôth*, 'salvations.' or *deliverances* see Ps. 44. 4.

## PSALM XLIV.

*The church, in memory of former favours, 1-6, complains of her present evils, 7-16. Professing her integrity, 17-23, she fervently prays for succour, 24-26.*

A.M. 3294. B.C. 710. (*Title.*) *for the sons.* Ps. 42, title.

1 *have heard.* Ps. 22. 31; 71. 18; 78. 3-6; 105. 1, 2. Ex. 12. 24-27; 13. 14, 15. Is. 38. 19. Joel 1. 3. *in the times.* Nu. 21. 14-16, 27-30. Job 8. 8, 9; 15. 17-19.

2 *drive out.* Ps. 78. 55; 80. 8; 105. 44; 135. 10-12; 136. 17-22. Ex. 15. 17, 19; 34. 11. De. 7. 1. Jos. 10. 42; 11. 23; 21. 43. Ne. 9. 22-27. *how thou didst afflict*, etc. Or, rather, 'how thou didst afflict the peoples (of Canaan,) and madest them (the Hebrews) to shoot forth;' for *shalach* is to *send forth* in any manner, and is applied to a vine spreading its roots, etc. Ps. 89. 9. Eze. 17. 6. Je. 17. 8; and this sense is parallel with *plantedst* in the former line. Ex. 23. 28. Nu. 13. 32. Jos. 10. 11; 24. 12. 1 Sa. 5. 6, 7.

3 *For.* De. 4. 37, 38; 8. 17, 18. Jos. 24. 12. Zec. 4. 6. 2 Co. 4. 7. *thy right.* Ps. 17. 7; 20. 6; 74. 11. Ex. 15. 6. Is. 63. 12. *light.* Ps. 42. 5, 11; 80. 16. *because.* Nu. 14. 8. De. 7. 7, 8. 1 Sa. 12. 22. Mal. 1. 2, 3. Ro. 9. 10-15.

4 *my King.* Ps. 74. 12; 89. 18; 149. 2. Is. 33. 22. *command.* Ps. 42. 8. Mar. 1. 25, 26, 31, 41; 9. 25.

5 *Through thee.* Ps. 18. 39-42; 118. 10-13. Is. 41. 14-16. Phi. 4. 13. *push.* De. 33. 17. 1 Ki. 22. 11. Da. 8. 4. *tread.* Ps. 60. 12; 91. 13; 108. 13. Zec. 10. 5. Ro. 16. 20, marg.

6 Ps. 20. 7; 33. 16, 17. Ho. 1. 7.

7 *But.* Ps. 140. 7; 144. 10. Jos. 1. 5; 10. 8-10, 42; 11. 6; 23. 9, 10. Ju. 2. 18; 7. 4-7. 1 Sa. 7. 8-12; 14. 6-10; 17. 47. 2 Sa. 7. 10. *put them.* Ps. 40. 14; 83. 1-18; 132. 18.

8 *In God.* Ps. 34. 2. Is. 45. 25. Je. 9. 24. Ro. 2. 17. 1 Co. 1. 29-31. *praise.* Ps. 115. 1-18.

9 Ps. 43. 2; 60. 1, 10; 74. 1; 80. 12, 13; 88. 14; 89. 38-45; 108. 11. Je. 33. 24-26. La. 3. 31, 32. Ro. 11. 1-6.

10 *Thou.* Le. 26. 17, 36, 37. De. 28. 25. Jos. 7. 8, 12. 1 Sa. 4. 17; 31. 1-7. *spoil.* Ps. 89. 41. Is. 10. 6, 14. Je. 15. 13; 20. 8.

11 *given.* Je. 12. 3. Ro. 8. 36. *like sheep appointed for meat. Heb.* as sheep of meat. Ps. 14. 4. *scattered.* Ps. 60. 1. De. 4. 27; 28. 64. 2 Ki. 17. 6. Is. 11. 11, 12. Je. 32. 37. Eze. 34. 12. Lu. 21. 24.

12 *sellest.* De. 32. 30. Is. 50. 1; 52. 3, 4. Je. 15. 13. *for nought. Heb.* without riches. *increase.* Ne. 5. 8-12. Re. 18. 13.

13 *makest.* Ps. 79. 4; 80. 6; 89. 51. Je. 24. 9. Eze. 36. 19-23. *scorn.* Ps. 123. 3, 4. Je. 48. 27.

14 *by-word.* De. 28. 37. 1 Ki. 9. 7. 2 Ch. 7. 20. Je. 24. 9. *shaking.* Ps. 22. 7. 2 Ki. 19. 21. Job 16. 4. Is. 37. 22. La. 2. 15-17.

15 *confusion.* Jos. 7. 7-9. Ezr. 9. 6. Je. 3. 25. *covered.* Ps. 69. 7; 71. 13; 89. 45. Je. 51. 51.

16 *For the.* Ps. 74. 18, 22, 23; 79. 12. Is. 37. 3, 4, 17, 23, 24. *enemy.* Ps. 8. 2.

17 *All this.* Da. 9. 13. *yet.* ver. 20. Ps. 9. 17. De. 6. 12; 8. 14. Is. 17. 10. Je. 2. 32. *dealt.* Je. 31. 32. Eze. 16. 59; 20. 37.

18 *heart.* Ps. 78. 57; 125. 5. 1 Ki. 15. 5. Job 34. 27. Je. 11. 10. Zep. 1. 6. Lu. 17. 32. *have.* Ps. 119. 51, 157. Job 23. 11, 12. 1 Co. 15. 58. 1 Th. 2. 10. *steps. or,* goings.

19 *Though.* Ps. 38. 8; 60. 1-3. Je. 14. 17. *in the.* Ps. 74. 13, 14. Is. 27. 1; 34. 13, 14; 35. 7. Eze. 29. 3. Re. 12. 9; 13. 2, 11-13; 16. 10. *with the.* Ps. 23. 4. Job 3. 5; 10. 21, 22. Mat. 4. 16.

20 *If we.* ver. 17. Ps. 7. 3-5. Job 31. 5, etc. *stretched.* Ps. 68. 31. Ex. 9. 29. 1 Ki. 8. 22. Job 11. 13.

21 *Shall.* Ps. 139. 1, etc. Job 31. 4, 14; 34. 21, 22. Je. 17. 10; 23. 24. *knoweth.* Jos. 22. 22, 23. Ec. 12. 14. Ro. 2. 16. 1 Co. 4. 5. He. 4. 12, 13. Re. 2. 23.

22 *Yea.* Ro. 8. 36. *killed.* ver. 11. Ps. 79. 2, 3. 1 Sa. 22. 17-19. 1 Ki. 19. 10. Mat. 5. 10-12. Jno. 15. 21; 16. 2, 3. 1 Co. 4. 9; 15. 30, 31. Re. 11. 3-9; 17. 6.

23 *Awake.* Ps. 7. 6; 12. 5; 35. 23; 59. 4, 5; 78. 65. Is. 51. 9. Mar. 4. 38. *cast.* ver. 9. Ps. 74. 1; 88. 14.

24 *Wherefore.* Ps. 10. 1, 11; 13. 1; 43. 1-4. De. 32. 20. Job 13. 24. *forgettest.* Ps. 74. 19, 23. Ex. 2. 23, 24. Is. 40. 27, 28. Re. 6. 9, 10.

25 Ps. 66. 11, 12; 119. 25. Is. 51. 23. La. 4. 5.

26 *for our help. Heb.* a help for us. *redeem.* Ps. 26. 11; 130. 7, 8.

## PSALM XLV.

*The majesty and grace of Christ's kingdom, 1-9. The duty of the church, and the benefits thereof, 10-17.*

*(Title.) To the chief.* Or, rather, 'To the chief musician upon the hexachords, a didactic ode for the sons of Korah, *and* a song of loves.' *Shoshannim* most probably denotes *hexachords,* or *six-stringed instruments,* from *shesh,* 'six:' hence the Persian *shashta,* a *six-stringed lute.* This Psalm is supposed by some to be an epithalamium, or nuptial song, on the marriage of Solomon with Pharaoh's daughter; but with what propriety could Solomon be described as *fairer than the children of men,* a *mighty warrior,* a *victorious conqueror,* and a prince whose *throne is for ever and ever? A greater than Solomon is here;* and the person described is no other than the *Messiah,* as is acknowledged by many Jewish writers. The Targum on ver. 3 says, 'Thy beauty, *malka meshecha,* O King Messiah, is greater than the children of men;' and the Apostle expressly quotes it as such, He. 1. 8, 9. It was probably written by David after Nathan's prophetic address, 1 Ch. 17. 27. *Shoshannim.* Ps. 69; 80, titles. *Maschil. or,* of instruction. *A Song.* Ca. 1. 1, 2, etc. Is. 5. 1. Ep. 5. 32.

1 *is inditing. Heb.* boileth, *or,* bubbleth up. Job 32. 18-20. Pr. 16. 23. Mat. 12. 35. *a good.* Ps. 49. 3. Job 33. 3; 34. 4. Pr. 8. 6-9. *touching.* Ps. 2. 6; 24. 7-10; 110. 1, 2. Ca. 1. 12. Is. 32. 1, 2. Mat. 25. 34; 27. 37. *tongue.* 2 Sa. 23. 2. 2 Pe. 1. 21.

2 *fairer.* Ca. 2. 3; 5. 10-16. Zec. 9. 17. Mat. 17. 2. Jno. 1. 14. Col. 1. 15-18. He. 1. 3, 4; 7. 26. Re. 1. 13-18. *grace.* Pr. 22. 11. Is. 50. 4. Lu. 4. 22. Jno. 7. 46. *God.* Ps. 21. 6; 72. 17-19. Phi. 2. 9-11.

3 *Gird.* Is. 49. 2; 63. 1-6. He. 4. 12. Re. 1. 16; 19. 15, 21. *O most.* Is. 9. 6, 7. Ac. 10. 36. Ro. 14. 9. *glory.* Is. 21. 5; 96. 6; 104. 1; 145. 5, 12. He. 1. 3; 8. 1. Jude 25.

4 *ride,* etc. *Heb.* prosper thou, ride thou. Re. 6. 2; 19. 11. *prosperously.* Ps. 110. 2, 3. 1 Th. 1. 5; 2. 13. 2 Th. 3. 1. *because.* Ps. 60. 4. Jno. 1. 17; 14. 6. *meekness.* Zec. 9. 9. Mat. 11. 29; 12. 19, 20. 2 Co. 10. 1. *right.* Ps. 2. 9; 21. 8, 9; 65. 5; 110. 5, 6. Is. 59. 17, 18; 63. 1-6. Lu. 19. 27. 2 Th. 1. 8, 9. Re. 6. 16, 17; 11. 18; 19. 17-21; 20. 15.

5 *Thine.* Ps. 21. 12; 38. 2. Nu. 24. 8. Zec. 9. 13, 14. *sharp.* Ps. 2. 1-9. Lu. 19. 42-44; 20. 18, 19. Ac. 2. 37, 41; 5. 33; 7. 54. *people.* Ps. 22. 27; 66. 3, 4. Ac. 4. 4; 5. 14; 6. 7. Ro. 15. 18, 19.

6 *throne.* Ps. 89. 29, 36, 37; 93. 2; 145. 13. Da. 2. 44. Lu. 1. 32, 33. He. 1. 8. *O God.* Is. 9. 6, 7. Je. 23. 5, 6. Jno. 1. 1. 1 Ti. 3. 16. *the sceptre.* Ps. 72. 1, etc. 2 Sa. 23. 3, 4. Je. 33. 15, 16. Re. 19. 11.

7 *Thou.* Ps. 33. 5; 99. 4. Mat. 3. 15. He. 1. 9; 7. 26. *hatest.* Ps. 101. 3, 4, 8. Mat. 7. 23. Lu. 13. 27. Re. 21. 27. *God. or,* O God. *thy God.* Ps. 89. 26. Is. 61. 1. Jno. 20. 17. Ep. 1. 3. *hath.* Ps. 89. 20. Le. 8. 12. 1 Sa. 16. 13. 1 Ki. 1. 39, 40; 19. 16. Is. 61. 1-3. Lu. 3. 22; 4. 18-21. Jno. 3. 34. *oil.* Ps. 21. 6. 1 Ki. 1. 39. Ac. 2. 28. *above.* Jno. 1. 16. Ro. 8. 29. Col. 1. 18, 19. He. 2. 14.

8 *All.* Ca. 1. 3, 13; 3. 6; 4. 6, 13, 14; 5. 1, 5, 13. Mat. 2. 11. Jno. 19. 39. 2 Co. 2. 14-16. *cassia.* Ex. 30. 23, 24. *ivory.* ver. 15. 1 Ki. 22. 39. Am. 3. 15. Jno. 14. 2. *whereby.* Ps. 16. 11. He. 12. 2.

9 *Kings.* ver. 13. Ps. 72. 10. Ca. 6. 8, 9; 7. 1. Is. 49. 23; 60. 10, 11. Re. 21. 24. *upon.* 1 Ki. 2. 9, 19. *queen.* Ca. 4. 8-11. Jno. 3. 29. Ep. 5. 26, 27. Re. 19. 7; 21. 2, 9. *gold.* 1 Ki. 10. 11. Job. 22. 24.

10 *Hearken.* Ca. 2. 10-13. Is. 55. 1-3. 2 Co. 6. 17, 18; 7. 1. *forget.* Ge. 2. 24; 12. 1. De. 21. 13; 33. 9. Mat. 10. 37; 19. 29. Lu. 14. 26. 2 Co. 5. 16.

11 *So shall.* Ca. 1. 8, 12-16; 2. 2, 14; 4. 1-5, 7, 9, 10; 6. 4; 7. 1-10. Is. 62. 4, 5. Zep. 3. 17. Ep. 5. 26, 27. *Lord.* ver. 6. Is. 54. 5. Je. 23. 5, 6. Jno. 20. 28. Ac. 10. 36. Ro. 14. 9. Phi. 2. 10, 11; 3. 8. *worship.* Ps. 2. 12; 95. 6. Lu. 24. 52. Jno. 4. 21, 22. Re. 5. 8-14.

12 *And the.* Is. 23. 17, 18. Ac. 21. 3-6. *with.* Ps. 72. 10. Is. 60. 6, 7. Mat. 2. 11. *rich.* Ps. 22. 29. Is. 49. 23; 60. 3, 10, 11. *favour. Heb.* face.

13 *king's.* ver. 9, 10. Ca. 7. 1. Is. 61. 10. 1 Pe. 2. 9. Re. 19. 7, 8. *all glorious.* 1 Sa. 16. 7. Lu. 11. 40. Ro. 2. 29. 2 Co. 5. 17. 1 Pe. 3. 3, 4. *clothing.* ver. 9. Mat. 5. 16; 22. 11, 12. Ro. 3. 22; 13. 14. Re. 3. 18.

14 *She.* Ca. 1. 4. Jno. 17. 24. 2 Co. 11. 2. *raiment.* Ex. 28. 39. Ju. 5. 30. *virgins.* Ca. 1. 3, 5; 2. 7; 5. 8, 9; 6. 1, 8, 13; 8. 13. Re. 14. 1-4.

15 *With.* Is. 35. 10; 51. 11; 55. 12, 13; 60. 19, 20; 61. 10. Jude 24. Re. 7. 15-17. *they shall.* Is. 56. 5. Jno. 14. 3. Re. 3. 12, 21.

16 *Instead.* Ps. 22. 30. Mat. 19. 29. Mar. 10. 29, 30. Phi. 3. 7, 8. *children.* Is. 49. 21, 22; 54. 1-5; 60. 1-5. Ga. 4. 26, 27. *princes.* 1 Pe. 2. 9. Re. 1. 6; 5. 10; 20. 6.

17 *I will.* Ps. 22. 30, 31; 72. 17-19; 145. 4-7. Is. 59. 21. Mal. 1. 11. Mat. 26. 13. 1 Co. 11. 26. *therefore.* Ps. 72. 17. Ca. 6. 9. Is. 61. 9; 62. 3.

## PSALM XLVI.

*The confidence which the church has in God, 1-7. An exhortation to behold it, 8-11.*

A.M. 3108. B.C. 896. *(Title.) for. or,* of. *the sons.* Ps. 84; 85; 87, titles. *A Song.* Ps. 48; 66, titles. *Alamoth.* 1 Ch. 15. 20.

1 *refuge.* ver. 7, 11. Ps. 62. 7, 8; 91. 1-9; 142. 5. Pr. 14. 26; 18. 10. Lu. 13. 34. He. 6. 18. *a very.* Ps. 145. 18. Ge. 22. 14. De. 4. 7. 2 Sa. 22. 17-20.

2 *will.* Ps. 23. 4; 27. 3. Mat. 8. 24-26. He. 13. 6. *though.* Ge. 7. 11, 12. Lu. 21. 9-11, 25-28, 33. 2 Pe. 3. 10-14. *mountains.* Mat. 21. 21. *midst of the sea. Heb.* heart of the seas.

3 *the waters.* Ps. 18. 4; 93. 3, 4. Job 38. 11. Is. 5. 30; 17. 12, 13. Je. 5. 22. Mat. 7. 25. Re. 17. 15. *mountains.* Ps. 114. 4-7. Ju. 5. 4, 5. 1 Ki. 19. 11. Job 9. 5, 6. Je. 4. 24. Mi. 1. 4. Na. 1. 5. Re. 16. 20.

4 *a river.* Ps. 23. 2; 36. 8, 9. Is. 8. 6, 7; 48. 18. Eze. 47. 1-12. Re. 22. 1-3. *city.* Ps. 48. 1, 8; 87. 3. 2 Ch. 6. 6. Is. 37. 35, 36; 60. 14. He. 12. 22. Re. 21. 2, 3, 10. *holy.* De. 12. 11, 12. *most.* Ps. 91. 1; 92. 1, 8. Ec. 5. 8. Mi. 6. 6.

5 *God is.* Ps. 68. 18. De. 23. 14. Is. 12. 6. Ex. 43. 7, 9. Ho. 11. 9. Joel 2. 27. Zep. 3. 15. Zec. 2. 5, 10, 11; 8. 3. Mat. 18. 20. Re. 2. 1. *she.* Ps. 62. 2, 6; 112. 6; 125. 1. *and that,* etc. *Heb.* when the morning appeareth. Ps. 30. 5; 143. 8. Ex. 14. 24, 27. Lu. 18. 8.

6 *heathen.* Ps. 2. 1-4; 83. 2-8. 2 Ch. 14. 9-13; 20. 1, 20-24. Is. 8. 9, 10; 37. 21-36. *kingdoms.* Is. 14. 12-16. *earth.* Ps. 68. 8; 97. 5. Jos. 2. 9, 11, 24. Is. 64. 1, 2. Am. 9. 5, 13. Na. 1. 5. Hab. 3. 5, 6, 10, 11. 2 Pe. 3. 10-12. Re. 6. 13, 14; 20. 11.

7 *Lord.* ver. 11. Nu. 14. 9. 2 Ch. 13. 12. Is. 8. 10. Mat. 28. 20. Ro. 8. 31. 2 Ti. 4. 22. *our refuge. Heb.* an high place for us. Ps. 9. 9, marg.

8 *Come.* Ps. 66. 5; 92. 4-6; 111. 2, 3. Nu. 23. 23. *desolations.* Ex. 10. 7; 12. 30; 14. 30, 31. Jos. 11. 20. 2 Ch. 20. 23, 24. Is. 24. 1; 34. 2, etc.

9 *maketh.* Is. 2. 4; 11. 9; 60. 18. Mi. 4. 3, 4. *breaketh.* Ps. 76. 3-6. Eze. 39. 3, 9, 10. *burneth.* Jos. 11. 6, 9. Mi. 5. 10.

10 *Be still.* Hab. 2. 20. Zec. 2. 13. *know.* Ps. 83. 18; 100. 3. Ex. 18. 11. 1 Sa. 17. 46. 1 Ki. 18. 36. 2 Ki. 19. 19. *I will be.* Ps. 21. 13; 57. 5. 1 Ch. 29. 11. Is. 2. 11, 17; 5. 16. Eze. 38. 23. Re. 15. 3, 4.

11 *the God.* ver. 1, 7. Ps. 48. 3. De. 33. 27. Je. 16. 19.

## PSALM XLVII.

*The nations are exhorted cheerfully to entertain the kingdom of Christ.*

*(Title.) A Psalm.* This Psalm is supposed to have been composed by Solomon on the removal of the ark into the temple, 2 Ch. ch. 7. *for. or,* of. Ps. 46, title.

1 *clap.* Ps. 98. 4. 2 Ki. 11. 12. Is. 55. 12. *shout.* ver. 5. Ps. 98. 4. 1 Sa. 10. 24. 2 Sa. 6. 15. 2 Ch. 13. 15. Ezr. 3. 11-13. Je. 31. 7. Zep. 3. 14. Zec. 4. 7; 9. 9. Lu. 19. 37-40. Re. 19. 1.

2 *is terrible.* Ps. 65. 5; 66. 3-5; 68. 35; 76. 12; 99. 3; 145. 6. De. 7. 21; 28. 58. Ne. 1. 5. Na. 1. 6, 7. Re. 6. 16, 17. *a great.* ver. 7. Ps. 22. 27-29; 95. 3. Da. 7. 13, 14. Mal. 1. 14. Mat. 28. 18. Phi. 2. 9-11.

3 *subdue.* Ps. 18. 47; 81. 14. De. 33. 29, marg. Jos. 21. 44. Phi. 3. 21. *our feet.* Ps. 110. 1. Jos. 10. 24, 25. 1 Co. 15. 25.

4 *choose.* De. 11. 12. Je. 3. 19. Eze. 20. 6. Mat. 25. 34. 1 Co. 3. 22, 23. Ep. 1. 18. 1 Pe. 1. 4. *excellency.* Ps. 16. 3. Is. 60. 15. Am. 6. 8; 8. 7. Na. 2. 2. *whom.* De. 7. 6-8; 33. 3. Ho. 14. 4. Mal. 1. 2. Ep. 2. 4, 5. 1 Jno. 4. 9, 10.

5 *God.* Ps. 24. 7-10; 68. 17-19, 24, 25, 33. Lu. 24. 51-53. Ac. 1. 5-11. Ep. 4. 8-10. 1 Ti. 3. 16. *with a shout.* Ps. 78. 65. Nu. 23. 21. 2 Sa. 6. 15. 1 Ch. 15. 28. *sound.* Ps. 81. 3; 150. 3. Nu. 10. 1-10. Jos. 6. 5. 1 Ch. 15. 24; 16. 42. 1 Co. 15. 52. 1 Th. 4. 16. Re. 8. 6, etc.; 11. 15.

6 *to God.* Ps. 96. 1, 2; 117; 149. 1-3. Ex. 15. 21. 1 Ch. 16. 9; 29. 20. Is. 12. 4-6. Ep. 5. 18-20. *our King.* Ps. 145. 1. Is. 33. 22. Zec. 9. 9. Mat. 25. 34; 27. 37.

7 *King.* ver. 2, 8. Zec. 14. 9. Re. 11. 15. *sing.* 1 Co. 14. 14, 15. Col. 3. 16. *with understanding. or, every one* that hath understanding.

8 *reigneth.* Ps. 22. 27-29; 93. 1; 96. 10; 97. 1; 99. 1; 110. 6. 1 Ch. 16. 31. Re. 19. 6. *throne.* Ps. 9. 4; 45. 6, 7; 48. 1; 89. 14; 94. 20. He. 4. 16. Re. 20. 11.

9 *The princes,* etc. *or,* The voluntary of the people are gathered *unto* the people of, etc. Ps. 72. 7-9; 110. 2, 3. Ge. 49. 10. Is. 11. 10; 60. 4, 5; 66. 19, 20. Ro. 11. 25. *the God.* Ge. 17. 7, 8. Ex. 3. 6, 15. Is. 41. 8-10. Mat. 22. 32. Ro. 4. 11, 12. Ga. 3. 29. *shields.* Ps. 89. 18. Pr. 30. 5, marg. *he is.* Ps. 46. 10.

## PSALM XLVIII.

*The ornaments and privileges of the church.*

A.M. 3489. B.C. 515. *(Title.) Song.* This Psalm is supposed to have been sung at the dedication of the second temple; though some think it was composed on the victory obtained by Jehoshaphat. 2 Ch. ch. 20. Ps. 30, title. *for. or,* of. Ps. 46, title.

1 *Great.* Ps. 86. 10; 99. 3, 4; 145. 3; 147. 5. *greatly.* Ps. 89. 1-7. Ne. 9. 5. Re. 15. 3, 4; 19. 5. *city.* Ps. 46. 4; 65. 1; 78. 68; 87. 3. He. 12. 22. Re. 21. 2, 10-22. *mountain.* Ps. 47. 8; 99. 9. Is. 2. 2, 3; 27. 13. Je. 31. 23. Ob. 17. Mi. 4. 1. Zec. 8. 3. Mat. 24. 15.

2 *Beautiful.* Ps. 50. 2. Je. 3. 19. La. 2. 15. Da. 8. 9; 11. 16. *joy.* Is. 60. 15-20; 66. 10. Eze. 20. 6. Mal. 3. 12. He. 12. 22. *on the sides.* Is. 14. 13. *the city.* Ps. 47. 7, 8. Mal. 1. 14. Mat. 5. 35.

3 Ps. 76. 1-5; 125. 1. 2 Ch. 12. 7; 14. 9-15; 20. 1, etc. Is. 4. 5, 6; 37. 33-36. Zec. 2. 4, 5.

4 Ps. 83. 2-8. 2 Sa. 10. 6, 14, 16-19. Is. 7. 1; 8. 8-10; 10. 8; 29. 5-8. Re. 17. 12-14; 19. 20; 20. 8, 9.

5 *were.* Ex. 14. 25. 2 Ki. 7. 6, 7; 19. 35-37.

6 *Fear.* Ex. 15. 15, 16. Is. 13. 6-8. Da. 5. 6. *pain.* Is. 21. 3. Je. 30. 6, 7. Ho. 13. 13.

7 *breakest.* Eze. 27. 25, 26. *ships.* 1 Ki. 22. 48. Is. 2. 16. *east.* Je. 18. 17.

8 *As we.* Ps. 44. 1, 2; 78. 3-6. Is. 38. 19. *city of the Lord.* See on ver. 1, 2. *God.* Ps. 46. 5; 87. 5. Is. 2. 2. Mi. 4. 1. Mat. 16. 18.

9 *thought.* Ps. 26. 3; 77. 10, 11; 104. 34; 105. 5, 6. *loving-kindness.* Ps. 40. 10; 63. 3. Ca. 1. 4. Lu. 22. 19, 20. *in the.* Ps. 63. 2; 77. 12-14. 2 Ch. 20. 5-13. Is. 26. 8.

10 *According.* Ps. 113. 3; 138. 2-4. Ex. 3. 13-15; 34. 5-7. De. 28. 58. Jos. 7. 9. Mal. 1. 11, 14. *thy right.* Ps. 11. 7; 45. 7; 99. 4; 145. 17. Re. 19. 2, 11.

11 *daughters.* Ps. 97. 8. Ca. 1. 5; 2. 7; 3. 5; 5. 16. Is. 37. 22. Zec. 9. 9. Lu. 23. 28. *because.* Ps. 58. 10; 137. 8, 9. Ju. 5. 31. 2 Ch. 20. 26, 27. Re. 15. 4; 16. 5-7; 18. 20; 19. 1-3.

12 *Walk.* Ne. 12. 31-40. Mat. 24. 1, 2. *tell.* Is. 33. 18-20.

13 *Mark ye well. Heb.* Set your heart to. *consider. or,* raise up. Is. 58. 12. Am. 9. 11. Ac. 15. 14-16. *that ye.* Ps. 71. 18; 78. 4. De. 11. 19. Joel 1. 3.

14 *this God.* Ps. 16. 2; 31. 14; 73. 24, 26. La. 3. 21. *guide.* Ps. 23. 3, 4; 25. 9; 73. 24. Pr. 8. 20. Is. 58. 11. Jno. 16. 13.

## PSALM XLIX.

*An earnest persuasion to build the faith of resurrection, not on worldly power, but on God,* 1-15. *Worldly prosperity is not to be admired,* 16-20.

A.M. cir. 3464. B.C. cir. 540. *(Title.) A Psalm.* This Psalm was probably written by one of the descendants of the sons of Korah, during the Babylonian captivity. *for. or,* of. Ps. 46; 48, titles.

1 *Hear.* Ps. 34. 11; 78. 1. Pr. 1. 20-23. Mat. 11. 15; 13. 9. Re. 2. 7, 11, 17, 29. *inhabitants.* Ps. 50. 1. Is. 49. 6. Mal. 1. 11. Mat. 28. 19, 20. Ro. 3. 29; 10. 18.

2 Ps. 62. 9. 1 Sa. 2. 7, 8. Job 34. 19. Pr. 22. 2. Je. 5. 4, 5. Ja. 1. 9-11; 2. 1-7. Re. 6. 15-17.

3 *mouth.* De. 32. 2. Job 33. 3, 33. Pr. 4. 1, 2; 8. 6-11; 22. 17, 20, 21. 2 Ti. 3. 15-17. *meditation.* Ps. 19. 14; 45. 1; 104. 34. Mat. 12. 35.

4 *incline.* Ps. 78. 2. Mat. 13. 35. *parable.* Nu. 23. 7. Eze. 20. 49. Mat. 13. 11-15. *dark.* Pr. 1. 6. Da. 8. 23. Lu. 12. 3. 2 Co. 3. 12.

5 *Wherefore.* Ps. 27. 1, 2; 46. 1, 2. Is. 41. 10, 11. Ac. 27. 24. Ro. 8. 33, 34. Phi. 1. 28. *days.* Pr. 24. 10. Am. 5. 13. Ep. 5. 16. *iniquity.* Ps. 38. 4. Pr. 5. 22. Ho. 7. 2. *heels.* Pr. 22. 16; 56. 6, 7. Ge. 49. 17. 1 Sa. 26. 20.

6 *trust.* Ps. 52. 7; 62. 10. Job 31. 24, 25. Pr. 10. 15; 23. 5. Mar. 10. 24. 1 Ti. 6. 17. *boast.* Es. 5. 11. Je. 9. 23. Eze. 28. 4, 5. Ho. 12. 8. Lu. 12. 19.

6 *give.* Mat. 16. 26; 20. 28. 1 Ti. 2. 6. 1 Pe. 1. 18.

8 Job 36. 18, 19.

9 *That he.* Ps. 89. 48. Pr. 10. 2; 11. 4. Ec. 8. 8. Zec. 1. 5. Lu. 16. 22, 23. *see.* Ps. 16. 10. Jno 8. 51, 52. Ac. 2. 27, 31; 13. 33, 35-37.

10 *wise.* Ec. 2. 16-21; 9. 1, 2. Ro. 5. 12-14. He. 9. 27. *fool.* Ps. 73. 22; 92. 6, 7; 94. 8. Pr. 12. 1; 30. 2. Je. 10. 8. *leave.* ver. 17. Ps. 17. 14; 39. 6. Pr. 11. 4. Ec. 2. 18, 19, 21, 26; 5. 13-16. Je. 17. 11. Lu. 12. 20. 1 Ti. 6. 6-10.

11 *Their inward,* etc. Or, 'Their *grave* is their house for ever, their dwelling place through all generations, though their names are celebrated over countries.' Ps. 5. 9; 64. 6. Eze. 38. 10. Lu. 11. 39. Ac. 8. 22. *all generations. Heb.* generation and generation. *they call.* Ge. 4. 17. 1 Sa. 15. 12. 2 Sa. 18. 18.

12 *in honour.* ver. 20. Ps. 39. 5; 82. 7. Ja. 1. 10, 11. 1 Pe. 1. 24. *abideth.* The word *yalin,* rendered *abideth,* signifies to *lodge for a night.* Man's continuance in the world, or in honour or distinction, resembles a traveller's lodging at an inn, whence he removes in the morning; and is frequently far more transient and evanescent. *beasts.* Ec. 3. 18-21; 9. 12.

13 *folly.* Lu. 12. 20. 1 Co. 3. 19. *approve their sayings. Heb.* delight in their mouth. Je. 44. 17. Lu. 11. 47, 48; 16. 27, 28.

14 *Like.* Ps. 44. 11. Je. 12. 3. Ro. 8. 36. *they.* Job 17. 13, 14; 21. 13, 26; 30. 23. Ec. 12. 7. Is. 38. 10, 11. *death.* Job 24. 19, 20. *upright.* Ps. 47. 3. Da. 7. 22. Mal. 4. 3. Lu. 22. 30. 1 Co. 6. 2. Re. 2. 26, 27; 20. 4, 5. *morning.* Ps. 30. 5. Ho. 6. 3. *their.* Ps. 39. 11. Job 4. 21. *beauty. or,* strength. *in the grave,* etc. *or,* the grave *being* an habitation to every one of them. Job 30. 23.

15 *God.* Ps. 31. 5; 56. 13; 73. 24. Ho. 13. 14. Re. 5. 9; 14. 13. *power. Heb.* hand. *the grave. or,* hell. Ps. 16. 10; 86. 13; 89. 48. *shall.* Lu. 23. 46. Jno. 14. 3. Ac. 7. 59.

16 *Be not.* ver. 5. Ps. 37. 1; 7. Es. 3. 1-6. Pr. 28. 12. *glory.* Ge. 31. 1. Es. 5. 11. Re. 21. 24, 26.

17 *he shall.* Job 1. 21; 27. 19. Ec. 5. 15. Lu. 12. 20; 16. 24. 1 Ti. 6. 7. *his.* Is. 5. 14; 10. 3. 1 Co. 15. 43.

18 *while he lived. Heb.* in his life. *blessed.* De. 29. 19. Ho. 12. 8. Lu. 12. 19. *praise.* 1 Sa. 25. 6. Es. 3. 2. Ac. 12. 20-22. Re. 13. 3, 4.

19 *He. Heb. The soul.* Ec. 3. 21; 12. 7. Lu. 12. 20; 16. 22, 23. *to the generation.* Ge. 15. 15. 1 Ki. 16. 6. *never.* Ps. 56. 13. Job 33. 30. Mat. 8. 12; 22. 13. Jude 13.

20 *Man.* ver. 12. Es. 5. 11-14; 7. 10. *understandeth.* Job 4. 21. *is like.* Ps. 73. 18, 19. Ec. 3. 18, 19.

## PSALM L.

*The majesty of God in the church,* 1-4. *His order to gather his saints,* 5, 6. *The pleasure of God is not in ceremonies,* 7-13, *but in sincerity of obedience,* 14-23.

*(Title.) of Asaph. or,* for Asaph. Ps. 73; 83, titles. 1 Ch. 15. 17; 16. 37; 25. 2, 6. 2 Ch. 29. 30.

1 *mighty.* Ps. 145. 3-6. Ge. 17. 1. Jos. 22. 22. Ne. 9. 6, 32. Is. 9. 6. Je. 10. 6; 32. 18, 19. *even.* 1 Ki. 18. 21, 36, 37. Is. 37. 20; 54. 5. *hath spoken.* Is. 1. 2. Am. 3. 8. *called.* Ps. 49. 1, 2; 113. 3. Mal. 1. 11. Mat. 25. 32.

2 *Out.* Ps. 68. 24. Is. 12. 6; 26. 21. Ho. 5. 15. Hab. 2. 20. He. 12. 22-26. *perfection.* Ps. 48. 2; 87. 2, 3; 80. 17. Ca. 5. 16. Zec. 9. 17. *God.* Ps. 80. 1. De. 33. 2. Hab. 3. 3, 4. Re. 1. 16; 21. 23.

3 *Our.* Ps. 48. 14; 68. 20. Re. 22. 20. *keep.* ver. 21. Ps. 83. 1. Is. 42. 13, 14; 65. 6, 7. *a fire.* Ps. 97. 3. Ex. 19. 18. Le. 10. 2. Nu. 16. 35. De. 9. 3. 1 Ki. 19. 11, 12. Da. 7. 10. Na. 1. 5-7. Hab. 3. 5. Mal. 3. 2, 3; 4. 1. Mat. 3. 12. 2 Th. 1. 8, 9. He. 2. 3; 10. 28, 29; 12. 18-21, 29. *it shall.* Ps. 18. 7-15; 97. 4, 5.

4 *call.* ver. 6. De. 4. 36; 30. 19; 31. 28; 32. 1. Is. 1. 2. Mi. 6. 1, 2. *judge.* Ps. 96. 13; 98. 9. Is. 11. 3, 4. Jno. 5. 22, 23.

5 *Gather.* Mat. 24. 31. 1 Th. 4. 16, 17. 2 Th. 2. 1. *my saints.* Ps. 97. 10. De. 33. 2, 3. Pr. 2. 8. Is. 13. 3. Zec. 14. 5. 1 Co. 6. 2, 3. 1 Th. 3. 13. Jude 14. *made.* Ex. 24. 3-8. Mat. 26. 28. He. 9. 10-23; 12. 24; 13. 20.

6 *heavens.* Ps. 97. 6. Ro. 2. 5. Re. 16. 5-7; 19. 2. *God.* Ps. 75. 7. Ge. 18. 25. Jno. 5. 22, 23. Ro. 14. 9-12. 2 Co. 5. 10. Re. 20. 11, 12. *Selah.* Ps. 7. 3-5; 9. 16.

7 *Hear.* Ps. 81. 8. Is. 1. 18. Je. 2. 4, 5, 9. Mi. 6. 1-8. *O my.* Ps. 81. 10-12. Ex. 19. 5, 6. De. 26. 17, 18. 1 Sa. 12. 22-25. *testify.* De. 31. 19-21. 2 Ki. 17. 13. Ne. 9. 29, 30. Mal. 3. 5. *I am.* Ex. 20. 2. 2 Ch. 28. 5. Eze. 20. 5, 7, 19, 20. Zec. 13. 9.

8 Ps. 40. 6-8; 51. 16. Is. 1. 11, etc. Je. 7. 21-23. Ho. 6. 6. Heb. 10. 4-10.

9 Is. 43. 23, 24. Mi. 6. 6-8. Ac. 17. 25. He. 10. 4-6.

10 *every.* Ps. 8. 6-8; 104. 24, 25. Ge. 1. 24, 25; 2. 19; 8. 17; 9. 2, 3. 1 Ch. 29. 14-16. Job 40. 15, etc. Je. 27. 5, 6. Da. 2. 38. *cattle.* Ps. 104. 14. Ge. 31. 9. Jon. 4. 11.

11 *know.* Ps. 104. 12; 147. 9; Ge. 1. 20-22. Job 38. 41; 39. 13-18, 26-30. Mat. 6. 26; 10. 29-31. Lu. 12. 24. *wild.* Is. 56. 9. Eze. 14. 15, 16. *mine. Heb.* with me.

12 *world.* Ps. 24. 1, 2; 115. 15, 16. Ex. 19. 5. De. 10. 14. Job 41. 11. 1 Co. 10. 26-28. *fulness.* Ps. 104. 24; 145. 15, 16. Ge. 1. 11, 12, 28-30; 8. 17.

14 *Offer.* ver. 23. Ps. 69. 30, 31; 107. 21, 22; 147. 1. Ho. 14. 2. 1 Th. 5. 18. He. 13. 15. 1 Pe. 2. 5, 9. *pay.* Ps. 56. 12; 76. 11; 116. 12-14, 17, 18. Le. 27. 2, etc. Nu. 30. 2, etc. De. 23. 21. Ec. 5. 4, 5. Na. 1. 15.

15 *call.* Ps. 77. 2; 91. 15; 107. 6-13, 19, 28. 2 Ch. 33. 12, 13. Job 22. 27. Zec. 13. 9. Lu. 22. 44. Ac. 16. 25. Ja. 5. 13. *deliver.* Ps. 34. 3, 4; 66. 13-20. Lu. 17. 15-18. *glorify.* ver. 23. Ps. 22. 23. Mat. 5. 16. Jno. 15. 8. 1 Pe. 4. 11, 14.

16 *wicked.* Is. 48. 22; 55. 6, 7. Eze. 18. 27. *What.* Pr. 26. 7. Is. 1. 11-15; 48. 1, 2; 58. 1-7. Je. 7. 4-7. Mat. 7. 3-5, 22, 23. Jno. 4. 24. Ac. 19. 13-16. Ro. 2. 17-24. 1 Co. 9. 27. 2 Pe. 2. 15. *thou shouldest.* Ps. 25. 14; 78. 36-38. Eze. 20. 37, 38. Heb. 8. 9.

17 *hatest.* Pr. 1. 7, 28, 29; 5. 12, 13; 8. 36; 12. 1. Jno. 3. 20. Ro. 1. 28; 2. 21, 23. 2 Th. 2. 10-12. 2 Ti. 4. 3, 4. *castest.* Ne. 9. 26. Is. 5. 24. Je. 8. 9. 18. 12; 36. 23, etc.

18 *consentedst.* Pr. 1. 10-19. Is. 5. 23. Mi. 7. 3. Ro. 1. 32. Ep. 5. 11-13. *hast been partaker. Heb.* thy portion *was.* Le. 20. 10. Job 31. 9-11. Pr. 2. 16-19; 7. 19-23. Je. 5. 8, 9. He. 13. 4. *partaker.* Mat. 23. 30. 1 Ti. 5. 22.

19 *givest. Heb.* sendest. Ps. 52. 2-4. Je. 9. 5. *tongue.* Ps. 5. 9; 10. 7; 12. 2, 3; 36. 3, 4; 55. 12, 21; 64. 3-5. Is. 59. 3, 4. Ho. 4. 2. Ro. 3. 13, 14. Ja. 3. 5-9. Re. 21. 8.

20 *speakest.* Ps. 31. 18. Mat. 5. 11. Lu. 22. 65. *slanderest.* Le. 19. 16. Pr. 10. 18. 1 Ti. 3. 11. Tit. 2. 3. Re. 12. 10. *thine own.* Mat. 10. 21.

21 *I kept.* ver. 3. Ps. 109. 1-3. Ec. 8. 11, 12. Is. 26. 10; 57. 11. Ro. 2. 4, 5. 2 Pe. 3. 9. *thoughtest.* Ps. 73. 11; 94. 7-11. Nu. 23. 19. Is. 40. 15-18. *that I was altogether such an one as thyself.* Or, as Bishop *Horsley* renders, 'that *I AM* [*Eheyeh*] is such an one as thyself.' Ex. 3. 14. *will.* ver. 8. Pr. 29. 1. Re. 3. 19. *set.* Ps. 90. 8. Ec. 12. 14. Am. 8. 7. 1 Co. 4. 5.

22 *consider.* De. 32. 18. Ec. 7. 14. Eze. 18. 28. Hag. 1. 5. Lu. 15. 17. *forget.* Ps. 9. 17; 10. 4. Job 8. 13. Is. 51. 13. Je. 2. 32. Ho. 4. 6. *I tear.* Ho. 5. 14; 13. 8. Re. 6. 16, 17. *none.* Ps. 7. 2. 2 Sa. 22. 42. Is. 42. 22. Am. 2. 14. Mi. 5. 8.

23 *Whoso.* ver. 14, 15. Ps. 22. 23; 27. 6; 86. 9, 12. Ro. 12. 1; 15. 6, 9. Ga. 1. 24. 1 Pe. 2. 9. *to him.* Ps. 24. 4, 5; 25. 14; 85. 9. Jno. 7. 17; 8. 31, 32. Ac. 10. 2-4; 11. 14; 13. 26. Ga. 6. 16. *ordereth his conversation.* *Heb.* disposeth *his* way. Phi. 1. 27. Ja. 3. 13. 1 Pe. 1. 15. *salvation.* Ps. 91. 16. Is. 12. 2; 45. 17; 49. 6; 51. 5, 6. Lu. 2. 30.

## PSALM LI.

*David prays for remission of sins, whereof he makes a deep confession, 1-5. He prays for sanctification, 6-15. God delights not in sacrifice, but in sincerity, 16, 17. He prays for the church, 18, 19.*

A.M. 2970. B.C. 1034. (*Title.*) *when.* 2 Sa. 12. 1-13. *after.* 2 Sa. 11. 2, etc.

1 *O God.* Ps. 25. 6, 7; 109. 21; 119. 124. Ex. 34. 6, 7. Nu. 14. 18, 19. Da. 9. 9, 18. Mi. 7. 18, 19. Ro. 5. 20, 21. Ep. 1. 6-8; 2. 4-7. *multitude.* Ps. 5. 7; 69. 13, 16; 106. 7, 45. Is. 63. 7, 15, marg. La. 3. 32. *tender.* Ps. 40. 11; 77. 9; 145. 9. *blot.* ver. 9. Ne. 4. 5. Is. 43. 25; 44. 22. Je. 18. 23. Ac. 3. 19. Col. 2. 14.

2 *Wash.* ver. 7. Eze. 36. 25. Zec. 13. 1. 1 Co. 6. 11. He. 9. 13, 14; 10. 21, 22. 1 Jno. 1. 7-9. Re. 1. 5; 7. 14. *cleanse.* ver. 7. Ps. 19. 12.

3 *For I.* Ps. 32. 5; 38. 18. Le. 26. 40, 41. Ne. 9. 2. Job 33. 27. Pr. 28. 13. Lu. 15. 18-21. *my sin.* Ps. 40. 12. Is. 59. 12. Je. 3. 25.

4 *Against.* Ge. 9. 6; 20. 6; 39. 9. Le. 5. 19; 6. 2-7. 2 Sa. 12. 9, 10, 13, 14. Ja. 2. 9-11. *evil.* Ge. 38. 7. 2 Ki. 17. 17; 21. 6. Lu. 15. 21. *that thou.* Ps. 50. 4, 6. Lu. 7. 29. Ro. 3. 4. *when.* Ac. 17. 31. Ro. 2. 5. Re. 15. 3, 4; 16. 5; 19. 11.

5 *shapen.* Ps. 58. 3. Ge. 5. 3; 8. 21. Job 14. 4; 15. 14-16. Jno. 3. 6. Ro. 5. 12. Ep. 2. 3. *conceive.* *Heb.* warm.

6 *Behold.* Ps. 26. 2; 125. 4. Ge. 20. 5, 6. 2 Ki. 20. 3. 1 Ch. 29. 17. 2 Ch. 31. 20, 21. Pr. 2. 21. Je. 5. 3. Jno. 4. 23, 24. 2 Co. 1. 12. Ja. 4. 8. *inward.* Ps. 5. 9. 1 Sa. 16. 7. Job 38. 36. Lu. 11. 39. Ro. 7. 22. *in the hidden.* Job 32. 8. Je. 31. 33; 32. 40. 1 Pe. 3. 4.

7 *Purge.* Le. 14. 4-7, 49-52. Nu. 19. 18-20. He. 9. 19. *and.* He. 9. 13, 14. 1 Jno. 1. 7. Re. 1. 5. *whiter.* Is. 1. 18. Ep. 5. 26, 27. Re. 7. 13, 14.

8 *Make.* Ps. 13. 5; 30. 11; 119. 81, 82; 126. 5, 6. Mat. 5. 4. *bones.* Ps. 6. 2, 3; 38. 3. Job 5. 17, 18. Is. 57. 15-18. Ho. 6. 1, 2. Lu. 4. 18. Ac. 2. 37-41; 16. 29-34.

9 *Hide.* Is. 38. 17. Je. 16. 17. Mi. 7. 18, 19. *blot.* ver. 1. Col. 2. 14.

10 *Create.* 2 Co. 5. 17. Ep. 2. 10. *clean.* Ps. 73. 1. Pr. 20. 9. Je. 13. 27; 32. 39. Eze. 11. 19; 18. 31; 36. 25-27, 37. Mat. 5. 8. Ac. 15. 9. 1 Pe. 1. 22. *renew.* Ro. 12. 2. Ep. 4. 22-24. Col. 3. 10. Tit. 3. 5. *right.* or, constant. Ps. 78. 8, 37. Jos. 14. 14. 1 Ki. 15. 3-5. Ac. 11. 23. 1 Co. 15. 58. Ja. 1. 8.

11 *Cast.* Ps. 43. 2; 71. 9, 18. Ge. 4. 14. 2 Ki. 13. 23; 17. 18-23; 23. 27. 2 Th. 1. 9. *take.* Ge. 6. 3. Ju. 13. 25; 15. 14; 16. 20. 1 Sa. 10. 10; 16. 14. 2 Sa. 7. 15. Is. 63. 10, 11. *holy.* Lu. 11. 13. Jno. 14. 26. Ro. 1. 4; 8. 9. Ep. 4. 30.

12 *Restore.* Ps. 85. 6-8. Job 29. 2, 3. Is. 57. 17, 18. Je. 31. 9-14. *joy.* Ps. 13. 5; 21. 1; 35. 9. Is. 49. 13; 61. 10. Lu. 1. 47. Ro. 5. 2-11. *uphold.* Ps. 17. 5; 19. 13; 119. 116, 117, 133. Is. 41. 10. Je. 10. 23. Ro. 14. 4. 1 Pe. 1. 5. Jude 24. *free.* Ro. 8. 15. 2 Co. 3. 17. Ga. 4. 6, 7.

13 *Then.* Ps. 32. 5, 8-10. Zec. 3. 1-8. Lu. 22. 32. Jno. 21. 15-17. Ac. 2. 38-41; 9. 19-22. 2 Co. 5. 8-20. *ways.* Ps. 25. 4, 8. Is. 2. 3. Ac. 13. 10. *converted.* Ps. 19. 7. Is. 6. 10. Je. 31. 18. Mat. 18. 3. Ac. 3. 19; 15. 3; 26. 18-20. Ja. 5. 19, 20.

14 *Deliver.* Ps. 26. 9; 55. 23. Ge. 9. 6; 42. 22. 2 Sa. 3. 28; 11. 15-17; 12. 9; 21. 1. *bloodguiltiness,* *Heb.* bloods. Eze. 33. 8. Ho. 4. 2. Ac. 18. 6; 20. 26. *thou God.* Ps. 38. 22; 68. 20; 88. 1. Is. 12. 2; 45. 17. Hab. 3. 18. *tongue.* Ps. 35. 28; 71. 15-24; 86. 12, 13. *righteousness.* Ezr. 9. 13. Ne. 9. 33. Da. 9. 7, 16. Ro. 10. 3.

15 *O Lord.* Ge. 44. 16. 1 Sa. 2. 9. Eze. 16. 63. Mat. 22. 12. Ro. 3. 19. *open.* Ex. 4. 11. Eze. 3. 27; 29. 21. Mar. 7. 34. *mouth.* Ps. 63. 3-5; 119. 13. He. 13. 15.

16 *desirest.* ver. 6. Ex. 21. 14. Nu. 15. 27, 30, 31; 35. 31. De. 22. 22. Ho. 6. 6. *else would I.* or, that I should. *delightest.* Ps. 40. 6; 50. 8. Pr. 15. 8; 21. 27. Is. 1. 11-15. Je. 7. 22, 23, 27. Am. 5. 21-23. He. 10. 5, 6.

17 *sacrifices.* Ps. 107. 22. Mar. 12. 33. Ro. 12. 1. Phi. 4. 18. He. 13. 16. 1 Pe. 2. 5. *a broken spirit.* Ps. 34. 18; 147. 3. 2 Ki. 22. 19. Is. 57. 15; 61. 1-3; 66. 2. Eze. 9. 3, 4, 6. Mat. 5. 3. Lu. 18. 11-14. *thou.* Ps. 22. 24; 102. 17. 2 Ch. 33. 12, 13. Am. 5. 21. Lu. 7. 39-50; 15. 2-7, 10, 21-32.

18 *Do.* Ps. 25. 22; 102. 16; 122. 6-9; 137. 5, 6. Is. 62. 1, 6, 7. Je. 51. 50. 2 Co. 11. 28, 29. *thy.* Lu. 12. 32. Ep. 1. 5, 9. Phi. 2. 13. 2 Th. 1. 11. *build.* Ne. 2. 17. Is. 58. 12. Da. 9. 25. Mi. 7. 11. Zec. 2. 5.

19 *pleased.* Ps. 66. 13-15; 118. 27. Ep. 5. 2. *sacrifices.* Ps. 4. 5. Mal. 3. 3. Ro. 12. 1.

## PSALM LII.

*David, condemning the spitefulness of Doeg, prophesies his destruction, 1-5. The righteous shall rejoice at it, 6, 7. David, upon his confidence in God's mercy, gives thanks, 8, 9.*

A.M. 2942. B.C. 1062. (*Title.*) *Doeg.* Ps. 54. 3. 1 Sa. 21. 7; 22. 9-19. *told.* Ps. 59. 7. Je. 9. 8. Ex. 22. 9.

1 *boastest.* Ps. 10. 2, 3; 94. 4. Ro. 1. 30. 2 Ti. 3. 2. *mischief.* Ps. 7. 14; 10. 7; 36. 3-6. Pr. 6. 14, 18. Is. 69. 4. Mi. 7. 3. *O mighty.* Ge. 6. 4, 5; 10. 8, 9. 1 Sa. 21. 7. *goodness.* Ps. 103. 17; 107. 1; 137. 1, 2. 1 Jno. 4. 7, 8.

2 *Thy.* Ps. 50. 19; 64. 2-6; 140. 2, 3. Pr. 6. 16-19; 30. 14. Je. 9. 3, 4; 18. 18. Mat. 26. 59. Ac. 6. 11-13; 24. 1, 5. Re. 12. 10. *like.* Ps. 57. 4; 59. 7. Pr. 12. 18; 18. 21. *working.* Ps. 109. 2; 120. 2. 2 Co. 4. 2; 11. 13.

3 *lovest.* Je. 4. 22. Mi. 3. 2. Ro. 1. 25. 2 Ti. 3. 4. *lying.* Ps. 62. 4. Je. 9. 3-5, 8. Jno. 8. 44. Re. 22. 15.

4 *devouring.* 1 Sa. 22. 18, 19. Ja. 3. 6-9. *O thou.* or, *and* the.

5 *God.* Ps. 7. 14-16; 55. 23; 64. 7-10; 120. 2-4; 140. 9-11. Pr. 12. 19; 19. 5, 9. Re. 21. 8. *destroy thee.* *Heb.* beat thee down. *pluck.* Ps. 37. 35, 36. Job 18. 14; 20. 6, 7. Lu. 16. 27, 28. *root.* Pr. 2. 22. *the land.* Ps. 27. 13; 116. 9. Is. 38. 11.

6 *righteous.* Ps. 37. 34; 64. 9; 97. 8. Job 22. 19. Mal. 1. 5. Re. 15. 4; 16. 5-7; 18. 20; 19. 1, 2. *and fear.* Ps. 40. 3; 119. 120. *laugh.* Ps. 58. 10, 11. Is. 37. 22.

7 *Lo.* Is. 14. 16, 17. Jno. 19. 5. *made.* Ps. 146. 3-5. Je. 17. 5. *trusted.* Ps. 49. 6, etc.; 62. 9, 10. Job 31. 24, 25. 1 Ti. 6. 17. *strengthened.* Ps. 73. 7-11, 18-20. Ec. 8. 8. Ho. 12. 7, 8. *wickedness.* or, substance.

8 *like.* Ps. 1. 3; 92. 12-14. Je. 11. 16. Ho. 14. 6-8. Ro. 11. 24. *I trust.* Ps. 13. 5; 33. 18; 147. 11.

9 *praise.* Ps. 145. 1, 2; 146. 2. Ep. 3. 20, 21. *wait.* Ps. 27. 14; 40. 1; 48. 9, 10; 62. 1, 5; 123. 2, 3; 130. 5, 6. Pr. 18. 10. La. 3. 25, 26. *for it is.* Ps. 54. 6; 73. 25, 26, 28.

## PSALM LIII.

*David describes the corruption of a natural man, 1-3. He convinces the wicked by the light of their own conscience, 4, 5. He glories in the salvation of God, 6.*

A.M. cir. 3464. B.C. cir. 540. (*Title.*) *Mahalath.* Ps. 88. title.

1 *fool.* Ps. 14. 1, etc.; 92. 6. Mat. 5. 22. Lu. 12. 20. *said.* Ps. 10. 4, 6, 11, 13. 1 Ki. 12. 26. Ro. 1. 21, 28. *Corrupt.* Ge. 6. 5, 6, 11-13. Job 14. 4; 15. 16. *have done.* Le. 18. 24-30. De. 12. 31. 1 Ki. 14. 24. Eze. 16. 47, 51. Ep. 5. 12. 1 Pe. 4. 3. *there is.* Ro. 3. 10, etc.

2 *looked.* Ps. 11. 4; 33. 13, 14; 102. 19. Je. 16. 17; 23. 24. *any that.* Ps. 111. 10. De. 4. 6. Job 28. 28. *seek.* Ps. 10. 4; 27. 8. 1 Ch. 28. 9. 2 Ch. 15. 2; 19. 3. Is. 55. 6.

3 *Every.* Ps. 14. 3. 2 Sa. 20. 2. Is. 53. 6; 64. 6. Je. 8. 5, 6. Zep. 1. 6. *filthy.* Job 15. 16. Eze. 36. 25. 2 Co. 7. 1. Re. 22. 11. *none.* Ro. 3. 12. 1 Jno. 2. 29. 3 Jno. 11.

4 *Have.* Here 70 MSS., several editions, and the ancient versions add *kol,* 'all,' as in Ps. 14. Ps. 94. 8. Is. 27. 11. Je. 4. 22. Mat. 23. 17, etc. *who eat.* Ps. 27. 2. Je. 10. 25. Re. 17. 16.

5 *There.* Le. 26. 17, 36. De. 28. 65-67. 1 Sa. 14. 15. 2 Ki. 7. 6, 7. Job 15. 21. Pr. 28. 1. *were they in great fear.* *Heb.* they feared a fear. Ps. 14. 5. *scattered.* Ps. 141. 7. Eze. 6. 5; 37. 1-11. *thou hast.* Ps. 35. 4, 26; 40. 14; 83. 16, 17. *because.* Ps. 2. 4; 73. 20. Is. 37. 22, etc. Je. 6. 30. La. 2. 6.

6 *Oh,* etc. *Heb.* Who will give salvations, etc. Ps. 14. 7. *out.* Ps. 50. 2. Is. 12. 6; 14. 32. *God.* Instead of *elohim,* 'God,' more than 20 MSS. with the LXX. Syriac, and Chaldee, read *yehowah,* 'Jehovah,' as in Ps. 14. 7. *bringeth.* Ps. 85. 1; 126. 1-4. Job 42. 10. Je. 30. 18; 31. 23. Joel 3. 1. Am. 9. 14. *Jacob.* Ps. 106. 46-48. Ezr. 3. 11. Ne. 12. 43. Is. 12. 1-3.

## PSALM LIV.

*David, complaining of the Ziphims, prays for salvation, 1-3. Upon his confidence in God's help he promises sacrifice, 4-7.*

A.M. 2943. B.C. 1061. (*Title.*) *Ziphims.* 1 Sa. 23. 19, 20; 26. 1. Mi. 7. 5, 6. Mat. 10. 21.

1 *by thy name.* Ps. 20. 1; 48. 10; 79. 9. Ex. 3. 14, 15; 23. 21; 34. 5, 6. Pr. 18. 10. Is. 30. 27. Mat. 1. 21, 23. Ac. 4. 12. *judge.* Ps. 26. 1; 43. 1, 2; 99. 4. Pr. 23. 11. Je. 50. 34.

2 Ps. 5. 1-3; 13. 3; 55. 1, 2; 130. 2; 143. 7.

3 *strangers.* Ps. 69. 8; 86. 14. Job 19. 13-15. *oppressors.* Ps. 22. 16; 59. 3-5. Mat. 27. 20-23. *they have.* Ps. 16. 8; 36. 1; 53. 4. Jno. 16. 3.

4 Ps. 118. 6, 7, 13. 1 Ch. 12. 18. Is. 41. 10; 42. 1; 50. 7-9. Ro. 8. 31. He. 13. 6.

5 *reward.* Ps. 31. 23; 137. 8. 2 Ti. 4. 14. Re. 18. 6. *mine enemies.* *Heb.* those that observe me. Ps. 5. 8; 27. 11, marg. *cut.* Ps. 89. 49; 143. 1, 12.

6 *freely.* Ps. 66. 13-16; 107. 22; 116. 17. De. 12. 6, 7. *praise.* Ps. 7. 17; 21. 13; 140. 13. *for it.* Ps. 52. 9; 92. 1; 147. 1.

7 *For he.* Ps. 34. 19. Ge. 48. 16. 1 Sa. 26. 24. 2 Sa. 4. 9. 2 Ti. 4. 18. *and mine.* Ps. 37. 34; 58. 10, 11; 59. 10; 91. 8; 92. 11; 112. 8.

## PSALM LV.

*David in his prayer complains of his fearful case, 1-8. He prays against his enemies, of whose wickedness and treachery he complains, 9-15. He comforts himself in God's preservation of him, and confusion of his enemies, 16-23.*

A.M. 2983. B.C. 1021. (*Title.*) *Neginoth.* Ps. 6; 54, titles.

1 *Give.* Ps. 5. 1; 17. 1; 64. 1; 80. 1; 84. 8. 1 Pe. 3. 12. *hide.* Ps. 28. 1; 80. 4; 143. 7. La. 3. 8.

2 *I mourn.* Ps. 13. 1, 2; 32. 3; 38. 6; 43. 2; 102. 9, 10. Is. 38. 14.

3 *oppression.* Ps. 12. 5; 54. 3; 73. 8. La. 3. 34-36. *for they.* Ps. 27. 12; 35. 11. 2 Sa. 15. 3; 16. 7, 8; 19. 19. Mat. 26. 59.

4 *My.* Ps. 6. 3; 69. 20; 88. 3; 102. 3-5. Mat. 26. 37, 38. Mar. 14. 33, 34. Jno. 12. 27. 2 Co. 1. 8-10. *terrors.* Ps. 18. 4, 5; 116. 3. Is. 38. 10-13. He. 5. 7.

5 *Fearfulness.* Ps. 119. 120. 2 Sa. 15. 14. Job 6. 4; 23. 15, 16. *horror.* Ps. 42. 6; 61. 2; 88. 15, 16. Lu. 22. 44. *overwhelmed.* *Heb.* covered.

6 Ps. 11. 1; 139. 9. Re. 12. 14.

7 1 Sa. 27. 1. 2 Sa. 15. 14; 17. 21, 22. Pr. 6. 4, 5. Je. 9. 2; 37. 12.

8 *the windy storm.* From the sweeping wind and tempest,—Absalom and his rebellious party. Ps. 18. 4. Is. 17. 12, 13. Mat. 7. 25-27.

9 *divide.* That is, 'Distract their counsels; and let their devices be confounded;'—and the prayer was heard; *See the Parallel Passages.* Ge. 11. 7-9. 2 Sa. 15. 31; 17. 1-14. Jno. 7. 45-53. Ac. 23. 6-10. *I have.* Je. 6. 7; 23. 14. Mat. 23. 37, 38.

10 *Day.* Ps. 59. 6, 14, 15. 1 Sa. 19. 11. 2 Sa. 17. 1, 2. Ho. 7. 6. Mi. 2. 1, 2. Jno. 18. 3, 28. Ac. 9. 24. *mischief.* 2 Sa. 16. 21, 22. Is. 59. 6-15. Eze. 9. 4. Zep. 3. 1-3.

11 *Wickedness.* Eze. 22. 1-12. Ac. 7. 51, 52. *deceit.* Ps. 109. 2, 3. Is. 59. 7. Je. 5. 26, 27; 9. 3-5. Mat. 26. 4.

12 *For.* Ps. 41. 9. *magnify.* Ps. 35. 26; 38. 16. Is. 10. 15. *then I.* Mat. 26. 21-23. Jno. 13. 18; 18. 2, 3.

13 *a man mine equal. Heb.* a man according to my rank. *my guide.* 2 Sa. 15. 12; 16. 23. Je. 9. 4. Mi. 7. 5. *mine acquaintance.* Job 19. 13. Mat. 26. 47-50. Mar. 14. 44, 45. Lu. 22. 21, 47, 48.

14 *We took sweet counsel together. Heb.* Who sweetened counsel. *walked.* Ps. 42. 4; 122. 1. Is. 2. 3. Eze. 33. 31.

15 *Let death.* etc. Or rather, 'Death shall seize on them; they shall descend quickly into the grave;' which is a *prediction* of the sudden destruction which befel the ringleaders of this unnatural rebellion. Ps. 59. 13; 69. 22-28; 109. 6-20. 2 Sa. 17. 23; 18. 9, 14. Mat. 27. 5. Ac. 1. 18-20. *them.* Nu. 16. 30-34. Mat. 26. 24. Ac. 1. 25. *hell. or,* the grave. Ps. 9. 17.

16 Ps. 50. 15; 73. 28; 91. 15; 109. 4. Lu. 6. 11, 12; 32. 37-44.

17 *Evening.* Ps. 5. 2, 3; 119. 62, 147, 148. Da. 6. 10, 13. Mar. 1. 35; 6. 46, 48. Lu. 18. 1-7. Ac. 3. 1; 10. 3, 9, 30. Ep. 6. 18. 1 Th. 5. 17. *cry.* Job 19. 7. La. 3. 8. He. 5. 7.

18 *He hath.* Ps. 3. 6, 7; 27. 1-3; 57. 3; 118. 10-12. 2 Sa. 18. 28; 22. 1. Ac. 2. 33-36. *there.* 2 Ki. 6. 16. 2 Ch. 32. 7, 8. Mat. 26. 53. 1 Jno. 4. 4.

19 *hear.* Ps. 65. 5; 143. 12. 1 Th. 2. 15, 16. Re. 6. 10, 11. *even.* Ps. 90. 1, 2. De. 33. 27. Mi. 5. 2. Col. 1. 17. *Because,* etc. *or,* With whom *also there be* no changes, yet they fear not God. *no changes.* Ps. 73. 5, 6. Pr. 1. 32. Ec. 8. 11. Is. 36. 20. Je. 48. 11. Zep. 1. 12.

20 *put.* 1 Sa. 22. 17; 24. 10. 2 Sa. 18. 12. Ac. 12. 1. *at peace.* Ps. 7. 4; 109. 5; 120. 6, 7. *broken. Heb.* profaned. Ps. 89. 28, 34, 38. 2 Sa. 2. 4; 5. 3; 14. 32, 33; 15. 10-12. Ec. 8. 2. Eze. 17. 16-19.

21 *The words.* Ps. 28. 3; 57. 4; 62. 4; 64. 3. Pr. 5. 3, 4; 12. 18; 26. 24-26, 28. Mat. 26. 25. Lu. 20. 20, 21. *war.* Jno. 13. 2.

22 *Cast.* Ps. 27. 14; 37. 5, marg.; 42. 10, 11; 62. 8; 63. 8. Is. 50. 10. Mat. 6. 25, 31-34; 11. 28. Lu. 12. 22. Phi. 4. 6, 7. 1 Pe. 5. 7. *burden. or,* gift. *suffer.* Ps. 16. 8; 37. 24; 62. 2, 6; 121. 3. 1 Sa. 2. 9. Jno. 10. 27-30. 1 Pe. 1. 5.

23 *O God.* Ps. 7. 15, 16; 58. 9; 59. 12, 13. *pit.* Pr. 15. 11; 27. 20. Is. 38. 17. *bloody and deceitful men shall not live out half their days. Heb.* men of bloods and deceit shall not halve their days. Ps. 5. 6. 2 Sa. 3. 27; 20. 9, 10. 1 Ki. 2. 5, 6. Job 15. 32. Pr. 10. 27. Ec. 7. 17. Mat. 27. 4, 5.

## PSALM LVI.

*David, praying to God in confidence of his word, complains of his enemies,* 1-8. *He professes his confidence in God's word, and promises to praise him,* 9-13.

A.M. 2942. B.C. 1062. (*Title.*) *upon Jonath-elem-rechokim.* Or, as it may be rendered, 'concerning the dumb dove, (or oppressed band) in distant places,' *i. e.* David, or his companions; though some consider it as the name of a tune, and others a musical instrument. *Michtam. or,* a golden *Psalm.* Ps. 16; 57-60, titles. *when.* 1 Sa. 21. 11-15; 29. 4.

1 *Be.* Ps. 31. 9; 57. 1-3; 59. 10; 69. 13-16; 136. 10. 15, 17-20; 143. 12. *swallow.* Ps. 21. 9; 27. 2; 35. 25; 57. 3; 106. 17; 124. 3. Pr. 1. 12. La. 2. 2, 5, 16. Ho. 8. 8. 1 Co. 15. 54.

2 *enemies. Heb.* observers. Ps. 54. 5. *many.* Ps. 3. 1; 118. 10-12. Ac. 4. 25-27. Re. 16. 14. *most.* Ps. 9. 2; 91. 1; 92. 1, 8; 93. 4. Is. 57. 15. Da. 5. 18. Mi. 6. 6.

3 Ps. 34. 4; 55. 4, 5. 1 Sa. 21. 10, 12; 30. 6. 2 Ch. 20. 3. 2 Co. 1. 8-10; 7. 5, 6.

4 *In God I will.* ver. 10, 11. Ps. 12. 6; 19. 7, 8; 119. 89, 90, 160; 138. 2. Jno. 10. 35. *in God I have.* Ps. 27. 1; 46. 1, 2; 118. 6. Is. 31. 3; 41. 10. Lu. 12. 4, 5. Ro. 8. 31-39. He. 13. 6.

5 *they.* Is. 29. 20, 21. Mat. 22. 15; 26. 61. Lu. 11. 54. Jno. 2. 19. 2 Pe. 3. 16. *all.* 1 Sa. 18. 17, 21, 29; 20. 7, 33. Je. 18. 18. Lu. 22. 3-6.

6 *gather.* Ps. 2. 1-3; 59. 3; 71. 10; 140. 2. Mat. 26. 3, 4, 57; 27. 1. Ac. 4. 5, 6; 23. 12-14. *hide.* Ps. 10. 8-10; 64. 2-6. Da. 6. 4. *mark.* Ps. 37. 32; 57. 6; 89. 51. Job 14. 16; 31. 4. Je. 20. 10. Lu. 20. 20.

7 *escape.* Ps. 94. 20, 21. Ec. 8. 8. Is. 28. 15. Je. 7. 10. Hab. 1. 13. *in thine.* Ps. 55. 9, 15, 23. Je. 10. 25; 18. 19-23.

8 *tellest.* Ps. 105. 13, 14; 121. 8. Nu. 33. 2, etc. 1 Sa. 19. 18; 22. 1-5; 27. 1. Is. 63. 9. 2 Co. 11. 26. He. 11. 8, 13, 38. *put.* Ps. 39. 12; 126. 5, 6. 2 Ki. 20. 5. Job 16. 20. Re. 7. 17. *are they.* Ps. 139. 16. Mal. 3. 16. Mat. 10. 30. Re. 20. 12.

9 *When.* Ps. 118. 11-13. Ex. 17. 9-11. Je. 33. 3. *then.* Ps. 18. 38-42; 27. 2. Jno. 18. 6. *for.* Ps. 46. 7, 11. Is. 8. 9, 10. Ro. 8. 31.

10 See on ver. 4. Ps. 60. 6. Ge. 32. 11. Mat. 24. 35. He. 6. 18. 2 Pe. 1. 4.

11 *I will not.* Ps. 27. 1; 112. 7, 8. Is. 51. 7, 8, 12, 13.

12 *Thy.* Ps. 66. 13, 14; 76. 11; 116. 14-19; 119. 106. Ge. 28. 20-22; 35. 1-3. Nu. 30. 2, etc. 1 Sa. 1. 11, 24-28. Ec. 5. 4-6. *I will.* Ps. 9. 1-3; 21. 13; 59. 16, 17. Is. 12. 1.

13 *For.* Ps. 86. 12, 13; 116. 8. 2 Co. 1. 10. 1 Th. 1. 10. He. 2. 15. Ja. 5. 20. *wilt.* Ps. 17. 5; 94. 18; 145. 14. 1 Sa. 2. 9. *walk.* Ps. 116. 9. Ge. 17. 1. Is. 2. 5; 38. 3. *the light.* Job 33. 30. Jno. 8. 12; 12. 35, 36. Ep. 5. 8-14. Re. 21. 23, 24.

## PSALM LVII.

*David in prayer fleeing unto God, complains of his dangerous case,* 1-6. *He encourages himself to praise God,* 7-12.

A.M. 2943. B.C. 1061 (*Title.*) *Al-taschith. or,* destroy not, A golden *Psalm.* This Psalm is supposed to have been called *al tashcheth,* or 'destroy not,' because David thus addressed one of his followers when about to kill Saul in the cave; and *michtam,* or 'golden,' because written, or worthy to be written, in *gold.* Ps. 58; 59, titles. *when.* Ps. 142, title. 1 Sa. 22. 1; 24. 3, 8.

1 *be.* Ps. 56. 1; 69. 13-16; 119. 76, 77. *soul.* Ps. 9. 10; 13. 5; 125. 1. Is. 50. 10. *shadow.* Ps. 17. 7, 8; 36. 7; 61. 4; 63. 7; 91. 1, 4, 9. Ru. 2. 12. Lu. 13. 34. *until.* Is. 10. 25; 26. 20. Mat. 24. 22. Jno. 16. 20. Ja. 5. 10, 11. Re. 7. 14; 21. 4.

2 *God most.* Ps. 56. 2; 136. 2, 3. Is. 57. 15. *that.* Ps. 138. 8. Is. 26. 12. Phi. 1. 6; 2. 12, 13. He. 13. 21.

3 *send.* Ps. 18. 6, etc.; 144. 5-7. Mat. 28. 2-6. Ac. 12. 11. *from the reproach of him. or,* he reproacheth him, etc. *swallow.* Ps. 56. 1, 2; 61. 7. Nu. 23, 24. Job 31. 31. Mi. 3. 2, 3. *send.* Ps. 40. 11; 43. 3. Jno. 1. 17.

4 *among.* Ps. 10. 9; 17. 12, 13; 22. 13-16; 35. 17; 58. 6. Pr. 28. 15. Da. 6. 22-24. *set.* Ju. 9. 20. Ja. 3. 6. *whose.* Ps. 58. 6. Job 4. 10, 11. Pr. 30. 14. *tongue.* Ps. 52. 2; 55. 21; 64. 3. Pr. 12. 18; 25. 18. Re. 19. 15.

5 *Be thou.* ver. 11. Ps. 21. 13; 108. 4, 5. 1 Ch. 29. 1. Is. 2. 11, 17; 12. 4; 37. 20. Mat. 6. 9, 10. *above.* Ps. 8. 1; 113. 4-6. *thy glory.* Ps. 72. 19; 148. 13. Nu. 14. 21. Is. 6. 3. Hab. 2. 14; 3. 3.

6 *a net.* Ps. 7. 15, 16; 9. 15, 16; 35. 7, 8; 140. 5. 1 Sa. 23. 22-26. Pr. 29. 5. Mi. 7. 2. *my soul.* Ps. 42. 6; 142. 3; 143. 4. Mat. 26. 37, 38.

7 *my.* Ps. 108. 1, 2; 112. 7. *fixed. or,* prepared. *I will.* Ps. 34. 4. Is. 24. 15. Ro. 5. 3. Ep. 5. 20.

8 *Awake.* Ju. 5. 12. Is. 52. 1, 9. *my glory.* Ps. 16. 9; 30. 12; 108. 1-3. Ac. 2. 26. *I myself will awake early.* Literally, 'I will awaken the morning,' or *dawn;* a highly poetical expression, which *Milton* and others have borrowed:—Cheerly rouse the slumbering morn.

9 Ps. 2. 1; 18. 49; 22. 22, 23; 96. 3; 138. 1, 4, 5; 145. 10-12. Ro. 15. 9.

10 *For.* Ps. 36. 5; 71. 19; 85. 10, 11; 89. 1, 2; 103. 11; 108. 4. *truth.* Ge. 9. 9-17. Is. 54. 7-10. He. 6. 17, 18.

11 ver. 5. Ps. 8. 1, 9. Re. 15. 3, 4.

## PSALM LVIII.

*David reproves wicked judges,* 1, 2; *describes the nature of the wicked,* 3-5; *devotes them to God's judgments,* 6-9; *whereat the righteous shall rejoice,* 10, 11.

(*Title.*) *Al-taschith. or,* Destroy not, A golden *Psalm.* Ps. 57; 59, titles.

1 *Do.* Ps. 72. 1-4. De. 16. 18, 19. 2 Sa. 23. 3. 2 Ch. 19. 6, 7. Is. 11. 3-5; 32. 1. Je. 23. 5, 6. *O congregation.* Ps. 82. 1, 2. Nu. 11. 16. De. 1. 15, 16. 2 Sa. 5. 3. Mat. 26. 3; 27. 1. Lu. 23. 50, 51. Ac. 5. 21. *O ye.* Ps. 82. 6, 7.

2 *in heart.* Ps. 21. 11. Ec. 3. 16. Is. 59. 4-6. Je. 22. 16, 17. Eze. 22. 12, 27. Mi. 3. 1-3, 9-12. Jno. 11. 47-53. *weigh.* Ps. 94. 20. Is. 10. 1; 26. 7.

3 *estranged,* etc. Ps. 51. 5. Job 15. 14. Pr. 22. 15. Is. 48. 8. Ep. 2. 3. *as soon,* etc. *Heb.* from the belly. Ps. 22. 10. Is. 46. 3.

4 *poison.* Ps. 140. 3. Ec. 10. 11. Ro. 3. 13. Ja. 3. 8. *like. Heb.* according to the likeness of. *serpent.* Mat. 3. 7; 23. 33. *the deaf.* Je. 8. 17. *adder. or,* asp.—*Pethen,* is no doubt the *bœten* of the Arabians, which *M. Forskal* describes as spotted with black and white, about one foot in length, nearly half an inch thick, oviparous, and its bite almost instant death. It is the *aspic* of the ancients, and is so called by the literati of Cyprus, though the common people call it *κουφη, deaf.* Job 20. 14, 16. Is. 11. 8.

5 *Which.* That *serpents* might be charmed or rendered harmless was well known to the ancients. *Virgil,* and many others, state the fact:—*Frigidus in pratis cantando, rumpitur anguis.* 'In the meadows the cold snake is burst by incantation.' *charming never so wisely. or, be* the charmer never so cunning. De. 18. 11. Is. 19. 3.

6 *Break their.* Ps. 3. 7; 10. 15; Job 4. 10, 11; 29. 17. Eze. 30. 21, etc. *young.* Ps. 17. 12; 91. 13. Nu. 23. 24. Is. 31. 4. Ho. 5. 14. Mi. 5. 8.

7 Ps. 22. 14; 64. 7, 8; 112. 10. Ex. 15. 15. Jos. 2. 9-11; 7. 5. 2 Sa. 17. 10. Is. 13. 7.

8 *a snail.*—*Shabbelool,* in Chaldee *tivlala,* the *snail,* is probably so called from the Arabic *balla,* to *wet, moisten,* because of the glutinous slime emitted from its body, by which it appears to waste itself away by its own motion; and in the same manner the actions of the wicked prove their own destruction. *pass.* Ps. 37. 35, 36. Mat. 24. 35. Ja. 1. 10. *untimely.* Job 3. 16. Ec. 6. 3.

9 *thorns.* Ps. 118. 12. Ec. 7. 6. *as.* Ps. 10. 25; 55. 23; 73. 18-20. Job 18. 18; 20. 5, etc. Pr. 1. 27; 10. 25; 14. 32. Is. 17. 13; 40. 24. Je. 23. 19. *both living,* etc. *Heb.* as living as wrath. Nu. 16. 30.

10 *righteous.* Ps. 52. 6; 64. 10; 68. 1-3; 107. 42. Ju. 5. 31. Pr. 11. 10. Re. 11. 17, 18; 18. 20; 19. 1-6. *wash.* Ps. 68. 23. Job 29. 6. Re. 14. 20.

11 *Verily there is.* Ps. 73. 13-15; 92. 15. Mal. 3. 14. Ro. 2. 5. *a reward for.*

*Heb.* fruit of the, etc. Is. 3. 10. Ro. 6. 21, 22. *verily he.* Ps. 9. 16; 64. 9; 67. 4; 33. 18; 96. 13; 98. 9. Mal. 2. 17. 2 Pe. 3. 4-10.

## PSALM LIX.

*David prays to be delivered from his enemies, 1-5. He complains of their cruelty, 6, 7. He trusts in God, 8-10. He prays against them, 11-15. He praises God, 16, 17.*

A.M. 2942. B.C. 1062. *(Title.) Al-taschith. or,* destroy not, A golden *Psalm.* Ps. 57; 58, titles. *Michtam.* The seven poems of the celebrated Arabian poets who flourished before the time of Mohammed, called *Moällakat,* from being *suspended* on the walls of the temple of Mecca, were also called *Modhabat,* 'golden,' because they were written in *letters of gold* on the papyrus; and probably this is another reason why the six poems of David were called *golden. when.* Ju. 16. 2, 3. 1 Sa. 19. 11, etc. 2 Co. 11. 32, 33.

1 *Deliver.* Ps. 7. 1, 2; 18. 48; 71. 4; 143. 12. Lu. 1. 74, 75. 2 Ti. 4. 17, 18. *defend me. Heb.* set me on high. Ps. 12. 5; 91. 14. Is. 33. 16.

2 *save.* Ps. 26. 9; 27. 2; 55. 23; 139. 19.

3 *they.* Ps. 10. 9, 10; 37. 32, 33; 38. 12; 56. 6. 1 Sa. 19. 1. Pr. 12. 6. Mi. 7. 2. Ac. 23. 21. *the mighty.* Ps. 2. 2. Ac. 4. 26, 27. *not.* Ps. 7. 3-6; 69. 4. 1 Sa. 24. 11, 17; 26. 18. Jno. 15. 25.

4 *run.* 1 Sa. 19. 12-24. Pr. 1. 16. Is. 59. 7. Ac. 23. 15. Ro. 3. 15. *awake.* Ps. 5. 6; 35. 23; 44. 23. Is. 51. 9. *help me. Heb.* meet me.

5 *the God.* Ge. 33. 20. Ex. 3. 15. *visit.* Ex. 20. 5. *the heathen.* Ps. 9. 15; 54. 3. Is. 1. 10. Am. 9. 7. Ro. 2. 28, 29; 9. 6. *be not.* Ps. 7. 12, 13; 55. 15. Is. 27. 11. Eze. 18. 27, 28. Ja. 2. 13.

6 ver. 14. 1 Sa. 19. 11.

7 *belch.* Pr. 15. 2, marg. Mat. 12. 34. *swords.* Ps. 55. 21; 57. 4; 64. 3-5; 109. 2, 3. Pr. 12. 18. *who.* Ps. 10. 11, 13; 73. 11; 94. 7-9. Job 22. 12, 13. Je. 33. 24.

8 *Thou.* Ps. 2. 4; 37. 13. 1 Sa. 19. 15, 16. Pr. 1. 26. *heathen.* ver. 5. Mat. 18. 17.

9 *his strength.* Instead of *üzzo,* 'his strength,' fourteen MSS. and all the ancient versions, read *üzzee,* 'my strength.' 'O my Strength, I will wait upon thee.' Ps. 18. 1, 2; 27. 1, 14; 46. 1; 62. 5, 6, 11. Is. 12. 2; 26. 3, 4; 40. 31. Mat. 6. 13. *God.* ver. 17. Ps. 62. 2. *defence. Heb.* high place. Ps. 9. 9; 20. 1; 46. 7, marg. Is. 58. 14. Hab. 3. 19.

10 *The God.* ver. 17. 2 Co. 1. 3. Ep. 2. 4, 5. 1 Pe. 5. 10. *prevent.* Ps. 21. 3; 79. 8. Is. 65. 24. 1 Th. 4. 15. *let.* Ps. 54. 7; 91. 8; 92. 11; 112. 8. 1 Sa. 26. 10. 2 Sa. 1, 11, 12, 17. Je. 17. 16. Lu. 19. 41-44. Ro. 10. 2, 3. *enemies. Heb.* observers. Ps. 5. 8; 54. 5, marg.; 56. 2, 6.

11 *Slay.* Ge. 4. 12-15. Ju. 1. 6, 7. Ec. 9. 5. Eze. 12. 15, 16; 14. 22, 23. Re. 9. 6. *scatter.* Ps. 44. 11; 52. 5. Le. 26. 33. De. 4. 27; 28. 64; 30. 3, 4. Eze. 12. 15. Lu. 1. 51, 52; 21. 21. *bring.* Job 40. 12. *our shield.* Ps. 3. 3; 84. 11.

12 *For the.* Ps. 64. 7, 8; 79. 12; 120. 3, 4; 140. 9, 10. Pr. 12. 13; 18. 7. Mat. 12. 36, 37; 27. 25, 63. *taken.* Ps. 10. 2. Pr. 6. 2; 11. 6. *cursing.* Ps. 109. 17, 18. Ho. 4. 2. Lu. 23. 5.

13 *Consume.* ver. 11. Ps. 7. 9. Nu. 14. 34, 35; 32. 13. De. 2. 14-16; 7. 22, 23. *and let.* Ps. 46. 10, 11: 83. 18; 135. 5, 6. 1 Sa. 17. 46, 47. 1 Ki. 18. 36, 37. 2 Ki. 19. 19. Is. 54. 5. Eze. 38. 23; 39. 7. Da. 4. 25.

14 *at evening.* ver. 6. Ps. 22. 16.

15 *wander.* Ps. 109. 10. Job 15. 23; 30. 1-7. Is. 8. 21. *for meat. Heb.* to eat. De. 28. 48, 53-58. 2 Ki. 6. 25-29. La. 4. 4, 5, 9, 10; 5. 9. Mat. 24. 7, 8. *grudge,* etc. *or,* if they be not satisfied, then they will stay all night. *if.* Is. 56. 11. Mi. 3. 5.

16 *But.* ver. 9, 10. Ps. 21. 13; 106. 8; 145. 11. Ex. 15. 6. Job 37. 23. *sing aloud.* Ps. 31. 7; 36. 5; 86. 13; 89. 1; 101. 1. Ro. 15. 9. Ep. 1. 6, 7. *morning.* Ps. 5. 3. 30. 5; 143. 8. 1 Sa. 19. 11, 12. *for thou.* Ps. 4. 1; 61. 2, 3. 1 Sa. 17. 37. 2 Co. 1. 10. Ep. 3. 20. *day.* Ps. 77. 2; 116. 1-5; 138. 7. Je. 30. 7. He. 5. 7.

17 *O my.* Ps. 18. 1; 46. 1. *for.* ver. 9, 10.

## PSALM LX.

*David, complaining to God of former judgment, 1-3, now upon better hope, prays for deliverance, 4, 5. Comforting himself in God's promises, he craves that help whereon he trusts, 6-12.*

A.M. 2964. B.C. 1040. *(Title.) Shushan-eduth.* Probably a *hexachord harp,* or *lute;* for *ädiduth* appears to be the same as the Arabic *öod,* a *harp* or *lute;* concerning *shushan,* see on Ps. 45; 80, titles. *Michtam. or,* a golden *Psalm.* Ps. 59, title. *when he strove.* 2 Sa. 8. 3, 12, 13; 10. 16. 1 Ch. 18. 3, 12, 13; 19. 16-19. *valley.* 2 Ki. 14. 7. 2 Ch. 25. 11.

1 *O God.* ver. 10. Ps. 44. 9; 74. 1; 89. 38; 108. 11. 1 Ch. 28. 9. Ro. 11. 1, 2. *scattered. Heb.* broken. Ps. 59. 11. 1 Sa. 4. 10, 11, 17; 13. 6, 7, 11, 19-22; 33. 1-7. *O turn.* Ps. 79. 9; 89. 3, 7, 19; 85. 4; 90. 13. La. 3. 31, 32. Zec. 10. 6.

2 *made.* Ps. 104. 32; 114. 7. 2 Sa. 22. 8. Job 9. 6. Is. 5. 25. Je. 4. 24; 10. 10. Am. 8. 8. Hab. 3. 10. Mat. 27. 51. *broken.* Ps. 89. 40. 2 Sa. 2. 8, etc; 3. 11-14. Is. 7. 8. Je. 14. 17; 48. 38. Hag. 2. 6, 7. *heal.* 2 Ch. 7. 14. Job 5. 18. Is. 30. 26. Je. 30. 17. La. 2. 13. Eze. 34. 16. Ho. 6. 1.

3 *shewed.* Ps. 71. 20. Ne. 9. 32. Da. 9. 12. *to drink.* Ps. 75. 8. Is. 51. 17, 22. Je. 25. 15. La. 4. 21. Eze. 23. 31, 32. Hab. 2. 16. Re. 16. 19; 18. 6.

4 *a banner.* Ps. 20. 5. Ex. 17. 15. Ca. 2. 4. Is. 11. 12; 49. 22; 59. 19. *because.* Ps. 12. 1, 2; 45. 4. Is. 59. 14, 15. Je. 5. 1-3.

5 *That.* ver. 12. Ps. 22. 8; 108. 6, etc. De. 7. 7, 8; 33. 3. Mat. 3. 17; 17. 5. *save.* Ps. 17. 7; 18. 35; 20. 6; 74. 11. Ex. 15. 6. Is. 41. 10.

6 *God.* Ps. 89. 19, 35; 108. 7-13; 132. 11. 2 Sa. 3. 18; 5. 2. Je. 23. 9. Am. 4. 2. *rejoice.* Ps. 56. 4; 119. 162. 2 Sa. 7. 18-20. Lu. 1. 45-47. *divide.* Jos. 1. 6. 2 Sa. 2. 8, 9; 5. 1-3. *Shechem.* Ge. 12. 6, Sichem. Jos. 20. 7; 24. 1, 32. *valley.* Jos. 13. 27.

7 *Gilead.* Jos. 17. 1, 5, 6. 1 Ch. 12. 19, 37. *strength.* De. 33. 17. 1 Sa. 28. 2. *Judah.* Ge. 49. 10.

8 *Moab.* 2 Sa. 8. 2. 1 Ch. 18. 1, 2. *over.* Ge. 25. 23; 27. 40. Nu. 24. 18. 2 Sa. 8. 14. 1 Ch. 18. 13. *triumph. or,* triumph thou over me *(by an irony).* Ps. 108. 9, 10. 2 Sa. 5. 17, etc.; 8. 1; 21. 15-22.

9 *Who.* Ju. 1. 12, 24, 25. 1 Ch. 11. 6, 17-19. *strong city. Heb.* city of strength. 2 Sa. 11. 1; 12. 26, etc.

10 *Wilt.* Ps. 20. 7; 44. 5-9; 118. 9, 10. Is. 8. 17; 12. 1, 2. *hadst.* ver. 1. Ps. 108. 11. Je. 33. 24-26. *didst.* De. 1, 42; 20. 4. Jos. 7. 12; 10. 42. 1 Sa. 4. 6, 7, 10, 11. 1 Ch. 10. 1, etc.

11 *Give.* Ps. 25. 22; 130. 8. *vain.* Ps. 108. 12; 124. 1-3; 146. 3. Is. 30. 7; 31. 3. *help. Heb.* salvation. Ps. 62. 1.

12 *we shall.* Ps. 18. 32-42; 144. 1. Nu. 24. 18, 19. Jos. 1. 9; 14. 12. 2 Sa. 10. 12. 1 Ch. 19. 13. *tread.* Ps. 44. 5. Is. 10. 6; 63. 3. Zec. 10. 5. Mal. 4. 3. Re. 19. 15.

## PSALM LXI.

*David flees to God upon his former experience, 1-3. He vows perpetual service unto him, because of his promises, 4-8.*

*(Title.) Neginah.* Instead of *neginath,* many MSS. have *neginoth;* and two MSS. supply *mizmor,* 'a Psalm.' Some suppose this Psalm was composed when David was driven by Absalom's rebellion beyond Jordan, and from the sanctuary of God. Ps. 4; 6; 54; 55, titles.

1 *Hear.* Ps. 5. 1-3; 17. 1; 28. 2; 55. 1, 2; 130. 2. Phi. 4. 6.

2 *From.* Ps. 42. 6; 139. 9, 10. De. 4. 29. Jon. 2. 2-4. *my heart.* Ps. 43. 5; 55. 5; 77. 3; 142. 3; 143. 4. Is. 54. 11. Mar. 14. 33, 34. Lu. 22. 44. *the rock.* Ps. 18. 46; 27. 5; 40. 2; 62. 2, 6. Is. 32. 2.

3 *thou.* Ps. 4. 6, 7; 116. 2; 140. 7. Is. 46. 3, 4. 2 Co. 1. 10. *strong.* Ps. 18. 2. Pr. 18. 10.

4 *abide.* ver. 7. Ps. 15. 1; 23. 6; 27. 4; 90. 1; 91. 1; 92. 13. Re. 3. 12. *trust. or,* make my refuge. Ps. 17. 8; 57. 1; 62. 7; 63. 7; 91. 4; 142. 4, 5. Ru. 2. 12. Mat. 23. 37. He. 6. 18.

5 *hast heard.* Ps. 56. 12; 65. 1; 66. 19. *heritage.* Ps. 16. 5, 6; 115. 13. Mal. 3. 16-18. Ac. 10. 35.

6 *wilt prolong the king's life. Heb.* shalt add days to the days of the king. Ps. 21. 4, 6; 72. 15-17. Is. 53. 10. *many generations. Heb.* generation and generation. Ps. 89. 36, 37.

7 *abide.* Ps. 41. 12. Is. 9. 6, 7. Lu. 1. 33. He. 7. 21-25; 9. 24. *prepare.* Ps. 40. 11; 43. 3; 57. 3. Ge. 24. 27; 32. 10. Pr. 20. 28. Mi. 7. 20. Lu. 1. 54, 55.

8 *sing.* Ps. 30. 12; 79. 13; 145. 1, 2; 146. 2. *that I.* Ps. 65. 1; 66. 13-16.

## PSALM LXII.

*David, professing his confidence in God, discourages his enemies, 1-4. In the same confidence he encourages the godly, 5-8. No trust is to be put in worldly things, 9, 10. Power and mercy belong to God, 11, 12.*

*(Title.) Jeduthun.* Ps. 39; 77, titles. 1 Ch. 16. 41, 42; 25. 1, 3.

1 *Truly. or,* Only. ver. 2, 5, 6. *my soul.* Ps. 25. 5; 27. 14; 33. 20; 40. 1; 123. 2; 130. 5, 6. Is. 30. 18; 40. 31. La. 2. 25, 38. Ja. 5. 7. *waiteth. Heb.* is silent. Ps. 37. 7; 65. 1, marg. *from.* Ps. 37. 39; 68. 19, 20; 121. 2. Is. 12. 2. Je. 3. 23. Lu. 2. 30-32.

2 *He only.* ver. 6. Ps. 18. 2; 21. 1; 27. 1; 73. 25, 26. De. 32. 30, 31. Is. 26. 4; 32. 2. *defence. Heb.* high place. Ps. 59. 9, 17, marg. *I shall.* Ps. 37. 24. Mi. 7. 8, 9. 1 Co. 10. 13. 2 Co. 4. 8, 9.

3 *How.* Ps. 4. 2; 82. 2. Ex. 10. 3; 16. 28. Pr. 1. 22; 6. 9. Je. 4. 14. Mat. 17. 17. *imagine.* Ps. 21. 11; 38. 12; 140. 2. Ho. 7. 15. *ye shall.* Ps. 73. 18-20. 1 Sa. 26. 10. *bowing.* Is. 30. 13, 14.

4 *consult.* Ps. 2. 1-3. Mat. 2. 3, 4, 16; 22. 15, 23, 34, 35; 26. 3, 4; 27. 1. Jno. 11. 47-50. Ac. 4. 16, 17, 25-28. *delight.* Ps. 52. 3; 119. 163. Pr. 6. 17; 13. 5. Ho. 7. 3. Jno. 8. 44. Ro. 1. 32. Re. 22. 15. *bless.* Ps. 28. 3; 55. 21. Lu. 20. 20. *inwardly. Heb.* in their inward parts. Ps. 5. 9; 51. 6. Lu. 11. 39. Ro. 7. 22.

5 *soul.* Ps. 42. 5, 11; 43. 5; 103. 1, 2; 104. 1, 35; 146. 1. *wait.* ver. 1, 2. Ps. 27. 13, 14; 37. 34. La. 3. 24-26. Mi. 7. 7. Hab. 2. 3. Zep. 3. 8. Jno. 6. 67-69. *my.* Ps. 39. 7; 71. 5; Je. 17. 17. Phi. 1. 20.

6 *rock.* ver. 2. Ps. 18. 31, 32. Is. 45. 17. Ho. 1. 7. *I shall.* Ps. 16. 8; 112. 6. Pr. 10. 30; 12. 7.

7 *In God.* Is. 45. 25. Je. 3. 23; 9. 23, 24. 1 Co. 1. 30, 31. Ga. 6. 14. *glory.* Ps. 3. 3; 4. 2. *rock.* Ps. 18. 2, 46; 94. 22; 95. 1. Is. 26. 4.

8 *Trust.* Ps. 22. 4, 5; 34. 1, 2; 47. 1-3. Job 13. 15. Is. 26. 4; 50. 10. 1 Jno. 2. 28. *pour.* Ps. 42. 4; 102, title; 142. 2. 1 Sa. 1. 15. Is. 26. 16. La. 2. 19. Phi. 4. 6. *God.* Ps. 18. 2; 46. 11. Pr. 14. 26. He. 6. 18.

9 *Surely.* Ps. 39. 5, 11. 1 Sa. 18. 5-7; 23. 12, 19, 20. 2 Sa. 15. 6. Mat. 21. 9. Jno. 19. 15. *of high.* Ps. 55. 13, 14; 118. 9. 1 Sa. 18. 21-26; 26. 21-25. 2 Sa. 15. 31. Ro. 3. 4. *laid.* Da. 5. 27. *altogether. or,* alike. *lighter.* Is. 40. 15, 17.

10 *Trust.* Job 20. 19, 29. Is. 28. 15; 30. 12; 47. 10; 59. 4. Je. 13. 25; 17. 11. *riches.* Ps. 39. 6; 52. 7. De. 6. 10-12; 8. 12-14. Job 27. 16, etc.; 31. 24, 25. Mar. 8. 36, 37; 10. 23. Lu. 12. 15-21. 1 Ti. 6. 17. *set.* Ps. 91. 14. Pr. 23. 5.

11 *spoken.* Job 33. 14; 40. 5. *power. or,* strength. Ps. 68. 34, 35. Is. 26. 4. Mat. 6. 13; 28. 18. Jno. 19. 11. Re. 19. 1.

12 *mercy.* Ps. 86. 15; 103. 8, 17. Ex. 34. 6, 7. Da. 9. 9, 18. Mi. 7. 18. *renderest.* Job 34. 11. Pr. 24. 12. Je. 32. 19. Eze. 7. 27; 18. 30; 33. 20. Mat. 16. 27. Ro. 2. 6. 1 Co. 3. 8. 2 Co. 5. 10. Ep. 6. 8. Col. 3. 25. 1 Pe. 1. 17. Re. 22. 12.

## PSALM LXIII.

*David's thirst for God*, 1-3. *His manner of blessing God*, 4-8. *His confidence of his enemies' destruction, and his own safety*, 9-11.

A.M. 2943. B.C. 1061. (*Title.*) *when.* 1 Sa. 22. 5; 23. 14-16, 23-25; 26. 1-3. 2 Sa. 15. 28.

1 *thou.* Ps. 31. 14; 42. 11; 91. 2; 118. 28; 143. 10. Ex. 15. 2. Je. 31. 1, 33. Zec. 13. 9. Jno. 20. 17. *early.* Ps. 5. 3; 78. 34. Job 8. 5. Pr. 1. 27, 28; 8. 17. Ca. 3. 1-3. Ho. 5. 15. Mat. 6. 33. *soul.* Ps. 42. 1, 2; 84. 2; 119. 81; 143. 6. Jno. 7. 37. Re. 7. 16, 17. *flesh.* Ps. 102. 3-5. Ca. 5. 8. *dry and thirsty land, where no water is. Heb.* weary land without water. Ex. 17. 3. Is. 32. 2; 35. 7; 41. 18. Mat. 12. 43.

2 *To see.* Ps. 27. 4; 78. 61; 105. 4; 145. 11. Ex. 33. 18, 19. 1 Sa. 4. 21, 22. 1 Ch. 16. 11. 2 Co. 4. 4-6. *in the.* Ps. 68. 24; 73. 17, 18; 77. 13, 14; 84. 2-11; 96. 6; 134. 2. Is. 60. 13.

3 *Because.* Ps. 4. 6; 21. 6; 30. 5. Phi. 1. 23. 1 Jno. 3. 2. *lips.* Ps. 30. 12; 51. 15; 66. 17. Ho. 14. 2. Ro. 6. 19; 12. 1. 1 Co. 6. 20. He. 13. 15. Ja. 3. 5-10.

4 *Thus.* Ps. 104. 33; 145. 1-3; 146. 1, 2. *I will lift.* Ps. 134. 2. 1 Ki. 8. 22, etc. Hab. 3. 10.

5 *my soul.* Ps. 17. 15; 36. 7-9; 65. 4; 104. 34. Ca. 1. 4. Is. 25. 6. Je. 31. 14. *marrow. Heb.* fatness. *with joyful.* Ps. 43. 4; 71. 23. 118. 14, 15; 135. 3; 149. 1-3. Ezr. 3. 11-13. Re. 19. 5-7.

6 Ps. 42. 8; 77. 4-6; 119. 55, 147, 148; 139. 17, 18; 149. 5. Ca. 3. 1, 2; 5. 2. La. 2. 19.

7 *Because.* Ps. 54. 3, 4. *therefore.* Ps. 5. 11; 21. 1; 57. 1; 61. 4. 1 Sa. 17. 37. 2 Co. 1. 10.

8 *My soul*, etc. 'My soul *cleaveth (davekah)* after Thee;' which not only shews the *diligence* of the pursuit, and the *nearness* of the attainment, but the *fast hold* he had of the mercy of God. *followeth.* Ps. 73. 25; 143. 6, 7. Ge. 32. 26-28. 2 Ch. 31. 21. Ca. 3. 2. Is. 26. 9. Mat. 11. 12. Lu. 13. 24; 18. 5-7. *thy.* Ps. 18. 35; 37. 24; 73. 23; 94. 18. Ca. 2. 6. Is. 41. 10; 42. 1. Phi. 2. 12, 13. Col. 1. 29.

9 *seek.* Ps. 35. 4, 26; 38. 12; 40. 14; 70. 2. 1 Sa. 25. 29. *go.* Ps. 9. 17; 55. 15, 23; 86. 13. Nu. 16. 30-33. 1 Sa. 28. 19. Job 40. 13. Is. 14. 9, 15, 19. Eze. 32. 18-32. Ac. 1. 25.

10 *They shall fall*, etc. *Heb.* They shall make him run out, *like water*, by the hands of the sword. 1 Sa. 26. 10; 31. 1-6. Je. 18. 21. Eze. 35. 5. *a portion.* Ca. 2. 15. Eze. 39. 4, 17-20. Re. 19. 17, 18.

11 *But*, etc. David shall come to the *kingdom* according to the promise of God. *the king.* Ps. 2. 6; 21. 1. 1 Sa. 23. 17; 24. 20. *sweareth.* De. 6. 13. Is. 19. 18; 45. 23; 65. 16. Zep. 1. 5. He. 6. 13. *the mouth.* Ps. 31. 18. Ro. 3. 19. Tit. 1. 10, 11.

## PSALM LXIV.

*David prays for deliverance, complaining of his enemies*, 1-6. *He promises himself to see such an evident destruction of his enemies, as the righteous shall rejoice at it*, 7-10.

1 A.M. 2943. B.C. 1061. *Hear.* Ps. 27. 7; 55. 1, 2; 130. 1, 2; 141. 1; 143. 1-3. La. 3. 55, 56. *preserve.* Ps. 17. 8, 9; 31. 13-15; 34. 4; 56. 2-4. Ac. 18. 9, 10, 27. 24.

2 *Hide.* Ps. 27. 5; 31. 20; 143. 9. Is. 32. 2. *secret.* Ps. 56. 6; 109. 2, 3. Ge. 4. 6. 1 Sa. 23. 22, 23. 2 Sa. 17. 2-4. Je. 11. 19; 18. 23. Mat. 26. 3, 4. Ac. 23. 14, 15; 25. 3. *insurrection.* Ps. 2. 2; 3. 1. Lu. 23. 18-23.

3 *whet.* Ps. 57. 4. Pr. 12. 18; 30. 14. Is. 54. 17. Je. 9. 3. Ja. 3. 6-8. *bend.* Ps. 11. 2; 58. 7.

4 *shoot.* Ps. 10. 8, 9. Ne. 4. 11. Hab. 3. 14. *the perfect.* Ps. 59. 3, 4. Jno. 19. 6. 1 Pe. 2. 22, 23. *suddenly.* ver. 7. 1 Sa. 18. 11; 19. 10. 2 Sa. 15. 14.

5 *encourage.* Ex. 15. 9. Nu. 22. 6. Pr. 1. 11-14. Is. 41. 6. Re. 11. 10. *matter. or,* speech. *commune.* 1 Sa. 23. 19-23. Mat. 23. 15; 26. 3, 4. *of laying snares. Heb.* to hide snares. Ps. 124. 7; 140. 5. *Who.* Ps. 10. 11; 59. 7; 94. 7. Eze. 8. 12.

6 *search.* Ps. 35. 11. 1 Sa. 22. 9; 24. 9; 25. 10. Da. 6. 4, 5. Mat. 26. 59. Jno. 18. 29, 30; 19. 7. *they accomplish*, etc. *or,* we are consumed by that which they have throughly searched. *a diligent search. Heb.* a search searched. *both.* Ps. 5. 9. Pr. 20. 5. Is. 29. 15. Je. 17. 9, 10. 1 Co. 4. 5.

7 *God.* Ps. 7. 12, 13; 18. 14. De. 32. 23, 42. Job 6. 4. La. 3. 12, 13. *suddenly.* ver. 4. Ps. 73. 19. Pr. 6. 15; 29. 1. Is. 30. 13. Mat. 24. 40, 50, 51. 1 Th. 5. 2, 3. *shall they be wounded. Heb.* their wound shall be. 1 Ki. 22. 34. 1 Ch. 10. 3-7.

8 *tongue.* Ps. 59. 12; 140. 9. Job 15. 6. Pr. 12. 13; 18. 7; Mat. 21. 41. Lu. 19. 22. *all that.* Ps. 31. 11; 52. 6. Nu. 16. 34. 1 Sa. 31. 3-7. Na. 3. 7. Re. 18. 4, 10.

9 *fear.* Ps. 40. 3; 53. 5; 119. 120. Je. 50. 28; 51. 10. Re. 11. 13. *they.* Ps. 58. 11; 107. 42, 43. Is. 5. 12. Eze. 14. 23. Ho. 14. 9.

10 *righteous.* Ps. 32. 11; 33. 1; 40. 3; 58. 10; 68. 2, 3. Phi. 4. 4. *upright.* Ps. 97. 11; 112. 2. 1 Co. 1. 30, 31. Ga. 6. 14.

## PSALM LXV.

*David praises God for his grace*, 1-3. *The blessedness of God's chosen by reason of benefits*, 4-13.

1 *Praise.* Ps. 21. 13; 115. 1, 2. *waiteth. Heb.* is silent. Ps. 62. 1. *in Sion.* Ps. 76. 2; 78. 68, 69. 1 Ch. 11. 7; 15. 29; 16. 41, 42; 25. 1, etc. Re. 14. 1-3. *unto.* Ps. 56. 12; 76. 11; 116. 17.

2 *thou.* Ps. 66. 19; 102. 17; 145. 18, 19. 1 Ki. 18. 29, 37. 2 Ch. 33. 13. Is. 65. 24. Je. 29. 12, 13. Da. 9. 17-19. Lu. 11. 9, 10. Ac. 10. 31. 1 Jno. 5. 14, 15. *unto thee.* Ps. 22. 27; 66. 4; 86. 9. Is. 49. 6; 66. 23. Jno. 12. 32. Re. 11. 15.

3 *Iniquities. Heb.* Words, *or* Matters, of iniquities. *prevail.* Ps. 38. 4; 40. 12. 2 Sa. 12. 7-13. Mi. 7. 8, 9. Ro. 7. 23-25. Ga. 5. 17. *transgressions.* Ps. 51. 2, 3, 7; 79. 9. Is. 1. 18, 19; 6. 7. Zec. 13. 1. Jno. 1. 29. He. 9. 14. 1 Jno. 1. 7-9. Re. 1. 5.

4 *Blessed.* Ps. 33. 12; 84. 4. *choosest.* Ps. 4. 3; 78. 70, 71; 106. 4, 5; 135. 4. Ep. 1. 4. 2 Th. 2. 13. *causest.* Ps. 15. 1; 23. 6; 24. 7. Re. 3. 12. *we shall be.* Ps. 17. 15; 36. 8; 63. 5. Je. 31. 12-14, 25. Re. 7. 16, 17; 21. 3, 4.

5 *terrible.* Ps. 45. 4; 47. 2, 3; 66. 3; 76. 3-9. De. 4. 34; 10. 21. Is. 37. 36. *righteousness.* Ps. 145. 17. Ro. 2. 5. Re. 15. 3, 4; 16. 5; 19. 1-3. *O God.* Ps. 68. 19, 20. *the confidence.* Is. 45. 22. Mat. 28. 19, 20. Ro. 15. 10-12. *all.* Ps. 22. 27. *afar.* Is. 51. 5; 60. 5; 66. 19. Zep. 2. 11. Zec. 9. 10. Ep. 2. 17, 18.

6 *Which.* Ps. 24. 2; 119. 90. Mi. 6. 2. Hab. 3. 6. *girded.* Ps. 93. 1. 1 Sa. 2. 4. Is. 51. 9.

7 *Which.* Ps. 89. 9; 107. 29. Jon. 1. 4, 15. Mat. 8. 26, 27. *noise.* Ps. 93. 3, 4; 104. 6-9. Job 38. 8-11. *tumult.* Ps. 2. 1-4; 76. 10. Is. 17. 12, 13. Jno. 18. 6.

8 *in the.* Ps. 2. 8. *afraid.* Thunder and lightning, storms and tempests, eclipses and meteors, tornadoes and earthquakes, are proofs to all that there is a Supreme Being, who is wonderful and terrible in His acts. Ps. 48. 5, 6; 66. 3; 126. 2; 135. 9. Ex. 15. 14-16. Jos. 2. 9-11. Hab. 3. 3, etc. Ac. 5. 38, 39. Re. 11. 13. *outgoings.* Ps. 19. 5; 74. 16; 104. 20-23; 136. 8. Ge. 8. 22. De. 4. 19. Job 38. 12. *the morning.* The rising and setting sun, the morning and evening twilight, the invariable succession of day and night, are all ordained by Thee, and contribute to the happiness and continuance of man and beast. *rejoice. or,* sing. ver. 13. Ps. 148. 3.

9 *visitest.* Ps. 104. 13, 14. De. 11. 11, 12. Ru. 1. 6. Job 37. 6-13. Je. 14. 22. Ac. 14. 17. *and waterest it. or,* after thou hadst made it to desire *rain.* Ps. 63. 1. *greatly.* ver. 11. Ps. 68. 9, 10; 104. 13-15; 147. 8, 9. Job 5. 10, 11. Je. 5. 24. Joel 2. 23-26. *the river.* Ps. 46. 4. Re. 22. 1. *thou preparest.* Ps. 104. 15; 107. 37. Ge. 26. 12. 1 Ti. 6. 17, 18.

10 *settlest the furrows thereof. or,* causest *rain* to descend *into* the furrows thereof. *makest it soft. Heb.* dissolvest it. *blessest.* Ps. 147. 8. 1 Co. 3. 6, 7.

11 *crownest.* Ps. 5. 12, marg.; 103. 4. Pr. 14. 18. He. 2. 7-9. *with thy. Heb.* of thy. *thy paths.* Ps. 25. 10; 104. 3. Joel 2. 14, 21-26. Hag. 2. 19. Mal. 3. 10. *fatness.* Ps. 36. 8. Ro. 11. 17.

12 *drop.* Ps. 104. 10-13. Job 38. 26, 27. *rejoice. Heb.* are girded with joy. ver. 6. Is. 55. 9-13; 61. 10, 11.

13 *pastures.* Ps. 104. 24-28. Zec. 9. 17. Ac. 14. 17. *they shout.* Ps. 96. 11-13; 98. 7-9. Is. 35. 1, 2, 10; 52. 9; 55. 12. Je. 48. 33.

## PSALM LXVI.

*David exhorts to praise God*, 1-4; *to observe his great works*, 5-7; *to bless him for his gracious benefits*, 8-11. *He vows for himself religious service to God*, 12-15. *He declares God's special goodness to himself*, 16-20.

1 A.M. 3469. B.C. 535. *Make.* Ps. 81. 1; 95. 1, 2; 98. 4; 100. 1. 1 Ch. 15. 28. *all ye lands. Heb.* all the earth. Ps. 96. 1; 117. 1, 2; 150. 6. 1 Ch. 16. 23, 24. Is. 24. 16.

2 Ps. 47. 6, 7; 72. 18; 96. 3-10; 105. 2, 3; 106. 2; 107. 15, 22. 1 Ch. 29. 10-13. Ne. 9. 5. Is. 6. 3; 12. 4-6; 49. 13. Re. 4. 8-11; 5. 13.

3 *How terrible.* Ps. 47. 2; 65. 5; 76. 12. Ex. 15. 1-16, 21. Ju. 5. 2-4. 20-22. Is. 2. 19; 64. 3. Je. 10. 10. *through.* Ps. 18. 44; 22. 28, 29; 68. 30; 81. 15. *submit themselves. or,* yield feigned obedience. *Heb.* lie. Ps. 78. 35, 36.

4 Ps. 22. 27; 65. 5; 67. 2, 3; 96. 1, 2; 117. 1. Is. 2. 2-4; 11. 9; 42. 10-12; 49. 22, 23. Da. 7. 14. Mal. 1. 11. Re. 15. 4.

5 *Come.* ver. 16. Ps. 46. 8; 111. 2; 126. 1-3. Nu. 23. 23. *terrible.* ver. 3. Ps. 99. 3. Eze. 1. 18.

6 *He turned.* Ps. 78. 13; 106. 8-10; 104. 5-7; 136. 13, 14. Ex. 14. 21, 22. Is. 63. 13, 14. *they.* Jos. 3. 14, 16. *there.* Ps. 106. 11, 12. Ex. 15. 1, etc. Re. 15. 2, 3.

7 *ruleth.* Ps. 62. 11. Da. 4. 35; 6. 26, 27. Mat. 6. 13; 28. 18. *his eyes.* Ps. 11. 4; 33. 13. 2 Ch. 16. 9. *let.* Ps. 2. 10-12; 52. 1-5; 73. 3-12; 75. 4, 5. Ex. 18. 11. Job 9. 4. Is. 10. 7-16; 37. 28, 29. Da. 5. 20-28.

8 *O bless.* De. 32. 43. Ro. 15. 10, 11. *make.* ver. 2. Ps. 47. 1. Je. 33. 11. Re. 5. 11-14; 19. 1, 5, 6.

9 *holdeth. Heb.* putteth. Ps. 22. 29. 1 Sa. 25. 29. Ac. 17. 28. Col. 3. 3, 4. *suffereth.* Ps. 37. 23, 24; 62. 2, 6; 94. 18; 112. 6; 121. 3; 125. 3. 1 Sa. 2. 9.

10 *hast proved us.* Ps. 17. 3. De. 8. 2, 16; 13. 3. *tried.* Pr. 17. 3. Is. 48. 10. Zec. 13. 9. 1 Pe. 1. 6, 7.

11 *broughtest.* Job 19. 6. La. 1. 13; 3. 2, etc. Ho. 7. 12. Mat. 6. 13. *upon.* De. 33. 11.

12 *caused.* Ps. 129. 1-3. Is. 51. 23. *through.* Is. 43. 1, 2. Ac. 14. 22. 1 Th. 3. 3, 4. *but thou.* Ps. 33. 19; 40. 2, 3. Job 36. 16. Lu. 16. 25. Ja. 5. 11. Re. 7. 14, etc. *wealthy. Heb.* moist. Ps. 107. 35-37. Is. 35. 6, 7.

13 *go into.* Ps. 51. 18, 19; 100. 4; 118. 19, 27. De. 12. 11, 12. He. 13. 15. *pay.* Ps. 22. 25; 56. 12; 116. 14, 17-19. Ec. 5. 4. Jon. 2. 9. Na. 1. 15.

14 *uttered. Heb.* opened. Ju. 11. 35, 36. *mouth.* Nu. 30. 2, 8, 12. *when.* Ge. 28. 20-22; 35. 3. 1 Sa. 1. 11. 2 Sa. 22. 7.

15 *fatlings. Heb.* marrow. *with the.* Je. 41. 5. *I will offer.* 2 Sa. 6. 13, 17-19. 1 Ch. 16. 1-3.

16 *Come.* ver. 5. Ps. 34. 2, 11; 71. 18. Mal. 3. 16. 1 Ti. 1. 15, 16. 1 Jno. 1. 3. *and I will.* Ps. 22. 23, 24; 32. 5, 6; 71. 20. 1 Co. 15. 8-10.

17 *I cried.* Ps. 30. 8; 34. 3, 4, 6; 116. 1, 2, 12. *he was.* Ps. 30. 1; 145. 1.

18 *If I regard.* Job 27. 8, 9. Pr. 15. 8, 29; 21. 13; 28. 9. Is. 1. 15. Jno. 9. 31. Ja. 4. 3.

19 Ps. 6. 9; 34. 6; 116. 1, 2. La. 3. 55, 56. He. 5. 7. 1 Jno. 3. 20-22.

20 Ps. 51. 11; 86. 12, 13. 2 Sa. 7. 14, 15

## PSALM LXVII.

*A prayer for the enlargement of God's kingdom*, 1, 2; *to the joy of the people*, 3-5; *and the increase of God's blessings*, 6, 7.

A.M. cir. 3464. B.C. cir. 540. (*Title.*) *Neginoth.* Ps. 4; 6; 76, titles.

1 *God.* Nu. 6. 24-27. De. 21. 8. 2 Co. 13. 14. *bless us.* Ps. 28. 9. Ep. 1. 3. *cause.* Ps. 4. 6; 31. 16; 80. 1-3, 7, 19; 119. 135. 2 Co. 4. 6. *upon us. Heb.* with us.

2 *That.* Ps. 98. 2, 3. Es. 8. 15-17. Zec. 8. 20-23. Ac. 9. 31. *thy way.* Ac. 13. 10; 18. 25; 22. 4. *saving.* Ps. 43. 5; 66. 1-4; 117. 2. Is. 49. 6. Mat. 28. 19. Lu. 2. 30, 31; 3. 6. Tit. 2. 11.

3 ver. 5. Ps. 45. 17; 74. 21; 119. 175; 142. 7. Is. 38. 18, 19.

4 *O let.* Ps. 97. 1; 138. 4, 5. De. 32. 43. Is. 24. 14-16; 42. 10-12; 54. 1. Ro. 15. 10, 11. Ga. 4. 27. *for thou.* Ps. 9. 8; 96. 10-13; 98. 9. Ge. 18. 25. Ac. 17. 31. Ro. 2. 5. *govern. Heb.* lead. Ps. 2. 8; 82. 6. Is. 55. 4. Re. 11. 15-17.

5 ver. 3. Mat. 6. 9, 10.

6 *Then.* Ps. 85. 9-12. Le. 26. 4. Is. 1. 19; 30. 23, 24. Eze. 34. 26, 27. Ho. 2. 21, 22. 1 Co. 3. 6-9. *our own.* Ps. 48. 14. Ge. 17. 7. Ex. 3. 15. Je. 31. 1, 33.

7 *God.* Ps. 29. 11; 72. 17. Ge. 12. 2, 3. Ac. 2. 28. Ga. 3. 9, 14. *all the.* Ps. 22. 27; 65. 5; 98. 3. Is. 43. 6; 45. 22; 52. 10. Mi. 5. 4. Zec. 9. 10. Mal. 1. 11. Ac. 13. 47. Re. 15. 4. *fear.* Mal. 4. 2. Ac. 13. 26.

## PSALM LXVIII.

*A prayer at the removing of the ark*, 1-3. *An exhortation to praise God for his mercies*, 4-6; *for his care of the church*, 7-18; *for his great works*, 19-35.

A.M. 2962. B.C. 1042. (*Title.*) This magnificent and truly sublime ode is supposed, with much probability, to have been composed by David, and sung at the removal of the ark from Kirjath-jearim.

1 *God arise.* Ps. 7. 6, 7; 44. 26; 78. 65-68; 132. 8, 9. Nu. 10. 35. 2 Ch. 6. 41. Is. 33. 3; 42. 13, 14; 51. 9, 10. *be scattered.* ver. 14, 30. Ps. 59. 11; 89. 10. Is. 41. 15, 16. Eze. 5. 2; 12. 14, 15. Da. 2. 35. *that hate.* Ps. 21. 8. Ex. 20. 5. De. 7. 10. Jno. 14. 23, 24. *before him. Heb.* from his face.

2 *As smoke.* Ps. 37. 20. Is. 9. 18. Ho. 13. 3. *as wax.* Ps. 97. 5. Is. 64. 2. Mi. 1. 4. *in the presence.* Ps. 76. 7; 80. 16. Na. 1. 5, 6. 2 Th. 1. 8, 9. Re. 6. 16, 17.

3 *But.* Ps. 32. 11; 33. 1; 58. 10; 64. 10; 97. 12. Re. 18. 20; 19. 7. *rejoice.* Ps. 95. 1, 2; 98. 8, 9; 100. 1, 2. De. 12. 12. 1 Th. 5. 16. *exceedingly rejoice. Heb.* rejoice with gladness. Ps. 21. 1; 43. 4. 1 Pe. 1. 8.

4 *Sing unto God.* Ps. 66. 4; 67. 4. Is. 12. 4-6. *rideth.* ver. 33. Ps. 18. 10; 104. 3. De. 33. 26. Is. 19. 1. *his name.* Ex. 3. 14; 6. 3, 8. *JAH.* יה, JAH, is an abbreviation of יהוה, JEHOVAH, and signifies *self-existence*:—He who derives his being from none, but gives being to all.

5 *A father.* Ps. 10. 14, 18; 82. 3, 4; 146. 9. Job 31. 16, 17. Je. 49. 11. Ho. 14. 3. *a judge.* Ps. 72. 2, 4. De. 10. 18. Job 29. 12, 13. Is. 1. 23. Je. 5. 28. Lu. 18. 2-7. Ep. 5. 1. *in his.* Ps. 33. 14. 2 Ch. 6. 2; 30. 27. Is. 57. 15; 66. 1. Ac. 7. 48, 49.

6 *God.* Ps. 107. 10, 41; 113. 9. 1 Sa. 2. 5. Ga. 4. 27. *families. Heb.* a house. *he bringeth.* Ps. 107. 10, 14; 146. 7. Is. 61. 1. Ac. 12. 6, etc. *the rebellious.* Ps. 107. 34, 40. De. 28. 23, 24. Ho. 2. 3. Mal. 1. 3.

7 *O God.* Ps. 114. 1, etc. Ex. 13. 21. De. 4. 34. Ju. 4. 14. Hab. 3. 13. *thou didst.* Ju. 5. 4. Mi. 2. 13. Hab. 3. 12.

8 *earth.* Ps. 77. 18; 114. 7. Is. 64. 1, 3. Hab. 3. 13. He. 12. 26. Re. 11. 19. *the heavens.* Ju. 5. 4, 5. *Sinai.* Ex. 19. 16, 18. De. 5. 23-25. *the God.* ver. 35. Ps. 41. 13. Is. 45. 3.

9 *didst.* Ps. 65. 9, etc.; 77. 16, 17; 78. 24-27. De. 11. 10-12, 14. Eze. 34. 26. *send. Heb.* shake out. *confirm thine inheritance. Heb.* confirm it.

10 *Thy congregation.* Ps. 74. 1, 2, 19. Ex. 19. 5, 6. Nu. 16. 3. 1 Pe. 5. 3. *thou.* De. 26. 5, 9, 10; 32. 8-14. 1 Sa. 2. 8. Job 5. 10, 11. Mat. 11. 5. Lu. 1. 53.

11 *Lord.* Ps. 40. 3. Ex. 14. 15; 17. 9, etc. Ju. 4. 6, etc. Ep. 4. 11. *company. Heb.* army. ver. 25. Ex. 15. 20. Ju. 5. 1, etc. Re. 19. 13.

12 *Kings.* Ex. 14. 25. Nu. 31. 8, 9, 54. Jos. 10. 16, 42; 12. 7, 8, etc. Ju. 5. 19. Re. 6. 15; 19. 17-20. *did flee apace. Heb.* did flee, did flee. *she.* Nu. 31. 27. 1 Sa. 30. 24.

13 *Though.* That is, probably, 'Though ye have laboured and lain down between the brick-kilns in Egypt—a poor, enslaved, and oppressed people, yet ye shall gradually rise to dignity, prosperity, and splendour; as a dove, which has been defiled with dirt, disordered, and dejected, by washing herself in a running stream, and trimming her plumage, gradually recovers the serenity of her disposition, the purity of her colour, and the richness and varied elegance of her appearance.' *ye have.* Ps. 81. 6. Ex. 1. 14. 1 Co. 6. 9-11; 12. 2. Ep. 2. 1-3. Tit. 3. 3. *the wings.* Ps. 74. 19; 105. 37; 149. 4. 1 Ki. 4. 20, 21. Eze. 16. 6-14. Lu. 15. 16, 22. Ep. 5. 26, 27. Re. 1. 5, 6.

14 *When.* Nu. 21. 3, 21, etc. Jos. 10. 10, etc.; ch. 12. Re. 19. 14-21. *in it, it was. or,* for her, she was. Ju. 2. 7. Je. 2. 3. *as snow.* Ps. 51. 7. Is. 1. 18.

15 *of God.* Ps. 2. 6; 78. 68, 69; 87. 1, 2. Is. 2. 2, 3. *of Bashan.* De. 3. 10. Mi. 7. 14.

16 *Why.* Ps. 114. 4, 6. Is. 2. 2. *the hill.* Ps. 132. 13, 14. De. 12. 5, 11. 1 Ki. 9. 3. He. 12. 22, 23. Re. 21. 2, 3.

17 *chariots.* Ps. 18. 10. De. 33. 2. 2 Ki. 2. 11; 6. 16, 17. Eze. 1. 15, etc. Da. 7. 10. Mat. 26. 53. Re. 5. 11; 9. 16. *thousands. or,* many thousands. *as in Sinai.* Ex. 3. 5; 19. 22, 23.

18 *ascended.* Ps. 24. 3, 7-10; 47. 5; 110. 1. Mar. 16. 19. Lu. 24. 51. Ac. 1. 2-9. Ep. 4. 8-10. He. 4. 14; 6. 20; 8. 1. 1 Pe. 3. 22. *led.* Ju. 5. 12. *received.* Lu. 24. 49. Jno. 14. 16, 17; 16. 7, 13-15. Ac. 1. 4; 2. 4, 33-38. Ep. 4. 8. *for men. Heb.* in the man. 1 Co. 15. 45-47. Col. 1. 18, 19; 2. 3, 9. He. 1. 3. *rebellious.* Pr. 1. 22, 23. Is. 55. 7. Mat. 9. 13. Lu. 24. 47. Ac. 2. 23, 36, 38-41; 9. 17. 1 Co. 6. 9-11. 1 Ti. 1. 13-15. Tit. 3. 3-7. *that.* Ps. 78. 60; 132. 13, 14. 2 Ch. 6. 18. Is. 57. 15. Eze. 48. 35. Jno. 14. 17, 23. 2 Co. 6. 16. Re. 1. 20; 2. 1; 21. 3.

19 *Blessed.* Ps. 72. 17-19; 103. 1, etc. Ep. 1. 3. *daily.* Ps. 32. 7; 139. 17. La. 3. 23.

20 *our God.* Is. 12. 2; 45. 17-22. Ho. 1. 7. Jno. 4. 22. *unto.* Ps. 118. 17, 18. De. 32. 39. 1 Sa. 2. 6. Jno. 5. 21, 23, 28, 29; 11. 25, 26. He. 2. 14, 15. Re. 1. 18; 20. 1. *issues.* Pr. 4. 23.

21 *God.* Ps. 110. 6. Hab. 3. 13. Mar. 12. 4. *the hairy.* Ps. 55. 23. *of such.* ver. 18. Ps. 7. 12. Pr. 1. 24, etc. Eze. 18. 27-30. Lu. 13. 5. He. 2. 1-3; 12. 25. Re. 2. 14-16.

22 *Bashan.* Nu. 21. 33. Is. 11. 11-16; 49. 22. *the depths.* Ex. 14. 22, 29. Is. 51. 10, 11. Je. 23. 5-8. Eze. 36. 24. Ho. 1. 10, 11.

23 *That.* Ps. 58. 10. *dipped. Heb.* red. Is. 63. 1-6. *the tongue.* 1 Ki. 21. 19; 22. 38. 2 Ki. 9. 33-37. Re. 19. 17-21.

24 *even.* Ps. 24. 7-10; 47. 5-7. 2 Sa. 6. 12-17. 1 Ch. 13. 8; 15. 16-24.

25 *the players.* Ps. 87. 7; 150. 3-5. Re. 14. 2, 3; 15. 2, 3. *among.* Ps. 148. 12, 13. Ex. 15. 20. Ju. 11. 34. 1 Sa. 18. 6. Je. 31. 4, 13.

26 *Bless.* Ps. 107. 32; 111. 1; 135. 19-21. 1 Ch. 16. 7, 8, etc. *from the fountain. or, ye that are* of the fountain. De. 33. 28. Pr. 5. 16. Is. 48. 1.

27 *little.* Ge. 42. 32. Ju. 20. 35; 21. 6, etc. 1 Sa. 9. 21. 1 Ch. 12. 16, 29; 15. 3; 27. 12. *princes.* Ps. 47. 9; 60. 7. Is. 11. 13. Eze. 37. 19-27. *and their council. or, with* their company.

28 *commanded.* Ps. 42. 8; 44. 4; 71. 3. Is. 40. 31. Jno. 5. 8, 9. Ac. 3. 6-8. 2 Co. 12. 9, 10. *strengthen.* Ps. 138. 8. Ep. 3. 17-20. Phi. 1. 6. 2 Th. 1. 11.

29 *Because.* 1 Ch. 17. 4-12; 22. 7-11; 28. 10, etc.; 29. 3. 2 Ch. 2. 5, 6; 6. 8, 9. *shall.* Ps. 72. 10, 11; 76. 11. 1 Ki. 10. 10, 24, 25. 2 Ch. 32. 23. Ezr. 7. 13-28. Ne. 2. 8. Is. 60. 6-11, 16, 17.

30 *Rebuke.* 2 Sa. ch. 8; 10. 2 Ch. ch. 14; 20. Is. ch. 37. *company of spearmen. or,* beasts of the reeds. Je. 51. 32, 33. *multitude.* Ps. 22. 12, 13. Is. 34. 7. Je. 50. 11. *every.* Ps. 2. 12; 18. 44. 2 Sa. 8. 2, 8-11. *scatter thou. or,* he scattereth. ver. 14. *delight.* Ps. 120. 7. Ro. 7. 22. Ja. 4. 1.

31 *Princes.* Ps. 72. 8-11. Is. 19. 18-25; 45. 14; 60. 6, 7; 66. 19. *Ethiopia.* Zep. 3. 10. Ac. 8. 27, etc. *stretch.* Ps. 44. 20; 88. 9; 143. 6. 1 Ki. 8. 22.

32 *ye kingdoms.* Ps. 67. 2-5; 100. 1; 117. 1, 2. De. 32. 43. Ro. 15. 10, 11. Re. 15. 4.

33 *rideth.* ver. 4. Ps. 18. 10; 104. 3. *of old.* Ps. 93. 2; 102. 25. *send out. Heb.* give. *his voice.* Ps. 29. 3-9; 77. 17, 18. Eze. 10. 5. Jno. 12. 28, 29. Re. 11. 12, 15, 19.

34 *Ascribe.* Ps. 29. 1, 2; 96. 6-8. 1 Ch. 16. 28, 29. Re. 19. 6. *his excellency.* De. 33. 26. 2 Pe. 1. 17. *and his strength.* This refers to the phenomena of thunder and lightning; for all nations have observed that the electric fluid is an irresistible agent,—destroying life, tearing towers and castles to pieces, rending the strongest oaks, and cleaving the most solid rocks; and the most enlightened nations have justly considered it as an especial manifestation of the power and sovereignty of God. *clouds. or,* heavens.

35 *terrible.* Ps. 45. 4, 5; 65. 5; 66. 5; 76. 12. Ex. 15. 1. Ne. 1. 5. He. 12. 24-29. Re. 6. 16, 17. *he that giveth.* Ps. 29. 11. De. 33. 25. Is. 40. 31; 45. 21. Zec. 10. 12. Ep. 3. 16. Phi. 4. 13. Col. 1. 11. *Blessed.* Ps. 72. 18, 19.

## PSALM LXIX.

*David complains of his affliction*, 1-12. *He prays for deliverance*, 13-21. *He devotes his enemies to destruction*, 22-29. *He praises God with thanksgiving*, 30-36.

(*Title.*) *Shoshannim.* Ps. 45; 60; 80, titles. *A Psalm.* It is uncertain when this Psalm was composed; though it is probable that it was written by David during the rebellion of Absalom. It is an exceedingly fine composition; it evidently refers to the advent, passion, and resurrection of our Lord, to the vocation of the Gentiles, and the reprobation of the Jews: *see the Marginal References.*

1 *the waters.* ver. 2, 14, 15. Ps. 18. 4; 42. 7. Is. 28. 17; 43. 2. La. 3. 54. Jon. 2. 3-5. Re. 12. 15, 16; 17. 15.

2 *I sink.* Ps. 40. 2. Je. 38. 6, 22. *deep mire. Heb.* the mire of depth. *deep waters. Heb.* depth of waters. Ps. 88. 6, 7. Eze. 27. 26-34. *the floods.* Ps. 32. 6. Ge. 7. 17-23. Mat. 7. 25; 26. 37, 38.

3 *I am.* Ps. 6. 6; 13. 1-3; 22. 2. He. 5. 7. *my throat.* ver. 21. Ps. 22. 15. Jno. 19. 28. *mine.* Ps. 119. 82, 123. De. 28. 32. Job 11. 20; 16. 16. Is. 38. 14. La. 2. 11. *I wait.* Ps. 25. 21; 39. 7.

4 *hate.* Jno. 15. 25. 1 Pe. 2. 22. *more than.* Ps. 40. 12. *being.* Ps. 7. 3-5; 35. 12, 19; 38. 19, 20; 109. 3-5. *then I.* Is. 53. 4-7. 2 Co. 5. 21. 1 Pe. 2. 24; 3. 18.

5 *and my sins. Heb.* and my guiltiness. Ps. 17. 3; 19. 12; 44. 20, 21. *hid.* Ps. 38. 9. Je. 16. 17.

6 *Let not.* Ps. 7. 7; 25. 3; 35. 26. Is. 49. 23. Lu. 24. 19-21. Ac. 4. 7. *O God of Israel.* Ps. 72. 18. 2 Sa. 23. 3. Ac. 13. 17, 23.

7 *Because.* Ps. 22. 6-8; 44. 22. Je. 15. 15. Jno. 15. 21-24. *shame.* Is. 50. 6; 53. 3. Mat. 26. 67, 68; 27. 29, 30, 38-44. Lu. 23. 11, 35-37. He. 12. 2.

8 *become.* Ps. 31. 11. Job 19. 13-19. Mat. 26. 48-50, 56, 70-74. Jno. 1. 11; 7. 5. *and an alien.* 1 Sa. 17. 28. Mi. 7. 5, 6. Mat. 10. 21, 22, 35, 36.

9 *zeal.* Ps. 119. 139. 1 Ki. 19. 10. 1 Ch. 15. 27-29; 29. 3. Mar. 11. 15-17. Jno. 2. 14-17. *and the.* Ps. 89. 50, 51. Ro. 15. 3.

10 Ps. 102. 8, 9; 109. 24, 25. Lu. 7. 33, 34.

11 *I made*. Ps. 35. 13, 14. Is. 20. 2; 22. 12. Joel 1. 8, 13. *I became*. Ps. 44. 13, 14. De. 28. 37. 1 Ki. 9. 7. Je. 24. 9.

12 *They*. De. 16. 18. Mat. 27. 12, 13, 20, 41, 42, 62, 63. Lu. 23. 2. Ac. 4. 26, 27. *I was*. Ps. 35. 15, 16. Job 30. 8, 9. Mar. 15. 17-19. *drunkards. Heb.* drinkers of strong drink. Da. 5. 2-4, 23.

13 *my prayer*. Ps. 4. 16, 17; 91. 15. Mat. 26. 36, etc. Lu. 22. 44. Jno. 17. 1, etc. He. 5. 7. 1 Pe. 2. 23. *in an*. 1 Sa. 25. 8. Es. 5. 2, 6; 7. 2. Is. 49. 8; 55. 6. 2 Co. 6. 2. *in the*. Ps. 40. 19, 11; 98. 3. Ge. 24. 27. Mi. 7. 20. Lu. 1. 72. Ac. 13. 32, 33. Ro. 15. 8, 9.

14 *Deliver*. Ps. 40. 1-3. Je. 38. 6-13. La. 3. 55. *let me*. Ps. 25. 18, 19; 35. 19; 109. 3, 21. Lu. 19. 14, 27. Ac. 5. 30, 31. *out of*. ver. 1, 2, 15. Ps. 42. 7; 124. 4, 5; 144. 7. Mar. 14. 34, etc.; 15. 34.

15 *waterflood*. Is. 43. 1, 2. Jon. 2. 2-7. Mat. 12. 40. Re. 12. 15, 16. *pit*. Ps. 16. 10; 88. 4-6. Nu. 16. 33, 34. Ac. 2. 24, 31.

16 *for thy*. Ps. 36. 7; 63. 3; 109. 21. *turn*. Ps. 25. 16; 26. 11; 86. 15, 16. Mi. 7. 19. *according*. ver. 13. Ps. 51. 1. Is. 63. 7.

17 *hide*. Ps. 13. 1; 22. 24; 27. 9; 44. 24; 102. 2; 143. 9. Mat. 27. 46. *for I am*. Mat. 26. 38. *hear me speedily. Heb.* make haste to hear me. Ps. 40. 13; 70. 1. Job 7. 21.

18 *Draw*. Ps. 10. 1; 22. 1, 19. Je. 14. 8. *redeem*. Ps. 31. 5; 111. 9. Job 6. 23. *because*. De. 32. 27. Jos. 7. 9.

19 *my reproach*. ver. 7-9. Ps. 22. 6, 7. Is. 53. 3. He. 12. 2. 1 Pe. 2. 23. *dishonour*. Jno. 8. 49. *mine*. Ps. 2. 2-4; 38. 9.

20 *Reproach*. Ps. 42. 10; 123. 4. He. 11. 36. *I am*. Ps. 42. 6. Mat. 26. 37, 38. Jno. 12. 27. *I looked*. Is. 63. 5. Mar. 14. 37, 50. *take pity. Heb.* to lament *with me*. *but there*. Ps. 142. 4. Jno. 16. 32. 2 Ti. 4. 16, 17. *comforters*. Job 16. 2; 19. 21, 22. Mat. 26. 56.

21 *gall for my meat*. *Bochart*, from a comparison of this passage with Jno. 19. 29, thinks that *rosh* is the same herb as the evangelist calls *υσσωπος*, *hyssop*; a species of which, growing in Judea, he proves from *Isaac ben Orman*, an Arabian writer, to be so bitter as not to be eatable. *Theophylact* expressly tells us, that the *hyssop* was added ὡς δηλητεριωδος, as *being deleterious*, or poisonous; and *Nonnus*, in his paraphrase, says, *Ωρεγεν υσσωπω κεκερασμενον οξος ολεθρου·* 'One gave the deadly acid mixed with hyssop.' Je. 8. 14; 9. 15; 23. 15. Mat. 27. 34, 48. *vinegar*. Mar. 15. 23, 36. Lu. 23. 36. Jno. 19. 29, 30.

22 *Let their table*, etc. Or rather, 'Their table *shall* become a snare; their eyes *shall* be darkened,' etc. in the *future* tense. Pr. 1. 32. Mal. 2. 2. Ro. 11. 8-10. *a trap*. Is. 8. 14, 15. 1 Pe. 2. 8.

23 *Their eyes*. Is. 6. 9, 10; 29. 9, 10. Mat. 13. 14, 15. Jno. 12. 39, 40. Ac. 28. 26, 27. Ro. 11. 25. 2 Co. 3. 14. *make their*. De. 28. 65-67. Is. 21. 3, 4. Je. 30. 6. Da. 5. 6. Ro. 11. 10.

24 *Pour*. Ps. 79. 6. Le. 26. 14, etc. De. 28. 15, etc.; 29. 18-28; 31. 17; 32. 20-26. Ho. 5. 10. Mat. 23. 35-37. Lu. 21. 22. 1 Th. 2. 15, 16. Re. 16. 1. *take*. Ex. 15. 15. Is. 13. 8. Zec. 1. 6.

25 *Let their*. 1 Ki. 9. 8. Je. 7. 12-14. Mat. 23. 38; 24. 1, 2. Ac. 1. 20. *habitation. Heb.* palace. Is. 5. 1; 6. 11. *let none dwell. Heb.* let there not be a dweller.

26 *For*. Ps. 109. 16. 2 Ch. 28. 9. Job 19. 21, 22. Zec. 1. 15. 1 Th. 2. 15. *whom*. Is. 53. 4, 10. Zec. 13. 7. *they talk*. Mar. 15. 28-32. *those*, etc. *Heb.* thy wounded.

27 *Add*. Ps. 81. 12. Ex. 8. 15, 32; 9. 12. Le. 26. 39. Is. 5. 6. Mat. 21. 19; 23. 31, 32; 27. 4, 5. Ro. 1. 28; 9. 18. 2 Th. 2. 11, 12. Re. 22. 10, 11. *iniquity. or*, punishment of iniquity. Ps. 109. 17-19. 2 Ti. 4. 14. *let them*. Ps. 24. 5. Is. 26. 10. Ro. 9. 31; 10. 2, 3.

28 *blotted*. Ex. 32. 32, 33. Is. 65. 15. Ho. 1. 9. Re. 3. 5; 22. 19. *be written*. Is. 4. 3. Eze. 1. 39; 13. 9. Lu. 10. 20. Phi. 4. 3. He. 12. 23. Re. 13. 8; 20. 12-15.

29 *I am poor*. Ps. 40. 17; 109. 22, 31. Is. 53. 2, 3. Mat. 8. 20. 2 Co. 8, 9. *let thy*. Ps. 18. 48; 22. 27-31; 89. 26, 27; 91. 14-16. Ep. 1. 21, 22. Phi. 2. 9-11.

30 *I will*. Ps. 28. 7; 40. 1-3; 118. 21, 28, 29. *magnify*. Ps. 34. 3.

31 *also shall*. Ps. 50. 13, 14, 23. Ho. 14. 2. Ep. 5. 19, 20. He. 13. 15. 1 Pe. 2. 5.

32 *The humble. or*, *The* meek. Ps. 25. 9; 34. 2; Is. 61. 1-3. Jno. 16, 22; 20. 20. *your heart*. Ps. 22. 26, 29. Is. 55. 6, 7.

33 *the Lord*. Ps. 10. 17; 34. 6; 72. 12-14; 102. 17, 20. Is. 66. 2. Lu. 4. 18. *his prisoners*. Ps. 107. 10; 146. 7. Zec. 9. 11, 12. Ac. 5. 18, 19; 12. 4-11. Ep. 3. 1. Re. 2. 10.

34 *Let*. Ps. 96. 11; 98. 7, 8; 148. 1, etc., 150. 6. Is. 44. 22, 23; 49. 13; 55. 12. Re. 7. 11-13. *moveth. Heb.* creepeth. Ge. 1. 20, marg.

35 *God*. Ps. 51. 18; 102. 13, 16; 147. 12, 13. Is. 14. 32; 44. 26; 46. 13. Re. 14. 1. *build*. Ps. 48. 11-13. Eze. 36. 35, 36. Je. 33. 10, 11.

36 *The seed*. Ps. 90. 16, 17; 102. 28. Is. 44. 3, 4; 61. 9. Ac. 2. 39. *they*. Ps. 91. 14. Jno. 14. 23. Ro. 8. 28. Ja. 1. 12; 2. 5. Re. 21. 27.

## PSALM LXX.

*David solicits God to the speedy destruction of the wicked, and preservation of the godly.*

A.M. 2983. B.C. 1021. *(Title.) A Psalm.* This Psalm is almost word for word the same as the five last verses of Ps. 40; and it is written as a part of the succeeding Psalm in about 27 MSS. Both Psalms evidently appear to have been written by David during the rebellion of Absalom, and probably at the crisis when he heard of the sanguinary counsel which Ahithophel had given respecting him; or, as some suppose, when beyond Jordan. 2 Sa. 17. 1-21. *to bring*. Ps. 38, title.

1 *O God*. Ps. 40. 13, etc.; 69. 18; 71. 12; 143. 7. *to help me. Heb.* to my help.

2 *Let*. Ps. 6. 10; 35. 4, 26; 71. 13; 109. 29. Is. 41. 11. *my soul*. Rather, 'my life,' *naphshee*; for the word has frequently this meaning. *be turned*. Is. 28. 13. Jno. 18. 6.

3 *back*. Ps. 40. 15. Ac. 1. 18. *Aha, aha. Heäch! heäch!* a note of extreme contempt; marking insult and triumph at the same time. Ps. 35. 21, 25. Pr. 24. 17, 18. Eze. 25. 3; 26. 2; 36. 2.

4 Ps. 5. 11; 35. 27; 40. 16; 97. 12. Is. 61. 10; 65. 13, 14. La. 3. 25. Jno. 16. 20.

5 *I am*. Ps. 40. 17; 69. 29; 109. 22. *make*. Ps. 141. 1. *O Lord*. Ps. 13. 1, 2. He. 10. 37. Re. 22. 20.

## PSALM LXXI.

*David, in confidence of faith, and experience of God's favour, prays both for himself, and against the enemies of his soul, 1-13. He promises constancy, 14-16. He prays for perseverance, 17, 18. He praises God, and promises to do it cheerfully, 19-24.*

1 *do I*. Ps. 22. 5; 25. 2, 3; 31. 1-3; 125. 1; 146. 5. 2 Ki. 18. 5. 1 Ch. 5. 20. Ro. 9. 33. 1 Pe. 2. 6. *let me*. Is. 45. 17. Je. 17. 18.

2 *in thy*. Ps. 17. 2; 31. 1; 34. 15; 43. 1; 143. 1, 11. Da. 9. 16. *cause*. 1 Co. 10. 13. *incline*. Ps. 10. 17, 18; 17. 6; 116. 1, 2.

3 *my strong habitation. Heb.* to me for a rock of habitation. Ps. 31. 2, 3; 91. 1, 2. Pr. 18. 10. Is. 33. 16. *thou hast*. Ps. 44. 4; 68. 28; 91. 11, 12. Eze. 9. 6. Re. 7. 2, 3. *my rock*. Ps. 18. 2; 144. 2.

4 *out of the*. Ps. 17. 8, 9, 13; 59. 1, 2; 140. 1-4; 2 Sa. 16. 21, 22; 17. 1, 2, 12-14, 21.

5 *For thou*. Ps. 13. 5; 39. 7; 42. 11; 119. 81, 166. Je. 17. 7, 13, 17. Ro. 15. 13. *my trust*. ver. 17. Ps. 22. 9, 10. 1 Sa. 16. 13; 17. 33-37, 45-47. Ec. 12. 1. Lu. 2. 40. 2 Ti. 3. 15.

6 *By thee*. Ps. 22. 9, 10. Pr. 8. 17. Is. 46. 3, 4. Je. 3. 4. *thou art*. Ps. 139. 15, 16; 145. 1, 2. Is. 49. 1, 5. Je. 1. 5. Lu. 1. 31, 32. Ga. 1. 15. *my praise*. ver. 14. Ps. 34. 1. Ep. 5. 20.

7 *as a wonder*.—*Kemopaton*, 'as a prodigy:' my low estate,—my slaying the lion and bear,—conquering the Philistine,—escaping the fury of Saul,—being raised to the throne of Israel,—enduring such uncommon trials and afflictions,—and experiencing such wonderful deliverances, all mark me out as the subject of '*wonder* unto many; but Thou art my strong Refuge.' Is. 8. 18. Zec. 3. 8. Lu. 2. 34. Ac. 4. 13. 1 Co. 4. 9. 2 Co. 4. 8-12; 6. 8-10. *thou art*. Ps. 62. 7; 142. 4, 5. Je. 16. 19.

8 ver. 15, 24. Ps. 35. 28; 51. 14, 15; 145. 1, 2; 146. 2.

9 *Cast*. ver. 18. Ps. 92. 13-15. Is. 46. 4. 2 Ti. 1. 12; 4. 18. *old age*. This determines the period when this Psalm was composed; for it was in David's *old age* that the rebellion of Absalom took place. *when*. Ps. 73. 26; 90. 10. 2 Sa. 19. 35; 21. 15-17. Ec. 12. 1-7.

10 *and they*. Ps. 10. 9; 56. 6. Pr. 1. 11. *lay wait for. Heb.* watch *or* observe. Ps. 37. 32, 33. 1 Sa. 19. 11. Je. 20. 10. *take*. Ps. 2. 2; 83. 3. 2 Sa. 17. 1, etc. Mat. 26. 3, 4; 27. 1.

11 *God*. Ps. 3. 2; 37. 25, 28; 41. 7, 8; 42. 10. Mat. 27. 42, 43, 46, 49. *for there*. Ps. 7. 2; 50. 22. 2 Ch. 32. 13, 14. Da. 3. 15.

12 *O God*. Ps. 22. 11, 19; 35. 22; 38. 21, 22; 69. 18. *make*. Ps. 70. 1, 2; 143. 7.

13 *Let them be*, etc. 'They *shall* be confounded,' etc.: these are *prophetic* denunciations. ver. 24. Ps. 6. 10; 35. 4, 26; 40. 14, 15. Is. 41. 11. Je. 20. 11. *covered*. Ps. 109. 29; 132. 18. 1 Pe. 5. 5.

14 *But*. Ps. 43. 5. Job 13. 15. La. 3. 21, 26. He. 10. 35. 1 Pe. 1. 13. 1 Jno. 3. 3. *praise*. ver. 6. Phi. 1. 9. 1 Th. 4. 10. 2 Pe. 3. 18.

15 *My mouth*. ver. 8, 24. Ps. 22. 22-25; 30. 12; 40. 9, 10; 145. 2, 5-14. *all the day*. Ps. 35. 28; 89. 16. *I know*. Ps. 40. 5, 12; 139. 17, 18.

16 *I will go*. Ps. 29. 11. De. 33. 25. Is. 40. 31; 45. 24, 25. Zec. 10. 12. Ep. 3. 16; 6. 10. Phi. 4. 13. 2 Ti. 2. 1. *I will make*. Is. 26. 13; 63. 7. *thy righteousness*. ver. 2, 15, 19, 24. Ps. 51. 14. Mat. 6. 33. Ro. 1. 17; 3. 21; 10. 3. Phi. 3. 9. 2 Th. 1. 6.

17 *thou hast*. ver. 5. Ps. 119. 9, 102. *hitherto*. Ps. 66. 16. 1 Sa. 17. 36, 37. 2 Sa. 4. 9; 22. 1, etc. 1 Ch. 16. 4, etc.

18 *Now*. ver. 9. Ge. 27. 1. 1 Sa. 4. 15, 18. Is. 46. 4. *when I am old and greyheaded. Heb.* unto old age and grey hairs. *until I*. Ps. 78. 4, 6; 145. 4, 5. Ex. 13. 8, 14-17. 1 Ch. 29. 10, etc. Ac. 13. 36. *strength. Heb.* arm. Is. 51. 9 53. 1.

19 *Thy righteousness*. Ps. 36. 5, 6; 57. 10; 139. 6. Pr. 15. 24; 24. 7. Is. 5. 16; 55. 9. *who hast*. Ps. 72. 18; 126. 2, 3. Job 5. 9. *who is like*. God is alone,—who can resemble Him? He is that eternal, illimitable, unimpartible, unchangeable, incomprehensible, uncompounded, ineffable Being, whose *essence* is hidden from all created intelligences, and whose *counsels* cannot be fathomed by any creature. Ps. 35. 10; 86. 8; 89. 6-8. Ex. 15. 11. Is. 40. 18, 25. Je. 10. 7.

20 *which*. Ps. 40. 1-3; 60. 3; 66. 10-12; 88. 6, etc.; 138. 7. 2 Sa. 12. 11. Mar. 14. 33, 34; 15. 34. 2 Co. 11. 23-31. Re. 7. 14. *quicken*. Ps. 80. 18. Is. 26. 19. Ho. 6. 1, 2. Ac. 2. 24, 32-34. *shalt bring*. Ps. 16. 10; 40. 2; 86. 13. Is. 38. 17. Eze. 37. 12, 13. Jon. 2. 6. Ep. 4. 9.

21 *increase*. Ps. 72. 11. 2 Sa. 3. 1. Is. 9. 7; 49. 6. Re. 11. 15. *comfort*. Ps. 32. 10. 2 Co. 1. 4, 5; 2. 14; 7. 6, 13. 1 Th. 3. 9.

22 *psaltery. Heb.* instrument of psaltery. Ps. 92. 1-3; 150. 3-5. Hab. 3. 18, 19. *even*. Ps. 25. 10; 56. 4; 89. 1; 98. 3, 138. 2. Mi. 7. 20. Ro. 15. 8. *O thou*. Ps. 89. 18. 2 Ki. 19. 22. Is. 5. 16, 19, 24; 12. 6; 30. 11, 12; 43. 3; 57. 15; 60. 9.

23 *My lips*. Ps. 63. 5; 104. 33. Lu. 1. 46, 47. *my soul*. Ps. 103. 4. Ge. 48. 16. 2 Sa. 4. 9. Re. 5. 9.

24 *My tongue*. ver. 8, 15. Ps. 37. 30. De. 11. 19. Pr. 10. 20, 21. Mat. 12. 35. Ep. 4. 29. *for they*. ver. 13. Ps. 18. 37-43; 92. 11. 1 Co. 15 25.

## PSALM LXXII.

*David, praying for Solomon, shews the goodness and glory of his kingdom, and in type of Christ's kingdom,* 1-17. *He blesses God,* 18-20.

A.M. 2989. B.C. 1015. *(Title.) A Psalm.* This Psalm seems to have been composed by David in his last days, when he had set his beloved son on the throne. 'Then,' says *Calmet,* 'transported with joy and gratitude, he addressed this Psalm to God, in which he prays Him to pour out His blessings on the young king, and upon the people. He then, wrapped up in a divine enthusiasm, ascends to a higher subject; and sings the glory of the Messiah, and the magnificence of his reign.' *for. or,* of. Ps. 127, title.

1 *Give.* 1 Ki. 1. 39, etc. 1 Ch. 22. 12, 13; 29. 19. 2 Ch. 1. 10. Is. 11. 2. Jno. 3. 34. Heb. 1. 8, 9. *the king's.* 1 Ki. 1. 47, 48; 2. 1-4. Je. 23. 5, 6.

2 *He shall.* ver. 12-14. Ps. 45. 6, 7. 1 Ki. 3. 5-10. Is. 11. 3-5; 32. 1, 17. Je. 33. 15. Re. 19. 11. *thy poor.* Ps. 12. 5; 82. 3, 4. Job 34. 19.

3 *mountains.* ver. 16. Is. 32. 16, 17; 52. 7. Eze. 34. 13, 14. Joel 3. 18. *little.* Ps. 65. 12. *by righteousness.* Ps. 85. 10, 11; 96. 11-13; 98. 8, 9. Da. 9. 24. 2 Co. 5. 19-21.

4 *He shall judge.* ver. 12-14; 109. 31. Is. 11. 4. Eze. 34. 15, 16. Zec. 11. 7, 11. Mat. 11. 5. *break.* Ps. 2. 9; 94. 5. Job 19. 2; 34. 24. Pr. 20. 26. Je. 51. 20-23. *the oppressor.* Is. 9. 4; 51. 12, 13. Da. 2. 34, 35. Zec. 9. 8-10. Re. 18. 6-8, 20, 24; 19. 2.

5 *They shall.* 1 Sa. 12. 18. 1 Ki. 3. 28. *as long.* ver. 7. 17. Ps. 89. 29, 36, 37. Is. 9. 7. Da. 2. 44; 7. 14, 27. Lu. 1. 32, 33. 1 Co. 15. 24, 25. Ep. 3. 21. Re. 11. 15.

6 *like.* De. 32. 2. 2 Sa. 23. 4. Pr. 16. 15; 19. 12. Is. 5. 6; 14. 3-5. Eze. 34. 23-26. Ho. 6. 3; 14. 5-7.

7 *In his days.* Ps. 132. 15-18. Is. 11. 6-9; 32. 3-8, 15-20; 35. 1, etc.; 54. 11-17; 55, 10-13; 60. 1, 22; 61. 3-6, 10, 11. Mal. 4. 2. Ac. 4. 32. *abundance.* 1 Ki. 4. 25. 1 Ch. 22. 8, 9. Is. 2. 4; 9. 6, 7. Da. 2. 44. Lu. 1. 33; 2. 14. Ep. 2. 14-17. *so long as the moon endureth. Heb.* till *there be* no moon.

8 *He shall.* Ps. 2. 8; 80. 11; 89. 25, 36. Ex. 23. 31. 1 Ki. 4. 21-24. Zec. 9. 10. Re. 11. 15. *the ends.* Ps. 22. 27, 28.

9 *They that.* 1 Ki. 9. 18, 20, 21. Is. 35. 1, 2. *his enemies.* Ps. 2. 9; 21. 8, 9; 110. 1, 6. Lu. 19. 27. *lick.* Is. 49. 23. Mi. 7. 17.

10 Ps. 45. 12; 68. 29. 1 Ki. 10. 1, 10, 25. 2 Ch. 9. 21. Is. 43. 6; 49. 7; 60. 3, 6, 9. Mat. 2. 11.

11 *all kings.* Ps. 2. 10-12; 138. 4, 5. Is. 49. 22, 23. Re. 11. 15; 17. 14; 21. 24, 26. *all nations.* Ps. 86. 9. Is. 11. 9; 54. 5. Ro. 11. 25. Re. 20. 1-6.

12 *For.* ver. 4. Ps. 10. 17; 82. 3, 4; 102. 17, 20. Job 29. 12. Is. 41. 17. Lu. 4. 18; 7. 22. 2 Co. 8. 9. He. 7. 25. Re. 3. 17, 18. *him.* Ec. 4. 1. Is. 63. 4, 5.

13 *shall save.* Ps. 109. 31. Job 5. 15, 16. Eze. 34. 16. Mat. 5. 3; 18. 11. Ja. 2. 5, 6.

14 *he shall.* Ps. 25. 22; 130. 8. Ge. 48. 16. 2 Sa. 4. 9. Lu. 1. 68-75. Tit. 2. 14. *precious.* Ps. 116. 15. Mat. 23. 30-36. 1 Th. 2. 15, 16. Re. 6. 9-11; 17. 6; 18. 20-24; 19. 2.

15 *And he.* Ps. 21. 4. Jno. 11. 25; 14. 19. 1 Jno. 1. 2. Re. 1. 18. *to him.* 1 Ki. 10. 14. Mat. 2. 11. *shall be given. Heb. one* shall give. *prayer.* ver. 19. Ps. 45. 4. Mat. 6. 10; 21. 9. Jno. 16. 23, 24. 1 Co. 1. 2, 3. 2 Co. 13. 14. 1 Th. 3. 11. 2 Ti. 4. 22. He. 10. 19-22. *daily.* 2 Ch. 2. 11, 12; 9. 1, 4-8, 23, 24. Jno. 5. 23. Phi. 2. 11. 2 Pe. 3. 18. Jude 25. Re. 1. 5, 6; 5. 8-14.

16 *There.* Job 8. 7. Is. 30. 23; 32. 15, 20. Mat. 13. 31-33. Mar. 16. 15, 16. Ac. 1. 15; 2. 41; 4. 4. 1 Co. 3. 6-9. Re. 7. 9. *upon.* Is. 2. 2, 3. *the fruit.* Ps. 92. 12-14. Is. 29. 17; 35. 2. Ho. 14. 5-7. *of the city.* ver. 6. 1 Ki. 4. 20. Is. 44. 3-5. Je. 33. 22, Re. 7. 14.

17 *His name.* Ps. 45. 17; 89. 36. Is. 7. 14. Mat. 1. 21, 23. Lu. 1. 31-33. Phi. 2. 10. *shall endure. Heb.* shall be. *his name,* etc. *Heb.* shall be as a son to continue his father's name for ever. Ep. 3. 14. Col. 1. 3. 1 Pe. 1. 3. *men.* Ge. 12. 3; 22. 18. Ac. 3. 26. Ga. 3. 14. Ep. 1. 3. *all nations.* Je. 4. 2. Lu. 1. 48. Re. 15. 4.

18 *Blessed.* Ps. 41. 13; 68. 35; 106. 48. 1 Ch. 29. 10, 20. *who only.* Ps. 77. 14; 86. 10; 136. 4. Ex. 15. 11. Job 9. 10. Da. 4. 2, 3.

19 *blessed.* Ne. 9. 5. Re. 5. 13. *and let.* Nu. 14. 21. Is. 6. 3; 11. 9. Hab. 2. 14. Zec. 14. 9. Mal. 1. 11. Mat. 6. 10, 13. *Amen.* Ps. 41. 13; 89. 52. Nu. 5. 22. 1 Ki. 1. 36. Je. 28. 6. Re. 1. 18; 22. 20.

20 *The prayers.* This was probably the last Psalm he ever wrote; and with it ends the *second* book of the Psalter. 2 Sa. 23. 1. Job 31. 40. Je. 51. 64. Lu. 24. 51.

## PSALM LXXIII.

*The prophet, prevailing in a temptation,* 1, *shews the occasion thereof, the prosperity of the wicked,* 2-12; *the wound given thereby, diffidence,* 13, 14; *the victory over it, knowledge of God's purpose, in destroying the wicked, and sustaining the righteous,* 15-28.

*(Title.) of. or,* for. Ps. 50; 74; 83, titles. 1 Ch. 6. 39; 15. 17; 16. 7, 37; 25. 1-6. 2 Ch. 29. 30.

1 *Truly. or,* Yet. Ps. 2. 6; 42. 11. *God.* ver. 18-28. Ps. 84. 11. Is. 63. 7-9. Lu. 12. 32. *to such.* Jno. 1. 47. Ro. 2. 28, 29; 4. 16; 9. 6, 7. *of a clean heart. Heb.* clean of heart. Ps. 51. 10. Je. 4. 14. Mat. 5. 8. Tit. 3. 5. Ja. 4. 8.

2 *But.* Ps. 5. 7; 17. 15; 35. 13. Jos. 24. 15. 1 Sa. 12. 23. 1 Ch. 22. 7. Job 21. 4. *feet.* Ps. 116. 8. 1 Sa. 2. 9. Ro. 7. 23, 24. *steps.* Ps. 17. 5; 38. 16; 94. 18. Job 12. 5.

3 *I was.* Ps. 37. 1, 7. Job 21. 7. Pr. 3. 31; 24. 1. Je. 12. 1. Ja. 4. 5.

4 *no.* Ps. 17. 14. Job 21. 23, 24; 24. 20. Ec. 2. 16; 7. 15. Lu. 16. 22. *firm. Heb.* fat. Ps. 17. 10.

5 *They are.* ver. 12. Job 21. 6. Pr. 3. 11, 12. Je. 12. 1, 2. 1 Co. 11. 32. He. 12. 8. Re. 3. 19. *in trouble as other. Heb.* in the trouble of *other. like. Heb.* with.

6 *Therefore.* De. 8. 13, 14; 32. 15. Es. 3. 1, 5, 6; 5. 9-11. Job 21. 7-15. Ec. 8. 11. Je. 48. 11, 29. Eze. 28. 2-5. Da. 4. 30. *as a chain.* Ju. 8. 26. Pr. 1. 9. Ca. 4. 9. Is. 3. 19. Eze. 16. 11. *violence.* Pr. 3. 31, marg.; 4. 17. Mi. 2. 1, 2; 3. 5. Ja. 5. 4-6. *covereth.* Ps. 109. 18, 29. 1 Pe. 5. 5.

7 *eyes.* Ps. 17. 10; 119. 70. Job 15. 27. Is. 3. 9. Je. 5. 28. Eze. 16. 49. *have,* etc. *Heb.* pass the thoughts of the heart. ver. 12. Ps. 17. 14. 1 Sa. 25. 2, 36. Lu. 12. 16-19.

8 *corrupt.* Ps. 53. 1-4. Pr. 30. 13, 14. *speak wickedly.* Ps. 10. 2, 10, 11; 12. 4, 5. Ex. 1. 9, 10. 1 Sa. 13. 19. 1 Ki. 21. 7, etc. Je. 7. 9-11. Ho. 7. 16. *speak loftily.* 2 Pe. 2. 10. Jude 16.

9 *set.* Ex. 5. 2. 2 Ch. 32. 15. Job 21. 14. Da. 3. 15; 7. 25. Re. 13. 6. *tongue.* Ps. 52. 4. Lu. 18. 4. Ja. 3. 6.

10 *waters.* Ps. 75. 8.

11 *How.* ver. 9. Ps. 10. 11; 94. 7. Job 22. 13, 14. Eze. 8. 12. Zep. 1. 12. *is there.* Ps. 44. 21; 139. 1-6. Ho. 7. 2.

12 *these.* Ps. 37. 35; 52. 7. Je. 12. 1, 2. Lu. 16. 19. Ja. 5. 1-3. *prosper.* ver. 3. *they.* Ps. 17. 14; 62. 10. Je. 5. 27, 28. Ho. 12. 7, 8.

13 *Verily.* Job 9. 27, 31; 21. 15; 34. 9; 35. 3. Mal. 3. 14. *washed.* Ps. 24. 4; 26. 6; 51. 10. He. 10. 19-22. Ja. 4. 8.

14 *For all.* Ps. 34. 19; 94. 12. Job 7. 3, 4, 18; 10. 3, 17. Je. 15. 18. Am. 3. 2. He. 12. 5. 1 Pe. 1. 6. *chastened. Heb.* my chastisement *was.*

15 *offend.* 1 Sa. 2. 24. Mal. 2. 8. Mat. 18. 6, 7. Ro. 14. 15, 21. 1 Co. 8. 11-13. *generation.* Ps. 22. 30; 24. 6. 1 Pe. 2. 9.

16 *When.* Ps. 36. 6; 77. 19; 97. 2. Pr. 30. 2, 3. Ec. 8. 17. Ro. 11. 33. *too painful for me. Heb.* labour in mine eyes. Ps. 39. 6. Lu. 18. 32-34. Jno. 16. 18, 19.

17 *Until.* Ps. 27. 4; 63. 2; 77. 13; 119. 24, 130. *then.* Ps. 37. 37, 38. Job 27. 8. Ec. 8. 12, 13. Je. 5. 31. Lu. 12. 20; 16. 22, 23.

18 *Surely.* Ps. 35. 6. De. 32. 35. Je. 23. 12. *thou castedst.* Ps. 37. 20, 24, 35-38; 55. 23; 92. 7; 94. 23. 2 Th. 1. 9.

19 *How.* Ps. 58. 9. Job 20. 5. Is. 30. 13. Ac. 2. 23. 1 Th. 5. 3. Re. 18. 10. *they are.* Nu. 17. 12, 13. 1 Sa. 28. 20. Job 15. 21; 20. 23-25. Pr. 28. 1. Is. 21. 3, 4. Da. 5. 6.

20 *As a.* Ps. 90. 5. Job 20. 8. Is. 29. 7, 8. *when.* Ps. 7. 6; 78. 65. *their.* Ps. 39. 6.

21 *my heart.* ver. 3. Ps. 37. 1, 7. *in my.* Job 16. 13. La. 3. 13.

22 *So.* Ps. 69. 5; 92. 6. Pr. 30. 2. Ec. 3. 18. *ignorant. Heb.* I knew not. *as a.* Ps. 32. 9. Is. 1. 3. *before thee. Heb.* with thee.

23 *Nevertheless.* Ps. 16. 8; 23. 4; 139. 1-12, 18. Ge. 17. 1. Mat. 1. 23; 28. 20. He. 13. 5. *thou hast.* Ps. 37. 17, 24; 63. 8. Is. 41. 10, 13; 42. 1.

24 *Thou.* Ps. 16. 7; 25. 9; 32. 8; 48. 14; 143. 8-10. Pr. 3. 5, 6; 8. 20. Is. 30. 21; 48. 17; 58. 8, 11. Lu. 11. 13. Jno. 16. 13. Ja. 1. 5. *receive.* Ps. 49. 15; 84. 11. Lu. 23. 46. Jno. 14. 3; 17. 5, 24. Ac. 7. 59. 2 Co. 5. 1. 1 Pe. 1. 4, 5.

25 *Whom.* Ps. 16. 5, 11; 17. 15; 37. 4; 43. 4; 63. 3; 89. 6. Mat. 5. 8. Phi. 3. 8. 1 Jno. 3. 2. Re. 21. 3, 22, 23. *none upon.* Ps. 42. 1, 2; 104. 34; 143. 6-8. Is. 26. 8, 9. Hab. 3. 17, 18. Mat. 10. 37. Phi. 3. 8.

26 *flesh.* Ps. 63. 1; 84. 2; 119. 81, 82. Job 13. 15. 2 Co. 4. 8-10, 16-18. Phi. 1. 21. 2 Ti. 4. 6-8. 2 Pe. 1. 14. *but.* Ps. 18. 2; 27. 14; 138. 3. Is. 40. 29-31. 2 Co. 12. 9, 10. *strength. Heb.* rock. *portion.* Ps. 16. 5, 6; 119. 57; 142. 5. La. 3. 24. Re. 21. 3, 4, 7.

27 *lo.* Ps. 119. 155. Job 21. 14, 15. Is. 29. 13. Je. 12. 2. Mat. 15. 7, 8. Ep. 2. 13, 17. *that go.* Ex. 34. 15. Nu. 15. 39. Ja. 4. 4. Re. 17. 1-5.

28 *But.* Ps. 65. 4; 84. 10; 116. 7. La. 3. 25, 26. Lu. 15. 17-20. He. 10. 19-22. Ja. 4. 8. 1 Pe. 3. 18. *that I may.* Ps. 66. 16; 71. 17, 24; 107. 22; 118. 17.

The LXX. Vulgate, Arabic, and Ethiopic, add, 'in the gates of the daughter of Zion;' which makes a better conclusion; but it is not acknowledged by any MS. yet collated.

## PSALM LXXIV.

*The prophet complains of the desolation of the sanctuary,* 1-9. *He moves God to help in consideration of his power,* 10-17; *of his reproachful enemies, of his children, and of his covenant,* 18-23.

A.M. 3416. B.C. 588. *(Title.) Maschil of Asaph. or, A Psalm* for Asaph to give instruction. Ps. 78, title.

1 *O God.* Ps. 10. 1; 42. 9, 23; 44. 9; 60. 1, 10; 77. 7. Je. 31. 37; 33. 24-26. Ro. 11. 1, 2. *smoke.* Ps. 79. 5. De. 29. 20. *the sheep.* Ps. 79. 13; 95. 7; 100. 3. Je. 23. 1. Eze. 34. 8, 31. Lu. 12. 32. Jno. 10. 26-30.

2 *purchased.* Ex. 15. 16. De. 9. 29. Ac. 20. 28. *rod. or,* tribe. *thine.* Ps. 33. 12; 106. 40; 135. 4. De. 4. 20; 32. 9. Je. 10. 16. *redeemed.* Is. 51. 11; 62. 12. Tit. 2. 14. Re. 5. 9. *this mount.* Ps. 48. 1, 2; 78. 68, 69; 132. 13, 14.

3 *Lift.* Ps. 44. 23, 26. Jos. 10. 24. 2 Sa. 22. 39-43. Is. 10. 6; 25. 10; 63. 3-6. Mi. 1. 3. *the perpetual.* Ps. 102. 13, 14. Ne. 1. 3; 2. 3, 13. Is. 64. 10, 11. Da. 9. 17. Mi. 3. 12. Lu. 21. 24. Re. 11. 2. *all.* Ps. 79. 1. Je. 52. 13. La. 1. 10. Da. 8. 11-14; 9. 27; 11. 31. Mar. 11. 17.

4 *Thine.* 2 Ch. 36. 17. La. 2. 7. Lu. 13. 1. Re. 13. 6. *they set.* Je. 6. 1-5. Da. 6. 27. Mat. 24. 15. Lu. 21. 20.

5 1 Ki. 5. 6. 2 Ch. 2. 14. Je. 46. 22, 23.

6 1 Ki. 6. 18, 29, 32, 35.

7 *cast fire into thy sanctuary. Heb.* sent thy sanctuary into the fire. 2 Ki. 25. 9. Is. 64. 11. Mat. 22. 7. *defiled.* Ps. 89. 39. Eze. 24. 21. *dwelling.* Ex. 20. 24. De. 12. 5. 1 Ki. 8. 20.

8 *said.* Ps. 83. 4; 137. 7. Es. 3. 8, 9. *destroy. Heb.* break. *all the synagogues.* 2 Ki. 2. 3, 5; 4. 23. 2 Ch. 17. 9. Mat. 4. 23.

9 *We see.* Ex. 12. 13; 13. 9, 10. Ju. 6. 17. Eze. 20. 12. He. 2. 4. *no more.* 1 Sa. 3. 1. Am. 8. 11. Mi. 3. 6.

10 Ps. 13. 1, 2; 79. 4, 5; 89. 46, 50, 51. Da. 12. 6. Re. 6. 10.

11 *withdrawest.* Is. 64. 12. La. 2. 3.

*pluck it out.* As the outward habit of the easterns has no sleeves, the hands and arms are frequently covered with the folds of the robe; and, in order to do any thing, the hand must be disentangled, and drawn out. Ps. 44. 23; 78. 65 66.

12 *God.* Ps. 44. 4. Ex. 19. 5, 6. Nu. 23. 21, 22. Is. 33. 22. *working.* Ex. 15. 2-15. Ju. 4. 23, 24. 1 Sa. 19. 5. Is. 63. 8. Hab. 3. 12-14.

13 *divide. Heb.* break. Ps. 66. 6; 78. 13; 106. 8, 9; 136. 13-18. Ex. 14. 21. Ne. 9. 11. Is. 11. 15, 16. *brakest.* Ex. 14. 28. Is. 51. 9, 10. Eze. 29. 3. *dragons. or, whales.* Eze. 32. 2.

14 *leviathan.* Ps. 104. 25, 26. Job 3. 8, marg. 41. 1, etc. Is. 27. 1. Re. 20. 2. *meat.* Ps. 72. 9. Ex. 12. 35, 36; 14. 30. Nu. 14. 9.

15 *cleave.* Ps. 105. 41. Ex. 17. 5, 6. Nu. 20. 11. Is. 48. 21. *flood.* Jos. 3. 13, etc. 2 Ki. 2. 8, 14. Is. 11, 16; 44. 27. Hab. 3. 9, marg. Re. 16. 12. *mighty rivers. Heb.* rivers of strength.

16 *The day.* Ps. 136. 7-9. Ge. 1. 3-5. *prepared.* Ps. 8. 3; 19. 1-6; 136. 7-9. Ge. 1. 14-18. Mat. 5. 45.

17 *set.* Ps. 24. 1, 2. De. 32. 8. Ac. 17. 26. *made summer. Heb.* made them summer. Ge. 8. 22. Ac. 14. 17.

18 *Remember.* ver. 22. Ps. 89. 50, 51; 137. 7. Is. 62. 6, 7, marg. Re. 16. 19. *the foolish.* Ps. 41. 1; 39. 8; 94. 2-8. De. 32. 27. Is. 37. 23, 24. Eze. 20. 14.

19 *turtle-dove.* Ps. 68. 13. Ca. 2. 14; 4. 1; 6. 9. Is. 60. 8. Mat. 10. 16. *forget.* Ps. 68. 10; 72. 2. Zep. 3. 12. Ja. 2. 5, 6.

20 *Have.* Ps. 89. 28, 34-36, 39; 105. 8; 106. 45. Ge. 17. 7, 8. Ex. 24. 6-8. Le. 26. 40-45. De. 9. 27. 2 Sa. 23. 5. Je. 33. 20-26. Lu. 1. 72-75. He. 8. 10. *the dark.* De. 12. 31. Ro. 1. 29-31. Ep. 4. 17, 18. *habitations.* Ps. 5. 8. Ge. 49. 5-7.

21 *O let not.* Ps. 9. 18; 12. 5; 102. 19-21; 109. 22. Is. 45. 17. *poor.* Ps. 102. 21. Ezr. 3. 11. Je. 33. 11.

22 *Arise.* Ps. 9. 19, 20; 79. 9, 10. *remember.* ver. 18. Ps. 75. 4, 5; 89. 50, 51. Is. 52. 5.

23 *Forget.* Ps. 10. 11, 12; 13. 1. *tumult.* ver. 4. Ps. 2. 1, 2. Is. 37. 29. La. 2. 16. Re. 17. 14. *increaseth. Heb.* ascendeth. Jon. 1. 2.

## PSALM LXXV.

*The prophet praises God,* 1. *He promises to judge uprightly,* 2, 3. *He rebukes the proud by consideration of God's providence,* 4-8. *He praises God, and promises to execute justice,* 9, 10.

A.M. 3294. B.C. 710. *(Title.) Al-taschith. or,* Destroy not. Ps. 57; 58, titles. *A Psalm.* Some consider this Psalm to have been written by David on his accession to the throne over all Israel; others refer it to the time of the captivity, considering it as a continuation of the subject in the preceding; but Bp. *Patrick* and others are of opinion that it was composed by Asaph to commemorate the overthrow of Sennacherib's army, 2 Ki. 19. *of Asaph. or,* for Asaph.

1 *for that.* Ps. 76. 1; 138. 2. Ex. 23. 21; 34. 6, 7. Je. 10. 6. *wondrous.* De. 4. 7, 33, 34.

2 *When.* Ps. 78. 70-72; 101. 2. 2 Sa. 2. 4; 5. 3; 8. 15; 23. 3, 4. *receive the congregation. or,* take a set time. Ec. 3. 17. Jno. 7. 6. Ac. 1. 7; 17. 31.

3 *earth.* Ps. 60. 1-3; 78. 60-72. 1 Sa. 31. 1-7. Is. 24. 1-12. *I bear.* 1 Sa. 18. 7; 25. 28. 2 Sa. 5. 2. Is. 49. 8. He. 1. 3. *pillars.* 1 Sa. 2. 8.

4 *I said.* Ps. 82. 2, etc.; 94. 8. Pr. 1. 22; 8. 5; 9. 6. *Lift.* Ps. 89. 17; 148. 14. Da. 7. 20, 21. Zec. 1. 21.

5 *speak.* Ex. 32. 9. De. 31. 27. 2 Ch. 30. 8. Is. 48. 4. Eze. 2. 4. Ac. 7. 51.

6 *south. Heb.* desert.

7 *God.* Ps. 50. 6; 58. 11. *he putteth.* Ps. 113. 7, 8. 1 Sa. 2. 7, 8; 15. 23, 28; 16. 1. 2 Sa. 3. 17, 18; 5. 2; 6. 21. Je. 27. 4-8. Da. 2. 22, 37; 5. 18. Lu. 1. 52. Jno. 15. 16. Ro. 11. 15. Ga. 1. 15.

8 *For in.* Ps. 11. 6; 60. 3. Job 21. 20. Is. 51. 17, 22. Je. 25. 15, 17, 27, 28. Re. 14. 9, 10; 16. 19. *it is full.* Alluding to the medicated wine or potion of stupifying drugs given to criminals to drink previous to their execution. Pr. 23. 30. Is. 5. 22. *but the dregs.* Ps. 73. 10.

9 *But.* Ps. 9. 14; 104. 33; 145, 1, 2.

10 *All the horns.* Ps. 101. 8. Je. 48. 25. Zec. 1. 20, 21. *but the horns.* Ps. 89. 17; 92. 10; 148. 14. Lu. 1. 69.

## PSALM LXXVI.

*A declaration of God's majesty in the church,* 1-10. *An exhortation to serve him reverently,* 11, 12.

*(Title.) Neginoth.* Ps. 4; 54; 61; 67, titles. *A Psalm.* This Psalm is entitled in the Septuagint, which is followed by the Vulgate and *Apollinarius,* Ωδη προς τον Ασσυριον' 'An ode against the Assyrian;' and it is considered by many of the best commentators to have been composed by Asaph after the defeat of Sennacherib. *of Asaph. or,* for Asaph.

1 *In Judah.* Ps. 48. 1-3; 147. 19, 20. De. 4. 7, 8, 34-36. Ac. 17. 23. Ro. 2. 17, etc.; 3. 1, 2. *his.* Ps. 98. 2, 3; 148. 13, 14. 1 Ch. 29. 10-12. 2 Ch. 2. 5, 6. Da. 3. 29; 4. 1, 2.

2 *Salem.* Ge. 14. 18. He. 7. 1, 2. *dwelling.* Ps. 132. 13, 14. 2 Ch. 6. 6. Is. 12. 6.

3 *There.* Ps. 46. 9. 2 Ch. 14. 12, 13; 20. 25; 32. 21. Is. 37. 35, 36. Eze. 39. 3, 4, 9, 10.

4 *mountains.* Je. 4. 7. Eze. 19. 1-4, 6; 38. 12, 13. Da. 7. 4-8, 17, etc.

5 *stout-hearted.* Job 40. 10-12. Is. 46. 12. Da. 4. 37. Lu. 1. 51, 52. *they.* Ps. 13. 3. Is. 37. 36. Je. 51. 39. Na. 3. 18. *and.* Is. 31. 8. Eze. 30. 21-25.

6 *At thy.* Ps. 18. 15; 80. 16; 104. 7. Ex. 15. 1, 21. *both.* Ex. 14. 27, 28; 15. 4-6, 10. 2 Sa. 10. 18. Is. 37. 36. Eze. 39. 20. Na. 1. 6; 2. 13; 3. 18. Zec. 12. 4. *dead.* 1 Sa. 26. 12. Je. 51. 39, 57.

7 *even thou.* Ps. 89. 7. Je. 10. 7-10. Mat. 10. 28. Re. 14. 7; 15. 4. *who.* Ps. 90. 11. Na. 1. 6. 1 Co. 10. 22. Re. 6. 16, 17. *when.* Ps. 2. 12.

8 *didst.* Ex. 19. 10. Ju. 5. 20. 2 Ch. 32. 20-22. Eze. 38. 20-23. *still.* Ps. 46. 10. 2 Ch. 20. 29, 30. Hab. 2. 20. Zec. 2. 13.

9 *When.* Ps. 9. 7-9; 72. 4; 82. 2-5. Is. 11. 4. Je. 5. 28. *to save.* Ps. 25. 9; 149. 4. Zep. 2. 3. Mat. 5. 5. 1 Pe. 3. 4.

10 *Surely.* Ge. 37. 18-20, 26-28; 50. 20. Ex. 9. 16, 17; 15. 9-11; 18. 11. Da. 3. 19, 20. Ac. 4. 26-28. Re. 11. 18. *remainder.* Ps. 46. 6; 65. 7; 104. 9. Mat. 2. 13-16; 24. 22. Ac. 12. 3, etc.

11 *Vow.* Ps. 50. 14; 119. 106. Nu. 30. 2. Ec. 5. 4-6. *let all.* Ps. 68. 29; 89. 7. De. 16. 16. 2 Ch. 32. 22, 23. *unto him. Heb.* to fear. Ge. 31. 42.

12 *He shall.* Ps. 2. 5, 10; 48. 4-6; 68. 12, 35. Jos. 5. 1. 2 Ch. 32. 21. Zep. 3. 6. *terrible.* Is. 13. 6-8; 24. 21. Re. 6. 15; 19. 17-21.

## PSALM LXXVII.

*The psalmist shews what fierce combat he had with diffidence,* 1-9. *The victory which he had by consideration of God's great and gracious works,* 10-20.

A.M. cir. 3463. B.C. cir. 541. *(Title.) Jeduthun.* Ps. 39; 62, titles. 1 Ch. 16. 41, 42; 25. 3, 6. *A Psalm.* This Psalm is allowed by the best judges to have been written during the Babylonian captivity. *of Asaph. or,* for Asaph. Ps. 50, title.

1 *I cried.* Ps. 3. 4; 34. 6; 55. 16, 17; 142. 1-3. *gave.* Ps. 116. 1, 2.

2 *In the.* Ps. 18. 6; 50. 15; 88. 1-3; 102. 1, 2; 130. 1, 2. Ge. 32. 7-12, 28. 2 Ki. 19. 3, 4, 15-20. Is. 26. 9, 16. Jon. 2. 1, 2. 2 Co. 12. 7, 8. He. 5. 7. *my.* Ps. 6. 2, 3; 38. 3-8. 2 Ch. 6. 28. Is. 1. 5, 6. Ho. 5. 13; 6. 1. *sore. Heb.* hand. *my soul.* Ge. 37. 35. Es. 4. 1-4. Pr. 18. 14. Je. 31. 15. Jno. 11. 31.

3 *I remembered.* Job 6. 4; 23. 15, 16; 31. 23. Je. 17. 17. *I complained.* Ps. 88. 3, etc.; 102. 3, etc. Job 7. 11. La. 3. 17, 39. *spirit.* Ps. 55. 4, 5; 61. 2; 142. 2, 3; 143. 4, 5.

4 *holdest.* Ps. 6. 6. Es. 6. 1. Job 7. 13-15. *I am.* Job 2. 13; 6. 3.

5 Ps. 74. 12-18; 143. 5. De. 32. 7. Is. 51. 9; 63. 9-15. Mi. 7. 14, 15.

6 *my song.* Ps. 42. 8. Job 35. 10. Hab. 3. 17, 18. Jon. 1. 2. Ac. 16. 25. *commune.* Ps. 4. 4. Ec. 1. 16. *and.* Ps. 139. 23, 24. Job 10. 2. La. 3. 40. 1 Co. 11. 28-32.

7 *the Lord.* Ps. 13. 1, 2; 37. 24; 74. 1; 89. 38, 46. Je. 23. 24-26. La. 3. 31, 32. Ro. 11. 1, 2. *and will.* Ps. 79. 5; 85. 1, 5.

8. *Is his.* Is. 27. 11. Lu. 16. 25, 26. *doth.* Nu. 14. 34; 23. 19. Je. 15. 18. Ro. 9. 6. *for evermore. Heb.* to generation and generation.

9 *God.* Is. 40. 27; 49. 14, 15; 63. 15. *shut up.* Lu. 13. 25-28. Ro. 11. 32, marg. 1 Jno. 3. 17.

10 *This is,* etc. Or, as Dr. *Waterland* renders, 'This my affliction is a change of the right hand of the Most High,' *i.e.* it proceeds from a change of God's conduct towards me. *De Dieu* renders, *Precari, hoc meum est: mutare dextram Altissimi:* 'To pray, this is my business: to change the right hand of the Most High.' I can do nothing else than pray: God is the Ruler of events. Mr. *N. M. Berlin* translates, *Dolere meum hoc est; mutare est dextræ Altissimi:* 'To grieve is my portion: to change (my condition) belongs to the right hand of the Most High.' Ps. 31. 22; 73. 22; 116. 11. Job 42. 3. La. 3. 18-23. Mar. 9. 24. *the years.* ver. 5. Ex. 15. 6. Nu. 23. 21, 22. De. 4. 34. Hab. 3. 2-13.

11 ver. 10. Ps. 28. 5; 78. 11; 111. 4. 1 Ch. 16. 12. Is. 5. 12.

12 *meditate.* Ps. 104. 34; 143. 5. *talk.* Ps. 71. 24; 105. 2; 145. 4, 11. De. 6. 7. Lu. 24. 14-32.

13 *Thy way.* Ps. 27. 4; 63. 2; 68. 25; 73. 17. *who.* Ps. 89. 6-8. Ex. 15. 11. De. 32. 31. Is. 40. 18, 25; 46. 5.

14 *the God.* Ps. 72. 18; 86. 10; 105. 5; 136, 4. Ex. 15. 11. Re. 15. 3. *thou hast.* Ex. 13. 14; 15. 6. Jos. 9. 9, 10. Is. 51. 9; 52. 10. Da. 3. 29; 6. 27.

15 *with.* Ps. 136. 11, 12. Ex. 6. 6. De. 9. 26, 29. Is. 63. 9. *the sons.* Ge. 48. 3-20.

16 Ps. 114. 3-6. Ex. 14. 21. Jos. 3. 15, 16. Hab. 3. 8-10, 15.

17 *poured out like water. Heb.* were poured forth with water. Ps. 68. 8, 9. *thine.* Ps. 18. 14; 144. 6. 2 Sa. 22. 15. Hab. 3. 11.

18 *voice.* Ps. 29. 3-9. Ex. 19. 16. Job 37. 1-5. Re. 11. 19. *lightnings.* Ps. 97. 4. Hab. 3. 4. Re. 18. 1. *earth.* Ex. 19. 18. 2 Sa. 22. 8, 14. Mat. 27. 51; 28. 2. Re. 20. 11.

19 *way.* Ps. 29. 10; 97. 2. Ne. 9. 11. Na. 1. 3, 4. Hab. 3. 15. *footsteps.* Ex. 14. 28. Ro. 11. 33.

20 Ps. 78. 52; 80. 1. Ex. 13. 21; 14. 19. Is. 63. 11, 12. Ho. 12. 13. Ac. 7. 35, 36.

## PSALM LXXVIII.

*An exhortation both to learn and to preach the law of God,* 1-8. *The story of God's wrath against the incredulous and disobedient,* 9-66. *The Israelites being rejected, God chose Judah, Zion, and David,* 67-72.

A.M. 3074. B.C. 930. *(Title.) Maschil or, A Psalm* for Asaph, to give instruction. Ps. 74, title. This Psalm was probably written, as *Calmet* and others suppose, by *Asaph* in the days of Asa, who had gained, by the aid of the Syrians, a great victory over the Israelites, and brought back to the pure worship of God many out of the tribes of Ephraim, Manasseh, and Simeon, 2 Ch. ch. 15; 16.

1 Ps. 49. 1-3; 51. 4. Ju. 5. 3. Pr. 8. 4-6. Is. 51. 4; 55. 3. Mat. 13. 9.

2 *I will.* Ps. 49. 4. Mat. 13. 13, 34, 35. *dark sayings.* Pr. 1. 6. Mat. 13. 11-13. Mar. 4. 34.

3 Ps. 44. 1; 48. 8. Ex. 12. 26, 27; 13. 8, 14, 15.

4 *We will.* Ps. 145. 4-6 De. 4. 9; 6. 7. Joel 1. 3. *shewing.* Ps. 71. 18. De. 11. 19. Jos. 4. 6, 7, 21-24. *praises.* Ps. 9. 14; 10. 1-5; 145. 5, 6. Is. 63. 7, etc.

5 *For he.* Ps. 81. 5; 119. 152; 147. 19. De. 4. 45; 6. 7; 11. 19. Is. 8. 20. Ro. 3. 2. 1 Jno. 5. 9-12. *testimony.* The word *testimony* is used for the ark, and for the law, written on tables of stone, put within the ark, and covered with the mercy seat. This testified the Lord's gracious presence with his people, and seemed to point out to them both the way of access and acceptance, and the standard or rule of their duty. Ex. 25. 16, 21; 40. 3, 20. *that they.* ver. 3, 4. Ge. 18. 19. Is. 38. 19. Ep. 6. 4.

*That.* Ps. 48. 13; 71. 18; 102. 18; 145. 4. Es. 9. 28. *who.* Ps. 90. 16. De. 4. 10. Jos. 22. 24, 25. Joel 1. 3.

7 *set.* Ps. 40. 4; 62. 5; 91. 14; 130. 6, 7; 146. 5. Je. 17. 7, 8. 1 Pe. 1. 21. *not forget.* Ps. 77. 10-12; 103. 2; 105. 5. Ex. 12. 24-27. De. 4. 9; 7. 18, 19; 8. 2, 11. Es. 9. 27, 28. 1 Co. 11. 24. *keep.* De. 5. 29. Jno. 14. 21-24. 1 Jno. 3. 22-24; 5. 3. Re. 14. 12.

8 *as their.* Ps. 68. 6; 106. 7. Ex. 32. 9; 33. 3, 5; 34. 9. De. 9. 6, 13; 31. 27. 2 Ki. 17. 14. Eze. 2. 3-8; 20. 8, 18. Mat. 23. 31-33. Ac. 7. 51. *set not. Heb.* prepared not. ver. 37. 2 Ch. 12. 14; 19. 3; 20. 33; 30. 19. *whose.* ver. 37. De. 4. 4. Jos. 14. 8, 9. Ac. 11. 23.

9 *The children.* Some think this refers to a defeat of the Ephraimites mentioned in 1 Ch. 7. 20-22; but it probably refers to the conduct and defeat of the ten tribes of which Ephraim was the head. Nothing is recorded in the history of Israel concerning the cowardice of the Ephraimites, as distinct from that of the other tribes: some therefore think, that 'the children of Ephraim' is put by a figure of speech for the nation in general. De. 1. 41-44. Jos. 17. 16-18. 1 Sa. 4. 10; 31. 1. *carrying. Heb.* throwing forth. *turned.* Ju. 9. 28, 38-40. Lu. 22. 33.

10 De. 31. 16, 20. Ju. 2. 10-12. 2 Ki. 17. 14, 15. Ne. 9. 26-29. Je. 31. 32.

11 ver. 7. Ps. 106. 13, 21, 22. De. 32. 18. Je. 2. 32.

12 *Marvellous.* ver. 42-50. Ps. 105. 27-38; 135. 9. Ex. ch. 7-12. De. 4. 34; 6. 22. Ne. 9. 10. *Zoan. Zoan,* the ancient capital of the Pharaohs, where Moses wrought so many miracles, is rendered by the Chaldee, *Tanim,* LXX. Τανις, Vulgate, *Tanis,* and Coptic, *Tané,* from the Coptic, *ten,* plain, flat, level; being situated in the low ground of the Delta, on one of the eastern branches of the Nile, bearing its own name, near a large lake, now called the lake of Menzala, 44 miles west of Pelusium, and 169 miles east of Alexandria, according to the *Antonine Itinerary,* and three miles from the Mediterranean, according to the *Geograph. Nubiens.* Clim. 3, par. 3. There are ruins still remaining to mark the site of *Zoan,* or *Tanis,* called *San* by the Arabs; comprising broken obelisks, capitals of the Corinthian order, a granite monument, etc. ver. 43. Ge. 32. 3. Nu. 13. 22. Is. 19. 11, 13. Eze. 30. 14.

13 *He divided.* Ps. 66. 6; 106. 9, 10; 136. 13-15. Ex. ch. 14, 15. Is. 63. 13. 1 Co. 10. 2, 3. *made.* Ps. 33. 7. Jos. 3. 16. Hab. 3. 15.

14 Ps. 105. 39. Ex. 13. 21, 22; 14. 24; 40. 35-38. Ne. 9. 12, 19.

15 Ps. 105. 41; 114. 8. Ex. 17. 6. Nu. 20. 11. Is. 41. 18; 43. 20. Jno. 7. 37, 38. 1 Co. 10. 4. Re. 22. 1, 17.

16 Ps. 105. 41. De. 8. 15; 9. 21.

17 ver. 32. Ps. 95. 8-10, 106. 13-32. De. 9. 8, 12-22. He. 3. 16-19.

18 *by asking meat.* Ps. 106. 14, 15. Ex. 16. 2, 3. Nu. 11. 4. 1 Co. 10. 6. Ja. 4. 2, 3.

19 *Yea.* Ex. 16. 8-10. Nu. 21. 5. 2 Ch. 32. 19. Job 34. 37. Ro. 9. 20. Re. 13. 6. *Can God.* Nu. 11. 4, 13. *furnish. Heb.* order.

20 *he smote.* Ex. 17. 6, 7. Nu. 20. 11. *can he give.* ver. 41. Ge. 18. 12-14. Nu. 11. 21-23.

21 *the Lord.* ver. 31. Nu. 11. 10. 1 Co. 10. 5, 11. Jude 5. *a fire.* Nu. 11. 1-3. De. 32. 22. He. 12. 29.

22 Ps. 106. 24. Is. 7. 9. He. 3. 12, 18, 19; 11. 6. 1 Jno. 5. 10. Jude 5.

23 *Though.* Ps. 33. 9. Is. 5. 6. *opened.* Ge. 7. 11. 2 Ki. 7. 2, 19. Mal. 3. 10.

24 *had rained.* Ps. 68. 9; 105. 40. Ex. 16. 4, 14. De. 8. 3. Ne. 9. 15, 20. Jno. 6. 31, etc. 1 Co. 10. 3. *the corn of heaven.* The *manna* fell about their camp in the form of *seeds;* and as it appeared to come down from the clouds, it was not improperly termed *degan shamayim,* 'the corn of heaven,' or 'heavenly grain.' See notes on Ex. 16. 22, 31.

25 *Man,* etc. *or,* Every one did eat the bread of the mighty. *Lechem abbeerim,* 'bread of the mighty:'—they ate such food as could only be expected at the tables of the *rich* and *great;*—the best, the most delicate food. Or, it might be so called because it rendered the people healthy and vigorous, and fit for their marches. Ps. 103. 20. *he sent.* Ex. 16. 8. Mat. 14. 20; 15. 37.

26 *He caused.* Ps. 135. 7. Nu. 11. 31. *blow. Heb.* go.

27 *He rained.* Ex. 16. 12, 13. Nu. 11. 18, 19, 32. *feathered fowls Heb.* fowl of wing.

29 *for he gave.* Ps. 106. 15. Nu. 11. 20.

30 *But.* Nu. 11. 33, 34; 22. 20-22. Pr. 1. 32. Lu. 16. 19-23.

31 *smote down. Heb.* made to bow. *chosen men. or,* young men.

32 *they sinned.* Nu. ch. 14; 16; 17; 21. 1-6; ch. 25. Eze. 20. 13. *believed.* ver. 22. Lu. 16. 31. Jno. 12. 37.

33 *days.* Ps. 90. 7-9. Nu. 14. 29, 35; 26. 64, 65. De. 2. 14-16. *years.* Ge. 3. 16-19. Job 5. 6, 7; 14. 1. Ec. 1. 2, 13, 14; 12. 8, 13, 14.

34 Nu. 21. 7. Ju. 3. 8, 9, 12-15; 4. 3; 10. 7-10. Is. 26. 6. Je. 22. 23. Ho. 5. 15; 7. 14.

35 *remembered.* ver. 7, 11, 42. Ps. 106. 13, 21. *God was.* De. 32. 4, 15, 30, 31. *the high. Ail élyon goälom,* 'the strong God, the Most High, their redeemer,' or *kinsman:* that one who possessed the *right* of *redemption:* the *nearest akin* to him who had *forfeited his inheritance,* as the word originally means; and hence is used for a *redeemer;* and here denotes Him who redeemed them from Egyptian bondage. *their redeemer.* Ex. 6. 6; 15. 13. De. 7. 8; 15. 15. Is. 41. 14; 44. 6; 48. 17; 63. 8, 9. Tit. 2. 14.

36 *Nevertheless.* Ps. 106. 12, 13. De. 5. 28, 29. Is. 29. 13. Eze. 33. 31. Ho. 11. 12. *lied.* Ps. 18. 44, marg.

37 *their heart.* Ps. 119. 80. Ho. 7. 14, 16; 10. 2. Ac. 8. 21. *stedfast.* ver. 8. Ps. 44. 17, 18. De. 31. 20. Ho. 8. 1.

38 *But he.* Ps. 106. 43-45. Ex. 34. 6-9. Nu. 14. 18-20; 16. 44-48. Is. 44. 21, 22. *many.* Is. 48. 9. Eze. 20. 8, 9, 13, 14, 17, 21, 22. *did not.* 2 Ki. 21. 29.

39 *For he.* Ps. 103. 14-16. Ge. 6. 3. Jno. 3. 6. *a wind.* Or, as the Hebrew *roodch holaich welo yashoov* may be rendered, 'the spirit goeth away, and returneth not again.' To this purpose the Arabic, 'He remembered that they were flesh; and a spirit which, when it departs, returneth not again.' The human being is composed of flesh and spirit, or body and soul: these are easily separated, and when separated, the body turns to dust, and the spirit returns no more to animate the body in a state of probation. Job 7. 7, 16. Ja. 4. 14.

40 *How oft.* ver. 17. Ps. 95. 8-10; 106. 14-33. Nu. 14. 11. De. 9. 21, 22. *provoke him. or,* rebel against him. *grieve.* Is. 7. 13; 63. 10. Ep. 4. 30. He. 3. 15-17.

41 *Yea.* Nu. 14. 4, 22. De. 6. 16. Ac. 7. 39. He. 3. 8-11. 2 Pe. 2. 21, 22 *limited.* ver. 19, 20. Mar. 5. 35, 36.

42 *remembered.* ver. 11, 21, 22. Ps. 136. 10-15. Ex. 13. 9. Is. 11. 11. Je. 32. 21. *the day.* Ps. 106. 7-10. Ex. 14. 12, 30, 31. *the enemy. or,* affliction.

43 *How.* Ps. 105. 27-38; 135. 9. Ex. 3. 19, 20. De. 4. 34; 6. 22. Ne. 9. 10. *wrought. Heb.* set. *wonders.* ver. 12.

44 Ps. 105. 29. Ex. 7. 17-21. Re. 16. 3-6. The miracles mentioned in this, and the four subsequent verses, evidently shew the power of God over the elements of nature, which at that time were the objects of Egyptian worship.

45 *sent.* Ps. 105. 31. Ex. 8. 21-24. *frogs.* Ps. 105. 30. Ex. 8. 2-15. Re. 16. 3.

46 *gave also.* Ps. 105. 34, 35. Ex. 10. 12-15. Joel 1. 4-7; 2. 25. Am. 7. 1, 2. Re. 9. 2-11. *the caterpillar.*—*Chosil,* from *chasal,* to *consume, eat up,* is rendered βρουχος by the LXX. in 2 Ch. 6. 28, and *Aquila* here, and also the Vulgate in Chron. and Is. 33. 4, and *Jerome* here, *bruchus,* the chaffer, which every one knows to be a great *devourer* of the leaves of trees. The Syriac in Joel 1. 4; 2. 25, renders it *tzartzooro,* which *Michaelis,* from the Arabic *tzartzar,* a cricket, interprets the *mole-cricket,* which in its grub state is also very destructive to corn, grass, and other vegetables, by cankering the roots on which it feeds.

47 *destroyed. or,* killed. *with hail.* Ps. 105. 32, 33. Ex. 9. 18-34. *sycamore.* From the value of the sycamore in furnishing wood for various uses, from the grateful shade which its wide-spreading branches afforded, and on account of the fruit, which Mr. *Maillet* says the Egyptians hold in the highest estimation, we may conceive somewhat of the loss they sustained when 'their vines were destroyed with hail, and their sycamore trees with frost.' See Note on 1 Ch. 27. 28. *frost. or, great* hailstones.

48 *gave up. Heb.* shut up. *hot thunderbolts. or,* lightnings. Ex. 9. 28.

49 *cast.* Ps. 11. 6. Job 20. 23. Is. 42. 25. La. 4. 11. Zep. 3. 8. Ro. 2. 8, 9. *by sending.* 1 Ki. 22. 21, 22. Job 1. 12; 2. 6, 7.

50 *made away. Heb.* weighed a path. *he spared.* Job 27. 22. Eze. 5. 11; 7. 4, 9; 8. 18; 9. 10. Ro. 8. 32. 2 Pe. 2. 4, 5. *life over to the pestilence. or,* beasts to the murrain. Ex. 9. 3-6.

51 *smote.* Ps. 105. 36; 135. 8; 136. 10. Ex. 12. 12, 29, 30; 13. 15. He. 11. 28. *the chief.* Ge. 49. 3. *tabernacles.* Ps. 105. 23; 106. 22. Ge. 9. 22-25; 10. 6.

52 *But.* Ps. 77. 20; 105. 37. Ne. 9. 12. Is. 63. 11-14. *like a.* Ps. 95. 7; 100. 3. Is. 40. 11. Je. 23. 2-4. Eze. 34. 11, etc. Lu. 15. 4-6. Jno. 10. 11, etc.

53 *so that.* Ex. 14. 15, 19, 20. He. 11. 29. *but.* Ps. 136. 15. Ex. 14. 27, 28; 15. 10. *overwhelmed. Heb.* covered.

54 *And he.* Ex. 15. 13, 17. Da. 9. 16-20; 11. 45. *his right.* Ps. 44. 3. Ep. 1. 14.

55 *cast.* Ps. 44. 2; 105. 44, 45; 135. 10-12; 136. 18-22. Jos. ch. 6-21. Ne. 9. 22-25. *divided.* Nu. 33. 54. Jos. 13. 7; 19. 51. *and made.* De. 6. 10-12.

56 ver. 40, 41. De. 31. 16-20; 32. 15-21. Ju. 2. 11, 12. 2 Ki. 17. 7, etc. Ne. 9. 25, 26. Eze. 16. 15-26.

57 *But.* ver. 41. Ju. 3. 5-7, 12. Eze. 20. 27, 28. *they were.* ver. 8, 10-37. Ho. 7. 16.

58 *their high.* Le. 26. 30. Nu. 33. 52. De. 12. 2, 4. Eze. 20. 28, 29. *moved.* Ps. 79. 5. Ex. 34. 14. De. 32. 16, 17, 21. Ju. 2. 12, 20. Eze. 8. 3-5. 1 Co. 10. 22. *with.* Ps. 97. 7. Ex. 20. 4, 5. De. 4. 16-25; 27. 15. Ju. 2. 11, 17; 10. 6. 1 Ki. 11. 7, 10; 12. 31. Je. 8. 19. Ho. 13. 2.

59 *God.* Ps. 11. 4; 14. 2-5. Ge. 18. 20, 21. *greatly.* Ps. 106. 40. Le. 20. 23; 26. 44. La. 2. 7. Zec. 11. 8.

60 Jos. 18. 1. 1 Sa. 1. 3; 4. 4-11. Je. 7. 12-14; 26. 6-9.

61 *his strength.* That is, the *ark,* where his *power* and *glory* were displayed. Ps. 132. 8. Ju. 18. 30. 1 Sa. 5. 1, 2. 2 Ch. 6. 41. *glory.* Ps. 24. 7. Ex. 40. 34. 1 Sa. 4. 21, 22.

62 *gave.* 1 Sa. 4. 2, 10, 11. *wroth.* Ps. 89. 38. Is. 64. 9.

63 *fire.* ver. 21. De. 29. 20; 32. 22. *maidens.* Is. 4. 1. Je. 7. 34; 16. 9; 25. 10. *given to marriage. Heb.* praised.

64 *priests.* 1 Sa. 2. 33, 34; 4. 11, 17; 22.18, 19. *widows.* 1 Sa. 4. 19, 20. Job 27. 15. Eze. 24. 23.

65 *Then.* Ps. 7. 6; 44. 23. Is. 51. 9. *and like.* Is. 42. 13, 14.

66 *And he.* 1 Sa. 5. 6; 6. 4. Job 40. 12. *he put.* Je. 23. 40.

67 1 Sa. 6. 21; 7. 1. 2 Sa. 6. 2, 17.

68 *chose.* Ge. 49. 8-10. Ru. 4. 17-22. 1 Sa. 16. 1. 2 Ch. 6. 6. *mount.* Ps. 87. 2; 132. 12-14.

69 *And he.* 1 Ki. 6. 2; 9. 8. 2 Ch. 3. 4. *high.* 1 Ch. 29. 1, 19. 2 Ch. 2. 9. *earth.* Ps. 102. 25; 104. 5; 119. 90, 91. 1 Sa. 2. 8. Job 26. 7. Is. 48. 13; 51. 6. Col. 1. 16, 17. Re. 20. 11. *established. Heb.* founded.

70 *chose.* Ps. 89. 19, 20. 1 Sa. 16. 11, 12. 2 Sa. 3. 18; 6. 21. Ac. 13. 22. *and took.* Ex. 3. 1, 10. 1 Sa. 17. 15, etc. 2 Sa. 7, 8. 1 Ki. 19. 19, 20. Am. 7. 14, 15. Mat. 4. 18-22.

71 *From following. Heb.* From after. *ewes.* Ge. 33. 13. Is. 40. 11. *brought.* Ps. 75. 6, 7; 113. 7, 8. 1 Sa. 2. 7, 8. Je. 27. 5, 6. *feed.* 2 Sa. 5. 2. 1 Ch. 11. 2. Eze. 34. 23, 24. Mi. 5. 2-4. Zec. 11. 4, etc. Mat. 2. 6, marg. Jno. 21. 15-17. 1 Pe. 5. 2.

72 *according.* Ps. 75. 2; 101. 1-8. 2 Sa. 8. 15. 1 Ki. 9. 4; 15. 5. Is. 11. 2-4. Ac. 13. 22, 36. *guided.* 1 Ki. 3. 6-9, 28. Zec. 11. 15-17. 2 Co. 3. 5, 6. 2 Ti. 2. 15. Ja. 1. 5.

## PSALM LXXIX.

*The psalmist complains of the desolation of Jerusalem,* 1-7. *He prays for deliverance,* 8-12; *and promises thankfulness,* 13.

A.M. 3416. B.C. 588. *(Title.) A Psalm.* This Psalm is supposed, with much probability, to have been written on the destruction of the city and temple of Jerusalem by Nebuchadnezzar. *of Asaph. or,* for Asaph. Ps. 74, title, marg.

1 *the heathen.* Ps. 74. 3, 4; 80. 12, 13. 2 Ki. 21. 12-16; 25. 4-10. 2 Ch. 36. 3, 4, 6, 7, 17. Lu. 21. 24. Re. 11. 2. *into.* Ps. 74. 2; 78. 71. Ex. 15. 17. Is. 47. 6. *holy.* Ps. 74. 7, 8. 2 Ki. 24. 13. La. 1. 10. Eze. 7. 20, 21; 9. 7. *have laid.* 2 Ki. 25. 9, 10. 2 Ch. 36. 19. Je. 26. 18; 39. 8; 52. 13. Mi. 3. 12.

2 Je. 7. 33; 15. 3; 16. 4; 34. 20.

3 *Their.* ver. 10. Mat. 23. 35. Ro. 8. 36. Re. 16. 6; 17. 6; 18. 24. *and there,* etc. Either there was no friend or relation left to bury them, or none was allowed to perform this last sad office. The despotism of eastern princes often proceeds to such a degree of extravagance as to fill the mind with astonishment and horror. In Morocco, no person dares to bury the body of a malefactor without an order from the emperor; and *Windus,* speaking of a man who was to have been sawn in two, informs us, that 'his body must have remained to be eaten by the dogs, if the emperor had not pardoned him.' Ps. 141. 7. Je. 8. 1, 2; 14. 16; 15. 3; 16. 4; 25. 33; 34. 20. Re. 11. 9.

4 *become.* Ps. 44. 13, 14; 80. 6; 89. 41. De. 28. 37. Je. 24. 9; 25. 18; 42. 18. La. 2. 15, 16; 5. 1. Eze. 35. 12; 36. 3, 15. *scorn.* 1 Ki. 9. 7. Ne. 2. 19; 4. 1-4.

5 *How long.* Ps. 13. 1, 2; 74. 1, 9, 10; 80. 4; 89. 46. Re. 6. 10. *wilt.* Ps. 85. 5; 103. 9. Is. 64. 9. Mi. 7. 18. *jealousy.* De. 29. 20; 32. 16, 22. Eze. 36. 5. Zep. 1. 18; 3. 8.

6 *Pour.* Ps. 69. 24. Is. 42. 25. Re. 16. 1, etc. *upon.* Is. ch. 13; 21; 23. Je. 10. 25; 25. 29; ch. 46-51. *not known.* Ps. 9. 16, 17. Is. 45. 4, 5. Jno. 16. 3; 17. 25. Ac. 17. 23. Ro. 1. 28. 2 Th. 1. 8. *not called.* Ps. 14. 4; 53. 4; 145. 18. Ro. 10. 12-14. 1 Co. 1. 2.

7 *For they.* Ps. 80. 13. Is. 9. 12. Je. 50. 7; 51. 34, 35. Zec. 1. 15. *laid.* 2 Ch. 36. 21. Is. 24. 1-12; 64. 10, 11.

8 *remember.* Ps. 25. 7; 130. 3. Ex. 32. 34. 1 Ki. 17. 18. Is. 64. 9. Ho. 8. 13; 9. 9. Re. 18. 5. *former iniquities. or,* the iniquities of them that were before us. Ge. 15. 16. Eze. 2. 3. Da. 9. 16. Mat. 23. 32-36. *let thy.* Ps. 21. 3; 69. 16, 17. *we are.* Ps. 106. 43; 116. 6; 142. 6. De. 28. 43.

9 *for the.* Ps. 115. 1. 2 Ch. 14. 11. Mal. 2. 2. Ep. 1. 6. *purge.* Ps. 25. 11; 65. 3. Da. 9. 9, 19. *for thy.* Jos. 7. 9. Is. 43. 25; 48. 9. Je. 14. 7, 21. Eze. 20. 9, 14.

10 *Wherefore.* Ps. 42. 3, 10; 115. 2. Joel 2. 17. Mi. 7. 10. *let him.* Ps. 9. 16; 58. 11; 83. 17, 18. Ex. 6. 7; 7. 5. Eze. 36. 23; 39. 21, 22. *by the.* Je. 51. 35. Re. 18. 20. *revenging. Heb.* vengeance. Ro. 12. 19.

11 *sighing.* Ps. 12. 5; 69. 33; 102. 20, 30. Ex. 2. 23, 24. Is. 42. 7. *according.* Ps. 146. 6, 7. Nu. 14. 17-19. Mat. 6. 13. Ep. 3. 20. *thy power. Heb.* thine arm. Is. 33. 2. *preserve thou those that are appointed to die. Heb.* reserve the children of death. Ps. 102. 20, marg.

12 *render.* Ge. 4. 15. Le. 26. 21, 28. Is. 65. 5-7. Je. 32. 18. Lu. 6. 38. *wherewith.* See on Ps. 44. 16; 74. 18-22.

13 *thy people.* Ps. 74. 1; 95. 7; 100. 3. *we will.* Ps. 43. 21; 45. 17; 74. 18, 22; 145. 4. Is. 43. 21. *all generations. Heb.* generation and generation.

## PSALM LXXX.

*The psalmist in his prayer complains of the miseries of the church,* 1-7. *God's former favours are turned into judgments,* 8-13. *He prays for deliverance,* 14-19.

A.M. cir. 3463. B.C. cir. 541. *(Title.) Shoshannim-Eduth.* Ps. 45; 60; 69, titles. *A Psalm.* This Psalm is generally supposed to have been written during the Babylonian captivity; but some think it refers to the desolations made by Sennacherib. *of Asaph. or;* for Asaph.

1 *Give ear.* Ps. 5. 1; 55. 1. *O Shepherd.* Ps. 23. 1, 2. Is. 40. 11. Eze. 34. 23. Jno. 10. 14. He. 13. 20. 1 Pe. 2. 25; 5. 4. *leadest.* Ps. 77. 20; 78. 52. Is. 49. 9, 10; 63. 11. Jno. 10. 3, 4. *dwellest.* Ps. 99. 1. Ex. 25. 20-22. 1 Sa. 4. 4. 2 Sa. 6. 2. 2 Ki. 19. 15. Eze. 1. 13; 10. 4. *shine.* ver. 3, 7, 19. Ps. 50. 2; 94. 1. De. 33. 2. Job 10. 3. Is. 60. 1. Eze. 43. 2. Da. 9. 17. Re. 21. 23.

2 *Before.* These three tribes, in the wilderness, marched immediately after the ark and cherubim, by Divine appointment, to which this appears to be an allusion. Nu. 2. 18-24; 10. 22-24. *stir up.* Ps. 35. 23; 44. 23-26; 78. 38. Is. 42. 13, 14. *come and save us. Heb.* come for salvation to us. Is. 25. 9; 33. 22.

3 *Turn us.* ver. 7, 19. Ps. 85. 4. 1 Ki. 18. 37. Je. 31. 18, 19. La. 5. 21. *cause.* ver. 1. Ps. 4. 6; 67. 1; 119. 135. Nu. 6. 25, 26.

4 *how long.* Ps. 85. 5. Is. 58. 2, 3, 6-9. La. 3. 44. Mat. 15. 22-28. Lu. 18. 1-8. *be angry. Heb.* smoke. Ps. 74. 1. De. 29. 20.

5 Ps. 42. 3; 102. 9. Job 6. 7. Is. 30. 20. Eze. 4. 16, 17.

9 *Thou.* Je. 15. 10. *our enemies.* Ps. 44. 13, 14; 79. 4. Ju. 16. 25. Is. 36. 8, 12-20; 37. 23. Je. 48. 27. Eze. 36. 4. Re. 11. 10.

7 *Turn.* ver. 3, 19. Ps. 51. 10. Lu. 1. 16. *we shall.* Is. 30. 15; 64. 5. Je. 4. 14. Mar. 4. 12. 2 Ti. 2. 25, 26.

8 *a vine.* Is. 5. 1-7; 27. 2, 3. Je. 2. 21. Eze. 15. 6; 17. 6; 19. 10. Mat. 21. 33-41. Jno. 15. 1-8. *thou hast cast.* Ps. 44. 2; 78. 55. Je. 18. 9, 10. This most elegant allegory, which is every where well supported, is frequently employed by sacred writers: *see the Parallel Passages.*

9 *preparedst.* Ps. 105. 44. Ex. 23. 28-30. Jos. 23. 13-15; 24. 12. Ne. 9. 22-25. *to take.* Is. 27. 6; 37. 31. Je. 12. 2. *and it.* 1 Ki. 4. 20, 25. 1 Ch. 21. 5; 27. 23, 24.

10 *goodly cedars. Heb.* cedars of God. Ps. 104. 16.

11 Ps. 72. 8. Ge. 15. 18. Ex. 23. 31. 1 Ki. 4. 21, 24. 1 Ch. 18. 3.

12 *broken.* Ps. 89. 40, 41. Is. 5. 5; 18. 5, 6. Na. 2. 2. Lu. 20. 16.

13 *The boar.* The wild boar, *chazir,* is the parent stock of our domestic hog. He is much smaller, but stronger, and more undaunted, colour, an iron grey inclining to black; snout, longer than that of the common breed: ears comparatively short; tusks, very formidable; and habits, fierce and savage. He is particularly destructive to corn-fields and vineyards. 2 Ki. ch. 18; 19; 24; 25. 2 Ch. ch. 32; 36. Je. 4. 7; 39. 1-3; 51. 34; 52. 7, 12-14.

14 *Return.* Ps. 7. 7; 90. 13. Is. 63. 15, 17. Joel 2. 14. Mal. 3. 7. Ac. 15. 16. *look down.* Ps. 33. 13. Is. 63. 15. La. 3. 50. Da. 9. 16-19.

15 *vineyard.* ver. 8. Is. 5. 1, 2. Je. 2. 21. Mar. 12. 1. Jno. 15. 1. *the branch.* Or, 'the Son,' *ben,* or, as 18 MSS., LXX., Vulgate, Syriac, Arabic, and Ethiopic read, *ben adam,* 'Son of man;' which the Targumist renders *malka mesheecha,* 'the King Messiah.' Ps. 89. 21. Is. 11. 1; 49. 5. Je. 23. 5, 6. Eze. 17. 22-24. Zec. 3. 8; 6. 12.

16 *burned.* Ps. 79. 5. Is. 27. 11. Eze. 20. 47, 48. Jno. 15. 6. *perish.* Ps. 39. 11; 76. 6, 7; 90. 7. 2 Th. 1. 9.

17 ver. 15. Ps. 89. 21; 110. 1. Is. 53. 5. Da. 7. 13, 14. Jno. 5. 21-29.

18 *So will.* Ps. 79. 13. Jno. 6. 66-69. He. 10. 38, 39. *quicken.* Ps. 85. 6; 119. 25, 37, 40, 107, 154, 156. Ca. 1. 4. Phi. 2. 12, 13. Ep. 2. 1-5.

19 *Turn us.* ver. 3, 7. Je. 3. 22, 23. *cause.* ver. 1. Ps. 27. 4, 9; 31. 16; 44. 3.

## PSALM LXXXI.

*An exhortation to a solemn praising of God,* 1-3. *God challenges that duty by reason of his benefits,* 4-7. *God, exhorting to obedience, complains of their disobedience, which proves their own hurt,* 8-16.

A.M. 3489. B.C. 515. *(Title.) Gittith.* Ps. 8, title. *A Psalm.* Some suppose this Psalm to have been composed to be sung at the feast of Trumpets, before the time of David; and others think it was written at the removal of the ark to Mount Zion; but the most probable opinion is, that it was sung at the dedication of the second temple. *of Asaph. or,* for Asaph.

1 *Sing.* Ps. 67. 4. Je. 31. 7. *our strength.* Ps. 18. 1, 2; 28. 7; 52. 7. Phi. 4. 13. *make.* Ps. 33. 1-3; 46. 1-7; 66. 1; 100. 1, 2. *the God.* Ps. 46. 11. Ge. 50. 17. Mat. 22. 32.

2 Ps. 92. 3; 95. 1, 2; 149. 1-3. Mar. 14. 26. Ep. 5. 19. Col. 3. 16. Ja. 5. 13.

3 *Blow.* Ps. 98. 6. Nu. 10. 1-9. 1 Ch. 15. 24; 16. 6, 42. 2 Ch. 5. 12; 13. 12, 14. *new.* Le. 23. 24, 25. Nu. 10. 10; 28. 11. 2 Ki. 4. 23. Col. 2. 16. *solemn.* Nu. 15. 3. De. 16. 15. 2 Ch. 2. 4; 8. 13. La. 2. 6. Na. 1. 15.

5 *in Joseph.* Ps. 77. 15; 80. 1, 2. Am. 6. 6. *for a.* Ps. 78. 6. Ex. 13. 8, 9, 14-16. De. 4. 45. Eze. 20. 20. *through. or,* against. Ex. 12. 12, 27, 29. *where.* Ps. 114. 1. De. 28. 49. Is. 28. 11. Je. 5. 15. 1 Co. 14. 21, 22.

6 *I removed.* Ex. 1. 14; 6. 6. Is. 9. 4; 10. 27. Mat. 11. 29. *were delivered. Heb.* passed away. *from the pots.* Or rather, as *dood* also signifies, (see 2 Ki. 10. 7. Je. 24. 2,) the *basket:* so LXX. and *Symmachus,* κοφινος, and Vulgate and *Jerome, cophino;* and *Diodati, le sue mani si non dipartite dalle corbe,* 'his hands were removed from the *baskets,*' *i. e.* says he in a note, *du portar la terra da far mattoni,* 'from carrying earth to make bricks,' Ex. 1. 14. Ps. 68. 13.

7 *calledst.* Ps. 50. 15; 91. 14, 15. Ex. 2. 23; 14. 10, 30, 31; 17. 2-7. *secret.* Ex. 14. 24; 19. 19; 20. 18-21. *proved.* Ex. 17. 6, 7. Nu. 20. 13, 24. De. 33. 8. *Meribah. or,* strife.

8 *Hear.* Ps. 50. 7. De. 32. 46. Is. 55. 3, 4. Jno. 3. 11, 32, 33. Ac. 20. 21. 1 Jno. 5. 9. *if thou wilt.* ver. 13. Ex. 15. 26. De. 5. 27. Is. 1. 19.

9 *There shall.* Ex. 20. 3-5. 1 Co. 8. 5, 6. *strange.* De. 6. 14; 32. 12. Is. 43. 12. Mal. 2. 11.

10 *I am.* Ex. 20. 2. Je. 11. 4; 31. 31-33. *open.* Ps. 37. 3, 4. Jno. 7. 37; 15. 7; 16. 23. Ep. 3. 19, 20. Re. 21. 6; 22. 17.

11 *people.* Ps. 106. 12, 13. Je. 2. 11-13; 7. 23, 24. Zec. 7. 11. *would none.* Ex. 32. 1. De. 32. 15, 18. Pr. 1. 30. He. 10. 29.

12 *I gave.* Ge. 6. 3. Ac. 7. 42; 14. 16. Ro. 1. 24, 26, 27. 2 Th. 2. 9-11. *their own hearts' lust. or,* the hardness of their hearts, *or* imaginations. *they walked.* Ex. 11. 9. Is. 30. 1. Je. 7. 24; 44. 16, 17.

13 *Oh that.* De. 5. 29; 10. 12, 13; 32. 29. Is. 48. 18. Mat. 23. 37. Lu. 19. 41, 42.

14 *I should.* Nu. 14. 9, 45. Jos. 23. 13. Ju. 2. 20-23. *turned.* Am. 1. 8. Zec. 13. 7.

15 *The haters.* Ps. 18. 45; 83. 2, etc. Ex. 20. 5. De. 7. 10. Jno. 15. 22, 23. Ro. 1. 30; 8. 7. *submitted themselves. or* yielded feigned obedience. *Heb.* lied. Ps. 18. 44; 63, 3, marg. *time.* Ps. 102. 28. Is. 65. 22. Joel 3. 20.

16 *fed.* Ps. 147. 14. De. 32. 13, 14. Joel 2. 24. *finest of the wheat. Heb.* fat of wheat. *honey.* Ju. 14. 8, 9, 18. 1 Sa. 14. 25, 26. Job 29. 6.

## PSALM LXXXII.

*The psalmist, having exhorted the judges, 1-4, and reproved their negligence, 5-7, prays God to judge, 8.*

A.M. 3108. B.C. 896. *(Title.) A Psalm.* Some refer this psalm to the time of David, and others to that of Hezekiah; but it is more probable that it was composed when Jehoshaphat reformed the courts throughout his kingdom, 2 Ch. 19. 6, 7. *of Asaph, or,* for Asaph.

1 *God,*etc. Or, 'God standeth in the assembly of God, *(ail,)* he judgeth among the judges,' *(Elohim:)* God is among His own people; and presides especially in those courts of justice which Himself has established. Ex. 18. 21. 2 Ch. 19. 6, 7. Ec. 5. 8. *the gods.* ver. 6, 7. Ps. 138. 1. Ex. 21. 6; 22. 28. Jno. 10. 35.

2 *How.* Ps. 62. 3. Ex. 10. 3. 1 Ki. 18. 21. Mat. 17. 17. *judge.* Ps. 58. 1, 2. Ex. 23. 6, 7. Le. 19. 15. Mi. 3. 1-3, 9-12. *accept.* De. 1. 17. 2 Ch. 19. 7. Job 34. 19. Pr. 18. 5. Ga. 2. 6.

3 *Defend. Heb.* Judge. Ps. 10. 18. De. 10. 18. Is. 1. 17, 23. *do.* Je. 5. 28; 22. 3, 16. Ja. 1. 27.

4 *Deliver.* Ps. 72. 12-14. Job 29. 12, 16, 17. Pr. 24. 11, 12. *rid.* Ps. 140. 12. Ne. 5. 1-13. Job 5. 15, 16.

5 *They.* That is, the judges know not. *know not.* Ps. 53. 4. Pr. 1. 29. Mi. 3. 1. Ro. 1. 28. *walk.* Pr. 2. 13; 4. 19. Ec. 2. 14. Jno. 3. 19; 12. 35. 1 Jno. 2. 11. *all the,* etc. All the civil institutions of the land totter. Ps. 11. 3; 75. 3. Ec. 3. 16. Is. 5. 7. 2 Ti. 2. 19. *out of course. Heb.* moved.

6 ver. 1. Ex. 22. 9, 28. Jno. 10. 34-36.

7 *But.* Ps. 49. 12. Job 21. 32. Eze. 31. 14. *like men.* Or 'like Adam,' *keädam. and fall,* etc. Or, 'and fall as one of them, O ye princes.' Ps. 83. 11.

8 *Arise.* Ps. 7. 6; 44. 26; 96. 13; 102. 13. Is. 51. 9. Mi. 7. 2, 7. Zep. 3. 8. *thou.* Ps. 2. 8; 22. 28. Re. 11. 15.

## PSALM LXXXIII.

*A complaint to God of the enemies' conspiracies, 1-8. A prayer against them that oppress the Church, 9-18.*

A.M. 3416. B.C. 588. *(Title.) A Song.* Some refer this Psalm to the confederacy against Jehoshaphat, and others to the destruction of Jerusalem by Nebuchadnezzar. *of Asaph, or,* for Asaph.

1 *Keep.* Ps. 28. 1; 35. 22; 44. 23; 50. 3; 109. 1, 2. *be not.* Is. 42. 14.

2 *For, lo.* Ps. 2. 1, 2; 74. 4, 23. 2 Ki. 19. 28. Is. 37. 29. Je. 1. 19. Mat. 27. 24. Ac. 4. 25-27; 16. 22; 17. 5; 19. 28, etc; 21. 30; 22. 22; 23. 10. *that hate.* Ps. 81. 15. *lifted.* Ps. 75. 4, 5; 93. 3. Is. 37. 23. Da. 5. 20-23.

3 *They.* Ps. 10. 9; 56. 6; 64. 2. 1 Sa. 13. 19. Is. 7. 6, 7. Lu. 20. 20-23. *thy hidden.* Ps. 27. 5; 31. 20; 91. 1. Col. 3. 3.

4 Ex. 1. 10. Es. 3. 6-9. Pr. 1. 12. Je. 11. 19; 31. 36. Da. 7. 25. Mat. 27. 62-66. Ac. 4. 17; 9. 1, 2.

5 *For.* Ps. 2. 2. Pr. 21. 30. Is. 7. 5-7; 8. 9, 10. Jno. 11. 47-53. Ac. 23. 12, 13. Re. 17. 13; 19. 19. *consent. Heb.* heart. *they are.* Jos. 10. 3-5. 2 Sa. 10. 6-8. Is. 7. 2.

6 *The tabernacles.* *Tents* are mentioned because it was the custom of these people, particularly the Ishmaelites, to live a migratory or wandering life; encamping sometimes in one place, and sometimes in another, as they found convenience for themselves and cattle; a custom retained by their descendants to the present day. *Edom.* 2 Ch. 20. 1, 10, 11. *Hagarenes.* Gen. 25. 12-18. 1 Ch. 5. 10, 19, 20. Hagarites.

7 *Gebal.* Jos. 13. 5. Eze. 27. 9.

8 *Assur.* *Assur* is the same in the original as *Asshur,* or *Assyria.* Ge. 10. 11, Asshur; 25. 3. *holpen. Heb.* been an arm to. Is. 33. 2. *the children.* Ge. 19. 37, 38. De. 2. 9.

9 *as unto.* Nu. 31. 7, 8. Ju. 7. 22-25. Is. 9. 4; 10. 26. *as to Sisera.* Ju. 4. 15-24. *of Kison.* The variations of *Kison* and *Kishon* only exists in the translation; the original being uniformly *Kishon.* Ju. 5. 21.

10 *Endor.* Jos. 17. 11. 1. Sa. 28. 7. *as dung.* 2 Ki. 9. 37. Je. 8. 2; 16. 4. Zep. 1. 17.

11 *Oreb.* Ju. 7. 25. *Zebah,* Ju. 8. 12-21.

12 ver. 4. Ps. 74. 7, 8. 2 Ch. 20. 11.

13 *O my.* Ps. 22. 1; 44. 4; 74. 11, 12. *like.* Is. 17. 12-14. *as the.* Ps. 35. 5; 68. 1, 2. Ex. 15. 7. Job 13. 25; 21. 18. Is. 40. 24; 41. 2. Je. 13. 24. Mat. 3. 12.

14 *As the fire.* Is. 30. 33; 33. 11, 12; 64. 1, 2. Eze. 20. 47, 48. Mal. 4. 1. *the flame.* De. 32. 22. Na. 1. 6, 10.

15 Ps. 11. 6; 50. 3; 58. 9. Job 9. 17; 27. 20-23. Is. 28. 17; 30. 30. Eze. 13. 11-14. Mat. 7. 27. He. 12. 18.

16 Ps. 6. 10; 9. 19, 20; 34. 5.

17 Ps. 35. 4, 26; 40. 14, 15; 109. 29.

18 *That men.* Ps. 9. 16; 59. 13. 1 Ki. 18. 37. 2 Ki. 19. 19. Is. 5. 16. Je. 16. 21. Eze. 30. 19; 38. 23. *whose.* Ge. 22. 14. Ex. 6. 3. Is. 42. 8. *the most.* Ps. 92. 8. Is. 54. 5. Da. 4. 25, 32. Mi. 4. 13. Zec. 4. 14.

## PSALM LXXXIV.

*The prophet, longing for the communion of the sanctuary, 1-3, shews how blessed they are that dwell therein, 4-7. He prays to be restored unto it, 8-12.*

A.M. 3469. B.C. 535. *(Title.) Gittith.* Ps. 8; 81, titles. *A Psalm.* Some suppose this Psalm was composed by David when driven from Jerusalem by Absalom's rebellion: but it is more probable that it was written at the foundation of the second temple. *for. or,* of.

1 *How.* Ps. 36. 8; 27. 4; 48. 1, 2; 87. 2, 3; 122. 1. He. 9. 23, 24. Re. 21. 2, 3, 22, 23. *O Lord.* Ps. 103. 20, 21. 1 Ki. 22. 19. Ne. 9. 6. Is. 6. 2, 3.

2 *soul.* Ps. 42. 1, 2; 63. 1, 2; 73. 26; 119. 20, 81; 143. 6. Ca. 2. 4, 5; 5. 8. *heart.* Job 23. 3. Is. 26. 9; 64. 1.

3 *Yea,* etc. Or, rather, 'Even as the sparrow findeth a house, and the *swallow* (*deror,* or the ring-dove, according to some, but probably the bird which *Forskal* mentions among the migratory birds of Alexandria, by the name of *dururi)* a nest for herself where she may lay her young, (so I seek) thine altars, O Jehovah, God of hosts, my King and my God.' That is, as nature inclines birds to seek and prepare their nests, so grace has taught me to desire thy altars, and to worship there. *sparrow.* Ps. 90. 1; 91. 1; 116. 7. Mat. 8. 20; 23. 37.

4 *Blessed.* Ps. 23. 6; 27. 4; 65. 4; 134. 1-3. *they will.* Ps. 71. 8, 15; 145. 1, 2, 21. Is. 12. 4, 5. Re. 7. 15.

5 *strength.* Ps. 28. 7, 8. Is. 45. 24. Zec. 10. 12. 2 Co. 12. 9. Phi. 4. 13. *in whose.* Ps. 40. 8; 42. 4; 55. 14. Is. 26. 9. Je. 31. 33; 50. 4, 5. Mi. 4. 2.

6 *Who.* Ps. 66. 10-12. Jno. 16. 33. Ac. 14. 22. Ro. 5. 3-5; 8. 37. 2 Cor. 4. 17. Re. 7. 14. *Baca,* etc., *or,* mulberry-trees, make him a well, etc.; *Baca* is probably a large shrub, which the Arabs still call *baca,* (see on 2 Sa. 5. 23;) and this valley, as *Celsius* observes, seems to be one 'embarrassed with [such] bushes and thorns, which could not be passed without labour and *tears,*'—*bacah,* as 7 MSS., LXX., *Aquila,* and Vulgate read. 2 Sa. 5. 22-24. *the rain.* Ps. 68. 9. 2 Ki. 3. 9-20. *filleth. Heb.* covereth.

7 *They.* Job 17. 9. Pr. 4. 18. Is. 40. 31. Jno. 15. 2. 2 Co. 3. 18. 2 Pe. 3. 18. *strength to strength. Heb.* company to company. Lu. 2. 24. *in Zion.* Ps. 43. 3. De. 16. 16. Is. 46. 13. Je. 31. 6. Zec. 14. 16. Jno. 6. 39; 14. 3. 1 Th. 4. 17.

9 *our.* ver. 11. Ps. 98. 1. Ge. 15. 1. De. 33. 29. *the face.* Ps. 2. 2, 6, marg.; 89. 20. 1 Sa. 2. 10. 2 Sa. 23. 1. 2 Ch. 6. 42. Ac. 4. 27.

10 *For.* ver. 1, 2. Ps. 27. 4; 43. 3, 4; 63. 2. Lu. 2. 46. Ro. 8. 5, 6. Phi. 3. 20. *I had,* etc. *Heb.* I would choose rather to sit at the threshold. Ja. 2. 3. *to dwell.* Ps. 17. 14, 15; 26. 8-10; 141. 4, 5.

11 *a sun.* Ps. 27. 1. Is. 60. 19, 20. Mal. 4. 2. Jno. 1. 9; 8. 12. Re. 21. 23. *shield.* ver. 9. Ps. 3. 3; 47. 9; 115. 9-11; 119. 114. Ge. 15. 1. Pr. 2. 7. *the Lord.* Jno. 1. 16. Ro. 8. 16-18. 2 Co. 3. 18; 4. 17. Phi. 1. 6. *no.* Ps. 34. 9, 10; 85. 12. Mat. 6. 33. Phi. 4. 19. *walk.* Ps. 15. 2. Pr. 2. 7; 10. 9; 28. 6, 18. Mi. 2. 7. Ga. 2. 14.

12 *blessed.* Ps. 2. 12; 34. 8; 62. 8; 146. 5, 6. Is. 30. 18; 50. 10. Je. 17. 7, 8.

## PSALM LXXXV.

*The Psalmist, out of the experience of former mercies, prays for the continuance thereof, 1-7. He promises to wait thereon, out of confidence of God's goodness, 8-13.*

A.M. 3468. B.C. 536. *(Title.) for. or,* of. Ps. 42, title.

1 *Lord.* Le. 26. 42. Joel 2. 18. Zec. 1. 16. *favourable unto. or,* well pleased with. Ps. 77. 7. *thou hast.* Ps. 14. 7; 126. 1, 2. Ezr. 1. 11; 2. 1. Je. 30. 18; 31. 23. Eze. 39. 25. Joel 3. 1.

2 *forgiven.* Ps. 32. 1; 79. 8, 9. Je. 50. 20. Mi. 7. 18. Ac. 13. 39. Col. 2. 13.

3 *taken.* Is. 6. 7; 12. 1; 54. 7-10. Jno. 1. 29. *turned,* etc. *or,* turned thine anger from waxing hot. Ex. 32. 11, 22. De. 13. 17.

4 *turn us.* The Israelites were not restored from their captivity all at once: a few returned with Zerubbabel, some more with Ezra and Nehemiah; but a great number still remained in Babylonia, Media, Assyria, etc.; and therefore the Psalmist prays for a complete restoration. Ps. 80. 3, 7, 19. Je. 31. 18. La. 5. 21. Mal. 4. 6. *O God.* Ps. 25. 2; 27. 1. Mi. 7. 7, 18-20. Jno. 4. 22. *cause.* Ps. 78. 38. Is. 10. 25. Da. 9. 16.

5 *angry.* Ps. 74. 1; 77. 9; 79. 5; 80. 4; 89. 46. Is. 64. 9-12. Mi. 7. 18. *draw.* Lu. 21. 24. Re. 18. 21-23.

6 *revive.* Ps. 80. 18; 138. 7. Ezr. 9. 8, 9. Is. 57. 15. Ho. 6. 2. Hab. 3. 2. *people.* Ps. 53. 6. Ezr. 3. 11-13. Je. 33. 11.

7 Ps. 50. 23; 91. 16. Je. 42. 12.

8 *hear.* Hab. 2. 1. Heb. 12. 25. *for he.* Ps. 29. 11. Is. 57. 19. Zec. 9. 10. Jno. 14. 27; 20. 19, 26. Ac. 10. 36. 2 Co. 5. 18-20. Ep. 2. 17. 2 Th. 3. 16. *to his.* Ps. 50. 5. Ep. 1. 1, 2. *but.* Ps. 130. 4. Jno. 5. 14; 8. 11. Ac. 3. 26. Ga. 4. 9. 2 Ti. 2. 19. He. 10. 26-29. 2 Pe. 2. 20-22. Re. 2. 4, 5; 3. 19. *folly.* Ge. 34. 7. 1 Sa. 25. 25. Pr. 26. 11; 27. 22.

9 *Surely.* Ps. 24. 4, 5; 50. 23, 119. 155. Is. 46. 13. Mar. 12. 32-34. Jno. 7. 17. Ac. 10. 2-4; 11. 13, 14; 13. 26. *glory.* Is. 4. 5. Eze. 26. 20. Hag. 2. 7-9. Zec. 2. 5, 8. Lu. 2. 32. Jno. 1. 14.

10 *Mercy.* Ps. 89. 14; 100. 5. Ex. 34. 6, 7. Mi. 7. 20. Lu. 1. 54, 55. Jno. 1. 17. *righteousness.* Ps. 72. 3. Is. 32. 16-18; 45. 24. Je. 23. 5, 6. Lu. 2, 14. Ro. 3. 25, 26; 5. 1, 21. He. 7. 2.

11 *Truth.* Is. 4. 2; 45. 8, 53. 2. Jno. 14. 6. 1 Jno. 5. 20, 21. *righteousness.* Is. 42. 21. Mat. 3. 17; 17. 5. Lu. 2. 14. 2 Co. 5. 21. Ep. 1. 6.

12 *the Lord.* Ps. 84. 11. Mi. 6. 8. 1 Co. 1.30. Ep. 1. 3. Ja. 1. 17. *our land.* Ps. 67. 6; 72.16. Is. 30. 23, 24; 32. 15. Mat. 13. 8, 23. Ac. 2. 41; 21. 20. Gr. 1 Co. 3. 6-9.

13 *Righteousness.* Ps. 72. 2, 3; 89. 14. Is. 58. 8. *shall set.* Ps. 119. 35. Mat. 20. 27, 28. Jno. 13. 14-16, 34. 2 Co. 3. 18. Ga. 2. 20. Ep. 5. 1, 2. Phi. 2. 5-8. He. 12. 1, 2. 1 Pe. 2. 18-24; 4. 1. 1 Jno. 2. 6.

## PSALM LXXXVI.

*David strengthens his prayer by the consciousness of his religion,* 1-4; *by the goodness and power of God* 5-10. *He desires the continuance of former grace,* 11-13. *Complaining of the proud, he craves some token of God's goodness,* 14-17.

*(Title.) A Prayer of David. or,* a prayer, *being a Psalm* of David. This Psalm is supposed to have been composed by David either when persecuted by Saul, or driven from Jerusalem by Absalom. Ps. 102; 142, titles.

1 *Bow.* Ps. 31. 2. Is. 37. 17. Da. 9. 18. *for I am.* Ps. 10. 14; 34. 6; 40. 17; 72. 12-14; 102. 17; 119. 22; 140. 12. Is. 66. 2. Mat. 5. 3. Lu. 4. 18. Ja. 1. 9, 10; 2. 5.

2 *Preserve.* Ps. 4. 3; 37. 28; 119. 94. 1 Sa. 2. 9. Jno. 10. 27-29; 17. 11. 1 Pe. 5. 3-5. *holy. or,* one whom thou favourest. Ps. 18. 19. De. 7. 7, 8. Ro. 9. 18, 23, 24. *save.* Ps. 119. 124, 125; 143. 12. Jno. 12. 26. *trusteth.* Ps. 13. 5; 16. 1; 31. 1. Is. 26. 3, 4. Ro. 15. 12, 13. Ep. 1. 12, 13.

3 *Be merciful.* Ps. 56. 1; 57. 1. *for I.* Ps. 55. 17; 88. 9. Lu. 2. 37; 11. 8-13; 18. 7. Ep. 6. 18. *daily. or,* all the day. Ps. 25. 5.

4 *Rejoice.* Ps. 51. 12. Is. 61. 3; 65. 18; 66. 13, 14. *do.* Ps. 25. 1; 62. 8; 143. 8.

5 *thou.* ver. 15. Ps. 25. 8; 36. 7; 52. 1; 69. 16; 119. 68; 130. 7; 145. 8, 9. Ex. 34. 6. Joel 2. 13. 1 Jno. 4. 8, 9. *ready.* Ne. 9. 17. Is. 55. 7. Da. 9. 9. Mi. 7. 18. *plenteous.* Ps. 103. 8; 130. 4, 7. Joel 2. 13. Ro. 5. 20, 21. Ep. 1. 6-8; 2. 4. *unto all.* Ps. 145. 18. Je. 33. 3. Eze. 36. 33, 37. Lu. 11. 9, 10. Jno. 4. 10. Ac. 2. 21. Ro. 10. 12, 13.

6 Ps. 5. 1, 2; 17. 1; 130. 2.

7 Ps. 18. 6; 34. 4-6; 50. 15; 55. 16-18; 77. 1, 2; 91. 15; 142. 1, 2. Is. 26. 16. La. 3. 55-57. Jon. 2. 2. Lu. 22. 44. He. 5. 7.

8 *Among.* Ps. 89. 6, 8. Ex. 15. 11. Is. 40. 18, 25. Je. 10. 6, 7, 16. Da. 3. 29. *neither.* Ps. 136. 4. De. 3. 24; 4. 34.

9 *All.* Ps. 22. 27-31; 66. 4; 67. 7; 72. 8, 19; 102. 15, 18. Is. 2. 2-4; 11. 9; 43. 7; 59. 19; 66. 23. Zec. 14. 9. Ro. 11. 25. Re. 11. 15; 15. 4; 20. 3. *glorify.* Ro. 15. 9. Ep. 1. 12. 1 Pe. 2. 9.

10 *For.* ver. 8. Ps. 72. 18; 77. 14, 15; 145. 3-5. Ex. 15. 11. Job 11. 7. Da. 6. 26, 27. Ac. 2. 19-22; 4. 30. Ro. 15. 18, 19. He. 2. 4. *God.* De. 6. 3, 4; 32. 39. Is. 37. 16, 20; 44. 6-8. Mar. 12. 29. 1 Co. 8. 4. Ep. 4. 6.

11 *Teach.* Ps. 5. 8; 25. 4, 12; 27. 11; 119. 33, 73; 143. 8-10. Job 34. 32. Jno. 6. 45, 46. Ep. 4. 21. *I will.* Ps. 26. 3; 119. 30. Mal. 2. 6. 2 Jno. 4. 3 Jno. 3, 4. *unite.* Je. 32. 38, 39. Ho. 10. 2; 14. 8. Zep. 1. 5. Mat. 6. 22-24. Jno. 17. 20, 21. Ac. 2. 46. 1 Co. 6. 17; 10. 21. 2 Co. 11. 3. Col. 3. 17, 22, 23.

12 *praise.* Ps. 34. 1; 103. 1-3; 104. 33; 145. 1-5; 146. 1, 2. 1 Ch. 29. 13, 20. Is. 12. 1. Re. 5. 9-13; 19. 5, 6. *with all.* Ps. 9. 1. De. 6. 5. Pr. 3. 5, 6. Ac. 8. 37. Ep. 5. 19. *glorify.* Ro. 15. 6. 1 Co. 6. 20; 10. 31.

13 *great.* Ps. 57. 10; 103. 8-12; 108. 4. Lu. 1. 58. *and thou.* Ps. 16. 10; 56. 13; 88. 6; 116. 8. Job 33. 18, 22, 24, 28. Is. 38. 17. Jon. 2. 3-6. 1 Th. 1. 10. *hell. or,* grave.

14 *O God.* Ps. 36. 11; 54. 3; 119. 51, 69, 85; 140. 5. 2 Sa. 15. 1, etc. *assemblies.* 2 Sa. 16. 20-23; 17. 1; 4. 14. Mat. 26. 3, 4; 27. 1, 2. Ac. 4. 27, 28. *violent. Heb.* terrible. *and have.* Ps. 10. 4, 11, 13; 14. 4; 36. 1. Eze. 8. 12; 9. 9.

15 *But thou.* ver. 5. Ps. 103. 8; 111. 4; 130. 4, 7; 145. 8. Ex. 31. 6, 7. Nu. 14. 18. Ne. 9. 17. Joel 2. 13. Mi. 7. 18. Ro. 5. 20, 21. Ep. 1. 7; 2. 4-7. *mercy.* Ps. 85. 10; 98. 3. Jno. 1. 17. Ro. 15. 8, 9.

16 *turn.* Ps. 25. 16; 69. 16; 90. 13; 119. 132. *give.* Ps. 28. 7, 8; 84. 5; 138. 3. Is. 40. 29-31; 45. 24. Zec. 10. 12. Ep. 3. 16; 6. 10. Phi. 4. 13. Col. 1. 11. *the son.* Ps. 116. 16; 119. 94. Lu. 1. 38.

17 *Shew.* Ps. 41. 10, 11; 74. 9. Is. 38. 22. 1 Co. 5. 5. *that they.* Ps. 71. 9-13; 109. 29. Mi. 7. 8-10. *thou.* Ps. 40. 1; 71. 20, 21.

## PSALM LXXXVII.

*The nature and glory of the church,* 1-3. *The increase, honour, and comfort of the members thereof,* 4-7.

A.M. 3468. B.C. 536. *(Title.) A Psalm.* It is highly probable that this Psalm was written by one of the descendants of Korah on the return from the Babylonian captivity. It seems to have been written in praise of Jerusalem; and, typically, of the Christian church. *for. or,* of.

1 *His.* 2 Ch. 3. 1. Is. 28. 16. Mat. 16. 18. 1 Co. 3. 10, 11. Ep. 2. 20-22. 1 Pe. 2. 4-8. *the holy.* Ps. 48. 1, 2; 68. 16; 121. 1. Is. 2. 2, 3; 56. 7. Zec. 8. 3. 2 Pe. 1. 18.

2 *The Lord.* Ps. 78. 67-69; 132. 13, 14. De. 12. 5. 2 Ch. 6. 6. Is. 14. 32. Joel 2. 32.

3 *Glorious.* Ps. 48. 2, 3, 11-13; 125. 1, 2. Is. 12. 6; 49. 14, etc.; 54. 2, etc.; 59. 20, 21; 60. 1, etc.; 61. 3, etc.; 62. 1, etc. Je. 3. 14-17; 31. 12, 13. Eze. 36. 2, 11, etc.; 37. 27, 28; ch. 40; 48. He. 12. 22, 23. Re. 14. 1; 21. 10-27.

4 *Rahab.* Ps. 89. 10. Is. 51. 9. *Babylon.* Ps. 137. 1, 8, 9. 2 Ki. 20. 17, 18. Is. 13. 1, etc.; 14. 4-6. Je. 25. 9; ch. 50; 51. Da. 2. 47, 48; 4. 30. Re. 17. 5; 18. 2. *Tyre.* Ps. 45. 12. Is. ch. 23. Eze. ch. 27; 28. *Ethiopia.* 1 Ki. 10. 1, etc. Ac. 8. 27. *this man.* Ps. 68. 31. 1 Sa. 17. 8. 2 Sa. 21. 16-22. Is. 19. 11, 23-25. Eze. 28. 2.

5 *of Zion.* Is. 44. 4, 5; 60. 1-9. Jno. 1. 12-14; 3. 3-5. Ga. 3. 26-28. He. 11. 32-40; 12. 1, 2, 22-24. 1 Pe. 1. 23, 24. *highest.* Eze. 48. 35. Mat. 16. 18. Ro. 8. 31.

6 *when.* Ps. 22. 30. Is. 4. 3. Eze. 9. 4; 13. 9. Lu. 10. 20. Phi. 4. 3. Re. 13. 8. *this man.* Je. 3. 19. Ga. 4. 26-31. Re. 20. 15.

7 *As well.* Ps. 68. 24, 25. 1 Ch. 15. 16, etc.; 23. 5; 25. 1-6. Re. 14. 1-3. *all my.* Ps. 46. 4. Is. 12. 3. Jno. 1. 16; 4. 10, 14; 7. 37-39. Ja. 1. 17. Re. 21. 6; 22. 1, 17.

## PSALM LXXXVIII.

*A prayer containing a grevious complaint.*

A.M. cir. 2473. B.C. cir. 1531. *(Title.) for. or,* of. *Mahalath.* Ps. 53, title. *Maschil,* etc. *or, A Psalm* of Heman the Ezrahite, giving instruction. Supposed to have been written by *Heman,* son of Zerah, and grandson of Judah, on the oppression of the Hebrews in Egypt. *Heman.* 1 Ki. 4. 31. 1 Ch. 2. 6.

1 *Lord.* Ps. 27. 1, 9; 51. 14; 62. 7; 65. 5; 68. 19; 79. 9; 140. 7. Ge. 49. 18. Is. 12. 2. Lu. 1. 47; 2. 30. Ti. 2. 10, 13; 3. 4-7. *I have.* Ps. 22. 2; 86. 3. Ne. 1. 6. Is. 62. 6. Lu. 2. 37; 18. 7. 1 Th. 3. 10. 2 Ti. 1. 3.

2 Ps. 79. 11; 141. 1, 2. 1 Ki. 8. 31. La. 3. 8.

3 *soul.* ver. 14, 15. Ps. 22. 11-21; 69. 17-21; 77. 2; 143. 3, 4. Job 6. 2-4. Is. 53. 3, 10, 11. La. 3. 15-19. Mat. 26. 37-39. Mar. 14. 33, 34. *life.* Ps. 107. 18. Job 33. 22.

4 *counted.* Ps. 28. 1; 30. 9; 143. 7. Job 17. 1. Is. 38. 17, 18. Eze. 26. 20. Jon. 2. 6. 2 Co. 1. 9. *as a man.* Ps. 31. 12; 109. 22-24. Ro. 5. 6. 2 Co. 13. 4.

5 *Free.* Is. 14. 9-12; 38. 10-12. Eze. 32. 18-32. *whom.* Ps. 136. 23. Ge. 8. 1; 19. 29. *cut.* ver. 16. Ps. 31. 22. Job 6. 9; 11. 10. Is. 53. 8. *from thy hand. or,* by thy hand.

6 *lowest.* Ps. 40. 2; 86. 13. De. 32. 22. *darkness.* Ps. 143. 3. Pr. 4. 19. La. 3. 2. Jno. 12. 46. Jude 6. 13. *deeps.* Ps. 69. 15; 130. 1.

7 *Thy wrath.* Ps. 38. 1; 90. 7; 102. 10. Job 6. 4; 10. 16. Jno. 3. 36. Ro. 2. 5-9. 1 Pe. 2. 24. Re. 6. 16, 17. *with.* Ps. 42. 7. Jon. 2. 3.

8 *put.* ver. 18. Ps. 31. 11; 142. 4. 1 Sa. 23. 18-20. Job 19. 13-19. Jno. 11. 57. *made.* Is. 49. 7; 53. 3. Zec. 11. 8. Mat. 27. 21-25. Jno. 15. 23, 24. *I am shut.* Job 12. 14; 19. 8. La. 3. 7-9.

9 *Mine.* Ps. 38. 10; 42. 3; 102. 9. Job 16. 20; 17. 7. La. 3. 48, 49. Jno. 11. 35. *called.* ver. 1. Ps. 55. 17; 86. 3. *stretched.* Ps. 44. 20; 68. 31; 143. 6. Ex. 17. 11. Job 11. 13.

10 *Wilt thou.* The *interrogations* in these verses imply the strongest *negations.* Ps. 6. 5; 30. 9; 115. 17; 118. 17. Is. 38. 18, 19. Mar. 5. 35, 36. *shall.* Job 14. 7-12. Is. 26. 19. Eze. 37. 1-14. Lu. 7. 12-16. 1 Co. 15. 52-57.

11 *in destruction.* Ps. 55. 23; 73. 18. Job 21. 30; 26. 6. Pr. 15. 11. Mat. 7. 13. Ro. 9. 22. 2 Pe. 2. 1.

12 *dark.* Ps. 143. 3. Job 10. 21, 22. Is. 8. 22. Mat. 8. 12. Jude 13. *in the land.* ver. 5. Ps. 31. 12. Ec. 2. 16; 8. 10; 9. 5.

13 *and in.* See on Ps. 5. 3; 119. 147, 148. Mar. 1. 35. *prevent thee.* 'Come before thee;' see on Ps. 21. 3.

14 *Lord.* Ps. 43. 2; 77. 7-9. Mat. 27. 46. *hidest.* Ps. 13. 1; 44. 24; 69. 17. Job 13. 24.

15 *afflicted.* Ps. 73. 14. Job 17. 1, 11-16. Is. 53. 3. *while.* Ps. 22. 14, 15. Job 6. 4; 7. 11-16. Is. 53. 10. Zec. 13. 7. Lu. 22. 44.

16 *fierce.* Ps. 38. 1, 2; 89. 46; 90. 7, 11; 102. 10. Is. 53. 4-6. Ro. 8. 32. Ga. 3. 13. Re. 6. 17. *cut me.* Is. 53. 8. Da. 9. 26.

17 *They.* Ps. 22. 16; 42. 7; 69. 1, 2; 116. 3. Job 16. 12, 13; 30. 14, 15. La. 3. 5-7. Mat. 27. 39-44. *daily. or,* all the day.

18 *Lover.* ver. 8. Ps. 31. 11; 38. 11. Job 19. 12-15. *mine acquaintance.* A figurative expression to denote that he now never saw them.

## PSALM LXXXIX.

*The psalmist praises God for his covenant,* 1-4; *for his wonderful power,* 5-14; *for the care of his church,* 15-18; *for his favour to the kingdom of David,* 19-37. *Then complaining of contrary events,* 38-45, *he expostulates, prays, and blesses God,* 46-52.

A.M. cir. 3463. B.C. cir. 541. *(Title.) Maschil,* etc. *or, A Psalm* for Ethan the Ezrahite, to give instructions. This Psalm is generally supposed to have been written during the Babylonian captivity, when, the family of David being dethroned, and the royal family ruined, the Divine promises had *apparently* failed. *Ethan.* 1 Ki. 4. 31. 1 Ch. 2. 6.

1 *I will.* Ps. 86. 12, 13; 101. 1; 106. 1; 136. 1, etc. *with.* Ps. 40. 9, 10; 71. 8, 15-19. *thy faithfulness.* ver. 5. 8, 33-49. Ps. 36. 5; 92. 2. Is. 25. 1. La. 3. 23. Mi. 7. 20. Tit. 1. 2. *all generations. Heb.* generation and generation. ver. 4. Ps. 119. 90, marg.

2 *Mercy.* Ps. 36. 5; 103. 17. Ne. 1. 5; 9. 17, 31. Lu. 1. 50. Ep. 1. 6, 7. *faithfulness.* ver. 5, 37. Ps. 119. 89; 146. 6. Nu. 23. 19. Mat. 24. 35. He. 6. 18.

3 *made.* ver. 28, 34, 39. 2 Sa. 7. 10-16; 23. 5. 1 Ki. 8. 16. Is. 55. 3. Je. 30. 9; 33. 20, 21. Eze. 34. 23, 24. Ho. 3. 5. Lu. 1. 32, 33. *my chosen.* ver. 19. Ps. 78. 70. Is. 42. 1. Mat. 3. 17; 12. 18-21. *sworn.* ver. 35. Ps. 132. 11. 2 Sa. 3. 9. Ac. 2. 30. He. 7. 21.

4 ver. 1, 29, 36. Ps. 72. 17; 132. 12. 2 Sa. 7. 12-16, 29. 1 Ki. 9. 5. 1 Ch. 17. 10-14; 22. 10. Is. 9. 6, 7. Zec. 12. 8. Lu. 1. 32, 33; 20. 41-44. Ac. 13. 32-37. Ro. 1. 3, 4; 15. 12. Phi. 2. 9-11. Re. 22. 16.

5 *heavens.* Ps. 19. 1; 50. 6; 97. 6. Is. 44. 23. Lu. 2. 10-15. Ep. 3. 10. 1 Pe. 1. 12. Re. 5. 11-14; 7. 10-12. *in the congregation.* ver. 7. De. 33. 2. Da. 7. 10. 2 Th. 1. 7. He. 12. 22, 23. Jude 14, 15. Re. 19. 1-6.

6 *For who.* ver. 8. Ps. 40. 5; 71. 19; 73. 25; 86. 8; 113. 5. Ex. 15. 11. Je. 10. 6. *the sons.* Ps. 29. 1, marg.; 52. 1.

7 Ps. 76. 7-11. Le. 10. 3. Is. 6. 2-7; 66. 2. Je. 10. 7, 10. Mat. 10. 28. Lu. 12. 4, 5. Ac. 5. 11. He. 12. 28, 29. Re. 15. 3, 4.

8 *O Lord.* Ps. 84. 12. Jos. 22. 22. Is. 28. 22. *a strong.* ver. 13. Ps. 24. 8; 147. 5. 1 Sa. 15. 19. Job 9. 19. Is. 40. 25, 26. Je. 32. 17. Mat. 6. 13. *like.* ver. 6. Ps. 35. 10; 71. 19. De. 32. 31. 1 Sa. 2. 2.

9 Ps. 29. 10; 65. 7; 66. 5, 6; 93. 3, 4; 107. 25-29. Job 38. 8-11. Na. 1. 4. Mat. 8. 24-27; 14. 32. Mar. 4. 39, 41.

10 *Thou hast.* Ps. 78. 43, etc.; 105. 27, etc. Ex. ch. 7-15. *Rahab. or,* Egypt.

*scattered.* Ps. 59. 11; 68. 30; 144. 6. Is. 24. 1. *thy strong arm. Heb.* the arm of thy strength. Ex. 3. 19, 20. De. 4. 34.

11 Ps. 24. 1, 2; 50. 12; 115. 16. Ge. 1. 1; 2. 1. 1 Ch. 29. 11. Job 41. 11. 1 Co. 10. 26, 28.

12 *north.* Job 26. 7. *Tabor.* Jos. 19. 22. Ju. 4. 6, 12. *Hermon.* Ps. 133. 3. De. 3. 8, 9. Jos. 12. 1. *rejoice.* Ps. 65. 12, 13. Is. 35. 1, 2; 49. 13; 55. 12, 13.

13 *a mighty arm. Heb.* an arm with might. ver. 10. Ps. 62. 11. Da. 4. 34, 35. Mat. 6. 13.

14 *Justice.* Ps. 45. 6, 7; 97. 2; 99. 4; 145. 17. De. 32. 4. Re. 15. 3. *habitation. or,* establishment. Pr. 16. 12. *mercy.* ver. 2. Ps. 85. 13. Jno. 1. 17.

15 *know.* Ps. 90. 6; 98. 4-6; 100. 1. Le. 25. 9. Nu. 10. 10; 23. 21. Is. 52. 7, 8. Na. 1. 15. Lu. 2. 10-14. Ro. 10. 15, 18. *in the light.* Ps. 4. 6; 44. 3. Nu. 6. 26. Job 29. 3. Pr. 16. 15. Is. 2. 5. Jno. 14. 21-23. Ac. 2. 28. Re. 21. 23.

16 *name.* ver. 12. Ps. 20. 5, 7; 33. 21; 44. 8. Lu. 1. 47. Phi. 4. 4. *righteousness.* Ps. 40. 10; 71. 15, 16. Is. 45. 24, 25; 46. 13. Je. 23. 6. Ro. 1. 17; 3. 21-26. 2 Co. 5. 21. Phi. 3. 9.

17 *For thou.* Ps. 28. 7. 1 Co. 1. 30, 31. 2 Co. 12. 9, 10. Phi. 4. 13. *our horn.* ver. 24. Ps. 75. 10; 92. 10; 112. 9; 132. 17; 148. 14. 1 Sa. 2. 1, 10.

18 *the Lord is,* etc. *or,* our Shield *is* of the Lord, and our King *is* of the Holy One of Israel. Ps. 47. 9; 62. 1, 2, 6; 84. 11; 91. 1, 2. Ge. 15. 1. De. 33. 27-29. *Holy.* Ps. 71. 22. Is. 1. 4; 12. 6; 29. 19; 30. 11; 43. 3, 14. *king.* Ps. 44. 4. Is. 33. 22.

19 *Then.* 1 Sa. 16. 1. 2 Sa. 7. 8-17. Lu. 1. 70. 2 Pe. 1. 21; 3. 2. *to thy holy.* Mar. 1. 24. Re. 3. 7. *I have laid.* 1 Sa. 16. 18. Is. 9. 6. Je. 30. 21. *exalted.* ver. 3. 1 Ki. 11. 34. Phi. 2. 6-11. He. 2. 9-17.

20 1 Sa. 16. 1, 12, 13. Is. 61. 1-3. Jno. 3. 34.

21 *With.* Ps. 18. 32-39; 80. 15-17. 2 Sa. 7. 8-16. Is. 42. 1; 49. 8. *mine.* ver. 13. Is. 41. 10. Eze. 30. 24, 25. Zec. 10. 12.

22 *enemy.* 1 Ch. 17. 9. Mat. 4. 1-10. *son.* Jno. 17. 12. 2 Th. 2. 3.

23 *I will.* 2 Sa. 3. 1; 7. 1, 9; 22. 40-44. *plague.* Ps. 2. 1-6; 21. 8, 9; 109. 3, etc.; 110. 1; 132. 18. Lu. 19. 14, 27. Jno. 15. 23.

24 *But my.* ver. 2-5, 28, 33. Ps. 61. 7. Jno. 1. 17. 2 Co. 1. 20. *in my.* ver. 16, 17. Ps. 20. 1, 5; 91. 14. 1 Sa. 2. 1. Jno. 17. 6, 11, 26.

25 *I will.* Ps. 2. 8; 72. 8-11; 80. 11. 1 Ki. 4. 21. Re. 11. 15. *his hand.* That is, his power or authority, as *hand* frequently signifies: for the accomplishment of these promises, *see the parallel texts.*

26 *Thou.* 2 Sa. 7. 14. 1 Ch. 22. 10. Mat. 26. 39, 42. Lu. 23. 46. Jno. 11. 41; 20. 17. He. 1. 5. *God.* Ps. 43. 4. Mar. 15. 34. *rock.* Ps. 18. 46; 62. 2, 6, 7; 95. 1. 2 Sa. 22. 47. Is. 50. 7-9.

27 *Also.* Ps. 2. 7. Ro. 8. 29. Col. 1. 15, 18. *higher.* Ps. 2. 10-12; 72. 11. Nu. 24. 7. 2 Ch. 1. 12; 9. 23, 24. Is. 49. 7. Re. 19. 16; 21. 24.

28 *mercy.* 2 Sa. 7. 15, 16. Is. 54. 10; 55. 3. Ac. 13. 32-34. *covenant.* ver. 34. Ps. 111. 5, 9. 2 Sa. 23. 5. Je. 33. 20, 21.

29 *His seed.* ver. 4, 36. Ps. 132. 11. 1 Ch. 17. 11, 12. Is. 59. 21. Je. 33. 17-26. *throne.* Ps. 45. 6. 1 Ch. 22. 10. Is. 9. 7. Eze. 37. 24, 25. Da. 2. 44. Lu. 1. 32, 33. *days.* Ps. 21. 4. De. 11. 21.

30 *If.* Ps. 132. 12. 2 Sa. 7. 14. 1 Ch. 28. 9. 2 Ch. 7. 17-22. *forsake.* Ps. 119. 53. Pr. 4. 2; 28. 4. Je. 9. 13-16. *walk.* Eze. 18. 9, 17; 20. 19. Lu. 1. 6.

31 *break. Heb.* profane. Ps. 55. 20, marg.

32 Ex. 32. 34. 2 Sa. 7. 14. 1 Ki. 11. 6, 14, 31, 39. Pr. 3. 11, 12. Am. 3. 2. 1 Co. 11. 31, 32. He. 12. 6-11.

33 *Nevertheless.* 2 Sa. 7. 13, 15. 1 Ki. 11. 13, 32, 36. Is. 54. 8-10. Je. 33. 20-26. La. 3. 31, 32. 1 Co. 15. 25. *not utterly take. Heb.* not make void. ver. 39. 1 Sa. 15. 29. *fail. Heb.* lie. He. 6. 18.

34 *covenant.* Le. 26. 44. Je. 14. 21; 33. 20. *nor.* Nu. 23. 19. Mal. 3. 6. Mat. 24. 35. Ro. 11. 29. Ja. 1. 17.

35 *Once.* Ps. 110. 4; 132. 11. Am. 4. 2; 8. 7. He. 6. 13, 17. *that I will not lie. Heb.* If I lie. 2 Ti. 2. 13. Tit. 1. 2.

36 *seed.* ver. 4, 29. 2 Sa. 7. 16. Is. 53. 10; 59. 21. Jno. 12. 34. *and.* Ps. 72. 5, 17. Is. 9. 7. Je. 33. 20. Lu. 1. 33.

37 *It shall.* That is, as long as the sun and moon shall endure, as long as *time* shall last, his kingdom shall continue among men. The moon is probably termed a *faithful witness*, because by her, particularly, *time* is measured. Her *decrease* and *increase* are especially observed by every nation; and by these time is generally estimated, especially among eastern nations:—*So many moons is a man old—so many moons since such an event happened;* and even their years are reckoned by *lunations.* Or, the *rainbow* may be intended; that faithful sign which God has established in the clouds, that the earth shall no more be destroyed by water. *ever.* Ps. 72. 7; 104. 19. Ge. 1. 14-18. Je. 31. 35, 36. *and as.* Ge. 9. 13-16. Is. 54. 9, 10.

38 *But.* Ps. 44. 9, etc.; 60. 1, 10; 77. 7. 1 Ch. 28. 9. Je. 12. 1. Ho. 9. 17. *and.* Ps. 78. 59; 106. 40. De. 32. 19. La. 2. 7. Zec. 11. 8. *wroth.* ver. 51. Ps. 84. 9. 2 Sa. 1. 21; 15. 26. 2 Ch. 12. 1-12. La. 4. 20. Zec. 13. 7.

39 *void.* ver. 34-36. Ps. 77. 10; 116. 11. Jno. 13. 7. *profaned.* ver. 44. Ps. 74. 7; 143. 3. Is. 25. 12; 43. 28. La. 5. 16.

40 *broken.* Ps. 80. 12. Job 1. 10. Is. 5. 5, 6. *brought.* 2 Ch. 12. 2-5; 15. 5. La. 2. 2, 5. Re. 13. 1-7.

41 *All.* Ps. 44. 10-14; 80. 13. Is. 10. 6. Je. 50. 17. *he is.* Ps. 74. 10; 79. 4. De. 28. 37. Ne. 5. 9. Je. 24. 9; 29. 18; 42. 18; 44. 8, 12. La. 5. 1. Eze. 5. 14, 15. Da. 9. 16.

42 Le. 26. 17, 25. De. 28. 25, 43. La. 2. 17. Jno. 16. 20. Re. 11. 10.

43 *turned.* Eze. 30. 21-25. *not made.* Le. 26. 36, 37. Nu. 14. 42, 45. Jos. 7. 4, 5, 8-12. 2 Ch. 25. 8.

44 *Thou.* 1 Sa. 4. 21, 22. 1 Ki. 12. 16-20; 14. 25-28. La. 4. 1, 2. 2 Th. 2. 3-10. *glory. Heb.* brightness. *cast.* ver. 39. Da. 7. 20-25.

45 *The.* ver. 28, 29. 2 Ch. 10. 19. Is. 63. 18. *thou.* Ps. 44. 15; 109. 29. Mi. 7. 10.

46 *How.* Ps. 13. 1, 2; 79. 5; 85. 5; 90. 13. *wilt.* Ps. 10. 1; 88. 14. Job 23. 9. Is. 8. 17; 45. 15. Ho. 5. 15. *thy wrath.* Ps. 78. 63. Je. 4. 4; 21. 12. 2 Th. 1. 8. He. 12. 29.

47 *Remember.* Ps. 39. 5, 6; 119. 84. Job 7. 7; 9. 25, 26; 10. 9. *wherefore.* Ps. 144. 4. Job 14. 1. Ja. 4. 14.

48 *What.* Ps. 49. 7-9. Job 30. 23. Ec. 3. 19, 20; 8. 8; 9. 5; 12. 7. He. 9. 27. *see death.* Jno. 8. 51. He. 11. 5. *shall.* Ps. 49. 15. Ac. 2. 27. 2 Co. 4. 14.

49 *where.* Ps. 77. 9, 10. Is. 63. 7-15. *thou.* ver. 3, 4, 35. Ps. 54. 5; 132. 11, 12. 2 Sa. 3. 9; 7. 15. Is. 55. 3. He. 7. 21.

50 Ps. 44. 13-16; 69. 9, 19, 20; 74. 18, 22; 79. 10-12. Ro. 15. 3.

51 *they have.* Mat. 5. 10-12. Ac. 5. 41. 1 Co. 4. 12, 13. He. 10. 33; 11. 36. *footsteps.* Ps. 56. 5, 6; 57. 3. 2 Sa. 16. 7, 8. Mat. 12. 24; 26. 61. Jno. 8. 48. 1 Pe. 2. 20, 21; 3. 16; 4. 14-16.

52 *Blessed.* This verse ends the *third* book of the Psalter; and is thought to have been added by a later hand, as it is wanting in two MSS., in another written without points, and in three others written separately from the text; though it is found in all the versions. Ps. 41. 13; 72. 18, 19; 106. 48. Ne. 9. 5. Hab. 3. 17-19. Mat. 6. 13. 1 Ti. 1. 17.

## PSALM XC.

*Moses, setting forth God's providence,* 1, 2, *complains of human fragility,* 3-6, *divine chastisements,* 7-9, *and brevity of life,* 10, 11. *He prays for the knowledge and sensible experience of God's good providence,* 12-17.

A.M. 2514. B.C. 1490. (*Title.*) *A Prayer. or,* A prayer, *being a Psalm* of Moses. This Psalm is supposed to have been composed by Moses, when all the generation of the Israelites who had offended God, were sentenced to fall in the wilderness, at the age of seventy or eighty years, except Moses, Caleb, and Joshua. Nu. ch. 13, 14. *the man.* Ex. 33. 14-19. De. 33. 1. 1 Ki. 13. 1. 1 Ti. 6. 11.

1 *Lord.* Ps. 71. 3; 91. 1, 9. De. 33. 27. Is. 8. 14. Eze. 11. 16. Jno. 6. 56. 1 Jno. 4. 16. *all generations. Heb.* generation and generation. Ps. 89. 1, marg.

2 *Before.* Job 38. 4-6, 28, 59. Pr. 8. 25, 26. *or ever.* Ps. 33. 9; 146. 6. Ge. 1. 1. *even from.* Ps. 93. 2; 102. 24-27; 103. 17. Is. 44. 6; 57. 15. Mi. 5. 2. Hab. 1. 12. 1 Ti. 6. 15, 16. He. 1. 10-12; 13. 8. Re. 1. 8. *thou.* Is. 45. 22.

3 *Thou.* Ps. 104. 29; 146. 4. Ge. 3. 19; 6. 6, 7. Nu. 14. 35. Job 12. 10; 34. 14, 15. Ec. 12. 7. *Return, ye children of men.* Rather, 'Return, ye children of Adam;' *i.e.* to that dust out of which ye were originally formed.

4 *For.* 2 Pe. 3. 8. *is past. or,* when he hath passed *them. and as.* Mat. 14. 25; 24. 43. Lu. 12. 38.

5 *Thou.* Job 9. 26; 22. 16; 27. 20, 21. Is. 8. 7, 8. Je. 46. 7, 8. *as a sleep.* Ps. 73. 20. Is. 29. 7, 8. *morning.* Ps. 103. 15, 16. Is. 40. 6. Ja. 1. 10, 11. 1 Pe. 1. 24. *groweth up. or,* is changed.

6 Ps. 92. 7. Job 14. 2. Mat. 6. 30.

7 *For we.* ver. 9, 11. Ps. 39. 11; 59. 13. Nu. 17. 12, 13. De. 2. 14-16. He. 3. 10, 11, 17-19; 4. 1, 2. *are we.* Ex. 14. 24. Ro. 2. 8, 9.

8 *Thou.* Ps. 10. 11; 50. 21; 139. 1-4. Job 34. 21. Je. 9. 13-16; 16. 17; 23. 24. Eze. 8. 12. Re. 20. 12. *our.* Ps. 19. 12. Pr. 5. 21. Ec. 12. 14. Lu. 12. 1, 2. Ro. 2. 16. 1 Co. 4. 5. He. 4. 12, 13. 1 Jno. 3. 20. *in the.* Ps. 80. 16.

9 *For.* Ps. 78. 33. *passed. Heb.* turned. *we spend.* The Vulgate has, *Anni nostri sicut aranea meditabuntur,* 'Our years pass away like those of the spider.' Our plans and operations are like the spider's web. Life is as frail, and the thread of it as brittle, as one of those which constitute the well-wrought and curious, but fragile habitation of that insect. All the Versions have the word *spider*, but it is not found in any Hebrew MSS. or edition yet collated. The Hebrew might be rendered, 'We consume our lives with a groan,' *kemo hegeh. a tale. Heb.* a meditation. ver. 4. Ps. 39. 5.

10 *The days,* etc. *Heb. As for* the days of our years, in them *are* seventy years. Ge. 47. 9. De. 34. 7. *yet.* 2 Sa. 19. 35. 1 Ki. 1. 1. Ec. 12. 2-7. *for.* Ps. 78. 39. Job 14. 10, marg.; 24. 24. Is. 38. 12. Lu. 12. 20. Ja. 4. 14.

11 Le. 26. 18, 21, 24, 28. De. 28. 59; 29. 20, etc. Is. 33. 14. Na. 1. 6. Lu. 12. 5. 2 Co. 5. 11. Re. 6. 17.

12 *So.* Ps. 39. 4. De. 32. 29. Ec. 9. 10. Lu. 12. 35-40. Jno. 9. 4. Ep. 5. 16, 17. *that.* Job 28. 28. Pr. 2. 2-6; 3. 13-18; 4. 5, 7; 7. 1-4; 8. 32-36; 16. 16; 18. 1, 2; 22. 17; 23. 12, 23. *apply our hearts. Heb.* cause *our* hearts to come.

13 *Return.* Ps. 6. 4; 80. 14. Je. 12. 15. Joel 2. 13, 14. Zec. 1. 16. *how.* Ps. 89. 46. *let it.* Ps. 106. 45; 135. 14. Ex. 32. 14. De. 32. 36. Ho. 11. 8. Am. 7. 3, 6. Jon. 3. 9.

14 *satisfy.* Ps. 36. 7, 8; 63. 3-5; 65. 4; 103. 3-5. Je. 31. 14. Zec. 9. 17. *that we.* Ps. 23. 6; 85. 6; 86. 4; 149. 2. Phi. 4. 4.

15 *Make.* Ps. 30. 5; 126. 5, 6. Is. 12. 1; 40. 1, 2; 61. 3; 65. 18, 19. Je. 31. 12, 13. Mat. 5. 4. Jno. 16. 20. Re. 7. 14-17. *the years.* De. 2. 14-16.

16 *Let.* Ps. 44. 1. Nu. 14. 15-24. Hab. 3. 2. *and.* Nu. 14. 30, 31. De. 1. 39. Jos. 4. 22-24; 23. 14.

17 *And let.* Ps. 27. 4; 50. 2; 80. 3, 7; 110. 3. 2 Co. 3. 18. 1 Jno. 3. 2. *establish.* Ps. 68. 28; 118. 25. Job 22. 28. Pr. 16. 3. Is. 26. 12. 1 Co. 3. 7. 2 Th. 2. 16, 17; 3. 1.

## PSALM XCI.

*The state of the godly*, 1, 2. *Their safety*, 3-8. *Their habitation*, 9, 10. *Their servants*, 11-13. *Their friend; with the effects of them all*, 14-16.

(*Title.*) This Psalm is supposed by some to have been composed by Moses on the same occasion as the preceding; but others think it was written by David, after his advice to his son Solomon, 1 Ch. ch. 28.

1 *dwelleth.* Ps. 27. 5; 31. 20; 32. 7; 52. 8; 61. 3, 4; 90. 1. Is. 8. 14. Eze. 11. 16. Ho. 14. 5, 6. 1 Jno. 4. 15, 16. *abide.* Heb. lodge. Ps. 25. 13, marg. *under.* Ps. 17. 8; 36. 7; 57. 1. Ju. 9. 15. Ca. 2. 3. Is. 4. 5, 6. La. 4. 20.

2 *I will.* ver. 9. Ps. 18. 2; 46. 1; 71. 3; 142. 5. De. 32. 30, 31; 33. 27-29. Pr. 18. 10. *my God.* Ps. 43. 4; 48. 14; 67. 6, 7. Ge. 17. 7. De. 26. 17-19. Je. 31. 1. Lu. 20. 38. He. 11. 16. *in him.* Ps. 62. 5-8. Is. 12. 2; 26. 3, 4.

3 *snare.* Ps. 124. 7; 141. 9. Pr. 7. 23. Ec. 9. 12. Ho. 9. 8. Am. 3. 5. 1 Ti. 6. 9. 2 Ti. 2. 26. *and from.* ver. 6. Nu. 14. 37, 38; 16. 46-48. 2 Sa. 24. 15. Job 5. 19-22.

4 *cover.* Ps. 17. 8; 57. 1; 61. 4. De. 32. 11. Ru. 2. 12. Mat. 23. 37. *his truth.* Ps. 89. 23, 24; 138. 2. Ge. 15. 1. Is. 43. 1, 2. Mar. 13. 31. Tit. 1. 2. He. 6. 17, 18.

5 *Thou.* Ps. 3. 6; 27. 1-3; 46. 2; 112. 7. Job 5. 19, etc. Pr. 28. 1. Is. 43. 2. Mat. 8. 26. He. 13. 6. *terror.* Ps. 3. 5. 2 Ki. 7. 6. Job 4. 13-15; 24. 14-16. Pr. 3. 23-25. Is. 21. 4. Lu. 12. 20, 39. *nor.* Job 6. 4. La. 3. 12, 13.

6 *pestilence.* Ps. 121. 5, 6. Ex. 12. 29, 30. 2 Ki. 19. 35. *destruction.* Nu. 16. 48. 2 Sa. 24. 15. Mat. 24. 6, 7. 1 Co. 10. 3-10.

7 Ps. 32. 6. Ge. 7. 23. Ex. 12. 12, 13. Nu. 14. 37, 38. Jos. 14. 10.

8 *Only.* Ps. 37. 34; 58. 10, 11; 92. 11. Pr. 3. 25, 26. Mal. 1. 5. *reward.* Is. 3. 11. He. 2. 2.

9 *Because.* ver. 2. Ps. 142. 4, 5; 146. 5, 6. *most high.* ver. 1. Ps. 71. 3; 90. 1.

10 *There.* Ps. 121. 7. Pr. 12. 21. Ro. 8. 25. *neither.* De. 7. 15. Job 5. 24.

11 *For.* Ps. 34. 7; 71. 3. 2 Ki. 6. 16, 17. Mat. 4. 6. Lu. 4. 10, 11. He. 1. 14. *in all.* Pr. 3. 6. Is. 31. 1. Je. 2. 18.

12 *They.* Is. 46. 3; 63. 9. *lest.* Ps. 37. 24. Job 5. 23. Pr. 3. 23.

13 *tread.* Ju. 14. 5, 6. Job 5. 23. 1 Sa. 17. 37. Da. 6. 22. 2 Ti. 4. 17. *adder.* or, asp. Ps. 58. 4. Mar. 16. 18. Ac. 28. 3-6. Ro. 3. 13; 16. 20. *the dragon.* Is. 27. 1. Re. 12. 9; 20. 1, 2.

14 *set.* ver. 9. 1 Ch. 29. 3. Jno. 14. 23; 16. 27. Ro. 8. 28. Ja. 1. 12; 2. 5. *I will set.* Ps. 59. 1, marg.; 89. 16, 17. Is. 33. 16. Phi. 2. 9-11. *known.* Ps. 9. 10. Jno. 17. 3. Ga. 4. 9.

15 *He shall.* Ps. 10. 17; 18. 3, 4, 15. Is. 58. 9; 65. 24. Je. 29. 12, 13; 33. 3. Ro. 10. 12, 13. He. 5. 7. *I will be.* Ps. 23. 4; 138. 7. Is. 41. 10; 43. 1, 2. Mat. 28. 20. Jno. 16. 32. Ac. 18. 9, 10. 2 Ti. 4. 17. *deliver.* Ps. 37. 40. 2 Co. 1. 9, 10. *honour.* 1 Sa. 2. 30. Jno. 5. 44; 12. 26, 43. 1 Pe. 1. 21; 3. 22; 5. 4. Re. 3. 21.

16 *With long life.* Heb. With length of days. Ps. 21. 4. Ge. 25. 8. Job 5. 26. Pr. 3. 2, 16; 22. 4. Is. 65. 20-22. *shew.* Ps. 16. 11; 50. 23. Is. 45. 17. Lu. 2. 30; 3. 6.

## PSALM XCII.

*The prophet exhorts to praise God*, 1-3, *for his great works*, 4, 5; *for his judgments on the wicked*, 6-9; *and for his goodness to the godly*, 10-15.

A.M. cir. 3464. B.C. cir. 540. (*Title.*) *A Psalm.* *Calmet* and others suppose this Psalm to have been composed by some of the Levites during or near the close of the Babylonian captivity, acknowledging the mercy of God, and foreseeing the destruction of their enemies, and their own return to Jerusalem and the temple service. *for.* Is. 58. 13, 14. He. 4. 9, marg. Re. 4. 8-11.

1 *good.* Ps. 33. 1; 50. 23; 52. 9; 54. 6; 73. 28; 107. 1. 8, 15, 21, 22; 135. 3; 147. 1. Ep. 5. 19. He. 13. 15. *most.* ver. 8. Ps. 82. 6. Is. 57. 15. Da. 4. 34-37; 5. 18. Ac. 7. 48, 49.

2 *shew.* Ps. 71. 15; 89. 1, 2; 145. 2. Is. 63. 7. La. 3. 22, 23. Jno. 1. 17. *every night.* Heb. in the nights. Ps. 42. 8; 77. 2. Job 35. 10. Ac. 16. 25.

3 *instrument.* Ps. 33. 2; 57. 8; 68. 25; 81. 2, 3; 149. 3; 150. 3-5. 1 Ch. 15. 16; 25. 6. 2 Ch. 23. 5; 29. 25. *the harp*, etc. or, the solemn sound with the harp. *a solemn sound.* Heb. Higgaion. Ps. 9. 16.

4 Ps. 64. 10; 104. 31, 34; 106. 47, 48; 126. 3; 145. 6, 7. Is. 61. 2-11; 65. 13, 14; 66. 10, 11. Je. 31. 7, 11-13. Zep. 3. 14-16. Lu. 1. 47. Jno. 16. 22. 2 Co. 2. 14. Re. 18. 20.

5 *O Lord.* Ps. 40. 5; 66. 3; 104. 24; 111. 2; 145. 3, 4. Re. 15. 3. *thoughts.* Ps. 139. 17. Is. 28. 29; 55. 8, 9. Je. 23. 20. Ro. 11. 33, 34. *deep.* Ps. 64. 6. Ec. 7. 24. 1 Co. 2. 10.

6 *A brutish.* Ps. 32. 9; 73. 22; 94. 8. Pr. 30. 2. Is. 1. 3. Je. 10. 14. 1 Co. 2. 14. *a fool.* Ps. 14. 1; 49. 10; 75. 4. Pr. 1. 22; 24. 7. Lu. 12. 20.

7 *wicked.* Ps. 37. 1, 2, 35, 38; 90. 5, 6; 103. 15, 16. Is. 37. 27; 40. 6, 7. Ja. 1. 10, 11. 1 Pe. 1. 24. *workers.* Ps. 73. 12, 18-20. Job 12. 6; 21. 7-12. Je. 12. 1, 2. Mal. 3. 15; 4. 1. *it is that.* Ps. 37. 35, 36, 38; 73. 18-20. 1 Sa. 25. 36-38. Pr. 1. 32. Lu. 16. 19-25.

8 *art most.* Ps. 56. 2; 83. 18; 102. 26, 27. Ex. 18. 11. Ec. 5. 8. Da. 4. 34, 35. Ac. 12. 1, 22-24.

9 *For.* Ps. 21. 8, 9; 37. 20; 68. 1, 2; 73. 27; 89. 10. Ju. 5. 31. Lu. 19. 27. 2 Th. 1. 7-9. *scattered.* Ps. 1. 4; 59. 11; 68. 30. Le. 26. 33. Nu. 10. 35. De. 28. 64. Is. 17. 13. Eze. 5. 12. Mat. 7. 23. Lu. 21. 24.

10 *But.* Ps. 89. 17, 24; 112. 9; 132. 17; 148. 14. 1 Sa. 2. 1, 10. Lu. 1. 69. *an unicorn.* Nu. 23. 22; 24. 81. 1 Jno. 2. 20. *I shall.* Ps. 23. 5; 45. 7; 2 Co. 1. 21.

11 Ps. 37. 34; 54. 7; 59. 10; 91. 8; 112. 8.

12 *righteous.* ver. 7. Ps. 52. 8. Is. 55. 13; 65. 22. Ho. 14. 5, 6. *cedar.* Ps. 104. 16; 148. 9. Am. 2. 9. See notes on 1 Ki. 4. 33; 6. 29.

13 *Those.* Is. 60. 21. Ro. 6. 5; 11. 17. Ep. 3. 17. *shall flourish.* Is. 61. 3. 2 Pe. 3. 18. *in the.* Ps. 100. 4; 135. 2. 2 Ch. 4. 9.

14 *They.* Ps. 1. 3. Mat. 3. 10. Jno. 15. 2-5. Ga. 5. 22, 23. Phi. 1. 11. Jude 12. *in old age.* Ps. 71. 18. 1 Ch. 29. 1, etc. Job 17. 9. Pr. 4. 18. Is. 46. 4. Je. 17. 8. *flourishing.* Heb. green. Eze. 47. 12.

15 *To shew.* Jno. 10. 27-29; 15. 1-3. 1 Co. 1. 8, 9. 1 Th. 5. 23, 24. Tit. 1. 2. 1 Pe. 1. 4, 5. *my rock.* Ps. 18. 2; 62. 6 De. 32. 4. *and.* Ps. 145. 17. Zep. 3. 5 Ro. 9. 14. 2 Th. 1. 6, 7.

## PSALM XCIII.

*The majesty, stability, power, and holiness of Christ's kingdom.*

(*Title.*) It is highly probable that this Psalm was written on the same occasion as the preceding, as a part of which it is written in twelve MSS.

1 *Lord.* Ps. 59. 13; 96. 10; 97. 1; 99. 1; 103. 19; 145. 13. 1 Ch. 29. 12. Is. 52. 7. Da. 4. 32-34. Mat. 6. 13. He. 1. 8. Re. 11. 15-17; 19. 6. *he is.* Ps. 104. 1, 2. Job 40. 10. Is. 58. 17; 63. 1. *he hath.* Ps. 18. 32; 65. 6. Is. 11. 5. *world.* Ps. 75. 3; 96. 10. Is. 45. 12, 18; 49. 8; 51. 16 He. 1. 2, 3.

2 *Thy.* Ps. 45. 6; 145. 13. Pr. 8. 22, 23 Da. 4. 34. Mi. 5. 2. *of old.* Heb. from then. *thou.* Ps. 90. 2; 102. 24-27. He. 1. 10-12; 13. 8. Re. 1. 8, 11, 17, 18; 2. 8.

3 *The floods.* Ps. 18. 4; 69. 1, 2, 14-16. Is. 17. 12, 13. Je. 46. 7, 8. Jon. 2. 3. Re. 12. 15; 17. 15. *lifted.* Ps. 96. 11; 98. 8. Is. 55. 12. *the floods lift.* Ps. 2. 1-3; 107. 25, 26; 124. 3-5. Ac. 4. 25-27.

4 *mightier.* Ps. 65. 7; 89. 6, 9; 114. 3-5. Job 38. 11. Je. 5. 22. Mar. 4. 37-39.

5 *Thy.* Ps. 19. 7, 8; 119. 111, 129, 138, 144. Is. 8. 20. Mat. 24. 35. He. 6. 17, 18. 1 Jno. 5. 9-13. *holiness.* Ps. 5. 4-7; 99. 5, 9. Le. 10. 3; 19. 2. Is. 52. 11. Zec. 14. 20, 21. Jno. 4. 24. 1 Co. 3. 16, 17. He. 12. 14. Re. 21. 27. *for ever.* Heb. to length of days.

## PSALM XCIV.

*The prophet, calling for justice, complains of tyranny and impiety*, 1-7. *He teaches God's providence*, 8-11. *He shews the blessedness of affliction*, 12-15. *God is the defender of the afflicted*, 16-23.

A.M. 3416. B.C. 588. (*Title.*) Dr. *Delaney* supposes that this Psalm was written by David on occasion of his war with the Ammonites, in consequence of the indignities shewn to his messengers; but it is more probable that it was written to bewail the destruction of Jerusalem and the temple.

1 *God, to whom vengeance belongeth.* Heb. God of revenges. *O God.* De. 32. 35, 41, 42. Is. 35. 4; 59. 17. Je. 50. 28. Na. 1. 2. Ro. 12. 19. 2 Th. 1. 8. He. 10. 30. *shew thyself.* Heb. shine forth. Ps. 80. 1.

2 *Lift.* Ps. 7. 6; 68. 1; 74. 22. Mi. 5. 9. *thou.* Ps. 50. 6. Ge. 18. 25. Jno. 5. 22, 23. 2 Co. 5. 10. *render.* Ps. 31. 23. Job 40. 11, 12. Is. 2. 11, 12, 17; 10. 12; 37. 23, 29, 36-38. Je. 50. 31, 32. Da. 4. 37; 5. 22-24. 1 Pe. 5. 5. Re. 18. 6-8.

3 *Lord.* Ps. 43. 2; 73. 8; 74. 9, 10; 79. 5; 80. 4; 89. 46. Je. 12. 1, 2; 47. 6. Re. 6. 10. *the wicked.* Es. 5. 11, 12; 6. 6-10; 7. 6, 10. Job 20. 5. Ac. 12. 22, 23.

4 *shall.* Ps. 31. 18; 59. 7, 12; 64. 3, 4; 73. 8, 9; 140. 3. Pr. 30. 14. Je. 18. 18. Mat. 12. 24, 34. Jude 14, 15. *boast.* Ps. 10. 2-7; 52. 1. Ex. 15. 9, 10. Job 21. 14, 15. Is. 10. 13-15; 37. 24, 25. Da. 7. 8, 11, 25; 8. 11; 11. 36, 37. Re. 13. 5, 6.

5 *break.* Ps. 7. 2; 14. 4; 44. 22; 74. 8, 19, 20; 79. 2, 3, 7; 129. 2, 3. Is. 3. 15; 52. 5. Je. 22. 17; 51. 20-23, 34. Mi. 3. 2, 3. Re. 17. 6. *afflict.* Ex. 2. 23, 24. Je. 50. 11. Re. 11. 3.

6 Is. 10. 2; 13. 15-18. Je. 7. 6; 22. 3. Eze. 22. 7. Mal. 3. 5.

7 *they say.* Ps. 10. 11-13; 59. 7. Job 22. 12, 13. Is. 29. 15. Eze. 8. 12; 9. 9. Zep. 1. 12. Lu. 18. 3, 4.

8 *brutish.* Ps. 49. 10; 73. 22; 92. 6. Pr. 12. 1. Is. 27. 11. Je. 8. 6-8; 10. 8. Ro. 3. 11. *fools.* De. 32. 29. Pr. 1. 22; 8. 5. Tit. 3. 3.

9 *He that planted.* Ex. 4. 11. Pr. 20. 1, 12. *hear.* Ps. 11. 4; 17. 3; 44. 21; 139. 1-12. Je. 23. 23, 24.

10 *chastiseth.* Ps. 9. 5; 10. 16; 44. 2; 135. 8-12; 149. 7. Is. 10. 12; 37. 36. Je. 10. 25. Eze. 39. 21. *he correct.* Is. 10. 5, 6. Am. 3. 2. Hab. 1. 12; 3. 12. *teacheth man.* Ps. 25. 8, 9; 119. 66. Job 35. 11. Pr. 2. 6. Is. 2. 3; 28. 26; 54. 13. Jno. 6. 45.

11 Ps. 49. 10-13. Job 11. 11, 12. Ro. 1. 21, 22. 1 Co. 1. 19, 21, 25.

12 *Blessed.* Ps. 119. 67, 71. Job 5. 17. Pr. 3. 11. 1 Co. 11. 32. He. 12. 5-11. *teachest.* Job 33. 16-25. Mi. 6. 9. Re. 3. 19.

13 *mayest.* Is. 26. 20, 21. Hab. 3. 16. 2 Co. 4. 17, 18. 2 Th. 1. 7, 8. He. 4. 9. Re. 14. 13. *until the pit.* Ps. 9. 15; 55. 23. Je. 18. 20, 22. 2 Pe. 2. 9; 3. 3-7. Re. 6. 10, 11; 11. 18.

14 *For.* Ps. 37. 28. 1 Sa. 12. 22. Is. 49. 14, 15. Je. 32. 39, 40. Jno. 10. 27-31. Ro. 8. 30, 38, 39; 11. 1, 2. He. 13. 5. *forsake.* ver. 5. Ps. 34. 12. De. 32. 9. Je. 10. 16. Ep. 1. 18.

15 *But.* ver. 2, 3. Ps. 7. 8, 9; 9. 16; 58. 11; 125. 3; De. 32. 35, 36. Job 35. 14. Mi. 7. 9. Mal. 3. 18. 2 Pe. 3. 8-10. Re. 15. 3, 4. *and all.* Ps. 37. 5-7, 34; 125. 4, 5. Job 17. 9; 23. 11, 12. Ja. 5. 7-11. 1 Jno. 2. 19. *shall follow it.* Heb. *shall be* after it.

16 *rise up.* Ex. 32. 26-29. Nu. 25. 6-13. Ju. 5. 23. 1 Ki. 18. 39, 40. 2 Ki. 9. 32; 10. 15. Is. 59. 16; 63. 5. Je. 5. 1. Eze. 22. 30. Mat. 12. 30. 3 Jno. 8. *stand up.* Ne. 5. 7. Je. 26. 16-19. Jno. 7. 50, 51.

17 *Unless.* Ps. 118. 13; 124. 1, 2; 125. 1; 142. 4, 5. Jno. 16. 32. 2 Co. 1. 8-10. 2 Ti. 4. 16, 17. *almost.* or, quickly. *dwelt.* Ps. 13. 3; 31. 17; 115. 17.

18 *My foot.* Ps. 17. 5; 37. 23, 24; 38. 16; 119. 116, 117; 121. 3. 1 Sa. 2. 9. Job 12. 5. Is. 41. 10. Lu. 22. 32. 1 Pe 1. 5.

19 Ps. 43. 2-5; 61. 2; 63. 5, 6; 73. 12-16; 77. 2-10. Je. 20. 7-11. Hab. 3. 16-18. Ro. 5. 2-5. 2 Co. 1. 4, 5. 1 Pe. 1. 7, 8.

20 *throne.* Ps. 52. 1; 82. 1. 1 Sa. 22. 12. Ec. 3. 16; 5. 8. Am. 6. 3. *fellowship.* 2 Ch. 6. 14-16. Is. 1. 11-20. Je. 7. 4-11. Jno. 18. 28. 1 Jno. 1. 5, 6. *frameth.* Ps. 58. 2. 1 Ki. 12. 32. Es. 3. 6-12. Is. 10. 1. Da. 3. 4-7; 6. 7-9. Mi. 6. 16. Jno. 9. 22; 11. 57. Re. 13. 15-17.

21 *gather*. Ps. 2. 1-3; 22. 16; 59. 3. Pr. 1. 11, 16. Mat. 27. 1. Ac. 4. 5-7, 27, 28. *condemn*. Ex. 23. 7. 1 Ki. 21. 19. Pr. 17. 15. Je. 26. 15. Eze. 22. 6, 12, 27. Mat. 23. 32-36. Ac. 7. 52, 58-60. Ja. 5. 6. Re. 17. 6.

22 *But*. ver. 10. Ps. 27. 1-3; 59. 9, 16, 17; 62. 2, 6. *the rock*. Ps. 18. 2. Is. 33. 16.

23 *And he*. Ps. 7. 16; 9. 16, 17; 55. 23; 64. 8. Es. 7. 10. Pr. 1. 31; 2. 22; 5. 22. Da. 7. 24. *cut them*. Ps. 12. 3. 1 Sa. 26. 10, 11. Pr. 14. 32. Eze. 18. 24. Da. 9. 26.

## PSALM XCV.

*An exhortation to praise God*, 1, 2, *for his greatness*, 3-5; *and for his goodness*, 6, 7; *and not to tempt him*, 8-11.

1 *Come*. Ps. 34. 3; 66. 8; 107. 8, 15, 21; 117. 1; 118. 1; 136. 1-3; 148. 11-13; 150. 6. *sing*. Ps. 47. 6, 7; 66. 1, 2; 81. 1; 96. 1, 2; 101. 1. Ex. 15. 1, 21. 1 Ch. 16. 9. Ep. 5. 19. Col. 3. 16. Re. 5. 9; 14. 3; 15. 3. *let us make*. Ps. 66. 1; 98. 4-8; 100. 1. Ezr. 3. 11-13. Is. 12. 4-6. Je. 33. 11. Mat. 21. 9. Re. 19. 6. *the rock*. Ps. 89. 26. De. 32. 15. 2 Sa. 22. 47. 1 Co. 10. 4.

2 *Let us*. Ps. 7. 7; 100. 2, 4. Je. 31. 12, 13. *come before his presence*. *Heb*. prevent his face. Ps. 17. 13, marg. *psalms*. Ps. 105. 2. Ja. 5. 13.

3 *For*. Ps. 86. 8-10; 96. 4; 97. 9; 145. 3. Je. 10. 6, 7. *a great*. Ps. 47. 2; 48. 2. Je. 10. 10; 46. 18; 48. 15. Da. 4. 37. Mal. 1. 11, 14. Mat. 3. 35. *above*. Ps. 135. 5. Ex. 18. 11. Is. 44. 8. Je. 10. 10-16.

4 *In*. Ps. 21. 1. Job 11. 10. *his*. *Heb*. whose. *deep*. Ps. 135. 6. *the strength of the hills is his also*. *or*, heights of the hills are his. Ps. 65. 6; 97. 5. Job 9. 5. Mi. 1. 4. Na. 1. 5. Hab. 3. 6, 10.

5 *The sea is his*. *Heb*. Whose the sea *is*. Ps. 33. 7. Ge. 1. 9, 10. Job 38. 10, 11. Pr. 8. 29. Je. 5. 22. *hands*. Pr. 8. 26.

6 *O come*. ver. 1. Ho. 6. 1. Mat. 4. 2. Re. 22. 17. *worship*. Ps. 72. 9. Ex. 20. 5. Mat. 4. 9. Mar. 14. 35. Ac. 10. 25, 26. Re. 22. 8. *kneel*. 1 Ki. 8. 54. 2 Ch. 6. 13. Ezr. 9. 5. Da. 6. 10. Lu. 22. 41. Ac. 7. 60; 20. 36; 21. 5. Ep. 3. 14. Phi. 2. 10. 1 Co. 6. 20. *our*. Ps. 100. 3. Job 35. 10. Ec. 12. 1. Is. 54. 5. Jno. 1. 3. 1 Pe. 4. 19.

7 *For he*. Ps. 48. 14; 67. 6; 115. 3. Ex. 15. 2; 20. 2. Je. 31. 33. He. 11. 16. *people*. Ps. 23. 1; 79. 13; 80. 1; 100. 3. Is. 40. 10, 11. Eze. 34. 30, 31. Jno. 10. 3, 4, 14-16. Ac. 20. 28. 1 Pe. 2. 25. *To day*. He. 3. 7, 13, 15; 4. 7. *if ye*. Pr. 8. 6. Is. 55. 3. Mat. 3. 2, 3; 17. 5. Re. 3. 20.

8 *Harden*. Ex. 8. 15. 1 Sa. 6. 6. Da. 5. 20. Ac. 19. 9. Ro. 2. 5. He. 3. 13; 12. 25. *in the*. Ex. 17. 2, 7. Nu. 14. 11, 22, 27; 20. 13. De. 1. 34, 35; 6. 16. He. 3. 8, 9, 15-19. Jude 5. *provocation*. *Heb*. contention.

9 *When*. Ps. 78. 17, 18, 40, 41, 56. 1 Co. 10. 9. *saw*. Nu. 14. 22. Mat. 11. 20-22. Jno. 15. 24.

10 *Forty*. Nu. 14. 33, 34; 32. 13. De. 1. 3; 2. 14-16. He. 3. 9, 10, 17. *grieved*. Ge. 6. 6. Ep. 4. 30. *err*. Is. 63. 17. He. 3. 10, 17. *and they*. Pr. 1. 7. 22-29. Je. 9. 6. Jno. 3. 19-21. Ro. 1. 28.

11 *I sware*. Nu. 14. 23, 28-30. De. 1. 34, 35. He. 3. 11, 18; 4. 3, 5. *that they should not enter*. *Heb*. if they enter. *my rest*. Ge. 2. 2, 3. Je. 6. 16. Mat. 11. 28, 29. Ho. 4. 4-11. Re. 14. 13.

## PSALM XCVI.

*An exhortation to praise God*, 1-3, *for his greatness*, 4-7; *for his kingdom*, 8-10; *for his general judgment*, 11-13.

1 A.M. 2962. B.C. 1042. *O sing*. Ps. 33. 3; 98. 1; 149. 1. 1 Ch. 16. 23-33. Re. 5. 9; 14. 3. *sing unto*. Ps. 67. 3-5; 68. 32. Ro. 15. 11.

2 *bless*. Ps. 72. 17, 18; 103. 1, 2, 20-22; 104. 1; 145. 1, 10. 1 Ch. 29. 20. Ep. 1. 3. Re. 5. 13. *shew*. Ps. 40. 10; 71. 15. Is. 40. 9; 52. 7, 8. Mar. 16. 15. Ac. 13. 26. Ro. 10. 14-18.

3 Ps. 22. 27; 72. 18, 19; 117. Is. 19. 23-25; 49. 6. Da. 4. 1-3; 6. 26, 27. Mi. 4. 2. Zec. 9. 10. Mat. 28. 19. Lu. 24. 47. Re. 14. 6, 7.

4 *For the*. Ps. 18. 3; 86. 10; 89. 7; 145. 3. Ex. 18. 11. 1 Sa. 4. 8. Ne. 9. 5. *and greatly*. Ps. 18. 3. *he is*. Ps. 66. 3, 5; 76. 7; 89. 7; 95. 3. Je. 5. 22; 10. 6, 7. Lu. 12. 5. Re. 15. 4.

5 *For*. Ps. 115. 3-8; 135. 15-18. Is. 44. 8, etc.; 46. 1, 2. Je. 10. 3-5, 11, 12, 14, 15. Ac. 19. 26. 1 Co. 8. 4. *but*. Ps. 115. 15. Ge. 1. 1. Is. 42. 5. Je. 10. 11.

6 *Honour*. Ps. 8. 1; 19. 1; 63. 2, 3; 93. 1; 104. 1. He. 1. 3. 2 Pe. 1. 16, 17. *strength*. Ps. 27. 4; 29. 1, 2, 9; 50. 2. *sanctuary*. 1 Ch. 16. 27.

7 *Give*. Ps. 29. 1, 2; 68. 32-34. Lu. 2. 14. Jude 25. *O ye kindreds*. Ps. 22. 27; 66. 1, 2; 67. 3, 4. Ro. 15. 9, 10. Re. 5. 9; 19. 6. *glory*. 1 Ch. 29. 11-13. Mat. 6. 13. 1 Pe. 5. 11. Jude 24, 25. Re. 5. 13; 7. 12; 14. 7; 19. 1.

8 *the glory*. Ps. 108. 3-5; 111. 9; 148. 13, 14. Ex. 34. 5-9. Re. 15. 4. *due unto*. *Heb*. of. *bring*. Is. 60. 6, 7. Mal. 1. 11. Ro. 12. 1; 15. 16. Phi. 2. 17; 4. 18. He. 13. 13, 15, 16. 1 Pe. 2. 5. Re. 8. 3, 4. *come*. Ps. 100. 4.

9 *in the beauty of holiness*. *or*, in the glorious sanctuary. Ps. 29. 2; 110. 3. Ezr. 7. 27. Eze. 7. 20. Da. 11. 45. Lu. 21. 5, 6. *fear*. Ps. 33. 8; 76. 7, 11.

10 *Say*. Ps. 18. 49; 46. 6, 10; 126. 2. Mal. 1. 11, 14. Ga. 1. 16. *the Lord*. Ps. 2. 8-12; 59. 13; 93. 1; 97. 1; 99. 1. Da. 2. 44. Mat. 3. 2. Re. 11. 15; 19. 6. *the world*. Is. 49. 8. Col. 2. 7. He. 1. 3. *judge*. ver. 13. Ps. 9. 8; 67. 4; 98. 9. Is. 11. 3-5. Ac. 17. 31. Ro. 2. 5, 6; 3. 5, 6. Re. 19. 11.

11 *the heavens*. Ps. 69. 34; 148. 1-4. Is. 44. 23; 49. 13. Lu. 2. 10, 13, 14; 15. 10. Re. 12. 12; 19. 1-7. *the sea*. Ps. 98. 7-9.

12 Ps. 65. 12, 13. Is. 42. 10, 11; 55. 12, 13.

13 *he cometh*. Ps. 98. 9. Is. 25. 8, 9. Mal. 3. 1, 2. 1 Th. 4. 16-18. 2 Th. 1. 10. 2 Ti. 4. 8. Tit. 2. 13. 2 Pe. 3. 12-14. Re. 11. 18; 22. 20. *judge*. ver. 10. Ps. 67. 4. Re. 19. 11.

## PSALM XCVII.

*The majesty of God's kingdom*, 1-6. *The church rejoices at God's judgments upon idolaters*, 7-9. *An exhortation to godliness and gladness*, 10-12.

1 A.M. 3000. B.C. 1004. *Lord*. Ps. 93. 1; 96. 10, 11; 99. 1. Ob. 21. Mat. 3. 3; 6. 10, 13. Mar. 11. 10. Col. 1. 13. Re. 11. 17. *the earth*. Ps. 2. 11; 98. 4-6. Is. 49. 13. Lu. 2. 10, 11. *let the multitude of isles*. *Heb*. let the many, *or* great isles. Ge. 10. 5. Is. 11. 11; 24. 14-16; 41. 5; 42. 4, 10-12; 49. 1; 51. 5; 60. 9; 66. 19. Zep. 2. 11.

2 *Clouds*. Ps. 18. 11, 12; 77. 19. Ex. 20. 21; 24. 16-18. De. 4. 11, 12. 1 Ki. 8. 10-12. Na. 1. 3. Ro. 11. 33. *righteousness*. Ps. 45. 6, 7; 89. 14; 99. 4. Ge. 18. 25. He. 1. 8, 9. *habitation*. *or*, establishment. Pr. 16. 12.

3 Ps. 18. 8; 21. 8, 9; 50. 3. De. 4. 11, 36; 5. 4. 23, 24; 32. 22. Da. 7. 10. Na. 1. 5, 6. Hab. 3. 5. Mal. 4. 1. 2 Th. 1. 8. He. 12. 29. 2 Pe. 3. 10-12. Re. 11. 5; 20. 15.

4 *His*. Ps. 77. 18; 144. 5, 6. Ex. 19. 16-18. *the earth*. Ps. 104. 32; 114. 7. Job 9. 6. Je. 10. 10. Mat. 27. 50, 51; 28. 2, 3. Re. 11. 19; 19. 11.

5 *hills*. Ju. 5. 4, 5. Is. 24. 19, 20; 64. 1, 2. Mi. 1. 3, 4. Na. 1. 5. Hab. 3. 6. *the Lord of*. Ps. 47. 2; 83. 18. Is. 54. 5. Mi. 4. 13. Zec. 4. 14. Mar. 11. 3. 1 Co. 1. 2.

6 *The heavens*. Ps. 19. 1; 36. 5, 6; 50. 6; 89. 2, 5. Is. 1. 2. Re. 19. 2. *all the*. Ps. 67. 4; 98. 3. Nu. 14. 21. 2 Sa. 22. 47. Is. 6. 3; 45. 6; 60. 2, 3. Hab. 2. 14. Mat. 6. 9.

7 *Confounded*. Ex. 20. 4. Le. 26. 1. De. 5. 8; 27. 15. Is. 37. 18, 19; 41. 29; 42. 17; 44. 9-11. Je. 10. 14. Re. 14. 8-10. *worship*. Ex. 25. 20. 2 Ch. 3. 13. He. 1. 6. 1 Pe. 1. 12. Re. 5. 11-14.

8 *Zion*. Ps. 48. 11. Is. 51. 3; 52. 7-10; 62. 11. Zep. 3. 14-17. Zec. 9. 9. Mat. 21. 4-9. *because*. Ps. 52. 6; 58. 10. Re. 18. 20; 19. 1-7.

9 *high*. Ps. 83. 18. Ep. 1. 21. Phi. 2. 9-11. *far*. Ps. 95. 3; 96. 4; 115. 3-8; 135. 5. Ex. 18. 11. Je. 10. 8, 10.

10 *Ye that*. Ps. 91. 14. Ro. 8. 28. 1 Co. 8. 3. Ja. 1. 12; 2. 5. 1 Pe. 1. 8. 1 Jno. 4. 19; 5. 2, 3 *hate*. Ps. 34. 14; 36. 4; 37. 27; 101. 3; 119. 104, 163. Pr. 3. 7; 8. 13. Am. 5. 15. Ro. 7. 15, 24; 12. 9. *preserveth*. Ps. 31. 23; 37. 28, 39, 40; 145. 20. Pr. 2. 8. Is. 45. 17. Jno. 20. 28-30. Ro. 8. 28-30. 1 Pe. 1. 5. *delivereth*. Ps. 125. 3. Je. 15. 21. Da. 3. 28; 6. 22, 27. 2 Th. 2. 8-12; 3. 2. 1 Jno. 5. 18. Re. 13. 8.

11 *Light*. Ps. 18. 28; 112. 4. Es. 8. 16. Job 22. 28. Pr. 4. 18. Is. 60. 1, 2; 62. 1. Mi. 7. 9. Jno. 12. 46. Re. 21. 23; 22. 5. *sown*. Ps. 126. 5, 6. Ga. 6. 8. Ja. 5. 7-11.

12 *Rejoice*. Ps. 32. 11; 33. 1. Hab. 3. 17, 18. Zep. 3. 14-17. Phi. 4. 4. *give thanks*. Ps. 30. 4; 60. 6. Hab. 1. 12, 13. He. 12. 10. *at the remembrance*. *or*, to the memorial.

## PSALM XCVIII.

*The psalmist exhorts the Jews*, 1-3, *the Gentiles*, 4-6, *and all the creatures, to praise God*, 7-9.

1 *Sing*. Ps. 33. 3; 96. 1; 149. 1. Is. 42. 10. Re. 5. 9; 14. 3. *for he*. Ps. 77. 14; 86. 10; 105. 5; 136. 4; 139. 14. Ex. 15. 6, 11. Is. 43. 18-20. Je. 31. 22. Lu. 1. 49; 2. 10-14. Ac. 2. 11. Re. 15. 3, 4. *his right*. Ps. 2. 5, 6; 45. 3-5; 110. 2-6. Ge. 3. 15. Ex. 15. 6. Is. 52. 10; 59. 16; 63. 5. Jno. 16. 33. Ac. 19. 20. Col. 2. 15. He. 2. 14, 15. Re. 3. 21; 6. 2; 17. 14; 19. 11-21.

2 *made*. Is. 45. 21-23; 49. 6; 52. 10. Mat. 28. 19. Mar. 16. 15. Lu. 2. 30-32; 3. 6. Ro. 10. 18. Tit. 2. 13. *righteousness*. Ps. 22. 31; 24. 5. Is. 45. 24, 25; 46. 13; 62. 2. Je. 23. 6. Jno. 16. 8-10. Ro. 3. 21-26; 9. 30; 10. 3, 4. 2 Co. 5. 21; Phi. 3. 9. 2 Pe. 1. 1. *openly shewed*. *or*, revealed. Ro. 1. 17.

3 *remembered*. Ps. 106. 45. Le. 26. 42. De. 4. 31. Mi. 7. 20. Lu. 1. 54, 55, 72. Ro. 15. 8, 9. *all the ends*. ver. 2. Ps. 22. 27; 67. 7. Is. 45. 22; 49. 6; 52. 10. Lu. 2. 30, 31; 3. 6. Ac. 13. 47; 28. 28. Ro. 10. 12, 18. Re. 5. 9.

4 Ps. 47. 1-5; 66. 1, 4; 67. 4; 95. 1; 100. 1. Is. 12. 6; 42. 11; 44. 23. Je. 33. 11. Zep. 3. 14. Mat. 21. 9. Re. 19. 1, 6.

5 Ps. 33. 2; 92. 3, 4. 1 Ch. 15. 16; 25. 1-6. 2 Ch. 29. 25. Re. 5. 8; 14. 2, 3.

6 *trumpets*. Ps. 47. 5; 81. 2-4. Nu. 10. 1-10. 1 Ch. 15. 28. 2 Ch. 5. 12, 13; 29. 27. *the king*. Ps. 47. 6, 7. Mat. 25. 34. Re. 19. 16.

7 *Let*. Ps. 96. 11, etc. *world*. Ps. 97. 1. Is. 49. 13; 61. 11.

8 *Let the floods*. Ps. 47. 1. 2 Ki. 11. 12. Is. 55. 12. *hills*. Ps. 65. 12, 13.

9 *for he cometh*. Ps. 96. 10, 13. Re. 1. 7. *with righteousness*. Ps. 67. 4; 72. 2. Is. 5. 16. Ac. 17. 31; 24. 25. Ro. 2. 5, 6.

## PSALM XCIX.

*The prophet, setting forth the kingdom of God in Zion*, 1-4, *exhorts all, by the example of their forefathers, to worship God at his holy hill*, 5-9.

1 *Lord*. Ps. 2. 6; 93. 1; 96. 10; 97. 1. Lu. 19. 12, 14. Re. 11. 17. *people*. Ps. 2. 11. 12; 21. 8, 9; 97. 4. Lu. 19. 27. Phi. 2. 12. *he sitteth*. Ps. 18. 10; 80. 1. Ex. 25. 22. Eze. 10. 1, etc. *earth*. Ps. 82. 5, marg. Je. 4. 24; 5. 22; 49. 21; 50. 46. Re. 6. 14; 20. 11. *be moved*. *Heb*. stagger. Is. 19. 14; 24. 19, 20.

2 *great*. Ps. 48. 1-3; 50. 2; 76. 1, 2. Is. 12. 6; 14. 32. He. 12. 22-24. Re. 14. 1, etc. *high*. Ps. 66. 7; 97. 9. Da. 4. 34, 35. Ja. 4. 6, 7.

3 *thy great*. Ps. 66. 3; 76. 12. De. 7. 21; 28. 58. Ne. 1. 5; 4. 14; 9. 32. Je. 20. 11. *for it*. Ps. 111. 9; 145. 17. Jos. 24. 19. 1 Sa. 2. 2. Is. 6. 3. Jno. 17. 11. Re. 4. 8; 15. 3, 4.

4 *strength*. Ps. 45. 6, 7; 72. 1, 2. De. 32. 3, 4. 2 Sa. 23. 3, 4. Job 36. 5-7; 37. 23. Is. 11. 3-5. Je. 23. 5. Re. 19. 11, 16. *thou dost*. Is. 9. 7; 42. 4; 61. 11. *executest*. De. 10. 18. Jude 15.

5 *Exalt*. ver. 9. Ps. 21. 13; 34. 3; 108. 5. Ex. 15. 2. Is. 12. 4; 25. 1. Ho. 11. 7. *footstool*. Ps. 132. 7. 1 Ch. 28. 2. Is. 66. 1. *he is holy*. *or*, it *is* holy. ver. 3. Le. 19. 2.

6 *Moses*. Ex. 24. 6-8; 29. 11, etc.; 40. 23-29. Nu. 16. 47, 48. *they called*. Ex. 14, 15; 15. 25; 32. 11-14; 33. 12-15. Nu. 14. 13-20; 16. 21, 22. 1 Sa. 7. 9-12; 12. 18-24. Je. 15. 1.

7 *in the cloudy*. Ex. 19. 9; 33. 9. Nu. 12. 5. *kept*. Ex. 40. 16. Nu. 16. 15. De. 4. 5; 33. 9. 1 Sa. 12. 3-5. Pr. 28. 9. He. 3. 2. 1 Jno. 3. 21, 22.

8 *thou wast.* Ps. 89. 33. Nu. 14. 20. De. 9. 19. Je. 46. 28. Zep. 3. 7. *though.* Ex. 32. 2, 34, 35. Nu. 11. 33, 34; 14. 20–34; 20. 12, 24. De. 3. 26; 9. 20. *their inventions.* Ec. 7. 29. Ro. 1. 21.

9 *Exalt.* ver. 5. *his holy.* Ps. 2. 6; 48. 1, 2; 87. 1–3. *for the.* ver. 3, 5. 1 Sa. 2. 2. Is. 5. 16; 6. 3; 57. 15. Hab. 1. 12. Lu. 1. 49. 1 Pe. 1. 15, 16. Re. 3. 7; 4. 8.

## PSALM C.

*An exhortation to praise God cheerfully*, 1, 2, *for his greatness*, 3; *and for his power*, 4, 5.

(*Title.*) *A Psalm.* Ps. 145, title. *praise. or*, thanksgiving.

1 *Make.* Ps. 32. 11; 47. 1, 5; 66. 1, 4; 95. 1, 2; 98. 4. Is. 24. 14–16; 42. 10–12. Zep. 3. 14. Lu. 19. 37. *all ye lands. Heb.* all the earth. Ps. 67. 4; 68. 32; 117. De. 32. 43. Zec. 14. 9. Ro. 15. 10.

2 *Serve.* Ps. 63. 4, 5; 71. 23; 107. 21, 22. De. 12. 12; 16. 11, 14; 28. 47. 1 Ki. 8. 66. Ac. 2. 46, 47. Phi. 4. 4. *come.* Ps. 42. 4; 95. 2. 2 Ch. 20. 27, 28; 31. 2.

3 *Know.* Ps. 46. 10; 95. 3, 6, 7. De. 4. 35, 39; 7. 9. 1 Sa. 17. 46, 47. 1 Ki. 18. 36–39. 2 Ki. 19. 19. Je. 10. 10. Jno. 17. 3. Ac. 17. 23, 24. 2 Co. 4. 6. Ga. 4. 8, 9. 1 Jno. 5. 20. *it is he.* Ps. 95. 6; 119. 73; 139. 13, etc.; 149. 2. Job 10. 8–13. Ec. 12. 1. Ep. 2. 10. 1 Pe. 4. 19. *not we ourselves. or*, his we *are*. Ps. 12. 4. 1 Co. 6. 19, 20. *we are his.* Ps. 74. 1, 2; 78. 52; 79. 13; 95. 7. Is. 40. 9–11; 63. 11, 19. Eze. 34. 11, 30, 31. Jno. 10. 14–16, 26–28. Ac. 20. 28, 29. 1 Pe. 2. 9, 25; 5 2–4.

4 *Enter.* Ps. 65. 1; 66. 13; 116. 17–19. Is. 35. 10. *be thankful.* Ps. 96. 2; 103. 1, 2, 20–22; 145. 1, 2. 1 Ch. 29. 13, 20. Col. 3. 16, 17. He. 13. 15.

5 *For the.* Ps. 52. 1; 86. 5; 106. 1; 107. 1, 8, 15, 22; 119. 68. Je. 33. 11. *his mercy.* Ps. 36. 5; 103. 17; 118. 1–4; 136. 1, etc. Lu. 1. 50. *and his truth.* Ps. 85. 10; 89. 1, 2; 119. 90, 91; 146. 6. Ex. 34. 6, 7. De. 7. 9. Je. 33. 20, 21. Mi. 7. 20. Ro. 15. 8, 9. Tit. 1. 2. He. 6. 13–18. *all generations. Heb.* generation and generation. Ps. 89. 1, marg.

## PSALM CI.

*David makes a vow and profession of godliness.*

1 *I will sing.* Ps. 89. 1; 97. 8; 103. 6–8; 136. 10–22. Ro. 9. 15–18, 22, 23; 11. 22. Re. 15. 3, 4; 19. 1–3. *unto thee.* Ps. 71. 22, 23.

2 *behave.* ver. 6. Ps. 75. 1, 2; 119. 106, 115. 1 Sa. 18. 14, 15; 22. 14. 2 Sa. 8. 15. 2 Ch. 30. 12; 31. 20, 21. Je. 23. 5, 6. *O when.* Ps. 40. 17; 143. 7, 8. *walk.* Ge. 18. 19. De. 6. 7. Jos. 24. 15. 1 Ti. 3. 4, 5. *a perfect.* 1 Ki. 9. 4; 11. 4. 2 Ch. 15. 17. Is. 38. 3.

3 *set.* Ps. 18. 20–23; 26. 4, 5; 39. 1; 119. 37, 113. Ex. 20. 17. 2 Sa. 11. 2, 3. 1 Ki. 21. 2, etc. Job 31. 1. Pr. 6. 25; 23. 31–35. Ec. 6. 9. Is. 33. 15. Je. 22. 17. Ho. 7. 6, 7. Mi. 2. 2. Mat. 5. 28. Ja. 1. 13–15. *wicked thing. Heb.* thing of Belial. 1 Ki. 21. 13. *I hate.* Ps. 97. 10. Ro. 12. 9. *them.* Ps. 14. 3; 36. 3; 40. 4; 78. 41, 57; 125. 5. Ex. 32. 8. Jos. 23. 6. 1 Sa. 12. 20, 21; 15. 11. Is. 30. 11. Zep. 1. 5, 6. Ga. 4. 9. He. 10. 39. 2 Pe. 2. 21. 1 Jno. 2. 19. *it shall not.* De. 13. 17.

4 *A froward.* Pr. 2. 12–15; 3. 32; 8. 13; 11. 20. *know.* Ps. 6. 8; 119. 115. Pr. 9. 6; 22. 24. Mat. 7. 23. 2 Co. 6. 14–16; 15. 33. 2 Ti. 2. 19.

5 *Whoso.* Ps. 15. 3; 50. 20. Ex. 20. 16; 23. 1. Le. 19. 16. Pr. 10. 18; 20. 19; 25. 23. Eze. 22. 9. 1 Co. 5. 11. 1 Ti. 3. 11. Tit. 2. 3. *an high.* Ps. 10. 2–4; 18. 27; 138. 6. 1 Sa. 2. 3. Job 40. 11, 12. Pr. 6. 16–19; 30. 13. Is. 2. 11. Da. 4. 37. Ob. 3, 4. Lu. 18. 14. 1 Pe. 5. 5, 6.

6 *Mine.* Ps. 15. 4; 34. 15; 119. 63. Pr. 28. 28; 29. 2. Mat. 24. 45. Lu. 12. 43, 44. Ro. 13. 1–4. *that they.* Jno. 12. 26; 14. 3; 17. 24. Re. 3. 20, 21; 21. 3. *in a perfect way. or*, perfect in the way. Ps. 119. 1–3, marg. Phi. 3. 12–15.

7 *He that worketh.* 2 Sa. 4. 10–12. 2 Ki. 5. 26, 27. Pr. 29. 12. Ac. 1. 16–20, 25; 5. 1–10. *tarry in my sight. Heb.* be established

8 *early.* Ps. 75. 10. Pr. 16. 12; 20. 8, 26. Je. 21. 12. Mi. 3. 1–4, 9. *cut off.* Ps. 48. 2, 8. Ho. 9. 3. Mi. 2. 8–10. Re. 21. 27; 22. 14, 15.

## PSALM CII.

*The prophet in his prayer makes a grievous complaint*, 1–11. *He takes comfort in the eternity and mercy of God*, 12–17. *The mercies of God are to be recorded*, 18–22. *He sustains his weakness by the unchangeableness of God*, 23–28.

A. M. cir. 3464. B.C. cir. 540. (*Title.*) *A Prayer.* This Psalm was evidently composed towards the close of the Babylonian captivity; and probably by the prophet Daniel. *of. or*, for. *overwhelmed.* Ps. 12. 5; 61. 2; 69. 1, 2; 142. 2, 3; 143. 4. La. 3. 18–20. Mar. 14. 33, 34. Lu. 22. 44. He. 5. 7. *poureth.* Ps. 42. 4; 62. 8; 77. 3; 142. 2. 1 Sa. 1. 15, 16.

1 *Hear.* Ps. 5. 2; 55. 1–5; 57. 1–3; 130. 1, 2; 41. 1, 2; 143. 7; 145. 19. *let my.* Ps. 18. 6. Ex. 2. 23. Ju. 10. 16. 1 Sa. 9. 16. 2 Ch. 30. 27. La. 3. 8, 44.

2 *Hide.* Ps. 13. 1; 27. 9; 69. 17; 88. 14; 101. 29; 143. 7. Job 34. 29. Is. 8. 17; 43. 2. 1 Co. 10. 13. *incline.* Ps. 71. 2; 88. 2, etc. *in the day.* Ps. 22. 19; 40. 13; 70. 1. Job 7. 21. Is. 65. 24. Ac. 12. 5, etc.

3 *my days.* Ps. 37. 20; 119. 83. Ja. 4. 14. *like smoke. or*, (*as some read*) into smoke. *my bones.* Ps. 22. 14, 15; 31. 10; 38. 3. Job 30. 30. La. 1. 13; 3. 4.

4 *heart.* Ps. 6. 2, 3; 42. 6; 55. 4, 5; 69. 20; 77. 3; 143. 3, 4. Job 6. 4; 10. 1. La. 3. 13, 20. Mat. 26. 37, 38. *withered.* ver. 11. Ps. 37. 2. Is. 40. 7. *so that.* ver. 9. 1 Sa. 1. 7, 8. Ezr. 10. 6. Ac. 9. 9.

5 *the voice.* Ps. 6. 6, 8; 32. 3, 4; 38. 8–10. Job 19. 20. Pr. 17. 22. La. 4. 8. *skin. or*, flesh.

6 *like.* Job 30. 29, 30. Is. 38. 14. Mi. 1. 8. *a pelican.* Is. 34. 11–15. Zep. 2. 14, marg. Re. 18. 2.

7 *watch.* Ps. 22. 2; 77. 4; 130. 6. De. 28. 66, 67. Job 7. 13–16. Mar. 14. 33–37. *alone.* Ps. 38. 11. La. 3. 28–30.

8 *Mine.* Ps. 31. 11–13; 55. 3; 69. 9, 10, 20; 89. 51. Ro. 15. 3. *mad.* Ps. 2. 1. Lu. 6. 11. Ac. 7. 54; 26. 11. *sworn.* Ac. 23. 12, etc.

9 *I have.* Ps. 69. 21. Is. 44. 20. La. 3. 15, 16. Mi. 1. 10; 7. 17. *mingled.* Ps. 42. 3; 80. 5. Job 3. 24. La. 3. 48, 49.

10 *Because.* Ps. 38. 3, 18; 39. 11; 90. 7–9. La. 1. 18; 3. 39–42; 5. 16. Da. 9. 8–14. Ro. 3. 19. *thou hast.* Ps. 30. 6, 7; 73. 18–20; 147. 6. 1 Sa. 2. 7, 8. 2 Ch. 25. 8. 2 Co. 4. 9.

11 *My days.* ver. 3. Ps. 39. 5, 6; 109. 23; 144. 4. Job 14. 2. Ec. 6. 12. Ja. 4. 14. *I am withered.* ver. 4. Is. 40. 6–8. Ja. 1. 10. 1 Pe. 1. 24.

12 *thou.* ver. 24–27. Ps. 9. 7; 90. 1, 2. De. 33. 27. Is. 44. 6; 60. 15. La. 5. 19. He. 13. 8. Re. 1. 17, 18. *thy remembrance.* Ps. 135. 13. Ex. 3. 15.

13 *Thou.* Ps. 7. 6; 44. 26; 51. 18; 69. 35, 36. Is. 14. 32; 60. 1, 10–14. Je. 31. 10–12, 23. Zec. 1. 12, 13; 2. 10–12. *the set.* Ezr. 1. 1, etc. Is. 40. 2. Da. 9. 2, etc.; 12. 9, 12, 13. Ac. 1. 7. Ga. 4. 4. 2 Pe. 3. 8, 12. Re. 11. 15–18.

14 Ps. 79. 1, 7–10; 137. 5, 6. Ezr. 1. 5; 3. 1–3; 7. 27. Ne. 1. 3; 2. 3, 17; 4. 2, 6, 10. Da. 9. 16.

15 Ps. 67. 2–4; 68. 31, 32; 72. 11; 86. 9; 138. 4. 1 Ki. 8. 43. Is. 55. 5; 60. 3, etc. Zec. 8. 20–23. Re. 11. 15; 21. 24.

16 *When.* Ps. 51. 18; 69. 35; 147. 2. Is. 2. 2, 3; 14. 26; 66. 18. Je. 31. 4; 33. 7. *he shall.* Ps. 97. 6. Is. 60. 1, 2, 7; 61. 3. Mi. 2. 9. Zec. 2. 6–13.

17 *He will.* Ps. 9. 18; 72. 12. De. 4. 29; 32. 36. Ne. 1. 6, 11; 2. 1–8. Je. 29. 11–14. Da. 9. 3–21. *not despise.* Ps. 22. 24; 50. 28.

18 *This.* Ps. 71. 18; 78. 4–6. Ex. 17. 14. De. 31. 19, etc. Job 19. 23, 24. Da. 9. 2. Jno. 20. 31. Ro. 15. 4. 1 Co. 10. 11. 2 Ti. 3. 16, 17. 2 Pe. 1. 15. *the people.* Ps. 22. 30, 31; 45. 16, 17. Is. 43. 7, 21; 65. 17–19. 2 Co. 5. 17, 18. Ep. 2. 10. 1 Pe. 2. 9, 10.

19 *For he.* Ps. 14. 2; 33. 13, 14. De. 26. 15. 1 Ki. 8. 39, 43. 2 Ch. 16. 9. *the height.* Job 22. 12. He. 8. 1, 2; 9. 23, 24.

20 *To hear.* Ps. 79. 11; 146. 7. Ex. 2. 23–25; 3. 7. 2 Ki. 13. 4, 22, 23. Job 24. 12. Is. 14. 17; 61. 1–3. Je. 51. 34, 35. Zec. 9. 9–12. *to loose.* 2 Ch. 33. 11–13. Je. 52. 32–34. Ac. 12. 6–11. *those that are appointed to. Heb.* the children of. Ep. 2. 2, 3.

21 Ps. 9. 13, 14; 22. 22; 51. 14, 15; 79. 13. Is. 51. 11. Ep. 2. 4–7; 3. 21. 1 Pe. 2. 9.

22 Ps. 72. 8–11. Ge. 49. 10. Is. 49. 22, 23; 60. 3, etc. Ho. 1. 9–11. Zec. 8. 20–23. Mat. 24. 14. Ro. 15. 19.

23 *He weakened. Heb.* He afflicted. Ps. 89. 38–47. 2 Th. 2. 3–12. 1 Ti. 4. 1–3. 2 Ti. 3. 1, etc. Re. 11. 2, etc.; 12. 13, etc. *shortened.* Job 21. 21.

24 *I said.* Ps. 39. 13. Is. 38. 10, etc. *thy years.* ver. 12. Ps. 9. 7; 90. 1, 2. Hab. 1. 12. Re. 1. 4, 8.

25 Ge. 1. 1; 2. 1. Ex. 20. 11. Job 38. 4–7. Pr. 8. 23, etc. Je. 32. 17. He. 1. 10–12; 3. 3, 4.

26 *They shall.* Is. 34. 4; 51. 6; 65. 17; 66. 22. Lu. 21. 33. Ro. 8. 20. 2 Pe. 3. 7–12. Re. 20. 11; 21. 1. *endure. Heb.* stand ver. 12. Ex. 3. 14.

27 *thou art.* Mal. 3. 6. Jno. 8. 58. He. 13. 8. Ja. 1. 17. Re. 1. 8, 17, 18. *years.* Ps. 90. 4. Job 36. 26.

28 *The children.* Ps. 22. 30, 31; 45. 16, 17; 69. 35, 36. Is. 53. 10; 59. 20, 21; 65. 22; 66. 22. *their seed.* Ps. 90. 16, 17.

## PSALM CIII.

*An exhortation to bless God for his mercy*, 1–14, *and for the constancy thereof*, 15–22.

1 A.M. 2970. B.C. 1034. *Bless.* ver. 22. Ps. 104. 1; 146. 1, 2. Lu. 1. 46, 47. *all that.* Ps. 47. 7; 57. 7–11; 63. 5; 86. 12, 13; 111. 1; 138. 1. Mar. 12. 30–33. Jno. 4. 24. 1 Co. 14. 15. Phi. 1. 9. Col. 3. 16. *holy name.* Ps. 99. 3. Is. 6. 3. Re. 4. 8.

2 *forget not.* Ps. 105. 5; 106. 7, 21; 116. 12. De. 8. 2–4, 10–14; 32. 6, 18. 2 Ch. 32. 25. Is. 63. 1, 7. Je. 2. 31, 32. Lu. 17. 15–18. Ep. 2. 11–13.

3 *forgiveth.* Ps. 32. 1–5; 51. 1–3; 130. 8. 2 Sa. 12. 13. Is. 43. 25. Mat. 9. 2–6. Mar. 2. 5, 10, 11. Lu. 7. 47, 48. Ep. 1. 7. *healeth.* Ps. 30. 2; 38. 1–7; 41. 3, 4, 8; 107. 17–22; 147. 3. Ex. 15. 26. Nu. 12. 13; 21. 7–9. Is. 33. 24; 53. 5. Je. 17. 14. Ja. 5. 15.

4 *redeemeth.* Ps. 34. 22; 56. 13; 71. 23. Ge. 48. 16. Job 33. 19–30. Re. 5. 9. *crowneth.* ver. 12, marg. Ps. 8. 5; 21. 3; 65. 11. Ja. 1. 12. 1 Pe. 5. 4.

5 *satisfieth.* Ps. 23. 5; 63. 5; 65. 4; 104. 28; 107. 9; 115. 15, 16. 1 Ti. 6. 17. *thy youth.* Is. 40. 31. Ho. 2. 15. 2 Co. 4. 16.

6 *executeth.* Ps. 9. 9; 10. 14–18; 12. 5; 72. 4, 12; 109. 31; 146. 7. De. 24. 14, 15. Job 27. 13, etc. Pr. 14. 31; 22. 22, 23; 23. 10. Is. 14. 4, etc., 17–19; 58. 6, 7. Je. 7. 6, etc. Eze. 22. 7, 12–14. Mi. 2. 1–3; 3. 2–4. Ja. 2. 6; 5. 1–6.

7 *He made.* Ps. 77. 20; 105. 26, etc. Ex. 19. 8, 20; 20. 21; 24. 2–4. Nu. 12. 7. De. 34. 10. Ne. 9. 14. Is. 63. 11, 12. Jno. 5. 45–47. Ac. 7. 35, etc. *his acts.* Ps. 78. 5; 147. 19.

8 *merciful.* Ps. 86. 5, 15; 130. 7; 145. 8. Ex. 34. 6, 7. Nu. 14. 18. De. 5. 10. Ne. 9. 17. Is. 55. 7. Je. 32. 18. Ro. 5. 20, 21. Ep. 1. 7, 8. *slow.* Joel 2. 13. Jon. 4. 2. Na. 1. 3. *plenteous in mercy. Heb.* great of mercy.

9 *neither.* Ps. 30. 5. Is. 57. 16. Je. 3. 5. Mi. 7. 18, 19.

10 *dealt.* Ps. 130. 3. Ezr. 9. 13. Ne. 9. 31. Job 11. 6. La. 3. 22. Da. 9. 18, 19. Hab. 3. 2.

11 *as the*, etc. *Heb.* according to the height of heaven. Ps. 36. 5; 57. 10; 89. 2. Job 22. 12. Pr. 25. 3. Is. 55. 9. Ep. 2. 4–7; 3. 18, 19. *his mercy.* ver. 17. Lu. 1. 50.

12 *as the east.* Ps. 50. 1; 113. 3. Is. 45. 6. *so far.* Is. 43. 25. Je. 31. 34; 50. 20. Mi. 7. 18. He. 10. 2. 1 Jno. 1. 7.

13 *Like.* Nu. 11. 12. De. 8. 5. Pr. 3. 12. Is. 63. 15, 16. Je. 31. 9, 20. Mat. 6. 9, 32. Lu. 11. 11, 12; 15. 21, 22. Jno. 20. 17. He. 12. 5–11. *them.* ver. 11, 17. Ps. 147. 11. Mal. 3. 16, 17; 4. 2. Ac. 13. 26.

14 *he knoweth.* Ps. 78. 38, 39; 89. 47. *we are dust.* Ge. 3. 19. Job 7. 5–7, 21; 10. 9; 13. 25. Ec. 12. 7.

15 *his days.* Ps. 90. 5, 6. Is. 40. 6–8; 51. 12. Ja. 1. 10, 11. 1 Pe. 1. 24. *a flower.* Job 14. 1–3. Is. 28. 1, 4. Na. 1. 4.

16 *the wind.* Job 27. 20, 21. Is. 40. 7. *it is gone.* *Heb.* it *is* not. Ge. 5. 24; 42. 36. Job 14. 10. *and the.* Job 7. 6-10; 8. 18, 19; 20. 9.

17 *the mercy.* Ps. 89. 1, 2; 100. 5; 118. 1; 136. 1, etc. Je. 31. 3. Ro. 8. 28-30. Ep. 1. 4-8; 2. 4-7. 2 Th. 2. 13, 14. 2 Ti. 1. 9. *his righteousness.* Ps. 22. 31. Is. 46. 13; 51. 6. Da. 9. 24. Mi. 6. 5. Ro. 1. 17; 3. 21-25. 2 Pe. 1. 1. *unto children's.* Ps. 90. 16. Ex. 20. 6. De. 10. 15. Is. 41. 8. Je. 33. 24-26. Ac. 13. 32-34. Ro. 15. 8.

18 *To such.* Ps. 25. 10; 132. 12. Ge. 17. 9, 10. Ex. 19. 5; 24. 8. De. 7. 9. 2 Ch. 34. 31. He. 8. 6-13. *remember.* Ps. 119. 9-11. De. 4. 23; 6. 6-9. Pr. 3. 1. Mat. 28. 20. Lu. 1. 6. Ac. 24. 16. 1 Th. 4. 1.

19 *prepared.* Ps. 2. 4; 9. 7; 11. 4; 115. 3. Is. 66. 1. He. 8. 1. *his kingdom.* Ps. 47. 2. Da. 4. 25, 34, 35. Ep. 1. 21, 22. Phi. 2. 9, 10. 1 Pe. 3. 22.

20 *Bless.* Ps. 148. 2. Lu. 2. 13, 14. Re. 19. 5, 6. *that excel in strength.* *Heb.* mighty in strength. Ps. 78. 25. 2 Ki. 19. 35. Is. 6. 2. Joel 2. 11. Mat. 26. 53. *do his.* Mat. 6. 10. Lu. 1. 19. He. 1. 14.

21 *all ye his hosts.* Ps. 33. 6. Ge. 32. 2. Jos. 5. 14. 1 Ki. 22. 19. 2 Ch. 18. 18. Lu. 2. 13. *ministers.* Ps. 68. 17; 104. 4. Ne. 9. 6. Da. 7. 9, 10. Mat. 13. 41; 24. 30, 31. 2 Th. 1. 7, 8. He. 1. 6, 7, 14. Re. 22. 8, 9.

22 *all his works.* Ps. 145. 10; 148. 3-12; 150. 6. Is. 42. 10-12; 43. 20; 44. 23; 49. 13. Re. 5. 12-14. *bless the Lord.* ver. 1. Ps. 104. 1, 35; 146. 1.

## PSALM CIV.

*A meditation upon the mighty power, 1-6, and wonderful providence of God, 7-30. God's glory is eternal, 31, 32. The prophet vows perpetually to praise God, 33-35.*

1 *Bless.* This sublime poem on the works of God in creation and providence, is ascribed to David in the LXX., Vulgate, Ethiopic, Syriac, and Arabic; and as it opens and closes with the same words as the preceding psalm, it is probable that it was composed on the same occasion; and it is written as part of it in nine MSS. ver. 35. Ps. 103. 1, 2, 22. *O Lord.* Ps. 7. 1. Da. 9. 4. Hab. 1. 12. *art very great.* Ps. 145. 3. Je. 23. 24; 32. 17-19. Re. 1. 13, etc. *clothed.* Ps. 93. 1. Is. 59. 17. Da. 7. 9. *honour.* Ps. 29. 1-4; 96. 6.

2 *with light.* Da. 7. 9. Mat. 17. 2. 1 Ti. 6. 16. 1 Jno. 1. 5. *stretchest.* Is. 40. 22; 45. 12. Zec. 12. 1. He. 1. 10-12.

3 *Who layeth.* Ps. 18. 10, 11. Am. 9. 6. *maketh.* Is. 19. 1. Mat. 26. 64. Re. 1. 7. *walketh.* Ps. 18. 10; 139. 9. 2 Sa. 22. 11. Na. 1. 3.

4 *Who maketh.* Ac. 23. 8. He. 1. 7, 14. *ministers.* 2 Ki. 2. 11; 6. 17. Eze. 1. 13.

5 *Who laid the foundations of the earth.* *Heb.* He hath founded the earth upon her bases. Ps. 24. 2; 33. 9; 136. 6. Job 26. 7; 38. 4-7. *that it.* Ps. 93. 1; 96. 10. Ec. 1. 4. 2 Pe. 3. 10. Re. 6. 14; 20. 11.

6 Ge. 1. 2-10; 7. 19. 2 Pe. 3. 5.

7 *At thy.* Ge. 8. 1. Pr. 8. 28. Mar. 4. 39. *they fled.* Ps. 114. 3-7.

8 *They go up,* etc. *or,* The mountains ascend, the valleys descend. Ge. 8. 5.

9 *hast set.* Ps. 33. 7. Ge. 9. 11-15. Job 26. 10; 38. 10, 11. Is. 54. 9. Je. 5. 22.

10 *He sendeth.* *Heb.* Who sendeth. Ps. 107. 35. The waters of the sea are not only prevented from destroying the earth, but, by the providence of God, are rendered the means of preserving every living thing; partly ascending from the great deep through the strata of the earth, partly exhaled in vapour from the surface of the ocean, and thence falling in rain, especially on the tops and sides of mountains, they break forth into fresh springs, and form streams and rivers. De. 8. 7. Is. 35. 7; 41. 18. *run.* *Heb.* walk.

11 *They give.* Ps. 145. 16. *the wild.* Job 39. 5-8. *quench.* *Heb.* break.

12 *the fowls.* ver. 16, 17. Ps. 50. 11; 84. 3; 148. 10. Mat. 6. 26. *sing.* *Heb.* give a voice. Ps. 147. 9.

13 *watereth.* Ps. 147. 8. De. 11. 11. Job 38. 25-28, 37. Je. 10. 13; 14. 22. Mat. 5. 45. Ac. 14. 17. *his chambers.* ver. 3. Am. 9. 6. *the earth.* Ps. 65. 9-13.

14 *causeth.* Ps. 145. 15, 16; 147. 8, 9. Ge. 1. 11, 12, 29; 2. 5. 1 Ki. 18. 5. Je. 14. 5, 6. Joel 2. 22. *herb.* Ge. 1. 29; 2. 9; 3. 18; 9. 3. *that he.* Ps. 136. 25. Ge. 4. 12. Job 28. 5. 1 Co. 3. 7.

15 *wine.* Ps. 23. 5. Ju. 9. 13. Pr. 31. 6. Ec. 10. 19. Je. 31. 12. Zec. 9. 15-17. Mar. 14. 23. Ep. 5. 18. *oil to make his,* etc. *Heb.* to make *his* face shine with oil, *or,* more than oil. Ps. 92. 10. De. 28. 40. Ju. 9. 9. Ec. 8. 1; 9. 7. Ca. 1. 2-4. He. 1. 9. 1 Jno. 2. 20. *bread.* Ps. 105. 16. Le. 26. 26. De. 8. 3. Is. 3. 1. Eze. 4. 16; 5. 16; 14. 13.

16 Ps. 29. 5; 92. 2. Nu. 24. 6. Eze. 17. 23.

17 *the birds.* ver. 12. Je. 22. 23. Eze. 31. 6. Da. 4. 21. Ob. 4. Mat. 13. 32. *as for.* Le. 11. 19. Je. 8. 7. *the stork.* The *stork* is a species of the *ardea* or *heron* genus, about the size of a goose in its body, but when erect, about three or four feet high; its general colour is white; extremity of the wings, and small part of the head, black; legs, very long, red, and naked a great way up; the toes four, long and connected, with flat nails like those of a man; beak long, jagged, red, and somewhat compressed; the upper and under chaps both of a length, with a furrow from the nostrils: it feeds on serpents, frogs, and insects, on which account it might be deemed unclean; lays four eggs, and sits thirty days; migrates about August, and returns in spring; and is remarkable for its love to its parents, whom it never forsakes, but feeds and cherishes when old; whence it had the name *chaseedah,* which denotes *kindness* or *piety,* and *stork,* from the Greek *στοργη, natural affection.*

18 *the wild goats.* The *yăâl,* is the *ibex,* or rock goat, so called, from *âlah,* to ascend, because it is famous for *mounting* to the tops of the highest rocks. Its general appearance is that of the tame goat, of a dusky brown colour; but the male is larger, with long horns, bending backwards. 1 Sa. 24. 2. Job 39. 1. *the conies.* De. 14. 7. Pr. 30. 26.

19 Ps. 8. 3; 136. 7-9. Ge. 1. 14-18. De. 4. 19. Job 31. 26-28; 38. 12. Je. 31. 35.

20 *makest.* Ps. 74. 16; 139. 10-12. Ge. 1. 4, 5; 8. 22. Is. 45. 7. Am. 1. 13. *of the forest do creep forth.* *Heb.* thereof do trample on the forest.

21 *The young.* Ps. 34. 10. Job 38. 39. Is. 31. 4. Eze. 19. 2, etc. Am. 3. 4. *seek.* Ps. 147. 9. Job 38. 41. Joel 1. 18, 20; 2. 22.

22 Job 24. 13-17. Na. 3. 17. Jno. 3. 20.

23 Ge. 3. 19. Ju. 19. 16. Ec. 5. 12. Ep. 4. 28. 2 Th. 3. 8-12.

24 *how.* Ps. 8. 3; 40. 5; 107. 31. Ne. 9. 6. Job 5. 9. *in wisdom.* Ps. 136. 5. Ge. 1. 31. Pr. 3. 19, 20; 8. 22, etc. Je. 10. 12. Ro. 11. 33. Ep. 1. 8; 3. 10. *the earth.* Ps. 24. 1; 50. 10-12; 65. 11. Ge. 1. 11, 12, 24, 25. 1 Ti. 6. 17.

25 *this great.* Ps. 95. 4, 5. Ge. 1. 20-22, 28. De. 33. 14-16, 19. *beasts.* Ge. 3. 1. Ac. 28. 5.

26 *There go.* Ps. 107. 23. Ge. 49. 13. *leviathan.* Ps. 74. 14. Job 3. 8, marg.; 41. 1, etc. Is. 27. 1. *made.* *Heb.* formed. *to play.* Job 41. 5, 29.

27 Ps. 36. 6; 136. 25; 145. 15, 16; 147. 9. Job 38. 41. Lu. 12. 24-28.

29 *hidest.* Ps. 30. 7. Job 13. 24; 34. 29. Ro. 8. 20-22. *thou takest.* Ps. 146. 4. Job 34. 14, 15. Ec. 12. 7. Ac. 17. 25. *return.* Ps. 90. 3. Ge. 3. 19.

30 *sendest.* Ps. 33. 6. Job 26. 13; 33. 4. Is. 32. 14, 15. Eze. 37. 9. Ep. 2. 1, 4, 5. Tit. 3. 5. *renewest.* Is. 65. 17; 66. 22. Re. 21. 5.

31 *The glory.* Ps. 102. 16. Ro. 11. 36. Ga. 1. 5. Ep. 3. 21. 2 Ti. 4. 18. He. 13. 21. 1 Pe. 5. 11. 2 Pe. 3. 18. Re. 5. 12, 13. *endure.* *Heb.* be. *rejoice.* Ge. 1. 31. Ex. 31. 17. Is. 62. 5; 65. 18, 19. Je. 32. 41. Zep. 3. 17. Lu. 15. 5, 6, 22-24.

32 *looketh.* Ps. 77. 16; 97. 4, 5; 114. 7. Is. 64. 2. Je. 4. 23-26; 5. 22. Am. 8. 8. Na. 1. 5, 6. Hab. 3. 5, 6, 10. Re. 20. 11. *he toucheth.* Ps. 50. 3; 144. 5. Ex. 19. 18. Is. 64. 1, 2. Re. 19. 3.

33 Ps. 63. 4; 145. 1, 2; 146. 2.

34 *meditation.* Ps. 1. 2; 63. 5, 6; 77. 12; 119. 15, 16, 111, 127, 128, 167; 139. 17, 18. Pr. 24. 14. *I will be.* Ps. 32. 11. Hab. 3. 17, 18. Lu. 1. 47. Phi. 4. 4.

35 *sinners.* Ps. 1. 4; 37. 38; 59. 13; 68. 1, 2; 73. 27; 101. 8. Ju. 5. 31. Pr. 2. 22. Re. 19. 1, 2. *Bless.* ver. 1. Ps. 103. 1, 2, 22.

## PSALM CV.

*An exhortation to praise God, and to seek out his works, 1-6. The story of God's providence over Abraham, 7-15; over Joseph, 16-22; over Jacob in Egypt, 23-25; over Moses delivering the Israelites, 26-36; over the Israelites brought out of Egypt, fed in the wilderness, and planted in Canaan, 37-45.*

A.M. 2962. B.C. 1042. *(Title.)* It appears from 1 Ch. ch. 16., where the former part of this Psalm, as far as the 16th verse, is found with little variation, that David composed it at the removal of the ark to Mount Zion, and he himself probably enlarged it afterwards with the glorious detail of God's merciful dealings with Abraham and his posterity till their settlement in the land of Promise. The *Hallelujah,* which terminates the preceding Psalm, is made the title of this by the Septuagint, Vulgate, Arabic, and Ethiopic; and the Syriac considers it a paraphrase on the words, 'Fear not, Jacob, to go down into Egypt;' 'and teaches us spiritually not to fear when we are obliged to contend with devils; for God is our shield, and will fight for us.'

1 *Give.* Ps. 136. 1-3. 1 Ch. 16. 7-22; 25. 3; 29. 13, 20. *call.* Is. 12. 4. Joel 2. 32. Ac. 9. 14. Ro. 10. 13. 1 Co. 1. 2. *make known.* Ps. 89. 1; 96. 3; 145. 4-6, 11, 12. Nu. 23. 23. Is. 12. 4; 51. 10. Da. 3. 29; 4. 1-3; 6. 26, 27.

2 *Sing unto.* Ps. 47. 6, 7; 96. 1, 2; 98. 1, 5. Ju. 5. 3. Is. 12. 5, 6; 42. 10-12. Ep. 5. 19. Re. 15. 3, 4. *talk ye.* Ps. 77. 12; 78. 4-6; 119. 27. Ex. 13. 8, 9, 14. De. 6. 6-9. Lu. 24. 14, etc.

3 *Glory.* Ps. 34. 2. Is. 45. 25. Je. 9. 23, 24. 1 Co. 1. 29, 31. Ga. 6. 14. *let the heart.* Ps. 9. 10. Pr. 8. 17. Is. 45. 19; 55. 6, 7. La. 3. 25. Lu. 11. 9, 10.

4 *Seek.* Am. 5. 4-6. Zep. 2. 2, 3. *his strength.* Ps. 78. 61; 132. 8. 2 Ch. 6. 41. *seek his face.* Ps. 27. 8.

5 *Remember.* Ps. 77. 11; 103. 2. De. 7. 18, 19; 8. 2; 32. 7. Is. 43. 18, 19. Lu. 22. 19. 1 Co. 11. 24-26. *the judgments.* Ps. 119. 13. Re. 16. 7; 19. 2.

6 *ye seed.* Ex. 3. 6. Is. 41. 8, 14; 44. 1, 2. Ro. 9. 4, etc. *his chosen.* De. 7. 6-8. Jno. 15. 16. 1 Pe. 2. 9.

7 *the Lord.* Ps. 95. 7; 100. 3. Ge. 17. 7. Ex. 20. 2. De. 26. 17, 18; 29. 10-15. Jos. 24. 15-24. *judgments.* Ps. 48. 10, 11. Is. 26. 9. Re. 15. 4.

8 *He hath remembered.* ver. 42. Ps. 111. 5, 9. 1 Ch. 16. 15. Ne. 1. 5. Da. 9. 4. Lu. 1. 72-74. *a thousand.* De. 7. 9.

9 Ge. 17. 2; 22. 16, 17; 26. 3; 28. 13; 35. 11. Ne. 9. 8. Ac. 7. 8. He. 6. 17.

10 *an everlasting.* Ge. 17. 7, 8. 2 Sa. 23. 5. He. 13. 20.

11 *Unto thee.* Ge. 12. 7; 13. 15; 15. 18; 26. 3, 4; 28. 13. *lot.* *Heb.* cord. Ps. 78. 55.

12 *a few.* Ge. 34. 30. De. 7. 7; 26. 5. Is. 51. 2. Eze. 33. 24, etc. *and strangers.* Ge. 17. 8; 23. 4. Ac. 7. 5. He. 11. 9, 12.

14 Ge. 12. 14-17; 20. 1-7; 26. 14, etc.; 31. 24-29; 35. 5. Ex. 7. 16, 17.

15 *Touch.* Ge. 26. 11. Zec. 2. 8. *mine.* 1 Ki. 19. 16. 1 Jno. 2. 27. *and do.* Ge. 20. 7; 27. 39, 40; 48. 19, 20; 49. 8, etc.

16 *Moreover.* Ge. 41. 25-32, 54; 42. 5, 6. 2 Ki. 8. 1. Am. 3. 6; 7. 1-4. Hag. 1. 10, 11; 2. 17. Mat. 8. 8, 9. Re. 6. 8. *brake.* Ps. 104. 15. Ge. 47. 13, 19. Le. 26. 26. Is. 3. 1. Eze. 4. 16. Ac. 7. 11.

17 *He sent.* Ge. 45. 5, 7, 8; 50. 20. *Joseph.* Ge. 37. 27, 28, 36; 39. 1; 45. 4. Ac. 7. 9.

18 *Whose.* Ge. 39. 20; 40. 15. Ac. 16. 24. *he was laid in iron. Heb.* his soul came into iron. Ps. 107. 10.

19 *his word.* Ps. 44. 4. Ge. 41. 11-16, 25. Pr. 21. 1. Da. 2. 30. Ac. 7. 10.

20 Ge. 41. 14.

21 *made.* Ge. 41. 40-44, 55; 45. 8, 26. *substance. Heb.* possession.

22 *teach.* Ge. 41. 33, 38. Is. 19. 11.

23 *Israel.* Ge. 45. 9-11; 46. 2-7. Jos. 24. 4. Ac. 7. 11-15. *Jacob.* Ge. 47. 6-9, 28. *the land.* ver. 27. Ps. 78. 51; 106. 22. Ge. 10. 6.

24 *And he.* Ge. 13. 16; 46. 3. Ex. 1. 7. De. 26. 5. Ac. 7. 17. He. 11. 12. *made.* Ex. 1. 8, 9; 12. 37.

25 *He turned.* Ge. 15. 13. Ex. 9. 16; 10. 1. De. 2. 30. Ro. 9. 17-19. *to hate.* Ex. 1. 11-14, 16; 2. 23. Ac. 7. 19.

26 *sent.* Ps. 77. 20. Ex. 3. 10; 4. 12-14; 6. 11, 26, 27. Jos. 24. 5. Mi. 6. 4. Ac. 7. 34, 35. *Aaron.* Ex. 7. 1, 12; 28. 1, 2, 12, 29-38; 29. 5, etc. Le. 8. 7, etc. Nu. 16. 5-11, 40, 47, 48; 17. 5. 1 Sa. 12. 6.

27 *They.* Ps. 78. 43-51; 135. 8, 9. Ex. ch. 7-11. De. 4. 34. Ne. 9. 10, 11. Is. 63. 11, 12. Je. 32. 20, 21. *his signs. Heb.* words of his signs. *wonders.* ver. 23. Ps. 106. 22.

28 *sent.* Ex. 10. 21-23. Joel 2. 2, 31. Lu. 23. 44, 45. 2 Pe. 2. 4, 17. *rebelled.* Ps. 99. 7. Eze. 2. 4-8.

29 Ps. 78. 44. Ex. 7. 20, 21. Is. 50. 2. Eze. 29. 4, 5. Re. 16. 3.

30 *brought.* Ps. 78. 45. Ex. 8. 3-14. Re. 16. 13, 14.

31 *there.* Ps. 78. 45. Ex. 8. 21-24. Is. 7. 18. *and lice.* Ex. 8. 16-18.

32 *them hail for rain. Heb.* their rain hail. Ps. 78. 47, 48. Ex. 9. 18-28. Re. 8. 7; 11. 19; 16. 21.

33 Re. 9. 4.

34 *the locusts.* Ps. 78. 46. Ex. 10. 12-15. Joel 1. 4-7; 2. 25. Re. 9. 3-10.

36 *He smote.* Ps. 78. 51; 135. 8; 136. 10. Ex. 4. 23; 11. 4, 5; 12. 12, 29, 30. He. 11. 28. *chief.* Ge. 49. 3.

37 *brought.* Ge. 15. 14. Ex. 3. 22; 12. 35, 36. Ac. 13. 17. *and there.* Considering the immense number of men, women, children, and cattle, it must certainly have appeared extraordinary, that there was none among them weak or feeble, none unable to perform the journey. The order was, that 'not a hoof should be left behind;' and He who commanded gave strength to obey.

38 *glad.* Ex. 10. 7; 12. 33. *for.* Ge. 35. 5. Jos. 2. 9.

39 *spread.* Ps. 78. 14. Ex. 13. 21, 22; 14. 24. Nu. 9. 15-22. Ne. 9. 12, 19. Is. 4. 5. 1 Co. 10. 1, 2.

40 *asked.* Ps. 78. 18, 26-28. Ex. 16. 12, 13. Nu. 11. 4-6, 31-33. *satisfied.* Ex. 16. 14-35. Nu. 11. 7-9. De. 8. 3. Jos. 5. 12. Ne. 9. 20. *bread.* Ps. 78. 23-25. Jno. 6. 31-33, 48-58.

40 *opened.* Ps. 78. 15, 16, 20; 114. 8. Ex. 17. 6. Nu. 20. 11. Ne. 9. 15. Is. 48. 21. 1 Co. 10. 4.

42 *For he.* See on ver. 8-11. Ge. 12. 7; 13. 14-17; 15. 14. Ex. 2. 24. Lu. 1. 54, 55, 72, 73. *Abraham.* Ex. 32. 13. De. 9. 5, 27. Mi. 7. 20.

43 *And he.* Ps. 78. 52, 53; 106. 8-12. Ex. 15. 13. De. 4. 37, 38. Is. 63. 11-14. Ac. 7. 36; 13. 17. *with joy.* Is. 35. 10; 51. 10, 11; 55. 12. Je. 31. 11, 12. *gladness. Heb.* singing. Ps. 106. 12. Ex. 15. 1, etc.

44 *gave.* Ps. 44. 2, 3; 78. 55; 80. 8; 135. 10-12; 136. 21, 22. Jos. 11. 23; 21. 43; 23. 4; 24. 8, 13. Ne. 9. 22-25. *inherited.* De. 6. 10, 11. Jos. 5. 11; 13. 7, etc. *the labour.* That is, 'the produce of their labour;' the cities and houses they had built, the vineyards they had planted, etc.

45 *That.* De. 4. 40; 5. 33; 6. 1, 2, 21-25. Eze. 36. 24-28. Ep. 2. 8-10. Tit. 2. 14. *Praise ye the Lord. Heb.* Hallelujah. Ps. 106. 1; 150. 1, marg. Re. 19. 3, 4.

## PSALM CVI.

*The psalmist exhorts to praise God, 1-3. He prays for pardon of sin, as God pardoned the fathers, 4-6. The story of the people's rebellion, and God's mercy, 7-46. He concludes with prayer and praise, 47, 48.*

*(Title.)* As part of the preceding Psalm is found in 1 Ch. ch. 16, so the first and two last verses of this are found in the same place; and it is highly probable this was composed upon the same occasion as the former, to which it seems to be a continuation; for as *that* celebrates the mercies of God to Israel, so *this* confesses and deplores the rebellions of Israel against Jehovah.

1 *Praise ye the Lord. Heb.* Hallelujah. Ps. 105. 45. *O give.* Ps. 100. 4, 5; 107. 1; 118. 1; 136. 1. 1 Ch. 16. 34. Ezr. 3. 11. Je. 33. 11. 1 Th. 5. 18. *for he.* Ps. 103. 17; 119. 68. Mat. 19. 17. Ro. 5. 20, 21.

2 *utter.* Ps. 40. 5; 139. 17, 18; 145. 3-12. Job 5. 9; 26. 14. Ro. 11. 33. Ep. 1. 19; 3. 18. *all his praise.* Ne. 9. 5.

3 *Blessed.* Ps. 1. 1-3; 84. 11, 12; 119. 1-3. Mar. 3. 35. Lu. 6. 47-49; 11. 28. Jno. 13. 17; 15. 14. Ja. 1. 25. Re. 7. 15; 22. 14. *keep.* Ps. 119. 106. Is. 56. 1, 2. Je. 22. 15, 16. Lu. 11. 42. Jno. 14. 21-23. *doeth.* Ps. 15. 2; 119. 44. Is. 64. 5. Eze. 18. 21, 22. Lu. 1. 74, 75. Ac. 24. 16. Ro. 2. 7. Ga. 6. 9. Re. 22. 14. *at all times.* Ps. 119. 20, 112. De. 5. 29; 11. 1.

4 *Remember.* Ps. 25. 7; 119. 132. Ne. 5. 19; 13. 14, 22, 31. Lu. 23. 42. *visit.* Lu. 1. 68, 69. Ac. 15. 14.

5 *may see.* Ps. 105. 6, 43. De. 7. 6. Jno. 15. 16. Ac. 9. 15. Ep. 1. 4. 2 Th. 2. 13. Ja. 2. 5. 1 Pe. 2. 9. Re. 17. 14. *rejoice.* Ps. 14. 7; 48. 11. Is. 12. 6; 35. 10; 66. 10. Joel 2. 23. Zep. 3. 14. Zec. 9. 9. Jno. 16. 22. Phi. 3. 3. *glory.* Is. 45. 25. Ep. 1. 18.

6 Ps. 78. 8. Le. 26. 40. Nu. 32. 14. 1 Ki. 8. 47. Ezr. 9. 6, 7. Ne. 9. 16, 32-34. Da. 9. 5-8. Mat. 23. 32. Ac. 7. 51, 52.

7 *Our.* De. 29. 4; 32. 28, 29. Pr. 1. 22. Is. 44. 18. Mar. 4. 12; 8. 17-21. 2 Th. 2. 10-12. *they.* Ps. 78. 42; 105. 5. De. 15. 15. Ep. 2. 11. *multitude.* ver. 45. Ps. 5. 7; 51. 1. Is. 63. 7. La. 3. 32. *but.* Ex. 14. 11, 12.

8 *he saved.* Ps. 143. 11. Nu. 14. 13-16. De. 32. 26, 27. Jos. 7. 9. Je. 14. 7, 21. Eze. 20. 9, 14, 22, 44. Da. 9. 17-19. *that he.* Ps. 111. 6. Ex. 9. 16; 15. 6. Ro. 9. 17.

9 *He rebuked.* In the descriptions of the Psalmist, every thing has life. The *sea* is an animated being, behaves itself proudly, is rebuked, and retires in confusion. Ps. 18. 15; 66. 6; 78. 13, 52, 53; 114. 3-7; 136. 13-16. Ex. 14. 21, 22, 27-29. Ne. 9. 11. Is. 11. 14-16. Na. 1. 4. Mat. 8. 26. *so he.* Ps. 77. 19, 20. Is. 63. 11-14.

10 *And he.* Ex. 14. 30; 15. 9, 10. De. 11. 4. Ne. 9. 11. *redeemed.* Ps. 107. 2; 136. 24. Ex. 15. 13. Job 6. 22, 23. Mi. 6. 4.

11 Ps. 78. 53. Ex. 14. 13, 27, 28; 15. 5, 10, 19.

12 Ex. 14. 31; 15. 1, etc. Lu. 8. 13. Jno. 8. 30, 31.

13 *They soon forgat. Heb.* They made haste, they forgat. Three days afterwards, at the waters of Marah. Ps. 78. 11. Ex. 15. 17, 24; 16. 2; 17. 7. *waited.* Pr. 1. 25, 30. Is. 48. 17, 18.

14 *But.* Ps. 78. 18, 30. Nu. 11. 4, 33, 34. De. 9. 22. 1 Co. 10. 6. *lusted exceedingly. Heb. lusted a lust. tempted.* Ps. 78. 18-20, 40, 41; 95. 8, 9. Ex. 17. 2. Nu. 14. 22. 1 Co. 10. 9. He. 3. 8-10.

15 *he gave.* Ps. 78. 29-31. Nu. 11. 31-34. Is. 10. 16; 24. 16. *but sent.* They despised the manna, calling it *light* or innutritive food. God gave them *flesh* as they desired, but no blessing accompanied it; and, in consequence, they did not fatten, but grew *lean* upon it; and many, surfeited by excess, died of disease. Instead of *razon*, 'leanness,' however, Bp. *Lowth* supposes we should read *zeraön*, 'nausea or loathing,' which appears to be supported by several ancient versions, and by Nu. 11. 20, where this portion of the history of the Israelites is recorded, and where the word *zara* is used, and rendered, 'it be loathsome.'

16 *envied.* Nu. 16. 1, 3. etc. *the saint.* Ex. 28. 36. Le. 21. 6-8, 10-12. Nu. 16. 7.

17 Nu. 16. 29-33; 26. 10. De. 11. 6.

18 Nu. 16. 35-40, 46. He. 12. 29.

19 Ex. 32. 4-8, 35. De. 9. 12-16, 21. Ne. 9. 18. 1 Co. 10. 7.

20 *Thus.* Ps. 89. 17. Je. 2. 11. Ro. 1. 22, 23. *their glory.* That is, their God, who ought to have been the peculiar object of their glory. *into.* Ex. 20. 4, 5. Is. 40. 18-25.

21 *forgat.* ver. 13. Ps. 78. 11, 12, 42-51. De. 32. 17, 18. Je. 2. 32. *God.* Is. 12. 2; 45. 21; 63. 8. Ho. 1. 7. Lu. 1. 47. Tit. 1. 3; 2. 10; 3. 4-6. *which.* Ps. 74. 13, 14; 135. 9. De. 4. 34; 6. 22; 7. 18, 19. Ne. 9. 10, 11.

22 *Wondrous.* The plagues he inflicted on the Egyptians. *Egypt* is called the *land of Ham*, or rather, *Cham*, because it was peopled by Mizraim the son of *Ham*, and grandson of Noah. *Plutarch* informs us, that the Egyptians called their country Χημια, *Chemia;* and the Copts give it the name of Χημι, *Chemi*, to the present day. Ps. 78. 51; 105. 23, 27-36. *terrible.* Ex. 14. 25-28; 15. 10.

23 *he said.* Ex. 32. 10, 11, 32. De. 9. 13, 14, 19, 25; 10. 10. Eze. 20. 13, 14. *his chosen.* Ps. 105. 6, 26. Nu. 16. 5. Mat. 12. 18. Jno. 15. 16, 19. *stood.* Ex. 32. 14. Je. 5. 1. Eze. 13. 5; 22. 30. Ja. 5. 16.

24 *they despised.* Ge. 25. 34. Nu. 13. 32; 14. 31. Mat. 22. 5. He. 12. 16. *the pleasant land. Heb.* a land of desire. De. 8. 7-9; 11. 11, 12. Je. 3. 19. Eze. 20. 6. *they believed.* Nu. 14. 11. De. 1. 32. He. 3. 12, 18, 19; 4. 2, 6, 14. Jude 5.

25 *murmured.* Nu. 14. 1-4, 27-29. De. 1. 26, 27. *hearkened.* Ps. 95. 7-9. Nu. 14. 22. He. 3. 7, 8, 15.

26 *Therefore.* Ps. 95. 11. Nu. 14. 28-35. De. 1. 34, 35. He. 3. 11, 18. *lifted.* Ge. 14. 22, 23. Ex. 6. 8. De. 32. 40-42. Eze. 20. 15. Re. 10. 5, 6.

27 *overthrow. Heb.* make them fall. *to scatter.* Ps. 44. 11. Le. 26. 33. De. 4. 26, 27; 28. 37, 64, 65; 32. 26, 27. Eze. 20. 23.

28 *joined.* Nu. 25. 1-3, 5; 31. 16. De. 4. 3; 32. 17. Jos. 22. 17. Ho. 9. 10. Re. 2. 14. *of the dead.* The word *maithim* signifies *dead men;* for the idols of the heathen were generally *men*,—warriors, kings, or lawgivers,—who had been deified after their death; though many of them had been execrated during their life. Ps. 115. 4-8. Je. 10. 8-10. 1 Co. 10. 19, 20.

29 *with their.* ver. 39. Ps. 99. 8. De. 32. 16-21. Ec. 7. 29. Ro. 1. 21-24. *the plague.* Nu. 25. 9. 1 Co. 10. 8.

30 Nu. 25. 6-8, 14, 15. De. 13. 9-11, 15-17. Jos. 7. 12. 1 Ki. 18. 40, 41. Jon. 1. 12-15.

31 Nu. 25. 11-13. De. 24. 13. Mar. 14. 3-9.

32 *angered.* Ps. 78. 40; 81. 7. Nu. 20. 2, 6, 13. *so that.* Nu. 20. 12, 23, 24; 27. 13, 14. De. 1. 37; 3. 26; 4. 21.

33 *Because.* Nu. 20. 10, 11. *he spake.* Ps. 39. 1; 141. 3. Ge. 30. 1; 35. 16-18. Job 2. 10; 38. 2; 40. 4, 5; 42. 7, 8. Ja. 3. 2.

34 *did not.* Jos. 15. 63; 16. 10; 17. 12-16; 23. 12, 13. Ju. 1. 19, 21, 27-35. Mat. 17. 19-21. *concerning.* Nu. 33. 52, 55, 56. De. 7. 2, 16, 23, 24; 20. 16, 17. 1 Sa. 15. 3, 22, 23.

35 *But.* Jos. 15. 63. Ju. 1. 27-36; 2. 2, 3. *learned.* Is. 2. 6. 1 Co. 5. 6; 15. 33.

36 *And.* Ps. 78. 58. Ex. 34. 15, 16. Ju. 2. 12, 13, 17, 19; 3. 5-7; 10. 6. 2 Ki. 17. 8-11, 16, 17. 2 Ch. 33. 2-9. Eze. 16. 15, etc.; 20. 28-32. *which.* Ex. 23. 33. De. 7. 16. Jos. 23. 13. Ju. 2. 3, 14, 15.

37 *they sacrificed.* However unnatural and horrid human sacrifices may appear, it is certain, that they did not only exist, but almost universally prevailed in the heathen world, especially among the Canaanites and Phœnicians. De. 12. 30, 31; 18. 10. 2 Ki. 16. 3; 17. 17; 21. 6. Is. 57. 5. Je. 7. 31; 32. 35. Eze. 16. 20, 21; 20. 26; 23. 37, 47. *devils.* Le. 17. 7. De. 32. 17. 2 Ch. 11. 15. 1 Co. 10. 20. Re. 9. 20.

38 *shed.* De. 21. 9. 2 Ki. 21. 16; 24. 4.

Je. 2. 34. *the land.* Nu. 35. 33. Is. 1. 15; 26. 21. Eze. 7. 23; 22. 3.

39 *defiled.* Is. 24. 5, 6; 59. 3. Eze. 20. 18, 30, 31, 43. *went.* Ex. 34. 16. Le. 17. 7; 20. 5, 6. Nu. 15. 39. Je. 3. 1, 2, 6-9. Eze. 16. 15, etc.; 23. 3, etc. Ho. 9. 1. Re. 17. 1-6. *their own.* ver. 29.

40 *the wrath.* Ps. 78. 59-62. Ju. 2. 14, 20; 3. 8. Ne. 9. 27, etc. *insomuch.* Le. 20. 23. De. 32. 19. Zec. 11. 8. *his own.* Ps. 74. 1. De. 9. 29. La. 2. 7.

41 *he gave.* De. 32. 30. Ju. 2. 14; 3. 8, 12; 4. 1, 2; 6. 1-6; 10. 7, etc. Ne. 9. 27, etc. *and they.* De. 28. 25, 29, 33, 48.

43 *Many.* Ju. 2. 16-18. 1 Sa. 12. 9-11. *with their.* ver. 29. Ps. 1. 1; 81. 12. *brought low.* or, impoverished, *or* weakened. Ju. 5. 8; 6. 5. 1 Sa. 13. 19.

44 Ju. 2. 18; 3. 9; 4. 3; 6. 6-10; 10. 10-16. 1 Sa. 7. 8-12. 2 Ki. 14. 26, 27. Ne. 9. 27, etc.

45 *And he.* Ps. 105. 8. Le. 26. 40-42. 2 Ki. 13. 23. Lu. 1. 71, 72. *repented.* Ps. 90. 13; 135. 14. Ex. 32. 14. De. 32. 36. Ju. 2. 18. 2 Sa. 24. 16. Ho. 11. 8. Am. 7. 3, 6. *to the.* Ps. 51. 1; 69. 16. Is. 63. 7. La. 3. 32.

46 1 Ki. 8. 50. Ezr. 9. 9. Je. 15. 11; 42. 12.

47 *Save us.* Ps. 14. 7; 126. 1. 1 Ch. 16. 35. *gather.* Je. 32. 37-41. Eze. 36. 24-28; 37. 21-28; 39. 25-29. *to give.* Ps. 107. 1-3. 2 Co. 2. 14. Re. 7. 10-12.

48 *Blessed.* Ps. 41. 13; 72. 18, 19; 89. 52. 1 Ch. 29. 10. 1 Co. 14. 16. *Praise ye the Lord. Heb.* Hallelujah. ver. 1. Ps. 105. 45, marg.

## PSALM CVII.

*The psalmist exhorts the redeemed, in praising God, to observe his manifold providence,* 1-3, *over travellers,* 4-9; *over captives,* 10-16; *over sick men,* 17-22; *over seamen,* 23-32; *and in divers varieties of life,* 33-43.

A.M. 3468. B.C. 536. *(Title.)* The author of this Psalm is unknown; but it was evidently written to commemorate the return of the Jews from the Babylonian captivity; and it may easily be perceived that it must have been sung in *alternate* parts, having a double burden, or two *intercalary* verses often recurring. Bp. *Lowth* considers it as written 'after the method of the ancient pastorals, where, be the subject of their verse what it will, each swain endeavours to excel the other; and one may perceive their thoughts and expressions gradually to rise upon each other.' 'No doubt,' he adds, 'the composition of this Psalm is admirable throughout; and the descriptive part of it adds at least its share of beauty to the whole: but what is most to be admired is its conciseness, and withal the expressiveness of the diction, which strikes the imagination with illimitable elegance. The weary and bewildered traveller—the miserable captive in the dungeon—the sick and dying man—the seaman foundering in a storm—are described in so affecting a manner, that they far exceed any thing of the kind, though never so much laboured.'

1 *Give.* Ps. 106. 1; 118. 1; 136. 1, etc. 1 Ch. 16. 34, 41. 2 Ch. 5. 13; 7. 3, 6; 20. 21. *good.* Ps. 119. 68. Mat. 19. 17. *for his mercy.* Ps. 103. 17. Lu. 1. 50.

2 *Let the.* Ps. 31. 5; 130. 8. Ex. 15. 16. De. 15. 15. Is. 35. 9; 43. 1; 44. 22. Lu. 1. 68; 24. 21. Ga. 3. 13. Tit. 2. 14. 1 Pe. 1. 18, 19. *from.* Ps. 106. 10. De. 7. 8. Je. 15. 21; 31. 11. Mi. 4. 10. Lu. 1. 74.

3 *gathered.* Ps. 106. 47. Is. 11. 11-16; 43. 5, 6; 49. 12. Je. 29. 14; 31. 8, 10. Eze. 36. 24; 39. 27. Re. 5. 9. *south. Heb.* sea.

4 *wandered.* ver. 40. Ge. 21. 14-16. Nu. 14. 33. De. 8. 15; 32. 10. Job 12. 24. Eze. 34. 6, 12. He. 11. 38. Re. 12. 6. *they found.* This is the *first similitude;* in which the Israelites in captivity are compared to travellers in a dreary, uninhabited, and barren desert, spent with hunger and thirst, as well as by the fatigues of the journey.

5 Ju. 15. 18, 19. 1 Sa. 30. 11, 12. Is. 44. 12. Je. 14. 18. La. 2. 19. Mar. 8. 2, 3.

6 *Then.* ver. 13, 19, 28. Ps. 50. 15; 91. 15. Is. 41. 17, 18. Je. 29. 12-14. Ho. 5. 15. He. 4. 15, 16. *he delivered.* 2 Co. 1. 8-10; 12. 8-10. 2 Ti. 3. 11.

7 *he led.* Ps. 77. 20; 78. 52; 136. 16. Ezr. 8. 21-23. Is. 30. 21; 35. 8-10; 48. 17; 49. 8-11; 63. 13, 14. Je. 6. 16; 31. 9. 2 Pe. 2. 15, 21. *that they.* ver. 4, 36. Ne. 11. 3. Je. 31. 24, 38-46; 33. 10-13. He. 11. 9, 10, 16; 12. 22. Re. 21. 2-4, 10-27.

8 *Oh that men.* ver. 15, 21, 31. Ps. 81. 13-16. De. 5. 29; 32. 29. Is. 48. 18. *praise.* Ps. 34. 3; 92. 1, 2; 147. 1. Is. 63. 7. *his wonderful.* Ps. 40. 5; 78. 4; 111. 4; Da. 4. 2, 3; 6. 27.

9 Ps. 34. 10; 132. 15; 146. 7. Is. 55. 1-3. Je. 31. 14, 25. Mat. 5. 6. Lu. 1. 53. Re. 7. 16, 17.

10 *Such.* Here begins the *second comparison;* in which the state of the captives in Babylon is illustrated by that of prisoners in a dreary dungeon. *as sit.* Job 3. 5. Is. 9. 2. Mat. 4. 16; 22. 13. Lu. 1. 79. *bound.* Ps. 105. 18. Ex. 2. 23, 24. 2 Ch. 33. 11. Job 36. 8, 9. La. 3. 6, 7. Ro. 6. 20, 21.

11 *Because.* Ps. 68. 6, 18; 106. 43. Is. 63. 10, 11. La. 3. 39-42; 5. 15-17. *contemned.* Ps. 73. 24; 113. 7-9; 119. 24. 2 Ch. 25. 15, 16; 33. 10. Pr. 1. 25, 30, 31. 1 Sa. 2. 5-8. Is. 5. 19. Je. 44. 16. Lu. 7. 30; 16. 14. Ac. 20. 27. Ro. 1. 28.

12 *he brought.* Ex. 2. 23; 5. 18, 19. Ju. 10. 16-18; 16. 21, 30. Ne. 9. 37. Is. 51. 19, 20, 23; 52. 5. La. 5. 5, 6. Lu. 15. 14-17. *and there.* Ps. 18. 40, 41; 22. 11; 142. 4. 2 Ki. 6. 26, 27, 33. Job 9. 13. Is. 63. 5.

13 ver. 6, 19, 28. Ps. 18. 6; 116. 3-6. Ex. 3. 7, 8. Ju. 4. 3; 6. 6-10; 10. 10, etc. 2 Ch. 33. 12, 13, 18, 19. Je. 31. 18-20.

14 *brought.* ver. 10. Ps. 68. 6. Job 3. 5; 10. 21, 22; 15. 22. 30; 19. 8; 33. 30; 42. 10-12. Is. 42. 16; 49. 9; 60. 1-3. Ep. 5. 8. 1 Pe. 2. 9. *brake.* Ps. 102. 20; 105. 19, 20; 116. 16; 146. 7. Job 36. 8. Is. 61. 1. Je. 52. 31-34. Zec. 9. 11, 12. Ac. 5. 19, 25; 12. 7-10; 16. 26, etc.

15 ver. 8, 21, 31. Ps. 116. 17-19.

16 Ju. 16. 3. Is. 45. 1, 2. Mi. 2. 13.

17 *Fools.* This is the *third comparison;* the captives being compared to persons in a dangerous malady, as the consequences of their own sins. Ps. 14. 1; 92. 6. Pr. 1. 22; 7. 7, 22. *because.* Ps. 38. 1-8. Nu. 11. 33, 34; 12. 10-13; 21. 5-9. Is. 57. 17, 18. Je. 2. 19. La. 3. 39.

18 *abhorreth.* Job 33. 19-22. *and they.* Ps. 9. 13; 88. 3. Is. 38. 10.

19 ver. 6, 13, 28; Ps. 30. 8-12; 34. 4-6; 78. 34, 35; 116. 4-8. Je. 33. 3.

20 *He sent.* Ps. 147. 15, 19. 2 Ki. 20. 4, 5. Mat. 8. 8. *healed.* Ps. 30. 2, 3; 103. 3, 4; 147. 3. Nu. 21. 8, 9. Job 33. 23-26. *delivered.* Ps. 49. 15; 56. 13. Job 33. 28-30.

21 ver. 8, 15, 31. Ps. 66. 5. 2 Ch. 32. 25. Lu. 17. 18.

22 *sacrifice.* Ps. 50. 14; 116. 12, 17. Le. 7. 12. He. 13. 15. 1 Pe. 2. 5, 9. *declare.* Ps. 9. 11; 73. 28; 105. 1, 2; 118. 17. Is. 12. 4. *rejoicing. Heb.* singing.

23 *They.* This is the *fourth comparison;* their captivity was as dangerous and alarming as a dreadful tempest at sea; with a most natural and striking description of which we are here presented. *go down.* Ps. 48. 7. Eze. 27. 26. Ac. 27. 9, etc. Re. 18. 17.

24 *his wonders.* Ps. 95. 5; 104. 24-27. Job 38. 8-11.

25 *he commandeth.* Ps. 135. 7; 148 8. Jon. 1. 4. *raiseth. Heb.* maketh to stand. *lifteth.* Ps. 93. 3. Mat. 8. 24. Jno. 6. 18.

26 *their soul.* Ps. 22. 14; 119. 28. 2 Sa. 17. 10. Is. 13. 7. Na. 2. 10.

27 *stagger.* Job 12. 25. Is. 19. 14; 29. 9. *are at their wit's end. Heb.* all their wisdom is swallowed up. Job 37. 20. Is. 19. 3, marg. Ac. 27. 15-20.

28 ver. 6, 13, 19. Jon. 1. 5, 6, 14. Mat. 8. 25. Ac. 27. 23-25.

29 Ps. 65. 7; 89. 9. Jon. 1. 15. Mat. 8. 26. Mar. 4. 39-41. Lu. 8. 23-25.

30 *he bringeth.* Jno. 6. 21.

31 *Oh that men.* ver. 8, 15, 21. Ps. 103. 2; 105. 1. Ho. 2. 8. Jon. 1. 16; 2. 9. Mi. 6. 4, 5. Ro. 1. 20, 21. 2 Ti. 3. 2. He. 13. 15. *his wonderful.* Ps. 71. 17; 72. 18, 19; 77. 11, 14; 105. 2. Re. 15. 3.

32 *exalt.* Ps. 18. 46; 46. 10; 99. 5, 9. Ex. 15. 2. Is. 12. 4; 25. 1. *in the congregation.* Ps. 22. 22, 25; 40. 9, 10; 66. 16; 111. 1; 119. 46. Ac. 4. 8-12.

33 *turneth.* 1 Ki. 17. 1-7. Is. 13. 19-21; 19. 5-10; 34. 9, 10; 42. 15; 44. 27; 50. 2. Eze. 30. 12. Joel 1. 20. Na. 1. 4. Zep. 2. 9, 13. *water-springs.* 1 Ki. 18. 5. Je. 14. 3. Am. 4. 7, 8.

34 *a fruitful.* Ge. 13. 10, 13; 19. 25. De. 29. 23-28. Is. 32. 13-15. *barrenness. Heb.* saltness. Ge. 14. 3. Eze. 47. 11.

35 *turneth.* Ps. 114. 8. Nu. 21. 16-18. 2 Ki. 3. 16-20. Is. 35. 6, 7; 41. 17-19; 44 3-5. Eze. 47. 6-12.

36 *there he.* Ps. 146. 7. Lu. 1. 53. *a city.* ver. 7. Ac. 17. 26.

37 *sow.* Is. 37. 30. Je. 29. 5; 31. 5. Eze. 28. 26. Am. 9. 13-15. *which may.* Ps. 65. 9-13. Ge. 26. 12. Joel 1. 10-12. Hag. 1. 5, 6, 10, 11; 2. 16-19. Zec. 8-12. Ac. 14. 17. 1 Co. 3. 7. 2 Co. 9. 10.

38 *He blesseth.* Ps. 128. 1-6. Ge. 1. 28; 9. 1; 12. 2; 17. 16, 20. Ex. 1. 7. De. 28. 4, 11; 30. 9. Je. 30. 19. Eze. 37. 26. *suffereth.* Ps. 144. 13, 14. Ge. 30. 43; 31. 9. Ex. 9. 3-7; 12. 38. De. 7. 14. Pr. 10. 22.

39 *Again.* The incidents detailed in these verses, which frequently occur, and mark the superintendence of a benign Providence, and the hand of a just God, appear to be brought forward to illustrate the return of the Israelites from captivity, and the punishment of their oppressors the Babylonians. Wherefore, at last, as in a common chorus, they conclude with exhorting each other to a serious consideration of these things, and to make a proper return to the Almighty. *they are.* Ps. 30. 6, 7. Ge. 45. 11. Ru. 1. 20, 21. 1 Sa. 2. 5-7. 2 Ki. 4. 8; 8. 3. Job 1. 10-17. *oppression.* Ex. 1. 13, 14; 2. 23, 24. Ju. 6. 3-6. 2 Ki. 10. 32; 13. 7, 22; 14. 26. 2 Ch. 15. 5, 6. Je. 51. 33, 34.

40 *poureth.* Job 12. 21, 24. Is. 23. 8, 9. *contempt.* Ps. 78. 66. Ex. 8. 3, 17, 24. Jos. 10. 24-26. Ju. 1. 6, 7; 4. 21. 1 Sa. 5. 9; 6. 4. 1 Ki. 21-19. 2 Ki. 9. 35-37. Da. 4. 33; 5. 5, 6, 18-30. Ac. 12. 23. Re. 19. 18. *causeth.* ver. 4. Job 12. 24. Je. 13. 15-18. *wilderness.* or, void place.

41 *setteth.* Ps. 113. 7, 8. Ru. 4. 14-17. 1 Sa. 2. 8. Es. 8. 15-17. Job 5. 11; 8. 7; 11. 15-19; 42. 10-12. Je. 52. 31-34. Ja. 5. 11. *from.* or, after. *maketh.* Ps. 78. 52; 128. 6. Ge. 23. 5-7; 48. 11. 1 Sa. 2. 21. Job 21. 11; 42. 16. Pr. 17. 6. Is. 49. 20-22.

42 *righteous.* Ps. 52. 6; 58. 10, 11. Job 22. 19. Is. 66. 10, 11, 14. *iniquity.* Ps. 63. 11; 112. 10. Ex. 11. 7. Job 5. 15, 16. Pr. 10. 11. Ro. 3. 19.

43 *is wise.* Ps. 28. 5; 64. 9. Is. 5. 12. Je. 9. 12. Da. 10. 12. Ho. 14. 9. *they shall understand.* Ps. 50. 23. Je. 9. 24. Ep. 3. 18, 19.

## PSALM CVIII.

*David encourages himself to praise God,* 1-4. *He prays for God's assistance according to his promise,* 5-10. *His confidence in God's help,* 11-13.

A.M. 2964. B.C. 1040. *(Title.)* This Psalm is composed of two Psalms; ver. 1-5 being the same as Ps. 57. 7-11; and ver. 6-13 the same as Ps. 60. 5-12; and it is probably to be referred to the same period as the latter. Ps. 68, title.

1 *my heart.* Ps. 57. 7-11. *I will.* Ps. 30. 12; 34. 1; 104. 33; 138. 1; 145. 1, 2; 146. 1, 2. Ex. 15. 1. *my glory.* Ps. 16. 9; 71. 8, 15, 23, 24; 145. 21.

2 *Awake.* Ps. 33. 2; 69. 30; 81. 2; 92. 1-4. Ju. 5. 12. *I myself.* Ps. 57. 8; 103. 22.

3 *praise.* Ps. 22. 22, 27; 96. 10; 117. 1; 138. 4, 5. Zep. 3. 14, 20.

4 *thy mercy.* Ps. 36. 5; 85. 10; 89. 2, 5; 103. 11. Is. 55. 9. Mi. 7. 18-20. Ep. 2. 4-7. *clouds.* or, skies.

5 *Be thou.* Ps. 8. 1; 21. 13; 57. 5, 11; 148. 13. 1 Ch. 29. 10-13. *thy glory.* Ps. 72. 19. Is. 6. 3. Mat. 6. 9, 10, 13.

6 *That thy.* Ps. 60. 5-12. De. 33. 12. 2 Sa. 12. 25. Mat. 3. 17; 17. 5. Ro. 1. 7. Ep. 1. 6. Col. 3. 12. *save.* Ps. 35. 1-3; 54. 1; 98. 1, 2; 144. 5-7. Ex. 15. 6. Is. 51. 2-11. *and answer me.* 1 Ki. 18. 24, 26, 29, 36, 37. 2 Ch. 32. 20-22. Is. 63. 24. Je. 33. 3.

7 *spoken.* Ps. 89. 35, 36. Am. 4. 2. *I will rejoice.* Ps. 16. 9-11. 2 Sa. 7. 20, etc. 1 Pe. 1. 3, 8. 2 Pe. 1. 3, 4. *Shechem.* Jos. 17. 7; 20. 7; 24. 1. *the valley.* Ge. 33. 17. Ju. 8. 5, 6.

8 *Gilead.* Jos. 13. 8-11. 2 Sa. 2. 8; 5. 5. *Ephraim.* De. 33. 17. 1 Sa. 28. 4. *Judah.* Ps. 122. 5. Ge. 49. 10.

9 *Moab.* Ps. 60. 8-10. 2 Sa. 8. 1, 2. Jno. 13. 8, 14. *I cast.* Ru. 4. 7, 8. *over Philistia.* 2 Sa. 21. 15-22. Is. 14. 29-32.

10 *who will lead.* Ps. 20. 6-8; 60, title. Is. 63. 1-6. Je. 49. 7-16. Ob. 3, 4.

11 *who hast.* Ps. 44. 9. 1 Sa. ch. 29, etc. *go forth.* Nu. 10. 9. De. 20. 3, 4. 1 Sa. 17. 26, 36. 2 Ch. 13. 12; 14. 11; 20. 15.

12 *Give.* Ps. 20. 1, etc. *for vain.* Ps. 146. 3-5. Job 9. 13; 16. 2. Is. 2. 22; 30. 3-5; 31. 3. Je. 17. 5-8. La. 4. 17.

13 *Through.* Ps. 18. 29-34; 118. 6-13; 144. 1. 2 Ch. 20. 12. 1 Co. 15. 10. Ep. 6. 10-18. *tread.* Ps. 18. 42; 60. 12. Ju. 15. 8. Is. 25. 10; 63. 3. Ro. 16. 20. 2 Co. 2. 14.

## PSALM CIX.

*David, complaining of his slanderous enemies, under the person of Judas devotes them,* 1-15. *He shews their sin,* 16-20. *Complaining of his own misery, he prays for help,* 21-28. *He promises thankfulness,* 29-31.

A.M. 2942. B.C. 1062. (*Title.*) It is generally supposed that this Psalm was composed by David, when persecuted by Saul, who was rendered more implacable by the base and malicious calumnies of Doeg and others; though some are of opinion, that it was written when David fled from Absalom, and that Ahithophel, rather than Doeg, is the typical person against whom it is principally directed.

1 *Hold.* Ps. 28. 1; 35. 22, 23; 83. 1. Is. 42. 14. *O God.* Ps. 118. 28. Ex. 15. 2. De. 10. 21. Je. 17. 14.

2 *the mouth.* Ps. 31. 13, 18; 64. 3, 4; 140. 3. 2 Sa. 15. 3-8; 17. 1. Pr. 15. 28. Mat. 26. 59-62. *of the deceitful. Heb.* of deceit. *are opened. Heb.* have opened *themselves. with.* Ps. 120. 3. Pr. 6. 17; 12. 19. Je. 9. 3, 5. Ac. 6. 13.

3 *compassed.* Ps. 17. 11; 22. 12; 88. 17. 2 Sa. 16. 7, 8. Ho. 11. 12. *fought.* Ps. 35. 7, 20; 59. 3, 4; 69. 4. 1 Sa. 19. 4, 5; 26. 18. 2 Sa. 15. 12. Jno. 15. 24, 25.

4 *For my.* Ps. 35. 7, 12; 38. 20. 2 Sa. 13. 39. Jno. 10. 32. 2 Co. 12. 15. *but I.* Ps. 55. 16, 17; 69. 12, 13. 2 Sa. 15. 31, 32. Da. 6. 10. Lu. 6. 11, 12; 23. 34.

5 *they.* Ps. 35. 7-12. Ge. 44. 4. Pr. 17. 13. *hatred.* Ps. 55. 12-15. 2 Sa. 15. 12, 31. Mar. 14. 44, 45. Lu. 6. 16; 22. 47, 48. Jno. 13. 18.

6 *Set thou.* Dr. *Sykes*, *Michaelis*, and others, contend that these imprecations are those of David's enemies against himself; and they would render, 'Set, *say they*, a wicked,' etc.: but this is rendered highly improbable by the 8th verse being applied by St. Peter to the traitor Judas, of whom David was certainly not a type. (See ver. 20.) Bp. *Horsley* and others, however, render the verbs in the *future* tense, the first verb alone being in the imperative; justly considering the Psalmist as merely uttering prophetic denunciations of God's displeasure against sinners. Mat. 27. 4. *and let.* Zec. 3. 1. Jno. 13. 2, 27. *Satan. or,* an adversary. Mat. 5. 25.

7 *be condemned. Heb.* go out guilty, *or* wicked. Ro. 3. 19. Ga. 3. 10. *and let.* 2 Sa. 15. 7, 8. Pr. 15. 8; 21. 27; 28. 9. Is. 1. 15; 66. 3. Mat. 23. 14.

8 *his days.* Ps. 55. 23. Mat. 27. 5 *another.* Ac. 1. 16-26. *office. or,* charge.

9 Ex. 22. 24. Je. 18. 21. La. 5. 3.

10 Ps. 37. 25. Ge. 4. 12-14. 2 Sa. 3. 29. 2 Ki. 5. 27. Job 24. 8-12; 30. 3-9. Is. 16. 2.

11 *extortioner.* Job 5. 5; 18. 9-19; 20. 18. *strangers.* De. 28. 29, 33, 34, 50, 51. Ju. 6. 3-6.

12 *none.* Is. 27. 11. Lu. 6. 38. Ja. 2. 13. *favour.* Ps. 137. 8, 9. Is. 13. 18. Mat. 27. 25. Lu. 11. 50, 51.

13 *Let his.* Ps. 37. 28. 1 Sa. 2. 31-33; 3. 13. 2 Ki. 10. 10, 11. Job 18. 19. Is. 14. 20-22. Je. 22. 30. *their name.* De. 9. 14; 25. 19; 29. 20. Pr. 10. 7.

14 *Let the.* Ex. 20. 5. Le. 26. 39. 2 Sa. 3. 29; 21. 1, 8, 9. Mat. 23. 31-36. *let not.* 2 Ki. 8. 27; 9. 27; 10. 13, 14; 11. 1. 2 Ch. 22. 3, 4. *blotted.* Ne. 4. 5. Is. 43. 25. Je. 18. 23.

15 *before.* Ps. 51. 9; 90. 8. De. 32. 34. Je. 2. 22. Ho. 7. 2. Am. 8. 7. *cut off.* ver. 13. Ps. 34. 16. Job 18. 17. Is. 65. 15.

16 *he remembered.* 2 Sa. 17. 1, 2. Mat. 5. 7; 18. 33-35. Ja. 2. 13. *persecuted.* Ps. 10. 2, 14. Ge. 42. 21. Job 19. 2, 3, 21, 22. Mat. 27. 35-46. *slay.* Ps. 34. 18; 69. 20-29. 2 Sa. 16. 11, 12. Mar. 14. 34-36.

17 Ps. 52. 4, 5; 59. 12, 13. Pr. 14. 14. Eze. 35. 6. Mat. 7. 2. 2 Th. 2. 10, 11. Re. 16. 6.

18 *As he.* Ps. 73. 6. Job 29. 14. Col. 3. 8, 12. 1 Pe. 5. 5. *so let.* Nu. 5. 22, 27. Job 20. 12-16, 20-23. Mat. 26. 24; 27. 3-5. Ac. 1. 18, 25. *into his bowels. Heb.* within him.

19 *as the garment.* ver. 18, 29. Ps. 35. 26; 132. 18.

20 *Let this.* Ps. 2. 5, 6, 12; 21. 8-12; 40. 14, 15; 110. 1, 5, 6. 2 Sa. 17. 23; 18. 32. 1 Ki. 2. 44. Lu. 19. 27. 1 Th. 2. 15, 16. *them.* Mat. 11. 19; 12. 24; 26. 66, 67. Mar. 9. 39. 1 Co. 12. 3.

21 *But do.* Ps. 25. 11; 31. 3; 69. 29; 79. 9, 10; 143. 11, 12. Jno. 17. 1. Phi. 2. 8-11. *thy mercy.* Ps. 36. 7-9; 63. 3; 86. 5, 15.

22 *For I.* Ps. 22. 6; 40. 17; 86. 1; 102. 17-20. Mat. 8. 20. 2 Co. 8. 9. *and my.* ver. 16. Ps. 88. 15, 16; 102. 4. 2 Ki. 4. 27. Job 6. 4. Is. 53. 3. Lu. 22. 44. Jno. 12. 27.

23 *gone.* Ps. 102. 11; 144. 4. 1 Ch. 29. 15. Job 14. 2. Ec. 6. 12; 8. 13. Ja. 4. 14. *I am tossed.* Ps. 102. 10. Ex. 10. 13, 19.

24 *knees.* Ps. 22. 14; 35. 13, 14; 69. 10. Mat. 4. 2. 2 Co. 11. 27. He. 12. 12. *my flesh.* Ps. 32. 3, 4; 38. 5-8; 102. 4, 5. Job 19. 20.

25 *a reproach.* Ps. 31. 11-13; 35. 15, 16; 69. 9-12, 19, 20. Ro. 15. 3. He. 12. 2; 13. 13. *when they.* Ps. 22. 6, 7. Job 16. 4. Is. 37. 22. Mat. 27. 39, 40.

26 *Help.* Ps. 40. 12; 119. 86. He. 5. 7. *save me.* Ps. 57. 1; 69. 13, 16.

27 Ps. 17. 13, 14; 64. 8, 9; 126. 2. Ex. 8. 19. Nu. 16. 28-30. 1 Sa. 17. 46, 47. 1 Ki. 18. 36, 37. Job 37. 7. Ac. 2. 32-36; 4. 16.

28 *Let them.* ver. 17. Nu. 22. 12; 23. 20, 23. 2 Sa. 16. 10-13. *but let.* Is. 65. 13-16. Jno. 16. 22. He. 12. 2.

29 *be clothed.* ver. 17-19. Ps. 6. 10; 35. 26; 132. 18; 140. 9. Je. 20. 11. Da. 12. 2. Mi. 7. 10.

30 *greatly.* Ps. 7. 17; 9. 1; 22. 22, 25; 71. 22, 23; 108. 1-3. *I will praise.* Ps. 22. 22-25; 35. 18; 107. 32; 111. 1; 116. 12-18; 138. 1, 4. He. 2. 12.

31 *For he.* Ps. 16. 8; 73. 23; 110. 5; 121. 5. *poor.* ver. 16. Ps. 68. 5; 72. 4, 12, 13; 140. 12. *to save.* Ps. 10. 14. Ex. 22. 22-24. Pr. 22. 22, 23. Ec. 5. 8. Is. 54. 17. Ac. 4. 10-12; 5. 30, 31. *those that condemn. Heb.* the judges of.

## PSALM CX.

*The kingdom,* 1-3; *the priesthood,* 4; *the conquest,* 5, 6; *and the passion of Christ,* 7.

A.M. 2962. B.C. 1042. (*Title.*) This Psalm was probably composed by David after Nathan's prophetic address; and, from the grandeur of the subject and the sublimity of the expressions, it is evident that it can only refer, as the ancient Jews fully acknowledged, to the royal dignity, priesthood, victories, and triumphs of the MESSIAH.

1 *The Lord.* Ps. 8. 1. Mat. 22. 42-46. Mar. 12. 35-37. Lu. 22. 41. *Sit.* Mar. 16. 19. Ac. 2. 34. Ep. 1. 20-22. He. 12. 2. 1 Pe. 3. 22. *until.* Ps. 2. 6-9; 45. 6, 7. 1 Co. 15. 25. He. 1. 3, 13; 10. 12, 13.

2 *the rod.* Ex. 7. 19; 8. 5. Mi. 7. 14. Mat. 28. 18-20. Ac. 2. 34-37. Ro. 1. 16. 1 Co. 1. 23, 24. 2 Co. 10. 4, 5. 1 Th. 2. 13. 1 Pe. 1. 12. *out.* Is. 2. 3. Eze. 47. 1. Mi. 4. 2. *rule.* Ps. 2. 8, 9; 22. 28, 29; 45. 5.

3 *Thy.* Ps. 22. 27, 28. Ju. 5. 2. Ac. 2. 41. Ro. 11. 2-6. 2 Co. 8. 1-3, 12, 16. Phi. 2. 13. He. 13. 21. *day.* Ac. 1. 8; 2. 33; 4. 30-35; 19. 20. 2 Co. 13. 4. Ga. 1. 15, 16. *beauties.* Ps. 96. 9. Eze. 43. 12. Ep. 1. 4. 1 Th. 4. 7. Tit. 2. 14. *from the womb,* etc. *or,* more than the womb of the morning: thou shalt have, etc. *thou hast.* Ac. 4. 4; 21. 20. Re. 7. 9.

4 *Lord.* Ps. 89. 34-36. He. 5. 6; 6. 13-18; 7. 28. *will not.* Nu. 23. 19. *Thou.* Ge. 14. 18. Zec. 6. 13. He. 6. 20; 7. 1-3, 11, 17. Re. 1. 6.

5 *at thy.* ver. 1. Ps. 16. 8. Mar. 16. 19. Ac. 2. 34-36; 7. 55, 56. *strike.* Ps. 2. 2-6, 9-12; 45. 4, 5; 68. 14, 30; 149. 7-9. Zec. 9. 9, 10, 13-15. Re. 17. 12-14; 19. 11-21; 20. 8, 9. *in the day.* Ps. 21. 8, 9. Eze. 38. 18, 19. Ro. 2. 5. Re. 6. 15-17; 11. 18.

6 *judge.* 1 Sa. 2. 10. Is. 2. 4; 11. 3; 42. 1, 4; 51. 5. Joel 3. 12-16. Mi. 4. 3. Jno. 5. 22. Re. 19. 11. *fill.* Is. 34. 2-8; 43. 2-4; 66. 16, 17. Eze. 38. 21, 22; 39. 4. 11-20. Re. 14. 20. *wound.* Ps. 68. 21. Ge. 3. 15. Hab. 3. 13. *many. or,* great.

7 *He shall.* Ps. 102. 9. Ju. 7. 5, 6. Job 21. 20. Is. 53. 12. Je. 23. 15. Mat. 20. 22; 26. 42. Jno. 18. 11. *therefore.* Is. 53. 11, 12. Lu. 24. 26. Phi. 2. 7-11. He. 2. 9, 10. 1 Pe. 1. 11. *lift.* Ps. 3. 3; 27. 6. Je. 52. 31.

## PSALM CXI.

*The psalmist by his example incites others to praise God for his glorious,* 1-4, *and gracious works,* 5-9. *The fear of God breeds true wisdom,* 10.

1 A.M. 3468. B.C. 536. *Praise ye the Lord. Heb.* Hallelujah. Ps. 106. 1, 48. As this is an *alphabetical* Psalm, every member of each verse beginning consecutively with a letter of the Hebrew alphabet, *Hallelujah*, which begins with the *fifth*, must be considered as the title. *I will.* Ps. 9. 1; 103. 1; 138. 1. *assembly.* Ps. 22. 25; 35. 18; 40. 9, 10; 89. 5, 7; 107. 32; 108. 3; 109. 30; 149. 1. 1 Ch. 29. 10-20. 2 Ch. 6. 3, 4; 20. 26-28.

2 *works.* Ps. 92. 5; 104. 24; 139. 14. Job 5. 9; 9. 10; 26. 12-14; ch. 38; 41. Is. 40. 12. Je. 32. 17-19. Da. 4. 3. Ep. 1. 19; 2. 7-10. Re. 15. 3. *sought.* Ps. 77. 11, 12; 104. 24, 34; 107. 43; 143. 5. Job 37. 7. Ec. 3. 11. 1 Pe. 1. 10-12. *that have.* Ps. 92. 4. Pr. 17. 16; 18. 1, 2; 24. 14. Ro. 1. 28; 8. 6.

3 *honourable.* Ps. 19. 1; 145. 4, 5, 10-12, 17. Ex. 15. 6, 7, 11. Ep. 1. 6-8; 3. 10. Re. 5. 12-14. *righteousness.* Ps. 103. 17; 119. 142, 144. Is. 51. 5, 6, 8. Da. 9. 24.

4 *He hath.* Ps. 78. 4-8. Ex. 12. 26, 27; 13. 14, 15. De. 4. 9; 31. 19, etc. Jos. 4. 6, 7, 21-24. 1 Co. 11. 24-26. *gracious.* Ps. 86. 5, 15; 103. 8. Ex. 34. 6, 7. Is. 63. 7. Mi. 7. 18, 19. Ro. 5. 20, 21. Ep. 1. 6-8. 1 Ti. 1. 14. *full.* Ps. 78. 38; 112. 4; 145. 8.

5 *hath given.* Ps. 34. 9, 10; 37. 3. Is. 33. 16. Mat. 6. 26-33. Lu. 12. 30. *meat. Heb.* prey. *he will.* Ps. 89. 34; 105. 8; 106. 45. Ne. 1. 5. Da. 9. 4. Lu. 1. 72.

6 *shewed.* Ps. 78. 12, etc.; 105. 27, etc. De. 4. 32-38. Jos. 3. 14-17; 6. 20; 10. 13, 14. *that he.* Ps. 2. 8; 44. 2; 78. 55; 80. 8; 105. 44.

7 *works.* Ps. 85. 10; 89. 14; 98. 3. De. 32. 4. 2 Ti. 2. 13. Re. 15. 3, 4. *all his.* Ps. 19. 7; 105. 8; 119. 86, 151, 160.

8 *They.* Mat. 5. 18. Ro. 3. 31. *stand fast. Heb.* are established. *are done.* Ps. 19. 9; 119. 127, 128. Ro. 7. 12. Re. 15. 3.

9 *sent.* Ps. 130. 7, 8. Ex. 15. 13. De. 15. 15. Is. 44. 6; 63. 9. Mat. 1. 21. Lu. 1. 68. Ep. 1. 7, 14. Tit. 2. 14. He. 9. 12. 1 Pe. 1. 18-20. Re. 5. 9. *he hath.* ver. 5. 2 Sa. 23. 5. 1 Ch. 16. 15. Is. 55. 3. Je. 33. 20, 21.

Ga. 3.15-17. He. 13.20. *holy.* Ps. 89. 7; 99. 3, 5, 9. Ex. 15. 11. De. 28. 58. Is. 6. 3. Mal. 1. 11; 2. 2. Lu. 1. 49. Re. 4. 8.

10 *fear.* Job 28.28. Pr. 1. 7; 9.10. Ec. 12.13. *a good understanding, or,* good success. Ps. 1.3. De.4.6. Jos.1.7,8. Pr.3. 4. 2 Ti.3.15-17. *do his commandments. Heb.* do them. Jno.13.17. Re. 22. 14. *his praise.* Mat. 25. 21. 23. Jno. 5. 44; 12. 43. Ro. 2. 7,29. 1 Co. 4. 5. 2 Co. 4. 17. 1 Pe. 1. 7.

## PSALM CXII.

*Godliness has the promises of this life,* 1-3, *and of the life to come,* 4-9. *The prosperity of the godly shall be an eye-sore to the wicked,* 10.

1 *Praise ye the Lord. Heb.* Hallelujah. Ps. 111. 1; 147. 1; 148. 11-14; 150. 1. This is another of the *alphabetical* Psalms, being formed exactly as the preceding in the division of its verses; and, like it, was probably composed for the use of the Jews, after their return from captivity *Blessed.* See on Ps.111. 10; 115.7-13; 128.1; 145.19. Is. 50. 10. Lu. 1. 50. *delighteth.* Ps. 1. 1,2; 40. 8; 119.16, 35, 47, 48, 70-72, 97, 143. Ro. 7. 22; 8. 6.

2 Ps. 25. 13; 37. 26; 102. 28. Ge. 17. 7; 22. 17. 18. Pr. 20. 7. Je. 32. 39. Ac. 2. 39.

3 *Wealth.* Pr. 3. 16; 15. 6. Is. 33. 6. Mat. 6. 33. 2 Co.6.19. Phi.4.18,19. 1 Ti.6. 6-8. *and his.* ver. 9. Ps. 111. 3. 10. Is. 32. 17; 51. 8. Mat. 24. 22-24.

4 *there ariseth.* Ps. 37.6; 97.11. Job 11.17. Is.50.10; 58.10. Mi.7.8,9. Mal.4. 2. Jno.12.46. *he is gracious.* Ps. 106. 1. Lu.6.36. 2 Co.8.8,9. Ep. 4. 32; 5. 1,2, 9,15. Col. 3. 12, 13. *righteous.* Tit. 2. 11, 12. 1 Jno. 2. 29; 3. 7, 10.

5 *good.* Pr. 2.20; 12.2. Lu. 23.50. Ac. 11. 24. Ro. 5. 7. *sheweth.* Ps. 37. 25, 26. De. 15. 7-10. Job 31. 16-20. Lu. 6. 35. *he will.* Pr.17.18; 18.9; 22.26, 27; 24. 27, 30-34; 27.23-27. Jno. 6.12. Ro.12.11. Ep. 5. 15. Col. 4. 5. *discretion. Heb.* judgment. Phi. 1. 9.

6 *Surely.* Ps.15.5; 62.2,6; 125.1. 2 Pe. 1. 5-11. *the righteous.* Ne.13.22,31. Pr. 10. 7. Mat. 25. 34-40. He. 6. 10.

7 *shall not.* Ps. 27. 1-3; 34. 4; 56. 3, 4. Pr. 1. 33; 3. 25,26. Lu. 21. 9, 19. *heart.* Ps.57.7; 118.6. Is.26.3,4. Da. 3. 16. Ac. 20.24; 21.13. *trusting.* Ps. 62. 8; 64.10; 118. 8, 9. Jno. 14. 1. Ac. 27. 25.

8 *heart.* Ps. 27. 14; 31. 24. He. 13. 9. *shall.* Pr.3.33. *until he.* Ps. 59.10; 91.8; 92. 11; 118. 7.

9 *He.* 2 Co.9.9. *dispersed.* De. 15. 11. Pr.11.24,25; 19.17. Ec.11.1, 2, 6. Is. 32.8; 58.7.10. Mar. 14.7. Lu. 11. 41; 12.33; 18. 22. Jno.13.29. Ac.4.35; 20.35. Ro.12.13. 2 Co.8.9; 9.10-15. 1 Ti. 6. 18. He. 13. 16 Ja.2.15,16. 1 Jno.3.16-18. *righteousness.* See on ver. 3. De.24.13. Mat. 6.4. Lu.14. 12-14; 16.9. He.6.10. Re. 22. 11. *horn.* Ps. 75. 10; 92. 10. 1 Sa. 2. 1, 30.

10 *wicked.* Es. 6. 11, 12. Is. 65. 13, 14. Lu.13.28; 16.23. *gnash.* Ps.37.12. Mat. 22.13. Re. 16. 10,11. *melt.* Ps. 58. 7, 8. *desire.* Pr.10. 28; 11. 7. Lu. 16. 24-26.

## PSALM CXIII.

*An exhortation to praise God for his excellency,* 1-5; *for his mercy,* 6-9.

(*Title*). This and the following five Psalms form what is called by the Hebrews the great *Hallel,* or praise; which was sung on their most solemn festivals, and particularly after the celebration of the Passover. (See Mat. 26.30. Mar. 24.26.) This and the following were probably composed after the return from the captivity.

1 *Praise ye the Lord. Heb.* Hallelujah. Ps. 112.1. *Praise, O.* Ps. 33.1,2; 103.20, 21; 134. 1; 135.1-3, 20; 145.10. Ep. 5.19, 20. Re. 19. 5.

2 Ps.41.13; 106.48. 1 Ch. 16.36; 29.10-13. Da. 2.20. Ep. 3. 21. Re. 5. 13.

3 Ps. 72. 11, 17-19; 86. 9. Is. 24. 16; 42. 10-12; 49.13; 59.19. Hab. 2. 14. Mal. 1. 11. Ro. 15. 9, 10. Re. 11. 15.

4 *high.* Ps. 97.9; 99.2. Is.40.15, 17, 22. *his glory.* Ps. 8.1; 57.10, 11. 1 Ki.8.27. Is. 66. 1.

5 *like.* Ps. 89.6,8. Ex. 15.11. De. 33.26. Is. 40. 18, 25; 16. 5. Je. 10. 6. *dwelleth. Heb.* exalteth *himself* to dwell.

6 *humbleth.* Ps. 11. 4. Job 4. 18; 15.15. Is. 6.2. *in heaven.* Bp. *Lowth* observes that the two members of this line are to be referred severally to the two preceding lines; as if it were, 'Who is exalted to dwell in the heavens; and who humbleth himself to inspect the things on earth.' *in the earth.* Ps. 138. 6. Is. 57. 15; 66. 2.

7 *raiseth.* Ps. 75. 6, 7; 107. 41. Job 5. 11, 15, 16. Eze. 17.24; 21.26, 27 Lu. 1. 52, 53. Ja. 2. 5. *out of.* Ps. 22.15. Is. 26.19. Da.12. 2,3. Ac. 3. 31-33. Ep. 1. 20, 21. 1 Pe. 3. 21, 22. *needy.* 1 Sa. 2. 7, 8; 24. 14. 2 Sa. 7. 8, 9. Job 2. 8; 36. 6, 7.

8 Ps. 45.16; 68.13. Ge. 41. 41. Phi. 2. 8-11. Re. 5. 9, 10.

9 *maketh.* Ps. 68.6. Ge. 21.5-7; 25. 21; 30. 22, 23. 1 Sa. 2.5. Is. 54.1. Lu. 1.13-15. Ga. 4. 27. *keep house. Heb.* dwell in an house.

## PSALM CXIV.

*The miracles wrought by God, when he brought his people out of Egypt, are a just ground of fearing him.*

(*Title.*) This short, and *apparently* imperfect Psalm, for elegance and sublimity, yields to few in the whole book. The composition of it is inexpressibly beautiful, and in the highest style of poetry.

1 *Israel.* Ex.12.41,42; 13.3; 20.2. De. 16.1; 26.8. Is. 11.16. *a people.* Ps. 81.5. Ge. 42. 23.

2 Ex. 6. 7; 19. 5, 6; 25. 8; 29. 45, 46. Le. 11.45. De. 23.14; 27. 9, 12. Eze. 37. 26-28. 2 Co. 6. 16, 17. Re. 21. 3.

3 *sea.* Ps.77.16; 104. 7; 106. 9. Ex. 14. 21; 15.8. Is. 63.12. Hab.3. 8,15. *Jordan.* Ps. 74. 15. Jos.3.13-16. Hab. 3. 9.

4 Ps.39.6; 68.16. Ex.19.18; 20.18. Ju.5. 4,5. Je. 4.23,24. Mi. 1.3,4. Na. 1.5. Hab. 3. 6, 8. 2 Pe. 3. 7-11. Re. 20. 11.

5 Je. 47. 6, 7. Hab. 3. 8.

7 *Tremble.* Ps. 77.18; 97. 4, 5; 104. 32. Job 9. 6; 26. 11. Is. 64. 1-3. Je. 5. 22. Mi. 6. 1, 2.

8 Ps.78.15,16; 105.41; 107.35. Ex. 17. 6. Nu. 20. 11. De. 8. 15. Ne. 9. 15. 1 Co. 10. 4.

## PSALM CXV.

*Because God is truly glorious,* 1-3, *and idols are vanity,* 4-8, *he exhorts to confidence in God,* 9-11. *God is to be blessed for his blessings,* 12-18.

A.M. 3108. B.C. 896. (*Title.*) This seems to be an ἐπινίκιον, or triumphal song, in which the victory is wholly ascribed to Jehovah; and to none can it be referred with more propriety than to that of Jehoshaphat over the confederated forces of his enemies, 2 Ch. ch. 20.

1 *unto us.* Ps.74.22; 79.9, 10. Jos.7.9. Is. 48.11. Eze.20.14; 36.32. Da.9.19. Ep. 1.6. Re.4.10,11. *for thy mercy.* Ps. 61. 7; 89. 1, 2. Mi. 7. 20. Jno. 1.17. Ro. 15. 8, 9.

2 Ps. 42.3,10; 79.10. Ex. 32.12. Nu. 14. 15,16. De.32.26,27. 2 Ki. 19.10-19. Joel 2. 17.

3 *But our.* Ps. 2.4; 68.4; 123.1. 1 Ch. 16.25. Mat.6.9. *he hath.* Ps.135.6. Is. 46. 10. Da. 4. 35. Ro. 9. 19. Ep. 1. 11.

4 *Their idols.* They are metal, stone, and wood; and though generally made in the form of man, they can neither see, hear, smell, feel, walk, nor speak! Even the wiser heathen made them the objects of their jests. Ps. 97. 7; 135. 15-17. De. 4. 28. Is. 40. 19, 20; 42. 17; 46. 1, 2, 6, 7. Je.10. 3-5. Ho.8.6. Hab. 2.18-20. Ac. 19. 26, 35. 1 Co. 10. 19, 20.

8 Ps. 135. 18. Is. 44. 9-20. Je.10. 8. Jon. 2. 8. Hab. 2. 18, 19.

9 *Israel.* Ps. 118. 2-4; 135. 19, 20. Ex. 19. 5. *trust.* Ps. 62. 8; 125. 1; 130. 7; 146. 5, 6. Je. 17. 7, 18. Ep. 1. 12. *their. help.* Ps. 33.20, 21; 84. 11. De. 33. 29. Pr 30. 5.

10 Ex.28.1. Nu. 16.5,40; 18.7.

11 Ps. 33. 18; 118. 4; 147. 11. Pr. 14. 26; 30. 5. Ac. 10. 35. Re. 19. 5.

12 *hath.* Ps. 25.7; 136.23. Ge. 8. 1. Ex. 2. 24,25. Is. 44. 21; 49. 14-16. Ac. 10. 4. *the house of Israel.* Ps. 67. 7. Ge. 12. 2,3; 2. 17, 18. Ac. 3. 26. Ga. 3. 14, 29. Ep. 1. 3.

13 *He will bless.* Ps. 29. 11; 112. 1; 128. 1, 4, 5. Mal.3.16, 17; 4. 2. Lu.1.50. Ac. 13.26. Col. 3. 11. *both small.* Ac.26. 22. Re. 11. 18; 19. 5; 20. 12. *and. Heb.* with.

14 *Lord.* Ge. 13. 16. 2 Sa. 24. 3. Is. 2. 2, 3; 27.6; 19.20, 21; 56.8; 60. 4, etc. Je. 30.19; 33.22. Ho. 1.10. Zec. 8. 20-23; 10. 8. Re. 7. 4, 9. *you.* Ge. 17. 7. Je. 32. 38, 39. Ac. 2. 39; 3. 25.

15 *blessed.* Ps. 3. 8. Ge. 14.19; 32.26-29. Ep. 1.3, 4. 1 Pe. 3. 9. *made.* Ps. 96. 5; 146. 5, 6. Ge. 1. 1.

16 *heaven.* Ps. 89. 11; 144. 5; 148. 4. Is. 66.1. La.3.66. Jno.14.2. *but the earth.* Ge. 1. 28-30; 9. 1-3. De. 32. 8. Je. 27. 5, 6.

17 *dead.* Ps.6.5; 30.9; 88.10-12. Is. 38. 18, 19. *go down.* Ps. 31. 17. 1 Sa. 2. 9.

18 Ps. 113. 2; 118. 17-19; 145. 2, 21. Da. 2. 20. Re. 5. 13.

## PSALM CXVI.

*The psalmist professes his love and duty to God for his deliverance,* 1-11. *He studies to be thankful,* 12-19.

A.M. 3468. B.C. 536. (*Title.*) From several instances of the Chaldee dialect being used in this Psalm, it appears to have been written after the Babylonian captivity.

1 *love.* Ps. 18. 1-6; 119. 132. Mar. 12. 33. Jno. 21. 17. 1 Jno. 4. 19; 5.2,3. *because.* Ps.18.6; 31.22,23; 34.3,4; 40. 1; 66. 19, 20; 69. 33. Ge. 35. 2. 1 Sa. 1. 26. Jno. 16. 24.

2 *therefore.* Ps.55.16,17; 86.6, 7; 88. 1; 145.18, 19. Job 27. 10. Lu. 18. 1. Phi. 4. 6. Col. 4. 2. *as long as I live. Heb.* in my days.

3 *sorrows.* Ps. 18. 4-6; 88. 6, 7. Jon. 2. 2,3. Mar.14.33-36. Lu. 22. 44. He. 5. 7. *gat hold upon me. Heb.* found me. *I found.* Ps. 32. 3,4; 38. 6. Is. 53. 3, 4.

4 *called.* Ps. 22.1-3; 30.7,8; 34. 6; 50. 15; 118. 5; 130.1, 2. 2 Ch. 33. 12, 13. Is. 37. 15-20; 38. 1-3. Jno. 2. 2. *O Lord.* Ps. 6.4; 22.20; 25.17; 40.12, 13; 142.4-6; 143. 6-9. Lu. 18.13; 23. 42, 43.

5 *Gracious.* Ps.86.5, 15; 103.8; 112. 4; 115.1; 145.8. Ex. 34. 6, 7. Ne. 9. 17, 31. Da. 9.9. Ro.5.20, 21. Ep. 1.6-8; 2.4. 1 Ti. 1.14. Tit. 3.4-7. *and righteous.* Ps.119. 137; 145.4-7, 17. Ezr.9.15. Ne.9.8,33. Is. 45. 21. Da. 9. 7, 14. Ro. 3. 25, 26. 1 Jno. 1. 9.

6 *preserveth.* Ps. 19.7; 25.21. Is. 35. 8. Mat. 11. 25. Ro. 16. 19. 2 Co. 1. 12; 11. 3. Col. 3. 22. *I was.* Ps. 79. 8; 106. 43; 142. 6.

7 *thy rest.* Ps. 95.11. Je. 6. 16; 30.10. Mat.11. 28, 29. He.4.8-10. *dealt.* Ps. 13. 6; 119. 17. Ho. 2. 7.

8 *For thou.* Ps.56. 13; 86. 13. *mine.* Is. 25. 8; 38.5. Re. 7. 17; 21. 4. *and my feet.* Ps. 37. 24; 94. 18. Ju. 24.

9 *walk.* Ps.61.7. Ge. 17. 1. 1 Ki. 2. 4; 8.25; 9.4. Lu. 1.6,75. *in the land.* Ps. 27. 13. Is. 53. 8.

10 *I believed.* 2 Co. 4. 13. He. 11. 1. *therefore.* Nu. 14. 6-9. Pr. 21. 28. 2 Pe. 1. 16, 21. *I was greatly.* ver. 3.

11 *in my.* Ps. 31. 22. 1 Sa 27. 1. *All.* 2 Ki. 4. 16. Je. 9. 4, 5. Ro. 3. 4.

12 Ps. 51. 12-14; 103. 2. Is. 6. 5-8. Ro. 12. 1. 1 Co. 6. 20. 2 Co. 5. 14, 15.

13 *I will take.* ver. 17. Lu. 22. 17, 18, 20. 1 Co. 10. 16, 21; 11. 25-27. *call.* ver. 2. Ps. 105. 1. Is. 12. 4.

14 *pay my vows.* ver. 18. Ps. 22. 25; 56. 12; 66. 13-15. Jon. 1. 16; 2. 9. Na. 1. 15. Mat. 5. 33.

15 *Precious.* Ps. 37.32, 33; 72. 14. 1 Sa. 25. 29. Job 5. 26. Lu. 16. 22. Re. 1. 18; 14. 3.

16 *truly.* Ps. 86. 16; 119. 125; 143. 12. Jno. 12. 26. Ac. 27. 23. Ja. 1. 1. *the son.* Ps. 86. 16. *thou hast.* Ps. 107. 14-16. 2 Ch. 33. 11-13. Is. 61. 1. Ro. 6. 22.

17 *the sacrifice.* Ps. 50.14 ; 107.22. Le. 7. 12. He. 13. 15. *call.* ver. 13. Ac. 2. 42.

18 ver. 14. Ps. 22. 25 ; 76. 11. Ec. 5. 5.

19 Ps. 96. 8 ; 100. 4 ; 118. 19, 20 ; 122. 3, 4 ; 135. 2. 2 Ch. 6. 6.

## PSALM CXVII.

*An exhortation to praise God for his mercy and truth.*

*(Title.)* This Psalm, the shortest in the whole collection, is written as a part of the preceding in thirty-two MSS.: it celebrates the deliverance from the Babylonian captivity, the grand type of the redemption of the world by the Messiah.

1 *O praise.* Ps. 66.1, 4 ; 67.3 ; 86.9. Is. 24.15, 16 ; 42. 10-12. Ro. 15. 11. Re. 15. 4. *praise him.* Ps. 148. 11-14 ; 150.6. Re. 5. 9 ; 7. 9, 10.

2 Ps. 85. 10 ; 89.1 ; 100.4, 5. Is.25.1. Mi. 7.20. Lu.1.54, 55. Jno. 14.6. Ro. 15. 8, 9. 1 Jno. 5. 6.

## PSALM CXVIII.

*An exhortation to praise God for his mercy, 1-4. The psalmist by his experience shews how good it is to trust in God, 5-18. Under the type of the psalmist the coming of Christ in his kingdom is expressed, 19-29.*

A.M. 2962. B.C. 1042. *(Title.)* This Psalm was probably composed by David after Nathan's prophetic address ; and sung by alternate choirs at some public festival. It largely partakes of David's spirit, and everywhere shews the hand of a master ; the style is grand and sublime; the subject noble and majestic.

1 ver. 29. Ps. 103.17 ; 106.1 ; 107.1 ; 136. 1. 1 Ch. 16. 8, 34. Je. 33. 11.

2 Ps. 115. 9-11 ; 135. 19, 20 ; 145. 10 ; 147. 19, 20. Ga. 6. 16. He. 13. 15. 1 Pe. 2. 9, 10.

3 Ps. 134. 1-3. 1 Pe. 2. 5. Re. 1. 6 ; 4. 7-11 ; 5. 8-10.

4 Ps. 22. 23. Re. 19. 5.

5 *called.* Ps. 18.6 ; 40.1-3 ; 77. 2 ; 107. 13, 19 ; 116. 3, 4 ; 120. 1 ; 130. 1, 2. Ge. 32. 7, 9-11. 1 Sa. 30. 6-8. Mar. 14. 31-36. *in distress. Heb.* out of distress. Ps. 130.1. *set me.* Ps. 18. 19 ; 31. 8.

6 *The Lord.* Ps. 27. 1-3 ; 46. 1, 11 ; 56. 4, 9, 11 ; 146. 5. Is. 51. 12. Je. 20. 11. Mi. 7. 8-10. Ro. 8. 31. He. 13. 6. *on my side. Heb.* for me.

7 *taketh.* Ps. 54.4 ; 55.18. 1 Ch. 12. 18. *therefore.* Ps. 54.7 ; 59. 10 ; 92. 11 ; 112. 8.

8 Ps. 40. 4 ; 62. 8, 9. Je. 17. 5-7. Mi. 7. 5-7.

9 *than to put.* Ps. 146. 3-5. Is. 30. 2, 3, 15-17 ; 31. 1, 8 ; 36. 6, 7. Eze. 29. 7.

10 *All nations.* 2 Sa. ch. 5 ; 8 ; 10. Zec. 12.3 ; 14.1-3. Re. 19. 19-21 ; 20. 8, 9. *destroy them. Heb.* cut them off.

11 Ps. 22. 12-16 ; 88. 17. 1 Sa. 23. 26. 1 Ch. 19. 10.

12 *like bees.* De. 1. 44. *quenched.* Ps. 83. 14, 15. Ec. 7. 6. Is. 27. 4. Na. 1. 10. *in the name.* Ps. 8. 9 ; 20. 1, 5. 1 Sa. 17. 45. 2 Sa. 23. 6. 1 Ch. 14. 10, 11, 14-16. 2 Ch. 14. 11, 12 ; 16. 7-9 ; 20. 17-22 ; 22. 7, 8. *destroy them. Heb.* cut them down.

13 Ps. 18. 17, 18 ; 56. 1-3. 1 Sa. 20. 3 ; 25. 29. 2 Sa. 17. 1-3. Mi. 7. 8. Mat. 4. 1-11. He. 2. 14.

14 *is my strength.* Ps. 18. 2. Ex. 15. 2-6. Is. 12. 2 ; 45. 17, 22-25. Mat. 1. 21-23.

15 *voice.* Ps. 30. 11, 12 ; 32. 11 ; 33. 1 ; 119. 54, 111. De. 12. 12. Is. 51. 11 ; 65. 13. Ac. 2. 46, 47 ; 16. 34. Re. 18. 20 ; 19. 1-5. *the right.* Ps. 44. 3 ; 45. 4 ; 60. 12 ; 89. 13 ; 98. 1. Is. 51. 9, 10.

16 *right hand.* Ex. 15. 6. Ac. 2. 32-36.

17 *die.* Ps. 6. 5. Is. 38. 16-20. Hab. 1. 12. Jno. 11. 4. Ro. 14. 7-9. *declare.* Ps. 40. 5, 10 ; 71. 17, 18 ; 73. 28 ; 107. 22 ; 119. 13 ; 145. 4. Je. 51. 10.

18 *chastened.* Ps. 66. 10-12 ; 94. 12, 13. 2 Sa. 12. 10 ; ch. 13 ; 16. Job 5. 17, 18 ; 33. 16-30. Pr. 3. 11, 12. Jon. 2. 6. 1 Co. 11. 32. 2 Co. 1. 9-11 ; 6. 9. He. 12. 10, 11.

19 *Open.* Is. 26. 2. Re. 22. 14. *I will go.* Ps. 9. 13, 14 ; 66. 13-15 ; 95. 2 ; 100. 4 ; 116. 18, 19. Is. 38. 20, 22.

20 *This gate.* Dr. *Kennicott* supposes that this verse was sung by the priest, the next by the king, the three next by a chorus of people, the 25th by the king, the two next by the priest, the 28th by the king, and the last the grand chorus of the whole assembly. Ps. 24. 3, 4, 7, 9. Is. 26. 2 ; 35. 8-10. Re. 21. 24-27 ; 22. 14, 15.

21 Ps. 22. 23, 24 ; 69. 33, 34 ; 116. 1. *and art.* ver. 14. Ex. 15. 2. Is. 12. 2 ; 49. 8.

22 *The stone.* Mat. 21. 42. Mar. 12. 10, 11. Lu. 20. 17. Ac. 4. 11. Ep. 2. 20-22. 1 Pe. 2. 4-8. *the head.* Zec. 4. 7.

23 *the Lord's doing. Heb.* from the Lord. Ac. 2. 32-36 ; 3. 14, 15 ; 5. 31, 32. Ep. 1. 19-22. *it is.* Job 5. 9. Ac. 4. 13 ; 13. 41.

24 *the day.* Zec. 3. 9. Mat. 28. 1-8. Jno. 20. 19, 20. Ac. 20. 7. Re. 1. 10. *we will.* Ps. 84. 10. 1 Ki. 8. 66. 2 Ch. 20. 26-28. Ne. 8. 10. Is. 58. 13.

25 *Save.* Ps. 20. 9 ; 22. 21 ; 69. 1, 13. *send now.* Ps. 90. 17.

26 *Blessed.* Zec. 4. 7. Mat. 21. 9 ; 23. 39. Mar. 11. 9, 10. Lu. 19. 38. Jno. 12, 13. *we have.* Ps. 134. 3. Nu. 6. 23-26.

27 *God.* 1 Ki. 18. 21, 39. *shewed.* Ps. 18. 28 ; 37. 6. Es. 8. 16. Is. 9. 2 ; 60. 1. Mi. 7. 9. Mal. 4. 2. Jno. 8. 12. 1 Pe. 2. 9. *bind.* Ps. 51. 18, 19. 1 Ki. 8. 63, 64. 1 Ch. 29. 21. He. 13. 15. *the horns.* Ex. 27. 2 ; 38. 2.

28 *my God.* Ps. 145. 1 ; 146. 2. Ex. 15. 2. Is. 12. 2 ; 25. 1, 9.

29 ver. 1. Ps. 103. 17. Ezr. 3. 11. Is. 63. 7.

## PSALM CXIX.

*This psalm contains sundry prayers, praises, and professions of obedience.*

A.M. 3560. B.C. 444. *(Title.)* This Psalm, which was probably composed by Ezra, is another of the alphabetical Psalms : it consists of twenty-two parts, answering to the number of the Hebrew letters ; every part being divided into eight verses, and each verse beginning with that letter which forms the title of the part ; that is, the first part of eight verses, with א, the second with ב, etc. It is an elegant, important, and useful composition ; the chief subjects of which are the excellence of God's laws, and the happiness of those who observe them.

1 *Blessed.* Ps. 1. 1-3 ; 32. 1, 2 ; 112. 1 ; 128. 1. Mat. 5. 3-12. Lu. 11. 28. Jno. 13. 17. Ja. 1. 25. Re. 22. 14. *undefiled, or,* perfect, *or* sincere. 2 Ki. 20. 3. 2 Ch. 31. 20, 21. Job 1. 1, 8. Jno. 1. 47. Ac. 24. 16. 2 Co. 1. 12. Ti. 2. 11, 12. *walk.* Eze. 11. 20. Ho. 14. 9. Lu. 1. 6. 1 Th. 4. 1, 2.

2 *keep.* ver. 22, 146. Ps. 25. 10 ; 105. 45. De. 6. 17. 1 Ki. 2. 3. Pr. 23. 26. Eze. 36. 27. Jno. 14. 23. 1 Jno. 3. 20. *seek.* ver. 10. De. 4. 29. 2 Ch. 31. 21. Je. 29. 13.

3 1 Jno. 3. 9 ; 5. 18.

4 De. 4. 1, 9 ; 5. 29-33 ; 6. 17 ; 11. 13, 22 ; 12. 32 ; 28. 1, etc. ; 30. 16. Jos. 1. 7. Je. 7. 23. Mat. 28. 20. Jno. 14. 15, 21. Phi. 4. 8, 9. 1 Jno. 5. 3.

5 ver. 32, 36, 44, 45, 131, 159, 173. Ps. 51. 10. Je. 31. 33. Ro. 7. 22-24. 2 Th. 3. 5. He. 13. 21.

6 *shall I.* ver. 31, 80. Job 22. 26. Da. 12. 2, 3. 1 Jno. 2. 28 ; 3. 20, 21. *I have.* ver. 128. Jno. 15. 14. Ja. 2. 10.

7 *I will.* ver. 171. Ps. 9. 1 ; 86. 12, 13. 1 Ch. 29. 13-17. *when.* ver. 12, 18, 19, 27, 33, 34, 64, 73, 124. Ps. 25. 4, 5, 8-10 ; 143. 10. Is. 48. 17. Jno. 6. 45. *thy righteous judgments. Heb.* judgments of thy righteousness. ver. 138.

8 *I will.* ver. 16, 106, 115. Jos. 24. 15. *O forsake.* ver. 116, 117, 176. Ps. 38. 21, 22 ; 51. 11. Phi. 4. 13.

9 *shall.* Ps. 25. 7 ; 34. 11. Job 1. 5 ; 13. 26. Pr. 1. 4, 10 ; 4. 1, 10-17 ; 5. 7, etc. ; 6. 20, etc. ; 7. 7. Ec. 11. 9, 10 ; 12. 1. Lu. 15. 13. 2 Ti. 2. 22. Tit. 2. 4-6. *by taking.* ver. 11, 97-105. Ps. 1. 1-3 ; 19. 7-11 ; 78. 4-8. De. 6. 6-9 ; 17. 18. Jos. 1. 7. Jno. 15. 3. 2 Ti. 3. 15-17. Ja. 1. 21-25.

10 *my whole.* ver. 2, 34, 58, 69. Ps. 78. 37. 1 Sa. 7. 3. 2 Ch. 15. 15. Je. 3. 10. Ho. 10. 2. Zep. 1. 5, 6. Mat. 6. 24. Col. 3. 22. 1 Jno. 2. 15. *O let me.* ver. 21, 118, 133, 176. Ps. 23. 3 ; 125. 5 ; 143. 8-10. Pr. 2. 13 ; 21. 16. Is. 35. 8. Eze. 34. 6. 2 Pe. 2. 15-22.

11 *Thy word.* ver. 97. Ps. 1. 2 ; 37. 31 ; 40. 8. Job 22. 22. Pr. 2. 1, 10, 11. Is. 51. 7. Je. 15. 16. Lu. 2. 19, 51. Col. 3. 16. *that I.* Ps. 19. 13.

12 *Blessed.* 1 Ti. 1. 11 ; 6. 15. *teach.* ver. 26, 27, 33, 64, 66, 68, 71, 72, 108, 124, 125, 135. Ps. 25. 4, 5 ; 86. 11 ; 143. 10. Lu. 24. 45. Jno. 14. 26. 1 Jno. 2. 27.

13 *I declared.* ver. 46, 172. Ps. 34. 11 ; 37. 30 ; 40. 9, 10 ; 71. 15-18 ; 118. 17. Mat. 10. 27 ; 12. 34. Ac. 4. 20.

14 *rejoiced.* ver. 47, 72, 77, 111, 127, 162. Ps. 19. 9, 10 ; 112. 1. Job 23. 12. Je. 15. 16. Mat. 13. 44. Ac. 2. 41-47.

15 *meditate.* ver. 23, 48, 78, 97, 131, 148. Ps. 1. 2. Ja. 1. 25. *have respect.* ver. 6, 117.

16 *delight.* ver. 14, 24, 35, 47, 70, 77, 92. Ps. 40. 8. Ro. 7. 22. He. 10. 16, 17. *not forget.* ver. 11, 83, 93, 109, 141, 176. Pr. 3. 1. Ja. 1. 23, 24.

17 *Deal. Gemol,* 'reward' thy servant : let him have the return of his faith and prayers. From this word is derived the name of ג, *gimmel,* the third letter of the alphabet, which is prefixed to every verse in this part : this is a stroke of the Psalmist's art and ingenuity. ver. 65, 124, 132. Ps. 13. 16 ; 116. 7. Jno. 1. 16. 2 Co. 9. 7-11. Phi. 4. 19. *I may live.* Ro. 8. 2-4. Ep. 2. 4, 5, 10. Tit. 2. 11, 12. 1 Jno. 2. 29 ; 5. 3, 4.

18 *Open. Heb.* Reveal. Is. 29. 10-12, 18 ; 32. 3 ; 35. 5. Mat. 13. 13 ; 16. 17. Jno. 9. 39. Ac. 26. 18. 2 Co. 3. 14-18 ; 4. 4-6. Ep. 1. 17, 18. Re. 3. 18. *wondrous.* ver. 96. Ho. 8. 12. 2 Co. 3. 13. He. 8. 5 ; 10. 1.

19 *a stranger.* Ps. 39. 12. Ge. 47. 9. 1 Ch 29. 15. 2 Co. 5. 6. He. 11. 13-16. 1 Pe. 2. 11. *hide.* ver. 10. Job 39. 17. Is. 63. 17. Lu. 9. 45 ; 24. 45.

20 *soul.* ver. 40, 131, 174. Ps. 42. 1 ; 63. 1 ; 84. 2. Pr. 13. 12. Ca. 5. 8. Re. 3. 15, 16. *at all times.* Ps. 106. 3. Job 23. 11, 12 ; 27. 10. Pr. 17. 17.

21 *rebuked.* ver. 78. Ps. 138. 6. Ex. 10. 3 ; 18. 11. Job 40. 11, 12. Is. 2. 11, 12 ; 10. 12. Eze. 28. 2-10. Da. 4. 37 ; 5. 22-24. Mal. 4. 1. Lu. 14. 11 ; 18. 14. Ja. 4. 6. 1 Pe. 5. 5. *cursed.* ver. 10, 110, 118. De. 27. 15-26 ; 28. 15 ; 30. 19. Ne. 9. 16, 29. Is. 42. 24 ; 43. 28. Je. 41. 9-11, 16, 28, 29. Ga. 3. 13.

22 *Remove.* ver. 39, 42. Ps. 39. 8 ; 42. 10 ; 68. 9-11, 19, 20 ; 123. 3, 4. 1 Sa. 25. 10, 39. 2 Sa. 16. 7, 8. Job 16. 20 ; 19. 2, 3. He. 13. 13. *for I have.* Ps. 37. 3, 6. 1 Pe. 2. 20 ; 3. 16, 17 ; 4. 14-16.

23 *Princes.* Ps. 2. 1, 2. 1 Sa. 20. 31 ; 22. 7-13. Lu. 22. 66 ; 23. 1, 2, 10, 11. *thy servant.* ver. 15.

24 *testimonies.* ver. 16, 77, 92, 143, 162. Job 27. 10. Je. 6. 10. *my counsellers. Heb.* men of my counsel. ver. 97-100, 104, 105. Ps. 19. 11. De. 17. 18-20. Jos. 1. 8. Pr. 6. 20-23. Is. 8. 20. Col. 3. 16. 2 Ti. 3. 15-17.

25 *soul.* Ps. 22. 15 ; 44. 25. Is. 65. 25. Mat. 16. 23. Ro. 7. 22-24. Phi. 3. 19. Col. 3. 2. *quicken.* ver. 37, 40, 88, 93, 107, 149, 156, 159. Ps. 71. 20 ; 80. 18 ; 143. 11. Ro. 8. 2, 3. *according.* De. 30. 6. 2 Sa. 7. 27-29.

26 *declared.* ver. 106. Ps. 32. 5 ; 38. 18 ; 51. 1, etc. Pr. 28. 13. *teach.* ver. 12. Ps. 25. 4, 8, 9 ; 27. 11 ; 86. 11 ; 143. 8-10. 1 Ki. 8. 36.

27 *so shall I talk.* Ps. 71. 17 ; 78. 4 ; 105. 2 ; 111. 4 ; 145. 5, 6. Ex. 13. 14, 15. Jos. 4. 6, 7. Ac. 2. 11. Re. 15. 3.

28 *soul.* Ps. 22. 14 ; 107. 26. Jos. 2. 11, 24. *melteth. Heb.* droppeth. *strengthen.* Ps. 27. 14 ; 29. 11. De. 33. 25. Is. 40. 29, 31. Zec. 10. 12. Ep. 3. 16. Phi. 4. 13.

29 *Remove.* ver. 37, 104, 128, 163. Ps. 141. 3, 4. Pr. 30. 8. Is. 44. 20. Je. 16. 19. Jon. 2, 8. Ep. 4. 22-25. 1 Jno. 1. 8 ; 2. 4. Re. 22. 15. *grant me.* ver. 5. Je. 31. 33, 34. He. 8. 10, 11.

30 *chosen.* ver. 29, 111, 173. Jos. 24. 15. Pr. 1. 29. Lu. 10, 42. Jno. 3. 19-21 ; 8. 45. 1 Pe. 2. 2. 2 Jno. 4. *thy judgments.* ver. 24, 52. De. 11. 18-20.

31 *stuck.* ver. 48, 115. De. 4. 4; 10. 20. Pr. 23. 23. Jno. 8. 31. Ac. 11. 23. *put me.* ver. 6, 80. Ps. 25. 2, 20. Is. 45. 17; 49. 23. Je. 17. 18. Ro. 5. 5. 1 Jno. 2. 28.

32 *run.* Ca. 1. 41. Is. 40. 31. 1 Co. 9. 24-26. He. 12. 1. *enlarge.* ver. 45. Ps. 18. 36. 1 Ki. 4. 29. Job 36. 15, 16. Is. 60. 5; 61. 1. Lu. 1. 74, 75. Jno. 8. 32, 36. 2 Co. 3. 17; 6. 11. 1 Pe. 2. 16.

33 *Teach.* ver. 12, 26, 27. Is. 54. 13. Jno. 6. 45. *I shall keep.* ver. 8, 112. Mat. 10. 22; 24. 13. 1 Co. 1. 7, 8. Phi. 1. 6. 1 Jno. 2. 19, 20, 27. Re. 2. 26.

34 *Give me.* ver. 73. Ps. 111. 10. Job 28. 28. Pr. 2. 5, 6. Jno. 7. 17. Ja. 1. 5; 3. 13-18. *I shall.* De. 4. 6. Mat. 5. 19; 7. 24. Ja. 1. 25; 2. 8-12; 4. 11. *observe.* ver. 10, 58, 69.

35 *Make me.* ver. 27, 36, 173. Eze. 36. 26, 27. Phi. 2. 13. Heb. 13. 21. *the path.* Ps. 23. 3. Pr. 3. 17; 4. 11, 18; 8. 20. Is. 2. 3; 48. 17. *therein.* ver. 16. Is. 58. 13, 14. Ro. 7. 22. 1 Jno. 5. 3.

36 *Incline.* Ps. 51. 10; 141. 4. 1 Ki. 8. 58. Je. 32. 39. Eze. 11. 19, 20. *and not to.* Ps. 10. 3. Ex. 18. 21. Eze. 33. 31. Hab. 2. 9. Mar. 7. 21, 22. Lu. 12. 15; 16. 14. Ep. 5. 3. Col. 3. 5. 1 Ti. 6. 9, 10, 17. He. 13. 5. 2 Pe. 2. 3, 14.

37 *Turn. Heb.* Make to pass. Nu. 15. 39. Jos. 7. 21. 2 Sa. 11. 2. Job 31. 1. Pr. 4. 25; 23. 5. Is. 33. 15. Mat. 5. 28. 1 Jno. 2. 16. *quicken.* ver. 25, 40.

38 *Stablish.* ver. 49. 2 Sa. 7. 25-29. 2 Co. 1. 20. *who is devoted.* Ps. 103. 11, 13, 17; 145. 19; 147. 11. Je. 32. 39-41.

39 *Turn.* ver. 22, 31. Ps. 39. 8; 57. 3. 2 Sa. 12. 14. 1 Ti. 3. 7; 5. 14. Tit. 2. 8. *for thy.* ver. 20, 43, 75, 123, 131. Ps. 19. 9. De. 4. 8. Is. 26. 8. Ro. 2. 2. Re. 19. 2.

40 *I have.* ver. 5, 20. Mat. 26. 41. Ro. 7. 24. 2 Co. 7. 1. Ga. 5. 17. Phi. 3. 13, 14. *quicken.* ver. 25, 37, 88, 107, 149, 156, 159. Mar. 9. 24. Jno. 5. 21; 10. 10. 1 Co. 15. 45. Ep. 2. 5. 3 Jno. 2.

41 ver. 58, 76, 77, 132. Ps. 69. 16; 106. 4, 5. Lu. 2. 28-32.

42 *So shall.* Ps. 3. 2; 42. 10; 71. 10, 11; 109. 25. Mat. 27. 40-43, 63. *have wherewith,* etc. *or,* answer him that reproacheth me in a thing. 2 Sa. 16. 7, 8; 19. 18-20. *for I trust.* ver. 49, 74, 81. Ps. 56. 4, 10, 11; 89. 19, etc. 2 Sa. 7. 12-16. 1 Ch. 28. 3-6. Ac. 27. 25.

43 *take not.* ver. 13. Ps. 50. 16; 51. 14, 15; 71. 17, 18. Is. 59. 21. Ep. 1. 13. Ja. 1. 18. *for I have.* ver. 52, 120, 175. Ps. 7. 6-9; 9. 4, 16; 43. 1. 1 Pe. 2. 23.

44 *So shall.* The language of this verse is very emphatic. Perfect obedience will constitute a large proportion of heavenly happiness to all eternity; and the nearer we approach to it on earth, the more we anticipate the felicity of heaven. *keep.* ver. 33, 34. Re. 7. 15; 22. 11.

45 *And I will.* ver. 133. Lu. 4. 18. Jno. 8. 30-36. Ja. 1. 25; 2. 12. 2 Pe. 2. 19. *at liberty. Heb.* at large. ver. 32. *for I seek.* ver. 19, 71, 94, 148, 162. Pr. 2. 4, 5; 18. 1. Ec. 1. 13. Jno. 5. 39. Ep. 5. 17.

46 *speak.* Ps. 138. 1. Da. 3. 16-18; 4. 1-3, 25-27. Mat. 10. 18, 19. Ac. 26. 1, 2, 24-29. *will not.* Mar. 8. 38. Ro. 1. 16. Phi. 1. 20. 2 Ti. 1. 8, 16. 1 Pe. 4. 14-16. 1 Jno. 2. 28.

47 *I will delight.* ver. 16, 24. Ps. 112. 1. Jno. 4. 34. Phi. 2. 5. 1 Pe. 2. 21. *which.* ver. 48, 97, 127, 140, 167, 174. Ps. 19. 7-10. Job 23. 11, 12. Ro. 7. 12, 16, 22.

48 *hands.* Ps. 10. 12. Eze. 44. 12. Mi. 5. 9. *unto thy.* Mat. 7. 21. Jno. 13. 17; 15. 14. Ja. 1. 22-25. *and I will.* ver. 15. Ps. 1. 2.

49 *Remember.* Ps. 105. 2, 42; 106. 4, 45. Ge. 8. 1; 32. 9. Job 7. 7. Is. 62. 6, marg. *upon which.* ver. 43, 74, 81, 147. Ps. 71. 14. 2 Sa. 5. 2; 7. 25. Ro. 15. 13. 1 Pe. 1. 13, 21.

50 *This.* Ps. 27. 13; 28. 7; 42. 8, 11; 94. 19. Je. 15. 16. Ro. 5. 3-5; 15. 4. He. 6. 17-19; 12. 11, 12. *for thy.* ver. 25. Eze. 37. 10. Jno. 6. 63. Ja. 1. 18. 1 Pe. 1. 3; 2. 2.

51 *proud.* ver. 21, 69. Ps. 123. 3, 4. Je. 20. 7. Lu. 16. 14, 15; 23. 35. *yet have.* ver. 31, 157. Ps. 44. 18. Job 23. 11. Is. 38. 3; 42. 4. Ac. 20. 23, 24. He. 12. 1-3.

52 *remembered.* Ps. 77. 5, 11, 12; 105. 5; 143. 5. Ex. 14. 29, 30. Nu. 16. 3, etc. De. 1. 35, 36; 4. 3, 4. 2 Pe. 2. 4-9.

53 *Horror.* *Zilâphah* properly signifies the pestilential burning wind called by the Arabs *Simoom,* (see Ps. 11. 6.) It is here used in a figurative sense for the *most horrid mental distress;* and strongly marks the idea the Psalmist had of the corrupting, pestilential, and destructive nature of sin. ver. 136, 158. Ezr. 9. 3, 14; 10. 6. Je. 13. 17. Da. 4. 19. Hab. 3. 16. Lu. 19. 41, 42. Ro. 9. 1-3. 2 Co. 12. 21. Phi. 3. 18.

54 Ps. 89. 1; 101. 1. Ge. 47. 9. He. 11. 13-16.

55 *night.* Ps. 42. 8; 63. 6; 77. 6; 139. 18. Ge. 32. 24-28. Job 35. 9, 10. Is. 26. 9. Lu. 6. 12. Ac. 16. 25. *kept.* ver. 17, 34. Jno. 14. 21; 15. 10.

56 *because.* ver. 165. Ps. 18. 18-22. 1 Jno. 3. 19-24.

57 *my portion.* Ps. 16. 5; 73. 26; 142. 5. Je. 10. 16. La. 3. 24. *I have.* ver. 106, 115. Ps. 66. 14. De. 26. 17, 18. Jos. 24. 15, 18, 21, 24-27. Ne. 10. 29, etc.

58 *I intreated.* ver. 10. Ps. 4. 6; 51. 1-3; 86. 1-3. Ho. 7. 14. He. 10. 22. *favour. Heb. face.* Ps. 27. 8. Job 11. 19, marg. *be merciful.* ver. 41, 65, 76, 170. Ps. 56. 4, 10; 138. 2. Mat. 24. 35.

59 *thought.* La. 3. 40. Eze. 18. 28, 30. Hag. 1. 5, 7. Lu. 15. 17-20. 2 Co. 13. 5. *turned.* De. 4. 30, 31. Je. 8. 4-6; 31. 18, 19. Eze. 33. 14-16, 19. Joel 2. 13. 2 Co. 12. 21.

60 *made.* Ps. 95. 7, 8. Eze. 10. 6-8. Pr. 27. 1. Ec. 9. 10. Ga. 1. 16.

61 *The bands. or,* The companies. ver. 95. Ps. 3. 1. 1 Sa. 30. 3-5. Job 1. 17. Ho. 6. 9. *but I.* ver. 176. 1 Sa. 24. 9-11; 26. 9-11. Pr. 24. 29. Ro. 12. 17-21.

62 *midnight.* ver. 147, 164. Ps. 42. 8. Mar. 1. 35. Ac. 16. 25. *thy.* ver. 7, 75, 106, 137. Ps. 19. 9. De. 4. 8. Ro. 7. 12.

63 *a companion.* ver. 79, 115. Ps. 16. 3; 101. 6; 142. 7. Pr. 13. 20. Mal. 3. 16-18. 2 Co. 6. 14-17. 1 Jno. 1. 3; 3. 14.

64 *earth.* Ps. 33. 5; 104. 13; 145. 9. *teach.* ver. 12, 26. Ps. 27. 11. Is. 2. 3; 48. 17, 18. Mat. 11. 29.

65 *dealt well.* ver. 17. Ps. 13. 6; 16. 5, 6; 18. 35; 23. 5, 6; 30. 11; 116. 7. 1 Ch. 29. 14.

66 *Teach me.* ver. 34. Ps. 72. 1, 2. 1 Ki. 3. 9, 28. Pr. 2. 1-9; 8. 20. Is. 11. 2-4. Ju. 3. 15. Mat. 13. 11. Phi. 1. 9. Ja. 3. 13-18. *I have.* ver. 128, 160, 172. Ne. 9. 13, 14.

67 *Before.* ver. 176. Ps. 73. 5, etc. De. 32. 15. 2 Sa. 10. 19; 11. 2, etc. 2 Ch. 33. 9-13. Pr. 1. 32. Je. 22. 21. *but now.* ver. 71, 75. Je. 31. 18, 19. Ho. 2. 6, 7; 5. 15; 6. 1. He. 12. 10, 11. Re. 3. 10.

68 *good.* Ps. 86. 5; 106. 1; 107. 1; 145. 7-9. Ex. 33. 18, 19; 34. 6, 7. Is. 63. 7. Mat. 5. 45; 19. 17. Mar. 10. 18. Lu. 18. 19. *teach.* ver. 12, 26. Ps. 25. 8, 9.

69 *proud.* Ps. 35. 11; 109. 2, 3. Job 13. 4. Je. 43. 2, 3. Mat. 5. 11, 12; 26. 59, etc. Ac. 24. 5, 13. *I will.* ver. 51, 157. *with my whole.* ver. 34, 58. Mat. 6. 24. Ja. 1. 8.

70 *heart is as fat.* Ps. 17. 10; 73. 7. Is. 6. 10. Ac. 28. 27. *but I.* ver. 16, 35. Ps. 40. 8. Ro. 7. 22.

71 *good.* ver. 67. Ps. 94. 12, 13. Is. 27. 9. 1 Co. 11. 32. He. 12. 10, 11.

72 *better.* ver. 14, 111, 127, 162. Ps. 19. 10. Pr. 3. 14, 15; 8. 10, 11, 19; 16. 16. Mat. 13. 44-46.

73 *Thy hands.* Ps. 100. 3; 111. 10; 138. 8; 139. 14-16. Job 10. 8-11. *give me.* ver. 34, 125, 144, 169. 1 Ch. 22. 12. 2 Ch. 2. 12. Job 32. 8. 2 Ti. 2. 7. 1 Jno. 5. 20. *that I may.* Ps. 111. 10. Ja. 3. 18.

74 *fear thee.* ver. 79. Ps. 34. 2-6; 66. 16. Mal. 3. 16. *I have.* ver. 42, 147. Ps. 108. 7. Ge. 32. 11, 12. Lu. 21. 33.

75 *I know.* ver. 7, 62, 128, 160. De. 32. 4. Job 34. 23. Je. 12. 1. *right. Heb.* righteousness. Ge. 18. 25. Ro. 3. 4, 5. *thou in.* Ps. 25. 10; 89. 30-33. He. 12. 10, 11. Re. 3. 19.

76 *merciful.* Ps. 86. 5; 106. 4, 5. 2 Co. 1. 3-5. *for my comfort. Heb.* to comfort me.

77 *thy tender.* ver. 41. Ps. 51. 1-3. La. 3. 22, 23. Da. 9. 18. *for thy.* ver. 24, 47, 174. Ps. 1. 2. He. 8. 10-12.

78 *the proud.* ver. 21, 51, 85. Ps. 35. 26. *without.* ver. 86. Ps. 7. 3-5; 25. 3; 35. 7; 69. 4; 109. 3. 1 Sa. 24. 10-12, 17; 26. 18. Jno. 15. 25. 1 Pe. 2. 20. *but I will.* ver. 23. Ps. 1. 2.

79 *Let those.* ver. 63, 74. Ps. 7. 7; 142. 7.

80 *sound.* Ps. 25. 21; 32. 2. De. 26. 16. 2 Ch. 12. 14; 15. 17; 25. 2; 31. 20, 21. Pr. 4. 23. Eze. 11. 9. Jno. 1. 47. 2 Co. 1. 12. *that I be.* ver. 6. Ps. 25. 2, 3. 1 Jno. 2. 28.

81 *fainteth.* ver. 20, 40. Ps. 42. 1, 2; 73. 26; 84. 2. Ca. 5. 8. Re. 3. 15, 16. *but I.* See on ver. 42, 74, 77, 114.

82 *eyes.* ver. 123. Ps. 69. 3. De. 28. 32. Pr. 13. 12. Is. 38. 11. *When wilt.* Ps. 86. 17; 90. 13-15.

83 *like a bottle in the smoke.* As the bottles in the East are made of *skin,* it is evident that one of these hung up in the smoke must soon be parched, shrivelled up, lose all its strength, and become unsightly and useless. Thus the Psalmist appeared to himself to have become useless and despicable, through the exhausted state of his body and mind, by long bodily afflictions and mental distress. Ps. 22. 15; 102. 3, 4. Job 30. 30. *yet do I.* ver. 16, 61, 176.

84 *How.* Ps. 39. 4, 5; 89. 47, 48; 90. 12. Job 7. 6-8. *when.* Ps. 7. 6. Re. 6. 10, 11.

85 *The proud.* This metaphor is taken from the mode in which wild beasts are caught in the East: deep pits are dug in the earth, and slightly covered over with reeds, turf, etc., so as not to be discerned from the solid ground; and the animals attempting to walk over them, the surface breaks, they fall in, and are taken alive. Thus the Psalmist's enemies employed craft as well as power in order to effect his ruin. ver. 78. Ps. 7. 15; 35. 7; 36. 11. Pr. 16. 27. Je. 18. 20. *which.* Ps. 58. 1, 2.

86 *All thy.* ver. 128, 138, 142, 151. Ps. 19. 9. Ro. 7. 12. *faithful. Heb.* faithfulness. *they.* ver. 78. Ps. 7. 1-5; 35. 7, 19; 38. 19; 59. 3, 4. Je. 18. 20. *help.* Ps. 70. 5; 142. 4-6; 143. 9.

87 *almost.* 1 Sa. 20. 3; 23. 26, 27. 2 Sa. 17. 16. Mat. 10. 28. *but I forsook.* ver. 51, 61. 1 Sa. 24. 6, 7; 26. 9, 24.

88 *Quicken.* ver. 25, 40, 159. *so shall I.* ver. 2, 146. Ps. 25. 10; 78. 5; 132. 12.

89 *For ever.* ver. 152, 160. Ps. 89. 2. Mat. 5. 18; 24. 34, 35. 1 Pe. 1. 25. 2 Pe. 3. 13.

90 *faithfulness.* De. 7. 9. Mi. 7. 20. *unto all generations. Heb.* to generation and generation. Ps. 89. 1, 2; 100. 5. *thou hast.* Ps. 89. 11; 93. 1; 104. 5. Job 38. 4-7. 2 Pe. 3. 5-7. *abideth. Heb. standeth.*

91 *They continue this.* Ps. 148. 5, 6. Ge. 8. 22. Is. 48. 13. Je. 33. 25. *all are.* De. 4. 19. Jos. 10. 12, 13. Ju. 5. 20. Mat. 5. 45; 8. 9.

92 *thy law.* ver. 24, 77, 143. Ro. 15. 4. *I should.* Ps. 27. 13; 94. 18, 19. Pr. 6. 22, 23.

93 *will never.* ver. 16, 50. Jno. 6. 63. 1 Pe. 1. 23.

94 *I am thine.* Ps. 86. 2. Jos. 10. 4-6. Is. 41. 8-10; 44. 2, 5; 64. 8-10. Zep. 3. 17. Ac. 27. 23, 24. *for I have.* ver. 27, 40, 173.

95 *wicked.* ver. 61, 69, 85-87. Ps. 10. 8-10; 27. 2; 37. 32; 38. 12. 1 Sa. 23. 20-23. 2 Sa. 17. 1-4. Mat. 26. 3-5. Ac. 12. 11; 23. 21; 25. 3. *but I.* ver. 24, 31, 111, 125, 129, 167.

96 *I have seen.* That is, I have seen that all human wisdom or knowledge, however extensive, noble, and excellent, has its bounds, and limits, and end; but Thy law, a transcript of Thine own mind, is infinite, and extends to eternity. Ps. 39. 5, 6. 1 Sa. 9. 2; 17. 8, 49-51; 31. 4, 5. 2 Sa. 14. 25; 16. 23; 17. 23; 18. 14, 17. Ec. 1. 2, 3; 2. 11; 7. 20; 12. 8. Mat. 5. 18; 24. 35. *but thy.* Ps. 19. 7, 8. Mat. 5. 28; 22. 37-40. Mar. 12. 29-34. Ro. 7. 7-12, 14. He. 4. 12, 13.

97 *O how.* ver. 48, 113, 127, 159, 165, 167. Ps. 1. 2. De. 6. 6-9; 17. 19. Jos. 1. 8. Pr. 2. 10; 18. 1.

98 *through.* ver. 104. De. 4. 6, 8. 1 Sa. 18. 5, 14, 30. Pr. 2. 6. Col. 3. 16. *they are ever. Heb.* it *is* ever. ver. 11, 30, 105. Ja. 1. 25.

99 *than all.* De. 4. 6, 8. 2 Sa. 15. 24-26. 1 Ch. 15. 11-13. 2 Ch. 19. 15, etc.; 30. 22. Je. 2. 8; 8. 8, 9. Mat. 11. 25; 13. 11; 15. 6-9, 14; 23. 24, etc. He. 5. 12. *for thy.* ver. 24. 2 Ti. 3. 15-17.

100 *understand.* 1 Ki. 12. 6-15. Job 12. 12; 15. 9, 10; 32. 4, 10. *because.* Ps. 111. 10. Job 28. 28. Je. 8. 8, 9. Mat. 7. 24. Ja. 3. 13.

101 *refrained.* ver. 59, 60, 104, 126. Ps. 18. 23. Pr. 1. 15. Is. 53. 6; 55. 7. Je. 2. 36. Tit. 2. 11, 12. 1 Pe. 2. 1, 2; 3. 10, 11.

102 *departed.* Ps. 18. 21. Pr. 5. 7. Je. 32. 40. *for thou.* Ep. 4. 20-24. 1 Th. 2. 13. 1 Jno. 2. 19, 27.

103 *sweet.* Ps. 19. 10; 63. 5. Job 23. 12. Pr. 3. 17; 8. 11; 24. 13, 14. Ca. 1. 2-4; 5. 1. *taste. Heb.* palate.

104 *Through.* ver. 98, 100. *therefore.* ver. 128. Ps. 36. 4; 97. 10; 101. 3. Pr. 8. 13. Am. 5. 15. Ro. 12. 9. *false way.* ver. 29, 30. Pr. 14. 12. Mat. 7. 13.

105 *word.* Ps. 19. 8; 43. 3. Pr. 6. 23. Ep. 5. 13. 2 Pe. 1. 19. *lamp. or,* candle. Ps. 18. 28. Job 29. 3.

106 *sworn.* Ps. 56. 12; 66. 13, 14. 2 Ch. 15. 13, 14. Ne. 10. 29. Ec. 5. 4, 5. Mat. 5. 33. 2 Co. 8. 5. *that I will.* ver. 115. 2 Ki. 23. 3.

107 *afflicted.* Ps. 6. 1; 22. 14-18; 34. 19. *quicken.* ver. 25, 88. Ps. 143. 11.

108 *Accept.* Nu. 29. 39. Ho. 14. 2. He. 13. 15. *teach.* ver. 12, 26, 130, 169.

109 *My soul.* Rather, 'My life (*naphshee*) is continually in my hand;' *i.e., it* is in constant danger; every hour I am on the confines of death. The LXX., Syriac, and Ethiopic read, 'in thy hand;' but this is a conjectural and useless alteration. Ju. 12. 3. 1 Sa. 19. 5; 20. 3. Job 13. 14. Ro. 8. 36. 1 Co. 15. 31. 2 Co. 11. 23. *yet do I not.* ver. 83, 117, 152.

110 *wicked.* ver. 85. Ps. 10. 8-18; 124. 6, 7; 140. 5; 141. 9. Pr. 1. 11, 12. Je. 18. 22. *yet I erred.* ver. 10, 21, 51, 87, 95. Da. 6. 10. Lu. 20. 19-26.

111 *Thy testimonies.* ver. 14, 127, 162. Ps. 16. 5. De. 33. 4. Is. 54. 17. Ac. 26. 18. Col. 1. 12. He. 9. 15. 1 Pe. 1. 4. *for they.* ver. 77, 92, 174. Ps. 19. 8. Je. 15. 16. 1 Pe. 1. 8.

112 *inclined.* ver. 36. Ps. 141. 4. Jos. 24. 23. 1 Ki. 8. 58. 2 Ch. 19. 3. Phi. 2. 13. *perform. Heb.* do. *the end.* ver. 33, 44. 1 Pe. 1. 13. Re. 2. 10.

113 *hate.* Ps. 94. 11. Is. 55. 7. Je. 4. 14. Mar. 7. 21. 2 Co. 10. 5. *vain thoughts.* Or, 'divided thoughts,' *saiâphim*, or, as *Gesenius* renders, die Zweydeutigen (in der Religion) 'ambiguities (or indecisions) in Religion;' *Luther*, Flattergeister, 'inconstant fellows;' LXX. *παρανομοι*, 'transgressors,' Vulgate, *iniqui*, 'iniquitous,' and *Jerome*, *tumultuosos*, 'tumultuous.' *thy law.* ver. 97, 103.

114 *my hiding.* Ps. 32. 7; 91. 1, 2. Is. 32. 2. *my shield.* Ps. 3. 3; 84. 11. *I hope.* ver. 81. Ps. 130. 5, 6.

115 *Depart.* Ps. 6. 8; 26. 5, 9; 139. 19. Mat. 7. 23; 25. 41. 1 Co. 15. 33. *for I will.* ver. 106. Jos. 24. 15.

116 *Uphold.* Ps. 37. 17, 24; 41. 12; 63. 8; 94. 18. Is. 41. 10; 42. 1. *and let me.* Ps. 25. 2. Is. 45. 17. Ro. 5. 5; 9. 33; 10. 11. 1 Pe. 2. 6.

117 *Hold.* Ps. 17. 5; 71. 6; 73. 23; 139. 10. Is. 41. 13. Jno. 10. 28, 29. Ro. 14. 4. 1 Pe. 1. 5. Jude 24. *and I will.* ver. 6, 48, 111, 112.

118 *trodden.* Is. 25. 10; 63. 3. Mal. 4. 3. Lu. 21. 24. Re. 14. 20. *err.* ver 10, 21. Ps. 95. 10. *their deceit.* ver. 29. Ps. 78. 36, 37, 57. Is. 44. 20. Ep. 4. 22; 5. 6. 2 Th. 2. 9-11. 2 Ti. 3. 13. 1 Jno. 2. 21. Re. 18. 23.

119 *Thou.* When Thou triest them in the refining fire, they are burnt up, fly off in fumes, or in *scoriæ*, which Thou sweepest away. *puttest away. Heb.* causest to cease. 1 Sa. 15. 23. Je. 6. 30. Eze. 22. 18-22. Mal. 3. 2, 3. Mat. 3. 12; 7. 23; 13. 40-42, 49, 50. *therefore.* ver. 111, 126-128.

120 *My flesh.* ver. 53. Le. 10. 1-3. 1 Sa. 6. 20. 2 Sa. 6. 8, 9. 1 Ch. 24. 16, 17, 30. 2 Ch. 34. 21, 27. Is. 66. 2. Da. 10. 8-11. Hab. 3. 16. Phi. 2. 12. He. 12. 21, 28, 29. Re. 1. 17, 18.

121 *I have.* Ps. 7. 3-5; 18. 20-24; 75. 2. 1 Sa. 24. 11-15; 25. 28. 2 Sa. 8. 15. Ac. 21. 16; 25. 10, 11. 2 Co. 1. 12. *leave me.* Ps. 37. 33; 57. 3, 4. 2 Pe. 2. 9.

122 *surety.* Ge. 43. 9. Pr. 22. 26, 27. Is. 38. 14. Phile. 18, 19. He. 7. 22. *let not.* ver. 21. Ps. 36. 11.

123 ver. 81, 82. Ps. 69. 3; 130. 6; 143. 7. La. 4. 17.

124 *Deal.* ver. 41, 76, 77, 132. Ps. 51. 1; 69. 13, 16; 79. 8; 103. 10; 130. 3, 4, 7. Da. 9. 18. Lu. 18. 13. 2 Ti. 1. 16-18. *teach.* ver. 12, 26. Ps. 143. 10-12. Ne. 9. 20.

125 *I am thy.* ver. 94. Ps. 86. 16; 116. 16. Ro. 6. 22. *give.* ver. 34, 66. 2 Ch. 1. 7-10. 2 Co. 3. 5, 6. 2 Ti. 2. 7. Ja. 1. 5; 3. 13-17. *that I.* ver. 11, 18, 19, 29. Pr. 9. 10; 14. 8.

126 *time.* Ps. 9. 19; 102. 13. Ge. 22. 10, 11, 14. De. 32. 36. Is. 42. 14. *to work.* That is, 'to take vengeance,' as *âsah* signifies, Je. 18. 23. Mal. 3. 17, by an ellipsis of the noun. When infidels, profligates, and Pharisees, 'make void the law of God,' generally, then it is time for God to arise to vindicate His own honour and maintain His cause among men. *they.* Je. 8. 8. Hab. 1. 4. Mal. 2. 8. Mat. 15. 6. Ro. 3. 31; 4. 14.

127 *I love.* ver. 72. Ps. 19. 10. Pr. 3. 13-18; 8. 11; 16. 16. Mat. 13. 45, 46. Ep. 3. 8.

128 *I esteem.* ver. 6. Ps. 19. 7, 8. De. 4. 8. Job 23. 27. Pr. 30. 5. Ro. 7. 12, 14, 16, 22. *all things. Kol*, 'all' seems to have been omitted by all the versions, except the Chaldee; which reads simply, 'all thy precepts;' and this renders the text more perspicuous and unembarrassed. *and I.* ver. 104, 118.

129 *testimonies.* ver. 18. Ps. 139. 6. Is. 9. 6; 25. 1. Re. 19. 10. *doth.* ver. 2, 31, 146. Ps. 25. 10.

130 *entrance.* Or, 'opening,' *paithach:* the Scriptures give satisfactory light to the mind upon every subject of which they treat; and speedily communicate more useful knowledge to the simplest believer, upon the most important topics, than the acutest philosophers have been able to develope through successive ages. ver. 105. Pr. 6. 23. Is. 8. 20. Lu. 1. 77-79. Ac. 26. 18. 2 Co. 4. 4, 6. Ep. 5. 13, 14. 2 Pe. 1. 19. *it giveth.* Ps. 19. 7. Pr. 1. 4, 22, 23; 9. 4-6. Ro. 16. 18, 19. 2 Ti. 3. 15-17.

131 *opened.* ver. 20. Ps. 42. 1. Is. 26. 8, 9. 1 Pe. 2. 2. *I longed.* ver. 40, 162, 174. He. 12. 14.

132 *Look.* ver. 124. Ps. 25. 18. Ex. 4. 31. 1 Sa. 1. 11. 2 Sa. 16. 12. Is. 63. 7-9. *as thou usest to do unto those. Heb.* according to the custom toward those. Ps. 106. 4. 2 Th. 1. 6, 7.

133 *Order.* ver. 116. Ps. 17. 5; 32. 8; 121. 3. 1 Sa. 2. 9. *let not.* Ps. 19. 13. Ro. 6. 12-14; 7. 23, 24.

134 ver. 122. Ps. 56. 1, 2, 13; 105. 43-45. Eze. 11. 17-20; 36. 24-27. Lu. 1. 74, 75. Ac. 9. 31.

135 *Make.* Ps. 4. 6; 80. 1, 3, 7, 19. Nu. 6. 25, 26. Job 33. 26. Re. 22. 4, 5. *and teach.* ver. 12, 26. Job 34. 32; 35. 11; 36. 22. Lu. 24. 45.

136 ver. 53, 158. 1 Sa. 15. 11. Je. 9. 1, 18; 13. 17; 14. 17. Eze. 9. 4. Lu. 19. 41. Ro. 9. 2, 3.

137 Ps. 99. 4; 103. 6; 145. 17. De. 32. 4. Ezr. 9. 15. Ne. 9. 33. Je. 12. 1. Da. 9. 7, 14. Ro. 2. 5; 3. 5, 6; 9. 14. Re. 15. 3, 4; 16. 7; 19. 2.

138 *testimonies.* ver. 86, 144. Ps. 19. 7-9. De. 4. 8, 45. *righteous. Heb.* righteousness. *faithful. Heb.* faithfulness. ver. 75.

139 *zeal.* Ps. 69. 9. 1 Ki. 19. 10, 14. Jno. 2. 17. *consumed me. or,* cut me off. *because.* Ps. 53. 4. Mat. 9. 13; 12. 3-5; 15. 4-6; 21. 13, 16, 42; 22. 29. Ac. 13. 27; 28. 23-27.

140 *Thy word.* Gold has need to be refined; but thy word is purity itself, reflecting the holiness of Jehovah's character and government, and requiring and leading to purity of heart and life. *pure. Heb.* tried, *or* refined. ver. 128. Ps. 12. 6; 18. 30; 19. 8. Pr. 30. 5. Ro. 7. 12, 16, 22. 1 Pe. 2. 2. 2 Pe. 1. 21.

141 *small.* Ps. 22. 6; 40. 17. Pr. 15. 16; 16. 8; 19. 1. Is. 53. 3. Lu. 6. 20; 9. 58. 2 Co. 8. 9. Ja. 2. 5. *yet do.* ver. 109, 176. Pr. 3. 1.

142 *Thy righteousness.* Men, as Bp. *Horne* observes, may decree wickedness by a law; or they may change their decrees, and with them what is right to-day may be wrong to-morrow: but the law of God is righteousness, and it is truth, to-day and for ever. *an everlasting.* ver. 144. Ps. 36. 6. Is. 51. 6, 8. Da. 9. 24. 2 Th. 1. 6-10. *and thy.* ver. 151. Ps. 19. 9. Jno. 17. 17. Ep. 4. 21.

143 *Trouble.* ver. 107. Ps. 18. 4, 5; 88. 3, etc.; 116. 3; 130. 1. Mar. 14. 33, 34. *taken hold on me. Heb.* found me. *yet thy.* ver. 16, 47, 77. Job 23. 12. Jno. 4. 34.

144 *righteousness.* ver. 138, 152. Mat. 5. 18. 1 Pe. 1. 23-25. *give me.* ver. 34, 66, 73, 169. 2 Co. 4. 6. 1 Jno. 5. 20, 21. *understanding.* Pr. 10. 21. Is. 6. 9, 10; 27. 11. Je. 4. 22. Da. 12. 10. Ho. 4. 6. Mat. 13. 19. Jno. 17. 3.

145 *cried.* ver. 10. Ps. 61. 1, 2; 62. 8; 86. 4; 102, title; 142. 1, 2. 1 Sa. 1. 10, 15. Je. 29. 13. *I will.* ver. 44, 106, 115.

146 *and I shall keep. or,* that I may keep. ver. 134. Ju. 10. 15, 16. Mat. 1. 21. Tit. 2. 14; 3. 4-8.

147 *I prevented.* That is, I anticipated, or rose before, the morning dawn; and was before hand with the light itself. Ps. 5. 3; 21. 3; 42. 8; 88. 13; 130. 6. Is. 26. 9. Mar. 1. 35. *hoped.* ver. 74, 81. Ps. 56. 4; 130. 5. He. 6. 17-19.

148 *eyes.* ver. 62. Ps. 63. 1, 6; 139. 17, 18. La. 2. 19. Lu. 6. 12. *the night watches.* The ancient Jews divided the night into three watches of four hours each, beginning at six o'clock in the evening; before the last of which, 'the daybreak,' or 'morning watch,' as the LXX. and Vulgate read, the Psalmist was awake.

149 *Hear.* Ps. 5. 2, 3; 55. 2; 64. 1. *according unto.* Ps. 51. 1; 69. 16; 109. 21. Is. 63. 7. *quicken me.* ver. 25, 40, 154, 156.

150 *draw nigh.* Ps. 22. 11-13, 16; 27. 2. 1 Sa. 23. 26. 2 Sa. 17. 16. Mat. 26. 46, 47. *far from.* Ps. 50. 17. Job 21. 14. Pr. 1. 7, 22; 28. 9. Ep. 2. 13, 14.

151 *near.* Ps. 46. 1; 75. 1; 139. 2; 145. 18. De. 4. 7. Mat. 1. 23. *all.* ver. 138, 142.

152 *thy testimonies.* ver. 144, 160. Ps. 89. 34-37; 111. 7, 8. Ec. 3. 14. Lu. 21. 33.

153 *Consider.* ver. 159. Ps. 9. 13; 13. 3, 4; 25. 19. Ex. 3. 7, 8. Ne. 9. 32. La. 2. 20; 5. 1. *for I.* ver. 16, 98, 109, 141, 176.

154 *Plead.* Ps. 35. 1; 43. 1. 1 Sa. 24. 15. Job 5. 8. Pr. 22. 23. Je. 11. 20; 50. 34; 51. 36. Mi. 7. 9. 1 Pe. 3. 23. 1 Jno. 2. 1. *quicken.* ver. 25, 40.

155 *Salvation.* Ps. 18. 27. Job 5. 4. Is. 46. 12; 57. 19. Ep. 2. 17, 18. *for they.* Ps. 10. 4. Job 21. 14, 15. Pr. 1. 7. Lu. 16. 24. Ro. 3. 11.

156 *Great. Heb.* Many. *are thy.* Ps. 51. 1; 86. 5, 13, 15. 1 Ch. 21. 13. Is. 55. 7; 63. 7. *quicken.* ver. 149.

157 *Many.* Ps. 3. 1, 2; 22. 12, 16; 25. 19; 56. 2; 118. 10-12. Mat. 24. 9; 26. 47; Ac. 4. 27. *yet do I.* ver. 51, 110. Ps. 44. 17. Job 17. 9; 23. 11. Is. 42. 4. Ac. 20. 23, 24. 1 Co. 15. 58.

158 ver. 53, 136. Eze. 9. 4. Mar. 3. 5.

159 *Consider.* ver. 97, 153. 2 Ki. 20. 3. Ne. 5. 19; 13. 22. *quicken.* ver. 88.

160 *Thy word is true from the beginning. Heb.* The beginning of thy word *is* true. ver. 86, 138. Pr. 30. 5. 2 Ti. 3. 16. *and every one.* ver. 75, 142, 144, 152. Ec. 3. 14. Mat. 5. 18.

161 *Princes.* ver. 23, 157. 1 Sa. 21. 23; 24. 9-15; 26. 18. Jno. 15. 25. *my heart.* Ps. 4. 4. Ge. 39. 9; 42. 18. 2 Ki. 22. 19. Ne. 5. 15. Job 31. 23. Is. 66. 2. Je. 36. 23-25.

162 *rejoice.* ver. 72, 111. Je. 15. 16. *as one.* 1 Sa. 30. 16. Pr. 16. 19. Is. 9. 3.

163 *hate.* ver. 29, 113, 128. Ps. 101. 7. Pr. 6. 16-19; 30. 8. Am. 5. 15. Ro. 12. 9. Ep. 4. 25. Re. 22. 15.

164 *Seven times.* That is, probably, *many times*, or *frequently*, as the term *seven* frequently denotes; but Rabbi *Solomon* says that this is to be understood literally; for they praised God twice in the morning before reading the decalogue, and once after; twice in the evening before the same reading, and twice after; making in the whole *seven* times. ver. 62. Ps. 55. 17. *because.* Ps. 48. 11; 97. 8. Re. 19. 2.

165 *Great.* Pr. 3. 1, 2, 17. Is. 32. 17; 57. 21. Jno. 14. 27. Ga. 5. 22, 23; 6. 15, 16. Phi. 4. 7. *nothing shall offend them. Heb.* they shall have no stumbling block. Is. 8. 13-15; 28. 13; 57. 14. Mat. 13. 21, 24. 24. 1 Pe. 2. 6-8.

166 *Lord.* ver. 81, 174. Ps. 130. 5-7. Ge. 49. 18. *and done.* Ps. 4. 5; 24. 3-5; 50. 23. Jno. 7. 17. 1 Jno. 2. 3, 4.

167 *soul.* ver. 6-8, 97, 111, 159. Jno. 14. 21-24; 15. 9, 10. He. 10. 16. *and I love.* Ps. 40. 8. Ro. 7. 22.

168 *for all my.* Ps. 44. 20, 21; 98. 8; 139. 3. Job 34. 21. Pr. 5. 21. Je. 23. 24. He. 4. 13. Re. 2. 23.

169 *Let my cry.* ver. 145. Ps. 18. 6. 2 Ch. 30. 27. *give me.* ver. 144. 1 Ch. 22. 12. 2 Ch. 1. 10. Pr. 2. 3-5. Da. 2. 21. Ja. 1. 5.

170 *deliver me.* ver. 41. Ps. 89. 20-25. Ge. 32. 9-12. 2 Sa. 7. 25.

171 *My lips*, etc. Or, more literally, and accordant with the context, 'My lips shall *pour forth (tabbânah)* praise; *for (kee)* thou hast taught me thy statutes.' ver. 7. Ps. 50. 23; 71. 17, 23, 24.

172 *tongue.* ver. 13, 46. Ps. 37. 30; 40. 9, 10; 78. 4. De. 6. 7. Mat. 12. 34, 35. Ep. 4. 29. Col. 4. 6. *for all thy.* ver. 86, 138, 142. Ro. 7. 12, 14.

173 *Let.* ver. 94, 117. Is. 41. 10-14. Mar. 9. 24. 2 Co. 12. 9. Ep. 6. 10, etc. Phi. 4. 13. *for.* ver. 30, 35, 40, 111. De. 30. 19. Jos. 24. 15, 22. 1 Ki. 3. 11, 12. Pr. 1. 29. Lu. 10. 42.

174 *longed.* ver. 81, 166. Ge. 49. 18. 2 Sa. 23. 5. Pr. 13. 12. Ca. 5. 8. Ro. 7. 22-25; 8. 23-25. Phi. 1. 23. *and thy law.* ver. 16, 24, 47, 77, 111, 162, 167. Ps. 1. 2.

175 *Let my.* Ps. 9. 13, 14; 30. 9; 51. 14, 15; 118. 18, 19. Is. 38. 19. *and let thy.* ver. 75. Is. 26. 8, 9. Ro. 8. 28. 1 Co. 11. 31, 32. 2 Co. 4. 17.

176 *gone astray.* Is. 53. 6. Eze. 34. 6, 16. Mat. 10. 6; 15. 24; 18. 12, 13. Lu. 15. 4-7. Jno. 10. 16. 1 Pe. 2. 25. *seek.* Ca. 1. 4. Je. 31. 18. Lu. 19. 10. Ga. 4. 9. Phi. 2. 13. Ja. 1. 17. *for I do.* ver. 61, 93. Ho. 4. 6.

## PSALM CXX.

*David prays against Doeg*, 1, 2; *reproves his tongue*, 3, 4; *complains of his necessary conversation with the wicked*, 5-7.

*(Title.) A Song of degrees.* Bp. *Patrick* and others suppose this Psalm to have been composed by David, when the calumnies of Doeg and others forced him to flee his country. Ps. 121-134, titles.

1 *my distress.* Ps. 18. 6; 30. 7, 8; 50. 15; 107. 13; 116. 3, 4; 118. 5. Is. 37. 3, 4, 14, etc.; 38. 2-5. Jon. 2. 2. Lu. 22. 44. He. 5. 7.

2 *from lying lips.* Ps. 35. 11; 52. 2-4; 109. 1, 2; 140. 1-3. Mat. 26. 59-62.

3 *What shall*, etc. *or*, What shall *the deceitful tongue* give unto thee? *or*, What shall it profit thee? Job 27. 8. Mat. 16. 26. Ro. 6. 21. *done. Heb.* added.

4 *Sharp*, etc. *or*, *It is as* the sharp arrows of the mighty *man*, with coals of juniper. Ps. 57. 4; 59. 7. Pr. 11. 9, 12. 18; 16. 27; 18. 8, 21. Ja. 3. 5-8. *arrows.* Ps. 7. 13; 52. 5; 140. 9-11. De. 32. 23, 24. Pr. 12. 22; 19. 5, 9. Re. 21. 8.

5 *Woe.* Je. 9. 2, 3, 6; 15. 10. Mi. 7. 1, 2. 2 Pe. 2. 7, 8. Re. 2. 13. *Mesech.* Ge. 10. 2. Eze. 27. 13, Meshech. *the tents.* Ge. 25. 13. 1 Sa. 25. 1. Ca. 1. 5. Is. 60. 6, 7. Je. 49. 28, 29.

6 *soul.* Ps. 57. 4. 1 Sa. 20. 30-33. Eze. 2. 6. Mat. 10. 16, 36. Tit. 3. 3.

7 *for peace. or, a man* of peace. Ps. 34. 14; 35. 20; 55. 20. 2 Sa. 20. 19. Mat. 5. 9. Ro. 12. 18. Ep. 2. 14-17. He. 12. 14. *when.* 1 Sa. 24. 9-11; 26. 2-4.

## PSALM CXXI.

*The great safety of the godly, who put their trust in God's protection.*

*(Title.) A Song.* Ps. 120, title.

1 *I will*, etc. *or*, Shall I lift up mine eyes to the hills? whence should my help come? Je. 3. 23. *lift up.* Ps. 2. 6; 68. 15, 16; 78. 68; 87. 1; 123. 1. Is. 2. 3.

2 *My help.* Ps. 46. 1; 124. 8; 146. 5, 6. Is. 40. 28, 29; 41. 13. Je. 20. 11. Ho. 13. 9. He. 13. 6.

3 *will not.* Ps. 91. 12. 1 Sa. 2. 9. Pr. 2. 8; 3. 23, 26. 1 Pe. 1. 5.

4 *he that.* Ps. 27. 1; 32. 7, 8; 127. 1. Is. 27. 3. *shall.* 1 Ki. 18. 27. Ec. 8. 16. Re. 8. 15.

5 *thy shade.* Ex. 13. 21. Is. 4. 5, 6; 25. 4; 32. 2. Mat. 23. 37. *upon.* Ps. 16. 8; 109. 31.

6 *the sun.* Ps. 91. 5-10. Is. 49. 10. Re. 7. 16.

7 *preserve.* Ps. 91. 9, 10. Job 5. 19, etc. Pr. 12. 21. Mat. 6. 13. Ro. 8. 28, 35-39. 2 Ti. 4. 18. *he shall.* Ps. 34. 22; 41. 2; 97. 10; 145. 20.

8 *thy going out.* De. 28. 6, 19. 2 Sa. 5. 2. Ezr. 8. 21, 31. Pr. 2. 8; 3. 6. Ja. 4. 13-16. *from this time.* Ps. 113. 2; 115. 18.

## PSALM CXXII.

*David professes his joy for the church*, 1-5; *and prays for the peace thereof*, 6-9.

*(Title.) A Song of degrees.* Ps. 120-134, titles.

1 *was glad.* Ps. 42. 4; 55. 14; 63. 1-3; 84. 1, 2, 10; 119. 111. *Let us go.* Is. 2. 3. Je. 31. 6; 50. 4, 5. Mi. 4. 2. Zec. 8. 21-23.

2 Ps. 84. 7; 87. 1-3; 100. 4. Ex. 20. 24. 2 Ch. 6. 6.

3 *builded.* 2 Sa. 5. 9. Ep. 2. 20, 21; 4. 4-7. Re. 21. 10, etc.

4 *Whither.* Ps. 78. 68; 132. 13. Ex. 23. 17; 34. 23, 24. De. 12. 5, 11; 16. 16. *the testimony.* Ex. 16. 34; 26. 33, 34; 32. 15. *to give.* Ps. 66. 13-16; 107. 1-3; 116. 17-19; 118. 19.

5 *there.* De. 17. 8, 18. 2 Ch. 19. 8. *are set. Heb.* do sit. *the thrones.* 2 Sa. 8. 18. 2 Ch. 11. 22.

6 *Pray.* Ps. 51. 18; 137. 6, 7. Je. 51. 50. Jno. 17. 21. Ep. 4. 3. 2 Th. 3. 16. *they shall.* Ge. 12. 3. Nu. 24. 9. 1 Jno. 3. 14.

7 *Peace.* 1 Ch. 12. 18. Is. 9. 7; 54. 13. Jno. 14. 27. Ja. 3. 18. *within thy palaces.* Ps. 48. 3.

8 Ps. 16. 3; 42. 4; 119. 63. Ep. 4. 4-6. Phi. 2. 2-5. Ja. 3. 13-18.

9 *the house.* Ps. 26. 8; 69. 9; 84. 1, 2, 10. 1 Ch. 29. 3. Jno. 2. 17. *I will seek.* Ps. 102. 13, 14; 137. 5, 6. Ne. 2. 10; 13. 14.

## PSALM CXXIII.

*The godly profess their confidence in God*, 1, 2; *and pray to be delivered from contempt*, 3, 4.

A.M. cir. 3463. B.C. cir. 541. *(Title.) A Song of degrees.* This Psalm is probably a complaint of the captives in Babylon, relative to the contempt and cruel usage they received. Ps. 120-134, titles.

1 *lift I.* Ps. 25. 15; 121. 1; 141. 8. Lu. 18. 13. *O thou.* Ps. 2. 4; 11. 4; 113. 5, 6; 115. 3. Is. 57. 15; 66. 1. Mat. 6. 9.

2 *as the eyes.* Jos. 9. 23, 27; 10. 6. *so our eyes.* Ps. 40. 1-3; 119. 82, 123-125; 130. 5, 6. Ge. 32. 26; 49. 18. La. 3. 25, 26. Lu. 18. 1.

3 *Have mercy.* Ps. 56. 1, 2; 57. 1; 69. 13-16. Lu. 18. 11-13. *for we are.* Ps. 44. 13-16; 89. 50, 51. Ne. 4. 2-4. Is. 53. 3. Lu. 16. 14; 23. 35.

4 *with the scorning.* Ps. 73. 5-9; 119. 51. Job 12. 5; 16. 4. Je. 48. 11, 27, 29. Ac. 17. 21, 32; 26. 24. 1 Co. 4. 13.

## PSALM CXXIV.

*The church blesses God for a miraculous deliverance.*

*(Title.) A Song.* It is uncertain what the particular deliverance was which is celebrated in this Psalm. Some refer it to the deliverance of Hezekiah from Sennacherib; and others to the return from the Babylonian captivity; while Dr. *A. Clarke* refers it to that of the Jews from the massacre intended by Haman. Ps. 120-134, titles.

1 *The Lord.* Ps. 27. 1; 46. 7, 11; 54. 4, 56. 9; 118. 6, 7. Ex. 15. 1. Is. 8. 9, 10. Ro. 8. 31. He. 13. 5, 6. *now may.* Ps. 129. 1.

2 *when men.* Ps. 2. 1, 2; 3. 1; 22. 12, 13, 16; 37. 32. Nu. 16. 2, 3.

3 *Then they.* Ps. 27. 2; 35. 25; 56. 1, 2; 57. 3; 74. 8; 83. 4. Es. 3. 6, 12, 13. *swallowed.* Nu. 16. 30-34. Pr. 1. 12. Je. 51. 34. Jon. 1. 17. *their wrath.* Ps. 76. 10. 1 Sa. 20. 30-33. Da. 3. 19. Mat. 2. 16. Ac. 9. 2.

4 *the waters.* Ps. 18. 4; 42. 7; 69. 15. Is. 8. 7, 8; 28. 2; 59. 19. Je. 46. 7, 8. Da. 9. 26. Re. 12. 15, 16; 17. 1, 15.

5 *the proud.* Ps. 93. 3, 4. Job 38. 11. Je. 5. 22.

6 *who hath not.* Ps. 17. 9; 118. 13; 145. 5, 6. Ex. 15. 9, 10. Ju. 5. 30, 31. 1 Sa. 26. 20. Is. 10. 14-19.

7 *Our soul.* 1 Sa. 23. 26, 27; 24. 14, 15; 25. 29. 2 Sa. 17. 2, 21, 22. *as a bird.* Ps. 25. 15; 91. 3. Pr. 6. 5. Je. 5. 26; 18. 22. 2 Ti. 2. 26.

8 Ps. 115. 15; 121. 2; 134. 3; 146. 5, 6. Ge. 1. 1. Is. 37. 16-20. Je. 32. 17. Ac. 4. 24.

## PSALM CXXV.

*The safety of such as trust in God*, 1-3. *A prayer for the godly, and against the wicked*, 4, 5.

A.M. 3468. B.C. 536. *(Title.) A Song.* Ps. 120-124, titles.

1 *that trust.* Ps. 21. 7; 25. 2, 8; 34. 22; 62. 2, 6; 118. 8, 9; 147. 11. 1 Ch. 5. 20. Pr. 3. 5, 6. Je. 17. 7, 8. Ep. 1. 12, 13. 1 Pe. 1. 21. *be as mount.* Ps. 132. 13, 14. Is. 12. 6; 14. 32; 51. 8, 11, 16; 52. 1, 7, 8. Ob. 21. Mi. 4. 2. Zec. 1. 14, 17. Re. 14. 1. *but abideth.* Mat. 16. 16-18.

2 *As the mountains.* La. 4. 12. *the Lord.* Ps. 34. 7. De. 33. 27. Is. 4. 5. Zec. 2. 5. Jno. 10. 28, 29.

3 *the rod.* Ps. 103. 9, 14. Pr. 22. 8. Is. 10. 5; 14. 5, 6; 27. 8. 1 Co. 10. 13. Re. 2. 10. *the wicked. Heb.* wickedness.

4 *Do good.* Ps. 41. 1-3; 51. 18; 73. 1. Is. 58. 10, 11. He. 6. 10. 1 Jno. 3. 17-24. *upright.* Ps. 32. 2; 84. 11; 119. 80. La. 3. 25. Jno. 1. 47. Re. 14. 5.

5 *As for such.* Ps. 40. 4; 101. 3. 1 Ch. 10. 13, 14. Pr. 14. 14. Je. 2. 19. Zep. 1. 6. He. 10. 38. *crooked.* Pr. 2. 15. Is. 59. 8. Phi. 2. 15. *with the workers.* Mat. 7. 23; 24. 48-51. *peace.* Ps. 128. 6. Is. 54. 10, 13. Eze. 37. 26. Ho. 2. 18. Jno. 14. 27. Ga. 6. 16. 1 Pe. 1. 2.

## PSALM CXXVI.

*The church, celebrating her incredible return out of captivity*, 1-3, *prays for, and prophesies the good success thereof*, 4-6.

*(Title.) A Song of Degrees.* This Psalm evidently appears to have been composed in consequence of the proclamation of Cyrus in favour of the Jews, giving them leave to return to their own land, and rebuild their city and temple. Ps. 120-125, titles.

1 *turned again*, etc. *Heb.* returned the returning of Zion. Ps. 53. 6; 85. 1. Ezr. 1. Job 42. 10. Je. 31. 8-10. Ho. 6. 11. Joel 3. 1. *we were like.* Job 9. 16. Mar. 16. 11. Lu. 24. 11, 41. Ac. 12. 9, 14-16.

2 *Then was.* Ps. 14. 7; 53. 6; 106. 47, 48. Ezr. 3. 11. Job 8. 21. Is. 35. 10; 49. 9-13. Je. 31. 12, 13; 33. 11. Re. 11. 15-17. *then said.* Nu. 23. 23. Jos. 2. 9-11; 9. 9, 10. Ne. 6. 16. Zec. 8. 22, 23. Ro. 11. 15. *done great things for them. Heb.* magnified to do with them.

3 Ps. 18. 50; 31. 19; 66. 5, 6; 68. 7, 8, 22. Ezr. 7. 27, 28. Is. 11. 11-16; 12. 4-6; 51. 9-11; 52. 9, 10; 66. 14. Lu. 1. 46-49. Ep. 1. 18-22. Re. 12. 10; 19. 1-7

4 *Turn again.* ver. 1. Ps. 85. 4. Ho. 1. 11. *as the streams.* Jos. 3. 16. Is. 41. 18.

5 *that sow.* Ps. 137. 1. Is. 12. 1-3. Je. 31. 9-13. Joel 2. 17, 23. Mat. 5. 4. Jno. 16. 20-22. 2 Co. 7. 8-11. *joy. or,* singing.

6 *that goeth.* Ps. 30. 5. Job 11. 13-17. Is. 61. 3. Je. 50. 4, 5. Ga. 6. 7, 8. *precious seed. or,* seed basket. *shall doubtless.* Is. 9. 2, 3. Lu. 15. 18-24. Ac. 16. 29-34. Re. 7. 15-17.

## PSALM CXXVII.

*The virtue of God's blessing,* 1, 2. *Good children are his gift,* 3-5.

(*Title.*) *A Song.* Ps. 120-126, titles. *for Solomon. or,* of Solomon. Ps. 72, title.

1 *The Lord.* Ps. 33. 16-18. Pr. 16. 9; 21. 30, 31. Ec. 9. 11. 1 Co. 3. 7. *build.* 1 Ch. 22. 10, 11; 28. 10, 20; 29. 19. 1 Co. 3. 9-15. *they labour.* 1 Co. 15. 14. Ga. 4. 11. *that build it. Heb. that are* builders of it in it. *except.* Ps. 121. 3-5. Is. 27. 3. Zec. 2. 4, 5. *the watchman.* Ca. 3. 3; 5. 7. Is. 21. 5-12; 56. 10; 62. 6. Je. 51. 12, 31. Eze. 33. 2-9.

2 *vain.* Ps. 39. 5, 6. Ec. 1. 14; 2. 1-11, 20-23; 4. 8. *rise up.* Pr. 31. 15-18. *the bread.* Ge. 3. 17-19. Ec. 6. 7. *for so he.* Ps. 3. 5; 4. 8. Ec. 5. 12. Je. 31. 26. Eze. 34. 25. Ac. 12. 5, 6.

3 *children.* Ps. 128. 3, 4. Ge. 1. 28; 15. 4, 5; 24. 60; 30. 1, 2; 33. 5; 41. 51, 52; 48. 4. De. 28. 4. Jos. 24. 3, 4. 1 Sa. 1. 19, 20, 27; 2. 20, 21. 1 Ch. 28. 5. Is. 8. 18.

4 *arrows.* Je. 50. 9. *so are children.* Pr. 17. 6; 31. 28.

5 *Happy.* Ge. 50. 23. Job 1. 2; 42. 12-16. *his quiver full of them. Heb.* filled his quiver with them. *they shall.* Job 5. 4. Pr. 27. 11. *speak. or,* subdue. Ps. 18. 47. *or,* destroy.

## PSALM CXXVIII.

*The sundry blessings which follow them that fear God.*

(*Title.*) *A Song of degrees.* Ps. 120-127, titles.

1 *every one.* Ps. 103. 1, 13, 17; 112. 1; 115. 13; 147. 11. Lu. 1. 50. *walketh.* Ps. 1. 1-3; 81. 13; 119. 1. Lu. 1. 6. Ac. 9. 31. 1 Th. 4. 1.

2 *thou shalt eat.* Ge. 3. 19. De. 28. 4, 11, 39, 51. Ju. 6. 3-6. Ec. 5. 18, 19. Is. 62. 8; 65. 13. 21-23. *and it shall.* Ec. 8. 12. Is. 3. 10. Je. 22. 15. 1 Co. 15. 58. Ep. 6. 3.

3 *a fruitful vine.* Ge. 49. 22. Pr. 5. 15-18. Eze. 19. 10. *olive plants.* Ps. 52. 8; 144. 12. Je. 11. 16. Ho. 14. 6, 7. Ro. 11. 24. *round about.* Ps. 127. 5.

5 *bless thee.* Ps. 20. 2; 118. 26; 134. 3. Is. 2. 3. Ep. 1. 3. *thou shalt see.* Ps. 122. 6. Is. 33. 20.

6 *thou shalt see.* Ge. 50. 23. Job 42. 16. *peace.* Ps. 125. 5. Is. 66. 12. Ga. 6. 16.

## PSALM CXXIX.

*An exhortation to praise God for saving Israel in their great afflictions,* 1-4. *The haters of the church are cursed,* 5-8.

A.M. 3470. B.C. 534. (*Title.*) *A Song of degrees.* This Psalm was most probably composed in consequence of the opposition of the Samaritans. Ezr. ch. 4. Ps. 120-128, titles.

1 *Many. or,* Much. *have they.* Ex. 1. 12-14, 22; 5. 7-19. Ju. 2. 15; 10. 8-12. 1 Sa. 13. 19. La. 1. 3. *from.* Je. 2. 2. Eze. 23. 3. Ho. 2. 15; 11. 1. *may.* Ps. 124. 1.

2 *yet they have.* Ps. 34. 19; 118. 13; 125. 1. Job 5. 19. Mat. 16. 18. Ro. 8. 35-39. Jno. 16. 33. Re. 12. 8, 9.

3 *The plowers.* Ps. 141. 7. Is. 51. 23.

4 *The Lord.* Ezr. 9. 15. Ne. 9. 33. La. 1. 18; 3. 22. Da. 9. 7. *cut asunder.* Ps. 124. 6, 7; 140. 5-11.

5 *be confounded.* Ps. 83. 4-11; 122. 6. Es. 6. 13; 9. 5. Is. 10. 12; 37. 22, 28, 29, 35. Zec. 1. 14-17; 12. 3, 6. 1 Co. 16. 22.

6 *as the grass.* Ps. 37. 2; 92. 7. Je. 17. 5, 6. Mat. 13. 6.

7 *he that bindeth.* Ps. 126. 6. Is. 17. 10, 11. Ho. 8. 7. Ga. 6. 8.

8 *The blessing.* Ps. 118. 36. Ru. 2. 4.

## PSALM CXXX.

*The psalmist professes his hope in prayer,* 1-4; *and his patience in hope,* 5, 6. *He exhorts Israel to trust in God,* 7, 8.

A.M. cir. 3464. B.C. cir. 540. (*Title.*) *A Song.* Ps. 120-129, titles.

1 *Out of.* Ps. 18. 4-6, 16; 25. 16-18; 40. 2; 42. 7; 60. 1, 2, 14, 15; 71. 20; 88. 6. 7; 116. 3, 4. La. 3. 53-55. Jon. 2. 2-4. He. 5. 7.

2 *let thine ears.* Ps. 5. 1, 2; 17. 1; 55. 1, 2; 61. 1, 2. 2 Ch. 6. 40. Ne. 1. 6, 11. Is. 37. 17. Da. 9. 17-19.

3 *shouldest mark.* Ps. 143. 2. Job 9. 2, 3, 20; 10. 14; 15. 14. Is. 53. 6. Jno. 8. 7-9. Ro. 3. 20-24.

4 *But there.* Ps. 25. 11; 86. 5; 103. 2, 3. Ex. 34. 5-7. Is. 1. 18; 55. 7. Je. 31. 34. Da. 9. 9. Mi. 7. 18-20. Ro. 8. 1. 2 Co. 5. 19. Ep. 1. 7. Col. 1. 14. *that thou mayest.* Ps. 2. 11, 12. 1 Ki. 8. 39, 40. Je. 33. 8, 9. Ho. 3. 5. Ac. 9. 31. 2 Ti. 2. 19. He. 12. 24-28.

5 *I wait.* Ps. 27. 14; 33. 20; 40. 1; 62. 1, 5. Ge. 49. 18. Is. 8. 17; 26. 8; 30. 18. Lu. 2. 25, 38. *and in his.* Ps. 119. 42, 49, 81, 114. He. 6. 18.

6 *waiteth.* Ps. 63. 6; 119. 147. Ac. 27. 29. *I say more than they that watch for the morning. or,* which watch unto the morning. Ps. 134. 1. Is. 21. 8.

7 *Let Israel.* Ps. 40. 3; 71. 5; 115. 9-13; 131. 1, 3. Zep. 3. 12. *for with.* ver. 4. Ps. 86. 5, 15. Is. 55. 7. Ro. 5. 20, 21; 8. 24. Ep. 1. 7, 8. 1 Ti. 2. 5, 6; 4. 10, 35. 1 Jno. 2. 1, 2. Re. 5. 9.

8 *he shall redeem.* Ps. 103. 3, 4. Mat. 1. 21. Ro. 6. 14. Tit. 2. 14. 1 Jno. 3. 5-8.

## PSALM CXXXI.

*David, professing his humility,* 1, 2, *exhorts Israel to trust in God,* 3.

(*Title.*) *A Song of degrees.* Some think that this Psalm was composed by David when accused by Saul and his courtiers that he affected the crown; though others refer it to the time of the captivity; and consider it as containing a fair account of the manner in which the captives behaved themselves. Ps. 122: 124; 133, titles.

1 *my heart.* Nu. 12. 3. De. 17. 20. 1 Sa. 16. 13, 18, 22; 17. 15, 28, 29; 18. 23. Mat. 11. 29. Ac. 20. 19. 1 Th. 2. 6, 7, 10. *neither.* Ps. 78. 70-72. Je. 17. 16; 45. 5. Am. 7. 14, 15. Ro. 12. 16. *exercise. Heb.* walk. *high for me. Heb.* wonderful for me. Ps. 139. 6. Job 42. 3. Ro. 11. 33.

2 *quieted.* Ps. 42. 5, 11; 43. 5; 62. 1, marg. 1 Sa. 24. 10; 25. 32, 33; 30. 6. 2 Sa. 15. 25, 26; 16. 11, 12. Is. 30. 15. La. 3. 26. *myself. Heb.* my soul. Lu. 21. 19. Jno. 14. 1, 2. *as a child.* Mat. 18. 3, 4. Mar. 10. 15. 1 Co. 14. 20.

3 *Let Israel.* Ps. 115. 9-11; 130. 7 146. 5. Je. 17. 7, 8. *from henceforth. Heb.* from now. Ps. 115. 18. Is. 26. 4.

## PSALM CXXXII.

*David in his prayer commends unto God the religious care he had for the ark.* 1-7. *His prayer at the removing of the ark,* 8-10; *with a repetition of God's promises,* 11-18.

A.M. 2962. B.C. 1042. (*Title.*) *A Song of degrees.* Some attribute this Psalm to Solomon; and others refer it to the building of the second temple; but it seems more probable that it was sung at the solemn induction of the ark into the tabernacle of Mount Zion, expressing the holy joy and triumph of that event. Ps. 120-131, titles.

1 *remember.* Ps. 25. 6, 7. Ge. 8. 1. Ex. 2. 24. La. 3. 19; 5. 1. *all his afflictions.* 1 Sa. ch. 18-30. 2 Sa. ch. 15-20.

2 *he sware.* Ps. 56. 12; 65. 1; 66. 13, 14; 116. 14-18; 119. 106. 2 Sa. 7. 1. *the mighty.* ver. 5. Ps. 46. 11; 50. 1; 146. 5, 6. Ge. 49. 24.

3 *I will not.* Ec. 9. 10. Hag. 1. 4. Mat. 6. 33.

4 *give sleep.* Ge. 24. 33. Ru. 3. 18. Pr. 6. 4.

5 *I find.* 2 Sa. 6. 17. 1 Ch. 15. 3, 12. Ac. 7. 46. *an habitation. Heb.* habitations. 1 Ki. 8. 27. 2 Ch. 2. 6. Is. 66. 1. Ac. 7. 47-49. Ep. 2. 22. *for the mighty.* ver. 2.

6 *at Ephratah.* Ru. 1. 2. 1 Sa. 17. 12. Mi. 5. 2. *we found.* 1 Sa. 7. 1. 1 Ch. 13. 5, 6.

7 *will go.* Ps. 5. 7; 66. 13, 14; 118. 19; 122. 1. Is. 2. 3. *worship.* Ps. 95. 6; 99. 5, 9. La. 2. 1.

8 *Arise.* Ps. 68. 1. Nu. 10. 35, 36. 2 Ch. 6. 41, 42. *the ark.* Ps. 78. 61.

9 *thy priests.* ver. 16. Ps. 93. 1; 104. 1. Job 29. 14. Is. 61. 10. Ro. 13. 14. 1 Pe. 5. 5. Re. 19. 8. *let thy saints.* Ps. 35. 26, 27; 68. 3; 70. 4. Ju. 5. 31. *shout.* Ps. 47. 1. Is. 65. 14. Ezr. 3. 11, 12. Zep. 3. 14. Zec. 9. 9.

10 *thy servant.* 1 Ki. 11. 12, 13, 34; 15 4, 5. 2 Ki. 19. 34. Ho. 3. 5. *turn not.* Ps. 84. 9; 89. 38, 39. 2 Ch. 6. 42.

11 *sworn.* Ps. 89. 3, 4, 33, 37; 110. 4. 1 Sa. 15. 29. Je. 33. 20-26. He. 6. 18. *Of the fruit.* 2 Sa. 7. 12. 1 Ki. 8. 25. 2 Ch. 6. 16. Lu. 1. 69, 70. Ac. 2. 30. *body. Heb.* belly.

12 *If thy children.* Ps. 89. 30-35. *their children.* Ps. 102. 28; 115. 14. Is. 9. 7; 59. 21. Lu. 1. 32, 33.

13 *the Lord.* Ps. 76. 1, 2; 78. 68, 69. Is. 14. 32. He. 12. 22. *he hath desired.* Ps. 48. 1-3; 68. 16; 87. 2.

14 *my rest.* ver. 8. Is. 11. 10; 66. 1. Zep. 3. 17. *here will.* Ps. 68. 18; 76. 2; 135. 21. 1 Ki. 8. 13, 27. Is. 8. 18; 12. 6; 57. 15. Joel 3. 21. Ep. 2. 22. He. 12. 22. Re. 31. 23. *for I have.* Ps. 87. 2.

15 *abundantly. or,* surely. *bless her provision.* Ps. 147. 14. Ex. 23. 25. Le. 26. 4, 5. De. 28. 2-5. Pr. 3. 9, 10. Hag. 1. 6, 9; 2. 16-19. Mal. 2. 2. Mat. 14. 19-21. Lu. 1. 53. 2 Co. 9. 10, 11. *I will satisfy.* Ps. 22. 26; 33. 18, 19; 36. 8; 37. 3, 19. De. 14. 29. Is. 33. 16. Je. 31. 14. Mat. 5. 6; 6. 32, 33. Mar. 8. 6-9.

16 *clothe.* ver. 9. Ps. 140. 4. 2 Ch. 6. 41. Is. 61. 10. Ga. 3. 27. *her saints.* Ho. 11. 12. Zec. 9. 9, 15-17. Jno. 16. 24.

17 *will I make.* Ps. 92. 10; 148. 14. Eze. 29. 21. Lu. 1. 69. *I have ordained.* 1 Ki. 11. 36; 15. 4. 2 Ch. 21. 7. Lu. 2. 30-32. *lamp. or,* candle.

18 *His enemies.* Ps. 21. 8, 9; 35. 26; 109. 29. Job 8. 22. Da. 12. 2. *but upon.* Ps. 72. 8-11. Is. 9. 6, 7; 58. 10-12. Mat. 28. 18. Lu. 1. 32, 33. Re. 11. 15; 17. 14.

## PSALM CXXXIII.

*The blessedness of unity among brethren.*

(*Title.*) *A Song of degrees.* This Psalm was probably composed when David was made king over all Israel. Ps. 122; 124; 131, titles.

1 *how good.* Ps. 122. 6-8. Ge. 13. 8; 45. 24. 2 Sa. 2. 26, 27. Is. 11. 6, 9, 13. Je. 32. 39. Jno. 13. 35; 17. 21. 1 Co. 1. 10. Ep. 4. 3-6. Phi. 2. 2-5. He. 13. 1. 1 Pe. 3. 8. 1 Jno. 3. 14-19. *together. Heb.* even together.

2 *It is like.* Ps. 141. 5. Pr. 27. 9. Ca. 1. 3. Jno. 12. 3. *that ran down.* Ex. 30. 25-30. Le. 8. 12.

3 *As the dew of Hermon.* Mr. *Maundrell* says, "We were sufficiently instructed by experience what the holy Psalmist means by 'the dew of Hermon,' our tents being as wet with it as if it had rained all night." Some suppose that *Zion* here means a part of Mount Hermon (De. 4. 48); but it is not written *Sion* here, but *Zion*, which is at Jerusalem. De. 3. 8, 9; 4. 48. Jos. 13. 11. *for there the Lord.* Ps. 42. 8. Le. 25. 21. De. 28. 8. *even life.* Ps. 16. 11; 21. 4. Jno. 4. 14; 5. 24, 29; 6. 50, 51, 68; 11. 25, 26. Ro. 5. 21; 6. 23. 1 Jno. 2. 25; 5. 11. Re. 1. 18.

## PSALM CXXXIV.

*An exhortation to bless God.*

A.M. 3468. B.C. 536. (*Title.*) *A Song of degrees.* Ps. 120-133, titles.

1 *bless ye.* Ps. 103. 21; 135. 1, 2, 19-21. 1 Ch. 23. 30-32. Re. 19. 5. *which by night.* Ps. 130. 6. Le. 8. 35. 1 Ch. 9. 23 33. Lu. 2. 37. Re. 7. 15.

2 *Lift up.* Ps. 28. 2; 63. 4; 141. 2. La. 2. 19; 3. 41. *in the sanctuary.* or, *in* holiness. Ps. 26. 6. 1 Ti. 2. 8.

3 *Lord.* Ps. 124. 8; 146. 5, 6. *bless thee.* Ps. 14. 7; 20. 2; 110. 2; 128. 5; 135. 21. Ro. 11. 26.

## PSALM CXXXV.

*An exhortation to praise God for his mercy,* 1-4; *for his power,* 5-7; *for his judgments,* 8-14. *The vanity of idols,* 15-18. *An exhortation to bless God,* 19-21.

A.M. 3000. B.C. 1004. (*Title.*) Bp. *Patrick* supposes this to be the morning hymn which the precentor called upon the Levites to sing at the opening of the gates of the temple, as the foregoing was sung at the shutting in the evening; but it is more probable that it was composed by Solomon, to be sung at the dedication of the temple.

1 *Praise ye the Lord.* Ps. 33. 1, 2; 96. 1-4; 106. 1; 107. 8, 15; 111. 1; 112. 1; 113. 1; 117; 150. 6. *Praise ye the name.* Ps. 7. 17; 102. 21; 113. 2, 3; 148. 13. See on Ex. 34. 5-7. Ne. 9. 5. *O ye servants.* Ps. 113. 1; 134. 1; 149. 1-3.

2 *that stand.* 1 Ch. 16. 37-42; 23. 30. Ne. 9. 5. Lu. 2. 37. *the courts.* Ps. 92. 13; 96. 8; 116. 19.

3 *for the Lord.* Ps. 106. 1; 107. 1; 118. 1; 119. 68; 136. 1; 145. 7, 8. Mat. 19. 17. *for it is.* Ps. 33. 1; 63. 5; 92, 1, 2; 147. 1.

4 *the Lord.* Ps. 33. 12. De. 7. 6, 7; 10. 15. 1 Sa. 12. 22. Is. 41. 8; 43. 20, 21. Zec. 2. 10-12. 1 Pe 2. 9. *his peculiar.* Ex. 19. 5, 6. De. 32. 9. Mal. 3. 17. Tit. 2. 14.

5 *I know.* Ps. 48. 1; 86. 8-10; 89. 6; 95. 3; 96. 4, 5; 97. 9. De. 10. 17. Is. 40. 22, 25. Je. 10. 10, 11. Da. 3. 29; 6. 26, 27.

6 *Whatsoever.* Ps. 33. 9, 11; 115. 3. Is. 46. 10. Da. 4. 35. Am. 4. 13; 9. 6. Mat. 28. 18. *in the seas.* Ps. 136. 13-15. Mat. 8. 26, 27; 14. 25.

7 *He causeth.* Ps. 148. 8. Ge. 2. 5, 6. 1 Ki. 18. 1, 41-45. Job 5. 10. Je. 10. 13; 14. 22; 51. 16. Zec. 10. 1. *he maketh lightnings.* Dr. *Russel* informs us that seldom a night passes at Aleppo without much lightning in the north-west, but not attended with thunder; and when it appears in the west or south-western points, it is a sure sign of the approaching *rain,* which is often followed with thunder. See the note on Job 38. 25. Job 28. 25, 26; 38. 24-28. *he bringeth.* Ps. 107. 25; 148. 8. Job 38. 22, 23. Jon. 1. 4. Jno. 3. 8.

8 *smote.* Ps. 78. 51; 105. 36; 136. 10. Ex. 12. 12, 29, 30; 13. 15. *both of man and beast. Heb.* from man unto beast.

9 *sent tokens.* Ps. 78. 43-50; 105. 27-29. Ex. ch. 7-15. De. 4. 34. Ne. 9. 10. Is. 51. 9, 10. Je. 32. 20, 21. Ac. 7. 36. *upon Pharaoh.* Ps. 136. 15.

10 *smote.* Ps. 44. 2, 3; 136. 17-22.

11 *Sihon.* Nu. 21. 21-35. De. 2. 30-37; 3. 1, etc. Ne. 9. 22. *and all the.* Jos. ch. 10-12.

12 *gave their.* Ps. 44. 1-3; 78. 55; 136. 21, 22. Nu. 33. 54. Jos. 11. 23; 12. 7.

13 *Thy name.* Ps. 8. 1, 9; 72. 17; 102. 12, 21. Ex. 3. 15; 34. 5-7. Ho. 12. 5. Mat. 6. 9, 13. *throughout all generations. Heb.* to generation and generation. Ps. 89. 1, marg.

14 *the Lord.* Ps. 7. 8; 50. 4; 96. 13. *he will repent.* De. 32. 36. Ju. 10. 16. 1 Ch. 21. 15. Ho. 11. 8, 9. Am. 7. 3, 6. Jon. 4. 2.

15 *idols.* Ps. 115. 4-8. De. 4. 28. Is. 37. 19; 40. 19, 20; 44. 9-20; 46. 6, 7. Je. 10. 3, etc. Hab. 2. 18, 19. Ac. 17. 29.

16 *eyes have they.* Is. 6. 10. Mat. 13. 14-16.

18 *They that.* Ps. 97. 7; 115. 8. Is. 44. 18-20. Je. 10. 8. 2 Co. 4. 4.

19 Ps. 115. 9-11; 118. 1-4; 145. 10; 147. 19, 20; 148. 14. Re. 19. 5.

21 *out of Zion.* Ps. 76. 2; 134. 3. 2 Ch. 6. 6. *which dwelleth.* Ps. 48. 1, 9; 132. 13, 14. Is. 12. 6.

## PSALM CXXXVI.

*An exhortation to give thanks to God for particular mercies.*

(*Title.*) This Psalm is little else than a repetition of the preceding, with the addition of the burden, 'for his mercy endureth for ever,' at the end of each verse; and it was doubtless composed on the same occasion. It seems evidently to have been a responsive song; the first part of the verse being probably sung by the Levites, and the burden by the people.

1 *Give thanks.* Ps. 105. 1; 106. 1; 107. 1; 118. 1; 119. 68. 2 Ch. 7. 3, 6. Ezr. 3. 11. Je. 33. 11. *for his mercy.* Ps. 103. 17. 1 Ch. 16. 34, 41. 2 Ch. 20. 21. Lu. 1. 50. Jude 21.

2 *the God.* Ps. 82. 1; 97. 7, 9. Ex. 18. 11. De. 10. 17. Jos. 22. 22. 2 Ch. 2. 5. Da. 2. 47.

3 *the Lord.* 1 Ti. 6. 15. Re. 17. 14; 19. 16.

4 *who alone.* Ps. 72. 18; 86. 10. Ex. 15. 11. Job 5. 9. Re. 15. 3.

5 In the contrivance of the celestial bodies—in their specific gravities, relations, connections, influences on each other, revolutions, etc.; and in the wonderful adaptation of the atmosphere for the purposes of refracting the light, forming rain, dew, snow, etc., are exhibited the most astonishing displays of the Divine wisdom. Ps. 33. 6; 104. 24. Ge. 1. 1. Pr. 3. 19, 20; 8. 22-29. Je. 51. 15.

6 Ps. 24. 2; 104. 2, 3. Ge. 1. 9. Job 26. 7; 37. 18. Is. 40. 22; 44. 24. Je. 10. 12. Zec. 12. 1. 2 Pe. 3. 5-7.

7 Ps. 74. 16, 17; 104. 19. Ge. 1. 14-19. De. 4. 19.

8 *The sun.* Ps. 148. 3. Je. 31. 35. Mat. 5. 45. *to rule. Heb.* for the rulings.

9 *The moon and stars.* The sun is the monarch of day, the state of light; the moon of the night, the state of darkness. The rays of the sun falling on the atmosphere, are refracted and diffused over the whole of the hemisphere of the earth immediately under his orb; while those rays of that vast luminary which, because of the earth's smallness in comparison with the sun, are diffused on all sides beyond the earth, falling on the opaque disc of the moon, are reflected back on the lower hemisphere, or the part of the earth opposite the sun. But the reflected light being 50,000 times less in intensity than that of the sun, there is a sufficient distinction between day and night, though each is ruled and determined by one of these two *great lights.* Ps. 8. 3; 89. 36, 37. Job 31. 26.

10 Ps. 78. 51; 105. 36; 135. 8. Ex. 11. 5, 6; 12. 12, 29. He. 11. 28.

11 *brought out.* Ps. 78. 52; 105. 37. Ex. 12. 51; 13. 3, 17. 1 Sa. 12. 6-8.

12 Ex. 6. 6; 13. 14; 15. 6. De. 11. 2-4. Is. 51. 9, 10. Je. 32. 21. Ac. 7. 36.

13 Ps. 66. 5, 6; 74. 13; 78. 13; 106. 9-11. Ex. 14. 21, 22, 29. Is. 63. 12, 13. He. 11. 29.

15 *But overthrew. Heb.* But shaked off. Ps. 78. 53; 135. 9. Ex. 14. 27, 28; 15. 4, 5, 10, 11. Ne. 9. 10, 11. *for his mercy.* Ps. 65. 5; 79. 6-9; 143. 12. Ex. 15. 12, 13. Lu. 1. 71-74.

16 Ps. 77. 20. Ex. 13. 18; 15. 22. Nu. 9. 17-22. De. 8. 2, 15. Ne. 9 12, 19. Is. 49. 10; 63. 11-14.

17 Ps. 135. 10, 11. Jos. ch. 12.

19 Nu. 21. 21, 23. De. 2. 30-36; 29. 7.

20 Nu. 21. 33. De. 3. 1, etc.

21 Ps. 44. 2, 3; 78. 55; 105. 44; 135. 12. Nu. 32. 33, etc. De. 3. 12-17. Jos. 12. 1, etc.; ch. 13-21. Ne. 9. 22-24.

22 Ps. 47. 4.

23 *remembered.* Ps. 102. 17; 106. 43-45. Ge. 8. 1. De. 32. 36. Is. 63. 9. Eze. 16. 3-13. Lu. 1. 48, 52. *in our low estate.* Ps. 72. 12-14; 113. 7; 116. 6; 142. 6. 1 Sa. 2. 7, 8.

24 Ex. 15. 13. De. 15. 15. Pr. 23. 10, 11. Is. 63. 9. Lu. 1. 68-74. Tit. 2. 14.

25 *who giveth food.* Ps. 104. 27; 145. 15; 147. 9.

26 *the God of heaven.* ver. 1-3. Ps. 115. 3; 123. 1. Jon. 1. 9. Re. 11. 13.

## PSALM CXXXVII.

*The constancy of the Jews in captivity,* 1-6. *The prophet curses Edom and Babel,* 7-9.

A.M. cir. 3463. B.C. cir. 541. (*Title.*) The author of this beautiful and affecting elegy is unknown, but the occasion is evident; and it was most probably composed during, or near the close of, the captivity.

1 *the rivers.* Ge. 2. 10-14. Ezr. 8. 21, 31. Eze. 1. 1. *there sat.* Ne. 1. 3, 4; 2. 3. Job 2. 12, 13. Je. 13. 17, 18; 15. 17. La. 2. 10. Eze. 3. 15. *we wept.* Ps. 42. 4; 102. 9-14. Is. 66. 10. Je. 51. 50, 51. La. 1. 16; 2. 11, 18; 3. 48, 51. Da. 9. 3; 10. 2, 3. Lu. 19. 41. Re. 11. 3.

2 *we hanged. Willows* were so plentiful at Babylon, on the banks of the Euphrates, that Isaiah calls it 'the brook or river of willows.' Ps. 33. 2; 81. 2. Is. 24. 8. Eze. 26. 13. Am. 8. 10. Re. 18. 22.

3 *For there.* Ps. 123. 3, 4. La. 2. 15, 16. *a song. Heb.* the words of a song. *wasted us. Heb.* laid us on heaps. Ps. 79. 1. Ne. 4. 2. Je. 9. 11; 26. 18. Mi. 3. 12. Lu. 21. 6. *the songs of Zion.* Ps. 9. 14; 65. 1. 1 Ch. 15. 27; 16. 7. Is. 35. 10; 51. 11. Je. 31. 12, 13. Re. 14. 1-3.

4 *How shall.* Ec. 3. 4. Is. 22. 12. La. 5. 14, 15. Ho. 9. 4. Am. 8. 3. *strange land. Heb.* land of a stranger. Is. 49. 21.

5 *I forget.* Ps. 84. 1, 2, 10; 102. 13, 14; 122. 5-9. Ne. 1. 2-4; 2. 2, 3. Is. 62. 1, 6 7. Je. 51. 50. Da. 6. 10, 11. *let my right.* Zec. 11. 17.

6 *let my tongue.* Ps. 22. 15. Is. 41. 17. La. 4. 4. Eze. 3. 26. *if I prefer.* Ps. 84. 10. Mat. 6. 33. Ac. 20. 24. Phi. 1. 20. 1 Th. 3. 7-9. *my chief joy. Heb.* the head of my joy.

7 *Remember.* Ps. 74. 18; 79. 8-12. Ex. 17. 14. 1 Sa. 15. 2. Ho. 7. 2. *the children.* Is. 63. 1-6. Je. 49. 7, etc. La. 4. 21, 22. Eze. 25. 12-14. Ob. 10-14, 18-21. *Rase it. Heb.* Make bare.

8 *daughter.* Is. 47. 1-5. Je. 50. 42; 51 33. Zec. 2. 7. *who art.* Is. ch. 13; 14. 4-24; 21. 1; 47. 1. Je. 25. 12-14; ch. 50; 51. Re. 14. 8-11; ch. 17; 18. 6. *destroyed. Heb.* wasted. *happy.* Ps. 149. 6-9. Is. 13. 3-5; 44. 28. Re. 17. 5, 6, 14; 18. 6, 20. *rewardeth,* etc. *Heb.* recompenseth unto thee thy deed which thou didst unto us. Je. 50. 15-29. Re. 18. 6.

9 *and dasheth.* Is. 13. 16. Ho. 10. 14; 13. 16. *the stones. Heb.* the rock.

## PSALM CXXXVIII.

*David praises God for the truth of his word,* 1-3. *He prophesies that the kings of the earth shall praise God,* 4-6. *He professes his confidence in God,* 7, 8.

A.M. 3485. B.C. 519. (*Title.*) *A Psalm of David.* Five MSS. omit *ledawid*; and the LXX. and Arabic prefix also the names of *Haggai* and *Zechariah*; and it is probable that it was composed to be sung at the dedication of the second temple.

1 *I will praise.* Ps. 9. 1; 86. 12, 13; 103. 1, 2; 111. 1. 1 Co. 14. 15. Ep. 5. 19. *with my whole.* The versions and several MSS. add Jehovah. *before.* Ps. 82. 1, 6; 119. 46. Ex. 22. 28. Jno. 10. 34-36. Ac. 23. 5. He. 1. 14. *the gods.* Or, God. *Elohim.*

2 *toward.* Ps. 5. 7; 28. 2; 99. 5, 9. 1 Ki. 8. 29, 30. Da. 6. 10. *and praise.* Ps. 36. 5, 6; 85. 10; 86. 15; 89. 1, 2; 100. 4, 5; 115. 1. Is. 63. 7. Mi. 7. 18-20. Lu. 1. 68-72. Jno. 1. 17. Ro. 15. 8, 9. *for thou hast.* Ps. 56. 4, 10. Is. 42. 21. Mat. 5. 18; 24. 35. Jno. 10. 35.

3 *In the day.* Ps. 18. 6; 34. 4-6; 77. 1, 2. Is. 65. 24. *strengthenedst.* Ps. 27. 14; 29. 11; 63. 8. Is. 12. 2; 40. 29-31; 41. 10. Zec. 10. 12. 2 Co. 12. 8-10. Ep. 3. 16; 6. 10. Phi. 4. 13. Col. 1. 11. 1 Pe. 5. 10.

4 *All the kings.* Ps. 72. 11; 102. 15, 22. Is. 49. 23; 60. 3-5, 16. Re. 11. 15; 21. 24. *when they hear.* Ps. 22. 22, 27; 51. 13; 69. 30-32; 71. 18.

5 *they shall.* Is. 52. 7-10; 65. 14; 66. 10-14. Je. 31. 11, 12. Zep. 3. 14, 15. Mat. 21. 5-9. Lu. 19. 37, 38. *for great.* Ps. 21. 5. Ex. 15. 11; 33. 18, 19. Is. 6. 1-3. Mal. 1. 11. Jno. 13. 31, 32; 17. 1. 2 Co. 4. 6. Ep. 1. 6, 12. Re. 4. 11; 5. 12-14; 7. 12; 19. 1.

6 *Though.* Ps. 51. 17; 113. 5, 6. 1 Sa. 2. 7, 8. Pr. 3. 34. Is. 57. 15; 66. 2. Lu. 1. 51-53; 14. 11; 18. 14. Ja. 4. 6. 1 Pe. 5. 5, 6. *but the proud.* Ex. 18. 11. Job 40. 11, 12. Is. 2. 11, 17. Eze. 28. 2-9. Da. 4. 37; 5. 20-24. Ac. 12. 22, 23. *afar off.* Ps. 139. 2. Mat. 25. 41. 2 Th. 1. 9.

7 *Though I walk.* Ps. 23. 3, 4; 42. 7, 8; 66. 10-12. Job 13. 15; 19. 25, 26. Is. 57. 16. *thou wilt.* Ps. 71. 20, 21; 85. 6; 119. 49, 50. *thou shalt stretch.* Ps. 35. 1-3; 56. 1, 2, 9; 64. 7, 8; 77. 10; 144. 1, 2. Is. 5. 25; 9. 12, 17, 21; 10. 4. Mi. 7. 8-10. *and thy right.* Ps. 17. 7; 18. 35; 44. 3. 5-7; 60. 5. Is. 41. 10. Ac. 2. 33.

8 *perfect.* Ps. 57. 2. Is. 26. 12. Je. 32. 39, 40. Jno. 15. 2. Ro. 5. 10; 8. 28-30. Phi. 1. 6. 1 Th. 5. 24. *thy mercy.* Ps. 100. 5; 103. 17. *forsake.* Ps. 71. 6-9, 17, 18. Job 10. 3, 8; 14. 15. Is. 42. 16; 43. 21. 1 Pe. 1. 3-5; 4. 19. Jude 1.

## PSALM CXXXIX.

*David praises God for his all-seeing providence,* 1-16; *and for his infinite mercies,* 17, 18. *He defies the wicked,* 19-22. *He prays for sincerity,* 23, 24.

A.M. 2956. B.C. 1048 (*Title.*) *A Psalm.* This Psalm is supposed to have been composed by David when made king of Israel; though some think it was written by him when accused of traitorous designs against Saul. It is a most sublime ode on the wisdom, knowledge, presence, and justice of God: the sentiments are grand, the style highly elevated, and the images various, beautiful, and impressive.

1 *thou hast.* ver. 23. Ps. 11. 4, 5; 17. 3; 44. 21. 1 Ki. 8. 39. 1 Ch. 28. 9. Je. 12. 3; 17. 9, 10. Jno. 21. 17. He. 4. 13. Re. 2. 18, 23.

2 *knowest.* Ps. 56. 8. Ge. 16. 13. 2 Ki. 6. 12; 19. 27. Pr. 15. 3. Is. 37. 28. Zec. 4. 10. *understandest.* Ps. 94. 11. Mat. 9. 4. Lu. 9. 47. Jno. 2. 24, 25. 1 Co. 4. 5. *afar off.* Eze. 38. 10, 11, 17.

3 *compassest. or,* winnowest. Job 13. 26, 27; 14. 16, 17; 31. 4. Mat. 3. 12. *my path.* ver. 18. Ps. 121. 3-8. Ge. 28. 10-17. 2 Sa. 8. 14; 11. 2-5, 27. *and art acquainted.* 2 Sa. 12. 9-12. Pr. 5. 20, 21. Ec. 12. 14. Is. 29. 15. Je. 23. 24. Jno. 6. 70, 71; 13. 2, 21. Ac. 5. 3, 4.

4 *there is not.* Ps. 19. 14. Job 8. 2; 38. 2; 42. 3, 6-8. Zep. 1. 12. Mal. 3. 13-16. Mat. 12. 35-37. Ja. 1. 26; 3. 2-10. *thou knowest.* Ps. 50. 19-21. Je. 29. 23. He. 4. 12, 13.

5 *beset me.* De. 33. 27. Job 23. 8, 9. *and laid.* Ex. 24. 11. Re. 1. 17.

6 *knowledge.* Ps. 40. 5; 131. 1. Job 11. 7-9; 26. 14; 42. 3. Pr. 30. 2-4. Ro. 11. 33.

7 Je. 23. 23, 24. Jon. 1. 3, 10. Ac. 5. 9.

8 *I ascend.* Eze. 28. 12-17. Am. 9. 2-4. Ob. 4. *in hell.* Job 26. 6; 34. 21, 22. Pr. 15. 11. Jon. 2. 2.

9 *If I take.* Light has been proved, by many experiments, to travel at the astonishing rate of 194,188 miles in one second of time; and comes from the sun to the earth, a distance of 95,513,794 miles, in 8 minutes and nearly 12 seconds! But, could I even fly upon the wings or rays of the morning light, which diffuses itself with such velocity over the globe from east to west, instead of being beyond Thy reach, or by this sudden transition be able to escape Thy notice, Thy arm could still at pleasure prevent or arrest my progress, and I should still be encircled with the immensity of Thy essence. The sentiment in this noble passage is remarkably striking, and the description truly sublime. *the wings.* Ps. 18. 10; 19. 6. Mal. 4. 2. *dwell.* Ps. 74. 16, 17. Is. 24. 14-16.

10 Ps. 63. 8; 73. 23; 143. 9, 10. Is. 41. 13.

11 *Surely.* Ps. 10. 11-13; 94. 7. Job 22. 12-14. Is. 29. 15. Je. 23. 24. *even the night.* Job 12. 22.

12 *the darkness.* Ex. 14. 20; 20. 21. Job 26. 6; 34. 22. Da. 2. 22. He. 4. 13. *hideth not. Heb.* darkeneth not. *the darkness,* etc. *Heb.* as *is* the darkness, so *is* the light.

13 *For thou.* Job 10. 9-12. *covered me.* Ps. 22. 9, 10; 71. 6. Job 31. 15. Is. 44. 2; 46. 3. Je. 1. 5.

14 *for I am fearfully.* Ge. 1. 26, 27. *marvellous.* Ps. 92. 4, 5; 104. 24; 111. 2. Job 5. 9. Re. 15. 3. *right well. Heb.* greatly.

15 *substance. or,* strength, *or* body. *when I.* ver. 13. Job 10. 9-11. Ec. 11. 5. *in the lowest.* Ps. 63. 9. Ep. 4. 9.

16 *in thy book.* Ps. 56. 8. Mal. 3. 16. Re. 20. 12. *all my members. Heb.* all of them. *which in continuance were fashioned. or, what* days they should be fashioned.

17 *precious.* Ps. 40. 5. Pr. 8. 31. Is. 55. 8, 9. Je. 29. 11. Ep. 3. 9, 10. *how great.* Ps. 31. 19; 36. 7.

18 *they are more.* Ps. 40. 12. *when I awake.* ver. 3. Ps. 3. 5; 16. 8-11; 17. 15; 63. 6, 7. Is. 26. 19. Da. 12. 2. 1 Th. 5. 10.

19 *Surely.* Ps. 5. 6; 9. 17; 55. 23; 64. 7; 94. 23. Is. 11. 4. *depart from.* Ps. 6. 8; 119. 115. Mat. 7. 23; 25. 41. 2 Co. 6. 17.

20 *for they speak.* Ps. 73. 8, 9; 74. 18, 22, 23. Job 21. 14, 15. Is. 37. 23, 28, 29. Jude 15. Re. 13. 6. *thine.* Ps. 2. 1-3. Ex. 20. 7.

21 *Do not I.* Ps. 15. 4; 31. 6. 2 Ch. 19. 2. Re. 2. 2, 6. *and am not.* Ps. 119. 136, 158. Je. 13. 17. Mar. 3. 5. Lu. 19. 41. Ro. 9. 1-3.

22 *hate them.* Ps. 101. 3-8. Lu. 14. 26.

23 *Search me.* ver. 1. Ps. 26. 2. *know.* De. 8. 2, 16. Job 31. 6. Pr. 17. 3. Zec. 13. 9. Mal. 3. 2, 3. 1 Pe. 1. 7.

24 *And see.* Ps. 7. 3, 4; 17. 3. Pr. 28. 26. Je. 17. 9, 10. *wicked way. Heb.* way of pain, *or* grief. He. 12. 15, 16. *and lead.* Ps. 5. 8; 25. 8, 9; 119. 1, 32; 143. 8, 10. *the way.* Mat. 7. 14. Jno. 14. 6. Col. 2. 6.

## PSALM CXL.

*David prays to be delivered from Saul and Doeg,* 1-7. *He prays against them,* 8-11. *He comforts himself by confidence in God,* 12, 13.

1 A.M. 2942. B.C. 1062. *Deliver.* Ps. 43. 1; 59. 1-3; 71. 4. *violent man. Heb.* man of violences. ver. 4, 11. Ps. 18. 48, marg. Hab. 1. 2, 3.

2 *imagine.* Ps. 2. 1, 2; 21. 11; 36. 4; 38. 12; 62. 3; 64. 5, 6. Pr. 12. 20. Ho. 7. 6. Mi. 2. 1-3. Na. 1. 11. *continually.* Ps. 56. 6; 120. 7. 1 Sa. 23. 19-24; 24. 11, 12; 26. 1, etc.

3 *sharpened.* Ps. 52. 2, 3; 57. 4; 59. 7; 64. 3, 4. Pr. 12. 18. Is. 59. 3-5, 13. Je. 9. 3, 5. Ja. 3. 6-8. *like a serpent.* Ge. 3. 13. Pr. 23. 32. Mat. 12. 34. 2 Co. 11. 3. *adders'.* Ps. 58. 4. Ro. 3. 13, 14.

4 *Keep me.* Ps. 17. 8, 9; 36. 11; 37. 32, 33-40; 55. 1-3; 71. 4. *preserve.* ver. 1. *overthrow.* Ps. 17. 5. Pr. 18. 5.

5 *The proud.* Ps. 10. 4-12; 17. 8-13; 35. 7; 36. 11; 57. 6; 119. 69, 85, 110; 123. 3, 4; 141. 9, 10; 142. 3. Pr. 29. 5. Je. 18. 18, 20, 22. Lu. 11. 53, 54; 20. 20-23.

6 *I said unto.* Ps. 16. 2, 5, 6; 31. 14; 91. 2; 119. 57; 142. 5. La. 3. 24. Zec. 13. 9. *hear.* Ps. 27. 7, 8; 28. 1, 2; 55. 1, 2; 64. 1.

7 *the strength.* Ps. 18. 1, 2, 35; 27. 1; 28. 7, 8; 59, 17; 62. 2, 7; 89. 26; 95. 1. De. 33. 27-29. Is. 12. 2. *thou hast covered.* Ps. 144. 10. 1 Sa. 17. 36, 37, 45-51. 2 Sa. 8. 6, 14.

8 *Grant not.* Ps. 27. 12; 94. 20, 21. 2 Sa. 15. 31. Job 5. 12, 13. *lest they exalt themselves. or,* let them *not* be exalted. De. 32. 27.

9 *let the mischief.* Ps. 7. 16; 64. 8; 94. 23. Es. 5. 14; 7. 10. Pr. 10. 6, 11; 12. 13; 18. 7. Mat. 27. 25.

10 *burning coals.* Ps. 11. 6; 18. 13, 14; 21. 9; 120. 4. Ge. 19. 24. Ex. 9. 23, 24. Re. 16. 8, 9. *let them.* Da. 3. 20-25. Mat. 13. 42, 50. *into deep.* Ps. 55. 23. Pr. 28. 10, 17. Re. 20. 15; 21. 8.

11 *Let not,* etc. *or,* Let not an evil speaker, a wicked man of violence, be established in the earth: let him be hunted to *his* overthrow. *an evil speaker. Heb.* a man of tongue. Ps. 12. 3, 4. Pr. 6. 17; 12. 13; 17. 20; 18. 21. *evil.* Ps. 7. 14-16; 9. 16; 34. 21. Pr. 13. 21. Is. 3. 11.

12 *the Lord.* Ps. 9. 4; 10. 17, 18; 22. 24; 72. 4, 12-14; 102. 17. 1 Ki. 8. 45, 49. Pr. 22. 22; 23. 10, 11. Is. 11. 4. Je. 22. 16. Mat. 11. 5.

13 *Surely.* Ps. 32. 11; 33. 1. Is. 3. 10. *the upright.* Ps. 16. 11; 23. 6; 73. 24; Jno. 14. 3; 17. 24. 1 Th. 4. 17. Re. 7. 14-17; 21. 24-27.

## PSALM CXLI.

*David prays that his suit may be acceptable,* 1, 2; *his conscience sincere,* 3-6; *and his life free from snares,* 7-10.

1 A.M. 2946. B.C. 1058. *make haste.* Ps. 40. 13; 69. 17, 18; 70. 5; 71. 12; 143. 7. Job 7. 21.

2 *Let my prayer.* David, who was now driven from Judea, and far from the sanctuary, here prays that the devotion of his heart, and the elevation of his hands, might be accepted; that the one might ascend to heaven fragrant and well pleasing as the cloud of incense, and the other, in conjunction with it, be prevalent as the *minchah,* or evening oblation. Pr. 15. 8. *set forth. Heb.* directed. Ps. 5. 3. *as incense.* Ex. 30. 7-9, 34-38. Le. 10. 1, 2; 16. 11-13. Nu. 16. 35, 46-48. Mal. 1. 11. Lu. 1. 9, 10. Re. 5. 8; 8. 3, 4. *the lifting.* Ps. 28. 2; 63. 4; 134. 2. 1 Ti. 2. 8. *the evening.* Ex. 29. 39, 42. 1 Ki. 18. 36. Ezr. 9. 4. Da. 9. 21. Ac. 3. 1.

3 *Set a watch.* Ps. 17. 3-5; 39. 1; 71. 8. Mi. 7. 5. Ja. 1. 26; 3. 2.

4 *Incline not.* Ps. 119. 36. De. 2. 30; 29. 4. 1 Ki. 8. 58; 22. 22. Is. 63. 17. Mat. 6. 13. Ja. 1. 13. *to practise.* 1 Co. 15. 33. 2 Co. 6. 17. Re. 18. 4. *and let me.* Nu. 25. 2. Pr. 23. 1-3, 6-8. Da. 1. 5-8. Ac. 10. 13, 14. 1 Co. 10. 27, 28, 31.

5 *the righteous.* 1 Sa. 25. 31-34. 2 Sa. 12. 7-13. 2 Ch. 16. 7-10; 25. 16. Pr. 6. 23; 9. 8, 9; 15. 5, 22; 19. 25; 25. 12; 27. 5, 6. Ga. 2. 11-14; 6. 1. Re. 3. 19. *smite,* etc. *or,* smite me kindly and reprove me; let not *their* precious oil break my head, etc. *for yet my.* Ps. 51. 18; 125. 4. Mat. 5. 44. 2 Ti. 1. 16-18. Ja. 5. 14-16.

6 *When their judges.* 1 Sa. 31. 1-8. 2 Sa. 1. 17, etc. 1 Ch. 10. 1-7. *they shall hear.* 2 Sa. 2. 4; 5. 1-3. 1 Ch. 11. 1-3; 12. 38. *for they.* Ps. 45. 2. 2 Sa. 2. 5, 6; 23. 1. 1 Ch. 13. 2. Lu. 4. 22.

7 *bones.* Ps. 44. 22. 1 Sa. 22. 18, 19. Ro. 8. 36. 2 Co. 1. 9. He. 11. 37. Re. 11. 8, 9.

8 *mine eyes.* Ps. 25. 15; 123. 1, 2. 2 Ch. 20. 12. *leave not my soul destitute. Heb.* make not my soul bare. Ps. 25. 16, 17; 102. 17; 143. 3, 4. Is. 41. 17. Jno. 14. 18.

9 *from the snares.* Ps. 119. 110; 140. 5; 142. 3. Pr. 13. 14. Je. 18. 22. Lu. 20. 20.

10 *the wicked.* Ps. 7. 15, 16; 35. 8; 37. 14, 15; 64. 7, 8; 140. 9. Es. 7. 10. Pr. 11. 8. *escape. Heb.* pass over.

## PSALM CXLII.

*David shews that in his trouble all his comfort was in prayer unto God.*

A.M. 2942. B.C. 1062. (*Title.*) *Maschil of David. or, A Psalm* of David giving instruction. Ps. 32. 54. 57, titles. 1 Ch. 4. 10. *A Prayer.* David was twice in great peril in caves: on one occasion, in the cave of Adullam, when he fled from Achish king of Gath; and on another, in the cave of Engedi, where he had taken refuge from the pursuit of Saul. It is not certain to which of these events this Psalm refers; though probably to the former. *when he was.* 1 Sa. 22. 1, 2; 24. 3. He. 11. 38.

1 *with my voice.* Ps. 28. 2; 77. 1, 2; 141. 1.

2 *poured out.* Ps. 42. 4 ; 62. 8 ; 102. title. 1 Sa. 1. 15, 16. Is. 26. 16. Ro. 8. 26. *I shewed.* Ps. 18. 4-6. Phi. 4. 6, 7. He. 5. 7.

3 *my spirit.* Ps. 22. 14 ; 61. 2 ; 102. 4, 143. 4. Mar. 14. 33-36. *then thou.* Ps. 1. 6 ; 17. 3 ; 139. 2-4. Job 23. 10. *In the way.* Ps. 31. 4 ; 35. 7, 8 ; 56. 6 ; 140. 5 ; 141. 9. Je. 18. 22. Mat. 22. 15.

4 *I looked,* etc. *or,* Look on the right hand and see. *but there was.* Ps. 31. 11 ; 69. 20 ; 88. 8, 18. Job 19. 13-19. Mat. 26. 56. 2 Ti. 4. 16. *refuge.* 1 Sa. 23. 11-13, 19, 20 ; 27. 1. *failed me ; no man cared for my soul. Heb.* perished from me ; no man sought after my soul.

5 *Thou art.* Ps. 46. 1, 7, 11 ; 62. 6, 7 ; 91. 2, 9, 10. Jno. 16. 32. 2 Ti. 4. 17. *my portion.* Ps. 16. 5 ; 73. 26 ; 119. 57. La. 3. 24. *in the land.* Ps. 27. 13 ; 56. 13.

6 *for I am.* Ps. 44. 24-26 ; 79. 8 ; 116. 6 ; 136. 23 ; 143. 3, 7. *for they.* Ps. 3. 1; 38. 19 ; 57. 3, 4 ; 59. 3. 1 Sa. 24. 14. Ro. 8. 33, 37.

7 *my soul.* Title. Ps. 9. 13, 14 ; 31. 8; 88. 4-8 ; 143. 11 ; 146. 7. Is. 61. 1. Ac. 2. 24. *the righteous.* Ps. 7. 6, 7 ; 22. 21-27 ; 34. 2 ; 107. 41, 42 ; 119. 74. *thou shalt.* Ps. 13. 6 ; 116. 7 ; 119. 17. Ja. 5. 11.

## PSALM CXLIII.

*David prays for favour in judgment,* 1, 2. *He complains of his griefs,* 3, 4. *He strengthens his faith by meditation and prayer,* 5, 6. *He prays for grace,* 7, 8 ; *for deliverance,* 9 ; *for sanctification,* 10, 11 ; *for destruction of his enemies,* 12.

*(Title.) A Psalm.* The LXX., Vulgate, Ethiopic, and Arabic state that this Psalm was composed by David on the rebellion of his son Absalom ; and there are several passages in it which agree remarkably well with that period: for then he had most reason to fear lest God should deal with him according to his sins ; which he deprecates with such a deep sense of his unworthiness, that it has hence been numbered among the penitential Psalms, of which it is the last. In it he prays to God for pardon, ver. 1 ; acknowledges the impossibility of being saved but by grace, ver. 2 ; deplores the lamentable effects of sin, ver. 3, 4 ; comforts himself with a retrospect of God's mercies of old, ver. 5 ; and prays, in a variety of expressions, for remission of sin, sanctification, and redemption, ver. 6-12.

1 *thy faithfulness.* Ps. 31. 1 ; 71. 2 ; 2 Sa. 7. 25. Da. 9. 16. 1 Jno. 1. 9.

2 *enter not.* Ps. 130. 3. Job 14. 3. *in thy sight.* Ex. 34. 7. Job 4. 17 ; 9. 2, 3 ; 15. 14 ; 25. 4. Ec. 7. 20. Ro. 3. 20. Ga. 2. 16. 1 Jno. 1. 10.

3 *the enemy.* Ps. 7. 1, 2 ; 17. 9-13 ; 35. 4 ; 54. 3 ; 142. 6. *smitten.* Ps. 7. 5. 2 Sa. 2. 22 ; 18. 11. *made me.* Ps. 31. 12, 13 ; 88. 4-6. Eze. 37. 11.

4 *is my spirit.* Ps. 55. 5 ; 61. 2 ; 77. 3 ; 102, title ; 124. 4 ; 142. 3. Job 6. 27. *my heart.* Ps. 25. 16 ; 102. 3, 4 ; 119. 81-83. Lu. 22. 44.

5 *remember.* Ps. 42. 6 ; 77. 5, 6. 10-12; 111. 4. De. 8. 2, 3. 1 Sa. 17. 34-37, 45-50. Is. 63. 7-14. Mi. 6. 5.

6 *stretch forth.* Ps. 44. 20 ; 88. 9. Job 11. 13. *my soul.* Ps. 42. 1, 2 ; 63. 1 ; 84. 2. Is. 26. 8, 9 ; 35. 7. Jno. 7. 37.

7 *Hear me.* Ps. 13. 1-4 ; 40. 13, 17 ; 70. 5 ; 71. 12. *my spirit.* Ps. 40. 12 ; 69. 3. Is. 57. 16. Lu. 21. 26. *hide not.* Ps. 22. 24 ; 27. 9 ; 69. 17. Is. 8. 17. *lest I be like,* etc. *or,* for I am become like, etc. *unto them.* Ps. 28. 1 ; 88. 4-6, 10, 11. Is. 38. 18.

8 *to hear.* Ps. 30. 5 ; 42. 8 ; 46. 5, marg. ; 59. 16. Ge. 33. 24-29. Ho. 6. 3. *cause me.* ver. 10. Ps. 5. 8 ; 25. 4, 5 ; 27. 11 ; 32. 8 ; 119. 34, 73. Pr. 3. 5, 6. Is. 30. 21 ; 48. 17. *for I lift.* Ps. 25. 1 ; 86. 4. La. 3. 41.

9 *flee unto thee. Heb.* hide me with thee. Ps. 34. 2-4 ; 56. 9 ; 61. 3, 4 ; 142. 5. Pr. 18. 10. He. 6. 18.

10 *Teach.* Ps. 25. 4, 5, 8, 9, 12 ; 119. 5-7, 12, 35 ; 139. 24. Mi. 4. 2. Mat. 28. 20. Col. 1. 9, 10. 1 Th. 4. 1, 2. He. 13. 21. 1 Jno. 2. 27. *for thou art.* Ps. 22. 1 ; 31. 14 ; 63. 1 ; 118. 28 ; 140. 6. *thy spirit.* Ne. 9. 20. Is. 63. 14. Jno. 14. 26 ; 16. 13-15. Ro. 5. 5 ; 8. 2, 14-16, 26 ; 15. 13, 30. Ga. 5. 22, 23. Ep. 4. 30 ; 5. 9. 2 Ti. 1. 7. *the land.* Is. 29. 10.

11 *Quicken.* Ps. 85. 6 ; 119. 25, 37, 40, 88, 107 ; 138. 7. Hab. 3. 2. Ep. 2. 4, 5. *for thy righteousness'.* ver. 1. Ps. 9. 7, 8 ; 31. 1 ; 71. 2. *bring.* Ps. 25. 17 ; 34. 19 ; 37. 39, 40 ; 91. 15, 16. Re. 7. 14-17.

12 *of thy mercy.* Ps. 54. 5 ; 55. 23 ; 136. 15-20. 1 Sa. 24. 12-15 ; 25. 29 ; 26. 10. *for I am thy.* Ps. 116. 16 ; 119. 94.

## PSALM CXLIV.

*David blesses God for his mercy both to him and to man,* 1-4. *He prays that God would powerfully deliver him from his enemies,* 5-8. *He promises to praise God,* 9, 10. *He prays for the happy state of the kingdom,* 11-15.

*(Title.) A Psalm of David.* Calmet and others think that this Psalm was composed by David after the death of Absalom ; and from a collation of it with Ps. 18, in which the same ideas and form of expression occur, there can be no doubt of both having proceeded from the same pen, and that David was the author.

1 *my strength. Heb.* my rock. Ps. 18. 2, 31 ; 71. 3 ; 95. 1. De. 32. 30, 31. Is. 26. 4, marg. ; 45. 24. *teacheth.* Ps. 18. 34 ; 44. 3, 4 ; 60. 12. 2 Sa. 22. 35. 2 Co. 10. 4. Ep. 6. 10, 11. *to war. or,* to the war, etc.

2 *My goodness. or,* mercy. *my fortress.* 2 Sa. 22. 2, 3, 40-48. Je. 16. 19. *who subdueth.* Ps. 18. 47 ; 110. 3.

3 *what is man.* Ps. 8. 4 ; Job 7. 17 ; 15. 14. He. 2. 6. *or the son.* Ps. 146. 3, 4.

4 *Man.* Ps. 39. 5, 6 ; 62. 9 ; 89. 47. Job 4. 19 ; 14. 1-3. Ec. 1. 2, 14 ; 12. 8. *his days.* Ps. 102. 11 ; 103. 15, 16 ; 109. 23. 2 Sa. 14. 14. 1 Ch. 29. 15. Job 8. 9. Ec. 8. 13.

5 *Bow.* Ps. 18. 9. Is. 64. 1, 2. *touch.* Ps. 104. 32. Ex. 19. 18. Na. 1. 3-6. Hab. 3. 3-6. He. 12. 18.

6 *Cast forth.* Ps. 18. 13, 14 ; 77. 17, 18. 2 Sa. 22. 12-15. *shoot out.* Ps. 7. 12 ; 21. 12 ; 45. 5. De. 32. 23, 42.

7 *Send.* Ps. 18. 16. 2 Sa. 22. 17. Mat. 27. 43. *hand. Heb.* hands. *deliver me.* Ps. 69. 1, 2, 14, 15 ; 93. 3, 4. Re. 12. 15, 16 ; 17. 15. *the hand.* ver. 11. Ps. 54. 3. Ne. 9. 2. Mal. 2. 11.

8 *mouth.* Ps. 10. 7 ; 12. 2 ; 41. 6 ; 58. 3 ; 62. 4 ; 109. 2, 3. Is. 59. 5-7. *their right hand.* Is. 44. 20. Mat. 5. 30. Re. 13. 16, 17.

9 *sing a new.* Ps. 33. 2, 3 ; 40. 3 ; 98. 1 ; 149. 1. Re. 5. 9, 10 ; 14. 3. *upon.* Ps. 81. 1-3 ; 108. 2, 3 ; 150. 3-5. 1 Ch. 25. 1-6.

10 *that giveth.* Ps. 18. 50 ; 33. 16-18. 2 Sa. 5. 19-25 ; 8. 6-14. 2 Ki. 5. 1. *salvation. or,* victory. Is. 45. 1-6. Je. 27. 6-8. *who delivereth.* Ps. 140. 7. 1 Sa. 17. 45, 46. 2 Sa. 21. 16, 17.

11 *and deliver me.* ver. 7, 8. 2 Sa. 10. 6, etc. ; 16. 5, etc. ; 17. 1, etc.

12 *as plants.* Ps. 115. 14, 15 ; 127. 4, 5 ; 128. 3. Is. 44. 3-5. La. 4. 2. *as corner stones.* Job 42. 15. Pr. 31. 10-27. Is. 3. 16-24. *polished. Heb.* cut. *the similitude.* Ca. 8. 8, 9. 1 Pe. 3. 3-6.

13 *our garners.* Ps. 107. 37, 38. Le. 26. 5, 10. De. 28. 8. Mal. 3. 10. Lu. 12. 16-20. *all manner of store. Heb.* from kind to kind. *our sheep.* Ge. 30. 29-31. De. 7. 13, 14 ; 8. 3 ; 28. 4.

14 *strong to labour. Heb.* able to bear burdens, *or* loaden *with flesh. no breaking in.* De. 28. 7, 25. Ju. 5. 8 ; 6. 3, 6. 1 Sa. 13. 17-23 ; 31. 17. Je. 13. 17-19 ; 14. 18. La. 1. 4-6. Zec. 8. 3-5.

15 *yea, happy.* Ps. 33. 12 ; 65. 4 ; 89. 15 ; 146. 5. De. 33. 29. Ep. 1. 3.

## PSALM CXLV.

*David praises God for his fame,* 1-7 ; *for his goodness,* 8-10 ; *for his kingdom,* 11-13 ; *for his providence,* 14-16 ; *for his justice, holiness, and saving mercy,* 17-21.

A.M. 2989. B.C. 1015. *(Title.) David's.* This incomparable song of praise, which is the last of the acrostic or alphabetical Psalms, each verse beginning with a consecutive letter of the Hebrew alphabet, is supposed to have been composed by David towards the close of his life. *Psalm of praise.* Ps. 100, title.

1 *extol thee.* Ps. 30. 1 ; 68. 4 ; 71. 14, etc. ; 103. 1, 2. Da. 4. 37. *my God.* Ps. 44. 4 ; 45. 1, 6 ; 47. 6-8 ; 48. 2, 3 ; 95. 3 ; 149. 2. Is. 33. 22. Mal. 1. 14. Mat. 25. 34. Re. 19. 16. *I will bless.* ver. 21. Ps. 30. 12 ; 52. 9 ; 113. 1, 2 ; 146. 1, 2.

2 *Every day.* Ps. 72. 15 ; 119. 164. Re. 7. 19.

3 *Great.* Ps. 48. 1 ; 96. 4 ; 147. 5. Job 5. 9 ; 9. 10. Re. 15. 3. *and his greatness is unsearchable. Heb.* and of his greatness *there is* no search. Ps. 139. 6. Job 5. 9 ; 9. 10 ; 11. 7-9 ; 26. 14. Is. 40. 28. Ro. 11. 33.

4 *generation.* Ps. 44. 1, 2 ; 71. 18 ; 78. 3-7. Ex. 12. 26, 27 ; 13. 14, 15. De. 6. 7. Jos. 4. 21-24. Is. 38. 19.

5 *will speak.* Ps. 40. 9, 10 ; 66. 3, 4 ; 71. 17-19, 24 ; 96. 3 ; 104. 1, 2 ; 105. 2. Is. 12. 4. Da. 4. 1-3, 37. *works. Heb.* things, *or,* words. Ps. 72. 18.

6 *And men.* Ps. 22. 22, 23, 27, 31 ; 98. 2, 3 ; 113. 3 ; 126. 2, 3. Jos. 2. 9-11 ; 9. 9, 10. Ezr. 1. 2. Je. 50. 28. Da. 3. 28, 29 ; 6. 25-27. Hab. 2. 14. *I will declare thy greatness. Heb.* thy greatness I will declare it. Ps. 92. 1, 2 ; 107. 21, 22, 31, 32.

7 *abundantly.* Ps. 36. 5-8. Is. 63. 7. Mat. 12. 34, 35. 2 Co. 9. 11, 12. 1 Pe. 2. 9, 10. *sing.* Ps. 36. 10 ; 51. 14 ; 71. 15, 16, 19 ; 72. 1-3 ; 89. 16. Is. 45. 24, 25. Je. 23. 6. Phi. 3. 7-9. Re. 15. 3, 4 ; 19. 1-3.

8 *Lord is gracious.* Ps. 86. 5, 15 ; 100. 5 ; 103. 8 ; 116. 5. Ex. 34. 6, 7. Nu. 14. 18. Da. 9. 9. Jon. 4. 2. Mi. 7. 18-20. Ro. 5. 20, 21. Ep. 1. 6, 8 ; 2. 4. *of great mercy. Heb.* great in mercy.

9 *good.* Ps. 25. 8 ; 36. 6, 7 ; 65. 9-13 ; 104. 27. Jon. 4. 11. Na. 1. 7. Mat. 5. 45. Ac. 14. 17 ; 17. 25.

10 *All thy.* Ps. 19. 1 ; 96. 11-13 ; 98. 3-9. 103. 22 ; 104. 24 ; 148. 1-13. Is. 43. 20 ; 44. 23. Ro. 1. 19, 20. *and thy saints.* Ps. 22. 23 ; 30. 4 ; 32. 11 ; 97. 12 ; 135. 19-22 ; 148. 14. Is. 43. 21. He. 13. 15. 1 Pe. 2. 5, 9. Re. 7. 9-12 ; 19. 5, 6.

11 *the glory.* Ps. 2. 6-8 ; 45. 6, 7 ; 72. 1, etc. ; 93. 1, 2 ; 96. 10-13 ; 97. 1, etc. ; 99. 1-4. 1 Ch. 29. 11, 12. Is. 9. 6, 7 ; 24. 23 ; 33. 21, 22. Da. 7. 13, 14. Zec. 9. 9. Mat. 6. 13. Mar. 11. 9, 10. Re. 5. 12, 13 ; 11. 15-17.

12 *make known.* Ps. 98. 1 ; 105. 5 ; 106. 2 ; 110. 2, 3 ; 145. 6-12 ; 136. 4, etc. Da. 4. 34, 35. Mat. 28. 18. Ac. 2. 8-11. Ep. 1. 19-21 ; 3. 7, 8. Re. 12. 10 ; 19. 15, 16.

13 *kingdom.* Ps. 146. 10. Is. 9. 7. Da. 2. 44 ; 7. 14, 27. 1 Ti. 1. 17. Re. 11. 15. *everlasting kingdom. Heb.* kingdom of all ages. 1 Co. 15. 21-28.

14 *upholdeth.* Ps. 37. 24 ; 94. 18 ; 119. 117. Lu. 22. 31, 32. *raiseth up.* Ps. 38. 6 ; 42. 5 ; 146. 8. Lu. 13. 11-13.

15 *The eyes.* ver. 9. Ps. 104. 21, 27 ; 136. 25 ; 147. 8, 9. Ge. 1. 30. Job 38. 39-41. Joel 2. 22. Mat. 6. 26. Lu. 12. 24. Ac. 17. 25. *wait upon thee. or,* look unto thee.

16 *openest.* Ps. 104. 28 ; 107. 9 ; 132. 15. Job 38. 27.

17 *righteous.* Ps. 50. 6 ; 89. 14 ; 97. 2 ; 99. 3, 4 ; 103. 6. Ge. 18. 25. De. 32. 4. 1 Sa. 2. 2, 3. Is. 45. 21. Zep. 3. 5. Zec. 9. 9. Ro. 3. 5, 6, 25, 26. Re. 4. 8 ; 15. 3, 4 ; 16. 5-7 ; 19. 2, 11. *holy. or,* merciful, *or* bountiful.

18 *nigh unto.* Ps. 34. 18 ; 46. 1, 5. De. 4. 7. 1 Ki. 18. 27, 28. Is. 58. 9. Jno. 14. 23. Ja. 4. 8. *call upon.* Ps. 17. 1 ; 119. 2. Pr. 15. 8. Is. 1. 15, 16. Je. 29. 12, 13. Ho. 7. 14. Mat. 6. 5-8 ; 23. 14. Jno. 4. 24. 1 Jno. 3. 20-22.

19 *fulfil.* Ps. 20. 4 ; 34. 9 ; 36. 7, 8 ; 37. 4, 19. Mat. 5. 6. Lu. 1. 53. Jno. 15. 7, 16 ; 16. 24. Ep. 3. 16-20. 1 Jno. 5. 15. *he also will.* Ps. 34. 17 ; 37. 39, 40 ; 91. 15.

20 *preserveth.* Ps. 31. 23 ; 37. 28 ; 97. 10. Ex. 20. 6. Jno. 10. 27-29. Ro. 8. 28-30. Ja. 2. 5. 1 Pe. 1. 5-8. *all the wicked.* Ps. 1. 6 ; 9. 17. Mat. 25. 41.

21 *My mouth.* ver. 1, 2, 5. Ps. 30. 12; 51. 15; 71. 8, 15, 23, 24; 89. 1. *let all flesh.* Ps. 67. 3, 4; 86. 9; 103. 22; 117; 150. 6. Re. 5. 11-14.

## PSALM CXLVI.

*The psalmist vows perpetual praises to God,* 1, 2. *He exhorts not to trust in man,* 3, 4. *God, for his power, justice, mercy, and kingdom, is only worthy to be trusted,* 5-10.

1 A.M. 3489. B.C. 515. *Praise ye the Lord. Heb.* Hallelujah. Ps. 105. 45. *Praise the Lord.* Ps. 103. 1, 22; 104. 1, 35.

2 *While I live.* Ps. 63. 4; 71. 14, 15; 104. 33; 145. 1, 2. Re. 7. 9-17.

3 *Put.* Ps. 62. 9; 118. 8, 9. Is. 2. 22; 31. 3; 37. 6. Je. 17. 5, 6. *help. or,* salvation.

4 *His breath.* Ps. 104. 29. Ge. 2. 7; 6. 17. Job 14. 10; 17. 1; 27. 3. Da. 5. 23. *he returneth.* Ps. 90. 3. Ge. 3. 19. Ec. 12. 7. *his thoughts.* Job 14. 21; 17. 11. Is. 2. 22. La. 4. 20. 1 Co. 2. 6.

5 *Happy.* Ps. 33. 12; 84. 12; 144. 15. De. 33. 29. *the God.* Ps. 46. 7, 11; 84. 8. Ge. 32. 24-29; 50. 17. Ex. 3. 6. *whose.* Ps. 39. 7; 71. 5. Je. 17. 7, 8. 1 Pe. 1. 21.

6 *made heaven.* Ps. 33. 6; 136. 5, 6; 148. 5, 6. Ge. 1. 1. Je. 10. 11, 12; 32. 17. Jno. 1. 3. Col. 1. 16. Re. 14. 7. *the sea.* Ps. 95. 5. Ex. 20. 11. Job 38. 8-11. Pr. 8. 28, 29. *keepeth truth.* Ps. 89. 2, 33; 98. 3; 100. 5. De. 7. 9. Da. 9. 4. Mi. 7. 20. Jno. 10. 35. Tit. 1. 2. He. 6. 18.

7 *executeth.* Ps. 9. 16; 10. 14, 15, 18; 12. 5; 72. 4; 103. 6. Pr. 22. 22, 23; 23. 10, 11. Is. 9. 4. Mal. 3. 5. *which giveth food.* Ps. 107. 9; 136. 25; 145. 15, 16. Je. 31. 14. Lu. 1. 53; 9. 17. *looseth.* Ps. 68. 6; 105. 17-20; 107. 10, 14-16; 142. 7. Is. 61. 1. Zec. 9. 11, 12. Lu. 4. 18. Ac. 5. 19; 16. 26.

8 *openeth.* Is. 35. 5; 42. 16, 18. Mat. 9. 30; 11. 5. Lu. 18. 41, 42. Jno. 9. 7-33. Ac. 26. 18. Ep. 1. 18. 1 Pe. 2. 9. *raiseth.* Ps. 145. 14; 147. 6. Lu. 13. 11-13. 2 Co. 7. 6. *loveth.* Ps. 11. 7. De. 33. 3. Jno. 14. 21-23; 16. 27.

9 *preserveth.* Ps. 68. 5. De. 10. 18, 19; 16. 11. Pr. 15. 25. Je. 49. 11. Ho. 14. 3. Mal. 3. 5. Ja. 1. 27. *the way.* Ps. 18. 26; 83. 13-17; 145. 20; 147. 6. 2 Sa. 15. 31; 17. 23. Es. 5. 14; 7. 10; 9. 25. Pr. 4. 19. Job 5. 12-14. 1 Co. 3. 19.

10 *reign.* Ps. 10. 16; 145. 13. Ex. 15. 18. Is. 9. 7. Da. 2. 44; 6. 26; 7. 14. Re. 11. 15. *thy God.* Ps. 147. 12. Is. 12. 6; 40. 9; 52. 7. Joel 3. 17.

## PSALM CXLVII.

*The prophet exhorts to praise God for his care of the church,* 1-3; *his power and wisdom,* 4, 5; *his mercy,* 6; *his providence,* 7-11; *to praise him for his blessings upon the kingdom,* 12-14; *for his power over the elements,* 15-18; *and for his ordinances in the church,* 19, 20.

1 *for it is good.* Ps. 63. 3-5; 92. 1; 135. 3. *and praise.* Ps. 33. 1; 42. 4; 122. 1-4. Re. 5. 9-14; 19. 1-6.

2 *build.* Ps. 51. 18; 102. 13-16. Ne. 3. 1, etc.; 7. 4. Is. 14. 32; 62. 7. Je. 31. 4. Da. 9. 25. Mat. 16. 18. *he.* Ps. 102. 20-22. De. 30. 3. Ezr. 2. 64, 65; 8. 1, etc. Is. 11. 11, 12; 27. 13; 56. 8. Je. 32. 37. Eze. 36. 24, etc.; 37. 21, etc.; 38. 8; 39. 27, 28. Ep. 2. 12-19.

3 *healeth.* Ps. 51. 17. Job 5. 18. Is. 57. 15; 61. 1. Je. 33. 6. Ho. 6. 1, 2. Mal. 4. 2. Lu. 4. 18. *wounds. Heb.* griefs. Is. 1. 5, 6.

4 *He.* Ps. 8. 3; 148. 3. Ge. 15. 5. Is. 40. 26.

5 *Great.* Ps. 48. 1; 96. 4; 99. 2; 135. 5; 145. 3. 1 Ch. 16. 25. Je. 10. 6; 32. 17-19. Na. 1. 3. Re. 15. 3. *his understanding is infinite. Heb.* of his understanding *there is* no number. Ps. 40. 5; 139. 17, 18. Is. 40. 28. Ro. 11. 33.

6 *lifteth up.* Ps. 25. 9; 37. 11; 145. 14; 146. 8, 9; 149. 4. 1 Sa. 2. 8. Zep. 2. 3. Mat. 5. 5. Ja. 4. 10. 1 Pe. 3. 4; 5. 6. *he casteth.* Ps. 55. 23; 73. 18, 19; 146. 9. 2 Pe. 2. 4-9.

7 Ps. 47. 6, 7; 68. 32; 92. 1-3; 95. 1, 2; 107. 21, 22. Ex. 15. 20, 21. Re. 5. 8-10.

8 *covereth.* Ps. 135. 7. Ge. 9. 14. 1 Ki. 18. 44, 45. Job 26. 8, 9; 36. 27-33; 38. 25-27. Is. 5. 6. *prepareth.* Ps. 65. 9-13; 104. 13, 14. Job 5. 10. Je. 14. 22. Joel 2. 23. Am. 5. 7, 8. Mat. 5. 45. Ac. 14. 17. Ja. 5. 17, 18.

9 Ps. 104. 27, 28; 136. 25; 145. 15, 16. Job 38. 41. Mat. 6. 26. Lu. 12. 24.

10 *delighteth.* Ps. 20. 7; 33. 16-18. Job 39. 19-25. Pr. 21. 31. Is. 31. 1. Ho. 1. 7. *he taketh.* 1 Sa. 16. 7. 2 Sa. 1. 23; 2. 18-23. Ec. 9. 11.

11 *taketh.* Ps. 35. 27; 149. 4. Pr. 11. 20; 31. 30. Is. 62. 4. Zep. 3. 17. Mal. 3. 16, 17. 1 Pe. 3. 4. *fear.* Ps. 33. 18, 22. 1 Pe. 1. 13, 17.

12 *praise thy God.* Ps. 135. 19-21; 146. 10; 149. 2. Is. 12. 6; 52. 7. Joel 2. 23.

13 *he hath.* Ps. 48. 11-14; 51. 18; 125. 2. Ne. 3. 1, etc.; 6. 1; 7. 1; 12. 30. La. 2. 8, 9; 4. 12. Da. 9. 25. *blessed.* Ps. 115. 14, 15; 128. 3-6; 144. 12. Is. 44. 3-5. Je. 30. 19, 20. Zec. 8. 3-5. Lu. 19. 42-44.

14 *He maketh peace,* etc. *Heb.* Who maketh thy border peace. Ps. 29. 11; 122. 6. Le. 26. 6. 1 Ch. 22. 9. Is. 9. 6, 7; 60. 17, 18; 66. 12. Zec. 9. 8. *filleth.* Ps. 132. 11. De. 8. 7, 8, Eze. 27. 17. *finest of the wheat. Heb.* fat of wheat. Ps. 81. 16, marg. De. 32. 14.

15 *sendeth.* Ps. 33. 9; 107. 20, 25. Job 34. 29; 37. 12. Jon. 1. 4. Mat. 8. 8, 9, 13. *his word.* Ps. 68. 11. 2 Th. 3. 1, marg.

16 *giveth.* Ps. 148. 8. Job 37. 6. Is. 55. 10. *scattereth.* Job 37. 9, 10, 38. 29.

17 *casteth.* Ps. 78. 47, 48. Ex. 9. 23-25. Jos. 10. 11. Job 38. 22, 23. *who can stand.* Job 38. 29, 30.

18 ver. 15. Job 6. 16, 17; 37. 10, 17.

19 *sheweth.* Ps. 76. 1; 78. 5; 103. 7. De. 33. 2-4. Mal. 4. 4. Ro. 3. 2; 9. 4. 2 Ti. 3. 15-17. *word. Heb.* words. Ex. 20. 1, etc. De. 4. 12, 13, marg.; 5. 22. *his statutes.* Ex. ch. 21-23. De. 4. 1, 8, 45; 5. 31; 6. 1. Mal. 4. 4.

20 *not dealt so.* De. 4. 32-34. Pr. 29. 18. Is. 5. 1-7. Mat. 21. 33-41. Ac. 14. 16; 26. 17, 18. Ro. 3. 1, 2. Ep. 2. 12; 5. 8. 1 Pe. 2. 9, 10.

## PSALM CXLVIII.

*The psalmist exhorts the celestial,* 1-6, *the terrestrial,* 7-10, *and the rational creatures to praise God,* 11-14.

1 *Praise ye the Lord. Heb.* Hallelujah. Ps. 89. 5; 146. 1. Is. 49. 13. Lu. 2. 13, 14. Re. 19. 1-6.

2 *all his angels.* Ps. 103. 20, 21. Job 38. 7. Is. 6. 2-4. Eze. 3. 12. Re. 5. 11-13. *all his hosts.* Ge. 2. 1.

3 *sun.* Ps. 8. 1-3; 19. 1-6; 89. 36, 37; 136. 7-9. Ge. 1. 14-16; 8. 22. De. 4. 19. Je. 33. 20.

4 *heavens.* Ps. 113. 6. 1 Ki. 8. 27. 2 Co. 12. 2. *waters.* Ps. 104. 3. Ge. 1. 7; 7. 11.

5 *for he.* Ps. 33. 6-9; 95. 5. Ge. 1. 1, 2, 6. Je. 10. 11-13. Am. 9. 6. Re. 4. 11.

6 *He hath also.* Ps. 89. 37; 93. 1; 119. 90, 91. Job 38. 10, 11, 33. Pr. 8. 27-29. Is. 54. 9. Je. 31. 35, 36; 33. 25.

7 *from the earth.* See on ver. 1. *ye dragons.* Ps. 74. 13, 14; 104. 25, 26. Ge. 1. 21. Job 41. 1, etc. Is. 27. 1; 43. 20; 51. 9, 10.

8 *Fire.* Ps. 147. 15-18. Ge. 19. 24. Ex. 9. 23-25. Le. 10. 2. Nu. 16. 35. Jos. 10. 11. Job 37. 2-6; 38. 22-37. Is. 66. 16. Joel 2. 30. Am. 7. 4. Re. 16. 8, 9, 21. *stormy.* Ps. 107. 25-29. Ex. 10. 13, 19; 14. 21. Am. 4. 13. Jon. 1. 4. Mat. 8. 24-27.

9 *Mountains.* Ps. 65. 12, 13; 96. 11-13; 97. 4, 5; 98. 7-9; 114. 3-7. Is. 42. 11; 44. 23; 49. 13; 55. 12, 13; 64. 1. Eze. 36. 1, etc.

10 *Beasts.* Ps. 50. 10, 11; 103. 22; 150. 6. Ge. 1. 20-25. *flying fowl. Heb.* birds of wing. Ge. 7. 14, marg. Eze. 17. 23.

11 *Kings.* Ps. 2. 10-12; 22. 27-29; 66. 1-4; 68. 31, 32; 72. 10, 11; 86. 9; 102. 15; 138. 4, 5. Pr. 8. 15, 16. Is. 49. 23; 60. 3. Re. 21. 24.

12 *young men.* Ps. 8. 2; 68. 25. Je. 31. 13. Zec. 9. 17. Mat. 21. 15, 16. Lu. 19. 37. Tit. 2. 4-6.

13 *for his name.* Ps. 8. 1, 9; 99. 3, 4, 9. Ca. 5. 9, 16. Is. 6. 3. Zec. 9. 17. Phi. 3. 8. *excellent. Heb.* exalted. 1 Ch. 29. 11. Is. 12. 4; 33. 5. Mat. 6. 13. *glory.* Ps. 57. 6; 72. 19; 108. 4; 113. 4. Ep. 4. 10. 1 Pe. 3. 22.

14 *exalteth.* Ps. 75. 10; 89. 17; 92. 10; 112. 9. 1 Sa. 2. 1. Lu. 1. 52. *the praise.* Ps. 145. 10; 149. 9. Lu. 2. 32. Re. 5. 8-14. *a people.* Ex. 19. 5, 6. De. 4. 7. Ep. 2. 13, 17, 19. 1 Pe. 2. 9.

## PSALM CXLIX.

*The prophet exhorts to praise God for his love to the church,* 1-4; *and for that power which he has given to the church,* 5-9.

1 *Praise ye the Lord. Heb.* Hallelujah. Ps. 148. 1. *Sing.* Ps. 33. 3; 96. 1; 98. 1; 144. 9. Is. 42. 10. Re. 5. 9. *in the congregation.* Ps. 22. 22, 25; 68. 26; 89. 5; 111. 1; 116. 18. He. 2. 12.

2 *rejoice.* Ps. 100. 1-3; 135. 3, 4. De. 7. 6, 7; 12. 7. 1 Sa. 12. 22. Job 35. 10. Is. 54. 5. *let the.* Is. 52. 7; 62. 11, 12. Joel 2. 23. Zec. 9. 9. Mat. 21. 5; 25. 34. Lu. 19. 27, 38. Jno. 19. 15, 19-22. Phi. 3. 3. Re. 19. 6.

3 *in the dance. or,* with the pipe. Ps. 150. 4, marg. Ex. 15. 20. Ju. 11. 34. 2 Sa. 6. 16. Je. 31. 13. *with the timbrel.* Ps. 33. 2; 81. 2; 137. 2-4; 150. 3-5. 1 Ch. 15. 28, 29; 16. 42; 25. 6. 2 Ch. 29. 25. Ezr. 3. 10.

4 *taketh pleasure.* Ps. 22. 8; 35. 27; 117. 2; 147. 11. Pr. 11. 20. Is. 62. 4, 5. Je. 32. 41. Zep. 3. 17. *beautify.* Ps. 90. 17; 132. 16. Is. 61. 1-3, 10. He. 12. 10. 1 Pe. 3, 4; 5. 5. Re. 7. 14.

5 *the saints.* Ps. 23. 1; 118. 15; 145. 10. Ro. 5. 2. 1 Pe. 1. 8. *sing.* Ps. 42. 8; 63. 5, 6; 92. 2. Job 35. 10.

6 *the high.* Ps. 96. 4. Ne. 9. 5. Da. 4. 37. Lu. 2. 14. Re. 19. 6. *mouth. Heb.* throat. Ps. 115. 7; 145. 3-5. *and a two-edged.* He. 4. 12. Re. 1. 16.

7 Ps. 137. 8, 9. Nu. 31. 2, 3. Ju. 5. 23. 1 Sa. 15. 2, 3, 18-23. Zec. 9. 13-16; 14. 17-19. Re. 19. 11-21.

8 Jos. 10. 23, 24; 12. 7. Ju. 1. 6, 7.

9 *to execute.* Ps. 137. 8. De. 7. 1, 2; 32. 42, 43. Is. 14. 22, 23. Re. 17. 14-16. *this honour.* Ps. 148. 14. 1 Co. 6. 2, 3. Re. 3. 21.

## PSALM CL.

*An exhortation to praise God,* 1, 2; *with all kinds of instruments,* 3-6.

1 *Praise ye the Lord. Heb.* Hallelujah. Ps. 149. 1. *in his sanctuary.* Ps. 29. 9; 66. 13-16; 116. 18, 19; 118. 19, 20; 134. 2. *in the firmament.* Ge. 1. 6-8. Eze. 1. 22-26; 10. 1. Da. 12. 3.

2 *for his mighty.* Ps. 145. 5, 6. Re. 15. 3, 4. *according.* Ps. 96. 4; 145. 3. De. 3. 24. Je. 32. 17-19.

3 *with the sound.* Ps. 81. 2, 3; 98. 5, 6. Nu. 10. 10. 1 Ch. 15. 24, 28; 16. 42. Da. 3. 5. *trumpet. or,* cornet. *the psaltery.* Ps. 33. 2; 92. 3; 108. 2; 149. 3.

4 *with the timbrel.* Ex. 15. 20. *dance. or,* pipe. Ps. 149. 3, marg. *stringed.* Ps. 33. 2; 92. 3; 144. 9. Is. 38. 20. Hab. 3. 19. *organs.* Job 30. 31.

5 *the loud cymbals.* 1 Ch. 15. 16, 19, 28; 16. 5; 25. 1, 6.

6 *Let every thing.* Ps. 103. 22; 145. 10; 148. 7-11. Re. 5. 13.

## CONCLUDING REMARKS ON THE BOOK OF PSALMS.

The Psalms have been the general song of the universal Church; and in their praise, all the Fathers have been unanimously eloquent. Men of all nations find in these compositions a language at once suitable to their feelings, and expressive of their highest joys and deepest sorrows, as well as of all the endlessly varied wishes and desires of their hearts. Whether the pious believer is disposed to indulge the exalted sentiments of praise and thanksgiving towards the ALMIGHTY FATHER of his being; to pour out his soul in penitence or prayer; to bewail, with tears of contrition, past offences; to magnify the goodness and mercy of GOD; to dwell with ecstacy on the divine attributes of wisdom and omnipotence; or to rejoice in the coming of the MESSIAH, the Psalms afford him the most perfect models for expressing all his feelings.

# The PROVERBS.

B.C. 1000. A.M. 3004.

## CHAP. I.

*The use of the proverbs*, 1-6. *An exhortation to fear God, and believe his word*, 7-9; *to avoid the enticings of sinners*, 10-19. *Wisdom complains of her contempt*, 20-23. *She threatens her contemners*, 24-33.

1 *proverbs*. ch. 10. 1; 25. 1. 1 Ki. 4. 31, 32. Ec. 12. 9. Jno. 16. 25. *Solomon*. 2 Sa. 12. 24, 25. 1 Ki. 2. 12. 1 Ch. 22. 9; 28. 5; 29. 23.

2 ch. 4. 5-7; 7. 4; 8. 5; 16. 16; 17. 16. De. 4. 5, 6. 1 Ki. 3. 9-12. 2 Ti. 3. 15-17.

3 *receive*. ch. 2. 1-9; 8. 10, 11. Job 22. 22. *equity*. *Heb*. equities. 1 Ki. 3. 28.

4 *subtilty*. ver. 22, 23; ch. 8. 5; 9. 4-6. Ps. 19. 7; 119. 130. Is. 35. 8. *to the*. ch. 7. 7-24; 8. 17, 32. Ps. 34. 11; 119. 9. Ec. 11. 9, 10; 12. 1. 2 Ti. 2. 22. Tit. 2. 6. *discretion*. *or*, advisement.

5 *wise*. ch. 9. 9; 12. 1. Job 34. 10, 16, 34. Ps. 119. 98-100. 1 Co. 10. 15. *a man*. 1 Sa. 25. 32, 33. 2 Ch. 25. 16.

6 *a proverb*. Mat. 13. 10-17, 51, 52. Mar. 4. 11, 34. Ac. 8. 30, 31. *the interpretation*. *or*, an eloquent speech. *the words*. Ec. 12. 11. *dark*. Ps. 49. 4; 78. 2. Mat. 13. 34, 35. He. 5. 14. 2 Pe. 3. 16.

7 *fear*. ch. 9. 10. Job 28. 28. Ps. 111. 10; 112. 1. Ec. 12. 13. *beginning*. *or*, principal part. *but*. ver. 22, 29, 30; ch. 5. 12, 13; 15. 5; 18. 2. Jno. 3. 18-21. Ro. 1. 28.

8 *My son*. ver. 10, 15; ch. 2. 1; 3. 1; 7. 1. Mat. 9. 2, 22. *hear*. ch. 4. 1-4; 5. 1, 2; 6. 20; 30. 17; 31. 1. Le. 19. 3. De. 21. 18-21. 1 Sa. 2. 25. 2 Ti. 1. 5.

9 *they*. ch. 3. 22; 4. 9; 6. 20, 21. 1 Ti. 2. 9, 10. 1 Pe. 3. 3, 4. *an ornament*. *Heb*. an adding. Ge. 12. 42. Ca. 1. 10; 4. 9. Is. 3. 19. Eze. 16. 11. Da. 5. 7, 16, 29.

10 ch. 7. 21-23; 13. 20; 20. 19. Ge. 39. 7-13. Ju. 16. 16-21. Ps. 1. 1; 50. 18. Ro. 16. 18. Ep. 5. 11.

11 *let us lay*. ver. 16; ch. 12. 6; 30. 14. Ps. 56. 6; 64. 5, 6. Je. 5. 26. Mi. 7. 2. Ac. 23. 15; 25. 3. *let us lurk*. ver. 18. Ps. 10. 8-10; 17. 12; 35. 7. Je. 11. 19; 18. 18-20. Mat. 26. 3, 4. Jno. 15. 25.

12 *swallow*. Ps. 35. 25; 56. 1, 2; 57. 3; 124. 3. Je. 51. 34. La. 2. 5, 16. Mi. 3. 2, 3. *as the*. Ps. 5. 9. Ro. 3. 13. *whole*. Nu. 16. 30-33; 26. 10. Ps. 28. 1; 143. 7.

13 ver. 19. Job 24. 2, 3. Is. 10. 13, 14. Je. 22. 16, 17. Na. 2. 12. Hab. 2. 9. Lu. 12. 15. 1 Ti. 6. 9, 10. Re. 18. 9-16.

15 *walk*. ch. 4. 14, 15; 9. 6; 13. 20. Ps. 1. 1; 26. 4, 5. 2 Co. 6. 17. *refrain*. ch. 4. 27; 5, 8. Ps. 119. 101. Je. 14 10.

16 ch. 4. 16; 6. 18. Is. 59. 7. Ro. 3. 5.

17 *in vain*. ch. 7. 23. Job 35. 11. Is. 1. 3. Je. 8. 7. *sight of any bird*. *Heb*. eyes of every thing that hath a wing.

18 ch. 5. 22, 23; 9. 17, 18; 28. 17. Es. 7. 10. Ps. 7. 14-16; 9. 16; 55. 23. Mat. 27. 4, 5.

19 *every*. ch. 15. 27; 23. 3, 4. 2 Sa. 18. 11-13. 2 Ki. 5. 20-27. Je. 22. 17-19. Mi. 2. 1-3; 3. 10-12. Hab. 2. 9. Ac. 8. 19, 20. 1 Ti. 3. 3; 6. 9, 10. Ja. 5. 1-4. 2 Pe. 2. 3, 14-16. *taketh*. Job 31. 39. Ec. 5. 13.

20 *Wisdom*. *Heb*. Wisdoms, *that is*, excellent wisdom. Mat. 13. 54. Lu. 11. 49. 1 Co. 1. 24, 30. Col. 2. 3. *crieth*. ch. 8. 1-5; 9. 3. Jno. 7. 37.

21 ch. 9. 3. Mat. 10. 27; 13. 2. Jno. 18. 20. Ac. 5. 20.

22 *How*. ch. 6. 9. Ex. 10. 3; 16. 28. Nu. 14. 27. Mat. 17. 17. *ye simple*. ch. 7. 7; 9. 4-6, 16-18. Ps. 94. 8. Mat. 9. 13; 11. 29, 30; 23. 37. Lu. 19. 42. Re. 22. 17. *the scorners*. ch. 3. 34; 14. 6; 15. 12; 19. 29; 21. 11. Job 34. 7. Ps. 1. 1. 2 Pe. 3. 3. *fools*. ver. 7, 29; ch. 5. 12. Jno. 3. 20.

23 *Turn*. Is. 55. 1-3, 6, 7. Je. 3. 14. Eze. 18. 27-30; 33. 11. Ho. 14. 1. Ac. 3. 19; 26. 20. *my reproof*. ver. 25, 30; ch. 6. 23; 10. 17; 12. 1; 29. 1. Ps. 141. 5. Re. 3. 19. *behold*. Is. 32. 15; 45. 8. Joel 2. 28. Zec. 12. 10. Lu. 11. 13. Jno. 7. 36, 37. Ac. 2. 36-38. Re. 3. 16-18.

24 *I have called*. Is. 50. 2; 65. 12; 66. 4. Je. 7. 13. Eze. 8. 18. Zec. 7. 11, 12. Mat. 22. 5, 6; 23. 37, 38. He. 12. 25, 26. *stretched*. Ps. 31. 20. Ac. 4. 30. Ro. 10. 21.

25 *ye*. ver. 30. 2 Ch. 36. 16. Ps. 107. 11. Lu. 7. 30. *would*. ver. 30; ch. 5. 12; 12. 1. Ps. 81. 11.

26 Ju. 10. 14. Ps. 2. 4; 37. 13. Lu. 14. 24.

27 *your fear*. ch. 3. 25, 26; 10. 24, 25. Ps. 69. 22-28. Lu. 21. 26, 34, 35. 1 Th. 5. 3. Re. 6. 15-17. *as a*. Ps. 58. 9. Is. 17. 13. Na. 1. 3. *distress*. Lu. 21. 23-25. Ro. 2. 9.

28 *shall they*. Ge. 6. 3. Job 27. 9; 35. 12. Ps. 18. 41. Is. 1. 15. Je. 11. 11; 14. 12. Eze. 8. 18. Mi. 3. 4. Zec. 7. 13. Mat. 7. 22, 23; 25. 10-12. Lu. 13. 25-28. Ja. 4. 3. *they shall seek*. Ps. 78. 34-36. Ho. 5. 15; 6. 1-4.

29 *that*. ver. 22; ch. 5. 12; 6. 23. Job 21. 14, 15. Ps. 50. 16, 17. Is. 27. 11; 30. 9-12. Jno. 3. 20. Ac. 7. 51-54. *not*. Lu. 10. 42. He. 11. 25.

30 ver. 25. Ps. 81. 11; 119. 111, 173. Je. 8. 9. Lu. 14. 18-20.

31 ch. 14. 14; 22. 8. Job 4. 8. Is. 3. 10, 11. Je. 2. 19; 6. 19. Ga. 6. 7, 8.

32 *the turning*. ch. 8. 36. Jno. 3. 36. He. 10. 38, 39; 12. 25. *and the*. De. 32. 15, etc. Ps. 69. 22; 92. 6, 7. Lu. 12. 16-21; 16. 19-25. He. 12. 8. Ja. 5. 5. *prosperity*. *or*, ease. Je. 48. 11, 12.

33 *whoso*. ch. 8. 32-35; 9. 11. Ps. 25. 12, 13; 81. 13. Is. 48. 18; 55. 3. Mat. 17. 5. Jno. 10. 27-29. 1 Pe. 1. 5. *and shall*. ch. 3. 21-26; 14. 26. Ps. 112. 7. Is. 26. 3. Lu. 21. 9, 19. Ro. 8. 35-39.

## CHAP. II.

*Wisdom promises godliness to her children*, 1-9; *and safety from evil company*, 10-19; *and direction in good ways*, 20-22.

1 *if*. ch. 1. 3; 4. 1; 7. 1. Jno. 12. 47, 48. 1 Ti. 1. 15. *hide*. ch. 3. 1; 4. 20-22; 6. 21. De. 6. 6-9. Job 23. 12. Ps. 119. 9-11. Mat. 13. 44. Lu. 2. 19, 51; 9. 44.

2 *thou*. ch. 18. 1. Ps. 119. 111, 112. Is. 55. 3. Mat. 13. 9. *apply*. Ps. 22. 17-21; 23. 12. Ps. 90. 12. Ec. 7. 25; 8. 9, 16. Ac. 17. 11.

3 *if*. ch. 3. 6; 8. 17. 1 Ki. 3. 9-12. 1 Ch. 22. 12. Ps. 25. 4, 5; 119. 34, 73, 125, 169. Lu. 11. 13. Ep. 1. 17, 18. Ja. 1. 5. *liftest up thy voice*. *Heb*. givest thy voice.

4 *thou*. ch. 3. 14, 15; 8. 18, 19; 16. 16; 23. 23. Ps. 19. 10; 119. 14, 72, 127. Mat. 6. 19-21; 13. 44; 19. 21, 22, 29. *searchest*. Job 28. 12-20. Ec. 4. 8. Lu. 16. 8.

5 *shalt*. 2 Ch. 1. 10-12. Ho. 6. 3. Mat. 7. 7, 8. Lu. 11. 9-13. *the fear*. ch. 9. 10. Job 28. 28. Je. 32. 40, 41. *find*. Je. 9. 24; 24. 7; 31. 34. Mat. 11. 27. Lu. 10. 22. Jno. 17. 3. 1 Jno. 5. 20.

6 *the Lord*. Ex. 31. 3. 1 Ki. 3. 9, 12; 4. 29. 1 Ch. 22. 12. Job 32. 8. Is. 54. 13. Da. 1. 17; 2. 21, 23. Lu. 21. 15. Jno. 6. 45. Ep. 1. 17, 18. Ja. 1. 5, 17. *out*. ch. 6. 23; 8. 5-9. Ps. 19. 7; 119. 98, 104. Is. 8. 20.

7 *layeth*. ch. 8. 14; 14. 8. Job 28. 8. 1 Co. 1. 19, 24, 30; 2. 6, 7; 3. 18, 19. Col. 2. 3. 2 Ti. 3. 15-17. Ja. 3. 15-17. *a buckler*. ch. 28. 18; 30. 5. Ps. 84. 11; 144. 2.

8 *keepeth*. ch. 8. 20. Ps. 1. 6; 23. 3; 121. 5-8. Is. 35. 9; 49. 9, 10. Jno. 10. 28, 29. *and*. ch. 3. 21-24. De. 33. 3, 26-29. 1 Sa. 2. 9. Ps. 37. 23, 24, 28, 31; 66. 9; 145. 20. Je. 32. 40, 41. 1 Pe. 1. 5. Jude 24.

9 ch. 1. 2-6. Ps. 25. 8, 9; 32. 8; 119. 99, 105; 143. 8-10. Is. 35. 8; 48. 17. Je. 6. 16. Mat. 7. 13, 14. Jno. 14. 6.

10 ch. 18. 1, 2; 24. 13, 14. Job 23. 12. Ps. 19. 10; 104. 34; 119. 97, 103, 111, 162. Je. 15. 16. Col. 3. 16.

11 ch. 4. 6; 6. 22-24. Ps. 25. 21; 119. 9-11. Ec. 9. 15-18; 10. 10. Ep. 5. 15.

12 *deliver*. ch. 1. 10-19; 4. 14-17; 9. 6; 13. 20. Ps. 17. 4, 5; 26. 4, 5; 141. 4. 2 Co. 6. 17. *from the man*. ch. 3. 32; 8. 13; 16. 28-30. Ps. 101. 4. Is. 59. 3-5. Ac. 20. 30. 1 Co. 15. 33.

13 *leave*. ch. 21. 16. Ps. 14. 3; 36. 3. Eze. 18. 26; 33. 12, 13. Zep. 1. 6. Mat. 12. 43-45. 2 Ti. 4. 10. He. 6. 4-6. 2 Pe. 2. 20-22. 1 Jno. 2. 19. *walk*. ch. 4. 19. Job 24. 13-16. Jno. 3. 19, 20; 12. 35. Ro. 1. 21. 1 Th. 5. 5-7. Jno. 1. 6; 2. 9-11.

14 *rejoice*. ch. 10. 23. Je. 11. 15. Hab. 1. 15. Zep. 3. 11. 1 Co. 13. 6. *and*. Ho. 7. 3. Lu. 22. 4, 5. Ro. 1. 32.

15 De. 32. 5. Ps. 125. 5. Is. 30. 8-13; 59. 8. Phi. 2. 15.

16 *deliver*. ch. 5. 3-20; 6. 24; 7. 5-23; 22. 14; 23. 27. Ge. 39. 3-12. Ne. 13. 26, 27. Ec. 7. 26. *flattereth*. ch. 7. 21; 29. 5.

17 *the guide*. ch. 5. 18. Je. 3. 4. *forgetteth*. Eze. 16 8, 59, 60. Mal. 2. 14-16.

18 ch. 5. 4-14; 6. 26-35; 7. 22-27; 9. 18. 1 Co. 6. 9-11. Ga. 5. 19-21. Ep. 5. 5. Re. 21. 8; 22. 15.

19 *None*. Ps. 81. 12. Ec. 7. 26. Je. 13. 23. Ho. 4. 14. Mat. 19. 24-26. *take*. ch. 4. 18. He. 6. 18.

20 ch. 13. 20. Ps. 119. 63, 115. Ca. 1. 7, 8. Je. 6. 16. He. 6. 12. 3 Jno. 11.

21 Job 1. 1; 42. 12. Ps. 37. 3, 9, 11, 22, 29; 84. 11; 112. 4-6.

22 *the wicked*. ch. 5. 22, 23. Job 18. 16-18; 21. 30. Ps. 37. 20, 22, 28, 37, 38; 52. 5; 104. 35; 145. 20. Is. 3 10, 11. *rooted*. *or*, plucked up. De. 7. 22, marg.; 28. 64.

## CHAP. III.

*Sundry exhortations*, 1-12. *The gain of wisdom*, 13-26. *Exhortation to beneficence*, etc. 27-32. *The different state of the wicked and upright*, 33-35.

1 *forget*. ch. 1. 8; 4. 5; 31. 5. De. 4. 23. Ps. 119. 93, 153, 176. Ho. 4. 6. *let*. De. 4. 9; 6. 6-9; 8. 1; 30. 16-20. Ps. 119. 11, 16, 34, 47, 48. Is. 51. 17. Je. 31. 33. Jno. 14. 21-24.

2 *length*. ver. 16; ch. 4. 10; 9. 11. Job 5. 26. Ps. 34. 11-14; 91. 16; 128. 6. Ep. 6. 1-3. 1 Ti. 4. 8. *long life*. *Heb*. years of life. Ps. 21. 4. *and peace*. ver. 17. Ps. 119. 165. Is. 32. 17; 57. 19-21. Ro. 5. 1; 14. 17; 15. 13.

3 *mercy*. ch. 16. 6; 20. 28. 2 Sa. 15. 20. Ps. 25. 10. Ho. 4. 1. Mi. 7. 18-20. Mal. 2. 6. Mat. 23. 23. Ep. 5. 1, 2, 9. *bind*. ch. 6. 21; 7. 3. Ex. 13. 9. De. 6. 8; 11. 18-21. Ps. 119. 11. *write*. Je. 17. 1. 2 Co. 3. 3. He. 10. 16.

4 *shalt*. Ge. 39. 2-4, 21. 1 Sa. 2. 26. Ps. 111. 10. Da. 1. 9. Lu. 2. 52. Ac. 2. 47. Ro. 14. 18. *good understanding*. or, good success. Jos. 1. 7, 8, marg. Ps. 111. 10.

5 *Trust*. ch. 22. 19. Job 13. 15. Ps. 37. 3, 5, 7; 62. 8; 115. 9-11; 125. 1; 146. 3-5. Is. 12. 2; 26. 3, 4. Je. 17. 7, 8. Ep. 1. 12. *and*. ver. 7; ch. 23. 4; 28. 26. Je. 9. 23; 10. 23. Ro. 12. 16. 1 Co. 3. 18-20; 8. 1, 2.

6 *In*. ch. 16. 3; 23. 17. 1 Sa. 23. 4, 11, 12; 30. 8. 1 Ch. 28. 9. Ezr. 7. 27; 8. 22, 23. Ne. 1. 11; 2. 4. 1 Co. 10. 31. 2 Co. 8. 16. Phi. 4. 6. Col. 3. 17, 23. *and*. ch. 16. 9. Ps. 25. 8, 9; 32. 8. Is. 30. 21; 48. 17. Je. 10. 23. Ja. 1. 5.

7 *Be*. ch. 26. 12. Is. 5. 21. Ro. 11. 25; 12. 16. *fear*. ch. 14. 27; 16. 6. Ne. 5. 15. Job 1. 1; 28. 28. Ps. 34. 11-14. Ec. 12. 13.

8 *shall*. ch. 4. 22; 16. 24. Ps. 147. 3. Is. 1. 6. Je. 30. 12, 13. *health*. *Heb*. medicine. *thy*. Eze. 16. 4, 5. *marrow*. *Heb*. watering, *or* moistening. Job 21. 24.

9 ch. 14. 31. Ge. 14. 18-21; 28. 22. Ex. 22. 29; 23. 19; 34. 26; 35. 20-29. Nu. 7. 2, etc.; 31. 50, etc. De. 26. 2, etc. Hag. 1. 4-9. Mal. 3. 8, 9. Mar. 14. 7, 8, 10, etc. Lu. 14. 13, 14. 1 Co. 16. 2. 2 Co. 8. 2, 3, 8, 9. Phi. 4. 17, 18. 1 Jno. 3. 17, 18.

10 ch. 11. 24, 25; 19. 17; 22. 9. Le. 26. 2-5. De. 28. 8. Ec. 11. 1, 2. Hag. 21. 9. Mal. 3. 10, 11. Mat. 10. 42. 2 Co. 9. 6-11.

11 *My*. Job 5. 17. Ps. 94. 12. 1 Co. 11. 32. He. 12. 5, 6. Re. 3. 19. *neither*. ch. 24. 10. Job 4. 5. Is. 40. 30, 31. 2 Co. 4. 1, 16, 17. He. 12. 3, 7-12.

12 ch. 29. 17. De. 8. 5. Ps. 103. 13.

13 *is the*. ch. 4. 5-9; 8. 32-35. 1 Ki. 10. 1-9, 23, 24. Ec. 9. 15-18. *getteth*. *Heb*. draweth out. ch. 2. 4; 18. 1.

14 ch. 2. 4; 8. 10, 11, 19; 16. 16. 2 Ch. 1. 11, 12. Job 28. 13-19. Ps. 119. 72, 111, 162. Mat. 16. 26. Phi. 3. 8, 9. Re. 3. 18.

15 *more*. ch. 8. 11; 20. 15; 31. 10. Mat. 13. 44-46. *all*. Ps. 63. 3; 73. 25, 26. Ro. 8. 18.

16 *Length*. ver. 2; ch. 4. 10. Ps. 21. 4; 71. 9. 1 Ti. 4. 8. *and*. ch. 4. 6-9; 8. 18-21. 1 Ki. 3. 13. Mar. 10. 30. 1 Co. 3. 21-23. 2 Co. 6. 10.

17 *ways of*. ch. 2. 10; 22. 18. Ps. 19. 10, 11; 63. 3-5; 112. 1; 119. 14, 47, 103, 174. Mat. 11. 28-30. *all*. Ps. 25. 10; 37. 11; 119. 165. Is. 26. 3; 57. 19. Lu. 1. 79. Ro. 5. 1. Phi. 4. 8, 9.

18 ch. 11. 30; 13. 12. Ge. 2. 9; 3. 22. Re. 22. 2.

19 *Lord*. ch. 8. 27-29. Ps. 104. 24; 136. 5. Je. 10. 12; 51. 15. Jno. 1. 3. *established*. *or*, prepared.

20 *the depths*. Ge. 1. 9; 7. 11. Job 38. 8-11. Ps. 104. 8, 9. *the clouds*. Ge. 27. 28, 37-39. De. 33. 28. Job 36. 27, 28; 38. 26-28. Ps. 65. 9-12. Je. 14. 22. Joel 2. 23.

21 *let*. ver. 1-3. De. 4. 9; 6. 6-9. Jos. 1. 8. Jno. 8. 31; 15. 6, 7. He. 2. 1-3. 1 Jno. 2. 24, 27. *keep*. ch. 2. 7. De. 32. 46, 47.

22 *life*. ch. 4. 22. Is. 38. 16. Jno. 12. 49, 50. *grace*. ch. 1. 9.

23 ch. 2. 8; 4. 12; 10. 9. Ps. 37. 23, 24, 31; 91. 11; 121. 3, 8. Zec. 10. 12.

24 *liest*. ch. 6. 22. Le. 26. 6. Ps. 3. 5; 4. 8; 121. 4-7. Eze. 34. 15. *and*. Ps. 127. 2. Je. 31. 26. Ac. 12. 6. 1 Th. 4. 13, 14.

25 *Be*. Job. 5. 21, 22; 11. 13-15. Ps. 27. 1, 2; 46. 1-3; 91. 5; 112. 7. Is. 8. 12, 13; 41. 10-14. Da. 3. 17, 18. Mat. 8. 24-26; 24. 6. Mar. 4. 40. Lu. 21. 9. Jno. 14. 1. 1 Pe. 3. 14. *neither*. ch. 1. 27. Ps. 73. 19. Mat. 24. 15. Lu. 21. 18-28.

26 *Lord*. ch. 14. 26. Ps. 91. 3, 9, 10. Hab. 3. 17, 18. *shall keep*. 1 Sa. 2. 9.

27 *Withhold*. Ro. 13. 7. Ga. 6. 10. Tit. 2. 14. Ja. 2. 15, 16; 5. 4. *them to whom it is due*. *Heb*. the owners thereof. *in the*. Ge. 31. 29. Mi. 2. 1.

28 ch. 27. 1. Le. 19. 13. De. 24. 12-15. Ec. 9. 10; 11. 6. 2 Co. 8. 11; 9. 3. 1 Ti. 6. 18.

29 *Devise not evil*. *or*, Practise no evil. ch. 6. 14, 18; 16. 29, 30. Ps. 35. 20; 55. 20; 59. 3. Je. 18. 18-20. Mi. 2. 1, 2.

30 ch. 17. 14; 18. 6; 25. 8, 9; 29. 22. Mat. 5. 39-41. Ro. 12. 18-21. 1 Co. 6. 6-8. 2 Ti. 2. 24.

31 *Envy*. ch. 23. 17; 24. 1, 19, 20. Ps. 37. 1, 7-9; 73. 3. Ga. 5. 21. *the oppressor*. *Heb*. a man of violence. Ec. 5. 8. *choose*. ch. 1. 15-18; 2. 12-15; 12. 12; 22. 22-25.

32 *the froward*. ch. 6. 16-19; 8. 13; 11. 20; 17. 15. Ps. 18. 26. Lu. 16. 15. *his*. ch. 14. 10. Ps. 25. 14. Mat. 11. 25; 13. 11. Jno. 14. 21-24; 15. 15. Re. 2. 17.

33 *curse*. ch. 21. 12. Le. 26. 14, etc. De. 7. 26; 28. 15, etc.; 29. 19, etc. Jos. 6. 18; 7. 13. Ps. 37. 22. Zec. 5. 3, 4. Mal. 2. 2. *he blesseth*. De. 28. 2, etc. 2 Sa. 6. 11. Job 8. 6, 7. Ps. 1. 3; 91. 10.

34 *he scorneth*. ch. 9. 7, 8, 12; 19. 29; 21. 24. Ps. 138. 6. *he giveth*. Is. 57. 15. Ja. 4. 6. 1 Pe. 5. 5.

35 *wise*. ch. 4. 8. 1 Sa. 2. 30. Ps. 73. 24. *but*. ch. 13. 8. Ps. 132. 18. Is. 65. 13-15. Da. 12. 2, 3. *shall be the promotion of fools*. *Heb*. exalteth the fools.

## CHAP. IV.

*Solomon persuades to wisdom*, 1-13, *and to shun wickedness*, 14-19. *He exhorts to sanctification*, 20-27.

1 *ye*. ch. 1. 8; 6. 20-23. Ps. 34. 11. 1 Th. 2. 11, 12. *attend*. ch. 2. 1-5; 5. 1; 7. 4; 8. 32-36; 19. 20; 22. 17. He. 2. 1.

2 *good*. ch. 8. 6-9; 22. 20, 21. De. 32. 2. Job 33. 3. Ps. 49. 1-3. Jno. 7. 16, 17. 1 Ti. 4. 6. Tit. 1. 9. *forsake*. 1 Ch. 28. 9. 2 Ch. 7. 19. Ps. 89. 30-32.

3 2 Sa. 12. 24, 25. 1 Ki. 1. 13-17. 1 Ch. 3. 5; 22. 5; 29. 1. Je. 10. 23. Ro. 12. 16.

4 *He*. ch. 22. 6. Ge. 18. 19. 1 Ch. 22. 11-16; 28. 9. Ep. 6. 4. 2 Ti. 1. 5; 3. 15. *Let*. See on ch. 3. 1. De. 4. 9; 6. 6. Ps. 119. 11. *keep*. ch. 7. 2. Le. 18. 3-5. Is. 55. 3. Jno. 12. 50. He. 5. 9.

5 *Get wisdom*. ch. 1. 22, 23; 2. 2-4; 3. 13-18; 8. 5; 17. 16; 18. 1; 19. 8; 23. 23. Ja. 1. 5. *neither*. 2 Ch. 34. 2. Job 23. 11. Ps. 44. 18; 119. 51, 157.

6 *love*. ver. 21, 22; ch. 2. 10-12. Ep. 3. 17. 2 Th. 2. 10.

7 *Wisdom is*. Ec. 7. 12; 9. 16-18. Mat. 13. 44-46. Lu. 10. 42. Phi. 3. 8. *with*. ch. 16. 16; 21. 6. Ps. 49. 16-20. Ec. 2. 4-9; 4. 8. Mar. 8. 36, 37. Lu. 12. 20. *get understanding*. Ps. 119. 104.

8 ch. 3. 35; 22. 4. 1 Sa. 2. 30. 1 Ki. 3. 5-13. Da. 12. 3.

9 *give*. ch. 1. 9; 3. 22. 1 Ti. 2. 9, 10. 1 Pe. 3. 4. *a crown*, etc. *or*, she shall compass thee with a crown of glory. ch. 16. 31. Is. 28. 5. He. 2. 7-9. 1 Pe. 5. 4. Re. 3. 21.

10 *my*. ch. 8. 10; 19. 20. Job 22. 22. Je. 9. 20. Jno. 3. 32, 33. 1 Th. 2. 13. 1 Ti. 1. 15. *the*. ch. 3. 2, 16. De. 5. 16; 6. 2.

11 *taught*. ver. 4. De. 4. 5. 1 Sa. 12. 24. Ec. 12. 9. *led*. ch. 8. 6, 9, 20. Ps. 23. 3; 25. 4, 5. Ac. 13. 10.

12 *thou goest*. ch. 6. 22. 2 Sa. 22. 37. Job 18. 7, 8. Ps. 18. 36. *thou shalt*. ver. 19; ch. 3. 23. Ps. 91. 11, 12; 119. 165. Je. 31. 9. Jno. 11. 9, 10. Ro. 9. 32, 33. 1 Pe. 2. 8. 1 Jno. 2. 10, 11.

13 *Take*. ch. 3. 18; 23. 23. Ac. 2. 42; 11. 23. 1 Th. 5. 21. He. 2. 1. Re. 2. 13; 12. 11. *let*. Ge. 32. 26. Ca. 3. 4. Lu. 24. 27-29. Jno. 4. 39-42. *she*. ch. 3. 22. De. 32. 47. Ec. 7. 12. Jno. 6. 68.

14 ch. 1. 10, 15; 2. 11, 12; 9. 6; 13. 20. Ps. 1. 1; 26. 4, 5. 1 Co. 15. 33.

15 ch. 5. 8; 6. 5. Ex. 23. 7. Job 11. 14; 22. 23. Is. 33. 15. Ep. 5. 11. 1 Th. 5. 22.

16 ch. 1. 16. Ps. 36. 4. Is. 57. 20. Mi. 2. 1. Lu. 22. 66. Jno. 18. 28. 2 Pe. 2. 14.

17 ch. 9. 17; 20. 17. Job 24. 5, 6. Ps. 14. 4. Je. 5. 26-28. Eze. 22. 25-29. Am. 8. 4-6. Mi. 3. 5; 6. 12. Zep. 3. 3. Mat. 23. 14. Ja. 5. 4, 5.

18 2 Sa. 23. 4. Job 11. 17; 23. 10. Ps. 84. 7. Ho. 6. 3. Zec. 14. 6, 7. Mat. 5. 14, 16, 45. Jno. 8. 12. 2 Co. 3. 18. Phi. 2. 15. 2 Pe. 1. 19; 3. 18. Re. 21. 23; 22. 5.

19 1 Sa. 2. 9. Job 5. 14; 12. 25; 18. 5, 6, 18. Is. 59. 9, 10. Je. 13. 16; 23. 12. Mat. 7. 23; 15. 14. Jno. 12. 35. 1 Jno. 2. 11.

20 ch. 5. 1; 6. 20, 21; 7. 1. Ps. 78. 1; 90. 12. Is. 55. 3. Mat. 17. 5.

21 *depart*. ch. 3. 3, 21. *in the*. ch. 2. 1. Ps. 40. 8, marg.

22 *life*. ver. 4, 10. *health*. *Heb*. medicine. ch. 3. 8, marg.; 12. 18. Je. 33. 6.

23 *Keep*. ch. 22. 5; 23. 19; 28. 26. De. 4. 9. Ps. 139. 23, 24. Je. 17. 9. Mar. 14. 38. He. 12. 15. *with all diligence*. *Heb*. above all keeping. ver. 7; ch. 3. 21; 11. 16; 13. 3. Ec. 5. 13. *for*. Mat. 12. 35; 15. 19. Mar. 7. 21-23. Ja. 1. 14, 15.

24 *Put*. Job 11. 14. Eze. 18. 31. Ep. 4. 25-31. Col. 3. 8. Ja. 1. 21, 26. 1 Pe. 2. 1. *a*, etc. *Heb*. frowardness of mouth, and perverseness of lips. ch. 8. 8, 13; 17. 20. 1 Ti. 6. 5.

25 ch. 23. 5, 33. Job 31. 1. Ps. 119. 37. Mat. 6. 22.

26 *Ponder*. ch. 5. 6. Ps. 119. 59. Eze. 18. 28. Hag. 1. 5, 7. Ep. 5. 15, 17. *let all thy ways be established*. *or*, all thy ways shall be ordered aright. Ps. 37. 23; 40. 2. 1 Th. 3. 13. 2 Th. 3. 3. 1 Pe. 5. 10.

27 *Turn*. De. 5. 32; 12. 32; 28. 14. Jos. 1. 7. *remove*. ch. 16. 17. Is. 1. 16. Ro. 12. 9.

## CHAP. V.

*Solomon exhorts to wisdom*, 1, 2. *He shews the mischief of whoredom and riot*, 3-14. *He exhorts to contentedness, liberality, and chastity*, 15-21. *The wicked are overtaken with their own sins*, 22, 23.

1 *attend*. ch. 2. 1; 4. 1, 20. Mat. 13. 9. Mar. 4. 23. Re. 2. 7, 11, 17, 29; 3. 6, 13, 22. *bow*. ch. 22. 17. Ja. 1. 19.

2 *thy lips.* ch. 10. 21; 15. 2, 7; 16. 23; 20. 15. Ps. 45. 2; 71. 15; 119. 13. Ca. 4. 11. Mal. 2. 6, 7.

3 *the lips.* ch. 2. 16; 6. 24; 7. 21. Re. 17. 2-6. *mouth. Heb.* palate. *smoother.* Ps. 54. 21.

4 *her.* ch. 6. 24-35; 7. 22, 23; 9. 18; 23. 27, 28. Ec. 7. 26. He. 12. 15, 16. *sharp.* Ju. 16. 4-6, 15-21. Ps. 55. 21. He. 4. 12.

5 ch. 2. 18, 19; 7. 27.

6 *ponder.* ch. 4. 26. Ps. 119. 59. *the path.* ch. 11. 19. Ps. 16. 11. *her.* ch. 6. 12, 13; 7. 10-21. 2 Th. 2. 9, 10.

7 *Hear.* ch. 4. 1; 8. 32-36; 22. 17-21. He. 12. 25. *and depart.* ch. 3. 21; 4. 21.

8 ch. 4. 15; 6. 27, 28. Mat. 6. 13. Ep. 5. 11.

9 ch. 6. 29-35. Ge. 38. 23-26. Ju. 16. 19-21. Ne. 13. 26. Ho. 4. 13, 14.

10 *strangers.* ch. 6. 35. Ho. 7. 9. Lu. 15. 30. *wealth. Heb.* strength. ch. 31. 3.

11 *thou.* ch. 7. 23. De. 32. 29. Je. 5. 31. Ro. 6. 21. He. 13. 4. Re. 21. 8; 22. 15. *when.* Nu. 5. 27. 1 Co. 5. 4, 5.

12 *How.* ch. 1. 7, 22, 29, 30; 15. 5. Ps. 50. 17; 73. 22. Zec. 7. 11-14. Jno. 3. 19, 20. *and my.* ch. 1. 25; 6. 23; 12. 1; 13. 18. Ge. 19. 9. Ex. 2. 13, 14. 2 Ch. 24. 20-22; 25. 16; 33. 10, 11; 36. 16. Je. 44. 4. Zec. 1. 4-6.

13 Lu. 15. 18. 1 Th. 4. 8; 5. 12, 13. He. 13. 7.

14 ch. 13. 20. Nu. 25. 1-6. Ho. 4. 11-14. 1 Co. 10. 6-8. 2 Pe. 2. 10-18. Jude 7-13.

15 ver. 18, 19. 1 Co. 7. 2-5. He. 13. 4.

16 *thy.* De. 33. 28. Ps. 68. 26. Is. 48. 21. *dispersed.* Ge. 24. 60. Ju. 12. 9. Ps. 127. 3; 128. 3.

18 *rejoice.* Ec. 9. 9. Mal. 2. 14, 15.

19 *as the.* Ca. 2. 9; 4. 5; 7. 3; 8. 14. *satisfy thee. Heb.* water thee. ver. 15. *be thou ravished always with her love. Heb.* err thou always in her love. 2 Sa. 12. 4.

20 *with.* ch. 2. 16-19; 6. 24; 7. 5; 22. 14; 23. 27, 28, 33. 1 Ki. 11. 1.

21 ch. 15. 3. 2 Ch. 16. 9. Job 31. 4; 34. 21. Ps. 11. 4; 17. 3; 139. 1-12. Je. 16. 17; 17. 10; 23. 24; 32. 19. Ho. 7. 2. He. 4. 13. Re. 2. 18, 23.

22 *His.* ch. 1. 18, 31; 11. 3, 5. Ps. 7. 15, 16; 9. 15. Je. 2. 19. Ho. 4. 11-14. Ga. 6. 7, 8. *holden.* Ec. 7. 26. *sins. Heb.* sin. 1 Co. 5. 9, 10. Ga. 5. 19-21. Ep. 5. 5, 6. He. 13. 4.

23 *shall die.* ch. 10. 21; 14. 32. Job 4. 21; 36. 12. *in the.* ch. 14. 14. Ps. 81. 12. 2 Pe. 2. 15-22.

## CHAP. VI.

*Against suretyship,* 1-5; *idleness,* 6-11; *and mischievousness,* 12-15. *Seven things hateful to God,* 16-19. *The blessings of obedience,* 20-24. *The mischiefs of whoredom,* 25-35.

1 *if thou be.* ch. 11. 15; 17. 18; 20. 16; 22. 26; 27. 13. Ge. 43. 9; 44. 32, 33. Job 17. 3. Phile. 18, 19. He. 7. 22. *thou hast.* To *strike,* or join hands, was an ancient form of entering into contracts in all countries and all ages.

2 Ps. 12. 13; 18. 7.

3 *when.* 2 Sa. 24. 14. 2 Ch. 12. 5. Ps. 31. 8. *go.* Ex. 10. 3. 2 Ch. 36. 12. Ja. 4. 10. *and make sure thy friend. or,* so shalt thou prevail with thy friend.

4 ver. 10, 11. Ps. 132. 4. Ec. 9. 10. Mat. 24. 17, 18. Mar. 13. 35, 36.

5 *as a bird.* ch. 1. 17. Ps. 11. 1; 124. 7.

6 *the ant.* The *ant* has been famous in all ages for its *social habits, foresight, economy,* and *industry.* Collecting their food at the proper seasons, they bite off the ends of the grain to prevent it germinating, and lay it up in cells till needed. ch. 1. 17. Job 12. 7, 8. Is. 1. 3. Mat. 6. 26. *thou.* ver. 9; ch. 10. 26; 13. 4; 15. 19; 18. 9; 19. 15, 24; 20. 4; 21. 25; 22. 13; 24. 30-34; 26. 13-16. Mat. 25. 26. Ro. 12. 11. He. 6. 12.

7 Job 38. 39-41; 39. 1-12, 26-30; 41. 4, etc.

8 ch. 30. 25. 1 Ti. 6. 19.

9 *How.* ch. 1. 22; 24. 33, 34. Je. 4. 14. *when.* Ps. 94. 8. Jon. 1. 6. Ro. 13. 11. Ep. 5. 14. 1 Th. 5. 2-7.

10 ver. 6; ch. 23. 33, 34; 24. 33, 34.

11 ch. 10. 4; 13. 4; 20. 4.

12 *naughty.* ch. 11. 6; 17. 4. 1 Sa. 17. 28. Je. 24. 2, 8-10. Ja. 1. 21. *walketh.* ver. 14; ch. 2. 12; 4. 24; 8. 13. Ps. 10. 3, 7; 36. 3; 52. 2-4; 59. 7; 73. 8, 9. Mat. 12. 34. Ac. 20. 30. 1 Ti. 5. 13. Tit. 1. 10, 11. Ja. 3. 6.

13 ch. 5. 6; 10. 10. Job 15. 12. Ps. 35. 19.

14 *Frowardness.* ch. 2. 14; 16. 28-30; 21. 8. *he deviseth.* ver. 18. Ps. 36. 4. Is. 32. 7; 57. 20. Eze. 11. 2. Mi. 2. 1. *soweth. Heb.* casteth forth. ver. 19; ch. 16. 28; 22. 8; 26. 17-22. Ho. 8. 7. Ro. 16. 17. Ga. 6. 7, 8.

15 *shall his.* ch. 1. 27; 29. 1. Ps. 73. 18-20. Is. 30. 13; 1 Th. 5. 3. *he be.* 2 Ch. 36. 16. Ps. 50. 22. Je. 19. 11.

16 *six.* ch. 8. 13; 30. 18, 21, 24, 29. Am. 1. 3, 6, 9, 11; 2. 1, 4, 6. *an.* ch. 3. 32; 11. 1, 20; 15. 8, 9; 17. 15; 20. 10, 23. De. 18. 10-12; 23. 18; 24. 4; 25. 16. Re. 21. 27. *unto him. Heb.* of his soul. Ps. 11. 5.

17 *A proud look. Heb.* Haughty eyes. ch. 30. 13. Ps. 10. 4; 18. 27; 73. 6-8; 101. 5; 131. 1. Is. 2. 11; 3. 9, 16. 1 Pe. 5. 5. *lying.* ch. 12. 22; 14. 5; 26. 28. Ps. 5. 6; 120. 2, 3. Ho. 4. 1, 2. Jno. 8. 44. Re. 22. 15. *and hands.* ch. 1. 11. De. 27. 25. 2 Ki. 24. 4. Is. 1. 15; 59. 3-6.

18 *heart.* ch. 24. 8. Ge. 6. 5. Ps. 36. 4. Je. 4. 14. Mi. 2. 1. Zec. 8. 17. *feet.* ch. 1. 16. Is. 59. 7. Ro. 3. 15.

19 *A false.* Ps. 12. 17; 19. 5, 9; 21. 28; 25. 18. Ex. 20. 16; 23. 1. De. 19. 16-20. 1 Ki. 21. 10-15. Ps. 27. 12; 35. 11. Mat. 15. 19; 26. 59. Ac. 6. 13. *that soweth.* ver. 14; ch. 16. 28; 22. 10; 26. 20. 2 Ti. 2. 23. Ja. 3. 14-16, 18. 3 Jno. 9, 10.

20 ch. 1. 8, 9; 7. 1-4; 23. 22; 30. 11. De. 21. 18; 27. 16. Ep. 6. 1.

21 ch. 3. 3; 4. 6, 21; 7. 3, 4. Ex. 13. 16. De. 6. 8. 2 Co. 3. 3.

22 ch. 2. 11; 3. 23, 24. Ps. 17. 4; 43. 3; 119. 9, 11, 24, 54, 97, 148. Da. 11. 18-21.

23 *the commandment.* Ps. 19. 8; 119. 98-100, 105. Is. 8. 20. 2 Pe. 1. 19. *lamp. or,* candle. Re. 2. 5. *and reproofs.* ch. 5. 12; 15. 31; 29. 15. Le. 19. 17. Ps. 141. 5. *the way.* ch. 3. 18; 4. 4, 13; 15. 24. Je. 21. 8.

24 *keep.* ch. 2. 16; 5. 3; 7. 5. Ec. 7. 26. *of the tongue of a strange woman. or,* of the strange tongue.

25 *Lust.* 2 Sa. 11. 2-5. Mat. 5. 28. Ja. 1. 14, 15. *take.* 2 Ki. 9. 30, marg. Ca. 4. 9. Is. 3. 16.

26 *by.* ch. 5. 10; 29. 3, 8. Lu. 15. 13-15, 30. *a piece.* 1 Sa. 2. 36. *the adulteress. Heb.* the woman of a man, *or,* a man's wife. *hunt.* Ge. 39. 14. Eze. 13. 8.

27 Job 31. 9-12. Ho. 7. 4-7. Ja. 3. 5.

29 *he that.* Ge. 12. 18, 19. Le. 20. 10. 2 Sa. 11. 3, 4; 12. 9, 10; 16. 21. Je. 5. 8, 9. Eze. 22. 11. Mal. 3. 5. *toucheth.* Ge. 20. 4-7; 26. 10, 11. 1 Co. 7. 1.

31 *if.* Ex. 22. 1, 3, 4. 2 Sa. 12. 6. Job 20. 18. Lu. 19. 8. *he shall give.* Mat. 18. 25.

32 *lacketh.* ch. 7. 7. Ge. 39. 9, 10; 41. 39. Ec. 7. 25, 26. Je. 5. 8, 21. Ro. 1. 22-24. *understanding. Heb.* heart. Ho. 4. 11, 12. *destroyeth.* ch. 2. 18, 19; 5. 22, 23; 7. 22, 23; 8. 36; 9. 16-18. Eze. 18. 31. Ho. 13. 9. He. 13. 4.

33 *A wound.* ch. 5. 9-11. Ju. 16. 19-21. Ps. 38. 1-8; 51. 8. *and his.* Ge. 49. 4. 1 Ki. 15. 5. Ne. 13. 26. Ps. 51, title. Mat. 1. 6.

34 ch. 27. 4. Nu. 5. 14; 25. 11. Ju. 19. 29, 30. Ca. 8. 6. 1 Co. 10. 22.

35 *regard. Heb.* accept the face of.

## CHAP. VII.

*Solomon persuades to a sincere and kind familiarity with wisdom,* 1-5. *In an example of his own experience, he shews,* 6-9, *the cunning of a harlot,* 10-21; *and the desperate simplicity of a young wanton,* 22, 23. *He dehorteth from such wickedness,* 24-27.

1 *My son.* ch. 1. 8; 3. 1. *keep.* Lu. 8. 15; 11. 28. Jno. 14. 23; 15. 20. Re. 1. 3; 22. 9. *lay.* ch. 2. 1-7; 10. 14. De. 11. 18. Job 22. 22.

2 *Keep.* ch. 4. 13. Le. 18. 5. Is. 55. 3. Jno. 12. 49, 50; 14. 21; 15. 14. 1 Jno. 2. 3, 4; 5. 1-3. Re. 22. 14. *as the.* As the *pupil of the eye,* the hole or opening of the uveous coat, or iris, through which the rays of light pass, and falling upon the retina, there depict every object in its natural colour, as upon a piece of white paper. Now the pupil of the eye being essentially necessary to sight, and easily injured, it is not only, in common with the other parts, deeply entrenched in the skull, ramparted with the forehead and cheek bones, defended by the eyebrows, eyelids, and eyelashes, and placed so as to be best protected by the hands, but, by a wonderful mechanism, is contracted or dilated by the muscular power of the iris, without which an excess of light would cause instant blindness. De. 32. 10. Ps. 17. 8. Zec. 2. 8.

3 ch. 3. 3; 6. 21. De. 6. 8, 9; 11. 18-20. Is. 30. 8. Je. 17. 1; 31. 33. 2 Co. 3. 3.

4 *Say.* ch. 2. 2-4; 4. 6-8. *Thou.* Job 17. 14. Ca. 8. 1. Mat. 12. 49, 50. Lu. 11. 27, 28.

5 ch. 2. 16; 5. 3; 6. 24.

6 *at the.* Ge. 26. 8. 2 Sa. 6. 16. *casement. Eshnav,* rather a *lattice,* so called from the Arabic *shanaba,* 'to be cool,' because of its use in keeping the apartments *cool.*

7 *the simple.* ch. 1. 4, 22, 32; 8. 5; 14. 15, 18; 19. 25; 22. 3; 27. 12. Ps. 19. 7; 119. 130. Ro. 16. 18, 19. *the youths*

*Heb.* the sons. *void.* ch. 6. 32; 9. 4, 16; 10. 13; 12. 11. 19. 2; 24. 30. Je. 4. 22. Mat. 15. 16.

8 ch. 4. 14, 15; 5. 8. Ju. 16. 1. 2 Sa. 11. 2, 3. 1 Co. 6. 18. 2 Ti. 2. 22. Jude 23.

9 *the twilight.* Ge. 39. 11. Job 24. 13-15. Ro. 13. 12-14. Ep. 5. 11. *evening. Heb.* evening of the day. Ex. 12. 6, marg.

10 *the attire.* Ge. 38. 14, 15. 2 Ki. 9. 22, 30. Is. 3. 16-24; 23. 16. Je. 4. 30. 1 Ti. 2. 9. Re. 17. 3-5. *subtil.* Ge. 3. 1. 2 Co. 11. 2, 3.

11 *loud.* ch. 9. 13; 25. 24; 27. 14, 15; 31. 10-31. *her feet.* Ge. 18. 9. 1 Ti. 5. 13, 14. Tit. 2. 5.

12 ch. 9. 14, 15; 23. 28. Je. 2. 20, 33, 36; 3. 2. Eze. 16. 24, 25, 31. Re. 18. 3, 23.

13 *she.* Ge. 39. 7, 12. Nu. 25. 1, 6-8; 31. 16. Eze. 16. 33. Re. 2. 20. *with an impudent face said. Heb.* she strengthened her face and said. Is. 50. 7. Eze. 2. 4, 6; 3. 7-9.

14 *I have peace offerings with me. Heb.* Peace-offerings *are* upon me. ch. 15. 8; 17. 1; 21. 27. Le. 7. 15. De. 12. 6, 7. *this.* 2 Sa. 15. 7-9. 1 Ki. 21. 9, 10. Jno. 18. 28.

16 *decked.* Ca. 1. 16; 3. 7-10. Re. 2. 22. *fine.* 1 Ki. 10. 28. Is. 19. 9. Eze. 27. 7.

17 *perfumed.* Ca. 3. 6. Is. 57. 7-9. *with.* Ps. 45. 8. Ca. 4. 13, 14.

19 *the good-man.* Mat. 20. 11; 24. 43. Lu. 12. 39. *he.* Mat. 24. 48. Mar. 13. 34-36. Lu. 12. 45, 46.

20 *with him. Heb.* in his hand. *the day appointed. or,* the new moon.

21 *With her.* ver. 5; ch. 5. 3. Ju. 16. 15-17. Ps. 12. 2. *forced.* 1 Sa. 28. 23. 2 Ki. 4. 8. Lu. 14. 23; 24. 29. Ac. 16. 15. 2 Co. 5. 14.

22 *straightway. Heb.* suddenly. *as an.* Ac. 14. 13. *as a.* Dr. Grey, making a slight alteration in the text, renders, 'as a dog to the chain, and as a deer, till a dart strike through his liver;' and Dr. Hunt, 'Or as a hart boundeth into the toils, till a dart strike through his liver.' The LXX., Chaldee, Syriac, and Arabic, concur in this interpretation. The circumstance of the *dart*, as applied to the deer, is beautiful and proper, which otherwise we are at a loss to dispose of; and this creature, of all others, was the most proper to be noticed on this occasion; for the usual representation which the Egyptians made of a man overthrown by flattery and fair speeches was the picture of a heart captivated and ensnared by the sound of music. *the correction.* Job 13. 27. Je. 20. 2. Ac. 16. 24.

23 *a dart.* Nu. 25. 8, 9. *as a bird.* ch. 1. 17. Ec. 9. 12. *knoweth.* ch. 9. 18.

24 *O.* ch. 4. 1; 5. 7; 8. 32, 33. 1 Co. 4. 14, 15. Ga. 4. 19. 1 Jno. 2. 1.

25 *thine.* ch. 4. 14, 15; 5. 8; 6. 25; 23. 31-33. Mat. 5. 28. *go.* ch. 5. 23. Ps. 119. 176. Is. 53. 6.

26 ch. 6. 33. Ju. 16. 21. 2 Sa. 3. 6-8, 27; 12. 9-11. 1 Ki. 11. 1, 2. Ne. 13. 26. 1 Co. 10. 8. 2 Co. 12. 21. 1 Pe. 2. 11.

27 ch. 2. 18, 19; 5. 5; 9. 18. Ec. 7. 26.

## CHAP. VIII.

*The fame,* 1-5, *and evidence of wisdom,* 6-9. *The excellency,* 10, 11, *the nature,* 12-14, *the power,* 15-17, *the riches,* 18-21, *and the eternity of wisdom,* 22-31. *Wisdom is to be desired for the blessedness it brings,* 32-36.

1 ch. 1. 20, 21; 9. 1-3. Is. 49. 1-6; 55. 1-3. Mat. 3. 3; 4. 17; 28. 19, 20. Mar. 13. 10; 16. 15, 16. Lu. 24. 47. Jno. 7. 37. Ac. 1. 8; 22. 21. Ro. 15. 18-21.

3 Mat. 22. 9. Lu. 14. 21-23. Jno. 18. 20. Ac. 5. 20.

4 Ps. 49. 1-3; 50. 1. Mat. 11. 15. Jno. 3. 16. 2 Co. 5. 19, 20. Col. 1. 23, 28. 1 Ti. 2. 4-6. Tit. 2. 11, 12. Re. 22. 17.

5 ch. 1. 22; 9. 4. Ps. 19. 7; 94. 8. Is. 42. 13; 55. 1-3. Ac. 26. 18. 1 Co. 1. 28; 6. 9-11. Re. 3. 17, 18.

6 *for.* ch. 2. 6, 7; 4. 2, 20-22; 22. 20, 21. Ps. 19. 7-11; 49. 3. 1 Co. 2. 6, 7. Col. 1. 26. *the opening.* Job 33. 1-3. Mat. 5. 2, etc.; 7. 28, 29; 13. 35.

7 *my mouth.* Job 36. 4. Jno. 1. 17; 8. 14, 45, 46; 14. 6; 17. 17; 18. 37. Re. 3. 14. *an abomination to. Heb.* the abomination of. ch. 12. 22; 16. 12; 29. 27.

8 *All.* Ps. 12. 6. Is. 45. 23; 63. 1. *there.* ver. 13. Jno. 7. 46. *froward. Heb.* wreathed.

9 ch. 14. 6; 15. 14, 24; 17. 24; 18. 1, 2, 15. Ps. 19. 7, 8; 25. 12-14; 119. 98-100. Is. 35. 8. Mi. 2. 7. Mat. 13. 11, 12. Jno. 6. 45; 7. 17. 1 Co. 2. 14, 15. Ja. 1. 5.

10 ch. 2. 4, 5; 3. 13, 14; 10. 20; 16. 16; 23. 23. Ps. 119. 72, 127, 162. Ec. 7. 11. Ac. 3. 6. 2 Co. 6. 10.

11 *wisdom.* ch. 3. 14; 4. 5-7; 16. 16; 20. 15. Job 28. 15-19. Ps. 19. 10; 119. 127. Mat. 16. 26. Phi. 3. 8, 9.

12 *I wisdom.* Ps. 104. 24. Is. 55. 8, 9. Ro. 11. 33. Ep. 1. 8, 11; 3. 10. Col. 2. 3. *prudence. or,* subtlety. *knowledge.* Ex. 31. 3-6; 35. 30-35; 36. 1-4. 1 Ki. 7. 14. 1 Ch. 28. 12, 19. 2 Ch. 2. 13, 14. Is. 28. 26.

13 *The fear.* ch. 16. 6. Ps. 97. 10; 101. 3; 119. 104, 128. Am. 5. 15. Ro. 12. 9. 1 Th. 5. 22. 2 Ti. 2. 19. *pride.* ch. 6. 16-19. 1 Sa. 2. 3. Ps. 5. 4, 5; 138. 6. Zec. 8. 17. 1 Pe. 5. 5. *the froward.* ch. 4. 24; 6. 12; 10. 31.

14 *Counsel.* Is. 9. 6; 40. 14. Jno. 1. 9. Ro. 11. 33, 34. 1 Co. 1. 24, 30. Col. 2. 3. *sound.* ch. 2. 6, 7. Ro. 1. 22. *I have.* ch. 24. 5. Ec. 7. 19; 9. 16-18.

15 *By.* 1 Sa. 9. 17; 16. 1. 1 Ch. 28. 5. Je. 27. 5-7. Da. 2. 21; 4. 25, 32; 5. 18, etc.; 7. 13, 14. Mat. 28. 18. Ro. 13. 1. Re. 19. 16. *decree.* 1 Ki. 3. 9, 28; 5. 7; 10. 9. Ps. 72. 1-4; 99. 4. Is. 1. 26; 32. 1, 2. Je. 33. 15. Re. 19. 11.

17 *I love.* 1 Sa. 2. 30. Ps. 91. 14. Jno. 14. 21, 23; 16. 27. 1 Jno. 4. 19. *those.* Ec. 12. 1. Is. 45. 19; 55. 6. Mat. 6. 33; 7. 7, 8. Mar. 10. 14. Ja. 1. 5.

18 *Riches and honour.* ch. 3. 16; 4. 7-9. Ja. 2. 5. *durable.* Ps. 39. 6. Ec. 5. 14-16. Mat. 6. 19, 20. Lu. 10. 42; 12. 20, 21, 33; 16. 11, 12. 2 Co. 6. 10. Ep. 3. 8. Phi. 4. 19. 1 Ti. 6. 17-19. Ja. 5. 1-3. Re. 3. 18. *and righteousness.* ch. 11. 4. Mat. 6. 33. Phi. 3. 8, 9.

19 ver. 10; ch. 3. 14. Ec. 7. 12.

20 *lead. or,* walk. ch. 3. 6; 4. 11, 12; 6. 22. Ps. 23. 3; 25. 4, 5; 32. 8. Is. 2. 3; 49. 10; 55. 4. Jno. 10. 3, 27, 28. Re. 7. 17. *in the.* ch. 4. 25-27. De. 5. 32.

21 *to inherit.* ver. 18; ch. 1. 13; 6. 31. Ge. 15. 14. 1 Sa. 2. 8. Mat. 25. 46. Jno. 1. 1, etc. Ro. 8. 17. He. 10. 34. 1 Pe. 1. 4. *fill.* Ps. 16. 11. Ep. 3. 19, 20. Re. 21. 7.

22 ch. 3. 19. Jno. 1. 1, 2. Col. 1. 17.

23 Ge. 1. 26. Ps. 2. 6. Mi. 5. 2. Jno. 17. 24. Ep. 1. 10, 11. 1 Jno. 1. 1, 2.

24 *I was.* Ps. 2. 7. Jno. 1. 14; 3. 16; 5. 20. He. 1. 5. 1 Jno. 4. 9.

25 Job 15. 7, 8; 38. 4-11. Ps. 53. 8; 90. 2; 102. 25-28. He. 1. 10.

26 *as yet.* Ge. 1. 1, etc. *fields. or,* open places. *highest part. or,* chief part.

27 *he prepared.* Ps. 33. 6; 103. 19; 136. 5. Je. 10. 12. Col. 1. 16. He. 1. 2. *compass. or,* circle. Is. 40. 11, 22.

29 *he gave.* Ge. 1. 9, 10. Job 38. 8-11. Ps. 33. 7; 104. 9. Je. 5. 22. *when he appointed.* Job 38. 4-7.

30 *one.* Jno. 1. 1-3, 18; 16. 28. *I was daily.* Is. 42. 1. Mat. 3. 17; 17. 5. Jno. 12. 28. Col. 1. 13.

31 *and my.* Ps. 16. 3; 40. 6-8. Jno. 4. 34; 13. 1. 2 Co. 8. 9.

32 *for.* Ps. 1. 1-4; 119. 1, 2; 128. 1, 2. Lu. 11. 28.

33 *Hear.* ch. 1. 2, 3, 8; 4. 1; 5. 1. Is. 55. 1-3. Ro. 10. 16, 17. *refuse.* ch. 1. 21. Ps. 81. 11, 12. Ac. 7. 35-37. He. 12. 25.

34 *watching.* ch. 1. 21; 2. 3, 4. Ps. 27. 4; 84. 10; 92. 13. Mat. 7. 24. Lu. 1. 6; 10. 39; 11. 28. Jno. 8. 31, 32. Ac. 2. 42; 17. 11, 12. Ja. 1. 22-25.

35 *whoso.* ch. 1. 33; 3. 13-18. Jno. 3. 16, 36; 14. 6. Phi. 3. 8. Col. 3. 3. 1 Jno. 5. 11, 12. *obtain. Heb.* bring forth. *favour.* ch. 12. 2. Ep. 1. 6.

36 *he.* ch. 1. 31; 20. 2. Jno. 3. 19, 20. Ac. 13. 46. He. 2. 3; 10. 29. *all.* ch. 5. 11, 12, 22, 23. Eze. 18. 31; 33. 11. Jno. 15. 23, 24. 1 Co. 16. 22.

## CHAP. IX.

*The discipline,* 1-3, *and doctrine of wisdom,* 4-12. *The custom,* 13-15, *and error of folly,* 16-18.

1 *Wisdom.* The infinite and eternal *Wisdom* of God, which has so framed the universe as to exhibit a scene of grandeur and stability, and made ample provision for the innumerable beings by which it is inhabited. *builded.* Mat. 16. 18. 1 Co. 3. 9-15. Ep. 2. 20-22. 1 Ti. 3. 15. He. 3. 3-6. 1 Pe. 2. 5, 6. *pillars.* 1 Ki. 7. 2, 3, 6, 21. Ga. 2. 9. Re. 3. 12.

2 *killed.* Is. 25. 6. Mat. 22. 3, 4, etc. 1 Co. 5. 7, 8. *beasts. Heb.* killing. Ge. 43. 16. *mingled.* ver. 5; ch. 23. 30. Lu. 14. 17.

3 *sent.* Mat. 22. 3, 4, 9. Lu. 11. 49; 14. 17, 21-23. Ro. 10. 15. 2 Co. 5. 20, 21. *she crieth.* ver. 14; ch. 1. 20-23; 8. 1-3. Jno. 7. 37; 18. 20.

4 ver. 16; ch. 1. 22; 6. 32; 8. 5. Ps. 19. 7; 119. 130. Mat. 11. 25. Re. 3. 17, 18; 22. 17.

5 ver. 2, 17. Ps. 22. 26, 29. Ca. 5. 1. Is. 55. 1-3. Je 31. 12-14. Mat. 26. 26-28. Jno. 6. 27, 49-58.

6 *Forsake.* ch. 4. 14, 15; 13. 20. Ps. 26. 4-6; 45. 10; 119. 115. Ac. 2. 40. 2 Co. 6. 17. Re. 18. 4. *in.* ch. 4. 11; 10. 17. Mat. 7. 13, 14. Lu. 13. 24.

7 ch. 15. 12. Ge. 19. 8, 9. 1 Ki. 18. 17; 21. 20; 22. 24, 27. 2 Ch. 24. 20-22; 25. 15, 16; 36. 16.

8 *Reprove.* ch. 23. 9; 29. 1. Nu. 14. 6-10. 1 Ki. 22. 8. Mat. 7. 6; 15. 14. He. 6. 4-8. *rebuke.* ch. 13. 18; 28. 23. Le. 19. 17. 2 Sa. 12. 7-14. 1 Ki. 1. 23, 32. Ps. 141. 5. Ga. 2. 11-14. 2 Pe. 3. 15, 16.

9 ch. 1. 5; 25. 12. Ho. 6. 3. Mat. 13. 11, 12. 2 Pe. 3. 18. 1 Jno. 2. 20, 21; 5. 13.

10 *The fear.* ch. 1. 7. Job 28. 28. Ps. 111. 10. Ec. 12. 13. *the knowledge.* ch. 2. 5; 30. 3. 1 Ch. 28. 9. Mat. 11. 27. Jno. 17. 3. 1 Jno. 5. 20.

11 ch. 3. 2, 16; 10. 27. De. 6. 2.

12 ch. 16. 26. Job 22. 2, 3, 21; 35. 6, 7. Is. 28. 22. Eze. 18. 20. 2 Pe. 3. 3, 4, 16.

13 ch. 7. 11; 21. 9, 19. 1 Ti. 6. 4, marg.

14 *she.* ch. 7. 10-12. *in.* ver. 3.

15 ch. 7. 13-15, 25-27; 23. 27, 28.

16 ver. 4.

17 *Stolen.* ch. 20. 17; 23. 31, 32. Ge. 3. 6. Ro. 7. 8. Ja. 1. 14, 15. *eaten in secret. Heb.* of secrecies. ch. 7. 18-20; 30. 20. 2 Ki. 5. 24-27. Ep. 5. 12.

18 *he.* ch. 1. 7. Ps. 82. 5. 2 Pe. 3. 5. *the dead.* ch. 2. 18, 19; 5. 5; 6. 26; 7. 27.

## CHAP. X.

*From this chapter to the five and twentieth are sundry observations of moral virtues, and their contrary vices.*

1 *proverbs.* ch. 1. 1; 25. 1. 1 Ki. 4. 32. Ec. 12. 9. *A wise.* ch. 15. 20; 17. 21, 25; 19. 13; 23. 15, 16, 24, 25; 29. 3, 15. Ec. 2. 19.

2 *Treasures.* ch. 11. 4. Ps. 49. 6-10. Is. 10. 2, 3. Zep. 1. 18. Lu. 12. 15-21; 16. 22, 23. Ro. 2. 5. Ja. 5. 1-3. *but.* ch. 12. 28. Da. 4. 27. Ro. 5. 21. Phi. 3. 9.

3 *will.* Job 5. 20. Ps. 10. 14; 33. 19; 34. 9, 10; 37. 3, 19, 25. Is. 33. 16. Mat. 6. 30-33. Lu. 12. 22-24, 31. He. 13. 5, 6. *but.* Job 20. 5-8, 15, 20-22, 28. Hab. 2. 6-8. Zep. 1. 18. *the substance of the wicked. or,* the wicked for *their* wickedness. ch. 14. 32.

4 *becometh.* ch. 6. 6-11; 11. 24; 12. 24; 19. 15, 24; 20. 4, 13; 24. 30-34. Ec. 10. 18. Jno. 6. 27. He. 6. 11, 12. 2 Pe. 1. 5-10. *with a slack hand.* That is, slothfully and negligently. *but.* ch. 13. 4; 21. 5. 1 Co. 15. 58.

5 *gathereth.* ch. 6. 6, 8; 30. 25. Is. 55. 6, 7. *a son.* ch. 12. 4; 17. 2; 19. 26.

6 *Blessings.* ch. 11. 26; 24. 25; 28. 20. De. 28. 2. Job 29. 13. 2 Ti. 1. 16-18. *violence.* ver. 11. Es. 7. 8. Ps. 107. 42. Ro. 3. 19.

7 *memory.* 1 Ki. 11. 36. 2 Ki. 19. 34. 2 Ch. 24. 16. Ps. 112. 6. Mar. 14. 9. Lu. 1. 48. *the name.* Job 18. 17; 27. 23. Ps. 9. 5, 6; 109. 13, 15. Ec. 8. 10. Je. 17. 13.

8 *wise.* ch. 1. 5; 9. 9; 12. 1; 14. 8. Ps. 119. 34. Ja. 3. 13. *but.* ver. 10; ch. 12. 13; 13. 3; 14. 23. *prating fool. Heb.* a fool of lips. Ec. 10. 12. *fall. or,* be beaten. ch. 18. 6, 7.

9 *that walketh.* ch. 28. 18. Ps. 23. 4; 25. 21; 26. 11, 12; 84. 11. Is. 33. 15, 16. Ga. 2. 13, 14. *but.* ch. 17. 20. Lu. 12. 1, 2. 1 Co. 4. 5.

10 *that.* ch. 6. 13. Job 15. 12. Ps. 35. 19. *but.* ver. 8; ch. 18. 6, 7, 21. *fall. or,* be beaten. 3 Jno. 10.

11 *mouth of a.* ver. 20, 21, 32; ch. 13. 14; 15. 7; 16. 22-24; 18. 4; 20. 15. Ps. 37. 30, 31. Ep. 4. 29. *but.* See on ver. 6. Ps. 107. 42. Ec. 10. 12-14. Mat. 12. 34-37. Ja. 3. 5-8.

12 *Hatred.* ch. 15. 18; 16. 27; 28. 25; 29. 22. Ja. 4. 1. *love.* ch. 17. 9. 1 Co. 13. 4. Ja. 5. 20. 1 Pe. 4. 8.

13 *the lips.* ver. 11, 21; ch. 15. 7. 23; 20. 15; 26. 3. Ex. 10. 12. Is. 50. 4. Lu. 4. 22. *a rod.* ver. 10; ch. 7. 22; 17. 10; 26. 3; 27. 22. Ps. 32. 9. *understanding. Heb.* heart. 6. 32, marg.

14 *lay.* ch. 1. 5; 9. 9; 18. 1, 15; 19. 8. Mat. 12. 35; 13. 44, 52. 2 Co. 4. 6, 7. *the mouth.* ver. 8, 10; ch. 13. 3; 18. 7; 21. 23.

15 *rich.* ch. 18. 11. Job 31. 24, 25. Ps. 49. 6; 52. 7. Ec. 7. 12. Je. 9. 23. Mar. 10. 24. Lu. 12. 19. 1 Ti. 6. 17. *the destruction.* ch. 14. 20; 19. 7; 22. 22, 23. Mi. 2. 1, 2.

16 *labour.* ch. 11. 30. Is. 3. 10, 11. Jno. 6. 27. 1 Co. 15. 58. Ga. 6. 7-9. He. 6. 10. *the fruit.* Mat. 7. 17, 18; 12. 33, 34; 15. 19. Ro. 6. 23. 2 Ti. 2. 17, 18; 3. 13.

17 *the way.* ch. 3. 1, 2, 18; 4. 4, 13; 12. 1; 22. 17-19. Mat. 7. 24-27. Lu. 11. 28. He. 2. 1. 2 Pe. 1. 5-11. *he that.* ch. 1. 25, 26, 30; 5. 12; 15. 10; 29. 1. 2 Ch. 25. 16. He. 12. 25. *erreth. or,* causeth to err. Ec. 5. 6.

18 *that hideth.* ch. 26. 24-26. 1 Sa. 18. 21, 22, 29. 2 Sa. 3. 27; 11. 8-15; 13. 23-29; 20. 9, 10. Ps. 5. 9; 12. 2; 55. 21. Lu. 20. 20, 21. *that uttereth.* Ps. 15. 3; 50. 20; 101. 5.

19 *the multitude.* Ec. 5. 3; 10. 13, 14. Ja. 3. 2. *but.* ch. 17. 27, 28. Ps. 39. 1. Ja. 1. 19; 3. 2.

20 *tongue.* ch. 12. 18; 15. 4; 16. 13; 25. 11, 12. Mat. 12. 35. *the heart.* ch. 23. 7. Ge. 6. 5; 8. 21. Je. 17. 9. Mat. 12. 34.

21 *feed.* ch. 12. 18; 15. 4. Job 4. 3, 4; 23. 12; 29. 21, 22. Ps. 37. 30. Ec. 12. 9, 10. Je. 3. 15; 15. 16. Jno. 21. 15-17. 1 Pe. 5. 2. *fools.* ch. 1. 29, 31; 5. 12, 23. Ho. 4. 6. Mat. 13. 19. Jno. 3. 19, 20. Ro. 1. 28. *wisdom. Heb.* heart. ch. 17. 16.

22 *it.* Ge. 12. 2; 13. 2; 14. 23; 24. 35; 26. 12. De. 8. 17, 18. 1 Sa. 2. 7, 8. Ps. 37. 22; 107. 38; 113. 7, 8. *he.* ch. 20. 21; 28. 22. Jos. 6. 18; 7. 1, etc. 1 Ki. 21. 19. 2 Ki. 5. 26, 27. Job. 27. 8, etc. Hab. 2. 6-12. Zec. 5. 4. Ja. 5. 1-5.

23 ch. 14. 9; 15. 21; 26. 18, 19. Ec. 11. 9.

24 *fear.* Job 3. 25; 15. 21. He. 10. 27. *the desire.* Ps. 21. 2; 37. 4; 145. 19. Mat. 5. 6. Jno. 14. 13; 16. 24. 1 Jno. 5. 14, 15.

25 *the whirlwind.* ch. 1. 27. Job 27. 19-21. Ps. 37. 9, 10; 58. 9; 73. 18-20. Is. 40. 24. *an.* ver. 30. Ps. 15. 5. Mat. 7. 24, 25; 16. 18. Ep. 2. 20. 1 Ti. 6. 19. 2 Ti. 2. 19.

26 *vinegar.* ch. 25. 13, 20. *as smoke.* As the acidity of *vinegar* causes unpleasantness and pain to the teeth, and by softening and dissolving the alkali of the bone, impairs their texture, and renders them incapable of mastication; and as *smoke*, by irritating the tender vessels, causes the eyes to smart, and prevents distinct vision; so a sluggish messenger is a continual vexation and loss to those by whom he is employed. Is. 65. 5. *so.* Mat. 25. 26. Ro. 12. 11. He. 6. 12.

27 *fear.* ch. 3. 2, 16; 9. 11. Ps. 21. 4; 34. 11-13; 91. 16. *prolongeth. Heb.* addeth. *the years.* Job 15. 32, 33; 22. 15, 16. Ps. 55. 23. Ec. 7. 17. Je. 17. 11. Lu. 12. 20.

28 *hope.* Ps. 16. 9; 73. 24-26. Ro. 5. 2; 12. 12; 15. 13. 2 Th. 2. 16. *but.* ch. 11. 7; 14. 32. Job 8. 13; 11. 20. Ps. 112. 10. Lu. 16. 23-26.

29 *way.* Ps. 84. 7. Is. 40. 31. Zec. 10. 12. Phi. 4. 13. *but.* ch. 21. 15. Job 31. 3. Ps. 1. 6; 36. 12; 37. 20; 92. 7. Mat. 7. 22, 23. Lu. 13. 26, 27. Ro. 2. 8, 9.

30 *never.* ver. 25. Ps. 16. 8; 37. 22, 28, 29; 112. 6; 125. 1. Ro. 8. 35-39. 2 Pe. 1. 10, 11. *the wicked.* Ps. 37. 9, 10, 22; 52. 5. Eze. 33. 24-26. Mi. 2. 9, 10. Mat. 21. 41.

31 *mouth.* ver. 11, 13, 20, 21. Ps. 37. 30. *the froward.* Ps. 31. 18; 63. 11; 120. 3, 4.

32 *know.* Ec. 12. 10. Da. 4. 27. Tit. 2. 8. *but.* ch. 11. 11; 12. 6, 18; 15. 2, 28; 18. 6-8. *frowardness. Heb.* frowardnesses.

## CHAP. XI.

1 *A false balance is. Heb.* Balances of deceit *are.* ch. 16. 11; 20. 10, 23. Le. 19. 35, 36. De. 25. 13-16. Ho. 12. 7. Am. 8. 5, 6. Mi. 6. 10, 11. *a just weight. Heb.* a perfect stone. ch. 16. 11. Eze. 45. 10-12.

2 *pride.* ch. 3. 34, 35; 16. 18, 19; 18. 12. Da. 4. 30-32. Lu. 14. 8-11; 18. 14. *but.* ch. 15. 33. 1 Co. 8. 1, 2.

3 *The integrity.* ver. 5; ch. 13. 6. Ps. 25. 21; 26. 1. Jno. 7. 17. *the perverseness.* ch. 21. 7; 28. 18. Ec. 7. 17. Is. 1. 28.

4 *Riches.* ch. 10. 2. Job 36. 18, 19. Ps. 49. 6-8. Eze. 7. 19. Zep. 1. 18. Mat. 16. 26. Lu. 12. 20. *but.* ch. 12. 28. Ge. 7. 1. Ro. 5. 17. 1 Ti. 4. 8.

5 *direct. Heb.* rectify. *but.* ver. 3; ch. 1. 31, 32; 5. 22. 2 Sa. 17. 23. Es. 7. 3-10. Ps. 9. 15, 16. Mat. 27. 4, 5.

6 *righteousness.* Ge. 30. 33; 31. 37. 1 Sa. 12. 3, 4. *but.* ch. 5. 22. 1 Ki. 2. 32, 33, 44. Ps. 7. 16. Ec. 10. 8.

7 ch. 10. 28; 14. 32. Ex. 15. 9, 10. Job 8. 13, 14; 11. 20. Ps. 146. 4. Eze. 28. 9. Lu. 12. 19, 20.

8 ch. 21. 18. Es. 7. 9, 10. Is. 43. 3, 4. Da. 6. 23, 24.

9 *An hypocrite.* Or rather, as *chanaiph* properly signifies, a *wicked, profligate person*, an *infidel.* 1 Ki. 13. 18-22; 22. 6, 20-23. Job 8. 13; 34. 30. Ps. 55. 12, 20, 21. Mat. 7. 15; 15. 5-14. Ac. 20. 30. 2 Co. 11. 13-15. 2 Th. 2. 8-10. 1 Ti. 4. 1-3. 2 Pe. 2. 1-3. *through.* ch. 2. 10-16; 4. 5, 6; 6. 23, 24. Mar. 13. 14, 22, 23. Ep. 4. 13, 14. 2 Pe. 3. 16-18. 1 Jno. 2. 21, 27.

10 *it goeth.* ch. 28. 12, 28. Es. 8. 15, 16. *when.* Ex. 15. 21. Ju. 5. 31. Job 27. 23. Ps. 58. 10, 11. Re. 19. 1-7.

11 *the blessing.* ch. 14. 34; 29. 8. Ge. 41. 38-42; 45. 8. 2 Ch. 32. 20-22. Job 22. 30. Ec. 9. 15. *it.* 2 Sa. 20. 1. Es. 3. 8-15; 9. 1-16. Ja. 3. 6.

12 *that.* Ju. 9. 27-29, 38. Ne. 4. 2-4. Ps. 123. 3, 4. Lu. 16. 14; 18. 9. Jno. 7. 48-52. *void of wisdom. Heb.* destitute of heart. *a man.* ch. 10. 19. 1 Sa. 10. 27. 2 Ki. 18. 36. 1 Pe. 2. 23.

13 *A tale bearer. Heb.* He that walketh *being* a talebearer. ch. 20. 19. Le. 19. 16. *revealeth.* ch. 25. 9; 26. 20-22. Ne. 6. 17-19. *he.* ch. 14. 5. Jos. 2. 14, 20. Je. 38. 27.

14 ch. 15. 22; 16. 22; 24. 6. 1 Ki. 12. 1-19. Is. 19. 11-14. Ac. 15. 6, etc.

15 *that is surety.* ch. 6. 1-5; 17. 18; 20. 16; 22. 26, 27.

*smart. Heb.* be sore broken. *suretiship. Heb.* those that strike *hands.*

16 *gracious.* ch. 31. 30, 31. 1 Sa. 25. 32, 33. 2 Sa. 20. 16-22. Es. 9. 25. Mat. 26. 13. Lu. 8. 3; 10. 42; 21. 2-4. Ac. 9. 39; 16. 14, 15. Ro. 16. 2-4, 6. 2 Jno. 1. *and.* Lu. 11. 21, 22.

17 *merciful.* Ps. 41. 1-4; 112. 4-9. Is. 32. 7, 8; 57. 1; 58. 7-12. Da. 4. 27. Mat. 5. 7; 6. 14, 15; 25. 34-40. Lu. 6. 38. 2 Co. 9. 6-14. Phi. 4. 17. *but.* ch. 15. 27. Job 20. 19-23. Ec. 4. 8. Ja. 2. 13; 5. 1-5.

18 *wicked.* ch. 1. 18; 5. 22. Job 27. 13-23. Ec. 10. 8. Is. 59. 5-8. Ep. 4. 22. *but.* ch. 22. 8. Ps. 126. 5, 6. Ho. 10. 12, 13. Ga. 6. 8, 9. Ja. 3. 18.

19 *righteousness.* ver. 4; ch. 10. 16; 12. 28; 19. 23. Ac. 10. 35. 1 Jno. 3. 7, 10. *he.* ch. 1. 16-19; 7. 22, 23; 8. 36. Ro. 2. 8, 9.

20 *of.* ch. 6. 14, 16-19; 8. 13. Ps. 18. 25, 26. *upright.* ch. 9. 7; 15. 8; 16. 17; 21. 29. Ps. 11. 7; 51. 6; 140. 13.

21 *hand.* ch. 16. 5. Ex. 23. 2. *the seed.* ch. 13. 22. Ge. 17. 7, 8. Ps. 37. 26; 112. 1, 2. Is. 27. 4. Je. 32. 39. Ac. 2. 39.

22 *a jewel.* ch. 31. 30. Eze. 16. 15, etc. Na. 3. 4-6. 1 Pe. 3. 3, 4. 2 Pe. 2. 22. *is without. Heb.* departed from. ch. 7. 10; 9. 13.

23 *desire.* Ps. 10. 17; 27. 4; 37. 4; 39. 7, 8; 119. 5, 10. Is. 26. 9. Je. 17. 16. Mat. 5. 6. *expectation.* ver. 7; ch. 10. 28. Ro. 2. 8, 9. He. 10. 27.

24 *that scattereth.* ver. 18; ch. 19. 17; 28. 8. De. 15. 10. Ps. 112. 9. Ec. 11. 1, 2, 6. Lu. 6. 38. Ac. 11. 29, 30. 2 Co. 9. 5-11. *but.* Hag. 1. 6, 9-11; 2. 16-19.

25 *liberal soul. Heb.* soul of blessing. ch. 28. 27. Job 29. 13-18; 31. 16-20. Is. 32. 8; 58. 7-11. Mat. 5. 7; 25. 34, 35.

26 *that withholdeth.* Am. 8. 4-6. *blessing.* Job 29. 13.

27 *diligently. Shochair,* properly, 'rising early to seek' what is greatly desired. *he that seeketh.* ch. 17. 11. Es. 7. 10. Ps. 7. 15, 16; 9. 15, 16; 10. 2; 57. 6.

28 *that.* ch. 10. 15. De. 8. 12-14. Job 31. 24, 25. Ps. 52. 7; 62. 10. Mar. 10. 24. Lu. 12. 20. 1 Ti. 6. 17. *but.* Ps. 1. 3; 52. 8; 92. 12-14. Is. 60. 21. Je. 17. 8.

29 *that.* Ge. 34. 30. Jos. 7. 24, 25. 1 Sa. 25. 3, 17, 38. Hab. 2. 9, 10. *inherit.* Ec. 5. 16. Ho. 8. 7.

30 *fruit.* ch. 3. 18; 15. 4. *and.* Da. 12. 3. Mat. 4. 19. Jno. 4. 36. 1 Co. 9. 19-23. 1 Th. 2. 19. Ja. 5. 20. *winneth. Heb.* taketh. Lu. 5. 9, 10.

31 2 Sa. 7. 14, 15; 12. 9-12. 1 Ki. 13. 24. Je. 25. 29. 1 Co. 11. 30-32. 1 Pe. 4. 17, 18.

CHAP. XII.

1 *loveth.* ch. 2. 10, 11; 8. 17, 32; 18. 1. Ps. 119. 27, 97-100. 2 Th. 2. 10. *he that.* ch. 5. 12, 13; 9. 7, 8. Ps. 32. 9; 92. 6. Is. 1. 3.

2 *good.* ch. 8. 35. Ps. 112. 5. Ec. 8. 8. Ac. 11. 24. Ro. 5. 7. *a man.* ch. 1. 31; 6. 18. Ps. 9. 15. Is. 32. 5-7.

3 *shall not be established.* ch. 10. 25. Job 5. 3-5; 15. 29; 20. 5-9; 27. 16-18. *the root.* ver. 12. Ps. 15. 5; 125. 1, 2. 1 Sa. 25. 33. Ep. 3. 17. Col. 2. 7.

4 *virtuous.* ch. 14. 1; 19. 13, 14; 31. 10-25. 1 Co. 11. 7, 11. *she.* ch. 21. 9, 19; 27. 15, 16. *as.* ch. 14. 30. Hab. 3. 16.

5 *thoughts.* ch. 11. 23; 24. 9. Ps. 119. 15; 139. 23. Is. 55. 7. Je. 4. 14. *counsels.* Ps. 12. 2, 3; 36. 2-4; 41. 6, 7; 140. 1-3. Mat. 2. 3-8, 16; 26. 4. 1 Co. 4. 5. 2 Co. 4. 2.

6 *words.* ch. 1. 11-19. 2 Sa. 17. 1-4. Is. 59. 7. Je. 5. 26. Mi. 7. 1, 2. Ac. 23. 12, 15; 25. 3. *the mouth.* ch. 14. 3. Es. 4. 7-14; 7. 4-6.

7 *wicked.* ch. 11. 21; 14. 11; 15. 25. Es. 9. 6-10, 14. Job 5. 3, 4; 11. 20; 18. 15-20; 27. 18-23. Ps. 37. 10, 35-37; 73. 18, 19. *the house.* ch. 14. 1; 24. 3, 4. 2 Sa. 7. 16, 26. Mat. 7. 24-27.

8 *commended.* Ge. 41. 39. 1 Sa. 16. 18; 18. 30. Ec. 8. 1. Lu. 12. 42-44; 16. 8. 1 Co. 3. 10-15; 4. 5. 2 Co. 10. 18. *he.* ch. 1. 26; 3. 35; 5. 23. 1 Sa. 13. 13; 25. 17. Ps. 132. 18. Da. 12. 2. Mal. 2. 8, 9. Mat. 27. 4, 5. Ac. 12. 23. *of a perverse heart. Heb.* perverse of heart.

9 *He that is,* etc. Or, rather, as in the old translation, 'He that is despised, and is his own servant, is better than he that boasteth himself and wanteth bread;' with which the versions generally agree. That is, it is better to be in lowness and obscurity, and to support one's self by manual labour, than to want the necessaries of life, through a foolish vanity, or the pride of birth, which refuses to labour. *despised.* ch. 13. 7. Lu. 14. 11.

10 *righteous.* Ge. 33. 13, 14. Nu. 22. 28-32. De. 25. 4. Jno. 4. 11. *but.* Ge. 37. 26-28. Ju. 1. 7. 1 Sa. 11. 2. Jno. 19. 31, 32. Ja. 2. 13-16. *tender mercies. or,* bowels. 1 Jno. 3. 17.

11 *tilleth.* ch. 13. 23; 14. 4, 23; 27. 27; 28. 19. Ge. 3. 19. Ps. 128. 2. Ep. 4. 28. 1 Th. 4. 11, 12. 2 Th. 3. 8. *he that followeth.* ch. 1. 10, etc.; 4. 14, 15; 6. 32; 7. 7; 9. 6, 13, 16; 13. 20. Ju. 9. 4. Ps. 26. 4. Jon. 2. 8. Tit. 1. 10, 11.

12 *desireth.* ch. 1. 17-19; 29. 5, 6. Ps. 9. 15; 10. 9. Je. 5. 26-28. Mi. 7. 2. Hab. 1. 15-17. *net. or,* fortress. ch. 10. 15. *the root.* Ps. 1. 3. Is. 27. 6; 37. 31. Je. 17. 7, 8. Lu. 8. 13-15. Jno. 15. 5, 16. Ro. 6. 22.

13 *wicked is snared by the transgression of his lips. Heb.* snare of the wicked *is* in the transgression of lips. ch. 6. 2; 15. 2; 18. 6, 7. 1 Ki. 2. 23. Ps. 5. 6; 64. 8. Da. 6. 24. Mat. 27. 25. *but.* ch. 11. 8. Ge. 48. 16. 2 Sa. 4. 9. Ps. 34. 19. Ec. 7. 18. Ro. 8. 35-37. 2 Pe. 2. 9.

14 *satisfied.* ch. 13. 2; 18. 20, 21. Ps. 63. 5. *and.* Is. 3. 10, 11. Mat. 10. 41, 42; 16. 27. 2 Th. 1. 6, 7. He. 2. 2; 11. 26.

15 *way.* ch. 3. 7; 14. 16; 16. 2, 25; 26. 12, 16; 28. 11; 30. 12. Lu. 18. 11. Ga. 6. 3. *but.* ch. 1. 5; 9. 9; 19. 20. Ec. 4. 13. Je. 38. 15, etc.

16 *fool's.* ch. 25. 28; 29. 11. 1 Sa. 20. 30-34. 1 Ki. 19. 1, 2. *presently. Heb.* in that day. *but.* ch. 10. 12; 16. 22; 17. 9; 29. 11. Ja. 1. 19.

17 *that.* ch. 14. 5, 25. 1 Sa. 22. 14, 15. *but.* ch. 6. 19; 19. 5, 28; 21. 28; 24. 28. Mat. 15. 19; 26. 59. Ac. 6. 13. 1 Pe. 3. 16.

18 *that.* ch. 25. 18. Ps. 52. 2; 57. 4; 59. 7; 64. 3. Ja. 3. 6-8. *like.* Comp. Re. 1. 16. *but.* ch. 10. 20, 21; 13. 17; 15. 7; 16. 24. Da. 11. 33. Re. 22. 2.

19 *lip.* Zec. 1. 4-6. Mat. 24. 35. *but.* ch. 19. 9. Job 20. 5. Ps. 52. 5. Ac. 5. 3-10.

20 *Deceit.* ver. 12; ch. 26. 24-26. Je. 17. 16. Mar. 7. 21, 22; 12. 14-17. Ro. 1. 29. *but.* Is. 9. 6, 7. Zec. 6. 13. Mat. 5. 9. He. 12. 14. 1 Pe. 3. 8-13.

21 *no.* Ro. 8. 28. 1 Co. 3. 22, 23. 2 Co. 4. 17. *filled.* ch. 1. 31; 14. 14. Je. 13. 12-14. Hab. 2. 16. Re. 18. 6.

22 *Lying.* ch. 6. 16, 17. Ps. 5. 6. Is. 9. 15. Eze. 13. 19, 22. Re. 21. 8; 22. 15. *but.* ch. 11. 1, 20; 15. 8. Je. 9. 24.

23 *A prudent.* ch. 10. 19; 11. 13; 13. 16. *but.* ch. 15. 2. Ec. 10. 3, 12-14.

24 *hand.* ch. 10. 4; 13. 4; 17. 2; 22. 29. 1 Ki. 11. 28; 12. 20. *but.* ver. 27; ch. 19. 15; 21. 25, 26; 22. 13; 24. 30-34; 26. 13-16. *slothful. or,* deceitful.

25 *Heaviness.* ch. 14. 10; 15. 13, 15, 23; 17. 22; 18. 14. Ne. 2. 1, 2. Ps. 38. 6; 42. 11. Mar. 14. 33, 34. *but.* ver. 18; ch. 15. 23; 16. 24; 25. 11; 27. 9. Is. 50. 4. Zec. 1. 13. 2 Co. 2. 4-7.

26 *righteous.* ver. 13; ch. 17. 27. Ps. 16. 3. Mat. 5. 46-48. Lu. 6. 32-36. 1 Pe. 2. 18-21. *excellent. or,* abundant. *but.* Ps. 81. 12, 13. Ja. 1. 13, 14. 2 Pe. 2. 18-22. 1 Jno. 2. 26. Re. 12. 9; 13. 14.

27 *slothful.* ch. 13. 4; 23. 2; 26. 15. *but.* ch. 15. 16; 16. 8. Ps. 37. 16.

28 ch. 8. 35; 9. 11; 10. 16; 11. 19. Eze. 18. 9, 20-24. Ro. 5. 21; 6. 22, 23. Tit. 2. 11, 12. 1 Jno. 2. 29; 3. 7. 3 Jno. 11.

CHAP. XIII.

1 *wise.* ch. 4. 1-14, 20-22; 10. 1; 15. 5, 20. *but.* ch 9. 7, 8; 14. 6. 1 Sa. 2. 25. Is. 28. 14, 15.

2 *eat.* ch. 12. 14; 18. 20. *the soul.* ch. 1. 11-13, 18, 31 4. 17; 10. 11. Ps. 75. 8; 140. 11. Je. 25. 27-31. Hab. 2. 8, 17. Re. 16. 6.

3 ch. 10. 19; 12. 13; 21. 23. Ps. 39. 1. Mat. 12. 36, 37. Ja. 1. 26; 3. 2-12.

4 *desireth.* ch. 10. 4; 12. 11, 24; 26. 13. Nu. 23. 10. *but.* ch. 2. 2-9; 8. 34. Jno. 6. 27. He. 6. 11. 2 Pe. 1. 5-11. *made.* ch. 11. 25; 28. 25. Ps. 92. 14. Is. 58. 11.

5 *righteous.* ch. 6. 17; 30. 8. Ps. 119. 163. Ep. 4. 25. Col. 3. 9. *is.* Eze. 6. 9; 20. 43; 36. 31. Zec. 11. 8. *and.* ch. 3. 35. Da. 12. 2. Re. 21. 8.

6 *Righteousness.* ch. 11. 3, 5, 6. Ps. 15. 2; 25. 21; 26. 1. *wickedness.* ch. 5. 22; 21. 12. 2 Ch. 28. 23. Ps. 140. 11. *the sinner. Heb.* sin.

7 *is that maketh himself rich.* ver. 11; ch. 12. 9. Lu. 18. 11-14. 1 Co. 4. 8. 2 Pe. 2. 19. Re. 3. 17. *that maketh himself poor.* Ec. 11. 1, 2. 1 Co. 4. 10, 11. 2 Co. 4. 7. Re. 2. 9.

8 *ransom.* ch. 6. 35. Ex. 21. 30. Job 2. 4. Ps. 49. 6-10. Je. 41. 8. Mat. 16. 26. 1 Pe. 1. 18, 19. *the poor.* 2 Ki. 24. 14; 25. 12. Je. 39. 10. Zep. 3. 12.

9 *light.* ch. 4. 18. 1 Ki. 11. 36. Ps. 97. 11; 112. 4. *lamp. or,* candle. ch. 20. 20; 24. 20. Job 18. 5, 6; 21. 17. Is. 50. 10, 11. Mat. 22. 13; 25. 8.

10 *Only.* ch. 21. 24. Ju. 12. 1-6. 1 Ki. 12. 10, 11, 16. 2 Ki. 14. 10. Lu. 22. 24. 1 Ti. 6. 4. Ja. 3. 14-16; 4. 1, 5, 6. 3 Jno. 9. 10. *with.* ch. 12. 15, 16; 17. 14; 19. 20; 20. 18; 25. 8. Ju. 8. 1-3. Lu. 14. 28-32. Ac. 6. 1-5.

11 *Wealth.* ch. 10. 2; 20. 21; 28. 8. Job 15. 28, 29; 20. 15, 19-22; 27. 16, 17. Ec. 5. 14. Je. 17. 11. Hab. 2. 6, 7. Ja. 5. 1-5. *he.* ver. 22, 23; ch. 20. 21; 27. 23-27. Ps. 128. 2. *by labour. Heb.* with the hand.

12 *Hope.* Ps. 42. 1-3; 69. 3; 119. 81-83; 143. 7. Ca.

5. 8. La. 4. 17. *when.* ver. 19. Ge. 21. 6, 7; 46. 30. 1 Sa. 1. 26-28. Ps. 17. 15; 40. 2, 3. Lu. 2. 29, 30. Jno. 16. 22. *a tree.* ch. 3. 18; 11. 30. Re. 22. 2.

13 *despiseth.* ch. 1. 25, 30, 31. 2 Sa. 12. 9, 10. 2 Ch. 36. 16. Je. 43. 2; 44. 16, 17. Eze. 20. 13, 16, 24. Lu. 16. 31. He. 10. 28, 29. *he.* Ezr. 10. 3. Ps. 115. 13. Is. 66. 2. Mal. 3. 16. *rewarded. Heb.* in peace. Ps. 19. 11; 119. 165. Mat. 5. 12. 2 Jno. 8.

14 *law.* ch. 9. 11; 10. 11; 14. 27; 16. 22. *to.* ch. 15. 24; 16. 6, 17. 2 Sa. 22. 6, 7. Ps. 18. 5; 116. 3.

15 *Good.* ch. 3. 4; 14. 35. 1 Sa. 18. 14-16. Lu. 2. 52. Ac. 7. 10. *but.* ch. 4. 19; 15. 10. Ps. 95. 9-11. Je. 2. 19. Ro. 6. 21.

16 *prudent.* ch. 12. 22, 23; 15. 2; 21. 24. Ps. 112. 5. Is. 52. 13. Mat. 10. 16. Ro. 16. 19. 1 Co. 14. 20. Ep. 5. 17. *a fool.* 1 Sa. 25. 10, 11, 17, 25. Ec. 10. 3. *layeth. Heb.* spreadeth.

17 *wicked.* ch. 10. 26; 26. 6. Je. 23. 13-16, 28. Eze. 3. 18; 33. 7, 8. 2 Co. 2. 17. *but.* ch. 25. 13, 23. 1 Co. 4. 2. 2 Co. 5. 20. 1 Ti. 1. 12. 2 Ti. 2. 2. *a faithful ambassador. Heb.* an ambassador of faithfulness.

18 *Poverty.* ver. 13; ch. 5. 9-14; 12. 1; 15. 5, 31, 32; 19. 16. Je. 5. 3-9. He. 12. 25. *he.* ch. 9. 9; 25. 12. Ps. 141. 5.

19 *The desire.* ver. 12. 1 Ki. 1. 48. Ps. 21. 1, 2. Ca. 3. 4. 2 Ti. 4. 7, 8. Re. 7. 14-17. *it is.* ch. 29. 27. *depart.* ch. 3. 7; 16. 6, 17. Job 28. 28. Ps. 34. 14; 37. 27. 2 Ti. 2. 19.

20 *that.* ch. 2. 20. Ps. 119. 63. Ca. 1. 7, 8. Mal. 3. 16. Ac. 2. 42. He. 10. 24. *but.* ch. 1. 11-19; 2. 12-19; 7. 22, 23, 27; 9. 6. Ge. 13. 12, 13; 14. 12. 1 Ki. 12. 8, 10; 22. 4, 32. 2 Ch. 19. 2. 1 Co. 15. 33, 34. 2 Co. 6. 14-18. Re. 18. 4. *destroyed. Heb.* broken.

21 *pursueth.* Ge. 4. 7. Nu. 32. 23. Ps. 32. 10; 140. 11. Ac. 28. 4. *righteous.* Is. 3. 10, 11. Ro. 2. 7-10.

22 *leaveth.* Ge. 17. 7, 8. Ps. 25. 12, 13; 102. 28; 112. 2; 128. 6. *the wealth.* ch. 28. 8. Job 27. 16, 17. Ec. 2. 26.

23 *food.* ch. 12. 11, 14; 27. 18, 23-27; 28. 19. Ec. 5. 9. *destroyed.* ch. 6. 6-11; 11. 5, 6. Ps. 112. 5. Ec. 8. 5, 6. Je. 8. 7-10.

24 ch. 3. 12; 8. 36; 19. 18; 22. 15; 23. 13, 14; 29. 15, 17. Lu. 14. 26. Jno. 12. 25. He. 12. 6-8.

25 *righteous.* Ps. 34. 10; 37. 3, 16, 18, 19. 1 Ti. 4. 8. He. 13. 5. *the belly.* ch. 6. 11; 24. 34. De. 28. 48; 32. 24. Is. 65. 13, 14. 2 Th. 3. 10.

## CHAP. XIV.

1 *wise.* ch. 24. 3, 4; 31. 10-31. Ru. 4. 11. *the foolish.* ch. 9. 13-15; 19. 13; 21. 9, 19. 1 Ki. 16. 31; 21. 24, 25. 2 Ki. 11. 1.

2 *that walketh.* ch. 16. 17; 28. 6. 1 Ki. 3. 6. Job 1. 1; 28. 28. Ps. 25. 21; 112. 1. Ec. 12. 13. Mal. 2. 5, 6. Ac. 9. 31; 10. 22, 35. *but.* ch. 11. 12. Job 12. 4. Ps. 123. 3, 4. Lu. 10. 16; 16. 14. Ro. 2. 4, 5. 2 Ti. 3. 2, 3.

3 *the mouth.* ch. 18. 6; 21. 24; 22. 8; 28. 25. 1 Sa. 2. 3. Job 5. 21. Ps. 12. 3; 31. 18; 52. 1, 2; 57. 4. Da. 7. 20. Ja. 3. 5, 6. 2 Pe. 2. 18. Re. 13. 5, 6. *but.* ch. 12. 6. Ro. 10. 9, 10. Re. 3. 10; 12. 11.

4 *clean.* Am. 4. 6. *but.* ch. 13. 23. 1 Co. 9. 9-11.

5 ver. 25; ch. 6. 19; 12. 17; 13. 5; 19. 5, 9. Ex. 20. 16; 23. 1. 1 Ki. 21. 13; 22. 12-14.

6 *scorner.* ch. 18. 2; 26. 12. Is. 8. 20. Je. 8. 9. Mat. 6. 22, 23; 11. 25-27. Ro. 1. 21-28; 9. 31, 32. 1 Co. 3. 18, 19; 8. 2. 2 Pe. 3. 3-5. *knowledge.* ch. 8. 9; 17. 24. Ps. 119. 18, 98-100. Mat. 13. 11, 12. Ja. 1. 5.

7 ch. 9. 6; 13. 20; 19. 27. 1 Co. 5. 11. Ep. 5. 11.

8 *wisdom.* ch. 2. 9; 8. 20. Ps. 111. 10; 119. 5, 34, 35, 73; 143. 8. Ep. 5. 17. Col. 1. 9, 10. 2 Ti. 3. 15-17. Ja. 3. 13. *folly.* ch. 11. 18. Je. 13. 20, marg. Lu. 12. 19, 20. Ep. 4. 22. 2 Ti. 3. 13.

9 *Fools.* ch. 1. 22; 10. 23; 26. 18, 19; 30. 20. Job 15. 16; 34. 7-9. Jude 18. *among.* ch. 3. 4; 8. 35; 12. 2; 13. 15. Ro. 14. 17, 18.

10 *heart.* ch. 15. 13; 18. 14. 1 Sa. 1. 10. 2 Ki. 4. 27. Job 6. 2-4; 7. 11; 9. 18; 10. 1. Eze. 3. 14. Mar. 14. 33, 34. Jno. 12. 27. *his,* etc. *Heb.* the bitterness of his soul. Ge. 42. 21. *and.* Ps. 25. 14. Jno. 14. 18, 23. Phi. 4. 7. 1 Pe. 1. 8. Re. 2. 17.

11 *house.* ch. 3. 33; 12. 7; 21. 12. Job 8. 15; 15. 34; 18. 14, 15, 21; 20. 26-28; 21. 28; 27. 13-23. Zec. 5. 4. Mat. 7. 26, 27. *the tabernacle.* ch. 11. 28; 21. 20. Job 8. 6. Ps. 112. 2, 3; 128. 3. Is. 58. 11, 12.

12 ch. 12. 15; 16. 25; 30. 12. Mat. 7. 13, 14. Lu. 13. 24. Ro. 6. 21. Ga. 6. 3. Ep. 5. 6. Ja. 1. 22.

13 ch. 5. 4. Ec. 2. 2, 10, 11; 7. 5, 6; 11. 9. Lu. 16. 25. Ja. 4. 9. Re. 18. 7, 8.

14 *backslider.* ch. 1. 32. Je. 2. 19; 8. 5; 17. 5. Ho. 4. 16. Zep. 1. 6. He. 3. 12. 2 Pe. 2. 20-22. *filled.* ch. 1. 31; 12. 14. Eze. 22. 31. *a good.* ver. 10. Jno. 4. 14. 2 Co. 1. 12. Ga. 6. 4, 8.

15 *simple.* ch. 4. 26 22. 3; 27. 12. Ro. 16. 18, 19. Ep. 4. 14; 5. 17. 1 Jno. 4. 1. *the prudent.* See on ver. 8. Am. 5. 13. Ac. 13. 7.

16 *feareth.* ch. 3. 7; 16. 6, 17; 22. 3. Ge. 39. 9; 42. 18. Ne. 5. 15. Job 31. 21-23. Ps. 119. 120. 1 Th. 5. 22. *the fool.* ch. 7. 22; 28. 14; 29. 9. 1 Ki. 19. 2; 20. 10, 11, 18. Ec. 10. 13. Mar. 6. 17-19, 24, 25. Jno. 9. 40.

17 *that.* ver. 29; ch. 12. 16; 15. 18; 16. 32; 22. 24; 29. 22. Ec. 7. 9. Ja. 1. 19. *a man.* ch. 6. 18; 12. 2. Es. 3. 6; 7. 5, 6. Is. 32. 7. Je. 5. 26-29.

18 *inherit.* ch. 3. 35; 11. 29. Je. 16. 19; 44. 17. Mat. 23. 29-32. 1 Pe. 1. 18. *the prudent.* ch. 4. 7-9; 11. 30. Da. 12. 3. 2 Ti. 4. 8. 1 Pe. 5. 4.

19 Ge. 42. 6; 43. 28. Ex. 8. 8; 9. 27, 28; 11. 8. 2 Ki. 3. 12. Es. 7. 7, 8. Ps. 49. 14. Is. 60. 14. Mi. 7. 9, 10, 16, 17. Mal. 4. 3. Ac. 16. 39. Re. 3. 9.

20 *poor.* ch. 10. 15; 19. 7. Job 6. 21-23; 19. 13, 14; 30. 10. *but.* ch. 19. 4, 6. Es. 3. 2; 5. 10, 11. *the rich hath many friends. Heb.* many *are* the lovers of the rich.

21 *that despiseth.* ch. 11. 12; 17. 5; 18. 3. Job 31. 13-15. 36. 5, 6. Ps. 22. 24. Lu. 18. 9. Ja. 2. 5, 6, 14-16. *he that hath.* ver. 31; ch. 11. 24, 25; 19. 17; 28. 27. Ps. 41. 1, 2; 112. 5-9. Ec. 11. 1, 2. Is. 58. 7-12. Da. 4. 27. Mat. 25. 34, etc. Lu. 6. 30-36. Ac. 20. 35. He. 6. 12. 1 Jno. 3. 17-22.

22 *err.* ver. 17; ch. 12. 2. Is. 32. 7, 8. *but.* Ge. 24. 27. Ps. 25. 10; 61. 7. Mat. 5. 7. Jno. 1. 17. *devise.* ch. 19. 22. 2 Ch. 6. 8.

23 *all.* ch. 12. 24; 28. 19. Jno. 6. 27. He. 6. 10, 11. *but.* ch. 10. 10. Ec. 5. 3. 2 Th. 3. 10-12. 1 Ti. 5. 13.

24 *crown.* Ps. 112. 9. Ec. 7. 11, 12. Is. 33. 6. Lu. 16. 9. *foolishness.* ch. 27. 22. Ps. 49. 10-13. Lu. 12. 19, 20; 16. 19-25.

25 ver. 5. Ac. 20. 21, 26, 27; 26. 16-20. 1 Ti. 4. 1-3. 2 Pe. 3. 3.

26 *fear.* ch. 3. 7, 8, 25, 26; 19. 23. Ge. 31. 42. Ps. 34. 7-11; 112. 1, 6-8; 115. 13, 14. Ec. 7. 18. Mal. 3. 16-18; 4. 2. Ac. 9. 31. *his.* ch. 18. 10. Is. 26. 20, 21. Je. 15. 11; 32. 39, 40.

27 *a fountain.* ch. 13. 14. Is. 33. 6. Re. 21. 6. *to.* ch. 2. 10-18; 22. 5. Ps. 18. 5. Ec. 7. 26.

28 Ex. 1. 12, 22. 1 Ki. 4. 20, 21; 20. 27. 2 Ki. 10. 32, 33; 13. 7.

29 *slow.* See on ver. 17; ch. 15. 18; 16. 32. Nu. 12. 3. Mat. 11. 29. 1 Co. 13. 4, 5. Ja. 1. 19; 3. 17, 18. *but.* ch. 22. 24, 25; 25. 8, 28. Ec. 7. 9. Da. 3. 19, etc. Mat. 2. 16. *hasty. Heb.* short. *exalteth.* ch. 4. 8. Ec. 10. 6.

30 *sound.* ch. 4. 23. Ps. 119. 80. 2 Ti. 1. 7. *envy.* Job 5. 2. Ps. 112. 10. Ac. 7. 9. Ro. 1. 29. Ja. 4. 5. *rottenness.* ch. 3. 8; 12. 4; 17. 22.

31 *that oppresseth.* ch. 17. 5; 22. 2, 16, 22, 23. Job 31. 13-16. Ps. 12. 5. Ec. 5. 8. Mat. 25. 40-46. *but.* ver. 21; ch. 19. 17. Mat. 25. 40. Jno. 12. 8. 2 Co. 8. 7-9. 1 Jno. 3. 17-21; 4. 21.

32 *driven.* Job 18. 18; 27. 20-22. Ps. 58. 9. Da. 5. 26-30. Jno. 8. 21, 24. Ro. 9. 22. 1 Th. 5. 3. *the righteous.* Ge. 49. 18. Job 13. 15; 19. 25-27. Ps. 23. 4; 37. 37. Lu. 2. 29. 1 Co. 15. 55-58. 2 Co. 1. 9; 5. 8. Phi. 1. 21, 23. 2 Ti. 4. 18. Re. 14. 13.

33 ch. 12. 16, 23; 13. 16; 15. 2, 28; 29. 11. Ec. 10. 3.

34 *Righteousness.* De. 4. 6-8; 28. 1-14. Ju. 2. 6-14. Je. 2. 2, etc. Ho. 13. 1. *but.* De. 28. 15, etc.; 29. 18-28. Ps. 107. 34. Eze. ch. 16; 22; 23. *any people. Heb.* nations.

35 *king's.* ch. 19. 12, 13; 20. 8, 26; 22. 11; 25. 5; 29. 12. Ps. 101. 4-8. Mat. 24. 45-51. Lu. 12. 42-48. *him.* ch. 10. 5; 17. 2; 19. 26.

## CHAP. XV.

1 *soft.* ch. 25. 15. Ju. 8. 1-3. 1 Sa. 25. 21-33. *grievous.* ver. 18; ch. 10. 12; 28. 25; 29. 22. Ju. 12. 3-6. 1 Sa. 25. 10, 11, 21, 22. 2 Sa. 19. 43. 1 Ki. 12. 13-16.

2 *tongue.* ver. 23, 28; ch. 12. 23; 13. 16; 16. 23; 25. 11, 12. Ps. 45. 1. Ec. 10. 12, 13. Is. 50. 4. *poureth. Heb.* belcheth, *or,* bubbleth. Pr. 59. 7.

3 ch. 5. 21. 2 Ch. 16. 9. Job 34. 21, 22. Je. 16. 17; 23. 24; 32. 19. He. 4. 13.

4 *A wholesome. Heb.* The healing of the. ch. 12. 18; 16. 24. Mal. 4. 2. *a tree.* ch. 3. 18. Ge. 3. 22-24. 1 Ti. 6. 3. Re. 2. 7. *a breach.* ch. 18. 8, 14; 26. 22. Ps. 52. 2-4; 109. 22.

5 *fool.* ch. 10. 1; 13. 1, 18. 1 Sa. 2. 23-25. 2 Sa. 15. 1-6. 1 Ch. 22. 11-13; 28. 9, 20. *but.* ver. 31, 32; ch. 1. 23; 6. 23; 19. 20; 25. 12. Ps. 141. 5. Tit. 1. 13; 2. 15.

6 *the house.* ver. 16; ch. 8. 21; 13. 22; 21. 20. Ps. 112. 3. He. 11. 26. *in the revenues.* ch. 10. 22; 16. 8. Job 20. 19-23. Ps. 37. 16. Ec. 4. 6; 5. 10-14. Ja. 5. 1-3.

7 *lips.* Ps. 37. 30; 45. 2; 51. 13-15; 71. 15-18; 78. 2-6; 119. 13. Ec. 12. 9, 10. Ca. 4. 11. Mat. 10. 27; 28. 18-20. Mar. 16. 15. Ac. 18. 9, 10. Ro. 10. 14-17; 15. 18-21. Ep. 4. 29. 2 Ti. 2. 2. *the heart.* ch. 10. 20, 21. Mat. 12. 34. Ja. 3. 6.

8 *sacrifice.* ch. 21. 27; 28. 9. Is. 1. 10-15; 61. 8; 66. 3. Je. 6. 20; 7. 21-23. Am. 5. 21, 22. Jno. 4. 24. *the prayer.* ver. 29. 1 Ch. 29. 17. Ps. 17. 1. Ca. 2. 14.

9 *The way.* ch. 4. 19; 21. 4, 8. Ps. 1. 6; 146. 8, 9. Mat. 7. 13. *an.* Je. 44. 4. Hab. 1. 13. *he loveth.* ch. 21. 21. Is. 26. 7; 51. 1, 7. Ho. 6. 3. 1 Ti. 6. 11. 2 Ti. 2. 22.

10 *Correction. or,* Instruction. *grievous.* ch. 12. 1; 13. 1; 23. 35. 1 Ki. 18. 17; 21. 20; 22. 8. Jno. 3. 20; 7. 7. *and he.* ch. 1. 30; 5. 12; 10. 17. Is. 1. 5, 6. Eze. 24. 13, 14.

11 *Hell.* ch. 27. 20. Job 26. 6. Ps. 139. 8. Re. 1. 18. *the hearts.* 2 Ch. 6. 30. Ps. 7. 9; 44. 21. Je. 17. 10. Jno. 2. 24, 25; 21. 17. Ac. 1. 24. He. 4. 13. Re. 2. 23.

12 *scorner.* ver. 10; ch. 9. 7, 8. Am. 5. 10. Jno. 3. 18-21; 7. 7. 2 Ti. 4. 3. *neither.* 2 Ch. 18. 7. Job 21. 14.

13 *merry.* ver. 15; ch. 17. 22. 2 Co. 1. 12. *by.* ch. 12. 25; 18. 14. Ne. 2. 2. Jno. 14. 1. 2 Co. 2. 7; 7. 10.

14 *heart.* ch. 1. 5; 9. 9. 1 Ki. 3. 6-12. Ps. 119. 97, 100. Ac. 17. 11. 2 Pe. 3. 18. *the mouth.* ch. 12. 23. Is. 30. 10; 44. 20. Ho. 12. 1.

15 *All.* Ge. 37. 35; 47. 9. Ps. 90. 7-9. *but.* ch. 16. 22; 17. 22. Ac. 16. 25. Ro. 5. 2, 3, 11; 12. 12. 2 Co. 1. 5, 12; 6. 10. 1 Pe. 1. 6-8; 4. 13.

16 *little.* ch. 16. 8; 28. 6. Ps. 37. 16. 1 Ti. 6. 6. *great.* ch. 10. 22. Ec. 2. 10, 11, 18-23; 5. 10-12.

17 ch. 17. 1; 21. 19. Ps. 133. Phi. 2. 1. 1 Jno. 4. 16.

18 *wrathful.* ch. 10. 12; 26. 21; 28. 25; 29. 22. 2 Sa. 19. 43; 20. 1. Ja. 3. 14-16. *he.* ver. 1; ch. 25. 15. Ge. 13. 8, 9. Ju. 8. 1-3. 1 Sa. 25. 24, etc. Ec. 10. 4. Mat. 5. 9. Ac. 6. 1-5. Ja. 1. 19, 20.

19 *way of the slothful.* ch. 22. 5, 13; 26. 13. Nu. 14. 1-3, 7-9. *the way of the righteous.* ch. 3. 6; 8. 9. Ps. 5. 8; 25. 8, 9, 12; 27. 11. Is. 30. 21; 35. 8. *made plain. Heb.* raised up as a causey. Is. 57. 14.

20 *wise.* ch. 10. 1; 23. 15, 16; 29. 3. 1 Ki. 1. 48; 2. 9; 5. 7. Phi. 2. 22. *despiseth.* ch. 23. 22; 30. 17. Ex. 20. 12. Le. 19. 3.

21 *joy.* ch. 10. 23; 14. 9; 26. 18, 19. *destitute of wisdom. Heb.* void of heart. ch. 11. 12, marg. *a man.* ch. 14. 16. Job 28. 28. Ps. 111. 10. Ep. 5. 15. Ja. 3. 13.

22 ch. 11. 14; 20. 18. Ec. 8. 6.

23 *joy.* ch. 12. 14; 16. 13; 24. 26; 25. 11, 12. Ep. 4. 29. *in due season. Heb.* in his season. Ec. 3. 1. Is. 50. 4. *how.* 1 Sa. 25. 32, 33.

24 *way.* ch. 6. 23. Ps. 16. 11; 139. 24. Je. 21. 8. Mat. 7. 14. Jno. 14. 6. *above.* Phi. 3. 20. Col. 3. 1, 2. *that.* ch. 2. 18; 5. 5; 7. 27; 9. 8; 23. 14.

25 *destroy.* ch. 12. 7; 14. 11. Job 40. 11-13. Ps. 52. 1, 5; 138. 6. Is. 2. 12. Da. 5. 20. 1 Pe. 5. 5. *but.* De. 10. 17, 18. Ps. 68. 5, 6; 146. 9. Ja. 1. 27.

26 *thoughts.* ch. 6. 16-19; 24. 9. Je. 4. 14. Mat. 15. 19. *but.* ver. 23. Ps. 19. 14; 37. 30, 31; 45. 1. Mat. 12. 34-37. *pleasant words. Heb.* words of pleasantness.

27 *He that is.* ch. 1. 19; 11. 19, 29; 20. 21. De. 7. 26. Jos. 6. 18; 7. 11, 12, 24, 25. 1 Sa. 8. 3-5. 2 Ki. 5. 27. Is. 5. 8-10. Je. 17. 11. Hab. 2. 9-11. Zec. 5. 3, 4. *but.* ch. 28. 16; 29. 4. Ex. 18. 21; 23. 8. De. 16. 19. Is. 33. 15, 16.

28 *heart.* ver. 2; ch. 16. 23. 1 Ki. 3. 23-28. Ec. 5. 2, 6. 1 Pe. 3. 15. *the mouth.* ch. 10. 19; 13. 16; 29. 11, 20. Ec. 10. 12-14. Mat. 12. 34. Tit. 1. 10, 11. Ja. 3. 6-8. 2 Pe. 2. 18.

29 *far.* Ps. 10. 1; 34. 16; 73. 27; 138. 6. Mat. 25. 46. Ep. 2. 12, 13. *he heareth.* ver. 8. Ps. 34. 15-17; 66. 18, 19; 145. 18, 19. Is. 58. 8, 9. Jno. 9. 31. Ro. 8. 26, 27. Ja. 5. 16-18. 1 Pe. 3. 12.

30 *light.* ch. 13. 9. Ezr. 9. 8. Ec. 11. 7. Re. 21. 23; 22. 5. *a good.* ch. 17. 22; 25. 25. Ps. 89. 15. Lu. 2. 10-19. *the bones.* ch. 3. 8. Is. 58. 11.

31 *ear.* ver. 5; ch. 1. 23; 9. 8, 9; 13. 20; 19. 20; 25. 12. Is. 55. 3. *abideth.* Jno. 15. 3, 4. 1 Jno. 2. 19.

32 *refuseth.* ch. 1. 24, etc.; 5. 11, 12; 8. 33-36. Ps. 50. 17. He. 12. 25. *instruction. or,* correction. ch. 29. 1. Is. 1. 5. Je. 5. 3. Eze. 24. 13, 14. *heareth. or,* obeyeth. ch. 5. 13. De. 21. 18, 20. Mat. 7. 24-27. Ja. 1. 22. Re. 3. 19. *getteth understanding. Heb.* possesseth an heart. ver. 14, 21, marg. ch. 17. 16; 18. 15

33 *fear.* ch. 1. 7; 8. 13. Job 28. 28. Ps. 34. 11; 111. 10. *and.* ch. 18. 12; 25. 6, 7; 29. 23. Lu. 14. 11. Phi. 2. 5-11. Ja. 4. 10. 1 Pe. 5. 5.

## CHAP. XVI.

1 *preparations. or,* disposings. ver. 9; ch. 19. 21; 20. 24; 21. 1. 2 Ch. 18. 31. Ezr. 7. 27. Ne. 1. 11. Ps. 10. 17; 119. 36. Je. 10. 23; 32. 39, 40. Eze. 36. 26, 27. 2 Co. 8. 16. Phi. 2. 13. Ja. 1. 16-18. *and.* Ex. 4. 11, 12, 15. Je. 1. 7-9. Mat. 10. 19, 20. Lu. 12. 11, 12; 21. 14, 15.

2 *the ways.* ver. 25; ch. 21. 2; 30. 12. 1 Sa. 15. 13, 14. Ps. 36. 2. Je. 2. 22, 23. Lu. 18. 9-11. Ro. 7. 7-9. *but.* ch. 5. 21; 24. 12. 1 Sa. 16. 7. Isa. 26. 7. Je. 17. 10. Da. 5. 27. Lu. 16. 15. Re. 2. 18, 23

3 *Commit. Heb.* Roll. *thy works.* Job 5. 8. Ps. 37. 4, 5; 55. 22. Mat. 6. 25, etc. Lu. 12. 22. Phi. 4. 6. 1 Pe. 5. 7. *thy thoughts.* Job 22. 28. Is. 7. 5-7.

4 *Lord.* Is. 43. 7, 21. Ro. 11. 36. Re. 4. 11. *yea.* Job 21. 30. Ro. 9. 22. 1 Pe. 2. 8. 2 Pe. 2. 3, 9.

5 *that.* ch. 6. 16, 17; 8. 13. Job 40. 12. Ja. 4. 6. *though.* ch. 11. 21. *unpunished. Heb.* held innocent. Ex. 20. 7. Is. 3. 11. Ro. 2. 8, 9.

6 *mercy.* ch. 20. 28. Ps. 85. 10. Da. 4. 27. Mi. 7. 18-20. Lu. 11. 41. Jno. 15. 2. Ac. 15. 9. 1 Pe. 1. 22. *by the.* ch. 8. 13; 14. 16, 27. Ge. 20. 11. Ne. 5. 9, 15. Job 1. 1-8; 28. 28. 2 Co. 7. 1. Ep. 5. 21.

7 *please.* Ps. 69. 31. Ro. 8. 31. Phi. 4. 18. Col. 1. 10; 3. 20. He. 13. 21. 1 Jno. 3. 22. *he.* Ge. 27. 41; 32. 6, 7, 28; 33. 4. Je. 15. 11. Ac. 9. 1, 2, 19, 20.

8 *is.* ch. 15. 16. Ps. 37. 16. 1 Ti. 6. 6-9. *great.* ch. 21. 6, 7. Je. 17. 11. Mi. 6. 10.

9 ver. 1; ch. 19. 21; 20. 24; 21. 30. Ps. 37. 23. Is. 46. 10. Je. 10. 23.

10 *A divine sentence. Heb.* Divination. ver. 12, 13. Ge. 44. 5, 15. De. 17. 18-20. 2 Sa. 23. 3, 4. Ps. 45. 6, 7; 72. 1-4; 99. 4. Is. 32. 1, 2. Je. 23. 5, 6. *transgresseth.* Ho. 10. 4. Am. 5. 7; 6. 12.

11 *just.* ch. 11. 1; 20. 10, 23. Le. 19. 35, 36. De. 25. 13-15. Eze. 45. 10. Ho. 12. 7. Am. 8. 5. Mi. 6. 11. *weights. Heb.* stones.

12 *an.* ch. 28. 9. De. 25. 16. Lu. 12. 48. *for.* ch. 20. 18; 25. 5; 29. 14. Ps. 99. 4. Re. 19. 11.

13 ch. 14. 35; 22. 11. Ps. 101. 5-7.

14 *wrath.* ch. 19. 12; 20. 2. Da. 3. 13, etc. Lu. 12. 4, 5. *messengers.* ch. 17. 11. 2 Ki. 6. 31-33. Mar. 6. 27. *but.* Ec. 10. 4. Ac. 12. 20. 2 Co. 5. 20.

15 *the light.* ch. 19. 12. Job 29. 23, 24. Ps. 4. 6; 21. 6. Ac. 2. 28. *his.* Job 29. 23. Ps. 30. 5; 72. 6. Ho. 6. 3. Zec. 10. 1.

16 ch. 3. 15-18; 4. 7; 8. 10, 11, 19. Job 28. 13, etc. Ps. 119. 127. Ec. 7. 12. Mat. 16. 26. Lu. 12. 21.

17 *highway.* ch. 4. 24-27. Is. 35. 8. Ac. 10. 35; 24. 16. Tit. 2. 10-14. *he.* ch. 10. 9; 19. 16. Mat. 24. 13. He. 10. 39. Jude 21, 24. Re. 3. 10.

18 ch. 11. 2; 17. 19; 18. 12; 29. 23. Es. 3. 5; 6. 6; 7. 10. Is. 2. 11, 12; 37. 10-13, 38. Da. 4. 30-37; 5. 22-24. Ob. 3, 4. Mat. 26. 33-35, 74. Ro. 11. 20. 1 Ti. 3. 6.

19 *to be.* Ps. 34. 18; 138. 6. Is. 57. 15. Mat. 5. 3. Lu. 1. 51-53; 18. 13, 14. *than.* Ex. 15. 9. Is. 9. 3; 10. 6, 13-15; 53. 12.

20 *handleth. or,* understandeth. ch. 8. 35; 13. 15; 17. 2; 19. 8; 24. 3-5. Ge. 41. 38-40. Da. 1. 19-21. Mat. 10. 16. *whoso.* ch. 22. 19, 20. 1 Ch. 5. 20. Ps. 2. 12; 34. 8; 125. 1; 146. 5. Is. 26. 3, 4; 30. 18. Je. 17. 7, 8. Da. 3. 28; 6. 23. Ep. 1. 12, 13.

21 *wise.* ver. 23; ch. 10. 8; 23. 15. 1 Ki. 3. 12. Ro. 16. 19. Ja. 3. 17. *the sweetness.* ver. 24; ch. 15. 7; 27. 9. Ps. 45. 2. Ec. 12. 10. Is. 50. 4. Lu. 4. 22. Jno. 7. 46.

22 *a well-spring.* ch. 10. 11; 13. 14; 14. 27; 18. 4. Jno. 5. 24; 6. 63, 68. *the instruction.* ch. 15. 2, 28. Mat. 15. 14; 23. 16-26. Lu. 6. 39, 40.

23 *heart.* ch. 15. 28; 22. 17, 18. Ps. 37. 30, 31; 45. 1. Mat. 12. 34, 35. Col. 3. 16. *teacheth. Heb.* maketh wise.

24 *Pleasant.* ch. 12. 18; 15. 23, 26; 23. 16; 25. 11, 12; 27. 9. De. 32. 2. Ca. 4. 11. Jno. 20. 19-21. *an.* ch. 24. 13, 14. Ps. 19. 10; 119. 103. Je. 15. 16. *health.* ch. 3. 8; 4. 22.

25 ch. 12. 26; 14. 12. Is. 28. 15-19. Jno. 7. 47-49; 9. 40. Ac. 26. 9. 2 Co. 13. 5.

26 *He. Heb.* The soul of him. *laboureth for.* ch. 9. 12; 14. 23. Ec. 6. 7. 1 Th. 4. 11, 12. 2 Th. 3. 8-12. *craveth it of him. Heb.* boweth unto him.

27 *An ungodly man. Heb.* A man of Belial. 1 Sa. 25. 17. 2 Sa. 20. 1. *diggeth.* ch. 2. 4. Ps. 7. 14, 15. Is. 5. 18. Hab. 2. 13. *in.* Ps. 52. 2-4; 57. 4. Ja. 3. 6.

28 *froward.* ch. 6. 14, 19; 15. 18; 18. 8; 26. 20-22; 29. 22; 30. 33. 1 Ti. 6. 3-5. Ja. 3. 14-16. *soweth. Heb.* sendeth forth. *a whisperer.* ch. 17. 9. Ge. 3. 1, etc. 1 Sa. 24. 9. Ro. 1. 29. 2 Co. 12. 20.

29 ch. 1. 10-14; 2. 12-15; 3. 31. 1 Sa. 19. 11, 17; 22. 7-9; 23. 19-21. Ne. 6. 13. 2 Pe. 3. 17.

30 *shutteth.* ch. 6. 12-14; 10. 10. Is. 6. 10. Mat. 13. 15. Jno. 3. 20. *moving.* ver. 27. Mi. 7. 3. Mat. 14. 7, 8; 27. 26-26.

31 *hoary.* ch. 20. 29. Le. 19. 32. Job 32. 6, 7. *if.* Ge. 47. 7-10. 1 Sa. 12. 2-5. 1 Ch. 29. 10, etc. Ec. 4. 13. Lu. 1. 6; 2. 29, etc., 37, 38. Phile. 9.

32 *that is.* ch. 14. 29; 15. 18; 19. 11. Ps. 103. 8. Ep. 5. 1. Ja. 1. 19. *and he.* ver. 19; ch. 25. 28. Ro. 12. 21. Re. 3. 21.

33 Nu. 26. 55, etc. Jos. 7. 14; 18. 5, 10. 1 Sa. 14. 41, 42. Ne. 11. 1. Jon. 1. 7. Ac. 1. 26.

## CHAP. XVII.

1 *a dry.* ch. 15. 17. Ps. 37. 16. *an house.* ch. 7. 14. *sacrifices. or,* good cheer. *with.* ch. 21. 9, 19.

2 *wise.* ch. 11. 29; 14. 35. Ge. 24. 4, etc. Ec. 4. 13. *that.* ch. 10. 5; 19. 26; 29. 15.

3 ch. 27. 21. Ps. 26. 2; 66. 10. Is. 48. 10. Je. 17. 10. Zec. 13. 9. Mal. 3. 2, 3. 1 Pe. 1. 7. Re. 2. 23.

4 ch. 28. 4. 1 Sa. 22. 7-11. 1 Ki. 22. 6, etc. Is. 30. 10. Je. 5. 31. 2 Ti. 4. 3, 4. 1 Jno. 4. 5. Re. 13. 3-8.

5 *mocketh*. ch. 14. 21, 31. Ps. 69. 9. 1 Jno. 3. 17. *and*. ch. 24. 17, 18. Job 31. 29. Je. 17. 16. Ob. 11-13, 16. Ro. 12. 15. *unpunished*. *Heb*. held innocent. ch. 16. 5, marg.

6 *Children's*. Ge. 50. 23. Job 42. 16, 17. Ps. 127. 3-5; 128. 3-6. *and the*. Ex. 3. 14, 15. 1 Ki. 11. 12; 15. 4.

7 *Excellent speech*. *Heb*. A lip of excellency. ch. 26. 7. Ps. 50. 16, 17. Mat. 7. 5. *much*. ch. 16. 10-13; 29. 12. 2 Sa. 23. 3. Job 34. 12. Ps. 101. 3-5. *lying lips*. *Heb*. a lip of lying. ch. 12. 19.

8 *gift*. ver. 23. Ps. 18. 16; 19. 6; 21. 14; 29. 4. Ex. 23. 8. De. 16. 19. *precious stone*. *Heb*. stone of grace. *whithersoever*. Ge. 33. 9-11; 43. 11. 1 Sa. 25. 35. 2 Sa. 16. 1-4. Mi. 7. 3.

9 *that covereth*. ch. 10. 12. Ps. 32. 1. 1 Pe. 4. 8. *seeketh*. *or*, procureth. *but*. ch. 16. 28.

10 *or*, A reproof aweth more a wise man, than to strike a fool an hundred times. ch. 9. 8, 9; 13. 1; 15. 5; 19. 35; 27. 22; 29. 19. Ps. 141. 5. Re. 3. 19.

11 2 Sa. 15. 12; 16. 5-9; 18. 15, 16; 20. 1, 22. 1 Ki. 2. 24, 25, 31, 46. Mat. 21. 41; 22. 7. Lu. 19. 27.

12 *a bear*. ch. 28. 15. 2 Sa. 17. 8. 2 Ki. 2. 24. Ho. 13. 8. *rather*. ch. 27. 3. Mat. 2. 16.

13 1 Sa. 24. 17; 31. 2, 3. 2 Sa. 21. 1, etc. Ps. 35. 12; 38. 20; 55. 12-15; 109. 4-13. Je. 18. 20, 21. Mat. 27. 5, 25. Ro. 12. 17. 1 Th. 5. 15. 1 Pe. 3. 9.

14 *beginning*. ver. 19; ch. 26. 21; 29. 22. Ju. 12. 1-6. 2 Sa. 2. 14-17; 19. 41-43; 20. 1, etc. 2 Ch. 10. 14-16; 13. 17; 25. 17-24; 28. 6. *leave*. ch. 13. 10; 14. 29; 15. 1; 16. 32; 19. 11; 20. 3; 25. 8. Ge. 13. 8, 9. Ju. 8. 1-3. Ec. 7. 8, 9. Mat. 5. 39-41. Ac. 6. 1-5; 15. 2, etc. Ro. 12. 18. 1 Th. 4. 11. 2 Th. 2. 23, 24. Ja. 3. 14-18.

15 *that justifieth*. ch. 24. 23, 24. Ex. 23. 7. 1 Ki. 21. 13. Is. 5. 23; 55. 8, 9. Eze. 22. 27-29. Am. 5. 7, 12; 6. 12. Lu. 23. 18-25. Ro. 4. 5. Ja. 5. 6. *abomination*. ch. 6. 16; 11. 1; 15. 8.

16 *a price*. ch. 1. 22, 23; 8. 4, 5; 9. 4-6. Is. 55. 1-3. Ac. 13. 46. 2 Co. 6. 1. *seeing*. ch. 14. 6; 18. 15; 21. 25, 26. De. 5. 29. Ps. 81. 11-13. Ho. 4. 11. Jno. 3. 20. Ac. 28. 26, 27.

17 ch. 18. 24; 19. 7. Ru. 1. 16. 1 Sa. 18. 3; 19. 2; 20. 17; 23. 16. 2 Sa. 1. 26; 9. 1, etc. Es. 4. 14. Jno. 15. 13, 14. He. 2. 11.

18 *void*. ch. 6. 1-5; 11. 15; 20. 16; 22. 26, 27. *understanding*. *Heb*. heart.

19 *loveth*. ver. 14; ch. 29. 9, 22. 2 Co. 12. 20. Ja. 1. 20; 3. 14-16. *he that*. ch. 16. 18; 18. 12; 24. 27. 1 Sa. 25. 36-38. 2 Sa. 15. 1. 1 Ki. 1. 5. Je. 22. 13-15. Da. 4. 20, 21.

20 *He that hath a froward heart*. *Heb*. The froward of heart. ch. 3. 32; 6. 12-15; 8. 13. Ps. 18. 26. *and he*. ch. 10. 10, 14, 31; 18. 6, 7. Ec. 10. 12. Ja. 3. 6-8.

21 *that*. ver. 25; ch. 10. 1; 15. 20; 19. 13. Ge. 26. 34. 1 Sa. 2. 32-35; 8. 3. 2 Sa. 18. 33. *hath*. ch. 23. 15, 16. 2 Co. 2. 3. Phile. 19, 20. 3 Jno. 4.

22 *merry*. ch. 12. 25; 15. 13; 18. 14. Ec. 9. 7-9. Ro. 5. 2-5. *like a medicine*. *Heb*. to a medicine. *a broken*. Ps. 22. 15; 32. 3, 4; 102. 3-5. 2 Co. 2. 7; 7. 10.

23 ver. 8; ch. 18. 16; 21. 14. Ex. 23. 8. De. 16. 19. 1 Sa. 8. 3; 12. 3. Is. 1. 23. Eze. 22. 12. Mi. 7. 3. Mar. 14. 10, 11.

24 *before*. ch. 14. 6; 15. 14. Ec. 2. 14; 8. 1. Jno. 7. 17. *the eyes*. ch. 23. 5. Ps. 119. 37. Ec. 6. 9. 1 Jno. 2. 16.

25 ch. 10. 1; 15. 20; 19. 13. 2 Sa. 13. 1, etc. Ec. 2. 18, 19.

26 *to punish*. ver. 15; ch. 18. 5. Ge. 18. 25. *to strike*. 2 Sa. 3. 23-25, 39; 16. 7, 8; 19. 7. Job 34. 18, 19. Mi. 5. 1. Jno. 18. 22.

27 *spareth*. ch. 10. 19; 15. 28. Ja. 1. 19; 3. 2. *an excellent spirit*. *or*, a cool spirit. ch. 16. 32. Ec. 9. 17. Ja. 3. 18.

28 ch. 15. 2. Job 13. 5. Ec. 5. 3; 10. 3, 14.

## CHAP. XVIII.

1 *Through*, etc. *or*, He that separateth himself seeketh, according to *his* desire, *and* intermeddleth in every business. Ex. 33. 16. Zec. 7. 3. Ro. 1. 1. 2 Co. 6, 17. Jude 19. *seeketh*. ch. 2. 1-6. Mat. 13. 11, 44. Mar. 4. 11. Ep. 5. 15-17. *intermeddleth*. ch. 14. 10; 17. 14; 20. 3, 19; 24. 21; 26. 17. Is. 26. 8, 9. Je. 15. 17. Mat. 1. 35.

2 *fool*. ch. 1. 7, 22; 17. 16. Ps. 1. 1, 2. Mat. 8. 34. 1 Co. 8. 1. *but*. Nu. 24. 15, 16. 1 Co. 14. 12. Phi. 1. 15. 2 Pe. 2. 15-19.

3 ch. 11. 2; 22. 10; 29. 16. 1 Sa. 20. 30. Ne. 4. 4. Ps. 69. 9, 20; 123. 3, 4. Mat. 27. 39-44. 1 Pe. 4. 4, 14.

4 *words*. ch. 10. 11; 13. 14; 16. 22; 20. 5. Mat. 12. 34. Jno. 4. 14; 7. 38, 39. Col. 3. 16; 4. 6. *the wellspring*. Ps. 78. 2.

5 *not*. ch. 24. 23; 28. 21. Le. 19. 15. De. 1. 16, 17; 16. 19. Job 13. 7, 8; 34. 19. Mat. 22. 16. *to overthrow*. 1 Ki. 21. 9-14. Is. 5. 23; 59. 14. Mi. 7. 3.

6 *fools*. ch. 12. 16; 13. 10; 14. 16; 16. 27, 28; 17. 14; 20. 3; 27. 3. *his*. ch. 14. 3; 19. 19; 22. 24, 25; 25. 24; 29. 9.

7 *his destruction*. ch. 10. 8, 14; 12. 13; 13. 3. Ec. 10. 11-14. *his lips*. ch. 6. 2. Ju. 11. 35. 1 Sa. 14. 24, etc. Mar. 6. 23-28. Ac. 23. 14, etc.

8 *words*. ch. 12. 18; 16. 28; 26. 20-22. Le. 19. 16. Ps. 52. 2; 64. 3, 4. *tale-bearer*. *or*, whisperer. *as wounds*. *or*, like as when men are wounded. *innermost parts*. *Heb*. chambers.

9 *that is slothful*. ch. 10. 4; 23. 20, 21; 24. 30-34. Mat. 25. 26. Ro. 12. 11. He. 6. 12. *is brother*. ch. 28. 24. Job 30. 29. Lu. 15. 13, 14; 16. 1, 2.

10 *name*. Ge. 17. 1. Ex. 3. 13-15; 6. 3; 34. 5-7. Is. 9. 6; 57. 15. Je. 23. 6. Mat. 1. 23. Re. 1. 8. *a strong*. 2 Sa. 22. 3, 51. Ps. 18. 2; 27. 1; 61. 3, 4; 91. 2; 144. 2. Is. 26. 4. *the righteous*. Ge. 32. 11, 28, 29. 1 Sa. 22. 45-47; 30. 6. Ps. 56. 3, 4. *safe*. *Heb*. set aloft. Ps. 91. 14. Hab. 3. 19.

11 ch. 10. 15; 11. 4. De. 32. 31. Job 31. 24, 25. Ps. 49. 6-9; 52. 5-7; 62. 10, 11. Ec. 7. 12. Lu. 12. 19-21.

12 *destruction*. ch. 11. 2; 16. 18; 29. 23. Eze. 16. 49, 50; 28. 2, 9. Da. 5. 23, 24. Ac. 12. 21-23. *and*. ch. 15. 33. Job 42. 6, etc. Is. 6. 5, etc. Da. 9. 20, 23. Lu. 14. 11. 1 Pe. 5. 5.

13 *that*. De. 13. 14. 2 Sa. 16. 4; 19. 24-30. Es. 3. 10, etc.; 8. 5, etc. Job 29. 16. Da. 6. 9, 14. Jno. 7. 51. *answereth a matter*. *Heb*. returneth a word.

14 *spirit*. Job 1. 20, 21; 2. 7-10. Ps. 147. 3. Ro. 5. 3-5; 8. 35-37. 2 Co. 1. 12; 12. 9, 10. Ja. 1. 2. 1 Pe. 1. 6. *but*. ch. 17. 22. Job 6. 4; 7. 14, 15; 10. 15-17. Ps. 30. 9, 10; 32. 3, 4; 38. 2-4; 42. 10, 11; 55. 3, 5; 77. 2, 3; 88. 14-16; 109. 22. Mar. 14. 33, 34. 2 Co. 2. 7.

15 ch. 1. 5; 4. 5, 7; 9. 9; 10. 14; 15. 14; 23. 23. 1 Ki. 3. 9. Ps. 119. 97-104. Lu. 8. 8-10; 10. 39. 2 Ti. 3. 15-17. Ja. 1. 5.

16 ch. 17. 8; 19. 6; 21. 14. Ge. 32. 20; 33. 10; 43. 11. 1 Sa. 25. 27.

17 ver. 13. 2 Sa. 16. 1-3; 19. 24-27. Ac. 24. 5, 6, 12, 13.

18 ch. 16. 33. Jos. 14. 2. 1 Sa. 10. 21, etc.; 14. 42. 1 Ch. 6. 63; 24. 31. Ne. 11. 1.

19 *brother*. ch. 6. 19. Ge. 4. 5-8; 27. 41-45; 32. 6-11; 37. 3-5, 11, 18-27. 2 Sa. 13. 22, 28. 1 Ki. 2. 23-25; 12. 16. 2 Ch. 13. 17. Ac. 15. 39. *than*. ch. 16. 32.

20 ch. 12. 13, 14; 13. 2; 22. 18, 21; 25. 11, 12.

21 *Death*. ver. 4-7; ch. 10. 20, 21, 31; 11. 30. Mat. 12. 35-37. Ro. 10. 14, 15. 2 Co. 2. 16; 11. 15. Ep. 4. 29. Col. 4. 6. Tit. 1. 10, 11. Ja. 3. 6-9. 2 Pe. 2. 18. *and*. ch. 10. 19. Ec. 10. 12-14. Is. 57. 19.

22 *findeth a wife*. ch. 5. 15, etc.; 12. 4; 19. 14; 31. 10, etc. Ge. 24. 67; 29. 20, 21, 28. Ec. 9. 9. Ho. 12. 12. 1 Co. 7. 2. *and*. ch. 3. 4; 8. 35.

23 *poor*. Ru. 2. 7. 1 Sa. 2. 36. 2 Ki. 4. 1, 2. Is. 66. 2. Mat. 5. 3. Ja. 1. 9-11. *rich*. Ge. 42. 7, 30. Ex. 5. 2. 1 Sa. 25. 10, 17. Ja. 2. 3.

24 *that hath*. ch. 17. 17; 27. 9. 1 Sa. 19. 4, 5; 30. 26, etc. 2 Sa. 9. 1, etc.; 16. 17; 17. 27-29; 19. 30-39; 21. 7. 1 Ch. 12. 38-40. Mat. 26. 49, 50. *there*. 2 Sa. 1. 26. Jno. 15. 14, 15.

## CHAP. XIX.

1 *Better*. ver. 22; ch. 12. 26; 15. 16; 16. 8; 28. 6. Ps. 37. 26. Mat. 16. 26. Ja. 2. 5, 6. *perverse*. 1 Sa. 25. 17, 25. Is. 59. 3. Mat. 12. 31-34.

2 *that the*. ch. 10. 21. Ec. 12. 9. Is. 27. 11. Ho. 4. 6. Jno. 16. 3. Ro. 10. 2. Phi. 1. 9. *and*. ch. 1. 16; 14. 29; 21. 5; 25. 8; 28. 22. Job 31. 5. Ec. 7. 9. Is. 28. 16.

3 *foolishness*. Ge. 3. 6-12; 4. 5-14. Nu. 16. 19-41; 17. 12, 13. 1 Sa. 13. 13; 15. 23; 22. 13, etc. 1 Ki. 20. 42, 43. 2 Ki. 3. 9, 10; 6. 33. 2 Ch. 16. 9, 10. Ac. 13. 45, 46. *fretteth*. Ps. 37. 1, 7. Is. 8. 21, 22. Re. 16. 9-11.

4 *maketh*. ver. 6, 7; ch. 14. 20. Lu. 15. 13-15. *the poor*. ch. 10. 15. Job 6. 15-23; 19. 13-17.

5 *false*. ver. 9; ch. 6. 19; 21. 28. Ex. 23. 1. De. 19. 16-21. Ps. 120. 3, 4. Da. 6. 24. *unpunished*. *Heb*. held innocent. De. 5. 11. 1 Ki. 2. 9.

6 *will*. ver. 12; ch. 16. 15; 29. 26. Ge. 42. 6. 2 Sa. 19. 19, etc. Job 29. 24, 25. Ps. 45. 12. Mat. 2. 11. *and*. ch. 17. 8; 18. 16; 21. 14. Ge. 32. 20; 43. 15. Ro. 6. 23. *him that giveth gifts*. *Heb*. a man of gifts.

7 *the brethren*. ver. 4; ch. 14. 20. Ps. 38. 11; 88. 8, 18. Ec. 9. 15, 16. Ja. 2. 6. *he*. ch. 21. 13. Lu. 18. 38-40. *yet*. ch. 18. 23. Ja. 2. 15, 16. 1 Jno. 3. 17, 18.

8 *wisdom*. *Heb*. an heart. ch. 17, 16. Eze. 36. 26. *loveth*. ch. 8. 35, 36. Jno. 12. 25. 1 Pe. 3. 10. *he that keepeth*. ch. 2. 1-9; 3. 18, 21; 4. 4, 6, 21; 16. 20; 22. 18. Ps. 19. 11. Jno. 14. 21.

9 *false*. ver. 5. *and*. Is. 9. 15-17. Je. 23. 25-32; 28. 15-17; 29. 31, 32. Eze. 13. 22. 2 Th. 2. 8-10. 1 Ti. 4. 1, 2. 2 Pe. 2. 1-3. Re. 19. 20; 21. 8; 22. 15.

10 *Delight*. ch. 30. 21, 22. 1 Sa. 25. 36. Es. 3. 15. Is. 5. 11, 12; 22. 12-14. Ho. 7. 3-5; 9. 1. Am. 6. 3-6. Lu. 16. 19, 23. Ja. 4. 9. *much*. 2 Sa. 3. 24, 25, 39. Ec. 10. 5-7. Is. 3. 5.

11 *discretion*. *or*, prudence. *deferreth*. ch. 12. 16; 14. 29; 15. 18; 16. 32; 17. 14. Col. 3. 12, 13. Ja. 1. 19. *and*. ch. 16. 32; 20. 3; 25. 21. Ge. 50. 15-21. Mat. 5. 44, 45; 18. 21, 22. Ro. 12. 18-21. Ep. 4. 32; 5. 1.

12 *king's*. ch. 16. 14, 15; 20. 2; 28. 15. Es. 7. 8. Ec. 8. 4. Da.

2. 12, 13; 3. 19-23; 5. 19; 6. 24. Lu. 12. 4, 5. *his.* 2 Sa. 23. 4. Ps. 72. 6. Ho. 14. 5.

13 *foolish.* ch. 10. 1; 15. 20; 17. 21, 25. 2 Sa. ch. 13-18. Ec. 2. 18, 19. *the contentions.* ch. 21. 9, 19; 25. 24; 27. 15. Job 14. 19.

14 *the inheritance.* ch. 13. 22. De. 21. 16. Jos. 11. 23. 2 Co. 12. 14. *and a.* ch. 3. 6; 18. 22; 31. 10, etc. Ge. 24. 7; 28. 1-4. Ja. 1. 17.

15 *casteth.* ver. 24; ch. 6. 9, 10; 20. 13; 23. 21; 24. 33. Is. 56. 10. Ro. 13. 11, 12. Ep. 5. 14. *and.* ch. 10. 4, 5; 20. 13; 23. 21. 2 Th. 3. 10.

16 *keepeth the.* ch. 3. 1; 29. 18. Ps. 103. 18. Ec. 8. 5; 12. 13. Je. 7. 23. Lu. 10. 28; 11. 28. Jno. 14. 15, 21-23; 15. 10-14. 1 Co. 7. 19. 1 Jno. 2. 3, 4; 3. 22; 5. 3. Re. 22. 14. *keepeth his.* ch. 16. 17; 21. 23; 22. 5. Eze. 33. 5. Mat. 16. 26. *he that despiseth.* ch. 13. 13; 15. 32.

17 *that hath.* ch. 14. 21; 28. 8, 27. 2 Sa. 12. 6. Ec. 11. 1. *lendeth.* ch. 11. 24, 25; 28. 27. De. 15. 7-14. Is. 58. 7-11. Mat. 10. 41, 42; 25. 40. 2 Co. 9. 6-8. Phi. 4. 17. He. 6. 10. *that which he hath given. or,* his deed.

18 *Chasten.* ch. 13. 24; 22. 15; 23. 13, 14; 29. 15, 17. He. 12. 7-10. *for his crying. or,* to his destruction, *or,* to cause him to die.

19 *man.* ch. 22. 24, 25; 25. 28; 29. 22. 2 Sa. 20. 30, 31; 22. 7, etc.; 24. 17, etc.; 26. 21, etc. 2 Sa. 16. 5, 6. *do it again. Heb.* add.

20 *receive.* ch. 1. 8; 2. 1-9; 8. 34, 35. *be.* Nu. 23. 10. De. 8. 16; 32. 29. Ps. 37. 37; 90. 12, 14. Lu. 16. 19-23.

21 *many.* ch. 12. 2. Ge. 37. 19, 20. Es. 9. 25. Ps. 21. 11; 33. 10, 11; 83. 4. Ec. 7. 29. Is. 7. 6, 7. Da. 11. 24, 25. Mat. 26. 4, 5; 27. 63, 64. *nevertheless.* ch. 16. 1, 9; 21. 1, 30. Ge. 45. 4-8; 50. 20. Job 23. 13. Is. 14. 24, 26, 27; 46. 10. Da. 4. 35. Ac. 4. 27, 28; 5. 38, 39. Ep. 1. 11. He. 6. 17, 18. 1 Pe. 2. 8. Jude 4.

22 *desire.* 1 Ch. 29. 2, 3, 17. 2 Ch. 6. 8. Mar. 12. 41-44; 14. 6-8. 2 Co. 8. 2, 3, 12. *and.* ver. 1. Job 6. 15; 17. 5. Ps. 62. 9. Tit. 1. 2.

23 *fear.* ch. 10. 27; 14. 26, 27. Ps. 19. 9; 33. 18, 19; 34. 9-11; 85. 9; 103. 17; 145. 18-20. Mal. 3. 16, 17; 4. 2. Ac. 9. 31. *shall abide.* Ps. 90. 14; 91. 16. Is. 58. 10, 11. Mat. 5. 6. Phi. 4. 11, 12. 1 Ti. 4. 8; 6. 6-9. He. 13. 5, 6. *he shall.* ch. 12. 21. Ro. 8. 28. 2 Ti. 4. 18.

24 ver. 15; ch. 6. 9, 10; 12. 27; 15. 19; 24. 30-34; 26. 13-16. Ps. 74. 11.

25 *Smite.* ch. 21. 11. De. 13. 11; 21. 21. *beware. Heb.* be cunning. *reprove.* ch. 9. 9, 10; 15. 5; 17. 10. Re. 3. 19.

26 *wasteth.* ch. 10. 1; 17. 25; 23. 22-25; 28. 14; 30. 11, 17. De. 21. 18-21. Lu. 15. 12-16, 30. *a son.* ch. 10. 5; 17. 2; 28. 7.

27 ch. 14. 7. De. 13. 1-4. 1 Ki. 22. 22-28. Mat. 7. 15; 16. 6, 12. Mar. 4. 24; 7. 6-14. Jno. 10. 5. 2 Co. 11. 13-15. Ep. 4. 14. 1 Ti. 4. 7; 6. 3-5. 2 Pe. 2. 1, 2. 1 Jno. 4. 1. 2 Jno. 10. Re. 2. 2.

28 *An ungodly witness. Heb.* A witness of Belial. 1 Ki. 21. 10, 13. Ac. 6. 11-13. *scorneth.* Ps. 10. 5, 11. Is. 28. 14-18. Lu. 18. 2-4. *the.* ch. 15. 14. Job 15. 16; 20. 12, 13; 34. 7. Ho. 4. 8.

29 *Judgments.* ch. 3. 34; 9. 12. Is. 28. 22; 29. 20. Ac. 13. 40, 41. 2 Pe. 3. 3-7. *and.* ch. 7. 22; 10. 13; 17. 10; 26. 3. He. 12. 6.

## CHAP. XX.

1 ch. 23. 29-35; 31. 4. Ge. 9. 21-23; 19. 31-36. 1 Sa. 25. 36-38. 2 Sa. 11. 13; 13. 28. 1 Ki. 20. 16-21. Is. 28. 7. Ho. 4. 11; 7. 5. Hab. 2. 15, 16. 1 Co. 6. 10. Ga. 5. 21. Ep. 5. 18.

2 *fear.* ch. 16. 14, 15; 19. 12. Ec. 10. 4. Ho. 11. 10. Am. 3. 8. *sinneth.* ch. 8. 36. 1 Ki. 2. 23.

3 *an.* ch. 14. 29; 16. 32; 17. 14; 19. 11; 25. 8-10. Ep. 1. 6-8; 4. 32; 5. 1. *but.* ch. 14. 17; 18. 6; 21. 24. 2 Ki. 14. 9. Ja. 3. 14; 4. 1.

4 *sluggard.* ch. 10. 4; 19. 15, 24; 26. 13-16. *cold. or,* winter. *therefore.* ch. 6. 10, 11; 19. 15; 24. 34. Mat. 25. 3-10, 24-28. 2 Pe. 1. 5-11.

5 ch. 18. 4. Ps. 64. 6. 1 Co. 2. 11.

6 *proclaim.* ch. 25. 14; 27. 2. Mat. 6. 2. Lu. 18. 8, 11, 28; 22. 33. 2 Co. 12. 11. *goodness. or,* bounty. *but.* Ps. 12. 1. Ec. 7. 28. Je. 5. 1. Mi. 7. 2. Lu. 18. 8. Jno. 1. 47.

7 *just.* ch. 14. 2; 19. 1. Ps. 15. 2; 26. 1, 11. Is. 33. 15. Lu. 1. 6. 2 Co. 1. 12. Ti. 2. 11, 12. 3 Jno. 3, 4. *his children.* ch. 13. 22. Ge. 17. 7. Ps. 37. 26; 112. 2. Je. 32. 39. Ac. 2. 39.

8 ver. 26; ch. 16. 12; 29. 14. 1 Sa. 23. 3, 4. 2 Sa. 23. 4. Ps. 72. 4; 92. 9; 99. 4; 101. 6-8. Is. 32. 1.

9 1 Ki. 8. 46. 2 Ch. 6. 36. Job 14. 4; 15. 14; 25. 4. Ps. 51. 5. Ec. 7. 20. 1 Co. 4. 4. Ja. 3. 2. 1 Jno. 1. 8-10.

10 *Divers weights, and divers measures. Heb.* A stone and a stone, an ephah and an ephah. Da. 25. 13. *both.* ver. 23; ch. 11. 1; 16. 11. Le. 19. 35. De. 25. 13-15. Am. 8. 4-7. Mi. 6. 10, 11. *abomination.* De. 7. 25, 26. Re. 21. 8.

11 ch. 21. 8; 22. 15. Ps. 51. 5; 58. 3. Mat. 7. 16. Lu. 1. 15, 66; 2. 46, 47; 5. 43, 44.

12 Ex. 4. 11. Ps. 94. 9; 119. 18. Mat. 13. 13-16. Ac. 26. 18. Ep. 1. 17, 18.

13 *Love.* ch. 6. 9-11; 10. 4; 12. 11; 13. 4; 19. 15; 24. 30-34. Ro. 12. 11. 2 Th. 3. 10. *open.* Jon. 1. 6. Ro. 13. 11. 1 Co. 15. 34. Ep. 5. 14.

14 *It is naught.* Ec. 1. 10. Ho. 12. 7, 8. 1 Th. 4. 6.

15 *but.* ch. 3. 15; 8. 11; 10. 20, 21; 15. 7, 23; 16. 16, 21, 24; 25. 12. Job 28. 12-19. Ec. 12. 9-11. Ro. 10. 14, 15. Ep. 4. 29.

16 *Take his.* ch. 11. 15; 22. 26, 27; 27. 13. Ex. 22. 26, 27. *a strange.* ch. 2. 16; 5. 3; 7. 5, 10; 23. 27.

17 *deceit. Heb.* lying, *or,* falsehood. ch. 4. 17. *is sweet.* ch. 9. 17, 18. Ge. 3. 6, 7. Job 20. 12-20. Ec. 11. 9. He. 11. 25. *his.* La. 3. 15, 16.

18 *purpose.* ch. 15. 22; 24. 6. *and.* ch. 25. 8. Ju. 1. 1, 2; 9. 29; 20. 7, 18, 23, 26-28. 2 Sa. 2. 26, 27. 2 Ch. 25. 17-23. Lu. 14. 31.

19 *that goeth.* ch. 11. 13; 18. 8; 26. 20-22. Le. 19. 16. *meddle.* ch. 24. 21. *flattereth. or,* enticeth. ch. 16. 29. Ro. 16. 18.

20 *curseth.* ch. 30. 11, 17. Ex. 20. 12; 21. 17. Le. 20. 9. De. 27. 16. Mat. 15. 4. Mar. 7. 10-13. *his.* ch. 13. 9; 24. 20. Job 18. 5, 6, 18. Mat. 22. 13; 25. 8. Jude 13. *lamp. or,* candle. ver. 27.

21 *gotten.* ch. 23. 4; 28. 20, 22. 1 Ti. 6. 9. *but.* ch. 13. 22; 28. 8. Job 27. 16, 17. Hab. 2. 6. Zec. 5. 4. Mal. 2. 2.

22 *I.* ch. 17. 13; 24. 29. De. 32. 35. Ro. 12. 17-19. 1 Th. 5. 15. 1 Pe. 3. 9. *wait.* 2 Sa. 16. 12. Ps. 27. 14; 37. 34. Is. 40. 31. La. 3. 25, 26. 1 Pe. 2. 23; 4. 19.

23 *weights.* See on ver. 10. Eze. 45. 10. *a false balance. Heb.* balances of deceit. Ho. 12. 7. Am. 8. 5.

24 *Man's.* Ps. 37. 23. Je. 10. 23. Da. 5. 23. Ac. 17. 28. *how.* ch. 14. 8; 16. 9. Ps. 25. 4, 12. Is. 10. 6, 7.

25 *a snare.* ch. 18. 7. Le. 5. 15; 22. 10-15; 27. 30. Mal. 3. 8-10. *after.* Le. 27. 9, 10, 31. Nu. 30. 2, etc. Ec. 5. 4-6. Mat. 5. 33.

26 *wise.* ver. 8. 2 Sa. 4. 9-12. Ps. 101. 5-8. *bringeth.* 2 Sa. 12. 31. Is. 28. 27, 28.

27 *spirit.* Ge. 2. 7. Job 32. 8. Ro. 2. 15. 1 Co. 2. 11. 2 Co. 4. 2-6. 1 Jno. 3. 19-21. *candle. or,* lamp. ver. 20. *searching.* ver. 30. He. 4. 12, 13.

28 *Mercy.* ch. 16. 6. See on Ps. 61. 7; 101. 1. *his.* ch. 16. 12; 29. 14. Ps. 21. 7; 26. 1. Is. 16. 5.

29 *glory.* Je. 9. 23, 24. 1 Jno. 2. 14. *the beauty.* See on ch. 16. 31. Le. 19. 32.

30 *cleanseth away evil. Heb. is* a purging medicine against evil. *stripes.* ch. 19. 25; 22. 15. Is. 27. 9. He. 12. 10.

## CHAP. XXI.

1 *The king's.* ch. 16. 1, 9; 20. 24. Ezr. 7. 27, 28. Ne. 1. 11; 2. 4. Ps. 105. 25; 106. 46. Da. 4. 35. Ac. 7. 10. *as.* Ps. 74. 15; 93. 4; 114. 3, 5. Is. 43. 19; 44. 27. Re. 16. 4, 12.

2 *right.* ch. 16. 2, 25; 20. 6; 30. 12. Ps. 36. 2. Lu. 18, 11, 12. Ga. 6. 3. Ja. 1. 22. *the Lord.* ch. 24. 12. 1 Sa. 16. 7. Je. 17. 10. Lu. 16. 15. Jno. 2. 24, 25. Re. 2. 23.

3 ch. 15. 8. 1 Sa. 15. 22. Ps. 50. 8. Is. 1. 11-17. Je. 7. 21-23. Ho. 6. 6. Mi. 6. 6-8. Mar. 12. 33.

4 *An high look. Heb.* Haughtiness of eyes. ch. 6. 17; 8. 13; 30. 13. Ps. 10. 4. Is. 2. 11, 17; 3. 16. Lu. 18. 14. 1 Pe. 5. 5. *and the.* ver. 27; ch. 15. 8. Ro. 14. 23. *plowing of the wicked. or,* light of the wicked.

5 *thoughts.* ch. 10. 4; 13. 4; 27. 23-27. Ep. 4. 28. 1 Th. 4. 11, 12. *of every.* ch. 14. 29; 20. 21; 28. 22.

6 *getting.* ch. 10. 2; 13. 11; 20. 14, 21; 22. 8; 30. 8. Je. 17. 11. 1 Ti. 6. 9, 10. Tit. 1. 11. 2 Pe. 2. 3. *seek.* ch. 8. 36. Eze. 18. 31.

7 *robbery.* ch. 1. 18, 19; 10. 6; 22. 22, 23. Ps. 7. 16; 9. 16. Is. 1. 23, 24. Je. 7. 9-11, 15. Eze. 22. 13, 14. Mi. 3. 9-12. *destroy them. Heb.* saw them, *or,* dwell with them. Zec. 5. 3, 4. *because.* ver. 21. Eze. 18. 18. Ep. 5. 6.

8 *way.* Ge. 6. 5, 6, 12. Job 15. 14-16. Ps. 14. 2, 3. Ec. 7. 29; 9. 3. 1 Co. 3. 3. Ep. 2. 2, 3. Tit. 3. 3. *but.* ch. 15. 26; 30. 12. Da. 12. 10. Mat. 5. 8; 12. 33. Ac. 15. 9. Tit. 1. 15; 2. 14; 3. 5. 1 Pe. 1. 22, 23. 1 Jno. 2. 29; 3. 3.

9 *better.* ver. 19; ch. 12. 4; 19. 13; 25. 24; 27. 15, 16. *brawling woman in a wide house. Heb.* woman of contentions in a house of society. ch. 15. 17; 17. 1.

10 *soul.* ch. 3. 29; 12. 12. Ps. 36. 4; 52. 2, 3. Mar. 7. 21, 22. 1 Co. 10. 6. Ja. 4. 1-5. 1 Jno. 2. 16. *findeth no favour. Heb.* is not favoured. ver. 13. 1 Sa. 25. 8-11. Ps. 112. 5, 9. Is. 32. 6-8. Mi. 3. 2, 3. Ja. 2. 13; 5. 4-6.

11 *the scorner.* ch. 19. 25. Nu. 16. 34. De. 13. 11; 21. 21. Ps. 64. 7-9. Ac. 5. 5, 11-14. 1 Co. 10. 6-11. He. 2. 1-3; 10. 28, 29. Re. 11. 13. *when the wise.* ch. 1. 5; 9. 9; 15. 14; 18. 1, 15.

12 *wisely.* Job 5. 3; 8. 15; 18. 14-21; 21. 28-30; 27. 13-23. Ps. 37. 35, 36; 52. 5; 107. 43. Ho. 14. 9. Hab. 2. 9-12. *overthroweth.* ch. 11. 3-5; 13. 6; 14. 32. Ge. 19. 29. Am. 4. 11. 1 Co. 10. 5. 2 Pe. 2. 4-9; 3. 6, 7.

13 *stoppeth.* Ps. 58. 4. Zec. 7. 11. Ac. 7. 57. *at.* ch. 28. 27. De. 15. 7-11. Ne. 5. 1-5, 13. Is. 1. 15-17; 58. 6-9. Je. 34. 16, 17. Zec. 7. 9-13. Mat. 6. 14; 7. 2; 18. 30-35; 25. 41-46. Ja. 2. 13-16. *cry himself.* See on ch. 1. 28. Ps. 18. 41. Lu. 13. 25.

14 *gift.* ch. 17. 8, 23; 18. 16; 19. 6. Ge. 32. 20; 43. 11. 1 Sa. 25. 35. *in secret.* Mat. 6. 3, 4.

15 *joy.* Job 29. 12-17. Ps. 40. 8; 112. 1; 119. 16, 92. Ec. 3. 12. Is. 64. 5. Jno. 4. 34. Ro. 7. 22. *destruction.* ver. 12; ch. 5. 20; 10. 29. Mat. 7. 23; 13. 41, 42. Lu. 13. 27, 28.

16 *wandereth.* ch. 13. 20. Ps. 125. 5. Zep. 1. 6. Jno. 3. 19, 20. He. 6. 4-6; 10. 26, 27, 38. 2 Pe. 2. 21, 22. 1 Jno. 2. 19. *remain.* ch. 2. 18, 19; 7. 26, 27; 9. 18. Ep. 2. 1. Jude 12.

17 *loveth.* ver. 20; ch. 5. 10, 11; 23. 21. Lu. 15. 13-16; 16. 24, 25. 1 Ti. 5. 6. 2 Ti. 3. 4. *pleasure. Heb.* sport.

18 *wicked.* ch. 11. 8. Is. 43. 3, 4; 53. 4, 5; 55. 8, 9. 1 Pe. 3. 18.

19 *better.* See on ver. 9. Ps. 55. 6, 7; 120. 5, 6. Je. 9. 2. *wilderness. Heb.* land of the desert.

20 *treasure.* ch. 10. 22; 15. 6. Ps. 112. 3. Ec. 5. 19; 7. 11; 10. 19. Mat. 6. 19, 20. Lu. 6. 45. *oil.* Ps. 23. 5. Je. 41. 8. Mat. 25. 3, 4. *but.* Mat. 25. 3, 4, 8. Lu. 15. 14; 16. 1, 19-25.

21 *that.* ch. 15. 9. Is. 51. 1. Ho. 6. 3. Mat. 5. 6. Ro. 14. 19. Phi. 3. 12. 1 Th. 5. 21. 1 Ti. 6. 11. 2 Ti. 2. 22. He. 12. 14. *findeth.* ch. 22. 4. Ro. 2. 7-10. 1 Co. 15. 58. 2 Ti. 4. 7, 8. 1 Pe. 1. 7.

22 2 Sa. 20. 16-22. Ec. 7. 19; 9. 13-18.

23 ch. 10. 19; 12. 13; 13. 3; 17. 27, 28; 18. 21. Ja. 1. 26; 3. 2-13.

24 *haughty.* ch. 6. 17; 16. 18; 18. 12; 19. 29. Es. 3. 5, 6. Ec. 7. 8, 9. Mat. 2. 16. *proud wrath. Heb.* the wrath of pride.

25 ch. 6. 6-11; 12. 24, 27; 13. 4; 15. 19; 19. 24; 20. 4; 22. 13; 24. 30-34; 26. 13, 16. Mat. 25. 26.

26 *coveteth.* Ac. 20. 33-35. 1 Th. 2. 5-9. *the righteous.* Ps. 37. 26; 112. 9. Lu. 6. 30-36. Ac. 20. 35. 2 Co. 8. 7-9; 9. 9-14.

27 *sacrifice.* ch. 15. 8; 28. 9. 1 Sa. 13. 12, 13; 15. 21-23. Ps. 50. 8-13. Is. 1. 11-16; 66. 3. Je. 6. 20; 7. 11, 12. Am. 5. 21, 22. *with a wicked mind. Heb.* in wickedness! Mat. 23. 14.

28 *false witness. Heb.* witness of lies. ch. 6. 19; 19. 5, 9; 25. 18. Ex. 23. 1. De. 19. 16-19. *the man.* ch. 12. 19. Ac. 12. 15. 2 Co. 1. 17-20; 4. 13. Tit. 3. 8.

29 *hardeneth.* ch. 28. 14; 29. 1. Je. 3. 2, 3; 5. 3; 8. 12; 44. 16, 17. *he directeth. or,* he considereth. ch. 11. 5. Ps. 119. 59. Eze. 18. 28. Hag. 1. 5, 7; 2. 15, 18, 19. Lu. 15. 17, 18. 1 Th. 3. 11.

30 ch. 19. 21. Is. 7. 5-7; 8. 9, 10; 14. 27; 46. 10, 11. Je. 9. 23. Jon. 1. 13. Ac. 4. 27, 28; 5. 39. 1 Pe. 2. 8.

31 *horse.* Ps. 20. 7; 33. 17, 18; 147. 10. Ec. 9. 11. Is. 31. 1. *but.* Ps. 3. 3, 8; 68. 20. *safety. or,* victory. Ps. 144. 10, marg.

## CHAP. XXII.

1 *name.* 1 Ki. 1. 47. Ec. 7. 1. Lu. 10. 20. Phi. 4. 3. He. 11. 39. *loving favour rather than. or,* favour is better than, etc. Ac. 7. 10.

2 *rich.* ch. 29. 13. 1 Sa. 2. 7. Ps. 49. 1, 2. Lu. 16. 19, 20. 1 Co. 12. 21. Ja. 2. 2-5. *the Lord.* ch. 14. 31. Job 31. 15; 34. 19.

3 *prudent.* ch. 14. 16; 27. 12. Ex. 9. 20, 21. Is. 26. 20, 21. Mat. 24. 15-18. 1 Th. 5. 2-6. He. 6. 18; 11. 7. *the simple.* ch. 7. 7, 22, 23; 9. 16-18; 29. 1.

4 *By,* etc. *Heb.* The reward of humility, etc. ch. 3. 16; 21. 21. Ps. 34. 9, 10; 112. 1-3. Is. 33. 6; 57. 15. Mat. 6. 33. 1 Ti. 4. 8. Ja. 4. 6, 10.

5 *Thorns.* ch. 13. 15; 15. 19. Jos. 23. 13. Job 18. 8. Ps. 11. 6; 18. 26, 27. *he.* ch. 13. 3; 16. 17; 19. 16. Ps. 91. 1. 1 Jno. 5. 18. Jude 20, 21.

6 *Train up. or,* Catechize. *a child.* Ge. 18. 19. De. 4. 9; 6. 7. Ps. 78. 3-6. Ep. 6. 4. 2 Ti. 3. 15. *the way. Heb.* his way. *when.* 1 Sa. 1. 28; 2. 26; 12. 2, 3.

7 *rich.* ver. 16, 22; ch. 14. 31; 18. 23. Am. 2. 6; 4. 1; 5. 11, 12; 8. 4, 6. Ja. 2. 6; 5. 1, 4. *the borrower.* 2 Ki. 4. 1. Ne. 5. 4, 5. Is. 24. 2. Mat. 18. 25. *lender. Heb.* man that lendeth.

8 *that.* Job 4. 8. Ho. 8. 7; 10. 13. Ga. 6. 7, 8. *the rod of his anger shall fail. or,* with the rod of his anger he shall be consumed. ch. 14. 3. Ps. 125. 3. Is. 9. 4; 10. 5; 14. 29; 30. 31.

9 *He that hath a bountiful eye. Heb.* Good of eye. ch. 11. 25; 19. 17; 21. 13. De. 15. 7-11; 28. 56. Job 31. 16-20. Ps. 41. 1-3; 112. 9. Ec. 11, 1, 2. Is. 32. 8; 58. 7-12. Mat. 20. 15; 25. 34-40. Mar. 7. 22. Lu. 6. 35-38. Ac. 20. 35. 2 Co. 8. 1, 2; 9. 6-11. 1 Ti. 6. 18, 19. He. 6. 10; 13. 16. 1 Pe. 4. 9.

10 ch. 21. 24; 26. 20, 21. Ge. 21. 9, 10. Ne. 4. 1-3; 13. 28. Ps. 101. 5. Mat. 18. 17. 1 Co. 5. 5, 6, 13.

11 *that.* ch. 16. 13. Ps. 101. 6. Mat. 5. 8. *for the grace of his lips. or, and hath* grace in his lips. Ps. 45. 2. Lu. 4. 22. *the king.* Ge. 41. 39, etc. Ezr. 7. 6, etc. Ne. 2. 4-6. Es. 10. 3. Da. 2. 46-49; 3. 30; 6. 20-23.

12 *eyes.* 2 Ch. 16. 9. Is. 59. 19-21. Mat. 16. 16-18. Ac. 5. 39; 12. 23, 24. Re. 11. 3-11; 12. 14-17. *he.* Job 5. 12, 13. Ac. 8. 9-12; 13. 8-12. 2 Th. 2. 8. 2 Ti. 3. 8, 9. *words. or,* matters.

13 *The slothful.* That is, the slothful man uses any pretext, however improbable, to indulge his love of ease and indolence. ch. 15. 19; 26. 13-16. Nu. 13. 32, 33.

14 *mouth.* ch. 2. 16-19; 5. 3, etc.; 6. 24-29; 7. 5, etc.; 23. 27. Ju. 16. 20, 21. Ne. 13. 26. Ec. 7. 26. *a deep pit.* That is, it is like a deep pit, or pitfall, in which animals are often taken alive. *abhorred.* De. 32. 19. Ps. 81. 12.

15 *Foolishness.* Job 14. 4. Ps. 51. 5. Jno. 3. 6. Ep. 2. 3. *but.* ch. 13. 24; 19. 18; 23. 13, 14; 29. 15, 17. He. 12. 10, 11.

16 *that oppresseth.* ver. 22, 23; ch. 14. 31; 28. 3. Job 20. 19, etc. Ps. 12. 5. Mi. 2. 2, 3. Zec. 7. 9-14. Ja. 2. 13; 5. 1-5. *he that giveth.* Lu. 6. 33-35; 14. 12-14; 16. 24.

17 *Bow.* ch. 2. 2-5; 5. 1, 2. *and hear.* ch. 1. 3; 3. 1; 4. 4-8; 8. 33, 34. Is. 55. 3. Mat. 17. 5. *apply.* ch. 23. 12. Ps. 90. 12. Ec. 7. 25; 8. 9, 16.

18 *it is.* ch. 2. 10; 3. 17; 24. 13, 14. Ps. 19. 10; 119. 103, 111, 162. Je. 15. 16. *within thee. Heb.* in thy belly. Job 32. 18, 19. Jno. 7. 38. *fitted.* ch. 8. 6; 10. 13, 21; 15. 7; 16. 21; 25. 11. Ps. 119. 13, 171. Mal. 2. 7. He. 13. 15.

19 *thy.* ch. 3. 5. Ps. 62. 8. Is. 12. 2; 26. 4. Je. 17. 7. 1 Pe. 1. 21. *even to thee. or, trust* thou also.

20 ch. 8. 6. Ps. 12. 6. Ho. 8. 12. 2 Ti. 3. 15-17. 2 Pe. 1. 19-21.

21 *I.* Lu. 1. 3, 4. Jno. 20. 31. 1 Jno. 5. 13. *answer.* 1 Pe. 3. 15. *them that send unto thee. or,* those that send thee.

22 *Rob.* ch. 23. 10, 11. Eze. 22. 29. *oppress.* ver. 16. Ex. 23. 6. Job 29. 12-16; 31. 16, 21. Zec. 7. 10. Mal. 3. 5. *in the gate.* That is, in the *court of justice,* which, as we have already seen, was held at the *gates* of cities in the East.

23 *the Lord.* ch. 23. 11. 1 Sa. 24. 12, 15; 25. 39. Ps. 12. 5; 35. 1, 10; 43. 1; 68. 5; 140. 12. Je. 50. 34; 51. 36. Mi. 7. 9. Mal. 3. 5. *spoil.* Is. 33. 1. Hab. 2. 8.

24 ch. 21. 24; 29. 22. 2 Co. 6. 14-17.

25 ch. 13. 20. Ps. 106. 35. 1 Co. 15. 33.

26 ch. 6. 1-5; 11. 15; 17. 18; 27. 13.

27 ch. 20. 16. Ex. 22. 26, 27. 2 Ki. 4. 1.

28 *remove.* ch. 23. 10. De. 19. 14; 27. 17. Job 24. 2. *landmark. or,* bound.

29 *a man.* ch. 10. 4; 12. 24. 1 Ki. 11. 28. Ec. 9. 10. Mat. 25, 21, 23. Ro. 12. 11. 2 Ti. 4. 2. *he shall stand.* That is, he shall have the honour of *serving* kings; as the phrase denotes. *mean men. Heb.* obscure *men.*

## CHAP. XXIII.

1 Ge. 43. 32-34. Jude 12.

2 Mat. 18. 8, 9. 1 Co. 9. 27. Phi. 3. 19.

3 ver. 6. Ps. 141. 4. Da. 1. 8. Lu. 21. 34. Ep. 4. 22.

4 *Labour.* ch. 28. 20. Jno. 6. 27. 1 Ti. 6. 8-10. *cease.* ch. 3. 5; 26. 12. Is. 5. 21. Ro. 11. 25; 12. 16.

5 *thou.* Ps. 119. 36, 37. Je. 22. 17. 1 Jno. 2. 16. *set thine eyes upon. Heb.* cause thine eyes to fly upon, etc.; 'He expresses it in such a way,' says Abp. TILLOTSON, 'as if a rich man sat brooding over an estate till it was fledged, and gotten itself wings to fly away.' *that which.* Ge. 42. 36. Ec. 1. 2; 12. 8. Is. 55. 2. 1 Co. 7. 29-31. *riches.* ch. 27. 24. Job 1. 14-17. Ps. 39. 6. Ec. 5. 13, 14. Mat. 6. 19. 1 Ti. 6. 17. Ja. 5. 1, 2.

6 *an.* ch. 22. 9. De. 15. 9; 28. 56. Mat. 20. 15. Mar. 7. 22. *desire.* ver. 3. Ps. 141. 4. Da. 1. 8-10.

7 *as.* ch. 19. 22. Mat. 9. 3, 4. Lu. 7. 39. *Eat.* Ju. 16. 15. 2 Sa. 13. 26-28. Ps. 12. 2; 55. 21. Da. 11. 27. Lu. 11. 37, etc.

9 *Speak.* ch. 9. 7, 8; 26. 4, 5. Is. 36. 21. Mat. 7. 6. Ac. 13. 45, 46; 28. 25-28. *he.* Lu. 16. 14. Jno. 8. 52; 9. 30-34, 40; 10. 20. Ac. 17. 18, 32. 1 Co. 1. 21-24; 4. 10-13.

10 *Remove.* ch. 22. 28. De. 19. 14; 27. 17. Job 24. 2. *landmark. or,* bound. *fatherless.* Job 6. 27; 22. 9; 24. 3, 9; 31. 21-23. Ps. 94. 6. Je. 7. 5; 22. 3. Zec. 7. 10. Mal. 3. 5. Ja. 1. 27.

11 ch. 22. 23. Ex. 22. 22-24. De. 27. 19. Ps. 12. 5. Je. 50. 33, 34; 51. 36.

12 ver. 19; ch. 2. 2-6; 5. 1, 2; 22. 17. Eze. 33. 31. Mat. 13. 52. Ja. 1. 21-25.

13 ch. 13. 24; 19. 18; 29. 15, 17.

14 ch. 22. 15. 1 Co. 5. 5; 11. 32.
15 *My son.* ch. 1. 10; 2. 1; 4. 1. Mat. 9. 2. Jno. 21. 5. 1 Jno. 2. 1. *if.* ver. 24, 25; ch. 10. 1; 15. 20; 29. 3. 1 Th. 2. 19, 20; 3. 8, 9. 2 Jno. 4. 3 Jno. 3, 4. *even mine. or,* even I *will rejoice.* Je. 32. 41. Zep. 3. 17. Lu. 15. 23, 24, 32. Jno. 15. 11.
16 *thy.* ch. 8. 6. Ep. 4. 29; 5. 4. Col. 4. 4. Ja. 3. 2.
17 *not.* ch. 3. 31; 24. 1. Ps. 37. 1-3; 73. 3-7. *be thou.* ch. 15. 16; 28. 14. Ps. 111. 10; 112. 1. Ec. 5. 7; 12. 13, 14. Ac. 9. 31. 2 Co. 7. 1. 1 Pe. 1. 17.
18 *surely.* Ps. 37. 37. Je. 29. 11. Lu. 16. 25. Ro. 6. 21, 22. *end. or,* reward. ch. 24. 14. He. 10. 35. *thine.* Ps. 9. 18. Je. 29. 11. Phi. 1. 20.
19 *and guide.* ver. 12, 26; ch. 4. 10-23. *in the way.* That is, 'in the *right* way.'
20 *not.* ver. 29-35; ch. 20. 1; 28. 7; 31. 6, 7. Is. 5. 11, 22; 22. 13. Mat. 24. 49. Lu. 15. 13; 16. 19; 21. 34. Ro. 13. 13. Ep. 5. 18. 1 Pe. 4. 3, 4. *flesh. Heb.* their flesh.
21 *the drunkard.* ch. 21. 17. De. 21. 20. Is. 28. 1-3. Joel 1. 5. 1 Co. 5. 11; 6. 10. Ga. 5. 21. Phi. 3. 19. *drowsiness.* ch. 6. 9-11; 19. 15; 24. 30-34.
22 *Hearken.* ch. 1. 8; 6. 20. De. 21. 18-21; 27. 16. Mar. 7. 10. Ep. 6. 1, 2. *despise.* ch. 30. 11. Le. 19. 3. Mat. 15. 4-6. Jno. 19. 26, 27.
23 *Buy.* ch. 2. 2-4; 4. 5-7; 10. 1; 16. 16; 17. 16. Job 28. 12-19. Ps. 119. 72, 127. Is. 55. 1. Mat. 13. 44, 46. Phi. 3. 7, 8. Re. 3. 18. *sell.* Mat. 16. 26. Ac. 20. 23. He. 11. 26. Re. 12. 11.
24 *father.* ver. 15, 16; ch. 10. 1; 15. 20. 1 Ki. 1. 48; 2. 1-3, 9. Ec. 2. 19. *shall have.* Phile. 19, 20.
25 *and she.* ch. 17. 25. 1 Ch. 4. 9, 10. Lu. 1. 31-33, 40-47, 58; 11. 27, 28.
26 *My son.* ver. 15. *give.* ch. 4. 23. De. 6. 5. Mat. 10. 37, 38. Lu. 14. 26. 2 Co. 5. 14, 15; 8. 5. Ep. 3. 17. *let.* ch. 4. 25-27. Ps. 107. 43; 119. 2, 9-11. Ho. 14. 9. 2 Pe. 1. 19.
27 ch. 22. 14.
28 *as for a prey. or,* as a robber. ch. 2. 16-19; 7. 12, 22-27; 9. 18; 22. 14. Ju. 16. 4, etc. Ec. 7. 26. Je. 3. 2. *increaseth.* Nu. 25. 1. Ho. 4. 11. 1 Co. 10. 8. Re. 17. 1, 2.
29 *Who hath woe.* ver. 21; ch. 20. 1. 1 Sa. 25. 36, 37. 2 Sa. 13. 28. 1 Ki. 20. 16, etc. Is. 5. 11, 22; 28. 7, 8. Na. 1. 10. Mat. 24. 49, 50. Lu. 12. 45, 46. Ep. 5. 18. *redness.* Ge. 49. 12.
30 *tarry.* ch. 20. 1. Ge. 9. 21. Is. 5. 11. Am. 6. 6. Ep. 5. 18. *mixed.* That is, not wine diluted and lowered with water, but made stronger and more inebriating, by the addition of more powerful ingredients, as honey, spices, myrrh, defrutum, opiates, etc. ch. 9. 2. Ps. 75. 8.
31 ch. 6. 25. 2 Sa. 11. 2. Job 31. 1. Ps. 119. 37. Mat. 5. 28-30. Mar. 9. 47. 1 Jno. 2. 16.
32 *At.* ch. 5. 11. Is. 28. 3, 7, 8. Je. 5. 31. Eze. 7. 5, 6, 12. Lu. 16. 25, 26. Ro. 6. 21. *biteth.* Ec. 10. 8. Je. 8. 17. Am. 5. 19; 9. 3. *an adder. or,* a cockatrice. Is. 59. 5.
33 *eyes.* Ge. 19. 32, etc. *and.* ch. 31. 5. Ps. 69. 12. Da. 5. 4. Ho. 7. 5. Jude 12, 13.
34 *thou.* 1 Sa. 25. 33-38; 30. 16, 17. 2 Sa. 13. 28. 1 Ki. 16. 9; 20. 16, etc. Joel 1. 5. Mat. 24. 38. Lu. 17. 27-29; 21. 34. 1 Th. 5. 2-7. *midst. Heb.* heart. Ex. 15. 8.
35 *stricken.* ch. 27. 22. Je. 5. 3; 31. 18. *I felt it not. Heb.* I knew *it* not. Ep. 4. 19. *I will.* ch. 26. 11. De. 29. 19. Is. 22. 13; 56. 12. 1 Co. 15. 32-34. 2 Pe. 2. 22.

## CHAP. XXIV.

1 *not.* ver. 19; ch. 3. 31; 23. 17. Ps. 37. 1, 7; 73. 3. Ga. 5. 19-21. Ja. 4. 5, 6. *neither.* ch. 1. 11-15; 13. 20. Ge. 13. 10-13; 19. 1, etc. Ps. 26. 9.
2 ver. 8; ch. 6. 14. 1 Sa. 23. 9. Es. 3. 6, 7. Job 15. 35. Ps. 7. 14; 10. 7; 28. 3; 36. 4; 64. 2-6; 140. 2. Is. 59. 4. Mi. 7. 3. Mat. 26. 3, 4. Lu. 23. 20, 21. Ac. 13. 10.
3 *wisdom.* ch. 9. 1; 14. 1. 1 Co. 3. 9. *it is.* 2 Sa. 7. 26. Je. 10. 12. Col. 2. 7.
4 ch. 15. 6; 20. 15; 21. 20; 27. 23-27. 1 Ki. 4. 22-28. 1 Ch. 27. 25, etc.; 29. 2, etc. 2 Ch. 4. 18-22; 26. 4-11. Ne. 10. 39; 13. 5-13. Mat. 13. 52.
5 *A wise.* ch. 8. 14; 10. 29; 21. 22. Ec. 7. 19; 9. 14-18. *strong. Heb.* in strength. *increaseth strength. Heb.* strengtheneth might. Ps. 84. 7. Is. 40. 31. Col. 1. 11.
6 *by.* ch. 20. 18. Lu. 14. 31. 1 Co. 9. 25-27. Ep. 6. 10, etc. 1 Ti. 6. 11, 12. 2 Ti. 4. 7. *and.* ch. 11. 14; 15. 22.
7 *too.* ch. 14. 6; 15. 24; 17. 24. Ps. 10. 5; 92. 5, 6. 1 Co. 2. 14. *openeth.* ch. 22. 22; 31. 8, 9. Job 29. 7, etc.; 31. 21. Is. 29. 21. Am. 5. 10, 12, 15.
8 ver. 2, 9; ch. 6. 14, 18; 14. 22. 1 Ki. 2. 44. Ps. 21. 11. Is. 10. 7-13; 32. 7. Eze. 38. 10, 11. Na. 1. 11. Ro. 1. 30.
9 *thought.* ver. 8; ch. 23. 7. Ge. 6. 5; 8. 21. Ps. 119. 113. Is. 55. 7. Je. 4. 14. Mat. 5. 28; 9. 4; 15. 19. Ac. 8. 22. 2 Co. 10. 5. *the scorner.* ch. 22. 10; 29. 8.
10 *thou.* 1 Sa. 27. 1. Job 4. 5. Is. 40. 28-31. Jon. 4. 8. 2 Co. 4. 1. Ep. 3. 13. He. 12. 3-5. Re. 2. 3, 13. *small. Heb.* narrow.
11 1 Sa. 26. 8, 9. Job 29. 17. Ps. 82. 4. Is. 58. 6, 7. Lu. 10. 31, 32; 23. 23-25. Ac. 18. 17; 21. 31, 32; 23. 10, 23, etc. 1 Jno. 3. 16, 17.
12 *doth not he that.* ch. 5. 21; 21. 2. 1 Sa. 16. 7. Ps. 7. 9; 17. 3; 44. 21. Ec. 5. 8. Je. 17. 10. Ro. 2. 16. 1 Co. 4. 5. He. 4. 12, 13. Re. 2. 18, 23. *that keepeth.* 1 Sa. 2. 6; 25. 29. Ps. 66. 9; 121. 3, 8. Da. 5. 23. Ac. 17. 28. Re. 1. 18. *and shall.* Job 34. 11. Ps. 62. 12. Je. 32. 19. Mat. 16. 27. Ro. 2. 6. 2 Co. 5. 10. Re. 2. 23; 20. 12-15; 22. 12.
13 *eat.* ch. 25. 16, 27. Ca. 5. 1. Is. 7. 15. Mat. 3. 4. *to thy taste. Heb.* upon thy palate.
14 *shall the.* ch. 22. 18. Ps. 19. 10, 11; 119. 103, 111. Je. 15. 16. *when.* ch. 2. 1-5, 10; 3. 13-18. *there.* ch. 23. 18. Mat. 19. 21, 29. Ja. 1. 25.
15 *Lay.* ch. 1. 11. 1 Sa. 19. 11; 22. 18, 19; 23. 20-23. Ps. 10. 8-10; 37. 32; 56. 6; 59. 3; 140. 5. Je. 11. 19. Mat. 26. 4. Ac. 9. 24; 23. 16; 25. 3. *spoil.* ch. 22. 28. Is. 32. 18.
16 *a just.* Job 5. 19. Ps. 34. 19; 37. 24. Mi. 7. 8-10. 2 Co. 1. 8-10; 4. 8-12; 11. 23-27. *but.* ch. 13. 17; 28. 14-18. 1 Sa. 26. 10; 31. 4. Es. 7. 10. Ps. 7. 16; 52. 5. Am. 5. 2; 8. 14. Ac. 12. 23. 1 Th. 5. 3. Re. 18. 20, 21.
17 ch. 17. 5. Ju. 16. 25. 2 Sa. 16. 5, etc. Job 31. 29. Ps. 35. 15, 19; 42. 10. Ob. 12. 1 Co. 13. 6, 7.
18 *displease him. Heb.* be evil in his eyes. *and he.* La. 4. 21, 22. Zec. 1. 15, 16.
19 *Fret. or,* Keep not company with the wicked. ch. 13. 20. Nu. 16. 26. Ps. 1. 1; 26. 4, 5; 119. 115. 2 Co. 6. 17. Ep. 5. 11. 2 Ti. 3. 2-5. Re. 18. 4. *neither.* ver. 1; ch. 23. 17. Ps. 37. 1; 73. 3.
20 *there.* Ps. 9. 17; 11. 6. Is. 3. 11. *candle. or,* lamp. ch. 13. 9; 20. 20. Job 18. 5, 6; 21. 17. Mat. 8. 12; 25. 8. Jude 13.
21 *fear.* Ex. 14. 31. 1 Sa. 24. 6. Ec. 8. 2-5. Mat. 22. 21. Ro. 13. 1-7. Tit. 3. 1. 1 Pe. 2. 13-17. *meddle.* Nu. 16. 1-3. 1 Sa. 8. 5-7; 12. 12-19. 2 Sa. 15. 13, etc. 1 Ki. 12. 16. *given to change. Heb.* changers.
22 *their.* Nu. 16. 31-35. 1 Sa. 31. 1-7. 2 Sa. 18. 7, 8. 2 Ch. 13. 16, 17. Ho. 5. 11; 13. 10, 11. *who.* ch. 16. 14; 20. 2. Ps. 90. 11.
23 *things.* Ps. 107. 43. Ec. 8. 1-5. Ho. 14. 9. Ja. 3. 17. *It.* ch. 18. 5; 28. 21. Le. 19. 15. De. 1. 17; 16. 19. 2 Ch. 19. 7. Ps. 82. 2-4. Jno. 7. 24. 1 Ti. 5. 20, 21. Ja. 2. 4-6. 1 Pe. 1. 17.
24 *that.* ch. 17. 15. Ex. 23. 6, 7. Is. 5. 20, 23. Je. 6. 13, 14; 8. 10, 11. Eze. 13. 22. *him shall.* ch. 11. 26; 28. 27; 30. 10. Is. 66. 24.
25 *them.* Le. 19. 17. 1 Sa. 3. 13. 1 Ki. 21. 19, 20. Ne. 5. 7-9; 13. 8-11, 17, 25, 28. Job 29. 16-18. Mat. 14. 4. 1 Ti. 5. 20. 2 Ti. 4. 2. Tit. 1. 13; 2. 15. *a good blessing. Heb.* a blessing of good. ch. 28. 23.
26 *shall.* ch. 15. 23; 16. 1; 25. 11, 12. Ge. 41. 38, etc. Da. 2. 46-48. Mar. 12. 17, 28, 32-34. *giveth a right answer. Heb.* answereth right words. Job 6. 25.
27 1 Ki. 5. 17, 18; 6. 7. Lu. 14. 28-30.
28 *not.* ch. 14. 5; 19. 5, 9; 21. 28. Ex. 20. 16; 23. 1. 1 Sa. 22. 9, 10. 1 Ki. 21. 9-13. Job 2. 3. Ps. 35. 7, 11; 52. title. Mat. 26. 59, 60; 27. 23. Jno. 15. 25. *deceive.* Ep. 4. 25. Col. 3. 9. Re. 21. 8; 22. 15.
29 *Say.* ch. 20. 22; 25. 21, 22. Mat. 5. 39-44. Ro. 12. 17-21. 1 Th. 5. 15. *I will do.* Ju. 15. 11. 2 Sa. 13. 22-28.
30 *went.* ch. 6. 6, etc. Job 4. 8; 5. 27; 15. 17. Ps. 37. 25; 107. 42. Ec. 4. 1-8; 7. 15; 8. 9-11. *void.* ch. 10. 13. 12. 11.
31 *it.* Ge. 3. 17-19. Job 31. 40. Je. 4. 3. Mat. 13. 7, 22. He. 6. 8. *and the.* ch. 19. 23; 20. 4; 22. 13; 23. 21. Ec. 10. 18.
32 *considered it. Heb.* set my heart. Job 7. 17. Ps. 4. 4. Lu. 2. 19, 51. *I looked.* De. 13. 11; 21. 21; 32. 29. 1 Co. 10. 6, 11. Jude 5-7.
33 ch. 6. 4-11. Ro. 13. 11. Ep. 5. 14. 1 Th. 5. 6-8.
34 *thy poverty.* ch. 10. 4; 13. 4. *armed man. Heb.* a man of shield.

## CHAP. XXV.

*Observations about kings,* 1-7, *and about avoiding causes of quarrels, and sundry causes thereof,* 8-28.

1 *proverbs.* ch. 1. 1; 10. 1. 1 Ki. 4. 32. Ec. 12. 9 *which.* Is. 1. 1; 36. 22; 37. 2. Ho. 1. 1. Mi. 1. 1.
2 *the glory.* De. 29. 29. Job 11. 7, 8; 38. 4, etc.; ch. 39, etc.; 40. 2; 42. 3. Ro. 11. 33, 34. *the honour.* 1 Ki. 3. 9-28; 4. 29-34. Ezr. 4. 15, 19; 5. 17; 6. 1. Job 29. 16.
3 *heaven.* Ps. 103. 11. Is. 7. 11; 55. 9. Ro. 8. 39. *is*

*unsearchable. Heb. there is* no searching. 1 Ki. 4. 29.

4 ch. 17. 3. Is. 1. 25-27. Mal. 3. 3. 2 Ti. 2. 20, 21. 1 Pe. 1. 7.

5 *away.* ch. 20. 8. 1 Ki. 2. 33, 46. Es. 7. 10; 8. 11, etc. Ps. 101. 7, 8. *his.* ch. 16. 12; 20. 28; 29. 14. Is. 9. 7; 16. 5.

6 *Put not forth thyself. Heb.* Set not out thy glory. ver. 27; ch. 27. 2. *in the presence.* ch. 16. 19. Ex. 3. 11. 1 Sa. 9. 20-22; 15. 17; 18. 18-23. 2 Sa. 7. 8, etc. Ps. 131. 1. Je. 1. 6-10. Am. 7. 12-15.

7 *that it.* ch. 16. 19. Lu. 14. 8-10. *Come.* Be humble; affect not high things; keep thyself quiet; and thou shalt live at ease, in safety, and in peace. Re. 4. 1. *than.* Lu. 18. 14. 1 Pe. 5. 5.

8 *hastily.* ch. 17. 14; 18. 6; 30. 33. 2 Sa. 2. 14-16, 26. 2 Ki. 14. 8-12. Lu. 14. 31, 32. *what.* ch. 14. 12. Je. 5. 31. Mat. 5. 25.

9 *with.* Mat. 18. 5-17. *a secret to another. or,* the secret of another. ch. 11. 13; 20. 19.

10 *thine.* Ps. 119. 39.

11 *word.* ch. 15. 23; 24. 26. Ec. 12. 10. Is. 50. 4. *fitly spoken. Heb.* spoken upon his wheels. *is like.* Rather, 'is like golden apples *(tappuchim,* in Arabic, *tuffach,)* in baskets *(maskeeyoth,* in Arabic, *shakeekat,)* of silver.' A word spoken with propriety, opportunely, and suitably to the occasion, is as much in its place, and as conspicuously beautiful, as the *golden fruit* which appears through the apertures of an exquisitely wrought *silver basket.*

12 *an ear-ring.* Job 42. 11. *a wise.* ch. 1. 8, 9; 9. 8; 15. 5, 31, 32; 27. 5, 6. 1 Sa. 25. 31-34. Ps. 141. 5.

13 ver. 25; ch. 13. 17; 26. 6. Phi. 2. 25-30.

14 *boasteth.* ch. 20. 6. 1 Ki. 22. 11. Lu. 14. 11; 18. 10-14. 2 Co. 11. 13-18, 31. 2 Pe. 2. 15-19. Jude 12, 13, 16. *of a false gift. Heb.* in a gift of falsehood.

15 *long.* ch. 15. 1; 16. 14. Ge. 32. 4, etc. 1 Sa. 25. 14, 24, etc. Ec. 10. 4. *the bone.* Rather, '*a* bone;' that is, soft and conciliating language will often accomplish the most difficult things.

16 *Hast.* ch. 24. 13, 14. Ju. 14. 8, 9. 1 Sa. 14. 25-27. Is. 7. 15, 22. *lest.* ver. 27; ch. 23. 8. Lu. 21. 34. Ep. 5. 18.

17 *Withdraw thy foot from thy neighbour's. or,* Let thy foot be seldom in thy neighbour's. Ge. 19. 2, 3. Ju. 19. 18-21. *weary. Heb.* full. Ro. 15. 24.

18 ch. 12. 18. Ps. 52. 2; 55. 21; 57. 4; 120. 3, 4; 140. 3. Je. 9. 3, 8. Ja. 3. 6.

19 2 Ch. 28. 20, 21. Job 6. 14-20. Is. 30. 1-3; 36. 6. Eze. 29. 6, 7. 2 Ti. 4. 16.

20 *that taketh.* De. 24. 12-17. Job 24. 7-10. Is. 58. 7. Ja. 2. 15, 16. *vinegar.* ch. 10. 26. *so.* Ps. 137. 3, 4. Ec. 3. 4. Da. 6. 18. Ro. 12. 15. Ja. 5. 15.

21 ch. 24. 17. Ex. 23. 4, 5. Mat. 5. 44. Lu. 10. 33-36. Ro. 12. 20, 21.

22 *For.* Not to *consume,* but to *melt* him into kindness; a metaphor taken from smelting metallic ores. *the Lord.* 2 Sa. 16. 12. Mat. 10. 13. 1 Co. 15. 58.

23 *north.* Job 37. 22. *driveth,* etc. *or,* bringeth forth rain; so doth a backbiting tongue an angry countenance. MONCONYS says, that when travelling on the second of January, 1648, from Tripoli in Syria, between Lebanon and the sea, it rained without ceasing, while the *north wind* blew directly in his face. *so.* ch. 26. 20. Ps. 15. 3; 101. 5. Ro. 1. 30. 2 Co. 12. 20.

24 ch. 19. 13; 21. 9, 19; 27. 15, 16.

25 *cold.* Ge. 21. 16-19. Ec. 17. 2, 3, 6. Ju. 15. 18, 19. 2 Sa. 23. 15. Ps. 42. 1, 2; 63. 1. Is. 55. 1. Je. 18. 14. Jno. 7. 37. Re. 21. 6; 22. 17. *so.* ch. 15. 30. Is. 52. 7. Na. 1. 15. Lu. 2. 10, 11. Ro. 10. 15. 1 Ti. 1. 15.

26 Ge. 4. 8. 1 Sa. 22. 14-18. 2 Ch. 24. 21, 22. Mat. 23. 34-37; 26. 69-74. Ac. 7. 52. 1 Th. 2. 15. Re. 17. 6.

27 *not good.* ver. 16. *so.* ch. 27. 2. Jno. 5. 44. 2 Co. 12. 1, 11. Phi. 2. 3.

28 ch. 16. 32; 22. 24. 1 Sa. 20. 30; 25. 17.

## CHAP. XXVI.

*Observations about fools,* 1-12; *about sluggards,* 13-16; *and about contentious busy-bodies,* 17-28.

1 *in summer.* 1 Sa. 12. 17, 18. *so.* ver. 3; ch. 28. 16. Ju. 9. 7, 20, 56, 57. Es. 3. 1, etc.; 4. 6-9. Ps. 12. 8; 15. 4; 52, title, 1-4. Ec. 10. 5-7.

2 *so.* Nu. 23. 8. De. 23. 4, 5. 1 Sa. 14. 28, 29; 17. 43. 2 Sa. 16. 12. Ne. 13. 2. Ps. 109. 28.

3 According to our notions, we should rather say, a bridle for the horse, and a whip for the ass; but it should be considered, that the Eastern asses are not only much more beautiful, but better goers that ours; and being active and well broken, they need only a *bridle* to guide them; whereas their horses being scarce, and often caught wild, and badly broken, are much less manageable, and need the correction of the *whip.* ch. 10. 13; 17. 10; 19. 25; 27. 22. Ju. 8. 5-7, 16. Ps. 32. 9. 1 Co. 4. 21. 2 Co. 10. 6; 13. 2.

4 ch. 17. 14. Ju. 12. 1-6. 2 Sa. 19. 41-43. 1 Ki. 12. 14, 16. 2 Ki. 14. 8-10. 1 Pe. 2. 21-23; 3. 9. Jude 9.

5 *a fool.* 1 Ki. 22. 24-28. Je. 36. 17, 18. Mat. 15. 1-3; 16. 1-4; 21. 23-27; 22. 15-32. Lu. 12. 13-21; 13. 23-30. Jno. 8. 7; 9. 26-33. Tit. 1. 13. *lest.* ver. 12; ch. 28. 11. Ro. 11. 25. *conceit. Heb.* eyes. Is. 5. 21. Ro. 12. 16.

6 *sendeth.* ch. 10. 26; 13. 17; 25. 13. Nu. 13. 31. *damage. or,* violence.

7 *not equal. Heb.* lifted up. *so.* ver. 9; ch. 17. 7. Ps. 50. 16-21; 64. 8. Mat. 7. 4, 5. Lu. 4. 23.

8 *bindeth a stone in a sling. Heb.* putteth a *precious* stone in a heap of stones. This probably refers, as COVERDALE understands it, to the custom of throwing a stone to the heap under which a criminal was buried. So the Vulgate, *Sicut qui mittit lapidem in acervum Mercurii; ita qui tribuit insipienti honorem,* 'As he who throws a stone to Mercury's heap, so is he who gives honour to a fool.' Mercury was a heathen god of highways; and stones were erected in different parts to guide the traveller: hence those lines of Dr. YOUNG,

'Death stands like Mercuries in every way;
And kindly points us to our journey's end.'

*so.* ver. 1; ch. 19. 10; 30. 22.

9 ch. 23. 35.

10 *The great,* etc. *or,* A great *man* grieveth all; and he hireth the fool, he hireth also transgressors. *both.* ch. 11. 31. Ro. 2. 6.

11 *a dog.* Ex. 8. 15. Mat. 12. 45. 2 Pe. 2. 22. *returneth to his folly. Heb.* iterateth his folly.

12 *Seest.* ch. 22. 29; 29. 20. Lu. 7. 44. *a man.* ver. 5, 16; ch. 28. 11; 29. 20. Mat. 21. 31. Lu. 18. 11. Ro. 12. 16. 1 Co. 3. 18, 19; 8. 1, 2. Re. 3. 17.

13 ch. 15. 19; 19. 15; 22. 13.

14 ch. 6. 9, 10; 12. 24, 27; 24. 33. He. 6. 12.

15 *slothful.* ch. 19. 24. *it grieveth him. or,* he is weary.

16 ver. 12; ch. 12. 15. 1 Pe. 3. 15.

17 *passeth.* ch. 17. 11; 18. 6; 20. 3. Lu. 12. 14. 2 Ti. 2. 23, 24. *meddleth. or,* is enraged.

18 *firebrands. Heb.* flames, *or* sparks.

19 *and.* ch. 10. 23; 14. 9; 15. 21. Ep. 5. 4. 2 Pe. 2. 13.

20 *Where no wood is. Heb.* Without wood. *so.* ver. 22; ch. 16. 28; 22. 10. Ja. 3. 6. *tale-bearer. or,* whisperer. *ceaseth. Heb.* is silent.

21 ch. 10. 12; 15. 18; 29. 22; 30. 33. 2 Sa. 20. 1. 1 Ki. 12. 2, 3, 20. Ps. 120. 4.

22 *words.* ch. 18. 8; 20. 19. Eze. 22. 9. *innermost parts. Heb.* chambers.

23 That is, ardent professions of friendship from a wicked heart, however smooth, shining, and splendid they may appear, are like a vile vessel covered over with base metal. ch. 10. 18. 2 Sa. 20. 9, 10. Eze. 33. 31. Lu. 22. 47, 48.

24 *dissembleth. or,* is known.

25 *speaketh fair. Heb.* maketh his voice gracious. Ps. 12. 2; 28. 3. Je. 9. 2-8. Mi. 7. 5. *believe.* Je. 12. 6. Mat. 24. 23. *seven.* ch. 6. 16-19.

26 *Whose hatred is covered by deceit. or,* Hatred is covered in secret. Ge. 4. 8. 1 Sa. 18. 17, 21. 2 Sa. 3. 27, etc.; 13. 22-28. Ps. 55. 21-23.

27 *diggeth.* ch. 28. 10. Es. 7. 10. Ps. 7. 15, 16; 9. 15; 10. 2; 57. 6. Ec. 10. 8.

28 *lying.* He that injures another hates him in proportion to the injury; *Proprium humani ingenii est, odisse quem læseris,* says TACITUS: and strange to say, in proportion to the innocence of the injured. Jno. 8. 40, 44-49; 10. 32, 33; 15. 22-24. *a flattering.* ch. 6. 24; 7. 5, 21-23; 29. 5. Lu. 20. 20, 21.

## CHAP. XXVII.

*Observations of self love,* 1-4; *of true love,* 5-10; *of care to avoid offences,* 11-22; *and of the household care,* 23-27.

1 *Boast.* Ps. 95. 7. Is. 56. 12. Lu. 12. 19, 20. 2 Co. 6. 2. Ja. 4. 13-16. *to-morrow. Heb.* to-morrow day. *thou.* 1 Sa. 28. 19.

2 ch. 25. 27. 2 Co. 10. 12, 18; 12. 11.

3 *heavy. Heb.* heaviness. *but.* ch. 17. 12. Ge. 34. 25, 26; 49. 7. 1 Sa. 22. 18, 19. Es. 3. 5, 6. Da. 3. 19. 1 Jno. 3. 12.

4 *cruel, and anger is outrageous. Heb.* cruelty, and anger an overflowing. Ja. 1. 19-21. *but.* ch. 14. 30. Ge. 26. 14; 37. 11. Job 5. 2. Mat. 27. 18. Ac. 5. 17, marg.; 7. 9; 17. 5. Ro. 1. 29. Ja. 3. 14-16; 4. 5, 6. 1 Jno. 3. 12. *envy. or,* jealousy. ch. 6. 34. Ca. 8. 6.

5 ch. 28. 23. Le. 19. 17. Mat. 18. 15. Ga. 2. 14. 1 Ti. 5. 20.

6 *the wounds.* 2 Sa. 12. 7, etc. Job 5. 17, 18. Ps. 141. 5. He. 12. 10. Re. 3. 19. *the kisses.* ch. 10. 18; 26. 23-26. 2 Sa. 20. 9, 10. Mat. 26. 48-50. *deceitful. or,* earnest, *or,* frequent.

7 *full.* Nu. 11. 4-9, 18-20; 21. 5. *loatheth. Heb.* treadeth under foot. *to.* Job 6. 7. Lu. 15. 16, 17. Jno. 6. 9.

8 *a bird.* Job 39. 14-16. Is. 16. 2. *man.* ch. 21. 16. Ge. 4. 16; 16. 6-8. 1 Sa. 22. 5; 27. 1, etc. 1 Ki. 19. 9. Ne. 6. 11-13. Jon. 1. 3, 10-17. 1 Co. 7. 20. Jude 13.

9 *Ointment.* ch. 7. 17. Ju. 9. 9. Ps. 45. 7, 8; 104. 15; 133. 2. Ca. 1. 3; 3. 6; 4. 10. Jno. 12. 3. 2 Co. 2. 15, 16. *so.* ch. 15. 23; 16. 21, 23, 24. Ex. 18. 17-24. 1 Sa. 23. 16, 17. Ezr. 10. 2-4. Ac. 28. 15. *by hearty counsel. Heb.* from the counsel of the soul.

10 *own.* 2 Sa. 19. 24, 28; 21. 7. 1 Ki. 12. 6-8. 2 Ch. 24. 22. Is. 41. 8-10. Je. 2. 5. *neither.* ch. 19. 7. Job 6. 21-23. Ob. 12-14. *better.* ch. 17. 17; 18. 24. Lu. 10. 30-37. Ac. 23. 12, 23, etc.

11 *be wise.* ch. 10. 1; 15. 20; 23. 15, 16, 24, 25. Ec. 2. 18-21. Phile. 7, 19, 20. 2 Jno. 4. *that I.* Ps. 119. 42; 127. 4, 5.

12 ch. 18. 10; 22. 3. Ex. 9. 20, 21. Ps. 57. 1-3. Is. 26. 20, 21. Mat. 3. 7. He. 6. 18; 11. 7. 2 Pe. 3. 7, 10-14.

13 ch. 6. 1-4; 20. 16; 22. 26, 27. Ex. 22. 26.

14 *He that.* 2 Sa. 15. 2-7; 16. 16-19; 17. 7-13. 1 Ki. 22. 6, 13. Je. 28. 2-4. Ac. 12. 22, 23.

15 *A continual.* ch. 19. 13; 21. 9, 19; 25. 24. Job 14. 19.

16 *the ointment.* Jno. 12. 3.

17 *Iron.* 1 Sa. 13. 20, 21. *so.* ver. 9. Jos. 1. 18; 2. 24. 1 Sa. 11. 9, 10; 23. 16. 2 Sa. 10. 11, 12. Job 4. 3, 4. Is. 35. 3, 4. 1 Th. 3. 3. 2 Ti. 1. 8, 12; 2. 3, 9-13. He. 10. 24. Ja. 1. 2. 1 Pe. 4. 12, 13.

18 *keepeth.* Ca. 8. 12. 1 Co. 9. 7, 13. *so.* ch. 17. 2; 22. 29. Ge. 24. 2, 3; 39. 2-5, 22, 23. Ex. 24. 13. 2 Ki. 3. 11; 5. 2, 3, 25, 27. Mar. 10. 43. Ac. 10. 7. Col. 3. 22. *shall be.* 1 Sa. 2. 30. Ps. 123. 2. Mat. 24. 45, 46; 25. 21, 22. Lu. 12. 37, 43, 44. Jno. 12. 26. 1 Pe. 2. 18, 21.

19 *in.* Ja. 1. 22-25. *so.* Ge. 6. 5. Ps. 33. 15. Mar. 7. 21.

20 *Hell.* ch. 30. 15, 16. Hab. 2. 5. *never. Heb.* not. *so.* ch. 23. 5. Ec. 1. 8; 2. 10, 11; 5. 10, 11; 6. 7. Je. 22. 17. 1 Jno. 2. 16.

21 *the fining.* ch. 17. 3. Ps. 12. 6; 66. 10. Zec. 13. 9. Mal. 3. 3. 1 Pe. 1. 7; 4. 12. *so.* 1 Sa. 18. 7, 8, 15, 16, 30. 2 Sa. 14. 25; 15. 6, etc.

22 ch. 23. 35. Ex. 12. 30; 14. 5; 15. 9. 2 Ch. 28. 22, 23. Is. 1. 5. Je. 5. 3; 44. 15, 16. Re. 16. 10, 11.

23 *diligent.* Ge. 31. 38-40; 33. 13. 1 Sa. 17. 28. 1 Ch. 27. 29-31. 2 Ch. 26. 10. Eze. 34. 22-24, 31. Jno. 21. 15-17. 1 Pe. 5. 2. *look well. Heb.* set thy heart. ch. 24. 32, marg. Ex. 7. 23. De. 32. 46.

24 *For.* ch. 23. 5. Zep. 1. 18. 1 Ti. 6. 17, 18. *riches. Heb.* strength. Ja. 1. 10. *doth.* 2 Sa. 7. 16. Ps. 89. 36. Is. 9. 7. *every generation. Heb.* generation and generation.

25 *hay.* Rather, *herbage,* as *chatzir* uniformly denotes. ch. 10. 5. Ps. 104. 14.

26 Job 31. 20.

27 *enough.* ch. 30. 8, 9. Mat. 6. 33. *maintenance. Heb.* life.

## CHAP. XXVIII.

*General observations of impiety and religious integrity.*

1 *wicked.* Le. 26. 17, 36. De. 28. 7, 25. 2 Ki. 7. 6, 7, 15. Ps. 53. 5. Is. 7. 2. Je. 20. 4. *the righteous.* Ex. 11. 8. Ps. 27. 1, 2; 46. 2, 3; 112. 7. Is. 26. 3, 4. Da. 3. 16-18; 6. 10, 11. Ac. 4. 13; 14. 3. 1 Th. 2. 2.

2 *the transgression.* 1 Ki. 15. 25, 28; 16. 8-29. 2 Ki. 15. 8-31. 2 Ch. 36. 1-12. Is. 3. 1-7. Ho. 13. 11. *but.* Ge. 45. 5-8. 2 Ch. 32. 20-26. Job 22. 28-30. Ec. 9. 15. Is. 58. 12. Da. 4. 27. *by a man,* etc. *or,* by men of understanding *and* wisdom shall they likewise be prolonged.

3 *poor man.* Mat. 18. 28-30. *which leaveth no food. Heb.* without food.

4 *that.* 1 Sa. 23. 19-21. Ps. 10. 3; 49. 18. Je. 5. 30. Mal. 3. 15. Ac. 12. 22; 24. 2-4. Ro. 1. 32. 1 Jno 4. 5. *but.* 1 Sa. 15. 14-24; 22. 14, 15. 1 Ki. 18. 18, 21; 20. 41, 42; 21. 19, 20; 22. 19-28. 2 Ki. 3. 13, 14. Ne. 5. 7, etc.; 13. 8-11, 17-20, 23-26, 28. Mat. 3. 7; 14. 4. Ac. 15. 2; 19. 9. Ga. 2. 3-6. Ep. 5. 11. 1 Th. 2. 2. Jude 3.

5 ch. 15. 24; 24. 7. Ps. 25. 14; 92. 6. Je. 4. 22. Mar. 4. 10-13. Jno. 7. 17. 1 Co. 2. 14, 15. Ja. 1. 5. 1 Jno. 2. 20, 27.

6 ver. 18; ch. 16. 8; 19. 1, 22. Lu. 16. 19-25 Ac. 24. 24-27.

7 *keepeth.* ch. 2. 1, etc.; 3. 1, etc.; *but.* ver 24; ch. 19. 26; 23. 19-22; 29. 3, 15. Lu. 15. 13, 30. 1 Pe. 4. 3, 4. *is a companion of riotous men. or,* feedeth gluttons.

8 *that by.* ch. 13. 22. Job 27. 16, 17. Ec. 2. 26. *unjust gain. Heb.* by increase. Le. 25. 36. Eze. 18. 8, 13, 17. *pity.* ch. 19. 17. 2 Sa. 12. 6.

9 *turneth.* ch. 21. 13. Is. 1. 15, 16; 58. 7-11. Zec. 7. 11-13. 2 Ti. 4. 3, 4. *even.* ch. 15. 8. Ps. 66. 18; 109. 7. Lu. 13. 25-27.

10 *causeth.* Nu. 31. 15, 16. 1 Sa. 26. 19. Ac. 13. 8-10. Ro. 16. 17, 18. 2 Co. 11. 3, 4, 13-15. Ga. 1. 8, 9; 2. 4; 3. 1-4. 2 Pe. 2. 18-20. Re. 2. 14. *he shall.* ch. 26. 27. Ps. 7. 15, 16; 9. 15. Ec. 10. 8. *but.* ch. 10. 3; 15. 6; 21. 20. De. 7. 12-14. Ps. 37. 11, 25, 26. Mat. 6. 33.

11 *rich.* ch. 18. 11; 23. 4. Is. 10. 13, 14. Eze. 28. 3-5. Lu. 16. 13, 14. 1 Co. 3. 18, 19. 1 Ti. 6. 17. *his own conceit. Heb.* his eyes. ch. 26. 16. Is. 5. 21. Ro. 11. 25; 12. 16. *the poor.* ch. 18. 17; 19. 1. Job 32. 9. Ec. 9. 15-17.

12 *righteous.* ver. 28; ch. 11. 10; 29. 2. 1 Ch. 15. 25-28; 16. 7, etc.; 29. 20-22. 2 Ch. 7. 10; 30. 22-27. Es. 8. 15-17. Job 29. 11-20. Lu. 19. 37, 38. *but.* 1 Sa. 24. 11. 1 Ki. 17. 3, etc.; 18. 13; 19. 3. Ec. 10. 6, 16. Je. 36. 26. He. 11. 37, 38. *hidden. Heb.* sought for. Je. 5. 1.

13 *that.* ch. 10. 12; 17. 9. Ge. 3. 12, 13; 4. 9. 1 Sa. 15. 13, 24. Job 31. 33. Ps. 32. 3-5. Je. 2. 22, 23. Mat. 23. 25-28. *whoso.* Le. 26. 40-42. 1 Ki. 8. 47-49. Job 33. 27. Ps. 51. 1-5, 10. Je. 3. 12, 13. Da. 9. 20-23. Lu. 15. 18-24. 1 Jno. 1. 8-10. *and forsaketh.* Ex. 10. 16, 17. 1 Sa. 15. 30. Mat. 3. 6-10; 27. 4, 5. Ac. 26. 20.

14 *Happy.* ch. 23. 17. Ps. 2. 11; 16. 8; 112. 1. Is. 66. 2. Je. 32. 40. Ro. 11. 20. He. 4. 1. 1 Pe. 1. 17. *but.* ch. 29. 1. Ex. 7. 22; 14. 23. Job 9. 4. Ro. 2. 4.

15 *a roaring.* ch. 20. 2. Ho. 5. 11. 1 Pe. 5. 8. *a ranging.* ch. 17. 12. 2 Ki. 2. 24. Ho. 13. 8. *so.* Ex. 1. 14-16, 22. 1 Sa. 22. 17-19. 2 Ki. 15. 16; 21. 16. Es. 3. 6-10. Mat. 2. 16.

16 *prince.* 1 Ki. 12. 10, 14. Ne. 5. 15. Ec. 4. 1. Is. 3. 12. Am. 4. 1. *he that.* Ex. 18. 21. Is. 33. 15, 16. Je. 22. 15-17.

17 Ge. 9. 6. Ex. 21. 14. Nu. 35. 14, etc. 1 Ki. 21. 19, 23. 2 Ki. 9. 26. 2 Ch. 24. 21-25. Mat. 27. 4, 5. Ac. 28. 4.

18 *walketh.* ch. 10. 9, 25; 11. 3-6. Ps. 25. 21; 26. 11; 84. 11. Ga. 2. 14. *but.* ver. 6. Nu. 22. 32. Ps. 73. 18-20; 125. 5. 1 Th. 5. 3. 2 Pe. 2. 1-3. Re. 3. 3.

19 *that tilleth.* ch. 12. 11; 14. 4; 27. 23-27. *but.* ch. 13. 20; 23. 20, 21. Ju. 9. 4. Lu. 15. 12-17.

20 *faithful.* ch. 20. 6. 1 Sa. 22. 14. Ne. 7. 2. Ps. 101. 6; 112. 4-9. Lu. 12. 42; 16. 1, 10-12. 1 Co. 4. 2-5. Re. 2. 10, 13. *but.* ver. 22; ch. 13. 11; 20. 21; 23. 4. 2 Ki. 5. 20-27. 1 Ti. 6. 9, 10. *innocent. or,* unpunished. ch. 17. 5, marg.

21 *respect.* ch. 18. 5; 24. 23. Ex. 23. 2, 8. *for.* Erasmus observes that this expression probably originated from the circumstance of holding out a piece of bread to a dog, in order to soothe him. Eze. 13. 19. Ho. 4. 18. Mi. 3. 5; 7. 3. Ro. 16. 18. 2 Pe. 2. 3.

22 *that hasteth,* etc. *Heb.* that hath an evil eye, hasteth to be rich. ver. 20. 1 Ti. 6. 9. *an evil.* ch. 23. 6. Mat. 20. 15. Mar. 7. 22. *and.* Ge. 13. 10-13; 19. 17. Job 20. 18-22; 27. 16, 17.

23 ch. 27. 5, 6. 2 Sa. 12. 7. 1 Ki. 1. 23, 32-40. Ps. 141. 5. Mat. 18. 15. Ga. 2. 11. 2 Pe. 3. 15, 16.

24 *robbeth.* ch. 19. 26. Ju. 17. 2. Mat. 15. 4-6. *the same.* ver. 7; ch. 13. 20; 18. 9. *a destroyer. Heb.* a man destroying.

25 *that is.* ch. 10. 12; 13. 10; 15. 18; 21. 24; 22. 10; 29. 22. *he that putteth.* Ps. 84. 12. Je. 17. 7, 8. 1 Ti. 6. 6. *made.* ch. 11. 25; 13. 4; 15. 30. Is. 58. 11.

26 *that.* ch. 3. 5. 2 Ki. 8. 13. Je. 17. 9. Mar. 7. 21-23; 14. 27-31. Ro. 8. 7. *but.* Job 28. 28. 2 Ti. 3. 15; Ja. 1. 5; 3. 13-18.

27 *that giveth.* ch. 19. 17; 22. 9. De. 15. 7, 10. Ps. 41. 1-3; 112. 5-9. 2 Co. 9. 6-11. He. 13. 16. *hideth.* Is. 1. 15. *shall.* ch. 11. 26; 24. 24.

28 *the wicked.* ver. 12; ch. 29. 2. *hide.* Job 24. 4. *they perish.* Es. 8. 17. Ac. 12. 23, 24.

## CHAP. XXIX.

*Observations of public government,* 1-14, *and of private,* 15-21. *Of anger, pride, thievery, cowardice, and corruption,* 22-27.

1 *He, that being often reproved. Heb.* A man of reproofs. ch. 1. 24-31. 1 Sa. 2. 25, 34. 1 Ki. 17. 1; 18. 18; 20. 42; 21. 20-23; 22. 20-23, 28, 34-37. 2 Ch. 25. 16; 33. 10; 36. 15-17. Je. 25. 3-5; 26. 3-5; 35. 13-16. Zec. 1. 3-6. Mat. 26. 21-25. Jno. 6. 70, 71; 13. 10, 11, 18, 26. Ac. 1. 18, 25. *hardeneth.* 2 Ch. 36. 13. Ne. 9. 29. Is. 48. 4. Je. 17. 23. *shall.* ch. 6. 15; 28. 18. Is. 30. 13, 14. Zec. 7. 11-14. 1 Th. 5. 3.

2 *the righteous.* ch. 11. 10; 28. 12, 28. Es. 8. 15. Ps. 72. 1-7. Is. 32. 1, 2. Je. 23. 5, 6. Re. 11. 15. *in authority. or,* increased. *when the wicked.* Es. 3. 15. Ec. 10. 5. Mat. 2. 3, 16.

3 *loveth.* ch. 10. 1; 15. 20; 23. 15, 24, 25; 27. 11. Lu. 1. 13-17. *he.* ch. 5. 8-10; 6. 26; 21. 17, 20; 28. 7, 19. Lu. 15. 13, 30.

4 *king.* ver. 14; ch. 16. 12; 20. 8. 1 Sa. 13. 13. 2 Sa. 8. 15. 1 Ki. 2. 12. Ps. 89. 14; 99. 4. Is. 9. 7; 49. 8. *he that receiveth gifts. Heb.* a man of oblations. 2 Ki. 15. 18-20. Je. 22. 13-17. Da. 11. 20. Mi. 7. 3.

5 *that.* ch. 7. 5, 21; 20. 19; 26. 24, 25, 28. 2 Sa. 14. 17, etc. Job 17. 5. Ps. 5. 9; 12. 2. 1 Th. 2. 5. *spreadeth.* ch. 1. 17. La. 1. 13. Ho. 5. 1. Lu. 20. 20, 21. Ro. 16. 18.

6 *the transgression.* ch. 5. 22; 11. 5, 6; 12. 13. Job 18. 7-10. Ps. 11. 6. Is. 8. 14, 15. 2 Ti. 2. 26. *but.* Ps. 97. 11; 118. 15; 132. 16. Ro. 5. 2, 3. Ja. 1. 2. 1 Pe. 1. 8. 1 Jno. 1. 4.

7 *considereth.* Job 29. 16; 31. 13, 21. Ps. 31. 7; 41. 1. Ga. 6. 1. *but.* ch. 21. 13. 1 Sa. 25. 9-11. Je. 5. 28; 22. 15-17. Eze. 22. 7, 29-31. Mi. 3. 1-4.

8 *Scornful.* ch. 11. 11. Is. 28. 14-22. Mat. 27. 39-43. Jno. 9. 40, 41; 11. 47-50. 1 Th. 2. 15, 16. *bring a city into a snare. or,* set a city on fire. Ja. 3. 5, 6. *wise.* Ex. 32. 10-14. Nu. 16. 48; 25. 11. De. 9. 18-20. 2 Sa. 24. 16, 17. Je. 15. 1. Eze. 22. 30. Am. 7. 2-6. Ja. 5. 15-18.

9 ch. 26. 4. Ec. 10. 13. Mat. 7. 6; 11. 17-19.

10 *The blood-thirsty. Heb.* Men of bloods. Ge. 4. 5-8. 1 Sa. 20. 31-33; 22. 11, etc. 1 Ki. 21. 20; 22. 8. 2 Ch. 18. 7. Mar. 6. 18, 19, 24-27. Jno. 15. 18, 19. 1 Jno. 3. 12, 13. *but.* 1 Sa. 15. 11. Je. 13. 15-17; 18. 20; 40. 14-16. Lu. 23. 34. Jno. 5. 34. Ac. 7. 60. Ro. 10. 1.

11 ch. 12. 16, 23; 14. 33. Ju. 16. 17. Am. 5. 13. Mi. 7. 5.

12 ch. 20. 8; 25. 23. 1 Sa. 22. 8, etc.; 23. 19-23. 2 Sa. 3. 7-11; 4. 5-12. 1 Ki. 21. 11-13. 2 Ki. 10. 6, 7. Ps. 52. 2-4; 101. 5-7.

13 *the deceitful man. or,* the usurer. Mat. 9. 9. 1 Co. 6. 10. *meet.* ch. 22. 2. Ex. 22. 25, 26. Le. 25. 35-37. Ne. 5. 5-7. *Lord.* Ps. 13. 3. Mat. 5. 45. Ep. 2. 1.

14 *king.* ver. 4; ch. 16. 12; 20. 28; 25. 5; 28. 16. Job 29. 11-18. Ps. 72. 2-4, 12-14; 82. 2, 3; 89. 2. Is. 1. 17; 11. 4. Je. 5. 28; 22. 16. Da. 4. 27. *his throne.* Is. 9. 6, 7. Lu. 1. 32, 33. He. 1. 8, 9.

15 *a rod.* ver. 17, 21; ch. 22. 6, 15; 23. 13, 14. He. 12. 10, 11. *a child.* ch. 10. 1, 5; 17. 21, 25. 1 Ki. 1. 6.

16 *the wicked.* ver. 2, marg. *but.* Ps. 37. 34, 36; 58. 10; 91. 8; 92. 9, 11; 112. 8. Re. 15. 4; 18. 20.

17 ver. 15; ch. 13. 24; 19. 18; 22. 15; 23. 13, 14.

18 *there.* 1 Sa. 3. 1. Ho. 4. 6. Am. 8. 11, 12. Mat. 9. 36. Ro. 10. 13-15. *perish. or,* is made naked. 2 Ch. 28. 19. *but.* ch. 19. 16. Ps. 19. 11; 119. 2. Lu. 11. 28. Jno. 13. 17; 14. 21-23. Ja. 1. 25. Re. 22. 14.

19 *servant.* ch. 26. 3; 30. 22. *though.* Job 19. 16.

20 *Seest.* ver. 11. Ec. 5. 2. Ja. 1. 19. *words. or,* matters. ch. 14. 29; 21. 5. *more.* ch. 26. 12.

22 *angry.* ch. 10. 12; 15. 18; 17. 19; 26. 21; 30. 33. *a furious.* ch. 17. 19; 22. 24. Ja. 3. 16.

23 *man's.* ch. 18. 12. 2 Ch. 32. 25, 26; 33. 10-12, 23, 24. Job 22. 29; 40. 12. Is. 2. 11, 12. Da. 4. 30-37; 5. 20, 21. Lu. 14. 11; 18. 14. Ac. 12. 23. Ja. 4. 6-10. 1 Pe. 5. 5. *honour.* ch. 15. 33. De. 8. 2, 3, 16. Is. 57. 15; 66. 2. Mat. 5. 3; 18. 4; 23. 12.

24 *partner.* ch. 1. 11-19. Ps. 50. 18-22. Is. 1. 23. Mar. 11. 17. *hateth.* ch. 6. 32; 8. 36; 15. 32; 20. 2. *he.* Le. 5. 1. Ju. 17. 2.

25 *fear.* Ge. 12. 11-13; 20. 2, 11; 26. 7. Ex. 32. 22-24. 1 Sa. 15. 24; 27. 1, 11. 1 Ki. 19. 3. Is. 57. 11. Mat. 10. 28; 15. 12; 26. 69-74. Jno. 3. 2; 9. 22; 12. 42; 19. 12, 13. Ga. 2. 11-13. 2 Ti. 4. 16, 17. *whoso.* ch. 16. 20; 18. 10; 30. 5. 1 Ch. 5. 20. Ps. 118. 8; 125. 1. Ec. 7. 18. Da. 3. 28; 6. 23. 1 Pe. 1. 21. *safe. Heb.* set on high. Ps. 69. 29; 91. 14.

26 *seek.* ch. 19. 6. Ps. 20. 9. *ruler's favour. Heb.* face of a ruler. *but.* ch. 16. 7; 19. 21; 21. 1. Ge. 43. 14. Ezr. 7. 27, 28. Ne. 1. 11. Es. 4. 16. Ps. 20. 9; 62. 12. Is. 46. 9-11. Da. 4. 35.

27 ch. 24. 9. Ps. 119. 115; 139. 21. Zec. 11. 8. Jno. 7. 7; 15. 17-19, 23. 1 Jno. 3. 13.

## CHAP. XXX.

*Agur's confession of his faith,* 1-6. *The two points of his prayer,* 7-9. *The meanest are not to be wronged,* 10. *Four wicked generations,* 11-14. *Four things insatiable,* 15, 16. *Parents are not to be despised,* 17. *Four things hard to be known,* 18-20. *Four things intolerable,* 21-23. *Four things exceeding wise,* 24-28. *Four things stately,* 29-31. *Wrath is to be prevented,* 32, 33.

1 *Agur.* Agur was probably a public teacher, and Ithiel and Ucal, his pupils; and this was the *massa,* or *oracle,* which he delivered, not by his own wisdom, but by the Holy Spirit, for the benefit of man; and which, it is probable, was added by 'the men of Hezekiah.' *even.* ch. 31. 1. 2 Pe. 1. 19-21.

2 *I am.* Job 42. 3-6. Ps. 73. 22. Is. 6. 5. Ro. 11. 25. 1 Co. 3. 18; 8. 2. Ja. 1. 5. *brutish.* ch. 5. 12. Ps. 92. 6. Je. 10. 14. 2 Pe. 2. 12-16.

3 *neither.* Am. 7. 14, 15. Mat. 16. 17. *nor.* Job 11. 7-9. Mat. 11. 27. Jno. 17. 3. Ro. 11. 33. Ep. 3. 18, 19. *have. Heb.* know. *the holy.* Is. 6. 3; 30. 11; 57. 15. Re. 3. 7; 4. 8.

4 *Who hath ascended.* De. 30. 12. Jno. 3. 13. Ro. 10. 6. Ep. 4. 9, 10. *who hath gathered.* Job 38. 4, etc. Ps. 104. 2, etc. Is. 40. 12, etc.; 53. 8. *what is his name.* Ex. 3. 13-15; 6. 3; 34. 5-7. De. 28. 58. *and what.* Ge. 32. 29. Ju. 13. 18. Ps. 2. 7. Is. 7. 14; 9. 6. Je. 23. 6. Mat. 1. 21-23; 11. 27. Lu. 10. 22.

5 *word.* Ps. 12. 6; 18. 30; 19. 8; 119. 140. Ro. 7. 12. Ja. 3. 17. *pure. Heb.* purified. *shield.* Ge. 15. 1. Ps. 84. 11; 91. 2; 115. 9-11; 144. 2.

6 *Add.* De. 4. 2; 12. 32. Re. 22. 18, 19. *and.* Job 13. 7-9. 1 Co. 15. 15.

7 *have.* 1 Ki. 3. 5-9. 2 Ki. 2. 9. Ps. 27. 4. Lu. 10. 42. *deny me them not. Heb.* withhold not from me. Ps. 21. 2.

8 *Remove.* ch. 21. 6; 22. 8; 23. 5. Ps. 62. 9, 10; 119. 29, 37. Ec. 1. 2. Is. 5. 18; 59. 4. Jon. 2. 8. Ac. 14. 15. *feed.* Ge. 28. 20; 48. 15, 16. Ex. 16. 15, 18, 21, 22, 29, 35. Mat. 6. 11, 33. Lu. 11. 3. 1 Ti. 6. 6-8. *convenient for me. Heb.* of my allowance. 2 Ki. 25. 30. Je. 37. 21; 52. 34.

9 *I be full.* De. 6. 10-12; 8. 10-14, 17; 31. 20; 32. 15. Ne. 9. 25, 26. Job 31. 24-28. Je. 2. 31. Eze. 16. 14, 15, 49, 50. Da. 4. 17, 30. Ho. 13. 6. Ac. 12. 22, 23. *deny thee. Heb.* belie *thee.* *Who.* Ex. 5. 2. 2 Ch. 32. 15-17. *or.* ch. 6. 30, 31. Ps. 125. 3. *and take the name.* ch. 29. 24. Ex. 20. 7. Le. 5. 1. Mat. 26. 72, 74.

10 *Accuse not. Heb.* Hurt not with thy tongue. ch. 24. 23. De. 23. 15. 1 Sa. 22. 9, 10; 24. 9; 26. 19; 30. 15. 2 Sa. 16. 1-4; 19. 26, 27. Da. 3. 8, etc.; 6. 13, 24. Ro. 14. 4. *lest.* ch. 11. 26; 24. 24; 28. 27. De. 15. 9. 2 Ch. 24. 22-24.

11 *a generation.* ver. 12-14. Mat. 3. 7. 1 Pe. 2. 9. *that curseth.* ver. 17; ch. 20. 20. Le. 20. 9. De. 21. 20, 21; 27. 16. Mat. 15. 4-6. Mar. 7. 10-13. *doth.* 1 Ti. 5. 4, 8.

12 *that are.* ch. 21. 2. Ju. 17. 5, 13. 1 Sa. 15. 13, 14. Job 33. 9. Ps. 36. 2. Is. 65. 5. Je. 2. 22-24, 35. Lu. 11. 39, 40; 16. 15; 18. 11. 2 Ti. 3. 5. Tit. 1. 15, 16. 1 Jno. 1. 8-10. *not.* Ps. 51. 2, 7. Is. 1. 16. Je. 4. 14. Eze. 36. 25. Zec. 13. 1. 1 Co. 6. 11. Tit. 3. 5. 1 Jno. 1. 7. Re. 1. 5.

13 ch. 6. 17; 21. 4. Ps. 101. 5; 131. 1. Is. 2. 11; 3. 16. Eze. 28. 2-5, 9. Da. 11. 36, 37. Hab. 2. 4. 2 Th. 2. 3, 4.

14 *whose.* ch. 12. 18. Job 29. 17. Ps. 3. 7; 52. 2; 57. 4; 58. 6. Da. 7. 5-7. Re. 9. 8. *to devour.* ch. 22. 16; 28. 3. Ps. 10. 8, 9; 12. 5; 14. 4. Ec. 4. 1. Is. 32. 7. Am. 2. 7; 4. 1; 8. 4. Mi. 2. 1, 2; 3. 1-5. Hab. 3. 14. Zep. 3. 3. Mat. 23. 14. Ja. 5. 1-4.

15 *The horseleach.* Is. 57. 3. Eze. 16. 44-46. Mat. 23. 32. Jno. 8. 39, 44. *Give.* Is. 56. 11, 12. Ho. 4. 18. Mi. 7. 3. Ro. 16. 18. 2 Pe. 2. 3, 13-15. Jude 11, 12. *There.* ver. 21, 24, 29; ch. 6. 16. Am. 1. 3, 6, 9, 11, 13; 2. 1, 4. *It is enough. Heb.* Wealth.

16 ch. 27. 20. Hab. 2. 5.

17 *eye.* ver. 11; ch. 20. 20; 23. 22. Ge. 9. 21-27. Le. 20. 9. De. 21. 18-21. 2 Sa. 18. 9, 10, 14-17. *the ravens.* 1 Sa. 17. 44. 2 Sa. 21. 10. *valley. or,* brook.

18 *too.* Job 42. 3. Ps. 139. 6.

19 *way of an.* Job 39. 27. Is. 40. 31. *midst. Heb.* heart. *and the.* Ex. 22. 16.

20 ch. 7. 13-23. Nu. 5. 11-30.

22 *a servant.* ch. 19. 10; 28. 3. Ec. 10. 7. Is. 3. 4, 5. *a fool.* 1 Sa. 25. 3, 10, 11, 25, 36-38; 30. 16.

23 *an odious.* ch. 19. 13; 21. 9, 19; 27. 15. *an handmaid.* ch. 29. 21.

24 *little.* Job 12. 7. *exceeding wise. Heb.* wise, made wise.

25 The *ants* may truly be called a *people,* as they have houses, towns, public roads, etc.; and shew their wisdom and prudence by preparing their meat in due season. ch. 6. 6-8.

26 Le. 11. 5. Ps. 104. 18.

27 *The locusts.* Ex. 10. 4-6, 13-15. Ps. 105. 34. Joel 1. 4, 6, 7; 2. 7-11, 25. Re. 9. 3-11. *by bands. Heb.* gathered together.

30 Nu. 23. 24. Ju. 14. 18.

31 *greyhound. or,* horse. *Heb.* girt in the lions. *against.* ch. 16. 14; 20. 2. Da. 3. 15-18.

32 *thou hast done.* ch. 26. 12. Ec. 8. 3. *lay.* ch. 17. 28. Job 21. 5; 40. 4. Ec. 8. 4. Mi. 7. 16, 17. Ro. 3. 19.

33 *so.* ch. 15.18; 16.28; 17.14; 26.21; 28.25; 29.22.

CHAP. XXXI.

*Lemuel's lesson of chastity and temperance,* 1-5. *The afflicted are to be comforted and defended,* 6-9. *The praise and properties of a good wife,* 10-31.

1 *the prophecy.* ch. 30. 1. *his.* ch. 1. 8; 6. 20. 2 Ti. 1. 5; 3. 15.

2 *the son of my womb.* Is. 49. 15. *the son of my vows.* 1 Sa. 1. 11, 28.

3 *strength.* ch. 5. 9-11; 7. 26, 27. Ho. 4. 11. *to that.* De. 17. 17. Ne. 13. 26.

4 Le. 10. 9, 10. 1 Ki. 20. 12, 16-20. Es. 3. 15. Ec. 10. 17. Is. 28. 7, 8. Da. 5. 2-4. Ho. 4. 11, 12; 7. 3-5. Hab. 2. 5. Mar. 6. 21-28.

5 *pervert. Heb.* alter. *any of the afflicted. Heb.* all the sons of affliction. Hab. 2. 5.

6 *strong.* Ps. 104. 15. 1 Ti. 5. 23. *of heavy hearts. Heb.* bitter of soul. 1 Sa. 1. 10; 30. 6. 2 Ki. 4. 27, margins.

7 Ep. 5. 18.

8 *Open.* ch. 24. 7, 11, 12. 1 Sa. 19. 4-7; 20. 32; 22. 14, 15. Es. 4. 13-16. Job 29. 9, 17. Ps. 82. 3, 4. Je. 26. 16-19, 24; 38. 7-10. Jno. 7. 51. *such,* etc. *Heb.* the sons of destruction. Ps. 79. 11, marg.

9 ch. 16. 12; 20. 8. Le. 19. 15. De. 1. 16; 16. 18-20. 2 Sa. 8. 15. Ps. 58. 1, 2; 72. 1, 2. Job 29. 12, 15, 16. Is. 1. 17, 23; 11. 4; 32. 1, 2. Je. 5. 28; 22. 3, 15, 16; 23. 5. Da. 4. 27. Am. 5. 11, 12. Zec. 7. 9; 9. 9. Jno. 7. 24. He. 1. 9. Re. 19. 11.

10 *Who.* This is the commencement of an alphabetical poem, each verse beginning consecutively with a letter of the Hebrew alphabet; in which we are presented with an admirable picture of a good wife, according to the primitive manners of the East. *can.* ch. 12. 4; 18. 22; 19. 14. Ru. 3. 11. Ec. 7. 28. Ca. 6. 8, 9. Ep. 5. 25-33. *her.* ch. 3. 15; 8. 11; 20. 15.

11 2 Ki. 4. 9, 10, 22, 23. 1 Pe. 3. 1-7.

12 1 Sa. 25. 18-22, 26, 27.

13 *worketh.* Ge. 18. 6-8; 24. 13, 14, 18-20; 29. 9, 10. Ex. 2. 16. Ru. 2. 2, 3, 23. Is. 3. 16-24; 32. 9-11. Ac. 9. 39, 40. 1 Th. 4. 11. 2 Th. 3. 10-12. 1 Ti. 5. 10, 14. Tit. 2. 5.

14 ver. 24. 1 Ki. 9. 26-28. 2 Ch. 9. 10, 21. Eze. 27. 3, etc.

15 *riseth.* Jos. 3. 1. 2 Ch. 36. 15. Ps. 119. 147, 148. Ec. 9. 10. Mar. 1. 35. Ro. 12. 11. *and giveth.* Mat. 24. 45. Lu. 12. 42.

16 *considereth.* Jos. 15. 18. Ca. 8. 12. Mat. 13. 44. *buyeth. Heb.* taketh.

17 *girdeth.* 1 Ki. 18. 46. 2 Ki. 4. 29. Job 38. 3. Lu. 12. 35. Ep. 6. 10, 14. 1 Pe. 1. 13. *strengtheneth.* Ge. 49. 24. Is. 44. 12. Ho. 7. 15.

18 *perceiveth. Heb.* tasteth. *her candle.* Ge. 31. 40. Ps. 127. 2. Mat. 25. 3-10. 1 Th. 2. 9. 2 Th. 3. 7-9.

19 She takes the *spindle* in her right hand, by twisting which she *twists the thread;* while she holds the *distaff,* on which the wool or flax is rolled, in the guard of the left arm, and draws down the thread with the fingers of the left hand. Ex. 35. 25, 26.

20 *She stretcheth. Heb.* She spreadeth. ch. 1. 24. Ro. 10. 21. *she reacheth.* ch. 19. 17; 22. 9. Job 31. 16-20. Ps. 41. 1; 112. 9. Ec. 11. 1, 2. Mar. 14. 7. Ac. 9. 39-41; 20. 34, 35. Ep. 4. 28. He. 13. 16.

21 *afraid.* ch. 25. 20. *scarlet. or,* double garments. Ge. 45. 22.

22 *coverings.* ch. 7. 16. *clothing.* Ge. 41. 42, marg. Es. 5. 1; 8. 15. Ps. 45. 13, 14. Eze. 16. 10-13. 1 Pe. 3. 3. *silk. Shesh,* rather *fine linen,* or *cotton.* (See on Ex. 39. 27.) *Sadin,* rendered '*fine linen,*' ver. 24, is probably the same as the Arabic *sidn,* and *sudl,* a *veil,* or an *inner covering of fine muslin.*

23 *husband.* ch. 12. 4. *in the.* ch. 24. 7. De. 16. 18; 21. 19. Ru. 4. 1. Job 29. 7.

24 ver. 13, 19. 1 Ki. 10. 28. Eze. 27. 16. Lu. 16. 19.

25 *Strength.* Job 29. 14; 40. 10. Ps. 132. 9, 16. Is. 61. 10. Ro. 13. 14. Ep. 4. 24. 1 Ti. 2. 10. 1 Pe. 5. 5, 6. *and she.* Ps. 97. 11, 12. Is. 65. 13, 14. Mat. 25. 20, 21.

26 *openeth.* ver. 8, 9. Ju. 13. 23. 1 Sa. 25. 24-31. 2 Sa. 20. 16-22. 2 Ki. 22. 15-20. Es. 4. 4; 5. 8; 7. 3-6; 8. 3-6. Lu. 1. 38, 42-56. Ac. 18. 26. Ep. 4. 29. Col. 4. 5. *in her.* ch. 12. 18; 16. 24; 25. 15. Ge. 24. 18-20. Ca. 2. 14; 4. 11. Mal. 2. 6. Ac. 16. 15. 1 Pe. 3. 1, 4, 5, 8, 9.

27 ch. 14. 1. 1 Th. 4. 11. 2 Th. 3. 6. 1 Ti. 5. 10. Tit. 2. 4.

28 *children.* ver. 1. 1 Ki. 2. 19. Ps. 116. 16. 2 Ti. 1. 5; 3. 15-17. *her husband.* Ca. 7. 1-9. Is. 62. 4, 5, marg.

29 *done virtuously. or,* gotten riches. *thou.* Ca. 6. 8, 9. Ep. 5. 27.

30 *Favour.* ch. 6. 25; 11. 22. 2 Sa. 14. 25. Es. 1. 11, 12. Eze. 16. 15. Ja. 1. 11. 1 Pe. 1. 24. *a woman.* ch. 1. 7; 8. 13. Ex. 1. 17-21. Ps. 147. 11. Lu. 1. 6, 46-50. 1 Pe. 3. 4, 5. *she.* Ec. 7. 18; 12. 13. Ro. 2. 29. 1 Co. 4. 5. 1 Pe. 1. 7; 3. 4.

31 *of the.* ver. 16; ch. 11. 30. Ps. 128. 2. Mat. 7. 16, 20. Ro. 6. 21, 22. Phi. 4. 17. *and let.* Mar. 14. 7-9. Ac. 9. 39. Ro. 16. 1-4, 6, 12. 1 Ti. 5. 25. He. 6. 10. Re. 14. 13.

## CONCLUDING REMARKS ON THE BOOK OF PROVERBS.

The wisdom of all ages, from the highest antiquity, has chosen to compress and communicate its lessons in short, compendious sentences, and in poetic language, which were readily conceived and easily retained, and circulated in society as useful principles, to be unfolded as occasion required. Indeed, such short maxims, comprehending much instruction in a few words, and carrying their own evidence with them, are admirably adapted to direct the conduct, without overburdening the memory, or perplexing the mind with abstract reasonings; and hence there are, in all countries and in all languages, old proverbs, or common sayings, which have great authority and influence on the opinions and actions of mankind. Such maxims, however, want their proper basis, the sanction of a Divine Original; and being generally the mere result of worldly prudence, are often calculated to impose on the judgment, and to mislead those who are directed by them. But the proverbs in this book not only are far more ancient than any others extant in the world, and infinitely surpass all the ethical sayings of the ancient sages; but have also received a Divine *imprimatur,* and are infallible rules to direct our conduct in every circumstance of human life. They are so justly founded on the principles of human nature, and so adapted to the permanent interests of man, that they agree with the manners of every age; and are adapted to every period, condition, or rank in life, however varied in its complexion or diversified by circumstances. Kings and subjects, rich and poor, wise and foolish, old and young, fathers and mothers, husbands and wives, sons and daughters, masters and servants, may here learn their respective duties, and read lessons of instruction for the regulation of their conduct in their various circumstances; while the most powerful motives, derived from honour, interest, love, fear, natural affection, and piety, are exhibited to inspire an ardent love of wisdom and virtue, and the greatest detestation of ignorance and vice. These maxims are laid down so clearly, copiously, impressively, and in such variety, that every man who wishes to be instructed may take what he chooses, and, among multitudes, those which he likes best. 'He is wise,' say St. Basil, 'not only who hath arrived at a complete habit of wisdom, but who hath made some progress towards it; nay, who doth as yet but love it, or desire it, and listen to it. Such as these, by reading this book, shall be made wiser; for they shall be instructed in much divine, and in no less human learning. . . . It bridles the injurious tongue, corrects the wanton eye, and ties the unjust hand in chains. It persecutes sloth, chastises all absurd desires, teaches prudence, raises man's courage, and represents temperance and chastity after such a fashion that one cannot but have them in veneration.'

# ECCLESIASTES; or, The PREACHER.

B.C. 977. A.M. 3027.

## CHAP. I.

*The preacher shews that all human courses are vain,* 1-3; *because the creatures are restless in their courses,* 4-8, *they bring forth nothing new, and all old things are forgotten,* 9-11; *and because he has found it so in the studies of wisdom,* 12-18.

1 *the Preacher.* ver. 12; ch. 7. 27; 12. 8-10. Ne. 6. 7. Ps. 40. 9. Is. 61. 1. Jon. 3. 2. 2 Pe. 2. 5. *king.* ver. 12. 1 Ki. 11. 42, 43. 2 Ch. 9. 30; 10. 17-19.

2 ch. 2. 11, 15, 17, 19, 21, 23, 26; 3. 19; 4. 4, 8, 16; 5. 10; 6. 11; 11. 8, 10; 12. 8. Ps. 39. 5, 6; 62. 9, 10; 144. 4. Ro. 8. 20.

3 *profit.* ch. 2. 22; 3. 9; 5. 16. Pr. 23. 4, 5. Is. 55. 2. Hab. 2. 13, 18. Mat. 16. 26. Mar. 8. 36, 37. Jno. 6. 27. *under.* ch. 2. 11, 19; 4. 3, 7; 5. 18; 6. 12; 7. 11; 8. 15-17; 9. 3, 6, 13.

4 *One generation.* ch. 6. 12. Ge. 5. 3-31; 11. 10-32; 36. 9, etc.; 47. 9. Ex. 1. 6, 7; 6. 16, etc. Ps. 89. 47, 48; 90. 9, 10. Zec. 1. 5. *but.* Ps. 102. 24-28; 104. 5; 119. 90, 91. Mat. 24. 35. 2 Pe. 3. 10-13.

5 *sun.* Ge. 8. 22. Ps. 19. 4-6; 89. 36, 37; 104. 19-23. Je. 33. 20. *hasteth. Heb.* panteth. Jos. 10. 13, 14. Ps. 42. 1. Hab. 3. 11.

6 *The wind.* This verse should be connected with the preceding, and rendered, 'The sun also ariseth, and the sun goeth down, and hasteth to his place where he arose; going toward the south, and turning about unto the north. The wind whirleth about continually,' etc. Alluding, in the former part, to the apparent daily motion of the sun from east to west, and to his annual course through the signs of the zodiac. Job 37. 9, 17. Ps. 107. 25, 29. Jon. 1. 4. Mat. 7. 24-27. Jno. 3. 8. Ac. 27. 13-15.

7 *the rivers run.* Job 38. 10, 11. Ps. 104. 6-9. *return again. Heb.* return to go.

8 *full.* ch. 2. 11, 26. Mat. 11. 28. Ro. 8. 22, 23. *man.* ch. 4. 1-4; 7. 24-26. *the eye.* ch. 4. 8; 5. 10, 11. Ps. 63. 5. Pr. 27. 20; 30. 15, 16. Mat. 5. 6. Re. 7. 16, 17.

9 *that hath.* ch. 3. 15; 7. 10. 2 Pe. 2. 1. *and there.* Is. 43. 19. Je. 31. 22. Re. 21. 1, 5.

10 *it hath.* Mat. 5. 12; 23. 30-32. Lu. 17. 26-30. Ac. 7. 51. 1 Th. 2. 14-16. 2 Ti. 3. 8.

11 *There is.* ch. 2. 16. Ps. 9. 6. Is. 41. 22-26; 42. 9.

12 See on ver. 1. 1 Ki. 4. 1, etc.

13 *I gave.* ver. 17; ch. 7. 25; 8. 9, 16, 17. Ps. 111. 2. Pr. 2. 2-4; 4. 7; 18. 1, 15; 23. 26. 1 Ti. 4. 15. *this sore.* ch. 3. 10; 4. 4; 12. 12. Ge. 3. 19. *to be exercised. or,* to afflict them.

14 ver. 17, 18; ch. 2. 11, 17, 26. 1 Ki. 4. 30-32. Ps. 39. 5, 6.

15 *crooked.* ch. 3. 14; 7. 12, 13. Job 11. 6; 34. 29. Is. 40. 4. La. 3. 37. Da. 4. 35. Mat. 6. 27. *wanting. Heb.* defect.

16 *communed.* 2 Ki. 5. 20. Ps. 4. 4; 77. 6. Is. 10. 7-14. Je. 22. 14. Eze. 38. 10, 11. Da. 4. 30. *Lo.* ch. 2. 9. 1 Ki. 3. 12, 13; 4. 30; 10. 7, 23, 24. 2 Ch. 1. 10-12; 2. 12; 9. 22, 23. *great experience of. Heb.* seen much. He. 5. 14.

17 *I gave.* See on ver. 13; ch. 2. 3, 12; 7. 23-25. 1 Th. 5. 21. *I perceived.* ch. 2. 10, 11.

18 *For in.* ch. 2. 15; 7. 16; 12. 12, 13. Job 28. 28. 1 Co. 3. 18-20. Ja. 3. 13-17.

## CHAP. II.

*The vanity of human courses in the works of pleasure,* 1-11. *Though the wise be better than the fool, yet both have one event,* 12-17. *The vanity of human labour, in leaving it they know not to whom,* 18-23. *Nothing better than joy in our labour; but that is God's gift,* 24-26.

1 *said.* ver. 15; ch. 1. 16, 17; 3. 17, 18. Ps. 10. 6; 14. 1; 27. 8; 30. 6, 7. Lu. 12. 19. *Go to.* Ge. 11. 3, 4, 7. 2 Ki. 5. 5. Is. 5. 5. Ja. 4. 13; 5. 1. *I will.* ch. 8. 15; 11. 9. Is. 50. 5, 11. Lu. 16. 19, 23. Ja. 5. 5. Tit. 3. 3. Re. 18. 7, 8.

2 *I said.* Solomon is not speaking here of a sober enjoyment of the things of the world, but of *intemperate pleasure,* whose two attendants, *laughter* and *mirth,* are introduced by a beautiful prosopopœia, as two persons, whom he treats with the utmost contempt. *It is.* ch. 7. 2-6. Pr. 14. 13. Is. 22. 12, 13. Am. 6. 3-6. 1 Pe. 4. 2-4.

3 *sought.* ch. 1. 17. 1 Sa. 25. 36. *give myself unto wine. Heb.* draw my flesh with wine. *yet.* Pr. 20. 1; 31. 4, 5. Ep. 5. 18. *and to lay.* ch. 7. 18. Pr. 20. 1; 23. 29-35. Mat. 6. 24. 2 Co. 6. 15-17. *till.* ch. 6. 12; 12. 13. *all. Heb.* the number of. Ge. 47. 9. Job 14. 14. Ps. 90. 9-12.

4 *made.* Ge. 11. 4. 2 Sa. 18. 18. Da. 4. 30. *I builded.* De. 8. 12-14. 1 Ki. 7. 1, 2, 8-12; 9. 1, 15-19; 10. 19, 20. 2 Ch. 8. 1-6, 11. Ps. 49. 11. *I planted.* 1 Ch. 27. 27. 2 Ch. 26. 10. Ca. 1. 14; 7. 12; 8. 11, 12. Is. 5. 1.

5 *me.* Ca. 4. 12-16; 5. 1; 6. 2. Je. 39. 4. *I planted.* Ge. 2. 8, 9. Lu. 17. 27-29.

6 *pools.* Ne. 2. 14. Ca. 7. 4. *to water.* Ps. 1. 3. Je. 17. 8.

7 *servants.* 1 Ki. 9. 20-22. Ezr. 2. 58. Ne. 7. 57. *and had.* Ge. 17. 12, 13. *servants born in my house. Heb.* sons of my house. *also.* Ge. 13. 2. 2 Ki. 3. 4. 1 Ch. 27. 29-31. 2 Ch. 26. 10; 32. 27-29. Job 1. 3; 42. 12.

8 *silver.* 1 Ki. 9. 14, 28; 10. 10, 14. 21, 22, 27. 2 Ch. 9. 11, 15-21. *men singers.* 2 Sa. 19. 35. Ezr. 2. 65. *musical instruments,* etc. *Heb.* musical instrument and instruments. 1 Ch. 25. 1, 6. Job 21. 11, 12. Ps. 150. 3-5. Da. 3. 5, 7, 15. Am. 6. 5. The difficult words *shiddah weshiddoth* are variously rendered. The LXX. have οινοχοον και οινοχυας· 'male and female cup-bearers,' with which the Syriac and Arabic and PARKHURST agree; AQUILA, κυλικον και κυλικια· 'a cup and smaller cups;' JEROME, *scyphos et urceolos,* (Vulg. *urceos,*) 'goblets and pots;' Targum, 'warm and cold baths;' others, as M. DESVŒUX, 'male and female captives;' others, 'cooks and confectioners;' others, 'a species of musical compositions,' derived from *Sido,* a celebrated Phœnician woman, to whom SANCHONIATHO attributes the invention of music; but others, with more probability, 'wives and concubines;' and *siddoth* may be in this sense synonymous with the Arabic *seedat, domina, conjux* from *sada,* in Conj. V. *conjugium inivit.* Of the *former,* Solomon had three hundred, and of the *latter,* seven hundred; and if they are not mentioned here they are not mentioned at all, which is wholly unaccountable.

9 ch. 1. 16. 1 Ki. 3. 12; 10. 7, 23. 1 Ch. 29. 25. 2 Ch. 1. 1; 9. 22, 23.

10 *whatsoever.* ch. 3. 22; 6. 9; 11. 9. Ge. 3. 6; 6. 2. Ju. 14. 2. Job 31. 1. Ps. 119. 37. Pr. 23. 5. 1 Jno. 2. 16. *my heart rejoiced.* ver. 22; ch. 5. 18; 9. 9. Ps. 128. 2.

11 *I looked.* ch. 1. 14; 11. 18. Ge. 1. 31. Ex. 39. 43. 1 Jno. 2. 16, 17. *behold.* ver. 17-23; ch. 1. 3, 14. Hab. 2. 13. 1 Ti. 6. 6.

12 *I turned.* ch. 1. 17; 7. 25. *even that which hath been already done. or,* in those things which have been already done. ver. 25.

13 *I saw.* ch. 7. 11, 12; 9. 16. Pr. 4. 5-7; 16. 16. Mal. 3. 18; 4. 1, 2. *that wisdom excelleth folly. Heb.* that there is an excellency in wisdom more than in folly, etc. *light.* ch. 11. 7. Ps. 119. 105, 130. Pr. 4. 18, 19. Mat. 6. 23. Lu. 11. 34, 35. Ep. 5. 8.

14 *wise.* ch. 8. 1; 10. 2, 3. Pr. 14. 8; 17. 24. 1 Jno. 2 11. *one.* ch. 9. 1-3, 11, 16. Ps. 19. 10; 49. 10.

15 *even to me. Heb.* to me, even to me. *and why* ch. 1. 16, 18. 1 Ki. 3. 12. *Then I.* ver. 1; ch. 1. 2, 14.

16 *there is.* ch. 1. 11. Ex. 1. 6, 8. Ps. 88. 12; 103. 16 Mal. 3. 16. *how.* ch. 6. 8. 2 Sa. 3. 33. Ps. 49. 10. He. 9. 27.

17 *I hated.* Nu. 11. 15. 1 Ki. 19. 4. Job 3. 20-22; 7. 15, 16; 14. 13. Je. 20. 14-18. Jon. 4. 3, 8. Phi. 1. 23-25. *work.* ch. 1. 14; 3. 16. Eze. 3. 14. Hab. 1. 3. *for.* ver. 11, 22; ch. 6. 9. Ps. 89. 47.

18 *I hated.* ver. 4-9; ch. 1. 13; 4. 3; 5. 18; 9. 9. *taken. Heb.* laboured. *I should.* ver. 26; ch. 5. 13, 14. 1 Ki. 11. 11-13. Ps. 17. 14; 39. 6; 49. 10. Lu. 12. 20; 16. 27, 28. Ac. 20. 29, 30. 1 Co. 3. 10.

19 *who knoweth.* ch. 3. 22. 1 Ki. 12. 14, etc.; 14. 25-28. 2 Ch. 10. 13-16; 12. 9, 10. *wise under.* ch. 9. 13. Lu. 16. 8. Ja. 1. 17; 3. 17.

20 Ge. 43. 14. Job 17. 11-15. Ps. 39. 6, 7. 1 Co. 15. 19. 2 Co. 1. 8-10. 1 Th. 3. 3, 4.

21 *whose.* ver. 17, 18; ch. 9. 18. 2 Ch. 31. 20, 21; 33. 2-9; 34. 2; 35. 18; 36. 5, etc. Je. 22. 15, 17. *leave. Heb.* give.

22 *hath man.* ch. 1. 3; 3. 9; 5. 10, 11, 17; 6. 7, 8; 8. 15.

Pr. 16. 26. 1 Ti. 6. 8. *and of the.* ch. 4. 6, 8. Ps. 127. 2. Mat 6. 11, 25, 34; 16. 26. Lu. 12. 22, 29. Phi. 4. 6. 1 Pe. 5. 7.

23 *all.* Ge. 47. 9. Job 5. 7; 14. 1. Ps. 90. 7-10, 15; 127. 2. *his heart.* ch. 5. 12. Es. 6. 1. Job 7. 13, 14. Ps. 6. 6, 7; 32. 4; 77. 2-4. Da. 6. 18. Ac. 14. 22.

24 *nothing.* ch. 3. 12, 13, 22; 5. 18; 8. 15; 9. 7-9; 11. 9, 10. De. 12. 12, 18. Ne. 8. 10. Ac. 14. 17. 1 Ti. 6. 17. *make his soul enjoy good. or,* delight his senses. *that it.* ch. 3. 13; 5. 19; 6. 2. Mal. 2. 2. Lu. 12. 19, 20.

25 *who can.* ver. 1-12. 1 Ki. 4. 21-24.

26 *in his sight. Heb.* before him. Ge. 7. 1. Lu. 1. 6. *wisdom.* 2 Ch. 31. 20, 21. Pr. 3. 13-18. Is. 3. 10, 11. Jno. 16. 24. Ro. 14. 17, 18. 1 Co. 1. 30, 31. Ga. 5. 22, 23. Col. 1. 9-12; 3. 16, 17. Ja. 3. 17. *to the sinner.* Job 27. 16, 17. Pr. 13. 22; 28. 8.

## CHAP. III.

*By the necessary change of times, vanity is added to human travail,* 1-10. *There is an excellency in God's works,* 11-15. *But as for man, God shall judge his works hereafter, though here he be like a beast,* 16-22.

1 *every thing.* ver. 17; ch. 7. 14; 8. 5, 6. 2 Ki. 5. 26. 2 Ch. 33. 12. Pr. 15. 23. Mat. 16. 3. *under.* ch. 1. 13; 2. 3, 17.

2 *time to be born. Heb.* time to bear. Ge. 17. 21; 21. 1, 2. 1 Sa. 2. 5. 1 Ki. 13. 2. 2 Ki. 4. 16. Ps. 113. 9. Is. 54. 1. Lu. 1. 13, 20, 36. Jno. 16, 21. Ac. 7. 17, 20. Ga. 4. 4. *and a time.* Ge. 47. 29. Nu. 20. 24-28; 27. 12-14. De. 3. 23-26; 34. 5. Job 7. 1; 14. 5, 14. Is. 38. 1, 5. Jno. 7. 30. He. 9. 27. *a time to plant.* Ps. 52. 5. Is. 5. 2-5. Je. 1. 10; 18. 7-10; 45. 4. Mat. 13. 28, 29, 41; 15. 13.

3 *time to kill.* De. 32. 39. 1 Sa. 2. 6, 25. Ho. 6. 1, 2. *a time to heal.* Nu. 26. 6-9. Is. 38. 5, etc. Je. 33. 6. Lu. 9. 54-56. Ac. 5. 15, 16. *a time to break.* Is. 5. 5, 6; 44. 26. Je. 31. 28; 45. 4. Eze. 13. 14. Da. 9. 25-27. Zec. 1. 12.

4 *time to weep.* Ne. 8. 9-12; 9. 1, etc. Ps. 30. 5; 126. 1, 2, 5, 6. Is. 22. 12, 13. Mat. 9. 15; 11. 17. Jno. 16. 20-22. Ro. 12. 15. 2 Co. 7. 10. Ja. 4. 9. *a time to laugh.* Ge. 21. 6. Lu. 1. 13, 14, 58; 6. 21-25. *to dance.* Ex. 15. 20. 2 Sa. 6. 16.

5 *to cast.* Jos. 4. 3-9; 10. 27. 2 Sa. 18. 17, 18. 2 Ki. 3. 25. *a time to embrace.* Ex. 19. 15. 1 Sa. 21. 4, 5. Ca. 2. 6, 7. Joel 2. 16. 1 Co. 7. 5. *refrain from. Heb.* be far from.

6 *time to get. or,* time to seek. Ge. 30. 30, etc.; 31. 18. Ex. 12. 35, 36. De. 8. 17, 18. 2 Ki. 5. 26; 8. 9. *and a time to lose.* Mat. 16. 25, 26; 19. 29. Mar. 8. 35-37; 10. 28-30. Lu. 9. 24, 25. *and a time to cast.* ch. 11. 1. 2 Ki. 7. 15. Ps. 112. 9. Is. 2. 20. Jon. 1. 5. Ac. 27. 19, 38. Phi. 3. 7, 8. He. 10. 34, 35.

7 *time to rend.* Ge. 37. 29, 34. 2 Sa. 1. 11; 3. 31. 1 Ki. 21. 27. 2 Ki. 5. 7; 6. 30. Je. 36. 24. Joel 2. 13. Ac. 9. 39. *time to keep.* Job 2. 13. Ps. 39. 2. Is. 36. 21. Je. 8. 14. La. 3. 28. Am. 5. 13; 8. 3. Mi. 7. 5. *and a time to speak.* Ge. 44. 18, 34. 1 Sa. 19. 4, 5; 25. 24, etc. Es. 4. 13, 14; 7. 4. Job 32. 4, etc. Pr. 24. 11, 12; 31. 8, 9. Lu. 19. 37-40. Ac. 4. 20.

8 *time to love.* Eze. 16. 8. Ps. 139. 21. Ep. 3. 19; 5. 25, 28, 29. Tit. 2. 4. *a time to hate.* 2 Ch. 19. 2. Lu. 14. 26. Re. 2. 2. *a time of war.* Ge. 14. 14-17. Jos. 8. 1, etc.; 11. 23. 2 Sa. 10. 6, etc. 1 Ki. 5. 4. 2 Ch. 20. 1, etc., 30.

9 ch. 1. 3; 2. 11, 22, 23; 5. 16. Pr. 14. 23. Mat. 16. 26.

10 ch. 1. 13, 14; 2. 26. Ge. 3. 19. 1 Th. 2. 9. 2 Th. 3. 8.

11 *hath made.* ch. 7. 29. Ge. 1. 31. De. 32. 4. Mar. 7. 37. *also.* Mat. 13. 22. Ro. 1. 19, 20, 28. *so.* ch. 8. 17. Job 11. 7; 37. 23. Ps. 104. 24. Mat. 11. 27. Ro. 11. 33.

12 *but.* ver. 32; ch. 9. 7-9. De. 28. 63. Ps. 37. 3. Is. 64. 5. Lu. 11. 41. Ac. 20. 35. Phi. 4. 4-9. 1 Th. 5. 15, 16. 1 Ti. 6. 18.

13 ch. 2. 24; 5. 18-20; 6. 2; 9. 7. De. 38. 30, 31, 47, 48. Ju. 6. 3-6. Ps. 128. 2. Is. 65. 21-23.

14 *whatsoever.* Ps. 33. 11; 119. 90, 91. Is. 46. 10. Da. 4. 34, 35. Ac. 2. 23; 4. 28. Ro. 11. 36. Ep. 3. 11. Tit. 1. 2. Ja. 1. 17. *nothing.* Ps. 76. 10. Pr. 19. 21; 21. 30; 30. 6. Is. 10. 12-15. Da. 8. 8; 11. 2-4. Jno. 19. 10, 11, 28-37. Ac. 5. 39. *God doeth it.* Ps. 64. 9. Is. 59. 18, 19. Re. 15. 4.

15 *which hath.* ch. 1. 9, 10. *past. Heb.* driven away.

16 ch. 4. 1; 5. 8. 1 Ki. 21. 9-21. Ps. 58. 1, 2; 82. 2-5; 94. 21, 22. Is. 59. 14. Mi. 2. 2; 7. 3. Zep. 3. 3. Mat. 26. 59. Ac. 23. 3. Ja. 2. 6.

17 *said.* ch. 1. 16; 2. 1. *God.* ch. 12. 14. Ge. 18. 25. Ps. 98. 9. Mat. 16. 27; 25. 31-46. Jno. 5. 22, 26-29. Ac. 17. 31. Ro. 2. 5-9. 1 Co. 4. 5. 2 Co. 5. 10. 2 Th. 1. 6-10. Re. 20. 11-15. *for.* ver. 1. Je. 29. 10, 11. Da. 11. 40; 12. 4. 9, 11-13. Ac. 1. 7. 1 Th. 5. 1. 2 Pe. 3. 7, 8. Re. 11. 2, 3, 18; 17. 12-17; 20. 2, 7-9.

18 *concerning.* Ge. 3. 17-19. Job 14. 1-4; 15. 16. Ps. 49. 14, 19, 20; 73. 18, 19; 90. 5-12. He. 9. 27. 1 Pe. 1. 24. *that God,* etc. *or,* that they might clear God, and see, etc. Job 40. 8. Ps. 51. 4. Ro. 3. 4; 9. 23. *and that.* Ps. 73. 22. 2 Pe. 2. 12.

19 *that which.* ch. 2. 16. Ps. 49. 12, 20; 92. 6, 7. *as the.* 2 Sa. 14. 14. Job 14. 10-12. Ps. 104. 29. *for.* ch. 2. 20-23. Ps. 39. 5, 6; 89. 47, 48.

20 *go.* ver. 21; ch. 6. 6; 9. 10. Ge. 25. 8, 17. Nu. 27. 13. Job 7. 9; 17. 13; 30. 24. Ps. 49. 14. *all are.* Ge. 3. 19. Job 10. 9, 10; 34. 15. Ps. 104. 29. Da. 12. 2.

21 *knoweth.* ch. 12. 7. Lu. 16. 22, 23. Jno. 14. 3. Ac. 1. 25. 2 Co. 5. 1, 8. Phi. 1. 23. *of man that goeth upwards. Heb.* of the sons of man that *is* ascending.

22 *nothing.* ver. 11, 12; ch. 2. 10, 11, 24; 5. 18-20; 8. 15; 9. 7-9; 11. 9. De. 12. 7, 18; 26. 10, 11; 28. 47. Ro. 12. 11, 12. Phi. 4. 4, 5. *who.* ch. 6. 12; 8. 7; 9. 12; 10. 14. Job 14. 21. Da. 12. 9, 10, 13. Mat. 6. 34.

## CHAP. IV.

*Vanity is increased unto men by oppression,* 1-3; *by envy,* 4; *by idleness,* 5, 6; *by covetousness,* 7, 8; *by solitariness,* 9-12; *by wilfulness,* 13-16.

1 *I returned.* Job 6. 29. Mal. 3. 18. *and considered.* ch. 3. 16; 5. 8; 7. 7. Ex. 1. 13, 14, 16, 22; 2. 23, 24; 5. 6-19. De. 28. 33, 48. Ju. 4. 3; 10. 7, 8. Ne. 5. 1-5. Job 24. 7-12. Ps. 10. 9, 10. Pr. 28. 3, 15, 16. Is. 5. 7; 51. 23; 59. 7, 13-15. Mal. 3. 5. *the tears.* Ps. 42. 3, 9; 80. 5; 102. 8, 9. Mal. 2. 13. Ja. 5. 4. *they had.* Job 16. 4; 19. 21, 22. Ps. 69. 20; 142. 4. Pr. 19. 7. La. 1. 2, 9. Mat. 26, 56. 2 Ti. 4. 16, 17. *side. Heb.* hand.

2 ch. 2. 17; 9. 4-6. Job 3. 17-21.

3 *better.* ch. 6. 3-5. Job 3. 10-16; 10. 18, 19. Je. 20. 17, 18. Mat. 24. 19. Lu. 23. 29. *who.* ch. 1. 14; 2. 17. Ps. 55. 6-11. Je. 9. 2, 3.

4 *every,* etc. *Heb.* all the rightness of work, that this *is* the envy of a man from his neighbour. Ge. 4. 4-8; 37. 2-11. 1 Sa. 18. 8, 9, 14-16, 29, 30. Pr. 27. 4. Mat. 27. 18. Ac. 7. 9. Ja. 4. 5. 1 Jno. 3. 12. *This is.* ver. 16; ch. 1. 14; 2. 21, 26; 6. 9, 11. Ge. 37. 4, 11.

5 *fool.* Pr. 6. 10, 11; 12. 27; 13. 4; 20. 4; 24. 33, 34. *eateth.* That is, with envy, (see ver 4,) though too idle to follow his neighbour's example. Job 13. 14. Pr. 11. 17. Is. 9. 20.

6 Ps. 37. 16. Pr. 15. 16, 17; 16. 8; 17. 1.

7 ver. 1. Ps. 78. 33. Zec. 1. 6.

8 *one.* ver. 9-12. Ge. 2. 18. Is. 56. 3-5. *he hath.* Ge. 15. 2, 3. *no.* Is. 5. 8. *is his.* ch. 1. 8; 5. 10. Pr. 27. 20. Hab. 2. 5-9. 1 Jno. 2. 16. *For.* Ps. 39. 6. Is. 44. 19, 20. Lu. 12. 20. *it is.* ch. 1. 13; 2. 23. Is. 55. 2. Mat. 11. 28.

9 *are.* Ge. 2. 18. Ex. 4. 14-16. Nu. 11. 14. Pr. 27. 17. Hag. 1. 14. Mar. 6. 7. Ac. 13. 2; 15. 39, 40. 1 Co. 12. 18-21. *a good.* Ru. 2. 12. Jno. 4. 36. 2 Jno. 8.

10 *if.* Ex. 32. 2-4, 21. De. 9. 19, 20. 1 Sa. 23. 16. 2 Sa. 11. 27; 12. 7, etc. Job 4. 3, 4. Is. 35. 3, 4. Lu. 22. 31, 32. Ga. 2. 11-14; 6. 1. 1 Th. 4. 18; 5. 11. *but.* Ge. 4. 8. 2 Sa. 14. 6.

11 1 Ki. 1. 1, 2.

12 *And if.* This is well illustrated by the fable of the dying father, who, to shew his sons the advantages of union, gave them a bundle of twigs, which could not be broken when bound together, but were easily snapped asunder one by one. *and a.* 2 Sa. 23. 9, 16, 18, 19, 23. Da. 3. 16, 17. Ep. 4. 3.

13 *is a poor.* ch. 9. 15, 16. Ge. 37. 2. Pr. 19. 1; 28. 6. 15, 16. *will no more be. Heb.* knoweth not to be. 1 Ki. 22. 8. 2 Ch. 16. 9, 10; 24. 20-22; 25. 16.

14 *For out.* This is probably an allusion to some fact with which we are unacquainted. History furnishes many instances of mean persons raised to sovereign authority, and of kings being reduced to the meanest offices, and to a morsel. Agrippa mounted the throne of Israel after having been long in prison; and similar instances are not wanting in modern times. Ge. 41. 14, 33-44. Job 5. 11. Ps. 113. 7, 8. *also.* 1 Ki. 14. 26, 27. 2 Ki. 23. 31-34; 24. 1, 2, 6, 12; 25. 7, 27-30. La. 4. 20. Da. 4. 31.

15 *child.* 2 Sa. 15. 6.

16 *no end.* 2 Sa. 15. 12, 13. 1 Ki. 1. 5-7, 40; 12. 10-16. *they also.* Ju. 9. 19, 20. 2 Sa. 18. 7, 8; 19. 9. *this.* ch 1. 14; 2. 11, 17, 26.

## CHAP. V.

*Vanities in divine service,* 1-7; *in murmuring against oppression,* 8; *and in riches,* 9-17. *Joy in riches is the gift of God,* 18-20.

1 *thy foot.* Ge. 28. 16, 17. Ex. 3. 5. Le. 10. 3. Jos. 5. 15. 2 Ch. 26. 16. Ps. 89. 7. Is. 1. 12, etc. 1 Co. 11. 22. He. 12. 28, 29. *ready.* Ac. 10. 33; 17. 11. Ja. 1. 19. 1 Pe. 2. 1, 2. *give.* Ge. 4. 3-5. 1 Sa. 13. 12, 13; 15. 21. 22. Ps. 50. 8-18. Pr. 15. 8; 21. 27. Is. 1. 12-15; 66. 3. Je. 7. 21-23. Ho. 6. 6, 7. Mal. 1. 10, 11. He. 10. 26.

2 *not rash.* Ge. 18. 27, 30, 32; 28. 20, 22. Nu. 30. 2-5. Ju. 11. 30. 1 Sa. 14. 24-45. Mar. 6. 23. *thing. or,* word. *for.*

Ps. 115. 3. Is. 55. 9. Mat. 6. 9. *let thy.* ver. 3, 7. Pr. 10. 19. Mat. 6. 7. Ja. 3. 2.

3 *a fool's.* ch. 10. 12-14. Pr. 10. 19; 15. 2.

4 *vowest.* Ge. 28. 20; 35. 1, 3. Nu. 30. 2. De. 23. 21-23. Ps. 50. 14; 76. 11; 119. 106. Is. 19. 21. Mat. 5. 33. *for.* Ps. 147. 10, 11. Mal. 1. 10. He. 10. 6. *pay.* Ps. 66. 13, 14; 116. 14, 16-18. Jon. 2. 9.

5 De. 23. 22. Pr. 20. 25. Ac. 5. 4.

6 *thy mouth.* ver. 1, 2. Ja. 1. 26; 3. 2. *before.* Or, 'before the messenger,' *hammalach*, the *priest* whose business it was to take cognizance of vows and offerings. See Le. 5. 4, 5. Ge. 48. 16. Ho. 12. 4, 5. Mal. 2. 7; 3. 1. Ac. 7. 30-35. 1 Co. 11. 10. 1 Ti. 5. 21. He. 1. 14. *it was.* Le. 5. 4-6; 27. 9, 10. *destroy.* Hag. 1. 9-11; 2. 14-17. 1 Co. 3. 13-15. 2 Jno. 8.

7 *in the.* ver. 3. Mat. 12. 36. *but.* ch. 7. 18; 8. 12; 12. 13. Pr. 23. 17. Is. 50. 10, 11.

8 *thou seest.* ch. 3. 16; 4. 1. Ps. 12. 5; 55. 9; 58. 11. Pr. 8. 17. Hab. 1. 2, 3, 13. *marvel.* Zec. 8. 6. 1 Jno. 3. 13. Re. 17. 6, 7. *matter. Heb.* will, *or* purpose. Is. 10. 5-7, 12; 46. 10, 11. Hab. 1. 12. Ac. 4. 27, 28. Ro. 11. 33. *for.* Is. 57. 15. Lu. 1. 32, 35, 76. *regardeth.* 1 Ki. 21. 19, 20. Job 20. 19-29; 27. 8-23. Ps. 10. 17, 18; 12. 5; 58. 10, 11; 82. 1; 83. 18; 140. 11, 12. Is. 3. 15; 5. 7; 59. 13-16. Je. 22. 17-19. Eze. 22. 6-14. Am. 5. 12; 6. 2-6, 12; 8. 4-7. Mi. 2. 1-3, 9; 3. 1-4, 9-12; 6. 10-13. Zec. 7. 9-13. Mal. 3. 5. Ja. 2. 13; 5. 2-7. *higher than they.* 1 Ch. 21. 15, 16. Ps. 95. 3. Is. 37. 36. Mat. 13. 41, 42. Ac. 12. 7-10, 23.

9 *the profit.* Ge. 1. 29, 30; 3. 17-19. Ps. 104. 14, 15; 115. 16. Pr. 13. 23; 27. 23-27; 28. 19. Je. 40. 10-12. *the king.* 1 Sa. 8. 12-17. 1 Ki. 4. 7-23. 1 Ch. 27. 26-31.

10 *He that.* The more he gets, the more he would get; for *Crescit amor nummi, quantum ipsa pecunia crescit,* 'The love of money increases, in proportion as money itself increases.' ch. 4. 8; 6. 7. Ps. 52. 1, 7; 62. 10. Pr. 30. 15, 16. Hab. 2. 5-7. Mat. 6. 19, 24. Lu. 12. 15. 1 Ti. 6. 10. *this.* ch. 1. 17; 2. 11, 17, 18, 26; 3. 19; 4. 4, 8, 16.

11 *they.* Ge. 12. 16; 13. 2, 5-7. 1 Ki. 4. 22, 23; 5. 13-16. Ne. 5. 17, 18. Ps. 119. 36, 37. *what.* ch. 6. 9; 11. 9. Jos. 7. 21-25. Pr. 23. 5. Je. 17. 11. Hab. 2. 13. 1 Jno. 2. 16.

12 Ps. 4. 8; 127. 2. Pr. 3. 24. Je. 31. 26.

13 *a sore.* ch. 4. 8; 6. 1, 2. *riches.* ch. 8. 9. Ge. 13. 5-11; 14. 16; 19. 14, 26, 31, etc. Pr. 1. 11-13, 19, 32; 11. 4, 24, 25. Is. 2. 20; 32. 6-8. Zep. 1. 18. Lu. 12. 16-21; 16. 1-13, 19, 22, 23; 18. 22, 23; 19. 8. 1 Ti. 6. 9, 10. Ja. 2. 5-7; 5. 1-4.

14 *those.* ch. 2. 26. Job 5. 5; 20. 15-29; 27. 16, 17. Ps. 39. 6. Pr. 23. 5. Hag. 1. 9; 2. 16, 17. Mat. 6. 19, 20. *and he.* 1 Sa. 2. 6-8, 36. 1 Ki. 14. 26. Ps. 109. 9-12.

15 Job 1. 21. Ps. 49. 17. Lu. 12. 20. 1 Ti. 6. 7.

16 *a sore.* ver. 13; ch. 2. 22, 23. *what.* 1 Sa. 12. 21. Je. 2. 8. Mar. 8. 36. *for.* ch. 1. 3. Pr. 11. 29. Is. 26. 18. Ho. 8. 7. Jno. 6. 27.

17 *he eateth.* Ge. 3. 17. 1 Ki. 17. 12. Job 21. 25. Ps. 78. 33; 102. 9; 127. 2. Eze. 4. 16, 17. *much.* 2 Ki. 1. 2, 6; 5. 27. 2 Ch. 16. 10-12; 24. 24, 25. Ps. 90. 7-11. Pr. 1. 27-29. Ac. 12. 23. 1 Co. 11. 30-32.

18 *it is good and comely. Heb. there is* a good which is comely, etc. ch. 2. 24; 3. 12, 13, 22; 8. 15; 9. 7; 11. 9. 1 Ti. 6. 17. *the days. Heb.* the number of the days. *it is his.* ch. 2. 10; 3. 22. Je. 52. 34.

19 *to whom.* ch. 2. 24; 3. 13; 6. 2. De. 8. 18. 1 Ki. 3. 13. *this is.* ch. 2. 24-26.

20 *For he shall not much remember. or,* Though *he give* not much, *yet* he remembereth, etc. Ps. 37. 16. *because.* De. 28. 8-12, 47. Ps. 4. 6, 7. Is. 64. 5; 65. 13, 14, 21-24. Ro. 5. 1-5, 11.

## CHAP. VI.

*The vanity of riches without use,* 1, 2; *though a man have many children and a long life,* 3-6. *The vanity of sight and wandering desires,* 7-9. *The conclusion of vanities,* 10-12.

1 ch. 5. 13.

2 *man.* ch. 5, 19. 1 Ki. 3. 13. 1 Ch. 29. 25, 28. 2 Ch. 1. 11. Da. 5. 18. *so.* ch. 2. 4-10. De. 8. 7-10. Ju. 18. 10. Job 21. 9-15. Ps. 17. 14; 73. 7. Lu. 12. 19, 20. *yet.* A man may possess much earthly goods, and yet have neither the heart nor power to enjoy them. Possession and fruition are not necessarily joined together; and this is also among the *vanities* of life, and was and still is a very 'common evil among men.' It belongs to God as as much to give the power to enjoy, as it does to give earthly blessings. *but.* De. 28. 33, 48. Ps. 39. 6. La. 5. 2. Ho. 7. 9. *vanity.* ch. 4. 4, 8; 5. 16.

3 *a man.* Ge. 33. 5. 1 Sa. 2. 20, 21. 2 Ki. 10. 1. 1 Ch. 28. 5. 2 Ch. 11. 21. Es. 5. 11. Ps. 127. 4, 5. Pr. 17. 6. *so.* ch. 5. 17-19. Ge. 47. 9. *and also.* 2 Ki. 9. 35. Es. 7. 10; 9. 14, 15. Is. 14. 19, 20. Je. 22. 19; 36. 30. *that an.* ch. 4. 3. Job 3. 16. Ps. 58. 8. Mat. 26. 24.

4 *his name.* Ps. 109. 13.

5 *this.* Job 3. 10-13; 14. 1. Ps. 58. 8; 90. 7-9.

6 *though.* Ge. 5. 5, 23, 24. Is. 65. 22. *yet.* ver. 3. Job 7. 7. Ps. 4. 6, 7; 34. 12. Is. 65. 20. Je. 17. 6. *do.* ch. 3. 20; 12. 7. Job 1. 21; 30. 23. He. 9. 27.

7 *the labour.* Ge. 3. 17-19. Pr. 16. 26. Mat. 6. 25. Jno. 6. 27. 1 Ti. 6. 6-8. *appetite. Heb.* soul. ver. 3; ch. 5. 10. Lu. 12. 19.

8 *what hath the wise.* ch. 2. 14-16; 5. 11. *the poor.* Ge. 17. 1. Ps. 101. 2; 116. 9. Pr. 19. 1. Lu. 1. 6. 1 Ti. 6. 17.

9 *Better.* ch. 2. 24; 3. 12, 13; 5. 18. *wandering of the desire. Heb.* walking of the soul. Job 31. 7. Pr. 30. 15, 16. Je. 2. 20. *this.* ver. 2; ch. 1. 2, 14; 2. 11, 22, 23; 4. 4.

10 *which.* ch. 1. 9-11; 3. 15. *and it.* Ge. 3. 9, 17-19. Job 14. 1-4. Ps. 39. 6; 82. 6, 7; 103. 15. *neither.* Job 9. 3, 4, 32; 33. 13; 40. 2. Is. 45. 9, 10. Je. 49. 19. Ro. 9. 19, 20.

11 ch. 1. 6-9, 17, 18; 2. 3-11; 3. 19; 4. 1-4, 8, 16; 5. 7. Ps. 73. 6. Ho. 12. 1.

12 *who knoweth.* ch. 2. 3; 12. 13. Ps. 4. 6; 16. 5; 17. 15; 47. 4. La. 3. 24-27. Mi. 6. 8. *the days of his vain life. Heb.* the number of the days of the life of his vanity. ch. 8. 13; 9. 6. 1 Ch. 29. 15. Job 8. 9; 14. 2. Ps. 39. 5, 6; 89. 47; 90. 10-12; 102. 11; 109. 23; 144. 4. Ja. 4. 14. *for who can.* ch. 3. 22; 8. 7. Job 14. 21.

## CHAP. VII.

*Remedies against vanity are, a good name,* 1; *mortification,* 2-6; *patience,* 7-10; *wisdom,* 11-22. *The difficulty of wisdom,* 23-29.

1 *name.* Pr. 15. 30; 22. 1. Is. 56. 5. Lu. 10. 20. He. 11. 2, 39. *precious.* ch. 10. 1. Ps. 133. 2. Pr. 27. 9. Ca. 1. 3; 4. 10. Jno. 12. 3. *the day.* ch. 4. 2. Job 3. 17. Is. 57. 1, 2. 2 Co. 5. 1, 8. Phi. 1. 21-23. Re. 14. 13.

2 *better.* Ge. 48. 1, etc.; 49. 2, etc.; 50. 15-17. Job 1. 4, 5. Is. 5. 11, 12; 22. 12-14. Am. 6. 3-6. Mat. 5. 4; 14. 6, etc. 1 Pe. 4. 3, 4. *that.* Nu. 23. 10. De. 32. 29. Ro. 6. 21, 22. Phi. 3. 19. He. 9. 27. *living.* De. 32. 46. Is. 47. 7. Hag. 1. 5, marg. Mal. 2. 2.

3 *Sorrow. or,* Anger. *is better.* Ps. 119. 67, 71; 126. 5, 6. Je. 31. 8, 9, 15-20; 50. 4, 5. Da. 9. 3, etc.; 10. 2, 3, 19. Zec. 12. 10-14. Lu. 6. 21, 25. Jno. 16. 20-22. 2 Co. 7. 9-11. Ja. 4. 8-10. *by.* Ro. 5. 3, 4. 2 Co. 4. 17. He. 12. 10, 11. Ja. 1. 2-4.

4 *heart.* Ne. 2. 2-5. Is. 53. 3, 4. Mat. 8. 14-16. Mar. 5. 38, etc. Lu. 7. 12, 13. Jno. 11. 31-35. *the heart.* 1 Sa. 25. 36; 30. 16. 2 Sa. 13. 28. 1 Ki. 20. 16. Is. 21. 4. Je. 51. 39, 57. Da. 5. 1-4, 30. Ho. 7. 5. Na. 1. 10. Mar. 6. 21, etc.

5 *better.* Ps. 141. 5. Pr. 9. 8; 13. 13; 15. 31, 32; 17. 10; 27. 6. Re. 3. 19. *the song.* Ps. 69. 12.

6 *as.* ch. 2. 2. Ps. 58. 9; 118. 12. Is. 65. 13-15. Am. 8. 10. Lu. 6. 25; 16. 25. 2 Pe. 2. 13-17. Jude 12, 13. *crackling. Heb.* sound. *the laughter.* Pr. 29. 9.

7 *oppression.* De. 28. 33, 34, 65. *a gift.* Ex. 23. 8. De. 16. 19. 1 Sa. 8. 3; 12. 3. Pr. 17. 23. Is. 1. 23; 33. 15.

8 *Better.* Ps. 126. 5, 6. Is. 10. 24, 25, 28-34. Lu. 16. 25. Ja. 5. 11. 1 Pe. 1. 13. *the patient.* Pr. 13. 10; 14. 29; 15. 18; 16. 32; 28. 25. Lu. 21. 19. Ro. 2. 7, 8. He. 10. 36. Ja. 5. 8. 1 Pe. 2. 20, 21; 5. 5, 6.

9 *hasty.* 1 Sa. 25. 21, 22. 2 Sa. 19. 43. Es. 3. 5, 6. Pr. 14. 17; 16. 32. Jon. 4. 9. Ep. 4. 26, 27. Ja. 1. 19. *anger.* Ge. 4. 5, 6, 8; 34. 7, 8, 25, 26, 30, 31. 2 Sa. 13. 22, 28, 32. Pr. 26. 23-26. Mar. 6. 19, 24.

10 *What.* Ju. 6. 13. Je. 44. 17-19. *wisely. Heb.* out of wisdom. Ge. 6. 11, 12. Ps. 14. 2, 3. Is. 50. 1. Ro. 1. 22-32; 3. 9-19.

11 *good with an inheritance. or,* as good as an inheritance, yea, better too. ch. 9. 15-18. 1 Ki. 3. 6-9. Lu. 16. 8, 9. 1 Ti. 6. 17-19. *them.* ch. 11. 7.

12 *wisdom.* Job 1. 10; 22. 21-25. Pr. 2. 7, 11; 14. 20; 18. 10, 11. Is. 33. 6. *a defence. Heb.* a shadow. Ju. 9. 15. Ps. 57. 1. Is. 30. 2; 32. 2. *the excellency.* De. 30. 19, 20; 32. 47. Pr. 3. 18; 8. 35; 9. 11; 11. 4. Jno. 12. 50; 17. 3. Phi. 3. 8.

13 *Consider.* Job 37. 14. Ps. 8. 3; 107. 43. Is. 5. 12. *who.* ch. 1. 15. Job 9. 12; 11. 10; 12. 14; 34. 29. Is. 14. 27; 43. 13; 46. 10, 11. Da. 4. 35. Ro. 9. 15, 19. Ep. 1. 11.

14 *the day.* ch. 3. 4. De. 28. 47. Ps. 30. 11, 12; 40. 3. Mat. 9. 13. Jno. 16. 22, 23. Ja. 5. 13. *but.* De. 8. 3. 1 Ki. 8. 47; 17. 17, 18. 2 Ch. 33. 12, 13. Job 10. 1, 2. Ps. 94. 12, 13; 119. 71. Is. 22. 12-14; 26. 11; 42. 25. Je. 23. 20. Mi. 6. 9. Hag. 1. 5-7. Lu. 15. 17, 18. Ac. 14. 22. *set. Heb.* made. *to the.* ch. 12. 8 13. Ho. 2. 6, 7.

15 *have I.* ch. 2. 23; 5. 16, 17; 6. 12. Ge. 47. 9. Ps. 39. 6. *there is a just.* ch. 3. 16; 8. 14; 9. 1, 2. 1 Sa. 22. 18, 19. 1 Ki. 21. 13. 2 Ch. 24. 21, 22. Job 9. 22, 23. Mat. 23. 34, 35. Jno. 16. 2. Ac. 7. 52. *there is a wicked.* ch. 8. 12, 13. Job. 21. 7-15. Ps. 73. 3-13. Is. 65. 20. Je. 12. 1, 2.

16 *Be not.* This verse is probably the language of an ungodly man; to which Solomon answers, as in the following verse, 'Do not multiply wickedness; do not add direct opposition to godliness, to the rest of your crimes. Why should you provoke God to destroy you before your time?' Pr. 25. 16. Mat. 6. 1-7; 9. 14; 15. 2, etc.; 23. 5, 23, 24, 29. Lu. 18. 12. Ro. 10. 2. Phi. 3. 6. 1 Ti. 4. 3. *neither.* ch. 12. 12. Ge. 3. 6. Job 11. 12; 28. 28. Pr. 23. 4. Ro. 11. 25; 12. 3. 1 Co. 3. 18, 20. Col. 2. 18, 23. Ja. 3. 13-17. *destroy thyself. Heb.* be desolate. Mat. 23. 38. Re. 18. 19.

17 *not.* Je. 2. 33, 34. Eze. 8. 17; 16. 20. Ja. 1. 21. *why.* Ge. 38. 7-10. 1 Sa. 25. 38. Job 15. 32, 33. Ps. 55. 23. Pr. 10. 27. Ac. 5. 5, 10; 12. 23. *before thy time. Heb.* not in thy time.

18 *good.* ch. 11. 6. Pr. 4. 25-27; 8. 20. Lu. 11. 42. *for.* ch. 8. 12; 12. 13. Ps. 25. 12-14; 145. 19, 20. Je. 32. 40. Mal. 4. 2. Lu. 1. 50.

19 ch. 9. 15-18. 2 Sa. 20. 16-22. Pr. 21. 22; 24. 5. Col. 1. 9-11.

20 *there.* 1 Ki. 8. 46. 2 Ch. 6. 36. Job 15. 14-16. Ps. 130. 3; 143. 2. Pr. 20. 9. Is. 53. 6. Ro. 3. 23. Ja. 3. 2. 1 Jno. 1. 8-10. *doeth.* Is. 64. 6.

21 *take no heed. Heb.* give not thine heart. 2 Sa. 19. 19. *unto.* 2 Sa. 16. 10. Is. 29. 21. 1 Co. 13. 5-7.

22 *also.* 1 Ki. 2. 44. Mat. 15. 19; 18. 32-35. Jno. 8. 7-9. Ja. 3. 9.

23 *I said.* Ge. 3. 5. 1 Ki. 3. 11, 12; 11. 1-8. Ro. 1. 22. 1 Co. 1. 20.

24 De. 30. 11-14. Job 11. 7, 8; 28. 12-23, 28. Ps. 36. 6; 139. 6. Is. 55. 8, 9. Ro. 11. 33. 1 Ti. 6. 16.

25 *I applied mine heart. Heb.* I and my heart compassed. ch. 1. 13-17; 2. 1-3, 12, 20. *the reason.* ver. 27, marg.; ch. 2. 15; 3. 16, 17; 9. 1, 2. Je. 12. 1, 2. 2 Pe. 2. 3-9; 3. 3-9. *know.* ch. 9. 3; 10. 13. Ge. 34. 7. Jos. 7. 13. 2 Sa. 13. 12. Pr. 17. 12; 26. 11.

26 *I find.* Ju. 16. 18-21. Pr. 2. 18, 19; 5. 3-5; 7. 21-27; 9. 18; 22. 14; 23. 27, 28. *whoso pleaseth God. Heb. he that is* good before God. ch. 2. 26.

27 *saith.* ch. 1. 1, 2; 12. 8-10. *counting one by one, to find out the account. or, weighing* one thing after another, to find out the reason. ver. 25.

28 *yet.* ver. 23, 24. Is. 26. 9. *one.* Job 33. 23. Ps. 12. 1. *but.* Solomon, instead of seeking one rational, virtuous woman, had collected an immense multitude, of various countries and religions, for magnificence and indulgence; among whom, as might have been expected, he had not found one who was thoroughly faithful, upright, and pious. He here uses the language of a penitent, warning others of the errors into which he had been led; and not that of a waspish satirist, lashing indiscriminately one half of the human species. 1 Ki. 11. 1-3.

29 *God.* Ge. 1. 26, 27; 5. 1. *they.* The descendants of Adam have sought out an immense number of *inventions*, in order to find happiness in the world, without God, which have only proved so many variations of impiety and iniquity. Ge. 3. 6, 7; 6. 5, 6, 11, 12; 11. 4-6. Ps. 99. 8; 106. 29, 39. Je. 2. 12, 13; 4. 22. Eze. 22. 6-13. Mar. 7. 8, 9. Ac. 7. 40-43. Ro. 1. 21-32; 3. 9-19. Ep. 2. 2, 3. Tit. 3. 3.

## CHAP. VIII.

*True wisdom is modest,* 1. *Kings are to be respected,* 2-5. *Divine providence is to be observed,* 6-11. *It is better with the godly in adversity, than with the wicked in prosperity,* 12-15. *The work of God is unsearchable,* 16, 17.

1 *as the.* ch. 2. 13, 14. 1 Co. 2. 13-16. *who knoweth,* Ge. 40. 8; 41. 15, 16, 38, 39. Job 33. 23. Pr. 1. 6. Da. 2. 28-30, 47; 4. 18, 19. 2 Pe. 1. 20. *a man's.* Ex. 34. 29, 30. Pr. 4. 8, 9; 17. 24; 24. 5. Mat. 17. 2. Ac. 6. 15. *and the.* De. 28. 50. Ac. 4. 13, 29. Ep. 6. 19. *boldness. Heb.* strength. 2 Ti. 4. 17.

2 *I counsel.* Pr. 24. 21. Ro. 13. 1-4. Tit. 3. 1. 1 Pe. 2. 13-17. *in regard.* 1 Ki. 2. 43. 1 Ch. 29. 24. Eze. 17. 13-20. Ro. 13. 5.

3 *not hasty.* ch. 10. 4. Pr. 14. 29. *stand.* 1 Ki. 1. 50-52; 2. 21-24. Is. 48. 4. Je. 44. 16, 17. Ac. 5. 8, 9. *for.* Pr. 16. 14, 15; 30. 31. Da. 4. 35; 5. 19.

4 *the word.* 1 Ki. 2. 25, 29-34, 46. Pr. 19. 12; 20. 2; 30. 31. Da. 3. 15. Lu. 12. 4, 5. Ro. 13. 1-4. *What.* Job 33. 12, 13; 34. 18, 19. Ro. 9. 20.

5 *keepeth.* ver. 2. Ex. 1. 17, 20, 21. Ps. 119. 6. Ho. 5. 11. Lu. 20. 25. Ac. 4. 19; 5. 29. Ro. 13. 5-7. 1 Pe. 3. 13, 14. *feel. Heb.* know. *a wise.* ch. 2. 14; 10. 2. 1 Ch. 12. 32. Pr. 17. 24. Lu. 12. 56, 57. 1 Co. 2. 14, 15. Phi. 1. 9, 10. Col. 1. 9. He. 5. 14.

6 *to every.* ch. 3. 1, 11, 17; 7. 13, 14. *therefore.* ch. 11. 9, 10; 12. 1. Is. 3. 11-14; 22. 12-14. Lu. 13. 25; 17. 26-30; 19. 42-44. He. 3. 7-11.

7 *he knoweth.* ch. 6. 12; 9. 12; 10. 14. Pr. 24. 22; 29. 1. Mat. 24. 44, 50; 25. 6-13. 1 Th. 5. 1-3. *when. or,* how.

8 *is no.* ch. 3. 21. 2 Sa. 14. 14. Job 14. 5; 34. 14. Ps. 49. 6-9; 89. 48. He. 9. 27. *power.* 1 Co. 15. 43. 2 Co. 13. 4. *discharge. or,* casting off *weapons.* De. 20. 1-8. 2 Ki. 7. 15. *neither.* Ps. 9. 17; 52. 5-7; 73. 18, etc. Pr. 14. 32. Is. 28. 15, 18.

9 *this.* ch. 1. 14; 3. 10; 4. 7, 8; 7. 25. *there is.* ch. 5. 8, 13. Ex. 14. 5-9, 28. De. 2. 30. 2 Ki. 14. 10-12; 25. 7.

10 *so.* 2 Ki. 9. 34, 35. Job 21. 18, 32, 33. Lu. 16. 22. *the place.* Ps. 122. 1-5. Ac. 6. 13. *they were.* ch. 2. 16; 9. 5. Ps. 31. 12. Pr. 10. 7. Je. 17. 13. He. 10. 38.

11 *sentence.* Ex. 8. 15, 32. Job 21. 11-15. Ps. 10. 6; 50. 21, 22. Is. 5. 18, 19; 26. 10; 57. 11. Je. 48. 11. Mat. 24. 49, 50. Ro. 2. 4, 5. 2 Pe. 3. 3-10. *fully.* Je. 42. 15.

12 *a sinner.* ch. 5. 16; 7. 15. 1 Ki. 2. 5-9; 21. 25; 22. 34, 35. Pr. 13. 21. Is. 65. 20. Ro. 2. 5; 9. 22. 2 Pe. 2. 9. *surely.* ch. 7. 18. Ps. 37. 11, 18, 19; 112. 1; 115. 13. Pr. 1. 32, 33. Is. 3. 10, 11; 65. 13, 14, 20-24. Mat. 25. 34, 41-46. Lu. 1. 50. *fear before.* ch. 3. 14. 1 Ch. 16. 30. Ps. 96. 9.

13 *it shall.* Job 18. 5; 20. 5; 21. 30. Ps. 11. 5. Is. 57. 21. Mal. 3. 18. Mat. 13. 49, 50. Jno. 5. 29. *neither.* Ps. 55. 23. Is. 30. 13. 2 Pe. 2. 3. *as a.* ch. 6. 12. Job 7. 6, 7; 14. 2. Ps. 39. 5; 144. 4. Ja. 4. 14.

14 *a vanity.* ch. 4. 4, 8; 9. 3; 10. 5. *there be just.* ch. 2. 14; 7. 15; 9. 1-3. Job 9. 22-24; 21. 17, etc.; 24. 21-25. Ps. 73. 13, 14. Mal. 3. 15.

15 *Then I.* Some consider this as the cavil of an infidel objector, equivalent to the Epicurean maxim, *Ede, bibe, lude; post mortem nulla voluptas,* 'Eat, drink, and play: there is no pleasure after death.' But it may be regarded as a recommendation of a moderate use of worldly things, with a cheerful and contented mind; which may justly be considered as the greatest advantage which can be made of all below the sun: and amidst all changes, such a frame of mind, *if the result of right principles,* may and ought to be preserved; and it will be the recompence and solace of all our labours and toils. ch. 2. 24; 3. 12, 13, 22; 5. 18; 9. 7-9. 1 Ti. 4. 3, 4; 6. 17.

16 *When I.* Solomon here records the result of his perplexing inquiries into the affairs of men, and the purposes, providence, and works of God. And when he examined with great attention and diligence into the works of God, he found he could neither comprehend nor explain them; and was persuaded, that no application or capacity would enable a man to fathom the depth of the Divine dispensations in this lower world. How vain, then, are all cavils against Divine providence; when we can neither understand, nor comprehend it! ver. 9; ch. 7. 25. *there is that.* ch. 2. 23; 4. 8; 5. 12. Ge. 31. 40. Ps. 127. 2.

17 *that a man.* ch. 3. 11; 7. 23, 24; 11. 5. Job 5. 9; 11. 7-9. Ps. 40. 5; 73. 16; 104. 24. Pr. 30. 3. 4. Is. 40. 28. Ro. 11. 33.

## CHAP. IX.

*Like things happen to good and bad,* 1-3. *There is a necessity of death unto men,* 4-6. *Comfort is all their portion in this life,* 7-10. *God's providence rules over all,* 11, 12. *Wisdom is better than strength,* 13-18.

1 *considered in my heart. Heb.* gave, *or* set to my heart. ch. 1. 17; 7. 25; 8. 16; 12. 9, 10. *that the.* ch. 8. 14. De. 33. 3. 1 Sa. 2. 9. 2 Sa. 15. 25, 26. Job 5. 8. Ps. 10. 14; 31. 5; 37. 5, 6. Pr. 16. 3. Is. 26. 12; 49. 1-4. Je. 1. 18, 19. Jno. 10. 27-30. 1 Co. 3. 5-15. 2 Ti. 1. 12. 1 Pe. 1. 5. *no man.* ch. 7. 15. Ps. 73. 3, 11-13. Mal. 3. 15-18.

2 *alike.* ch. 2. 14-16. Job 21. 7, etc. Ps. 73. 3. Mal. 3. 15. *as is.* ch. 2. 26; 7. 18; 8. 12-14. *feareth.* Ge. 24. 3, 8, 9. Jos. 2. 17-20. 1 Sa. 14. 26. Eze. 17. 18, 19. Zec. 5. 3, 4. Mal. 3. 5, 18.

3 *also.* ch. 8. 11. Ge. 6. 5; 8. 21. Job 15. 16. Ps. 51. 5. Je. 17. 9. Mat. 15. 19, 20. Mar. 7. 21-23. Ro. 1. 29-31. Tit. 3. 3. *and madness.* ch. 1. 17; 7. 25. Lu. 6. 11; 15. 17. Ac. 26. 11, 24. 2 Pe. 2. 16. *after.* ch. 12. 7. Pr. 14. 32. Ac. 12. 23.

4 Job 14. 7-12; 27. 8. Is. 38. 18. La. 3. 21, 22. Lu. 16. 26-29.

5 *the living.* ch. 7. 2. Job 30. 23. He. 9. 27. *the dead.* Job 14. 21. Ps. 6. 5; 88. 10, 11. Is. 63. 16. *for the.* ch. 2. 16; 8. 10. Job 7. 8-10. Ps. 109. 15. Is. 26. 14.

6 *their love.* Ex. 1. 8. Job 3. 17, 18. Ps. 146. 3 4. Pr 10. 28. Mat. 2. 20. *have they.* ch. 2. 18-23; 6. 12.

7 *Go.* Ge. 12. 19. Mar. 7. 29. Jno. 4. 50. *eat.* ch. 2. 24-26. 3. 12, 13; 5. 18; 8. 15; 10. 19. De. 12. 7, 12; 16. 14, 15. 1 Ki. 8. 66. 1 Ch. 16. 1-3; 29. 21-23. 2 Ch. 30. 23-27. Ne. 8. 10-12. *for.* Ge. 4. 4, 5. Ex. 24. 8-11. Lu. 11. 41. Ac. 10. 35.
8 *thy garments.* 2 Sa. 19. 24. Es. 8. 15. Re. 3. 4, 5; 7. 9, 13, 14; 16. 15; 19. 8, 14. *let thy head.* Ru. 3. 3. 2 Sa. 14. 2. Da. 10. 3. Am. 6. 6. Mat. 6. 17. Lu. 7. 46.
9 *Live joyfully. Heb.* See, *or* Enjoy life. *with the wife.* Pr. 5. 18, 19; 18. 22; 19. 14. Mal. 2. 15. *all the days of the life.* ch. 6. 12. Ps. 39. 5; 144. 4. *for.* ch. 2. 10, 24; 3. 13, 22; 5. 18.
10 *thy hand.* Nu. 13. 30. 1 Ch. 22. 19; 28. 20; 29. 2, 3. 2 Ch. 31. 20, 21. Ezr. 6. 14, 15. Ne. 2. 12-20; 3. 1, etc.; 4. 2, 6, 9-13, 17-23; 13. 8-31. Ps. 71. 15-18. Je. 29. 13. Mat. 6. 33. Jno. 4. 34. Ro. 12. 11; 15. 18-20. 1 Co. 9. 24, 26; 15. 10; 16. 10. Ep. 5. 16. Col. 3. 23. 2 Pe. 1. 12-15. *for.* ver. 5, 6; ch. 11. 3. Job 14. 7-12. Ps. 6. 5; 88. 10-12. Is. 38. 18, 19. Jno. 9. 4. Ac. 20. 25-31.
11 *returned.* ch. 2. 12; 4. 1, 4. Mal. 3. 18. *that the race.* 1 Sa. 17. 50. 2 Sa. 2. 18-23; 17. 14, 23. Ps. 33. 16, 17; 73. 6, 7; 147. 10, 11. Je. 9. 23; 46. 6. Am. 2. 14-16. *but.* ch. 2. 14, 15; 3. 14, 17; 7. 13. 1 Sa. 2. 3-10. Job 5. 11-14; 34. 29. Pr. 21. 30, 31. La. 3. 37, 38. Da. 4. 35. Ep. 1. 11.
12 *man.* ch. 8. 5-7, 11. Lu. 19. 42-44. 2 Co. 6. 2. 1 Pe. 2. 12. *as the fishes.* Pr. 7. 22, 23. Hab. 1. 14-17. 2 Ti. 2. 26. *the sons.* Job 18. 8-10. Ps. 11. 6; 73. 18-20. Pr. 6. 15; 29. 6. Is. 30. 13. Lu. 12. 20, 39; 17. 26-31; 21. 34-36. 1 Th. 5. 3. 2 Pe. 2. 12.
13 ver. 11; ch. 6. 1; 7. 15; 8. 16.
14 *There was.* 2 Sa. 20. 15-22. 2 Ki. 6. 24-33; 7. 1, etc.
15 *yet.* Ge. 40. 23. Es. 6. 2, 3.
16 *Wisdom.* ver. 18; ch. 7. 19. Pr. 21. 22; 24. 5. *the poor.* Pr. 10. 15. Mar. 6. 2, 3. Jno. 7. 47-49; 9. 24-34. 1 Co. 1. 26-29. Ja. 2. 2-6.
17 Ge. 41. 33-40. 1 Sa. 7. 3-6. Pr. 28. 23. Is. 42. 2, 4. Ja. 1. 20; 3. 17, 18.
18 *better.* ver. 16. *sinner.* Jos. 7. 1, 5, 11, 12; 22. 20. 1 Sa. 14. 28, 29, 36-46. 2 Sa. 20. 1, 2. 2 Th. 2. 8-12. 2 Ti. 2. 16-18; 3. 8; 4. 3, 4. Tit. 1. 10, 11. He. 12. 15, 16.

## CHAP. X.

*Observations of wisdom and folly,* 1-15; *of riot,* 16, 17; *slothfulness,* 18; *and money,* 19. *Men's thoughts of kings ought to be reverent,* 20.

1 *Dead flies. Heb.* Flies of death. *the ointment.* Ex. 30. 34, 35. *a little.* 2 Ch. 19. 2. Ne. 6. 13; 13. 26. Mat. 5. 13-16. Ga. 2. 12-14.
2 *wise.* ch. 9. 10. Pr. 14. 8. Lu. 14. 28-32. *but.* ver. 10, 14. Pr. 17. 16. Lu. 12. 18-20.
3 *wisdom. Heb.* heart. *and he.* ch. 5. 3. Pr. 13. 16; 18. 2, 6. 1 Pe. 4. 4.
4 *leave.* ch. 8. 3. *for.* 1 Sa. 25. 24, etc. Pr. 25. 15.
5 *an evil.* ch. 4. 7; 5. 13; 6. 1; 9. 3. *as an.* ch. 3. 16; 4. 1. *from. Heb.* from before.
6 *Folly.* Ju. 9. 14-20. 1 Ki. 12. 13, 14. Es. 3. 1. Ps. 12. 8. Pr. 28. 12, 28. *dignity. Heb.* heights. *the rich.* Ja. 2. 3-5.
7 Pr. 19. 10; 30. 22.
8 *that.* Ju. 9. 5, 53-57. 2 Sa. 17. 23; 18. 15. Es. 7. 10. Ps. 7. 15, 16; 9. 15, 16. Pr. 26. 27. *a serpent.* Am. 5. 19; 9. 3.
10 *wisdom.* ver. 15; ch. 9. 15-17. Ge. 41. 33-39. Ex. 18. 19-23. 1 Ki. 3. 9. 1 Ch. 12. 32. 2 Ch. 23. 4-11. Mat. 10. 16. Ac. 6. 1-9; 15. 2, etc. Ro. 16. 19. 1 Co. 14. 20. Ep. 5. 15-17. Col. 4. 5. Ja. 1. 5.
11 *the serpent.* Ps. 58. 4, 5. Je. 8. 17. *a babbler. Heb.* the master of the tongue. Ps. 52. 2; 64. 3. Pr. 18. 21. Ja. 3. 6.
12 *words.* Job 4. 3, 4; 16. 5. Ps. 37. 30; 40. 9, 10; 71. 15-18. Pr. 10. 13, 20, 21, 31, 32; 12. 13, 14, 18; 15. 2, 23. 16. 21-24; 22. 17, 18; 25. 11, 12; 31. 26. Mat. 12. 35. Lu. 4. 22. Ep. 4. 29. Col. 4. 6. *gracious. Heb.* grace. *but.* 2 Sa. 1. 16. 1 Ki. 20. 40-42. Ps. 64. 8; 140. 9. Pr. 10. 8, 10, 14; 18. 6-8; 19. 5; 26. 9. Lu. 19. 22.
13 *beginning.* Ju. 14. 15. 1 Sa. 20. 26-33; 22. 7, 8, 16-18; 25. 10, 11. 2 Sa. 19. 41-43; 20. 1. 2 Ki. 6. 27, 31. Pr. 29. 9. Mat. 2. 7, 8, 16. Lu. 6. 2, 11; 11. 38, 53, 54. Jno. 12. 10. Ac. 5. 28-33; 6. 9-11; 7. 54-59; 19. 24-28. *talk. Heb.* mouth.
14 *fool.* ch. 5. 3. Pr. 10. 19; 15. 2. *is full of words. Heb.* multiplieth words. Job 34. 37; 35. 16. *a man.* ch. 3. 22; 6. 12; 8. 7. Ja. 4. 13, 14.
15 *labour.* ver. 3, 10. Is. 44. 12-17; 47. 12, 13; 55. 2; 57. 1. Hab. 2. 6. Mat. 11. 28-30. *because.* Ps. 107. 4, 7. Is. 35. 8-10. Je. 50. 4, 5.
16 *when.* 2 Ch. 13. 7; 33. 1, etc.; 36. 2, 5, 9, 11. Is. 3. 4, 5, 12. *and.* Pr. 20. 1, 2. Is. 5. 11, 12; 28. 7, 8. Ho. 7. 5-7. *in the.* Je. 21. 12.
17 *when.* ver. 6, 7. Pr. 28. 2, 3. Je. 30. 21. *and thy.* Pr. 31. 4, 5.
18 Pr. 12. 24; 14. 1; 20. 4; 21. 25; 23. 21; 24. 30, 31. He. 6. 11. 2 Pe. 1. 5-10.
19 *feast.* ch. 2. 1, 2; 7. 2-6. Ge. 43. 34. Da. 5. 1, etc. 1 Pe. 4. 3. *and wine.* ch. 9. 7. Ps. 104. 15. Is. 24. 11. 1 Sa. 25. 36. 2 Sa. 13. 28. Lu. 12. 19. Ep. 5. 18, 19. *maketh merry. Heb.* maketh glad the life. *but.* Money which would have answered every good purpose, and served for every emergency, is too often spent in feastings and revellings. ch. 7. 11, 12. 1 Ch. 21. 24; 29. 2, etc. 2 Ch. 24. 11-14. Ezr. 1. 6; 7. 15-18. Ne. 5. 8. Ps. 112. 9. Is. 23. 18. Mat. 17. 27; 19. 21. Lu. 8. 3; 16. 9. Ac. 2. 45; 11. 29. Phi. 4. 15-19. 1 Ti. 6. 17-19.
20 *Curse.* Ex. 22. 28. Is. 8. 21. Ac. 23. 5. *thought. or,* conscience. ch. 7. 21, 22. Lu. 19. 40. *in thy bed-chamber.* Lu. 10. 40; 12. 2, 3.

## CHAP. XI.

*Directions for charity,* 1-6. *Death in life,* 7, 8, *and the day of judgment in the days of youth, are to be thought on,* 9, 10.

1 *Cast.* That is, says Bp. Lowth, 'Sow thy seed or corn on the face of the waters;' in plain terms, sow without any hope of a harvest: do good even to them on whom your benefactions seem thrown away. Dr. Jebb has well illustrated it by the following passages:

'Vain are the favours done to vicious men;
Not vainer 'tis to sow the foaming deep.
The deep no pleasant harvest shall afford,
Nor will the wicked ever make return.'

'To befriend the wicked is like sowing in the sea.'
These, indeed, invert this precept; nor is it extraordinary that they should;

'The one, frail human power alone produced,
The other, God.'

*thy bread.* De. 15. 7-11. Pr. 11. 24, 25; 22. 9. Is. 32. 8. *waters. Heb.* face of the waters. Is. 32. 20. *for.* ver. 6. De. 15. 10. Ps. 41. 1, 2; 126. 5, 6. Pr. 11. 18; 19. 17. Mat. 10. 13, 42; 25. 40. Lu. 14. 14. 2 Co. 9. 6. Ga. 6. 8-10. He. 6. 10.
2 *a portion.* Ne. 8. 10. Es. 9. 19, 22. Ps. 112. 9. Lu. 6. 30-35. 1 Ti. 6. 18, 19. *seven.* Job 5. 19. Pr. 6. 16. Mi. 5. 5. Mat. 18. 22. Lu. 17. 4. *for.* Da. 4. 27. Ac. 11. 28-30. Ga. 6. 1. Ep. 5. 16. He. 13. 3.
3 *the clouds.* 1 Ki. 18. 45. Ps. 65. 9-13. Is. 55. 10, 11. 1 Jno. 3. 17. *if the tree.* Mat. 3. 10. Lu. 13. 7; 16. 22-26.
4 Pr. 3. 27; 20. 4; 22. 13.
5 *thou knowest not what.* Jno. 3. 8. *nor.* Ps. 139. 14, 15. *even.* ch. 7. 24; 8. 17. Job 5. 9; 26. 5-14; 36. 24-33; 37. 23; 38. 4, etc.; ch. 39-41. Ps. 40. 5; 92. 5; 104. 24. Is. 40. 28. Ro. 11. 33.
6 *sow.* ch. 9. 10. Is. 55. 10. Ho. 10. 12. Mar. 4. 26-29. Jno. 4. 36-38. 2 Co. 9. 6. 2 Ti. 4. 2. *thou knowest.* ch. 9. 1. Hag. 1. 6-11; 2. 17-19. Zec. 8. 11, 12. Ac. 11. 20, 21. 1 Co. 3. 5-7. 2 Co. 9. 10, 11. *prosper. Heb.* be right.
7 *the light.* Job 33. 28, 30. Ps. 56. 13. Pr. 15. 30; 29. 13. *a pleasant.* ch. 7. 11. Ps. 84. 11. Mat. 5. 45.
8 *if a man.* ch. 6. 6; 8. 12. *rejoice.* ch. 3. 12, 13; 5. 18-20; 8. 15. *yet.* ch. 7. 14; 12. 1-5. De. 32. 29. Job 10. 22; 14. 10; 15. 23; 18. 18. Je. 13. 16. Joel 2. 2. Mat. 22. 13. Jno. 12. 35. Jude 18. *All that.* ch. 2. 1-11, 15, 17, 19, 21-23, 26; 4. 8, 16; 5. 15, 16; 6. 11.
9 *Rejoice.* 1 Ki. 18. 27; 22. 15. Lu. 15. 12, 13. *in thy youth.* ch. 12. 1. 1 Ki. 18. 12. La. 3. 27. *walk.* Nu. 15. 30; 22. 32. De. 29. 19. Job 31. 7. Ps. 81. 12. Je. 7. 24; 23. 17; 44. 16, 17. Ac. 14. 16. Ep. 2. 2, 3. 1 Pe. 4. 3, 4. *in the sight.* ch. 2. 10. Ge. 3. 6; 6. 2. Jos. 7. 21. 2 Sa. 11. 2-4. Mat. 5. 28. 1 Jno. 2. 15, 16. *know.* ch. 3. 17; 12. 14. Ps. 50. 4-6. Ac. 17. 30, 31; 24. 25. Ro. 2. 5-11; 14. 10. 1 Co. 4. 5. 2 Co. 5. 10. 2 Pe. 3. 7. He. 9. 27. Re. 20. 12-15.
10 *remove.* ch. 12. 1. Job 13. 26. Ps. 25. 7. 2 Pe. 3. 11-14. *sorrow. or,* anger. Ps. 90. 7-11. *and put.* Job 20. 11. 2 Co. 7. 1. 2 Ti. 2. 22. *for.* ch. 1. 2, 14. Ps. 39. 5. Pr. 22. 15.

## CHAP. XII.

*The Creator is to be remembered in due time,* 1-7. *The preacher's care to edify,* 8-12. *The fear of God is the chief antidote of vanity,* 13, 14.

1 *Remember.* ch. 11. 10. Ge. 39. 2, 8, 9, 23. 1 Sa. 1. 28; 2. 18, 26; 3. 19-21; 16. 7, 12, 13; 17. 36, 37. 1 Ki. 3. 6-12; 14. 13; 18. 12. 2 Ch. 34. 2, 3. Ps. 22. 9, 10; 34. 11; 71. 17, 18. Pr. 8. 17; 22. 6. Is. 26. 8. La. 3. 27. Da. 1. 8, 9, 17. Lu. 1. 15; 2. 40-52; 18. 16. Ep. 6. 4. 2 Ti. 3. 15. *while.* ch. 11. 8. Job 30. 2. Ps. 90. 10. Ho. 7. 9. *when.* 2 Sa. 19. 35.
2 *the sun.* ch. 11. 7, 8. Ge. 27. 1; 48. 10. 1 Sa. 3. 2; 4. 15, 18. *nor.* Ps. 42. 7; 71. 20; 77. 16.

3 *strong.* 2 Sa. 21. 15-17. Ps. 90. 9, 10; 102. 23. Zec. 8. 4. *and those.* ver. 2.
4 *all.* 2 Sa. 19. 35.
5 *the almond.* Ge. 42. 38; 44. 29, 31. Le. 19. 32. Job 15. 10. Ps. 71. 18. Pr. 16. 31; 20. 29. Is. 46. 4. Je. 1. 11. *because.* ch. 9. 10. Job 17. 13; 30. 23. Ps. 49. 10-14. He. 9. 27. *the mourners.* Ge. 50. 3-10. Je. 9. 17-20. Mar. 5. 38, 39.
7 *dust.* ch. 3. 20. Ge. 3. 19; 18. 27. Job 4. 19, 20; 7. 21; 20. 11; 34. 14, 15. Ps. 90. 3; 146. 4. Da. 12. 2. *the spirit.* ch. 3. 21. *God.* Ge. 2. 7. Nu. 16. 22; 27. 16. Is. 57. 16. Je. 38. 16. Zec. 12. 1. He. 12. 9, 23.
8 ch. 1. 2, 14; 2. 17; 4. 4; 6. 12; 8. 8. Ps. 62. 9.
9 *moreover, because the Preacher was wise. or,* the more wise the Preacher was, etc. *he still.* 1 Ki. 8. 12, etc.; 10. 8. *he gave.* 1 Ki. 4. 32. Pr. 1. 1; 10. 1; 25. 1.
10 *Preacher.* ch. 1. 1, 12. *acceptable words. Heb.* words of delight. Pr. 15. 23, 26; 16. 21-24; 25. 11, 12. 1 Ti. 1. 15. *written.* Pr. 1. 1-6; 8. 6-10; 22. 17-21. Lu. 1. 1-4. Jno. 3. 11. Col. 1. 5.
11 *as goads.* Je. 23. 29. Mat. 3. 7. Ac. 2. 37. 2 Co. 10. 4. He. 4. 12. *masters.* Jno. 3. 10. *given.* Ge. 49. 24. Ps. 23. 1; 80. 1. Is. 40. 11. Eze. 34. 23. Jno. 10. 14. He. 13. 20. 1 Pe. 5. 4.
12 *by these.* Lu. 16. 29-31. Jno. 5. 39; 20. 31; 21. 25. 2 Pe. 1. 19-21. *study. or,* reading. *weariness.* ch. 1. 18.
13 *Let us hear the conclusion of the whole matter. or,* The end of the matter, *even* all that hath been heard *is. Fear.* ch. 5. 7; 8. 12. Ge. 22. 12. De. 6. 2; 10. 12. Ps. 111. 10; 112. 1; 145. 19; 147. 11. Pr. 1. 7; 23. 17. 1 Pe. 2. 17. Re. 19. 5. *for.* ch. 2. 3; 6. 12. Job 28. 28. Ps. 115. 13-15. Pr. 19. 23. Lu. 1. 50.
14 ch. 11. 9. Ps. 96. 13. Mat. 12. 36; 25. 31-46. Lu. 12. 1, 2. Jno. 5. 29. Ac. 17. 30, 31. Ro. 2. 16; 14. 10-12. 1 Co. 4. 5. 2 Co. 5. 10. Re. 20. 11-15.

# The SONG of SOLOMON.

B.C. 1014. A.M. 3090.

## CHAP. I.

*The church's love unto Christ,* 1-4. *She confesses her deformity,* 5, 6, *and prays to be directed to his flock,* 7. *Christ directs her to the shepherds' tents,* 8; *and shewing his love to her,* 9, 10, *gives her gracious promises,* 11. *The church and Christ congratulate one another,* 12-17.

1 *song.* Ps. 14, title. Is. 5. 1. *Solomon's.* 1 Ki. 4. 32.
2 *him.* ch. 5. 16; 8. 1. Ge. 27. 26, 27; 29. 11; 45. 15. Ps. 2. 12. Lu. 15. 20. Ac. 21. 7. 1 Pe. 5. 14. *thy love. Heb.* thy loves. ver. 4; ch. 2. 4; 4. 10; 7. 6, 9, 12; 8. 2. Ps. 36. 7; 63. 3-5. Is. 25. 6; 55. 1, 2. Mat. 26. 26.
3 *the savour.* ch. 3. 6; 4. 10; 5. 5, 13. Ex. 30. 23-28. Ps. 45. 7, 8; 133. 2. Pr. 27. 9. Ec. 7. 1. Is. 61. 3. Jno. 12. 3. 2 Co. 2. 14-16. Phi. 4. 18. *thy name.* Ex. 33. 12, 19; 34. 5-7. Ps. 89. 15, 16. Is. 9. 6, 7. Je. 23. 5, 6. Mat. 1. 21-23. Phi. 2. 9, 10. *the virgins.* ch. 6. 8. Ps. 45. 14. Mat. 25. 1. 2 Co. 11. 2. Re. 14. 4.
4 *Draw.* Je. 31. 3. Ho. 11. 4. Jno. 6. 44; 12. 32. Phi. 2. 12, 13. *we will.* Ps. 119. 32, 60. He. 12. 1. *the king.* ch. 2. 3-5; 3. 4. Ps. 45. 14, 15. Mat. 25. 10. Jno. 14. 2, 3. Ep. 2. 6. *we will be.* Ps. 98. 4-9; 149. 2. Is. 25. 8; 45. 25; 61. 3. Zep. 3. 14. Zec. 9. 9. Lu. 2. 10. Phi. 3. 3; 4. 4. 1 Pe. 1. 8. *remember.* ver. 2. Ps. 42. 4; 48. 9; 63. 5; 103. 1, 2; 111. 4. Is. 63. 7. Lu. 22. 19. 1 Co. 11. 23-26. *the upright love thee. or,* they love thee uprightly. ver. 3. Jno. 21. 15-17. Ep. 6. 24.
5 *black.* Is. 53. 2. Mat. 10. 25. 1 Co. 4. 10-13. 1 Jno. 3. 1. *comely.* Ps. 90. 17; 149. 4. Is. 61. 10. Eze. 16. 14. Mat. 22. 11. Lu. 15. 22. Ro. 13. 14. 2 Co. 5. 21. Ep. 5. 26. *O ye.* Ps. 45. 9. Lu. 13. 34. Ga. 4. 26. *as the tents.* Ps. 120. 5.
6 *Look.* Ru. 1. 19-21. *because I.* Job 30. 30. Je. 8. 21. La. 4. 8. Mar. 4. 6. Ac. 14. 22. *my mother's.* Ps. 69. 8. Je. 12. 6. Mi. 7. 6. Mat. 10. 22, 25, 35, 36. Lu. 12. 51-53. Ga. 4. 29. *keeper.* ch. 8. 11, 12.
7 *O thou.* ch. 2. 3; 3. 1-4; 5. 8, 10, 16. Ps. 18. 1; 116. 1. Is. 5. 1; 26. 9. Mat. 10. 37. Jno. 21. 17. 1 Pe. 1. 8; 2. 7. *thou feedest.* Ge. 37. 16. Ps. 23. 1, 2; 80. 1. Is. 40. 11. Mi. 5. 4. Jno. 10. 11, 28, 29. Re. 7. 17. *for.* 1 Sa. 12. 20, 21. Ps. 28. 1. Jno. 6. 67-69. 1 Jno. 2. 19. *turneth aside. or,* is veiled. 2 Co. 3. 14-18.
8 *O thou.* ver. 15; ch. 2. 10; 4. 1, 7, 10; 5. 9; 6. 1, 4-10; 7. 1, etc. Ps. 16. 3; 45. 11, 13. Ep. 5. 27. Re. 19. 7, 8. *go.* Pr. 8. 34. Je. 6. 16. 1 Co. 11. 1. He. 6. 12; 11. 4, etc.; 13. 7. Ja. 2. 21, 25; 5. 10. 1 Pe. 3. 6. *feed.* Jno. 21. 15.
9 *O my.* ch. 2. 2, 10, 13; 4. 1, 7; 5. 2; 6. 4. Jno. 15. 14, 15. *to a.* 1 Ki. 10. 28. 2 Ch. 1. 14-17. Is. 31. 1.
10 *thy cheeks.* Ge. 24. 22, 47. Is. 3. 18-21. Eze. 16. 11-13. 2 Pe. 1. 3, 4. *thy neck.* ch. 4. 9. Ge. 41. 42. Nu. 31. 50. Pr. 1. 9. 1 Pe. 3. 4.
11 ch. 8. 9. Ge. 1. 26. Ps. 149. 4. Ep. 5. 25-27. Phi. 3. 21.
12 *the king.* ch. 7. 5. Ps. 45. 1. Mat. 22. 11; 25. 34. *sitteth.* ch. 4. 16. Mat. 22. 4; 26. 26-28. Lu. 24. 30-32. Re. 3. 20. *my.* ch. 4. 13-16. Jno. 12. 3. Phi. 4. 18. Re. 8. 3, 4.
13 *bundle.* ch. 4. 6, 14; 5. 1, 5, 13. Ge. 43. 11. Ps. 45. 8. Jno. 19. 39. *he shall.* ch. 2. 7; 3. 5; 8. 3, 4. Ep. 3. 17.
14 *beloved.* See on ver. 13; ch. 2. 3. *camphire. or,* cypress. ch. 4. 13, 14. *En-gedi.* Jos. 15. 62. 1 Sa. 23. 29; 24. 1.
15 *thou art fair.* See on ver. 8; ch. 4. 1, 7, 10; 5. 12; 7. 6. *my love. or,* my companion. Mal. 2. 14. *thou hast.* ch. 4. 1; 5. 12. 2 Co. 11. 2, 3. Ep. 1. 17, 18.
16 *thou art.* ch. 2. 3; 5. 10-16. Ps. 45. 2. Zec. 9. 17. Phi. 3. 8, 9. Re. 5. 11-13. *also.* ch. 3. 7. Ps. 110. 3.
17 *beams.* ch. 8. 9. 2 Ch. 2. 8, 9. Ps. 92. 12. 1 Ti. 3. 15, 16. He. 11. 10. 1 Pe. 2. 4, 5. *rafters. or,* galleries. ch. 7. 5. Eze. 41. 16; 42. 3.

## CHAP. II.

*The mutual love of Christ and his church,* 1-7. *The hope,* 8, 9, *and calling of the church,* 10-13. *Christ's care of the church,* 14, 15. *The profession of the church, her faith, and hope,* 16, 17.

1 *the rose.* Ps. 85. 11. Is. 35. 1, 2. *lily.* ver. 16; ch. 6. 3. Is. 57. 15.
2 Is. 55. 13. Mat. 6. 28, 29; 10. 16. Phi. 2. 15, 16. 1 Pe. 2. 12.
3 *the apple tree.* ch. 8. 5. Is. 4. 2. Eze. 17. 23, 24. Jno. 15. 1-8. *my beloved.* ch. 5. 9, 10, 16. Ps. 45. 2; 89. 6. Jno. 1. 14-18; 3. 29-31. He. 1. 1-6; 3. 1-6; 7. 23-26; 12. 2. *I sat,* etc. *Heb.* I delighted and sat down, etc. Ju. 9. 15, 19, 20. Ps. 57. 1; 91. 1. Is. 4. 6; 25. 4; 32. 2. 1 Jno. 1. 3, 4. *his fruit.* ver. 5. Ge. 3. 22-24. Eze. 47. 12. Re. 22. 1, 2. *taste. Heb.* palate.
4 *brought.* ch. 1. 4; 5. 1. Ps. 63. 2-5; 84. 10. Jno. 14. 21-23. Re. 3. 20. *banqueting house. Heb.* house of wine. ch. 1. 1, 4. Es. 7. 7. *his banner.* ch. 6. 4. Job 1. 10. Ps. 60. 4. Is. 11. 10. Jno. 15. 9-15. Ro. 5. 8-10; 8. 28-39.
5 *Stay.* Ps. 4. 6, 7; 42. 1, 2; 63. 1-3, 8. Is. 26. 8, 9. Lu. 24. 32. Phi. 1. 23. *flagons.* 2 Sa. 6. 19. Ho. 3. 1. *comfort me. Heb.* straw me. *for.* ch. 5. 8. 2 Sa. 13. 1, 2. Ps. 119. 130, 131.
6 ch. 8. 3-5. Is. 54. 5-10; 62. 4, 5. Je. 32. 41. Zep. 3. 17. Jno. 3. 29. Ep. 5. 25-29.
7 *charge you. Heb.* adjure you. Mat. 26. 63. *O ye.* ch. 1. 5; 5. 8, 16. *by the roes.* ch. 3. 5. Pr. 5. 19. *ye stir.* ch. 8. 4. Ep. 5. 22-33.
8 *voice.* ch. 5. 2. Jno. 3. 29; 10. 4, 5, 27. Re. 3. 20. *leaping.* 2 Sa. 6. 16. Is. 35. 6. Je. 48. 27. Lu. 6. 23. Ac. 3. 8; 14. 10. *the mountains.* Is. 40. 3, 4; 44. 23; 49. 11-13; 55. 12, 13. Lu. 3. 4-6.
9 *like.* ver. 17; ch. 8. 14. *he standeth.* 1 Co. 13. 12. 2 Co. 3. 13-18. Ep. 2. 14, 15. Col. 2. 17. He. 9. 8, 9; 10. 1, 19, 20. *shewing. Heb.* flourishing. Lu. 24. 35. Jno. 5. 39, 46; 12. 41. 1 Pe. 1. 10-12. Re. 19. 10.
10 *spake.* ver. 8. 2 Sa. 23. 3. Ps. 85. 8. Je. 31. 3. *Rise.* ver. 13; ch. 4. 7, 8; 5. 2. Ge. 12. 1-3. Ps. 45. 10, 11. Mat. 4. 19-22; 9. 9. 2 Co. 6. 17, 18; 11. 2. Re. 19. 7-9; 22. 17.
11 Ec. 3. 4, 11. Is. 12. 1, 2; 40. 2; 54. 6-8; 60. 1, 2. Mat. 5. 4. Ep. 5. 8. Re. 11. 14, 15.
12 *flowers.* ch. 6. 2, 11. Is. 35. 1, 2. Ho. 14. 5-7. *time.* Ps. 40. 1-3; 89. 15; 148. 7-13. Is. 42. 10-12; 55. 12. Ep. 5. 18-20. Col. 3. 16. *of the turtle.* Ro. 15. 9-13. Ep. 1. 13, 14.
13 *fig-tree.* ch. 6. 11; 7. 8, 11-13. Is. 18. 5; 55. 10, 11; 61. 11. Ho. 14. 6. Hag. 2. 19. Lu. 13. 6, 7. *Arise.* ver. 10. Lu. 19. 42. 2 Co. 5. 20; 6. 1, 2.
14 *my dove.* ch. 5. 2; 6. 9. Ps. 68. 13; 74. 19. Is. 60. 8. Eze. 7. 16. Mat. 3. 16; 10. 16. *that art.* Ex. 3. 6; 4. 11-13. Ezr. 9. 5, 6. Job 9. 16. Is. 6. 5. Da. 9. 7. Lu. 8. 47, 48. *clefts.* Ex. 33. 22, 23. Is. 2. 21. Je. 49. 16. Ob. 3. *let me hear.* ch. 8. 13. Ps. 50. 14, 15. Pr. 15. 8. He. 4. 16; 10. 22. *for sweet.* Ps. 22. 3; 50. 23. Is. 51. 3. Re. 4. 8-10; 5. 8; 7. 9, 10. *thy countenance.* ch. 1. 5, 8; 6. 10. Ps. 45. 11; 110. 3. Ep. 5. 27. Col. 1. 22. 1 Pe. 3. 4. Jude 24.
15 *the foxes.* Ps. 80. 13. Eze. 13. 4-16. Lu. 13. 32. 2 Pe. 2. 1-3. Re. 2. 2. *tender.* ver. 13; ch. 7. 12.

16 *beloved.* ch. 6 3; 7. 10,13. Ps. 48.14; 63.1. Je. 31.33. 1 Co. 3. 21-23. Ga. 2. 20. Re. 21. 2,3. *he.* ver. 1; ch. 1. 7; 6. 3.
17 *the day.* ch. 4. 6. Lu. 1. 78. Ro. 13. 12. 2 Pe. 1. 19. *the shadows.* He. 8. 5; 10. 1. *beloved.* ver. 9; ch. 8. 14. *Bether.* or, division.

## CHAP. III.

*The church's fight and victory in temptation,* 1-5. *The church glories in Christ,* 6-11.

1 *night.* Ps. 4. 4; 6. 6; 22. 2; 63. 6-8; 77. 2-4. Is. 26. 9. *him whom.* ch. 1. 7; 5. 8. Jno. 21. 17. 1 Pe. 1. 8. *I sought him, but.* ch. 5. 6. Job 23. 8, 9. Ps. 130. 1, 2. Is. 55. 6. Lu. 13. 24.
2 *will rise.* ch. 5. 5. Is. 64. 7. Jno. 1. 6. Mat. 26. 40, 41. Ro. 13. 11. 1 Co. 15. 34. Ep. 5. 14. *the streets.* Pr. 1. 20, 21; 8. 2, 3, 34. Lu. 14. 21-23. *I sought.* Ps. 22. 1, 2; 42. 7-9; 43. 2-5; 77. 7-10.
3 *watchmen.* ch. 5. 7. Is. 21. 6-8, 11, 12; 56. 10; 62. 6. Eze. 3. 17; 33. 2-9. He. 13. 17. *Saw.* Jno. 20. 15.
4 *but.* ch. 6. 12. Pr. 8. 17. Is. 45. 19; 55. 6, 7. Je. 29. 13. La. 3. 25. Mat. 7. 7. *I held.* ch. 7. 5. Ge. 32. 26. Pr. 4. 13. Ho. 12. 3, 4. Mat. 28. 9. Jno. 20. 16, 17. Re. 3. 11, 12. *I had.* Is. 49. 14-18; 54. 1-3. Ga. 4. 26.
5 ch. 2. 7; 8. 4. Mi. 4. 8.
6 *this.* ch. 8. 5. De. 8. 2. Is. 43. 19. Je. 2. 2; 31. 2. Re. 12. 6, 14. *like.* Probably the clouds of incense arising from the palanquin, which seemed like *pillars of smoke.* Ex. 13. 21, 22. Joel 2. 29-31. Ac. 2. 18-21. Col. 3. 1, 2. *perfumed.* ch. 1. 3, 13; 4. 12-14; 5. 5, 13. 2 Co. 2. 14-16. Phi. 4. 18. Re. 5. 8.
7 *his bed.* ver. 9, marg. ch. 1. 16. *threescore.* 1 Sa. 8. 16; 14. 52; 28. 2. 1 Ki. 9. 22; 14. 27. 2 Ki. 6. 17. He. 1. 14.
8 *all.* Ps. 45. 3; 149. 5-9. Is. 27. 3. Ep. 6. 16-18. *because.* Ne. 4. 21, 22. 1 Th. 5. 6-8.
9 *a chariot.* or, a bed. *Appiryon,* rendered by MONTANUS, *sponsarum thalamum,* 'a nuptial bed;' but probably it denotes a kind of *palanquin,* perhaps synonymous with the Arabic *farfar,* a species of vehicle for women. ver. 7. 2 Sa. 23. 5. Re. 14. 6.
10 Ps. 87. 3. 1 Ti. 3. 15, 16. Re. 3. 12. *the midst.* Ro. 5 8. Ep. 3. 18, 19. Re. 1. 5.
11 *Go.* ch. 7. 11. He. 13. 13. *O ye.* ch. 1. 5; 2. 7. Ps. 9. 14; 48. 11. *behold.* Is. 9. 6. Mat. 12. 42. Phi. 2. 9-11. He. 2. 9. Re. 1. 7; 19. 12. *his mother.* ch. 8. 5. Col. 1. 18. Re. 5. 9, 10. *in the day of his.* Is. 62. 5. Je. 2. 2. Ho. 2. 19, 20. Jno. 3. 29. Re. 19. 7; 22. 9, 10. *in the day of the.* Is. 53. 11. Je. 32. 41. Zep. 3. 17. Lu. 15. 6, 7, 23, 24, 32. Jno. 15. 11.

## CHAP. IV.

*Christ sets forth the graces of the church,* 1-7. *He shews his love to her,* 8-15. *The church prays to be made fit for his presence,* 16.

1 *thou art fair, my.* ver. 9, 10; ch. 1. 15; 2. 10, 14. Ps. 45. 11. Eze. 16. 14. 2 Co. 3. 18. *thou hast.* ch. 5. 12. Mat. 11. 29. Phi. 2. 3-5. *thy hair.* ch. 5. 11; 6. 5, 7; 7. 5. *appear from.* or, eat of, etc. *mount.* Nu. 32. 1, 40.
2 *teeth.* ch. 6. 6. Je. 15. 16. Jno. 15. 7. Col. 1. 4-6. 1 Th. 2. 13. 2 Pe. 1. 5-8. *and none.* Ex. 23. 26. De. 7. 13, 14.
3 *lips.* ver. 11; ch. 5. 13, 16; 7. 9. Ps. 37. 30; 45. 2; 119. 13. Pr. 10. 13, 20, 21; 16. 21-24. Mat. 12. 35. Lu. 4. 22. 2 Co. 5. 18-21. Ep. 4. 29. Col. 3. 16, 17; 4. 6. *scarlet.* Le. 14. 4, 6, 49-52. Nu. 4. 8; 19. 6. Jos. 2. 18. Pr. 31. 26. He. 9. 19. *thy temples.* ch. 6. 7. Ge. 32. 10. Ezr. 9. 6. Eze. 16. 63.
4 *neck.* ch. 1. 10; 7. 4. 2 Sa. 22. 51. Ep. 4. 15, 16. Col. 2. 19. 1 Pe. 1. 5. *an armoury.* Ne. 3. 19. *a thousand.* 2 Ch. 9. 15, 16; 12. 9-11.
5 *two breasts.* ch. 1. 13; 7. 3, 7; 8. 1, 10. Pr. 5. 19. Is. 66. 10-12. 1 Pe. 2. 2. *feed.* ch. 2. 16; 6. 3.
6 *day.* ch. 2. 17. Mal. 4. 2. Lu. 1. 78. 2 Pe. 1. 19. 1 Jno. 2. 8. Re. 22. 16. *break. Heb.* breathe. *the mountain.* Ex. 20. 24; 30. 8, 23-26; 37. 29. De. 12. 5, 6. Ps. 66. 15. Is. 2. 2. Mal. 1. 11. Lu. 1. 9, 10. Re. 5. 8.
7 ver. 1; ch. 5. 16. Nu. 24. 5. Ps. 45. 11, 13. Ep. 5. 25-27. Col. 1. 22. 2 Pe. 3. 14. Jude 24. Re. 21. 2.
8 *with me.* ch. 2. 13; 7. 11. Ps. 45. 10. Pr. 9. 6. Jno. 12. 26. Col. 3. 1, 2. *from Lebanon.* De. 3. 25. *Shenir.* De. 3. 9. Jos. 12. 1. *from the lions'.* Ps. 76. 1, 4.
9 *ravished.* or, taken away, etc. *my sister.* ver. 10, 12; ch. 5. 1, 2. Ge. 20. 12. Mat. 12. 50. 1 Co. 9. 5. He. 2. 11-14. *my spouse.* ch. 3. 11. Ps. 45. 9. Is. 54. 5; 62. 5. Eze. 16. 8. Ho. 2. 19, 20. Jno. 3. 29. 2 Co. 11. 2. Re. 19. 7, 8; 21. 2, 9, 10. *thou hast.* ch. 6. 12; 7. 5, 6, 10. Pr. 5. 19, 20. Zep. 3. 17. *with one of.* ch. 1. 15; 6. 5. *one chain.* ch. 1. 10.
10 *love. Heb.* loves. ch. 1. 2, marg. *how much.* ch. 1. 2, 4. *the smell.* ch. 1. 3, 12; 3. 6; 5. 5. 2 Co. 1. 21, 22. Ga. 5. 22. Phi. 4. 18. Re. 5. 8.
11 *lips.* ver. 3; ch. 5. 13; 7. 9. Ps. 71. 14, 15, 23, 24. Pr. 16. 24. Ho. 14. 2. He. 13. 15. *honey.* ch. 5. 1. Pr. 24. 13, 14. Is. 7. 15. *the smell.* ver. 10. Ge. 27. 27. Ps. 45. 8. Ho. 14. 7.
12 *garden.* ch. 6. 2, 11. Pr. 5. 15-18. Is. 58. 11; 61. 10, 11. Je. 31. 12. Ho. 6. 3. 1 Co. 6. 13, 19, 20; 7. 34. Re. 21. 27. *inclosed. Heb.* barred. *sealed.* 2 Co. 1. 22. Ep. 1. 13; 4. 30. Re. 7. 3.
13 *are.* ch. 6. 11; 7. 12; 8. 2. Ps. 92. 14. Ec. 2. 5. Is. 60. 21; 61. 11. Jno. 15. 1-3. Phi. 1. 11. *pleasant.* ch. 6. 2. *camphire.* or, cypress. ver. 14; ch. 1. 14. *spikenard.* ch. 1. 12. Mar. 14. 3. Jno. 12. 3.
14 *calamus.* Ex. 30. 23. Eze. 27. 19. *cinnamon.* Pr. 7. 17. Re. 18. 13. *trees.* ver. 6; ch. 5. 1. Nu. 24. 6. *the chief.* ch. 6. 2. Ge. 43. 11. 1 Ki. 10. 10. 2 Ch. 9. 9. Mar. 16. 1.
15 *fountain.* ver. 12. Ec. 2. 6. *a well.* Ps. 36. 8, 9; 46. 4. Je. 2. 13; 17. 13. Jno. 4. 10, 14; 7. 38. Re. 22. 1. *streams.* Je. 18. 13, 14.
16 *Awake.* ch. 1. 4. Ec. 1. 6. Is. 51. 9-11; 64. 1. Eze. 37. 9. Jno. 3. 8. Ac. 2. 1, 2; 4. 31. *the spices.* ver. 13, 14; ch. 7. 12, 13. 2 Co. 9. 10-15. Phi. 1. 9-11. Col. 1. 9-12. 1 Th. 2. 12, 13. He. 13. 20, 21. 2 Pe. 3. 18. *Let.* ch. 5. 1; 8. 12. Mat. 26. 10, 12. Jno. 15. 8. Ro. 15, 16, 28. 1 Pe. 2. 5, 9, 10.

## CHAP. V.

*Christ awakes the church with his calling,* 1. *The church having a taste of Christ's love, is sick of love,* 2-8. *A description of Christ by his graces,* 9-16.

1 *come.* ch. 4. 16; 6. 2, 11; 8. 13. Is. 5. 1; 51. 3; 58. 11; 61. 11; 66. 14. Jno. 14. 21-23. *my sister.* ch. 4. 9-12; 8. 1. He. 2. 12-14. *I have gathered.* ch. 4. 13, 14. Ps. 147. 11. Is. 53. 11 *eat.* De. 16. 13-17; 26. 10-14. 2 Ch. 31. 6-10. Ps. 16. 3. Is. 23. 18; 55. 1, 2; 62. 8, 9; 65. 13; 66. 14. Mat. 25. 40. Ac. 11. 29. 2 Co. 9. 11-15. Ep. 5. 18. 1 Th. 3. 8, 9. *friends.* Lu. 12. 4; 15. 6, 7, 9, 10. Jno. 3. 29; 15. 14, 15. *yea, drink abundantly, O beloved.* or, and be drunken *with* loves. Zec. 9. 15-17. Re. 22. 17.
2 *sleep* ch. 3. 1; 7. 9. Da. 8. 18. Zec. 4. 1. Mat. 25. 4, 5; 26. 40, 41. Lu. 9. 32. Ep. 5. 14. *the voice.* ch. 2. 8, 10. Jno. 10. 4. *knocketh.* Re. 3. 20. *Open.* Ps. 24. 7-10; 81. 10. Pr. 23. 26. *my dove.* ch. 2. 14; 6. 9. Ps. 119. 1. Re. 3. 4; 14. 4. *my head.* ch. 8. 7. Ge. 29. 20; 31. 40, 41. Is. 50. 6; 52. 14; 53. 3-5. Mat. 8. 17; 25. 35-45. Mar. 1. 35. Lu. 6. 12; 22. 44. 2 Co. 5. 14, 15. Ga. 2. 20.
3 *have put.* Pr. 3. 28; 13. 4; 22. 13. Mat. 25. 5; 26. 38-43. Lu. 11. 7. Ro. 7. 22, 23. *I have washed.* As the Orientals only wear sandals, they are obliged to wash their feet previously to their lying down. Hence a Hindoo, if called from his bed, often makes his excuse that he shall daub his feet.
4 *put.* ch. 1. 4. Ps. 110. 3. Ac. 16. 14. 2 Co. 8. 1, 2, 16. Phi. 2. 13. *my bowels.* Ge. 43. 30. 1 Ki. 3. 26. Is. 26. 8, 9. 1 Jno. 3. 16, 17. *for him.* or, *(as some read,)* in me.
5 *rose.* ver. 2. Lu. 12. 36. Ep. 3. 17. Re. 3. 20. *my hands.* ver. 13; ch. 3. 6; 4. 13, 14. 2 Co. 7. 7, 9-11. *sweet smelling. Heb.* passing, *or* running about.
6 *but my.* Ps. 30. 7. Is. 8. 17; 12. 1; 50. 2; 54. 6-8. Ho. 5. 6, 15. Mat. 15. 22-28. Re. 3. 19. *my soul.* ver. 2, 4. Ge. 42. 28. 2 Sa. 16. 10. Ps. 69. 3; 77. 3. Is. 57. 16. Mat. 26. 75. Mar. 14. 72. Lu. 22. 61, 62. *I sought.* ch. 3. 1, 2. 1 Sa. 28. 6. Ps. 22. 1, 2; 28. 1; 80. 4; 88. 9-14. Is. 58. 2-4, 7-9. La. 3. 8. Zec. 7. 13.
7 *watchmen.* ch. 3. 3. Is. 6. 10, 11. Ho. 9. 7, 8. Ac. 20. 29, 30. 2 Co. 11. 13. *they smote.* Ps. 141. 5. Ho. 6. 5. Jno. 16. 2. Ac. 26. 9, 10. Phi. 3. 6. Re. 17. 5, 6. *the keepers.* ch. 8. 11. Is. 62. 6. Mat. 21. 33-41; 23. 2, 29-36. *took.* Lu. 6. 22. Ac. 5. 40, 41. 1 Co. 4. 10-13. He. 11. 36, 37; 12. 2. 1 Pe. 4. 14-16.
8 *charge.* See on ch. 2. 7; 8. 4. *if ye.* Ro. 15. 30. Ga. 6. 1, 2. Ja. 5. 16. *that ye. Heb.* what ye. *I am.* Ps. 42. 1-3; 63. 1-3; 77. 1-3; 119. 81-83.
9 *What is.* Is. 53. 2. Mat. 16. 13-17; 21. 10. Jno. 1. 14. 2 Co. 4. 3-6. *O thou.* ch. 1. 8; 6. 1, 9, 10. Ps. 45. 13; 87. 3.
10 *beloved.* ch. 2. 1. De. 32. 31. Ps. 45. 17. Is. 66. 19. He. 7. 26. *the chiefest. Heb.* a standard bearer. Is. 10. 18; 59. 19. Ro. 9. 5. Phi. 2. 9-11. Col. 1. 18. He. 2. 10.
11 *head.* Da. 2. 37, 38. Ep. 1. 21, 22. *his locks.* ch. 7. 5. Da. 7. 9. Re. 1. 14. *bushy.* or, curled.
12 *His eyes.* Rather, 'His eyes are as doves;' the deep *blue* pigeon, the common dove in the East, whose brilliant plumage vibrates around his neck every sparkling hue, every dazzling flash of colour. And this pigeon standing amid 'the torrents of water,' or the foam of a waterfall, would be a blue centre with a bright space, like the iris of the eye, surrounded by the white. ch. 1. 15; 4. 1. He. 4. 13. *fitly set. Heb.* sitting in fulness,

*that is,* fitly placed, and set as a precious stone in the foil of a ring.

13 *cheeks.* ch. 1. 10. Is. 50. 6. *as a.* Ps. 4. 6, 7; 27. 4; 89. 15. Re. 21. 23. *sweet flowers. or,* towers of perfumes. ch. 3. 6. *his lips.* ch. 4. 11. Ps. 45. 2. Is. 50. 4. Lu. 4. 22. *dropping.* ver. 5.

14 *hands.* Ex. 15. 6. Ps. 44. 4-7; 99. 4. Is. 9. 7; 52. 13. *his belly.* ch. 7. 2. Ex. 24. 10. Is. 54. 11. Eze. 1. 26-28.

15 *legs.* Re. 1. 15. *sockets.* Ex. 26. 19. *his countenance.* ch. 2. 14. Ju. 13. 6. Mat. 17. 2; 28. 3. Ac. 2. 28. Re. 1. 16. *as Lebanon.* ch. 4. 11. Ps. 92. 12. Ho. 14. 7. Zec. 9. 17. 1 Ti. 3. 16.

16 *mouth. Heb.* palate. ch. 1. 2. Ps. 19. 10; 119. 103. Je. 15. 16. *most.* ch. 1. 16; 2. 1, 3. Ps. 45. 2; 89. 6; 148. 13. Is. 9. 6, 7. Phi. 3. 8. 1 Pe. 2. 6, 7. *my beloved.* ch. 2. 16; 6. 3. Ga. 2. 20. *friend.* Je. 3. 20, marg. Ho. 3. 1. Ja. 2. 23; 4. 4.

## CHAP. VI.

*The church professes her faith in Christ,* 1-3. *Christ shews the graces of the church,* 4-9; *and his love towards her,* 10-13.

1 *O thou.* ver. 4, 9, 10; ch. 1. 8; 2. 2; 5. 9. *that.* ch. 1. 4. Ru. 1. 16, 17; 2. 12. Is. 2. 5. Je. 14. 8. Zec. 8. 21-23. Ac. 5. 11-14.

2 *gone.* ver. 11; ch. 4. 12-16; 5. 1. Ec. 2. 5. Is. 58. 11; 61. 11. Mat. 18. 20; 28. 20. *the beds.* ch. 5. 13. *feed.* ch. 1. 7, 8. Is. 40. 11. Eze. 34. 23. Zep. 3. 17. Jno. 4. 34, 35. Re. 7. 17. *and to.* ch. 2. 2. Is. 57. 1. Jno. 14. 3; 17. 24. Phi. 1. 21-23. 1 Th. 4. 13, 14.

3 *my beloved's.* ch. 2. 16; 7. 10. He. 8. 10. Re. 21. 2-4. *he.* ch. 2. 16.

4 *beautiful.* ver. 10; ch. 2. 14; 4. 7; 5. 2. Eze. 16. 13, 14. Ep. 5. 27. *as Tirzah.* 1 Ki. 14. 17; 15. 21. 33. *comely.* Ps. 48. 2. La. 2. 15. Re. 21. 2. *terrible.* ver. 10. Nu. 24. 5-9. Ps. 144. 4-8. Zec. 12. 3. 2 Co. 10. 4. Re. 19. 14-16.

5 *away.* Ge. 32. 26-28. Ex. 32. 10. Je. 15. 1. Mat. 15. 27, 28. *overcome me. or,* puffed me up. *thy.* ch. 4. 1-3.

6 ch. 4. 2. Mat. 21. 19; 25. 30.

7 ch. 4. 3.

8 1 Ki. 11. 1. 2 Ch. 11. 21. Ps. 45. 14. Re. 7. 9.

9 *My dove.* ch. 2. 14; 5. 2. *one; she.* Nu. 23. 9. Ps. 45. 9. Ga. 4. 26. Ep. 4. 3-6. *The daughters.* De. 4. 6, 7; 33. 29. Ps. 126. 2. Pr. 31. 28, 29. 2 Th. 1. 10. Re. 21. 9, 10.

10 *Who.* ch. 3. 6; 8. 5. Is. 63. 1. Re. 21. 10, 11. *looketh.* 2 Sa. 23. 4. Job 11. 17. Pr. 4. 18. Is. 58. 8. Ho. 6. 5. Re. 22. 16. *fair.* Job 31. 26. Ep. 5. 27. *clear.* Ps. 14. 5. Mal. 4. 2. Mat. 13. 43; 17. 2. Re. 10. 1; 12. 1; 21. 23; 22. 5. *terrible.* ver. 4. Ro. 8. 37.

11 *the garden.* ver. 2; ch. 4. 12-15; 5. 1. Ge. 2. 9. Ps. 92. 12-15. Jno. 15. 16. *to see the.* ch. 7. 12. Is. 5. 2-4. Mar. 11. 13. Lu. 13. 7. Ac. 15. 36.

12 *Or ever I was aware. Heb.* I knew not. *my soul.* Je. 31. 18-20. Ho. 11. 8, 9. Lu. 15. 20. *made me like the chariots of Amminadib. or,* set me on the chariots of my willing people.

13 *return.* ch. 2. 14. Je. 3. 12-14, 22. Ho. 14. 1-4. *What.* ch. 1. 6. Lu. 7. 44; 15. 10. 2 Th. 1. 10. *Shulamite.* Ge. 49. 10. Ps. 76. 2. Is. 8. 6. Jno. 9. 7. He. 7. 2. *As.* Jno. 10. 16. Ro. 3. 29. Ep. 2. 14-17. *two armies. or,* Mahanaim. Ge. 32. 2. Ro. 7. 23. Ga. 5. 17. Ep. 6. 10-19.

## CHAP. VII.

*A further description of the church's graces,* 1-9. *The church professes her faith and desire,* 10-13.

1 *thy feet.* Lu. 15. 22. Ep. 6. 15. Phi. 1. 27. *O prince's.* Ps. 45. 13. 2 Co. 6. 18. *the joints.* Da. 2. 32. Ep. 4. 15, 16. Col. 2. 19. *the work.* Ex. 28. 15; 35. 35.

2 *navel.* Pr. 3. 8. *liquor. Heb.* mixture. *thy belly.* ch. 5. 14. Ps. 45. 16. Is. 46. 3. Je. 1. 5. Ro. 7. 4.

3 ch. 4. 5; 6. 6.

4 *neck.* ch. 1. 10; 4. 4. *ivory.* ch. 5. 14. 1 Ki. 10. 18, 22; 22. 39. Ps. 45. 8; 144. 12. *thine eyes.* That is, 'Thine eyes are dark, deep, clear, and serene, as the fish-pools in Heshbon.' ch. 4. 1, 9; 6. 5. Ep. 1. 17, 18; 3. 18, 19. *Heshbon.* Nu. 21. 25. Is. 15. 4. *thy nose.* That is, 'Thy nose is as finely formed as the tower of Lebanon.' Phi. 1. 9, 10. He. 5. 14. *the tower.* ch. 4. 8; 5. 15. 1 Ki. 7. 2; 9. 19. 2 Ch. 8. 6. *Damascus.* Ge. 15. 2. 2 Sa. 8. 6.

5 *head.* Is. 35. 2. Ep. 1. 22; 4. 15, 16. Col. 1. 18; 2. 19. *Carmel. or,* crimson. Mi. 7. 14. *the hair.* ch. 4. 1; 5. 11. Re. 1. 14. *the king.* ch. 1. 17, marg. Ge. 32. 26. Ps. 68. 24; 87. 2. Mat. 18. 20; 28. 20. *held. Heb.* bound.

6 ver. 10; ch. 1. 15, 16; 2. 14; 4. 7, 10. Ps. 45. 11. Is. 62. 4, 5. Zep. 3. 17.

7 *thy stature.* Ps. 92. 12. Je. 10. 5. Ep. 4. 13 *thy breasts.* ver. 3, 8; ch. 1. 13; 4. 5; 8. 8. Is. 66. 10. Ep. 3. 17.

8 *I will go.* ch. 4. 16; 5. 1. Je. 32. 41. Jno. 14. 21-23. *the smell.* ch. 1. 3; 2. 3. 2 Co. 2. 14.

9 *the roof.* ch. 2. 14; 5. 16. Pr. 16. 24. Ep. 4. 29. Col. 3. 16, 17; 4. 6. He. 13. 15. *the best.* Is. 62. 8, 9. Zec. 9. 15-17. Ac. 2. 11-13, 46, 47; 4. 31, 32; 16. 30-34. *sweetly. Heb.* straightly. *those that are asleep. or,* the ancient. ch. 5. 2. Ro. 13. 11. 1 Th. 4. 13, 14. Re. 14. 13.

10 *my.* ch. 2. 16; 6. 3. Ac. 27. 23. 1 Co. 6. 19, 20. Ga. 2. 20. *his.* ver. 5, 6. Job 14. 15. Ps. 45. 11; 147. 11. Jno. 17. 24.

11 *let us go.* ch. 1. 4; 2. 10-13; 4. 8.

12 *get.* Pr. 8. 17. Ec. 9. 10. *let us see.* ch. 6. 11. Pr. 24. 30, 31. Ac. 15. 36. 2 Co. 13. 5. 1 Th. 3. 5, 6. He. 12. 15. *the tender.* ch. 2. 13, 15. Is. 18. 5. *appear. Heb.* open. *there will I give thee.* ver. 6; ch. 4. 16. Ec. 25. 22. Ps. 43. 4; 63. 3-8; 73. 25; 122. 5. Eze. 20. 40, 41. Ro. 5. 11. 2 Co. 5. 14, 15. Ep. 6. 24. He. 4. 16.

13 *mandrakes.* Ge. 30. 14. *at our.* ch. 4. 16; 5. 1. Jno. 15. 8. Ga. 5. 22, 23. Ep. 5. 9. Phi. 1. 11. *new.* Mat. 13. 52. *I have.* Is. 23. 18; 60. 6, 7. Mat. 25. 40. Ro. 15. 25-27. 1 Co. 2. 9; 16. 2. 2 Co 8. 8, 9. Col. 3. 17. 1 Pe. 4. 11.

## CHAP. VIII.

*The love of the church to Christ,* 1-5. *The vehemency of love,* 6, 7. *The calling of the Gentiles,* 8-13. *The church prays for Christ's coming,* 14.

1 *that thou.* Is. 7. 14; 9. 6. Hag. 2. 7. Zec. 9. 9. Mal. 3. 1. Mat. 13. 16, 17. Lu. 2. 26-32, 38; 10. 23, 24. 1 Ti. 3. 16. He. 2. 11, 12. *sucked.* Is. 66. 11, 12. Ga. 4. 26. *find thee.* Jno. 1. 14; 3. 13; 8. 42; 13. 3; 16. 28. He. 2. 9-14; 9. 26-28. *I would.* ch. 1. 2. Ps. 2. 12; 45. 10, 11. Lu. 7. 45-48; 9. 26; 12. 8. Jno. 7. 46-52; 9. 25-38. Ga. 6. 14. Phi. 3. 3, 7, 8. *yea.* Ps. 51. 17; 102. 16, 17. Mar. 12. 42-44; 14. 6-9. *I should not be despised. Heb.* they should not despise me. Is. 60. 14. Lu. 10. 16; 18. 9. 1 Co. 1. 28.

2 *bring.* ch. 3. 4. Ga. 4. 26. *who.* Lu. 16. 29-31. Jno. 5. 39, 46, 47. Ac. 17. 11, 12. 2 Ti. 3. 15. 1 Pe. 1. 10-12. 2 Pe. 1. 19. Re. 19. 10. *I would cause.* ch. 4. 10-16; 5. 1; 7. 9, 12. *spiced.* Pr. 9. 2.

3 ch. 2. 6. De. 33. 27. Is. 62. 4, 5. 2 Co. 12. 9.

4 *charge.* ch. 2. 7; 3. 5. *that ye stir not up, nor awake. Heb.* why should ye stir up, *or,* why awake, etc.

5 *Who is this.* ch. 3. 6; 6. 10. *from the.* ch. 4. 8. Ps. 45. 10, 11; 107. 2-8. Is. 40. 3; 43. 19. Je. 2. 2. Re. 12. 6. *leaning.* 2 Ch. 32. 8, marg. Ps. 63. 8. Is. 26. 3, 4; 36. 6. Mi. 3. 11. Jno. 13. 23. Ac. 27. 23-25. 2 Co. 12. 9, 10. Ep. 1. 12, 13. 1 Pe. 1. 21. *I raised.* ch. 2. 3. Ho. 12. 4. Jno. 1. 48-51. *there she.* ver. 1; ch. 3. 4, 11. Is. 49. 20-23. Ro. 7. 4. Ga. 4. 19.

6 *as a seal.* Ex. 28. 9-12, 21, 29, 30. Is. 49. 16. Je. 22. 24. Hag. 2. 23. Zec. 3. 9. 2 Ti. 2. 19. *love.* ch. 5. 8. Ps. 42. 1, 2; 63. 1; 84. 2. Jno. 21. 15-19. Ac. 20. 24; 21. 13. 2 Co. 5. 14, 15. Phi. 1. 20-23. Re. 12. 11. *jealousy.* Nu. 5. 14; 25. 11. De. 32. 21. Pr. 6. 34. 2 Co. 11. 2. *cruel. Heb.* hard. *the coals.* Ps. 120. 4. Pr. 25. 22. Ro. 12. 20.

7 *waters.* Is. 43. 2. Mat. 7. 24, 25. Ro. 8. 28-39. *if a man.* Pr. 6. 31, 35. Ro. 13. 8-10.

8 *a little.* Eze. 16. 46, 55, 56, 61; 23. 33. Jno. 10. 16. Ac. 15. 14-17. Ro. 15. 9-12. *she hath.* ver. 10; ch. 4. 5; 7. 3. Ps. 147. 19, 20. Ac. 7. 38. Ro. 3. 1, 2. Ep. 2. 12. *what.* Ps. 2. 8; 72. 17-19. Is. 49. 6; 60. 1-5, 10, 11. Ac. ch. 10; 11. 1-18; 16. 9; 22. 21; 26. 17, 18. Ro. 10. 12-15. Ep. 2. 13-15, 19-22. *in the day.* Lu. 19. 44. 1 Pe. 2. 12.

9 *a wall.* ch. 2. 9. Re. 21. 12-19. *we will.* Is. 58. 12; 60. 17; 61. 4. Zec. 6. 12-15. Mat. 16. 18. Ac. 15. 16. 1 Co. 3. 10-12. Ep. 2. 20-22. *a door.* Ac. 14. 27.

10 *a wall.* ver. 9. *my.* ch. 4. 5; 7. 3, 4, 7, 8. Eze. 16. 7. *then.* Ge. 6, 8. De. 7. 7, 8. Pr. 3. 4. Is. 60. 10. Lu. 1. 30. Ep. 1. 6, 8. 1 Ti. 1. 16. *favour. Heb.* peace. Ro. 5. 1-10.

11 *Solomon.* Calmet thus translates these verses: 'Solomon has a vineyard at Baal-hamon; he has let it out to keepers, each of whom for the fruit of it was to bring a thousand pieces of silver. As for me, my vineyard is before me; keep thyself, O Solomon, thy thousand pieces of silver,' etc. *had a.* ch. 7. 12. Ec. 2. 4. Is. 5. 1-7. Mat. 21. 33-43. Mar. 12. 1. *he let.* Lu. 20. 9, etc. *a thousand.* Ge. 20. 16. Is. 7. 23.

12 *vineyard.* ch. 1. 6. Pr. 4. 23. Ac. 20. 28. 1 Ti. 4. 15, 16. *thou.* Ps. 72. 17-19. Ro. 14. 7-9. 1 Co. 6. 20. 2 Co. 5. 15. *those.* 1 Th. 2. 19. 1 Ti. 5. 17, 18.

13 *dwellest.* ch. 2. 13; 4. 16; 6. 2, 11; 7. 11, 12. Mat. 18. 20; 28. 20. Jno. 14. 21-23. *the companions.* ch. 1. 7; 3. 7-11; 5. 9-16. Ju. 11. 38; 14. 11. Ps. 45. 14. *cause.* ch. 2. 14. Ps. 50. 15. Jno. 14. 13, 14; 15. 7; 16. 24.

14 *Make haste. Heb.* Flee away. ch. 2. 17. Lu. 19. 12. Phi. 1. 23. Re. 22. 17, 20.

# The Book of the Prophet ISAIAH.

B.C. 760. A.M. 3244.

## CHAP. I.

*Isaiah complains of Judah for her rebellion*, 1-4. *He laments her judgments*, 5-9. *He upraids their whole service*, 10-15. *He exhorts to repentance, with promises and threatenings*, 16-20. *Bewailing their wickedness, he denounces God's judgments*, 21-24. *He promises grace*, 25-27; *and threatens destruction to the wicked*, 28-31.

1 *vision*. ch. 21. 2. Nu. 12. 6; 24. 4, 16. 2 Ch. 32. 32. Ps. 89. 19. Je. 23. 16. Na. 1. 1. Hab. 2. 2. Mat. 17. 9. Ac. 10. 17; 26. 19. 2 Co. 12. 1. *saw*. ch. 2. 1; 13. 1. 2 Pe. 1. 21. *the days*. ch. 6. 1. 2 Ch. ch. 26-32. Ho. 1. 1. Am. 1. 1. Mi. 1. 1.

2 *Hear*. De. 4. 26; 30. 19; 32. 1. Ps. 50. 4. Je. 2. 12; 6. 19; 22. 29. Eze. 36. 4. Mi. 1. 2; 6. 1, 2. *for the Lord*. Je. 13. 15. Am. 3. 1. Mi. 3. 8. Ac. 4. 20. *I have*. ch. 5. 1, 2; 46. 3, 4. De. 1. 31; 4. 7, 8. Je. 31. 9. Eze. 16. 6-14; 20. 5, etc. Ro. 3. 1, 2; 9. 4, 5. *they have*. ch. 63. 9, 10. De. 9. 22-24. Je. 2. 5-13. Mal. 1. 6.

3 *ox*. Pr. 6. 6. Je. 8. 7. *but Israel*. ch. 5. 12; 27. 11; 44. 18. De. 32. 28, 29. Ps. 94. 8. Je. 4. 22; 9. 3-6; 10. 8, 14. Mat. 13. 13-15, 19. Ro. 1. 28. 2 Pe. 3. 5.

4 *Ah sinful*. ver. 23; ch. 10. 6; 30. 9. Ge. 13. 13. Mat. 11. 28. Ac. 7. 51, 52. Re. 18. 5. *laden with iniquity*. *Heb.* of heaviness. *a seed*. ch. 57. 3, 4. Nu. 32. 14. Ps. 78. 8. Je. 7. 26; 16. 11, 12. Mat. 3. 7; 23. 33. *children*. Je. 2. 33. Eze. 16. 33. *forsaken*. De. 29. 25; 31. 16. Ju. 10. 10. Je. 2. 13, 17, 19. *provoked*. ch. 3. 8; 65. 3. De. 32. 19. Ps. 78. 40. Je. 7. 19. 1 Co. 10. 22. *the Holy*. ch. 5. 19, 24; 12. 6; 29. 19; 30. 11, 12, 15; 37. 23; 41. 14, 16, 20. Ps. 89. 18. Je. 50. 29; 51. 5. *gone away backward*. *Heb.* alienated, *or* separated. Ps. 58. 3. Je. 2. 5, 31. Ro. 8. 7. Col. 1. 24.

5 *should*. ch. 9. 13, 21. Je. 2. 30; 5. 3; 6. 28-30. Eze. 24. 13. He. 12. 5-8. *ye will*. 2 Ch. 28. 22. Je. 9. 3. Re. 16. 8-11. *revolt more and more*. *Heb.* increase revolt. *the whole*. ver. 23. Ne. 9. 34. Je. 5. 5, 31. Da. 9. 8-11. Zep. 3. 1-4.

6 *the sole*. Job 2. 7, 8. Lu. 16. 20, 21. *bruises*. 2 Ch. 6. 28, 29. Ps. 77. 2. Je. 6. 14, marg.; 30. 12. Na. 3. 19. *they have*. Job 5. 18. Ps. 38. 3-5. Je. 6. 14; 8. 21, 22; 33. 6. Ho. 5. 12, 13. Mal. 4. 2. Mat. 9. 12. Lu. 10. 34. *ointment*. *or*, oil.

7 *country*. ch. 5. 5, 6, 9; 6. 11; 24. 10-12. Le. 26. 34. De. 28. 51. 2 Ch. 28. 5, 16-21. Ps. 107. 34, 39. Je. 6. 8. *burned*. ch. 9. 5; 34. 9. Je. 2. 15. *strangers*. ch. 5. 17. De. 28. 33, 43, 48-52. La. 5. 2. Eze. 30. 12. Ho. 7. 9; 8. 7. *overthrown by strangers*. *Heb.* the overthrow of strangers.

8 *daughter*. ch. 4. 4; 10. 32; 37. 22; 62. 11. Ps. 9. 14. La. 2. 1. Zec. 2. 10; 9. 9. Jno. 12. 15. *cottage*. Job 27. 18. La. 2. 6. *besieged*. ch. 8. 8; 10. 32. Je. 4. 17. Lu. 19. 43, 44.

9 *left*. La. 3. 22. Hab. 3. 2. Ro. 9. 29. *a very*. ch. 6. 13; 10. 22; 17. 6; 24. 13; 37. 4, 31, 32. 1 Ki. 19. 18. Eze. 6. 8; 14. 22. Joel 2. 32. Zec. 13. 8, 9. Mat. 7. 14. Ro. 9. 27; 11. 4-6. *we should*. Ge. 18. 26, 32; 19. 24. De. 29. 23. La. 4. 6. Am. 4. 11. Zep. 7. 9. Lu. 17. 29, 30. 2 Pe. 2. 6.

10 *Hear*. 1 Ki. 22. 19-23. Am. 3. 1, 8. Mi. 3. 8-12. *Sodom*. Ge. 13. 13. De. 32. 32. Je. 9. 26; 23. 14. Eze. 16. 46. Am. 9. 7. Re. 11. 8.

11 *what purpose*. ch. 66. 3. 1 Sa. 15. 22. Ps. 50. 8; 51. 16. Pr. 15. 8; 21. 27. Je. 6. 20; 7. 21. Am. 5. 21. Mi. 6. 7. Mat. 9. 13. *he-goats*. *Heb.* great he-goats.

12 *When*. ch. 58. 1, 2. Ex. 23. 17; 34. 23. De. 16. 16. Ec. 5. 1. Mat. 23. 5. *appear*. *Heb.* be seen. *required*. Ps. 40. 6. Mi. 6. 8.

13 *vain*. Eze. 20. 39. Mal. 1. 10. Mat. 15. 9. Lu. 11. 42. *incense*. ch. 66. 3. Pr. 21. 27. *the new*. Le. ch. 23. Nu. ch. 28; 29. De. ch. 16. La. 2. 6. Joel 1. 14; 2. 15. *it is*. 1 Co. 11. 17. Phi. 1. 15. *iniquity*. *or*, grief. Ps. 78. 40. Ep. 4. 30.

14 *my soul*. ch. 61. 8. Am. 5. 21. *I am weary*. ch. 43. 24. Am. 2. 13. Zec. 11. 8. Mal. 2. 17.

15 *when*. ch. 59. 2. 1 Ki. 8. 22, 54. Ezr. 9. 5. Job 27. 8. 9, 29. Ps. 66. 18; 134. 2. Pr. 1. 28. Je. 14. 12. Eze. 8. 17, 18. Mi. 3. 4. Zec. 7. 13. Lu. 13. 25-28. 1 Ti. 2. 8. *I will*. ch. 58. 7. Ps. 55. 1. *make many prayers*. *Heb.* multiply prayer. Mat. 6. 7; 23. 14. *your hands*. ch. 59. 2, 3. Je. 7. 8-10. Mi. 3. 9-11. *blood*. *Heb.* bloods.

16 *Wash*. Job 11. 13, 14. Ps. 26. 6. Je. 4. 14. Ac. 22. 16. 2 Co. 7. 1. Ja. 4. 8. Re. 7. 14. *put away*. ch. 55. 6, 7. Eze. 18. 30, 31. Zec. 1. 3, 4. Mat. 3. 8. Ep. 4. 22-24. Tit. 2. 11-14. 1 Pe. 2. 1. *cease*. Ps. 34. 14; 37. 27. Am. 5. 15. Ro. 12. 9. Ep. 4. 25-29. 1 Pe. 3. 11.

17 *seek*. ver. 23. Ps. 82. 3, 4. Pr. 31. 9. Je. 22. 3, 15, 16. Da. 4. 27. Mi. 6. 8. Zep. 2. 3. Zec. 7. 9, 10; 8. 16. *relieve*. *or*, righten.

18 *and let us*. ch. 41. 21; 43. 24-26. 1 Sa. 12. 7. Je. 2. 5. Mi. 6. 2. Ac. 17. 2; 18. 4; 24. 25. *though your*. ch. 44. 22. Ps. 51. 7. Mi. 7. 18, 19. Ro. 5. 20. Ep. 1. 6-8. Re. 7. 14.

19 ch. 3. 10; 55. 1-3, 6, 7. Je. 3. 12-14; 31. 18-20. Ho. 14. 1-4. Joel 2. 26. Mat. 21. 28-32. He. 5. 9.

20 *if ye refuse*. ch. 3. 11. 1 Sa. 12. 25. 2 Ch. 36. 14-16. He. 2. 1-3. *for the mouth*. ch. 40. 5; 58. 14. Le. 26. 33. Nu. 23. 19. 1 Sa. 15. 29. Tit. 1. 2.

21 *the faithful*. ch. 48. 2. Ne. 11. 1. Ps. 46. 4; 48. 1, 8. Ho. 11. 12. Zec. 8. 3. He. 12. 22. *become*. Je. 2. 20, 21; 3. 1. La. 1. 8, 9. Eze. ch. 16; 22; 23. Lu. 13. 34. Re. 11. 2, 8. *it was full*. ch. 5. 7. 2 Sa. 8. 15. 2 Ch. 19. 9. Eze. 22. 3-7. Mi. 3. 2, 3. Zep. 3. 1-3. Ac. 7. 52.

22 *silver*. Je. 6. 28-30. La. 4. 1, 2. Eze. 22. 18-22. Ho. 6. 4. *wine*. Ho. 4. 18. 2 Co. 2. 17.

23 *princes*. ch. 3. 14. 2 Ch. 24. 17-21; 36. 14. Je. 5. 5. Eze. 22. 6-12. Da. 9. 5, 6. Ho. 7. 3-5; 9. 15. Mi. 3. 1-3, 11. Ac. 4. 5-11. *companions*. Pr. 29. 24. Mat. 21. 13. Mar. 11. 17. Lu. 19. 46. *every*. ch. 33. 15. Ex. 23. 8. De. 16. 19. Pr. 17. 23. Je. 22. 17. Eze. 22. 12. Ho. 4. 18. Mi. 7. 3. *they judge*. ch. 10. 1, 2. Je. 5. 28, 29. Zec. 7. 10. Mal. 3. 5. Lu. 18. 2-5.

24 *the mighty*. ch. 30. 29; 49. 26; 60. 16. Je. 50. 34. Re. 18. 8. *Ah*. De. 28. 63; 32. 43. Pr. 1. 25, 26. Eze. 5. 13; 16. 42; 21. 17. He. 10. 13.

25 *And I*. Zec. 13. 7-9. Re. 3. 19. *purely*. *Heb.* according to pureness. *purge*. ver. 22; ch. 4. 4; 6. 11-13. Je. 6. 29; 9. 7. Eze. 20. 38. Zep. 3. 11. Mal. 3. 3. Mat. 3. 12.

26 *And I will*. ch. 32. 1, 2; 60. 17, 18. Nu. 12. 3; 16. 15. 1 Sa. 12. 2-5. Je. 33. 7, 15-17. Eze. 34. 23, 24; 37. 24, 25; 45. 8. *thou shalt*. ver. 21; ch. 60. 21; 62. 1. Je. 31. 23. Zep. 3. 9, 13. Zec. 8. 8. Re. 21. 27.

27 *redeemed*. ch. 5. 16; 45. 21-25. Ro. 3. 24-26; 11. 26, 27. 2 Co. 5. 21. Ep. 1. 7, 8. Tit. 2. 14. 1 Pe. 1. 18, 19. *her converts*. *or*, they that return of her. 1 Co. 1. 30.

28 *the destruction*. *Heb.* the breaking. Job 31. 3. Ps. 1. 6; 5. 6; 37. 38; 73. 27; 92. 9; 104. 35; 125. 5. Pr. 29. 1. Lu. 12. 45, 46. 1 Th. 5. 3. 2 Th. 1. 8, 9. 2 Pe. 3. 7. Re. 21. 8. *they that*. ch. 30. 13; 50. 11; 65. 11. 1 Sa. 12. 25. 1 Ki. 9. 6-9. 1 Ch. 28. 9. Zep. 1. 4-6.

29 *ashamed*. ch. 30. 22; 31. 7; 45. 16. Eze. 16. 63; 36. 31. Ho. 14. 3, 8. Ro. 6. 21. *the oaks*. ch. 57. 5, marg. Eze. 6. 13. Ho. 4. 13. *the gardens*. ch. 65. 3; 66. 17. Je. 2. 20; 3. 6.

30 *ye shall be*. ch. 5. 6. Je. 17. 5, 6. Eze. 17. 9, 10, 24. Mat. 21. 19. *garden*. ch. 58. 11. Je. 31. 12. Eze. 31. 4, etc.

31 *the strong*. Eze. 32. 21. *as tow*. ch. 27. 4; 43. 17; 50. 11. Ju. 15. 14. Re. 6. 14-17. *the maker of it*. *or*, his work. *and they*. ch. 34. 9, 10; 66. 24. Eze. 20. 47, 48. Mal. 4. 1. Mat. 3. 10. Mar. 9. 43-49. Re. 14. 10, 11; 19. 20; 20. 10.

## CHAP. II.

*Isaiah prophesies the coming of Christ's kingdom*, 1-5. *Wickedness is the cause of God's forsaking*, 6-9. *He exhorts to fear, because of the powerful effects of God's majesty*, 19-22.

1 *saw*. ch. 1. 1; 13. 1. Am. 1. 1. Mi. 1. 1; 6. 9. Hab. 1. 1.

2 *And it shall*. Mi. 4. 1-3. *in the last*. Ge. 49. 1. Nu. 24. 14. Job 19. 25. Je. 23. 20; 30. 24; 48. 47; 49. 39. Eze. 38. 16. Da. 2. 28; 10. 14. Ac. 2. 17. 2 Ti. 3. 1. He. 1. 2. 2 Pe. 3. 3. *the mountain*. ch. 30. 29. Ps. 68. 15, 16. Da. 2. 35, 45. Zec. 8. 3. Re. 20. 4; 21. 10, etc. *established*. *or*, prepared. *and all*. ch. 11. 10; 27. 13; 49. 6; 60. 11, 12. Ps. 2. 8; 22. 27; 72. 8, 17-19; 86. 9. Je. 3. 17. Mal. 3. 12. Re. 11. 15.

3 *Come ye*. Je. 31. 6; 50. 4, 5. Zec. 8. 20-23. *he will teach*. De. 6. 1. Ps. 25. 8, 9. Mat. 7. 24. Lu. 11. 28. Jno. 7. 17. Ac. 10. 33. Ja. 1. 25. *for out*. ch. 51. 4, 5. Ps. 110. 2. Lu. 24. 47. Ac. 1. 8; 13. 46-48. Ro. 10. 18.

4 *And he*. ch. 11. 3, 4. 1 Sa. 2. 10. Ps. 82. 8; 96. 13; 110. 6. Jno. 16. 8-11. Ac. 17. 31. Re. 19. 11. *and they*. ch. 9. 7; 11. 6-9. Ps. 46. 9. Ho. 2. 18. Joel 3. 10. Mi. 4. 3. Zec. 9. 10. *pruning-hooks*. *or*, scythes. *neither*. ch. 60. 17, 18. Ps. 72. 3-7.

5 *come ye.* ver. 3; ch. 50. 10, 11; 60. 1, 19. Ps. 89. 15. Lu. 1. 79. Jno. 12. 35, 36. Ro. 13. 12-14. Ep. 5. 8. 1 Th. 5. 5, 6. 1 Jno. 1. 7. Re. 21. 23, 24.

6 *Therefore.* De. 31. 16, 17. 2 Ch. 15. 2; 24. 20. La. 5. 20. Ro. 11. 1, 2, 20. *from the east. or,* more than the east. Nu. 23. 7. *and are.* ch. 8. 19; 47. 12, 13. Ex. 22. 18. Le. 19. 31; 20. 6. De. 18. 10-14. 1 Ch. 10. 13. *and they.* Ex. 34. 16. Nu. 25. 1, 2. De. 21. 11-13. 1 Ki. 11. 1, 2. Ne. 13. 23. Ps. 106. 35. Je. 10. 2. *please themselves in. or,* abound with, etc.

7 *land.* De. 17. 16, 17. 1 Ki. 10. 21-27. 2 Ch. 9. 20-25. Je. 5. 27, 28. Ja. 5. 1-3. Re. 18. 3, 11-17. *their land is.* ch. 30. 16; 31. 1. De. 17. 16. 1 Ki. 4. 26; 10. 26. Ps. 20. 7. Ho. 14. 3.

8 *is full.* ch. 57. 5. 2 Ch. 27. 2; 28. 2-4, 23-25; 33. 3-7. Je. 2. 28; 11. 13. Eze. 16. 23-25. Ho. 12. 11. Ac. 17. 16. *worship.* ch. 37. 19; 44. 15-20. De. 4. 28. Ps. 115. 4-8. Ho. 8. 6; 13. 2; 14. 3. Re. 9. 20.

9 *the mean.* ch. 5. 15. Ps. 49. 2. Je. 5. 4, 5. Ro. 3. 23. Re. 6. 15-17. *humbleth.* ch. 57. 9. Col. 2. 18, 23. *therefore.* ch. 27. 11. Jos. 24. 19. Je. 18. 23. Mar. 3. 29.

10 *Enter.* ver. 19-21; ch. 10. 3; 42. 22. Ju. 6. 1, 2. Job 30. 5, 6. Ho. 10. 8. Lu. 23. 30. Re. 6. 15, 16. *for fear.* ch. 6. 3-5. Job 31. 23; 37. 22-24. Ps. 90. 11. Je. 10. 7, 10. Lu. 12. 5. Re. 15. 3, 4.

11 *lofty.* ver. 17; ch. 5. 15, 16; 13. 11; 24. 21. Job 40. 10-12. Ps. 18. 27. Je. 50. 31, 32. Mal. 4. 1. Lu. 18. 14. 1 Pe. 5. 5. *and the Lord.* ch. 5. 16; 12. 4. Je. 9. 24. 1 Co. 1. 29-31. 2 Co. 10. 17. *in that day.* ch. 4. 1; 11. 10, 11; 12. 1, 4; 24. 21; 25. 9; 26. 1; 27. 1, 2, 12, 13; 28. 5; 29. 18; 30. 23; 52. 6. Je. 30. 7, 8. Eze. 38. 14, 19; 39. 11, 22. Ho. 2. 16, 18, 21. Joel 3. 18. Am. 9. 11. Ob. 8. Mi. 4. 6; 5. 10; 7. 11, 12. Zep. 3. 11, 16. Zec. 9. 16.

12 *the day.* ch. 13. 6, 9. Je. 46. 10. Eze. 13. 5. Am. 5. 18. Mal. 4. 5. 1 Co. 5. 5. 1 Th. 5. 2. *upon.* ch. 23. 9. Pr. 6. 16, 17; 16. 5. Da. 4. 37; 5. 20-24. Mat. 23. 12. Lu. 14. 11. Ja. 4. 6.

13 ch. 10. 33, 34; 14. 8; 37. 24. Eze. 31. 3-12. Am. 2. 5. Zec. 11. 1, 2.

14 ch. 30. 25; 40. 4. Ps. 68. 16; 110. 5, 6. 2 Co. 10. 5.

16 *the ships.* ch. 23. 1. 1 Ki. 10. 22; 22. 48, 49. Ps. 47. 7. Re. 18. 17-19. *pleasant pictures. Heb.* pictures of desire. Nu. 33. 52. Re. 18. 11.

17 *the loftiness.* ver. 11; ch. 13. 11. Je. 48. 29, 30. Eze. 28. 2-7.

18 *the idols.* ch. 27. 9. Eze. 36. 25; 37. 23. Ho. 14. 8. Zep. 1-3. Zec. 13. 2. *he shall utterly abolish. or,* shall utterly pass away.

19 *And they.* ver. 10. 21. 1 Sa. 13. 6; 14. 11. Je. 16. 16. Ho. 10. 8. Mi. 7. 17. Lu. 23. 30. He. 11. 38. Re. 6. 15; 9. 6. *earth. Heb.* dust. *for fear.* See on ver. 10. 2 Th. 1. 9. *when he.* ch. 30. 32. Ps. 7. 6; 18. 6-15; 76. 7-9; 114. 5-7. Mi. 1. 3, 4. Na. 1. 3-6. Hab. 3. 3-14. Hag. 2. 6, 21, 22. He. 12. 26. 2 Pe. 3. 10-13. Re. 6. 12-14; 11. 13, 19; 16. 18; 20. 11.

20 *cast.* ch. 30. 22; 31. 7, 27; 46. 1. Ho. 14. 8. Phi. 3. 7, 8. *his idols of silver. Heb.* the idols of his silver, etc. ch. 46. 6. *each one for himself to. or,* for him to.

21 *go.* ver. 10, 19. Ex. 33. 22. Job 30. 6. Ca. 2. 14.

22 *Cease.* Ps. 62. 9; 146. 3. Je. 17. 5. *whose.* Ge. 2. 7; 7. 22. Job 27. 3. *for wherein.* Job 7. 15-21. Ps. 8. 4; 144. 3, 4.

## CHAP. III.

*The great calamities which come by sin, 1-9. The different reward of the righteous and wicked, 10, 11. The oppression and covetousness of the rulers, 12-15. The judgments which shall be for the pride of the women, 16-24. The general desolation, 25, 26.*

1 *behold.* ch. 2. 22. *the Lord.* ch. 1. 24; 36. 12; 51. 22. *the stay.* Le. 26. 26. Ps. 105. 16. Je. 37. 21; 38. 9. Eze. 4. 16, 17; 14. 13.

2 *mighty.* ch. 2. 13-15. 2 Ki. 24. 14-16. Ps. 74. 9. La. 5. 12-14. Am. 2. 3. *the ancient.* ch. 9. 15. Eze. 8. 12; 9. 5.

3 *captain.* Ex. 18. 21. De. 1. 15. 1 Sa. 8. 12. *the honourable man. Heb.* a man eminent in countenance. Ju. 8. 18. *eloquent orator. or,* skilful of speech. Ex. 4. 10, 14-16.

4 *children.* 1 Ki. 3, 7-9. 2 Ch. 33. 1; 34. 1; 36. 2, 5, 9, 11. Ec. 10. 16.

5 *the people.* ch. 9. 19-21; 11. 13. Je. 9. 3-8; 22. 17. Eze. 22. 6, 7, 12. Am. 4. 1. Mi. 3. 1-3, 11. Zec. 7. 9-11. Mal. 3. 5. Ja. 2. 6; 5. 4. *child.* ch. 1. 4. Le. 19. 32. 2 Ki. 2. 23. Job 30. 1-12. *base.* 2 Sa. 16. 5-9. Ec. 10. 5-7. Mat. 26. 67; 27. 28-30. Mar. 14. 65. Lu. 22. 64.

6 *a man.* ch. 4. 1. Ju. 11. 6-8. Jno. 6. 15.

7 *swear. Heb.* lift up *the hand.* Ge. 14. 22. De. 32. 40. Re. 10. 5, 6. *healer. Heb.* binder up. ch. 58. 12. Je. 14. 19. La. 2. 13. Ho. 5. 13; 6. 1. *neither bread.* Princes and great men in the East, as Sir J. CHARDIN testifies, are obliged to have a great stock of clothes in readiness for presents on all occasions; and a great quantity of provisions for the table is equally necessary, (see 1 Ki. 4. 22, 23. Ne. 5. 17, 18.) Hence the person desired to undertake the government, alleges as an excuse that he is not able to support the dignity of his station.

8 *Jerusalem.* 2 Ch. 28. 5-7, 18; 33. 11; 36. 17-19. Je. 26. 6, 18. La. 5. 16, 17. Mi. 3. 12. *because.* ch. 5. 18, 19; 57. 4. Ps. 73. 8, 9. Eze. 8. 12; 9. 9. Ho. 7. 16. Mal. 3. 13-15. Mat. 12. 36, 37. Jude 15. *to provoke.* ch. 65. 3-5. 2 Ch. 33. 6, 7. Eze. 8. 4-6, 17, 18. Hab. 1. 13. 1 Co. 10. 22.

9 *The shew.* ver. 16. 1 Sa. 15. 32. 2 Ki. 9. 30. Ps. 10. 4; 73. 6, 7. Pr. 30. 13. Je. 3. 3; 6. 15. Da. 7. 20. *and they declare.* Ge. 13. 13; 18. 20, 21; 19. 5-9. Je. 44. 16, 17. Eze. 23. 16. *Woe.* La. 5. 16. Ho. 13. 9.

10 *Say ye.* ch. 26. 20, 21. Ec. 8. 12. Je. 15. 11. Eze. 9. 4; 18. 9-19. Zep. 2. 3. Mal. 3. 18. Ro. 2. 5-11. *they shall eat.* Ps. 18. 23, 24; 128. 1, 2. Ga. 6. 7, 8. He. 6. 10.

11 *Woe.* ch. 48. 22; 57. 20, 21; 65. 13-15, 20. Ps. 1. 3-5; 11. 5, 6. Ec. 8. 13. *for the reward.* Ps. 28. 4; 62. 12. Pr. 1. 31. 2 Co. 5. 10. Ja. 2. 13. *given him. Heb.* done to him. Ps. 120. 3, 4.

12 *children.* ver. 4. 2 Ki. 11. 1. Na. 3. 13. *lead thee. or,* which call thee blessed. ch. 9. 15. Nu. 6. 23-27. Je. 5. 31. Mat. 15. 14. *destroy. Heb.* swallow up. Mat. 23. 14.

13 *standeth up.* Ps. 12. 5. Pr. 22. 22, 23; 23. 10, 11. Ho. 4. 1, 2. Mi. 6. 2.

14 *enter.* Job 22. 4; 34. 23. Ps. 143. 2. *the ancients.* See on ver. 2, 3. *ye have eaten. or,* ye have burnt. ch. 5. 7. Job 24. 2-7. Je. 5. 27. Am. 4. 1. Mi. 2. 2; 6. 10. Mat. 21. 33.

15 *What mean.* Eze. 18. 2. Jon. 1. 6. *ye beat.* ch. 58. 4. Ex. 5. 14. Am. 2. 6, 7; 8. 4-6. Mi. 3. 2, 3.

16 *the daughters.* ch. 1. 8; 4. 4. Mat. 21. 5. Lu. 23. 28. *are haughty.* ch. 24. 4; 32. 9-11. Pr. 16. 18; 30. 13. Eze. 16. 49, 50. Zep. 3. 11. *wanton eyes. Heb.* deceiving with their eyes. Or, as *messakkaroth ainayim* is rendered in the Targum, 'painting their eyes with stibium:' for *sakar* is probably the same as the Chaldee *sekar*, of that import. *mincing. or,* tripping nicely. *and making.* The Eastern ladies wear on their ancles large rings, to which smaller ones are attached, which make a tinkling sound as they move nimbly.

17 *smite.* Le. 13. 29, 30, 43, 44. De. 28. 27. Re. 16. 2. *discover. Heb.* made naked. ch. 20. 4; 47. 2, 3. Je. 13. 22. Eze. 16. 36, 37; 23. 25-29. Mi. 1. 11. Na. 3. 5.

18 *tinkling ornaments.* ver. 16. *cauls.* or, networks. *Shevisim*, probably the rich *embroidered kerchiefs* used to bind on their caps on the head, described by Lady M. W. MONTAGUE, Let. 32. *round tires.* Ju. 8. 21 marg.

19 *chains. or,* sweet-balls. *Neteephoth, earrings* or *drops*; in Arabic, *netafat. the bracelets.* Ge. 24. 22, 30, 53; 38. 18, 25. Ex. 35. 22. Nu. 31. 50. Eze. 16. 11. *mufflers. or,* spangled ornaments.

20 *tablets. Heb.* houses of the soul. Probably *perfume boxes*, as rendered by Bp. LOWTH. *the earrings. Lechashim*, probably *amulets.* Ge. 35. 4. Ex. 32. 2. Eze. 16. 12. Ho. 2. 13.

21 *rings.* Ge. 41. 42. Es. 8. 12. Ca. 5. 14. Lu. 15. 22. Ja. 2. 2. *nose jewels.* Ge. 24. 47. 1 Ti. 2. 9, 10. 1 Pe. 3. 3, 4.

22 *The changeable suits. Machalatzoth*, probably *loose robes*, used according to the weather.

23 *glasses.* Ex. 38. 8. *fine linen.* Ge. 41. 42. 1 Ch. 15. 27. Eze. 16. 10. Lu. 16. 19. Re. 19. 8, 14. *vails.* Ge. 24. 65. Ru. 3. 15. Ca. 5. 7.

24 *instead.* ch. 57. 9. Pr. 7. 17. *baldness.* ch. 22. 12. Eze. 7. 18. Mi. 1. 16. *a girding.* ch. 15. 3; 32. 9-11. Job 16. 15. Je. 4. 8; 6. 26; 48. 37; 49. 3. La. 2. 10. Eze. 27. 31. Joel 1. 8. Am. 8. 10. Re. 11. 3. *burning.* ch. 4. 4. Le. 26. 16. De. 28. 22; 32. 24. Re. 16. 9; 18. 9.

25 *Thy men.* 2 Ch. 29. 9. Je. 11. 22; 14. 18; 18. 21; 19. 7; 21. 9. La. 2. 21. Am. 9. 10. *mighty. Heb.* might.

26 *her gates.* Je. 14. 2. La. 1. 4. *desolate. or,* emptied. *Heb.* cleansed. *shall sit.* ch. 47. 1. Job 2. 8, 13. La. 2. 10. Eze. 26. 16. Lu. 19. 44.

## CHAP. IV.

*In the extremity of evils, Christ's kingdom shall be a sanctuary.*

1 *And in.* See ch. 2. 11, 17; 10. 20; 17. 7. Lu. 21. 22. *seven.* ch. 3. 25, 26; 13. 12. *We will eat.* 2 Th. 3. 12. *let*

*us be called by thy name. Heb.* let thy name be called upon us. *to take away. or,* take thou away. *reproach.* Ge. 30. 23. 1 Sa. 1. 6. Lu. 1. 25.

2 *the branch.* ch. 11. 1; 60. 21. Je. 23. 5; 33. 15. Eze. 17. 22, 23. Zec. 3. 8; 6. 12. *beautiful and glorious. Heb.* beauty and glory. Ex. 28. 2. Zec. 9. 17. Jno. 1. 14. 2 Co. 4. 6. 2 Pe. 1. 16. *the fruit.* ch. 27. 6; 30. 23; 45. 8. Ps. 67. 6; 85. 11, 12. Ho. 2. 22, 23. Joel 3. 18. *them that are escaped. Heb.* the escaping. ch. 10. 20-22; 27. 12, 13; 37. 31, 32. Je. 44. 14, 28. Eze. 7. 16. Joel 2. 32. Ob. 17. Mat. 24. 22. Lu. 21. 36. Ro. 11. 4, 5. Re. 7. 9-14.

3 *shall be.* ch. 1. 27; 52. 1; 60. 21. Eze. 36. 24-28; 43. 12. Zec. 14. 20, 21. Ep. 1. 4. Col. 3. 12. He. 12. 14. 1 Pe. 2. 9. *written.* Ex. 32. 32, 33. Eze. 13. 9. Lu. 10. 20. Phi. 4. 3. Re. 3. 5; 13. 8; 17. 8; 20. 15; 21. 27. *among the living. or,* to life. Ac. 13. 48.

4 *washed away.* ch. 3. 16, etc. La. 1. 9. Eze. 16. 6-9; 22. 15; 36. 25, 29. Joel 3. 21. Zep. 3. 1. Zec. 3. 3, 4; 13. 1, 9. Mal. 3. 2, 3. *have purged.* ch. 26. 20, 21. Eze. 24. 7-14. Mat. 23. 37. *by the spirit.* ch. 9. 5. Eze. 22. 18-22. Mal. 3. 2, 3; 4. 1. Mat. 3. 11, 12. Jno. 16. 8-11.

5 *upon every.* ch. 32. 18; 33. 20. Ps. 87. 2, 3; 89. 7; 111. 1. Mat. 18. 20; 28. 20. *a cloud.* Ex. 13. 21, 22; 14. 19, 20, 24; 40. 34-38. Nu. 9. 15-22. Ne. 9. 12. Ps. 78. 14. Zec. 2. 5-10. *upon. or,* above. *all the glory.* ch. 31. 4, 5; 37. 35; 46. 13. Ps. 85. 9. *a defence. Heb.* a covering. Ex. 26. 1, 7.

6 *tabernacle.* ch. 8. 14; 25. 4. Ps. 27. 5; 91. 1; 121. 5, 6. Pr. 18. 10. Eze. 11. 16. He. 6. 18. Re. 7. 16. *for a covert.* ch. 32. 2, 18, 19. Mat. 7. 24-27. He. 11. 7.

## CHAP. V.

*Under the parable of a vineyard, God excuses his severe judgment,* 1-7. *His judgments upon covetousness,* 8-10; *upon lasciviousness,* 11, 12; *upon impiety,* 13-19; *and upon injustice,* 20-25. *The executioners of God's judgments,* 26-30.

1 *Now.* De. 31. 19-22. Ju. 5. 1, etc. Ps. 45. 1; 101. 1. *well-beloved.* Ca. 2. 16; 5. 2, 16; 6. 3. *touching.* ch. 27. 2, 3. Ps. 80. 8. Ca. 8. 11, 12. Je. 2. 21. Mat. 21. 33. Mar. 12. 1. Lu. 20. 9. Jno. 15. 1. *a very fruitful hill. Heb.* the horn of the son of oil.

2 *fenced it. or,* made a wall about it. Ex. 33. 16. Nu. 23. 9. De. 32. 8, 9. Ps. 44. 1-3; 104. 44, 45. Ro. 9. 4. *planted.* Je. 2. 21. *the choicest vine. Sorek,* in Arabic, *sharik,* certainly denotes an *excellent vine;* but some, with Bp. LOWTH, retain it as a proper name. *Sorek* was a valley lying between Askalon and Gaza, so called from the excellence of its vines. Ju. 16. 4. *and built.* ch. 1. 8. Mi. 4. 8. *made. Heb.* hewed. *a winepress.* ch. 63. 2, 3. Ne. 13. 15. Re. 14. 18-20. *he looked.* ver. 7; ch. 1. 2-4, 21-23. De. 32. 6. Mat. 21. 34. Mar. 11. 13; 12. 2. Lu. 13. 7; 20. 10, etc. 1 Co. 9. 7. *wild grapes.* De. 32. 32, 33. Ho. 10. 1.

3 *judge.* Ps. 50. 4-6; 51. 4. Je. 2. 4, 5. Mi. 6. 2, 3. Mat. 21. 40, 41. Mar. 12. 9-12. Lu. 20. 15, 16. Ro. 2. 5; 3. 4.

4 ch. 1. 5. 2 Ch. 36. 14-16. Je. 2. 30, 31; 6. 29, 30. Eze. 24. 13. Mat. 23. 37. Ac. 7. 51, etc.

5 *go to.* Ge. 11. 4, 7. *I will take.* ch. 27. 10, 11. Le. 26. 31-35. De. 28. 49-52. 2 Ch. 36. 4-10. Ne. 2. 3. Ps. 74. 1-10; 80. 12-16. La. 1. 2-9; 4. 12. *trodden down. Heb.* for a treading. ch. 10. 6; 25. 10; 28. 3, 18. La. 1. 15. Da. 8. 13. Lu. 21. 24. Re. 11. 2.

6 *I will lay.* ver. 9, 10; ch. 6. 11, 12; 24. 1-3, 12; 32. 13, 14. Le. 26. 33-35. De. 29. 23. 2 Ch. 36. 19-21. Je. 25. 11; 45. 4. Lu. 21. 24. *it shall.* ch. 7. 23-25. Ho. 3. 4. *also.* ch. 30. 23. De. 28. 23, 24. Am. 4. 7. Zec. 14. 16, 17. He. 6. 6-8. Re. 11. 6.

7 *the vineyard.* Ps. 80. 8-11, 15. Je. 12. 10. *his pleasant plant. Heb.* plant of his pleasures. ch. 62. 5. Ps. 147. 11; 149. 4. Ca. 7. 6. Zep. 3. 17. *he looked.* ver. 2; ch. 58. 6-8. Ex. 22. 22-27. Mi. 6. 8. Zec. 7. 9-14. Mat. 3. 8-10; 23. 23. Jno. 15. 2. 1 Co. 6. 8-11. 1 Jno. 3. 7, 8. *but.* The *paronomasia,* or play of words, is very remarkable here: "he looked for *mishpat,* 'judgment,' but behold *mispach,* 'oppression;' for *tzedakah,* 'justice,' but behold *tzëâkah,* 'a cry.'" *oppression. Heb.* a scab. ch. 1. 6; 3. 17. *a cry.* Ge. 4. 10. Ex. 2. 23, 24; 3. 7; 22. 21-24, 27. De. 15. 9. Ne. 5. 1-5. Job 31. 38, 39; 34. 28. Pr. 21. 13. Lu. 18. 7. Ja. 5. 4.

8 *them.* Je. 22. 13-17. Mi. 2. 2. Hab. 2. 9-12. Mat. 23. 14. Lu. 12. 16-24. *field.* 1 Ki. 21. 16-20. *they. Heb.* ye. *placed.* Eze. 11. 15; 33. 24.

9 *In mine ears, said. or,* This *is* in mine ears, *saith,* etc. ch. 22. 14. Am. 3. 7. *Of a truth,* etc. *Heb.* If not many houses desolate, etc. *desolate.* ver. 6; ch. 27. 10. 2 Ch. 36. 21. Am. 5. 11; 6. 11. Mat. 22. 7; 23. 38.

10 *one.* Le. 27. 16. Eze. 45. 10, 11. Joel 1. 17. Hag. 1. 9-11.

11 *rise.* ver. 22; ch. 28. 1. Pr. 23. 29, 30. Ec. 10. 16, 17. Ho. 7. 5, 6. Hab. 2. 15. Lu. 21. 34. Ro. 13. 13. 1 Co. 6. 10. Ga. 5. 21. 1 Th. 5. 6, 7. *inflame. or,* pursue. ch. 28. 7, 8. Pr. 20. 1; 23. 32.

12 *the harp.* ch. 22. 13. Ge. 31. 27. Job 21. 11-14. Da. 5. 1-4, 23. Am. 6. 4-6. Lu. 16. 19. Jude 12. *they regard.* ver. 19. Job 34. 27. Ps. 28. 5; 92. 5, 6. Ho. 4. 10, 11.

13 *my people.* ch. 1. 7; 42. 22-25. 2 Ki. 17. 6. 2 Ch. 28. 5-8. *because.* ch. 1. 3; 27. 11. Je. 8. 7. Ho. 4. 6. Mat. 23. 16-27. Lu. 19. 44. Jno. 3. 19, 20. Ro. 1. 28. 2 Pe. 3. 5. *honourable men are famished. Heb.* glory *are* men of famine. Je. 14. 18. La. 4. 4, 5, 9. *multitude.* Je. 14. 3. Am. 8. 13.

14 *hell.* ch. 14. 9; 30. 33. Ps. 49. 14. Pr. 27. 20. Eze. 32. 18-30. Hab. 2. 5. Mat. 7. 13. Re. 20. 13-15. *opened* Nu. 16. 30-34. Pr. 1. 12. *he that rejoiceth.* ch. 21. 4. 1 Sa 25. 36-38. 2 Sa. 13. 28, 29. Ps. 55. 15. Da. 5. 3-6, 30. Na. 1. 10. Lu. 12. 19, 20; 16. 20-23; 17. 27; 21. 34. Ac. 12 21-23.

15 *the mean.* ch. 2. 9, 11, 17; 9. 14-17; 24. 2-4. Ps. 62 9. Je. 5. 4, 5, 9. Ja. 1. 9-11. Re. 6. 15, 16. *the eyes.* ch. 10. 12; 13. 11; 37. 23, 29. Ex. 9. 17. Job 49. 11, 12. Da. 4. 37. 1 Pe. 5. 5.

16 *the Lord.* ch. 12. 4. 1 Ch. 29. 11. Ps. 9. 16; 21. 13; 46. 10. Eze. 28. 22; 38. 23. Ro. 2. 5. Re. 19. 1-5. *God that is holy. or,* the holy God. *Heb.* the God the holy. ch. 6. 3; 57. 15. Re. 3. 7; 4. 8; 15. 3, 4. *sanctified.* ch. 8. 13; 29. 23. Le. 10. 3. Eze. 36. 23. 1 Pe. 1. 16; 2. 15.

17 *shall the lambs.* ch. 7. 21, 22, 25; 17. 2; 32. 14; 40. 11; 65. 10. Zep. 2. 6, 14. *the waste.* ch. 10. 16. De. 32. 15. Ps. 17. 10, 14; 73. 7; 119. 70. Je. 5. 28. Am. 4. 1-3. *strangers.* ch. 1. 7. De. 28. 33. Ne. 9. 37. La. 5. 2. Ho. 8. 7. Lu. 21. 24.

18 *draw.* ch. 28. 15. Ju. 17. 5, 13. 2 Sa. 16. 20-23. Ps. 10, 11; 14. 1; 36. 2; 94. 5-11. Je. 5. 31; 8. 5-9. 23. 10, 14. 24; 28. 15, 16; 44. 15-19. Eze. 13. 10, 11, 22. Zep. 1. 12. Jno. 16. 2. Ac. 26. 9.

19 *Let him.* ch. 66. 5. Je. 5. 12, 13; 17. 15. Eze. 12. 22, 27. Am. 5. 18, 19. 2 Pe. 3. 3, 4. *let the.* ch. 30. 11. Je. 33. 18, 36.

20 *them.* Pr. 17. 15. Mal. 2. 17; 3. 15. Mat. 6. 23; 15. 3-6; 23. 16-23. Lu. 11. 35; 16. 15. 2 Ti. 3. 1-5. 2 Pe. 2. 1, 18, 19. *call evil good. Heb.* say concerning evil, *It is* good, etc.

21 *wise.* Job 11. 12. Pr. 3. 7; 26. 12, 16. Jno. 9. 41. Ro. 1. 22; 11. 25; 12. 16. 1 Co. 3. 18-20. *in their own sight. Heb.* before their face.

22 *mighty.* ver. 11; ch. 28. 1-3, 7. Pr. 23. 19, 20. Hab. 2. 15.

23 *justify.* Ex. 23. 6-9. Pr. 17. 15; 24. 24; 31. 4, 5. *for reward.* ch. 1. 23. De. 16. 19. 2 Ch. 19. 7. Pr. 17. 23. Mi. 3. 11; 7. 3. *take.* ch. 10. 2. 1 Ki. 21. 13. Ps. 94. 21. Mat. 23. 35; 27. 24, 25. Ja. 5. 6.

24 *fire. Heb.* tongue of fire. *devoureth.* ch. 47. 14. Ex. 15. 7. Joel 2. 5. Na. 1. 10. Mal. 4. 1. 1 Co. 3. 12, 13. *the flame.* Mat. 3. 12. Lu. 3. 17. *their root.* ch. 9. 14-17. Job 18. 16. Ho. 9. 16. Am. 2. 9. *cast away.* 1 Sa. 15. 23, 26. 2 Ki. 17. 14, 15. Ne. 9. 26. Ps. 50. 17. Je. 6. 19; 8. 9. Lu. 7. 30. Jno. 12. 48. He. 10. 28, 29. *despised.* ch. 30. 12. 2 Sa. 12. 9, 10. Lu. 10. 16. Ac. 13. 41. 1 Th. 4. 8.

25 *the anger.* De. 31. 17; 32. 19-22. 2 Ki. 13. 3; 22. 13-17. 2 Ch. 36. 16. Ps. 106. 40. La. 2. 1-3; 5. 22. 1 Th. 2. 16. *stretched.* ch. 14. 26, 27. *the hills.* Ps. 18. 7; 68. 8; 77. 18; 114. 7. Je. 4. 24. Mi. 1. 4. Na. 1. 5. Hab. 3. 10. Re. 20. 11. *torn. or,* as dung. 1 Ki. 14. 11; 16. 4; 21. 24. 2 Ki. 9. 37. Ps. 83. 10. Je. 8. 2; 9. 22; 15. 3; 16. 4. Zep. 1. 17. *For all.* ch. 9. 12, 13, 17, 21; 10. 4. Le. 26. 14, etc. Ps. 78. 38. Da. 9. 16. Ho. 14. 4.

26 *he will.* ch. 11. 12; 18. 3. Je. 51. 27. *hiss.* ch. 7. 18. Zec. 10. 8. *end.* ch. 39. 3. De. 28. 49. Ps. 72. 8. Je. 5. 15. Mal. 1. 11. *they.* ch. 30. 16. Je. 4. 13. La. 4. 19. Joel 2. 7. Hab. 1. 8.

27 *shall be.* Joel 2. 7, 8. *neither.* ch. 11. 5; 45. 1, 5. 1 Ki. 2. 5. Job 12. 18, 21, marg. Ps. 18. 32; 93. 1. Da. 5. 6. Ep. 6. 13, 14. *nor the latchet.* De. 32. 25.

28 *arrows.* Ps. 45. 5; 120. 4. Je. 5. 16. Eze. 21. 9-11. *their horses.* Ju. 5. 22. Je. 47. 3. Mi. 4. 13. Na. 2. 3, 4; 3. 2.

29 *roaring.* ch. 31. 4. Ge. 49. 9. Nu. 24. 9. Je. 4. 7; 49. 19; 50. 17. Ho. 11. 10. Am. 3. 8. Zec. 11. 3. *lay hold.* ch. 42. 22; 49. 24, 25. Ps. 50. 22. Mi. 5. 8.

30 *like.* Ps. 93. 3, 4. Je. 6. 23; 50. 42. Lu. 21. 25. *if one look.* ch. 8. 22; 13. 10. Ex. 10. 21-23. Je. 4. 23-28. La. 3. 2. Eze. 32. 7, 8. Joel 2. 10. Am. 8. 9. Mat. 24. 29. Lu. 21. 25, 26. Re. 6. 12; 16. 10, 11. *sorrow. or,* distress. *and the light,* etc. *or,* when it is light, it shall be dark in the destructions thereof.

## CHAP. VI.

*Isaiah, in a vision of the Lord in his glory,* 1-4, *being terrified, has his apprehensions removed,* 5-7. *He offers himself, and is sent to shew the obstinacy of the people unto their desolation,* 8-12. *A remnant shall be saved,* 13.

1 A.M. 3245. B.C. 759. *the year.* 2 Ki. 15. 7, Azariah. 2 Ch. 26. 22, 23. *I saw also.* Ex. 24. 10, 11. Nu. 12. 8. Eze.

1. 1, 25-28. Jno. 1. 18; 12. 41. 1 Ti. 6. 16. *sitting.* ch. 66. 1. 1 Ki. 22. 19. Eze. 10. 1. Da. 7. 9. Mat. 25. 31. Re. 3. 21; 4. 2, 10; 5. 1, 7; 6. 16; 7. 15-17. *high.* ch. 12. 4; 57. 15. Ps. 46. 10. 108. 5; 113. 5. Ep. 1. 20, 21. *his train. or,* the skirts thereof. *filled.* 1 Ki. 8. 10, 11. Re. 15. 8.

2 *stood.* 1 Ki. 22. 19. Job 1. 6. Da. 7. 10. Zec. 3. 4. Lu. 1. 10. Re. 7. 11. *seraphims.* Ps. 104. 4. Eze. 1. 4. He. 1. 7. *wings.* Ex. 25. 20; 37. 9. 1 Ki. 6. 24, 27; 8. 7. Eze. 1. 6, 9, 24; 10. 21. Re. 4. 8. *covered his face.* Ge. 17. 3. Ex. 3. 6. 1 Ki. 19. 13. Ps. 89. 7. *his feet.* Job 4. 18; 15. 15. Eze. 1. 11. *did fly.* ver. 6. Ps. 18. 10; 103. 20. Eze. 10. 16. Da. 9. 21. Re. 8. 13; 14. 6.

3 *one cried unto another. Heb.* this cried to this. Ex. 15. 20, 21. Ezr. 3. 11. Ps. 24. 7-10. *Holy.* Ex. 15. 11. Re. 4. 8, 9; 15. 3, 4. *the whole earth,* etc. *Heb.* his glory *is* the fulness of the whole earth. ch. 11. 9, 10; 24. 16; 40. 5. Nu. 14. 21. Ps. 19. 1-3; 57. 11; 72. 19. Hab. 2. 14. Zec. 14. 9. Ep. 1. 18.

4 *posts.* Eze. 1. 24; 10. 5. Am. 9. 1. *door. Heb.* thresh-holds. *the house.* Ex. 40. 34. 1 Ki. 8. 10-12. 2 Ch. 5. 13, 14; 6. 1. Ps. 18. 8. Re. 11. 19; 15. 8.

5 *said I.* Ex. 33. 20. Ju. 6. 22; 13. 22. Job 42. 5, 6. Da. 10. 6-8. Hab. 3. 16. Lu. 5. 8, 9. Re. 1. 16, 17. *undone. Heb.* cut off. *a man.* Ex. 4. 10; 6. 12, 30. Je. 1. 6. Zec. 3. 1-7. Mat. 12. 34-37. Ja. 3. 1, 2. *I dwell.* ch. 29. 13. Je. 9. 3-8. Eze. 2. 6-8; 33. 31. Ja. 3. 6-10. *mine eyes.* ch. 33. 17. Re. 1. 5-7.

6 *flew.* ver. 2. Da. 9. 21-23. He. 1. 7, 14. *having,* etc. *Heb.* and in his hand a live coal. Eze. 10. 2. Mat. 3. 11. Ac. 2. 3. Re. 8. 3-5. *which.* Le. 16. 12. He. 9. 22-26; 13. 10. Re. 8. 3-5.

7 *he laid it upon. Heb.* caused *it* to touch. Je. 1. 9. Da. 10. 16. *thine iniquity.* ch. 43. 25; 53. 5, 10. Mat. 9. 2. He. 9. 13, 14. 1 Jno. 1. 7; 2. 1, 2.

8 *I heard.* Ge. 3. 8-10. De. 4. 33-36. Eze. 1. 24; 10. 5. Ac. 28. 25-28. *Whom.* Ex. 4. 10-13. 1 Ki. 22. 20. Ac. 22. 21; 26. 16, 17. *us.* Ge. 1. 26; 3. 22; 11. 7. *Then.* Mat. 4. 20-22. Ac. 20. 24. Ep. 3. 8. *Here am I. Heb.* Behold me. ch. 65. 1.

9 *Go.* ch. 29. 13; 30. 8-11. Ex. 32. 7-10. Je. 15. 1, 2. Ho. 1. 9. *Hear ye.* ch. 43. 8; 44. 18-20. Mat. 13. 14, 15. Mar. 4. 12. Lu. 8. 10. Jno. 12. 40. Ac. 28. 26, 27. Ro. 11. 8. *indeed. or,* without ceasing. *Heb.* in hearing. *indeed. Heb.* in seeing.

10 *the heart.* ch. 29. 10; 63. 17. Ex. 7. 3; 10. 27; 11. 10; 14. 17. De. 2. 30. Eze. 3. 6-11. 2 Co. 2. 16. *fat.* De. 32. 15. Ps. 17. 10. *ears heavy.* Je. 6. 10. Zec. 7. 11. *lest.* Je. 5. 21. Jno. 3. 19, 20. Ac. 3. 19; 28. 27. *convert.* ch. 19. 22. Mat. 13. 15.

11 *Lord.* Ps. 74. 10; 90. 13; 94. 3. *Until the.* ch. 1. 7; 3. 26; 24. 1-12. *utterly desolate. Heb.* desolate with desolation.

12 *the Lord.* ch. 26. 15. 2 Ki. 25. 11, 21. Je. 15. 4; 52. 28-30. *a great.* Je. 4. 29; 12. 7. La. 5. 20. Ro. 11. 1, 2, 15.

13 *But yet.* ch. 1. 9; 4. 3; 10. 20-22. Mat. 24. 22. Mar. 13. 20. Ro. 11. 5, 6, 16-29. *and it shall return,* etc. *or,* when *it* is returned, and hath been broused. *teil-tree.* The *teil-tree* is the linden or lime-tree, a species very common in Palestine; the leaf of which resembles that of the laurel, and its flower that of the olive. But the original *ailah,* which our translators render the *oak,* (but here distinguished from *allon,* the oak,) and Bp. LOWTH the *ilex,* in ch. 1. 29, 30, probably denotes, as CELSIUS contends, the *terebinth.* It is an evergreen of moderate size, but having the top and branches large in proportion to the trunk; leaves, like those of the olive, but green intermixed with red and purple; flowers, like those of the vine, growing in bunches, and purple; fruit, of a ruddy purple, the size of a juniper berry, hanging in clusters, very juicy, and containing a single seed of the size of a grape stone; wood, hard and fibrous, from which a resin distils; with an excresence scattered among the leaves, of the size of a chestnut, of a purple colour, variegated with green and white. *substance. or,* stock, *or* stem. Job 14. 7-9. *so the holy.* ch. 65. 8, 9. Ge. 22. 18. Ezr. 9. 2. Mal. 2. 15. Jno. 15. 1-3. Ro. 9. 5; 11. 5, 24. Ga. 3. 16-19, 28, 29.

## CHAP. VII.

*Ahaz, being troubled with fear of Rezin and Pekah, is comforted by Isaiah,* 1-9. *Ahaz, having liberty to choose a sign, and refusing it, hath for a sign, Christ promised,* 10-16. *His judgment is prophesied to come by Assyria,* 17-25.

1 *the days.* 2 Ki. 16. 1. 2 Ch. 28. 1-6. *Rezin.* ch. 8. 6. 2 Ki. 15. 37. Ps. 83. 3-5. *but could.* ver. 4-9; ch. 8. 9, 10.

2 *the house.* ver. 13; ch. 6. 13; 37. 35. 2 Sa. 7. 16. 1 Ki. 11. 32; 12. 16; 13. 2. Je. 21. 12. *is confederate with. Heb.* resteth on. ver. 17; ch. 11. 13. 2 Ch. 25. 10; 28. 12. Eze. 37. 16-19. Ho. 12. 1. *And his heart.* ch. 8. 12; 37. 27. Le. 26. 36, 37. Nu. 14. 1-3. De. 28. 65, 66. 2 Ki. 7. 6, 7. Ps. 11. 1; 27. 1, 2; 112. 7, 8. Pr. 28. 1. Mat. 2. 3.

3 *Go forth.* Ex. 7. 15. Je. 19. 2, 3; 22. 1. *Shear-jashub. that is,* The remnant shall return. ch. 6. 13; 10. 21; 55. 7. Ro. 9. 27. *the end.* ch. 36. 2. 2 Ki. 18. 17; 20. 20. *highway. or,* causeway.

4 *Take heed.* ch. 30. 7, 15. Ex. 14. 13, 14. 2 Ch. 20. 17. La. 3. 26. *fear not.* ch. 8. 11-14; 35. 4; 41. 14; 51. 12, 13. Mat. 10. 28; 24. 6. *neither be faint-hearted. Heb.* let not thy heart be tender. De. 20. 3. 1 Sa. 17. 32. *the two tails.* ver. 8; ch. 8. 4. 2 Ki. 15. 29, 30. Am. 4. 11.

5 *Syria.* Ps. 2. 2; 83. 3, 4. Na. 1. 11. Zec. 1. 15.

6 *vex. or,* waken.

7 ch. 8. 10; 10. 6-12; 37. 29; 46. 10, 11. Ps. 2. 4-6; 33. 11; 76. 10. Pr. 21. 30. La. 3. 37. Da. 4. 35. Ac. 4. 25-28.

8 *For the head.* Dr. JUBB transposes the former part of ver. 9, and renders, 'Though the head of Syria be Damascus; and the head of Damascus Retzin; and the head of Ephraim be Samaria; and the head of Samaria Remaliah's son; yet within threescore and five years Ephraim shall be broken, that he be no more a people.' This renders the passage perfectly clear; and the prophecy received its full accomplishment when Esar-haddon carried away the remains of the ten tribes. 2 Sa. 8. 6. *within.* ch. 8. 4; 17. 1-3. 2 Ki. 17. 5, etc. Ezr. 4. 2. *that it be not a people. Heb.* from a people. Ho. 1. 6-10

9 *the head.* 1 Ki. 16. 24-29. 2 Ki. 15. 27. *If ye,* etc. *or,* ye not believe? *it is* because ye are not stable. 2 Ch. 20. 20. Ac. 27. 11, 25. Ro. 11. 20. He. 11. 6. 1 Jno. 5. 10.

10 *Moreover,* etc. *Heb.* and the Lord added to speak.

11 *a sign.* ch. 37. 30; 38. 7, 8, 22. Ju. 6. 36-40. 2 Ki. 20. 8-11. Je. 19. 1, 10; 51. 63, 64. Mat. 12. 38-40; 16. 1-4. *ask it either in the depth. or,* make *thy* petition deep.

12 *I will not ask.* 2 Ki. 16. 15. 2 Ch. 28. 22. *neither.* Eze. 33. 31. *tempt.* De. 6. 16. Mal. 3. 15. Ac. 5. 9. 1 Co. 10. 9.

13 *O house.* ver. 2. 2 Ch. 21. 7. Je. 21. 12. Lu. 1. 69. *Is it a small.* Ge. 30. 15. Nu. 16. 9, 13. Eze. 16. 20, 47; 34. 18. *to weary.* 2 Ch. 36. 15, 16. Je. 6. 11. *will ye.* ch. 1. 24; 43. 24; 63. 10; 65. 3-5. Am. 3. 13. Mal. 2. 17. Ac. 7. 51. He. 3. 10.

14 *Behold.* Ge. 3. 15. Je. 31. 22. Mat. 1. 23. Lu. 1. 35. *shall call. or,* thou, *O virgin,* shalt call. Ge. 4. 1, 2, 25; 16. 11; 29. 32; 30. 6, 8. 1 Sa. 1. 20; 4. 21. *Immanuel.* ch. 8. 8; 9. 6. Jno. 1. 1, 2, 14. Ro. 9. 5. 1 Ti. 3. 16.

15 *Butter.* Connecting this verse with the preceding and following, we may render with Dr. JUBB and LOWTH, 'Behold *the virgin (hädlmah,* as the word uniformly signifies, Ge. 24. 43. Ex. 2. 8. Ps. 68. 26. Pr. 30. 19. Ca. 1. 3; 6. 8.) shall conceive and bear a son, and thou shalt call his name Immanuel; butter and honey shall he eat *when* he shall know to refuse the evil and choose the good. For,' etc. ver. 22. Mat. 3. 4. *know.* Ps. 51. 5. Am. 5. 15. Lu. 1. 35; 2. 40, 52. Ro. 12. 9. Phi. 1. 9, 10.

16 *before.* De. 1. 39. Jon. 4. 11. *the land.* ch. 8. 4; 9. 11; 17. 1-3. 2 Ki. 15. 29, 30; 16. 9.

17 *bring upon.* ch. 8. 7, 8; 10. 5, 6; ch. 36; 37. 2 Ki. ch. 18; 19. 2 Ch. 28. 19-21; ch. 32; 33. 11; 36. 6-20. Ne. 9. 32. *the day.* 1 Ki. 12. 16-19. 2 Ch. 10. 16-19.

18 *hiss.* ch. 5. 26. *fly.* ch. 30. 1, 2; 31. 1. Ex. 8. 21, 24. De. 1. 44; 7. 20. Jos. 24. 12. Ps. 118. 12. *bee.* ver. 17. 2 Ki. 23. 33, 34.

19 *in the holes.* ch. 2. 19, 21. 2 Ch. 33. 11. Je. 16. 16. Mi. 7. 17. *bushes. or,* commendable trees.

20 *shave.* ch. 10. 6. 2 Ki. 16. 7, 8. 2 Ch. 28. 20, 21. Je. 27. 6, 7. Eze. 5. 1-4; 29. 18, 20. *head.* ch. 1. 5; 9. 14-17; 24. 2.

21 *a man.* ver. 25; ch. 5. 17; 17. 2; 37. 30. Je. 39. 10.

22 *butter and honey.* ver. 15. 2 Sa. 17. 29. Mat. 3. 4. *land. Heb.* midst of the land.

23 *a thousand vines.* Ca. 8. 11, 12. Mat. 21. 33. *be for briers.* ch. 5. 6; 32. 12-14. Je. 4. 26. He. 6. 8.

24 Ge. 27. 3.

25 *but it.* ver. 21, 22; ch. 13. 20-22; 17. 2. Zep. 2. 6.

## CHAP. VIII.

*In Maher-shalal-hash-baz, he prophesies that Syria and Israel shall be subdued by Assyria,* 1-4. *Judah likewise for their infidelity,* 5-8. *God's judgments shall be irresistible,* 9, 10. *Comfort shall be to them that fear God,* 11-18. *Great afflictions to idolaters,* 19-22.

1 *Take thee.* Je. 36. 2, 28, 32. *write.* ch. 30. 8. Job 19. 23, 24. Hab. 2. 2, 3. *a man's pen.* Re. 13. 18; 21. 17. *Maher-shalal-hash-baz. Heb.* in making speed to the spoil, he hasteneth the prey. *Or,* Make speed, etc. hasten, etc.

2 *I took.* Ru. 4. 2, 10, 11. 2 Co. 13. 1. *Uria.* 2 Ki. 16. 10, 11; 18. 2.

3 *went. Heb.* approached. *the prophetess.* Ju. 4. 4. 2 Ki. 22. 14. *she conceived.* Ho. 1. 3-9. *Call his name.* ch. 7. 13, 14. *Maher-shalal-hash-baz.* ver. 1.

4 *before.* ch. 7. 15, 16. De. 1. 39. Jon. 4. 11. Ro. 9. 11. *the riches of Damascus,* etc. *or,* he that is before the king of Assyria shall take away the riches, etc. ch. 10. 6-14; 17. 3. 2 Ki. 15. 29; 16. 9; 17. 3, 5, 6.

5 A.M. 3263. B.C. 741. *spake.* ch. 7. 10.

6 *refuseth.* 1 Ki. 7. 16.* 2 Ch. 13. 8-18. *the waters of Shiloah.* Ne. 3. 15. Jno. 9. 7, Siloam. *that go softly.* Je. 2. 13, 18; 18. 14. *rejoice.* ch. 7. 1, 2, 6. Ju. 9. 16-20.

7 *the Lord bringeth.* ch. 17. 12, 13; 28. 17; 59. 19. Ge. 6. 17. De. 28. 49-52. Je. 46. 7, 8. Da. 9. 26; 11. 10, 22. Am. 8. 8; 9. 5. Na. 1. 8. Lu. 6. 48. Re. 12. 15, 16; 17. 15. *strong.* Ezr. 4. 10. Ps. 72. 8. *the king.* ch. 7. 1-6, 17; 10. 8-14. Eze. 31. 3, etc. *he shall come.* 2 Ki. 17. 3-6; 18. 9-12.

8 *he shall pass.* ch. 10. 28-32; 22. 1-7; 28. 14-22; 29. 1-9; 36; 37. *reach.* ch. 30. 28. *the stretching,* etc. *Heb.* the fulness of the breadth of thy land shall be the stretchings out of his wings. Eze. 17. 3. *O Immanuel.* ch. 7. 14. Mat. 1. 23, Emmanuel; 28. 20.

9 *Associate.* ch. 7. 1, 2; 54. 15. Je. 46. 9-11. Eze. 38. 9-23. Joel 3. 9-14. Mi. 4. 11-13. Zec. 14. 1-3. Re. 17. 12-14; 20. 8, 9. *and ye. or,* yet ye. ch. 14. 5, 6; 28. 13. Ps. 37. 14, 15. Pr. 11. 21. *gird.* ch. 37. 36. 1 Ki. 20. 11.

10 *counsel.* ch. 7. 5-7. 2 Sa. 15. 31; 17. 4, 23. Job 5. 12. Ps. 2. 1, 2; 33. 10, 11; 46. 1, 7; 83. 3, etc. Pr. 21. 30. La. 3. 37. Na. 1. 9-12. Ac. 5. 38, 39. *for God.* ch. 7. 14; 9. 6; 41. 10. De. 20. 1. Jos. 1. 5. 2 Ch. 13. 12; 33. 7, 8. Ps. 46. 7, 11. Mat. 1. 23; 28. 20. Ro. 8. 13, 31. 1 Jno. 4. 4.

11 *with a strong hand. Heb.* in strength of hand. Je. 20. 7, 9. Eze. 3. 14. Ac. 4. 20. *instructed.* Ps. 32. 8. Pr. 1. 15. Je. 15. 19. Eze. 2. 6-8.

12 *not, A confederacy.* ch. 7. 2-6; 51. 12, 13. 2 Ki. 16. 5-7. *fear ye.* ch. 7. 4; 57. 9-11. Ps. 53. 5. Mat. 28. 2-5. Lu. 12. 4, 5; 21. 9. 1 Pe. 3. 14, 15.

13 *Sanctify.* ch. 26. 3, 4. Le. 10. 3. Nu. 20. 12, 13; 27. 14. Ro. 4. 20. *and let him.* Ge. 31. 53. Ps. 76. 7. Mal. 2. 5. Mat. 10. 28. Lu. 12. 5. Re. 15. 4.

14 *he shall be.* ch. 26. 20. Ps. 46. 1, 2. Pr. 18. 10. Eze. 11. 16. *a stone.* ch. 28. 16. Lu. 2. 34. Ro. 9. 32, 33; 11. 9-11, 35. 1 Pe. 2. 8. *a snare.* Ps. 11. 6; 69. 22. Mat. 13. 57. Lu. 21. 35.

15 *stumble.* Mat. 11. 6; 15. 14; 21. 44. Lu. 20. 17, 18. Jno. 6. 66. 1 Co. 1. 23.

16 *Bind up.* ch. 29. 11. Da. 12. 4. *the testimony.* ver. 20. De. 4. 45. 2 Ki. 11. 12. Jno. 3. 32, 33. He. 3. 5. 1 Jno. 5. 9-12. Re. 19. 10. *seal.* Da. 9. 24. Re. 5. 1, 5; 10. 4. *among.* ch. 54. 13. Ps. 25. 14. Pr. 8. 8, 9. Da. 12. 9, 10. Mat. 13. 11. Mar. 4. 10, 11, 34; 10. 10. 1 Co. 2. 14. Re. 2. 17.

17 *I will.* ch. 25. 9; 26. 8; 33. 2; 64. 4. Ge. 49. 18. Ps. 27. 14; 33. 20; 37. 34; 39. 7; 40. 1; 130. 5. La. 3. 25, 26. Ho. 12. 6. Mi. 7. 7. Hab. 2. 3. 1 Th. 1. 10. 2 Th. 3. 5. He. 10. 36-39. *hideth.* ch. 54. 8; 59. 2; 64. 7. De. 31. 17, 18; 32. 20. Eze. 39. 23, 24. Mi. 3. 4. *I will look.* ch. 50. 10. Lu. 2. 38. He. 9. 28.

18 *I and the.* ver. 3; ch. 7. 3, 16; 53. 10. Ps. 22. 30. He. 2. 13, 14. *for signs.* Ps. 71. 7. Eze. 14. 8. Zec. 3. 8. Lu. 2. 34. 1 Co. 4. 9-13. He. 10. 33. *which.* ch. 12. 6; 14. 32; 24. 23. 1 Ch. 23. 25. Ps. 9. 11. Zec. 8. 3. He. 12. 22.

19 *Seek.* ch. 19. 3. Le. 20. 6. De. 18. 11. 1 Sa. 28. 8. 1 Ch. 10. 13. 2 Ch. 33. 6. *that peep.* ch. 29. 4. *should not.* 1 Sa. 28. 16. 2 Ki. 1. 3. 2 Pe. 2. 1. *for the living.* Ps. 106. 28. Je. 10. 10. 1 Th. 1. 9.

20 *the law.* ver. 16. Lu. 10. 26; 16. 29-31. Jno. 5. 39. 46, 47. Ac. 17. 11. Ga. 3. 8, etc.; 4. 21, 22. 2 Ti. 3. 15-17. 2 Pe. 1. 19. *it is.* ch. 30. 8-11. Ps. 19. 7, 8; 119. 130. Je. 8. 9. Mi. 3. 6. Mat. 6. 23; 22. 29. Mar. 7. 7-9. Ro. 1. 22. 2 Pe. 1. 9. *light. Heb.* morning. Pr. 4. 18. Ho. 6. 3. Mal. 4. 2. 2 Pe. 1. 19.

21 *through.* ver. 7, 8. *hardly bestead.* ch. 9. 20. De. 28. 33, 34, 53-57. 2 Ki. 25. 3. Je. 14. 18; 52. 6. La. 4. 4, 5, 9, 10. *they shall fret.* Pr. 19. 3. *curse.* Ex. 22. 28. 2 Ki. 6. 33. Job 1. 11; 2. 5, 9. Re. 9. 20, 21; 16. 9-11.

22 *look.* ch. 5. 30; 9. 1. 2 Ch. 15. 5, 6. Je. 13. 16; 30. 6, 7. Am. 5. 18-20. Zep. 1. 14, 15. Mat. 8. 12; 24. 29. Lu. 21. 25, 26. Jude 13. *driven to darkness.* Job 18. 18. Pr. 14. 32. Je. 23. 12. Mat. 22. 13.

## CHAP. IX.

*What joy shall be in the midst of afflictions, by the birth and kingdom of Christ,* 1-7. *The judgments upon Israel for their pride,* 8-12, *for their hypocrisy,* 13-17, *and for their impenitency,* 18-21.

1 A.M. 3264. B.C. 740. *the dimness.* ch. 8. 22. *when.* 1 Ki. 15. 19, 20. 2 Ki. 15. 29. 2 Ch. 16. 4. *afterward.* Le. 26. 24, 28. 2 Ki. 17. 5, 6. 1 Ch. 5. 26. *by the way.* Mat. 4. 15. *Galilee of the nations. or,* Galilee the populous.

2 *walked.* ch. 50. 10; 60. 1-3, 19. Mi. 7. 8, 9. Mat. 4. 16. Lu. 1. 78, 79; 2. 32. Jno. 8. 12; 12. 35, 46. Ep. 5. 8, 13, 14. 1 Pe. 2. 9. 1 Jno. 1. 5-7. *in the land.* Job 10. 21. Ps. 23. 4; 107. 10, 14. Am. 5. 8.

3 *hast multiplied.* ch. 26. 15; 49. 20-22. Ne. 9. 23. Ps. 107. 38. Ho. 4. 7. Zec. 2. 11; 8. 23; 10. 8. *not increased the joy. or,* to him increased the joy. *they joy.* ch. 12. 1; 25. 9; 35. 2, 10; 54. 1; 55. 12; 61. 7, 10; 65. 18; 66. 10. Ps. 4. 7; 126. 5, 6. Je. 31. 7, 12-14. Ac. 8. 8. Phi. 4. 4. 1 Pe. 1. 8. *according.* ch. 16. 9, 10. *and as men.* Ju. 5. 30. 1 Sa. 30. 16. 2 Ch. 20. 25-28. Ps. 119. 162. Lu. 11. 22.

4 *For thou hast broken. or,* When thou brakest. ch. 14. 25; 47. 6. Ge. 27. 40. Le. 26. 13. Je. 30. 8. Na. 1. 13. *the staff.* ch. 10. 5, 27; 14. 3-5; 30. 31, 32. Ps. 125. 3. *as in the day.* ch. 10. 26. Ju. 6. 1-6; 7. 22-25; 8. 10-12. Ps. 83. 9-11.

5 *For every battle,* etc. *or,* When the whole battle of the warrior was, etc. *confused noise.* ch. 13. 4. 1 Sa. 14. 19. Je. 47. 3. Joel 2. 5. Na. 3. 2. *but this shall be. or,* and it was, etc. *burning.* ch. 4. 4; 10. 16, 17; 30. 33; 37. 36; 66. 15, 16. Ps. 46. 9. Eze. 39. 8-10. Mal. 3. 2, 3. Mat. 3. 11. Ac. 2. 3, 19. 2 Th. 1. 8. *fuel. Heb.* meat. Le. 3. 11, 16.

6 *For unto.* ch. 7. 14. Lu. 1. 35; 2. 11. *unto us a son.* Jno. 1. 14; 3. 16, 17. Ro. 8. 32. 1 Jno. 4. 10-14. *the government.* ch. 22. 21, 22. Ps. 2. 6-12; 110. 1-4. Je. 23. 5, 6. Zec. 6. 12, 13; 9. 9, 10. Mat. 11. 27; 28. 18. 1 Co. 15. 25. Ep. 1. 21, 22. Re. 19. 16. *his name.* ch. 7. 14. Ju. 13. 18, marg. Je. 31. 22. Mat. 1. 23. 1 Ti. 3. 16. *Counsellor.* ch. 28. 29. Zec. 6. 13. Lu. 21. 15. Jno. 1. 16. 1 Co. 1. 30. Col. 2. 3. *The mighty God.* ch. 45. 24, 25. Ps. 45. 3, 6; 50. 1. Je. 23. 5, 6. Jno. 1. 1, 2. Ac. 20. 28. Ro. 9. 5. Tit. 2. 13. He. 1. 8. 1 Jno. 5. 20. *The everlasting Father.* ch. 8. 18; 53. 10. Pr. 8. 23. He. 2. 13, 14. *The Prince of Peace.* ch. 11. 6-9; 53. 5. Ps. 72. 3, 7; 85. 10. Da. 9. 24, 25. Mi. 5. 4, 5. Lu. 2. 14. Jno. 14. 27. Ac. 10. 36. Ro. 5. 1-10. 2 Co. 5. 19. Ep. 2. 14-18. Col. 1. 20, 21. He. 7. 2, 3; 13. 20.

7 *the increase.* 2 Sa. 7. 16. Ps. 2. 8; 72. 8-11; 89. 35-37. Je. 33. 15-21. Da. 2. 35, 44; 7. 14, 27. Lu. 1. 32, 33. 1 Co. 15. 24-28. *to establish it.* ch. 11. 3-5; 32. 1, 2. Ps. 45. 4-6; 72. 1-3, 7. He. 1. 8. Re. 19. 11. *The zeal.* ch. 37. 32; 59. 16, 17; 63. 4-6. 2 Ki. 19. 31. Eze. 36. 21-23.

8 *sent a word.* ch. 7. 7, 8; 8. 4-8. Mi. 1. 1-9. Zec. 1. 6; 5. 1-4. Mat. 24. 35.

9 *And all.* ch. 26. 11. 1 Ki. 22. 25. Job. 21. 19, 20. Je. 32. 24; 44. 28, 29. Eze. 7. 9, 27; 30. 19; 33. 33. *even Ephraim.* ch. 7. 9; 10. 9-11. *in the pride.* ch. 46. 12; 48. 4. Pr. 16. 18. Mal. 3. 13; 4. 1. 1 Pe. 5. 5.

10 *bricks.* 1 Ki. 7. 9-12; 10. 27. Mal. 1. 4.

11 *set up.* ch. 8. 4-7; 10. 9-11; 17. 1-5. 2 Ki. 15. 29; 16. 9. *join. Heb.* mingle.

12 *Syrians.* 2 Ki. 16. 6. 2 Ch. 28. 18. Je. 35. 11. *devour Israel.* De. 31. 17. Ps. 79. 7; 129. 3-6. Je. 10. 25. *open mouth. Heb.* whole mouth. *For all.* ver. 17, 21; ch. 5. 25; 10. 4. Je. 4. 8.

13 *the people.* ch. 1. 5; 26. 11; 57. 17. 2 Ch. 28. 22. Job 36. 13. Je. 5. 3; 31. 18-20. Eze. 24. 13. Ho. 5. 15; 7. 10, 16. *neither.* ch. 31. 1. De. 4. 29. Je. 29. 11; 50. 4, 5. Ho. 3. 4, 5.

14 *will cut.* ch. 3. 2, 3; 19. 15. 2 Ki. 17. 6-20. Ho. 1. 4, 6, 9; 4. 5; 5. 12-14; 8. 8; 9. 11-17; 13. 3. Am. 2. 14-16; 3. 12; 5. 2, 3; 6. 11; 7. 8, 9, 17; 9. 1-9. Mi. 1. 6-8. *in one day.* ch. 10. 17; 30. 13. Ho. 10. 15. Re. 18. 8, 10, 17.

15 *ancient.* ch. 3. 5; 5. 13. 1 Sa. 9. 6. *the prophet.* ch. 28. 17; 29. 10. 1 Ki. 13. 18; 22. 22-24. Je. 5. 31; 14. 14, 15; 23. 9, 14, 15, 25-27; 27. 9, 10, 14, 15; 28. 15, 16; 29. 21, 22. Eze. 13. 1-16, 19, 22. Ho. 9. 8. Mal. 2. 9. Mat. 7. 15; 24. 24. 2 Co. 11. 13-15. Ga. 1. 8, 9. 2 Th. 2. 9-12. 2 Ti. 4. 2, 3. 2 Pe. 2. 1-3. 1 Jno. 4. 1. Re. 19. 20.

16 *the leaders,* etc. *or,* they that call them blessed. ch. 3. 12. Mat. 15. 14; 23. 16, etc. *led of them. or,* called blessed of them. Nu. 6. 23-26. 1 Ki. 8. 55, 56. 2 Ch. 30. 27. He. 7. 7. *destroyed. Heb.* swallowed up.

17 *have no joy.* ch. 10. 2; 13. 18; 27. 11; 62. 5; 65. 19. Ps. 147. 10. Je. 18. 21. Zec. 9. 17. *for every.* ch. 10. 6. Job 15. 34. Je. 5. 1. Mi. 7. 2. Mat. 16. 3. *every mouth.* ch. 32. 6, 7. Mat. 12. 34. *folly. or,* villany. *For all.* ver. 12, 21; ch. 5. 25; 10. 4. Eze. 20. 33.

18 *wickedness.* ch. 1. 31; 30. 30, 33; 33. 12; 34. 8-10; 66. 16, 17. Nu. 11. 1-3. De. 32. 22. Job 31. 11, 12. Am. 7. 4. Na. 1. 6, 10. Mal. 4. 1. Mat. 13. 49, 50; 25. 41. Mar. 9. 43-50. *it shall.* ch. 10. 16-18; 27. 4. He. 6. 8. *shall kindle.* Eze. 20. 47, 48. *mount.* ch. 5. 24. Ps. 37. 20. Ho. 13. 3. Joel 2. 20. Re. 14. 11.

19 *is the land.* ch. 5. 30; 8. 22; 24. 11, 12; 60. 2. Je. 13. 16. Joel 2. 2. Am. 5. 18. Mat. 27. 45. Ac. 2. 20. *fuel. Heb.* meat. ver. 5. *no man.* ch. 13. 18. Eze. 9. 5. Mi. 7. 2, 6. 2 Pe. 2. 4.

20 *And he.* ch. 49. 26. Le. 26. 26-29. Je. 19. 9. La. 4. 10. *snatch. Heb.* cut.

21 *Ephraim.* Ju. 7. 22. 1 Sa. 14. 20. 2 Ki. 15. 30. 2 Ch. 28. 6-8. Mat. 24. 10. Ga. 5. 15. *For all this.* ver. 12, 17; ch. 5. 25; 10. 4. Je. 4. 8.

## CHAP. X.

*The woe of tyrants,* 1-4. *Assyria, the rod of hypocrites, for his pride shall be broken,* 5-19. *A remnant of Israel shall be saved,* 20-23. *Judah is comforted with promise of deliverance from Assyria,* 24-34.

1 A.M. 3291. B.C. 713. *Woe.* ch. 3. 11; 5. 8, 11, 18, 20-22. Je. 22. 13. Hab. 2. 6, 9, 12, 15, 19. Mat. 11. 21; 23. 13-16, 23, 27, 29; 26. 24. Lu. 11. 42-44, 46, 47, 52. Jude 11. *them.* 1 Ki. 21. 13. Es. 3. 10-13. Ps. 58. 2; 94. 20, 21. Da. 6. 8, 9. Mi. 3. 1-4, 9-11; 6. 16. Jno. 9. 22; 19. 6. *that write grievousness. or,* to the writers that write grievousness.

2 *turn aside.* ch. 29. 21. La. 3. 35. Am. 2. 7; 5. 11, 12. Mal. 3. 5. *that widows.* ch. 1. 23; 3. 14; 5. 7. Je. 7. 6. Eze. 22. 7. Mat. 23. 14.

3 *And what.* ch. 20. 6; 33. 14. Job 31. 14. Je. 5. 31. Eze. 24. 13, 14. Re. 6. 15, 16. *the day.* ch. 26. 21. Ho. 9. 7. Lu. 19. 44. 1 Pe. 2. 12. *in the desolation.* ch. 5. 26; 30. 27, 28; 39. 3, 6, 7. De. 28. 49. *to whom.* ch. 30. 1-3, 16; 31. 1-3. Ho. 5. 13. *where.* ch. 2. 20, 21; 5. 14. Ge. 31. 1. 2 Ki. 7. 6-8, 15. Ps. 49. 16, 17. Pr. 11. 4. Zep. 1. 18.

4 *Without me.* Le. 26. 17, 36, 37. De. 31. 15-18; 32. 30. Je. 37. 10. Ho. 9. 12. *For all this.* ch. 5. 25; 9. 12, 17, 21.

5 *O Assyrian. or,* Woe to the Assyrian. *Heb.* O Asshur. Ge. 10. 11. *the rod.* ver. 15; ch. 8. 4; 14. 5, 6. Ps. 17. 14; 125. 3. Je. 51. 20-24. *and. or,* though.

6 *against.* ch. 9. 17; 19. 17; 29. 13; 30. 9-11; 33. 14. Je. 3. 10; 4. 14. Mat. 15. 7. *will I give.* ver. 13, 14; ch. 37. 26, 27; 41. 25; 45. 1-5. Je. 25. 9; 34. 22; 47. 6, 7. *tread them. Heb.* lay them a treading. ch. 22. 5; 63. 3, 6. 2 Sa. 22. 43. Mi. 7. 10. Zec. 10. 5.

7 *he meaneth.* Ge. 50. 20. Mi. 4. 11, 12. Ac. 2. 23; 42. 27-30. *in his heart.* ch. 36. 18-20; 37. 11-13.

8 ch. 36. 8. 2 Ki. 18. 24; 19. 10. Eze. 26. 7. Da. 2. 37.

9 *Calno.* Am. 6. 1, 2, Calneh. *Carchemish.* 2 Ch. 35. 20. Je. 46. 2. *Hamath.* ch. 36. 19; 37. 13. 2 Sa. 8. 9. 2 Ki. 17. 24. Je. 49. 23. *Samaria.* ch. 7. 8; 17. 3. 2 Ki. 16. 9; 17. 5, 6; 18. 9, 10.

10 *the kingdoms.* ver. 14. 2 Ki. 18. 33-35; 19. 12, 13, 17-19. 2 Ch. 32. 12-16, 19.

11 *as I have.* ch. 36. 19, 20; 37. 10-13.

12 *when the Lord.* ver. 5, 6; ch. 14. 24-27; 27. 9; 46. 10, 11. Ps. 76. 10. 1 Pe. 4. 17. *I will.* ver. 16-19, 25-34; ch. 17. 12-14; 29. 7, 8; 30. 30-33; 31. 5-9; 37. 36-38; 50. 15. Je. 50. 18. *punish the fruit of the stout heart. Heb.* visit upon the fruit of the greatness of the heart. ch. 9. 9. Job 40. 11, 12. Ps. 21. 10. Mat. 12. 33; 15. 19. *the glory.* ch. 2. 11; 5. 15. Ps. 18. 27. Pr. 30. 13. Eze. 31. 10, 14. Da. 4. 37.

13 *For he saith.* ver. 8; ch. 37. 23, 24. De. 8. 17. Eze. 25. 3; 26. 2; 28. 2-9; 29. 3. Da. 4. 30. Am. 6. 13. Hab. 1. 16. *I have removed.* 2 Ki. 15. 29; 17. 6, 24; 18. 11, 32. 1 Ch. 5. 26. Am. 5. 27; 6. 1, 2. *robbed.* 2 Ki. 16. 8; 18. 15. Ho. 13. 15, 16. *a valiant man. or,* many people.

14 *And my.* ch. 5. 8. Job 31. 25. Pr. 18. 12; 21. 6, 7. Ho. 12. 7, 8. Na. 2. 9-13; 3. 1. Hab. 2. 5-11. *peeped.* That is, *chirped,* from the Latin *pipio.* We still use the term *pipe* to express the note of the bullfinch.

15 *the axe.* ver. 5. Ps. 17. 13, 14. Je. 51. 20-23. Eze. 28. 9. Ro. 9. 20, 21. *the rod should shake itself against them. or,* a rod should shake them. *itself, as if it were no wood. or, that which is* not wood.

16 *the Lord of hosts.* ch. 5. 17; 14. 24-27; 29. 5-8; 37. 6, 7, 29, 36. 2 Ch. 32. 21. Ps. 106. 15. Ac. 12. 23. *and under.* ch. 9. 5; 30. 30-33; 33. 10-14.

17 *the light.* ch. 60. 19. Ps. 27. 1; 84. 11. Re. 21. 23; 22. 5. *for a flame.* ch. 30. 27, 28; 33. 14; 64. 1, 2; 66. 15, 16, 24. Nu. 11. 1-3; 16. 35. Ps. 18. 8; 21. 9; 50. 3; 83. 14, 15. Je. 4. 4; 7. 20. Mal. 4. 1-3. Mat. 3. 12. 2 Th. 1. 7-9. He. 12. 29. *devour.* ch. 27. 4; 37. 36. Ps. 97. 3. Na. 1. 5, 6, 10.

18 *consume.* ver. 33, 34; ch. 9. 18. 2 Ki. 19. 23, 28. Je. 21. 14. Eze. 20. 47, 48. *both soul and body. Heb.* from the soul and even to the flesh.

19 *few. Heb.* number. ch. 37. 36.

20 *the remnant.* ch. 1. 9; 4. 2, 3; 6. 13; 37. 4, 31, 32. Ezr. 9. 14. Ro. 9. 27-29. *no more.* 2 Ki. 16. 7. 2 Ch. 28. 20. Ho. 5. 13; 14. 3. *but shall stay.* ch. 17. 7, 8; 26. 3, 4; 48. 1, 2; 50. 10.

21 *return.* ch. 7. 3; 9. 13; 19. 22; 55. 7; 65. 8, 9. Ho. 6. 1; 7. 10, 16; 14. 1. Ac. 26. 20. 2 Co. 3. 14-16. *the mighty God.* ch. 9. 6.

22 *though thy.* 1 Ki. 4. 20. Ho. 1. 10. Ro. 9. 27; 11. 5, 6. Re. 20. 8. *yet a remnant.* ch. 6. 13. *of. Heb.* in, *or,* among. *the consumption.* ch. 6. 11; 8. 8; 27. 10, 11; 28. 15-22. Da. 9. 27. Ro. 9. 28. *with. or,* in. Ge. 18. 25. Ac. 17. 31. Ro. 2. 5; 3. 5, 6.

23 *determined.* ch. 14. 26, 27; 24. 1, etc. Da. 4. 35.

24 *O my people.* ch. 4. 3; 12. 6; 30. 19; 46. 13; 61. 3. He. 12. 22-24. *be not afraid.* ch. 8. 12, 13; 33. 14-16; 35. 4; 37. 6, 22, 33-35. *smite thee.* ver. 5; ch. 9. 4; 14. 29; 27. 7. *and shall lift up his staff against thee. or,* but he shall lift up his staff for thee. *after the manner.* Ex. 1. 10-16; 14. 9, 21-31; 15. 6-10.

25 *For yet.* ver. 33, 34; ch. 12. 1, 2; 14. 24, 25; 17. 12-14; 30. 30-33; 31. 4-9; 37. 36-38; 54. 7. 2 Ki. 19. 35. Ps. 37. 10. Da. 11. 36. He. 10. 37.

26 *stir up.* See on ver. 16-19. 2 Ki. 19. 35. Ps. 35. 23. *according.* ch. 9. 4. Ju. 7. 25. Ps. 83. 11. *his rod.* See on ver. 24; ch. 11. 16; 51. 9, 10. Ex. 14. 25-27. Ne. 9. 10, 11. Ps. 106. 10, 11. Hab. 3. 7-15. Re. 11. 18; 19. 15.

27 *his burden.* ch. 9. 4; 14. 25. 2 Ki. 18. 13, 14. Na. 1. 9-13. *be taken away. Heb.* remove. *because.* ch. 37. 35. 2 Sa. 1. 21. Ps. 2. 1-3, 6, marg.; 20. 6; 45. 7; 84. 9; 89. 20, etc.; 105. 15; 132. 10, 17, 18. Da. 9. 24-26. Lu. 4. 18. Jno. 1. 41, marg. Ac. 4. 27. 1 Jno. 2. 20, 27.

28 *He is come.* This is a prophetical description of the march of Sennacherib's army approaching Jerusalem in order to invest it, and of the terror and confusion spreading and increasing through the several places as he advanced; expressed with great brevity, but finely diversified. *Aiath,* or *Ai,* was situated a little east of Bethel about twelve miles north of Jerusalem; *Michmash* about three miles nearer, where there was a narrow pass between two sharp hills; *Geba* and *Ramah* about three miles more to the south; *Gibeah* a mile and a half more southward; *Anathoth* within three miles of Jerusalem; to the westward of which, towards Lydda, was *Nob,* from which place Sennacherib might have a prospect of Zion, and near which, it would appear, his army was destroyed. *Aiath.* Jos. 7. 2, Ai. Ne. 11. 31, Aija. *Migron.* 1 Sa. 14. 2. *Michmash.* 1 Sa. 13. 2, 5; 14. 5, 31.

29 *the passage.* 1 Sa. 13. 23; 14. 4. *Geba.* Jos. 21. 17. 1 Ki. 15. 23. *Ramah.* Jos. 18. 24, 25. 1 Sa. 7. 17; 15. 34. Je. 31. 15. Ho. 5. 8. *Gibeah.* Ju. 19. 12-15. 1 Sa. 11. 4; 13. 2. Ho. 9. 9; 10. 9.

30 *Lift up thy voice. Heb.* Cry shrill with thy voice. *Gallim.* 1 Sa. 25. 44. *Laish.* Ju. 18. 7, 29. *Anathoth.* Jos. 21. 18. 1 Ki. 2. 26. Je. 1. 1; 32. 8.

31 *Madmenah.* Jos. 15. 31, Madmannah.

32 *Nob.* 1 Sa. 21. 1; 22. 19. Ne. 11. 32. *shake.* ver. 24; ch. 11. 15; 13. 2; 19. 16. Zec. 2. 9. *the mount.* ch. 2. 2; 37. 22.

33 *lop.* ver. 16-19; ch. 37. 24-36, 38. 2 Ki. 19. 21-37. 2 Ch. 32. 21. *the high ones.* Am. 2. 9. *and the haughty.* ch. 2. 11-17. Job 40. 11, 12. Da. 4. 37. Lu. 14. 11.

34 *cut down.* ch. 10. 18; 37. 24. Je. 22. 7; 46. 22, 23; 48. 2. Na. 1. 12. *Lebanon.* Zec. 11. 1, 2. *by a mighty one. or,* mightily. ch. 31. 8; 37. 36. Ps. 103. 20. Da. 4. 13, 14, 23. 2 Th. 1. 7. 2 Pe 2. 11. Re. 10. 1; 18. 21.

## CHAP. XI.

*The peaceable kingdom of the Branch out of the root of Jesse,* 1-9. *The victorious restoration of Israel, and vocation of the Gentiles,* 10-16.

1 *And there shall.* The prophet having described the destruction of the Assyrian army under that of a mighty forest, here takes occasion to represent the GREAT PERSON, who makes the subject of this chapter, as a slender twig, shooting out of the trunk of an old tree; which tender twig, though weak in appearance, should become fruitful and prosper. ch. 53. 2. Zec. 6. 12. Re. 5. 5; 22. 16. *of Jesse.* ver. 10. Ru. 4. 17. 1 Sa. 17. 58. Mat. 1. 6-16. Lu. 2. 23-32. Ac. 13. 22, 23. Ro. 15. 12. *a Branch.* ch. 4. 2. Je. 23. 5; 33. 15. Zec. 3-8; 6. 12.

2 *the Spirit.* ch. 42. 1; 59. 21; 61. 1. Nu. 11. 25, 26. Mat. 3. 16. Jno. 1. 32, 33; 3. 34. Ac. 10. 38. *the spirit of wisdom.* De. 34. 9. Jno. 14. 17; 15. 26; 16. 13. 1 Co. 1. 30. Ep. 1. 17, 18. Col. 1. 8, 9; 2. 2, 3. 2 Ti. 1. 7. Ja. 3. 17, 18.

3 *shall make him.* ch. 33. 6. Pr. 2. 5, 9. Lu. 2. 52. *understanding. Heb.* scent. *or,* smell. Job 12. 11; 34. 3. Phi. 1. 9, 10. He. 5. 14. *and he shall not.* 1 Sa. 16. 7. 2 Sa. 14. 17. 1 Ki. 3. 9, 28. Jno. 7. 24; 8. 15, 16. 1 Co. 2. 13-15; 4. 3-5.

4 *But with.* ch. 32. 1. 2 Sa. 8. 15; 23. 2-4. 1 Ki. 10. 8, 9. Ps. 45. 6, 7; 72. 1-4, 12-14; 82. 2-4. Je. 23. 5, 6; 33. 15. Mat. 11. 5. Re. 19. 11. *reprove. or,* argue. ch. 1. 17. Pr. 31. 8, 9. Je. 5. 28. *for the meek.* ch. 29. 19; 61. 1. Zep. 2. 3. Mat. 5. 5. 2 Co. 10. 1. Ga. 5. 23. Tit. 3. 2. Ja. 3. 13. *and he shall.* Job 4. 9. Ps. 2. 9; 110. 2. Mal. 4. 6. 2 Th. 2. 8. Re. 1. 16; 2. 16; 19. 15. *with the breath.* ch. 30. 33. Ps. 18. 8. Ac. 9. 1.

5 *righteousness.* ch. 59. 17. Ps. 93. 1. 2 Co. 6. 7. Ep. 6. 14. 1 Pe. 4. 1. Re. 1. 13. *and faithfulness.* ch. 25. 1. Ho. 2. 20. He. 2. 17. 1 Jno. 1. 9. Re. 3. 14.

6 ch. 65. 25. Eze. 34. 25. Ho. 2. 18. Ac. 9. 13-20. Ro. 14. 17. 1 Co. 6. 9-11. 2 Co. 5. 14-21. Ga. 3. 26, 27. Ep. 4. 22-32. Col. 3. 3-8. Tit. 3. 3-5. Phile. 9-16. Re. 5. 9, 10.

8 *cockatrice'. or,* adder's. ch. 59. 5. Ps. 140. 3.

9 *not hurt.* ver. 13; ch. 2. 4; 35. 9; 60. 18. Job 5. 23. Mi. 4. 2-4. Mat. 5. 44, 45. Ac. 2. 41-47; 4. 29-35. Ro. 12. 17-21. Ga. 5. 22-24. Phi. 2. 14, 15. 1 Th. 5. 15. Re. 21. 27. *for the* ch. 30. 26; 49. 6; 59. 19; 60. 1, etc. Ps. 22. 27-31; 72. 19; 98. 2, 3. Hab. 2. 14. Zec. 14. 9. Ro. 11. 25, 26. Re. 20. 2-6.

10 *in that day.* ver. 1; ch. 2. 11. Ro. 15. 12. Re. 22. 16. *which shall.* ch. 59. 19. Ge. 49. 10. Jno. 3. 14, 15; 12. 32. *to it shall.* ch. 60. 3, 5; 66. 12, 19. Mat. 2. 1, 2; 8. 11; 12. 21. Lu. 2. 32. Jno. 12. 20, 21. Ac. 11. 18; 26. 17, 18; 28. 28. Ro. 15. 9-12. *his rest.* ch. 32. 17, 18; 66. 10-12. Ps. 91. 1, 4; 116. 7. Je. 6. 16. Hag. 2. 9. Mat. 11. 28-30. 2 Th. 1. 7-12. He. 4. 1, 9, etc. 1 Pe. 1. 7-9; 5. 10. *glorious. Heb.* glory. Ps. 149. 5.

11 *set his hand.* ch. 60-66. Le. 26. 40-42. De. 4. 27-31; 30. 3-6. Ps. 68. 22. Je. 23. 7, 8; 30. 8-11; 31. 36-40; 33. 24-26. Eze. 11. 16-20; 34. 23-28; 36. 24, etc.; ch. 37-48. Ho. 1. 11; 3. 4, 5. Joel ch. 3. Am. 9. 14, 15. Mi. 7. 14, 15. Zec. 10. 8-12; ch. 12-14. Ro. 11. 15, 26. 2 Co. 3. 16. *from Assyria.* ver. 16; ch. 27. 12, 13. Mi. 7. 12. *Egypt.* ch. 19. 23. Je. 44. 1. *Pathros.* Eze. 30. 14. *Cush.* ch. 45. 14. Ge. 10. 6, 7. *Elam.* Ge. 10. 22. Je. 25. 25. Da. 8. 2. *Shinar.* Ge. 10. 10; 11. 2. Zec. 5. 11. *Hamath.* ch. 10. 9. Je. 49. 23. Zec. 9. 2. *the islands.* ch. 24. 15; 42. 4; 66. 19. Ge. 10. 5. Je. 31. 10. Eze. 27. 6. Da. 11. 18. Zep. 2. 11.

12 *set up.* ver. 10; ch. 18. 3; 59. 19; 62. 10. Re. 5. 9. *shall assemble.* ch. 27. 13; 43. 6; 49. 11, 12; 56. 8. De. 32. 26. Ps. 68. 22; 147. 2. Zep. 3. 10. Jno. 7. 35. Ja. 1. 1. *corners. Heb.* wings.

13 *the envy.* ch. 7. 1-6. Je. 3. 18. Eze. 37. 16-24. Ho. 1. 11.

14 *the Philistines.* Ob. 19. Zep. 2. 5. Zec. 9. 5-7. *toward.* ch. 59. 19; 66. 19, 20. Mat. 8. 11. *spoil.* ch. 33. 1. Je. 49. 28. Eze. ch. 38; 39. *them of the east. Heb.* the children of the east. *they shall lay,* etc. *Heb.* Edom and Moab *shall be* the laying on of their hand; the children of Ammon their obedience. ch. 25. 10; 34. 5, 6; 60. 14. Nu. 24. 17. Da. 11. 41. Joel 3. 19. Am. 9. 12. Ob. 18.

15 *utterly.* ch. 50. 2; 51. 9, 10. Zec. 10. 11. *with his mighty.* Ex. 14. 21. *he shake.* ch. 19. 16. *shall smite.* ch. 19. 5-10. Ex. 7. 19-21. Ps. 74. 13-15. Eze. 29. 10; 30. 12. Re. 16. 12. *dryshod. Heb.* in shoes.

16 *And there shall.* ver. 11; ch. 19. 23; 27. 13; 35. 8-10; 40. 3, 4; 49. 12; 57. 14. *like as it was.* ch. 42. 15, 16; 48. 20, 21; 51. 10; 63. 12, 13. Ex. 14. 26-29.

## CHAP. XII.

*A joyful thanksgiving of the faithful for the mercies of God.*

1 *And in that.* ch. 2. 11; 11. 10, 11, 16; 14. 3; 26. 1; 27. 1-3, 12, 13; 35. 10. Zec. 14. 9, 20. *O Lord.* ch. 25. 1, 9; 49. 13; 60. 18, 19. Ps. 34. 1, etc.; 67. 1-4; 69. 34-36; 72. 15-19; 149. 6-9. Ro. 11. 15. Re. 15. 3, 4; 19. 1-7. *though.* ch. 10. 4, 25; 40. 1, 2; 51. 3; 54. 8; 57. 15-18; 66. 13. De. 30. 1-3. Ps. 30. 5; 85. 1-3. Je. 31. 18-20. Eze. 39. 24-29. Ho. 6. 1; 11. 8; 14. 4-9.

2 *God.* ch. 7. 14; 9. 6, 7; 45. 17, 22-25. Ps. 27. 1. Je. 3. 23; 23. 6. Jon. 2. 9. Mat. 1. 21-23. Lu. 2. 30-32. Ro. 1. 16. 1 Ti. 3. 16. Re. 7. 10. *the Lord.* ch. 26. 4. Ex. 15. 2. Ps. 83. 18; 118. 14. Ho. 1. 7.

3 *with joy.* ch. 49. 10; 55. 1-3. Ps. 36. 9. Ca. 2. 3. Je. 2. 13. Jno. 1. 16; 4. 10-14; 7. 37-39. Re. 7. 17; 22. 1, 17.

4 *in that day.* ver. 1. Ps. 106. 47, 48; 113. 1-3; 117. *call upon his name. or,* proclaim his name. Ex. 33. 19; 34. 5-7. 1 Ch. 16. 8. Ps. 105. 1. *declare.* ch. 66. 19. Ps. 9. 11; 22. 31; 40. 5; 71. 16-18; 73. 28; 96. 3; 107. 22; 145. 4-6. Je. 50. 2; 51. 9, 10. Jno. 17. 26. *his name.* ch. 2. 11, 17; 25. 1; 33. 5. Ex. 15. 2. 1 Ch. 29. 11. Ne. 9. 5. Ps. 18. 46; 21. 13; 34. 3; 46. 10; 57. 5; 97. 9; 113. 5. Phi. 2. 9-11.

5 *Sing.* Ex. 15. 1, 21. Ps. 68. 32-35; 98. 1; 105. 2. Re. 15. 3; 19. 1-3. *this is known.* ch. 40. 9. Ps. 72. 19. Hab. 2. 14. Re. 11. 15-17.

6 *Cry out.* ch. 40. 9; 52. 7-10; 54. 1. Zep. 3. 14. Lu. 19. 37-40. *thou.* ch. 10. 24; 30. 19; 33. 24. Zec. 8. 3-8. *inhabitant. Heb.* inhabitress. *great.* ch. 8. 18; 24. 23; 41. 14, 16. Ps. 9. 11; 68. 16; 71. 22; 89. 18; 132. 14. Eze. 43. 7; 48. 35. Zep. 2. 5; 3. 15-17. Zec. 2. 5, 10, 11.

## CHAP. XIII.

*God musters the armies of his wrath,* 1-5. *He threatens to destroy Babylon by the Medes,* 6-18. *The desolation of Babylon,* 19-22.

1 A.M. 3292. B.C. 712. *burden.* ch. 14. 28; 15. 1; 17. 1; 19. 1; 21. 1, 11, 13; 22. 1, 25; 23. 1. Je. 23. 33-38. Eze. 12. 10. Na. 1. 1. Hab. 1. 1. Zec. 9. 1; 12. 1. Mal. 1. 1. *of Babylon.* ch. 14. 4, etc.; 21. 1-10; 43. 14; 44. 1, 2; 47. 1, etc. Je. 25. 12-26; ch. 50; 51. Da. 5. 28-31, etc. Re. ch. 17; 18. *which Isaiah.* ch. 1. 1.

2 *Lift ye up.* ch. 5. 26; 11. 12; 18. 3. Je. 50. 2; 51. 27, 28. *upon the high.* Je. 51. 25. *shake.* ch. 10. 32; 11. 15. *go into.* ch. 45. 1-3. Je. 51. 58.

3 *commanded.* ch. 23. 11; 44. 27, 28; 45. 4, 5. Je. 50. 21, etc. *mighty ones.* Je. 51. 20-24. Joel 3. 11. Re. 17. 12-18. *them that.* Ezr. ch. 1; 6; 7. 12-26. Ps. 149. 2, 5-9. Re. 18. 4-8, 20-24; 19. 1-7.

4 *noise.* ch. 22. 1-9. Je. 50. 2, 3, 21, etc.; 51. 11, 27, 28. Eze. 38. 3-23. Joel 3. 14. Zec. 14. 1-3, 13, 14. Re. 19. 11-21. *like as. Heb.* the likeness of. Joel 2. 4-11. Re. 9. 7-19. *the Lord.* ch. 10. 5, 6; 45. 1, 2. Je. 50. 14, 15; 51. 6-25. Joel 2. 1-11, 25. Re. 18. 8.

5 *from a far.* ver. 17. Je. 50. 3, 9; 51. 11, 27, 28. Mat. 24. 31. *and the weapons.* Je. 51. 20, etc.

6 *Howl ye.* ch. 14. 31; 23. 1; 52. 5; 65. 14. Je. 25. 34; 49. 3; 51. 8. Eze. 21. 12; 30. 2. Joel 1. 5, 11, 13. Zep. 1. 14. Ja. 5. 1. Re. 18. 10. *for the day.* ver. 9; ch. 34. 8. Eze. 30. 3. Joel 2. 11, 31. Am. 5. 18. Zep. 1. 7; 2. 2, 3. Mal. 4. 5. 1 Th. 5. 2, 3. *as a.* Job 31. 23. Joel 1. 15.

7 *shall all.* ch. 10. 3, 4; 37. 27; 51. 20. Je. 50. 43. Eze. 7. 17; 21. 7. Na. 1. 6. *be faint. or,* fall down. *every.* ch. 19. 1. Ex. 15. 15. Na. 2. 10.

8 *pangs.* ch. 21. 3, 4; 26. 17. Ps. 48. 5, 6. Je. 30. 6; 50. 43. Da. 5. 5, 6. 1 Th. 5. 3. *be amazed one at another. Heb.* wonder every man at his neighbour. *flames. Heb.* faces of the flames. Joel 2. 6. Na. 2. 10.

9 *cruel.* ver. 15-18; ch. 47. 10-15. Je. 6. 22, 23; 50. 40-42; 51. 35-58. Na. 1. 2, 6. Mal. 4. 1. Re. 17. 16, 17; 18. 8; 19. 17-21. *he shall.* Ps. 104. 35. Pr. 2. 22.

10 ch. 5. 30; 24. 21, 23. Eze. 32. 7, 8. Joel 2. 10, 31; 3. 15. Am. 8. 9, 10. Zep. 1. 15, 16. Mat. 24. 29. Mar. 13. 24. Lu. 21. 25. Re. 6. 12-14; 8. 12.

11 *I will punish.* ch. 14. 21; 24. 4-6. Je. 51. 34-38. Re. 12. 9, 10; 18. 2, 3. *and I will cause.* ch. 2. 17; 5. 15; 14. 12-16. Je. 50. 29-32. Da. 5. 22, 23.

12 ver. 15-18; ch. 4. 1; 24. 6. Ps. 137. 9.

13 *I will.* Joel 3. 16. Hag. 2. 6, 7, 21, 22. Mat. 24. 29. He. 12. 26, 27. Re. 6. 13, 14. *the earth.* Je. 4. 23, 24. Mat. 24. 35. 2 Pe. 3. 10. Re. 20. 11. *in the wrath.* Ps. 110. 5, 6. La. 1. 12. Na. 1. 4-6.

14 *as the.* ch. 17. 13. 1 Ki. 22. 17, 36. *they shall.* ch. 47. 15. Je. 50. 16; 51. 9. Re. 18. 9, 10.

15 ch. 14. 19-22; 47. 9-14. Je. 50. 27, 35-42; 51. 3.

16 *children.* Ps. 137. 8, 9. Ho. 10. 14. Na. 3. 10. *and their.* La. 5. 11. Zec. 14. 2.

17 *I will.* ver. 3-5; ch. 21. 2; 41. 25. Je. 50. 9; 51. 11, 27, 28. Da. 5. 28-31. *shall not regard.* Pr. 6. 34, 35.

18 *shall dash.* ver. 16. 2 Ki. 8. 12. Ho. 13. 16. Na. 2. 1; 3. 10. *their eye.* 2 Ch. 36. 17. Eze. 9. 5, 6, 10.

19 *Babylon. Babylon,* whose destruction and utter ruin are here predicted, was situated in the midst of a large plain, having a very deep and fruitful soil, on the Euphrates, about 252 miles south-east of Palmyra, and the same distance north-west of Susa and the Persian gulf, in lat. 32° 30′ N. and long. 44° 20′ E. According to HERODOTUS, it formed a perfect square, each side of which was 120 stadia, and consequently its circumference 480 stadia, or sixty miles; inclosed by a wall 200 cubits high, and fifty wide, on the top of which were small watch towers of one story high, leaving a space between them, through which a chariot and four might pass and turn. On each side were twenty-five gates of solid brass; from each of which proceeded a street, 150 feet broad, making in all fifty streets; which, crossing each other at right angles, intersected the city into 676 squares, extending four

stadia and a half on each side, along which stood the houses, all built three or four stories high, and highly decorated towards the street; the interior of these squares being employed as gardens, pleasure grounds, etc. Its principal ornaments were the temple of Belus, having a tower of eight stories, upon a base of a quarter of a mile square; a most magnificent palace; and the famous hanging gardens, or artificial mountains raised upon arches, and planted with large and beautiful trees. Cyrus took it by diverting the waters of the Euphrates, which ran through the midst, and entering by the channel; and the river being never restored to its proper course, overflowed the whole country, and made it a morass. Darius Hystaspes afterwards depopulated the place, lowered the walls, and demolished the gates; Xerxes destroyed the temples; the building of Seleucia nearly exhausted it of its inhabitants; a king of the Parthians carried a number of them into slavery, and destroyed the most beautiful parts; so that modern travellers describe it as a mass of shapeless ruins, the habitation of wild beasts. ch. 14. 4-6, 12-15. Je. 51. 41. Da. 2. 37, 38; 4. 30. *when God overthrow. Heb.* the overthrowing of. Ge. 19. 24. De. 29. 23. Je. 49. 18; 50. 40. Zep. 2. 9.

20 ch. 14. 23. Je. 50. 3, 13, 21, 39, 45; 51. 25, 29, 43, 62-64. Re. 18. 21-23.

21 *But.* ch. 34. 11-15. Re. 18. 2. *wild beasts. Heb.* Ziim. *doleful creatures. Heb.* Ochim. *owls. or,* ostriches. *Heb.* daughters of the owl.

22 *the wild beasts. Heb.* Iim. *desolate houses. or,* palaces. *dragons.* ch. 35. 7. *her time.* De. 32. 35. Je. 51. 33. Eze. 7. 7-10. Hab. 2. 3. 2 Pe. 2. 3; 3. 9, 10.

## CHAP. XIV.

*God's merciful restoration of Israel,* 1, 2. *Their triumphant exultation over Babel,* 3-23. *God's purpose against Assyria,* 24-28. *Palestina is threatened,* 29-32.

1 *the Lord.* ch. 40. 1, 2; 44. 21, 22; 54. 7, 8. Le. 26. 40-45. De. 4. 29-31. Ne. 1. 8, 9. Ps. 98. 3; 102. 13; 136. 10-24; 143. 12. Je. 50. 4-6, 17-20, 33; 51. 4-6, 34-37. Lu. 1. 54, 72-74. *choose.* ch. 27. 6. Zec. 1. 17; 2. 12. *set.* De. 30. 3-5. Je. 24. 6, 7; 29. 14; 30. 18-22; 31. 8-12; 32. 37-41. Eze. 36. 24-28; 39. 25-29. *the strangers.* ch. 19. 24, 25; 49. 16-23; 56. 6-8; 60. 3-5; 66. 20. Ru. 1. 14-18. Es. 8. 17. Je. 12. 15, 16. Zec. 2. 11; 8. 22, 23. Mal. 1. 11. Lu. 2. 32. Ac. 15. 14-17. Ep. 2. 12-19.

2 *and the house.* ch. 18. 7; 60. 9-12; 61. 5. Ezr. 2. 65. Ro. 15. 27. 2 Co. 8. 4, 5. Ga. 5. 13. *and they.* Ps. 68. 18. 2 Co. 10. 5. Ep. 4. 8. *whose captives they were. Heb.* that had taken them captives. *they shall rule over.* ch. 60. 14. Je. 30. 16. Da. 7. 18, 25-27. Zec. 14. 2, 3. Re. 3. 9; 11. 11-18; 18. 20-24.

3 ch. 12. 1; 32. 18. De. 28. 48, 65-68. Ezr. 9. 8, 9. Je. 30. 10; 46. 27, 28; 50. 34. Eze. 28. 24. Zec. 8. 2, 8. Re. 18. 20; 19. 1-3.

4 *proverb. or,* taunting speech. Je. 24. 9. Eze. 5. 15. Hab. 2. 6. *How.* ver. 6, 17; ch. 47. 5; 49. 26; 51. 23. Je. 25. 9-14; 27. 6, 7; 50. 22, 23; 51. 20-24, 34, 35. Da. 7. 19-25. Hab. 1. 2-10; 2. 6-12, 17. Re. 13. 15-17; 16. 5, 6; 17. 6; 18. 5-8, 20. *golden city. or,* exactress of gold. ch. 13. 19; 45. 2, 3. 2 Ch. 36. 18. La. 4. 1. Da. 2. 38. Re. 18. 16.

5 ver. 29; ch. 9. 4; 10. 5. Ps. 125. 3. Je. 48. 15-17.

6 *who smote.* ch. 33. 1; 47. 6. 2 Ch. 36. 17. Je. 25. 9. Da. 7. 19-21. Ja. 2. 13. *continual stroke. Heb.* a stroke without removing. *is persecuted.* ch. 13. 14-18; 21. 1-10; 47. 1, etc. Je. 25. 26; 50. 31. Re. 17. 16, 17; 18. 8-10. *and none.* ch. 46. 10, 11. Job 9. 13. Pr. 21. 30. Da. 4. 35.

7 *they.* ch. 49. 13. Ps. 96. 11-13; 98. 7-9; 126. 1-3. Pr. 11. 10. Je. 51. 48. Re. 18. 20; 19. 1-6.

8 ch. 55. 12, 13. Eze. 31. 16. Zec. 11. 2.

9 *Hell. or,* The grave. *from.* Pr. 15. 24. *is moved.* Eze. 32. 21-32. *chief ones. Heb.* leaders, *or,* great goats. Je. 50. 8.

10 *Art thou also.* Ps. 49. 6-14, 20; 82. 6, 7. Ec. 2. 16. Lu. 16. 20-23.

11 *pomp.* ch. 21. 4, 5; 22. 2. Job 21. 11-15. Eze. 26. 13; 32. 19, 20. Da. 5. 1-4, 25-30. Am. 6. 3-7. Re. 18. 11-19. *the worm.* ch. 66. 24. Job 17. 13, 14; 24. 19, 20. Mar. 9. 43-48.

12 *How art thou fallen.* ch. 13. 10; 34. 4. Eze. 28. 13-17. Lu. 10. 18. 2 Pe. 2. 4. Re. 12. 7-10. *Lucifer. or,* day-star. 2 Pe. 1. 19. Re. 2. 28; 22. 16. *weaken.* ver. 4-6. Je. 50. 23; 51. 20-24.

13 *thou.* ch. 47. 7-10. Eze. 27. 3; 28. 2; 29. 3. Da. 4. 30, 31. Zep. 2. 15. Re. 18. 7, 8. *I will ascend.* Eze. 28. 9, 12-16. Da. 8. 10-12. *the mount.* ch. 2. 2. Ps. 48. 2.

14 *ascend.* ch. 37. 23, 24. *I will be.* ch. 47. 8. Ge. 3. 5. 2 Th. 2. 4.

15 *thou.* ver. 3-11. Eze. 28. 8, 9. Mat. 11. 23. Ac. 12. 22, 23. Re. 19. 20. *to the.* Eze. 32. 23.

16 *shall narrowly.* Ps. 58. 10, 11; 64. 9. *Is this.* ver. 4, 5. Ps. 52. 7. Je. 50. 23; 51. 20-23.

17 *made.* ch. 13. 19-22; 64. 10. Eze. 6. 14. Joel 2. 3. Zep. 2. 13, 14. *opened not the house of his prisoners. or,* did not let his prisoners loose homewards. ch. 45. 13; 58. 6. 2 Ch. 28. 8-15. Ezr. 1. 2-4.

18 *all of.* ch. 22. 16. 2 Ch. 24. 16, 25. Ec. 6. 3. Eze. 32. 18, etc. *house.* Job 30. 23. Ec. 12. 5.

19 *thou.* The prophet having briefly set forth, in the beginning of this chapter, the deliverance of Judah from captivity, in consequence of the destruction of Babylon, then introduces this triumphant song, the beauties of which are excellently illustrated by Bp. LOWTH. 1 Ki. 21. 19, 24. 2 Ki. 9. 25, 34-36. Je. 8. 1, 2; 16. 6; 22. 19. *go.* Je. 41. 7, 9. Eze. 32. 23.

20 *the seed.* ch. 13. 15-19. Job 18. 16, 19. Ps. 21. 10. 37. 28; 109. 13; 137. 8, 9.

21 *slaughter.* Ex. 20. 5. Le. 26. 39. Mat. 23. 35. *do not.* ch. 27. 6. Hab. 2. 8-12.

22 *I will.* ch. 13. 5; 21. 9; 43. 14; 47. 9-14. Je. 50. 26, 27, 29-35; 51. 3, 4, 56, 57. *the name.* Job 18. 16-19. Pr. 10. 7. Je. 51. 62-64. *remnant.* 1 Ki. 14. 10.

23 *make.* ch. 13. 21, 22; 34. 11-15. Je. 50. 39, 40; 51. 42, 43. Zep. 2. 14. Re. 14. 8; 18. 2, 21-23. *I will sweep.* 1 Ki. 14. 10. 2 Ki. 21. 13. Je. 51. 25, 26.

24 *Lord.* Ex. 17. 16. Ps. 110. 4. Je. 44. 26. Am. 8. 7. He. 4. 3; 6. 16-18. *Surely.* ch. 46. 10, 11. Job 23. 13. Ps. 33. 10; 92. 5. Pr. 19. 21; 21. 30. Je. 23. 20; 29. 11. La. 3. 37. Mat. 11. 25. Ac. 4. 28. Ep. 1. 9.

25 *I will.* ch. 9. 4; 10. 16-19, 32-34; 17. 12-14; 30. 30-33; 31. 8, 9; 37. 36-38. Eze. 39. 4. *then.* ver. 5; ch. 10. 24-27. Na. 1. 13.

26 ch. 5. 25. Zep. 3. 6-8.

27 *the Lord.* ch. 23. 9; 43. 13; 46. 11. Job 40. 8. Je. 4. 28; 51. 59. Ro. 8. 28, 31. *his.* ch. 9. 12. 2 Ch. 20. 6. Job 9. 12; 23. 13. Ps. 33. 11. Pr. 19. 21; 21. 30. Da. 4. 31-35.

28 A.M. 3278. B.C. 726. ch. 6. 1. 2 Ki. 16. 20. 2 Ch. 28. 27.

29 *Rejoice.* Pr. 24. 17. Eze. 26. 2; 35. 15. Ho. 9. 1. Ob. 12. Mi. 7. 8. Zep. 3. 11. *whole.* Jos. 13. 3. 1 Sa. 6. 17, 18. *because.* 2 Ch. 26. 6; 28. 18. *for.* 2 Ki. 18. 8. *cockatrice. or,* adder. ch. 11. 8. *a fiery.* ch. 30. 6.

30 *the firstborn.* Job 18. 13. *the poor.* ch. 5. 17; 7. 21, 22; 30. 23, 24; 33. 16; 37. 30; 65. 13, 14. *and I.* Je. ch. 47. Eze. 25. 15-17. Joel 3. 4-8. Am. 1. 6-8. Zep. 2. 4-7. Zec. 9. 5-7.

31 *Howl.* ch. 13. 6; 16. 7. *for.* ch. 20. 1. Je. 1. 14; 25. 16-20. *none shall be alone. or, he shall* not *be* alone. *appointed times. or,* assemblies.

32 *shall one.* ch. 39. 1. 2 Sa. 8. 10. 2 Ki. 20. 12, etc. *the Lord.* ch. 12. 6; 37. 32. Ps. 87. 1, 5; 102. 16, 28; 132. 13, 14. Mat. 16. 18. *and the.* ch. 11. 4; 25. 4. Zep. 3. 12. Zec. 11. 7, 11. Ja. 2. 5. *trust in it. or,* betake themselves unto it. Pr. 18. 10. Mat. 24. 15, 16. He. 12. 22.

## CHAP. XV.

*The lamentable state of Moab.*

1 *burden.* This and the following chapter form one entire prophecy; which was most probably delivered, as Bp. LOWTH supposes, soon after the foregoing, (ch. 14. 28-32,) in the first year of Hezekiah, and accomplished in his fourth year when Shalmaneser invaded Israel. ch. 13. 1; 14. 28. *Moab.* ch. 11. 14; 25. 10. Je. 9. 26. ch. 48. Eze. 25. 8-11. Am. 2. 1-3. Zep. 2. 8-11. *in the.* Ex. 12. 29, 30. 1 Th. 5. 1-3. *Ar.* Nu. 21. 28. De. 2. 9, 18. *brought to silence. or,* cut off. *Kir.* ch. 16. 7, Kir-hareseth. ver. 11, Kir-haresh. 2 Ki. 3. 25, Kir-haraseth. Je. 48. 31, 36, Kir-heres.

2 *is gone.* ch. 16. 12. Jos. 13. 17. Je. 48. 18, 22, 23. *Moab.* ver. 3; ch. 14. 31; 16. 7. Je. 48. 31, 39. *Nebo.* Nu. 32. 3, 38. De. 34. 1. Je. 48. 1. *Medeba.* Nu. 21. 30. Jos. 13. 16. *all.* ch. 3. 24; 22. 12. Le. 19. 27, 28; 21. 5. De. 14. 1. Job 1. 20. Je. 7. 29; 47. 5; 48. 1, 37, 38. Eze. 7. 18.

3 *their streets.* 2 Sa. 3. 31. 2 Ki. 6. 30. Jon. 3. 6-8. Mat. 11. 21. *on the.* ver. 2; ch. 22. 1. De. 22. 8. Je. 19. 13; 48. 38, 39. *weeping abundantly. Heb.* descending into weeping; *or,* coming down with weeping. ver. 5.

4 *Heshbon.* ch. 16. 8, 9. Nu. 32. 3, 4. Je. 48. 34. *Jahaz.*

Nu. 21. 23. De. 2. 32. Jos. 13. 18. Ju. 11. 20. *his.* Ge. 27. 46. Nu. 11. 15. 1 Ki. 19. 4. Job 3. 20-22; 7. 15, 16. Je. 8. 3; 20. 18. Jon. 4. 3, 8. Re. 9. 6.

5 *My heart.* ch. 16. 9-11. Je. 8. 18, 19; 9. 10, 18, 19; 13. 17; 17. 16; 48. 31-36. Lu. 19. 41-44. Ro. 9. 1-3. *his fugitives,* etc. *or,* to the borders thereof, even *as* an heifer. *Zoar.* Ge. 13. 10; 14. 2; 19. 22. *three.* ch. 16. 14. Je. 48. 34. *the mounting.* Je. 48. 5, 34. *with.* 2 Sa. 15. 23, 30. *destruction. Heb.* breaking. ch. 22. 5. Je. 4. 20.

6 *Nimrim.* Nu. 32. 3, 36, Nimrah. Beth-nimrah. Jos. 13. 27, Beth-nimrah. *desolate. Heb.* desolations. *the grass.* ch. 16. 9, 10. Joel 1. 10-12. Hab. 3. 17, 18. Re. 8. 7.

7 *the abundance.* ch. 5. 29; 10. 6, 14. Na. 2. 12, 13. *to the.* Ps. 137. 1, 2. *brook of the willows. or,* valley of the Arabians.

8 *the cry.* ver. 2-5. Je. 48. 20-24, 31-34. *Eglaim.* Eze. 47. 10, En-eglaim. *Eglaim* is called *Agallim* by EUSEBIUS, who places it eight miles south from Ar or Areopolis.

9 *Dimon.* Some have *Dibon;* and JEROME says that the same town was called both *Dibon* and *Dimon. more. Heb.* additions. Le. 26. 18, 21, 24, 28. Je. 48. 43-45. *lions.* Le. 26. 22. 2 Ki. 17. 25. Je. 15. 3. Am. 5. 19. *him.* Bp. LOWTH, upon the authority of the LXX., renders, 'upon the escaped of Moab, and Ariel, and the remnant of Admah.'

## CHAP. XVI.

*Moab is exhorted to yield obedience to the throne of David,* 1-5. *Moab is threatened for her pride,* 6-8. *The prophet bewails her,* 9-11. *The judgment of Moab,* 12-14.

1 *the lamb.* 2 Sa. 8. 2. 2 Ki. 3. 4. Ezr. 7. 17. *from.* 2 Ki. 14. 7. *Sela. or,* Petra. *Heb.* a rock. *the mount.* ch. 10. 32. Mi. 4. 8.

2 *as.* ch. 13. 14. Pr. 27. 8. *cast out of the nest. or,* a nest forsaken. *the fords.* Nu. 21. 13-15. De. 2. 36; 3. 8, 12. Jos. 13. 16. Ju. 11. 18.

3 *Take. Heb.* Bring. *execute.* ch. 1. 17. Ps. 82. 3, 4. Je. 21. 12; 22. 3. Eze. 45. 9-12. Da. 4. 27. Zec. 7. 9. *make.* ch. 9. 6; 25. 4; 32. 2. Ju. 9. 15. Jon. 4. 5-8. *hide.* ch. 56. 8. Ob. 12-14. Mat. 25. 35. He. 13. 2.

4 *mine.* De. 23. 15, 16; 24. 14. Je. 21. 12. *for.* ch. 14. 4; 33. 1; 51. 13. Je. 48. 8, 18. Zec. 9. 8. *extortioner. Heb.* wringer. *oppressors. Heb.* treaders down. ch. 15. 6; 25. 10. Zec. 10. 5. Mal. 4. 3. Lu. 21. 24. Ro. 16. 20. Re. 11. 2.

5 *in mercy.* Ps. 61. 6, 7; 85. 10; 89. 1, 2, 14. Pr. 20. 28; 29. 14. Lu. 69-75. *established. or,* prepared. *in the.* ch. 9. 6, 7. 2 Sa. 5. 9; 7. 16. Je. 23. 5, 6. Da. 7. 14, 27. Am. 9. 11. Mi. 4. 7. Lu. 1. 31-33. Ac. 15. 16, 17. *judging.* ch. 11. 1-5; 32. 1, 2. 2 Sa. 23. 3. 1 Ki. 10. 9. 2 Ch. 31. 20. Ps. 72. 2-4; 96. 13; 98. 9; 99. 4. Zec. 9. 9. He. 1. 8, 9. *hasting.* 2 Pe. 3. 11, 12.

6 *have.* ch. 2. 11. Je. 48. 26, 29, 30, 42. Am. 2. 1. Ob. 3, 4. Zep. 2. 9, 10. 1 Pe. 5. 5. *but.* ch. 28. 15, 18; 44. 25. Je. 50. 36.

7 *shall Moab.* ch. 15. 2-5. Je. 48. 20. *Kir-hareseth.* ver. 11; ch. 15. 1. 2 Ki. 3. 25. *mourn. or,* mutter. ch. 8. 19.

8 *the fields.* ch. 15. 4; 24. 7. 2 Sa. 1. 21. *the vine.* ver. 9. Nu. 32. 38, Shibmah. Jos. 13. 19. *the lords.* ch. 10. 7. Je. 27. 6, 7. *Jazer.* Nu. 32. 3. Jos. 13. 25. *stretched out. or,* plucked up.

9 *I will bewail.* ch. 15. 5. Je. 48. 32-34. *O Heshbon.* ch. 15. 4. *for.* ch. 9. 3. Ju. 9. 27. Je. 40. 10, 12. *the shouting for. or,* the alarm is fallen upon, etc.

10 ch. 24. 8, 9; 32. 10. Je. 48. 33. Am. 5. 11, 17. Hab. 3. 17, 18. Zep. 1. 13.

11 *my.* ch. 15. 5; 63. 15. Je. 4. 19; 31. 20; 48. 36. Ho. 11. 8. Phi. 2. 1. *Kir-haresh.* ver. 7. Kir-hareseth.

12 *when.* ch. 15. 2; 26. 16. Nu. 22. 39, 41; 23. 1-3, 14, 28; 24. 17. Pr. 1. 28. Je. 48. 35. *he shall.* ch. 37. 38. 1 Ki. 11. 7. 2 Ki. 3. 27. Je. 48. 7, 13, 46. *but.* ch. 47. 13. 2 Ki. 19. 12, 16-19. Ps. 115. 3-7. Je. 10. 5.

13 *since.* ch. 44. 8.

14 *three.* ch. 7. 16; 15. 5; 21. 16. De. 15. 8. *the glory.* ch. 17. 4; 23. 9. Ge. 31. 1. Es. 5. 11. Je. 9. 23. Na. 2. 9, 10. *and the remnant.* Je. 48. 46, 47. *feeble. or,* not many.

## CHAP. XVII.

*Syria and Israel are threatened,* 1-5. *A remnant shall forsake idolatry,* 6-8. *The rest shall be plagued for their impiety,* 9-11. *The woe of Israel's enemies,* 12-14.

1 A.M. cir. 3263. B.C. cir. 741. *burden.* ch. 15. 1; 19. 1. *Damascus.* ch. 7. 8. Ge. 14. 15; 15. 2. 1 Ki. 11. 24. 1 Ch. 18. 5. 2 Ch. 28. 5, 23. Je. 49. 23-27. Am. 1. 3-5. Zec. 9. 1. Ac. 9. 2. *Damascus is.* ch. 8. 4; 10. 9. 2 Ki. 16. 9. *a ruinous.* ch. 25. 2; 37. 26. Je. 49. 2. Mi. 1. 6; 3. 12.

2 *Aroer.* Nu. 32. 34. De. 2. 36; 3. 12. Jos. 13. 16. Je. 48. 19. *they shall.* ch. 5. 17; 7. 23-25. Eze. 25. 5. Zep. 2. 6. *none.* Je. 7. 33.

3 *fortress.* ch. 7. 8, 16; 8. 4; 10. 9. 2 Ki. 16. 9; 17. 6. Ho. 1. 4, 6; 3. 4; 5. 13, 14; 8. 8; 9. 16, 17; 10. 14; 13. 7, 8, 15, 16. Am. 2. 6-9; 3. 9-15; 5. 25-27; 6. 7-11; 8. 14; 9. 1-10. Mi. 1. 4-9. *they shall.* ch. 16. 14; 28. 1-4. Ho. 9. 11.

4 *the glory.* ch. 9. 8, 21; 10. 4. *the fatness.* ch. 10. 16; 24. 13, 16. De. 32. 15-27. Eze. 34. 20. Zep. 2. 11, marg.

5 *as when.* Je. 9. 22; 51. 33. Ho. 6. 11. Joel 3. 13. Mat. 13. 30, 39-42. Re. 14. 15-20. *the valley.* Jos. 15. 8; 18. 16, the valley of the giants. 2 Sa. 5. 18, 22.

6 ch. 1. 9; 10. 22; 24. 13. De. 4. 27. Ju. 8. 2. 1 Ki. 19. 18. Eze. 36. 8-15; 37. 19-25; 39. 29. Ob. 5. Mi. 7. 1. Ro. 9. 27; 11. 4-6, 26.

7 ch. 10. 20, 21; 19. 22; 22. 11; 24. 14, 15; 29. 18, 19, 24. Ju. 10. 15, 16. 2 Ch. 30. 10, 11, 18-20; 31. 1; 35. 17, 18. Je. 3. 12-14, 18-23; 31. 4-10. Ho. 3. 5; 6. 1; 14. 1-3. Mi. 7. 7.

8 *he shall.* ch. 1. 29; 2. 18-21; 27. 9; 30. 22. 2 Ch. 34. 6, 7. Eze. 36. 25. Ho. 14. 8. Zep. 1. 3. Zec. 13. 2. *the work.* ch. 2. 8; 31. 6, 7; 44. 15, 19, 20. Ho. 8. 4-6; 10. 1, 2; 13. 1, 2. Mi. 5. 13, 14. *images. or,* sun-images. 2 Ch. 14. 5; 34. 4, marg.

9 ver. 4, 5; ch. 6. 11-13; 7. 16-20; 9. 9-12; 24. 1-12; 27. 10; 28. 1-4. Ho. 10. 14; 13. 15, 16. Am. 3. 11-15; 7. 9. Mi. 5. 11; 6. 16; 7. 13.

10 *thou hast.* ch. 51. 13. De. 6. 12; 8. 11, 14, 19. Ps. 9. 17; 106. 13, 21. Je. 2. 32; 17. 13. Ho. 2. 13, 14; 4. 6. 8. 14; 13. 6, 7. *the God.* ch. 12. 2. 1 Ch. 16. 35. Ps. 65. 5; 68. 19, 20; 79. 9; 85. 4. Hab. 3. 18. *the rock.* ch. 26. 4. De. 32. 4, 15. Ps. 18. 2; 31. 2. *shalt thou.* ch. 65. 21, 22. Le. 26. 16, 20. De. 28. 30, 38-42. Je. 12. 13. Am. 5. 11. Zep. 1. 13.

11 *the harvest.* ch. 18. 5, 6. Job 4. 8. Je. 5. 31. Ho. 8. 7; 9. 1-4, 16; 10. 12-15. Joel 1. 5-12. Ga. 6. 7, 8. *a heap in the day of grief and of desperate sorrow. or,* removed in the day of inheritance, and *there shall be* deadly sorrow. ch. 65. 13, 14. Mat. 8. 11, 12. Ro. 2. 5, 8, 9.

12 *multitude. or,* noise. ch. 9. 5. *make a noise.* ch. 5. 26-30; 8. 7, 8; 28. 17. Ps. 18. 4; 46. 1-3; 65. 6, 7; 93. 3, 4. Je. 6. 23. Eze. 43. 2. Lu. 21. 25. *mighty. or,* many. Ps. 29. 3. Re. 17. 1, 15.

13 *but.* ch. 10. 15, 16, 33, 34; 14. 25; 25. 4, 5; 27. 1; 30. 30-33; 31. 8, 9; 33. 1-3, 9-12; 37. 29-38. Ps. 9. 5; 46. 5-11. *rebuke.* Job 38. 11. Mar. 4. 39-41. *shall be.* ch. 29. 5; 41. 15, 16. Job 21. 18. Ps. 1. 4; 35. 5; 83. 13-15. Da. 2. 35. Ho. 13. 3. *a rolling thing. or,* thistle-down.

14 *at evening-tide.* ch. 10. 28-32. 2 Ki. 19. 3, 35. Ps. 37. 36. *the portion.* ch. 33. 1. Ju. 5. 31. Job 20. 29. Pr. 22. 23. Je. 2. 3; 13. 25. Eze. 39. 10. Hab. 2. 16, 17. Zep. 2. 9, 10.

## CHAP. XVIII.

*God, in care of his people, will destroy the Ethiopians,* 1-6. *An accession thereby shall be made to the church,* 7.

1 A.M. cir. 3290. B.C. cir. 714. *Woe.* Bp. LOWTH renders, after BOCHART, 'Ho! to the land of the winged cymbal;' which he thinks is a periphrasis for the Egyptian sistrum; and consequently, that Egypt, 'which borders on the rivers of Cush,' is the country to which the prophecy is addressed. If we translate 'shadowing with wings,' it may allude to the multitude of its vessels, whose *sails* may be represented under the notion of *wings. the land.* ch. 20. 3-6; 30. 2, 3; 31. 1. *shadowing.* Ru. 2. 12. Ps. 17. 8; 36. 7; 57. 1; 61. 4; 63. 7; 91. 4. Mat. 23. 37. *which.* 2 Ki. 19. 9. Eze. 30. 4, 5. Zep. 2. 12; 3. 10.

2 *sendeth.* ch. 30. 2-4. Eze. 30. 9. *vessels.* It is well known that the Egyptians commonly used on the Nile a light sort of ships or boats made of the papyrus. See Note on Ex. 2. 3. *to a nation.* ver. 7. *scattered and peeled. or,* outspread and polished. Or, as Bp. LOWTH renders, 'stretched out in length and smoothed.' *Egypt,* which is situated between 24° and 32° N. lat. and 30° and 33° E. long., being bounded on the south by Ethiopia, on the north by the Mediterranean, on the east by the mountains of Arabia, and on the west by those of Lybia, is one long vale, 750 miles in length, (through the middle of which runs the Nile,) in breadth from one to two or three day's journey, and even at the widest part of the Delta, from Pelusium to Alexandria, not above 250 miles broad. *to a people.* Ge. 10. 8, 9. 2 Ch. 12. 2-4.

14. 9; 16. 8. Heb. *meted out and trodden down. or,* that meteth out and treadeth down. *Heb.* of line, line, and treading under foot. This is an allusion to the frequent necessity of having recourse to mensuration in Egypt, in order to determine their boundaries, after the inundation of the Nile had *smoothed* their land and effaced their landmarks; and to their method of throwing seed upon the mud, when the waters had subsided, and treading it in by turning their cattle into the fields. *have spoiled. or,* despise. ch. 19. 5-7.

3 *All ye.* ch. 1. 2. Ps. 49. 1, 2; 50. 1. Je. 22. 29. Mi. 6. 2. *see ye.* ch. 5. 26; 7. 18; 13. 2, 4; 26. 11. Am. 3. 6-8. Mi. 6. 9. Zec. 9. 14. Mat. 13. 9, 16.

4 *I will.* ch. 26. 21. Ps. 132. 13, 14. Ho. 5. 15. *consider in my dwelling place. or,* regard my set dwelling. ver. 7; ch. 12. 6; 14. 32; 31. 9; 46. 13. Joel 3. 17. *like a clear.* 2 Sa. 23. 4. Ps. 72. 6. *upon herbs. or,* after rain.

5 See on ch. 17. 11. Ca. 2. 13, 15. Eze. 17. 6-10.

6 ch. 14. 19; 34. 1-7. Je. 7. 33; 15. 3. Eze. 32. 4-6; 39. 17-20. Re. 19. 17, 18.

7 *shall the.* ch. 16. 1; 23. 17, 18; 45. 14. 2 Ch. 32. 23. Ps. 68. 29-31; 72. 9-15. Zep. 3. 10. Mal. 1. 11. Mat. 2. 11. Ac. 8. 27, 28. *scattered and peeled. or,* outspread and polished. ver. 2. *to the.* ver. 4; ch. 60. 6-9. Mi. 4. 13. Zec. 14. 16, 17.

## CHAP. XIX.

*The confusion of Egypt,* 1-10. *The foolishness of their princes,* 11-17. *The calling of Egypt into the church,* 18-22. *The covenant of Egypt, Assyria, and Israel,* 23-25.

1 *Egypt.* Je. 25. 19; 43. 8-13; 44. 29, 30; ch. 46. Eze. ch. 29-32. Joel 3. 19. Zec. 10. 11; 14. 18. *rideth.* De. 33. 26. Ps. 18. 10-12; 68. 4, 33, 34; 104. 34. Mat. 26. 64, 65. Re. 1. 7. *the idols.* ch. 21. 9; 46. 1, 2. Ex. 12. 12. 1 Sa. 5. 2-4. Je. 43. 12; 46. 25; 50. 2; 51. 44. Eze. 30. 13. *the heart.* ver. 16. Ex. 15. 14-16. Jos. 2. 9, 11, 24. Je. 46. 5, 15, 16.

2 *I will.* ver. 13, 14; ch. 9. 21. Ju. 7. 22; 9. 23. 1 Sa. 14. 16, 20. 2 Ch. 20. 22, 23. Eze. 38. 21. Mat. 12. 25. Re. 17. 12-17. *set. Heb.* mingle.

3 *the spirit.* This is a prophecy of what took place in Egypt about twenty-two years after the destruction of Sennacherib's army; when, upon the death of Tirhakah, (B.C. 688,) not being able to settle about the succession, they continued for two years in a state of anarchy, confusion, and civil wars; which was followed by the tyranny of twelve princes, who, dividing the country among them, governed it for fifteen years; and at last, by the sole dominion of Psammiticus, which he held for fifty-four years. See on ver. 1, 11-13; ch. 57. 16. 1 Sa. 25. 37. Ps. 76. 12. Je. 46. 15. Eze. 21. 7; 22. 14. *fail. Heb.* be emptied. *and I.* ch. 14. 27. 2 Sa. 15. 31; 17. 14, 23. 2 Ch. 25. 16-20. Job 5. 12, 13. Pr. 21. 30. 1 Co. 3. 19, 20. *destroy. Heb.* swallow up. Ps. 107. 27, marg. *and they.* ch. 8. 19; 15. 2; 44. 25; 47. 12. 1 Ch. 10. 13. Da. 2. 2; 4. 6, 7; 5. 7.

4 *give over. or,* shut up. 1 Sa. 23. 7. Ps. 31. 8. *a cruel lord.* Rather, 'cruel lords,' agreeably to the LXX., Syriac, Vulgate, and the original, *adonim kasheh.* Nebuchadnezzar, who first conquered and ravaged Egypt, B. C. 573, and the following year; and then, not only his successors, but Cambyses, (who invaded Egypt, B. C. 526,) the son of Cyrus, and the whole succession of Persian kings till the time of Alexander, who were in general hard masters, and grievously oppressed the country. ver. 2; ch. 20. 4. Je. 46. 26. Eze. 29. 19.

5 Je. 51. 36. Eze. 30. 12. Zec. 10. 11; 14. 18.

6 *and the.* ch. 37. 25. 2 Ki. 19. 24. *the reeds.* ch. 18. 2. Ex. 2. 3. Job 8. 11.

7 *every.* ch. 32. 20. Je. 14. 4. Eze. 19. 13. Joel 1. 17, 18. *be no more. Heb.* shall not be.

8 Ex. 7. 21. Nu. 11. 5. Eze. 47. 10. Hab. 1. 15.

9 *work.* 1 Ki. 10. 28. Pr. 7. 16. Eze. 27. 7. *net works. or,* white works.

10 *purposes. Heb.* foundations. *make.* Ex. 7. 19; 8. 5. De. 11. 10. *for fish. or,* of living things.

11 *the princes.* ver. 3, 13; ch. 29. 14; 44. 25. Job 5. 12, 13; 12. 17. Ps. 33. 10. Je. 49. 7. Eze. 7. 26. 1 Co. 1. 19, 20. *Zoan.* ch. 30. 4. Nu. 13. 22. Ps. 78. 12, 43. Eze. 30. 14. *brutish.* Ps. 73. 22; 92. 6. Pr. 30. 2. Je. 10. 14, 21. *I am.* Ge. 41. 38, 39. 1 Ki. 4. 30. Ac. 7. 22.

12 *where are thy.* ch. 5. 21; 47. 10-13. Ju. 9. 38. Je. 2. 28. 1 Co. 1. 20. *let them.* ch. 40. 13, 14; 41. 22, 23; 44. 7. Job 11. 6, 7. Ro. 11. 33, 34.

13 *princes of Zoan.* See on ver. 11. Ro. 1. 22. *Noph.* Je. 2. 16; 46. 14, 19. Eze. 30. 13. *stay. or,* governors. *Heb.* corners. Nu. 24. 17. 1 Sa. 14. 38, marg. Zec. 10. 4. 1 Pe. 2. 7.

14 *hath mingled.* See on ver. 2; ch. 29. 10, 14; 47. 10, 11. 1 Ki. 22. 20-23. Job 12. 16. Eze. 14. 7-9. 2 Th. 2. 11. *perverse spirit. Heb.* spirit of perverseness. *as a.* ch. 28. 7, 8; 29. 9. Job 12. 25. Je. 25. 15, 16, 27; 48. 26.

15 ch. 9. 14, 15. Ps. 128. 2. Pr. 14. 23. Hab. 3. 17. Hag. 1. 11. 1 Th. 4. 11, 12.

16 *like.* ch. 30. 17. Ps. 48. 6. Je. 30. 5-7; 50. 37; 51. 30. Na. 3. 13. *the shaking.* ch. 10. 32; 11. 15; 30. 30-32. Zec. 2. 9.

17 *the land.* ch. 36. 1. Je. 25. 19, 27-31; 43. 8-13; 44. 28-30. Eze. 29. 6, 7. *because.* ch. 14. 24, 26, 27; 20. 2-5; 46. 10, 11. Da. 4. 35.

18 *that day.* ver. 19, 21; ch. 2. 11. Zec. 2. 11. *shall five.* ch. 11. 11; 27. 13. Ps. 68. 31. *speak.* Zep. 3. 9. *language. Heb.* lip. Ge. 11. 1. *and swear.* ch. 45. 23, 24. De. 10. 20. Ne. 10. 29. Je. 12. 16. *destruction. Heb.* Heres, *or,* the sun. Instead of *heres,* 'destruction,' which is also the reading of AQUILA, THEODOTION, and the Syriac, fifteen MSS. and seven editions have *cheres,* 'the sun;' agreeably to SYMMACHUS, the Arabic, and Vulgate; while the Chaldee takes in both readings; and the LXX. reads πολις ασεδεκ, 'the city of righteousness,' a name apparently contrived by the party of ONIAS, to give credit to his temple. As, however, *heres* in Arabic signifies a *lion,* CONRAD IKENIUS is of opinion that the place here mentioned is not Heliopolis, as is commonly supposed, but Leontopolis in the Heliopolitan nome, as it is termed in the letter of Onias to Ptolemy. The whole passage, from this verse to the end, contains a general intimation of the propagation of the knowledge of the true God in Egypt and Syria, under the successors of Alexander, and the early reception of the gospel in the same countries.

19 ch. 66. 23. Ge. 12. 7; 28. 18. Ex. 24. 4. Jos. 22. 10, 26. Zec. 6. 15. He. 13. 10.

20 *for a.* ch. 55. 13. Jos. 4. 20, 21; 22. 27, 28, 34; 24. 26, 27. *they shall.* ver. 4; ch. 20. 4; 52. 5. Ex. 2. 23; 3. 7. 2 Ki. 13. 4, 5. Ps. 50. 15. Ja. 5. 4. *he shall send.* ch. 37. 36; 45. 21, 22. Lu. 2. 11. Tit. 2. 13.

21 *Lord shall.* ch. 11. 9; 37. 20; 55. 5. 1 Sa. 18. 46. 1 Ki. 8. 43. Ps. 67. 2; 98. 2, 3. Hab. 2. 14. Jno. 17. 3. Ga. 4. 8, 9. *and shall.* Zep. 3. 10. Mal. 1. 11. Jno. 4. 21-24. Ro. 15. 27, 28. 1 Pe. 2. 5, 9. *shall vow.* ch. 44. 5. Ec. 5. 4. Jon. 1. 16.

22 *he shall smite.* ver. 1, etc. De. 32. 39. Job 5. 18. Ho. 5. 15; 6. 2. He. 12. 11. *they shall.* ch. 6. 10; 55. 7. Ho. 14. 1. Am. 4. 6-12. Ac. 26. 17-20; 28. 26, 27.

23 ch. 11. 16; 35. 8-10; 40. 3-5. Ep. 2. 18-22; 3. 6-8.

24 *shall.* ch. 6. 13; 49. 6, 22; 65. 8, 22; 66. 12, 19-21. De. 32. 43. Ps. 117. Zec. 2. 10, 11; 8. 20-23. Lu. 2. 32. Ro. 10. 11-13; 15. 9-12, 27. *a blessing.* ch. 65. 8. Ge. 12. 2. Eze. 34. 26. Zec. 8. 13. Ga. 3. 14.

25 *the Lord.* ch. 61. 9; 65. 23. Nu. 6. 24, 27; 24. 1. Ps. 67. 6, 7; 115. 15. Ep. 1. 3. *Blessed.* ch. 29. 23. Ps. 100. 3; 138. 8. Ho. 2. 23. Ro. 3. 29; 9. 24, 25. Ga. 6. 15. Ep. 2. 10. Phi. 1. 6. Col. 3. 10, 11. 1 Pe. 2. 10. *and Israel.* See on De. 32. 9.

## CHAP. XX.

*A type prefiguring the shameful captivity of Egypt and Ethiopia.*

1 *Tartan. Tartan* was one of the generals of *Sennacherib,* who, it is probable, is here called *Sargon,* and in the book of Tobit, *Sacherdonus* and *Sacherdan,* against whom Tirhakah, king of Cush or Ethiopia, was in league with the king of Egypt. 2 Ki. 18. 17. *Ashdod.* 1 Sa. 6. 17. Je. 25. 20. Am. 1. 8. *and took.* Je. 25. 29, 30.

2 *Isaiah. Heb.* the hand of Isaiah. *Go.* Je. 13. 1-11; 19. 1, etc. Eze. 4. 5. Mat. 16. 24. *the sackcloth.* 2 Ki. 1. 8. Zec. 13. 4. Mat. 3. 4. Re. 11. 3. *put.* Ex. 3. 5. Jos. 5. 15. Eze. 24. 17, 23. *naked.* 1 Sa. 19. 24. 2 Sa. 6. 20. Job 1. 20, 21. Mi. 1. 8, 11. Jno. 21. 7. Ac. 19. 16.

3 *three.* Nu. 14. 34. Eze. 4. 5, 6. Re. 11. 2, 3. *a sign.* ch. 8. 18. *upon Egypt.* ch. 18. 1, etc.

4 *shall.* ch. 19. 4. Je. 46. 26. Eze. 30. 18. *Egyptians. Heb.* captivity of Egypt. *with their.* ch. 3. 17. 2 Sa. 10. 4. Je. 13. 22, 26. Mi. 1. 11. *shame. Heb.* nakedness. Re. 3. 18.

5 *afraid.* ch. 30. 3, 5, 7; 36. 6. 2 Ki. 18. 21. Eze. 29. 6, 7. *their glory.* ch. 2. 22. Je. 9. 23, 24; 17. 5. 1 Co. 3. 21.

6 *isle. or*, country. Job 22. 30. Je. 47. 4. *whither*. ch. 28. 17; 30. 1-7, 15, 16; 31. 1-3. Job 6. 20. *and how*. 23. 33. 1 Th. 5. 3. He. 2. 3.

## CHAP. XXI.

*The prophet, bewailing the captivity of his people, sees in a vision the fall of Babylon by the Medes and Persians*, 1-10. *Edom, scorning the prophet, is moved to repentance*, 11, 12. *The set time of Arabia's calamity*, 13-17.

1 *The burden.* The first ten verses of this chapter contain a prediction of the taking of Babylon by the Medes and Persians; which is here denominated 'the desert of the sea,' because the country around it, and especially towards the sea, was a great morass, often overflowed by the Tigris and Euphrates, and only rendered habitable by being drained by a number of canals. ch. 13. 1; 17. 1. *the desert*. ch. 13. 20-22; 14. 23. Je. 51. 42. *As whirlwinds*. Job 37. 9. Da. 11. 40. Zec. 9. 14. *from*. ch. 13. 4, 5, 17, 18. Eze. 30. 11; 31. 12.

2 *grievous. Heb.* hard. Ps. 60. 3. Pr. 13. 15. *the treacherous*. ch. 24. 16; 33. 1. 1 Sa. 24. 13. Je. 51. 44, 48, 49, 53. Re. 13. 10. *Go up*. ch. 13. 2-4, 17, 18. Je. 50. 14, 34; 49. 34; 51. 11, 27, 28. Da. 5. 28; 8. 20. *all the*. ch. 14. 1-3; 35. 10; 47. 6. Ps. 12. 5; 79. 11; 137. 1-3. Je. 31. 11, 12, 20, 25; 45. 3; 51. 3, 4. La. 1. 22. Mi. 7. 8-10. Zec. 1. 15, 16.

3 *are*. ch. 15. 5; 16. 9, 11. Hab. 3. 16. *pangs have*. ch. 13. 8; 26. 17. Ps. 48. 6. Je. 48. 41; 49. 22; 50. 43. Mi. 4. 9, 10. 1 Th. 5. 3. *I was bowed*. De. 28. 67. Da. 5. 5, 6.

4 *heart panted. or*, mind wandered. *the night*. ch. 5. 11-14. 1 Sa. 25. 36-38. 2 Sa. 13. 28, 29. Es. 5. 12; 7. 6-10. Job 21. 11-13. Je. 51. 39, 57. Da. 5. 1, 5, 30. Na. 1. 10. Lu. 21. 34-36. *turned. Heb.* put.

5 *eat*. ch. 22. 13, 14. Da. 5. 1-5. 1 Co. 15. 32. *arise*. ch. 13. 2, 17, 18; 45. 1-3. Je. 51. 11, 27, 28.

6 *Go*. ch. 62. 6. 2 Ki. 9. 17-20. Je. 51. 12, 13. Eze. 3. 17; 33. 2-7. Hab. 2. 1, 2.

7 *And he saw*. ver. 9; ch. 37. 24. *he hearkened*. He. 2. 1.

8 *cried, A lion. or*, cried as a lion. ch. 5. 29. Je. 4. 7; 25. 38; 49. 19; 50. 44. 1 Pe. 5. 8. *I stand*. ch. 56. 10; 62. 6. Ps. 63. 6; 127. 1. Hab. 2. 1, 2. *whole nights. or*, every night.

9 *behold*. Je. 50. 3, 9, 29, 42; 51. 27. *Babylon*. ch. 13. 19; 14. 4. Je. 50. 2; 51. 8, 64. Re. 14. 8; 18. 2, 21. *all*. ch. 46. 1, 2. Je. 50. 2, 38; 51. 44, 47, 52.

10 *my threshing*. ch. 41. 15, 16. 2 Ki. 13. 7. Je. 51. 33. Mi. 4. 13. Hab. 3. 12. Mat. 3. 12. *corn. Heb.* son. *that which*. 1 Ki. 22. 14. Eze. 3. 17-19. Ac. 20. 26, 27.

11 *Dumah. Dumah* is probably the same as *Dumatha*, a city of Arabia, mentioned by STEPHANUS, and the modern *Dumah* and *Dumathalgandel*, on the borders of Arabia and Syria, in a rocky valley. The Edomites, says Bp. LOWTH, as well as Jews, were subdued by the Babylonians. They enquire of the prophet how long their subjection is to last; he intimates that the Jews should be delivered from their captivity; not so the Edomites. 'The morning cometh, and also the night.' Ge. 25. 14. 1 Ch. 1. 30. *me out*. ch. 34; 63. 1-6. Nu. 24. 18. De. 2. 5. Ps. 137. 7. Je. 49. 7-22. Eze. ch. 35. Joel 3. 19. Am. 1. 6, 11, 12. Ob. 1, etc. Mal. 1. 2-4. *what*. ver. 6. Je. 37. 17.

12 *The morning*. ch. 17. 14. Je. 50. 27. Eze. 7. 5-7, 10, 12. *if*. ch. 55. 7. Je. 42. 19-22. Ex. 14. 1-6; 18. 30-32. Ac. 2. 37, 38; 17. 19, 20, 30-32.

13 *Arabia*. 1 Ki. 10. 15. Je. 25. 23, 24; 49. 28-33. Ga. 4. 25. *O ye*. ch. 13. 20. Ge. 25. 3. 1 Ch. 1. 9, 32. Eze. 27. 15, 20, 21.

14 *Tema*. Ge. 25. 15. 1 Ch. 1. 30. Job 6. 19. *brought. or*, bring ye. ch. 16. 3, 4. Ju. 8. 4-8. Pr. 25. 21. Ro. 12. 20. 1 Pe. 4. 9.

15 *from the swords. or*, for fear of the swords. *Heb.* from the face of. Job 6. 19, 20.

16 *according*. ch. 16. 14. Job 7. 1. *Kedar*. ch. 42. 11; 60. 7. Ge. 25. 13. 1 Ch. 1. 29. Ps. 120. 5. Ca. 1. 5. Je. 49. 28. Eze. 27. 21.

17 *archers. Heb.* bows. *the mighty*. ch. 10. 18, 19; 17. 4, 5. Ps. 107. 39. *for*. ch. 1. 20. Nu. 23. 19. Je. 44. 29. Zec. 1. 6. Mat. 24. 35.

## CHAP. XXII.

*The prophet laments the invasion of Jewry*, 1-7. *He reproves their human wisdom and worldly joy*, 8-14. *He prophesies Shebna's deprivation*, 15-19, *and the substitution of Eliakim, prefiguring the kingdom of Christ*, 20-25.

1 A.M. cir. 3292. B.C. cir. 712. *the valley*. Jerusalem being situated in the midst of surrounding hills, and the seat of Divine revelation, is here termed 'the valley of vision.' This prophecy foretells the invasion of Jerusalem by the Assyrians under Sennacherib; and probably also, by the Chaldeans under Nebuchadnezzar. Ps. 125. 2. Je. 21. 15. *of vision*. 1 Sa. 3. 1. Ps. 147. 19, 20. Pr. 29. 18. Mi. 3. 6. Ro. 3. 2; 9. 4, 5. *What*. Ge. 21. 17. Ju. 18. 23. 1 Sa. 11. 5. 2 Sa. 14. 5. 2 Ki. 6. 28. Ps. 114. 5. *that thou*. The eastern houses are built with a court within, into which chiefly the windows open; those that open to the street being so obstructed with lattice work, that no one can see through them. Whenever, therefore, any thing is to be seen or heard in the streets, any public spectacle, or any alarm, every one immediately goes up to the house-top to satisfy his curiosity. Hence all the people running to the top of their houses, gives a lively image of a sudden general alarm. ch. 15. 3. De. 22. 8. Je. 48. 38.

2 *that art*. ver. 12, 13; ch. 23. 7; 32. 13. Am. 6. 3-6. *thy slain*. ch. 37. 33, 36. Je. 14. 18; 38. 2; 52. 6. La. 2. 20; 4. 9, 10.

3 *thy rulers*. ch. 3. 1-8. 2 Ki. 25. 4-7, 18-21. Je. 39. 4-7; 52. 24-27. *by the archers. Heb.* of the bow.

4 *Look*. Ru. 1. 20, 21. Je. 4. 19; 9. 1; 13. 17. Lu. 1. 2. *Weep bitterly. Heb.* be bitter in weeping. ch. 33. 7. Je. 6. 26. Mi. 1. 8. Mat. 26. 75. *labour*. Ps. 77. 2. Je. 8. 18; 31. 15. Mat. 2. 18.

5 *a day*. ch. 37. 3. 2 Ki. 19. 3. Je. 30. 7. Am. 5. 18-20. *treading*. ch. 5. 5; 10. 6; 25. 10. *perplexity*. Es. 3. 15. Mi. 7. 4. *breaking*. 2 Ki. 25. 10. La. 1. 5; 2. 2. *crying*. Ho. 10. 8. Mat. 24. 16. Lu. 23. 30. Re. 6. 16, 17.

6 *Elam*. ch. 21. 2. Ge. 10. 22. Je. 49. 35-39. *Kir*. ch. 15. 1. 2 Ki. 16. 9. Am. 1. 5; 9. 7. *uncovered. Heb.* made naked.

7 *thy choicest valleys. Heb.* the choice of thy valleys. *full*. ch. 8. 7, 8; 10. 28-32; 37. 34. Je. 39. 1-3. *at. or*, toward.

8 *he discovered*. ch. 36. 1-3. *the armour*. 1 Ki. 7. 2; 10. 17; 14. 27, 28. Ca. 4. 4.

9 2 Ki. 20. 20. 2 Ch. 32. 1-6, 30.

11 *a ditch*. Ne. 3. 16. *ye have*. ch. 8. 17; 17. 7; 31. 1; 37. 26. 2 Ch. 6. 6; 16. 7-9. Je. 33. 2, 3. Mi. 7. 7.

12 *call*. 2 Ch. 35. 25. Ne. 8. 9-12; 9. 9. Ec. 3. 4, 11. Joel 1. 13; 2. 17. Ja. 4. 8-10; 5. 1. *to baldness*. ch. 15. 2. Ezr. 9. 3. Job 1. 20. Am. 8. 10. Jon. 3. 6. Mi. 1. 16.

13 *behold*. ch. 5. 12; 21. 4, 5; 56. 12. Am. 6. 3-7. Lu. 17. 26-29. *let*. ch. 56. 12. 1 Co. 15. 32. Ja. 5. 5.

14 *it was*. ch. 5. 9. 1 Sa. 9. 15. Am. 3. 7. *Surely*. Nu. 15. 25-31. 1 Sa. 3. 14. Eze. 24. 13. Jno. 8. 21-24. He. 10. 26, 27. Re. 22. 11, 12.

15 *treasurer*. 1 Ch. 27. 25. Ac. 8. 27. *Shebna*. ch. 36. 3; 37. 2. 2 Ki. 18. 18, 37; 19. 2. *which*. 1 Ki. 4. 6. 2 Ki. 10. 5.

16 *What hast*. ch. 52. 5. Mi. 2. 10. *hewed*. There are some monuments still remaining in Persia, of great antiquity, says Bp. LOWTH, called Naksi Rustam, which give a clear idea of Shebna's pompous design for his sepulchre. They consist of several sepulchres, each of them hewn in a high rock near the top. The front of the rock to the valley below is adorned with carved work in relievo, being the outside of the sepulchre. Some of these sepulchres are about thirty feet in the perpendicular from the valley, which is itself raised perhaps about half as much by the accumulation of the earth since they were made. ch. 14. 18. 2 Sa. 18. 18. 2 Ch. 16. 14. Job 3. 14. Mat. 27. 60. *as he. or*, O he.

17 *will carry*, etc. *or*, who covered thee with an excellent covering, and clothed thee gorgeously, shall surely violently turn, etc. ver. 18. *a mighty captivity. Heb.* the captivity of a man. *cover*. Es. 7. 8. Job 9. 24. Je. 14. 3.

18 *surely*. ch. 17. 13. Am. 7. 17. *a large country. Heb.* a land large of spaces.

19 Job 40. 11, 12. Ps. 75. 6, 7. Eze. 17. 24. Lu. 1. 52.

20 *Eliakim*. ch. 36. 3, 11, 22; 37. 2. 2 Ki. 18. 18, 37.

21 *clothe*. Ge. 41. 42, 43. 1 Sa. 18. 4. Es. 8. 2, 15. *a father*. ch. 9. 6, 7. Ge. 45. 8.

22 *And the key*. As the robe and the baldric, mentioned in the preceding verse, were the ensigns of power and authority; so likewise was the *key* the mark of office, either sacred or civil. To comprehend how the key could be borne on the shoulder, it will be sufficient to observe, that the ancient keys were of considerable magnitude, and much bent. Mat. 16. 18, 19. Re. 1. 18. *so he*. Job 12. 14. Mat. 18. 18, 19. Re. 3. 7.

23 *I will*. Ezr. 9. 8. Ec. 12. 11. Zec. 10. 4. *a glorious*.

Ge. 45. 9-13. 1 Sa. 2. 8. Es. 4. 14; 10. 3. Job 36. 7. Lu. 22. 29, 30. Re. 3. 21.

24 *hang.* Ge. 41. 44, 45; 47. 11-25. Da. 6. 1-3. Mat. 28. 18. Jno. 5. 22-27; 20. 21-23. *vessels of small.* Eze. 15. 3. Ro. 9. 22, 23. 2 Ti. 2. 20, 21. *vessels of flagons. or,* instruments of viols.

25 *the nail.* ver. 15, 16. *the burden.* Es. 9. 5-14, 24, 25. Ps. 52. 5; 146. 3. Je. 17. 5, 6. *for the.* ch. 46. 11; 48. 15. Je. 4. 28. Eze. 5. 13, 15, 17. Mi. 4. 4.

## CHAP. XXIII.

*The miserable overthrow of Tyre,* 1-14. *Her restoration and whoredoms,* 15-18.

1 A.M. 3289. B.C. 715. *burden. Tyre,* whose destruction by Nebuchadnezzar is here foretold, was a city of Phœnicia, on the shore of the Mediterranean, twenty-four miles south of Sidon, and thirty-two north of Accho or Ptolemais, according to the Antonine and Jerusalem Itineraries, about lat. 33° 18′ N. long. 35° 10′ E. There were two cities of this name; one on the continent called Palæ Tyrus, or Old Tyre, according to STRABO, thirty stadia south of the other, which was situated on an island, not above 700 paces from the main land, says PLINY. Old Tyre was taken by Nebuchadnezzar, after a siege of thirteen years, B.C. 573, which he so utterly destroyed, that it never afterwards rose higher than a village. But previous to this, the inhabitants had removed their effects to the island which afterwards became so famous by the name of Tyre, though now consisting only of about 800 dwellings. Je. 25. 15, 22; 47. 4. Eze. ch. 26-28. Joel 3. 4-8. Am. 1. 9, 10. Zec. 9. 2, 4. *Howl.* ch. 15. 2, 3. Re. 18. 17-19. *ye ships.* ch. 2. 16; 60. 9. 1 Ki. 22. 48. 2 Ch. 9. 21. Ps. 48. 7. Eze. 27. 25. *for it is.* ch. 15. 1. Je. 25. 10, 11. Re. 18. 22, 23. *the land.* ver. 12. Nu. 24. 24. Je. 2. 10. Eze. 27. 6. Da. 11. 30.

2 *still. Heb.* silent. ch. 41. 1; 47. 5. Ps. 46. 10. Hab. 2. 20. *the isle.* Eze. 27. 3, 4; 28. 2. *the merchants.* Eze. 27. 8, etc.

3 *Sihor.* 1 Ch. 13. 5. Je. 2. 18. *the harvest.* ch. 32. 20. De. 11. 10. *she is.* ver. 8. Eze. 27. 33; 28. 4. Joel 3. 5. Re. 18. 11-13.

4 *I travail.* Je. 47. 3, 4. Eze. 26. 3-6. Ho. 9. 11-14. Re. 18. 23.

5 *at the.* ch. 19. 16. Ex. 15. 14-16. Jos. 2. 9-11. *so shall.* Eze. 26. 15-21; 27. 29-36; 28. 19. Re. 18. 17-19.

6 *Pass.* ver. 10, 12; ch. 21. 15. *howl.* ver. 1, 2; ch. 16. 7.

7 *your.* ch. 22. 2. *whose.* Jos. 19. 29. *her own.* ch. 47. 1, 2. Ec. 10. 7. *afar off. Heb.* from afar off.

8 *Who hath.* De. 29. 24-28. Je. 50. 44, 45. Re. 18. 8. *the crowning.* Eze. 28. 2-6, 12-18. *merchants.* ch. 10. 8; 36. 9.

9 *Lord.* ch. 10. 33; 14. 24, 27; 46. 10, 11. Je. 47. 6, 7; 51. 62. Ac. 4. 28. Ep. 1. 11; 3. 11. *to stain. Heb.* to pollute. ch. 2. 11, 17; 5. 15, 16; 13. 11. Job 40. 11, 12. Da. 4. 37. Mal. 4. 1. Ja. 4. 6. *bring.* Job 12. 21. Ps. 107. 40. 1 Co. 1. 26-29.

10 *O daughter.* ver. 12. *no more.* ver. 14. 1 Sa. 28. 20. Job 12. 21. La. 1. 6. Hag. 2. 22. Ro. 5. 6. *strength. Heb.* girdle. Ps. 18. 32.

11 *stretched.* ch. 2. 19; 14. 16, 17. Ex. 15. 8-10. Ps. 46. 6. Eze. 26. 10, 15-19; 27. 34, 35; 31. 16. Hag. 2. 7. *the Lord.* ch. 10. 6. Ps. 71. 3. Je. 47. 7. Na. 1. 14. *against the merchant city. or,* concerning a merchantman. ver. 3. Ho. 12. 7, 8. *the merchant city. Heb.* Canaan. Ge. 9. 25; 10. 15-19. Zec. 14. 21. Mar. 11. 17. Jno. 2. 16. *strong holds. or,* strengths. Zec. 9. 3, 4.

12 *Thou shalt.* ver. 1, 7. Eze. 26. 13, 14. Re. 18. 22. *thou oppressed.* ch. 37. 22; 47. 1, 5. Je. 14. 17; 46. 11. La. 1. 15. *daughter.* 'The Sidonians,' says JUSTIN, 'when their city was taken by the king of Ascalon, betook themselves to their ships; and landed and built Tyre;' Sidon was therefore the mother city. ver. 2. Ge. 10. 15-19; 49. 13. Jos. 11. 8. *pass.* ver. 1. Nu. 24. 24. Eze. 27. 6. *there also.* De. 28. 64-67. La. 1. 3; 4. 15.

13 *land.* ch. 13. 19. Ge. 11. 28, 31. Job 1. 17. Hab. 1. 6. Ac. 7. 4. *the Assyrian.* Ge. 2. 14; 10. 10, 11; 11. 9. 2 Ki. 17. 24; 20. 12. 2 Ch. 33. 11. Ezr. 4. 9, 10. Da. 4. 30. *for them.* Ps. 72. 9. *and he.* Eze. 26. 7, etc.; 29. 18.

14 ver. 1, 6. Eze. 27. 25-30. Re. 18. 11-19.

15 *Tyre shall.* Je. 25. 9-11, 22; 27. 3-7; 29. 10. Eze. 29. 11. *one king.* Da. 7. 14; 8. 21. Re. 17. 10. *shall Tyre sing as an harlot. Heb.* it shall be unto Tyre as the song of an harlot. Eze. 27. 25. Ho. 2. 15.

16 Pr. 7. 10-12. Je. 30. 14.

17 *visit.* Je. 29. 10. Zep. 2. 7. Ac. 15. 14. *and she shall.* De. 23. 18. Eze. 16. 31; 22. 13; 27. 6, etc. Ho. 12. 7, 8. Mi. 1. 7; 3. 11. 1 Ti. 3. 3, 8. 1 Pe. 5. 2. *shall commit.* Na. 3. 4. Re. 17. 2-5; 18. 9-14; 19. 2.

18 *her merchandise.* ch. 60. 6, 7. 2 Ch. 2. 7-9, 11-16. Ps. 45. 12; 72. 10. Zec. 14. 20, 21. Mar. 3. 8. Ac. 21. 3-5. *it shall.* Mat. 6. 19-21. Lu. 12. 18-20, 33; 16. 9-13. *for them.* De. 12. 18, 19; 26. 12-14. Pr. 3. 9, 10; 13. 22; 28. 8. Ec. 2. 26. Mal. 3. 10. Mat. 25. 35-40. Lu. 8. 3. Ac. 9. 39. Ro. 15. 25-27. Ga. 6. 6. Phi. 4. 17, 18. *durable. Heb.* old.

## CHAP. XXIV.

*The doleful judgments of God upon the land,* 1-12. *A remnant shall joyfully praise him,* 13-15. *God in his judgments shall advance his kingdom,* 16-23.

1 A.M. 3292. B.C. 712. *maketh the.* ch. 1. 7-9; 5. 6; 6. 11, 12; 7. 17-25; 27. 10; 32. 13, 14; 42. 15. Je. 4. 7. Eze. 5. 14; 6. 6; 12. 20; 24. 11; 35. 14. Na. 2. 10. Lu. 21. 24. *turneth it upside down. Heb.* perverteth the face thereof. ch. 29. 16. 2 Ki. 21. 13. Ps. 146. 9. Ac. 17. 6. *scattereth.* De. 4. 27; 28. 64; 32. 26. Ne. 1. 8. Je. 9. 16; 40. 15; 50. 17. Eze. 5. 2. Zec. 13. 7-9. Ja. 1. 1.

2 *as with the people.* ch. 2. 9; 3. 2-8; 5. 15; 9. 14-17. 2 Ch. 36. 14-17, 20. Je. 5. 3-6; 23. 11-13; 41. 2; 42. 18; 44. 11-13; 52. 24-30. La. 4. 13; 5. 12-14. Eze. 7. 12, 13; 14. 8-10. Da. 9. 5-8. Ho. 4. 9. Ep. 6. 8, 9. *priest. or,* prince. Ge. 12. 50.

3 *shall.* ver. 1; ch. 6. 11. Le. 26. 30-35. De. 29. 23, 28. 2 Ch. 36. 21. Eze. 36. 4. *the Lord.* See on ch. 21. 17; 22. 25. Je. 13. 15. Mi. 4. 4.

4 *mourneth.* ch. 3. 26; 28. 1; 33. 9; 64. 6. Je. 4. 28; 12. 4. Ho. 4. 3. *haughty people. Heb.* height of the people. ch. 2. 11, 12.

5 *defiled.* Ge. 3. 17, 18; 6. 11-13. Le. 18. 24-28; 20. 22. Nu. 35. 33, 34. 2 Ch. 33. 9. Ps. 106. 36-39. Je. 3. 1, 2. Eze. 7. 20-24; 22. 24-31. Mi. 2. 10. Ro. 8. 20, 21. *because.* ch. 1. 2-5; 50. 1; 59. 1-3, 12-15. De. 32. 15, 20. 2 Ki. 17. 7-23; 22. 13-17; 23. 26, 27. Ezr. 9. 6, 7. Eze. 20. 13, 24. Da. 9. 5, 10. *changed.* Jos. 24. 25. Da. 7. 25. Mar. 7. 7-9. Lu. 1. 6. He. 9. 1. *broken.* Ps. 55. 5. Ge. 17. 13, 14. 2 Sa. 23. 5. Ps. 105. 10. Je. 50. 5. Eze. 37. 26. He. 13. 20.

6 *hath.* ch. 42. 24, 25. De. 28. 15-20; 20. 22-28; 30. 18, 19. Jos. 23. 15, 16. Zec. 5. 3, 4. Mal. 2. 2; 3. 9; 4. 1, 6. Mat. 27. 25. *and few.* Le. 26. 22. De. 4. 27; 28. 62. Eze. 5. 3. Mat. 7. 14. Ro. 9. 27. 2 Pe. 3. 10.

7 ch. 16. 8, 10; 32. 9-13. Ho. 9. 1, 2. Joel 1. 10-12.

8 ch. 23. 15, 16. Je. 7. 34; 16. 9; 25. 10. Eze. 26. 13. Ho. 2. 11. Re. 18. 22.

9 ch. 5. 11, 12. Ps. 69. 12. Ec. 9. 7. Am. 6. 5-7; 8. 3, 10. Zec. 9. 15. Ep. 5. 18, 19.

10 *city.* ver. 12; ch. 25. 2; 27. 10; 32. 14; 34. 13-15. 2 Ki. 25. 4, 9, 10. Je. 39. 4, 8; 52. 7, 13, 14. Mi. 2. 13; 3. 12. Lu. 19. 43; 21. 24. *of confusion.* Ge. 11. 9. Je. 9. 25, 26. Mat. 23. 34, 35. Re. 11. 7, 8; 17. 5, 6; 18. 2.

11 *a crying.* Pr. 31. 6. Ho. 7. 14. Joel 1. 5. *all joy.* ver. 7-9; ch. 8. 22; 9. 19. Je. 48. 33. La. 5. 14, 15. Am. 5. 16-20. Mat. 22. 11-13. Lu. 16. 25.

12 ch. 32. 14. Je. 9. 11. La. 1. 1, 4; 2. 9; 5. 18. Mi. 1. 9, 12. Mat. 22. 7.

13 *there.* ch. 1. 9; 6. 13; 10. 20-22; 17. 5, 6. Je. 44. 28. Eze. 6. 8-11; 7. 16; 9. 4-6; 11. 16-20; 14. 22, 23. Mi. 2. 12. Mat. 24. 22. Ro. 11. 2-6. Re. 3. 4; 11. 2, 3.

14 ch. 12. 1-6; 25. 1; 26. 1; 27. 2; 35. 2, 10; 40. 9; 42. 10-12; 44. 23; 51. 11; 52. 7-9; 54. 1. Je. 30. 19; 31. 12; 33. 11. Zep. 2. 14-20. Zec. 2. 10.

15 *glorify.* Job 35. 9, 10. Hab. 3. 17, 18. Zec. 13. 8, 9. Ac. 16. 25. 1 Pe. 1. 7; 3. 15; 4. 12-14. Re. 15. 2-4. *fires. or,* valleys. *isles.* ch. 11. 11, 12; 41. 5; 42. 4, 10; 49. 1; 51. 5; 60. 9. Ge. 10. 4, 5. Zep. 2. 11. Zec. 10. 9-12. Mal. 1. 11.

16 *uttermost part. Heb.* wing. ch. 26. 15; 45. 22-25; 52. 10; 66. 19, 20. Ps. 2. 8; 22. 27-31; 67. 7; 72. 8-11; 98. 3; 107. Mi. 5. 4. Mar. 13. 27. Ac. 13. 47. *glory.* Ex. 15. 11. Ps. 58. 10. Re. 15. 3; 16. 5-7; 19. 1-6. *But.* ch. 10. 16; 17. 4. Ps. 106. 15. *My leanness. Heb.* Leanness to me. *or,* My secret to me. *the treacherous.* ch. 21. 2; 33. 1; 48. 8. Je. 3. 20; 5. 11; 12. 1, 6. La. 1. 2. Ho. 5. 7; 6. 7. Hab. 1. 3.

17 *and the pit.* Le. 26. 21, 22. 1 Ki. 19. 17. Je. 8. 3; 48. 43, 44. Eze. 14. 21.

18 *he who fleeth.* De. 32. 23-26. Jos. 10. 10, 11. 1 Ki. 20, 29, 30. Job 18. 8-16; 20. 24. Am. 5. 19. *for the.* Ge. 7. 11; 19. 24. 2 Ki. 7. 2. *the foundations.* De. 32. 22. Ps. 18. 7, 15; 46. 2, 3.

19 ver. 1-5; ch. 34. 4-10. Je. 4 23-28. Na. 1. 5. Hab. 3. 6. Mat. 24. 3. Re. 20. 11.

20 *reel.* ch. 19. 14; 29. 9. Ps. 107. 27. *removed.* ch. 1. 8; 38. 12. *the transgression.* ch. 5. 7-30. Ps. 38. 4. La. 1. 14. Ho. 4. 1-5. Mat. 23. 35, 36. *and it.* Je. 8. 4; 25. 27. Da. 11. 19. Am. 8. 14. Zec. 5. 5-8. Re. 18. 21.

21 *the Lord.* ch. 10. 25-27; 14. 1, 2; 25. 10-12; 34. 2, etc. Ps. 76. 12; 149. 6-9. Eze. ch. 38; 39. Joel 3. 9-17, 19. Hag. 2. 21, 22. Zec. 14. 12-19. Re. 6. 14-17; 17. 14; 18. 9; 19. 18-21. *punish. Heb.* visit upon.

22 *they shall.* ver. 17; ch. 2. 19. Jos. 10. 16, 17, 22-26. *as prisoners are gathered. Heb.* with the gathering of prisoners. *pit. or,* dungeon. *shall they.* Je. 38. 6-13. Zec. 9. 11. *visited. or,* found wanting.

23 *the moon.* ch. 13. 10; 30. 26; 60. 19. Eze. 32. 7, 8. Joel 2. 31; 3. 15. Mar. 13. 24-26. Re. 6. 12-14; 21. 23. *when.* ch. 52. 7. Ex. 15. 21. Ps. 97. 1. Zec. 9. 9. Mat. 6. 10, 13. Re. 11. 15; 19. 4, 6. *mount.* ch. 12. 6. Mi. 4. 7. He. 12. 22. Re. 14. 1. *before his ancients gloriously. or, there shall be* glory before his ancients. Job 38. 4-7. Da. 7. 9, 10, 18, 27.

## CHAP. XXV.

1 *thou art.* ch. 26. 13; 61. 10. Ex. 15. 2. 1 Ch. 29. 10-20. Ps. 99. 5; 118. 28; 145. 1; 146. 2. Re. 5. 9-14; 7. 12. *thou hast.* Ps. 40. 5; 46. 10; 78. 4; 98. 1; 107. 8, etc.; 111. 4. Da. 4. 2, 3. Re. 15. 3. *thy counsels.* ch. 28. 29; 46. 10. Nu. 23. 19. Ps. 33. 10, 11. Je. 32. 17-24. Eze. 38. 17-23. Ro. 11. 25-29. Ep. 1. 11. He. 6. 17, 18. Re. 19. 11.

2 *For.* ver. 12; ch. 14. 23; 17. 1; 21. 9; 23. 13. De. 13. 16. Je. 51. 26. Na. 3. 12-15. *palace.* ch. 13. 22. Re. 18. 2, 3, 19.

3 ch. 49. 23-26; 60. 10-14; 66. 18-20. Ps. 46. 10, 11; 66. 3; 72. 8-11. Eze. 38. 23; 39. 21, 22. Zec. 14. 9, 16. Re. 11. 13, 15-17.

4 *thou hast.* ch. 11. 4; 14. 32; 29. 19; 33. 2; 66. 2. Job 5. 15, 16. Ps. 12. 5; 35. 10; 72. 4, 13; 107. 41; 119. 31. Zep. 3. 12. Ja. 2. 5. *a refuge.* ch. 4. 5, 6; 32. 2. *when.* ch. 32. 18, 19; 37. 3, 4, 36. Eze. 13. 11-13. Mat. 7. 25-27.

5 *shalt bring.* ch. 10. 8-15, 32-34; 13. 11; 14. 10-16; 17. 12-14; 30. 30-33; 49. 25, 26; 54. 15-17; 64. 1, 2. Ps. 74. 3-23; 79. 10-12. Je. 50. 11-15; 51. 38-43, 53-57. Eze. 32. 18-32; 38. 9-23; 39. 1-10. Da. 7. 23-27; 11. 36-45. Re. ch. 16-19; 20. 8, 9. *as the heat.* ch. 18. 4; 49. 10. Ps. 105. 39. Jon. 4. 5, 6. *branch.* ch. 14. 19. Job 8. 16-19.

6 *in this.* ver. 10; ch. 2. 2, 3. Ps. 72. 14-16; 78. 68. Mi. 4. 1, 2. Zec. 8. 3. He. 12. 22. *make.* ch. 55. 1, 2. Ps. 63. 5. Pr. 9. 1-5. Ca. 2. 3-5; 5. 1. Je. 31. 12, 13. Zec. 9. 16, 17. Mat. 22. 1-10. Lu. 14. 16-23; 22. 30. Re. 19. 9. *all people.* ch. 49. 6-10. Da. 7. 14. Mat. 8. 11. Mar. 16. 15. *of wines.* Ca. 1. 2, 4. Je. 48. 11. Mat. 26. 29. Lu. 5. 39.

7 *he will.* ch. 60. 1-3. Mat. 27. 51. Lu. 2. 32. Ac. 17. 30. 2 Co. 3. 13-18. Ep. 3. 5, 6; 4. 18; 5. 8. He. 9. 8, 24; 10. 19-21. *destroy. Heb.* swallow up. *cast. Heb.* covered.

8 *He.* Ho. 13. 14. 1 Co. 15. 26, 54. 2 Ti. 1. 10. He. 2. 14, 15. Re. 20. 14; 21. 4. *God.* ch. 35. 10. Re. 7. 17; 21. 4. *rebuke.* ch. 30. 26; 37. 3; 54. 4; 60. 15; 61. 7; 66. 5. Ps. 69. 9; 89. 50, 51. Mat. 5. 11, 12. 1 Pe. 4. 14. *off.* Mal. 3. 17, 18.

9 *it shall.* ch. 12. 1. Zep. 3. 14-20. Re. 1. 7; 19. 1-7. *Lo.* ch. 8. 17; 26. 8, 9; 30. 18, 19. Ge. 49. 18. Ps. 27. 14; 37. 5-7; 62. 1, 2, 5-7. Mi. 7. 7. Lu. 2. 25, 28-30. Ro. 8. 23-25. Tit. 2. 13. 2 Pe. 3. 12. Re. 22. 20. *we will.* ch. 12. 2-6; 66. 10-14. Ps. 9. 14; 20. 5; 21. 1; 95. 1; 100. 1; Zec. 9. 9. Ro. 5. 2, 3. Phi. 3. 1, 3. 1 Pe. 1. 6, 8.

10 *in this.* ver. 6; ch. 11. 10; 12. 6; 18. 4. Ps. 132. 13, 14. Eze. 48. 35. Zep. 3. 15-17. Zec. 9. 9-11. *Moab.* ch. 11. 14; ch. 15; 16. Nu. 24. 17. Zep. 2. 9. *trodden down. or,* threshed. ch. 41. 15, 16. Mi. 4. 13. *even.* ch. 5. 25; 10. 6; 14. 19; 26. 6. Ps. 83. 10. La. 1. 15. *for the dunghill. or,* in Madmenah. ch. 10. 31. Je. 48. 2.

11 *he shall spread.* ch. 5. 25; 14. 26; 65. 2. Col. 2. 15. *he shall bring.* ver. 5; ch. 2. 11; 10. 33; 13. 11; 16. 6; 53. 12. Ps. 2. 5, 8-12; 110. Je. 48. 29, 42; 50. 31, 32; 51. 44. Da. 4. 37. Ja. 4. 6. Re. 18. 6-8; 19. 18-20.

12 *the fortress.* ch. 26. 5. Je. 51. 58, 64. 2 Co. 10. 4, 5. He. 11. 30. Re. 18. 21. *to the dust.* ch. 13. 19-22; 14. 23.

## CHAP. XXVI.

1 *that day.* ch. 2. 11, 20; 12. 1; 24. 21-23; 25. 9. *this song.* ch. 5. 1; 27. 1, 2. Ex. 15. 2-21. Nu. 21. 17. Ju. ch. 5. 2 Sa. 22. 1, etc. Je. 33. 11. Ep. 5. 19, 20. Re. 19. 1-7. *in the land.* Ezr. 3. 11. Ps. 137. 3, 4. *salvation.* ch. 60. 18; 62. 11. Ps. 31. 21; 48. 12. Zec. 2. 5. Mat. 16. 18. Re. 21. 12-22.

2 *Open.* ch. 60. 11; 62. 10. Ps. 118. 20. Eze. 48. 31-34. Zec. 8. 20. Ac. 2. 47. Re. 21. 24. *righteous.* ch. 60. 21. Ex. 19. 6. De. 4. 6-8. Ps. 106. 5. 1 Pe. 2. 9. 2 Pe. 3. 13. Re. 5. 9. *truth. Heb.* truths. Jude 3.

3 *wilt.* ch. 9. 6, 7; 57. 19-21. Ps. 85. 7, 8. Mi. 5. 5. Jno. 14. 27; 16. 33. Ro. 5. 1. Ep. 2. 14-16. Phi. 4. 7. *in perfect peace. Heb.* peace, peace. *mind. or,* thought, *or,* imagination. *stayed.* ch. 31. 1; 48. 2; 50. 1. *because.* 1 Ch. 5. 20. 2 Ch. 13. 18; 16. 8. Ps. 9. 10. Je. 17. 7, 8. Ro. 4. 18-21.

4 *Trust.* ch. 12. 2; 50. 10. 2 Ch. 20. 20; 32. 8. Ps. 55. 22; 62. 8. Pr. 3. 5, 6. *in the.* ch. 45. 17, 24; 63. 1. Job 9. 19. Ps. 46. 1; 62. 11; 66. 7; 93. 1; 125. 1. Mat. 6. 13; 28. 18. Phi. 4. 13. *everlasting strength. Heb.* the Rock of ages. ch. 17. 10; 32. 2. De. 32. 4, 15. 1 Sa. 2. 2. Ps. 18. 2.

5 *bringeth.* ch. 2. 12; 13. 11; 14. 13; 25. 11. Job 40. 11-13. *the lofty.* ch. 25. 12; 32. 19; 47. 1. Je. 50. 31, 32; 51. 25, 26, 37, 64. Re. 18. 2.

6 ch. 25. 10; 37. 25; 60. 14. Jos. 10. 24. Je. 50. 45. Da. 7. 27. Zep. 3. 11. Mal. 4. 3. Lu. 1. 51-53; 10. 19. Ro. 16. 20. 1 Co. 1. 26. Ja. 2. 5. Re. 2. 26; 3. 9.

7 *way.* ch. 35. 8. 1 Ch. 29. 17. Job 27. 5, 6. Ps. 18. 23-26. Pr. 20. 7. 2 Co. 1. 12. Ep. 2. 10. 1 Jno. 3. 7, 10. *most.* 1 Sa. 2. 2-4. Job 31. 6, marg. Ps. 1. 6; 11. 4, 7. Zep. 3. 5. 1 Co. 4. 5.

8 *in.* ch. 64. 4, 5. Nu. 36. 13. Job 23. 10-12. Ps. 18. 23; 44. 17, 18; 65. 6; 106. 3. Mal. 4. 4. Lu. 1. 6. *we.* ch. 25. 9; 30. 18; 33. 2. Ps. 37. 3-7; 63. 1. Mi. 7. 7. Ac. 1. 4. Ro. 8. 25. 2 Th. 3. 5. Ja. 5. 7-11. *desire.* 2 Sa. 23. 5. Ps. 13. 1, 2; 63. 1-3; 73. 25; 77. 10-12; 84. 2; 143. 5, 6. Ca. 1. 2-4; 2. 3-5; 5. 8.

9 *have I.* Ps. 63. 6, 7; 77. 2, 3; 119. 62; 130. 6. Ca. 3. 1-4; 5. 2-8. Lu. 6. 12. *my spirit.* Ps. 63. 1. Pr. 8. 17. Mat. 6. 33. Mar. 1. 35. *for.* ch. 27. 9. Nu. 14. 21-23. Ps. 58. 11; 64. 9; 83. 18. Ho. 5. 15. Re. 11. 13.

10 *favour.* ch. 63. 9, 10. Ex. 8. 15, 31, 32; 9. 34. De. 32. 15. 1 Sa. 15. 17. Ps. 106. 43. Pr. 1. 32. Ec. 3. 16. Ho. 13. 6. Ro. 2. 4, 5. Re. 2. 21. *in the.* ch. 2. 10; 24. 5; 27. 13. Ps. 78. 54-58; 143. 10. Je. 2. 7; 31. 23. Eze. 22. 2, etc. Ho. 9. 3. Mi. 2. 10; 3. 10-12. Mat. 4. 5. *and will not.* ch. 5. 12. Ps. 28. 4, 5. Ho. 11. 7. Jno. 5. 37, 38.

11 *when.* Ps. 10. 12. Mi. 5. 9. *will.* ch. 18. 3. 1 Sa. 6. 9. Job 34. 27. Je. 5. 3. Ac. 28. 27. *they shall.* Ex. 9. 14. 1 Sa. 5. 6-11. Je. 44. 28. Lu. 16. 23. *be.* ch. 11. 13; 60. 14. Ps. 86. 17. 1 Pe. 3. 16. Re. 3. 9. *at the. or,* towards *thy. fire.* ch. 5. 24. Ps. 21. 8. Mal. 4. 1. Mat. 25. 41. 2 Th. 1. 8. Re. 19. 20.

12 *ordain.* ch. 57. 19. Ps. 29. 11. Je. 33. 6. Jno. 14. 27. *for.* De. 30. 6. Eze. 36. 25. Ep. 2. 10. He. 13. 20. *in us. or,* for us. Ps. 57. 2. Eze. 20. 9, 14, 22.

13 *other.* ch. 51. 22. 2 Ch. 12. 8. Jno. 8. 32. Ro. 6. 22. *by thee.* ch. 12. 4. Jos. 23. 7. Am. 6. 10. 1 Co. 4. 7. He. 13. 15.

14 *dead.* ver. 19; ch. 8. 19; 51. 12, 13. Ex. 14. 30. Ps. 106. 28. Hab. 2. 18-20. Mat. 2. 20. Re. 18. 2, 3; 19. 19-21; 20. 5. *and made.* ch. 14. 19-22. Ps. 9. 6; 109. 13. Pr. 10. 7.

15 *increased.* ch. 9. 3; 10. 22. Ge. 12. 2; 13. 16. Nu. 23. 10. De. 10. 22. Ne. 9. 23. Je. 30. 19. *thou art.* ch. 44. 23; 60. 21. Ps. 86. 9, 10. Jno. 12. 23-28; 13. 31, 32; 15. 8; 17. 1. Re. 11. 15-18. *thou hadst.* ch. 6. 12. De. 4. 27, 28; 28. 25, 64; 32. 26, 27. 1 Ki. 8. 46. 2 Ki. 17. 6, 23; 23. 27. Je. 32. 37. Eze. 5. 12; 36. 24. Lu. 21. 24.

16 *in trouble.* De. 4. 29, 30. Ju. 10. 9, 10. 2 Ch. 6. 37, 38; 33. 12, 13. Ps. 50. 15; 77. 1, 2; 91. 15. Je. 22. 23. Ho. 5. 15; 7. 14. Re. 3. 19. *they poured.* 1 Sa. 1. 15. Ps. 42. 4; 142. 2. La. 2. 19. *prayer. Heb.* secret speech.

17 ch. 13. 8; 21. 3. Ps. 48. 6. Je. 4. 31; 6. 24; 30. 6. Jno. 16. 21. 1 Th. 5. 3.

18 *we have been in.* ch. 37. 3. 2 Ki. 19. 3. Ho. 13. 13. *we have not.* Ex. 5. 22, 23. Jos. 7. 7-9. 1 Sa. 11. 13; 14. 45. *the inhabitants.* Ps. 17. 14. Jno. 7. 7. 1 Jno. 5. 19.

19 *dead men.* ch. 25. 8. Eze. 37. 1-14. Ho. 6. 2; 13. 14. Jno. 5. 28, 29. Ac. 24. 15. 1 Co. 15. 22, 23. 1 Th. 4. 14, 15. Re. 20. 5, 6, 12. *my dead.* Mat. 27. 52, 58. Jno. 11. 25, 26. 1 Co. 15. 20, 23. Phi. 3. 10, 21. *Awake.* ch. 51. 17; 52. 1, 2; 60. 1, 2. Ps. 22. 15; 71. 20. Da. 12. 2. Ep. 5. 14. Re. 11. 8-11. *thy dew.* Ge. 2. 5, 6. De. 32. 2; 33. 13, 28. Job 29. 19. Ps. 110. 3. Ho. 14. 5. Zec. 8. 12. *the earth.* Re. 20. 13.

20 *my.* ch. 51. 4, 16. Je. 7. 23; 31. 14. *enter.* ch. 32. 18, 19. Ge. 7. 1, 16. Ex. 12. 22, 23. Ps. 32. 7; 91. 4. Pr. 18. 10. Eze. 11. 16. Mat. 23. 37. *shut.* Mat. 6. 6. *hide.* Ps. 17. 8; 27. 5; 31. 20; 143. 9. *for a.* ch. 54. 7, 8. Ps. 30. 5; 57. 1. 2 Co. 4. 17.

21 *Lord.* ch. 18. 4. Ps. 50. 2, 3. Eze. 8. 6; 9. 3-6; 10. 3-5, 18, 19. Ho. 5. 14, 15. Mi. 1. 3-8. 2 Th. 1. 7-10. Jude 14, 15. *also.* Ge. 4. 10, 11. Nu. 35. 32, 33. Job 16. 18. Eze. 24. 7, 8. Lu. 11. 50. Re. 6. 9-11; 16. 6; 18. 24. *blood. Heb.* bloods

## CHAP. XXVII.

1 *that day.* ch. 26. 21. *with his.* ch. 34. 5, 6; 66. 16. De. 32. 41, 42. Job 40. 19. Ps. 45. 3. Je. 47. 6. Re. 2. 16; 19. 21. *leviathan.* Job 12. 1, etc. Ps. 74. 14; 104. 26. *piercing. or,* crossing like a bar. *crooked.* ch. 65. 25. Job 26. 13. *the dragon.* ch. 51. 9. Ps. 74. 13, 14. Je. 51. 34. Eze. 29. 3; 32. 2-5. Re. 12. 3-17; 13. 2, 4, 11; 16. 13; 20. 2. *in the sea.* Je. 51. 13. Re. 13. 1; 17. 1, 15.

2 *sing.* ch. 5. 1-7. Nu. 21. 17. *A vineyard.* Ps. 80. 8, etc. Je. 2. 21. Mat. 21. 33, etc. Lu. 20. 9, etc.

3 *I the.* ch. 46. 4, 9; 60. 16. Ge. 6. 17; 9. 9. Eze. 34. 11, 24; 37. 14, 28. *do keep.* De. 33. 26-29. 1 Sa. 2. 9. Ps. 46. 5, 11; 121. 3-5. Jno. 10. 27-30; 15. 1, 2. *water.* ch. 5. 6; 35. 6, 7; 41. 13-19; 55. 10, 11; 58. 11.

4 *Fury.* ch. 12. 1; 26. 20, 21; 54. 6-10. Ps. 85. 3; 103. 9. Eze. 16. 63. Na. 1. 3-7. 2 Pe. 2. 9. *who would.* ch. 9. 18;

10. 17. 2 Sa. 23. 6. Mal. 4. 3. Mat. 3. 12. He. 6. 8. *go through. or,* march against.

5 *let him.* ch. 25. 4; 26. 3, 4; 45. 24; 56. 2; 64. 7. Jos. 9. 24, 25; 10. 6. Job 22. 21. Lu. 13. 34; 14. 32; 19. 42. He. 6. 18. *and he.* ch. 57. 19. Eze. 34. 25, 26. Ho. 2. 18-20. Ro. 5. 1-10. 2 Co. 5. 19-21. Ep. 2. 16, 17. Col. 1. 20, 21.

6 ch. 6. 13; 37. 31; 49. 20-23; 54. 1-3; 60. 22. Ps. 92. 13-15. Je. 30. 19. Ho. 2. 23; 14. 5, 6. Zec. 2. 11; 10. 8, 9. Ro. 11. 16-26. Ga. 3. 29. Phi. 3. 3. Re. 11. 15.

7 *he smitten.* ch. 10. 20-25; 14. 22, 23; 17. 3, 14. Je. 30. 11-16; 50. 33, 34, 40; 51. 24. Da. 2. 31-35. Na. 1. 14; 3. 19. *as he smote. Heb.* according to the stroke of.

8 *measure.* ch. 57. 16. Job 23. 6. Ps. 6. 1; 38. 1; 103. 14. Je. 10. 24; 30. 11; 46. 28. 1 Co. 10. 13. 1 Pe. 1. 6. *it shooteth forth. or,* thou sendest it forth. *thou wilt.* ch. 1. 5, 18-20; 5. 3, 4. Ju. 10. 10-16. Je. 2. 17-37. Ho. 4. 1; 6. 1, 2; 11. 7-9. Mi. 6. 2-5. *he stayeth,* etc. *or,* when he removeth it. *his rough.* ch. 10. 5, 6, 12. Ps. 76. 10; 78. 38. Je. 4. 11, 27. Eze. 19. 12. Ho. 13. 15.

9 *this therefore.* ch. 1. 24, 25; 4. 4; 48. 10. Ps. 119. 67, 71. Pr. 20. 30, marg. Eze. 20. 38; 24. 13. Da. 11. 35. Mal. 3. 2, 3. 1 Co. 11. 32. He. 12. 6, 9-11. *when.* 2 Ki. 25. 9, 13-17. 2 Ch. 36. 19. Ezr. 3. 2, 3. Eze. 11. 18; 24. 11-14. *the groves.* ch. 1. 29; 2. 12-21; 17. 8. Ho. 14. 8. Mi. 5. 13, 14. Zec. 13. 2. *images. or,* sun images. 2 Ch. 14. 5; 34. 4, marg.

10 *the defenced.* ch. 5. 9, 10; 6. 11, 12; 17. 9; 25. 2; 64. 10. Je. 26. 6, 18. La. 1. 4; 2. 5-9; 5. 18. Eze. 36. 4. Mi. 3. 12. Lu. 19. 43, 44; 21. 20-24. *there shall the.* ch. 7. 25; 17. 2; 32. 13, 14.

11 *the boughs.* Ps. 80. 15, 16. Eze. 15. 2-8; 20. 47. Mat. 3. 10. Jno. 15. 6. *for it is.* ch. 1. 3; 44. 18-20. De. 4. 6; 32. 28, 29. Je. 4. 22; 5. 4, 5, 21, 22; 8. 7. Ho. 4. 6. Mat. 13. 15, 19. Ro. 1. 28, 31. *therefore.* ch. 43. 1, 7; 44. 20, 21, 24. Ge. 6. 6, 7. De. 32. 18-25. 2 Ch. 36. 16, 17. Ps. 106. 40. Eze. 9. 10. 1 Th. 2. 16. 2 Th. 1. 8, 9. Ja. 2. 13.

12 *beat off.* ch. 11. 11-16; 24. 13-16; 56. 8. Ge. 15. 18. Ps. 68. 22; 72. 8. *ye shall be.* De. 30. 3, 4. Ne. 1. 9. Je. 3. 14. Am. 9. 9. Mat. 18. 12-14. Lu. 15. 4. Jno. 6. 37; 10. 16.

13 *And it.* ch. 2. 11. *the great.* ch. 18. 3. Le. 25. 9. Nu. 10. 2-4. 1 Ch. 15. 24. Ps. 47. 5; 81. 3; 89. 15. Zec. 9. 13-16. Mat. 24. 31. Lu. 4. 18. Ro. 10. 18. 1 Th. 4. 16. Re. 8. 2, 6-13; 9. 1, 14; 10. 7; 11. 15-18. *and they.* ch. 11. 16; 19. 23-25. 2 Ki. 17. 6. Ho. 9. 3; 11. 11. Zec. 10. 8-12. *the outcasts.* ch. 11. 12; 16. 3, 4; 56. 8. Je. 43. 7; 44. 28. Ho. 8. 13. *and shall.* ch. 2. 3; 25. 6; 66. 18. Zec. 14. 16. Mal. 1. 11. Jno. 4. 21-24. He. 12. 22.

## CHAP. XXVIII.

*The prophet threatens Ephraim for their pride and drunkenness,* 1-4. *The residue shall be advanced in the kingdom of Christ,* 5, 6. *He rebukes their error,* 7, 8; *their untowardness to learn,* 9-13; *and their security,* 14, 15. *Christ the sure foundation is promised,* 16. *Their security shall be tried,* 17-22. *They are incited to the consideration of God's discreet providence,* 23-29.

1 A.M. 3279. B.C. 725. *the crown.* This chapter begins a new subject, chiefly relating to the devastations of Israel and Judah by the Assyrian kings. The ancient Samaria being beautifully situated on the top of a round hill, and surrounded immediately with a rich valley, and then a circle of other hills around it, suggested the idea of a chaplet, or wreath of flowers. ver. 3. Ho. 5. 5; 6. 10. *drunkards.* ver. 7; ch. 5. 11, 22. Pr. 23. 29. Ho. 4. 11; 7. 5. Am. 2. 8, 12; 6. 6. *whose.* ver. 4; ch. 7. 8, 9; 8. 4. 2 Ki. 14. 25-27; 15. 29; 18. 10-12. 2 Ch. 28. 6; 30. 6, 7. Am. 6. 1. *overcome. Heb.* broken.

2 *the Lord.* ch. 9. 9-12; 27. 1. Eze. 30. 10, 11. *as a tempest.* ver. 15-19; ch. 8. 7, 8; 25. 4; 29. 6; 30. 30. Eze. 13. 11. Na. 1. 8. Mat. 7. 25-27. Re. 18. 8.

3 *The crown.* ver. 1. *shall.* ch. 25. 10; 26. 6. 2 Ki. 9. 33. La. 1. 15. Da. 8. 13. He. 10. 29. Re. 11. 2. *under feet. Heb.* with feet.

4 *shall be.* ver. 1. Ps. 73. 19, 20. Ho. 6. 4; 9. 10, 11, 16; 13. 1, 15. Ja. 1. 10, 11. *the hasty.* 'No sooner,' says Dr. SHAW, 'doth the *boccore* (or early fig) draw near to perfection in the middle or latter end of June, than the *kermez*, or summer fig, begins to be formed, though it rarely ripens before August; about which time the same tree frequently throws out a third crop, or winter fig, as we may call it. This is usually of a much longer shape and darker complexion than the kermez, hanging and ripening upon the tree, even after the leaves are shed; and, provided the winter proves mild and temperate, is gathered as a delicious morsel in the spring.' Mi. 7. 1. Na. 3. 12. Re. 6. 13. *eateth. Heb.* swalloweth.

5 *shall the.* ch. 41. 16; 45. 25; 60. 1-3, 19; 62. 3. Je. 9. 23, 24. Zec. 6. 13-15. Lu. 2. 32. 1 Co. 1. 30, 31. 2 Co. 4. 17. 1 Pe. 5. 4. *for a diadem.* Job 29. 14. Ps. 90. 16, 17. *residue.* ch. 10. 20, 21; 11. 16; 37. 31, 32. Ro. 11. 5, 6.

6 *for a spirit.* ch. 11. 2-4; 32. 15, 16. Ge. 41. 38, 39. Nu. 11. 16, 17; 27. 16-18. 1 Ki. 3. 28. Ps. 72. 1-4. Pr. 20. 8. Jno. 3. 34; 5. 30. 1 Co. 12. 8. *and for strength.* De. 20. 4. Jos. 1. 9. Ps. 18. 32-34; 46. 1, 11.

7 *erred.* ch. 19. 14; 56. 10-12. Le. 10. 9, 10. Pr. 20. 1; 31. 4, 5. Ec. 10. 17. Eze. 44. 21. Ho. 4. 11. Mi. 2. 11. Mat. 24. 29. Lu. 21. 34. Ep. 5. 28. *are swallowed.* Ps. 107. 27, marg. *err in.* ch. 3. 12; 9. 16. Je. 14. 14; 23. 13, 16. La. 2. 4. Eze. 13. 7. Ho. 4. 12.

8 Pr. 26. 11. Je. 48. 26. Hab. 2. 15, 16.

9 *shall he teach.* ch. 30. 10-12. Ps. 50. 17. Pr. 1. 29. Je 5. 31; 6. 10. Jno. 3. 19; 12. 38, 47, 48. *doctrine. Heb.* the hearing. ch. 53. 1, marg. *weaned.* Ps. 131. 2. Mat. 11. 25; 21. 15, 16. Mar. 10. 15. 1 Pe. 2. 2.

10 *For precept.* ver. 13; ch. 5. 4. De. 6. 1-6. 2 Ch. 36. 15, 16. Ne. 9. 29, 30. Je. 11. 7; 25. 3-7. Mat. 21. 34-41. Phi. 3. 1. 2 Ti. 3. 7. He. 5. 12. *must be. or, hath been.*

11 *with.* De. 28. 49. Je. 5. 15. 1 Co. 14. 21. *stammering lips. Heb.* stammerings of lips. *will he speak. or,* he hath spoken.

12 *This.* ch. 30. 15. 2 Ch. 14. 11; 16. 8, 9. Je. 6. 16 Mat. 11. 28, 29. *yet.* Ps. 81. 11-13. Je. 44. 16. Zec. 7. 11 14. He. 12. 25.

13 *precept upon precept.* ver. 10. Je. 23. 36-38. Ho. 6. 5, 8, 12. *that.* ch. 6. 9, 10; 8. 14, 15. Ps. 69. 22. Mat. 13. 14; 21. 44. Ro. 11. 9. 2 Co. 2. 16. 1 Pe. 2. 7, 8. 2 Pe. 3. 16.

14 *ye.* ver. 22; ch. 1. 10; 5. 9; 29. 20. Pr. 1. 22; 3. 34; 29. 8. Ho. 7. 5. Ac. 13. 41.

15 *We have.* To be in covenant with a thing, says Bp. LOWTH, is a proverbial expression to denote perfect security from mischief or evil of which it is the cause. ch. 5. 18, 19. Ec. 8. 8. Job 5. 23; 15. 25-27. Je. 44. 17. Eze. 8. 12. Ho. 2. 18. Zep. 1. 12. *when.* ch. 8. 7, 8. Da. 11. 22. *we have made.* ch. 30. 10. Je. 5. 31; 14. 13; 16. 19; 28. 15-17. Eze. 13. 16, 22. Am. 2. 4. Jon. 2. 8. 2 Th. 2. 9-11.

16 *Behold.* ch. 8. 14. Ge. 49. 10, 24. Ps. 118. 22. Zec. 3. 9. Mat. 21. 42. Mar. 12. 10. Lu. 20. 17, 18. Ac. 4. 11, 12. Ro. 9. 33; 10. 11. 1 Co. 3. 11. Ep. 2. 20. 1 Pe. 2. 6-8. *he that.* ch. 30. 18. Ps. 112. 7, 8. Hab. 2. 3, 4. Ja. 5. 7, 8.

17 *Judgment.* ch. 10. 22. 2 Ki. 21. 13. Ps. 94. 15. Am. 7. 7-9. Ro. 2. 2, 5; 9. 28. Re. 19. 2. *and the hail.* ver. 2, 15; ch. 25. 4; 32. 2, 18, 19. Ex. 9. 18, 19. Jos. 10. 11. Je. 7. 4-8, 14, 20; 23. 19; 30. 23, 24. Eze. 13. 10-16; 38. 22. Re. 8. 7; 11. 19; 16. 21. *and the waters.* ch. 30. 28. Job 22. 16. Da. 11. 22. Mat. 7. 27. 2 Pe. 3. 6, 7.

18 *your covenant.* ch. 7. 7; 8. 10. Je. 44. 28. Eze. 17. 15. Zec. 1. 6. *shall be disannulled.* For *kuppar*, HOUBIGANT, Archbp. SECKER, and Bp. LOWTH, would read *tuppar;* but the former may well have the sense ascribed to it here, as it signifies in Chaldee and Syriac, *abstersit, diluit, abolevit. when.* ver. 2, 15; ch. 8. 8. Je. 47. 2. Da. 8. 9-13; 9. 26, 27; 11. 40. Re. 12. 15; 17. 15. *trodden down by it. Heb.* a treading down to it. ver. 3. Mal. 4. 1-3.

19 *the time.* ch. 10. 5, 6. 2 Ki. 17. 6; 18. 13. Eze. 21. 19-23. *and it.* ch. 33. 7; 36. 22; 37. 3. 1 Sa. 3. 11. 2 Ki. 21. 12. Je. 19. 3. Da. 7. 28; 8. 27. Hab. 3. 16. Lu. 21. 25, 26. *to understand the report. or, when* he shall make *you* to understand doctrine.

20 *the bed.* ch. 57. 12, 13; 59. 5, 6; 64. 6; 66. 3-6. Je. 7. 8-10. Ro. 9. 30-32. 1 Co. 1. 18-31.

21 *in mount Perazim.* 2 Sa. 5. 20. 1 Ch. 14. 11. *the valley.* Jos. 10. 10, 12. 2 Sa. 5. 25, Geba. 1 Ch. 14. 16. *his strange.* ver. 19. De. 29. 21-24. Je. 30. 14. La. 2. 15; 3. 33. Eze. 33. 21. Lu. 19. 41-44.

22 *be ye.* ver. 15; 2 Ch. 30. 10; 36. 16. Je. 15. 17; 20. 7. Mat. 27. 39, 44. Ac. 13. 40, 41; 17. 32. *lest.* 2 Ch. 33. 11. Ps. 107. 16. Je. 39. 7. La. 1. 14. Re. 22. 18, 19. *a consumption.* ch. 10. 22, 23; 24. 1, etc.; 32. 12-14. Je. 25. 11. Da. 9. 26, 27. Lu. 21. 24.

23 ch. 1. 2. De. 32. 1. Je. 22. 29. Re. 2. 7, 11, 14, 29.

24 *break.* Je. 4. 3. Ho. 10. 11, 12.

25 *in the principal,* etc. *or,* the wheat in the principal *place,* and the barley in the appointed *place. rye. or,* spelt. Ex. 9. 31, 32. Eze. 4. 9. *place. Heb.* border.

26 *For his God,* etc. *or,* And he bindeth it in such sort as his God doth teach him. Ex. 28. 3; 31. 3-6; 36. 2. Job 35. 11; 39. 17. Ps. 144. 1. Da. 1. 17. Ja. 1. 17.

27 *threshed.* ch. 41. 15. 2 Ki. 13. 7. Am. 1. 3. *the fitches.* ch. 27. 7, 8. Je. 10. 24; 46. 28.

28 *Bread.* ch. 21. 10. Am. 9. 9. Mat. 3. 12; 13. 37-43. Lu. 22. 31, 32. Jno. 12. 24. 1 Co. 3. 9; 9. 9, 10. *the wheel.* ver. 27.

29 *cometh.* ver. 21, 22; ch. 9. 6. Job 5. 9; 37. 23. Ps. 40. 5; 92. 5. Je. 32. 19. Da. 4. 2, 3. Ro. 11. 33.

## CHAP. XXIX.

*God's heavy judgment upon Jerusalem, 1-6. The unsatiableness of her enemies, 7, 8. The senselessness, 9-12, and deep hypocrisy of the Jews, 13-16. A promise of sanctification to the godly, 17-24.*

1 A.M. 3292. B.C. 712. *Woe, etc. or,* O Ariel, *that is,* the lion of God. ch. 31. 9. Eze. 43. 15, 16. *the city. or,* of the city. 2 Sa. 5. 9. *add.* ch. 1. 11-15. Je. 7. 21. Ho. 5. 6; 8. 13; 9. 4. Am. 4. 4, 5. He. 10. 1. *kill. Heb.* cut off the heads. ch. 66. 3. Mi. 6. 6, 7.

2 *I will.* ch. 5. 25-30; 10. 5, 6, 32; 17. 14; 24. 1-12; 33. 7-9; 36. 22; 37. 3. Je. 32. 28-32; 39. 4, 5. *and it shall.* Or, as Bp. LOWTH renders, 'and it shall be unto me as the *hearth of the great altar;*' that is, it shall be the seat of the fire of God, which shall issue from thence to consume his enemies. The hearth of the altar is expressly called *ariel* by Ezekiel, ch. 43. 15; which is put, in the former part of the verse, for Jerusalem, the city in which the altar was. The subject of this and the four following chapters, says Bp. LOWTH, is the invasion of Sennacherib; the great distress of the Jews while it continued; their sudden and unexpected deliverance by God's immediate and miraculous interposition on their behalf; the subsequent prosperous state of the kingdom under Hezekiah; interspersed with severe reproofs and threats of punishment for their hypocrisy, stupidity, infidelity, their want of trust in God, and their vain reliance on the assistance of Egypt; and with promises of better times, both immediately to succeed, and to be expected in the future age. ch. 34. 6. Eze. 22. 31; 24. 3-13; 39. 17. Zep. 1. 7, 8. Re. 19. 17, 18.

3 2 Ki. 18. 17; 19. 32; 24. 11, 12; 25. 1-4. Eze. 21. 22. Mat. 22. 7. Lu. 19. 43, 44.

4 *thou shalt.* ch. 2. 11-21; 3. 8; 51. 23. Ps. 44. 25. La. 1. 9. *whisper. Heb.* peep, *or* chirp. See on ch. 8. 19.

5 *the multitude.* ch. 10. 16-19; 25. 5; 31. 3, 8; 37. 36. *as chaff.* ch. 17. 13. Job 21. 18. Ps. 1. 4; 35. 5. *at an.* ch. 30. 13. Ps. 46. 5, 6; 76. 5, 6. 1 Th. 5. 3.

6 ch. 5. 26-30; 28. 2; 30. 30; 33. 11-14. 1 Sa. 2. 10; 12. 17, 18. 2 Sa. 22. 14. Mat. 24. 7. Mar. 13. 8. Lu. 21. 11. Re. 11. 13, 19; 16. 18.

7 *the multitude.* ch. 37. 36; 41. 11, 12. Je. 25. 31-33; 51. 42-44. Na. 1. 3-12. Zec. 12. 3-5; 14. 1-3, 12-15. Re. 20. 8, 9. *that distress.* See on ver. 2. *as a dream.* Job 20. 8. Ps. 73. 20.

8 *as when.* ch. 10. 7-16. 2 Ch. 32. 21. *behold.* ch. 44. 12.

9 *and wonder.* ch. 1. 2; 33. 13, 14. Je. 2. 12. Hab. 1. 5. Ac. 13. 40, 41. Re. 17. 6. *cry ye out, and cry. or,* take your pleasure and riot. ch. 22. 12, 13. Mat. 26. 45. Mar. 14. 41. *they are.* ver. 10; ch. 19. 14; 28. 7, 8; 49. 26; 51. 21, 22. Je. 23. 9; 25. 27; 51. 7. La. 4. 21.

10 *the Lord.* ver. 14; ch. 6. 9, 10. 1 Sa. 26. 12. Ps. 69. 23. Mi. 3. 6. Ac. 28. 26, 27. Ro. 11. 8. *hath closed.* ch. 44. 18. Eze. 14. 9. 2 Co. 4. 4. 2 Th. 2. 9-12. *rulers. Heb.* heads. ch. 3. 2, 3. Mi. 3. 1. *the seers.* ch. 30. 10. 1 Sa. 9. 9. Je. 26. 8-11. Am. 7. 12, 13.

11 *book. or,* letter. *that is sealed.* ch. 8. 16. *I cannot.* Da. 12. 4, 9. Mat. 11. 25; 13. 11; 16. 17. Re. 5. 1-9; 6. 1.

12 *I am not.* ver. 18; ch. 28. 12, 13. Je. 5. 4. Ho. 4. 6. Jno. 7. 15, 16.

13 *Forasmuch.* ch. 10. 6; 48. 1, 2; 58. 2, 3. Ps. 17. 1. Je. 3. 10; 5. 2; 12. 2; 42. 2-4, 20. Eze. 33. 31-33. Mat. 15. 7-9. *their fear.* 2 Ch. ch. 29-31. Pr. 30. 6. Mat. 15. 2-6. Mar. 7. 2-13. Col. 2. 22.

14 *I will.* ver. 9; ch. 28. 21. Hab. 1. 5. Jno. 9. 29-34. *proceed. Heb.* add. *for the wisdom.* ver. 10; ch. 6. 9, 10; 19. 3, 11-14. Job 5. 13. Je. 8. 7-9; 49. 7. Ob. 8. Lu. 10. 24. Jno. 9. 39-41. Ac. 28. 26, 27. Ro. 1. 21, 22, 28. 1 Co. 1. 19-24; 3. 19.

15 *seek.* ch. 5. 18, 19; 28. 15, 17; 30. 1. Job 22. 13, 14. Ps. 10. 11-13; 64. 5, 6; 139. 1-8. Je. 23. 24. Eze. 8. 12; 9. 9. Zep. 1. 12. Re. 2. 23. *and their works.* Job 24. 13-17; 34. 22. Lu. 12. 1-3. Jno. 3. 19. 1 Co. 4. 5. 2 Co. 4. 2. *Who seeth.* ch. 47. 10. Ps. 59. 7; 73. 11; 94. 7-9. Mal. 2. 17.

16 *your turning.* ch. 24. 1. Ac. 17. 6. *as the potter's.* ch. 45. 9, 10. Je. 18. 1-10. Ro. 9. 19, 21. *or shall.* ch. 45. 11. Ps. 94. 8, 9.

17 *yet a very.* ch. 63. 18. Hab. 2. 3. Hag. 2. 6. He. 10. 37. *Lebanon.* ch. 32. 15; 35. 1, 2; 41. 19; 49. 5, 6; 55. 13; 65. 12-16. Ho. 1. 9, 10. Mat. 19. 30; 21. 43. Ro. 11. 11-17. *the fruitful.* ch. 5. 6. Eze. 20. 46, 47. Ho. 3. 4. Mi. 3. 12. Zec. 11. 1, 2. Mat. 21. 18, 19. Ro. 11. 19-27.

18 *the deaf.* ver. 10-12, 24; ch. 35. 5; 42. 16-18. De. 29. 4. Ps. 119. 18. Pr. 20. 12. Je. 31. 33, 34. Mat. 11. 5; 13. 14-16; 16. 17. Mar. 7. 37. Lu. 4. 18; 7. 22. Jno. 6. 45. Ac. 26. 18. 2 Co. 3. 14-18; 4. 2-6. Ep. 1. 17-19; 5. 14. 1 Pe. 2. 9. Re. 3. 18.

19 *meek.* ch. 61. 1. Ps. 25. 9; 37. 11; 149. 4. Zep. 2. 3. Mat. 5. 5; 11. 29. Ga. 5. 22, 23. Ep. 4. 2. Phi. 2. 1-3. Ja. 1. 21; 2. 5; 3. 13-18. 1 Pe. 2. 1-3. *increase. Heb.* add. *the poor.* ch. 41. 17, 18; 57. 15; 66. 2. Ps. 9. 18; 12. 5. Zep. 3. 12-18. Mat. 5. 3; 11. 5. 1 Co. 1. 26-29. Ja. 1. 9; 2. 5. *rejoice.* ch. 41. 16; 61. 10. Hab. 3. 18. Phi. 3. 1-3; 4. 4.

20 *the terrible.* ver. 5; ch. 13. 3; 25. 4, 5; 49. 25; 51. 13. Da. 7. 7, 19-25. Hab. 1. 6, 7. *the scorner.* See on ch. 28. 14-22. Lu. 16. 14; 23. 11, 35. *and all.* Mi. 2. 1. Mar. 2. 6, 7; 3. 2-6. Lu. 6. 7; 13. 14-17; 20. 20-23. Re. 12. 10.

21 *make.* Ju. 12. 6. Mat. 22. 15. Lu. 11. 53, 54. *and lay.* Je. 18. 18; 20. 7-10; 26. 2-8. Am. 5. 10-12; 7. 10-17. Mi. 2. 6, 7. *and turn.* Pr. 28. 21. Eze. 13. 19. Am. 5. 11, 12. Mal. 3. 5. Mat. 26. 15. Ac. 3. 14. Ja. 5. 6.

22 *who redeemed.* ch. 41. 8, 9, 14; 44. 21-23; 51. 2, 11; 54. 4. Ge. 48. 16. Jos. 24. 2-5. Ne. 9. 7, 8. Lu. 1. 68. 1 Pe. 1. 18, 19. Re. 5. 9. *Jacob shall.* ch. 44. 21-26; 45. 17, 25; 46. 3, 4; 49. 7, etc.; 60. 1-9; 61. 7-11. Je. 30. 5-7, 10; 31. 10-12; 33. 24-26. Eze. 37. 24, 28; 39. 25-29; ch. 40-48. Joel 2. 27. Ro. 11. 11, etc.

23 *the work.* ch. 19. 25; 43. 21; 45. 11; 60. 21. Ep. 2. 10. *sanctify.* ch. 5. 16; 8. 13. Le. 10. 3. Mat. 6. 9. Re. 11. 15-17. *fear the God.* Ho. 3. 5. Re. 15. 4; 19. 5.

24 *also.* ver. 10, 11; ch. 28. 7. Zec. 12. 10. Mat. 21. 28-32. Lu. 7. 47; 15. 17-19. Ac. 2. 37; 6. 7; 9. 19, 20. 1 Co. 6. 11. 1 Ti. 1. 13-15. Re. 20. 2, 3. *come to understanding. Heb.* know understanding.

## CHAP. XXX.

*The prophet threatens the people for their confidence in Egypt, 1-7, and contempt of God's word, 8-17. God's mercies towards his church, 18-26. God's wrath and the people's joy, in the destruction of Assyria, 27-33.*

1 A.M. cir. 3291. B.C. cir. 713. *the rebellious.* ver. 9; ch. 1. 2; 63. 10; 65. 2. De. 9. 7, 24; 29. 19. Je. 4. 17; 5. 23. Eze. 2. 3; 3. 9, 26, 27; 12. 2, 3. Ho. 7. 13. Ac. 7. 51, 52. *that take.* ch. 8. 19; 29. 15. 1 Ch. 10. 13, 14. Ho. 4. 10-12. *cover.* ch. 4. 5, marg.; 28. 15, 20; 32. 2. Ps. 61. 4; 91. 1-4. *add.* ch. 1. 5; 5. 18. Nu. 32. 14. Ho. 13. 2. Ro. 2. 5. 2 Ti. 3. 13.

2 *walk.* ch. 20. 5, 6; 31. 1-3; 36. 6. De. 28. 68. 2 Ki. 17. 4. Je. 37. 5; 43. 7. Eze. 29. 6, 7. *and have.* Nu. 27. 21. Jos. 9. 14. 1 Ki. 22. 7. Je. 21. 2; 42. 2, 20. *the shadow.* ch. 16. 3; 18. 1. Ju. 9. 15. La. 4. 20.

3 *the strength.* ver. 5-7; ch. 20. 5. Je. 37. 5-10. *your confusion.* ch. 45. 16, 17. Je. 17. 5, 6. Ro. 5. 5; 10. 11.

4 *his princes.* ch. 57. 9. 2 Ki. 17. 4. Ho. 7. 11, 12, 16. *Zoan.* ch. 19. 11. Nu. 13. 22. Eze. 30. 14. *Hanes.* Je. 43. 7, Tahpanhes. Eze. 30. 18, Tehaphnehes.

5 ver. 16; ch. 20. 5, 6; 31. 1-3. Je. 2. 36.

6 *burden.* ch. 46. 1, 2; 57. 9. Ho. 8. 9, 10; 12. 1. *beasts.* 1 Ki. 10. 2. Mat. 12. 42. *into the land.* Or, as Bp. LOWTH renders, 'through a land of distress and difficulty:' the same deserts are here spoken of which the Israelites passed through. ch. 19. 4. Ex. 1. 14; 5. 10-21. De. 4. 20; 8. 15; 17. 16. Je. 11. 4. *the viper.* Nu. 21. 6, 7. De. 8. 15. Je. 2. 6. *riches.* 2 Ch. 9. 1; 16. 2; 28. 20-23.

7 *the Egyptians.* ch. 31. 1-5. Je. 37. 7. *concerning this. or,* to her. *Their.* ver. 15; ch. 2. 22; 7. 4; 28. 12. Ex. 14. 13. Ps. 76. 8, 9; 118. 8, 9. La. 3. 26. Ho. 5. 13.

8 *write.* ch. 8. 1. De. 31. 19, 22. Job 19. 23, 24. Je. 36. 2, 28-32; 51. 60. Hab. 2. 2. *the time to come. Heb.* the latter day. ch. 2. 2. Nu. 24. 14. De. 4. 30; 31. 29. Job 19. 25. Je. 23. 20; 48. 47. Eze. 38. 16. Ho. 3. 5. 1 Ti. 4. 1. 2 Pe. 3. 3. Jude 18.

9 *this is.* ver. 1; ch. 1. 4. De. 31. 27-29; 32. 20. Je. 44. 2-17. Zep. 3. 2. Mat. 23. 31-33. Ac. 7. 51. *lying.* ch. 59. 3; 63. 8. Je. 9. 3. Ho. 4. 2. Re. 21. 8; 22. 15. *will not.* 2 Ch. 33. 10; 36. 15, 16. Ne. 9. 29, 30. Pr. 28. 9. Je. 7. 13. Zec. 1. 4-6; 7. 11, 12. Ro. 2. 21-23.

10 *say.* 1 Ki. 21. 20. 2 Ch. 16. 10; 18. 7-27; 24. 19-21; 25. 16. Je. 5. 31; 11. 21; 26. 11, 20-23; 29. 27; 38. 4. Am. 2. 12; 7. 13. Mi. 2. 6. Ac. 4. 17; 5. 28. 1 Th. 2. 15, 16. Re. 11. 7.

*speak.* 1 Ki. 22. 8-13, 27. Je. 6. 13, 14; 8. 10, 11; 23. 17, 26-29. Eze. 13. 7-10, 18-22. Mi. 2. 11. Jno. 7. 7; 8. 45. Ro. 16. 18. Ga. 4. 16.

11 *you out.* ch. 29. 21. Am. 7. 13. *cause.* Jno. 15. 23, 24. Ro. 1. 28, 30; 8. 7. Ep. 4. 18.

12 *Because.* ver. 1, 7, 15-17. ch. 5. 24; 31. 1-3. 2 Sa. 12. 9, 10. Am. 2. 4. Lu. 10. 16. 1 Th. 4. 8. *and trust.* ch. 28. 15; 47. 10. Ps. 52. 7; 62. 10. Je. 13. 25. *oppression. or,* fraud.

13 *as a breach.* 1 Ki. 20. 30. Ps. 62. 3. Eze. 13. 10-15. Mat. 7. 27. Lu. 6. 49. *cometh.* ch. 29. 5. Job 36. 18. Ps. 73. 19, 20. Pr. 29. 1. 1 Th. 5. 1-3.

14 *he shall break.* Ps. 2. 9. Je. 19. 10, 11. Re. 2. 27. *potters' vessel. Heb.* bottle of potters. *he shall not.* ch. 27. 11. De. 29. 20. Job 27. 22. Je. 13. 14. Eze. 5. 11; 7. 4, 9; 8. 18; 9. 10; 24. 14. Ro. 8. 32; 11. 21. 2 Pe. 2. 4, 5. *so that.* ch. 47. 14. Ps. 31. 12. Je. 48. 38. Lu. 4. 2. Eze. 15. 3-8.

15 *the Holy One.* ver. 11. Je. 23. 36. *In returning.* ver. 7; ch. 7. 4; 26. 3, 4; 32. 17. 1 Ch. 5. 20. 2 Ch. 16. 8; 32. 8. Ps. 125. 1, 2. Je. 3. 22, 23. Ho. 14. 1-3. *and ye.* Ps. 80. 11-13. Je. 44. 16, 17. Mat. 22. 3; 23. 37. Lu. 13. 34. Jno. 5. 40. He. 12. 25.

16 *for we will.* ch. 5. 26-30; 10. 28-32; 31. 1. De. 28. 25. 2 Ki. 25. 5. Ps. 33. 17; 147. 10. Je. 52. 7. Am. 2. 14-16; 9. 1. Mi. 1. 13. *therefore.* De. 28. 49. Je. 4. 13. La. 4. 19. Hab. 1. 8.

17 *thousand.* Le. 26. 8, 36. De. 28. 25; 32. 30 Jos. 23. 10. Pr. 28. 1. Je. 37. 10. Re. 26. 8. *till ye.* ch. 1. 7, 8; 37. 3, 4. Ne. 1. 2, 3. Zep. 3. 12. Zec. 13. 8, 9. Mat. 24. 21, 22. *a beacon. or,* a tree bereft of branches, *or,* boughs, *or,* a mast. ch. 6. 13; 27. 11. Jno. 15. 2-6. Ro. 11. 17.

18 *therefore.* ch. 55. 8. Ex. 34. 6. Ho. 2. 14. Ro. 5. 20; 9. 15-18. *wait.* ch. 18. 4; 57. 17, 18. Je. 31. 18-20. Ho. 5. 15; 6. 1, 2; 11. 8, 9. Jon. 3. 4-10. Mat. 15. 22-28. Lu. 15. 20. Ro. 9. 22. 2 Pe. 3. 9, 15. *will he be.* ch. 33. 10-12. Ps. 46. 10, 11; 76. 5-10. Lu. 24. 26, 27. Ac. 2. 33-39; 5. 31. Ep. 1. 6, 20-23. *for the Lord.* ch. 33. 5; 42. 1-4. De. 32. 4. 1 Sa. 2. 3. Job 35. 14. Ps. 99. 4. Je. 10. 24, 25. Mi. 7. 18-20. Mal. 2. 17. Ro. 2. 2-10. Ep. 1. 8. *blessed.* ch. 8. 17; 25. 9; 26. 7, 8; 40. 31. Ps. 2. 12; 27. 14; 28. 6, 7; 34. 8; 40. 1-3; 62. 1, 2, 5-8; 84. 12. Pr. 16. 20. Je. 17. 7. La. 3. 25, 26. Mi. 7. 7-9. Lu. 2. 25. Ro. 8. 25-28. Ja. 5. 11.

19 *dwell.* ch. 10. 24; 12. 6; 46. 13; 65. 9. Je. 31. 6, 12; 50. 4, 5, 28; 51. 10. Eze. 20. 40; 37. 25-28. Zep. 3. 14-20. Zec. 1. 16, 17; 2. 4-7; 8. 3-8. Ro. 11. 26. *thou shalt.* ch. 12. 3-6; 25. 8; 35. 10; 40. 1, 2; 54. 6-14; 60. 20; 61. 1-3; 65. 18. Je. 30. 12; 31. 9. Mi. 4. 9. Lu. 6. 21. Re. 5. 4; 7. 17. *he will.* ch. 58. 9; 65. 24. Ps. 50. 15. Je. 29. 11-13; 33. 3. Eze. 36. 37. Mat. 7. 7-11. Ep. 3. 20. 1 Jno. 5. 14, 15.

20 *the bread.* De. 16. 3. 1 Ki. 22. 27. 2 Ch. 18. 26. Ps. 30. 5; 80. 5; 102. 9; 127. 2. Eze. 4. 13-17; 24. 22, 23. Ac. 14. 22. *affliction. or,* oppression. *yet shall.* Ps. 74. 9. Am. 8. 11, 12. Mat. 9. 38. Ep. 4. 11.

21 *thine ears.* ch. 35. 8, 9; 42. 16; 48. 17; 58. 11. Ps. 25. 8, 9; 143. 8-10. Pr. 3. 5, 6. Je. 6. 16. 1 Jno. 2. 20, 27. *when ye turn to the right.* De. 5. 32. Jos. 1. 7; 23. 6. 2 Ki. 22. 2. Ps. 32. 8. Pr. 4. 27.

22 *defile.* ch. 2. 20, 21; 17. 7, 8; 27. 9; 31. 7. 2 Ki. 23. 4-20. 2 Ch. 31. 1; 34. 3-7. Eze. 36. 31. Mi. 5. 10-14. Zec. 13. 2. Re. 19. 20. *thy graven images of silver. Heb.* the graven images of thy silver. ch. 46. 6. Ex. 32. 2-4. Ju. 17. 3, 4. *cast. Heb.* scatter. *as a.* La. 1. 17. Eze. 18. 6. *Get.* Ho. 14. 8.

23 *shall he.* ch. 5. 6; 32. 20; 44. 2-4; 55. 10, 11; 58. 11. Ps. 65. 9-13; 104. 13, 14; 107. 35-38. Je. 14. 22. Eze. 36. 25, 26. Ho. 2. 21-23. Joel 2. 21-26. Am. 4. 7, 8. Zec. 8. 11, 12; 10. 1. Mal. 3. 10. Mat. 6. 33. 1 Ti. 4. 8. *it shall.* ch. 4. 2. Ps. 36. 8. *thy cattle.* Ge. 41. 18, 26, 47. Ps. 144. 12-14. Ho. 4. 16. Mal. 4. 2.

24 *oxen.* De. 25. 4. 1 Co. 9. 9, 10. *ear the ground.* Ge. 45. 6. Ex. 34. 21. De. 21. 4. 1 Sa. 8. 12. *clean. or,* savory. *Heb.* leavened.

25 *upon every high.* ch. 2. 14, 15; 35. 6, 7; 41. 18, 19; 43. 19, 20; 44. 3, 4. Eze. 17. 22; 34. 13, 26. Jno. 7. 38. Re. 22. 1. *high. Heb.* lifted up. *in the day.* ch. 34. 2-10; 37. 36; 63. 1-6. Eze. 39. 17-20. Re. ch. 16-19. *when.* ch. 32. 14. Na. 3. 12. 2 Co. 10. 4.

26 *the light of the moon.* ch. 11. 9; 24. 23; 60. 19, 20. Zec. 12. 8; 14. 7. Re. 21. 23; 22. 5. *bindeth.* ch. 1. 6. De. 32. 39. Job 5. 18. Je. 33. 5, 6. La. 2. 13. He. 6. 1, 2. Am. 9. 11.

27 *burning.* ch. 9. 5; 10. 16, 17; 33. 12; 34. 9; De. 32. 22; 33. 2. Ps. 18. 7-9; 79. 5. La. 1. 12, 13. Da. 7. 9. Na. 1. 5, 6. 2 Th. 2. 8. He. 12. 29. *the burden thereof. or,* the grievousness of flame. *heavy. Heb.* heaviness. Zep. 3. 8.

28 *his breath.* ch. 11. 4. Ps. 18. 15. Lu. 22. 31. 2 Th. 2. 8. He. 4. 12. Re. 1. 16; 2. 16. *an overflowing.* ch. 8. 8; 28. 17, 18; 29. 6. Hab. 3. 12-15. *to sift.* Bp. LOWTH renders, 'to toss the nations with the van of perdition;' that is, says KIMCHI, nothing useful shall remain behind, but all shall come to nothing and perish. The van of the ancients was a large instrument, somewhat like a shovel, with a long handle, with which they tossed the corn mixed with the chaff and chopped straw into the air, that the wind might separate them. ch. 19. 12, 14; 33. 10-12. Ho. 13. 3. Am. 9. 9. Mat. 3. 12. *a bridle.* ch. 37. 29. 2 Ki. 19. 28. Ps. 32. 9. Pr. 26. 3. *causing.* ch. 19. 3, 13, 14. 2 Sa. 17. 14. 1 Ki. 22. 20-22. Job 39. 17. Eze. 14. 7-9. 2 Th. 2. 11.

29 *Ye shall.* ch. 12. 1; 26. 1. Ex. 15. 1, etc. 2 Ch. 20. 27, 28. Ps. 32. 7. Je. 33. 11. Re. 15. 3; 19. 1-7. *in the night.* Le. 23. 32. D... 16. 6, 14. Ps. 42. 4; 81. 1-4. Mat. 26. 30. *with a pipe.* 1 Ch. 13. 7, 8. Ps. 42. 4; 95. 1, 2; 150. 3-5. *the mountain.* ch. 2. 3. *mighty One. Heb.* Rock. ch. 26. 4. De. 32. 4, 31. Ps. 18. 31.

30 *the Lord.* ch. 29. 6. Ps. 2. 5; 18. 13, 14; 46. 6. *his glorious voice. Heb.* the glory of his voice. Job 37. 2-5; 40. 9. Ps. 29. 3-9. Eze. 10. 5. Re. 1. 15. *the lighting.* ch. 51. 9; 62. 8. Ex. 15. 16. Ps. 98. 1. Lu. 1. 51. *the flame.* ch. 28. 2; 32. 19. Jos. 10. 11. 1 Sa. 7. 10. Ps. 18. 13, 14; 50. 1-3; 76. 5-8; 97. 3-5. Eze. 38. 19-22. Mi. 1. 4. Na. 1. 2-6. Mat. 24. 7. 2 Th. 1. 8. Re. 6. 12-17; 11. 19; 14. 16-20; 16. 18-21.

31 *the voice.* ver. 30; ch. 37. 32-38. *which smote.* ch. 9. 4; 10. 5, 15, 24. Ps. 17. 13, 14; 125. 5. Mi. 5. 5, 6.

32 *every place, etc. Heb.* every passing of the rod founded. *lay. Heb.* cause to rest. *it shall be.* ver. 29; ch. 24. 8. Ge. 31. 27. 1 Sa. 10. 5. Job 21. 11, 12. Ps. 81. 1, 2. *shaking.* ch. 2. 19; 11. 15; 19. 16. Job 16. 12. He. 12. 26. *with it. or,* against them.

33 *Tophet.* 2 Ki. 23. 10. Je. 7. 31, 32; 19. 6, 11-14. Mat. 4. 22; 18. 8, 9. *ordained.* Mat. 25. 41. 1 Pe. 1. 8. Jude 4. *of old. Heb.* from yesterday. He. 13. 8. *for the king.* ch. 14. 9-20; 37. 38. Eze. 32. 22, 23. Re. 19. 18-20. *the breath.* ver. 27, 28. Ge. 19. 24. Ps. 40. 5, 6. Re. 14. 10, 11.

## CHAP. XXXI.

*The prophet shews the folly and danger of trusting to Egypt, and forsaking God,* 1-5. *He exhorts to conversion,* 6, 7. *He shews the fall of Assyria,* 8, 9.

1 *to them.* ch. 30. 1-7; 36. 6; 57. 9. Eze. 17. 15. Ho. 11. 5. *stay on horses.* ch. 30. 16; 36. 9. De. 17. 16. Ps. 20. 7; 33. 16, 17. *they look.* ch. 5. 12; 17. 7, 8; 22. 11. 2 Ch. 16. 7. Je. 2. 13; 17. 5. Ho. 14. 3. *neither.* ch. 9. 13; 64. 7. Da. 9. 13. Ho. 7. 7, 13-16. Am. 5. 4-8.

2 *he also.* 1 Sa. 2. 3. Job 5. 13. Je. 10. 7, 12. 1 Co. 1. 21-29. Jude 25. *will bring.* ch. 30. 13, 14; 45. 7. Jos. 23. 15. Am. 3. 6. *will not.* Nu. 23. 19. Je. 36. 32; 44. 29. Zec. 1. 6. Mat. 24. 35. *call back. Heb.* remove. *arise.* ch. 28. 21; 63. 4, 5. Nu. 10. 35. Ps. 12. 5, 6; 68. 1, 2; 78. 65, 66. Zep. 3. 8. *against the help.* ver. 3; ch. 20. 4-6; 30. 3. Je. 44. 29, 30. Eze. 29. 6.

3 *the Egyptians.* ch. 36. 6. De. 32. 30, 31. Ps. 9. 20; 146. 3-5. Eze. 28. 9. Ac. 12. 22, 23. 2 Th. 2. 4-8. *their horses.* Ps. 33. 17. *stretch.* ch. 9. 17. Je. 15. 6. Eze. 20. 33, 34. *both.* Je. 37. 7-10.

4 *Like as.* Nu. 24. 8, 9. Je. 50. 44. Ho. 11. 10. Am. 3. 8. Re. 5. 5. *noise. or,* multitude. *so shall.* ch. 10. 16; 12. 6; 37. 35, 36; 42. 13. 2 Ch. 20. 15. Ps. 125. 1, 2. Zec. 2. 5; 9. 8, 15; 12. 8; 14. 3.

5 *birds.* ch. 10. 14. Ex. 19. 4. De. 32. 11. Ps. 46. 5, 91. 4. *defending.* Ps. 37. 40. *passing.* Or rather, as Bp. LOWTH renders, 'leaping forward,' *pasoach.* As the mother bird spreads her wings to cover her young, throws herself before them, and opposes the rapacious bird that assaults them; so shall Jehovah protect, as with a shield, Jerusalem from the enemy, protecting and delivering, *springing forward* and rescuing her. Ex. 12. 27.

6 *Turn.* ch. 55. 7. Je. 3. 10, 14, 22; 31. 18-20. Ho. 14. 1-3. Joel 2. 12, 13. Ac. 3. 19; 26. 20. *deeply.* ch. 1. 4; 29. 15; 48. 8. 2 Ch. 33. 9-16; 36. 14. Je. 5. 23. Ho. 9. 9.

7 *in that.* ch. 2. 20; 30. 22. De. 7. 25. Eze. 36. 25. Ho. 14. 8. *his idols of gold. Heb.* the idols of his gold. *for a sin.* 1 Ki. 12. 28-30. Ho. 8. 11.

8 *shall the.* ch. 10. 16-19, 33, 34; 14. 25; 29. 5; 30. 27-33; 37. 35. 2 Ki. 19. 34-37. 2 Ch. 32. 21. Ho. 1. 7. *he shall flee.* ch. 37. 37, 38. *from the sword. or,* for fear of the sword. *discomfited. or,* tributary. *Heb.* for melting, *or* tribute.

9 *he shall pass over to his strong hold for fear. Heb.* his rock shall pass away for fear. *or,* his strength. *the ensign.* ch. 11. 10; 18. 3. *whose fire.* ch. 1. 1; 29. 6 Le. 6. 13. Eze. 22. 18-22. Zec. 2. 5. Mal. 4. 1.

## CHAP. XXXII.

*The blessings of Christ's kingdom,* 1-8. *Desolation is foreshewn,* 9-14. *Restoration is promised to succeed,* 15-20.

1 *king.* ch. 9. 6, 7; 40. 1-5. 2 Sa. 23. 3. 2 Ch. 31. 20, 21. Ps. 45. 1. 6, 7; 72. 1, 2; 99. 4. Je. 23. 5, 6; 33. 15. Ho. 3. 5. Zec. 9. 9. Ro. 5. 21. He. 1. 8, 9. Re. 19. 11. *princes.* ch. 28. 6. Re. 17. 14.

2 *a man.* ch. 7. 14; 8. 10-14; 9. 6. Ps. 146. 3-5. Mi. 5. 4, 5. Zec. 13. 7. 1 Ti. 3. 16. *an hiding.* ver. 18, 19; ch. 4. 5, 6; 25. 4; 26. 20, 21; 28, 17; 44. 3. Ps. 32. 7; 143. 9. Mat. 7, 24-27. *rivers.* ch. 35. 6, 7; 41. 18; 43. 20. Jno. 7. 37. Re. 22. 1. *great. Heb.* heavy. *rock.* Ps. 31. 2, 3; 63. 1, marg.

3 ch. 29. 18, 24; 30. 26; 35. 5, 6; 54. 13; 60. 1, 2. Je. 31. 34. Mat. 13. 11. Mar. 7. 37; 8. 22-25. Ac. 26. 18. 2 Co. 4. 6. 1 Jno. 2. 20, 21.

4 *heart.* ch. 29. 24. Ne. 8. 8-12. Mat. 11. 25; 16. 17. Ac. 6. 7; 26. 9-11. Ga. 1. 23. *rash. Heb.* hasty. *the tongue.* Ex. 4. 11. Ca. 7. 9. Lu. 21. 14, 15. Ac. 2. 4-12; 4. 13. *plainly. or,* elegantly.

5 *vile.* ch. 5. 20. Ps. 15. 4. Mal. 3. 18. *nor.* 1 Sa. 25. 3-8. Pr. 23. 6-8.

6 *the vile.* 1 Sa. 24. 13; 25. 10, 11. Je. 13. 23. Mat. 12. 34-36; 15. 19. Ja. 3. 5, 6. *and his heart.* Ps. 58. 1, 2. Ho. 7. 6, 7. Mi. 2. 1, 2. Ac. 5. 3, 4; 8. 21, 22. Ja. 1. 14, 15. *empty.* Job 22. 5-9; 24. 2-16. Pr. 11. 24-26. Am. 2. 6, 7; 8. 6. Mi. 3. 1-3. Mat. 23. 14. Ja. 1. 27.

7 *instruments.* ch. 1. 23; 5. 23. Je. 5. 26-28. Mi. 2. 11; 7. 3. Mat. 26. 14-16, 59, 60. *deviseth.* Ps. 10. 7-10; 64. 4-6; 82. 2-5. Je. 18. 18. Mi. 7. 2. Mat. 26. 4. *lying.* ch. 59. 3, 4. 1 Ki. 21. 10-14. Ac. 6. 11-13. *the needy speaketh right. or,* he speaketh *against* the poor in judgment.

8 *the liberal.* 2 Sa. 9. 1, etc. Job 31. 16-21. Ps. 112. 9. Pr. 11. 24. Lu. 6. 33-35. Ac. 9. 39; 11. 29, 30. 2 Co. 8. 2; 9. 6-11. *stand. or,* be established.

9 *ye women.* ch. 3. 16; 47. 7, 8. De. 28. 56. Je. 6. 2-6; 48. 11, 12. La. 4. 5. Am. 6. 1-6. *give ear.* ch. 28. 23. Ju. 9. 7. Ps. 49. 1, 2. Mat. 13. 9.

10 *Many days and years. Heb.* Days above a year. ch. 3. 17-26; 24. 7-12. Je. 25. 10, 11. Ho. 3. 4. *for.* ch. 7. 23; 16. 10. Je. 8. 13. Ho. 2. 12. Joel 1. 7, 12. Hab. 3. 17. Zep. 1. 13.

11 *be troubled.* ch. 2. 19, 21; 22. 4, 5; 33. 14. Lu. 23. 27-30. Ja. 5. 5. *strip.* ch. 20. 4; 47. 1-3. De. 28. 48. Ho. 2. 3. Mi. 1. 8-11. *and gird.* ch. 3. 24; 15. 3. Je. 4. 8; 6. 26; 49. 3.

12 *lament.* La. 2. 11; 4. 3, 4. *pleasant fields. Heb.* fields of desire. De. 8. 7, 8; 11. 11, 12. Eze. 20. 6, 15.

13 *come.* ch. 6. 11; 7. 23; 34. 13. Ps. 107. 34. Ho. 9. 6; 10. 8. *yea, upon. or,* burning upon, etc. Je. 39. 8. Re. 18. 7, 8. *in the.* ch. 22. 2, 12, 13.

14 *the palaces.* ch. 5. 9; 24. 1-3, 10, 12; 25. 2; 27. 10. 2 Ki. 25. 9. Lu. 21. 20, 24. *forts and towers. or,* clifts and watch-towers. *for.* ch. 13. 19-22; 34. 11-17. Re. 18. 2, 3.

15 *the spirit.* ch. 11. 2, 3; 44. 3; 45. 8; 59. 19-21; 63. 11. Ps. 104. 30; 107. 33. Pr. 1. 23. Eze. 39. 29. Joel 2. 28, 29. Zec. 12. 10. Lu. 24. 49. Jno. 7. 39. Ac. 2. 17, 18, 33. 2 Co. 3. 8. Tit. 3. 5, 6. *wilderness.* ch. 29. 17; 35. 2, 7; 54. 1-3; 55. 11-13; 60. 1, etc.; 61. 3-5. Ho. 1. 10, 11. Ro. 11. 18-26.

16 ch. 35. 8; 42. 4; 56. 6-8; 60. 21. Ps. 94. 14, 15. Ho. 3. 5. 1 Co. 6. 9-11. Tit. 2. 11, 12. 1 Pe. 2. 9-12; 4. 1-4.

17 *the work.* ch. 26. 3; 48. 18; 54. 13, 14; 55. 12; 57. 19; 66. 12. Ps. 72. 2, 3; 85. 8; 119. 165. Ro. 14. 17. Phi. 4. 6-9. Ja. 3. 17, 18. *quietness.* ch. 2. 3, 4; 9. 7; 11. 6-9, 13. Ps. 112. 6-9. Pr. 14. 26. Eze. 37. 21, 22, 25; 39. 29. Mi. 4. 3, 4. 2 Co. 1. 12. He. 6. 11. 2 Pe. 1. 10, 11. 1 Jno. 3. 18-24; 4. 17.

18 ch. 33. 20-22; 35. 9, 10; 60. 17, 18. Je. 23. 5, 6; 33. 16. Eze. 34. 25, 26. Ho. 2. 18-23. Zec. 2. 5, 8. He. 4. 9. 1 Jno. 4. 16.

19 *it shall.* ch. 25. 4; 28. 2, 17; 30. 30; 37. 24. Ez. 9. 18-26. Eze. 13. 11-13. Mat. 7. 25. Re. 8. 7. *on the.* Zec. 11. 2. *the city shall be low. or,* the city shall be utterly abased. ch. 14. 22, 23; 26. 5. Na. 1. 1, 8; 2. 10-13. Re. 18. 21.

20 *Blessed.* ch. 19. 5-7; 30. 23; 55. 10, 11. Ec. 11. 1. Ac. 2. 41; 4. 4; 5. 14. 1 Co. 3. 6. Ja. 3. 18. *the ox.* ch. 30. 24. 1 Co. 9. 9-11.

## CHAP. XXXIII.

*God's judgments against the enemies of the church,* 1-12. *The consternation of sinners, and privileges of the godly,* 13-24.

1 *thee that.* ch. 10. 5, 6; 17. 14; 24. 16. 2 Ki. 18. 13-17. 2 Ch. 28. 16-21. Hab. 2. 5-8. *when thou shalt cease.* ch. 10. 12; 21. 2; 37. 36-38. Ju. 1. 7. Je. 25. 12-14. Ob. 10-16. Zec. 14. 1-3. Mat. 7. 2. Re. 13. 10; 16. 6; 17. 12-14, 17.

2 *be gracious.* ch. 25. 9; 26. 8; 30. 18, 19. Ps. 27. 13, 14; 62. 1, 5, 8; 123. 2; 130. 4-8. La. 3. 25, 26. Ho. 14. 2. *be thou.* ch. 25. 4. Ex. 14. 27. Ps. 25. 3; 143. 8. La. 3. 23. *our salvation.* ch. 26. 16. Ps. 37. 39; 46. 1, 5; 50. 15; 60. 11; 90. 15; 91. 15. Je. 2. 27, 28; 14. 8. 2 Co. 1. 3, 4.

3 ch. 10. 13, 14, 32-34; 17. 12-14; 37. 11-18, 29-36. Ps. 46. 6.

4 *your spoil.* ver. 23. 2 Ki. 7. 15, 16. 2 Ch. 14. 13; 20. 25. *the running.* Joel 2. 9, 25.

5 *The Lord.* ver. 10; ch. 2. 11, 17; 12. 4; 37. 20. Ex. 9. 16, 17; 15. 1, 6; 18. 11. Job 40. 9-14. Ps. 21. 11-13; 46. 9, 10; 97. 8, 9; 115. 1, 2; 118. 16. Da. 4. 37. Ro. 3. 26. Re. 19. 2-6. *he dwelleth.* ch. 57. 15; 66. 1. Ps. 113. 5, 6; 123. 1. Ep. 1. 20, 21. *he hath.* ch. 1. 26, 27; 4. 2-4; 32. 1, 15-18; 52. 1; 54. 11-14; 60. 21; 61. 3, 11; 62. 1. 2 Ch. 31. 20, 21. Ro. 11. 26.

6 *wisdom.* ch. 11. 2-5; 38. 5, 6. 2 Ch. 32. 27-29. Ps. 45. 4. Pr. 14. 27; 24. 3-7; 28. 2, 15, 16; 29. 4. Ec. 7. 12, 19; 9. 14-18. Je. 22. 15-17. *strength.* Ps. 27. 1, 2; 28. 8; 140. 7. *salvation. Heb.* salvations. *fear.* 2 Ch. 32. 20, 21. Ps. 112. 1-3. Pr. 15. 16; 19. 23. Mat. 6. 33. 2 Co. 6. 10. 1 Ti. 4. 8; 6. 6.

7 *valiant ones. or,* messengers. *the ambassadors.* ch. 36. 3, 22. 2 Ki. 18. 18, 37; 19. 1-3.

8 *highways.* ch. 10. 29-31. Ju. 5. 6. La. 1. 4. *he hath broken.* 2 Ki. 18. 14-17. *he hath despised.* ch. 10. 9-11; 36. 1. 2 Ki. 18. 13. *he regardeth.* ch. 10. 13, 14. 1 Sa. 17. 10, 26. 2 Ki. 18. 20, 21. Ps. 10. 5. Lu. 18. 2-4.

9 *earth.* ch. 1. 7, 8; 24. 1, 4-6, 19, 20. Je. 4. 20-26. *Lebanon.* ch. 14. 8; 37. 24. Zec. 11. 1-3. *hewn down. or,* withered away. *Sharon.* ch. 35. 2; 65. 10. Ca. 2. 1. *Bashan.* De. 3. 4. Je. 50. 19. Mi. 7. 14. Na. 1. 4.

10 *Now will I rise.* ch. 10. 16, 33; 42. 13, 14; 59. 16, 17. De. 32. 36-43. Ps. 12. 5; 78. 65; 102. 13-18. Zep. 3. 8. *now will I be exalted.* ch. 30. 17, 18. Ex. 14. 18; 15. 9-12. Ps. 46. 10. Am. 6. 1. *will I lift.* Ps. 7. 6.

11 *conceive.* ch. 8. 9, 10; 10. 7-14; 17. 13; 29. 5-8; 59. 4. Job 15. 35. Ps. 2. 1; 7. 14; 83. 5-18. Ac. 5. 4. Ja. 1. 15. *your.* ch. 5. 24; 30. 30-33; 31. 8, 9; 37. 23-29. Na. 1. 5-10.

12 *the burnings.* Am. 2. 1. *thorns.* ch. 9. 18; 27. 4; 37. 36. 2 Sa. 23. 6, 7.

13 *Hear.* ch. 18. 3; 37. 20; 49. 1; 57. 19. Ex. 15. 14. Jos. 2. 9-11; 9. 9, 10. 1 Sa. 17. 46. Ps. 46. 6-11; 48. 10; 98. 1, 2. Da. 3. 27-30; 4. 1-3; 6. 25-27. Ac. 2. 5-11. Ep. 2. 11-18. *ye that are near.* Ps. 97. 8; 99. 2, 3; 147. 12-14; 148. 14.

14 *sinners.* ch. 7. 2; 28. 14, 15, 17-22; 29. 13; 30. 8-11. Nu. 17. 12, 13. Job 15. 21, 22; 18. 11. Ps. 53. 5. Pr. 28. 1. Re. 6. 15-17. *the hypocrites.* ch. 9. 17; 10. 6. Mat. 22. 12; 24. 51. *Who among us shall dwell with the.* ch. 5. 24; 29. 6; 30. 27-33. De. 5. 24, 25; 32. 21-24. Ps. 11. 6; 21. 9; 50. 3. Na. 1. 6. He. 12. 29. *everlasting.* ch. 34. 9; 66. 24. Mat. 18. 8; 25. 41, 46. Mar. 9. 43-49. Lu. 16. 23-26. 2 Th. 1. 8. Re. 14. 10; 20. 10.

15 *that walketh.* ch. 56. 1, 2. Ps. 1. 1-3; 15. 1, 2; 24. 4, 5; 26. 1, 2; 106. 3. Eze. 18. 15-17. Mal. 2. 6. Lu. 1. 6. Ro. 2. 7. Tit. 2. 11, 12. 1 Jno. 3. 7. *righteously. Heb.* in righteousnesses. *uprightly. Heb.* in uprightnesses. *despiseth.* Ne. 5. 7-13. Job 31. 13-25. Lu. 3. 12-14; 19. 8. Ja. 5. 4. *oppressions. or,* deceits. *shaketh.* Ex. 23. 6-9. Nu. 16. 15. De. 16. 19. 1 Sa. 12. 3. Je. 5. 26-28. Mi. 7. 3, 4. Mat. 26. 15. Ac. 8. 18-23. 2 Pe. 2. 14-16. *stoppeth.* 1 Sa. 24. 4-7; 26. 8-11. Job 31. 29-31. Ps. 26. 4-6, 9-11. Je. 40. 15, 16. Ep. 5. 11-13. *blood. Heb.* bloods. *shutteth.* Ps. 119. 37.

16 *shall dwell.* ch. 32. 18. Ps. 15. 1; 90. 1; 91. 1-10, 14; 107. 41. Pr. 1. 33; 18. 10. Hab. 3. 19. *high. Heb.* heights, *or* high places. *his place.* ch. 26. 1-5. Ps. 18. 33. *bread.* Ps. 33. 18; 34. 10; 37. 3; 111. 5. Lu. 12. 29-31.

17 *eyes.* ch. 32. 1, 2; 37. 1. 2 Ch. 32. 23. Ps. 45. 2. Ca. 5. 10. Zec. 9. 17. Mat. 17. 2. Jno. 1. 14; 14. 21; 17. 24. 1 Jno. 3. 2. *that is very far off. Heb.* of far distances. Ps. 31. 8. 2 Co. 4. 18. He. 11. 13-15.

18 *heart.* ch. 38. 9, etc. 1 Sa. 22. 33-36; 30. 6. Ps. 31. 7. 8, 22; 71. 20. 2 Co. 1. 8-10. 2 Ti. 3. 11. *Where is the scribe.* 1 Co. 1. 20. *receiver. Heb.* weigher. Ge. 23. 16. 2 Ki. 15. 19; 18. 14, 31. *where is he.* ch. 10. 16-19.

19 *shall not.* Ex. 14. 13. De. 28. 49, 50. 2 Ki. 19. 32. *deeper.* ch. 28. 11. Je. 5. 15. Eze. 3. 5, 6. 1 Co. 14. 21. *stammering. or,* ridiculous.

20 *Look.* Ps. 48. 12, 13. *the city.* De. 12. 5. Ps. 78. 68, 69. *thine eyes.* Ps. 46. 5; 125. 1; 128. 5. *not one.* ch. 37. 33; 54. 2. Eze. 48. 35. Mat. 16. 18. Re. 3. 12.

21 *the glorious.* Ps. 29. 3. Ac. 7. 2. 2 Co. 4. 4-6. *a place.* Ps. 46. 4, 5. *broad rivers and streams. Heb.* broad of spaces, *or* hands.

22 *the Lord is our judge.* Ge. 18. 25. Ps. 50. 6; 75. 7; 98. 9. 2 Co. 5. 10. *lawgiver. Heb.* statute-maker. De. 33. 2. Ne. 10. 14. Ps. 147. 19, 20. Ja. 4. 12. *the Lord is our king.* Ps. 44. 4; 74. 12; 89. 18. Je. 23. 5, 6. Zec. 9. 9. Mat. 21. 5; 25. 34. Re. 19. 16. *he will.* ch. 12. 2; 25. 9. Zep. 3. 15-17. Mat. 1. 21-23. Lu. 2. 11. Ac. 5. 31. Tit. 3. 4-6. He. 5. 9.

23 *Thy tacklings are loosed. or,* they have forsaken thy tacklings. ver. 21. Eze. 27. 26-34. Ac. 27. 19, 30-32,

40, 41. *then.* ver. 1, 4. 2 Ch. 20. 25. *the lame.* 1 Sa. 30. 10, 22-24. 2 Ki. 7. 8. Ps. 68. 12. 1 Co. 1. 27.

24 *the inhabitant.* ch. 58. 8. Ex. 15. 26. De. 7. 15; 28. 27. 2 Ch. 30. 20. Je. 33. 6-8. Ja. 5. 14. Re. 21. 4; 22. 2. *shall be forgiven.* ch. 44. 22. Je. 50. 20. Mi. 7. 18, 19. 1 Jno. 1. 7-9.

## CHAP. XXXIV.

*The judgments wherewith God revenges his church,* 1-10. *The desolation of her enemies,* 11-15. *The certainty of the prophecy,* 16, 17.

1 *Come.* This and the following chapter, as Bp. LOWTH observes, form one distinct prophecy; an entire, regular, and beautiful poem, consisting of two parts; the first containing a denunciation of Divine vengeance against the enemies of the people or church of God; the second describing the flourishing state of that church consequent upon those judgments. The event foretold is represented as of the highest importance, and of universal concern; *all nations* are called upon to attend to the declaration of it; and the wrath of God is denounced against all the nations who had provoked to anger the Defender of the cause of Zion. By a figure frequently occurring in the prophetical writings, the cities and people mentioned here, who were remarkably distinguished as the enemies of the people of God, are put for those enemies in general. ch. 18. 3; 33. 13; 41. 1; 43. 9; 49. 1. Ju. 5. 3, 31. Ps. 49. 1, 2; 50. 1; 96. 10; Mar. 16. 15, 16. Re. 2. 7. *let the.* ch. 1. 2. De. 4. 26; 32. 1. Je. 22. 29. Mi. 6. 1, 2. *all that is therein. Heb.* the fulness thereof. Ps. 24. 1. 1 Co. 10. 26.

1 *the indignation.* ch. 24. 1, etc. Je. 25. 15-29. Joel 3. 9-14. Am. ch. 1; 2. 1-6. Zep. 3. 8. Zec. 14. 3, 12-16. Ro. 1. 18. Re. 6. 12-17; 14. 15-20; 19. 15-21; 20. 9, 15. *and his.* ch. 30. 27-30. Na. 1. 2-6.

3 *slain.* ch. 14. 19, 20. 2 Ki. 9. 35-37. Je. 8. 1, 2; 22. 19. Eze. 39. 4, 11. Joel 2. 20. *and the mountains.* ver. 7. Eze. 32. 5, 6. Re. 14. 20; 16. 3, 4.

4 *all the.* ch. 13. 10; 14. 12. Ps. 102. 25, 26. Je. 4. 23, 24. Eze. 32. 7, 8. Joel 2. 30, 31; 3. 15. Mat. 24. 29, 35. Mar. 13. 24, 25. Ac. 2. 19, 20. 2 Pe. 3. 7-12. Re. 6. 13, 14; 8. 12; 20. 11.

5 *my sword.* De. 32. 41, 42. Ps. 17. 13. Je. 46. 10; 47. 6. Eze. 21. 3-5, 9-11. Zep. 2. 12. Re. 1. 16. *upon Idumea.* ch. 63. 1. Ps. 137. 7. Je. 49. 7-22. Eze. 25. 12-14. Am. 1. 11, 12. Ob. 1, etc. Mal. 1. 4. *the people.* De. 27. 15, etc.; 29. 18-21. Mat. 25. 41. 1 Co. 16. 22. Ga. 3. 10. 2 Pe. 2. 14.

6 *filled.* ch. 63. 3. Je. 49. 13. Eze. 21. 4, 5, 10. *the fat.* De. 32. 14. *the Lord hath.* ver. 5; ch. 63. 1. Je. 50. 27; 51. 40. Eze. 39. 17-20. Zep. 1. 7. Re. 19. 17, 18.

7 *unicorns. or,* rhinoceroses. Nu. 23. 22; 24. 8. De. 33, 17. Job 39. 9, 10. Ps. 92. 10. *the bullocks.* Ps. 68. 30. Je. 46. 21; 50. 11, 27. *soaked. or,* drunken. ver. 3.

8 ch. 26. 21; 35. 4; 49. 26; 59. 17, 18; 61. 2; 63. 4. De. 32. 35, 41-43. Ju. 46. 10. Ps. 94. 1. Mi. 6. 1. Lu. 18. 7. Ro. 2. 5, 8, 9. 2 Th. 1. 6-10. Re. 6. 10, 11; 18. 20; 19. 2.

9 Ge. 19. 28. Le. 29. 23. Job 18. 15. Ps. 11. 6. Lu. 17. 29. Jude 7. Re. 19. 20; 21. 8.

10 *shall not.* ch. 1. 31; 66. 24. Je. 7. 20. Eze. 20. 47, 48. Mar. 9. 43-48. *the smoke.* Re. 14. 10, 11; 18. 18; 19. 3. *from.* ch. 13. 20. Eze. 29. 11. Mal. 1. 3, 4.

11 *cormorant. or,* pelican. ch. 13. 20-22; 14. 23. Zep. 2. 14. Re. 18. 2, 21-23. *stretch.* 2 Sa. 8. 2. 2 Ki. 21. 13. La. 2. 8. Mal. 1. 3, 4.

12 *call.* ch. 3. 6-8. Ec. 10. 16, 17. *nothing.* ch. 41. 24. 1 Co. 8. 4; 13. 2. 2 Co. 12. 11.

13 *thorns.* ch. 32. 13, 14. Ho. 9. 6. Zep. 2. 9. *an habitation.* ch. 13. 21, 22; 35. 7. Je. 9. 11; 10. 22; 49. 33; 50. 39, 40; 51. 37. Mal. 1. 3. Re. 18. 2, 20-24. *owls. or,* ostriches. *Heb.* daughters of the owl.

14 *The wild beasts of the desert. Heb.* Zim. *the wild beasts of the island. Heb.* Ijim. *screech owl. or,* night-monster.

16 *Seek.* ch. 30. 8. De. 31. 21. Is. 8. 10. Am. 3. 7. Mal. 3. 16. Jno. 5. 39; 10. 35. 2 Pe. 1. 19. Mat. 5. 18. Lu. 21. 33. *my mouth.* Ge. 6. 17. Ps. 33. 6, 9.

17 *he hath cast.* Jos. 18. 8. Ps. 78. 55. Ac. 13. 19; 17. 26. *they shall.* ver. 10; ch. 13. 20-22.

## CHAP. XXXV.

*The joyful flourishing of Christ's kingdom,* 1, 2. *The weak are encouraged by the virtues and privileges of the Gospel,* 3-10.

1 *wilderness.* ch. 29. 17; 32. 15, 16; 40. 3; 51. 3; 52. 9, 10. Eze. 36. 35. *be.* Ps. 48. 11; 97. 8. Re. 19. 1-7. *desert.* ch. 4. 2; 27. 6; 55. 12, 13; 61. 10, 11; 66. 10-14. Ho. 14. 5, 6.

2 *and rejoice.* ch. 42. 10-12; 49. 13; 55. 12, 13. 1 Ch. 16. 33. Ps. 65. 12, 13; 89. 12; 96. 11-13; 98. 7-9; 148. 9-13. Zec. 10. 7. Ro. 10. 15; 15. 10. *the glory.* ch. 33. 9; 41. 19; 60. 13, 21; 61. 3; 65. 8-10. Ps. 72. 16. Ho. 14. 6, 7. *the excellency.* ch. 60. 13. Eze. 34. 25, 26. Am. 9. 13-15. Mi. 7. 14, 15. Zep. 3. 19, 20. Zec. 14. 20, 21. Ac. 4. 32, 33. *they shall.* ch. 6. 3; 40. 5; 60. 1-3, 19; 66. 18, 19. Ex. 33. 18, 19. Ps. 50. 2; 72. 19; 97. 6; 102. 15, 16. Hab. 2. 14. Jno. 12. 41; 17. 24. 2 Co. 3. 18; 4. 6. Re. 21. 23.

3 ch. 40. 1, 2; 52. 1, 2; 57. 14-16. Ju. 7. 11. Job 4. 3, 4; 16. 5. Lu. 22. 32, 43. Ac. 18. 23. He. 12. 12.

4 *fearful. Heb.* hasty. ch. 28. 16; 32. 4, marg. Ps. 116. 11. Hab. 2. 3. *Be strong.* ch. 44. 2. Jos. 1. 6, 7. 1 Ch. 28. 20. Da. 10. 19. Hag. 2. 4. Ep. 6. 10. 2 Ti. 2. 1. *fear not.* ch. 41. 10-14; 43. 1-6; 54. 4, 5. Zep. 3. 16, 17. Re. 2. 10. *behold.* ch. 25. 9; 26. 20, 21; 34. 8; 40. 9, 10; 52. 7-10. 61. 2; 66. 15. De. 32. 35-43. Ps. 50. 3. Ho. 1. 7. Zec. 2. 8-10. Mal. 3. 1. Mat. 1. 21-23. Lu. 21. 28. He. 9. 28; 10. 37, 38. Ja. 5. 7-9. Re. 1. 7; 22. 20.

5 *the eyes.* ch. 29. 18; 32. 3, 4; 42. 6, 7, 16; 43. 8. Ps. 146. 8. Mat. 9. 27-30; 11. 3-5; 12. 22; 20. 30-34; 21. 14. Mar. 8. 22-25. Lu. 4. 18. Jno. 9. 1-7, 39; 11. 37. Ac. 9. 17, 18; 26. 18. Ep. 1. 17, 18; 5. 14. *the ears.* ch. 48. 8. Ex. 4. 11. Job 33. 16. Pr. 20. 12. Je. 6. 10. Mar. 7. 32-37; 9. 25, 26. Lu. 7. 20-23.

6 *shall the lame.* Mat. 11. 5; 15. 30, 31; 21. 14. Jno. 5. 8, 9. Ac. 3. 2, 6-8; 8. 7; 14. 8-10. *the tongue.* ch. 32. 4. Ps. 51. 15. Mat. 9. 32, 33; 12. 22; 15. 30. Mar. 7. 32-37; 9. 17-25. Lu. 1. 64; 11. 14. Col. 3. 16. *for.* ch. 41. 17, 18; 43. 19, 20; 48. 21; 49. 10, 11. Ex. 17. 6. Nu. 20. 11. Ne. 9. 15. Ps. 46. 4; 78. 15, 16. Eze. 47. 1-11. Zec. 14. 8. Jno. 7. 37-39. Re. 22. 1, 17.

7 *the parched.* ch. 29. 17; 44. 3, 4. Mat. 21. 43. Lu. 13. 29. Jno. 4. 14; 7. 38. 1 Co. 6. 9-11. *in the.* ch. 34. 13. Ho. 1. 10, 11. Ac. 26. 18. 1 Jno. 5. 19, 20. Re. 12. 9-12; 18. 2; 20. 2, 3. *grass with reeds. or,* a court for reeds, etc. ch. 19. 6.

8 *an highway.* ch. 11. 16; 19. 23; 40. 3, 4; 42. 16; 49. 11, 12; 57. 14; 62. 10. Je. 31. 21. Jno. 14. 6. He. 10. 20-23. *The way.* Ep. 2. 10. 1 Th. 4. 7. 2 Ti. 1. 9. Tit. 2. 11-14. He. 12. 14. 1 Pe. 1. 14, 15; 2. 9, 10. *the unclean.* ch. 52. 1, 11; 60. 21. Eze. 43. 12; 44. 9. Joel 3. 17. Zec. 14. 20, 21. 2 Pe. 3. 13. Re. 21. 27. *but it shall be for those. or,* for he *shall be* with them. ch. 49. 10. Ps. 23. 4. Mat. 1. 23. Re. 7. 15-17. *the wayfaring.* ch. 30. 21. Ps. 19. 7; 25. 8, 9; 119. 130. Pr. 4. 18; 8. 20. Je. 32. 39, 40; 50. 4, 5. Jno. 7. 17. 1 Jno. 2. 20, 27.

9 *No lion.* ch. 11. 6-9; 65. 25. Le. 26. 6. Eze. 34. 25. Ho. 2. 18. Re. 20. 1-3. *but.* ch. 62. 12. Ex. 15. 13. Ps. 107. 2. Ga. 3. 13. Tit. 2. 14. 1 Pe. 1. 18. Re. 5. 9.

10 *the ransomed.* ch. 51. 10, 11. Mat. 20. 28. 1 Ti. 2. 6. *and come.* Ps. 84. 7. Je. 31. 11-14; 33. 11. Jno. 16. 22. Jude 21. Re. 14. 1-4; 15. 2-4; 18, 20; 19. 1-7. *and sorrow.* ch. 25. 8; 30. 19; 60. 20; 65. 19. Re. 7. 9-17; 21. 4.

## CHAP. XXXVI.

*Sennacherib invades Judah,* 1. *Rabshakeh, sent by Sennacherib, by blasphemous persuasions solicits the people to revolt,* 2-21. *His words are told to Hezekiah,* 22.

1 *it came.* 2 Ki. 18. 13, 17. 2 Ch. 32. 1. *that Sennacherib.* ch. 1. 7, 8; 7. 17; 8. 7, 8; 10. 28-32; 33. 7, 8.

2 A.M. 3294. B.C. 710. *sent.* 2 Ki. 18. 17, etc. 2 Ch. 32. 9, etc. *the conduit.* ch. 7. 3; 22. 9-11.

3 *Eliakim.* ch. 22. 15-20. *Shebna.* 2 Sa. 8. 16, 17; 20. 24, 25. *scribe. or,* secretary.

4 *Thus saith.* ch. 10. 8-14; 37. 11-15. Pr. 16. 18. Eze. 31. 3, etc. Da. 4. 30. Ac. 12. 22, 23. Jude 16. *Assyria. Assyria* proper, now *Kourdistan,* was bounded by Armenia on the north, Media and Persia on the east, Babylonia on the south, and the Tigris, which divides it from Mesopotamia, on the west, between 33° and 38° N. lat. and 42° and 46° E. long. But the Assyrian empire, the bounds of which were different at different times, in its most flourishing state, according to the descriptions of the Greek and Roman writers, comprehended all the countries and nations between the Mediterranean on the west, and the Indus on the east, and between the deserts of Scythia on the north, and the Indian ocean on the south. *What.* 2 Ki. 18, 5, 19, etc.; 19. 10. 2 Ch. 32. 7-10, 14-16. Ps. 42. 3, 10; 71. 10, 11.

5 *vain words. Heb.* a word of lips. *I have counsel and strength for war. or, but* counsel and strength *are* for the war. Pr. 21. 30, 31; 24. 5, 6. *that.* 2 Ki. 18. 7; 24. 1. Ne. 2. 19, 20. Je. 52. 3. Eze. 17. 15.

6 ch. 20. 5, 6; 30. 1-7; 31. 3. 2 Ki. 17. 4; 18. 21. Je. 37. 5-8. Eze. 29. 6, 7.

7 *We trust.* 2 Ki. 18. 5, 22. 1 Ch. 5. 20. 2 Ch. 16. 7-9; 32. 7, 8. Ps. 22. 4, 5; 42. 5, 10, 11. *is it not.* De. 12. 2-6, 13. 14. 2 Ki. 18. 4. 2 Ch. 30. 14; 31. 1; 32. 12. 1 Co. 2. 15.

8 *pledges. or,* hostages. 2 Ki. 14. 14. *and I.* ch. 10. 13, 14. 1 Sa. 17. 40-43. 1 Ki. 20. 10, 18. 2 Ki. 18. 23. Ne. 4. 2-5. Ps. 20. 7, 8; 123. 3, 4.

9 *the least.* ch. 10. 8. 2 Ki. 18. 24. *and put.* ver. 6; ch. 30. 16, 17. De. 17. 16. Pr. 21. 31. Ju. 2. 36.

10 ch. 10. 5-7; 37. 28. 1 Ki. 13. 18. 2 Ki. 18. 25. 2 Ch. 35. 21. Am. 3. 6.

11 *in the Syrian.* 2 Ki. 18. 26, 27. Ezr. 4. 7. Da. 2. 4.

12 *that they may.* ch. 9. 20. Le. 26. 29. De. 28. 53-57. 2 Ki. 6. 25-29; 18. 27. Je. 19. 9. La. 4. 9, 10. Eze. 4. 16.

13 *cried.* 1 Sa. 17. 8-11. 2 Ki. 18. 28-32. 2 Ch. 32. 18. Ps. 17. 10-13; 73. 8, 9; 82. 6, 7. *Hear.* ver. 4; ch. 8. 7; 10. 8-13. Eze. 31. 3-10. Da. 4. 37.

14 ch. 37. 10-13. 2 Ki. 19. 10-13, 22. 2 Ch. 32. 11, 13-19. Da. 3. 15-17; 6. 20; 7. 25. 2 Th. 2. 4. Re. 13. 5, 6.

15 ver. 7; ch. 37. 23, 24. Ps. 4. 2; 22. 7, 8; 71. 9-11. Mat. 27. 43.

16 *Make an agreement with me by a present.* or, Seek my favour *by* a present. *Heb.* Make with me a blessing. Ge. 32. 20; 33. 11. 1 Sa. 25. 27. 2 Sa. 8. 6. 2 Ki. 5. 15; 18. 31. 2 Co. 9. 5, marg. *come out.* 1 Sa. 11. 3. 2 Ki. 24. 12-16. *eat ye.* 1 Ki. 4. 20, 25. Mi. 4. 4. Zec. 3. 10.

17 *I come.* 2 Ki. 17. 6, etc.; 18. 9-12; 24. 11. Pr. 12. 10. *a land of corn.* Ex. 3. 8. De. 8. 7-9; 11. 12. Job. 20. 17.

The other copy in 2 Ki. 18. 32, adds here, 'a land of oil olive, and of honey; that ye may live, and not die: and hearken not unto Hezekiah when he seduceth you.'

18 *lest.* ver. 7, 10, 15; ch. 37. 10. Ps. 12. 4; 92. 5-7. *Hath.* ch. 37. 12, 13, 17, 18. 2 Ki. 18. 33-35; 19. 12, 13, 17, 18. 2 Ch. 32. 13-17. Ps. 115. 2-8; 135. 5, 6, 15-18. Je. 10. 3-5, 10-12. Da. 3. 15. Hab. 2. 19, 20.

19 *Hamath.* Nu. 34. 8. 2 Sa. 8. 9. *Arphad.* The variation of *Arphad* and *Arpad* exists only in the translation; the original being uniformly ארפד. ch. 10. 9. Je. 49. 23, Arpad. *Sepharvaim.* CALMET is of opinion that *Sepharvaim* was the capital of the *Saspires,* who, according to HERODOTUS, were the only people that inhabited between the Colchians and Medes; and probably the *Sarapases,* whom STRABO places in Armenia. HILLER considers the name as denoting *Sephar of the Parvaim, i. e.* Mount Sephar adjacent to the regions of Arabia called Parvaim. But it is more probable, as WELLS and others suppose, that *Sepharvaim* is the Σιπφαρα, *Sippharа,* of PTOLEMY, the Σιππαρηνων πολις, the city of the *Sippareni,* mentioned by ABYDENUS, and probably the *Hipparenum* of PLINY, a city of Mesopotamia, situated upon the Euphrates, near where it is divided into two arms, by one of which, it is probable, it was divided into two parts. 2 Ki. 17. 24. *and have.* ch. 10. 10, 11. 2 Ki. 17. 5-7; 18. 10-12.

20 *that the Lord.* ch. 37. 18, 19, 23-29; 45. 16, 17. Ex. 5. 2. 2 Ki. 19. 22, etc. 2 Ch. 32. 15, 19. Job 15. 25, 26; 40. 9-12. Ps. 50. 21; 73. 9. Da. 3. 15.

21 2 Ki. 18. 36, 37. Ps. 38. 13-15; 39. 1. Pr. 9. 7; 26. 4. Am. 5. 13. Mat. 7. 6.

22 *Eliakim.* ver. 3, 11. *with their.* ch. 33. 7; 37. 1, 2. 2 Ki. 5. 7. Ezr. 9. 3. Mat. 26. 65. The history of the invasion of Sennacherib, observes Bp. LOWTH, and the miraculous destruction of his army, which makes the subject of so many of Isaiah's prophecies, is very properly inserted here, as affording the best light to many parts of these prophecies; and as almost necessary to introduce the prophecy in the 37th chapter, being the answer of God to Hezekiah's prayer, which could not be properly understood without it. Sennacherib succeeded his father Shalmaneser on the throne of Assyria, A.M. 3290, B.C. 714, and reigned only about eight years.

## CHAP. XXXVII.

*Hezekiah mourning, sends to Isaiah to pray for them,* 1-5. *Isaiah comforts them,* 6, 7. *Sennacherib, going to encounter Tirhakah, sends a blasphemous letter to Hezekiah,* 8-13. *Hezekiah's prayer,* 14-20. *Isaiah's prophecy of the pride and destruction of Sennacherib, and the good of Zion,* 21-35. *An angel slays the Assyrians,* 36. *Sennacherib is slain at Nineveh by his own sons,* 37, 38.

1 *it came.* 2 Ki. 19. 1, etc. *he rent.* ch. 36. 22. 2 Ki. 22. 11. Je. 36. 24. Jon. 3. 5, 6. Mat. 11. 21. *and went.* Ezr. 9. 5. Job 1. 20, 21.

2 ver. 14; ch. 36. 3. See on 2 Ki. 18. 18; 19. 2; 22. 12-14. 2 Ch. 20. 20. Joel 1. 13.

3 *his day.* ch. 25. 8; 33. 2. 2 Ki. 19. 3. 2 Ch. 15. 4. Ps. 50. 15; 91. 15; 116. 3, 4. Je. 30. 7. Ho. 5. 15; 6. 1. Re. 3. 19. *blasphemy. or,* provocation. Ps. 95. 8. *for the.* ch. 26. 17, 18; 66. 9. Ho. 13. 13.

4 *It may.* Jos. 14. 12. 1 Sa. 14. 6. 2 Sa. 16. 12. Am. 5. 15. *to reproach.* ver. 23, 24; ch. 36. 20; 51. 7, 8. 1 Sa. 17. 26, 36. 2 Ki. 19. 4, 22, 23. 2 Ch. 32. 15-19. *and will.* ver. 23. Ps. 50. 21. *lift up.* 1 Sa. 7. 8; 12. 19, 23. 2 Ch. 32. 20. Ps. 106. 23. Joel 2. 17. Ja. 5. 16. *for the.* ch. 1. 9; 8. 7, 8; 10. 5, 6, 22. 2 Ki. 17. 18; 18. 9-16. 2 Ch. 28. 19. Ro. 9. 27. *left. Heb.* found.

6 *Thus shall.* 2 Ki. 19. 5-7; 22. 15-20. *Be not.* ch. 7. 4; 10. 24, 25; 35. 4; 41. 10-14; 43. 1, 2; 51. 12, 13. Ex. 14. 13. Le. 26. 8. Jos. 11. 6. 2 Ch. 20. 15-20. Mar. 4. 40; 5. 36.

7 *I will.* ch. 10. 16-18, 33, 34; 17. 13, 14; 29. 5-8; 30. 28-33; 31. 8, 9; 33. 10-12. 2 Ki. 7. 6. Job 4. 9; 15. 21. Ps. 58. 9. *send a blast upon him. or,* put a spirit into him. *I will cause.* ver. 36-38. 2 Ch. 32. 21.

8 *Rabshakeh.* 2 Ki. 19. 8, 9. Nu. 33. 20, 21. *Libnah.* Jos. 10. 29, 31-34; 21. 13. 2 Ki. 8. 22. 2 Ch. 21. 10. *Lachish.* Jos. 12. 11; 15. 39.

9 *he heard.* 1 Sa. 23. 27, 28. *Ethiopia. Cush,* which is generally rendered *Ethiopia,* is applied in Scripture to at least three distinct and different countries. 1. The country watered by the Gihon or Araxes, (Ge. 2. 13,) also called *Cuth,* 2 Ki. 17. 30. 2. A country of Arabia Petræa, bordering upon Egypt, which extended from the northern extremity of the Red sea along its eastern shore. (Comp. Ex. 3. 1, with Nu. 12. 1. Hab. 3. 7.) 3. *Ethiopia* Proper, an extensive country of Africa, comprehending Nubia and Abyssinia; being bounded on the north by Egypt, on the east by the Red sea and Indian ocean, and on the south and west by various nations of Africa, and extending from about 6° to 24° N. lat. and 25° to 45° E. long. It is probable that it was this latter *Cush,* or *Ethiopia,* of which Tirhakah was king; he being in league with his kinsman Sevechus, son of So, or Sabacon, king of Egypt, against Sennacherib, the king of Assyria.

10 *Let not.* ch. 36. 4, 15, 20. 2 Ki. 18. 5; 19. 10-13. 2 Ch. 32. 7, 8, 15-19. Ps. 22. 8. Mat. 27. 43.

11 ver. 18, 19; ch. 10. 7-14; 14. 17; 36. 18-20. 2 Ki. 17. 4-6; 18. 33-35.

12 *the gods.* ch. 36. 20; 46. 5-7. *Gozan.* 2 Ki. 17. 6; 18. 11; 19. 12. *Haran. Haran,* the *Carrhæ* of the Greeks and Romans, is situated in the north-west part of Mesopotamia, between the Euphrates and the river Chebar; about 110 miles west of Nisibis, 90 east of Bir, 100 south of Diarbekir, and 170 north of Palmyra. Ge. 11. 31; 12. 14; 28. 10; 29. 4. Ac. 7. 2. *Eden.* It is probable that this Eden is the country near Diarbekir, on the Tigris, called *Mâdon,* according to ASSEMAN. Ge. 2. 8. Eze. 27. 23; 28. 13. Am. 1. 5. *Telassar. Telassar* is probably the same as *Ellasar,* Ge. 14. 1, as the Jerusalem Targum reads; for both of which the Syriac has *Dolassar;* and perhaps, as DOEDERLEIN supposes, the same as *Sharra,* a city of Mesopotamia, half a mile from the Euphrates. 2 Ki. 19. 12, Thelasar.

13 *Hamath.* ch. 10. 9; 36. 19. Ju. 49. 23. *Hena. Hena* is probably the same as *Anah,* a city of Mesopotamia, situated on an island in the Euphrates. *Ivah.* 2 Ki. 17. 24, 30, 31, Ava, Avites; 18. 34; 19. 13.

14 *received.* 2 Ki. 19. 14. *and Hezekiah went.* ver. 1. 1 Ki. 8. 28-30, 38; 9. 3. 2 Ch. 6. 20, etc. Ps. 27. 5; 62. 1-3; 74. 10; 76. 1-3; 123. 1-4; 143. 6. Joel 2. 17-20.

15 1 Sa. 7. 8, 9. 2 Sa. 7. 18-29. 2 Ki. 19. 15-19. 2 Ch. 14. 11; 20. 6-12. Da. 9. 3, 4. Phi. 4. 6, 7. Ja. 5. 13.

16 *Lord.* ch. 6. 3; 8. 13. 2 Sa. 7. 26. Ps. 46. 7, 11. *dwellest.* Ex. 25. 22. 1 Sa. 4. 4. Ps. 80. 1; 99. 1. He. 4. 16. *thou art.* ver. 20; ch. 43. 10, 11; 44. 6; 45. 22; 54. 5. 1 Ki. 18. 32. 2 Ki. 5. 15. Ps. 86. 10. Re. 11. 15-17. *thou hast.* ch. 40. 28; 44. 24. Ge. 1. 1. Ps. 146. 6. Je. 10. 10-12. Jno. 1. 3. Col. 1. 16.

17 *Incline.* 2 Ch. 6. 40. Job 36. 7. Ps. 17. 6; 71. 2; 130. 1, 2. Da. 9. 17-19. 1 Pe. 3. 12. *hear.* ver. 4. 2 Sa. 16. 12. Ps. 10. 14, 15; 74. 10, 22; 79. 12; 89. 50, 51.

18 *the kings.* 2 Ki. 15. 29; 16. 9; 17. 6, 24. 1 Ch. 5. 26. Na. 2. 11, 12. *nations. Heb.* lands.

19 *And have.* ch. 10. 9-11; 36. 18-20; 46. 1, 2. Ex. 32. 20. 2 Sa. 5. 21. *cast. Heb.* given. *no gods.* ch. 40. 19-21; 41. 7; 44. 9, 10, 17. Ps. 115. 4-8. Je. 10. 3-6, 11. Ho. 8. 6.

20 *that all.* ch. 42. 8. Ex. 9. 15, 16. Jos. 7. 8, 9. 1 Sa 17. 45-47. 1 Ki. 8. 43; 18. 36, 37. Ps. 46. 10; 59. 13; 67 1, 2; 83. 17, 18. Eze. 36. 23. Mal. 1. 11. *even.* ver. 16.

21 *Whereas.* ch. 38. 3-6; 58. 9; 65. 24. 2 Sa. 15. 31; 17. 23. 2 Ki. 19. 20, 21. Job 22. 27. Ps. 91. 15. Da. 9. 20-23. Ac. 4. 31.

22 *The virgin.* ch. 23. 12. Je. 14. 17. La. 1. 15; 2. 13. Am. 5. 2. *the daughter.* ch. 1. 8; 10. 32; 62. 11. Ps. 9. 14. Zep. 3. 14. Zec. 2. 10; 9. 9. Mat. 21. 5. *hath despised.* ch. 8. 9, 10. 1 Sa. 17. 36, 44-47. Ps. 2. 2-4; 27. 1-3; 31. 18; 46. 1-7. Joel 3. 9-12. *shaken.* Job 16. 4. Ps. 22. 7, 8. Mat. 27. 39.

23 *Whom hast.* ver. 10-13. Ex. 5. 2. 2 Ki. 19. 4, 22. 2 Ch. 32. 17. Ps. 44. 16; 73. 9; 74. 18, 23. Re. 13. 1-6. *against whom.* ch. 10. 13-15; 14. 13, 14. Ex. 9. 17. Pr. 30. 13. Eze. 28. 2, 9. Da. 5. 20-23; 7. 25. 2 Th. 2. 4. *the Holy One.* ch. 10. 20; 12. 6; 17. 7; 30. 11, 12; 41. 14, 16; 43. 3, 14. Ex. 15. 11. Eze. 39. 7. Hab. 1. 12, 13.

24 *thy servants. Heb.* the hand of thy servants. ver. 4; ch. 36. 15-20. 2 Ki. 19. 22, 23. *By the.* ch. 10. 13, 14; 36. 9. Ex. 15. 9. Ps. 20. 7. Da. 4. 30. *tall cedars thereof, and the choice fir trees thereof. Heb.* tallness of the cedars thereof *and* the choice of the fir trees thereof. ch. 10. 18; 14. 8. Eze. 31. 3, etc. Da. 4. 8-14, 20-22. Zec. 11. 1, 2. *of his Carmel. or, and* his fruitful field. ch. 29. 17.

25 *with the sole.* ch. 36. 12. 1 Ki. 20. 10. 2 Ki. 19. 23, 24. *besieged. or,* fenced and closed.

26 *long ago,* etc. *or, how* I have made it long ago, *and* formed it of ancient times? Should I now bring it to be laid waste, *and* defenced cities *to be* ruinous heaps? *how I.* ch. 10. 5, 6, 15; 45. 7; 46. 10, 11. Ge. 50. 20. Ps. 17. 13; 76. 10. Am. 3. 6. Ac. 2. 23; 4. 27, 28. 1 Pe. 2. 8. Jude 4.

27 *their inhabitants.* ch. 19. 16. Nu. 14. 9. 2 Ki. 19. 26. Ps. 127. 1, 2. Je. 5. 10; 37. 10. *of small power. Heb.* short of hand. *as the grass of.* ch. 40. 6-8. Ps. 37. 2; 90. 5, 6; 92. 7; 103. 15; 129. 6. Ja. 1. 10, 11. 1 Pe. 1. 24.

28 *I know.* Ps. 139. 2-11. Pr. 5. 21; 15. 3. Je. 23. 23, 24. Re. 2. 13. *abode. or,* sitting.

29 *rage.* ver. 10; ch. 36. 4, 10. 2 Ki. 19. 27, 28. Job 15. 25, 26. Ps. 2. 1-3; 46. 6; 93. 3, 4. Na. 1. 9-11. Jno. 15. 22, 23. Ac. 9. 4. *tumult.* Ps. 74. 4, 28; 83. 2. Mat. 27. 24. Ac. 22. 22. *will I.* ch. 30. 28. Job 41. 2. Ps. 32. 9. Eze. 29. 4; 38. 4. Am. 4. 2.

30 *this shall.* ch. 7. 14; 38. 7. Ex. 3. 12. 1 Ki. 13. 3-5. 2 Ki. 19. 29; 20. 9. *Ye shall.* ch. 7. 21-25. Le. 25. 4, 5, 20-22.

31 *remnant that is escaped of the house of Judah. Heb.* escaping of the house of Judah that remaineth. ch. 1. 9; 6. 13; 10. 20-22. Je. 44. 28. *take.* ch. 27. 6; 65. 9. 2 Ki. 19. 30, 31. Ps. 80. 9. Je. 30. 19. Ro. 9. 27; 11. 5. Ga. 3. 29.

32 *they that escape. Heb.* the escaping. *the zeal.* ver. 20; ch. 9. 7; 59. 17. 2 Ki. 19. 31. Joel 2. 18. Zec. 1. 14.

33 *He.* ch. 8. 7-10; 10. 32-34; 17. 12, 14; 33. 20. 2 Ki. 19. 32-35. *shields. Heb.* shield. *cast.* Eze. 21. 22. Lu. 19. 43, 44.

34 ver. 29. Pr. 21. 30.

35 *I will.* ch. 31. 5; 38. 6. 2 Ki. 20. 6. *for mine.* ch. 43. 25; 48. 9-11. De. 32. 27. Eze. 20. 9; 36. 22. Ep. 1. 6, 14. *and for.* 1 Ki. 11. 12, 13, 36; 15. 4. Je. 23. 5, 6; 30. 9; 33. 15, 16. Eze. 37. 24, 25.

36 *the angel.* ch. 10. 12, 16-19, 33, 34; 30. 30-33; 31. 8; 33. 10-12. Ex. 12. 23. 2 Sa. 24. 16. 2 Ki. 19. 35. 1 Ch. 21. 12, 16. 2 Ch. 32. 21, 22. Ps. 35. 5, 6. Ac. 12. 23. *and when.* Ex. 12. 30. Job 20. 5-7; 24. 24. Ps. 46. 6-11; 76. 5-7. 1 Th. 5. 2, 3.

37 *Sennacherib.* ver. 7, 29; ch. 31. 9. *Nineveh.* Ge. 10. 11, 12. Jon. 1. 2; 3. 3. Na. 1. 1. Mat. 12. 41.

38 *his god.* ver. 10; ch. 14. 9, 12; 36. 15, 18. 2 Ki. 19. 36, 37. 2 Ch. 32. 14, 19, 21. *Armenia. Heb.* Ararat. Ge. 8. 4. Je. 51. 27. *Esar-haddon. Esar-haddon,* called *Asar-addinus* in the *Canon* of PTOLEMY, was the third son of Sennacherib; and having reigned twenty-nine years over the Assyrians, he took advantage of the anarchy and confusion which followed the death of Mesessimordacus, and seized upon Babylon; which he added to his former empire, and reigned over both for thirteen years; when he was succeeded by his son Saosduchinus, A. M. 3336, B.C. 668. Ezr. 4. 2.

## CHAP. XXXVIII.

*Hezekiah, having received a message of death, by prayer has his life lengthened,* 1-7. *The sun goes ten degrees backward, for a sign of that promise,* 8. *His song of thanksgiving,* 9-22.

1 A.M. 3291. B.C. 713. *was Hezekiah.* 2 Ki. 20. 1-11. 2 Ch. 32. 24. Jno. 11. 1-5. Ac. 9. 37. Phi. 2. 27-30. *And Isaiah.* ch. 37. 21; 39. 3, 4. *Set thine house in order. Heb.* Give charge concerning thy house. 2 Sa. 17. 23. Ec. 9. 10. *for thou.* Je. 18. 7-10. Jon. 3. 4, 10.

2 *turned.* Hezekiah's couch was probably placed in a corner, which is the place of honour in the East; in which, turning on either side, he must turn his face to the wall; by which he would withdraw himself from those attending him in his apartment. 1 Ki. 8. 30. Ps. 50. 15; 91. 15. Mat. 6. 6.

3 *Remember.* Ne. 5. 19; 13. 14, 22, 31. Ps. 18. 20-27; 20. 1-3. He. 6. 10. *I have.* Ge. 5. 22, 23; 6. 9; 17. 1. 1 Ki. 2. 4. 2 Ch. 31. 20, 21. Job 23. 11, 12. Ps. 16. 8; 32. 2. Jno. 1. 47. 2 Co. 1. 12. 1 Jno. 3. 21, 22. *a perfect.* 1 Ki. 15. 14. 1 Ch. 29. 9, 19. 2 Ch. 16. 9; 25. 2. Ps. 101. 2; 119. 80. *wept.* 2 Sa. 12. 21, 22. Ezr. 10. 1. Ne. 1. 4. Ps. 6. 8; 102. 9. Ho. 12. 4. He. 5. 7. *sore. Heb.* with great weeping.

5 *and say.* 2 Sa. 7. 3-5. 1 Ch. 17. 2-4. *God.* ch. 7. 13, 14. 1 Ki. 8. 25; 9. 4, 5; 11. 12, 13; 15. 4. 2 Ch. 34. 3. Ps. 89. 3, 4. Mat. 22. 32. *I have heard.* 2 Ki. 19. 20. Ps. 34. 5, 6. Lu. 1. 13. 1 Jno. 5. 14, 15. *I have seen.* Ps. 39. 12; 56. 8; 147. 3. 2 Co. 7. 6. Re. 7. 17. *I will.* Job 14. 5. Ps. 116. 15. Ac. 27. 24.

6 ch. 12. 6; 31. 4; 37. 35. 2 Ch. 32. 22. 2 Ti. 4. 17.

7 ver. 22; ch. 7. 11-14; 37. 30. Ge. 9. 13. Ju. 6. 17-22, 37-39. 2 Ki. 20. 8, etc.

8 *I will bring.* Jos. 10. 12-14. 2 Ki. 20. 11. 2 Ch. 32. 24, 31. Mat. 16. 1. *the sun dial. Heb.* the degrees by, *or,* with the sun. Or, as the Hebrew might be rendered, 'the steps of Ahaz.' The researches of curious travellers in Hindostan, observes Bp. STOCK, have lately discovered in that country, three observatories of similar form, the most remarkable of which is to be seen within four miles of Delhi, the ancient capital of the Mogul empire. A rectangled triangle, whose hypotenuse is a staircase, (apparently parallel to the axis of the earth,) bisects a zone, or coping of a wall, which wall connects the two terminating towers at right and left. The coping itself is of a circular form, and accurately graduated, to mark, by the gnomon above, the sun's progress before and after noon.

9 *writing.* ch. 12. 1, etc. Ex. 15. 1, etc. Ju. 5. 1, etc. 1 Sa. 2. 1-10. Ps. 18, title; 30. 11, 12; 107. 17-22; 116. 1-4; 118. 18, 19. Jon. 2. 1-9. *he had.* De. 32. 39. 1 Sa. 2. 6. Job 5. 18. Ho. 6. 1, 2. We have here Hezekiah's thanksgiving song, which he penned by Divine direction, after his recovery. He might have used some of the Psalms of David his father, as he had appointed the Levites to praise the Lord with *the words of David,* 2 Ch. 29. 30, but the occasion here was extraordinary. His heart being full of devout affections, he would not confine himself to the compositions he had, though of Divine inspiration, but offered up his praises in his own words. The Lord put a new song into his mouth. He put his thanksgiving into writing, that he might review it himself afterwads, for the reviving of the good impressions made upon him by the providential interference, and that it might be recommended to others also for their use upon the like occasion.

10 ver. 1. Job 6. 11; 7. 7; 17. 11-16. 2 Co. 1. 9.

11 Job 35. 14, 15. Ps. 6. 4, 5; 27. 13; 31. 22; 116. 8, 9. Ec. 9. 5, 6.

12 *is removed.* Job 7. 7. Ps. 89. 45-47; 102. 11, 23, 24. *as a.* ch. 1. 8; 13. 20. *have cut.* Job 7. 6; 9. 25, 26; 14. 2. Ja. 4. 14. *he will cut.* Job 7. 3-5; 17. 1. Ps. 31. 22; 119. 23. *with pining sickness. or,* from the thrum.

13 *as a lion.* 1 Ki. 13. 24-26; 20. 36. Job 10. 16, 17; 16. 12-14. Ps. 39. 10; 50. 22; 51. 8. Da. 6. 24. Ho. 5. 14. 1 Co. 11. 30-32.

14 *a crane.* Job 30. 29. Ps. 102. 4-7. *I did mourn.* ch. 59. 11. Eze. 7. 16. Na. 2. 7. *mine eyes.* Ps. 69. 3; 119. 82, 123; 123. 1-4. La. 4. 17. *I am.* Ps. 119. 122; 143. 7. *undertake for me. or,* ease me.

15 *What.* Jos. 7. 8. Ezr. 9. 10. Ps. 39. 9, 10. Jno. 12. 27. *I shall.* 1 Ki. 21. 27. *in the.* 1 Sa. 1. 10. 2 Ki. 4. 27. Job 7. 11; 10. 1; 21. 25.

16 ch. 64. 5. De. 8. 3. Job 33. 19-28. Ps. 71. 20. Mat. 4. 4. 1 Co. 11. 32. 2 Co. 4. 17. He. 12. 10, 11.

17 *for peace I had great bitterness. or,* on my peace *came* great bitterness. Job 3. 25, 26; 29. 18. Ps. 30. 6, 7. *in love to my soul delivered it from the pit. Heb.* loved my soul from the pit. Ps. 30. 3; 40. 2; 86. 13; 88. 4-6. Jon. 2. 6. *thou hast cast.* ch. 43. 25. Ps. 10. 2; 85. 2. Je. 31. 34. Mi. 7. 18, 19.

18 *the grave.* Ps. 6. 5; 30. 9; 88. 11; 115. 17, 18. Ec. 9. 10. *they that.* Nu. 16. 33. Pr. 14. 32. Mat. 8. 12; 25. 46. Lu. 16. 26-31.

19 *the living.* Ps. 146. 2. Ec. 9. 10. Jno. 9. 4. *the father.* Ge. 18. 19. Ex. 12. 26, 27; 13. 14, 15. De. 4. 9; 6. 7. Jos. 4. 21, 22. Ps. 78. 3-6; 145. 4. Joel 1. 3.

20 *therefore.* Ps. 9. 13, 14; 27. 5, 6; 30. 11, 12; 51. 15; 66. 13-15; 145. 2. *to the stringed.* Ps. 150. 4. Hab. 3. 19.

21 *For Isaiah.* 2 Ki. 20. 7. Mar. 7. 33. Jno. 9. 6.

22 *What.* 2 Ki. 20. 8. Ps. 42. 1, 2; 84. 1, 2, 10-12; 118. 18, 19; 122. 1. Jno. 5. 14.

CHAP. XXXIX.

*Merodach-baladan, sending to visit Hezekiah because of the wonder, has notice of his treasures,* 1, 2. *Isaiah, understanding thereof, foretells the Babylonian captivity,* 3-8.

1 A.M. cir. 3292. B.C. cir. 712. *Merodach-baladan.* 2 Ki. 20. 12, etc., Berodach-baladan. *king.* ch. 13. 1, 19; 14. 4; 23. 13. *sent letters.* 2 Sa. 8. 10; 10. 2. 2 Ch. 32. 23.

2 *was glad.* 2 Ch. 32. 25, 31. Job 31. 25. Ps. 146. 3, 4. Pr. 4. 23. Je. 17. 9. *shewed.* 2 Ki. 20. 13. 2 Ch. 32. 27. *precious things. or,* spicery. 1 Ki. 10. 2, 10, 15, 25. 2 Ch. 9. 1, 9. *armour. or,* jewels. *Heb.* vessels, *or* instruments. *there was.* Ec. 7. 20. 2 Co. 12. 7. 1 Jno. 1. 8.

3 *came Isaiah.* ch. 38. 1, 5. 2 Sa. 12. 1. 2 Ki. 20. 14, 15. 2 Ch. 16. 7; 19. 2; 25. 15. Je. 22. 1, 2. *They are.* De. 28. 49. Jos. 9. 6, 9. Je. 5. 15.

4 *All that.* Jos. 7. 19. Job 31. 33. Pr. 23. 5; 28. 13. 1 Jno. 1. 9.

5 *Hear.* 1 Sa. 13. 13, 14; 15. 16.

6 *that all.* 2 Ki. 20. 17-19; 24. 13; 25. 13-15. 2 Ch. 36. 10, 18. Je. 20. 5; 27. 21, 22; 52. 17-19. Da. 1. 2.

7 *of thy sons.* 2 Ki. 24. 12; 25. 6, 7. 2 Ch. 33. 11; 36. 10, 20. Je. 39. 7. Eze. 17. 12-20. *they shall be.* Fulfilled. Da. 1. 2-7.

8 *Good.* Le. 10. 3. 1 Sa. 3. 18. 2 Sa. 15. 26. Job 1. 21. Ps. 39. 9. La. 3. 22, 39. 1 Pe. 5. 6. *For.* 2 Ch. 34. 28. Zec. 8. 16, 19.

CHAP. XL.

*The promulgation of the Gospel,* 1, 2. *The preaching of John Baptist,* 3-8. *The preaching of the apostles,* 9-11. *The prophet, by the omnipotency of God,* 12-17, *and his incomparableness,* 18-25, *comforts the people,* 26-31.

1 *comfort.* ch. 3. 10; 35. 3, 4; 41. 10-14, 27; 49. 13-16; 50. 10; 51. 3, 12; 57. 15-19; 60. 1, etc.; 61. 1-3; 62. 11, 12; 65. 13, 14; 66. 10-14. Ne. 8. 10. Ps. 85. 8. Je. 31. 10-14. Zep. 3. 14-17. Zec. 1. 13; 9. 9. 2 Co. 1. 4. 1 Th. 4. 18. He. 6. 17, 18.

2 *comfortably. Heb.* to the heart. Ge. 34. 3. 2 Ch. 30. 22. Ho. 2. 14, marg. *warfare. or,* appointed time. Ps. 102. 13, etc. Ca. 2. 11-13. Je. 29. 11. Da. 9. 2, 24-27; 11. 35; 12. 4, 9. Hab. 2. 3. Ac. 1. 7. Ga. 4. 4. Re. 6. 10, 11; 11. 15-18. *that her iniquity.* ch. 12. 1; 33. 24; 43. 25; 44. 22; 61. 7. Ps. 32. 1. Je. 31. 33, 34; 33. 8, 9. 1 Co. 6. 9-11. *double.* ch. 61. 7. Job 42. 10-12. Je. 16. 18; 17. 18. Da. 9. 12. Zec. 1. 15; 9. 12. Re. 18. 6.

3 *The voice.* Mat. 3. 1-3. Mar. 1. 2-5. Lu. 3. 2-6. Jno. 1. 23. *Prepare.* ch. 35. 8; 57. 14; 62. 10, 11. Mal. 3. 1; 4. 5, 6. Lu. 1. 16, 17, 76, 77. *make.* ch. 11. 15, 16; 43. 19; 49. 11. Ps. 68. 4.

4 *valley.* ch. 42. 11, 15, 16. 1 Sa. 2. 8. Ps. 113. 7, 8. Eze. 17. 24; 21. 26. Lu. 1. 52, 53; 3. 5; 18. 14. *every mountain.* ch. 2. 12-15. Job 40. 11-13. *and the.* ch. 42. 16; 45. 2. Pr. 2. 15. *straight. or,* a straight place. *plain. or,* a plain place.

5 *the glory.* ch. 6. 3; 11. 9; 35. 2; 60. 1. Ps. 72. 19; 96. 6; 102. 16. Hab. 2. 14. Lu. 2. 10-14. Jno. 1. 14; 12. 41. 2 Co. 3. 18; 4. 6. He. 1. 3. Re. 21. 23. *all flesh.* ch. 49. 6; 52. 10; 66. 16, 23. Je. 32. 27. Joel 2. 28. Zec. 2. 13. Lu. 2. 32; 3. 6. Jno. 17. 2. Ac. 2. 17. *for the mouth.* ch. 1. 20; 58. 14. Je. 9. 12. Mi. 4. 4.

6 *Cry.* See on ver. 3; ch. 12. 6; 58. 1; 61. 1, 2. Je. 2. 2; 31. 6. Exe. 33. 2-9. Ho. 5. 8. *All flesh.* ch. 37. 27. Job 14. 2. Ps. 90. 5, 6; 92. 7; 102. 11; 103. 15, 16. Ja. 1. 10, 11. 1 Pe. 1. 24.

8 *the word.* ch. 46. 10, 11; 55. 10, 11. Ps. 119. 89-91. Zec. 1. 6. Mat. 5. 18; 24. 35. Mar. 13. 31. Jno. 10. 35; 12. 34. Ro. 3. 1-3. 1 Pe. 1. 35.

9 *O Zion, that bringest good tidings. or,* O thou that tellest good tidings to Zion. ch. 41. 27; 52. 7. Ezr. 1. 1, 2. Lu. 24. 47. Ro. 10. 18. *get.* Ju. 9. 7. 1 Sa. 26. 13, 14. 2 Ch. 13. 4. *O Jerusalem, that bringest good tidings. or,* O thou that tellest good tidings to Jerusalem. *lift up.* ch. 52. 8; 58. 4. Je. 22. 20. Ac. 2. 14. *be not.* ch. 35. 3, 4; 51. 7, 12. Ac. 4. 13, 29; 5. 41, 42. Ep. 6. 19. Phi. 1. 28, 29. 1 Pe. 3. 14. *Behold.* ch. 12. 2; 25. 9. 1 Ti. 3. 16. 1 Jno. 5. 20, 21.

10 *the Lord God.* ch. 9. 6, 7; 59. 15-21; 60. 1, etc. Zec. 2. 8-11. Mal. 3. 1. Jno. 12. 13, 15. *with strong hand. or,* against the strong. ch. 49. 24, 25; 53. 12. He. 2. 14. 1 Jno. 3. 8. *his arm.* ch. 59. 16. Ps. 2. 8, 9; 66. 3; 110. 1, 2, 6. Mat. 28. 18. Ep. 1. 20-22. Phi. 2. 10, 11. Re. 2. 26, 27; 17. 14; 19. 11-16; 20. 11. *his reward.* ch. 62. 11. Re. 22. 12. *his work. or,* recompence for his work. ch. 49. 4.

11 *feed.* ch. 49. 9, 10; 63. 11. Ge. 49. 24. Ps. 23. 1, etc.; 78. 71, 72; 80. 1. Eze. 34. 12-14, 23, 31; 37. 24. Mi. 5. 4. Jno. 10. 11-16. He. 13. 20. 1 Pe. 2. 25; 5. 4. Re. 7. 17. *he shall gather.* ch. 42. 3. Ge. 33. 13. Eze. 34. 16. Jno. 21. 15-17. 1 Co. 3. 1, 2. *shall gently lead.* A beautiful image, as Bp. LOWTH remarks, expressive of the tender attention of the shepherd to his flock. That the greatest care in driving the cattle, in regard to the dams and their young, was necessary, appears clearly from Jacob's apology to his brother Esau, Ge. 33. 13; which is set in a still stronger light by the following remarks of Sir. J. CHARDIN: 'Their flocks feed down the places of their encampments so quick, by the great numbers that they have, that they are obliged to remove them often, which is very destructive to their flocks, on account of the young ones, who have not strength enough to follow.' *are with young. or,* give suck.

12 *measured.* ch. 48. 13. Job 11. 7-9; 38. 4-11. Ps. 102. 25, 26; 104. 2, 3. Pr. 8. 26-28; 30. 4. He. 1. 10-12. Re. 20. 11. *measure. Heb.* tierce. *weighed.* Job 28. 25.

13 *hath directed.* Job 21. 22; 36. 22, 23. Lu. 10. 22. Jno. 1. 13. Ro. 11. 34. 1 Co. 2. 16. Ep. 1. 11. *his counsellor. Heb.* man of his counsel.

14 *instructed him. Heb.* made him understand. *understanding. Heb.* understandings. 1 Co. 12. 4-6. Col. 2. 3. Ja. 1. 17.

15 *the nations.* ver. 22. Job 34. 14, 15. Je. 10. 10. *the isles.* ch. 11. 11; 41. 5; 59. 18; 66. 19. Ge. 10. 5. Da. 11. 18. Zep. 2. 11.

16 *nor.* Ps. 40. 6; 50. 10-12. Mi. 6. 6, 7. He. 10. 5-10.

17 *as nothing.* Job 25. 6. Ps. 62. 9. Da. 4. 34, 35. 2 Co. 12. 11.

18 ver. 25; ch. 46. 5, 9. Ex. 8. 10; 9. 14; 15. 11; 20. 4. De. 33. 26. 1 Sa. 2. 2. Job 40. 9. Ps. 86. 8-10; 89. 6, 8; 113. 5. Je. 10. 6, 16. Mi. 7. 18. Ac. 17. 29. Col. 1. 15. He. 1. 3.

19 ch. 37. 18, 19; 41. 6, 7; 44. 10-12; 46. 6, 7. Ex. 32. 2-4. Ju. 17. 4. Ps. 115. 4-8; 135. 15, 18. Je. 10. 3-5, 9. Ho. 8. 6. Hab. 2. 18, 19.

20 *is so impoverished that he hath no oblation. Heb. is* poor of oblation. *chooseth.* ch. 2. 8, 9; 44. 13-19. Je. 10. 3, 4. Da. 5. 23. *shall not.* ch. 41. 7; 46. 7. 1 Sa. 5. 3, 4.

21 ch. 27. 11; 44. 20; 46. 8. Ps. 19. 1-5; 115. 8. Je. 10. 8-12. Ac. 14. 17. Ro. 1. 19-21, 28; 3. 1, 2.

22 *It is he that sitteth. or,* Him that sitteth, etc. ch. 19. 1; 66. 1. Ps. 2. 4; 29. 10; 68. 33. *the inhabitants.* ver. 15, 17. Nu. 13. 33. *stretcheth.* ch. 42. 5; 44. 24; 51. 13. Job 9. 8; 37. 18; 38. 4-9. Ps. 102. 25, 26; 104. 2. Je. 10. 12. Zec. 12. 1. He. 1. 10-12. *as a curtain.* Or, 'as a thin veil,' as Bp. LOWTH renders; which he illustrates by the following passage from Dr. SHAW. 'It is usual in the summer season, and upon all occasions when a large company is to be received, to have the court sheltered from heat, or inclemency of the weather, by a *velum*, umbrella, or veil, as I shall call it; which, being expanded on ropes from one end of the parapet to the other, may be folded or unfolded at pleasure. The Psalmist seems to allude to some covering of this kind, in that beautiful expression of spreading out the heavens as a curtain.'

23 ch. 19. 13, 14; 23. 9; 24. 21, 22. Job 12. 21; 34. 19, 20. Ps. 76. 12; 107. 40. Je. 25. 18-27. Lu. 1. 51, 52. Re. 19. 18-20.

24 *they shall not be planted.* ch. 14. 21, 22; 17. 11. 1 Ki. 21. 21, 22. 2 Ki. 10. 11. Job 15. 30-33; 18. 16-19. Je. 22. 30. Na. 1. 14. *he shall also.* ver. 7; ch. 11. 4; 30. 33; 37. 7. 2 Sa. 22. 16. Job 4. 9. Hag. 1. 9. *and the.* ch. 17. 13; 41. 16. Job 21. 18. Ps. 58. 9. Pr. 1. 27. Je. 23. 19. Ho. 13. 3, 15. Zec. 7. 14; 9. 14.

25 ver. 18. De. 4. 15-18, 33; 5. 8.

26 *Lift.* ch. 51. 6. De. 4. 19. Job 31. 26-28. Ps. 8. 3, 4; 19. 1. *who hath.* ch. 44. 24; 45. 7; 48. 13. Ge. 2. 1, 2. Ps. 102. 25; 148. 3-6. Je. 10. 11, 12. Col. 1. 16, 17. *bringeth.* Ps. 147. 4, 5. *by the greatness.* Ps. 89. 11-13. Js. 32. 17-19.

27 *sayest.* ch. 49. 14, 15; 54. 6-8; 60. 15. 1 Sa. 12. 22. Job 3. 23. Ps. 31. 22; 77. 7-10. Je. 33. 24. Eze. 37. 11. Ro. 11. 1, 2. *my judgment.* ch. 49. 4. Job 27. 2; 34. 5. Mal. 2. 17. Lu. 18. 7, 8.

28 *thou not known.* Je. 4. 22. Mar. 8. 17, 18; 9. 19; 16. 14. Lu. 24. 25. Jno. 14. 9. 1 Co. 6. 3-5, 9, 16, 19. *the everlasting.* ch. 57. 15. Ge. 21. 33. De. 33. 27. Je. 10. 10. Ro. 16. 26.

1 Ti. 1. 17. He. 9. 14. *the ends.* ch. 45. 22; 59. 1. 1 Sa. 2. 10. Ac. 13. 47. *fainteth.* ch. 66. 9. Ps. 138. 8. Jno. 5. 17. Phi. 1. 6. *no searching.* ch. 55. 8, 9. Ps. 139. 6; 147. 5. Ro. 11. 33, 34. 1 Co. 2. 16.

29 ch. 41. 10. Ge. 49. 24. De. 33. 25. Ps. 29. 11. Zec. 10. 12. 2 Co. 12. 9, 10. Phi. 4. 13. Col. 1. 11. He. 11. 34.

30 ch. 9. 17; 13. 18. Ps. 33. 16; 34. 10; 39. 5. Ec. 9. 11. Am. 2. 14.

31 *they that.* ch. 8. 17; 25. 9; 30. 18. Ps. 25. 3, 5, 21; 27. 14; 37. 34; 40. 1; 84. 7; 92. 1, 13; 123. 2. La. 3. 25, 26. Ro. 8. 25. 1 Th. 1. 10. *renew. Heb.* change. Ju. 16. 28. Job 17. 9; 33. 24-26. Ps. 103. 5; 138. 3. 2 Co. 1. 8-10; 4. 8-10, 16; 12. 9, 10. *mount.* Ex. 19. 4. Ps. 84. 7. Ca. 8. 5. Zec. 10. 12. Re. 4. 7. *not faint.* Ps. 27. 13. Lu. 18. 1. 2 Co. 4. 1, 16. Ga. 6. 9. He. 12. 1. Re. 2. 3.

## CHAP. XLI.

*God expostulates with his people, about his mercies to the church,* 1-9; *about his promises,* 10-20; *and about the vanity of idols,* 21-29.

1 *silence.* ch. 49. 1. Ps. 46. 10. Hab. 2. 20. Zec. 2. 13. *let the people.* ver. 6, 7, 21, 22; ch. 8. 9, 10. Job 38. 3; 40. 7. Joel 3. 10, 11. *let us.* ch. 1. 18. Job 23. 3-7; 31. 35, 36; 40. 8-10. Mi. 6. 1-3.

2 *Who raised.* ver. 25; ch. 45. 13; 46. 11. Ge. 11. 31; 12. 1-3; 17. 1. He. 11. 8-10. *the righteous man. Heb.* righteousness. *gave.* ver. 45; ch. 45. 1. Ge. 14. 14, 15. Ezr. 1. 2. He. 7. 1. *as the.* ver. 15, 16. 2 Sa. 22. 43. 2 Ki. 13. 7. *as driven.* ch. 40. 24.

3 *safely. Heb.* in peace.

4 *hath.* ver. 26; ch. 40. 12, 26; 42. 24. *calling.* ch. 44. 7; 46. 10; 48. 3-7. De. 32. 7, 8. Ac. 15. 18; 17. 26. *I the Lord.* ch. 43. 10; 44. 6; 48. 12. Re. 1. 11, 17; 2. 8; 22. 13. *with the.* ch. 46. 3, 4. Mat. 1. 23; 28. 20.

5 *isles.* Ge. 10. 5. Eze. 26. 15, 16. *the ends.* Ex. 15. 14. Jos. 2. 10; 5. 1. Ps. 65. 8; 66. 3; 67. 7.

6 *helped.* ch. 40. 19; 44. 12. 1 Sa. 4. 7-9; 5. 3-5. Da. 3. 1-7. Ac. 19. 24-28. *of good courage. Heb.* strong. ch. 35. 4. Joel 3. 9-11.

7 *the carpenter.* ch. 40. 19; 44. 12-15; 46. 6, 7. Je. 10. 3-5, 9. Da. 3. 1, etc. *goldsmith. or,* founder. *him that smote the anvil. or,* the smiting. *saying, It is ready for the sodering. or,* saying of the solder, It *is* good. *that it.* ch. 40. 20; 46. 7. Ju. 18. 17, 18, 24.

8 *thou.* ch. 43. 1; 44. 1, 2, 21; 48. 12; 49. 3. Ex. 19. 5, 6. Le. 25. 42. De. 7. 6-8; 10. 15; 14. 2. Ps. 33. 12; 105. 6. 42-45; 135. 4. Je. 33. 24. *the seed.* Mat. 3. 9. Jno. 8. 33-44. Ro. 4. 12, 13; 9. 4-8. Ga. 3. 19; 4. 22-31. *my friend.* 2 Ch. 20. 7. Jno. 15. 14, 15. Ja. 2. 23.

9 *whom.* ver. 2. Jos. 24. 2-4. Ne. 9. 7, etc. Ps. 107. 2, 3. Lu. 13. 29. Re. 5. 9. *called.* De. 7. 7. 1 Co. 1. 26-29. Ja. 2. 5. *I have chosen.* 1 Sa. 12. 22. Ps. 94. 14. Je. 33. 25, 26. Ro. 11. 1, 2.

10 *Fear.* ver. 13, 14; ch. 12. 2; 43. 1, 5; 44. 2; 51. 12, 13. Ge. 15. 1. De. 20. 1; 31. 6-8. Jos. 1. 9. 2 Ch. 20. 17; 32. 8. Ps. 27. 1; 46. 1, 2, 7, 11. Lu. 1. 13, 30; 2. 10, 11. Ro. 8. 31. *for I am thy God.* ch. 52. 7; 60. 19. 1 Ch. 12. 18. Ps. 147. 12. Ho. 1. 9. Zec. 13. 9. Jno. 8. 54, 55. *I will strengthen.* ch. 40. 29-31. De. 33. 27-29. Ps. 29. 11. Zec. 10. 12. 2 Co. 12. 9. Ep. 3. 16. Phi. 4. 13. *I will uphold.* Ps. 37. 17, 24; 41. 12; 63. 8; 145. 14. *the right.* Ps. 65. 5; 89. 13, 14; 99. 4; 144. 8, 11.

11 *all they.* ch. 45. 24; 49. 26; 54. 17; 60. 12-14. Ex. 11. 8; 23. 22. Zec. 12. 3. Ac. 13. 8-11; 16. 39. Re. 3. 9. *as nothing.* ver. 24, 29; ch. 40. 17. Da. 4. 35. *they that strive with thee. Heb.* the men of thy strife.

12 *shalt seek.* Job 20. 7-9. Ps. 37. 35, 36. *them that contended with thee. Heb.* the men of thy contention. *they that war against thee. Heb.* the men of thy war.

13 *will hold.* ch. 43. 6; 45. 1; 51. 18. De. 33. 26-29. Ps. 63. 8; 73. 23; 109. 31. 2 Ti. 4. 17. *Fear.* ver. 10.

14 *thou worm.* Job 25. 6. Ps. 22. 6. *men. or,* few men. De. 7. 7. Mat. 7. 14. Lu. 12. 32. Ro. 9. 27. *saith.* ch. 43. 14; 44. 6. 24; 47. 4; 48. 17; 49. 7, 26; 54. 5, 8; 59. 20; 60. 16; 63. 16. Job 19. 25. Ps. 19. 14. Je. 50. 34. Ga. 3. 13. Tit. 2. 14. Re. 5. 9.

15 *I will make.* ch. 21. 10; 28. 27. Hab. 3. 12. *teeth. Heb.* mouths. *thou shalt.* Ps. 18. 42. Mi. 4. 13. Zec. 4. 7. 2 Co. 10. 4, 5.

16 *shalt fan.* ch. 17. 13. Ps. 1. 4. Je. 15. 7; 51. 2. Mat. 3. 12. *thou shalt rejoice.* ch. 12. 6; 25. 1-3; 45. 24, 25; 61. 10, 11. 1 Sa. 2. 1, 2. Je. 9. 23, 24. Hab. 3. 18. Lu. 1. 46, 47. Ro. 5. 11. 1 Co. 1. 30, 31. Phi. 3. 3. Gr.

17 *the poor.* ch. 61. 1; 66. 2. Ps. 68. 9, 10; 72. 12, 13; 102. 16, 17. Mat. 5. 3. *seek.* ch. 55. 1. Ex. 17. 3, 6. Ps. 42. 2; 63. 1, 2. Am. 8. 11-13. Mat. 5. 6. Jno. 4. 10-15; 7. 37-39. Re. 21. 6; 22. 17. *their tongue.* Ps. 22. 15. La. 4. 4. Lu. 16. 24. *I the Lord.* ch. 30. 19. Ju. 15. 18, 19. Ps. 34. 6; 50. 15; 102. 17; 107. 5, 6. 2 Co. 12. 9. *I the God.* ch. 42. 16. Ge. 28. 15. Ps. 94. 14. He. 13. 5, 6.

18 ch. 12. 3; 30. 25; 32. 2; 35. 6, 7; 43. 19, 20; 44. 3; 48. 21; 49. 9, 10; 58. 11. Ps. 46. 4; 78. 15, 16; 105. 41; 107. 35. Eze. 47. 1-8. Joel 3. 18. Zec. 14. 8. Re. 7. 17; 22. 1.

19 *plant.* ch. 27. 6; 32. 15; 37. 31, 32; 51. 3; 55. 13; 60. 21; 61. 3, 11. Ps. 92. 13, 14. Eze. 17. 22-24. 47. 12.

20 ch. 43. 7-13, 21; 44. 23; 45. 6-8; 66. 18. Ex. 9. 16. Nu. 23. 23. Job 12. 9. Ps. 109. 27. Ep. 2. 6-10. 2 Th. 1. 10.

21 *Produce. Heb.* Cause to come near. Job 23. 3, 4; 31. 37; 38. 3; 40. 7-9. Mi. 6. 1, 2.

22 *and shew.* ch. 42. 9; 43. 9-12; 45. 21; 48. 14. Jno. 13. 19; 16. 14. *consider them. Heb.* set our heart *upon them.*

23 *that we may know.* ch. 42. 9; 44. 7, 8; 45. 8; 46. 9, 10. Jno. 13. 19. Ac. 15. 18. *do good.* ch. 45. 7; 46. 7. Je. 10. 5.

24 *ye are.* ver. 29; ch. 44. 9, 10. Ps. 115. 8. Je. 10. 8, 14; 51. 17, 18. 1 Co. 8. 4. *of nothing. or, worse* than nothing. *of nought. or, worse* than of a viper. *an abomination.* ch. 66. 24. De. 7. 26; 27. 15. Re. 17. 5.

25 *I have.* Jehovah here, by the mouth of the prophet, predicts the victories of Cyrus over the Chaldeans and their allies, at least 150 years before the event, as one instance of his foreknowledge and invincible power. Media lay north of Babylon, and Persia eastward; and Cyrus commanded the forces of both these nations; and, by his wonderful success, he trampled down mighty monarchs as mortar, and as the potter treads the clay. *raised.* ch. 21. 2; 44. 28; 45. 1-6, 13; 46. 10, 11. Je. 51. 27-29. *shall he call.* Ezr. 1. 2, 3. *come upon.* ver. 2; ch. 10. 6. 2 Sa. 22. 43. Mi. 7. 10. Zec. 10. 5.

26 *declared.* ver. 22; ch. 43. 9; 44. 7; 45. 21. Hab. 2. 18-20. *righteous.* ver. 23.

27 *first.* ver. 4; ch. 43. 10; 44. 6; 48. 12. Re. 2. 8. *I will give.* ch. 40. 9; 44. 28; 52. 7. Ezr. 1. 1, 2. Na. 1. 15. Lu. 2. 10, 11. Ro. 10. 15.

28 *I beheld.* ch. 63. 5. Da. 2. 10, 11; 4. 7, 8; 5. 8. *answer. Heb.* return.

29 *they are all.* ver. 24; ch. 44. 9-20. Ps. 115. 4-8; 135. 15-18. Je. 10. 2-16. Hab. 2. 18. *wind.* Je. 5. 13.

## CHAP. XLII.

*The office of Christ, graced with meekness and constancy,* 1-4. *God's promise unto him,* 5-9. *An exhortation to praise God for his Gospel,* 10-12. *God will manifest himself, and check idolatry,* 13-17. *He reproves the people of incredulity,* 18-25.

1 *my servant.* ch. 43. 10; 49. 3-6; 52. 13; 53. 11. Mat. 12. 18-20. Phi. 2. 7. *whom I.* ch. 49. 7, 8; 50. 4-9. Jno. 16. 32. *mine elect.* Ps. 89. 19, 20. Jno. 6. 27. 1 Pe. 2. 4, 6. *my soul.* Mat. 3. 17; 17. 5. Mar. 1. 11. Lu. 3. 22. Ep. 1. 4, 6. Col. 1. 13, marg. *I have.* ch. 11. 2-5; 59. 21; 61. 1. Mat. 3. 16. Mar. 1. 10. Lu. 3. 22. Jno. 1. 32-34; 3. 34. Ac. 10. 38. *he shall.* ch. 32. 16; 49. 6. Mal. 1. 11. Mat. 12. 18. Ac. 9. 15; 11. 18; 26. 17, 18; 28. 28. Ro. 15. 8-16. Ep. 3. 8.

2 Zec. 9. 9. Mat. 11. 29; 12. 16-20. Lu. 17. 20. 2 Ti. 2. 24. 1 Pe. 2. 23.

3 *bruised.* ch. 35. 3, 4; 40. 11, 29-31; 50. 4, 10; 57. 15-18; 61. 1-3; 66. 2. Ps. 103. 13, 14; 147. 3. Je. 30. 12-17; 31. 18-20, 25. Eze. 34. 16. Mat. 11. 28; 18. 11-14. Lu. 22. 31, 32. Jno. 20. 19-21, 27. He. 2. 17, 18. *smoking. or,* dimly burning. *quench. Heb.* quench it. *he shall.* ch. 11. 3, 4. Ps. 72. 2-4; 96. 13; 98. 9. Mi. 7. 9. Jno. 5. 30. Re. 19. 11.

4 *shall not.* ch. 9. 7; 49. 5-10; 52. 13-15; 53. 2-12. Jno. 17. 4, 5. He. 12. 2-4. 1 Pe. 2. 22-24. *discouraged. Heb.* broken. *and the isles.* ver. 12; ch. 2. 2-4; 11. 9-12; 24. 15, 16; 41. 5; 55. 5; 60. 9; 66. 19. Ge. 49. 10. Ps. 22. 27; 72. 8-11; 98. 2, 3. Mi. 4. 1-3. Zec. 2. 11. Ro. 16. 26. 1 Co. 9. 21.

5 *he that created.* ch. 40. 12, 22, 28; 44. 24; 45. 12, 18; 48. 13. Ps. 102. 25, 26; 104. 2, etc. Je. 10. 12; 32. 17. Am. 9. 6. Zec. 12. 1. He. 1. 2, 10-12. *he that spread.* Ge. 1. 10-12, 24, 25. Ps. 24. 1, 2; 136. 6. *he that giveth.* Ge. 2. 7. Job 12. 10; 27. 3; 33. 4; 34. 14. Ps. 33. 6. Da. 5. 23. Ac. 17. 25.

6 *called.* ch. 32. 1; 43. 1; 45. 13; 49. 1-3. Ps. 45. 6, 7. Je. 23. 5, 6; 33. 15, 16. Ro. 3. 25, 26. He. 1. 8, 9; 7. 2, 26. *and will hold.* ver. 1; ch. 41. 13. *and give.* ch. 49. 8. Mat. 26. 28. Lu. 1. 69-72. Ro. 15. 8, 9. 2 Co. 1. 20. Ga. 3. 15-17. He. 8. 6; 9. 15; 12. 24; 13. 20. *a light.* ch. 49. 6; 51. 4, 5; 60. 1-3. Lu. 2. 32. Jno. 8. 12. Ac. 13. 47; 26. 23. 1 Pe. 2. 9.

7 *open.* ver. 16; ch. 29. 18; 35. 5. Ps. 146. 8. Mat. 11. 5. Lu. 24. 45. Jno. 9. 39. Ac. 26. 18. 2 Co. 4. 6. Ep. 1. 17, 18. Re. 3. 18. *to bring.* ver. 22; ch. 9. 2; 49. 9; 61. 1. Ps. 107. 10-16; 146. 7. Zec. 9. 11, 12. Lu. 4. 18-21. 2 Ti. 2. 26. He. 2. 14, 15. 1 Pe. 2. 9.

8 *that is.* Ex. 3. 13-15; 4. 5. Ps. 83. 18. Jno. 8. 58. *my glory.* ch. 48. 11. Ex. 20. 3-5; 34. 14. Jno. 5. 23.

9 *the former.* Ge. 15. 12-16. Jos. 21. 45; 23. 14, 15. 1 Ki. 8. 15-20; 11. 36. *new things.* ch. 41. 22, 23; 43. 19; 44. 7, 8; 46. 9, 10. Jno. 13. 19. Ac. 15. 18. 1 Pe. 1. 10-12. 2 Pe. 1. 19-21.

10 *Sing.* ch. 24. 14-16; 44. 23; 49. 13; 65. 14. Ps. 33. 3; 40. 3; 96. 1-3; 98. 1-4; 117. Ro. 15. 9-11. Re. 5. 9; 14. 3. *ye that go.* Ps. 107. 23-32; 148. 1-14; 150. 6. *all that is therein. Heb.* the fulness thereof. *the isles.* ver. 4; ch. 51. 5; 60. 9. Ps. 97. 1. Zep. 2. 11.

11 *Let the wilderness.* ch. 32. 16; 35. 1, 6; 40. 3; 41. 18, 19; 43. 19. Ps. 72. 8-10. *Kedar.* ch. 60. 7. Ge. 25. 23. Ps. 120. 5. *let the inhabitants.* Je. 21. 13; 48. 28; 49. 16. Ob. 3.

12 ch. 24. 15, 16; 66. 18, 19. Ps. 22. 27; 96. 3-10; 117. Ro. 15. 9-11. Re. 5. 9, 10; 7. 9-12.

13 *as a mighty.* ch. 59. 16-19; 63. 1-4. Ex. 15. 1-3. Ps. 78. 65; 110. 5, 6. Je. 25. 30. *jealousy.* Na. 1. 2. Zep. 1. 18; 3. 8. *shall cry.* ch. 31. 4. Ho. 11. 10. Joel. 3. 16. Am. 1. 2. *prevail. or,* behave himself mightily. Ps. 118. 16.

14 *long time.* Job 32. 18, 20. Ps. 50. 2; 83. 1, 2. Ec. 8. 11, 12. Je. 15. 6; 44. 22. Lu. 18. 7. 2 Pe. 3. 9, 10, 15. *devour. Heb.* swallow, *or* sup up.

15 ch. 2. 12-16; 11. 15, 16; 44. 27; 49. 11; 50. 2. Ps. 18. 7; 107. 33, 34; 114. 3-7. Je. 4. 24. Na. 1. 4-6. Hab. 3. 6-10. Hag. 2. 6. Zec. 10. 11. Re. 6. 12-17; 8. 7-12; 11. 13; 16. 12, 18; 20. 11.

16 *I will bring.* ch. 29. 18, 24; 30. 21; 32. 3; 35. 5, 8; 48. 17; 54. 13; 60. 1, 2, 19, 20. Je. 31. 8, 9. Ho. 2. 14. Lu. 1. 78, 79. Ep. 5. 8. *lead.* ch. 41. 3. Jos. 3. 4. Ho. 2. 6. *crooked.* ch. 40. 4; 45. 2. Ec. 1. 15; 7. 13. Lu. 3. 5. *straight. Heb.* into straightness. *and not.* Ps. 94. 14. Je. 32. 39-41. Eze. 14. 23. Ro. 5. 8-10; 8. 29-31. 2 Th. 2. 13, 14. 1 Pe. 1. 3-5. He. 13. 5.

17 *be greatly.* ch. 1. 29; 44. 11; 45. 16, 17. Ps. 97. 7. Je. 2. 26, 27. Hab. 2. 18-20. *say to.* ch. 44. 17. Ex. 32. 4, 8.

18 *ye deaf.* ch. 29. 18; 43. 8. Ex. 4. 11. Pr. 20. 12. Mar. 7. 34-37. Lu. 7. 22. Re. 3. 17, 18.

19 *Who is blind.* ch. 6. 9; 29. 9-14; 56. 10. Je. 4. 22; 5. 21. Eze. 12. 2. Mat. 13. 14, 15; 15. 14-16; 23. 16-24. Mar. 8. 17, 18. Jno. 7. 47-49; 9. 39, 41; 12. 40. Ro. 2. 17-23; 11. 7-10, 25. 2 Co. 3. 14, 15; 4. 4.

20 *Seeing.* ch. 1. 3; 48. 6-8. Nu. 14. 22. De. 4. 9; 29. 2-4. Ne. 9. 10-17. Ps. 106. 7-13; 107. 43. Jno. 9. 37-40; 11. 37-50. *opening.* ch. 58. 2. Je. 42. 2-5. Eze. 33. 31. Mar. 6. 19, 20. Ac. 28. 22-27.

21 *well.* ch. 1. 24-27; 46. 12, 13. Ps. 71. 16, 19; 85. 9-12. Da. 9. 24-27. Mat. 3. 17; 5. 17; 17. 5. Jno. 8. 29; 15. 10. Ro. 3. 25, 26. 2 Co. 5. 19-21. Phi. 3. 9. *he will.* Ps. 40. 8. Mat. 3. 15; 5. 17-20. Ro. 3. 31; 7. 12; 8. 3, 4; 10. 4. Ga. 3. 13, 21; 5. 22, 23. He. 8. 10. 1 Jno. 3. 4, 5. *it. Heb. or, him.* Jno. 13. 31, 32; 17. 4, 5.

22 *a people.* ch. 1. 7; 18. 2; 36. 1; 52. 4, 5; 56. 9. Je. 50. 17; 51. 34, 35; 52. 4, etc. Lu. 19. 41-44; 21. 20-24. *they are all of them snared. or,* in snaring all the young men of them. *are hid.* ver. 7; ch. 14. 17; 45. 13. Ps. 102. 20. Je. 52. 31. *a spoil. Heb.* a treading. ch. 51. 23. De. 28. 29-33. Ps. 50. 22.

23 *will give.* ch. 1. 18-20; 48. 18. Le. 26. 40-42. De. 4. 29-31; 32. 29. Pr. 1. 22, 23. Je. 3. 4-7, 13. Mi. 6. 9. Mat. 21. 28-31. Ac. 3. 19, 22, 23. 1 Pe. 4. 2, 3. *time to come. Heb.* after-time.

24 ch. 10. 5, 6; 45. 7; 47. 6; 50. 1, 2; 59. 1, 2; 63. 10. De. 28. 49; 32. 30. Ju. 2. 14; 3. 8; 10. 7. 2 Ch. 15. 6; 36. 17. Ne. 9. 26, 27. Ps. 106. 40-42. Je. 5. 15; 25. 8, 9. La. 1. 14, 18. Am. 3. 6. Mat. 22. 7.

25 *he hath poured.* Le. 26. 15, etc. De. 32. 22. Ps. 79. 5, 6. Eze. 7. 8, 9; 20. 34; 22. 21, 22. Na. 1. 6. Re. 16. 1, etc. *and it hath.* 2 Ki. 25. 9. *he knew.* ch. 9. 13. Je. 5. 3. Ho. 7. 9. Re. 9. 18-21; 16. 9. *yet he laid.* ch. 57. 11. Mal. 2. 2.

## CHAP. XLIII.

*The Lord comforts the church with his promises,* 1-7. *He appeals to the people for witness of his omnipotency,* 8-13. *He foretells them the destruction of Babylon,* 14-17, *and his wonderful deliverance of his people,* 18-21. *He reproves the people as inexcusable,* 22-28.

1 *created.* ver. 7, 15, 21; ch. 44. 2, 21. Ps. 100. 3; 102. 18. Je. 31. 3; 33. 24, 26. Ep. 2. 10. *Fear.* ver. 14; ch. 35. 9, 10; 41. 14; 44. 6, 22-24; 48. 17; 54. 4, 5; 62. 12; 63. 16. Ex. 15. 13. Je. 50. 34. Tit. 2. 14. Re. 5. 9. *I have called.* ch. 42. 6; 44. 5; 45. 4; 49. 1. Ex. 33. 17. Ac. 27. 20, 25. *thou art mine.* Ex. 19. 5, 6. De. 32. 9. Eze. 16. 8. Zec. 13. 9. Mal. 3. 17. 2 Ti. 2. 19. He. 8. 8-10.

2 *passest.* ch. 8. 7-10; 11. 15, 16. Ex. 14. 29. Jos. 3. 15-17. Ps. 66. 10, 12; 91. 3, etc. Am. 9. 8, 9. Mal. 7. 25-27; He. 11. 29. *I will be.* ch. 41. 10, 14. De. 31. 6-8. Jos. 1. 5, 9. Ps. 23. 4; 46. 4-7; 91. 15. Mat. 1. 23. 2 Co. 12. 9, 10. 2 Ti. 4. 17, 22. *when thou walkest.* Da. 3. 25-27. Zec. 13. 9. Mal. 3. 2, 3; 4. 1. Lu. 21. 12-18. 1 Co. 3. 13-15. He. 11. 33-38. 1 Pe. 4. 12, 13.

3 *the Holy One.* ch. 30. 11; 41. 14; 45. 15, 21; 49. 26; 60. 16. Ho. 13. 4. Tit. 2. 10-14; 3. 4-6. Jude 25. *I gave.* Ex. 10. 7. 2 Ch. 14. 9-14. Pr. 11. 8; 21. 18.

4 *precious.* Ex. 19. 5, 6. De. 7. 6-8; 14. 2; 26. 18; 32. 9-14. Ps. 135. 4. Mal. 3. 17. Tit. 2. 14. 1 Pe. 2. 9. *thou hast been.* Ge. 12. 2. Ps. 112. 9. Jno. 5. 44. 1 Pe. 1. 7. *I have.* Je. 31. 3. Ho. 11. 1. Mal. 1. 2. Jno. 16. 27; 17. 23, 26. Re. 3. 9. *life. or,* person.

5 *Fear not.* ver. 2; ch. 41. 10, 14; 44. 2. Je. 30. 10, 11; 46. 27, 28. Ac. 18. 9, 10. *I will.* ch. 11. 11, 12; 27. 12, 13; 49. 12; 60. 1-11; 66. 19, 20. De. 30. 3. 1 Ki. 8. 46-51. Ps. 22. 27-31; 106. 47; 107. 3. Je. 30. 18, 19; 31. 8, 9. Eze. 36. 24-27; 37. 21-28; 39. 25-29. Mi. 2. 12. Zec. 8. 7. Lu. 13. 29. Jno. 10. 16.

6 *bring.* ch. 18. 7. Je. 3. 14, 18, 19. Ho. 1. 10, 11. Ro. 9. 7, 8, 25, 26. 2 Co. 6. 17, 18. Ga. 3. 26-29.

7 *called.* ch. 62. 2-5; 63. 19. Je. 33. 16. Ac. 11. 26. Ja. 2. 7. Re. 3. 12. *for I.* ver. 1; ch. 29. 23. Ps. 95. 6, 7; 100. 3. Jno. 3. 3-7. 2 Co. 5. 17. Ga. 6. 15. Ep. 2. 10. Tit. 3. 5-7. *for my.* ver. 21; ch. 48. 11. Ps. 50. 23. Jno. 15. 8. Ro. 9. 23. Ep. 1. 6, 12; 2. 4-7. 1 Pe. 2. 9; 4. 11, 14.

8 ch. 6. 9; 42. 18-20; 44. 18-20. De. 29. 2-4. Je. 5. 21. Eze. 12. 2. 2 Co. 4. 4-6.

9 *all the.* ch. 45. 20, 21; 48. 14. Ps. 49. 1, 2; 50. 1. Joel 3. 11. *who among.* ch. 41. 21-26; 44. 7-9; 46. 10; 48. 5, 6. *that they may.* ver. 26. Jos. 24. 15-24. 1 Ki. 18. 21-24, 36-39.

10 *my witnesses.* ver. 12; ch. 44. 8. Jno. 1. 7, 8; 15. 27. Ac. 1. 8. 1 Co. 15. 15. *and my servant.* ch. 42. 1; 55. 4. Phi. 2. 7. Col. 1. 7. Re. 1. 2, 5; 3. 14. *that ye.* ch. 40. 21, 22; 41. 20; 45. 6; 46. 8, 9. Jno. 20. 31. *I am he.* ch. 41. 4; 44. 6-8. *no God formed. or,* nothing formed of God.

11 ver. 3; ch. 12. 2; 45. 21, 22. De. 6. 4. Ho. 1. 7; 13. 4. Lu. 1. 47; 2. 11. Jno. 10. 28-30. Ac. 4. 12. Tit. 2. 10, 13; 3. 4-6. 2 Pe. 3. 18. 1 Jno. 4. 14; 5. 20, 21. Jude 25. Re. 1. 11, 17, 18; 7. 10-12.

12 *declared.* ch. 37. 7, 35, 36; 46. 10; 48. 4-7. *no strange.* De. 32. 12. Ps. 81. 9, 10. *my witnesses.* ver. 10; ch. 37. 20; 44. 8; 46. 9.

13 *before.* ch. 57. 15. Ps. 90. 2. 93. 2. Pr. 8. 23. Mi. 5. 2. Hab. 1. 12. Jno. 1. 1, 2; 8. 58. 1 Ti. 1. 17. He. 13. 8. Re. 1. 8. *none.* De. 28. 31; 32. 39. Ps. 50. 22. Ho. 2. 10; 5. 14. *I will work.* ch. 46. 10. Job 9. 12; 34. 14, 15, 29. Pr. 21. 30. Da. 4. 35. Ro. 9. 18, 19. Ep. 1. 11. *let it. Heb.* turn it back. ch. 14. 27.

14 *the Lord.* ver. 1; ch. 44. 6; 54. 5-8. Ps. 19. 14. Re. 5. 9. *For.* ver. 3, 4; ch. 44. 24-28; 45. 1-5. Je. 50. 2-11, 17, 18, 27-34; 51. 1-11, 24, 34-37. Re. 18. 20, 21. *nobles. Heb.* bars. ch. 45. 2. *whose cry.* Eze. 27. 29-36. Re. 18. 11-19.

15 *the Lord.* ver. 3; ch. 30. 11; 40. 25; 41. 14, 16; 45. 11; 48. 17; Je. 51. 5. Hab. 1. 12. Re. 3. 7. *the creator.* ver. 1, 7, 21; ch. 33. 22. Ps. 74. 12. Mat. 25. 34.

16 *maketh.* ver. 2; ch. 11. 15, 16; 51. 10, 15; 63. 11-13. Ex. 14. 16, 21, 29. Jos. 3. 13-16. Ne. 9. 11. Ps. 74. 13, 14; 77. 19; 78. 13; 106. 9; 114. 3-5; 136. 13-15. Je. 31. 35. Re. 16. 12.

17 *bringeth.* Ex. 14. 4-9, 23-28; 15. 4. Ps. 46. 8. 9; 76. 5, 6. Eze. 38. 8-18. *they shall.* ch. 14. 20-22. Re. 19. 17-24; 20. 8, 9. *they are.* ch. 1. 31.

18 ch. 46. 9; 65. 17. De. 7. 18; 8. 2. 1 Ch. 16. 12. Je. 16. 14, 15; 23. 7, 8. 2 Co. 3. 10.

19 *I will do.* ch. 42. 9; 48. 6. Je. 31. 22. Re. 21. 5. *I will even.* ch. 35. 6-10; 40. 3, 4; 48. 21. Lu. 3. 4, 5. *rivers.* ch. 41. 18; 48. 21, 22. Ex. 17. 6. Nu. 20. 11. De. 8. 15. Ps. 78. 16-20; 105. 41.

20 *beast.* ch. 11. 6-10. Ps. 104. 21; 148. 10. *owls. or,* ostriches. *Heb.* daughters of the owl. *to give.* ver. 19; ch. 41. 17; 48. 21; 49. 10; 55. 1, 2. Je. 31. 9. Joel 3. 18. Jno. 4. 10, 14; 7. 37-39. Re. 21. 6; 22. 17. *my chosen.* ch. 65. 15. 1 Ch. 16. 13. Ps. 33. 12. Mar. 13. 20. 1 Pe. 2. 9. Re. 17. 14.

21 ch. 50. 7; 60. 21; 61. 3. Ps. 4. 3; 102. 18. Pr. 16. 4. Lu. 1. 74, 75. 1 Co. 6. 19, 20; 10. 31. Ep. 1. 5-12; 3. 21. Col. 1. 16. Tit. 2. 14. He. 13. 15. 1 Pe. 2. 9.

22 *thou hast not.* ch. 64. 7. Ps. 14. 4; 79. 6. Je. 10. 25. Da. 9. 13. Ho. 7. 10-14; 14. 1, 2. Ja. 4. 2, 3. *thou hast been.* Job 21. 14, 15; 27. 9, 10. Je. 2. 5, 11-13, 31, 32. Mi. 6. 3. Mal. 1. 13; 3. 14. Jno. 6. 66-69.

23 *hast not.* Am. 5. 25. Mal. 1. 13, 14; 3. 8. *small cattle. Heb.* lambs, *or* kids. *honoured.* ch. 1. 11-15; 66. 3. Pr. 15. 8; 21. 27. Am. 5. 21, 22. Zec. 7. 5, 6. Mat. 11. 30.

24 *no sweet.* Ex. 30. 7, 23, 24, 34. Je. 6. 20. *neither.* Le. 3. 16; 4. 31; Ps. 50. 9-13. *filled me. Heb.* made me drunk. *or,* abundantly moistened. *thou hast made.* ch.1. 14, 24; 7. 13; 63. 10. Ps. 95. 10. Eze. 6. 9; 16. 43. Am. 2. 13. Mal. 1. 17; 2. 13-17.

25 *even I.* ver. 11; ch. 1. 18; 44. 22. Ps. 51. 9. Je. 50. 20. Mi. 7. 18, 19. Mar. 2. 7. Ac. 3. 19. Ro. 5. 20. *for mine.* ch. 37. 35; 48. 8-10. Ps. 25. 7, 11; 79. 9. Eze. 20. 9, 14, 22; 36. 22, 32. Ep. 1. 6, 8. *will not.* Ps. 79. 8. Je. 31. 34. He. 8. 12; 10. 17.

26 *Put.* ch. 1. 18. Ge. 32. 12. Job 16. 21; 23. 3-6; 40. 4, 5. Ps. 141. 2. Je. 2. 21-35. Eze. 36. 37. Ro. 11. 35. *declare.* ver. 9. Job 40. 7, 8. Lu. 10. 29; 16. 15; 18. 9-14. Ro. 8. 33; 10. 3.

27 *first father.* Nu. 32. 14. Ps. 78. 8; 106. 6, 7. Je. 3. 25. Eze. 16. 3. Zec. 1. 4-6. Mal. 3. 7. Ac. 7. 51. Ro. 5. 12. *and thy.* ch. 3. 12; 28. 7; 56. 10-12. Je. 5. 31; 23. 11-15. La. 4. 13, 14. Eze. 22. 25-28. Ho. 4. 6. Mi. 3. 11. Mal. 2. 4-8. Mat. 15. 14; 27. 1, 41. Jno. 11. 49-53. Ac. 5. 17, 18. *teachers. Heb.* interpreters.

28 *I have.* ch. 47. 6. 2 Sa. 1. 21. Ps. 89. 39. La. 2. 2, 6, 7; 4. 20. *princes. or,* holy princes. Ps. 82. 6, 7. *and have.* ch. 42. 24, 25; 65. 15. De. 28. 15-20; 29. 21-28. Ps. 79. 4. Je. 24. 9. Da. 9. 14. Zec. 8. 13. Lu. 21. 21-24. 1 Th. 2. 16.

## CHAP. XLIV.

*God comforts the church with his promises,* 1-6. *The vanity of idols,* 7, 8, *and folly of idol makers,* 9-20. *He exhorts to praise God for his redemption and omnipotency,* 21-28.

1 *now.* ch. 42. 23; 48. 16-18; 55. 3. Ps. 81. 11-13. Je. 4. 7. Lu. 13. 34. He. 3. 7, 8. *O Jacob.* ch. 41. 8; 43. 1. Ge. 17. 7. De. 7. 6-8. Ps. 105. 6, 42, 43. Je. 30. 10; 46. 27, 28. Re. 11. 5, 6.

2 *that made.* ver. 21; ch. 43. 1, 7, 21. *formed.* ver. 24; ch. 46. 3, 4; 49. 1. Ps. 46. 5; 71. 6. Je. 1. 5. Eze. 16. 4-8; 20. 5-12. He. 4. 16. *Fear.* ch. 41. 10, 14; 43. 1. See on Lu. 12. 32. Ro. 8. 30. Ep. 1. 4. 1 Th. 1. 4. *Jesurun.* De. 32. 15; 33. 5, Jeshurun.

3 *pour water.* ch. 41. 17; 59. 21. Eze. 34. 26. Joel 3. 18. Jno. 7. 37-39. Re. 21. 6; 22. 17. *floods.* ch. 32. 2; 35. 6, 7; 43. 19, 20; 48. 21; 49. 10. Ps. 78. 15, 16; 107. 35. *dry ground.* Ps. 63. 1. Mat. 12. 43. Greek. *pour my.* ch. 32. 15; 59. 21. Pr. 1. 23. Eze. 39. 29. Joel 2. 28. Zec. 12. 10. Ac. 2. 17, 33, 39; 10. 45. Tit. 3. 5, 6.

4 *spring.* ch. 58. 11; 61. 11. Ps. 1. 3; 92. 13-15. Ac. 2. 41-47; 4. 4; 5. 14. *willows.* Ps. 137. 1, 2. Eze. 17. 5.

5 *I am.* De. 26. 17-19. Ps. 116. 16. Je. 50. 5. Mi. 4. 2. Zec. 8. 20-23; 13. 9. *subscribe.* Ne. 9. 38; 10. 1-29. 2 Co. 8. 5. *the name.* Ga. 6. 16. 1 Pe. 2. 9.

6 *the King.* ch. 33. 22; 43. 15. Mal. 1. 14. Mat. 25. 34; 27. 37. *his redeemer.* ver. 24; ch. 43. 1. 14; 48. 17; 54. 5; 59. 20. Je. 50. 34. *I am the first.* ch. 41. 4; 48. 12. Re. 1. 8, 11, 17, 18; 2. 8; 22. 13. *beside.* ver. 8; ch. 37. 16, 20; 42. 8; 43. 10, 11; 45. 6, 21, 22. De. 4. 35, 39; 6. 4; 32. 39. 1 Ti. 3. 16.

7 *who.* See on ch. 41. 22, 26; 43. 9, 12; 45. 21; 46. 9, 10; 48. 3-8. *since.* ch. 41. 4. Ge. 17. 7, 8. De. 32. 8. Ac. 17. 26.

8 *neither.* See on ver. 2; ch. 41. 10-14. Pr. 3. 25, 26. Je. 10. 7; 30. 10, 11. Jno. 6. 10. *have declared.* ch. 42. 9; 48. 5. Ge. 15. 13-21; 28. 13-15; 46. 3; 48. 19; 49. 1-28. Le. ch. 26. De. 4. 25-31; ch. 28. *ye are.* ch. 43. 10, 12. Ezr. 1. 2; 8. 22. Da. 2. 28, 47; 3. 16-28; 4. 25; 5. 23-30; 6. 22. Ac. 1. 8; 14. 15; 17. 23-31. He. 12. 1. 1 Jno. 1. 2. *Is there.* See on ver. 6; ch. 45. 5, 6; 46. 9. De. 4. 35, 39; 32. 39. 1 Sa. 2. 2. 2 Sa. 22. 32. Jno. 1. 1; 10. 30. *no God. Heb.* no rock. De. 32. 4, 31. Ps. 18. 31.

9 *make.* ch. 41. 24, 29. De. 27. 15. Ps. 97. 7. Je. 10. 3-8, 14, 15. *and their.* ch. 2. 20, 21; 37. 18-20; 46. 1, 2, 6, 7. Ju. 10. 14. 1 Ki. 18. 26-40. Je. 2. 11, 27, 28; 14. 22; 16. 19, 20. Da. 5. 23. Ho. 8. 4-6. Hab. 2. 18-20. 1 Co. 8. 4. *delectable. Heb.* desirable. Da. 11. 38. *their own.* ver. 18, 20; ch. 42. 18; 43. 8; 45. 20. Ps. 115. 8; 135. 18. Ro. 1. 22. 2 Co. 4. 4. Ep. 4. 18; 5. 8.

10 1 Ki. 12. 28. Je. 10. 5. Da. 3. 1, 14. Hab. 2. 18. Ac. 19. 26. 1 Co. 8. 4.

11 *all his.* ch. 1. 29; 42. 17; 45. 16. 1 Sa. 5. 3-7; 6. 4, 5. Ps. 97. 7. Je. 2. 26, 27; 10. 14; 51. 17. *let them all.* See on ch. 41. 5-7. Ju. 6. 29-32; 16. 23-30. 1 Ki. 18. 19-29, 40. Da. 3. 1, etc.; 5. 1-6. Ac. 19. 24-34. Re. 19. 19-21.

12 *The smith.* ch. 40. 19; 41. 6, 7; 46. 6, 7. Ex. 32. 4, 8. Je. 10. 3, etc. *the tongs. or,* an ax. *yea, he is.* Hab. 2. 13.

13 *he marketh.* Ex. 20. 4, 5. De. 4. 16-18, 28. Ac. 17. 29. Ro. 1. 23. *that it may.* Ge. 31. 19, 30, 32; 35. 2. De. 27. 15. Ju. 17. 4, 5; 18. 24. Eze. 8. 12.

14 *heweth.* ch. 40. 20. Je. 10. 3-8. Ho. 4. 12. Hab. 2. 19. *strengtheneth. or,* taketh courage.

15 *he maketh a god.* See on ver. 10; ch. 45. 20. Ju. 2. 19. 2 Ch. 25. 14. Re. 9. 20.

17 *Deliver me.* ch. 36. 19, 20; 37. 38. Da. 3. 17, 29; 6. 16, 20-22, 27.

18 *have not.* ver. 9, 20; ch. 45. 20; 46. 7, 8. Je. 10. 8, 14. Ro. 1. 21-23. *for he hath.* ch. 6. 10; 29. 10. Ps. 81. 12. Mat. 13. 14, 15. Ac. 14. 16. Ro. 1. 28; 11. 8-10. 2 Co. 4. 3, 4. 2 Th. 2. 9-12. *shut. Heb.* daubed. *cannot.* ch. 56. 11. Ps. 92. 6. Pr. 2. 5-9; 28. 5. Je. 5. 21. Da. 12. 10. Ho. 14. 9. Mat. 12. 34. Jno. 5. 44; 8. 43; 12. 39, 40. 2 Pe. 2. 14.

19 *considereth in his heart. Heb.* setteth to his heart. ch. 46. 8. Ex. 7. 23. De. 32. 46. Eze. 40. 4. Hag. 1. 5, marg. Ho. 7. 2. *an abomination.* De. 27. 15. 1 Ki. 11. 5, 7. 2 Ki. 23. 13. *the stock of a tree. Heb.* that which comes of a tree.

20 *feedeth.* Job. 15. 2. Ps. 102. 9. Pr. 15. 14. Ho. 12. 1. Lu. 15. 16. *a deceived.* 1 Ki. 22. 20-23. Job 15. 31. Ho. 4. 12. Ro. 1. 20-22, 28. 2 Th. 2. 11. 2 Ti. 3. 13. Re. 12. 9; 13. 14; 18. 23; 20. 3. *Is there.* ch. 28. 15-17. Je. 16. 19. Hab. 2. 18. 2 Th. 2. 9-11. 1 Ti. 4. 2.

21 *Remember.* ch. 42. 23; 46. 8, 9. De. 4. 9, 23; 31. 19-21; 32. 18. *thou art.* ver. 1, 2; ch. 41. 8, 9; 43. 1, 7, 15. *thou shalt.* ch. 49. 15, 16. Ro. 11. 28, 29.

22 *blotted.* ch. 1. 18; 43. 25. Ne. 4. 5. Ps. 51. 1, 9; 103. 12; 109. 14. Je. 18. 23; 33. 8. Ac. 3. 19. *as a thick.* Job 37. 11. La. 3. 42-44. *return.* ch. 1. 27; 43. 1; 48. 20; 51. 11; 59. 20, 21. Je. 3. 1, 12-14. Ho. 14. 1-4. Lu. 1. 73, 74. Ac. 3. 18, 19. 1 Co. 6. 20. Tit. 2. 12-14. 1 Pe. 1. 18, 19.

23 *Sing.* ch. 42. 10-12; 49. 13; 55. 12, 13. Ps. 69. 34; 96. 11, 12; 98. 7, 8. Je. 51. 48. Lu. 2. 10-14. Re. 5. 8-14; 12. 12; 18. 20; 19. 1-6. *glorified.* ch. 26. 15; 49. 3; 60. 21. Eze. 36. 1, 8; 39. 13. Ep. 1. 6, 7; 3. 21. 2 Th. 1. 10-12. 1 Pe. 4. 11.

24 *thy redeemer.* ver. 6; ch. 43. 14; 48. 17; 49. 7, 26; 54. 5, 8; 59. 20; 60. 16; 63. 16. Ps. 78. 35. Je. 50. 34. Re. 5. 9. *and he.* ver. 2; ch. 43. 1, 7; 46. 3, 4; 49. 1. Job 31. 15. Ps. 71. 6; 139. 13-16. Ga. 1. 15. *I am.* ch. 40. 22; 42. 5; 45. 12; 48. 13; 51. 13. Job 9. 8; 26. 7. Ps. 104. 2. Je. 51. 15. *by myself.* Jno. 1. 3. Ep. 3. 9. Col. 1. 16, 17. He. 1. 2, 10-12.

25 *frustrateth.* ch. 47. 12-14. 1 Ki. 22. 11, 12, 22-25, 37. 2 Ch. 18. 11, 34. Je. 27. 9, 10; 28. 9-17; 50. 36. *maketh.* Ex. 9. 11. Da. 1. 30; 2. 10-12; 4. 7; 5. 6-8. *turneth.* ch. 19. 11-14; 29. 14. 2 Sa. 15. 31; 16. 23; 17. 23. Job 5. 12-14. Ps. 33. 10. Je. 49. 7; 51. 57. 1 Co. 1. 20-27; 3. 19, 20.

26 *confirmeth.* ch. 42. 9. Ex. 11. 4-6; 12. 29, 30. 1 Ki. 13. 3-5; 18. 36-38. Eze. 38. 17. Zec. 1. 6. Mat. 26. 56. Lu. 24. 44. Ac. 2. 25-28. 2 Pe. 1. 19-21. *that saith.* ch. 54. 3, 11, 12; 60. 10. Ezr. 2. 70. Ps. 102. 13-16; 147. 2. Je. 30. 18; 31. 4, 38-40; 33. 7. Eze. 36. 33-36. Da. 9. 25. Zec. 2. 4; 12. 6; 14. 10, 11. *and I will.* ch. 58. 12. Ne. 1. 3; 2. 3; 3. 1, etc. Am. 9. 14. *decayed places. Heb.* wastes. ch. 61. 4. Eze. 36. 10.

27 *Be dry.* ch. 11. 15, 16; 42. 15; 43. 16; 51. 15. Ps. 74. 15. Je. 50. 38; 51. 32, 36. Re. 16. 12.

28 *Cyrus.* ch. 41. 25; 45. 1, 3; 46. 11; 48. 14, 15. Da. 10. 1. *my shepherd.* ch. 63. 11. Ps. 78. 71, 72. *saying.* ch. 45. 13. 2 Ch. 36. 22, 23. Ezr. 1. 1-3; 6. 3, etc.

## CHAP. XLV.

*God calls Cyrus for his church's sake,* 1-4. *By his omnipotency he challenges obedience,* 5-19. *He convinces the idols of vanity by his saving power,* 20-25.

1 *to his.* ch. 13. 3; 44. 28. 1 Ki. 19. 15. Je. 27. 6. *whose.* ch. 41. 13; 42. 6. Ps. 73. 23. *holden. or,* strengthened. Eze. 30. 21-24. *to subdue.* ch. 41. 2, 25. Ezr. 1. 1. Je. 50. 3, 35; 51. 11, 20-24. Da. 5. 6, 28-30; 7. 5; 8. 3. *to open.* All the streets of Babylon, leading on each side to the river, were secured by two leaved brazen gates, and these were providentially left open when Cyrus's forces entered the city in the night, through the channel of the river, in the general disorder occasioned by the great feast which was then celebrated; otherwise, says HERODOTUS, the Persians would have been shut up in the bed of the river, as in a net, and all destroyed. The gates of the palace were also imprudently opened to ascertain the occasion of the tumult; when the two parties under Gobrias and Gadatas rushed in, got possession of the palace, and slew the king. Na. 2. 6.

2 *go before*. ch. 13. 4-17. *make*. ch. 40. 4; 42. 16. Ec. 1. 15. Lu. 3. 5. *break*. Ps. 107. 16.

3 *I will give*. Je. 27. 5-7; 50. 37; 51. 53. Eze. 29. 19, 20. *that thou*. ch. 41. 23. Ezr. 1. 2. *which call*. ch. 43. 1; 48. 15; 49. 1. Ex. 33. 12, 17.

4 *Jacob*. ch. 41. 8, 9; 43. 3, 4, 14; 44. 1. Ex. 19. 5, 6. Je. 50. 17-20. Mat. 24. 22. Mar. 13. 20. Ro. 9. 6; 11. 7. *I have even*. ver. 1; ch. 44. 28. *though*. Ac. 17. 23. Ga. 4. 8, 9. Ep. 2. 12. 1 Th. 4. 5.

5 *the Lord*. ver. 14-18, 21, 22; ch. 44. 8; 46. 9. De. 4. 35, 39; 32. 39. 1 Ki. 8. 60. Joel 2. 27. Jno. 1. 1. He. 1. 8, 9. *I girded thee*. ch. 22. 21. Ezr. 1. 2. Job 12. 18, 21. Ps. 18. 32, 39.

6 ch. 37. 20. 1 Sa. 17. 46, 47. Ps. 46. 10; 83. 18; 102. 15, 16. Eze. 38. 23; 39. 21. Mal. 1. 11.

7 *form*. Ge. 1. 3-5, 17, 18. Ps. 8. 3; 104. 20-23. Je. 31. 35. 2 Co. 4. 6. Ja. 1. 17. *create darkness*. Ex. 10. 21-23; 14. 20. Je. 13, 16. Eze. 32. 8. Joel 2. 2. Am. 4. 13. Na. 1. 8. Jude 6, 13. *I make peace*. ch. 10. 5, 6. Job 2. 10; 34. 29. Ps. 29. 11; 75. 7. Ec. 7. 13, 14. Je. 18. 7-10; 51. 20. Eze. 14. 15-21. Am. 3. 6; 5. 6. Ac. 4. 28.

8 *Drop down*. ch. 32. 15; 44. 3. Ps. 72. 3, 6; 85. 9-12. Eze. 34. 26. Ho. 10. 12; 14. 5-8. Joel 2. 28, 29; 3. 18. Ac. 2. 33. Tit. 3. 3-6. *let the earth*. ch. 4. 2; 11. 1; 53. 2; 61. 3, 11. 1 Co. 3. 6-9. *I the Lord*. ch. 65. 17, 18; 66. 22. Je. 31. 22. 2 Co. 5. 27. Ep. 2. 10; 4. 24.

9 *unto him*. ch. 64. 8. Ex. 9. 16, 17. Job 15. 24-26; 40. 8, 9. Ps. 2. 2-9. Pr. 21. 30. Je. 50. 24. 1 Co. 10. 22. *Shall the clay*. ch. 10. 15; 29. 16. Je. 18. 6. Ro. 9. 20, 21.

10 De. 27. 16. Mal. 1. 6. He. 12. 9.

11 *the Holy One*. ch. 43. 3, 7, 15, 21; 48. 17. *Ask*. Je. 33. 3. Eze. 36. 37. Da. 2. 18; 9. 2, 3, 24-27. Mar. 11. 24. *concerning my sons*. Je. 3. 19; 31. 1, 9. Ho. 1. 10. Ro. 9. 4-8. 2 Co. 6. 18. Ga. 3. 26-29. *concerning the work*. ch. 29. 23; 43. 7; 60. 21. Ep. 2. 10. *command*. Ge. 32. 26. Ju. 16. 23. Jos. 10. 12. Ho. 12. 4.

12 *made the earth*. ver. 18; ch. 40. 28; 42. 5. Ge. 1. 26, 27. Ps. 102. 25. He. 11. 3. *my hands*. ch. 40. 12, 22; 44. 24. Je. 27. 5; 32. 17. Zec. 12. 1. *all their host*. Ge. 2. 1. Ne. 9. 6.

13 *raised him*. ver. 1-6; ch. 41. 2, 25; 46. 11; 48. 14, 15. *in righteousness*. ch. 42. 6. Ps. 65. 5. *direct*. *or*, make straight. ver. 1, 2. *he shall build*. ch. 44. 28; 52. 5. 2 Ch. 36. 22, 23. Ezr. 1. 3, etc. *let go*. ch. 49. 25; 52. 2, 3. Ro. 3. 24-26. 1 Pe. 1. 18, 19. *price*. ch. 13. 17.

14 *The labour*. ch. 18. 7; 19. 23-25; 23. 18; 49. 23; 60. 5-16; 61. 5, 6; 66. 19, 20. Ps. 68. 30, 31; 72. 10-15. Zec. 8. 22, 23. *the Sabeans*. That the *Sabeans* were of a most majestic appearance is particularly remarked by AGATHARCHIDES, an ancient Greek historian quoted by BOCHART. Job 1. 15. Eze. 23. 42. Joel 3. 8. *men of stature*. ch. 10. 33. Nu. 13. 32. 2 Sa. 21. 20. Eze. 31. 3. *in chains*. ch. 14. 2; 49. 23. Ps. 149. 6, 8. *they shall fall*. ch. 60. 14; 61. 5, 9. Ex. 11. 8. Es. 8. 17. Ac. 10. 25, 26. Re. 3. 9. *Surely*. ver. 24. Je. 16. 19. Zec. 8. 20-23. 1 Co. 8. 4-6; 14. 25. 1 Th. 1. 9. *and there*. ver. 5, 6; ch. 44. 8.

15 *a God*. ch. 8. 17; 57. 17. Ps. 44. 24; 77. 19. Jno. 13. 7. Ro. 11. 33, 34. *O God*. ver. 17; ch. 12. 2; 43. 3, 11; 46. 13; 60. 16. Ps. 68. 26. Mat. 1. 22, 23. Jno. 4. 22, 42. Ac. 5. 31; 13. 23. 2 Pe. 3. 18.

16 ver. 20; ch. 41. 29; 42. 17; 44. 9, 11. Ps. 97. 7. Je. 2. 26, 27; 10. 14, 15.

17 *Israel*. ver. 25; ch. 26. 4. Ho. 1. 7. Ro. 2. 28, 29; 8. 1; 11. 26. 1 Co. 1. 30, 31. 2 Co. 5. 17-21. Phi. 3. 8, 9. 1 Jno. 4. 15. *an everlasting*. ch. 51. 6, 8; 54. 8; 60. 19. Ps. 103. 17. Je. 31. 3. Jno. 5. 24; 6. 40; 10. 28. 2 Th. 2. 13, 14, 16. He. 5. 9. 1 Jno. 5. 11-13. *ye shall not*. ch. 29. 22; 49. 23; 54. 4. Ps. 25. 3. Joel 2. 26, 27. Zep. 3. 11. Ro. 9. 33; 10. 11. 1 Pe. 2. 6.

18 *that created*. ch. 42. 5. Je. 10. 12; 51. 15. *he created*. ver. 12. Ge. 1. 28; 9. 1. Ps. 115. 16. Eze. 36. 10-12. *I am*. ver. 5, 6.

19 *spoken*. ch. 43. 9, 10; 48. 16. De. 29. 29; 30. 11-14. Pr. 1. 21; 8. 1-4. Jno. 7. 26, 28, 37-39; 18. 20. Ac. 2. 4-8. *Seek*. ch. 1. 15; 8. 19; 55. 6, 7; 58. 1-3. 1 Ch. 28. 8. 2 Ch. 15. 2. Ezr. 8. 22. Ps. 24. 6; 69. 13, 32. Pr. 15. 8. Je. 29. 13. Am. 5. 4. Mal. 3. 13, 14. Mat. 15. 8, 9. Ja. 4. 3. *speak righteousness*. ch. 63. 1. Nu. 23. 19, 20. De. 32. 4. Ps. 9. 10; 12. 6; 19. 7-10; 111. 7, 8; 119. 137, 138. Pr. 8. 6; 30. 5.

20 *yourselves*. ch. 41. 5, 6, 21; 43. 9. *escaped*. ch. 4. 2. Je. 25. 15-29; 50. 28; 51. 6-9. Ep. 2. 12, 16. Re. 18. 3-18. *they*. ch. 42. 17, 18; 44. 17-20; 46. 7; 48. 7. 1 Ki. 18. 26-29. Ps. 115. 8. Je. 2. 27, 28; 10. 8, 14; 51. 17, 18. Hab. 2. 18-20. Ro. 1. 21-23.

21 *Tell ye*. Ps. 26. 7; 71. 17, 18; 96. 10. Je. 50. 2. Joel 3. 9-12. *and bring*. ch. 41. 1-4. *who hath declared*. ch. 41. 22, 23; 43. 9; 44. 7, 8; 46. 9, 10; 48. 3, 14. *and there is*. ver. 5, 14, 18; ch. 44. 8. *a just*. ver. 25; ch. 43. 3, 11; 63. 1. Je. 23. 5, 6. Zep. 3. 5, 17. Zec. 9. 9. Ro. 3. 25, 26. Tit. 2. 13, 14.

22 *Look*. Nu. 21. 8, 9. 2 Ch. 20. 12. Ps. 22. 17; 65. 5. Mi. 7. 7. Zec. 12. 10. Jno. 3. 13-16; 6. 40. He. 12. 2. *for*. ver. 21. Jno. 10. 28-30. Tit. 2. 13. 2 Pe. 1. 1.

23 *sworn*. Ge. 22. 15-18. Je. 22. 5; 49. 13. Am. 6. 8. He. 6. 13-18. *the word*. ver. 19; ch. 55. 11. Nu. 23. 19. *That unto*. Ro. 11. 4; 14. 10-12. Phi. 2. 10. *every tongue*. ch. 19. 18-21; 44. 3-5; 65. 16. Ge. 31. 53. De. 6. 13. 2 Ch. 15. 14, 15. Ne. 10. 29. Ps. 63. 11; 132. 2.

24 *Surely*, etc. *or*, Surely he shall say of me, In the Lord *is* all righteousness and strength. *in the*. ver. 25; ch. 54. 17; 61. 10. Je. 23. 5, 6. 1 Co. 1. 30. 2 Co. 5. 21. 2 Pe. 1. 1, marg. *righteousness*. *Heb*. righteousnesses. *strength*. 2 Co. 12. 9, 10. Ep. 3. 16. Phi. 4. 13. Col. 1. 11. 2 Ti. 4. 17, 18. Zec. 10. 6, 12. *even*. ch. 55. 5; 60. 9. Ge. 49. 10. Mat. 11. 27, 28. Jno. 7. 37; 12. 32. Ep. 6. 10. Re. 22. 17. *and all*. ch. 41. 11. Ps. 2. 1-12; 21. 8, 9; 72. 9; 110. 2. Lu. 13. 17; 19. 27. Re. 11. 18.

25 *the Lord*. ver. 17, 24. Ac. 13. 39. Ro. 3. 24, 25; 5. 1, 18, 19; 8. 1, 30, 33, 34. 1 Co. 6. 11. 2 Co. 5. 21. *the seed*. ver. 19; ch. 61. 9; 65. 9, 23. 1 Ch. 16. 13. Ps. 22. 23. Ro. 4. 16; 9. 6-8. Ga. 3. 27-29. *glory*. ch. 41. 16. Ps. 64. 10. Je. 9. 23, 24. 1 Co. 1. 31. 2 Co. 10. 17. Ga. 6. 14. Phi. 3. 3. Gr.

## CHAP. XLVI.

*The idols of Babylon could not save themselves*, 1, 2. *God saves his people to the end*, 3, 4. *Idols are not comparable to God for power*, 5-11, *or present salvation*, 12, 13.

1 *Bel*. *Bel*, called *Belus* by the Greek and Roman writers, is the same as *Baal*; and *Nebo* is interpreted by CASTELL and NORBERG of *Mercury*; the two principal idols of Babylon. When that city was taken by the Persians, these images were carried in triumph. ch. 21. 9; 41. 6, 7. Ex. 12. 12. 1 Sa. 5. 3. Je. 48. 1, etc.; 50. 2; 51. 44, 47, 52. *a burden*. ch. 2. 20. Je. 10. 5.

2 *they could*. ch. 36. 18, 19; 37. 12, 19; 44. 17; 45. 20. *but*. Ju. 18. 17, 18, 24. 2 Sa. 5. 21. Je. 43. 12, 13; 48. 7. *themselves are*. *Heb*. their soul is.

3 *Hearken*. See on ch. 44. 1, 21; 48. 1, 17, 18; 51. 1, 7. Ps. 81. 8-13. *the remnant*. See on ch. 1. 9; 10. 22; 11. 11; 37. 4. *borne*. ch. 44. 1, 2; 49. 1, 2; 63. 9. Ex. 19. 4. De. 1. 31; 32. 11, 12. Ps. 22. 9, 10; 71. 6. Eze. 16. 6-16.

4 *even to your*. ch. 41. 4; 43. 13, 25. Ps. 92. 14; 102. 26, 27. Mal. 2. 16; 3. 6. Ro. 11. 29. He. 1. 12; 13. 8. Ja. 1. 17. *even to hoar*. Ps. 48. 14; 71. 18.

5 See on ch. 40. 18, 25. Ex. 15. 11. Ps. 86. 8; 89. 6, 8; 113. 5. Je. 10. 6, 7, 16. Phi. 2. 6. Col. 1. 15. He. 1. 3.

6 *lavish*. ch. 40. 19, 20; 41. 6, 7; 44. 12-19; 45. 20. Ex. 32. 2-4. Ju. 17. 3, 4. 1 Ki. 12. 28. Je. 10. 3, 4, 9, 14. Ho. 8. 4-6. Hab. 2. 18-20. Ac. 17. 29. *they fall*. ch. 2. 8; 44. 17. Da. 3. 5-15.

7 *they carry him*. 1 Sa. 5. 3. Je. 10. 5. Da. 3. 1. *one shall cry*. ch. 37. 38; 45. 20. Ju. 10. 12-14. 1 Ki. 18. 26, 40. Je. 2. 28. Jon. 1. 5, 14-16.

8 *Remember*. ch. 44. 18-21. De. 32. 29. Ps. 115. 8; 135. 18. Je. 10. 8. 1 Co. 14. 20. *bring*. ch. 47. 7. Eze. 18. 28. Hag. 1. 5, 7. Lu. 15. 17. Ep. 5. 14.

9 *the former*. ch. 42. 9; 65. 17. De. 32. 7. Ne. 9. 7, etc. Ps. 78; 105; 106; 111. 4. Je. 23. 7, 8. Da. 9. 6-15. *I am God*. See on ch. 45. 5, 6, 14, 18, 21, 22. *and there is none like*. See on ver. 5. De. 33. 26.

10 *the end*. ch. 41. 22, 23; 44. 7; 45. 21. Ge. 3. 15; 12. 2, 3; 49. 10, 22-26. Nu. 24. 17-24. De. 4. 25-31; 28. 15, etc. Ac. 15. 18. *My counsel*. ver. 11; ch. 43. 13. Ps. 33. 11; 135. 6. Pr. 19. 21; 21. 30. Da. 4. 35. Ac. 3. 23; 4. 27, 28; 5. 39. Ro. 11. 33, 34. Ep. 1. 9-11. He. 6. 17.

11 *Calling*. ch. 13. 2-4; 21. 7-9; 41. 2, 25; 45. 1-6. Je. 50. 29; 51. 20-29. *a ravenous bird*. Or, 'an eagle,' a very proper emblem for Cyrus, says Bp. LOWTH, as in other respects, so particularly because the ensign of Cyrus was a golden *eagle*, ΑΕΤΟΣ χρυσους, the very word *ayit*, which the prophet uses here, expressed as near as may be in Greek letters. Eze. 39. 4. *the man*. ch. 44. 28; 45. 13; 48. 14, 15. Ezr. 1. 2. Ps. 76. 10. Ac. 4. 28. *that executeth my counsel*. *Heb*. of my counsel. Ps. 119. 24, marg. *I have spoken*. ch. 14. 24-27; 38. 15. Nu. 23. 19. Job 23. 13. Je. 50. 45. Ac. 5. 39. Ep. 1. 11; 3. 11.

12 *Hearken*. See on ver. 3; ch. 28. 23; 45. 20. Ps. 49. 1. Pr. 1. 22, 23; 8. 1-5. Ep. 5. 14. Re. 3. 17, 18. *ye stouthearted*. ch. 48. 4. Ps. 76. 5. Zec. 7. 11, 12. Mal. 3. 13-15. Ac. 7. 51. *that*. Ps. 119. 150, 155. Je. 2. 5. Ep. 2. 13.

13 *bring*. ch. 51. 5; 61. 11. Ro. 1. 17; 3. 21-26; 10. 3-15.

*shall not tarry.* Ps. 14. 7; 46. 1, 5. Hab. 2. 3. He. 10. 37. *salvation.* ch. 12. 2; 28. 16; 61. 3; 62. 11. Joel 3. 17. 1 Pe. 2. 6. *Israel.* ch. 43. 7; 44. 23; 60. 21; 61. 3. Je. 33. 9. Hag. 1. 8. Jno. 17. 10. Ep. 1. 6. 2 Th. 1. 10, 12.

## CHAP. XLVII.

*God's judgment upon Babylon and Chaldea,* 1-5, *for their unmercifulness,* 6, *pride,* 7-9, *and overboldness,* 10, *shall be irresistible,* 11-15.

1 *down.* ch. 3. 26; 26. 5; 52. 2. Job 2. 8, 13. Ps. 18. 27. Je. 13. 18; 48. 18. La. 2. 10, 21. Eze. 26. 16; 28. 17. Ob. 3. 4. Jon. 3. 6. *O virgin.* ch. 37. 22. Je. 46. 11. *daughter.* Ps. 137. 8. Je. 50. 42; 51. 33. Zec. 2. 7. *there is.* ch. 14. 13, 14. Ps. 89. 44. Hag. 2. 22. *thou shalt.* ver. 7-9; ch. 32. 9-11. De. 28. 56, 57. La. 4. 5. Re. 18. 7.

2 *the millstones.* Ex. 11. 5. Ju. 16. 21. Job 31. 10. Je. 27. 7. La. 5. 13. Mat. 24. 41. Lu. 17. 35. *make bare.* ch. 3. 17; 20. 4. Je. 13. 22, 26. Eze. 16. 37-39. Ho. 2. 3. Mi. 1. 11. Na. 3. 5, 6.

3 *I will take.* ch. 34. 1-8; 59. 17, 18; 63. 4-6. De. 32. 35, 41-43. Ps. 94. 1, 2; 137. 8, 9. Je. 13. 22, 26; 50. 27, 28; 51. 4, 11, 20-24, 34-36, 56. Ro. 12. 19. He. 10. 30, 31. Na. 3. 5. Re. 6. 9, 10; 16. 19; 18. 5-8, 20.

4 *our redeemer.* ch. 41. 14; 43. 3, 14; 44. 6; 49. 26; 54. 5. Je. 31. 11; 50. 33, 34.

5 *silent.* ch. 13. 20; 14. 23. 1 Sa. 2. 9. Ps. 31. 17; 46. 10. Je. 25. 10. La. 1. 1. Hab. 2. 20. Zec. 2. 13. Mat. 22. 12, 13. Jude 13. Re. 18. 21-24. *for.* After Babylon was taken by Cyrus, instead of being 'the lady of kingdoms,' the metropolis of a great empire, and mistress of all the East, it became subject to the Persians; and the imperial seat being removed to Susa, instead of having a king, it had only a deputy residing there, who governed it as a province of the Persian empire. ver. 7; ch. 13. 19; 14. 4. Da. 2. 37, 38. Re. 17. 3-5, 18; 18. 7, 16-19.

6 *wroth.* ch. 10. 6; 42. 24, 25. 2 Sa. 24. 14. 2 Ch. 28. 9. Ps. 69. 26. Zec. 1. 15. *I have polluted.* ch. 43. 28. La. 2. 2. Eze. 24. 21; 28. 16. *thou didst.* ch. 13. 16; 14. 17. Ob. 10, 16. Mat. 7. 2. Ja. 2. 13. *upon.* De. 28. 50.

7 *thou saidst.* ver. 5. Eze. 28. 2, 12-14; 29. 3. Da. 4. 29; 5. 18-23. *so that.* ch. 46. 8, 9. De. 32. 29. Je. 5. 31. Eze. 7. 3-9.

8 *given.* ch. 21. 4, 5; 22. 12, 13; 32. 9. Ju. 18. 7, 27. Je. 50. 11. Da. 5. 1-4, 30. Zep. 2. 15. Re. 18. 3-8. *I am.* ver. 10. Je. 50. 31, 32; 51. 53. Da. 4. 22, 30; 5. 23; 11. 36. Hab. 2. 5-8. 2 Th. 2. 4. *I shall not.* Ps. 10. 5, 6. Na. 1. 10. Lu. 12. 18-20; 17. 27-29. Re. 18. 7.

9 *these two.* ch. 51. 18, 19. Ru. 1. 5, 20. Lu. 7. 12, 13. *in a moment.* ch. 13. 19. Ps. 73. 19. 1 Th. 5. 3. Re. 18. 8-10. *they shall come.* ch. 13. 20-22; 14. 22, 23. Je. 51. 29, 62-64. Re. 18. 21-23. *for the multitude.* ver. 12, 13. Da. 2. 2; 4. 7; 5. 7. Na. 3. 4. 2 Th. 2. 9, 10. Re. 9. 20, 21; 18. 23; 21. 8; 22. 15.

10 *thou hast trusted.* ch. 28. 15; 59. 4. Ps. 52. 7; 62. 9. *thou hast said.* ch. 29. 15. Job 22. 13, 14. Ps. 10. 11; 64. 5; 94. 7-9. Ec. 8. 8. Je. 23. 24. Eze. 8. 12; 9. 9. *Thy wisdom.* ch. 5. 21. Eze. 28. 2-6. Ro. 1. 22. 1 Co. 1. 19-21; 3. 19. *perverted thee. or,* caused thee to turn away. *I am.* ver. 8.

11 *thou shalt not know.* ch. 37. 36. Ex. 12. 29, 30. Ne. 4. 11. Re. 3. 3. *from whence it riseth. Heb.* the morning thereof. *thou shalt not be.* Ps. 50. 22. Je. 51. 39-42. Da. 5. 25-30. 1 Th. 5. 3. Re. 18. 9, 10. *put it off. Heb.* expiate. Mat. 18. 34. Lu. 12. 59.

12 ver. 9, 10; ch. 8. 19; 19. 3; 44. 25. Ex. 7. 11; 8. 7, 18, 19; 9. 11. Je. 2. 28. Da. 5. 7-9. Na. 3. 4. Ac. 13. 8-12. 2 Th. 2. 9-12. Re. 17. 4-6.

13 *wearied.* ch. 57. 10. Eze. 24. 12. Hab. 2. 13. *Let now.* ch. 44. 25. Da. 2. 2-10; 5. 7, 8, 15, 16, 30. *astrologers, the stargazers. Heb.* viewers of the heavens. *the monthly prognosticators. Heb.* that gave knowledge concerning the months.

14 *they shall.* ch. 40. 24; 41. 2. Ex. 15. 7. Ps. 83. 13-15. Joel 2. 5. Ob. 18. Na. 1. 10. Mal. 4. 1. *themselves. Heb.* their souls. Mat. 10. 28; 16. 26. *there shall.* ch. 30. 14. Je. 51. 25, 26. Re. 18. 21.

15 *thy merchants.* ch. 56. 11. Eze. 27. 12-25. Re. 18. 11-19. *they shall.* Babylon was replenished from all nations, by a concourse of people, whom Jeremiah (ch. 50. 37) calls 'the mingled people.' All these, at the approach of Cyrus, sought to escape to their several countries. Je. 51. 6-9. Re. 18. 15-17.

## CHAP. XLVIII.

*God, to convince the people of their foreknown obstinacy, revealed his prophecies,* 1-8. *He saves them for his own sake,* 9-11. *He exhorts them to obedience, because of his power and providence,* 12-15. *He laments their backwardness,* 16-19. *He powerfully delivers his people out of Babylon,* 20-22.

1 *which are.* Ge. 32. 28; 35. 10. 2 Ki. 17. 34. Jno. 1. 47. Ro. 2. 17, 28, 29; 9. 6, 8. Re. 2. 9; 3. 9. *come.* Nu. 24. 7. De. 33. 28. Ps. 68. 26. Pr. 5. 16. *which swear.* ch. 44. 5; 45. 23; 65. 16. De. 5. 28; 6. 13; 10. 20. Ps. 63. 11. Zep. 1. 5. *make mention.* 26. 13; 62. 8. Ex. 23. 13. *not in truth.* ch. 1. 10-14. Le. 19. 12. Ps. 50. 16-20; 66. 3, marg. Je. 4. 2; 5. 2; 7. 9, 10. Mal. 3. 5. Mat. 15. 8, 9; 23. 14. Jno. 4. 24. 1 Ti. 4. 2. 2 Ti. 3. 2-5.

2 *they call.* ch. 52. 1; 64. 10, 11. Ne. 11. 1, 18. Ps. 48. 1; 87. 3. Da. 9. 24. Mat. 4. 5; 27. 53. Re. 11. 2; 21. 2; 22. 19. *and stay.* ch. 10. 20. Ju. 17. 13. 1 Sa. 4. 3-5. Je. 7. 4-11; 21. 2. Mi. 3. 11. Jno. 8. 40, 41. Ro. 2. 17. *The Lord.* ch. 47. 4; 51. 13. Je. 10. 16.

3 *declared.* ch. 41. 22; 42. 9; 43. 9; 44. 7, 8; 45. 21; 46. 9, 10. *and I.* ch. 10. 12-19, 33, 34; 37. 7, 29, 36-38. Jos. 21. 45; 23. 14, 15.

4 *I knew.* ch. 46. 12. Ps. 78. 8. Zec. 7. 11, 12. *obstinate. Heb.* hard. Je. 5. 3. Eze. 3. 4-7. Da. 5. 20. Ro. 2. 5. He. 3. 13. *and thy.* Ex. 32. 9; 33. 3, 5. De. 10. 16; 31. 27. 2 Ki. 17. 14. 2 Ch. 30. 8; 36. 13. Ne. 9. 16, 17, 28. Ps. 75. 5. Pr. 29. 1. Je. 7. 26; 19. 15. Zec. 7. 12. Ac. 7. 51. *thy brow.* Je. 3. 3. Eze. 3. 7-9.

5 *even.* ver. 3; ch. 44. 7; 46. 10. Lu. 1. 70. Ac. 15. 18. *Mine idol.* ch. 42. 8, 9. Je. 44. 17, 18.

6 *hast heard.* Ps. 107. 43. Je. 2. 31. Mi. 6. 9. *and will.* ch. 21. 10; 43. 8-10. Ps. 40. 9, 10; 71. 15-18; 78. 3-6; 119. 13; 145. 4, 5. Je. 50. 2. Mat. 10. 27. Ac. 1. 8. *shewed.* ch. 42. 9. Da. 12. 8-13. Am. 3. 6. Jno. 15. 15. Ro. 16. 25, 26. 1 Co. 2. 9. 1 Pe. 1. 10-12. Re. 1. 19; 4. 1; 5. 1, 2; 6. 1, etc.

8 *thou heardest.* ch. 6. 9, 10; 26. 11; 29. 10, 11; 42. 19, 20. Je. 5. 21. Mat. 13. 13-15. Jno. 12. 39, 40. *thine ear.* ch. 50. 5. Ps. 40. 6; 139. 1-4. Je. 6. 10. *I knew.* ver. 4; ch. 21. 2. Je. 3. 7-11, 20; 5. 11. Ho. 5. 7; 6. 7. Mal. 2. 11. *a transgressor.* De. 9. 7-24. Ps. 51. 5; 58. 3. Eze. 16. 3-5. Ep. 2. 3.

9 *my name's.* ver. 11; ch. 37. 35; 43. 25. Jos. 7. 9. 1 Sa. 12. 22. Ps. 25. 11; 79. 9; 106. 8; 143. 11. Je. 14. 7. Eze. 20. 9, 14, 22, 44. Da. 9. 17-19. *defer.* Ne. 9. 30, 31. Ps. 78. 38; 103. 8-10. Pr. 19. 11.

10 *I have refined.* ch. 1. 25, 26. Job 23. 10. Ps. 66. 10. Pr. 17. 3. Je. 9. 7. Eze. 20. 38; 22. 18-22. Zec. 13. 8, 9. Mal. 3. 2, 3. He. 12. 10, 11. 1 Pe. 1. 7; 4. 12. Re. 3. 19. *with silver. or,* for silver. *I have chosen.* De. 4. 20.

11 *mine own.* ver. 9. *for how.* ch. 52. 5. Nu. 14. 15, 16. De. 32. 26, 27. Eze. 20. 9, 39. Ro. 2. 24. *my name. Shemi,* 'my name,' is supplied by one MS. and the LXX. *I will not.* ver. 5; ch. 42. 8. Jno. 5. 23.

12 *Hearken.* ch. 34. 1; 46. 3; 49. 1; 51. 1, 4, 7; 55. 3. Pr. 7. 24; 8. 32. *O Jacob.* Three MSS. and two old editions add *avdi,* 'my servant.' *my called.* Mat. 20. 16. Ro. 1. 6; 8. 28. 1 Co. 1. 24. 1 Pe. 2. 9. Re. 17. 14. *I am he.* ch. 41. 4; 44. 6. De. 32. 39. Re. 1. 8, 11, 17, 18; 2. 8; 22. 13.

13 *hand.* ch. 42. 5; 45. 18. Ex. 20. 11. Ps. 102. 25. He. 1. 10-12. *and.* ch. 40. 12. *my right hand hath spanned. or,* the palm of my right hand hath spread out. ch. 40. 22. Job 37. 18. *when.* ch. 40. 26. Ps. 119. 89-91; 147. 4; 148. 5-8.

14 *assemble.* ch. 41. 22; 43. 9; 44. 7; 45. 20, 21. *among them.* Instead of *bahem,* 'among them,' thirty-five MSS. and two editions have *bachem,* 'among *you.*' *The Lord.* Rather, 'He whom the Lord hath loved, will execute his will on Babylon:' that is, Cyrus. ch. 45. 1-3. Mar. 10. 21. *he will do.* ch. 13. 4, 5, 17, 18; 44. 28; 46 11. Je. 50. 21-29; 51. 20-24.

15 Jos. 1. 8. Ps. 45. 4. Eze. 1. 2.

16 *I have not.* See on ver. 3-6; ch. 45. 19. Jno. 18. 20. *the Lord God.* ch. 11. 1-5; 61. 1-3. Zec. 2. 8-11. Lu. 4. 18. Jno. 3. 34; 20. 21, 22.

17 *the Lord.* See on ver. 20; ch. 43. 14; 44. 6-24; 54. 5. *which teacheth.* ch. 2. 3; 30. 20; 54. 13. De. 8. 17, 18. 1 Ki. 8. 36. Job 22. 21, 22; 36. 22. Ps. 25. 8, 9, 12; 71. 17; 73. 24. Je. 31. 33, 34. Mi. 4. 2. Jno. 6. 45. Ep. 4. 21. *which leadeth.* ch. 43. 16; 49. 9, 10. Ps. 32. 8. Je. 6. 16.

18 *that thou.* De. 5. 29; 32. 29. Ps. 81. 13-16. Mat. 23. 37. Lu. 19. 41, 42. *then had.* ch. 32. 15-18; 66. 12. Ps. 36. 8; 119. 165. Am. 5. 24. Ro. 14. 17.

19 *seed.* ch. 10. 22. Ge. 13. 16; 22. 17. Je. 33. 22. Ho. 1. 10. Ro. 9. 27. *his name.* ver. 9; ch. 9. 14; 14. 22. Jos. 7. 9. Ru. 4. 10. 1 Ki. 9. 7. Ps. 9. 5; 109. 13. Zep. 1. 4.

20 *ye forth.* ch. 52. 11. Je. 50. 8; 51. 6, 45. Zec. 2. 6, 7. Re. 18. 4. *with a voice.* ch. 12. 1; 26. 1; 45. 22, 23; 49. 13; 52. 9. Ex. 15. 1, etc.; 19. 4-6. Ps. 126. 1. Je. 31. 12, 13; 51. 48. Re.

18. 20; 19. 1-6. *utter it even.* ver. 6. 2 Sa. 7. 23. Je. 31. 10; 50. 2.

21 *they thirsted.* ch. 30. 25; 35. 6, 7; 41. 17, 18; 43. 19, 20; 49. 10. Je. 31. 9. *he caused.* Ex. 17. 6. Nu. 20. 11. Ne. 9. 15. Ps. 78. 15, 20; 105. 41.

22 ch. 57. 21. Job 15. 20-24. Lu. 19. 42. Ro. 3. 17.

## CHAP. XLIX.

*Christ, being sent to the Jews, complains of them,* 1-4. *He is sent to the Gentiles with gracious promises,* 5-12. *God's love is perpetual to his church,* 13-17. *The ample restoration of the church,* 18-23. *The powerful deliverance out of captivity,* 24-26.

1 *Listen.* ch. 41. 1; 42. 1-4, 12; 45. 22; 51. 5; 60. 9; 66. 19. Zep. 2. 11. *and hearken.* ch. 55. 3; 57. 19. Ep. 2. 17. He. 12. 25. *The Lord.* ver. 5. Ps. 71. 5, 6. Je. 1. 5. Mat. 1. 20, 21. Lu. 1. 15, 31-35; 2. 10, 11. Jno. 10. 36. Ga. 1. 15. 1 Pe. 1. 20.

2 *he hath made.* ch. 11. 4. Ps. 45. 2-5. Ho. 6. 5. He. 4. 12. Re. 1. 16; 2. 12; 19. 15. *in the.* ch. 42. 1; 51. 16. Ps. 91. 1. Lu. 23. 46. *made me.* The polished shaft, says Bp. LOWTH, denotes the same efficacious word which is before represented by the sharp sword. The doctrine of the gospel pierced the hearts of its hearers, 'bringing into captivity every thought to the obedience of Christ.' ch. 50. 4; 61. 1-3. Ps. 45. 5. Je. 1. 18; 15. 19, 20.

3 ch. 42. 1; 43. 21; 44. 23; 52. 13; 53. 10. Zec. 3. 8. Mat. 17. 5. Lu. 2. 10-14. Jno. 12. 28; 13. 31, 32; 15. 8; 17. 1, 4. Ep. 1. 6. Phi. 2. 6-11. 1 Pe. 2. 9.

4 *I have laboured.* ch. 65. 2. Eze. 3. 19. Mat. 17. 17; 23. 37. Jno. 1. 11. Ro. 10. 21. Ga. 4. 11. *spent.* Le. 26. 20. 2 Co. 12. 15. *yet.* ch. 53. 10-12. Ps. 22. 22-31. Lu. 24. 26. Jno. 17. 4, 5. 2 Co. 2. 15. Phi. 2. 9, 10. He. 12. 2. *work. or,* reward. ch. 40. 10; 62. 11.

5 *that formed.* ver. 1. *to bring.* ch. 56. 8. Mat. 15. 24. Ac. 10. 36. Ro. 15. 8. *Though,* etc. *or,* That Israel may be gathered to him, and I may, etc. *Israel.* Mat. 21. 37-41; 23. 37. Lu. 19. 42. 1 Th. 2. 15, 16. *yet.* Ps. 110. 1-3. Mat. 3. 17; 11. 27; 17. 5; 28. 18. Jno. 3. 35; 5. 20-27. Ep. 1. 20-22. 1 Pe. 3. 22.

6 *It is a light thing that. or, Art thou* lighter, than that, etc. 2 Ki. 3. 18; 20. 10. *preserved. or,* desolations. *I will also.* ch. 42. 6; 60. 3. Lu. 2. 32. Jno. 1. 4-9. Ac. 13. 47; 26. 18. *that thou mayest.* ch. 11. 10; 24. 14-16; 46. 13; 52. 10. Ps. 98. 2, 3. Lu. 24. 46, 47.

7 *the Redeemer.* See on ch. 48. 7. Re. 3. 7. *to him whom man despiseth. or,* to him that is despised in soul. ch. 53. 3. Ps. 22. 6-8; 69. 7-9, 19. Zec. 11. 8. Mat. 26. 67; 27. 38-44. Lu. 23. 18, 23. Jno. 18. 40; 19. 6, 15. *to a.* Mat. 20. 28. Lu. 22. 27. *Kings.* ver. 23; ch. 52. 15; 60. 3, 10, 16. Ps. 2. 10-12; 68. 31; 72. 10, 11. Re. 11. 15. *and he.* ch. 42. 1. Lu. 23. 35. 1 Pe. 2. 4.

8 *In an.* Ps. 69. 13. Jno. 11. 41, 42. 2 Co. 6. 2. Ep. 1. 6. He. 5. 7. *have I helped.* ch. 42. 1; 50. 7-9. Ac. 2. 24-32. *give thee.* ch. 42. 6. Mat. 26. 28. He. 8. 6; 12. 24. *establish. or,* raise up. ch. 51. 16. Ps. 75. 3. *to cause.* ver. 19; ch. 51. 3; 54. 3; 58. 12; 61. 4. Ps. 2. 8. Ep. 2. 12-19.

9 *to the.* ch. 42. 7; 61. 1. Ps. 69. 33; 102. 20; 107. 10-16; 146. 7. Zec. 9. 11, 12. Lu. 4. 18. Col. 1. 13. 1 Pe. 2. 9. *to them.* ch. 9. 2; 42. 16; 60. 1, 2. Lu. 1. 79. Jno. 8. 12. Ac. 26. 18. 2 Co. 4. 4-6. Ep. 5. 8, 14. 1 Th. 5. 5, 6. *They shall feed.* ch. 5. 17; 55. 1, 2; 65. 13. Ps. 22. 26; 23. 1, 2. Eze. 34. 13-15, 23, 29. Joel 3. 18. Jno. 6. 53-58; 10. 9. *high.* De. 32. 13.

10 *shall not.* Mat. 5. 6. Jno. 6. 35. Re. 7. 16, 17. *neither.* ch. 4. 6; 25. 4; 32. 2. Ps. 121. 5, 6. *he that.* ch. 54. 10. Ps. 23. 2-4. Je. 31. 9. Eze. 34. 23. Jno. 10. 3, 4.

11 ch. 11. 16; 35. 8-10; 40. 3, 4; 43. 19; 57. 14; 62. 10. Ps. 107. 4, 7. Lu. 3. 4, 5. Jno. 14. 6.

12 *these shall.* ch. 2. 2, 3; 11. 10, 11; 43. 5, 6; 60. 9-14; 66. 19, 20. Ps. 22. 27; 72. 10, 11, 17. Mi. 4. 2. Zec. 2. 11; 8. 20-23. Mat. 8. 11. Lu. 13. 29. Re. 7. 9; 11. 15.

13 *O heavens.* ch. 42. 10, 11; 44. 23; 52. 9; 55. 12. Ps. 96. 11-13; 98. 4-9. Lu. 2. 13, 14; 15. 10. Re. 5. 8-13; 7. 9-12. *the Lord.* ch. 12. 1; 40. 1, 2; 51. 3; 61. 2, 3; 66. 13, 14. Je. 31. 13. 2 Co. 7. 6. 2 Th. 2. 16, 17.

14 *The Lord.* ch. 40. 27. Ps. 22. 1; 31. 22; 77. 6-9; 89. 38-46. Ro. 11. 1-5. *my Lord.* Ps. 13. 1. Je. 23. 39. La. 5. 20.

15 *a woman.* 1 Ki. 3. 26, 27. Ps. 103. 13. Mal. 3. 17. Mat. 7. 11. *that she should not have compassion. Heb.* from having compassion. *they may.* Le. 26. 29. De. 28. 56, 57. 2 Ki. 6. 28, 29; 11. 1, 2. La. 4. 3, 10. Ro. 1. 31. *yet.* ch. 44. 21. Je. 31. 20. Ho. 11. 1. Ro. 11. 28, 29.

16 *I have.* Ex. 13. 9. Ca. 8. 6. Je. 22. 24. Hag. 2. 23. *thy walls.* ch. 26. 1; 54. 12; 60. 18. Re. 21. 10-21.

17 *children.* ch. 51. 18-20; 62. 5. Ezr. 1. 5. Ne. 2. 4-9, 17. Eze. 28. 24. *haste.* Or, by a slight change of the points, 'Thy builders shall make haste:' those appointed to build the city and walls of Zion, shall speedily begin and accomplish the work. *thy destroyers.* ver. 19; ch. 51. 13, 22, 23.

18 *Lift up.* ch. 60. 4. Ge. 13. 14. Mat. 13. 41, 42. Re. 22. 15. *all these.* ver. 12, 22; ch. 43. 5, 6; 54. 1-3; 60. 5-11; 66. 12, 13, 20. Je. 31. 8. Ga. 3. 28, 29. *As I live.* ch. 54. 9. Ge. 22. 16. He. 6. 13-18. *thou shalt.* ch. 61. 10. Pr. 17. 6. *as a bride.* Je. 2. 32. Re. 21. 2. *doeth.* Bp. LOWTH adds from the LXX., 'her jewels.'

19 *thy waste.* ver. 8; ch. 51. 3; 54. 1, 2. Je. 30. 18, 19; 33. 10, 11. Eze. 36. 9-15. Ho. 1. 10, 11. Zec. 2. 4, 11; 10. 10. *they that.* ver. 17, 25, 26. Ps. 56. 1, 2; 124. 3. Pr. 1. 12. Je. 30. 16; 51. 33, 44. Eze. 36. 3.

20 *children.* ch. 60. 4. Ho. 1. 10. Mat. 3. 9. Ga. 4. 26-28. *The place.* ch. 51. 3; 54. 1, 2. Jos. 17. 14-16. 2 Ki. 6. 1.

21 *seeing.* Je. 31. 15-17. Ro. 11. 11-17, 24. Ga. 3. 29; 4. 26-29. *am desolate.* ch. 3. 26; 51. 17-20; 52. 2; 54. 3-8; 60. 15; 62. 4; 64. 10. La. 1. 1-3. Mat. 24. 29, 30. Lu. 21. 24. Ro. 11. 26-31.

22 *Behold.* ver. 12; ch. 2. 2, 3; 11. 10, 11; 42. 1-4; 60. 3-11; 66. 20; 67. 7-12, 18-20. Ps. 22. 27; 67. 4-7; 72. 8, 17; 86. 9. Mal. 1. 11. Lu. 13. 29. *arms. Heb.* bosom.

23 *kings.* Cyrus, Darius, Artaxerxes, and other Persian monarchs, as well as Alexander the Great, and his successors, particularly Demetrius, conferred many privileges and immunities on the Jewish people, and were munificent benefactors to their temple. But the prophecy was more remarkably and fully fulfilled in the favour which Constantine the Great, and other Christian princes and princesses from his time to the present day, have shewn to the church of Christ; though it cannot be disputed, that the grand and signal accomplishment of these predictions is yet future. ver. 7; ch. 52. 15; 60. 3, 10, 11, 16; 62. 2. Ezr. 1. 2-4; 6. 7-12; 7. 11-28. Ne. 2. 6-10. Es. ch. 8-10. Ps. 2. 10-12; 68. 31; 72. 10, 11; 138. 4. Re. 21. 24-26. *nursing fathers. Heb.* nourishers. Nu. 11. 12. *queens. Heb.* princesses. *bow.* ch. 45. 14; 60. 14. Ge. 43. 26. Ps. 72. 9. Re. 3. 9. *lick up.* Mi. 7. 17. *for they.* ch. 25. 9; 64. 4. Ps. 25. 3; 34. 22; 69. 6. Ro. 5. 5; 9. 33; 10. 11. 1 Pe. 2. 6.

24 *Shall.* Eze. 37. 3, 11. *prey.* ch. 42. 22; 53. 12. Ps. 124. 6, 7; 126. 1-3. Mat. 12. 29. Lu. 11. 21, 22. *lawful captive. Heb.* captivity of the just. Ezr. 9. 9, 13. Ne. 9. 33, 37. Je. 25. 6-9, 11-14.

25 *Even.* ch. 10. 27; 52. 2-5. Je. 29. 10; 50. 17-19, 33, 34. Zec. 9. 11. He. 2. 14, 15. 1 Jno. 3. 8. *captives. Heb.* captivity. *I will contend.* ch. 41. 11, 12; 54. 15-17. Ge. 12. 3. Nu. 23. 8, 9. Je. 51. 35, 36. Zec. 9. 13-16; 12. 3-6; 14. 3, 12. Ro. 8. 31-39. Re. 18. 20. *I will save.* ch. 54. 13 Ga. 4. 26.

26 *I will feed.* ch. 9. 20. Ju. 7. 22. *drunken.* Re. 14. 20; 16. 6; 17. 6. *sweet wine. or,* new wine. *and all.* ch. 41. 14-20; 45. 6; 60. 16. Ps. 9. 16; 58. 10, 11; 83. 18. Eze. 39. 7. Re. 15. 3, 4.

## CHAP. L.

*Christ shews that the dereliction of the Jews is not to be imputed to him, by his ability to save,* 1-4; *by his obedience in that work,* 5, 6; *and by his confidence in that assistance,* 7-9. *An exhortation to trust in God, and not in ourselves,* 10, 11.

1 *the bill.* De. 24. 1-4. Je. 3. 1, 8. Ho. 2. 2-4. Mar. 10. 4-12. *or which.* Ex. 21. 7. Le. 25. 39. De. 32. 30. 2 Ki. 4. 1. Ne. 5. 5. Es. 7. 4. Ps. 44. 12. Mat. 18. 25. *Behold.* Husbands often sent bills of divorcement to their wives on slight occasions; and fathers, oppressed with debt, sold their children till the year of release. But this, saith God, cannot be my case: I am not governed by any such motives, nor am I urged by any such necessity. Your captivity and afflictions are the fruits of your own folly and wickedness. *for your iniquities.* ch. 52. 3; 59. 1, 2. 1 Ki. 21. 25. 2 Ki. 17. 17. Je. 3. 8; 4. 18.

2 *when I came.* ch. 59. 16; 65. 12; 66. 4. Pr. 1. 24. Je. 5. 1; 7. 13; 8. 6; 35. 15. Ho. 11. 2, 7. Jno. 1. 11; 3. 19. *Is my.* ch. 59. 1. Ge. 18. 14. Nu. 11. 23. *have I.* ch. 36. 20. 2 Ch. 32. 15. Da. 3. 15, 29; 6. 20, 27. *at my.* Ps. 106. 9. Na. 1. 4. Mar. 4. 39. *I dry.* ch. 42. 15; 43. 16; 51. 10; 63. 13. Ex. 14. 21, 29. Jos. 3. 16. Ps. 107. 33; 114. 3-7. *their fish.* Ex. 7. 18, 21.

3 Ex. 10. 21. Ps. 18. 11, 12. Mat. 27. 45. Re. 6. 12.

4 *God.* Ex. 4. 11, 12. Ps. 45. 2. Je. 1. 9. Mat. 22. 46. Lu. 4. 22; 21. 15. Jno. 7. 46. *a word.* ch. 57. 15-19. Pr. 15. 23; 25. 11. Mat. 11. 28; 13. 54. *as the.* Jno. 7. 15-17.

5 ch. 48. 8. Ps. 40. 6-8. Mat. 26. 39. Jno. 8. 29; 14. 31; 15. 10. Phi. 2. 8. He. 5. 8; 10. 5-9.

6 *gave.* La. 3. 30. Mi. 5. 1. Mat. 5. 39; 26. 67; 27. 26. Mar. 14. 65; 15. 19. Lu. 22. 63, 64. Jno. 18. 22. He. 12. 2. *my cheeks.* The eastern people always held the beard in great veneration; and to pluck a man's beard is one of the grossest indignities that can be offered. D'ARVIEUX gives a remarkable instance of an Arab, who, having received a wound in his jaw, chose to hazard his life rather than suffer the surgeon to cut off his beard. See Note on 2 Sa. 10. 4. *that plucked.* Ne. 13. 25. *I hid.* Another instance of the utmost contempt and detestation. Throughout the East it is highly offensive to spit in any one's presence; and if this is such an indignity, how much more spitting in the face?

7 *the Lord.* ver. 9; ch. 42. 1; 49. 8. Ps. 89. 21-27; 110. 1. Jno. 16. 33. He. 13. 6. *I set.* Je. 1. 18. Eze. 3. 8, 9. Mat. 23. 13-36. Lu. 9. 51; 11. 39-54. Ro. 1. 16. 1 Pe. 4. 1. 16.

8 *near that.* Ro. 8. 32-34. 1 Ti. 3. 16. *let us.* ch. 41. 1, 21. Ex. 22. 9. De. 19. 17. Job 23. 3-7. Mat. 5. 25. *mine adversary. Heb.* the master of my cause. Zec. 3. 1, etc. Re. 12. 10.

9 *they all.* ch. 51. 6-8. Job 13. 28. Ps. 39. 11; 102. 26. He. 1. 11, 12.

10 *is among.* Ps. 25. 12, 14; 111. 10; 112. 1; 128. 1. Ec. 12. 13. Mal. 3. 16. *obeyeth.* ch. 42. 1; 49. 3; 53. 11. He. 5. 9. *that walketh.* ch. 9. 2; 59. 9. Job 29. 3. Ps. 23. 4. La. 3. 2. Jno. 8. 12; 12. 46. *let.* ch. 26. 3, 4. 1 Sa. 30. 6. 1 Ch. 5. 20. 2 Ch. 20. 12, 20. Job 13. 15; 23. 8-10. Ps. 27. 13, 14; 28. 7; 40. 1-4; 42. 11; 62. 8; 145. 21. La. 3. 25, 26. Mi. 7. 7-9. 2 Co. 1. 8-10. 1 Pe. 5. 7.

11 *all ye.* ch. 28. 15-20; 30. 15, 16; 55. 2. Ps. 20. 7, 8. Je. 17. 5-7. Jon. 2. 8. Mat. 15. 6-8. Ro. 1. 21, 22; 10. 3. *walk.* Ec. 11. 9, 10. Eze. 20. 39. Am. 4. 4, 5. *This shall.* Jno. 9. 39. *ye shall.* ch. 8. 22; 65. 13-16. Ps. 16. 4; 32. 10. Mat. 8. 12; 22. 13. Jno. 8. 24. 2 Th. 1. 8, 9. Re. 19. 20; 20. 15.

## CHAP. LI.

*An exhortation, after the pattern of Abraham, to trust in Christ,* 1, 2, *by reason of his comfortable promises,* 3, *of his righteous salvation,* 4-6, *and man's mortality,* 7, 8. *Christ by his sanctified arm defends his from the fear of man,* 9-16. *He bewails the afflictions of Jerusalem,* 17-20, *and promises deliverance,* 21-23.

1 *Hearken.* ver. 4, 7; ch. 46. 3, 4; 48. 12; 55, 2, 3. *ye that follow.* ver. 7. Ps. 94. 15. Pr. 15. 9; 21. 21. Mat. 5. 6; 6. 33. Ro. 9. 30-32; 14. 19. Phi. 3. 13. 1 Ti. 6. 11. 2 Ti. 2. 22. He. 12. 14. *ye that seek.* ch. 45. 19; 55. 6. Ps. 24. 6; 105. 3, 4. Am. 5. 6. Zep. 2. 3. *look.* Ge. 17. 15-17. Ep. 2. 11, 12.

2 *unto Abraham.* Ge. 15. 1, 2; 18. 11-13. Jos. 24. 3. Ro. 4. 1-5, 16-24. *for.* Ge. 12. 1-3; 13. 14-17; 15. 4, 5; 22. 17; 24. 1, 35. Ne. 9. 7, 8. Eze. 33. 24. Ga. 3. 9-14. He. 11. 8-12.

3 *the Lord.* ver. 12; ch. 12. 1; 40. 1, 2; 49. 13; 54. 6-8; 61. 1-3; 66. 10-14. Ps. 85. 8. Je. 31. 12-14, 25. Zep. 3. 14-20. 2 Co. 1. 3, 4. *all.* ch. 44. 26; 49. 8; 52. 9; 61. 4. Ps. 102. 13, 14. Je. 33. 12, 13. *make.* See on ch. 35. 1, 2, 7-10; 41. 18, 19. *like the.* Ge. 2. 8, 9; 13. 10. Eze. 31. 8-10. Joel 2. 3. *joy.* Je. 33. 11. 1 Pe. 1. 8. Re. 19. 1-7.

4 *O my.* ch. 26. 2. Ex. 19. 6; 33. 13. Ps. 33. 12; 106. 5; 147. 20. 1 Pe. 2. 9. *a law.* ch. 2. 3. Mi. 4. 2. Ro. 8. 2-4. 1 Co. 9. 21. *I will make.* See on ch. 42. 1-4, 6; 49. 6. Pr. 6. 23. Mat. 12. 18-20. Lu. 2. 32. Jno. 16. 8-11.

5 *righteousness.* ch. 46. 13; 56. 1. De. 30. 14. Ps. 85. 9. Mat. 3. 2. Ro. 1. 16, 17; 10. 6-10. *my salvation.* ch. 2. 2, 3. Eze. 47. 1-5. Mat. 28. 18. Mar. 16. 15. Lu. 24. 47. Ro. 10. 17, 18. *mine.* 1 Sa. 2. 10. Ps. 50. 4-6; 67. 4; 96. 13; 98. 9; 110. 6. Joel 3. 12. Jno. 5. 22, 23. Ac. 17. 31. Ro. 2. 16. 2 Co. 5. 10. *the isles.* See on ch. 42. 4; 49. 1; 60. 9. Zep. 2. 11. Ro. 1. 16; 15. 9-12.

6 *Lift up.* ch. 40. 26. De. 4. 19. Ps. 8. 3, 4. *the heavens.* ch. 34. 4; 50. 9. Ps. 102. 26. Mat. 24. 35. He. 1. 11, 12. 2 Pe. 3. 10-12. Re. 6. 12-14; 20. 11. *my salvation.* ver. 8; ch. 45. 17. Ps. 103. 17. Da. 9. 24. Jno. 3. 15, 16; 5. 24; 10. 27-29. 2 Th. 2. 16. He. 5. 9; 9. 12, 15.

7 *Hearken.* See on ver. 1. *ye that.* Phi. 3. 8. 10. Tit. 2. 11, 12. *in whose.* Ps. 37. 31; 40. 8. Je. 31. 33, 34. 2 Co. 3. 3. He. 10. 16. *fear.* Je. 1. 17. Eze. 2. 6. Mat. 5. 11; 10. 28. Lu. 6. 22; 12. 4, 5. Ac. 5. 41. 1 Pe. 4. 4, 14.

8 *the moth.* ch. 50. 9; 66. 24. Job 4. 19; 13. 28. Ho. 5. 12. *my righteousness.* See on ver. 6; ch. 45. 17; 46. 13. Lu. 1. 50.

9 *Awake.* ver. 17; ch. 27. 1. Ps. 7. 6; 44. 23; 59. 4; 78. 65. Hab. 2. 19. *put.* ch. 52. 1; 59. 17. Ps. 21. 13; 74. 13, 14; 93. 1. Re. 11. 17. *O arm.* ver. 5; ch. 53. 1; 59. 16; 62. 8. Lu. 1. 51. Jno. 12. 38. *as in.* Ju. 6. 13. Ne. 9. 7-15. Ps. 44. 1. *Art thou.* Job 26. 12, marg. Ps. 87. 4; 89. 10. *the dragon.* ch. 27. 1. Ps. 74. 13, 14. Eze. 29. 3. Hab. 3. 13. Re. 12. 9.

10 *dried.* ch. 42. 15; 43. 16; 50. 2; 63. 11, 12. Ex. 14. 21, 22; 15. 13. Ps. 74. 13.

11 *the redeemed.* ch. 35. 10; 44. 23; 48. 20; 49. 13. Je. 30. 18, 19; 31. 11, 12; 33. 11. Ac. 2. 41-47. Re. 5. 9-13; 7. 9, 10; 14. 1-4; 19. 1-7. *everlasting.* ch. 60. 19; 61. 7. 2 Co. 4. 17, 18. 2 Th. 2. 16. Jude 24. *and sorrow.* ch. 25. 8; 60. 20; 65. 19. Re 7. 17; 21. 1, 4; 22. 3.

12 *I, am he.* ver. 3; ch. 43. 25; 57. 15-18; 66. 13. Jno. 14, 18, 26, 27. Ac. 9. 31. 2 Co. 1. 3-5; 7. 5, 6. *that thou.* ver. 7, 8; ch. 2. 22. Ps. 118. 6; 146. 4. Pr. 29. 26. Da. 3. 16-18. Mat. 10. 28. Lu. 12. 4, 5. *man which.* ch. 40. 6. Ps. 90. 5, 6; 92. 7; 103. 15, 16. Ja. 1. 10, 11. 1 Pe. 1. 24.

13 *forgettest.* See on ch. 17. 10. De. 32. 18. Je. 2. 32 *that hath.* ch. 40. 22; 42. 5; 44. 24; 45. 12. Job 9. 8, 37. 18. Ps. 102. 25, 26; 104. 2. Je. 10. 11, 12; 51. 15. He. 1. 9-12. *feared.* ch. 8. 12, 13; 57. 11. He. 11. 15. *were ready. or,* made *himself* ready. ch. 10. 29-32. Ex. 14. 10-13; 15. 9, 10. Es. 5. 14. Da. 3. 15, 19. Re. 20. 9. *where is.* ch. 10. 33, 34; 14. 16, 17; 16. 4; 33. 18, 19; 37. 36-38. Ex. 14. 13. Es. 7. 10. Job 20. 5-9. Ps. 9. 6, 7; 37. 35, 36; 76. 10. Da. 4. 32, 33. Mat. 2. 16-20. Ac. 12. 23. 1 Co. 1. 20; 15. 55. Re. 19. 20.

14 *captive.* ch. 48. 20; 52. 2. Ezr. 1. 5. Ac. 12. 7, 8. *die.* Je. 37. 16; 38. 6-13. La. 3. 53, 54. Zec. 9. 11.

15 *that divided.* See on ver. 10. Ne. 9. 11. Job 26. 12. Ps. 74. 13; 114. 3-5; 136. 13. Je. 31. 35. Am. 9. 5, 6. *The Lord.* ch. 47. 4; 48. 2; 54. 5. Je. 10. 16.

16 *I have put.* ch. 50. 4; 59. 21. De. 18. 18. Jno. 3. 34; 8. 38-40; 17. 8. Re. 1. 1. *I have covered.* ch. 49. 2. De. 33. 27. *plant.* ch. 45. 18; 60. 21; 61. 3; 65. 17; 66. 22. Ps. 92. 13. 2 Pe. 3. 13. *and lay.* ch. 48. 13; 49. 8. Ps. 75. 3. *Thou art.* ch. 60. 14, 15. Je. 31. 33; 32. 38. Zec. 8. 8; 13. 9. Heb. 8. 10.

17 *awake.* See on ver. 9; ch. 52. 1; 60. 1, 2. Ju. 5. 12. 1 Co. 15. 34. Ep. 5. 14. *which hast.* De. 28. 28, 34. Job 21. 20. Ps. 11. 6; 60. 3; 75. 8, 22. Je. 25. 15-17, 27. Eze. 23. 31-34. Zec. 12. 2. Re. 14. 10; 18. 6.

18 *none.* ch. 3. 4-8; 49. 21. Ps. 88. 18; 142. 4. Mat. 9. 36; 15. 14. *that taketh.* ch. 41. 13; 45. 1. Job 8. 20, marg. Je. 31. 32. Mar. 8. 23. Ac. 9. 8; 13. 11. Heb. 8. 9.

19 *two things.* ch. 47. 9. Eze. 14. 21. *are come. Heb.* happened. *who shall.* Job 2. 11. Ps. 69. 20. Je. 9. 17-21. La. 1. 9, 12, 17. Am. 7. 2. *destruction. Heb.* breaking. *by whom.* ch. 22. 4; 61. 2. Job 42. 11. Ec. 4. 1. La. 1. 16. Am. 7. 2. 2 Co. 7. 6, 7, 13. 2 Th. 2. 16, 17.

20 *sons.* ch. 40. 30. Je. 14. 18. La. 1. 15, 19; 2. 11, 12; 4. 2; 5. 13. *a wild.* ch. 8. 21. Eze. 12. 13; 17. 20. Re. 16. 9-11. *full.* ver. 17, 21; ch. 9. 19-21. Ps. 88. 15, 16. La. 3. 15, 16. Re. 14. 10. *but.* ch. 29. 9; 49. 26. Eze. 39. 19.

22 *pleadeth.* 1 Sa. 25. 39. Ps. 35. 1. Pr. 22. 23. Je. 50. 34; 51. 36. Joel 3. 2. Mi. 7. 9. *I have.* ver. 17; ch. 54. 7-9; 62. 8. Eze. 39. 29.

23 *I will.* ch. 49. 25, 26. Pr. 11. 8; 21. 18. Je. 25. 17-29. Zec. 12. 2. Re. 17. 6-8, 18. *Bow.* Jos. 10. 24. Ps. 65. 11, 12. Re. 11. 2; 13. 16, 17.

## CHAP. LII.

*Christ persuades the church to believe his free redemption,* 1-6, *to receive the ministers thereof,* 7, 8, *to joy in the power thereof,* 9, 10, *and to free themselves from bondage,* 11, 12. *Christ's kingdom shall be exalted,* 13-15.

1 *awake.* See on ch. 51. 9, 17. Da. 10. 9, 16-19. Hag. 2. 4. Ep. 6. 10. *put on thy beautiful.* See on ch. 61. 3, 10. Lu. 15. 22. Ro. 3. 22; 13. 14. Ep. 4. 24. Re. 19. 8, 14. *the holy.* ch. 1. 21, 26; 48. 2. Ne. 11. 1. Je. 31. 23. Zec. 14. 20, 21. Mat. 4. 5. Re. 21. 2, 27. *there shall.* ch. 26. 2; 35. 8; 60. 21. Eze. 44. 9. Na. 1. 15. Re. 21. 27.

2 *Shake.* ch. 3. 26; 51. 23. Je. 51. 6, 45, 50. Zec. 2. 6. Re. 18. 4. *arise.* The common mode of sitting in the East is upon the floor, with the legs crossed; and when sitting is spoken of as a posture of more than ordinary state, it means sitting on high, on a chair of state, or throne. *loose.* ch. 49. 21; 51. 14; 61. 1. Lu. 4. 18; 21. 24.

3 ch. 45. 13; 50. 1. Ps. 44. 12. Je. 15. 13. 1 Pe. 1. 18. Ro. 7. 14-25.

4 *My people.* Ge. 46. 6. Ac. 7. 14, 15. *the Assyrian.* ch. 14. 25; ch. 36; 37. Je. 50. 17. *without.* Job 2 3. Ps. 25. 3; 69. 4. Jno. 15. 25.

5 *what.* ch. 22. 16. Ju. 18. 3. *people.* ver. 3. Ps. 44. 12

*make.* ch. 47. 6; 51. 20, 23. Ex. 1. 13-16; 2. 23, 24; 3. 7. Ps. 137. 1, 2. Je. 50. 17. La. 1. 21; 2. 3; 5. 13-15. Zep. 1. 10. *my name.* ch. 37. 6, 28. Ps. 44. 16; 74. 10, 18, 22, 23. Eze. 20. 9, 14; 36. 20-23. Ro. 2. 24.

6 *my people.* Ex. 33. 19; 34. 5-7. Ps. 48. 10. Eze. 20. 44; 37. 13, 14; 39. 27-29. Zec. 10. 9-12. He. 8. 10, 11. *I am he.* ch. 42. 9. Nu. 23. 19. He. 6. 14-18.

7 *How beautiful.* This is a highly poetical expression, for, How welcome is his arrival! how agreeable are the tidings which he brings! ch. 40. 9; 61. 1-3. Na. 1. 15. Lu. 2. 10. Ro. 10. 12-15. *publisheth.* Ps. 68. 11. Ca. 2. 8. Mar. 13. 10; 16. 15. Lu. 24. 47. Ac. 10. 36-38. Re. 14. 6. *Thy God.* ch. 24. 23; 33. 22. Ps. 59. 13; 93. 1; 96. 10; 97. 1; 99. 1. Mi. 4. 7. Zec. 9. 9. Mat. 25. 34; 28. 18. Re. 11. 15.

8 *Thy.* ch. 56. 10; 62. 6. Ca. 3. 3; 5. 7. Je. 6. 17; 31. 6, 7. Eze. 3. 17; 33. 7. He. 13. 17. *lift.* ch. 24. 14; 40. 9; 58. 1. *with.* ch. 12. 4-6; 26. 1; 27. 2; 35. 10; 48. 20. Je. 33. 11. Ac. 2. 46, 47. Re. 5. 8-10; 18. 20; 19. 4. *see.* ch. 30. 26. Je. 32. 39. Zep. 3. 9. Ze. 12. 8. Ac. 2. 1; 4. 32. 1 Co. 1. 10; 13. 12. Ep. 1. 17, 18.

9 *Break.* ch. 14. 7; 42. 10, 11; 44. 23; 48. 20; 49. 13; 54. 1-3; 55. 12; 65. 18, 19; 66. 10-13. Ps. 96. 11, 12. Zep. 3. 14, 15. Ga. 4. 27. *ye waste.* ch. 44. 26; 51. 3; 61. 4.

10 *made.* ch. 51. 9; 66. 18, 19. Ps. 98. 1-3. Ac. 2. 5-11. Re. 11. 15-17; 15. 4. *all.* ch. 49. 6. Ps. 22. 27. Lu. 3. 6. Ac. 13. 47. Re. 11. 15; 14. 6.

11 *depart ye.* ch. 48. 20. Je. 50. 8; 51. 6, 45. Zec. 2. 6, 7. 2 Co. 6. 17. Re. 18. 4. *touch.* Le. 5. 2, 3; 11. 26, 27, 45, 47; 15. 5, etc. Eze. 44. 23. Hag. 2. 13, 14. Ac. 10. 14, 28. Ro. 14. 14. Ep. 5. 11. 1 Pe. 1. 14-16; 2. 5, 11. *be.* Le. 10. 3; 22. 2, etc. Ezr. 1. 7-11; 8. 25-30.

12 *ye shall.* ch. 28. 16; 51. 14. Ex. 12. 33, 39; 14. 8. *for.* ch. 45. 2. Ex. 13. 21, 22; 14. 19, 20. De. 20. 4. Ju. 4. 14. 1 Ch. 14. 15. Mi. 2. 13. *the God.* ch. 58. 8. Nu. 10. 25. *be your rereward. Heb.* gather you up.

13 *my servant.* ch. 11. 2, 3; 42. 1; 49. 6; 53. 11. Eze. 34. 23. Zec. 3. 8. Phi. 2. 7, 8. *deal prudently. or,* prosper. ch. 53. 10. Jos. 1. 7, 8, marg. Je. 23. 5. *he shall.* ch. 9. 6, 7; 49. 6. Ps. 2. 6-9; 110. 1, 2. Mat. 28. 18. Jno. 3. 31; 5. 22, 23. Ep. 1. 20-23. Phi. 2. 9-11. He. 1. 3. Re. 5. 6-13.

14 *many.* Ps. 71. 7. Mat. 7. 28; 22. 22, 23; 27. 14. Mar. 5. 42; 6. 51; 7. 37; 10. 26, 32. Lu. 2. 47; 4. 36; 5. 26. *his visage.* ch. 50. 6; 53. 2-5. Ps. 22. 6, 7, 15, 17; 102. 3-5. Mat. 26. 67; 27. 29, 30. Lu. 22. 64.

15 *sprinkle.* Nu. 8. 7. Eze. 36. 25. Mat. 28. 19. Ac. 2. 33. Tit. 3. 5, 6. He. 9. 13, 14; 10. 22; 11. 28; 12. 24. 1 Pe. 1. 2. *kings.* ch. 49. 7, 23. Job 29. 9, 10; 40. 4. Ps. 72. 9-11. Mi. 7. 16, 17. Zec. 2. 13. *for.* ch. 51. 5; 55. 5. Ro. 15. 20, 21; 16. 25, 26. Ep. 3. 5-9.

## CHAP. LIII.

*The prophet, complaining of incredulity, excuses the scandal of the cross,* 1-3, *by the benefit of his passion,* 4-9, *and the good success thereof,* 10-12.

1 *Who.* Jno. 1. 7, 12; 12. 38. Ro. 10. 16, 17. *report. or,* doctrine. *Heb.* hearing. *the.* ch. 51. 9; 52. 10; 62. 8. Ro. 1. 16. 1 Co. 1. 18, 24. Ep. 1. 18, 19. *revealed.* ch. 40. 5. Mat. 11. 25; 16. 17. Ro. 1. 17, 18.

2 *he shall grow.* ch. 11. 1. Je. 23. 5. Eze. 17. 22-24. Zec. 6. 12. Mar. 6. 3. Lu. 2. 7, 39, 40, 51, 52; 9. 58. Ro. 8. 3. Phi. 2. 6, 7. *he hath no.* ch. 52. 14. Mar. 9. 12. Jno. 1. 10-14; 9. 28, 29; 18. 40; 19. 5, 14, 15. 1 Pe. 2. 14.

3 *despised.* ch. 49. 7; 50. 6. Ps. 22. 6-8; 69. 10-12, 19, 20. Mi. 5. 1. Zec. 11. 8, 12, 13. Mat. 26. 67; 27. 39-44, 63. Mar. 9. 12; 15. 19. Lu. 8. 53; 9. 22; 16. 14; 23. 18, etc. Jno. 8. 48. He. 12. 2, 3. *a man.* ver. 4, 10. Ps. 69. 29. Mat. 26. 37, 38. Mar. 14. 34. Lu. 19. 41. Jno. 11. 35. He. 2. 15-18; 4. 15; 5. 7. *we hid as it were our faces from him. or,* he hid as it were, *his* face from us. *Heb.* as a hiding of faces from him *or* from us. *we esteemed.* De. 32. 15. Zec. 11. 13. Mat. 27. 9, 10. Jno. 1. 10, 11. Ac. 3. 13-15.

4 *he hath.* ver. 5, 6, 11, 12. Mat. 8. 17. Ga. 3. 13. He. 9. 28. 1 Pe. 2. 24; 3. 18. 1 Jno. 2. 2. *yet.* Mat. 26. 37. Jno. 19. 7.

5 *But he was.* ver. 6-8, 11, 12. Da. 9. 24. Zec. 13. 7. Mat. 20. 28. Ro. 3. 24-26; 4. 25; 5. 6-10, 15-21. 1 Co. 15. 3. 2 Co. 5. 21. Ep. 5. 2. He. 9. 12-15; 10. 10, 14. 1 Pe. 3. 18. *wounded. or,* tormented. *bruised.* ver. 10. Ge. 3. 15. *the chastisement.* 1 Pe. 2. 24. *stripes. Heb.* bruise.

6 *All we.* Ps. 119. 176. Mat. 18. 12-14. Lu. 15. 3-7. Ro. 3. 10-19. 1 Pe. 2. 25. *his own.* ch. 55. 7; 56. 11. Eze. 3. 18. Ro. 4. 25. Ja. 5. 20. 1 Pe. 3. 18. *laid on him the iniquity of us all. Heb.* made the iniquities of us all to meet on him. Ps. 69. 4.

7 *yet.* Mat. 26. 63; 27. 12-14. Mar. 14. 61; 15. 5. Lu. 23. 9. Jno. 19. 9. 1 Pe. 2. 23. *he is.* Ac. 8. 32, 33.

8 *from prison and from judgment; and. or,* by distress and judgment; but, etc. Ps. 22. 12-21; 69. 12. Mat. 26. 65, 66. Jno. 19. 7. *who.* Mat. 1. 1. Ac. 8. 33. Ro. 1. 4. *cut off.* Da. 9. 26. Jno. 11. 49-52. *was he stricken. Heb. was* the stroke upon him. 1 Pe. 3. 18.

9 *made.* Mat. 27. 57-60. Mar. 15. 43-46. Lu. 23. 50-53. Jno. 19. 38-42. 1 Co. 15. 4. *death. Heb.* deaths. *deceit.* 2 Co. 5. 21. He. 4. 15; 7. 26. 1 Pe. 2. 22. 1 Jno. 3. 5.

10 *pleased.* ch. 42. 1. Mat. 3. 17; 17. 5. *he hath.* Ps. 69. 26. Zec. 13. 7. Ro. 8. 32. Ga. 3. 13. 1 Jno. 4. 9, 10. *when thou shalt make his soul. or,* when his soul shall make. Da. 9. 24. Ro. 8. 3. 2 Co. 5. 21. Ep. 5. 2. He. 7. 27; 9. 14, 25, 26; 10. 6-12; 13. 10-12. 1 Pe. 2. 24. *he shall see.* Ps. 22. 30; 45. 16, 17; 110. 3. Jno. 12. 24. He. 2. 13. *he shall prolong.* ch. 9. 7. Ps. 16. 9-11; 21. 4; 72. 17; 89. 29, 36. Eze. 37. 25. Da. 7. 13, 14. Lu. 1. 33. Ac. 2. 24-28. Ro. 6. 9. Re. 1. 18. *the pleasure.* ch. 55. 11-13; 62. 3-5. Ps. 72. 7; 85. 10-12; 147. 11; 149. 4. Je. 32. 41. Eze. 33. 11. Mi. 7. 18. Zep. 3. 17. Lu. 15. 5-7, 23, 24. Jno. 6. 37-40. Ep. 1. 5, 9. 2 Th. 1. 11.

11 *see.* Lu. 22. 44. Jno. 12. 24, 27-32; 16. 21. Ga. 4. 19. He. 12. 2. Re. 5. 9, 10; 7. 9-17. *by his.* Jno. 17. 3. 2 Co. 4. 6. Phi. 3. 8-10. 2 Pe. 1. 2, 3; 3. 18. *my righteous.* ch. 42. 1; 49. 3. 1 Jno. 2. 1. 2 Jno. 1, 3. *justify.* ch. 45. 25. Ro. 3. 22-24; 4. 24, 25; 5. 1, 9, 18, 19. 1 Co. 6. 11. Tit. 3. 6, 7. *bear.* ver. 4-6, 8, 12. Mat. 20. 28. He. 9. 28. 1 Pe. 2. 24; 3. 18.

12 *will I.* ch. 49. 24, 25; 52. 15. Ge. 3. 15. Ps. 2. 8. Da. 2. 45. Mat. 12. 28, 29. Ac. 26. 18. Phi. 2. 8-11. Col. 1. 13, 14; 2. 15. He. 2. 14, 15. *poured.* Ps. 22. 14. Phi. 2. 17, marg. He. 12. 2. *and he was.* Mar. 15. 28. Lu. 22. 37; 23. 25, 32, 33. *he bare.* See on ver. 11. 1 Ti. 2. 5, 6. Tit. 2. 14. He. 9. 26, 28. *made.* Lu. 23. 34. Ro. 8. 34. He. 7. 25; 9. 24. 1 Jno. 2. 1, 12.

## CHAP. LIV.

*The prophet, for the comfort of the Gentiles, prophesies the amplitude of their church,* 1-3; *their safety,* 4, 5; *their certain deliverance out of affliction,* 6-10; *their fair edification,* 11-14; *and their sure preservation,* 15-17.

1 *O barren.* ch. 62. 4. Ca. 8. 8. Ga. 4. 27. *break.* ch. 42. 10, 11; 44. 23; 49. 13; 55. 12, 13. Ps. 67. 3-5; 98. 3-9. Zep. 3. 14. Zec. 9. 9. Re. 7. 9, 10. *for more.* 1 Sa. 2. 5. Ps. 113. 9. He. 11. 11, 12.

2 ch. 33. 20; 49. 19, 20. Je. 10. 20.

3 *thou shalt.* ch. 2. 2-4; 11. 9-12; 35. 1, 2; 42. 1-12; 43. 5, 6; 49. 12; 60. 3-11. Ge. 49. 10. Ps. 72. 8-11. Ro. 9. 25, 26; 10. 18; 11. 12. Col. 1. 23. *and thy.* ch. 49. 18; 55. 5; 60. 10-13; 61. 5-9. *make.* ch. 49. 8, 19; 52. 9. Eze. 36. 35, 36.

4 *Fear not.* ch. 41. 10, 14; 45. 16, 17; 61. 7. 1 Pe. 2. 6. *thou shalt forget.* Je. 31. 19. Eze. 16. 22, 43, 60-63. Ho. 3. 1-5.

5 *thy Maker.* Ps. 45. 10-17. Je. 3. 14. Eze. 16. 8. Ho. 2. 19, 20. Jno. 3. 29. 2 Co. 11. 2, 3. Ep. 5. 25-27, 32. *the Lord.* ch. 48. 2; 51. 15. Je. 10. 16; 51. 19. Lu. 1. 32. *The God.* Zec. 14. 9. Ro. 3. 29, 30. Re. 11. 15.

6 *a woman.* ch. 49. 14; 62. 4. Ho. 2. 1, 2, 14, 15. Mat. 11. 28. 2 Co. 7. 6, 9, 10. *a wife.* Pr. 5. 18. Ec. 9. 9. Mal. 2. 14.

7 *a small.* ch. 26. 20; 60. 10. Ps. 30. 5. 2 Co. 4. 17. 2 Pe. 3. 8. *with.* ch. 11. 11; 27. 12; 40. 11; 43. 5, 6; 56. 8; 60. 4; 66. 18. De. 30. 3. Ps. 106. 47. Eze. 36. 24. Mi. 4. 6. Mat. 23. 37. Ep. 1. 10.

8 *a little.* ch. 47. 6; 57. 16, 17. Zec. 1. 15. *I hid.* ch. 8. 17; 45. 15. Ps. 13. 1; 27. 9. Eze. 39. 23, 24. *but.* ch. 55. 3. Ps. 103. 17. Je. 31. 3. 2 Th. 2. 16. 1 Ti. 1. 16. *the Lord.* ver. 5; ch. 48. 17; 49. 26.

9 ch. 12. 1; 55. 11. Ge. 8. 21; 9. 11-16. Ps. 104. 9. Je. 31. 35, 36; 33. 20-26. Eze. 39. 29. He. 6. 16-18.

10 *the mountains.* ch. 51. 6, 7. Ps. 46. 2. Mat. 5. 18; 16. 18; 24. 35. Ro. 11. 29. 2 Pe. 3. 10-13. *the covenant.* ch. 55. 3. 2 Sa. 23. 5. Ps. 89. 33, 34. Mal. 2. 5. He. 8. 6-13; 13. 20, 21. *that hath.* ch. 49. 10. Ep. 2. 4, 5. Tit. 3. 5.

11 *thou afflicted.* ver. 6; ch. 49. 14; 51. 17-19, 23; 52. 1-5, 60. 15. Ex. 2. 23; 3. 2, 7. De. 31. 17. Ps. 34. 19; 129. 1-3. Je. 30. 17. Jno. 16. 20-22, 33. Ac. 14. 22. Re. 11. 3-10; 12. 13-17. *tossed.* Mat. 8. 24. Ac. 27. 18-20. *not comforted.* La. 1. 1, 2, 16, 17, 21. *I will lay.* 1 Ki. 5. 17. 1 Ch. 29. 2. Eze. ch. 40-42. Ep. 2. 20. 1 Pe. 2. 4-6. Re. 21. 18-21. *sapphires.* Ex. 24. 10; 28. 17-20; 39. 10-14. Ca. 5. 14. Eze. 1. 26; 10. 1.

13 *all.* ch. 2. 3; 11. 9. Ps. 25. 8-12; 71. 17. Je. 31. 34. Mat. 11. 25-29; 16. 17. Lu. 10. 21, 22; 24. 45. Jno. 6. 45; 14. 26. 1 Co. 2. 10. Ep. 4. 21. 1 Th. 4. 9. He. 8. 10. 1 Jno. 2. 20, 27. *great.* ch. 26. 3; 32. 15-18; 48. 18; 55. 12. Ps. 119. 165. Je. 33. 6. Eze. 34. 25, 28; 37. 26. Ho. 2. 18. Jno. 14. 27; 16. 33. Ro. 5. 1; 14. 17; 15. 13. Ga. 5. 22. Phi. 4. 7.

14 *righteousness.* ch. 1. 26; 45. 24; 52. 1; 60. 21; 61. 10, 11; 62. 1. Je. 31. 23. Eze. 36. 27, 28; 37. 23-26. Joel 3. 17-21.

Zec. 8. 3. 2 Pe. 3. 13. *thou shalt be.* ch. 51. 13. Zec. 9. 8. *for thou.* ch. 2. 4. Pr. 3. 25, 26. Je. 23. 3, 4; 30. 10. Mi. 4. 3, 4. Zep. 3. 13-16. Zec. 2. 4, 5.

15 *they shall.* Eze. 38. 8-23. Joel 3. 9-14. Re. 16. 14; 19. 19-21; 20. 8, 9. *shall fall.* ch. 43. 3, 4, 14. Ps. 37. 12, 13. Zec. 2. 8; 12. 3, 9; 14. 2, 3.

16 *I have.* ch. 10. 5, 6, 15; 37. 26; 46. 11. Ex. 9. 16. Pr. 16. 4. Da. 4. 34, 35. Jno. 19. 11.

17 *weapon.* ver. 15. Ps. 2. 1-6. Eze. 38. 9, 10. Mat. 16. 18. Jno. 10. 28-30. Ro. 8. 1, 28-39. *every.* ch. 50. 8. Job 1. 11; 2. 5; 22. 5, etc.; 42. 7. Ps. 32. 6. Zec. 3. 1-4. Re. 12. 10. *the heritage.* ch. 58. 14. Ps. 61. 5. Da. 3. 26; 6. 20. Ro. 6. 22, 23. *and their.* ch. 45. 24; 61. 10. Ps. 71. 16, 19. Je. 23. 6. Ro. 3. 22; 10. 4. 1 Co. 1. 30. 2 Co. 5. 21. Phi. 3. 9. 2 Pe. 1. 1.

## CHAP. LV.

*The prophet, with the promises of Christ, calls to faith,* 1-5, *and to repentance,* 6, 7. *The happy success of them that believe,* 8-13.

1 *Ho.* Ru. 4. 1. Pr. 1. 21-23; 8. 4. Zec. 2. 6. *every.* ch. 41. 17, 18. Ps. 42. 1, 2; 63. 1; 143. 6. Jno. 4. 10-14; 7. 37, 38. Re. 21. 6; 22. 1, 17. *buy, and.* Mat. 13. 44. Re. 3. 18. *buy wine.* Ca. 1. 2, 4; 5. 1. Zec. 9. 15; 10. 7. Mat. 26. 29. Jno. 2. 3-10. *milk.* Joel 3. 18. 1 Co. 3. 2. 1 Pe. 2. 2. *without money.* ch. 52. 3. Ro. 3. 24. Ep. 2. 4-8.

2 *do ye.* ch. 44. 20. Je. 2. 13. Ho. 8. 7; 12. 1. Hab. 2. 13. Mat. 15. 9. Lu. 15. 15, 16. Ro. 9. 31; 10. 2, 3. Phi. 3. 4-7. He. 13. 9. *spend. Heb.* weigh. ch. 46. 6. *Hearken.* ch. 51. 1, 4, 7. Ex. 15. 26. De. 11. 13. Ps. 34. 11. Pr. 1. 33; 7. 24; 8. 32. Mar. 7. 14. Ro. 10. 17. *eat.* ch. 25. 6. Ps. 22. 26; 36. 8; 63. 5. Pr. 9. 5. Je. 31. 14. Mat. 22. 4. Lu. 15. 23. Jno. 6. 48-58.

3 *Incline.* Ps. 78. 1; 119. 112. Pr. 4. 20. *come.* Mat. 11. 28. Jno. 6. 37, 44, 45; 7. 37. *hear.* Mat. 13. 16; 17. 5. Jno. 5. 24, 25; 8. 47; 10. 27. *and I will.* ch. 54. 8; 61. 8. Ge. 17. 7. 2 Sa. 23. 5. Je. 32. 40; 50. 5. He. 13. 20. *the sure.* 2 Sa. 7. 8, etc. Ps. 89. 28, 35-37. Je. 33. 20, 21, 26. Eze. 37. 24, 25. Ac. 13. 34.

4 *I have.* Jno. 3. 16; 18. 37. 1 Ti. 6. 13. Re. 1. 5; 3. 14. *a leader.* ch. 49. 8-10. Ps. 2. 6. Je. 30. 9. Eze. 34. 23, 24. Da. 9. 25. Ho. 3. 5. Mi. 5. 2-4. Mat. 2. 6; 28. 18-20. Jno. 10. 3, 27; 12. 26; 13. 13. 2 Th. 1. 8. Ep. 5. 24. He. 2. 10; 5. 9.

5 *thou shalt.* ch. 11. 10, 11; 52. 15; 56. 8. Ge. 49. 10. Ps. 18. 43. Ro. 15. 20. Ep. 2. 11; 3. 5. *nations.* ch. 60. 5. Ho. 1. 10. Zec. 2. 11; 8. 20-23. *he.* ch. 60. 9. Ps. 110. 1-3. Lu. 24. 26. Jno. 13. 31, 32; 17. 1. Ac. 3. 13; 5. 31. He. 5. 5. 1 Pe. 1. 11.

6 *Seek.* ch. 45. 19. 1 Ch. 28. 9. 2 Ch. 19. 3. Job 8. 5. Ps. 14. 2; 27. 8; 32. 6; 95. 7. Je. 29. 12-14. Am. 5. 6. Mat. 5. 25; 7. 7, 8; 25. 11, 12. Lu. 13. 25. Jno. 7. 33, 34; 8. 21; 12. 35, 36. 2 Co. 6. 1, 2. He. 2. 3; 3. 13. *while he is near.* ch. 12. 6; 46. 13. De. 4. 7. Ps. 75. 1; 145. 18; 148. 14. Eze. 8. 6. Ep. 3. 13.

7 *the wicked.* ch. 1. 16-18. 2 Ch. 7. 14. Pr. 28. 13. Je. 3. 3; 8. 4-6. Eze. 3. 18, 19; 18. 21-23, 27-32; 33. 11, 14-16. Ho. 14. 1, 2. Jon. 3. 10. Mat. 9. 13. Lu. 15. 10, 24. Ac. 3. 19; 26. 20. 1 Co. 6. 9-11. Ja. 4. 8-10. *unrighteous man. Heb.* man of iniquity. *his thoughts.* Ge. 6. 5. Ps. 66. 18. Je. 4. 14. Zec. 8. 17. Mat. 15. 18, 19; 23. 25, 26. Mar. 7. 21, 23. Lu. 11. 39, 40. Ac. 8. 21, 22. Ja. 1. 15. *for.* ch. 43. 25; 44. 22. Ex. 34. 6, 7. Nu. 14. 18, 19. Ps. 51. 1; 130. 7. Je. 3. 12, 13. Lu. 7. 47. Ro. 5. 16-21. Ep. 1. 6-8. 1 Ti. 1. 15, 16. *abundantly. Heb.* multiply to.

8 2 Sa. 7. 19. Ps. 25. 10; 40. 5; 92. 5. Pr. 21. 8; 25. 3. Je. 3. 1. Eze. 18. 29. Da. 4. 37. Ho. 14. 9.

9 Ps. 36. 5; 77. 19; 89. 2; 103. 11. Mat. 11. 25. Ro. 11. 31-36.

10 *as the rain.* ch. 5. 6; 30. 23; 61. 11. De. 32. 2. 1 Sa. 23. 4. Ps. 65. 9-13; 72. 6, 7. Eze. 34. 26. Ho. 10. 12. Re. 11. 6. *give.* 2 Co. 9. 9-11.

11 *shall my.* ch. 54. 9. De. 32. 2. Mat. 24. 35. Lu. 8. 11-16. Jno. 6. 63. Ro. 10. 17. 1 Co. 1. 18; 3. 6-9. 1 Th. 2. 13. He. 6. 7. Ja. 1. 18. 1 Pe. 1. 23. *it shall accomplish.* ch. 44. 26-28; 45. 23; 46. 10. Ep. 1. 9-11.

12 *ye shall.* ch. 35. 10; 48. 20; 49. 9, 10; 51. 11; 65. 13, 14. Ps. 105. 43. Je. 30. 19; 31. 12-14; 33. 6, 11. Zec. 2. 7-10. Ro. 5. 1, 11; 15. 13. Ga. 5. 22. Col. 1. 11-13. *the mountains.* ch. 14. 8; 35. 1, 2; 42. 10, 11; 44. 23; 49. 13. Ps. 65. 13; 96. 11-13; 98. 7-9; 148. 4-13. Lu. 15. 10. Re. 19. 1-6. *clap.* 1 Ch. 16. 32, 33. Ps. 47. 1.

13 *of the thorn.* ch. 11. 6-9; 41. 19; 60. 13, 21; 61. 3. Mi. 7. 4. Ro. 6. 19. 1 Co. 6. 9-11. 2 Co. 5. 17. *for a.* ch. 43. 21. Je. 13. 11; 33. 9. Lu. 2. 14. Jno. 15. 8. Ep. 3. 20, 21. 1 Pe. 2. 9, 10; 4. 11. *an everlasting.* ch. 54. 10. Je. 50. 5.

## CHAP. LVI.

*The prophet exhorts to sanctification,* 1, 2. *He promises it shall be general, without respect of persons,* 3-8. *He inveighs against blind watchmen,* 9-12.

1 *Keep.* ch. 1. 16-19; 26. 7, 8; 55. 7. Ps. 24. 4-6; 50. 23. Je. 7. 3-11. Mal. 4. 4. Mat. 3. 2. Jno. 7. 17. *judgment. or,* equity. *for.* ch. 46. 13; 51. 5. Ps. 85. 9. Mat. 3. 2; 4. 17. Mar. 1. 15. Lu. 3. 3-9. Ro. 1. 17; 10. 6-10; 13. 11-14.

2 *Blessed.* Ps. 1. 1-3; 15. 1-5; 106. 3; 112. 1; 119. 1-5; 128. 1. Lu. 11. 28; 12. 43. Jno. 13. 17. Re. 22. 14. *layeth.* ver. 4. Pr. 4. 13. Ec. 7. 18. *keepeth the.* ch. 58. 13. Ex. 31. 13-16. Le. 19. 30. Ne. 13. 17. Je. 17. 21, 22. Eze. 20. 12, 20. *keepeth his.* Ps. 34. 14; 37. 27; 119. 101. Pr. 4. 27; 14. 16; 16. 6, 17. Ro. 12. 9.

3 *the son.* Nu. 18. 4, 7. De. 23. 1-3. Zec. 8. 20-23. Mat. 8. 10, 11. Ac. 8. 27; 10. 1, 2, 34; 13. 47, 48; 17. 4; 18. 7. Ro. 2. 10, 11; 15. 9-12, 16. Ep. 2. 12, 22. 1 Pe. 1. 1. *joined.* Je. 50. 5. Zep. 2. 11. 1 Co. 6. 17. *The Lord hath.* Mat. 15. 26, 27. Lu. 7. 6-8. *neither.* ver. 5; ch. 39. 7. Je. 38. 7-13; 39. 16, 17. Da. 1. 3, etc. Mat. 19. 12, etc. Ac. 8. 27, etc.

4 *choose.* Jos. 24. 15. Ps. 119. 111. Lu. 10. 42. *take hold.* ch. 27. 5; 55. 3. 2 Sa. 23. 5. Je. 50. 5. He. 6. 17.

5 *will I.* Mat. 16. 18. Ep. 2. 22. 1 Th. 3. 15. He. 3. 6. *and a.* ch. 62. 12. Jno. 1. 12. 1 Jno. 3. 1. Re. 3. 12. *better.* 1 Sa. 1. 8. *that shall.* ch. 55. 13. Re. 3. 5.

6 *join.* ver. 3; ch. 44. 5. Je. 50. 5. Ac. 2. 41; 11. 23. 2 Co. 8. 5. 1 Th. 1. 9, 10. *to love.* Mar. 12. 30-34. Ro. 8. 28. 1 Co. 16. 22. Ga. 5. 6. Ep. 6. 24. Ja. 1. 12; 2. 5. *every.* ver. 2; ch. 58. 13. Re. 1. 10.

7 *them will.* ch. 2. 2, 3; 66. 19, 20. Ps. 2. 6. Mi. 4. 1, 2. Zec. 8. 3. Mal. 1. 11. Jno. 12. 20, etc. Ep. 2. 11-13. He. 12. 22. 1 Pe. 1. 1, 2. *their burnt.* Ro. 12. 1. He. 13. 15. 1 Pe. 2. 5. *for mine.* Mal. 1. 11. Mat. 21. 13. Mar. 11. 17. Lu. 19. 46. Jno. 4. 21-23. 1 Ti. 2. 8.

8 *which.* ch. 11. 11, 12; 27. 12, 13; 54. 7. Ps. 106. 47; 107. 2, 3; 147. 2. Je. 30. 17; 31. 10. Ho. 1. 11. Mi. 4. 6. Zep. 3. 18-20. Zec. 10. 8-10. *Yet.* ch. 43. 6; 49. 12, 22; 60. 3-11; 66. 18-21. Ge. 49. 10. Jno. 10. 16; 11. 52. Ep. 1. 10; 2. 14-16. *beside those that are gathered. Heb.* to his gathered.

9 De. 28. 26. Je. 12. 9. Eze. 29. 5; 39. 17. Re. 19. 17, 18.

10 *watchmen.* ch. 52. 8. Eze. 3. 17. *are blind.* ch. 29. 10. Je. 14. 13, 14. Ho. 4. 6; 9. 7, 8. Mat. 15. 14; 23. 16-26. Lu. 6. 39, 40. *they are all dumb.* ch. 58. 1. Je. 6. 13, 14; 23. 13, 14. Eze. 3. 15-18, 26, 27; 13. 16; 33. 6. Phi. 3. 2. *sleeping. or,* dreaming, *or,* talking in their sleep. *loving.* Pr. 6. 4-10; 24. 30-34. Jon. 1. 2-6. Na. 3. 18. Mar. 13. 34-37.

11 *Yea, they are.* 1 Sa. 2. 12-17, 29. Eze. 13. 19; 34. 2, 3. Mi. 3. 5, 11. Mal. 1. 10. Ac. 20. 29, 33. Phi. 3. 2, 19. 1 Ti. 3. 3, 8. Tit. 1. 7, 11. 1 Pe. 5. 2. 2 Pe. 2. 3, 14, 15. Jude 11, 16. Re. 22. 15. *greedy. Heb.* strong of appetite. *can never have enough. Heb.* know not to be satisfied. Ec. 5. 10. *are shepherds.* Mi. 3. 6. Zec. 11. 15-17. Mat. 13. 14, 15. Jno. 8. 43. 2 Co. 4. 4. *all look.* Ex. 23. 3. Je. 22. 17. 2 Pe. 2. 15, 16.

12 *I will.* ch. 5. 22; 28. 7, 8. Pr. 31. 4, 5. Ho. 4. 11. Am. 6. 3-6. Mat. 24. 49-51. Lu. 12. 45, 46; 21. 34. Tit. 1. 7. *to morrow.* ch. 22. 13, 14. Ps. 10. 6. Pr. 23. 35; 27. 1. Je. 18. 18. Lu. 12. 19, 20. 1 Co. 15. 32.

## CHAP. LVII.

*The blessed death of the righteous,* 1, 2. *God reproves the Jews for their whorish idolatry,* 3-12. *He gives promises of mercy to the penitent,* 13-21.

1 *righteous.* 2 Ch. 32. 33; 35. 24. *no man.* ver. 11; ch. 42. 25; 47. 7. Mal. 2. 2. *merciful men. Heb.* men of kindness, *or* godliness. Ps. 12. 1. Mi. 7. 2. *the righteous.* 1 Ki. 14. 13. 2 Ki. 22. 20. 2 Ch. 34. 28. *the evil to come. or,* that which is evil.

2 *He shall.* Job 3. 17. Ec. 12. 7. Mat. 25. 21. Lu. 16. 22. 2 Co. 5. 1, 8. Phi. 1. 23. Re. 14. 13. *enter into. or, go* in. Lu. 2. 29; 7. 50. *rest.* ch. 14. 18. 2 Ch. 16. 14. Eze. 32. 25. *in his uprightness. or,* before him. Ge. 17. 1. Lu. 1. 6.

3 *draw.* ch. 45. 20. Joel 3. 9-11. *sons.* Ge. 3. 15. Ho. 1. 2. Mat. 3. 7; 12. 34; 16. 4; 23. 33. Lu. 3. 7. Jno. 8. 40-44. Ja. 4. 4. 1 Jno. 3. 10. Re. 17. 1-5.

4 *Against.* ch. 10. 15; 37. 23, 29. Ex. 9. 17; 16. 7, 8. Nu. 16. 11. Lu. 10. 16. Ac. 9. 4. *sport.* Ju. 16. 25-27. Ps. 69. 12. Mat. 27. 29, 39-44. 2 Pe. 2. 13. *make.* Ps. 35. 21. *draw.* Jos. 10. 21. Job 16. 9, 10. Ps. 22. 7, 13, 17. La. 2. 15, 16. *are ye.* ch. 1. 4; 30. 1, 9. Eze. 2. 4. Ho. 10. 9. Mat. 13. 38. Ep. 2. 2, 3; 5. 6. Col. 3. 6.

5 *Inflaming.* Ex. 32. 6. Nu. 25. 1, 2, 6. Je. 50. 38; 51. 7. Ho. 4. 11-13; 7. 4-7. Am. 2. 7, 8. Re. 17. 1-5; 18. 3. *with idols. or,* among the oaks. ch. 1. 29. *under.* De. 12. 2. 1 Ki. 14. 23. 2 Ki. 16. 3, 4; 17. 10. Je. 2. 20; 3. 6, 13; 17. 2. Eze. 6. 13. *slaying.* Le. 18. 21; 20. 2-5. 2 Ki. 16. 3; 23. 10. 2 Ch. 28. 3. Je. 7. 31; 32. 35. Eze. 16. 20; 20. 26, 31.

6 *the smooth.* Je. 3. 9. Hab. 2. 19. *to them.* ch. 65. 11. De. 32. 37, 38. Je. 7. 18; 19. 13; 32. 29; 44. 17-25. *Should.* ch. 66. 3. Eze. 20. 39.

7 Je. 2. 20; 3. 2. Eze. 16. 16, 25; 20. 28, 29; 23. 17, 41.

8 *the doors.* Eze. 8. 8-12; 23. 14, 41. *for.* Eze. 16. 32. *made thee a covenant with them. or,* hewed *it* for thyself *larger* than theirs. *thou lovedst.* Eze. 16. 25-28; 23. 2-20. *where thou sawest it. or,* thou providedst room.

9 *thou wentest to the king. or,* thou respectedst the king. ch. 30. 1-6; 31. 1-3. 2 Ki. 16. 7-11. Eze. 16. 33; 23. 16. Ho. 7. 11; 12. 1. *perfumes.* Pr. 7. 17. *and didst debase.* ch. 2. 9. Col. 2. 18.

10 *wearied.* ch. 47. 13. Je. 2. 36; 9. 5. Eze. 24. 12. Hab. 2. 13. *There is.* 2 Ch. 28. 22, 23. Je. 2. 25; 44. 17, 18. Ro. 7, 9. *life. or,* living. *therefore.* Je. 3. 3; 5. 3.

11 *of whom.* ch. 51. 12, 13. Pr. 29. 25. Mat. 26. 69-75. Ga. 2. 12, 13. *that thou.* ch. 30. 9; 59. 3, 4. Je. 9. 3-5; 42. 20. Eze. 13. 22. Ho. 11. 12. Ac. 5. 3. 2 Th. 2. 9. 1 Ti. 4. 2. Re. 21. 8; 22. 15. *and hast.* See on Je. 2. 32; 3. 21. *nor.* See on ver. 1. *have not.* ch. 26. 10. Ps. 50. 21. Ec. 8. 11.

12 ch. 1. 11-15; 58. 2-6; 59. 6-8; 64. 5; 66. 3, 4. Je. 7. 4-11. Mi. 3. 2-4. Mat. 23. 5, 14. Ro. 3. 10-20; 10. 2, 3.

13 *let.* ver. 9, 10. Ju. 10. 14. 2 Ki. 3. 13. Je. 22. 22. Zec. 7. 13. *but the.* ch. 40. 24; 41. 16. Job 21. 18. Ps. 1. 4; 58. 9. Ho. 13. 3. *but he.* ch. 26. 3, 4. Ps. 37. 3, 9; 84. 12; 125. 1. Pr. 28. 25. Je. 17. 7, 8. *my holy.* ch. 11. 9; 56. 7; 65. 25; 66. 20. Eze. 20. 40. Joel 3. 17.

14 *Cast.* ch. 35. 8; 40. 3; 62. 10. Lu. 3. 5, 6. *take.* Ro. 14. 13. 1 Co. 1. 23; 8. 9, 13; 10. 32, 33. 2 Co. 6. 3. He. 12. 13.

15 *the high.* ch. 6. 1. Ps. 83. 18; 97. 9; 138. 6. Da. 4. 17, 24, 25, 34. *that inhabiteth.* ch. 40. 28. Ge. 21. 33. De. 33. 27. Ps. 90. 2; 93. 2. Pr. 8. 23. Je. 10. 10. Mi. 5. 2. Ro. 1. 20. 1 Ti. 1. 17. He. 9. 14. *whose.* ch. 6. 3. Ex. 15. 11. 1 Sa. 2. 2. Job 6. 10. Ps. 99. 3; 111. 9. Lu. 1. 49. Ac. 3. 14. Re. 3. 7; 4. 8; 15. 4. *I dwell.* ch. 66. 1. 1 Ki. 8. 27. Ps. 68. 4, 5; 113. 4-6; 115. 3; 123. 1. Zec. 2. 13. Mat. 6. 9. 1 Ti. 6. 16. *with.* ch. 66. 1, 2. 2 Ch. 33. 12, 13; 34. 27. Ps. 34. 18; 51. 17; 138. 6. Eze. 9. 4; 16. 63. Mat. 5. 3, 4. Ja. 4. 6. 1 Pe. 5. 5. *to revive the spirit.* ch. 61. 1-3. Ps. 147. 3. Mat. 5. 4. Lu. 4. 18; 15. 20-24. 2 Co. 1. 4; 2. 7; 7. 6.

16 *I will not.* Ps. 78. 38, 39; 85. 5; 103. 9-16. Je. 10. 24. Mi. 7. 18. *the souls.* ch. 42. 5. Nu. 16. 22. Job 34. 14, 15. Ec. 12. 7. Je. 38. 16. Zec. 12. 1. He. 12. 9.

17 *the iniquity.* ch. 5. 8, 9; 56. 11. Je. 6. 13; 8. 10; 22. 17. Eze. 33. 31. Mi. 2. 2, 3. Lu. 12. 15. Ep. 5. 3-5. Col. 3. 5. 1 Ti. 6. 9. 2 Pe. 2. 3, 14. *I hid.* ch. 8. 17; 45. 15. *and he.* ch. 9. 13. Je. 2. 30; 5. 3. Lu. 15. 14-16. *frowardly. Heb.* turning away. *in the.* Ec. 6. 9.

18 *have.* ch. 1. 18; 43. 24, 25; 48. 8-11. Je. 31. 18-20. Eze. 16. 60-63; 36. 22, etc. Lu. 15. 20. Ro. 5. 20. *will heal.* Je. 3. 22; 31. 3; 33. 6. Ho. 14. 4-8. *will lead.* ch. 49. 10. Ps. 23. 2. Re. 7. 17. *restore.* ver. 15; ch. 12. 1; 61. 2, 3; 66. 10-13. Ps. 51. 12. *to his.* Je. 13. 17. Ec. 9. 4.

19 *I create.* 'The sacrifice of praise,' says St. Paul, 'is the fruit of the lips.' God creates this fruit of the lips, by giving new subject and cause of thanksgiving by His mercies conferred on His people. The great subject of thanksgiving is peace, reconciliation and pardon offered to them that are nigh, and to them that are afar off; not only to the Jew, but also to the Gentile. *the fruit.* Ex. 4. 11, 12. Ho. 14. 2. Lu. 21. 15. Ep. 6. 19. Col. 4. 3, 4. He. 13. 15. *Peace.* Mat. 10. 13. Mar. 16. 15. Lu. 2. 14; 10. 5, 6. Ac. 2. 39; 10. 36. 2 Co. 5. 20, 21. Ep. 2. 14-17.

20 *like.* ch. 3. 11. Job 15. 20-24; 18. 5-14; 20. 11, etc. Ps. 73. 18-20. Pr. 4. 16, 17. Jude 12.

21 ch. 3. 11; 48. 22. 2 Ki. 9. 22. Ro. 3. 16, 17.

## CHAP. LVIII.

*The prophet, being sent to reprove hypocrisy, shews the difference between a counterfeit fast and a true,* 1-7. *He declares what promises are due unto godliness,* 8-12, *and to the keeping of the sabbath,* 13, 14.

1 *aloud. Heb.* with the throat. *spare.* ch. 56. 10. Ps. 40. 9, 10. Je. 1. 7-10, 17-19; 7. 8-11; 15. 19, 20. Eze. 2. 3-8; 3. 5-9, 17-21; 20. 4; 22. 2. Mi. 3. 8-12. Mat. 3. 7-9. Ac. 7. 51, 52; 20. 26, 27. Tit. 2. 15. Re. 14. 9, 10. *lift up.* See on ch. 40. 9, 10. *like.* ch. 27. 13. Ho. 8. 1. Re. 1. 10; 4. 1.

2 *they seek.* ch. 1. 11-15; 29. 13; 48. 1, 2. De. 5. 28, 29. 1 Sa. 15. 21-25. Pr. 15. 8. Eze. 33. 30-33. Mat. 15. 7-9. Mar. 4. 16, 17; 6. 20. Jno. 5. 35. Tit. 1. 16. He. 6. 4-6. *they ask.* Je. 42. 2, 20. Mar. 12. 14. Ja. 1. 21, 22. 1 Pe. 2. 1, 2.

3 *have we fasted.* Nu. 23. 4. Mi. 3. 9-11. Zec. 7. 5-7. Mal. 3. 14. Mat. 20. 11, 12. Lu. 15. 29; 18. 9-12. *afflicted.* Le. 16. 29, 31; 23. 27. Ps. 69. 10. *in.* Da. 10. 2, 3. Jon. 3. 6-8. *exact.* Ne. 5. 7. Pr. 28. 9. Je. 34. 9-17. Mat. 18. 28-35. *labours. or,* things wherewith ye grieve others. *Heb.* griefs. ch. 47. 6. Ex. 2. 23, 24.

4 *ye fast.* 1 Ki. 21. 9-13. Pr. 21. 27. Mat. 6. 16; 23. 14. Lu. 20. 47. Jno. 18. 28. *and to smite.* Ac. 23. 1, 2. Phi. 1. 15, 16. *shall not fast as ye do this day. or,* fast not as this day. *to make.* Joel 2. 13, 14. Jon. 3. 7. Mat. 6. 16-18.

5 *it such.* 2 Ch. 20. 3. Ezr. 10. 6. Ne. 9. 1, 2. Es. 4. 3, 16. Da. 9. 3, etc. Zec. 7. 5. *a day for a man to afflict his soul. or,* to afflict his soul *for* a day. See on ver. 3. Le. 16. 29. *to spread.* 1 Ki. 21. 27-29. 2 Ki. 6. 30. Job 2. 8. Jon. 3. 5-8. *an acceptable.* ch. 49. 8; 61. 2. Ps. 69. 13. Lu. 4. 19. Ro. 12. 2. 1 Pe. 2. 5.

6 *to loose.* Ne. 5. 10-12. Je. 34. 8-11. Mi. 3. 2-4. *heavy burdens. Heb.* bundles of the yoke. *oppressed. Heb.* broken. *ye break.* 1 Ti. 6. 1.

7 *to deal.* ver. 10. Job 22. 7; 31. 18-21. Ps. 112. 9. Pr. 22. 9; 25. 21; 28. 27. Ec. 11. 1, 2. Eze. 18. 7, 16. Da. 4. 27. Mat. 25. 35-40. Lu. 11. 41; 19. 8. Ro. 12. 20, 21. 2 Co. 9. 6-10. 1 Ti. 5. 10. Phile. 7. Ja. 2. 15, 16. 1 Jno. 3. 17, 18. *bring.* ch. 16. 3, 4. Ge. 18. 2-5; 19. 2. Ju. 19. 20, 21. Ac. 16. 15, 34. Ro. 12. 13. He. 13. 2, 3. *cast out. or,* afflicted. *the naked.* 2 Ch. 28. 15. Job 31. 19, 20. Eze. 18. 7. Mat. 25. 35-45. Lu. 3. 11. *thine own.* Ge. 19. 14. Ju. 9. 2. Ne. 5. 5. Lu. 10. 26-36. 1 Jno. 3. 17.

8 *thy light.* ver. 10, 11. Job 11. 17. Ps. 37. 6; 97. 11; 112. 4. Pr. 4. 18. Ho. 6. 3. Mal. 4. 2. *and thine.* ch. 57. 18. Je. 33. 6. Ho. 6. 2; 14. 4. Mat. 13. 15. *and thy.* Ps. 85. 13. Ac. 10. 4, 31, 35. *the glory.* ch. 52. 12. Ex. 14. 19. *be thy rereward. Heb.* gather thee up.

9 *shalt thou.* ch. 1. 15; 30. 19; 65. 24. Ps. 34. 15-17; 37. 4; 50. 15; 66. 18, 19; 91. 15; 118. 5. Je. 29. 12, 13. Mat. 7. 7, 8. 1 Jno. 3. 21, 22. *Here.* Ge. 27. 18. 1 Sa. 3. 4-8. *the yoke.* See on ver. 6. *the putting.* ch. 57. 4. Pr. 6. 13. *speaking.* ch. 59. 3, 4. Ps. 12. 2. Eze. 13. 8. Zec. 10. 2.

10 *thou draw.* ver. 7. De. 15. 7-10. Ps. 41. 1; 112. 5-9. Pr. 11. 24, 25; 14. 31; 28. 27. Lu. 18. 22. *thy soul.* Instead of *naphshecha,* 'thy soul,' eleven MSS. read *lachmecha,* 'thy bread,' which is adopted by Bp. LOWTH; but 'to draw out the soul' in relieving the poor, probably means to do it not of constraint, but cheerfully. *then.* ver. 8; ch. 29. 18. Job 11. 17. Ps. 37. 6.

11 *the Lord.* ch. 49. 10. Ps. 25. 9; 32. 8; 48. 14; 73. 24. Jno. 16. 13. 1 Th. 3. 11. *and satisfy.* ch. 33. 16. Job 5. 20. Ps. 33. 19; 34. 9, 10; 37. 19. Je. 17. 8. Ho. 13. 5. *drought. Heb.* droughts. *make fat.* Ps. 92. 14. Pr. 3. 8; 11. 25; 13. 4; 28. 25. *be like.* ch. 61. 11. Ca. 4. 15. Je. 31. 12. Eze. 36. 35. *fail. Heb.* lie, *or* deceive. Job 6. 15-20.

12 *build.* ch. 61. 4. Ne. 2. 5, 17; 4. 1-6. Je. 31. 38. Eze. 36. 4, 8-11, 33. Am. 9. 14. *waste.* ch. 51. 3; 52. 9. *The repairer.* Ne. 4. 7; 6. 1. Da. 9. 25. Am. 9. 11.

13 *turn.* ch. 56, 2-6. Ex. 20. 8-11; 31. 13-17; 35. 2, 3. De. 5. 12-15. Ne. 13. 15-22. Je. 17. 21-27. *call.* Ps. 27. 4; 42. 4; 84. 2, 10; 92, title, 1, 2; 122. 1. Re. 1. 10.

14 *delight.* Job 22. 26; 27. 10; 34. 9. Ps. 36. 8; 37. 4, 11. Hab. 3. 18. Phi. 4. 4. 1 Pe. 1. 8. *to ride.* ch. 33. 16. De. 32. 13; 33. 29. Hab. 3. 19. *and feed.* ch. 1. 19. Ps. 105. 9-11; 135. 12; 136. 21. Je. 3. 19. *the mouth.* ch. 1. 20; 40. 5. Mi. 4. 4. Mat. 24. 35.

## CHAP. LIX.

*The calamities of the Jews not owing to want of saving power in God, but to their own enormous sins,* 1-15. *Salvation is only of God,* 16-19. *The covenant of the Redeemer,* 20, 21.

1 *the Lord's.* ch. 50. 2. Ge. 18. 14. Nu. 11. 23. Je. 32. 17. *that it cannot save.* ch. 63. 1. He. 7. 25. *his ear.* ch. 6. 10. Mat. 13. 15.

2 *your iniquities.* ch. 50. 1. De. 32. 19. Jos. 7. 11. Pr. 15. 29. Je. 5. 25. *hid. or,* made *him* hide. ch. 57. 17. De. 31. 17, 18; 32. 20. Eze. 39. 23, 24, 29. Mi. 3. 4.

3 *your hands.* ch. 1. 15, 21. Je. 2. 30, 34; 22. 17. Eze. 7. 23; 9. 9; 22. 2; 35. 6. Ho. 4. 2. Mi. 3. 10-12; 7. 2. Mat. 27. 4. *your lips.* Je. 7. 8; 9. 3-6. Eze. 13. 8. Ho. 7. 3, 13. Mi. 6. 12. 1 Ti. 4. 2.

4 *calleth.* ver. 16. Je. 5. 1, 4, 5. Eze. 22. 29-31. Mi. 7. 2-5. *trust.* ch. 30. 12. Job 15. 31. Ps. 62. 10. Je. 7. 4, 8. *and speak.* ver. 3. Ps. 62. 4. *they conceive.* ver. 13. Job 15. 35. Ps. 7. 13. Pr. 4. 16. Mi. 2. 1. Ja. 1. 15.

5 *cockatrice'. or,* adder's. ch. 14. 29. Pr. 23. 32, marg. *crushed breaketh out into a viper. or,* sprinkled *is as if* there brake out a viper. Mat. 3. 7; 12. 34.

6 *webs.* ch. 28. 18-20; 30. 12-14. Job 8. 14, 15. *neither.* ch. 30. 1; 57. 12; 64. 6. Ro. 3. 20-22; 4. 6-8. Re. 3. 17, 18. *their works.* ch. 5. 7. Ge. 6. 11. Ps. 58. 2. Je. 6. 7. Eze. 7. 11, 23. Am. 3. 10; 6. 3. Mi. 2. 1-3, 8; 3. 1-11; 6. 12. Hab 1. 2-4. Zep. 1. 9; 3. 3, 4.

7 *feet*. Pr. 1. 16; 6. 17. Ro. 3. 15. *and they*. ver. 3. Je. 22. 17. La. 4. 13. Eze. 9. 9; 22. 6. Mat. 23. 31-37. Re. 17. 6. *their thoughts*. Pr. 15. 26; 24. 9. Mar. 7. 21, 22. Ac. 8. 20-22. *wasting*. ch. 60. 18. Ro. 3. 16. *destruction*. *Heb*. breaking.

8 *way*. Pr. 3. 17. Lu. 1. 79. Ro. 3. 17. *no*. ver. 14, 15; ch. 5. 7. Je. 5. 1. Ho. 4. 1, 2. Am. 6. 1-6. Mat. 23. 23. *judgment*. *or*, right. Ps. 58. 1, 2. *crooked*. Ps. 125. 5. Pr. 2. 15; 28. 18. *whosoever*. ch. 48. 22; 57. 20, 21.

9 *is judgment*. La. 5. 16, 17. Hab. 1. 13. *we wait*. ch. 5. 30. Job 30. 26. Je. 8. 15; 14. 19. Am. 5. 18-20. Mi. 1. 12. 1 Th. 5. 3.

10 *grope*. De. 28. 29. Job 5. 14. Pr. 4. 19. Je. 13. 16. La. 4. 14. Am. 8. 9. Jno. 11. 9, 10; 12. 35, 40. 1 Jno. 2. 11. *in desolate*. La. 3. 6.

11 *roar*. ch. 51. 20. Ps. 32. 3, 4; 38. 8. Ho. 7. 14. *mourn*. ch. 38. 14. Job 30. 28, 29. Je. 8. 15; 9. 1. Eze. 7. 16. *for salvation*. Ps. 85. 9; 119. 155.

12 *our transgressions*. ch. 1. 4. Ezr. 9. 6. Je. 3. 2; 5. 3-9, 25-29; 7. 8-10. Eze. 5. 6; 7. 23; 8. 8-16; 16. 51, 52; 22. 2-12, 24-30; 23. 2, etc.; 24. 6-14. Ho. 4. 2. Mat. 23. 32, 33. 1 Th. 2. 15, 16. *our sins*. Je. 14. 7. Ho. 5. 5; 7. 10. Ro. 3. 19, 20. *we know*. Ezr. 9. 13. Ne. 9. 33. Da. 9. 5-8.

13 *lying*. ch. 32. 6; 48. 8; 57. 11. Ps. 78. 36. Je. 3. 10; 42. 20. Eze. 18. 25. Ho. 6. 7; 7. 13; 11. 12. Ac. 5. 3, 4. *departing*. ch. 31. 6. Ps. 18. 21. Je. 2. 13, 19-21; 3. 20; 17. 13; 32. 40. Eze. 6. 9. Ho. 1. 2. He. 3. 12. *speaking*. Je. 5. 23; 9. 2-5. Mat. 12. 34-36. Mar. 7. 21, 22. Ro. 3. 10-18. Ja. 1. 15; 3. 6.

14 ver. 4; ch. 5. 23; 10. 1, 2. Ps. 82. 2-5. Ec. 3. 16. Je. 5. 27, 28, 31. Am. 5. 7, 11, 12. Mi. 3. 9-11; 7. 3-5. Hab. 1. 4. Zep. 3. 1-3.

15 *truth*. ch. 48. 1. Ps. 5. 9; 12. 1, 2. Je. 5. 1, 2; 7. 28. Ho. 4. 1, 2. Mi. 7. 2. *he that*. Hab. 1. 13, 14. Ac. 9. 1, 23. Ro. 8. 36. He. 11. 36-38. 1 Jno. 3. 11, 12. *maketh himself a prey*. *or*, is accounted mad. 2 Ki. 9. 11. Je. 29. 26. Ho. 9. 7. Mar. 3. 21. Jno. 8. 52; 10. 20. Ac. 26. 24. 2 Co. 5. 13. *displeased him*. *Heb*. was evil in his eyes. Ge. 38. 10. 2 Sa. 11. 27. 2 Ch. 21. 7, marg.

16 *he saw*. ch. 50. 2; 64. 7. Ge. 18. 23-32. Ps. 106. 23. Je. 5. 1. Eze. 22. 30. Mar. 6. 6. *therefore*. ch. 52. 10; 63. 3-5. Ps. 98. 1.

17 *he put on righteousness*. ch. 11. 5; 51. 9. Job 29. 14. Ro. 13. 12-14. 2 Co. 6. 7. Ep. 6. 14, 17. 1 Th. 5. 8. Re. 19. 11. *the garments*. De. 32. 35-43. Ps. 94. 1. 2 Th. 1. 8. He. 10. 30. *with zeal*. ch. 9. 7; 63. 15. Ps. 69. 9. Zec. 1. 14. Jno. 2. 17.

18 *According*. ch. 63. 6. Job 34. 11. Ps. 18. 24-26; 62. 12. Je. 17. 10; 50. 29. Mat. 16. 27. Ro. 2. 6. Re. 20. 12, 13. *deeds*. *Heb*. recompences. *fury*. ch. 1. 24; 49. 25, 26; 63. 3, 6; 66. 15. Ps. 21. 8, 9. La. 4. 11. Eze. 5. 13; 6. 12; 38. 18. Na. 1. 2. Lu. 19. 27; 21. 22. Re. 16. 19; 19. 15.

19 *shall they*. ch. 11. 9-16; 24. 14-16; 49. 12; 66. 18-20. Ps. 22. 27; 102. 15, 16; 113. 3. Da. 7. 27. Zep. 3. 8, 9. Mal. 1. 11. Re. 11. 15. *When*. This all the Rabbins refer to the coming of the Messiah. If, say they, ye see a generation which endures much tribulation, then expect Him, according to what is written, 'When the enemy shall come in like a flood,' etc. *the enemy*. Re. 12. 10, 15-17; 17. 14, 15. *the Spirit*. ch. 11. 10. Zec. 4. 6. 2 Th. 2. 8. Re. 20. 1-3. *lift up a standard against him*. *or*, put him to flight.

20 *the Redeemer*. Ob. 17-21. Ro. 11. 26, 27. *unto*. De. 30. 1-10. Eze. 18. 30, 31. Da. 9. 13. Ac. 2. 36-39; 3. 19, 26; 26. 20. Tit. 2. 11-14. He. 12. 14.

21 *this*. ch. 49. 8; 55. 3. Je. 31. 31-34; 32. 38-41. Eze. 36. 25-27; 37. 25-27; 39. 25-29. He. 8. 6-13; 10. 16. *My spirit*. ch. 11. 1-3; 61. 1-3. Jno. 1. 33; 3. 34; 4. 14; 7. 39. Ro. 8. 9. 2 Co. 3. 8, 17, 18. *my words*. ch. 51. 16. Jno. 7. 16, 17; 8. 38; 17. 8. 1 Co. 15. 3, etc.

## CHAP. LX.

*The glory of the church in the abundant access of the Gentiles*, 1-14, *and the great blessings after a short affliction*, 15-22.

1 *Arise*. ch. 52. 1, 2. Mat. 5. 16. Ep. 5. 8, 14. Phi. 2. 15. *shine; for thy light is come*. *or*, be enlightened, for thy light cometh. ver. 19, 20; ch. 9. 2. Mat. 4. 16. Lu. 1. 78, 79. Jno. 1. 9; 3. 19; 8. 12; 12. 46. Ep. 5. 8. Re. 21. 23; 22. 5. *the glory*. Mal. 4. 2. Lu. 2. 32. 1 Pe. 4. 14.

2 *the darkness*. Mat. 15. 14; 23. 19, 24. Jno. 8. 55. Ac. 14. 16; 17. 23, 30, 31; 26. 18. Ro. 1. 21-32. Ep. 4. 17-20. 1 Pe. 2. 9. *the Lord*. Le. 9. 23. Nu. 16. 19. 1 Ki. 8. 11. Ps. 80. 1. Eze. 10. 4. Hab. 3. 3, 4. Hag. 2. 7-9. Mal. 4. 2. Jno. 1. 1, 14, 18. 2 Co. 3. 18; 4. 4-6. He. 1. 2, 3.

3 *the Gentiles*. ch. 2. 2-5; 11. 10; 19. 23-25; 45. 14; 49. 6, 12, 23; 54. 1-3; 66. 12, 19, 20. Ge. 49. 10. Ps. 22. 27; 67. 1-4; 72. 17-19; 98. 2, 3; 117. Am. 9. 12. Mi. 4. 1, 2. Zec. 2. 11; 8. 20-23. Mat. 2. 1-11; 28. 19. Lu. 24. 47. Jno. 12. 20, 21, 32. Ac. 13. 47; 15. 17. Ro. 11. 11-15 15. 9-12. *kings*. ver. 10, 16; ch. 49. 7, 23. Ps. 2. 10; 68. 29; 72. 11; 138. 4. Re. 11. 15; 21. 24.

4 *Lift*. ch. 49. 18. Jno. 4. 35. Ac. 13. 44. *they come*. ch. 42. 6; 49. 20-22; 66. 11, 12. Mat. 8. 11. Ga. 3. 28, 29.

5 *thou shalt see*. Je. 33. 9. Ho. 1. 10, 11; 3. 5. Ac. 10. 45; 11. 17. *be enlarged*. ch. 54. 2. 1 Sa. 2. 1. 2 Co. 6. 1-13; 10. 15. Re. 21. 26. *abundance of the sea shall be converted unto thee*. *or*, noise of the sea shall be turned towards thee. ch. 24. 14, 15; 42. 40. Ps. 96. 7-9; 98. 7-9. Ro. 11. 25. *forces*. *or*, wealth. ver. 11; ch. 23. 18; 61. 6. Ac. 24. 17. Ro. 15. 26.

6 *multitude*. ch. 30. 6. Ju. 6. 5; 7. 12. 1 Ki. 10. 2. 2 Ki. 8. 9. *Midian*. Ge. 25. 4, 13. *all*. ch. 45. 14. Ge. 10. 7; 25. 3. 2 Ch. 9. 1. Ps. 72. 10, 15. *bring*. ch. 61. 6. Mal. 1. 11. Mat. 2. 11. *they shall shew*. Ro. 15. 9. Phi. 2. 17. 1 Pe. 2. 5, 9. Re. 5. 9, 10; 7. 9-12.

7 *the flocks*. ch. 42. 11. Ge. 25. 13. *they shall*. ch. 56. 7. Job 42. 8. Ro. 12. 1; 15. 16. He. 13. 10, 15, 16. *I will*. Hag. 2. 7-9.

8 *fly*. ver. 4; ch. 45. 22. Lu. 13. 29. Re. 7. 9. *a cloud*. He. 12. 1. *as the*. Ge. 8. 8-11.

9 *the isles*. ch. 42. 4, 10; 49. 1; 51. 5; 66. 19, 20. Ge. 9. 27; 10. 2-5. Ps. 72. 10. Zep. 2. 11. *the ships*. See on ch. 2. 16. 1 Ki. 10. 22; 22. 48. *thy sons*. See on ver. 4. Ps. 68. 30, 31. Zec. 14. 14. 2 Co. 8. 4, 5. Ga. 3. 26; 4. 26. *unto*. Ex. 33. 19; 34. 5-7. Jos. 9. 9. 1 Ki. 8. 41; 10. 1. Pr. 18. 10. Je. 3. 17. Jno. 17. 26. Ac. 9. 15. *because*. ch. 14. 1, 2; 43. 4; 52. 1-6; 55. 5; 57. 17. Je. 30. 19. Lu. 2. 32.

10 *the sons*. ch. 61. 5; 66. 21. Zec. 6. 15. *their kings*. See on ver. 3; ch. 49. 23. Ezr. 6. 3-12; 7. 12-28. Ne. 2. 7-9. Re. 21. 24, 26. *in my wrath*. ch. 12. 1; 54. 7, 8; 57. 17, 18. Ps. 30. 5.

11 *Therefore*. The subject of this chapter, says Bp. LOWTH, is the great increase and flourishing state of the church of God, by the conversion and accession of the heathen nations to it; which is set forth in such ample and exalted terms, as plainly shew that the full completion of this prophecy is reserved for future times. This subject is displayed in the most splendid colours, under a great variety of images highly poetical, designed to give a *general* idea of the glories of that perfect state of the church of God, which we are taught to expect in the latter times; when the fulness of the Gentiles shall come in, and the Jews shall be converted and gathered from their dispersions, and 'the kingdoms of this world shall become the kingdom of our Lord and of His Christ.' *thy gates*. Ne. 13. 19. Re. 21. 25. *forces*. *or* wealth. ver. 5, marg.

12 ch. 41. 11; 54. 15. Ps. 2. 12. Da. 2. 35, 44, 45. Zec. 12. 2-4; 14. 12-19. Mat. 21. 44. Lu. 19. 27. Re. 2. 26, 27.

13 *The glory*. That is, the *cedar;* and as the choice timber of Lebanon beautified Solomon's temple, that *footstool* of Jehovah; so shall the peculiar advantages of every nation, and of every description of men, concur to beautify the church of Christ, which He has determined to make glorious. The language then becomes more energetic, and the images employed more grand and magnificent; and nothing can answer to the glorious description but some future exalted state of the church on earth, or the church triumphant in heaven; though several expressions seem to limit it to the church below. ch. 35. 2; 41. 19, 20; 55. 13. Ho. 14. 6, 7. *to beautify*. Ezr. 7. 27. *the place*. ch. 66. 1. 1 Ch. 28. 2. Ps. 96. 6; 132. 7.

14 *sons*. ch. 14. 1, 2; 45. 14; 49. 23. Je. 16. 19. Re. 3. 9. *The city*. ch. 62. 12. Ps. 87. 3. He. 12. 22. Re. 3. 12; 14. 1.

15 *thou*. ch. 49. 14-23; 54. 6-14. Ps. 78. 60, 61. Je. 30. 17. La. 1. 1, 2. Re. 11. 2, 15-17. *a joy*. ch. 35. 10; 61. 7. Je. 33. 11.

16 *suck the milk*. ch. 49. 23; 61. 6; 66. 11, 12. *thou shalt know*. See on ch. 43. 3, 4; 66. 14. Eze. 34. 30.

17 *brass*. ch. 30. 26. 1 Ki. 10. 21-27. Zec. 12. 8. He. 11. 40. 2 Pe. 3. 13. *make*. ch. 1. 26; 32. 1, 2.

18 *Violence*. ch. 2. 4; 11. 9. Ps. 72. 3-7. Mi. 4. 3. Zec 9. 8. *but*. See on ch. 26. 1. Re. 19. 1-6.

19 *sun*. Ps. 36. 9. Re. 21. 23; 22. 5. *thy God*. Ps. 3 3; 4. 2; 62. 7. Zec. 2. 5. Lu. 2. 32.

20 *sun*. Ps. 27. 1; 84. 11. Am. 8. 9. Mal. 4. 2. *the days*. ch. 25. 8; 30. 19; 35. 10. Re. 7. 15-17; 21. 4.

21 *people.* ch. 4. 3, 4; 52. 1; 62. 4. Zec. 14. 20, 21. 2 Pe. 3. 13. Re. 21. 27. *inherit.* Ps. 37. 11, 22. Mat. 5. 5. Re. 5. 10; 21. 7. *the branch.* ch. 29. 23; 43. 7; 45. 11; 61. 3. Ps. 92. 13. Mat. 15. 13. Jno. 15. 2. Ep. 2. 10. *that I.* ch. 43. 21; 44. 23; 49. 3. Ep. 1. 6, 12; 2. 7. 2 Th. 1. 10.

22 *little.* ch. 66. 8. Da. 2. 35, 44. Mat. 13. 31, 32. Ac. 2. 41; 5. 14. Re. 7. 9. *I the Lord.* ch. 5. 19. Hab. 2. 3. Lu. 18. 7. He. 10. 36. 2 Pe. 3. 8.

## CHAP. LXI.

*The office of Christ,* 1-3. *The forwardness,* 4-6, *and blessings of the faithful,* 7-11.

1 *Spirit.* ch. 11. 2-5; 42. 1; 59. 21. Mat. 3. 16. Lu. 4. 18, 19. Jno. 1. 32, 33; 3. 34. *anointed.* Ps. 2. 6, marg.; 45. 7. Da. 9. 24. Jno. 1. 41. Ac. 4. 27; 10. 38. He. 1. 9. *to preach.* ch. 52. 9. Ps. 22. 26; 25. 9; 69. 32; 149. 4. Mat. 5. 3-5; 11. 5. Lu. 7. 22. *to bind.* ch. 57. 15; 66. 2. Ps. 34. 18; 51. 17; 147. 3. Ho. 6. 1. 2 Co. 7. 6. *to proclaim.* The proclaiming of perfect liberty to the bound, and the year of acceptance with Jehovah, is a manifest allusion to the proclaiming of the year of jubilee by sound of trumpet; and our Saviour, by applying this text to himself, plainly declares the typical design of that institution. ch. 42. 7; 49. 9, 24, 25. Ps. 102. 20. Je. 34. 8. Zec. 9. 11, 12. Jno. 8. 32-36. Ac. 26. 18. Ro. 6. 16-22; 7. 23-25. 2 Ti. 2. 25, 26.

2 *the acceptable.* Le. 25. 9-13. Lu. 4. 19. 2 Co. 6. 2. *and.* ch. 34. 8; 35. 4; 59. 17, 18; 63. 1-6; 66. 14. Ps. 110. 5, 6. Je. 46. 10. Mal. 4. 1-3. Lu. 21. 22-24. 1 Th. 2. 16. 2 Th. 1. 7-9. *to comfort.* ch. 25. 8; 57. 18; 66. 10-12. Je. 31. 13. Mat. 5. 4. Lu. 6. 21; 7. 44-50. Jno. 16. 20-22. 2 Co. 1. 4, 5. 2 Th. 2. 16, 17.

3 *beauty.* ch. 12. 1. Es. 4. 1-3; 8. 15; 9. 22. Ps. 30. 11. Eze. 16. 8-13. *the oil.* Ps. 23. 5; 45. 7; 104. 15. Ec. 9. 8. Jno. 16. 20. *the garment.* ver. 10. Zec. 3. 5. Lu. 15. 22. Re. 7. 9-14. *called.* ch. 60. 21. Ps. 92. 12-15. Je. 17. 7, 8. Mat. 7. 17-19. *that he.* Mat. 5. 16. Jno. 15. 8. 1 Co. 6. 20. Phi. 1. 11. 2 Th. 1. 10. 1 Pe. 2. 9; 4. 9-11, 14.

4 ch. 49. 6-8; 58. 12. Eze. 36. 23-26, 33-36. Am. 9. 14, 15.

5 ch. 14. 1, 2; 60. 10-14. Ep. 2. 12-20.

6 *named.* ch. 60. 17; 66. 21. Ex. 19. 6. Ro. 12. 1. 1 Pe. 2. 5, 9. Re. 1. 6; 5. 10; 20. 6. *call.* Eze. 14. 11. 1 Co. 3. 5; 4. 1. 2 Co. 6. 4; 11. 23. Ep. 4. 11, 12. *ye shall eat.* ch. 23. 18; 60. 5-7, 10, 11, 16; 66. 12. Ac. 11. 28-30. Ro. 15. 26, 27.

7 *your shame.* ch. 40. 2. De. 21. 17. 2 Ki. 2. 9. Job 42. 10. Zec. 9. 12. 2 Co. 4. 17. *everlasting.* ch. 35. 10; 51. 11; 60. 19, 20. Ps. 16. 11. Mat. 25. 46. 2 Th. 2. 16.

8 *I the Lord.* Ps. 11. 7; 33. 5; 37. 28; 45. 7; 99. 4. Je. 9. 24. Zec. 8. 16, 17. *I hate.* ch. 1. 11-13. 1 Sa. 15. 21-24. Je. 7. 8-11. Am. 5. 21-24. Mat. 23. 14. *I will direct.* Ps. 25. 8-12; 32. 8. Pr. 3. 6; 8. 20. 2 Th. 3. 5. *I will make.* ch. 55. 3. Ge. 17. 7. 2 Sa. 23. 5. Ps. 50. 5. Je. 32. 40. He. 13. 20, 21.

9 *their seed.* ch. 44. 3. Ge. 22. 18. Zec. 8. 13. Ro. 9. 3, 4. *they are.* ch. 65. 23. Ps. 115. 14. Ac. 3. 26. Ro. 11. 16-24.

10 *will greatly.* ch. 35. 10; 51. 11. 1 Sa. 2. 1. Ne. 8. 10. Ps. 28. 7. Hab. 3. 18. Zec. 10. 7. Lu. 1. 46, 47. Ro. 5. 11. Phi. 3. 1-3; 4. 4. 1 Pe. 1. 8. Re. 19. 7, 8. *for.* ver. 3; ch. 52. 1. 2 Ch. 6. 41. Ps. 132. 9, 16. Lu. 15. 22. Ro. 3. 22; 13. 14; 14. 17. Ga. 3. 27. Phi. 3. 9. Re. 4. 4; 7. 9-14; 21. 2. *as a.* ch. 49. 18. Ps. 45. 8, 9, 13, 14. Je. 2. 32. Eze. 16. 8-16. Re. 19. 7, 8; 21. 2, 9. *decketh himself. Heb.* decketh as a priest. Ex. 28. 2, etc. *with her.* Ge. 24. 53.

11 *as the earth.* ch. 55. 10, 11; 58. 11. Ca. 4. 16; 5. 1. Mat. 13. 3, 8, 23. Mar. 4. 26-32. *so.* ch. 45. 8; 62. 1. Ps. 72. 3, 16; 85. 11. *praise.* ch. 60. 18; 62. 7. 1 Pe. 2. 9.

## CHAP. LXII.

*The fervent desire of the prophet to confirm the church in God's promises,* 1-5. *The office of the ministers (unto which they are incited) in preaching the Gospel,* 6-9, *and preparing the people thereto,* 10-12.

1 *Zion's.* ver. 6, 7. Ps. 51. 18; 102. 13-16; 122. 6-9; 137. 6. Zec. 2. 12. Lu. 10. 2. 2 Th. 3. 1. He. 7. 25. *the righteousness.* ch. 1. 26, 27; 32. 15-17; 51. 5, 6, 9; 61. 10, 11. Ps. 98. 1-3. Pr. 4. 18. Mi. 4. 2. Mat. 5. 16. Lu. 2. 30-32. Phi. 2. 15, 16. 1 Pe. 2. 9.

2 *the Gentiles.* ch. 49. 6; 52. 10; 60. 1-3; 61. 9; 66. 12, 19. Mi. 5. 8. Ac. 9. 15; 26. 23. Col. 1. 23. *all kings.* ch. 49. 23; 60. 11, 16. Ps. 72. 10, 11; 138. 4, 5. *thou shalt.* ver. 4, 12; ch. 65. 15. Ge. 17. 5, 15; 32. 28. Je. 33. 16. Ac. 11. 26. Re. 2. 17.

3 Zec. 9. 16. Lu. 2. 14. 1 Th. 2. 19.

4 *shalt no.* ver. 12; ch. 32. 14, 15; 49. 14; 54. 1, 6, 7. Ho. 1. 9, 10. Ro. 9. 25-27. He. 13. 5. 1 Pe. 2. 10. *Hephzibah. that is,* My delight *is* in her. ver. 5. Ps. 149. 4. Je. 32. 41. Zep. 3. 17. *Beulah. that is,* Married. ch. 54. 5; 61. 10. Je. 3. 14. Ho. 2. 19, 20. Jno. 3. 29. 2 Co. 11. 2. Ep. 5. 25-27. Re. 21. 2, 9, 10.

5 *shall thy sons.* ch. 49. 18-22. Ps. 45. 11-16. Je. 32. 41. *as the bridegroom rejoiceth. Heb.* with the joy of the bridegroom. ver. 4; ch. 65. 19. Ca. 3. 11. He. 12. 2.

6 *set watchmen.* ch. 52. 8; 56. 10. 2 Ch. 8. 14. Ca. 3. 3; 5. 7. Je. 6. 17. Eze. 3. 17-21; 33. 2-9. 1 Co. 12. 28. Ep. 4. 11, 12. He. 13. 17. *which.* ver. 1. Ps. 134. 1, 2. Re. 4. 6-8. *make mention of the Lord. or,* are the Lord's remembrancers. ch. 43. 26. Ge. 32. 12. Nu. 14. 17-19. Ps. 74. 2, 18. Ac. 10. 4, 31. *keep.* Ge. 32. 26. Mat. 15. 22-27. Lu. 11. 5-13; 18. 1-8, 39. 1 Th. 5. 17. Re. 6. 10.

7 *rest. Heb.* silence. *till he make.* See on ver. 1-3; 61. 11. Je. 33. 9. Zep. 3. 19, 20. Mat. 6. 9, 10, 13. Re. 11. 15.

8 *sworn.* De. 32. 40. Eze. 20. 5. *Surely I will no more give. Heb.* if I give, etc. ch. 65. 21-23. Le. 26. 16. De. 28. 31, 33. Ju. 6. 3-6. Je. 5. 17.

9 *shall eat.* De. 12. 7, 12; 14. 23-29; 16. 11, 14.

10 *go through.* ch. 18. 3; 40. 3; 48. 20; 52. 11; 57. 14. Ex. 17. 15. Mat. 22. 9. He. 12. 13. *lift up.* ch. 11. 12; 49. 22.

11 *the Lord.* Ps. 98. 1-3. Mar. 16. 15. Ro. 10. 11-18. *Say.* ch. 40. 9. Zec. 9. 9. Mat. 21. 5. Jno. 12. 15. *his reward.* See on ch. 40. 10; 49. 4. Re. 22. 12. *work. or,* recompence.

12 *The holy.* ch. 60. 21. De. 7. 6; 26. 19; 28. 9. 1 Pe. 2. 9. *The redeemed.* ch. 35. 9. Ps. 107. 2. 1 Pe. 1. 18, 19. Re. 5. 9. *Sought out.* ch. 65. 1. Eze. 34. 11-16. Mat. 18. 11-13. Lu. 15. 4, 5; 19. 10. Jno. 4. 23; 10. 16. *not.* See on ver. 4. Mat. 16. 18; 28. 20. He. 13. 5.

## CHAP. LXIII.

*Christ shews who he is,* 1, *what his victory over his enemies,* 2-6, *and what his mercy toward his church,* 7-9. *In his just wrath he remembers his free mercy,* 10-14. *The church, in her prayer,* 15, 16, *and complaint, professes her faith,* 17-19.

1 *is this.* Ps. 24. 7-10. Ca. 3. 6; 6. 10; 8. 5. Mat. 21. 10. *from Edom.* ch. 34. 5, 6. Ps. 137. 7. *dyed.* ver. 2, 3; ch. 9. 5. Re. 19. 13. *Bozrah.* Am. 1. 11, 12. *glorious. Heb.* decked. *travelling.* Ps. 45. 3, 4. Re. 11. 17, 18. *speak.* ch. 45. 19, 23. Nu. 23. 19. *mighty.* Jno. 10. 28-30. He. 7. 25. 1 Pe. 1. 5. Jude 24, 25.

3 *trodden.* ch. 25. 10. La. 1. 15. Mal. 4. 3. Re. 14. 19, 20; 19. 13-15. *and of the people.* The very remarkable passage contained in the first six verses of this chapter seems in a manner detached from the rest, and to stand by itself; containing a prophetical representation of the victories of the Messiah over the enemies of his church, here designated by the names of Edom and Bozrah. Though, as Bp. Lowth observes, this prophecy must have its accomplishment, there is no necessity for supposing that it has been already accomplished. There are prophecies which intimate a great slaughter of the enemies of God and his people, which remain to be fulfilled: those in Eze. ch. 38 and Re. ch. 20 are called Gog and Magog. This prophecy of Isaiah may possibly refer to the same, or the like event. *and trample.* ver. 6; ch. 34. 2-5. 2 Ki. 9. 33. Eze. 38. 18-22. Mi. 7. 10. Zec. 10. 5.

4 ch. 34. 8; 35. 4; 61. 2. Je. 51. 6. Zec. 3. 8. Lu. 21. 22. Re. 6. 9-17; 11. 13; 18. 20.

5 *looked.* ver. 3; ch. 41. 28; 50. 2; 59. 16. Jno. 16. 32. *mine own.* ch. 40. 10; 51. 9; 52. 10. Ps. 44. 3; 98. 1. Ho. 1. 7. 1 Co. 1. 24. He. 2. 14, 15. *my fury.* ch. 59. 16-18.

6 *make.* ver. 2, 3; ch. 49. 26; 51. 21-23. Job 21. 20. Ps. 60. 3; 75. 8. Je. 25. 16, 17, 26, 27. La. 3. 15. Re. 14. 10; 16. 6, 19; 18. 3-6. *I will bring.* ch. 25. 10-12; 26. 5, 6. Re. 18. 21.

7 *mention.* ch. 41. 8, 9; 51. 2. Ne. 9. 7-15, 19-21, 27, 31. Ps. 63. 3; 78. 11, etc.; 105. 5, etc.; 107. 8, 15, 21, 31; 136. 1, etc.; 147. 19, 20. Eze. 16. 6-14. Ho. 2. 19. *the great goodness.* 1 Ki. 8. 66. 2 Ch. 7. 10. Ne. 9. 25, 35. Zec. 9. 17. Ro. 2. 4. *according to his.* ch. 55. 7. Ex. 34. 6, 7. Nu. 14. 18, 19. Ps. 51. 1; 86. 5, 15. La. 3. 32. Ro. 5. 20. Ep. 1. 6, 7; 2. 4. 1 Ti. 1. 14. Tit. 3. 4-7.

8 *Surely.* ch. 41. 8. Ge. 17. 7. Ex. 3. 7; 4. 22, 23; 6. 7; 19. 5, 6. Ro. 11. 1, 2, 28. *children.* ch. 57. 11. Ex. 24. 7. Ps. 78. 36, 37. Zep. 3. 7. Jno. 1. 47. Ep. 4. 25. Col. 3. 9. *so he.* ch. 12. 2; 43. 3, 11. De. 33. 29. Ps. 106. 21. Je. 14 8. Ho. 13. 4. 1 Jno. 4. 14. Jude 25.

9 *all their*. Ex. 3. 7-9. Ju. 10. 16. Zec. 2. 8. Mat. 25. 40, 45. Ac. 9. 4. He. 2. 18; 4. 15. *the angel*. Ge. 22. 11-17; 48. 16. Ex. 14. 19; 23. 20, 21; 33. 14. Ho. 1. 7; 12. 3-5. Mal. 3. 1. Ac. 7. 30-32, 34, 35, 38; 12. 11. 1 Co. 10. 9. *in his*. De. 7. 7, 8. Ps. 78. 38; 106. 7-10. Tit. 2. 14. 1 Jno. 4. 9, 10. Re. 1. 5; 5. 9. *carried*. ch. 46. 3, 4. Ex. 19. 4. De. 1. 31; 32. 11, 12. Lu. 15. 5.

10 *they rebelled*. ch. 1. 2; 65. 2. Ex. 15. 24; 16. 8; 32. 8. Nu. 14. 9-11; 16. 1, etc. De. 9. 7, 22-24. Ne. 9. 16, 17, 26, 29. La. 1. 18, 20. Eze. 2. 3, 7; 20. 8, 13, 21. *vexed*. Ps. 78. 8, 40, 49, 56; 95. 9-11. Eze. 6. 9. Ac. 7. 51. Ep. 4. 30. *he was*. Ex. 23. 21. Le. 26. 17, etc. De. 28. 15, etc.; 32. 19-25. Je. 21. 5; 30. 14. La. 2. 4, 5. Mat. 22. 7.

11 *he remembered*. Le. 26. 40-45. De. 4. 30, 31. Ps. 25. 6; 77. 5-11; 89. 47-50; 143. 5. Lu. 1. 54, 55. *Where is he that brought*. ver. 15; ch. 51. 9, 10. Ex. 14. 30; 32. 11, 12. Nu. 14. 13, 14, etc. Je. 2. 6. *shepherd*. *or*, shepherds. Ps. 77. 20. *where is he that put*. Nu. 11. 17, 25, 29. Ne. 9, 20. Da. 4. 8. Hag. 2. 5. Zec. 4. 6.

12 *with*. Ex. 15. 6, 13, 16. Ps. 80. 1. *dividing*. Ex. 14. 21. Jos. 3. 16. Ne. 9. 11. Ps. 78. 13; 114. 5-7; 136. 13-16. *to make*. ch. 55. 13. Ex. 14. 16, 17. Ro. 9. 17.

13 Ps. 106. 9. Hab. 3. 15.

14 *the Spirit*. Jos. 22. 4; 23. 1. He. 4. 8-11. *to make*. ver. 12. Nu. 14. 21. 2 Sa. 7. 23. 1 Ch. 29. 13. Ne. 9. 5. Lu. 2. 14. Ep. 1. 6, 12, 14.

15 *down*. De. 26. 15. Ps. 33. 14; 80. 14; 102. 19, 20. La. 3. 50. *the habitation*. ch. 57. 15; 66. 1. 1 Ki. 8. 27. 2 Ch. 30. 27. Ps. 113. 5, 6; 123. 1. *where*. ch. 51. 9, 10. Ps. 89. 49. *sounding*. *or*, multitude. *thy bowels*. ver. 9; ch. 49. 15. Ps. 25. 6, marg. Je. 31. 20. Ho. 11. 8. Lu. 1. 78, marg. Phi. 2. 1. 1 Jno. 3. 17. *Are*. Ps. 77. 7-9.

16 *thou art*. ch. 64. 8. Ex. 4. 22. De. 32. 6. 1 Ch. 29. 10. Je. 3. 19; 31. 9. Mal. 1. 6; 2. 10. Mat. 6. 9. *though*. Job 14. 21. Ec. 9. 5. *redeemer; thy name is from everlasting*. *or*, Redeemer from everlasting *is* thy name. ver. 12; ch. 41. 14; 43. 14; 44. 6; 54. 5. 1 Pe. 1. 18-21.

17 *why*. Ps. 119. 10, 36; 141. 4. Eze. 14. 7-9. 2 Th. 2. 11, 12. *and hardened*. ch. 6. 10. De. 2. 30. Jos. 11. 20. Jno. 12. 40. Ro. 9. 18-20. *Return*. Nu. 10. 36. Ps. 74. 1, 2; 80. 14; 90. 13. Zec. 1. 12.

18 *people*. ch. 62. 12. Ex. 19. 4-6. De. 7. 6; 26. 19. Da. 8. 24. 1 Pe. 2. 9. *our*. ch. 64. 11, 12. Ps. 74. 3-7. La. 1. 10; 4. 1. Mat. 24. 2. Re. 11. 2.

19 *are thine*. Ps. 79. 6; 135. 4. Je. 10. 25. Ac. 14. 16. Ro. 9. 4. Ep. 2. 12. *they were not called by thy name*. *or*, thy name was not called upon them. ch. 65. 1. Am. 9. 12. Ac. 15. 17.

## CHAP. LXIV.

*The church prays for the illustration of God's power, 1-3. Celebrating God's mercy, it makes confession of their natural corruptions, 4-8. It complains of their afflictions, 9-12.*

1 *Oh that*. Ps. 18. 7-15; 144. 5, 6. Mar. 1. 10, marg. *that thou wouldest come*. ch. 63. 15. Ex. 3. 8; 19. 11, 18, 19. Mi. 1. 3, 4. Hab. 3. 1-13. *that the*. Ju. 5. 4, 5. Ps. 46. 6; 68. 8; 114. 4-7. Am. 9. 5, 13. Na. 1. 5, 6. 2 Pe. 3. 10-12. Re. 20. 11.

2 *melting fire*. *Heb.* fire of meltings. *to make*. ch. 37. 20; 63. 12. Ex. 14. 4. 1 Sa. 17. 46, 47. 1 Ki. 8. 41-43. Ps. 46. 10; 67. 1, 2; 79. 10; 83. 13; 98. 1, 2; 102. 15, 16; 106. 8. Eze. 38. 22, 23; 39. 27, 28. Da. 4. 1-3, 32-37; 6. 25-27. Joel 3. 16, 17. *that the nations*. Ex. 15. 14-16. De. 2. 25. Ps. 9. 20; 48. 4-6; 99. 1. Je. 5. 22; 33. 9. Mi. 7. 15-17. Re. 11. 11-13.

3 *thou didst*. Ex. 34. 10. De. 4. 34; 10. 21. Ju. 5. 4, 5. 2 Sa. 7. 23. Ps. 65. 5; 66. 3, 5; 68. 8; 76. 12; 105. 27-36; 106. 22. *the mountains*. ver. 1. Hab. 3. 3, 6.

4 *have not*. Ps. 31. 19. 1 Co. 2. 9, 10. Ep. 3. 5-10, 17-21. Col. 1. 26, 27. 1 Ti. 3. 16. 1 Jno. 3. 1, 2; 4. 10. Re. 21. 1-4, 22-24; 22. 1-5. *seen*, etc. *or*, seen a God besides thee, *which* doeth so for, etc. *prepared*. Ps. 31. 19. Mat. 25. 34. Jno. 14. 3. He. 11. 16. *waiteth*. ch. 25. 9. Ge. 49. 18. Ps. 62. 1; 130. 5. La. 3. 25, 26. Lu. 2. 25. Ro. 8. 19, 23-25. 1 Co. 1. 7. 1 Th. 1. 10. Ja. 5. 7.

5 *meetest*. Ex. 20. 24; 25. 22; 29. 42, 43; 30. 6. He. 4. 16. *rejoiceth*. Ps. 25. 10; 37. 4; 112. 1. Ac. 10. 2-4, 35. Phi. 3. 13-15. *those that*. ch. 26. 8, 9; 56. 1-7. *thou art wroth*. ch. 63. 10. Ps. 90. 7-9. *in those*. Ps. 103. 17. Je. 31. 18-20. Ho. 6. 3; 11. 8. Mal. 3. 6.

6 *are all*. ch. 6. 5; 53. 6. Job 14. 4; 15. 14-16; 25. 4; 40. 4; 42. 5, 6. Ps. 51. 5. Ro. 7. 18, 24. Ep. 2. 1, 2. Tit. 3. 3. *all our*. ch. 57. 12. Zec. 3. 3. Phi. 3. 9. Re. 3. 17, 18; 7. 13. *we all*. ch. 40. 6-8. Ps. 90. 5, 6. Ja. 1. 10, 11. 1 Pe. 1. 24, 25. *our iniquities*. ch. 57. 13. Ps. 1. 4. Je. 4. 11, 12. Ho. 4. 19. Zec. 5. 8-11.

7 *there is*. ch. 50. 2; 59. 16. Ps. 14. 4. Eze. 22. 30. Ho. 7. 7. 14. *to take*. ch. 27. 5; 56. 4. *hast hid*. ch. 57. 17; 59. 2. De. 31. 17; 32. 19-25. Ho. 5. 15. *consumed*. *Heb.* melted. Je. 9. 7. Eze. 22. 18-22; 24. 11. *because*. *Heb.* by the hand, as Job 8. 4.

8 *thou art*. ch. 63. 16. Ex. 4. 22. De. 32. 6. Ga. 3. 26, 29. *are the clay*. ch. 29. 16; 45. 9. Je. 18. 2-6. Ro. 9. 20-24. *all are*. ch. 43. 7; 44. 21, 24. Job 10. 8, 9. Ps. 100. 3; 119. 73; 138. 8. Ep. 2. 10.

9 *wroth*. Ps. 6. 1; 38. 1; 74. 1, 2; 79. 5-9. Je. 10. 24. Hab. 3. 2. *remember*. Je. 3. 12. La. 5. 20. Mi. 7. 18-20. Mal. 1. 4. 2 Pe. 2. 17. Re. 20. 10. *we are*. ch. 63. 19. Ps. 79. 13; 119. 94.

10 ch. 1. 7. 2 Ki. 25. 9. 2 Ch. 36. 19-21. Ps. 79. 1-7. La. 1. 1-4; 2. 4-8; 5. 18. Da. 9. 26, 27; 12. 7. Mi. 3. 12. Lu. 21. 21, 24. Re. 11. 1, 2.

11 *holy*. 2 Ki. 25. 9. 2 Ch. 36. 19. Ps. 74. 5-7. Je. 52. 13. La. 2. 7. Eze. 7. 20, 21; 24. 21, 25. Mat. 24. 2. *where*. 1 Ki. 8. 14, 56. 2 Ch. 6. 4; 7. 3, 6; 29. 25-30. *all our*. La. 1. 7, 10, 11.

12 ch. 42. 14. Ps. 10. 1; 74. 10, 11, 18, 19; 79. 5; 80. 3, 4; 83. 1; 89. 46-51. Zec. 1. 12. Re. 6. 10.

## CHAP. LXV.

*The calling of the Gentiles, and the rejection of the Jews, for their incredulity, idolatry, and hypocrisy, 1-7. A remnant shall be saved, 8-10. Judgments on the wicked, and blessings on the godly, 11-16. The blessed state of the new Jerusalem, 17-25.*

1 *I am sought*. ch. 2. 2, 3; 11. 10; 55. 5. Ps. 22. 27. Ro. 9. 24-26, 30; 10. 20. Ep. 2. 12, 13. *Behold*. ch. 40. 9; 41. 27; 45. 22. Jno. 1. 29. *unto*. ch. 43. 1; 63. 19. Ho. 1. 10. Zec. 2. 11; 8. 22, 23. 1 Pe. 2. 10.

2 *spread*. Pr. 1. 24. Mat. 23. 37. Lu. 13. 34; 19. 41, 42. Ro. 10. 21. *a rebellious*. ch. 1. 2; 63. 10. De. 9. 7; 31. 27. Je. 5. 23. Eze. 2. 3-7. Ac. 7. 51, 52. 1 Th. 2. 15, 16. *which*. ch. 59. 7, 8. Ps. 36. 4. Pr. 16. 29. *after*. ch. 55. 7. Ge. 6. 5. Nu. 15. 39. De. 29. 19. Ps. 81. 12. Je. 3. 17; 4. 14; 7. 24. Mat. 12. 33, 34; 15. 19. Ro. 2. 5. Ja. 1. 14, 15.

3 *A people*. ch. 3. 8. De. 32. 16-19, 21. 2 Ki. 17. 14-17; 22. 17. Ps. 78. 40, 58. Je. 32. 30-35. Eze. 8. 17, 18. Mat. 23. 32-36. *to my face*. Job 1. 11; 2. 5. *that sacrificeth*. ch. 1. 29; 66. 17. Le. 17. 5. Je. 3. 6. Eze. 20. 28. *altars*. *Heb.* bricks. Ex. 20. 24, 25; 30. 1-10.

4 *remain*. Nu. 19. 11, 16-20. De. 18. 11. Mat. 8. 28. Mar. 5. 2-5. Lu. 8. 27. *which eat*. ch. 66. 3, 17. Le. 11. 7. De. 14. 8. *broth*. *or*, pieces. Ex. 23. 19; 34. 26. De. 14. 3, 21. Eze. 4. 14.

5 *Stand*. Mat. 9. 11. Lu. 5. 30; 7. 39; 15. 2, 28-30; 18. 9-12. Ac. 22. 21, 22. Ro. 2. 17, etc. Jude 19. *These*. Pr. 6. 16, 17; 10. 26; 16. 5. Ja. 4. 6. 1 Pe. 5. 5. *nose*. *or*, anger. *a fire*. De. 29. 20; 32. 20-22.

6 *it is*. Ex. 17. 14. De. 32. 34. Ps. 56. 8. Mal. 3. 16. Re. 20. 12. *I will*. ch. 42. 14; 64. 12. Ps. 50. 3, 21. *but*. Ps. 79. 12. Je. 16. 18. Eze. 11. 21; 22. 31. Joel 3. 4.

7 *Your iniquities*. Ex. 20. 5. Le. 26. 39. Nu. 32. 14. Ps. 106. 6, 7. Da. 9. 8. Mat. 23. 31-36. *burned*. ch. 57. 7. 1 Ki. 22. 43. 2 Ki. 12. 3; 14. 4; 15. 35; 16. 4. Eze. 18. 6. *blasphemed*. Eze. 20. 27, 28. *therefore*. See on ver. 6. Je. 5. 9, 29; 7. 19, 20; 13. 25. Mat. 23. 32. 1 Th. 2. 16.

8 ch. 6. 13. Je. 30. 11. Joel 2. 14. Am. 9. 8, 9. Mat. 24. 22. Mar. 13. 20. Ro. 9. 27-29; 11. 5, 6, 24-26.

9 *I will*. ch. 10. 20-22; 11. 11-16; 27. 6. Je. 31. 36-40; 33. 17-26. Eze. 36. 8-15, 24; 37. 21-28; 39. 25-29. Am. 9. 11-15. Ob. 17-21. Zep. 3. 20. Zec. 10. 6-12. *mine elect*. ver. 15, 22. Mat. 24. 22. Ro. 11. 5-7, 28.

10 *Sharon*. ch. 33. 9; 35. 2. Eze. 34. 13, 14. *and the*. Jos. 7. 24-26. Ho. 2. 15.

11 *they that*. ch. 1. 28. De. 29. 25. 1 Ch. 28. 9. Je. 17. 13. *my holy*. ver. 25; ch. 2. 2; 11. 9; 56. 7; 57. 13. Ps. 132. 13. He. 12. 22. Re. 21. 2, 3. *prepare*. ch. 57. 5-10. De. 32. 17. Je. 2. 28. Eze. 23. 41, 42. 1 Co. 10. 20, 21. *troop*. *or*, Gad. *number*. *or*, Meni.

12 *will I*. ch. 3. 25; 10. 4. Le. 26. 25. De. 32. 25. Je. 18. 21; 34. 17. Eze. 14. 17-21. Zep. 1. 4-6. Mat. 22. 7. *because*. ch. 50. 2; 66. 4. 2 Ch. 36. 15, 16. Pr. 1. 24, etc. Je. 7. 13. Zec. 7. 7, 11-13. Mat. 21. 34-43; 22. 3. Jno. 1. 11. *did evil*. ver. 3; ch. 1. 16. Je. 16. 17. *and did*. ch. 66. 3, 4. Pr. 1. 29.

13 *my servants shall eat*. Ps. 34. 10; 37. 19, 20. Mal. 3. 18. Lu. 14. 23, 24; 16. 24, 25. *my servants shall rejoice*. ch. 61. 7; 66. 5, 14. Da. 12. 2.

14 *my servants*. ch. 24. 14; 52. 8, 9. Job 29. 13. Ps. 66. 4. Je. 31. 7. Ja. 5. 13. *ye shall*. Mat. 8. 12; 13. 42; 22. 13. Lu. 13. 28. Ja. 5. 1. *vexation*. *Heb.* breaking.

15 *ye shall*. Pr. 10. 7. Je. 29. 22. Zec. 8. 13. *my chosen*. ver. 9, 22. *the Lord*. ver. 12; ch. 66. 15. Mat. 21. 41; 22. 7. 1 Th. 2. 16. *his servants*. ch. 62. 2. Ac. 11. 26. Ro. 9. 26. 1 Pe. 2. 9, 10.

16 *he who.* Ps. 72. 17. Je. 4. 2. *in the God.* De. 32. 4. Ps. 31. 5; 86. 15. Je. 10. 10. Jno. 1. 14, 17; 14. 6. He. 6. 17, 18. *he that.* ch. 19. 18; 45. 23-25; 48. 1. De. 6. 13; 10. 20. Ps. 63. 11. Je. 12. 16. Zep. 1. 5. Ro. 14. 11. Phi. 2. 11. *because.* ver. 19; ch. 11. 16; 12. 1; 35. 10; 54. 4. Je. 31. 12. Eze. 36. 25-27. Da. 12. 1, 11. Zep. 3. 14-20. Re. 20. 4.

17 *I create.* ch. 51. 16; 66. 22. 2 Pe. 3. 13. Re. 21. 1-5. *the former.* Je. 3. 16. *into mind.* *Heb.* upon the heart.

18 ch. 12. 4-6; 42. 10-12; 44. 23; 49. 13; 51. 11; 52. 7-10; 66. 10-14. Ps. 67. 3-5; 96. 10-13; 98. Zep. 3. 14. Zec. 9. 9. 1 Th. 5. 16. Re. 11. 15-18; 19. 1-6.

19 *I will.* ch. 62. 4, 5. Ca. 3. 11. Je. 32. 41. Zep. 3. 17. Lu. 15. 3, 5. *the voice of weeping.* ch. 25. 8; 35. 10; 51. 3, 11; 60. 20. Je. 31. 12. Re. 7. 17; 21. 4.

20 *There shall.* De. 4. 40. Job 5. 26. Ps. 34. 12. *but.* ch. 3. 11. Ec. 8. 12. Ro. 2. 5-9.

21 ch. 62. 8, 9. Le. 26. 16. De. 28. 30-33. Ju. 6. 1-6. Je. 31. 4, 5. Am. 9. 14.

22 *for as.* ver. 9, 15. Ge. 5. 5, 27. Le. 26. 16. Ps. 92. 12-14. Re. 20. 3-5. *long enjoy.* *Heb.* make them continue long, *or,* shall wear out.

23 *shall.* ch. 49. 4; 55. 2; 61. 9. Le. 26. 3-10, 20, 22, 29. De. 28. 3-12, 38-42. Ho. 9. 11-14. Hag. 1. 6; 2. 19. Mal. 3. 10. 1 Co. 15. 58. *for.* ch. 61. 9. Ge. 12. 2; 17. 7. Ps. 115. 14, 15. Je. 32. 38, 39. Zec. 10. 8, 9. Ac. 2. 39; 3. 25, 26. Ro. 4. 16; 9. 7, 8. Ga. 3. 29.

24 ch. 58. 9. Ps. 32. 5; 50. 15; 91. 15. Da. 9. 20-23; 10. 12. Mar. 11. 24. Lu. 15. 18-20. Ac. 4. 31; 10. 30-32; 12. 5-16. 1 Jno. 5. 14, 15.

25 *wolf.* ch. 11. 6-9; 35. 9. Ac. 9. 1, 19-21. 1 Co. 6. 9-11. Tit. 3. 3-7. *dust.* Ge. 3. 14, 15. Ro. 16. 20. Re. 12. 7-9; 20. 2, 3. *shall not.* ch. 2. 4; 11. 9. Mi. 4. 3. *my.* ver. 11. Eze. 43. 11. Zec. 8. 3; 14. 20, 21. Re. 14. 1.

## CHAP. LXVI.

*The glorious God will be served in humble sincerity,* 1-4. *He comforts the humble by shewing the confusion of their enemies,* 5, 6; *with the marvellous growth,* 7-9, *and the gracious benefits of the church,* 10-14. *God's severe judgments against the wicked,* 15-17. *The Gentiles shall have an holy church,* 18-23; *and see the damnation of the wicked,* 24.

1 *The heaven.* 1 Ki. 8. 27. 1 Ch. 28. 2. 2 Ch. 6. 18. Ps. 11. 4; 99. 9; 132. 7. Mat. 5. 34, 35; 23. 21, 22. Ac. 17. 24. *where is the house.* 2 Sa. 7. 5-7. Je. 7. 4-11. Mal. 1. 11. Mat. 24. 2. Jno. 4. 20, 21. Ac. 7. 48-50.

2 *For all those.* ch. 40. 26. Ge. 1. 1, etc. Col. 1. 17. He. 1. 2, 3. *to this.* ch. 57. 15; 61. 1. 2 Ki. 22. 19, 20. 2 Ch. 34. 27, 28. Ps. 34. 18; 51. 17; 138. 6. Je. 31. 19, 20. Eze. 9. 4-6. Mat. 5. 3, 4. Lu. 18. 13, 14. *trembleth.* ver. 5. Ezr. 9. 4; 10. 3. Ps. 119. 120, 161. Pr. 28. 14. Hab. 3. 16. Ac. 9. 6; 16. 29, 30. Phi. 2. 12.

3 *killeth.* ch. 1. 11-15. Pr. 15. 8; 21. 27. Am. 5. 21, 22. *lamb.* *or,* kid. *cut.* De. 23. 18. *as if he offered.* ver. 17; ch. 65. 3, 4. De. 14. 8. *burneth.* *Heb.* maketh a memorial of. Le. 2. 2. *they have.* ch. 65. 12. Ju. 5. 8; 10. 14.

4 *will choose.* 1 Ki. 22. 19-23. Ps. 81. 12. Pr. 1. 31, 32. Mat. 24. 24. 2 Th. 2. 10-12. *delusions.* *or,* devices. *will bring.* Pr. 10. 24. *when I called.* ch. 50. 2; 65. 12. Pr. 1. 24. Je. 7. 13. Mat. 22. 2-7. *they did.* ch. 65. 3. 2 Ki. 21. 2, 6.

5 *ye that.* ver. 2. Pr. 13. 13. Je. 36. 16, 23-25. *Your.* Ps. 38. 20. Ca. 1. 6. Mat. 5. 10-12; 10. 22. Lu. 6. 22, 23. Jno. 9. 34; 15. 18-20; 16. 2. Ac. 26. 9, 10. 1 Th. 2. 15, 16. 1 Jno. 3. 13. *Let.* ch. 5. 19. *but.* Ac. 2. 33-47. 2 Th. 1. 6-10. Tit. 2. 13. He. 9. 28. 1 Pe. 4. 12-14.

6 *a voice of the Lord.* ch. 34. 8; 59. 18; 65. 5-7. Joel 3. 7-16. Am. 1. 2, etc.

7 ch. 54. 1. Ga. 4. 26. Re. 12. 1-5.

8 *hath heard.* ch. 64. 4. 1 Co. 2. 9. *shall a nation.* ch. 49. 20-22. Ac. 2. 41; 4. 4; 21. 20. Ro. 15. 18-21.

9 *bring to.* ch. 37. 3. Ge. 18. 14. *cause to bring forth.* *or,* beget.

10 *Rejoice ye.* ch. 44. 23; 65. 18. De. 32. 43. Ro. 15. 9-12. *all ye that love.* Ps. 26. 8; 84. 1-4; 122. 6; 137. 6. *that mourn.* ch. 61. 2, 3. Eze. 9. 4. Jno. 16. 20-22. Re. 11. 3-15.

11 *ye may suck.* ch. 60. 5, 16. Ps. 36. 8. Joel 3. 18. 1 Pe. 2. 2. *abundance.* *or,* brightness.

12 *I will.* ch. 9. 7; 48. 18; 60. 5. Ps. 72. 3-7. *the glory.* ver. 19, 20; ch. 45. 14; 49. 19-23; 54. 3; 60. 4-14. *then.* ver. 11; ch. 60. 16. *ye shall.* ch. 60. 4.

13 *one.* ch. 51. 3. 1 Th. 2. 7. *ye shall.* ver. 10; ch. 65. 18, 19. Ps. 137. 6.

14 *your heart.* Zec. 10. 7. Jno. 16. 22. *your bones.* ch. 26. 19. Pr. 3. 8; 17. 22. Eze. 37. 1-14. Ho. 14. 4-8. *the hand.* ver. 5; ch. 65. 12-16. Ezr. 7. 9; 8. 18, 22, 31. Mal. 3. 18. He. 10. 27.

15 *the Lord.* ch. 30. 27, 28, 33. Ps. 11. 6; 21. 9; 50. 3; 97. 3. Am. 7. 4. Mat. 22. 7. 2 Th. 1. 6-9. 2 Pe. 3. 10-12. *with his.* Je. 4. 3. Da. 11. 40.

16 ch. 27. 1; 34. 5-10. Eze. 38. 21, 22; 39. 2, etc. Re. 19. 11-21.

17 *sanctify.* ch. 1. 29; 65. 3, 4. *behind one tree in the midst.* *or,* one after another. *eating.* Le. 11. 2-8. De. 14. 3-8.

18 *I know.* ch. 37. 28. De. 31. 21. Am. 5. 12. Jno. 5. 42. Re. 2. 2, 9, 13. *their thoughts.* Job 42. 2. Eze. 38. 10. Mat. 9. 4; 12. 25. Lu. 5. 22. 1 Co. 3. 20. He. 4. 12. *that I.* ch. 2. 2. Ps. 67. 2; 72. 11, 17; 82. 8; 86. 9. Joel 3. 2. Ro. 15. 8-12; 16. 26. Re. 11. 15. *and see.* ver. 10. Eze. 39. 21. Jno. 17. 24. 2 Co. 4. 4-6.

19 *I will set.* ch. 11. 10; 18. 3, 7; 62. 10. Lu. 2. 34. *I will send.* Mar. 16. 15. Ro. 11. 1-6. Ep. 3. 8. *Tarshish.* Ge. 10. 4, 13. 1 Ch. 1. 7, 11. Eze. 27. 10; 30. 5. *Tubal.* Eze. 27. 13; 38. 2, 3; 39. 1. *the isles.* ch. 24. 15, 16; 42. 4; 43. 6; 49. 1, 12; 51. 5. Ps. 72. 10. Zep. 2. 11. *that have.* ch. 29. 24; 55-65. Mal. 1. 11. Mat. 7. 11, 12; 28. 19. Ro. 15. 21.

20 *bring all.* ch. 43. 6; 49. 12, etc.; 54. 3; 60. 3-14. *an offering.* Ro. 12. 1, 2; 15. 16. Phi. 2. 17. 1 Pe. 2. 5. *upon horses.* ch. 60. 9. *litters.* *or,* coaches. *my holy.* ch. 11. 9; 56. 7; 65. 11, 25.

21 ch. 61. 6. Ex. 19. 6. Je. 13. 18-22. 1 Pe. 2. 5, 9. Re. 1. 6; 5. 10; 20. 6.

22 *the new.* ch. 65. 17. He. 12. 27, 28. 2 Pe. 3. 13. Re. 21. 1. *so shall.* Mat. 28. 20. Jno. 10. 27-29. 1 Pe. 1. 4, 5.

23 *that from.* ch. 1. 13, 14. 2 Ki. 4. 23. Ex. 46. 1, 6. Col. 2. 16, 17. *one new,* etc. *Heb.* new moon to his new moon, and from sabbath to his sabbath. *shall all.* Ps. 65. 2; 86. 9. Zec. 8. 20-23; 14. 14, 16. Mal. 1. 11. Jno. 4. 23. Re. 15. 4.

24 *and look.* ver. 16. Ps. 58. 10, 11. Eze. 39. 9-16. Zec. 14. 12, 18, 19. Re. 19. 17-21. *their worm.* ch. 14. 11. Mar. 9. 44-49. Re. 14. 10, 11. *their fire.* ch. 34. 10. Mat. 3. 12. *and they.* ch. 65. 15. Da. 12. 2. 1 Th. 2. 15, 16.

## CONCLUDING REMARKS ON THE BOOK OF ISAIAH.

ISAIAH has, with singular propriety, been denominated the *Evangelical Prophet,* on account of the number and variety of his prophecies concerning the advent and character, the ministry and preaching, the sufferings and death, and the extensive and permanent kingdom of the MESSIAH. So explicit and determinate are his predictions, as well as so numerous, that he seems to speak rather of things *past* than of events yet *future;* and he may be rather called an evangelist than a prophet. Though later critics, especially those on the continent, have expended much labour and learning in order to rob the prophet of his title; yet no one, whose mind is unprejudiced, can be at a loss in applying select portions of these prophecies to the mission and character of Jesus Christ, and to the events in his history which they are cited to illustrate by the sacred writers of the New Testament. In fact, his prophecies concerning the Messiah seem almost to anticipate the Gospel history; so clearly do they predict his Divine character. (Compare ch. vii. 14 with Mat. i. 18-23, and Luke i. 27-35; ch. vi.; ix. 6; xxxv. 4; xl. 5, 9, 19; xlii. 6-8; lxi. 1, with Lu. iv. 18; ch. lxii. 11; lxiii. 1-4;) his miracles, (ch. xxxv. 5, 6;) his peculiar character and virtues, (ch. xi. 2, 3; xl. 11; xliii. 1-3;) his rejection, (Compare ch. vi. 9-12 with Mar. xiii. 14; ch. vii. 14, 15; liii. 3;) his sufferings for our sins, (ch. l. 6; liii. 4-11;) his death and burial, (ch. liii. 8, 9;) his victory over death, (ch. xxv. 8; liii. 10, 12;) his final glory, (ch. xlix. 7, 22, 23; lii. 13-15; liii. 4, 5;) and the establishment, increase, and perfection of his kingdom, (ch. ii. 2-4; ix. 2, 7; xi. 4-10; xvi. 5; xxix. 18-24; xxxii. 1; xl. 4, 5; xlii. 4; xlvi. 13; xlix. 9-13; li. 3-6; liii. 6-10; lv. 1-3; lix. 16-21; lx.; lxi. 1-5; lxv. 25;) each specifically pointed out, and pourtrayed with the most striking and discriminating characters. It is impossible, indeed, to reflect on these, and on the whole chain of his illustrious prophecies, and not be sensible that they furnish the most incontestable evidence in support of Christianity. The style of Isaiah has been universally admired as the most perfect model of elegance and sublimity; and as distinguished for all the magnificence, and for all the sweetness of the Hebrew language.

# The Book of the Prophet JEREMIAH.

B.C. 629. A.M. 3375.

## CHAP. I.

*The time,* **1-3**, *and the calling of Jeremiah,* **4-10**. *His prophetical visions of an almond rod and a seething pot,* **11-14**. *His heavy message against Judah,* 15, 16. *God encourages him with his promise of assistance,* 17-19.

1 *words.* 2 Ch. 36. 21. Is. 1. 1; 2. 1. Am. 1. 1; 7. 10. *of the priests.* Eze. 1. 3. *in Anathoth.* ch. 11. 21; 32. 7-9. Jos. 21. 17, 18. 1 Ch. 6. 60.

2 *the word.* ver. 4, 11. 1 Ki. 13. 20. Ho. 1. 1. Jon. 1. 1. Mi. 1. 1. *in the days.* 2 Ki. 21. 25, 26; ch. 22; 23. 2 Ch. ch. 34; 35.

3 *It came also.* ch. 25. 1-3; 26; 35; 36. 2 Ki. 24. 1-9. 2 Ch. 36. 5-8. *unto the end.* ch. 21; 22; 28; 29; 34; 37-39; 52. 2 Ki. 24. 17-20; ch. 25. 2 Ch. 36. 11-21. *in the fifth.* ch. 52. 12, 15. 2 Ki. 25. 8. Zec. 7. 5; 8. 19.

4 *the word.* ver. 2. Eze. 1. 3; 3. 16.

5 *Before I.* Ps. 71. 5, 6. Is. 49. 1, 5. Lu. 1. 76. Ga. 1. 15, 16. *I knew.* Ex. 33. 12, 17. Ro. 8. 29. 2 Ti. 2. 19-21. *and before.* Lu. 1. 15, 41. Ro. 1. 1. *and I ordained. Heb.* and I gave. Ep. 1. 22; 4. 11, 12.

6 *Ah, Lord.* ch. 4. 10; 14. 13; 32. 17. *I cannot.* Ez. 4. 10-16; 6. 12, 30. Is. 6. 5. *for I am.* 1 Ki. 3. 7-9.

7 *for thou shalt.* ver. 17, 18. Ex. 7. 1, 2. Nu. 22. 20, 38. 1 Ki. 22. 14. 2 Ch. 18. 13. Eze. 2. 3-5; 3. 17-21, 27. Mat. 28. 20. Mar. 16. 15, 16. Ac. 20. 27.

8 *not afraid.* ver. 17. Is. 51. 7, 12. Eze. 2. 6, 7; 3. 8, 9. Mat. 10. 26. Lu. 12. 4, 5. Ac. 4. 13, 29. Ep. 6. 20. *for I am.* ch. 15. 20, 21; 20. 11. Ex. 3. 12. De. 31. 6, 8. Jos. 1. 5, 9. Is. 43. 2. Mat. 28. 20. Ac. 7. 9, 10; 18. 10; 26. 17. 2 Co. 1. 8-10. 2 Ti. 4. 17, 18. He. 13. 5, 6.

9 *and touched.* Ex. 4. 11, 12. Is. 6. 6, 7; 49. 2; 50. 4. Lu. 21. 15. *Behold.* ch. 5. 14. Ex. 4. 15, 16. Is. 51. 16. Eze. 3. 10. Mat. 10. 19. Lu. 12. 12.

10 *I have.* ch. 25. 15-27; 27. 2-7; ch. 46-51. 1 Ki. 17. 1. Re. 11. 3-6. *to root out.* ch. 18. 7-9. 1 Ki. 19. 17. Eze. 32. 18; 43. 3. Am. 3. 7. Zec. 1. 6. 2 Co. 10. 4, 5. Re. 19. 19-21. *to build.* ch. 18. 9; 24. 6; 31. 4, 5, 28. Is. 44. 26-28. Eze. 36. 36. Am. 9. 11.

11 *what seest thou.* Am. 7. 8; 8. 2. Zec. 4. 2; 5. 2. *I see a rod.* Nu. 17. 8. Eze. 7. 10.

12 *Thou hast.* De. 5. 28; 18. 17. Lu. 10. 28; 20. 39. *I will.* ch. 39; 52. De. 32. 35. Eze. 12. 22, 23, 25, 28. Am. 8. 2.

13 *the second time.* Ge. 41. 32. 2 Co. 13. 1, 2. *I see.* Eze. 11. 3, 7; 24. 3-14. *toward the north. Heb.* from the face of the north.

14 *Out of.* ch. 4. 6; 6. 1, 22; 10. 22; 31. 8; 46. 20; 50. 9, 41. Is. 41. 25. Eze. 1. 4. *break forth. Heb.* be opened.

15 *I will call.* ch. 5. 15; 6. 22. 10. 22, 25; 25. 9, 28, 31, 32. *and they.* ch. 39. 3; 43. 10. Is. 22. 7. *and against.* ch. 4. 16; 9. 11; 33. 10; 34. 22; 44. 6. De. 28. 49-53. La. 5. 11.

16 *And I.* ch. 4. 12, 28; 5. 9, 29. Eze. 24. 14. Joel 2. 11. Mat. 23. 35, 36. *who have.* ch. 2. 13, 17; 15. 6; 16. 11; 17. 13; 19. 4. De. 28. 20; 31. 16. Jos. 24. 20. 2 Ki. 22. 17. 2 Ch. 7. 19; 15. 2; 34. 25. *and have.* ch. 7. 9; 11. 12, 17; 44. 17. Is. 65. 3. Eze. 8. 9-11. Ho. 11. 2. *worshipped.* ch. 10. 8, 9, 15; 51. 17. Is. 2. 8; 37. 19; 44. 15. Ho. 8. 6. Ac. 7. 41.

17 *gird up.* 1 Ki. 18. 46. 2 Ki. 4. 29; 9. 1. Job 38. 3. Lu. 12. 35. 1 Pe. 1. 13. *and speak.* ver. 7; ch. 23, 28. Ex. 7. 2. Eze. 3. 10, 11. Jon. 3. 2. Ac. 20. 20, 27. *be not.* ver. 8; ch. 17. 18. Ex. 3. 12. Eze. 2. 6, 7. 1 Th. 2. 2. *confound thee. or,* break thee to pieces. Eze. 3. 14-18; 33. 6-8. 1 Co. 9. 16.

18 *I have.* ch. 6. 27; 15. 20. Is. 50. 7. Eze. 3. 8, 9. Mi. 3. 8, 9. Jno. 1. 42. *against.* ch. 21. 4-14; ch. 22; 26. 12-15; 34. 3, 20-22; 36. 27-32; 37. 7; 38. 2, 18; 42. 22.

19 *And they.* ch. 11. 19; 15. 10-21; 20. 1-6; 26. 11-24; 29. 25-32; 37. 11-21; 38. 6-13. Ps. 129. 2. *for I am.* See on ver. 8; ch. 15. 20, 21. Jos. 1. 9.

## CHAP. II.

*God having shewed his former kindness, expostulates with the Jews on their causeless and unexampled revolt,* 1-13. *They are the causes of their own calamities,* 14-17. *The sins and idolatries of Judah,* **18-34**. *Her confidence is rejected,* **35-37**.

1 *the word.* ch. 1. 11; 7. 1; 23. 28. Eze. 7. 1. He. 1. 1. 2 Pe. 1. 21.

2 *cry.* ch. 7. 2; 11. 6; 19. 2. Pr. 1. 20; 8. 1-4. Is. 58. 1. Ho. 8. 1. Jon. 1. 2. Mat. 11. 15. Lu. 12. 13. *thee. or,* for thy sake. *the kindness.* Ex. 14. 31; 15. 1-20. Eze. 16. 8, 22, 60; 23. 3, 8, 19. Ho. 2. 15. *thine espousals.* Ex. 24. 3-8. Ca. 3. 11. Ex. 16. 8. *when.* ver. 6. De. 2. 7; 8. 2, 15, 16. Ne. 9. 12-21. Is. 63. 7-14.

3 *holiness.* Ex. 19. 5, 6. De. 7. 6; 14. 2; 26. 19. Zec. 14. 20, 21. Ep. 1. 4. 1 Pe. 2. 9. *the first-fruits.* Ex. 22. 29; 23. 16. Nu. 18. 12. Am. 6. 1, marg. Ro. 11. 16; 16. 5. Ja. 1. 18. Re. 14. 4. *all that.* ch. 12. 14; 50. 7. Ex. 4. 22, 23. Ps. 81. 14, 15; 105. 14, 15, 25-36. Is. 41. 11; 47. 6. Joel 1. 3, 7, 8. Zec. 1. 15; 2. 8; 12. 2-4. Ac. 9. 4, 5.

4 *Hear ye.* ch. 5. 21; 7. 2; 13. 15; 19. 3; 34. 4; 44. 24-26. Is. 51. 1-4. Ho. 4. 1. Mi. 6. 1. *all the families.* ch. 31. 1; 33. 24.

5 *What.* ver. 31. Is. 5. 3, 4; 43. 22, 23. Mi. 6. 2, 3. *are gone.* ch. 12. 2. Is. 29. 13. Eze. 11. 15. Mat. 15. 8. *walked.* ch. 10. 8, 14, 15; 14. 22. De. 32. 21. 1 Sa. 12. 21. 2 Ki. 17. 15. Jon. 2. 8. Ac. 14. 15. *and are.* ch. 51. 17, 18. Ps. 115. 8. Is. 44. 9. Ro. 1. 21.

6 *Where.* ver. 8; ch. 5. 24. Ju. 6. 13. 2 Ki. 2. 14. Job 35. 10. Pr. 77. 5. Is. 64. 7. *brought us up.* Ex. ch. 14; 15. Is. 63. 9, 11-13. Ho. 12. 13; 13. 4. *led us.* See on ver. 2. De. 8. 14-16; 32. 10. *the shadow.* Job 3. 5; 10. 21, 22. Ps. 23. 4. Mat. 4. 16.

7 *brought.* Nu. 13. 27; 14. 7, 8. De. 6. 10, 11, 18; 8. 7-9; 11. 11, 12. Ne. 9. 25. Eze. 20. 6. *a plentiful country. or,* the land of Carmel. *ye defiled.* ch. 3. 1, 9; 16. 18. Le. 18. 24-28. Nu. 35. 33, 34. De. 21. 23. Ps. 78. 58, 59; 106. 38, 39. Eze. 36. 17. Mi. 2. 10.

8 *priests.* ver. 6; ch. 5. 31; 8. 10, 11; 23. 9-15. 1 Sa. 2. 12. Is. 28. 7; 29. 10; 56. 9-12. Ho. 4. 6. *and they that.* ch. 8. 8, 9. De. 33. 10. Mal. 2. 6-9. Lu. 11. 52. Jno. 8. 55; 16. 3. Ro. 2. 17-24. 2 Co. 4. 2. *the pastors.* ch. 10. 21; 12. 10; 23. 1, 2. *prophets.* ch. 23. 13. 1 Ki. 18. 19, 22, 40. *do not.* ver. 11; ch. 7. 8. 1 Sa. 12. 21. Is. 30. 5. Hab. 2. 18. Mat. 16. 26.

9 *I will.* ver. 29, 35. Is. 3. 13; 43. 26. Eze. 20. 35, 36. Ho. 2. 2. Mi. 6. 2. *with your.* Ex. 20. 5. Le. 20. 5.

10 *over. or,* over to. *the isles.* Ge. 10. 4, 5. Nu. 24. 24. 1 Ch. 1. 7; 23. 1, 12. Ps. 120. 5. Eze. 27. 6. Da. 11. 30. *Kedar.* Ge. 25. 13. *and see.* ch. 18. 13, 14. Ju. 19. 30. 1 Co. 5. 1.

11 *a nation.* ver. 5. Mi. 4. 5. 1 Pe. 1. 18. *no gods.* ch. 16. 20. Ps. 115. 4. Is. 37. 19. 1 Co. 8. 4. *changed their glory.* ver. 8. De. 33. 29. Ps. 3. 3; 106. 20. Ro. 1. 23.

12 ch. 6. 19; 22. 29. De. 32. 1. Is. 1. 2. Mi. 6. 2. Mat. 27. 45, 50-53.

13 *For my.* ver. 31, 32; ch. 4. 22; 5. 26, 31. Ps. 81. 11-13. Is. 1. 3; 5. 13; 63. 8. Mi. 2. 8; 6. 3. *forsaken.* ver. 17; ch. 1. 16; 15. 6. Ju. 10. 13. 1 Sa. 12. 10. *the fountain.* ch. 17. 13; 18. 14. Ps. 36. 9. Jno. 4. 14; 7. 37. Re. 21. 6; 22. 1, 17. *broken cisterns.* ver. 11, 26. Ps. 115. 4-8; 146. 3, 4. Ec. 1. 2, 14; 2. 11, 21, 26; 4. 4; 12. 8. Is. 44. 9-20; 46. 6, 7; 55. 2. 2 Pe. 2. 17.

14 *Israel.* Ex. 4. 22. Is. 50. 1. *he a home-born.* Ge. 15. 3. Ec. 2. 7. *spoiled. Heb. become* a spoil.

15 *young lions.* ch. 5. 6; 25. 30; 50. 17. Ju. 14. 5. Job 4. 10. Ps. 57. 4. Is. 5. 29. Ho. 5. 14; 11. 10; 13. 7, 8. Am. 3. 4, 8, 12. Na. 2. 11. *yelled. Heb.* gave out their voice. *they made.* See on Is. 1. 7; 24. 1.

Eze. 5. 14. *his cities.* ch. 4. 7; 9. 11; 26. 9; 33. 10; 34. 22; 44. 22. Is. 5. 9; 6. 11. Zep. 1. 18; 2. 5; 3. 6.

16 *Also the.* 2 Ki. 18. 21; 23. 33. Is. 30. 1-6; 31. 1-3. *Noph.* ch. 46. 14, 19. Is. 19. 13. Eze. 30. 13, 16. *Tahapanes.* ch. 43. 7-9; 44. 1; 46. 14, Tahpanhes. *have broken the crown.* *or,* feed on thy crown. De. 33. 20. Is. 1. 6, 7; 8. 8.

17 *Hast thou.* ver. 19; ch. 4. 18. Le. 26. 15, etc. Nu. 32. 23. De. 28. 15, etc. Job 4. 8. Is. 1. 4. Ho. 13. 9. *in that.* ver. 13. 1 Ch. 28. 9. 2 Ch. 7. 19, 20. *when he.* De. 32. 19. Ps. 77. 20; 78. 53, 54; 107. 7; 136. 16. Is. 63. 11-14.

18 *what hast.* ver. 36; ch. 37. 5-10. Is. 30. 1-7; 31. 1. La. 4. 17. Eze. 17. 15. Ho. 7. 11. *Sihor.* Jos. 13. 3. *or what hast.* 2 Ki. 16. 7-9. 2 Ch. 28. 20, 21. Ho. 5. 13.

19 *Thine.* ver. 17. Pr. 1. 31; 5. 22. Is. 3. 9; 5. 5; 50. 1. Ho. 5. 5. *and thy.* ch. 3. 6-8, 11-14; 5. 6; 8. 5. Ho. 4. 16; 11. 7; 14. 1. Zec. 7. 11. *bitter.* ch. 4. 18. Job 20. 11-16. Am. 8. 10. *and that my.* ch. 5. 22; 36. 23, 24. Ps. 36. 1. Ro. 3. 18.

20 *For of.* ch. 30. 8. Ex. 3. 8. Le. 26. 13. De. 4. 20, 34; 15. 15. Is. 9. 4; 10. 27; 14. 25. Na. 1. 13. *and thou saidst.* Ex. 19. 8; 24. 3. De. 5. 27; 26. 17. Jos. 1. 16; 24. 16-24. 1 Sa. 12. 10. *transgress.* *or,* serve. *when upon.* ch. 3. 6. De. 12. 2. 1 Ki. 12. 32. Ps. 78. 58. Is. 57. 5-7. Eze. 16. 24, 25, 31; 20. 28. *playing.* ch. 3. 1, 6-8. Ex. 34. 14-16. De. 12. 2. Is. 1. 21. Eze. 16. 15, 16, 28, 41; 23. 5. Ho. 2. 5; 3. 3.

21 *Yet I.* Ex. 15. 17. Ps. 44. 2; 80. 8. Is. 5. 1, 2; 60. 21; 61. 3. Mat. 21. 33. Mar. 12. 1. Lu. 20. 9. Jno. 15. 1. *wholly.* Ge. 18. 19; 26. 3-5; 32. 28. De. 4. 37. Jos. 24. 31. Ps. 105. 6. Is. 41. 8. *into the degenerate.* De. 32. 32. Is. 1. 21; 5. 4. La. 4. 1.

22 *For though.* Job 9. 30, 31. *yet thine iniquity.* ch. 16. 17; 17. 1. De. 32. 34. Job 14. 17. Ps. 90. 8; 130. 3. Ho. 13. 12. Am. 8. 7.

23 *How canst.* ver. 34, 35. Ge. 3. 12, 13. 1 Sa. 15. 13, 14. Ps. 36. 2. Pr. 28. 13; 30. 12, 20. Lu. 10. 29. Ro. 3. 19. 1 Jno. 1. 8-10. Re. 3. 17, 18. *see.* ch. 3. 2. Ps. 50. 21. Eze. ch. 16; 23. *valley.* ch. 7. 31. Is. 57. 5, 6. *thou art a swift.* *or,* O swift. Es. 8. 16.

24 *A wild ass.* *or,* O wild ass, etc. ch. 14. 6. Job 11. 12; 39. 5-8. *used.* *Heb.* taught. *her pleasure.* *Heb.* the desire of her heart. *turn her away.* *or,* reverse it. *in her month.* ver. 27. Ho. 5. 15.

25 *Withhold.* ch. 13. 22. De. 28. 48. Is. 20. 2-4. La. 4. 4. Ho. 2. 3. Lu. 15. 22; 16. 24. *There is no hope.* *or,* Is the case desperate? ch. 18. 12. Is. 57. 10. *for I have.* ch. 3. 13. Is. 2. 6. *after.* ch. 44. 17. De. 29. 19, 20; 32. 16. 2 Ch. 28. 22. Ro. 2. 4, 5; 8. 24.

26 *the thief.* ver. 36; ch. 3. 24, 25. Pr. 6. 30, 31. Is. 1. 29. Ro. 6. 21. *their kings.* ch. 32. 32. Ezr. 9. 7. Ne. 9. 32-34. Da. 9. 6-8.

27 *to a stock.* ch. 10. 8. Ps. 115. 4-8. Is. 44. 9-20; 46. 6-8. Hab. 2. 18, 19. *brought me forth.* *or,* begotten me. *for they.* Eze. 8. 16; 23. 35. *their back.* *Heb.* the hinder part of the neck. *but in the time.* ver. 24; ch. 22. 23. Ju. 10. 8-16. Ps. 78. 34-37. Is. 26. 16. Ho. 5. 15; 7. 14.

28 *But where.* De. 32. 37. Ju. 10. 14. 2 Ki. 3. 13. Is. 45. 20; 46. 2, 7. *trouble.* *Heb.* evil. *to the number.* ch. 11. 13. 2 Ki. 17. 30, 31. Ho. 10. 1.

29 *will ye plead.* ver. 23, 35; ch. 3. 2. *ye all have.* ch. 5. 1; 6. 13; 9. 2-6. Da. 9. 11. Ro. 3. 19.

30 *In vain.* ch. 5. 3; 6. 29, 30; 7. 28; 31. 18. 2 Ch. 28. 22. Is. 1. 5; 9. 13. Eze. 24. 13. Zep. 3. 2. Re. 9. 20, 21; 16. 9. *your own sword.* ch. 26. 20-24. 1 Ki. 19. 10, 14. 2 Ch. 24. 21; 36. 16. Ne. 9. 26. Mat. 21. 35, 36; 23. 29, 34-37. Mar. 12. 2-8. Lu. 11. 47-51; 13. 33, 34. Ac. 7. 52. 1 Th. 2. 15.

31 *see ye.* Am. 1. 1. Mi. 6. 9. *Have I been.* See on ver. 5, 6. 2 Sa. 12. 7-9. 2 Ch. 31. 10. Ne. 9. 21-25. Ho. 2. 7, 8. Mal. 3. 9-11. *We are lords.* *Heb.* We have dominion. De. 8. 12-14; 31. 20; 32. 15. Ps. 10. 4; 12. 4. Pr. 30. 9. Ho. 13. 6. 1 Co. 4. 8. Re. 3. 15-17.

32 *a maid.* ver. 11. Ge. 24. 22, 30, 53. 2 Sa. 1. 24. Ps. 45. 13, 14. Is. 61. 10. Eze. 16. 10-13. 1 Pe. 3. 3-5. Re. 21. 2. *yet my people.* ch. 3. 21; 13. 10, 25; 18. 15. Ps. 9. 17; 106. 21. Is. 17. 10. Eze. 22. 12. Ho. 8. 14.

33 *Why.* ver. 23, 36; ch. 3. 1, 2. Is. 57. 7-10. Ho. 2. 5-7, 13. *hast.* 2 Ch. 33. 9. Eze. 16. 27, 47, 51, 52.

34 *Also.* ch. 7. 31; 19. 4. 2 Ki. 21. 16; 24. 4. Ps. 106. 37, 38. Is. 57. 5; 59. 7. Eze. 16. 20, 21; 20. 31. *I.* ch. 6. 15; 8. 12. Eze. 24. 7. *secret search.* *Heb.* digging.

35 *Because.* See on ver. 23, 29. Job 33. 9. Pr. 28. 13. Is. 58. 3. Ro. 7. 9. *I will.* ver. 9. 1 Jno. 1. 8-10.

36 *gaddest.* ver. 18, 23, 33; ch. 31. 22. Ho. 5. 13; 7. 11; 12. 1. *thou also shalt.* ch. 37. 7. Is. 20. 5; 30. 1-7; 31. 1-3. La. 4. 17; 5. 6. Eze. 29. 7. *as thou wast.* 2 Ch. 28. 16, 20, 21. Ho. 5. 13; 10. 6; 14. 3.

37 *thine hands.* 2 Sa. 13. 19. *for the Lord.* ver. 36; ch. 17. 5; 37. 7-10. Is. 10. 4. Eze. 17. 15-20. *and thou.* ch. 32. 5. Nu. 14. 41. 2 Ch. 13. 12.

## CHAP. III.

*God's great mercy in Judah's vile whoredom, 1-5. Judah is worse than Israel, 6-11. The promises of the gospel to the penitent, 12-19. Israel reproved, and called by God, makes a solemn confession of their sins, 20-25.*

1 *They say.* *Heb.* Saying. *If a man.* See on De. 24. 1-4. *shall not that.* ver. 9. See on ch. 2. 7. Le. 18. 24-28. Is. 24. 5. Mi. 2. 10. *but thou hast.* ch. 2. 20, 23. De. 22. 21. Ju. 19. 2. Eze. 16. 26, 28, 29; 23. 4, etc. Ho. 1. 2; 2. 5-7. *yet return.* ver. 12-14, 22; ch. 4. 1, 14; 8. 4-6. De. 4. 29-31. Is. 55. 6-9. Eze. 33. 11. Ho. 14. 1-4. Zec. 1. 3. Lu. 15. 16-24.

2 *Lift.* ch. 2. 23. Eze. 8. 4-6. Lu. 16. 23. *unto.* ch. 2. 20. De. 12. 2. 1 Ki. 11. 3. 2 Ki. 23. 13. Eze. 16. 16, 24, 25; 20. 28. *In the.* Ge. 38. 14. Pr. 7. 11; 23. 28. Eze. 16. 24, 25. *thou hast.* See on ver. 1, 9; ch. 2. 7.

3 *the showers.* ch. 9. 12, 14. 4, 22. Le. 26. 19. De. 28. 23. Is. 5. 6. Joel 1. 16-20. Am. 4. 7. Hag. 1. 11. *latter rain.* ch. 5. 24. *a whore's.* ch. 5. 3; 6. 15; 8. 12; 44. 16, 17. Eze. 3. 7; 16. 30-34. Zep. 3. 5. *thou refusedst.* ch. 5. 3. Ne. 9. 17. Zec. 7. 11, 12. He. 12. 25.

4 *Wilt thou.* ver. 19; ch. 31. 9, 18-20. Ho. 14. 1-3. *My father.* See on ch. 2. 27. *the guide.* ch. 2. 2. Ps. 48. 14; 71. 5, 17; 119. 9. Pr. 1. 4; 2. 17. Ho. 2 15. Mal. 2. 14.

5 *he reserve.* ver. 12. Ps. 77. 7-9; 85. 5; 103. 8, 9. Is. 57. 16; 64. 9. *thou hast spoken.* Eze. 22. 6. Mi. 2. 1; 7. 3. Zep. 3. 1-5.

6 A.M. 3292. B.C. 612. *backsliding.* ver. 8, 11-14. See on ch. 2. 19; 7. 24. 2 Ki. 17. 7-17. Eze. 23. 11. *she is.* See on ch. 2. 20. Is. 57. 7. Eze. 16. 24, 25, 31; 20. 28. 1 Ki. 14. 23. *played.* See on ver. 1.

7 *Turn thou.* 2 Ki. 17. 13, 14. 2 Ch. 30. 6-12. Ho. 6. 1-4; 14. 1. *her treacherous.* ver. 8-11. Eze. 16. 46; 23. 2-4.

8 *when for.* See on ver. 1. 2 Ki. 17. 6-18; 18. 9-11. Eze. 23. 9. Ho. 2. 2, 3; 3. 4; 4. 15-17; 9. 15-17. *and given her.* De. 24. 1. Is. 50. 1. *feared not.* 2 Ki. 17. 19. Eze. 23. 11-21. Ho. 4. 15.

9 *lightness.* *or,* fame. Eze. 23. 10. *she defiled.* See on ver. 2; ch. 2. 7. *committed.* ch. 2. 27; 10. 8. Is. 57. 6. Eze. 16. 17. Ho. 4. 12. Hab. 2. 19.

10 *Judah.* 2 Ch. 34. 33; 35. 1-18. Ps. 78. 36, 37. Is. 10. 6. Ho. 7. 14. *feignedly.* *Heb.* in falsehood. Pr. 18. 44; 66. 3, marg.

11 *The backsliding.* ver. 8, 22. Ho. 4. 16; 11. 7. *justified.* Eze. 16. 47, 51, 52; 23. 11.

12 *toward the north.* ver. 18; ch. 23. 8; 31. 8. 2 Ki. 15. 29; 17. 6, 23; 18. 1. *Return.* ver. 1, 7, 22; ch. 4. 1. Is. 44. 22. Eze. 33. 11. Ho. 6. 1; 14. 1-3. *and I will not.* ch. 30. 11; 33. 26. Eze. 39. 25. Ho. 11. 8, 9. *for I am.* ch. 31. 20. De. 4. 29-31. 2 Ch. 30. 9. Ps. 86. 5, 15; 103. 8, 17; 145. 8. Mi. 7. 18-20. Ro. 5. 20, 21. *I will.* ver. 5. Ps. 79. 5.

13 *acknowledge.* ver. 25; ch. 31. 18-20. Le. 26. 40-42. De. 30. 1-3. Job 33. 27, 28. Pr. 28. 13. Lu. 15. 18-21. 1 Jno. 1. 8-10. *and hast scattered.* ver. 2, 6; ch. 2. 20, 25. Eze. 16. 15, 24, 25. *under every.* De. 12. 2.

14 *O backsliding.* See on ch. 2. 19. *for I am married.* ver. 1, 8; ch. 2. 2; 31. 32. Is. 54. 5. Ho. 2. 19, 20. *one of a city.* ch. 23. 3; 31. 8-10. Is. 1. 9; 6. 13; 10. 22; 11. 11, 12; 17. 6; 24. 13-15. Eze. 34. 11-14. Zec. 13. 7-9. Ro. 9. 27; 11. 4-6.

15 *And I.* ch. 23. 4. 1 Sa. 13. 14. Is. 30. 20, 21. Eze. 34. 23; 37. 24. Mi. 5. 4, 5. Jno. 10. 1-5; 21. 15-17. Ep. 4. 11, 12. 1 Pe. 5. 1-4. *which shall.* Pr. 10. 21. Lu. 12. 42. Jno. 21. 15, 17. Ac. 20. 28. 1 Co. 2. 6, 12, 13; 3. 1, 2. He. 5. 12-14. 1 Pe. 2. 2; 5. 2.

16 *when.* ch. 30. 19; 31. 8, 27. Is. 60. 22; 61. 4. Eze. 36. 8-12; 37. 26. Ho. 1. 10, 11. Am. 9. 9, 14, 15. Zec. 8. 4, 5; 10. 7-9. *say.* ch. 7. 4. Zep. 3. 11. Mat. 3. 9. *The ark.* Is. 65. 17; 66. 1, 2. Mat. 1. 11. Jno. 4. 20-24. He. 9. 9-12; 10. 8, 9, 19-21. *to mind. Heb.* upon the heart. *that be done. or, it* be magnified.

17 *the throne.* ch. 14. 21; 17. 12; 31. 23. Ps. 87. 3. Is. 6. 1; 66. 1. Eze. 1. 26; 43. 7. Ga. 4. 26. *and all the nations.* Is. 2. 2-4; 49. 18-23; 60. 3-9; 66. 20. Mi. 4. 1-5. Zec. 2. 11; 8. 20-23. *to the name.* Is. 26. 8; 56. 6; 59. 19. *walk.* ch. 7. 24; 9. 14; 11. 8; 16. 12; 18. 12. Ge. 8. 21. Nu. 15. 39. Ro. 1. 21; 6. 14. 2 Co. 10. 4, 5. Ep. 4. 17-19. *imagination. or,* stubbornness. De. 29. 29, marg. Ju. 2. 19. Ps. 78. 8.

18 *In.* ch. 30. 3; 50. 4, 20. Is. 11. 11-13. Eze. 37. 16-22; 39. 25-28. Ho. 1. 11; 11. 13. Zec. 10. 6. *with. or,* to. *out.* See on ver. 12; ch. 23. 8; 31. 8. Am. 9. 15. *given,* etc. *or,* caused your fathers to possess.

19 *How.* ch. 5. 7. Ho. 11. 8. *put thee.* ver. 4; ch. 31. 9, 20. Jno. 1. 11-13. 2 Co. 6. 17, 18. Ga. 3. 26; 4. 5-7. Ep. 1. 5. 1 Jno. 3. 1-3. *pleasant land. Heb.* land of desire. ch. 12. 10. Ps. 106. 24. Eze. 20. 6. Da. 8. 9; 11. 16, 41, 45. *goodly heritage. Heb.* heritage of glory, *or* beauty. Pr. 3. 35. 1 Pe. 1. 3, 4. *Thou shalt.* See on ver. 4. Is. 63. 16; 64. 8. Mat. 6. 8, 9. Ro. 8. 15-17. Ga. 4. 5. *shalt not.* ch. 32. 39, 40. He. 10. 39. *from me. Heb.* from after me.

20 *husband. Heb.* friend. Ho. 3. 1. *so have.* ver. 1, 2, 8-10; ch. 5. 11. Is. 48. 8. Eze. 16. 15, etc. Ho. 5. 7; 6. 7. Mal. 2. 11.

21 *A voice.* ch. 30. 15-17; 31. 9, 18-20; 50. 4, 5. Is. 15. 2. Eze. 7. 16. Zec. 12. 10-14. 2 Co. 7. 10. *for they have.* Nu. 22. 32. Job 33. 27. Pr. 10. 9; 19. 3. Mi. 3. 9. *and they have.* See on ch. 2. 32. Is. 17. 10. Eze. 23. 35. Ho. 8. 14; 13. 6.

22 *Return.* Ho. 6. 1; 14. 1, 4. *we.* ch. 31. 18. Is. 27. 8. Ca. 1. 4. Ho. 3. 5; 6. 1, 2; 13. 4; 14. 8. Zec. 13. 9.

23 *in vain.* ver. 6; ch. 10. 14-16. Ps. 121. 1, 2. Is. 44. 9; 45. 20; 46. 7, 8. Eze. 20. 28. Jon. 2. 8, 9. *in the Lord.* ch. 14. 8. Ps. 3. 8; 37. 39, 40; 121. 1, 2. Is. 12. 2; 43. 11; 45. 15, 17; 63. 1, 16. Ho. 1. 7. Jno. 4. 22.

24 ch. 11. 13. Eze. 16. 61, 63. Ho. 2. 8; 9. 10; 10. 6.

25 *lie down.* ch. 2. 26; 6. 26. Ezr. 9. 6-15. Ps. 109. 29. Is. 50. 11. La. 5. 16. Eze. 7. 18. Da. 12. 2. Ro. 6. 21. *for we have sinned.* ch. 2. 17, 19. De. 31. 17, 18. Ezr. 9. 6. Eze. 36. 32. *we and our.* ch. 2. 2. Ezr. 9. 7. Ne. 9. 32-34. Ps. 106. 7. Is. 48. 8. La. 5. 7. Da. 9. 6-9. *and have not.* ch. 22. 21. Ju. 2. 2. Pr. 5. 13. Da. 9. 10.

## CHAP. IV.

*God calls Israel by his promise,* 1, 2. *He exhorts Judah to repentance by fearful judgments,* 3-18. *A grievous lamentation for Judah,* 19-31.

1 *wilt return.* ver. 4; ch. 3. 12, 22. *return.* ch. 3. 1, 14. Is. 31. 6. Ho. 7. 16; 14. 1. Joel 2. 12. *put away.* Ge. 35. 2. De. 27. 15. Jos. 24. 14. Ju. 10. 16. 1 Sa. 7. 3. 2 Ki. 23. 13, 24. 2 Ch. 15. 8. Eze. 11. 18; 18. 13; 20. 7, 8; 43. 9. Ho. 2. 2. Ep. 4. 22-31. *then shalt.* ch. 15. 4; 22. 3-5; 24. 9; 25. 5; 36. 3. 2 Ch. 33. 8.

2 *shalt swear.* ch. 5. 2. De. 10. 20. Is. 45. 23; 48. 1, 2; 65. 16. *in truth.* ch. 9. 24. 1 Ki. 3. 6. Ps. 99. 4. Ho. 2. 19. Zec. 8. 8. *and the nations.* Ge. 22. 18. Ps. 72. 17. Is. 65. 16. Ga. 3. 8. *and in him.* ch. 9. 24. Is. 45. 25. 1 Co. 1. 31. 2 Co. 10. 17. Phi. 3. 3, Gr.

3 *Break.* Ge. 3. 18. Ho. 10. 12. Mat. 13. 7, 22. Mar. 4. 7, 18, 19. Lu. 8. 7, 14. Ga. 6. 7, 8.

4 *take.* ch. 9. 26. De. 10. 16; 30. 6. Eze. 18. 31. Ro. 2. 28, 29. Col. 2. 11. *lest.* ch. 21. 5, 12; 23. 19; 36. 7. Le. 26. 28. De. 32. 22. Is. 30. 27, 33; 51. 17. La. 4. 11. Eze. 5. 13-15; 6. 12; 8. 18; 16. 38; 20. 33, 47, 48; 21. 17; 24. 8, 13. Am. 5. 6. Zep. 2. 2. Mar. 9. 43-50.

5 *Declare ye.* ch. 5. 20; 9. 12; 11. 2. *Blow.* ch. 6. 1. Eze. 33. 2-6. Ho. 8. 1. Am. 3. 6, 8. *Assemble.* ch. 8. 14; 35. 11. Jos. 10. 20.

6 *the standard.* ver. 21; ch. 50. 2; 51. 12, 27. Is. 62. 10. *retire. or,* strengthen. *for I will.* ch. 1. 13-15; 6. 1, 22; 21. 7; 25. 9. *and a great.* ch. 50. 22; 51. 54. *destruction. Heb.* breaking. Zep. 1. 10.

7 *lion.* ch. 5. 6; 25. 38; 49. 19; 50. 17, 44. 2 Ki. 24. 1; 25. 1. Da. 7. 4. *destroyer.* ch. 25. 9; 27. 8. Eze. 21. 19-21; 26. 7-10; 30. 10, 11. Da. 5. 19. *to.* ch. 2. 15; 9. 11; 26. 9; 33. 10; 34. 22. Is. 1. 7; 5. 9; 6. 11.

8 *gird.* ch. 6. 26. Is. 15. 3; 22. 12; 32. 11. Joel 2. 12, 13. Am. 8. 10. *howl.* ch. 48. 20. Is. 13. 6; 15. 2, 3. Eze. 21. 12; 30. 2. *the.* Is. 5. 25; 9. 12, 17, 21; 10. 4.

9 *that the heart.* ch. 39. 4, 5; 52. 7. 1 Sa. 25. 37, 38. 2 Ki. 25. 4. Ps. 102. 4. Is. 19. 3, 11, 12, 16; 21. 3, 4; 22. 3-5. *and the priests.* ch. 5. 31; 6. 13, 14; 37. 19. Is. 29. 9, 10. Eze. 13. 9-16. Ac. 13. 41.

10 *Ah.* ch. 1. 6; 14. 13; 32. 17. Eze. 11. 13. *surely.* ch. 14. 13, 14. 1 Ki. 22. 20-23. Is. 63. 17. Eze. 14. 9, 10. Ro. 1. 24, 26, 28. 2 Th. 2. 9-12. *Ye shall have.* ch. 5. 12; 6. 14; 8. 11; 23. 17. Is. 30. 10; 37. 35. *the sword.* ver. 18. Ex. 9. 14. La. 2. 21.

11 *A.* ch. 23. 19; 30. 23, 24; 51. 1. Is. 27. 8; 64. 6. Eze. 17. 10; 19. 12. Ho. 13. 3, 15. *daughter.* ch. 8. 19; 9. 1, 7; 14. 17. Is. 22. 4. La. 2. 11; 3. 48; 4. 3, 6, 10. *not.* ch. 51. 2. Is. 41. 16. Mat. 3. 12. Lu. 3. 17.

12 *a full wind from those. or,* a fuller wind than those. *give sentence. Heb.* utter judgments. ch. 1. 16. Eze. 5. 8; 6. 11-13; 7. 8, 9.

13 *Behold.* Is. 13. 5; 19. 1. Na. 1. 3. Mat. 24. 30. Re. 1. 7. *his chariots.* Is. 5. 28; 66. 15. Na. 2. 3, 4. *his horses.* De. 28. 49. La. 4. 19. Da. 7. 4. Ho. 8. 1. Hab. 1. 8. *Woe.* ver. 31; ch. 10. 19.

14 *wash.* Is. 1. 16-19; 55. 7. Eze. 18. 31. Mat. 12. 33; 15. 19, 20; 23. 26, 27. Lu. 11. 39. Ja. 4. 8. *How long.* ch. 13. 27. Ps. 66. 18; 119. 113. Pr. 1. 22. Ac. 8. 22. Ro. 1. 21. 1 Co. 3. 20.

15 *a voice.* ch. 6. 1; 8. 16. Ju. 18. 29; 20. 1. *mount Ephraim.* Jos. 17. 15; 20. 7.

16 *ye.* ch. 6. 18; 31. 10; 50. 2. Is. 34. 1. *watchers.* ver. 17; ch. 5. 6; 16. 6; 39. 1. *from.* ch. 5. 15. De. 28. 49-52. Is. 39. 3. *give out.* ch. 2. 15. Eze. 21. 22.

17 *keepers.* ch. 6. 2, 3. 2 Ki. 25. 1-4. Is. 1. 8. Lu. 19. 43, 44; 21. 20-24. *because.* ch. 5. 23. Ne. 9. 26, 30. Is. 1. 20-23; 30. 9. La. 1. 8, 18. Eze. 2. 3-7. Da. 9. 7, etc.

18 *Thy way.* See on ch. 2. 17, 19; 5. 19; 6. 19; 26. 19. Job 20. 5-16. Ps. 107. 17. Pr. 1. 31; 5. 22. Is. 50. 1. *it reacheth.* See on ver. 10.

19 *My bowels.* ch. 9. 1, 10; 13. 17; 14. 17, 18; 23. 9; 48. 31, 32. Ps. 119. 53, 136. Is. 15. 5; 16. 11; 21. 3; 22. 4. La. 1. 16; 2. 11; 3. 48-51. Da. 7. 15, 28; 8. 27. Hab. 3. 16. Lu. 19. 41, 42. Ro. 9. 2, 3; 10. 1. Ga. 4. 19. *my very. Heb.* the walls of my. *O my.* Ge. 49. 6. Ju. 5. 21. Ps. 16. 2; 42. 5, 6; 103. 1; 116. 7; 146. 1. *sound.* See on ver. 5, 21. Am. 3. 6. Zep. 1. 15, 16.

20 *upon destruction.* See on ver. 6; ch. 17. 18. Le. 26. 18, 21, 24, 28. Ps. 42. 7. Is. 13. 6. La. 3. 47. Eze. 7. 25, 26; 14. 21. Joel 1. 15. Mat. 10. 28. 2 Th. 1. 9. *suddenly.* ch. 10. 19, 20. Is. 33. 20; 54. 2. La. 2. 6-9. Hab. 3. 7. *in.* Ex. 33. 5. Nu. 16. 21, 45. Ps. 72. 19. Is. 47. 9.

21 *How long.* See on ver. 14. *shall I.* See on ver. 5, 6, 19; ch. 6. 1. 2 Ch. 35. 25; 36. 3, 6, 7, 10, 17.

22 *For my.* ch. 5. 4, 21; 8. 7-9. De. 32. 6, 28. Ps. 14. 1-4. Is. 1. 3; 6. 9, 10; 27. 11; 29. 10-12; 42. 19, 20. Ho. 4. 1, 6. Mat. 23. 16-26. Ro. 1. 22; 3. 11. *they have.* Ho. 5. 4. Jno. 16. 3. Ro. 1. 28. 1 Co. 1. 20, 21. *they are wise.* 2 Sa. 13. 3; 16. 21-23. Mi. 2. 1. Lu. 16. 8. Ro. 16. 19. 1 Co. 14. 20.

23 *the earth.* ch. 9. 10. Ge. 1. 2. Is. 24. 19-23. Re. 20. 11. *the heavens.* Is. 5. 30; 13. 10. Eze. 32. 7, 8. Joel 2. 10, 30, 31; 3. 15, 16. Am. 8. 9. Mat. 24. 29, 35. Mar. 13. 25, 25. Lu. 21. 25, 26. Ac. 2. 19, 20.

24 *mountains.* ch. 8. 16; 10. 10. Ju. 5. 4, 5. 1 Ki. 19. 11. Ps. 18. 7; 77. 18; 97. 4; 114. 4-7. Is. 5. 25. Eze. 38. 20. Mi. 1. 4. Na. 1. 5, 6. Hab. 3. 6, 10.

25 *there was no man.* Ho. 4. 3. Zep. 1. 2, 3.

26 *the fruitful.* ch. 12. 4; 14. 2-6. De. 29. 23-28 Ps. 76. 7; 107. 34. Is. 5. 9, 10; 7. 20-25. Mi. 3. 12.

27 *The.* ver. 7; ch. 7. 34; 12. 11; 18. 16. 2 Ch. 36. 21. Is. 6. 11, 12; 24. 1, 3-12. Eze. 6. 14; 33. 28. *yet.* ch. 5. 10, 18; 30. 11; 46. 28. Le. 26. 44. Is. 24. 12, 13. Eze. 11. 13. Am. 9. 8, 9. Ro. 9. 27-29; 11. 1-7.

28 *the earth.* ver. 23-26; ch. 12. 4; 23. 10. Is. 24. 4; 33. 8, 9. Ho. 4. 3. Joel 1. 10. *the heavens.* Is. 5. 30; 34. 4; 50. 3. Joel 2. 30, 31. Mat. 27. 45. Mar. 15. 33. Lu. 23. 44. Re. 6. 12. *because.* ch. 7. 16; 14. 11, 12; 15. 1-9. Nu. 23. 19. 1 Sa. 15. 29. Is. 14. 24-27; 46. 10, 11. Eze. 24. 14. Ho. 13. 14. Ep. 1. 9, 11. He. 7. 21.

29 *shall flee.* ch. 39. 4-6; 52. 7. 2 Ki. 25. 4-7. Is. 30. 17. Am. 9. 1. *they shall go.* 1 Sa. 13. 6. 2 Ch. 33. 11. Is. 2. 19-21. Lu. 23. 30. Re. 6. 15-17. *every.* See on ver. 27.

30 *And when.* ch. 5. 31; 13. 21. Is. 10. 3; 20. 6; 33. 14. He. 2. 3. *Though.* Eze. 23. 40, 41; 28. 9, 13. Re. 17. 4. *face. Heb.* eyes. 2 Ki. 9. 30. *in vain.* ch. 22. 20-22. La. 1. 2, 19; 4. 17. Eze. 16. 36-41; 23. 9, 10, 22-24, 28, 29. Re. 17. 2, 13, 16-18.

31 *I have heard.* ch. 6. 24; 13. 21; 22. 23; 30. 6; 48. 41; 49. 22, 24; 50. 43. Is. 13. 8; 21. 3. Ho. 13. 13. 1 Th. 5. 3. *the voice.* ch. 6. 2, 23. Mat. 21. 5. *spreadeth.* Is. 1. 15. La. 1. 17. *Woe.* ch. 10. 19; 15. 18; 45. 2. Ps. 120. 5. Is. 6. 5. Mi. 7. 1. 1 Co. 9. 16. *for my.* Ge. 27. 46. Job 10. 1. *because.* ch. 14. 18; 18. 21. La. 1. 20; 2. 21. Eze. 9. 5, 6; 23. 46, 47.

## CHAP. V.

*The judgments of God upon the Jews, for their perverseness, 1-6; for their adultery, 7-9; for their impiety, 10-14; for their worship of idols, 15-18; for their contempt of God, 19-24; and for their great corruption in the civil state, 25-29; and ecclesiastical, 30, 31.*

1 *Run ye.* 2 Ch. 16. 9. Da. 12. 4. Joel 2. 9. Am. 8. 12. Zec. 2. 4. *seek.* Pr. 8. 3. Ca. 3. 2. Lu. 14. 21. *if ye can.* 1 Ki. 19. 10. Pr. 20. 6. Eze. 22. 30. *if there.* Ge. 18. 23-32. Ps. 12. 1; 14. 3; 53. 2-4. Mi. 7. 1, 2. *that seeketh.* Pr. 2. 4-6; 23. 23. Is. 59. 4, 14, 15. 2 Th. 2. 10.

2 *though.* See on ch. 4. 2; 7. 9. Le. 19. 12. Is. 48. 1. Ho. 4. 1, 2, 15; 10. 4. Zec. 5. 3, 4. Mal. 3. 5. 1 Ti. 1. 10. 2 Ti. 3. 5. Tit. 1. 16.

3 *are not thine.* ch. 32. 19. 2 Ch. 16. 9. Ps. 11. 4-7; 51. 6. Pr. 22. 12. Ro. 2. 2. *thou hast stricken.* ch. 2. 30; 7. 28. 2 Ch. 28. 22. Pr. 23. 35; 27. 22. Is. 1. 5, 6; 9. 13; 42. 25. Eze. 24. 13. Zep. 3. 1, 2, 7. *they have made.* Pr. 21. 29. Is. 48. 4. Eze. 3. 7-9. Zec. 7. 11, 12. Ro. 2. 4, 5. He. 12. 9.

4 ch. 4. 22; 7. 8; 8. 7. Is. 27. 11; 28. 9-13. Ho. 4. 6. Mat. 11. 5. Jno. 7. 48, 49.

5 *get me.* Am. 4. 1. Mi. 3. 1. Mal. 2. 7. *but these.* ch. 6. 13. Ps. 2. 2, 3. Eze. 22. 6-8, 25-29. Mi. 3. 1-4, 11; 7. 3, 4. Zep. 3. 3-5. Mat. 19. 23-26. Lu. 18. 24; 19. 14. Ac. 4. 26, 27. Ja. 2. 5-7.

6 *a lion.* ch. 2. 15; 4. 7; 25. 38; 49. 19. Eze. 14. 16-21. Da. 7. 4. Ho. 5. 14; 13. 7, 8. Am. 5. 18, 19. Na. 2. 11, 12. *and a wolf.* Ps. 104. 20. Eze. 22. 27. Hab. 1. 8. Zep. 3. 3. *evenings. or,* deserts. *a leopard.* Da. 7. 6. Ho. 13. 7. Re. 13. 2. *because.* See on ch. 2. 17, 19; 9. 12-14; 14. 7; 16. 10-12; 30. 24. Nu. 32. 14. Ezr. 9. 6; 10. 10. Is. 59. 12. La. 1. 5. Eze. 16. 25; 23. 19. *increased. Heb.* strong.

7 *How shall.* ch. 3. 19. Ho. 11. 8. Mat. 23. 37, 38. *sworn by.* ch. 12. 16. Jos. 23. 7. Ho. 4. 15. Am. 8. 14. Zep. 1. 5. *no gods.* See on ch. 2. 11. De. 32. 21. 1 Co. 8. 4. Ga. 4. 8. *I had fed.* See on ch. 2. 31. De. 32. 15. Eze. 16. 49, 50. Ho. 13. 6. Ja. 5. 1-5. *they then.* ch. 9. 2; 13. 27; 23. 10; 29. 22, 23. Le. 20. 10. Ps. 50. 18. Eze. 22. 11. Ho. 4. 2, 13, 14; 7. 4. Mal. 3. 5. 1 Co. 6. 9. He. 13. 4. Ja. 4. 4. *by troops.* Nu. 25. 1-3.

8 *every one.* ch. 13. 27. Ge. 39. 9. Ex. 20. 14, 17. De. 5. 18, 21. 2 Sa. 11. 2-4. Job 31. 9. Mat. 5. 27, 28.

9 *I not visit.* ver. 29; ch. 9. 9; 23. 2. La. 4. 22. Ho. 2. 13; 8. 13. *and shall.* ch. 44. 22. Le. 26. 25. See on De. 32. 35, 43. Is. 1. 24. Eze. 5. 13-15; 7. 9. Na. 1. 2.

10 *ye up.* ch. 6. 4-6; 25. 9; 39. 8; 51. 20-23. 2 Ki. 24. 2-4. 2 Ch. 36. 17. Is. 10. 5-7; 13. 1-5. Eze. 9. 5-7; 14. 17. Mat. 22. 7. *but make.* ver. 18. See on ch. 4. 27; 30. 11; 46. 28. Eze. 12. 16. Am. 9. 8. *they are not.* ch. 7. 4-12. Ps. 78. 61, 62. Ho. 1. 9.

11 *the house.* See on ch. 3. 6-11, 20. Is. 48. 8. Ho. 5. 7; 6. 7.

12 *have belied.* ver. 31; ch. 4. 10; 14. 13, 14; 23. 14-17; 28. 15-17; 43. 2, 3. De. 29. 19. 1 Sa. 6. 9. 2 Ch. 36. 16. Is. 28. 14, 15. Eze. 12. 22-28; 13. 6. Mi. 2. 11; 3. 11. Hab. 1. 5, 6. 1 Jno. 5. 10. *neither.* ch. 23. 17; 28. 4. Ps. 10. 6. 1 Th. 5. 2, 3.

13 *the prophets.* ch. 14. 13, 15; 18. 18; 20. 8-11; 28. 3. Job 6. 26; 8. 2. Ho. 9. 7.

14 *I will make.* ch. 1. 9; 23. 29; 28. 15-17. 2 Ki. 1. 10-14. Ho. 6. 5. Zec. 1. 6. Re. 11. 5, 6.

15 *I will.* See on ch. 1. 15; 4. 16; 6. 22; 25. 9. De. 28. 49. Is. 5. 26; 29. 3, 6. *O house.* ver. 11; ch. 2. 26; 9. 26. Is. 5. 7. Eze. 18. 31. Mat. 3. 9, 10. *a mighty.* Da. 2. 37, 38; 7. 7. Hab. 1. 5-10. *a nation.* Is. 28. 11; 33. 19. 1 Co. 14. 21.

16 Ps. 5. 9. Is. 5. 28. Ro. 3. 13.

17 *And they.* Le. 26. 16. De. 28. 30, 31, 33. Ju. 6. 3, 4. Is. 62. 9; 65. 22. Hab. 3. 17, 18. *they shall impoverish.* See on ch. 1. 15; 4. 7, 26. La. 2. 2. Eze. 36. 4. Zep. 3. 6.

18 *I will not make.* See on ver. 10; ch. 4. 27. Eze. 9. 8; 11. 13. Ro. 11. 1-5.

19 *Wherefore.* See on ch. 2. 35; 13. 22; 16. 10; 22. 8, 9. De. 29. 24-28. 1 Ki. 9. 8, 9. 2 Ch. 7. 21, 22. *Like as.* ch. 2. 13. De. 4. 25-28; 28. 47, 48. La. 5. 8.

21 *O foolish.* See on ver. 4; ch. 4. 22; 8. 7; 10. 8. De. 29. 4; 32. 6. Ps. 94. 8. Is. 6. 9, 10; 27. 11; 44. 18. Eze. 12. 2. Mat. 13. 13-15. Jno. 12. 40. Ac. 28. 26. Ro. 11. 8. *understanding. Heb.* heart. Pr. 17. 16. Ho. 7. 11.

22 *Fear ye not.* ch. 10. 7. De. 28. 58. Ps. 119. 120. Mat. 10. 28. Lu. 12. 5. Re. 15. 4. *tremble.* Ps. 99. 1; 119. 120. Is. 66. 5. Da. 6. 26. *placed.* Job 26. 10; 38. 10, 11. Ps. 33. 7; 93. 3, 4; 104. 9. Pr. 8. 29. Is. 50. 2. Am. 9. 6. Na. 1. 4. Mar. 4. 39.

23 *a revolting.* ver. 5; ch. 6. 28; 17. 9. Ps. 95. 10. Is. 1. 5; 31. 6. Ho. 4. 8; 11. 7. He. 3. 12.

24 *Let us now.* See on ver. 22; ch. 50. 5. Is. 64. 7. Ho. 3. 5; 6. 1. *that giveth.* ch. 14. 22. De. 11. 13, 14; 28. 12. 1 Ki. 17. 1. Job 5. 10; 36. 27, 28; 38. 37. Ps. 147. 8. Joel 2. 23. Am. 4. 7. Zec. 10. 1. Mat. 5. 45. Ac. 14. 17. Ja. 5. 7, 17, 18. Re. 11. 6. *the appointed.* Ge. 8. 22.

25 See on ch. 2. 17-19; 3. 3. De. 28. 23, 24. Ps. 107. 17, 34. Is. 59. 2. La. 3. 39; 4. 22.

26 *For.* ch. 4. 22. Is. 58. 1. Eze. 22. 2-12. *lay wait. or,* pry as fowlers lie in wait. ch. 18. 22. 1 Sa. 19. 10, 11. Ps. 10. 9, 10; 64. 5. Pr. 1. 11, 17, 18. Hab. 1. 14, 15. *catch.* Lu. 5. 10.

27 *cage. or,* coop. This is, without doubt, a reference to a *decoy* or *trap-cage*, as Dr. BLAYNEY renders; in which fowlers place several tame birds, to decoy the others into the snare prepared for them. Re. 18. 2. *so are.* Pr. 1. 11-13. Ho. 12. 7, 8. Am. 8. 4-6. Mi. 1. 12; 6. 10, 11. Hab. 2. 9-11.

28 *waxen.* De. 32. 15. Job 15. 27, 28; 21. 23, 24. Ps. 73. 6, 7, 12; 119. 70. Am. 4. 1. Ja. 5. 4, 5. *overpass.* ch. 2. 33. Eze. 5. 6, 7; 16. 47-52. 1 Co. 5. 1. *judge.* ch. 22. 15-19. Job 29. 12-14. Ps. 72. 4; 82. 2-4. Is. 1. 23. Zec. 7. 10. *yet.* ch. 12. 1. Job 12. 6. Ps. 73. 12.

29 See on ver. 9; ch. 9. 9. Mal. 3. 5. Ja. 5. 4.

30 *A wonderful and horrible thing. or,* Astonishment and filthiness. ch. 2. 12; 23. 14. Is. 1. 2. Ho. 6. 10.

31 *prophets.* ch. 14. 14; 23. 25, 26. La. 2. 14. Eze. 13. 6. Mi. 3. 11. Mat. 7. 15-17. 2 Co. 11. 13-15. 2 Pe. 2. 1, 2. *bear rule. or,* take into their hands. *my people.* Is. 30. 10, 11. Mi. 2. 6, 11. Jno. 3. 19-21. 2 Th. 2. 9-11. 2 Ti. 4. 3, 4. *and what.* ch. 4. 30, 31; 22. 22, 23. De. 32. 29. Is. 10. 3; 20. 6; 33. 14. La. 1. 9. Eze. 22. 14. Zep. 2. 2, 3.

## CHAP. VI.

*The enemies sent against Judah, 1-3, encourage themselves, 4, 5. God sets them on work because of their sins, 6-8. The prophet laments the judgments of God because of their sins, 9-17. He proclaims God's wrath, 18-25. He calls the people to mourn for the judgment on their sins, 26-30.*

1 *O ye.* Jos. 15. 63; 18. 21-28. Ju. 1. 21. *gather.*

ch. 4. 29; 10. 17, 18. *blow.* See on ch. 4. 5, 6, 19, 20. *Tekoa.* 2 Sa. 14. 2. 2 Ch. 11. 6. Am. 1. 1. *Beth-haccerem.* Ne. 3. 14. *evil.* See on ver. 22; ch. 1. 14, 15; 4. 6; 10. 22; 25. 9. Eze. 26. 7, etc.

2 *daughter.* See on ch. 4. 31. Is. 1. 8; 3. 16, 17. La. 2. 1, 13. *comely and delicate woman. or, a woman* dwelling at home.

3 *shepherds.* Na. 3. 18. *they shall.* ch. 4. 16, 17; 39. 1-3. 2 Ki. 24. 2, 10-12; 25. 1-4. Lu. 19. 43.

4 *Prepare.* ch. 5. 10; 51. 27, 28. Is. 5. 26-30; 13. 2-5. Joel 3. 9. *at noon.* ch. 15. 8. Zep. 2. 4. *for the.* ch. 8. 20. *shadows.* Ca. 2. 17.

5 *let us destroy.* ch. 9. 21; 17. 27; 52. 13. 2 Ch. 36. 19. Ps. 48. 3. Is. 32. 14. Ho. 8. 14. Am. 2. 5; 3. 10, 11. Zec. 11. 1. *Hew.* De. 20. 19, 20. *cast a mount. or,* pour out the engine of shot. ch. 32. 24; 33. 4; 52. 4. Is. 37. 33. Eze. 21. 22. *this.* See on ch. 5. 9, 29. *wholly.* 2 Ki. 21. 16. Is. 59. 13, 14. Eze. 7. 23. Am. 4. 1; 8. 5, 6. Zep. 3. 1-3. Ja. 5. 1-5.

7 *a fountain.* Pr. 4. 23. Is. 57. 20. Ja. 3. 10-12. *violence.* ch. 20. 8. Ps. 55. 9-11. Eze. 7. 11, 23; 22. 3-12; 24. 7. Mi. 2. 1, 2, 8-10; 3. 1-3, 9-12; 7. 2, 3.

8 *Be thou.* See on ch. 4. 14; 7. 3-7; 17. 23; 31. 19; 32. 33; 35. 13-15. De. 32. 29. Ps. 2. 10; 50. 17; 94. 12. Pr. 4. 13. Zep. 3. 7. *lest.* Eze. 23. 18. Ho. 9. 12. Zec. 11. 8, 9. *depart. Heb.* be loosed, *or* disjointed. *lest I.* See on ch. 2. 15; 7. 20, 34; 9. 11. Le. 26. 34.

9 *They shall.* ch. 16. 16; 49. 9; 52. 28-30. Ob. 5, 6. Re. 14. 18.

10 *To whom.* See on ch. 5. 4, 5. Is. 28. 9-13; 53. 1. *give.* Eze. 3. 18-21; 33. 3, 9. Mat. 3. 7. Col. 1. 28. He. 11. 7. *their ear.* ch. 4. 4; 7. 26. Ex. 6. 12. De. 29. 4. Is. 6. 9, 10; 42. 23-25. Ac. 7. 51, 61. *the word.* ch. 20. 8, 9. 2 Ch. 36. 15, 16. Am. 7. 10. Lu. 11. 45; 20. 19. Jno. 7. 7; 9. 40. 2 Ti. 4. 3. *delight.* Ps. 1. 2; 40. 8; 119. 16, 24, 35, 70, 77, 174. Ro. 7. 22.

11 *Therefore.* ch. 20. 9. Job 32. 18, 19. Eze. 3. 14. Mi. 3. 8. Ac. 4. 20; 17. 16; 18. 5. *I will.* ch. 9. 21; 18. 21. Re. 16. 1. *for even.* Eze. 9. 6. Lu. 17. 34.

12 *And their.* ch. 8. 10. De. 28. 30-33, 39-43. Is. 65. 21, 22. La. 5. 3, 11. Zep. 1. 13. *I will.* 1 Ch. 21. 16. Is. 5. 25; 9. 12, 17, 21; 10. 4. La. 2. 4, 5, 8; 3. 3.

13 *For.* ch. 8. 10; 14. 18; 22. 17; 23. 11. Is. 56. 9-12; 57. 17. Eze. 22. 12; 33. 31. Mi. 2. 1, 2; 3. 2, 3, 5, 11. Zep. 3. 3, 4. Lu. 16. 14. 1 Ti. 3. 3. 2 Pe. 2. 3, 14, 15. *and.* ch. 2. 8, 26; 5. 31; 23. 11, 14, 15; 26. 7, 8; 32. 32. Is. 28. 7. La. 4. 13. Eze. 22. 25-28. Zep. 3. 4.

14 *healed.* ch. 8. 11, 12. Eze. 13. 10. *hurt. Heb.* bruise, *or* breach. ch. 14. 17. Is. 1. 6; 30. 26. *Peace.* ch. 4. 10; 5. 12; 14. 13; 23. 17; 28. 3. La. 2. 14. Eze. 13. 22. Mi. 2. 11. 2 Pe. 2. 1, 18, 19.

15 *Were.* ch. 3. 3; 8. 12. Is. 3. 9. *blush.* Eze. 2. 4; 16. 24, 25; 24. 7. Zep. 3. 5. Phi. 3. 19. *therefore.* ch. 23. 12. Pr. 29. 1. Is. 10. 4. Eze. 14. 9, 10. Mi. 3. 6. Mat. 15. 14. *at the time.* See on ch. 5. 9, 29. Ex. 32. 34. Eze. 7. 6-9. Ho. 9. 7. Mi. 7. 4.

16 *Stand.* ch. 18. 15. De. 32. 7. Ca. 1. 7, 8. Is. 8. 20. Mal. 4. 4. Lu. 16. 29. Jno. 5. 39, 46, 47. Ac. 17. 11. Ro. 4. 1-6, 12. He. 6. 12; 11. 2, etc.; 12. 1. *and walk.* ch. 7. 23. Is. 2. 5; 30. 21. Jno. 12. 35; 13. 17. Col. 2. 6. *ye shall.* Is. 28. 12. Mat. 11. 28, 29. *We will.* ch. 2. 25; 18. 12; 22. 21; 44. 16. Mat. 21. 28-32.

17 *I.* ch. 25. 4. Is. 21. 11; 56. 10. Eze. 3. 17-21; 33. 2-9. Hab. 2. 1. Ac. 20. 27-31. He. 13. 17. *Hearken.* Is. 58. 1. Ho. 8. 1. Am. 3. 6-8. *We.* Zec. 7. 11.

18 *hear.* See on ch. 4. 10; 31. 10. De. 29. 24-28. Ps. 50. 4-6. Is. 5. 3. Mi. 6. 5.

19 *O earth.* ch. 22. 29. De. 4. 26; 30. 19; 32. 1. Is. 1. 2. Mi. 6. 2. *even.* ch. 4. 4; 17. 10. Pr. 1. 24-31; 15. 26. Is. 59. 7; 66. 18. Ho. 10. 13. Ac. 8. 22. *nor to.* See on ver. 10; ch. 8. 9. 1 Sa. 15. 23, 26. Pr. 28. 9. Ho. 4. 6. Jno. 3. 19-21; 12. 48.

20 *To what.* Ps. 40. 6; 50. 7-13, 16, 17; 66. 3. Is. 1. 11; 66. 3. Eze. 20. 39. Am. 5. 21, 22. Mi. 6. 6-8. *Sheba.* 1 Ki. 10. 1, 2, 10. Is. 60. 6. Eze. 27. 22. *sweet cane.* Is. 43. 23, 24. *your burnt.* See on ch. 7. 21-23.

21 *I will.* ch. 13. 16. Is. 8. 14. Eze. 3. 20. Ro. 9. 33; 11. 9. 1 Pe. 2. 8. *fathers.* ch. 9. 21, 22; 15. 2-9; 16. 3-9; 18. 21; 19. 7-9; 21. 7. 2 Ch. 36. 17. Is. 9. 14-17; 24. 2, 3. La. 2. 20-22. Eze. 5. 10; 9. 5-7.

22 *a people.* ver. 1; ch. 1. 14, 15; 5. 15; 10. 22; 25. 9; 50. 41-43.

23 *They shall.* ch. 5. 16; 50. 42. Is. 13. 18. Eze. 23. 22-25. Hab. 1. 6-10. *cruel.* ch. 30. 14. Is. 13. 18; 19. 4. *their.* ch. 4. 13. Is. 5. 26-30. Lu. 21. 25, 26.

24 *We have.* ch. 4. 6-9, 19-21. Is. 28. 19. Eze. 21. 6, 7. Hab. 3. 16. *anguish.* ch. 4. 31; 13. 21; 22. 23; 30. 6; 49. 24; 50. 43. Ps. 48. 6. Pr. 1. 27, 28. Is. 21. 3. Mi. 4. 9, 10. 1 Th. 5. 3.

25 *Go not.* ch. 4. 5; 8. 14; 14. 18. Ju. 5. 6, 7. *the sword.* ch. 4. 10; 20. 3, 4, marg., 10; 49. 29. 2 Ch. 15. 5. Job 18. 11. Ps. 31. 13. Is. 1. 20. Lu. 19. 43.

26 *daughter.* ver. 14; ch. 4. 11; 8. 19, 21, 22; 9. 1; 14. 17. Is. 22. 4. La. 2. 11; 3. 48; 4. 3, 6, 10. *gird.* ch. 4. 8; 25. 33, 34. Is. 32. 11. Eze. 27. 30, 31. Mi. 1. 8-10. *make thee.* ch. 9. 1, 10, 17-22; 13. 17. Is. 22. 12. La. 1. 2, 16. Eze. 7. 16-18. Zec. 12. 10. Lu. 7. 12. Ja. 4. 9; 5. 1. *for the.* ch. 4. 20; 12. 12; 15. 8. Is. 30. 13.

27 ch. 1. 18; 15. 20. Eze. 3. 8-10; 20. 4; 22. 2.

28 *all grievous.* ch. 5. 23. Is. 1. 5; 31. 6. *walking.* ch. 9. 4; 18. 18; 20. 10. Ps. 50. 20. *they are brass.* ver. 30. Eze. 22. 18-22. *corrupters.* Is. 1. 4. Re. 11. 18; 19. 2.

29 *the founder.* ch. 9. 7. Pr. 17. 3. Zec. 13. 9. Mal. 3. 2, 3. 1 Pe. 1. 7; 4. 12. *in vain.* Is. 49. 4. Eze. 24. 13. Ho. 11. 7.

30 *Reprobate silver. or,* Refuse silver. Ps. 119. 119. Pr. 25. 4. Is. 1. 22, 25. Eze. 22. 18, 19. Mat. 5. 13. *the Lord.* ch. 14. 19. La. 5. 22. Ho. 9. 17. Ro. 11. 1.

## CHAP. VII.

*Jeremiah is sent to call to true repentance, to prevent the Jews' captivity,* 1-7. *He rejects their vain confidence,* 8-11, *by the example of Shiloh,* 12-16. *He threatens them for their idolatry,* 17-20. *He rejects the sacrifices of the disobedient,* 21-28. *He exhorts to mourn for their abominations in Tophet,* 29-31; *and the judgments for the same,* 32-34.

2 A.M. 3394. B.C. 610. *Stand.* ch. 17. 19; 19. 2, 14; 22. 1; 26. 2; 36. 6, 10. Pr. 1. 20, 21; 8. 2, 3. Jno. 18. 20. Ac. 5. 20, 42. *Hear.* ch. 2. 4; 10. 1; 19. 3; 34. 4; 44. 24. 1 Ki. 22. 19. Is. 1. 10. Eze. 2. 4, 5. Ho. 5. 1. Am. 7. 16. Mi. 1. 2; 3. 1, 9. Mat. 13. 9. Re. 2. 7, 11, 17, 29; 3. 6, 13, 22. *that enter.* ch. 17. 19, 20; 22. 2.

3 *Amend.* ver. 5-7; ch. 18. 11; 26. 13; 35. 15. Pr. 28. 13. Is. 1. 16-19; 55. 7. Eze. 18. 30, 31; 33. 4-11. Mat. 3. 8-10. Ja. 4. 8.

4 *Trust.* ver. 8; ch. 6. 14; 28. 15; 29. 23, 31. Eze. 13. 19. Mat. 3. 9, 10. *The temple.* ver. 9-12. 1 Sa. 4. 3, 4. Mi. 3. 11. Zep. 3. 11. Lu. 3. 8.

5 *For if.* ver. 3; ch. 4. 1, 2. Is. 1. 19. *if ye throughly.* ch. 5. 1; 21. 12. 1 Ki. 6. 12, 13. Is. 16. 3. Eze. 18. 8, 17.

6 *oppress.* ch. 22. 3, 4, 15, 16. Ex. 22. 21-24. De. 24. 17; 27. 19. Job 31. 13-22. Ps. 82. 3, 4. Zec. 7. 9-12. Mal. 3. 5. Ja. 1. 27. *and shed.* ch. 2. 30, 34; 22. 17; 26. 15, 23. 2 Ki. 21. 6; 24. 4. Ps. 106. 38. Is. 59. 7. La. 4. 13. Eze. 22. 3-6. Mat. 23. 35-37; 27. 4, 25. *neither walk.* ch. 13. 10. De. 6. 14, 15; 8. 19; 11. 28. Eze. 18. 6.

7 *will I.* ch. 17. 20-27; 18. 7, 8; 25. 5. *in the land.* See on ch. 3. 18. De. 4. 40. 2 Ch. 33. 8.

8 *ye trust.* ver. 4; ch. 4. 10; 5. 31; 8. 10; 14. 13, 14; 23. 14-16, 26, 32. Is. 28. 15; 30. 10. Eze. 13. 6-16.

9 *steal.* ch. 9. 2-9. Ps. 50. 16-21. Is. 59. 1-8. Eze. 18. 10-13, 18; 33. 25, 26. Ho. 4. 1-3. Mi. 3. 8-12. Zep. 1. 5. Zec. 5. 3, 4. Mal. 3. 5. Ro. 2. 2, 17, etc. 1 Co. 6. 9, 10. Ga. 5. 19-21. Ep. 5. 5-7. 2 Ti. 3. 2-5. Ja. 4. 1-4. Re. 21. 8; 22. 15. *and burn.* ch. 11. 13, 17; 32. 29. 1 Ki. 18. 21. *and walk.* ver. 6; ch. 13. 10; 44. 3. Ex. 20. 3. De. 32. 17. Ju. 5. 8.

10 *come.* Pr. 7. 14, 15; 15. 8. Is. 1. 10-15; 48. 2. 58. 2-4. Eze. 20. 39; 23. 29, 37, 39; 33. 31. Mat. 23. 14. Jno. 13. 18, 26, 27; 18. 28. *which is called,* etc. *Heb.* whereupon my name is called. ver. 11, 14, 30; ch. 32. 34; 34. 15. 2 Ki. 21. 4. 2 Ch. 33. 4, 7.

11 *this.* 2 Ch. 6. 33. Is. 56. 7. Mat. 21. 13. Mar. 11. 17. Lu. 19. 45, 46. Jno. 2. 16. *even.* ch. 2. 34; 16. 16, 17; 23. 24. He. 4. 13. Re. 2. 18, 19.

12 *my place.* Jos. 18. 1. Ju. 18. 31. 1 Sa. 1. 3. *where.* De. 12. 5, 11. *and see.* ch. 26. 6. 1 Sa. 4. 3, 4, 10, 11, 22, etc. Ps. 78. 60-64.

13 *and I spake.* ver. 25; ch. 11. 7; 25. 3; 35. 15; 44. 4. 2 Ch. 36. 15, 16. Ne. 9. 29, 30. *and I called.* Pr. 1. 24. Is. 50. 2; 65. 12; 66. 4. Ho. 11. 2, 7. Zec. 7. 13. Mat. 23. 37.

14 *wherein.* ver. 4, 10. De. 28. 52. Mi. 3. 11. Ac. 6. 13, 14. *as.* ch. 26. 6-9, 18; 52. 13, etc. 1 Sa. 4. 10, 11. 1 Ki. 9. 7, 8. 2 Ki. 25. 9. 2 Ch. 7. 21; 36. 18, 19. Ps. 74. 6-8; 78. 60. Is. 64. 11. La. 2. 7; 4. 1. Eze. 7. 20-22; 9. 5-7; 24. 21. Mi. 3. 12. Mat. 24. 1, 2.

15 *I will.* ch. 3. 8; 15. 1; 23. 39; 52. 3. 2 Ki. 17. 18-20, 23; 24. 20. Ho. 1. 4; 9. 9, 16, 17; 13. 16. *the whole.* 2 Ch. 15. 9. Ps. 78. 67, 68. Ho. 9. 3.

16 *pray.* ch. 11. 14; 14. 11, 12; 15. 1; 18. 20. Ex. 32. 10. Eze. 14. 14-20. 1 Jno. 5. 16. *I will.* 1 Sa. 8. 18. Is. 1. 15. Mi. 3. 4.

17 See on ch. 6. 27. Eze. 8. 6-18; 14. 23.

18 *children.* See on ch. 44. 17-19, 25. 1 Co. 10. 22. *queen of heaven. or,* frame, *or* workmanship of heaven. Though several MSS. and editions have *melachath*, 'workmanship,' instead of *melecheth*, 'queen,' yet the latter reading seems the true one, as the LXX. in the parallel place, and the Vulgate uniformly, have 'the queen of heaven;' by which, there can be little doubt, is meant the *Moon.* De. 4. 19. Job 31. 26-28. *to pour.* ch. 19. 13; 32. 29. De. 32. 37, 38. Ps. 16. 4. Is. 57. 6; 65. 11. Eze. 20. 28. *that they.* ch. 25. 7. Is. 3. 8; 65. 3.

19 *they provoke.* ch. 2. 17, 19. De. 32. 16, 21, 22. Is. 1. 20, 24. Eze. 8. 17, 18. 1 Co. 10. 22. *the confusion.* ch. 20. 11. Ezr. 9. 7. Is. 45. 16. Da. 9. 7, 8.

20 *Behold.* ch. 4. 23-26; 9. 10, 11; 12. 4; 14. 16; 42. 18; 44. 6. Is. 42. 25. La. 2. 3-5; 4. 11. Eze. 20. 47, 48; 22. 22. Da. 9. 11. Na. 1. 6. Mal. 4. 1. Re. 14. 10; 16. 1-21. *and shall.* See on ch. 17. 27. 2 Ki. 22. 17. Is. 66. 24. Mar. 9. 43-48.

21 *Put.* ch. 6. 20. Is. 1. 11-15. Ho. 8. 13. Am. 5. 21-23.

22 *nor.* 1 Sa. 15. 22. Ps. 40. 6; 50. 8-17; 51. 16, 17. Ho. 6. 6. Mat. 9. 13. Mar. 12. 33. *burnt offerings. Heb.* the matter of burnt offerings.

23 *Obey.* ch. 11. 4, 7. Ex. 15. 26; 19. 5, 6. Le. 26. 3-12. De. 5. 29, 33; 6. 3; 11. 27; 13. 4; 30. 2, 8, 20. Ro. 16. 26. 2 Co. 10. 5. He. 5. 9. *and I.* See on ch. 31. 33. *that it.* ch. 42. 6. De. 4. 10; 5. 16, 33.

24 *they.* ver. 26; ch. 11. 7, 8. Ex. 32. 7, 8. Ne. 9. 16-20. Ps. 81. 11, 12; 106. 7, etc. Eze. 20. 8, 13, 16, 21. *walked.* ch. 23. 17. De. 29. 19. *imagination. or,* stubbornness. ch. 3. 17, marg. *went. Heb.* were. *backward.* ver. 26; ch. 2. 27; 8. 5; 32. 33. Ne. 9. 29. Ho. 4. 16.

25 *the day.* ch. 32. 30, 31. De. 9. 7, 21-24. 1 Sa. 8. 7, 8. Ezr. 9. 7. Ne. 9. 16-18, 26. Ps. 106. 13-22. Eze. 2. 3; 20. 5, etc.; 23. 2, 3. *sent.* ver. 13; ch. 25. 4. 2 Ch. 36. 15. Ne. 9. 30. Mat. 21. 34-36. Lu. 20. 10-12.

26 *they hearkened.* See on ver. 24; ch. 6. 17; 11. 8; 17. 23; 25. 3, 7; 26. 5; 29. 19; 34. 14; 44. 46. 2 Ch. 33. 10. Ne. 9. 16. Da. 9. 6. *but.* ch. 19. 15. 2 Ki. 17. 14. 2 Ch. 30. 8. Ne. 9. 17, 29. Pr. 29. 1. Is. 48. 4. Ac. 7. 51. Ro. 2. 5. *they did.* ch. 16. 12. Mat. 21. 38; 23. 32.

27 *thou shalt speak.* ch. 1. 7; 26. 2. Eze. 2. 4-7; 3. 17, 18. Ac. 20. 27. *hearken.* ch. 1. 19. Is. 6. 9, 10. Eze. 3. 4-11. *also.* Is. 50. 2; 65. 12. Zec. 7. 13.

28 *nor.* ch. 2. 30; 5. 3; 6. 29, 30. Is. 1. 4, 5. Zep. 3. 2. *correction. or,* instruction. ch. 6. 8; 32. 33. Ps. 50. 17. Pr. 1. 7. Zep. 3. 7. *truth.* ch. 5. 1; 9. 3-8. Is. 59. 14, 15. Ho. 4. 1. Mi. 7. 2-5.

29 *Cut.* ch. 16. 6; 47. 5; 48. 37. Job 1. 20. Is. 15. 2, 3. Mi. 1. 16. *and take.* ch. 9. 17-21. Eze. 19. 1; 28. 12. *for.* See on ch. 6. 30. 2 Ki. 17. 20. Zec. 11. 8, 9. *generation.* De. 32. 5. Mat. 3. 7; 12. 39; 16. 4; 23. 36. Ac. 2. 40.

30 *they.* ch. 23. 11; 32. 34. 2 Ki. 21. 4, 7; 23. 4-6, 12. 2 Ch. 33. 4, 5, 7, 15. Eze. 7. 20; 8. 5-17; 43. 7, 8. Da. 9. 27.

31 *the high.* ch. 19. 5, 6; 32. 35. 2 Ki. 23. 20. 2 Ch. 33. 6. *the valley.* ch. 19. 2. Jos. 15. 8. 2 Ch. 28. 3. *to burn.* De. 12. 31. 2 Ki. 17. 17. Ps. 106. 37, 38. Eze. 16. 20. *which I.* Le. 18. 21; 20. 1-5. De. 17. 3. *came it into. Heb.* came it upon.

32 *the days.* ch. 19. 6. Le. 26. 30. Eze. 6. 5-7. *for.* ch. 19. 11, 13. 2 Ki. 23. 10.

33 ch. 8. 1, 2; 9. 22; 12. 9; 16. 4; 22. 19; 25. 33; 34. 20. De. 28. 26. Ps. 79. 2, 3. Eze. 39. 4, 18-20. Re. 19. 17, 18.

34 *to cease.* ch. 16. 9; 25. 10; 33. 10. Is. 24. 7, 8. Eze. 26. 13. Ho. 2. 11. Re. 18. 23. *for.* ch. 4. 27. Le. 26. 33. Is. 1. 7; 3. 26; 6. 11. Mi. 7. 13.

## CHAP. VIII.

*The calamity of the Jews, both dead and alive,* 1-3. *He upbraids their foolish and shameless impenitency,* 4-12. *He shews their grievous judgment,* 13-17; *and bewails their desperate estate,* 18-22.

1 ch. 7. 32-34. 1 Ki. 13. 2. 2 Ki. 23. 16, 20. 2 Ch. 34. 4, 5. Eze. 6. 5; 37. 1. Am. 2. 1.

2 *and all.* ch. 19. 13; 44. 17-19. De. 4. 19; 17. 3 2 Ki. 17. 16; 21. 3, 5; 23. 5. 2 Ch. 33. 3-5. Eze. 8. 16. Zep. 1. 5. Ac. 7. 42. *they shall be.* ch. 9. 22; 16. 4; 22. 19; 36. 30. 2 Ki. 9. 36, 37. Ps. 83. 10. Ec. 6. 3. Zep. 1. 17.

3 *death.* ch. 20. 14-18. 1 Ki. 19. 4. Job 3. 20-22; 7. 15, 16. Jon. 4. 3. Re. 6. 16; 9. 6. *in all.* ch. 23. 3, 8; 29. 14, 28; 32. 36, 37; 40. 12. De. 30. 1, 4. Da. 9. 7.

4 *Moreover.* Blayney justly observes, that the change of speakers here requires to be carefully attended to. The prophet first, in the name of God, reproves the people, and threatens them with grievous calamities, ver. 4-13. Then, apostrophising his countrymen, he advises them to retire with him to some fortified city, ver. 14-16. God then threatens to bring foes against them, that are irresistible, ver. 17. The prophet next commiserates the daughter of his people, who is heard bewailing her forlorn case; whilst the voice of God breaks in upon her complaints, and shews that all this ruin is brought upon her by her infidelities, ver. 18-20. The prophet regrets that her wounds had not been healed, and laments over her slain, ver. 21; ch. 9. 1. *Shall they.* Pr. 24. 16. Ho. 14. 1. Am. 5. 2. Mi. 7. 8. *turn.* ch. 3. 1, 22; 4. 1; 23. 14; 36. 3. 1 Ki. 8. 38. Is. 44. 22; 55. 7. Eze. 18. 23. Ho. 6. 1; 7. 10.

5 *slidden.* ch. 2. 32; 3. 11-14; 7. 24-26. Ho. 4. 16; 11. 7. *they hold.* ch. 9. 6. Pr. 4. 13. Is. 30. 10; 44. 20. 1 Th. 5. 21. 2 Th. 2. 9-12. Re. 2. 25. *they refuse.* ch. 5. 3. Is. 1. 20. Zec. 7. 11. Jno. 5. 40. He. 12. 25.

6 *hearkened.* Job 33. 27, 28. Ps. 14. 2. Is. 30. 18. Mal. 3. 16. 2 Pe. 3. 9. *no.* ch. 5. 1. Is. 59. 16. Eze. 22. 30. Mi. 7. 2. *saying.* Job 10. 2. Eze. 18. 28. Hag. 1. 5, 7. Lu. 15. 17-19. *as.* ch. 2. 24, 25. See on Job 39. 19-25.

7 *stork.* Pr. 6. 6-8. Is. 1. 3. *turtle.* Ca. 2. 12. *people.* ch. 5. 4. Is. 1. 3; 5. 12. *know.* ch. 5. 4, 5.

8 *We.* Job 5. 12, 13; 11. 12; 12. 20. Jno. 9. 41. Ro. 1. 22; 2. 17, etc. 1 Co. 3. 18-20. *the law.* Ps. 147. 19. Ho. 8. 12. *Lo.* Mat. 15. 6. *in vain,* etc. *or,* the false pen of the scribes worketh for falsehood. Pr. 17. 6. Is. 10. 1, 2.

9 *The wise men are. or,* Have they been, etc. ch. 6. 15; 49. 7. Job 5. 12. Is. 19. 11. Eze. 7. 26. 1 Co. 1. 26-29. *lo.* De. 4. 6. Ps. 19. 7; 119. 98-100. Is. 8. 20. 1 Co. 1. 18-29. 2 Ti. 3. 15. *what wisdom. Heb.* the wisdom of what thing, etc.

10 *will I.* ch. 6. 12. De. 28. 30-32. Am. 5. 11. Zep. 1. 13. *for.* ch. 6. 13. Is. 56. 10-12. Eze. 33. 31. Mi. 3. 5, 11. Tit. 1. 7, 11. 2 Pe. 2. 1-3. *from the prophet.* ch. 5. 31; 23. 11-17, 25, 26; 32. 32. Is. 28. 7. La. 4. 13. Eze. 22. 27, 28.

11 *they.* ch. 6. 14; 14. 14, 15; 27. 9, 10; 28. 3-9. 1 Ki. 22. 6, 13. La. 2. 14. Eze. 13. 10-16, 22. Mi. 2. 11.

12 *ashamed when.* ch. 3. 3; 6. 15. Ps. 52. 1, 7. Is. 3. 9. Zep. 3. 5. Phi. 3. 19. *therefore.* Is. 9. 13-17; 24. 2. Eze. 22. 25-31. Ho. 4. 5, 6. *in the.* De. 32. 35. Ho. 5. 9.

13 *I will surely consume. or*, In gathering I will consume. Is. 24. 21, 22. Eze. 22. 19-21; 24. 3-11. *there*. Le. 26. 20. De. 28. 39-42. Is. 5. 4-6, 10. Ho. 2. 8, 9. Joel 1. 7, 10-12. Hab. 3. 17. Hag. 1. 11; 2. 17. Mat. 21. 19. Lu. 13. 6-9. *the leaf*. ch. 17. 8. Ps. 1. 3, 4. Ja. 1. 11.

14 *do*. 2 Ki. 7. 3, 4. *enter*. ch. 4. 5, 6; 35. 11. 2 Sa. 20. 6. *be silent*. Le. 10. 3. Ps. 39. 2. La. 3. 27, 28. Am. 6. 10. Hab. 2. 20. Zec. 2. 13. *water*. ch. 9. 15; 23. 15. Nu. 5. 18-24. De. 32. 32. Ps. 69. 21. La. 3. 19. Mat. 27. 34. *gall. or*, poison.

15 ch. 4. 10; 14. 19. Mi. 1. 12. 1 Th. 5. 3.

16 *The snorting*. GROTIUS observes, after JEROME, that Nebuchadnezzar, having subdued Phœnicia, passed through Dan, in his way to Jerusalem. *was heard*. ch. 4. 15, 16. Ju. 18. 29; 20. 1. *the whole*. ch. 4. 24. Hab. 3. 10. *at the*. ch. 6. 23; 47. 3. Ju. 5. 22. Na. 1. 4, 5; 3. 2. *of his strong ones*. Of his *war-horses*. This is a fine image: so terrible was the united neighings of the cavalry of the Babylonians, that the reverberation of the air caused the ground to tremble. *all that is in it. Heb*. the fulness thereof. Ps. 24. 1. 1 Co. 10. 26, 28.

17 *I will*. De. 32. 24. Is. 14. 29. Am. 5. 19; 9. 3. Re. 9. 19. *which*. Ps. 58. 4, 5. Ec. 10. 11.

18 *my*. ch. 6. 24; 10. 19-22. Job 7. 13, 14. Is. 22. 4. La. 1. 16, 17. Da. 10. 16, 17. Hab. 3. 16. *in. Heb*. upon.

19 *the voice*. See on ch. 4. 16, 17, 30, 31. Is. 13. 5; 39. 3. *them*, etc. *Heb*. the country of them that are afar off. *the Lord*. ch. 14. 19; 31. 6. Ps. 135. 21. Is. 12. 6; 52. 1. Joel 2. 32; 3. 21. Ob. 17. Re. 2. 1. *her king*. Ps. 146. 10; 149. 2. Is. 33. 22. *Why*. See on ver. 5, 6. De. 32. 16-21. Is. 1. 4.

20 Pr. 10. 5. Lu. 13. 25; 19. 44. He. 3. 7-15. Mat. 25. 1-12.

21 *the hurt*. ch. 4. 19; 9. 1; 14. 17; 17. 16. Ne. 2. 3. Ps. 137. 3-6. Lu. 19. 41. Ro. 9. 1-3. *I am*. Ca. 1. 5, 6. Joel 2. 6. Na. 2. 10.

22 *no balm*. ch. 46. 11; 51. 8. Ge. 37. 25; 43. 11. *no physician*. Mat. 9. 11, 12. Lu. 5. 31, 32; 8. 43. *why*. ch. 30. 12-17. *recovered. Heb*. gone up. Is. 1. 5, 6.

## CHAP. IX.

*Jeremiah laments the Jews for their manifold sins*, 1-8; *and for their judgment*, 9-11. *Disobedience is the cause of their bitter calamity*, 12-16. *He exhorts to mourn for their destruction*, 17-22; *and to trust not in themselves, but in God*, 23, 24. *He threatens both Jews and Gentiles*, 25, 26.

1 *Oh that. Heb*. Who will give, etc. ch. 4. 19; 13. 17; 14. 17. Ps. 119. 136. Is. 16. 9; 22. 4. La. 2. 11, 18, 19; 3. 48, 49. Eze. 21. 6, 7. *weep*. Ps. 42. 3. *the daughter*. ch. 6. 26; 8. 21, 22.

2 *that I had*. Ps. 55. 6-8; 120. 5-7. Mi. 7. 1-7. *for*. ch. 5. 7, 8; 23. 10. Eze. 22. 10, 11. Ho. 4. 2; 7. 4. Ja. 4. 4. *an assembly*. ch. 12. 1, 6. Ho. 5. 7; 6. 7. Mi. 7. 2-5. Zep. 3. 4. Mal. 2. 11.

3 *they bend*. ver. 5, 8. Ps. 52. 2-4; 64. 3, 4; 120. 2-4. Is. 59. 3-5, 13-15. Mi. 7. 3-5 Ro. 3. 13. *valiant*. Mat. 10. 31-33. Mar. 8. 38. Ro. 1. 16. Phi. 1. 28. Jude 3. Re. 12. 11. *for they*. ch. 7. 26. 2 Ti. 3. 13. *they know*. ch. 4. 22; 22. 16; 34. 34. Ju. 2. 10. 1 Sa. 2. 12. Ho. 4. 1-3. Jno. 8. 54, 55; 17. 3. Ro. 1. 28. 2 Co. 4. 4-6.

4 *ye heed*. ch. 12. 6. Ps. 12. 2, 3; 55. 11, 12. Pr. 26. 24, 25. Mi. 7. 5, 6. Mat. 10. 17, 21, 34, 35. Lu. 21. 16. *neighbour. or*, friend. *every brother*. Ge. 27. 35, 36; 32. 28. 1 Th. 4. 6. *walk*. See on ch. 6. 28. Le. 19. 16. Ps. 15. 3. Pr. 6. 16, 19; 10. 18; 25. 18. Eze. 22. 9. 1 Pe. 2. 1, 2.

5 *they will*. ver. 5, 8. Is. 59. 13-15. Mi. 6. 12. Ep. 4. 25. *deceive. or*, mock. Job 11. 3. *taught*. ver. 3. Job 15. 5. Ps. 50. 19; 64. 3; 140. 3. 1 Ti. 4. 2. *weary*. Ge. 19. 11. Ps. 7. 14. Pr. 4. 16. Is. 5. 18; 41. 6, 7; 44. 12-14; 57. 10. Eze. 24. 12. Mi. 6. 3. Hab. 2. 13.

6 *habitation*. ch. 11. 19; 18. 18; 20. 10. Ps. 120. 2-6. *refuse*. ch. 13. 10. Job 21. 14, 15. Pr. 1. 24, 29. Ho. 4. 6. Jno. 3. 19, 20. Ro. 1. 28. 1 Co. 15. 34.

7 *I will*. ch. 6. 29, 30. Is. 1. 25; 48. 10. Eze. 22. 18-22; 26. 11, 12. Zec. 13. 9. Mal. 3. 3. 1 Pe. 1. 7; 4. 12. *shall*. ch. 31. 20. 2 Ch. 36. 15. Ho. 6. 4, 5; 11. 8, 9. Zec. 1. 14-16.

8 *tongue*. ver. 3, 5. Ps. 12. 2; 57. 4; 64. 3, 4, 8; 120. 3. *one*. 2 Sa. 3. 27; 20. 9, 10. Ps. 28. 3; 55. 21. Pr. 26. 24-26. Mat. 26. 48, 49. *in heart. Heb*. in the midst of him. *his wait. or*, wait for him.

9 ch. 5. 9, 29. Is. 1. 24.

10 *the mountains*. ch. 4. 19-26; 7. 29; 8. 18; 13. 16, 17. La. 1. 16; 2. 11. *habitations. or*, pastures. *because*. ch. 12. 4, 10; 14. 6; 23. 10. Joel 1. 10-12. *burned up. or*, desolate. *so*. ch. 2. 6. Is. 34. 19. Eze. 14. 15; 29. 11; 33. 28. *both*, etc. *Heb*. from the fowl even to, etc. See on ch. 4. 25. Ho. 4. 3.

11 *Jerusalem*. ch. 26. 18; 51. 37. Ne. 4. 2. Ps. 79. 1. Is. 25. 2. Mi. 1. 6; 3. 12. *a den*. ch. 10. 22. Is. 13. 22; 34. 13. Re. 18. 2. *the cities*. ch. 34. 22. Is. 44. 26. La. 2. 2, 7, 8. *desolate. Heb*. desolation. ch. 25. 11, 18. La. 3. 47. Mi. 6. 16.

12 *the wise*. De. 32. 29. Ps. 107. 43. Ho. 14. 9. Mat. 24. 15. Re. 1. 3. *for*. ch. 5. 19, 20; 16. 10-13; 22. 8, 9. De. 29. 22-28. 1 Ki. 9. 8, 9. Ps. 107. 34. Eze. 14. 23; 22. 25-31.

13 ch. 22. 9. De. 31. 16, 17. 2 Ch. 7. 19. Ezr. 9. 10. Ps. 89. 30; 119. 53. Pr. 28. 4. Zep. 3. 1-6.

14 *walked*. ch. 3. 17; 7. 24. Ge. 6. 5. Ro. 1. 21-24. Ep. 2. 3; 4. 17-19. *imagination. or*, stubbornness. *which*. ch. 44. 17. Zec. 1. 4, 5. Ga. 1. 14. 1 Pe. 1. 18.

15 *I will*. See on ch. 8. 14; 23. 15; 25. 15. Ps. 60. 3; 69. 21; 75. 8; 80. 5. Is. 2. 17, 22. La. 3. 15, 19. Re. 8. 11.

16 *scatter*. ch. 13. 24. Le. 26. 33. De. 4. 27; 28. 25, 36, 64; 32. 26. Ne. 1. 8. Ps. 106. 27. Eze. 11. 17; 12. 15; 20. 23. Zec. 7. 14. Ja. 1. 1. *and I*. ch. 15. 2-4; 24. 10; 25. 27; 29. 17; 44. 27; 49. 36, 37. Eze. 5. 2, 12; 14. 17.

17 *call*. 2 Ch. 35. 25. Job 3. 8. Ec. 12. 5. Am. 5. 16, 17. Mat. 9. 23. Mar. 5. 38. *the mourning women*. Those whose office it was to sing mournful dirges, and make public lamentations at funerals.

18 *take*. ver. 10, 20. *our eyes*. ver. 1; ch. 6. 26; 13. 17; 14. 17. Is. 22. 4. La. 1. 2; 2. 11, 18. Lu. 19. 41.

19 *a voice*. ch. 4. 31. Eze. 7. 16-18. Mi. 1. 8, 9. *we are*. ch. 2. 14; 4. 13, 20, 30. De. 28. 29. La. 5. 2. Mi. 2. 4. *our*. Le. 18. 25, 28; 20. 22. La. 4. 15. Mi. 2. 10.

20 *hear*. Is. 3. 16, etc.; 32. 9-13. Lu. 23. 27-30. *receive*. Job 22. 22. *and teach*. See on ver. 17, 18.

21 ch. 6. 11; 15. 7. 2 Ch. 36. 17. Eze. 9. 5, 6; 21. 14, 15. Am. 6. 10, 11.

22 *fall*. ch. 7. 33; 8. 2; 16. 4; 25. 33. 2 Ki. 9. 37. Ps. 83. 10. Is. 5. 25. Zep. 1. 17.

23 *wise*. Job 5. 12-14. Ps. 49. 10-13, 16-18. Ec. 2. 13-16, 19; 9. 11. Is. 5. 21; 10. 12, 13. Eze. 28. 2-9. Ro. 1. 22. 1 Co. 1. 19-21, 27-29; 3. 18-20. Ja. 3. 14-16. *neither*. De. 8. 17. 1 Sa. 17. 4-10, 42. 1 Ki. 20. 10, 11. Ps. 33. 16, 17. Is. 10. 8; 36. 8, 9. Eze. 29. 9. Da. 3. 15; 4. 30, 31, 37; 5. 18-23. Am. 2. 14-16. Ac. 12. 22, 23. *rich*. Job 31. 24, 25. Ps. 49. 6-9; 52. 6, 7; 62. 10. Pr. 11. 4. Eze. 7. 19. Zep. 1. 18. Mar. 10. 24. Lu. 12. 19, 20. 1 Ti. 6. 10.

24 *let him*. ch. 4. 2. Ps. 44. 8. Is. 41. 16; 45. 25. Ro. 5. 11, Gr. 1 Co. 1. 31. 2 Co. 10. 17. Ga. 6. 14. Phi. 3. 3. *knoweth*. ch. 31. 33, 34. Ps. 91. 14. Mat. 11. 27. Lu. 10. 22. Jno. 17. 3. 2 Co. 4. 6. 1 Jno. 5. 20. *loving-kindness*. Ex. 34. 5-7. Ps. 36. 5-7; 51. 1; 145. 7, 8; 146. 7-9. Ro. 3. 25, 26. *for*. 1 Sa. 15. 22. Ps. 99. 4. Is. 61. 8. Mi. 6. 8; 7. 18.

25 *that*. Eze. 28. 10; 32. 19-32. Am. 3. 2. Ro. 2. 8, 9, 25, 26. Ga. 5. 2-6. *punish. Heb*. visit upon.

26 *Egypt*. ch. 25. 9-26; 27. 3-7; ch. 46-52. Is. ch. 13-24. Eze. ch. 24-32. Am. ch. 1; 2. Zep. ch. 1; 2. *Judah*. Is. 19. 24, 25. *in the utmost corners. Heb*. cut off into corners; *or*, having the corners *of their hair* polled. Dr. DURELL and others justly consider the marginal reading as far preferable; as being descriptive of the mode in which the Arabians cut their hair and beard. (See Notes on Le. 21. 5.) ch. 25. 23; 49. 32.

*uncircumcised in.* ch. 4. 4. Le. 26. 41. De. 30. 6. Eze. 44. 7, 9. Ac. 7. 51. Ro. 2. 28, 29.

## CHAP. X.

*The unequal comparison of God and idols,* 1-16. *The prophet exhorts to flee from the calamity to come,* 17, 18. *He laments the spoil of the tabernacle by foolish pastors,* 19-22. *He makes an humble supplication,* 23-25.

1 A.M. 3397. B.C. 607. ch. 2. 4; 13. 15-17; 22. 2; 42. 15. 1 Ki. 22. 19. Ps. 50. 7. Is. 1. 10; 28. 14. Ho. 4. 1. Am. 7. 16. 1 Th. 2. 13. Re. 2. 29.

2 *Learn.* Le. 18. 3; 20. 23. De. 12. 30, 31. Eze. 20. 32. *be.* Is. 47. 12-14. Lu. 21. 25-28.

3 *customs. Heb.* statutes, *or* ordinances, are vanity. ver. 8; ch. 2. 5. Le. 18. 30. 1 Ki. 18. 26-28. Mat. 6. 7. Ro. 1. 21. 1 Pe. 1. 18. *one.* See on Is. 40. 19, etc.; 44. 9-20; 45. 20. Ho. 8. 4-6. Hab. 2. 18, 19.

4 *deck.* Ps. 115. 4; 135. 15. Is. 40. 19, 20. *fasten.* Is. 41. 6; 44. 12; 46. 7.

5 *speak.* Ps. 115. 5-8; 135. 16-18. Hab. 2. 19. 1 Co. 12. 2. Re. 13. 14, 15. *be borne.* Is. 46. 1, 7. *do evil.* Is. 41. 23, 24; 44. 9, 10; 45. 20. 1 Co. 8. 4.

6 *there.* Ex. 8. 10; 9. 14; 15. 11. De. 32. 31; 33. 26. 2 Sa. 7. 22. Ps. 35. 10; 86. 8-10; 89. 6-8. Is. 40. 18, 25; 46. 5, 9. *thou.* ch. 32. 18. Ne. 4. 14; 9. 32. Ps. 48. 1; 96. 4; 145. 3; 147. 5. Is. 12. 6. Da. 4. 3, 34. Mal. 1. 11.

7 *would.* ch. 5. 22. Job 37. 23, 24. Lu. 12. 5. Re. 15. 4. *O King.* Ps. 22. 28; 72. 11; 86. 9. Is. 2. 4. Zec. 2. 11. Re. 11. 15. *to thee. or,* it liketh thee. Ps. 76. 7. *among.* See on ver. 6. Ps. 89. 6. 1 Co. 1. 19, 20.

8 *altogether. Heb.* in one, *or* at once. *brutish.* ver. 14; ch. 51. 17, 18. Ps. 115. 8; 135. 18. Is. 41. 29. Hab. 2. 18. Zec. 10. 2. Ro. 1. 21, 22. *the stock.* ch. 2. 27. Is. 44. 19. Ho. 4. 12.

9 *Silver.* See on ver. 4. *Tarshish.* 1 Ki. 10. 22. Eze. 27. 12. *Uphaz.* Da. 10. 5. *are all.* Ps. 115. 4.

10 *the Lord.* 1 Ki. 18. 39. 2 Ch. 15. 3. Jno. 17. 3. 1 Th. 1. 9. 1 Jno. 5. 20. *true God. Heb.* God of truth. De. 32. 4. Ps. 31. 5; 100. 5; 146. 6. *the living.* ch. 23. 36. De. 5. 26. 1 Sa. 17. 26, 36. Ps. 42. 2; 84. 2. Is. 37. 4, 17. Da. 6. 26. Mat. 16. 16; 26. 63. Ac. 14. 15. 1 Ti. 6. 17. He. 10. 31. *everlasting king. Heb.* King of eternity. Ps. 10. 16; 93. 2; 145. 13. Is. 57. 15. Da. 4. 3, 34; 7. 14. 1 Ti. 1. 17. *at.* Ju. 5. 4. Job 9. 6. Ps. 18. 7; 68. 11; 77. 18; 97. 4; 104. 32; 114. 7. Mi. 1. 4. Na. 1. 6. Hab. 3. 6, 10. Mat. 27. 51, 52. Re. 20. 11. *the nations.* Ps. 76. 7; 90. 11. Joel 2. 11. Na. 1. 6. Mal. 3. 2.

11 *Thus.* '*In the Chaldean language.*' *The gods.* Ps. 96. 5. *they.* ver. 15; ch. 51. 18. Is. 2. 18. Zep. 2. 11. Zec. 13. 2. Re. 20. 2. *under.* La. 3. 66.

12 *hath made.* ch. 32. 17; 51. 15-19. Ge. 1. 1, 6-9. Job 38. 4-7. Ps. 33. 6; 136. 5, 6; 146. 5, 6; 148. 4, 5. Jno. 1. 3. Col. 1. 16. *established.* Ps. 24. 2; 78. 69; 93. 1; 119. 90. Pr. 3. 19; 30. 4. Is. 45. 18; 49. 8. *stretched.* Job 9. 8; 26. 7. Ps. 104. 2, 24. Is. 40. 22; 42. 5; 44. 24; 45. 12; 48. 13. Zec. 12. 1.

13 *uttereth.* Job 37. 2-5; 38. 34, 35. Ps. 18. 13; 29. 3-10; 68. 33. *multitude. or,* noise. *he causeth.* 1 Ki. 18. 41, 45, 46. Job 36. 27-33. Ps. 135. 7; 147. 8. *maketh.* Ex. 9. 23. 1 Sa. 12. 17, 18. Job 38. 25-27, 34, 35. Zec. 10. 1, marg. *with. or,* for. *bringeth.* Job 38. 22. Ps. 135. 17.

14 *man.* See on ver. 8; ch. 51. 17, 18. Ps. 14. 2; 92. 6; 94. 8. Pr. 30. 2. Is. 44. 18-20; 46. 7, 8. Ro. 1. 22, 23. *brutish in his knowledge. or,* more brutish than to know. *founder.* ch. 51. 17. Ps. 97. 7. Is. 42. 17; 44. 11; 45. 16. *and.* Ps. 115. 4-8; 135. 16-18. Hab. 2. 18, 19.

15 *vanity.* ver. 8; ch. 8. 19; 14. 22; 51. 18. De. 32. 21. 1 Sa. 12. 21. Is. 41. 24, 29. Jon. 2. 8. Ac. 14. 15. *in the.* ver. 11; ch. 8. 12. Is. 2. 18-21. Zep. 1. 3, 4. Zec. 13. 2.

16 *portion.* ch. 51. 19. Ps. 16. 5, 6; 73. 26; 119. 57; 142. 5. La. 3. 24. *former.* ver. 12. Pr. 16. 4. 45. 7. *Israel.* Ex. 19. 5. De. 32. 9. Ps. 74. 2; 135. 4. Is. 47. 6. *The Lord.* ch. 31. 35; 32. 18; 50. 34. Is. 47. 4; 51. 15; 54. 5.

17 A.M. 3404. B.C. 600. *thy wares.* ch. 6. 1. Eze. 12. 3-12. Mi. 2. 10. Mat. 24. 15. *inhabitant. Heb.* inhabitress. ch. 21. 13, marg.

18 *I will.* ch. 15. 1, 2; 16. 13. De. 28. 63, 64. 1 Sa. 25. 29. *that.* ch. 23. 20. Eze. 6. 10. Zec. 1. 6.

19 *Woe.* ch. 4. 19, 31; 8. 21; 9. 1; 17. 13. La. 1. 2, 12, etc.; 2. 11, etc.; 3. 48. *Truly.* Ps. 39. 9; 77. 10. Is. 8. 17. La. 3. 18-21, 39, 40. Mi. 7. 9.

20 *tabernacle.* ch. 4. 20. Is. 54. 2. La. 2. 4-6. *my children.* ch. 31. 15. Job 7. 8. Pr. 12. 7. Is. 49. 20-22. *there.* ch. 4. 20. Is. 51. 16.

21 *the pastors.* See on ver. 8, 14; ch. 2. 8; 5. 31; 8. 9; 12. 10; 23. 9, etc. Is. 56. 10-12. Eze. 22. 25-30; 34. 2-10. Jno. 10. 12, 13. Zec. 10. 3. *their.* ch. 23. 1; 49. 32; 50. 17. Eze. 34. 5, 6, 12. Zec. 13. 7.

22 *the noise.* ch. 1. 15; 4. 6; 5. 15; 6. 1, 22. Hab. 1. 6-9. *a den.* ch. 9. 11. Mal. 1. 3.

23 Ps. 17. 5; 37. 23; 119. 116, 117. Pr. 16. 1; 20. 24.

24 *correct.* ch. 30. 11. See on Ps. 6. 1; 38. 1. Hab. 3. 2. *lest.* Job 6. 18. Is. 40. 23; 41. 11, 12. *bring me to nothing. Heb.* diminish me.

25 *Pour.* See on Ps. 79. 6, 7. *that know.* Job 18. 21. Jno. 17. 25. Ac. 17. 23. 1 Co. 15. 34. 1 Th. 4. 5. 2 Th. 1. 8. *call.* Ps. 14. 4. Is. 43. 22; 64. 7. Zep. 1. 6. *eaten.* ch. 8. 16; 50. 7, 17; 51. 34, 35. Ps. 27. 2. La. 2. 22. Eze. 25. 6-8; 35. 5-10. Ob. 10-16. Zec. 1. 15.

## CHAP. XI.

*Jeremiah proclaims God's covenant,* 1-7; *rebukes the Jews' disobeying thereof,* 8-10; *prophesies evils to come upon them,* 11-17; *and upon the men of Anathoth, for conspiring to kill him,* 18-23.

2 A.M. 3406. B.C. 598. ver. 6; ch. 34. 13-16. Ex. 19. 5. 2 Ki. 11. 17; 23. 2, 3. 2 Ch. 23. 16; 29. 10; 34. 31.

3 De. 27. 26; 28. 15, etc.; 29. 19, 20. Ga. 3. 10-13.

4 *I commanded.* ch. 31. 32. Ex. 24. 3-8. De. 5. 2, 3; 29. 10-15. Eze. 20. 6-12. He. 8. 8-10. *iron.* De. 4. 20. 1 Ki. 8. 51. Is. 48. 10. *Obey.* See on ch. 7. 22, 23; 26. 13. Ex. 20. 6; 23. 21, 22. Le. 26. 3, 12. De. 11. 27; 28. 1, etc. 1 Sa. 15. 22. Zec. 6. 15. Mat. 28. 20. He. 5. 9. *ye be.* ch. 24. 7; 30. 22; 31. 31, 33; 32. 28. Ge. 17. 8. Le. 26. 12. Eze. 11. 20; 14. 11; 36. 28; 37. 23, 27. Zec. 8. 8; 13. 9. 2 Co. 6. 16. He. 8. 10.

5 *perform.* Ge. 22. 16-18; 26. 3-5. Ps. 105. 9-11. *a land.* Ex. 3. 8-17. Le. 20. 24. De. 6. 3; 7. 12, 13. *So be it. Heb.* Amen. ch. 28. 6. De. 27. 15-26. Mat. 6. 13. 1 Co. 14. 16.

6 *Proclaim.* ch. 3. 12; 7. 2; 19. 2. Is. 58. 1. Zec. 7. 7. *Hear.* See on ver. 2-4. Ps. 15. 5. Jno. 13. 17. Ro. 2. 13. Ja. 1. 22.

7 *I earnestly.* 1 Sa. 8. 9. Ep. 4. 17. 2 Th. 3. 12. *in the.* See on ch. 7. 13, 23-25; 25. 4; 35. 15. Ex. 15. 26; 23. 21, 22. De. 4. 6; 5. 29; 6. 2; 8. 6; 10. 12, 13; 11. 26-28; 12. 32; 28. 1, etc.; 30. 20.

8 *obeyed.* ch. 3. 17; 6. 16, 17; 7. 24, 26; 9. 13, 14; 35. 15; 44. 17. Ne. 9. 16, 17, 26, 29. Eze. 20. 8, 18-21. Zec. 7. 11. *imagination. or,* stubbornness. ch. 7. 24, marg. *therefore.* Le. 26. 16, etc. De. 28. 15, etc.; 29. 21-24; 30. 17-19; 31. 17, 18; 32. 20-26. Jos. 23. 13-16. Eze. 20. 37, 38.

9 ch. 5. 31; 6. 13; 8. 10. Eze. 22. 25-31. Ho. 6. 9. Mi. 3. 11; 7. 2, 3. Zep. 3. 1-4. Mat. 21. 38, 39; 26. 3, 4, 15. Jno. 11. 53. Ac. 23. 12-15.

10 *turned.* ch. 3. 10. 1 Sa. 15. 11. 2 Ch. 34. 30-33. Ho. 6. 4; 7. 16. Zep. 1. 6. *iniquities.* Ju. 2. 17, 19. Ps. 78. 8-10, 57. Eze. 20. 18-21. Zec. 1. 4. Ac. 7. 51, 52. *the house of Israel.* See on ch. 3. 6-11; 31. 32. Le. 26. 15. De. 31. 16. 2 Ki. 17. 7-20. Eze. 16. 59; 44. 7. Ho. 6. 7; 8. 1. He. 8. 9.

11 *I will bring.* ver. 17; ch. 6. 19; 19. 3, 15; 23. 12; 35. 17; 36. 31. 2 Ki. 22. 16. 2 Ch. 34. 24. Eze. 7. 5. *which.* ch. 15. 2. Pr. 29. 1. Is. 24. 17. Am. 2. 14, 15; 5. 19; 9. 1-4. 1 Th. 5. 3. He. 1. 3. Re. 6. 16, 17. *escape. Heb.* go forth of. *cry.* ch. 14. 12. Ps. 18. 41; 66. 18. Pr. 1. 28. Is. 1. 15. Eze. 8. 18. Mi. 3. 4. Zec. 7. 13. Lu. 13. 24-28.

12 *go.* ch. 2. 28; 44. 17-27. De. 32. 37. Ju. 10. 14. 2 Ch. 28. 22. Is. 45. 20. *trouble. Heb.* evil.

13 *For according.* ch. 2. 28; 3. 1, 2. De. 32. 16, 17. 2 Ki. 23. 4, 5, 13. Is. 2. 8. Ho. 12. 11. *up altars.* ch. 19. 5; 32. 35. 2 Ki. 21. 4, 5. *shameful thing.* *Heb.* shame.

14 *pray.* ch. 7. 16; 14. 11; 15. 1. Ex. 32. 10. Pr. 26. 24, 25. 1 Jno. 5. 16. *for.* See on ver. 11. Ps. 66. 18. Ho. 5. 6. *trouble. Heb.* evil. ver. 11.

15 *What,* etc. *Heb.* What *is* to my beloved in my house? Lu. 8. 28, Gr. *my.* ch. 2. 2; 3. 14; 12. 7. Ho. 3. 1. Mat. 22. 11. Ro. 11. 28. *to do.* ch. 3. 8; 7. 8-11; 15. 1. Ps. 50. 16. Pr. 15. 8; 21. 27; 28. 9. Is. 1. 11-15; 50. 1. *seeing.* ch. 3. 1, 2. Eze. 16. 25, etc.; 23. 2, etc. *the holy.* Hag. 2. 12-14. Tit. 1. 15. *thou doest evil. or,* thy evil *is.* Pr. 2. 14; 10. 23; 26. 18. 1 Co. 13. 6. Ja. 4. 16.

16 *A green.* Ps. 52. 8. Ro. 11. 17-24. *with.* Ps. 80. 16. Is. 1. 30, 31; 27. 11. Eze. 15. 4-7; 20. 47, 48. Mat. 3. 10. Jno. 15. 6.

17 *that.* See on ch. 2. 21; 12. 2; 24. 6; 42. 10; 45. 4. 2 Sa. 7. 10. Ps. 44. 2; 80. 8, 15. Is. 5. 2; 61. 3. Eze. 17. 5. *pronounced.* ver. 11; ch. 16. 10, 11; 18. 8; 19. 15; 26. 13, 19; 35. 17; 36. 7; 40. 2.

18 *the Lord.* ver. 19. 1 Sa. 23. 11, 12. 2 Ki. 6. 9, 10, 14-20. Eze. 8. 6, etc. Mat. 2. 13. Ro. 3. 7.

19 *I was.* Pr. 7. 22. Is. 53. 7. *and I.* ch. 18. 18; 20. 10. Ps. 31. 13; 35. 15; 37. 32, 33. Is. 32. 7. Mat. 26. 3, 4. *destroy.* 'Let us kill the prophet, and burn his prophecies.' *tree with the fruit. Heb.* stalk with his bread. *let us cut.* Ps. 83. 4. Is. 53. 8. Da. 9. 26. Lu. 20. 10-15. *from.* Job 28. 13. Ps. 27. 13; 52. 5; 116. 9; 142. 5. *that his.* Ps. 109. 13; 112. 6. Pr. 10. 7. Is. 38. 11. Nu. 1. 14.

20 *judgest.* ch. 12. 1. Ge. 18. 25. Ps. 98. 9. Ac. 17. 31. *triest.* ch. 17. 10; 20. 12. 1 Sa. 16. 7. 1 Ch. 28. 9; 29. 17. Ps. 7. 9. Re. 2. 23. *let.* ch. 15. 15; 17. 18; 18. 20-23. 2 Ti. 4. 14. Re. 6. 9, 10; 18. 20. *revealed.* 1 Sa. 24. 15. Job 5. 8. Ps. 10. 14, 15; 35. 2; 43. 1; 57. 1. Phi. 4. 6. 1 Pe. 2. 23.

21 *that seek.* ch. 12. 5, 6; 20. 10. Mi. 7. 6. Mat. 10. 21, 34-36. Lu. 4. 24. *Prophesy.* Is. 30. 10. Am. 2. 12; 7. 13-16. Mi. 2. 6-11. *thou.* ch. 20. 1, 2; 38. 1-6. Mat. 21. 35; 22. 6; 23. 34-37. Lu. 13. 33, 34. Ac. 7. 51, 52.

22 *punish. Heb.* visit upon. *young.* ch. 9. 21; 18. 21. 2 Ch. 36. 17. La. 2. 21. 1 Th. 2. 15, 16.

23 *no.* ver. 19; ch. 44. 27. Is. 14. 20-22. *the year.* ch. 6. 9, 29; 8. 12; 23. 12; 46. 21; 48. 44; 50. 27. Ho. 9. 7. Mi. 7. 4. Lu. 19. 44.

## CHAP. XII.

*Jeremiah, complaining of the wicked's prosperity, by faith sees their ruin,* 1-4. *God admonishes him of his brethren's treachery against him,* 5, 6; *and laments his heritage,* 7-13. *He promises to the penitent return from captivity,* 14-17.

1 *Righteous.* ch. 11. 20. Ge. 18. 25. De. 32. 4. Ps. 51. 4; 119. 75, 137; 145. 17. Da. 9. 7. Hab. 1. 13-17. Zep. 3. 5. Ro. 3. 5, 6. *talk. or,* reason the case. Job 13. 3. Is. 41. 21. *Wherefore doth.* ch. 5. 28. Job 12. 6; 21. 7-15. Ps. 37. 1, 35; 73. 3, etc.; 92. 7; 94. 3, 4. Pr. 1. 32. Hab. 1. 4. Mal. 3. 15. *deal.* ver. 6; ch. 5. 11. Is. 48. 8. Ho. 6. 7.

2 *hast.* ch. 11. 17; 45. 4. Eze. 17. 5-10; 19. 10-13. *grow. Heb.* go on. *near.* Is. 29. 13. Eze. 33. 31. Mat. 15. 8. Mar. 7. 6. Tit. 1. 16.

3 *knowest.* ch. 11. 20. 2 Ki. 20. 3. 1 Ch. 29. 17. Job 23. 10. Ps. 17. 3; 26. 1; 44. 21; 139. 1, 23. Jno. 21. 17. 1 Jno. 3. 20, 21. *toward. or,* with. *pull.* ch. 17. 18; 18. 21-23; 20. 12; 48. 15; 50. 27; 51. 4. *the day.* ch. 11. 19. Ps. 44. 22. Ja. 5. 5.

4 *long.* ch. 9. 10; 14. 2; 23. 10. *the herbs.* Ps. 107. 34. Joel 1. 10-17. *the beasts.* ch. 4. 25; 7. 20. Ho. 4. 3. Hab. 3. 17. Ro. 8. 22. *He.* ch. 5. 13, 31. Ps. 50. 21. Eze. 7. 2-13.

5 *thou hast.* Pr. 3. 11; 24. 10. He. 12. 3, 4. 1 Pe. 4. 12. *canst.* ch. 26. 8; 36. 26; 38. 4-6. *swelling.* ch. 49. 19; 50. 44. Jos. 3. 15. 1 Ch. 12. 15. Ps. 42. 7; 69. 1, 2.

6 *thy brethren.* ch. 9. 4; 11. 19, 21; 20. 10. Ge. 37. 4-11. Job 6. 15. Ps. 69. 8. Eze. 33. 30, 31. Mi. 8. 5, 6. Mat. 10. 21. Mar. 12. 12. Jno. 7. 5. *yea.* Is. 31. 4. Ac. 16. 22; 18. 12; 19. 24-29; 21. 28-30. *have called,* etc. *or,* cried after thee fully. *though.* Ps. 12. 2. Pr. 26. 25. Mat. 22. 16-18. *fair words. Heb.* good things.

7 *have forsaken.* ch. 11. 15; 51. 5. Is. 2. 6. Ps. 78. 59, 60. Ho. 9. 15. Joel 2. 15; 3. 2. *I have given.* ch. 7. 14. La. 2. 1, etc. Eze. 7. 20, 21; 24. 21. Lu. 21. 24. *dearly beloved. Heb.* love.

8 *crieth out. or,* yelleth. *Heb.* giveth out his voice. ch. 2. 15; 51. 38. *therefore.* Ho. 9. 15. Am. 6. 8. Zec. 11. 8.

9 *Mine.* Or rather, as the learned BOCHART renders, 'Is then my heritage (people) to me as a fierce hyæna? Is there a wild beast all around upon her?' *i.e.* the land of Canaan. The *hyæna* is a kind of wolf, a little bigger than a mastiff; colour grey, streaked with black: it is of a solitary and savage disposition. *speckled bird. or,* a bird having talons. *the birds.* ch. 2. 15. 2 Ki. 24. 2. Eze. 16. 36, 37; 23. 22-25. Re. 17. 16. *come ye.* ch. 7. 33. Is. 56. 9. Eze. 39. 17-20. Re. 19. 17, 18. *come. or,* cause them to come.

10 *pastors.* ch. 6. 3; 25. 9; 39. 3. *my vineyard.* Ps. 80. 8-16. Is. 5. 1-7. Lu. 20. 9-16. *trodden.* Is. 43. 28; 63. 18. La. 1. 10, 11. Lu. 21. 14. Re. 11. 2. *pleasant portion. Heb.* portion of desire. See on ch. 3. 19.

11 *made it.* ch. 6. 8; 9. 11; 10. 22, 25; 19. 8. *it mourneth.* ver. 4-8; ch. 14. 2; 23. 10. La. ch. 1-5. Zec. 7. 5. *layeth.* Ec. 7. 2. Is. 42. 25; 57. 1. Mal. 2. 2.

12 *spoilers.* ch. 4. 11-15; 9. 19-21. *the sword.* ch. 15. 2; 34. 17; 47. 6; 48. 2. Le. 26. 33. Is. 34. 6; 66. 15, 16. Eze. 5. 2; 14. 17. Am. 9. 4. Zep. 2. 12. Re. 19. 16-21. *no.* Is. 57. 21. Mat. 24. 21, 22. Re. 6. 4.

13 *sown.* Le. 26. 16. De. 28. 38. Mi. 6. 15. Hag. 1. 6; 2. 16, 17. *put.* ch. 3. 23-25. Is. 30. 1-6; 31. 1-3; 55. 2. Hab. 2. 13. Ro. 6. 21. *they. or,* ye.

14 A.M. 3401. B.C. 603. *against.* ch. 48. 26, 27; 50. 9-17; 51. 33-35. Eze. 25. 3-15. Am. 1. 2-15. Zep. 2. 8-10. *that.* ch. 2. 3; 49. 1, 7. Ps. 105. 15. Ob. 10-16. Zec. 1. 15; 2. 8; 12. 2-4. *I will.* ch. 48-51. Eze. ch. 25-32; 35. *and pluck.* ch. 3. 18; 32. 37. De. 30. 3. Ps. 106. 47. Is. 11. 11-16. Eze. 28. 25; 34. 12, 13; 36. 24; 37. 21; 39. 27, 28. Ho. 1. 11. Am. 9. 14, 15. Zep. 3. 19, 20. Zec. 10. 6-12.

15 *after.* ch. 48. 47; 49. 6, 39; De. 30. 3. Is. 23. 17, 18. *heritage.* ch. 48. 47; 49. 6, 39. Nu. 32. 18. De. 3. 20.

16 *my name.* See on ch. 4. 2; 5. 2. De. 10. 20, 21. Ca. 1. 8. Is. 9. 18-22; 45. 23; 65. 16. Ro. 14. 11. *as they.* Jos. 23. 7. Ps. 106. 35, 36. Zep. 1. 5. *built.* Is. 19. 23-25; 56. 5, 6. Zec. 2. 11. Ro. 11. 17. 1 Co. 3. 9. Ep. 2. 19-22. 1 Pe. 2. 4-6.

17 *if.* Ps. 2. 8-12. Is. 60. 12. Zec. 14. 16-19. Lu. 19. 27. 2 Th. 1. 8. 1 Pe. 2. 6-8. *pluck.* ver. 14-17. ch. 18. 7; 31. 28. Eze. 19. 12. Da. 7. 4-8; 11. 4.

## CHAP. XIII.

*By the type of a linen girdle, hidden at Euphrates, God prefigures the destruction of his people,* 1-11. *Under the parable of the bottles filled with wine he foretells their drunkenness in misery,* 12-14. *He exhorts to prevent their future judgments,* 15-21. *He shews their abominations are the cause thereof,* 22-27.

1 A.M. 3405. B.C. 599. *Go.* ver. 11; ch. 19. 1; 27. 2. Eze. 4. 1, etc.; 5. 1, etc. He. 1. 1.

2 *according.* Pr. 3. 5. Is. 20. 2. Eze. 2. 8. Ho. 1. 2, 3. Jno. 13. 6, 7; 15. 14.

4 *go.* Intending to point out, by this distant place, the country, Chaldea, into which they were to be carried captive. ch. 51. 63, 64. Ps. 137. 1. Mi. 4. 10.

5 *as.* Ex. 39. 42, 43; 40. 16. Mat. 22. 2-6. Jno. 2. 5-8. Ac. 26. 19, 20. 2 Ti. 2. 3. He. 11. 8, 17-19.

6 *Arise.* See on ver. 2-5.

7 *it was.* ver. 10; ch. 24. 1-8. Is. 64. 6. Eze. 15. 3-5. Zec. 3. 3 4. Lu. 14. 34, 35. Ro. 3. 12. Phile. 11.

9 *After.* ch. 18. 4-6. La. 5. 5-8. *the pride.* ver. 15-17. Le. 26. 19. Job 40. 10-12. Pr. 16. 18. Is. 2. 10-17; 23. 9. Eze. 16. 50, 56. Na. 2. 2, marg. Zep. 3. 11. Lu. 18. 14. Ja. 4. 6. 1 Pe. 5. 5. *the great.* ch. 48. 29. Is. 16. 6.

10 *evil.* ch. 5. 23; 7. 25-28; 8. 5; 11. 7, 18; 15. 1; 25. 3-7; 34. 14-17. Nu. 14. 11. 2 Ch. 36. 15, 16. He. 12. 25. *walk.* ch. 7. 24; 9. 14; 11. 8; 16. 12. Ec. 11. 9. Ep. 4. 17-19. *imagination. or,* stubbornness. See on ch. 3. 17, marg.; 78. 8. Ac. 7. 51. *shall.* See on ver. 7; ch. 15. 1-4; 16. 4. Is. 3. 24.

11 *I caused.* Ex. 19. 5, 6. De. 4. 7; 26. 18; 32. 10-15. Ps. 135. 4; 147. 20. *for a name.* ch. 33. 9. Is. 43. 21; 62. 12. 1 Pe. 2. 9. *but.* ver. 10; ch. 6. 17. Ps. 81. 11. Jno. 5. 37-40.

12 *and they shall.* Eze. 24. 19.

13 *I will.* ch. 25. 15-18, 27; 51. 7. Ps. 60. 3; 75. 8. Is. 29. 9; 49. 26; 51. 17, 21; 63. 6. Hab. 2. 16.

14 *I will dash.* ch. 19. 9-11; 48. 12. Ju. 7. 20-22. 1 Sa. 14. 16. 2 Ch. 20. 23. Ps. 2. 9. Is. 9. 20, 21. *one against another. Heb.* a man against his brother. *even.* See on ch. 6. 21; 47. 3. Eze. 5. 10. Mat. 10. 21. Mar. 13. 12. *I will not.* ch. 21. 7. De. 29. 20. Is. 27. 11. Eze. 5. 11; 7. 4, 9; 8. 18; 9. 5, 10; 24. 14. *but destroy. Heb.* from destroying.

15 *and.* Is. 42. 23. Joel 1. 2. Re. 2. 29. *be.* Is. 28. 14-22. Ja. 4. 10. *for.* ch. 26. 15. Am. 7. 15. Ac. 4. 19, 20.

16 *Give.* Jos. 7. 19. 1 Sa. 6. 5. Ps. 96. 7, 8. *before.* ch. 4. 23. Ec. 11. 8; 12. 1, 2. Is. 5. 30; 8. 22; 59. 9. Am. 8. 9, 10. Jno. 12. 35. *your.* Pr. 4. 19. 1 Pe. 2. 8. 1 Jno. 2. 10, 11. *while.* ch. 8. 15; 14. 19. Is. 59. 9. La. 4. 17. *the shadow.* Ps. 44. 19. *gross.* Ex. 10. 21. Is. 60. 2.

17 *if.* ch. 22. 5. Mal. 2. 2. *my soul.* ch. 9. 1; 14. 17; 17. 16. 1 Sa. 15. 11, 35. Ps. 119. 136. La. 1. 2, 16; 2. 18. Lu. 19. 41, 42. Ro. 9. 2-4. *for.* See on ver. 15. *because.* ver. 19, 20. Ps. 80. 1. Is. 63. 11. Eze. 34. 31; 36. 38.

18 *unto.* ch. 22. 26. 2 Ki. 24. 12, 15. Eze. 19. 2, etc. Jon. 3. 6. *Humble.* Ex. 10. 3. 2 Ch. 33. 12, 19, 23. Mat. 18. 4. Ja. 4. 10. 1 Pe. 5. 6. *sit.* Is. 3. 26; 47. 1. La. 2. 10. *principalities. or,* head-tires.

19 *cities.* ch. 17. 26; 33. 13. Jos. 18. 5. Eze. 20. 46, 47. *shut.* De. 28. 52. Job 12. 14. *Judah.* ch. 39. 9; 52. 27. Le. 26. 31-33. De. 28. 15, 64-68. 2 Ki. 25. 21.

20 *and.* ch. 1. 14; 6. 22; 10. 22. Hab. 1. 6. *where.* ver. 17; ch. 23. 2. Is. 56. 9-12. Eze. 34. 7-10. Zec. 11. 16, 17. Jno. 10. 12, 13. Ac. 20. 26-29.

21 *wilt.* ch. 5. 31; 22. 23. Is. 10. 3. Eze. 28. 9. *punish. Heb.* visit upon. *for.* 2 Ki. 16. 7. Is. 39. 2-4. *shall not.* ch. 4. 31; 6. 24; 30. 6; 48. 41. Is. 13. 8; 21. 3. 1 Th. 5. 3.

22 *if.* De. 7. 17; 8. 17; 18. 21. Is. 47. 8. Zep. 1. 12. Lu. 5. 21, 22. *Wherefore.* ch. 5. 19; 16. 10, 11. *the greatness.* ch. 2. 17-19; 9. 2-9. Ho. 12. 8. *skirts.* ver. 26. Is. 3. 17; 20. 4; 47. 2, 3. La. 1. 8. Eze. 16. 37-39; 23. 27-29. Ho. 2. 3, 10. Na. 3. 5. *made bare. or,* shall be violently taken away.

23 *Ethiopian.* ch. 2. 22, 30; 5. 3; 6. 29, 30; 17. 9. Pr. 27. 22. Is. 1. 5. Mat. 19. 24-28. *accustomed. Heb.* taught. ch. 9. 5.

24 *will.* Le. 26. 33. De. 4. 27; 28. 64; 32. 26. Eze. 5. 2, 12; 6. 8; 17. 21. Lu. 21. 24. *as.* ch. 4. 11, 12. Ps. 1. 4; 83. 13-15. Is. 17. 13; 41. 16. Ho. 13. 3. Zep. 2. 2.

25 *thy lot.* Job 20. 29. Ps. 11. 6. Is. 17. 4. Mat. 24. 51. *because.* See on ch. 2. 13, 32. De. 32. 16-18. Ps. 9. 17; 106. 21, 22. *trusted.* See on ch. 7. 4-8; 10. 14. De. 32. 37, 38. Is. 28. 15. Mi. 3. 11. Hab. 2. 18, 19.

26 ver. 22. La. 1. 8. Eze. 16. 37; 23. 29. Ho. 2. 10.

27 *thine adulteries.* ch. 2. 20-24; 3. 1, 2; 5. 7, 8. Eze. 16. 15, etc.; 23. 2, etc. Ho. 1. 2; 4. 2. 2 Co. 12. 21. Ja. 4. 4. *abominations.* See on ch. 2. 20; 3. 2, 6. Is. 57. 7; 65. 7. Eze. 6. 13; 20. 28. *Woe.* ch. 4. 13. Eze. 2. 10; 24. 6. Zep. 3. 1. Mat. 11. 21. Re. 8. 13. *wilt.* ch. 4. 14. Ps. 94. 4, 8. Eze. 24. 13; 36. 25, 37. Lu. 11. 9-13. 2 Co. 7. 1. *when,* etc. *Heb.* after when yet? *shall.* Pr. 1. 22. Ho. 8. 5.

## CHAP. XIV.

*The grievous famine,* 1-6, *causes Jeremiah to pray,* 7-9. *The Lord will not be intreated for the people,* 10-12. *Lying prophets are no excuse for them,* 13-16. *Jeremiah is moved to complain for them,* 17-22.

1 A.M. 3399. B.C. 605. *The word.* This discourse is supposed to have been delivered after the fourth year of Jehoiakim. The Hebrew *batzaroth,* rendered *dearth,* signifies *restraint,* that is, 'when the heaven is shut up that there is no rain;' which HOUBIGANT thinks happened early in the reign of Zedekiah. *the dearth. Heb.* the words of the dearths, *or* restraints. ch. 17. 8.

2 *mourneth.* ch. 4. 28; 12. 4. Is. 3. 26. Ho. 4. 3. Joel 1. 10. *the gates.* Is. 24. 4, 7; 33. 9. *they.* ch. 8. 21. La. 2. 9; 4. 8, 9; 5. 10. Joel 2. 6. *the cry.* ch. 11. 11; 18. 22. Ex. 2. 24. 1 Sa. 5. 12; 9. 16. Job 34. 28. Is. 5. 7; 15. 5. Zec. 7. 13.

3 *their nobles.* 1 Ki. 18. 5, 6. *pits.* ch. 2. 13. 1 Ki. 17. 7. 2 Ki. 18. 31. Joel 1. 20. Am. 4. 8. *they were.* ch. 2. 26, 27; 20. 11. Ps. 40. 14; 109. 29. Is. 45. 16, 17. *covered.* ver. 4. 2 Sa. 15. 30; 19. 4. Es. 6. 12.

4 *the ground.* Le. 26. 19, 20. De. 28. 23, 24; 29. 23. Joel 1. 19, 20. *the plowmen.* Joel 1. 11, 17.

5 Job 39. 1-4. Ps. 29. 9.

6 *the wild.* ch. 2. 24. Job 39. 5, 6. *they.* They sucked in the air, for want of water, to cool their internal heat. *their.* 1 Sa. 14. 29. La. 4. 17; 5. 17. Joel 1. 18.

7 *though.* Is. 59. 12. Ho. 5. 5; 7. 10. *do.* ver. 20, 21. De. 32. 27. Jos. 7. 9. Ps. 25. 11; 115. 1. Eze. 20. 9, 14, 22. Da. 9. 9, 18, 19. Ep. 1. 6, 12. *for our.* ch. 2. 19; 3. 6; 5. 6. Ezr. 9. 6, 7, 15. Ne. 9. 33, 34. Da. 9. 5-16.

8 *the hope.* ch. 17. 13; 50. 7. Joel 3. 16. Ac. 28. 20. 1 Ti. 1. 1. *saviour.* Is. 43. 3, 11; 45. 15, 21. *in time.* Ps. 9. 9; 37. 39, 40; 46. 1; 50. 15; 91. 15; 138. 7. 2 Co. 1. 4, 5. *why.* Ps. 10. 1. *a wayfaring.* Ju. 19. 17.

9 *cannot.* Nu. 11. 23; 14. 15, 16. Ps. 44. 23-26. Is. 50. 1, 2; 51. 9; 59. 1. *art.* Ex. 29. 45, 46. Le. 26. 11, 12. De. 23. 14. Ps. 46. 5. Is. 12. 6. Zec. 2. 5. 2 Co. 6. 16. Re. 21. 3. *we are called by thy name. Heb.* thy name is called upon us. ch. 15. 16. Is. 63. 19. Da. 9. 18, 19, margins. *leave.* 1 Sa. 12. 22. Ps. 27. 9. He. 13. 5.

10 *have they.* See on ch. 2. 23-25, 36; 3. 1, 2; 8. 5. Ho. 11. 7, 9. *refrained.* ch. 2. 25. Ps. 119. 101. *the Lord.* ch. 6. 20. Am. 5. 22. Mal. 1. 8-13. *he will.* ch. 31. 34; 44. 21, 22. 1 Sa. 15. 2. 1 Ki. 17. 18. Ps. 109. 14, 15. Ho. 8. 13; 9. 9. He. 8. 12.

11 ch. 7. 16; 11. 14; 15. 1. Ex. 32. 32-34.

12 *they fast.* ch. 11. 11. Pr. 1. 28; 28. 9. Is. 1. 15; 58. 3. Eze. 8. 18. Mi. 3. 4. Zec. 7. 13. *and when.* ch. 6. 20; 7. 21, 22. Pr. 15. 8; 21. 27. Is. 1. 11-15. *but.* See on ch. 9. 16; 15. 2, 3; 16. 4; 21. 7-9; 24. 10; 29. 17, 18. Eze. 5. 12-17; 14. 21.

13 *Ah.* See on ch. 1. 6; 4. 10. *behold.* ch. 5. 31; 6. 14; 8. 11; 23. 17; 28. 2-5. Eze. 13. 10-16, 22. Mi. 3. 11. 2 Pe. 2. 1. *assured peace. Heb.* peace of truth.

14 *The prophets.* ch. 23. 25, 26; 27. 10, 14; 28. 13; 29. 21; 37. 19. Is. 9. 15. Zec. 13. 3. 1 Ti. 4. 2. *I sent.* ch. 23. 14-16, 21-32; 27. 15; 28. 15; 29. 8, 9, 31. Is. 30. 10, 11. 2 Th. 2. 9-11. *divination.* ch. 27. 9, 10; 29. 8, 9, 31. Eze. 12. 24; 13. 6, 7, 23; 21. 29. Mi. 3. 11. Zec. 10. 2. *and the.* ch. 23. 26. Is. 30. 10. La. 2. 14.

15 *Sword and famine shall not.* ch. 5. 12, 13; 6. 15; 8. 12; 20. 6; 23. 14, 15; 28. 15-17; 29. 20, 21, 31, 32. 1 Ki. 22. 25. Eze. 14. 10. Am. 7. 17. 2 Pe. 2. 1-3, 14-17. Re. 19. 20.

16 *the people.* ch. 5. 31. Is. 9. 16. Mat. 15. 14. *be cast.* ch. 7. 33; 9. 22; 15. 2, 3; 16. 4; 18. 21; 19. 6, 7. Ps. 79. 2, 3. *for.* ch. 2. 17-19; 4. 18; 13. 22-25. Pr. 1. 31. Re. 16. 1.

17 *let mine.* ch. 8. 18, 21; 9. 1; 13. 17. Ps. 80. 4, 5; 119. 136. La. 1. 16; 2. 18; 3. 48, 49. *for.* Is. 37.

22. La. 1. 15; 2. 13. Am. 5. 2. *with a very.* ch. 30. 14, 15. Ps. 39. 10. Mi. 6. 13.

18 *go forth.* ch. 52. 6, 7. La. 1. 20; 4. 9. Eze. 7. 15. *yea.* ch. 6. 13; 8. 10; 23. 21. De. 28. 36, 64. Is. 28. 7. La. 4. 13-16. *go about,* etc. *or,* make merchandise against a land, and *men* acknowledge *it* not. ch. 2. 8; 5. 31. Mi. 3. 11. 2 Pe. 2. 3.

19 *utterly.* ch. 6. 30; 15. 1. 2 Ki. 17. 19, 20. Ps. 78. 59; 80. 12, 13; 89. 38. La. 5. 22. Ro. 11. 1-6. *hath.* ch. 12. 8. Zec. 11. 8, 9. *no healing.* ch. 8. 22; 15. 18. 2 Ch. 36. 16. La. 2. 13. *we.* ch. 8. 15. Job 30. 26. La. 4. 17. 1 Th. 5. 3.

20 *We acknowledge.* ch. 3. 13, 25. Le. 26. 40-42. Ezr. 9. 6, 7. Ne. 9. 2. Ps. 32. 5; 51. 3; 106. 6, etc. Da. 9. 5-8. 1 Jno. 1. 7-9. *for.* 2 Sa. 12. 13; 24. 10. Job 33. 27. Ps. 51. 4. Lu. 15. 18-21.

21 *not abhor.* ver. 19. Le. 26. 11. De. 32. 19. Ps. 51. 11; 106. 40. La. 2. 7. Am. 6. 8. *for.* ver. 7. Ps. 79. 9, 10. Eze. 36. 22, 23; 39. 25. Da. 9. 7, 15-19. Ep. 2. 7. *disgrace.* ch. 3. 17; 17. 12. Ps. 74. 3-7, 20; 106. 45. La. 1. 10; 2. 6, 7, 20. Eze. 7. 20-22; 24. 21; 43. 7. Da. 8. 11-13. Lu. 21. 24. Re. 11. 2. *remember.* Ex. 32. 13. Le. 26. 42-45. Ps. 74. 2, 18-20; 89. 39, 40; 106. 45. Is. 64. 9-12. Zec. 11. 10, 11. Lu. 1. 72. He. 8. 6-13.

22 *Are.* ch. 10. 15; 16. 19. De. 32. 21. Is. 41. 29; 44. 12-20. *vanities.* De. 32. 21. 1 Ki. 17. 1; 18. 1. Ps. 74. 1, 2. Zec. 10. 1, 2. Ac. 14. 15-17. *Art.* ch. 5. 24; 10. 13; 51. 16. De. 28. 12. 1 Ki. 8. 36; 17. 14; 18. 39-45. Job 5. 10; 38. 26-28. Ps. 147. 8. Is. 30. 23. Joel 2. 23. Am. 4. 7. Mat. 5. 45. *wait.* Ps. 25. 3, 21; 27. 14; 130. 5; 135. 7. Is. 30. 18, 23. La. 3. 25, 26. Mi. 7. 7. Hab. 3. 17-19.

## CHAP. XV.

*The utter rejection and manifold judgments of the Jews,* 1-9. *Jeremiah, complaining of their spite, receives a promise for himself,* 10, 11; *and a threatening for them,* 12-14. *He prays,* 15-18; *and receives a gracious promise,* 19-21.

1 *Though.* ch. 7. 16; 11. 14; 14. 11. Eze. 14. 14, 21. *Moses.* Ex. 32. 11-14. Nu. 14. 13-20. 1 Sa. 7. 9; 12. 23. Ps. 99. 6. *stood.* ch. 18. 20. Ge. 19. 27. Ps. 106. 23. Zec. 3. 3. He. 9. 24. *my mind.* Ju. 5. 9. Pr. 14. 35. *cast.* See on ch. 7. 15; 23. 39; 52. 3. 2 Ki. 17. 20.

2 *for death.* ch. 14. 12; 24. 9, 10; 43. 11. Is. 24. 18. Eze. 5. 2, 12; 14. 21. Da. 9. 12. Am. 5. 19. Zec. 11. 9. Re. 6. 3-8.

3 *I will.* ch. 7. 33. Le. 26. 16, 22, 25. De. 28. 26. 1 Ki. 21. 23, 24. 2 Ki. 9. 35-37. Is. 18. 6; 56. 9, 10. Eze. 14. 21. Re. 6. 8; 19. 17, 18. *kinds. Heb.* families.

4 *cause them to be removed. Heb.* give them for a removing. See on ch. 9. 16; 24. 9; 29. 18; 34. 17. Le. 26. 33. De. 28. 25, 64. La. 1. 8. Eze. 23. 46. *because.* 2 Ki. 21. 11-13; 23. 26, 27; 24. 3, 4.

5 *For who.* ch. 16. 5; 21. 7. Job 19. 21. Ps. 69. 20. Is. 51. 19. La. 1. 12-16; 2. 15, 16. Na. 3. 7. *how thou doest. Heb.* of thy peace. Ex. 18. 7. Ju. 18. 15. 1 Sa. 10. 4; 17. 22; 25. 5, margins.

6 *forsaken.* ch. 1. 16; 2. 13, 17, 19. *thou art.* ch. 7. 24; 8. 5. Is. 1. 4; 28. 13. Ho. 4. 16; 11. 7. Zec. 7. 11. *stretch.* Eze. 14. 9; 25. 7. Zep. 1. 4. *I am.* ch. 6. 11; 20. 9. Ps. 78. 38-40; 104. 43-45. Eze. 12. 26-28. Ho. 13. 14. Am. 7. 3-8.

7 *I will fan.* ch. 4. 11, 12; 51. 2. Ps. 1. 4. Is. 41. 16. Mat. 3. 12. *bereave.* ch. 9. 21; 18. 21. De. 28. 18, 32, 41, 53-56. Ho. 9. 12-17. *children. or,* whatsoever is dear. Eze. 24. 21, 25. *since.* ch. 5. 3; 8. 4, 5. Is. 9. 13. Am. 4. 10-12. Zec. 1. 4.

8 *widows.* Is. 3. 25, 26; 4. 1. *the mother,* etc. *or,* the mother *city* a young man spoiling, etc. *or,* the mother *and* the young men. *a spoiler.* ch. 4. 16; 5. 6; 6. 4, 5. Lu. 21. 35.

9 *She that hath.* She that hath had a numerous offspring, *Jerusalem,* the mother city, the parent of so many cities, villages, and families in the land. 1 Sa. 2. 5. Is. 47. 9. La. 1. 1; 4. 10. *her sun.* Am. 8. 9, 10. *and the.* See on ver. 2, 3; ch. 44. 27. Eze. 5. 12.

10 *my.* ch. 20. 14-18. Job 3. 1, etc. *a man.* ver. 20; ch. 1. 18, 19; 20. 7, 8. 1 Ki. 18. 17, 18; 21. 20; 22. 8. Ps. 120. 5, 6. Eze. 2. 6, 7; 3. 7-9. Mat. 10. 21-23; 24. 9. Lu. 2. 34, 2J 17. Ac. 16. 20-22; 17. 6-8; 19. 8, 9, 25-28; 28. 22. 1 Co. 4. 9-13. *I have.* Ex. 22. 25. De. 23. 19, 20. Ne. 5. 1-6. Ps. 15. 5. *curse.* Ps. 109. 28. Pr. 26. 2. Mat. 5. 44. Lu. 6. 22.

11 *Verily it.* Ps. 37. 3-11. Ec. 8. 12. *verily I.* ch. 29. 11-14; 39. 11, 12; 40. 2-6. Ps. 106. 46. *cause the enemy to entreat thee. or,* entreat the enemy for thee. Pr. 16. 7; 21. 1.

12 *Shall iron.* ch. 1. 18, 19; 21. 4, 5. Job 40. 9. Is. 45. 9. Hab. 1. 5-10.

13 *substance.* ver. 8; ch. 17. 3; 20. 5. *without.* Ps. 44. 12. Is. 52. 3, 5.

14 *pass.* ver. 4; ch. 14. 18; 16. 13; 17. 4; 52. 27. Le. 26. 38, 39. De. 28. 25, 36, 64. Am. 5. 27. *a fire.* ch. 4. 4. De. 29. 23; 32. 22. Ps. 21. 9. Is. 42. 25; 66. 15, 16. Na. 1. 5, 6. He. 12. 29.

15 *thou.* ch. 12. 3; 17. 16. Job 10. 7. Ps. 7. 3-5; 17. 3. Jno. 21. 15-17. 2 Co. 5. 11. *remember.* ch. 11. 18-20; 20. 12. Ne. 5. 19; 6. 14; 13. 22, 31. Ps. 106. 4; 109. 26-29; 119. 84, 132-134. Lu. 18. 7, 8. Ro. 12. 19. 2 Ti. 4. 14. Re. 6. 10; 18. 20. *take.* Ps. 39. 13; 102. 24. Is. 38. 3. *know.* ver. 10; ch. 11. 21; 20. 8. Ps. 69. 7-9. Mat. 5. 10-12; 10. 22; 19. 29. Lu. 6. 22, 23; 21. 17. Ro. 8. 35. 1 Pe. 4. 14-16.

16 *I did.* Eze. 3. 1-3. Re. 10. 9. *thy word.* Job 23. 12. Ps. 19. 10; 119. 72, 97, 101-103, 111. *I am called by thy name. Heb.* thy name is called upon me. ch. 14. 9, marg.

17 *sat not.* Ps. 1. 1; 26. 4, 5. 2 Co. 6. 17. *sat alone.* ch. 13. 17. La. 3. 28. Eze. 3. 24, 25. Da. 7. 28. *for.* ch. 1. 10; 6. 11. See on ch. 20. 8, 9.

18 *my pain.* ch. 14. 19. Ps. 6. 3; 13. 1-3. La. 3. 1-18. *my wound.* ch. 30. 12, 15. Job 34. 6. Mi. 1. 9. *as a.* ch. 1. 18, 19; 20. 7. Eze. 5. 22, 23. *and as.* ch. 14. 3. Job 6. 15-20. *fail. Heb.* be not sure.

19 *return.* ver. 10-18; ch. 20. 9. Ex. 6. 29, 30. Jon. 3. 2. *stand.* ver. 1. 1 Ki. 17. 1. Pr. 22. 29. Zec. 3. 7. Lu. 1. 19; 21. 36. Jude 24. *take.* Le. 10. 10. Is. 32. 5, 6. Eze. 22. 26; 44. 23. He. 5. 14. *as my.* Ex. 4. 12, 15, 16. Lu. 10. 16; 12. 12; 21. 15. *let them.* ch. 38. 20, 21. Eze. 2. 7; 3. 10, 11. Ac. 20. 27. 2 Co. 5. 16. Ga. 1. 10; 2. 5.

20 *I will.* See on ch. 1. 18, 19; 6. 27. Eze. 3. 9. Ac. 4. 8-13, 29-31; 5. 29-32. *but.* ch. 20. 11, 12. Ps. 124. 1-3; 129. 1, 2. Ro. 8. 31-39. *for.* ch. 20. 11. Ps. 46. 7, 11. Is. 7. 14; 8. 9, 10; 41. 10. Ac. 18. 9, 10. 2 Ti. 4. 16, 17, 22.

21 *deliver.* Ge. 48. 16. Ps. 27. 2; 37. 40. Is. 49. 24, 25; 54. 17. Mat. 6. 13. Ro. 16. 20. 2 Co. 1. 10. *the terrible.* Is. 25. 3-5; 29. 5, 20.

## CHAP. XVI.

*The prophet, under the types of abstaining from marriage, from houses of mourning and feasting, foreshews the utter ruin of the Jews,* 1-9; *because they were worse than their fathers,* 10-13. *Their return from captivity shall be stranger than their deliverance out of Egypt,* 14, 15. *God will doubly recompense their idolatry,* 19-21.

1 *The word.* See on ch. 1. 2, 4; 2. 1.

2 Ge. 19. 14. Mat. 24. 19. Lu. 21. 23; 23. 29. 1 Co. 7. 26, 27.

4 *die.* ch. 14. 16; 15. 2, 3. Ps. 78. 64. *not.* ver. 5-7; ch. 22. 18; 25. 33. Am. 6. 9, 10. *neither.* ch. 7. 33; 22. 19; 36. 30. Ps. 79. 2, 3. *as dung.* ch. 8. 1-3; 9. 22; 25. 33. 1 Ki. 14. 10, 11; 21. 23, 24. 2 Ki. 9. 10, 36, 37. Ps. 83. 10. Is. 5. 25. Zep. 1. 17. *consumed.* ch. 14. 15; 34. 17; 44. 12, 27. Eze. 5. 12. *meat.* ch. 34. 20. Ps. 79. 2. Is. 18. 6. Eze. 39. 17-20. Re. 19. 17, 18.

5 *Enter.* ver. 6, 7. Eze. 24. 16-23. *mourning. or,* mourning feast. *I have.* ch. 15. 1-4. De. 31. 17. 2 Ch. 15. 5, 6. Is. 27. 11. Zec. 8. 10. Re. 6. 4.

6 *the great.* ch. 13. 13. Is. 9. 14-17; 24. 2. Eze. 9. 5, 6. Am. 6. 11. Re. 6. 15; 20. 12. *they.* See on ver. 4; ch. 22. 18, 19. *nor cut.* ch. 7. 29; 41. 5; 47. 5; 48. 37. Le. 19. 28. De. 14. 1. Is. 22. 12.

7 *tear themselves. or,* break bread. De. 26. 14. Job 42. 11. Eze. 24. 17. Ho. 9. 4. *cup.* Pr. 31. 6, 7.

8 ch. 15. 17. Ps. 26. 4. Ec. 7. 2-4. Is. 22. 12-14. Am. 6. 4-6. Mat. 24. 38. Lu. 17. 27-29. 1 Co. 5. 11. Ep. 5. 11.

9 *I will.* ch. 7. 34; 25. 10. Is. 24. 7-12. Eze. 26. 13. Ho. 2. 11. Re. 18. 22, 23.

10 *Wherefore.* See on ch. 2. 35; 5. 19; 13. 22; 22. 8, 9. De. 29. 24, 25. 1 Ki. 9. 8, 9. Ho. 12. 8.

11 *Because.* ch. 2. 8; 5. 7-9. Ju. 2. 12, 13; 10. 13, 14. Ne. 9. 26-29. Ps. 106. 35-41. Da. 9. 10-12. *walked.* ch. 8. 2; 9. 14. Eze. 11. 21. 1 Pe. 4. 3.

12 *worse.* See on ch. 7. 26; 13. 10. 2 Ti. 3. 13. *imagination. or,* stubbornness. ch. 7. 24; 9. 14; 13. 10, marg. De. 9. 27; 29. 19, marg. Ju. 2. 19. 1 Sa. 15. 23. *evil.* ch. 17. 9. Ge. 6. 5; 8. 25. Ec. 8. 12; 9. 3. Mar. 7. 21. He. 3. 12.

13 *will I.* ch. 6. 15; 15. 4, 14; 17. 4. Le. 18. 27, 28. De. 4. 26-28; 28. 36, 63-65; 29. 28; 30. 17, 18. Jos. 23. 15, 16. 2 Ch. 7. 20. *into a.* ch. 14. 8; 17. 4; 22. 28. *and.* De. 4. 28; 28. 36. Ps. 81. 12.

14 *behold.* ch. 23. 7, 8. Is. 43. 18, 19. Ho. 3. 4, 5. *that brought.* See on Ex. 20. 2. De. 15. 15. Mi. 6. 4.

15 *that brought.* ch. 3. 18; 24. 6; 30. 3, 10; 31. 8; 32. 37; 50. 19. De. 30. 3-5. Ps. 106. 47. Is. 11. 11-16; 13. 5, 6; 14. 1; 27. 12, 13. Eze. 34. 12-14; 36. 24; 37. 21, 22; 39. 28. Am. 9. 14.

16 *I will send.* I will raise up enemies against them, some of whom shall destroy them by *wiles*, and others shall ruin them by *violence*. The Chaldeans shall make an entire conquest of the whole land, and strip it of its riches and inhabitants; and those who may escape one party shall fall into the hands of another. ch. 25. 9. Am. 4. 2. Hab. 1. 14, 15. *hunters.* Ge. 10. 9. 1 Sa. 24. 11; 26. 20. Mi. 7. 2. *every mountain.* Is. 24. 17, 18. Am. 5. 19; 9. 1-3. Lu. 17. 34-37. Re. 6. 15-17.

17 ch. 23. 24; 32. 19. 2 Ch. 16. 9. Job 34. 21, 22. Ps. 90. 8; 139. 3. Pr. 5. 21; 15. 3. Is. 29. 15. Eze. 8. 12; 9. 9. Lu. 12. 1, 2. 1 Co. 4. 5. He. 4. 13.

18 *first.* ch. 17. 18. Is. 40. 2; 61. 7. Re. 18. 6. *they have defiled.* ch. 2. 7; 3. 1, 2, 9. Le. 18. 27, 28. Nu. 35. 33, 34. Ps. 106. 38. Is. 24. 5. Mi. 2. 10. Zep. 3. 1-5. *the carcases.* Le. 26. 30. Eze. 11. 18, 21; 43. 7-9.

19 *my strength.* ch. 17. 17. Ps. 18. 1, 2; 19. 14; 27. 5; 46. 1, 7, 11; 62. 2, 7; 91. 1, 2; 144. 1, 2. Pr. 18. 10. Is. 25. 4; 32. 2. Eze. 11. 16. Na. 1. 7. Hab. 3. 19. *Gentiles.* ch. 3. 16, 17. Ps. 22. 27-30; 67. 2-7; 68. 31; 72. 8-12; 86. 9. Is. 2. 2, 3; 11. 9, 10; 49. 6; 60. 1-3; 62. 2. Mi. 4. 1, 2. Zec. 2. 11; 8. 20-23. Mal. 1. 11. Re. 7. 9-11; 11. 15. *Surely.* ch. 3. 23; 10. 14, 15. Hab. 2. 18, 19. 1 Pe. 1. 18. *wherein.* See on ch. 2. 11; 10. 5. Is. 44. 10.

20 Ps. 115. 4-8; 135. 14-18. Is. 36. 19; 37. 19. Ho. 8. 4-6. Ac. 19. 26. Ga. 1. 8; 4. 8.

21 *I will this.* Ex. 9. 14-18; 14. 4. Ps. 9. 16. Eze. 6. 7; 24. 24, 27; 25. 14. *and they.* ch. 33. 2. Ex. 15. 3. Ps. 83. 18. Is. 43. 3. Am. 5. 8. *The Lord. or,* JEHOVAH.

## CHAP. XVII.

*The captivity of Judah for her sin,* 1-4. *Trust in man is cursed,* 5, 6; *in God is blessed,* 7, 8. *The deceitful heart cannot deceive God,* 9-11. *The salvation of God,* 12-14. *The prophet complains of the mockers of his prophecy,* 15-18. *He is sent to renew the covenant in hallowing the sabbath,* 19-27.

1 *written.* Job 19. 23, 24. *point. Heb.* nail. *graven.* Pr. 3. 3; 7. 3. 2 Co. 3. 3. *and upon.* Le. 4. 7, 18, 25. Ho. 12. 11.

2 *their children.* ch. 7. 18. Ho. 4. 13, 14. *their altars.* See on ch. 2. 20. Ju. 3. 7. 2 Ch. 24. 18; 33. 3, 19. Ps. 78. 58. Is. 1. 29; 17. 8. Eze. 20. 28.

3 *my.* ch. 26. 18. Is. 2. 2, 3. La. 5. 17, 18. Mi. 3. 12; 4. 1, 2. *I will.* ch. 15. 13; 52. 15-20. 2 Ki. 24. 13; 25. 13-16. Is. 39. 4-6. La. 1. 10. Eze. 7. 20-22. *and thy.* ch. 12. 12. Le. 26. 30. Is. 27. 9. Eze. 6. 3; 16. 39. Mi. 1. 5-7.

4 *thyself. Heb.* in thyself. *shalt.* ch. 16. 13; 25. 9-11. Le. 26. 31-34. De. 4. 26, 27; 28. 25. Jos. 23. 15, 16. 1 Ki. 9. 7. 2 Ki. 25. 21. *and I.* ch. 5. 29; 27. 12, 13. De. 28. 47, 48. Ne. 9. 28. Is. 14. 3. *for.* ch. 7. 20; 15. 14. De. 29. 26-28; 32. 22-25. Is. 5. 25; 30. 33; 66. 24. La. 1. 12. Eze. 20. 47, 48; 21. 31. Na. 1. 5, 6. Mar. 9. 43-49.

5 *Cursed.* Ps. 62. 9; 118. 8, 9; 146. 3, 4. Is. 2. 22; 30. 1, etc.; 31. 1, etc.; 36. 6. Eze. 29. 6, 7. *flesh.* 2 Ch. 32. 8. Is. 31. 3. *whose.* Ps. 18. 21. Is. 59. 15. Eze. 6. 9. Ho. 1. 2. He. 3. 12.

6 *like.* ch. 48. 6. Job 8. 11-13; 15. 30-34. Ps. 1. 4; 92. 7; 129. 6-8. Is. 1. 30. *and shall.* 2 Ki. 7. 2, 19, 20. Job 20. 17. *a salt.* De. 29. 23. Ju. 9. 45. Eze. 47. 11. Zep. 2. 9.

7 Ps. 2. 12; 34. 8; 84. 12; 125. 1; 146. 5. Pr. 16. 20. Is. 26. 3, 4; 30. 18. Ep. 1. 12.

8 *he shall.* Job 8. 16. Ps. 1. 3; 92. 10-15. Is. 58. 11. Eze. 31. 4-10; 47. 12. *drought. or,* restraint. ch. 14. 1, marg.

9 ch. 16. 12. Ge. 6. 5; 8. 21. Job 15. 14-16. Ps. 51. 5; 53. 1-3. Pr. 28. 26. Ec. 9. 3. Mat. 15. 19. Mar. 7. 21, 22. He. 3. 12. Ja. 1. 14, 15.

10 *the Lord.* ch. 11. 20; 20. 12. 1 Sa. 16. 7. 1 Ch. 28. 9; 29. 17. 2 Ch. 6. 30. Ps. 7. 9; 139. 1, 2, 23, 24. Pr. 17. 3. Jno. 2. 25. Ro. 8. 27. He. 4. 12, 13. Re. 2. 23. *even.* ch. 32. 19. Ps. 62. 12. Mat. 16. 27. Ro. 2. 6-8. Re. 20. 12; 22. 12. *fruit.* ch. 21. 14; 32. 19. Is. 3. 10, 11. Mi. 7. 13. Ro. 6. 21. Ga. 6. 7, 8.

11 *sitteth,* etc. *or,* gathered *young* which she hath not brought forth. *he that.* ch. 5. 27, 28; 22. 13, 17. Pr. 1. 18, 19; 13. 11; 15. 27; 21. 6; 28. 8, 16, 20, 22. Is. 1. 23, 24. Eze. 22. 12, 13. Ho. 12. 7, 8. Am. 3. 10; 8. 4-6. Mi. 2. 1, 2, 9; 6. 10-12; 7. 3. Hab. 2. 6-12. Zep. 1. 9. Zec. 5. 4; 7. 9-13. Mal. 3. 5. Mat. 23. 14. 1 Ti. 6. 9. Tit. 1. 11. Ja. 5. 3-5. 2 Pe. 2. 3, 14. *shall leave.* Ps. 55. 23. Pr. 23. 5. Ec. 5. 13-16. *a fool.* Lu. 12. 20.

12 ch. 3. 17; 14. 21. 2 Ch. 2. 5, 6. Ps. 96. 6; 103. 19. Is. 6. 1; 66. 1. Eze. 1. 26; 43. 7. Mat. 25. 31. He. 4. 16; 12. 2. Re. 3. 21.

13 *the hope.* ver. 17; ch. 14. 8. Ps. 22. 4. Joel 3. 16. Ac. 28. 20. 1 Ti. 1. 1. *all that.* ch. 2. 26, 27. Ps. 97. 7. Is. 45. 16, 17; 65. 11-14; 66. 5. Eze. 16. 63; 36. 32. Da. 12. 2. *they that.* See on ver. 5. Ps. 73. 27. Pr. 14. 14. Is. 1. 28. *written.* Pr. 10. 7. Lu. 10. 20. Jno. 8. 6-8. Re. 20. 15. *forsaken.* ch. 2. 13, 17. Ps. 36. 8, 9. Jno. 4. 10, 14; 7. 37, 38. Re. 7. 17; 21. 6; 22. 1, 17.

14 *Heal.* ch. 31. 18. De. 32. 39. Ps. 6. 2, 4; 12. 4. Is. 6. 10; 57. 18, 19. Lu. 4. 18. *save.* ch. 15. 20. Ps. 60. 5; 106. 47. Mat. 8. 25; 14. 30. *thou.* De. 10. 21. Ps. 109. 1; 148. 14.

15 ch. 20. 7, 8. Is. 5. 19. Eze. 12. 22, 27, 28. Am. 5. 18. 2 Pe. 3. 3, 4.

16 *I have.* ch. 1. 4-10; 20. 9. Eze. 3. 14-19; 33. 7-9. Am. 7. 14, 15. Ja. 1. 19; 3. 1. *to follow thee. Heb.* after thee. *neither.* ch. 4. 19, 20; 9. 1; 13. 17; 14. 17-21; 18. 20. Ro. 9. 1-3. *that.* Ac. 20. 20, 27. 2 Co. 1. 12; 2. 17.

17 *a terror.* Job 31. 23. Ps. 77. 2-9; 88. 15, 16. *thou.* ver. 7, 13; ch. 16. 19. Ps. 41. 1; 59. 16. Na. 1. 7. Ep. 6. 13.

18 *confounded.* ch. 20. 11. Ps. 35. 4, 26, 27; 40. 14; 70. 2; 83. 17, 18. *but let not me be confounded.* Ps. 25. 2, 3; 71. 1. *the day.* ver. 16; ch. 18. 19-23. *destroy them with double destruction. Heb.* break them with a double breach. ch. 11. 20; 14. 17; 16. 18. Job 16. 14. Re. 18. 6.

19 A.M. cir. 3393. B.C. cir. 611. ch. 7. 2; 19. 2; 26. 2; 36. 6, 10. Pr. 1. 20-22; 8. 1; 9. 3. Ac. 5. 20.

20 ch. 13. 18; 19. 3; 22. 2. Ps. 49. 1, 2. Eze. 2. 7; 3. 17. Ho. 5. 1. Am. 4. 1. Mi. 3. 1. Re. 2. 29.

21 *Take.* De. 4. 9, 15, 23; 11. 16. Jos. 23. 11. Pr. 4. 23. Mar. 4. 24. Lu. 8. 18. Ac. 20. 28. He. 2. 1-3; 12. 15, 16. *bear.* ver. 22-27. Nu. 15. 32-36. Ne. 13. 15-21. Jno. 5. 9-12.

22 *neither do.* Ge. 2. 2, 3. Ex. 16. 23-29; 20. 8-10; 23. 12; 31. 13-17. Le. 19. 3; 23. 3. De. 5. 12-15. Is. 56. 2-6; 58. 13. Eze. 20. 12, 20, 21; 22. 8. Lu. 6. 5; 23. 56. Re. 1. 10.

23 *they obeyed.* ch. 7. 24-26; 11. 10; 16. 11, 12; 19. 15. Is. 48. 4. Eze. 20. 13, 16, 21. Zec. 7. 11, 12. Ac. 7. 51. *made.* Pr. 29. 1. *nor.* ch. 6. 8; 32. 33; 35. 15. Ps. 50. 17. Pr. 1. 3, 5; 5. 12; 8. 10. Zep. 3. 7. Jno. 3. 19-21.

24 *if.* Ex. 15. 26. De. 11. 13, 22. Is. 21. 7; 55. 2. Zec. 6. 15. 2 Pe. 1. 5-10. *to bring.* See on ver. 21, 22. *but hallow.* Is. 58. 13, 14.

25 *shall there.* ch. 22. 4. *sitting.* ch. 13. 13; 22. 30; 33. 15, 17, 21. 2 Sa. 7. 16. 1 Ki. 9. 4, 5. Ps. 89. 29-37; 132. 11, 12. Is. 9. 7. Lu. 1. 32, 33. *riding.* De. 17. 16. 1 Sa. 8. 11. 2 Sa. 8. 4. *and this.* Ex. 12. 14. Ps. 132. 13, 14. He. 12. 22.

26 *from the cities.* ch. 32. 44; 33. 13. Jos. 15. 21, etc. *the plain.* Zec. 7. 7. *bringing burnt.* See on Le. ch. 1-7. Ezr. 3. 3-6, 11. *sacrifices of.* ch. 33. 11. Ps. 107. 22; 116. 17. He. 13. 15. 1 Pe. 2. 5, 9, 10. Re. 1. 5.

27 *ye will.* ver. 24; ch. 6. 17; 26. 4-6; 44. 16. Is. 1. 20. Zec. 7. 11-14. He. 12. 25. *to hallow.* ver. 21, 22. Eze. 22. 8. *then.* See on ver. 4; ch. 21. 12, 14; 32. 29; 38. 21-23; 49. 27. De. 32. 22. Is. 9. 18, 19. La. 4. 11. Eze. 16. 41; 20. 47, 48. Am. 1. 4, 7, 10, 12, 14; 2. 2, 4, 5. *shall devour.* ch. 39. 8; 52. 13. 2 Ki. 25. 9. 2 Ch. 36. 19. Am. 2. 5. *shall not.* ch. 7. 20. 2 Ki. 22. 17. Is. 1. 31. Eze. 20. 47. Mar. 9. 43-48.

## CHAP. XVIII.

*Under the type of a potter is shewn God's absolute power in disposing of nations,* 1-10. *Judgments threatened to Judah for her strange revolt,* 11-17. *Jeremiah prays against his conspirators,* 18-23.

2 A.M. 3396. B.C. 608. *and go.* ch. 13. 1; 19. 1, 2. Is. 20. 2. Eze. 4. 1, etc.; 5. 1. Am. 7. 7. He. 1. 1. *cause.* ch. 23. 22. Ac. 9. 6.

3 *I went.* Jon. 1. 3. Jno. 15. 14. Ac. 26. 19. *wheels. or,* frames, *or* seats.

4 *made of clay was marred in. or,* made was marred, as clay in. *made it again. Heb.* returned and made. *as.* ver. 6. Is. 45. 9. Ro. 9. 20-23.

6 ver. 4. Is. 64. 8. Da. 4. 34. Mat. 20. 15. Ro. 11. 34.

7 *to pluck.* See on ch. 1. 10; 12. 14-17; 25. 9, etc.; 45. 4. Am. 9. 8. Jon. 3. 4.

8 *that nation.* ch. 7. 3-7; 36. 3. Ju. 10. 15, 16. 1 Ki. 8. 33, 34. 2 Ch. 12. 6. Is. 1. 16-19. Eze. 18. 21; 33. 11, 13. Jon. 2. 5-10. Lu. 13. 3-5. *I will.* ch. 15. 6; 26. 3, 13; 42. 10. Ex. 32. 12. De. 32. 36. Ju. 2. 18. Ps. 90. 13; 106. 45; 135. 14. Ho. 11. 8. Joel 2. 13, 14. Am. 7. 3-6. Jon. 3. 9, 10; 4. 2.

9 *to build.* ch. 1. 10; 11. 17; 30. 18; 31. 4, 28, 38; 32. 41. Ec. 3. 2. Am. 9. 11-15.

10 *do.* See on ch. 7. 23-28. Ps. 125. 5. Eze. 18. 24; 33. 18; 45. 20. Zep. 1. 6. *then.* Nu. 14. 22, 34. 1 Sa. 2. 30; 13. 13; 15. 11, 35.

11 *go to.* Ge. 11. 3, 4, 7. 2 Ki. 5. 5. Is. 5. 5. Ja. 4. 13; 5. 1. *and devise.* ver. 18; ch. 4. 23; 11. 19; 51. 11. Mi. 2. 3. *return.* ch. 3. 1, 22; 7. 3; 25. 5; 26. 3, 13; 35. 15; 36. 3, 7. 2 Ki. 17. 13; 27. 13. Is. 1. 16-19; 55. 6, 7. La. 3. 39-41. Eze. 13. 22; 18. 23, 30-32. Zec. 1. 3. Ac. 26. 20.

12 *There.* ch. 2. 25. 2 Ki. 6. 33. Is. 57. 10. Eze. 37. 11. *we will walk.* ch. 3. 17; 7. 24; 11. 8; 16. 12; 23. 17; 44. 17. Ge. 6. 5; 8. 21. De. 29. 19. Mar. 7. 21, 22. Lu. 1. 51.

13 *Ask.* See on ch. 2. 10-13. *who.* 1 Sa. 4. 7. Is. 66. 8. 1 Co. 5. 1. *virgin.* ch. 2. 13; 14. 17; 31. 4. Is. 36. 22. La. 1. 15. *a very.* ch. 5. 30; 23. 14. Ho. 6. 10.

14 *Will.* Jno. 6. 68. *the snow,* etc. *or,* my fields for a rock, *or for* the snow of Lebanon? shall the running waters be forsaken for the strange cold *waters?* PARKHURST renders, 'Will the snow of Lebanon fail from the rock of the field? or will the issuing cold flowing waters (from that mountain namely) be exhausted?' (See Targ., LXX., and Vulg.) No more could I fail my people if they trusted in me. (Compare ch. 2. 13.) MAUNDRELL says, 'The chief benefit the mountain of Lebanon serves for, is, that by its exceeding height, it proves a conservatory for abundance of snow, which thawing in the heat of summer, affords supplies of water to the rivers and fountains in the valleys below.'

15 *my people.* See on ch. 2. 13, 19, 32; 3. 21; 13. 25; 17. 13. *burned.* ch. 10. 15; 16. 19; 44. 15-19, 25. Is. 41. 29; 65. 7. Ho. 2. 13; 11. 2. *caused.* Is. 3. 12; 9. 16. Mal. 2. 8. Mat. 15. 6. Ro. 14. 21. *the ancient.* See on ch. 6. 16. *to walk.* ch. 19. 5. Is. 57. 14.

16 *make.* ch. 9. 11; 19. 8; 25. 9; 49. 13; 50. 13. Le. 26. 33, 34, 43. De. 29. 23. Is. 6. 11. Eze. 6. 14; 12. 19; 33. 28, 29. *a perpetual.* 1 Ki. 9. 8. 2 Ch. 7. 20, 21. La. 2. 15, 16. Mi. 6. 16. *shall be.* De. 28. 59. Ps. 22. 7; 44. 14. Is. 37. 22. Mat. 27. 39. Mar. 15. 29.

17 *scatter.* ch. 13. 24. De. 28. 25, 64. Job 27. 21. Ps. 48. 7. Ho. 13. 15. *shew.* ch. 2. 27; 32. 33. De. 31. 17. Ju. 10. 13, 14. *the day.* ch. 46. 21. Da. 32. 35. Pr. 7. 25, 26.

18 *Come.* ver. 11; ch. 11. 19. Ps. 21. 11. Is. 32. 7. Mi. 2. 1-3. *for the.* ch. 13. 13, 14; 14. 14-16; 29. 25-29. Le. 10. 11. 1 Ki. 22. 24. Mal. 2. 7. Lu. 11. 45. Jno. 7. 47-49; 9. 40. *counsel.* 2 Sa. 15. 31; 17. 14. Job 5. 13. *Come and let us smite.* ch. 26. 11. Ps. 52. 2; 57. 4; 64. 3. Pr. 18. 21. *with. or,* for. *and let us not.* ch. 5. 12, 13; 43. 2; 44. 17.

19 *Give.* ch. 20. 12. Ps. 55. 16, 17; 64. 1-4; 56. 1-3; 109. 4, 28. Mi. 7. 8. Lu. 6. 11, 12. *hearken.* 2 Ki. 19. 16. Ne. 4. 4, 5; 6. 9.

20 *evil.* 1 Sa. 24. 17-19. Ps. 35. 12; 38. 20; 109. 4, 5. Pr. 17. 13. Jno. 10. 32; 15. 25. *digged.* ver. 22. Job 6. 27. Ps. 7. 15; 35. 7; 57. 6; 119. 95. Pr. 26. 27. Ec. 10. 8. *Remember.* ch. 7. 16; 11. 14; 14. 7-11, 20-22; 15. 1. Ge. 18. 22-32. Ps. 106. 23. Eze. 22. 30, 31. Zec. 3. 1, 2.

21 *deliver.* ch. 11. 20-23; 12. 3; 20. 1-6, 11, 12. Ps. 109. 9-20. 2 Ti. 4. 14. *pour out their blood. Heb.* pour them out. *let their wives.* See on ch. 15. 2, 3, 8; 16. 3, 4. Ex. 22. 24. De. 32. 25. La. 5. 3. *let their young.* ch. 9. 21; 11. 22. 2 Ch. 36. 17. Am. 4. 10.

22 *a cry.* ch. 4. 19, 20, 31; 6. 26; 9. 20, 21; 25. 34-36; 47. 2, 3; 48. 3-5. Is. 10. 30; 22. 1-4. Zep. 1. 10, 11, 16. *for.* See on ver. 20. *and hid.* ch. 20. 10. Ps. 38. 12; 56. 5-7; 64. 4, 5; 140. 5. Mat. 22. 15.

23 *thou.* See on ver. 18; ch. 11. 18-20; 15. 15. Ps. 37. 32, 33. *to slay me. Heb.* for death. *forgive.* Ne. 4. 4, 5. Ps. 35. 4; 59. 5; 69. 22-28; 109. 14, 15. Is. 2. 9. *in the.* ch. 8. 12; 11. 23. Is. 10. 3. Lu. 21. 22. Ro. 2. 5.

## CHAP. XIX.

*Under the type of breaking a potter's vessel, is foreshewn the desolation of the Jews for their sins.*

1 A.M. 3397 B.C. 607. *Go.* ver. 10, 11; ch. 18. 2-4; 32. 14. Is. 30. 14, marg. La. 4. 2. 2 Co. 4. 7. *the ancients of the people.* ch. 26. 17. Nu. 11. 16. 1 Ch. 24. 4-6. Eze. 8. 11, 12; 9. 6. Mat. 26. 3; 27. 1, 41, 42. Ac. 4. 5, 6.

2 *the valley.* See on ch. 7. 31, 32; 32. 35. Jos. 15. 8. 2 Ki. 23. 10. 2 Ch. 28. 3; 33. 6. *east-gate. Heb.* sun-gate. Ne. 3. 29. *and proclaim.* ch. 1. 7; 3. 12; 7. 2; 11. 6; 26. 2. Pr. 1. 20-22. Eze. 3. 10, 11. Jon. 3. 2. Mat. 10. 27. Ac. 5. 20; 20. 27.

3 *Hear.* ch. 13. 18; 17. 20. Ps. 2. 10; 102. 15; 110. 5. Mat. 10. 18. Re. 2. 29. *his ears.* 1 Sa. 3. 11; 4. 16-18. 2 Ki. 21. 12, 13. Is. 28. 19.

4 *they have.* ch. 2. 13, 17, 19, 34; 5. 6; 15. 6; 16. 11; 17. 13. De. 28. 20; 31. 16-18; 32. 15-23. 2 Ki. 22. 16, 17. Is. 65. 11. Da. 9. 5-15. *estranged.* 2 Ki. 21. 4, 5, 7; 23. 11, 12. 2 Ch. 33. 4-7. *burned.* ch. 7. 9; 11. 13; 18. 15; 32. 29-35. De. 13. 6, 13; 28. 36, 64; 32. 17. *filled.* ch. 2. 30, 34; 7. 31, 32; 22. 17; 26. 15, 23. 2 Ki. 21. 6, 16; 24. 4. Is. 59. 7. La. 4. 13. Mat. 23. 34, 35. Lu. 11. 50. Re. 16. 6.

5 *the high.* Nu. 22. 41. *to burn.* ch. 7. 31. De. 12. 31. 2 Ki. 17. 17. 2 Ch. 28. 3. Ps. 106. 37, 38. Eze. 16. 20, 21; 20. 26. *which.* See on ch. 7. 31, 32; 32. 35. Le. 18. 21. *neither.* Eze. 38. 10. Da. 2. 29.

6 *this.* See on ver. 2, 11; ch. 7. 32, 33. Jos. 15. 8. Is. 30. 33.

7 *I will make.* Job 5. 12, 13. Ps. 33. 10, 11. Pr. 21. 30. Is. 8. 10; 28. 17, 18; 30. 1-3. La. 3. 37. Ro. 3. 31.

4. 14. *I will cause.* ch. 9. 21; 15. 2, 9; 18. 21; 22. 25; 46. 26. Le. 26. 17. De. 28. 25. *and their.* ch. 7. 33; 8. 2; 9. 22; 16. 4; 22. 19; 34. 20. De. 28. 26. Ps. 79. 2, 3. Re. 19. 18-21.

8 See on ch. 9. 9-11; 18. 16; 25. 18; 49. 13; 50. 13. Le. 26. 32. 1 Ki. 9. 8. 2 Ch. 7. 20, 21. La. 2. 15, 16. Zep. 2. 15.

9 *eat the.* Le. 26. 29. De. 28. 53-57. 2 Ki. 6. 26-29. Is. 9. 20. La. 2. 20; 4. 10. Eze. 5. 10.

10 ch. 48. 12; 51. 63, 64.

11 *Even.* ch. 13. 14. Ps. 2. 9. Is. 30. 14. La. 4. 2. Re. 2. 27. *made whole. Heb.* healed. *bury.* ver. 6; ch. 7. 31, 32.

13 *defiled.* 2 Ki. 23. 10, 12, 14. Ps. 74. 7; 79. 1. Eze. 7. 21, 22. *upon.* ch. 32. 29. 2 Ki. 23. 12. Zep. 1. 5. *have poured.* ch. 7. 18.

14 *from.* ver. 2, 3. *he stood.* ch. 17. 19; 26. 2. 2 Ch. 20. 5; 24. 20, 21. Lu. 21. 37, 38. Ac. 5. 20.

15 *because.* See on ch. 7. 26; 17. 23; 35. 15-17. 2 Ch. 36. 16, 17. Ne. 9. 17, 29. Zec. 7. 11-14. Ac. 7. 51, 52. *hardened.* This is a metaphor taken from unruly and unbroken oxen, who resist the yoke, and break and run away with their gears. *that they.* Ps. 58. 2-5.

## CHAP. XX.

*Pashur, smiting Jeremiah, receives a new name, and a fearful doom,* 1-6. *Jeremiah complains of contempt,* 7-9; *of treachery,* 10-13; *and of his birth,* 14-18.

1 *Immer.* 1 Ch. 24. 14. Ezr. 2. 37, 38. Ne. 7. 40, 41. *chief.* 2 Ki. 25. 18. 2 Ch. 35. 8. Ac. 4. 1; 5. 24.

2 *smote.* ch. 1. 19; 19. 14, 15; 26. 8; 29. 26; 36. 26; 37. 15, 16; 38. 6. 1 Ki. 22. 27. 2 Ch. 16. 10; 24. 21. Am. 7. 10-13. Mat. 5. 10-12; 21. 35; 23. 34-37. Ac. 4. 3; 5. 18, 40; 7. 52; 16. 22-24. He. 11. 36, 37. Re. 2. 10; 17. 6. *the stocks. Hammahpecheth,* from *haphach,* 'to overturn, subvert, distort,' generally denotes an *overthrow,* (De. 29. 22. Is. 1. 7; 10. 19,) and seems to signify here a sort of *stocks,* by which the limbs were *distorted* into uneasy postures. So the Chaldee, *keephtha* and JEROME, *nervus,* which he explains in his comment as 'a kind of wooden fetter, into which the feet were thrust,' *vinculi lignei genus, cui pedes inseruntur.* Some learned men understand it as merely signifying a place of confinement, or *house of correction;* but the word is never used for any of the prisons into which the prophet was afterwards cast; and the punishment seems to have been public and ignominious. *in the high.* ch. 37. 13; 38. 7. Zec. 14. 10.

3 *Pashur.* Ac. 4. 5-7; 16. 30, 35-39. *hath.* ch. 7. 32; 19. 2, 6. Ge. 17. 5, 15; 32. 28. Is. 8. 3. Ho. 1. 4-9. *Magor-missabib. this is,* Fear round about. ver. 10; ch. 6. 25; 46. 5; 49. 29. Ps. 31. 13. La. 2. 22.

4 *I will make.* De. 28. 65-67. Job 18. 11-21; 20. 23-26. Ps. 73. 19. Eze. 26. 17-21. Mat. 27. 4, 5. *thine.* ch. 29. 21; 39. 6, 7. De. 28. 32-34. 1 Sa. 2. 33. 2 Ki. 25. 7. *I will give.* ch. 19. 15; 21. 4-10; 25. 9; 32. 27-31.

5 *I will deliver.* ch. 3. 24; 4. 20; 12. 12; 15. 13; 24. 8-10; 27. 19-22; 32. 3-5; 39. 2, 8; 52. 7-23. 2 Ki. 20. 17, 18; 24. 12-16; 25. 13, etc. 2 Ch. 36. 10, 17-19. La. 1. 7, 10; 4. 12. Eze. 22. 25. Da. 1. 2. *labours.* The word *labours* is here used for the *produce* of labour.

6 *thou, Pashur.* ch. 28. 15-17; 29. 21, 22, 32. Ac. 13. 8-11. *thy friends.* ver. 4; ch. 5. 31; 6. 13-15; 8. 10, 11; 14. 14, 15; 23. 14-17, 25, 26, 32. Is. 9. 15. La. 2. 14. Eze. 13. 4-16, 22, 23; 22. 28. Mi. 2. 11. Zec. 13. 3. 2 Pe. 2. 1-3. *thou hast.* Le. 26. 17. De. 28. 25.

7 *deceived. or,* enticed. ch. 1. 6-8, 18, 19; 15. 18; 17. 16. Ex. 5. 22, 23. Nu. 11. 11-15. *thou art.* ver. 9. Eze. 3. 14. Mi. 3. 8. 1 Co. 9. 6. *I am.* ch. 15. 10; 29. 26. 2 Ki. 2. 23. Ps. 22. 6, 7; 35. 15, 16; 69. 9-12. La. 3. 14. Ho. 9. 7. Lu. 16. 14; 22. 63, 64; 23. 11, 35, 36. Ac. 17. 18, 32. 1 Co. 4. 9-13. He. 11. 36.

8 *I cried.* ch. 4. 19, etc.; 5. 1, 6, 15-17; 6. 6, 7; 7. 9; 13. 13, 14; 15. 1-4, 13, 14; 17. 27; 18. 16, 17; 19. 7-11; 28. 8. *the word.* See on ver. 7; ch. 6. 10. 2 Ch. 36. 16. La. 3. 61-63. Lu. 11. 45. He. 11. 26; 13. 13. 1 Pe. 4. 14.

9 *I will.* 1 Ki. 19. 3, 4. Jno. 1. 2, 3; 4. 2, 3. Lu. 9. 62. Ac. 15. 37, 38. *was in.* ch. 6. 11. Job 32. 18-20. Ps. 39. 3. Eze. 3. 14. Ac. 4. 20; 17. 16; 18. 5. 1 Co. 9. 16, 17. 2 Co. 5. 13-15.

10 *I heard.* Ps. 31. 13; 57. 4; 64. 2-4. Mat. 26. 59, 60. *fear.* See on ver. 3. *Report.* ch. 18. 18. Ne. 6. 6-13. Pr. 10. 18. Is. 29. 21. Eze. 22. 9. Lu. 20. 20. Ac. 6. 11-15; 24. 1-9, 13. *All my familiars. Heb.* Every man of my peace. Job 19. 19. Ps. 41. 9; 55. 13, 14. Lu. 11. 53, 54; 12. 52, 53. *we shall.* 1 Ki. 19. 2; 21. 20; 22. 8, 27. Mar. 6. 19-28. Ac. 5. 33; 7. 54; 23. 12-15.

11 *the Lord.* See on ch. 1. 8, 19; 15. 20. Is. 41. 10, 14. Ro. 8. 31. 2 Ti. 4. 17. *a mighty.* Ps. 47. 2; 65. 5; 66. 5. *my.* ch. 17. 18. De. 32. 35, 36. Ps. 27. 1, 2. Jno. 18. 4-6. *and they.* ch. 1. 19; 15. 20. *everlasting.* ch. 23. 40. Ps. 6. 10; 35. 26; 40. 14. Is. 45. 16. Da. 12. 2.

12 *that.* ch. 17. 10. Ps. 7. 9; 11. 5; 17. 3; 26. 2, 3; 139. 23. Re. 2. 23. *let me.* ch. 11. 20; 12. 8; 17. 18; 18. 19-23. 2 Ch. 24. 22. Ps. 54. 7; 59. 10; 109. 6-20. Re. 6. 10; 18. 20; 19. 2, 3. *for.* 1 Sa. 1. 15. Ps. 62. 8; 86. 4. Is. 37. 14; 38. 14. 1 Pe. 2. 23; 4. 19.

13 *for.* Ps. 34. 6; 35. 9-11; 69. 33; 72. 4; 109. 30, 31. Is. 25. 4. Ja. 2. 5, 6.

14 ch. 15. 10. Job 3. 3-16.

15 *A man.* ch. 1. 5. Ge. 21. 5, 6. Lu. 1. 14.

16 *as.* Ge. 19. 24, 25. De. 29. 23. Ho. 11. 8. Am. 4. 11. Zep. 2. 9. Lu. 17. 29. 2 Pe. 2. 6. Jude 7. *repented.* ch. 18. 8; 26. 13. Jon. 3. 4, 9, 10; 4. 2. *let him.* ch. 4. 19; 18. 22; 48. 3, 4. Eze. 21. 22. Ho. 10. 14. Am. 1. 14; 2. 2. Zep. 1. 16.

17 *he slew.* Job 3. 10, 11, 16; 10. 18, 19. Ec. 6. 3.

18 *came.* Job 3. 20; 14. 1, 13. La. 3. 1. *to see.* ch. 8. 18. Ge. 3. 16-19. Ps. 90. 10. La. 1. 12. Jno. 16. 20. He. 10. 36. *with.* Ps. 69. 19. Is. 1. 6; 51. 7. Ac. 5. 41. 1 Co. 4. 9-13. 2 Ti. 1. 12. He. 11. 36; 12. 2; 13. 13. 1 Pe. 4. 14-16.

## CHAP. XXI.

*Zedekiah sends to Jeremiah to enquire the event of Nebuchadnezzar's war,* 1, 2. *Jeremiah foretells a hard siege and miserable captivity,* 3-7. *He counsels the people to fall to the Chaldeans,* 8-10; *and upbraids the king's house,* 11-14.

1 A.M. cir. 3415. B.C. cir. 589. *The word.* This discourse was delivered about the ninth year of the reign of Zedekiah. This chapter, observes Dr. BLAYNEY, contains the first of those prophecies which were delivered by Jeremiah *subsequent* to the revolt of Zedekiah, and the breaking out of the war thereupon; and which are continued on to the taking of Jerusalem, related in ch. 39, in the following order: ch. 21; 34; 32; 33; 38; 39. *when.* ch. 32. 1-3; 37. 1; 52. 1-3. 2 Ki. 24. 17, 18. 1 Ch. 3. 15. 2 Ch. 36. 10-13. *Pashur.* ch. 38. 1. 1 Ch. 9. 12. Ne. 11. 12. *Zephaniah.* ch. 29. 25; 37. 3; 52. 24. 2 Ki. 25. 18-21.

2 *Enquire.* ch. 37. 3, 7; 38. 14-27; 42. 4-6. Ju. 20. 27. 1 Sa. 10. 22; 28. 6, 15. 1 Ki. 14. 2, 3; 22. 3-8. 2 Ki. 1. 3; 3. 11-14; 22. 13, 14. Eze. 14. 3-7; 20. 1-3. *for.* ch. 32. 24; 39. 1, 2; 52. 3-6. 2 Ki. 25. 1, 2. *according.* Ex. ch. 14; 15. Jos. ch. 10; 11. Ju. ch. 4; 5. 1 Sa. 7. 10-12; 14. 6-14; 17. 45-50. 2 Ch. 14. 9-13; 20. 1-30; 32. 21. Ps. 44. 1-4; 46. 8-11; 48. 4-8; 105. 5, etc.; 136. 1, etc. Is. 59. 1, 2.

4 *Behold.* ch. 32. 5; 33. 5; 37. 8-10; 38. 2, 3, 17, 18; 52. 18. Is. 10. 4. Ho. 9. 12. *and I.* ch. 39. 3. Is. 5. 5; 13. 4. La. 2. 5, 7. Eze. 16. 37-41. Zec. 14. 2. Mat. 22. 7.

5 *I.* Is. 63. 10. La. 2. 4, 5. *with an.* ch. 32. 17. Ex. 6. 6; 9. 15. De. 4. 34. Is. 5. 25; 9. 12, 17, 21; 10. 4. Eze. 20. 33, 34. Na. 1. 5, 6.

6 *I will.* ch. 7. 20; 12. 3, 4; 33. 12; 36. 29. Ge. 6. 7. Is. 6. 11; 24. 1-6. Eze. 14. 13, 17, 19, 21; 33. 27.

29. Ho. 4. 3. Mi. 3. 12. Zep. 1. 3. Lu. 21. 24. *they.* ch. 32. 24; 34. 17; 42. 22. Eze. 5. 12, 13; 7. 15; 12. 16.

7 *I will.* ch. 24. 8-10; 34. 19-22; 37. 17; 38. 21-23; 39. 4-7; 52. 8-11, 24-27. 2 Ki. 25. 5-7, 18-21. 2 Ch. 36. 17-20. Eze. 12. 12-16; 17. 20, 21; 21. 25, 26. *he shall.* ch. 13. 14. De. 28. 50. 2 Ch. 36. 17. Is. 13. 17, 18; 27. 11; 47. 6. Eze. 7. 9; 8. 18; 9. 5, 6, 10. Hab. 1. 6-10.

8 *I set.* De. 11. 26; 30. 15, 19. Is. 1. 19, 20.

9 *that abideth.* See on ver. 7; ch. 27. 13; 38. 2, 17-23. *and his.* ch. 38. 2; 39. 18; 45. 5.

10 *I have.* ch. 44. 11, 27. Le. 17. 10; 20. 3-5; 26. 17. Ps. 34. 16. Eze. 15. 7. Am. 9. 4. *it shall.* ch. 17. 27; 26. 6; 32. 28-31; 34. 2, 22; 37. 8-10; 38. 3, 18, 23; 39. 8; 52. 13, 14. 2 Ch. 36. 19. Zec. 1. 6.

11 ch. 13. 18; 17. 20. Mi. 3. 1.

12 *house.* Is. 7. 2, 13. Lu. 1. 69. *Execute. Heb.* Judge. ch. 5. 28; 22. 2, 3, 15-17; 23. 5. 2 Sa. 8. 15. Ps. 72. 1-4, 12-14; 82. 2-4. Is. 1. 17; 16. 3-5; 32. 1, 2. Zec. 7. 9-11. *morning.* Ex. 18. 13. Ps. 101. 8. Ec. 10. 16, 17. Zep. 3. 5. *deliver.* Job 29. 17. Ps. 82. 4. Pr. 24. 11, 12; 31. 8, 9. Is. 1. 17. Lu. 18. 3-5. Ro. 13. 4. *lest.* ver. 5; ch. 4. 4; 5. 14; 17. 4; 23. 19; 36. 7. Le. 26. 28. De. 32. 22. La. 2. 3, 4; 4. 11. Eze. 20. 47, 48; 22. 18-22, 31; 24. 8-14. Na. 1. 6. Zep. 1. 18. *none.* See on ch. 7. 20. Is. 1. 31. Mar. 9. 43-48.

13 *I am.* ver. 5; ch. 23. 30-32; 50. 31; 51. 25. Ex. 13. 8, 20. *inhabitant. Heb.* inhabitress. *of the valley.* Ps. 125. 2. Is. 22. 1. *Who.* ch. 7. 4; 49. 4, 5, 16. 2 Sa. 5. 6, 7. La. 4. 12. Ob. 3, 4. Mi. 3. 11.

14 *punish. Heb.* visit upon. ch. 9. 25; 11. 22. Is. 10. 12; 24. 21, margins. *according.* ch. 6. 19; 17. 10; 32. 19. Pr. 1. 31. Is. 3. 10, 11. Ga. 6. 7, 8. *in the.* ch. 22. 7. Is. 10. 18, 19; 27. 10, 11; 37. 24. Eze. 20. 46-48. Zec. 11. 1. *shall.* ch. 52. 13. 2 Ch. 36. 19.

## CHAP. XXII.

*He exhorts to repentance, with promises and threats,* 1-9. *The judgment of Shallum,* 10-12; *of Jehoiakim,* 13-19; *and of Coniah,* 20-30.

1 A.M. cir. 3406. B.C. cir. 598. *Go.* ch. 21. 11; 34. 2. 1 Sa. 15. 16-23. 2 Sa. 41. 1; 24. 11, 12. 1 Ki. 21. 18-20. 2 Ch. 19. 2, 3; 25. 15, 16; 33. 10. Ho. 5. 1. Am. 7. 13. Mar. 6. 18. Lu. 3. 19, 20.

2 *Hear.* ver. 29; ch. 13. 18; 17. 20, etc.; 19. 3; 29. 20. 1 Ki. 22. 19. Is. 1. 10; 28. 14. Eze. 34. 7. Am. 7. 16. *that sittest.* ver. 4, 30; ch. 17. 25; 29. 16, 17; 36. 30. Is. 9. 7. Lu. 1. 32. *enter.* ch. 7. 2; 17. 20.

3 *Execute.* ch. 5. 28; 9. 24. See on ch. 21. 12. Ex. 23. 6-9. Le. 19. 15. De. 16. 18-20; 25. 1. 2 Sa. 23. 3. Job 29. 7-17. Ps. 72. 2-4. Mi. 3. 11. Zec. 7. 9-11. *do no wrong.* See on ver. 17. *do no violence.* De. 10. 18; 24. 7; 27. 19. Job 22. 9; 24. 9; 29. 12. Ps. 68. 5; 94. 6. Pr. 23. 10. Is. 1. 23. Eze. 22. 7. Mal. 3. 5. Ja. 1. 27. *neither.* ver. 17; ch. 7. 6; 26. 16. De. 19. 10-13. 2 Ki. 24. 4. Ps. 94. 21. Pr. 6. 17. Is. 1. 15-20. Joel 3. 19.

4 *then.* See on ch. 17. 25. *upon the throne of David. Heb.* for David upon his throne.

5 *if.* ch. 17. 27. 2 Ch. 7. 19, 22. Is. 1. 20. *I.* Ge. 22. 16. Nu. 14. 28-30. De. 32. 40-42. Ps. 95. 11. Am. 6. 8; 8. 7, 8. He. 3. 18; 6. 13, 17. *that.* See on ch. 7. 13, 14; 26. 6-9; 39. 8. Mi. 3. 12.

6 *unto.* ver. 24; ch. 21. 11. Ge. 37. 25. De. 3. 25. Ca. 5. 15. *Thou. Gilead* was the most fertile part of the country, and renowned for its rich pastures; and Lebanon was the highest mountain in Israel, celebrated for its stately cedars; and both were, therefore, proper emblems of the reigning family. 'But though thou art the richest and most powerful, I, who raised thee up, can bring thee down, and make thee a wilderness.' *surely.* ch. 4. 20; 7. 34; 9. 11; 19. 7, 8; 21. 14; 25. 9, 10; 26. 6-9, 18. Ps. 107. 34. Is. 6. 11; 24. 1-6; 27. 10. Eze. 33. 27, 28.

7 *I.* ch. 4. 6, 7; 5. 15; 50. 20-23. Is. 10. 3-7; 13. 3-5; 54. 16, 17. Eze. 9. 1-7. Mat. 22. 7. *cut.* ch. 21. 14. Is. 10. 33, 34; 27. 10, 11; 37. 24. Zec. 11. 1.

8 De. 29. 23-25. 1 Ki. 9. 8, 9. 2 Ch. 7. 20-22. La. 2. 15-17; 4. 12. Da. 9. 7.

9 ch. 2. 17-19; 40. 2, 3; 50. 7. De. 29. 25-28. 2 Ki. 22. 17. 2 Ch. 34. 25.

10 *Weep ye.* 2 Ki. 22. 20; 23. 30. 2 Ch. 35. 23-25. Ec. 4. 2. Is. 57. 1. La. 4. 9. Lu. 23. 28. *weep sore.* ver. 11. 2 Ki. 23. 30-34. Eze. 19. 3, 4.

11 *Shallum.* 1 Ch. 3. 15. 2 Ch. 23. 30; 36. 1-4, Jehoahaz.

12 ver. 18. 2 Ki. 23. 34.

13 *unto.* ver. 18. 2 Ki. 23. 35-37. 2 Ch. 36. 4. *buildeth.* Le. 19. 13. De. 24. 14, 15. Job 24. 10, 11. Mi. 3. 10. Hab. 2. 9-11. Mal. 3. 5. Ja. 5. 4.

14 *I will.* Pr. 17. 19; 24. 27. Is. 5. 8, 9; 9. 9. Da. 4. 30. Mal. 1. 4. Lu. 14. 28, 29. *large. Heb.* through-aired. *windows. or,* my windows. *ceiled with cedar.* 2 Sa. 7. 2. 2 Ch. 3. 5. Ca. 1. 17. Hag. 1. 4.

15 *thy.* ver. 18. 2 Ki. 23. 25. 1 Ch. 3. 15. *eat.* 1 Ki. 4. 20-23. 2 Ch. 35. 7, 8, 12-18. Ec. 2. 24; 9. 7-10; 10. 17. Is. 33. 16. Lu. 11. 41. Ac. 2. 46. 1 Co. 10. 31. *and do.* See on ver. 3; ch. 21. 12; 23. 5. 2 Sa. 8. 15. 1 Ki. 10. 9. 2 Ki. 22. 2; 23. 25. 2 Ch. 34. 2. Pr. 20. 28; 21. 3; 25. 5; 29. 4; 31. 9. Is. 9. 7. *then.* ch. 42. 6. De. 4. 40. Ps. 128. 1, 2. Is. 3. 10.

16 *judged.* ch. 5. 28. Job. 29. 12-17. Ps. 72. 1-4, 12, 13; 82. 3, 4; 109. 31. Pr. 24. 11, 12. Is. 1. 17. *was not.* ch. 9. 3, 16, 24; 31. 33, 34. 1 Sa. 2. 2. 1 Ch. 28. 9. Ps. 9. 10. Jno. 8. 19, 54, 55; 16. 3; 17. 3, 6. Tit. 1. 16. 1 Jno. 2. 3, 4.

17 *thine eyes.* Jos. 7. 21. Job 31. 7. Ps. 119. 36, 37. Eze. 19. 6; 33. 31. Mar. 7. 21, 22. Ja. 1. 14, 15. 2 Pe. 2. 14. 1 Jno. 2. 15, 16. *covetousness.* Ex. 18. 21. Ps. 10. 3. Lu. 12. 15-21; 16. 13, 14. Ro. 1. 29. 1 Co. 6. 10. Ep. 5. 3-5. Col. 3. 5. 1 Ti. 6. 9, 10. 2 Pe. 2. 3, 14. *to shed.* ver. 3; ch. 26. 22-24. 1 Ki. 21. 19. 2 Ki. 24. 4. 2 Ch. 36. 8. Eze. 19. 6. Zep. 3. 3. *violence. or,* incursion.

18 *They.* ver. 10; ch. 16. 4, 6. 2 Ch. 21. 19, 20; 35. 25. *Ah my brother.* 2 Sa. 1. 26; 3. 33-38. 1 Ki. 13. 30.

19 ch. 15. 3; 36. 6, 30. 1 Ki. 14. 10; 21. 23, 24. 2 Ki. 9. 35. 2 Ch. 36. 6.

20 *and cry.* ch. 2. 36, 37; 30. 13-15. 2 Ki. 24. 7. Is. 20. 5, 6; 30. 1-7; 31. 1-3. *for.* ver. 22; ch. 4. 30; 25. 9, 17-27. La. 1. 2, 19. Eze. 23. 9, 22.

21 *I spake.* ch. 2. 31; 6. 16; 35. 15; 36. 21-26. 2 Ch. 33. 10; 36. 16, 17. Pr. 30. 9. *prosperity. Heb.* prosperities. *This.* ch. 3. 25; 7. 22-28; 32. 30. De. 9. 7, 24; 31. 27; 32. 15-20. Ju. 2. 11-19. Ne. 9. 16, etc. Ps. 106. 6, etc. Is. 48. 8. Eze. 20. 8, 13, 21, 28; 23. 3-39.

22 *wind.* ch. 4. 11-13; 30. 23, 24. Is. 64. 6. Ho. 4. 19; 13. 15. *thy pastors.* ch. 2. 8; 5. 30, 31; 10. 21; 12. 10; 23. 1, 2. Eze. 34. 2-10. Zec. 11. 8, 17. Ac. 7. 51, 52. *thy lovers.* See on ver. 20. *surely.* ch. 2. 26, 27, 37; 20. 11.

23 *inhabitant. Heb.* inhabitress. *Lebanon.* ver. 6. Zec. 11. 1, 2. *makest.* ch. 21. 13; 48. 28; 49. 16. Nu. 24. 21. Am. 9. 2. Ob. 4. Hab. 2. 9. *how.* ch. 3. 21; 4. 31; 6. 24; 30. 5, 6; 50. 4, 5. Ho. 5. 15; 6. 1; 7. 14. *when.* See on ch. 4. 30, 31.

24 *Coniah.* ver. 28; ch. 37. 1. 2 Ki. 24. 6-8, Jehoiachin. 1 Ch. 3. 16, Jeconiah. Mat. 1. 11, 12, Jechonias. *the signet.* ver. 6. Ca. 8. 6. Hag. 2. 23.

25 *I.* ver. 28; ch. 21. 7; 34. 20, 21; 38. 16. 2 Ki. 24. 15, 16. *whose.* Pr. 10. 24.

26 ch. 15. 2-4. 2 Ki. 24. 15. 2 Ch. 36. 9, 10. Is. 22. 17. Eze. 19. 9-14.

27 *to the.* ver. 11; ch. 44. 14; 52. 31-34. 2 Ki. 25. 27-30. *desire. Heb.* lift up their mind. Ps. 86. 4.

28 *Is.* This appears to be the application of the whole discourse to Zedekiah; for it is to be observed, that Jeconiah is spoken of as *absent*, and *already in captivity.* Now if he and his seed had been for their sins thrown aside as a broken idol, or as a vessel which a man despises, how could Zedekiah, who copied and far exceeded them, expect to prosper on the throne of David? *Coniah.* See on ver. 24. *a despised.* ch. 48. 38. 1 Sa. 5. 3-5. 2 Sa. 5. 21. Ps. 31. 12. Ho. 8. 8; 13. 15. Ro. 9. 21-23. 2 Ti. 2. 20, 21. *his*

*seed.* ver. 30. 1 Ch. 3. 17-24. Mat. 1. 12-16. *which.* See on ch. 14. 18.

29 ch. 6. 19. De. 4. 26; 31. 19; 32. 1. Is. 1. 1, 2; 34. 1. Mi. 1. 2; 6. 1, 2.

30 *Write.* Zedekiah was taken prisoner by Nebuchadnezzar; his sons slain before his eyes; and his eyes being put out, he was carried to Babylon; and we read no more either of him or his posterity. 1 Ch. 3. 16, 17. Mat. 1. 12-16. *sitting.* See on ch. 36. 30. Ps. 94. 20. Lu. 1. 32, 33. Mat. 1. 11, 12.

## CHAP. XXIII.

*He prophesies a restoration of the scattered flock,* 1-4. *Christ shall rule and save them,* 5-8. *Against false prophets,* 9-32; *and mockers of the true prophets,* 33-40.

1 *Woe.* ch. 2. 8, 26. Eze. 13. 3; 34. 2. Zec. 11. 17. Mat. 23. 13-29. Lu. 11. 42-52. *pastors.* ver. 2, 11-15; ch. 2. 8; 10. 21; 12. 10; 22. 22; 25. 34-36; 50. 6. Is. 56. 9-12. Eze. 22. 25-29; 34. 2-10, 21. Mi. 3. 11, 12. Zep. 3. 3, 4. Zec. 11. 5-7, 15-17. Mat. 9. 36; 15. 14. Jno. 10. 10, 12.

2 *and have.* Mat. 25. 36, 43. Ja. 1. 27. *I.* ver. 34, marg. ch. 5. 9, 29; 8. 12; 11. 22; 13. 21, margins. Ex. 32. 34. Ho. 2. 13. Mi. 7. 4.

3 ch. 29. 14; 30. 3; 31. 8; 32. 37. De. 30. 3-5. Ps. 106. 47. Is. 11. 11-16; 27. 12, 13; 43. 5, 6. Eze. 11. 17; 34. 13, etc.; 36. 24, 37; 37. 21-27; 39. 27, 28. Am. 9. 14, 15. Mi. 7. 12. Zep. 7. 19, 20. Zec. 10. 8-12.

4 *I.* ch. 3. 14, 15; 33. 26. Ps. 78. 70-72. Is. 11. 11. Eze. 34. 23, etc. Ho. 3. 3-5. Mi. 5. 2, 4, 5; 7. 14. Jno. 21. 15-17. Ac. 20. 28, 29. 1 Pe. 5. 1-4. *neither.* Nu. 31. 49. Jno. 6. 39, 40; 10. 27-30; 17. 12; 18. 9. 1 Pe. 1. 5.

5 *the days.* ch. 30. 3; 31. 27, 31-38; 33. 14. He. 8. 8. *I.* ch. 33. 15. Ps. 72. 1, 2. Is. 32. 1, 2; 40. 10, 11. Da. 9. 24. Am. 9. 11. Zec. 9. 9. Re. 19. 11. *Branch.* Ps. 80. 15. Is. 4. 2; 11. 1-5; 40. 9, 11; 53. 2. Eze. 17. 2-10, 22-24; 34. 29. Zec. 3. 8; 6. 12, 13. Jno. 1. 45. *reign.* ch. 22. 30. Ps. 45. 4. Is. 9. 7; 52. 13, marg.; 53. 10. Lu. 1. 32, 33. *and shall.* See on ch. 22. 3, 15. Ps. 72. 2.

6 *Judah.* De. 33. 28, 29. Ps. 130. 7, 8. Is. 12. 1, 2; 33. 22; 45. 17. Eze. 37. 24-28. Ho. 1. 7. Ob. 17. 21. Zec. 10. 6. Mat. 1. 21. Lu. 1. 71-74; 19. 9, 10. Ro. 11. 26, 27. *dwell.* ch. 30. 10; 32. 37. 1 Ki. 4. 25. Is. 2. 4; 35. 9. Eze. 34. 25-28. Ho. 2. 18. Zep. 3. 13. Zec. 2. 4, 5; 3. 10; 14. 9-11. *and this.* Is. 7. 14; 9. 6. Mat. 1. 21-23. *THE LORD OUR RIGHTEOUSNESS. Heb.* JEHOVAH-tsidkenu. ch. 33. 16. Is. 45. 24, 25; 54. 17. Da. 9. 24. Ro. 3. 22. 1 Co. 1. 30. 2 Co. 5. 21. Phi. 3. 9.

7 ver. 3. See on ch. 16. 14, 15; 31. 31-34. Is. 43. 18, 19.

8 ver. 3. Is. 14. 1; 27. 12, 13; 43. 5, 6; 65. 8-10. Eze. 34. 13; 36. 24; 37. 25; 39. 28. Zep. 3. 20. Am. 9. 14, 15.

9 A.M. 3399. B.C. 605. *heart.* ch. 9. 1; 14. 17, 18. 2 Ki. 22. 19, 20. Eze. 9. 4, 6. Da. 8. 27. Hab. 3. 16. *because.* See on ch. 5. 31. *like a drunken.* ch. 25. 15-18. Ps. 60. 3. Is. 6. 5; 28. 1; 29. 9; 51. 21. La. 3. 15. Ro. 7. 9.

10 *full.* ch. 5. 7, 8; 7. 9; 9. 2. Eze. 22. 9-11. Ho. 4. 2, 3. Mal. 3. 5. 1 Co. 6. 9, 10. Ga. 5. 19-21. He. 13. 4. Ja. 4. 4. *because.* Zec. 5. 3, 4. 1 Ti. 1. 10. *swearing. Heb.* cursing. *the land.* ch. 12. 3, 4; 14. 2. La. 1. 2-4. Joel 1. 10. *the pleasant.* ch. 9. 10. Ps. 107. 34. Is. 24. 6. *course. or,* violence.

11 *both.* ver. 15; ch. 5. 31; 6. 13; 8. 10. Eze. 22. 25, 26. Zep. 3. 4. *in.* ch. 7. 10, 11, 30; 11. 15; 32. 34. 2 Ch. 33. 5, 7; 36. 14. Eze. 7. 20; 8. 5, 6, 11, 16; 23. 39. Mat. 21. 12, 13.

12 *as.* ch. 13. 16. Ps. 35. 6; 73. 18. Pr. 4. 19. *in the.* Job 18. 18. Is. 8. 22. Jno. 12. 35. 1 Jno. 2. 11. Jude 13. *the year.* ch. 11. 23; 23. 12; 48. 44; 50. 27. Ex. 32. 34. Mi. 7. 4.

13 *folly. or,* an absurd thing. *Heb.* unsavoury. *prophets.* Ho. 9. 7, 8. *prophesied.* ch. 2. 8. 1 Ki. 18. 18-21, 25-28, 40. *and.* 2 Ch. 33. 9. Is. 9. 16.

14 *in the.* ch. 5. 30, 31; 14. 14; 26. 32. Eze. 13. 2-4, 16; 22. 25. Is. 41. 6, 7. Mi. 3. 11. Zep. 3. 4. 2 Pe. 2. 1, 2. *an horrible thing. or,* filthiness. ch. 18. 13. *they commit.* ch. 29. 23. 2 Pe. 2. 14-19. *walk.* ver. 17, 25, 26, 32; ch. 14. 14. Eze. 22. 25. 2 Th. 2. 9-11. 1 Ti. 4. 2. Re. 19. 20; 21. 8; 22. 15. *strengthen.* See on Eze. 13. 22, 23. *Sodom.* Ge. 13. 13; 18. 20. De. 32. 32. Is. 1. 9, 10. Eze. 16. 46-52. Mal. 1. 1. Mat. 11. 24. 2 Pe. 2. 6. Jude 7. Re. 11. 8.

15 *will.* ch. 8. 14; 9. 15. Ps. 69. 21. La. 3. 5, 15, 19. Mat. 27. 34. Re. 8. 11. *profaneness. or,* hypocrisy.

16 *Hearken.* ch. 27. 9, 10, 14-17; 29. 8. Pr. 19. 27. Mat. 7. 15. 2 Co. 11. 13-15. Ga. 1. 8, 9. 1 Jno. 4. 1. *they make.* ch. 2. 5. 2 Ki. 17. 15. Ro. 1. 21. *a vision.* ver. 21, 26; ch. 14. 14. Eze. 13. 3, 6, 16, 23; 22. 28. Mi. 2. 11.

17 *that despise.* Nu. 11. 20. 1 Sa. 2. 30. 2 Sa. 12. 10. Mal. 1. 6. Lu. 10. 16. 1 Th. 4. 8. *Ye.* ch. 4. 10; 6. 14; 8. 11; 14. 13, 14; 28. 3-9. Is. 3. 10, 11; 57. 21. La. 2. 14. Eze. 13. 10, 15, 16, 22. Mi. 3. 5, 11. Zec. 10. 2. *imagination. or,* stubbornness. ch. 3. 17; 7. 24; 9. 14; 13. 10. De. 29. 19. *No.* ch. 18. 18. Am. 9. 10. Mi. 3. 11. Zep. 1. 12.

18 *who.* ver. 22. 1 Ki. 22. 24. Job 15. 8-10. 2 Ch. 18. 23. Is. 40. 13, 14. 1 Co. 2. 16. *counsel. or,* secret. Ps. 25. 14. Am. 3. 7. Jno. 15. 15.

19 ch. 4. 11; 25. 32; 30. 23. Ps. 58. 9. Pr. 1. 27; 10. 25. Is. 5. 25-28; 21. 1; 40. 24; 66. 15, 16. Am. 1. 14. Na. 1. 3-6. Zec. 9. 14.

20 *until.* ch. 30. 24. Is. 14. 24. Zec. 1. 6; 8. 14, 15. *in the.* Ge. 49. 1. De. 31. 29, 30. 1 Ki. 8. 47. Pr. 5. 11-14; 21. 30. Ho. 3. 4, 5.

21 ver. 32; ch. 14. 14; 27. 15; 28. 15; 29. 9, 31. Is. 6. 8. Jno. 20. 21. Ac. 13. 4. Ro. 10. 15.

22 *if.* See on ver. 18. Eze. 2. 7; 3. 17. Ac. 20. 27. *then.* ch. 25. 5; 35. 15; 36. 3. Eze. 13. 22; 18. 30. Zec. 1. 4. Ac. 26. 18-20. 1 Th. 1. 9, 10; 5. 6.

23 1 Ki. 20. 23, 28. Ps. 113. 5; 139. 1-10. Eze. 20. 32-35. Jon. 1. 3, 4.

24 *hide.* ch. 49. 10. Ge. 16. 13. Job 22. 13, 14; 24. 13-16. Ps. 10. 11; 90. 8; 139. 7, 11-16. Pr. 15. 3. Is. 29. 15. Eze. 8. 12; 9. 9. Am. 9. 2, 3. *Do.* 1 Ki. 8. 27. 2 Ch. 2. 6; 6. 18. Ps. 148. 16. Is. 57. 15; 66. 1. Da. 4. 35. Ep. 1. 23.

25 *heard.* ch. 8. 6; 13. 27; 16. 17; 29. 23. Ps. 139. 2, 4. Lu. 12. 3. 1 Co. 4. 5. He. 4. 13. Re. 2. 23. *dreamed.* ver. 28, 32; ch. 29. 8. Ge. 37. 5, 9. Nu. 12. 6. Joel 2. 28. Mat. 1. 20.

26 *How.* ch. 4. 14; 13. 27. Ps. 4. 2. Ho. 8. 5. Ac. 13. 10. *prophets of.* See on ch. 14. 14; 17. 9. Is. 30. 10. 2 Th. 2. 9-11. 1 Ti. 4. 1, 2. 2 Ti. 4. 3. 2 Pe. 2. 13-16.

27 *think.* De. 13. 1-5. Ac. 13. 8. 2 Ti. 2. 17, 18; 3. 6-8. *as.* Ju. 3. 7; 8. 33, 34; 10. 6. 2 Ki. 21. 3.

28 *that hath. Heb.* with whom *is. speak.* Pr. 14. 5. Mat. 24. 45. Lu. 12. 42. 1 Co. 4. 2. 2 Co. 2. 17. 1 Ti. 1. 12. *What.* That is, when the dreamers declare their dreams, and the true prophets faithfully declare their message, the difference between them will be as evident as that between 'the chaff and the wheat.' 1 Co. 3. 12, 13.

29 *like as.* ch. 5. 14; 20. 9. Lu. 24. 32. Jno. 6. 63. Ac. 2. 3, 37. 2 Co. 2. 16; 10. 4, 5. He. 4. 12. Re. 11. 5.

30 ch. 14. 14, 15; 44. 11, 29. Le. 20. 3; 26. 17. De. 18. 20; 29. 20. Ps. 34. 16. Eze. 13. 8, 20; 15. 7. 1 Pe. 3. 12.

31 *use. or,* smooth. Is. 30. 10. Mi. 2. 11. *He.* See on ver. 17. 2 Ch. 18. 5, 10-12, 19-21.

32 *to err.* See on ver. 16; ch. 27. 14, etc.; 28. 15-17; 29. 21-23, 31. De. 13. 1, etc.; 18. 20. Is. 3. 12. Eze. 13. 7-18. Zec. 13. 2, 3. Re. 19. 20. *and by.* Zep. 3. 4. 2 Co. 1. 17. *therefore.* See on ver. 22; ch. 7. 8. La. 2. 14. Mat. 15. 14.

33 *What.* ch. 17. 15; 20. 7, 8. Is. 13. 1; 14. 28. Na. 1. 1. Hab. 1. 1. Mal. 1. 1. *I.* See on ver. 39, 40; ch. 12. 7. De. 31. 17, 18; 32. 19, 20. 2 Ch. 15. 2. Ps. 78. 59, 60. Ho. 9. 12.

34 *punish. Heb.* visit upon. ver. 2.

35 ch. 31. 34. He. 8. 11.

36 *for every.* Ps. 12. 3; 64. 8; 120. 3; 140. 9. Pr. 17. 20. Is. 3. 8. Mat. 12. 36. Lu. 19. 22. 2 Pe. 2. 17, 18. Jude 15, 16. *for ye.* Is. 28. 13, 14, 22. Ga. 1. 7-9; 6. 5. 2 Pe. 3. 16. *of the.* See on ch. 10. 10. De. 5. 26. 1 Sa. 17. 26, 36. 2 Ki. 19. 4. Ac. 14. 15. 1 Th. 1. 9.

39 *I, even I.* Ge. 6. 17. Le. 26. 28. De. 32. 39. Is. 48. 15; 51. 12. Eze. 5. 8; 6. 3; 34. 11, 20. Pr. 13. 13. Ho. 4. 6; 5. 14. *and I.* See on ver. 33; ch. 32. 28-35; 35. 17; 36. 31. La. 5. 20. Eze. 8. 18; 9. 6. Ho. 9. 12-17. *cast.* ch. 52. 3. Ps. 51. 11. Mat. 25. 41. 2 Th. 1. 9.

40 See on ch. 20. 11; 24. 9; 42. 18; 44. 8-12. De. 28. 37. Eze. 5. 14, 15. Da. 9. 16; 12. 2. Ho. 4. 7.

## CHAP. XXIV.

*Under the type of good and bad figs, 1-3, he foreshews the restoration of them that were in captivity, 4-7; and the desolation of Zedekiah and the rest, 8-10.*

1 A.M. 3406. B.C. 598. *Lord.* Am. 3. 7; 7. 1, 4, 7; 8. 1. Zec. 1. 20; 3. 1. *two.* De. 26. 2-4. *after.* ch. 22. 24-28; 29. 2. 2 Ki. 24. 12-16. 2 Ch. 36. 10. Eze. 19. 9. *smiths.* 1 Sa. 13. 19, 20.

2 *One basket.* ver. 5-7. Ho. 9. 10. Mi. 7. 1. *first ripe.* The *boccore*, or figs of the *early sort;* perhaps those which are ripe about six weeks before the full season, which are reckoned a great dainty. See Note on Is. 28. 4. *naughty.* The *winter* fig, probably, then in its *crude* or unripe state. ver. 8-10. Is. 5. 4, 7. Eze. 15. 2-5. Mal. 1. 12-14. Mat. 5. 13. *they were so bad. Heb.* for badness.

3 *What.* ch. 1. 11-14. 1 Sa. 9. 9. Am. 7. 8; 8. 2. Zec. 4. 2; 5. 2, 5-11. Mat. 25. 32, 33.

5 *I acknowledge.* Na. 1. 7. Zec. 13. 9. Mat. 25. 12. Jno. 10. 27. 1 Co. 8. 3. Ga. 4. 9. 2 Ti. 2. 19. *them that are carried away captive. Heb.* the captivity. *for.* De. 8. 16. Ps. 94. 12-14; 119. 67, 71. Ro. 8. 28. He. 12. 5-10. Re. 3. 19.

6 *For I will.* ch. 21. 10. De. 11. 12. 2 Ch. 16. 9. Ne. 5. 19. Job 33. 27, 28. Ps. 34. 15. 1 Pe. 3. 12. *and I will bring.* ch. 12. 15; 23. 3; 29. 10; 32. 37. Eze. 11. 15-17; 36. 24. *I will build.* ch. 1. 10; 18. 7-9; 32. 41; 33. 7; 42. 10.

7 *I will give.* ch. 31. 33, 34; 32. 39. De. 30. 6. Eze. 11. 19, 20; 36. 24-28. *and they.* ch. 30. 22; 31. 33; 32. 38. De. 26. 17-19. Eze. 37. 23, 27. Zec. 8. 8; 13. 9. He. 8. 10; 11. 16. *for they.* ch. 3. 10; 29. 12-14. De. 4. 29-31; 30. 2-5. 1 Sa. 7. 3. 1 Ki. 8. 46-50. 2 Ch. 6. 38. Is. 55. 6, 7. Ho. 14. 1-3. Ro. 6. 17.

8 *as.* See on ver. 2, 5; ch. 29. 16-18. *So will.* ch. 21. 10; 32. 28, 29; 34. 17-22; 37. 10, 17; 38. 18-23; 39. 2-9; 52. 2-11. Eze. 12. 12-16; 17. 11-21. *and them.* See on ch. 43; 44.

9 *to be removed. Heb.* for removing, *or* vexation. ch. 15. 4; 34. 17. De. 28. 25, 37, 65-67. Eze. 5. 1, 2, 12, 13. *to be a.* ch. 19. 8; 25. 18; 26. 6; 42. 18; 44. 12, 22. 1 Ki. 9. 7. 2 Ch. 7. 20. Ps. 44. 13, 14. La. 2. 15-17. Eze. 25. 3; 26. 2; 36. 2, 3. *a curse.* ch. 29. 18, 22. Ps. 109. 18, 19. Is. 65. 15.

10 ch. 5. 12; 9. 16; 14. 15, 16; 15. 2; 16. 4; 19. 7; 34. 17. Is. 51. 19. Eze. 5. 12-17; 6. 12-14; 7. 15; 14. 12-21; 33. 27.

## CHAP. XXV.

*Jeremiah, reproving the Jews' disobedience to the prophets, 1-7, foretells the seventy years' captivity, 8-11; and after that, the destruction of Babylon, 12-14. Under the type of a cup of wine he foreshews the destruction of all nations, 15-33. The howling of the shepherds, 34-38.*

1 A.M. 3398. B.C. 606. *in the.* ch. 36. 1; 46. 2. 2 Ki. 24. 1, 2. Da. 1. 1. *the first.* Nebuchadnezzar was associated with his father Nabopollasar two years before the death of the latter; and from this time the Jewish computation of Nebuchadnezzar's reign begins; that is, from the end of the third year of Jehoiakim; and therefore, according to them, the fourth year of Jehoiakim was the first year of Nebuchadnezzar. But the Babylonians date the commencement of his reign two years later, that is, on the death of his father; which computation is followed by Daniel, who wrote in Chaldee.

2 ch. 18. 11; 19. 14, 15; 26. 2; 35. 13; 38. 1, 2. Ps. 49. 1, 2. Mar. 7. 14-16.

3 *thirteenth.* ch. 1. 2. 1 Ki. 22. 3. 2 Ch. 34. 3, 8. *rising.* ver. 4; ch. 7. 13; 11. 7; 29. 19; 35. 15; 44. 4. Ge. 22. 3. Ex. 8. 20. Ps. 81. 13. Is. 55. 2. Mar. 1. 35. Jno. 8. 2, 47. 2 Ti. 4. 2.

4 *all.* Urijah the son of Shemaiah, and Huldah the prophetess, lived about this time. Zephaniah also prophesied during part of the time; and it is probable that Habakkuk was contemporary with them. *rising.* ch. 7. 25; 11. 7; 26. 5; 29. 19; 32. 33; 35. 14, 15; 44. 4, 5. 2 Ch. 36. 15, 16. *ye.* ver. 3, 7; ch. 7. 24-26; 11. 8-10; 13. 10, 11; 16. 12; 17. 23; 18. 12; 19. 15; 22. 21; 36. 31. Zec. 7. 11, 12. Ac. 7. 51, 52. He. 12. 25.

5 *Turn.* See on ch. 18. 11; 35. 15. 2 Ki. 17. 13, 14. Is. 55. 6, 7. Eze. 18. 30; 33. 11. Jon. 3. 8-10. Zec. 1. 4, 5. Lu. 13. 3-5. Ac. 26. 20. Ja. 4. 8-10. *for.* ch. 7. 7; 17. 25. Ge. 17. 8. Ps. 37. 27; 105. 10, 11.

6 ch. 7. 6, 9; 35. 15. Ex. 20. 3, 23. De. 6. 14; 8. 19; 13. 2; 28. 14. Jos. 24. 20. 1 Ki. 11. 4-10; 14. 22. 2 Ki. 17. 35.

7 *that ye.* See on ch. 7. 18, 19; 32. 30-33. De. 32. 21. 2 Ki. 17. 17; 21. 15. Ne. 9. 26. Pr. 8. 36.

9 *I.* ch. 1. 15; 5. 15, 16; 6. 1, 22-26; 8. 16. Le. 26. 25, etc. De. 28. 45-50. Pr. 21. 1. Is. 5. 26-30; 10. 5; 39. 7. Hab. 1. 6-10. *Nebuchadrezzar.* ch. 27. 6; 40. 2; 43. 10. Is. 13. 3; 44. 28; 45. 1. Eze. 29. 18-20. *against.* ver. 17-26; ch. 27. 3-8. Eze. 26. 7; 29. 19; 30. 10, 11. *an astonishment.* See on ch. 18. 16; 24. 9. 1 Ki. 9. 7, 8.

10 *take from. Heb.* cause to perish from. Es. 3. 13; 7. 4; 8. 11. *voice of mirth.* ch. 7. 34; 16. 9; 33. 10, 11. Is. 24. 7-12. Eze. 26. 13. Ho. 2. 11. Re. 18. 22, 23. *the sound.* Sir J. CHARDIN remarks, that, in the East, every where in the morning may be heard the *noise of the mills*, which often awakens people; for they generally grind every day just as much as may be necessary for the day's consumption. Where, then, the noise of the mill is not heard in the morning, nor the light of the candle seen in the evening, there must be an utter desolation. Ec. 12. 2-4.

11 *seventy.* This prophecy was delivered in the fourth year of Jehoiakim, and began to be accomplished immediately; and it was exactly *seventy* years from this time to the proclamation of Cyrus for the return of the Jews. ver. 12. 2 Ch. 36. 21, 22. Is. 23. 15-17. Da. 7. 2. Zec. 7. 5.

12 *when.* ch. 29. 10. 2 Ki. 24. 1. Ezr. 1. 1, 2. Da. 9. 2. *that I.* ver. 14; ch. 50; 51. De. 32. 35-42. Is. ch. 13; 14; 21; 46; 47. Da. ch. 5. Hab. ch. 2. Re. ch. 18. *punish. Heb.* visit upon. See on ch. 23. 2. *perpetual.* ch. 50. 3, 13, 23, 39, 40, 45; 51. 25, 26, 62-64. Is. 13. 19; 14. 23; 15. 6; 20. 1, etc.; 47. 1. Eze. 35. 9.

13 *hath.* See on ch. 1. 5, 10. Da. 5. 28, 31. Re. 10. 11.

14 *many.* ch. 27. 7; 50. 9, 41; 51. 6, 27, 28. Is. 14. 2; 45. 1-3. Da. 5. 28. Hab. 2. 8-16. *I.* ch. 50. 29-34; 51. 6, 20-27, 35-41. Ps. 137. 8. Is. 66. 6. Re. 18. 20-24.

15 *Take.* ch. 13. 12-14. Job 21. 20. Ps. 11. 6; 75. 8. Is. 51. 17, 22. Re. 14. 10, 19. *all.* ver. 27-33.

16 ver. 27; ch. 51. 7, 39. La. 3. 15; 4. 21. Eze 23. 32-34. Na. 3. 11. Re. 14. 8, 10; 16. 9-11; 18. 3.

17 *and made.* ver. 28; ch. 1. 10; 27. 3; ch. 46-51. Eze. 43. 3.

18 *Jerusalem.* ch. 1. 10; 19. 3-9; 21. 6-10. Ps. 60. 3. Is. 51. 17-22. Eze. 9. 5-8. Da. 9. 12. Am. 2. 5; 3. 2. 1 Pe. 4. 17. *to make.* ver. 9, 11; ch. 24. 9. Jos. 6. 18. 2 Ki. 22. 19. *as it.* ch. 44. 22. 1 Ki. 8. 24. Ezr. 9. 7. Ne. 9. 36.

19 *Pharaoh.* ch. 43. 9-11; 46. 2, 13-26. Eze. ch. 29-32. Na. 3. 8-10.

20 *the mingled.* ver. 24; ch. 50. 37. Ex. 12. 38. Eze. 30. 5. *Uz.* Ge. 10. 23; 22. 21. 1 Ch. 1. 17. Job 1. 1. La. 4. 21. *Philistines.* ch. 47. Eze. 25. 15-17. Am. 1. 6-8. Zep. 2. 4-7. Zec. 9. 5-7. *Ashkelon.* 1 Sa. 6. 17, Askelon, Gaza. *remnant.* Is. 20. 1. Am. 1. 8. Ne. 13. 23-27.

21 *Edom.* ch. 27. 3; 49. 7-22. Ps. 137. 7. Is. ch. 34; 63. 1-6. La. 4. 21, 22. Eze. 25. 12-14; 32. 29; ch. 35. Am. 1. 11, 12. Ob. 1-16, 18. Mal. 1. 2-4. *Moab.* ch. 9. 26; 48. Is. ch. 15; 16; 25. 10. Eze. 25. 8-11. Am. 2. 1-3. Zep. 2. 8-10. *the.* ch. 49. 1-6. Eze. 25. 2-7. Am. 1. 13-15.

22 *Tyrus.* ch. 27. 3; 47. 4. Eze. ch. 26; 27; 28. 1-19; 29. 18. Am. 1. 9, 10. Zec. 9. 2-4. *Zidon.* Eze. 28. 22, 23; 32. 30. Joel 3. 4-8. *isles which are beyond the sea. or,* region by the sea side. ch. 49. 23-27. Am. 1. 3-5. Zec. 9. 1.

23 *Dedan.* ch. 49. 8. Ge. 10. 7; 22. 21; 25. 15. 1 Ch. 1. 30. Job 6. 19. Is. 21. 13, 14. Eze. 25. 13; 27. 20. *in the utmost corners. Heb.* cut off into corners, *or* having the corners *of the hair* polled, ch. 9. 26; 49. 32.

24 *Arabia.* 1 Ki. 10. 15. 2 Ch. 9. 14. Is. 21. 13. Eze. 27. 21. *the mingled.* See on ver. 20; ch. 49. 28-33; 50. 37. Ge. 25. 2-4, 12-16; 37. 25-28. Eze. 30. 5.

25 *Zimri.* Ge. 25. 2, Zimran. *Elam.* ch. 49. 34-49. Ge. 10. 22; 14. 1. Is. 11. 11; 22. 6. Eze. 32. 24. Da. 8. 2. *Medes.* ch. 51. 11, 28. Is. 13. 17. Da. 5. 28.

26 *all the kings.* ver. 9; ch. 50. 9. Eze. 32. 30. *and the.* ch. 51. 41. *drink.* ver. 12; ch. 50; 51. Is. ch. 13; 14; 47. Da. ch. 5. Hab. 2. 16. Re. ch. 18.

27 *Drink.* Is. 51. 21; 63. 6. La. 4. 21. Hab. 2. 16. *because.* ver. 16; ch. 12. 12; 46. 10, 14; 47. 6, 7; 50. 35. De. 32. 42. Eze. 21. 4, 5; 24. 21-25.

28 *if.* Job 34. 33. *Ye.* ch. 4. 28; 51. 29. Is. 14. 24-27; 46. 10, 11. Da. 4. 35. Ac. 4. 28. Ep. 1. 11.

29 *I begin.* ch. 49. 12. Pr. 11. 31. Eze. 9. 6; 38. 21. Ob. 16. Lu. 23. 31. 1 Pe. 4. 17. *which is called by my name. Heb.* upon which my name is called. 1 Ki. 8. 43. Da. 9. 18, 19, margins. *Ye shall.* ch. 30. 11; 46. 28. Pr. 11. 21; 17. 5. *I will.* Eze. 14. 17, 21; 38. 21. Zec. 13. 7.

30 *roar.* Is. 42. 13. Ho. 5. 14; 13. 7, 8. Joel 2. 11-13; 3. 16. Am. 1. 2; 3. 8. *his holy.* ch. 17. 12. De. 26. 15. 1 Ki. 9. 3. 2 Ch. 30. 27. Ps. 11. 4; 58. 5; 132. 14. Zec. 2. 13. *give.* ch. 48. 33. Ps. 78. 65. Is. 16. 9. Re. 14. 18-20; 19. 15.

31 *A noise.* The dreadful devastations made by the Chaldeans through all the nations of the East, and afterwards the destruction of Babylon by the Medes and Persians, are here primarily foretold in this awful language; but it also accords very much with the passages in which the ruin of all the antichristian powers is evidently predicted. ch. 45. 5. Is. 34. 8. Ho. 4. 1; 12. 2. Mi. 6. 2. *plead.* Is. 66. 16. Eze. 20. 35, 36; 38. 22. Joel 3. 2.

32 *evil.* 2 Ch. 15. 6. Is. 34. 2; 66. 18. Lu. 21. 10, 25. *and a.* ch. 23. 19; 30. 23. Is. 5. 28; 30. 30. Zep. 3. 8.

33 *the slain.* ver. 18-26; ch. 13. 12-14. Is. 34. 2-8; 66. 16. Zep. 2. 12. Re. 14. 19, 20; 19. 17-21. *they shall not.* See on ch. 8. 2; 9. 21, 22; 16. 4-7. Ps. 79. 3; 83. 10. Eze. 39. 4-20. Re. 11. 9. *they shall be.* 2 Ki. 9. 37. Is. 5. 25.

34 *Howl.* ver. 23, 36; ch. 4. 8, 9. Eze. 34. 16. Ja. 5. 1, 2. *ye shepherds.* Ye kings and chiefs of the people. *wallow.* ch. 6. 26; 48. 26. Eze. 27. 30, 31. *ye principal.* Eze. 34. 17, 20. *the days of your. Heb.* your days for. ver. 12; ch. 27. 7; 51. 20-26. Is. 10. 12; 33. 1. La. 4. 21. *ye shall.* ch. 19. 10-12; 22. 28. Ps. 2. 9. Is. 30. 14. *pleasant vessel. Heb.* vessel of desire. ch. 3. 19. 2 Ch. 36. 10. Is. 2. 16. Da. 11. 8. Am. 5. 11, margins.

35 *the shepherds,* etc. *Heb.* flight shall perish from the shepherds, and escaping from, etc. ch. 32. 4; 34. 3; 38. 18, 23. Job 11. 20. Is. 2. 12-22; 24. 21-23. Eze. 17. 15, 18. Da. 5. 30. Am. 2. 14; 9. 1. Re. 6. 14-17; 19. 19-21. *nor.* ch. 48. 44; 52. 8-11, 24-27. Am. 9. 1-3.

36 See on ver. 34; ch. 4. 8.

37 Is. 27. 10, 11; 32. 14.

38 *hath.* ch. 4. 7; 5. 6; 49. 19; 50. 44. Ps. 76. 2. Ho. 5. 14; 11. 10; 13. 7, 8. Am. 8. 8. Zec. 2. 3. *desolate. Heb.* a desolation. ver. 12.

## CHAP. XXVI.

*Jeremiah by promises and threatenings exhorts to repentance,* 1-7. *He is therefore apprehended,* 8, 9, *and arraigned,* 10, 11. *His apology,* 12-15. *He is quit in judgment, by the example of Micah,* 16-19, *and of Urijah,* 20-23, *and by the care of Ahikam,* 24.

1 A.M. 3394. B.C. 610. ch. 1. 3; 25. 1; 27. 1; 35. 1; 36. 1. 2 Ki. 23. 34-36. 2 Ch. 36. 4, 5.

2 *Stand.* ch. 7. 2; 19. 14; 23. 28; 36. 10. 2 Ch. 24. 20, 21. Lu. 19. 47, 48; 20. 1; 21. 37, 38. Jno. 8. 2; 18. 20. Ac. 5. 20, 21, 25, 42. *court.* This was the great outer court, where the people assembled for the purpose of religious worship on ordinary occasions, when they brought no sacrifices; but when they offered a sacrifice, they were to bring it into the inner court, or that of the priests. *all the words.* ch. 1. 17; 42. 4. Is. 58. 1, 2. Eze. 3. 10, 17-21. Mat. 28. 20. Ac. 20. 20, 27. *diminish.* De. 4. 2; 12. 32. Re. 22. 19.

3 *so.* ch. 18. 7-10; 36. 3. Is. 1. 16-19. Eze. 18. 27-30. Jon. 3. 8-10; 4. 2. *that I.* ver. 13. See on ch. 18. 7-10. 1 Ki. 21. 27, 29.

4 *If.* Le. 26. 14, etc. De. 28. 15, etc.; 29. 18-28; 31. 16-18, 20; 32. 15-25. Jos. 23. 15, 16. 1 Ki. 9. 6. 2 Ch. 7. 19, 20. Ne. 9. 26-30. Is. 1. 20; 42. 23-25. *which.* ch. 44. 10. De. 4. 8, 44; 11. 32. He. 6. 18.

5 *my.* ch. 7. 13, 25; 11. 7. 2 Ki. 9. 7; 17. 13, 23; 24. 2. Ezr. 9. 11. Eze. 38. 17. Da. 9. 6-10. Am. 3. 7. Zec. 1. 6. Re. 10. 7; 11. 18. *whom.* See on ch. 25. 3, 4.

6 *will I.* See on ch. 7. 12-14. 1 Sa. 4. 10-12, 19-22. Ps. 78. 60-64. *a curse.* ch. 24. 9; 25. 18; 29. 22; 42. 18; 44. 8-12, 22. 2 Ki. 22. 19. Is. 43. 28; 65. 15. Da. 9. 11. Mal. 4. 6.

7 ch. 5. 31; 23. 11-15. Eze. 22. 25, 26. Mi. 3. 11. Zep. 3. 4. Mat. 21. 15. Ac. 4. 1-6; 5. 17.

8 *the priests.* ch. 2. 30; 11. 19-21; 12. 5, 6; 18. 18; 20. 1, 2, 8-11. 2 Ch. 36. 16. La. 4. 13, 14. Mat. 21. 35-39; 22. 6; 23. 31-35; 26. 3, 4, 59-66. Ac. 5. 33; 7. 52. Re. 18. 24.

9 *Why.* 2 Ch. 25. 16. Is. 29. 21; 30. 9-11. Am. 5. 10; 7. 10-13. Mi. 2. 6. Mat. 21. 23. Ac. 4. 17-19; 5. 28; 6. 14. *And all.* Mat. 27. 20. Mar. 15. 11. Ac. 13. 50; 16. 19-22; 17. 5-8; 19. 24-32; 21. 30; 22. 22. *in the.* Jno. 8. 20, 59.

10 *the princes.* ver. 16, 17, 24; ch. 34. 19; 36. 12-19, 25; 37. 14-16; 38. 4-6. Eze. 22. 6, 27. *in the entry. or,* at the door. *the new.* ch. 36. 10. 2 Ki. 15. 35.

11 *saying.* De. 18. 20. Mat. 26. 66. Lu. 23. 1-5. Jno. 18. 30; 19. 7. Ac. 22. 22; 24. 4-9; 25. 2-13. *This man is worthy to die. Heb.* The judgment of death *is* for this man. *for he.* ch. 38. 4. Ac. 6. 11-14.

12 *The Lord.* ver. 2, 15; ch. 1. 17, 18; 19. 1-3. Am. 7. 15-17. Ac. 4. 19; 5. 29.

13 *amend.* See on ch. 7. 3-7; 35. 15; 36. 3; 38. 20. Is. 1. 19; 55. 7. Eze. 33. 11. Ho. 14. 1-4. He. 5. 9. *repent.* ver. 3, 19; ch. 18. 8; 42. 10. Ex. 32. 14. De. 32. 36. Ju. 2. 18. Joel 2. 14. Jon. 3. 9; 4. 2.

14 *As for.* ch. 38. 5. Jos. 9. 25. Da. 3. 16. *as seemeth good and meet unto you. Heb.* as it is good and right in your eyes. 2 Sa. 15. 26.

15 *ye shall.* ch. 2. 30, 34; 7. 6; 22. 3, 17. Ge. 4. 10; 42. 22. Nu. 35. 33. De. 19. 10. 2 Ki. 24. 4. Pr. 6. 17. Mat. 23. 30-36; 26. 4, 25. Ac. 7. 60. 1 Th. 2. 15, 16. Re. 16. 6. *for of.* See on ver. 12.

16 ch. 36. 19, 25; 38. 7-13. Es. 4. 14. Pr. 16. 7. Mat. 27. 23, 24, 54. Lu. 23. 14, 15, 41, 47. Ac. 5. 34-39; 23. 9, 29; 25. 25; 26. 31, 32.

18 *Micah.* Mi. 1. 1. *Zion.* JOSEPHUS relates that Titus, after he had taken Jerusalem, ordered his soldiers to demolish it, except three of the largest and most beautiful towers, and the western wall of the city; all the rest was levelled, so that they who had never before seen it, could scarcely persuade themselves it had been inhabited. The Jewish writers also inform us, that Turnus Rufus, whom Titus had left in command, *ploughed* up the very foundations of the temple. When Dr. RICHARDSON visited this sacred spot in 1818, he found one part of Mount Zion supporting a crop of barley, and another undergoing the labour of the *plough:* the soil turned up consisted of stone and lime mixed with earth, such as is usually met with in foundations of ruined cities. It is nearly a mile in circumference; is highest on the west side, and, towards the east, falls down in broad terraces on the upper part of the mountain, as it slopes down towards the brook Kedron. See on Mi. 3. 12. *Jerusalem.* See on ch. 9. 11; 51. 37. 2 Ki. 19. 25. Ne. 4. 2. Ps. 79. 1. *the mountain.* ch. 17. 3. Is. 2. 2, 3. Mi. 4. 1. Zec. 8. 3.

19 *did he.* 2 Ch. 29. 6-11; 32. 20, 25, 26; 34. 21. Is. 37. 1, 4, 15-20. *besought the Lord. Heb.* besought the face of the Lord. *and the Lord.* See on ver. 3. Ex. 32. 14. 2 Sa. 24. 16. *Thus.* ver. 15. Nu. 16. 38; 35. 33, 34. Is. 26. 21. La. 4. 13, 14. Mat. 23. 35; 27. 24, 25. Lu. 3. 19, 20. Ac. 5. 39. Re. 6. 9, 10; 16. 6; 18. 20-24.

20 *Kirjath-jearim.* Jos. 15. 60; 18. 14. 1 Sa. 7. 2.

21 *the king sought.* ch. 36. 26. 2 Ch. 16. 10. Ps. 119. 109. Mat. 14. 5. Mar. 6. 19. *he was.* 1 Ki. 19. 1-3. Pr. 29. 25. Mat. 10. 23, 28, 39; 16. 25, 26.

22 *men.* Ps. 12. 8. Pr. 29. 12. *Achbor.* 2 Ki. 22. 12, 14.

23 *who.* ver. 15; ch. 2. 30. Eze. 19. 6. Mat. 14. 10; 23. 34, 35. Ac. 12. 1-3. 1 Th. 2. 15. Re. 11. 7. *and cast.* ch. 22. 19; 36. 30. *common people. Heb.* sons of the people.

24 *Ahikam.* ch. 39. 14; 40. 5-7. 2 Ki. 22. 12-14; 25. 22. 2 Ch. 34. 20. *that.* ch. 1. 18, 19; 15. 15-21. 1 Ki. 18. 4. Is. 37. 32, 33. Ac. 23. 10, 20-35; 25. 3, 4; 27. 43. Re. 12. 16.

## CHAP. XXVII.

*Under the type of bonds and yokes he prophesies the subduing of the neighbour kings unto Nebuchadnezzar, 1-7. He exhorts them to yield, and not to believe the false prophets, 8-11. The like he does to Zedekiah, 12-18. He foretells the remnant of the vessels shall be carried to Babylon, and there continue until the day of visitation, 19-22.*

1 A.M. 3409. B.C. 595. *the beginning.* ver. 3, 12, 19, 20; ch. 26. 1; 28. 1.

2 *saith the Lord. or,* hath the Lord said. Am. 7. 1, 4. *Make.* ver. 12; ch. 28. 10-14. *put.* ch. 13. 1-11; 18. 2-10; 19. 1-11; 28. 10. 1 Ki. 11. 30, 31. Is. 20. 2-4. Eze. ch. 4; 5; 12; 24. 3-12.

3 *Edom.* See on ch. 25. 19-26; ch. 47-49. Eze. ch. 25-28; 29. 18. Am. 1. 9-15; 2. 1-3. *the messengers.* 2 Ch. 36. 13. Eze. 17. 15-21.

4 *to say unto their masters, Thus. or,* concerning their masters, saying, Thus. *the Lord.* ch. 10. 10, 16; 25. 27; 51. 19. Ex. 5. 1.

5 *made.* ch. 10. 11, 12; 32. 17; 51. 15. Ge. 9. 6. Ex. 20. 11. Job 26. 5-14; 38. 4, etc. Ps. 102. 25; 136. 5-9; 146. 5, 6; 148. 2-5. Is. 40. 21-26; 42. 5; 44. 24; 45. 12; 48. 13; 51. 13. Jno. 1. 1-3. Ac. 14. 15; 17. 24. Col. 1. 16. He. 1. 2, 10, 11. Re. 4. 11. *and have.* Ge. 1. 29, 30; 9. 2, 3. De. 2. 7, 9, 19; 5. 16; 32. 8. Jos. 1. 2, 3. Ezr. 1. 2. Ps. 115. 15, 16; 135. 10-12. Da. 2. 21; 4. 17, 25, 32, 35.

6 *I given all.* ch. 28. 14. Da. 2. 37, 38; 5. 18, 19. *my.* ch. 24. 1; 25. 9; 43. 10; 51. 20-23. Is. 44. 28. Eze. 29. 18-20. *and.* See on ch. 28. 14. Ps. 50. 10-12. Da. 2. 38.

7 *all.* ch. 25. 11-14; 50. 9, 10; 52. 31. 2 Ch. 36. 20, 21. *until.* ch. 25. 12; 50. 27. Ps. 37. 13; 137. 8, 9. Is. 13. 1, 8, etc.; 14. 22, 23; 21. 9; 47. 1-5. Da. 5. 25-31. Hab. 2. 7. Zec. 2. 8, 9. Re. 13. 5-10; 14. 8, 15-20; 16. 19; 17. 16, 17; 18. 2-8. *many.* ch. 25. 14; ch. 50; 51. Is. 14. 4-6.

8 *And it.* There is a peculiar grandeur, as well as propriety, in this method of predicting Nebuchadnezzar's rapid successes. The God of Israel, declaring himself to be the Lord of armies, and the Creator and Owner of the whole earth, with all its inhabitants and productions, and claiming full sovereignty over his creatures, avows his determination, for reasons he does not deign to assign, to give all the countries of the world to the king of Babylon, whom he calls his *servant,* because he would accomplish an important part of his most righteous designs. They, therefore, who would escape the most dreadful judgments, must submit to the God of Israel, by submitting to Nebuchadnezzar; they must hearken to the prophets of Israel, and not to their own diviners; and they must observe, that Nebuchadnezzar, his son, and his grandson, would, whatever opposition should be made, possess the full dominion of all these countries, till the appointed time was expired; and then, these haughty conquerors would in their turn become the prey of other powerful conquerors; all of which was most exactly fulfilled. *that nation.* ch. 25. 28, 29; 38. 17-19; 40. 9; 42. 10-18; 52. 3-6. Eze. 17. 19-21. *with the sword.* ch. 24. 10. Eze. 14. 21.

9 *hearken.* ver. 14-16; ch. 14. 14; 23. 16, 25, 32; 29. 8. Ex. 7. 11. De. 18. 10-12, 14. Jos. 13. 22, marg. Is. 8. 19. Mi. 3. 7. Zec. 10. 2. Mal. 3. 5. Ac. 8. 11. Re. 9. 21; 18. 23; 21. 8; 22. 15. *dreamers. Heb.* dreams. Is. 47. 12-14.

10 *they.* See on ver. 14; ch. 28. 16. Eze. 14. 9-11. *to.* ch. 32. 31. La. 2. 14. *I.* See on ver. 15.

11 *bring.* ver. 2, 8, 12. *those.* ch. 21. 9; 38. 2; 40. 9-12; 42. 10, 11.

12 *Zedekiah.* ver. 3; ch. 28. 1; 38. 17. 2 Ch. 36. 11-13. Pr. 1. 33. Eze. 17. 11-21. *Bring.* See on ver. 2, 8.

13 *Why.* ch. 38. 20. Pr. 8. 36. Eze. 18. 24, 31; 33. 11. *by the sword.* ver. 8; ch. 24. 9; 38. 2. Eze. 14. 21.

14 *hearken.* ver. 9. Is. 28. 10-13. 2 Co. 11. 13-15. Phi. 3. 2. *they.* ver. 10; ch. 14. 14; 23. 21, 25; 28. 15; 29. 8, 9. 1 Ki. 22. 22, 23. Eze. 13. 6-15, 22, 23. Mi. 2. 11. Mat. 7. 15. 2 Pe. 2. 1-3. 1 Jno. 4. 1.

15 *a lie. Heb.* in a lie, *or* lyingly. *that I.* ver. 10. 2 Ch. 18. 17-22; 25. 16. Eze. 14. 3-10. Mat. 24. 24. 2 Th. 2. 9-12. 2 Ti. 2. 17-19; 4. 3, 4. Re. 13. 7, 8, 12-14. *ye.* ch. 6. 13-15; 8. 10-12; 14. 15, 16; 20. 6; 23. 15; 28. 16, 17; 29. 22, 23, 31, 32. Mi. 3. 5-7. Mat. 15. 14. Re. 19. 20.

16 *Behold.* ch. 28. 3. 2 Ki. 24. 13. 2 Ch. 36. 7-10. Da. 1. 2. *for.* ver. 10, 14. Is. 9. 15.

17 *serve.* See on ver. 11, 12. *wherefore.* ver. 13; ch. 38. 17, 23.

18 *they.* 1 Ki. 18. 24, 26. *let them.* ch. 7. 16; 15. 1; 18. 20; 42. 2. Ge. 18. 24-33; 20. 17. 1 Sa. 7. 8; 12. 19, 23. 2 Ch. 32. 20. Job 42. 8, 9. Eze. 14. 14, 18-20; 22. 30. Mal. 1. 9. Ja. 5. 16-18.

19 *the pillars.* ch. 52. 17-23. 1 Ki. 7. 15, etc. 2 Ki. 25. 13, 17. 2 Ch. 4. 2-16.

20 *when.* ch. 22. 28, Coniah; 24. 1. 2 Ki. 24. 14-16, Jehoiachin. 2 Ch. 36. 10, 18.

22 *carried.* ch. 29. 10; 34. 5; 52. 17-21. 2 Ki. 24. 13-17. 2 Ch. 36. 17, 18. Da. 5. 1-4, 23. *until.* ch. 25. 11, 12; 29. 10; 32. 5. 2 Ch. 36. 21-23. Ezr. 1. 1-5. Pr. 21. 30. Da. 9. 2. *then.* Ezr. 1. 7, 11; 5. 13-15; 7. 9, 19.

## CHAP. XXVIII.

*Hananiah prophesies falsely the return of the vessels, and of Jeconiah, 1-4. Jeremiah, wishing it to be true, shews that the event will declare the true prophets, 5-9. Hananiah breaks Jeremiah's yoke, 10, 11. Jeremiah tells of an iron yoke, 12-14; and foretells Hananiah's death, 15-17.*

1 *the same.* ch. 27. 1. *Hananiah.* ver. 11; ch.

36. 12; 37. 13. *the prophet.* ch. 23. 28. Is. 9. 15. Zec. 13 2-4.

2 *I.* See on ch. 27. 2-12. Eze. 13. 5-16. Mi. 3. 11.

3 *two full years. Heb.* two years of days. Ge. 47. 9, 28. Ps. 90. 10. *all the.* ch. 27. 16-22. *that.* 2 Ki. 24. 13. 2 Ch. 36. 10. Da. 1. 2.

4 *I will bring.* This was doubtless grateful news to the people, who looked upon Zedekiah only as Nebuchadnezzar's deputy. Hananiah seems to have been more desirous of *popular* than *regal* favour; for this prediction could not be altogether agreeable to Zedekiah. But he was evidently a weak as well as a wicked prince, and very generally despised. *Jeconiah.* ch. 22. 24, 28, Coniah; 24. 1; 52. 31-34. 2 Ki. 25. 27-30, Jehoiachin. *captives. Heb.* captivity. ch. 24. 5, marg. *I will break.* ver. 2, 10; ch. 2. 20; 30. 8. Ge. 27. 40. Is. 9. 4. Na. 1. 13.

5 *the house.* ver. 1; ch. 7. 2; 19. 14; 26. 2.

6 *Amen.* Nu. 5. 22. De. 27. 15-26. 1 Ki. 1. 36. 1 Ch. 16. 36. Ps. 41. 13; 72. 19; 89. 52; 106. 48. Mat. 6. 13; 28. 20. 1 Co. 14. 16. 2 Co. 1. 20. Re. 1. 18; 3. 14; 5. 14; 19. 4; 22. 20, 21. *the Lord perform.* ver. 3; ch. 11. 5; 17. 16; 18. 20.

7 1 Ki. 22. 28.

8 *The prophets.* As Hosea, Joel, Amos, Isaiah, Micah, Nahum, Habakkuk, Zephaniah, and others, all of whom had denounced similar evils against a corrupt people. So that they who opposed Jeremiah also opposed those who preceded him; and it was altogether unprecedented for a true prophet to promise deliverance to a guilty nation, without calling them to repentance. *prophesied.* Le. 26. 14, etc. De. 4. 26, 27; 28. 15, etc.; 29. 18-28; 31. 16, 17; 32. 15, etc. 1 Sa. 2. 27-32; 3. 11-14. 1 Ki. 14. 7-15; 17. 1; 21. 18-24; 22. 8. Is. 5. 1-8; 6. 9-12; 13. 18; ch. 24. Joel 1. 2, etc.; 3. 1-11. Mi. 3. 8-12. Na. ch. 1-3. Am. 1. 2.

9 *which.* ch. 4. 10; 6. 14; 8. 11; 14. 13. Eze. 13. 10, 16. *then.* De. 18. 22. Eze. 13. 10-16.

10 *took.* ver. 2, 4; ch. 27. 2; 36. 23, 24. 1 Ki. 22. 11, 24, 25. Mal. 3. 13.

11 *Thus.* ch. 23. 17; 29. 9. 1 Ki. 13. 18; 22. 6, 11, 12. 2 Ch. 18. 10, 22, 23. Pr. 14. 7. Eze. 13. 7. *Even.* ver. 2-4; ch. 27. 2-12.

12 ch. 1. 2; 29. 30. 2 Ki. 20. 4. 1 Ch. 17. 3. Da. 9. 2.

13 *Thou hast.* ch. 27. 15. Ps. 149. 8. La. 2. 14. *thou shalt.* By encouraging an unavailing resistance to Nebuchadnezzar.

14 *I have put.* ch. 27. 4, 7; 40. 4. De. 4. 20; 28. 48. Is. 14. 4-6. *that they.* See on ch. 25. 9-26. Re. 17. 12, 13. *and I.* ch. 27. 6, 7. Da. 2. 38.

15 *The Lord.* This was a bold speech, in the presence of those priests and people who were prejudiced in favour of the false prophets, who prophesied to them smooth things. ver. 11; ch. 14. 14, 15; 23. 21; 27. 15; 29. 23, 31, 32. 1 Ki. 22. 23. Eze. 13. 2, 3, 22; 22. 28. La. 2. 14. Zec. 13. 3.

16 *I will.* Ge. 7. 4. Ex. 32. 12. De. 6. 15. 1 Ki. 13. 34. Am. 9. 8. *this year.* ver. 3; ch. 20. 6. Nu. 14. 37; 16. 28-35; 29. 32. De. 13. 5-11. *because.* Eze. 13. 11, 12. Ac. 13. 8-11. *rebellion. Heb.* revolt. ch. 29. 32. De. 13. 5, margins.

17 *Hananiah.* Is. 44. 25, 26. Zec. 1. 6. *the seventh month.* The prophecy was delivered in the *fifth* month, (ver. 1,) and Hananiah died in the *seventh* month; exactly *two* months after he had delivered his false prophecy, which he declared, in the name of God, would be fulfilled in *two* years. Here then the true prophet was demonstrated, and the false prophet detected. The death of Hananiah, thus predicted, was God's *seal* to the words of His prophet, and must have gained his other predictions great credit among the people; though it is evident that it did not induce them to forsake their sins and return to the God of Israel.

## CHAP. XXIX.

*Jeremiah sends a letter to the captives in Babylon to be quiet there, 1-7, and not to believe the dreams of their prophets, 8, 9; and that they shall return with grace after seventy years, 10-14. He foretells the destruction of the rest for their disobedience, 15-19. He shews the fearful end of Ahab and Zedekiah, two lying prophets, 20-23. Shemaiah writes a letter against Jeremiah, 24-29. Jeremiah foretells his doom, 30-32.*

1 Cir. A.M. 3407. B.C. 597. *Now.* This transaction is supposed to have taken place in the first or second year of Zedekiah. *of the letter.* ver. 25-29. 2 Ch. 30. 1-6. Es. 9. 20. Ac. 15. 23. 2 Co. 7. 8. Ga. 6. 11. He. 13. 22. Re. ch. 2; 3. *the elders.* ch. 24. 1-7; 28. 4.

2 *Jeconiah.* ch. 22. 24-28, Coniah; 27. 20; 28. 4. 2 Ki. 24. 12-16. 2 Ch. 36. 9, 10, Jehoiachin. *eunuchs. or,* chamberlains. 2 Ki. 9. 32, marg. ch. 20. 18. Da. 1. 3, etc.

3 *Shaphan.* ch. 26. 24; 39. 14. 2 Ki. 22. 8. Eze. 8. 11. *Gemariah.* ch. 36. 25. 2 Ki. 22. 12. 2 Ch. 34. 20.

4 *whom.* ch. 24. 5. Is. 5. 5; 10. 5, 6; 45. 7; 59. 1, 2. Am. 3. 6.

5 ver. 10, 28. Eze. 28. 26.

6 *Take ye.* ch. 16. 2-4. Ge. 1. 27, 28; 9. 7. 1 Ti. 5. 14. *take wives.* Ge. 21. 21; 24. 3, 4, 51, 60; 28. 1-4; 29. 19; 34. 4. Ju. 1. 12-14; 12. 9; 14. 2. 1 Co. 7. 36-38.

7 *seek.* Da. 4. 27; 6. 4, 5. Ro. 13. 1, 5. 1 Pe. 2. 13-17. *pray.* Ezr. 6. 10; 7. 23. Da. 4. 19. 1 Ti. 2. 1, 2.

8 *Let.* See on ch. 14. 14; 23. 21; 27. 14, 15; 28. 15. Zec. 13. 4. Mat. 24. 4, 5, 24. Mar. 13. 5, 6, 22, 23. Lu. 21. 8. Ro. 16. 18. 2 Co. 11. 13-15. Ep. 4. 14; 5. 6. 2 Th. 2. 3, 9-11. 2 Ti. 3. 13. 2 Jno. 7-9. Re. 13. 14; 19. 20. *your dreams.* ch. 5. 31. Mi. 2. 11. Lu. 6. 26. 2 Pe. 2. 2, 3.

9 *falsely. Heb.* in a lie. ver. 23, 31; ch. 27. 15.

10 *after.* ch. 25. 12; 27. 7, 22. 2 Ch. 36. 21-23. Ezr. 1. 1, 2. Da. 9. 2. Zec. 7. 5. *I will.* See on ch. 24. 6, 7; 32. 42-44. Zep. 2. 7.

11 *I know.* Job 23. 13. Ps. 33. 11; 40. 5. Is. 46. 10, 11; 55. 8-12. Mi. 4. 12. Zec. 1. 6; 8. 14, 15. *thoughts.* ch. 3. 12-19; 30. 18-22; ch. 31-33. Is. ch. 40-46. Eze. 34. 11-31; ch. 36; 37; 39. Ho. 2. 14-23; 3. 5; 14. 2-9. Joel 2. 28-32. Am. 9. 8-15. Mi. 5. 4-7; 7. 14-20. Zep. 3. 14-20. Zec. 9. 9-17; 12. 5-10; 14. 20, 21. Re. 14. 8-14. *expected end. Heb.* end and expectation. La. 3. 26.

12 ch. 31. 9; 33. 3. Ne. 2. 4, etc. Ps. 10. 17; 50. 15; 102. 16, 17. Is. 30. 19; 65. 24. Eze. 36. 37. Da. 9. 3, etc. Zec. 13. 9. Mat. 7. 7, 8.

13 *ye shall.* Le. 26. 40-45. De. 4. 29-31; 30. 1, etc. 1 Ki. 8. 47-50. 2 Ch. 6. 37-39. Ps. 91. 15. Is. 55. 6, 7. Ho. 5. 15; 6. 1-3. Am. 5. 4-6. Zep. 2. 1-3. Lu. 11. 9, 10. *with.* ch. 3. 10; 24. 7. De. 30. 2, 10. 1 Ki. 2. 4. 2 Ki. 23. 3. 2 Ch. 22. 9; 31. 21. Ps. 119. 2, 10, 58, 69, 145. Joel 2. 12. Ac. 8. 37.

14 *I will be.* De. 4. 7. 1 Ch. 28. 9. 2 Ch. 15. 12-15. Ps. 32. 6; 46. 1. Is. 45. 19; 55. 6. Ro. 10. 20. *and I will turn.* ch. 16. 14, 15; 23. 3-8; 24. 5-7; 30. 3, 10; 31. 8, etc.; 32. 37, etc.; 33. 7, etc.; 46. 27, 28; 50. 4, 5, 19, 20, 33, 34; 51. 10. Ps. 126. 1, 4. Eze. 11. 16-20; ch. 34; 36-39. Am. 9. 14. Mi. 4. 12. Zep. 3. 20.

15 ver. 8, 9; ch. 28. 1, etc. Eze. 1. 1, 3.

16 ver. 3; ch. 24. 2; 38. 2, 3, 17-23. Eze. ch. 6-9; 17. 12-21; 21. 9-27; 22. 31; 24. 1-14.

17 *Behold.* ver. 18; ch. 15. 2, 3; 24. 8-10; 34. 17-22; 43. 11; 52. 6. Eze. 5. 12-17; 14. 12-21. Lu. 21. 11, 23. *them like.* See on ch. 24. 1-3, 8.

18 *will deliver.* ch. 15. 4; 24. 9; 34. 17. Le. 26. 33. De. 28. 25, 64. 2 Ch. 29. 8. Ps. 44. 11. Eze. 6. 8; 12. 15; 22. 15; 36. 19. Am. 9. 9. Zec. 7. 14. Lu. 21. 24. *to be a curse. Heb.* for a curse. ver. 22. See on ch. 19. 8; 25. 9; 26. 6; 42. 18. De. 29. 21-28. 1 Ki. 9. 7, 8. 2 Ch. 7. 19-22; 29. 8. Is. 65. 15. La. 2. 15, 16.

19 ch. 6. 19; 7. 13, 24-26; 25. 3-7; 26. 5; 32. 33; 34. 17; 35. 14-16; 44. 4, 5. Zec. 1. 4-6; 7. 11-13. He. 12. 25.

20 *Hear.* Dr. BLAYNEY thinks there were two letters written by the prophet to the captives in Babylon, and the first ends with this verse. That having heard, on the return of the embassy, that the captives had received his advices favourably, and because they were deceived by false prophets, who promised them a speedier deliverance, he therefore wrote a second letter, beginning with the fifteenth verse, and going on with the twenty-first, etc. (in which order these verses are read in the Septuagint,) in which he denounces God's judgments on the three chief of those, Ahab, Zedekiah, and Shemaiah. *all ye.* Eze. 3. 11, 15. *whom.* See on ch. 24. 5. Mi. 4. 10.

21 *which.* See on ver. 8, 9; ch. 14. 14, 15. La. 2. 14.

22 *shall be.* Ge. 48. 20. Ru. 4. 11. Is. 65. 15. 1 Co. 16. 22. *roasted.* Da. 3. 6, 21.

23 *and have.* ch. 7. 9, 10; 23. 14, 21. Ps. 50. 16-18. Zep. 3. 4. 2 Pe. 2. 10-19. Jude 8-11. *lying.* See on ver. 8, 9, 21. *even I.* ch. 13. 27; 16. 17; 23. 23, 24. Pr. 5. 21. Mal. 2. 14; 3. 5. He. 4. 13. Re. 1. 5; 3. 14.

24 *Shemaiah.* ver. 31, 32. *Nehelamite.* *or,* dreamer. See on ver. 8.

25 *Because.* 1 Ki. 21. 8-13. 2 Ki. 10. 1-7; 19. 9, 14. 2 Ch. 32. 17. Ezr. 4. 7-16. Ne. 6. 5, 17, 19. Ac. 9. 2. *Zephaniah.* ver. 29; ch. 21. 1, 2; 37. 3; 52. 24. 2 Ki. 25. 18-21.

26 *officers.* ch. 20. 1, 2. 2 Ki. 11. 15, 18. Ac. 4. 1; 5. 24. *for every.* 2 Ki. 9. 11. Ho. 9. 7. Mar. 3. 21. Jno. 10. 20. Ac. 26. 11, 24. 2 Co. 5. 13-15. *and maketh.* ver. 27. De. 13. 1-5. Zec. 13. 3-6. Mat. 21. 23. Jno. 8. 53; 10. 33. *that thou.* ch. 20. 1, 2; 38. 6, 28. 2 Ch. 16. 10; 18. 26. Ac. 5. 18; 16. 24. 2 Co. 11. 33. Re. 2. 10.

27 *therefore.* 2 Ch. 25. 16. Am. 7. 12, 13. Jno. 11. 47-53. Ac. 4. 17-21; 5. 28, 40. *which.* ver. 26; ch. 43. 2, 3. Nu. 16. 3. Mat. 27. 63. 2 Ti. 3. 8.

28 See on ver. 1-10.

29 ver. 25.

31 *Send.* ver. 20. *Because.* See on ver. 9, 23; ch. 14. 14, 15; 23. 21; 28. 15-17. Eze. 13. 8-16, 22, 23. 2 Pe. 2. 1.

32 *punish.* ch. 20. 6. Ex. 20. 5. Nu. 16. 27-33. Jos. 7. 24, 25. 2 Ki. 5. 27. Ps. 109. 8-15. Is. 14. 20, 22. Am. 7. 17. *he shall.* ch. 22. 30; 35. 19. 1 Sa. 2. 30-34. *behold.* See on ver. 10-14; ch. 17. 6. 2 Ki. 7. 2, 19, 20. *rebellion.* *Heb.* revolt. ch. 28. 16, marg.

## CHAP. XXX.

*God shews Jeremiah the return of the Jews,* 1-3. *After their trouble they shall have deliverance,* 4-9. *He comforts Jacob,* 10-17. *Their return shall be gracious,* 18-22. *Wrath shall fall on the wicked,* 23, 24.

1 Cir. A.M. 3417. B.C. 587. ch. 1. 1, 2; 26. 15.

2 ch. 36. 2-4, 32; 51. 60-64. Ex. 17. 14. De. 31. 19, 22-27. Job 19. 23, 24. Is. 8. 1; 30. 8. Da. 12. 4. Hab. 2. 2, 3. Ro. 15. 4. 1 Co. 10. 11. 2 Pe. 1. 21. Re. 1. 11, 19.

3 *the days.* ch. 23. 5, 7; 31. 27, 31, 38; 33. 14, 15. Lu. 17. 22; 19. 43; 21. 6. He. 8. 8. *that I.* ver. 10, 18; ch. 27. 22; 29. 14; 31. 23; 32. 37, 44; 33. 7-11, 26. De. 30. 3. Ps. 53. 6. Eze. 39. 25, 26. Joel 3. 1. Am. 9. 14, 15. Ob. 19, 20. Zep. 3. 20. *and I.* ch. 16. 15; 23. 8; 27. 11. Ezr. 3. 1, 8, 12. Eze. 20. 42; 28. 25, 26; 36. 24; 37. 21-25; 39. 27, 28; 47. 14.

5 *a voice.* ch. 4. 15-20; 6. 23, 24; 8. 19; 9. 19; 25. 36; 31. 15, 16. Is. 5. 30; 59. 11. Am. 5. 16-18; 8. 10. Zep. 1. 10, 11. Lu. 19. 41-44; 21. 25, 26; 23. 29-30. *of fear, and not of peace.* *or, there is* fear, and not peace. ch. 46. 5.

6 *a man.* *Heb.* a male. *every.* ch. 4. 31; 6. 24; 13. 21; 22. 23; 49. 24; 50. 43. Ps. 48. 6. Is. 13. 6-9; 21. 3. Da. 5. 6. Ho. 13. 13. Mi. 4. 9, 10. Jno. 16. 21, 22. 1 Th. 5. 3. *paleness.* Is. 29. 22. Joel 2. 6. Na. 2. 10.

7 *for.* Is. 2. 12-22. Eze. 7. 6-12. Ho. 1. 11. Joel 2. 11, 31. Am. 5. 18-20. Zep. 1. 14-18. Zec. 14. 1, 2. Mal. 4. 1. Ac. 2. 20. Re. 6. 17. *so.* La. 1. 12; 2. 13; 4. 6. Da. 9. 12; 12. 1. Mat. 24. 21, 22. Mar. 13. 19. *it is.* Ge. 32. 7, 24-30. Ho. 12. 2-4. *but.* ver. 10; ch. 50. 18-20, 33, 34. Ps. 25. 22; 34. 19. Is. 14. 1, 2. Ro. 11. 26.

8 *I.* ch. 27. 2; 28. 4, 10, 13. Is. 9. 4; 10. 27; 14. 25. Eze. 34. 27. Na. 1. 13. *serve.* ch. 25. 14; 27. 7.

9 Is. 55. 3-5. Eze. 34. 23; 37. 23-25. Ho. 3. 5. Lu. 1. 69. Ac. 2. 30; 13. 34.

10 *fear.* ch. 46. 27, 28. Ge. 15. 1. De. 31. 6-8. Is. 41. 10-15; 43. 5; 44. 2; 54. 4. Zep. 3. 16, 17. Jno. 12. 15. *I.* See on ver. 3; ch. 3. 18; 23. 3, 8; 29. 14; 46. 27. Is. 46. 11, 13; 49. 25; 60. 4, etc. Eze. 16. 53. *and shall.* ch. 23. 6; 33. 16. Is. 35. 9. Eze. 34. 25-28; 38. 11. Ho. 2. 18. Mi. 4. 3, 4. Zep. 3. 15. Zec. 2. 4, 5; 3. 10; 8. 4-8.

11 *I am.* ch. 1. 8, 19; 15. 20; 46. 28. Is. 8. 10; 43. 25. Eze. 11. 16, 17. Mat. 1. 23; 28. 20. Ac. 18. 10. 2 Ti. 4. 17, 18, 22. *though.* ch. 4. 27; 5. 10, 18; 46. 27, 28. Eze. 11. 13. Am. 9. 8, 9. Ro. 9. 27-29; 11. 5-7. *but I.* See on ch. 10. 24. Ps. 6. 1. Is. 27. 7, 8.

12 See on ver. 15; ch. 14. 17; 15. 18. 2 Ch. 36. 16. Is. 1. 5, 6. Eze. 37. 11.

13 *none.* Ps. 106. 23; 142. 4. Is. 59. 16. Eze. 22. 30. 1 Ti. 2. 5, 6. 1 Jno. 2. 1. *that,* etc. *Heb.* for binding up, *or* pressing. Lu. 10. 30-34. *hast.* ver. 17; ch. 8. 22; 17. 14; 33. 6. Ex. 15. 26. De. 32. 39. Job 5. 18; 34. 29. Is. 1. 6. Ho. 6. 1; 14. 4. Na. 3. 19. 1 Pe. 2. 24.

14 *lovers.* ch. 2. 36; 4. 30; 22. 20, 22; 38. 22. La. 1. 2, 19. Eze. 23. 9, 22. Ho. 2. 5, 10-16. Re. 17. 12-18. *I.* Job 13. 24-28; 16. 9; 19. 11; 30. 21. La. 2. 5. Ho. 5. 14. *because.* See on ver. 15; ch. 5. 6. Ps. 90. 7, 8. Eze. 9. 8-10.

15 *Why.* ch. 15. 18. Jos. 9. 10, 11. La. 3. 39. Mi. 7. 9. *thy sorrow.* ver. 12, 17; ch. 46. 11. Job 34. 6, 29. Is. 30. 13, 14. Ho. 5. 12, 13. Mi. 1. 9. Mal. 4. 1, 2. *for the.* ver. 14; ch. 2. 19, 28-30; 5. 6-9, 25-31; 6. 6, 7, 13; 7. 8-11; 9. 1-9; 11. 13; 32. 30-35. 2 Ch. 36. 14-17. Ezr. 9. 6, 7, 13. Ne. 9. 26-36. Is. 1. 4, 5, 21-24; 5. 2; 59. 1-4, 12-15. La. 1. 5; 4. 13; 5. 16, 17. Eze. ch. 16; 20; 22; 23. Zep. 3. 1-5.

16 ch. 10. 25; 12. 14; 25. 12, 26-29; 50. 7-11, 17, 18, 28, 33-40; 51. 34-37. Ex. 23. 22. Ps. 129. 5; 137. 8, 9. Is. 14. 2; 33. 1; 41. 11, 12; 47. 5, 6; 54. 15, 17. La. 1. 21; 4. 21, 22. Eze. 25. 3, etc.; 26. 2, etc.; 29. 6; 35. 5. Mi. 4. 11; 7. 10. Na. 1. 8. Hab. 2. 16. Zep. 2. 8. Zec. 1. 14; 2. 8; 12. 2; 14. 2. Re. 13. 10.

17 *For I.* ver. 13; ch. 3. 22; 33. 6. Ex. 15. 26. Ps. 23. 3; 103. 3; 107. 20. Is. 30. 26. Eze. 34. 16. Ho. 6. 1. Mal. 4. 2. 1 Pe. 2. 24. Re. 22. 2. *they.* Ne. 4. 1-4. Ps. 12. 5; 44. 13-16; 79. 9-11. Is. 11. 12. La. 2. 15. Eze. 35. 12, 13; 36. 2, 3, 20.

18 *Behold.* ver. 3; ch. 23. 3; 29. 14; 33. 7, 11; 46. 27; 49. 6, 39. Ps. 85. 1; 102. 13. *the city.* ch. 31. 40. Ne. ch. 3; 7. 4. Is. 44. 26. Zec. 12. 6; 14. 10. *heap.* *or,* little hill. *the palace.* 1 Ch. 29. 1, 19. Ezr. 6. 3-15. Ps. 78. 69. Is. 44. 28. Eze. 7. 20-22. Hag. 2. 7-9. Zec. 1. 16.

19 *out.* ch. 31. 4, 12, 13; 33. 10, 11. Ezr. 3. 10-13; 6. 22. Ne. 8. 12, 17; 12. 43-46. Ps. 53. 6; 126. 1, 2. Is. 12. 1; 35. 10; 51. 11; 52. 9. Zep. 3. 14-20. Zec. 8. 19. *and I.* ch. 31. 27; 33. 22. Is. 27. 6; 60. 22. Eze. 36. 10-15, 37; 37. 26. Zec. 2. 4; 8. 4, 5; 10. 8. *I will.* ch. 33. 9. Is. 60. 19; 62. 2, 3. Zep. 3. 19, 20. Zec. 9. 13-17; 12. 8. Jno. 17. 22. 1 Pe. 1. 7.

20 *children.* ch. 32. 39. Ge. 17. 5-9. Ps. 90. 16, 17; 102. 18, 28. Is. 1. 26, 27. *and I.* ver. 16; ch. 2. 3; 50. 33, 34. Is. 49. 26; 51. 22.

21 *nobles.* Ge. 49. 10. Ezr. 2. 2; 7. 25, 26. Ne. 2. 9, 10; 7. 2. *governor.* ch. 23. 5, 6; 33. 15. De. 18. 18; 33. 5. 2 Sa. 7. 13. Ps. 89. 29; 110. 1-4. Is. 9. 6, 7. Eze. 34. 23, 24; 37. 24. Mi. 5. 2-4. Zec. 9. 9, 10. Mat. 2. 2; 21. 5-11; 27. 37. Mar. 11. 9, 10. Lu. 1. 32, 33. Jno. 18. 36, 37; 19. 19-22. Ac. 2. 34-36; 5. 31. Re. 19. 16. *and I.* Nu. 16. 5, 40; 17. 12, 13. Ps. 110. 4. Zec. 6. 12, 13. Mat. 3. 17. Lu. 24. 26. Ro. 8. 34. He. 1. 3; 4. 14-16; 7. 21-26; 9. 15-24. 1 Jno. 2. 2. Re. 5. 9, 10. *for.* ch. 49. 19; 50. 44. Is. 63. 1. *engaged.* Ge. 18. 27, 30, 32. Job 23. 3-5; 42. 3-6. He. 7. 26; 9. 24.

22 ch. 24. 7; 31. 1, 33. De. 26. 17-19. Ca. 2. 16. Eze. 11. 20; 36. 28; 37. 27. Ho. 2. 23. Zec. 13. 9. Mat. 22. 32. He. 8. 10. Re. 21. 3.

23 *the whirlwind.* See on ch. 23. 19, 20; 25. 32. Ps. 58. 9. Pr. 1. 27. Zec. 9. 14. *continuing. Heb.* cutting. *fall. or,* remain.

24 *fierce.* ch. 4. 28. 1 Sa. 3. 12. Job 23. 13, 14. Is. 14. 24, 26, 27; 46. 11. Eze. 20. 47, 48; 21. 5-7. *in.* ch. 23. 20; 48. 47; 49. 39. Ge. 49. 1. Nu. 24. 14. De. 4. 30; 31. 29. Eze. 38. 16. Da. 2. 28; 10. 14. Ho. 3. 5. Mi. 4. 1.

## CHAP. XXXI.

*The restoration of Israel,* 1-9. *The publication thereof,* 10-14. *Rahel mourning is comforted,* 15-17. *Ephraim repenting is brought home again,* 18-21. *Christ is promised,* 22-26. *His care over the church,* 27-30. *His new covenant,* 31-34. *The stability,* 35-37, *and amplitude of the church,* 38-40.

1 *same.* See on ch. 30. 24. *will.* ver. 33; ch. 30. 22; 32. 38. Ge. 17. 7, 8. Le. 26. 12. Ps. 48. 14; 144. 15. Is. 41. 10. Eze. 11. 20; 34. 31; 36. 28; 39. 22. Zec. 13. 9. Jno. 20. 17. He. 12. 16. *of.* ch. 3. 18; 23. 6; 30. 3, 10; 33. 7, 14, 24-26; 50. 4. Is. 11. 12, 13. Eze. 37. 16-27. Ho. 1. 11. Zec. 10. 6, 7. Ro. 11. 26-29.

2 *The people.* Ex. 1. 16, 22; 2. 23; 5. 21; 12. 37; 14. 8-12; 15. 9, 10; 17. 8-13. *found.* ch. 2. 2. De. 1. 30, 33; 2. 7; 8. 2, 3, 16. Ne. 9. 12-15. Ps. 78. 14-16; 83. 29, 52; 105. 37-43; 136. 16-24. Is. 63. 7-14. Eze. 20. 14-17. *when.* Nu.10.33. De.12.9. Ps.95.11. Is.63.14. Mat.11.28. He.4.8,9.

3 *of old. Heb.* from afar. *I have.* De. 7. 7-9; 10. 15; 33. 3, 26. Ho. 11. 1. Mal. 1. 2. Ro. 9. 13. 1 Jno. 4. 19. *an.* Ps. 103. 17. Is. 45. 17; 54. 8, 9. Ro. 11. 28, 29. 2 Th. 2. 13-16. 2 Ti. 1. 9. *with loving-kindness have I drawn. or,* have I extended loving-kindness unto. Ca. 1. 4. Ho. 11. 4. Jno. 6. 44, 45. Ro. 8. 30. Ep. 1. 3-5; 2. 4, 5. Tit. 3. 3-6. Ja. 1. 18. 1 Pe. 1. 3.

4 *build.* ch. 1. 10; 30. 18; 33. 7. Ps. 51. 18; 69. 35. Am. 9. 11. Ac. 15. 16. Ep. 2. 20-22. Re. 21. 10, etc. *O.* ver. 21; ch. 14. 17; 18. 13. 2 Ki. 19. 21. Is. 37. 22. La. 1. 15; 2. 13. Am. 5. 2. *again.* ver. 13. Ex. 15. 20, 21. Ju. 11. 34. 1 Sa. 18. 6, 7. Ps. 149. 3; 150. 3-6. Lu. 15. 23. Re. 19. 1-8. *tabrets. or,* timbrels.

5 *yet.* De. 28. 30. Is. 62. 8, 9; 65. 21, 22. Am. 9. 14. Mi. 4. 4. Zec. 3. 10. *mountains.* Eze. 36. 8. Ob. 19. *eat. Heb.* profane. Le. 19. 23-25. De. 20. 6; 28. 30. 1 Sa. 21. 5.

6 *a day.* ch. 6. 17. Is. 40. 9; 52. 7, 8; 62. 6. Eze. 3. 17; 33. 2. Ho. 9. 8. *upon.* ch. 50. 19. 2 Ch. 13. 4; 30. 5-11. Ac. 8. 5-8. *Arise.* ch. 50. 4, 5. Ezr. 1. 5; 8. 15-20. Is. 2. 2-4; 11. 11-13. Ho. 1. 11. Mi. 4. 1-3. Zec. 8. 20-23.

7 *Sing.* De. 32. 43. Ps. 67; 96. 1-3; 98. 1-4; 117; 138. 4, 5. Is. 12. 4-6; 24. 14-16; 42. 10-12; 44. 23. Zep. 3. 14-20. *O.* Ps. 14. 7; 28. 9; 69. 35; 106. 47. Ho. 1. 7. *remnant.* ch. 23. 3. Is. 1. 9; 11. 11; 37. 4, 31. Eze. 6. 8. Joel 2. 32. Am. 5. 15. Mi. 2. 12; 7. 18. Zep. 2. 9; 3. 13. Ro. 9. 27; 11. 5.

8 *I.* ch. 3. 12; 23. 8; 29. 14. Ps. 107. 3. Zec. 2. 6. *the coasts.* Ps. 65. 5; 98. 3. Is. 43. 6; 45. 22; 52. 10. Eze. 20. 34, 41; 34. 13. *them the.* Is. 40. 11; 42. 16. Eze. 34. 16. Mi. 4. 6. Zep. 3. 19. Mat. 12. 20. Jno. 21. 15. 1 Co. 8. 10. 1 Th. 5. 14. He. 4. 15; 12. 12.

9 *come.* ch. 3. 4; 50. 4. Ps. 126. 5, 6. Ho. 12. 4. Zec. 12. 10. Da. 9. 17, 18. Mat. 5. 4. Lu. 6. 21. Ro. 8. 26. 2 Co. 7. 9-11. He. 5. 7. *supplications. or,* favours. *I will.* Ps. 23. 2. Is. 35. 6-8; 41. 17-19; 43. 16-19; 49. 9-11. Re. 7. 17. *in a.* Is. 40. 3, 4; 57. 14; 63. 13. Mat. 3. 3. Lu. 3. 4-6. He. 12. 13. *for I.* ver. 20; ch. 3. 4, 19. Ex. 4. 22. De. 32. 6. 1 Ch. 29. 10. Is. 63. 16; 64. 8. Mat. 6. 9. 2 Co. 6. 18. He. 12. 23. *Ephraim.* Eze. 34. 12-14.

10 *declare.* Ge. 10. 5. Ps. 72. 10. Is. 24. 14; 41. 1; 42. 4, 10; 60. 9; 66. 19. Zep. 2. 11. *He.* ch. 50. 17. De. 30. 4; 32. 26. Is. 27. 12; 40. 11; 54. 7. Eze. 5. 2, 10; 11. 16; 20. 34. Mi. 2. 12; 4. 6. Zep. 3. 19. Jno. 11. 52. *and keep.* Is. 40. 11. Eze. 34. 12; 37. 24. Mi. 5. 4. Zec. 9. 16. Lu. 12. 32. Jno. 10. 27. Ac. 20. 28, 29.

11 *redeemed.* ch. 15. 21; 50. 33. Is. 44. 23; 48. 20; 49. 24. Ho. 13. 14. Mat. 20. 28. Tit. 2. 14. He. 2. 14, 15. *stronger.* Ps. 142. 6. Mat. 12. 29; 22. 29. Lu. 11. 21, 22.

12 *Therefore.* ver. 4; ch. 33. 9-11. Is. 12; 35. 10; 51. 11. *the height.* Is. 2. 2-5. Eze. 17. 23; 20. 40. Mi. 4. 1, 2. *and shall.* ch. 33. 9. Ps. 130. 4. Ho. 3. 5. Ro. 2. 4. *wheat.* Ho. 2. 20-23. Joel 3. 18. Zec. 9. 15-17. *and their.* Is. 1. 30; 58. 11. *and they.* Is. 35. 10; 60. 20; 65. 19. Jno. 16. 22. Re. 7. 17; 21. 4.

13 *shall.* ver. 4. Ne. 12. 27, 43. Ps. 30. 11; 149. 3. Zec. 8. 4, 5, 19. *for.* Ezr. 6. 22. Es. 9. 22. Is. 35. 10; 51. 3, 11; 60. 20; 61. 3; 65. 18, 19. Jno. 16. 22.

14 *satiate.* De. 33. 8-11. 2 Ch. 6. 41. Ne. 10. 39. Ps. 132. 9, 16. Is. 61. 6. 1 Pe. 2. 9. Re. 5. 10. *my people.* ver. 25; ch. 33. 9. Ps. 17. 15; 36. 8; 63. 5; 65. 4; 107. 9. Ca. 5. 1. Is. 25. 6; 55. 1-3; 66. 10-14. Zec. 9. 15-17. Mat. 5. 6. Ep. 1. 3; 3. 19. Re. 7. 16, 17.

15 *A.* Eze. 2. 10. Mat. 2. 16. *Ramah.* ch. 40. 1. Jos. 18. 25. 1 Sa. 7. 17. Mat. 2. 18, Rama. *refused.* Ge. 37. 35. Ps. 77. 2. Is. 22. 4. *because.* Ge. 42. 13, 36. Job 7. 21. Ps. 37. 36. La. 5. 7.

16 *Refrain.* Ge. 43. 31; 45. 1. Ps. 30. 5. Mar. 5. 38, 39. Jno. 20. 13-15. 1 Th. 4. 14. *for.* Ru. 2. 12. 2 Ch. 15. 7. Ec. 9. 7. He. 6. 10; 11. 6. *they.* ver. 4, 5; ch. 23. 3; 29. 14; 30. 3, 18; 33. 7, 11. Ezr. 1. 5-11. Eze. 11. 17, 18; 20. 41, 42. Ho. 1. 11.

17 ch. 29. 11-16; 46. 27, 28. Ps. 102. 13, 14. Is. 6. 13; 11. 11, etc. La. 3. 18, 21, 26. Eze. 37. 11-14, 25; 39. 28. Ho. 2. 15; 3. 5. Am. 9. 8, 9. Mat. 24. 22. Ro. 11. 23-26.

18 *surely.* Job 33. 27, 28. Ps. 102. 19, 20. Is. 57. 15-18. Ho. 5. 15; 6. 1, 2. Lu. 15. 20. *Ephraim.* ver. 6, 9; ch. 3. 21, 22; 50. 4, 5. Ho. 11. 8, 9; 14. 4-8. *Thou hast.* ch. 2. 30; 5. 3. Job 5. 17. Ps. 39. 8, 9; 94. 12; 119. 75. Pr. 3. 11. Is. 1. 5; 9. 13; 57. 17. Ho. 5. 12, 13. Zep. 3. 2. He. 12. 5. Re. 3. 19. *as a.* Ps. 32. 9. Pr. 26. 3; 29. 1. Is. 51. 20; 53. 7. La. 3. 27-30. Ho. 10. 11. *turn.* ch. 17. 14. Ps. 80. 3, 7, 19; 85. 4. La. 5. 21. Mal. 4. 6. Lu. 1. 17. Ac. 3. 26. Phi. 2. 13. Ja. 1. 16-18. *for.* ch. 3. 22, 25. Is. 63. 16.

19 *Surely after.* De. 30. 2, 6-8. Eze. 36. 26, 31. Zec. 12. 10. Lu. 15. 17-19. Jno. 6. 44, 45. Ep. 2. 3-5. 2 Ti. 2. 25. Tit. 3. 3-7. *I smote.* Eze. 21. 12. Lu. 18. 13. 2 Co. 7. 10, 11. *I was ashamed.* ch. 3. 25. Le. 26. 41, 42. Ezr. 9. 6. Eze. 6. 9; 16. 61-63; 20. 43, 44; 36. 31. Ro. 6. 21. *I did.* ch. 3. 25; 22. 21; 32. 30. Job 13. 26; 20. 11. Ps. 25. 7. Is. 54. 4. Eze. 23. 3. Lu. 15. 30.

20 *Is Ephraim.* ver. 9; ch. 3. 19. Ps. 103. 13. Pr. 3. 12. Lu. 15. 24, 32. *for.* De. 32. 36. Ju. 10. 16. Is. 57. 16-18. La. 3. 31, 32. Ho. 11. 8, 9. *my bowels.* Ge. 43. 30. 1 Ki. 3. 26. Ca. 5. 4. Phi. 1. 8. *are troubled. Heb.* sound. ch. 48. 36. Is. 16. 11; 63. 15. *I will.* Is. 55. 7; 57. 18. Ho. 14. 4. Mi. 7. 18, 19.

21 *Set thee.* Is. 57. 14; 62. 10. *set thine.* ch. 50. 5. De. 32. 46. 1 Ch. 29. 3. 2 Ch. 11. 16; 20. 3. Ps. 62. 10; 84. 5. Pr. 24. 32, marg. Eze. 40. 4. Hag. 1. 5, marg. *turn.* ch. 51. 6, 50. Is. 48. 20; 52. 11, 12. Zec. 2. 6, 7. *O.* See on ver. 4; ch. 3. 14. Zec. 10. 9.

22 *How.* ch. 2. 18, 23, 36; 4. 14; 13. 27. Ho. 8. 5. *backsliding.* ch. 3. 6, 8, 11, 12, 14, 22; 7. 24; 8. 4-6; 14. 7; 49. 4. Ho. 4. 16; 11. 7; 14. 4. Zec. 7. 11. *created.* Nu. 16. 30. *A woman.* נקבה תסובב גבר, literally, 'A female ('one who is only a woman, not a wife, namely a virgin,' says COCCEIUS) shall encompass a man,' or a male child: *comp.* Job 3. 3. Which, together with the addition of a *new creation,* may well be understood to denote the miraculous conception. Hence the Jews have applied it determinately to the Messiah. In Berashith Rabba, (Parash 89) it is said, that as God punished Israel in a virgin, so would he also heal; and in Midrash Tillim, on Ps. 2, R. HUNA, in the name of R. IDI, speaking of the sufferings of the Messiah, says, that when his hour is come, God shall say, 'I must create him with a *new creation;* and so he saith, This day I have begotten thee.' Ge. 3. 15. Is. 7. 14. Mat. 1. 21. Lu. 1. 34, 35. Ga. 4. 4.

23 *As.* ch. 23. 5-8; 33. 15-26. Is. 1. 26; 60. 21. Zec. 8. 3. *The Lord.* Ru. 2. 4. Ps. 28. 9; 122. 5-8; 128. 5; 129. 8; 134. 3. *O.* ch. 50. 7. Is. 1. 21. *and mountain.* Ps. 48. 1, 2; 87. 1-3. Ob. 17. Mi. 4. 1. Zec. 8. 3.

24 ch. 33. 11-13. Eze. 36. 10. Zec. 2. 4; 8. 4-8.

25 ver. 14. Ps. 107. 9. Is. 32. 2; 50. 4. Mat. 5. 6; 11. 28. Lu. 1. 53. Jno. 4. 14. 2 Co. 7. 6.

26 Ps. 127. 2. Zec. 4. 1, 2.

27 *the days.* See on ver. 31. *that I.* ch. 30. 19. Eze. 36. 9. Ho. 2. 23. Zec. 10. 9.

28 *that like.* ch. 44. 27. Da. 9. 14. *to pluck.* ch. 1. 10; 18. 7-9; 45. 4. *so.* ch. 24. 6; 32. 41. Ps. 69. 35; 102. 16; 147. 2. Ec. 3. 2, 3. Da. 9. 25. Am. 9. 11. Ac. 15. 16.

29 ver. 30. La. 5. 7. Eze. 18. 2, 3.

30 De. 24. 16. Is. 3. 11. Eze. 3. 18, 19, 24; 18. 4, 20; 33. 8, 13, 18. Ga. 6. 5, 7, 8. Ja. 1. 15.

31 *the days.* ver. 27; ch. 23. 5; 30. 3; 33. 14-16. Am. 9. 13. *I.* ch. 32. 40. Eze. 37. 26. Mat. 26. 28. Mar. 14. 24. Lu. 22. 20. 1 Co. 11. 25. 2 Co. 3. 6. He. 8. 6-13; 9. 15; 10. 16, 17; 12. 24; 13. 20. *with.* ch. 50. 4, 5. Ga. 6. 16. Phi. 3. 3.

32 *Not.* ver. 1; ch. 34. 14. Ex. 19. 5; 24. 6-8. De. 5. 3; 29. 1. 1 Ki. 8. 9. Eze. 16. 8, 60-62. He. 9. 18-22. *in the.* De. 1. 31. Ps. 73. 23. Ca. 8. 5. Is. 41. 13; 51. 28; 63. 12-14. Ho. 11. 1, 3, 4. Mar. 8. 23. *which.* ch. 11. 7-10; 22. 9. Le. 26. 15. De. 29. 21; 31. 16. Is. 24. 5. Eze. 16. 59; 20. 37. He. 8. 9. *although I was. or,* should I have continued? ch. 2. 2; 3. 14. Is. 54. 5. Eze. 16. 8; 23. 4. Ho. 2. 2; 3. 1. Jno. 3. 29. 2 Co. 11. 2.

33 *But this shall be the.* ch. 32. 40. *I will.* De. 30. 6. Ps. 37. 31; 40. 8. Is. 51. 7. Eze. 11. 19; 36. 25-27. Ro. 7. 22; 8. 2-8. 2 Co. 3. 3, 7, 8. Ga. 5. 22, 23. He. 8. 10; 10. 16.

*and will.* See on ver. 1; ch. 24. 7; 30. 22; 32. 38. Ge. 17. 7, 8. Eze. 11. 20; 37. 27. Zec. 13. 9. Jno. 20. 17. Re. 21. 3, 7.

34 *teach.* 1 Th. 4. 9. He. 5. 12. 1 Jno. 2. 27. *Know the.* See on 1 Sa. 2. 12. 1 Ch. 28. 9. Jno. 17. 3. *for they.* ch. 24. 7. Is. 11. 9; 30. 26; 54. 13; 60. 19-21. Hab. 2. 14. Mat. 11. 27. Jno. 6. 45; 17. 6. 2 Co. 2. 10; 4. 6. 1 Jno. 2. 20; 5. 20. *for I.* ch. 33. 8; 50. 20. Is. 33. 24; 43. 25; 44. 22. Mi. 7. 18. Ac. 10. 43; 13. 38, 39. Ro. 11. 26, 27. Ep. 1. 7. He. 8. 12; 10. 17, 18.

35 *which giveth.* Ge. 1. 14-18. De. 4. 19. Job 38. 33. Ps. 19. 1-6; 72. 5, 17; 74. 16; 89. 2, 36, 37; 119. 89; 136. 7-9. Mat. 5. 45. *which divideth.* Ex. 14. 21, 22. Job 26. 12. Ps. 74. 13; 78. 13; 106. 9; 114. 3-5. Is. 51. 15; 63. 12. *when.* ch. 5. 22. Job 38. 10, 11. Ps. 93. 3, 4; 107. 25-29. Is. 51. 15. Mat. 8. 25, 26. *The Lord.* ch. 10. 16; 32. 18; 46. 18; 50. 34; 51. 19. Is. 48. 2; 54. 5.

36 *those.* ch. 33. 20-26. Ps. 72. 5, 17; 89. 36, 37; 102. 28; 119. 89; 148. 6. Is. 54. 9, 10. *cease.* ch. 46. 28. De. 32. 26. Am. 9. 8, 9.

37 *If.* ch. 33. 22. Job 11. 7-9. Ps. 89. 2. Pr. 30. 4. Is. 40. 12. *I.* ch. 30. 11; 33. 24-26; 46. 28. Ro. 11. 2-5, 26-29.

38 *the days.* ver. 27. See on ch. 23. 5. *that.* ch. 30. 18. Ne. 2. 17-20; 12. 30-40. Is. 44. 28. Eze. 48. 30-35. Da. 9. 25. *the tower.* Ne. 3. 1; 12. 39. Zec. 14. 10. *the gate.* 2 Ki. 14. 13. 2 Ch. 26. 9.

39 Eze. 40. 8. Zec. 2. 1, 2.

40 *the whole.* ch. 7. 32; 19. 11-13; 32. 36. Eze. 37. 2. *the brook.* 2 Sa. 15. 23. 2 Ki. 23. 6, 12. Jno. 18. 1, Cedron. *unto.* 2 Ki. 11. 16. 2 Ch. 23. 15. Ne. 3. 28. *shall be.* Eze. 45. 1-6; 48. 35. Joel. 3. 17. Zec. 14. 20. *it shall.* ch. 18. 7. Is. 51. 22. Eze. 37. 25; 39. 29.

## CHAP. XXXII.

*Jeremiah, being imprisoned by Zedekiah for his prophecy,* 1-5, *buys Hanameel's field,* 6-12. *Baruch must preserve the evidences, as tokens of the people's return,* 13-15. *Jeremiah in his prayer complains to God,* 16-25. *God confirms the captivity for their sins,* 26-35; *and promises a gracious return,* 36-44.

1 A.M. 3415. B.C. 589. *in the.* ch. 39. 1, 2; 52. 4, 5. 2 Ki. 25. 1, 2. 2 Ch. 36. 11. *the eighteenth.* See on ch. 25. 1.

2 *then.* The siege had commenced on the tenth month of the preceding year, and continued a year after, ending in the fifth month of the following year; consequently the siege must have lasted eighteen months and twenty-seven days. See 2 Ki. 25. 18. *Jeremiah.* ver. 3, 8; ch. 33. 1; 36. 5; 37. 21; 38. 6; 39. 13-15. Mat. 5. 12. *in the.* Ne. 3. 25.

3 *Zedekiah.* ch. 2. 30; 5. 3. 2 Ki. 6. 31, 32. 2 Ch. 28. 22. *Wherefore.* ch. 26. 8, 9; 38. 4. Ex. 5. 4. Am. 7. 13. Lu. 20. 2. Ac. 6. 12-14. *Behold.* ver. 28, 29. See on ch. 21. 4-7; 27. 8; 34. 2, 3; 37. 6-10; 38. 8.

4 ch. 37. 17; 38. 18, 23; 39. 4-7; 52. 8-11. 2 Ki. 25. 4-7. Eze. 12. 12, 13; 17. 13-21; 21. 25, 26.

5 *until.* ch. 27. 22; 34. 4, 5. *though.* ch. 2. 37; 21. 4, 5; 33. 5; 37. 10. Nu. 14. 41. 2 Ch. 13. 12; 24. 20. Pr. 21. 30. Eze. 17. 9, 10, 15.

7 *Behold.* 1 Ki. 14. 5. Mar. 11. 2-6; 14. 13-16. *Anathoth.* ch. 1. 1; 11. 21. Jos. 21. 18, 19. *for.* Le. 25. 23, 34, 49. Nu. 35. 2. Ru. 4. 4-9.

8 *court.* ver. 2; ch. 33. 1. *Anathoth.* See on ver. 7. 1 Ki. 2. 26. 1 Ch. 6. 60. *Then I.* 1 Sa. 9. 16, 17; 10. 3-7. 1 Ki. 22. 25. Zec. 11. 11. Jno. 4. 53. Ac. 10. 17-28. *that this.* That it was by His appointment that I was to make this purchase; the whole of which was designed as a symbolical act, to shew the people, that although Judah and Jerusalem should be desolated, and the inhabitants carried captive to Babylon, yet there should be a restoration, when lands and possessions should be again enjoyed by their legal owners, in the same manner as formerly. During the famine that prevailed in the city, Hanameel probably wanted money to purchase bread, and his field would not be thought of much value in such circumstances, which may account for the stipulated sum being so very small; for at 2*s.* 6*d.* the shekel, it would only amount to about 2*l.* 2*s.* 6*d.*

9 *weighed.* Ge. 23. 15, 16. 1 Ki. 20. 39. Es. 3. 9. Is. 55. 2, margins. *seventeen shekels of silver. or,* seven shekels, and ten *pieces* of silver. Ge. 37. 28. Ho. 3. 2. Zec. 11. 12, 13.

10 *I.* ver. 12, 44. Is. 44. 5. *subscribed the evidence. Heb.* wrote in the book. Jos. 18. 9. Is. 30. 8. *and sealed.* De. 32. 34. Job 14. 17. Ca. 8. 6. Da. 8. 26. Jno. 3. 33; 6. 27. 2 Co. 1. 22. Ep. 1. 13; 4. 30. Re. 7. 2; 9. 4. *and took.* ver. 12, 25, 44. Ru. 4. 9-11. Is. 8. 1, 2.

11 *according.* Lu. 2. 27. Ac. 26. 3. 1 Co. 11. 16.

12 *Baruch.* ver. 16; ch. 36. 4, 5, 16-19, 26; 43. 3-6; 45. 1, etc. *Neriah.* ch. 51. 59. *and in.* 2 Co. 8. 21.

14 *Take.* ver. 10-12.

15 *Houses.* ver. 37, 43, 44. See on ch. 30. 18; 31. 5, 12, 24; 33. 12, 13. Am. 9. 14, 15. Zec. 3. 10.

16 *I prayed.* ch. 12. 1. Ge. 32. 9-12. 2 Sa. 7. 18-25. Eze. 36. 35-37. Phi. 4. 6, 7.

17 *Ah.* ch. 1. 6; 4. 10; 14. 13. Eze. 9. 8; 11. 13. *thou.* ch. 10. 11, 12; 27. 5; 51. 15, 19. Ge. 1. 1, etc. Ex. 20. 11. 2 Ki. 19. 15. Ne. 9. 6. Ps. 102. 25; 136. 5-9; 146. 5, 6. Is. 40. 26-28; 42. 5; 44. 24; 45. 12; 48. 12, 13. Zec. 12. 1. Jno. 1. 1-3. Ac. 7. 49, 50; 14. 15; 17. 24. Col. 1. 15, 16. He. 1. 2, 3, 10-12. Re. 4. 11. *there.* ver. 27. Ge. 18. 14. Job 42. 2. Lu. 1. 37; 18. 27. *too hard for thee. or,* hid from thee. Is. 46. 9, 10. Da. 2. 22. Ac. 15. 18. Ep. 3. 9-11.

18 *shewest.* Ex. 20. 5, 6; 34. 7. Nu. 14. 18. De. 5. 9, 10; 7. 9, 10. *recompensest.* Jos. 7. 24-26. 2 Sa. 21. 1-9. 1 Ki. 14. 9, 10; 16. 1-3; 21. 21-24. 2 Ki. 9. 26. Mat. 23. 32-36; 27. 25. *the Great.* Ge. 49. 24. De. 7. 21; 10. 17. Ne. 1. 5. Ps. 50. 1; 145. 3-6. Is. 9. 6; 10. 21; 57. 15. Hab. 1. 12. *the Lord.* ch. 10. 16; 31. 35.

19 *Great.* Is. 9. 6; 28. 29; 40. 13; 46. 10, 11. Ro. 11. 33, 34. Ep. 1. 11. *work. Heb.* doing. Ex. 15. 11. Da. 4. 35. *for.* ch. 16. 17; 23. 24. 2 Ch. 16. 9. Job 34. 21. Ps. 33. 13-15; 34. 15. Pr. 5. 21. He. 4. 13. *to give.* ch. 17. 10. 1 Ki. 8. 32. Ps. 62. 12. Ec. 12. 14. Mat. 16. 27. Jno. 5. 29. Ro. 2. 6-10. 2 Co. 5. 10. Re. 2. 23; 22. 12.

20 *hast set.* Ex. 7. 3; 10. 2. De. 4. 34; 6. 22; 7. 19. Ne. 9. 10. Ps. 78. 43-51; 105. 27-36; 135. 9. Ac. 7. 36. *and hast.* Ex. 9. 16. 2 Sa. 7. 23. 1 Ch. 17. 21. Ne. 9. 10. Is. 63. 12. Da. 9. 15.

21 *brought.* Ex. 6. 6; 13. 14. Ps. 105. 37, 43; 106. 8-11. *with a strong.* Ex. 6. 1; 13. 9. De. 26. 8. 1 Ki. 8. 42. Ps. 89. 8-10; 136. 11, 12.

22 *which.* Ge. 13. 15; 15. 18-21; 17. 7, 8; 24. 7; 28. 13-15; 35. 11, 12; 50. 24. Ex. 13. 5. Nu. 14. 16, 30. De. 1. 8, 35; 6. 10, 18, 23; 7. 13; 8. 1. Jos. 1. 6; 21. 43. Ne. 9. 15. Ps. 105. 9-11. *a land.* ch. 11. 5. Ex. 3. 8, 17; 13. 5; 33. 1-3. De. 26. 9-11. Eze. 20. 6, 15.

23 *possessed.* Ne. 9. 15, 22-25. Ps. 44. 2, 3; 78. 54, 55; 105. 44, 45. *but.* ch. 7. 23, 24; 11. 7, 8. Ju. 2. 11-13; 10. 6, etc. Ezr. 9. 7. Ne. 9. 26-30. Eze. 20. 8, 18, 21. Da. 9. 4-6, 10-14. Zec. 1. 2-4. *they have.* Lu. 17. 10. Jno. 15. 14. Ga. 3. 10. Ja. 2. 10. *therefore.* Le. 26. 14, etc. De. 28. 15, etc. Jos. 23. 16. Ezr. 9. 7. La. 1. 8, 18; 5. 16, 17. Da. 9. 11, 12.

24 *mounts. or,* engines of shot. ch. 33. 4. Eze. 21. 22. The *mounts* were huge terraces raised up to plant their engines on; and so formed as to be capable of being moved forwards towards the city. See Note on 2 Sa. 20. 15. *the city is.* ver. 3, 25, 36; ch. 21. 4-7; 37. 6-10. *because.* ch. 14. 12-15; 15. 1-3; 16. 4; 24. 10; 52. 6. La. 2. 21, 22; 4. 3-10. Eze. 14. 21. *what.* De. 4. 26; 31. 16, 17; 32. 24, 25. Jos. 23. 15, 16. Zec. 1. 6. Mat. 24. 35.

25 *thou.* ver. 8-15. *for. or,* though. ver. 24. Ps. 77. 19; 97. 2. Jno. 13. 7. Ro. 11. 33, 34.

27 *God.* Nu. 16. 22; 27. 16. Ps. 65. 2. Is. 64. 8. Lu. 3. 6. Jno. 17. 2. Ro. 3. 29, 30 *is.* ver. 17. Mat. 19. 26.

28 *Behold.* ver. 3, 24, 36; ch. 19. 7-12; 20. 5.

29 *and set.* ch. 17. 27; 21. 10; 27. 8-10; 37. 7-10; 39. 8; 52. 13. 2 Ki. 25. 9. 2 Ch. 36. 19. Is. 64. 10, 11. La 4. 11. Mat. 22. 7. *upon.* ch. 7. 18; 19. 13; 44. 17-19, 25.

30 *children.* ch. 2. 7; 3. 25; 7. 22-26. De. 9. 7-12, 22-24. 2 Ki. 17. 9-20. Ne. 9. 16, etc. Ps. 106. 6, 7. Is. 63. 10. Eze. 16. 15, etc.; 20. 8, 28; 23. 43, 44. Ac. 7. 51-53. *from.* ch. 22. 21. Ge. 8. 21. Eze. 23. 3.

31 *this city.* ch. 5. 9-11; 6. 6, 7; 23. 14, 15. 1 Ki. 11. 7, 8. 2 Ki. 21. 4-7, 16; 22. 16, 17; 23. 15. Eze. 22. 2-22. Mat. 23. 37. Lu. 13. 33, 34. *a provocation of mine anger. Heb.* for my anger. *that I.* ch. 27. 10. 2 Ki. 23. 27; 24. 3, 4. La. 1. 8.

32 *they.* ch. 2. 26. Ezr. 9. 7. Ne. 9. 32-34. Is. 1. 4-6, 23; 9. 14, 15. Eze. 22. 6, 25-29. Da. 9. 6, 8. Mi. 3. 1-5, 9-12. Zep. 3. 1-4.

33 *turned.* See on ch. 2. 27; 7. 24; 18. 17. Eze. 8. 16. Ho. 11. 2. Zec. 7. 11. *back. Heb.* neck. *rising.* ch. 7. 13; 25. 3, 4; 26. 5; 35. 15; 44. 4. 2 Ch. 36. 15, 16. Jno. 8. 2.

34 See on ch. 7. 30; 23. 11. 2 Ki. 21. 4-7; 23. 6. 2 Ch. 33. 4-7, 15. Eze. 8. 5-16.

35 *they built.* See on ch. 7. 31; 19. 5, 6. 2 Ki. 23. 10. 2 Ch. 28. 2, 3; 33. 6. Ps. 106. 37, 38. Is. 57. 5. Eze. 16. 20, 21; 23. 37. *which.* ch. 7. 31. Le. 18. 21; 20. 2-5. De. 18. 10. 1 Ki. 11. 33. *to cause.* Ex. 32. 21. De. 24. 4. 1 Ki. 14. 16; 15. 26, 30; 16. 19; 21. 22. 2 Ki. 3. 3; 21. 11; 23. 15. 2 Ch. 33. 9.

36 *now.* ch. 16. 12-15. Is. 43. 24, 25; 57. 17, 18. Eze. 36. 31, 32. Ho. 2. 14. Ro. 5. 20. Ep. 2. 3-5. *It.* See on ver. 3, 24, 28.

37 *I will gather.* 'This promise,' says Jerome, 'taken in its full extent was not made good to those that returned from captivity; because they were frequently infested with wars, as well by the kings of Syria and Egypt as by the rest of their neighbours; and they were finally subdued and destroyed by the Romans.' God's word cannot fail; therefore there remaineth yet a rest for the ancient people of God. ch. 23. 3, 8; 29. 14; 30. 18; 31. 10; 33. 7. De. 30. 3-6. Ps. 106. 47. Is. 11. 11-16. Eze. 11. 17; 34. 12-14; 36. 24; 37. 21-25; 39. 25-29. Ho. 1. 11; 3. 5. Am. 9. 14, 15. Ob. 17-21. Zep. 3. 20. *I will cause.* See on ch. 23. 6; 33. 16. Eze. 34. 25-28. Joel 3. 20. Zec. 2. 4, 5; 3. 10; 14. 11.

38 ch. 24. 7; 30. 22; 31. 1, 33. Ge. 17. 7. De. 26. 17-19. Ps. 144. 15. Eze. 11. 19, 20; 36. 28; 37. 27; 39. 22, 28. Zec. 13. 9. He. 8. 10; 11. 16. Re. 21. 7.

39 *I.* 2 Ch. 30. 12. Is. 52. 8. Eze. 11. 19, 20; 36. 26; 37. 22. Jno. 17. 21. Ac. 4. 32. 2 Co. 13. 11. Phi. 2. 1, 2. *one way.* ch. 6. 16. Is. 35. 8. Jno. 14. 6. He. 10. 20. *they may.* ver. 40. Ge. 22. 12. Ps. 112. 1. Pr. 14. 26, 27; 23. 17. Ac. 9. 31. *for ever. Heb.* all days. *for the.* Ge. 17. 7; 18. 19. De. 5. 29; 11. 18-21. Ps. 115. 13-15; 128. 6. Eze. 37. 25. Ac. 2. 39; 3. 39; 13. 33. Ro. 11. 16. 1 Co. 7. 14.

40 *I will make.* ch. 31. 31-33; 50. 5. Ge. 17. 7-13. 2 Sa. 23. 4. Is. 24. 5; 55. 3; 61. 8. Lu. 1. 72-75. Ga. 3. 14-17. He. 6. 13-18; 7. 24; 13. 20. *that I.* Eze. 39. 29. Jno. 10. 27-30. Ro. 8. 28-39. *from them. Heb.* from after them. *but I.* ch. 31. 33. Eze. 36. 26. He. 4. 1. Ja. 1. 17. 1 Pe. 1. 5.

41 *Yea, I.* De. 30. 9. Is. 62. 5; 65. 19. Zep. 3. 17. *and I.* ch. 18. 9; 24. 6; 31. 28. Am. 9. 15. *assuredly. Heb.* in truth, *or* stability. Ho. 2. 19, 20.

42 *Like.* ch. 31. 28. Jos. 23. 14, 15. Zec. 8. 14, 15. Mat. 24. 35. *so.* ch. 33. 10, 11.

43 ver. 36. Eze. 37. 11-14.

44 *buy.* See on ver. 6-15. *in the land.* ch. 17. 26. *for I.* See on ver. 37; ch. 33. 7, 11, 26. Ps. 126. 1-4. As an earnest of these promises, houses and lands shall again take a good price in Judah and Jerusalem; and though they now are almost valueless, there shall again be a sufficiency of purchasers. Trade shall revive, for they shall have money enough to buy land with; husbandry shall revive, for those that have money, shall covet to lay it out upon lands; laws shall again have their due course, for they shall *subscribe evidences, and seal them.*

## CHAP. XXXIII.

*God promises to the captivity a gracious return,* 1-8; *a joyful state,* 9-11; *a settled government,* 12-14; *Christ the branch of righteousness,* 15, 16; *a continuance of kingdom and priesthood,* 17, 18; *and a stability of a blessed seed,* 19-26.

1 A.M. 3416. B.C. 588. *Moreover.* This was the eleventh year of Zedekiah, Jeremiah being still shut up in prison; but he was now in the court of the prison, where the elders and the king's officers might consult him with the greater ease. *he.* See on ch. 32. 2, 3, 8; 37. 21; 38. 28. 2 Ti. 2. 9.

2 *the maker. Osah,* rather, 'the Doer of it:' that is, He who is to perform that which He is now about to promise; thus rendered by Dahler; *Voici ce qui dit l'Eternel, qui fait ce* qu'il a dit. 'Thus saith the Eternal, who doeth that *which he hath said.*' Ps. 87. 5; 102. 16. Is. 14. 32; 37. 26; 43. 1, 21; 62. 7. He. 11. 10, 16. Re. 21. 2, 10. *the Lord. or,* Jehovah. See on ch. 32. 18. Ex. 3. 14, 15; 6. 3; 15. 3. Am. 5. 8; 9. 6.

3 *Call.* ch. 29. 12. De. 4. 7, 29. 1 Ki. 8. 47-50. Ps. 50. 15; 91. 15; 145. 18. Is. 55. 6, 7; 65. 24. Joel 2. 32. Lu. 11. 9, 10. Ac. 2. 21. Ro. 10. 12, 13. 1 Co. 1. 2. *shew.* Mi. 7. 15. Ep. 3. 20. *mighty. Heb.* hidden. Ps. 25. 14. Is. 45. 3; 48. 6. Am. 3. 7. Mat. 13. 35. 1 Co. 2. 7-11. Re. 2. 17.

4 *thrown.* ch. 32. 24. Eze. 4. 2; 21. 22; 26. 8. Hab. 1. 10.

5 *come.* ch. 21. 4-7; 32. 5; 37. 9, 10. *I have hid.* ch. 18. 17; 21. 10. De. 31. 17; 32. 20. Is. 1. 15, 16; 8. 17; 64. 7. Eze. 39. 23, 24, 29. Mi. 3. 4.

6 *I will bring.* ch. 17. 14; 30. 12-17. De. 32. 39. Ps. 67. 2. Is. 30. 26; 58. 8. Ho. 6. 1; 7. 1. *health. Aruchah;* not a *plaister,* as some, or *progress,* as others; but *health,* or the *healing* or closing of a wound, as the cognate Arabic *areekat* signifies, from *araka,* to heal. *and will.* Ex. 34. 6. Ps. 37. 11; 72. 7; 85. 10-12. Is. 2. 4; 11. 5-9; 26. 2-4; 30. 26; 33. 15-18; 39. 8; 48. 17, 18; 54. 13; 55. 7; 66. 12. Mi. 4. 3. Jno. 10. 10. Ga. 5. 22, 23. Ep. 6. 23. Tit. 3. 5, 6. He. 6. 17, 18. 1 Pe. 1. 3.

7 *will cause.* ver. 11, 26. See on ch. 23. 3; 29. 14; 30. 3; 32. 44. Ps. 14. 7; 85. 1; 126. 1, 4. Is. 11. 12, etc. Zep. 3. 20. *and will.* ch. 24. 6; 30. 20; 31. 4, 28; 42. 10. Is. 1. 26. Ho. 2. 15. Am. 9. 14, 15. Mi. 7. 14, 15. Zec. 1. 17.

8 ch. 31. 34; 50. 20. Ps. 51. 2; 65. 3; 85. 2, 3. Is. 4. 2; 44. 22; 56. 7. Eze. 36. 25, 33. Joel 3. 21. Mi. 7. 18, 19. Zec. 13. 1. He. 9. 11-14. 1 Jno. 1. 7-9. Re. 1. 5.

9 *a name.* ch. 13. 11; 31. 4. Ps. 126. 2, 3. Is. 62. 2, 3, 7, 12. Zep. 3. 17-20. Zec. 8. 20-23. *before.* ch. 26. 6; 29. 1; 44. 8. *fear.* Ex. 15. 14-16. 2 Ch. 20. 29. Ne. 6. 16. Es. 8. 17. Ps. 40. 3. Is. 60. 5. Ho. 3. 5. Mi. 7. 16, 17. Zec. 12. 2.

10 *which ye.* ch. 32. 36. Eze. 37. 11.

11 *voice of joy.* ch. 7. 34; 16. 9; 25. 10. Jno. 3. 29. Re. 18. 23. *the voice of them.* ch. 31. 12-14. Ezr. 3. 11-13; 6. 22. Ne. 8. 12; 12. 43. Is. 12. 1-6; 51. 11; 52. 9. Zep. 3. 14. Zec. 8. 19; 9. 17; 10. 7. *Praise the.* 1 Ch. 16. 8, 34. 2 Ch. 5. 13; 7. 3; 20. 21. Ezr. 3. 11. Ps. 106. 1; 107. 1; 118. 1-4; 136. 1-26. *sacrifice.* Le. 7. 12, 13. 2 Ch. 29. 31. Ps. 107. 22; 116. 17. Jon. 2. 9. He. 13. 15. *For I.* See on ver. 7, 26.

12 *without.* ch. 32. 43; 36. 29; 51. 62. *in all.* See on ch. 17. 26; 31. 24; 32. 44; 50. 19, 20. Is. 65. 10. Eze. 34. 12-14; 36. 8-11. Ob. 19, 20. Zep. 2. 6, 7.

13 *shall.* Le. 27. 32. Lu. 15. 4. Jno. 10. 3, 4.

14 ch. 23. 5; 29. 10; 31. 27, 31-34; 32. 38-41. Ge. 22. 18; 49. 10. 1 Ch. 17. 13, 14. Is. 7. 14; 9. 6, 7; 32. 1, 2. Eze. 34. 23-25. Da. 2. 44; 7. 13, 14; 9. 25. Am. 9. 11. Mi. 5. 2. Zep. 3. 15-17. Hag. 2. 6-9. Zec. 9. 9, 10. Mal. 3. 1. Lu. 1. 69, 70; 2. 10, 11; 10. 24. Ac. 13. 32, 33. 2 Co. 1. 20. He. 11. 40. 1 Pe. 1. 10. Re. 19. 10.

15 *the Branch.* See on ch. 23. 5, 6. Is. 4. 2; 11. 1-5; 53. 2. Eze. 17. 22, 23. Zec. 3. 8; 6. 12, 13. *and he.* 2 Sa. 23. 2, 3. Ps. 45. 4, 7; 72. 1-5. Is. 9. 7; 11. 2-5; 32. 1, 2; 42. 21. Jno. 5. 22-29. He. 1. 8, 9; 7. 1, 2. Re. 19. 11.

16 *shall Judah.* See on ch. 23. 6. Is. 45. 17, 22. Ro. 11. 26. *shall dwell.* ch. 32. 37. De. 33. 12, 28. Eze. 28. 26; 34. 25-28; 38. 8. *The Lord our righteousness.* JEHOVAH-tsidkenu. ch. 23. 6. Is. 45. 24, 25. 1 Co. 1. 30. 2 Co. 5. 21. Phi. 3. 9. 2 Pe. 1. 1.

17 *David shall never want. Heb.* There shall not be cut off from David. ch. 35. 19. 2 Sa. 3. 29; 7. 14-16. 1 Ki. 2. 4; 8. 25, marg. 1 Ch. 17. 11-14, 27. Ps. 89. 29-37. Is. 9. 7. Lu. 1. 32, 33.

18 Is. 56. 7; 61. 6. Eze. 43. 19-27; 44. 9-11; 45. 5. Ro. 12. 1; 15. 16. He. 13. 15, 16. 1 Pe. 2. 5, 9. Re. 1. 6; 5. 10.

20 ver. 25, 26. See on ch. 31. 35, 36. Ge. 8. 22. Ps. 89. 37; 104. 19-23. Is. 54. 9, 10.

21 *may.* 2 Sa. 23. 5. 2 Ch. 7. 18; 21. 7. Ps. 89. 34; 132. 11, 12, 17. Is. 55. 3. Mat. 24. 35. Lu. 1. 69. 70. *that he.* From the destruction of Jerusalem to the present time, a period of nearly eighteen hundred years, the Jews have had neither a king nor any form of government whatever; nor has the office of high priest, or priest of any kind offering sacrifice, been exercised among them during the same period. Hence this must be understood of the spiritual David, Jesus Christ, both the King and High Priest of his church, 'the Israel of God,' (Ga. 6. 16,) in whom the covenant of royalty with David and his seed, and that of priesthood with Aaron and his seed, have received their full accomplishment; and all the sacrifices of that dispensation were superseded by his 'one oblation of himself,' the efficacy of which remains for ever. Is. 9. 6, 7. Da. 7. 14. Lu. 1. 32, 33. *and with.* See on ver. 18. Re. 5. 10.

22 *the host.* ch. 31. 37. Ge. 13. 16; 15. 5; 22. 17; 28. 14. Ho. 1. 10. He. 11. 12. Re. 7. 9, 10. *so.* Ps. 22. 30; 89. 3, 4, 29. Is. 53. 10-12. Eze. 37. 24-27. Zec. 12. 8. *the Levites.* Is. 66. 21. Eze. 44. 15.

24 *The two.* ver. 21, 22. Ps. 94. 14. Ro. 11. 1-6. *thus.* Ne. 4. 2-4. Es. 3. 6-8. Ps. 44. 13, 14; 71. 11; 83. 4; 123. 3, 4. La. 2. 15, 16; 4. 15. Eze. 25. 3; 26. 2; 35. 10-15; 36. 2.

25 *If my.* See on ver. 20. Ge. 8. 22; 9. 9-17. *and if.* ch. 31. 35, 36. Ps. 74. 16, 17; 104. 19.

26 *will I.* See on ch. 31. 37. Ge. 49. 10. *I will.* ver. 7-11. Ezr. 2. 1, 70. *and have.* ch. 31. 20. Is. 14. 1; 54. 8. Eze. 39. 25. Ho. 1. 7; 2. 23. Zec. 10. 6. Ro. 11. 32.

## CHAP. XXXIV.

*Jeremiah prophesies the captivity of Zedekiah and the city, 1-7. The princes and the people having dismissed their bond-servants, contrary to the covenant of God, re-assume them, 8-11. Jeremiah, for their disobedience, gives them and Zedekiah into the hands of their enemies, 12-22.*

1 A.M. 3415. B.C. 589. *The word.* This chapter contains two discourses, one concerning the taking of the city, and Zedekiah's captivity and death, ver. 1-7; and the other containing an invective against the inhabitants of Jerusalem for retaining their Hebrew slaves, ver. 8-22; both of which were delivered in the tenth year of Zedekiah. *when.* ver. 7; ch. 32. 2; 39. 1-3; 52. 4, etc. 2 Ki. 25. 1-9. 2 Ch. 36. 12-17. *all the kingdoms.* ch. 1. 15; 27. 5-7. Da. 2. 37, 38; 4. 1, 22; 5. 19. *of his dominion. Heb.* the dominion of his hand.

2 *Go.* ch. 22. 1, 2; 37. 1-4. 2 Ch. 36. 11, 12. *Behold.* See on ver. 22; ch. 21. 4, 10; 32. 3, 28, 29; 37. 8-10; 38. 23; 39. 8.

3 *And thou.* ver. 21; ch. 21. 7; 32. 4; 37. 17; 38. 18; 39. 4, 5; 52. 7-9. 2 Ki. 25. 4, 5. *and thine.* ch. 39. 6, 7; 52. 10, 11. 2 Ki. 25. 6, 7. Eze. 12. 13; 17. 18-20; 21. 25. *he shall speak with thee mouth to mouth. Heb.* his mouth shall speak to thy mouth.

5 *But thou.* 2 Ki. 22. 20. 2 Ch. 34. 28. Eze. 17. 16. *and with.* 2 Ch. 16. 14; 21. 19. *so.* Da. 2. 46. *and they.* See on ch. 22. 18. 2 Ch. 21. 20. La. 4. 20.

6 1 Sa. 3. 18; 15. 16-24. 2 Sa. 12. 7-12. 1 Ki. 21. 19; 22. 14. Eze. 2. 7. Mat. 14. 4. Ac. 20. 27.

7 *fought against.* See on ver. 1; ch. 4. 5; 8. 14; 11. 12. De. 28. 52. *Lachish.* Jos. 10. 3, 11; 12. 11; 15. 35, 39. 2 Ki. 18. 13, 14; 19. 8. Mi. 1. 13. *for.* 2 Ch. 11. 5-10; 27. 4.

8 *had.* 2 Ki. 11. 17; 23. 2, 3. 2 Ch. 15. 12-15; 23. 16; 29. 10; 34. 30-33. Ne. 9. 38; 10. 1, etc. *to proclaim.* See on ver. 14, 17. Ex. 21. 2-4; 23. 10, 11. Le. 25. 10, 39-46. De. 15. 12. Ne. 5. 1-13. Is. 61. 1.

9 *Hebrew.* Ge. 14. 13; 40. 15. Ex. 2. 6; 3. 18. De. 15. 12. 1 Sa. 4. 6, 9; 14. 11. 2 Co. 11. 22. Phi. 3. 5. *serve.* ver. 10; ch. 25. 14; 27. 7; 30. 8. 1 Co. 6. 8.

10 *when.* ch. 26. 10, 16; 36. 12, 24, 25; 38. 4. *then.* ch. 3. 10, 11. Is. 29. 13. Mar. 6. 20.

11 ver. 21; ch. 37. 5. Ex. 8. 8, 15; 9. 28, 34, 35; 10. 17-20; 14. 3-9. 1 Sa. 19. 6-11; 24. 19; 26. 21. Ps. 36. 3; 78. 34-36; 125. 5. Pr. 26. 11. Ec. 8. 11. Ho. 6. 4; 7. 16. Zep. 1. 6. Mat. 12. 43-45. Ro. 2. 4, 5. 2 Pe. 2. 20-22.

13 *I made.* ch. 31. 32. Ex. 24. 3, 7, 8. De. 5. 2, 3, 27; 29. 1. He. 8. 10, 11. *in the.* See on ch. 7. 22; 11. 4, 7. De. 7. 8; 15. 15; 16. 12; 24. 18. Jos. 24. 17. Ju. 6. 8. *out of.* Ex. 13. 3, 14. De. 5. 6; 6. 12; 8. 14; 13. 10. Jos. 24. 17. Ju. 6. 8.

14 *At the.* ver. 8, 9. Ex. 21. 1-4; 23. 10, 11. De. 15. 12. 1 Ki. 9. 22. 2 Ch. 28. 10. Is. 58. 6. Am. 2. 6; 8. 6. *been sold. or,* sold himself. 1 Ki. 21. 25. Is. 50. 1. Ro. 7. 14-17, 24. *but.* It appears from this and several other passages, that the sabbatical year had been wholly neglected some centuries before the captivity; and the author of the second book of Chronicles (ch. 36. 21) assigns this as a reason for the captivity, 'that the land might enjoy her sabbaths.' Now, if we reckon the seventy years' captivity as a punishment for this neglect, it will follow that the law on this subject had been disregarded for about 490 years. ch. 7. 25, 26; 11. 8-10; 32. 30. 1 Sa. 8. 7, 8. 2 Ki. 17. 13, 14. 2 Ch. 36. 16. Ne. 9. 30. Eze. 20. 4, 8. Zec. 7. 11, 12.

15 *ye.* 1 Ki. 21. 27-29. 2 Ki. 10. 30, 31; 12. 2; 14. 3. Is. 58. 2. Mat. 15. 8. *now. Heb.* to-day. *in proclaiming.* See on ver. 10, 11. *ye had.* See on ver. 8. 2 Ki. 23. 3. Ne. 10. 29. Ps. 76. 11; 119. 106. *which is called by my name. Heb.* whereupon my name is called. See on ch. 7. 10, 11.

16 *ye turned.* See on ver. 11. 1 Sa. 15. 11. Eze. 3. 20; 18. 24; 33. 12, 13. Lu. 8. 13-15. *polluted.* Ex. 20. 7. Le. 19. 12. Eze. 17. 16-19; 20. 39; 39. 7. Mal. 1. 7, 12. *and brought.* Mat. 18. 28-34.

17 *behold.* When they proclaimed *liberty* to their slaves, God restrained the sword from cutting them off; but now having resumed their authority over them, He proclaimed *liberty* to these dire judgments to sieze upon, and destroy them. Le. 26. 34, 35. De. 19. 19. Ju. 1. 6, 7. Es. 7. 10. Da. 6. 24. Mat. 7. 2. Lu. 6. 37, 38. Ga. 6. 7. Ja. 2. 13. Re. 16. 6. *to the sword.* ch. 15. 2; 21. 7; 24. 10; 32. 24, 36; 47. 6, 7. Eze. 14. 17-21. *I will.* ch. 15. 4; 24. 9, 10; 29. 18. De. 28. 25, 64. *to be removed. Heb.* for a removing. La. 1. 8, marg.

18 *have transgressed.* De. 17. 2. Jos. 7. 11; 23. 16. Ho. 6. 7; 8. 1. *when.* This was the ancient mode of making a covenant. (See on De. 29. 12. Jos. 9. 7.) Ge. 15. 10, 17, 18. Ps. 50. 1.

19 *princes.* ver. 10. Eze. 22. 27, etc. Da. 9. 6, 8, 12. Mi. 7. 1-5. Zep. 3. 3, 4. *the eunuchs.* ch. 29. 2; 38. 7. 2 Ki. 24. 12, 15, marg.

20 *and into.* ch. 4. 30; 11. 21; 21. 7; 22. 25; 38. 16; 44. 30; 49. 37. *and their.* ch. 7. 33; 16. 4; 19. 7. 1 Sa. 17. 44, 46. 1 Ki. 14. 11; 16. 4; 21. 23, 24. 2 Ki. 9. 34-37. Eze. 29. 5; 32. 4; 39. 17-20. Re. 19. 17-21.

21 *Zedekiah.* See on ver. 3-5; ch. 39. 6; 52. 10,

24-27. 2 Ki. 25. 18-21. La. 4. 20. Eze. 17. 16. *which are.* ch. 37. 5-11.

22 *I will command.* 2 Sa. 16. 11. 2 Ki. 24. 2, 3. 2 Ch. 36. 17. Is. 10. 5-7; 13. 3; 37. 26; 45. 1-3. Am. 3-6. Mat. 22. 7. *cause.* They did return, and re-invested the city; and, after an obstinate defence, took it, plundered it, and burnt it to the ground, taking Zedekiah, his princes, and people, captive. See on ch. 37. 8-10. *shall fight.* See on ch. 21. 4-10; 32. 29; 38. 23; 39. 1, 2, 8; 52. 7, 13. *and I will.* ch. 9. 11; 33. 10; 44. 2-6, 22. Is. 6. 11; 24. 12; 64. 10. La. 1. 1. Eze. 33. 27, 28. Mi. 7. 13. Zec. 1. 12; 7. 14.

## CHAP. XXXV.

*By the obedience of the Rechabites,* 1-11, *Jeremiah condemns the disobedience of the Jews,* 12-17. *God blesses the Rechabites for their obedience,* 18, 19.

1 A.M. 3397. B.C. 607. *The word.* This discourse was probably delivered in the fourth year of Jehoiakim's reign, when the king of Babylon made war against him. *in the.* ch. 1. 3; 22. 13-19; 25. 1; 26. 1; 36. 1, 9, 29; 46. 2. 2 Ki. 23. 35; 24. 1-6. 2 Ch. 36. 5-8. Da. 1. 1.

2 *the house.* ver. 8. 2 Ki. 10. 15, 16. 1 Ch. 2. 55. *into one.* ver. 4. 1 Ki. 6. 5, 6, 10. 1 Ch. 9. 26; 23. 28. 2 Ch. 3. 9; 31. 11. Ezr. 8. 29. Ne. 13. 5, 8, 9. Eze. 40. 7-13, 16; 41. 5-11; 42. 4-13.

4 *into the chamber.* ch. 36. 10-12. *a man.* De. 33. 1. Jos. 14. 6. 1 Sa. 2. 27; 9. 6-8. 1 Ki. 12. 22; 13. 1, 26; 17. 18, 24; 20. 28. 2 Ki. 1. 9, 11-13; 5. 14, 20; 6. 10; 7. 2, 17; 8. 2-8; 23. 16, 17. 2 Ch. 8. 14; 25. 7-9. 1 Ti. 6. 11. 2 Ti. 3. 17. *the princes.* ch. 26. 10. *the keeper.* ch. 52. 24. 2 Ki. 12. 9; 25. 18. 1 Ch. 9. 18, 19, 27. 2 Ch. 8. 14. Ps. 84. 10. *door. Heb.* threshold, *or* vessel. Eze. 43. 8.

5 *Drink.* ver. 2. Ec. 9. 7. Am. 2. 12. 2 Co. 2. 9.

6 *Jonadab.* 2 Ki. 10. 15. 1 Ch. 2. 55. *Ye shall.* Jonadab, a man of fervent zeal for the pure worship of God, and who lived about three hundred years before this time, (2 Ki. 10. 15, 16, etc.) had probably practised these rules himself; and having trained up his children to habits of abstemiousness, he enjoined them and their posterity to adhere to them. In these regulations he seems to have had no religious, but merely a prudential view, as is intimated in the reason annexed to them, 'that ye may live many days in the land where ye be strangers.' And this would be the natural consequence of observing these rules; for their temperate mode of living would very much contribute to preserve health and prolong life; and they would avoid giving umbrage, or exciting the jealousy or envy of the Jews, who might have been provoked, by their engaging and succeeding in the principal business in which they themselves were engaged, agriculture and vine-dressing, to expel them their country; by which they would have been deprived of the religious advantages they enjoyed. In 1 Ch. 2. 55, they are termed *scribes*, which intimates that they were engaged in some kind of literary employments. Le. 10. 9. Nu. 6. 2-5. Ju. 13. 7, 14. Lu. 1. 15. 1 Co. 7. 26-31. *all.* ver. 10. Ge. 25. 27. Le. 23. 42, 43. Ne. 8. 14-16. He. 11. 9-13. 1 Pe. 2. 11. *that ye.* Ge. 36. 7. Ex. 20. 12. 1 Ch. 16. 19. Ps. 105. 12. Ep. 6. 2, 3.

8 Pr. 1. 8, 9; 4. 1, 2, 10; 6. 20; 13. 1. Col. 3. 20.

9 ver. 7. Nu. 16. 14. 2 Ki. 5. 26. Ps. 37. 16. 1 Ti. 6. 6.

10 ver. 8.

11 *when.* 2 Ki. 24. 2. Da. 1. 1, 2. *Come.* ch. 4. 5-7; 8. 14. Mar. 13. 14. Lu. 21. 20, 21.

13 *Will.* ch. 5. 3; 6. 8-10; 9. 12; 32. 33. Ps. 32. 8, 9. Pr. 8. 10; 19. 20. Is. 28. 9-12; 42. 23. He. 12. 25.

14 *words.* See on ver. 6-10. *rising.* ch. 7. 13, 25; 11. 7; 25. 3, 4; 26. 5; 29. 19; 32. 33. 2 Ch. 36. 15, 16. Pr. 1. 20-33. *but ye.* ch. 7. 24, 26. Ne. 9. 26, 30. Is. 30. 9; 50. 2.

15 *I have.* Lu. 10. 16. 1 Th. 4. 8. *Return.* See on ch. 3. 14; 4. 14; 7. 3-5; 17. 20-23; 18. 11; 25. 5; 26. 13; 44. 4, 5. Is. 1. 16-19. Eze. 18. 30-32. Ho. 14. 1-4. Zec. 1. 3, 4. Ac. 26. 20. *ye shall dwell.* See on ch. 7. 5-7; 17. 24, 25; 22. 4; 25. 5, 6. De. 30. 20. *ye have.* Lu. 13. 34, 35.

16 ver. 14. Is. 1. 3. Mal. 1. 6. Mat. 11. 28-30. Lu. 15. 11-13, 28-30.

17 *Therefore.* God having, by the conduct of the Rechabites, convicted the Jews of ingratitude and rebellion, He now proceeds to pass sentence against them. *Behold.* See on ch. 11. 8; 15. 3, 4; 19. 7-13; 21. 4-10. Ge. 6. 17. Le. 26. 14, etc. De. 28. 15, etc.; 29. 19-28; 31. 20, 21; 32. 16-42. Jos. 23. 15, 16. Mi. 3. 12. *because.* See on ch. 7. 13, 26, 27; 26. 5; 32. 33. Pr. 1. 24-31; 13. 13; 16. 2. Is. 50. 2; 65. 12; 66. 4. Lu. 13. 34, 35. Ro. 10. 21.

18 *Because.* Ex. 20. 12. De. 5. 16. Ep. 6. 1-3.

19 *Jonadab*, etc. *Heb.* There shall not a man be cut off from Jonadab the son of Rechab to stand, etc. See on ch. 33. 17. 1 Ch. 2. 55. *stand.* ch. 15. 19; 33. 17, 18. Ps. 5. 5. Lu. 21. 36. Jude 24.

## CHAP. XXXVI.

*Jeremiah causes Baruch to write his prophecy,* 1-4, *and publicly to read it,* 5-10. *The princes, having intelligence thereof by Michaiah, send Jehudi to fetch the roll and read it,* 11-18. *They will Baruch to hide himself and Jeremiah,* 19. *The king Jehoiakim, being certified thereof, hears part of it, and burns the roll,* 20-26. *Jeremiah denounces his judgment,* 27-31. *Baruch writes a new copy,* 32.

1 See on ch. 25. 1; 35. 1. 2 Ki. 24. 1, 2.

2 *a roll.* ver. 6, 23, 29; ch. 30. 2; 45. 1; 51. 60. Ex. 17. 14. De. 31. 24. Ezr. 6. 2. Job 31. 35. Ps. 40. 7. Is. 8. 1; 30. 8, 9. Eze. 2. 9; 3. 1-3. Hab. 2. 2, 3. Zec. 5. 1-4. Re. 5. 1-9. *write.* ch. 30. 2. Ho. 8. 12. *against Israel.* ch. 2. 4; 3. 3-10; 23. 13, 14; 32. 30-35. 2 Ki. 17. 18-20. *against all.* ch. 1. 5, 10; 25. 9-29; ch. 47-51. *from the days.* ch. 1. 2, 3; 25. 3.

3 *may be.* ver. 7; ch. 18. 8; 26. 3. De. 5. 29. Eze. 12. 3. Zep. 2. 3. Lu. 20. 13. 2 Ti. 2. 25, 26. 2 Pe. 3. 9. *hear.* Eze. 18. 27, 28; 33. 7-9, 14-16. Mat. 3. 7-9. Lu. 3. 7-9. *they may.* ch. 18. 8, 11; 23. 14; 24. 7; 35. 15. De. 30. 2, 8. 1 Sa. 7. 3. 1 Ki. 8. 48-50. 2 Ch. 6. 38, 39. Ne. 1. 9. Is. 55. 6, 7. Eze. 18. 23. Jon. 3. 8-10. Ac. 26. 20. *that I.* Is. 6. 10. Mat. 13. 15. Mar. 4. 12. Ac. 3. 19; 26. 18; 28. 27.

4 *Baruch.* ver. 26; ch. 32. 12; 43. 3. *wrote. Baruch* is supposed to have been a disciple of Jeremiah; and being a ready scribe, he was employed by the prophet as his amanuensis. ver. 17, 18, 32; ch. 45. 1, 2. Ro. 16. 22. *upon.* ver. 21, 23, 28, 32. Is. 8. 1. Eze. 2. 9. Zec. 5. 1.

5 ch. 20. 2; 32. 2; 33. 1; 37. 15; 38. 6, 28; 40. 4. 2 Co. 11. 23. Ep. 3. 1; 6. 20. 2 Ti. 2. 9. He. 11. 36.

6 *and read.* ver. 8. Eze. 2. 3-7. *the words.* ch. 7. 2; 18. 11; 19. 14; 22. 2; 26. 2. *upon.* ver. 9. Le. 16. 29-31; 23. 27-32. Ac. 27. 9.

7 *It may.* See on ver. 3. 1 Ki. 8. 33-36. 2 Ch. 33. 12, 13. Da. 9. 13. Ho. 5. 15; 6. 1; 14. 1-3. *they will present their supplication. Heb.* their supplication shall fall. *and will.* See on ch. 1. 3; 25. 5. Jon. 3. 8. Zec. 1. 4. *for.* ch. 4. 4; 16. 10; 19. 15; 21. 5. De. 28. 15, etc.; 29. 18-28. 2 Ki. 22. 13, 17. 2 Ch. 34. 21. La. 4. 11. Eze. 5. 13; 8. 18; 13. 13; 20. 33; 22. 20; 24. 8-13.

8 *did.* ver. 4; ch. 1. 17. Mat. 16. 24. 1 Co. 16. 10. Phi. 2. 19-22. *in the.* Ne. 8. 3. Lu. 4. 16, etc.

9 A.M. 3398. B.C. 606. *in the fifth.* See on ver. 1. *they.* Le. 23. 27. 2 Ch. 20. 3. Ne. 9. 1. Es. 4. 16. Is. 58. 1-3. Joel 1. 13; 2. 12-17. Jon. 3. 5. Zec. 7. 5, 6; 8. 19. *came.* ver. 6.

10 *Then.* ver. 6, 8. *in the chamber.* See on ch. 35. 4. *Gemariah.* ver. 11, 25. *Shaphan.* See on ver. 11; ch. 26. 24; 29. 3. *the scribe.* ch. 52. 25.

2 Sa. 8. 17; 20. 25. 2 Ki. 18. 37. *entry. or,* door. ch. 26. 10. 2 Ki. 15. 35.

11 *Shaphan.* ver. 10. 2 Ki. 22. 12-14; 25. 22. 2 Ch. 34. 20.

12 *Elishama.* ver. 20, 21; ch. 41. 1. *Elnathan.* ver. 25; ch. 26. 22. 2 Ki. 22. 12, 14; 24. 8. *Gemariah.* ver. 10, 11. 2 Ki. 22. 3, 12. *Hananiah.* ch. 28. 1, etc.

13 2 Ki. 22. 10, 19. 2 Ch. 34. 16-18, 24. Jon. 3. 6.

14 *Nethaniah.* ch. 40. 8; 41. 1, 2, 16, 18. 2 Ki. 25. 23. *Cushi.* Zep. 1. 1. *took.* ver. 2. Eze. 2. 6, 7. Mat. 10. 16, 28.

15 *and read.* See on ver. 21.

16 *they were.* ver. 24. Ac. 24. 25, 26. *We.* ch. 13. 18; 38. 1-4. Am. 7. 10, 11.

17 *Tell.* Jno. 9. 10, 11, 15, 26, 27.

18 *He.* ver. 2, 4; ch. 43. 2, 3. Pr. 26. 4, 5. *with ink.* *Baddeyo* is rendered by some, *after him;* but *deyo* (in Chaldee and Syriac *deyootha,* and in Welsh *du,*) certainly denotes *ink;* whence are derived the Arabic *dawat* and *deeweet,* and Persian *deeveet,* an *ink-holder;* the Syriac *dayowo,* and Persian *div,* the *devil.* So the Alexandrian copy of the LXX. has *εν μελανι,* and Vulgate *atramento,* 'with ink.' Perhaps the princes supposed that Baruch had written his roll from memory; and that it was rather to be considered as his composition, than the substance of Jeremiah's prophecies; and they might ask this apparently frivolous question in order to allay the alarms excited by considering it as the word of God. But Baruch, with great simplicity, so answered their question, as to shew that he only acted as Jeremiah's amanuensis, and wrote verbatim what he had dictated.

19 ver. 26; ch. 26. 20-24. 1 Ki. 17. 3; 18. 4, 10. 2 Ch. 25. 15. Pr. 28. 12. Am. 7. 12. Lu. 13. 31. Ac. 5. 40; 23. 16, etc.

20 ver. 12, 21.

21 *Jehudi.* ver. 14. *And Jehudi.* ver. 15; ch. 23. 28; 26. 2. 2 Ki. 22. 10. 2 Ch. 34. 18. Eze. 2. 4, 5.

22 A warm apartment suited to the season of the year, (December, when snow is often upon the ground in Palestine,) in which was a *pan* or *brazier* (*ach,* or *ikhkh,* as it is pronounced in Arabic) of burning charcoal; for we learn from Bp. Pococke, and Dr. Russel, that this was the mode in which the Orientals warmed their apartments. ch. 22. 14-16. Ju. 3. 20. Am. 3. 15.

23 *he cut.* ver. 29-31. De. 29. 19-21. 1 Ki. 22. 8, 27. Ps. 50. 17. Pr. 1. 30; 5. 12; 13. 13; 19. 21; 21. 30; 29. 1. Is. 5. 18, 19; 28. 14, 15, 17-22. Re. 22. 19.

24 *they.* ver. 16. Job 15. 4. Ps. 36. 1; 64. 5. Is. 26. 11. Ro. 3. 18. *nor rent.* ch. 5. 3. 1 Ki. 21. 27. 2 Ki. 19. 1, 2; 22. 11-19. 2 Ch. 34. 19-31. Is. 36. 22; 37. 1. Jon. 3. 6. Mat. 12. 41.

25 *Elnathan.* ver. 12; ch. 26. 22. *made.* ch. 13. 15-17. Ge. 37. 22, 26-28. Mat. 27. 4, 24, 25. Ac. 5. 34-39. *but.* Pr. 21. 29.

26 *Hammelech. or,* the king. *to take.* ch. 2. 30; 26. 21-23. 1 Ki. 19. 1-3, 10, 14. Mat. 23. 34-37; 26. 47-50. Jno. 7. 32; 8. 20; 11. 57. *but.* ver. 5, 19; ch. 1. 19; 15. 20, 21. 1 Ki. 17. 3, 9; 18. 4, 10-12. 2 Ki. 6. 18-20. Ps. 27. 5; 32. 7; 57. 1; 64. 2; 91. 1; 121. 8. Is. 26. 20. Jno. 8. 59. Ac. 12. 11.

27 See on ver. 23.

28 ch. 28. 13, 14; 44. 28. Job 23. 13. Zec. 1. 5, 6. Mat. 24. 35. 2 Ti. 2. 13.

29 *Thou hast.* De. 29. 19. Job 15. 24; 40. 8. Is. 45. 9. Ac. 5. 39. 1 Co. 10. 22. *Why.* ch. 26. 9; 32. 3. Is. 29. 21; 30. 10. Ac. 5. 28. *The king.* ch. 21. 4-7, 10; 28. 8; 32. 28-30; 34. 21, 22.

30 *He shall.* ch. 22. 30. 2 Ki. 24. 12-15. *and his.* ch. 22. 18. Ge. 31. 40. *in the.* Sir J. Chardin observes, "In the Lower Asia, in particular, the day is always hot; and as soon as the sun is fifteen degrees above the horizon, no cold is felt in the depth of winter itself. On the contrary, in the height of summer the nights are as cold as at Paris in the month of March. It is for this reason that in Persia and Turkey they always make use of furred habits in the country, such only being sufficient to resist the cold of the nights. I have travelled in Arabia, and in Mesopotamia, (the theatre of the adventures of Jacob,) both in winter and in summer, and have found the truth of what the Patriarch said, 'That he was scorched with the heat in the day, and stiffened with cold in the night.' (Ge. 31. 40.) This contrariety in the qualities of the air in twenty-four hours is extremely great in some places, and not conceivable by those that have not felt it; one would imagine that he had passed in a moment from the violent heats of summer to the depth of winter. Thus it hath pleased God to temper the heat of the sun by the coldness of the night, without which the greatest part of the East would be barren, and a desert."

31 *punish. Heb.* visit upon. ch. 23. 34, marg. *will bring.* ch. 11. 8; 17. 18; 19. 15; 29. 17-19; 35. 17; 44. 4-14. Le. 26. 14. De. 28. 15, etc. Pr. 29. 1. *but.* Mat. 23. 37.

32 *took.* See on ver. 28-30. *who.* ver. 4, 18. Ex. 4. 15, 16. Ro. 16. 22. *there.* Le. 26. 18, 21, 24, 28. Da. 3. 19. Re. 22. 18, 19. *like words. Heb.* words as they.

## CHAP. XXXVII.

*The Egyptians having raised the siege of the Chaldeans, king Zedekiah sends to Jeremiah to pray for the people,* 1-5. *Jeremiah prophesies the Chaldeans' certain return and victory,* 6-10. *He is taken for a fugitive, beaten, and put in prison,* 11-15. *He assures Zedekiah of the captivity,* 16, 17. *Intreating for his liberty, he obtains some favour,* 18-21.

1 A.M. 3406-3416. B.C. 598-588. *Zedekiah.* 2 Ki. 24. 17. 1 Ch. 3. 15. 2 Ch. 36. 10. *Coniah.* ch. 22. 24, 28; 24. 1, Jeconiah; 52. 31. 2 Ki. 24. 12. 1 Ch. 3. 16. 2 Ch. 36. 9, Jehoiachin. *made.* Eze. 17. 12-21.

2 *neither.* 2 Ki. 24. 19, 20. 2 Ch. 36. 12-16. Pr. 29. 12. Eze. 21. 25. 1 Th. 4. 8. *the prophet. Heb.* the hand of the prophet. Ex. 4. 13. Le. 8. 36. 2 Sa. 10. 2; 12. 25. 1 Ki. 14. 18; 16. 7. Pr. 26. 6. Ho. 12. 10, marg.

3 *Zephaniah.* ch. 21. 1, 2; 29. 21, 25; 52. 24. *Pray.* ch. 2. 27; 21. 1, 2; 42. 2-4, 20. Ex. 8. 8, 28; 9. 28; 10. 17. Nu. 21. 7. 1 Sa. 12. 19. 1 Ki. 13. 6. Ac. 8. 24.

4 *for.* ver. 15; ch. 32. 2, 3.

5 *Pharaoh's.* This was *Pharaoh Hophra,* or *Apries,* as he is called by Herodotus, who succeeded his father Psammis on the throne of Egypt, A.M. 3410, B.C. 594, and reigned twenty-five years. Having entered into a confederacy with Zedekiah, (Eze. 17. 15,) he marched out of Egypt with a great army to his relief; which caused Nebuchadnezzar to raise the siege of Jerusalem to meet him; during which period the transactions detailed here took place. ver. 7. 2 Ki. 24. 7. Eze. 17. 15. *they.* ver. 11; ch. 34. 21.

7 *Thus.* ver. 3; ch. 21. 2. 2 Ki. 22. 18. *Pharaoh's.* ch. 17. 5, 6. Ps. 21. 30. Is. 30. 1-6; 31. 1-3. La. 4. 17. Eze. 17. 17; 29. 6, 7, 16.

8 See on ch. 32. 29; 34. 21, 22; 38. 23; 39. 2-8.

9 *Deceive.* Ob. 3. Mat. 24. 4, 5. Ga. 6. 3, 7. Ep. 5. 6. 2 Th. 2. 3. Ja. 1. 22. *yourselves. Heb.* your souls

10 *though.* ch. 21. 4-7; 49. 20; 50. 45. Le. 26. 36-38. Is. 10. 4; 30. 17. *wounded men. Heb.* men thrust through. ch. 51. 4. Is. 13. 15; 14. 19. *yet.* Joel 2. 11.

11 *that.* See on ver. 5. *broken. Heb.* made to ascend.

12 *went.* 1 Ki. 19. 3, 9. Ne. 6. 11. Mat. 10. 23. 1 Th. 5. 22. *the land.* ch. 1. 1. Jos. 21. 17, 18. 1 Ch. 6. 60. *separate himself thence. or,* slip away from thence.

13 *in the.* ch. 38. 7. Zec. 14. 10. *Hananiah.* ch. 38. 1, 10-17; 36. 12. *Thou.* ch. 18. 18; 20. 10; 21. 9; 27. 6, 12, 13; 28. 14; 38. 4, 17. Am. 7. 10. Lu. 23. 2. Ac. 6. 11; 24. 5-9, 13. 2 Co. 6. 8.

14 *said.* ch. 40. 4-6. Ne. 6. 8. Ps. 27. 12; 35. 11; 52. 1, 2. Mat. 5. 11, 12. Lu. 6. 22, 23, 26. 1 Pe. 3. 16; 4. 14-16. *false. Heb.* falsehood. *or,* a lie.

15 *the princes.* ch. 20. 1-3; 26. 16. Mat. 21. 35; 23. 34; 26. 67, 68. Lu. 20. 10, 11; 22. 64. Jno. 18. 22. Ac. 5. 28, 40; 16. 22-24 23. 2, 3. 2 Ch. 11. 23-27. He. 11. 36-38. *put.* Ge. 39. 20. 2 Ch. 16. 10; 18. 26. Ac. 5. 18; 12. 4-6. Re. 2. 10. *in the.* ver. 20; ch. 38. 6, 26.

16 A.M. 3415. B.C. 589. *into the dungeon.* ch. 38. 6, 10-13. Ge. 40. 15. La. 3. 53, 55. *cabins. or,* cells.

17 *asked.* ch. 38. 5, 14-16, 24-27. 1 Ki. 14. 1-4. *Is there.* ver. 3; ch. 21. 1, 2. 1 Ki. 22. 16. 2 Ki. 3. 11-13. Mar. 6. 20. *thou shalt.* ch. 21. 7; 24. 8; 29. 16-18; 32. 3-5; 34. 21, 22; 39. 6, 7. Eze. 12. 12, 13; 17. 19-21; 21. 25-27.

18 ch. 26. 19. Ge. 31. 36. 1 Sa. 24. 9-15; 26. 18-21. Pr. 17. 13, 26. Da. 6. 22. Jno. 10. 32. Ac. 23. 1; 24. 16; 25. 8, 11, 25; 26. 31. Ga. 4. 16.

19 *Where.* ch. 2. 28. De. 32. 36, 37. 2 Ki. 3. 13. *your.* ch. 6. 14; 8. 11; 14. 13-15; 23. 17; 27. 14-18; 28. 1-5, 10-17; 29. 31. La. 2. 14. Eze. 13. 10-16.

20 *be accepted before. Heb.* fall before. ch. 36. 7, marg. *lest.* ch. 26. 15; 38. 6-9. Ac. 23. 16-22; 25. 10, 11; 28. 18, 19.

21 *into the.* ch. 32. 2, 8; 38. 13, 28. *and that.* 1 Ki. 17. 4-6. Job 5. 20. Ps. 33. 18, 19; 34. 9, 10; 37. 3, 19. Pr. 16. 7; 21. 1. Is. 33. 16. Mat. 6. 33. *until.* ch. 38. 9; 52. 6. De. 28. 52-57. 2 Ki. 25. 3. La. 2. 11, 12, 19, 20; 4. 4, 5, 9, 10; 5. 10. *Thus.* ch. 38. 13, 28; 39. 14, 15. Ac. 12. 5; 24. 27; 28. 16, 30. Ep. 4. 1; 6. 20. 2 Ti. 1. 8; 2. 9.

## CHAP. XXXVIII.

*Jeremiah, by a false suggestion, is put into the dungeon of Malchiah, 1-6. Ebed-melech, by suit, gets him some enlargement, 7-13. Upon secret conference, he counsels the king by yielding to save his life, 14-23. By the king's instructions he conceals the conference from the princes, 24-28.*

1 *Shephatiah.* Ezr. 2. 3. Ne. 7. 9. *Jucal.* ch. 37. 4, Jehucal. *Pashur.* ch. 21. 1-10. *Melchiah.* 1 Ch. 9. 12, Malchijah. Ne. 11. 12. *heard.* Ac. 4. 1, 2, 6-10; 5. 28.

2 *He.* ver. 17-23; ch. 21. 8, 9; 24. 8; 27. 13; 29. 18; 34. 17; 42. 17, 22; 44. 13. Eze. 5. 12-17; 6. 11; 7. 15; 14. 21. Mat. 24. 7, 8. Re. 6. 4-8. *shall have.* ch. 21. 9; 39. 18; 45. 5.

3 ch. 21. 10; 32. 3-5.

4 *the princes.* ch. 26. 11, 21-23; 36. 12-16. 2 Ch. 24. 21. Eze. 22. 27. Mi. 3. 1-3. Zep. 3. 1-3. *thus.* Ex. 5. 4. 1 Ki. 18. 17, 18; 21. 20. Ezr. 4. 12. Ne. 6. 9. Am. 7. 10. Lu. 23. 2. Jno. 11. 46-50. Ac. 16. 20; 17. 6; 24. 5; 28. 22. *welfare. Heb.* peace. ch. 29. 7.

5 *for.* 1 Sa. 15. 24; 29. 9. 2 Sa. 3. 39; 19. 22. Pr. 29. 25. Jno. 19. 12-16.

6 *took.* ch. 37. 21. Ps. 109. 5. Lu. 3. 19, 20. *into.* See on ch. 37. 16. La. 3. 55. Ac. 16. 24. 2 Co. 4. 8, 9. He. 10. 36. *Hammelech. or,* the king. ch. 36. 26. *and they.* ver. 11, 12. *And in.* This dungeon, which seems to have belonged to one of Zedekiah's sons, appears to have been a most dreadful place; the horrors of which were probably augmented by the cruelty of the jailor. 'The eastern people,' observes Sir J. CHARDIN, 'have not different prisons for the different classes of criminals; the judges do not trouble themselves about where the prisoners are confined, or how they are treated, considering it merely as a place of safety; and all that they require of the jailor is, that the prisoner be forthcoming when called for. As to the rest, he is master to do as he pleases; to treat him well or ill; to put him in irons or not; to shut him up close, or hold him in easier restraint; to admit people to him, or to suffer nobody to see him. If the jailor and his servants have large fees, let the person be the greatest rascal in the world, he shall be lodged in the jailor's own apartment, and the best part of it; and on the contrary, if those that have imprisoned a man give the jailor greater presents, or that he has a greater regard for them, he will treat the prisoner with the greatest inhumanity.' This adds a double energy to those passages which speak of 'the sighing of the prisoner,' and to Jeremiah's supplicating that he might not be remanded to the dungeon of Jonathan. (ver. 26; ch. 37. 20.) ver. 22. Ge. 37. 24. Ps. 40. 2; 69. 2, 14, 15. La. 3. 52-55. Zec. 9. 11.

7 *Ebed-melech.* ch. 39. 16-18. *Ethiopian.* ch. 13. 23. Ps. 68. 31. Mat. 8. 11, 12; 20. 16. Lu. 10. 30-36; 13. 29, 30. Ac. 8. 27-39. *eunuchs.* ch. 29. 2; 34. 19. 2 Ki. 24. 15, marg. *the king.* ch. 37. 13. De. 21. 19. Job 29. 7-17. Am. 5. 10.

9 *these.* ver. 1-6. Es. 7. 4-6. Job 31. 34. Pr. 24. 11, 12; 31. 8, 9. *is like to die. Heb.* will die. *for there.* ch. 37. 21; 52. 6.

10 *the king.* Es. 5. 2; 8. 7. Ps. 75. 10. Pr. 21. 1. *with thee. Heb.* in thine hand.

11 *let them.* ver. 6.

12 *Put.* Ro. 12. 10, 15. Ep. 4. 32.

13 *So.* ver. 6. *Jeremiah.* ver. 28; ch. 37. 21; 39. 14-18. 1 Ki. 22. 27. Ac. 23. 35; 24. 23-26; 28. 16, 30.

14 *sent.* ch. 21. 1, 2; 37. 17. *third. or,* principal. 1 Ki. 10. 5. 2 Ki. 16. 18. *I will.* ch. 42. 2-5, 20. 1 Sa. 3. 17, 18. 1 Ki. 22. 16. 2 Ch. 18. 15.

15 Lu. 22. 67, 68.

16 *sware.* ch. 37. 17. Jno. 3. 2. *that made.* Nu. 16. 22; 27. 16. Ec. 12. 7. Is. 57. 16. Zec. 12. 1. He. 12. 9. *of these.* ver. 1-6; ch. 34. 20.

17 *the God of hosts.* Ps. 80. 7, 14. Am. 5. 27. *the God of Israel.* 1 Ch. 17. 24. Ezr. 9. 4. *If thou.* ver. 2; ch. 7. 6, 7; 21. 8-10; 27. 12, 17; 39. 3. Job 23. 13.

18 *if thou.* 2 Ki. 24. 12; 25. 27-30. *then.* ver. 3, 23; ch. 24. 8-10; 32. 3-5; 34. 2, 3, 19-22; 39. 3, 5-7; 52. 7-11. 2 Ki. 25. 4-10. Eze. 12. 13; 17. 20, 21; 21. 25-27.

19 *I.* ver. 5. 1 Sa. 15. 24. Job 31. 34. Pr. 29. 25. Is. 51. 12, 13; 57. 11. Jno. 12. 42; 19. 12, 13. *mock.* ver. 22. Ju. 9. 54; 16. 25. 1 Sa. 31. 4. Is. 45. 9, 10.

20 *Obey.* ch. 26. 13. 2 Ch. 20. 20. Da. 4. 27. Ac. 26. 29. 2 Co. 5. 11, 20; 6. 1. Phile. 8-10. Ja. 1. 22. *and thy.* Is. 55. 3.

21 *if thou.* ch. 5. 3. Ex. 10. 3, 4; 16. 28. Job 34. 33. Pr. 1. 24-31. Is. 1. 19, 20. He. 12. 25. *this is.* ch. 15. 19-21; 26. 15. Nu. 23. 19, 20; 24. 13. Job 23. 13. Eze. 2, 4, 5, 7; 3. 17-19. Ac. 18. 6; 20. 26, 27.

22 *all.* ch. 41. 40; 43. 6. La. 5. 11. *and those.* Mr. HARMER would render, 'and *here* (*hennah,* or reading *hinneh,* behold,) the women (wont to sing on public occasions) shall say,' etc.; observing 'that these bitter speeches much better suit the lips of women belonging to the conquering nation, singing before a captive prince, than of his own wives and concubines.' This he illustrates by the following extract from DELLA VALLE: When he was at Lar, in Persia, the king of Ormuz was brought thither in triumph; and 'this poor unfortunate king entered Lar, with his people, in the morning, music playing, and *girls* and *women* singing and dancing before him, according to the custom of Persia, and the people flocking together with a prodigious concourse, and conducting him in a pompous and magnificent manner, particularly with colours displayed, like what the Messenians formerly did to Philopœmen, the general of the Athenians, their prisoner of war, according to the report of JUSTIN.' *Thy friends. Heb.* The men of thy peace. ver. 4-6; ch. 20. 10. Ps. 41. 9, marg. *have set.* ver. 19. La. 1. 2. Mi. 7. 5. *thy feet.* ver. 6. Ps. 69. 2, 14. *they are.* ch. 46. 5, 21. Is. 42. 17. La. 1. 13.

23 *they shall.* ver. 18; ch. 39. 6; 41. 10; 52. 8-13. 2 Ki. 25. 7. 2 Ch. 36. 20, 21. *shalt cause,* etc. *Heb.* shalt burn, etc. ch. 27. 12, 13. Eze. 14. 9; 43. 3.

25 See on ver. 4-6, 27.

26 ch. 37. 15, 20; 42. 2. Es. 4. 8.

27 *and he told.* 1 Sa. 10. 15, 16; 16. 2-5. 2 Ki. 6. 19. Ac. 23. 6. *left off speaking with him. Heb.* were silent from him.

28 ver. 13; ch. 15. 20, 21; 37. 21; 39. 14. Ps. 23. 4. 2 Ti. 3. 11; 4. 17, 18.

## CHAP. XXXIX.

*Jerusalem is taken, 1-3. Zedekiah is made blind and sent to Babylon, 4-7. The city laid in ruins, 8, and the people captivated, 9, 10. Nebuchadrezzar's charge for the good usage of Jeremiah, 11-14. God's promise to Ebed-melech, 15-18.*

1 A.M. 3414. B.C. 590. *the ninth.* ch. 52. 4-7. 2 Ki. 25. 1, 2, etc. Eze. 24. 1, 2. Zec. 8. 19. *the tenth.* This was the month *Tebeth,* (Es. 2. 16,) which began with the first moon of January; and it was on the 10th of this month that Nebuchadnezzar invested the city.

2 A.M. 3416. B.C. 588. *the fourth.* This was the month *Tammuz,* which commences with the first moon of July: the siege had lasted just eighteen months. 2 Ki. 25. 3. *was.* ch. 5. 10; 52. 6, 7. 2 Ki. 25. 4. Eze. 33. 21. Mi. 2. 12, 13. Zep. 1. 10.

3 *all the.* ch. 1. 15; 21. 4; 38. 17. *Nergal-sharezer.* ver. 13. 2 Ki. 17. 30. *Sarsechim.* These were the principal commanders; but Dr. BLAYNEY thinks that, instead of *six* persons, we have in reality but *three,* as the name that follows each is the title of office. Thus *Nergal-sharezer,* who was *Samgar-nebo,* or keeper, *i. e.* priest of Nebo; *Sarsechim,* who was *Rab-saris,* or chief eunuch; and *Nergal-sharezer,* who was *Rab-mag,* or chief magi; as the words *mog* in Persian, *magoos* in Arabic, *magooshai* in Syriac, and *μαγος,* in Greek, signify; and we learn from JUSTIN and CURTIUS that the magi attended the king in war.

4 *when.* ch. 38. 18-20. Le. 26. 17, 36. De. 28. 25; 32. 24-30. 2 Ki. 25. 4, etc. Is. 30. 15, 16. Eze. 12. 12. Am. 2. 14. *betwixt.* ch. 52. 7, etc. 2 Ch. 32. 5.

5 *Chaldeans'.* See on ch. 32. 4, 5; 38. 18, 23. 2 Ch. 33. 11. La. 1. 3; 4. 20. *in the plains.* ch. 52. 8. Jos. 4. 13; 5. 10. *Riblah.* ch. 52. 9, 26, 27. 2 Ki. 23. 33; 25. 6. *Hamath.* Nu. 13. 21. Jos. 13. 5. Ju. 3. 3. 2 Sa. 8. 9. 2 Ki. 17. 24. *gave judgment upon him. Heb.* spake with him judgments. ch. 4. 12. Eze. 17. 15-21.

6 *slew the.* ch. 52. 10. 2 Ki. 25. 7. *before.* Ge. 21. 16; 44. 34. De. 28. 34. 2 Ki. 22. 20. 2 Ch. 34. 28. Es. 8. 6. Is. 13. 16. *slew all.* ch. 21. 7; 24. 8-10; 34. 19-21.

7 *he put.* ch. 32. 4, 5; 52. 11. 2 Ki. 25. 7. Eze. 12. 13. *chains. Heb.* two brasen chains, *or* fetters. Ju. 16. 21. Ps. 107. 10, 11; 119. 8.

8 *burned.* ch. 7. 20; 9. 10-12; 17. 27; 21. 10; 34. 2, 22; 37. 10; 38. 18; 52. 13. 2 Ki. 25. 9. 2 Ch. 36. 19. Is. 5. 9. La. 1. 10; 2. 2, 7. Am. 2. 5. Mi. 3. 12. *and brake.* ch. 52. 14. 2 Ki. 25. 10. Ne. 1. 3.

9 *Nebuzar-adan.* ver. 13; ch. 40. 1; 52. 12-16, 26. 2 Ki. 25. 11, 20. *captain of the guard. or,* chief marshal. *Heb.* chief of the executioners, *or* slaughter-men; *and so* ver. 10, 11, etc. Ge. 37. 36. *carried.* ch. 10. 18; 16. 13; 20. 4-6; 52. 28-30. Le. 26. 33. De. 4. 27. 2 Ki. 20. 18. Is. 5. 13.

10 *left of.* ch. 40. 7. 2 Ki. 25. 12. Eze. 33. 24. *at the same time. Heb.* in that day.

11 *Now.* Nebuchadnezzar must have frequently heard of Jeremiah's predictions, many of which were now fulfilled, which would dispose him to respect his character and treat him with kindness. *gave* ch. 15. 11, 21. Job 5. 19. Ac. 24. 23. *to. Heb.* by the hand of. ch. 37. 2, marg.

12 *look well to him. Heb.* set thine eyes upon him. ch. 24. 6; 40. 4, marg. Pr. 23. 5. Am. 9. 4. 1 Pe. 3. 12. *do him.* Ps. 105. 14, 15. Pr. 16. 7; 21. 1. Ac. 7. 10. 1 Pe. 3. 13.

13 *Nebuzar-adan.* See on ver. 3, 9.

14 *took.* ver. 15; ch. 37. 21; 38. 13, 28; 40. 1-4. Ps. 5. 19. *committed.* ch. 40. 5-16; 41. 1-3. 2 Ki. 25. 22-25. *Ahikam.* See on ch. 26. 24.

15 *while.* ver. 14; ch. 32. 1, 2; 36. 1-5; 37. 21. 2 Ti. 2. 9.

16 *Ebed-melech.* See on ch. 38. 7-13. *Behold.* ch. 5. 14; 19. 11, 12; 21. 7-10; 24. 8-10; 26. 15, 18, 20; 32. 28, 29; 34. 2, 3, 22; 35. 17; 36. 31; 44. 28, 29. Jos. 23. 14, 15. 2 Ch. 36. 21. Da. 9. 12. Zec. 1. 6. Mat. 24. 35. *before thee.* Ps. 91. 8, 9; 92. 11.

17 *I will.* ch. 1. 19. Job 5. 19-21. Ps. 41. 1, 2; 50. 15; 91. 14, 15. Da. 6. 16. Mat. 10. 40-42; 25. 40. 2 Ti. 1. 16-18. *of whom.* ch. 38. 1, 9. Ge. 15. 1. 2 Sa. 24. 14.

18 *but.* ch. 21. 9; 38. 2; 45. 4, 5. *because.* ch. 17. 7, 8. Ru. 2. 12. 1 Ch. 5. 20. Ps. 2. 12; 33. 18; 34. 22; 37. 3, 39, 40; 84. 12; 146. 3-6; 147. 11. Is. 26. 3. Ep. 1. 12. 1 Pe. 1. 21.

## CHAP. XL.

*Jeremiah, being set free by Nebuzar-adan, goes to Gedaliah, 1-6. The dispersed Jews repair unto him, 7-12. Johanan revealing Ishmael's conspiracy is not believed, 13-16.*

1 *The word.* This, and the four following chapters, record the events which occurred in Judea from the taking of Jerusalem to the retreat of the remnant of the people to Egypt; and contain several prophecies of Jeremiah concerning them there; which were 'the word which came to Jeremiah from the Lord.' It appears that Jeremiah, after being freed from prison, continued among the Jews, till he was bound, with others of them, and carried to Ramah; where he was set at liberty in the manner related. *after.* ch. 39. 11-14. *Ramah.* ch. 31. 15. Jos. 18. 25. 1 Sa. 7. 17. *bound.* Ps. 68. 6; 107. 16. Ac. 12. 6, 7; 21. 13; 28. 20. Ep. 6. 20, marg. *chains. or,* manacles.

2 *The Lord.* ch. 22. 8, 9. De. 29. 24-28. 1 Ki. 9. 8, 9. 2 Ch. 7. 20-22. La. 2. 15-17.

3 *because.* ch. 50. 7. Ne. 9. 28, 33. Da. 9. 11, 12. Ro. 2. 5; 3. 19.

3 *were upon thine hand. or, are* upon thine hand. ver. 1, marg. *look well unto thee. Heb.* set mine eye upon thee. See on ch. 39. 11, 12, marg. *all the.* Ge. 13. 9; 20. 15; 47. 6.

5 *Go back.* ch. 39. 14; 41. 2. 2 Ki. 25. 22-24. *Ahikam.* ch. 26. 24. 2 Ki. 22. 12, 14. 2 Ch. 34. 20. *or go.* ver. 4; ch. 15. 11. Ezr. 7. 6, 27. Ne. 1. 11; 2. 4-8. Pr. 16. 7; 21. 1. *gave him.* ch. 52. 31-34. 2 Ki. 8. 7-9. Job 22. 29. Ac. 27. 3, 43; 28. 10. He. 13. 6. *victuals and a reward.* Rather, 'victuals,' (*aruchah,* a stated allowance, sufficient for the journey,) and a present,' *masseäth.*

6 *Then.* It has been doubted whether Jeremiah acted prudently in this decision, as the event seems to indicate the contrary, and as it was the evident meaning of all his predictions that the Jews should not prosper in their own country till the expiration of seventy years. But he was evidently influenced by the most unbounded love to his country, for whose welfare he had watched, prayed, and lived; and he now chose rather to share her adversities, her sorrows, her wants, her afflictions, and her disgrace, than to be the companion of princes, and to sit at the table of kings. His patriotism was as unbounded as it was sincere: he only ceased to live for his country when he ceased to breathe. ch. 39. 14. *Mizpah.* Jos. 15. 38. Ju. 20. 1; 21. 1. 1 Sa. 7. 5, 6, Mizpeh.

7 *all the.* ch. 39. 4. 2 Ki. 25. 4, 22, 23, etc. *the poor.* ch. 39. 10. Eze. 33. 24-29; 52. 16.

8 *came.* ver. 6, 11, 12. *even.* ver. 14; ch. 41. 1-16. 2 Ki. 25. 23, 25. *Johanan.* ch. 41. 11, 16; 42. 1, 8; 43. 2-5. *Jonathan.* ch. 37. 15, 20; 38. 26. *Netophathite.* 2 Sa. 23. 28, 29. 1 Ch. 2. 54; 11. 30. Ezr. 2. 2, 22. Ne. 7. 26. *Maachathite.* De. 3. 14. Jos. 12. 5. 2 Sa. 10. 6, 8; 23. 34. 1 Ch. 2. 48.

9 *sware.* 1 Sa. 20. 16, 17. 2 Ki. 25. 24. *Fear.* ch. 27. 11; 38. 17-20. Ge. 49. 15. Ps. 37. 3; 128. 2.

10 *serve. Heb.* stand before. See on ch. 35. 19. De. 1. 38. Pr. 22. 29. Lu. 21. 36. *gather.* ch. 39. 10. *summer.* ver. 12; ch. 48. 32. 2 Sa. 16. 1. Is. 16. 9. Mi. 7. 1.

11 *all the Jews.* ch. 24. 9. Is. 16. 4. Eze. 5. 3, 12; 25. 2, 6, 8, 12; 35. 5, 15. Ob. 11-14.

13 *Johanan.* Johanan and his companions seem to have acted honestly in this affair. They had received intelligence of designs formed against Gedaliah's life, and consequently against the whole new settlement. Ishmael, being a branch of David's family, was probably displeased that another was preferred above him; and the king of the Ammonites, out of hatred to the Jews, employed him to slay Gedaliah. But Gedaliah, conscious of his own integrity and benevolence, took the portrait of others from his own mind; and therefore believed evil of no man, because he felt none towards any in his own breast. He may be reproached for being too credulous and confiding; but this only serves to shew the greatness of his soul; for a little mind is always suspicious, and ready to believe the worst of every person and thing. See on ver. 6-8.

14 *Ammonites.* ch. 25. 21; 41. 10; 49. 1-6. 1 Sa. 11. 1-3. 2 Sa. 10. 1-6. Eze. 25. 2-6. Am. 1. 13-15. *Ishmael.* See on ver. 8; ch. 41. 2, 10. Pr. 26. 23-26. Is. 26. 10. Mi. 7. 5. *slay thee? Heb.* strike thee in soul? *believed.* 1 Co. 13. 5-7.

15 *Let.* 1 Sa. 24. 4; 26. 8. Job 31. 31. *wherefore.* ch. 12. 3, 4. 2 Sa. 18. 3; 21. 17. Eze. 33. 24-29. Jno. 11. 50.

16 *Thou shalt.* ch. 41. 2. Mat. 10. 16, 17. Ro. 3. 8.

## CHAP. XLI.

*Ishmael, treacherously killing Gedaliah and others, purposes with the residue to flee unto the Ammonites,* 1-10. *Johanan recovers the captives, and is minded to flee into Egypt,* 11-18.

1 *the seventh month.* This was the month *Tisri,* answering to the new moon of September, the seventh of the sacred, but the first of the civil year; on the third day of which the Jews keep a fast, in commemoration of the death of Gedaliah, to which the prophet Zechariah refers, ch. 8. 19; 39. 2; 52. 6. 2 Ki. 25. 3, 8, 25. Zec. 7. 5; 8. 19. *Ishmael.* See on ch. 40. 6, 8. *Elishama.* ch. 36. 12, 20. *of the.* Pr. 13. 10; 27. 4. Ja. 4. 1-3. *seed.* 2 Ki. 11. 1. 2 Ch. 22. 10. Eze. 17. 13. *they did.* ch. 40. 14-16. 2 Sa. 3. 27; 20. 9, 10. Ps. 41. 9; 109. 5. Pr. 26. 23-26. Da. 11. 26, 27. Lu. 22. 47, 48. Jno. 13. 18.

2 *and smote.* 2 Ki. 25. 25. *whom.* ch. 40. 7.

3 See on ver. 11, 12. 2 Ki. 25. 25. Ec. 9. 18. La. 1. 2.

4 *after.* 1 Sa. 27. 11. Ps. 52. 1, 2.

5 *came.* 2 Ki. 10. 13, 14. *Shechem.* Ge. 33. 18; 34. 2. Jos. 24. 32. Ju. 9. 1. 1 Ki. 12. 1, 25. *Shiloh.* ch. 7. 12, 14. Jos. 18. 1. *Samaria.* 1 Ki. 16. 24, 29. *their beards.* All these were signs of deep mourning; which, though forbidden on funeral occasions, were customary, and perhaps counted allowable, on seasons of public calamity, and this mourning was probably on account of the destruction of Jerusalem. Le. 19. 27, 28. De. 14. 1. 2 Sa. 10. 4. Is. 15. 2. *to the.* 1 Sa. 1. 7. 2 Ki. 25. 9. Ps. 102. 14.

6 *weeping,* etc. *Heb.* in going and weeping. ch. 50. 4. 2 Sa. 1. 2, etc.; 3. 16. Pr. 26. 23-26.

7 *slew.* 1 Ki. 15. 28, 29; 16. 10-12. 2 Ki. 11. 1, 2; 15. 25. Ps. 55. 23. Pr. 1. 16. Is. 59. 7. Eze. 22. 27; 33. 24-26. Ro. 3. 15.

8 *Slay.* Job 2. 4. Ps. 49. 6-8. Pr. 13. 8. Mat. 6. 25; 16. 26. Mar. 8. 36, 37. Phi. 3. 7-9. *treasures.* These 'treasures hid in the field' were doubtless laid up in subterranean pits, similar to the *mattamores* in Barbary, in which, Dr. SHAW informs us, they deposit the grain when winnowed; two or three hundred of them being sometimes together, and the smallest holding four hundred bushels. The same mode of keeping corn prevails in Syria and the Holy Land.

9 *the pit.* This was probably a large reservoir for receiving rain water, which Asa had caused to be made in the midst of the city, in case of a siege. *because of Gedaliah.* or, near Gedaliah. *Heb.* by the hand, *or* by the side of Gedaliah. *was it.* Jos. 10. 16-18. Ju. 6. 2. 1 Sa. 13. 6; 14. 11, 22; 24. 3. 2 Sa. 17. 9. He. 11. 38. *for fear.* 1 Ki. 15. 17-22. 2 Ch. 16. 1-10.

10 *all the.* See on ch. 40. 11, 12. *even.* ch. 22. 30; 39. 6; 43. 5-7; 44. 12-14. *whom.* ch. 40. 7. *to the.* ch. 40. 14. Ne. 2. 10, 19; 4. 7, 8; 6. 17, 18; 13. 4-8.

11 *Johanan.* ver. 2, 3, 7; ch. 40. 7, 8, 13-16; 42. 1, 3; 43. 2-5.

12 *to fight.* Ge. 14. 14-16. 1 Sa. 30. 1-8, 18-20. *the great.* 2 Sa. 2. 13.

13 *that when.* They appear to have been weary of the tyranny of Ishmael, and glad of an opportunity to abandon him.

15 *escaped.* 1 Sa. 30. 17. 1 Ki. 20. 20. Job 21. 30. Pr. 28. 17. Ec. 8. 11, 12. Ac. 28. 4. *eight men.* ver. 2. 2 Ki. 25. 25.

16 *even.* ver. 10; ch. 42. 8; 43. 4-7.

17 *Chimham.* 2 Sa. 19. 37, 38. *to go.* As Johanan and the other princes had taken a decided part against Ishmael, they had no sufficient reason to fear that the Chaldeans would revenge on them the murder of Gedaliah; but perhaps Johanan was unwilling to be superseded in the command which he had rightly assumed, and so used his influence to induce the whole company to take refuge in Egypt; and their old attachment to the Egyptians rendered them more ready to concur in this ruinous measure. ch. 42. 14, 19; 43. 7. Is. 30. 2, 3.

18 *for they.* ch. 42. 11, 16; 43. 2, 3. 2 Ki. 25. 25. Is. 30. 16, 17; 51. 12, 13; 57. 11. Lu. 12. 4, 5. *because.* See on ver. 2. *whom.* ch. 40. 5.

## CHAP. XLII.

*Johanan desires Jeremiah to enquire of God, promising obedience to his will,* 1-6. *Jeremiah assures him of safety in Judea,* 7-12; *and destruction in Egypt,* 13-18. *He reproves their hypocrisy, in enquiring of the Lord that which they mean not to follow,* 19-22.

1 *all the.* See on ver. 8; ch. 40. 8, 13; 41. 11, 16; 43. 4, 5. *Jezaniah.* 2 Ki. 25. 23. Eze. 8. 11; 11. 1, Jaazaniah. *from.* ver. 8; ch. 5. 4, 5; 6. 13; 8. 10; 44. 12. Ac. 8. 10. *came.* ver. 20. Is. 29. 13; 48. 1; 58. 1, 2. Eze. 14. 3, 4; 20. 1-3; 33. 31. Mat. 15. 8.

2 *be accepted before thee. Heb.* fall before thee. ch. 36. 7; 37. 20, marg. *and pray.* ch. 17. 15, 16; 21. 2; 37. 3. Ex. 8. 28; 9. 28. 1 Sa. 7. 8; 12. 19, 23. 1 Ki. 13. 6. Is. 1. 15; 37. 4. Ac. 8. 24. Ja. 5. 16. *left.* Le. 26. 22. De. 4. 27; 28. 62. Is. 1. 9. La. 1. 1. Eze. 5. 3, 4; 12. 16. Zec. 13. 8, 9. Mat. 24. 22.

3 ch. 6. 16. De. 5. 26, 29. 1 Ki. 8. 36. Ezr. 8. 21. Ps. 25. 4, 5; 27. 11; 86. 11; 143. 8-10. Pr. 3. 6. Is. 2. 3. Mi. 4. 2. Mar. 12. 13, 14.

4 *Jeremiah.* The princes seem to have wholly neglected Jeremiah, till on this occasion they wanted his sanction to their purpose of going to Egypt. In order to induce him to favour them, they applied to him with one consent, in the most respectful and plausible manner: they used language to prepossess him with a favourable opinion of them, and to move his compassion; and, in words expressing great humility, they entreated his prayers in their behalf, and that he would enquire of the Lord what he would have them to do. The prophet readily acquiesced; and doubted not but that he should receive an answer from God, which he would unreservedly declare to them; and they called the Lord to witness that they would implicitly follow his directions. *I will pray.* Ex. 8. 29

1 Sa. 12. 23. Ro. 10. 1. *whatsoever.* ch. 23. 28. 1 Ki. 22. 14-16. 2 Ch. 18. 13-15. Eze. 2. 7. *I will keep.* 1 Sa. 3. 17, 18. Ps. 40. 10. Ac. 20. 20, 27.

5 *The Lord be.* ch. 5. 2. Ge. 31. 50. Ex. 20. 7. Ju. 11. 10. 1 Sa. 12. 5; 20. 42. Mi. 1. 2. Mal. 2. 14; 3. 5. Ro. 1. 9. Re. 1. 5; 3. 14. *if we.* Ex. 20. 19. De. 5. 27-29.

6 *it be good.* Ro. 7. 7, 13; 8. 7. *that it.* See on ch. 7. 23. De. 5. 29, 33; 6. 2, 3. Ps. 81. 13-16; 128. 2. Is. 3. 10.

7 At this time he was waiting for a revelation from God in answer to the enquiries of the people; who probably thus delayed to make known his will, in order to shew them that Jeremiah did not speak of his own mind, but when and as he was directed. The delay was also suited to give time for consideration, and to retard their rash project; and, as it would render them impatient, it tended to detect their hypocrisy, and to shew more clearly their determined rebellion against God. Ps. 27. 14. Is. 28. 16. Hab. 2. 3.

8 *Johanan.* See on ver. 1; ch. 40. 8, 13; 41. 11-16; 43. 2-5.

9 *unto.* See on ver. 2. 2 Ki. 19. 4, 6, 20, etc.; 22. 15-20.

10 *abide.* Ge. 26. 2, 3. Ps. 37. 3. *then.* ch. 24. 6; 31. 28; 33. 7. Ps. 69. 35; 102. 16. Eze. 36. 36. Ac. 15. 16. *for I.* ch. 18. 7-10; 26. 19. Ex. 32. 14. De. 32. 36. Ju. 2. 18. 2 Sa. 24. 16. Ps. 106. 45. Ho. 11. 8. Joel 2. 13. Am. 7. 3, 6. Jon. 3. 10; 4. 2.

11 *afraid.* ch. 27. 12, 17; 41. 18. 2 Ki. 25. 26. Mat. 10. 28. *for I.* ch. 1. 19; 15. 20. De. 20. 4. Jos. 1. 5, 9. 2 Ch. 32. 7, 8. Ps. 46. 7, 11. Is. 8. 8-10; 41. 10; 43. 2, 5. Mat. 28. 20. Ac. 18. 10. Ro. 8. 31. 2 Ti. 4. 17.

12 Ne. 1. 11. Ps. 106. 45, 46. Pr. 16. 7.

13 ver. 10; ch. 44. 16. Ex. 5. 2.

14 *we will go.* ch. 41. 17; 43. 7. De. 29. 19. Is. 30. 16; 31. 1. *nor hear.* ch. 4. 19, 21. Ex. 16. 3; 17. 3. Nu. 11. 5; 16. 13.

15 *If.* If ye are determined to go into Egypt, the evils which ye dreaded by staying in your own land shall overtake and destroy you there; 'and there shall ye die.' God turned the policy of the wicked to their own destruction; for while they thought themselves safe in Egypt, there Nebuchadnezzar destroyed both them and the Egyptians. ver. 17; ch. 44. 12-14. Ge. 31. 21. De. 17. 16. Da. 11. 17. Lu. 9. 51.

16 *that the sword.* ver. 13; ch. 44. 13, 27. De. 28. 15, 22, 45. Pr. 13. 21. Eze. 11. 8. Am. 9. 1-4. Zec. 1. 6. Jno. 11. 48. *follow close. Heb.* cleave. *there ye.* ch. 44. 11, 12, 27.

17 *it be with all the men. Heb.* all the men be. *they shall.* ver. 22; ch. 24. 10; 44. 14. *none.* ch. 44. 28.

18 *As mine.* The people had witnessed the tremendous effects of the wrath of God, in the siege and destruction of Jerusalem; and had they not been past feeling, this denunciation must have made their ears tingle, and appalled their very souls. ch. 6. 11; 7. 20; 39. 1-9; 52. 4, etc. 2 Ki. 25. 4, etc. 2 Ch. 34. 25; 36. 16-19. La. 2. 4; 4. 11. Eze. 22. 22. Da. 9. 11, 27. Na. 1. 6. Re. 14. 10; 16. 2, etc. *ye shall be.* ch. 18. 16; 24. 9; 25. 9; 26. 6; 29. 18, 22; 44. 12. De. 29. 21, 22. 1 Ki. 9. 7-9. Is. 65. 15. Zec. 8. 13. *and ye shall see.* ch. 22. 10-12, 27.

19 *Go.* God knew, that such was their miserable propensity to idolatry, that they would adopt the idolatrous worship of Egypt. Add to which, their going thither for protection was in effect refusing to submit to the king of Babylon, to whom God had decreed the rule of Judah and the neighbouring kingdoms. De. 17. 16. Is. 30. 1-7; 31. 1-3. Eze. 17. 15. *know.* ch. 38. 21. Eze. 3. 21. Ac. 20. 26, 27. *admonished you. Heb.* testified against you. De. 31. 21. 2 Ch. 24. 19. Ne. 9. 26, 29, 30. Ac. 2. 40. Ep. 4. 17. 1 Th. 4. 6.

20 *For ye.* God made known to the prophet their dissimulation; which he shunned not to declare to them. ch. 3. 10; 17. 10. Ps. 18. 44; 65. 3. Eze. 14. 3, 4; 33. 31. Mat. 22. 15-18, 35. Ga. 6. 7. *dissembled in your hearts. Heb.* have used deceit against your souls. Nu. 16. 38. Ja. 1. 22. *Pray.* See on ver. 2.

21 *I have.* De. 11. 26, 27. Eze. 2. 7; 3. 17. Ac. 20. 20, 26, 27. *but.* See on ch. 7. 24-27. De. 29. 19. Zec. 7. 11, 12.

22 *know.* See on ver. 17; ch. 43. 11. Eze. 5. 3, 4; 6. 11. *in the.* Ho. 9. 6. *to go and to sojourn. or,* to go to sojourn.

## CHAP. XLIII.

*Johanan, discrediting Jeremiah's prophecy, carries him and the rest into Egypt,* 1-7. *Jeremiah prophesies by a type the conquest of Egypt by the Babylonians,* 8-13.

1 *had made.* ch. 26. 8; 42. 22; 51. 63. *all the words.* ch. 1. 7, 17; 26. 2; 42. 3-5. Ex. 24. 3. 1 Sa. 8. 10. Mat. 28. 20. Ac. 5. 20; 20. 27.

2 *Azariah.* See on ch. 40. 8; 43. 1, Jezaniah. *Johanan.* ch. 40. 13-16; 41. 16. *all the.* ch. 13. 15. Ex. 5. 2; 9. 17. Ps. 10. 4, 5; 12. 3; 119. 21; 123. 4. Pr. 6. 17; 8. 13; 16. 5, 18, 19; 30. 9. Hab. 2. 4, 5. Is. 9. 9, 10. Ja. 4. 6. 1 Pe. 5. 5. *Thou speakest.* They had no other colour for their rebellion than flatly to deny that God had spoken what the prophet had declared, the constant method of hypocrites and infidels, who pretend that they are not satisfied of the truth of Divine revelation, when the true cause of their unbelief is, that the commands of God contradict their lusts and appetites. ch. 5. 12, 13. 2 Ch. 36. 13. Is. 7. 9.

3 *Baruch.* ver. 6; ch. 36. 4, 10, 26; 45. 1-3. *to deliver.* ch. 38. 4. Ps. 109. 4. Mat. 5. 11, 12. Lu. 6. 22, 23, 26.

4 *obeyed.* ch. 42. 5, 6; 44. 5. 2 Ch. 25. 16. Ec. 9. 16. *to dwell.* ch. 42. 10-13. Ps. 37. 3.

5 *took.* See on ch. 40. 11, 12; 41. 15, 16. 1 Sa. 26. 19.

6 *the king's.* ch. 41. 10; 52. 10. *every.* ch. 39. 10; 40. 7. *Jeremiah.* Ec. 9. 1, 2. La. 3. 1. Jno. 21. 18.

7 *So.* 2 Ch. 25. 16. *Tahpanhes.* ch. 2, 16, Tahapanhes; 44. 1; 46. 14. Is. 30. 4, Hanes. Eze. 30. 18, Tehaphnehes.

8 Ps. 139. 7. 2 Ti. 2. 9.

9 *great.* ch. 13. 1, etc.; 18. 2, etc.; 19. 1, etc.; 51. 63, 64. 1 Ki. 11. 29-31. Is. 20. 1-4. Eze. 4. 1, etc.; 5. 1, etc.; 12. 3, etc. Ho. 12. 10. Ac. 21. 11. Re. 18. 21. *in the brick-kiln.* Ex. 1. 14. 2 Sa. 12. 31. Na. 3. 14.

10 *I will send.* ch. 1. 15; 25. 6-26; 27. 6-8. Eze. 29. 18-20. Da. 2. 21; 5. 18, 19. *my servant.* ch. 25. 9; 27. 6; 46. 27, 28. Is. 44. 28; 45. 1. Mat. 22. 7. *his royal.* 1 Ki. 20. 12, 16. Ps. 18. 11; 27. 5; 31. 20.

11 *he shall smite.* ch. 25. 19; 46. 1-26. Is. ch. 19. Eze. 29. 19, 20; ch. 30-32. *such as are for death.* See on ch. 15. 2; 44. 13. Job 20. 29. Eze. 5. 12. Zec. 11. 9.

12 *in the.* ch. 46. 25; 48. 7; 50. 2; 51. 44. Ex. 12. 12. 2 Sa. 5. 21. Is. 19. 1; 21. 9; 46. 1. Eze. 30. 13. Zep. 2. 11. *array.* Es. 6. 9. Job 40. 10. *putteth.* Ps. 109. 18, 19; 132. 16, 18. Is. 49. 18; 52. 1; 59. 17; 61. 5, 10. Ro. 13. 12. Ep. 4. 24; 6. 11. Col. 3. 12, 14.

13 *images. Heb.* statues, *or* standing images. *Beth-shemesh. or,* the house of the sun. Is. 19. 18, marg. *and the.* See on ver. 12.

## CHAP. XLIV.

*Jeremiah expresses the desolation of Judah for their idolatry,* 1-10. *He prophesies their destruction, who commit idolatry in Egypt,* 11-14. *The obstinacy of the Jews,* 15-19; *for which Jeremiah threatens them,* 20-28; *and for a sign prophesies the destruction of Egypt,* 29, 30.

1 Cir. A.M. 3433. B.C. 571. *The word.* DAHLER supposes this discourse to have been delivered in the seventeenth or eighteenth year after the taking of Jerusalem. *concerning.* ch. 42. 15-18;

43. 5-7. *Migdol.* See on ch. 46. 14. Ex. 14. 2. Eze. 29. 10, Heb. *Tahpanhes. Tahpanhes,* rendered Ταφνη and Ταφναι by the LXX., is no doubt the Δαφναι of HERODOTUS, a royal city of Lower Egypt, situated, according to the Itinerary of ANTONINUS, sixteen miles south from Pelusium, from which it was called *Daphnæ Pelusiacæ.* FORSTER says that there is now a place situated in the vicinity of Pelusium called *Safnas,* which may be a vestige of the ancient name. It appears to have been the very first town in Egypt, in the road from Palestine, that afforded tolerable accommodation for the fugitives. It was at this place that, according to JEROME and several of the ancients, tradition says the faithful Jeremiah was stoned to death by these rebellious wretches, for whose welfare he had watched, prayed, and suffered every kind of indignity and hardship. ch. 43. 7. Eze. 30. 18, Tehaphnehes. *Noph.* ch. 2. 16; 46. 14, 19. Is. 19. 13. Eze. 30. 16. *Pathros.* Ge. 10. 14, Pathrusim. Is. 11. 11. Eze. 29. 14; 30. 14.

2 *Ye have.* See on ch. 39. 1-8. Ex. 19. 4. De. 29. 2. Jos. 23. 3. Zec. 1. 6. *a desolation.* ver. 22; ch. 4. 7; 7. 34; 9. 11; 25. 11; 34. 22. Le. 26. 32, 33, 43. 2 Ki. 21. 13. Is. 6. 11; 24. 12; 64. 10, 11. La. 1. 1, 16; 5. 18. Mi. 3. 12.

3 *of their.* ch. 2. 17-19; 4. 17, 18; 5. 19, 29; 9. 12-14; 11. 17; 16. 11, 12; 19. 3, 4; 22. 9. Ezr. 9. 6-11. Ne. 9. 33. La. 1. 8; 4. 13. Eze. 8. 17, 18; 9. 9; 22. 25-31. Da. 9. 5. Zec. 7. 12, 13. *gods.* De. 13. 6; 29. 26; 32. 17.

4 *I sent.* ch. 7. 13, 25; 25. 3, 4; 26. 5; 29. 19; 32. 33; 35. 17. 2 Ch. 36. 15. Zec. 7. 7. *this.* ch. 16. 18. Eze. 8. 10; 16. 36, 47. 1 Pe. 4. 3. Re. 17. 4, 5.

5 *they.* See on ch. 7. 24. 2 Ch. 36. 16. Ps. 81. 11-13. Is. 48. 4, 18. Zec. 7. 11, 12. Re. 2. 21, 22. *burn.* ver. 17-21. See on ch. 19. 13.

6 *my fury.* ch. 4. 4; 7. 20; 21. 5, 12; 36. 7; 42. 18. Le. 26. 28. Is. 51. 17, 20. Eze. 5. 13; 6. 12; 8. 18; 20. 33; 24. 8, 13. Da. 9. 12. Na. 1. 2. *wasted.* See on ver. 2, 3. Is. 6. 11.

7 *against.* ch. 7. 19; 25. 7; 42. 20, marg. Nu. 16. 38. Pr. 1. 18; 5. 22; 8. 36; 15. 32. Eze. 33. 11. Hab. 2. 10. *to cut.* ver. 8, 11; ch. 9. 21; 51. 22. Jos. 6. 21. Ju. 21. 11. *child.* De. 32. 25. 1 Sa. 15. 3; 22. 19. La. 2. 11. *Judah. Heb.* the midst of Judah. *to leave.* ver. 12, 14, 27, 28.

8 *ye provoke.* See on ch. 25. 6, 7. De. 32. 16, 17. 2 Ki. 17. 15-17. Is. 3. 8. 1 Co. 10. 21, 22. He. 3. 16. *that ye might cut.* ver. 7. Eze. 18. 31, 32. *a curse.* ver. 12; ch. 18. 16; 24. 9; 26. 6; 29. 18; 42. 18. 1 Ki. 9. 7, 8. 2 Ch. 7. 20. Is. 65. 15. La. 2. 15, 16.

9 *ye forgotten.* Jos. 22. 17-20. Ezr. 9. 7-15. Da. 9. 5-8. *wickedness. Heb.* wickednesses, *or* punishments, etc. *the wickedness of your.* ver. 15-19; ch. 7. 17, 18.

10 *are not.* ch. 8. 12. Ex. 9. 17; 10. 3. 1 Ki. 21. 29. 2 Ch. 12. 6-12; 32. 26; 33. 12, 19; 34. 27. Da. 5. 20-22. Ja. 4. 6-10. 1 Pe. 5. 6. *humbled. Heb.* contrite. 2 Ki. 22. 19. Ps. 34. 18; 51. 17. Is. 57. 15; 66. 2. Eze. 9. 4. *neither.* ch. 10. 7; 36. 24. Ex. 9. 30. Pr. 8. 13; 14. 16; 16. 6; 28. 14. Ec. 8. 12, 13. Mal. 4. 2. Mat. 27. 54. Lu. 23. 40. Ro. 11. 20. Re. 15. 4.

11 *I will.* ch. 21. 10. Le. 17. 10; 20. 5, 6; 26. 17. Ps. 34. 16. Eze. 14. 7, 8; 15. 7. Am. 9. 4.

12 *I will take.* ch. 42. 15-18, 22. *from the.* Ho. 4. 6. *and they shall be.* See on ver. 8; ch. 29. 22. Is. 65. 15.

13 ver. 27, 28. See on ch. 11. 22; 21. 9; 24. 10; 42. 18; 43. 11.

14 *So.* It is evident from ver. 28, that some Jews were to escape the general destruction in Egypt, and to return into their own country, though but a few; and the same thing is implied in the latter clause of this verse. But the former part excludes from the number of those who should escape every individual of those who are properly termed 'the remnant of Judah;' those who had willingly and rebelliously 'set their faces to go into the land of Egypt to dwell there,' on a presumption that they knew better than God how to consult their own restoration. The few, then, who were destined to escape, were to be such as had come into the land of Egypt with Johanan by compulsion, or had previously fled thither, or in some other less offensive manner, and chanced to be there when the storm burst upon them. *which are.* Is. 30. 1-3. *shall escape.* ver. 27. See on ch. 42. 17. Mat. 23. 33. Ro. 2. 3. He. 2. 3. *which they.* ch. 22. 26, 27; 42. 22. *have a desire. Heb.* lift up their soul. *for none.* ver. 28. Is. 4. 2; 10. 20. Ro. 9. 27; 11. 5, 6.

15 *all the.* ch. 5. 1-5. Ge. 19. 4. Ne. 13. 26. Pr. 11. 21. Is. 1. 5. Mat. 7. 13. 2 Pe. 2. 1, 2.

16 *we.* ch. 16. 15-17; 8. 6, 12; 18. 18; 38. 4. Ex. 5. 2. Job 15. 25-27; 21. 14, 15. Ps. 2. 3; 73. 8, 9. Is. 3. 9. Da. 3. 15. Lu. 19. 14, 27.

17 *whatsoever.* ver. 25. Nu. 30. 2, 12. De. 23. 23. Ju. 11. 36. Ps. 12. 4. Mar. 6. 26. *queen of heaven. or,* frame of heaven. As the *Sun* was worshipped, not only under the name of *baal shamayim,* 'Lord of heaven,' but also by that of *Molech,* or *King;* it is likely also that the *Moon* was adored as *melecheth hashshamayim,* 'the Queen of heaven.' So the Orphic hymn addressed to the Moon begins, Κλυθι θεα ΒΑΣΙΛΕΙΑ, Hear, goddess *Queen.* And HOMER, in his Hymn to the *Moon,* addresses her, Χαιρε, ανασσα, θεα, All hail, *Queen,* goddess. In EPIPHANIUS, we find some *women* of Arabia, towards the end of the fourth century, had set up another *queen of heaven,* the Virgin Mary, too well known since under that name and character, whom they likewise worshipped as a goddess, by holding stated assemblies every year to her honour, and by offering a *cake* of bread in her name; whence these heretics were called *Collyridians,* from the Greek κολλυρις, a *cake.* ch. 7. 18. 2 Ki. 17. 16. *as we.* ch. 19. 13; 32. 29-32. 2 Ki. 22. 17. Ne. 9. 34. Da. 9. 6-8. *our fathers.* Ne. 9. 34. Ps. 106. 6. Eze. 20. 8. Da. 9. 5, 6, 8. 1 Pe. 1. 18. *in the cities.* See on ver. 9, 21. *then.* Ex. 16. 3. Is. 48. 5. Ho. 2. 5-9. Phi. 3. 19. *victuals. Heb.* bread.

18 *we have.* See on ch. 40. 12. Nu. 11. 5, 6. Job 21. 14, 15. Ps. 73. 9-15. Mal. 3. 13-15.

19 *we burned.* See on ver. 15; ch. 7. 18. *without.* Ge. 3. 6, 11, 12, 16, 17. De. 7. 3, 4. 1 Ki. 21. 25. 2 Ch. 21. 6. Pr. 11. 21. Mar. 6. 19-27. *men. or,* husbands.

21 *and in.* ver. 9, 17; ch. 11. 13. Eze. 16. 24. *did.* ch. 14. 10. 1 Sa. 15. 3. 1 Ki. 17. 18. Ps. 79. 8. Is. 64. 9. Eze. 21. 23, 24. Ho. 7. 2. Am. 8. 7. Re. 16. 19; 18. 5.

22 *could.* ch. 15. 6. Ge. 6. 3, 5-7. Ps. 95. 10, 11. Is. 1. 24; 7. 13; 43. 24. Eze. 5. 13. Am. 2. 13. Mal. 2. 17. Ro. 2. 4, 5; 9. 22. 2 Pe. 3. 7-9. *your land.* See on ver. 2, 6, 12; ch. 18. 16; 24. 9; 25. 11, 18, 38; 26. 6; 29. 19. 1 Ki. 9. 7, 8. La. 2. 15, 16. Da. 9. 12.

23 *ye have burned.* See on ver. 8. 18, 21; ch. 32. 31-33. 2 Ch. 36. 16. La. 1. 8. 1 Co. 10. 20. 2 Co. 6. 16. *nor walked.* Ps. 119. 150. *nor in his statutes.* Ps. 119. 155. *nor in his testimonies.* Ps. 78. 56. *therefore.* 1 Ki. 9. 9. Ne. 13. 18. Da. 9. 11, 12.

24 *Hear.* ver. 16; ch. 42. 15. 1 Ki. 22. 19. Is. 1. 10; 28. 14. Eze. 2. 7. Am. 7. 16. Mat. 11. 15. *all Judah.* ver. 15, 26; ch. 43. 7. Eze. 20. 32, 33.

25 *Ye and.* See on ver. 15-19. Is. 28. 15. Jude 13. *We will.* Mat. 14. 9. Ac. 23. 12-15. *ye will.* Job 34. 22. Ja. 1. 14, 15.

26 *I have sworn.* ch. 46. 18. Ge. 22. 16. Nu. 14. 21-23, 28. De. 32. 40-42. Ps. 89. 34. Is. 62. 8. Am. 6. 8; 8. 7. He. 3. 18; 6. 13, 18. *that my name.* Ps. 50. 16. Eze. 20. 39. Am. 6. 10. *The Lord God.* ch. 4. 2; 5. 2; 7. 9. Is. 48. 1, 2. Zep. 1. 4, 5.

27 *will watch.* ch. 1. 10. See on ch. 21. 10; 31. 28. Eze. 7. 6. *shall be.* ver. 12, 18. 2 Ki. 21. 14.

28 *a small.* ver. 14. Is. 10. 19, 22; 27. 12, 13.

*shall know.* ver. 16, 17, 25, 26, 29. Nu. 14. 28, 29, 41. Ps. 33. 11. Is. 14. 24-27; 28. 16-18; 46. 10, 11. La. 3. 37, 38. Zec. 1. 6. Mat. 24. 35. *mine, or theirs. Heb.* from me or them.

29 *a sign.* ver. 30. 1 Sa. 2. 34. Mat. 24. 15, 16, 32-34. Mar. 13. 14-16. Lu. 21. 20, 21, 29-33. *my words.* Pr. 19. 21. Is. 40. 8.

30 *I will.* ch. 43. 9-13; 46. 13-26. Eze. ch. 29; 30; 31. 18; ch. 32. *as I.* ch. 34. 21; 39. 5-7; 52. 8-11. 2 Ki. 25. 4-7.

## CHAP. XLV.

*Baruch being dismayed,* 1-3, *Jeremiah instructs and comforts him,* 4, 5.

1 A.M. 3397. B.C. 607. *Baruch.* ch. 32. 12, 16; 43. 3-6. *when.* ch. 36. 1, 4, 8, 14-18, 26, 32. *in the.* ch. 25. 1; 26. 1; 36. 1, 9.

2 *unto.* Is. 63. 9. Mar. 16. 7. 2 Co. 1. 4; 7. 6. He. 2. 18; 4. 15.

3 *Woe.* ch. 9. 1; 15. 10, etc.; 20. 7, etc. Ps. 120. 5. *added.* Ge. 37. 34, 35; 42. 36-38. Nu. 11. 11-15. Jos. 7. 7-9. Job 16. 11-13; 23. 2. Ps. 42. 7. La. 3. 1-19, 32. *I fainted.* ch. 8. 18. Ps. 27. 13; 77. 3, 4. Pr. 24. 10. La. 1. 13, 22. 2 Co. 4. 1, 16. Ga. 6. 9. 2 Th. 3. 13. He. 12. 3-5.

4 *that which.* See on ch. 1. 10; 18. 7-10; 31. 28. Ge. 6. 6, 7. Ps. 80. 8-16. Is. 5. 2-7.

5 *seekest.* 2 Ki. 5. 26. Ro. 12. 16. 1 Co. 7. 26-32. 1 Ti. 6. 6-9. He. 13. 5. *seek.* Mat. 6. 25-32. *I will bring.* ch. 25. 26. Ge. 6. 12. Is. 66. 16. Zep. 3. 8. *thy life.* ch. 21. 9; 38. 2; 39. 18.

## CHAP. XLVI.

*Jeremiah prophesies the overthrow of Pharaoh's army at Euphrates,* 1-12, *and the conquest of Egypt by Nebuchadrezzar,* 13-26. *He comforts Jacob in his chastisement,* 27, 28.

1 *The word.* This is a general title to the prophecies contained in this and the following chapters, concerning different nations which had less or more connexion with the Jews, either as enemies, neighbours, or allies. They were not delivered at the same time: to some the date is annexed; in others it is left uncertain. *against.* ch. 1. 10; 4. 7; 25. 15-29. Ge. 10. 5. Nu. 23. 9. Zec. 2. 8. Ro. 3. 29.

2 *Against Egypt.* ver. 14; ch. 25. 9, 19. Eze. ch. 29-32. *Pharaoh-necho.* 2 Ki. 23. 29, Pharaoh-nechoh. 2 Ch. 35. 20, 29, Necho. *Carchemish.* Is. 10. 9. *in the.* ch. 25. 1; 36. 1.

3 This is a poetical and ironical call to the Egyptians to muster their forces; and implies that all their courage and efforts would be vain. ch. 51. 11, 12. Is. 8. 9, 10; 21. 5. Joel 3. 9. Na. 2. 1; 3. 14.

4 *furbish.* Eze. 21. 9-11, 28. *brigandines.* ch. 51. 3.

5 *and their.* Re. 6. 15. *beaten down. Heb.* broken in pieces. *fled apace. Heb.* fled a flight. ver. 15. Ge. 19. 17. 2 Ki. 7. 6, 7. Na. 2. 8. *fear.* ch. 6. 25; 20. 3, 4, marg., 10; 49. 29. Is. 19. 16. Eze. 32. 10. Re. 6. 15-17.

6 *not.* Ju. 4. 15-21. Ps. 33. 16, 17; 147. 10, 11. Ec. 9. 11. Is. 30. 16, 17. Am. 2. 14, 15; 9. 1-3. *stumble.* ver. 12; ch. 20. 11; 50. 32. Ps. 27. 2. Is. 8. 15. Da. 11. 19, 22. *toward.* ver. 10; ch. 1. 14; 4. 6; 6. 1; 25. 9.

7 *Who.* Ca. 3. 6; 8. 5. Is. 63. 1. *as a flood.* ch. 47. 2. Is. 8. 7, 8. Da. 9. 26; 11. 22. Am. 8. 8. Re. 12. 15.

8 *riseth.* Eze. 29. 3; 32. 2. *I will go.* Ex. 15. 9, 10. Is. 10. 13-16; 37. 24-26.

9 *rage.* Na. 2. 3, 4. *Ethiopians. Heb.* Cush and Put. Ge. 10. 6, Phut. 1 Co. 1. 8. Eze. 27. 10, Phut. Na. 3. 9, Lubim. Ac. 2. 10. *Lydians.* Ge. 10. 13. 1 Ch. 1. 11, Ludim. Is. 66. 19. Eze. 27. 10, Lud; 30. 5.

10 *the day.* ch. 51. 6. Is. 13. 6; 34. 6, 8; 61. 2; 63. 4. Joel 1. 15; 2. 1. Zep. 1. 14, 15. Lu. 21. 22. *the sword.* De. 32. 42. Is. 34. 5-8. Eze. 39. 17-21. Zep. 1. 7, 8. Re. 19. 17-21. *the north.* ver. 2, 6. 2 Ki. 24. 7.

11 *Gilead.* ch. 8. 22; 51. 8. Ge. 37. 25; 43. 11. Eze. 27. 17. *O virgin.* ch. 14. 17. Is. 47. 1. *in vain.* ch. 30. 12-15. Eze. 30. 21-25. Mi. 1. 9. Na. 3. 19. Mat. 5. 26. Lu. 8. 43, 44. *thou shalt not be cured. Heb.* no cure *shall be* unto thee.

12 *heard.* Eze. 32. 9-12. Na. 3. 8-10. *thy cry.* ch. 14. 2; 48. 34; 49. 21; 51. 54. 1 Sa. 5. 12. Is. 15. 5-8. Zep. 1. 10. *stumbled.* ver. 6. Is. 10. 4; 19. 2.

13 Cir. A.M. 3398. B.C. 606. *Nebuchadrezzar.* ch. 43. 10-13; 44. 30. Is. ch. 19. Eze. ch. 29-32.

14 *Migdol.* See on ch. 43. 9; 44. 1. Ex. 14. 2. Eze. 30. 16-18. *Stand.* See on ver. 3, 4; ch. 6. 1-5. Joel 3. 9-12. *the sword.* See on ver. 10; ch. 2. 30; 12. 12. 2 Sa. 2. 26. Is. 1. 20; 31. 8; 34. 6. Na. 2. 13.

15 *thy.* ver. 5, 21. Ju. 5. 20, 21. Is. 66. 15, 16. *the Lord.* Ex. 6. 1. De. 11. 23. Ps. 18. 14, 39; 44. 2; 68. 2; 114. 2-7.

16 *made many to fall. Heb.* multiplied the faller. *one.* Le. 26. 36, 37. *they said.* ver. 21; ch. 51. 9.

17 *Pharaoh.* Ex. 15. 9. 1 Ki. 20. 10, 18. Is. 19. 11-16; 31. 3; 37. 27-29. Eze. 29. 3; 31. 18.

18 *saith.* ch. 10. 10; 44. 26; 48. 15; 51. 17. Is. 47. 4; 48. 2. Mal. 1. 14. Mat. 5. 35. 1 Ti. 1. 17. *Tabor.* Jos. 19. 22. Ju. 4. 6. Ps. 89. 12. *Carmel.* 1 Ki. 18. 42, 43.

19 *thou.* ch. 48. 18. *furnish thyself to go into captivity. Heb.* make thee instruments of captivity. Is. 20. 4. Eze. 12. 3, marg., 4-12. *Noph. Noph,* or *Moph,* is the celebrated city of *Memphis,* as the Chaldee and LXX. render; long the residence of the ancient Egyptian kings, and situated fifteen miles above where the Delta begins, on the western side of the Nile. It was in the neighbourhood of Memphis that the famous pyramids were erected, whose grandeur and beauty still astonish the modern traveller: they are about twenty in number; the largest of which is 481 feet perpendicular height, and the area of its basis is on 480,249 square feet, or something more than eleven acres, being exactly the size of Lincoln's Inn Fields in London. The immense ruins between the northern and southern pyramids, and about fourteen miles from Cairo, still called *Memf, Menf,* or *Menouf,* seem to mark the site of this city. ch. 44. 1. Eze. 30. 13. *waste.* ch. 26. 9; 34. 22; 51. 29, 30. Zep. 2. 5.

20 *a very.* ch. 50. 11. Ho. 10. 11. *it cometh.* See on ver. 6, 10; ch. 1. 14; 25. 9; 47. 2.

21 *her hired.* ver. 9, 16. 2 Sa. 10. 6. 2 Ki. 7. 6. Eze. 27. 10, 11; 30. 4-6. *like.* ch. 50. 11, 27. Is. 34. 7. *fatted bullocks. Heb.* bullocks of the stall. Pr. 15. 17. Am. 6. 4. *they did.* See on ver. 5. 15, 16. *the day.* ch. 18. 17. De. 32. 15. Ps. 37. 13. Is. 10. 3. Eze. 35. 5. Ho. 9. 7. Ob. 13. Mi. 7. 4.

22 *voice.* Is. 29. 4. Mi. 1. 8; 7. 16. *and come.* ch. 51. 20-23. Is. 10. 15, 33, 34; 14. 8; 37. 24. Zec. 11. 2.

23 *cut.* Is. 10. 18. Eze. 20. 46. *because.* Ju. 6. 5; 7. 12. Joel 2. 25. Re. 9. 2-10.

24 *daughter.* ver. 11, 19. Ps. 137. 8. *she shall.* ver. 20; ch. 1. 15. Eze. ch. 29-32.

25 *multitude. or,* nourisher. *Heb.* Amon. *No.* Eze. 30. 14. Na. 3. 8. *with their.* ch. 43. 12, 13. Ex. 12. 12. Is. 19. 1. Eze. 30. 13. Zep. 2. 11. *and their.* Eze. 32. 9-12. Na. 3. 9. *and all.* ch. 17. 5, 6; 42. 14-16. Is. 20. 5, 6; 30. 2, 3; 31. 1-3. Eze. 39. 6, 7.

26 *I will.* ch. 44. 30. Eze. 32. 11. *and afterward.* ch. 48. 47; 49. 39. Eze. 29. 8-14.

27 *fear.* ch. 30. 10, 11. Is. 41. 13, 14; 43. 1, 5; 44. 2. *I will save.* ch. 23. 3, 4; 29. 14; 31. 8-11; 32. 37. Is. 11. 11, etc. Eze. 34. 10-14; 36. 24; 37. 21, 22; 39. 25. Am. 9. 14. Mi. 7. 11-16. *and be.* ch. 23. 6; 33. 16; 50. 19. Eze. 34. 25, 26.

28 *for I am.* ch. 1. 19; 15. 20; 30. 11. Jos. 1. 5, 9. Ps. 46. 7, 11. Is. 8. 9, 10; 41. 10; 43. 2. Mat. 1. 23; 28. 20. Ac. 18. 10. 2 Ti. 4. 17. *make.* ch. 25. 9. Is. 45. 23. Da. 2. 35. *but I will not.* ch. 4. 27; 5. 10, 18; 30. 11; 32. 42-44; 33. 24-26. Am. 9. 8, 9. Ro. 11. 15-17.

*correct.* See on ch. 10. 24. Hab. 3. 2. 1 Co. 11. 32. *will I.* Is. 27. 7, 9. He. 12. 5-10. Re. 3. 19. *not leave thee wholly unpunished. or,* not utterly cut thee off.

## CHAP. XLVII.

*The destruction of the Philistines.*

1 Cir. A.M. 3387. B.C. 617. *against.* Ex. 25. 15-17. Am. 1. 6-8. Zep. 2. 4-7. Zec. 9. 5-7. *Gaza. Heb.* Azzah. ch. 25. 20. Ge. 10. 19, marg. 1 Ki. 4. 24.

2 *waters.* ch. 46. 7, 8. Is. 8. 7, 8; 28. 17; 59. 19. Da. 11. 22. Am. 9. 5, 6. Na. 1. 8. Re. 12. 15, 16; 17. 1, 15. *out of.* ch. 1. 14; 46. 6, 20. *all that is therein. Heb.* the fulness thereof. ch. 8. 16, marg. Ps. 24. 1; 50. 12; 96. 11; 98. 7. 1 Co. 10. 26, 28. *then the.* ch. 46. 12; 48. 3-5, 39. Is. 15. 2-5. 8; 22. 1, 4, 5. Zep. 1. 10, 11. Ja. 5. 1.

3 *the noise.* ch. 8. 16; 46. 9. Ju. 5. 22. Job 39. 19-25. Eze. 26. 10, 11. Na. 2. 4; 3. 2, 3. *the fathers.* De. 28. 54, 55. La. 4. 3, 4.

4 *the day.* See on ch. 46. 10. Ps. 37. 13. Is. 10. 3. Eze. 7. 5-7, 12; 21. 25, 29. Ho. 9. 7. Lu. 21. 22. *Tyrus.* ch. 25. 20-22. Is. ch. 23. Eze. ch. 26-28. Joel 3. 4-8. Am. 1. 9, 10. Zec. 9. 2-5. *every.* Job 9. 13. Is. 20. 6; 31. 8. Eze. 30. 8. *the remnant.* Eze. 25. 16. Am. 1. 8; 9. 7. *country. Heb.* isle. Jos. 22. 30. Is. 20. 6. *Caphtor.* Ge. 10. 13, 14, Caphtorim. De. 2. 23. 1 Ch. 1. 12, Caphthorim. Am. 9. 7.

5 *Baldness.* ch. 48. 37. Is. 15. 2. Eze. 7. 18. Mi. 1. 16. *Gaza.* See on ver. 1. Am. 1. 6-8. Zep. 2. 4-7. Zec. 9. 5-7. *the remnant.* ver. 4; ch. 25. 20. Eze. 25. 16. *how.* ch. 16. 1; 41. 5; 48. 37. Le. 19. 28; 21. 5. De. 14. 1. 1 Ki. 18. 28. Mar. 5. 5.

6 *thou sword.* ch. 12. 12; 15. 3; 25. 27; 51. 20-23. De. 32. 41, 42. Ps. 17. 13. Is. 10. 5, 15. Eze. 14. 17; 21. 3-5. *how long.* See on ch. 4. 21; 12. 4. 2 Sa. 2. 26. *put up thyself. Heb.* gather thyself. *into.* 1 Ch. 21. 27. Eze. 21. 30. Jno. 18. 11.

7 *can it. Heb.* canst thou. *the Lord.* 1 Sa. 15. 3. Is. 10. 6; 13. 3; 37. 26; 45. 1-3; 46. 10, 11. Eze. 14. 17. Am. 3. 6. *the sea.* Eze. 25. 16. Zep. 2. 6, 7. *hath he.* Mi. 6. 9.

## CHAP. XLVIII.

*The judgment of Moab,* 1-6, *for their pride,* 7-10; *for their security,* 11-13; *for their carnal confidence,* 14-25; *and for their contempt of God and his people,* 26-46. *The restoration of Moab,* 47.

1 A.M. cir. 3420. B.C. cir. 584. *Moab.* ch. 9. 26; 25. 21; 27. 3. Ge. 19. 37. Nu. 24. 17. 2 Ch. 20. 10. Is. ch. 15; 16; 25. 10; 27. 3. Eze. 25. 8-11. Am. 2. 1, 2. Zep. 2. 8-11. *Nebo.* ver. 22, 23. Nu. 32. 3, 37, 38; 33. 47. Is. 15. 2. *Misgab. or,* The high place.

2 *no more.* ver. 17. Is. 16. 14. *Heshbon.* ver. 34, 45. Nu. 21. 25-30; 32. 37. Is. 15. 5; 16. 8, 9. *come.* ver. 42; ch. 31. 36; 33. 24; 46. 28. Es. 3. 8-14. Ps. 83. 4-8. *thou shalt.* ch. 25. 15, 17. *cut down. or,* brought to silence. Is. 15. 1; 25. 10, marg., Madmenah. *pursue thee. Heb.* go after thee.

3 *voice.* See on ch. 4. 20, 21; 47. 2. Is. 15. 2, 8; 16. 7-11; 22. 4. *Horonaim.* ver. 5, 34. Is. 15. 5.

4 *Moab.* This prophecy against Moab, as well as the following ones concerning Ammon, Edom, and the neighbouring countries, seem to have been fulfilled during the long siege of Tyre by Nebuchadnezzar. JOSEPHUS places these events five years after the destruction of Jerusalem. Nu. 21. 27-30. *her.* Es. 8. 11. Ps. 137. 9.

5 *Luhith. Luhith* is placed by EUSEBIUS between Areopolis, or Ar, and Zoar. (See ver. 34.) It was evidently situated upon a height; as was also *Horonaim,* which was probably not far from Luhith. Is. 15. 5. *continual weeping. Heb.* weeping with weeping.

6 *Flee.* ch. 51. 6. Ge. 19. 17. Ps. 11. 1. Pr. 6. 4, 5. Mat. 24. 16-18. Lu. 3. 7; 17. 31-33. He. 6. 18. *be like.* ch. 17. 6. Job 30. 3-7. *the heath. or,* a naked tree.

7 *because.* ch. 9. 23; 13. 35. Ps. 40. 4; 49. 6, 7; 52. 7; 62. 8-10. Is. 59. 4-6. Eze. 28. 2-5. Ho. 10. 13. 1 Ti. 6. 17. Re. 18. 7. *Chemosh.* ver. 13, 46; ch. 43. 12. Nu. 21. 29. Ju. 11. 24. 1 Ki. 11. 7, 33. Is. 46. 1, 2. *his priests.* ch. 49. 3.

8 *the spoiler.* ver. 18; ch. 6. 26; 15. 8; 25. 9; 51. 56. *and no.* ver. 20-25. Eze. 25. 9.

9 *wings.* ver. 28. Ps. 11. 1; 55. 6. Is. 16. 2. Re. 12. 14. *the cities.* See on ch. 46. 19. Zep. 2. 9.

10 *Cursed.* ch. 50. 25. Nu. 31. 14-18. Ju. 5. 23. 1 Sa. 15. 3, 9, 13, etc. 1 Ki. 20. 42. *deceitfully. or,* negligently.

11 *hath been.* Ps. 55. 19; 73. 4-8; 123. 4. Pr. 1. 32, marg. Zec. 1. 15. *he hath.* Is. 25. 6. Zep. 1. 12. *emptied.* ch. 51. 34. Is. 24. 3. Na. 2. 2, 10. *therefore.* ver. 29. Is. 16. 6. Eze. 16. 49, 50. *remained. Heb.* stood.

12 *wanderers.* ver. 8, 15; ch. 25. 9. Is. 16. 2. Eze. 25. 9, 10. *empty.* ver. 11, 38; ch. 14. 3; 19. 10; 25. 34. Ps. 2. 9. Is. 30. 14. Na. 2. 2.

13 *ashamed.* ver. 7, 39, 46. Ju. 11. 24. 1 Sa. 5. 3-7. 1 Ki. 11. 7; 18. 26-29, 40. Is. 2. 20; 16. 12; 45. 16, 20; 46. 1, 2. *as the.* 1 Ki. 12. 28, 29. Ho. 8. 5, 6; 10. 5, 6, 14, 15. Am. 5. 5, 6.

14 *How.* ch. 8. 8. Ps. 11. 1. Is. 36. 4, 5. *We.* ch. 9. 23; 49. 16. Ps. 33. 16. Ec. 9. 11. Is. 10. 13, 16; 16. 6. Eze. 30. 6. Zep. 2. 10.

15 *spoiled.* See on ver. 8, 9-25. *his chosen. Heb.* the choice of his, etc. Is. 40. 30, 31. *gone.* ver. 4; ch. 50. 27; 51. 40. Is. 34. 2-8. *saith.* ch. 46. 18; 51. 57. Ps. 24. 8-10; 47. 2. Da. 4. 37. Zec. 14. 9. Mal. 1. 14. Re. 19. 16. *whose.* Ja. 5. 4.

16 *near.* ch. 1. 12. De. 32. 35. Is. 13. 22; 16. 13, 14; Eze. 12. 23, 28. 2 Pe. 2. 3.

17 *bemoan.* ver. 31-33; ch. 9. 17-20. Is. 16. 18. Re. 18. 14-20. *How.* ver. 39. Is. 9. 4; 10. 5; 14. 4, 5. Eze. 19. 11-14. Zec. 11. 10-14.

18 *daughter.* ch. 46. 18, 19. Is. 47. 1. *Dibon.* ver. 22. Nu. 21. 30; 32. 3. Jos. 13. 17. Is. 15. 2. *and sit.* Ge. 21. 16. Ex. 17. 3. Ju. 15. 18. Is. 5. 13. Eze. 19. 13. *the spoiler.* ver. 8.

19 *inhabitant. Heb.* inhabitress. *Aroer.* Nu. 32. 34. De. 2. 36. 2 Sa. 24. 5. 1 Ch. 5. 8. *ask.* 1 Sa. 4. 13, 14, 16. 2 Sa. 1. 3, 4; 18. 24-32.

20 *confounded.* ver. 1-5. Is. 15. 1-5, 8; 16. 7-11. *Arnon.* Nu. 21. 13, 14, 26-28. De. 2. 36. Jos. 13. 9. Ju. 11. 18. Is. 16. 2.

21 *the plain.* ver. 8. Eze. 25. 9. Zep. 2. 9. *Jahazah.* Jos. 13. 18, Jahaza. ch. 21. 36, 37. Is. 15. 4, Jahaz.

22 *Dibon.* ver. 1, 18. Nu. 32. 34. *Beth-diblathaim.* Nu. 33. 46, Almon-diblathaim. Eze. 6. 14, Diblath.

23 *Kiriathaim.* ver. 1. Ge. 14. 5, Shaveh Kiriathaim. Jos. 13. 19, Kirjathaim. *Beth-meon.* Nu. 32. 38, Baalmeon. Jos. 13. 17, Beth-baal-meon.

24 *Kerioth.* ver. 41. Am. 2. 2. *Bozrah.* De. 4. 43, Bezer. Jos. 21. 36, Bezor. Zep. 2. 8-10.

25 *horn.* Ps. 75. 10. La. 2. 3. Da. 7. 8; 8. 7-9, 21. Zec. 1. 19-21. *and his.* Nu. 32. 37. Job 22. 9. Ps. 10. 15; 37. 17. Eze. 30. 21-25.

26 *ye him.* ch. 13. 13, 14; 25. 15-17, 27-29; 51. 7, 39, 57. Ps. 60. 3; 75. 8. Is. 29. 9; 51. 17; 63. 6. La. 3. 15; 4. 21. Eze. 23. 31-34. Na. 3. 11. Re. 16. 19. *for he.* ver. 42. Ex. 5. 2; 9. 17. Job 9. 4. Is. 10. 15. Eze. 35. 12, 13. Da. 5. 23; 8. 11, 12; 11. 36. Zep. 2. 8-10. 2 Th. 2. 4. *wallow.* Is. 19. 14; 29. 9. Hab. 2. 16. *and he also.* ver. 39. Ps. 2. 4; 59. 8. La. 1. 21. Eze. 23. 32.

27 *was not.* Ps. 44. 13; 79. 4. Pr. 24. 17, 18. La. 2. 15-17. Eze. 25. 8; 26. 2, 3; 35. 15; 36. 2, 4. Ob. 12, 13. Mi. 7. 8-10. Zep. 2. 8, 10. Mat. 7. 2. *was he found.* ch. 2. 26. Mat. 26. 55; 27. 38. *skippedst. or,* movedst thyself.

28 *leave.* ver. 9. Ju. 6. 2. 1 Sa. 13. 6. Is. 2. 19. Ob. 3, 4. *like.* ch. 49. 16. Ps. 55. 6, 7. Ca. 2. 14.

29 *heard.* Pr. 8. 13. Is. 16. 6. Zep. 2. 8-10, etc. *his loftiness.* Job 40. 10-12. Ps. 138. 6. Pr. 18. 12; 30. 13. Is. 2. 11, 12. Da. 4. 37. Lu. 14. 11. Ja. 4. 6.

30 *know.* Is. 16. 6; 37. 28, 29. *his lies shall not so effect it. or,* those on whom he stayeth (*Heb.* his bars) do not right. *Baddim,* as LOWTH observes, sometimes means those who pretend to the art of divination. Though the soothsayers of Moab, upon whose skill she relies, promise him success, yet in the event it will appear there was no truth in what they said. ch. 50. 36. Job 9. 12, 13. Ps. 33. 10. Pr. 21. 30.

31 *will I howl.* See on Is. 15. 5; 16. 7-11. *Kir-heres.* ver. 36. 2 Ki. 3. 25, Kar-haraseth. Is. 16. 7, Kir-hareseth.

32 *vine.* Nu. 32. 38, Shibmah. Jos. 13. 19. Is. 16. 8, 9. *Jazer.* Nu. 21. 32, Jaazer; 22. 1, 35. Jos. 21. 39. *the spoiler.* ver. 8, 15, 18; ch. 40. 10.

33 *joy.* ch. 25. 9, 10. Is. 9. 3; 16. 9; 24. 7-12; 32. 9-14. Joel 1. 12, 16. Re. 18. 22, 23. *caused.* Is. 5. 10; 7. 23; 16. 10. Joel 1. 5, 12, 13. Hag. 2. 16.

34 *the cry.* See on ver. 2. Is. 15. 4-6. *Elealeh.* Nu. 32. 37. *Jahaz.* See on ver. 21, Jahazah. *Zoar.* ver. 3, 5. De. 34. 3. Is. 15. 5. *as an heifer of.* As a young cow, when deprived of her first calf; which runs about from place to place, filling the air with loud and repeated lowings, expressive of the deepest distress

*Nimrim.* Nu. 32. 3, Nimrah, 36, Beth-nimrah. Is. 15. 6. *desolate. Heb.* desolations.

35 *him that offereth.* ver. 7. Nu. 22. 40, 41; 28. 14, 28-30. Is. 15. 2; 16. 12.

36 *mine heart.* ch. 4. 19. Is. 15. 5; 16. 11; 63. 15. *Kir-heres.* See on ver. 31. *the riches.* ch. 17. 11. Pr. 11. 4; 13. 22; 18. 11. Ec. 5. 13, 14. Is. 15. 7. Lu. 12. 20, 21. Ja. 5. 2, 3.

37 *every head.* ch. 16. 6; 41. 5; 47. 5. Is. 3. 24; 15. 2, 3. Eze. 7. 18; 27. 31. Am. 8. 10. Mi. 1. 16. *clipped. Heb.* diminished. *cuttings.* Le. 19. 28. 1 Ki. 18. 28. Mar. 5. 5. *upon the loins.* Ge. 37. 29, 34. 1 Ki. 21. 27. 2 Ki. 6. 30. Is. 20. 2; 37. 1. Re. 11. 3.

38 *upon.* Is. 15. 3; 22. 1. *broken.* ch. 22. 28; 25. 34. Ps. 2. 9. Is. 30. 14. Ho. 8. 8. Ro. 9. 21, 22. 2 Ti. 2. 20, 21. Re. 2. 27.

39 *How is it.* See on ver. 17. La. 1. 1; 2. 1; 4. 1. Re. 18. 9, 10, 15, 16. *back. Heb.* neck. *a derision.* See on ver. 26, 27. Is. 20. 4-6. Eze. 26. 16-18.

40 *he shall.* ch. 4. 13. De. 28. 49. La. 4. 19. Eze. 17. 3. Da. 7. 4. Ho. 8. 1. Hab. 1. 8. *spread.* ch. 49. 22. Is. 8. 8.

41 *Kerioth. or,* The cities. ver. 24. *as the heart.* ch. 4. 31; 6. 24; 30. 6; 49. 22, 24; 50. 43; 51. 30. Is. 13. 8; 21. 3; 26. 17, 18. Mi. 4. 9, 10. 1 Th. 5. 3.

42 *Moab.* Moab has long since ceased to be a nation; while the Jews, agreeably to the Divine promise, (ch. 46. 28,) though successively subdued and oppressed by the Egyptians, Assyrians, Babylonians, Syro-Macedonians, and Romans, (which have also all passed away, and are no more,) and dispersed over the face of the earth, subsist to this day as a distinct people from all the nations of the world! *from.* ver. 2; ch. 30. 11. Es. 3. 8-13. Ps. 83. 4-8. Is. 7. 8. Mat. 7. 2. *magnified.* See on ver. 26-30. Pr. 16. 18. Is. 37. 23. Da. 11. 36. 2 Th. 2. 4. Re. 13. 6.

43 De. 32. 23-25. Ps. 11. 6. Is. 24. 17, 18. La. 3. 47.

44 *that fleeth.* ch. 16. 16. 1 Ki. 19. 17; 20. 30. Is. 37. 36-38. Am. 2. 14, 15; 5. 19; 9. 1-4. *the year.* ch. 8. 12; 10. 15; 11. 23; 23. 12; 46. 21; 51. 18. Is. 10. 3. Ho. 9. 7. Mi. 7. 4.

45 *a fire.* Nu. 21. 28. Am. 2. 2. *devour.* Nu. 24. 17. Zec. 10. 4. Mat. 21. 42. *tumultuous ones. Heb.* children of noise.

46 *Woe.* Nu. 21. 29. *the people.* ver. 7, 13. Ju. 11. 24. 1 Ki. 11. 7. 2 Ki. 23. 13. *captives. Heb.* in captivity.

47 *Yet will I bring.* Many of the Moabites were afterwards restored to their country by Cyrus, as we learn from JOSEPHUS; but they never were restored to their national consequence; and perhaps their restoration in the *latter days* refers to the conversion of their scattered remnants to the gospel. ch. 46. 26; 49. 6, 39. Is. 18. 7; 19. 18-23; 23. 18. Eze. 16. 53-55. *in the latter.* See on ch. 23. 20; 30. 24. Nu. 24. 14. De. 4. 30; 31. 29. Job 19. 25. Eze. 38. 8. Da. 2. 28; 10. 14. Ho. 3. 5.

## CHAP. XLIX.

*The judgment of the Ammonites,* 1-5. *Their restoration,* 6. *The judgment of Edom,* 7-22; *of Damascus,* 23-27; *of Kedar,* 28, 29; *of Hazor,* 30-33; *and of Elam,* 34-38. *The restoration of Elam,* 39.

1 A.M. 3421. B.C. 583. *Concerning. or,* Against. ver. 7, 23, 28; ch. 48. 1. *Ammonites.* ch. 25. 9, 21; 27. 3. Ge. 19. 38. De. 2. 19; 23. 3. 2 Ch. 20. 1, 23. Ps. 83. 7. Eze. 21. 28-32; 25. 2-10. Am. 1. 13-15. Zep. 2. 8-11. *their king. or,* Melcom. Ju. 10. 7, 8; 11. 13-15. 1 Sa. 11. 1-3. 2 Ki. 10. 33; 24. 2. Ne. 2. 19; 4. 7; 13. 1, 2. *cities.* Ps. 9. 6.

2 *that I will.* ch. 4. 19. Eze. 25. 4-6. Am. 1. 14. *Rabbah.* De. 3. 11. Jos. 13. 24, 25. Eze. 21. 20, Rabbath. *her daughters.* Nu. 21. 25, marg. 2 Sa. 11. 1; 12. 27-29. Ps. 48. 11; 97. 8. Eze. 16. 46-55. *shall Israel.* ver. 1. Is. 14. 1-3. Ob. 19.

3 *Howl.* ch. 48. 20; 51. 8. Is. 13. 6; 14. 31; 15. 2; 16. 7; 23. 1, 6. Ja. 5. 1. *gird.* ch. 4. 8; 6. 26. See on ch. 48. 37. Is. 32. 11, 12. *run.* Job 30. 3-7. Is. 15. 2. *their king. or,* Melcom. ver. 1. 1 Ki. 11. 5, 33. 2 Ki. 33. 13, Milcom. Zep. 1. 5, Malcham. *shall go.* ch. 46. 25; 48. 7. Am. 1. 15.

4 *gloriest.* ch. 9. 23. Is. 28. 1-4; 47. 7, 8. Re. 18. 7. *thy flowing valley. or,* thy valley floweth away. *O backsliding.* ch. 3. 14; 7. 24. Ho. 4. 16. *trusted.* ch. 48. 7. Ps. 49. 6; 52. 7; 62. 10. Pr. 10. 15. Eze. 28. 4-7. 1 Ti. 6. 17. *Who.* ver. 16; ch. 21. 13. Ob. 4, 5.

5 *I will.* ver. 29; ch. 15. 8; 20. 4; 48. 41-44. Jos. 2. 9. 2 Ki. 7. 6, 7; 19. 7. Job 15. 21. Pr. 28. 1. *ye shall.* ch. 46. 5. Am. 4. 3. *none.* Is. 16. 3. Ob. 12-14.

6 ver. 39; ch. 46. 26; 48. 47. Is. 19. 18-23; 23. 18. Eze. 16. 53.

7 *Edom.* ch. 25. 9, 21. Ge. 25. 30; 27. 41; 36. 8. Nu. 20. 14-21; 24. 17, 18. De. 23. 7. Ps. 83. 4-10; 137. 7. Is. ch. 34; 63. 1-6. Eze. 25. 12-14; ch. 35. Da. 11. 41. Joel 3. 19. Am. 1. 11, 12. Ob. 1, etc. Mal. 1. 3, 4. *Is wisdom.* ch. 18. 18. Job 5. 12-14. Is. 19. 11-13; 29. 14. Ob. 8. Ro. 1. 22, 23. *Teman.* ver. 20. Ge. 36. 11, 15. 1 Ch. 1. 53. Job 2. 11; 4. 1. Eze. 25. 13. Am. 1. 12. Ob. 9. Hab. 3. 3.

8 *Flee.* ver. 30; ch. 6. 1; 48. 6. Mat. 24. 15-18. Re. 6. 15. *turn back. or,* they are turned back. *dwell.* ch. 48. 28. Ju. 6. 2. 1 Sa. 13. 6. Is. 2. 21. Am. 9. 1-3. Ob. 3, 4. *Dedan.* ch. 25. 23. Is. 21. 13. *for.* ver. 32; ch. 46. 21; 48. 44. La. 4. 21, 22.

9 *grape-gatherers.* Is. 17. 6. Ob. 5, 6. *till they have enough. Heb.* their sufficiency.

10 *I have made.* Mal. 1. 3, 4. Ro. 9. 13. *his secret.* ch. 23. 24. Is. 45. 3. Am. 9. 3. *his seed.* Ps. 37. 28. Is. 14. 20-22. Ob. 9. *he is not.* Ps. 37. 35, 36. Is. 17. 14.

11 *thy fatherless.* De. 10. 18. Ps. 10. 14-18; 68. 5; 82. 3; 146. 9. Pr. 23. 10, 11. Ho. 14. 3. Jon. 4. 11. Mal. 3. 5. Ja. 1. 27. *let thy.* 1 Ti. 5. 5.

12 *they whose.* See on ch. 25. 28, 29; 30. 11; 46. 27. Pr. 17. 5. La. 4. 21, 22. Ob. 16. 1 Pe. 4. 17, 18.

13 *I have.* See on ch. 44. 26. Ge. 22. 16. Is. 45. 23. Eze. 35. 11. Am. 6. 8. *Bozrah.* ver. 22. Ge. 36. 33. Is. 34. 6; 63. 1. Am. 1. 12. *a desolation.* ver. 17, 18. Is. 34. 9-15. Eze. 25. 13, 14; 35. 2-15. Joel 3. 19. Ob. 18. Mal. 1. 3, 4.

14 *heard.* ch. 51. 46. Is. 37. 7. Eze. 7. 25, 26. Ob. 1. Mat. 24. 6. *an ambassador.* Is. 18. 2, 3; 30. 4. *Gather.* ch. 50. 9-16; 51. 11, 27, 28. Is. 13. 2, 3.

15 1 Sa. 2. 7, 8, 30. Ps. 53. 5. Ob. 2. Mi. 7. 10. Lu. 1. 51.

16 *terribleness.* ch. 48. 29. Pr. 16. 18; 18. 21; 29. 23. Is. 25. 4, 5; 49. 25. Ob. 3. *dwellest.* Ca. 2. 14. Is. 2. 21. *though.* ch. 48. 28. Job 39. 27. Is. 14. 13-15. Eze. 28. 11-19. Am. 9. 2. Ob. 4.

17 *Edom.* ver. 13. Is. 34. 9-15. Eze. 25. 13; 35. 7, 15. *every.* ch. 18. 16; 50. 13. *shall hiss.* ch. 51. 37. 1 Ki. 9. 8. 2 Ch. 7. 20, 21. La. 2. 15, 16. Mi. 6. 16. Zep. 2. 15.

18 *in the.* ch. 50. 40. Ge. 19. 24, 25. De. 29. 23. Ps. 11. 6. Is. 13. 19-22. Am. 4. 11. Zep 2. 9. 2 Pe 2. 6. Jude 7. *no man.* ver. 33. Job 18. 15-18. Is 34. 10. Re. 18. 21-23.

19 *he shall come.* ch. 4. 7; 50. 44, etc. Zec. 11. 3. *the swelling.* ch. 12. 5. Jos. 3. 15. 1 Ch. 12. 15. *who is like.* Ex. 15. 11. Ps. 89. 6, 8; 113. 5, 6. Is. 40. 25. *appoint me the time. or,* convent me in judgment. Job 9. 19, 21; 23. 3-7; 40. 2-8; 42. 3-5. Ps. 143. 2. *that shepherd.* See on ch. 30. 21. Job 41. 10. Ps. 76. 7. Na. 1. 6. Re. 6. 17.

20 *the counsel.* ch. 50. 45. Ps. 33. 11. Pr. 19. 21. Is. 14. 24-27; 46. 10, 11. Ac. 4. 28. Ep. 1. 11. *Teman.* ver. 7. Job 6. 19, 20. *Surely.* The prophet having given the name of *shepherd* to the generals of the army, pursues the same metaphor, calling the common soldiers 'the least of the flock;' who shall have strength and courage enough to defeat the Idumean forces. ch. 37. 10; 50. 45. Zec. 4. 6. 1 Co. 1. 27-29. *make.* See on ver. 13, 17, 18. Mal. 1. 3, 4.

21 *earth.* ch. 50. 46. Is. 14. 4-15. Eze. 26. 15-18; 21. 16; 32. 10. Re. 18. 10. *Red sea. Heb.* Weedy sea.

22 *he shall.* ch. 4. 13; 48. 40, 41. De. 28. 49. Da.

7. 4. Ho. 8. 1. *Bozrah.* See on ver. 13. *the heart of the.* ver. 24; ch. 4. 31; 6. 24; 13. 21; 22. 23; 30. 6; 48. 41. Ps. 18. 5. Is. 13. 8; 21. 3; 26. 17. 1 Th. 5. 3.

23 *Damascus.* Ge. 14. 15; 15. 2. 1 Ki. 11. 24. Is. 17. 1-3; 37. 13. Am. 1. 3-5. Zec. 9. 1, 2. 2 Co. 11. 32. *Hamath.* Nu. 13. 21. 2 Sa. 8. 9. 2 Ki. 17. 24; 18. 34; 19. 13. Is. 10. 9; 11. 11. *faint-hearted. Heb.* melted. De. 20. 8, marg. Jos. 2. 11; 14. 8. 2 Sa. 17. 10. Is. 13. 7. Na. 2. 10. *sorrow.* Is. 57. 20. *on the sea. or,* as on the sea. Ps. 107. 26, 27. Lu. 8. 23, 24; 21. 25, 26. Ac. 27. 20.

24 *anguish.* See on ver. 22.

25 ch. 33. 9; 48. 2, 39; 51. 41. Ps. 37. 35, 36. Is. 1. 26; 14. 4-6. Da. 4. 30. Re. 18. 10, 16-19.

26 ch. 9. 21; 11. 22; 50. 30; 51. 3, 4. La. 2. 21. Eze. 27. 27. Am. 4. 10.

27 *I will.* See on Am. 1. 3-5. *Ben-hadad.* 1 Ki. 15. 18-20; 20. 1, etc. 2 Ki. 13. 5.

28 *Kedar.* ch. 2. 10. Ge. 25. 13. 1 Ch. 1. 29. Ca. 1. 5. Is. 21. 13, 16, 17; 42. 11. Eze. 27. 21. *Hazor.* ver. 30, 33. *Arise.* ver. 14, 31; ch. 50. 14-16. Is. 13. 2-5. *spoil.* Ge. 25. 6. Ju. 6. 3. Job 1. 3. Is. 11. 14.

29 *tents.* Ps. 120. 5. Is. 13. 20; 60. 7. *curtains.* ch. 4. 20; 10. 20. Hab. 3. 7. *camels.* Ge. 37. 25. Ju. 6. 5; 7. 12; 8. 21, 26. 1 Ch. 5. 20, 21. Job 1. 3. *Fear.* ver. 24; ch. 6. 25; 20. 3, 4, marg.; 46. 5. Ps. 31. 13. 2 Co. 4. 8; 7. 5.

30 *get you far off. Heb.* flit greatly. *dwell.* See on ver. 8. *for.* ch. 25. 9, 24, 25; 27. 6. Is. 10. 7.

31 *wealthy nations. or,* nation that is at ease. ch. 48. 11. Ps. 123. 4. Is. 32. 9, 11. *that.* Ju. 18. 7-10, 27. Is. 47. 8. Eze. 30. 9; 38. 11; 39. 6. Na. 1. 12. Zep. 2. 15. *which dwell.* Nu. 23. 9. De. 33. 28. Ju. 18. 28. Mi. 7. 14.

32 *their camels.* See on ver. 29. *I will scatter.* ver. 36. De. 28. 64. Eze. 5. 10, 12; 12. 14, 15. *in the utmost corners. Heb.* cut off into corners, *or,* that have the corners *of their hair* polled. ch. 9. 26; 25. 23, margins.

33 *Hazor. Hazor,* as well as *Kedar,* with which it is joined, (ver. 28,) was no doubt situated in Arabia, and a place of considerable importance; but it is now no more, and its very name seems to have perished. *a dwelling.* ver. 17, 18; ch. 9. 11; 10. 22; 50. 39, 40; 51. 37. Is. 13. 20-22; 14. 23; 34. 9-17; Zep. 2. 9, 13-15. Mal. 1. 3. Re. 18. 2, 21, 22.

34 Cir. A.M. 3406. B.C. 598. *Elam. Elam, the Elymaïs* of the Greeks and Romans, was properly a province of the Persian empire, between Media and Susiana; but sometimes the name Elam is used in a larger sense, including Susiana and other provinces, (see Da. 8. 2,) all of which were subdued by Nebuchadnezzar, and afterwards restored and raised to dignity by Cyrus. ch. 25. 25. Ge. 10. 22; 14. 1. Ezr. 4. 9. Is. 21. 2. Eze. 32. 24, 25. Da. 8. 2. Ac. 2. 9.

35 *break.* ch. 50. 14, 29; 51. 56. Ps. 46. 9. Is. 22. 6. *the bow.* STRABO says that the mountainous part of *Elymaïs* chiefly bred archers; and LIVY speaks of *Elymæi sagittarii,* 'the Elymean archers.'

36 *the four winds.* Da. 7. 2, 3; 8. 8, 22; 11. 4. Re. 7. 1. *scatter.* ver. 32. De. 28. 25, 64. Eze. 5. 10, 12. Am. 9. 9. *the outcasts.* ch. 30. 17. Ps. 147. 2. Is. 11. 12; 16. 3, 4; 27. 13; 56. 8.

37 *to be.* ver. 5, 22, 24, 29; ch. 48. 39; 50. 36. Ps. 48. 4-6. Eze. 32. 23, marg. *their enemies.* See on ch. 34. 20, 21. *I will send the sword.* ch. 9. 16; 48. 2. Le. 26. 33. Eze. 5. 2, 12; 12. 14.

38 ch. 43. 10. Da. 7. 9-14.

39 *in the.* ch. 48. 47. Is. 2. 2. Eze. 38. 16. Da. 2. 28; 10. 14. Ho. 3. 5. Mi. 4. 1. *I will.* See on ver. 6. Job 42. 10. Eze. 16. 53-55; 29. 14; 39. 25. Am. 9. 14.

## CHAP. L.

*The judgment of Babylon and the redemption of Israel.*

1 A.M. 3409. B.C. 595. *against Babylon.* ch. 25. 26, 27; 27. 7; 51. 1, etc. Ps. 137. 8, 9. Is. 13. 1-3; 14. 4; 21. 1-10; ch. 47. Hab. 2. 5-20. Re. ch. 18. *the land.* Ge. 11. 31. Job 1. 17. Is. 23. 13. Ac. 7. 4. *Jeremiah. Heb.* the hand of Jeremiah. 2 Sa. 23. 2. 2 Pe. 1. 21.

2 *Declare.* ch. 6. 18; 31. 10; 46. 14. Ps. 64. 9. 96. 3. Is. 12. 4; 48. 6; 66. 18, 19. Re. 14. 6-8. *set up. Heb.* lift up. Is. 13. 2. *Babylon.* ch. 51. 8. Is. 21. 9. Re. 14. 8; 18. 2. *Bel.* ch. 51. 44. Is. 46. 1. *Merodach.* ch. 52. 31. Is. 39. 1. *her idols.* ver. 47; ch. 43. 12, 13. Is. 37. 19. Zep. 2. 11. Xerxes, after his return from his unsuccessful expedition into Greece, partly out of religious zeal, being a professed enemy to image worship, and partly to reimburse himself after his immense expenses, seized the sacred treasures, and plundered or destroyed the temples and idols of Babylon, thereby accomplishing the prophecies of Isaiah and Jeremiah. (Is. 21. 9; 46. 1. Je. 50. 2; 51. 44, 47, 52.) What God declares, 'I will punish Bel in Babylon, and I will bring forth that which he has swallowed,' was also literally fulfilled, when the vessels of the house of God, which Nebuchadnezzar had brought from Jerusalem and placed in the temple of Bel, Da. 1. 2, were restored by order of Cyrus, Ezr. 1. 7, and again carried to Jerusalem. Bp. NEWTON, Dis. X.

3 *out of the.* The *Medes,* who formed the greatest part of the army of Cyrus. *Media* lay N.E. of Babylon. ver. 9, 41; ch. 51. 11, 27, 48. Is. 13. 5, 17, 18, 20. *which.* ver. 12, 13, 35-40; ch. 51. 8, 9, 25, 26, 37-44, 62. Is. 13. 6-10, 19-22; 14. 22-24. Re. 18. 21-23. *both.* ch. 7. 20; 21. 6. Ge. 6. 7. Ex. 12. 12. Eze. 14. 13-31. Zep. 1. 3.

4 *those.* ver. 20; ch. 3. 16-18; 33. 15; 51. 47, 48. Is. 63. 4. *the children of Israel.* ver. 19, 20, 33, 34; ch. 3. 18; 33. 6-8; 30. 10, 11; 31. 6, 7, 31; 33. 7. Is. 11. 12, 13; 14. 1. Eze. 37. 16-22; 39. 25. Ho. 1. 11. *going.* ch. 31. 9, 10. Ezr. 3. 12, 13. Ps. 126. 4-6. Joel 2. 12. Zec. 12. 10. Ja. 4. 9. *seek the.* ch. 29. 12-14. Ps. 105. 4. Is. 45. 19; 55. 6. Ho. 3. 5. Zec. 8. 21-23.

5 *ask.* ch. 6. 16. Ps. 25. 8, 9; 84. 7. Is. 35. 8. Jno. 7. 17. *Come.* ch. 31. 31-36. Is. 2. 3-5. Mi. 4. 1, 2. Ac. 11. 23. 2 Co. 8. 5. *in a.* ch. 32. 40. Ge. 17. 7. 2 Sa. 23. 5. Is. 55. 3; 56. 6, 7. *that shall.* ch. 32. 40. 1 Ki. 19. 10, 14. He. 8. 6-10.

6 *people.* ver. 17. Ps. 119. 176. Is. 53. 6. Mat. 9. 36; 10. 6; 15. 24; 18. 11-13. Lu. 15. 4-7. 1 Pe. 2. 25. *their shepherds.* ch. 10. 21; 23. 11-15. Is. 56. 10-12. Eze. 34. 4-12. Zec. 11. 4-9. *on the.* ch. 2. 20; 3. 6, 23. Eze. 34. 6. *have forgotten.* ch. 2. 32. Ps. 32. 7; 90. 1; 91. 1; 116. 7. Is. 30. 15; 32. 2. *resting place. Heb.* place to lie down in. Ps. 23. 2. Ca. 1. 7, 8. Eze. 34. 14, 25-28.

7 *have devoured.* ver. 17, 33; ch. 12. 7-11. Ps. 79. 7. Is. 9. 12; 56. 9. *We offend.* ch. 2. 3; 40. 2, 3. Is. 47. 6. Da. 9. 6, 16. Zec. 1. 15; 11. 5. *the habitation.* ch. 31. 23. Ps. 90. 1; 91. 1. *the hope.* ch. 14. 8. Ps. 22. 4, 5. 1 Ti. 1. 1.

8 *out of the midst.* ch. 51. 6, 45. Nu. 16. 26. Is. 48. 20; 52. 1. Zec. 2. 6, 7. 2 Co. 6. 17. Re. 18. 4. *he goats.* Pr. 30. 31.

9 *I will raise.* ver. 3, 21, 26, 41, 42; ch. 15. 14; 51. 1-4, 11, 27, 28. Ezr. 1. 1, 2. Is. 13. 2-5, 17; 21. 2; 41. 25; 45. 1-4. *an assembly.* The army of Cyrus was composed of Medes, Persians, Armenians, Caducians, Sacæ, etc.; all of which, arranged under the Medes, came from the *north. they shall.* ver. 14, 29. *expert man. or,* destroyer. *none.* 2 Sa. 1. 22. Is. 13. 18.

10 *Chaldea.* ch. 25. 12; 27. 7. *all that.* Is. 33. 4, 23; 45. 3. Re. 17. 16.

11 *ye were.* Pr. 17. 5. La. 1. 21; 2. 15, 16; 4. 21, 22. Eze. 25. 3-8, 15-17; 26. 2, 3. Ob. 12. *ye destroyers.* ver. 17; ch. 51. 34, 35. Ps. 74. 2-8; 79. 1-4; 83. 1-5. Is. 10. 6, 7; 47. 6. Zec. 2. 8, 9; 14. 1-3, 12. *ye are.* ver. 27; ch. 46. 21. De. 32. 15. Ps. 22. 12. Ho. 10. 11. Am. 4. 1. *fat. Heb.* big. *or,* corpulent. ch. 5. 28. *bellow as bulls. or,* neigh as steeds, ch. 5. 8.

12 *mother.* ch. 49. 2. Ga. 4. 26. Re. 17. 5. *the hindermost.* ch. 25. 26. Is. 23. 13. *a wilderness.* ver. 35-40. ch. 25. 12; 51. 25, 26, 43, 62-64. Is. 13. 20-22; 14. 22. Re. 18. 21-23.

13 *Because.* Zec. 1. 15. *every.* ch. 18. 16; 19. 8; 25. 12; 49. 17; 51. 37. Job 27. 23. Is. 14. 4-17. La. 2. 15, 16. Hab. 2. 6, etc. Zep. 2. 15.

14 *in array.* ver. 9. ch. 51. 2, 11, 12, 27. 1 Sa. 17. 20. 2 Sa. 10. 9. Is. 13. 4, 17, 18. *bend.* ver. 29, 42; ch. 46. 9; 49. 35. Is. 5. 28. *for she.* ver. 7, 11, 29. Ps. 51. 4. Hab. 2. 8, 17. Re. 17. 5.

15 *Shout.* ch. 51. 14. Jos. 6. 5, 20. Eze. 21. 22. *she hath.* 1 Ch. 29. 24, marg. 2 Ch. 30. 8, marg. La. 5. 6. Eze. 17. 18. *her foundations.* ch. 51. 25, 44, 58, 64. *for it.* ver. 14, 28; ch. 46. 10; 51. 6, 11, 36. De. 32. 35, 41, 43. Ps. 94. 1. 149. 7. Is. 59. 17; 61. 2; 63. 4. Na. 1. 2. Lu. 21. 22. Ro. 3. 5; 12. 19. 2 Th. 1. 8. *as she.* ver. 29. Ju. 1. 6, 7. 1 Sa. 15. 33. Ps. 137. 8, 9. Mat. 7. 2. Ja. 2. 13. Re. 16. 6; 18. 6; 19. 2.

16 *the sower.* ch. 51. 23. Joel 1. 11. Am. 5. 16. *sickle. or,* scythe. *they shall turn every one.* ch. 46. 16; 51. 9. Is. 13. 14.

17 *a scattered.* ver. 6; ch. 23. 1, 2. Eze. 34. 5, 6, 12. Joel 3. 2. Mat. 9. 36-38. Lu. 15. 4-6. Jno. 10. 10-12. 1 Pe. 2. 25. *the lions.* ch. 2. 15; 5. 6; 49. 19; 51. 38. *first.* 2 Ki. 15. 29; 17. 6, etc.; 18. 9-13. 2 Ch. 28. 20; 32. 1, etc.; 33. 11. Is. 7. 17-20; 8. 7, 8; 10. 5-7; ch. 36; 37. *this.* ch. 39; 51. 34, 35; 52. 1. 2 Ki. ch. 24; 25. 2 Ch. ch. 36. Is. 47. 6. Da. 6. 24.

18 *as I.* Is. 37. 36-38. Eze. 31. 3-17. Na. ch. 1-3. Zep. 2. 13-15.

19 *bring.* ver. 4, 5; ch. 3. 18; 23. 3; 24. 6, 7; 30. 10, 18; 31. 8-10; 32. 37; 33. 7-12. Is. 65. 9, 10. Eze. 11. 17; 34. 13, 14; 36. 24, 33; 37. 21, 22; 38. 8; 39. 25-29. Am. 9. 14, 15. Ob. 17-21. *he shall.* Is. 33. 9; 35. 2. Mi. 7. 14, 18. *his soul.* See on ch. 31. 14, 25. *mount.* ch. 31. 6. Jos. 17. 15. *Gilead.* Nu. 32. 1. Ca. 6. 5. Ob. 19.

20 *In those.* See on ver. 4; ch. 33. 15. *the iniquity.* ch. 31. 34. Nu. 23. 21. Is. 11. 1, 2; 43. 25; 44. 22. Mi. 7. 19. Ac. 3. 19, 26. Ro. 8. 33, 34. He. 8. 10-12; 10. 17, 18. *and there.* Ps. 103. 12. Ro. 5. 16. 2 Pe. 3. 15. *I will pardon.* ch. 44. 14. Is. 1. 9. Mi. 7. 19. Ro. 6. 13; 11. 6, 26, 27.

21 *up.* See on ver. 3, 9, 15. *Merathaim. or,* the rebels. *Pekod. or,* visitation. Eze. 23. 23. *and do.* ch. 34. 22; 48. 10. Nu. 31. 14-18. 1 Sa. 15. 3, 11-24. 2 Sa. 16. 11. 2 Ki. 18. 25. 2 Ch. 36. 23. Is. 10. 6; 44. 28; 48. 14.

22 ch. 4. 19-21; 51. 54-56. Is. 21. 2-4.

23 ch. 51. 20-24. Is. 14. 4-6, 12-17. Re. 18. 16.

24 *snare.* Ec. 9. 12. *and thou wast.* ch. 51. 8, 31-39, 57. Is. 21. 3-5. Da. 5. 30, 31. Re. 18. 7, 8. *because.* Ex. 10. 3. Job 9. 4; 40. 2, 9. Is. 13. 11; 45. 9. 2 Th. 2. 4.

25 *opened.* ver. 35-38; ch. 51. 11, 20. Ps. 45. 3, 5. Is. 13. 2-5, 17, 18; 21. 7-9. *this.* See on ver. 15; ch. 51. 12, 25, 55. Is. 14. 22-24; 46. 10, 11; 48. 14, 15. Am. 3. 6. Re. 18. 8.

26 *against.* ver. 41; ch. 51. 27, 28. Is. 5. 26. *the utmost. Heb.* the end. *open.* ver. 10; ch. 51. 44. Is. 45. 3. *cast her up. or,* tread her. Is. 10. 6; 25. 10; 63. 3, 4. Mi. 7. 10. Re. 14. 19; 19. 15. *destroy.* ver. 13, 15, 23; ch. 51. 25, 26, 64. Is. 14. 23. Re. 18. 21-24.

27 *bullocks.* ver. 11; ch. 46. 21. Ps. 22. 12. Is. 34. 7. Eze. 39. 17-20. Re. 19. 17. *their day.* ver. 31; ch. 27. 7. See on ch. 48. 44. Ps. 37. 13. La. 1. 21. Eze. 7. 5-7. Re. 16. 17-19; 18. 10.

28 *voice.* ch. 51. 50, 51. Is. 48. 20. *to declare.* ver. 15; ch. 51. 10, 11. Ps. 149. 6-9. Da. 5. 3-5, 23. Zec. 12. 2, 3. *vengeance of his.* La. 1. 10; 2. 6, 7.

29 *the archers.* ver. 9, 14, 26. *recompense.* ver. 15; ch. 51. 56. Ps. 137. 8, 9. Re. 16. 6; 18. 6. *for she hath.* ver. 24, 32. Ex. 10. 3. Is. 14. 13, 14; 37. 23; 47. 10. Da. 4. 37; 5. 23; 11. 36. 2 Th. 2. 4. Re. 13. 5, 6.

30 *Therefore.* Gobrias and Gadates, when they entered Babylon, marched directly to the palace, killing all they met. *her young.* ch. 9. 21; 18. 21; 48. 15; 49. 26; 51. 3, 4. Is. 13. 15-18. *all her.* ver. 36; ch. 51. 56, 57. Re. 6. 15; 19. 18.

31 *I am.* ch. 21. 13; 51. 25. Eze. 5. 8; 29. 3, 9, 10; 38. 3; 39. 1. Na. 2. 13; 3. 5. *O thou.* ver. 29, 32; ch. 48. 29; 49. 16. Job 40. 11, 12. Da. 4. 30, 31. Hab. 2. 4, 5. Ja. 4. 6. 1 Pe. 5. 5. *most proud. Heb.* pride. *for.* See on ver. 27.

32 *the most proud. Heb.* pride. Pr. 16. 18; 18. 12. Is. 10. 12-15; 14. 13-15. Eze. 28. 2-9. Da. 5. 20, 23-30. *none.* ch. 51. 26, 64. Re. 18. 8. *kindle.* ch. 21. 14; 49. 27. De. 32. 22. Am. 1. 4, 7, 10, 12, 14; 2. 2, 5.

33 *and all.* ver. 7, 17, 18; ch. 51. 34-36. Is. 14. 17; 47. 6; 49. 24-26; 51. 23; 52. 4-6. Zec. 1. 15, 16. *they refused.* ch. 34. 15-18. Ex. 5. 2; 8. 2; 9. 2, 3, 17, 18. Is. 14. 17; 58. 6.

34 *Redeemer.* Ex. 6. 6. Pr. 23. 11. Is. 41. 14; 43. 14; 44. 6, 23, 24; 47. 4; 54. 5. Mi. 4. 10. Re. 18. 8. *plead.* ch. 51. 36. Ps. 35. 1; 43. 1. Pr. 22. 23. Is. 51. 22. Mi. 7. 9. *that he.* Is. 14. 3-7. 2 Th. 1. 6, 7. Re. 19. 1-3.

35 *sword.* ch. 47. 6. Le. 26. 25. Is. 66. 16. Eze. 14. 2. Ho. 11. 6. Zec. 11. 17. *upon her princes.* ver. 27, 30; ch. 51. 39, 57. Is. 41. 25. Da. 5. 1, 2, 30. *her wise men.* ch. 8. 9; 10. 7. Is. 19. 11-13; 29. 14; 44. 25; 47. 13, 14. Da. 5. 7, 8.

36 *upon the liars. or,* upon the chief stays. *Heb.* bars. ch. 48. 30. Is. 43. 14, marg.; 44. 25. 2 Th. 2. 9-11. 1 Ti. 4. 2. Re. 19. 20; 21. 8; 22. 15. *dote.* 2 Sa. 15. 31; 17. 14. 2 Ch. 25. 16. Is. 47. 10-15. 1 Ti. 6. 4. *her mighty.* See on ver. 30; ch. 49. 22; 51. 23, 30, 22. Na. 2. 8; 3. 7, 13, 17, 18.

37 *their horses.* ch. 51. 21. Ps. 20. 7, 8; 46. 9; 76. 6. Eze. 39. 20. Na. 2. 2-4, 13. Hag. 2. 22. *all the.* ch. 25. 20, 24. Eze. 30. 5. *as women.* See on ch. 48. 41; 51. 30. Is. 19. 16. Na. 3. 13. *her treasures.* ver. 26. Is. 45. 3.

38 *A drought.* ver. 12; ch. 51. 32-36. Is. 44. 27. Re. 16. 12; 17. 15, 16. *the land.* ver. 2; ch. 51. 44, 47, 52. Is. 46. 1-7. Da. ch. 3; 5. 4. Hab. 2. 18, 19. Re. 17. 5. *mad.* See on ch. 51. 7. Is. 44. 25. Ac. 17. 16.

39 ver. 12, 13; ch. 25. 12; 51. 26, 37, 38, 43, 62-64. Is. 13. 20-22; 14. 23; 34. 11-17. Re. 18. 2, 21-24.

40 ch. 49. 18; 51. 26. Ge. 19. 24, 25. De. 29. 23. Is. 1. 9; 13. 19, 20. Ho. 11. 8, 9. Am. 4. 11. Zep. 2. 9. Lu. 17. 28-30. 2 Pe. 2. 6. Jude 7. Re. 11. 8; 18. 8, 9.

41 ver. 2, 3, 9; ch. 6. 22, 23; 25. 14; 51. 1, 2, 11, 27, 28. Is. 13. 2-5, 17, 18. Re. 17. 16.

42 *hold.* See on ch. 6. 22, 23. *they are cruel.* Ps. 74. 20; 137. 8, 9. Is. 13. 17, 18; 14. 6; 47. 6. Hab. 1. 6-8. Ja. 2. 13. Re. 16. 6. *their voice.* Ps. 46. 2, 3, 6. Is. 5. 30. *shall ride.* ch. 8. 16; 47. 3. Is. 5. 28. Hab. 1. 8. Re. 19. 14-18.

43 *king.* ch. 51. 31. Is. 13. 6-8; 21. 3, 4. Da. 5. 5, 6. *pangs.* See on ch. 49. 22, 24.

44 *like a lion.* ch. 25. 38; 49. 19-21. *who is a.* Job 41. 10, 11. Is. 41. 25; 46. 11. *for who.* Ex. 15. 11. Ps. 89. 6, 8. Is. 40. 18, 25; 43. 10. *appoint me the time. or,* convent me to plead. *who is that.* ch. 49. 19. Job 41. 10.

45 *hear.* ch. 51. 10, 11. Ps. 33. 10, 11. Is. 14. 24, etc.; 46. 10, 11. Ac. 4. 28. Ep. 1. 11. Re. 17. 16, 17. *the least.* ch. 37. 10; 49. 20. *surely he.* We have already adverted to the completion of the prophecies respecting the final destruction of Babylon, (on Is. 13. 18,) and shall only add a few more observations, in order to shew more clearly the full accomplishment of some of these predictions. STRABO says that in his time (about the Christian era) a great part of it was a desert. JEROME says that in his time (cir. A.D. 340) it was quite in ruins, the walls merely serving for an inclosure for *wild beasts*, for the hunting of the kings of Parthia: and modern travellers universally concur in describing it in a state of utter desolation, and the habitation of *wild beasts* and noxious reptiles.

46 ch. 49. 21. Is. 14. 9, 10. Eze. 26. 18; 31. 16; 32. 10. Re. 18. 9-19.

## CHAP. LI.

*The severe judgment of God against Babylon, in revenge of Israel, 1-58. Jeremiah delivers the book of this prophecy to Seraiah, to be cast into Euphrates, in token of the perpetual sinking of Babylon, 59-64.*

1 *I will.* ch. 50. 9, 14-16, 21. Is. 13. 3-5. Am. 3. 6. *midst. Heb.* heart. *rise.* See on ch. 50. 24, 29, 33. Zec. 2. 8. Ac. 9. 4. *a destroying wind.* See on ch. 4. 11, 12; 49. 36. 2 Ki. 19. 7. Eze. 19. 12. Ho. 13. 15.

2 *fanners.* ch. 15. 7. Is. 41. 16. Eze. 5. 12. Mat. 3. 12. *in the day.* ver. 27, 28; ch. 50. 14, 15, 29, 32.

3 *let the.* ch. 50. 14, 41, 42. *brigandine.* ch. 46. 4. *spare.* ch. 9. 21; 50. 27, 30. De. 32. 25. Ps. 137. 9. Is. 13. 10-18. Ja. 2. 13. *destroy.* ch. 50. 21.

4 *thrust.* ch. 49. 26; 50. 30, 37. Is. 13. 15; 14. 19.

5 *Israel.* ch. 33. 24-26; 46. 28; 50. 4, 5, 20. 1 Sa. 12. 22. 1 Ki. 6. 13. Ezr. 9. 9. Ps. 94. 14. Is. 44. 21; 49. 14, 15; 54. 3-11; 62. 12. Ho. 1. 10. Am. 9. 8, 9. Ro. 11. 1, 2. *nor.* Zec. 2. 12; 12. 6, 8. *though.* ch. 16. 18; 19. 4; 23. 15; 31. 37. 2 Ki. 21. 16. Eze. 8. 17; 9. 9; 22. 24-31. Ho. 4. 1. Mi. 7. 18, 20. Zep. 3. 1-4.

6 *Flee.* ver. 9, 45, 50; ch. 50. 8, 28. Is. 48. 20. Zec. 2. 6, 7. Re. 18. 4. *be not.* Ge. 19. 15-17. Nu. 16. 26. Pr. 13. 20. 1 Ti. 5. 22. *for this.* ver. 11; ch. 27. 7; 46. 10; 50. 8, 15, 28, 31. De. 32. 35, 41, 43. Re. 16. 19; 18. 5, 6. *he will render.* ch. 25. 14, 16.

7 *a golden.* Is. 14. 4. Da. 2. 32, 38. Re. 17. 4. *the*

*nations.* See on ch. 25. 9, 14-27. Da. 3. 1-7. Hab. 2. 15, 16. Re. 14. 8; 17. 2; 18. 3, 23; 19. 2. *are mad.* ch. 25. 16; 50. 38.

8 *suddenly.* ver. 41; ch. 50. 2. Is. 21. 9; 47. 9. Re. 14. 8; 18. 2, 8. *howl.* ch. 48. 20, 31. Is. 13. 6, 7. Eze. 27. 30-32; 30. 2. Da. 5. 24, 31. Re. 18. 9-11, 17-19. *take balm.* ch. 8. 22; 30. 12-15; 46. 11. Na. 3. 19.

9 *forsake.* ch. 8. 20; 46. 16, 21; 50. 16. Is. 13, 14; 47. 15. Mat. 25. 10-13. *her judgment.* 2 Ch. 28. 9. Ezr. 9. 6. Da. 4. 20-22. Re. 18. 5.

10 *brought.* Ps. 37. 6. Mi. 7. 9, 10. *let us.* ch. 31. 6-9; 50. 28. Ps. 9. 14; 102. 19-21; 116. 18, 19; 126. 1-3. Is. 40. 2; 51. 11; 52. 9, 10. Re. 14. 1-3; 19. 1-6.

11 *Make.* ch. 46. 4, 9; 50. 9, 14, 25, 28, 29. Is. 21. 5. *bright. Heb.* pure. *the Lord hath.* ver. 27, 28. 1 Ki. 11. 14, 23. 1 Ch. 5. 26. 2 Ch. 36. 22. Ezr. 1. 1. Is. 10. 26; 13. 17, 18; 21. 2; 41. 25; 45. 1, 5; 46. 11. Re. 17. 16, 17. *the spirit.* Of *Cyaxares* king of Media, called 'Darius the Mede' in Scripture; and of *Cyrus* his nephew, king of Persia, presumptive heir of the throne of his uncle. *his device.* ver. 12, 29; ch. 50. 45. *the vengeance.* ver. 24, 35; ch. 50. 15, 28. Ps. 74. 3-11; 83. 3-9. Hab. 2. 17-20. Zec. 12. 2, 3; 14. 2, 12.

12 *the standard.* ch. 46. 3-5. Pr. 21. 30. Is. 8, 9, 10; 13. 2. Joel 3. 2, 9-14. Na. 2. 1; 3. 14, 15. *ambushes. Heb.* liers in wait. Jos. 8. 14. *the Lord hath both.* ver. 11, 29. La. 2. 17.

13 *dwellest.* ver. 36. Re. 17. 1, 15. *abundant.* ch. 50. 37. Is. 45. 3. Hab. 2. 5-10. Re. 18. 11-17. *thine.* ch. 17. 11; 50. 27, 31. Ge. 6. 13. La. 4. 18. Eze. 7. 2-12. Da. 5. 26. Am. 8. 2. 1 Pe. 4. 7. *and the.* Hab. 2. 9-11. Lu. 12. 19-21. 2 Pe. 2. 3, 14, 15. Jude 11-13. Re. 18. 19.

14 *sworn.* See on ch. 49. 13. Am. 6. 8. He. 6. 13. *himself. Heb.* his soul. *as with.* ch. 46. 23. Ju. 6. 5. Joel 1. 4-7; 2. 3, 4, 25. Na. 3. 15-17. *lift up. Heb.* utter. ch. 50. 15.

15 *hath made.* ch. 10. 12-16; 32. 17. Ge. 1. 1-6. Ps. 107. 25; 146. 5, 6; 148. 1-5. Is. 40. 26. Ac. 14. 15; 17. 24. Ro. 1. 20. Col. 1. 16, 17. He. 1. 2, 3. Re. 4. 11. *by his wisdom.* Ps. 104. 24; 136. 5. Pr. 3. 19. Ro. 11. 33. *and hath.* Job 9. 8. Ps. 104. 2. Is. 40. 22; 42. 5; 44. 24; 45. 12; 48. 13; 51. 13.

16 *he uttereth.* See on ch. 10. 12, 13. Job 37. 2-11; 40. 9. Ps. 18. 13; 29. 3-10; 46. 6; 68. 33; 104. 7. Eze. 10. 5. *there is.* Job 36. 26-33; 37. 13; 38. 34-38. Ps. 135. 7. Am. 9. 7. *multitude. or,* noise. *and he causeth.* Ps. 135. 7. *bringeth.* Ge. 8. 1. Ex. 10. 13, 19; 14. 21. Job 38. 22. Ps. 78. 26; 135. 7; 147. 18. Jon. 1. 4; 4. 8. Mat. 8. 26, 27.

17 *Every.* ch. 10. 14. Ps. 14. 2; 53. 1, 2; 92. 5, 6; 115. 5, 8; 135. 18. Is. 44. 18-20. Ro. 1. 20-23. 1 Co. 1. 19-21. *brutish by his knowledge. or,* more brutish than to know. *for his.* See on ch. 10. 14; 50. 2. Ps. 135. 17. Hab. 2. 18, 19.

18 *vanity.* See on ch. 10. 8, 15. Jon. 2. 8. Ac. 14. 15. *in the.* ch. 43. 12, 13; 46. 25; 48. 7; 50. 2. Ex. 12. 12. Is. 19. 1; 46. 1. Zep. 2. 11.

19 *portion.* See on ch. 10. 16. Ps. 16. 5; 73. 26; 115. 3. La. 3. 24. *the former.* See on ver. 15. *the rod.* ch. 12. 7-10; 50. 11. Ex. 19. 5, 6. De. 32. 9. Ps. 33. 12; 74. 2; 135. 4. 1 Pe. 2. 9. *the Lord.* See on ch. 10. 16. Is. 47. 4.

20 *art.* ch. 50. 23. Is. 10. 5, 15; 13. 5; 14. 5, 6; 37. 26; 41. 15, 16. Mi. 4. 13. Zec. 9. 13, 14. Mat. 22. 7. *with thee. or,* in thee, *or,* by thee. *break.* See on ch. 25. 9, 11; 27. 5-7.

21 ch. 50. 37. Ex. 15. 1, 21. Ps. 46. 9; 76. 6. Eze. 39. 20. Mi. 5. 10. Na. 2. 13. Hag. 2. 22. Zec. 10. 5; 12. 4. Re. 19. 18.

22 ch. 6. 11. De. 32. 25. 1 Sa. 15. 3. 2 Ch. 36. 17. Is. 20. 4. La. 2. 11. Eze. 9. 6.

24 ver. 11, 35, 49; ch. 50. 15, 17, 18, 28, 29, 33, 34. Ps. 137. 8, 9. Is. 47. 6-9; 51. 22, 23; 61. 2; 63. 1-4; 66. 6. 1 Th. 2. 15, 16. Re. 6. 10; 18. 20, 24; 19. 2-4.

25 *I am.* See on ch. 50. 31. *O destroying.* ver. 53, 58. Ge. 11. 4. Is. 13. 2. Da. 4. 30. Zec. 4. 7. *which destroyest.* ver. 7, 20-23; ch. 25. 9, 18-27. Re. 8. 8; 17. 1-6. *and will.* 2 Pe. 3. 10. Re. 8. 8; 18. 9, 10.

26 *shall not.* See on ver. 37, 43; ch. 50. 12, 13. Is. 13. 19-22; 14. 23. *desolate for ever. Heb.* everlasting desolations. ch. 50. 40, 41. Is. 34. 8-17. Re. 18. 20-24.

27 *ye up.* ver. 12; ch. 6. 1; 50. 2, 41. Is. 13. 2-5; 18. 3. Am. 3. 6. Zec. 14. 2. *prepare.* ch. 25. 14. *Ararat.* BOCHART reasonably concludes *Ararat* and *Minni* to be the greater and less *Armenia;* and *Ashchenaz* he thinks formed part of *Phrygia* near the Hellespont, part of that country being called *Ascania* by HOMER. Cyrus had conquered Armenia, defeated Crœsus king of Lydia, (B.C. 548,) and subdued several nations from the Egean sea to the Euphrates, before he marched against Babylon; and XENOPHON also informs us that there were not only Armenians, but both Phrygians and Cappadocians in the army of Cyrus. Ge. 8. 4. *Ashchenaz.* Ge. 10. 3, Ashkenaz. 1 Ch. 1. 6. *cause.* See on ver. 14; ch. 46. 23; 50. 41, 42. Ju. 6. 5. Joel 2. 2, 3. Na. 3. 15-17. Re. 9. 7-11. After Cyrus had been the instrument in the hands of God of taking Babylon, he marched against Tomyris, queen of the Massagetæ, a Scythian nation, and was totally defeated, (B.C. 530.) The victorious queen, who had lost her son in a previous battle, was so incensed against Cyrus, that she cut off his head, and threw it into a vessel filled with human blood, exclaiming, *Satia te sanguine, quem sitisti.*

28 *the kings.* ver. 11; ch. 25. 25. Ge. 10. 2. 1 Ch. 1. 5, Madia. Es. 1. 3; 10. 2. Is. 13. 17; 21. 2. Da. 5. 28-30; 6. 8; 8. 3, 4, 20; 9. 1.

29 *the land.* ch. 8. 16; 10. 10; 50. 36, 43. Is. 13. 13, 14; 14. 16. Joel 2. 10. Am. 8. 8. *every.* ver. 11, 12, 43, 62-64; ch. 50. 13, 39, 40, 45. Is. 13. 19, 20; 14. 23, 24; 46. 10, 11; ch. 47. Re. 18. 2, 21-24.

30 *The mighty.* Accordingly the Babylonians, after the loss of a battle or two, never recovered their courage to face the enemy in the field, they retired within their walls; and the first time that Cyrus came with his army before the place he could not provoke them to venture forth, though he challenged the king to fight a duel with him; and the last time he came he consulted with his officers respecting the best mode of carrying on the siege, 'since,' said he, 'they do not come out to fight.' ver. 32, 57; ch. 48. 41; 50. 36, 37. Ps. 76. 5. Is. 13. 7, 8; 19. 16. Na. 3. 13. Re. 18. 10. *her bars.* ch. 50. 36, marg. Ps. 107. 16; 147. 13. Is. 45. 1, 2. La. 2. 9. Am. 1. 5. Na. 3. 13.

31 *post.* ch. 4. 20; 50. 24. 1 Sa. 4. 12-18. 2 Sa. 18. 19-31. 2 Ch. 30. 6. Es. 3. 13-15; 8. 10, 14. Job 9. 25. *to shew.* ch. 50. 43. Is. 21. 3-9; 47. 11-13. Da. 5. 2-5, 30.

32 *the passages.* ch. 50. 38. Is. 44. 27. *the men.* ver. 30; ch. 50. 37.

33 *is like.* Is. 21. 10; 41. 15, 16. Am. 1. 3. Mi. 4. 13. Hab. 3. 12. *it is time to thresh her. or,* in the time that he thresheth her. *the time.* Is. 17. 5, etc.; 18. 5. Ho. 6. 11. Joel 3. 13. Mat. 13. 30, 39. Re. 14. 15-20.

34 *the king.* See on ver. 49; ch. 39. 1-8; 50. 7, 17. La. 1. 1, 14, 15. *he hath made.* ch. 48. 11, 12. Is. 24. 1-3; 34. 11. Na. 2. 2, 9, 10. *swallowed.* ver. 44. Job 20. 15. Pr. 1. 12. La. 2. 16. Eze. 36. 3. Am. 8. 4. Mat. 23. 14.

35 *The violence. Heb.* My violence. ch. 50. 29. Ju. 9. 20, 24, 56, 57. Ps. 9. 12; 12. 5; 137. 8, 9. Is. 26. 20, 21. Zec. 1. 15. Mat. 7. 2. Ja. 2. 13. Re. 6. 10; 16. 6; 18. 6, 20. *flesh. or,* remainder. *inhabitant. Heb.* inhabitress.

36 *I will plead.* See on ch. 50. 33, 34. Ps. 140. 12. Pr. 22. 23; 23. 11. Is. 43. 14; 47. 6-9; 49. 25, 26 Mi. 7. 8-10. Hab. 2. 8-17. *take.* De. 32. 35, 43. Ps. 94. 1-3. Ro. 12. 19. He. 10. 30, 31. Re. 19. 1-3. *and I will.* ch. 50. 38. Ps. 107. 33. Is. 44. 27. Re. 16. 12.

37 *become.* ver. 25, 26, 29; ch. 25. 9, 12, 18; 50. 12, 13, 23-26, 38-40. Is. 13. 19-22; 14. 23; 34. 8-17. Re. 18. 2, 21-23. *an hissing.* ch. 18. 16; 19. 8; 29. 18. 2 Ch. 29. 8. La. 2. 15, 16. Mi. 6. 16. Zep. 2. 15.

38 *roar.* ch. 2. 15. Job 4. 10, 11. Ps. 34. 10; 58. 6. Is. 35. 9. Na. 2. 11-13. Zec. 11. 3. *yell. or,* shake themselves. Ju. 16. 20.

39 *their heat.* ch. 25. 27. Is. 21. 4, 5; 22. 12-14. Da. 5. 1-4, 30. Na. 1. 10; 3. 11. *and sleep.* ver. 57. Ps. 13. 3; 76. 5, 6.

40 ch. 50. 27. Ps. 37. 20; 44. 22. Is. 34. 6. Eze. 39. 18.

41 *Sheshach. Sheshach* was probably an idol worshipped at Babylon, from which the city derived this name; and the festival which was held when the city was taken, when they were *heated* with wine, was perhaps observed in honour of it. ch. 25. 26. Da. 5. 1-3. *the praise.* ch. 49. 25; 50. 23. Is. 13. 19; 14. 4. Da. 2. 38; 4. 22, 30; 5. 4, 5. Re. 18. 10-19. *an astonishment.* ver. 37; ch. 50. 46. De. 28. 37. 2 Ch. 7. 21. Eze. 27. 35.

42 Ps. 18. 4, 16; 42. 7; 65. 7; 93. 3. Is. 8. 7, 8. Eze. 27. 26-34. Da. 9. 26. Lu. 21. 25. Re. 17. 15, 16.

43 *cities.* See on ver. 29, 37; ch. 50. 39, 40. *a land.* ch. 2. 6. Is. 13. 20. Eze. 29. 10, 11.

44 *I will punish.* ver. 18. 47; ch. 50. 2. Is. 46. 1, 2. *I will bring.* See on ver. 34. 2 Ch. 36. 7. Ezr. 1. 7. Da. 1. 2; 5. 2-4, 26. *the nations.* Is. 2. 2; 60. 5. Da. 3. 2, 3, 29; 4. 1, 22; 5. 19, 31. Re. 18. 9-19. *the wall.* ver. 53, 58.

45 *go.* ver. 6, 9, 50; ch. 50. 8. Is. 48. 20. Zec. 2. 7. Re. 14. 8-11; 18. 4. *deliver.* Ge. 19. 12-16. Nu. 16. 26. Ac. 2. 40. 2 Co. 6. 17.

46 *lest. or,* let not. 2 Ki. 19. 7. Mat. 24. 6-8. Mar. 13. 7, 8. Lu. 21. 9-19, 28. *a rumour shall.* Is. 13. 3-5; 21. 2, 3. *ruler against.* Ju. 7. 22. 1 Sa. 14. 16-20. 2 Ch. 20. 23. Is. 19. 2.

47 *I will.* ver. 52. See on ch. 50. 2. Is. 21. 9; 46. 1, 2. *do judgment upon. Heb.* visit upon. ver. 18; ch. 11. 22; 13. 21; 23. 34; 25. 12, margins. *her whole.* ver. 24, 43; ch. 50. 12-16, 35-40.

48 *the heaven.* ver. 10. Ps. 58. 10, 11. Pr. 11. 10. Is. 44. 23; 48. 20; 49. 13. Re. 15. 1-4; 16. 4-7; 18. 20; 19. 1-7. *the spoilers.* ver. 11; ch. 50. 3, 9, 41.

49 *As Babylon,* etc. *or,* Both Babylon *is* to fall, O ye slain of Israel, and with Babylon shall fall the slain of all the country. *hath.* ver. 10, 11, 24, 35; ch. 50. 11, 17, 18, 29, 33, 34. Ju. 1. 7. Ps. 137. 8, 9. Mat. 7. 2. Ja. 2. 13. Re. 18. 5, 6.

50 *escaped.* ver. 6, 45; ch. 31. 21; 44. 28; 50. 8. Is. 48. 20; 51. 11; 52. 2, 11, 12. Zec. 2. 7-9. Re. 18. 4. *remember.* ch. 29. 12-14. De. 4. 29-31; 30. 1-4. Ezr. 1. 3-5. Ne. 1. 2-4; 2. 3-5. Ps. 102. 13, 14; 137. 5, 6. Da. 9. 2, 3, 16-19. *Jerusalem.* Ps. 122. 6.

51 *are confounded.* ch. 3. 22-25; 31. 19. Ps. 74. 18-21; 79. 4, 12; 123. 3, 4; 137. 1-3. La. 2. 15-17; 5. 1. Eze. 36. 30. *shame.* ch. 3. 25; 14. 3. Ps. 44. 13-16; 69. 7-13; 71. 13; 109. 29. Eze. 7. 18. Mi. 7. 10. *for strangers.* ch. 52. 13. Ps. 74. 3-7; 79. 1. La. 1. 10; 2. 20. Eze. 7. 21, 22; 9. 7; 24. 21. Da. 8. 11-14; 9. 26, 27; 11. 31. Re. 11. 1, 2.

52 *that I.* ver. 47; ch. 50. 38. *her graven images.* This was verified when Xerxes destroyed all the temples of Babylon, B.C. 479. *the wounded.* Is. 13. 15, 16. Eze. 30. 24. Da. 5. 30, 31.

53 *mount.* ver. 25, 58; ch. 49. 16. Ge. 11. 4. Ps. 139. 8-10. Is. 14. 12-15; 47. 5, 7. Eze. 31. 9-11. Da. 4. 30. Am. 9. 4. Ob. 3, 4. *from.* ver. 1-4, 11, 48; ch. 50. 9, 10, 21, 25, 31-34, 45. Is. 10. 6, 7; 13. 2-5, 17; 41. 25; 45. 1-5.

54 ch. 48. 3-5; 50. 22, 27, 43, 46. Is. 13. 6-9; 15. 5. Zep. 1. 10. Re. 18. 17-19.

55 *destroyed.* ver. 38, 39; ch. 25. 10; 50. 10-15. Is. 15. 1; 24. 8-11; 47. 5. Re. 18. 22, 23. *her waves.* Ps. 65. 7; 93, 3, 4. Is. 17. 13. Eze. 26. 3. Lu. 21. 25. Re. 17. 15.

56 *the spoiler.* ver. 48; ch. 50. 10. Is. 21. 2. Hab. 2. 8. Re. 17. 16. *her mighty.* ver. 30; ch. 50. 36. *every.* ch. 49. 35. Ge. 49. 24. 1 Sa. 2. 4. Ps. 37. 15; 46. 9; 76. 3. Eze. 39. 3, 9. *the Lord.* ver. 6, 24; ch. 50. 28, 29. De. 32. 35. Ps. 94. 1, 2; 137. 8. Is. 34. 8; 35. 4; 59. 18. 2 Th. 1. 6. Re. 18. 5, 6, 20; 19. 2.

57 *I will.* ver. 39; ch. 25. 27. Is. 21. 4, 5. Da. 5. 1-4, 30, 31. Na. 1. 10. Hab. 2. 15-17. Re. 18. 6, 7, 9. *sleep a.* Ps. 76. 5, 6. Is. 37. 36. *the king.* See on ch. 46. 18; 48. 15. Mal. 1. 14.

58 *The broad walls of Babylon. or,* The walls of broad Babylon. According to the testimony of HERODOTUS, the circumference of the walls of Babylon was 480 stadia, or 60 miles, their breadth 50 cubits, and their height 200 cubits; but when Darius became master of the place, B.C. 516, he took away all their 100 gates of brass, and beat down their walls to 50 cubits; and now not a vestige of these immense fortifications remains, to mark the site of this once mighty city! ver. 44; ch. 50. 15. *broken. or,* made naked. *high gates.* ver. 30. Is. 45. 1, 2. *the people.* ver. 9, 64. Ps. 127. 1. Is. 65. 23. Hab. 2. 13.

59 *Neriah.* ch. 32. 12; 36. 4; 45. 1. *with. or,* on the behalf of. *quiet prince. or,* prince of Menucha, *or* chief chamberlain.

60 ch. 30. 2, 3; 36. 2-4, 32. Is. 8. 1-4; 30. 8. Da. 12. 4. Hab. 2. 2, 3. Re. 1. 11, 19.

61 *and shalt see.* Mat. 24. 1. Mar. 13. 1. *read.* ch. 29. 1, 2. Col. 4. 16. 1 Th. 4. 18; 5. 27. Re. 1. 3.

62 *to cut.* See on ver. 25, 26, 29, 37; ch. 50. 3, 13, 39, 40. Is. 13. 19-22; 14. 22, 23. Re. 18. 20-23. *desolate. Heb.* desolations. ch. 25. 9, 12. Eze. 35. 9.

63 *thou shalt bind.* This was the emblem of its overthrow and irretrievable ruin; and the same emblem is employed in Re. 18. 21, to denote the utter ruin of mystical Babylon. ch. 19. 10, 11. Re. 18. 21.

64 *Thus shall.* ver. 42; ch. 25. 27. Na. 1. 8, 9. Re. 14. 8; 18. 2, 21. *they shall.* ver. 58. Hab. 2. 13. Ps. 76. 12. *Thus far.* Job 31. 40. Ps. 72. 20.

## CHAP. LII.

*Zedekiah rebels, 1-3. Jerusalem is besieged and taken, 4-7. Zedekiah's sons killed, and his own eyes put out, 8-11. Nebuzar-adan burns and spoils the city, 12-23. He carries away the captives, 24-27. The number of Jews carried captive, 28-30. Evil-merodach advances Jehoiachin, 31-34.*

1 A.M. 3406-3416. B.C. 598-588. *one.* 2 Ki. 24. 18. 2 Ch. 36. 11. *began to reign. Heb.* reigned. *Libnah.* Jos. 10. 29; 15. 42.

2 *he did.* 1 Ki. 14. 22. 2 Ki. 24. 19, 20. 2 Ch. 36. 12, 13. Eze. 17. 16-20; 21. 25. *according.* ch. 26. 21-23; 36. 21-23, 29-31.

3 *through.* 2 Sa. 24. 1. 1 Ki. 10. 9. Pr. 28. 2. Ec. 10. 16. Is. 3. 4, 5; 19. 4. *Zedekiah.* 2 Ch. 36. 13. Eze. 17. 15-21.

4 A.M. 3414. B.C. 590. *the ninth year.* ch. 39. 1. 2 Ki. 25. 1-27. Eze. 24. 1, 2. *in the tenth month.* Zec. 8. 19. *pitched.* ver. 7; ch. 6. 3-6; 32. 24. Le. 26. 25. De. 28. 52-57. Is. 29. 3; 42. 24, 25. Eze. 4. 1-7; 21. 22. Lu. 19. 43; 21. 20.

6 A.M. 3416. B.C. 588. *the fourth.* ch. 39. 2. 2 Ki. 25. 3. Zec. 8. 19. *the famine.* ch. 15. 2; 19. 9; 21. 9; 25. 10; 38. 9. Le. 26. 26. De. 28. 52, 53; 32. 24. Is. 3. 1. La. 4. 4-6; 5. 10. Eze. 4. 9-17; 5. 10-12 7. 15; 14. 21.

7 *the city.* ch. 34. 2, 3. 2 Ki. 25. 4. *all the men.* See on ch. 39. 4-7; 49. 26; 51. 32. Le. 26. 17, 36. De. 28. 25; 32. 30. Jos. 7. 8-12.

8 ch. 21. 7; 32. 4; 34. 21; 37. 18; 38. 23; 39. 5. Is. 30. 16, 17. La. 4. 19, 20. Eze. 12. 12-14; 17. 20, 21. Am. 2. 14, 15; 9. 1-4.

9 *they took.* ch. 32. 4, 5. 2 Ch. 33. 11. Eze. 21. 25-27. *Riblah.* ch. 39. 5. 2 Ki. 23. 33; 25. 6. *Hamath.* Nu. 13. 21. Jos. 13. 5. 1 Ki. 8. 65. 2 Ch. 8. 3.

10 *slew.* ch. 22. 30; 39. 6, 7. Ge. 21. 16; 44. 34. De. 28. 34. 2 Ki. 25. 7. *he slew.* ver. 24-27. 2 Ki. 25. 18-21. Eze. 9. 6; 11. 7-11.

11 *put out the eyes of Zedekiah. Heb.* blinded. Zedekiah. ch. 34. 3-5. Eze. 12. 13. *chains. or,* fetters. *prison. Heb.* house of the wards.

12 *fifth.* 2 Ki. 25. 8. Zec. 7. 3-5; 8. 19. *the tenth.* It appears from the parallel passage of Kings, that Nebuzar-adan came from Riblah to Jerusalem on the *seventh* of the fifth month; but it seems that he did not set fire to the temple and city till the *tenth* day, being probably occupied on the intervening days in taking the vessels out of the house of the Lord, and collecting together all the riches that could be found. In memory of this calamity, the Jews keep two fasts to this day; the seventeenth of the fourth month, which falls in June, for the destruction of Jerusalem, and the ninth of the fifth month, which falls in July, for the destruction of the temple; both of which are mentioned by Zechariah as kept from this event till his time, a period of seventy years, under the names of the fast of the fourth month, and the fast of the fifth month. *the nineteenth.* ver. 29. 2 Ki. 24. 12; 25. 8. *captain of the guard. or,* chief marshal. *Heb.* chief of the executioners, *or* slaughtermen, and so ver. 14; ch. 39. 9. Ge. 37. 36, margins. *served Heb.* stood before.

13 *burned.* ch. 7. 14. 2 Ki. 25. 9. 2 Ch. 36. 19. Ps. 74. 6-8; 79. 1. Is. 64. 10, 11. La. 2. 7. Eze. 7. 20-22; 24. 21. Mi. 3. 12. Zec. 11. 1. Mat. 24. 2. Ac. 6. 13, 14. *the king's.* ch. 22. 14; 34. 22; 37. 8-10; 38, 23; 39. 8, 9. Eze. 24. 1-14. Am. 2. 5 · 3. 10, 11; 6. 11.

14 *brake.* 2 Ki. 25. 10. Ne. 1. 3.

15 *carried.* ch. 15. 1, 2. Zec. 14. 2.

16 *certain.* ch. 39. 9, 10; 40. 5-7. 2 Ki. 25. 12. Eze. 33. 24.

17 *pillars.* ver. 21-23; ch. 27. 19-22. 1 Ki. 7. 15-22, 27, 50. 2 Ki. 25. 13-17. 2 Ch. 4. 12, 13; 36. 18. La. 1. 10. Da. 1. 2. *the bases.* 1 Ki. 7. 23-26. 2 Ch. 4. 14, 15.

18 *caldrons.* Ex. 27. 3; 38. 3. 2 Ki. 25. 14-16. Eze. 46. 20-24. *the shovels. or,* instruments to remove the ashes. Nu. 4. 14. 1 Ki. 7. 40, 45. 2 Ch. 4. 11, 16. *the snuffers.* Ex. 37. 23. 2 Ch. 4. 22. *bowls. or,* basons. Ex. 25. 29; 37. 16. Nu. 4. 7, 14. 1 Ki. 7. 50. 1 Ch. 28. 17. 2 Ch. 4. 8. Ezr. 1. 10. *the spoons.* Nu. 7. 13, 14, 19, 20, 26, 32, 38, 44, 50, 56, 62, 84, 86. 2 Ch. 24. 14.

19 *fire pans. or,* censers. Le. 26. 12. Nu. 16. 46. Re. 8. 3-5. *and the candlesticks.* Ex. 25. 31-39. 1 Ki. 7. 49. 2 Ch. 4. 6-23.

20 *two.* ver. 17. *the brass. Heb.* their brass. *without.* 1 Ki. 7. 47. 2 Ki. 25. 16. 1 Ch. 22. 14. 2 Ch. 4. 18.

21 *concerning.* 1 Ki. 7. 15-21. 2 Ki. 25. 17. 2 Ch. 3. 15-17. *fillet. Heb.* thread.

22 *with network.* Ex. 28. 14-22, 25; 39. 15-18. 1 Ki. 7. 17. 2 Ch. 3. 15; 4. 12, 13.

23 *all the.* 1 Ki. 7. 20.

24 *the captain.* See on ver. 12, 15. 2 Ki. 25. 18. *Seraiah.* 1 Ch. 6. 14. Ezr. 7. 1. *Zephaniah.* ch. 21. 1; 29. 25, 29; 37. 3. 2 Ki. 25. 18. *door. Heb.* threshold. ch. 35. 4. 1 Ch. 9. 19-26. Ps. 84. 10, marg.

25 *an eunuch.* 2 Ki. 25. 19. *were near the king's person. Heb.* saw the face of the king. Es. 1. 14. Mat. 18. 10. *principal scribe of the host. or,* scribe of the captain of the host.

27 *the king.* ch. 6. 13-15. 2 Ki. 25. 20, 21. Eze. 8. 11-18; 11. 1-11. *Riblah.* See on ver. 9. Nu. 34. 8-11. 2 Sa. 8. 9. *Thus.* ch. 24. 9, 10; 25. 9-11; 39. 10. Le. 26. 33-35. De. 4. 26; 28. 36, 64. 2 Ki. 17. 20, 23; 23. 27; 25. 21. Is. 6. 11, 12; 24. 3; 27. 10; 32. 13, 14. Eze. 33. 28. Mi. 4. 10.

28 A.M. 3404. B.C. 600. *in the.* 2 Ki. 24. 2, 3, 12-16. Da. 1. 1-3.

29 A.M. 3415. B.C. 589. *the eighteenth.* ver. 12; ch. 39. 9. 2 Ki. 25. 11. 2 Ch. 36. 20. *persons. Heb.* souls. Ge. 12. 5. Ex. 1. 5.

30 *carried.* ver. 15; ch. 6. 9.

31 A.M. 3442. B.C. 562. *it came.* 2 Ki. 25. 27-30. *in the twelfth.* Nearly answering to our 25th of April, A.M. 3442. *king of Babylon.* Pr. 21. 1. *lifted up.* This phrase is founded on the observation that those in sorrow *hold down* their heads; and, when comforted, or the cause of their sorrow removed, they *lift up* their heads. Ge. 40. 13, 20. Job 22. 29. Ps. 3. 3; 27. 6.

32 *kindly unto him. Heb.* good things with him. Pr. 12. 25. *set.* Gave him a more respectable *seat* than any of the captive princes. ch. 27. 6-11. Da. 2. 37; 5. 18, 19.

33 *changed.* Presented him with a *caftan,* or robe, as a mark of favour, as is still the practice in the East. Ge. 41. 14, 42. Ps. 30. 11. Is. 61. 1-3. Zec. 3. 4. *he did.* 2 Sa. 9. 7, 13. 1 Ki. 2. 7.

34 *there was.* 2 Sa. 9. 10. Mat. 6. 11. *every day a portion. Heb.* the matter of the day in his day. Lu. 11. 3.

# The LAMENTATIONS of JEREMIAH.

B.C. 588. A.M. 3416.

## CHAP. I.

*The miseries of Jerusalem and of the Jews pathetically lamented, with confessions of their sins, 1-11. The attention and compassion of beholders demanded to this unprecedented case, 12-17. The justice of God acknowledged, and his mercy supplicated, with prayers against insulting foes, 18-22.*

1 *How doth.* The LXX. have the following words as an introduction: 'And it came to pass after Israel had been carried captive, and Jerusalem was become desolate, that Jeremiah sat weeping, and lamented with this lamentation over Jerusalem, and said.' ch. 2. 1; 4. 1. Is. 14. 12. Je. 50. 23. Zep. 2. 15. Re. 18. 16, 17. *sit.* ch. 2. 10. Is. 3. 26; ch. 47; 50. 5; 52. 2, 27. Je. 9. 11. Eze. 26. 16. *full.* Ps. 122. 4. Is. 22. 2. Zec. 8. 4, 5. *as a.* Is. 47. 8, 9; 54. 4. Re. 18. 7. *great.* 1 Ki. 4. 21. 2 Ch. 9. 26. Ezr. 4. 20. *how is.* ch. 5. 16. 2 Ki. 23. 33, 35. Ne. 5. 4; 9. 37.

2 *weepeth.* ver. 16; ch. 2. 11, 18, 19. Job 7. 3. Ps. 6. 6; 77. 2-6. Je. 9. 1, 17-19; 13. 17. *among.* ver. 19. Je. 4. 30; 22. 20-22; 30. 14. Eze. 16. 37; 23. 22-25. Ho. 2. 7. Re. 17. 13, 16. *none.* ver. 9, 16, 17, 21. Is. 51. 18, 19. *all her friends.* Job 6. 15; 19. 13, 14. Ps. 31. 11. Pr. 19. 7. Mi. 7. 5.

3 *gone.* 2 Ki. 24. 14, 15; 25. 11, 21. 2 Ch. 36. 20, 21. Je. 39 9; 52. 15, 27-30. *because of great servitude. Heb.* for the greatness of servitude. *she.* ch. 2. 9. Le. 26. 36-39. De. 28. 64-67. Je. 24. 9. Eze. 5. 12. *all.* ch. 4. 18, 19. Je. 16. 16; 52. 8. Am. 9. 1-4.

4 *ways.* ch. 2. 6, 7; 5. 13. Is. 24. 4-6. Je. 14. 2. Mi. 3. 12. *all her gates.* ch. 2. 9. Je. 9. 11; 10. 22; 33. 10-12. *her priests.* ver. 11, 12, 18-20; ch. 2. 10, 11, 19-21. Is. 32. 9-14. Joel 1. 8-13.

5 *adversaries.* ch. 2. 17; 3. 46. Le. 26. 17. De. 28. 43, 44. Ps. 80. 6; 89. 42. Is. 63. 18. Je. 12. 7. Mi. 7. 8-10. *for.* ver. 18; ch. 3. 39-43. Le. 26. 15, etc. De. 4. 25-27; 28. 15, etc.; 29. 18-28; 31. 16-18, 29; 32. 15-27. 2 Ch. 36. 14-16. Ne. 9. 33, 34. Ps. 90. 7, 8. Je. 5. 3-9, 29; 23. 14; 30. 14, 15; 44. 21, 22. Eze. 8. 17, 18; 9. 9; 22. 24-31. Da. 9. 7-16. Mi. 3. 9-12. Zep. 3. 1-8. *her children.* Je. 39. 9; 52. 27-30.

6 *from.* 2 Ki. 19. 21. Ps. 48. 2, 3. Is. 1. 21; 4. 5; 12. 6. Zep. 3. 14-17. *all.* ch. 2. 1-7. 2 Sa. 4. 21, 22. Ps. 50. 2; 96. 9; 132. 12, 13. Je. 52. 8, 11, 13. Eze. 7. 20-22; 11. 22, 23; 24. 21, 25. *her princes.* Le. 26. 36, 37. De. 28. 25; 32. 30. Jos. 7. 12, 13. Ps. 44. 9-11. Je. 29. 4; 48. 41; 51. 30-32; 52. 7. *harts.* Je. 14. 5, 6; 47. 3.

7 *remembered.* Job 29. 2, etc.; 30. 1. Ps. 42. 4; 77. 3, 5-9. Ho. 2. 7. Lu. 15. 17; 16. 25. *all her.* De. 4. 7, 8, 34-37; 8. 7-9. Ps. 147. 19, 20. Is. 5. 1-4. *pleasant. or,* desirable. ver. 10. *the adversaries.* ch. 2. 15, 16. Ps. 79. 4; 137. 3, 4. Mi. 4. 11.

8 *hath.* ver. 5, 20. 1 Ki. 8. 46, 47; 9. 7, 9. Is. 59. 2-13. Je. 6. 28. Eze. 14. 13-21; 22. 2-15. *removed. Heb.* become a removing, *or* wandering. Je. 15. 4; 24. 9; 34. 17. Eze. 23. 46, marg. *all.* ch. 4. 15, 16; 5. 12-16. 1 Sa. 2. 30. *they.* ch. 4. 21. Is. 47. 3. Je. 13. 22, 26. Eze. 16. 37-39; 23. 29. Ho. 2. 3, 10. Re. 3. 18. *she sigheth.* ver. 4, 11, 21, 22; ch. 2. 10. Je. 4. 31.

9 *filthiness.* ver. 17. Je. 2. 34; 13. 27. Eze. 24. 12, 13. *she remembereth.* De. 32. 29. Is. 47. 7. Je. 5. 31. 1 Pe. 4. 17. *came.* ver. 1; ch. 4. 1. Is. 3. 8. Je. 13. 17, 18. *she had.* ver. 2, 17, 21; ch. 2. 13. Ec. 4. 1. Is. 40. 2; 54. 11. Ho. 2. 14. Jno. 11. 19. *behold.* Ex. 3. 7, 17; 4. 31. De. 26. 7. 1 Sa. 1. 11. 2 Sa. 16. 12. 2 Ki.

14. 26. Ne. 9. 32. Ps. 25. 18; 119. 153. Da. 9. 17-19. *for.* De. 32. 27. Ps. 74. 8, 9, 22, 23; 140. 8. Is. 37. 4, 17, 23, 29. Je. 48. 26; 50. 29. Zep. 2. 10. 2 Th. 2. 4-8.

10 *spread.* ver. 7. Is. 5. 13, 14. Je. 15. 13; 20. 5; 52. 17-20. *pleasant. or,* desirable. ver. 7. *seen.* Ps. 74. 4-8; 79. 1-7. Is. 63. 18; 64. 10, 11. Je. 51. 51; 52. 13. Eze. 7. 22; 9. 7. *whom.* De. 23. 3. Ne. 13. 1. Eze. 44. 7. Mar. 13. 14.

11 *seek.* ver. 19; ch. 2. 12; 4. 4-10. De. 28. 52-57. 2 Ki. 6. 25. Je. 19. 9; 38. 9; 52. 6. Eze. 4. 15-17; 5. 16, 17. *relieve the soul. Heb.* make the soul to come again. 1 Sa. 30. 11, 12. *see.* ver. 9, 20; ch. 2. 20. Job 40. 4. Ps. 25. 15-19.

12 *Is it nothing. or, It is* nothing. *pass by. Heb.* pass by the way. *if.* The church in distress here magnifies her affliction; and yet no more than there was cause for her groaning was not heavier than her strokes. She appeals to all spectators—see if there be *any* sorrow like unto my sorrow. This might truly be said of the griefs which were suffered in Jerusalem of old; but Christians are apt to apply these words too sensibly and sensitively to themselves, when they are in trouble, and sometimes more than there is reasonable cause to warrant. All men feel most from their own burden, and cannot be persuaded to reconcile themselves to it; how often do they cry out in the words we are illustrating! whereas, if their troubles were to be thrown into a common stock with those of others, and then an equal dividend made, *share and share alike,* rather than approve such an arrangement, each would be ready to say, 'Pray give me my own again.'—HENRY. ch. 2. 13; 4. 6-11. Da. 9. 12. Mat. 24. 21. Lu. 21. 22, 23; 23. 28-31.

13 *above.* ch. 2. 3, 4. De. 32. 21-25. Job 30. 30. Ps. 22. 14; 31. 10; 102. 3-5. Na. 1. 6. Hab. 3. 16. 2 Th. 1. 8. He. 12. 29. *he hath spread.* ch. 4. 17-20. Job 18. 8; 19. 6. Ps. 66. 11. Eze. 12. 13; 17. 20; 32. 3. Ho. 7. 12. *he hath turned.* Ps. 35. 4; 70. 2, 3; 129. 5. Is. 42. 17. *desolate.* ver. 22; ch. 5. 17. De. 28. 65. Je. 4. 19-29.

14 *yoke.* De. 28. 48. Pr. 5. 22. Is. 14. 25; 47. 6. Je. 27. 8, 12; 28. 14. *delivered.* Je. 25. 9; 34. 20, 21; 37. 17; 39. 1-9. Eze. 11. 9; 21. 31; 23. 28; 25. 4, 7. Ho. 5. 14.

15 *trodden.* 2 Ki. 9. 33; 24. 14-16; 25. 4, etc. Ps. 119. 118. Is. 5. 5; 28. 18. Je. 1. 26, marg. Da. 8. 13. Mi. 7. 10. Mal. 4. 3. Lu. 21. 24. He. 10. 29. *crush.* ch. 3. 34. De. 28. 33. Ju. 10. 8, marg. Je. 51. 34. *the virgin,* etc. *or,* the winepress of the virgin, etc. Je. 14. 17. *as in.* Is. 63. 3. Re. 14. 19, 20; 19. 15.

16 *I weep.* ver. 2, 9; ch. 2. 11, 18; 3. 48, 49. Ps. 119. 136. Je. 9. 1, 10; 13. 17; 14. 17. Lu. 19. 41-44. Ro. 9. 1-3. *relieve. Heb.* bring back. Ho. 9. 12. *my children.* ver. 5, 6; ch. 2. 20-22; 4. 2-10. Je. 9. 21.

17 *spreadeth.* 1 Ki. 8. 22, 38. Is. 1. 15. Je. 4. 31. *none.* ver. 2, 9, 16, 19, 21. *commanded.* ch. 2. 1-8, 17-22. 2 Ki. 24. 2-4; 25. 1. Je. 6. 3; 16. 6; 21. 4, 5; 34. 22. Eze. 7. 23, 24. Ho. 8. 8. Lu. 19. 43, 44. *Jerusalem.* ver. 9; ch. 4. 15. Le. 15. 19-27. Eze. 36. 17.

18 *Lord.* Ex. 9. 27. De. 32. 4. Ju. 1. 7. Ezr. 9. 13. Ne. 9. 33. Ps. 119. 75; 145. 17. Je. 12. 1. Da. 9. 7, 14. Zep. 3. 5. Ro. 2. 5; 3. 19. Re. 15. 3, 4; 16. 5-7. *for I.* ch. 3. 42. 1 Sa. 12. 14, 15; 15. 23. Ne. 1. 6-8; 9. 26. Ps. 107. 11. Da. 9. 9-16. *commandment. Heb.* mouth. 1 Ki. 13. 21. *hear.* ver. 12. De. 29. 22-28. 1 Ki. 9. 8, 9. Je. 22. 8, 9; 25. 28, 29; 49. 12. Eze. 14. 22, 23. *my virgins.* ver. 5, 6. De. 28. 32-41.

19 *for.* ver. 2; ch. 4. 17. Job 19. 13-19. Je. 2. 28; 30. 14; 37. 7-9. *my priests.* ver. 11; ch. 2. 20; 4. 7-9; 5. 12. Je. 14. 15-18; 23. 11-15; 27. 13-15.

20 *Behold.* ver. 9, 11. Is. 38. 14. *my bowels.* ch. 2. 11. Job 30. 27. Ps. 22. 14. Is. 16. 11. Je. 4. 19; 31. 20; 48. 36. Ho. 11. 8. Hab. 3. 16. *for.* ver. 18. Le. 26. 40-42. 1 Ki. 8. 47-50. Job 33. 27. Ps. 51. 3, 4. Pr. 28. 13. Je. 2. 35; 3. 13. Lu. 15. 18, 19; 18. 13, 14. *abroad.* ch. 4. 9, 10. De. 32. 25. Je. 9. 21, 22; 14. 18. Eze. 7. 15.

21 *have heard that.* ver. 2, 8, 11, 12, 16, 22. *they are.* ch. 2. 15; 4. 21, 22. Ps. 35. 15; 38. 16; 137. 7. Je. 48. 27; 50. 11. Eze. 25. 3, 6, 8, 15; 26. 2. Ob. 12, 13. *thou wilt.* Is. ch. 13; 14; 47. Je. 25. 17-29; ch. 46-51. Eze. ch. 25-32. Am. ch. 1. *the day.* Ps. 37. 13. Joel 3. 14. *called. or,* proclaimed. *they shall.* ch. 4. 22. De. 32. 41-43. Ps. 137. 8, 9. Is. 51. 22, 23. Je. 50. 15, 29, 31; 51. 24, 49. Mi. 7. 9, 10. Hab. 2. 15-17. Re. 18. 6.

22 *all their.* Ne. 4. 4, 5. Ps. 109. 14, 15; 137. 7-9. Je. 10. 25; 18. 23; 51. 35. Lu. 23. 31. Re. 6. 10. *my heart.* ver. 13; ch. 5. 17. Is. 13. 7. Je. 8. 18. Ep. 3. 13.

## CHAP. II.

*Jeremiah laments the misery of Jerusalem,* 1-19. *He complains thereof to God,* 20-22.

1 *How.* ch. 1. 1; 4. 1. *covered.* ch. 3. 43, 44. Eze. 30. 18; 32. 7, 8. Joel 2. 2. *and cast.* Is. 14. 12-15. Eze. 28. 14-16. Mat. 11. 23. Lu. 10. 15, 18. Re. 12. 7-9. *the beauty* 1 Sa. 4. 21. 2 Sa. 1. 19. Is. 64. 11. Eze. 7. 20-22; 24. 21 *his footstool.* 1 Ch. 28. 2. Ps. 99. 5; 132. 7.

2 *swallowed.* ver. 17, 21; ch. 3. 43. Job 2. 3, marg. Ps 21. 9. Is. 27. 11. Je. 13. 14; 21. 7. Eze. 5. 11; 7. 4, 9; 8. 18; 9. 10. Zec. 11. 5, 6. Mat. 18. 33. *he hath thrown.* ver. 5, 17. Je. 5. 10. Mi. 5. 11, 12. Mal. 1. 4. 2 Co. 10. 4. *brought them down to. Heb.* made to touch. Is. 25. 12; 26. 5. Ps. 9. 39. *polluted.* See on Ps. 89. 39, 40. Is. 23. 9, marg.; 43. 28; 47. 6.

3 *the horn.* Job 16. 15. Ps. 75. 5, 10; 89. 24; 132. 17. Je. 48. 25. Lu. 1. 69. *he hath.* Ps. 74. 11. *he burned.* De. 32. 22. Ps. 79. 5; 89. 46. Is. 1. 31; 42. 25. Je. 4. 4; 7. 20. Mal. 4. 1. Lu. 3. 17.

4 *bent.* ver. 5; ch. 3. 3, 12, 13. Job 6. 4; 16. 12-14. Is. 63. 10. Je. 21. 5; 30. 14. *that were pleasant to the eye. Heb.* the desirable of the eye. Eze. 24. 25. *he poured.* ch. 4. 1. 2 Ch. 34. 21, 25. Is. 42. 25; 51. 17-20; 63. 6. Je. 4. 4; 7. 20; 21. 5, 12; 36. 7. Eze. 5. 13; 6. 12; 22. 22; 36. 18. Na. 1. 2, 6.

5 *was.* ver. 4. Je. 15. 1; 30. 14. *he hath swallowed up Israel.* ver. 2. 2 Ki. 25. 9. 2 Ch. 36. 16, 17. Je. 52. 13. *mourning.* Eze. 2. 10.

6 *he hath violently.* 'He hath destroyed the temple, as if it had been no better than a cottage erected in a garden, while the fruit is gathering, and then removed, or suffered to decay.' Ps. 80. 12; 89. 40. Is. 5. 5; 63. 18; 64. 11. *tabernacle. or,* hedge. *as if.* Is. 1. 8. *caused.* ch. 1. 4. Zep. 3. 18. *the king.* ch. 4. 16, 20; 5. 12. Is. 43. 28. Je. 52. 11-27. Eze. 12. 12, 13; 17. 18. Mal. 2. 9.

7 *cast off.* ver. 1. Le. 26. 31, 44. Ps. 78. 59-61. Is. 64. 10, 11. Je. 7. 12-14; 26. 6, 18; 52. 13. Eze. 7. 20-22; 24. 21. Mi. 3. 12. Mat. 24. 2. Ac. 6. 13, 14. *given up. Heb.* shut up. ver. 5. 2 Ch. 36. 19. Je. 32. 29; 33. 3, 4; 39. 8. Eze. 7. 24. Am. 2. 5. *they have.* Ps. 72. 4, etc.; 74. 3-8. Eze. 7. 21, 22.

8 *purposed.* ver. 17. Is. 5. 5. Je. 5. 10. *stretched.* 2 Sa. 8. 2. 2 Ki. 21. 13. Is. 28. 17; 34. 11. Am. 7. 7, 8. *he hath not.* Job 13. 21. Eze. 20. 22. *destroying. Heb.* swallowing up. ver. 2, 5. *he made.* Is. 3. 26. Je. 14. 2.

9 *gates.* Ne. 1. 3. Je. 39. 2, 8; 51. 30; 52. 14. *her king.* ch. 1. 3; 4. 15, 20. De. 28. 36. 2 Ki. 24. 12-16; 25. 7. Je. 52. 8, 9. Eze. 12. 13; 17. 20. *the law.* 2 Ch. 15. 3. Eze. 7. 26. Ho. 3. 4. *her prophets.* Ps. 74. 9. Am. 8. 11, 12. Mi. 3. 6, 7.

10 *elders.* ch. 4. 5, 16; 5. 12, 14. Job 2. 13. Is. 3. 26; 47. 1, 5. *sit. Sitting on the ground* was a posture of mourning and deep distress. Hence the coin struck by Vespasian, on the capture of Jerusalem, has on the obverse side a palm tree, the emblem of Judea, and under it a woman, the emblem of Jerusalem, sitting down, with her elbow on her knee, and her head supported by her hand, with the legend *Judæa capta.* See ch. 1. 1. *and keep.* ch. 3. 28. Je. 8. 14. Am. 5. 13; 8. 3. *cast up.* Jos. 7. 6. 2 Sa. 13. 19. Job 2. 12. Re. 18. 19. *they have girded.* Is. 15. 3; 36. 22. Eze. 7. 18; 27. 31. Joel 1. 8. *the virgins.* ch. 1. 4. Am. 8. 13.

11 *eyes.* ch. 1. 16; 3. 48-51. 1 Sa. 30. 4. Ps. 6. 7; 31. 9; 69. 3. Is. 38. 14. *my bowels.* ch. 1. 20. Je. 4. 19. *my liver.* Job 16. 13. Ps. 22. 14. *for.* ch. 4. 10. Is. 22. 4. Je. 8. 19-22; 9. 1; 14. 17. *because.* ver. 19, 20; ch. 4. 3, 4, 9, 10. Lu. 23. 29. *swoon. or,* faint.

12 *as the.* Eze. 30. 24. *soul.* Is. 53. 12.

13 *shall I take.* ch. 1. 12. Da. 9. 12. *for.* 2 Sa. 5. 20. Ps. 60. 2. Je. 14. 17. Eze. 26. 3, 4. *who can.* Je. 8. 22; 30. 12-15; 51. 8, 9.

14 *prophets.* Is. 9. 15, 16. Je. 2. 8; 5. 31; 6. 13, 14; 8. 10, 11; 14. 13-15; 23. 11-17; 27. 14-16; 28. 15; 29. 8, 9; 37. 19. Eze. 13. 2-16. Mi. 2. 11; 3. 5-7. 2 Pe. 2. 1-3. *they have.* Is. 58. 1. Je. 23. 22. Eze. 13. 22. *false.* Je. 23. 14-17, 31, 32; 27. 9, 10. Eze. 22. 25, 28. Mi. 3. 5. Zep. 3. 4.

15 The combination of scorn, enmity, rage, and exultation, which the conquerors and spectators manifested at the destruction of Jerusalem and the temple, are here described with peculiar pathos and energy. The whole scene is presented to view as in an exquisitely finished historical painting. *that pass.* De. 29. 22-28. 1 Ki. 9. 7-9. 2 Ch. 7. 21. Je. 18. 16. *by. Heb.* by the way. *clap.* ch. 1. 8. Job 27. 22, 23. Eze. 25. 6. Na. 3. 19. *they.* ver. 16. Je. 19. 8; 25. 9, 18; 29. 18; 51. 37. Mi. 6. 16. Zep. 2. 15. *wag.* 2 Ki. 19. 21. Ps. 22. 7; 44. 14, 15. Is. 37. 22. Je. 18. 16. Mat. 27. 39. Mar. 15. 29. *Is this.* ver. 6. Ps. 48. 2; 50. 2. Is. 64. 11.

16 *thine.* ch. 3. 46. Job 16. 9, 10. Ps. 22. 13; 35. 21;

109. 2. *gnash.* Ps. 35. 16; 37. 12; 112. 10. Ac. 7. 54. *We have swallowed.* Ps. 56. 2; 57. 3; 124. 3. Is. 49. 19. Je. 50. 7, 17; 51. 34. Eze. 25. 3, 6, 15; 36. 3. Ho. 8. 8. Zep. 2. 8-10. *we have seen.* Ps. 35. 21; 41. 8. Ob. 12-16.

17 *done.* ver. 8. Le. 26. 14, etc. De. 28. 15, etc.; 29. 18-23; 31. 16, 17; 32. 15-27. Je. 18. 11. Mi. 2. 3. *he hath thrown.* ver. 1, 2. Eze. 5. 11; 7. 8, 9; 8. 18; 9. 10. *he hath caused.* ch. 1. 5. De. 28. 43, 44. Ps. 38. 16; 89. 42.

18 *heart.* Ps. 119. 145. Is. 26. 16, 17. Ho. 7. 14. *O wall.* ver. 8. Hab. 2. 11. *let tears.* ch. 1. 2, 16; 3. 48, 49. Ps. 119. 136. Je. 4. 31; 9. 1, 17, 18; 13. 17; 14. 17. *the apple. Bath ayin,* which sometimes means the *pupil* of the eye, seems here to denote *tears,* the produce of the eye; and therefore elegantly termed the *daughter of the eye.*

19 *cry out.* Ps. 42. 8; 62. 8; 119. 55, 147, 148. Is. 26. 9. Mar. 1. 35. Lu. 6. 12. *watches.* Ju. 7. 19. Mat. 14. 25. Mar. 13. 35. *pour.* 1 Sa. 1. 15; 7. 6. Job 3. 24. Ps. 62. 8; 142. 2. *lift up.* Ps. 28. 2; 63. 4; 134. 2; 141. 2. 1 Ti. 2. 8. *that faint.* ver. 11, 12; ch. 4. 1-9. Is. 51. 20. Eze. 5. 10, 16. Na. 3. 10.

20 *consider.* Ex. 32. 11. De. 9. 26. Is. 63. 16-19; 64. 8-12. Je. 14. 20, 21. *Shall the women.* ch. 4. 10. Le. 26. 29. De. 28. 53-57. 2 Ki. 6. 28, 29. Je. 19. 9. Eze. 5. 10. *of a span long. or,* swaddled with their hands. *shall the priest.* ch. 1. 19; 4. 13, 16. Ps. 78. 64. Is. 9. 14-17. Je. 5. 31; 14. 15-18; 23. 11-15. Eze. 9. 5, 6.

21 *young.* De. 28. 50. Jos. 6. 21. 1 Sa. 15. 3. 2 Ch. 36. 17. Es. 3. 13. Je. 51. 22. Eze. 9. 6. *my virgins.* ch. 1. 15, 18. Ps. 78. 63. Je. 9. 21; 11. 22; 18. 21. Am. 4. 10. *thou hast killed.* ver. 2, 17; ch. 3. 43. Is. 27. 11. Je. 13. 14; 21. 7. Eze. 5. 11; 7. 4, 9; 8. 18; 9. 5, 10. Zec. 11. 6.

22 *my terrors.* Ps. 31. 13. Is. 24. 17, 18. Je. 6. 25; 20. 3; 46. 5. Am. 9. 1-4. *those.* De. 28. 18. Je. 16. 2-4. Ho. 9. 12-16. Lu. 23. 29, 30.

## CHAP. III.

*The prophet bewails his own calamities,* 1-21. *By the mercies of God he nourishes his hope,* 22-36. *He acknowledges God's justice,* 37-54. *He prays for deliverance,* 55-63, *and vengeance on his enemies,* 64-66.

1 *the man.* ch. 1. 12-14. Job 19. 21. Ps. 71. 20; 88. 7, 15, 16. Is. 53. 3. Je. 15. 17, 18; 20. 14-18; 38. 6. *his wrath.* That is, the wrath of God.

2 *brought.* ver. 53-55; ch. 2. 1. De. 28. 29. Job 18. 18; 30. 26. Is. 59. 9. Je. 13. 16. Am. 5. 18-20. Jude 6, 13.

3 ch. 2. 4-7. De. 29. 20. Job 31. 21. Is. 1. 25; 63. 10.

4 *My flesh.* Job 16. 8, 9. Ps. 31. 9, 10; 32. 3; 38. 2-8; 102. 3-5. *he hath.* Ps. 22. 14; 51. 8. Is. 38. 13. Je. 50. 17.

5 *builded.* ver. 7-9. Job 19. 8. *gall.* ver. 19. Ps. 69. 21. Je. 8. 14; 9. 15; 23. 15.

6 *in dark.* Ps. 88. 5, 6; 143. 3, 7.

7 *hedged.* ver. 9. Job 3. 23; 19. 8. Ps. 88. 8. Je. 38. 6. Ho. 2. 6. *made.* ch. 1. 14; 5. 5. Da. 9. 12.

8 ver. 44. Job 19. 7; 30. 20. Ps. 22. 2; 80. 4. Hab. 1. 2. Mat. 27. 46.

9 *made.* ver. 11. Is. 30. 28; 63. 17.

10 *unto.* Job 10. 16. Is. 38. 13. Ho. 5. 14; 6. 1; 13. 7, 8. Am. 5. 18-20. *in secret.* Ps. 10. 9; 17. 12.

11 *pulled.* Job 16. 12, 13. Ps. 50. 22. Je. 5. 6; 51. 20-22. Da. 2. 40-44; 7. 23. Mi. 5. 8. Ho. 6. 1. *he hath made.* ch. 1. 13. Job 16. 7. Is. 3. 26. Je. 6. 8; 9. 10, 11; 19. 8; 32. 43. Mat. 23. 38. Re. 18. 19.

12 *bent.* Job 6. 4; 7. 20; 16. 12, 13. Ps. 7. 12, 13; 38. 2.

13 *arrows. Heb.* sons.

14 ver. 63. Ne. 4. 2-4. Job 30. 1-9. Ps. 22. 6, 7; 35. 15, 16; 44. 13; 69. 11, 12; 79. 4; 123. 3, 4; 137. 3. Je. 20. 7; 48. 27. Mat. 27. 39-44. 1 Co. 4. 9-13.

15 *filled.* ver. 19. Ru. 1. 20. Job 9. 18. Ps. 60. 3. Is. 51. 17-22. Je. 9. 15; 23. 15; 25. 15-18, 27. *bitterness. Heb.* bitternesses.

16 *broken.* Job 4. 10. Ps. 3. 7; 58. 6. *gravel.* Pr. 20. 17. Mat. 7. 9. Lu. 11. 11. *he hath.* Ps. 102. 9. *covered me with ashes. or,* rolled me in the ashes. Job 2. 8. Je. 6. 26. Jon. 3. 6.

17 *thou.* ch. 1. 16. Ps. 119. 155. Is. 38. 17; 54. 10; 59. 11. Je. 8. 15; 14. 19; 16. 5. Zec. 8. 10. *I forgat.* Ge. 41. 30. Job 7. 7. Je. 20. 14-18. *prosperity. Heb.* good.

18 1 Sa. 27. 1. Job 6. 11; 17. 15. Ps. 31. 22; 116. 11. Eze. 37. 11.

19 *Remembering. or,* Remember. Ne. 9. 32. Job 7. 7. Ps. 89. 47, 50; 132. 1. *the.* ver. 5, 15. Je. 9. 15.

20 *hath.* Job 21. 6. *humbled. Heb.* bowed. Ps. 42. 5, 6, 11; 43. 5; 146. 8.

21 *recall to my mind. Heb.* make to return to my heart. Ps. 77. 7-11. *therefore.* ver. 24-29. Ps. 119. 81; 130. 7. Hab. 2. 3.

22 *of.* Ezr. 9. 8, 9, 13-15. Ne. 9. 31. Ps. 78. 38; 106. 45. Eze. 20. 8, 9, 13, 14, 21, 22. Mal. 3. 6. *because.* Ps. 77. 8; 86. 15. Mi. 7. 18, 19. Lu. 1. 50.

23 *new.* Ps. 30. 5. Is. 33. 2. Zep. 3. 5. *great.* Ex. 34. 6. Ps. 36. 5; 89. 1, 2, 33; 146. 6. Tit. 1. 2. He. 6. 18; 10. 23.

24 *my portion.* Ps. 16. 5; 73. 26; 119. 57; 142. 5. Je. 10. 16; 51. 19. *therefore.* ver. 21. 1 Sa. 30. 6. 1 Ch. 5. 20. Job 13. 15. Ps. 31. 24; 33. 18; 42. 11; 43. 5; 62. 8; 84. 12; 130. 7. Ro. 15. 12. 1 Pe. 1. 21.

25 *good.* ver. 26. Ge. 49. 18. Ps. 25. 8; 27. 14; 37. 7, 34; 39. 7; 40. 1-5; 62. 1, 5; 130. 5, 6. Is. 25. 9; 30. 18; 40. 31; 64. 4. Mi. 7. 7, 8. Zep. 3. 8. 1 Th. 1. 10. Ja. 5. 7. *to.* 1 Ch. 28. 9. 2 Ch. 15. 2; 19. 3; 30. 19; 31. 21. Ps. 22. 26; 27. 8; 69. 32; 105. 3; 119. 2. Is. 26. 9; 55. 6. Ho. 10. 12.

26 *good.* Ps. 52. 9; 54. 6; 73. 28; 92. 1. Ga. 4. 18. *hope.* He. 3. 14; 10. 35. 1 Pe. 1. 13. *quietly.* Ge. 49. 18. Ex. 14. 13. 2 Ch. 20. 17. Ps. 37. 7, 34; 119. 166, 174; 130. 5. Is. 30. 7, 15.

27 *bear.* Ps. 90. 12; 94. 12; 119. 71. Ec. 12. 1. Mat. 11. 29, 30. He. 12. 5-12.

28 ch. 2. 10. Ps. 39. 9; 102. 7. Je. 15. 17.

29 *putteth.* 2 Ch. 33. 12. Job 40. 4; 42. 5, 6. Eze. 16. 63. Ro. 3. 19. *if.* Joel 2. 14. Jon. 3. 9. Zep. 2. 3. Lu. 15. 18, 19; 18. 13.

30 *his.* Job 16. 10. Is. 50. 6. Mi. 5. 1. Mat. 5. 39; 26. 67. Lu. 6. 29. 2 Co. 11. 20. *filled.* Ps. 69. 9, 20; 123. 3.

31 1 Sa. 12. 22. Ps. 77. 7; 94. 14; 103. 8-10. Is. 54. 7-10; 57. 16. Je. 31. 37; 32. 40; 33. 24. Mi. 7. 18. Ro. 11. 1-6.

32 ver. 22. Ex. 2. 23; 3. 7. Ju. 10. 16. 2 Ki. 13. 23. Ps. 30. 5; 78. 38; 103. 11; 106. 43-45. Je. 31. 20. Ho. 11. 8. Lu. 15. 20.

33 *afflict.* Is. 28. 21. Eze. 18. 32; 33. 11. He. 12. 9, 10. *willingly. Heb.* from his heart.

34 *crush.* Is. 51. 22, 23. Je. 50. 17, 33, 34; 51. 33-36. *all.* Ps. 69. 33; 79. 11; 102. 20. Is. 14. 17; 49. 9. Zec. 9. 11, 12.

35 *turn.* Ps. 12. 5; 140. 12. Pr. 17. 15; 22. 22; 23. 10. Zec. 1. 15, 16. *the most High. or,* a superior.

36 *the Lord.* 2 Sa. 11. 27. Is. 59. 15. Hab. 1. 13. *approveth. Heb.* seeth.

37 *saith.* Ps. 33. 9-11. Pr. 16. 9; 19. 21; 21. 30. Is. 46. 10. Da. 4. 35. Ro. 9. 15. Ep. 1. 11. Ja. 4. 13-15.

38 Job 2. 10. Ps. 75. 7. Pr. 29. 26. Is. 45. 7. Am. 3. 6.

39 *doth.* ver. 22. Nu. 11. 11. Pr. 19. 3. Is. 38. 17-19. *complain. or,* murmur. *a man.* Ge. 4. 5-7, 13, 14. Le. 26. 41, 43. Nu. 16. 41; 17. 12. Jos. 7. 6-13. 2 Sa. 6. 7, 8. 2 Ki. 3. 13; 6. 32. Ezr. 9. 13. Job 11. 6. Is. 51. 20. Jon. 2. 3, 4; 4. 8, 9. Mi. 7. 9. He. 12. 5-12. Re. 16. 9.

40 *search.* 1 Ch. 15. 12, 13. Job 11. 13-15; 34. 31, 32. Ps. 4. 4; 119. 59; 139. 23, 24. Eze. 18. 28. Hag. 1. 5-9. 1 Co. 11. 28, 31. 2 Co. 13. 5. *turn.* De. 4. 30. 2 Ch. 30. 6, 9. Is. 55. 7. Ho. 6. 1; 12. 6; 14. 1-3. Joel 2. 12, 13. Zec. 1. 3, 4. Ac. 26. 20.

41 *lift.* Ps. 25. 1; 86. 4; 143. 6-8. *with.* Ps. 28. 2; 63. 4; 141. 2. 1 Ti. 2. 8.

42 *transgressed.* ch. 1. 18; 5. 16. Ne. 9. 26. Job 33. 27, 28. Je. 3. 13. Da. 9. 5-14. Lu. 15. 18, 19. *thou.* 2 Ki. 24. 4. Je. 5. 7, 9. Eze. 24. 13. Zec. 1. 5.

43 *covered.* ch. 2. 1. Ps. 44. 19. *persecuted.* ver. 66. Ps. 83. 15. *thou hast slain.* ch. 2. 2, 17, 21. 2 Ch. 36. 16, 17. Eze. 7. 9; 8. 18; 9. 10.

44 *covered.* Ps. 97. 2. *that.* ver. 8. Ps. 80. 4. Je. 14. 11; 15. 1. Zec. 7. 13.

45 *as.* ver. 14; ch. 2. 15; 4. 14, 15. De. 28. 13, 37, 44. 1 Co. 4. 13.

46 *have.* ch. 2. 16. Ex. 11. 7. Job 30. 9-11. Ps. 22. 6-8; 44. 13, 14; 79. 4, 10. Mat. 27. 38-45.

47 *Fear.* Is. 24. 17, 18; 51. 19. Je. 48. 43, 44. Lu. 21. 35. *desolation.* ch. 1. 4, 13; 2. 1-9.

48 ch. 2. 11, 18. Ps. 119. 136. Je. 4. 19; 9. 1, 18; 13. 17. Ro. 9. 1-3.

49 *and.* See on ch. 1. 16. Ps. 77. 2. Je. 14. 17.

50 ch. 2. 20; 5. 1. Ps. 80. 14-16; 102. 19, 20. Is. 62. 6, 7; 63. 15; 64. 1. Da. 9. 16-19.

51 *eye.* Ge. 44. 34. 1 Sa. 30. 3, 4. Je. 4. 19-21; 14. 18. Lu. 19. 41-44. *mine heart. Heb.* my soul. *because of all. or,* more than all. *the daughters.* ch. 1. 18; 2. 21; 5. 11. Je. 11. 22; 14. 16; 19. 9.

52 *chased.* Je. 37. 15, 16; 38. 4-6. *without.* 1 Sa. 24. 10-15; 25. 28, 29; 26. 18-20. Ps. 35. 7, 19; 69. 4; 109. 3; 119. 161. Je. 37. 18. Jno. 15. 25.

53 *cut.* Je. 37. 20; 38. 6, 9. *and.* Da. 6. 17. Mat. 27. 60, 66.

54 *Waters.* Ps. 18. 4; 69. 1, 2, 15; 124. 4, 5. Jon. 2. 3-5. *I said.* See on ver. 18. Job 17. 11-16. Ps. 31. 22. Is. 38. 10-13. Eze. 37. 11. 2 Co. 1. 8-10.

55 2 Ch. 33. 11, 12. Ps. 18. 5, 6; 40. 1, 2; 69. 13-18; 116. 3, 4; 130. 1, 2; 142. 3-7. Je. 38. 6. Jon. 2. 2-4. Ac. 16. 24-28.

56 *hast.* 2 Ch. 33. 13, 19. Job 34. 28. Ps. 3. 4; 6. 8, 9; 34. 6; 66. 19; 116. 1, 2. Is. 38. 5. *hide.* Ps. 55. 1; 88. 13, 14. Ro. 8. 26.

57 *drewest.* Ps. 69. 18; 145. 18. Is. 58. 9. Ja. 4. 8. *thou saidst.* Is. 41. 10, 14; 43. 1, 2. Je. 1. 17. Ac. 18. 9; 27. 24. Re. 1. 17; 2. 10.
58 *thou hast pleaded.* 1 Sa. 25. 39. Ps. 35. 1. Je. 51. 36. *thou hast redeemed.* Ge. 48. 16. Ps. 34. 22; 71. 23; 103. 4.
59 *thou hast.* Je. 11. 19-21; 15. 10; 18. 18-23; 20. 7-10; ch. 37; 38. *judge.* Ge. 31. 42. Ps. 9. 4; 26. 1; 35. 1, 23; 43. 1. 1 Pe. 2. 23.
60 ver. 59. Ps. 10. 14. Je. 11. 19, 20.
61 ver. 30; ch. 5. 1. Ps. 74. 18; 89. 50. Zep. 2. 8.
62 *lips.* Ps. 59. 7, 12; 140. 3. Eze. 36. 3. *and.* Je. 18. 18.
63 *their sitting.* Ps. 139. 2. *I am.* ver. 14. Job 30. 9.
64 Ps. 28. 4. Je. 11. 20; 50. 29. 2 Ti. 4. 14. Re. 6. 10; 18. 6.
65 *sorrow. or,* obstinacy. De. 2. 30. Is. 6. 10. *thy.* De. 27. 15-26. Ps. 109. 17, 18. 1 Co. 16. 22.
66 *Persecute.* ver. 43. Ps. 35. 6; 73. 15. *under.* De. 7. 24; 25. 19; 29. 20. 2 Ki. 14. 27. Je. 10. 11. *heavens.* Ps. 8. 3; 115. 16. Is. 66. 1.

## CHAP. IV.

*Zion bewails her pitiful estate,* 1-12. *She confesses her sins,* 13-20. *Edom is threatened and Zion comforted,* 21, 22.

1 *How is the gold.* 2 Ki. 25. 9, 10. Is. 1. 21; 14. 12. Eze. 7. 19-22. *the stones.* ch. 2. 19. Je. 52. 13. Mat. 24. 2. Mar. 13. 2. Lu. 21. 5, 6.
2 *sons.* Is. 51. 18. Zec. 9. 13. *how.* ch. 2. 21; 5. 12. Is. 30. 14. Je. 19. 11; 22. 28. Ro. 9. 21-23. 2 Co. 4. 7. 2 Ti. 2. 20.
3 *sea monsters. or,* sea calves. *the daughter.* ch. 2. 20; 4. 10. Le. 26. 29. De. 28. 52-57. 2 Ki. 6. 26-29. Is. 49. 15. Je. 19. 9. Eze. 5. 10. Lu. 23. 28, 29. *like.* Job 39. 13-16. Ro. 1. 31.
4 *tongue.* Ps. 22. 15; 137. 6. *the young.* ch. 1. 11; 2. 11, 12. De. 32. 24. Mat. 7. 9-11.
5 *that did.* De. 28. 54-56. Is. 3. 16-26; 24. 6-12; 32. 9-14. Je. 6. 2, 3. Am. 6. 3-7. Lu. 7. 25. 1 Ti. 5. 6. Re. 18. 7-9. *brought.* 2 Sa. 1. 24. Pr. 31. 21. Lu. 16. 19. *embrace.* Job 24. 8. Je. 9. 21, 22. Lu. 15. 16.
6 *punishment of the iniquity of the daughter. or,* iniquity of the daughter, etc. Is. 1. 9, 10. Eze. 16. 48-50. Mat. 11. 23, 24. Lu. 10. 12; 12. 47. *the punishment.* ver. 9. Ge. 19. 25. Da. 9. 12. Mat. 24. 21.
7 *Nazarites.* Nu. 6. 2, etc. Ju. 13. 5, 7; 16. 17. Am. 2. 11, 12. Lu. 1. 15. *purer.* 1 Sa. 16. 12. Ps. 51. 7; 144. 12. Ca. 5. 10. Da. 1. 15. *their polishing. Gizrathom,* rendered by Dr. BLAYNEY, 'their veining,' from *gazar,* to divide, intersect, as the *blue veins* do the surface of the body. This is approved by Dr. A. CLARKE, who remarks, 'Milk will most certainly well apply to the *whiteness* of the *skin;* the beautiful *ruby* to the *ruddiness* of the flesh; and the *sapphire,* in its clear, transcendent *purple,* to the *veins* in a fine complexion.'
8 *visage.* ch. 5. 10. Job 30. 17-19, 30. Joel 2. 6. Na. 2. 10. *blacker than a coal. Heb.* darker than blackness. Or, as Dr. BLAYNEY renders, 'duskier than the dawn;' *shachar* signifying 'the dawn of the day, when it is neither light nor dark, but between both, at which time objects are not easily distinguished. *they.* ver. 1, 2. Ru. 1. 19, 20. Job 2. 12. Is. 52. 14. *their skin.* Job 19. 20; 33. 21. Ps. 32. 4; 38. 3; 102. 3-5, 11; 119. 83.
9 *for.* Le. 26. 39. Eze. 24. 23; 33. 10. *pine away. Heb.* flow out.
10 *hands.* See on ver. 3; ch. 2. 20. 2 Ki. 6. 26-29. *pitiful.* Is. 49. 15. *in.* ch. 3. 48. De. 28. 56, 57. 2 Ki. 6. 29.
11 *Lord.* ver. 22; ch. 2. 8, 17. De. 32. 21-25. Je. 6. 11, 12; 7. 20; 9. 9-11; 13. 14; 14. 15, 16; 15. 1-4; 19. 3-11; 23. 19, 20; 24. 8-10. Eze. 20. 47, 48; 22. 31. Da. 9. 12. Zec. 1. 6. Lu. 21. 22. *kindled.* De. 32. 22. Je. 21. 14.
12 De. 29. 24-28. 1 Ki. 9. 8, 9. Ps. 48. 4-6.
13 *the sins.* ch. 2. 14. Je. 5. 31; 6. 13; 14. 14; 23. 11-21. Eze. 22. 26-28. Mi. 3. 11, 12. Zep. 3. 3, 4. *that.* Je. 2. 30; 26. 8, 9. Mat. 23. 31, 33-37. Lu. 11. 47-51. Ac. 7. 52. 1 Th. 2. 15, 16.
14 *have wandered.* De. 28. 28, 29. Is. 29. 10-12; 56. 10; 59. 9-11.' Mi. 3. 6, 7. Mat. 15. 14. Ep. 4. 18. *they have polluted.* Nu. 35. 33. Is. 1. 15. Je. 2. 34. *so that men could not touch. or,* in that they could not *but* touch. Nu. 19. 16. Ho. 4. 2. *Depart ye.* Nu. 16. 26; 19. 16. Ps. 6. 8; 139. 19. Mi. 2. 10. 2 Co. 6. 17. *it is unclean. or,* ye polluted. Le. 13. 45.
16 *anger. or,* face. *hath.* Ge. 49. 7. Le. 26. 33-39. De. 28. 25, 64, 65; 32. 26. Je. 15. 4; 24. 9. *he will.* Ps. 106. 44. He. 8. 9. *they respected.* ch. 5. 12. 2 Ki. 25. 18-21. 2 Ch. 36. 17. Is. 9. 14-16.
17 *our eyes.* ch. 1. 19. 2 Ki. 24. 7. Is. 20. 5; 30. 1-7; 31. 1-3. Je. 2. 18, 36; 8. 20; 37. 7-10. Eze. 29. 6, 7, 16. *for a.* For the *Egyptians,* who were their pretended allies; but who were neither able nor willing to help them.
18 *hunt.* ch. 3. 52. 1 Sa. 24. 14. 2 Ki. 25. 4, 5. Job 10. 16. Ps. 140. 11. Je. 16. 16; 39. 4, 5; 52. 7-9. *our end is near.* Je. 1. 12; 51. 33. Eze. 7. 2-12; 12. 22, 23, 27. Am. 8. 2.
19 *persecutors.* De. 28. 49. Is. 5. 26-28; 30. 16, 17. Je. 4. 13. Ho. 8. 1. Hab. 1. 8. Mat. 24. 27, 28. *the eagles.* The *eagle,* whose wings are of an extraordinary length, darts with amazing rapidity through the voids of heaven. *they pursued.* Am. 2. 14; 9. 1-3.
20 *breath.* ch. 2. 9. Ge. 2. 7; 44. 30. 2 Sa. 18. 3. *the anointed.* 1 Sa. 12. 3, 5; 16. 6; 24. 6, 10; 26. 9, 16. 2 Sa. 1. 14, 21; 19. 21. Ps. 89. 20, 21. *was taken.* Je. 39. 5; 52. 8. Eze. 12. 13; 17. 18; 19. 4-8.
21 *be glad.* Ps. 83. 3-12; 137. 7. Ec. 11. 9. Eze. 25. 6, 8; 26. 2; 35. 11-15. Ob. 10-16. *the land.* Ge. 36. 28. Job 1. 1. *the cup.* Is. ch. 34; 63. 1-6. Je. 25. 15-29; 49. 12. Eze. 25. 12-14; 35. 3-9. Am. 1. 11, 12. Ob. 1, 10, etc. Mal. 1. 2-4. *and shalt.* 2 Ch. 28. 19. Mi. 1. 11. Re. 16. 15.
22 *The punishment of thine iniquity. or,* Thine iniquity. ver. 6, marg. Is. 40. 2. Je. 46. 27, 28; 50. 20. *he will no.* Is. 52. 1; 60. 18. Je. 32. 40. Eze. 37. 28. *he will visit.* ver. 21. Ps. 137. 7. *discover thy sins. or,* carry *thee* captive for thy sins.

## CHAP. V.

*A pitiful complaint of Zion in prayer unto God.*

1 *Remember.* ch. 1. 20; 2. 20; 3. 19. Ne. 1. 8. Job 7. 7; 10. 9. Je. 15. 15. Hab. 3. 2. Lu. 23. 42. *behold.* ch. 2. 15; 3. 61. Ne. 1. 3; 4. 4. Ps. 44. 13-16; 74. 10, 11; 79. 4, 12; 89. 50, 51; 123. 3, 4.
2 De. 28. 30, etc. Ps. 79. 1, 2. Is. 1. 7; 5. 17; 63. 18. Je. 6. 12. Eze. 7. 21, 24. Zep. 1. 13.
3 Ex. 22. 24. Je. 18. 21. Ho. 14. 3.
4 *have.* De. 28. 48. Is. 3. 1. Eze. 4. 9-17. *is sold. Heb.* cometh for price.
5 *Our necks are under persecution. Heb.* On our necks are we persecuted. ch. 1. 14; 4. 19. De. 28. 48, 65, 66. Je. 27. 2, 8, 11, 12; 28. 14. Mat. 11. 29. Ac. 15. 10. *labour.* Ne. 9. 36, 37.
6 *given.* Ge. 24. 2. 2 Ki. 10. 15. Je. 50. 15. Eze. 17. 18. *to the Egyptians.* Is. 30. 1-6; 31. 1-3; 57. 9. Je. 2. 18, 36; 44. 12-14. Ho. 5. 13; 7. 11; 9. 3; 12. 1.
7 *fathers.* Ex. 20. 5. Je. 16. 12; 31. 29. Eze. 18. 2. Mat. 23. 32-36. *and are.* Ge. 42. 13, 36. Job 7. 8, 21. Je. 31. 15. Zec. 1. 5.
8 *Servants.* Ge. 9. 25. De. 28. 43. Ne. 2. 19; 5. 15. Pr. 30. 22. *there.* Job 5. 4; 10. 7. Ps. 7. 2; 50. 22. Is. 43. 13. Ho. 2. 10. Zec. 11. 6.
9 Ju. 6. 11. 2 Sa. 23. 17. Je. 40. 9-12; 41. 1-10, 18; 43. 14, 16. Eze. 4. 16, 17; 12. 18, 19.
10 *skin.* ch. 3. 4; 4. 8. Job 30. 30. Ps. 119. 83. *terrible famine. or,* terrors, *or* storms, of famine.
11 De. 28. 30. Is. 13. 16. Zec. 14. 2.
12 ch. 2. 10, 20; 4. 16. Is. 47. 6. Je. 39. 6, 7; 52. 10, 11, 25-27.
13 *the young.* Ex. 11. 5. Ju. 16. 21. Job 31. 10. Is. 47. 2. *fell.* Ex. 1. 11; 2. 11; 23. 5. Ne. 5. 1-5. Is. 58. 6. Mat. 23. 4.
14 *elders.* ch. 1. 4, 19; 2. 10. De. 16. 18. Job 29. 7-17; 30. 1. Is. 3. 2, 3. *the young.* Job 30. 31. Is. 24. 7-11. Je. 7. 34; 16. 9; 25. 10. Eze. 26. 13. Re. 18. 22.
15 *our dance.* Ps. 30. 11. Am. 6. 4-7; 8. 10. Ja. 4. 9, 10.
16 *The crown.* ch. 1. 1. Job 19. 9. Ps. 89. 39. Je. 13. 18. Eze. 21. 26. Re. 2. 10; 3. 11. *is fallen from our head. Heb.* of our head is fallen. *woe.* ch. 1. 8, 18; 2. 1; 4. 13. Pr. 14. 34. Is. 3. 9-11. Je. 2. 17, 19; 4. 18. Eze. 7. 17-22; 22. 12-16. 2 Pe. 2. 4-6.
17 *our heart.* ch. 1. 13, 22. Le. 26. 36. Is. 1. 5. Je. 8. 18; 46. 5. Eze. 21. 7, 15. Mi. 6. 13. *our eyes.* ch. 2. 11. De. 28. 65. Job 17. 7. Ps. 6. 7; 31. 9; 69. 3. Is. 38. 14.
18 *of the.* ch. 2. 8, 9. 1 Ki. 9. 7, 8. Ps. 74. 2, 3. Je. 17. 3; 26. 9; 52. 13. Mi. 3. 12. *the foxes.* Is. 32. 13, 14. Je. 9. 11.
19 *remainest.* De. 33. 27. Ps. 9. 7; 10. 16; 29. 10; 90. 2; 102. 12, 25-27. Hab. 1. 12. 1 Ti. 1. 17; 6. 15, 16. He. 1. 10-12; 13. 8. Re. 1. 4, 8, 17, 18. *thy throne.* Ps. 45. 6; 145. 13; 146. 10. Da. 2. 44; 7. 14, 27. He. 1. 8, 9.
20 *dost.* Ps. 13. 1; 44. 24; 74. 1; 77. 7-10; 79. 5; 85. 5; 89. 46; 94. 3, 4. Is. 64. 9-12. Je. 14. 19-21. *so long time. Heb.* for length of days.
21 *Turn.* 1 Ki. 18. 37. Ps. 80. 3, 7, 19; 85. 4. Je. 31. 18; 32. 39, 40. Ex. 11. 19; 36. 25-27, 37. Hab. 3. 2. *renew.* Je. 31. 4, 23-25; 33. 10, 13. Zec. 8. 3-6. Mal. 3. 4.
22 *But thou hast utterly rejected us. or,* For wilt thou utterly reject us? Ps. 44. 9; 60. 1, 2. Je. 15. 1-5. Eze. 37 11. Ho. 1. 6.

# The Book of the Prophet EZEKIEL.

B.C. 595. A.M. 3409.

## CHAP. I.

*The time of Ezekiel's prophecy at Chebar*, 1-3. *His vision of four cherubims*, 4-14; *of the four wheels*, 15-25; *and of the glory of God*, 26-28.

1 *in the thirtieth*. Nu. 4. 3. Lu. 3. 23. *as I*. Ec. 9. 1, 2. Je. 24. 5-7. *captives*. *Heb*. captivity. *by the river*. ver. 3; ch. 3. 15, 23; 10. 15, 20, 22; 43. 3. *Chebar*. *Chebar*, called now *Khabour*, is a river of Mesopotamia, which taking its rise in the Mysian mountains, falls into the Euphrates near Carchemish, or Circesium, now Karkisia, about 35° 20′ N. lat. and 40° 25′ E. long. *the heavens*. Mat. 3. 16. Lu. 3. 21. Jno. 1. 51. Ac. 7. 56; 10. 11. Re. 4. 1; 19. 11. *I saw*. ch. 8. 3; 11. 24. Ge. 15. 1; 46. 2. Nu. 12. 6. Is. 1. 1. Da. 8. 1, 2. Ho. 12. 10. Joel 2. 28. Mat. 17. 9. Ac. 9. 10-12; 10. 3. 2 Co. 12. 1.

2 ch. 8. 1; 20. 1; 29. 1, 17; 31. 1; 40. 1. 2 Ki. 24. 12-15.

3 *word*. Je. 1. 2, 4. Ho. 1. 1. Joel 1. 1. 1 Ti. 4. 1. *Ezekiel*. *Heb*. Jehezkel. *and the*. ch. 3. 14, 22; 8. 1; 33. 22; 37. 1; 40. 1. 1 Ki. 18. 46. 2 Ki. 3. 15.

4 *a whirlwind*. Is. 21. 1. Je. 1. 13, 14; 4. 6; 6. 1; 23. 19; 25. 9, 32. Hab. 1. 8, 9. *a great*. ch. 10. 2-4. Ex. 19. 16-18; 24. 16, 17. De. 4. 11, 12. 2 Ch. 5. 13, 14; 6. 1; 7. 1-3. Ps. 18. 11-13; 50. 3; 97. 2, 3; 104. 3, 4. Is. 19. 1. Na. 1. 3-6. Hab. 3. 3-5. He. 12. 29. *infolding itself*. *Heb*. catching itself. *colour*. ver. 27; ch. 8. 2; 10. 8, 9. Re. 1. 15.

5 *the likeness*. Re. 4. 6; 6. 6, Gr.

6 *And every one had four faces*. These *living creatures* were probably hieroglyphical representations of the holy angels, the attendants on 'the King of glory,' and the ministers of his providence. They were *four*, apparently to denote that they were employed in the four quarters of the world; and they had the *likeness of a man*, to signify that they were intelligent and rational creatures. ver. 10, 15; ch. 10. 10, 14, 21, 22. Re. 4. 7, 8. *every one had four wings*. ver. 8-11. Ex. 25. 20. 1 Ki. 6. 24-27. Is. 6. 2.

7 *straight feet*. *Heb*. a straight foot. *like the sole*. Le. 11. 3, 47. *the colour*. ver. 13. Ps. 104. 4. Da. 10. 6. Re. 1. 15.

8 ch. 8. 3; 10. 2, 7, 8, 18, 21. Is. 6. 6.

9 *joined*. ver. 11. 2 Ch. 3. 11, 12. 1 Co. 1. 10. *they turned*. ver. 12; ch. 10. 11, 22. Pr. 4. 25-27. Lu. 9. 51, 62.

10 *for the*. ch. 10. 14. Re. 4. 7. *the face of a man*. Nu. 2. 10. Is. 46. 8. Lu. 15. 10. 1 Co. 14. 20. *the face of a lion*. Nu. 2. 3. Ju. 14. 18. 1 Ch. 12. 8. Re. 5. 5. *the face of an ox*. ch. 10. 14, Cherub. Nu. 2. 18. Pr. 14. 4. 1 Co. 9. 9, 10. *the face of an eagle*. Nu. 2. 25. De. 28. 49. Job 39. 27. Is. 40. 31. Da. 7. 4.

11 *and their*. ch. 10. 16, 19. *stretched upward*. *or*, divided above. *and two*. ver. 23. Is. 6. 2.

12 *they went every*. ver. 9, 17; ch. 10. 22. *whither*. ver. 20, 21. He. 1. 14.

13 ver. 7. Ge. 15. 17. Ps. 104. 4. Da. 10. 5, 6. Mat. 28. 3. Re. 4. 5; 10. 1; 18. 1.

14 Ps. 147. 15. Da. 9. 21. Zec. 2. 3, 4; 4. 10. Mat. 24. 27, 31. Mar. 13. 27.

15 *one*. ver. 19-21; ch. 10. 9, 13-17. Da. 7. 9. *with*. ver. 6. Re. 4. 7.

16 *the colour*. ch. 10. 9. Ex. 39. 13. Da. 10. 6. *a wheel*. ch. 10. 10. Job 9. 10. Ps. 36. 6; 40. 5. Ro. 11. 33. Ep. 3. 10.

17 *and*. ver. 9, 12; ch. 10, 11. Is. 55. 11.

18 *they were so*. Job 37. 22-24. Ps. 77. 16-19; 97. 2-5. Is. 55. 9. *rings*. *or*, strakes. *full*. ch. 10. 12. Pr. 15. 3. Zec. 4. 10. Re. 4. 6, 8.

19 ch. 10. 16. Ps. 103. 20.

20 *the spirit*. ver. 12. 1 Co. 14. 32. *for the*. ch. 10. 17. Zec. 6. 1-8. *of the living creature*. *or*, of life.

21 *When those went*. ver. 19, 20; ch. 10. 17. *of the living creature*. *or*, of life. Ro. 8. 2.

22 *the likeness*. ver. 26; ch. 10. 1. Ex. 24. 10. Job 37. 22. Re. 4. 3, 6; 21. 11. *crystal*. The Hebrew *kerach*, which generally denotes *ice*, doubtless here signifies *crystal*, (κρυσταλλος, from κρυος, *cold*, *ice*, and στελλομαι, to *concrete*,) as it is rendered by the LXX. and Vulgate. It is a very large class of silicious minerals, hard, pellucid, naturally colourless, of regularly angular figures, and of simple plates; not flexible, nor elastic, but giving fire with steel; not fermenting by acid menstrua, but calcinable in a strong fire. There are three orders of pure crystal: the first is perfect columnar crystals, with double pyramids, of eighteen planes, in an hexangular pyramid at each end; the second is that of perfect crystals without a column, of twelve or sixteen planes, in two hexangular pyramids: and the third is that of imperfect crystals, with single pyramids, of ten or twelve planes, in an hexangular or pentangular column. *Terrible crystal* seems to denote that which was well cut and polished, vividly refracting the rays of light.

23 *their wings*. ver. 12, 24. *which*. ver. 11. Job 4. 18. Ps. 89. 7. Lu. 17. 10.

24 *like*. ch. 43. 2. Re. 1. 15; 19. 6. *as the voice*. ch. 10. 5. Job 37. 2, 4, 5. Ps. 18. 13; 29. 3-9; 68. 33. *as the noise*. Da. 10. 6. 2 Ki. 7. 6.

25 *and had*. ver. 24.

26 *And above*. Abp. NEWCOME judiciously observes, 'We need not allegorize the circumstances of this august vision too minutely. Many of them augment the splendour of the scene, while others, no doubt, have much significance; which should be pointed out rather by a correct judgment, than a luxuriant imagination.' ver. 22; ch. 10. 1. *over*. Mat. 28. 18. Ep. 1. 21, 22. Phi. 2. 9, 10. 1 Pe. 3. 22. *the likeness of a*. Ps. 45. 6. Is. 6. 1. Da. 7. 9, 10, 14. Zec. 6. 13. Mat. 25. 31. He. 1. 8; 8. 1; 12. 2. Re. 4. 2, 3; 5. 13; 20. 11. *as the*. Ex. 24. 10. Is. 54. 11. *the appearance of a man*. Ge. 32. 24-30. Jos. 5. 13-15; 6. 1, 2. Is. 9. 6, 7. Je. 23. 5, 6. Da. 10. 18. Re. 1. 13; 3. 21; 14. 14.

27 *as the colour*. ver. 4; ch. 8. 2. *the appearance of fire*. De. 4. 24. Ps. 50. 3; 97. 2. 2 Th. 1. 8. He. 12. 29. Re. 1. 14-16.

28 *the appearance of the bow*. Ge. 9. 13-16. Is. 54. 8-10. Re. 4. 3; 10. 1. *This*. ch. 8. 4; 10. 19, 20; 43. 3. Ex. 16. 7, 10; 24. 16; 33. 18-23. Nu. 12. 6-8. 1 Ki. 8. 10, 11. 1 Co. 13. 12. *I fell*. ch. 3. 23. Ge. 17. 3. Le. 9. 24. Da. 8. 17; 10. 7-9, 16, 17. Mat. 17. 5, 6. Ac. 9. 4. Re. 1. 17, 18.

## CHAP. II.

*Ezekiel's commission*, 1-5. *His instruction*, 6-8. *The roll of his heavy prophecy*, 9, 10.

1 *Son*. ver. 3, 6, 8; ch. 3. 1, 4, 10, 17; 4. 1; 5. 1; 7. 2; 12. 3; 13. 2; 14. 3, 13; 15. 2; 16. 2; 17. 2; 20. 3; 37. 3. Ps. 8. 4. Da. 8. 17. Mat. 16. 13-16. Jno. 3. 13, 16. *stand*. ch. 1. 28. Da. 10. 11, 19. Mat. 17. 7. Ac. 9. 6; 26. 16.

2 ch. 3. 12, 14, 24; 36. 27. Nu. 11. 25, 26. Ju. 13. 25. 1 Sa. 16. 13. Ne. 9. 30. Joel 2. 28, 29. Re. 11. 11.

3 *I send*. ch. 3. 4-8. 2 Ch. 36. 15, 16. Is. 6. 8-10. Je. 1. 7; 7. 2; 25. 3-7; 26. 2-6; 36. 2. Mar. 12. 2-5. Lu. 24. 47, 48. Jno. 20. 21, 22. Ro. 10. 15. *a rebellious nation*. *Heb*. rebellious nations. ch. 16; 20; 23. *rebelled*. ch. 20. 18-30. Nu. 20. 10; 32. 13, 14. De. 9. 24, 27. 1 Sa. 8. 7, 8. 2 Ki. 17. 17-20. Ezr. 9. 7. Ne. 9. 16-18, 26, 33-35. Ps. 106. 16-21, 28, 32-40. Je. 3. 25; 16. 11, 12; 44. 21. Da. 9. 5-13. Ac. 7. 51.

4 *they*. ch. 3. 7. De. 10. 16; 31. 27. 2 Ch. 30. 8; 36. 13. Ps. 95. 8. Is. 48. 4. Je. 3. 3; 5. 3; 6. 15; 8. 12. Mat. 10. 16. *impudent*. *Heb*. hard of face. Pr. 21. 29. *Thus*. 1 Ki. 22. 14. Je. 26. 2, 3. Ac. 20. 26, 27.

5 *whether*. ver. 7; ch. 3. 10, 11, 27. Mat. 10. 12-15. Ac. 13. 46. Ro. 3. 3. 2 Co. 2. 15-17. *yet*. ch. 3. 19; 33. 9, 33. Lu. 10. 10-12. Jno. 15. 22.

6 *be not*. ch. 3. 8, 9. 2 Ki. 1. 15. Is. 51. 12. Je. 1. 8, 17. Mi. 3. 8. Mat. 10. 28. Lu. 12. 4. Ac. 4. 13, 19, 29. Ep. 6. 19. Phi. 1. 28. 2 Ti. 1. 7. *briers*. *or*, rebels. 2 Sa. 23. 6, 7. Is. 9. 18. Je. 6. 28. Mi. 7. 4. *scorpions*. Lu. 10. 19. Re. 9. 3-6. *though they*. ch. 3. 9, 26, 27. Pr. 30. 13, 14. Is. 51. 7. Je. 18. 18. Am. 7. 10-17. He. 11. 27. 1 Pe. 3. 14.

7 *thou*. ch. 3. 10, 17. Je. 1. 7, 17; 23. 28; 26. 2. Jon. 3. 2. Mat. 28. 20. *whether*. ver. 5. *most rebellious*. *Heb*. rebellion.

8 *Be*. Le. 10. 3. Nu. 20. 10-13, 24. 1 Ki. 13. 21, 22. Is. 50. 5. 1 Pe. 5. 3. *open*. ch. 3. 1-3, 10. Je. 15. 16. 1 Ti. 4. 14-16. Re. 10. 9.

9 *an hand*. ch. 8. 3. Je. 1. 9. Da. 5. 5. 10. 10, 16-18. *a roll*. All ancient books were written so as to be *rolled* up: hence *volumen*, a volume, from *volvo*, I roll. ch. 3. 1. He. 10. 7. Re. 5. 1-5; 10. 8-11.

10 *spread*. Is. 30. 8-11. Hab. 2. 2. *was written within*. Contrary to the state of rolls in general, which are written on the *inside* only. *lamentations*. Is. 3. 11. Je. 36. 29-32. Re. 8. 13; 9. 12; 11. 14.

## CHAP. III.

*Ezekiel eats the roll, 1-3. God encourages him, 4-14. God shews him the rule of prophecy, 15-21. God shuts and opens the prophet's mouth, 22-27.*

1 *eat*. This must have passed in a vision; but the meaning is plain: Receive my word into thy mind, let it enter into thy soul; *digest* it, let it be thy *nourishment*, thy meat and thy drink, to do the will of thy Father who is in heaven. ver. 10; ch. 2. 8, 9. 1 Ti. 4. 15. Re. 10. 9, 10. *go*. ver. 11. 15, 17-21; ch. 2. 3. Je. 24. 1-7.

2 Je. 25. 17. Ac. 26. 19.

3 *and fill*. ch. 2. 10. Job 32. 18, 19. Je. 6. 11; 20. 9. Jno. 7. 38. Col. 3. 16. *Then*. Ps. 119. 11. Je. 15. 16. Jno. 6. 53-63. *it was*. Job 23. 12. Ps. 19. 10; 119. 97, 103. Pr. 2. 10, 11. Re. 10. 9, 10.

4 ver. 11; ch. 2. 3, 7. Mat. 10. 5, 6; 15. 24. Ac. 1. 8.

5 *thou*. Jon. 1. 2; 3. 2-4. Ac. 26. 17, 18. *of a strange speech and of an hard language*. *Heb*. deep of lip and heavy of tongue: and so ver. 6. Ps. 81. 5. Is. 33. 19.

6 *of a strange speech and of an hard language*. *Heb*. deep of lip, and heavy of language. *Surely*, etc. *or*, If I had sent thee to them, would they not have hearkened? etc. Jon. 3. 5-10. Mat. 11. 20-24; 12. 41, 42. Lu. 11. 30-32. Ac. 27. 28. Ro. 9. 30-33.

7 *Israel will*. 1 Sa. 8. 7. Je. 25. 3, 4; 44. 4, 5, 16. Lu. 10. 16; 13. 34; 19. 14. Jno. 5. 40-47; 15. 20-24. *all the*. ch. 2. 4; 24. 7. Is. 3. 9. Je. 3. 3; 5. 3. *impudent and hard-hearted*. *Heb*. stiff of forehead and hard of heart.

8 Ex. 4. 15, 16; 11. 4-8. 1 Ki. 21. 20. Is. 50. 7. Je. 1. 18; 15. 20. Mi. 3. 8. Ac. 7. 51-56. He. 11. 27, 32-37.

9 *adamant*. Zec. 7. 12. *fear*. ch. 2. 6. Is. 41. 10, 14; 50. 7. Je. 1. 8, 17; 17. 18. Mi. 3. 8. 1 Ti. 2. 3. 2 Ti. 2. 6.

10 *receive*. ver. 1-3; ch. 2. 8. Job 22. 22. Ps. 119. 11. Pr. 8. 10; 19. 20. Lu. 8. 15. 1 Th. 2. 13; 4. 1.

11 *get*. ver. 15; ch. 11. 24, 25. Da. 6. 13. *the children*. ch. 33. 2, 12, 17, 30; 37. 18. Ex. 32. 7. De. 9. 12. Da. 12. 1. *speak*. ver. 27; ch. 2. 5, 7. Ac. 20. 26, 27.

12 *spirit*. ver. 14; ch. 2. 2; 8. 3; 11. 1, 24; 40. 1, 2. 1 Ki. 18. 12. 2 Ki. 2. 16. Ac. 8. 39. *a voice*. Ac. 2. 2. Re. 1. 10, 15. *Blessed*. Ps. 72. 18, 19; 103. 20, 21; 148. 2. Is. 6. 3. Re. 5. 11-14; 19. 6. *glory*. ch. 9. 3; 10. 4, 18, 19; 11. 22, 23. Ex. 40. 34, 35. 1 Sa. 4. 21, 22.

13 *the noise*. ch. 1. 24; 10. 5. 2 Sa. 5. 24. *touched*. *Heb*. kissed. *and the noise*. ch. 10. 16, 17.

14 *the spirit*. ver. 12; ch. 8. 3; 37. 1. *in bitterness, in the heat of my spirit*. *Heb*. bitter in hot anger. Nu. 11. 11-19. Je. 6. 11; 20. 14-18. Jon. 4. 1, 3, 9. *but*. ch. 1. 3; 8. 1; 37. 1. 1 Ki. 18. 46. 2 Ki. 2. 16; 3. 15. Je. 20. 7-9.

15 *that dwelt*. ver. 23; ch. 1. 1; 10. 15; 43. 3. *sat*. Ge. 50. 10. Job 2. 13. Ps. 137. 1. Je. 23. 9. Hab. 3. 16.

17 *I have*. ch. 33. 2-9. 1 Co. 12. 28. *a watchman*. Ca. 3. 3; 5. 7. Is. 21. 6, 8, 11, 12; 52. 8; 56. 10; 62. 6. Je. 6. 17; 31. 6. Ac. 20. 28-31. He. 13. 17. *hear*. ch. 33. 6-8. 2 Ch. 19. 10. Is. 58. 1. Je. 6. 10. Hab. 2. 1. Mat. 3. 7. 1 Co. 4. 14. 2 Co. 5. 11, 20. Col. 1. 28. 1 Th. 5. 14.

18 *I say*. ch. 18. 4, 13, 20; 33. 6, 8. Ge. 2. 17; 3. 3, 4. Nu. 26. 65. 2 Ki. 1. 4. Is. 3. 11. Lu. 13. 3, 5. Ep. 5. 5, 6. *to save*. ch. 18. 30-32. Ac. 2. 40; 3. 19. 1 Ti. 4. 16. Ja. 5. 19, 20. *the same*. ch. 33. 6, 9, 10. Pr. 14. 32. Jno. 8. 21, 24. *but*. ch. 34. 10. Ge. 9. 5, 6; 42. 22. 2 Sa. 4. 11. Lu. 11. 50, 51. Ac. 20. 26, 27. 1 Ti. 5. 22.

19 *if thou*. 2 Ki. 17. 13, etc. 2 Ch. 36. 15, 16. Pr. 29. 1. Je. 42. 19-22; 44. 4, 5. Lu. 10. 10, 11. Ac. 18. 5, 6. 1 Th. 4. 6. He. 2. 1-3; 12. 25. *he shall*. ver. 18. 2 Th. 1. 8, 9. He. 10. 26, 27. *but thou*. ver. 21; ch. 14. 14, 20; 33. 5, 9. Is. 49. 4, 5. Ac. 13. 45, 46; 20. 26. 2 Co. 2. 15-17.

20 *When*. ch. 18. 24, 26; 33. 12, 13. 2 Ch. 24. 2, 17-22. Ps. 36. 3; 125. 5. Zep. 1. 6. Mat. 13. 20, 21. He. 10. 38. 2 Pe. 2. 18-22. 1 Jno. 2. 19. *righteousness*. *Heb*. righteousnesses. Is. 64. 6. Da. 9. 18. *and I lay*. ch. 7. 19; 14. 3, 7-9. De. 13. 3. Ps. 119. 165, marg. Is. 8. 14. Je. 6. 21. Lu. 2. 34. Ro. 9. 32, 33; 11. 9. 1 Co. 1. 23. 2 Th. 2. 9-12. 1 Pe. 2. 8. *because*. ver. 18. Le. 19. 17. 2 Sa. 12. 7-13. 2 Ch. 19. 2-4; 25. 15. Pr. 25. 12. Mat. 18. 15. *and his*. ch. 18. 24, 26; 33. 12, 13. Mat. 12. 43-45. Lu. 8. 15. Ro. 2. 7, 8. He. 10. 38. 2 Pe. 2. 21. *but his*. ver. 18; ch. 33. 6. He. 13. 17.

21 *if thou*. Mat. 24. 24, 25. Ac. 20. 31. 1 Co. 4. 14; 10. 12. Ga. 1. 6-10; 5. 2-7. Ep. 4. 17-21; 5. 5, 6. Col. 1. 28; 3. 5-8. 1 Th. 4. 6-8; 5. 14. Tit. 2. 15. 1 Jno. 3. 6-9. Re. 3. 19. *he shall*. ver. 20. Ps. 19. 11. Pr. 9. 9; 17. 10. Ga. 2. 11-13. Ja. 5. 20. *also*. ver. 19. 1 Ti. 4. 16.

22 *the hand*. ver. 14; ch. 1. 3; 37. 1. *Arise*. ch. 8. 4. Ac. 9. 6.

23 *the glory*. ch. 1. 4, 28; 9. 3; 10. 18. Nu. 16. 19, 42. Ac. 7. 55. *river*. ch. 1. 1-3. *and I fell*. ch. 1. 28. Da. 8. 17; 10. 8, 9. Re. 1. 17; 4. 10; 5. 8, 14.

24 *the spirit*. ch. 2. 2; 37. 10. Da. 10. 8-10, 19. *Go*. ch. 4. 1-4.

25 ch. 4. 8. Mar. 3. 21. Jno. 21. 18. Ac. 9. 16; 20. 23; 21. 11-13.

26 *I will*. ch. 24. 27. Ps. 51. 15; 137. 6. Je. 1. 17. Lu. 1. 20-22. *and shalt*. Ps. 36. 13, 14. La. 2. 9. Ho. 4. 17. Am. 5. 10; 8. 11, 12. Mi. 3. 6, 7. *a reprover*. *Heb*. a man reproving. *for*. ch. 2. 3-8. Is. 1. 2.

27 *I will*. ch. 11. 25; 24. 27; 29. 21; 33. 32. Ex. 4. 11, 12. Lu. 21. 15. Ep. 6. 19. *Thus*. ver. 11; ch. 2. 5. Mat. 11. 15; 13. 9. Re. 22. 10, 11. *for they*. ver. 9, 26; ch. 12. 2, 3.

## CHAP. IV.

*Under the type of a siege is shewn the time from the defection of Jeroboam to the captivity, 1-8. By the provision of the siege, is shewn the hardness of the famine, 9-17.*

1 *take*. ch. 5. 1, etc.; 12. 3, etc. 1 Sa. 15. 27, 28. 1 Ki. 11. 30, 31. Is. 20. 2-4. Je. 13. 1-14; 18. 2, etc.; 19. 1, etc.; 25. 15, etc.; 27. 2, etc. Ho. 1. 2, etc.; ch. 3; 12. 10. *a tile*. לבנה, *levainah*, generally denotes a *brick*, and PALLADIUS informs us that the bricks in common use among the ancients were 'two feet long, one foot broad, and four inches thick;' and on such a surface the whole siege might be easily pourtrayed. Perhaps, however, it may here denote a flat *tile*, like a Roman brick, which were commonly used for tablets, as we learn from PLINY, Hist. Nat. l. vii. c. 57. *even*. Je. 6. 6; 32. 31. Am. 3. 2.

2 *lay*. Je. 39. 1, 2; 52. 4. Lu. 19. 42-44. *battering rams*. *or*, chief leaders. ch. 21. 22.

3 *an iron pan. or*, a flat plate, *or* slice. Le. 2. 5. *This*. ch. 12. 6, 11; 24. 24-27. Is. 8. 18; 20. 3. Lu. 2. 34. He. 2. 4.

4 *upon*. ver. 5, 8. *and lay*. 2 Ki. 17. 21-23. *thou shalt bear*. Le. 10. 17; 16. 22. Nu. 14. 34; 18. 1. Is. 53. 11, 12. Mat. 8. 17. He. 9. 28. 1 Pe. 2. 24.

5 *I have*. Is. 53. 6. *three*. This number of years will take us back from the year in which Judea was finally desolated by Nebuzar-adan, B.C. 584, to the establishment of idolatry in Israel by Jeroboam, B.C. 975. '*Beginning from* 1 Ki. 12. 33. *Ending* Je. 52. 30.'

6 *forty days*. This represented the forty years during which gross idolatry prevailed in Judah, from the reformation of Josiah, B.C. 624, to the same final desolation of the land. Some think that the period of 390 days also predicts the duration of the siege by the Babylonians, (ver. 9,) deducting from it five months and twenty-nine days, when the besiegers went to meet the Egyptians (2 Ki. 25. 1-4; Je. 37. 5;) and that *forty* days may have been employed in desolating the temple and city. '*Beginning from* 2 Ki. 23. 3, 23. *Ending* Je. 52. 30.' *each day for a year. Heb.* a day for a year, a day for a year. Nu. 14. 34. Da. 9. 24-26; 12. 11, 12. Re. 9. 15; 11. 2, 3; 12. 14; 13. 5.

7 *set*. ver. 3; ch. 6. 2. *and thine*. Is. 52. 10.

8 *I will*. ch. 3. 25. *from one side to another. Heb.* from thy side to thy side.

9 *wheat*. ver. 13, 16. *millet. Dochan*, in Arabic, *dokhn*, the *holcus dochna* of FORSKAL, is a kind of *millet*, of considerable use as food; the cultivation of which is described by BROWNE. *fitches. or*, spelt. *Kussemim* is doubtless ζεα, or *spelt*, as AQUILA and SYMMACHUS render here; and so LXX. and THEODOTION, ολυρα. In times of scarcity it is customary to mix several kinds of coarser grain with the finer, to make it last the longer. *three*. ver. 5.

10 ver. 16; ch. 14. 13. Le. 26. 26. De. 28. 51, etc. Is. 3. 1.

13 Da. 1. 8. Ho. 9. 3, 4.

14 *Ah*. ch. 9. 8; 20. 49. Je. 1. 6. *my soul*. Ac. 10. 14. *have I*. Ex. 22. 31. Le. 11. 39, 40; 17. 15. *abominable*. Le. 19. 7. De. 14. 3. Is. 65. 4; 66. 17.

15 *cow's dung*. Dried cow-dung is a common fuel in the East, as it is in many parts of England, to the present day; but the prophet was ordered to prepare his bread with human ordure, to shew the extreme degree of wretchedness to which the besieged should be exposed, as they would be obliged literally to use it, from not being able to leave the city to collect other fuel.

16 *I will*. ch. 5. 16; 14. 13. Le. 26. 26. Ps. 105. 16. Is. 3. 1. *eat*. The prophet was allowed each day only twenty shekels weight, or about ten ounces, of the coarse food he had prepared, and the sixth part of a hin, scarcely a pint and a half, of water; all of which was intended to shew that they should be obliged to eat the meanest and coarsest food, and that by weight, and their water by measure. ver. 10, 11; ch. 12. 18, 19. Ps. 60. 3. La. 1. 11; 4. 9, 10; 5. 9.

17 *and consume*. ch. 24. 23. Le. 26. 39.

## CHAP. V.

*Under the type of hair, 1-4, is shewn the judgment of Jerusalem for their rebellion, 5-11; by famine, sword, and dispersion, 12-17.*

1 *son*. In this expressive emblem, the prophet represents the Jewish nation; his hair, the people; the razor, the Chaldeans; the cutting of the hair, the calamities and disgrace coming upon them; the balances, the exact distribution of the Divine judgments; the third part of the hair burnt, those destroyed in the city; the third part smitten with a knife, those slain in attempting to escape; the third part scattered to the winds, those who escaped to other countries; the few hairs in his skirt, those left with Gedaliah; and the burning of these, their destruction in Egypt. *take*. ch. 44. 20. Le. 21. 5. Is. 7. 20. *then*. Da. 5. 27.

2 *shalt burn*. ver. 12. Je. 9. 21, 22; 15. 2; 24. 10; 38. 2. *the city*. ch. 4. 1-8. *I will draw*. ver. 12; ch. 12. 14. Le. 26. 33. Je. 9. 16. Am. 9. 2, 3.

3 *a few*. 2 Ki. 25. 12. Je. 39. 10; 40. 6; 52. 16. Mat. 7. 14. Lu. 13. 23, 24. 1 Pe. 4. 18. *skirts. Heb.* wings.

4 *take*. 2 Ki. 25. 25. Je. ch. 41-44; 52. 30. *shall a fire*. Je. 4. 4; 48. 45.

5 *This*. ch. 4. 1. Je. 6. 6. Lu. 22. 19, 20. 1 Co. 10. 4. *I have*. ch. 16. 14. De. 4. 6. Mi. 5. 7. Mat. 5. 14.

6 *she hath*. ch. 16. 47. De. 32. 15-21. 2 Ki. 17. 8-20. Ps. 106. 20. Ro. 1. 23-25. 1 Co. 5. 1. Jude 4. *for they*. Ne. 9. 16, 17. Ps. 78. 10. Je. 5. 3; 8. 5; 9. 6; 11. 10. Zec. 7. 11.

7 *neither have done*. ver. 11; ch. 16. 47, 48, 54. 2 Ki. 21. 9-11. 2 Ch. 33. 9. Je. 2. 10, 11.

8 *even I*. ch. 15. 7; 21. 3; 26. 3; 28. 22; 35. 3; 39. 1. Le. 26. 17, etc. De. 29. 20. Je. 21. 5, 13. La. 2. 5; 3. 3. Zec. 14. 2, 3. Mat. 22. 7. *in the*. ch. 25. 2-6; 26. 2; 29. 6, 7; 35. 10-15. De. 29. 23-28. 1 Ki. 9. 8, 9. Je. 22. 8, 9; 24. 9; 50. 7. La. 2. 15-17.

9 *that which*. La. 4. 6, 9. Da. 9. 12. Am. 3. 2. Mat. 24. 21. The sentence here passed upon Jerusalem is very dreadful, and the manner of expression makes it yet more so: the judgments are various, the threatenings of them varied, reiterated; so that one may well say, *Who is able to stand in God's sight when he is angry?*

10 *the fathers*. Le. 26. 29. De. 28. 53-57, 64. 2 Ki. 6. 29. Is. 9. 20; 49. 26. Je. 19. 9. La. 2. 20; 4. 10. *the whole*. ver. 2, 12; ch. 6. 8; 12. 14; 20. 23; 22. 15; 36. 19. Le. 26. 33. De. 4. 27; 28. 64; 32. 26. Ne. 1. 8. Ps. 44. 11. Je. 9. 16; 44. 12; 50. 17. Am. 9. 9. Zec. 2. 6; 7. 14. Lu. 21. 24.

11 *as I live*. Nu. 14. 28-35. Ps. 95. 11. Am. 8. 7. He. 6. 13. *thou hast*. ch. 8. 5, 6, 16; 23. 38; 44. 7. 2 Ki. 21. 4, 7; 23. 12. 2 Ch. 33. 4, 7; 36. 14. Je. 7. 9-11; 32. 34. *detestable*. ch. 7. 20; 11. 18, 21. De. 7. 25, 26. Je. 16. 18; 44. 4. *will I*. ch. 29. 15. Ps. 107. 39. Je. 10. 24, marg. Ro. 11. 12. *neither shall*. ch. 7. 4, 9; 8. 18; 9. 5, 10; 24. 14. De. 29. 20. La. 2. 21. Zec. 11. 6. Mal. 3. 17. Ro. 8. 32; 11. 21. 2 Pe. 2. 4, 5.

12 *third part of*. ver. 2; ch. 6. 12. Je. 15. 2; 21. 9. Zec. 13. 7-9. *and I will scatter*. ver. 2, 10; ch. 6. 8. Je. 9. 16. Zec. 7. 14. *and I will draw*. This was particularly fulfilled in the destruction of those who retired to Egypt; and has been remarkably verified in the many persecutions and miseries which the Jews have suffered at different times, in the various countries into which they are dispersed. ver. 2; ch. 12. 14. Le. 26. 33. De. 28. 65. Je. 42. 16, 17, 22; 43. 10, 11; 44. 27. Am. 9. 4.

13 *shall mine*. ch. 6. 12; 7. 8; 13. 15; 20. 8, 21. Je. 25. 12. La. 4. 11, 22. Da. 9. 2; 11. 36. *I will cause*. ch. 16. 42, 63; 21. 17; 23. 25; 24. 13. Is. 1. 21. *I will be*. De. 32. 36. Is. 1. 24. Zec. 6. 8. *spoken*. ch. 6. 10; 36. 5, 6; 38. 18, 19. Is. 9. 7; 59. 17.

14 *I will*. ch. 22. 4. Le. 26. 31, 32. De. 28. 37. 2 Ch. 7. 20, 21. Ne. 2. 17. Ps. 74. 3-10; 79. 1-4. Is. 64. 10, 11. Je. 19. 8; 24. 9, 10; 42. 18. La. 1. 4, 8; 2. 15-17; 5. 18. Mi. 3. 12. *the nations*. ver. 8.

15 *an instruction*. De. 29. 24-28. 1 Ki. 9. 7. Ps. 79. 4. Is. 26. 9. Je. 22. 8, 9. 1 Co. 10. 11. *when*. ch. 25. 17. Is. 66. 15, 16. Na. 1. 2.

16 *the evil*. De. 32. 23, 24. Ps. 7. 13; 91. 5-7. La. 3. 12. *and will*. ch. 4. 16; 14. 13. Le. 26. 26. 2 Ki. 6. 25. Is. 3. 1.

17 *and evil*. ch. 14. 15, 21; 33. 27; 34. 25-28. Ex. 23. 29. Le. 26. 22. De. 32. 24. 2 Ki. 17. 25. Je. 15. 3. *and pestilence*. ver. 12; ch. 14. 19; 38. 22. *and I*. ch. 6. 12; 21. 3; 23. 47. *I the*. ver. 13, 15; ch. 17. 21, 24; 21. 32; 22. 14; 24. 14; 26. 14; 30. 12; 37. 14. Mat. 24. 35.

## CHAP. VI.

*The judgment of Israel for their idolatry,* 1-7. *A remnant shall be blessed,* 8-10. *The faithful are exhorted to lament their abominations and calamities,* 11-14.

1 This is a new prophecy, and was probably given after the 430 days of his lying on his left and right side were accomplished. By *Israel* here Judea is simply meant; not the *ten tribes,* who had long before been carried captive.

2 *set.* ch. 4. 7; 13. 17; 20. 46; 21. 2; 25. 2; 38. 2, 3. *the mountains.* ch. 19. 9; 33. 28; 34. 14; 35. 12; 37. 22. Jos. 11. 21. Mi. 6. 1, 2.

3 *Ye.* ch. 36. 1-4, 8. Je. 22. 29. Mi. 6. 2. *to the mountains.* Je. 2. 20; 3. 6, 23. *and I will.* Le. 26. 30. Is. 27. 9.

4 *images. or,* sun-images: and so ver. 6. 2 Ch. 14. 5; 34. 4. Je. 43. 13, margins. *and I.* ver. 5, 13. Le. 26. 30. 1 Ki. 13. 2. 2 Ki. 23. 14, 16-20. 2 Ch. 34. 5. Je. 8. 1, 2.

5 *lay. Heb.* give.

6 *all your.* Is. 6. 11. Je. 9. 19. Zep. 3. 7. *the cities.* ch. 5. 14. Is. 24. 1-12; 32. 13, 14; 64. 10. Je. 2. 15; 9. 11; 10. 22; 34. 22. Mi. 3. 12. Zep. 1. 2-6, 18; 3. 6. *and the.* ch. 16. 39. Le. 26. 30. Je. 17. 3. Ho. 10. 8. *your altars.* ch. 30. 13. Is. 2. 18, 20; 27. 9. Ho. 10. 2. Mi. 1. 7; 5. 13. Zep. 1. 3, 4. Zec. 13. 2. *your works.* Ps. 115. 8. Is. 1. 31. Hab. 2. 18.

7 *slain.* ch. 9. 7. Je. 14. 18; 18. 21; 25. 33. La. 2. 20, 21; 4. 9. *and ye.* ver. 13; ch. 7. 4, 9; 11. 10, 12; 12. 15; 13. 9, 14, 21, 23; 14. 8; 15. 7; 20. 38, 42, 44; 23. 49; 24. 24, 27; 25. 17; 26. 6; 28. 23; 30. 26; 35. 15; 38. 23. Ex. 7. 5; 14. 4, 18. 2 Ki. 19. 19. Ps. 83. 17, 18; Da. 4. 35-37; 6. 26, 27.

8 ch. 5. 2, 12; 12. 16; 14. 22. Is. 6. 13; 27. 7, 8. Je. 30. 11; 44. 14, 28; 46. 28. Ro. 9. 27; 11. 5, 6.

9 *remember.* Le. 26. 40, 41. De. 4. 29-31; 30. 1-3. Ps. 137. 1. Je. 51. 50. Da. 9. 2, 3. Zec. 10. 9. *I am.* ch. 5. 13; 16. 43. Ps. 78. 40. Is. 7. 13; 43. 24; 63. 10. Je. 3. 6, 13. Am. 2. 13. *their eyes.* ch. 14. 4-7; 20. 7, 24, 28; 23. 14-16. Nu. 15. 39. 2 Ki. 16. 10. 2 Pe. 2. 14. *they shall.* They shall humble themselves on account of their abominations, forsake their idolatry, and worship ME alone: and this they have done from the Babylonish captivity to the present day. ch. 7. 16; 12. 16; 16. 63; 20. 43; 36. 31, 32. Le. 26. 39. Job 42. 6. Is. 64. 6. Je. 30. 18, 19.

10 ver. 7; ch. 14. 22, 23. Je. 5. 12-14; 44. 28. Da. 9. 12. Zec. 1. 6.

11 *Smite.* ch. 21. 14-17. Nu. 24. 10. Is. 58. 1. Je. 9. 1, 10. *Alas.* ch. 9. 4. Je. 30. 7. Joel 1. 15. Am. 5. 16. Re. 18. 10, 16-19. *fall.* ch. 5. 12; 14. 21. Je. 15. 2, 3; 16. 4; 24. 10.

12 *far off.* Da. 9. 7. *thus.* ch. 5. 13. Is. 40. 2. La. 4. 11, 22.

13 *when.* ver. 4-7. Is. 37. 20, 36-38. *upon.* ch. 20. 28. 1 Ki. 14. 23. 2 Ki. 16. 4. Is. 1. 29; 57. 5-7; 65. 3, 4; 66. 17. Je. 2. 20; 3. 6. Ho. 4. 13.

14 *will I.* ch. 16. 27; 20. 33, 34. Is. 5. 25; 9. 12, 17. 21; 10. 4; 26. 11. *more desolate than the wilderness. or,* desolate from the wilderness. *Diblath.* Nu. 33. 46, Almon-diblathaim. Je. 48. 22, Beth-diblathaim. *Diblath* was a city of Moab and appears from the parallel passages to have been situated between Dibon and Abarim or Nebo.

## CHAP. VII.

*The final desolation of Israel,* 1-15. *The mournful repentance of them that escape,* 16-19. *The enemies defile the sanctuary because of the Israelites' abominations,* 20-22. *Under the type of a chain is shewn the miserable captivity of all orders of men,* 23-27.

2 *unto.* ch. 12. 22; 21. 2; 40. 2. 2 Ch. 34. 7. *An end.* Two or three MSS. read *ketz ba, ba hakketz,* 'the end cometh, come is the end;' which is supported by all the ancient versions. ver. 3, 5, 6; ch. 11. 13. Ge. 6. 13. De. 32. 20. Je. 5. 31; 51. 13. La. 1. 9; 4. 18. Am. 8. 2, 10. Mat. 24. 6, 13, 14. 1 Pe. 4. 7.

3 *and I.* ver. 8, 9; ch. 5. 13; 6. 3-7, 12, 13. *will judge.* ver. 8, 27; ch. 11. 10, 11; 16. 38; 18. 30; 33. 20; 34. 20-22; 36. 19. Re. 20. 12, 13. *recompense. Heb.* give.

4 *mine.* ver. 9; ch. 5. 11; 8. 18; 9. 10; 24. 14. Je. 13. 14. Zec. 11. 6. *but.* ch. 11. 21; 16. 43; 23. 31; 23. 49. Je. 16. 18; 25. 14. Ho. 9. 7; 12. 2. He. 10. 30. *and ye.* ver. 27; ch. 6. 7, 14; 12. 20.

5 ch. 5. 9. 2 Ki. 21. 12, 13. Da. 9. 12. Am. 3. 2. Na. 1. 9. Mat. 24. 21.

6 *An end.* This is similar to the second verse; but there is a paronomasia, or play upon the words, here, deserving of notice: *ketz ba, ba hakketz, haikeetz ailayich,* 'the end cometh, come is the end: it waketh for thee.' *Ketz,* is an end; *haikeetz,* is to *wake* or *watch.* ver. 3. Je. 44. 27. *watcheth for thee. Heb.* awaketh against thee. Zec. 13. 7. *behold.* ver. 10; ch. 21. 25; 39. 8. 2 Pe. 2. 5.

7 *morning.* Ge. 19. 15, 24. Is. 17. 14. Am. 4. 13. *the time.* ver. 12; ch. 12. 23-25, 28. Is. 13. 22. Zep. 1. 14-16. 1 Pe. 4. 17. *the day.* Is. 22. 5. Je. 20. 7. *sounding again. or,* echo.

8 *pour.* ch. 9. 8; 14. 19; 20. 8, 13, 21, 33; 22. 31; 30. 15; 36. 18. 2 Ch. 34. 21. Ps. 79. 6. Is. 42. 25. Je. 7. 20. La. 2. 4; 4. 11. Da. 9. 11, 27. Ho. 5. 10. Na. 1. 6. Re. 14. 10; 16. 2, etc. *accomplish.* ch. 6. 12. *and I.* ver. 3, 4.

9 *thee. Heb.* upon thee. *and ye.* ver. 4. *the Lord.* Is. 9. 13. Mi. 6. 9. Ga. 6. 7. Re. 20. 13.

10 *behold, it.* ver. 6. 1 Th. 5. 3. *the morning.* ver. 7. *the rod.* ch. 19. 14; 21. 10, 13. Nu. 17. 8. Is. 10. 5. *pride.* Pr. 14. 3; 16. 18. Is. 28. 1. Da. 4. 37. Ja. 4. 6.

11 *Violence.* ver. 23. Is. 5. 7; 9. 4; 14. 29; 59. 6-8. Je. 6. 7. Am. 3. 10; 6. 3. Mi. 2. 2; 3. 3; 6. 12. Ja. 2. 13. *none.* ver. 2, 16; ch. 5. 4, 11; 6. 11. Zep. 1. 18. *multitude. or,* tumult. *theirs. or,* their tumultuous persons. *neither.* ch. 24. 16-24. Ps. 78. 64. Je. 16. 5, 6; 22. 18; 25. 33.

12 *time.* ver. 5-7, 10. 1 Co. 7. 29-31. Ja. 5. 8, 9. *let.* Is. 24. 1, 2. Je. 32. 7, 8, 24, 25. *for.* ver. 13, 14; ch. 6. 11, 12. Is. 5. 13, 14.

13 *the seller.* Ec. 8. 8. Le. 25. 24-28, 31. *they were yet alive. Heb.* their life *were* yet among the living. *neither.* ch. 13. 22; 33. 26, 27. Job 15. 25. Ps. 52. 7. *in,* etc. *or,* whose life *is* in his iniquity. *the iniquity of his life. Heb.* his iniquity.

14 *have.* Je. 4. 5; 6. 1; 51. 27. *for.* ver. 11, 12. Is. 24. 1-7. Je. 6. 11; 7. 20; 12. 12.

15 ch. 5. 12. De. 32. 23-25. Je. 14. 18; 15. 2, 3. La. 1. 20.

16 *they.* ch. 6. 8. Ezr. 9. 15. Is. 1. 9; 37. 31. Je. 44. 14, 28. *like.* ch. 6. 9. Is. 38. 14; 59. 11. *mourning.* ch. 36. 31. Pr. 5. 11-14. Je. 31. 9, 18, 19; 50. 4, 5. Zec. 12. 10-14.

17 *hands.* ch. 21. 7. Is. 13. 7, 8. Je. 6. 24. He. 12. 12. *be weak as water. Heb.* go into water.

18 *shall also.* Is. 3. 24; 15. 2, 3. Je. 48. 37. Am. 8. 10. *and horror.* Ge. 15. 12. Job 21. 6. Ps. 35. 26; 55. 4, 5. Je. 3. 25. Re. 6. 15-17.

19 *shall cast.* 2 Ki. 7. 7, 8, 15. Pr. 11. 4. Is. 2. 20; 30. 22. Zep. 1. 18. Mat. 16. 26. *removed. Heb.* for a separation, *or* uncleanness. *they shall not.* Job 20. 12-23. Ps. 78. 30, 31. Ec. 5. 10. Is. 55. 2. Lu. 12. 19, 20. *it is the stumbling-block of their iniquity. or,* their iniquity is *their* stumbling-block. ch. 14. 3, 4, 7; 44. 12. Ro. 11. 9.

20 *the beauty.* ch. 24. 21. 1 Ch. 29. 1, 2. 2 Ch. 2. 9; ch. 3. Ezr. 3. 12. Ps. 48. 2; 50. 2; 87. 2, 3. Is. 64. 11. Hag. 2. 3. *but.* ch. 5. 11; 8. 7-10, 15, 16. 2 Ki. 21. 4, 7; 23. 11, 12. 2 Ch. 33. 4-7; 36. 14. Je. 7. 30. *set it far from them. or,* made it unto them an unclean thing. ver. 22; ch. 9. 7; 24. 21. Je. 7. 14. La. 1. 10; 2. 1, 7.

21 2 Ki. 24. 13; 25. 9, 13-16. 2 Ch. 36. 18, 19. Ps. 74. 2-8; 79. 1. Je. 52. 13, etc.

22 *face.* Ps. 10. 11; 35. 22; 74. 10, 11, 18-23. Je. 18. 17. *robbers. or,* burglars.

23 *a chain.* ch. 19. 3-6. Je. 27. 2; 40. 1. La. 3. 7. Na. 3. 10. *for.* ch. 9. 9; 11. 6; 22. 3-6, 9, 13, 27. 2 Ki. 21. 16; 24. 4. Is. 1. 15; 59. 3, 7. Je. 2. 34; 7. 6; 22. 17. Ho. 4. 2. Mi. 2. 2; 7. 2. Zep. 3. 3, 4.

24 *I will bring.* ch. 21. 31; 28. 7. Ps. 106. 41. Je. 4. 7; 12. 12. Hab. 1. 6-10. *they shall.* That is, 'the Chaldeans shall possess the houses of the Jews.' The antecedents of pronouns are thus frequently understood in Hebrew poetry. Je. 6. 12. La. 5. 2. *I will also.* ch. 33. 28. Is. 5. 14. *the pomp.* That is, the magnificence of their greatest and haughtiest princes. *their holy places shall be defiled. or,* they shall inherit their holy places. ch. 21. 2. 2 Ch. 7. 19. Ps. 83. 12.

25 *Destruction. Heb.* Cutting off. *and they.* Is. 57. 21; 59. 8-12. Je. 8. 15, 16. La. 4. 17, 18. Mi. 1. 12.

26 *Mischief shall.* Le. 26. 18, 21, 24, 28. De. 32. 23. Je. 4. 20. *then.* ch. 14. 1; 20. 1-3; 33. 31. Je. 21. 2; 37. 17; 38. 14, etc. *but.* Ps. 74. 9. La. 2. 9. Am. 8. 11, 12. Mi. 3. 6. *ancients.* ch. 8. 1; 14. 1; 20. 1. Je. 18. 18.

27 *king.* ch. 12. 10-22; 17. 15-21; 21. 25. Je. 52. 8-11. *I will.* ver. 4-8; ch. 18. 30. Is. 3. 11. Ro. 2. 5-10. *according to their deserts. Heb.* with their judgments. Mat. 7. 2. Ja. 2. 13. *and they.* ver. 4. 1 Ki. 20. 28. Ps. 9. 16. Joel 3. 17.

## CHAP. VIII.

*Ezekiel, in a vision of God at Jerusalem,* 1-4, *is shewn the image of jealousy,* 5, 6; *the chambers of imagery,* 7-12; *the mourners for Tammuz,* 13-15; *the worshippers toward the sun,* 16. *God's wrath for their idolatry,* 17, 18.

1 *in the sixth year.* ch. 1. 2; 20. 1; 24. 1; 26. 1; 29. 1, 17; 31. 1; 32. 17; 40. 1. *and the.* ch. 14. 1, 4; 20. 1; 33. 31. Mal. 2. 7. Ac. 20. 33. *that the.* ch. 1. 3; 3. 12, 14, 22; 37. 1.

2 *I beheld.* ch. 1. 4, 26, 27. Da. 7. 9, 10. Re. 1. 14, 15. *amber. Amber* is a hard, inflammable, bituminous substance, of a beautiful yellow colour, very transparent, and susceptible of an exquisite polish. When rubbed it is highly endowed with electricity; a name which the moderns have formed from its Greek name ηλεκτρον. But, as *amber* becomes dim as soon as it feels the fire, and is speedily consumed, it is probable that the original *chashmal,* which BOCHART derives from the Chaldee *nechash,* copper, and *melala,* gold, was a mixed metal, similar to that which the Greeks called ηλεκτρον, *electrum,* as the LXX. and Vulgate render, from its resemblance to amber in colour.

3 *he put.* ch. 2. 9. Da. 5. 5; 10. 10, 18. *the spirit.* ch. 3. 14; 11. 1, 24; 40. 2. 1 Ki. 18. 12. 2 Ki. 2. 16. Ac. 8. 39. 2 Co. 12. 2-4. Re. 1. 10, etc.; 4. 2, etc. *to the door.* ver. 5. 2 Ki. 16. 14. *the image.* ch. 5. 11; 7. 20. 2 Ki. 21. 7. Je. 7. 30; 32. 34. *provoketh.* Ex. 20. 5; 34. 14. De. 4. 24; 5. 9; 6. 15; 32. 16, 21. Jos. 24. 19. Ps. 78. 58. 1 Co. 10. 21, 22.

4 ch. 1. 26-28; 3. 22, 23; 9. 3; 10. 1-4; 11. 22, 23; 43. 2-4. Ex. 25. 22; 40. 34, 35. 2 Co. 3. 18; 4. 4-6. He. 1. 3.

5 *lift.* Je. 3. 2. Zec. 5. 5-11. *at the.* ver. 3. Ps. 48. 2.

6 *seest.* ver. 12, 17. Je. 3. 6; 7. 17. *even.* ver. 9, 17; ch. 5. 11; 7. 20-22; 23. 38, 39. 2 Ki. 23. 4-6. Pr. 5. 14. Je. 7. 30; 23. 11; 32. 34. *that I.* ch. 10. 19; 11. 22. De. 31. 16-18. 2 Ch. 36. 14-17. Ps. 78. 60. Je. 26. 6. La. 2. 6, 7. *greater.* ver. 11, 14, 16.

7 1 Ki. 7. 12. 2 Ki. 21. 5.

8 Job 34. 22. Is. 29. 15. Je. 2. 34, marg.; 23. 24. Am. 9. 2, 3.

9 *that they.* ch. 20. 8.

10 *and behold.* These images pourtrayed on the wall were no doubt the objects of Egyptian idolatry, the *ox, ape, crocodile, ibis, beetle,* etc., as we find those idols were painted on the walls of the tombs of kings and nobles. *every.* Ex. 20. 4. Le. 11. 10-12, 29-31, 42-44. De. 4, 18; 14. 3, 7, 8. Is. 57. 6-10. Je. 2. 26, 27; 3. 9; 16. 18. Ro. 1. 23.

11 *seventy.* Ex. 24. 1, 9. Nu. 11. 16, 25. Je. 5. 5; 19. 1. Da. 9. 8. *Shaphan.* 2 Ki. 22. 3, 8, 12, 14; 25. 22. 2 Ch. 34. 20. Je. 26. 24; 29. 3; 36. 10. *every.* Nu. 16. 17, 35. 2 Ch. 26. 16, 19. Je. 7. 9.

12 *hast.* ver. 6, 15, 17. *ancients.* ver. 11; ch. 14. 1; 20. 1. Ep. 5. 12. *in the.* ver. 7, 8. Job 24. 13-17. Jno. 3. 19, 20. *The Lord seeth.* ch. 9. 9. Job 22. 12, 13. Ps. 73. 11; 94. 7-10. Is. 29. 15.

13 *greater.* ver. 6, 15. Je. 9. 3. 2 Ti. 3. 13.

14 *toward.* ch. 44. 4; 46. 9.

15 *Hast.* ver. 6, 12. 2 Ti. 3. 13. *greater.* ver. 9, 13.

16 *the inner.* ch. 10. 3; 40. 28; 43. 5; 45. 19. *at the door.* 2 Ki. 16. 14. 2 Ch. 7. 7. Joel 2. 17. *about.* ch. 11. 1. *with their.* ch. 23. 35. 1 Ki. 8. 29. 2 Ch. 29. 6. Je. 2. 27; 32. 33. *their faces.* De. 4. 19; 17. 3. 2 Ki. 23. 5, 11. Job 31. 26-28. Je. 44. 17. Ac. 7. 42, 43. *and they.* It seems that the Jews had incorporated every species of idolatry into their worship, Egyptian, Phœnician, and Persian; for this evidently was the Magian worship of the sun.

17 *Is it a light,* etc. *or,* Is there *any* thing lighter than to commit, etc. *for.* ch. 7. 23; 9. 9; 11. 6. Ge. 6. 13. 2 Ki. 21. 16; 24. 4. Je. 6. 7; 19. 4; 20. 8. Am. 3. 10; 6. 3. Mi. 2. 2; 6. 12. Zep. 1. 9. *they put.* So the Vulgate has, *applicant ramum ad nares suas,* 'they apply the branch to their nose;' which JEROME explains by 'a branch of the palm tree with which they adored the idols;' and it seems plainly to allude to the Magian fire-worshippers, who, STRABO tells us, held a little bunch of twigs in their hand, when praying before the fire.

18 *will I also.* ch. 5. 11-13; 7. 4-9; 9. 5, 10; 16. 42; 24. 13. Na. 1. 2. *and though.* Ju. 10. 13, 14. Pr. 1. 28. Is. 1. 15; 59. 2. Je. 11. 11; 14. 12. Mi. 3. 4. Zec. 7. 13. Lu. 13. 25.

## CHAP. IX.

*A vision, whereby is shewn the preservation of some,* 1-4; *and the destruction of the rest,* 5-7. *God cannot be intreated for them,* 8-11.

1 *cried.* ch. 43. 6, 7. Is. 6. 8. Am. 3. 7, 8. Re. 1. 10, 11; 14. 7. *Cause.* Ex. 12. 23. 2 Ki. 10. 24. 1 Ch. 21. 15, 16. Is. 10. 6, 7.

2 *six.* Je. 1. 15; 5. 15-17; 8. 16, 17; 25. 9. *the higher.* 2 Ki. 15. 35. 2 Ch. 27. 3. Je. 26. 10. *lieth. Heb.* is turned. *slaughter weapon. Heb.* weapon of his breaking in pieces. *and one.* ch. 10. 2, 6, 7. Le. 16. 4. Re. 15. 6. *ink-horn. Keseth,* (in Chaldee, *kista,* Syriac, *kesto,* Ethiopic, *kasut,*) denotes a *bottle,* or *vessel* to hold any fluid; and being here united to *sophair,* a writer, is not improperly rendered an *ink-horn:* so one of the editions of AQUILA, μελανδοχειον, and Vulgate, *atramentarium.* Dr. SHAW informs us, that among the Moors, 'the *Hojas, i. e.* writers or secretaries, suspend their *ink-horns* in their *girdles.*' *by his side. Heb.* upon his loins. *beside.* Ex. 27. 1-7; 40. 29. 2 Ch. 4. 1.

3 ch. 3. 23; 8. 4; 10. 4; 11. 22, 23; 43. 2-4.

4 *set a mark. Heb.* mark a mark. Ex. 12. 7, 13. Mal. 3. 16. 2 Co. 1. 22. Ep. 4. 30. 2 Ti. 2. 19. Re. 7. 2, 3; 9. 4; 13. 16, 17; 14. 1; 20. 4. *that sigh.* ch. 6. 11. 2 Ki. 22. 13, 19, 20. Ps. 119. 53, 136. Is. 57. 15. Je. 13. 17. 2 Co. 12. 21. 2 Pe. 2. 8, 9.

5 *hearing. Heb.* ears. 1 Sa. 9. 15. Is. 5. 9; 22. 14. *Go.* ver. 10; ch. 5. 11; 7. 4, 9; 8. 18; 24. 14. Ex. 32. 27. Nu. 25. 7, 8. De. 32. 39-42. 1 Ki. 18. 40.

6 *utterly. Heb.* to destruction. *old.* Nu. 31. 15-17. De. 2. 34; 3. 6. Jos. 6. 17-21. 1 Sa. 15. 3. 2 Ch. 36. 17. *but.* Ex. 12. 23. Jos. 2. 18, 19; 6. 22-25. 2 Ti. 2. 19. Re. 7. 3; 9. 4; 14. 4. *and begin.* ch. 8. 5-16. Je. 25. 29. Am. 3. 2. Lu. 12. 47. 1 Pe. 4. 17, 18. *at the.* ch. 8. 11, 16; 11. 1.

7 ch. 7. 20-22. 2 Ch. 36. 17. Ps. 79. 1-3. La. 2. 4-7. Lu. 13. 1.

8 *that I.* Nu. 14. 5; 16. 4, 21, 22, 45. De. 9. 18. Jos. 7. 6. 1 Ch. 21. 16. Ezr. 9. 5. *Ah.* ch. 4. 14; 11. 13. Ge. 18. 23. Je. 4. 10; 14. 13, 19. Am. 7. 2-5.

9 *The iniquity.* ch. 7. 23; 22. 2-12, 25-31. De. 31. 29; 32. 5, 15-22. 2 Ki. 17. 7, etc. 2 Ch. 36. 14-16. Is. 1. 4; 59. 2-8, 12-15. Je. 5. 1-9; 7. 8, 9. Mi. 3. 9-12. Zep. 3. 1-4. *and the land.* ch. 8. 17. 2 Ki. 21. 16; 24. 4. Je. 2. 34; 22. 17. La. 4. 13, 14. Mat. 23. 35-37. Lu. 11. 50. *full of. Heb.* filled with. *perverseness. or,* wresting of *judgment.* ch. 22. 27-29. Mi. 3. 1-3; 7. 3, 4. *The Lord hath.* ch. 8. 12. Job 22. 13. Ps. 10. 11; 94. 7. Is. 29. 15.

10 *mine.* ver. 5; ch. 5. 11; 7. 4; 8. 18; 21. 31, 32. *but.* ch. 7. 8, 9; 11. 21; 22. 31. De. 32. 41. 2 Ch. 6. 23. Is. 65. 6. Ho. 9. 7. Joel 3. 4. He. 10. 30.

11 *reported the matter. Heb.* returned the word. *I have.* Ps. 103. 20. Is. 46. 10, 11. Zec. 1. 10, 11; 6. 7, 8. Re. 16. 2, 17.

## CHAP. X.

*The vision of the coals of fire, to be scattered over the city,* 1-7. *The vision of the cherubims,* 8-22.

1 *I looked.* Is. 21. 8, 9. Hab. 2. 1. *in the.* ch. 1. 22-26. Ex. 24. 10. Re. 4. 2, 3. *above.* ver. 20; ch. 11. 22. Ps. 18. 10; 68. 17, 18. Ep. 1. 20. 1 Pe. 3. 22. *as the.* ch. 1. 22, 26. Ge. 18. 2, 17, 22, 31; 32. 24, 30. Jos. 5. 13-15; 6. 2. Ju. 13. 6, 8, 18-22. Jno. 1. 18. Re. 1. 13.

2 *unto.* ver. 7; ch. 9. 2, 3, 11. *Go.* ver. 8-13, 16; ch. 1. 15-20. *thine hand. Heb.* the hollow of thine hand. *coals.* ch. 1. 13. Ex. 9. 8-10. Ps. 18. 12, 13; 140. 10. Is. 6. 6, 7. Re. 8. 5. *scatter.* ch. 20. 47, 48; 24. 9-14. 2 Ki. 25. 9. Is. 30. 30. Je. 24. 8-10.

3 *and the.* ver. 3; ch. 9. 3; 43. 4.

4 *the glory.* ver. 18; ch. 1. 28; 9. 3; 10. 22, 23. Nu. 16. 19. *went up. Heb.* was lifted up. *and the house.* ch. 43. 5. Ex. 40. 35. 1 Ki. 8. 10-12. 2 Ch. 5. 13, 14. Hag. 2. 9. Re. 15. 8.

5 *the sound.* ch. 1. 24. *outer.* ch. 46. 21. 1 Ki. 7. 9. 2 Ch. 4. 9. *the voice.* Eze. 19. 16, 19; 20. 18, 19. De. 4. 12, 13. Job 37. 2-5; 40. 9. Ps. 29. 3-9; 68. 33; 77. 17. Jno. 12. 28, 29. He. 12. 18, 19. Re. 10. 3, 4.

6 ver. 2. Ps. 80. 1; 99. 1.

7 *stretched forth. Heb.* sent forth. *unto the.* ver. 6; ch. 1. 13. *and went.* ch. 41. 23-28. Mat. 13. 41, 42, 49, 50; 24. 34, 35.

8 ver. 21; ch. 1. 8. Is. 6. 6.

9 *behold.* ch. 1. 15-17. *as the.* Da. 10. 6. Re. 21. 20. *a beryl. Tarshish* is generally rendered by the LXX. and the Vulgate, the *chrysolite,* so called by the ancients (from χρυσος, *gold,* and λιθος, *a stone,*) because of its fine gold yellow colour. It is now called by the moderns the *topaz;* is a very beautiful and valuable gem in its pure and perfect state, though very rarely found so; and the finer pieces of it are in hardness second only to the diamond. The Vulgate, however, in ch. 1. 16, renders, *quasi visio maris,* 'as the appearance of the seas,' *i. e. azure;* and Dr. GEDDES (on Ex. 28. 10) says, that, with ABARBANEL, he believes the *beryl* to be intended. It is a pellucid gem, called by our lapidaries, *aqua marina,* of a sea or bluish green colour, found in the East Indies and about the gold mines of Peru. The genuine beryl never receives any other mixture of colour; and in its perfect state approaches to the hardness of the garnet.

10 ch. 1. 16. Ps. 36. 6; 97. 2; 104. 24. Ro. 11. 33.

11 *they went upon.* ver. 22; ch. 1. 17. *whither.* ch. 1. 20. Mat. 8. 8-10.

12 *body. Heb.* flesh. *were.* ch. 1. 18. Re. 4. 6, 8.

13 *it was cried,* etc. *or,* they were called in my hearing, Wheel, *or* Galgal.

14 *every.* ver. 21; ch. 1. 6-10. 1 Ki. 7. 29, 36. Re. 4. 7. *the face of a cherub.* In ch. 1. 10, instead of 'the face of a cherub,' it is 'the face of an ox:' hence a *cherub* was in the likeness of an *ox,* at least as to its *head.* The extraordinary shape of these angelic beings, which appeared to the prophet in vision, is manifestly symbolical; for it is not to be supposed that these heavenly beings are really thus formed. The four faces, wings, and the arms of a man, denote the sublime qualities of these immediate ministers of the Deity; qualities entirely essential to fill up the extent of their duty. The face of a *man* denotes their intelligence; of a *lion,* their intrepid courage; of an *ox,* their patience and perseverance in labour; and of an *eagle,* their great penetration, their sublime sight into heavenly things, and their readiness to rise up into all that is great and divine. The *wings* being *stretched* out, signifies their readiness and rapidity in obeying the commands of their Master; the *wings bent down,* denotes their profound respect before the Lord of the universe; and the *man's arms* under the wings, shew that zeal produces application and labour.

15 *lifted.* ver. 18, 19; ch. 8. 6; 11. 22. Ho. 9. 12. *This.* ver. 20; ch. 1. 5, 13, 14; 43. 3.

16 ch. 1. 19-21.

17 *for.* ch. 1. 12, 20, 21. *of the living creature. or,* of life. Ge. 2. 7. Ro. 8. 2. Re. 11. 11.

18 *the glory.* ver. 4; ch. 7. 20-22. Ps. 78. 60, 61. Je. 6. 8; 7. 12-14. Ho. 9. 12. Mat. 23. 37-39. *and stood.* ver. 3, 4. Ge. 3. 24. 2 Ki. 2. 11. Ps. 18. 10-68. 17, 18.

19 *the cherubims.* ch. 1. 17-21; 11. 22, 23. *of the east.* ch. 8. 16; 43. 4. *and the glory.* ver. 1; ch. 1 26-28.

20 *the living.* ver. 15; ch. 1. 22-28; 3. 23. *the river.* ch. 1. 1. *and I.* 1 Ki. 6. 29-35; 7. 36.

21 *had four.* ver. 14; ch. 1. 8-10; 41. 18, 19. Re. 4. 7. *and the.* ver. 8.

22 *the likeness.* ch. 1. 10. *they went.* ver. 11; ch. 1. 12. Ho. 14. 9.

## CHAP. XI.

*The presumption of the princes,* 1-3. *Their sin and judgment,* 4-12. *Ezekiel complaining, God shews him his purpose in saving a remnant,* 13-20; *and punishing the wicked,* 21. *The glory of God leaves the city,* 22, 23. *Ezekiel is returned to the captivity,* 24, 25.

1 *the spirit.* ver. 24; ch. 3. 12, 14; 8. 3; 37. 1; 40. 1, 2; 41. 1. 1 Ki. 18. 12. 2 Ki. 2. 16. Ac. 8. 39. 2 Co. 12. 1-4. Re. 1. 10. *the east.* ch. 10. 19; 43. 4. *behold.* ch. 8. 16. *Jaazaniah.* 2 Ki. 25. 23. *Pelatiah.* ver. 13; ch. 22. 27. Is. 1. 10, 23. Ho. 5. 10.

2 Es. 8. 3. Ps. 2. 1, 2; 36. 4; 52. 2. Is. 30. 1; 59. 4. Je. 5. 5; 18. 18. Mi. 2. 1, 2.

3 *It is not,* etc. *or, It is* not *for us* to build houses near. ch. 7. 7; 12. 22, 27. Is. 5. 19. Je. 1. 11, 12. Am. 6. 5. 2 Pe. 3. 4. *this city.* ver. 7-11; ch. 24. 3-14. Je. 1. 13.

4 ch. 3. 2, etc., 17, etc.; 20. 46, 47; 21. 2; 25. 2. Is. 58. 1. Ho. 6. 5; 8. 1.

5 *the Spirit.* ch. 2. 2; 3. 24, 27; 8. 1. Nu. 11. 25, 26. 1 Sa. 10. 6, 10. Ac. 10. 44; 11. 15. *Speak.* ch. 2. 4, 5, 7; 3. 11. Is. 58. 1. *Thus have.* ch. 28. 2; 29. 3; 38. 11. Ps. 50. 21. Is. 28. 15. Mal. 3. 13, 14. Mar. 3. 22-30. Ja. 3. 6. *for.* ch. 38. 10. 1 Ch. 28. 9. Ps. 7. 9; 139. 2, 3. Je. 16. 17; 17. 10. Mar. 2. 8. Jno. 2. 24, 25; 21. 17. He. 4. 13. Re. 2. 23.

6 ch. 7. 23; 9. 9; 22. 2-6, 9, 12, 27; 24. 6-9. 2 Ki. 21. 16. Is. 1. 15. Je. 2. 30, 34; 7. 6, 9. La. 4. 13. Ho. 4. 2, 3. Mi. 3. 2, 3, 10; 7. 2. Zep. 3. 3. Mat. 23. 35.

7 *Your.* ch. 24. 3-13. Mi. 3. 2, 3. *but.* ver. 3. 9-11. 2 Ki. 25. 18-22. Je. 52. 24-27.

8 Job 3. 25; 20. 24. Pr. 10. 24. Is. 24. 17, 18; 30. 16, 17; 66. 4. Je. 38. 19-23; 42. 14-16; 44. 12, 13. Am. 9. 1-4. Jno. 11. 48. 1 Th. 2. 15, 16.

9 *and deliver.* ch. 21. 31. De. 28. 36, 49, 50. 2 Ki. 24. 4. Ne. 9. 36, 37. Ps. 106. 41. Je. 5. 15-17; 39. 6. *and will.* ch. 5. 8, 10, 15; 16. 38, 41; 30. 19. Ps. 106. 30. Ec. 8. 11. Jno. 5. 27. Ro. 13. 4. Jude 15.

10 *fall.* 2 Ki. 25. 19-21. Je. 39. 6.; 52. 9, 10, 24-27. *in.* Nu. 34. 8, 9. Jos. 13. 5. 1 Ki. 8. 65. 2 Ki. 14. 25. *and ye.* ch. 6. 7; 13. 9, 14, 21, 23. Ps. 9. 16. Je. 9. 24.

11 ver. 3, 7-10.

12 *for we have not walked. or,* which have not walked. ver. 21; ch. 20. 16, 21, 24. Le. 26. 40. 1 Ki. 11. 33. 2 Ki. 21. 22. Ezr. 9. 7. Ne. 9. 34. Ps. 78. 10. Je.

6. 16. Da. 9. 10. *but.* ch. 8. 10, 14, 16; 16. 44-47. Le. 18. 3, 24-28. De. 12. 30, 31. 2 Ki. 16. 3, 10, 11; 17. 11, etc.; 18. 12; 21. 2. 2 Ch. 13. 9; 28. 3; 33. 2-9; 36. 14. Ps. 106. 35-39. Je. 10. 2.

13 *And it.* Whilst the prophet, in vision, was delivering this message to the princes, Pelatiah suddenly died; and it is highly probable that he was actually struck dead at this very time, in so remarkable a manner as to render the vision much noticed. The prophet, alarmed and distressed for the welfare of his people, anxiously enquired whether the Lord meant to destroy the remnant of Israel. *when.* ver. 1; ch. 37. 7. Nu. 14. 35-37. De. 7. 4. 1 Ki. 13. 4. Pr. 6. 15. Je. 28. 15-17. Ho. 6. 5. Ac. 5. 5, 10; 13. 11. *Then.* De. 9. 18, 19. Jos. 7. 6-9. 1 Ch. 21. 16, 17. Ps. 106. 23; 119. 120. *Ah.* ch. 9. 8. Am. 7. 2, 5.

15 *thy brethren.* Je. 24. 1-5. *Get.* Is. 65. 5; 66. 5. Jno. 16. 2. *unto.* ch. 33. 24.

16 *Thus saith.* Le. 26. 44. De. 30. 3, 4. 2 Ki. 24. 12-16. Ps. 44. 11. Je. 24. 5, 6; 30. 11; 31. 10. *as a.* Ps. 31. 20; 90. 1; 91. 1, 9, etc. Pr. 18. 10. Is. 4. 5; 8. 14. Je. 26. 7, 11; 42. 11.

17 ch. 28. 25; 34. 13; 36. 24; 37. 21, etc.; 39. 27-29. Is. 11. 11-16. Je. 3. 12, 18; 24. 5; 30. 10, 11, 18; 31. 8-10; 32. 37-41. Ho. 1. 10, 11. Am. 9. 14, 15.

18 ver. 21; ch. 5. 11; 7. 20; 37. 23; 42. 7, 8. Is. 1. 25-27; 30. 22. Je. 16. 18. Ho. 14. 8. Mi. 5. 10-14. Col. 3. 5-8. Tit. 2. 12.

19 *I will give.* ch. 36. 26, 27. De. 30. 6. 2 Ch. 30. 12. Je. 24. 7; 32. 39, 40. Zep. 3. 9. Jno. 17. 21-23. Ac. 4. 32. 1 Co. 1. 10. Ep. 4. 3-6. Phi. 2. 1-5. *I will put.* ch. 18. 31. 2 Ki. 22. 19. Ps. 51. 10. Je. 31. 33. Lu. 11. 13. Jno. 14. 26. Ro. 11. 2. 2 Co. 5. 17. Ga. 6. 15. Ep. 4. 23. *I will take.* ch. 36. 26, 27. Is. 48. 4. Zec. 7. 12. Ro. 2. 4, 5.

20 *they may.* ver. 12. Ps. 105. 45; 119. 4, 5, 32. Lu. 1. 6, 74, 75. Ro. 16. 26. 1 Co. 11. 2. Tit. 2. 11, 12. *and they.* ch. 14. 11; 36. 28; 37. 27. Je. 11. 4; 24. 7; 30. 22; 31. 33; 32. 38. Ho. 2. 23. Zec. 13. 9. He. 8. 10; 11. 16.

21 *whose.* Ec. 11. 9. Je. 17. 9. Mar. 7. 21-23. He. 3. 12, 13; 10. 38. Ja. 1. 14, 15. Jude 19. *their detestable.* ver. 18. Je. 1. 16; 2. 20. *I will.* ch. 9. 10; 20. 31, 38; 22. 31. Je. 29. 16-19.

22 ch. 1. 19, 20; 10. 19.

23 *the glory.* ch. 8. 4; 9. 3; 10. 4, 18; 43. 4. Zec. 14. 4. Mat. 23. 37-39; 24. 1, 2. *which.* ch. 43. 2.

24 *the spirit.* ver. 1; ch. 8. 3. 2 Ki. 2. 16. 2 Co. 12. 3. *into.* ch. 1. 3; 3. 12, 15. Ps. 137. 1. *So.* Ge. 17. 22; 35. 13. Ac. 10. 16.

25 ch. 2. 7; 3. 4, 17, 27.

## CHAP. XII.

*Under the type of Ezekiel's removing,* 1-7, *is shewn the captivity of Zedekiah,* 8-16. *Ezekiel's trembling shews the Jews' desolation,* 17-20. *The Jews' presumptuous proverb is reproved,* 21-25. *The speediness of the vision,* 26-28.

2 *thou.* ch. 2. 3, 6-8; 3. 9, 26, 27; 17. 12; 24. 3; 44. 6. De. 9. 7, 24; 31. 27. Ps. 78. 40. Is. 1. 23; 30. 1, 9; 65. 2. Je. 4. 17; 5. 23; 9. 1-6. Da. 9. 5-9. Ac. 7. 51, 52. *which.* De. 29. 4. Is. 6. 9, 10; 29. 9-12; 42. 19, 20. Je. 5. 21. Mat. 13. 13, 14. Mar. 4. 12; 8. 17, 18. Lu. 8. 10. Jno. 9. 39-41; 12. 40. Ac. 28. 26, 27. Ro. 11. 7, 8. 2 Co. 3. 14; 4. 3, 4. Ep. 4. 18. 2 Th. 2. 10, 11. *for.* ch. 2. 5.

3 *prepare.* ver. 10-12; ch. 4. 1, etc. Je. 13. 1, etc.; 18. 2, etc.; 19. 1, etc.; 27. 2. *stuff. or,* instruments. By *stuff* our translators meant *furniture* or *goods*, as the word frequently denotes in our early writers; but the original, *keley*, has not only this sense (as in ver. 4), but is also used for any kind of *utensils* or *instruments* whatever; and here probably denotes *carriages*, or other means for removing goods. This was intended to signify that the *captivity* was at hand. *it may.* ch. 33. 11. De. 5. 29; 32. 29. Ps. 81. 13. Je. 18. 11; 25. 4-7; 26. 3; 36. 3, 7. Lu. 13. 8, 9, 34; 20. 13. 2 Ti. 2, 25.

4 *at even.* ver. 12. 2 Ki. 25. 4. Je. 39. 4; 52. 7. *they that go forth into. Heb.* the goings forth of.

5 *Dig thou. Heb.* Dig for thee. This was to shew that Zedekiah should escape from the city through *a breach in the wall.* See 2 Ki. 25. 4. Je. 39. 2-4.

6 *thou shalt.* This intimated, that Zedekiah should steal out of the city in the twilight, carrying on his shoulders some of his property, with his head covered, not only as in distress, but to escape detection. These prophecies, which were accurately fulfilled, are supposed to have been delivered in the *sixth* year of Zedekiah, *five* years before the taking of Jerusalem. *cover.* 1 Sa. 28. 8. 2 Sa. 15. 30. Job 24. 17. *for I.* ver. 11; ch. 4. 3; 24. 24. Is 8. 18; 20. 2-4.

7 *I did so.* ch. 2. 8; 24. 18; 37. 7, 10. Je. 32. 8-12. Mat. 21. 6, 7. Mar. 14. 16. Jno. 2. 5-8; 15. 14. Ac. 26. 19. *I brought.* ver. 3-6. *digged. Heb.* digged for me.

9 *the rebellious.* ver. 1-3; ch. 2. 5-8. *What.* ch. 17. 12; 20. 49; 24. 19.

10 *This.* 2 Ki. 9. 25. Is. 13. 1; 14. 28. Mal. 1. 1. *prince.* That is, Zedekiah king of Judah. ch. 7. 27; 17. 13-21; 21. 25-27. Je. 21. 7; 24. 8; 38. 18.

11 *I am.* ver. 6. *remove and go. Heb.* by removing go. Je. 15. 2; 52. 15, 28-30.

12 ver. 6. 2 Ki. 25. 4. Je. 39. 4; 52. 7.

13 *My net.* This was to intimate, that though he escaped out of the city, the Chaldeans should overtake him, and carry him to Babylon. Jeremiah had predicted that his 'eyes should see the eyes of the king of Babylon,' and here Ezekiel foretold that he should not see Babylon, though he should die there; and JOSEPHUS says that he thought the two prophecies so inconsistent with each other, that he believed neither; yet both were exactly fulfilled, and the enigma of Ezekiel explained, when Zedekiah was brought to Nebuchadnezzar at Riblah, where he had his eyes put out, and was then carried to Babylon, and there died. ch. 17. 16, 20; 19. 8, 9; 32. 3. Job 19. 6. Ps. 11. 6. Is. 24. 17, 18. Je. 50. 24. La. 1. 13; 3. 47; 4. 19, 20. Ho. 7. 12. Lu. 21. 35. *and I.* 2 Ki. 25. 5-7. Je. 34. 3; 39. 7; 52. 8-11.

14 *I will scatter.* ch. 5. 10-12; 17. 21. 2 Ki. 25. 4, 5. *I will draw.* ch. 5. 2, 12; 14. 17, 21. Le. 26. 33. Je. 42. 16, 22.

15 ver. 16, 20; ch. 5. 13; 6. 7, 14; 7. 4; 11. 10; 24. 27; 25. 11; 26. 6; 28. 26; 33. 33; 39. 28. Eze. 14. 18. Ps. 9. 16.

16 *I will.* ch. 6. 8-10; 14. 22, 23. Is. 1. 9; 6. 13; 10. 22; 24. 13. Je. 4. 27; 30. 11. Am. 9. 8, 9. Mat. 7. 14; 24. 22. Ro. 11. 4, 5. *a few men. Heb.* men of number. Ge. 13. 16. Is. 10. 19. Ro. 9. 27. *that they.* ch. 14. 22, 23; 36. 31. Le. 26. 40, 41. Je. 3. 24, 25. Da. 9. 5-12. *and they.* De. 29. 24-28. 1 Ki. 9. 6-9. Je. 22. 8, 9.

18 ch. 4. 16, 17; 23. 33. Le. 26. 26, 36. De. 28. 48, 65. Job 3. 24. Ps. 60. 2, 3; 80. 5; 102. 4-9.

19 *with carefulness.* 1 Ki. 17. 10-12. *that her.* ch. 6. 6, 7, 14; 36. 3. Is. 6. 11. Je. 4. 27; 9. 10, 11; 10. 22; 18. 16; 32. 48; 33. 10, 12. Mi. 7. 13. Zec. 7. 14. *all that is therein. Heb.* the fulness thereof. Ps. 24. 1. 1 Co. 10. 26, 28. *because.* ch. 7. 23. Ge. 6. 11-13. Ps. 104. 37; 107. 34. Je. 6. 7. Mi. 3. 10-12.

20 ch. 15. 6-8. Is. 3. 26; 7. 23, 24; 24. 3, 12; 64. 10, 11. Je. 4. 7, 23-29; 12. 10-12; 16. 9; 19. 11; 24. 8-10; 25. 9; 34. 22. La. 5. 18. Da. 9. 17.

22 *what.* ch. 18. 2, 3. Je. 23. 33-40. *The days.* ver. 27; ch. 11. 3. Is. 5. 19. Je. 5. 12, 13. Am. 6. 3. 2 Pe. 3. 3, 4.

23 *I will.* ch. 18. 3. Is. 28. 22. *The days.* ver. 25; ch. 7. 2, 5-7, 10-12. Joel 2. 1. Zep. 1. 14. Mal. 4. 1. Mat. 24. 34. Ja. 5. 8, 9.

24 ch. 13. 23. 1 Ki. 22. 11-13, 17. Pr. 26. 28. Je. 14. 13-16; 23. 14-29. La. 2. 14. Zec. 13. 2-4. Ro. 16. 18. 1 Th. 2. 5. 2 Pe. 2. 2, 3.

25 *I will.* ver. 28; ch. 6. 10. Nu. 14. 28-34. Is. 14. 24; 55. 11. La. 2. 17. Da. 9. 12. Zec. 1. 6. Mat. 24. 35. Lu. 21. 13, 33. *in your.* Je. 16. 9. Hab. 1. 5. Mar. 13. 30, 31. *O rebellious.* ver. 1, 2.

27 *for.* ver. 22. Is. 28. 14, 15. Da. 10. 14. 2 Pe. 3. 4.

28 *There shall.* ver. 23-25. Je. 4. 7; 44. 28. Mat. 24. 48-51. Mar. 13. 32-37. Lu. 21. 34-36. 1 Th. 5. 2, 3. Re. 3. 3.

## CHAP. XIII.

*The reproof of lying prophets,* 1-9, *and their untempered morter,* 10-16. *Of prophetesses and their pillows,* 17-23.

2 *prophesy against.* ch. 14. 9, 10; 22. 25, 28. 2 Ch. 18. 18-24. Is. 9. 15; 56. 9-12. Je. 5. 31; 6. 13, 14; 8. 10; 14. 13-15; 23. 2, 11-22, 25, 26; 27. 14, 18; 28. 12-17; 29. 8, 9; 37. 19. La. 4. 13. Mi. 3. 6, 11. Zep. 3. 4. 2 Pe. 2. 1-3. *prophesy out of. Heb.* are prophets out of. ver. 3, 17. Je. 14. 14; 23. 16, 26. *Hear.* ch. 34. 7, 9. 1 Ki. 22. 19. Is. 1. 10; 28. 14. Je. 28. 15; 29. 20-24, 31, 32. Am. 7. 16, 17.

3 *Woe.* ver. 18; ch. 34. 2. Je. 23. 1. Mat. 23. 13-29. Lu. 11. 42-47, 52. 1 Co. 9. 16. *foolish.* Pr. 15. 2, 14. La. 2. 14. Ho. 9. 7. Zec. 11. 15. Mat. 23. 16-26. Lu. 11. 40. 1 Ti. 6. 4. 2 Ti. 3. 9. *follow. Heb.* walk after. *have seen nothing. or, things which* they have not seen. ver. 6, 7. Je. 23. 28-32.

4 *prophets.* Crafty, mischievous, and ravenous; always scheming something for their own interest; while they would not risk their persons to avert the mischief which they had caused. *like.* Ca. 2. 15. Mi. 2. 11; 3. 5. Mat. 7. 15. Ro. 16. 18. 2 Co. 11. 13-15. Ga. 2. 4. Ep. 4. 14. 2 Th. 2. 9, 10. 1 Ti. 4. 1, 2. Tit. 1. 10-12. Re. 13. 11-14; 19. 20.

5 *have not.* ch. 22. 30. Ex. 17. 9-13; 32. 11, 12. Nu. 16. 21, 22, 47, 48. 1 Sa. 12. 23, 30. Ps. 106. 23. Je. 15. 1; 23. 22; 27. 18. Mal. 1. 9. *gaps. or,* breaches. Is. 58. 12. La. 2. 13, 14. *made up the hedge. Heb.* hedged the hedge. *to stand.* Job 40. 9. Ps. 76. 7. Is. 27. 4. Ep. 6. 13, 14. Re. 16. 14; 20. 8, 9. *the day.* ch. 30. 3. Is. 2. 12; 13. 6, 9; 34. 8. Joel 1. 15; 2. 1, 31; 3. 14. Am. 5. 18-20. Zep. 1. 14-18; 2. 2, 3. Mal. 4. 5. 1 Th. 5. 2. 2 Pe. 3. 10. Re. 6. 17.

6 *have seen.* ver. 23; ch. 12. 23, 24; 22. 28. La. 2. 14. 2 Pe. 2. 18. *lying.* ch. 21. 23, 29. Je. 14. 14; 29. 8. Zec. 10. 2. *saying.* ver. 7. Je. 23. 31, 32; 28. 2. 15. *made.* ver. 22. 1 Ki. 22. 6, 27, 37. Pr. 14. 15. Je. 29. 31; 37. 19. Mar. 13. 6, 22, 23. 2 Th. 2. 11.

7 *The Lord.* ver. 2, 3, 6. Mat. 24. 23, 24.

8 *behold.* ch. 5. 8; 21. 3; 26. 3; 28. 22; 29. 3, 4, 10; 35. 3; 38. 3, 4; 39. 1. Je. 50. 31, 32; 51. 25. Na. 2. 13; 3. 5, 6. 1 Ti. 4. 1, 8. 1 Pe. 3. 12.

9 *mine.* ch. 11. 13; 14. 9, 10. Ps. 101. 7. Je. 20. 3-6; 28. 15-17; 29. 21, 22, 31, 32. Re. 19. 20. *assembly. or,* secret, *or* council. *neither shall they be.* Ex. 32. 32, 33. Ezr. 2. 59, 62, 63. Ne. 7. 62, 64. Ps. 69. 5, 28; 87. 6. Is. 4. 3. Da. 12. 1. Ho. 9. 3. Lu. 10. 20. Phi. 4. 3. He. 12. 23. Re. 13. 8; 20. 12, 15. *neither shall they enter.* ch. 20. 38. *and ye.* ch. 11. 10, 12; 12. 20. 1 Ki. 22. 24, 25. Je. 23. 20.

10 *seduced.* 2 Ki. 21. 9. Pr. 12. 26. Je. 23. 13-15. 1 Ti. 4. 1. 2 Ti. 3. 13. 1 Jno. 2. 26. Re. 2. 20. *Peace.* ver. 16. Is. 57. 21. Je. 4. 10; 6. 14; 8. 11, 15; 14. 13; 23. 17; 28. 9. Mal. 3. 15. *and one.* These false prophets pretend to be a *wall of defence;* but their *wall* is bad, and their *morter* is worse. One gives a *lying vision;* another pledges himself that it is *true;* and the people believe what *they* say, and trust not in God, nor turn from their sins. *a wall. or,* a slight wall. *others.* ch. 22. 28. 2 Ch. 18. 12. Is. 30. 10. Je. 5. 31. Mi. 2. 11.

11 *there shall.* It shall wash off this bad morter, sweep away the wall, and level it with the earth. In the East, where the walls are often built with unbaked bricks, desolations of this kind are frequently occasioned by tempestuous rains. ch. 38. 22. Job 27. 21. Ps. 11. 6; 18. 13, 14; 32. 6. Is. 25. 4; 28. 2, 15-18; 29. 6; 32. 19. Na. 1. 3, 7, 8. Mat. 7. 25, 27. Lu. 6. 48, 49.

12 *Where.* De. 32. 37. Ju. 9. 38; 10. 14. 2 Ki. 3. 13. Je. 2. 38; 29. 31, 32; 37. 19. La. 2. 14, 15.

13 *a stormy.* Le. 26. 28. Ps. 30. 30; 107. 25; 148. 8. Je. 23. 19. Jon. 1. 4. *and great.* Ex. 9. 18-29. Ps. 18. 12, 13; 105. 32; 148. 8. Is. 30. 30. Hag. 2. 17. Re. 8. 7; 11. 19; 16. 21.

14 *the foundation.* Ps. 11. 3. Mi. 1. 6. Hab. 3. 13. Mat. 7. 26, 27. Lu. 6. 49. 1 Co. 3. 11-15. *ye shall be.* Je. 6. 15; 8. 12; 14. 15; 23. 15. *and ye shall know.* ver. 9, 21, 23; ch. 14. 8.

15 *The wall.* Ne. 4. 3. Ps. 62. 3. Is. 30. 13.

16 *see visions.* ver. 10. Je. 5. 31; 6. 14; 8. 11; 28. 1, 9, etc.; 29. 31. *and there.* Is. 48. 22; 57. 20, 21.

17 *set thy.* ch. 4. 3; 20. 46; 21. 2. *the daughters.* Is. 3. 16, etc.; 4. 4. *prophesy.* Ju. 4. 4. 2 Ki. 22. 14. Lu. 2. 36. 2 Pe. 2. 1. *out of.* ver. 2. Re. 2. 20.

18 *Woe.* ver. 3. *that sew.* Rather, 'that fasten *cushions;*' by which they intimated that they might indulge and repose themselves in security, for no enemy would disturb them. The apartments of the easterns are well supplied with *cushions,* on which they sit, lean, rest their heads, and prop up their arms. ver. 10, 16. Je. 4. 10; 6. 14. 2 Ti. 4. 3. *armholes. or,* elbows. *hunt souls.* ch. 22. 25. Ep. 4. 14. 2 Pe. 2. 14. *will ye save.* ver. 22.

19 *pollute.* ch. 20. 39; 22. 26. *for handfuls.* 1 Sa. 2. 16, 17. Pr. 28. 21. Mi. 3. 5, 11. Mal. 1. 10. Ro. 16. 18. 1 Pe. 5. 2. 2 Pe. 2. 2, 3. *to slay.* ver. 22. Pr. 19. 27. Ro. 14. 15. 1 Co. 8. 11. *to save.* Je. 23. 14, 17.

20 *I am.* ver. 8, 9, 15, 16. *to make them fly. or,* into gardens. *and will.* 2 Ti. 3. 8, 9.

21 *and ye shall.* See on ver. 9.

22 *with lies.* ch. 9. 4. Je. 4. 10; 14. 13-17; 23. 9, 14. La. 2. 11-14. *and strengthened.* Je. 23. 14; 27. 14-17; 28. 16; 29. 32. *by promising him life. or,* that I should save his life. *Heb.* by quickening him. ver. 16. Ge. 3. 4, 5. Je. 6. 14; 8. 11; 23. 17. 2 Pe. 2. 18, 19.

23 *ye shall see.* ver. 6, etc.; ch. 12. 24. De. 18 20. Mi. 3. 6. Zec. 13. 3. 2 Ti. 3. 9. *for I.* ver. 21; ch. 34. 10. Mat. 24. 24. Mar. 13. 22. 1 Co. 11. 19. Jude 24. Re. 12. 9, 11; 13. 5, 8; 15. 2. *and ye.* ver. 9, 21; ch. 14. 8; 15. 7.

## CHAP. XIV.

*God answers idolaters according to their own heart,* 1-5. *They are exhorted to repent, for fear of judgments, by means of seduced prophets,* 6-11. *God's irrevocable sentence of famine,* 12-14; *of noisome beasts,* 15, 16; *of the sword,* 17, 18; *and of pestilence,* 19-21. *A remnant shall be reserved for example of others,* 22, 23.

1 *certain.* ch. 8. 1; 20. 1. 2 Ki. 6. 32. Ac. 4. 5, 8. *and sat.* ch. 33. 31. Is. 29. 13. Lu. 10. 39. Ac. 22. 3.

2 1 Ki. 14. 4. Am. 3. 7.

3 *these men.* ver. 4, 7; ch. 6. 9; 11. 21; 20. 16; 36. 25. Je. 17. 1, 2, 9. Ep. 5. 5. *and put.* ch. 3. 20; 7. 19; 44. 12. Je. 44. 16-18. Zep. 1. 3. 1 Pe. 2. 8. Re. 2. 14. *should.* ch. 20. 3. 1 Sa. 28. 6. 2 Ki. 3. 13. Ps. 66. 18; 101. 3. Pr. 15. 8, 29; 21. 27; 28. 9. Is. 1. 15; 33. 15. Je. 7. 8-11; 11. 11; 42. 20, 21. Zec. 7. 13. Lu. 20. 8.

4 *speak.* ch. 2. 7; 3. 4, 17-21. *I the Lord.* ver. 7. 1 Ki. 21. 20-25. 2 Ki. 1. 16. Is. 3. 11; 66. 4.

5 *I may.* ver. 9, 10. Ho. 10. 2. Zec. 7. 11-14. 2 Th. 2. 9-11. *estranged.* De. 32. 15, 16. Is. 1. 4, marg. Je. 2. 5, 11-13, 31, 32. Zec. 11. 8. Ro. 1. 21-23, 28, 30; 8. 7. Ga. 6. 7. Ep. 4. 18. Col. 1. 21. He. 3. 12.

6 *Repent.* ch. 18. 30. 1 Sa. 7. 3. 1 Ki. 8. 47-49. Ne. 1. 8, 9. Is. 55. 6, 7. Je. 8. 5, 6; 31. 18-20; 50. 4, 5. La. 3. 39-41. Ho. 14. 1-3, 8. Jon. 3. 7-9. Mat. 3. 8-10. Ac. 3. 19; 17. 30; 26. 20. Ja. 4. 8-10. *yourselves. or, others. turn.* ver. 4; ch. 8. 16; 16. 63; 36. 31, 32. 2 Ch. 29. 6. Is. 2. 20; 30. 22. Je. 13. 27. Zep. 3. 11. Ro. 6. 21.

7 *of the stranger.* Ex. 12. 48; 20. 10. Le. 16. 29; 20. 2; 24. 22. Nu. 15. 15, 29. *separateth.* Ho. 4. 14; 9. 10. Jude 19. *and setteth.* ver. 3, 4. *and cometh.* ch. 33. 30-32. 2 Ki. 8. 8, etc. Is. 58. 1, 2. Je. 21. 1, 2; 37. 1-3, 9, 10, 17; 38. 14-23. *by.* ver. 4, 7, 8.

8 *I will set.* ch. 15. 7. Le. 17. 10; 20. 3-6; 26. 17. Ps. 34. 16. Je. 21. 10; 44. 11. *a sign.* ch. 5. 15. Nu. 26. 10. De. 28. 37. Ps. 37. 22; 44. 13, 14. Is. 65. 15. Je. 24. 9; 29. 22. *I will cut.* Le. 20. 3; 22. 3. Nu. 19. 20. Ro. 11. 22. 1 Co. 10. 11. *and ye.* ch. 6. 7; 13. 23.

9 *if the.* ch. 20. 25. 2 Sa. 12. 11, 12. 1 Ki. 22. 20-23. Job 12. 16. Ps. 81. 11, 12. Is. 63. 17; 66. 4. Je. 4. 10. 2 Th. 2. 9-12. *I the.* That is, I have suffered him to be deceived; I have given him up to 'strong delusions to believe a lie,' as a just judgment upon him for going after idols, and setting up false pretensions to inspiration. God, according to the genius of the Hebrew language, is often said to *do* a thing, which he only *suffers*, or *permits*. *and I will.* ch. 16. 27. Is. 5. 25; 9. 12, 17, 21; 10. 4.

10 *they shall.* ch. 17. 18-20; 23. 49. Ge. 4. 13. Nu. 5. 31. Mi. 7. 9. Ga. 6. 5. *the punishment.* ver. 4. 7, 8. De. 13. 1-10; 17. 2-7. Je. 6. 14, 15; 8. 11, 12; 14. 15. Re. 19. 19-21.

11 *the house.* ch. 34. 10, etc.; 44. 10, 15; 48. 11. De. 13. 11; 19. 20. Ps. 119. 67. Is. 9. 16. Je. 23. 15; 50. 6. 2 Pe. 2. 15, 25. *neither.* ch. 11. 18-20; 36. 25-29; 37. 23. *that they.* ch. 34. 30; 36. 28; 37. 27; 39. 22. Ge. 17. 7. Je. 11. 4; 31. 33; 32. 38. Zec. 13. 9. He. 8. 10; 11. 16. Re. 21. 7.

13 *when.* ch. 9. 9. Ezr. 9. 6. Is. 24. 20. La. 1. 8, 20. Da. 9. 5, 10-12. *break.* ch. 4. 16; 5. 16. Le. 26. 26. Is. 3. 1. Je. 15. 2, 3. La. 4. 9, 10. *and will cut.* ver. 17. 19, 21; ch. 25. 13. Ge. 6. 7. Je. 7. 20; 32. 43; 36. 29.

14 *these.* ver. 16, 18, 20. *Noah.* Ge. 6. 8; 7. 1; 8. 20, 21. He. 11. 7. *Daniel.* ch. 28. 3. Da. 9. 21; 10. 11. *Job.* Job 1. 5; 42. 8, 9. Je. 7. 16; 11. 14; 14. 11, 12; 15. 1. *deliver.* ver. 20. Pr. 11. 4. 2 Pe. 2. 9.

15 *noisome.* ch. 5. 17. Le. 26. 22. 1 Ki. 20. 36. 2 Ki. 17. 25. Je. 15. 3. *spoil. or,* bereave.

16 *these.* ver. 14, 18. Mat. 18. 19, 20. Ja. 5. 16. *in it. Heb.* in the midst of it. *as I live.* ver. 20; ch. 33. 11. Nu. 14. 28, 29. *they shall.* Ge. 18. 23-33; 19. 29. Job 22. 30. Ac. 27. 24. He. 11. 7.

17 *I bring.* ch. 5. 12, 17; 21. 3, 4, 9-15; 29. 8; 38. 21, 22. Le. 26. 25. Je. 25. 9; 47. 6. *so that.* ver. 13; ch. 25. 13. Je. 33. 12. Ho. 4. 3. Zep. 1. 3.

18 ver. 14.

19 *if I.* ch. 5. 12; 38. 22. Nu. 14. 12; 16. 46-50. De. 28. 21, 22, 59-61. 2 Sa. 24. 13, 15. 1 Ki. 8. 37. 2 Ch. 6. 28; 7. 13; 20. 9. Ps. 91. 3, 6. Is. 37. 36. Je. 14. 12; 21. 6, 9; 24. 10. Am. 4. 10. Mat. 24. 7. *and pour.* ch. 7. 8; 36. 18. Re. 16. 3-6.

20 *Noah.* ver. 14, 16. *Daniel. Daniel,* says Abp. NEWCOME, was 'taken captive in the third year of Jehoiakim, (Da. 1. 1.) After this, Jehoiakim reigned eight years, (2 Ki. 23. 36.) And this prophecy, as appears from ch. 8. 1, was uttered in the sixth year of Jehoiachin's captivity, who succeeded Jehoiakim, and reigned only three months, (2 Ki. 24. 6, 8.) Therefore, at this time, Daniel had been fourteen years in captivity;' and was, as is generally supposed, about thirty years of age. *by.* ch. 18. 20, 22. Job 5. 19-24. Ps. 33. 18, 19. Is. 3. 10. Ho. 10. 12. Zep. 2. 3. Ac. 10. 35. 1 Jno. 2. 29; 3. 7, 10.

21 *How much more when. or,* Also when. *my four.* ver. 13, 15, 17, 19; ch. 5. 12, 17; 6. 11, 12; 33. 27. Je. 15. 2, 3. Am. 4. 6-12. Re. 6. 4-8.

22 *behold, therein.* ch. 6. 8. De. 4. 31. 2 Ch. 36. 20. Is. 6. 13; 10. 20-22; 17. 4-6; 24. 13; 40. 1, 2; 65. 8, 9. Je. 4. 27; 5. 19; 30. 11; 52. 27-30. Mi. 5. 7. Mar. 13. 20. He. 12. 6-11. *ye shall see.* ch. 6. 9, 10; 16. 63; 20. 43; 36. 31. Je. 31. 17-21. *ye shall be.* Je. 3. 21-25.

23 *that I have not.* ch. 8. 6-18; 9. 8, 9. Ge. 18. 22-33. De. 8. 2. Ne. 9. 33. Pr. 26. 2. Je. 7. 17-28; 22. 8, 9. Da. 9. 7, 14. Ro. 2. 5. Re. 15. 4; 16. 6.

## CHAP. XV.

*By the unfitness of the vine branch for any work,* 1-5, *is shewn the rejection of Jerusalem,* 6-8.

2 *What.* The vine is only noble and useful while producing fruit; for, when cut down, its wood is fit only for fuel. So Israel, having ceased to be *fruitful*, they are good for nothing, but, like a withered branch of a vine, to be burnt. De. 32. 32, 33. Ps. 80. 8-16. Ca. 2. 13, 15; 6. 11; 7. 12; 8. 11, 12. Is. 5. 1-7. Je. 2. 21. Ho. 10. 1. Mat. 21. 33-41. Mar. 12. 1-9. Lu. 20. 9-16. Jno. 15. 1-6. *among.* Is. 44. 23. Mi. 3. 12. Zec. 11. 2.

3 Je. 24. 8. Mat. 5. 13. Mar. 9. 50. Lu. 14. 34, 35.

4 *it is cast.* Ps. 80. 16. Is. 27. 11. Jno. 15. 6. He. 6. 8. *the fire.* Is. 1. 31. Am. 4. 11. Mal. 4. 1. Mat. 3. 12. He. 12. 29. *Is it meet. Heb.* Will it prosper.

5 *meet. Heb.* made *fit.*

6 ver. 2; ch. 17. 3-10; 20. 47, 48. Is. 5. 1-6, 24, 25. Je. 4. 7; 7. 20; 21. 7; 24. 8-10; 25. 9-11, 18; 44. 21-27. Zec. 1. 6.

7 *I will set.* ch. 14. 8. Le. 17. 10; 20. 3-6; 26. 17. Ps. 34. 16. Je. 21. 10. *they shall.* 1 Ki. 19. 17. Is. 24. 18. Je. 48. 43, 44. Am. 5. 19; 9. 1-4. *and ye shall.* ch. 6. 7; 7. 4; 11. 10; 20. 38, 42, 44. Ps. 9. 16.

8 *I will.* ch. 6. 14; 14. 13-21; 33. 29. Is. 6. 11; 24. 3-12. Je. 25. 10, 11. Zep. 1. 18. *committed a trespass. Heb.* trespassed a trespass. 2 Ch. 36. 14-16.

## CHAP. XVI.

*Under the similitude of a wretched infant is shewn the natural state of Jerusalem,* 1-5. *God's extraordinary love towards her,* 6-14. *Her monstrous whoredom,* 15-34. *Her grievous judgment,* 35-43. *Her sin, equal to her mother, and exceeding her sisters, Sodom and Samaria, calls for judgments,* 44-59. *Mercy is promised her in the end,* 60-63.

2 *cause.* ch. 20. 4; 22. 2; 23. 36; 33. 7-9. Is. 58. 1. Ho. 8. 1. *abominations.* ch. 8. 9-17.

3 *Thy birth. Heb.* Thy cutting out, *or* habitation. ver. 45; ch. 21. 30. Ge. 11. 25, 29. Jos. 24. 14. Ne. 9. 7. Is. 1. 10; 51. 1, 2. Mat. 3. 7; 11. 24. Lu. 3. 7. Jno. 8. 44. Ep. 2. 3. 1 Jno. 3. 10. *Amorite.* Ge. 15. 16. De. 20. 17. 1 Ki. 21. 26. 2 Ki. 21. 11. *Hittite.* Ezr. 9. 1.

4 *for.* ch. 20. 8, 13. Ge. 15. 13. Ex. 1. 11-14; 2. 23, 24; 5. 16-21. De. 5. 6; 15. 15. Jos. 24. 2. Ne. 9. 7-9. Ho. 2. 3. Ac. 7. 6, 7. *to supple thee. or,* when I looked *upon thee. nor.* La. 2. 20, marg., 22. Lu. 2. 7, 12.

5 *eye.* Ex. 2. 6. Is. 49. 15. La. 2. 11, 19; 4. 3, 10. *but thou.* Ge. 21. 10. Ex. 1. 22. Nu. 19. 16. Je. 9. 21, 22; 22. 19.

6 *and saw.* Ex. 2. 24, 25; 3. 7, 8. Ac. 7. 34. *polluted. or,* trodden under foot. Is. 14. 19; 51. 23. Mi. 7. 10. Mat. 5. 13. He. 10. 29. Re. 14. 20. *Live.* ch. 20. 5-10. Ex. 19. 4-6. De. 9. 4. Ps. 105. 10-15, 26-37. Jno. 5. 25. Ro. 9. 15. Ep. 2. 4, 5. Tit. 3. 3-7.

7 *caused,* etc. *Heb.* made thee a million. Ge. 22. 17. Ex. 1. 7; 12. 37. Ac. 7. 17. *excellent ornaments. Heb.* ornament of ornaments. ver. 10-13, 16. Ex. 3. 22. De. 1. 10; 4. 8; 32. 10-14; 33. 26-29. Ne. 9. 18-25. Ps. 135. 4; 147. 20; 148. 14; 149. 2-4. Is. 61. 10; 62. 3. *whereas.* ver. 22. Job 1. 21. Ca. 4. 5. Ho. 2. 3, 9, 10. Re. 3. 17, 18.

8 *thy time.* ver. 6. De. 7. 6-8. Ru. 3. 9. 1 Sa. 12. 22. Is. 41. 8, 9; 43. 4; 63. 7-9. Je. 2. 2, 3; 31. 3. Ho. 11. 1. Mal. 1. 2. Ro. 5. 8; 9. 10-13. *and I.* Ru. 3. 9. *I sware.* ch. 20. 5, 6. Ex. 19. 4-8; 24. 1-8; 32. 13. De. 4. 31. Je. 2. 2, 3; 31. 32. Ho. 2. 18-20.

9 *washed.* ver. 4; ch. 36. 25. Ps. 51. 7. Is. 4. 4. Jno. 13. 8-10. 1 Co. 6. 11; 10. 2. He. 9. 10-14. 1 Jno. 5. 8. Re. 1. 5, 6. *blood. Heb.* bloods. ver. 6. *anointed.* Ps. 23. 5. 2 Co. 1. 21. 1 Jno. 2. 20, 27.

10 *clothed.* ver. 7. Ps. 45. 13, 14. Is. 61. 3, 10. Lu. 15. 22. Re. 21. 2. *broidered.* ver. 13, 18. Ex. 28. 5. 1 Pe. 3. 3, 4. *badgers' skin.* Ex. 25. 5; 26. 14. *I girded.* Ex. 39. 27, 28. Re. 7. 9-14; 19. 8. *covered.* Ge. 41. 42, marg. Pr. 31. 22. Re. 18. 12.

11 *I put.* Ge. 24. 22, 47, 53. *a chain.* Ge. 41. 42. Pr. 1. 9; 4. 9. Ca. 1. 10; 4. 9. Is. 3. 19. Da. 5. 7, 16, 29. *forehead. Heb.* nose. Ge. 24. 22, marg. Is. 3. 21. *ear-rings.* Ge. 35. 4. Ex. 32. 2; 35. 22. Nu. 31. 50. Ju. 8. 24. Job 42. 11. Pr. 25. 12. Ho. 2. 13. *and a.* Le. 8. 9. Es. 2. 17. Is. 28. 5. La. 5. 16. Re. 2. 10; 4. 4, 10.

13 *thou didst.* ver. 19. De. 8. 8; 32. 13, 14. Ps. 45. 13, 14; 81. 16; 147. 14. Ho. 2. 5. *and thou wast.* ver. 14, 15. Ps. 48. 2; 50. 2. Is. 64. 11. Je. 13. 20. *and thou didst.* Ge. 17. 6. 1 Sa. 12. 12. 2 Sa. 8. 15. 1 Ki. 4. 21. Ezr. 4. 20; 5. 11. Ps. 50. 2. La. 2. 15.

14 *thy renown.* De. 4. 6-8, 32-38. Jos. 2. 9-11; 9. 6-9. 1 Ki. 10. 1, etc., 24. 2 Ch. 2. 11, 12; 9. 23. La. 2. 15. *through.* 1 Co. 4. 7.

15 *thou didst.* ch. 33. 13. De. 32. 15. Is. 48. 1. Je. 7. 4. Mi. 3. 11. Zep. 3. 11. Mat. 3. 9. *and playedst.* ch. 20. 8; 23. 3, 8, 11, 12, etc. Ex. 32. 6, etc. Nu. 25. 1, 2. Ju. 2. 12; 3. 6; 10. 6. 1 Ki. 11. 5; 12. 28. 2 Ki. 17. 7; 21. 3. Ps. 106. 35. Is. 1. 21; 57. 8. Je. 2. 20; 3. 1; 7. 4. Ho. 1. 2; 4. 10. Re. 17. 5. *because.* Raised from the most abject state to dignity and splendour by Jehovah, Israel became proud of her numbers, riches, strength, and reputation, forgetting that it was 'through his comeliness which he had put upon them;' and thus departing from God, made alliances with heathen nations, and worshipped their idols. *and pouredst.* ver. 25, 36, 37.

16 ch. 7. 20. 2 Ki. 23. 7. 2 Ch. 28. 24. Ho. 2. 8.

17 *hast also.* ch. 7. 19; 23. 14, etc. Ex. 32. 1-4. Ho. 2. 13; 10. 1. *men. Heb.* a male. *and didst.* Is. 44. 19, 20; 57. 7, 8. Je. 2. 27, 28; 3. 9.

18 This seems to intimate that the Israelites not only spent their own wealth and abundance in building and decorating idol temples, and in maintaining their worship, but that they made use of the holy vestments, and the various kinds of offerings which belonged to Jehovah, in order to honour and serve the idols of the heathen. ver. 10.

19 *meat.* See on ver. 13. De. 32. 14-17. Ho. 2. 8-13. *a sweet savour. Heb.* a savour of rest. Ge. 8. 21, marg.

20 *thy sons.* ver. 21; ch. 23. 4. Ge. 17. 7. Ex. 13. 2, 12. De. 29. 11, 12. *and these.* ch. 20. 26, 31; 23. 37, 39. 2 Ki. 16. 3. 2 Ch. 33. 6. Ps. 106. 37, 38. Is. 57. 5. Je. 7. 31; 32. 35. Mi. 6. 7. *be devoured. Heb.* devour. *Is this.* ch. 8. 17. Je. 2. 34, 35.

21 *my children.* Ps. 106. 37. *to pass.* Le. 18. 21; 20. 1-5. De. 18. 10. 2 Ki. 17. 17; 21. 6; 23. 10.

22 ver. 3-7, 43, 60-63. Je. 2. 2. Ho. 2. 3; 11. 1.

23 *woe.* ch. 2. 10; 13. 3, 18; 24. 6. Je. 13. 27. Zep. 3. 1. Mat. 11. 21; 23. 13-29. Re. 8. 13; 12. 12.

24 *thou hast.* ver. 31, 39; ch. 20. 28, 29. 2 Ki. 21. 3-7; 23. 5-7, 11, 12. 2 Ch. 33. 3-7. *eminent place. or,* brothel house. *and hast.* Le. 26. 30. Ps. 78. 58. Is. 57. 5, 7. Je. 2. 20; 3. 2; 17. 3.

25 *at every.* ver. 31. Ge. 38. 14, 21. Pr. 9. 14, 15. Is. 3. 9. Je. 2. 23, 24; 3. 2; 6. 15. *and hast made.* ch. 23. 9, 10, 32. Re. 17. 1-5, 12, 13, 16.

26 *with the.* ch. 8. 10, 14; 20. 7, 8; 23. 3, 8, 19-21. Ex. 32. 4. De. 29. 16, 17. Jos. 24. 14. Is. 30. 21.

27 *I have.* ch. 14. 9. Is. 5. 25; 9. 12, 17. *and have.* De. 28. 48-57. Is. 3. 1. Ho. 2. 9-12. *thine. Chukkach,* 'thy portion;' the household provision of a wife—food, clothes, and money. *delivered.* The Jews, under Manasseh, and the succeeding kings of Judah, made the temple itself the scene of their open and abominable idolatries, in addition to all their idol-temples! which appears to be meant by 'the eminent place,' and 'high places in every street,' ver. 24. Allured by the prosperity of the Egyptians, they also connected themselves with them, and joined in their multiplied and abominable idolatries. And when Jehovah punished them by wars and famines, and by the Philistines, whose daughters are represented as ashamed of their enormous idolatries, instead of being amended, they formed alliances with the Assyrians, and worshipped their gods: and they even followed every idol which was worshipped between Canaan and Chaldea. ver. 37; ch. 23. 22, 25, 28, 29, 46, 47. Ps. 106. 41. Je. 34. 21. Re. 17. 16. *daughters. or,* cities. 2 Ki. 24. 2. 2 Ch. 28. 18, 19. Is. 9. 12. *which.* ver. 47, 57; ch. 5. 6, 7.

28 ch. 23. 5-9, 12, etc. Ju. 10. 6. 2 Ki. 16. 7, 10-18; 21. 11. 2 Ch. 28. 23. Je. 2. 18, 36. Ho. 10. 6.

29 *in the land.* ch. 13. 14-23. Ju. 2. 12-19. 2 Ki. 21. 9. *unto.* ch. 23. 14, etc.

30 *weak.* Pr. 9. 13. Is. 1. 3. Je. 2. 12, 13; 4. 22. *the work.* Ju. 16. 15, 16. Pr. 7. 11-13, 21. Is. 3. 9. Je. 3. 3. Re. 17. 1-6.

31 *In that thou buildest thine. or,* In thy daughters *is* thine, etc. See on ver. 24, 39. *makest.* ver. 25. Ho. 12. 11. *in that thou scornest.* ver. 33, 34. Is. 52. 3.

32 ver. 8; ch. 23. 37, 45. Je. 2. 25, 28; 3. 1, 8, 9, 20. Ho. 2. 2; 3. 1. 2 Co. 11. 2, 3.

33 *give.* Ge. 38. 16-18. De. 23. 17, 18. Ho. 2. 12. Joel 3. 3. Mi. 1. 7. Lu. 15. 30. *but thou.* Is. 30. 3, 6, 7; 57. 9. Ho. 8. 9, 10. *hirest. Heb.* bribest.

35 *O harlot.* Is. 1. 21; 23. 15, 16. Je. 3. 1, 6-8. Ho. 2. 5. Na. 3. 4. Jno. 4. 10, 18. Re. 17. 5. *hear.* ch. 13. 2; 20. 47; 34. 7. 1 Ki. 22. 19. Is. 1. 10; 28. 14. Ho. 4. 1. Am. 7. 16.

36 *Because.* ver. 15, etc.; ch. 22. 15; 23. 8; 24. 13; 36. 25. La. 1. 9. Zep. 3. 1. *and thy.* ch. 23. 10, 18, 29. Ge. 3. 7, 10, 11. Ps. 139. 11, 12. Je. 13. 22-26. Re. 3. 18. *and by.* ver. 20, 21. Je. 2. 34.

37 ch. 23. 9, 10, 22-30. Je. 4. 30; 13. 22, 26; 22. 20. La. 1. 8, 19. Ho. 2. 3, 10; 8. 10. Na. 3. 5, 6. Re. 17. 16.

38 *as women. Heb.* with judgments of women, etc. ver. 40; ch. 23. 45-47. Ge. 38. 11, 24. Le. 20. 10. De. 22. 22-24. Mat. 1. 18, 19. Jno. 8. 3-5. *shed.* ver. 20, 21, 36. Ge. 9. 6. Ex. 21. 12. Nu. 35. 31. Ps. 79. 3-5. Je. 18. 21. Zep. 1. 17. Na. 1. 2. Re. 16. 6.

39 *And I.* For the enormous idolatries and cruelties of Judah and Jerusalem, Jehovah determined to gather together the surrounding nations, both those with whom they had formed alliances, as the Egyptians and the Assyrians, and such as had always been inimical to them, as Edom, Ammon, Moab, and Philistia, to inflict, or to witness, his judgments upon them. Having exposed their enormous crimes to view, He would pass sentence upon them: He would give Jerusalem into the hands of the Chaldeans, who would destroy the city and temple which they had polluted; level their cities and high places with the ground; slay, plunder, and enslave the people. *they shall throw.* ver. 24, 25, 31; ch. 7. 22-24. Is. 27. 9. *shall strip.* ver. 10-20; ch. 23. 26, 29. Is. 3. 16-24. Ho. 2. 3, 9-13. *thy fair jewels. Heb.* instruments of thine ornament.

40 *shall also.* Hab. 1. 6-10. Jno. 8. 5-7. *and thrust.* ch. 23. 10, 47; 24. 21. Je. 25. 9.

41 *burn.* De. 13. 16. 2 Ki. 25. 9. Je. 39. 8; 52. 13. Mi. 3. 12. *and execute.* ch. 5. 8; 23. 10, 48. De. 13. 11; 22. 21, 24. Job 34. 26. *and I.* ch. 23. 27; 37. 23. Is. 1. 25, 26; 2. 18; 27. 9. Ho. 2. 6-17. Mi. 5. 10-14. Zec. 13. 2. 1 Ti. 5. 20.

42 *will I.* ch. 5. 13; 21. 17. 2 Sa. 21. 14. Is. 1. 24. Zec. 6. 8. *and will.* ch. 39. 29. Is. 40. 1, 2; 54. 9, 10

43 *thou hast.* ver. 22. Ps. 78. 42; 106. 13. Je. 2 32. *but hast.* ch. 6. 9. De. 32. 21. Ps. 78. 40; 95. 10 Is. 63. 10. Am. 2. 13. Ac. 7. 51. Ep. 4. 30. *I also.* ch. 7. 3, 4, 8, 9; 9. 10; 11. 21; 22. 31. Ro. 2. 8, 9.

44 *every.* ch. 18. 2, 3. 1 Sa. 24. 13. *As is.* ver. 3, 45. 1 Ki. 21. 26. 2 Ki. 17. 11, 15; 21. 9. Ezr. 9. 1. Ps. 106. 35-38.

45 *that loatheth.* ver. 8, 15, 20, 21; ch. 23. 37-39. De. 5. 9; 12. 31. Is. 1. 4, marg. Zec. 11. 8. Ro. 1. 30, 31. *your mother.* ver. 3.

46 *elder.* ver. 51; ch. 23. 4, 11, 31-33. Je. 3. 8-11. Mi. 1. 5. *thy younger sister. Heb.* thy sister lesser than thou. ver. 48, 49, 53-56, 61. Ge. 13. 11-13; 18. 20, etc.; 19. 24, 25. De. 29. 23; 32. 32. Is. 1. 9, 10. Je. 23. 14. La. 4. 6, marg. Lu. 17. 28-30. 2 Pe. 2. 6. Jude 7. Re. 11. 8. *her daughters.* ver. 27, marg. ch. 26. 6. Ge. 14. 8; 19. 29. Ho. 11. 8.

47 *as if that were a very little thing. or,* that was loathed as a small thing. ch. 8. 17. 1 Ki. 16. 31. *thou wast.* ver. 48, 51; ch. 5. 6, 7. 2 Ki. 21. 9, 16. Jno. 15. 21, 22. 1 Co. 5. 1.

48 Mat. 10. 15; 11. 24. Mar. 6. 11. Lu. 10. 12. Ac. 7. 52.

49 *pride.* ch. 28. 2, 9, 17; 29. 3. Ge. 19. 9. Ps. 138. 6. Pr. 16. 5, 18; 18. 12; 21. 4. Is. 3. 9; 16. 6. Da. 4. 30, 37; 5. 23. Ob. 3. 1 Pe. 5. 5. *fulness.* Ge. 13. 10; 18. 20. De. 32. 15. Is. 22. 13, 14. Am. 6. 3-6. Lu. 12. 16-20; 16. 19; 17. 28; 21. 34. *neither.* ch. 18. 12. Pr. 21. 13. Is. 3. 14, 15. Am. 5. 11, 12; 8. 4-6. Mi. 3. 2-4. Lu. 16. 20, 21.

50 *and committed.* Ge. 13. 13; 18. 20; 19. 5. Le. 18. 22. De. 23. 17. 2 Ki. 23. 7. Pr. 16. 18; 18. 12. Ro. 1. 26, 27. Jude 7. *therefore.* Ge. 19. 24. De. 29. 23. Job 18. 15. Is. 13. 19. Je. 20. 16; 49. 18; 50. 40. La. 4. 6. Am. 4. 11. Zep. 2. 9. 2 Pe. 2. 6. Re. 18. 9.

51 *Samaria.* Lu. 12. 47, 48. Ro. 3. 9-20. *justified.* Je. 3. 8-11. Mat. 12. 41, 42.

52 *which hast.* ver. 56. Mat. 7. 1-5. Lu. 6. 37. Ro. 2. 1, 10, 26, 27. *bear thine.* ver. 54, 63; ch. 36. 6, 7, 15, 31, 32; 39. 26; 44. 13. Je. 23. 40; 31. 19; 51. 51. Ho. 10. 6. Ro. 1. 32; 6. 21. *they are more.* Ge. 38. 26. 1 Sa. 24. 17. 1 Ki. 2. 32.

53 *bring.* ver. 60, 61; ch. 29. 14; 39. 25. Job 42. 10. Ps. 14. 7; 85. 1; 126. 1. Is. 1. 9. Je. 20. 16; 31. 23; 48. 47; 49. 6, 39. Joel 3. 1. *in the midst.* Is. 19. 24, 25. Je. 12. 16. Ro. 11. 23-31.

54 *thou mayest.* ver. 52, 63; ch. 36. 31, 32. Je. 2. 26. *in that.* ch. 14. 22, 23.

55 *then.* ver. 53; ch. 36. 11. Mal. 3. 4.

56 *was not.* Is. 65. 5. Zep. 3. 11. Lu. 15. 28-30; 18. 11. *mentioned. Heb.* for a report, *or* a hearing. *pride. Heb.* prides, *or* excellencies.

57 *thy wickedness.* ver. 36, 37; ch. 21. 24; 23. 18, 19. Ps. 50. 21. La. 4. 22. Ho. 2. 10; 7. 1. 1 Co. 4. 5. *reproach.* 2 Ki. 16. 5-7. 2 Ch. 28. 5, 6, 18-23. Is. 7. 1; 14. 28. *Syria. Heb.* Aram. Ge. 10. 22, 23. Nu. 23. 7. *the daughters.* ver. 27. *despise. or,* spoil. Je. 33. 24.

58 *hast.* ch. 23. 49. Ge. 4. 13. La. 5. 7. *borne. Heb.* borne them.

59 *I will.* ch. 7. 4, 8, 9; 14. 4. Is. 3. 11. Je. 2. 19. Mat. 7. 1, 2. Ro. 2. 8, 9. *which.* ch. 17. 13-16. Ex. 24. 1-8. De. 29. 10-15, 25. 2 Ch. 34. 31, 32. Is. 24. 5. Je. 22. 9; 31. 32.

60 *I will remember.* ver. 8. Le. 26. 42, 45. Ne. 1. 5-11. Ps. 105. 8; 106. 45. Je. 2. 2; 33. 20-26. Ho. 2. 15. Lu. 1. 72. *I will establish.* ch. 37. 26, 27. Is. 55. 3. 2 Sa. 23. 5. Je. 31. 31-34; 32. 38-41; 50. 5. Ho. 2. 19, 20. He. 8. 10; 12. 24; 13. 20.

61 *remember.* ver. 63; ch. 20. 43; 36. 31, 32. Job 42. 5, 6. Ps. 119. 59. Je. 31. 18-20; 50. 4, 5. *when.* ver. 53-55. Ca. 8. 8, 9. Is. 2. 2-5; 11. 9, 10. Ho. 1. 9-11. Ro. 11. 11; 15. 8, 9, 16. Ga. 4. 26, 27. Ep. 2. 12-14; 3. 6. *I will.* Is. 49. 18-23; 54. 1, 2; 60. 4; 66. 7-12. Ga. 4. 26, etc. *but not.* Je. 31. 31, etc. Jno. 15. 16. He. 8. 13.

62 *I will.* ver. 60. Da. 9. 27. Ho. 2. 18-23. *and thou.* ch. 6. 7; 39. 22. Je. 24. 7. Joel 3. 17.

63 *remember.* ver. 61; ch. 36. 31, 32. Ezr. 9. 6. Da. 9. 7, 8. *and never.* Job 40. 4, 5. Ps. 39. 9. La. 3. 39. Ro. 2. 1; 3. 19, 27; 9. 19, 20. *when.* Ro. 5. 1, 2. 1 Co. 4. 7. Ep. 2. 3-5. Tit. 3. 3-7.

## CHAP. XVII.

*Under the parable of two eagles and a vine, 1-10, is shewn God's judgment upon Jerusalem for revolting from Babylon to Egypt, 11-21. God promises to plant the cedar of the Gospel, 22-24.*

2 ch. 20. 49. Ju. 9. 8-15; 14. 12-19. 2 Sa. 12. 1-4. Ho. 12. 10. Mat. 13. 13, 14, 35. Mar. 4. 33, 34. 1 Co. 13. 12.

3 *A great.* Nebuchadnezzar, so called from his towering ambition and rapaciousness. ver. 7, 12, etc. De. 28. 49. Je. 4. 13; 48. 40; 49. 16. La. 4. 19. Ho. 8. 1. Mat. 24. 28. *great wings.* Extensive empire, both in length and breadth. Da. 2. 38; 4. 22; 7. 4. *full.* Numerous subjects, of various nations, and of different languages and manners. *divers colours. Heb.* embroidering. *came.* Came against Judah and Jerusalem. ver. 12. 2 Ki. 24. 10-16. 2 Ch. 36. 9, 10. Je. 22. 23-28; 24. 1. *the highest.* Jeconiah, whom he took captive to Babylon. *the cedar.* The royal and ancient family of David.

4 *the top.* The princes of Judah. *into.* Is. 43. 14; 47. 15. Je. 51. 13. Re. 18. 3, 11-19. *a land.* Chaldea. *a city.* Babylon, which by means of the Euphrates and Tigris, had communication with the richest and most distant nations.

5 *the seed.* Zedekiah, brother to Jeconiah. ver. 13. 2 Ki. 24. 17. Je. 37. 1. *planted it in a fruitful field. Heb.* put it in a field of seed. Made him king of Judea. De. 8. 7-9. *he placed.* Made him dependent on Babylon, the city of great waters, as the willow is on humidity. ch. 19. 11, 12. Is. 15. 7; 44. 4.

6 *it grew.* ver. 14. Pr. 16. 18, 19. *whose.* The Jewish state had then no height of dominion; and Zedekiah was wholly dependent on Nebuchadnezzar.

7 *another.* Pharaoh-hophra, or Apries, king of Egypt. ver. 15. 2 Ki. 24. 20. 2 Ch. 36. 13. Je. 37. 5-7. *did bend.* Looked to him for support, in his intended rebellion.

8 *soil. Heb.* field. ver. 5, 6. *and that.* Though he was dependent on Babylon, yet he was in such a situation as would have enabled him to reign in credit, and be useful to his people.

9 *Shall it.* Shall he succeed in casting off the yoke of the king of Babylon, to whom he had *sworn* fealty? ver. 10, 15-17. Nu. 14. 41. 2 Ch. 13. 12; 20. 20. Is. 8. 9, 10; 30. 1-7; 31. 1-3. Je. 32. 5. *shall he.* He shall come and dethrone him, and carry him captive. 2 Ki. 25. 4-7. Je. 21. 4-7; 24. 8-10; 29. 4-7; 52. 7-11. *the fruit.* The children of Zedekiah. *even.* Je. 37. 10.

10 *shall it.* ch. 19. 12-14. Ho. 12. 1; 13. 15. Mat. 21. 19. Mar. 11. 20. Jno. 15. 6. Jude 12.

12 *to the.* ch. 2. 5, 8; 3. 9; 12. 9. Is. 1. 2. *Know.* ch. 24. 19. Ex. 12. 26. De. 6. 20. Jos. 4. 6, 21. Mat. 13. 51; 15. 16, 17; 16. 11. Mar. 4. 13. Lu. 9. 45. Ac. 8. 30. *Behold.* ver. 3; ch. 1. 2. 2 Ki. 24. 10-16. 2 Ch. 36. 9, 10. Je. 22. 24-28. *and led.* Is. 39. 7. Je. 52. 31-34.

13 *hath taken.* ver. 5. 2 Ki. 24. 17. Je. 37. 1. *taken an oath of him. Heb.* brought him to an oath. 2 Ch. 36. 13. Je. 5. 2. *he hath also.* 2 Ki. 24. 15, 16. Je. 24. 1; 29. 2.

14 *the kingdom.* ver. 6; ch. 29. 14. De. 28. 43. 1 Sa. 2. 7, 30. Ne. 9. 36, 37. La. 5. 10. Mat. 22. 17-21. *base.* Or, *low;* a tributary kingdom, dependent on the king of Babylon. *but that by keeping of his covenant it might stand. Heb.* to keep his covenant, to stand to it. Je. 27. 12-17; 38. 17.

15 *he rebelled.* ver. 7. 2 Ki. 24. 20. 2 Ch. 36. 13. Je. 52. 3. *in.* De. 17. 16. Is. 30. 1-4; 31. 1-3; 36. 6-9. Je. 37. 5-7. *Shall he prosper.* See on ver. 9. De. 29. 12-15. Je. 22. 29, 30. *shall he escape.* ver. 18; ch. 21. 25. Pr. 19. 5. Je. 32. 4; 34. 3; 38. 18, 23. Mat. 23. 33. He. 2. 3. *or shall.* Ps. 55. 23.

16 *whose oath.* See on ver. 18, 19; ch. 16. 59. Ex. 20. 7. Nu. 30. 2. Jos. 9. 20. 2 Sa. 21. 2. Ps. 15. 4. Ec. 8. 2. Ho. 10. 4. Zec. 5. 3, 4. Mal. 3. 5. Ro. 1. 31. 1 Ti. 1. 10. 2 Ti. 3. 3. *even.* ver. 10; ch. 12. 13. Je. 32. 4, 5; 34. 3-5; 39. 7; 52. 11.

17 *shall.* ch. 29. 6, 7. Is. 36. 6. Je. 37. 7. La. 4 17. *by.* ch. 4. 2. Je. 33. 5; 52. 4.

18 *Seeing.* Though Zedekiah's oath had been given to a heathen, a conqueror, and a tyrant, yet God considered the violation of it a most aggravated sin against Him, and determined to punish him for it. *lo, he.* 1 Ch. 29. 24. 2 Ch. 30. 8, margins. La. 5. 6. *he shall.* See on ver. 15.

19 *surely.* ch. 21. 23-27. De. 5. 11. Je. 5. 2, 9; 7. 9-15.

20 *I will spread.* ch. 12. 13; 32. 3. Jos. 10. 16-18. 2 Sa. 18. 9. 2 Ch. 33. 11. Job 10. 16. Ec. 9. 12. Je. 39. 5-7. La. 1. 13; 4. 20. Ho. 7. 12. Lu. 21. 35. *plead.* ch. 20. 35, 36; 38. 22. Je. 2. 9, 35; 50. 44. Ho. 2. 2. Mi. 6. 2.

21 *all his fugitives.* ch. 5. 12; 12. 14. 2 Ki. 25. 5, 11. Je. 48. 44; 52. 8. Am. 9. 1, 9, 10. *shall know.* ch. 6. 7, 10; 13. 14, 23; 15. 7. Is. 26. 11.

22 *highest.* ch. 34. 29. Ps. 80.15. Is. 4. 2; 11. 1-5. Je. 23. 5, 6; 33. 15, 16. Zec. 3. 8; 4. 12-14; 6. 12, 13. *a tender.* See on Is. 53. 2. *upon.* ch. 20. 40; 40. 2. Ps. 2. 6; 72. 16. Is. 2. 2, 3. Da. 2. 35, 44, 45. Mi. 4. 1.

23 *and it.* Ps. 92. 12, 13. Is. 27. 6. Jno. 12. 24; 15. 5-8. *under.* ch. 31. 6. Ge. 49. 10. Ps. 22. 27-30; 72. 8-11. Is. 2. 2; 11. 6-10; 49. 18-23; 60. 4-12. Da. 4. 10-14, 21-23. Ho. 14. 7. Mat. 13. 32, 47, 48. Lu. 14. 21-23. Ac. 10. 11, 12. Ga. 3. 28. Col. 3. 11. Re. 11. 15.

24 *all the trees.* Ps. 96. 11, 12. Is. 55. 12, 13. *have brought.* 1 Sa. 2. 7, 8. Job 5. 11; 40. 12. Ps. 75. 6, 7; 89. 38-45. Is. 2. 13, 14; 9. 6, 7; 11. 1, etc.; 26. 5. Am. 9. 11. Lu. 1. 33, 52, 53. 1 Co. 1. 27, 28. *I the Lord have spoken.* ch. 12. 25; 22. 14; 24. 14. Mat. 24. 35. Lu. 21. 33.

## CHAP. XVIII.

*God defends his justice,* 1-30; *and exhorts to repentance,* 31, 32.

2 *mean.* ch. 17. 12. Is. 3. 15. Ro. 9. 20. *the land.* ch. 6. 2, 3; 7. 2; 25. 3; 36. 1-6; 37. 11, 19, 25. *The fathers.* Je. 15. 4; 31. 29, 30. La. 5. 7. Mat. 23. 36.

3 ver. 19, 20, 30; ch. 33. 11-20; 36. 31, 32. Ro. 3. 19.

4 *all souls.* Nu. 16. 22; 27. 16. Zec. 12. 1. He. 12. 9. *the soul that.* ver. 20. Ro. 6. 23. Ga. 3. 10-13, 22.

5 *if.* Ps. 15. 2-5; 24. 4-6. Mat. 7. 21-27. Ro. 2. 7-10. Ja. 1. 22-25; 2. 14-26. 1 Jno. 2. 3, 29; 3. 7; 5. 2-5. Re. 22. 14. *that,* etc. *Heb.* judgment and justice. ch. 33. 14. Ge. 18. 19. Pr. 21. 3. Je. 22. 15.

6 *not.* ver. 11, 15; ch. 6. 13; 20. 28; 22. 9. Ex. 34. 15. Nu. 25. 2. 1 Co. 10. 20. *neither hath lifted.* ver. 12, 15; ch. 20. 7, 24; 33. 25, 26. De. 4. 19. Ps. 121. 1; 123. 1, 2. *neither hath defiled.* ch. 22. 10, 11. Le. 18. 19, 20; 20. 10, 18. De. 22. 22, etc. Je. 5. 8, 9. Mat. 5. 28. 1 Co. 6. 9-11. Ga. 5. 19-21. He. 13. 4.

7 *hath not.* ver. 12, 16, 18; ch. 22. 12, 13, 27-29. Ex. 22. 21-24; 23. 9. Le. 19. 15; 25. 14. 1 Sa. 12. 3, 4. Job 31. 13-22. Pr. 3. 31; 14. 31; 22. 22, 23. Is. 1. 17; 5. 7; 33. 15; 58. 6. Je. 7. 6, 7. Am. 2. 6; 8. 4-6. Mi. 2. 1; 3. 2. Zec. 7. 9-11. Mal. 3. 5. Ja. 5. 1-6. *hath restored.* ch. 33. 15. Ex. 22. 26. De. 24. 12, 13, 17. Job 22. 6; 24. 3, 9. Am. 2. 8. *hath spoiled.* ch. 7. 23. Ge. 6. 11, 12. Is. 59. 6, 7. Je. 22. 3, 16, 17. Am. 3. 10; 5. 11, 12; 6. 3. Zep. 1. 9. *hath given.* ver. 16. De. 15. 7-11. Job 31. 16-20. Ps. 41. 1; 112. 4, 9. Pr. 11. 24, 25; 28. 8, 27. Is. 58. 7-11. Mat. 25. 34-46. Lu. 3. 11. 2 Co. 8. 7-9; 9. 6-14. Ja. 2. 13-17. 1 Jno. 3. 16-19.

8 *hath not.* ver. 13, 17; ch. 22. 12. Ex. 22. 25. Le. 25. 35-37. De. 23. 19, 20. Ne. 5. 1-11. Ps. 15. 5. Pr. 28. 8. Je. 15. 10. *hath withdrawn.* 2 Sa. 22. 24. Ne. 5. 15. Is. 33. 15. *hath executed.* Le. 19. 15, 35. De. 1. 16, 17; 16. 18-20. Job 29. 7-17. Pr. 31. 8, 9. Is. 1. 17. Je. 22. 15, 16. Zec. 7. 9, 10; 8. 16.

9 *walked.* ver. 17; ch. 20. 13; 33. 15; 36. 27; 37. 24. De. 4. 1; 5. 1; 6. 1, 2; 10. 12, 13; 11. 1. Ne. 9. 13, 14. Ps. 19. 7-11; 105. 44, 45; 119. 1-6. Lu. 1. 6. Jno. 14. 21. Ac. 24. 16. Ja. 1. 22-25. *is just.* Ps. 24. 4-6. Hab. 2. 4. Ro. 1. 17. Ja. 2. 18-26. 1 Jno. 2. 29; 3. 7. *he shall.* ch. 20. 11. Am. 5. 4, 14, 24. Lu. 10. 27-29.

10 *that is.* Le. 19. 13. Mal. 3. 8, 9. Jno. 18. 40. *a robber. or,* a breaker up of an house. Ex. 22. 2. *a shedder.* Ge. 9. 5, 6. Ex. 21. 12. Nu. 35. 31. 1 Jno. 3. 12. *the like to any one of these things. or,* to his brother besides any of these.

11 *that.* ver. 7. Mat. 7. 21-27. Lu. 11. 28. Jno. 13. 17; 15. 14. Phi. 4. 9. Ja. 2. 17. 1 Jno. 3. 22. Re. 22. 14. *eaten.* ver. 6, 15. 1 Ki. 13. 8, 22.

12 *oppressed.* ver. 7, 16. Ho. 12. 7. Am. 4. 1. Zec. 7. 10. Ja. 2. 6. *hath committed.* ver. 6; ch. 8. 6, 17. Le. 18. 22, 26-30. 2 Ki. 21. 11; 23. 13.

13 *given.* ver. 8, 17. *shall he.* ver. 24, 28, 32. *blood. Heb.* bloods. ch. 3. 18; 33. 4. Le. 20. 9. 11-13, 27. Ac. 18. 6.

14 *if he.* ver. 10. Pr. 17. 21; 23. 24. *that seeth.* ch. 20. 18. 2 Ch. 29. 3-11; 34. 21. Je. 9. 14; 44. 17. Mat. 23. 32. Pe. 1. 18. *considereth.* ver. 28. Ps. 119. 59, 60. Is. 44. 19. Je. 8. 6. Ho. 7. 2. Hag. 1. 5, 7; 2. 18. Lu. 15. 17-19.

15 ver. 6, 7, 11-13.

16 *withholden the pledge. Heb.* pledged the pledge, *or* taken to pledge. ver. 7. *but hath.* Job 22. 7; 31. 19. Pr. 22. 9; 25. 21; 31. 20. Ec. 11. 1, 2. Is. 58. 7-10. Lu. 11. 41; 14. 13.

17 *hath taken.* ver. 8. Job 29. 16. Pr. 14. 31; 29. 7, 14. Je. 22. 16. Da. 4. 27. Mat. 18. 27-35. Lu. 19. 8. *that hath not.* ver. 8, 9, 13. Le. 18. 4, 26, 30. *he shall not.* ver. 19, 20; ch. 20. 18, 30. Je. 16. 11-13, 19. Mal. 3. 7. Mat. 23. 29-33. *he shall surely.* ver. 9, 19, 21, 28; ch. 3. 21; 33. 13, 15, 16.

18 *even.* ver. 4, 20, 24, 26; ch. 3. 18. Is. 3. 11. Jno. 8. 21, 24.

19 *Why.* Ex. 20. 5. De. 5. 9. 2 Ki. 23. 26; 24. 3, 4. Je. 15. 4. La. 5. 7. *When.* ch. 20. 18-20, 24, 30. Zec. 1. 3-6.

20 *soul that.* ver. 4, 13. De. 24. 16. 1 Ki. 14. 13. 2 Ki. 14. 6; 22. 18-20. 2 Ch. 25. 4. Je. 31. 29, 30. *bear.* ch. 4. 4. Le. 5. 1, 17; 10. 17; 16. 22; 19. 8. Nu. 18. 1. Is. 53. 11. He. 9. 28. 1 Pe. 2. 24. *righteousness.* ver. 30; ch. 33. 10. 1 Ki. 8. 32. 2 Ch. 6. 23, 30. Is. 3. 10, 11. Mat. 16. 27. Ro. 2. 6-9. Re. 2. 23; 20. 12; 22. 12-15.

21 *if the.* ver. 27, 28, 30; ch. 33. 11-16, 19. 2 Ch. 33. 12, 13. Pr. 28. 13. Is. 1. 16-20; 55. 6, 7. Lu. 24. 47. Ac. 3. 19; 26. 18-20. 1 Ti. 1. 13-16. Ja. 4. 8-10. *and keep.* ver. 9; ch. 36. 27. Ge. 26. 5. Ps. 119. 80, 112. Lu. 1. 6. Ja. 2. 14, 26. *and do.* ch. 5. 19, 27. Ps. 119. 1. Ga. 5. 22-24. Tit. 2. 11-14. *he shall surely.* ver. 17, 28; ch. 3. 21. Ro. 8. 13.

22 *his transgressions.* ver. 24; ch. 33. 16. 1 Ki. 17. 18. Ps. 25. 7; 32. 1, 2; 51. 1; 103. 12. Is. 43. 25. Je. 31. 34; 50. 20. Mi. 7. 19. Ro. 8. 1. He. 8. 12; 10. 3, 4. *in his.* 2 Ch. 6. 23. Ps. 18. 20-24; 19. 11. Ro. 2. 6, 7. Ga. 6. 7, 8. Ja. 2. 21-26. 2 Pe. 1. 5-11. 1 Jno. 3. 7.

23 *I any.* ver. 32; ch. 33. 11. La. 3. 33. Ho. 11. 8. 1 Ti. 2. 4. 2 Pe. 3. 9. *not that.* Ex. 34. 6, 7. Job 33. 27, 28. Ps. 147. 11. Je. 31. 20. Mi. 7. 18. Lu. 15. 4-7, 10, 22-24, 32. Ja. 2. 13.

24 *when.* ver. 26; ch. 3. 20, 21; 33. 12, 13, 18. 1 Sa. 15. 11. 2 Ch. 24. 2, 17-22. Ps. 36. 3, 4; 125. 5. Zep. 1. 6. Mat. 13. 20, 21. Jno. 6. 66-70. Ga. 5. 7. He. 10. 38, 39. 2 Pe. 2. 18-22. 1 Jno. 2. 19; 5. 16-18. Jude 12. *and doeth.* ver. 10-13. Mat. 12. 43-45. Ro. 1. 28-31. 2 Co. 12. 20, 21. 2 Ti. 3. 1-5. *All his.* ver. 22. Mar. 13. 13. Ga. 3. 4. He. 6. 4-6; 10. 26-31. 2 Jno. 8. Re. 2. 10; 3. 11. *in his.* ver. 18. Pr. 14. 32; 21. 16. Mat. 7. 22, 23. Jno. 8. 21, 24.

25 *way.* ver. 29; ch. 33. 17, 20. Job 32. 2; 34. 5-10; 35. 2; 40. 8; 42. 4-6. Mal. 2. 17; 3. 13-15. Mat. 20. 11-15. Ro. 3. 5, 20; 9. 20; 10. 3. *my.* Ge. 18. 25. De. 32. 4. Ps. 50. 6; 145. 17. Je. 12. 1. Zep. 3. 5. Ro. 2. 5, 6. *are.* Ps. 50. 21. Je. 2. 17-23, 29-37; 16. 10-13.

27 *when.* ver. 21. Is. 1. 18; 55. 7. Mat. 9. 13; 21. 28-32. Ac. 3. 19; 20. 21; 26. 20. *he shall.* ch. 33. 5. Ac. 2. 40. 1 Ti. 4. 16.

28 *he considereth.* ver. 14; ch. 12. 3. De. 32. 29. Ps. 119. 1, 6, 59. Je. 31. 18-20. Lu. 15. 17, 18. *turneth.* ver. 21, 31; ch. 33. 12. 1 Sa. 7. 3, 4. Col. 3. 5-9. Tit. 2. 14. Ja. 2. 10-12.

29 ver. 2, 25. Pr. 19. 3.

30 *I will.* ch. 7. 3, 8, 9, 27; 33. 20; 34. 20. Ec. 3. 17; 12. 14. 1 Pe. 1. 17. Re. 20. 12. *every.* Mal. 3. 18. Mat. 16. 27; 25. 32. 2 Co. 5. 10, 11. Ga. 6. 4, 5. Re. 22. 12. *Repent.* ver. 21; ch. 14. 6; 33. 9, 11. Da. 9. 13. Ho. 12. 6. Joel 2. 12, 13. Mat. 3. 2, 8. Ac. 26. 20. Re. 2. 5, 16. *yourselves. or, others.* ver. 32. *so.* ver. 21. Lu. 13. 3, 5. Ro. 2. 5. Ja. 1. 15. Re. 2. 21-23.

31 *Cast.* ch. 20. 7. Ps. 34. 14. Is. 1. 16, 17; 30. 22; 55. 7. Ro. 8. 13. Ep. 4. 22-32. Col. 3. 5-9. Ja. 1. 21. 1 Pe. 1. 14; 2. 1; 4. 2-4. *make.* ch. 11. 19; 36. 26. Ps. 51. 10. Je. 32. 39. Mat. 12. 33; 23. 26. Ac. 3. 19. Ro. 8. 13; 12. 2. Ja. 4. 8. 1 Pe. 1. 22. *for why.* ch. 33. 11. De. 30. 15, 19. Pr. 8. 36. Je. 21. 8; 27. 15. Ac. 13. 46.

32 *I have.* ver. 23. La. 3. 33. 2 Pe. 3. 9. *yourselves. or, others.* ver. 30.

## CHAP. XIX.

*A lamentation for the princes of Israel, under the parable of lion's whelps taken in a pit,* 1-9; *and for Jerusalem, under the parable of a wasted vine,* 10-14.

1 *take.* ver. 14; ch. 2. 10; 26. 17; 27. 2; 32. 16, 18. Je. 9. 1, 10, 17, 18; 13. 17, 18. *the princes.* 2 Ki. 23. 29, 30, 34; 24. 6, 12; 25. 5-7. 2 Ch. 35. 25; 36. 3, 6, 10. Je. 22. 10-12, 18, 19, 28, 30; 24. 1, 8; 52. 10, 11, 25-27. La. 4. 20; 5. 12.

2 *A lioness.* Judea, which possessed strength, courage, and sovereignty. Na. 2. 11, 12. Zep. 3. 1-4. *she lay.* Had confederacy with the neighbouring kings, and learned their manners. *her whelps.* The sons of Josiah, who learned to be oppressive tyrants from the surrounding princes. *young lions.* Job 4. 11. Ps. 58. 6. Is. 5. 29; 11. 6-9. Zec. 11. 3.

3 *one.* Jehoahaz, made king instead of Josiah, who became cruel and oppressive. *it became.* ver. 6. 2 Ki. 23. 31, 32. 2 Ch. 36. 1, 2.

4 *he was.* Taken prisoner by Pharaoh-necho, and brought into Egypt. 2 Ki. 23. 31, 33, 34. 2 Ch. 36. 4, 6. Je. 22. 11, 12, 18.

5 *another.* Jehoiakim. ver. 3. 2 Ki. 23. 34-37. *a young lion.* King of Judah.

6 *he went.* Became a perfect heathen: he reigned eleven years, a monster of iniquity. 2 Ki. 24. 1-7. 2 Ch. 36. 5. Je. 22. 13-17; ch. 26; 36. *he became.* ver. 3.

7 *desolate palaces.* or, widows. *and the land.* ch. 22. 25. Pr. 19. 12; 28. 3, 15, 16. *the fulness.* ch. 12. 19; 30. 12. Am. 6. 8. Mi. 1. 2.

8 *the nations.* 2 Ki. 24. 1-6. *and spread.* ver. 4; ch. 12. 13; 17. 20. La. 4. 20.

9 *chains.* or, hooks. *and brought.* 2 Ch. 36. 6. Je. 22. 18, 19; 36. 30, 31. *that his.* ver. 7; ch. 6. 2; 36. 1. Eze. 6. 2.

10 *mother.* ver. 2. Ho. 2. 2, 5. *like.* ch. 15. 2-8; 17. 6. Is. 5. 1-4. Mat. 21. 33-41. *blood.* or, quietness, or, likeness. *she was.* Nu. 24. 6, 7. De. 8. 7, 9. Ps. 80. 8-11; 89. 25-29. *full.* Many princes.

11 *she had.* Many powerful sovereigns, who rendered Judah very considerable among the nations. ver. 12, 14; ch. 21. 10, 13. Ge. 49. 10. Nu. 24. 7-9, 17. Ezr. 4. 20; 5. 11. Ps. 2. 8, 9; 80. 15, 17; 110. 2. Is. 11. 1. *her stature.* ch. 31. 3. Da. 4. 11, 20, 21.

12 *she was.* The kingdom was entirely ruined, and her princes cut off. ch. 15. 6-8. Ps. 52. 5; 80. 12, 13, 16; 89. 40-45. Is. 5. 5, 6. Je. 31. 28. *the east.* ch. 17. 10. Je. 4. 11, 12. Ho. 13. 15. *strong.* ver. 11. 2 Ki. 23. 29, 34; 24. 6, 14-16; 25. 6, 7. Je. 22. 10, 11, 18, 19, 25-27, 30. *the fire.* ch. 15. 4; 20. 47, 48. De. 32. 22. Is. 27. 11. Mat. 3. 10. Jno. 15. 6.

13 *she is.* ver. 10. De. 28. 47, 48. Je. 52. 27-31. *in the wilderness.* In Chaldea, whither they were carried captive. *in a dry.* Ps. 63. 1; 68. 6. Ho. 2. 3.

14 *fire.* The treachery of Zedekiah hath caused her utter ruin. ch. 17. 18-20. Ju. 9. 15. 2 Ki. 24. 20. 2 Ch. 36. 13. Is. 9. 18, 19. Je. 38. 23; 52. 3. *she hath.* ver. 11; ch. 21. 25-27. Ge. 49. 10. Ne. 9. 37. Ps. 79. 7; 80. 15, 16. Ho. 3. 4; 10. 3. Am. 9. 11. Jno. 19. 15. *This is.* ver. 1. La. 4. 20. Lu. 19. 41. Ro. 9. 2-4.

## CHAP. XX.

*God refuses to be consulted by the elders of Israel,* 1-3. *He shews the story of their rebellions in Egypt,* 4-9, *in the wilderness,* 10-26, *and in the land,* 27-32. *He promises to gather them by the Gospel,* 33-44. *Under the name of a forest he shews the destruction of Jerusalem,* 45-49.

1 A.M. 3411. B.C. 593. *in the seventh.* The seventh year of the captivity of Jeconiah, and according to USHER, Monday, Aug. 27, 3411. ch. 1. 2; 8. 1; 24. 1; 26. 1; 29. 1, 17; 30. 20; 31. 1; 32. 1; 40. 1. *that certain.* ch. 14. 1-3; 33. 30-33. 1 Ki. 14. 2-6; 22. 15, etc. 2 Ki. 3. 13. Is. 29. 13; 58. 2. Je. 37. 17. Mat. 22. 16. *and sat.* ch. 8. 1. Lu. 2. 46; 8. 35; 10. 39. Ac. 22. 3.

3 *Are.* Is. 1. 12. Mat. 3. 7. Lu. 3. 7. *As I.* ver. 31; ch. 14. 3, 4, 7, 8. 1 Sa. 28. 6. Ps. 50. 15-21. Pr. 15. 8; 21. 27; 28. 9. Is. 1. 15. Mi. 3. 7. Mat. 15. 8, 9. Jno. 4. 24.

4 *judge them.* or, plead for them. ch. 14. 14, 20; 22. 2; 23. 36, 45. Is. 5. 3. Je. 7. 16; 11. 14; 14. 11-14; 15. 1. 1 Co. 6. 2. *cause.* ch. 16. 2, 3. Mat. 23. 29-37. Lu. 11. 47-51; 13. 33-35. Ac. 7. 51, 52.

5 *In the.* Ex. 6. 6, 7; 19. 4-6. De. 4. 37; 7. 6; 14. 2. Ps. 33. 12. Is. 41. 8, 9; 43. 10; 44. 1, 2. Je. 33. 24. Mar. 13. 20. *lifted up mine hand.* or, sware. (and so ver. 6, etc. Ex. 6. 8, 9.) ver. 15, 23; ch. 47. 14. Ge. 14. 22. De. 32. 40. Re. 10. 5. *and made.* ch. 35. 11. Ex. 3. 8; 4. 31. De. 4. 34; 11. 2-7. Ps. 103. 7. *I am.* Ex. 3. 6, 16; 20. 2, 3.

6 *lifted.* ver. 5, 15, 23, 42. *to bring.* Ge. 15. 13, 14. Ex. 3. 8, 17; ch. 14; 15. *into.* De. 8. 7-9; 11. 11, 12; 32. 8. *flowing.* Ex. 13. 5; 33. 3. Le. 20. 24. Nu. 13. 27; 14. 8. De. 6. 3; 11. 9; 26. 9, 15; 27. 3; 31. 20; 32. 13, 14. Jos. 5. 6. Je. 11. 5; 32. 22. *which is.* ver. 15. Ps. 48. 2. Da. 8. 9; 11. 16, 41. Zec. 7. 14.

7 *Cast.* ver. 8; ch. 18. 6, 15, 31. Is. 2. 20, 21; 31. 7. *the abominations.* ch. 6. 9; 14. 6. 2 Ch. 15. 8. *defile.* ch. 23. 3, 8. Le. 17. 7; 18. 3. De. 29. 16-18. Jos. 24. 14. *I am.* ver. 19. Ex. 16. 12. Le. 11. 44; 20. 7.

8 *they rebelled.* De. 9. 7. Ne. 9. 26. Is. 63. 10. *they did.* ver. 7. Ex. 32. 4-6. *then I.* ver. 13, 21; ch. 5. 13; 7. 8.

9 *I wrought.* ver. 14, 22; ch. 36. 21, 22; 39. 7. Ex. 32. 12. Nu. 14. 13, etc. De. 9. 28; 32. 26, 27. Jos. 7. 9. 1 Sa. 12. 22. *in whose.* Jos. 2. 10; 9. 9, 10. 1 Sa. 4. 8.

10 Ex. 13. 17, 18; 14. 17-22; 15. 22; 20. 2.

11 *I gave.* De. 4. 8. Ne. 9. 13, 14. Ps. 147. 19, 20. Ro. 3. 2. *shewed them.* *Heb.* made them to know. *which.* ver. 13, 21. Le. 18. 5. De. 30. 15, 16. Lu. 10. 28. Ro. 10. 5. Ga. 3. 12.

12 *I gave.* Ge. 2. 3. Ex. 16. 29; 20. 8-11; 35. 2. Le. 23. 3, 24, 32, 39; 25. 4. De. 5. 12-15. Ne. 9. 14. Mar. 2. 27, 28. Col. 2. 16. *to be.* ver. 20. Ex. 31. 13-17. *I am.* ch. 37. 28. Ex. 19. 5, 6. Le. 20. 8; 21. 8, 15, 23. Jno. 17. 17-19. 1 Th. 5. 23. Jude 1.

13 *rebelled.* ver. 8. Ex. 16. 28; 32. 8. Nu. 14. 22. De 9. 12-24; 31. 27. 1 Sa. 8. 8. Ne. 9. 16-18. Ps. 78. 40, 41; 95. 8-11; 106. 13-33. Is. 63. 10. *and they.* ver. 16, 24. Le. 26. 15, 43. 2 Sa. 12. 9. Pr. 1. 25; 13. 13. Am. 2. 4. 1 Th. 4. 8. He. 10. 28, 29. *which.* ver. 11. *and my.* ver. 21. Ex. 16. 27, 28. Nu. 15. 31-36. Is. 56. 6. *I said.* ver. 8, 21. Ex. 32. 10. Nu. 14. 11, 12, 29; 16. 20, 21, 45; 26. 25. De. 9. 8. Ps. 106. 23.

14 ver. 9, 22; ch. 36. 22, 23. Ep. 1. 6, 12.

15 *I lifted.* ver. 23. Nu. 14. 23-30; 26. 64, 65. De. 1. 34, 35. Ps. 95. 11; 106. 26. He. 3. 11, 18; 4. 3. *flowing.* ver. 6.

16 *they.* ver. 13, 14. *for their.* They still had a hankering after the idolatries they had learned in Egypt, to which they added new idols, which they had seen in the countries through which they had travelled, as those of the Midianites, Amorites, etc. ver. 8; ch. 14. 3, 4; 23. 8. Ex. 32. 1-8. Nu. 15. 39; 25. 2. Am. 5. 25, 26. Ac. 7. 39-43.

17 *mine.* ch. 8. 18; 9. 10. 1 Sa. 24. 10. Ne. 9. 19. Ps. 78. 37, 38. *neither.* ch. 7. 2; 11. 13. Je. 4. 27; 5. 18. Na. 1. 8, 9.

18 *I said.* Nu. 14. 32, 33; 32. 13-15. De. 4. 3-6. Ps. 78. 6-8. *the statutes.* Zec. 1. 2-4. Lu. 11. 47, 48. Ac. 7. 51. 1 Pe. 1. 18. *defile.* ver. 7. Je. 2. 7; 3. 9.

19 *the Lord.* Ex. 20. 2, 3. De. 5. 6, 7; 7. 4-6. Ps. 81. 9, 10. Je. 3. 22, 23. *walk.* ch. 11. 20; 36. 27; 37. 24. De. 4. 1; 5. 1, 32, 33; ch. 6-8; 10-12. Ne. 9. 13, 14. Ps. 19. 7-11; 105. 45. Tit. 2. 11-14.

20 ver. 12; ch. 44. 24. Ex. 20. 11; 31. 13-17. Ne. 13. 15-22. Is. 58. 13. Je. 17. 22, 24, 27.

21 *the children.* Nu. 21. 5; 25. 1-8. De. 9. 23, 24; 31. 27. Ps. 106. 29-33. Ac. 13. 18. *if a man.* ver. 11, 13. *I would.* ver. 8, 13; ch. 21. 31. 2 Ch. 34. 21, 25. Re. 16. 1. *accomplish.* ch. 7. 8; 13. 15. La. 4. 11. Da. 11. 36.

22 *I withdrew.* ver. 17. Job 13. 21. Ps. 78. 38. La. 2. 8. *wrought.* ver. 9, 14, 22. Ps. 25. 11; 79. 9, 10; 115. 1. Is. 48. 9-11. Je. 14. 7, 21. Da. 9. 17, 19.

23 *lifted.* ver. 15. De. 32. 40. Re. 10. 5, 6. *that*

*I*. The predictions of the dispersion of Israel, delivered by Moses just before his death, are evidently here referred to: they received a partial accomplishment at the Babylonian captivity, but are more exactly fulfilling at this day. Le. 26. 33. De. 28. 64-68; 32. 26, 27. Ps. 106. 27. Je. 15. 4.

24 *they had*. ver. 13, 16. *their eyes*. ch. 6. 9; 18. 6, 12, 15. De. 4. 19. Job 31. 26, 27. Am. 2. 4.

25 *I gave*. The simple meaning of this place is, that when the Israelites had rebelled against God, despised his statutes, and polluted his sabbaths, in effect cast him off, and given themselves up wholly to their idols, then He, in a just judgment for their disobedience, abandoned them, 'gave them up to a reprobate mind,' (Ro. 1. 28,) and suffered them to walk after the idolatrous, cruel, and impious customs and ordinances of the heathen; by which they were ripened for the destruction which he intended to bring upon them, that they might learn to know God by his judgments, seeing they had despised his mercies. In the same sense God is said judicially to 'send a strong delusion, that they should believe a lie,' to those who 'received not the love of the truth, but had pleasure in unrighteousness.' ver. 26, 39; ch. 14. 9-11. De. 4. 27, 28; 28. 36. Ps. 81. 12. Is. 66. 4. Ro. 1. 21-28. 2 Th. 2. 9-11.

26 *polluted*. ver. 31. Is. 63. 17. Ro. 11. 7-10. *in that*. ch. 16. 20, 21. Le. 18. 21. 2 Ki. 17. 17; 21. 6. 2 Ch. 28. 3; 33. 6. Je. 32. 35. *all that*. Ex. 13. 12. Lu. 2. 23. *to the end*. ch. 6. 7.

27 *speak*. ch. 2. 7; 3. 4, 11, 27. *Yet*. Ro. 2. 24. Re. 13. 5. *committed*. *Heb*. trespassed.

28 *when I*. Jos. 23. 3, 4, 14. Ne. 9. 22-26. Ps. 78. 55-58. *the which*. ver. 6, 15. Ge. 15. 18-21; 26. 3, 4. Ps. 105. 8-11. *they saw*. ch. 6. 13. Ps. 78. 58. Is. 57. 5-7. Je. 2. 7; 3. 6. *their sweet*. ch. 16. 19.

29 *I said*, etc. *or*, I told them what the high place *was*, *or*, Bamah. *And the*. ch. 16. 24, 25, 31.

30 *Are ye*. Nu. 32. 14. Ju. 2. 19. Je. 7. 26; 9. 14; 16. 12. Mat. 23. 32. Ac. 7. 51.

31 *ye offer*. ver. 26. De. 18. 10-12. Ps. 106. 37-39. Je. 7. 31; 19. 5. *and shall*. ver. 3; ch. 14. 3, 4. 1 Sa. 28. 5, 6. 2 Ki. 3. 13, 14. Job 27. 8, 10. Ps. 66. 18. Pr. 1. 27, 28; 28. 9. Is. 1. 15. Je. 14. 12. Zec. 7. 13. Mat. 25. 11, 12. Ja. 4. 1-3.

32 *that which*. ch. 11. 5; 38. 10. Ps. 139. 2. Pr. 19. 21. La. 3. 37. *We will*. 1 Sa. 8. 5. Je. 44. 17, 29. Ro. 12. 2. *to serve*. De. 4. 28; 28. 36, 64; 29. 17. Is. 37. 19. Da. 5. 4. Re. 9. 20.

33 *surely*. ch. 8. 18. Je. 21. 5; 42. 18; 44. 6. La. 2. 4. Da. 9. 11, 12.

34 ver. 38; ch. 34. 16. Is. 27. 9-13. Am. 9. 9, 10.

35 *I will*. ver. 36; ch. 19. 13; 38. 8. Ho. 2. 14. Mi. 4. 10; 7. 13-15. Re. 12. 14. *and there*. ch. 17. 20; 38. 22. Je. 2. 9, 35; 25. 31. Ho. 4. 1. Mi. 6. 1, 2.

36 ver. 13, 21. Ex. 32. 7, etc. Nu. ch. 11; 14; 16; 25. Ps. 106. 15, etc. 1 Co. 10. 5-10.

37 *pass*. ch. 34. 17. Le. 27. 32. Je. 33. 13. Mat. 25. 32, 33. *I will*. ch. 16. 59, 60. Le. 26. 25. Ps. 89. 30-32. Am. 3. 2. *the bond*. *or*, a delivering.

38 *I will purge*. ch. 11. 21; 34. 17, 20-22. Nu. 14. 28-30. Am. 9. 9, 10. Zec. 13. 8, 9. Mal. 3. 3; 4. 1-3. Mat. 3. 9, 10, 12; 25. 32, 33. Ro. 9. 27-29. *they shall*. ch. 13. 9. Nu. 14. 30. Ps. 95. 11. Je. 44. 14. 1 Co. 10. 5. He. 4. 6. Jude 5. *and ye*. ch. 6. 7; 15. 7; 23. 49. Ps. 9. 16.

39 *Go ye*. ver. 25, 26. Ju. 10. 14. 2 Ki. 3. 13. Ps. 81. 12. Ho. 4. 17. Am. 4. 4, 5. Ro. 1. 24-28. 2 Th. 2. 11. *but*. ch. 23. 37-39. Pr. 21. 27. Is. 1. 13-15; 66. 3. Je. 7. 9-11. Zep. 1. 4, 5. Mat. 6. 24. Re. 3. 15, 16.

40 *in mine*. These predictions received a partial accomplishment by the restoration of the Jews from the Babylonian captivity; but they seem chiefly to relate to the establishment of the Christian church, and more especially to the future conversion of the Jews, and their restoration to their own land. ch. 17. 23. Ps. 2. 6; 68. 15, 16. Is. 2. 2, 3; 66. 20. Je. 31. 12. Joel 3. 17, 18. Ob. 16. Mi. 4. 1, 2. He. 12. 20-22. Re. 21. 10. *there shall*. ch. 37. 22-28. Is. 56. 7; 60. 7; 66. 23. Zec. 8. 20-23. Mal. 1. 11; 3. 4. Ro. 12. 1. He. 13. 15. 1 Pe. 2. 5. *first-fruits*. *or*, chief.

41 *with your*. ver. 28; ch. 6. 13. Ge. 8. 21. Le. 1. 9, 13, 17. Ep. 5. 2. Phi. 4. 18. *sweet savour*. *Heb*. savour of rest. *I bring*. ch. 11. 17; 34. 19; 36. 24; 37. 25; 38. 8. Is. 11. 11-16; 27. 12, 13. Je. 23. 3; 30. 3, 18; 32. 37. Am. 9. 14. Ob. 17-21. Mi. 7. 12-16. *and I will*. ch. 28. 22, 25; 38. 23; 39. 27-29. Le. 10. 3. Is. 5. 16. Lu. 2. 14. 1 Pe. 3. 15.

42 *ye shall*. ver. 38, 44; ch. 24. 24; 26. 33; 36. 23; 38. 23. Je. 24. 7; 31. 34. Jno. 17. 3. 1 Jno. 5. 20. *when I*. ch. 11. 17-20; 34. 13; 36. 24; 37. 21, 25. *for the which*. ver. 15.

43 *shall ye*. ch. 6. 9. Le. 26. 39-41. Ne. 1. 8-10. Ho. 5. 15. *and ye shall*. ch. 16. 61-63; 36. 31. Job 42. 6. Je. 31. 18. Zec. 12. 10-14. Lu. 18. 13. 2 Co. 7. 11.

44 *And ye shall*. ver. 38; ch. 24. 24. *when I*. ver. 9, 14, 22; ch. 36. 21, 22. Ps. 79. 9; 115. 1. Ep. 1. 6. 1 Ti. 1. 16.

45 *Moreover*. This is the beginning of another prophecy, and properly belongs to the following chapter.

46 *set*. ch. 4. 7; 6. 2. *toward*. Towards *Judea*, which lay *south* of Mesopotamia, where the prophet now dwelt. *and drop*. ch. 21. 2. De. 32. 2. Job 29. 22. Am. 7. 16. Mi. 2. 6, marg. *the forest*. The city of *Jerusalem*, as full of inhabitants as the forest is of trees. Je. 13. 19; 22. 7. Zec. 11. 1, 2.

47 *I will kindle*. I will send *war*; and it shall destroy all ranks and characters of the people. ch. 15. 6, 7; 19. 14; 22. 20, 21. De. 32. 22. Is. 9. 18, 19; 30. 33. Je. 21. 14. *green*. ch. 17. 24. Lu. 23. 31. *the flaming*. Is. 66. 24. Mar. 9. 43-49. *from the south*. ch. 21. 3, 4. Is. 24. 1-6.

48 De. 29. 24-28. 2 Ch. 7. 20-22. Is. 26. 11. Je. 40. 2, 3. La. 2. 16, 17.

49 *Doth*. Is it not his usual custom to deal in enigmas? His figures are not to be understood; we should not trouble ourselves with them. God therefore commands the prophet to declare, in the next chapter, the same things in the *plainest* terms, so that they should not complain of his parables. Mat. 13. 13, 14. Jno. 16. 25. Ac. 17. 18.

## CHAP. XXI.

*Ezekiel prophesies against Jerusalem with a sign of sighing*, 1-7. *The sharp and bright sword*, 8-17; *against Jerusalem*, 18-24; *against the kingdom*, 25-27; *and against the Ammonites*, 28-32.

2 *set*. ch. 4. 3, 7; 20. 46; 25. 2; 28. 21; 29. 2; 38. 2. Ep. 6. 19. *and drop*. De. 32. 2. Am. 7. 16. Mi. 2. 6, 11, marg. *against*. ch. 4. 7; 6. 2; 20. 46; 36. 1. Je. 26. 11, 12. Ac. 6. 13, 14.

3 *Behold*. ch. 5. 8; 26. 3. Je. 21. 13; 50. 31; 51. 25. Na. 2. 13; 3. 5. *will draw*. ver. 9-11, 19; ch. 5. 12; 14. 17, 21. Ex. 15. 9. Le. 26. 25, 33. De. 32. 41, 42. Ps. 17. 13. Is. 10. 5; 34. 5. Je. 47. 6, 7; 51. 20. Zep. 2. 12. Zec. 13. 7. *the righteous*. ch. 9. 5, 6. Job 9. 22. Ec. 9. 2. Je. 15. 2-4.

4 *against*. ch. 6. 11-14; 7. 2; 20. 47.

5 *all*. ch. 20. 48. Nu. 14. 21-23. De. 29. 24-28. 1 Ki. 9. 7-9. *it shall*. ver. 30. 1 Sa. 3. 12. Is. 45. 23; 55. 11. Je. 23. 20. Na. 1. 9.

6 *Sigh*. ver. 12; ch. 6. 11; 9. 4. Is. 22. 4. Je. 4. 19; 9. 17-21. Jno. 11. 33-35. *with the*. Is. 16. 11; 21. 3. Je. 30. 6. Da. 5. 6; 8. 27. Na. 2. 10. Hab. 3. 16. *before*. ch. 4. 12; 12. 3-5; 37. 20. Je. 19. 10.

7 *Wherefore*. ch. 12. 9-11; 20. 49; 24. 19. *For the*. ch. 7. 26. 2 Ki. 21. 12. Is. 7. 2; 28. 19. Je. 6. 22-24; 49. 23. *and every*. Ex. 15. 15. De. 20. 8, marg. Jos. 2. 9-11; 5. 1. 2 Sa. 17. 10. Na. 2. 10. *all hands*. Job 4. 3, 4. Is. 35. 3. Je. 50. 43. Lu. 21. 26. He. 12. 12. *faint*. Le. 26. 36. Is. 13. 7. Je. 8. 18. La. 5. 17. *weak as water*. *Heb*. go into water. ch. 7. 17, marg. *it cometh*. ch. 7. 2-12; 12. 22-28. 1 Pe. 4. 7.

9 *A sword.* ver. 3, 15, 28. De. 32. 41, 42. Job 20. 25. Is. 66. 16. Je. 12. 12; 15. 2. Am. 9. 4. *sharpened.* Ps. 7. 11-13. Is. 27. 1; 34. 5, 6.

10 *it is furbished.* Je. 46. 4. Na. 3. 3. Hab. 3. 11. *should.* Es. 3. 15. Ec. 3. 4. Is. 5. 12-14; 22. 12-14. Am. 6. 3-7. Na. 1. 10. Lu. 21. 34, 35. *it contemneth the rod of my son, as every tree. or, it is* the rod of my son, it despiseth every tree. ver. 25-27; ch. 19. 11-14; 20. 47. 2 Sa. 7. 14. Ps. 2. 7-9; 89. 26-32, 38-45; 110. 5, 6. Re. 2. 27.

11 *to give.* ver. 19. Je. 25. 9, 33; 51. 20-23.

12 *howl.* ver. 6; ch. 9. 8; 30. 2. Je. 25. 34. Joel 1. 13. Mi. 1. 8. *terrors by reason of the sword shall be upon my. or,* they are thrust down to the sword with my. *smite.* This was an expression of deep affliction. ver. 14; ch. 6. 11. Je. 31. 12.

13 *Because,* etc. *or,* When the trial *hath been,* what then? shall they not also belong to the despising rod? *a trial.* Job 9. 23. 2 Co. 8. 2. *contemn.* ver. 10, 25. *it shall.* ver. 27.

14 *smite.* ver. 17; ch. 6. 11. Nu. 24. 10. *hands together. Heb.* hand to hand. *let the.* Le. 26. 21, 24. 2 Ki. 24. 1, 10-16; 25. 1, etc. Da. 3. 19. *entereth.* ch. 8. 12. 1 Ki. 20. 30; 22. 25. Am. 9. 2.

15 *point. or,* glittering, *or* fear. *against.* ver. 22; ch. 15. 7. Je. 17. 27. *that their.* ver. 7; ch. 20. 47. *it is made.* ver. 10, 28. *wrapped up. or,* sharpened. ver. 9-11.

16 *Go.* ver. 4, 20; ch. 14. 17; 16. 46. *either.* Ge. 13. 9. *or on the left. Heb.* set thyself, take the left hand.

17 *smite.* ver. 14; ch. 22. 13. Nu. 24. 10. *and I.* ch. 5. 13; 16. 42. De. 28. 63. Is. 1. 24. Zec. 6. 8.

19 ch. 4. 1-3; 5. 1, etc. Je. 1. 10.

20 *Rabbath.* ch. 25. 5. De. 3. 11. 2 Sa. 12. 26. Je. 49. 2. Am. 1. 14, Rabbah. *the defenced.* 2 Sa. 5. 9. 2 Ch. 26. 9; 32. 5; 33. 14. Ps. 48. 12, 13; 125. 1, 2. Is. 22. 10. La. 4. 12.

21 *the king.* Pr. 16. 33; 21. 1. *parting. Heb.* mother. *to use.* Nu. 23. 28. De. 18. 10. 1 Sa. 15. 23. Pr. 16. 10. Ac. 16. 16. *he made.* Or, as the Vulgate, 'he mingled his arrows:' 'They wrote on several arrows,' says Jerome, 'the names of the cities they intended to assault; and then putting them altogether promiscuously in a quiver, they drew them out thence as lots are drawn; and that city whose name was written on the arrow first drawn, was the city they first made war on.' *arrows. or,* knives. *images. Heb.* teraphim. Ge. 31. 19, 30. Ju. 17. 5; 18. 14, 18, 20, 24. 2 Ki. 23. 24. Ho. 3. 4; 4. 12. Zec. 10. 2.

22 *captains. or battering* rams. *Heb.* rams. ch. 4. 2. *to lift.* Ex. 32. 17, 18. Jos. 6. 10, 20. 1 Sa. 17. 20. Job 39. 25. Je. 51. 14. *to appoint.* ch. 4. 2. Je. 32. 24; 33. 4; 52. 4.

23 *as a.* ch. 11. 3; 12. 22. Is. 28. 14, 15. *to them that have sworn oaths. or,* for the oaths made unto them. ch. 17. 13-19. 2 Ch. 36. 13. *but.* 2 Ki. 24. 20; 25. 1-7. Je. 52. 3-11. *call.* ver. 24; ch. 29. 16. Nu. 5. 15. 1 Ki. 17. 18. Re. 16. 19.

24 *your transgressions.* ch. 16. 16, etc.; 22. 3-12, 24-31; 23. 5, etc.; 24. 7. Is. 3. 9. Je. 2. 34; 3. 2; 5. 27, 28; 6. 15; 8. 12; 9. 2-7. Ho. 4. 2. Mi. 3. 10-12. *ye shall.* Is. 22. 17, 18. Je. 15. 2. Am. 9. 1-3.

25 *profane.* ch. 17. 19. 2 Ch. 36. 13. Je. 24. 8; 52. 2. *whose.* ver. 29; ch. 7. 6; 30. 3; 35. 5. Ps. 7. 9; 9. 5, 6. Je. 51. 13.

26 *Remove.* ch. 12. 12, 13; 16. 12. 2 Ki. 25. 6, 27. Je. 13. 18; 39. 6, 7; 52. 9-11, 31-34. La. 5. 16. *exalt.* ch. 17. 24. 1 Sa. 2. 7, 8. Ps. 75. 7; 113. 7, 8. Lu. 1. 52.

27 *I will overturn, overturn, overturn, it. Heb.* Perverted, perverted, perverted, will I make it. Hag. 2. 21, 22. He. 12. 26, 27. *until.* ver. 13; ch. 17. 22, 23; 34. 23; 37. 24, 25. Ge. 49. 10. Nu. 24. 19. Ps. 2. 6; 72. 7-10. Is. 9. 6, 7. Je. 23. 5, 6; 30. 21; 33. 15, 16, 21, 26. Da. 2. 44; 9. 25. Ho. 3. 5. Am. 9. 11, 12. Mi. 5. 2. Hag. 2. 7. Zec. 6. 12, 13; 9. 9. Mal. 3. 1; 4. 2. Mat. 28. 18. Lu. 1. 32, 69; 2. 11. Jno. 1. 4, 9. Ep. 1. 20-22. Phi. 2. 9, 10. 1 Pe. 3. 22. Re. 19. 11-16.

28 *concerning the.* ver. 20; ch. 25. 2-7. Je. 49. 1-5. Am. 1. 13-15. Zep. 2. 8-10. *The sword.* ver. 9, 10.

29 *they see.* ch. 12. 24; 13. 23; 22. 28. Is. 44. 25; 47. 13. Je. 27. 9. *to bring.* ch. 13. 10. La. 2. 14. *whose.* ver. 25. Job 18. 20. Ps. 37. 13.

30 *Shall I cause it to return. or,* Cause *it* to return. ver. 4, 5. Je. 47. 6, 7. *I will.* ch. 16. 38; 28. 13, 15. Ge. 15. 14. *in the.* ch. 16. 3, 4.

31 *pour.* ch. 7. 8; 14. 19; 22. 22. Na. 1. 6. *I will blow.* ch. 22. 20, 21. Ps. 18. 15. Is. 30. 33; 37. 7; 40. 7. Hag. 1. 9. *brutish. or,* burning. *and skilful.* Is. 14. 4-6. Je. 4. 7; 6. 22, 23; 51. 20, 21. Hab. 1. 6-10.

32 *for fuel.* ch. 20. 47, 48. Mal. 4. 1. Mat. 3. 10, 12. *thy blood.* ver. 30. Is. 34. 3-7. *thou shalt be no.* This prophecy against the Ammonites was fulfilled about five years after the taking of Jerusalem; and their name has utterly perished from the face of the earth. ch. 25. 10. Zep. 2. 9. *for I.* Nu. 23. 19. Mat. 24. 35.

## CHAP. XXII.

*A catalogue of sins in Jerusalem, and the dispersion of the Jews in consequence,* 1-16. *God will burn them as dross in his furnace,* 17-22. *The general corruption of prophets, priests, princes, and people,* 23-31.

2 *judge. or,* plead for. ch. 20. 4; 23. 36. *bloody city. Heb.* city of bloods. ch. 23. 45; 24. 6, 9. 2 Ki. 21. 16; 24. 3, 4. Je. 2. 30, 34. Ho. 4. 2. Na. 3. 1. Mat. 23. 35; 27. 25. Lu. 11. 50. Ac. 7. 52. *thou shalt.* ch. 16. 2. Is. 58. 1. 1 Ti. 5. 20. *shew her. Heb.* make her know. *her abominations.* ch. 8. 9-17; ch. 16; 23.

3 *sheddeth.* ver. 27; ch. 24. 6-9. Zep. 3. 3. *that her.* ver. 4; ch. 7. 2-12; 12. 25. Ro. 2. 5. 2 Pe. 2. 3. *and maketh.* 2 Ki. 21. 2-9. Je. ch. 2; 3.

4 *that thou.* ver. 2. 2 Ki. 21. 16. *and thou hast.* Nu. 32. 14. Mat. 23. 32, 33. 1 Th. 2. 16. *have I.* ch. 5. 14, 15; 16. 57; 31. 28. Le. 26. 32. De. 28. 37; 29. 24. 1 Ki. 9. 7. 2 Ch. 7. 20. Ps. 44. 13, 14; 79. 4; 89. 41, 42. Je. 18. 16; 24. 9; 44. 8. La. 2. 15, 16. Da. 9. 16.

5 *infamous and much vexed. Heb.* polluted of name, much in vexation. Je. 15. 2, 3.

6 *the princes.* ver. 27. Ne. 9. 34. Is. 1. 23. Je. 2. 26, 27; 5. 5; 32. 32. Da. 9. 8. Mi. 3. 1-3, 9-11. Zec. 3. 3. *power. Heb.* arm. Mi. 2. 1.

7 *set.* Ex. 21. 17. Le. 20. 9. De. 27. 16. Pr. 20. 20, 30. 11, 17. Mat. 15. 4-6. Mar. 7. 10. *dealt.* ver. 29; ch. 18. 12. Ex. 22. 21, 22. De. 27. 19. Pr. 22. 22, 23. Je. 7. 6. Zec. 7. 10. Mal. 3. 5. *oppression. or,* deceit.

8 ver. 26; ch. 20. 13, 21, 24; 23. 38, 39. Le. 19. 30. Am. 8. 4-6. Mal. 1. 6-8, 12.

9 *men that carry tales. Heb.* men of slanders. Ex. 20. 16; 23. 1. Le. 19. 16. 1 Ki. 21. 10-13. Ps. 50. 20; 101. 5. Pr. 10. 18; 18. 8; 26. 22. Je. 6. 28; 9. 4; 37. 13-15; 38. 4-6. Mat. 26. 59. Ac. 6. 11-13; 24. 5, 13. Re. 12. 9, 10. *they eat.* ch. 18. 6, 11, 15. Ps. 106. 28. 1 Co. 10. 18-21. *they commit.* ch. 16. 43; 24. 13. Ju. 20. 6. Ho. 4. 2, 10, 14; 6. 9; 7. 4.

10 *discovered.* Ge. 35. 22; 49. 4. Le. 18. 7, 8; 20. 11. De. 27. 20, 23. 2 Sa. 16. 21, 22. 1 Ch. 5. 1. Am. 2. 7. 1 Co. 5. 1. *humbled.* ch. 18. 6. Le. 18. 19; 20. 18.

11 *one. or,* every one. *committed.* ch. 18. 11. Le. 18. 20; 20. 10. De. 22. 22. Job 31. 9-11. Je. 5. 7, 8; 9. 2; 29. 23. Mal. 3. 5. Mat. 5. 27, 28. 1 Co. 6. 9. Ga. 5. 19. He. 13. 4. *another. or,* every one. *hath lewdly. or,* hath by lewdness. Le. 18. 15; 20. 12, 17. *his sister.* Le. 18. 9; 20. 17. De. 27. 22. 2 Sa. 13. 1, 14, 28, 29.

12 *taken gifts.* Ex. 23. 7, 8. De. 16. 19; 27. 25. Is. 1. 23. Mi. 7. 2, 3. Zep. 3. 3, 4. *thou hast.* ch. 18. 8, 13. Ex. 22. 25, 26. Le. 25. 35, 36. De. 23. 19. Ne. 5. 1, 7. Ps. 15. 5. *greedily.* Pr. 1. 19. Is. 56. 11. Mat. 23. 14, 25. Lu. 3. 13; 18. 11; 19. 8. 1 Co. 5. 11; 6. 10. 1 Ti. 3. 3; 6. 9, 10. Ja. 5. 1-4. Jude 11. *and hast.* ch. 23. 35. De. 32. 18. Ps. 106. 21. Je. 2. 32; 3. 21.

13 *I have.* ch. 21. 14, 17. Nu. 24. 10. *thy dishonest.* ver. 27. Pr. 28. 8. Is. 33. 15. Je. 5. 26, 27; 7. 9-11. Am. 2. 6-8; 3. 10; 8. 4-6. Mi. 2. 1-3; 6. 10. 11. 1 Th. 4. 6. *and at.* ver. 2-4.

14 *thine heart.* ch. 21. 7; 28. 9. Job 40. 9. Is. 31. 8; 45. 9. Je. 13. 21. 1 Co. 10. 22. He. 10. 31. *I the.* ch. 5. 13; 17. 24; 24. 14. 1 Sa. 15. 29. Mar. 13. 31.

15 *scatter.* ch. 5. 12; 12. 14, 15; 34. 6; 36. 19. Le. 26. 33. De. 4. 27; 28. 25, 64. Ne. 1. 8. Je. 15. 4. Zec. 7. 14. *consume.* ver. 18, 22; ch. 20. 38; 23. 47, 48; 24. 6-14. Is. 1. 25. Zec. 13. 9. Mal. 3. 3; 4. 1. Mat. 3. 12. 1 Pe. 4. 12.

16 *take thine inheritance in thyself. or*, be profaned in thyself. ch. 7. 24; 25. 3. Is. 43. 28; 47. 6. *thou shalt know.* ch. 6. 7; 39. 6, 7, 28. Ex. 8. 22. 1 Ki. 20. 13, 28. Ps. 9. 16; 83. 18. Is. 37. 20. Da. 4. 25, 32-35.

18 *the house.* Ps. 119. 119. Is. 1. 22. Je. 6. 28-30. *brass.* ver. 20. Is. 48. 4. La. 4. 1, 2. *in the midst.* Pr. 17. 3. Is. 31. 9; 48. 10. *dross. Heb.* drosses.

19 *I will.* Jerusalem is here represented as the *fining pot;* all the people, who had become *dross*, are to be gathered together in it; and the *fire* of the Chaldeans, blown by the wrath of God, is to *melt* the whole. No ordinary means will avail to purge their impurities; the most violent must therefore be resorted to. ch. 11. 7; 24. 3-6. Mi. 4. 12. Mat. 13. 30, 40-42.

20 *As they gather. Heb. According* to the gathering. *to blow.* ver. 21; ch. 21. 31, 32. Is. 54. 16. *in mine.* ch. 24. 13. Je. 4. 11, 12, 20.

21 *and blow.* ch. 15. 6, 7; 20. 47, 48; 22. 20-22. De. 4. 24; 29. 20; 32. 22. 2 Ki. 25. 9. Ps. 21. 9; 50. 3. Is. 30. 33. Je. 21. 12. Na. 1. 6. Zep. 1. 18. *and ye.* Ps. 68. 2; 112. 10. Is. 64. 2, 7. Je. 9. 7.

22 *ye shall know.* ver. 16, 31; ch. 20. 8, 33. Ho. 5. 10. Re. 16. 1.

24 2 Ch. 28. 22; 36. 14-16. Is. 1. 5; 9. 13. Je. 2. 30; 5. 3; 6. 29; 44. 16-19. Zep. 3. 2.

25 *a conspiracy.* ch. 13. 10-16. 1 Ki. 22. 11-13, 23. Je. 5. 30, 31; 6. 13. La. 2. 14; 4. 13. 2 Pe. 2. 1-3. *like.* ver. 27-29. Is. 56. 11. Ho. 6. 9. Mi. 3. 5-7. Re. 13. 11, 15. *ravening.* That is, from the Saxon *reafian*, seizing and devouring it with eagerness and rapacity. *they have devoured.* ch. 13. 19. Je. 2. 30, 34. Mat. 23. 14. Mar. 12. 40. Lu. 20. 47. Re. 17. 6; 18. 13.

26 *priests.* 1 Sa. 2. 12-17, 22. Je. 2. 8, 26, 27. La. 4. 13. Mi. 3. 11, 12. Zep. 3. 3, 4. Mal. 1. 6-8; 2. 1-3, 8. *violated. Heb.* offered violence to. *profaned.* Le. 22. 2, etc. 1 Sa. 2. 15, 29. *put no.* ch. 44. 23. Le. 10. 1-3, 10; 11. 47; 20. 25. Je. 15. 19. Hag. 2. 11-13. *hid their.* ver. 8; ch. 20. 12, 13. *I am profaned.* ch. 36. 20. Ro. 2. 24.

27 *princes.* ver. 6; ch. 19. 3-6; 22. 6; 45. 9. Is. 1. 23. Ho. 7. 1-7. Mi. 3. 2, 3, 9-11; 7. 8. Zep. 3. 3. Ja. 2. 6, 7. *to get.* ver. 13. Mat. 21. 13. Ja. 5. 1-4.

28 *prophets.* The prophets employed all their ingenuity to varnish over the crimes of the princes, (the antecedent to *them*,) to palliate their offences, and to conceal their faults, while they were like ravening wolves, and took bribes to shed innocent blood. By these means they shared the dishonest gains with the princes, or availed themselves of their authority to gratify their avarice or revenge. ver. 25; ch. 13. 10-16. Is. 30. 10. Je. 8. 10, 11. *seeing.* ch. 13. 22, 23; 21. 29. Je. 23. 25-32. La. 2. 14. Zep. 3. 4. *Thus saith the Lord.* ch. 13. 6, 7. Je. 23. 21; 28. 2, 15; 29. 8, 9, 23; 37. 19.

29 *people.* ver. 7; ch. 18. 12. Is. 5. 7; 10. 2; 59. 3-7. Je. 5. 26-28, 31; 6. 13. Am. 3. 10. Mi. 2. 2; 3. 3. Ja. 5. 4. *oppression. or*, deceit. *oppressed.* ver. 7; ch. 22. 7. Ex. 22. 21; 23. 9. Le. 19. 33. Ps. 94. 6. Mat. 25. 43. *wrongfully. Heb.* without right.

30 *I sought.* God, speaking after the manner of men, sought for some Moses, Phinehas, or Samuel, to stand in the gap on this occasion; but as he found none, its destruction was inevitable. Is. 59. 16; 63. 5. Je. 5. 1. *make.* ch. 13. 5. Ge. 18. 23-32. Ex. 32. 10-14. Ps. 106. 23. Je. 15. 1.

31 *have I poured.* ver. 21, 22. *their own.* ch. 7. 3, 8, 9; 9. 10; 11. 21; 16. 43. Ro. 2. 8, 9.

CHAP. XXIII.

*The whoredoms of Aholah and Aholibah*, 1-21. *Aholibah is to be plagued by her lovers*, 22-35. *The prophet reproves the adulteries of them both*, 36-44; *and shews their judgments*, 45-49.

2 *two.* ch. 16. 44, 46. Je. 3. 7-10.

3 *in Egypt.* ch. 20. 8. Le. 17. 7. De. 29. 16. Jos. 24. 14. *in their.* ver. 8, 19, 21; ch. 16. 22. Ho. 2. 15.

4 *the names.* The kingdom of Israel, of which Samaria was the capital, containing ten tribes, and occupying a larger extent of country than that of Judah, is therefore called 'her elder sister;' and *Aholah*, the name given to her, implies that the whole religious establishment in Israel was a human invention, a temple and service of their own, and not of God's appointment. *Aholibah*, the name given to Judah, implies that the worship established there was from God, and that His temple was truly at Jerusalem. *the elder.* ch. 16. 40. 1 Ki. 12. 20. *they were.* ch. 16. 8, 20. Ex. 19. 5, 6. Ps. 45. 11-16. Je. 2. 2, 3. Ro. 7. 4. *Aholah. that is*, His tent, *or* tabernacle. 1 Ki. 12. 26-33. Jno. 4. 22. *Aholibah. that is*, My tabernacle in her. 1 Ki. 8. 29. Ps. 76. 2; 132. 13, 14.

5 *Aholah.* The Israelites, in addition to their former gross idolatries, received the impure idolatrous worship of the Assyrians, who became their *neighbours* by the conquest of Syria. 1 Ki. 14. 9, 16; 15. 26, 30; 16. 31, 32; 21. 26. 2 Ki. 17. 7-18. *doted.* ver. 7, 9, 12, 16, 20; ch. 16. 37. Je. 50. 38. *on the.* ch. 16. 28. 2 Ki. 15. 19; 16. 7; 17. 3. Ho. 5. 13; 8. 9, 10; 10. 6; 12. 1.

6 *all of.* ver. 12-15.

7 *committed her whoredoms with them. Heb.* bestowed her whoredoms upon them. ch. 16. 15. *the chosen men of Assyria. Heb.* the choice of the children of Asshur. Ge. 10. 22. *with all their.* ver. 30; ch. 20. 7; 22. 3, 4. Ps. 106. 39. Ho. 5. 3; 6. 10.

8 *whoredoms.* ver. 3, 19, 21. Ex. 32. 4. 1 Ki. 12. 28. 2 Ki. 10. 29; 17. 16.

9 2 Ki. 15. 29; 17. 3-6, 23; 18, 9-12. 1 Ch. 5. 26. Ho. 11. 5. Re. 17. 12, 13, 16.

10 *discovered.* ver. 29; ch. 16. 37-41. Ho. 2. 3, 10. *they took.* ver. 47. *famous. Heb.* a name. ver. 48. Je. 22. 8, 9.

11 *her sister.* ver. 4. Je. 3. 8. *was more corrupt in her inordinate love than she. Heb.* she corrupted her inordinate love more than she. *her sister in her whoredoms. Heb.* the whoredoms of her sister. ch. 16. 47-51. Je. 3. 8-11.

12 *upon.* ver. 5; ch. 16. 28. 2 Ki. 16. 7-15. 2 Ch. 28, 16-23. *captains.* ver. 6, 23.

13 *that they.* ver. 31. 2 Ki. 17. 18, 19. Ho. 12. 1, 2.

14 *pourtrayed.* ch. 8. 10. Is. 46. 1. Je. 50. 2. *vermilion.* Je. 22. 14.

15 *with girdles.* 1 Sa. 18. 4. Is. 22. 21. *all of.* Ju. 8. 18. 2 Sa. 14. 25. *look to.* That is, 'princes in appearance;' which seem to have been the deified men worshipped by the Chaldeans. The inhabitants of Judah, like the Israelites, connected themselves with the Assyrians, and were enamoured with their idols; and then with the Chaldeans, and followed their idols; still retaining their attachment to the Egyptians and their idolatrous rites.

16 *as soon as she saw them with her eyes. Heb.* at the sight of her eyes. ch. 16. 29. Ge. 3. 6; 6. 2; 39. 7. 2 Sa. 11. 2. 2 Ki. 24. 1. Job 31. 1. Ps. 119. 37. Pr. 6. 25; 23. 33. Mat. 5. 28. *and sent.* ver. 40, 41; ch. 16. 17, 29. 2 Pe. 2. 14.

17 *Babylonians. Heb.* children of Babel. Ge. 10. 10; 11. 9. *and her.* ver. 22, 28; ch. 16. 37. 2 Sa. 13. 15. *alienated. Heb.* loosed, *or* disjointed.

18 *discovered.* ch. 16. 36; 21. 24. Is. 3. 9. Je. 8. 12. Ho. 7. 1. *then.* De. 32. 19. Ps. 78. 59; 106. 40. Je. 6. 8; 12. 8; 15. 1. La. 2. 7. Ho. 2. 2. Am. 6. 8. Zec. 11. 8.

19 *multiplied.* ver. 14; ch. 16. 25, 29, 51. Am 4. *in calling.* ver. 3, 8, 21; ch. 16. 22; 20. 7.

20 ch. 16. 20, 26; 17. 15.

22 *I will raise.* ver. 9, 28; ch. 16. 37. Is. 10. 5, 6; 39. 3, 4. Hab. 1. 6-10. Re. 17. 16. *from.* ver. 17. *and I.* Je. 6. 22, 23; 12. 9-12.

23 *Babylonians.* ch. 21. 19, etc. 2 Ki. 20. 14-17; 25. 1-3. *the Chaldeans.* 2 Ki. 24. 2. Job 1. 17. Is. 23. 13. Ac. 7. 4. *Pekod.* Je. 50. 21. *the Assyrians.* Ge. 2. 14; 25. 18. Ezr. 6. 22. *desirable.* ver. 6, 12.

24 *with chariots.* ch. 26. 10. Je. 47. 3. Na. 2. 3, 4; 3. 2, 3. *I will set.* ver. 45; ch. 16. 38; 21. 23. 2 Sa. 24. 14. Je. 39. 5, 6.

25 *I will set.* ch. 5. 13; ch. 8; 16. 38-42. Ex. 34. 14. De. 29. 20; 32. 21, 22. Pr. 6. 34. Ca. 8. 6. Zep. 1. 18. *they shall take away.* This refers to the severe vengeance which enraged husbands took on their faithless wives: and implies that God would employ the Chaldeans to destroy the princes and priests of Judah, for violating their covenants and treaties. Such punishments were anciently common; and such is the present practice in one of the South Sea islands. *they shall take thy.* ver. 47. Ho. 2. 4, 5. *thy residue.* ch. 15. 6, 7; 20. 47, 48; 22. 18-22. Re. 18. 8.

26 *strip.* ver. 29; ch. 16. 16, 37, 39. Je. 13. 22. Ho. 2. 3, 9, 10. Re. 17. 16; 18. 14-17. *fair jewels. Heb.* instruments of thy decking. Is. 3. 17-24. 1 Pe. 3. 3, 4.

27 *will I.* ch. 16. 41; 22. 15. Is. 27. 9. Mi. 5. 10-14. Zec. 13. 2. *and thy.* ver. 3, 19. *so that.* These severe judgments shall effectually deter you from idolatry, and make you abhor the least approaches to it. This often repeated prediction has received a most wonderful accomplishment. For neither the authority, frowns, examples, or favour of their conquerors or powerful neighbours, nor their own fears, hopes, interests, or predilection for the sensual worship of idols, could prevail with them to run into gross idolatry, either during the captivity, or ever afterwards, to the present day, a period of 2414 years!

28 *whom thou.* ver. 17, 22; ch. 16. 37. Je. 21. 7-10; 24. 8; 34. 20.

29 *deal.* ver. 25, 26, 45-47; ch. 16. 39. De. 28. 47-51. 2 Sa. 13. 15. *the nakedness.* ver. 18; ch. 16. 36, 37.

30 *thou hast.* ver. 12-21; ch. 6. 9. Ps. 106. 35-38. Je. 2. 18-20; 16. 11, 12; 22. 8, 9. *because thou art.* ver. 7, 17.

31 *walked.* ver. 13; ch. 16. 47-51. Je. 3. 8-11. *her.* 2 Ki. 21. 13. Je. 7. 14, 15. Da. 9. 12.

32 *drink.* Ps. 60. 3. Is. 51. 17. Je. 25. 15-28; 48. 26. Mat. 20. 22, 23. Re. 16. 19; 18. 6. *thou shalt be.* ch. 22. 4, 5; 25. 6; 26. 2; 35. 15; 36. 3. De. 28. 37. 1 Ki. 9. 7. Ps. 79. 3. Je. 25. 9. La. 2. 15, 16. Mi. 7. 8.

33 *filled.* Je. 25. 27. Hab. 2. 16. *with the cup of astonishment.* Is. 51. 17, 22.

34 *drink.* Ps. 75. 8. Is. 51. 17. *and pluck.* ver. 3, 8. Re. 18. 7.

35 *Because.* ch. 22. 12. Is. 17. 10. Je. 2. 32; 3. 21; 13. 25; 23. 27; 32. 33. Ho. 8. 14; 13. 6. Ro. 1. 28. *and cast.* 1 Ki. 14. 9. Ne. 9. 26. *therefore.* ver. 45-49; ch. 7. 4; 44. 10. Le. 24. 15. Nu. 14. 34; 18. 22.

36 *wilt.* ch. 20. 4; 22. 2. Je. 1. 10. 1 Co. 6. 2, 3. *judge. or,* plead for. Je. 11. 14; 14. 11. *Aholah.* ver. 4. *declare.* ch. 16. 2. Is. 58. 1. Ho. 2. 2. Mi. 3. 8-11. Mat. 23. 13-35. Lu. 11. 39-52. Ac. 7. 51-53.

37 *they have.* ver. 5; ch. 16. 32. Ho. 1. 2; 3. 1. *and blood.* ver. 39, 45; ch. 16. 36, 38; 22. 2-4; 24. 6-9. 2 Ki. 24. 4. Ps. 106. 37, 38. Is. 1. 15. Je. 7. 6, 9. Ho. 4. 2. Mi. 3. 10. Lu. 13. 34. *have also.* ver. 4; ch. 16. 20, 21, 36, 45; 20. 26, 31. Le. 18. 21; 20. 2-5. De. 12. 31. 2 Ki. 17. 17; 21. 6. Je. 7. 31; 32. 35.

38 *they have.* ch. 7. 20; 8. 5-16. 2 Ki. 21. 4, 7; 23. 11, 12. *and have.* ch. 20. 13, 24; 22. 8. Ne. 13. 17, 18. Je. 17. 27.

39 *they came.* Is. 3. 9. Je. 7. 8-11; 11. 15. Mi. 3. 11. Jno. 18. 28. *thus.* ver. 38; ch. 44. 7. 2 Ki. 21. 4. 2 Ch. 33. 4-7. Je. 23. 11.

40 *ye have.* ver. 13. Is. 57. 9. *to come. Heb.* coming. 2 Ki. 20. 13-15. *thou didst.* Ru. 3. 3. Es. 2. 12. *paintedst.* *Kachalt aineycha,* rendered by the LXX. εστιβιζου τους οφθαλμους σου· 'thou didst paint thine eyes with stibium,' and Vulgate, *circumlinisti stibio oculos tuos,* 'thou didst paint round thine eyes with stibium,' or lead ore; whence it is called in Arabic *kochl,* and in Syriac *kecholo,* and *koochlo.* 2 Ki. 9. 30. Je. 4. 30. *and deckedst.* ch. 16. 13-16. Pr. 7. 10. Is. 3. 18-23.

41 *stately. Heb.* honourable. Es. 1. 6. Pr. 7. 16, 17. Is. 57. 7. Am. 2. 8; 6. 4. *a table.* ch. 44. 16. Is. 65. 11. Mal. 1. 7. *whereupon.* ch. 16. 18, 19. Pr. 7. 17. Je. 44. 17. Ho. 2. 8, 9.

42 *a voice.* This seems to be an account of an idolatrous festival, perhaps that of Bacchus; in which a riotous and drunken multitude assembled, adorned with bracelets and chaplets, accompanied with music, songs, and dances. Ex. 32. 6, 18, 19. Ho. 13. 6. Am. 6. 1-6. *common sort. Heb.* multitude of men. *were brought.* Job 1. 15. Joel 3. 8. *Sabeans. or,* drunkards. *bracelets.* ch. 16. 11, 12. Re. 12. 3.

43 *old.* Ezr. 9. 7. Ps. 106. 6. Je. 13. 23. Da. 9. 16. *whoredoms with her. Heb.* her whoredoms.

44 *so went.* ver. 3, 9-13.

45 *the righteous.* The Chaldeans, so called, because appointed by God to execute his judgment on these criminals. ver. 36. Je. 5. 14. Ho. 6. 5. Zec. 1. 6. Jno. 8. 3-7. *after the manner of adulteresses.* ver. 37-39; ch. 16. 38-43. Le. 20. 10; 21. 9. De. 22. 21-24. Jno. 8. 7. *because.* ver. 37.

46 *I will.* ver. 22-26; ch. 16. 40. Je. 25. 9. *to be removed and spoiled. Heb.* for a removing and spoil. Je. 15. 4; 24. 9; 34. 17.

47 *the company.* ver. 25, 29; ch. 9. 6; 16. 41. Je. 33. 4, 5. *dispatch them. or,* single them out. ch. 24. 6. *shall slay.* ch. 24. 21. 2 Ch. 36. 17-19. *and burn.* De. 13. 16. Je. 39. 8; 52. 13.

48 *I cause.* ver. 27; ch. 6. 6; 22. 15; 36. 25. Mi. 5. 11-14. Zep. 1. 3. *that.* ch. 5. 15; 16. 41. De. 13. 11. Is. 26. 9. 1 Co. 10. 6-11. 2 Pe. 2. 6.

49 *they shall.* ch. 7. 4, 9; 9. 10; 11. 21; 16. 43; 22. 31. Is. 59. 18. *ye shall bear.* ver. 35. *and ye shall know.* ch. 6. 7; 20. 38, 42, 44; 25. 5. Ps. 9. 16.

## CHAP. XXIV.

*Under the parable of a boiling pot,* 1-5, *is shewn the irrevocable destruction of Jerusalem,* 6-14. *By the sign of Ezekiel not mourning for the death of his wife,* 15-18, *is shewn the calamity of the Jews to be beyond all sorrow,* 19-27.

1 A.M. 3414. B.C. 590. *the ninth year.* This was the *ninth* year of Zedekiah, about Thursday, January 30, A.M. 3414, the very day in which Nebuchadnezzar began the siege of Jerusalem. ch. 1. 2; 8. 1; 20. 1; 26. 1; 29. 1, 17; 31. 1; 32. 1, 17; 33. 21; 40. 1. 2 Ki. 24. 12.

2 *write.* Is. 8. 1; 30. 8, 9. Hab. 2. 2, 3. *of this.* 2 Ki. 25. 1. Je. 39. 1; 52. 4.

3 *utter.* ch. 17. 2; 19. 2, etc.; 20. 49. Ps. 78. 2. Mi. 2. 4. Mar. 12. 12. Lu. 8. 10. *the rebellious.* ch. 2. 3, 6, 8; 3. 9; 12. 2, 25; 17. 12. Is. 1. 2; 30. 1, 9; 63. 10. Ac. 7. 51. *Set.* ver. 6; ch. 11. 3. Je. 50. 13, 14.

4 ch. 22. 18-22. Mi. 3. 2, 3. Mat. 7. 2.

5 *the choice.* ch. 20. 47; 34. 16, 17, 20. Je. 39. 6; 52. 10, 24-27. Re. 19. 20. *burn. or,* heap. ver. 9, 10.

6 *Woe.* ver. 9; ch. 11. 6, 7; 22. 2, 6-9, 12, 27; 23. 37-45. 2 Ki. 21. 16; 24. 4. Mi. 7. 2. Na. 3. 1. Mat. 23. 35. Re. 11. 7, 8; 17. 6; 18. 24. *to the pot.* ver. 11-13. Je. 6. 29. *bring.* ch. 9. 5, 6; 11. 7-9, 11. Jos. 10. 22. *let no.* Jos. 7. 16-18. 1 Sa. 14. 40-42. 2 Sa. 8. 2. Joel 3. 3. Ob. 11. Jon. 1. 7. Na. 3. 10.

7 *her blood.* 1 Ki. 21. 19. Is. 3. 9. Je. 2. 34; 6. 15. *she poured.* Le. 17. 13. De. 12. 16, 24. Job 16. 18. Is. 26. 21.

8 *it might.* ch. 5. 13; 8. 17, 18; 22. 30, 31. De. 32. 21, 22. 2 Ki. 22. 17. 2 Ch. 34. 25; 36. 16, 17. Je. 7. 18, 20; 15. 1-4. *I have set.* ch. 16. 37, 38; 23. 45. De. 19. 22-28. Je. 22. 8, 9. Mat. 7. 2. 1 Co. 4. 5. Re. 17. 1-6; 18. 5-10, 16.

9 *Woe.* ver. 6. Na. 3. 1. Hab. 2. 12. Lu. 13. 34, 35. Re. 14. 20; 16. 6, 19. *I will.* ch. 22. 19-22, 31. Is. 30. 33; 31. 9. 2 Th. 1. 8. 2 Pe. 3. 7-12. Jude 7. Re. 21. 8.
10 *spice.* Je. 17. 3; 20. 5. La. 1. 10; 2. 16.
11 *set it.* Je. 21. 10; 32. 29; 37. 10; 38. 18; 39. 8; 52. 13. *that the filthiness.* ch. 20. 38; 22. 15, etc.; 23. 26, 27, 47, 48; 36. 25. Is. 1. 25; 4. 4; 27. 9. Mi. 5. 11-14. Zec. 13. 1, 2, 8, 9. Mal. 4. 1. Mat. 3. 12. 1 Co. 3. 12, 13. The *pot* was Jerusalem; the *flesh*, the inhabitants in general: *every good piece, the thigh and the shoulder*, Zedekiah, his family, and princes; the *bones*, the soldiers; the *fire* and *water*, the calamities they were to suffer; and the *setting on* of the pot, the commencement of the siege.
12 *wearied.* Is. 47. 13; 57. 9, 10. Je. 2. 13; 9. 5; 10. 14, 15; 51. 58. Ho. 12. 1. Hab. 2. 13, 18, 19. *her great.* ver. 6, 13. Ge. 6. 5-7; 8. 21. Is. 1. 5. Je. 5. 3; 44. 16, 17. Da. 9. 13, 14. *her scum.* The pot being polluted with the scum, must be heated, melted, and even burned with fire till purified; that is, Jerusalem shall be entirely levelled with the ground, as nothing short of this will purify it from the relics of its idolatrous abominations.
13 *thy filthiness.* ver. 11; ch. 23. 36-48. 2 Co. 7. 1. *because.* ch. 22. 24. 2 Ch. 36. 14-16. Is. 5. 4-6; 9. 13-17. Je. 6. 28-30; 25. 3-7; 31. 18. Ho. 7. 1, 9-16. Am. 4. 6-12. Zep. 3. 2, 7. Mat. 23. 37, 38. Lu. 13. 7-9. Re. 22. 11. *till I.* ch. 5. 13; 8. 18; 16. 42. Ro. 2. 8, 9.
14 *the Lord.* Nu. 23. 19. 1 Sa. 15. 29. Ps. 33. 9. Is. 55. 11. Je. 23. 20. Mat. 24. 35. *neither will I spare.* ch. 5. 11; 7. 4, 9; 8. 18; 9. 10. Je. 13. 14. *according to thy ways.* ch. 16. 43; 18. 30; 22. 31; 23. 24, 29. Is. 3. 11. Je. 4. 18. Mat. 16. 27. Ro. 2. 5, 6.
16 *the desire.* ver. 18, 21, 25. Pr. 5. 19. Ca. 7. 10. *with a.* Job 36. 18. *yet.* ver. 21-24. Le. 10. 2, 3. Je. 22. 10, 18. 1 Th. 4. 13. *thy tears.* Je. 9. 1, 18; 13. 17. La. 2. 18. *run. Heb.* go.
17 *Forbear to cry. Heb.* Be silent. Ps. 37. 7, marg.; 39. 9; 46. 10. Am. 8. 3. Hab. 2. 20. *make.* Je. 16. 4-7. *bind.* ver. 23. Le. 10. 6; 21. 10. *put.* 2 Sa. 15. 30. *cover.* ver. 22. Le. 13. 45. Mi. 3. 7. *lips. Heb.* upper lip, and so ver. 22. *eat.* Ho. 9. 4. *the bread of men. Lechem anoshim*, not 'the bread of mourners,' as some render, but 'the bread of *other* men,' *i.e.* such as was commonly sent to mourners on such occasions by their friends. See on Je. 16. 7.
18 *and at.* 1 Co. 7. 29, 30.
19 ch. 12. 9; 17. 12; 20. 49; 21. 7; 37. 18. Mal. 3. 7, 8, 13.
21 *I will.* ch. 7. 20-22; 9. 7. Ps. 74. 7; 79. 1. Is. 65. 11. Je. 7. 14. La. 1. 10; 2. 6, 7. Da. 11. 31. Ac. 6. 13, 14. *the excellency.* Ps. 96. 6; 105. 4; 132. 8. *the desire.* ver. 16. Ps. 27. 4; 84. 1. *that which your soul pitieth. Heb.* the pity of your soul. *your sons.* ch. 23. 25, 47. Je. 6. 11; 9. 21; 16. 3, 4.
22 ver. 16, 17. Job 27. 15. Ps. 78. 64. Je. 16. 4-7; 47. 3. Am. 6. 9, 10.
23 *but.* ch. 4. 17; 33. 10. Le. 26. 39. *and mourn.* Is. 59. 11.
24 *Ezekiel.* ch. 4. 3; 12. 6, 11. Is. 8. 18; 20. 3. Ho. 1. 2, etc.; 3. 1-4. Lu. 11. 29, 30. *when.* 1 Sa. 10. 2-7. Je. 17. 15. Lu. 21. 13. Jno. 13. 19; 14. 29; 16. 4. *ye shall.* ch. 6. 7; 7. 9, 27; 17. 24; 25. 5, 7, 11, 14, 17.
25 *their strength.* ver. 21. Ps. 48. 2; 50. 2; 122. 1-9. Je. 7. 4. *that whereupon they set their minds. Heb.* the lifting up of their soul. *their sons.* De. 28. 32. Je. 11. 22; 52. 10.
26 ch. 33. 21, 22. 1 Sa. 4. 12-18. Job 1. 15-19.
27 *thy.* ch. 3. 26, 27; 29. 21; 33. 22. Ex. 6. 11, 12. Ps. 51. 15. Lu. 21. 15. Ep. 6. 19. *shalt be.* ver. 24.

## CHAP. XXV.

*God's vengeance, for their insolency against the Jews, upon the Ammonites, 1-7; upon Moab and Seir, 8-11; upon Edom, 12-14; and upon the Philistines, 15-17.*

2 *thy face.* ch. 6. 2; 20. 46; 21. 2; 35. 2. *the Ammonites.* ch. 21. 28-32. Ge. 19. 38. Je. 9. 25, 26; 25. 21, 27; 27. 3; 49. 1-6. Am. 1. 13-15. Zep. 2. 8-11.
3 *thou saidst.* ver. 6, 8; ch. 26. 2, etc.; 35. 10-15; 36. 2. Ps. 70. 2, 3. Pr. 17. 5; 24. 17, 18. La. 2. 21, 22; 4. 21. Mi. 7. 8.
4 *men. Heb.* children. Ju. 6. 3, 33; 7. 12; 8. 10. 1 Ki. 4. 30. Josephus expressly states, that five years after the destruction of Jerusalem, Nebuchadnezzar turned his arms against the *Ammonites* and *Moabites*, and entirely subjugated them; and it is probable, that the Arabs, and other nations *east* of Judah, then took possession of their cities, and enjoyed the fruits of their land. The country of Moab and Ammon is now inhabited by the Bedouin Arabs; where they pasture their flocks, and, no doubt, make the ruins of *Rabbah*, their once proud capital, 'a stable for camels,' and other cattle. See Note on 2 Sa. 12. 26. *of the east.* Ge. 29. 1. Nu. 23. 7. Is. 41. 2. *they shall eat.* Le. 26. 16. De. 28. 33, 51. Ju. 6. 3-6. Is. 1. 7; 62. 8, 9; 65. 22.
5 *Rabbah.* ch. 21. 20, Rabbath. 2 Sa. 12. 26. *a stable.* Is. 17. 2; 32. 14. Zep. 2. 14, 15. *and ye.* ver. 8; ch. 24. 24; 26. 6; 30. 8; 35. 9; 38. 23. Ps. 83. 18. Is. 37. 20.
6 *thou hast.* Job 27. 23; 34. 37. Je. 48. 27. La. 2. 15. Na. 3. 19. Zep. 2. 15. *hands. Heb.* hand. *stamped.* ch. 6. 11. *feet. Heb.* foot. *rejoiced.* ver. 15; ch. 35. 15; 36. 5. Ne. 4. 3, 4, marg. Pr. 24. 17. Ob. 12. Zep. 2. 8, 10. *heart. Heb.* soul.
7 *I will stretch.* ver. 13, 16; ch. 14. 9; 35. 3. Zep. 1. 4. *and will.* Je. 49. 2. Am. 1. 14. *a spoil. or,* meat.
8 *Moab.* Nu. 24. 17. Ps. 83. 4-8. Is. ch. 15; 16; 25. 10. Je. 25. 21; ch. 48. Am. 2. 1-3. Zep. 2. 8-11. *Seir.* ver. 12-14; ch. 35. De. 2. 5. Is. ch. 34; 63. 1-6. Je. 27. 3; 49. 7-22. Am. 2. 11, 12. Ob. 1, etc. *the house.* Is. 10. 9-11; 36. 18-20.
9 *side. or,* shoulder. *Beth-jeshimoth.* Jos. 13. 20. *Baal-meon.* Nu. 32. 37, 38. Jos. 13. 17, 19. Je. 48. 23.
10 *the men.* ver. 4. *with the Ammonites. or,* against the children of Ammon. ver. 2-7. *may.* ch. 21. 32. Ps. 83. 3-6. Is. 23. 16.
11 *I will.* ver. 17; ch. 5. 8, 10, 15; 11. 9; 16. 41; 30. 14, 19; 39. 21. Ps. 9. 16; 149. 7. Jude 15. *upon.* Je. 9. 25, 26; 25. 21; ch. 48. *and they.* ver. 5; ch. 35. 15.
12 *Because.* ver. 8; ch. 35. 2 Ch. 28. 17, 18. Ps. 137. 7. Je. 49. 7, etc. *taking vengeance. Heb.* revenging, revengement. Ge. 27. 41, 42. Am. 1. 11, 12. Ob. 10-16.
13 *I will also.* ver. 7, 16. Is. ch. 34; 63. 1-6. La. 4. 21, 22. Mal. 1. 3, 4. *and will.* ch. 14. 8, 13, 17, 19-21; 29. 8. Ge. 6. 7. Je. 7. 20. *Teman.* Ge. 36. 11. Je. 49. 7, 20. Ob. 9. Hab. 3. 3. *of Dedan shall fall by the sword. or,* shall fall by the sword unto Dedan. Je. 25. 23; 49. 8.
14 *by the hand.* This was fulfilled by the Maccabees, who not only entirely subjugated them, but obliged them to receive circumcision. Ge. 27. 29. Is. 11. 14; 63. 1, etc. Je. 49. 2. *and they shall know.* De. 32. 35, 36. Ps. 58. 10, 11. Na. 1. 2-4. He. 10. 30, 31. Re. 6. 16, 17
15 *Because.* ver. 6, 12. Is. 14. 29-31. Je. 25. 20; ch. 47. Joel 3. 4, etc. Am. 1. 6-8. Zep. 2. 4-7. Zec. 9. 5-8. *dealt.* 2 Ch. 28. 18. Ps. 83. 7. Is. 9. 12. *to destroy.* Ju. ch. 14-16. 1 Sa. ch. 4-6; 13; 14; 17; 21. 2 Sa. ch. 8. 1 Ch. 7. 21. *for the old hatred. or,* with perpetual hatred.
16 *I will stretch.* These predictions against the Philistines, Edomites, and others, seem to have been fulfilled by Nebuchadnezzar during the siege of Tyre. Berosus states that he subdued Syria, Arabia, Phœnicia, and Egypt; and now their very names have no existence, except in history. ver. 7, 13. *Cherethims.* 1 Sa. 30. 14. 2 Sa. 15. 18. Zep. 2. 4, 5, etc., Cherethites. *and destroy.* Je. 47. 4. *sea coasts. or,* haven of the sea.
17 *I will.* ver. 11; ch. 5. 15. *vengeance. Heb* vengeances. *they shall.* ver. 5, 11, 14; ch. 6. 7. Ps 9. 16.

## CHAP. XXVI.

*Tyrus, for insulting against Jerusalem, is threatened with destruction, 1-6. The power of Nebuchadrezzar against her, 7-14. The mourning and astonishment of the sea at her fall, 15-21.*

1 ch. 1. 2; 8. 1; 20. 1. Je. 39. 2.

2 *Tyrus.* ch. 27; 28. Jos. 19. 29. Ps. 83. 7. Is. ch. 23. Je. 25. 22; 27. 3; 47. 4. Joel 3. 4. Am. 1. 9, 10. Zec. 9. 2-4. *Aha.* ch. 25. 2, 3, 6; 36. 2. Ps. 35. 21; 40. 15; 70. 3; 83. 2-4. *the gates.* La. 1. 1. Ac. 2. 5-10. *she is.* ch. 35. 10. Je. 49. 1.

3 *Behold.* These verses (3-6) contain a summary prediction of what befel both the continental and insular Tyre, during a long succession of ages. The former was totally destroyed by Nebuchadnezzar, after a siege of thirteen years, B.C. 573; and the latter, which arose out of its ruins, after seventy years recovered its ancient wealth and splendour, as foretold by Isaiah, (ch. 23. 15-17.) After it was taken and burnt by Alexander, B.C. 332, it speedily recovered its strength and dignity, and nineteen years afterwards withstood both the fleets and armies of Antigonus. Agreeably to the prophetic declarations, (Ps. 45. 12; 72. 10. Is. 23. 18. Zec. 9. 1-7,) it was early converted to Christianity; and after being successively taken by the Saracens, Christians, Mamalukes, and Turks, in whose hands it still remains, it became 'a place for the spreading of nets.' *I am.* ch. 5. 8; 21. 3; 28. 22; 38. 3. Je. 21. 13; 50. 31. Na. 2. 13. *many.* Mi. 4. 11. Zec. 14. 2. *as the sea.* ch. 27. 26, 32-34. Ps. 93. 3, 4; 107. 25. Is. 5. 30. Je. 6. 23; 51. 42. Lu. 21. 25.

4 *destroy.* ver. 9. Is. 23. 11. Je. 5. 10. Am. 1. 10. Zec. 9. 3. *I.* ver. 12. Le. 14. 41-45. *make.* ch. 24. 7, 8.

5 *the spreading.* ver. 14, 19; ch. 27. 32; 47. 10. *and it.* ch. 25. 7; 29. 19.

6 *her daughters.* ver. 8; ch. 16. 46, 48. Je. 49. 2. *and they.* ch. 25. 5, 7, 11, 14, 17.

7 *I will.* ver. 3; ch. 28. 7; 29. 18-20; 30. 10, 11; 32. 11, 12. Je. 25. 9, 22; 27. 3-6. *a king.* ch. 17. 14. Ezr. 7. 12. Is. 10. 8. Je. 52. 32. Da. 2. 37, 47. Ho. 8. 10. *with horses.* ver. 10, 11; ch. 23. 24. Je. 4. 13; 6. 23. Na. 2. 3, 4; 3. 2, 3.

8 *he shall make.* ch. 21. 22. 2 Sa. 20. 15. Je. 52. 4. *cast a mount. or,* pour out the engine of shot. Je. 6. 6; 32. 24, marg.

9 2 Ch. 26. 15.

10 *the abundance.* ver. 7. Je. 47. 3. *shake.* ver. 15; ch. 27. 28. Na. 2. 3, 4. *enter.* Jos. 6. 5, 20. *as men enter into a city wherein is made a breach. Heb.* according to the enterings of a city broken up.

11 *hoofs.* Is. 5. 28. Je. 51. 27. Hab. 1. 8. *thy.* Is. 26. 5.

12 *make a spoil.* ver. 5. Mat. 6. 19, 20. *thy merchandise.* ch. 27. 3-36. Is. 23. 8, 11, 17, 18. Zec. 9. 3, 4. Re. 18. 11-13. *thy pleasant houses. Heb.* houses of thy desire. 2 Ch. 32. 27; 36. 10. Is. 32. 12. Je. 25. 34. Da. 11. 8. Ho. 13. 15. Am. 5. 11. Na. 2. 9. Zec. 7. 14, margins. *they shall lay.* The ruins of old Tyre contributed much to the taking of the new city; for with the stones, timber, and rubbish, Alexander built a bank, or causeway, from the continent to the island, thereby literally fulfilling the words of the prophet.

13 ch. 28. 13. Is. 14. 11; 22. 2; 23. 7, 16; 24. 8, 9. Je. 7. 34; 16. 9; 25. 10. Ho. 2. 11. Am. 6. 4-7. Ja. 5. 1-5. Re. 18. 22, 23.

14 *I will.* Old Tyre was never rebuilt after its destruction by Nebuchadnezzar; and there are now no traces left to mark its site. The new city, when visited by MAUNDRELL, BRUCE, and other travellers, was literally 'a place for fishers to dry their nets on.' *like.* ver. 4, 5, 12. *be built.* De. 13. 16. Job 12. 14. Mal. 1. 4. *for I.* ch. 5. 13, 15, 17; 17. 21-24; 21. 32; 22. 14; 30. 12. Nu. 23. 19. Job 40. 8. Is. 14. 27. Mat. 24. 35.

15 *shake.* ver. 18; ch. 27. 28, 35; 31. 16; 32. 10. Is. 2. 19. Je. 49. 21. He. 12. 26, 27.

16 *all the princes.* ch. 27. 29-36; 32. 21-32. Is. 14. 9-13; 23. 1-8. Re. 18. 11-19. *come.* Ex. 33. 4, 5. Job 2. 12. Jon. 3. 6. *clothe.* ch. 7. 8. Job 8. 22. Ps. 35. 26; 109. 18, 29; 132. 18. 1 Pe. 5. 5. *trembling. Heb.* tremblings. *sit.* Job 2. 13. Is. 3. 26; 47. 1; 52. 2. La. 2. 10. *tremble.* ch. 32. 10. Ex. 15. 15. Da. 5. 6. Ho. 11. 10. Re. 18. 15. *be astonished.* ch. 27. 35.

17 *take.* ch. 19. 1, 14; 27. 2, 32; 28. 12, etc.; 32. 2, 16. Je. 6. 26; 7. 29; 9. 20. Mi. 2. 4. *How art.* 2 Sa. 1. 19, 25-27. Is. 14. 12. La. 1. 1. Joel 1. 18. Ob. 5. Zep. 2. 15. Re. 18. 9, 10, 16-19. *seafaring men. Heb.* the seas. *strong.* ch. 27. 3, etc.; 28. 2, etc. Jos. 19. 29. Is. 23. 4, 8.

18 *the isles tremble.* ver. 15; ch. 27. 28-30. *at thy.* Is. 23. 5-7, 10-12.

19 *bring.* ver. 3. Is. 8. 7, 8. Da. 9. 26; 11. 40. Re. 17. 15.

20 *I shall bring.* ch. 32. 18-32, 34. Nu. 16. 30, 33. Ps. 28. 1. Is. 14. 11-19. Lu. 10. 15. *in places.* Job 30. 3-6. Ps. 88. 3-6. Is. 59. 10. La. 3. 6. *and I shall set.* ch. 28. 25, 26; 39. 7, 25-29. Is. 4. 5. Zec. 2. 8. *in the land.* ch. 32. 23, 26, 27, 32. Ps. 27. 13.

21 *a terror. Heb.* terrors. ver. 15, 16; ch. 27. 36; 28. 19. *though.* ver. 14. Ps. 37. 36. Je. 51. 64. Re. 18. 21.

## CHAP. XXVII.

*The riches and commerce of Tyrus, 1-25. The great and irrecoverable fall thereof, 26-36.*

2 ver. 32; ch. 19. 1; 26. 17; 28. 12; 32. 2. Je. 7. 20; 9. 10, 17-20. Am. 5. 1, 16.

3 *O thou.* Tyre was situated in the Mediterranean, at the nearest *entrance* to it from the interior and eastern part of Asia. ver. 4, 25; ch. 26. 17; 28. 2, 3. Is. 23. 2. *a merchant.* ver. 12, etc. Is. 23. 3, 8, 11. Re. 18. 3, 11-15. *I am.* ver. 4, 10, 11; ch. 28. 12-17. Ps. 50. 2. Is. 23. 9. *of perfect beauty. Heb.* perfect of beauty.

4 *midst. Heb.* heart. ch. 26. 5.

5 *made. Heb.* built. *of Senir.* De. 3. 9. Ca. 4. 8, Shenir. *cedars.* 1 Ki. 5. 1, 6. Ps. 29. 5; 92. 12; 104. 16. Is. 14. 8.

6 *the oaks.* Is. 2. 13. Zec. 11. 2. *the company,* etc. *or,* they have made thy hatches of ivory well trodden. Rather, 'thy benches have they made of ivory inlaid with box, from the isles of Chittim.' Vulgate, *de insulis Italiæ,* 'from the islands of Italy,' which were always famous for *box-trees. company. Heb.* daughters. *the isles.* Ge. 10. 4, Kittim. Nu. 24. 24. Je. 2. 10.

7 *linen.* 1 Ki. 10. 28. Pr. 7. 16. Is. 19. 9. *blue and purple. or,* purple and scarlet. Ex. 25. 4. Je. 10. 9. *Elishah. Elis,* part of the Peloponnesus, extending along the western coast, west of Arcadia, north of Messenia, and south of Achaia. Ge. 10. 4. 1 Ch. 1. 7.

8 *Zidon.* Ge. 10. 15, Sidon; 49. 13. Jos. 11. 8. *Arvad.* ver. 11. Ge. 10. 18. Is. 10. 9. Je. 49. 23. *wise.* ver. 28. 1 Ki. 5. 6; 9. 27. 2 Ch. 2. 13, 14.

9 *Gebal.* Jos. 13. 5. 1 Ki. 5. 18, marg. Ps. 83. 7. *calkers. or,* stoppers of chinks. *Heb.* strengtheners. ver. 27.

10 *Persia.* ch. 38. 5. Da. 5. 28. *of Lud.* ch. 30. 5. Ge. 10. 6, 13, 22. 1 Ch. 1. 8, 11, 17. Is. 66. 19. Je. 46. 9. Na. 3. 9. *they hanged.* ver. 11. Ca. 4. 4.

11 *of Arvad.* ver. 8. *they have.* ver. 3, 4.

12 ch. 38. 13. Ge. 10. 4. 1 Ki. 10. 22; 22. 48. 2 Ch. 20. 36, 37. Ps. 72. 10. Is. 2. 16; 23. 6, 10, 14; 60. 9. Je. 10. 9. Jon. 1. 3.

13 *Javan.* Ge. 10. 2, 4. 1 Ch. 1. 5, 7. Is. 66. 19. Da. 8. 21; 10. 20; 11. 2. *Tubal.* ch. 32. 26; 38. 2, 3; 39. 1. Ge. 10. 2. 1 Ch. 1. 5. *the persons.* Joel 3. 3. Re. 18. 13. *market. or,* merchandise.

14 *Togarmah.* ch. 38. 6. Ge. 10. 3. 1 Ch. 1. 6.

15 *Dedan.* ver. 20. Ge. 10. 7; 25. 3. 1 Ch. 1. 9, 32. Je. 25. 23; 49. 8. *of ivory.* 1 Ki. 10. 22. Re. 18. 12.

16 *Syria.* Ge. 10. 22, Aram; 28. 5. Ju. 10. 6. 2 Sa. 8. 5; 10. 6; 15. 8. Is. 7. 2. *the wares of thy making. Heb.* thy works. *agate. or,* chrysoprase.

17 *wheat.* De. 8. 8; 32. 14. 1 Ki. 5. 9. 2 Ch. 2. 10. Ezr. 3. 7. Ac. 12. 20. *Minnith.* Ju. 11. 33. *balm.* or, rosin. Ge. 43. 11. Je. 8. 22.

18 *Damascus.* Ge. 15. 2. 1 Ki. 11. 24, 25. Is. 7. 8. Ac. 9. 2. *Helbon.* The *Chalybon* of the Greeks and Romans, now called by the natives *Haleb*, and by us *Aleppo*, said to have been so celebrated for its wine, that the Persian kings would drink no other. It was a celebrated city of Syria, situated about 90 miles from the Mediterranean by way of Antioch, and 100 from the Euphrates, in lat. 36° 11′ 25″ north, long. 37° 9′ east; and previous to its destruction by an earthquake in 1822, occupied, including its suburbs, eight small hills, with the intermediate valleys, comprehending a circuit of about seven miles; and its inhabitants were variously estimated at from 100,000 to 258,000 souls.

19 *Dan.* Ju. 18. 29. *going to and fro.* or, Meuzal. *cassia.* Ex. 30. 23, 24. Ps. 45. 8. Ca. 4. 13, 14.

20 *Dedan.* ver. 15. Ge. 25. 3. *precious clothes. Heb.* clothes of freedom.

21 *Arabia.* 1 Ki. 10. 15. Je. 25. 24. Ac. 2. 11. Ga. 4. 25. *Kedar.* Ge. 25. 13. 1 Ch. 1. 29. Ca. 1. 5. Is. 21. 16; 60. 7. *occupied with thee. Heb. were* the merchants of thy hand. *in lambs.* 2 Ch. 17. 11. Is. 60. 7.

22 *Sheba.* Ge. 10. 7. 1 Ki. 10. 1-13. 1 Ch. 1. 9. 2 Ch. 9. 1, etc. Ps. 72. 10, 15. Is. 60. 6.

23 *Haran.* Ge. 11. 31, 32; 12. 4. 2 Ki. 19. 12. Is. 37. 12. Ac. 7. 4, Charran. *Canneh.* Ge. 10. 10, 22, Calneh. Is. 10. 9, Calno. Am. 6. 2, Calneh. *Eden.* Ge. 2. 8. Am. 1. 5. *Sheba.* Ge. 25. 3. Job 1. 15. *Asshur.* ch. 32. 22. Nu. 24. 22. Ps. 83. 8. Is. 7. 18, 20.

24 *all sorts of things.* or, excellent things. *clothes. Heb.* foldings.

25 *ships.* 1 Ki. 10. 22. Ps. 48. 7. Is. 2. 16; 23. 14; 60. 9. *glorious.* ver. 4.

26 *rowers.* Is. 33. 23. *great.* ch. 26. 19. Ps. 93. 3, 4. Re. 17. 15. *the east.* ver. 34. Ps. 48. 7. Ac. 27. 14, 41. *midst. Heb.* heart.

27 *Thy riches.* In these beautiful and expressive figures, Tyre is represented as a ship at sea, wrecked through the mistakes of her pilots and rowers; that is, destroyed by Nebuchadnezzar, and afterwards by Alexander, in consequence of her rulers having pertinaciously resolved to withstand those haughty conquerors. This vast ship, laden with all kinds of valuable wares, being wrecked, all her valuables, sailors, officers, etc. went to the bottom. ver. 7-9, 12, 18, 19, 22, 24, 34; ch. 26. 12. Pr. 11. 4. Re. 18. 11, etc. *and in all.* or, even with all. *shall fall.* ch. 26. 14, 21. *midst. Heb.* heart. ver. 26.

28 *suburbs.* or, waves. *shake.* ver. 35; ch. 26. 10, 15-18; 31. 16. Ex. 15. 14. Na. 2. 3.

29 *all that handle.* Re. 18. 17, etc. *shall come.* ch. 26. 16; 32. 10.

30 *shall cause.* All that were on land, seeing this gallant ship perishing with all her men and goods, are here represented as setting up a dismal cry at the heart-rending sight. ver. 31, 32; ch. 26. 17. Is. 23. 1-6. Re. 18. 9-19. *cast.* 1 Sa. 4. 12. 2 Sa. 1. 2. Job 2. 12. La. 2. 10. Re. 18. 19. *they shall wallow.* Es. 4. 1-4. Job 2. 8; 42. 6. Je. 6. 26; 25. 34. Jon. 3. 6. Mi. 1. 10.

31 *they shall make.* ch. 7. 18. Le. 21. 5. De. 14. 1. Is. 15. 2; 22. 12. Je. 16. 6; 47. 5; 48. 37. Am. 8. 10. Mi. 1. 16. *they shall weep.* Is. 16. 9; 22. 4. Mi. 1. 8.

32 *take up.* ver. 2; ch. 26. 17. *What city.* La. 1. 12; 2. 13. Re. 18. 18. *the destroyed.* ver. 26; ch. 26. 4, 5.

33 *thy wares.* ver. 3, 12, etc. Is. 23. 3-8. Re. 18. 3, 12-15, 19. *with the.* ver. 27; ch. 28. 16.

34 ver. 26, 27; ch. 26. 12-15, 19-21. Zec. 9. 3, 4.

35 *the inhabitants.* ch. 26. 15-18. Is. 23. 6. *their kings.* ch. 28. 17-19; 32. 10. Re. 18. 9, 10.

36 *hiss.* ch. 26. 2. 1 Ki. 9. 8. Je. 18. 16; 19. 8. La. 2. 15. Zep. 2. 15. *thou shalt.* ch. 26. 14, 21. *a terror. Heb.* terrors. *never shalt be any more. Heb. shalt not be* for ever. Ps. 37. 10, 36.

## CHAP. XXVIII.

*God's judgment upon the prince of Tyrus for his sacrilegious pride,* 1-10. *A lamentation of his great glory corrupted by sin,* 11-19. *The judgment of Zidon,* 20-23. *The restoration of Israel,* 24-26.

2 *the prince.* JOSEPHUS states, on the authority of MENANDER, who translated the Phœnician annals into Greek, and PHILOSTRATUS, that this prince was Ithobal. *Because.* ver. 5, 17; ch. 31. 10. De. 8. 14. 2 Ch. 26. 16. Pr. 16. 18; 18. 12. Is. 2. 12. Da. 5. 22, 23. Hab. 2. 4. 1 Ti. 3. 6. 1 Pe. 5. 5. *I am.* ver. 6, 9. Ge. 3. 5. Ac. 12. 22, 23. Re. 17. 3. *I sit.* ver. 12-14. Is. 14. 13, 14. Da. 4. 30, 31. 2 Th. 2. 4. *in the midst. Heb.* in the heart. ch. 27. 3, 4, 26, 27, marg. *yet.* ver. 9. Ps. 9. 20; 72. 6, 7. Is. 31. 3. *thou set.* ver. 6. 2 Th. 2. 4.

3 *thou art.* Da. 1. 20; 2. 48; 5. 11, 12. Zec. 9. 2, 3. *no secret.* 1 Ki. 4. 29-32; 10. 3. Job 15. 8. Ps. 25. 14. Da. 2. 22, 27, 28, 47; 5. 12.

4 ch. 29. 3. De. 8. 17, 18. Pr. 18. 11; 23. 4, 5. Ec. 9. 11. Hab. 1. 16. Zec. 9. 2-4.

5 *thy great wisdom. Heb.* the greatness of thy wisdom. Pr. 26. 12. Is. 5. 21. Ro. 12. 16. *and by.* ch. 27. 12, etc. Ps. 62. 10. Is. 23. 3, 8. Ho. 12. 7, 8. Zec. 9. 3. Ja. 4. 13, 14. *and thine.* ver. 2; ch. 16. 49. De. 6. 11, 12; 8. 13, 14. 2 Ch. 25. 19; 32. 23-25. Job 31. 24, 25. Ps. 52. 7; 62. 10. Pr. 11. 28; 30. 9. Is. 10. 8-14. Da. 4. 30, 37. Ho. 13. 6. Lu. 12. 16-21. 1 Ti. 6. 17.

6 *Because.* ver. 2. Ex. 9. 17. Job 9. 4; 40. 9-12. 1 Co. 10. 22. 2 Th. 2. 4. Ja. 1. 11.

7 *I will.* ch. 26. 7-14. Is. 23. 8, 9. Am. 3. 6. *the terrible.* ch. 30. 11; 31. 12; 32. 12. De. 28. 49, 50. Is. 25. 3, 4. Da. 7. 7. Hab. 1. 6-8. *defile.* ver. 15-17.

8 *shall bring.* ch. 32. 18-30. Job 17. 16; 33. 18, 28. Ps. 28. 1; 30. 9; 55. 15; 88. 4, 5. Pr. 1. 12; 28. 17. Is. 38. 17. *are slain.* ch. 27. 26, 27, 34.

9 *say.* ver. 2. Da. 4. 31, 32; 5. 23-30. Ac. 12. 22, 23. *thou shalt.* Ps. 82. 7. Is. 31. 3. *slayeth.* or, woundeth.

10 *the deaths.* ch. 31. 18; 32. 19, 21, 24-30; 44. 7, 9. Le. 26. 41. 1 Sa. 17. 26, 36. Je. 6. 10; 9. 25, 26. Jno. 8. 24. Ac. 7. 51. Phi. 3. 3. *by the.* ver. 7; ch. 11. 9. Je. 25. 9.

12 *take up.* ver. 2; ch. 19. 1, 14; 26. 17; 27. 2, 32; 32. 2, 16. 2 Ch. 35. 25. Is. 14. 4. Je. 9. 17-20. *Thou sealest.* ver. 2-5; ch. 27. 3, 4. Ro. 15. 28. 2 Co. 1. 22. *full.* Pr. 21. 30. Is. 10. 13. Je. 9. 23. Lu. 2. 40. Ac. 6. 3. 1 Co. 1. 19, 20; 3. 19. Col. 1. 9; 2. 3. Ja. 3. 13-18.

13 *in Eden.* ch. 31. 8, 9; 36. 35. Ge. 2. 8; 3. 23, 24; 13. 10. Is. 51. 3. Joel 2. 3. Re. 2. 7. *every.* ch. 27. 16, 22. Ge. 2. 11, 12. Ex. 28. 17-20; 39. 10-21. Is. 54. 11, 12. Re. 17. 4; 21. 19, 20. *sardius.* or, ruby. *beryl.* or, chrysolite. *emerald.* or, chrysoprase. *the workmanship.* ch. 26. 13. Is. 14. 11; 23. 16; 30. 32. *thou wast.* ver. 15; ch. 21. 30.

14 *the anointed.* ver. 16. Ex. 25. 17-20; 30. 26; 40. 9. *and I.* Ex. 9. 16. Ps. 75. 5-7. Is. 10. 6, 15; 37. 26, 27. Da. 2. 37, 38; 4. 35; 5. 18-23. Jno. 11. 51. Ro. 9. 17. *upon.* ver. 2, 16; ch. 20. 40. Is. 14. 12-15. 2 Th. 2. 4. *the stones.* ver. 13, 17. Re. 18. 16.

15 *perfect.* ver. 3-6, 12; ch. 27. 3, 4. *till iniquity.* ver. 17, 18. Ge. 1. 26, 27, 31; 6. 5, 6. Pr. 14. 34. Ec. 7. 29. Is. 14. 12. La. 5. 16. Ro. 7. 9. 2 Pe. 2. 4.

16 *the multitude.* ch. 27. 12, etc. Is. 23. 17, 18. Ho. 12. 7. Lu. 19. 45, 46. Jno. 2. 16. 1 Ti. 6. 9, 10. *filled.* ch. 8. 17. Ge. 6. 11. Am. 3. 9. Mi. 2. 2; 6. 12. Hab. 2. 8, 17. Zep. 1. 9. *therefore.* Ge. 3. 24. Le. 18. 24-28. Is. 22. 19; 23. 9. Mi. 2. 10. 2 Pe. 2. 4-6. Re. 12. 9. *O covering.* ver. 14.

17 *heart.* ver. 2, 5; ch. 16. 14, 15; 31. 10. Pr. 11. 2; 16. 18. Lu. 14. 11. Ja. 4. 6. *thou hast.* Is. 19. 11-13. Je. 8. 9. Ro. 1. 22-25. 1 Co. 1. 19-21. *I will cast.* Job 40. 11, 12. Ps. 73. 18; 147. 6. *I will lay.* ch. 16. 41; 23. 48; 32. 10. Is. 14. 9-11.

18 *defiled.* ver. 2, 13, 14, 16. *by the iniquity.* Mar. 8. 36. *therefore.* ch. 5. 4. Ju. 9. 15, 20. Am. 1. 9

10, 14; 2. 2, 5. Re. 18. 8. *I will bring.* Mal. 4. 3. 2 Pe. 2. 6.

19 *they.* ch. 27. 35, 36. Ps. 76. 12. Is. 14. 16-19. Re. 18. 9, 10, 15-19. *thou shalt.* ch. 26. 14, 21; 27. 36. Je. 51. 63, 64. Re. 18. 21. *a terror. Heb.* terrors.

21 *set.* ch. 6. 2; 25. 2; 29. 2. *Zidon.* Tyre was a colony of the Zidonians, (see on Is. 23. 12;) and consequently *Zidon* was a more ancient, though a less considerable city than Tyre; and it is probable that it was taken by the Chaldeans soon after the destruction of the latter. It was afterwards burnt to the ground by the inhabitants, to prevent it falling into the hands of Ochus. ch. 27. 8; 32. 30. Ge. 10. 15, Sidon. Is. 23. 2-4, 12. Je. 25. 22; 27. 3; 47. 4. Joel 3. 4-8. Zec. 9. 2.

22 *I am against.* ch. 5. 8; 21. 3; 26. 3; 29. 3, 10; 38. 3; 39. 1-3. Je. 21. 13; 50. 31. Na. 1. 6; 2. 13; 3. 5. *I will.* ver. 25; ch. 39. 13. Ex. 9. 16; 14. 4, 17; 15. 21. Le. 10. 3. 1 Sa. 17. 45-47. Ps. 9. 16; 21. 12, 13; 83. 17. Is. 5. 15, 16; 37. 20. Re. 19. 1, 2. *shall be.* ch. 20. 41; 36. 23; 38. 23.

23 *I will send.* ch. 5. 12; 38. 22. Je. 15. 2. *and they shall.* ch. 25. 7, 11, 17; 26. 6.

24 *a pricking.* Nu. 33. 55. Jos. 23. 13. Ju. 2. 3. Is. 35. 9; 55. 13. Je. 12. 14. Mi. 7. 4. 2 Co. 12. 7. Re. 21. 4. *and they.* ver. 23. 26; ch. 36. 36-38; 39. 28.

25 *When.* ch. 11. 17; 20. 41; 34. 13; 36. 24; 37. 21; 39. 27. Le. 26. 44, 45. De. 30. 3, 4. Ps. 106. 47. Is. 11. 12, 13; 27. 12, 13. Je. 30. 18; 31. 8-10; 32. 37. Ho. 1. 11. Joel 3. 7. Am. 9. 14, 15. Ob. 17-21. Mi. 7. 11-14. Zep. 3. 19, 20. *be sanctified.* ver. 22; ch. 36. 23; 38. 23. Is. 5. 16. *then shall.* ch. 36. 28; 37. 25. Je. 23. 8; 27. 11. *to my.* Ge. 28. 13, 14.

26 *and they shall dwell.* ch. 34. 25-28; 38. 8. Le. 25. 18, 19. De. 12. 10. Je. 23. 6-8; 33. 16. Ho. 2. 18. Zec. 2. 4, 5. *safely. or,* with confidence. ch. 38. 11. 1 Ki. 4. 25. Pr. 14. 26. *build.* Is. 65. 21, 22. Je. 29. 5, 6, 28; 31. 4, 5; 32. 15. Am. 9. 13, 14. *when I.* ver. 24; ch. 25-32; 35. Is. ch. 13-21. Je. ch. 46-51. Zec. 1. 15. *despise. or,* spoil. ch. 39. 10. Is. 17. 14; 33. 1. Je. 30. 16. La. 1. 8. Hab. 2. 8. Zep. 2. 8, 9. *and they.* ver. 22, 24; ch. 34. 40; 36. 22, 23. Ex. 29. 46.

## CHAP. XXIX.

*The judgment of Pharaoh for his treachery to Israel,* 1-7. *The desolation of Egypt,* 8-12. *The restoration thereof after forty years,* 13-16. *Egypt the reward of Nebuchadrezzar,* 17-20. *Israel shall be restored,* 21.

1 A.M. 3415. B.C. 589. ver. 17; ch. 1. 2; 8. 1; 20. 1; 26. 1; 40. 1.

2 *set.* ch. 6. 2; 20. 46; 21. 2; 25. 2; 28. 21, 22. *Pharaoh.* This was *Pharaoh-hophra*, or *Apries*, who, HERODOTUS informs us, agreeably to the character given him by the prophet, 'proudly and wickedly boasted of having established his kingdom so securely, that it was not in the power of any God to dispossess him of it.' Je. 44. 30. *against all.* ch. 30-32. Is. ch. 18; 19. 1-17; ch. 20. Je. 9. 25, 26; 25. 18, 19; 43. 8-13; 46. 2-16. Joel 3. 19. Zec. 14. 18, 19.

3 *I am.* ver. 10; ch. 28. 22. Ps. 76. 7. Je. 44. 30. Na. 1. 6. *the great.* ch. 32. 2. Ps. 74. 13, 14. Is. 27. 1; 51. 9. Re. 12. 3, 4, 16, 17; 13. 2, 4, 11; 16. 13; 20. 2. *My river.* ver. 9; ch. 28. 2. De. 8. 17. Is. 10. 13, 14. Da. 4. 30, 31.

4 *I will put.* ch. 38. 4. 2 Ki. 19. 28. Job 41. 1, 2. Is. 37. 29. Am. 4. 2. *the fish.* Hab. 1. 14, 15.

5 *I will leave.* ch. 31. 18; 32. 4-6; 39. 4-6, 11-20. Ps. 110. 5, 6. Je. 8. 2; 16. 4; 25. 33. *open fields. Heb.* face of the field. *I have.* 1 Sa. 17. 44. Ps. 74. 14. Je. 7. 33; 34. 20. Re. 19. 17, 18.

6 *know.* ch. 28. 22-24, 26. Ex. 9. 14; 14. 18. *a staff.* 2 Ki. 18. 21. Is. 20. 5, 6; 30. 2-7; 31. 1-3; 36. 6. Je. 2. 36. La. 4. 17.

7 *they took.* ch. 17. 15-17. Je. 37. 5-11. *thou didst.* Ps. 118. 8, 9; 146. 3, 4. Pr. 25. 19. Je. 17. 5, 6.

8 *I will.* ver. 19, 20; ch. 14. 17; 30. 4, 10. Je. 46. 13, etc. *cut.* ch. 25. 13; 32. 10-13. Ge. 6. 7. Ex. 12. 12. Je. 7. 20; 32. 43.

9 *the land.* ver. 10-12; ch. 30. 7, 13-17. Je. 43. 10-13. *because.* ver. 3. Pr. 16. 18; 18. 12; 29. 23.

10 *I will.* ver. 11; ch. 30. 12. Hab. 3. 8. *utterly waste. Heb.* wastes of waste. *from the tower of.* from Migdol to. ch. 30. 6-9. Ex. 14. 2. Je. 44. 1; 46. 14. *Syene. Heb.* Seveneh. Now *Essuan*, situated at the southern extremity of Egypt, (as *Migdol* was at the northern,) on the confines of Ethiopia, near the tropic of Cancer, and about lat. 24° N. long. 32° E.

11 *foot of man.* ch. 30. 10-13; 31. 12; 32. 13; 33. 28; 36. 28. Je. 43. 11, 12. *forty.* 2 Ch. 36. 21. Is. 23. 15, 17. Je. 25. 11, 12; 29. 10. Da. 9. 2.

12 *desolate in.* ch. 30. 7. Je. 25. 15-19; 27. 6-11. *and I will scatter.* We learn from BEROSUS that Nebuchadnezzar sent several captive Egyptians to Babylon; and from MEGASTHENES, that he transplanted others to Pontus; and it is probable, that at the dissolution of the Babylonian empire, about forty years after, Cyrus permitted them to return to their native country. ch. 30. 23. Je. 46. 19.

13 *At the.* Is. 19. 22. Je. 46. 26.

14 *Pathros.* ch. 30. 14. Ge. 10. 14. 1 Ch. 1. 12, Pathrusim. Is. 11. 11. Je. 44. 1. *habitation. or,* birth. *base. Heb.* low.

15 *the basest.* ch. 17. 6, 14; 30. 13. Zec. 10. 11. *rule.* ch. 31. 2; 32. 2. Da. 11. 42, 43. Na. 3. 8, 9.

16 *the confidence.* ver. 6, 7; ch. 17. 15-17. Is. 20. 5; 30. 1-6; 31. 1-3; 36. 4-6. Je. 2. 18, 19, 36, 37; 37. 5-7. La. 4. 17. Ho. 5. 13; 7. 11; 12. 1; 14. 3. *bringeth.* ch. 21. 23. Nu. 5. 15. 1 Ki. 17. 18. Ps. 25. 7; 79. 8. Is. 64. 9. Je. 14. 10. Ho. 8. 13; 9. 9. He. 10. 3, 17. Re. 16. 19. *but.* ver. 6, 9, 21; ch. 28. 22-24, 26.

17 A.M. 3432. B.C. 572. ch. 50. 1, 2.

18 *Nebuchadrezzar.* ch. 26. 7-12. Je. 25. 9; 27. 6. *a great.* Nebuchadnezzar was thirteen years employed in the siege. During this long siege, the soldiers must have endured great hardships; their heads would become bald by constantly wearing their helmets; and their shoulders be peeled by carrying materials to form the works. *yet.* St. JEROME asserts, on the authority of the Assyrian histories, that when the Tyrians saw their city must fall, they put their most valuable effects on board their ships, and fled with them to the islands, and their colonies, 'so that, the city being taken, Nebuchadnezzar found nothing worthy of his labour.'

19 *I will.* ver. 8-10; ch. 30. 10-12. Je. 43. 10-13. *take her spoil, and take her prey. Heb.* spoil her spoil, and prey her prey.

20 *labour. or,* hire. *served.* 2 Ki. 10. 30. Is. 10. 6, 7; 45. 1-3. Je. 25. 9.

21 *I cause.* ch. 28. 25, 26. 1 Sa. 2. 10. Ps. 92. 10; 112. 9; 132. 17; 148. 14. Is. 27. 6. Je. 23. 5. Lu. 1. 69. *the opening.* ch. 3. 26; 24. 27; 33. 22. Ps. 51. 15. Am. 3. 7, 8. Lu. 21. 15. Col. 4. 3, 4. *they shall know.* ver. 6, 9, 16.

## CHAP. XXX.

*The desolation of Egypt and her helpers,* 1-19. *The arm of Babylon shall be strengthened to break the arm of Egypt,* 20-26.

2 *Howl.* ch. 21. 12. Is. 13. 6; 14. 31; 15. 2; 16. 7; 23. 1, 6; 65. 14. Je. 4. 8; 47. 2. Joel 1. 5, 11. Zep. 1. 11. Zec. 11. 2. Ja. 5. 1. Re. 18. 10.

3 *the day is.* ch. 7. 7, 12. Ps. 37. 13. Ob. 15. Joel 2. 1. Zep. 1. 7, 14. Mat. 24. 33. Phi. 4. 5. Ja. 5. 9. Re. 6. 17. *a cloudy.* ver. 18; ch. 32. 7; 34. 12. Ex. 14. 20, 24. Is. 19. 1. Joel 2. 1, 2. Am. 5. 16-20. *the time.* ch. 29. 12. Ps. 110. 6; 149. 7-9. Is. 24. 21-23; 34. 2, etc. Je. 25. 15-29. Joel 3. 11-14. Zep. 3. 6, 7. Zec. 14. 3-19. Re. 19. 13-21.

4 *the sword.* ch. 29. 8. Is. 19. 2. Je. 50. 35-37. *pain. or,* fear. ver. 9. Ex. 15. 14-16. Ps. 48. 6, 7. Is. 19. 16, 17. Re. 18. 9, 10. *and they.* ver. 10; ch. 29. 12, 19. *and her.* Is. 16. 7. Je. 50. 15.

5 *Ethiopia.* Is. 18. 1; 20. 4. Je. 46. 9. Na. 3. 8, 9. *Libya. Heb.* Phut. ch. 27. 10. *all the.* Je. 25. 20, 24; 50. 37. *men. Heb.* children. *that is.* Je. 44. 27.

6 *They also.* Job 9. 13. Is. 20. 3-6; 31. 3. Na. 3. 9. *from the tower of Syene. or,* from Migdol to Syene. ch. 29. 10.

7 ch. 29. 12; 32. 18-32. Je. 25. 18-26; ch. 46-51.

8 *shall know.* ch. 28. 24, 26; 29. 6, 9, 16. Ps. 58. 11. *when I.* ver. 14, 16; ch. 22. 31. De. 32. 22. Is. 42. 25. La. 4. 11. Am. 1. 4, 7, 10, 12, 14; 2. 2, 5. Na. 1. 5, 6. *destroyed. Heb.* broken. ver. 6.

9 *messengers.* ver. 5, 6. Is. 18. 1, 2; 20. 3-5. Zep. 2. 12. *careless.* ch. 38. 11; 39. 6. Ju. 18. 7. Is. 32. 9-11; 47. 8. Je. 49. 31. Zep. 2. 15. 1 Th. 5. 2. *great.* ver. 4; ch. 26. 16; 27. 35; 32. 9, 10. Is. 19. 17; 23. 5. Je. 49. 21. Zec. 11. 2, 3. *lo.* ch. 33. 33. Am. 4. 2.

10 *I will.* ch. 29. 4, 5, 19; 32. 11-16. *by the.* ver. 24, 25.

11 *the terrible.* ch. 28. 7; 31. 12; 32. 12. De. 28. 50. Is. 14. 4-6. Je. 51. 20-23. Hab. 1. 6-9. *and fill.* ch. 35. 8; 39. 4, 11-20. Is. 34. 3-7. Zep. 1. 17, 18. Re. 14. 20; 19. 18.

12 *I will make.* ch. 29. 3. Is. 19. 4-10; 44. 27. Je. 50. 38; 51. 36. Na. 1. 4. Re. 16. 12. *dry. Heb.* drought. *sell.* Ju. 2. 14. Is. 19. 4. *all that is therein. Heb.* the fulness thereof. 1 Co. 10. 26. *by the hand.* ch. 28. 10; 31. 12.

13 *I will also.* Ex. 12. 12. Is. 19. 1, etc. Je. 43. 12, 13; 46. 25. Zep. 2. 11. Zec. 13. 2. *Noph.* Is. 19. 13. Je. 2. 16; 44. 1; 46. 14. Ho. 9. 6, Memphis. *Heb.* Moph. *there shall.* ch. 29. 14, 15. Zec. 10. 11. *put.* Is. 19. 16. Je. 46. 5.

14 *Pathros.* ch. 29. 14. *Zoan. or,* Tanis. Nu. 13. 22. Ps. 78. 12, 43. Is. 19. 11; 30. 4. *will execute.* Je. 46. 25. Na. 3. 8.

15 *I will pour.* Ps. 11. 6. Na. 1. 6. Re. 16. 1. *Sin. or,* Pelusium. Now *Tineh,* a town of Egypt, situated at the eastern extremity of the Delta, twenty stadia from the Mediterranean, near the lake of Menzaleh, and upon a branch of the Nile, to which it gave name. It was the key of Egypt on the side of Judea and Syria, and was therefore strongly fortified and garrisoned; but it is now quite in ruins.

16 ver. 8, 9; ch. 28. 18.

17 *Aven. or,* Heliopolis. Ge. 41. 45, On. *Pibeseth. or,* Pubastum. Situated on the Pelusiac branch of the Nile, near the top of the Delta.

18 *Tehaphnehes.* Je. 2. 16, Tahapanes; 43. 7-9; 46. 14. Tahpanhes. *the day.* Ex. 10. 15. Is. 5. 30; 9. 19; 13. 10. Joel 3. 15. Mat. 24. 29. *darkened. or,* restrained. *I shall break.* ch. 29. 15. Is. 9. 4; 10. 27; 14. 25. *the pomp.* ch. 31. 18; 32. 18, etc. Is. 14. 11. Je. 46. 20-26. *a cloud.* ver. 3. Is. 19. 1.

19 ver. 14; ch. 5. 8, 15; 25. 11; 39. 21. Nu. 33. 4. Ps. 9. 16; 149. 7. Ro. 2. 5. Re. 17. 1.

20 A.M. 3416. B.C. 588. ch. 1. 2; 26. 1; 29. 1, 17.

21 *Son of man.* This prophecy was delivered soon after the Egyptians under Pharaoh-hophra had come to relieve Jerusalem, and some months before that city was taken, being the eleventh year of Jeremiah's captivity, and answering to April 26, A.M. 3416. When the king of Babylon took from the king of Egypt, in the days of Pharaoh-necho, all his dominions in Asia, one of his arms was broken. God now declared that he should never recover these territories, or gain any ascendancy in that part of the world; nay, that his other arm, which was now strong, should soon be broken, and rendered utterly useless. This was fulfilled when Hophra was dethroned and driven into Upper Egypt by Amasis; and then Nebuchadnezzar, taking advantage of this civil discord, invaded and conquered that kingdom, and enslaved, dispersed, and carried captive the Egyptians. *I have.* ver. 24. Ps. 10. 15; 37. 17. Je. 48. 25. *it shall not.* Is. 1. 6. Je. 30. 13; 46. 11; 51. 8, 9. Na. 3. 16. Re. 18. 21.

22 *I am.* ch. 29. 3. Je. 46. 25. *will break.* Ps 37. 17. *the strong.* ch. 34. 16. *and that.* 2 Ki. 24 7. Je. 37. 7; 46. 1-12. *I will.* Je. 46. 21-25.

23 ver. 17, 18, 26; ch. 29. 12, 13.

24 *I will.* ver. 25. Ne. 6. 9. Ps. 18. 32, 39; 144. 1. Is. 45. 1, 5. Je. 27. 6-8. Zec. 10. 11, 12. *and put.* De. 32. 41, 42. Ps. 17. 13. Is. 10. 5, 6, 15. Zep. 2. 12. *he shall.* ch. 26. 15. Job 24. 12. Je. 51. 52.

25 *they shall know.* ver. 19, 26; ch. 29. 16, 21; 32. 15; 38. 16, 23; 39. 21, 22. Ps. 9. 16.

26 *I will.* ver. 17, 18, 23; ch. 6. 13; 29. 12. Da. 11. 42. *they shall.* ver. 8.

## CHAP. XXXI.

*A relation unto Pharaoh,* 1, 2, *of the glory of Assyria,* 3-9, *and the fall thereof for pride,* 10-17. *The like destruction of Egypt,* 18.

1 *in the eleventh.* On Sunday, June 19, A.M. 3416, according to USHER; and about a month before the capture of Jerusalem. ch. 1. 2; 30. 20. Je. 52. 5, 6.

2 *speak.* Je. 1. 5, 17. Re. 10. 11. *to his.* ch. 29. 19; 30. 10. Na. 3. 8-10. *Whom.* ver. 18. Is. 14. 13, 14.

3 *the Assyrian.* Na. 3. 1, etc. Zep. 2. 13. *a cedar.* ch. 17. 3, 4, 22. Is. 10. 33, 34; 37. 24. Da. 4. 10, 20-23. Zec. 11. 2. *with fair branches. Heb.* fair of branches. *of an high.* ver. 6. Ju. 9. 15. Da. 4. 12.

4 *waters.* ch. 17. 5, 8. Pr. 14. 28. Je. 51. 36. Re. 17. 1, 15. *made him great. or,* nourished him. *set. or,* brought. *little rivers. or,* conduits.

5 *his height.* The Assyrian king, to whom Pharaoh is compared, from his great power, extensive dominion, and the protection he afforded, resembled the spreading branches, thick shade, and high stature of a flourishing cedar on mount Lebanon. The fruitful lands of Assyria; the immense revenues he drew from vast multitudes in his extensive territories; his lucrative commerce, by the river Tigris, with the countries on the Indian ocean; and all the various sources of his wealth and prosperity, resembled the rivers and streams which cause the trees planted by them to grow and flourish exceedingly; and hence the empire and its head were exalted above all the kingdoms of the earth. Ps. 37. 35, 36. Is. 10. 8-14; 36. 4, 18, 19; 37. 11-13. Da. 4. 11. *he shot forth. or,* it sent *them* forth.

6 ch. 17. 23. Da. 4. 12, 21. Mat. 13. 32.

8 *cedars.* ch. 28. 13. Ge. 2. 8; 13. 10. Ps. 80. 10. Is. 51. 3. *nor any.* Ps. 37. 35. Is. 10. 7-14; 36. 4-18; 37. 11-13.

9 *made.* ch. 16. 14. Ex. 9. 16. Ps. 75. 6, 7. Da. 2. 21, 37, 38; 4. 22-25; 5. 20-23. *all the trees.* ch. 17. 22-24. Ju. 9. 8-20. Ps. 96. 12, 13. Is. 55. 12. Zec. 11. 2. *envied.* Ge. 26. 14; 37. 11. 1 Sa. 18. 15. Pr. 27. 4. Ec. 4. 4. Ja. 4. 5, 6.

10 *Therefore.* The allegory and its interpretation are here combined; and the Assyrian monarch, though already destroyed, is poetically addressed. *Because.* Mat. 23. 12. *and his.* ver. 14; ch. 28. 17. 2 Ch. 25. 19; 32. 25. Job 11. 11, 12. Pr. 16. 18; 18. 12. Is. 14. 13-15. Da. 4. 30; 5. 20. Ob. 3. Ja. 4. 6.

11 *delivered.* ch. 11. 9; 21. 31; 23. 28. Ju. 16. 23. 1 Ti. 1. 20. *the mighty.* Nebuchadnezzar, the subverter of the Assyrian empire. ch. 32. 11, 12. Je. 25. 9. Da. 5. 18, 19. *he shall surely deal with him. Heb.* in doing he shall do unto him. Ju. 1. 7. Mat. 7. 1, 2. Ja. 2. 13. *I have driven.* Le. 18. 24-28; 20. 22, 23. De. 18. 12. La. 1. 21. Na. 3. 18.

12 *strangers.* ch. 28. 7; 30. 11. Hab. 1. 6, 11. *upon.* ch. 32. 4, 5; 35. 5, 8; 39. 4. Is. 34. 5-7. *gone.* Da. 4. 12-14. Na. 3. 17, 18. Re. 17. 16.

13 ch. 29. 5; 32. 4. Is. 18. 6. Re. 19. 17, 18.

14 *the end.* De. 13. 11; 21. 21. Ne. 13. 18. Da. 4. 32; 5. 22, 23. 1 Co. 10. 11. 2 Pe. 2. 6. *stand up in their height. or,* stand upon themselves for their

height. *delivered.* Ps. 82. 7. He. 9. 27. *the nether.* ch. 32. 18-32. Ps. 63. 9, 10.

15 *I caused a.* The deep and all the mighty rivers which cherished this fair tree are here described as mourning at his downfall: they stop their usual courses to bewail his fate; and Lebanon with all its stately trees, (his confederates and allies,) sympathise with him in his misfortunes. Na. 2. 8-10. Re. 18. 9-11, 18, 19. *mourn. Heb.* be black. Mal. 3. 4.

16 *made.* ch. 26. 10, 15; 27. 28. Na. 2. 3. Hag. 2. 7. Heb. 12. 26, 27. Re. 11. 13; 18. 9, etc. *when I.* ch. 32. 18, etc. Is. 14. 15. *and all.* ver. 9, 18. Is. 14. 8. Hab. 2. 17. *shall be comforted.* ver. 14; ch. 32. 31. Is. 14. 15.

17 *went.* ch. 32. 20-30. Ps. 9. 17. Is. 14. 9. *that were.* ch. 30. 6-8, 21-25. Ne. 3. 17, 18. *dwelt.* ver. 3, 6; ch. 32. 31. La. 4. 20. Da. 4. 11, 12. Mar. 4. 32.

18 *To whom.* Pharaoh is here called upon to look in this mirror, and see the termination of his glory and greatness. *art thou.* ver. 2; ch. 32. 19. *with the.* ver. 9, 16. *thou shalt.* ch. 28. 10; 32. 10, 19, 21, 24, etc. 1 Sa. 17. 26, 36. 2 Sa. 1. 20. Je. 9. 25, 26. *This is.* That is, the judgment that befel the king of Assyria, is an exact representation of the destruction that remains for Pharaoh and all his people. 2 Ch. 28. 22. Ps. 52. 7. Mat. 13. 19; 26. 26-28. 1 Co. 10. 4.

## CHAP. XXXII.

*A lamentation for the fearful fall of Egypt,* 1-10. *The sword of Babylon shall destroy it,* 11-16. *It shall be brought down to hell, among all the uncircumcised nations,* 17-32.

1 A.M. 3417. B.C. 587. *in the twelfth.* On Wednesday, March 22, A.M. 3417, the twelfth year of Jeconiah's captivity, about a year and a half after the destruction of Jerusalem, and at a time when Pharaoh was in power and prosperity. ver. 17; ch. 1. 2; 29. 1, 17; 30. 20.

2 *take up.* ver. 16, 18; ch. 19. 1; 27. 2, 32; 28. 12. Je. 9. 18. *Thou art like.* ch. 19. 2-6; 38. 13. Ge. 49. 9. Nu. 24. 9. Pr. 28. 15. Je. 4. 7. Na. 2. 11-13. *and thou art as.* ch. 29. 3. Ps. 74. 13, 14. Is. 27. 1; 51. 9. *whale. or,* dragon. *and troubledst.* ch. 34. 18.

3 ch. 12. 13; 17. 20. Ec. 9. 12. Je. 16. 16. La. 1. 13. Ho. 7. 12. Hab. 1. 14-17.

4 ch. 29. 5; 31. 12, 13; 39. 4, 5, 17-20. 1 Sa. 17. 44-46. Ps. 63. 10; 74. 14; 79. 2, 3; 83. 9, 10; 110. 5, 6. Is. 14. 19; 18. 6; 34. 2-7; 66. 24. Je. 8. 2; 25. 33. Joel 3. 19. Re. 19. 17, 18.

5 *And I.* To represent the power, rapaciousness, and cruelty of Pharaoh, he had been compared to a fierce young lion, and also to an immense, overgrown sea-monster, or crocodile; and here it is predicted that God would cast a net over him, by which many companies of people should drag him out of his rivers, and cast him into the open field, mountains, valleys, etc., to be devoured by birds and beasts of prey; that is, his ruin would be complete, and attended with terrible miseries to the Egyptians, and afford a large booty to their enemies.

6 *water.* Ex. 7. 17. Is. 34. 3, 7. Re. 14. 20; 16. 6. *the land.* Egypt, so called because interspersed by numerous canals, and overflowed annually by the Nile. *wherein thou swimmest. or,* of thy swimming.

7 *put thee out. or,* extinguish thee. Job 18. 5, 6. Pr. 13. 9. *I will cover the heaven.* Destroy the empire. ch. 30. 3, 18. Ex. 10. 21-23. Is. 13. 10; 34. 4. Je. 13. 16. Joel 2. 2, 31; 3. 15. Am. 8. 9. Mat. 24. 29. Re. 6. 12, 13. *make.* Overwhelm the dependent states. *the sun.* The king. *the moon.* The queen, or some state less than the kingdom.

8 *bright lights of heaven. Heb.* lights of the light in heaven. *dark. Heb.* them dark. *set.* Involve the whole land in desolation and woe.

9 *vex. Heb.* provoke to anger, *or* grief. Re. 11. 18; 18. 10-15. *when.* ch. 29. 12; 30. 23, 26. Je. 25. 15-25.

10 *amazed.* ch. 27. 35. De. 29. 24. 1 Ki. 9. 8. *my sword.* De. 32. 41. *and they.* ch. 26. 16; 30. 9. Ex. 15. 14-16. Je. 51. 9. Zec. 11. 2. Re. 18. 10.

11 *The sword.* ch. 26. 7; 30. 4, 22-25. Je. 43. 10; 46. 13, 24-26.

12 *the terrible.* ch. 28. 7; 30. 11; 31. 11. De. 28. 49, 50. Hab. 1. 6, 7. *they shall.* ch. 29. 19. Is. 25. 2, 3.

13 *destroy.* ch. 29. 8; 30. 12. *neither.* ver. 2; ch. 29. 11; 34. 18.

14 *and cause.* The neighbouring countries shall be in a state of quietness, like a river that smoothly glides along, having no longer a political crocodile to foul their waters, or to disturb their peace.

15 *destitute of that whereof. Heb.* desolate from the fulness thereof. ch. 29. 12, 19, 20. Ps. 24. 1; 107. 34. *then.* ch. 6. 7; 30. 26. Ex. 7. 5; 14. 4, 18. Ps. 9. 16; 83. 17, 18.

16 ver. 2; ch. 26. 17. 2 Sa. 1. 17; 3. 33, 34. 2 Ch. 35. 25. Je. 9. 17.

17 *in the twelfth.* ver. 1; ch. 1. 2. *the fifteenth.* That is, of the twelfth month, just a fortnight after the preceding prophecy.

18 *wail.* ver. 2, 16; ch. 21. 6, 7. Is. 16. 9. Mi. 1. 8. Lu. 19. 41. Ro. 12. 15. *cast.* That is, predict that they shall be cast down. ch. 43. 3. Je. 1. 10. Ho. 6. 5. *the daughters.* The cities and colonies of the celebrated nations afterwards enumerated. *unto the.* ver. 21, 24, etc.; ch. 26. 20; 31. 14. Ps. 30. 9; 63. 9. Is. 14. 15.

19 *dost.* ch. 27. 3, 4; 28. 12-17; 31. 2, 18. *go.* Is. 14. 9-15. *with.* ver. 21, 24, 29, 30; ch. 28. 10. 1 Sa. 17. 26, 36. Je. 9. 25, 26.

20 *fall.* ver. 23-26, 29, 30; ch. 29. 8-12. *she is delivered to the sword. or,* the sword is laid. *draw.* Ps. 28. 3. Pr. 24. 11. Je. 22. 19.

21 *strong.* Pharaoh is here represented as descending into the regions of the dead, whither many mighty warriors and potentates had gone before him, who welcome him to their dreary mansion. ver. 27. Is. 1. 31; 14. 9, 10. Lu. 16. 23, 24. *gone.* ver. 19, 24, 25. Nu. 16. 30-34. Ps. 9. 17; 55. 15. Pr. 14. 32.

22 ver. 24, 26, 29, 30; ch. 31. 3, etc. Nu. 24. 24. Ps. 83. 8-10, Assur. Is. 30. 33; 37. 36-38. Na. 1. 7-12; 3. 1, etc.

23 *graves.* The *niches* in the sides of the subterranean burying places. ch. 26. 20. Is. 14. 15. *which.* ver. 24-27, 32; ch. 26. 17, 20. Is. 14. 16; 51 12, 13. *terror. or,* dismaying. *the land.* ch. 26. 20. Job 28. 13. Ps. 27. 13; 116. 9; 142. 5. Is. 38. 11. Je 11. 19.

24 *Elam.* Ge. 10. 22; 14. 1. 1 Ch. 1. 17. Je. 25. 25; 49. 34-39. Da. 8. 2. *which are.* ver. 18, 21; ch. 26. 20. *which caused.* ver. 23. *borne.* ver. 25, 30; ch. 16. 52, 54; 34. 29; 36. 6, 7, 15; 39. 26; 44. 13. Je. 3. 24, 25. Hab. 2. 16.

25 *set her.* Ps. 139. 8. Re. 2. 22. *a bed.* A *cell,* or *bier,* in the sepulchral vault, in which the corpse was deposited. *all of them.* See on ver. 19, 21; ch. 44. 7, 9. 2 Sa. 1. 20. 1 Ch. 10. 4. Ac. 7. 51. *though.* Lu. 12. 4, 5.

26 *Meshech.* Supposed to be the *Moschi,* a people between Iberia and Armenia, from whom, probably the *Muscovites* are descended. ch. 27. 13; 38. 2, 3; 39. 1. Ge. 10. 2, 12. 1 Ch. 1. 5. *Tubal.* Probably the *Tibarenians,* a people of Pontus, west of the Moschians. *all of.* ver. 19, 20, 24. *caused.* ver. 23, 27, 32.

27 *shall not.* ver. 21. Job 3. 13-15. Is. 14. 18, 19. *to hell.* That is, *to the grave;* and are buried in their armour, with their weapons lying by their sides, as was a very ancient practice in various nations. *their weapons of war. Heb.* weapons of their war. Is. 54. 17. 2 Co. 10. 4. *but.* ch. 18. 20. Job 20. 11. Ps. 49. 14; 92. 7, 9; 109. 18. Pr. 14. 32. Jno. 8. 24.

28 Da. 2. 34, 35.

29 *Edom.* ch. 25; 35. Ge. 25. 30; 36. 1, etc. Is. ch. 34; 63. 1-6. Je. 49. 7-22. Am. 1. 11, 12. Ob. 1, 2, etc. Mal. 1. 3, 4. *laid. Heb.* given, *or* put.

30 *the princes.* The kings of Media, Armenia, and other nations north of Chaldea, or of the Syrians and others north of Judah, with 'all the Zidonians,' kings of Zidon, Tyre, and other cities of Phœnicia. ch. 38. 6, 15; 39. 2. Je. 1. 14; 4. 6. *the Zidonians.* ch. 28. 21-23. Ge. 10. 15. Je. 25. 22. *and bear.* ver. 24, 25.

31 *Pharaoh shall.* Pharaoh, who said he was a *god*, shall be found among the dead. *shall be.* Shall console himself, when he sees all these mighty nations and proud conquerors in the same condition as himself. ch. 14. 22; 31. 16. La. 2. 13.

32 ver. 27. Ge. 35. 5. Job 31. 23. Je. 25. 15, etc. Zep. 3. 6-8. 2 Co. 5. 11. He. 10. 31. Re. 6. 15-17.

## CHAP. XXXIII.

*According to the duty of a watchman in warning the people,* 1-6, *Ezekiel is admonished of his duty,* 7-9. *God shews the justice of his ways towards the penitent and towards revolters,* 10-16. *He maintains his justice,* 17-20. *Upon the news of the taking of Jerusalem he prophesies the desolation of the land,* 21-29. *God's judgment upon the mockers of the prophets,* 30-33.

2 *speak.* ver. 17, 30; ch. 3. 11, 27. *When I bring the sword upon a land. Heb.* A land when I bring a sword upon her. ch. 6. 3; 11. 8; 14. 17, 21; 21. 9-16. Le. 26. 25. Je. 12. 12; 15. 2, 3; 25. 31; 47. 6, 7. Zec. 13. 7. *set.* ver. 7. 2 Sa. 18. 24-27. 2 Ki. 9. 17-20. Is. 21. 6-9; 56. 9, 10; 62. 6. Je. 51. 12. Ho. 9. 8.

3 *he blow.* ver. 8, 9. Ne. 4. 18, 20. Is. 58. 1. Je. 4. 5; 6. 1; 51. 27. Ho. 8. 1. Joel 2. 1. Am. 3. 6. 1 Co. 14. 8.

4 *whosoever heareth. Heb.* he that hearing heareth. 2 Ch. 25. 16. Pr. 29. 1. Je. 6. 17; 42. 20-22. Zec. 1. 2-4. Jn. 1. 22. *his blood.* ver. 5, 9; ch. 18. 13. Le. 20. 9, 11, etc. 2 Sa. 1. 16. 2 Ki. 2. 37. Ac. 18. 6; 20. 26.

5 *heard.* Ps. 95. 7. He. 2. 1-3. *his blood.* Is. 51. 2. Jno. 8. 39. *But.* Ex. 9. 19-21. 2 Ki. 6. 10. Ac. 2. 37-41. He. 11. 7.

6 *and blow.* Is. 56. 10, 11. *he is.* ver. 8, 9; ch. 18. 20, 24. Pr. 14. 32. Jno. 8. 21-24. *his blood.* ch. 3. 18-20; 34. 10. Ge. 9. 5; 42. 22. 2 Sa. 4. 11.

7 *I have.* ch. 3. 17-21. Ca. 3. 3; 5. 7. Is. 62. 6. Je. 6. 27; 31. 6. Mi. 7. 4. Ep. 4. 11. He. 13. 17. *thou shalt.* ch. 2. 7, 8. 1 Ki. 22. 14, 16-28. 2 Ch. 19. 10. Je. 1. 17; 23. 28; 26. 2. Ac. 5. 20; 20. 20, 26, 27. 1 Co. 11. 23; 15. 3. Col. 1. 28, 29. 1 Th. 4. 1, 2.

8 *O wicked.* ver. 14; ch. 18. 4, 10-13, 18, 20. Ge. 2. 17; 3. 4. Pr. 11. 21. Ec. 8. 13. Is. 3. 11. Je. 8. 13. *if thou.* ch. 13. 9, 10. Je. 8. 11, 12; 14. 13-16. *that wicked.* ver. 6. Nu. 27. 3. Ac. 20. 26, 27.

9 *if thou.* ch. 3. 19, 21. Ac. 13. 40; 18. 5, 6; 28. 23-28. Ga. 5. 19-21; 6. 7, 8. Ep. 5. 3-6. Phi. 3. 18, 19. 1 Th. 4. 3-8; 5. 14. *if he.* Pr. 15. 10; 29. 1. Lu. 12. 47. Jno. 8. 24. Ac. 13. 46. He. 2. 3; 12. 25. *thou hast.* Ac. 20. 26. 2 Co. 2. 15-17.

10 *If our.* The impenitent Jews seem to have charged the prophet's messages with inconsistency: for whilst he warned them to repent, and assured the penitent of forgiveness, he also predicted that the people 'would pine away in their transgressions.' The prediction, however, merely implied that God foresaw that the people in general would be impenitent, though some individuals would repent and be pardoned. ch. 24. 23. Le. 26. 39. *how.* ch. 37. 11. Ps. 130. 7. Is. 49. 14; 51. 20. Je. 2. 25.

11 *As I live.* ch. 5. 11; 14. 16-18; 16. 48. Nu. 14. 21, 28. Is. 49. 18. Je. 22. 24; 46. 18. Zep. 2. 9. Ro. 14. 11. *I have.* ch. 18. 23, 32. 2 Sa. 14. 14. La. 3. 33. Ho. 11. 8. Lu. 15. 20-32. 1 Ti. 2. 4. 2 Pe. 3. 9. *turn ye.* ch. 14. 6; 18. 30, 31. Pr. 1. 23; 8. 36. Is. 55. 6, 7. Je. 3. 22; 31. 18-20. Da. 9. 13. Ho. 14. 1. Ac. 3. 19; 26. 20.

12 *say.* ver. 2. *The righteousness.* ver. 18; ch. 3. 20, 21; 18. 24-26. *as for.* ver. 19; ch. 18. 21, 27-32. 1 Ki. 8. 48-50. 2 Ch. 7. 14. Mat. 21. 28-31. Ro. 3. 25. *neither.* 1 Jno. 2. 1.

13 *if he.* ch. 3. 20; 18. 24. Lu. 18. 9-14. Ro. 10. 3. Phi. 3. 9. He. 10. 38. 2 Pe. 2. 20-22. 1 Jno. 2. 19. *he shall die.* ch. 18. 4, 24.

14 *Thou shalt.* ver. 8; ch. 3. 18, 19; 18. 27. Is. 3. 11. Je. 18. 7, 8. Lu. 13. 3-5. *if he.* Pr. 28. 13. Is. 55. 7. Je. 4. 1. Ho. 14. 1. Ac. 3. 19. *that which is lawful and right. Heb.* judgment and justice. ch. 18. 21, 27. Mi. 6. 8. Mat. 9. 13.

15 *restore.* 'The sin is not forgiven, unless that which is taken away be restored,' says AUGUSTINE. ch. 18. 7, 12, 16. Ex. 22. 26, 27. De. 24. 6, 10-13, 17. Job 22. 6; 24. 3, 9. Am. 2. 8. *give.* Ex. 22. 1-4. Le. 6. 2-5. Nu. 5. 6-8. Lu. 19. 8. *walk.* ch. 20. 11, 13, 21. Le. 18. 5. Ps. 119. 93. Lu. 1. 6. *he shall.* ch. 18. 27, 28. Ro. 2. 7. Re. 22. 12-14.

16 ch. 18. 22. Is. 1. 18; 43. 25; 44. 22. Mi. 7. 18, 19. Ro. 5. 16, 21. 1 Jno. 2. 1-3.

17 ver. 20; ch. 18. 25, 29. Job 35. 2; 40. 8. Mat. 25. 24-26. Lu. 19. 21, 22.

18 ver. 12, 13; ch. 18. 26, 27. 2 Pe. 2. 20-22. He. 10. 38.

19 ver. 14; ch. 18. 27, 28.

20 *Yet.* ver. 17; ch. 18. 25, 29. Pr. 19. 3. *I will.* ch. 18. 30. Ps. 62. 12. Ec. 12. 14. Mat. 16. 27. Jno. 5. 29. 2 Co. 5. 10. Re. 20. 12-15; 22. 12.

21 *in the twelfth.* This was on Wednesday, January 25, A.M. 3416 or 3417. According to the date here given, this escaped Jew did not come to the prophet, with intelligence of Jerusalem being smitten, till about eighteen months after the event; but instead of the '*twelfth* year,' eight MSS. and the Syriac read the *eleventh.* ch. 1. 2. *one.* ch. 24. 26, 27. *The city.* This was the very message which God had promised the prophet, ch. 24. 26. 2 Ki. 24. 4, etc. 2 Ch. 36. 17, etc. Je. 39. 2-8; 52. 4-14.

22 *the hand.* ch. 1. 3; 3. 22; 37. 1; 40. 1. *and my.* ch. 3. 26, 27; 24. 26, 27.

24 *they that.* The small remnant which continued in the land under Gedaliah, after the desolation of Jerusalem, flattered themselves, notwithstanding all their crimes, that they should inherit the whole land. ver. 27; ch. 5. 3, 4; 34. 2. Je. 39. 10; 40. 7. *wastes.* ver. 27; ch. 36. 4. *Abraham.* Is. 51. 2. Ac. 7. 5. *but we.* Mi. 3. 11. Mat. 3. 9. Lu. 3. 8. Jno. 8. 33, 39. Ro. 4. 12; 9. 7. 1 Th. 5. 3.

25 *Ye eat.* Ge. 9. 4. Le. 3. 17; 7. 26, 27; 17. 10-14; 19. 26. De. 12. 16. 1 Sa. 14. 32-34. Ac. 15. 20, 21, 29; 21. 25. *lift up.* ch. 18. 6, 12, 15. De. 4. 19. Ps. 24. 4. Je. 44. 15-19. *and shed.* ch. 9. 9; 22. 6, 9, 27. *shall ye.* Je. 7. 9, 10.

26 *stand.* Ge. 27. 40. Mi. 2. 1, 2. Zep. 3. 3. *work.* ch. 18. 12. Le. 18. 26-30; 20. 13. 1 Ki. 11. 5-7. 1 Pe. 4. 3. Re. 21. 8, 27. *and ye.* ch. 18. 6, 11, 15; 22. 9-11. Je. 5. 8, 9. *and shall.* Le. 18. 25, 28; 20. 22. De. 4. 25, 26; 29. 18-23. Jos. 23. 15, 16. 1 Sa. 2. 30. Ps. 50. 16-20; 94. 20, 21.

27 *surely.* ver. 24; ch. 5. 12-17; 6. 11-14. Je. 15. 2-4; 42. 22; 44. 12. *will I.* ch. 39. 4. *to be devoured. Heb.* to devour him. *in the caves.* Ju. 6. 2. 1 Sa. 13. 6; 22. 1; 23. 14; 24. 3. Je. 41. 9.

28 *I will lay.* ch. 6. 14; 12. 20; 15. 8; 36. 34, 35. 2 Ch. 36. 21. Is. 6. 11. Je. 9. 11; 16. 16; 25. 11; 44. 2, 6, 22. Mi. 7. 13. Zec. 7. 13, 14. *most desolate. Heb.* desolation and desolation. *and the pomp.* ch. 7. 24; 24. 21; 30. 6, 7. *and the mountains.* ch. 6. 2-6; 36. 4.

29 *shall.* ch. 6. 7; 7. 27; 23. 49; 25. 11. Ex. 14. 18. Ps. 9. 16; 83. 17, 18. *because.* ch. 6. 11; 8. 6-15; 22. 2-15, 25-31; 36. 17, 18. 2 Ki. 17. 9-18. 2 Ch. 36. 14-17. Je. 5. 1-9, 25-31. Mi. 6. 9-12. Zep. 3. 1-4.

30 *the children.* Je. 11. 18, 19; 18. 18. *against thee. or,* of thee. *Come.* Is. 29. 13; 58. 2. Je. 23. 35; 42. 1-6, 20. Mat. 15. 8; 22. 16, 17.

31 *as the people cometh. Heb.* according to the coming of the people. ch. 8. 1; 14. 1; 20. 1, etc. Lu. 10. 39. Ac. 10. 33. *they sit before thee as my people. or,* my people sit before thee. *and they.* Je. 6. 16, 17; 43. 1-7; 44. 16. Mat. 7. 24-27. Lu. 6. 48, 49; 8. 21; 11. 28. Ja. 1. 22-24. *for with.* De. 5. 28, 29. Ps. 78. 36, 37. Is. 29. 13. Ja. 2. 14-16. 1 Jno. 3. 17, 18. *shew much love. Heb.* make loves, *or* jests. Is. 28. 13. Je. 23. 33-38. Lu. 16. 14. *but their.* Mat. 6. 24; 13. 22; 19. 22. Lu. 12. 15-21. Ep. 5. 5. 1 Ti. 6. 9, 10.

32 *of one.* Mar. 4. 16, 17; 6. 20. Jno. 5. 35. *a pleasant voice. Heb.* a song of loves.

33 *when.* 1 Sa. 3. 19, 20. Je. 28. 9. *shall.* ch. 2. 5. 2 Ki. 5. 8. Lu. 10. 11.

## CHAP. XXXIV.

*A reproof of the shepherds,* 1-6. *God's judgment against them,* 7-10. *His providence over his flock,* 11-19. *The kingdom of Christ,* 20-31.

2 *the shepherds.* The *shepherds* of Israel, signify their kings and princes, priests and prophets; the *flock,* the whole of the people; the *fat* and *wool,* the tithes and offerings, taxes and imposts: these they exacted with great rigour, and even oppressed and destroyed the people to enrich themselves; but they bestowed no pains to provide for the welfare of the state, or for the souls of those entrusted to them. They knew nothing about their flock: it might be diseased, infirm, bruised, maimed, strayed, or lost, for they watched not over them. ch. 33. 24. Je. 2. 8; 3. 15; 10. 21; 12. 10. Jno. 10. 1, 2, 12. *Woe.* ver. 8-10; ch. 13. 19. Je. 23. 1. Mi. 3. 1-3, 11, 12. Zep. 3. 3, 4. Zec. 11. 17. Mat. 24. 48-51. Lu. 12. 42-46; 20. 46, 47. Ro. 16. 18. 2 Pe. 2. 3. *feed.* 2 Sa. 5. 2. Ps. 78. 71, 72. Is. 40. 11. Jno. 21. 15-17. Ac. 20. 26, 29. 1 Pe. 5. 2-4.

3 *eat.* Is. 56. 11, 12. Zec. 11. 5, 16. *ye kill.* ch. 19. 3, 6; 22. 25-28; 33. 25, 26. 1 Ki. 21. 13-16. 2 Ki. 21. 16. Is. 1. 10, 15. Je. 2. 30; 22. 17. La. 4. 13. Mi. 3. 1-3. Zep. 3. 3.

4 *diseased.* ver. 16. Is. 56. 10. Je. 8. 22. Zec. 11. 15, 16. Mat. 9, 36. He. 12. 12. *sought.* Mat. 10. 6; 18. 12, 13. Lu. 15. 4-6. *but with.* Ex. 1. 13, 14. Je. 22. 13. Mat. 21. 35; 24. 49. 2 Co. 1. 24. Ja. 5. 1-6. 1 Pe. 5. 2, 3. Re. 13. 14-17; 17. 5, 6.

5 *they were.* ver. 6; ch. 33. 21, 28. 1 Ki. 22. 17. 2 Ch. 18. 16. Je. 23. 2; 50. 6, 17. Zec. 13. 7. Mat. 9. 36. *because there is no shepherd. or,* without a shepherd, and so ver. 8. Zec. 10. 2, 3. *and they became.* ver. 8. Is. 56. 9. Je. 12. 9-12. Jno. 10. 2. Ac. 20. 29-31.

6 *wandered.* ch. 7. 16. Je. 13. 16; 40. 11, 12. He. 11. 37, 38. 1 Pe. 2. 25. *my flock.* Jno. 10. 16. *and none.* Ps. 142. 4. Je. 5. 1.

7 ver. 9. Ps. 82. 1-7. Is. 1. 10. Je. 13. 13, 18; 22. 2, 3. Mi. 3. 8, 9. Mal. 2. 1. Mat. 23. 13-36. Lu. 11. 39, etc.

8 *prey.* ver. 5, 6, 31. *the shepherds.* ver. 2, 3, 10, 18. Ac. 20. 33. 1 Co. 9. 15. 2 Pe. 2. 13. Jude 12.

10 *I am.* ch. 5. 8; 13. 8; 21. 3; 35. 3. Je. 21. 13; 50. 31. Na. 2. 13. Zec. 10. 3. 1 Pe. 3. 12. *and I will.* ch. 3. 18, 20; 33. 6-8. Je. 13. 18-20. He. 13. 17. *and cause.* 1 Sa. 2. 29-36. Je. 39. 6; 52. 9-11, 24-27. *neither shall.* ver. 2, 8. *for I will.* ver. 22. Ps. 23. 5; 72. 12-14; 102. 19, 20.

11 *I.* ch. 5. 8; 6. 3. Ge. 6. 17. Le. 26. 28. De. 32. 39. Is. 45. 12; 48. 15; 51. 12. Ho. 5. 14. *search.* Ps. 23. 1-3; 80. 1; 119. 176. Is. 40. 10, 11; 56. 8. Je. 23. 3; 31. 8. Mat. 13. 11, 12. Lu. 19. 10. Jno. 10. 16.

12 *As a shepherd seeketh out. Heb.* According to the shepherd's seeking of, etc. 1 Sa. 17. 34, 35. Lu. 15. 4-6. Jno. 10. 11, 12. *in the cloudy.* ch. 30. 3. Is. 50. 10. Je. 13. 16. Joel 2. 1-3. Am. 5. 18-20. Zep. 1. 15. Ac. 2. 19-21.

13 *I will bring.* ch. 11. 17; 20. 41; 28. 25, 26; 36. 24; 37. 21, 22; 38. 8; 39. 27. Ps. 106. 47. Is. 11. 11-16; 65. 9, 10; 66. 19, 20. Je. 23. 3, 4, 8; 30. 3, 18; 31. 8; 32. 37. Am. 9. 14. Zep. 3. 19, 20. *and feed.* ver. 18-25. Mi. 7. 14, 15.

14 *feed them.* ver. 27. Ps. 23. 1, 2; 31. 8-10. Is. 25. 6; 30. 23, 24; 40. 11. Je. 31. 12-14, 25. Jno. 10. 9. Re. 7. 16. *there shall.* Je. 33. 12, 13.

15 Ps. 23. 2. Ca. 1. 7, 8. Is. 11. 6, 7; 27. 10; 65. 9, 10. Je. 3. 15. Ho. 2. 18. Zep. 3. 13. Jno. 21. 15.

16 *seek that.* ver. 4, 11. Is. 40. 11; 61. 1-3. Mi. 4. 6, 7. Mat. 15. 24; 18. 11-14. Mar. 2. 17. Lu. 5. 31, 32; 15. 4-7; 19. 10. *but I.* ch. 39. 18. De. 32. 15. Is. 5. 17; 10. 16. Je. 50. 11. Am. 4. 1-3. *I will feed.* Is. 49. 26. Je. 9. 15; 10. 24; 23. 15. Mi. 7. 14.

17 *I judge.* ver. 20-22; ch. 20. 37, 38. Zec. 10. 3. Mat. 25. 32, 33. *cattle and cattle. Heb.* small cattle of lambs and kids. *he goats. Heb.* great he goats.

18 *a small.* ch. 16. 20, 47. Ge. 30. 15. Nu. 16. 9, 13. 2 Sa. 7. 19. Is. 7. 13. *to have.* ver. 2, 3. Mi. 2. 2. *tread.* ch. 32. 2. Mat. 15. 6-9; 23. 13. Lu. 11. 52.

20 *Behold.* ver. 10, 17. Ps. 22. 12-16. Mat. 25 31-46.

21 *ye have.* ver. 3-5. Da. 8. 3-10. Zec. 11. 5, 16, 17. *pushed.* Lu. 13. 14-16.

22 *will I.* ver. 10. Ps. 72. 12-14. Je. 23. 2, 3. Zec. 11. 7-9. *and I.* ver. 17.

23 *I will.* Ec. 12. 11. Is. 40. 11. Je. 23. 4-6. Mi. 5. 2-5. Zec. 13. 7. Jno. 10. 11. He. 13. 20. 1 Pe. 2. 25; 5. 4. *my servant. David* king of Israel had been dead upwards of 400 years; and from that time till now there never has been a ruler of any kind in the Jewish nation of the name of David. By *David,* then, we must understand the *Messiah,* as the Jews themselves acknowledge, so called because descended from him, and also as being the *well beloved,* ο αγαπητος, Son of the Father, as the name imports, and in whom all the promises made to David were fulfilled. See the references. ch. 37. 24, 25. Is. 11. 1; 55. 3, 4. Je. 30. 9. Ho. 3. 5. Re. 22. 16.

24 *I the Lord will.* ver. 30, 31; ch. 36. 28; 37. 23, 27; 39. 22. Ex. 29. 45, 46. Is. 43. 2, 3. Je. 31. 1, 33; 32. 38. Zec. 13. 9. Re. 21. 3. *a prince.* Jos. 5. 13-15. Ps. 2. 6. Is. 9. 6, 7. Je. 23. 5, 6; 33. 15-17. Mi. 5. 2. Mat. 28. 18. Lu. 1. 31-33. Ac. 5. 31. 1 Co. 15. 25. Ep. 1. 21, 22. Phi. 2. 9-11. He. 2. 9, 10. Re. 19. 13-16.

25 *I will make.* ch. 37. 26. Is. 55. 3. Je. 31. 31-33. Zec. 6. 13. He. 13. 20. *and will.* Le. 26. 6. Job 5. 22. Is. 11. 6-9; 35. 9. Ho. 2. 18-23. *and they.* ver. 28. Ps. 4. 8. Je. 23. 6; 33. 16.

26 *make them.* Ge. 12. 2. Is. 19. 24. Zec. 8. 13, 23. *my hill.* ch. 20. 40. Ps. 2. 6; 68. 16; 132. 14-16; 133. 3. Is. 2. 2-4; 56. 7. Mi. 4. 1, 2. *I will cause.* Le. 26. 4. *showers.* De. 28. 12. Ps. 68. 9. Is. 32. 15, 20; 44. 3. Mal. 3. 10.

27 *the tree.* ch. 47. 12. Le. 26. 4. Ps. 85. 12; 92. 12-14. Is. 4. 2; 35. 1, 2; 61. 3. Jno. 15. 5-8. *know that.* ch. 33. 29; 39. 28. *when I.* ver. 10. Le. 26. 13. Is. 9. 4; 10. 27; 14. 2, 3; 52. 2, 3. Je. 2. 20; 30. 8. *served.* Je. 25. 14; 27. 7.

28 *they shall.* It is evident that this prophecy could at most have only a typical accomplishment in the return from captivity under Zerubbabel, and in their subsequent prosperity; but the restoration of the Jews from their present captivity, and the consequent peace and prosperity of the church and world, fully answer to this energetic language. ver. 8; ch. 36. 4, 15. *neither.* ver. 25, 29. Je. 30. 10; 46. 27.

29 *I will.* Is. 4. 2; 11. 1, etc.; 53. 2. Je. 23. 5; 33. 15. Zec. 3. 8; 6. 12. *of renown. or,* for renown. Ps. 72. 17. Is. 9. 6. *consumed. Heb.* taken away. ver. 26, 27; ch. 36. 29. Is. 49. 9, 10. Re. 7. 16. *neither.* ch. 36. 3-6, 15.

30 ver. 24; ch. 16. 62; 37. 27. Ps. 46. 7, 11. Is. 8. 9, 10. Mat. 1. 23; 28. 20.

31 *ye my.* ch. 36. 38. Ps. 78. 52; 80. 1; 95. 7; 100. 3. Is. 40. 11. Mi. 7. 14. Lu. 12. 32. Jno. 10. 11, 16, 26-30; 20. 15-17. Ac. 20. 28. 1 Pe. 5. 2, 3. *I.* ver. 24.

## CHAP. XXXV.

*The judgment of mount Seir for their hatred of Israel, and insulting over their distress.*

1 ch. 21. 1; 22. 1; 34. 1. 2 Pe. 1. 21.

2 *set.* ch. 6. 2; 20. 46; 21. 2; 25. 2. Is. 50. 7. Ep. 6. 19. *mount.* ch. 25. 8. Ge. 32. 3; 36. 8, 9. De. 2. 5. Jos. 24. 4. 2 Ch. 20. 10, 22, 23; 25. 11-14. *and prophesy.* ch. 25. 12-14; 32. 29. Ps. 83. 3-18. Is. ch. 34; 63. 1-6. Je. 9. 25, 26; 49. 7-22. La. 4. 21, 22. Am. 1. 11, 12. Ob. 1, 10, etc.

3 *I am.* ch. 5. 8; 21. 3; 29. 3, 10. Je. 21. 13. Na. 2. 13; 3. 5. *and I will stretch.* ch. 6. 14. Je. 6. 12; 15. 6; 51. 25. *most desolate. Heb.* desolation and desolation. ver. 7; ch. 5. 15.

4 *lay.* ver. 9; ch. 6. 6. Joel 3. 19. Mal. 1. 3, 4. *and thou.* ver. 9, 12; ch. 6. 7. Ex. 9. 14; 14. 4.

5 *thou hast had.* ver. 12; ch. 25. 12. Ge. 27. 41, 42; Ps. 137. 7. Am. 1. 11. Ob. 10-16. *perpetual hatred. or,* hatred of old. ch. 25. 15. *shed the blood of. Heb.* poured out. *force. Heb.* hands. Je. 18. 21. *in the.* ch. 21. 25, 29. Ps. 137. 7. Da. 9. 24. Ob. 11.

6 *I will.* Ps. 109. 16. Is. 63. 2-6. Ob. 15. Mat. 7. 2. Re. 16. 5-7; 18. 6, 24; 19. 2, 3. *sith.* Ps. 109. 17.

7 *most desolate. Heb.* desolation and desolation. ver. 3, 9; ch. 33. 38, marg. *passeth.* ch. 29. 11. Ju. 5. 6, 7. 2 Ch. 15. 5, 6.

8 ch. 31. 12; 32. 4, 5; 39. 4, 5. Is. 34. 2-7.

9 *I will make.* After being subdued by Nebuchadnezzar, about five years after the destruction of Jerusalem, many of the Edomites, during the Babylonian captivity, being driven from their ancient habitation by the Nabatheans, seized upon the south-western part of Judea; but afterwards they were conquered by Hyrcanus, and reduced to the necessity of embracing the Jewish religion; and at last became either incorporated with that nation, or swallowed up and lost among the Nabathean Arabs, so that the very name was abolished and disused about the end of the first century after Christ. Their country is now barren; and their cities, even Bozra and Petra, totally demolished and in ruins. *perpetual.* ver. 4; ch. 25. 13. Je. 49. 17, 18. Zep. 2. 9. Mal. 1. 3, 4. *and ye.* ch. 6. 7; 7. 4, 9; 36. 11.

10 *thou hast.* ch. 36. 5. Ps. 83. 4-12. Je. 49. 1. Ob. 13. *whereas. or,* though. ch. 48. 35. Ps. 48. 1-3; 76. 1; 132. 13, 14. Is. 12. 6; 31. 9. Zep. 3. 15. Zec. 2. 5.

11 *I will even.* Ps. 137. 7. Am. 1. 11. Mat. 7. 2. Ja. 2. 13. *and I.* Ps. 9. 16; 73. 17, 18.

12 *And thou.* ver. 9; ch. 6. 7. *I have heard.* Ps. 94. 9, 10. *they are given.* ch. 36. 2. Ps. 83. 12. *consume. Heb.* devour. ver. 10.

13 *with.* 1 Sa. 2. 3. 2 Ch. 32. 15, 19. Is. 10. 13-19; 36. 20; 37. 10, 23, 29. Da. 11. 36. Mal. 3. 13. 2 Pe. 2. 18. Jude 15. Re. 13. 5, 6. *boasted. Heb.* magnified. *have multiplied.* Job 34. 37; 35. 16. Ps. 73. 8, 9. Ec. 10. 14, marg. *I have.* ver. 12. Ex. 16. 12. Nu. 14. 27. 2 Ki. 19. 28. Je. 29. 23.

14 Is. 14. 7, 8; 65. 13-15.

15 *didst.* ch. 36. 2-5. Ps. 137. 7. Pr. 17. 5. La. 4. 21. Ob. 12, 15. *shalt.* ver. 3, 4. *Idumea.* ch. 36. 5. Is. 34. 5, 6. Mar. 3. 8. *and they.* ver. 4, 9; ch. 39. 6, 7.

## CHAP. XXXVI.

*The land of Israel is comforted, both by destruction of the heathen, who spitefully used it,* 1-7, *and by the blessings of God promised unto it,* 8-15. *Israel was rejected for their sin,* 16-20, *and shall be restored without their desert,* 21-24. *The blessings of Christ's kingdom,* 25-38.

1 *the mountains.* ch. 6. 2, 3; 33. 28; 34. 14; 37. 22. *hear.* ver. 4, 8; ch. 20. 47; 37. 4. Je. 22. 29.

2 *Because.* ver. 5; ch. 25. 3; 26. 2. *even.* De. 32. 13. Ps. 78. 69. Is. 58. 14. Hab. 3. 19. *our's.* ch. 35. 10. Je. 49. 1.

3 *Because. Heb.* Because for because. ch. 13. 10. Le. 26. 43. *they have made.* Je. ch. 39; 41; 52. La. ch. 1-5. *swallowed.* Ps. 35. 25; 61. 1. Pr. 1. 12. Je. 51. 34. La. 2. 2, 5, 16. *and ye.* De. 28. 37. 1 Ki. 9. 7, 8. Ps. 44. 13, 14; 79. 10. Je. 18. 16; 24. 9; 33. 24. La. 2. 15. Da. 9. 16. *taken up in the lips of talkers. or,* made to come upon the lip of the tongue. *and are.* Job 30. 1-10. Ps. 35. 15, 16; 69. 12. Mat. 27. 39-44. 1 Co. 4. 13.

4 *mountains.* ver. 1, 6. De. 11. 11. *rivers. or,* bottoms, *or* dales. *desolate.* ver. 33-35; ch. 6. 14. 2 Ch. 36. 17-21. Is. 6. 11; 24. 1-12. *a prey.* ch. 34. 28. Ps. 79. 4. Is. 64. 10, 11. Je. 25. 9-13; 29. 10.

5 *Surely.* ch. 38. 19. De. 4. 24. Is. 66. 15, 16. Zep. 3. 8. Zec. 1. 15. *against the.* ver. 3. Je. 25. 9, 15-29. Zep. 2. 8-10. *against all.* ch. 25. 8-14; ch. 35. Ps. 137. 7. Is. ch. 34; 63. 1-6. Je. 49. 7-22. La. 4. 21. Am. 1. 11, 12. Ob. 1, etc. Mal. 1. 2-4. *appointed.* ch. 35. 10-12. Ps. 83. 4-12. Je. 49. 1. *with the.* ch. 35. 15. Pr. 17. 5; 24. 17, 18. Ob. 12. Mi. 7. 8. *with despiteful.* ch. 25. 12, 15. Am. 1. 11.

6 ver. 4, 5, 15; ch. 34. 29. Ps. 74. 10, 18, 23; 123. 3, 4.

7 *I have lifted.* ch. 20. 5, 15. De. 32. 40. Re. 10. 5, 6. *the heathen.* ch. 25-35. Je. 25. 9, 15-29; ch. 47-51. Am. ch. 1. Zep. ch. 2.

8 *ye shall.* ch. 34. 26-29. Ps. 67. 6; 85. 12. Is. 4. 2; 27. 6; 30. 23. Ho. 2. 21-23. Am. 9. 13-15. *for.* The Edomites, and other enemies of the Jews, who thought they would soon be in possession of the whole land of Judea, might be assured that the predicted seventy years of the captivity were wearing away, and the time would soon arrive when the Jews would repossess and cultivate their own land, and eat its fruits. *at hand.* ch. 12. 25. Phi. 4. 5. He. 10. 37. Ja. 5. 8, 9.

9 Ps. 46. 11; 99. 8. Ho. 2. 21-23. Joel 3. 18. Hag. 2. 19. Zec. 8. 12. Mal. 3. 10, 11. Ro. 8. 31.

10 *I will.* ver. 37. Is. 27. 6; 47. 17-23. Je. 30. 19; 31. 27, 28; 33. 12. Zec. 8. 3-6. *the wastes.* ver. 33. Is. 51. 3; 52. 9; 58. 12; 61. 4. Je. 31. 10-14. Am. 9. 14.

11 *I will multiply.* Je. 31. 27; 33. 12. *and I will settle.* The circumstances of the Jews were never so prosperous after the captivity as they had been before; hence this prophecy must refer to the times of the Gospel and the future conversion and restoration of the Jews. Je. 30. 18; 31. 38-40. Ob. 19-21. Mi. 7. 14. *will do.* ver. 35. Is. 30. 26; 54. 7-10. Je. 23. 5-8. Joel 3. 18-21. Am. 9. 15. Hag. 2. 6-9. Zec. 8. 11-15. He. 8. 8-13; 11. 40. *and ye.* ch. 35. 9; 37. 6, 13. Is. 52. 4-6. Ho. 2. 20. 1 Jno. 5. 20.

12 *I will cause.* The prophet is still personifying the mountains, valleys, and wastes of Judea. *they shall.* Je. 32. 15, 44. Ob. 17-21. *no more.* ver. 13. Nu. 13. 32. Je. 15. 7.

14 *no more.* ch. 37. 25-28. Is. 60. 21. Am. 9. 15. *bereave. or,* cause to fall.

15 *men.* ver. 6; ch. 34. 29. Is. 54. 4; 60. 14. Mi. 7. 8-10. Zep. 3. 19, 20. *thou bear.* Ps. 89. 50. Zep. 2. 8.

17 *they defiled.* Le. 18. 24-28. Nu. 35. 33, 34. Ps. 106. 37, 38. Is. 24. 5. Je. 2. 7; 3. 1, 2, 9; 16. 18. Mi. 2. 10. *as the.* Le. 15. 19, etc. Is. 64. 6.

18 *I poured.* ch. 7. 8; 14. 19; 21. 31. 2 Ch. 34. 21, 26. Is. 42. 25. Je. 7. 20; 44. 6. La. 2. 4; 4. 11. Na. 1. 6. Re. 14. 10; 16. 1, etc. *for the.* ch. 16. 36-38; 23. 37.

19 *I scattered.* ch. 5. 12; 22. 15. Le. 26. 38. De. 28. 64. Am. 9. 9. *according to their way.* ch. 7. 3, 8; 18. 30; 22. 31; 39. 24. Ro. 2. 6. Re. 20. 12-15.

20 *they profaned.* The Jews, when thus scattered, appeared to them an abject and wretched company of people. They were recognized as the worshippers of Jehovah wherever they went; but they were looked upon as a viler and more worthless race than any of the idolaters among whom they were driven. Many would ascribe their wickedness to the tendency of their religion, which they abhorred, and not to their having acted inconsistently with it; and regard their miseries, not as the punishment of their sins, but as proofs of God's inability to protect them. This profanation of his holy name, Jehovah was determined to wipe away, by shewing mercy unto them. Is. 52. 5. Ro. 2. 24. *These.* Ex. 32. 11-13. Nu. 14. 15, 16. Jos. 7. 9. 2 Ki. 18. 30, 35; 19. 10-12. Je. 33. 24. Da. 3. 15.

21 ch. 20. 9, 14, 22. De. 32. 26, 27. Ps. 74. 18. Is. 37. 35; 48. 9.

22 ver. 32. De. 7. 7, 8; 9. 5-7. Ps. 106. 8; 115. 1, 2.

23 *sanctify.* ch. 20. 41; 38. 22, 23. Nu. 20. 12, 13. Ps. 46. 10. Is. 5. 16. 1 Pe. 3. 15. *and the heathen.* ch. 39. 28. Ex. 15. 4-16. Ps. 102. 13-16; 126. 1-3. Da. 2. 47; 3. 28, 29; 4. 2, 3, 34-37; 6. 26, 27. *when I shall.* ch. 28. 22. 1 Pe. 2. 9. *their.* or, your.

24 ch. 11. 17; 34. 13; 37. 21, 25; 39. 27, 28. De. 30. 3-5. Ps. 107. 2, 3. Is. 11. 11-16; 27. 12, 13; 43. 5, 6. Je. 23. 3-8; 30. 3, 18; 31. 8; 32. 37; 50. 17-20. Ho. 1. 11. Am. 9. 14, 15. Ro. 11. 25, 26.

25 *will I.* Le. 14. 5-7. Nu. 8. 7; 19. 13-20. Ps. 51. 7. Is. 52. 15. Jno. 3. 5. Tit. 3. 5, 6. He. 9. 13, 14, 19; 10. 22. 1 Jno. 5. 6. *filthiness.* ver. 17, 29; ch. 37. 23. Ps. 51. 2. Pr. 30. 12. Is. 4. 4. Je. 33. 8. Zec. 13. 1. Ac. 22. 16. 1 Co. 6. 11. 2 Co. 7. 1. Ep. 5. 26, 27. Tit. 2. 14. 1 Jno. 1. 7. Re. 1. 5; 7. 14. *from all your idols.* Is. 2. 18-20; 17. 7, 8. Je. 3. 22, 23. Ho. 14. 3, 8. Zec. 13. 2.

26 *new heart.* De. 30. 6. Ps. 51. 10. Je. 32. 39. Jno. 3. 3-5. 2 Co. 3. 18; 5. 17. Ga. 6. 15. Ep. 2. 10. Re. 21. 5. *the stony.* ch. 11. 19, 20. Zec. 7. 12. Mat. 13. 5, 20, 21. Mar. 4. 16, 17. 2 Co. 3. 3.

27 *I will.* ch. 37. 14; 39. 29. Pr. 1. 23. Is. 44. 3, 4; 59. 21. Joel 2. 28, 29. Zec. 12. 10. Lu. 11. 13. Ro. 8. 9, 14-16. 1 Co. 3. 16. Ga. 5. 5, 22, 23. Ep. 1. 13, 14. 2 Th. 2. 13. Tit. 3. 3-6. 1 Pe. 1. 2, 22. 1 Jno. 3. 24. *cause.* ch. 37. 24. Je. 31. 33. Ga. 5. 16. Col. 2. 6. Phi. 2. 12, 13. Tit. 2. 11-14. He. 13. 21. 1 Jno. 1. 6, 7. 2 Jno. 6.

28 *dwell.* ver. 10; ch. 28. 25; 37. 25; 39. 28. *be people.* ch. 11. 20; 37. 23, 27. Ca. 6. 3. Je. 30. 22, 32; 31. 33; 32. 38. Ho. 1. 10. Zec. 13. 9. Mat. 22. 32. 2 Co. 6. 16-18; 7. 1. He. 8. 10; 11. 16. Re. 21. 3, 7.

29 *save.* ver. 25. Je. 33. 8. Ho. 14. 2, 4, 8. Joel 3. 21. Mi. 7. 19. Zec. 13. 1. Mat. 1. 21. Jno. 1. 7-9. Ro. 6. 14; 11. 26. Tit. 2. 14. *call.* ver. 8, 9; ch. 34. 27-29. Ps. 105. 6. Ho. 2. 21-23. Mat. 6. 33.

30 *reproach.* De. 29. 23-28. Joel 2. 17, 26.

31 *shall ye.* ch. 6. 9; 16. 61-63; 20. 43. Le. 26. 39. Ezr. 9. 6, etc. Ne. 9. 26-35. Je. 31. 18-20. Da. 9. 4-20. *shall lothe.* Job 42. 6. Is. 6. 5; 64. 6. Zec. 12. 10, 11. Lu. 18. 13. Ro. 6. 21. 2 Co. 7. 10, 11.

32 *for your.* ver. 22. De. 9. 5. Da. 9. 18, 19. 2 Ti. 1. 9. Tit. 3. 3-6. *be ashamed.* ch. 16. 63. Ezr. 9. 6. Ro. 6. 21. 1 Pe. 4. 2, 3.

33 *cause.* Zec. 8. 7, 8. *wastes.* ver. 10. Is. 58. 12. Je. 32. 43; 33. 10; 50. 19, 20. Am. 9. 14, 15.

34 ch. 6. 14. De. 29. 23-28. 2 Ch. 36. 21. Je. 25. 9-11.

35 *they shall.* Ps. 58. 11; 64. 9; 126. 2. Je. 33. 9. *like the.* ch. 37. 13. Ge. 2. 8, 9; 13. 10. Is. 51. 3. Joel 2. 3.

36 *know.* ch. 17. 24; 34. 30; 37. 28; 39. 27-29. Mi. 7. 15-17. *I the Lord have.* ch. 22. 14; 24. 14; 37. 14. Nu. 23. 19. Ho. 14. 4-9. Mat. 24. 35.

37 *I will yet.* ch. 14. 3; 20. 3, 31. Ps. 10. 17; 102. 17. Is. 55. 6, 7. Je. 29. 11-13; 50. 4, 5. Zec. 10. 6, 9; 13. 9. Mat. 7. 7, 8. Phi. 4. 6. He. 4. 16; 10. 21, 22. Ja. 4. 2, 3. 1 Jno. 5. 14. *I will increase.* ver. 10.

38 *holy flock.* *Heb.* flock of holy things. *as the flock.* Ex. 23. 17; 34. 23. De. 16. 16. 2 Ch. 7. 8; 30. 21-27; 35. 7, etc. Zec. 8. 19-23. Ac. 2. 5-11. *the waste.* ver. 33-35; ch. 34. 31. Je. 30. 19; 31. 27, 28. Jno. 10. 16. Re. 7. 4-9.

## CHAP. XXXVII.

*By the resurrection of dry bones,* 1-10, *the dead hope of Israel is revived,* 11-14. *By the uniting of two sticks,* 15-17, *is shewn the incorporation of Israel into Judah,* 18-20. *The promises of Christ's kingdom,* 21-28.

1 *hand.* In this vision, the *dry bones* aptly represent the ruined and desperate state of both Israel and Judah; and the *revivification* of these bones signifies their restoration to their own land after their captivity, and also their recovery from their present long dispersion. Although this is the primary and genuine scope of the vision, yet the doctrine of a general resurrection of the dead may justly be inferred from it; for 'a simile of the resurrection,' says JEROME, after TERTULLIAN and others, 'would never have been used to signify the restoration of the people of Israel, unless such a future resurrection had been believed and known; because no one attempts to confirm uncertain things by things which have no existence.' ch. 1. 3; 3. 14, 22; 33. 22; 40. 1. Re. 1. 10. *carried.* ch. 8. 3; 11. 24. 1 Ki. 18. 12. 2 Ki. 2. 16. Lu. 4. 1. Ac. 8. 39.

2 *valley.* or, champaign. De. 11. 30. *they were.* ver. 11. Ps. 141. 7.

3 *can.* Jno. 6. 5, 6. *O Lord God.* De. 32. 39. 1 Sa. 2. 6. Jno. 5. 21; 11. 25, 26. Ac. 26. 8. Ro. 4. 17. 2 Co. 1. 9, 10. He. 11. 19.

4 *Prophesy.* ver. 11, 15, 16. Nu. 20. 8. 1 Ki. 13. 2. Mat. 21. 21. Jno. 2. 5. *O ye.* ch. 36. 1. Is. 26. 19; 42. 18. Je. 22. 29. Mi. 6. 2. Jno. 5. 25, 28, 29.

5 *I will.* ver. 9, 10, 14. Ge. 2. 7. Ps. 104. 29, 30. Jno. 20. 22. Ro. 8. 2. Ep. 2. 5.

6 *I will.* ver. 8-10. *ye shall.* ver. 14; ch. 6. 7, 13; 7. 4, 9; 11. 10, 12; 20. 38; 28. 22-26; 32. 15; 34. 27; 35. 9, 12, 15; 38. 23; 39. 6, 22, 28. De. 29. 6. 1 Ki. 20. 28. Is. 49. 23. Joel 2. 27; 3. 17.

7 *I prophesied as.* Je. 13. 5-7; 26. 8. Ac. 4. 19; 5. 20-29. *there.* 1 Ki. 19. 11-13. Ac. 2. 2, 37; 16. 26-29.

9 *wind.* or, breath. *Come.* ver. 5, 14. Ca. 4. 16. Jno. 3. 8.

10 *the breath.* Ps. 104. 30. Re. 11. 11; 20. 4, 5.

11 *whole house.* ver. 16, 19; ch. 36. 10; 39. 25. Je. 31. 1; 33. 24-26. Ho. 1. 11. Ro. 11. 26. 2 Co. 5. 14. Ep. 2. 1. *Our bones.* ver. 1-8. Nu. 17. 12, 13. Ps. 77. 7-9; 141. 7. Is. 40. 27; 49. 14. Je. 2. 25.

12 *Therefore.* Job 35. 14, 15. *I will open.* This is a pointed allusion to the resurrection; under which figure Isaiah (ch. 26. 9) also describes the restoration of the house of Israel, when he says, 'thy dead men shall live;' at which time their *bones* are said to *flourish*, (ch. 66. 14,) or to be restored to their former strength and vigour; and, in like manner, St. Paul, (Ro. 11. 15,) expresses their conversion by 'life from the dead.' In the land of their captivity, they seemed as absolutely deprived of their country as persons committed to the grave are cut off from the land of the living; but when Cyrus issued his proclamation, Jehovah, as it were, opened their graves, and when he stirred up their spirits to embrace the proffered liberty, he put his Spirit within them, that they might live; and their re-establishment in their own land evinced the truth of God in the prediction, and his power in its accomplishment. ver. 21. Is. 26. 19; 66. 14. Ho. 6. 2; 13. 14. 1 Th. 4. 16. Re. 20. 13. *and bring.* ver. 25; ch. 28. 25; 36. 24. Ezr. ch. 1; 2. Am. 9. 14, 15.

13 ver. 6; ch. 16. 62. Ps. 126. 2, 3.

14 *shall put.* ver. 9; ch. 11. 19; 36. 27; 39. 29. Is. 32. 15. Joel 2. 28, 29. Zec. 12. 10. Ac. 2. 16, 17. Ro. 8. 2, 11. 1 Co. 15. 45. Tit. 3. 5, 6. *I the Lord.* ch. 17. 24; 22. 14; 36. 36.

16 *take thee.* Nu. 17. 2, 3. *For Judah.* 2 Ch. 10. 17; 11. 11-17; 15. 9; 30. 11-18. *For Joseph.* 1 Ki. 12. 16-20. 2 Ch. 10. 19.

17 ver. 22-24. Is. 11. 13. Je. 50. 4. Ho. 1. 11. Zep. 3. 9.

18 *Wilt.* ch. 12. 9; 17. 12; 20. 49; 24. 19.

19 *Behold.* ver. 16, 17. 1 Ch. 9. 1-3. Zec. 10. 6. Ep. 2. 13, 14. Col. 3. 11.

20 *in thine.* ch. 12. 3. Nu. 17. 6-9. Ho. 12. 10.

21 ch. 34. 13; 36. 24; 39. 25. De. 30. 3, 4. Is. 11. 11, etc.; 27. 12, 13; 43. 6; 49. 12. Je. 16. 15; 23. 3, 8; 29. 14; 30. 3, 10, 18; 31. 8-10; 32. 37; 33. 7, 11; 50. 19. Am. 9. 14, 15. Ob. 17-21. Mi. 7. 11, 12.

22 *I will make.* Is. 11. 12, 13. Je. 3. 18; 32. 39; 50. 4. Ho. 1. 11. Ep. 2. 19-22. *and one.* It is evident that the grand union of Israel and Judah here predicted, and their government under one king, and that king to be David, must still be future; for, politically speaking, they never had a *king* from that day to this, far less a king or prince of that name. (See on ch. 34. 23.) ver. 24; ch. 34. 23, 24. Ge. 49. 10. Ps. 2. 6, 12; 72. 1, 8. Is. 9. 6, 7. Je. 23. 5, 6; 33. 14-17, 26. Ho. 3. 4, 5. Lu. 1. 32, 33. Jno. 10. 16. Re. 11. 15.

23 *shall they defile.* ch. 20. 43; 36. 25, 29, 31; 43. 7, 8. Is. 2. 18. Ho. 14. 8. Zec. 13. 1, 2; 14. 21. *but.* ch. 36. 24, 29. Le. 20. 7, 8. Mi. 7. 14. *will cleanse.* Ep. 5. 26, 27. He. 9. 13, 14. 1 Jno. 1. 7, 9. *they be.* ver. 27; ch. 36. 28; 39. 22. Ge. 17. 7, 8. Ps. 68. 20, 35. Je. 31. 1, 33; 32. 38, 39. Ho. 1. 10. Zec. 13. 9. Re. 21. 3, 4, 7.

24 *David.* ver. 25. Is. 55. 3, 4. Je. 23. 5; 30. 9. Ho. 3. 5. Lu. 1. 32. *one.* ver. 22; ch. 34. 23, 24. Ps. 78. 71, 72; 80. 1. Ec. 12. 11. Is. 40. 11. Mi. 5. 2, 4. Zec. 13. 7. Jno. 10. 11, 14-16. Ep. 4. 4-6. He. 13. 20. 1 Pe. 5. 4. *they shall.* ch. 36. 27. De. 30. 6. Je. 31. 33; 32. 39. 1 Co. 11. 2. Ep. 2. 10. Phi. 2. 12, 13. Tit. 2. 11-13; 3. 3-8. 1 Jno. 2. 6.

25 *they shall dwell in.* ver. 21; ch. 28. 25; 36. 28; 37. 26. Je. 30. 3; 31. 24; 32. 41. *even they.* Is. 60. 21; 66. 22. Joel 3. 20. Am. 9. 15. Zep. 3. 14, 15. Zec. 14. 11. *and my.* ver. 24. Is. 9. 6, 7. Da. 2. 44, 45. Zec. 6. 12, 13. Lu. 1. 32, 33. Jno. 12. 34. He. 7. 2, 21.

26 *I will make.* ch. 34. 25. Ge. 17. 7. 2 Sa. 23. 5. Ps. 89. 3, 4. Is. 55. 3; 59. 20, 21. Je. 32. 40. Ho. 2. 18-23. Jno. 14. 27. He. 13. 20, 21. *multiply.* ch. 36. 10, 37. Is. 27. 6; 49. 21. Je. 30. 19; 31. 27. Zec. 8. 4, 5. He. 6. 14. *set.* ch. 11. 16; 43. 7; 45. 1, etc. Le. 26. 11, 12. 1 Ki. 8. 20, 21. Ps. 68. 18. Zec. 2. 5. 2 Co. 6. 16.

27 *tabernacle.* Jno. 1. 14. Col. 2. 9, 10. Re. 21. 3, 22. *I will.* ver. 23; ch. 11. 20; 14. 11; 36. 28. Le. 26. 12. Ho. 2. 23.

28 *the heathen.* ch. 36. 23, 36; 38. 23; 39. 7, 23. Ps. 79. 10; 102. 15; 126. 2. Ro. 11. 15. *sanctify.* ch. 20. 12. Ex. 31. 13. Le. 20. 8; 21. 8. Jno. 17. 17-19. 1 Co. 1. 30. Ep. 5. 26. 1 Th. 5. 23.

## CHAP. XXXVIII.

*The army,* 1-7, *and malice of Gog,* 8-13. *God's judgment against him,* 14-23.

2 *Son.* ch. 2. 1; 39. 1. *set.* ch. 6. 2; 20. 46; 25. 2; 35. 2, 3. *Gog.* Rather, 'Gog (the prince) of the land of Magog, the prince of Rosh, Meshech, and Tubal.' By *Magog* is most probably meant the Scythians or Tartars, called so by Arabian and Syrian writers, and especially the Turks, who were originally natives of Tartary; and by *Rosh,* the Russians, descendants of the ancient inhabitants on the river Araxes or Rosh. Re. 20. 8, 9. *Magog.* Ge. 10. 2. 1 Ch. 1. 5. *the chief prince of. or,* prince of the chief of. *Meshech.* ch. 27. 13; 32. 26. Is. 66. 19.

3 *I am.* ch. 13. 8; 29. 3; 35. 3; 39. 1, 2, etc.

4 *I will turn.* ch. 29. 4; 39. 2. 2 Ki. 19. 28. Is. 37. 29. *horses.* ver. 15. Da. 11. 40. *all of them.* ch. 23. 12. *handling.* 1 Ch. 12. 8. 2 Ch. 25. 5. Je. 46. 9.

5 *Persia.* ch. 27. 10. *Libya. or,* Phut. ch. 30. 5. Ge. 10. 6. 1 Ch. 1. 8. Na. 3. 9, Put.

6 *Gomer.* Ge. 10. 2. 1 Ch. 1. 5. *Togarmah.* ch. 27. 14. Ge. 10. 3. 1 Ch. 1. 6. Da. 11. 40.

7 2 Ch. 25. 8. Ps. 2. 1-4. Is. 8. 9, 10; 37. 22. Je. 46. 3-5, 14-16; 51. 12. Joel 3. 9-12. Am. 4. 12. Zec. 14. 2, 3.

8 *many days.* ver. 16. Ge. 49. 1. Nu. 24. 14. De. 4. 30. Je. 48. 47; 49. 39. Ho. 3. 3-5. Hab. 2. 3. *thou shalt be.* Ex. 20. 5. Is. 24. 22; 29. 6. Je. 32. 5. La. 4. 22. *into the land.* ver. 12; ch. 36. 24, etc.; 37. 21, etc.; 39. 27-29. Is. 11. 11, etc. Je. 30. 3, 18; 32. 37. Am. 9. 14, 15. *the mountains.* ch. 34. 13; 36. 1-8. *it is.* 1 Pe. 2. 9. *and they shall.* ver. 11; ch. 28. 26; 34. 25-28. Je. 23. 6; 33. 16.

9 *shalt ascend.* ch. 13. 11. Is. 21. 1, 2; 25. 4; 28. 2. Da. 11. 40. *like.* ver. 16. Je. 4. 13. Joel 2. 2. *all thy.* Is. 8. 9, 10.

10 *that at.* Ps. 83. 3, 4; 139. 2. Pr. 19. 21. Is. 10. 7. Mar. 7. 21. Jno. 13. 2. Ac. 5. 3, 9; 8. 22. 1 Co. 4. 5. *think an evil thought. or,* conceive a mischievous purpose. Ps. 36. 4. Pr. 6. 14, 18; 12. 2. Mi. 2. 1.

11 *go up.* Ex. 15. 9. Ps. 10. 9. Pr. 1. 11-16. Is. 37. 24, 25. Ro. 3. 15. *go to.* Ju. 18. 7, 27. Je. 49. 31, 32. Zec. 2. 4, 5. *safely. or,* confidently. ver. 8. Pr. 3. 29, 30.

12 *take a spoil, and to take a prey. Heb.* spoil the spoil, and to prey the prey. ch. 29. 19, marg. Is. 10. 6. Je. 30. 16. *turn.* Is. 1. 24, 25. Am. 1. 8. Zec. 13. 7. *the desolate.* ch. 36. 33-35. Je. 32. 43, 44; 33. 12, 13. Zec. 1. 12, 17. *and upon.* ver. 8. Zec. 10. 8-10. *midst. Heb.* navel. Ju. 9. 37, marg.

13 *Sheba.* ch. 27. 12, 15, 20, 22, 23, 25. *with.* ch. 19. 3-6; 32. 2. Ps. 57. 4. Je. 50. 17; 51. 38. Na. 2. 11-13. Zec. 11. 3.

14 *in that.* Is. 4. 1, 2. *dwelleth.* ver. 8, 11. Je. 23. 6. Zec. 2. 5, 8. *shalt.* ch. 37. 28.

15 *thy place.* ch. 39. 2. Da. 11. 40. *and many.* ver. 4, 6. Joel 3. 2. Zep. 3. 8. Zec. 12. 2-4; 14. 2, 3. Re. 16. 14, 16; 20. 8.

16 *as a cloud.* ver. 9. *it shall be.* Though it is not generally agreed what people or transactions are here predicted, yet it seems evident that the prophecy is not yet accomplished. Nothing occurred in the wars of Cambyses, or Antiochus Epiphanes with the Jews, that answers to it; and the expression here used, *in the latter days,* plainly implies, that there should be a succession of many ages between the publication of the prediction and its accomplishment. It is therefore supposed, with much probability, that its fulfilment will be posterior to the conversion of the Jews and their restoration to their own land; and that the Turks, Tartars, or Scythians, from the northern parts of Asia, perhaps uniting with the inhabitants of some more southern regions, will make war upon the Jews, and be cut off in the manner here predicted. ver. 8. De. 31. 29. Is. 2. 2. Da. 2. 28; 10. 14. Ho. 3. 5. Mi. 4. 1. 1 Ti. 4. 1. 2 Ti. 3. 1. *that the.* ver. 23; ch. 36. 23; 39. 21. Ex. 14. 4. 1 Sa. 17. 45-47. 2 Ki. 19. 19. Ps. 83. 17, 18. Da. 3. 24-29; 4. 32-37; 6. 15-27. Mi. 7. 15-17. Mat. 6. 9, 10.

17 *whom.* ver. 10, 11, 16. Ps. 110. 5, 6. Is. 27. 1; 34. 1-6; 63. 1-6; 66. 15, 16. Da. 11. 40-45. Joel 3. 9-14. Zec. 12. 2-8; 14. 1, etc. *by. Heb.* by the hands of.

18 *that.* ch. 36. 5, 6. De. 32. 22. Ps. 18. 7, 8; 89. 46. Na. 1. 2. He. 12. 29.

19 *in my.* ch. 39. 25. De. 29. 20. Is. 42. 13. Joel 2. 18. Zec. 1. 14. *Surely.* Joel 3. 16. Hag. 2. 6, 7, 21, 22. He. 12. 26. Re. 11. 13; 16. 18, 20.

20 *the fishes.* Je. 4. 23-26. Ho. 4. 3. Na. 1. 4-6. Zec. 14. 4, 5. Re. 6. 12, 13. *steep places. or,* towers, *or* stairs. Is. 30. 25. 2 Co. 10. 4.

21 *I will.* ch. 14. 17. Ps. 105. 16. *every.* Ju. 7 22. 1 Sa. 14. 20. 2 Ch. 20. 23. Hag. 2. 22.

22 *I will plead.* Is. 66. 16. Je. 25. 31. Zec. 14. 12-15. *with pestilence.* ch. 5. 17. *an overflowing.* ch. 13. 11. Ge. 19. 24. Ex. 9. 22-25. Jos. 10. 11. Ps. 11. 6; 18. 12-14; 77. 16-18. Is. 28. 17; 29. 6; 30. 30-33. Mat. 7. 27. Re. 16. 21.

23 *magnify.* ch. 36. 23. *and I.* ver. 16; ch. 37. 28; 39. 7, 13, 27. Ps. 9. 16. Re. 15. 3, 4; 19. 1-6.

## CHAP. XXXIX.

*God's judgment upon Gog,* 1-7. *Israel's victory,* 8-10. *Gog's burial in Hamon-gog,* 11-16. *The feast of the fowls,* 17-20. *Israel having been plagued for their sins,* 21-24, *shall be gathered again with eternal favour,* 25-29.

1 *son.* ch. 38. 2, 3. *Behold.* ch. 35. 3. Na. 2. 13; 3. 5. *the chief prince of Meshech and Tubal.* Or, 'prince of Rosh, Meshech, and Tubal.' See on ch. 38. 2.

2 *I will.* It is probable that none of the invaders will escape: but perhaps the inhabitants of Magog in general are meant. The immense army of Gog, led forth against Israel, will almost empty his land; and the subsequent judgments of God upon those that remain at home, will reduce them to a sixth of the whole. Ps. 40. 14; 68. 2. Is. 37. 29. *leave but the sixth part of thee. or,* strike thee with six plagues; *or,* draw thee back with a hook of six teeth, as ch. 38. 4. *and will cause.* ch. 38. 15. Da. 11. 40. *north parts. Heb.* sides of the north.

3 ch. 30. 21-24. Ps. 46. 9; 76. 3. Je. 21. 4, 5. Ho. 1. 5.

4 *fall.* ver. 17-20; ch. 38. 21. *I will.* ch. 32. 4, 5; 33. 27. Is. 34. 2-8. Je. 15. 3. Re. 19. 17-21. *sort. Heb.* wing. *to be devoured. Heb.* to devour.

5 *open field.* *Heb.* face of the field. ch. 29. 5; 32. 4. Je. 8. 2; 22. 19.

6 *I will.* Some terrible judgment will destroy the countries whence the army of Gog was led forth, about the same time that the army itself shall be cut off. ch. 30. 8, 16; 38. 19-22. Am. 1. 4, 7, 10. Na. 1. 6. *carelessly.* *or*, confidently. ch. 38. 11. Ju. 18. 7. *in the isles.* ch. 38. 6, 13. Ps. 72. 10. Is. 66. 19. Je. 25. 22. Zep. 2. 11.

7 *will I.* ver. 22; ch. 38. 16, 23. *and I will.* ch. 20. 9, 14, 39; 36. 20, 21, 36. Ex. 20. 7. Le. 18. 21. *the heathen.* ch. 38. 16, 23 *the Holy.* Is. 12. 6; 43. 3, 14; 55. 5; 60. 9, 14.

8 *it is come.* The prophet, seeing in vision the accomplishment of the prediction, speaks of it as already come and done. ch. 7. 2-10. Is. 33. 10-12. Re. 16. 17; 21. 6. *this.* ch. 38. 17. 2 Pe. 3. 8.

9 *shall go.* Ps. 111. 2, 3. Is. 66. 24. Mal. 1. 5. *and shall.* ver. 10. Jos. 11. 6. Ps. 46. 9. Zec. 9. 10. *set on fire.* The language here employed seems to intimate that the army of Gog will be cut off by miracle, as that of Sennacherib; for the people are described as going forth, not to fight and conquer, but merely to gather the spoil, and to destroy the weapons of war, as no longer of use. *hand-staves.* *or*, javelins. *and they.* When the immense number and destruction of the invaders are considered, and also the little fuel comparatively which is necessary in warm climates, we may easily conceive of this being literally fulfilled. *burn them with fire.* *or*, make a fire of them.

10 *shall spoil.* Ex. 3. 22; 12. 36. Is. 14. 2; 33. 1. Mi. 5. 8. Hab. 2. 8. Zep. 2. 9, 10. Mat. 7. 2. Re. 13. 10; 18. 6.

11 *the valley.* Probably the valley near the Sea of Gennesareth, as the Targum renders, and so called because it was the great road by which the merchants and traders from Syria and other Eastern countries went into Egypt. Perhaps what is now called the plains of *Haouran*, south of Damascus. *on the east.* ch. 47. 18. Nu. 34. 11. Lu. 5. 1. Jno. 6. 1. *noses.* *or*, *mouths.* *Hamon-gog.* *that is*, The multitude of Gog. Nu. 11. 34, margin.

12 *cleanse.* ver. 14, 16. Nu. 19. 16. De. 21. 23.

13 *a renown.* De. 26. 19. Ps. 149. 6-9. Je. 33. 9. Zep. 3. 19, 20. 1 Pe. 1. 7. *the day.* ver. 21, 22; ch. 28. 22. Ps. 126. 2, 3.

14 *they shall.* Nu. 19. 11-19. *continual employment.* *Heb.* continuance. *to cleanse.* ver. 12.

15 *set.* *Heb.* build. Lu. 11. 44. *in the.* ver. 11.

16 *Hamonah.* *that is*, The multitude. *cleanse.* ver. 12.

17 *Speak.* Ge. 31. 54. 1 Sa. 9. 13; 16. 3. Is. 56. 9. Je. 12. 9. Zep. 1. 7. Re. 19. 17, 18. *every feathered fowl.* *Heb.* the fowl of every wing. *to my.* ver. 4. 1 Sa. 17. 46. Is. 18. 6; 34. 6. Je. 46. 10. Zep. 1. 7. *sacrifice.* *or*, slaughter.

18 *eat.* ch. 29. 5; 34. 8. Re. 19. 17, 18, 21. *goats.* *Heb.* great goats. ch. 34. 17, marg. *of bullocks.* Ps. 68. 30. Is. 34. 7. Je. 50. 11, 27; 51. 40. *fatlings.* De. 32. 14. Ps. 22. 12. Am. 4. 1.

20 ch. 38. 4. Ps. 76. 5, 6. Hag. 2. 22. Re. 19. 18.

21 *I will set.* ch. 36. 23; 38. 16, 23. Ex. 9. 16; 14. 4. Is. 26. 11; 37. 20. Mal. 1. 11. *and my.* Ex. 7. 4; 8. 19. 1 Sa. 5. 7, 11; 6. 9. Ps. 32. 4.

22 *know.* ver. 7, 28; ch. 28. 26; 34. 30. Ps. 9. 16. Je. 24. 7; 31. 34. Jno. 17. 3. 1 Jno. 5. 20.

23 *the heathen.* ch. 36. 18-23, 36. 2 Ch. 7. 21, 22. Je. 22. 8, 9; 40. 2, 3. La. 1. 8; 2. 15-17. *hid I.* ver. 29. De. 31. 17, 18; 32. 20. Ps. 10. 1; 30. 7. Is. 1. 15; 8. 17; 59. 2; 64. 7. Je. 33. 5. *gave them.* Le. 26. 25. De. 32. 30. Ju. 2. 14; 3. 8. Ps. 106. 41. Is. 42. 24.

24 ch. 36. 19. Le. 26. 24. 2 Ki. 17. 7, etc. Is. 1. 20; 3. 11; 59. 17, 18. Je. 2. 17, 19; 4. 18; 5. 25. Da. 9. 5-10.

25 *Now will.* The return of a few Jews from Babylon, and their continuance, increase, partial reformation, and prosperity, till the days of Christ, followed by their present long continued dispersion, under the frown of God, and destitute of his Spirit, could in no degree answer to these predictions. Hence we must conclude, that some future events, exactly suitable to them, shall yet take place relative to the nation of Israel. ch. 34. 13; 36. 21, 24. Is. 27. 12, 13; 56. 8. Je. 3. 18; 23. 3; 30. 3, 10, 18; 31. 3; 32. 37. Am. 9. 14. Ro. 11. 26-31. *the whole.* ch. 20. 40; 37. 21, 22. Je. 31. 1. Ho. 1. 11. *and will.* ch. 36. 4-6, 21-23. Joel 2. 18. Zec. 1. 14; 8. 2.

26 *they have borne.* ch. 16. 52, 57, 58, 63; 32. 25, 30. Ps. 99. 8. Je. 3. 24, 25; 30. 11. Da. 9. 16. *when they.* Le. 26. 5, 6. De. 28. 47, 48; 32. 14, 15. 1 Ki. 4. 25. Mi. 4. 4.

27 *I have.* ver. 25; ch. 28. 25, 26. *and am.* ver. 13; ch. 36. 23, 24; 38. 16, 23. Le. 10. 3. Is. 5. 16.

28 *shall they.* ver. 22; ch. 34. 30. Ho. 2. 20. *which caused them.* *Heb.* by my causing of them, etc. ver. 23. *and have.* De. 30. 3, 4. Ne. 1. 8-10. Is. 27. 12. Am. 9. 9. Ro. 9. 6-8; 11. 1-7.

29 *hide.* ver. 23-25; ch. 37. 26, 27. Is. 45. 17; 54. 8-10. *for.* ch. 36. 25-27. Is. 32. 15; 44. 3-5; 59. 20, 21. Joel 2. 28. Zec. 12. 10. Ac. 2. 17, 18, 33. 1 Jno. 3. 24.

## CHAP. XL.

*The time, manner, and end of the vision of the city and temple, 1-5. The description of the east gate of the outer court, 6-19; of the north gate, 20-23; of the south gate, 24-26; of the south gate of the inner court, 27-31; of the east gate, 32-34; and of the north gate, 35-38. Eight tables, 39-43. The chambers, 44-47. The porch of the house, 48, 49.*

1 *In the five.* On Tuesday, April 20. ch. 1. 2; 8. 1; 29. 17; 32. 1, 17. *after.* ch. 33. 21. 2 Ki. ch. 25. Je. ch. 39; 53. *selfsame.* Ex. 12. 41. *hand.* ch. 1. 3; 3. 14, 22; 11. 24; 37. 1. Re. 1. 10.

2 *the visions.* There can be little doubt, that the grand outlines of the description of the temple, in the following extraordinary vision, were taken from that of Solomon's, with all the additions made to it in after ages; and we may suppose that Zerubbabel and the other Jews had respect to it, as far as circumstances would permit, in rebuilding the temple after the captivity. There are, however, many circumstances which conclusively shew, that something infinitely superior to either the first or second temple was intended; and that the external description must be considered as a figure and emblem of spiritual blessings. Probably the more immediate accomplishment of the prophecy will be subsequent to the conversion and restoration of the Jews, the destruction of Gog and Magog, and the pouring out of the Spirit, mentioned at the close of the last chapter; but whether there will be any external forms analogous to these cannot be determined, though in some respects it seems improbable. ch. 1. 1; 8. 3. Da. 7. 1, 7. Ac. 2. 17; 16. 9. 2 Co. 12. 1-7. *a very.* ch. 17. 22, 23. Is. 2. 2, 3. Da. 2. 34, 35. Mi. 4. 1. Re. 21. 10. *by.* *or*, upon. *as the.* ch. 48. 30-35. Ga. 4. 26. Re. 21. 10-23. *frame.* 1 Ch. 28. 12, 19. *on the south.* Ps. 48. 2. Is. 14. 13.

3 *whose.* ch. 1. 7, 27. Da. 10. 5, 6. Re. 1. 15. *with.* ch. 47. 3. Is. 8. 20; 28. 17. Zec. 2. 1, 2. Re. 11. 1; 21. 15.

4 *behold.* ch. 2. 7, 8; 3. 17; 43. 10; 44. 5. Mat. 10. 27; 13. 9, 51, 52. *declare.* Is. 21. 10. Je. 26. 2. Ac. 20. 27. 1 Co. 11. 23.

5 *a wall.* ch. 42. 20. Ps. 125. 2. Is. 26. 1; 60. 18. Zec. 2. 5. Re. 21. 12. *by.* De. 3. 11. *so he.* ch. 42. 20.

6 *unto.* ver. 20; ch. 8. 16; 11. 1; 43. 1; 44. 1; 46. 1, 12. 1 Ch. 9. 18, 24. Ne. 3. 29. Je. 19. 2. *which. looketh.* *Heb.* whose face *was* the way. *stairs.* ver. 26. 1 Ki. 6. 8. *threshold.* ch. 10. 18; 43. 8; 46. 2; 47. 1. Ps. 84. 10, marg. *one reed.* ver. 5, 7.

7 ch. 42. 5. 1 Ki. 6. 5-10. 1 Ch. 9. 26; 23. 28. 2 Ch. 3. 9; 31. 11. Ezr. 8. 29. Je. 35. 4.

9 *the posts.* ch. 45. 19.

10 *the little.* ver. 7. *they three.* The entrance into the outer court seems to have been through a porch with doors at both ends; and on each side of this porch were three small chambers, or rooms, for the use of the porters, a reed square in size, with a passage of five cubits between them. The common *cubit*, termed the 'cubit of a man,' (De. 3. 11,) was about 18 inches; but the cubit used by the angel was, as we learn from ch. 43. 13, 'a cubit and a hand breadth,' or about three inches more than the common cubit, that is, 21 inches. Hence the measuring *reed*, which was 'six cubits long, by the cubit and the hand breadth,' (ver. 5,) must have been about 10½ feet.

12 *space. Heb.* limit, *or* bound.

13 *the gate.* The whole arch of the east gate, measured from the southern extremity of one room to the northern extremity of the opposite room, was 25 cubits; including the dimensions of the two rooms, or twelve cubits, (ver. 7;) the spaces before the rooms, or two cubits, (ver. 12;) and the breadth of the entrance, ten cubits, (ver. 11;) making in all 24 cubits, leaving one cubit for the thickness of the walls.

14 *the court.* ch. 8. 7; 42. 1. Ex. 27. 9; 35. 17. Le. 6. 16. 1 Ch. 28. 6. Ps. 100. 4. Is. 62. 9.

15 *the face of the gate.* This was the whole length of the porch, from the outward front, (ch. 41. 21, 25,) to the inner side which looks into the first court, (ver. 17,) including the thickness of the walls, (ver. 6,) chambers, (ver. 7,) and spaces between them.

16 *narrow. Heb.* closed. ch. 41. 16. 1 Ki. 6. 4. 1 Co. 13. 12. *the little.* ver. 7, 12. *arches. or*, galleries, *or* porches. ver. 21, 22, 25, 30; ch. 41. 15; 42. 3. Jno. 5. 2. *inward. or*, within. *palm trees.* 1 Ki. 6. 29, 32, 35. 2 Ch. 3. 5. Ps. 92. 12. Re. 7. 9.

17 *the outward.* ch. 10. 5; 42. 1; 46. 21. Re. 11. 2. *there were.* 1 Ki. 6. 5. 1 Ch. 9. 26; 23. 28. 2 Ch. 31. 11. *thirty.* ch. 42. 4; 45. 5.

19 *unto the.* ver. 23, 27; ch. 46. 1, 2. *without. or*, from without.

20 *the gate.* ver. 6. *that looked. Heb.* whose face *was*.

21 *the little.* ver. 7, 10-16, 29, 30, 36, 37. *arches. or*, galleries, *or* porches. ver. 16, 26, 30-34. *after.* ver. 8, 10, 13, 15, 25, 29.

22 *palm trees.* ver. 16, 31, 37. 1 Ki. 6. 29, 32, 35; 7. 36. 2 Ch. 3. 5. Re. 7. 9. *and they.* ver. 6, 26, 31, 34, 37, 49. He. 6. 1. *before them.* Or, 'suitable to them,' that is, to the arches of the east gate. The north gate into the outward court, and every thing belonging to it, were exactly the same as the east gate.

23 *the gate of.* That is, the gate of the inner court was opposite, and exactly answered to the gate of the outward court, both on the north and east side; and between the gates of the outward and inner court was a space of an hundred cubits. ver. 19, 27, 28, 44. *and he.* Ex. 27. 9-18; 38. 9-12.

24 *and behold.* ver. 6, 20, 35; ch. 46. 9. *and he.* ver. 21, 28, 29, 33, 35, 36. *according.* That is, according to the measures of the eastern and northern gates. There does not appear to have been any gates on the *west*, though the courts seem to have extended to the western wall.

25 *windows.* ver. 16, 22, 29. Jno. 12. 46. 1 Co. 13. 12. 2 Pe. 1. 19. *the length.* ver. 21, 33.

26 *seven.* ver. 6, 22. 2 Pe. 3. 18. *palm trees.* ver. 16, 22. Ps. 92. 12, 13. Ca. 7. 7, 8.

27 *in the.* ver. 23, 32. *and he.* ver. 19, 23, 47.

28 *he brought.* As the outward court inclosed the inner, the prophet was led from the south gate of the outward court to the south gate of the inner, which was opposite it, and so into the inner court itself. *according.* ver. 32, 35.

29 *the little.* The entrance into the inner court seems to have been through a portico, exactly like that at each gate of the outward court; but the ascent was by eight steps, instead of seven. ver. 7, 10, 12. 1 Ch. 28. 11, 12. 2 Ch. 31. 11. Ne. 13. 5, 9. Je. 35. 2-4; 36. 10. *and there.* ver. 16, 22, 25.

30 *the arches.* These are supposed to have been built over the spaces which separated the little chambers, or porters' lodges. *five and.* ver. 21, 25, 29, 33, 36. *five cubits.* Instead of five cubits, it seems evident, from the parallel places, that we should read *twenty-five:* the word *êsrim* appears to have been lost out of the text. *broad. Heb.* breadth.

31 *and palm.* ver. 26, 34. *eight.* ver. 22, 26, 34, 37.

32 *into the.* ver. 28-31, 35.

33 *it was.* ver. 21, 25, 36.

34 *palm trees.* That is, probably, the capital of each pillar was ornamented with sculpture, representing leaves or branches of the palm tree. *eight steps.* ver. 6, 22, 26, 31, 34, 37, 49.

35 *to the.* ver. 27, 32; ch. 44. 4; 47. 2. *measured.* The north gate, as well as the east, was built in the same manner, and of the same dimensions, as the south gate. See the parallel passages.

36 *little.* ver. 21, 29, 36.

37 *the posts.* ver. 31, 34. *the utter court.* That is, 'the *outer* court,' as the word *utter* primarily denotes.

38 *the chambers.* ver. 12; ch. 41. 10, 11. 1 Ki. 6. 8. *where.* This place, where the legs and entrails of the sacrifices, especially of the burnt offerings, were washed, was just within the portico of the north entrance to the inner court, or court of the priests. An allusion to this is most probably made by the inspired apostle when writing his Epistle to the Hebrews, at the 10th chapter and 22nd verse. 'Let us draw near with a true heart in full assurance of faith, having our hearts sprinkled from an evil conscience, and our bodies washed with pure water.' Le. 1. 9; 8. 21. He. 10. 22.

39 *tables on that.* ch. 41. 22; 44. 16. Mal. 1. 7, 12. Lu. 22. 30. 1 Co. 10. 16-21. *the burnt.* Le. 1. 3, etc. *the sin.* Le. 4. 2, 3, 13, etc. Is. 53. 5, 10. 2 Co. 5. 21. *the trespass.* Le. 5. 6, etc.; 6. 6, 7. 1, 2.

40 *at the side.* Two tables were on each side, as you come into the porch of the gate; and two on each side of the inner part of the gate that looked towards the altar; in all eight tables, on which they slew and cut up the victims. It does not appear that any such tables were used either in the tabernacle or temple; and this seems to intimate the introduction of a new and more spiritual dispensation. See the references. *as one goeth up. or*, at the step. ver. 35.

43 *within.* These were probably for hanging up the victims in order to flay them. *hooks. or*, end-irons, *or*, the two hearth-stones. *upon.* Le. 1. 6, 8; 8. 20.

44 *the inner.* ver. 23, 27. *chambers.* ver. 7, 10, 29. 1 Ch. 6. 31, 32; 16. 41-43; 25. 1, etc. Ep. 5. 19. Col. 3. 16.

45 *chamber.* The word *chamber* probably here denotes a row of chambers, of which there seems to have been three: one for the singers; one for the priests who in their courses took charge of the sacred vessels and treasures; and one for the priests who attended on the altar and sacrifices. *whose.* ch. 8. 5. *the keepers.* Le. 8. 35. Nu. 3. 27, 28, 32, 38; 18. 5. 1 Ch. 6. 49; 9. 23. 2 Ch. 13. 11. Ps. 134. 1. Mal. 2. 4-7. 1 Ti. 6. 20. Re. 1. 6. *charge. or*, ward, *or*, ordinance, and so ver. 46.

46 *the keepers.* ch. 44. 15. Le. 6. 12, 13. Nu. 18. 5. *these.* ch. 43. 19; 44. 15; 48. 11. 1 Ki. 2. 35. *which come.* Le. 10. 3. Nu. 16. 5, 40. Ep. 2. 13.

47 *court.* This was the inner court, or court of the priests, which was of the same dimensions with each division of the outer court; and the altar stood directly before the porch of the temple. *an hundred cubits long.* ver. 19, 23, 27.

48 *the porch.* The length of the porch was twenty cubits, the same as the breadth of the temple, and the breadth eleven cubits, *that is,* one cubit more than in Solomon's temple. Two bivalve, or folding doors, each leaf of them being three cubits wide, seem to have formed the entrance; which, with five cubits, perhaps of brick or stone work, on each side, called 'the post of the porch,' amount to sixteen cubits; and the other four cubits may be supposed to have been the distance from these posts to the outside of the walls of the temple. 1 Ki. 6. 3. 2 Ch. 3. 4.

49 *the steps.* This was a flight of steps which led from the inner court into the temple. ver. 31, 34, 37. *pillars.* 1 Ki. 7. 15-21. 2 Ch. 3. 17. Je. 52. 17-23. Re. 3. 12.

## CHAP. XLI.

*The measures, parts, chambers, and ornaments of the temple.*

1 *he brought.* ch. 40. 2, 3, 17. *to the temple.* 1 Ki. 6. 2. Zec. 6. 12, 13. Ep. 2. 20-22. 1 Pe. 2. 5. Re. 3. 12; 11. 1, 2; 21. 3, 15. *the posts.* These were probably a sort of door-case on each side of the entrance; and the *tabernacle* perhaps was a kind of covering to the door, of the same dimensions.

2 *the door. or,* the entrance. This was the door out of the porch into the sanctuary, which seems to have been wider than that from the court to the porch. Ex. 26. 36; 36. 37. 1 Ki. 6. 31-35. 2 Ch. 3. 7; 29. 7. Jno. 10. 7, 9. *the length.* 1 Ki. 6. 2, 17. 2 Ch. 3. 3.

3 *two cubits.* This was the thickness of the partition wall between the sanctuary (ver. 2) and holy of holies (ver. 4); the breadth of the wall on each side of the gate being seven cubits, and the entrance into the holy place six cubits in width.

4 *twenty cubits.* 1 Ki. 6. 20. 2 Ch. 3. 8. Re. 21. 16. *This.* Ex. 26. 33, 34. He. 9. 3-8.

5 *side chamber.* ver. 6, 7; ch. 42. 3-14. 1 Ki. 6. 5, 6.

6 *one over another. Heb.* side chamber over side chamber. *thirty in order. or,* three and thirty times, *or* feet. We find by JOSEPHUS, that around Solomon's temple were chambers *three* stories high, each story consisting of *thirty* chambers; which are supposed to have been on the north, south, and east sides of the temple. *and they.* 1 Ki. 6. 6, 10. *have hold. Heb.* be holden. 1 Pe. 1. 5. *but.* That is, the beams or supporters, of the chambers were not let into the main wall of the temple; but rested on projections of the outer wall, which became a cubit narrower at every story, leaving a ledge of one cubit, to support the beams.

7 *there was,* etc. *Heb. it was,* made broader, and went round. 1 Ki. 6. 8. Mat. 13. 32. He. 6. 1. *an enlarging.* In the same proportion in which the thickness of the wall decreased, the chambers increased, so that the middle story was one cubit larger, and the upper story two cubits larger, than the lower rooms; and a winding staircase, which widened in the same manner as the rooms, ascended from the bottom to the top.

8 *a full.* ch. 40. 5. Re. 21. 16.

9 *was five.* ver. 5. *that which.* This appears to have been a walk, or gallery of communication between the chambers, five cubits broad, into which the doors opened. ver. 11; ch. 42. 1, 4.

10 *the chambers.* As the word rendered *chambers* is different from that used before, it is supposed there was another row of buildings, parallel with the side chambers, with a passage of twenty cubits between.

11 *and the breadth.* ver. 9; ch. 42. 4.

12 *separate.* ver. 13-15; ch. 42. 1, 10, 13. Re. 21. 27; 22. 14, 15. *the wall.* This appears to have been a building erected at the west end of the temple.

13 *he measured.* These verses (13-15) seem to intimate, that all the buildings of the temple occupied an area of 100 square cubits.

15 *galleries. or,* several walks, *or* walks with pillars. ch. 42. 3. Ca. 1. 17; 7. 5. Zec. 3. 7. *with the.* ver. 17; ch. 42. 15.

16 *narrow.* ver. 26; ch. 40. 16, 25. 1 Ki. 6. 4. 1 Co. 13. 12. *ceiled with wood. Heb.* ceiling of wood. 1 Ki. 6. 15. 2 Ch. 3. 5. Hag. 1. 4. *from the ground up to the windows. or,* the ground unto the windows. *covered.* Probably either by the jutting out of the main wall of the temple; or by lattice work, or curtains, or by both.

17 *To that.* That is, the windows were placed above the height of the door, at the east end of the temple, and thus continued, at the same height, and at measured distances, along both sides of the holy place, to the wall of the inner sanctuary, in which there were no windows. *measure. Heb.* measures.

18 *with cherubims.* 1 Ki. 6. 29-32; 7. 36. 2 Ch. 3. 7. *palm trees.* ch. 40. 16, 22. Re. 7. 9. *and every.* ch. 1. 10; 10. 14, 21. Re. 4. 7-9.

21 *posts. Heb.* post. ch. 40. 14. 1 Ki. 6. 33, marg.

22 *altar.* This must signify the altar of incense; which, both in the tabernacle and Solomon's temple, was covered with plates of gold. It is very remarkable, that in this temple described by Ezekiel, there is not the least mention of gold or silver, though there was such a profusion of these metals in the former; which may probably imply, that a glory of a more spiritual nature was intended under these emblems. Ex. 30. 1-3; 1 Ki. 6. 20, 22; 7. 48. 2 Ch. 4. 19. Re. 8. 3. *This is.* ch. 23. 41; 44. 16. Ex. 25. 28-30. Le. 24. 6. Pr. 9. 2. Ca. 1. 12. Mal. 1. 7, 12. 1 Co. 10. 21. Re. 3. 20. *before.* Ex. 30. 8.

23 1 Ki. 6. 31-35. 2 Ch. 4. 22.

24 ch. 40. 48.

25 *cherubims.* See on ver. 16-20.

26 See on ver. 16; ch. 40. 16.

## CHAP. XLII.

*The chambers for the priests,* 1-12. *The use thereof,* 13, 14. *The measures of the outward court,* 15-20.

1 *he brought.* ch. 40. 2, 3, 24; 41. 1. *the utter court.* ch. 40. 20. Re. 11. 2. *chamber.* This seems to denote a row of chambers in three stories; which appear to have been situated in the inner court, (here called the outer court in reference to the temple, ver. 13, 14,) just before the separate place, at the entrance from the north. ver. 4; ch. 41. 9, 12-15.

2 *Before.* Perhaps this means, that the north door was 100 cubits from the entrance into the court; and that the door-way, or portico, was 50 cubits in length; or, that it faced one of the cloisters, the length of which was 100 cubits, and its breadth 50, which was the proportion of all the cloisters.

3 *Over.* One side of these buildings looked upon the void space about the temple of twenty cubits, and the other toward the pavement belonging to the outer court. *the twenty.* ch. 41. 10. *the pavement.* ch. 40. 17, 18. 2 Ch. 7. 3. *gallery against.* ch. 41. 15, 16. Ca. 1. 17; 7. 5.

4 *before.* There seems to have been two rows of these chambers, and a walk between of ten cubits in width; with an entrance into it from the chambers, of one cubit in width. *a walk.* ver. 11. *a way.* Mat. 7. 14. Lu. 13. 24.

5 *were higher than these. or*, did eat of these. *than the lower, and than the middlemost of the building. or, and* the building *consisted* of the lower and the middlemost.

6 ch. 41. 6. 1 Ki. 6. 8.

8 *before.* Passing from the north to the south side of the temple, (ver. 11, 12,) the prophet was shewn that the space of ground, which was before the temple on the east, measured 100 cubits.

9 *from under. or*, from the place of. ch. 46. 19. *the entry. or*, he that brought me. *as one goeth. or*, as he came.

10 *the thickness.* Rather, 'the *breadth* of the wall,' that is, the breadth of ground which it enclosed. ch. 41. 12. *over against.* These south chambers were exactly like those on the north. ver. 1, 13; ch. 41. 13-15.

11 ver. 2-8.

12 *was a door.* ver. 9.

13 *they be holy.* Ex. 29. 31. Le. 6. 14-16, 26; 7. 6; 10. 13, 14, 17; 24. 9. Nu. 18. 9. *approach.* ch. 40. 46. Le. 10. 3. Nu. 16. 5, 40; 18. 7. De. 21. 5. *the most holy.* Le. 2. 3, 10; 6. 14, 17, 25, 29; 7. 1, 6; 10. 13, 17; 14. 13; 21. 22. Nu. 1. 9, 10; 18. 9, 10. Ne. 13. 5.

14 *they not go.* ch. 44. 19. Ex. 28. 40-43; 29. 4-9. Le. 8. 7, 13, 33-35. Lu. 9. 62. *and shall put.* Is. 61. 10. Zec. 3. 4, 5. Ro. 3. 22; 13. 14. Ga. 3. 27. 1 Pe. 5. 5.

15 *measuring.* ch. 41. 2-5, 15. *gate.* ch. 40. 6, etc.

16 *side. Heb.* wind. *the measuring reed.* Estimating the reed at 10¼ feet, 500 reeds will be nearly equal to a mile; so that from this statement we find the temple, with its outbuildings, was built on a square, nearly an English mile on each side, and four miles in circumference. This not only far exceeds the size of Solomon's temple, or that after the captivity, which was only 500 cubits, or a furlong, on each side, and exactly half a mile in circuit; but is nearly equal to the whole extent of Jerusalem itself, which, when greatest, was but 33 furlongs in circumference, somewhat less than 4¼ miles. This seems clearly to intimate, that the vision cannot be explained of any temple that has hitherto been built, or indeed of any literal temple, but figuratively and mystically of the spiritual temple, the church under the gospel, and its spiritual glory. ch. 40. 3. Zec. 2. 1. Re. 11. 1, 2.

20 *it had.* ch. 40. 5. Ca. 2. 9. Is. 25. 1; 26. 1; 60. 18. Mi. 7. 11. Zec. 2. 5. *five hundred.* ch. 45. 2; 48. 20. Re. 21. 12-17. *a separation.* ch. 22. 26; 44. 23; 48. 15. Le. 10. 10. Lu. 16. 26. 2 Co. 6. 17. Re. 21. 10-27.

## CHAP. XLIII.

*The returning of the glory of God into the temple*, 1-6. *The sin of Israel hindered God's presence*, 7-9. *The prophet exhorts them to repentance, and observation of the law of the house*, 10-12. *The measures*, 13-17, *and the ordinances of the altar*, 18-27.

1 *the gate that.* ch. 40. 6; 42. 15; 44. 1; 46. 1.

2 *the glory.* ch. 1. 28; 3. 23; 9. 3; 10. 18, 19. Is. 6. 3. Jno. 12. 41. *came.* ch. 11. 23. *and his voice.* ch. 1. 24. Re. 1. 15; 14. 2; 19. 1, 6. *the earth.* ch. 10. 4. Is. 60. 1-3. Hab. 2. 14; 3. 3. Re. 18. 1; 21. 23.

3 *according to the appearance.* ch. 1. 4-28; 8. 4; 9. 3; 10. 1-22; 11. 22, 23. *to destroy the city. or*, to *prophesy* that the city should be destroyed. ch. 9. 1, 5; 32. 18. Je. 1. 10. Re. 11. 3-6. *the river.* ch. 1. 3; 3. 23.

4 *the glory.* Though the personal presence of Immanuel in the second temple rendered it more glorious than that of Solomon, (Hag. 2. 5-9,) yet this part of the vision rather relates to the times predicted in the whole of this description, those which shall succeed the conversion of the Jews, and their restoration to their own land. *came.* ch. 10. 18, 19; 44. 2.

5 *the spirit.* ch. 3. 12-14; 8. 3; 11. 24; 37. 1; 40. 2. 1 Ki. 18. 12. 2 Ki. 2. 16. Ac. 8. 39. *and brought.* Ca. 1. 4. 2 Co. 12. 2-4. *the glory.* ch. 44. 4. Ex. 40. 34. 1 Ki. 8. 10, 11. 2 Ch. 5. 14. Is. 6. 3. Hag. 2. 7-9.

6 *I heard.* Le. 1. 1. Is. 66. 6. Re. 16. 1. *the man.* ch. 40. 3.

7 *the place of my throne.* ch. 1. 26; 10. 1. Ps. 47. 8; 99. 1. Is. 6. 1. Je. 3. 17; 14. 21; 17. 12. Ac. 7. 48, 49. Re. 22. 3. *and the place.* 1 Ch. 28. 2. Ps. 99. 5. Is. 66. 1. Mat. 5. 34, 35. *where I.* ver. 9; ch. 37. 26-28; 48. 35. Ex. 29. 45. Ps. 68. 18; 132. 14. Joel 3. 17. Mat. 28. 20. Jno. 1. 14; 14. 23. 2 Co. 6. 16. Re. 21. 2, 3. *no more.* ch. 20. 39; 23. 38, 39; 39. 7. Ho. 14. 8. Zec. 13. 2; 14. 20, 21. *by the carcases.* ver. 9. Le. 26. 30. Je. 16. 18.

8 *setting.* ch. 5. 11; 8. 3-16; 23. 39; 44. 7. 2 Ki. 16. 14, 15; 21. 4-7; 23. 11, 12. 2 Ch. 33. 4, 7. *and the wall between me and them. or*, for *there was but* a wall between me and them.

9 *Now let.* Rather, 'Now shall they put away their whoredom and the carcases of their kings far from me, and I will dwell in the midst of them for ever.' It is a prediction and promise, and not an exhortation. ch. 18. 30, 31. Ho. 2. 2. Col. 3. 5-9. *the carcases.* ver. 7; ch. 37. 23. *and I.* ver. 7; ch. 37. 26-28. 2 Co. 6. 16.

10 *shew.* ch. 40. 4. Ex. 25. 40. 1 Ch. 28. 11, 19. *that they.* ver. 11; ch. 16. 61, 63; 31. 31, 32. Ro. 6. 21. *pattern. or*, sum, *or* number.

11 *shew them.* ch. 40-42; 44. 5, 6. He. 8. 5. *all the ordinances.* 1 Co. 11. 2. *and do.* ch. 11. 20; 36. 27. Mat. 28. 20. Jno. 13. 17.

12 *Upon.* ch. 40. 2; 42. 20. Ps. 93. 5. Joel 3. 17. Zec. 14. 20, 21. Re. 21. 27.

13 *the measures.* Ex. 27. 1-8. 2 Ch. 4. 1. *The cubit.* ch. 40. 5; 41. 8. *bottom. Heb.* bosom. *edge. Heb.* lip.

14 *the lower settle.* These *settles* were *ledges* by which the altar was narrowed towards the top; and the whole of it may be thus computed:—

| *Height.* | *Cubits.* |
|---|---|
| Base, ver. 13. | 1 |
| To first ledge, ver. 14. | 1 |
| To upper ledge, ver. 14. | 4 |
| To hearth, ver. 15. | 4 |
| In all | 10 |

| *Breadth.* | *Cubits.* |
|---|---|
| Upper ledge, ver. 17. | 14 |
| For higher ledge, ver. 14. | 2 |
| For lower ledge, ver. 14. | 2 |
| For base, ver. 13. | 2 |
| In all | 20 |

Hence the upper part of the altar was only twelve cubits square, (ver. 16,) the upper settle, or ledge, being in all fourteen cubits, (ver. 17,) deducting two cubits from its dimensions. Though this altar was the same in height and breadth with that of Solomon, yet it differed materially from it in having settles or ledges; on which the priests walked round the altar, to officiate in offering sacrifices.

15 *the altar. Heb.* Harel, *that is*, the mountain of God. Probably so called in opposition to the idolatrous *high places. the altar. Heb.* Ariel, *that is*, the lion of God. Rather, 'the hearth of God,' from the Arabic *irat*, or *iryat*, a hearth, and *ail*, God. Is. 29. 1, 2, 7. *four horns.* Ex. 27. 2. Le. 9. 9. 1 Ki. 2. 28. Ps. 118. 27.

16 *twelve cubits.* Ex. 27. 1. 2 Ch. 4. 1. Ezr. 3. 3. *square.* Ex. 38. 1, 2.

17 *and the border.* Ex. 25. 25; 30. 3. 1 Ki. 18. 32. *his stairs.* Rather, 'its ascents,' *määlothehoo*, probably an inclined plane; for the law ordained that the priest should not ascend by *stairs.* Ex. 20. 26. *look toward.* ch. 8. 16; 40. 6. 1 Ki. 6. 8. Ne. 9. 4.

18 *to offer*. ch. 45. 18, 19. Ex. 40. 29. Le. 1. 5-17; 8. 18-21; 16. 19. He. 9. 21-23; 10. 4-12; 12. 24.

19 *the priests*. ch. 40. 46; 44. 15; 48. 11. 1 Sa. 2. 35, 36. 1 Ki. 2. 27, 35. Is. 61. 6; 66. 22. Je. 33. 18-22. 1 Pe. 2. 5, 9. *which approach*. Nu. 16. 5, 40; 18. 5. *a young*. ch. 45. 18, 19. Ex. 29. 10, 11. Le. 4. 3, etc.; 8. 14, 15. 2 Co. 5. 21. He. 7. 27.

20 *take*. ver. 15. Ex. 29. 12, 36. Le. 4. 25, 30, 34; 8. 15; 9. 9. *and on the four*. ver. 16, 17. *thus shalt*. ver. 22, 26. Le. 16. 19. He. 9. 21-23.

21 *burn*. Ex. 29. 14. Le. 4. 12; 8. 17. He. 13. 11, 12.

22 *a kid*. ver. 25. Ex. 29. 15-18. Le. 8. 18-21. Is. 53. 6, 10. 1 Pe. 1. 19. *and they*. ver. 20, 26.

24 *cast salt*. Le. 2. 13. Nu. 18. 19. 2 Ch. 13. 5. Mat. 5. 13. Mar. 9. 49, 50. Col. 4. 6.

25 Ex. 29. 35-37. Le. 8. 33.

26 *they shall*. Le. 8. 34. *consecrate themselves*. *Heb*. fill their hands. Ex. 29. 24; 32. 29, marg.

27 *that upon*. Le. 9. 1. *make*. Ro. 15. 16. Phi. 2. 17. He. 13. 15. *peace offerings*. *or*, thank offerings. *I will accept*. ch. 20. 40, 41. Job 42. 8. Ho. 8. 13. Ro. 12. 1. Ep. 1. 6. Col. 1. 20, 21. 1 Pe. 2. 5.

## CHAP. XLIV.

*The east gate assigned only to the prince*, 1-3. *The priests reproved for polluting the sanctuary*, 4-8. *Idolaters incapable of the priest's office*, 9-14. *The sons of Zadok are accepted thereto*, 15, 16. *Ordinances for the priests*, 17-31.

1 *the outward*. So called in opposition to the temple itself, which was the inner sanctuary. ch. 40. 6, 17; 42. 14. 2 Ch. 4. 9; 20. 5; 33. 5. Ac. 21. 28-30. *looketh*. ch. 43. 1, 4; 46. 1.

2 *because*. ch. 43. 2-4. Ex. 24. 10. Is. 6. 1-5.

3 *for*. ch. 46. 2, 8. 2 Ch. 23. 13; 34. 31. *the prince*. It is probable that the *prince* mentioned here and elsewhere, does not mean the Messiah, but the ruler of the Jewish nation for the time being. For it is not only directed where he should sit in the temple, and eat his portion of the sacrifices, and when and how he should go out; but it is also ordered (ch. 45. 22,) that at the passover he shall offer a bullock, a sin offering for himself and the people; and to guard him against any temptation of oppressing the people, he had a provision of land allotted to him, (ch. 45. 8,) out of which he is to give an inheritance for his sons, (ch. 46. 18.) These appear plainly to be political rules for common princes, and for a succession of them; but as no such rules were observed under the second temple, the fulfilment of it must still be future. ch. 34. 24; 37. 25. Zec. 6. 12, 13. *to eat*. Ge. 31. 54. Ex. 24. 9-11. De. 12. 7, 17, 18. Is. 23. 18; 62. 9. 1 Co. 10. 18, etc. Re. 3. 20. *he shall enter*. ch. 40. 9; 46. 2, 8-10.

4 *the way*. ch. 40. 20, 40. *the glory*. ch. 3. 23; 10. 4, 18, 19; 11. 22, 23; 43. 4, 5. Is. 6. 3, 4. Hag. 2. 7. Mal. 3. 1. *and I fell*. ch. 1. 28; 43. 3. Ge. 17. 3. Nu. 16. 42-45. Ps. 89. 7. Re. 1. 17.

5 *mark well*. *Heb*. set thine heart. ch. 40. 4. Ex. 9. 21, marg. De. 32. 46. 1 Ch. 22. 19. 2 Ch. 11. 16. Pr. 24. 32, marg. Da. 10. 12. *concerning*. ch. 43. 10, 11. De. 12. 32. Mat. 28. 20. *and mark well*. Ps. 119. 4. *the entering*. Ps. 96. 8, 9. Ac. 8. 37.

6 *thou shalt say*. ch. 2. 5-8; 3. 9, 26, 27. *let it suffice*. ch. 45. 9. 1 Pe. 4. 3.

7 *ye have brought*. ver. 9; ch. 7. 20; 22. 26; 43. 7, 8. Le. 22. 25. Ac. 21. 28. *strangers*. *Heb*. children of a stranger. Is. 56. 6, 7. *uncircumcised in heart*. The introduction of uncircumcised persons to eat of the peace offerings and oblations, would have been a gross violation of the Mosaic law; but, as there was no law to exclude 'the uncircumcised of *heart*,' who were circumcised and ritually clean, this seems to point out a new and different constitution. Le. 26. 41. De. 10. 16; 30. 6. Je. 4. 4; 9. 26. Ac. 7. 51. Ro. 2. 28, 29. Col. 2. 11-13. *when*. Le. 3. 16; 21. 6, 8, 17, 21; 22. 25. Mal. 1. 7, 12-14. Jno. 6. 52-58. *the fat*. Le. 3. 13-17; 17. 11. *broken*. Ge. 17. 14. Le. 26. 15. De. 31. 16, 20. Is. 24. 5. Je. 11. 10 31. 32. He. 8. 9.

8 *ye have not*. Le. 22. 2, etc. Nu. 18. 3-5. Ac. 7. 53. 1 Ti. 6. 13. 2 Ti. 4. 1. *charge*. *or*, ward, *or* ordinance, and so ver. 14, 16; ch. 40. 45, 46. 1 Ch. 23. 32. Ezr. 8. 24-30.

9 ver. 7. Ps. 50. 16; 93. 5. Joel 3. 17. Zec. 14. 21. Mar. 16. 16. Jno. 3. 3-5. Tit. 1. 5-9.

10 *the Levites*. ver. 15; ch. 22. 26; 48. 11. 2 Ki. 23. 8, 9. 2 Ch. 29. 4, 5. Ne. 9. 34. Je. 23. 11. Zep. 3. 4. 1 Ti. 5. 22. *bear*. Ge. 4. 13. Le. 19. 8. Nu. 5. 31. Ps. 38. 4. Is. 53. 11.

11 *they shall be*. As few, if any, of those who, before the captivity, had been guilty in these respects, lived to witness the restoration of the temple service; and as it does not appear that their descendants were thus degraded for the idolatry of their ancestors; it is probable that a thorough reformation of the whole church, or the prevalence of pure religion among the converted Jews, is here predicted. *having charge*. ver. 14; ch. 40. 45. 1 Ch. 26. 1, etc. *shall slay*. 2 Ch. 29. 34; 30. 17; 35. 10, 11. *and they*. Nu. 16. 9; 18. 6.

12 *they ministered*. 1 Sa. 2. 29, 30. 2 Ki. 16. 10-16. Is. 9. 16. Ho. 4. 6; 5. 1. Mal. 2. 8, 9. *caused the house of Israel to fall into iniquity*. *Heb*. were for a stumbling-block of iniquity unto, etc. ch. 14. 3, 4. *therefore*. ch. 20. 6, 15, 23, 28. De. 32. 40-42. Ps. 106. 26. Am. 8. 7. Re. 10. 5, 6. *and they shall*. ver. 10, 13.

13 *they shall not*. Nu. 18. 3. 2 Ki. 23. 9. *bear*. ch. 32. 30; 36. 7.

14 Nu. 18. 4. 1 Ch. 23. 28-32.

15 *the sons*. ch. 40. 46; 43. 19; 48. 11. 1 Sa. 2. 35. 1 Ki. 2. 35. 1 Ti. 3. 3-10. 2 Ti. 2. 2. Re. 2. 1, 8, 12, 18; 3. 1, 7, 14, 22. *when*. ver. 10. *they shall stand*. De. 10. 8. Zec. 3. 1-7. *the fat*. ver. 7. Le. 3. 16, 17. *the blood*. Le. 17. 5, 6.

16 *They shall enter*. Re. 1. 6. *to my table*. To place the *shew-bread* there. It is observable, that the table in the sanctuary is mentioned rather than the altar of incense; perhaps intimating the change in the external institutions of Divine worship which should take place before the accomplishment of the prophecy. It is not easy to determine, whether any external regulations, with respect to Divine ordinances, answerable to these predictions, will be made among the converted Jews, when reinstated in their own land, or not. ch. 41. 22. Mal. 1. 7, 12. *keep*. Nu. 18. 7, 8. De. 33. 8-10.

17 *they shall*. Ex. 28. 39, 40, 43; 39. 27-29. Le. 16. 4. Re. 4. 4; 19. 8.

18 *bonnets*. Ex. 28. 40, 41; 39. 28. 1 Co. 11. 4-10. *linen breeches*. Ex. 28. 42, 43. 1 Co. 14. 40. *with any thing that causeth sweat*. *or*, in sweating *places*. *Heb*. in, *or* with sweat.

19 *they shall put*. ch. 42. 13, 14. Le. 6. 10, 11. *sanctify*. ch. 46. 20. Ex. 29. 37; 30. 29. Le. 6. 27. Mat. 23. 17-19. 1 Co. 3. 5, 6.

20 *shave*. Le. 21. 5, etc. De. 14. 1. *nor suffer*. Nu. 6. 5. 1 Co. 11. 14.

21 Le. 10. 9. Lu. 1. 15. 1 Ti. 3. 8; 5. 23. Tit. 1. 7, 8.

22 *Neither*. This was prohibited only to the high priest under the law; but is here extended to all the priests, perhaps to intimate the superior sanctity of the times to which it refers. *a widow*. Le. 21. 7, 13, 14. 1 Ti. 3. 2, 4, 5, 11, 12. Tit. 1. 6. *put away*. *Heb*. thrust forth. De. 24. 1-4. *that had a priest before*. *Heb*. from a priest.

23 ch. 22. 26. Le. 10. 10, 11. De. 33. 10. Ho. 4. 6. Mi. 3. 9-11. Zep. 3. 4. Hag. 2. 11-13. Mal. 2. 6-9. 2 Ti. 2. 24, 25. Tit. 1. 9-11.

24 *in controversy*. This seems to intimate, that controversies, in the period predicted, will be generally decided by arbitration, according to the law of God; and not by litigations before human tribunals, according to the laws of man. De. 17. 8-13. 1 Ch. 23. 4. 2 Ch. 19. 8-10. Ezr. 2. 63

*they shall keep.* 1 Ti. 3. 15. *in all.* Le. ch. 23. Nu. ch. 28; 29. Ne. ch. 8. *and they shall hallow.* ch. 22. 36. Is. 58. 13, 14.

25 Le. 21. 1-6; 22. 4. Mat. 8. 21, 22. Lu. 9. 59, 60. 2 Co. 5. 16. 1 Th. 4. 13-15.

26 Nu. 6. 10, etc.; 19. 11-13. He. 9. 13, 14.

27 *unto the inner.* ver. 17. *he shall offer.* Le. 4. 3, etc.; 8. 14, etc. Nu. 6. 9-11. He. 7. 26-28.

28 *I am their inheritance.* ch. 45. 4; 48. 9-11. Nu. 18. 20. De. 10. 9; 18. 1, 2. Jos. 13. 14, 33. 1 Pe. 5. 2-4.

29 *eat.* Le. 2. 3, 10; 6. 14-18, 26, 29; 7. 6. Nu. 18. 9-11. 1 Co. 9. 13, 14. He. 13. 10. *dedicated. or,* devoted. Le. 27. 21, 28, compared with Nu. 18. 14.

30 *first. or,* chief. *all the first-fruits.* Ex. 13. 2, 12; 22. 29; 23. 19. Nu. 3. 13; 15. 19-21; 18. 12-18, 27-30. De. 18. 4. 2 Ch. 31. 4-6, 10. Ne. 10. 35-37. Ja. 1. 18. *that he may.* De. 26. 10-15. Pr. 3. 9, 10. Mal. 3. 10, 11.

31 Ex. 22. 31. Le. 17. 15; 22. 8. De. 14. 21. Ro. 14. 20. 1 Co. 8. 13.

## CHAP. XLV.

*The portion of land for the sanctuary, 1-5; for the city, 6; and for the prince, 7, 8. Ordinances for the prince, 9-25.*

1 *shall divide by lot. Heb.* cause the land to fall by lot. ch. 47. 21; 48. 29. Nu. 34. 13. Jos. 13. 6; 14. 2. Ps. 16. 5, 6. *ye shall offer.* ver. 2-7; ch. 48. 8-23. Le. 25. 23. Pr. 3. 9. *an holy portion. Heb.* holiness. Zec. 14. 20, 21. *the length.* That our translators rightly added the word *reeds*, is evident from the length and breadth of the sanctuary being exactly the same as before, (comp. ver. 2, with ch. 42. 16-19.) Estimating the reed at 3½ yards, this holy oblation would constitute a square of nearly fifty miles on every side. From the north side a portion of nearly twenty miles in width, and nearly fifty in length, was appointed for the priests; and in the midst of this portion, the area of the sanctuary, about a mile square, to be enclosed by a wall, (ver. 1, 2.) Next to this, on the south, was the Levites' portion, of the same dimensions as that of the priests, (ver. 5;) and south of this was the portion for the city, of the same length as those of the priests and Levites, but only half the width, (ver. 6.) These three formed the square of 25,000 reeds, or nearly fifty miles; and that set apart for the prince, the breadth of which is not mentioned, extended in length from north to south, along the east and west sides of the square. As Canaan would not admit of so large a portion for the sanctuary, etc., this was no doubt intended to intimate the large extent of the church in the glorious times predicted.

2 *five hundred in length.* ch. 42. 16-20. *suburbs. or,* void places.

3 *and in it.* ch. 48. 10.

4 *holy portion.* ver. 1; ch. 44. 28; 48. 11. *which.* ch. 40. 45; 43. 19; 44. 13, 14. Nu. 16. 5.

5 *the five.* ch. 48. 10, 13, 20. *the ministers.* 1 Co. 9. 13, 14. *for a possession.* ch. 40. 17. 1 Ch. 9. 26-33. Ne. 10. 38, 39.

6 *the city.* ch. 48. 15-18, 30-35.

7 ch. 34. 24; 37. 24; 46. 16-18; 48. 21. Ps. 2. 8, 9. Is. 9. 5, 6. Lu. 1. 32, 33.

8 *and my princes.* In the predicted period, not only shall the ministers and worshippers of God be liberally provided for, but the princes will be both able and willing to defray the expenses of government, without oppressing their subjects, and will rule over them with equity and clemency, as the vicegerents of God; while the people will submit to them conscientiously, and live in peace, prosperity, and holiness. These things seem to be represented in language taken from the customs of the times in which the prophet wrote. Tithes are not mentioned in any part of the vision, which shews that the ritual Mosaic law will not be in force. ch. 19. 3-7; 22. 27; 46. 18. Pr. 28. 16. Is. 11. 3-5; 32. 1, 2; 60. 17, 18. Je. 22. 17; 23. 5. Mi. 3. 1-4. Zep. 3. 13. Ja. 2. 6; 5. 1-6. Re. 19. 11-16. *according.* Jos. 11. 23.

9 *Let it.* ch. 44. 6. 1 Pe. 4. 3. *remove.* Ne. 5. 10. Ps. 82. 2-5. Is. 1. 17. Je. 22. 3. Zec. 8. 16. Lu. 3. 14. *execute.* ch. 43. 14-16. *take away.* Ne. 5. 1-13. 1 Co. 6. 7, 8. *exactions. Heb.* expulsions. Job 20. 19; 22. 9; 24. 2-12. Mi. 2. 1, 2, 9.

10 Le. 19. 35, 36. Pr. 11. 1; 16. 11; 20. 10; 21. 3. Am. 8. 4-6. Mi. 6. 10, 11.

11 *ephah.* The *ephah* was a dry measure, and the *bath* a liquid measure, containing about seven gallons, four pints, or three pecks, three pints; and the *homer* about seventy-five gallons, five pints. Is. 5. 10.

12 *the shekel.* Ex. 30. 13. Le. 27. 25. Nu. 3. 47. *twenty shekels.* That is, 20+25+15=60; for the *maneh* as a weight was equal to sixty shekels, though as a coin it was only equal to fifty, weighing about 2lb. 6oz.; and reckoning the shekel at 2*s.* 6*d.* being in value 6*l.* 5*s.*

14 *the tenth.* ver. 11.

15 *lamb. or,* kid. *out of the fat.* Pr. 3. 9, 10. Mal. 1. 8, 14. *peace offerings. or,* thank offerings. ver. 17. *to make.* Le. 1. 4; 6. 30. Da. 9. 24. Ro. 5. 10. 2 Co. 5. 19-21. Ep. 2. 16. Col. 1. 21. He. 2. 17; 9. 22, 23.

16 *the people.* Ex. 30. 14, 15. *shall give this. Heb.* shall be for. *for. or,* with. Is. 16. 1.

17 *the prince's.* The *prince* is never mentioned in the ritual appointments of Moses, but here he is required to provide the oblations; and the variations in the Mosaic law, in the number of the several sacrifices, and the proportion of the meat offering to each, being ten times as much as the law prescribed, with several other circumstances, seem more like enacting a new law, than enforcing that of Moses. These variations may intimate a change in the external constitution of the church; and it is probable that they are to be understood emblematically. ch. 46. 4-12. 2 Sa. 6. 19. 1 Ki. 8. 63, 64. 1 Ch. 16. 2, 3; 29. 3-9. 2 Ch. 5. 6; 7. 4, 5; 8. 12, 13; 30. 24; 31. 3; 35. 7, 8. Ezr. 1. 5; 6. 8, 9. Ps. 68. 18. Jno. 1. 16. Ro. 11. 35, 36. Ep. 5. 2. *in the feasts.* Le. ch. 23. Nu. ch. 28; 29. Is. 66. 23. *he shall prepare.* Ps. 22. 15-26, 29. Jno. 6. 51-57. 1 Co. 5. 7, 8. He. 13. 10. 1 Pe. 2. 24; 3. 18. *peace offerings. or,* thank offerings. ch. 43. 27. Col. 3. 17. He. 13. 15.

18 *In the first month.* This seems to enjoin, not a mere dedication, but an annual purification of the sanctuary; of which there is nothing said in the Mosaic law. Ex. 12. 2. Nu. 28. 11-15. Mat. 6. 33. *without blemish.* Le. 22. 20. He. 7. 26; 9. 14. 1 Pe. 1. 19. *and cleanse.* ch. 43. 22, 26. Le. 16. 16, 33. He. 9. 22-25; 10. 3, 4, 19-22.

19 *and upon the four corners.* ch. 43. 14, 20. Le. 16. 18-20.

20 *every one.* Le. 4. 27, etc. Ps. 19. 12. Ro. 16. 18, 19. He. 5. 2. *that is simple.* Who wants understanding to conduct himself properly. *so shall.* ver. 15, 18. Le. 16. 20.

21 *ye shall.* Ex. ch. 12. Le. 23. 5-8. Nu. 9. 2-14; 28. 16-25. De. 16. 1-8. 1 Co. 5. 7, 8.

22 *the prince.* Mat. 20. 28; 26. 26-28. *bullock.* Le. 4. 14. 2 Co. 5. 21.

23 *seven days.* Le. 23. 8. *a burnt.* Nu. 28. 15-31; 29. 5, 11-38. *seven bullocks.* Nu. 23. 1, 2. Job 42. 8. He. 10. 8-12.

24 ch. 46. 5-7. Nu. 28. 12-15.

25 *In the seventh.* The prince shall do at the *feast of tabernacles* the same thing he was desired to do on the *passover.* Le. 23. 33-43. Nu. 29. 12-38. De. 16. 13-15. 2 Ch. 5. 3; 7. 8-10. Ne. 8. 14-18. Zec. 14. 16-19. Jno. 7. 2, 37-39.

## CHAP. XLVI.

*Ordinances for the prince in his worship*, 1-8; *and for the people*, 9-15. *An order for the prince's inheritance*, 16-18. *The courts for boiling and baking*, 19-24.

1 *Thus saith.* Whether the rules for public worship here laid down were designed to be observed in those things wherein they differed from the law of Moses, in the ministrations of the second temple, is not certain. In the latter history of the Jewish church, the law of Moses *only* was followed, except in the corruption of following the traditions of the fathers. *The gate.* The prophet had before observed that the east gate of the *outer* court was shut, and was told that it must only be opened for the prince; and now he is informed that the gate of the *inner* court on the east was also shut, and is to be opened only on the sabbath and new moons, till the evening. *shall be shut.* ch. 44. 1, 2. *six working.* Ge. 3. 19. Ex. 20. 9. Lu. 13. 14. *on the sabbath.* ch. 45. 17. Is. 66. 23. He. 4. 9, 10.

2 *the porch.* Jno. 10. 1-3. *by the post.* ver. 8; ch. 44. 3. 2 Ch. 23. 13; 34. 31. *the priests.* Col. 1. 28. *prepare.* Or, 'offer,' as the word *ásah* frequently denotes. The whole of this seems to intimate the constant, reverential, and exemplary attendance of kings on the pure ordinances of religion, in the approaching flourishing days of the church. *he shall worship.* 1 Ki. 8. 22, 23. 1 Ch. 17. 16; 29. 10-12. 2 Ch. 6. 13; 29. 29. Mat. 26. 39. He. 5. 7, 8. *but the gate.* ver. 12.

3 Lu. 1. 10. Jno. 10. 9. He. 10. 19-22.

4 *the burnt.* The proportions of the burnt offerings, and also of the meat and drink offerings, are very different here from those prescribed in the Mosaic law. The meat offering, under the law, was only three tenths of an ephah to a bullock, two tenths for a ram, and one tenth for a lamb, with the fourth part of a hin of oil. ch. 45. 17. Nu. 28. 9, 10.

5 *the meat.* ver. 7, 11, 12; ch. 45. 24, 29. Nu. 28. 12. *as he shall be able to give. Heb.* the gift of his hand. Le. 14. 21. Nu. 6. 21. De. 16. 17.

8 *he shall go.* ver. 2; ch. 44. 1-3. Col. 1. 18.

9 *when the people.* This may intimate, that every thing should be regulated, in divine worship, so as to prevent disorder and interruption, and also that men should go forward and make progress in religion, and not turn their backs upon God. *come before.* Ex. 23. 14-17; 34. 23. De. 16. 16. Ps. 84. 7. Mal. 4. 4. *he that entereth in.* ch. 1. 12, 17. Phi. 3. 13, 14. He. 10. 38. 2 Pe. 2. 20, 21.

10 2 Sa. 6. 14-19. 1 Ch. 29. 20, 22. 2 Ch. 6. 2-4; 7. 4, 5; 20. 27, 28; 29. 28, 29; 34. 30, 31. Ne. 8. 8, 9. Ps. 42. 4; 122. 1-4. Mat. 18. 20; 28. 20. He. 3. 6; 4. 14-16. Re. 2. 1.

11 *in the feasts.* Le. ch. 23. Nu. ch. 15; 28; 29. De. ch. 16. *the meat.* ver. 5, 7.

12 *a voluntary.* Le. 1. 3; 23. 38. Nu. 29. 39. 1 Ki. 3. 4. 1 Ch. 29. 21. 2 Ch. 5. 6; 7. 5-7; 29. 31. Ezr. 1. 4; 3. 5; 6. 17. Ro. 12. 1. Ep. 5. 2. *open him.* ver. 1, 2, 8; ch. 44. 3. *as he did.* ch. 45. 17.

13 *Thou shalt daily.* It is observable, that there is nothing said about the *evening* sacrifice, or the additional lamb, morning and evening, on the sabbath, which makes an important difference between this and the old laws; and is probably an intimation of that change in the external forms of religion which the coming of the Messiah should introduce. Ex. 29. 38-42. Nu. 28. 3-8, 10. Da. 8. 11-13. Jno. 1. 29. 1 Pe. 1. 19, 20. Re. 13. 8. *of the first year. Heb.* a son of his year. Ex. 12. 5. Le. 12. 6, marg. *every morning. Heb.* morning by morning. Ps. 92. 2. Is. 50. 4.

14 *the sixth.* Nu. 28. 5.

15 *a continual.* He. 7. 27; 9. 26; 10. 1-10.

16 *If the prince.* Ge. 25. 5, 6. 2 Ch. 21. 3. Ps. 37. 18. Mat. 25. 34. Lu. 10. 42. Jno. 8. 35, 36. Ro. 8. 15-17, 29-32. Ga. 4. 7.

17 *to the year.* That is, the year of *Jubilee*, called the *year of liberty*, because there was then a general release: all servants had their liberty; and all alienated estates returned to their former owners. Le. 25. 10. Mat. 25. 14-29. Lu. 19. 25, 26. Ga. 4. 30, 31.

18 *the prince.* ch. 45. 8. Ps. 72. 2-4; 78. 72. Is. 11. 3, 4; 32. 1, 2. Je. 23. 5, 6. *thrust.* ch. 22. 27. 1 Ki. 21. 19. Mi. 1. 1, 2; 3. 1-3. *inheritance out.* Ps. 68. 18. Jno. 10. 28. Ep. 4. 8. *my people.* ch. 34. 3-6, 21.

19 *the entry.* This entry was at the west side of the north gate of the inner court. ch. 40. 44-46; 42. 9. (see ch. 44. 4, 5.) *a place.* This place was at the west corners of the inner court, or court of the priests; where they prepared the most holy things, the trespass and sin offering, which none but the priests might eat; that they might not 'bear them out into the utter court, to sanctify the people,' that is, by touching them incapacitate them from discharging their ordinary occupations.

20 *boil the trespass.* ch. 44. 29. 1 Sa. 2. 13-15. 2 Ch. 35. 13. *bake the meat.* La. 2. 4-7; ch. 7. *to sanctify.* See on ch. 44. 19.

21 *in every corner of the court there was a court. Heb.* a court in a corner of a court; and a court in a corner of a court.

22 *courts.* These courts in the corners of the outer court, or court of the people, appear to have been a kind of uncovered apartments, surrounded with little chambers for the cooks, and used for dressing the peace offerings of the people. On these their families and friends feasted; and portions were sent to the poor, the widow, and the orphan; and thus the spirit of devotion preserved the spirit of mercy, charity, and benevolence, in the land. *joined. or,* made with chimneys. *corners. Heb.* cornered.

24 ver. 20. Mat. 24. 45. Jno. 21. 15-17. 1 Pe. 5. 2

## CHAP. XLVII.

*The vision of the holy waters*, 1-5. *The virtue of them*, 6-12. *The borders of the land*, 13-21. *The division of it by lot*, 22, 23.

1 *the door.* ch. 41. 2, 23-26. *waters issued.* Solomon's temple and the second temple were doubtless well supplied with water, probably conveyed there by means of pipes; but *these* waters flowed *from* the temple, not as a common sewer, but as a fertilizing river. A fountain producing abundance of water was not in the temple, and could not be there on the top of such a hill; and consequently these waters, as well as those spoken of by *Joel* and *Zechariah*, must be understood figuratively and typically. These waters doubtless were an emblem of the 'gospel preached with the Holy Ghost sent down from heaven;' and their gradual rise beautifully represents its progress, from small beginnings to an immensely large increase; and the latter part of the representation may relate to the times when it shall fill the earth, and produce the most extensive and important effects on the state of mankind in every nation. Ps. 46. 4. Is. 30. 25; 55. 1. Je. 2. 13. Joel 3. 18. Zec. 13. 1; 14. 8. Jno. 7. 37-39. Re. 22. 1, 17. *from under the threshold.* ver. 12. Is. 2. 3.

2 *northward.* ch. 44. 2, 4.

3 *the man.* ch. 40. 3. Zec. 2. 1. Re. 11. 1; 21. 15. *waters were to the ancles. Heb.* waters of the ancles. Lu. 24. 49. Ac. 2. 4, 33; 10. 45, 46; 11. 16-18.

4 *the waters were to the knees.* Ac. 19. 10-20. Ro. 15. 19. Col. 1. 6.

5 *waters to swim in. Heb.* waters of swimming. Is. 11. 9. Da. 2. 34, 35. Hab. 2. 14. Mat. 13. 31, 32. Re. 7. 9; 11. 15; 20. 2-4.

6 *hast thou.* ch. 8. 17; 40. 4; 44. 5. Je. 1. 11-13. Zec. 4. 2; 5. 2. Mat. 13. 51.

7 *bank. Heb.* lip. 1 Ki. 9. 26. 2 Ki. 2. 13, marg. *many.* ver. 12. Ge. 2. 9, 10. Re. 22. 2.

8 *and go down.* Is. 35. 1, 7; 41. 17-19; 43. 20; 44. 3-5; 49. 9. Je. 31. 9. *desert. or*, plain. De. 3. 17; 4. 49. Jos. 3. 16. *the sea.* This was the Dead sea, or sea of Sodom, east of Jerusalem, in which it is said no living creature is found; or, at least, from its extreme saltness, it does not abound with fish like other seas. The healing of these waters denotes the calling of the Gentiles. *the waters.* 2 Ki. 2. 19-22. Is. 11. 6-9. Mal. 1. 11. Mat. 13. 15.

9 *every thing.* Jno. 3. 16; 11. 26. *rivers. Heb.* two rivers. Ps. 78. 16. *shall live.* Jno. 5. 25; 6. 63; 11. 25; 14. 6, 19. Ro. 8. 2. 1 Co. 15. 45. Ep. 2. 1-5. *a very great.* Is. 49. 12; 60. 3-10. Zec. 2. 11; 8. 21-23. Ac. 2. 41, 47; 4. 4; 5. 14; 6. 7; 21. 20. Greek. *for they.* Ex. 15. 26. Ps. 103. 3. Is. 30. 26.

10 *fishers.* Apostles and preachers of the gospel. Mat. 4. 19; 13. 47-50. Mar. 1. 17. Lu. 5. 4-10. Jno. 21. 3-11. *En-gedi.* 2 Ch. 20. 2. *the fish.* Great quantities of all kinds of fish usually caught in the Mediterranean, genuine converts of all nations, kindreds, and people. *the great sea.* ver. 15; ch. 48. 28. Nu. 34. 6. Jos. 23. 4. Ps. 104. 25. *exceeding.* Is. 49. 12, 20.

11 *the miry places.* Those who reject, neglect, or pervert the gospel. *shall not be healed, they shall be. or*, and *that which* shall not be healed, shall be, etc. He. 6. 4-8; 10. 26-31. 2 Pe. 2. 19-22. Re. 21. 8; 22. 11. *given.* De. 29. 23. Ju. 9. 45. Ps. 107. 34. Je. 17. 6. Mar. 9. 48, 49.

12 *by the river.* ver. 7. Ps. 92. 12. Is. 60. 21; 61. 3. *grow. Heb.* come up. *trees for meat.* Probably, believers, 'trees of righteousness,' who still bring forth, 'fruit unto holiness,' and 'whose end is eternal life.' *whose.* Job 8. 16. Ps. 1. 3. Je. 17. 8. *new. or*, principal. *medicine. or*, bruises and sores. Is. 1. 6. Je. 8. 22. Re. 22. 2.

13 *This shall.* Nu. 34. 2-12. *Joseph.* ch. 48. 4-6. Ge. 48. 5; 49. 26. 1 Ch. 5. 1. Je. 3. 18; 31. 1.

14 *lifted up mine hand. or*, swore. ch. 20. 5, 6, 28, 42. Ge. 12. 7; 13. 15; 15. 7; 17. 8; 26. 3; 28. 13. Nu. 14. 16, 30. *fall.* ch. 48. 29. Pr. 16. 33.

15 *And this.* ver. 17-20. *Hethlon.* ch. 48. 1. *Zedad.* Nu. 34. 8.

16 *Hamath.* Nu. 13. 21; 34. 8. 1 Ki. 8. 65. Am. 6. 14. Zec. 9. 2. *Berothah.* 2 Sa. 8. 8, Berothai. *Damascus.* Ge. 14. 15. 1 Ch. 18. 5. Ac. 9. 2. *Hazar-hatticon. or*, the middle village. *Hauran.* The district of *Auranitis*, now *Haouran*, S.W. of Damascus.

17 *the border from.* The Holy Land, as here described, extended from about 31° to 35° N. lat. and from 34° to 37° E. long.; being bounded on the north by a line drawn from the Mediterranean to Hamath; on the east by Damascus, Hauran, Gilead, and the land of Israel east of Jordan, unto the south of the Dead sea; on the south by Tamar and Kadesh, unto the river of Rhinocorura; and on the west by the Mediterranean sea, from the same point, northward 'till a man came over against Hamath;' and its length from north to south would be about 280 miles, and its breadth about 150 miles. The ten tribes, as well as Judah and Benjamin, were to be admitted to a full share in this inheritance, which seems to imply, that the future restoration to the promised land is predicted; while the admission of strangers who sojourned in the land, to a share in the inheritance, as if native Israelites, plainly intimates the calling of the Gentiles into the church, and their joint inheritance of its privileges, and of the heavenly felicity. *Hazarenan.* ch. 48. 1. Nu. 34. 9.

18 *from. Heb.* from between. *from Gilead.* Ge. 31. 23, 47, Galead. Nu. 32. 1. Ju. 10. 8. *Jordan.* Ge. 13. 10. Job 40. 23.

19 *Tamar.* ch. 48. 28. *strife. or*, Meribah. Nu. 20. 13. De. 32. 51; 33. 8. Ps. 81. 7. *river. or*, valley. Jos. 12. 3. *southward. or*, toward Teman.

22 *ye shall divide.* ver. 13, 14. *and to the strangers.* Is. 56. 6, 7. Ac. 2. 5-10; 11. 18. Ep. 2. 12, 13, 19-22; 3. 6. Re. 7. 9, 10. *they shall have.* Ac. 15. 9. Ro. 10. 12. Ga. 3. 28, 29. Col. 3. 11.

## CHAP. XLVIII.

*The portions of the twelve tribes,* 1-7, 23-29; *of the sanctuary,* 8-14; *of the city and suburbs,* 15-20; *and of the prince,* 21, 22. *The dimensions and gates of the city,* 30-35.

1 *the names.* Ex. 1. 1-5. Nu. 1. 5-15; 13. 4-15. Re. 7. 4-8. *From.* ch. 47. 15-17. Nu. 34. 7-9. *a portion. Heb.* one *portion. Dan.* Ge. 30. 3-6. Jos. 19. 40-47. Ju. 18. 26-29. 2 Sa. 24. 2. 1 Ki. 12. 28, 29. Mat. 20. 15, 16.

2 *Asher.* Ge. 30. 12, 13. Jos. 19. 24-31.

3 *Naphtali.* Ge. 30. 7, 8. Jos. 19. 32-39.

4 *by the border.* In this division of the Holy Land, a portion is laid out for each of the twelve tribes directly across the country, from east to west; and deducting the square of 25,000 reeds, or nearly fifty miles on each side, between Judah and Benjamin, for the priests, Levites, city, and temple, with the inheritance of the prince to the east and west, (see on ch. 45. 1,) from 280 miles, the length of the country from north to south, there will remain for each tribe a portion of less than twenty miles in width, and 150 in length. This division of the land entirely differs from that which was made in the days of Joshua, in which the tribes were not only differently placed, but confused and intermixed; while here distinct lots are assigned to each of the twelve tribes, in a regular mathematical form. *Literally* such a division never took place: it seems to denote the equality of privileges which subsists among all the tribes of Believers, of whatever nation, and whatever their previous character may have been. *Manasseh.* Ge. 30. 22-24; 41. 51; 48. 5, 14-20. Jos. 13. 29-31; 17. 1-11.

5 *Ephraim.* Jos. ch. 16; 17. 8-10, 14-18.

6 *Reuben.* Ge. 29. 32; 49. 3, 4. Jos. 13. 15-21.

7 *Judah.* Ge. 29. 35. Jos. ch. 15; 19. 9.

8 *the offering.* ch. 45. 1-6. *the sanctuary.* ver. 35. Is. 12. 6; 33. 20-22. Zec. 2. 11, 12. 2 Co. 6. 16. Ep. 2. 20-22. Col. 2. 9. Re. 21. 3, 22; 22. 3.

10 *for the priests.* ch. 44. 28; 45. 4. Nu. 35. 1-9. Jos. ch. 21. Mat. 10. 10. 1 Co. 9. 13, 14. *and the sanctuary.* ver. 8.

11 *It shall be for the priests that are sanctified. or*, The sanctified *portion shall be* for the priests. *the sons.* ch. 40. 46; 43. 19; 44. 15, 16. *charge. or*, ward, *or* ordinance. Mat. 24. 45, 46. 2 Ti. 4. 7, 8. 1 Pe. 5. 4. Re. 2. 10. *as the Levites.* ch. 44. 10.

12 *a thing.* ch. 45. 4. Le. 27. 21.

13 *five and twenty thousand in.* ch. 45. 3. De. 12. 19. Lu. 10. 7.

14 *they shall.* Ex. 22. 29. Le. 27. 10, 28, 33. *for.* ver. 12. Le. 23. 20; 27. 9, 32. Mal. 3. 8-10.

15 *a profane.* ch. 22. 26; 42. 20; 44. 23; 45. 6. *for the city.* The holy oblation of 25,000 square reeds, or near fifty square miles, was divided into three parts from north to south (see on ch. 45. 1): a portion on the north of 10,000 reeds in width, and 25,000 in length, for the priests, in the midst of which was the sanctuary or temple, surrounded by a wall 500 reeds square, (ver. 9, 10; see on ch. 42. 15;) next to this another portion of the same dimensions for the Levites, (ver. 13, 14;) and on the south another portion of the same length, but only 5000 reeds in breadth, for the city, (ver. 15.) The city was situated in the midst of this portion, being 4500 reeds, or about nine miles square, (see on ver. 30,) having a suburb of 250 reeds, or about

half a mile, on each side, (ver. 17,) leaving 10,000 reeds or nearly ten miles, on the east side, and the same on the west side, for the profit of those who serve the city out of all the tribes, (ver. 18, 19.) On the east and west sides of this square of 25,000 reeds, is the portion of the prince; each of which, estimating the breadth of the land at 150 miles, would form a square of fifty miles. Thus the whole plan of the division of the country, laying out of the city, temple, and all its appendages, is perfectly regular and uniform; and would therefore convey to the minds of the Jews the most complete idea they were capable of conceiving of the most perfect church, commonwealth, city, temple, and conveniences, on the largest and grandest scale for the Divine worship; and it doubtless ultimately points out the land of Immanuel, the city of the New Jerusalem, and his temple, the Christian church, the house of the living God. 1 Ti. 3. 15.

18 *that serve.* Jos. 9. 27. Eze. 2. 43-58. Ne. 7. 46-62.

19 *shall serve.* ch. 45. 6. 1 Ki. 4. 7-23. Ne. ch. 11.

20 *four-square.* He. 12. 17. Re. 21. 16.

21 *the residue.* ver. 22; ch. 34. 23, 24; 37. 24; 45. 7, 8. Ho. 1. 11. *and westward.* ver. 8-10.

23 *Benjamin.* ver. 1-7. Ge. 35. 16-19. Jos. 18. 21-28. *a portion. Heb.* one *portion.* ver. 1.

24 *Simeon.* Ge. 29. 33; 49. 5-7. Jos. 19. 1-9.

25 *Issachar.* Ge. 30. 14-18. Jos. 19. 17-23.

26 *Zebulun.* Ge. 30. 19, 20. Jos. 19. 10-16.

27 *Gad.* Ge. 30. 10, 11. Jos. 13. 24-28.

28 *from Tamar.* ch. 47. 19. 2 Ch. 20. 2. *strife in Kadesh. Heb.* Meribah-kadesh. Nu. 20. 1, 13. Ps. 106. 32. *the river.* Ge. 15. 18. Nu. 34. 5. Jos. 13. 3. Is. 27. 12. *the great sea.* ch. 47. 15, 19, 20.

29 ch. 47. 13-22. Nu. 34. 2, 13. Jos. ch. 13-21.

30 *the goings.* ver. 16, 32-35. Re. 21. 16. *four.* It is certainly most obvious to interpret these measures, not of *cubits*, but of the *measuring reed* which the prophet's conductor had in his hand; according to which, the city would be about thirty-six miles in circumference, and nine miles on each side of the square; which was nearly nine times larger than the greatest extent to which Jerusalem ever attained, (See on ver. 15; ch. 42. 16.) The large dimensions of the city and land were perhaps intended to intimate the extensive and glorious propagation of the gospel in the times predicted; and the land was not called Canaan, nor the city Jerusalem, probably because they were figurative of spiritual blessings to the church and to Israel.

31 Is. 26. 1, 2; 54. 12; 60. 11. Re. 21. 12, 13, 21, 25.

35 *and the name.* Ge. 22. 14. Je. 33. 16. Zec. 14. 21. *The Lord. Heb.* JEHOVAH shammah. Ex. 15. 26; 17. 15. Ju. 6. 24. Ps. 46. 5; 48. 3, 14; 68. 18; 77. 13; 132. 14. Is. 12. 6; 14. 32; 24. 23. Je. 3. 17. Joel 3. 21. Zec. 2. 10. Re. 21. 3; 22. 3.

## CONCLUDING REMARKS ON THE BOOK OF EZEKIEL.

THE character of Ezekiel, as a WRITER and a POET, is thus admirably drawn by the masterly hand of Bishop LOWTH: 'Ezekiel is much inferior to Jeremiah in elegance; in sublimity he is not even excelled by Isaiah; but his sublimity is of a totally different kind. He is deep, vehement, tragical; his sentiments are elevated, animated, full of fire and indignation; his imagery is crowded, magnificent, terrific; his language is grand, solemn, austere, rough, and at times unpolished; he abounds in repetitions, not for the sake of grace or elegance, but from vehemence and indignation. Whatever subject he treats of, that he sedulously pursues; from that he rarely departs, but cleaves, as it were, to it; whence the connexion is in general evident and well preserved. In other respects he may perhaps be exceeded by the other prophets; but, for that species of composition to which he seems adapted by natural gifts, the forcible, impetuous, grave, and grand, not one of the sacred writers is superior to him. His diction is sufficiently perspicuous; all his obscurity arises from the nature of his subjects. Visions (as for instance, among others, those of Hosea, Amos, and Zechariah,) are necessarily dark and confused. The greater part of Ezekiel, particularly towards the middle of the book, is poetical, whether we regard the matter or the language.' Abp. NEWCOME judiciously observes, THE PROPHET is not to be considered merely as a poet, or as a framer of those august and astonishing visions, and of those admirable poetical representations, which he committed to writing; but as an instrument in the hands of GOD, who vouchsafed to reveal himself, through a long succession of ages, not only in divers parts constituting a magnificent and uniform whole, but also in different manners, as by voice, by dreams, by inspiration, and by plain or enigmatical vision. 'Ezekiel is a great poet, full of originality; and, in my opinion, whoever censures him as if he were only an imitator of the old prophets, can never have felt his power. He must not, in general, be compared with Isaiah, and the rest of the old prophets. Those are great, Ezekiel is also great; those in their manner of poetry, Ezekiel in his.' To justify this character the learned prelate descends to particulars, and gives apposite examples, not only of the clear, flowing, and nervous, but also of the sublime; and concludes his observations on his style, by stating it to be his deliberate opinion, that if his 'style is the old age of the Hebrew language and composition, (as has been alleged,) it is a firm and vigorous one, and should induce us to trace its youth and manhood with the most assiduous attention.' As a Prophet, Ezekiel must ever be allowed to occupy a very high rank; and few of the prophets have left a more valuable treasure to the church of God than he has. It is true, he is in several places obscure; but this resulted either from the nature of his subjects, or the events predicted being still unfulfilled; and, when time has rolled away the mist of futurity, successive generations will then perceive with what heavenly wisdom this much neglected prophet has spoken. There is, however, a great proportion of his work which is free from every obscurity, and highly edifying. He has so accurately and minutely foretold the fate and condition of various nations and cities, that nothing can be more interesting than to trace the exact accomplishment of these prophecies in the accounts furnished by historians and travellers; while, under the elegant type of a new temple to be erected, a new worship to be introduced, and a new Jerusalem to be built, with new land to be allotted to the twelve tribes, may be discovered the vast extent and glory of the New Testament Church.

# The Book of DANIEL.



## CHAP. I.

*Jehoiakim's captivity,* 1, 2. *Ashpenaz takes Daniel, Hananiah, Mishael, and Azariah,* 3-7. *They refusing the king's portion do prosper with pulse and water,* 8-16. *Their proficiency in wisdom,* 17-21.

1 2 Ki. 24. 1, 2, 13. 2 Ch. 36. 5-7.

2 Cir. A.M. 3398. B.C. 606. *the Lord.* ch. 2. 37, 38; 5. 18. De. 28. 49-52; 32. 30. Ju. 2. 14; 3. 8; 4. 2. Ps. 106. 41, 42. Is. 42. 24. *with part.* ch. 5. 2. 2 Ch. 36. 7. Je. 27. 19, 20. *Shinar.* Ge. 10. 10; 11. 2. Is. 11. 11. Zec. 5. 11. *and he.* ch. 5. 2, 3. Ju. 16. 23, 24. 1 Sa. 5. 2; 31. 9, 10. Ezr. 1. 7. Je. 51. 44. Hab. 1. 16.

3 Foretold 2 Ki. 20. 17, 18. Is. 39. 7. Je. 41. 1.

4 *Children.* The word *yeladim,* rendered *children,* is frequently used for *lads,* or *young men,* (see Ge. 21. 8, 14-16,) νεανισκους, as the LXX. render; and Daniel must have been at this time at least seventeen or eighteen years of age. *in whom.* Le. 21. 18-21; 24. 19, 20. Ju. 8. 18. 2 Sa. 14. 25. Ac. 7. 20. Ep. 5. 27. *and skilful.* Rather, as HOUBIGANT renders, 'apt to understand wisdom, to acquire knowledge, and to attain science;' for it was not a knowledge of the sciences, but merely a capacity to learn them, that was required. ch. 2. 20, 21; 5. 11. Ec. 7. 19. Ac. 7. 22. *ability.* ver. 17-20. Pr. 22. 29.

5 *a daily.* ATHENÆUS says the kings of Persia were accustomed to order for their courtiers the food left at their tables. 1 Ki. 4. 22, 23. 2 Ki. 25. 30. Mat. 6. 11. Lu. 11. 3. *which he drank. Heb.* of his drink. *stand.* ver. 19. Ge. 41. 46. 1 Sa. 16. 22. 1 Ki. 10. 8. 2 Ch. 9. 7. Je. 15. 19. Lu. 1. 19; 21. 36.

6 *Daniel.* ch. 2. 17. Eze. 14. 14, 20; 28. 3. Mat. 24. 15. Mar. 13. 14.

7 *the prince.* ver. 3, 10, 11. *gave names.* ch. 4. 8; 5. 12. Ge. 41. 45. 2 Ki. 23. 34; 24. 17. *Hananiah.* ch. 2. 49; 3. 12-30.

8 *purposed.* Ru. 1. 17, 18. 1 Ki. 5. 5. Ps. 119. 106, 115. Ac. 11. 23. 1 Co. 7. 37. 2 Co. 9. 7. *defile.* Heathen nations not only ate unclean beasts, which were forbidden by the Jewish law, but even the clean animals that were eaten were first offered as victims to their gods, and part of the wine was poured out as a libation on their altars. Hence ATHENÆUS calls the beasts served up at the tables of the Persian kings, ιερια, *victims.* Daniel was therefore resolved not to defile himself with their viands; yet he did not rudely refuse what was intended as a kindness, but mildly and modestly requested the proper officers to indulge him in this respect. Le. 11. 45-47. De. 32. 38. Ps. 106. 28; 141. 4. Eze. 4. 13, 14. Ho. 9. 3, 4. Ac. 10. 14-16. Ro. 14. 15-17. 1 Co. 8. 7-10; 10. 18-21, 28-31.

9 Ge. 32. 28; 39. 21. 1 Ki. 8. 50. Ezr. 7. 27, 28. Ne. 1. 11; 2. 4. Ps. 4. 3; 106. 46. Pr. 16. 7. Ac. 7. 10.

10 *I fear.* Pr. 29. 25. Jno. 12. 42, 43. *worse liking. Heb.* sadder. Mat. 6. 16-18. *sort. or,* term, *or* continuance.

11 *Melzar. or,* the steward.

12 *pulse to eat. Heb.* of pulse that we may eat, etc. *Pulse, zeröim,* denotes all leguminous plants, which are not reaped but *pulled* or *plucked;* which, however wholesome, was not naturally calculated to render them fatter in flesh than the others. ver. 16. Ge. 1. 29, 30. De. 8. 3. Ro. 14. 2.

15 *their.* Ex. 23. 25. De. 28. 1-14. 2 Ki. 4. 42-44. Ps. 37. 16. Pr. 10. 22. Hag. 1. 6, 9. Mal. 2. 2. Mat. 4. 4. Mar. 6. 41, 42.

16 ver. 11.

17 *God.* ch. 2. 21, 23. 1 Ki. 3. 12, 28; 4. 29-31. 2 Ch. 1. 10, 12. Job 32. 8. Ps. 119. 98-100. Pr. 2. 6. Ec. 2. 26. Is. 28. 26. Lu. 21. 15. Ac. 6. 10; 7. 10. Col. 1. 9. Ja. 1. 5, 17. *knowledge.* Ac. 7. 22. *Daniel had understanding. or,* he made Daniel understand. ch. 4. 9, 10; 5. 11, 12, 14; 10. 1. Ge. 41. 8-15. Nu. 12. 6. 2 Ch. 26. 5. Eze. 28. 3. 1 Co. 12. 7-11.

19 A.M. 3401. B.C. 603. *therefore.* See on ver. 5. Ge. 41. 46. 1 Ki. 17. 1. Pr. 22. 29. Je. 15. 19.

20 *in all.* 1 Ki. 4. 29-34; 10. 1-3, 23, 24. Ps. 119. 99. *wisdom and understanding. Heb.* wisdom of understanding. *ten.* Ge. 31. 7. Nu. 14. 22. Ne. 4. 12. Job 19. 3. *the magicians.* ch. 2. 2-11, 21-23; 4. 7, 8, etc.; 5. 7, 8, 17. Ge. 41. 8. Ex. 7. 11, 12, 22; 8. 7, 19. Is. 19. 3; 47. 12-14. 2 Ti. 3. 8, 9.

21 ch. 6. 28; 10. 1. '*He lived to see that glorious time of the return of his people from the Babylonian captivity, though he did not die then. So* till *is used* Ps. 110. 1; 112. 8.'

## CHAP. II.

*Nebuchadnezzar, forgetting his dream, requires it of the Chaldeans, by promises and threatenings,* 1-9. *They acknowledging their inability are judged to die,* 10-13. *Daniel obtaining some respite finds the dream,* 14-18. *He blesses God,* 19-23. *He staying the decree is brought to the king,* 24-30. *The dream,* 31-35. *The interpretation,* 36-45. *Daniel's advancement,* 46-49.

1 *in.* ch. 1. 1-5. 2 Ch. 36. 5-7. *the second.* That is, the *second* according to the Babylonian computation, but the *fourth* according to that of the Jews, who reckon from the time he was associated with his father. See on Je. 25. 1. *Nebuchadnezzar.* ver. 3; ch. 4. 5. Ge. 40. 5-8; 41. 1, etc. Job 33. 15-17. *and his.* ch. 6. 18. Es. 6. 1.

2 See on ch. 1. 20; 4. 6; 5. 7. Ge. 41. 8. Ex. 7. 11. De. 18. 10-12. Is. 8. 19; 19. 3; 47. 12, 13.

3 ver. 1. Ge. 40. 8; 41. 15.

4 *in.* Ge. 31. 47. Ezr. 4. 7. Is. 36. 11. *Syriack. Aramith,* 'Aramean,' the language of *Aram* or Syria; a general term comprehending both the *Chaldee* and *Syriac,* the latter merely differing from the former as a dialect, and being written in a different character. With the following words the Chaldee part of Daniel commences; and is continued to the end of the seventh chapter. *O king.* ch. 3. 9; 4. 19; 5. 10; 6. 6, 21. 1 Sa. 10. 24. 1 Ki. 1. 25, 31. Ne. 2. 3. Mat. 21. 9. Mar. 11. 9, 10. *tell.* ch. 4. 7; 5. 8. Ge. 41. 8. Is. 44. 25.

5 *ye shall.* This was unreasonable, arbitrary, and tyrannical in the extreme; but, in the course of God's providence, it was overruled to serve the most important purpose. ch. 3. 29. 1 Sa. 15. 33. Ps. 50. 22; 58. 7. *cut in pieces. Chal.* made pieces. *made.* De. 13. 16. Jos. 6. 26. 2 Ki. 10. 27. Ezr. 6. 11.

6 *ye shall.* ver. 48; ch. 5. 7, 16, 29. Nu. 22. 7, 17, 37; 24. 11. *rewards. or,* fee. ch. 5. 17, marg.

7 *Let.* ver. 4, 9. Ec. 10. 4.

8 *gain. Chal.* buy. Ep. 5. 16. Col. 4. 5.

9 *there is.* ch. 3. 15. Es. 4. 11. *for.* 1 Ki. 22. 6, 22. Pr. 12. 19. Is. 44. 25. Eze. 13. 6, 17, 19. 2 Co. 2. 17. *the time.* ver. 21; ch. 5. 28, 31; 7. 25. *I shall.* Is. 41. 23.

11 *and there.* This was their decision: and when the living and true God, who indeed condescends to dwell with men, and who alone could reveal the dream and the secrets contained in it, actually made it known to Daniel, he evinced the infinite difference between Jehovah and his prophets, and the idols and magicians of Babylon. ver. 27, 28; ch. 5. 11. Ge. 41. 39. Ex. 8. 19. Mat. 19. 26. *whose.* Ex. 29. 45. Nu. 35. 34. 1 Ki. 8. 27. 2 Ch. 6. 18. Ps. 68. 18; 113. 5, 6; 132. 14. Is. 8. 18; 57. 15; 66. 1, 2. Joel 3. 21. Jno. 1. 1-3, 14; 14. 17, 23. 2 Co. 6. 16. Re. 21. 3.

12 ch. 3. 13. Job 5. 2. Ps. 76. 10. Pr. 16. 14; 19. 12; 20. 2; 27. 3, 4; 29. 22. Mat. 2. 16; 5. 22.

13 *the decree.* ch. 6. 9-15. Es. 3. 12-15. Ps. 94. 20. Pr. 28. 15-17. Is. 10. 1. *and they.* ch. 1. 19, 20; 6. 12.

14 *answered. Chal.* returned. *with.* 2 Sa. 20. 16-22. Ec. 9. 13-18. *captain of the king's guard. or,* chief marshal. *Chal.* chief of the executioners, *or* slaughter-men. Ge. 37. 36. Je. 39. 9; 52. 12, 14, margins.

15 *made.* ver. 9.

16 *and desired.* ver. 9-11; ch. 1. 18, 19.

17 *Hananiah.* ch. 1. 7, 11; 3. 12.

18 *they would.* ch. 3. 17. 1 Sa. 17. 37. Es. 4. 15-17. Ps. 50. 15; 91. 15. Pr. 3. 5, 6. Is. 37. 4. Je. 33. 3. Mat. 18. 12, 19. Ac. 4. 24-31; 12. 4. Ro. 15. 30. 2 Ti. 4. 17, 18. *of the God of heaven. Chal.* from before God. *Daniel and his fellows should not perish. or,* they should not destroy Daniel, etc. Ge. 18. 28. Mal. 3. 18. 2 Pe. 2. 9.

19 *was.* ver. 22, 27-29; ch. 4. 9. 2 Ki. 6. 8-12. Ps. 25. 14. Am. 3. 7. 1 Co. 2. 9, 10. *in.* ch. 7. 7. Nu. 12. 6. Job 4. 13; 33. 15, 16. Mat. 2. 12, 13.

20 *Blessed.* Ge. 14. 20. 1 Ki. 8. 56. 1 Ch. 29. 10, 20. 2 Ch. 20. 21. Ps. 41. 13; 50. 23; 72. 18, 19; 103. 1, 2; 113. 2; 115. 18; 145. 1, 2. *for wisdom.* ver. 21-23. 1 Ch. 29. 11, 12. Job 12. 13, 16-22. Ps. 62. 11; 147. 5. Pr. 8. 14. Je. 32. 19. Mat. 6. 13. Jude 24. Re. 5. 12.

21 *he changeth.* ver. 9; ch. 7. 25; 11. 6. 1 Ch. 29. 30. Es. 1. 13. Job 34. 24-29. Ps. 31. 14, 15. Ec. 3. 1-8. Je. 27. 5-7. *he removeth.* ch. 4. 17, 32. 1 Sa. 2. 7, 8. Job 12. 18. Ps. 75. 5, 6; 113. 7, 8. Pr. 8. 15, 16. Lu. 1. 51, 52. Ac. 13. 21, 22. Re. 19. 16. *he giveth.* Ex. 31. 3, 6. 1 Ki. 3. 8-12, 28; 4. 29; 10. 24. 1 Ch. 22. 12. 2 Ch. 1. 10-12. Pr. 2. 6, 7. Lu. 21. 15. 1 Co. 1. 30. Ja. 1. 5, 17; 3. 15-17.

22 *revealeth.* ver. 11, 28, 29. Ge. 37. 5-9; 41. 16, 25-28. Job 12. 22. Ps. 25. 14. Is. 41. 22, 26; 42. 9. Mat. 13. 13. Ro. 16. 25, 26. 1 Co. 2. 9-11. Ep. 3. 5. *he knoweth.* Job 26. 6. Ps. 139. 11, 12. Je. 23. 24. Lu. 12. 2, 3. Jno. 21. 17. 1 Co. 4. 5. He. 4. 13. *and the.* ch. 5. 11, 14. Ps. 36. 9; 104. 2. Jno. 1. 9; 8. 12; 12. 45, 46. 1 Ti. 6. 16. Ja. 1. 17. 1 Jno. 1. 5.

23 *thank.* 1 Ch. 29. 13. Ps. 50. 14; 103. 1-4. Is. 12. 1. Mat. 11. 25. Lu. 10. 21. Jno. 11. 41. *O thou.* Ge. 32. 9-11. Ex. 3. 15. 1 Ki. 8. 57; 18. 36. 1 Ch. 29. 10. 2 Ch. 20. 6. *who hast.* ver. 20, 21. Pr. 8. 14; 21. 22; 24. 5. Ec. 7. 19; 9. 16, 18. *and hast.* ver. 18, 29, 30. Ge. 18. 17. Ps. 25. 14. Am. 3. 7. Jno. 15. 15. Re. 1. 1; 5. 5.

24 *Arioch.* ver. 15. *Destroy.* ver. 12, 13. Ac. 27. 24.

25 *brought.* Pr. 24. 11. Ec. 9. 10. *I have. Chal.* That I have. *captives of Judah. Chal.* children of the captivity of Judah. ch. 1. 6; 6. 13. Ne. 7. 6. 1 Co. 1. 27, 28.

26 *Daniel.* ch. 1. 7; 4. 8, 19; 5. 12. *Art.* ver. 3-7; ch. 4. 18; 5. 16. Ge. 41. 15. 1 Sa. 17. 33.

27 *cannot.* See on ver. 2, 10, 11; ch. 5. 7, 8. Job 5. 12, 13. Is. 19. 3; 44. 25; 47. 12-14.

28 *a God.* Ps. 115. 3. Mat. 6. 9. *that revealeth.* ver. 18, 47. Ge. 40. 8; 41. 16. Is. 41. 22, 23. Am. 4. 13. *maketh known. Chal.* hath made known. *in the.* ch. 10. 14. Ge. 49. 1. Nu. 24. 14. De. 4. 30; 31. 19. Is. 2. 2. Je. 30. 24; 48. 47. Eze. 38. 8, 16. Ho. 3. 5. Mi. 4. 1. 2 Ti. 3. 1. He. 1. 1. 2 Pe. 3. 3.

29 *came into thy mind. Chal.* came up. Eze. 38. 10. *he that.* ver. 22, 28, 47. Am. 4. 13.

30 *this secret.* Ge. 41. 16. Ac. 3. 12. 1 Co. 15. 8-12. *but.* ver. 17, 18, 49. Is. 43. 3, 4; 45. 4. Mat. 24. 22. Mar. 13. 20. Ro. 8. 28. 1 Co. 3. 21-23. 2 Co. 4. 15. *their sakes that shall make known the interpretation to the king. or,* the intent that the interpretation may be made known to the king. *and.* ver. 47.

31 *sawest. Chal.* wast seeing. *and the.* ch. 7. 3-17. Mat. 4. 8. Lu. 4. 5. *terrible.* Is. 13. 11; 25. 3-5. Eze. 28. 7. Hab. 1. 7.

32 *head.* ver. 37, 38; ch. 4. 22, 30; 7. 4. Is. 14. 4. Je. 51. 7. Re. 17. 4. *breast.* ver. 39; ch. 7. 5; 8. 3, 4; 11. 2. *belly.* ver. 39; ch. 7. 6; 8. 5-8; 11. 3, etc. *thighs. or,* sides.

33 ver. 40-43; ch. 7. 7, 8, 19-26.

34 *a stone.* ver. 44, 45; ch. 7. 13, 14, 27. Ps. 118. 22. Is. 28. 16. Zec. 12. 3. Mat. 16. 18. Ac. 4. 11. 1 Pe. 2. 7. Re. 11. 15. *was cut.* ch. 8. 25. Zec. 4. 6. Jno. 1. 13. 2 Co. 5. 1. He. 9. 24. *without hands. or,* which *was* not in hands. ver 45. *which.* Ps. 2. 8-12; 110. 5, 6; 149. 6-9. Is. 60. 12. Zec. 12. 3. Re. 17. 14; 19. 11-21.

35 *like.* Ps. 1. 4, 5. Is. 17. 13, 14; 41. 15, 16. Ho. 13. 3. Mi. 4. 13. *no place.* Job 6. 17. Ps. 37. 10, 36; 103. 16. Re. 12. 8; 20. 11. *became.* Is. 2. 2, 3. Mi. 4. 1, 2. *and filled.* Ps. 22. 27; 46. 9; 66. 4; 67. 1, 2; 72. 16-19; 80. 9, 10; 86. 9. Is. 11. 9. Zec. 14. 8, 9. 1 Co. 15. 25. Re. 11. 15; 20. 2, 3.

36 ver. 23, 24.

37 *a king.* 1 Ki. 4. 24. Ezr. 7. 12. Is. 10. 8; 47. 5. Je. 27. 6, 7. Eze. 26. 7. Ho. 8. 10. Re. 1. 5; 17. 14. *the God.* ch. 4. 25, 32; 5. 18. 2 Ch. 36. 23. Ezr. 1. 2. Pr. 8. 15. Je. 28. 14. Re. 19. 16. *power.* ch. 4. 3, 34. Ps. 62. 11. Mat. 6. 13. Jno. 19. 11. Re. 4. 11; 5. 12.

38 *the beasts.* ch. 4. 21, 22. Ps. 50. 10, 11. Je. 27. 5-7. *Thou art.* The Chaldean monarchy, over which Nebuchadnezzar was the only king of note; in whose time it extended over Chaldea, Assyria, Arabia, Syria, Egypt, and Libya: the head of gold represented its immense riches. See on ver. 32.

39 *another kingdom.* The empire of the Medes and Persians, whose union was denoted by the breast and two arms of silver; and which was established on the ruins of that of the Chaldeans on the capture of Babylon by Cyrus, B.C. 538. ver. 32; ch. 5. 28-31; 7. 5; 8. 3, 4, 20; 11. 2. Is. 44. 28; 45. 1-5. *another third.* The empire of the Macedonians, or 'brazen-coated Greeks,' aptly denoted by the belly and thighs of brass, founded by Alexander the Great, who terminated the Persian monarchy by the overthrow of Darius Codomanus at Arbela, B.C. 331. ver. 32; ch. 7. 6, 7, 23; 8. 5, etc.; 10. 20; 11. 3, etc. Zec. 6. 3-6.

40 *the fourth.* The Roman empire, which comprised nearly the whole world. ver. 33; ch. 7. 19-26; 8. 24; 9. 26; 11. 36-45. Jno. 11. 48. *forasmuch.* ch. 7. 7. Je. 15. 12. Am. 1. 3.

41 *the feet.* See on ver. 33-35; ch. 7. 7, 24. Re. 12. 3; 13. 1; 17. 12.

42 *broken. or,* brittle.

43 *one to another. Chal.* this with this. *even.* The Roman empire became weakened by a mixture of barbarous nations, by the incursions of whom it was torn asunder about the fourth century after Christ, and at length divided into ten kingdoms, answering to the ten toes of the image.

44 *in the days. Chal.* in their days. That is, in the days of one of these kingdoms, (see Ru. 1. 1,) *i. e.* the Roman; in which the 'God of heaven set up' the spiritual kingdom of the Messiah, which shall yet 'become a great mountain, and fill the whole earth.' *the God.* See on ver. 28, 37. *set up.* Ge. 49. 10. Ps. 2. 6-12; 72. 1, etc.; 89. 3, 4. 19-36; 110. 1-4. Is. 9. 6, 7. Mat. 3. 2, 3; 28. 18. Ep. 1. 20-22. *which shall never.* ch. 4. 3, 34; 6. 26; 7. 13, 14. Ps. 145. 13. Eze. 37. 25. Mi. 4. 7. Lu. 1. 32, 33. Jno. 12. 34. Re. 11. 15. *kingdom. Chal.* kingdom thereof. *break.* ch. 8. 25. Ps. 2. 9; 21. 8, 9. Is. 60. 12. 1 Co. 15. 24, 25. Re. 2. 27; 19. 15-20.

45 *thou sawest.* ver. 34, 35. Is. 28. 16. Zec. 12. 3. Mat. 21. 24. *without hands. or,* which *was* not in hands. ver. 34. Lu. 17. 20. 2 Co. 10. 4, 5. *the great.* De. 10. 17. 2 Sa. 7. 22. 1 Ch. 16. 25. Ne. 4. 14; 9. 32. Job 36. 26. Ps. 48. 1; 96. 4; 135. 5; 145. 3. Je. 32. 18, 19. Mal. 1. 11. Re. 19. 17. *made known.* Ge. 41. 28, 32. Mat. 24. 35. Re. 1. 19; 4. 1. *hereafter. Chal.* after this.

46 *fell.* Lu. 17. 16. Ac. 10. 25; 14. 13; 28. 6. Re. 11. 16; 19. 10; 22. 8. *and sweet.* Le. 26. 31. Ezr. 6. 10.

47 *a God.* ch. 11. 36. De. 10. 17. Jos. 22. 22. Ps. 136. 2. *a Lord.* See on ver. 37; ch. 4. 17, 32. Job 12. 19. Ps. 2. 10, 11; 72. 11; 82. 1. Pr. 8. 15, 16. 1 Ti. 6. 15. Re. 1. 5; 17. 14; 19. 16. *a revealer.* ver. 19, 28; ch. 4. 8, 9. Ge. 41. 39. Am. 3. 7.

48 *a great.* ver. 6; ch. 5. 16. Ge. 41. 39-43. Nu. 22. 16, 17; 24. 11. 1 Sa. 17. 25; 25. 2. 2 Sa. 19. 32. 2 Ki. 5. 1. Job 1. 3. Je. 5. 5. *ruler.* ch. 5. 29; 6. 1, 2. *and chief.* ch. 4. 9; 5. 11.

49 *he set.* ver. 17; ch. 1. 17; 3. 12-30. Pr. 28. 12. *sat.* Es. 2. 19, 21; 3. 2. Je. 39. 3. Am. 5. 15.

## CHAP. III.

*Nebuchadnezzar dedicates a golden image in Dura,* 1-7. *Shadrach, Meshach, and Abednego are accused for not worshipping the image,* 8-12. *They being threatened, make a good confession,* 13-18. *They are cast into the furnace,* 19-23, *from which God delivers them,* 24-27. *Nebuchadnezzar seeing the miracle blesses God, and advances them,* 28-30.

1 A.M. 3424. B.C. 580. *made.* ch. 2. 31, 32; 5. 23. Ex. 20. 23; 32. 2-4, 31. De. 7. 25. Ju. 8. 26, 27. 1 Ki. 12. 28. 2 Ki. 19. 17, 18. Ps. 115. 4-8; 135. 15. Is. 2. 20; 30. 22; 40. 19, etc.; 46. 6. Je. 10. 9; 16. 20. Ho. 8. 4. Hab. 2. 19. Ac. 17. 29; 19. 26. Re. 9. 20. *in the province.* ver. 30; ch. 2. 48. Es. 1. 1.

2 *sent.* Ex. 32. 4-6. Nu. 25. 2. Ju. 16. 23. 1 Ki. 12. 32. Pr. 29. 12. Re. 17. 2.

3 *the princes. Achashdarpenaya,* rendered *lieutenants* in Es. 3. 12, etc., probably *chief satraps* or *viceroys,* from the Persian *achash,* great, eminent, and *sitrab,* a satrap. Ps. 82. Ac. 19. 34, 35. Ro. 1. 21-28; 3. 11. 1 Co. 1. 24-26. Re. 13. 13-16; 17. 13, 17. *the governors. Signaya,* in Persian, *shagnah,* deputies or lieutenants. *captains. Pacawatha,* governors of provinces. See Es. 3. 13. *the judges. Adargazraya,* chief judges, or senators, from *adar,* great, and Chald. *gezar,* to judge, decree. *the treasurers. Gedavraya,* written *gizzavraya,* Ezr. 7. 21, *treasurers,* from the Persian *gunjvar. the counsellors. Dethavraya,* counsellors, judges, from *dath,* in Persian, *dad,* law, and *var,* possessor or guardian. *the sheriffs. Tiphtaya,* probably the same as the Arabic *Mufti,* or head officer of law.

4 *aloud. Chal.* with might. ch. 4. 14. Pr. 9. 13-15. Is. 40. 9; 58. 1. *it is commanded. Chal.* they command. Ho. 5. 11. Mi. 6. 16. *O people.* ch. 4. 1; 6. 25. Es. 8. 9.

5 *the cornet. Karna,* the *horn.* See on ver. 10, 15. *flute. Mashrokeetha,* in Syriac, *mashrookeetha,* the συριγξ, *pipe* or *flute,* as THEODOTION renders. *dulcimer. or,* singing. *Chal.* symphony.

6 *falleth.* ver. 11, 15. Ex. 20. 5. Is. 44. 17. Mat. 4. 9. Re. 13. 15-17. *the same.* ch. 2. 5, 12, 13. Mar. 6. 27. *a burning.* Ge. 19. 28. Je. 29. 22. Eze. 22. 18-22. Mat. 13. 42, 50. Re. 9. 2; 14. 11.

7 *when.* See on ver. 10. *all the people.* Je. 51. 7. Ac. 14. 16. 1 Jno. 5. 19. Re. 12. 9; 13. 3, 8, 14; 17. 8; 19. 20.

8 *and accused.* ch. 6. 12, 13. Ezr. 4. 12-16. Es. 3. 6, 8, 9. Ac. 16. 20-22; 17. 6-8; 28. 22. 1 Pe. 4. 3, 4.

9 *king.* ver. 4, 5. *O king.* See on ch. 2. 4; 5. 10; 6. 6, 21. Ro. 13. 7.

10 *hast made.* ver. 4-7; ch. 6. 12. Ex. 1. 16, 22. Es. 3. 12-14. Ps. 94. 20. Ec. 3. 16. Is. 10. 1. Jno. 11. 57. Re. 13. 16, 17. *the cornet.* Ex. 15. 20, 21; 32. 18, 19. 1 Ch. 15. 16, 28; 16. 5, 6; 25. 1-6. 2 Ch. 29. 25. Ps. 81. 1-3; 92. 1-3; 149. 3, 4; 150. 3-6. Am. 6. 5.

12 *certain.* ch. 2. 49; 6. 13. 1 Sa. 18. 7-11. Es. 3. 8. Pr. 27. 4. Ec. 4. 4. *not regarded thee. Chal.* set no regard upon thee. Ac. 5. 28; 17. 7.

13 *in his.* ver. 19; ch. 2. 12. Ge. 4. 5. 1 Sa. 20. 30-33. Es. 3. 5, 6. Pr. 17. 12; 27. 3; 29. 22. Lu. 6. 11. *Then.* Mat. 10. 18. Mar. 13. 9. Lu. 21. 12. Ac. 5. 25-27; 24. 24.

14 *true. or,* of purpose. Ex. 21. 13, 14. *my gods.* ver. 1; ch. 4. 8. Is. 46. 1. Je. 50. 2.

15 *ye hear.* See on ver. 10. *harp. Kaithros,* in Arabic, *kitharat,* Greek κιθαρα, the *guitar. sackbut. Sabbecha,* σαμβυκη, *sambuke,* a kind of harp. *psaltery. Pesanter,* ψαλτηριον, a stringed instrument struck with a plectrum; probably similar to what is called a *psalterium* in Egypt, which HASSELQUIST describes as a large oblique triangle, with two bottoms two inches from each other, and about twenty catguts of different sizes. *dulcimer. Soomphanya,* probably the same as the Talmudic סמפון, a *pipe. ye fall.* Lu. 4. 7, 8. *well.* ver. 17. Ex. 32. 32. Lu. 13. 9. *and who.* ver. 28, 29; ch. 6. 16, 20. Ex. 5. 2. 2 Ki. 18. 35. 2 Ch. 32. 15-17. Is. 36. 20; 37. 23. Mat. 27. 43. *we are.* Mat. 10. 19. Mar. 13. 11. Lu. 12. 11; 21. 14, 15. Ac. 4. 8-12, 19; 5. 29; 6. 15; 24. 10-13.

17 *our God.* ch. 4. 35; 6. 20-22, 27. Ge. 17. 1; 18. 14. 1 Sa. 17. 37, 46. Job 5. 19; 34. 29. Ps. 27. 1, 2; 62. 1-6; 73. 20; 115. 3; 121. 5-7. Ps. 18. 10, 11. Is. 12. 2; 26. 3, 4; 54. 14. Lu. 1. 37. Ac. 20. 24; 21. 13; 27. 20-25. Ro. 8. 31. He. 7. 25.

18 *be it.* Job 13. 15. Pr. 28. 1. Is. 51. 12, 13. Mat. 10. 28, 32, 33, 39; 16. 2. Lu. 12. 3-9. Ac. 4. 10-13, 19; 5. 29-32. Re. 2. 10, 11; 12. 11. *that.* Ex. 20. 3-5. Le. 19. 4.

19 *was Nebuchadnezzar.* ver. 13. Pr. 21. 24. Is. 51. 33. Lu. 12. 4, 5. Ac. 5. 33; 7. 54. *full. Chal.* filled. *the form.* ch. 5. 6. Ge. 4. 5, 6; 31. 2. *he spake.* Ex. 15. 9, 10. 1 Ki. 20. 10, 11. 2 Ki. 19. 27, 28. Ps. 76. 10. Pr. 16. 14; 27. 3, 4. *one seven.* ch. 6. 24. Le. 26. 18, 21, 24, 28. *than.* 1 Ki. 18. 33-35. Mat. 27. 63-66.

20 *most mighty men. Chal.* mighty of strength. *to bind.* See on ver. 15. Ac. 12. 4, 5; 16. 23, 25.

21 *in their.* HERODOTUS says the Babylonish dress was a linen tunic, another of woollen, a white short cloak, and a turban. *coats. or,* mantles. *hats. or,* turbans.

22 *commandment. Chal.* word. *urgent.* Ex. 12. 33, *flame. or,* spark. *slew.* ch. 6. 24. Pr. 11. 8; 21. 18. Zec. 12. 2, 3. Mat. 27. 5. Ac. 12. 19.

23 *fell.* ch. 6. 16, 17. Ps. 34. 19; 66. 11, 12; 124. 1-5. Je. 38. 6. La. 3. 52-54. 2 Co. 1. 8-10; 4. 17. 1 Pe. 4. 12, 13.

24 *astonied.* ch. 5. 6. Ac. 5. 23-25; 9. 6; 12. 13. *counsellors. or,* governors. See on ver. 2, 3. *O king.* ver. 9, 10, 17; ch. 4. 22, 27; 5. 18; 6. 7, 22. 1 Sa. 17. 55. Ac. 26. 13, 27.

25 *walking.* See on Is. 43. 2. *they have no hurt. Chal.* there is no hurt in them. Ps. 91. 3-9. Mar. 16. 18. Ac. 28. 5. 1 Pe. 3. 13. *the Son of God.* Or, as *bar elahin* may be rendered, 'a son of the gods,' *i. e.* a Divine person, or angel. ver. 18, 28. Job 1. 6; 38. 7. Ps. 34. 7. Pr. 30. 4. Lu. 1. 35. Jno. 19. 7, 8. Ro. 1. 4.

26 *mouth. Chal.* door. *ye servants.* ver. 17; ch. 2. 47; 6. 20. Ezr. 5. 11. Ac. 16. 17; 27. 23. Ga. 1. 10. Re. 19. 5. *the most.* Ge. 14. 18. *come forth.* Jos. 3. 17; 4. 10, 16-18. Is. 28. 16; 52. 12. Ac. 16. 37.

27 *the princes.* ver. 2, 3. 1 Sa. 17. 46, 47. 2 Ki. 19. 19. Ps. 83. 18; 96. 7-9. Is. 26. 11. Ac. 2. 6-12; 26. 26. *upon.* Is. 43. 2. He. 11. 34. *nor was.* This miraculous manifestation of Divine power was witnessed by the court and the nation, and was felt as a just punishment on the transgressors, and a signal display of mercy to Shadrach, Meshach, and Abednego, which should operate on all believers to similar acts of faith and confidence in the Lord. Mat. 10. 30. Lu. 21. 17, 18. Ac. 27. 34.

28 *Blessed.* ch. 2. 47; 4. 34; 6. 26. Ge. 9. 26. Ezr. 1. 3; 7. 23-28. *hath sent.* ver. 25; ch. 6. 22, 23. Ge. 19. 15, 16. 2 Ch. 32. 21. Ps. 34. 7, 8; 103. 20. Is. 37. 36. Ac. 5. 19; 12. 7-11. He. 1. 14. *that trusted.* 1 Ch. 5. 20. 2 Ch. 20. 20. Ps. 22. 4, 5; 33. 18, 21; 34. 22; 62. 8; 84. 11, 12; 146. 5, 6; 147. 11. Is. 26. 3, 4. Je. 17. 7, 8. 2 Co. 1. 9, 10. Ep. 1. 12, 13. 1 Pe. 1. 21. *and have.* Ezr. 6. 11. Ac. 4. 19. *yielded.* Ro. 12. 1;

14. 7, 8. Phi. 1. 20. He. 11. 37. Re. 12. 11. *serve.* ver. 16-18. Ex. 20. 5. Mat. 4. 10.

29 *Therefore.* ch. 6. 26, 27. *I make a decree. Chal.* a decree is made by me. *amiss. Chal.* error. *the God.* ver. 15, 17, 28. *cut in pieces. Chal.* made pieces. ch. 2. 5, marg. *because.* ch. 6. 27. De. 32. 31. Ps. 3. 8; 76. 10.

30 *the king.* 1 Sa. 2. 30. Ps. 91. 14. Jno. 12. 26. Ro. 8. 31. *promoted. Chal.* made to prosper. Ps. 1. 3.

## CHAP. IV.

*Nebuchadnezzar confesses God's kingdom,* 1-3, *makes relation of his dreams, which the magicians could not interpret,* 4-7. *Daniel hears the dream,* 8-18. *He interprets it,* 19-27. *The dream fulfilled,* 28-37.

1 *Nebuchadnezzar.* This is a regular *decree,* and one of the most ancient extant; and no doubt contains the exact words of Nebuchadnezzar, copied out by Daniel from the state papers of Babylon, and preserved in the original language. *unto all.* ch. 3. 4, 29; 7. 14. Es. 3. 12; 8. 9. Zec. 8. 23. Ac. 2. 6. *Peace.* ch. 6. 25, 27. 1 Ch. 12. 18. Ezr. 4. 17; 5. 7. Ro. 1. 7. Ep. 1. 2. 1 Ti. 1. 2. 1 Pe. 1. 2.

2 *I thought it good. Chal.* It was seemly before me. Jos. 7. 19. Ps. 51. 14; 71. 18; 92. 1, 2. *that.* ch. 3. 26. Ps. 66. 16. Ac. 22. 3-16; 26. 9-16.

3 *great.* ch. 6. 27. De. 4. 34. Ps. 71. 19, 20; 72. 18; 77. 19; 86. 10; 92. 5; 104. 24; 105. 27. Is. 25. 1; 28. 29. Ro. 11. 33. He. 2. 4. *his kingdom.* ver. 17, 34, 35; ch. 2. 44; 6. 26; 7. 14, 27. Ps. 66. 7; 145. 13. Is. 9. 7. Je. 10. 10. Lu. 1. 32, 33. 1 Ti. 1. 17. He. 1. 8. Re. 11. 15. *is from.* Job 25. 2. 1 Pe. 4. 11.

4 *I Nebuchadnezzar.* After he had successfully finished his wars in Syria, Egypt, etc., and the immense improvements and buildings at Babylon, and in the enjoyment of uninterrupted peace and prosperity in his palace. *was.* Ps. 30. 6, 7. Is. 47. 7, 8; 56. 12. Je. 48. 11. Eze. 28. 2-5, 17; 29. 3. Zep. 1. 12. Lu. 12. 19, 20. 1 Th. 5. 2, 3.

5 *a dream.* See on ch. 2. 1; 5. 5, 6, 10; 7. 28. Ge. 41. 1. Job 7. 13, 14. *and the thoughts.* ch. 2. 28, 29.

6 *to bring.* ch. 2. 2. Ge. 41. 7, 8. Is. 8. 19; 47. 12-14.

7 *Then came.* ch. 2. 1, 2. *but.* ch. 2. 7. Is. 44. 25. Je. 27. 9, 10. 2 Ti. 3. 8, 9.

8 *Belteshazzar.* ch. 1. 7; 5. 12. Is. 46. 1. Je. 50. 2. *and in.* ver. 9, 18; ch. 2. 11; 5. 11, 14. Nu. 11. 17, etc. Is. 63. 11.

9 *master.* See on ch. 1. 20; 2. 48; 5. 11. *the spirit.* ver. 8. Ge. 41. 38. 1 Sa. 4. 8. *no secret.* ver. 5; ch. 2. 3. Ge. 11. 6-8. Is. 33. 18; 54. 14. Eze. 28. 3. *tell.* ver. 18; ch. 2. 4, 5. Ge. 40. 9-19; 41. 15, etc. Ju. 7. 13-15.

10 *saw. Chal.* was seeing. *a tree.* This represented his exceedingly prosperous condition, the height of his exaltation, the extent of his dominions and renown, the splendour of his kingdom, the multitude of his subjects who received protection from him, and the peace and plenty they enjoyed. ver. 20-26. Ps. 37. 35, 36. Is. 10. 33, 34. Je. 12. 2. Eze. 31. 3-18.

11 *reached.* ver. 21, 22. Ge. 11. 4. De. 9. 1. Mat. 11. 23.

12 *the beasts.* Je. 27. 6, 7. Eze. 17. 23; 31. 6. *shadow.* La. 4. 20. *the fowls.* Mat. 13. 32. Lu. 13. 19.

13 *in the.* ver. 5, 10; ch. 7. 1. *a watcher.* Either a holy angel, or a divine person, called a *watcher,* as watching over the affairs of men. ver. 17, 23. Ps. 103. 20. *an holy.* ch. 8. 13. De. 33. 2. Ps. 89. 7. Zec. 14. 5. Mat. 25. 31. Mar. 1. 24. Lu. 4. 34. Jude 14. Re. 14. 10.

14 *aloud. Chal.* with might. ch. 3. 4. Re. 10. 3; 18. 2. *Hew.* ver. 23; ch. 5. 20. Mat. 3. 10; 7. 19. Lu. 3. 9; 13. 7-9. *let.* ver. 12. Je. 51. 6, 9. Eze. 31. 12, 13.

15 *leave.* ver. 25-27. Job 14. 7-9. Eze. 29. 14, 15.

16 *Let his.* Here a transition is made from the tree to Nebuchadnezzar, whom it represented; the tree being lost sight of, a person came in its stead. This person having lost the heart, or disposition of a man, and conceiving himself a beast, should act as such, and herd among them. *be changed.* See on ver. 32, 33. Is. 6. 10. Hab. 1. 11. Mar. 5. 4, 5. Lu. 8. 27-29. *seven times.* That is, seven years, a *time* in the prophetic language denoting a *year.* ver. 23, 25, 31; ch. 7. 25; 11. 13; 12. 7. Re. 12. 14.

17 *by the.* ver. 13, 24. 1 Ki. 22. 19, 20. 1 Ti. 5. 21. *the holy.* See on ver. 8, 9, 13. Is. 6. 3, 8. Re. 4. 8. *that the living.* Ps. 9. 16; 83. 17, 18. Eze. 25. 17. *the most High.* ver. 25, 32-35; ch. 2. 21; 5. 18-21. Je. 27. 5-7. *giveth.* Ps. 75. 6, 7. *the basest.* ver. 25; ch. 11. 21. Ex. 9. 16. 1 Sa. 2. 8. 1 Ki. 21. 25. 2 Ki. 21. 6, etc. 2 Ch. 28. 22. Ps. 12. 8; 113. 7, 8. Eze. 7. 24. 1 Co. 1. 28.

18 *forasmuch.* ver. 7; ch. 2. 7; 5. 8, 15. Ge. 41. 8, 15. Is. 19. 3; 47. 12-14. *but.* See on ver. 8, 9; ch. 2. 26-28. 1 Ki. 14. 2, 3. Am. 3. 7.

19 *Daniel.* ver. 8; ch. 1. 7; 2. 26; 5. 12. *was astonied.* He saw the design of the dream; and felt acutely for his prince and benefactor. Accordingly he expresses himself with the greatest delicacy and kindly feeling. ver. 9; ch. 7. 28; 8. 27; 10. 16, 17. Je. 4. 19. Hab. 3. 10. *let.* ver. 4, 5. 1 Sa. 3. 17. *My lord.* ver. 24; ch. 10. 16. Ge. 31. 35; 32. 4, 5, 18. Ex. 32. 32. 1 Sa. 1. 15; 24. 8; 26. 15. 2 Sa. 18. 31. 1 Ki. 18. 7. *the dream.* See on 2 Sa. 18. 32. Je. 29. 7.

20 See on ver. 10-12. Eze. 31. 3, 16.

22 *thou.* See on ch. 2. 37, 38. 2 Sa. 12. 7. Mat. 14. 4. *thy greatness.* ch. 5. 18-23. Ge. 11. 4; 28. 12. 2 Ch. 28. 9. Ps. 36. 5; 108. 4. Je. 27. 6-8. Re. 18. 5.

23 *saw.* See on ver. 13-17. *and let his.* ver. 15; ch. 5. 21.

24 *the decree.* See on ver. 17. Job 20. 29, marg. Ps. 2. 7; 148. 6. Is. 14. 24-27; 23. 9; 46. 10, 11. *come.* Job 1. 12-19; 40. 11, 12. Ps. 107. 40.

25 *drive.* See on ver. 32, 33; ch. 5. 21, etc. Job 30. 3-8. Mar. 5. 3, 4. *and thy dwelling.* All the circumstances of Nebuchadnezzar's case, says Dr. Mead, agree so well with a hypochondriasis, that to me it appears evident the Almighty God brought this dreadful distemper upon him, and under its influence he ran wild into the fields: then fancying himself transformed into an ox, he fed on grass, after the manner of cattle; and, through neglect of himself, his hair and nails grew to an excessive length, so that the latter became thick and crooked, resembling birds' claws. *to eat.* Ps. 106. 20. *till.* See on ver. 17, 32, 34, 35; ch. 2. 21; 5. 21. Ps. 75. 7; 83. 18. Je. 27. 5.

26 *to leave.* ver. 15. *the heavens.* Mat. 5. 34; 21. 20. Lu. 15. 18, 21.

27 *let.* Ge. 41. 33-37. Ps. 119. 46. Ac. 24. 25. 2 Co. 5. 11. *break.* Job 34. 31, 32. Pr. 16. 6; 28. 13. Is. 55. 6, 7. Eze. 18. 21, 27-32. Mat. 3. 8. Ac. 8. 22; 26. 20. Ja. 4. 8-10. 1 Pe. 4. 8. *by shewing.* Ps. 41. 1-3. Is. 58. 5-7, 10-12. Eze. 18. 7. Lu. 11. 41. Ac. 10. 2-4. Ga. 5. 6, 13, 22. Ep. 4. 28. *if it.* 1 Ki. 21. 29. Joel 2. 14. Jon. 3. 9. Zep. 2. 2, 3. *lengthening of thy tranquillity. or,* healing of thine error.

28 Nu. 23. 19. Pr. 10. 24. Zec. 1. 6. Mat. 24. 35.

29 *end.* Ge. 6. 3. Ec. 8. 11. 1 Pe. 3. 20. 2 Pe. 3. 9, 10, 15. Re. 2. 21. *in. or,* upon.

30 *Is not.* ch. 5. 20. Ps. 73. 8. Pr. 16. 18. Hab. 1. 15, 16; 2. 4, 5. Lu. 12. 19, 20; 14. 11. 1 Pe. 5. 5. *great.* Ge. 10. 10; 11. 2-9. Re. 16. 19; 17. 5; 18. 10, 21. *that.* 1 Ch. 29. 12-14. 2 Ch. 2. 5, 6. Is. 10. 8-15; 37. 24, 25. Eze. 28. 2-5; 29. 3. *and for.* ch. 5. 18, 19. Es. 1. 4. Ps. 49. 20; 104. 1; 145. 5-12. 1 Co. 10. 31. Re. 21. 24-26.

31 *the word.* ch. 5. 4, 5. Ex. 15. 9, 10. Job 20. 23. Lu. 12. 20. Ac. 12. 22, 23. 1 Th. 5. 3. *fell.* ver. 24, 34. Mat. 3. 17. Jno. 12. 28. Ac. 9. 3-5. Re. 16. 7. *The kingdom.* ch. 5. 28. 1 Sa. 13. 14; 15. 23.

32 *they shall drive.* ver. 14-16, 25, 26; ch. 5. 21. Job 30. 5-7. *until.* ver. 17, 25. Ex. 8. 10; 9. 14, 29. Jos. 4. 24. Job 12. 18-21. Pr. 8. 15, 16. Is. 37. 20; 45. 3. Je. 27. 5.

33 *same.* ch. 5. 5. Job 20. 5. Is. 30. 14. 1 Th. 5. 2. *and he was.* See on ver. 25, 32.

34 A.M. 3441. B.C. 563. *at the end.* ver. 16, 26, 32. *lifted.* Ps. 121. 1; 123. 1; 130. 1, 2. Jon. 2. 2-4. Lu. 18. 13. *I blessed.* Job 1. 21. Ps. 50. 14; 103. 1-4; 107. 8, 15, 22, 31. Is. 24. 15. La. 3. 19-23. *the most High.* ver. 17, 32. Ps. 7. 17; 9. 2; 92. 1. La. 3. 38. *him.* ch. 12. 7. Ps. 90. 2; 102. 24; 146. 10. Je. 10. 10. Jno. 5. 26. 1 Ti. 1. 17; 6. 16. Re. 4. 10; 10. 6. *whose.* See on ver. 3; ch. 2. 44; 7. 14. Ps. 10. 16; 145. 13. Is. 9. 6, 7. Je. 10. 10. Mi. 4. 7. Lu. 1. 33. Re. 11. 15. *is from.* Ps. 90. 1.

35 *all.* Job 34. 14, 15, 19-24. Is. 40. 15-17, 22-24. *and he.* 1 Sa. 3. 18. Job 23. 13. Ps. 33. 9-11; 115. 3; 135. 6. Is. 14. 24-27; 46. 10, 11. Mat. 11. 25, 26. Ac. 4. 28. Ep. 1. 11. Phi. 2. 10, 11. *the inhabitants.* Ps. 33. 8, 14; 49. 1. Is. 26. 9. *none.* Job 9. 4, 13; 34. 29; 40. 9-12; 42. 2. Pr. 21. 30. Is. 43. 13. Ac. 5. 39; 9. 5; 11. 17. 1 Co. 10. 22. *What.* Job 9. 12; 33. 12, 13; 40. 2. Is. 45. 9-11. Ro. 9. 19, 20; 11. 33-36. 1 Co. 2. 16.

36 *my reason.* Every thing was fulfilled that was exhibited in the dream and its interpretation; and God so ordered it in his providence, that Nebuchadnezzar's counsellors and lords sought for him and gladly reinstated him in his kingdom. It is confidently believed that he was a true convert, and died in the faith of the God of Israel. ver. 34. *mine.* ver. 15, 16, 32. 2 Ch. 33. 12, 13. *added.* 1 Sa. 2. 30. Job 13. 12. Pr. 22. 4. Mat. 6. 33. 2 Co. 4. 17.

37 *I Nebuchadnezzar.* ver. 3, 34; ch. 5. 4, 23. 1 Pe. 2. 9, 10. *the King.* ch. 5. 23. Mat. 11. 25. Ac. 17. 24. *all.* De. 32. 4. 1 Sa. 2. 3. Ps. 33. 4, 5; 99. 4; 119. 75; 145. 17, 18. Is. 5. 16. Re. 15. 3; 16. 7; 19. 1, 2. *those that walk.* ver. 30, 31; ch. 5. 20-24. Ex. 18. 11. 2 Ch. 33. 11, 12, 19. Job 40. 11, 12. Eze. 16. 56, 63. Ja. 4. 6, 7. 1 Pe. 5. 5, 6.

## CHAP. V.

*Belshazzar's impious feast,* 1-4. *A hand-writing unknown to the magicians, troubles the king,* 5-9. *At the commendation of the queen Daniel is brought,* 10-16. *He, reproving the king of pride and idolatry,* 17-24, *reads and interprets the writing,* 25-29. *The monarchy is translated to the Medes,* 30, 31.

1 *made.* Ge. 40. 20. Es. 1. 3. Is. 21. 4, 5; 22. 12, 14. Je. 51. 39, 57. Na. 1. 10. Mar. 6. 21, 22.

2 *Belshazzar.* *Belshazzar* is said by JOSEPHUS to be the same as *Naboandelus*, the *Nabonadius* of PTOLEMY, and the *Labynetus* of HERODOTUS. He reigned seven years, during which time he was engaged in unsuccessful wars with the Medes and Persians; and at this very time was besieged by Cyrus. *the golden.* ch. 1. 2. 2 Ki. 24. 13; 25. 15. 2 Ch. 36. 10, 18. Ezr. 1. 7-11. Je. 27. 16-22; 52. 19. *father. or,* grandfather. ver. 11, 13, 18. 2 Sa. 9. 7. 2 Ki. 8. 25-27. 2 Ch. 11. 20; 15. 16. Je. 27. 7. *taken out. Chal.* brought forth. *might.* ver. 4, 23.

4 *praised.* ver. 23. See on ch. 4. 37. Ju. 16. 23, 24. Is. 42. 8. Ho. 2. 8-13. Re. 9. 20, 21. *of gold.* ch. 3. 1-8, etc. Ps. 115. 4-8; 135. 15-18. Is. 40. 19, 20; 42. 17; 46. 6, 7. Je. 10. 4-9. Hab. 2. 19. Ac. 17. 29; 19. 24-28. Re. 9. 20.

5 *the same.* ch. 4. 31, 33. Job 20. 5. Ps. 78. 30, 31. Pr. 29. 1. Lu. 12. 19, 20. 1 Th. 5. 2, 3. *wrote.* ver. 8, 15, 24-28. Col. 2. 14. Re. 20. 12-15.

6 *the king's.* ver. 9; ch. 2. 1; 3. 19. Job 15. 20-27; 20. 19-27. Ps. 73. 18-20. Is. 21. 2-4. *countenance. Chal.* brightnesses. ver. 9. *was changed. Chal.* changed it. *and his thoughts.* ver. 10. See on ch. 4. 5, 19; 7. 28. *so that.* Ps. 69. 23. Is. 13. 7, 8; 21. 3, 4. *joints. or,* girdles. Is. 5. 27. *Chal.* bindings, *or* knots. *and his knees.* Is. 35. 3. Eze. 7. 17; 21. 7. Na. 2. 10. He. 12. 12.

7 *aloud. Chal.* with might. ch. 4. 14, marg. *to bring.* See on ch. 2. 2; 4. 6. Ge. 41. 8. Is. 44. 25, 26; 47. 13. *be clothed.* ver. 16, 29; ch. 2. 6. Ge. 41. 42-44. Nu. 22. 7, 17; 24. 11. 1 Sa. 17. 25. *scarlet. or,* purple. *a chain.* Pr. 1. 9. Ca. 1. 10. Eze. 16. 11. *the third.* ch. 2. 48; 6. 2, 3. Es. 3. 1; 10. 2, 3.

8 *but.* Because, probably, it was written in the ancient Hebrew or Samaritan character. ch. 2. 27; 4. 7. Ge. 41. 8. Is. 47. 9, 12-15.

9 *greatly.* ver. 6; ch. 2. 1. Job 18. 11-14. Ps. 18. 14. Re. 6. 15. *countenance. Chal.* brightnesses. ver. 6; ch. 10. 8. *changed.* Ps. 48. 6. Is. 13. 6-8; 21. 2-4. Je. 6. 24; 30. 6. Mat. 2. 3.

10 *the queen.* This was probably *Nitocris*, the queen-mother, widow of Evil-merodach, son of Nebuchadnezzar, and father of Belshazzar. *O king.* ch. 2. 4; 3. 9; 6. 6, 21. 1 Ki. 1. 31. *let not.* Ge. 35. 17, 18. 1 Sa. 4. 20-22. Job 13. 4; 21. 34.

11 *a man.* ch. 2. 47; 4. 8, 9, 18. Ge. 41. 11-15. *father. or,* grandfather. See on ver. 2. *light.* ch. 2. 11. 2 Sa. 14. 17. Ac. 12. 22; 14. 11. Re. 3. 9. *Nebuchadnezzar.* Nebuchadnezzar was certainly the *grandfather* of Belshazzar; but the term father in Hebrew and Chaldee is frequently used to denote a *progenitor*, or *ancestor*, however remote. *father. or,* grandfather. ver. 2. *master.* See on ch. 2. 48; 4. 9. Ac. 16. 16.

12 *an excellent.* ver. 14; ch. 6. 3. Ps. 16. 3. Pr. 12. 26; 17. 27. Col. 1. 29. *interpreting of. or,* of an interpreter of, etc. *dissolving. or,* of a dissolver. *doubts. Chal.* knots. ver. 16. 1 Ki. 10. 1-3. 2 Ch. 9. 1, 2. *whom.* ch. 1. 7; 4. 8, 19.

13 *Art thou.* Though Daniel was one of the chief ministers of state, who did 'the king's business' in the palace, (ch. 8. 27,) yet Belshazzar seems to have known nothing of him. This shews that he was a weak and vicious prince, who minded pleasure more than business, according to the character given him by historians. He appears to have left the care of public affairs to his mother, Nitocris, a lady celebrated for her wisdom, who evidently knew Daniel well, and probably constantly employed him in the government of the kingdom. ver. 11; ch. 1. 21; 2. 48; 8. 1, 27. *the children.* ch. 2. 25; 6. 13. Ezr. 4. 1; 6. 16, 19, 20; 10. 7, 16. *father. or,* grandfather. See on ver. 2, 11, 18. *Jewry.* Jno. 7. 1, 3, Judea.

14 See on ver. 11, 12.

15 ver. 7, 8; ch. 2. 3-11. Is. 29. 10-12; 47. 12.

16 *make. Chal.* interpret. Ge. 40. 8. *thou shalt.* ver. 7. Ac. 8. 18.

17 *Let.* Daniel, on this occasion, behaved in a very different manner to Belshazzar, than he had formerly done to Nebuchadnezzar. Belshazzar had that very night insulted the God of heaven in the most daring manner; and the venerable prophet, as His delegate, denounced sentence against him. ver. 29. Ge. 14. 23. 2 Ki. 3. 13; 5. 16, 26. Ac. 8. 20. *rewards. or,* fee. ch. 2. 6. *I will read.* Ps. 119. 46.

18 *O thou.* ch. 3. 17, 18; 4. 22; 6. 22. Ac. 26. 13, 19. *the most.* ch. 2. 37, 38; 4. 17, 22-25, 32. De. 32. 8. Ps. 7. 17; 9. 2; 47. 2; 92. 8. La. 3. 35, 38. Ac. 7. 48.

19 *that he.* ch. 3. 4; 4. 22. Je. 25. 9, etc.; 27. 5-7. Hab. 2. 5. Ro. 13. 1. *whom he would he slew.* ch. 2. 12, 13; 3. 6, 20, 21, 29. Pr. 16. 14. Jno. 19. 11.

20 *when.* ch. 4. 30-33, 37. Ex. 9. 17; 18. 11. Job 15. 25-27; 40. 11, 12. Pr. 16. 5, 18. Is. 14. 12-17. Lu. 1. 51, 52; 18. 14. *hardened.* 1 Sa. 6. 6. 2 Ki. 17. 14. 2 Ch. 36. 13. Je. 19. 15. He. 3. 13. *in pride. or,* to deal proudly. *deposed. Chal.* made to come down. Is. 47. 1. Je. 13. 18; 48. 18. Eze. 30. 6.

21 *he was driven.* See on ch. 4. 25, 32, 33. Job 30. 3-7. *his heart was made like. or,* he made his heart equal, etc. *till.* ch. 4. 17, 25, 32, 35, 37. Ex. 9. 14-16. Ps. 83. 17, 18. Eze. 17. 24.

22 *thou.* ver. 18. Ps. 119. 46. Mat. 14. 4. Ac. 4. 8-13. *his son.* He was, strictly speaking, 'his grandson;' but the term *son* is frequently used to denote filiation at any distance. *hast.* Ex. 10. 3. 2 Ch. 33. 23; 36. 12. Is. 26. 10. Mat. 21. 32. Ac. 5. 29-33. 1 Pe. 5. 5, 6. *though.* Lu. 12. 47. Jno. 13. 17. Ja. 4. 6, 17.

23 *lifted.* ver. 3, 4. 2 Ki. 14. 10. Is. 2. 12; 33. 10; 37. 23. Je. 50. 29. Eze. 28. 2, 5, 17; 31. 10. Hab. 2. 4. 1 Ti. 3. 6. Re. 13. 5, 6. *the Lord.* ch. 4. 37. Ge. 14. 19. Ps. 115. 16. *and they.* ver. 2-4. 1 Sa. 5. 1-9. *hast praised.* Ju. 16. 23. *which.* Ps. 115. 4-8; 135. 15-17. Is. 37. 19; 46. 6, 7. Hab. 2. 18, 19. 1 Co. 8. 4. *in whose.* Ge. 2. 7. Job 12. 10; 34. 14, 15. Ps. 104. 29; 146. 4. Is. 42. 5. Ac. 17. 25, 28, 29. *and whose.* Job 31. 4. Ps. 139. 3. Pr. 20. 24. Je. 10. 23. He. 4. 13. *hast thou.* Ro. 1. 21-23.

24 See on ver. 5.

25 *MENE.* Had these words been written in the Chaldean character, every one who knew the alphabet of the language could at least have *read* them: they are pure Chaldee, and literally denote 'He is numbered, he is numbered; he is weighed; they are divided.'

26 *God.* ch. 9. 2. Job 14. 14. Is. ch. 13; 14; 21. 1-10; ch. 47. Je. 25. 11, 12; 27. 7; ch. 50; 51. Ac. 15. 18.

27 *Thou.* Job 31. 6. Ps. 62. 9. Je. 6. 30. Eze. 22. 18-20. *art.* Mat. 22. 11, 12. 1 Co. 3. 13.

28 *PERES. Peres,* 'he was divided,' pronounced *paras,* denotes *Persians,* who seem evidently referred to. *Thy.* ver. 31; ch. 6. 28; 8. 3, 4, 20; 9. 1. Is. 13. 17; 21. 2; 45. 1, 2.

29 *they clothed.* See on ver. 7, 16.

30 ver. 1, 2. Is. 21. 4-9; 47. 9. Je. 51. 11, 31, 39, 57.

31 *Darius.* This was *Cyaxares,* son of Astyages, king of Media, and maternal uncle to Cyrus, who allowed him the title of his conquests, as long as he lived. ch. 6. 1; 9. 1. *being. Chal. he as* the son of, etc. *about. or,* now.

## CHAP. VI.

*Daniel is made chief of the presidents,* 1-3. *They, conspiring against him, obtain an idolatrous decree,* 4-9. *Daniel, accused of the breach thereof, is cast into the lions' den,* 10-17. *Daniel is saved,* 18-23; *his adversaries devoured,* 24; *and God magnified by a decree,* 25-28.

1 *Darius.* ch. 5. 31. 1 Pe. 2. 14. *an.* Ex. 18. 21, 22. Es. 1. 1.

2 *of.* ch. 2. 48, 49; 5. 16, 29. 1 Sa. 2. 30. Pr. 3. 16. *that.* Mat. 18. 23. Lu. 16. 2. *and the.* Ezr. 4. 22. Es. 7. 4. Pr. 26. 6. Lu. 19. 13, etc. 1 Co. 4. 2.

3 *was preferred.* Pr. 22. 29. *an.* ch. 5. 12, 14; 9. 23. Ge. 41. 38-41. Ne. 7. 2. Pr. 3. 3, 4; 17. 27. Ec. 2. 13. *thought.* Intended to make him *grand vizier* or *emiru'l umra.* Daniel had now been employed full sixty-five years as prime minister under the kings of Babylon; and was justly entitled, from his acknowledged wisdom, to this preference.

4 Cir. A.M. 3467. B.C. 537. *sought.* ch. 3. 8. Ge. 43. 18. Ju. 14. 4. Ps. 37. 12, 13, 32, 33. Pr. 29. 27. Ec. 4. 4. Je. 18. 18, 23; 20. 10. Mat. 26. 4; 27. 18. Lu. 20. 20; 22. 2. *but.* 1 Sa. 18. 14; 19. 4, 5; 22. 14. Lu. 23. 14, 15. Jno. 19. 4. 2 Co. 11. 12. Phi. 2. 15. 1 Ti. 5. 14. Tit. 2. 8. 1 Pe. 2. 12; 3. 16; 4. 14-16.

5 1 Sa. 24. 17. Es. 3. 8. Jno. 19. 6, 7. Ac. 24. 13-16, 20, 21.

6 *assembled together. or,* came tumultuously. ver. 11. Ps. 56. 6; 62. 3. 64. 2-6. Mat. 27. 23-25. Lu. 23. 23-25. Ac. 22. 22, 23. *King.* ver. 21; ch. 2. 4; 3. 9; 5. 10. Ne. 2. 3. Ac. 24. 2.

7 *All.* ver. 2, 3; ch. 3. 2, 27. *have consulted.* Ps. 2. 2; 59. 3; 62. 4; 83. 1-3; 94. 20. Mi. 6. 5. Mat. 12. 14; 26. 4. Mar. 15. 1. Jno. 12. 10. Ac. 4. 5-7, 26-28. *decree. or,* interdict. *he shall.* ch. 3. 6, 11. Ps. 10. 9. Na. 2. 12.

8 *establish.* Es. 3. 12; 8. 10. Is. 10. 1. *according.* ver. 12, 15. Es. 1. 19; 8. 8. *altereth not. Chal.* passeth not. Mat. 24. 35.

9 *signed.* Ps. 62. 9, 10; 118. 9; 146. 3. Pr. 6. 2. Is. 2. 22.

10 *when.* Lu. 14. 26. Ac. 4. 17-19. *his windows.* 1 Ki. 8. 30, 38, 44, 48-50. 2 Ch. 6. 38. Ps. 5. 7. Jon. 2. 4. He. 4. 16. *he kneeled.* 1 Ki. 8. 54. 2 Ch. 6. 13. Ezr. 9. 5. Ps. 95. 6. Lu. 22. 41. Ac. 7. 60; 9. 40; 20. 36; 21. 5. Ep. 3. 14. *three.* ver. 13. Ps. 55. 17; 86. 3, marg. Ac. 2. 1, 2, 15; 3. 1; 10. 9. *gave.* Ps. 34. 1. Phi. 4. 6. Col. 3. 17. 1 Th. 5. 17, 18. He. 13. 15. *as he.* Ne. 6. 11. Ps. 11. 1, 2. Mat. 10. 28-33. Lu. 12. 4-9. Ac. 4. 18, 19, 29; 5. 20, 29, 40-42; 20. 24. Phi. 1. 14, 20. Re. 2. 10, 13.

11 *assembled.* See on ver. 6. Ps. 10. 9; 37. 32, 33.

12 *they.* ch. 3. 8-12. Ac. 6. 19, 24; 24. 2-9. *the den.* It is probable that these lions were kept for the purpose of devouring certain criminals, whom the laws might consign to that kind of death. *The thing.* ver. 8. Es. 1. 19.

13 *That Daniel.* ch. 1. 6; 2. 25; 5. 13. *regardeth.* ch. 3. 12. Es. 3. 8. Ac. 5. 29; 17. 7.

14 *was sore.* The king now clearly perceived for what purpose the decree had been solicited; and was exceedingly displeased with himself that he had suffered himself to be so deluded. ch. 3. 13. Mat. 27. 17-24. Mar. 6. 26. Lu. 23. 13-21. Jno. 19. 7-12. *and he.* He strove during the whole day, by every means, to evade or annul the edict; but the foolish constitution of his government (exactly the reverse of the happy rule for the conduct of our gracious monarch) did not allow them to pardon any person who had broken one of their decrees, however arbitrary and unreasonable. 2 Sa. 3. 28, 29.

15 *Know.* ver. 8, 12. Es. 8. 8. Ps. 94. 20, 21.

16 *the king.* 2 Sa. 3. 39. Pr. 29. 25. Je. 26. 14; 38. 5. Mat. 14. 8-10; 27. 23-26. Mar. 6. 25-28; 15. 14, 15. Jno. 19. 12-16. Ac. 24. 27; 25. 9, 11. Ro. 13. 3. *Thy God.* ver. 20; ch. 3. 15, 17, 28. Job 5. 19. Ps. 37. 39, 40; 91. 14-16; 118. 8, 9. Is. 43. 2. Ac. 27. 23, 24.

17 *a stone.* La. 3. 53. Mat. 27. 60-66. Ac. 12. 4; 16. 23, 24.

18 *and passed.* 2 Sa. 12. 16, 17; 19. 24. 1 Ki. 21. 27. Job 21. 12. Ps. 137. 2. Ec. 2. 8. Is. 24. 8, 9. Am. 6. 4-6. Jon. 3. 3-9. Re. 18. 22. *instruments. or,* table. *and.* ch. 2. 1. Es. 6. 1. Ps. 77. 4.

19 Mat. 28. 1. Mar. 16. 2. 2 Co. 2. 13. 1 Th. 3. 5.

20 *is.* See on ver. 16, 27; ch. 3. 15, 17, 28, 29. *servest.* 1 Ch. 16. 11. Ps. 71. 14-18; 73. 23; 119. 112; 146. 2. Pr. 23. 17, 18. Ho. 12. 6. Lu. 18. 1. Ac. 6. 4. Ro. 2. 7. Col. 4. 2. 1 Th. 5. 17, 18. Ja. 1. 25. *able.* ch. 3. 17. Ge. 18. 14. Nu. 11. 23; 14. 15, 16. Je. 32. 17. Lu. 1. 37. 2 Co. 1. 10. 2 Ti. 1. 12; 4. 16-18. He. 7. 25. Jude 24.

21 *O king.* ver. 6; ch. 2. 4. Ne. 2. 3.

22 *My God.* ver. 20. 2 Sa. 22. 7. Ps. 31. 14; 38. 21; 118. 28. Mi. 7. 7. Mat. 27. 46. Jno. 20. 17, 28. *hath sent.* ch. 3. 28. Nu. 20. 16. 2 Ch. 32. 21. Ps. 34. 7. Is. 63. 9. Ac. 12. 11; 27. 23. *hath shut.* 1 Sa. 17. 37. Ps. 91. 11-13. 2 Ti. 4. 17. He. 11. 33. *forasmuch.* ver. 23. Ps. 18. 19-24; 26. 6; 84. 11. Is. 3. 10. Ac. 24. 16. 2 Co. 1. 12. 1 Jno. 3. 19-21. *and also.* Ge. 40. 15. 1 Sa. 24. 9-11; 26. 18. Ps. 7. 1-4. Ac. 25. 8-11.

23 *was.* ver. 14, 18. Ex. 18. 9. 1 Ki. 5. 7. 2 Ch. 2. 11, 12. *because.* ch. 3. 25, 27, 28. 1 Ch. 5. 20. 2 Ch. 20. 20. Ps. 37. 40; 118. 8, 9; 146. 3-6. Pr. 18. 10. Is. 26. 3. Mar. 9. 23. He. 11. 33.

24 *and they brought.* De. 19. 18-20. Es. 7. 10; 9. 25. Pr. 11. 8. *them.* This savage act accorded with the customs of those times; contrary to the Divine law which enacted that 'the fathers should not be put to death for the children, nor the children for the fathers.' *their children.* De. 24. 16. Jos. 7. 24, 25. 2 Ki. 14. 6. Es. 9. 10. *the lions.* ch. 3. 22. Ps. 54. 5. Is. 38. 13.

25 *king.* ch. 4. 1. Ezr. 1. 1, 2. Es. 3. 12; 8. 9. *Peace.* Ezr. 4. 17. 1 Pe. 1. 2. 2 Pe. 1. 2. Jude 2.

26 *make.* ch. 3. 29. Ezr. 6. 8-12; 7. 12, 13. *tremble.* Ps. 2. 11; 99. 1-3; 119. 120. Is. 66. 2. Je. 10. 10. Lu. 12. 5. He. 12. 29. *for.* ch. 4. 34. De. 5. 26. 1 Sa. 17. 26, 36. Ho. 1. 10. Ac. 17. 25. Ro. 9. 26. 1 Th. 1. 9. Re. 4. 10; 5. 14. *and stedfast.* Ps. 93. 1, 2; 146. 10. Mal. 3. 6. He. 6. 17, 18. Ja. 1. 17. *and his kingdom.* See on ch. 2. 44; 4. 3, 34; 7. 14, 27. Ps. 29. 10; 145. 12, 13. Is. 9. 7. Mat. 6. 13. Lu. 1. 33. Re. 11. 15.

27 *delivereth.* Job 36. 15. Ps. 18. 48, 50; 32. 7; 35. 17; 97. 10. Lu. 1. 74, 75. 2 Co. 1. 8-10. 2 Ti. 4. 17, 18. *and he.* ch. 4. 2, 3, 34. Je. 32. 19, 20. Mar. 16. 17, 18. Ac. 4. 30. He. 2. 4. *power. Chal.* hand.

28 *and in.* ch. 1. 21. 2 Ch. 36. 22, 23. Ezr. 1. 1, 2. Is. 44. 28; 45. 1.

## CHAP. VII.

*Daniel's vision of the four beasts,* 1-8, *and of God's kingdom,* 9-14. *The interpretation thereof,* 15-28.

1 Cir. A.M. 3449. B.C. 555. *Belshazzar.* ch. 5. 1, 22, 30; 8. 1. Je. 27. 7. *Daniel.* ch. 2. 1, 28, 29; 4. 5. Nu. 12. 6. Job 33. 14-16. Je. 23. 28. Joel 2. 28. Am. 3. 7. Ac. 2. 17, 18. *had. Chal.* saw. *visions.* ver. 7, 13, 15. Ge. 15. 1; 46. 2. Job 4. 13. Eze. 1. 1. 2 Co. 12. 1. *he wrote.* Is. 8. 1; 30. 8. Hab. 2. 2. Ro. 15. 4. Re. 1. 19; 10. 4. *matters. or,* words.

2 *the four.* Re. 7. 1. *the great.* Re. 17. 15.

3 *four.* Four *kingdoms,* (ver. 17,) called *beasts,* from their tyranny and oppression, emerging from the wars and commotions of the world. ch. 2. 32, 33, 37-40. Zec. 6. 1-8. *beasts.* ver. 4-8, 17. Ps. 76. 4. Eze. 19. 3-8. Re. 13. 1.

4 *like.* De. 28. 49. 2 Sa. 1. 23. Is. 5. 28, 29. Je. 4. 7, 13; 25. 38; 48. 40. La. 4. 19. Eze. 17. 3. Hab. 1. 6-8. Mat. 24. 28. *the wings.* ch. 4. 31-33. Je. 50. 30-32. *and it. or,* wherewith it, etc. *lifted.* ch. 4. 30; 5. 18-23. Is. 14. 13-17. Je. 25. 9-26. Hab. 2. 5-10. *and a.* ch. 4. 32, 36. Job 25. 6. Ps. 9. 20. Eze. 28. 2, 9.

5 *another.* ch. 2. 39; 8. 3. 2 Ki. 2. 24. Pr. 17. 12. Ho. 13. 8. *itself on one side. or,* one dominion. ch. 5. 28; 8. 4; 11. 2. *three ribs.* Babylon, Lydia, and Egypt. *Arise.* Is. 13. 17, 18; 56. 9. Je. 50. 21-32. Eze. 39. 17-20.

6 *lo.* ch. 2. 39; 8. 5-7, 20, 21; 10. 20; 11. 3, etc. Ho. 13. 7. Re. 13. 2. *another.* The Greek empire, founded by Alexander the great. *four wings.* ver. 4. Eze. 17. 3. *four heads.* Divided into four parts by Alexander's generals. ch. 8. 8, 22; 11. 4, etc.

7 *I saw.* See on ver. 2, 13. *a fourth.* The Roman empire, which destroyed the Grecian, and became mistress of the world. ver. 19, 23; ch. 2. 40; 8. 10. 2 Sa. 22. 43. *and it had ten.* See on ver. 24; ch. 2. 41, 42. Re. 12. 3; 13. 1; 17. 7, 12.

8 *another.* ver. 20-25; ch. 8. 9-12. Re. 13. 11-13. *eyes like.* ch. 8. 23-25. Re. 9. 7. *a mouth.* See on ver. 25; ch. 11. 36. 1 Sa. 2. 3. Ps. 12. 3. 2 Th. 2. 4. 2 Ti. 3. 2. 2 Pe. 2. 18. Jude 16. Re. 13. 1, 5, 6.

9 *till.* See on ch. 2. 34, 35, 44, 45. 1 Co. 15. 24, 25. Re. 19. 18-21; 20. 1-4. *the Ancient.* ver. 13, 22. Ps. 90. 2; 102. 24, 25. Is. 9. 6. Mi. 5. 2. Hab. 1. 12. *whose.* Ps. 45. 8; 104. 2. Mat. 17. 2. Mar. 9. 3. Phi. 3. 9. 1 Ti. 6. 16. 1 Jno. 1. 5. Re. 1. 14. *his throne.* Ac. 2. 30, 33. 2 Th. 1. 7, 8. 2 Pe. 3. 7-10. *and his wheels.* Ps. 104. 3, 4. Eze. 1. 13-21; 10. 2-7.

10 *fiery.* Ps. 50. 3; 97. 2, 3. Is. 30. 27, 33; 66. 15, 16. Na. 1. 5, 6. *thousand thousands.* De. 33. 2. 1 Ki. 22. 19. Ps. 68. 17. Zec. 14. 5. Mat. 25. 31. He. 12. 22. Jude 14. Re. 5. 11. *the judgment.* Ps. 96. 11-13. Mal. 3. 16-18. Re. 20. 11-15.

11 *the voice.* See on ver. 8, 25. 2 Pe. 2. 18. Jude 16. Re. 13. 5, 6; 20. 4, 12. *even.* ver. 26; ch. 8. 25; 11. 45. 2 Th. 2. 8. Re. 18. 8; 19. 20; 20. 10.

12 *the rest.* ver. 4-6; ch. 8. 7. *their lives were prolonged. Chal.* a prolonging in life was given them.

13 *one like.* Ps. 8. 4, 5. Is. 9. 6, 7. Eze. 1. 26. Mat. 13. 41; 24. 30; 25. 31; 26. 64. Mar. 13. 26; 14. 61, 62. Lu. 21. 27, 36. Jno. 3. 13; 5. 27; 12. 34. Ac. 7. 56. Phi. 2. 6-8. He. 2. 14. Re. 1. 7, 13, 18; 14. 14. *the Ancient.* ver. 9, 22. *and they.* Ps. 47. 5; 68. 17, 18. Je. 49. 19. Ep. 1. 20, 21. 1 Ti. 6. 16. He. 9. 24.

14 *given.* ver. 27. Ps. 2. 6-8; 8. 6; 110. 1, 2. Mat. 11. 27; 28. 18. Lu. 10. 22; 19. 11, 12. Jno. 3. 35; 5. 22-27. 1 Co. 15. 27. Ep. 1. 20-22. Phi. 2. 9-11. 1 Pe. 3. 22. Re. 3. 21. *that all.* ch. 3. 4. Ps. 72. 17. Is. 60. 12. Re. 11. 15; 17. 14. *an everlasting.* ver. 18, 27; ch. 2. 35, 44; 4. 3; 6. 26. Ps. 45. 6; 145. 13; 146. 10. Is. 9. 7. Ob. 21. Mi. 4. 7. Lu. 1. 33. Jno. 12. 34. 1 Co. 15. 24-28. He. 12. 28.

15 *was grieved.* ver. 28; ch. 8. 27. Je. 15, 17, 18; 17. 16. Hab. 3. 16. Lu. 19. 41-44. Ro. 9. 2, 3. Re. 10. 9-11. *body. Chal.* sheath. 2 Pe. 1. 14. *the visions.* See on ch. 2. 1, 3; 4. 5. Ge. 40. 7, 8; 41. 8.

16 *one.* ver. 10; ch. 8. 13-16; 10. 5, 6, 11, 12; 12. 5, 6. Zec. 1. 8-11; 2. 3; 3. 7. Re. 5. 5; 7. 13, 14.

17 *great.* ver. 3, 4; ch. 2. 37-40; 8. 19-22. *out.* ver. 3. Ps. 17. 14. Jno. 18. 36. Re. 13. 1, 11.

18 *the saints.* ver. 22, 27. Ps. 45. 16; 149. 5-9. Is. 60. 12-14. 2 Ti. 2. 11, 12. Re. 2. 26, 27; 3. 21; 5. 10; 20. 4. *most High. Chal.* high ones, *that is,* things, *or* places. Ep. 1. 3; 6. 12.

19 *the fourth.* ver. 7; ch. 2. 40-43. *the others. Chal.* those.

20 *the ten horns.* The ten kingdoms into which the western Roman empire was divided; which were primarily, according to MACHIAVEL and Bp. LLOYD, 1. The Huns in Hungary, A.D. 356. 2. The Ostrogoths in Mœsia, 377. 3. The Visigoths in Pannonia, 378. 4. The Sueves and Alans in Gascoigne and Spain, 407. 5. The Vandals in Africa, 407. 6. The Franks in France, 407. 7. The Burgundians in Burgundy, 407. 8. The Heruli and Turingi in Italy, 476. 9. The Saxons and Angles in Britain, 476. 10. The Lombards, first upon the Danube, 526, and afterwards in Italy. Though the ten kingdoms differed from these in later periods, and were sometimes more or less, yet they were still known by that name. ver. 8, 11, 23; ch. 8. 9-11. *whose look.* ver. 25; ch. 11. 36, 37.

21 ch. 8. 12, 24; 11. 31; 12. 7. Re. 11. 7-9; 12. 3, 4; 13. 5-7, etc.; 17. 6, 14; 19. 19.

22 *the Ancient.* ver. 9-11. 2 Th. 2. 8. Re. 11. 11-18; 14. 8-20; 19. 11-21; 20. 9-15. *judgment.* ver. 18. Is. 63. 4. Mat. 19. 28. Lu. 22. 29, 30. 1 Co. 6. 2, 3. Re. 1. 6; 3. 21; 5. 10; 20. 4.

23 *the fourth.* ver. 7; ch. 2. 40. Lu. 2. 1.

24 *the ten.* ver. 20. Re. 12. 3; 13. 1; 17. 3, 12, 13, 16-18. *another.* This evidently points out the papal supremacy, in every respect *diverse* from the former, which from small beginnings thrust itself up among the ten kingdoms, till at length it successively eradicated three of them, the kingdom of the Heruli, of the Ostrogoths, and of the Lombards. See on ver. 8, 20; ch. 8. 9-12; 11. 36. 2 Th. 2. 3-10. 1 Ti. 4. 1-3.

25 *he shall speak.* In assuming infallibility, professing to forgive sins, and to open and shut heaven, thundering out bulls and anathemas, excommunicating princes, absolving subjects from their allegiance, and exacting obedience to his decress in open violation of reason and Scripture. ver. 8, 20; ch. 8. 24, 25; 11. 28, 30, 31, 36, 37. Is. 37. 23. 2 Th. 2. 4. Re. 13. 5, 6, 11. *shall wear out.* By wars, crusades, massacres, etc. Re. 6. 9, 10; 11. 7-10; 13. 7-10; 14. 12; 16. 6; 17. 6; 18. 24. *and think.* Appointing feasts and fasts, canonizing saints, etc. ch. 2. 21; 11. 31, 36-38; 12. 11. 2 Th. 2. 4. 1 Ti. 4. 1-3. Re. 13. 15-17. *a time.* That is, three years and a half, or, reckoning thirty days to a month, 1260 days, equal to the same number of years in prophetic language; which, dated from the decree of Phocas constituting him the supreme head of the church, A.D. 606, terminated in 1866. ch. 4. 25, 32; 12. 7, 11, 12. Re. 11. 2, 3; 12. 6, 14; 13. 5, 7.

26 ver. 10, 11, 22. 2 Th. 2. 8. Re. 11. 13; 20. 10, 11.

27 *the kingdom and.* See on ver. 14, 18, 22. Ps. 149. 5-9. Is. 49. 23-26; 54. 3; 60. 11-16. Zep. 3. 19, 20. Zec. 14. 9. Re. 20 4. *whose kingdom.* ch 2. 44; 4. 34. Ps. 145. 13. Is. 9. 7. Lu. 1. 33. Jno. 12. 34. *and all.* Ps. 2. 6-12; 22. 27; 72. 11; 86. 9. Is. 60. 12. Ob. 21. Re. 11. 15. *dominions. or,* rulers. Re. 17. 14; 19. 16.

28 *the end.* ch. 8. 17, 19; 11. 27; 12. 9, 13. *my cogitations.* ver. 15; ch. 8. 27; 10. 8. *but.* Ge. 37. 10. Mar. 9 15. Lu. 2. 19, 51; 9. 44.

## CHAP. VIII.

*Daniel's vision of the ram and he goat,* 1-12. *The two thousand three hundred days of the suspension of the daily sacrifice,* 13, 14. *Gabriel comforts Daniel, and interprets the vision,* 15-27.

1 Cir. A.M. 3451. B.C. 553. *the third.* See on ch. 7. 1. *me Daniel.* ver. 15; ch. 7. 15, 28; 9. 2; 10. 2, 7; 11. 4.

2 *I saw in.* ver. 3. See on ch. 7. 2, 15. Nu. 12. 6. He. 1. 1. *Shushan.* Ne. 1. 1. Es. 1. 2; 2. 8; 3. 15; 7. 16; 8. 15; 9. 11, 15. *province.* Ge. 10. 22; 14. 1. Is. 21. 2. Je. 25. 25; 49. 34-39. Eze. 32. 24. *Ulai.* ver. 16.

3 *I lifted.* ch. 10. 5. Nu. 24. 2. Jos. 5. 13. 1 Ch. 21. 16.

Zec. 1. 18; 2. 1; 5. 1, 5, 9; 6. 1. *a ram.* The Medo-Persian empire, of which a ram was the ensign; and a ram's head with horns, one higher than the other, is still to be seen on the ruins of Persepolis. ver. 20; ch. 2. 39; 7. 5. *one.* Media was the more ancient kingdom; but Persia, after Cyrus, was the most considerable. ch. 5. 31; 6. 28. Ezr. 1. 2; 4. 5. Es. 1. 3. Is. 13. 17; 21. 2; 44. 28. Je. 51. 11. *the other. Heb.* the second.

4 *pushing.* ch. 5. 30; 7. 5; 11. 2. Is. 45. 1-5. Je. ch. 50; 51. *neither.* ver. 7. Job 10. 7. Ps. 7. 2; 50. 22. Mi. 5. 8. *but.* ch. 5. 19; 11. 3, 16, 36. Is. 10. 13, 14.

5 *an he-goat.* ver. 21; ch. 2. 32, 39; 7. 6. *touched not the ground. or,* none touched *him* in the earth. *a notable horn. Heb.* an horn of sight. Alexander the Great. ver. 8. 21; ch. 11. 3.

6 *to the.* See on ver. 3.

7 *moved.* ch. 11. 11. *and there was no.* Le. 26. 37. Jos. 8. 20. *but.* See on ch. 7. 7. *there was none.* See on ver. 4.

8 *waxed.* De. 31. 20. Es. 9. 4. Je. 5. 27. Eze. 16. 7. *when.* ch. 4. 31; 5. 20. 2 Ch. 26. 16. Ps. 82. 6, 7. Eze. 28. 9. *the great.* ver. 22; ch. 7. 6; 11. 4. *toward.* ch. 7. 2. Mat. 24. 31. Mar. 13. 27. Re. 7. 1.

9 *came.* ver. 23, 24; ch. 7. 8, 20-26; 11. 21, 25, etc. *the pleasant.* ch. 11. 16, 41, 45. Ps. 48. 2; 105. 24. Je. 3. 19. Eze. 20. 6, 15. Zec. 7. 14.

10 *to the host. or,* against the host. ver. 24, 25; ch. 11. 28, 30, 33-36. Is. 14. 13. Re. 12. 4. *and stamped.* ver. 7; ch. 7. 7.

11 *he magnified.* ver. 25; ch. 5. 23; 7. 25; 11. 36. 2 Ki. 19. 22, 23. 2 Ch. 32. 15-22. Is. 37. 23, 29. Je. 48. 26, 42. 2 Th. 2. 4. Re. 13. 5-7. *to. or,* against. *the prince.* Jos. 5. 14, 15. He. 2. 10. Re. 17. 14; 19. 13-16. *by him. or,* from him. *the daily.* ver. 12; ch. 11. 31; 12. 11. Ex. 29. 38-42. Nu. 28. 3. Eze. 46. 14. *and the place.* See on ch. 9. 26, 27. Lu. 21. 5, 6, 24.

12 *an host was given him against the daily sacrifice. or,* the host was given over for the transgression against the daily *sacrifice.* ch. 11. 31-35. Re. 13. 7. *and it cast.* Ps. 119. 43, 142. Is. 59. 14. 2 Th. 2. 10-12. *and it practised.* ver. 4; ch. 11. 28, 36. 1 Sa. 23. 9. Job 12. 6. Je. 12. 1. Re. 13. 11-17.

13 *one saint.* ch. 4. 13; 7. 16; 12. 5, 6. De. 33. 2. Zec. 1. 9-12, 19; 2. 3, 4; 14. 5. 1 Th. 3. 13. 1 Pe. 1. 12. Jude 14. *that certain saint. or,* the numberer of secrets, *or,* the wonderful numberer. *Heb.* Palmoni. Ju. 13. 18, marg. Is. 9. 6. Mat. 11. 27. Lu. 10. 22. Jno. 1. 18. *How.* ch. 12. 6. Ps. 74. 9; 79. 5. Is. 6. 11. Re. 6. 10. *the vision.* See on ver. 11, 12. *and the.* ch. 9. 27; 11. 31; 12. 11. Mat. 24. 15. Mar. 13. 14. Lu. 21. 20. *of desolation. or,* making desolate. *to be.* ch. 7. 23. Is. 63. 18. Lu. 21. 24. He. 10. 29. Re. 11. 2.

14 *Unto.* ch. 7. 25; 12. 7, 11. Re. 11. 2, 3; 12. 14; 13. 5. *two thousand.* That is, 2300 years, which reckoned from the time Alexander invaded Asia, B.C. 334, will be A.D. 1966. *days. Heb.* evening, morning. ver. 26. Ge. 1. 5. *then.* Is. 1. 27. Ro. 11. 26, 27. Re. 11. 15. *cleansed. Heb.* justified. Is. 45. 25. Ga. 3. 8.

15 *I Daniel.* See on ch. 7. 28. *sought.* ch. 7. 16-19; 12. 8. Mat. 13. 36; 24. 15. Mar. 4. 12; 13. 14. 1 Pe. 1. 10, 11. Re. 13. 18. *as.* ch. 10. 5, 16. Jos. 5. 14. Is. 9. 6. Eze. 1. 26-28. Mat. 24. 30. Re. 1. 13.

16 *I heard.* ch. 10. 11, 12. Ac. 9. 7; 10. 13. Re. 1. 12. *between.* ver. 2; ch. 12. 5-7. *Gabriel.* ch. 9. 21. Lu. 1. 19, 26. *make.* ch. 9. 22; 10. 14, 21; 12. 7. Zec. 1. 9; 2. 4. He. 1. 14. Re. 22. 16.

17 *I was.* ch. 10. 7, 8, 16. Ge. 17. 3. Eze. 1. 28. Mat. 17. 8. Mar. 9. 4, 5. Re. 1. 17; 19. 9, 10; 22. 8. *Understand.* ver. 15; ch. 9. 23; 10. 11. *O son.* Eze. 2. 1; 6. 2. *at.* ver. 19; ch. 9. 27; 11. 35, 36; 12. 4, 13. Hab. 2. 3.

18 *I was.* ver. 17, 27; ch. 10. 8, 9. Lu. 9. 32; 22. 45. *he touched.* ch. 10. 10, 16, 18. Ge. 15. 12. Job 4. 13. Eze. 2. 2. Zec. 4. 1. Ac. 26. 6. *set me upright. Heb.* made me stand upon my standing.

19 *I will.* ver. 15-17. Re. 1. 1. *the last.* ver. 17, 23; ch. 9. 26, 27; 11. 27, 35, 36; 12. 7, 8. Hab. 2. 3. Re. 10. 7; 11. 18; 15. 1; 17. 17.

20 ver. 3; ch. 11. 1, 2.

21 *the rough.* ver. 5-7; ch. 10. 20. *the great.* ver. 8; ch. 11. 3.

22 *being broken.* After Alexander's death, in the prime of life and in the height of his conquests, his brother and two sons were all murdered; and the kingdom was divided among four of his generals—1. Seleucus, who had Syria and Babylon; 2. Lysimachus, who had Asia Minor; 3. Ptolemy, who had Egypt; and, 4. Cassander, who had Greece, etc. *whereas.* ver. 3; ch. 11. 4.

23 *in the.* ch. 10. 14. Nu. 24. 24. Eze. 38. 8, 16. 1 Ti. 4. 1. *when.* Ge. 15. 16. Mat. 23. 32. 1 Th. 2. 16. *come. Heb.* accomplished. *a king.* The Roman empire, which reduced Judea to a province, burnt the city and temple, and scattered the Jews to the four winds of heaven. ver. 9-12; ch. 7. 8, 11, 20, 25. De. 28. 50. *and understanding.* ver. 25; ch. 11. 21, 24. 2 Th. 2. 9-11. Re. 13. 11-14; 19. 20. *shall stand.* ver. 6.

24 *but.* Re. 13. 3-9; 17. 12, 13, 17. *shall prosper.* ver. 12; ch. 11. 36. *shall destroy.* ver. 10, 12; ch. 7. 25; 11. 31-36. Re. 13. 10; 16. 6; 17. 6; 19. 2. *holy people. Heb.* people of the holy ones.

25 *through.* ver. 23, 24; ch. 7. 8; 11. 21-25, 32, 33. *magnify.* ver. 11; ch. 11. 36, 37. Je. 48. 26. *peace. or,* prosperity. ch. 11. 21. *stand.* See on ver. 11; ch. 11. 36. Re. 17. 14; 19. 16. *but.* ch. 2. 34, 35, 44, 45; 7. 26; 11. 45. Job 34. 20. La. 4. 6. Ac. 12. 23. Re. 19. 19-21.

26 *the vision of.* ver. 11-15; ch. 10. 1. *wherefore.* ch. 12. 4, 9. Eze. 12. 27. Re. 10. 4; 22. 10. *for.* It is now 2387 years since Daniel had this vision; and the utter desolation of the sanctuary has continued 1764 years; and no doubt the end of the 2300 years is not far distant. ch. 10. 1, 14. Is. 24. 22. Ho. 3. 3, 4.

27 *fainted.* See on ver. 7; ch. 7. 28; 10. 8, 16. Hab. 3. 16. *and did.* ver. 2; ch. 2. 48, 49; 5. 14; 6. 2, 3. 1 Sa. 3. 15. *but.* See on ver. 15-17.

## CHAP. IX.

*Daniel, considering the time of the captivity,* 1, 2, *makes confession of sins,* 3-15, *and prays for the restoration of Jerusalem,* 16-19. *Gabriel informs him of the seventy weeks,* 20-27.

1 A.M. 3466. B.C. 538. *Darius.* ch. 1. 21; 5. 31; 6. 1, 28; 11. 1. *Ahasuerus.* This was the *Astyages* of the heathen historians; as we learn from Tobit 14. 15, where the taking of Nineveh is ascribed to Nebuchadnezzar and *Assuerus,* who were the same with Nabopolassar and *Astyages.* *which. or,* in which he, etc.

2 *understood.* ch. 8. 15, 16. Ps. 119. 24, 99, 100. Mat. 24. 15. Mar. 13. 14. Ac. 8. 34. 1 Ti. 4. 13. 2 Ti. 3. 15-17. 1 Pe. 1. 10-12. 2 Pe. 1. 19-21. Re. 1. 3. *to Jeremiah.* 2 Ch. 36. 21. Je. 25. 11, 12; 27. 7; 29. 10. Zec. 7. 5. *the desolations.* Ps. 74. 3-7; 79. 1, 2. Is. 6. 11, 12; 24. 10-12; 64. 10. Je. 7. 34; 25. 18; 26. 6, 18. La. 1. 1. Mi. 3. 12.

3 *I set.* ch. 6. 10. Ne. 1. 4, etc. Ps. 102. 13-17. Je. 29. 10-13; 33. 3. Eze. 36. 37. Ja. 5. 16-18. *with.* ch. 10. 2, 3. Ezr. 8. 21; 9. 5; 10. 6. Ne. 1. 4; 9. 1. Es. 4. 1-3, 16. Ps. 35. 13; 69. 10, 11. Is. 22. 12. Joel 1. 13; 2. 12. Jon. 3. 6-9. Lu. 2. 37. Ac. 10. 30. Ja. 4. 8-10.

4 *made.* ver. 5-12. Le. 26. 40-42. 1 Ki. 8. 47-49. 2 Ch. 7. 14. Ne. 9. 2, 3. Ps. 32. 5. Je. 3. 13. 1 Jno. 1. 8-10. *the great.* Ex. 20. 6; 34. 6, 7. Nu. 14. 18, 19. De. 5. 10; 7. 9. 1 Ki. 8. 23. Ne. 1. 5; 9. 32. Je. 32. 17-19. Mi. 7. 18-20. Na. 1. 2-7. Lu. 1. 72. Ro. 8. 28. Ja. 1. 12; 2. 5. 1 Jno. 5. 2, 3.

5 *have sinned.* ver. 15. 1 Ki. 8. 47-50. 2 Ch. 6. 37-39. Ezr. 9. 6. Ne. 1. 6-8; 9. 33, 34. Ps. 106. 6. Is. 64. 5-7. Je. 3. 25; 14. 7. *departing.* Ps. 18. 21; 119. 102. Is. 59. 13. Eze. 6. 9. Ho. 1. 2. Mal. 3. 7. He. 3. 12.

6 *have we.* ver. 10. 2 Ki. 17. 13, 14. 2 Ch. 33. 10; 36. 15, 16. Is. 30. 10, 11. Je. 6. 16, 17; 7. 13, 25, 26; 25. 3-7; 26. 5; 29. 19; 32. 32, 33; 44. 4, 5, 16. Zec. 1. 4-6; 7. 8-12. Mat. 21. 34-40; 23. 37. Lu. 20. 10-12. Ac. 7. 51, 52; 13. 27. 1 Th. 2. 15, 16. *our kings.* Ezr. 9. 7. Ne. 9. 32, 34.

7 *righteousness.* ver. 8, 14. De. 32. 4. Ezr. 9. 13. Ne. 9. 33. Ps. 51. 4, 14; 119. 137. Je. 12. 1. Lu. 23. 40, 41. *belongeth unto thee. or,* thou *hast,* etc. *unto us.* Ezr. 9. 6, 7. Ps. 44. 15. Is. 45. 16. Je. 2. 26, 27; 3. 25. Eze. 16. 63; 36. 31. Ro. 6. 21. *near.* De. 4. 27. 2 Ki. 17. 6, 7. Is. 11. 11. Je. 24. 9. Am. 9. 9. Ac. 2. 5-11. *whither.* Le. 26. 33, 34.

8 *to us.* See on ver. 6, 7. *because.* Je. 14. 20. La. 1. 7, 8, 18; 3. 42; 5. 16.

9 *To the Lord.* From God's *goodness* flow His *mercies;* and from His *mercies, forgivenesses.* ver. 7. Ex. 34. 6, 7. Nu. 14. 18, 19. Ne. 9. 17, 31. Ps. 62. 12; 86. 5, 15; 130. 4, 7; 145. 8, 9. Is. 55. 7; 63. 7. La. 3. 22, 23. Jon. 4. 2. Mi. 7. 18, 19. Ep. 1. 6-8; 2. 4-7. *though.* See on ver. 5. Ne. 9. 18, 19, 26-28. Ps. 106. 43-45. Je. 14. 7. Eze. 20. 8, 9, 13.

10 *which.* See on ver. 6. 2 Ki. 17. 13; 18. 12. Ezr. 9. 10, 11. Ne. 9. 13-17. He. 1. 1.

11 *all.* 2 Ki. 17. 18-23. Is. 1. 4-6. Je. 8. 5-10; 9. 26. Eze.

22. 26-31. *the curse.* Le. 26. 14, etc. De. 27. 15-26; 28. 15, etc.; 29. 20, etc.; 30. 17-19; 31. 17, 18; 32. 19-42.

12 *confirmed.* Is. 44. 26. La. 2. 17. Eze. 13. 6. Zec. 1. 8. Mat. 5. 18. Ro. 15. 8. *our judges.* 1 Ki. 3. 9. Job 12. 17. Ps. 2. 10; 148. 11. Pr. 8. 16. *for under.* The destruction of Jerusalem by the Romans, and the condition of the Jews during almost eighteen centuries, have far more exceeded all the miseries of the capture of Jerusalem by the Chaldeans, and in the Babylonish captivity, than those miseries exceeded the judgments inflicted on other nations; for the guilt of crucifying the Messiah, and rejecting his gospel, was immensely more atrocious than all their other transgressions. La. 1. 12; 2. 13; 4. 6. Eze. 5. 9. Joel 2. 2. Am. 3. 2. Mat. 24. 21. Mar. 13. 19. Lu. 21. 22.

13 *As it is.* Thus every succeeding part of the Sacred Writings attests and proves the Divine authority of the preceding. The *history* relates the fulfilment of former *predictions;* and then new prophecies are added, which future events accomplish, and thus demonstrate their inspiration to the latest ages. See on ver. 11. Le. 26. 14, etc. De. 28. 15, etc. Is. 42. 9. La. 2. 15-17. Jno. 10. 35. *made we not our prayer before. Heb.* intreated we not the face of, etc. Job 36. 13. Is. 9. 13. Je. 2. 30; 5. 3. Ho. 7. 7, 10, 14. *that we.* De. 29. 4. Ps. 85. 4; 119. 18, 27, 73. Is. 64. 7. Je. 31. 18; 44. 27. La. 5. 21. Lu. 24. 45. Jno. 6. 45; 8. 32. Ep. 1. 17, 18; 4. 21. Ja. 1. 5.

14 *watched.* Je. 31. 28; 44. 27. *the Lord.* See on ver. 7. Ne. 9. 33. Ps. 51. 14. *for.* ver. 10.

15 *that hast.* Ex. 6. 1, 6; ch. 14; 15; 32. 11. 1 Ki. 8. 51. Ne. 1. 10. Je. 32. 20-23. 2 Co. 1. 10. *and hast.* Ex. 9. 16; 14. 18. Ne. 9. 10. Ps. 106. 8. Is. 55. 13. Je. 32. 10. *gotten thee renown. Heb.* made thee a name. *we have sinned.* See on ver. 5. Lu. 15. 18, 19, 21; 18. 13.

16 *according.* 1 Sa. 2. 7. Ne. 9. 8. Ps. 31. 1; 71. 2; 143. 1. Mi. 6. 4, 5. 2 Th. 1. 6. 1 Jno. 1. 9. *thy holy.* See on ver. 20. Ps. 87. 1-3. Joel 3. 17. Zec. 8. 3. *for the.* Ex. 20. 5. Le. 26. 39, 40. Ps. 106. 6, etc. Mat. 23. 31, 32. Lu. 11. 47-51. *Jerusalem.* 1 Ki. 9. 7-9. Ps. 41. 13, 14; 79. 4. Is. 64. 9-11. Je. 24. 9; 29. 18. La. 1. 8, 9; 2. 15, 16.

17 *cause.* Nu. 6. 23-26. Ps. 4. 6; 67. 1; 80. 1, 3, 7, 19; 119. 135. Re. 21. 23. *thy sanctuary.* La. 5. 18. *for.* See on ver. 19. Jno. 16. 24. 2 Co. 1. 20.

18 *incline.* 1 Ki. 8. 29. 2 Ki. 19. 16. Ps. 17. 6, 7. Is. 37. 17; 63. 15-19; 64. 12. *behold.* Ex. 3. 7. Ps. 80. 14, etc. *which is called by thy name. Heb.* whereupon thy name is called. Je. 7. 10; 14. 9; 15. 16; 25. 29. 1 Co. 1. 2. *for we.* Is. 64. 6. Je. 14. 7. Eze. 36. 32. *present. Heb.* cause to fall. Je. 36. 7; 37. 20, marg.

19 *O Lord, forgive.* Nu. 14. 19. 1 Ki. 8. 30-39. 2 Ch. 6. 21, 25-30, 39. Am. 7. 2. Lu. 11. 8. *defer.* Ps. 44. 23-26; 74. 9-11; 79. 5; 85. 5, 6; 102. 13, 14. Is. 64. 9-12. *thine.* Ps. 79. 8-10; 102. 15, 16; 115. 1, 2. Je. 14. 7, 20, 21. Eze. 20. 9, 14, 22; 36. 22; 39. 25. Ep. 1. 6, 12; 3. 10. *for thy.* See on ver. 18. Ps. 79. 6. Is. 63. 16-19. Je. 14. 9; 25. 29.

20 *whiles.* ch. 10. 2. Ps. 32. 5; 145. 18. Is. 58. 9; 65. 24. Ac. 4. 31; 10. 30, 31. *confessing.* ver. 4. Ec. 7. 20. Is. 6. 5. Ro. 3. 23. Ja. 3. 2. 1 Jno. 1. 8-10. *for.* See on ver. 16. Ps. 137. 5, 6. Is. 56. 7; 62. 6, 7. Zec. 8. 3. Re. 21. 2, 10.

21 *the man.* ch. 8. 16; 10. 16. Lu. 1. 19. *to fly.* Ps. 103. 20; 104. 4. Is. 6. 2. Eze. 1. 11, 14. He. 1. 7. *swiftly. Heb.* with weariness, *or* flight. *touched.* ch. 8. 18; 10. 10, 16, 18. Is. 6. 6, 7. Ac. 12. 7. He. 1. 14. *the time.* 1 Ki. 18. 36. Ezr. 9. 5. Mat. 27. 46. Ac. 3. 1; 10. 3, 9.

22 *he informed.* ver. 24-27; ch. 8. 16; 10. 21. Zec. 1. 9, 14; 6. 4, 5. Re. 4. 1. *give thee skill and understanding. Heb.* make thee skilful of understanding.

23 *the beginning.* ch. 10. 12. *commandment. Heb.* word. *for.* ch. 10. 11, 19. Lu. 1. 28. *greatly beloved. Heb. a man* of desires. Ca. 7. 10. Eze. 24. 16; 26. 12, marg. *understand.* Mat. 24. 15.

24 *Seventy weeks.* That is, seventy weeks of years, or 490 years, which reckoned from the seventh year of Artaxerxes, coinciding with the 4256th year of the Julian period, and in the month Nisan, in which Ezra was commissioned to restore the Jewish state and polity, (Ezr. 7. 9-26,) will bring us to the month Nisan of the 4746th year of the same period, or A.D. 33, the very month and year in which our Lord suffered, and completed the work of our salvation. Le. 25. 8. Nu. 14. 34. Eze. 4. 6. *finish. or,* restrain. Mat. 1. 21. 1 Jno. 3. 8. *and to.* La. 4. 22. Col. 2. 14. He. 9. 26; 10. 14. *make an end of. or,* seal up. Eze. 28. 12. *to make.* Le. 8. 15. 2 Ch. 29. 24. Is. 53. 10. Ro. 5. 10. 2 Co. 5. 18-20. Col. 1. 20. He. 2. 17. *to bring.* Is. 51. 6, 8; 53. 11; 56. 1. Je. 23. 5, 6. Ro. 3. 21, 22. 1 Co. 1. 30. 2 Co. 5. 21. Phi. 3. 9. He. 9. 12-14. 2 Pe. 1. 1. Re. 14. 6. *seal up.* Mat. 11. 13. Lu. 24. 25-27, 44, 45. Jno. 19. 28-30. *prophecy. Heb.* prophet. Ac. 3. 22. *and to anoint.* Ps. 2. 6; 45. 7. Is. 61. 1. Lu. 4. 18-21. Jno. 1. 41; 3. 34. He. 1. 8, 9; 9. 11. *the most.* Mar. 1. 24. Lu. 1. 35. Ac. 3. 14. He. 7. 26. Re. 3. 7.

25 *and understand.* ver. 23. Mat. 13. 23; 24. 15. Mar. 13. 14. Ac. 8. 30. *from.* Ezr. 4. 24; 6. 1-15; 7. 1, 8, 11-26. Ne. 2. 1-8; 3. 1. *restore and to build Jerusalem. or,* build again Jerusalem: as 2 Sa. 15. 25. Ps. 71. 10. *the Messiah.* Jno. 1. 41; 4. 25. *the Prince.* ch. 8. 11, 25. Is. 9. 6; 55. 4. Mi. 5. 2. Ac. 3. 15; 5. 31. Re. 1. 5; 19. 16. *seven weeks.* The seventy weeks are here divided into three periods. 1 Seven weeks, or 49 years, for the restoration of Jerusalem. 2 Sixty-two weeks, or 434 years, from that time to the announcement of the Messiah by John the Baptist. 3 One week, or seven years, for the ministry of John and of CHRIST Himself to the crucifixion. *be built again. Heb.* return and be builded. *wall. or,* breach, *or,* ditch. *even.* Ne. 4. 8, 16-18. Ep. 5. 16. *troublous times. Heb.* strait of times. Ne. 6. 15.

26 *Messiah.* Ps. 22. 15. Is. 53. 8. Mar. 9. 12. Lu. 24. 26, 46. Jno. 11. 51, 52; 12. 32-34. 2 Co. 5. 21. Ga. 3. 13. 1 Pe. 2. 21, 24; 3. 18. *but not. or,* and shall have nothing. Jno. 14. 30. *and the people,* etc. *or,* and [the Jews] shall be no more his people. ch. 11. 17. Ho. 1. 9. *or,* and the Prince's [Messiah's, ver. 25,] future people. The Romans, who under Titus, after the expiration of the 70 weeks, destroyed the temple and city, and dispersed the Jews. *the prince.* Mat. 22. 2, 7; 23. 38; 24. 2. Mar. 13. 2. Lu. 19. 43, 44; 21. 6, 24. Ac. 6. 13, 14. *and the end.* Mat. 24. 6-14. Mar. 13. 7. *with.* ch. 11. 10. Is. 8. 7. Je. 46. 7. Am. 8. 8; 9. 5. Na. 1. 8. *desolations are determined. or,* it shall be cut off by desolations.

27 *confirm.* Is. 42. 6; 53. 11; 55. 3. Je. 31. 31-34; 32. 40-42. Eze. 16. 60-63. Mat. 26. 28. Ro. 5. 15, 19; 15. 8, 9. Ga. 3. 13-17. He. 6. 13-18; 8. 8-13; 9. 15-20, 28; 10. 16-18; 13. 20, 21. *the covenant. or,* a covenant. *cause.* Mat. 27. 51. He. 10. 4-22. *for the overspreading of abominations he shall make it desolate. or,* upon the battlements shall be the idols of the desolator. ch. 8. 13; 11. 36; 12. 11. Is. 10. 22, 23; 28. 22. Mat. 24. 15. Mar. 13. 14. Lu. 21. 20, 24. Ro. 11. 26. *that determined.* Le. 26. 14, etc. De. 4. 26-28; 28. 15, etc.; 29. 18, etc.; 30. 17, 18; 31. 28, 29; 32. 19, etc. Ps. 69. 22-28. 1 Th. 2. 15, 16. *upon the desolate. or,* upon the desolator.

## CHAP. X.

*Daniel, having humbled himself, sees a vision,* 1-9. *Being troubled with fear, he is comforted by the angel,* 10-21.

1 A.M. 3470. B.C. 534. *Cyrus.* ch. 1. 21; 6. 28. 2 Ch. 36. 22, 23. Ezr. 1. 1, 2, 7, 8; 3. 7; 4. 3, 5; 5. 13-17; 6. 3, 14. Is. 49. 28; 45. 1. *whose.* ch. 1. 7; 4. 8; 5. 12. *and the.* ch. 8. 26; 11. 2. Ge. 41. 32. Lu. 1. 20. Re. 19. 9. *but.* ver. 14; ch. 12. 4, 9. *long. Heb.* great. *and he.* ch. 1. 17; 2. 21; 5. 17; 8. 16; 9. 22, 23.

2 *I Daniel.* Ezr. 9. 4, 5. Ne. 1. 4. Ps. 42. 9; 43. 2; 137. 1-5. Is. 66. 10. Je. 9. 1. Mat. 9. 15. Ro. 9. 2. Ja. 4. 9. Re. 11. 5. *full weeks. Heb.* weeks of days. ch. 9. 24-27.

3 *I ate.* ch. 6. 18. Is. 24. 6-11. 1 Co. 9. 27. *pleasant bread. Heb.* bread of desires. ch. 11. 8. Job 33. 20. Am. 5. 11. Na. 2. 9, margins. *neither did.* 2 Sa. 19. 24. Mat. 6. 17.

4 *as.* ch. 8. 2. Eze. 1. 3. *Hiddekel.* Ge. 2. 14.

5 *and behold.* ch. 12. 6, 7. Jos. 5. 13. Zec. 1. 8. Re. 1. 13-15. *a certain man. Heb.* one man. *clothed.* ch. 12. 6, 7. Eze. 9. 2. *loins.* Is. 11. 5. Ep. 6. 14. Re. 1. 13-15; 15. 6, 7. *Uphaz.* Je. 10. 9.

6 *like the beryl.* Ex. 28. 20. Eze. 1. 16; 10. 9. Re. 21. 20. *his face.* Eze. 1. 14. Mat. 17. 2. Lu. 9. 29. Re. 1. 13-17; 19. 12. *his arms.* Eze. 1. 7. Re. 1. 15; 10. 1. *like the voice.* Eze. 1. 24. Re. 10. 3, 4.

7 *alone.* 2 Ki. 6. 17. Ac. 9. 7; 22. 9. *but.* Eze. 12. 18. He. 12. 21. *so.* Ge. 3. 10. Is. 2. 10. Je. 23. 24.

8 *I was.* Ge. 32. 24. Ex. 3. 3. Jno. 16. 32. 2 Co. 12. 2, 3. *and there.* ch. 7. 28; 8. 7, 27. Hab. 3. 16. Mat. 17. 6. Mar. 9. 6. Re. 1. 17. *comeliness. or,* vigour. *turned.* Ge. 32. 25, 31. 2 Co. 12. 7.

9 *was I.* ch. 8. 18. Ge. 2. 21; 15. 12. Job 4. 13; 33. 15. Ca. 5. 2. Lu. 9. 32; 22. 45.

10 *an hand.* ver. 16, 18; ch. 8. 18; 9. 21. Je. 1. 9. Re. 1. 17. *set. Heb.* moved.

11 *a man.* See on ch. 9. 23. Jno. 13. 23; 21. 20. *greatly beloved. Heb.* of desires. ver. 3. Ps. 45. 11. Ca. 7. 10. *understand.* ch. 8. 16, 17; 9. 22, 23. *upright. Heb.* upon thy standing. Ac. 26. 16. *I stood.* Job 4. 14-16; 37. 1. Mar. 16. 8. Ac. 9. 6.

12 *Fear not.* ver. 19. Is. 35. 4; 41. 10, 14. Mat. 28. 5, 10. Mar. 16. 6. Lu. 1. 13, 30; 2. 10; 24. 38. Ac. 18. 9, 10; 27. 24. Re. 1. 17. *from.* Daniel, as Bp. *Newton* observes, was now very far advanced in years; for the third year of Cyrus was the 73rd of his captivity; and being a youth when carried captive, he cannot be supposed to have been less than ninety. Old as he was, 'he set his heart to understand' the former revelations which had been made to him, and particularly the vision of the ram and he-goat, as may be collected from the sequel; and for this purpose he prayed and fasted three weeks. His fasting and prayers had the desired effect, for an angel was sent to unfold to him those mysteries; and whoever would excel in divine knowledge, must imitate Daniel, and habituate himself to study, temperance, and devotion. ver. 2, 3; ch. 9. 3, 4, 20-23. Is. 58. 9; 65. 24. Ac. 10. 4, 30, 31. *chasten.* Le. 16. 29, 31. Nu. 29. 7. Ps. 69. 10. *and I.* ver. 11; ch. 9. 20-22. Ac. 10. 3-5, 30, 31.

13 *the prince.* ver. 20. Ezr. 4. 4-6, 24. Zec. 3. 1, 2. Ep. 6. 12. 1 Th. 2. 18. *Michael.* ver. 21; ch. 12. 1. Jude 9. Re. 12. 7. *one. or,* the first. Col. 2. 10. 1 Pe. 3. 22.

14 *in the.* See on ch. 2. 28. Ge. 49. 1. De. 4. 30; 31. 21. Is. 2. 2. Ho. 3. 5. Mi. 4. 1. 2 Ti. 3. 1. *the vision.* ver. 1; ch. 8. 26; 12. 4, 9. Hab. 2. 3. He. 2. 3.

15 *I set.* ver. 9; ch. 8. 18. Eze. 24. 27; 33. 22. Lu. 1. 20.

16 *like.* ver. 5, 6, 18; ch. 8. 15; 9. 21. Eze. 1. 26. Phi. 2. 7, 8. Re. 1. 13. *touched.* ver. 10. Is. 6. 7. Je. 1. 9. Eze. 3. 27; 33. 22. Lu. 1. 64; 21. 15. *my lord.* ver. 17; ch. 12. 8. Ex. 4. 10, 13. Jos. 5. 14. Ju. 6. 13, 15; 13. 8. Jno. 20. 28. *my sorrows.* ver. 8, 9; ch. 7. 15, 28; 8. 17, 27. Ec. 1. 18.

17 *the servant of this my lord, or,* this servant of my lord. Mat. 22. 43, 44. Mar. 12. 36. *talk.* Ge. 32. 30. Ex. 24. 10, 11; 33. 20. Ju. 6. 22; 13. 21-23. Is. 6. 1-5. Jno. 1. 18. *straightway.* See on ver. 8.

18 *again.* ver. 10, 16; ch. 8. 18. *he.* 1 Sa. 23. 15. Job 16. 5; 23. 6. Is. 35. 3, 4. Lu. 22. 32, 43. Ac. 18. 23. 2 Co. 12. 9, 10. Ep. 3. 16. Phi. 4. 13. Col. 1. 11.

19 *O man.* ver. 11; ch. 9. 23. Jno. 11. 3, 5, 36; 15. 9-14; 19. 26; 21. 20. *fear not.* ver. 12. Ju. 6. 23. Is. 41. 10, 14; 43. 1, 2. Lu. 24. 36-38. Jno. 14. 27; 16. 33. Re. 1. 17. *be strong.* Jos. 1. 6, 7, 9. Is. 35. 4. Hag. 2. 4. Zec. 8. 9, 13. 1 Co. 16. 13. Ep. 6. 10. 2 Ti. 2. 1. *Let.* 1 Sa. 3. 9, 10. *thou hast.* See on ver. 18. Ps. 138. 3. 2 Co. 12. 9.

20 *to fight.* See on ver. 13. Is. 37. 36. Ac. 12. 23. *the prince of Grecia.* ch. 7. 6; 8. 5-8. 21; 11. 2-4.

21 *I will.* ch. 8. 26; ch. 11; 12. Is. 41. 22, 23; 43. 8, 9. Am. 3. 7. Ac. 15. 15, 18. *holdeth. Heb.* strengtheneth himself. *Michael.* ver. 13; ch. 9. 25; 12. 1. Jude 9. Re. 12. 7.

## CHAP. XI.

*The overthrow of Persia by the king of Grecia,* 1-4. *Leagues and conflicts between the kings of the south and of the north,* 5-29. *The invasion and tyranny of the Romans,* 30-45.

1 *in the.* See on ch. 5. 31; 9. 1. *to confirm.* ch. 10. 18. Ac. 14. 22.

2 *will I.* ch. 8. 26; 10. 1, 21. Pr. 22. 21. Am. 3. 7. Jno. 10. 35; 18. 37, 38. Re. 21. 5. *three.* These were, Cambyses, son of Cyrus; Smerdis the Magian impostor, and Darius Hystaspes, Ezr. 4. 5, 6. *far.* Ps. 73. 6, 7. *stir.* HERODOTUS says the army of Xerxes consisted of 5,283,220 men, besides the Carthaginians, consisting of 300,000 men, and 200 ships. ver. 25; ch. 7. 5; 8. 4.

3 *a mighty.* Alexander the Great, whose kingdom after his death, as we have seen, was divided into four parts. ch. 7. 6; 8. 5-8, 21. *do.* ver. 16, 36; ch. 4. 35; 5. 19; 8. 4, etc. Ep. 1. 11. He. 2. 4. Ja. 1. 18.

4 *he shall stand.* Job 20. 5-7. Ps. 37. 35, 36; 49. 6-12; 73. 17-20. Lu. 12. 20. *and shall be.* ch. 7. 6; 8. 8, 22. Ps. 39. 6. Ec. 2. 18, 19; 4. 8. Mat. 12. 25. *be plucked.* ch. 7. 8. Je. 12. 15, 17; 18. 7; 31. 40; 45. 4.

5 *the king.* Ptolemy Lagus, king of Egypt, Cyrene, etc. ver. 8, 9, 11, 14, 25, 40. *and one.* ver. 3, 4. *he shall.* Seleucus Nicator, who had Syria, etc., to which he added Macedonia and Thrace.

6 *the end.* ver. 13. Eze. 38. 8, 9. *join themselves. Heb.* associate themselves. *for the king's.* After many wars between Ptolemy Philadelphus, king of Egypt, and Antiochus Theos, king of Syria, they agreed to make peace, on condition that the latter should put away his wife Laodice, and her sons, and marry Berenice, Ptolemy's daughter. *king.* ver. 7, 13, 15, 40. *an agreement. Heb.* rights. *retain.* Job 38. 15. Ps. 10. 5. Eze. 30. 21. Zec. 11. 16. *she shall be.* Antiochus recalled Laodice, who, fearing another change, caused him to be poisoned, and Berenice and her son to be murdered, and set her son Callinicus on the throne. *he that begat her. or,* whom she brought forth. *he that strengthened.* Her father Ptolemy, who died a few years before.

7 *out of.* Job 14. 7. Is. 9. 14; 11. 1. Je. 12. 2. Mal. 4. 1. *one stand.* Ptolemy Euergetes, who, to avenge his sister's death, marched with a great army against Callinicus, took all Asia from mount Taurus to India, and returned to Egypt with an immense booty. ver. 20. Ps. 49. 10-13; 109. 8. Lu. 12. 20. *in his estate. or,* in his place, *or* office. ver. 20. *and shall prevail.* Ps. 55. 23. Eze. 17. 18.

8 *their gods.* Ge. 31. 30. Ex. 12. 12. Nu. 33. 4. De. 12. 3. Ju. 18. 24. Is. 37. 19; 46. 1, 2. Je. 43. 12, 13; 46. 25. Ho. 8. 6; 10. 5, 6. *their precious vessels. Heb.* vessels of their desire. ch. 1. 2, 3; 10. 3. Is. 2. 16. Ho. 13. 15. *he shall continue.* Callinicus died an exile, and Euergetes survived him four or five years.

10 *his sons.* Seleucus Ceraunus and Antiochus the Great, sons of Callinicus. But the former being poisoned, the latter was proclaimed king, retook Seleucia and Syria, and then, after a truce, returned and overcame the Egyptian forces. *be stirred up. or,* war. *overflow.* ver. 22, 40; ch. 9. 26. Is. 8. 7, 8. Je. 46. 7, 8; 51. 42. *then shall he return, and be stirred up. or,* then shall he be stirred up again. *to his.* ver. 7, 39. Is. 25. 12.

11 *king of the south.* ver. 5, 9. *moved.* ver. 44; ch. 8. 7. Ps. 76. 10. *the multitude.* ver. 10; ch. 2. 38. 1 Ki. 20. 13, 28. Ps. 33. 16, 17. Ec. 9. 11, 12. Je. 27. 6.

12 *his heart.* ch. 5. 19, 20, 23; 8. 25. De. 8. 14. 2 Ki. 14. 10. 2 Ch. 25. 19; 26. 16; 32. 25. Pr. 16. 18. Is. 10. 7-12. Eze. 28. 2, 5, 17. Hab. 2. 4-6. Ac. 12. 22, 23. 1 Ti. 3. 6. 1 Pe. 5. 5.

13 *the king.* See on ver. 6, 7. *after certain years. Heb.* at the end of times, *even* years. ch. 4. 16; 12. 7.

14 *robbers of thy people. Heb.* children of robbers. *exalt.* Ac. 4. 25-28. Re. 17. 17.

15 *cast up.* Je. 5. 10; 6. 6; 33. 4; 52. 4. Eze. 17. 17. *most fenced cities. Heb.* city of munitions. After fourteen years, Ptolemy Philopater having been succeeded by Ptolemy Epiphanes, then a minor, Antiochus raised a greater army than before, and having defeated his best troops under Scopas, recovered possession of Cœlo-Syria and Palestine, with all their fortified cities. *shall not.* ver. 6; ch. 8. 7. Jos. 1. 5. Pr. 21. 30, 31. *his chosen people. Heb.* the people of his choices.

16 *shall do.* ver. 3. 36; ch. 8. 4. 7. *glorious land. or,* goodly land. ver. 41, 45; ch. 8. 9. *Heb.* land of ornament.

17 *He shall also.* Being assisted by the Jews, he purposed to subdue Egypt; but, entering into treaty with Ptolemy, he gave him his daughter Cleopatra in marriage, thinking to engage her to betray the interests of her husband; but in which he was deceived. *set.* ver. 19. 2 Ki. 12. 17. 2 Ch. 20. 3. Pr. 19. 21. Eze. 4. 3, 7; 25. 2. Lu. 9. 51. *upright ones. or,* much uprightness, *or,* equal conditions. *corrupting. Heb.* to corrupt. *neither.* ch. 9. 26. Ps. 56. 9. Eze. 17. 17. Mat. 12. 30. Lu. 11. 23. Ro. 8. 31.

18 *he turn.* He subdued most of the maritime places and isles of the Mediterranean; but, being driven from Europe by the Roman consuls, he took refuge in Antioch; and, in order to raise the tribute they imposed upon him, he attempted to rob the temple of Elymaïs, and was there slain. *the isles.* Ge. 10. 4, 5. Je. 2. 10; 31. 10. Eze. 27. 6. Zep. 2. 11. *for his own behalf. Heb.* for him. *the reproach. Heb.* his reproach. *he shall cause.* Ju. 1. 7. Ho. 12. 14. Mat. 7. 2.

19 *but.* From the preceding verses in this chapter let us learn, 1. That God, in his providence, sets up one and pulls down another, as he pleases. 2. That this world is full of wars and fightings, which result from the indulgence of the lusts of men. 3. That all the changes and revolutions of states were plainly and perfectly foreseen by the God of heaven. 4. That no word of God can fall to the ground, but what he has declared shall infallibly come to pass. For the elucidation of the historical parts of Scripture, it is advantageous to notice the writings of heathen authors: light is thus thrown on many passages of Holy Writ, by shewing the accomplishment of the prophecies therein contained, or customs elucidated, which, in the course of years, or in our more northern latitude, would be to us inexplicable. We have therefore reason to bless God for human learning, by which many have done great service to the readers of His blessed word. Job 20. 8. Ps. 27. 2; 37. 36. Je. 46. 6. Eze. 26. 21.

20 *estate. or,* place. ver. 7. *a raiser of taxes in the. Heb.* one that causeth an exactor to pass over the, etc. Seleucus Philopater, who levied on his subjects the tribute imposed on his father, and was poisoned by his treasurer Heliodorus. *anger. Heb.* angers.

21 *estate. or,* place. ver. 7, 20. *shall stand.* ch. 7. 8; 8. 9, 23, 25. *a vile person.* Antiochus Epiphanes, called also *Epimanes,* or madman, for his despicable conduct. 1 Sa. 3. 13. Ps. 12. 8; 15. 4. Is. 32. 5. Na. 1. 14. *by flatteries.* ver. 32, 34. Ju. 9. 1-20. 2 Sa. 15. 2-6. Ps. 55. 21.

22 *with.* ver. 10; ch. 9. 26. Is. 8. 7, 8. Am. 8. 8; 9. 5. Na. 1. 8. Re. 12. 15, 16. *also.* ch. 8. 10, 11, 25.

23 *work.* ch. 8. 25. Ge. 34. 13. Ps. 52. 2. Pr. 11. 18. Eze. 17. 13-19. Ro. 1. 29. 2 Co. 11. 3. 2 Th. 2. 9.

24 *peaceably even upon the fattest. or,* into the peaceable and fat, etc. *he shall scatter.* Ju. 9. 4. Pr. 17. 8; 19. 6. *forecast his devices. Heb.* think his thoughts. ch. 7. 25. Pr. 23. 7. Eze. 38. 10. Mat. 9. 4.

25 *stir up.* ver. 2, 10. Pr. 15. 18; 28. 25. *the south*

*with.* Antiochus defeated the army of Ptolemy Philometor, and in the next campaign made himself master of all Egypt, except Alexandria. While they had frequent conferences at the same table, they spoke lies to each other; and the former returned to Syria laden with riches.

26 *that feed.* 2 Sa. 4. 2-12. 2 Ki. 8. 14; 10. 6-9. Ps. 41. 9. Mi. 7. 5, 6. Mat. 26. 23. Mar. 14. 20. Jno. 13. 18. *overflow.* ver. 10, 22.

27 *hearts. Heb.* their hearts. *shall be to.* 2 Sa. 13. 26. Ps. 12. 2; 52. 1; 58. 2; 64. 6. Pr. 12. 20; 23. 6-8; 26. 23. *speak lies.* Ps. 62. 9. Je. 9. 3-5; 41. 1-3. *but.* Pr. 19. 21. Eze. 17. 9. *yet.* ver. 29, 35, 40; ch. 8. 19; 10. 1. Hab. 2. 3. Ac. 1. 7; 17. 31. 1 Th. 5. 1.

28 *the holy.* The Jews having rejoiced at a report of his death, he took Jerusalem, and slew 40,000 of the inhabitants, and polluted the temple. See on ver. 22, 30-32; ch. 8. 24. Ac. 3. 25.

29 *time.* ch. 8. 19; 10. 1. Is. 14. 31. Ac. 17. 26. Ga. 4. 2. *as the former.* ver. 23, 25.

30 *the ships.* He was compelled to retire from Egypt by Roman ambassadors. Ge. 10. 4. Nu. 24. 24. 1 Ch. 1. 7. Is. 23. 1, 12. Je. 2. 10. Eze. 27. 6. *and have indignation.* ver. 28; ch. 7. 25. Re. 12. 12. *have intelligence.* Ne. 6. 12. Mat. 24. 10.

31 *arms.* ch. 8. 24. Re. 17. 12. *they shall pollute.* ch. 8. 11; 12. 11. La. 1. 10; 2. 7. Eze. 7. 20, 21; 9. 7; 24. 21, 22. *shall take.* ch. 8. 12, 13, 26; 9. 27. *the abomination.* ch. 8. 13; 9. 27; 12. 11. Mat. 24. 15. Mar. 13. 14. Lu. 21. 20. *maketh desolate. or,* astonisheth. Ac. 13. 40, 41.

32 *shall he.* Pr. 19. 5; 26. 28. *corrupt. or,* cause to dissemble. 2 Th. 2. 9-12. Re. 13. 12-15. *the people.* 1 Ch. 28. 9. Ps. 9. 10. Je. 31. 34. Jno. 17. 3. 2 Co. 4. 3-6. 1 Jno. 2. 3, 4; 5. 20. *shall be.* Mi. 5. 7-9; 7. 15-17. Zec. 9. 13-16; 10. 3-6, 12; 12. 3-7; 14. 1-4. Mal. 4. 2. 2 Ti. 2. 1-3. He. 10. 32, 33. Re. 6. 11; 7. 9, 10; 12. 7-11.

33 *understand.* ch. 12. 3, 4, 10. Is. 32. 3, 4. Zec. 8. 20-23. Mal. 2. 7. Mat. 13. 11, 51, 52; 28. 20. Lu. 24. 44-47. Ac. 4. 2-4; 11. 26; 14. 21. 2 Ti. 2. 24, 25. *yet.* Mat. 10. 21; 20. 23; 24. 9. Jno. 16. 2. Ac. 12. 2, 3. 1 Co. 4. 9. 2 Ti. 1. 12; 4. 6. He. 11. 34. Re. 1. 9; 2. 13; 6. 9; 7. 14; 13. 7-10; 17. 6.

34 *they shall be.* Re. 12. 2-6, 13-17; 13. 1-4. *cleave.* Mat. 7. 15. Ac. 20. 29, 30. Ro. 16. 18. 2 Co. 11. 13-15. Ga. 2. 4. 1 Ti. 4. 1, 2. 2 Ti. 3. 1-7; 4. 3. Tit. 1. 11. 2 Pe. 2. 1-3, 18, 19. 1 Jno. 2. 18, 19; 4. 1, 5. 2 Jno. 7. Jude 4. Re. 2. 20; 13. 11-14.

35 *some.* ver. 33; ch. 8. 10. Mat. 16. 17; 26. 56, 69-75. Jno. 20. 25. Ac. 13. 13; 15. 37-39. *to try.* ch. 12. 10. De. 8. 2, 3, 16. 2 Ch. 32. 31. Pr. 17. 3. Zec. 13. 9. Mal. 3. 2-4; 4. 1-3. Ja. 1. 2. 1 Pe. 1. 6, 7. Re. 2. 10. *them. or,* by them. *even.* ver. 29, 40; ch. 8. 17, 19; 9. 27; 10. 1; 12. 4, 11. Hab. 2. 3. Re. 14. 15; 17. 17.

36 *do.* See on ver. 16; ch. 8. 4. Jno. 5. 30; 6. 38. *and he.* The preceding verses (from ver. 31) relate to the Romans, who not only destroyed the city and temple of Jerusalem, and crucified the Messiah, but during almost 300 years sought by every means to extirpate Christianity. The conversion of Constantine, though it stopped the rage of persecution, gave but little help to true religion. The power first exercised by the emperors, in calling and influencing ecclesiastical councils, gradually passed into the hands of the clergy; and the bishop and church of Rome at last carried it to an enormous length, magnifying themselves above every god. *exalt.* ch. 7. 8, 20, 25. Is. 14. 13. 2 Th. 2. 4. Re. 13. 5; 17. 3. *speak.* See on ch. 8. 11, 24, 25. *the God.* ch. 2. 47. De. 10. 17. Jos. 22. 22. Ps. 136. 2. *till.* ch. 7. 20-25; 8. 19; 12. 7, 11-13. Re. 11. 2, 3; 12. 14; 13. 5. *for.* ch. 4. 35; 9. 26. Job 23. 13, 14. Ps. 33. 10. Pr. 19. 21. Is. 46. 10. Ac. 4. 28. Re. 10. 7; 17. 17.

37 *the desire.* Ge. 3. 16. De. 5. 21; 21. 11. Ca. 7. 10. Eze. 24. 16. 1 Ti. 4. 3. *regard.* Ge. 3. 5. Is. 14. 13. 2 Th. 2. 4.

38 *But in his estate. or,* But in his stead. *Heb.* But as for the almighty God, in his seat he shall honour, yea, he shall honour a god whom, etc. 1 Ti. 4. 1. *forces. or,* munitions. *Heb.* Mauzzim, *or,* gods protectors. Saints and angels, who were invoked as intercessors and *protectors,* had miracles ascribed to them, their relics worshipped, and their shrines and images adorned with costly offerings. *a god.* Re. 13. 12-17; 17. 1-5; 18. 12. *pleasant things. Heb.* things desired. Is. 44. 9.

39 *most strong holds. Heb.* fortresses of munitions. *gain. Heb.* a price. Re. 18. 9-13.

40 *at the.* ver. 35; ch. 8. 17; 12. 4. *the king of the south.* The Saracens. ver. 5, 6. Eze. 38. 14-18. *the king of the north.* The Turks. *like.* Is. 5. 28; 21. 1; 66. 15. Je. 4. 13. Zec. 9. 14. *with horsemen.* Eze. 38. 4, 15. Re. 9. 16; 16. 12. *overflow.* See on ver. 10, 22.

41 *enter.* ver. 45. Eze. 38. 8-13. *glorious land. or,* goodly land. ver. 16. *Heb.* land of delight, *or,* ornament. *even.* Is. 11. 13-15. Je. 9. 26; 48. 47; 49. 6.

42 *stretch forth. Heb.* send forth. *and.* Eze. 29. 14. Zec. 10. 10, 11; 14. 17. Re. 11. 8.

43 *the Libyans.* Je. 46. 9, 10. Eze. 38. 5. *at his.* Ex. 11. 8. Ju. 4. 10.

44 *east.* ver. 11, 30. Eze. 38. 9-12. Re. 16. 12; 17. 13; 19. 19-21.

45 *between.* Joel 2. 20. Zec. 14. 8. *in the.* ver. 16, 41. Ps. 48. 2. Is. 2. 2; 14. 13. Mi. 4. 2. 2 Th. 2. 4. *glorious holy mountain. or,* goodly. *Heb.* mountain of delight of holiness. *he shall come.* ch. 2. 35; 7. 26; 8. 25. Eze. 38. 22, 23; 39. 2. 2 Th. 2. 8. Re. 13. 10; 14. 14-20; 19. 19-21; 20. 2, 9.

## CHAP. XII.

*Michael shall deliver Israel from their troubles,* 1-4. *Daniel is informed of the times,* 5-13.

1 *at that.* See on ch. 11. 45. *Michael.* ch. 10. 13. Jude 9. Re. 12. 7. *the great.* ch. 9. 25; 10. 21. Is. 9. 7. Eze. 34. 24; 37. 24. Ep. 1. 21. Re. 1. 5; 17. 14; 19. 11-16. *there shall.* ch. 9. 12, 26. Is. 26. 20, 21. Je. 30. 7. Mat. 24. 21. Mar. 13. 19. Lu. 21. 23, 24. Re. 16. 17-21. *thy people.* Is. 11. 11, etc.; 27. 12, 13. Je. 30. 7. Eze. 37. 21-28; 39. 25-29. Ho. 3. 4, 5. Joel 3. 16-21. Am. 9. 11-15. Ob. 17-21. Zec. 12. 3-10. Ro. 11. 5, 6, 15, 26. *written.* Ex. 32. 32, 33. Ps. 56. 8; 69. 28. Is. 4. 3. Eze. 13. 9. Lu. 10. 20. Phi. 4. 3. Re. 3. 5; 13. 8; 20. 12, 15.

2 *many.* Job 19. 25-27. Is. 26. 19. Eze. 37. 1-4, 12. Ho. 13. 14. Mat. 22. 29-32. Jno. 11. 23-26. 1 Co. 15. 20-22, 51-54. 1 Th. 4. 14. Re. 20. 12. *some to everlasting life.* Mat. 25. 46. Jno. 5. 28, 29. Ac. 24. 15. *everlasting contempt.* Is. 66. 24. Je. 20. 11. Ro. 9. 21.

3 *they that be.* ch. 11. 33, 35. Pr. 11. 30. Mat. 24. 45. 1 Co. 3. 10. 2 Pe. 3. 15. *wise. or,* teachers. Ac. 13. 1. Ep. 4. 11. He. 5. 12. *shine.* Pr. 4. 18. Mat. 13. 43; 19. 28. 1 Co. 15. 40-42. 1 Th. 2. 19, 20. Re. 1. 20. *turn.* Je. 23. 22. Lu. 1. 16, 17. Jno. 4. 36. Phi. 2. 16, 17. Ja. 5. 19, 20.

4 *shut.* ch. 8. 26. Re. 10. 4; 22. 10. *to the.* ver. 9; ch. 8. 17; 10. 1; 11. 40. *many.* ch. 11. 33. Is. 11. 9; 29. 18, 19; 30. 26; 32. 3. Zec. 14. 6-10. Mat. 24. 14. Ro. 10. 18. Re. 14. 6, 7.

5 *other two.* ch. 10. 5, 6, 10, 16. *bank. Heb.* lip. *of the river.* ch. 10. 4.

6 *one said.* ch. 8. 16. Zec. 1. 12, 13. Ep. 3. 10. 1 Pe. 1. 12. *man.* ch. 10. 5, 6. Eze. 9. 2. Re. 15. 6; 19. 14. *upon. or,* from above. Re. 10. 2-5. *How long.* ch. 8. 13. Ps. 74. 9. Re. 6. 10.

7 *he held.* De. 32. 40. Re. 10. 5, 7. *liveth.* ch. 4. 34. Job 27. 2. Je. 4. 2. *that it.* ver. 11, 12; ch. 7. 25; 8. 14; 11. 13. Re. 11. 2, 3, 15; 12. 6, 14; 13. 5. *a time.* That is, 1260 years, to be reckoned from the time the 'saints were delivered into the hand' of 'the little horn.' *an half. or,* a part. *and when.* Lu. 21. 14. Re. 10. 7; 11. 7-15. *the holy.* ch. 8. 24. De. 7. 6; 26. 19. Is. 62. 12. 1 Pe. 2. 9.

8 *but.* Lu. 18. 34. Jno. 12. 16. Ac. 1. 7. 1 Pe. 1. 11. *what.* See on ver. 6; ch. 10. 14.

9 *Go.* ver. 13. *closed.* ver. 4; ch. 8. 26. Is. 8. 16; 29. 11. Re. 10. 4.

10 *shall be.* ch. 11. 35. Ps. 51. 7. Is. 1. 18. Eze. 36. 25. Zec. 13. 9. 1 Co. 6. 11. 2 Co. 7. 1. Tit. 2. 14. He. 12. 10. 1 Pe. 1. 7, 22. Re. 3. 18; 7. 13, 14; 19. 8, 14. *but the wicked.* 1 Sa. 24. 13. Is. 32. 6, 7. Eze. 47. 11. Ho. 14. 9. Ro. 11. 8-10. 2 Th. 2. 10-12. Re. 9. 20, 21; 16. 11; 22. 11. *but the wise.* ch. 11. 33, 35. Ps. 107. 43. Pr. 1. 5; 2. 1-5. Mar. 4. 11. Lu. 24. 45. Jno. 7. 17; 8. 47; 18. 37. 1 Co. 2. 10-16. 1 Jno. 5. 20.

11 *the time.* ch. 8. 11, 12, 26; 11. 31. *the abomination. Heb.* to set up the abomination, etc. Probably Mohammedanism, which sprang up in power the same year as the papal, A.D. 606; and 1290 years from that time will be A.D. 1896, and 1335 years, A.D. 1941. ch. 8. 13; 9. 27; 11. 31. Mat. 24. 15. Mar. 13. 14. Re. 11. 2. *maketh desolate. or,* astonisheth. *a thousand.* ch. 1. 12; 7. 25; 8. 14. Re. 11. 2; 12. 6; 13. 5.

12 Ro. 11. 15. Re. 20. 4.

13 *go.* ver. 9. *for thou. or,* and thou, etc. *rest.* ver. 3. Is. 57. 1. Zec. 3. 7. Mat. 19. 28. Lu. 2. 29, 30. 2 Co. 5. 1. 2 Th. 1. 7. 2 Ti. 4. 7, 8. Re. 14. 13. *stand.* Ps. 1. 5. Lu. 21. 36. Jude 14, 15.

# HOSEA.

B.C. 785. A.M. 3219.

## CHAP. I.

*Hosea, to shew God's judgment for spiritual whoredom, takes Gomer,* 1-3, *and has by her Jezreel,* 4, 5; *Lo-ruhamah,* 6, 7; *and Lo-ammi,* 8, 9. *The restoration of Judah and Israel under one head,* 10, 11.

1 *word.* Je. 1. 2, 4. Eze. 1. 3. Joel 1. 1. Jon. 1. 1. Zec. 1. 1. Jno. 10. 35. 2 Pe. 1. 21. *Hosea.* Ro. 9. 25, Osee. *in.* Is. 1. 1. Mi. 1. 1. *Uzziah.* 2 Ki. 14. 16-29; 15. 1, 2, 32; ch. 16; 18. 2 Ch. ch. 26-32.

2 *beginning.* Mar. 1. 1. *Go.* ch. 3. 1. See on Is. 20. 2, 3. Je. 13. 1-11. Eze. ch. 4; 5. *a wife.* That is, says Apb. NEWCOME, a wife from among the Israelites, who were a people remarkable for spiritual fornication or idolatry. *children.* ch. 2. 4. 2 Pe. 2. 14, marg. *for.* Ex. 34. 15, 16. De. 31. 16. 2 Ch. 21. 13. Ps. 73. 27; 106. 39. Je. 2. 13; 3. 1-4, 9. Eze. 6. 9; ch. 16; 23. Re. 17. 1, 2, 5.

3 Is. 8. 1-3.

4 *Call.* ver. 6, 9. Is. 7. 14; 9. 6. Mat. 1. 21. Lu. 1. 13, 31, 63. Jno. 1. 42. *Jezreel.* יזרעאל, *God will disperse,* as seed is when sown; probably intimating also the speedy dispersion of Israel by Shalmaneser. *and I.* 2 Ki. 9. 24, 25; 10. 7, 8, 10, 11, 17, 29-31; 15. 10-12. *avenge. Heb.* visit. ch. 2. 13; 9. 7. Je. 23. 2. *will cause.* 2 Ki. 15. 29; 17. 6, etc.; 18. 9-12. 1 Ch. 5. 25, 26. Je. 3. 8. Eze. 23. 10, 31.

5 *I will.* ch. 2. 18. Ps. 37. 15; 46. 9. Je. 49. 34, 35; 51. 56. *in.* Jos. 17. 16. Ju. 6. 33.

6 *Lo-ruhamah. that is,* Not having obtained mercy. ch. 2. 23. 1 Pe. 2. 10. *for.* 2 Ki. 17. 6, 23, etc. Is. 27. 11. *no more have. Heb.* not add any more to have. *but I will utterly take them away. or,* that I should altogether pardon them. See on ch. 9. 15-17.

7 *I will.* ch. 11. 12. 2 Ki. 19. 35. Is. ch. 36; 37. *will save.* Is. 7. 14; 12. 2; 49. 6. Je. 23. 5, 6. Zec. 2. 6-11; 4. 6; 9. 9, 10. Mat. 1. 21-23. Tit. 3. 4-6. *by bow.* Ps. 33. 16; 44. 3-6.

9 *Lo-ammi. that is,* Not my people. Je. 15. 1.

10 *the number.* Ge. 13. 16; 32. 12. Is. 48. 19. Ro. 9. 27, 28. He. 11. 12. *and it.* See on Ro. 9. 25, 26. *in the. or,* instead of that. *it was said.* ch. 2. 23. Is. 43. 6; 49. 17-22; 54. 1-3; 60. 4, etc.; 66. 20. 1 Pe. 2. 9, 10. *Ye are the sons.* Jno. 1. 12. Ro. 8. 14-17; 9. 26. 2 Co. 6. 18. Ga. 4. 6, 7. 1 Jno. 3. 1, 2.

11 *Then shall.* This seems to refer to the future conversion and restoration of the Jews and Israelites, under one head, Jesus Christ; so that there shall be one flock and one shepherd. *the children of Judah.* ch. 3. 5. Is. 11. 12, 13. Je. 3. 18, 19; 23. 5-8; 30. 3; 31. 1-9; 33. 15-26; 50. 4, 5, 19. Eze. 16. 60-63; 34. 23, 24; 37. 16-25. Mi. 2. 12, 13. Zec. 10. 6-9. Ro. 11. 25, 26. *for.* An allusion to the word *Jezreel.* God who *sowed* them among the nations in His wrath, shall *reap* and *gather* them in His mercy: see ch. 2. 22, 23. Ps. 22. 27-30; 110. 3. Ro. 11. 15.

## CHAP. II.

*The idolatry of the people,* 1-5. *God's judgments against them,* 6-13. *His promises of reconciliation with them,* 14-23.

1 *unto.* See on ch. 1. 9-11. *Ammi. that is,* My people. Ex. 19. 5, 6. Je. 31. 33; 32. 38. Eze. 11. 20; 36. 28; 37. 27. Zec. 13. 9. *Ruhamah. that is,* Having obtained mercy. ver. 23. Ro. 11. 30, 31. 2 Co. 4. 1. 1 Ti. 1. 13. 1 Pe. 2. 10.

2 *Plead with.* Is. 58. 1. Je. 2. 2; 19. 3. Eze. 20. 4; 23. 45. Mat. 23. 37-39. Ac. 7. 51-53. 2 Co. 5. 16. *she.* Is. 50. 1. Je. 3. 6-8. *let.* ch. 1. 2. Je. 3. 1, 9, 13. Eze. 16. 20, 25; 23. 43.

3 *I strip.* ver. 10. Is. 47. 3. Je. 13. 22, 26. Eze. 16. 37-39; 23. 26-29. Re. 17. 16. *was born.* Eze. 16. 4-8, 22. *as.* Is. 32. 13, 14; 33. 9; 64. 10. Je. 2. 31; 4. 26; 12. 10; 22. 6. Eze. 19. 13; 20. 35, 36. *a dry.* Je. 2. 6; 17. 6; 51. 43. *and slay.* Ex. 17. 3. Ju. 15. 18. Am. 8. 11-13.

4 *I will not.* ch. 1. 6. Is. 27. 11. Je. 13. 14; 16. 5. Eze. 8. 18; 9. 10. Zec. 1. 12. Ro. 9. 18; 11. 22. Ja. 2. 13. *they be.* They are all idolaters; and have been consecrated to idols, whose marks they bear. *children of.* ch. 1. 2. 2 Ki. 9. 22. Is. 57. 3. Jno. 8. 41.

5 *their mother.* ver. 2. ch. 3. 1; 4. 5, 12-15. Is. 1. 21; 50. 1. Je. 2. 20, 25; 3. 1-9. Eze. 16. 15, 16, 28, etc.; 23. 5-11. Re. 2. 20-23; 17. 1-5. *hath done.* ch. 9. 10. Ezr. 9. 6, 7 Je. 2. 26, 27; 11. 13. Da. 9. 5-8. *I will.* ver. 13; ch. 8. 9 Is. 57. 7, 8. Je. 3. 1-3. Eze. 23. 16, 17, 40-44. *give.* ver. 8, 12. Ju. 16. 23. Je. 44. 17, 18. *drink. Heb.* drinks.

6 *I will.* Job 3. 23; 19. 8. La. 3. 7-9. Lu. 15. 14-16; 19. 43. *make a wall. Heb.* wall a wall.

7 *she shall follow.* ch. 5. 13. 2 Ch. 28. 20-22. Is. 30. 2, 3, 16; 31. 1-3. Je. 2. 28, 36, 37; 30. 12-15. Eze. 20. 32; 23. 22. *I will.* ch. 5. 15; 6. 1; 14. 1. Ps. 116. 7. Je. 3. 22-25; 31. 18; 50. 4, 5. La. 3. 40-42. Lu. 15. 17-20. *first.* Je. 2. 2; 3. 1; 31. 32. Eze. 16. 18; 23. 4. *for.* ch. 13. 6. De. 6. 10-12; 8. 17, 18; 32. 13-15. Ne. 9. 25, 26. Je. 14. 22. Da. 4. 17, 25, 32; 5. 21.

8 *she.* Is. 1. 3. Hab. 1. 16. Ac. 17. 23-25. Ro. 1. 28. *her corn.* ver. 5; ch. 10. 1. Ju. 9. 27. Je. 7. 18; 44. 17, 18. Eze. 16. 16-19. Da. 5. 3, 4, 23. Lu. 15. 13; 16. 1, 2. *wine. Heb.* new wine. ch. 4. 11. Is. 24. 7-9. *which they prepared for Baal. or, wherewith* they made Baal. ch. 8. 4; 13. 2. Ex. 32. 2-4. Ju. 17. 1-5. Is. 46. 6.

9 *will I.* Da. 11. 13. Joel 2. 14. Mal. 1. 4; 3. 18. *take.* ver. 3. Is. 3. 18-26; 17. 10, 11. Eze. 16. 27, 39; 23. 26. Zep. 1. 13. Hag. 1. 6-11; 2. 16, 17. *recover. or,* take away.

10 *now.* ver. 3. Is. 3. 17. Je. 13. 22, 26. Eze. 16. 36; 23. 29. Lu. 12. 2, 3. 1 Co. 4. 5. *lewdness. Heb.* folly, *or,* villany. *and none shall.* ch. 5. 13, 14; 13. 7, 8. Ps. 50. 22. Pr. 11. 21. Mi. 5. 8.

11 *cause.* ch. 9. 1-5. Is. 24. 7-11. Je. 7. 34; 16. 9; 25. 10. Eze. 26. 13. Na. 1. 10. Re. 18. 22, 23. *her feast.* 1 Ki. 12. 32. Is. 1. 13, 14. Am. 5. 21; 8. 3, 5, 9, 10.

12 *destroy. Heb.* make desolate. *These.* ver. 5; ch. 9. 1. *I will.* Ps. 80. 12. Is. 5. 5; 7. 23; 29. 17; 32. 13-15. Je. 26. 18. Mi. 3. 12.

13 *I will visit.* ch. 9. 7, 9. Ex. 32. 34. Je. 23. 2. *the days.* ch. 9. 10; 13. 1. Ju. 2. 11-13; 3. 7; 10. 6. 1 Ki. 16. 31, 32; 18. 18, etc. 2 Ki. 1. 2; 10. 28; 21. 3. *she burned.* ch. 11. 2. Je. 7. 9; 11. 13; 18. 15. *she decked.* Ex. 23. 40-42. *she went.* ver. 5, 7. Je. 2. 23-25. *forgat.* De. 6. 12; 8. 11-14; 32. 18. Ju. 3. 7. 1 Sa. 12. 9. Job 8. 13. Ps. 78. 11; 106. 13, 21. Is. 17. 10. Je. 2. 32. Eze. 22. 12; 23. 35.

14 *Therefore.* Is. 30. 18. Je. 16. 14. *I will.* Ca. 1. 4. 1 Jno. 6. 44; 12. 32. *and bring.* ver. 3. Je. 2. 2. Eze. 20. 10, 35, 36. Re. 12. 6, 14. *and speak.* Is. 35. 3, 4; 40. 1, 2; 49. 13, etc.; 51. 3, etc. Je. 3. 12-24; 30. 18-22; 31. 1-37; 32. 36-41; 33. 6-26. Eze. 34. 22-31; 36. 8, etc.; 37. 11-28; 39. 25-29. Am. 9. 11-15. Mi. 7. 14-20. Zep. 3. 9-20. Zec. 1. 12-17; 8. 19-23. Ro. 11. 26, 27. *comfortably. or,* friendly. *Heb.* to her heart. Ge. 34. 3. Ju. 19. 3, marg.

15 *I will.* ver. 12. Le. 26. 40-45. De. 30. 3-5. Ne. 1. 8, 9. Is. 65. 21. Je. 32. 15. Eze. 28. 26. Am. 9. 14. *the valley.* Jos. 7. 26. Is. 65. 10. *for.* La. 3. 21. Eze. 37. 11-14. Zec. 9. 12. Jno. 10. 9. Ac. 14. 27. *she shall sing.* Ex. 15. 1-21. Nu. 21. 17. Ps. 106. 12. *as in the days.* ch. 11. 1. Je. 2. 2. Eze. 16. 8, 22, 60.

16 *Ishi. that is,* My husband. ver. 7. Is. 54. 5. Je. 3. 14. Jno. 3. 29. 2 Co. 11. 2. Ep. 5. 25-27. Re. 19. 7. *Baali. that is,* My lord.

17 *I will.* Ex. 23. 13. Jos. 23. 7. Ps. 16. 4. Zec. 13. 2. *and they.* Je. 10. 11.

18 *in that day.* Is. 2. 11, 17; 26. 1. Zec. 2. 11; 14. 4, 9. *will I.* Job 5. 23. Ps. 91. 1-13. Is. 11. 6-9; 65. 25. Eze. 34. 25. *I will break.* Ps. 46. 9. Is. 2. 4. Eze. 39. 9, 10. Mi. 4. 3. Zec. 9. 10. *and will.* Le. 26. 5, 6. Ps. 23. 2. Je. 23. 6; 30. 10; 33. 16. Eze. 34. 25. Mi. 4. 4. Zec. 3. 10.

19 *And I will.* Is. 54. 5; 62. 3-5. Je. 3. 14, 15. Jno. 3. 29. Ro. 7. 4. 2 Co. 11. 2. Ep. 5. 25-27. Re. 19. 7-9; 21. 2, 9, 10. *for.* Is. 54. 8-10. Je. 31. 31-36; 32. 38-41. Eze. 37. 25-28; 39. 29. Joel 3. 20. *in righteousness.* Ps. 85. 10. Is. 45. 23-25; 54. 14. Je. 4. 2. Ro. 3. 25-26. Ep. 1. 7, 8; 5. 23-27.

20 *and.* Je. 9. 24; 24. 7; 31. 33, 34. Eze. 38. 23. Mat. 11. 27. Lu. 10. 22. Jno. 8. 55; 17. 3. 2 Co. 4. 6. Phi. 3. 8. Col. 1. 10. 2 Ti. 1. 12. He. 8. 11. 1 Jno. 4. 6; 5. 20.

21 *I will hear, saith.* Is. 65. 24. Zec. 8. 12; 13. 9. Mat. 6. 33. Ro. 8. 32. 1 Co. 3. 21-23.

22 *and they.* ch. 1. 4, 11.

23 *I will sow.* Ps. 72. 16. Je. 31. 27. Zec. 10. 9. Ac. 8. 1-4. Ja. 1. 1. 1 Pe. 1. 1, 2. *and I will have.* ch. 1. 6. Ro. 11. 30-32. 1 Pe. 2. 9, 10. *and I will say.* ch. 1. 10. Zec. 2. 11; 13. 9

Ro. 9. 25, 26. *Thou art my God.* ch. 8. 2. De. 26. 17-19. Ps. 22. 27; 68. 31; 118. 28. Ca. 2. 16. Is. 44. 5. Je. 16. 19; 32. 38. Zec. 8. 22, 23; 14. 9, 16. Mal. 1. 11. Ro. 3. 29; 15. 9-11. 1 Th. 1. 9, 10. Re. 21. 3, 4.

CHAP. III.

1 *Go yet.* ch. 1. 2, 3. *friend.* Je. 3. 1, 20, marg. Mat. 26. 50. *according.* ch. 11. 8. De. 7. 6, 7. Ju. 10. 16. 2 Ki. 13. 23. Ne. 9. 18, 19, 31. Ps. 106. 43-46. Je. 3. 1-4, 12-14; 31. 20. Mi. 7. 18-20. Zec. 1. 16. Lu. 1. 54, 55. *look.* Ps. 123. 2. Is. 17. 7, 8; 45. 22. Mi. 7. 7. *love flagons.* ch. 4. 11; 7. 5; 9. 1, 2. Ex. 32. 6. Ju. 9. 27. Am. 2. 8; 6. 6. 1 Co. 10. 7, 21. 1 Pe. 4. 3. *wine. Heb.* grapes.

2 *I bought.* Ge. 31. 41; 34. 12. Ex. 22. 17. 1 Sa. 18. 25. *an homer.* Le. 27. 16. Is. 5. 10. Eze. 45. 11. *half homer. Heb.* lethech.

3 *Thou shalt abide.* De. 21. 13.

4 *without a king.* ch. 10. 3. Ge. 49. 10. Je. 15. 4, 5. Jno. 19. 15. *without a sacrifice.* 2 Ch. 15. 2. Da. 8. 11-13; 9. 27; 12. 11. Mat. 24. 1, 2. Lu. 21. 24. Ac. 6. 13, 14. He. 10. 26. *an image. Heb.* a standing, *or* statue, *or* pillar. Is. 19. 19, 20. *ephod.* Ex. 28. 4. Le. 8. 7. Ju. 8. 27; 17. 5. 1 Sa. 2. 18; 14. 3; 21. 9; 22. 18; 23. 6, 9; 30. 7. 2 Sa. 6. 14. *without teraphim.* Ge. 31. 19, marg. Ju. 17. 5; 18. 17-24. 2 Ki. 23. 24, marg. Eze. 20. 32; 21. 21, marg. Mi. 5. 11-14. Zec. 13. 2.

5 *seek.* ch. 5. 6, 15. Is. 27. 12, 13. Je. 3. 22, 23; 31. 6-10; 50. 4, 5. *and David their king.* 1 Ki. 12. 16. Is. 55. 3, 4. Je. 30. 9; 33. 17. Eze. 34. 23, 24; 37. 22-25. Am. 9. 11. Ac. 15. 16-18. *fear.* Ps. 130. 3, 4. Je. 33. 9. Eze. 16. 63. Ro. 2. 4. *in the.* Nu. 24. 14. De. 4. 30. Is. 2. 2. Je. 30. 24. Eze. 38. 8, 16. Da. 2. 28; 10. 14. Mi. 4. 1. Ro. 11. 25.

CHAP. IV.

1 Cir. A.M. 3224. B.C. 780. *Hear.* 1 Ki. 22. 19. Is. 1. 10; 28. 14; 34. 1; 66. 5. Je. 2. 4; 7. 2; 9. 20; 19. 3; 34. 4. Am. 7. 16. Re. 2. 11, 29. *for.* ch. 12. 2. Is. 1. 18; 3. 13, 14; 5. 3; 34. 8. Je. 25. 31. Mi. 6. 2. *no truth.* Is. 59. 13-15. Je. 6. 13; 7. 3-6. Mi. 7. 2-5. *nor knowledge.* Je. 4. 22, 28; 5. 4. Jno. 8. 55. Ro. 1. 28. 1 Co. 15. 34.

2 *swearing.* Is. 24. 5; 48. 1; 59. 2-8, 12-15. Je. 5. 1, 2, 7-9, 26, 27; 6. 7; 7. 6-10; 9. 2-8; 23. 10-14. Eze. 22. 2-13, 25-30. Mi. 2. 1-3; 3. 2, 9; 6. 10; 7. 2. Zep. 3. 1. Zec. 5. 3; 7. 9. *blood. Heb.* bloods. *toucheth.* ch. 5. 2; 6. 9. La. 4. 13. Mat. 23. 35. Ac. 7. 52. 1 Th. 2. 15. Re. 17. 6.

3 *the land.* Is. 24. 4-12. Je. 4. 27. Joel 1. 10-13. Am. 1. 2; 5. 16; 8. 8. Na. 1. 4. *with the beasts.* Je. 4. 25; 12. 4. Eze. 38. 20. Zep. 1. 3.

4 *let.* ver. 17. Am. 5. 13; 6. 10. Mat. 7. 3-6. *as.* De. 17. 12. Je. 18. 18.

5 *and the prophet.* ch. 9. 7, 8. Is. 9. 13-17. Je. 6. 4, 5, 12-15; 8. 10-12; 14. 15, 16; 15. 8; 23. 9. Eze. 13. 9-16; 14. 8-10. Mi. 3. 5-7. Zec. 11. 8; 13. 2. *destroy. Heb.* cut off. *thy.* ch. 2. 2. Is. 50. 1. Je. 15. 8; 50. 12. Eze. 16. 44, 45. Ga. 4. 26.

6 *My people.* ver. 12. Is. 1. 3; 3. 12; 5. 13. Je. 4. 22; 8. 7. *destroyed. Heb.* cut off. *for.* ver. 1; ch. 6. 6. 2 Ch. 15. 3. Job 36. 12. Pr. 19. 2. Is. 27. 11; 45. 20. Je. 5. 3, 4, 21. Mat. 15. 14. 2 Co. 4. 3-6. *because.* 1 Sa. 2. 12. Pr. 1. 30-32. Is. 28. 7; 56. 10-12. Je. 2. 8; 8. 8, 9. Mal. 2. 7, 8. Mat. 23. 16-26. *I will also reject.* Zec. 11. 8, 9, 15-17. Mal. 2. 1-3, 9. Mat. 21. 41-45. Mar. 12. 8, 9. Lu. 20. 16-18. *seeing.* ch. 8. 14; 13. 6. 2 Ki. 17. 16-20. Ps. 119. 61, 139. Is. 17. 10. Mat. 15. 3-6. *I will also.* ch. 1. 6. 1 Sa. 2. 28-36; 3. 12-15.

7 *they were.* ver. 10; ch. 5. 1; 6. 9; 13. 6, 14. Ezr. 9. 7. *therefore.* 1 Sa. 2. 30. Je. 2. 26, 27. Mal. 2. 9. Phi. 3. 19.

8 *eat.* Le. 6. 26; 7. 6, 7. *set their heart on their iniquity. Heb.* lift up their soul to their iniquity. 1 Sa. 2. 29. Ps. 24. 4; 25. 1. Is. 56. 11. Eze. 14. 3, 7. Mi. 3. 11. Mal. 1. 10. Ro. 16. 18. Tit. 1. 11. 2 Pe. 2. 3.

9 *like people.* Is. 9. 14-16; 24. 2. Je. 5. 31; 8. 10-12; 23. 11, 12. Eze. 22. 26-31. Mat. 15. 14. *punish. Heb.* visit upon. ch. 1. 4, marg. *reward them. Heb.* cause to return. Ps. 109. 17, 18. Pr. 5. 22. Is. 3. 10. Zec. 1. 6.

10 *they shall eat.* Le. 26. 26. Pr. 13. 25. Is. 65. 13-16. Mi. 6. 14. Hag. 1. 6. Mal. 2. 1-3. *they shall commit.* ver. 14; ch. 9. 11-17. *left.* 2 Ch. 24. 17. Ps. 36. 3; 125. 5. Je. 34. 15. Eze. 18. 24. Zep. 1. 6. 2 Pe. 2. 20-22.

11 *take.* ver. 12. Pr. 6. 32; 20. 1; 23. 27-35. Ec. 7. 7. Is. 5. 12; 28. 7. Lu. 21. 34. Ro. 13. 11-14.

12 *ask.* Je. 2. 27; 10. 8. Eze. 21. 21. Hab. 2. 19. *for.* ch. 5. 4. Is. 44. 18-20. Mi. 2. 11. 2 Th. 2. 9-11. *gone.* ch. 9. 1. Le. 17. 7; 20. 5. Nu. 15. 39. De. 31. 16. 2 Ch. 21. 13. Ps. 73. 27. Je. 3. 1-3. Eze. ch. 16; 23.

13 *sacrifice.* Is. 1. 29; 57. 5, 7. Je. 3. 6, 13. Eze. 6. 13; 16. 16, 25; 20. 28, 29. *therefore.* 2 Sa. 12. 10-12. Job 31. 9, 10. Am. 7. 17. Ro. 1. 23-28.

14 *I will not. or,* Shall I not, etc. *punish.* ver. 17. Is. 1. 5. He. 12. 8. *for.* 1 Co. 6. 16. *and they.* 1 Ki. 14. 23, 24; 15. 12. 2 Ki. 23. 7. *therefore.* ver. 1, 5, 6; ch. 14. 9. Pr. 28. 5. Is. 44. 18-20; 56. 11. Da. 12. 10. Jno. 8. 43. Ro. 3. 11. Ep. 4. 18. *fall. or, be* punished.

15 *play.* ver. 12. Je. 3. 6-10. Eze. 23. 4-8. *yet.* ch. 11. 12. 2 Ki. 17. 18, 19. Je. 3. 10, 11. Lu. 12. 47, 48. Ep. 5. 11 *Gilgal.* ch. 9. 15; 12. 11. Am. 4. 4; 5. 5. *Beth-aven* ch. 5. 8; 10. 5, 8. 1 Ki. 12. 28, 29. *nor.* Is. 48. 1. Je. 5 2. Eze. 20. 39. Am. 6. 10; 8. 14. Zep. 1. 5, 6.

16 *slideth.* ch. 11. 7. 1 Sa. 15. 11. Je. 3. 6, 8, 11; 5. 6 7. 24; 8. 5; 14. 7. Zec. 7. 11, marg. *as a lamb.* Le. 26 33. Is. 7. 21-25; 22. 18.

17 *Ephraim.* ch. 11. 2; 12. 1; 13. 2. *let.* ver. 4. Ps 81. 12. Mat. 15. 14. Re. 22. 11.

18 *drink.* De. 32. 32, 33. Is. 1. 21, 22. Je. 2. 21. *sour. Heb.* gone. *committed.* ver. 2, 10. 2 Ki. 17. 7-17. *her.* Ex. 23. 8. De. 16. 19. 1 Sa. 8. 3; 12. 3, 4. Pr. 30. 15, 16. Am. 5. 12. Mi. 3. 11; 7. 3. *rulers. Heb.* shields. Ps. 47. 9.

19 *wind.* Je. 4. 11, 12; 51. 1. Zec. 5. 9-11. *and.* ch. 10. 6. Is. 1. 29; 42. 17. Je. 2. 26, 27, 36, 37; 3. 24, 25; 17. 13.

CHAP V.

1 *O priests.* ch. 4. 1, 6, 7; 6. 9. Mal. 1. 6; 2. 1. *O house.* ch. 7. 3-5. 1 Ki. 14. 7-16; 21. 18-22. 2 Ch. 21. 12-15. Je. 13. 18; 22. 1, etc. Am. 7. 9. Mi. 3. 1, 9. *for.* ch. 9. 11-17; 10. 15; 13. 8. *ye have.* ch. 9. 8. Mi. 7. 2. Hab. 1. 15-17. *Tabor.* Ju. 4. 6. Je. 46. 18.

2 *the revolters.* ch. 6. 9; 9. 15. Je. 6. 28. *profound.* Ps. 64. 3-6; 140. 1-5. Is. 29. 15. Je. 11. 18, 19; 18. 18. Lu. 22. 2-5. Ac. 23. 12-15. *though. or,* and, etc. *a rebuker. Heb.* a correction. ch. 6. 5. Is. 1. 5. Je. 5. 3; 25. 3-7. Am. 4. 6-12. Zep. 3. 1, 2. Re. 3. 19.

3 *know.* Am. 3. 2. He. 4. 13. Re. 3. 15. *Ephraim.* ver. 9, 11, 13; ch. 6. 4; 8. 11; 12. 1; 13. 1. Ge. 48. 19, 20. De. 33. 17. Is. 7. 5, 8, 9, 17. *thou.* ch. 4. 17, 18. 1 Ki. 12. 26-33; 14. 14-16. Eze. 23. 5, etc.

4 *They will not frame their doings. Heb.* They will not give. *Or,* Their doings will not suffer *them.* Ps. 36. 1-4; 78. 8. Jno. 3. 19, 20. 2 Th. 2. 11, 12. *for.* ch. 4. 12. Je. 50. 38. *and.* ch. 4. 1. 1 Sa. 2. 12. Ps. 9. 10. Je. 9. 6, 24; 22. 15, 16; 24. 7. Jno. 8. 55; 16. 3. 1 Jno. 2. 3, 4.

5 *the pride.* ch. 7. 10. Pr. 30. 13. Is. 3. 9; 9. 9, 10; 28. 1-3. *testify.* Is. 44. 9; 59. 12. Je. 14. 7. Mat. 23. 31. Lu. 19. 22. *fall in.* ch. 4. 5; 14. 1. Pr. 11. 5, 21; 14. 32; 24. 16. Am. 5. 2. *Judah.* ver. 14; ch. 8. 14. 2 Ki. 17. 19, 20. Eze. 23. 31-35. Am. 2. 4, 5.

6 *go.* Ex. 10. 9, 24-26. Pr. 15. 8; 21. 27. Je. 7. 4. Mi. 6. 6, 7. *they.* Pr. 1. 28. Is. 1. 11-15; 66. 3. Je. 11. 11. La. 3. 44. Eze. 8. 18. Am. 5. 21-23. Mi. 3. 4. Jno. 7. 34. *he.* Ca. 5. 6. Lu. 5. 16.

7 *dealt.* ch. 6. 7. Is. 48. 8; 59. 13. Je. 3. 20; 5. 11. *begotten.* Ne. 13. 23, 24. Ps. 144. 7, 11. Mal. 2. 11-15. *a month.* Eze. 12. 28. Zec. 11. 8.

8 *Blow.* ch. 8. 1. Je. 4. 5; 6. 1. Joel 2. 1, 15. *Gibeah.* ch. 9. 9; 10. 9. Ju. 19. 12-15; 20. 4-6. 1 Sa. 15. 34. 2 Sa. 21. 6. Is. 10. 29. *Ramah.* 1 Sa. 7. 17; 8. 4; 15. 34. *Beth-aven.* ch. 4. 15; 10. 5, 8. Jos. 7. 2. 1 Ki. 12. 29. *after.* Ju. 5. 14.

9 *Ephraim.* ver. 12, 14; ch. 8. 8; 9. 11-17; 11. 5, 6; 13. 1-3, 15, 16. Job 12. 14. Is. 28. 1-4. Am. 3. 14, 15; 7. 9, 17. *have.* Is. 46. 10; 48. 3, 5. Am. 3. 7. Zec. 1. 6. Jno. 16. 4.

10 *princes.* ver. 5. *remove.* De. 19. 14; 27. 17. 2 Ki. 16. 7-9. 2 Ch. 28. 16-22. Pr. 17. 14; 22. 28. *like.* Ps. 32. 6; 88. 17; 93. 3, 4. Mat. 7. 27. Lu. 6. 49.

11 *oppressed.* De. 28. 33. 2 Ki. 15. 16-20, 29. Am. 5. 11, 12. *he willingly.* 1 Ki. 12. 26-33. Mi. 6. 16.

12 *as a.* Job 13. 28. Is. 50. 9; 51. 8. *as.* Pr. 12. 4. *rottenness. or,* a worm. Jon. 4. 7. Mar. 9. 44-48.

13 *his wound.* Je. 30. 12, 14. Mi. 1. 9. *went.* ch. 7. 11; 10. 6; 12. 1. 2 Ki. 15. 19, 29; 16. 7. 2 Ch. 28. 16-18. *to king Jareb. or,* to the king of Jareb; *or,* to the king *that* should plead. *yet.* 2 Ch. 28. 20, 21. Je. 30. 15.

14 *as a lion.* ch. 13. 7, 8. Job 10. 16. Ps. 7. 2. La. 3. 10. Am. 3. 4-8. *will tear.* Ps. 7. 2; 50. 22. Mi. 5. 8. *none.* De. 28. 31. Job 10. 7. Is. 5. 29. Am. 2. 14.

15 *return.* ver. 6. Ex. 25. 21, 22. 1 Ki. 8. 10-13. Ps. 132. 14. Is. 26. 21. Eze. 8. 6; 10. 4; 11. 23. Mi. 1. 3. *till.* ch. 14. 1-3. Le. 26. 40-42. De. 4. 29-31; 30. 1-3. 1 Ki. 8. 47, 48. 2 Ch. 6. 36, 37; 7. 14. Ne. 1. 8, 9. Job 33. 27. Is. 64. 5-9. Je. 3. 13; 29. 12-14; 31. 18-20. Eze. 6. 9; 20. 43; 36. 31. Da. 9. 4-12. *acknowledge their offence. Heb.* be guilty. *in their.* Ju. 4. 3; 6. 6, 7; 10. 10-16. 2 Ch. 33. 12, 13. Job 27. 8-10. Ps. 50. 15; 78. 34; 83. 16. Pr. 1. 27, 28; 8. 17. Is. 26. 9, 16. Je. 2. 27. Zep. 2. 1-3. Lu. 13. 25.

CHAP. VI.

1 *and let.* ch. 5. 15; 14. 1. Is. 2. 3; 55. 7. Je. 3. 22; 50. 4. La. 3. 40, 41. Zep. 2. 1. *he hath torn.* ch. 5. 12-14; 13. 7-9. De. 32. 39. 1 Sa. 2. 6. Job 5. 18; 34. 29. Ps. 30. 7. Is. 30. 22. Je. 30. 12; 33. 5. La. 3. 32, 33.

2 *two*. ch. 13. 14. 2 Ki. 20. 5. Ps. 30. 4. Is. 26. 19. Eze. 37. 11-13. 1 Co. 15. 4. *we*. Ge. 17. 18. Ps. 61. 7. Jno. 14. 19. Ro. 14. 8.

3 *we know*. ch. 2. 20. Is. 54. 13. Je. 24. 7. Mi. 4. 2. Jno. 17. 3. *if*. Pr. 2. 1-5. Mat. 13. 11. Jno. 7. 17. Ac. 17. 11. Phi. 3. 13-15. He. 3. 14. *his going*. 2 Sa. 23. 4. Ps. 19. 4. Pr. 4. 18. Mal. 4. 2. Lu. 1. 78. 2 Pe. 1. 19. Re. 22. 16. *as the rain*. ch. 10. 12; 14. 5. De. 32. 2. Job 29. 23. Ps. 65. 9; 72. 6. Is. 5. 6; 32. 15; 44. 3. Eze. 36. 25. Joel 2. 23, 24. Mi. 5. 7. Zec. 10. 1.

4 *what*. ch. 11. 8. Is. 5. 3, 4. Je. 3. 19; 5. 7, 9, 23; 9. 7. Lu. 13. 7-9; 19. 41, 42. *for*. Ju. 2. 18, 19. Ps. 78. 34-37; 106. 12, 13. Je. 3. 10; 34. 15. Mat. 13. 21. 2 Pe. 2. 20-22. *goodness*. *or*, mercy, *or*, kindness. *as a*. ch. 13. 3.

5 *have I*. 1 Sa. 13. 13; 15. 22. 1 Ki. 14. 6; 17. 1; 18. 17. 2 Ki. 1. 16. 2 Ch. 21. 12. Is. 58. 1. Je. 1. 10, 18; 5. 14; 13. 13. Eze. 3. 9; 43. 3. Ac. 7. 31. *I have*. 1 Ki. 19. 17. Is. 11. 4. Je. 23. 29. He. 4. 12. Re. 1. 16; 2. 16; 9. 15, 21. *and thy judgments are as*. *or*, that thy judgments might be as, etc. Ge. 18. 25. Job 34. 10. Ps. 37. 6; 119. 120. Zep. 3. 5. Ro. 2. 5.

6 *I desired*. 1 Sa. 15. 22. Ps. 50. 8. Pr. 21. 3. Ec. 5. 1. Is. 1. 11; 58. 6. Je. 7. 22. Da. 4. 27. Am. 5. 21. Mi. 6. 6. Mat. 5. 7; 9. 13; 12. 7. *the*. ch. 4. 1. 1 Ch. 28. 9. Je. 22. 16. 1 Jno. 2. 3; 3. 6.

7 *men*. *or*, Adam. Ge. 3. 6, 11. Job 31. 33. *transgressed*. ch. 8. 1. 2 Ki. 17. 15. Is. 24. 5. Je. 31. 32. Eze. 16. 59-61. He. 8. 9. *they dealt*. ch. 5. 7. Is. 24. 16; 48. 8. Je. 3. 7; 5. 11; 9. 6.

8 *Gilead*. ch. 12. 11. Jos. 21. 38. *polluted with blood*. *or*, cunning for blood. ch. 5. 1. 2 Sa. 3. 27; 20. 8. 1 Ki. 2. 5. Ps. 10. 8; 59. 2. Is. 59. 6. Je. 11. 19. Mi. 7. 2. Mat. 26. 15, 16. Ac. 23. 12-15; 25. 3.

9 *as troops*. ch. 7. 1. Ezr. 8. 31. Job 1. 15-17. Pr. 1. 11-19. *so*. ch. 5. 1. Je. 11. 9. Eze. 22. 27. Mi. 3. 9. Zep. 3. 3. Mar. 14. 1. Lu. 22. 2-6. Jno. 11. 47. Ac. 4. 24. *by consent*. *Heb.* with *one* shoulder, *or*, to Shechem. 1 Ki. 12. 25. *lewdness*. *or*, enormity.

10 Je. 2. 12, 13; 5. 30, 31; 18. 13; 23. 14. *there*. ch. 4. 11, 17; 5. 3. 1 Ki. 12. 8; 15. 30. 2 Ki. 17. 7. Je. 3. 6. Eze. 23. 5.

11 *he hath*. Je. 51. 33. Joel 3. 13. Mi. 4. 12. Re. 14. 15. *when*. Job 42. 10. Ps. 126. 1. Zep. 2. 7.

## CHAP. VII.

*A reproof of manifold sins*, 1-10. *God's wrath against them for their hypocrisy*, 11-16.

1 *I would*. Je. 51. 9. Mat. 23. 37. Lu. 13. 34; 19. 42. *the iniquity*. ch. 4. 17; 6. 8; 8. 9. Is. 28. 1. Mi. 6. 16. *wickedness*. *Heb.* evils. ch. 8. 5; 10. 5. Eze. 16. 46; 23. 4. Am. 8. 14. *they commit*. ch. 5. 1; 6. 10; 11. 12; 12. 1. Is. 59. 12. Je. 9. 2-6. Mi. 7. 3-7. *the troop*. See on ch. 6. 9. *spoileth*. *Heb.* strippeth.

2 *consider not in*. *Heb.* say not to. De. 32. 29. Ps. 50. 22. Is. 1. 3; 5. 12; 44. 19. *I remember*. ch. 9. 9. Ps. 25. 7. Je. 14. 10. Am. 8. 7. Lu. 12. 2. 1 Co. 4. 5. *their own*. Nu. 32. 23. Job 20. 11-29. Ps. 9. 16. Pr. 5. 22. Is. 26. 16. Je. 2. 19; 4. 18. *are before*. Job 34. 21. Ps. 90. 8. Pr. 5. 21. Je. 16. 17; 32. 19. He. 4. 13.

3 ch. 5. 11. 1 Ki. 22. 6, 13. Je. 5. 31; 9. 2; 28. 1-4; 37. 19. Am. 7. 10-13. Mi. 6. 16; 7. 3. Ro. 1. 32. 1 Jno. 4. 5.

4 *are all*. See on ch. 4. 2, 12. Je. 5. 7, 8; 9. 2. Ja. 4. 4. *as*. See on ver. 6, 7. *who ceaseth*, etc. *or*, the raiser will cease. *raising*. *or*, waking.

5 *the day*. Ge. 40. 20. Da. 5. 1-4. Mat. 14. 6. Mar. 6. 21. *made*. Pr. 20. 1. Is. 5. 11, 12, 22, 23; 28. 1, 7, 8. Hab. 2. 15, 16. Ep. 5. 18. 1 Pe. 4. 3, 4. *bottles of wine*. *or*, heat through wine. *he stretched*. 1 Ki. 13. 4. *with scorners*. Ps. 1. 1; 69. 12. Pr. 13. 20; 23. 29-35. Da. 5. 4, 23.

6 *they*. ver. 4, 7. 1 Sa. 19. 11-15. 2 Sa. 13. 28, 29. Ps. 10. 8, 9. Pr. 4. 16. Mi. 2. 1. *made ready*. *or* applied.

7 *devoured*. ch. 8. 4. 1 Ki. 15. 28; 16. 9-11, 18, 22. 2 Ki. 9. 24, 33; 10. 7, 14; 15. 10, 14, 25, 30. *there*. ver. 10, 14; ch. 5. 15. Job 36. 13. Is. 9. 13; 43. 22; 64. 7. Eze. 22. 30. Da. 9. 13.

8 *he hath*. ch. 5. 7, 13; 9. 3. Ezr. 9. 1, 12. Ne. 13. 23-25. Ps. 106. 35. Eze. 23. 4-11. Mal. 2. 11. *a cake*. ch. 8. 2-4. 1 Ki. 18. 21. Zep. 1. 5. Mat. 6. 24. Re. 3. 15, 16.

9 *devoured*. ch. 8. 7. 2 Ki. 13. 3-7, 22; 15. 19. Pr. 23. 35. Is. 42. 22-25; 57. 1. *here and there*. *Heb.* sprinkled.

10 *the pride*. See on ch. 5. 5. Je. 3. 3. *and they*. ver. 7; ch. 6. 1. Pr. 27. 22. Is. 9. 13. Je. 8. 5, 6; 25. 5-7; 35. 15-17. Am. 4. 6-13. Zec. 1. 4. *nor*. Ps. 10. 4; 14. 2; 53. 2. Ro. 3. 11.

11 *a silly*. ch. 11. 11. *without*. ch. 4. 11. Pr. 6. 32; 15. 32, marg.; 17. 16. *they call*. ch. 5. 13; 8. 8, 9; 9. 3; 12. 1; 14. 3. 2 Ki. 15. 19; 17. 3, 4. Is. 30. 1-6; 31. 1-3. Je. 2. 18, 36. Eze. 23. 4-8.

12 *I will spread*. Job 19. 6. Je. 16. 16. Eze. 12. 13; 17. 20; 32. 3. *I will bring*. Ec. 9. 12. *as their*. Le. 26. 14, etc. De. 28. 15, etc.; 29. 22-28; 31. 16-29; 32. 15-43. 2 Ki. 17. 13-18. Je. 44. 4. Re. 3. 19.

13 *Woe*. ch. 9. 12. Is. 31. 1. La. 5. 16. Eze. 16. 23. Mat. 23. 13-29. Re. 8. 13. *fled*. ch. 11. 2. Job 21. 14, 15; 22. 17. Ps. 139. 7-9. Jon. 1. 3, 10. *destruction*. *Heb.* spoil. *though*. De. 15. 15. Ne. 1. 10. Ps. 106. 10; 107. 2, 3. Is. 41. 14; 43. 1; 63. 8. Mi. 6. 4. 1 Pe. 1. 18, 19. *spoken*. ver. 3; ch. 11. 12. Is. 59. 13. Je. 18. 11, 12; 42. 20; 44. 17, 18. Eze. 18. 2, 25. Mal. 3. 13-15. 1 Jno. 1. 10.

14 *they have not*. Job 35. 9, 10. Ps. 78. 34-37. Is. 29. 13. Je. 3. 10. Zec. 7. 5. *when*. Is. 52. 5; 65. 14. Am. 8. 3. Ja. 5. 1. *assemble*. ch. 3. 1. Ex. 32. 6. Ju. 9. 27. Am. 2. 8. Mi. 2. 11. Ro. 16. 18. Phi. 3. 19. Ja. 4. 3.

15 *I have*. 2 Ki. 13. 5, 23; 14. 25-27. Ps. 106. 43-45. *bound*. *or*, chastened. Job 5. 17. Ps. 94. 12. Pr. 3. 11. He. 12. 5. Re. 3. 19. *imagine*. Ps. 2. 1; 62. 3. Je. 17. 9. Na. 1. 9. Ac. 4. 25. Ro. 1. 21. 2 Co. 10. 5.

16 *return*. ch. 6. 4; 8. 14; 11. 7. Ps. 78. 37. Je. 3. 10. Lu. 8. 13; 11. 24-26. *like*. Ps. 78. 57. *the rage*. ver. 13. Ps. 12. 4; 52. 2; 57. 4; 73. 9. Is. 3. 8. Je. 18. 18. Mat. 12. 36. Ja. 3. 5. 2 Pe. 2. 8. Re. 13. 5. *this*. ch. 8. 13; 9. 3, 6. Eze. 23. 32; 36. 20.

## CHAP. VIII.

*Destruction is threatened both to Israel and Judah for their impiety and idolatry.*

1 *the trumpet*. ch. 5. 8. Is. 18. 3; 58. 1. Je. 4. 5; 6. 1; 51. 27. Eze. 7. 14; 33. 3-6. Joel 2. 1, 15. Am. 3. 6. Zep. 1. 16. Zec. 9. 14. 1 Co. 15. 52. *thy mouth*. *Heb.* the roof of thy mouth. *as*. De. 28. 49. Je. 4. 13; 48. 40. Hab. 1. 8. Mat. 24. 28. *the house*. ch. 9. 15. 2 Ki. 18. 17. Am. 8. 3; 9. 1. Zec. 11. 1. *transgressed*. ch. 6. 7. Is. 24. 5. Je. 31. 32. Eze. 16. 59. He. 8. 8-13.

2 ch. 5. 15; 7. 13, 14. 2 Ki. 10. 16, 29. Ps. 78. 34-37. Is. 48. 1, 2. Je. 7. 4. Mi. 3. 11. Mat. 7. 21; 25. 11. Lu. 13. 25. Tit. 1. 16. 1 Jno. 2. 4.

3 *cast*. Ps. 36. 3; 81. 10, 11. Am. 1. 11. 1 Ti. 5. 12. *the enemy*. Le. 26. 36. De. 28. 25. La. 3. 66; 4. 19.

4 *set*. 1 Ki. 12. 16-20. 2 Ki. 15. 10-30, *Shallum, Menahem, Pekahiah.' I knew*. Mat. 25. 12. Lu. 13. 25, 27. Jno. 10. 14. Ga. 4. 9. *of*. ch. 2. 8; 13. 2. 1 Ki. 12. 28; 16. 31. *that they*. ch. 13. 9. 1 Ki. 13. 34. Je. 44. 7, 8. Eze. 18. 31.

5 *calf*. ver. 6; ch. 10. 5. Is. 45. 20. Ac. 7. 41. *mine*. De. 32. 22. 2 Ki. 17. 16-18, 21-23. *how*. Pr. 1. 22. Je. 4. 14; 13. 27.

6 *from*. Ps. 106. 19, 20. *the workman*. Ps. 115. 4-8; 135. 15-18. Is. 44. 9-20. Je. 10. 3-9, 14. Hab. 2. 18. Ac. 17. 29; 19. 26. *the calf*. ch. 10. 2, 5, 6. Je. 43. 12, 13; 50. 2. *shall*. 2 Ki. 23. 15, 19. 2 Ch. 31. 1; 34. 6, 7.

7 *sown*. ch. 10. 12. Job 4. 8. Pr. 22. 8. Ec. 5. 16. Ga. 6. 7. *it hath*. Is. 17. 11. Je. 12. 13. *stalk*. *or*, standing corn. *the strangers*. ch. 7. 9. De. 28. 33. Ju. 6. 3-6. 2 Ki. 13. 3-7; 15. 19, 29.

8 *swallowed*. 2 Ki. 17. 1-6; 18. 11. Je. 50. 17; 51. 34. La. 2. 2, 5, 16. Eze. 36. 3. *among*. Le. 26. 33. De. 28. 25, 64. *a vessel*. Is. 30. 14. Je. 22. 28; 48. 38. Ro. 9. 22. 2 Ti. 2. 20, 21.

9 *they*. ch. 5. 13; 7. 11. 2 Ki. 15. 19. Eze. 23. 5-9. *a wild*. Job 39. 5-8. Je. 2. 24. *hath*. ch. 2. 5-7, 10; 12. 1. Is. 30. 6. Eze. 16. 33, 34. *lovers*. *Heb.* loves.

10 *now*. ch. 10. 10. Eze. 16. 37; 23. 9, 10, 22-26, 46, 47. *sorrow a little*. *or*, begin to sorrow in a little while, *as* Hag. 2. 6. *for*. 2 Ki. 14. 26; 15. 19, 20; 17. 3. 1 Ch. 5. 26. *the king*. Is. 10. 8; 36. 13. Eze. 26. 7. Da. 2. 37.

11 *many*. ch. 10. 1, 2, 8; 12. 11. Is. 10. 10, 11. *altars*. De. 4. 28. Je. 16. 13.

12 *written*. De. 4. 6-8. Ne. 9. 13, 14. Ps. 119. 18; 147. 19, 20. Pr. 22. 20. Eze. 20. 11. Ro. 3. 1; 7. 12. *but*. ch. 4. 6. 2 Ki. 17. 15, 16. Ne. 9. 26. Ps. 50. 17. Is. 30. 9. Je. 6. 16, 17.

13 *They sacrifice*, etc. *or*, In the sacrifices of mine offerings, they sacrifice flesh and eat *it*. Je. 7. 21-23. *but*. ch. 5. 6; 9. 4; 12. 11. 1 Sa. 15. 22. Pr. 21. 27. Is. 1. 11. Je. 14. 10. Am. 5. 22. 1 Co. 11. 20, 29. *now*. ch. 9. 9. Ex. 20. 3; 32. 34. Am. 8. 7. Re. 16. 19. *they shall*. ch. 7. 16; 9. 3, 6; 11. 5. De. 28. 68.

14 *forgotten*. ch. 13. 6. De. 32. 18. Ps. 106. 21. Is. 17. 10. Je. 2. 32; 3. 21; 23. 27. *Maker*. Is. 29. 23; 43. 21. Ep. 2. 10. *and buildeth*. 1 Ki. 12. 31; 16. 31. *and Judah*. 2 Ch. 26. 10; 27. 4. Is. 22. 8-11. *I will send*. 2 Ki. 18. 13. Is. 42. 13, 25. Je. 17. 27. Am. 1. 4, 10, 12, 14; 2. 5.

## CHAP. IX.

*The distress and captivity of Israel for their sins.*

1 *Rejoice*. ch. 10. 5. Is. 17. 11; 22. 12. La. 4. 21. Eze. 21. 10. Am. 6. 6, 7, 13; 8. 10. Ja. 4. 16; 5. 1. *as*. Eze. 16. 47, 48; 20. 32. Am. 3. 2. *gone*. See on ch. 4. 12; 5. 4, 7. *thou hast loved*. ch. 2. 12. Je. 44. 17. *upon*. *or*, in, etc.

2 *floor*. ch. 2. 9, 12. Is. 24. 7-12. Joel 1. 3-7, 9-13. Am. 4. 6-9; 5-11. Mi. 6. 13-16. Hag. 1. 9; 2. 16. *winepress*. *or*, winefat.

3 *shall not*. Le. 18. 28; 20. 22. De. 4. 26; 28. 63. Jos. 23. 15. 1 Ki. 9. 7. Mi. 2. 10. *the Lord's*. Le. 25. 23. Je. 2. 7; 16. 18. *but*. ver. 6; ch. 8. 13; 11. 5. De. 28. 68. Is. 11. 15, 16. '*Not into Egypt itself, but into another bondage*

*as bad as that.' and.* Eze. 4. 13. Da. 1. 8. Ac. 10. 14. *in Assyria.* ch. 11. 11. 2 Ki. 17. 6.
4 *shall not.* ch. 3. 4. Joel 1. 13; 2. 14. *neither.* ch. 8. 13. Is. 1. 11-15; 57. 6; 66. 3. Je. 6. 20. Am. 4. 4, 5; 5. 22. Mal. 1. 9, 10. *as.* Nu. 19. 11. De. 26. 14. Ne. 8. 9-12. Eze. 24. 17, 22. Mal. 2. 13. *their bread.* Ex. 40. 23. Le. 17. 11; 21. 6, 8, 17, 21. Nu. 4. 7; 28. 2. Am. 8. 11, 12. Jno. 6. 51.
5 *What.* Is. 10. 3. Je. 5. 31. *in.* ch. 2. 11. Joel 1. 13.
6 *they.* De. 28. 63, 64. 1 Sa. 13. 6. 2 Ki. 13. 7. *destruction. Heb.* spoil. ch. 7. 13. *Egypt.* ver. 3; ch. 7. 16; 8. 13; 11. 11. Is. 11. 11; 27. 12. Zec. 10. 10, 11. *the pleasant places for their silver, nettles. or,* their silver shall be desired, the nettle shall, etc. *Heb.* the desire of. ch. 10. 8. Ps. 107. 34. Pr. 24. 31. Is. 5. 6; 7. 23; 32. 13; 34. 13.
7 *days of visitation.* Is. 10. 3. Je. 10. 15; 11. 23; 45. 21. Eze. 7. 2-7; 12. 22-28. Am. 8. 2. Mi. 7. 4. Zep. 1. 14-18. Lu. 21. 22. Re. 16. 19. *Israel.* Is. 26. 11. Eze. 25. 17; 38. 23. *the prophet.* ver. 8. Je. 6. 14; 8. 11; 23. 16, 17. La. 2. 14. Eze. 13. 3, 10. Mi. 2. 11. Zep. 3. 4. Zec. 11. 15-17. *spiritual man. Heb.* man of the spirit. *mad.* 2 Ki. 9. 11. Je. 29. 26. Mar. 3. 21. Ac. 26. 24, 25. 2 Co. 5. 13. *the multitude.* Eze. 14. 9, 10. 2 Th. 2. 10-12.
8 *watchman.* Ca. 3. 3. Is. 62. 6. Je. 6. 17; 31. 6. Eze. 2. 17; 33. 7. Mi. 7. 4. He. 13. 17. *with.* 1 Ki. 17. 1; 18. 1, 36-39; 22. 28. 2 Ki. 2. 14, 21; 3. 15-20; 4. 1-7, 33-37, 41, 43; 5. 14, 27; 6. 17, 18; 7. 2, 19; 13. 21. *but.* ch. 5. 1. 1 Ki. 18. 19; 22. 6, 11, 22. Je. 6. 14; 14. 13. La. 2. 14; 4. 13. *in the. or,* against the. Jno. 15. 24. Ro. 3. 7.
9 *deeply.* Is. 24. 5; 31. 6. *Gibeah.* ch. 10. 9. Ju. 19. 22-30; ch. 20; 21. *therefore.* ch. 8. 13.
10 *found.* ch. 11. 1. Ex. 19. 4-6. De. 32. 10. Je. 2. 2, 3; 31. 2. *grapes.* ch. 2. 15. Nu. 13. 23, 24. Is. 28. 4. Mi. 7. 1. *but.* Nu. 25. 3, etc. De. 4. 3. Ps. 106. 28. *separated.* ch. 4. 14. Ju. 6. 32. 1 Ki. 16. 31. Je. 11. 13. Ro. 6. 21. *and their.* Nu. 15. 39. De. 32. 17. Ps. 81. 12. Je. 5. 31. Eze. 20. 8. Am. 4. 5.
11 *their.* Ge. 41. 52; 48. 16-20; 49. 22. De. 33. 17. Job 18. 5, 18, 19. *from the birth.* Ps. 58. 8. Ec. 6. 3. Am. 1. 13. *from the womb.* ver. 14. De. 28. 18, 57. Lu. 23. 29.
12 *yet.* ver. 13, 16. De. 28. 32, 41, 42; 32. 25. Job 27. 14. Je. 15. 7; 16. 3, 4. La. 2. 20. *not.* Nu. 26. 65. Ju. 4. 16. *woe.* ch. 5, 6; 7. 13. De. 31. 17. 1 Sa. 16. 14; 28. 15, 16. 2 Ki. 17. 18, 23.
13 *as.* Eze. ch. 26-28. *shall.* ver. 16; ch. 10. 14; 13. 8, 16. 2 Ki. 15. 16. Je. 9. 21. Am. 7. 17.
14 *what.* ver. 13, 16. Mat. 24. 19. Mar. 13. 17. Lu. 21. 23; 23. 29. 1 Co. 7. 26. *a miscarrying womb. Heb.* a womb that casteth the fruit. Job 21. 10.
15 *is in.* ch. 4. 15; 12. 11. Jos. 4. 19-24; 5. 2-9; 10. 43. 1 Sa. 7. 16. Am. 4. 4; 5. 5. Mi. 6. 5. *I hated.* Le. 26. 30. Eze. 23. 18. Zec. 11. 8. *I will drive.* ver. 3, 17; ch. 1. 6, 9; 3. 4. 1 Ki. 9. 7-9. 2 Ki. 17. 17-20. Ps. 78. 60. Je. 3. 8; 11. 15; 33. 24-26. Am. 5. 27. *all.* ch. 5. 1, 2. Is. 1. 23. Je. 5. 5. Eze. 22. 27. Mi. 3. 11. Zep. 3. 3. Ac. 4. 5-7, 27; 5. 21.
16 *their root.* ver. 11-13. Job 18. 16. Is. 5. 24; 40. 24. Mal. 4. 1. *the beloved fruit. Heb.* the desires. Eze. 24. 21.
17 *My God.* 2 Ch. 18. 13. Ne. 5. 19. Ps. 31. 14. Is. 7. 13. Mi. 7. 7. Jno. 20. 17, 28. Phi. 4. 19. *because.* ch. 7. 13. 1 Ki. 14. 15, 16. 2 Ki. 17. 14-20. 2 Ch. 36. 16. Ps. 81. 11-13. Pr. 29. 1. Is. 48. 18. Je. 25. 3, 4; 26. 4-6; 35. 15-17. Zec. 1. 4; 7. 11-14. Ac. 3. 23. *and.* De. 28. 64, 65; 32. 26. Am. 8. 2; 9. 9. Jno. 7. 35. Ja. 1. 1.

## CHAP. X.

*Israel is reproved and threatened for their impiety and idolatry, and exhorted to repentance.*

1 Cir. A.M. 3264. B.C. 740. *is.* Is. 5. 1-7. Eze. 15. 1-5. Na. 2. 2. Jno. 15. 1-6. *an empty vine. or,* a vine emptying the fruit which it giveth. *unto.* Zec. 7. 5, 6. Ro. 14. 7, 8. 2 Co. 5. 16. Phi. 2. 21. *to the multitude.* ch. 2. 8; 8. 4, 11; 12. 8, 11; 13. 2, 6. Je. 2. 28. *images. Heb.* statues, *or* standing images. Le. 26. 1. 1 Ki. 14. 23, marg.
2 *Their heart is divided. or,* He hath divided their heart. ch. 7. 8. 1 Ki. 18. 21. Is. 44. 18. Zep. 1. 5. Mat. 6. 24. Lu. 16. 13. 2 Th. 2. 11, 12. Ja. 1. 8; 4. 4. 1 Jno. 2. 15. Re. 3. 15, 16. *break down. Heb.* behead. ver. 5-8; ch. 8. 5, 6. 1 Sa. 5. 4. Je. 43. 13. Mi. 5. 13. Zec. 13. 2.
3 *We have.* ver. 7, 15; ch. 3. 4; 11. 5; 13. 11. Ge. 49. 10. Mi. 4. 9. Jno. 19. 15.
4 *swearing.* ch. 6. 7. 2 Ki. 17. 3, 4. Eze. 17. 13-19. Ro. 1. 31. 2 Ti. 3. 3. *thus.* De. 29. 18. Is. 5. 7; 59. 13-15. Am. 5. 7; 6. 12. Ac. 8. 23. He. 12. 15. Re. 8. 10, 11.
5 *the calves.* ch. 8. 5, 6; 13. 2. 1 Ki. 12. 28-32. 2 Ki. 10. 29; 17. 16. 2 Ch. 11. 15; 13. 8. *Beth-aven.* ch. 4. 15; 5. 8. Jos. 7. 2. *for the people.* Ju. 18. 24. Re. 18. 11-19. *the priests. or,* Chemarim. 2 Ki. 23. 5, marg. Zep. 1. 4. *for the glory.* ch. 9. 11. 1 Sa. 4. 21, 22. Ac. 19. 27.
6 *carried.* ch. 8. 6. Is. 46. 1, 2. Je. 43. 12, 13. Da. 11. 8. *a present.* ch. 5. 13. 2 Ki. 17. 3. *receive.* ch. 4. 19. Is. 1. 29; 44. 9-11; 45. 16. Je. 2. 26, 27, 36, 37; 3. 24, 25; 48. 13. Eze. 36. 31. *ashamed.* ch. 11. 6. Job 18. 7. Is. 30. 3. Je. 7. 24. Mi. 6. 16.
7 *Samaria.* 1 Ki. 21. 1. 2 Ki. 1. 3. *king.* ver. 3, 15. 2 Ki. 15. 30; 17. 4. *the water. Heb.* the face of the waters. Jude 13.
8 *high places.* ver. 5; ch. 4. 15; 5. 8. *the sin.* De. 9. 21. 1 Ki. 12. 28-30; 13. 34; 14. 16. Am. 8. 14. Mi. 1. 5, 13. *the thorn.* ch. 9. 6. Is. 32. 13; 34. 13. *their altars.* 1 Ki. 13. 2. 2 Ki. 23. 15. 2 Ch. 31. 1; 34. 5-7. *they shall.* Is. 2. 19. Lu. 23. 30. Re. 6. 16; 9. 6.
9 *from.* ch. 9. 9. Ju. 19. 22-30; 20. 5, 13, 14. *the battle.* Ju. 20. 17-48. *did.* Ge. 6. 5; 8. 21. Zep. 3. 6, 7. Mat. 23. 31, 32.
10 *in my.* De. 28. 63. Is. 1. 24. Je. 15. 6. Eze. 5. 13; 16. 42. *and the.* ch. 8. 1, 10. Je. 16. 16; 21. 4. Eze. 16. 37; 23. 9, 46. Mi. 4. 10-13. Zec. 14. 2, 3. Mat. 22. 7. *they,* etc. *or,* I shall bind them for their two transgressions, *or,* in their two habitations.
11 *an heifer.* ch. 4. 16. Je. 50. 11. *and loveth.* ch. 2. 5; 3. 1; 9. 1. De. 25. 4. Ro. 16. 18. *but.* ch. 11. 4. *her fair neck. Heb.* the beauty of her neck. *Judah.* 2 Ch. 28. 5-8. Is. 28. 24.
12 *Sow.* ch. 8. 7. Ps. 126. 5, 6. Pr. 11. 18; 18. 21. Ec. 11. 6. Is. 32. 20. Ja. 3. 18. *break.* Je. 4. 3, 4. *time.* Ps. 105. 4. Is. 31. 1; 55. 6. Je. 29. 12-14; 50. 4. Am. 5. 4, 6, 8, 15. Zep. 2. 1-3. Lu. 13. 24. *rain.* ch. 6. 3. Ps. 72. 6. Is. 5. 6; 30. 23; 44. 3; 45. 8. Eze. 34. 26. Ac. 2. 18. 1 Co. 3. 6, 7.
13 *plowed.* ch. 8. 7. Job 4. 8. Pr. 22. 8. Ga. 6. 7, 8. *eaten.* Pr. 1. 31; 12. 19; 18. 20, 21; 19. 5. *didst.* Ps. 52. 7; 62. 10. *in the.* Ps. 33. 16. Ec. 9. 11.
14 *shall a.* ch. 13. 16. Is. 22. 1-4; 33. 14. Am. 3. 8; 9. 5. *and all.* 2 Ki. 17. 6; 18. 9, 10. Je. 48. 41. Na. 3. 12. Hab. 1. 10. *as.* 2 Ki. 18. 33; 19. 11-13. *the mother.* ch. 13. 16. Ge. 32. 11. Is. 13. 16-18. Je. 13. 14. Na. 3. 10.
15 *shall Beth-el.* ver. 5. Am. 7. 9-17. *your great wickedness. Heb.* the evil of your evil. Ro. 7. 13. *in.* ver. 3, 7. Is. 16. 14.

## CHAP. XI.

*The ingratitude of Israel unto God for his benefits,* 1-4. *His judgment,* 5-7. *God's mercy toward them,* 8-11. *Israel's falsehood and Judah's fidelity,* 12.

1 *Israel.* ch. 2. 15. De. 7. 7. Je. 2. 2. Eze. 16. 6. Mal. 1. 2. *called.* Ex. 4. 22. Mat. 2. 15.
2 *they called.* ver. 7. De. 29. 2-4. 1 Sa. 8. 7-9. 2 Ki. 17. 13-15. 2 Ch. 36. 15, 16. Ne. 9. 30. Is. 30. 9-11. Je. 35. 13; 44. 16, 17. Zec. 1. 4; 7. 11. Lu. 13. 34. Jno. 3. 19. Ac. 7. 51. 2 Co. 2. 15, 16. *they sacrificed.* ch. 2. 13; 13. 1, 2. Ju. 2. 13; 3. 7; 10. 6. 1 Ki. 16. 31, 32; 18. 19. 2 Ki. 17. 16. *burned.* 1 Ki. 12. 33. Is. 65. 7. Je. 18. 15; 44. 15.
3 *taught.* Ex. 19. 4. Nu. 11. 11, 12. De. 1. 31; 8. 2; 32. 10-12. Is. 46. 3; 63. 9. Ac. 13. 18. *I healed.* ch. 2. 8; 7. 1; 14. 4. Ex. 15. 26; 23. 25. Is. 1. 2; 30. 26. Je. 8. 22; 30. 17.
4 *drew.* Ca. 1. 4. Is. 63. 9. Jno. 6. 44; 12. 32. 2 Co. 5. 14. *of a.* 2 Sa. 7. 14. *I was.* Le. 26. 13. *take off. Heb.* lift up. *and I laid.* ch. 2. 8. Ps. 78. 23-25; 105. 40. Jno. 6. 32-58.
5 *shall not.* ch. 7. 16; 8. 13; 9. 3, 6. *but.* ch. 5. 13; 10. 6. 2 Ki. 15. 19, 29; 17. 3-6; 18. 11. Is. 8. 6-8. Am. 5. 27. *'They became tributaries to Salmanasser.' because.* ch. 6. 1. 2 Ki. 17. 13, 14; 18. 12. Je. 8. 4-6. Am. 4. 6, 8-10. Zec. 1. 4-6.
6 *the sword.* ch. 10. 14; 13. 16. Le. 26. 31, 33. De. 28. 52; 32. 25. Je. 5. 17. Mi. 5. 11. *consume.* Ps. 80. 11-16. Is. 9. 14; 18. 5; 27. 10. Eze. 15. 2-7; 20. 47. Mal. 4. 1. *because.* ch. 10. 6. Ps. 106. 39, 43. Is. 30. 1.
7 *are bent.* ch. 4. 16; 14. 4. Ps. 78. 57, 58. Pr. 14. 14. Je. 3. 6, 8, 11; 8. 5; 14. 7. *they called.* ver. 2; ch. 7. 16. 2 Ch. 30. 1-11. Ps. 81. 11. Am. 5. 4-6, 14, 15. *none at all would exalt him. Heb.* together they exalted not.
8 *How shall I give.* ch. 6. 4. Je. 9. 7. La. 3. 33. Mat. 23. 37. Lu. 19. 41, 42. *Admah.* Ge. 14. 8; 19. 24, 25. De. 29. 23. Is. 1. 9, 10. Am. 4. 11. Zep. 2. 9. 2 Pe. 2. 6. Jude 7. Re. 11. 8; 18. 18. *Mine.* De. 32. 36. Ju. 10. 16. 2 Sa. 24. 16. 2 Ki. 13. 23. Ps. 106. 45. Is. 63. 15. Je. 3. 12; 31. 20. Am. 7. 3, 6. *heart.* La. 1. 20.
9 *not execute.* ch. 14. 4. Ex. 32. 10-14. De. 32. 26, 27. Ps. 78. 38. Is. 27. 4-8; 48. 9. Je. 30. 11; 31. 1-3. Eze. 20. 8, 9, 13, 14, 21-23. *return.* 1 Sa. 26. 8. 2 Sa. 20. 10. *for.* Nu. 23. 19. Is. 55. 8, 9. Mi. 7. 18-20. Mal. 3. 6. Ro. 11. 28, 29. *the Holy One.* Is. 12. 6. Eze. 37. 27, 28. Zep. 3. 15-17.
10 *walk.* Is. 2. 5; 49. 10. Je. 2. 2; 7. 6, 9; 31. 9. Mi. 4. 5. Zec. 10. 12. Jno. 8. 12. Ro. 8. 1. 2 Pe. 2. 10. *he shall roar like.* Is. 31. 4; 42. 13. Je. 25. 30. Joel 3. 16. Am. 1. 2; 3. 4, 8.

*shall tremble.* Job 37. 1. Ps. 2. 11; 119. 120. Is. 64. 2. Je.
5. 22; 33. 9. Hab. 3. 16. Ac. 24. 25. *west.* Zec. 8. 7.
11 *out.* ch. 3. 5; 9. 3-6. Is. 11. 11. Zec. 10. 10. *as a*
*dove.* ch. 7. 11. Is. 60. 8. *and I.* Je. 31. 12. Eze. 28. 25;
36. 33, 34; 37. 21, 25. Am. 9. 14, 15. Ob. 17.
12 *compasseth.* ch. 7. 16; 12. 1, 7. Ps. 78. 36. Is. 29.
13; 44. 20; 59. 3, 4. Mi. 6. 12. *Judah.* ch. 4. 15. 2 Ki.
18. 4-7. 2 Ch. ch. 29-32. *ruleth.* Ge. 32. 28. 1 Co. 6. 2.
Re. 1. 6; 3. 21; 5. 10. *saints.* *or,* most holy.

## CHAP. XII.

*A reproof of Ephraim, Judah, and Jacob,* 1, 2. *By former favours he exhorts to repentance,* 3-6. *Ephraim's sins provoke God,* 7-14.

1 *feedeth.* ch. 8. 7. Job 15. 2. Je. 22. 22. *he daily.* ch.
11. 12. *and they.* ch. 5. 13. 2 Ki. 15. 19; 17. 4-6. Is. 30. 6, 7.
2 *a controversy.* ch. 4. 1. Je. 25. 31. Mi. 6. 2. *and*
*will.* 2 Ki. 17. 19, 20. Is. 8. 7, 8; 10. 6. Je. 3. 8-11. Eze.
23. 11, etc., 31, 32. *punish. Heb.* visit upon. ch. 2. 13;
8. 13; 9. 9. Is. 10. 12; 24. 21, marg. *according to his*
*doings.* Is. 3. 11; 59. 18. Mat. 16. 27. Ro. 2. 6. Ga. 6. 7.
3 *took.* Ge. 25. 26. Ro. 9. 11. *had,* etc. *Heb.* was a
prince, *or,* behaved himself princely. Ge. 32. 24-28. Ja.
5. 16-18.
4 *angel.* Ge. 32. 29; 48. 15. Ex. 3. 2-5. Is. 63. 9. Mal.
3. 1. Ac. 7. 30-35. *made.* Ge. 32. 9-12. He. 5. 7. *found.*
Ge. 28. 11-19; 35. 9. *spake.* Ps. 66. 6. 1 Th. 4. 17. He.
6. 13-18.
5 *Even.* Ge. 28. 16; 32. 30. *is.* Ex. 3. 15. Ps. 135. 13. Is. 42. 8.
6 *turn.* ch. 14. 1. Pr. 1. 23. Is. 31. 6; 55. 6, 7. Je. 3.
14-22. La. 3. 39-41. Joel 2. 13. Zec. 1. 3. Ac. 2. 38; 26.
20. *keep.* ch. 4. 1. Pr. 21. 3. Is. 1. 16; 58. 6. Je. 22. 15.
Am. 5. 24. Mi. 6. 8. Zec. 7. 9; 8. 16. Ja. 1. 27; 2. 13.
*wait.* Ge. 49. 18. Ps. 27. 14; 37. 7; 123. 2; 130. 5-7. Is.
8. 17; 30. 18; 40. 31. La. 3. 25, 26. Hab. 2. 3. Zep. 3. 8.
7 *a merchant.* *or,* Canaan. Eze. 16. 3. Zec. 14. 21. Jno.
2. 16. *the balances.* Le. 19. 35, 36. Pr. 11. 1; 16. 11. Am.
8. 5, 6. Mi. 6. 10, 11. 1 Ti. 6. 9, 10. *he loveth.* Is. 3. 5.
Eze. 22. 29. Am. 2. 7; 3. 9; 4. 1; 5. 11. Mi. 2. 1; 3. 1-3;
7. 2. Mal. 3. 5. Ja. 5. 4. *oppress.* *or,* deceive. 1 Sa. 12. 3.
8 *Yet.* Job 31. 24, 25. Ps. 49. 6; 52. 7; 62. 10. Zec.
11. 5. Lu. 12. 19; 16. 13. 1 Ti. 6. 5, 17. Re. 3. 17. *I have.*
De. 8. 17. Is. 10. 13, 14. Hab. 1. 16; 2. 5, 6. *in all,* etc. *or,*
all my labours suffice me not; *he shall have* punishment of
iniquity in whom *is* sin. *they.* Pr. 30. 12, 20. Je. 2. 23,
35. Mal. 2. 17; 3. 13. Lu. 10. 29; 16. 15. *that. Heb.* which.
9 *I that.* ch. 13. 4. Ex. 20. 2. Le. 19. 36; 26. 13. Nu.
15. 41. Ps. 81. 10. Mi. 6. 4. *yet.* Ge. 25. 27. 2 Sa. 7. 2.
Je. 35. 7. He. 11. 9-13. *as in.* Le. 23. 40-43. Ezr. 3. 4.
Ne. 8. 15-17. Zec. 14. 16-19. Jno. 7. 2.
10 *have also.* 1 Ki. 13. 1; 14. 7-16; 17. 1; 18. 21-40;
19. 10. 2 Ki. 17. 13. Ne. 9. 30. Je. 25. 4. Am. 7. 14. *mul-*
*tiplied.* Nu. 12. 6. Joel 2. 28. Ac. 2. 17. 2 Co. 12. 1, 7.
*used.* ch. 1. 2-5; 3. 1. Is. 5. 1-7; 20. 2-5. Je. 13. 1-14;
19. 1, 10. Eze. ch. 4; 5; 15; 20. 49. *ministry. Heb.* hand.
11 *iniquity.* ch. 6. 8. 1 Ki. 17. 1. *surely.* Je. 10. 8, 15.
Jon. 2. 8. *they sacrifice.* ch. 4. 15; 9. 15. Am. 4. 4; 5. 5.
*their altars.* ch. 8. 11; 10. 1. 2 Ki. 17. 9-11. Je. 2. 20, 28.
12 *Jacob.* Ge. 27. 43; ch. 28; 29. De. 26. 5. *Israel.*
Ge. 32. 27, 28. *served.* Ge. 29. 18-28; 31. 41.
13 ch. 13. 4, 5. Ex. 12. 50, 51; 13. 3. 1 Sa. 12. 8. Ps.
77. 20. Is. 63. 11, 12. Am. 2. 11, 12. Mi. 6. 4. Ac. 3. 22,
23; 7. 35-37.
14 *provoked.* 2 Ki. 17. 7-18. Eze. 23. 2-10. *most bit-*
*terly. Heb.* with bitternesses. *therefore.* 2 Sa. 1. 16.
1 Ki. 2. 33, 34. Eze. 18. 13; 24. 7, 8; 33. 5. *blood. Heb.*
bloods. *and his.* ch. 7. 16. De. 28. 37. 1 Sa. 2. 30.
Da. 11. 18.

## CHAP. XIII.

*Ephraim's glory vanishes,* 1-3. *God's anger,* 4-8. *God's mercy,* 9-14. *The judgment of Samaria,* 15, 16.

1 *Ephraim.* 1 Sa. 15. 17. Pr. 18. 12. Is. 66. 2. Lu. 14.
11. *exalted.* Nu. 2. 18-21; 10. 22; 13. 8, 16; 27. 16-23.
Jos. 3. 7. 1 Ki. 12. 25. *offended.* ch. 11. 2. 1 Ki. 16. 29-
33; 18. 18, 19. 2 Ki. 17. 16-18. *died.* Ge. 2. 17. Ro. 5.
12. 2 Co. 5. 14.
2 *now.* Nu. 32. 14. 2 Ch. 28. 13; 33. 23. Is. 1. 5; 30. 1.
Ro. 2. 5. 2 Ti. 3. 13. *sin more and more. Heb.* add to
sin. *have made.* ch. 2. 8; 8. 4; 10. 1. Ps. 115. 4-8. Is.
46. 6. Je. 10. 4. Hab. 2. 18, 19. *according.* ch. 11. 6.
Ps. 135. 17, 18. Is. 44. 17-20; 45. 20; 46. 8. Je. 10. 8. Ro.
1. 22-25. *the men that sacrifice.* *or,* the sacrificers of men.
*kiss.* 1 Sa. 10. 1. 1 Ki. 19. 18. Ps. 2. 12. Ro. 11. 4.
3 *as the morning.* ch. 6. 4. *as the chaff.* Ps. 1. 4; 68.
2; 83. 12-17. Is. 17. 13; 41. 15, 16. Da. 2. 35.
4 *I am.* ch. 12. 9. Ex. 20. 2. Ps. 81. 9, 10. Is. 43. 3,
10; 44. 6-8. *for.* Is. 43. 11-13; 45. 21, 22. Ac. 4. 12.
5 *know.* Ex. 2. 25. Ps. 1. 6; 31. 7; 142. 3. Na. 1. 7. 1 Co.
8. 3. Ga. 4. 9. *in the wilderness.* De. 2. 7; 8. 15; 32. 10.
Je. 2. 2, 6. *great drought. Heb.* droughts. Ps. 63. 1.
6 *to.* ch. 10. 1. De. 8. 12-14; 32. 13-15. Ne. 9. 25, 26.
35. Je. 2. 31. *therefore.* ch. 8. 4. De. 6. 10-12; 32. 18.
Ps. 10. 4. Is. 17. 10. Je. 2. 32.
7 ch. 5. 14. Is. 42. 13. Je. 5. 6. La. 3. 10. Am. 1. 2; 3. 4, 8.
8 *as a.* 2 Sa. 17. 8. Pr. 17. 12. Am. 9. 1-3. *wild beast.*
*Heb.* beast of the field. Ps. 80. 13. Is. 5. 29; 56. 9. Je. 12. 9.
9 *thou.* ch. 14. 1. 2 Ki. 17. 7-17. Pr. 6. 32; 8. 36. Is.
3. 9, 11. Je. 2. 17, 19; 4. 18; 5. 25. Mal. 1. 9. *but.* ver.
4. De. 33. 26. Ps. 33. 20; 46. 1; 121. 1, 2; 146. 5. Ep. 1.
3-5. Tit. 3. 3-7. *is thine help. Heb.* in thy help.
10 *I will be thy king.* *or,* Where is thy king? '*King*
*Hosea being then in prison,* 2 Ki. 17. 4.' Ps. 10. 16; 44.
4; 47. 6, 7; 74. 12; 89. 18; 149. 2. Is. 33. 22; 43. 15. Je.
8. 19. Zec. 14. 9. Jno. 1. 49. *where.* ver. 4; ch. 10. 3.
De. 32. 37-39. Je. 2. 28. *thy judges.* ch. 8. 4. Ju. 2. 16-
18. 1 Sa. 8. 5, 6, 19, 20; 12. 11, 12. 1 Ki. 12. 20.
11 ch. 10. 3. 1 Sa. 8. 7-9; 10. 19; 12. 13; 15. 22, 23; 16.
1; 31. 1-7. 1 Ki. 12. 15, 16, 26-32; 14. 7-16. 2 Ki. 17. 1-4.
Pr. 28. 2.
12 De. 32. 34, 35. Job 14. 17; 21. 19. Ro. 2. 5.
13 *sorrows.* Ps. 48. 6. Is. 13. 8; 21. 3. Je. 4. 31; 13. 21;
22. 23; 30. 6; 49. 24. Mi. 4. 9, 10. 1 Th. 5. 3. *an.* Pr.
22. 3. Ac. 24. 25. *for he.* 2 Ki. 19. 3. Is. 26. 17; 37. 3. Ac.
16. 29-34. 2 Co. 6. 2. He. 3. 7, 8. *long. Heb.* a time.
14 *ransom.* ch. 6. 2. Job 19. 25-27; 33. 24. Ps. 16.
10; 30. 3; 49. 15; 71. 20; 86. 13. Is. 25. 8. Eze. 37. 11-
14. Ro. 11. 15. *power. Heb.* hand. *O death.* Is. 26. 19.
1 Co. 15. 21, 22, 52-57. 2 Co. 5. 4. Phi. 3. 21. 1 Th. 4. 14.
Re. 20. 13; 21. 4. *repentance.* Nu. 23. 19. 1 Sa. 15. 29.
Je. 15. 6. Mal. 3. 6. Ro. 11. 29. Ja. 1. 17.
15 *he be.* Ge. 41. 52; 48. 19; 49. 22. De. 33. 17. *an*
*east.* ch. 4. 19. Ps. 1. 4. Is. 17. 13; 41. 16. Je. 4. 11. Eze.
17. 10; 19. 12. *his spring.* ch. 9. 11. Job 18. 16. Ps. 109.
13. Is. 14. 21. *pleasant vessels. Heb.* vessels of desire.
Da. 11. 8. Na. 2. 9.
16 *Samaria. Fulfilled.* 2 Ki. 17. 6, 18; 19. 9-11. Is. 7.
8, 9; 8. 4; 17. 3. Am. 3. 9-15; 4. 1; 6. 1-8; 9. 1. Mi. 1.
4; 6. 16. *their infants.* ch. 10. 14, 15. 2 Ki. 8. 12; 15. 16.
Ps. 137. 8, 9. Is. 13. 16. Am. 1. 13. Na. 3. 10.

## CHAP. XIV.

*An exhortation to repentance,* 1-3. *A promise of God's blessing,* 4-9

1 *return.* ch. 6. 1; 12. 6. 1 Sa. 7. 3, 4. 2 Ch. 30. 6-9.
Is. 55. 6, 7. Je. 3. 12-14; 4. 1. Joel 2. 12, 13. Zec. 1. 3, 4.
Ac. 26. 18-20. *thou.* ch. 13. 9. Je. 2. 19. La. 5. 16. Eze.
28. 14-16.
2 *with.* Job 34. 31, 32. Joel 2. 17. Mat. 6. 9-13. Lu.
11. 2-4; 18. 13. *away.* 2 Sa. 12. 13; 24. 10. Job 7. 21.
Ps. 51. 2-10. Is. 6. 7. Eze. 36. 25, 26. Mi. 7. 19. Zec. 3.
4. Jno. 1. 29. Ro. 11. 27. Tit. 2. 14. He. 10. 4. 1 Jno.
1. 7; 3. 5. *receive,* etc. *or,* give good. Mat. 7. 11. Lu.
11. 13; 15. 21-24. Ep. 1. 6, 7; 2. 7, 8. 2 Ti. 1. 9. *the*
*calves.* Ps. 69. 30, 31. He. 13. 15. 1 Pe. 2. 5, 9.
3 *Asshur.* ch. 5. 13; 7. 11; 8. 9; 12. 1. 2 Ch. 16. 7. Ps.
146. 3. Je. 31. 18, etc. *we will not.* De. 17. 16. Ps. 20.
7, 8; 33. 17. Is. 30. 2, 16; 31. 3; 36. 8. *neither.* ver. 8;
ch. 2. 17. Is. 1. 29; 2. 20; 27. 9. Eze. 36. 25; 37. 23;
43. 7-9. Mi. 5. 10-14. Zec. 13. 2. *for.* Ex. 22. 22-24. Ps.
10. 14; 68. 5; 146. 9. Pr. 23. 10, 11. Jno. 14. 18.
4 *heal.* ch. 11. 7. Ex. 15. 26. Is. 57. 18. Je. 3. 22; 5.
6; 8. 22; 14. 7; 17. 14; 33. 6. Mat. 9. 12, 13. *I will love.* De.
7. 7, 8. Zep. 3. 17. Ro. 3. 24. Ep. 1. 6; 2. 4-9. 2 Ti. 1. 9. Tit.
3. 4. *for.* Nu. 25. 4, 11. Ps. 78. 38. Is. 12. 1. 2 Co. 5. 19-21.
5 *as the dew.* De. 32. 2. 2 Sa. 23. 4. Job 29. 19. Ps. 72.
6. Pr. 19. 12. Is. 18. 4; 26. 19; 44. 3. Mi. 5. 7. *he shall.*
Ca. 2. 1, 2, 16; 4. 5. Mat. 6. 28. Lu. 12. 27. *grow.* *or,*
blossom. *cast. Heb.* strike. 2 Ki. 19. 30. Ps. 72. 16. Is.
27. 6; 35. 2. Eze. 17. 22-24. Ep. 3. 17.
6 *branches.* Ps. 80. 9-11. Eze. 17. 5-8; 31. 3-10. Da. 4.
10-15. Mat. 13. 31. Jno. 15. 1. Ro. 11. 16-24. *spread.*
*Heb.* go. *and his beauty.* Ps. 52. 8; 128. 3. *his smell.*
Ge. 27. 27. Ca. 4. 11-15. 2 Co. 2. 14, 15. Phi. 4. 18.
7 *that.* Ps. 91. 1. Ca. 2. 3. Is. 32. 1, 2. *revive.* ch. 6. 2.
Ps. 85. 6; 138. 7. Is. 61. 11. Jno. 11. 25; 12. 24. 1 Co.
15. 36-38. *grow.* *or,* blossom. ver. 5, marg. Ca. 6. 11.
Zec. 8. 12. *scent.* *or,* memorial.
8 *What.* ver. 2, 3. Job 34. 32. Ac. 19. 18-20. 1 Th. 1. 9.
1 Pe. 1. 14-16; 4. 3, 4. *I have.* Job 33. 27. Je. 31. 18-20.
Lu. 15. 20. Jno. 1. 47, 48. *I am.* Is. 41. 19; 55. 13; 60.
13. *From me.* Jno. 1. 16; 15. 1-8. Ga. 5. 22, 23. Ep. 5.
9. Phi. 1. 11; 2. 13; 4. 13. Ja. 1. 17.
9 *wise.* Ps. 107. 43. Pr. 1. 5, 6; 4. 18. Je. 9. 12. Da. 12. 10.
Mat. 13. 11, 12. Jno. 8. 47; 18. 37. *for.* Ge. 18. 25. De. 32.
4. Job 34. 10-12, 18, 19. Ps. 19. 7, 8; 119. 75, 128. Eze.
18. 25; 33. 17-20. Zep. 3. 5. Ro. 7. 12. *and the.* Job 17. 9.
Ps. 84. 5, 7. Pr. 10. 29. Is. 8. 13-15. Mat. 11. 19. *but.* Lu.
2. 34; 4. 28, 29; 7. 23. Jno. 3. 19, 20; 9. 39; 15. 24. Ro.
9. 32, 33. 2 Co. 2. 15, 16. 2 Th. 2. 9-12. 1 Pe. 2. 7, 8.

# JOEL.

B.C. 800. A.M. 3204.

## CHAP. I.

*Joel, declaring sundry judgments of God, exhorts to observe them, 1-7, and to mourn, 8-13. He prescribes a solemn fast to deprecate those judgments, 14-20.*

1 *word.* Je. 1. 2. Eze. 1. 3. Ho. 1. 1. 2 Pe. 1. 21. *to.* Ac. 2. 16.

2 *Hear.* Ps. 49. 1. Is. 34. 1. Je. 5. 21. Ho. 5. 1. Am. 3. 1; 4. 1; 5. 1. Mi. 1. 2; 3. 1, 9. Mat. 13. 9. Re. 2. 7. *ye old.* Job 8. 8; 12. 12; 15. 10; 21. 7. *Hath.* ch. 2. 2. De. 4. 32-35. Is. 7. 17. Je. 30. 7. Da. 12. 1. Mat. 24. 21.

3 Ex. 10. 1, 2; 13. 14. De. 6. 7. Jos. 4. 6, 7, 21, 22. Ps. 44. 1; 71. 18; 78. 3-8; 145. 4. Is. 38. 19.

4 *That which the palmer-worm hath left. Heb.* The residue of the palmer-worm. ch. 2. 25. Am. 4. 9. The learned BOCHART, and others, are of opinion that the four Hebrew words, *gazam, yelek, arbeh, chasil,* respectively rendered the *palmer-worm, locust, canker-worm,* and *caterpillar,* denote four different species of locusts. See on Ex. 10. 4. *the locust eaten.* Ex. 10. 12-15. De. 28. 38, 42. 1 Ki. 8. 37. 2 Ch. 6. 28; 7. 13. Ps. 78. 46; 105. 34. Am. 7. 1. Re. 9. 3-7. *the canker-worm eaten.* Na. 3. 15-17. *the caterpillar.* Is. 33. 4. Je. 51. 14, 27.

5 *Awake.* Is. 24. 7-11. Am. 6. 3-7. Lu. 21. 34-36. Ro. 13. 11-14. *weep.* ver. 11, 13. Je. 4. 8. Eze. 30. 2. Ja. 5. 1. *for.* Is. 32. 10-12. Lu. 16. 19, 23-25.

6 *nation.* ch. 2. 2-11, 25. Pr. 30. 25-27. *my.* Ps. 107. 34. Is. 8. 8; 32. 13. Ho. 9. 3. *whose.* Pr. 30. 14. Re. 9. 7-10.

7 *laid.* ver. 12. Ex. 10. 15. Ps. 105. 33. Is. 5. 6; 24. 7. Je. 8. 13. Ho. 2. 12. Hab. 3. 17. *barked my fig-tree. Heb.* laid my fig-tree for a barking.

8 *Lament.* ver. 13-15; ch. 2. 12-14. Is. 22. 12; 24. 7-12; 32. 11. Je. 9. 17-19. Ja. 4. 8, 9; 5. 1. *the husband.* Pr. 2. 17. Je. 3. 4. Mal. 2. 15.

9 *meat.* ver. 13, 16; ch. 2. 14. Ho. 9. 4. *the priests.* ch. 2. 17. La. 1. 4, 16. *the Lord's.* Ex. 28. 1. 2 Ch. 13. 10. Is. 61. 6.

10 *field.* ver. 17-20. Le. 26. 20. Is. 24. 3, 4. Je. 12. 4, 11; 14. 2-6. Ho. 4. 3. *the new.* ver. 5, 12. Is. 24. 11. Je. 48. 33. Ho. 9. 2. Hag. 1. 11. *dried up. or,* ashamed.

11 *ashamed.* Je. 14. 3, 4. Ro. 5. 5. *because.* Is. 17. 11. Je. 9. 12.

12 *The vine.* Dr. SHAW observes, that in Barbary, in the month of June, the locusts are no sooner hatched than they collect themselves into compact bodies, each a 'furlong or more square; and marching directly after they are come to life, make their way towards the sea and let nothing escape them, eating up everything that is green or juicy; not only the lesser vegetables, but the *vine* likewise, the *fig-tree,* the *pomegranate,* the *palm,* and the *apple tree, even all the trees of the field.*' ver. 10. Hab. 3. 17, 18. *the pomegranate.* Nu. 13. 23. Ps. 92. 12. Ca. 2. 3; 4. 13; 7. 7-9. *joy.* ver. 16. Ps. 4. 7. Is. 9. 3; 16. 10; 24. 11. Je. 48. 33. Ho. 9. 1, 2.

13 *Gird.* ver. 8, 9; ch. 2. 17. Je. 4. 8; 9. 10. Eze. 7. 18. *ye ministers.* 1 Co. 9. 13. He. 7. 13, 14. *lie.* 2 Sa. 12. 16. 1 Ki. 21. 27. Jon. 3. 5-8. *ye ministers.* Is. 61. 6. 1 Co. 4. 1. 2 Co. 3. 6; 6. 4; 11. 23. *for.* ver. 9. Le. 2. 8-10. Nu. 29. 6.

4 *Sanctify.* ch. 2. 15, 16. 2 Ch. 20. 3, 4. *solemn assembly. or, day of* restraint. Le. 23. 36. Ne. 8. 18. *the elders.* De. 29. 10, 11. 2 Ch. 20. 13. Ne. 9. 2, 3. *cry.* Jon. 3. 8.

15 *Alas.* ch. 2. 2. Je. 30. 7. Am. 5. 16-18. *the day of.* ch. 2. 1. Ps. 37. 13. Is. 13. 6-9. Eze. 7. 2-12; 12. 22-28. Zep. 1. 14-18. Lu. 19. 41-44. Ja. 5. 9. Re. 6. 17.

16 *the meat.* ver. 5-9, 13. Am. 4. 6, 7. *joy.* De. 12. 6, 7, 11, 12; 16. 10-15. Ps. 43. 4; 105. 3. Is. 62. 8, 9.

17 *seed. Heb.* grains.

18 ver. 20. 1 Ki. 18. 5. Je. 12. 4; 14. 5, 6. Ho. 4. 3. Ro. 8. 22.

19 *to thee.* Ps. 50. 15; 91. 15. Mi. 7. 7. Hab. 3. 17, 18. Lu. 18. 1, 7. Phi. 4. 6, 7. *the fire.* ch. 2. 3. Je. 9. 10. Am. 7. 4. *pastures. or,* habitations.

20 *cry.* Job 38. 41. Ps. 104. 21; 145. 15; 147. 9. *the rivers.* 1 Ki. 17. 7; 18. 5.

## CHAP. II.

*He shews unto Zion the terribleness of God's judgment, 1-11. He exhorts to repentance, 12-14; prescribes a fast, 15-17; promises a blessing thereon, 18-20. He comforts Zion with present, 21-27, and future blessings, 28-32.*

1 *Blow.* ver. 15. Nu. 10. 3, 8. Je. 4. 5. Ho. 8. 1. *trumpet. or,* cornet. 1 Ch. 15. 28. Ho. 5. 8. *and sound.* Nu. 10. 5-7, 9. Eze. 33. 3, 6. Am. 3. 6. Zep. 1. 16. *in my.* ch. 3. 17. Ps. 87. 1. Da. 9. 16, 20. Zep. 3. 11. Zec. 8. 3 *let.* Ezr. 9. 3, 4. Ps. 119. 120. Is. 66. 2, 5. Je. 5. 22; 10. 7, 10. Da. 6. 26. Phi. 2. 12. *for the.* ch. 1. 15. Is. 2. 12. Eze. 7. 5-7, 10, 12; 12. 23. Am. 8. 2. Ob. 15. Mal. 4. 1. 1 Th. 5. 2. Ja. 6. 9. 1 Pe. 4. 7.

2 *A day of darkness.* 'The quantity of these insects,' says a French author, 'is incredible to all who have not themselves witnessed their astonishing numbers; *the whole earth is covered* with them for the space of several leagues. The *noise* they make in browsing on the trees and herbage may be heard at a great distance, and resembles that of an army in secret. Wherever their myriads spread, the verdure of the country disappears; trees and plants, stripped of their leaves and reduced to their naked boughs and stems, cause the dreary image of *winter* to succeed in an instant to the rich scenery of *spring.* When these clouds of locusts take their flight, to surmount any obstacles or to traverse more rapidly a desert soil, the *heavens* may literally be said to be *obscured* by them.' ver. 10, 31; ch. 3. 14, 15. Ex. 20. 21. Ps. 97. 2. Is. 5. 30; 8. 22. Je. 13. 16. Am. 5. 18-20. Zep. 1. 14, 15. He. 12. 18. Jude 13. *as.* Am. 4. 13. *a great.* ver. 5, 11, 25; ch. 1. 6. *there.* ch. 1. 2, 3. Ex. 10. 6, 14. Da. 12. 1. Mar. 13. 19. *many generations. Heb.* generation and generation. De. 32. 7. Ps. 10. 6, margins.

3 *fire.* ch. 1. 19, 20. Ps. 50. 3. Am. 7. 4. *the land.* Ge. 2. 8; 13. 10. Is. 51. 3. Eze. 31. 8, 9. *and behind.* ch. 1. 4-7. Ex. 10. 5, 15. Je. 5. 17. Zec. 7. 14.

4 Re. 9. 7.

5 *the noise.* Na. 2. 3, 4; 3. 2, 3. Re. 9. 9. *like the noise of a.* Is. 5. 24; 30. 30. Mat. 3. 12. *a strong.* ver. 2.

6 *all.* Ps. 119. 83. Is. 13. 8. Je. 8. 21; 30. 6. La. 4. 8. Na. 2. 10. *blackness. Heb.* pot.

7 *They shall run.* In their progress, says Dr. Shaw, 'they kept their ranks like men of war; climbing over every tree or wall that was in their way. Nay, they *entered into our very houses* and bedchambers, like *so many thieves.* Every effort of the inhabitants to stop them was unavailing; the trenches they had dug were quickly filled up, and the fires they had kindled extinguished, by infinite swarms succeeding each other.' 2 Sa. 1. 23; 2. 18, 19. Ps. 19. 5. Is. 5. 26-29. *climb.* ver. 9. 2 Sa. 5. 8. Je. 5. 10. *they shall march.* Pr. 30. 27.

8 *sword. or,* dart.

9 *enter.* Ex. 10. 6. Je. 9. 21. Jno. 10. 1.

10 *earth.* Ps. 18. 7; 114. 7. Na. 1. 5. Mat. 27. 51. Re. 6. 12; 20. 11. *the sun.* ver. 2. 31; ch. 3. 15. Is. 13. 10; 34. 4. Je. 4. 23. Eze. 32. 7. Am. 5. 8. Mat. 24. 29. Mar. 13. 24, 25. Lu. 21. 25, 26. Ac. 2. 20. Re. 8. 12.

11 *utter.* ch. 3. 16. 2 Sa. 22. 14, 15. Ps. 46. 6. Is. 7. 18; 13. 4; 42. 13. Je. 25. 30. Am. 1. 2. *his army.* ver. 25. *he is.* Je. 50. 34. Re. 18. 8. *the day.* Je. 30. 7. Am. 5. 18, 20. Zep. 1. 15. *who.* Nu. 24. 23. Na. 1. 6. Mal. 3. 2. Re. 6. 17.

12 *turn.* De. 4. 29, 30. 1 Sa. 7. 3. 1 Ki. 8. 47-49. 2 Ch. 6. 38, 39; 7. 13, 14. Is. 55. 6, 7. Je. 4. 1; 29. 12, 13. La. 3. 40, 41. Ho. 6. 1; 12. 6; 14. 1. Zec. 1. 3, 4. Ac. 26. 20. *with fasting.* Ju. 20. 26. 1 Sa. 7. 6. 2 Ch. 20. 3, 4. Ne. 9. 1, 2. Is. 22. 12. Jon. 3. 5-8. Zec. 7. 3, 5; 12. 10-14. Ja. 4. 8, 9.

13 *rend.* 2 Ki. 22. 19. Ps. 34. 18; 51. 17. Is. 57. 15; 66. 2. Eze. 9. 4. Mat. 5. 3, 4. *your garments.* Ge. 37. 29, 34. 2 Sa. 1. 11. 1 Ki. 21. 27. 2 Ki. 5. 7; 6. 30; 22. 11. Job 1. 20. Is. 58. . Mat. 6. 16-18. 1 Ti. 4. 8. *for.* Ex. 34. 6, 7. Nu. 14. 18. Ps. 86. 5, 15; 145. 7-9. Jon. 4. 2. Mi. 7. 81. Ro. 2. 4; 5. 20, 21. Ep. 2. 4. *slow.* Ne. 9. 17. Ps. 103. 8. Na. 1. 3. Ja. 1. 19, 20. *and repenteth.* Ps. 106. 45. Je. 18. 7, 8. Am. 7. 2-6. Jon. 4. 2.

14 *Who.* Ex. 32. 30. Jos. 14. 12. 1 Sa. 6. 5. 2 Sa. 12. 22. 2 Ki. 19. 4. Am. 5. 15. Jon. 1. 6; 3. 9. Zep. 2. 3. 2 Ti. 2. 25. *and leave.* Is. 65. 8. Hag. 2. 19. 2 Co. 9. 5-11, marg. *even.* ch. 1. 9, 13, 16.

15 *Blow.* ver. 1. Nu. 10. 3. *sanctify.* ch. 1. 14. 1 Ki. 21. 9, 12. 2 Ki. 10. 20. Je. 36. 9.

16 *sanctify.* Ex. 19. 10, 15, 22. Jos. 7. 13. 1 Sa. 16. 5. 2 Ch. 29. 5, 23, 24; 30. 17, 19; 35. 6. Job 1. 5. *assemble.* ch. 1. 14. De. 29. 10, 11. 2 Ch. 20. 13. Jon. 3. 7, 8. *let.* Zec. 12. 11-14. Mat. 9. 15. 1 Co. 7. 5.

17 *the priests.* ch. 1. 9, 13. **between.** 1 Ki. 6. 3. 2 Ch. 8. 12. Eze. 8. 16. Mat. 23. 35. *and let.* Ho. 14. 2. *Spare.* Ex. 32. 11-13; 34. 9. De. 9. 16-29. Is. 37. 20; 64. 9-12. Da. 9. 18, 19. Am. 7. 2, 5. Mal. 1. 9. *and give.* Ps. 44. 10-14; 74. 10, 18-23; 79. 4; 89. 41, 51. Eze. 36. 4-7. *that.* Ne. 9. 36. Is. 63. 17-19. *rule over them. or,* use a byword against them. De. 28. 37. 1 Ki. 9. 7. 2 Ch. 7. 20. Ps. 44. 14. *wherefore.* Nu. 14. 14-16. De. 32. 27. Ps. 42. 10; 79. 10; 115. 2. Eze. 20. 9. Mi. 7. 10. Mat. 27. 43.

18 *be.* Is. 42. 13. Zec. 1. 14; 8. 2. *and pity.* De. 32. 16, 36, 43. Ju. 10. 16. Ps. 103. 13, 17. Is. 60. 10; 63. 9, 15. Je. 31. 20. La. 3. 22. Ho. 11. 8, 9. Lu. 15. 20. Ja. 5. 11.

19 *I will send.* ver. 24; ch. 1. 10. Is. 62. 8, 9; 65. 21-24. Ho. 2. 15. Am. 9. 13, 14. Hag. 2. 16-19. Mal. 3. 10-12. Mat. 6. 33. *and ye.* ver. 26. *and I.* Eze. 34. 29; 36. 15; 39. 29.

20 *remove.* ver. 2-11; ch. 1. 4-6. Ex. 10. 19. *the northern.* Je. 1. 14. *the east.* Eze. 47. 7, 8, 18. Zec. 14. 8. *utmost.* De. 11. 24. *his stink.* Eze. 39. 12-16. *because.* 2 Ki. 8. 13. *done. Heb.* magnified to do.

21 *Fear.* Ge. 15. 1. Is. 41. 10; 54. 4. Je. 30. 9, 10. Zep. 3. 16, 17. Zec. 8. 15. *be glad.* Ps. 65. 12, 13; 96. 11, 12; 98. 8. Is. 35. 1; 44. 23; 55. 12. Ho. 2. 21. *for.* ver. 20. De. 4. 32. 1 Sa. 12. 16, 24. Ps. 71. 19; 126. 1-3. Je. 33. 3.

22 *afraid.* ch. 1. 18-20. Ps. 36. 6; 104. 11-14, 27-29; 145. 15, 16; 147. 8, 9. Is. 30. 23, 24. Jon. 4. 11. *for the pastures.* ch. 1. 19. Ps. 65. 12. Is. 51. 3. *for the tree.* Le. 26. 4, 5. Ps. 67. 6; 107. 35-38. Eze. 34. 26, 27; 36. 8, 30, 35. Ho. 14. 5-7. Am. 9. 14, 15. Hag. 2. 16. Zec. 8. 12. Mal. 3. 10-12. *yield.* Ge. 4. 12. 1 Co. 3. 7.

23 *ye children.* Ps. 149. 2. La. 4. 2. Zec. 9. 13. Ga. 4. 26, 27. *rejoice.* Ps. 28. 7; 32. 11; 33. 1; 95. 1-3; 104. 34. Is. 12. 2-6; 41. 16; 61. 10. Hab. 3. 17, 18. Zep. 3. 14-17. Zec. 9. 9; 10. 7. Lu. 1. 46, 47. Phi. 3. 1, 3; 4. 4. *the former,* etc. *or,* a teacher of righteousness. ver. 28, 29. De. 32. 2. Job 33. 23. Ps. 72. 6, 7. Is. 30. 21, 23. Ep. 4. 8-11. *moderately. Heb.* according to righteousness. *he will.* Le. 26. 4. De. 11. 14; 28. 12. Pr. 16. 15. Je. 3. 3. Ho. 6. 3. Zec. 10. 1. Ja. 5. 7, 8. *in.* Am. 4. 7.

24 ch. 3. 13, 18. Le. 26. 10. Pr. 3. 9, 10. Am. 9. 13. Mal. 3. 10.

25 *that.* ver. 2-11; ch. 1. 4-7. Zec. 10. 6.

26 *ye shall.* Le. 26. 5, 26. De. 6. 11, 12; 8. 10. Ne. 9. 25. Ps. 22. 26; 103. 5. Pr. 13. 25. Ca. 5. 1. Is. 55. 2; 62. 8, 9. Mi. 6. 14. Zec. 9. 15, 17. 1 Ti. 6. 17. *and praise.* De. 12. 7, 12, 18; 26. 10, 11. 1 Ti. 4. 3-5. *that.* ver. 20, 21. Ge. 33. 11. Ps. 13. 6; 72. 18; 116. 7; 126. 2, 3. Is. 25. 1. *and my.* Ps. 25. 2, 3; 37. 19. Is. 29. 22; 45. 17; 49. 23; 54. 4. Zep. 3. 11. Ro. 5. 5; 9. 33; 10. 11. 1 Jno. 2. 28.

27 *I am.* ch. 3. 17. Le. 26. 11, 12. De. 23. 14. Ps. 46. 5; 68. 18. Is. 12. 6. Eze. 37. 26-28. Zep. 3. 17. 2 Co. 6. 16. Re. 21. 3. *that I.* Is. 45. 5, 18, 21, 22; 53. 6. Eze. 39. 22, 28. *and my.* ver. 26. 1 Pe. 2. 6.

28 *that I.* Pr. 1. 23. Is. 32. 15; 44. 3. Eze. 39. 29. Jno. 7. 39. Ac. 2. 16-18. *upon.* Is. 40. 5; 49. 6. Zec. 12. 10. Lu. 3. 6. Ac. 2. 2-4, 33, 39; 10. 44-47; 11. 15-18; 15. 7, 8. *your daughters.* Is. 54. 13. Ac. 21. 9. Ga. 3. 28. *dream.* Ge. 37. 5-10. Nu. 12. 6. Je. 23. 28.

29 1 Co. 12. 13. Ga. 3. 28. Col. 3. 11.

30 *I will.* Mat. 24. 29. Mar. 13. 24. Lu. 21. 11, 25, 26. Ac. 2. 19, 20. Re. 6. 12-17. *pillars.* Ge. 19. 28. Jos. 8. 20. Ju. 20. 38, 40. Ca. 3. 6. Re. 18. 9, 18.

31 *sun.* ver. 10; ch. 3. 1, 15. Is. 13. 9, 10; 34. 4, 5. Mat. 24. 29; 27. 45. Mar. 13. 24, 25. Lu. 21. 25. Re. 6. 12, 13. *the great.* Zep. 1. 14-16. Mal. 4. 1, 5.

32 *that.* Ps. 50. 15. Je. 33. 3. Zec. 13. 9. Ac. 2. 21. Ro. 10. 11-14. 1 Co. 1. 2. *for.* Is. 46. 13; 59. 20, 21. Ob. 17. 21. Jno. 4. 22. Ro. 11. 26. He. 12. 22. *and in.* Is. 10. 22; 11. 11, 16. Je. 31. 7. Mi. 4. 6, 7; 5. 3, 7, 8. Jno. 10. 16. Ac. 2. 39; 15. 17. Ro. 8. 28-30; 9. 24, 27; 11. 5, 7. 2 Th. 2. 13, 14.

CHAP. III.

*God's judgments against the enemies of his people,* 1-8. *God will be known in his judgment,* 9-17. *His blessing upon the church,* 18-21.

1 *in those.* ch. 2. 29. Da. 12. 1. Zep. 3. 19, 20. *when.* De. 30. 3. 2 Ch. 6. 37, 38. Ps. 14. 7; 85. 1. Is. 11. 11, etc. Je. 16. 15; 23. 3-8; 29. 14; 30. 3, 18. Eze. 16. 53; 37. 21, 22; 38. 14-18; 39. 25, 28, 29. Am. 9. 14.

2 *also.* Zep. 3. 8. Zec. 14. 2-4. Re. 16. 14, 16; 19. 19-21; 20. 8. *the valley.* ver. 12. 2 Ch. 20. 26. Eze. 39. 11. Zec. 14. 4. *will plead.* Is. 66. 16. Eze. 38. 22. Am. 1. 11. Ob. 10-16. Zec. 12. 3, 4. Re. 11. 18; 16. 6; 18. 20, 21. *and parted.* Je. 12. 14; 49. 1. Eze. 25. 8; 35. 10. Zep. 2. 8-10.

3 2 Ch. 28. 8, 9. Am. 2. 6. Ob. 11. Na. 3. 10. Re. 18. 13.

4 *and what.* Ju. 11. 12. 2 Ch. 21. 16; 28. 17, 18. Ac. 9. 4. *O Tyre.* Am. 1. 6-10, 12-14. Zec. 9. 2-8. *will ye.* Eze. 25. 12-17. *swiftly.* De. 32. 35. Is. 34. 8; 59. 18. Je. 51. 6. Lu. 18. 7. 2 Th. 1. 6.

5 *ye.* 2 Ki. 12. 18; 16. 8; 18. 15, 16; 24. 13; 25. 13-17. Je. 50. 28; 51. 11. Da. 5. 2, 3. *into.* 1 Sa. 5. 2-5. *pleasant. Heb.* desirable. Da. 11. 38.

6 *have ye.* ver. 3, 8. De. 28. 32, 68. Eze. 27. 13. *Grecians. Heb.* sons of the Grecians.

7 *I will.* Is. 11. 12; 43. 5, 6; 49. 12. Je. 23. 8; 30. 10, 16; 31. 8; 32. 37. Eze. 34. 12, 13; 36. 24; 38. 8. Zec. 10. 6-10. *and will.* ver. 4. Ju. 1. 7. 1 Sa. 15. 33. Es. 7. 10. Mat. 7. 2. 2 Th. 1. 6. Ja. 2. 13. Re. 13. 10; 16. 6; 19. 2.

8 *I will.* De. 32. 30. Ju. 2. 14; 4. 2, 9. *your sons.* Is. 14. 1, 2; 60. 14. *Sabeans.* Job 1. 15. Eze. 23. 42. *far off.* Je. 6. 20.

9 *Proclaim.* Ps. 96. 10. Is. 34. 1. Je. 31. 10; 50. 2. *Prepare. Heb.* Sanctify. Eze. 21. 21, 22. *wake.* Is. 8. 9, 10. Je. 46. 3, 4. Eze. 38. 7.

10 *your plowshares.* Is. 2. 4. Mi. 4. 3. Lu. 22. 36. *pruninghooks. or,* scythes. *let.* 2 Ch. 25. 8. Zec. 12. 8.

11 *Assemble.* ver. 2. Eze. 38. 9-18. Mi. 4. 12. Zep. 3. 8. Zec. 14. 2, 3. Re. 16. 14-16; 19. 19, 20; 20. 8, 9. *cause.* etc. *or,* the Lord shall bring down thy mighty ones. *mighty.* Ps. 103. 20. Is. 10. 34; 13. 3; 37. 36. 2 Th. 1. 7. Re. 19. 14.

12 *valley.* ver. 2, 14. 2 Ch. 20. 26. Eze. 39. 11. Zec. 14. 4. *for.* Ps. 2. 8, 9; 7. 6; 76. 8, 9; 96. 13; 98. 9; 110. 5, 6. Is. 2. 4; 3. 13. Eze. 30. 3. Mi. 4. 3. Re. 19. 11.

13 *the sickle.* De. 16. 9. Mar. 4. 29. Re. 14. 15, 16. *the harvest.* Je. 51. 33. Ho. 6. 11. Mat. 13. 39. *for the press.* Is. 63. 3. La. 1. 15. Re. 14. 17-20. *for their.* Ge. 13. 13; 15. 16; 18. 20.

14 *multitudes.* ver. 2. Is. 34. 2-8; 63. 1-7. Eze. 38. 8-23; 39. 8-20. Re. 16. 14-16; 19. 19-21. *decision. or,* concision. Phi. 3. 2. *or,* threshing. *for.* ch. 2. 1. Ps. 37. 13. 2 Pe. 3. 7.

15 ch. 2. 10, 31. Is. 13. 10. Mat. 24. 29. Lu. 21. 25, 26. Re. 6. 12, 13.

16 *roar.* ch. 2. 11. Is. 42. 13. Je. 25. 30, 31. Ho. 11. 10. Am. 1. 2; 3. 8. *and the heavens.* ch. 2. 10. Eze. 38. 19. Hag. 2. 6. He. 12. 26. Re. 11. 13, 19; 16. 18. *hope. Heb.* place of repair, *or,* harbour. Ps. 18. 2; 46; 61. 3; 91. 1, 2. Pr. 18. 10. Is. 33. 16, 21; 51. 5, 6, 16. *and the strength.* 1 Sa. 15. 29. Ps. 29. 11. Zec. 10. 6, 12; 12. 5-8.

17 *shall ye.* ver. 21; ch. 2. 27. Ps. 9. 11; 76. 2. Is. 12. 6. Eze. 48. 35. Mi. 4. 7. Zep. 3. 14-16. *my.* Da. 11. 45. Ob. 16. Zec. 8. 3. *Jerusalem.* Is. 4. 3. Je. 31. 23. Eze. 43. 12. Ob. 17. Zec. 14. 20. *holy. Heb.* holiness. *there.* Is. 35. 8; 52. 1. Na. 1. 15. Zec. 14. 21. Re. 21. 27.

18 *the mountains.* Job 29. 6. Is. 55. 12, 13. Am. 9. 13, 14. *and all.* Is. 30. 25; 35. 6; 41. 17, 18. *flow. Heb.* go. *and a.* Ps. 46. 4. Eze. 47. 1-12. Zec. 14. 8. Re. 22. 1, 2. *the valley.* Nu. 25. 1. Mi. 6. 5.

19 *Egypt.* Is. 11. 15; 19. 1, etc. Zec. 10. 10; 14. 18, 19. *Edom.* Is. 34. 1, etc.; 63. 1-6. Je. 49. 17. La. 4. 21. Eze. ch. 25; 35. Am. 1. 11, 12. Ob. 1, 10, etc. Mal. 1. 3, 4. *for.* Ps. 137. 7. Je. 51. 35. Ob. 10-16. 2 Th. 1. 6.

20 *Judah.* Is. 33. 20. Eze. 37. 25. Am. 9. 15. *dwell. or,* abide.

21 *will.* Is. 4. 4. Eze. 36. 25, 29. Mat. 27. 25. *for the Lord. or,* even I the Lord that. ver. 17. Eze. 48. 35. Re. 21. 3.

## CONCLUDING REMARKS ON THE BOOK OF JOEL.

It is generally supposed, that the prophet Joel blends two subjects of affliction in one general consideration, or beautiful allegory; and that, under the devastation to be produced by locusts in the vegetable world, he pourtrays the more distant calamities to be inflicted by the armies of the Chaldeans in their invasion of Judea. These predictions are followed by a more general denunciation of God's vengeance, delivered in such language as to be in some measure descriptive of the final judgment of mankind. The prophet intermingles these declarations with earnest exhortations to repentance, and with promises of returning prosperity productive of Gospel blessings; foretelling, in the clearest terms, the general effusion of the Holy Spirit under the Christian dispensation, and the awful consequences of obstinately rejecting the sacred influence, especially to the Jews. The state of this nation at the present day, fully attests the Divine inspiration of the prophecy.

# AMOS

B.C. 787 A.M. 3217.

### CHAP. I.

*The time when Amos prophesied*, 1, 2. *He shews God's judgment upon Syria*, 3-5, *upon the Philistines*, 6-8, *upon Tyrus*, 9, 10, *upon Edom*, 11, 12, *upon Ammon*, 13-15.

1 *The words.* Je. 1. 1; 7. 27. *who.* ch. 7. 14. Ex. 3. 1. 1 Ki. 19. 19. Ps. 78. 70-72. Mat. 4. 18. 1 Co. 1. 27. *Tekoa.* 2 Sa. 14. 2. 2 Ch. 11. 6; 20. 20. Je. 6. 1. *he saw.* Is. 1. 1. Mi. 1. 1. *in the.* 2 Ki. 14. 21; 15. 1, 2, Azariah. 2 Ch. ch. 26. Ho. 1. 1. Mat. 1. 8, 9. *and in.* ch. 7. 9-11. 2 Ki. 14. 23-29. *the earthquake.* Zec. 14. 5.

2 *The Lord.* ch. 3. 7, 8. Pr. 20. 2. Is. 42. 13. Je. 25. 30. Ho. 13. 8. Joel 2. 11; 3. 16. *the habitations.* ch. 4. 7, 8. Is. 33. 9. Je. 12. 4; 14. 2. Joel 1. 9-13, 16-18. *Carmel.* 1 Sa. 25. 2. Is. 35. 2. Je. 50. 19. Na. 1. 4.

3 *For.* ver. 6, 9, 11, 13; ch. 2. 1, 4, 6. Job 5. 19; 19. 3. Pr. 6. 16. Ec. 11. 2. *Damascus.* Is. 7. 8; 8. 4; 17. 1. Je. 49. 23-27. Zec. 9. 1. *and for four. or*, yea, for four. *turn away the punishment thereof. or*, convert it, *or*, let it be quiet, *and so* ver. 6, 9, etc. *because.* 1 Ki. 19. 17. 2 Ki. 8. 12; 10. 32, 33; 13. 3, 7. Is. 41. 15.

4 *I will.* ver. 7, 10, 12, 14; ch. 2. 2, 5. Ju. 9. 19, 20, 57. Je. 17. 27; 49. 27. Eze. 30. 8; 39. 6. Ho. 8. 14. *Hazael.* 1 Ki. 19. 15. 2 Ki. 8. 7-15. *Benhadad.* 1 Ki. 20. 1, etc. 2 Ki. 6. 24; 13. 3, 25. 2 Ch. 16. 2.

5 *break.* Is. 43. 14. Je. 50. 36; 51. 30. La. 2. 9. Na. 3. 13. *the plain of Aven. or*, Bikath-aven. Probably *Heliopolis*, now *Baalbek*, situated between Libanus and Antilibanus, 56 miles N. W. of Damascus, according to ANTONINUS, and celebrated for its temple of the sun. *the house of Eden. or*, Beth-eden. Probably the village of *Eden*, in Mount Lebanon, marks the site of this place. It is delightfully situated by the side of a most rich and cultivated valley, contains about 400 or 500 families, and is, according to modern authorities, about 20 miles S. E. of Tripoli, and five miles from the cedars. *the people.* ch. 9. 7. 2 Ki. 16. 9.

6 *three.* ver. 3, 9, 11. *Gaza.* 1 Sa. 6. 17. 2 Ch. 28. 18. Is. 14. 29-31. Je. 47. 4, 5. Eze. 25. 15, 16. Zep. 2. 4-7. Zec. 9. 5. Ac. 8. 26. *carried*, etc. *or*, carried them away with an entire captivity. 2 Ch. 21. 16, 17; 28. 18. Joel 3. 6. *to Edom.* ver. 9, 11. Eze. 35. 5. Ob. 11.

7 *I will.* De. 32. 35, 41-43. Ps. 75. 7, 8; 94. 1-5. Zep. 2. 4. Ro. 12. 19. *a fire.* ver. 4. 2 Ki. 18. 8. 2 Ch. 26. 6. Je. 25. 18-20; 47. 1. Zec. 9. 5-7.

8 *I will cut.* Is. 20. 1. Je. 47. 5. Eze. 25. 16. *turn.* Ps. 81. 14. Is. 1. 25. Zec. 13. 7. *and the.* Is. 14. 29-31. Je. 47. 4, 5. Eze. 25. 16. Zep. 2. 4-7.

9 *Tyrus.* Is. ch. 23. Je. 47. 4. Eze. ch. 26-28. Joel 3. 4-8. Zec. 9. 2-4. *because.* ver. 6, 11. *brotherly covenant. Heb.* covenant of brethren. 2 Sa. 5. 11. 1 Ki. 5. 1-11; 9. 11-14. 2 Ch. 2. 8-16.

10 ver. 4, 7, etc. Eze. 26. 12. Zec. 9. 4.

11 *Edom.* Is. 21. 11, 12; ch. 34; 63. 1-7. Je. 49. 7-22. Eze. 25. 12-14; ch. 35. Ob. 1, etc. Mal. 1. 4. *because.* Ge. 27. 40, 41. Nu. 20. 14-21. De. 2. 4-8; 23. 7. 2 Ch. 28. 17. Ps. 83. 3-8; 137. 7. La. 4. 21, 22. Eze. 25. 12; 35. 5, 6, 11. Joel 3. 19. Ob. 10-14. Mal. 1. 2. *did cast off all pity. Heb.* corrupted his compassions. *kept.* Ps. 85. 5. Ec. 7. 9. Is. 57. 16. Mi. 7. 18. Ep. 4. 26, 27; 5. 1.

12 *Teman.* Ge. 36. 11. Je. 49. 7, 20. Ob. 9, 10. *Bozrah.* Ge. 36. 33. Is. 34. 6. Je. 49. 13, 22.

13 *the children.* De. 2. 19. Je. 49. 1-6. Eze. 25. 2-7. Zep. 2. 8. *and for.* De. 23. 3, 4. Ju. 10. 7-9; 11. 15-28. 1 Sa. 11. 1, 2. 2 Sa. 10. 1-8. 2 Ki. 24. 2. 2 Ch. 20. 1, 10. Ne. 2. 19; 4. 7, etc. Ps. 83. 7. *because.* Ho. 13. 16. *ripped up the women with child. or*, divided the mountains. *enlarge.* Is. 5. 8. Je. 49. 1. Eze. 35. 10. Hab. 2. 5, 6.

14 *Rabbah.* De. 3. 11. 2 Sa. 12. 26. Je. 49. 2. Eze. 25. 5. *with shouting.* ch. 2. 2. Job 39. 25. Is. 9. 5. *with a.* Ps. 83. 15. Is. 30. 30. Da. 11. 40. Zec. 7. 14.

15 Je. 49. 3.

### CHAP. II.

*God's judgments upon Moab*, 1-3, *upon Judah*, 4, 5, *and upon Israel*, 6-8. *God complains of their ingratitude*, 9-16.

1 *For three.* ver. 4, 6; ch. 1. 3, 6, 9, 11, 13. Nu. ch. 22-25. De. 23. 4, 5. Ps. 83. 4-7. Mi. 6. 5. *of Moab.* Is. 11. 14; ch. 15; 16; 25. 10. Je. ch. 48. Eze. 25. 8, 9. Zep. 2. 8, 9. *because.* 2 Ki. 3. 9, 26. Pr. 15. 3.

2 *Kirioth.* Je. 48. 24, 41. *with tumult.* ch. 1. 14. Is. 9. 5. Je. 48. 34.

3 Nu. 24. 17. Je. 48. 7, 25.

4 *For.* De. 31. 16-18; 32. 15-27. *Judah.* ch. 3. 2. 2 Ki. 17. 19. Je. 9. 25, 26. Ho. 5. 12, 13; 6. 11; 12. 2. *because.* Le. 26. 14, 15. Ju. 2. 17-20. 2 Sa. 12. 9, 10. 2 Ki. 22. 11-17. 2 Ch. 36. 14-17. Ne. 1. 7; 9. 26, 29, 30. Is. 5. 24, 25. Je. 8. 9. Eze. ch. 16; 20. 13, 16, 24; 22. 8; 23. 11, etc. Da. 9. 5-12. 1 Th. 4. 8. *and their.* Is. 9. 15, 16; 28. 15; 44. 20. Je. 16. 19, 20; 23. 13-15, 25-32; 28. 15, 16. Eze. 13. 6-16, 22; 22. 28. Hab. 2. 18. Ro. 1. 25. *after.* Ju. 2. 11-17; 10. 6. 2 Ch. 30. 7. Je. 8. 2; 9. 14. Eze. 20. 13, 16, 18, 24, 30. 1 Pe. 1. 18.

5 *I will.* Je. 17. 27; 21. 10; 37. 8-10; 39. 8; 52. 13. Ho. 8. 14.

6 *Thus saith.* Amos, says Abp. NEWCOME, first prophesies against the Syrians, Philistines, Tyrians, Edomites, Ammonites, and Moabites, who dwelt in the neighbourhood of the twelve tribes, and had occasionally become their enemies and persecutors. Having thus taught his countrymen that the providence of God extended to other nations, he briefly mentions the idolatrous practices and consequent destruction of Judah, and then passes on to his proper subject, which was to exhort and reprove the kingdom of Israel, and to denounce against it the Divine judgments. *For three.* ch. 6. 3-7. 2 Ki. 17. 7-18; 18. 12. Eze. 23. 5-9. Ho. 4. 1, 2, 11-14; 7. 7-10; 8. 4-6; 13. 2, 3. Mi. 6. 10-16. *because.* ch. 5. 11, 12; 8. 4-6. Is. 5. 22, 23; 29. 21. Joel 3. 3, 6. Mi. 3. 2, 3.

7 *pant.* ch. 4. 1. 1 Ki. 21. 4. Pr. 28. 21. Mi. 2. 2, 9; 7. 2, 3. Zep. 3. 3. *and turn.* ch. 5. 12. Is. 10. 2. *and a.* Le. 18. 8, 15. Eze. 22. 11. 1 Co. 5. 1. *maid. or*, young woman. *to profane.* Le. 20. 3. 2 Sa. 12. 14. Eze. 36. 20. Ro. 2. 24.

8 *laid.* Ex. 22. 26, 27. De. 24. 12-17. Eze. 18. 7, 12. *by.* ch. 6. 4. Is. 57. 7. Eze. 23. 41. 1 Co. 8. 10; 10. 7, 21. *they drink.* ch. 6. 6. Ju. 9. 27. Ho. 4. 8. *the condemned. or*, such as have fined, *or*, mulcted.

9 *I the.* Ge. 15. 16. Ex. 3. 8; 34. 11. Nu. 21. 24. De. 2. 24-33. Jos. 3. 10; 24. 8-12. Ju. 11. 21-23. Ne. 9. 22-24. Ps. 135. 10-12; 136. 17-22. *whose.* Nu. 13. 28, 29, 32, 33. De. 1. 28; 2. 10, 11; 3. 11; 9. 1-3. *I destroyed.* Jos. 11. 21, 22. 2 Sa. 23. 16-22. Job 18. 16. Is. 5. 24. Mal. 4. 1.

10 *I brought.* Ex. 12. 51. Ne. 9. 8-12. Ps. 105. 42, 43; 136. 10, 11. Je. 32. 20, 21. Eze. 20. 10. Mi. 6. 4. *and led.* Nu. 14. 34. De. 2. 7; 8. 2-4. Ne. 9. 21. Ps. 95. 10. Ac. 7. 42; 13. 18. *to possess.* Nu. 14. 31-35. De. 1. 20, 21, 39.

11 *I raised.* 1 Sa. 3. 20; 19. 20. 1 Ki. 17. 1; 18. 4; 19. 16; 20. 13, 35, 41; 22. 8. 2 Ki. 2. 2-5; 6. 1; 17. 13. 2 Ch. 36. 15. 2 Pe. 1. 20, 21. *Nazarites.* Nu. 6. 2. Ju. 13. 4-7. La. 4. 7. Lu. 1. 3-17. *Is it.* Is. 5. 3, 4. Je. 2. 5, 31. Mi. 6. 3, 4. *and.* ch. 7. 12, 13. Is. 30. 10, 11. Je. 11. 21; 26. 11. Mi. 2. 6. Mat. 21. 34-38. Ac. 4. 18; 5. 28; 7. 51. 1 Th. 2. 15, 16.

13 *Behold.* Ps. 78. 40. Is. 1. 14; 7. 13; 43. 24. Eze. 6. 9; 16. 43. Mal. 2. 17. *I am pressed*, etc. *or*, I will press your place, as a cart full of sheaves presseth.

14 *the flight.* ch. 9. 1-3. Job 11. 20, marg. Ec. 9. 11. Is. 30. 16. Je. 9. 23. *himself. Heb.* his soul, *or* life.

15 *neither.* Ps. 33. 16, 17. *himself. Heb.* his soul, *or* life.

16 *courageous. Heb.* strong of his heart. Je. 48. 41. *flee.* Ju. 4. 17. 2 Ki. 7. 8, etc. Mar. 14. 52.

### CHAP. III.

*The necessity of God's judgment against Israel*, 1-8. *The publication of it, with the causes thereof*, 9-15.

1 *Hear.* 2 Ch. 20. 15. Is. 46. 3; 48. 12. Ho. 4. 1; 5. 1. Mi. 3. 1. Re. 2. 29. *against.* Je. 8. 3; 31. 1; 33. 24-29. Eze. 37. 16, etc. *which.* ch. 2. 10.

2 *only.* Ex. 19. 5, 6. De. 7. 6; 10. 15; 26. 18; 32. 9. Ps. 147. 19. Is. 63. 19. *all.* Ge. 10. 32. Je. 1. 15; 10. 25. Na. 3. 4. Zec. 14. 17, 18. Ac. 17. 26. *therefore.* Eze. 9. 6; 20. 36-38. Da. 9. 12. Mat. 11. 20-24. Lu. 12. 47, 48. Ro. 2. 9. 1 Pe. 4. 17. *punish. Heb.* visit upon. Je. 9. 25 11. 22; 13. 21, margins. Ho. 2. 13; 8. 13; 9. 9.

3 Ge. 5. 22; 6. 9; 17. 1. 2 Co. 6. 14-16.
4 *a lion.* ver. 8; ch. 1. 2. Ps. 104. 21. Ho. 11. 10. *cry. Heb.* give forth his voice.
5 Ec. 9. 12. Je. 31. 28. Da. 9. 14.
6 *a trumpet.* Je. 4. 5; 6. 1. Eze. 33. 3. Ho. 5. 8. Zep. 1. 16. *and the people.* Je. 5. 22; 10. 7. 2 Co. 5. 11. *be afraid. or,* run together. *shall there.* That is, Shall there be any *evil*, or calamity, (not *moral* evil,) inflicted on a wicked city, which does not proceed from me, as the effect of my wrath? These animated interrogatives were intended to convince the people that they had cause for alarm, as their monstrous iniquities called down the vengeance of God to punish them with these calamities. Ge. 50. 20. Is. 14. 24-27; 45. 7. Ac. 2. 23; 4. 28. *the Lord hath not done it? or,* and shall not the Lord do *somewhat?*
7 *but.* Ge. 6. 13; 18. 17. 1 Ki. 22. 19-23. 2 Ki. 3. 17-20; 6. 12; 22. 13, 20. Ps. 25. 14. Da. 9. 22-27; 10. 21; 11. 2. Jno. 15. 15. Re. 1. 1, 19; 4. 1; ch. 6-20.
8 *lion.* ver. 4; ch. 1. 2. Re. 5. 5. *who can.* ch. 2. 12; 7. 12-17. Job 32. 18, 19. Je. 20. 9. Ac. 4. 20; 5. 20, 29. 1 Co. 9. 16.
9 *Publish.* 2 Sa. 1. 20. Je. 2. 10, 11; 31. 7-9; 46. 14; 50. 2. *Ashdod.* ch. 1. 8. 1 Sa. 5. 1. *the mountains.* ch. 4. 1; 6. 1. Je. 31. 5. Eze. 36. 8; 37. 22. *and behold.* De. 29. 24-28. Je. 22. 8, 9. *oppressed. or,* oppressions. ch. 4. 1; 8. 6.
10 *they.* Ps. 14. 4. Je. 4. 22; 5. 4. 2 Pe. 3. 5. *who.* Hab. 2. 8-11. Zep. 1. 9. Zec. 5. 3, 4. Ja. 5. 3, 4. *robbery. or,* spoil.
11 *An.* ch. 6. 14. 2 Ki. 15. 19, 29; 17. 3-6; 18. 9-11. Is. 7. 17, etc.; 8. 7, 8; 10. 5, 6, 9-11. Ho. 11. 5, 6. *and thy.* ver. 10, 15; ch. 2. 5; 6. 8. 2 Ch. 36. 19.
12 *As the.* 1 Sa. 17. 34-37. Is. 31. 4. *taketh. Heb.* delivereth. *so shall.* ch. 9. 2, 3. 1 Ki. 20. 30; 22. 25. Is. 8. 4; 17. 1-4. Ro. 11. 4, 5. *in Damascus in a couch. or,* on the bed's feet. 1 Ki. 20. 34. 2 Ki. 16. 9.
13 *and testify.* De. 8. 19; 30. 18, 19. 2 Ki. 17. 13, 15. 2 Ch. 24. 19. Ac. 2. 40; 18. 5, 6; 20. 21. Ep. 4. 17. 1 Th. 4. 6. *the Lord.* ch. 5. 27. Jos. 22. 22. Is. 1. 24.
14 *in the.* Ex. 32. 34. *visit the transgressions of Israel upon him. or,* punish Israel for his transgressions. *I will.* ch. 9. 1. 1 Ki. 13. 2-5. 2 Ki. 23. 15. 2 Ch. 31. 1; 34. 6, 7. Ho. 10. 5-8, 14, 15. Mi. 1. 6, 7.
15 *the winter.* Je. 36. 22. *the summer.* Ju. 3. 20. *the houses.* 1 Ki. 22. 39. *the great.* ver. 11; ch. 6. 11. Is. 5. 9.

## CHAP. IV.

*He reproves Israel for oppression,* 1-3, *for idolatry,* 4, 5, *and for their incorrigibleness,* 6-13.

1 *ye kine.* By the 'kine of Bashan,' some understand the proud, luxurious matrons of Israel; but it is probable the prophet speaks catachrestically, and means the wealthy, effeminate, and profligate rulers and nobles of Samaria. De. 32. 14, 15. Ps. 22. 12. Je. 50. 11, 27. Eze. 39. 18. *the mountain.* ch. 6. 1. 1 Ki. 16. 24. *which oppress.* ch. 2. 6, 7; 3. 9, 10; 5. 11; 8. 4-6. Ex. 22. 21-25. De. 15. 9-11. Ps. 12. 5; 140. 12. Pr. 22. 22, 23; 23. 10, 11. Ec. 4. 1; 5. 8. Is. 1. 17-24; 5. 8; 58. 6. Je. 5. 26-29; 6. 6; 7. 6. Eze. 22. 7, 12, 27, 29. Mi. 2. 1-3; 3. 1-3. Zec. 7. 10, 11. Mal. 3. 5. Ja. 5. 1-6. *crush.* De. 28. 33. Job 20. 19, marg. Je. 51. 34. *Bring.* ch. 2. 8. Joel 3. 3.
2 *hath sworn.* ch. 6. 8. See on Ps. 89. 35. *he will.* Is. 37. 29. Je. 16. 16. Eze. 39. 4, 5. Hab. 1. 15, 16.
3 *ye shall go.* 2 Ki. 25. 4. Eze. 12. 5, 12. *them into the palace. or,* away the things of the palace. 2 Ki. 7. 7, 8, 15. Is. 2. 20; 31. 7. Zep. 1. 18. Mat. 16. 26.
4 *Come.* A bitter irony and sarcasm, addressed to the idolatrous Israelites. ch. 3. 14. Ec. 11. 9. Eze. 20. 39. Joel 3. 9-12. Mat. 23. 32; 26. 45. Mar. 14. 41. *at Gilgal.* ch. 5. 5. Ho. 4. 15; 9. 15; 12. 11. *and bring.* Nu. 28. 3, 4. *and your.* De. 14. 28, 29; 26. 12. *three years. Heb.* three *years* of days.
5 *offer a sacrifice. Heb.* offer by burning. Le. 7. 12, 13; 23. 17. *proclaim.* Le. 22. 18-21. De. 12. 6, 7. Mat. 6. 2. *for.* Ps. 81. 12. Mat. 15. 9, 13, 14; 23. 23. Ro. 1. 28. 2 Th. 2. 10-12. *this liketh you. Heb.* so ye love. Ho. 9. 1, 10.
6 *cleanness.* From *want of food*, occasioned by severe famine. *and want.* Le. 26. 26. De. 28. 38. 1 Ki. 17. 1; 18. 2. 2 Ki. 4. 38; 6. 25-29; 8. 1. Eze. 16. 27. *yet.* See on ver. 8, 9. 2 Ch. 28. 22. Is. 9. 13; 26. 11. Je. 5. 3; 8. 5-7. Ho. 5. 15; 6. 1; 7. 14-16. Joel 2. 12-14. Hag. 2. 17. Zec. 1. 3-6. Re. 2. 21; 9. 20, 21; 16. 10, 11.
7 *I have.* Le. 26. 18-21, 23, 24, 27, 28. De. 28. 23, 24. 1 Ki. 8. 35, 36. 2 Ch. 7. 13, 14. Is. 5. 6. Je. 3. 3; 5. 24, 25; 14. 4, 22. Hag. 1. 10, 11. Zec. 14. 17. Ja. 5. 17. Re. 11. 6. *when.* Joel 2. 23. Jno. 4. 35. *and I.* Ex. 8. 22; 9. 4, 26; 10. 23. Ju. 6. 37-40. 1 Co. 4. 7. *and the.* See on Joel 1. 10-18.
8 *two.* 1 Ki. 18. 5. Is. 41. 17, 18. Je. 14. 3. *but.* Eze. 4. 16. Mi. 6. 14. Hag. 1. 6. *yet.* See on ver. 6, 9-11. Je. 23. 14. Ho. 7. 10.
9 *with.* De. 28. 22. 1 Ki. 8. 37. 2 Ch. 6. 28. Hag. 2. 17. *when,* etc. *or,* the multitude of your gardens, etc., did the palmer worm, etc. *the palmer-worm.* ch. 7. 1, 2. De. 28. 42. Joel 1. 4; 2. 25. *yet.* ver. 6, 8. Job 36. 8-13. Is. 1. 5; 42. 24, 25. Je. 5. 3.
10 *pestilence.* Ex. 9. 3-6; 12. 29, 30; 15. 26. Le. 26. 16, 25. De. 7. 15; 28. 22, 27, 60. Ps. 78. 49, 50. *after the manner. or,* in the way. *your young.* Le. 26. 25. 2 Ki. 8. 12; 10. 32. Je. 6. 11; 11. 22; 18. 21; 48. 15. *and have taken away your horses. Heb.* with the captivity of your horses. 2 Ki. 13. 3, 7. *the stink.* ch. 8. 3. De. 28. 26. Je. 8. 1, 2; 9. 22; 15. 3; 16. 4. Joel 2. 20. *yet.* ver. 6. Ex. 8. 19; 9. 12, 17, 34, 35; 10. 3, 27; 14. 4.
11 *as God.* Ge. 19. 24, 25. Is. 13. 19. Je. 49. 18. Ho. 11. 8. 2 Pe. 2. 6. Jude 7. *as a.* Zec. 3. 2. 1 Co. 3. 15. Jude 23. *yet.* See on ver. 6. Je. 6. 28-30. Eze. 22. 17-22; 24. 13. Re. 9. 20.
12 *thus.* ver. 2, 3; ch. 2. 14; 9. 1-4. *prepare.* ch. 5. 4-15. Is. 47. 3. Eze. 13. 5; 22. 30. Ho. 13. 8. Mat. 5. 25; 24. 44-51; 25. 1-13. Mar. 13. 32-37. Lu. 14. 31, 32; 21. 3-36. 1 Th. 5. 2-4. Ja. 4. 1-10. Re. 3. 3.
13 *he that.* This is a most powerful description of the majesty of Jehovah, the God of hosts. Job 38. 4-11. Ps. 65. 6. Is. 40. 12. Zec. 12. 1. *and createth.* Ps. 135. 7; 147. 18. Je. 10. 13; 51. 16. *wind. or,* spirit. Jno. 3. 8. *and declareth.* Ps. 139. 2. Da. 2. 28. Mat. 9. 4. Lu. 7. 39, 40. Jno. 2. 25. *that maketh.* ch. 5. 8; 8. 9. Ex. 10. 22; 14. 20. Is. 5. 30. Je. 13. 16. *and treadeth.* De. 32. 13; 33. 29. Mi. 1. 3. Hab. 3. 19. *The Lord.* ch. 3. 13; 5. 8; 6. 8; 9. 6. Is. 47. 4; 48. 2. Je. 10. 16; 51. 19.

## CHAP V.

*A lamentation for Israel,* 1-3. *An exhortation to repentance,* 4-20. *God rejects their hypocritical service.* 21-27.

1 *Hear.* ch. 3. 1; 4. 1. *I take.* ver. 16. Je. 7. 29; 9. 10, 17, 20. Eze. 19. 1, 14; 26. 17; 27. 2, 27-32; 28. 12; 32. 2, 16. Mi. 2. 4.
2 *virgin.* Is. 37. 22. Je. 14. 17; 18. 13; 31. 4. La. 2. 13. *is fallen.* 2 Ki. 15. 29; 17. 6. Is. 3. 8. Ho. 14. 1. *she shall.* Is. 14. 21; 24. 20; 43. 17. Je. 51. 64. *she is.* Je. 4. 20. *none.* ch. 7. 2-5; 9. 11. Is. 51. 17, 18. Je. 2. 27; 30. 12-14. La. 1. 16-19. Eze. 16. 36, 37. Ho. 6. 2.
3 *The city.* De. 4. 27; 28. 62. Is. 1. 9; 10. 22. Eze. 12. 16. Ro. 9. 27.
4 *Seek.* ver. 6. De. 30. 1-8. 1 Ch. 28. 9. 2 Ch. 15. 2; 20. 3; 34. 3. Ps. 14. 2; 27. 8. Is. 55. 6, 7. Je. 29. 12, 13. La. 3. 25, 26. Zep. 2. 3. Mat. 7. 8. *and.* Ps. 22. 26; 69. 32; 105. 3, 4. Is. 55. 3.
5 *seek.* ch. 4. 4. Ho. 4. 15; 9. 15; 10. 14, 15; 12. 11. *Beer-sheba.* ch. 8. 14. Ge. 21. 33. *Gilgal.* There is a *paronomasia* here, both on the letters and words: *haggilgal galoh yigleh oovaith el yiheyeh leäwen*, 'Gilgal shall surely go into captivity, and Beth-el (the house of God) shall come to nought,' or Aven, *i.e.* Beth-aven, the house of iniquity. *and Beth-el.* ch. 7. 17. Le. 26. 30-32. De. 28. 41. Ho. 4. 15; 10. 8, 15. *come.* Job 8. 22. Ps. 33. 10. Is. 8. 10; 29. 20. 1 Co. 1. 28; 2. 6. Re. 18. 17.
6 *Seek.* ver. 4. Eze. 33. 11. *lest.* Ex. 22. 6. *the house.* ch. 6. 6. Ge. 48. 8-20. Jos. 18. 5. Ju. 1. 22, 23. 2 Sa. 19. 20. 1 Ki. 11. 28. Eze. 37. 19. Zec. 10. 6. *there.* Is. 1. 31. Je. 4. 4; 7. 20. Eze. 20. 47, 48. Mar. 9. 43-48.
7 *turn.* ver. 11, 12; ch. 6. 12. De. 29. 18. Is. 1. 23; 5. 7; 10. 1; 59. 13, 14. Ho. 10. 4. Hab. 1. 12-14. *leave.* Ps. 36. 3; 125. 5. Eze. 3. 20; 18. 24; 33. 12, 13, 18. Zep. 1. 6.
8 *maketh.* Job 9. 9; 38. 31, 32. *and turneth.* Job 12. 22; 38. 12, 13. Ps. 107. 10-14. Mat. 4. 16. Lu. 1. 79. *maketh.* ch. 4. 13; 8. 9. Ex. 10. 21-23; 14. 24-28. Ps. 104. 20; 105. 28. Is. 59. 10. *that calleth.* ch. 9. 6. Ge. 7. 11-20. 1 Ki. 18. 44, 45. Job 37. 13; 38. 34. *The Lord.* ch. 4. 13.
9 *strengtheneth.* 2 Ki. 13. 17, 25. Je. 37. 10. He. 11. 34. *spoiled. Heb.* spoil.
10 *hate.* ch. 7. 10-17. 1 Ki. 18. 17; 21. 20; 22. 8. 2 Ch. 24. 20-22; 25. 16; 36. 16. Pr. 9. 7, 8. Is. 29. 21. Je. 20. 7-10. Jno. 7. 7; 15. 19, 22-24. Re. 11. 10. *abhor.* Je. 17. 16, 17. Jno. 3. 20; 8. 45-47.
11 *treading.* ch. 4. 1. Is. 5. 7, 8; 59. 13, 14. Mi. 2. 2; 3. 1-3. Ja. 2. 6. Re. 11. 8-10. *ye have built.* De. 28. 30, 38, 39. Is. 65. 21, 22. Mi. 6. 15. Zep. 1. 13. Hag. 1. 6. *pleasant vineyards. Heb.* vineyards of desire.

12 *I know.* De. 31. 21. Is. 66. 18. Je. 29. 23. He. 4. 12, 13. *manifold.* 2 Ki. 17. 7-17. Is. 47. 9. *they afflict.* ch. 2. 6, 7, 26. Ac. 3. 13, 14; 7. 52. Ja. 5, 6. *take.* 1 Sa. 8. 3. Ps. 26. 9, 10. Is. 1. 23; 33. 15. Mi. 3. 11; 7. 3. *bribe. or,* ransom. *and they.* ch. 2. 7. Is. 10. 2; 29. 21. La. 3. 34. Mal. 3. 5. *in the.* ver. 10. De. 16. 18. Ru. 4. 1. Job 29. 7, etc; 31. 21. Pr. 22. 22.

13 *the prudent.* ch. 6. 10. Ec. 3. 7. Is. 36. 21. Ho. 4. 4. Mi. 7. 5-7. Mat. 27. 12-14. *an evil.* Ec. 9. 12. Is. 37. 3. Mi. 2. 3. Hab. 3. 16. Zep. 2. 2, 3. Ep. 5. 15, 16; 6. 13. 2 Ti. 3. 1.

14 *Seek.* Ps. 34. 12-16. Pr. 11. 27. Is. 1. 16, 17; 55. 2. Mi. 6. 8. Mat. 6. 33. Ro. 2. 7-9. *and so.* ch. 3. 3. Ge. 39. 2, 3, 23. Ex. 3. 12. Jos. 1. 9. 1 Ch. 28. 20. 2 Ch. 15. 2. Ps. 46. 11. Is. 8. 10. Mat. 1. 23; 28. 20. Phi. 4. 8, 9. 2 Ti. 4. 22. *as.* Nu. 16. 3. Is. 48. 1, 2. Je. 7. 3, 4. Mi. 3. 11.

15 *Hate.* Ps. 34. 14; 36. 4; 37. 27; 97. 10; 119. 104; 139. 21, 22. Ro. 7. 15, 16, 22; 8. 7; 12. 9. 1 Th. 5. 21, 22. 3 Jno. 11. *establish.* ver. 10, 24; ch. 6. 12. 2 Ch. 19. 6-11. Ps. 82. 2-4. Je. 7. 5-7. *it may.* Ex. 32. 30. 2 Sa. 16. 12. 1 Ki. 20. 31. 2 Ki. 19. 4. Joel 2. 14. Jon. 3. 9. *the remnant.* ver. 6. 2 Ki. 13. 7; 14. 26, 27; 15. 29. Je. 31. 7. Mi. 2. 12; 5. 3, 7, 8.

16 *the Lord.* ver. 27; ch. 3. 13. *Wailing.* ch. 8. 10. Is. 15. 2-5, 8; 22. 12. Je. 4. 31; 9. 10, 18-20. Joel 1. 8, 11, 14. Mi. 1. 8; 2. 4. Re. 18. 10, 15, 16, 19. *such.* Je. 9. 17-19.

17 *in.* Is. 16. 10; 32. 10-12. Je. 48. 33. Ho. 9. 1, 2. *I will.* Ex. 12. 12, 23. Joel 3. 17. Na. 1. 12, 15. Zec. 9. 8.

18 *desire.* Is. 5. 19; 28. 15-22. Je. 17. 15. Eze. 12. 22, 27. Mal. 3. 1, 2. 2 Pe. 3. 4. *the day of the Lord is.* Is. 5. 30; 9. 19; 24. 11, 12. Je. 30. 7. Joel 1. 15; 2. 1, 2, 10, 31. Zep. 1. 14, 15. Mal. 4. 1. 2 Pe. 3. 10.

19 *As if.* They should go from one evil to another. ch. 9. 1, 2. 1 Ki. 20. 29, 30. Job 20. 24, 25. Is. 24. 17, 18. Je. 15. 2, 3. 48. 43, 44. Ac. 28. 4.

20 *darkness.* Job 3. 4-6; 10. 21, 22. Is. 13. 10. Eze. 34. 12. Na. 1. 8. Mat. 22. 13. Jude 13. Re. 16. 10.

21 *hate.* Pr. 15. 8; 21. 27; 28. 9. Is. 1. 11-16; 66. 3. Je. 6. 20; 7. 21-23. Ho. 8. 13. Mat. 23. 14. *I will.* Ge. 8. 21. Le. 26. 31. Ep. 5. 2. Phi. 4. 18. *smell in your solemn assemblies. or,* smell your holy days.

22 *offer.* Ps. 50. 8-13. Is. 66. 3. Mi. 6. 6, 7. *peace offerings. or,* thank offerings. ch. 4. 4, 5. Le. 7. 12-15. Ps. 50. 14, 23; 107. 21, 22; 116. 17.

23 *the noise.* ch. 6. 5; 8. 3, 10.

24 *let.* ver. 7, 14, 15. Job 29. 12-17. Pr. 21. 3. Ho. 6. 6. Mi. 6. 8. Mar. 12. 32-34. *run. Heb.* roll.

25 Le. 17. 7. De. 32. 17-19. Jos. 24. 14. Ne. 9. 18, 21. Is. 43. 23, 24. Eze. 20. 8, 16, 24. Ho. 9. 9, 10. Zec. 7. 5. Ac. 7. 42, 43.

26 *the tabernacle of your Moloch. or,* Siccuth your king. Le. 18. 21; 20. 2-5. 1 Ki. 11. 33. 2 Ki. 23. 12, 13, Milcom.

27 *beyond.* 2 Ki. 15. 29; 17. 6. Ac. 7. 43. *whose.* ch. 4. 13.

## CHAP. VI.

*The wantonness of Israel,* 1-6, *shall be plagued with desolation,* 7-11; *and their incorrigibleness shall end in affliction,* 12-14.

1 *to them.* Ju. 18. 7. Is. 32. 9-11; 33. 14. Je. 48. 11; 49. 31. Lu. 6. 24, 25; 12. 17-20. Ja. 5. 5. 1 Pe. 5. 7. *at ease. or,* secure. Je. 7. 4. *and trust.* ch. 4. 1; 8. 14. 1 Ki. 16. 24. *named.* Ex. 19. 5, 6. La. 1. 1. *chief. or,* first-fruits. Ja. 1. 18.

2 *Pass.* Je. 2. 10, 11. Na. 3. 8. *Calneh.* Ge. 10. 10. Is. 10. 9, Calno. *Hamath.* 2 Ki. 17. 24, 30; 18. 34; 19. 13. *Gath.* 1 Sa. 17. 4, 23. 2 Ch. 26. 6. *better.* Is. 10. 9-11; 36. 18, 19; 37. 12, 13. Eze. 31. 2, 3. Na. 3. 8.

3 *put.* ch. 5. 18; 9. 10. Ec. 8. 11. Is. 47. 7; 56. 12. Eze. 12. 22, 27. Mat. 24. 48. 1 Th. 5. 3. 2 Pe. 3. 4. Re. 18. 7. *and cause.* ver. 12; ch. 5. 12. Ps. 94. 20. *seat. or,* habitation.

4 *lie.* Is. 5. 11, 12; 22. 13. Lu. 16. 19. Ro. 13. 13, 14. Ja. 5. 5. *beds.* Either sofas to recline on at table, or beds to sleep on; which among the ancients, were ornamented with ivory inlaid. *stretch themselves upon their couches. or,* abound with superfluities. 1 Sa. 25. 36-38. Ps. 73. 7. Lu. 12. 19, 20.

5 *chant. or,* quaver. *to the.* Ge. 31. 27. Job 21. 11, 12. Ec. 2. 8. Is. 5. 12. 1 Pe. 4. 3. Re. 18. 22. *like.* ch. 5. 23; 8. 3. 1 Ch. 23. 5.

6 *drink.* This probably refers to the costliness and magnificence of the drinking vessels, as well as to the quantity drank. *wine in bowls. or,* in bowls of wine. Ho. 3. 1. 1 Ti. 5. 23. *chief.* Mat. 26. 7-9. Jno. 12. 3. *but.* Ge. 37. 25-28; 42. 21, 22; 49. 22. Es. 3. 15. Ro. 12. 15. 1 Co. 12. 26. *affliction. or,* breach. 2 Ki. 15. 29; 17. 3-6. Je. 30. 7.

7 *shall they.* ch. 5. 5, 27; 7. 11. De. 28. 41. Lu. 21. 24. *and the.* 1 Ki. 20. 16-20. Es. 5. 8, 12-14; 7. 1, 2, 8-10. Is. 21. 4. Da. 5. 4-6. Na. 1. 10.

8 *sworn.* ch. 4. 2. Je. 51. 14. He. 6. 13-17. *I abhor.* Le. 26. 11. Ps. 78. 59; 106. 40. Zec. 11. 8. *the excellency.* ch. 8. 7. Ps. 47. 4. Eze. 24. 21. *and hate.* ch. 3. 11. La. 2. 5. *therefore.* Mi. 1. 6-9. *all that is therein. Heb.* the fulness thereof. Ps. 50. 12.

9 *if.* ch. 5. 3. 1 Sa. 2. 38. Es. 5. 11; 9. 10. Job 1. 2, 19; 20. 28. Ps. 109. 13. Is. 14. 21.

10 *And a.* Abp. Newcome says that this obscure verse seems to describe the effects of the famine and pestilence during the siege of Samaria. *that burneth.* ch. 8. 3. 1 Sa. 31. 12. 2 Ki. 23. 16. Je. 16. 6. *Hold.* ch. 5. 13. Nu. 17. 12. 2 Ki. 6. 33. Eze. 24. 21. *for.* Je. 44. 26. Eze. 20. 39. *we may not make. or,* they will not make, *or,* have not made.

11 *the Lord.* ch. 3. 6, 7; 9. 1, 9. Ps. 105. 16, 31, 34. Is. 10. 5, 6; 13. 3; 46. 10, 11; 55. 11. Eze. 29. 18-20. Na. 1. 14. *he will.* ver. 8; ch. 3. 15. 2 Ki. 25. 9. Ho. 13. 16. Zec. 14. 2. Lu. 19. 44. *breaches. or,* droppings. Ec. 10. 18.

12 *horses.* Is. 48. 4. Je. 5. 3; 6. 29, 30. Zec. 7. 11, 12. *for.* ch. 5. 7, 11, 12. 1 Ki. 21. 7-13. Ps. 94. 20, 21. Is. 59. 13, 14. Ho. 10. 4, 13. Mi. 7. 3. Hab. 1. 3, 4. Ac. 7. 51, 52.

13 *which.* Ex. 32. 18, 19. Ju. 9. 19, 20, 27; 16. 23-25. 1 Sa. 4. 5. Job 31. 25, 29. Ec. 11. 9. Is. 8. 6. Je. 9. 23; 50. 11. Jon. 4. 6. Hab. 1. 15, 16. Zep. 3. 11. Lu. 12. 19, 20. Jno. 16. 20. Ja. 4. 16. Re. 11. 10. *Have.* 2 Ki. 13. 25; 14. 12-14, 25. 2 Ch. 28. 6-8. Is. 7. 1, 4; 17. 3, 4; 28. 14, 15. Da. 4. 30.

14 *I will.* 2 Ki. 15. 29; 17. 6. Is. 7. 20; 8. 4-8; 10. 5, 6. Je. 5. 15-17. Ho. 10. 5. *from.* Nu. 34. 8. 1 Ki. 8. 65. Eze. 47. 15-17. *river. or,* valley.

## CHAP. VII.

*The judgments of the grasshoppers,* 1-3, *and of the fire are diverted by the prayer of Amos,* 4-6. *By the wall of a plumbline is signified the rejection of Israel,* 7-9. *Amaziah complains of Amos,* 10-13. *Amos shews his calling,* 14, 15; *and Amaziah's judgment,* 16, 17.

1 *shewed.* ver. 4, 7; ch. 8. 1. Je. 1. 11-16; 24. 1. Eze. 11. 25. Zec. 1. 20. *he.* ch. 4. 9. Ex. 10. 12-16. Is. 33. 4. Joel 1. 4; 2. 25. Na. 3. 15-17. *grasshoppers. or,* green worms. *Govai,* in Arabic *gabee,* 'locusts,' probably in their caterpillar state, in which they are most destructive. This is supposed to have been an emblem of the first invasion of the Assyrians. *mowings.* Or rather, *feedings* or *grazings,* as the people of the East make no hay. This was probably in the month of March, which is the only time of the year that the Arabs to this day feed their horses with grass.

2 *when.* Ex. 10. 15. Re. 9. 4. *O Lord.* ver. 5. Ex. 32. 11, 12; 34. 9. Nu. 14. 17-19. Je. 14. 7, 20, 21. Da. 9. 19. Ja. 5. 15, 16. *by whom shall Jacob arise. or,* who *of (or for)* Jacob shall stand? Is. 51. 19. Eze. 9. 8; 11. 13. *for* Ps. 12. 1; 44. 24-26. Is. 37. 4. Je. 42. 2. Zec. 4. 10.

3 ver. 6. De. 32. 36. 1 Ch. 21. 15. Ps. 106. 45. Ho. 11. 8. Joel 2. 14. Jon. 3. 10. Ja. 5. 16.

4 *shewed.* ver. 1, 7. Re. 4. 1. *called.* This is supposed to denote the invasion of Tiglathpileser, which threatened entire destruction. ch. 1. 4, 7; 4. 11; 5. 6. Ex. 9. 23, 24. Le. 10. 2. Nu. 16. 35. Is. 27. 4; 66. 15, 16. Je. 4. 4; 21. 12. Joel 2. 30. Mi. 1. 4. Na. 1. 6. He. 1. 7.

5 *cease.* ver. 2. Ps. 85. 4. Is. 10. 25. *for.* ver. 2, 3. Is. 1. 9. Je. 30. 19.

6 Ju. 2. 18; 10. 16. Ps. 90. 13; 135. 14. Je. 26. 19. Jon. 4. 2.

7 *a wall.* 2 Sa. 8. 2. 2 Ki. 21. 13. Is. 28. 17; 34. 11. La. 2. 8. Eze. 40. 3. Zec. 2. 1, 2. Re. 11. 1; 21. 15.

8 *Amos.* Je. 1. 11-13. Zec. 5. 2. *A plumbline.* This was an emblem of strict justice; and intimated that God would now visit them according to their iniquities. *I will set.* La. 2. 8. *I will not.* ch. 8. 2. Je. 15. 6. Eze. 7. 2-9. Mi. 7. 18. Na. 1. 8, 9.

9 *the high.* ch. 3. 14; 5. 5; 8. 14. *Beer-sheba.* Ge. 26. 23-25; 46. 1. Le. 26. 30, 31. *I will.* '*Fulfilled,* 2 Ki. 15. 8-10.'

10 *the priest.* 1 Ki. 12. 31, 32; 13. 33. 2 Ki. 14. 23, 24. 2 Ch. 13. 8, 9. Je. 20. 1-3; 29. 26, 27. Mat. 21. 23. This was truly a *lying* prophet; there was not one word of truth in his message to Jeroboam. *hath.* 1 Ki. 18. 17. Je. 26. 8-11; 37. 13-15; 38. 4. Lu. 23. 2. Ac. 5. 28; 24. 5. *not.* Ge. 37. 8. Je. 18. 18. Ac. 7. 54.

11 *thus.* Je. 26. 9; 28. 10, 11. Ac. 6. 14. *Jeroboam.* ver. 9. Ps. 56. 5. Mat. 26. 61. *and Israel.* ch. 6. 7, 8. 2 Ki. 17. 6.

12 *O thou.* 1 Sa. 9. 9. 2 Ch. 16. 10. Is. 30. 10. *go.* ch. 2. 12. Mat. 8. 34. Lu. 8. 37, 38; 13. 31. Ac. 16. 39. *eat.* 1 Sa. 2. 36. Is. 56. 11. Eze. 13. 19. Mal. 1. 10. Ro. 16. 18. 1 Co. 2. 14. 1 Pe. 5. 2.

13 *prophesy.* ch. 2. 12. Ac. 4. 17, 18; 5. 28, 40. *for.* 1 Ki.

12. 29, 32; 13. 1. *chapel. or,* sanctuary. *king's court. Heb.* house of the kingdom.

14 *neither.* 1 Ki. 20. 35. 2 Ki. 2. 3, 5, 7; 4. 38; 6. 1. 2 Ch. 16. 7; 19. 2; 20. 34. *an herdman.* ch. 1. 1. Zec. 13. 5. 1 Co. 1. 27. *a gatherer.* Rather, as *bolais* is rendered by the LXX. and Vulgate, *κνιζων, vellicans,* '*a scraping,*' or a scraper of sycamores; for the fruit does not ripen till it is *rubbed* with iron combs. *sycamore fruit. or,* wild figs.

15 *took.* 2 Sa. 7. 8. Ps. 78. 70-72. Mat. 4. 18, 19; 9. 9. *as I followed. Heb.* from behind. *Go.* Je. 1. 7. Eze. 2. 3, 4. Lu. 24. 46-48. Ac. 1. 8; 4. 20; 5. 20, 29-32.

16 *hear.* 1 Sa. 15. 16. 1 Ki. 22. 19. Je. 28. 15-17. *Prophesy.* ver. 13. Is. 30. 10. Mi. 2. 6. *and drop.* De. 32. 2. Eze. 20. 46; 21. 2.

17 *Thy wife.* Is. 13. 16. Je. 20. 6; 28. 12, 16; 29. 21, 25, 31, 32. La. 5. 11. Ho. 4. 13, 14. Zec. 14. 2. *thy land.* Ps. 78. 55. *die.* 2 Ki. 17. 6. Eze. 4. 13. Ho. 9. 3. *and Israel.* ver. 11. Le. 26. 33-39. Je. 36. 27-32.

## CHAP. VIII.

*By a basket of summer fruit is shewn the approach of Israel's end,* 1-3. *Oppression is reproved,* 4-10. *A famine of the word of God threatened,* 11-14.

1 ch. 7. 1, 4, 7.

2 *Amos.* ch. 7. 8. Je. 1. 11-14. Eze. 8. 6, 12, 17. Zec. 1. 18-21; 5. 2, 5, 6. *A basket.* De. 26. 1-4. 2 Sa. 16. 1, 2. Is. 28. 4. Je. 24. 1-3; 40. 10. Mi. 7. 1. *The end.* There is here not only an allusion to the nature of the summer fruit, which must be eaten as soon as gathered, but also a *paronomasia* upon the words *kayitz,* 'summer fruit,' and *ketz,* 'an end.' Je. 1. 12; 5. 31. La. 4. 18. Eze. 7. 2, 3. 7, 10; 12. 23; 29. 8. *I will not.* ch. 7. 8.

3 *the songs.* ver. 10; ch. 5. 23. Ho. 10. 5, 6. Joel 1. 5, 11, 13. Zec. 11. 1-3. *shall be howlings. Heb.* shall howl. *many.* ch. 4. 10. Is. 37. 36. Je. 9. 21, 22. Na. 3. 3. *they shall.* ch. 6. 9, 10. Je. 22. 18. *with silence. Heb.* be silent. Le. 10. 3. Ps. 39. 9.

4 *Hear.* ch. 7. 16. 1 Ki. 22. 19. Is. 1. 10; 28. 14. Je. 5. 21; 28. 15. *swallow.* ch. 2. 6; 5. 11. Ps. 12. 5; 14. 4; 56. 1; 140. 12. Pr. 30. 14. Is. 32. 6, 7. Mat. 23. 14. Ja. 5. 6.

5 *When.* Nu. 10. 10; 28. 11, etc.; 2 Ki. 4. 23. Ps. 81. 3, 4. Is. 1. 13. Col. 2. 16. *new moon. or,* month. *be gone.* Mal. 1. 13. *and the.* Ex. 20. 8-10. Ne. 13. 15-21. Is. 58. 13. Ro. 8. 6, 7. *set forth. Heb.* open. *making.* Le. 19. 36. De. 25. 13-16. Pr. 11. 1; 16. 11; 20. 23. Eze. 45. 10-12. Mi. 6. 10, 11. *falsifying the balances by deceit. Heb.* perverting the balances of deceit. Ho. 12. 7.

6 ver. 4; ch. 2. 6. Le. 25. 39-42. Ne. 5. 1-5, 8. Joel 3. 3, 6.

7 *sworn.* ch. 6. 8. De. 33. 26-29. Ps. 47. 4; 68. 34. Lu. 2. 32. *I will.* Ex. 17. 16. 1 Sa. 15. 2, 3. Ps. 10. 11. Is. 43. 25. Je. 17. 1; 31. 34. Ho. 7. 2; 8. 13; 9. 9.

8 *the land.* It is supposed that an *earthquake* is here intended; the rising and falling of the ground, with a wave-like motion, and its leaving its proper place and bounds, in consequence of an earthquake, being justly and beautifully compared to the swelling, overflowing, and subsiding of the Nile. Ps. 18. 7; 60. 2, 3; 114. 3-7. Is. 5. 25; 24. 19, 20. Je. 4. 24-26. Mi. 1. 3-5. Na. 1. 5, 6. Hab. 3. 5-8. Hag. 2. 6, 7. *every one.* ver. 10; ch. 9. 5. Je. 12. 4. Ho. 4. 3; 10. 5. Mat. 24. 30. *rise.* ch. 9. 5. Is. 8. 7, 8. Je. 46. 8. Da. 9. 26.

9 *that I.* This is supposed to refer to an *eclipse;* and Abp. USHER has shewn that about eleven years after Amos prophesied there were two great eclipses of the sun, one at the feast of tabernacles, and the other some time before the passover. ch. 4. 13; 5. 8. Job 5. 14. Is. 13. 10; 29. 9, 10; 59. 9, 10. Je. 15. 9. Mi. 3. 6. Mat. 24. 29. Re. 6. 12; 8. 12. *and I.* Ex. 10. 21-23. Mat. 27. 45. Mar. 15. 33. Lu. 23. 44.

10 *I will turn.* See on ver. 3; ch. 5. 23; 6. 4-7. De. 16. 14. 1 Sa. 25. 36-38. 2 Sa. 13. 28-31. Job 20. 23. Is. 21. 3, 4; 22. 12-14. Da. 5. 4-6. Ho. 2. 11. Na. 1. 10. *sackcloth.* Is. 15. 2, 3. Je. 48. 37. Eze. 7. 18; 27. 30, 31. *as the.* Je. 6. 26. Zec. 12. 10. Lu. 7. 12, 13. *a bitter.* Job 3. 5, marg.

11 *but.* 1 Sa. 3. 1; 28. 6, 15. Ps. 74. 9. Is. 5. 6; 30. 20, 21. Eze. 7. 26. Mi. 3. 6. Mat. 9. 36.

12 *shall run.* Pr. 14. 6. Da. 12. 4. Mat. 11. 25-27; 12. 30; 24. 23-26. Ro. 9. 31-33; 11. 7-10. 2 Ti. 3. 6, 7.

13 De. 32. 25. Ps. 63. 1; 144. 12-15. Is. 40. 30; 41. 17-20. Je. 48. 18. La. 1. 18; 2. 10, 21. Ho. 2. 3. Zec. 9. 17.

14 *swear.* Ho. 4. 15. Zep. 1. 5. *sin.* De. 9. 21. 1 Ki. 12. 28, 29, 32; 13. 22-34; 14. 16; 16. 24. 2 Ki. 10. 29. Ho. 8. 5, 6; 10. 5; 13. 2, 16. *manner. Heb.* way. Ac. 9. 2; 18. 25; 19. 9, 23; 24. 14. *Beer-sheba.* See on ver. 5. *shall fall.* De. 33. 11. 2 Ch. 36. 16. Ps. 36. 12; 140. 10. Pr. 29. 1. Is. 43. 17. Je. 25. 27; 51. 64.

## CHAP. IX.

*The certainty of the desolation,* 1-10. *The restoring of the tabernacle of David,* 11-15.

1 *I saw.* 2 Ch. 18. 18. Is. 6. 1. Eze. 2. 28. Jno. 1. 18, 32. Ac. 26. 13. Re. 1. 17. *upon.* ch. 3. 14. Eze. 9. 2; 10. 4. *Smite.* Is. 6. 3, 4. Zec. 11. 1, 2. *lintel. or,* chapiter, *or* knop. *cut them. or,* wound them. *in the head.* Ps. 68. 21. Hab. 3. 13. *shall not flee.* ch. 2. 14, 15. Is. 24. 17, 18; 30. 16. Je. 48. 44.

2 *Though.* All these energetic expressions were intended to shew the utter impossibility of escape. *dig.* Job 26. 6. Ps. 139. 7-10. Is. 2. 19. *climb.* Job 20. 6. Is. 14. 13-16. Je. 49. 16; 51. 53. Eze. 28. 13-16. Ob. 4. Lu. 10. 18.

3 *hide.* Job 34. 22. Je. 23. 23, 24. *hid.* Ps. 139. 9-11. Je. 16. 16. *the serpent.* Is. 27. 1.

4 *go.* Le. 26. 33, 36-39. De. 28. 64, 65. Eze. 5. 2, 12. Zec. 13. 8, 9. *set.* Le. 17. 10. De. 28. 63. 2 Ch. 16. 9. Ps. 34. 15, 16. Je. 24. 6; 44. 11.

5 *toucheth.* Ps. 46. 6; 144. 5. Is. 64. 1. Mi. 1. 3. Na. 1. 6. Hab. 3. 10. Re. 20. 11. *and all.* ch. 8. 8. Je. 12. 4. Ho. 4. 3. *shall rise.* Ps. 32. 6; 93. 3, 4. Is. 8. 7, 8. Mat. 7. 27.

6 *buildeth.* Ps. 104. 3, 13. *stories. or,* spheres. *Heb.* ascensions. *Mâaloth,* 'upper chambers,' which in eastern houses are the principal apartments. Perhaps there is a reference here to the various *systems* which God has created in illimitable space, transcending each other as the planets do in our system. *troop. or,* bundle. Ge. 2. 1. *Aguddah* probably is the same as the Arabic *ijad,* 'an arch, vault,' and may here denote the *vault of heaven,* or atmosphere, which God 'hath founded, or established, upon, or over, *âl,* the earth,' and into which 'he calleth the waters of the sea, and poureth them out upon the face of the earth.' *calleth.* ch. 5. 8. Ge. 7. 11-19. Je. 5. 22. *The Lord.* ch. 4. 13. Ex. 3. 14, 15.

7 *ye not.* Je. 9. 25, 26; 13. 23. *Have not.* ch. 2. 10. Ex. 12. 51. Ho. 12. 13. *the Philistines.* De. 2. 23. Je. 47. 4. *the Syrians.* ch. 1. 5. 2 Ki. 16. 9.

8 *the eyes.* ver. 4. Ps. 11. 4-6. Pr. 5. 21; 15. 3. Je. 44. 27. *and I.* Ge. 6. 7; 7. 4. De. 6. 15. 1 Ki. 13. 34. Ho. 1. 6; 9. 11-17; 13. 15, 16. *saving.* De. 4. 31. Is. 27. 7, 8. Je. 5. 10; 30. 11; 31. 35, 36; 33. 24-26. Joel 2. 32. Ob. 16, 17. Ro. 11. 1-7, 28, 29.

9 *and I.* Le. 26. 33. De. 28. 64. *sift. Heb.* cause to move. *grain. Heb.* stone.

10 *the sinners.* Is. 33. 14. Eze. 20. 38; 34. 16, 17. Zep. 3. 11-13. Zec. 13. 8, 9. Mal. 3. 2-5; 4. 1. Mat. 3. 10-12; 13. 41, 42, 49, 50. *The evil.* ch. 6. 1, 3. Ps. 10. 11. Ec. 8. 11. Is. 5. 19; 28. 14, 15; 56. 12. Je. 18. 18. Mal. 3. 15.

11 *that day.* Ac. 15. 15-17. *raise.* Is. 9. 6, 7; 11. 1-10. Je. 23. 5, 6; 30. 9; 33. 14-16, 20-26. Eze. 17. 24; 34. 23, 24; 37, 24, 25. Ho. 3. 5. Mi. 5. 2. Lu. 1. 31-33, 69, 70. Ac. 2. 30-36. *the tabernacle.* Is. 16. 5. Eze. 21. 25-27. *close. Heb.* hedge, *or* wall. Job 1. 10. Ps. 80. 12; 89. 40. Is. 5. 5. *as in.* Ps. 143. 5. Is. 63. 11. Je. 46. 26. La. 5. 21. Eze. 36. 11. Mi. 7. 14.

12 *possess.* Is. 11. 14; 14. 1, 2. Joel 3. 8. Ob. 18-21. *Edom.* Ge. 27. 29, 37. Nu. 24. 17. Ps. 60. 8. Mal. 1. 4. *which are called by my name. Heb.* upon whom my name is called. Is. 43. 7; 63. 19; 65. 1. Je. 14. 9; 15. 16. Da. 9. 18, 19.

13 *plowman.* Le. 26. 5. Eze. 36. 35. Ho. 2. 21-23. Jno. 4. 35. *soweth. Heb.* draweth forth. *the mountains.* Is. 35. 1, 2; 55. 13. Joel 3. 18, 20. *sweet wine. or,* new wine. *the hills.* ver. 5. Ju. 5. 5. Ps. 97. 5.

14 *I will bring.* Ps. 53. 6. Je. 30. 3, 18; 31. 23. Eze. 16. 53; 39. 25. Joel 3. 1, 2. *build.* Is. 61. 4; 65. 21. Je. 30. 18; 31. 38-40. Eze. 36. 33-36; 37. 25-28. *plant.* ch. 5. 11. Is. 62. 8, 9. Eze. 28. 26. Zep. 1. 13.

15 *they shall.* As the Jews, after their return from Babylon, were driven from their land by the Romans, this can only refer to their future conversion and restoration, and to the security and peace of the church. Is. 60. 21. Je. 24. 6; 32. 41. Eze. 34. 28; 37. 25. Joel 3. 20. Mi. 4. 4.

# OBADIAH.

B.C. 587. A.M. 3417.

*The destruction of Edom*, 1, 2, *for their pride*, 3-9, *and for their wrong unto Jacob*, 10-16. *The salvation and victory of Jacob*, 17-21.

1 *concerning*. Ps. 137. 7. Is. 21. 11; ch. 34; 63. 1-6. Je. 9. 25, 26; 25. 17, 21; 49. 17-22. La. 4. 21, 22. Eze. 25. 12-14; 35. 3, etc. Joel. 3. 19. Am. 1. 11, 12. Mal. 1. 3, 4. *We*. Je. 49. 14, 15; 51. 46. Mat. 24. 6. Mar. 13. 7. *and an*. Is. 18. 2, 3; 30. 4. *Arise*. Je. 6. 4, 5; 50. 9-15; 51. 27, 28. Mi. 2. 13.

2 Nu. 24. 18. 1 Sa. 2. 7, 8. Job 34. 25-29. Ps. 107. 39, 40. Is. 23. 9. Eze. 29. 15. Mi. 7. 10. Lu. 1. 51, 52.

3 *pride*. Pr. 16. 18; 18. 12; 29. 23. Is. 10. 14-16; 16. 6. Je. 48. 29, 30; 49. 16. Mal. 1. 4. *thou*. 2 Ki. 14. 7. 2 Ch. 25. 12. *saith*. Is. 14. 13-15; 47. 7, 8. Je. 49. 4. Re. 18. 7, 8.

4 *exalt*. Job 20. 6, 7; 39. 27, 28. Je. 49. 16. Hab. 2. 9. *among*. Is. 14. 12-15. Je. 51. 53. Am. 9. 2.

5 *if robbers*. Je. 49. 9. *how*. 2 Sa. 1. 19. Is. 14. 12. Je. 50. 23. La. 1. 1. Zep. 2. 15. Re. 18. 10. *if the*. De. 24. 21. Is. 17. 6; 24. 13. Mi. 7. 1. *some grapes*. *or*, gleanings.

6 *are the*. Ps. 139. 1. Is. 10. 13, 14; 45. 3. Je. 49. 10; 50. 37. Mat. 6. 19, 20. *how are his*. Da. 2. 22.

7 *the men of*. The Chaldeans, whose agents they became in persecuting the Jews. Ps. 55. 12, 13. Je. 4. 30; 30. 14. La. 1. 19. Eze. 23. 22-25. Re. 17. 12-17. *men that were at peace with thee*. *Heb*. men of thy peace. Je. 20. 10; 38. 22, margins. *they that eat thy bread*. *Heb*. *the men* of thy bread. Ps. 41. 9. Jno. 13. 18. *there is*. Is. 19. 11-14; 27. 11. Je. 49. 7. Ho. 13. 13. *in him*. *or*, of it.

8 *even*. Job 5. 12-14. Ps. 33. 10. Is. 19. 3, 13, 14; 29. 14. 1 Co. 3. 19, 20.

9 *thy*. Ps. 76. 5, 6. Is. 19. 16, 17. Je. 49. 22; 50. 36, 37. Am. 2. 16. Na. 3. 13. *O*. Ge. 36. 11. Job 2. 11. Je. 49. 7, 20. Eze. 25. 13. Am. 1. 12. *every*. Is. 34. 5-8; 63. 1-3. *mount*. ver. 21. De. 2. 5.

10 *violence*. Ge. 27. 11, 41. Nu. 20. 14-21. Ps. 83. 5-9; 137. 7. La. 4. 21. Eze. 25. 12; 35. 5, 6, 12-15. Am. 1. 11. *shame*. Ps. 69. 7; 89. 45; 109. 29; 132. 18. Je. 3. 25; 51. 51. Eze. 7. 18. Mi. 7. 10. *and*. Je. 49. 13, 17-20. Eze. 25. 13, 14; 35. 6, 7, 15. Mal. 1. 3, 4.

11 *in the day that the*. 2 Ki. 24. 10-16; 25. 11. Je. 52. 28-30. *captive his forces*. *or*, his substance. *cast*. Joel 3. 3. Na. 3. 10. *even*. Ps. 50. 18; 137. 7.

12 *thou*, etc. *or*, do not behold, etc. *looked*. Ps. 22. 17; 37. 13; 54. 7; 59. 10; 92. 11. Mi. 4. 11; 7. 8-10. Mat. 27. 40-43. *rejoiced*. Job 31. 29. Pr. 17. 5; 24. 17, 18. La. 4. 21. Eze. 25. 6, 7; 35. 15. Mi. 7. 8. Lu. 19. 41. *thou have*. 1 Sa. 2. 3. Ps. 31. 18. *spoken proudly*. *Heb*. magnified thy mouth. Is. 37. 24. Ja. 3. 5. 2 Pe. 2. 18. Jude 16. Re. 13. 5.

13 *looked*. 2 Sa. 16. 12. Ps. 22. 17. Zec. 1. 15. *substance*. *or*, forces.

14 *neither shouldest*. Am. 1. 6, 9. *delivered up*. *or*, shut up. Ps. 31. 8. *in the day*. ver. 12. Ge. 35. 3. Is. 37. 3. Je. 30. 7.

15 *the day*. Ps. 110. 5, 6. Je. 9. 25, 26; 25. 15-29; 49. 12. La. 4. 21, 22. Eze. 30. 3. Joel 3. 11-14. Mi. 5. 15. Zec. 14. 14-18. *as*. Ju. 1. 7. Ps. 137. 8. Eze. 35. 15. Joel 3. 7, 8. Hab. 2. 8. Mat. 7. 2. Ja. 2. 13.

16 *as ye*. Ps. 75. 8, 9. Is. 49. 25, 26; 51. 22, 23. Je. 25. 15, 16, 27-29; 49. 12. Joel 3. 17. 1 Pe. 4. 17. *swallow down*. *or*, sup up. Is. 42. 14, marg. Hab. 1. 9. *and they shall be*. Is. 8. 9, 10; 29. 7, 8.

17 *upon*. Is. 46. 13. Joel 2. 32. *shall be*. Je. 46. 28. Am. 9. 8. *deliverance*. *or*, they that escape. Je. 44. 14, 28. Eze. 7. 16. *there shall be holiness*. *or*, it shall be holy. Is. 1. 27; 4. 3, 4; 60. 21. Joel 3. 17. Zec. 8. 3; 14. 20, 21. Re. 21. 27. *possess*. Is. 14. 1, 2. Joel 3. 19-21. Am. 9. 11-15.

18 *shall be*. Is. 10. 17; 31. 9. Mi. 5. 8. Zec. 12. 6. *the house of Joseph*. 2 Sa. 19. 20. Eze. 37. 16, 19. Am. 5. 15; 6. 6. *for stubble*. Ps. 83. 6-15. Is. 5. 24; 47. 14. Joel 2. 5. Na. 1. 10. 1 Co. 3. 12. *and there*. ver. 9, 10, 16.

19 *the south*. Nu. 24. 18, 19. Jos. 15. 21. Je. 32. 44. Am. 9. 12. Mal. 1. 4, 5. *the plain*. Jos. 13. 2, 3; 15. 33, 45, 46. Ju. 1. 18, 19. Is. 11. 13, 14. Eze. 25. 16. Am. 1. 8. Zep. 2. 4-7. Zec. 9. 5-7. *the fields of Ephraim*. 2 Ki. 17. 24. Ezr. 4. 2, 7-10, 17. Ps. 69. 35. Je. 31. 4-6. Eze. 36. 6-12, 28; 37. 21-25; 47. 13-21; 48. 1-9. *Benjamin*. Jos. 13. 25, 31; 18. 21-28. 1 Ch. 5. 26. Je. 49. 1. Am. 1. 13. Mi. 7. 14.

20 *the captivity of this*. Je. 3. 18; 33. 26. Eze. 34. 12, 13. Ho. 1. 10, 11. Am. 9. 14, 15. Zec. 10. 6-10. *Zarephath*. 1 Ki. 17. 9, 10. Lu. 4. 26, Sarepta. *which is in Sepharad, shall possess*. *or*, *shall possess* that which *is* in Sepharad, they shall possess. Je. 13. 19; 32. 44; 33. 13.

21 *saviours*. Ju. 2. 16; 3. 9. 2 Ki. 13. 5. Is. 19. 20. Da. 12. 3. Joel 2. 32. Mi. 5. 4-9. Zec. 9. 11-17; 10. 5-12. 1 Ti. 4. 16. Ja. 5. 20. *to judge*. Ps. 149. 5-9. Da. 7. 27. Lu. 22. 30. 1 Co. 6. 2, 3. Re. 19. 11-13; 20. 4. *and the*. Ps. 2. 6-9; 22. 28; 102. 15. Is. 9. 6, 7. Da. 2. 35, 44; 7. 14, 27. Zec. 14. 9. Mat. 6. 10, 13. Lu. 1. 32, 33. Re. 11. 15; 19. 6.

# JONAH.

B.C. 862. A.M. 3142.

## CHAP. I.

*Jonah, sent to Nineveh, flees to Tarshish*, 1-3. *He is bewrayed by a tempest*, 4-10; *thrown into the sea*, 11-16; *and swallowed by a fish*, 17.

1 *Jonah*. 2 Ki. 14. 25. Mat. 12. 39; 16. 4. Lu. 11. 29, 30, 32, Jonas.

2 *Nineveh*. ch. 3. 2; 4. 11. Ge. 10. 11. 2 Ki. 19. 36. Na. 1. 1; ch. 2; 3. Zep. 2. 13-15. *cry*. ch. 3. 2. Is. 58. 1. Je. 1. 7-10; Eze. 2. 7; 3. 5-9. Mi. 3. 8. Mat. 10. 18. *for*. Ge. 18. 20, 21. Ezr. 9. 6. Ja. 5. 4. Re. 18. 5.

3 *to flee*. ch. 4. 2. Ex. 4. 13, 14. 1 Ki. 19. 3, 9. Je. 20. 7-9. Eze. 3. 14. Lu. 9. 62. Ac. 15. 38; 26. 19. 1 Co. 9. 16. *from*. Ge. 3. 8; 4. 16. Job 1. 12; 2. 7. Ps. 139. 7-12. 2 Th. 1. 9. *Joppa*. Jos. 19. 46. 2 Ch. 2. 16. Ac. 9. 36. *Tarshish*. As Jonah embarked at *Joppa*, a sea-port on the Mediterranean, it was probably either *Tarsus* in Cilicia, or rather *Tartessus* in Spain, to which he intended to flee. When we reflect how such a message would be received in the streets of London at this day, we shall not wonder at the prophet's reluctance to announce the destruction of the proud and idolatrous Nineveh. Is. 2. 16; 23. 1, 6, 10; 60. 9. Eze. 27. 12.

4 *the Lord*. Ex. 10. 13, 19; 14. 21; 15. 10. Nu. 11. 31. Ps. 107. 24-31; 135. 7. Am. 4. 13. Mat. 8. 24-27. Ac. 27. 13-20. *sent out*. *Heb*. cast forth. *like*. *Heb*. thought.

5 *cried*. ver. 6, 14, 16. 1 Ki. 18, 26. Is. 44. 17-20; 45. 20. Je. 2. 28. Ho. 7. 14. *and cast*. Job 2. 4. Ac. 27. 18, 19, 38. Phi. 3. 7, 8. *the sides*. 1 Sa. 24. 3. *and was*. Ju. 16. 19. Mat. 25. 5; 26. 40, 41, 43, 45. Lu. 22. 45, 46.

6 *What*. Is. 3. 15. Eze. 18. 2. Ac. 21. 13. Ro. 13. 11. Ep. 5. 14. *arise*. Ps. 78. 34; 107. 6, 12, 13, 18-20, 28, 29. Je. 2. 27, 28. Mar. 4. 37-41. *if*. ch. 3. 9. 2 Sa. 12. 22. Es. 4. 16. Joel 2. 11. Am. 5. 15.

7 *every*. Ju. 7. 13, 14. Is. 41. 6, 7. *and let*. Jos. 7. 14-18. Ju. 20. 9, 10. 1 Sa. 10. 20, 21; 14. 41, 42. Es. 3. 7. Ps. 22. 18. Pr. 16. 33. Mat. 27. 35. Ac. 1. 23-26; 13. 19. *for*. Jos. 7. 10, 13; 22. 16-20. 1 Sa. 14. 38, 39. Job 10. 2. *and the*. Nu. 32. 23. Jos. 7. 18. 1 Co. 4. 5.

8 *Tell*. Jos. 7. 19. 1 Sa. 14. 43. Ja. 5. 16. *What is thine*. Ge. 47. 3. 1 Sa. 30. 13.

9 *I am*. Ge. 14. 13; 39. 14. Phi. 3. 5. *and I*. 2 Ki.

7. 25, 28, 32-35. Job 1. 9. Ho. 3. 5. Ac. 27. 23. Re. 15. 4. *the Lord. or*, Jehovah. *the God.* Ezr. 1. 2; 5. 11; 7. 12, 13. Ne. 1. 4; 2. 4; Ps. 136. 26. Da. 2. 18, 19, 44. Re. 11. 13; 16. 11. *which.* Ne. 9. 6. Ps. 95. 5, 6; 146. 5, 6. Ac. 14. 15; 17. 23-25.

10 *were.* Jno. 19. 8. *exceedingly afraid. Heb.* afraid, with great fear. Da. 5. 6-9. *Why.* Jos. 7. 25. 2 Sa. 24. 3. *he fled.* ver. 3. Job 27. 22.

11 *What.* 1 Sa. 6. 2, 3. 2 Sa. 21. 1-6; 24. 11-13. Mi. 6. 6, 7. *calm unto us. Heb.* silent from us. *wrought, and was tempestuous. or*, grew more and more tempestuous. *Heb.* went and was, etc.

12 *Take.* 2 Sa. 24. 17. Jno. 11. 50. *for.* Jos. 7. 12, 20, 21. 1 Ch. 21. 17. Ec. 9. 18. Ac. 27. 24.

13 *Nevertheless the.* There was great humanity and tender feeling in these men. They were probably affected deeply with the candid confession, the disinterested, submissive conduct of the disobedient prophet, and were unwilling to cast him into the deep, until they found that every effort to save themselves was in vain. *rowed. Heb.* digged. *but.* Job 34. 29. Pr. 21. 30.

14 *they.* ver. 5, 16. Ps. 107. 28. Is. 26. 16. *let.* Ge. 9. 6. De. 21. 8. Ac. 28. 4. *for.* Ps. 115. 3; 135. 6. Da. 4. 34, 35. Mat. 11. 26. Ep. 1. 9, 11.

15 *they.* Jos. 7. 24-26. 2 Sa. 21. 8, 9. *and the.* Ps. 89. 9; 93. 3, 4; 107. 29. Mat. 8. 26. Lu. 8. 24. *ceased. Heb.* stood.

16 *feared.* ver. 10. Is. 26. 9. Da. 4. 34-37; 6. 26. Mar. 4. 31. Ac. 5. 11. *offered*, etc. *Heb.* sacrificed a sacrifice unto the Lord, and vowed vows. Ge. 8. 20. Ju. 13. 16. 2 Ki. 5. 17. Ps. 107. 22. Is. 60. 5-7. *made.* Ge. 28. 20. Ps. 50. 14; 66. 13-16; 116. 14. Ec. 5. 4.

17 *the Lord.* ch. 4. 6. Ge. 1. 21. Ps. 104. 25, 26. Hab. 3. 2. *in.* Mat. 12. 40; 16. 4. Lu. 11. 30. *belly. Heb.* bowels.

## CHAP. II.

*The prayer of Jonah,* 1-9. *He is delivered out of the belly of the fish,* 10.

1 *prayed.* 2 Ch. 33. 11-13. Ps. 50. 15; 91. 15. Is. 26. 16. Ho. 5. 15; 6. 1-3. Ja. 5. 13. *out.* Job 13. 15. Ps. 130. 1, 2. La. 3. 53-56. Ac. 16. 24, 25.

2 *I cried.* Ge. 32. 7-12, 24-28. 1 Sa. 30. 6. Ps. 4. 1; 18. 4-6; 22. 24; 34. 6; 65. 2; 120. 1; 142. 1-3. Lu. 22. 44. He. 5. 7. *by reason of mine. or*, out of mine. 1 Sa. 1. 16. *out.* Ps. 18. 5, 6; 61. 2; 86. 13; 88. 1-7; 116. 3. *hell. or*, the grave. Ps. 16. 10. Is. 14. 9. Mat. 12. 40. Ac. 2. 27. *and thou.* Ps. 34. 6; 65. 2.

3 *thou.* ch. 1. 12-16. Ps. 69. 1, 2, 14, 15; 88. 5-8. La. 3. 54. *midst. Heb.* heart. *all.* Ps. 42. 7.

4 *I said.* Ps. 31. 22; 77. 1-7. Is. 38. 10-14, 17; 49. 14. Eze. 37. 11. *out.* 1 Ki. 9. 7. Je. 7. 15; 15. 1. *toward.* 1 Ki. 8. 38, 39, 42, 48. 2 Ch. 6. 38. Ps. 5. 7. Da. 6. 10.

5 Ps. 40. 2; 69. 1, 2. La. 3. 54.

6 *bottoms. Heb.* cuttings off. *mountains.* De. 32. 22. Ps. 65. 6; 104. 6, 8. Is. 40. 12. Hab. 3. 6, 10. *the earth.* Job 38. 4-11. Pr. 8. 25-29. *yet.* Ps. 16. 10. Is. 38. 17. Ac. 13. 33-37. *corruption. or*, the pit. Job 33. 24, 28. Ps. 30. 3, 9; 55. 23; 143. 7.

7 *my soul.* Ps. 22. 14; 27. 13; 119. 81-83. He. 12. 3. *I remembered.* 1 Sa. 30. 6. Ps. 20. 7; 42. 5, 11; 43. 5; 77. 10, 11; 143. 5. Is. 50. 10. La. 3. 21-26. 2 Co. 1. 9, 10. *my prayer.* 2 Ch. 30. 27. Ps. 18. 6. *holy.* ver. 4. Ps. 11. 4; 65. 4. Mi. 1. 2. Hab. 2. 20.

8 1 Sa. 12. 21. 2 Ki. 17. 15. Ps. 31. 6. Je. 2. 13; 10. 8, 14, 15; 16. 19. Hab. 2. 18-20.

9 *I will sacrifice.* Ge. 35. 3. Ps. 50. 14, 23; 66. 13-15; 107. 22; 116. 17, 18. Je. 33. 11. Ho. 14. 2. Ro. 12. 1. He. 13. 15. *I will pay.* De. 23. 18. 2 Sa. 15. 7. Job 22. 27. Ec. 5. 4, 5. *Salvation.* Ps. 3. 8; 37. 39, 40; 68. 20. Is. 45. 17. Jno. 4. 22. Ac. 4. 12. Re. 7. 10.

10 ch. 1. 17. Ge. 1. 3, 7, 9, 11, 14. Ps. 33. 9; 105. 31, 34. Is. 50. 2. Mat. 8. 8, 9, 26, 27.

## CHAP. III.

*Jonah, sent again, preaches to the Ninevites,* 1-4. *Upon their repentance,* 5-9, *God repents,* 10.

1 *the word.* ch. 1. 1. *the second.* Jno. 21. 15-17.

2 *Nineveh. Nineveh*, the capital of Assyria, was situated on the eastern bank of the river Tigris, opposite the present Mosul, about 280 miles north of Babylon, 400 N.E. of Damascus, in lat. 36° 20′ N. long. 73° 10′ E. It was not only a very ancient, (Ge. 10. 11, ) but also a very great city. STRABO says that it was much larger than Babylon, the circuit of which he estimates at 385 furlongs; and, according to DIODORUS SICULUS, it was an oblong parallelogram, extending 150 furlongs in length, 90 in breadth, and 480 in circumference, *i.e.* about 20 miles long, 12 broad, and 60 in compass. This agrees with the account given here of its being 'an exceeding great city of three days' journey,' *i.e.* in circuit; for 20 miles a day was the common computation for a pedestrian. It was surrounded by large walls 100 feet high, so broad that three chariots could drive abreast on them, and defended by 1500 towers 200 feet in height. See Notes on Nahum. ver. 3; ch. 1. 2; Zep. 2. 13-15. *preach.* Je. 1. 17; 15. 19-21. Eze. 2. 7; 3. 17. Mat. 3. 8. Jno. 5. 14.

3 *arose.* Ge. 22. 3. Mat. 21. 28, 29. 2 Ti. 4. 11. *an exceeding great city. Heb.* a city great of God. So Ge. 30. 8. Ps. 36. 6; 80. 10, margins.

4 *Yet.* ver. 10. De. 18. 22. 2 Ki. 20. 1, 6. Je. 18. 7-10.

5 *believed.* Ex. 9. 18-21. Mat. 12. 41. Lu. 11. 32. Ac. 27. 25. He. 11. 1, 7. *and proclaimed.* 2 Ch. 20. 3. Ezr. 8. 21. Je. 36. 9. Joel 1. 14; 2. 12-17. *from.* Je. 31. 34; 42. 1, 8. Ac. 8. 10.

6 *word.* Je. 13. 18. *and he arose.* Ps. 2. 10-12. Ja. 1. 9, 10; 4. 6-10. *and covered.* Es. 4. 1-4. Job 2. 8; 42. 6. Je. 6. 26. La. 3. 29. Da. 9. 3. Mi. 1. 10. Mat. 11. 21. Lu. 10. 13.

7 *caused.* ver. 5. 2 Ch. 20. 3. Ezr. 8. 21. Joel 2. 15, 16. *published. Heb.* said. *nobles. Heb.* great men. *herd.* Joel 1. 18. Ro. 8. 20-22.

8 *cry.* ch. 1. 6, 14. Ps. 130. 1, 2. *let.* Is. 1. 16-19; 55. 6, 7; 58. 6. Eze. 18. 21-24, 27, 28, 30-32; 33. 11. Da. 4. 27. Mat. 3. 8. Ac. 3. 19; 26. 20 *the violence.* Is. 59. 6.

9 ch. 1. 6. 2 Sa. 12. 22. Ps. 106. 45. Joel 2. 13, 14. Am. 5. 15. Lu. 15. 18-20.

10 *God saw.* 1 Ki. 21. 27-29. Job 33. 27, 28. Je. 31. 18-20. Lu. 11. 32; 15. 20. *and God repented.* ch. 4. 2. Je. 18. 8. Joel 2. 13. Am. 7. 3, 6.

## CHAP. IV.

*Jonah repining at God's mercy,* 1-3, *is reproved by the type of a gourd,* 4-11.

1 ver. 4, 9. Mat. 20. 15. Lu. 7. 39; 15. 28. Ac. 13. 46. Ja. 4. 5, 6.

2 *he prayed.* 1 Ki. 19. 4. Je. 20. 7. *I fled.* ch. 1. 3. Lu. 10. 29. *thou art.* Ex. 34. 6, 7. Nu. 14. 18, 19. Ps. 78. 38; 86. 5, 15; 145. 8. Ho. 11. 8, 9. Joel 2. 13, 14. Mi. 7. 18. *and of.* ch. 3. 10. Ex. 32. 14. Ps. 90. 13. Je. 18. 8. Am. 7. 3, 6.

3 *take.* Nu. 11. 15; 20. 3. 1 Ki. 19. 4. Job 3. 20, 21; 6. 8, 9. Je. 20. 14-18. Phi. 1. 21-25. *for.* ver. 8. Job 7. 15, 16. Ec. 7. 1. 1 Co. 9. 15.

4 *Doest thou well to be angry? or*, Art thou greatly angry? ver. 9. Nu. 20. 11, 12, 24. Ps. 106. 32, 33. Mi. 6. 3. Mat. 20. 15. Ja. 1. 19, 20.

5 *Jonah.* ch. 1. 5. 1 Ki. 19. 9, 13. Is. 57. 17. Je. 20. 9. *till.* Ge. 19. 27, 28. Je. 17. 15, 16. Lu. 19. 41-44.

6 *the Lord.* ch. 1. 17. Ps. 103. 10-14. *gourd. or*, palmcrist. *Heb.* Kikajon. קִיקָיוֹן, probably the *palma Christi*, called *kiki*, or *kouki*, by the Egyptians, and *Elkherva* by the Arabs, from which castor oil is extracted. It is as large as the olive tree, has leaves like those of a vine, sometimes as broad as the brim of a hat, and is of very quick growth. *So.* Es. 5. 9. Pr. 23. 5. Is. 39. 2. Am. 6. 13. Lu. 10. 20. 1 Co. 7. 30. *was exceeding glad. Heb.* rejoiced with great joy.

7 *prepared.* Job 1. 21. Ps. 30. 6, 7; 102. 10. *it withered.* Ps. 90. 5, 6. Is. 40. 6-8. Joel 1. 12.

8 *that God.* ver. 6, 7; ch. 1. 4, 17. Eze. 19. 12. Re. 3. 19. *vehement. or*, silent. *and the sun.* Ps. 121. 6. Ca. 1. 6. Is. 49. 10. Re. 7. 16. *and wished.* ver. 3. Le. 10. 3. 1 Sa. 3. 18. 2 Sa. 15. 25, 26. Job 2. 10. Ps. 39. 9.

9 *Doest thou well to be angry? or*, Art thou greatly angry? ver. 4. *I do well to be angry. or*, I am greatly angry. Ge. 4. 5-14. Job 18. 4; 40. 4, 5. *even.* Ju. 16. 16 Job 5. 2. Mat. 26. 38. 2 Co. 7. 10. Re. 9. 6.

10 *had pity on. or*, spared. *came up in a night. Heb.* was the son of the night.

11 *should.* ver. 1. Is. 1. 18. Mat. 18. 33. Lu. 15. 28-32. *Nineveh.* ch. 1. 2; 3. 2, 3. *sixscore.* It is generally calculated that the young children of any place are a fifth of the inhabitants, and consequently the whole population of Nineveh would amount to about 600,000; which is very inferior to that of London and Paris, though they occupy not one quarter of the ground. In eastern cities there are large vacant spaces for gardens and pasturages, so that there might be very 'much cattle.' *that cannot.* De. 1. 39. *and also.* Ps. 36. 6; 104. 14, 27, 28; 145. 8, 9, 15, 16.

# MICAH.



## CHAP. I.

*The time when Micah prophesied*, 1. *He shews the wrath of God against Jacob for idolatry*, 2-9. *He exhorts to mourning*, 10-16.

1 *Micah.* ver.14,15. Je.26.18. *Jotham.* 2 Ch. ch.27-32. Is. 1. 1. Ho. 1. 1. *which.* Am. 1. 1. Hab. 1. 1. *concerning.* ver. 5. Ho. 4. 15; 5.5-14; 6. 10, 11; 8. 14; 12. 1, 2. Am. 2. 4-8; 3. 1, 2; 6. 1.

2 *all ye people. Heb.* ye people all of them. *hearken.* ch. 6. 1, 2. De. 32. 1. Ps. 49. 1, 2; 50. 1. Is. 1. 2. Je. 22. 29. Mar. 7. 14-16. Re. 2. 7, 11, 17, 29; 3. 6, 13, 22. *all that therein is. Heb.* the fulness thereof. Ps. 24. 1; 50. 12. *let.* Ps. 50. 7. Je. 29. 23. Mal. 2. 14; 3. 5. *the Lord from.* Ps. 11. 4; 28. 2. Jon. 2. 7. Hab. 2. 20.

3 *cometh.* Is. 26. 21; 64. 1, 2. Eze. 3. 12. Ho. 5. 14, 15. *place.* Ps. 115. 3. *and tread.* Job 40. 12. Is. 2. 10-19; 25. 10; 63. 3, 4. Am. 4. 13. *the high.* De. 32. 13; 33. 29. Hab. 3. 19.

4 *the mountains.* Ju. 5. 4. Ps. 97. 5. Is. 64. 1-3. Am. 9. 5. Na. 1. 5. Hab. 3. 6, 10. 2 Pe. 3. 10-12. Re. 20. 11. *the valleys.* Zec. 14. 4. *as wax.* Ps. 68. 2. *a steep place. Heb.* a descent.

5 *the transgression of Jacob.* 2 Ki. 17. 7-23. 2 Ch. 36. 14-16. Is. 50. 1, 2; 59. 1-15. Je. 2. 17, 19; 4. 18; 5. 25; 6. 19. La. 5. 16. 1 Th. 2. 15, 16. *is it.* 1 Ki. 13. 32. Ho. 7. 1; 8. 5, 6. Am. 6. 1; 8. 14. *they.* 2 Ki. 16. 3, 4, 10-12. 2 Ch. 28. 2-4, 23-25.

6 *I will make.* ch. 3. 12. 2 Ki. 19. 25. Is. 25. 2, 12. Je. 9. 11; 51. 37. Ho. 13. 16. *and I will pour.* Je. 51. 25. La. 4. 1. Eze. 13. 14. Hab. 3. 13. Mat. 24. 2.

7 *all the graven.* Le. 26. 30. 2 Ki. 23. 14, 15. 2 Ch. 31. 1; 34. 6, 7. Is. 27. 9. Ho. 8. 6; 10. 5, 6. *the hires.* Je. 44. 17, 18. Ho. 2. 5, 12. *for.* De. 23. 18. Joel 3. 3. Re.18. 3, 9, 12, 13.

8 *I will wail.* Is. 16. 9; 21. 3; 22. 4. Je. 4. 19; 9. 1, 10, 19; 48. 36-39. *I will go.* Is. 20. 2-4. *a wailing.* Job 30. 29. Ps. 102. 6. *owls. Heb.* daughters of the owl.

9 *her wound is incurable. or, she is* grievously sick of her wounds. Is. 1. 5, 6. Je. 15, 18; 30. 11-15. *it.* 2 Ki. 18. 9-13. Is. 8. 7, 8. *he.* ver. 12. 2 Ch. 32. 1, etc. Is. 10. 28-32; 37. 22-36.

10 *Declare.* 2 Sa. 1. 20. Am. 5. 13; 6. 10. *Aphrah. i.e.,* dust. Jos. 18. 23, Ophrah. *roll.* Job 2.8. Je.6.26. La.3.29.

11 *Pass.* Is. 16. 2. Je. 48. 6, 9. *thou inhabitant of Saphir. or,* thou that dwellest fairly. *Heb.* inhabitress. *having.* ver. 8. Is. 20. 4; 47. 2, 3. Je. 13. 22. Eze. 16. 37. Na. 3. 5. *Zaanan. or,* the country of flocks. *Beth-ezel. or,* a place near.

12 *Maroth.* Ru. 1. 20. *waited carefully. or,* was grieved. 1 Sa. 4. 13. Job 30. 26. Is. 59. 9-11. Je. 8. 15; 14. 19. *but.* ver. 9. Is. 45. 7. Am. 3. 6.

13 *Lachish.* Jos. 15. 39. 2 Ki. 18. 13, 14, 17. 2 Ch. 11. 9; 32. 9. Is. 37. 8. *bind.* Ge. 19. 17. Is. 10. 31. Je. 4. 29. *she.* Ex. 32. 21. 1 Ki. 13. 33, 34; 14. 16; 16. 31. Re. 2. 14, 20; 18. 1-5. *for.* 2 Ki. 8. 18; 16. 3, 4. Je. 3. 8. Eze. 23. 11.

14 *give.* 2 Sa. 8. 2. 2 Ki. 16. 8; 18. 14-16. 2 Ch. 16. 1-3. Is. 30. 6. *to. or,* for. *houses.* Ps. 62. 9; 118. 8, 9; 146. 3, 4. *Achzib. that is,* a lie. Jos. 15. 44.

15 *will.* Is. 7. 17, etc.; 10. 5, 6. Je. 49. 1. *Mareshah.* Jos. 15. 44. *he,* etc. *or,* the glory of Israel shall come to, etc. 1 Sa. 22. 1. Is. 10. 3. *Adullam.* Jos. 15. 35. 2 Ch. 11. 7.

16 *bald.* Job 1. 20. Is. 15. 2; 22. 12. Je. 6. 26; 7. 29; 16. 6. Am. 8. 10. *thy delicate.* De. 28. 56, 57. Is. 3. 16, etc. La. 4. 5-8. *for.* De. 28. 41. 2 Ki. 17. 6. Is. 39. 6, 7.

## CHAP. II.

*Against oppression*, 1-3. *A lamentation*, 4-6. *A reproof of injustice and idolatry*, 7-11. *A promise of restoring Jacob*, 12, 13.

1 Cir. A.M. 3274. B.C. 730. *to.* Es. 3. 8; 5. 14; 9. 25. Ps. 7. 14-16; 140. 1-8. Pr. 6. 12-19; 12. 2. Is. 32. 7; 59. 3. Je. 18. 18. Eze. 11. 2. Na. 1. 11. Lu. 20. 19; 22. 2-6. Ac. 23. 12. Ro. 1. 30. *work.* Ps. 36. 4. Pr. 4. 16. *when.* Ho. 7. 6, 7. Mat. 27. 1, 2. Mar. 15. 1. Ac. 23. 15. *because.* Ge. 31. 29. De. 28. 32. Pr. 3. 27. Jno. 19. 11.

2 *they covet.* Ex. 20. 17. 1 Ki. 21. 2-19. Job 31. 38. Is. 5. 8. Je. 22. 17. Am. 8. 4. Hab. 2. 5-9. 1 Ti. 6. 10. *so.* ch. 3. 9. Ex. 22. 21-24. 2 Ki. 9. 26. Ne. 5. 1-5. Job 24. 2-12. Eze. 18. 12; 22. 12. Am. 8. 4. Mal. 3. 5. Mat. 23. 14. *oppress. or,* defraud. 1 Sa. 12. 3, 4.

3 *this family.* Je. 8. 3. Am. 3. 1, 2. *do.* ver. 1. Je. 18. 11; 34. 17. La. 2. 17. Ja. 2. 13. *from.* Am. 2. 14-16; 9. 1-4. Zep. 1. 17, 18. *necks.* Je. 27. 12. La. 1. 14; 5. 5. Ro. 16. 4. *go.* Is. 2. 11, 12; 3. 16; 5. 19; 28. 14-18. Je. 13. 15-17; 36. 23; 43. 2. Da. 4. 37; 5. 20-23. *for.* Am. 5. 13. Ep. 5. 16.

4 *shall.* Nu. 23. 7, 18; 24. 3, 15. Job 27. 1. Is. 14. 4. Eze. 16. 44. Hab. 2. 6. Mar. 12. 12. *and lament.* 2 Sa. 1. 17. 2 Ch. 35. 25. Je. 9. 10, 17-21; 14. 18. Joel 1. 8, 13. Am. 5. 1, 17. *a doleful lamentation. Heb.* a lamentation of lamentations. La. ch. 1-5. Eze. 2. 10. *We.* De. 28. 29. Is. 6. 11; 24. 3. Je. 9. 19; 25. 9-11. Zep. 1. 2. *he hath changed.* ver. 10; ch. 1. 15. 2 Ki. 17. 23, 24. 2 Ch. 36. 20, 21. Is. 63. 17, 18. *turning away he. or,* instead of restoring, he, etc.

5 *cast.* De. 32. 8. Jos. 18. 4, 10. Ps. 16. 16. Ho. 9. 3. *the congregation.* De. 23. 2, 8. Ne. 7. 61.

6 *Prophesy ye,* etc. *or,* Prophesy not *as* they prophesy. *Heb.* Drop, etc. Is. 30. 10. Je. 26. 8, 9, 20-23. Eze. 20. 46; 21. 2. Am. 2. 12; 7. 13. Ac. 4. 17; 5. 28, 40; 7. 51. 1 Th. 2. 15, 16. *they shall not prophesy.* Ps. 74. 9. Eze. 3. 26. Am. 8. 11-13. *that they.* Je. 6. 14, 15; 8. 11, 12.

7 *named.* ch. 3. 9. Is. 48. 1, 2; 58. 1. Je. 2. 4. Mat. 3. 8. Jno. 8. 39. Ro. 2. 28, 29; 9. 6-13. 2 Ti. 3. 5. *is.* Nu. 11. 23. Is. 50. 2; 59. 1, 2. Zec. 4. 6. 2 Co. 6. 12. *straitened. or,* shortened. *do not.* Ps. 19. 7-11; 119. 70, 71, 92, 93, 99-103. Je. 15. 16. Ro. 7. 13. *walketh.* Ps. 15. 2; 84. 11. Pr. 2. 7; 10. 9, 29; 14. 2; 28. 18. Ho. 14. 9. *uprightly. Heb.* upright.

8 *of late. Heb.* yesterday. *risen.* 2 Ch. 28. 5-8. Is. 9. 21. *with the garment. Heb.* over against a garment. *securely.* 2 Sa. 20. 19. 2 Ch. 28. 8. Ps. 60. 20; 120. 6, 7.

9 *women. or,* wives. *cast.* ver. 2. Mat. 23. 14. Mar. 12. 40. Lu. 20. 47. *from their children.* 1 Sa. 26. 19. Joel 3. 6. *my glory.* Ps. 72. 19. Eze. 39. 21. Hab. 2. 14. Zec. 2. 5. 2 Co. 3. 18; 4. 6.

10 *and.* De. 4. 26; 30. 18. Jos. 23. 15, 16. 1 Ki. 9. 7. 2 Ki. 15. 29; 17. 6. 2 Ch. 7. 20; 36. 20, 21. *for.* De. 12. 9. Ps. 95. 11. He. 4. 1-9. *because.* Le. 18. 24-28; 20. 22-26. Ps. 106. 38. Je. 3. 2. *it shall.* Je. 9. 19; 10. 18. Eze. 36. 12-14.

11 *a man.* 1 Ki. 13. 18; 22. 21-23. 2 Ch. 18. 19-22. Is. 9. 15. Je. 14. 14; 23. 14, 25, 32; 27. 14, 15; 28. 2, 3, 15; 29. 21-23. Eze. 13. 3-14, 22. 2 Co. 11. 13-15. 2 Th. 2. 8-10. 2 Pe. 2. 1-3. 1 Jno. 4. 1. Re. 16. 13, 14. *walking in the spirit and falsehood do lie. or,* walk with the wind and lie falsely. *I will.* ch. 3. 5, 11. 1 Ki. 22. 6. Je. 6. 13, 14; 8. 10, 11; 23. 17. Ro. 16. 18. Phi. 3. 19. 2 Pe. 2. 13-19. *he shall.* Is. 30. 10, 11. Je. 5. 31. 2 Th. 2. 11.

12 *surely assemble.* ch. 4. 6, 7. Is. 11. 11; 27. 12. Je. 3. 18; 31. 8. Eze. 37. 21. Ho. 1. 11. *I will put.* ch. 7. 14. Je. 23. 3; 31. 10. Eze. 34. 11, 22, 31. *Bozrah.* Ge. 36. 33. Is. 34. 6. Am. 1. 12. *they.* Je. 31. 7-9. Eze. 36. 37. Zec. 8. 22, 23; 9. 14, 15; 10. 6-8.

13 *breaker.* Is. 42. 7, 13-16; 45. 1, 2; 49. 9, 24, 25; 51. 9, 10; 55. 4; 59. 16-19. Je. 51. 20-24. Da. 2. 34, 35, 44. Ho. 13. 14. Zec. 12. 8. 1 Co. 15. 21-26. He. 2. 14, 15. *they have.* Zec. 10. 5-7, 12; 12. 3-8. *their.* Is. 49. 10; 51. 12; 52. 12. Je. 23. 5, 6. Eze. 34. 23, 24. Ho. 1. 11; 3. 5. Zec. 9. 14, 15. Jno. 10. 27-30. He. 2. 9, 10; 6. 20. Re. 7. 17; 17. 14; 19. 13-17.

## CHAP. III.

*The cruelty of the princes*, 1-4. *The falsehood of the prophets*, 5-7. *The ill-grounded security of them both*, 8-12.

1 Cir. A.M. 3294. B.C. 710. *Hear.* ver. 9, 10. Is. 1. 10. Je. 13. 15-18; 22. 2, 3. Ho. 5. 1. Am. 4. 1. *Is it.* De. 1. 13-17; 16. 18. 2 Ch. 19. 5-10. Ps. 14. 4; 82. 1-5. Je. 5. 4, 5. 1 Co. 6. 5.

2 *hate.* 1 Ki. 21. 20; 22. 6-8. Am. 5. 10-14. Lu. 19. 14. Jno. 7. 7; 15. 18, 19, 23, 24. Ac. 7. 51, 52. Ro. 12. 9. 2 Ti. 3. 3. *love.* 2 Ch. 19. 2. Ps. 15. 4; 139. 21, 22. Pr. 28. 4. Jno. 18. 40. Ro. 1. 32. *pluck.* Ps. 53. 4. Is. 3. 15. Eze. 22. 27; 34. 3. Am. 8. 4-6. Zep. 3. 3. Zec. 11. 4, 5.

3 *eat.* Ps. 14. 4. *and chop.* Eze. 11. 3, 6, 7.

4 *Then.* ch. 2. 3, 4. Je. 5. 31. *cry.* Ps. 18. 41. Pr. 1. 28; 28. 9. Is. 1. 15. Je. 2. 27, 28. Eze. 8. 18. Zec. 7. 13. Mat. 7. 22. Lu. 13. 25. Jno. 9. 31. Ja. 2. 13. *he will even.* De. 31. 17, 18; 32. 19, 20. Is. 59. 1-15. Je. 33. 5. *as.* Is. 3. 11. Ro. 2. 8, 9.

5 *concerning.* ver. 11. Is. 9. 15, 16. Je. 14. 14, 15; 23. 9-17, 27, 32; 28. 15-17; 29. 21-23. Eze. 13. 10-16; 22. 25-29. Mal. 2. 8. Mat. 15. 14. *that bite.* ch. 2. 11. Is. 56. 9-12. Eze. 13. 18, 19. Mat. 7. 15. Ro. 16. 18.

6 *night.* Ps. 74. 9. Is. 8. 20-22. Je. 13. 16. Eze. 13. 22-24. Zec. 13. 2-4. *that ye shall not have a vision. Heb.* from a vision. *that ye shall not divine. Heb.* from divining. *the sun.* Is. 29. 10; 59. 10. Je. 15. 9. Am. 8. 9, 10.

7 *the seers.* Ex. 8. 18, 19; 9. 11. 1 Sa. 9. 9. Is. 44. 25;

47. 12-14. Da. 2. 9-11. Zec. 13. 4. 2 Ti. 3. 8, 9. *cover.* Le. 13. 45. Eze. 24. 17, 22. *lips. Heb.* upper lip. *no.* 1 Sa. 14. 37; 28. 6, 15. Ps. 74. 9. Am. 8. 11.

8 *I am.* Job 32. 18. Is. 11. 2, 3; 58. 1. Je. 1. 18; 6. 11; 15. 19-21; 20. 9. Eze. 3. 14. Mat. 7. 29. Mar. 3. 17. Ac. 4. 8-12, 19, 20; 7. 54-57; 13. 9-12; 18. 5, 6, 9-11. 1 Co. 2. 4, 12, 13. *to declare.* Is. 58. 1. Eze. 16. 2; 20. 4; 22. 2; 43. 10. Mat. 3. 7-12. Ac. 7. 51, 52.

9 *I pray.* ver. 1. Ex. 3. 16. Ho. 5. 1. *that.* Le. 26. 15. De. 27. 19. Ps. 58. 1, 2. Pr. 17. 15. Is. 1. 23. Je. 5. 28.

10 *build up Zion.* Je. 22. 13-17. Eze. 22. 25-28. Hab. 2. 9-12. Zep. 3. 3. Mat. 27. 25. Jno. 11. 50. *blood. Heb.* bloods.

11 *heads.* ch. 7. 3. Nu. 16. 15. 1 Sa. 8. 3; 12. 3, 4. Is. 1. 23. Eze. 22. 12, 27. Ho. 4. 18. Zep. 3. 3. *and the priests.* Je. 6. 13; 8. 10. Mal. 1. 10. 1 Ti. 3. 3. Tit. 1. 11. 1 Pe. 5. 2. *and the prophets.* ver. 5. Is. 56. 11. Ac. 8. 18-20. 2 Pe. 2. 1-3, 14, 15. Jude 11. *yet.* 1 Sa. 4. 3-6. Is. 48. 2. Je. 7. 4, 8-12. Mat. 3. 9. Ro. 2. 17, etc. *and say. Heb.* saying. *none evil can come.* Am. 9. 10.

12 *Zion.* ch. 1. 6. Ps. 79. 1; 107. 34. Je. 26. 18. Mat. 24. 2. Ac. 6. 13, 14. *the mountain.* ch. 4. 1, 2. Is. 2. 2, 3.

## CHAP. IV.

*The glory,* 1, 2, *and the peace of Christ's kingdom,* 5. *The restoration,* 6-10, *and victory of the church,* 11-13.

1 *in the last.* Ge. 49. 1. Is. 2. 1-3. Je. 48. 47. Eze. 38. 16. Da. 2. 28; 10. 14. Ho. 3. 5. Ac. 2. 17. He. 1. 2. 2 Pe. 3. 3. *the mountain.* ch. 3. 12. Ps. 68. 15, 16. Is. 11. 9; 66. 20. Eze. 17. 22-24; 40. 2; 43. 12. Da. 2. 35, 44; 7. 14, 18, 22, 27. Zec. 8. 3. Re. 11. 15; 20. 4; 21. 1, etc. *and people.* Ge. 49. 10. Ps. 22. 27; 68. 29-32; 72. 7-11, 16-19; 86. 9; 110. 3. Is. 11. 10; 27. 13; 43. 6; 49. 6, 19-23; 54. 2; 60. 3-14; 66. 18-23. Je. 3. 17; 16. 19. Zep. 3. 9, 10. Zec. 2. 11; 14. 16-21. Mal. 1. 11. Ro. 11. 25, 26. Re. 15. 4.

2 *and say.* Is. 2. 3. Je. 31. 6; 50. 4, 5. Zec. 8. 20-23. *and he.* De. 6. 1. Ps. 25. 8, 9, 12. Is. 54. 13. Mat. 11. 25-30. Jno. 6. 45; 7. 17. Ac. 10. 32, 33; 13. 42. Ja. 1. 19-25. *for.* Ps. 110. 2. Is. 42. 1-4; 51. 4, 5. Ho. 6. 3. Zec. 14. 8, 9. Mat. 28. 19, 20. Mar. 16. 15, 16, 20. Lu. 24. 47. Ac. 1. 8; 13. 46, 47. Ro. 10. 12-18; 15. 19.

3 *he shall judge.* 1 Sa. 2. 10. Ps. 82. 8; 96. 13; 98. 9. Is. 11. 3-5; 51. 5. Mat. 25. 31, 32. Jno. 5. 22, 23, 27-29; 16. 8-11. Ac. 17. 31. Re. 19. 11. *and rebuke.* ch. 5. 15; 7, 16, 17. Ps. 2. 5-12; 68. 30, 31; 110. 1, 2, 5, 6. Is. 25. 3; 60. 12. Da. 2. 44. Joel 3. 2, 9-16. Zec. 12. 3-6; 14. 3, 12-19. Re. 19. 17-21; 20. 8, 9. *they shall.* Ps. 46. 9. Is. 2. 4; 11. 6-9. Ho. 2. 18. Joel 3. 10. Zec. 9. 10. *pruning-hooks. or,* scythes. *neither.* Ps. 72. 7. Is. 9. 7; 60. 17. 18; 65. 25.

4 *But.* The connection of this prophecy with the close of the preceding chapter shews that the establishment of the Christian Church, in consequence of the abrogation of the Mosaic dispensation, and the destruction of Jerusalem by the Romans, was intended. But, though it has in a measure been fulfilling ever since these events, yet its grand accomplishment must still be future. *they.* 1 Ki. 4. 25. Is. 26. 16. Zec. 3. 10. *none.* Is. 54. 14. Je. 23. 5, 6. Eze. 34. 25, 28; 38. 11; 39. 26. *for.* Is. 1. 20; 40. 5; 58. 14.

5 *all.* 2 Ki. 17. 29, 34. Je. 2. 10, 11. *and we.* Ge. 17. 1. Ps. 71. 16. Is. 2. 5. Zec. 10. 12. Col. 2. 6; 3. 17. *the name.* Ex. 3. 14, 15. Ps. 48. 14; 145. 1, 2.

6 *will I.* ch. 2. 12. Ps. 38. 17. Is. 35. 3-6. Je. 31. 8. Eze. 34. 13-17. Zep. 3. 19. He. 12. 12, 13. *and I.* Ps. 147. 2. Is. 56. 8. Je. 3. 18; 30. 17, 18. Eze. 34. 12, 13; 36. 24; 37. 21, 22; 39. 25-29. Lu. 19. 10. Jno. 10. 16.

7 *I will.* ch. 2. 12; 5. 3, 7, 8; 7. 18. Is. 6. 13; 10. 21, 22; 11. 11-16; 49. 21-23; 60. 22; 66. 8. Ho. 1. 10. Zec. 9. 13-17; 10. 5-12. Ro. 11. 5, 6, 25-27. *and the.* Ps. 2. 6. Is. 9. 6, 7; 24. 23. Da. 7. 14, 27. Joel 3. 17. Lu. 1. 33. Re. 11. 15.

8 *O tower.* The Targumist applies these words to the Messiah: 'But thou, O Messiah, who art hidden because of the sins of the congregation of Zion, the kingdom shall come unto thee.' Ps. 48. 12, 13. Is. 5. 2. Mat. 21. 33. Mar. 12. 1. *the flock. or,* Edar. Ge. 35. 21. *the strong.* 2 Sa. 5. 7. Is. 10. 32. Zec. 9. 12. *the first.* Nu. 24. 19. Da. 2. 44; 7. 18. Ob. 21. Zec. 9. 10. Ep. 1. 21. Re. 22. 5.

9 *why.* Je. 4. 21; 8. 19; 30. 6, 7. *is there.* Is. 3. 1-7. La. 4. 20. Ho. 3. 4; 10. 3; 13. 10, 11. *for.* Is. 13. 8; 21. 3; 26. 17. Je. 22. 23; 30. 6; 50. 43.

10 *and labour.* Is. 66. 7-9. Ho. 13. 13. Jno. 16. 20-22. *shalt thou.* 2 Ki. 20. 18; 25. 4. 2 Ch. 33. 11; 36. 20. Ho. 1. 10; 2. 14. Re. 12. 14. *there shalt.* ch. 7. 8-13. Ezr. 1. 1, 2. Is. 45. 13; 48. 20; 52. 9-12. Zec. 2. 7-9. *redeem.* Ps. 106. 10. Je. 15. 21.

11 *many.* Is. 5. 25-30; 8. 7, 8. Je. 52. 4. La. 2. 15, 16. Joel 3. 2, etc. *let our.* ch. 7. 10. Ob. 12.

12 *they know.* Is. 55. 8. Je. 29. 11. Ro. 11. 33, 34. *for he shall.* Is. 21. 10. Joel 3. 12, 13. Zec. 14. 1-3. Lu. 3. 17. Re. 14. 14-20.

13 *and thresh.* Is. 41. 15, 16. Je. 51. 33. *hoofs.* De. 33. 25. Is. 5. 28. *thou shalt.* ch. 5. 8-15. Da. 2. 44. Zec. 9. 13-15. Re. 2. 26, 27. *I will consecrate.* Jos. 6. 19. 2 Sa. 8. 10, 11. Ps. 68. 29; 72. 10. Is. 18. 7; 23. 18; 60. 6-9. Ro 15. 25-28. 1 Co. 16. 2. Re. 21. 24-26. *the Lord of.* Zec. 4. 14; 6. 5.

## CHAP. V.

*The birth of Christ,* 1-3. *His kingdom,* 4-7. *His conquest,* 8-15.

1 *gather.* De. 28. 49. 2 Ki. 24. 2. Is. 8. 9; 10. 6. Je. 4. 7; 25. 9. Joel. 3. 9. Hab. 1. 6; 3. 16. *he hath.* De. 28. 51-57. 2 Ki. 25. 1-3. Eze. 21. 21, 22; 24. 2. Lu. 19. 43, 44. *they.* Job 16. 10. La. 3. 30. Mat. 5. 39; 26. 67; 27. 30. Jno. 18. 22; 19. 3. Ac. 23. 2. 2 Co. 11. 20. *judge.* 1 Sa. 8. 5, 6. Is. 33. 22. Am. 2. 3.

2 *But thou.* Mat. 2. 6. Jno. 7. 42. *Ephratah.* Ge. 35. 19; 48. 7, Ephrath. Ru. 4. 11. 1 Sa. 17. 12. 1 Ch. 2. 50, 51, 54; 4. 4. Ps. 132. 6. *among.* 1 Sa. 10. 19; 23. 23. *thousands.* Ex. 18. 21, 25. De. 1. 15. 1 Sa. 8. 12; 17. 18. *yet.* Is. 11. 1; 53. 2. Eze. 17. 22-24. Am. 9. 11. Lu. 2. 4-7. 1 Co. 1. 27, 28. *that is.* Ge. 49. 10. 1 Ch. 5. 2. Is. 9. 6, 7. Je. 13. 5, 6. Eze. 34. 23, 24; 37. 22-25. Zec. 9. 9. Mat. 28. 18. Lu. 1. 31-33; 23. 2, 38. Jno. 19. 14-22. Re. 19. 16. *whose.* Ps. 90. 2; 102. 25-27. Pr. 8. 22. Jno. 1. 1-3. Col. 1. 17. He. 13. 8. 1 Jno. 1. 1. Re. 1. 11-18; 2. 8; 21. 6. *everlasting. or,* the days of eternity.

3 *Therefore.* ch. 7. 13. Ho. 2. 9, 14. *give.* ch. 6. 14. 1 Ki. 14. 16. 2 Ch. 30. 7. Ho. 11. 8. *she.* ch. 4. 10. Is. 66. 7, 8. Mat. 1. 21. Re. 12. 1, 2. *then.* ch. 4. 7. Is. 10. 20, 21; 11. 11. Je. 31. 1, 7-9. Ro. 9. 27, 28; 11. 4-6. *his.* Mat. 12. 50; 25. 40. Ro. 8. 29. He. 1. 11, 12.

4 *stand.* ch. 7. 14. Ps. 23. 1, 2. Is. 40. 10, 11; 49. 9, 10. Eze. 34. 22-24. Jno. 10. 27-30. *feed. or,* rule. Mat. 2. 6, marg. *in the majesty.* Ex. 23. 21. 1 Ch. 29. 11, 12. Ps. 45. 3-6; 72. 19; 93. 1; 145. 12. Mat. 25. 31. Jno. 5. 22-29; 10. 38; 14. 9-11. Re. 1. 13-18. *the Lord.* Jno. 20. 17. Ep. 1. 3. *shall abide.* Mat. 16. 18. 1 Pe. 1. 5. Jude 1. *shall he be great.* Ps. 22. 27; 72. 8; 98. 3. Is. 49. 5; 52. 10. Zec. 9. 10. Lu. 1. 32. Re. 11. 15.

5 *this.* Ps. 72. 7. Is. 9. 6, 7. Zec. 9. 10. Lu. 2. 14. Jno. 14. 27; 16. 33. Ep. 2. 14-17. Col. 1. 20, 21. *when the.* Is. 7. 14; 8. 7-10; 37. 31-36; 65. 8. Je. 33. 15. *then.* Is. 44. 28; 59. 19. Zec. 1. 18-21; 9. 13; 10. 3; 12. 6. Re. 17. 14; 19. 14. *seven.* Job 5. 19. Pr. 6. 16; 30. 18, 29. Ec. 11. 2. Am. 1. 3, 6. *principal men. Heb.* princes of men.

6 *they.* Is. 14. 2; 33. 1. Na. 2. 11-13; 3. 1-3. *waste. Heb.* eat up. *the land of Nimrod.* Ge. 10. 9-11, marg. *in the entrances thereof. or,* with her own naked swords. *thus.* Is. 14. 25. Lu. 1. 71, 74. *the Assyrian.* 2 Ki. 15. 29; 17. 3-5; 18. 9-15; 19. 32-35. 2 Ch. 33. 11. Is. 10. 5-12.

7 *the remnant.* ver. 3, 8. Eze. 14. 22. Joel 2. 32. Am. 5. 15. Zep. 3. 13. Ro. 11. 5, 6. *as a dew.* De. 32. 2. Ju. 6. 36. Ps. 72. 6; 110. 3. Is. 32. 15; 44. 3; 66. 19. Eze. 47. 1. Ho. 6. 3; 14. 5. Zec. 14. 8. Mat. 28. 19. Ac. 9. 15; 11. 15; 13. 46. Ro. 11. 12; 15. 19, 20. 1 Co. 3. 6. *tarrieth.* Is. 55. 10. Je. 14. 22. Ac. 16. 9. Ro. 9. 30; 10. 20.

8 *as a lion.* ch. 4. 13. Ps. 2. 8-12; 110. 5, 6. Is. 41. 15, 16. Ob. 18, 19. Zec. 9. 15; 10. 5; 12. 3. Mat. 10. 14. Ac. 18. 6. 2 Co. 2. 15-17. *sheep. or,* goats. *and none.* Ps. 50. 22. He. 2. 3; 12. 25.

9 *hand.* Ps. 21. 8; 106. 26. Is. 1. 25; 11. 14; 14. 2-4; 26. 11; 33. 10; 37. 36. Lu. 19. 27. 1 Co. 15. 25. Re. 19. 13-21; 20. 8, 9.

10 *that I.* Ps. 20. 7, 8; 33. 16, 17. Je. 3. 23. Ho. 1. 7; 14. 3. Zec. 9. 10. *will cut.* This seems to refer to those happy times when the Jews shall be converted and restored to their own land; and all their enemies being destroyed, they shall have no further need of cavalry or fenced cities.

11 *and throw.* Is. 2. 12-17. Eze. 38. 11. Zec. 4. 6.

12 Is. 2. 6-8, 18, 20; 8. 19, 20; 27. 9. Zec. 13. 2-4. Re. 19. 20; 22. 15.

13 *graven.* Is. 17. 7, 8. Eze. 6. 9; 36. 25; 37. 23. Ho. 2. 16, 17; 14. 3, 8. *standing images. or,* statues. *no.* Is. 2. 8.

14 *cities. or,* enemies.

15 ver. 8. Ps. 149. 7. 2 Th. 1. 8.

## CHAP. VI.

*God's controversy for ingratitude*, 1-5; *for ignorance*, 6-9; *for injustice*, 10-15; *and for idolatry*, 16.

1 *ye.* ch. 1. 2. 1 Sa. 15. 16. Je. 13. 15. Am. 3. 1. He. 3. 7, 8. *Arise.* The manner of raising attention, says Abp. *Newcome*, in ver. 1, 2, by calling a man to urge his plea in the face of all nature, and on the inanimate creation to hear the expostulation of Jehovah with his people, is truly awakening and magnificent. The words of Jehovah follow in ver. 3-5; and God's mercies having been set before the people, one of them is introduced in a beautiful manner, asking what his duty is towards so gracious a God, ver. 6, 7. The answer follows in the words of the prophet, ver. 8. *contend.* De. 4. 26; 32. 1. Ps. 50. 1, 4. Is. 1. 2. Je. 22. 29. Eze. 36. 1, 8. Lu. 19. 40. *before. or*, with. ch. 1. 4. Is. 2. 12-14. *let.* Eze. 37. 4.

2 *foundations.* De. 32. 22. 2 Sa. 22. 8, 16. Ps. 104. 5. Pr. 8. 29. Je. 31. 37. *a controversy.* Is. 1. 18; 5. 3; 43. 26. Je. 2. 9, 29-35; 25. 31. Eze. 20. 35, 36. Ho. 4. 1; 12. 2.

3 *O my.* ver. 5. Ps. 50. 7; 81. 8, 13. *what.* Je. 2. 5, 31. *wherein.* Is. 43. 22, 23. *testify.* Ps. 51. 4. Ro. 3. 4, 5, 19.

4 *I brought.* Ex. 12. 51; 14. 30, 31; 20. 2. De. 4. 20, 34; 5. 6; 9. 26. Ne. 9. 9-11. Ps. 78. 51-53; 106. 7-10; 136. 10, 11. Is. 63. 9-12. Je. 32. 21. Eze. 20. 5-9. Am. 2. 10. Ac. 7. 36. *and redeemed.* De. 7. 8; 15. 15; 24. 18. 2 Sa. 7. 23. *Moses.* Ex. 15. 20, 21. Nu. 12. 1.

5 *remember.* De 8. 2, 18; 9. 7; 16. 3. Ps. 103. 1, 2; 111. 4. Ep. 2. 11. *Balak.* Nu. ch. 22-25; 31. 16. De. 23. 4, 5. Jos. 24. 9, 10. Re. 2. 14. *Balaam.* Nu. 31. 8. 2 Pe. 2. 15. Jude 11. *Shittim.* Nu. 22. 41; 23. 13, 14, 27; 25. 1; 33. 49. Jos. 4. 19; 5. 9, 10; 10. 42, 43. *know.* Ju. 5. 11, marg. Ps. 36. 10; 71. 15, 16, 19; 143. 11. Ro. 3. 25, 26. 1 Jno. 1. 9.

6 *Wherewith.* 2 Sa. 21. 3. Mat. 19. 16. Lu. 10. 25. Jno. 6. 26. Ac. 2. 37; 16. 30. Ro. 10. 2, 3. *bow.* Ps. 22. 29; 95. 6. Ep. 3. 14. *the high.* Ge. 14. 18-22. Da. 3. 26; 4. 9; 5. 18, 21. Mar. 5. 7. Ac. 16. 17. *with.* Le. 1. 3, etc. Nu. 23. 1-4, 14, 15, 29, 30. He. 10. 4-10. *of a year old. Heb.* sons of a year. Ex. 12. 5.

7 *pleased.* 1 Sa. 15. 22. Ps. 1. 8-13; 50. 9; 51. 16. Is. 1. 11-15; 40. 16. Je. 7. 21, 22. Ho. 6. 6. Am. 5. 22. *rivers.* Job 29. 6. *shall.* Ju. 11. 31, 39. 2 Ki. 3 27; 16. 3; 21. 6; 23. 10. Je. 7. 31; 19. 5. Eze. 16. 20, 21; 23. 37. *body. Heb.* belly. Phile. 12.

8 *O man.* Ro. 9. 20. 1 Co. 7. 16. Ja. 2. 20. *what is.* 1 Sa. 12. 23. Ne. 9. 13. Ps. 73. 28. La. 3. 26. Lu. 10. 42. Ro. 7. 16. 2 Th. 2. 16. *and what.* De. 10. 12, 13. *to do.* Ge. 18. 19. 1 Sa. 15. 22. Pr. 21. 3. Ec. 12. 13. Is. 1. 16-19; 58. 6-11. Je. 7. 3-6. Ho. 6. 6; 12. 6. Am. 5. 24. Zep. 2. 3. Mat. 3. 8-10. Mar. 12. 30-34. Lu. 11. 42. Tit. 2. 11, 12. 2 Pe. 1. 5-8. *love.* Ps. 37. 26; 112. 4, 9. Is. 57. 1, 2. Mat. 5. 7; 18. 32-35. Lu. 6. 36. Ep. 4. 32. Col. 3. 12. 1 Pe. 3. 8. *walk humbly. Heb.* humble *thyself* to walk. Ge. 5. 22. Le. 26. 41. 2 Ch. 30. 11; 32. 26; 33. 12, 13, 19, 23; 34. 27. Is. 57. 15; 66. 2. Eze. 16. 63. Da. 4. 37. Mat. 5. 3. Lu. 18. 13-17. Ro. 10. 1-3. Ja. 4. 6-10. 1 Pe. 5. 5, 6.

9 *Lord's.* ch. 3. 12. Is. 24. 10-12; 27. 10; 32. 13, 14; 40. 6-8; 66. 6. Je. 19. 11-13; 26. 6, 18; 37. 8-10. Ho. 13. 16. Am. 2. 5; 3. 8-15; 6. 1. Jon. 3. 4. Zep. 3. 2. *and.* 2 Ki. 22. 11-20. Ps. 107. 43. Pr. 22. 3. Is. 26. 11. Ho. 14. 9. *the man of wisdom shall see thy name. or*, thy name shall see that which is wisdom. Ex. 34. 5-7; Ps. 9. 16; 48. 10; 83. 18. Is. 30. 27. *hear.* 2 Sa. 21. 1. Job 5. 6-8, 17; 10. 2. Is. 9. 13; 10. 5, 6. Je. 14. 18-22. La. 3. 39-42. Joel 2. 11-18. Am. 4. 6-12. Jon. 3. 5-10. Hag. 1. 5-7. Re. 3. 19.

10 *Are*, etc. *or*, *Is there* yet unto every man an house of the wicked, etc. *the treasures.* Jos. 7. 1. 2 Ki. 5. 23, 24. Pr. 10. 2; 21. 6. Je. 5. 26, 27. Am. 3. 10. Hab. 2. 5-11. Zep. 1. 9. Zec. 5. 3, 4. Ja. 5. 1-4. *and.* Le. 19. 35, 36. De. 25. 13-16. Pr. 11. 1; 20. 10, 23. Eze. 45. 9-12. Ho. 12. 7, 8. Am. 8. 5, 6. *scant measure. Heb.* measure of leanness.

11 *count them pure. or*, be pure. *the wicked.* Ho. 12. 7. *the bag.* Pr. 16. 11.

12 *the rich.* ch. 2. 1, 2; 3. 1-3, 9-11; 7. 2-6. Is. 1. 23; 5. 7. Je. 5. 5, 6, 26-29; 6. 6, 7. Eze. 22. 6-13, 25-29. Ho. 4. 1, 2. Am. 5. 11, 12; 6. 1-3. Zep. 3. 3. *spoken.* Is. 59. 3-15. Je. 9. 2-6, 8. Ho. 7. 1, 13. Ro. 3. 13.

13 *I make.* Le. 26. 16. De. 28. 21, 22. Job 33. 19-22. Ps. 107. 17, 18. Is. 1. 5, 6. Je. 14. 18. Ac. 12. 23. *in.* La. 1. 13; 3. 11. Ho. 5. 9; 13. 16.

14 *eat.* Le. 26. 26. Is. 65. 13. Eze. 4. 16, 17. Ho. 4. 10. Hag. 1. 6; 2. 16. *and thou.* De. 32. 22-25. Is. 3. 6-8; 24. 17-20. Je. 48. 44. Eze. 5. 12. Am. 2. 14-16; 9. 1-4.

15 Le. 26. 20. De. 28. 38-40. Is. 62. 8, 9; 65. 21, 22. Je. 12. 13. Joel 1. 10-12. Am. 5. 11. Zep. 1. 13. Hag. 1. 6.

16 *the statutes of Omri are kept. or*, he doth much keep the, etc. 1 Ki. 16. 25-30. Ho. 5. 11. *the works.* 1 Ki. 16. 30-33; 18. 4; 21. 25, 26. 2 Ki. 16. 3; 21. 3. Is. 9. 16. Re. 2. 20. *ye walk.* Ps. 1. 1. Je. 7. 24. *that.* 1 Ki. 9. 8. 2 Ch. 29. 8, 9; 34. 25. Je. 18. 15, 16; 19. 8; 21. 8, 9. Eze. 8. 17, 18. *desolation. or*, astonishment. *therefore.* Ps. 44. 13. Is. 25. 8. Je. 51. 51. La. 5. 1. Eze. 39. 26. Da. 9. 16.

## CHAP. VII.

*The church, complaining of her small number*, 1, 2, *and the general corruption*, 3, 4, *puts her confidence not in man, but in God*, 5-7. *She triumphs over her enemies*, 8-13. *She prays to God*, 14. *God comforts her by promises of confusion to her enemies*, 15-17; *and by his mercies*, 18-20.

1 *Woe.* Ps. 120. 5. Is. 6. 5; 24. 16. Je. 4. 31; 15. 10; 45. 3. *when they have gathered the summer fruits. Heb.* the gatherings of summer. *as.* Is. 17. 6; 24. 13. *desired.* Is. 28. 4. Ho. 9. 10.

2 *good. or*, godly, *or*, merciful. *is perished.* Ps. 12. 1; 14. 1-3. Is. 57. 1. Ro. 3. 10-18. *they all.* Pr. 1. 11; 12. 6. Is. 59. 7. Je. 5. 16. *hunt.* 1 Sa. 24. 11; 26. 20. Ps. 57. 6. Je. 5. 26; 16. 16. La. 4. 18. Hab. 1. 15-17.

3 *do.* Pr. 4. 16, 17. Je. 3. 5. Eze. 22. 6. *the prince.* ch. 3. 11. Is. 1. 23. Je. 8. 10. Eze. 22. 27. Ho. 4. 18. Am. 5. 12. Mat. 26. 15. *the great.* 1 Ki. 21. 9-14. *his mischievous desire. Heb.* the mischief of his soul. *wrap.* Is. 26. 21. Lu. 12. 1, 2. 1 Co. 4. 5.

4 *is a.* 2 Sa. 23. 6, 7. Is. 55. 13. Eze. 2. 6. He. 6. 8. *the day.* Eze. 12. 23, 24. Ho. 9. 7, 8. Am. 8. 2. *thy.* Is. 10. 3. Je. 8. 12; 10. 15. *now.* Is. 22. 5. Lu. 21. 25.

5 *ye not in.* Job 6. 14, 15. Ps. 118. 8, 9. Je. 9. 4, 5. Mat. 10. 16. *keep.* Ju. 16. 5-20.

6 *son.* Ge. 9. 22-24; 49. 4. 2 Sa. 15. 10-12; 16. 11, 21-23. Pr. 30. 11, 17. Eze. 22. 7. Mat. 10. 21, 35, 36. Lu. 12. 53; 21. 16. 2 Ti. 3. 2, 3. *a man's.* Ps. 41. 9; 55. 12-14. Je. 12. 6; 20. 10. Ob. 7. Mat. 26. 23, 49, 50. Jno. 13. 18.

7 *I will look.* Ps. 34. 5, 6; 55. 16, 17; 109. 4; 142. 4, 5. Is. 8. 17; 45. 22. Hab. 3. 17-19. Lu. 6. 11, 12. *wait.* Ge. 49. 18. Ps. 25. 5; 27. 12-14; 37. 7; 40. 1-3; 62. 1-8. Is. 12. 2; 25. 9. La. 3. 25, 26. Lu. 2. 25-32. *my God.* Ps. 4. 2, 3; 38. 15; 50. 15; 65. 2. 1 Jno. 5. 14, 15.

8 *Rejoice.* Job 31. 29. Ps. 13. 4-6; 35. 15, 16, 19, 24-26; 38. 16. Pr. 24. 17, 18. Je. 50. 11. La. 4. 21, 22. Eze. 25. 6; 35. 15. Ob. 12. Jno. 16. 20. Re. 11. 10-12. *when I fall.* Ps. 37. 21; 41. 10-12. Pr. 24. 16. *when I sit.* Ps. 107. 10-15; 112. 4. Is. 9. 2; 49. 9; 50. 10. Mat. 4. 16. Lu. 1. 78, 79. *the Lord.* Ps. 27. 1; 84. 11; 97. 11; 112. 4. Is. 2. 5; 60. 1-3, 19, 20. Mal. 4. 2. Jno. 8. 12. Ac. 26. 18. 2 Co. 4. 6. Re. 21. 23; 22. 5.

9 *bear.* Le. 26. 41. 1 Sa. 3. 18. 2 Sa. 16. 11, 12; 24. 17. Job 34. 31, 32. La. 1. 18; 3. 39-42. Lu. 15. 18, 19. He. 12. 6, 7. *until.* 1 Sa. 24. 15; 25. 39; 26. 10. Ps. 7. 6; 43. 1. Je. 50. 17-20, 33, 34; 51. 35, 36. Re. 6. 10, 11; 18. 20. *he will.* Job 23. 10. Ps. 37. 6. Mal. 3. 18. 1 Co. 4. 5. 2 Th. 1. 5-10. 2 Ti. 4. 8.

10 *Then*, etc. *or*, And thou wilt see her that is mine enemy, and cover her with shame. *she that.* Ps. 137. 8, 9. Is. 47. 5-9. Je. 50. 33, 34; 51. 8-10, 24. Na. ch. 2; 3. Re. 17. 1-7. *shame.* Ps. 35. 26; 109. 29. Je. 51. 51. Eze. 7. 18. Ob. 10. *Where.* Ps. 42. 3, 10; 79. 10; 115. 2. Is. 37. 10, 11. Da. 3. 15. Joel 2. 17. Mat. 27. 43. *mine.* ch. 4. 11. Ps. 58. 10. Mal. 1. 5. Re. 18. 20. *now.* 2 Sa. 22. 43. 2 Ki. 9. 33-37. Ps. 18. 42. Is. 25. 10-12; 26. 5, 6; 41. 15, 16; 51. 22, 23; 63. 2, 3. Zec. 10. 5. Mal. 4. 3. *trodden down. Heb.* for a treading down.

11 *the day.* Ne. 2. 17; 3. 1, etc.; 4. 3, 6. Da. 9. 25. Am. 9. 11-15. *shall.* Ezr. 4. 12-24. Ne. 2. 8.

12 *also.* Is. 11. 16; 19. 23-25; 27. 12, 13; 43. 6; 49. 12; 60. 4-9; 66. 19, 20. Je. 3. 18; 23. 3; 31. 8. Eze. 37. 21; 29. 27. Ho. 11. 11. *and from. or*, even to. This verse may be rendered, 'In that day they (people) shall come to thee from Assyria and the fenced cities; and from the fortress (probably *Pelusium* at the entrance of Egypt), even to the river (Euphrates), etc. The expressions employed in this prophecy appear to be too strong for the events which transpired after the Babylonian captivity; and seem to refer to the future restoration of Israel, after their land has lain desolate for ages.

13 *Notwithstanding the land shall be. or*, After that the land hath been. Le. 26. 33-39. Is. 6. 11-13; 24. 3-8. Je. 25. 11. Da. 4. 26, 27. Lu. 21. 20-24. *for.* ch. 3. 12. Job 4. 8. Pr. 1. 31; 5. 22; 31. 31. Is. 3. 10, 11. Je. 17. 10; 21. 14; 32. 19. Ga. 6. 7, 8.

14 *Feed. or*, Rule. ch. 5. 4, marg. Ps. 23. 1-4; 28. 9; 95. 7; 100. 3. Is. 40. 11; 49. 10. Mat. 2. 6, marg. Jno. 10. 27-30. *which.* Ex. 33. 16. Nu. 23. 9. De. 33. 28. Jno. 17. 16. *in the midst.* Is. 35. 2; 37. 24; 65. 10. Je. 50. 19, 20. Eze. 34. 13, 14. Zep. 3. 13. *as.* Ps. 77. 5-11; 143. 5. La. 1. 7; 5. 21. Am. 9. 11. Mal. 3. 4.

15 Ps. 68. 22; 78. 12, etc. Is. 11. 16; 51. 9; 63. 11-15. Je. 23. 7, 8.

16 *nations.* ch. 5. 8. Ps. 126. 2. Is. 26. 11; 66. 18. Eze. 38. 23; 39. 17-21. Zec. 8. 20-23; 12. 9. Re. 11. 18. *lay.* Job 21. 5; 29. 9, 10; 40. 4. Is. 52. 15. Ro. 3. 19.

17 *lick.* Ge. 3. 14, 15. Ps. 72. 9. Is. 49. 23; 60. 14; 65. 25. La. 3. 29. Re. 3. 9. *move.* 1 Sa. 14. 11. Ps. 18. 45. Je. 16. 16. *worms. or*, creeping things. *they shall be.* Ex. 15. 14-16. Jos. 2. 9-11; 9. 24. Ps. 9. 20. Is. 2. 19-21; 64. 2. Je. 33. 9. Zec. 14. 5. Re. 6. 15-17; 18. 9, 10.

18 *a God.* Ex. 15. 11. De. 33. 26. 1 Ki. 8. 23. Ps. 35. 10; 71. 19; 89. 6, 8; 113. 5, 6. Is. 40. 18, 25; 46. 8, 9. *that.* Ex. 33. 18, 19; 34. 6, 7. Nu. 14. 18, 19. Ne. 9. 17. Ps. 65. 3; 86. 5, 15; 103. 2, 3; 130. 4, 7, 8. Is. 1. 18; 43. 25; 44. 22; 55. 7. Je. 31. 34; 33. 8; 50. 20. Da. 9. 9. Jon. 4. 2. Lu. 24. 47. Ac. 13. 38, 39. *passeth.* Nu. 23. 21. Am. 7. 8; 8. 2. *the remnant.* ver. 14; ch. 2. 12; 4. 7; 5. 3, 7, 8. Joel 2. 32. Ro. 11. 4. He. 8. 9-12. *he retaineth.* Ps. 77. 6-10; 85. 4, 5; 103. 9. Is. 57. 10, 16. Je. 3. 5, 12. La. 3. 31, 32. *he delighteth.* Is. 62. 5; 65. 19. Je. 32. 41. Eze. 33. 11. Zep. 3. 17. Lu. 15. 5-7, 9, 10, 23, 24, 32. Ep. 2. 4, 5. Ja. 2. 13.

19 *turn.* De. 30. 3; 32. 36. Ezr. 9. 8, 9. Ps. 90. 13, 14. Is. 63. 15-17. Je. 31. 20. La. 3. 32. Ho. 14. 4. *subdue.* De. 30. 6. Ps. 130. 8. Eze. 11. 19, 20; 36. 25-27. Ro. 6. 14, 17-22; 7. 23-25; 8. 2, 3, 13. Tit. 2. 14. Ja. 4. 5, 6. 1 Jno. 3. 8. *cast.* Ps. 103. 12. Is. 38. 17. Je. 50. 20. Da. 9. 24.

20 Ge. 12. 2, 3; 17. 7, 8; 22. 16-18; 26. 3, 4; 28. 13, 14. Ps. 105. 8-10. Je. 33. 25, 26. Lu. 1. 54, 55, 72-74. Ac. 3. 25, 26. Ro. 11. 26-31. He. 6. 13-18.

# NAHUM.

B.C. 713. A.M. 3291.

## CHAP. I.

*The majesty of God in goodness to his people, and severity against his enemies.*

1 *burden.* Is. 13. 1; 14. 28; 15. 1; 21. 1; 22. 1; 23. 1. Je. 23. 33-37. Zec. 9. 1. *Nineveh.* Ge. 10. 11. Jon. 3. 3, 4. Zep. 2. 13.

2 *God is jealous, and the Lord revengeth. or,* The Lord *is* a jealous God, and a revenger. Ex. 20. 5; 34. 14. De. 4. 24. Jos. 24. 19. Is. 42. 13. Eze. 38. 18; 39. 25. Joel 2. 18. Zec. 1. 14; 8. 2. *revengeth.* De. 32. 35, 42. Ps. 94. 1. Is. 59. 17, 18. Ro. 12. 19; 13. 4. He. 10. 30. *is furious. Heb.* that hath fury. Le. 26. 28. Job 20. 23. Is. 51. 17, 20; 59. 18; 63. 3-6; 66. 15. Je. 4. 4; 25. 15; 36. 7. La. 4. 11. Eze. 5. 13; 6. 12; 8. 18; 36. 6. Mi. 5. 15. Zec. 8. 2. *reserveth.* De. 32. 34, 35, 41-43. Je. 3. 5. Mi. 7. 18. Ro. 2. 5, 6. 2 Pe. 2. 9.

3 *slow.* Ex. 34. 6, 7. Ne. 9. 17. Ps. 103. 8; 145. 8. Joel 2. 13. Jon. 4. 2. Ja. 1. 19. *great.* Job 9. 4. Ps. 62. 11; 66. 3; 147. 5. Ep. 1. 19, 20. *and will.* Nu. 14. 18. Job 10. 14. *his way.* Ex. 19. 16-18. De. 5. 22-24. 1 Ki. 19. 11-13. Job 38. 1. Ps. 18. 7-15; 50. 3; 97. 2-5; 104. 3. Is. 19. 1; 66. 15. Da. 7. 13. Hab. 3. 5-15. Zec. 9. 14. Mat. 26. 64. Re. 1. 7.

4 *rebuketh.* Job 38. 11. Ps. 104. 7; 106. 9; 114. 3, 5. Is. 50. 2, 3; 51. 10. Am. 5. 8. Mat. 8. 26. *and drieth.* Jos. 3. 13-15. Ps. 74. 15. Is. 19. 5-10; 44. 27. Eze. 30. 12. *Bashan.* Is. 33. 9. Am. 1. 2.

5 *mountains.* 2 Sa. 22. 8. Ps. 29. 5, 6; 68. 8; 97. 4, 5; 114. 4, 6. Is. 2. 12-14. Je. 4. 24. Hab. 3. 10. Mat. 27. 51; 28. 2. Re. 20. 11. *the hills.* Ju. 5. 5. Ps. 46. 6; 97. 5. Is. 64. 1, 2. Mi. 1. 4. *the earth.* 2 Pe. 3. 7-12.

6 *can stand.* Ps. 2. 12; 76. 7; 90. 11. Is. 27. 4. Je. 10. 10. Mal. 3. 2. Re. 6. 17. *abide. Heb.* stand up. *his fury.* ver. 2. De. 32. 22, 23. Is. 10. 16. La. 2. 4; 4. 11. Eze. 30. 16. Re. 16. 1, 8.

7 *Lord.* 1 Ch. 16. 34. Ezr. 3. 11. Ps. 25. 8; 100. 5; 136. 1, etc.; 145. 6-10. Je. 33. 11. La. 3. 25. Ro. 11. 22. 1 Jno. 4. 8-10. *strong hold. or,* strength. Ps. 18. 1, 2; 27. 5; 62. 6-8; 71. 3; 84. 11; 91. 1, 2; 144. 1, 2. Pr. 18. 10. Is. 25. 4; 26. 1-4; 32. 2. *in the.* Ps. 20. 1; 50. 15; 59. 16; 86. 7; 91. 15. Is. 37. 3, 4. *and he.* Ps. 1. 6. Mat. 7. 23. Jno. 10. 27. Ga. 4. 9. 2 Ti. 2. 19. *that.* 1 Ch. 5. 20. 2 Ch. 16. 8, 9; 32. 8, 11, 21. Ps. 84. 12. Je. 17. 7, 8. Da. 3. 28; 6. 23. Mat. 27. 43.

8 *with.* Is. 8. 7, 8; 28. 17. Eze. 13. 13. Da. 9. 26; 11. 10, 22, 40. Am. 8. 8; 9. 5, 6. Mat. 7. 27. 2 Pe. 3. 6, 7. *the place.* ver. 1; ch. 2. 8. Zep. 2. 13. *darkness.* Job 30. 15. Pr. 4. 19. Is. 8. 22. Je. 13. 16. Mat. 8. 12.

9 *do.* ver. 11. Ps. 2. 1-4; 21. 11; 33. 10. Pr. 21. 30. Is. 8. 9, 10. Eze. 38. 10, 11. Ac. 4. 25-28. 2 Co. 10. 5. *he.* 1 Sa. 3. 12; 26. 8. 2 Sa. 20. 10.

10 *while they be.* 2 Sa. 23. 6, 7. Mi. 7. 4. 1 Th. 5. 2, 3. *drunken.* ch. 3. 11. 1 Sa. 25. 36. 2 Sa. 13. 28. Je. 51. 39, 57. *they shall.* Ps. 68. 2. Is. 9. 18; 10. 17-19; 27. 4. Mal. 4. 1.

11 *one.* ver. 9. 2 Ki. 18. 13, 14, 30; 19. 22-25. 2 Ch. 32. 15-19. Is. 10. 7-15. *wicked counsellor. Heb.* counsellor of Belial. 1 Sa. 2. 12. 2 Sa. 20. 1. 2 Ch. 13. 7.

12 *Though,* etc. *or,* If *they would have been* at peace, so *should they have been* many, and so should they have been shorn, and he should have passed away. *yet.* 2 Ki. 19. 35, 37. Is. 10. 32-34; 14. 24-27; 17. 14; 30. 28-33; 31. 8; 37. 36. *cut down. Heb.* shorn. Is. 7. 20. *pass.* ver. 15. Ex. 12. 12. Is. 8. 8. Da. 11. 10. *I will.* Is. 30. 19; 51. 22; 60. 18-20. Joel 2. 19. Re. 7. 16.

13 *will I.* Is. 9. 4; 10. 27; 14. 25. Je. 2. 20. Mi. 5. 5, 6. *will burst.* Ps. 107. 14. Je. 5. 5.

14 *given.* Ps. 71. 3. Is. 33. 13. *that.* Ps. 109. 13. Pr. 10. 7. Is. 14. 20-22. *out.* Ex. 12. 12. Le. 26. 30. Is. 19. 1; 46. 1, 2. Je. 50. 2. *I will make.* ch. 3. 4-6. 2 Ki. 19. 37. 2 Ch. 32. 21. *for.* 1 Sa. 3. 13. Da. 11. 21.

15 *upon.* Is. 40. 9, 10; 52. 7. Lu. 2. 10, 14. Ac. 10. 36. Ro. 10. 15. *keep. Heb.* feast. *perform.* Ps. 107. 8, 15, 21, 22; 116. 12-14, 17, 18. *the wicked. Heb.* Belial. ver. 11, 12. *no.* Is. 37. 36-38. *he.* ver. 14. Is. 29. 7, 8.

## CHAP. II.

*The fearful and victorious armies of God against Nineveh.*

1 *He that dasheth in pieces. or,* The disperser, *or,* hammer. Is. 14. 6. Je. 25. 9; 50. 23; 51. 20-23. *keep.* ch. 3. 14, 15. 2 Ch. 25. 8. Je. 46. 3-10; 51. 11, 12. Joel 3. 9-11.

2 *hath.* Is. 10. 5-12. Je. 25. 29. *excellency of Jacob as the excellency. or,* the pride of Jacob as the pride. Zep. 3. 11. *for.* Ge. 49. 22, 23. Ps. 80. 12, 13. Je. 49. 9. Ho. 10. 1.

3 *made.* Is. 63. 1-3. Zec. 1. 8; 6. 2. Re. 6. 4; 12. 3. *in scarlet. or,* dyed scarlet. *flaming. or,* fiery. *the fir trees.* Is. 14. 8. Zec. 11. 2.

4 *chariots.* ch. 3. 2, 3. Is. 37. 24; 66. 15. Je. 4. 13. Eze. 26. 10. Da. 11. 40. *they shall seem. Heb.* their show.

5 *recount.* Is. 21. 5. Je. 50. 29; 51. 27, 28. *worthies. or,* gallants. *they shall stumble.* ch. 3. 3. Is. 5. 27. Je. 46. 12. *defence. or,* covering, *or,* coverer.

6 *gates.* Is. 45. 1, 2. *dissolved. or,* molten. 2 Pe. 3. 10, 11.

7 *Huzzab. or,* that which was established; *or,* there was a stand made. *led away captive. or,* discovered. *doves.* Is. 38. 14; 59. 11. Lu. 23. 27, 48.

8 *of old. or,* from the days *that* she *hath been.* Ge. 10. 11. *like.* Je. 51. 13. Re. 17. 1, 15. *Stand.* ch. 3. 17. Is. 13. 14; 47. 13; 48. 20. Je. 50. 16; 51. 30. *look back. or* cause *them* to turn.

9 *ye.* Is. 33. 1, 4. Je. 51. 56. *for there is none end of the store. or,* and *their* infinite store, etc. ver. 12, 13. *pleasant furniture. Heb.* vessels of desire. 2 Ch. 36. 10. Je. 25. 34. Eze. 26. 12. Da. 11. 8, margins.

10 *She is.* Nineveh was taken and utterly ruined by Assuerus, or Cyaxares, king of Media, and Nabuchodonosor, or Nabopolassar, king of Babylon, B.C. 606, or 612. DIODORUS, who with others ascribes the taking of it to Arbaces the Mede and Belesis the Babylonian, says that he 'dispersed the citizens in the villages, levelled the city with the ground, transferred the gold and silver, of which there were many talents, to Ecbatana the metropolis of the Medes, and thus subverted the empire of the Assyrians. *empty.* ch. 3. 7. Ge. 1. 2. Is. 13. 19-22; 14. 23; 24. 1; 34. 10-15. Je. 4. 23-26; 51. 62. Zep. 2. 13-15; 3. 6. Re. 18. 21-23. *the heart.* Jos. 2. 11. Ps. 22. 14. Is. 13. 7, 8. *the knees.* Da. 5. 6. *and much.* Is. 21. 3. Je. 30. 6. *and the faces.* Joel 2. 6.

11 *the dwelling.* ch. 3. 1. Job. 4. 10, 11. Is. 5. 29. Je. 2. 15; 4. 7; 50. 17, 44. Eze. 19. 2-8. Zep. 3. 3. *none.* Ge. 49. 9. Is. 31. 4.

12 *and filled.* Ps. 17. 12. Is. 10. 6-14. Je. 51. 34.

13 *I am.* ch. 3. 5. Je. 21. 13; 50. 31; 51. 25. Eze. 5. 8; 26. 3; 28. 22; 29. 3, 10; 35. 3; 38. 3; 39. 1. *I will burn.* Jos. 11. 9. 2 Ki. 19. 23. Ps. 46. 9. *and the sword.* Is. 31. 8, 9; 37. 36-38. *I will cut.* ch. 3. 1, 12. Is. 33. 1-4; 49. 24, 25. *the voice.* 2 Ki. 18. 17, 19, 27-35; 19. 9, 23. 2 Ch. 32. 9-16, 19.

## CHAP. III.

*The miserable ruin of Nineveh.*

1 *to.* Is. 24. 9. Eze. 22. 2, 3; 24. 6-9. Hab. 2. 12. Zep. 3. 1-3. *bloody city. Heb.* city of bloods. *full.* ch. 2. 12. Is. 17. 14; 42. 24. Ho. 4. 2.

2 *noise.* ch. 2. 3, 4. Ju. 5. 22. Job 39. 22-25. Is. 9. 5. Je. 47. 3.

3 *bright sword and the glittering spear. Heb.* flame of the sword, and lightning of the spear. ch. 2. 4. Ge. 3. 24. Hab. 3. 11. *and there.* Is. 37. 36. Eze. 31. 3-13; 39. 4.

4 *the mistress.* Is. 23. 15-17; 47. 9, 12, 13. Re. 17. 1-5; 18. 2, 3, 9, 23.

5 *I am.* See on ch. 2. 13. Eze. 23. 25. *I will discover.* Is. 47. 2, 3. Je. 13. 22, 26. Eze. 16. 37; 23. 29. Mi. 1. 11. Hab. 2. 16.

6 *I will cast.* Job 9. 31; 30. 19. Ps. 38. 5-7. La. 3. 16. Mal. 2. 2. 1 Co. 4. 13. *make.* ch. 1. 14. Job. 30. 8. Mal. 2. 9. *will set.* 1 Ki. 9. 7, 8. Is. 14. 16-19. Je. 51. 37. Zep. 2. 15. 1 Co. 4. 9. He. 10. 33. Jude 7.

7 *that all.* Nu. 16. 34. Je. 51. 9. Re. 18. 10. *Nineveh.* ch. 2. 9, 10. Je. 51. 41-43. Re. 18. 16-19. *who.* Is. 51. 19. Je. 15. 5. La. 2. 13.

8 *thou.* Eze. 31. 2, 3. Am. 6. 2. *populous No. or,* nourishing No. *Heb.* No-amon. Je. 46. 25, 26. Eze. 30. 14-16. *that had.* Is. 19. 5-10.

9 *Ethiopia.* Is. 20. 5. Je. 46. 9. *Put.* Ge. 10. 6. 1 Ch. 1. 8. Eze. 27. 10; 30. 5; 38. 5. *thy helpers. Heb.* in thy help.

10 *she carried.* Ps. 33. 16, 17. Is. 20. 4. *her young.* 2 Ki. 8. 12. Ps. 137. 8. Is. 13. 6. Ho. 13. 16. Am. 1. 13. *at.* La. 2. 19; 4. 1. *cast.* Joel 3. 3. Ob. 11.

11 *Thou also.* DIODORUS relates, that while the Assyrian army were feasting for their former victories, those about Arbaces being informed of their negligence and drunkenness, fell upon them unexpectedly, slew many, and drove the rest into the city. *shalt be drunken.* ch. 1. 10. Ps. 75. 8. Is. 29. 9; 49. 26; 63. 6. Je. 25. 15-27; 51. 57. *thou shalt be hid.* 1 Sa. 13. 6; 14. 11. Is. 2. 10, 19. Ho. 10. 8. Am. 9. 3. Mi. 7. 17. Lu. 23. 30. Re. 6. 15-17. *thou also.* ch. 2. 1. Je. 4. 5; 8. 14.

12 Hab. 1. 10. Re. 6. 13.

13 *thy people.* Is. 19. 16. Je. 50. 37; 51. 30. *the gates.* ch. 2. 6. Ps. 107. 16. Is. 45. 1, 2. *thy bars.* Ps. 147. 13. Je. 51. 30.

14 *Draw.* 2 Ch. 32. 3, 4, 11. Is. 22. 9-11; 37. 25. *fortify.* ch. 2. 1. Is. 8. 9. Je. 46. 3, 4, 9. Joel 3. 9-11.

15 *shall the.* ver. 13; ch. 2. 13. Zep. 2. 13. *it.* Joel 1. 4; 2. 25. *make thyself many as the locusts.* Ex. 10. 13-15.

16 *above.* Ge. 15. 5; 22. 17. Ne. 9. 23. Je. 33. 22. *spoileth. or,* spreadeth himself.

17 Re. 9. 7.

18 *Thy shepherds.* That is, the rulers and tributary princes, who, as HERODOTUS informs us, deserted Nineveh in the day of her distress, and came not to her succour. DIODORUS also says, that when the enemy shut up the king in the city, many nations revolted; each going over to the besiegers for the sake of their liberty; that the king despatched messengers to all his subjects, requiring power from them to succour him, and that he thought himself able to endure the siege, and remained in expectation of armies which were to be raised throughout his empire, relying on the oracle, that the city would not be taken till the river became its enemy. See on ch. 2. 6. Ex. 15. 16. Ps. 76. 5, 6. Is. 56. 9, 10. Je. 51. 39, 57. *O king.* Je. 50. 18. Eze. 31. 3, etc.; 32. 22, 23. *nobles. or,* valiant ones. Is. 47. 1. Re. 6. 15. *thy people.* 1 Ki. 22. 17. Is. 13. 14.

19 *no.* Je. 30. 13-15; 46. 11. Eze. 30. 21, 22. Mi. 1. 9. Zep. 2. 13-15. *healing. Heb.* wrinkling. *the bruit.* Je. 10. 22. *shall.* Job 27. 23. Is. 14. 8, etc. La. 2. 15. Eze. 25. 6. Re. 18. 20. *upon.* ch. 2. 11, 12. Is. 10. 6-14; 37. 18. Re. 13. 7; 17. 2; 18. 2, 3.

# HABAKKUK.

## CHAP. I.

*Unto Habakkuk, complaining of the iniquity of the land,* 1-4, *is shewn the fearful vengeance by the Chaldeans,* 5-11. *He complains that vengeance should be executed by them who are far worse,* 12-17.

1 Is. 22. 1. Na. 1. 1.

2 *how.* Ps. 13. 1, 2; 74. 9, 10; 94. 3. Re. 6. 10. *and thou wilt not save.* Ps. 22. 1, 2. Je. 14. 9. La. 3. 8.

3 Ps. 12. 1, 2; 55. 9-11; 73. 3-9; 120. 5, 6. Ec. 4. 1; 5. 8. Je. 9. 2-6. Eze. 2. 6. Mi. 7. 1-4. Mat. 10. 16. 2 Pe. 2. 8.

4 *the law.* Ps. 11. 3; 119. 126. Mar. 7. 9. Ro. 3. 31. *for.* 1 Ki. 21. 13. Job 21. 7. Ps. 22. 12, 16; 58. 1, 2; 59. 2, 4; 82. 1-5; 94. 3, 20, 21. Is. 1. 21-23; 59. 2-8, 13-15. Je. 5. 27-29; 12. 1, 6; 26. 8, 21-23; 37. 14-16; 38. 4-6. Eze. 22. 25-30. Ho. 10. 4. Am. 5. 7, 12. Mi. 2. 1, 2; 3. 1-3; 7. 2-4. Mat. 23. 34-36; 26. 59-66; 27. 1, 2, 25, 26. Ac. 7. 52, 59; 23. 12-14. Ja. 2. 6, 7. *wrong. or,* wrested. Ex. 23. 2, 6. De. 16. 19. Eze. 9. 9.

5 *ye among.* De. 4. 27. Je. 9. 25, 26; 25. 14-29. *and regard.* Is. 29. 14. La. 4. 12. Da. 9. 12. Ac. 13. 40, 41. *for.* Is. 28. 21, 22. Je. 5. 12, 13; 18. 18. Eze. 12. 22-28. Zep. 1. 12. Ac. 6. 13, 14.

6 *I raise.* De. 28. 49-52. 2 Ki. 24. 2. 2 Ch. 36. 6, 17. Is. 23. 13; 39. 6, 7. Je. 1. 15, 16; 4. 6, 8; 5. 15; 6. 22, 23; 21. 4; 25. 9. *breadth. Heb.* breadths.

7 *their judgment,* etc. *or,* from them shall proceed the judgment of these and the captivity of these. Je. 39. 5-9; 52. 9-11, 25-27. Da. 5. 19, 27.

8 *horses.* De. 28. 49. Is. 5. 26-28. *fierce. Heb.* sharp. *evening.* Je. 5. 6. Zep. 3. 3. *they.* Je. 4. 13. La. 4. 19. Eze. 17. 3, 12. Ho. 8. 1. Mat. 24. 28. Lu. 17. 37.

9 *for.* ver. 6; ch. 2. 5-13. De. 28. 51, 52. Je. 4. 7; 5. 15-17; 25. 9. *their faces shall sup up as the east. or,* the supping up of their faces, as, etc. *or,* their faces shall look toward the east. *Heb.* the opposition of their faces shall be toward the east. Is. 27. 8. Je. 4. 11. Eze. 17. 10; 19. 12. Ho. 13. 15. *they shall gather.* ch. 2. 5. Ge. 41. 49. Ju. 7. 12. Job 29. 18. Ps. 139. 18. Je. 15. 8; 34. 22. Ho. 1. 10. Ro. 9. 27.

10 *scoff.* 2 Ki. 24. 12; 25. 6, 7. 2 Ch. 36. 6, 10. *they shall deride.* Is. 14. 16. Je. 32. 24; 33. 4; 52. 4-7.

11 *shall his.* Da. 4. 30-34. *imputing.* Da. 5. 3, 4, 20.

12 *thou not.* De. 33. 27. Ps. 90. 2; 93. 2; Is. 40. 28; 57. 15. La. 5. 19. Mi. 5. 2. 1 Ti. 1. 17; 6. 16. He. 1. 10-12; 13. 8. Re. 1. 8, 11. *mine.* Is. 43. 15; 49. 7. Ac. 3. 14. *we.* ch. 3. 2. Ps. 118. 17. Is. 27. 6-9. Je. 4. 27; 5. 18; 30. 11; 33. 24-26; 46. 28. Eze. 37. 11-14. Am. 9. 8, 9. *thou hast ordained.* 2 Ki. 19. 25. Ps. 17. 13. Is. 10. 5-7; 37. 26. Je. 25. 9, etc. Eze. 30. 25. *mighty God. Heb.* Rock. De. 32. 4, 30, 31. 1 Sa. 2. 2. Ps. 18. 1. *established. Heb.* founded. *for.* Is. 27. 9, 10. Je. 30. 11; 31. 18-20; 46. 28. He. 12. 5, 6.

13 *of.* Job 15. 15. Ps. 5. 4, 5; 11. 4-7; 34. 15, 16. 1 Pe. 1. 15, 16. *iniquity. or,* grievance. *wherefore.* Ps. 10. 1, 2, 15; 73. 3. Je. 12. 1, 2. *deal.* Is. 21. 2; 33. 1. *holdest.* Es. 4. 14. Ps. 35. 22; 50. 3, 21; 83. 1. Pr. 31. 8, 9. Is. 64. 12. *the wicked.* ver. 3, 4. 2 Sa. 4. 11. 1 Ki. 2. 32. Ps. 37. 12-15, 32, 33; 56. 1, 2. Ac. 2. 23; 3. 13-15.

14 *creeping. or,* moving. *no.* Pr. 6. 7.

15 *take.* Je. 16. 16. Eze. 29. 4, 5. Am. 4. 2. Mat. 17. 27. *they catch.* Ps. 10. 9. Lu. 5. 5-10. Jno. 21. 6-11. *drag. or,* flue-net. *therefore.* Je. 50. 11. La. 2. 15, 16. Eze. 25. 6; 26. 2; 35. 15. Re. 11. 10.

16 *they.* ver. 11. De. 8. 17. Is. 10. 13-15; 37. 24. Eze. 28. 3; 29. 3. Da. 4. 30; 5. 23. *plenteous. or,* dainty. *Heb.* fat.

17 *and.* ver. 9, 10; ch. 2. 5-8, 17. Is. 14. 16, 17. Je. 25. 9-26; ch. 46-49; 52. Eze. ch. 25-30.

## CHAP. II.

*Unto Habakkuk, waiting for an answer, is shewn that he must wait by faith,* 1-4. *The judgment upon the Chaldean for unsatiableness,* 5-8, *for covetousness,* 9-11, *for cruelty,* 12-14, *for drunkenness,* 15-17, *and for idolatry,* 18-20.

1 *stand.* Ps. 73. 16, 17. Is. 21. 8, 11, 12 *tower. Heb.* fenced place. 2 Sa. 18. 24. 2 Ki. 9. 17; 17. 9. Is. 21. 5; 62. 6. *and will.* ch. 1. 12-17. Ps. 85. 8. *unto me. or,* in me. 2 Co. 13. 3. Ga. 1. 16. *when I am reproved. or,* when I am argued with. *Heb.* upon my reproof, *or* arguing. Job 23. 5-7; 31. 35, 37. Je. 12. 1.

2 *Write.* De. 27. 8; 31. 19, 22. Is. 8. 1; 30. 8. Je. 36. 2-4, 27-32. Da. 12. 4. Re. 1. 18, 19; 14. 13; 19. 9; 21. 5-8. *make.* Jno. 11. 28, 29. 1 Co. 14. 19. 2 Co. 3. 12.

3 *the vision.* Je. 27. 7. Da. 8. 19; 9. 24-27; 10. 1, 14; 11. 27, 35. Ac. 1. 7; 17. 26. Ga. 4. 2. 2 Th. 2. 6-8. *but.* Ex. 12. 41. Ps. 102. 13. Je. 25. 12, etc. He. 10. 36. *wait.* 2 Ki. 6. 33. Ps. 27. 14; 130. 5, 6. Is. 30. 18. La. 3. 25, 26. Mi. 7. 7. Lu. 2. 25. Ja. 5. 7, 8. *it will surely.* Lu. 18. 7, 8. 2 Pe. 2. 3.

4 *his.* Job 40. 11, 12. Da. 4. 30, 37; 5. 20-23. Lu. 18. 14. 2 Th. 2. 4. 1 Pe. 5. 5. *but.* Jno. 3. 36. Ro. 1. 17. Ga. 2. 16; 3. 11, 12. He. 10. 38. 1 Jno. 5. 10-12.

5 *Yea also. or,* How much more. *he transgresseth.* Pr. 20. 1; 23. 29-33; 31. 4, 5. Is. 5. 11, 12, 22, 23; 21. 5. Je. 51. 39. Da. 5. 1-4, 23. Na. 1. 9, 10. *a proud man.* ver. 4. Ps. 138. 6. Pr. 30. 13, 14. Is. 2. 11, 12, 17; 16. 6. Je. 50. 29. Da. 5. 20-23. Ja. 4. 6. *keepeth.* 2 Ki. 14. 10. 1 Th. 4. 11. Gr. *who.* Is. 5. 8; 10. 7-13. *as hell.* Pr. 27. 20; 30. 15, 16. Ec. 5. 10. *gathereth.* ver. 8-10. Is. 14. 16, 17. Je. 25. 9, 17-29.

6 *take.* Nu. 23. 7, 18. Is. 14. 4-19. Je. 29. 22; 50. 13. Eze. 32. 21. Mi. 2. 4. *Woe to him. or,* Ho, he. *that increaseth.* ch. 1. 9, 10, 15. Job 20. 15-29; 22. 6-10. Pr. 22. 16. Je. 51. 34, 35. Ja. 5. 1-4. *how.* Ps. 94. 3. Lu. 12. 20. 1 Co. 7. 29-31. 1 Pe. 4. 7. *ladeth.* ver. 13. Is. 44. 20; 55. 2.

7 *they.* Pr. 29. 1. Is. 13. 1-5, 16-18; 21. 2-9; 41. 25; 45. 1-3; 46. 11; 47. 11; 48. 14, 15. Je. 50. 21-32; 51. 11, 27, 28, 57. Da. 5. 25-31. Na. 1. 9, 10. 1 Th. 5. 3. *bite.* Ec. 10. 8. Je. 8. 17.

8 *thou.* ver. 10, 17. Is. 33. 1, 4. Je. 27. 7; 30. 16; 50. 10, 37; 51. 13, 44, 48, 55, 56. Zec. 2. 8, 9. *blood. Heb.* bloods. ver. 17. *the violence.* Ps. 137. 8. Is. 47. 6. Je. 50. 11, 17, 18, 28, 33, 34; 51. 8, 24, 34, 35. Mi. 4. 11-13. Zec. 1. 15; 2. 8; 12. 2-4; 14. 12. Re. 6. 10; 18. 20-24.

9 *that coveteth an evil covetousness. or,* that gaineth an evil gain. Ge. 13. 10-13; 19. 26-38. De. 7. 25, 26. Jos. 7. 21-26. 1 Ki. 21. 2-4, 19-24. 2 Ki. 5. 20-27. Job 20. 19-28. Je. 22. 13-19. Zec. 5. 1-4. Ac. 1. 17-25. Jude 11. *set.* Ps. 10. 3-6; 49. 11; 52. 7. Pr. 18. 11, 12. Is. 28. 15; 47. 7-9. Je. 49. 16. Ob. 4. *power of evil. Heb.* palm of the hand.

10 *consulted.* 2 Ki. 9. 26; 10. 7. Is. 14. 20-22. Je. 22. 30; 36. 31. Na. 1. 14. Mat. 27. 25. *sinned.* Nu. 16. 38. 1 Ki. 2. 23. Pr. 1. 18; 8. 36. Is. 33. 11.

11 *the stone.* Ge. 4. 10. Jos. 24. 27. Job 31. 38-40. Lu. 19. 40. He. 12. 24. Ja. 5. 3, 4. Re. 6. 10. *beam. or,* piece. *or,* fastening. *answer it. or,* witness against it.

12 *him.* Ge. 4. 11-17. Jos. 6. 26. 1 Ki. 16. 34. Je. 22. 13-17. Eze. 24. 9. Da. 4. 27-31. Mi. 3. 10. Na. 3. 1. Jno. 11. 47-50. Re. 17. 6. *blood. Heb.* bloods. ver. 8.

13 *is it.* Ge. 11. 6-9. 2 Sa. 15. 31. Job 5. 13, 14. Ps. 39. 6; 127. 1, 2. Pr. 21. 30. Is. 41. 5-8; 50. 11; 55. 2. Je. 51. 58, 64. Mal. 1. 4. *for very vanity. or,* in vain.

14 *the earth.* Ps. 22. 27; 67. 1, 2; 72. 19; 86. 9; 98. 1-3. Is. 6. 3; 11. 9. Zec. 14. 8, 9. Re. 11. 15; 15. 4. *with the knowledge of the glory. or,* by knowing the glory.

15 *unto.* Ge. 19. 32-35. 2 Sa. 11. 13; 13. 26-28. Je. 25. 15; 51. 7. Re. 17. 2, 6; 18. 3. *that puttest.* Ho. 7. 5. *that thou.* Ge. 9. 22. Ex. 32. 25.

16 *with shame for glory. or,* more with shame than with glory. Pr. 3. 35. Is. 47. 3. Ho. 4. 7. Phi. 3. 19. *drink.* Ps. 75. 8. Is. 49. 26; 51. 21-23. Je. 25. 26, 27; 51. 57. Re. 18. 6. *and let.* Is. 20. 4; 47. 3. Na. 3. 5. *the cup.* Je. 25. 27-29. *and shameful.* Is. 28. 7, 8. Ho. 7. 5.

17 *the violence.* Zec. 11. 1. *because.* ver. 8. Ps. 55. 23; 137. 8. Pr. 28. 17. Re. 10. 20-24. *of the city.* Je. 50. 28, 33, 34; 51. 24, 34-37.

18 *profiteth.* Is. 37. 38; 42. 17; 44. 9, 10; 45. 16, 20; 46. 1, 2, 6-8. Je. 2. 27, 28; 10. 3-5; 50. 2. Ro. 6. 21. *a teacher.* Je. 10. 8, 14, 15. Jon. 2. 8. Zec. 10. 2. Ro. 1. 23-25. 2 Th. 2. 9-11. 1 Ti. 4. 1, 2. Re. 13. 11-15; 19. 20. *that the.* Ps. 115. 4-8; 135. 15-18. Is. 1. 31; 44. 14-20. *maker of his work. Heb.* fashioner of his fashion. *dumb.* 1 Co. 12. 2.

19 *that.* 1 Ki. 18. 26-29. Ps. 97. 7. Is. 44. 17. Je. 51. 47. Da. 3. 7, 18, 29; 5. 23. Jon. 1. 5. *it is.* Is. 40. 19; 46. 6. Je. 10. 4, 9. Da. 3. 1. Ac. 17. 29. Re. 17. 4. *and there.* Ps. 135. 17.

20 *the Lord.* Ps. 11. 4; 115. 3; 132. 13, 14. Is. 6. 1; 66. 1, 6. Jon. 2. 4, 7. Ep. 2. 21, 22. *let all the earth keep silence before him. Heb.* be silent all the earth before him. Ps. 46. 10; 76. 8, 9. Zep. 1. 7. Zec. 2. 13.

## CHAP. III.

*Habakkuk, in his prayer, trembles at God's majesty,* 1-16. *The confidence of his faith,* 17-19.

1 *prayer.* Ps. 86; 90, titles. *upon Shigionoth. or,* according to variable songs, *or* tunes, *called in Hebrew,* Shigionoth. Ps. 7, title.

2 *I have.* ver. 16; ch. 1. 5-10. Ex. 9. 20, 21. 2 Ch. 34. 27, 28. Job 4. 12-21. Ps. 119. 120. Is. 66. 2. Je. 36. 21-24. Da. 8. 17. He. 11. 7; 12. 21. Re. 15. 4. *speech. Heb.* report, *or* hearing. Is. 53. 1. Ro. 10. 16. *O Lord.* Ezr. 9. 8. Ps. 85. 6; 90. 13-17; 138. 7, 8. Is. 51. 9-11; 63. 15-19; 64. 1-4. Ho. 6. 2, 3. Jno. 10. 10. Phi. 1. 6. *revive. or,* preserve alive. *in the.* Je. 25. 11, 12; 52. 31-34. Da. 9. 2. *in wrath.* Ex. 32. 10-12. Nu. 14. 10-23; 16. 46, 47. 2 Sa. 24. 10-17. Ps. 6. 1, 2; 38. 1; 78. 38. Je. 10. 24; 29. 10. La. 3. 32. Zec. 1. 12.

3 *came.* Ju. 5. 4, 5. Ps. 68. 7, 8. Is. 64. 3. *from.* Ge. 36. 11. Je. 49. 7. Am. 1. 12. Ob. 9. *Teman. or,* the south. *Paran.* Ge. 21. 21. Nu. 10. 12. De. 33. 2. 1 Sa. 25. 1. *Selah.* Ps. 3. 2, 4; 4. 4; 9. 16, 20. *His glory.* Ex. 19. 16-20; 20. 18; 24. 15-17. De. 5. 24. Ps. 68. 17; 114. 3-7. *and the earth.* Is. 6. 3. 2 Co. 3. 7-11. Re. 5. 13, 14.

4 *brightness.* Ex. 13. 21; 14. 20. Ne. 9. 12. Ps. 104. 2. Is. 60. 19, 20. Mat. 17. 2. 1 Ti. 6. 16. Re. 21. 23; 22. 5. *horns coming out of his hand. or,* bright beams out of his side. *the hiding.* Job 26. 14. Pr. 18. 10.

5 *went.* Ex. 12. 29, 30. Nu. 14. 12; 16. 46-49. Ps. 78. 50, 51. Na. 1. 2, 3. *and.* Ps. 18. 7-13. *burning coals. or,* burning diseases. De. 32. 24.

6 *and measured.* Ex. 15. 17; 23. 31. Nu. ch. 34. De. 32. 8. Ac. 17. 26. *and drove.* Jos. 10. 42; 11. 18-23. Ne. 9. 22-24. Ps. 135. 8-12. *the everlasting.* ver. 10. Ge. 49. 26. De. 33. 15. Ju. 5. 5. Ps. 68. 16; 114. 4-7. Is. 64. 1-3. Na. 1. 5. Zec. 14. 4, 5. *his.* Ps. 90. 2; 103. 17. Is. 51. 6, 8. Mi. 5. 3. Mat. 24. 35. Lu. 1. 50. He. 13. 8.

7 *saw the.* Ex. 15. 14-16. Nu. 22. 3, 4. Jos. 2. 10; 9. 24. *Cushan. or,* Ethiopia. Ge. 10. 6, 7. *in affliction. or,* under affliction, *or* vanity. *Midian.* Ge. 25. 1-4. Nu. 31. 2, etc. Ps. 83. 5-10.

8 *the Lord.* Ex. 14. 21, 22. Jos. 3. 16, 17. Ps. 114. 3, 5. Is. 50. 2. Na. 1. 4. Mar. 4. 39. Re. 16. 12. *ride.* ver. 15. De. 33. 26, 27. Ps. 18. 10; 45. 4; 68. 4, 17; 104. 3. Is. 19. 1. Re. 6. 2; 19. 11, 14. *of salvation. or, were* salvation.

9 *bow.* De. 32. 23. Ps. 7. 12, 13; 35. 1-3. Is. 51. 9, 10; 52. 10. La. 2. 4. *according.* Ge. 15. 18-21; 17. 7, 8; 22. 16-18; 26. 3, 4; 28. 13, 14. Ps. 105. 8-11. Lu. 1. 72-75. He. 6. 13-18. *Selah.* ver. 9. Ps. 143. 6. *Thou.* Ex. 17. 6. Nu. 20. 11. Ps. 78. 15, 16; 105. 41. 1 Co. 10. 4. *the earth with rivers. or,* the rivers of the earth.

10 *mountains.* ver. 6. Ex. 19. 16-18. Ju. 5. 4, 5. Ps. 68. 7, 8; 77. 18; 97. 4, 5; 114. 4, 6. Is. 64. 1, 2. Je. 4. 24. Mi. 1. 4. Na. 1. 5. Mat. 27. 51. Re. 6. 14; 20. 11. *the overflowing.* Ex. 14. 22-28. Jos. 3. 15, 16; 4. 18, 23, 24. Ne. 9. 11. Ps. 18. 15; 66. 6; 74. 13-15; 77. 16-19; 114. 3-8; 136. 13-15. Is. 11. 15, 16; 63. 11-13. He. 11. 29. Re. 16. 12. *the deep.* Ps. 65. 13; 93. 3; 96. 11-13; 98. 7, 8. Is. 43. 20; 55. 12.

11 *sun.* Jos. 10. 12, 13. Is. 28. 21; 38. 8. *habitation.* Ps. 19. 4. *at the light of thine arrows they went. or,* thine arrows walked in the light. Jos. 10. 11. Ps. 18. 12-14; 77. 17, 18; 144. 5, 6.

12 *didst march.* Nu. 21. 23-35. Jos. ch. 6-12. Ne. 9. 22-24. Ps. 44. 1-3; 78. 55. Ac. 13. 19. *thresh.* Je. 51. 33. Am. 1. 3. Mi. 4. 12, 13.

13 *wentest.* Ex. 14. 13, 14; 15. 1, 2. Ps. 68. 7, 19-23. *with.* Ps. 77. 20; 89. 19-21; 99. 6; 105. 15, 26. Is. 63. 11. *thou woundedst.* Ex. 12. 29, 30. Jos. 10. 11, 24, 42; 11. 8, 12. Ps. 18. 37-45; 68. 21; 74. 13, 14; 110. 6. *discovering. Heb.* making naked.

14 *the head.* Ex. 11. 4-7; 12. 12, 13, 29, 30; 14. 17, 18. Ps. 78. 50, 51; 83. 9-11. *they.* Ex. 14. 5-9; 15. 9, 10. Ps. 83. 2. 8; 118. 10-12. Ac. 4. 27, 28. *came out. Heb.* were tempestuous. Da. 11. 40. Zec. 9. 14. *their.* Ex. 1. 10-16, 22. Ps. 10. 8; 64. 2-7.

15 *walk.* ver. 8. Ps. 77. 19. *heap. or,* mud.

16 *I heard.* ver. 2; ch. 1. 5-11. *my belly.* Ps. 119. 120. Je. 23. 9. Eze. 3. 14. Da. 8. 27; 10. 8. *that I.* Ps. 91. 15; 94. 12, 13. Is. 26. 20, 21. Je. 15. 10, 11; 45. 3-5. Eze. 9. 4-6. 2 Th. 1. 6-9. *he will.* ch. 1. 6. De. 28. 49-52. 2 Ki. 24. 1, 2. Je. 25. 9-11. *invade them. or* cut them in pieces.

17 *the fig-tree.* De. 28. 15-18, 30-41. Je. 14. 2-8. Joel 1. 10-13, 16-18. Am. 4. 6-10. Hag. 2. 16, 17. *fail. Heb.* lie.

18 *I will rejoice.* De. 12. 18. 1 Sa. 2. 1. Job 13. 15. Ps. 33. 1; 46. 1-5; 85. 6; 97. 12; 104. 34; 118. 15; 149. 2. Is. 41. 16; 61. 10. Zec. 10. 7. Lu. 1. 46, 47. Ro. 5. 2, 3. Phi. 4. 4. Ja. 1. 2, 9, 10. 1 Pe. 1. 8; 4. 12, 13. *the God.* Ex. 15. 2. Ps. 25. 5; 27. 1; 118. 14. Is. 12. 2. Mi. 7. 7. Lu. 2. 30.

19 *my strength.* Ps. 18. 1; 27. 1; 46. 1. Is. 12. 2; 45. 24. Zec. 10. 12. 2 Co. 12. 9, 10. Ep. 3. 16. Phi. 4. 13. Col. 1. 11. *like.* 2 Sa. 22. 34. Ps. 18. 33. *to walk.* De. 32. 13; 33. 29. Is. 58. 14. *stringed instruments. Heb.* Neginoth. Ps. 4; 6; 54; 55; 67; 76, titles.

# ZEPHANIAH.

## CHAP. I.

*The time when Zephaniah prophesied,* 1. *God's severe judgments against Judah,* 2-18.

1 *word.* Eze. 1. 3. Ho. 1. 1. 2 Ti. 3. 16. 2 Pe. 1. 19. *in the days.* 2 Ki. ch. 22; 23. 2 Ch. ch. 34; 35. Je. 1. 2; 25. 3.

2 *I will,* etc. *Heb.* By taking away I will make an end. *utterly.* 2 Ki. 22. 16, 17. 2 Ch. 36. 21. Is. 6. 11. Je. 6. 8, 9. 24. 8-10; 34. 22; 36. 29. Eze. 33. 27-29. Mi. 7. 13. *land. Heb.* face of the land.

3 *consume man.* Je. 4. 23-29; 12. 4. Ho. 4. 3. *stumbling-blocks. or,* idols. Is. 27. 9. Eze. 7. 19; 14. 3-7; 44. 12. Ho. 14. 3, 8. Mi. 5. 11-14. Zec. 13. 2. Mat. 23. 41. Re. 2. 14. *and I.* Eze. 14. 13-21; 15. 6-8.

4 *stretch.* Ex. 15. 12. 2 Ki. 21. 13. Is. 14. 26, 27. *the remnant.* '*Fulfilled,* 2 Ki. 23. 4, 5. 2 Ch. 34. 4.' *the Chemarims.* Ho. 10. 5, marg.

5 *worship.* See on 2 Ki. 23. 12. Je. 19. 13; 32. 29. *and them.* 1 Ki. 18. 21. 2 Ki. 17. 33, 41. Mat. 6. 24. *and that.* De. 10. 20. Is. 48. 1. Je. 4. 2. Ho. 4. 15. *by the Lord. or,* to the Lord. Is. 44. 5; 45. 23. Ro. 14. 11. *swear by.* Jos. 23. 7. *Malcham.* 1 Ki. 11. 33, Milcom. Am. 5. 26, Moloch.

6 *turned.* 1 Sa. 15. 11. Ps. 36. 3; 125. 5. Is. 1. 4. Je. 2. 13, 17; 3. 10; 15. 6. Eze. 3. 20. Ho. 4. 15, 16; 11. 7. He. 10. 38, 39. 2 Pe. 2. 18-22. *and those.* Ps. 10. 4; 14. 2, 3. Is. 43. 22. Ho. 7. 7. Ro. 3. 11. He. 2. 3.

7 *thy.* 1 Sa. 2. 9, 10. Job 40. 4, 5. Ps. 46. 10; 76. 8, 9. Is. 6. 5. Am. 6. 10. Hab 2. 20. Zec. 2. 13. Ro. 3. 19; 9. 20. *for the day.* ver. 14. Is. 2. 12; 13. 6. Eze. 7. 7, 10. Joel 2. 1, 2, 11, 31. Am. 5. 18-20. Mal. 4. 1. Phi. 4. 5. 2 Pe. 3. 10-12. *for the Lord.* Is. 34. 6. Je. 46. 10. Eze. 39. 17-20. Re. 19. 17, 18. *he hath.* Pr. 9. 1-6. Mat. 22.4. Lu. 14. 16, 17. *bid. Heb.* sanctified, *or* prepared. 1 Sa. 16. 5; 20. 26. Col. 1. 12.

8 *punish. Heb.* visit upon. Is. 10. 12; 24. 21, margins. *the princes.* 2 Ki. 23. 30-34; 24. 12, 13; 25. 6, 7, 19-21. Is. 39. 7. Je. 22. 11-19, 24-30; 39. 6, 7. *strange.* De. 22. 5. 2 Ki. 10. 22. Is. 3. 18-24.

9 *those.* Or, 'that leap over the threshold,' by which is probably meant the *Philistines,* who, after the time that Dagon fell before the ark and was broken on the threshold, leaped over it when entering his temple. *leap.* 1 Sa. 5. 5. *which.* 1 Sa. 2. 15, 16. 2 Ki. 5. 20-27. Ne. 5. 15. Pr. 29. 12. Ac. 16. 19.

10 *in.* ver. 7, 15. Je. 39. 2. *the noise.* Is. 22. 4, 5; 59. 11. Je. 4. 19-21, 31. Am. 8. 3. *the fish gate.* 2 Ch. 33. 14. Ne. 3. 3. *the second.* 2 Ki. 22. 14. 2 Ch. 32. 22. *from.* 2 Sa. 5. 7, 9. 2 Ch. 3. 1.

11 *Howl.* Je. 4. 8; 25. 34. Eze. 21. 12. Joel 1. 5, 13. Zec. 11. 2, 3. Ja. 5. 1. *all the.* Ne. 3. 31, 32. Ho. 12. 7, 8. Jno. 2. 16. Re. 18. 11-18.

12 *that I.* Je. 16. 16, 17. Am. 9. 1-3. Ob. 6. *the men.* Je. 48. 11. Am. 6. 1. Re. 2. 23. *settled. Heb.* curded, or thickened. *The Lord.* Job 21. 15. Ps. 10. 11-13; 14. 1; 94. 7. Is. 5. 19. Je. 10. 5. Eze. 8. 12; 9. 9. Mal. 3. 14, 15. 2 Pe. 3. 4.

13 *their goods.* ver. 9. Is. 6. 11; 24. 1-3. Je. 4. 7, 20; 5. 17; 9. 11, 19; 12. 10-13. Eze. 7. 19, 21; 22. 31. Mi. 3. 12. *build.* De. 28. 30, 39, 51. Is. 5. 8, 9; 65. 21, 22. Am. 5. 11. Mi. 6. 15.

14 *great.* ver. 7. Je. 30. 7. Eze. 30. 3. Joel 2. 1, 11, 31. Mal. 4. 5. Ac. 2. 20. Re. 6. 17. *it is.* Eze. 7. 6, 7, 12; 12. 23. Am. 8. 2. Phi. 4. 5. Ja. 5. 9. 2 Pe. 2. 3. *even.* ver. 10. Is. 22. 4, 5; 66. 6. Je. 25. 36. Joel 2. 11; 3. 16. 1 Th. 4. 16. He. 12. 26. *the mighty.* Is. 15. 4; 33. 7. Je. 48. 41. Re. 6. 15-17.

15 *is.* ver. 18; ch. 2. 2. Is. 22. 5. Je. 30. 7. Am. 5. 18-20. Lu. 21. 22, 23. Ro. 2. 5. 2 Pe. 3. 7. Re. 6. 17. *a day of darkness.* Job 3. 4-8. Joel 2. 2, 11.

16 *day.* Is. 59. 10. Je. 4. 19, 20; 6. 1; 8. 16. Ho. 5. 8; 8. 1. Am. 3. 6. Hab. 1. 6-10; 3. 6. *and against.* Ps. 48. 12, 13. Is. 2. 12-15; 32. 14.

17 *they shall.* De. 28. 28, 29. Ps. 79. 3. Is. 29, 10; 59. 9, 10. La. 4. 14. Mat. 15. 14. Jno. 9. 40, 41. Ro. 11. 7, 25. 2 Co. 4. 4. 2 Pe. 1. 9. 1 Jno. 2. 11. Re. 3. 17. *because.* Is. 24. 5, 6; 50. 1; 59. 12-15. Je. 2. 17, 19; 4. 18. La. 1. 8, 14, 18; 4. 13-15; 5. 16, 17. Eze. 22. 25-31. Da. 9. 5, etc. Mi. 3. 9-12; 7. 13. *and their blood.* 2 Ki. 9. 33-37. Ps. 79. 2, 3; 83. 10. Je. 9. 21, 22; 15. 3; 16. 4-6; 18. 21. La. 2. 21; 4. 14. Am. 4. 10.

18 *their silver.* ver. 11. Ps. 49. 6-9; 52. 5-7. Pr. 11. 4; 18. 11. Is. 2. 20, 21. Je. 9. 23, 24. Eze. 7. 19. Mat. 16. 26. Lu. 12. 19-21; 16. 22, 23. *in the day.* ver. 15. Job 21. 30. *but.* ch. 3. 8. Le. 26. 33-35. De. 29. 20-28; 31. 17. Is. 24. 1-12. Je. 4. 26-29; 7. 20, 34; 9. 11. *the fire.* ch. 3. 8. De. 32. 21-25. 1 Ki. 14. 22. Ps. 78. 58; 79. 5. Eze. 8. 3-5; 16. 38; 36. 5, 6. 1 Co. 10. 22. *he shall.* ver. 2, 3. Is. 1. 24.

CHAP. II.

*An exhortation to repentance,* 1-3. *The judgment of the Philistines,* 4-7, *of Moab and Ammon,* 8-11, *of Ethiopia,* 12, *and of Assyria,* 13-15.

1 *gather together.* 2 Ch. 20. 4. Ne. 8. 1; 9. 1. Es. 4. 16. Joel 1. 14; 2. 12-18. Mat. 18. 20. *O nation.* Is. 1. 4-6, 10-15. Je. 12. 7-9. Zec. 11. 8. *desired. or,* desirous. Is. 26. 8, 9.

2 *the decree.* ch. 3. 8. 2 Ki. 22. 16, 17; 23. 26, 27. Eze. 12. 25. Mat. 24. 35. 2 Pe. 3. 4-10. *as.* Job 21. 18. Ps. 1. 4. Is. 17. 13; 41. 15, 16. Ho. 13. 3. *before the fierce.* ch. 1. 18. 2 Ch. 36. 16, 17. Ps. 2. 12; 50. 22. Je. 23. 20. La. 4. 11. Na. 1. 6. Mal. 4. 1, 2. Lu. 13. 24-28. *before the day of.* Ps. 95. 7, 8.

3 *Seek ye.* Ps. 105. 4. Is. 55. 6, 7. Je. 3. 13, 14; 4. 1, 2; 29. 12, 13. Ho. 7. 10; 10. 12. Am. 5. 4-6, 14, 15. Mat. 7. 7, 8. *all.* 2 Ch. 34. 27, 28. Ps. 22. 26; 25. 8, 9; 76. 9; 149. 4. Is. 61. 1. Je. 22. 15, 16. Zec. 8. 19. Mat. 5. 5. Ja. 1. 21, 22. 1 Pe. 3. 4. *seek righteousness.* Phi. 3. 13, 14. 1 Th. 4. 1, 10. 1 Pe. 1. 22. 2 Pe. 3. 18. *it may.* 2 Sa. 12. 22. Joel 2. 13, 14. Am. 5. 15. Jon. 3. 9. *hid.* Ge. 7. 15, 16. Ex. 12. 27. Ps. 31. 20; 32. 6, 7; 57. 1; 91. 1. Pr. 18. 10. Is. 26. 20, 21. Je. 39. 18; 45. 5. Col. 3. 2-4.

4 *Gaza.* Je. 25. 20; ch. 47. Eze. 25. 15-17. Am. 1. 6-8. Zec. 9. 5-7. *at.* Ps. 91. 6. Je. 6. 4; 15. 8.

5 *Cherethites.* Je. 47. 7. Eze. 25. 16, Cherethims. *the word.* Am. 3. 1; 5. 1. Zec. 1. 6. Mar. 12. 12. *O Canaan.* Jos. 13. 3. Ju. 3. 3.

6 *the sea.* ver. 14, 15. Is. 17. 2. Eze. 25. 5.

7 *the coast.* Is. 14. 29-32. Ob. 19. Zec. 9. 6, 7. Ac. 8. 26, 40. *the remnant.* ver. 9. Is. 11. 11. Je. 31. 7. Mi. 2. 12; 4. 7; 5. 3-8. Hag. 1. 12; 2. 2. Ro. 11. 5. *for. or,* when, etc. *shall visit.* Ge. 50. 24. Ex. 4. 31. Lu. 1. 68; 7. 16. *turn.* ch. 3. 20. Ps. 85. 1; 126. 1-4. Is. 14. 1. Je. 3. 18; 23. 3; 29. 14; 30. 3, 18, 19; 33. 7. Eze. 39. 25. Am. 9. 14, 15. Mi. 4. 10.

8 *heard.* Je. 48. 27-29. Eze. 25. 8-11. *the revilings.* Ps. 83. 4-7. Je. 49. 1. Eze. 25. 3-7; 36. 2. Am. 1. 13.

9 *as I.* Nu. 14. 21. Is. 49. 18. Je. 46. 18. Ro. 14. 11. *Surely.* Is. 11. 14; ch. 15; 16; 25. 10. Je. ch. 48; 49. 1-7. Eze. 25. 1, etc. Am. 1. 13-15; 2. 1-3. *as Gomorrah.* ver. 14. Ge. 19. 24, 25. De. 29. 23. Is. 13. 19, 20; 34. 9-13. Je. 49. 18; 50. 40. *the residue.* ver. 7; ch. 3. 13. Joel 3. 19, 20. Mi. 5. 7, 8.

10 *for.* ver. 8. Is. 16. 6. Je. 48. 29. Da. 4. 37; 5. 20-23. Ob. 3. 1 Pe. 5. 5. *and magnified.* Ex. 9. 17; 10. 3. Is. 10. 12-15; 37. 22-29. Eze. 38. 14-18.

11 *for.* De. 32. 38. Ho. 2. 17. Zec. 13. 2. *famish. Heb.* make lean. *and men.* Ps. 2. 8-12; 22. 27-30; 72. 8-11, 17; 86. 9; 97. 6-8; 117; 138. 4. Is. 2. 2-4; 11. 9, 10. Mi. 4. 1-3. Zec. 2. 11; 8. 20, 23; 14. 9-21. Mal. 1. 11. Jno. 4. 21-23. 1 Ti. 2. 8. Re. 11. 15. *the isles.* Ge. 10. 5. Is. 24. 14-16; 42. 4, 10; 49. 1.

12 *Ethiopians.* Is. 18. 1, etc.; 20. 4, 5; 43. 3. Je. 46. 9, 10. Eze. 30. 4-9. *my.* Ps. 17. 13. Is. 10. 5; 13. 5. Je. 47. 6, 7; 51. 20-23.

13 *he will.* Ps. 83. 8, 9. Is. 10. 12, 16; 11. 11. Eze. 31. 3, etc. *will make.* Na. 1. 1; 2. 10, 11; 3. 7, 15, 18, 19. Zec. 10. 10, 11.

14 *flocks.* ver. 6. Is. 13. 19-22; 34. 11-17. Re. 18. 2. *cormorant. or,* pelican. *upper lintels. or,* knops, *or,* chapiters. Am. 9. 1. *for he shall uncover. or,* when he hath uncovered. *the cedar.* Je. 22. 14.

15 *the rejoicing.* Is. 10. 12-14; 22. 2; 47. 7. Re. 18. 7-10. *I am.* Is. 47. 8. Eze. 28. 2, 9; 29. 3. *how is.* Is. 14. 4, 5. La. 1. 1; 2. 1. Re. 18. 10-19. *every.* 1 Ki. 9. 7, 8. Job 27. 23. Ps. 52. 6, 7. La. 2. 15. Eze. 27. 36. Na. 3. 19. Mat. 27. 39.

CHAP. III.

*A sharp reproof of Jerusalem for divers sins,* 1-7. *An exhortation to wait for the restoration of Israel,* 8-13, *and to rejoice for their salvation by God,* 14-20.

1 *her that is filthy. or,* gluttonous. *Heb.* craw. Le. 1. 16. *to the.* Is. 5. 7; 30. 12; 59. 13. Je. 6. 6; 22. 17. Eze. 22. 7, 29. Am. 3. 9; 4. 1. Mi. 2. 2. Zec. 7. 10. Mal. 3. 5.

2 *obeyed.* De. 28. 15, etc. Ne. 9. 26. Je. 7. 23-28; 22. 21. Zec. 7. 11-14. *she received.* Is. 1. 5. Je. 2. 30; 5. 3. Eze. 24. 13. *correction. or,* instruction. Ps. 50. 17. Pr. 1. 7; 5. 12. Je. 32. 33; 35. 13, 17. Jno. 3. 18, 19. *she trusted.* Ps. 78. 22. Is. 30. 1-3; 31. 1. Je. 17. 5, 6. *she drew.* Ps. 10. 4. Is. 29. 13; 43. 22. He. 10. 22.

3 *princes.* Job 4. 8-11. Ps. 10. 8-10. Pr. 28. 15. Is. 1. 23. Je. 22. 17. Eze. 22. 6, 25-27. Mi. 3. 1-4, 9-11. *evening.* Je. 5. 6. Hab. 1. 8.

4 *light.* Is. 9. 15; 56. 10-12. Je. 5. 31; 6. 13, 14; 8. 10; 14. 13-15; 23. 9-17, 25-27, 32; 27. 14, 15. La. 2. 14. Eze. 13. 3-16. Ho. 9. 7. Mi. 2. 11; 3. 5, 6. Mat. 7. 15. 2 Co. 11. 13. 2 Pe. 2. 1-3. 1 Jno. 4. 1. Re. 19. 20. *her priests.* 1 Sa. 2. 12-17, 22. Eze. 22. 26; 44. 7, 8. Ho. 4. 6-8. Mal. 2. 8.

5 *just.* De. 32. 4. Ps. 99. 3, 4; 145. 17. Ec. 3. 16, 17. Is. 45. 21. Hab. 1. 13. Zec. 9. 9. Ro. 3. 26. 1 Pe. 1. 17. *is in.* ver. 15, 17. De. 23. 14. Is. 12. 6. Eze. 48. 35. Mi. 3. 11. Zec. 2. 5. *he will.* Ge. 18. 25. Job 8. 3; 34. 10, 17-19. *every morning. Heb.* morning by morning. Is. 28. 19; 33. 2; 50. 4. Je. 21. 12. La. 3. 23. *bring.* Ps. 37. 6. Is. 42. 3, 4. Mi. 7. 9. Lu. 12. 2. Ro. 2. 5. 1 Co. 4. 5. *but.* Je. 3. 3; 6. 15; 8. 12.

6 *cut.* Is. ch. 10; 15; 16; 19; 37. 11-13, 24-26, 36. Je. 25. 9-11, 18-26. Na. ch. 2; 3. 1 Co. 10. 6, 11. *towers. or,* corners.

7 *Surely.* ver. 2. Is. 5. 4; 63. 8. Je. 8. 6; 36. 3. Lu. 19. 42-44. 2 Pe. 3. 9. *so.* Je. 7. 7; 17. 25-27; 25. 5; 38. 17. *howsoever.* 2 Ch. 28. 6-8; 32. 1, 2; 33. 11; 36. 3-10. *they.* Mi. 2. 1, 2. *corrupted.* Ge. 6. 12. De. 4. 16. Ho. 9. 9.

8 *wait.* Ps. 27. 14; 37. 7, 34; 62. 1, 5; 123. 2; 130. 5, 6. Pr. 20. 22. Is. 30. 18. La. 3. 25, 26. Ho. 12. 6. Mi. 7. 7. Ja. 5. 7, 8. *rise.* Ps. 12. 5; 78. 65, 66. Is. 42. 13, 14; 59. 16-18. *to gather.* Eze. 38. 14-23. Joel. 3. 2, 9-16. Mi. 4. 11-13. Zec. 14. 2, 3. Mat. 25. 32. Re. 16. 14; 19. 17-19. *for all.* ch. 1. 18. De. 32. 21, 22. Ca. 8. 6. Eze. 36. 5, 6; 38. 19. 2 Pe. 3. 10.

9 *will.* Is. 19. 18. Mat. 12. 35. Ep. 4. 29. *language. Heb.* lip. Ge. 11. 1, marg. *that.* 1 Ki. 8. 41-43. Ps. 22. 27; 86. 9, 10; 113. 3. Je. 16. 19. Hab. 2. 14. Zec. 2. 11; 8. 20-23; 14. 9. Ac. 2. 4, etc. Ro. 15. 6-11. Re. 11. 15. *consent. Heb.* shoulder.

10 Ps. 68. 31; 72. 8-11. Is. 11. 11; 18. 1, 7, etc.; 27. 12, 13; 49. 20-23; 60. 4-12; 66. 18-21. Mal. 1. 11. Ac. 8. 27; 24. 17. Ro. 11. 11, 12; 15. 16. 1 Pe. 1. 1.

11 *shalt thou.* ver. 19, 20. Ps. 49. 5. Is. 45. 17; 54. 4; 61. 7; 65. 13, 14. Joel 2. 26, 27. Ro. 9. 33. 1 Pe. 2. 6. *that rejoice.* Nu. 16. 3. Is. 48. 1, 2. Je. 7. 4, 9-12. Eze. 7. 20-24; 24. 21. Mi. 3. 11. Mat. 3. 9. Ro. 2. 17. *because of my holy. or,* in my holy. Ps. 87. 1, 2. Is. 11. 9. Da. 9. 16, 20.

12 *leave.* Is. 14. 32; 61. 1-3. Zec. 11. 11; 13. 8, 9. Mat. 5. 3; 11. 5. 1 Co. 1. 27, 28. Ja. 2. 5. *and.* Ps. 37. 40. Is. 50. 10. Na. 1. 7. Mat. 12. 21. Ro. 15. 12. Ep. 1. 12, 13. 1 Pe. 1. 21.

13 *remnant.* ch. 2. 7. Is. 6. 13; 10. 20-22. Mi. 4. 7. Ro. 11. 4-7. *not.* Is. 11. 6-9; 35. 8; 60. 21. Je. 31. 33. Eze. 36. 25-27. Joel 3. 17, 21. Zec. 14. 20, 21. Mat. 13. 41. 1 Jno. 3. 9, 10; 5. 18. *nor.* Is. 63. 8. Jno. 1. 47. Col. 3. 9. Re. 14. 5; 21. 8, 27. *they.* Ps. 23. 2. Is. 65. 10. Je. 23. 4. Eze. 34. 13-15, 23-28. Mi. 4. 4; 5. 4, 5; 7. 14. Re. 7. 15-17. *and.* Is. 17. 2; 54. 14. Je. 30. 10. Eze. 39. 26. 1 Pe. 3. 14.

14 *shout.* Ezr. 3. 11-13. Ne. 12. 43. Ps. 14. 7; 47. 5-7; 81. 1-3; 95. 1, 2; 100. 1, 2; 126. 2, 3. Is. 12. 6; 24. 14-16; 35. 2; 40. 9; 42. 10-12; 51. 11; 54. 1; 65. 13, 14, 18, 19. Je. 30. 19; 31. 13; 33. 11. Zec. 2. 10, 11; 9. 9, 10, 15-17. Mat. 21. 9. Lu. 2. 10-14. Re. 19. 1-6. *O daughter of Jerusalem.* Mi. 4. 8.

15 *hath taken.* Ge. 30. 23. Ps. 85. 3. Is. 25. 8; 40. 1, 2; 51. 22. Mi. 7. 18-20. Zec. 1. 14-16; 8. 13-15; 10. 6, 7. *he hath.* Is. ch. 13; 14. Je. ch. 50; 51. Mi. 7. 10, 16, 17. Hab 2. 8, 17. Zec. 2. 8, 9; 12. 3. Ro. 8. 33, 34. Re. 12. 10. *the king.* Is. 33. 22. Eze. 37. 24, 25. Zec. 9. 9. Jno. 1. 49; 12. 15; 19. 19. Re. 19. 16. *is in.* ver. 5, 17. Eze. 37. 26-28; 48. 35. Joel 3. 20, 21. Re. 7. 15; 21. 3, 4. *thou.* Is. 35. 10; 51. 22; 60. 18; 65. 19. Eze. 39. 29. Joel 3. 17. Am. 9 15. Zec. 14. 11.

16 *be said.* Is. 35. 3, 4; 40. 9; 41. 10, 13, 14; 43. 1, 2; 44. 2; 54. 4. Je. 46. 27, 28. Hag. 2. 4, 5. Zec. 8. 15. Jno. 12. 12. He. 12. 12. *slack. or,* faint. 2 Co. 4. 1. Ga. 6. 9. Ep. 3. 13. He. 12. 3-5. Re. 2. 3.

17 *in the.* ver. 5, 15. *is mighty.* Ge. 17. 1; 18. 14. Ps. 24. 8-10. Is. 9. 6; 12. 2, 6; 63. 12. He. 7. 25. *will rejoice.* Nu. 14. 8. De. 30. 9. Ps. 147. 11; 149. 4. Is. 62. 4, 5; 65. 19. Je. 32. 41. Lu. 15. 5, 6, 23, 24, 32. Jno. 15. 11. *he will.* Ge. 1. 31; 2. 2. Is. 18. 4. Jno. 13. 1. *rest. Heb.* be silent.

18 *gather.* ver. 20. Je. 23. 3; 31. 8, 9. Eze. 34. 13; 36. 24. Ho. 1. 11. Ro. 11. 25, 26. *sorrowful.* Ps. 42. 2-4; 43. 3; 63. 1, 2; 84. 1, 2; 137. 3-6. La. 1. 4, 7; 2. 6, 7. Ho. 9. 5. *the reproach of it was a burden. Heb.* the burden upon it *was* reproach.

19 *I will undo.* ver. 15. Is. 25. 9-12; 26. 11; 41. 11-16; 43. 14-17; 49. 25, 26; 51. 22, 23; 66. 14-16. Je. 30. 16; 46. 28; 51. 35, 36. Eze. 39. 17-22. Joel 3. 2-9. Mi. 7. 10. Na. 1. 11-14. Zec. 2. 8, 9; 12. 3, 4; 14. 2, 3. Re. 19. 17-21; 20. 9. *and I will save.* Je. 31. 8. Eze. 34. 16. Mi. 4. 6, 7. He. 12. 13. *and I will.* Is. 60. 14; 61. 7; 62. 7. Je. 33. 9. Eze. 39. 26. *get them praise. Heb.* set them for a praise. *where they have been put to shame. Heb.* of their shame.

20 *even.* Is. 11. 11, 12; 27. 12, 13; 56. 8. Eze. 28. 25; 34. 16; 37. 21; 39. 28. Am. 9. 14. *for.* ver. 19. Is. 60. 15; 61. 9; 62. 7, 12. Mal. 3. 12. *I turn.* Ps. 35. 6. Je. 29. 14. Eze. 16. 53. Joel 3. 1.

# HAGGAI.

## CHAP. I.

*The time when Haggai prophesied,* 1. *He reproves the people for neglecting the building of the house,* 2-6. *He incites them to the building,* 7-11. *He promises them, being forward, God's assistance,* 12-15.

1 *second.* ch. 2. 1, 10, 20. Ezr. 4. 24; 5. 1, 2. Zec. 1. 1. *the sixth. Elul,* the sixth month of the ecclesiastical year, answering to a part of *September. by Haggai. Heb.* by the hand of Haggai. Ex. 4. 13. 1 Ki. 14. 18. 2 Ki. 14. 25. Ezr. 6. 14. *unto.* ver. 12, 14; ch. 2. 2, 4, 21-23. 1 Ch. 3. 17, 19, Salathiel. Ezr. 2. 2; 3. 2, 8; 4. 2; 5. 2. Ne. 7. 7. Zec. 4. 6-10. Mat. 1. 12, 13, Zorobabel, Salathiel. Lu. 3. 27. *governor. or,* captain. Ezr. 1. 8; 2. 63. Ne. 5. 14; 8. 9. *Joshua.* Ezr. 2. 2; 3. 8; 5. 2. Ne. 12. 1, 10. *Josedech.* 1 Ch. 6. 14, 15, Jehozadak.

2 *This.* Nu. 13. 31. Ezr. 4. 23, 24; 5. 1, 2. Ne. 4. 10. Pr. 22. 13; 26. 13-16; 29. 25. Ec. 9. 10; 11. 4. Ca. 5. 2, 3.

4 *to.* 2 Sa. 7. 2. Ps. 132. 3-5. Mat. 6. 33. Phi. 2. 21. *and.* Ps. 74. 7; 102. 14. Je. 26. 6, 18; 52. 13. La. 2. 7; 4. 1. Eze. 24. 21. Da. 9. 17, 18, 26, 27. Mi. 3. 12. Mat. 24. 1, 2.

5 *thus.* ver. 7; ch. 2. 15-18. La. 3. 40. Eze. 18. 28. Lu. 15. 17. 2 Co. 13. 5. Ga. 6. 4. *Consider your ways. Heb.* Set your heart on your ways. Ex. 7. 23; 9. 21, marg. Ps. 48. 13, marg. Eze. 40. 4. Da. 6. 14; 10. 12.

6 *have.* ver. 9; ch. 2. 16. Le. 26. 20. De. 28. 38-40. 2 Sa. 21. 1. Ps. 107. 34. Is. 5. 10. Je. 14. 4. Ho. 4. 10; 8. 7. Joel 1. 10-13. Am. 4. 6-9. Mi. 6. 14, 15. Zec. 8. 10. Mal. 2. 2; 3. 9-11. *eat.* Le. 26. 26. 1 Ki. 17. 12. Job 20. 22. Je. 44. 18. Eze. 4. 16, 17. *with holes. Heb.* pierced through. Job 20. 28. Zec. 5. 4.

7 See on ver. 5. Ps. 119. 59, 60. Is. 28. 10. Phi. 3. 1.

8 *to.* 2 Ch. 2. 8-10. Ezr. 3. 7; 6. 4. Zec. 11. 1, 2. *and build.* See on ver. 2-4. Jon. 3. 1, 2. Mat. 3. 8, 9. *and I will take.* 1 Ki. 9. 3. 2 Ch. 7. 16. Ps. 87. 2, 3; 133. 13, 14. *I will be.* ch. 2. 7. Ex. 29. 43. Is. 60. 7, 13; 66. 11. Jno. 13. 31, 32.

9 *Ye looked.* They had used all proper means in the cultivation of their lands, and had 'sown much;' but when they rationally entertained the most sanguine expectations of a large increase, they were strangely disappointed; and even what they had brought home was unaccountably wasted, as if the Lord had 'blown upon it,' and driven it away! And the reason was, because they neglected the temple, and left it in ruins, whilst they eagerly employed themselves in building and decorating their own houses; therefore they were visited by drought and famine, and by various diseases on man and beast. ver. 6; ch. 2. 16, 17. Is. 17. 10, 11. Mal. 3. 8-11. *blow upon it. or,* blow it away. 2 Sa. 22. 16. 2 Ki. 19. 7. Is. 40. 7. Mal. 2. 2. *Why.* Job 10. 2. Ps. 77. 5-10. *Because.* See on ver. 4. Jos. 7. 10-15. 2 Sa. 21. 1. Mat. 10. 37, 38. 1 Co. 11. 30-32. Re. 2. 4; 3. 19.

10 Le. 26. 19. De. 28. 23, 24. 1 Ki. 8. 35; 17. 1. Je. 14. 1-6. Ho. 2. 9. Joel 1. 18-20.

11 *I called.* De. 28. 22. 1 Ki. 17. 1. 2 Ki. 8. 1. Job 34. 29. La. 1. 21. Am. 5. 8; 7. 4; 9. 6. *upon all.* ch. 2. 17.

12 *Zerubbabel.* ver. 14. Ezr. 5. 2. Is. 55. 10, 11. Col. 1. 6. 1 Th. 1. 5, 6; 2. 13, 14. *fear.* Ge. 22. 12. Ps. 112. 1. Pr. 1. 7. Ec. 12. 13. Is. 50. 10. Ac. 9. 31. He. 12. 28.

13 *the Lord's.* Ju. 2. 1, marg. Is. 42. 19; 44. 26. Eze. 3. 17. Mal. 2. 7; 3. 1. 2 Co. 5. 20. *I am.* ch. 2. 4. 2 Ch. 15. 2; 20. 17; 32. 8. Ps. 46. 7, 11. Is. 8. 8-10; 41. 10; 43. 2. Je. 15. 20; 20. 11; 30. 11. Mat. 1. 23; 18. 20; 28. 20. Ac. 18. 9, 10. Ro. 8. 31. 2 Ti. 4. 17, 22.

14 *stirred.* 1 Ch. 5. 26. 2 Ch. 36. 22. Ezr. 1. 1, 5; 7. 27, 28. Ps. 110. 3. 1 Co. 12. 4-11. 2 Co. 8. 16. He. 13. 21. *governor of.* ver. 1; ch. 2. 21. *and they.* Ezr. 5. 2, 8. Ne. 4. 6. 1 Co. 15. 58. Phi. 2. 12, 13.

15 ver. 1; ch. 2. 1, 10, 20.

## CHAP. II.

*He encourages the people to the work, by promise of greater glory to the second temple than was in the first,* 1-9. *In the type of holy things and unclean he shews their sins hindered the work,* 10-19. *God's promise to Zerubbabel,* 20-23.

1 *the seventh.* ver. 10, 20; ch. 1. 15. *the prophet. Heb.* the hand of the prophet, etc. ch. 1. 1. 2 Pe. 1. 21.

2 *governor.* ch. 1. 14. Ezr. 1. 8; 2. 63. Ne. 8. 9.

3 *is left.* Ezr. 3. 12. Zec. 4. 9, 10. *glory.* Eze. 7. 20. Lu. 21. 5, 6.

4 *now.* De. 31. 23. Jos. 1. 6, 9. 1 Ch. 22. 13; 28. 20. Zec. 8. 9. 1 Co. 16. 13. Ep. 6. 10. 2 Ti. 2. 1. *for.* ch. 1. 13. Ex. 3. 12. Ju. 2. 18. 1 Sa. 16. 18. 2 Sa. 5. 10. Mar. 16. 20. Ac. 7. 9. 2 Ti. 4. 17.

5 *to the.* Ex. 29. 45, 46; 33. 12-14; 34. 8, 10. *so.* Nu. 11. 25-29. Ne. 9. 20, 30. Ps. 51. 11, 12. Is. 63. 11-14. Zec. 4. 6. Jno. 14. 16, 17. *fear.* Jos. 8. 1. 2 Ch. 20. 17. Is. 41. 10, 13. Zec. 8. 13, 15. Mat. 28. 5. Ac. 27. 24. Re. 1. 17.

6 *Yet.* ver. 21, 22. He. 12. 26-28. *it is.* Ps. 37. 10. Is. 10. 25; 29. 17. Je. 51. 33. He. 10. 37. *and I.* Is. 34. 4. Je. 4. 23-26. Eze. 38. 20. Joel 2. 30-32; 3. 16. Mat. 24. 29, 30. Mar. 13. 24-26. Lu. 21. 25-27. Ac. 2. 19. He. 12. 26. Re. 6. 12-17; 8. 5-12; 11. 9; 6. 2-21.

7 *I will shake.* Eze. 21. 27. Da. 2. 44, 45; 7. 20-25. Joel 3. 9-16. Lu. 21. 10, 11. *and the.* Ga. 3. 15; 22. 18; 49. 10. Zec. 9. 9, 10. Lu. 2. 10, 11, 27, 46. Ro. 15. 9-15. Ga. 3. 8. *I will fill.* Ex. 40. 34, 35. 1 Ki. 8. 11. 2 Ch. 5. 14. Ps. 80. 1. Mal. 3. 1. Lu. 19. 47; 20. 1; 21. 38. Jno. 1. 14; 2. 13-17; 7. 37-39; 10. 23-38. Col. 2. 9.

8 1 Ki. 6. 20-35. 1 Ch. 29. 14-16. Ps. 24. 1; 50. 10-12. Is. 60. 13, 17.

9 *glory.* Ps. 24. 7-10. Jno. 1. 14. 2 Co. 3. 9, 10. 1 Ti. 3. 16. Ja. 2. 1. *saith.* Whoever compares the description of the temple of Solomon, in the first book of Kings, with the most splendid accounts of the second temple, however adorned with costly stones and other magnificent decorations in after ages, must perceive that the former, being wholly overlaid with pure gold, was incomparably more glorious than the latter in its greatest magnificence; and the Jews themselves allow that the ark of the covenant, fire from heaven, the Urim and Thummim, the anointing oil, the Shechinah, or visible glory, and the spirit of prophecy, which distinguished the former temple, were wanting in this. In nothing, in fact, could the second temple excel the first in glory, except in the personal presence of 'the Desire of all nations,' He who is 'the glory of the Lord,' and the true temple, 'in whom dwells all the fulness of the Godhead bodily,' and who was the true Shechinah, of which that of Solomon's temple was merely a type. And if it be admitted that the presence of the promised Messiah was intended, then it will follow that 'Jesus of Nazareth' was He; for the second temple, in which as the 'Prince of peace' he preached peace and reconciliation with God, has been utterly destroyed for upwards of seventeen hundred years. *give.* Ps. 85. 8, 9. Is. 9. 6, 7; 57. 18-21. Mi. 5. 5. Lu. 2. 14. Jno. 14. 27. Ac. 10. 36. Ep. 2. 14-17. Col. 1. 19-21.

10 ver. 1, 20; ch. 1. 1, 15.

11 Le. 10. 10, 11. De. 33. 10. Eze. 44. 23, 24. Mal. 2. 7. Tit. 1. 9.

12 Ex. 29. 37. Le. 6. 27, 29; 7. 6. Eze. 44. 19. Mat. 23. 19.

13 Nu. 5. 2, 3; 9. 6-10; 19. 11-22.

14 *So is this people.* ch. 1. 4-11. Pr. 15. 8; 21. 4, 27; 28. 9. Is. 1. 11-15. Tit. 1. 15. Jude 23. *and that.* Ezr. 3. 2, 3.

15 *consider.* ver. 18; ch. 1. 5, 7. Ps. 107. 43. Is. 5. 12. Ho. 14. 9. Mal. 3. 8-11. Ro. 6. 21. 1 Co. 11. 31. *from before.* Ezr. 3. 10; 4. 24.

16 *when one came to an.* ch. 1. 6, 9-11. Pr. 3. 9, 10. Zec. 8. 10-12. Mal. 2. 2.

17 *with blasting.* ch. 1. 9. Ge. 42. 6, 23, 27. De. 28. 22. 1 Ki. 8. 37. 2 Ch. 6. 28. Is. 37. 27. Am. 4. 9. *with hail.* Ex. 9. 18-29. Is. 28. 2. *in all.* ch. 1. 11. Ps. 78. 46. Is. 62. 8. Je. 3. 24. *yet.* 2 Ch. 28. 22. Job 36. 13. Is. 9. 13; 42. 25. Je. 5. 3; 6. 16, 17; 8. 4-7. Ho. 7. 9, 10. Am. 4. 8-11. Zec. 1. 2-4; 7. 9-13. Re. 2. 21; 9. 20, 21.

18 *Consider.* ver. 15. De. 32. 29. Lu. 15. 17-20. *even.* ch. 1. 14, 15. Ezr. 5. 1, 2. Zec. 8. 9, 12.

19 *as.* Hab. 3. 17, 18. *from.* Ge. 26. 12. Le. 26. 3, etc. De. 15. 10; 28. 2-15. Ps. 84. 12; 128. 1-5; 133. 3. Pr. 3. 9, 10. Zec. 8. 11-15. Mal. 3. 10. Mat. 6. 33.

20 *in the.* ver. 10.

21 *Zerubbabel.* ch. 1. 1, 14. 1 Ch. 3. 19. Ezr. 2. 2; 5. 2. Zec. 4. 6-10. *I will.* ver. 6, 7. Ps. 46. 6. Eze. 26. 15; 38. 19, 20. Joel 3. 16. He. 12. 26, 27. Re. 16. 17-19.

22 *overthrow.* Is. 60. 12. Eze. 21. 27. Da. 2. 34, 35, 44, 45; 7. 25-27; 8. 25. Mi. 5. 8, 15. Zep. 3. 8. Zec. 10. 11; 12. 2-5; 14. 3. Mat. 24. 7. Re. 11. 15. *and I will overthrow the chariots.* Ex. 14. 17, 28; 15. 4, 19. Ps. 46. 9; 76. 6. Eze. 39. 20. Mi. 5. 10. Zec. 4. 6; 9. 10. *every.* Ju. 7. 22. 1 Sa. 14. 16. 2 Ch. 20. 22. Is. 9. 19; 19. 2.

23 *O Zerubbabel.* It seems evident that the Messiah is here described under the name of Zerubbabel, as elsewhere under that of David, whose kingdom, after these mighty convulsions, should supersede all others. *and will.* Ca. 8. 6. Je. 22. 24. Jno. 6. 27. 2 Ti. 2. 19. *for.* Is. 42. 1; 43. 10; 49. 1-3. Zec. 4. 6-14. Mat. 12. 18. 1 Pe. 2. 4.

# ZECHARIAH.

## CHAP. I.

*Zechariah exhorts to repentance, 1-6. The vision of the horses, 7-11. At the prayer of the angel comfortable promises are made to Jerusalem, 12-17. The vision of the four horns and the four carpenters, 18-21.*

1 *the eighth.* ver. 7; ch. 7. 1. Ezr. 4. 24; 6. 15. Hag. 1. 1, 15; 2. 1, 10, 20. *Zechariah.* Ezr. 5. 1. Mat. 23. 35. Lu. 11. 51. *Iddo.* Ne. 12. 4, 16.

2 *Lord.* 2 Ki. 22. 16, 17, 19; 23. 26. 2 Ch. 36. 13-20. Ezr. 9. 6, 7, 13. Ne. 9. 26, 27. Ps. 60. 1; 79. 5, 6. Je. 44. 6. La. 1. 12-15; 2. 3-5; 3. 42-45; 5. 7. Eze. 22. 31. Da. 9. 11, 12. Zep. 2. 1-3. Mat. 23. 30-32. Ac. 7. 52. *sore displeased. Heb.* with displeasure.

3 *Turn.* De. 4. 30, 31; 30. 2-10. 1 Ki. 8. 47, 48. 2 Ch. 15. 4; 30. 6-9. Ne. 9. 28. Is. 31. 6; 55. 6, 7. Je. 3. 12-14, 22; 4. 1; 25. 5; 35. 15. La. 3. 39-41. Eze. 33. 11. Ho. 6. 1; 14. 1. Joel 2. 12. Mal. 3. 7. Lu. 15. 18-20. Ja. 4. 8-10. *and.* Je. 12. 15; 29. 12-14; 31. 18-20. Ho. 14. 4. Mi. 7. 19, 20. Lu. 15. 21, 22.

4 *as.* 2 Ch. 29. 6-10; 30. 7; 34. 21. Ezr. 9. 7. Ne. 9. 16. Ps. 78. 8; 106. 6, 7. Eze. 18. 14-17. 1 Pe. 1. 18. *unto.* ch. 7. 11-13. 2 Ch. 24. 19-22; 36. 15, 16. Ne. 9. 26, 30. Is. 30. 9-11. Je. 6. 16, 17; 13. 16-18; 17. 19-23; 25. 3-7; 35. 15; 36. 2, 3, etc.; 44. 4, 5. Eze. 3. 7-9. Mi. 2. 6. Ac. 7. 51, 52. 1 Th. 2. 15, 16. *Turn.* ver. 3. Is. 1. 16-19; 31. 6. Je. 3. 12; 7. 3-7; 18. 11. Eze. 18. 30-32; 33. 11. Ho. 14. 1. Am. 5. 13-15, 24. Mat. 3. 8-10. Ac. 3. 19; 26. 20. *but.* Je. 11. 6-8; 13. 9, 10; 26. 5; 36. 23, 24; 44. 16.

5 Job 14. 10-12. Ps. 90. 10. Ec. 1. 4; 9. 1-3; 12. 5, 7. Ac. 13. 36. He. 7. 23, 24; 9. 27. 2 Pe. 3. 2-4.

6 *my words.* Is. 55. 1. *did.* Nu. 23. 19; 32. 23. 2 Ch. 36. 17-21. Is. 44. 26. Je. 26. 15; 44. 28. Eze. 12. 25-28. Da. 9. 11, 12. Mat. 24. 35. *take hold of. or,* overtake. De. 28. 15, 45. Je. 12. 16. Am. 9. 10. 1 Th. 5. 4. *they returned.* Job 6. 29. Mal. 3. 18. *Like.* La. 1. 18; 2. 17; 4. 11, 12. Eze. 37. 11. *thought.* Nu. 33. 56. Je. 23. 20. *according to our ways.* De. 28. 20. Is. 3. 8-11. Je. 4. 4; 18. 8-11. Eze. 20. 43. Ho. 9. 15. Ho. 2. 6-11.

7 A.M. 3485. B.C. 519. *the eleventh.* ver. 1. *Sebat. Sebat* is the Chaldee name of the eleventh month of the ecclesiastical year, but the fifth of the civil year, answering to part of *January* and *February.*

8 *by night.* Ge. 20. 3. 1 Ki. 3. 5. Job 4. 13. Da. 2. 19; 7. 2, 13. *behold.* ch. 13. 7. Jos. 5. 13. Ps. 45. 3, 4. Is. 63. 1-4. *riding.* ch. 6. 2-7. Re. 6. 4; 19. 19-21. *among.* Ca. 2. 16; 6. 2. Is. 41. 19; 55. 13; 57. 15. Re. 2. 1. *speckled. or,* bay. ch. 6. 6, 7.

9 *what.* ver. 19; ch. 4. 4, 11; 6. 4. Da. 7. 16; 8. 15. Re. 7. 13, 14. *the angel.* ch. 2. 3; 4. 5; 5. 5; 6. 4, 5. Ge. 31. 11. Da. 8. 16; 9. 22, 23; 10. 11-14. Re. 17. 1-7; 19. 9, 10; 22. 8-16.

10 *the man.* ver. 8, 11; ch. 13. 7. Ge. 32. 24-31. Ho. 12. 3-5. *These.* ver. 11; ch. 4. 10; 6. 5-8. Job 2. 1, 2. Ps. 103. 20, 21. Eze. 1. 5-14. He. 1. 14.

11 *they answered.* ver. 8, 10. Ps. 68. 17; 103. 20, 21. Mat. 13. 41, 49; 24. 30, 31; 25. 31. 2 Th. 1. 7. Re. 1. 1. *We.* ch. 6. 7. Da. 10. 20. *is.* ver. 15. 1 Th. 5. 3.

12 *the angel.* ver. 8, 10, 11. Ex. 23. 20-23. Is. 63. 9. He. 7. 25. *how.* Ps. 74. 10; 69. 5; 102. 13. Is. 64. 9-12. Re. 6. 10. *thou hast.* ch. 7. 5. 2 Ch. 36. 21. Je. 25. 11, 12; 29. 10. Da. 9. 2.

13 *with good.* ver. 14-16; ch. 2. 4-12; 8. 2-8, 19. Is. 40. 1, 2. Je. 29. 10; 30. 10-22; 31. 3, etc. Am. 9. 11-15. Zep. 3. 14-20.

14 *the angel.* ver. 9, 13; ch. 2. 3, 4; 4. 1. *Cry.* ver. 17. Is. 40. 1, 6. *I am.* ch. 8. 2, 3. Is. 9. 7; 38. 32; 42. 13; 59. 17; 63. 15. Ho. 11. 8. Joel 2. 18. Na. 1. 2.

15 ver. 2, 11. Is. 47. 7-9. Je. 48. 11-13. Am. 6. 1. Re. 18. 7, 8. *for.* Is. 54. 8. He. 12. 6, 7. *and.* Ps. 69. 26; 83. 2-5; 137. 7. Is. 10. 5-7; 47. 6. Je. 51. 24, 34, 35. Eze. 25. 3-7. 12-17; 26. 2; 29. 6, 7; 25. 3-9; 36. 4, 5. Am. 1. 3-13. Ob. 10-16.

16 *I am.* ch. 2. 10, 11; 8. 3. Is. 12. 1; 54. 8-10. Je. 31. 22-25; 33. 10-12. Eze. 37. 24-28; 39. 25-29; 48. 35. *my house.* ch. 4. 9. Ezr. 6. 14, 15. Is. 44. 26-28. Hag. 1. 14. *and.* ch. 2. 1, 2. Job 38. 5. Is. 34. 11. Je. 31. 39, 40. Eze. 40. 3; 47. 3.

17 *My cities.* Ne. 11. 3, 20. Ps. 69. 35. Is. 44. 26; 61. 4-6. Je. 31. 23, 24; 32. 43, 44; 33. 13. Eze. 36. 10, 11, 33. Am. 9. 14. Ob. 20. *prosperity. Heb.* good. *the Lord shall.* Is. 40. 1, 2; 49. 13; 51. 3, 12; 52. 9; 54. 8; 66. 13. Je. 31. 13. Zep. 3. 15-17. *choose.* ch. 2. 12; 3. 2. 2 Ch. 6. 6. Ps. 132. 13, 14. Is. 14. 1; 41. 8, 9. Ro. 11. 28, 29. Ep. 1. 4.

18 *lifted.* ch. 2. 1; 5. 1, 5, 9. Jos. 5. 13. Da. 8. 3. *four.* 2 Ki. 15. 29; 17. 1-6; 18. 9-12; ch. 24; 25. Da. 2. 37-43; 7. 3-8; 8. 3-14; 11. 28-35.

19 *What.* ver. 9, 21; ch. 2. 2; 4. 11-14. Re. 7. 13, 14. *scattered.* ver. 21; ch. 8. 14. Ezr. 4. 1, 4, 7; 5. 3. Je. 50. 17, 18. Da. 12. 7. Hab. 3. 14.

20 *four.* ch. 9. 12-16; 10. 3-5; 12. 2-6. De. 33. 25. Ju. 11. 16, 18. 1 Sa. 12. 11. Ne. 9. 27. Is. 54. 15-17. Ob. 21. Mi. 5. 5, 6, 8, 9.

21 *These are the.* ver. 19. Da. 12. 7. *fray.* That is, to *terrify*, or *affright*, from the French *effrayer*. *which.* Ps. 75. 4, 5. La. 2. 17.

## CHAP. II.

*God, in the care of Jerusalem, sends to measure it,* 1-5. *The redemption of Zion,* 6-9. *The promise of God's presence,* 10-13.

1 *lifted.* ch. 1. 18. *a man.* ch. 1. 16. Eze. 40. 3, 5; 47. 4. Re. 11. 1; 21. 15.

2 *Whither.* ch. 5. 10. Jno. 16. 5. *To.* Je. 31. 39. Eze. 45. 6; 48. 15-17, 30-35. Re. 11. 1; 21. 15-17.

3 *the angel.* ch. 1. 9, 13, 14, 19; 4. 1, 5; 5. 5. *and another.* ch. 1. 8, 10, 11.

4 *young.* Je. 1. 6. Da. 1. 17. 1 Ti. 4. 12. *Jerusalem.* We learn from JOSEPHUS, that Jerusalem actually overflowed with inhabitants, and gradually extended itself beyond its walls, and that Herod Agrippa fortified the new part, called Bezetha. ch. 1. 17; 8. 4, 5; 12. 6; 14. 10, 11. Is. 33. 20; 44. 26. Je. 30. 18, 19; 31. 24, 27, 38-40; 33. 10-13. Eze. 36. 10, 11. Mi. 7. 11.

5 *a wall.* ch. 9. 8. Ps. 46. 7-11; 48. 3, 12. Is. 4. 5; 12. 6; 26. 1, 2; 33. 21; 60. 18, 19. *the glory.* Ps. 3. 3. Is. 60. 19. Hag. 2. 7-9. Lu. 2. 32. Re. 21. 10, 11, 23; 22. 3-5.

6 *ho.* Ru. 4. 1. Is. 55. 1. *and flee.* ver. 7. Ge. 19. 17. Is. 48. 20; 52. 11, 12. Je. 1. 14; 3. 18; 31. 8; 50. 8; 51. 6, 45, 50. 2 Co. 6. 16, 17. Re. 18. 4. *spread.* De. 28. 64. Je. 15. 4; 31. 10. Eze. 5. 12; 11. 16; 12. 14, 15; 17. 21. Am. 9. 9.

7 *Deliver.* Ge. 19. 17. Nu. 16. 26, 34. Is. 48. 20; 52. 11. Je. 50. 8; 51. 6, 45. Ac. 2. 40. Re. 18. 4. *that.* Is. 52. 2. Mi. 4. 10. *daughter.* The Babylonians were vanquished by the Persians, formerly their servants, under Darius Hystaspes, who took Babylon after a siege of twelve months, demolished its walls, and put 300,000 of the inhabitants to death.

8 *After.* ver. 4, 5; ch. 1. 15, 16. Is. 60. 7-14. *sent.* ver. 9, 11. Is. 48. 15, 16. Mal. 3. 1. Jno. 14. 23, 24, 26; 15. 21-23; 17. 18. 1 Jno. 4. 9, 10, 14. *the nations.* 2 Ki. 24. 2. Je. 50. 17, 18; 51. 34, 35. Eze. 25. 6, 7, 12, 15; 26. 2; 35. 5. Joel 3. 2-8. Am. 1. 3-5, 9, 11, 13. Ob. 10-16. Mi. 4. 11; 5. 6; 7. 10. Hab. 2. 8, 17. Zep. 2. 8. *for.* Ge. 20. 6. Ps. 105. 13-15. Ac. 9. 4. 2 Th. 1. 6. *the apple.* De. 32. 10. Ps. 17. 8. Mat. 25. 40, 45.

9 *I will.* Is. 10. 32; 11. 15; 13. 2; 19. 16. *and they.* Is. 14. 2; 33. 1, 23. Je. 27. 7. Eze. 39. 10. Hab. 2. 8, 17. Zep. 2. 9. *and ye.* ver. 8; ch. 4. 9; 6. 15. Je. 28. 9. Jno. 13. 19; 16. 4.

10 *and rejoice.* ch. 9. 9. Ps. 47. 1-9; 98. 1-3. Is. 12. 6; 35. 10; 40. 9; 42. 10; 51. 11; 52. 9, 10; 54. 1; 61. 10; 65. 18, 19; 66. 14. Je. 30. 19; 31. 12; 33. 11. Zep. 3. 14, 15. Phi. 4. 4. *lo.* ch. 14. 5. Ps. 40. 7. Is. 40. 9-11. Mal. 3. 1. *and I.* ch. 8. 3. Le. 26. 12. Ps. 68. 18. Eze. 37. 27. Zep. 3. 17. Mat. 28. 20. Jno. 1. 14; 14. 23. 2 Co. 6. 15, 16. Re. 2. 1; 21. 3.

11 *many.* ch. 8. 20-23. Ps. 22. 27-30; 68. 29-31; 72. 8-11, 17. Is. 2. 2-5; 11. 9, 10; 19. 24, 25; 42. 1-4; 45. 14; 49. 6, 7, 22, 23; 52. 10; 60. 3, etc.; 66. 19. Je. 16. 19. Mal. 1. 11. Lu. 2. 32. Ac. 28. 28. 1 Pe. 2. 9, 10. Re. 11. 15. *in that day.* ch. 3. 10. *my people.* Ex. 12. 49. *thou.* ver. 9. Ex. 33. 33. Jno. 17. 21, 23, 25.

12 *inherit.* Ex. 19. 5, 6. De. 32. 9. Ps. 82. 8; 135. 4. Je. 10. 16; 51. 19. *and shall.* ch. 1. 17. Is. 41. 9.

13 *Be.* Ps. 46. 10. Hab. 2. 20. Zep. 1. 7. Ro. 3. 19; 9. 20. *for.* Ps. 68. 5; 78. 65. Is. 26. 20, 21; 42. 13-15; 51. 9; 57. 5. Zep. 3. 8. *his holy habitation. Heb.* the habitation of his holiness. De. 26. 15. 2 Ch. 30. 27, marg. Ps. 11. 4; 68. 5. Is. 57. 15; 63. 15. Je. 25. 30.

## CHAP. III.

*Under the type of Joshua, the high priest, receiving clean garments,* 1-5, *and a covenant of promise,* 6, 7, *Christ the Branch and Corner Stone is promised,* 8-10.

1 *he.* ch. 1. 9, 13, 19; 2. 3. *Joshua.* ver. 8; ch. 6. 11. Ezr. 5. 2. Hag. 1. 1, 12; 2. 4. *standing.* De. 10. 8; 18. 5. 1 Sa. 6. 20. 2 Ch. 29. 11. Ps. 106. 23. Je. 15. 19. Eze. 44. 11, 15. Lu. 21. 36. *the angel.* Ge. 48. 16. Ex. 3. 2-6; 23. 20, 21. Ho. 12. 4, 5. Mal. 3. 1. Ac. 7. 30-38. *Satan. that is,* an adversary. Job 1. 6-12; 2. 1-8. Ps. 109. 6, marg. Lu. 22. 31. 1 Pe. 5. 8. Re. 12. 9, 10. *resist him. Heb.* be his adversary. Ge. 3. 15.

2 *the Lord said.* Ps. 109. 31. Lu. 22. 32. Ro. 16. 20. 1 Jno. 3. 8. *The Lord rebuke.* Da. 12. 1. Mar. 1. 25. Lu. 4. 35; 9. 42. Jude 9. Re. 12. 9, 10. *chosen.* ch. 1. 17; 2. 12. 2 Ch. 6. 6. Jno. 13. 18. Ro. 8. 33. Re. 17. 14. *a brand.* Am. 4. 11. Ro. 11. 4, 5. Jude 23.

3 2 Ch. 30. 18-20. Ezr. 9. 15. Is. 64. 6. Da. 9. 18. Mat. 22. 11-13. Re. 7. 13, 14; 19. 8.

4 *those.* ver. 1, 7. 1 Ki. 22. 19. Is. 6. 2, 3. Lu. 1. 19. Re. 5. 11. *Take.* Is. 43. 25. Eze. 36. 25. Ga. 3. 27, 28. Phi. 3. 7-9. Re. 7. 14. *I have.* 2 Sa. 12. 13. Ps. 32. 1, 2; 51. 9. Is. 6. 5-7. Jno. 1. 29. Ro. 6. 23. He. 8. 12. *and I will.* Is. 61. 3, 10. Lu. 15. 22. Ro. 3. 22. 1 Co. 6. 11. 2 Co. 5. 21. Col. 3. 10. Re. 19. 7.

5 *fair.* ch. 6. 11. Ex. 28. 2-4; 29. 6. Le. 8. 6-9. He. 2. 8, 9. Re. 4. 4, 10; 5. 8-14.

6 *the.* ver. 1. Ge. 22. 15, 16; 28. 13-17; 48. 15, 16. Ex. 23. 20, 21. Is. 63. 9. Ho. 12. 4. Ac. 7. 35-38. *protested.* Je. 11. 7.

7 *if thou wilt keep.* Ge. 26. 5. Le. 8. 35; 10. 3. 1 Ki. 2. 3. 1 Ch. 23. 32. Eze. 44. 8, 15, 16; 48. 11. 1 Ti. 6. 13, 14. 2 Ti. 4. 1, 2. *charge. or,* ordinance. *judge.* De. 17. 8-13. 1 Sa. 2. 28-30. Je. 15. 19-21. Mal. 2. 5-7. Mat. 19. 28. Lu. 28. 30. 1 Co. 6. 2, 3. Re. 3. 21. *I will.* ch. 1. 8-11; 4. 14; 6. 5. Lu. 20. 35, 36. Jno. 14. 2. He. 12. 22, 23. Re. 5. 9-14. *places. Heb.* walks. Re. 3. 4, 5.

8 *for.* Ps. 71. 7. Is. 8. 18; 20. 3. 1 Co. 4. 9-13. *wondered at. Heb.* of wonder, *or* sign, as Eze. 12. 11; 24. 24. *my.* Is. 42. 1; 49. 3, 5; 52. 13; 53. 11. Eze. 34. 23, 24; 37. 24. Phi. 2. 6-8. *the Branch.* ch. 6. 12. Is. 4. 2; 11. 1; 53. 2. Je. 23. 5; 33. 15. Eze. 17. 22-24; 34. 29. Lu. 1. 78, marg.

9 *the stone.* Ps. 118. 22. Is. 8. 14, 15; 28. 16. Mat. 21. 42-44. Ac. 4. 11. Ro. 9. 33. 1 Pe. 2. 4-8. *seven.* ch. 4. 10. 2 Ch. 16. 9. Re. 5. 6. *I will engrave.* Ex. 28. 11, 21, 36. Jno. 6. 27. 2 Co. 1. 22; 3. 3. 2 Ti. 2. 19. *remove.* ch. 13. 1. Is. 53. 4, etc. Je. 31. 34; 50. 20. Da. 9. 24-27. Mi. 7. 18, 19. Jno. 1. 29. Ep. 2. 16, 17. Col. 1. 20, 21. 1 Ti. 2. 5, 6. He. 7. 27; 9. 25, 26; 10. 10-18. 1 Jno. 2. 2.

10 *In.* ch. 2. 11. *shall.* 1 Ki. 4. 25. Is. 36. 16. Ho. 2. 18. Mi. 4. 4. Jno. 1. 45-48.

## CHAP. IV.

*By the golden candlestick is foreshewn the good success of Zerubbabel's foundation,* 1-10; *by the two olive trees the two anointed ones,* 11-14.

1 *the angel.* ch. 1. 9, 13, 19; 2. 3; 3. 6, 7. *waked.* 1 Ki. 19. 5-7. Je. 31. 26. Da. 8. 18; 10. 8-10. Lu. 9. 32; 22. 45, 46.

2 *What.* ch. 5. 2. Je. 1. 11-13. *a candlestick.* Ex. 25. 31-38; 37. 17-24; 40. 24, 25. 1 Ki. 7. 49, 50. 1 Ch. 28. 15. 2 Ch. 4. 7, 20-22; 13. 11. Je. 52. 19. Mat. 5. 14-16. Re. 1. 12, 20; 2. 1. *a bowl. Heb.* her bowl. 1 Ki. 7. 50. *seven.* Ex. 25. 37. Re. 4. 5. *seven pipes to the seven lamps. or,* seven several pipes to the lamps, etc. ver. 12.

3 ver. 11, 12, 14. Ju. 9. 9. Ro. 11. 17, 24. Re. 11. 4.

4 *What.* ver. 12-14; ch. 1. 9, 19; 5. 6; 6. 4. Da. 7. 16-19; 12. 8. Mat. 13. 36. Re. 7. 13, 14.

5 *Knowest.* ver. 13. Mar. 4. 13. *No.* Ge. 41. 16. Ps. 139. 6. Da. 2. 30. 1 Co. 2. 12-15.

6 *Not.* ch. 9. 13-15. Nu. 27. 16. 2 Ch. 14. 11. Is. 11. 2-4; 30. 1; 32. 15; 63. 10-14. Eze. 37. 11-14. Ho. 1. 7. Hag. 2. 2-5. 1 Co. 2. 4, 5. 2 Co. 10. 4, 5. 1 Pe. 1. 12. *might. or,* army. 2 Ch. 32. 7, 8; Ps. 20. 6-8; 33. 16, 20, 21; 44. 3-7.

7 *O great.* ch. 14. 4, 5. Ps. 114. 4, 6. Is. 40. 3, 4; 41. 15; 64. 1-3. Je. 51. 25. Da. 2. 34, 35. Mi. 1. 4; 4. 1. Na. 1. 5, 6. Hab. 3. 6. Hag. 2. 6-9, 21-23. Mat. 21. 21. Lu. 3. 5. Re. 16. 20. *headstone.* ver. 9. Ps. 118. 22. Is. 28. 16. Mat. 21. 42. Mar. 12. 10. Lu. 20. 17. Ac. 4. 11. Ep. 2. 20. 1 Pe. 2. 7. *shoutings.* Ezr. 3. 11-13; 6. 15-17. Job 38. 6, 7. Re. 5. 9-13; 19. 1-6. *Grace.* Je. 33. 11. Ro. 11. 6. Ep. 1. 6, 7; 2. 4-8.

9 *have.* Ezr. 3. 8-13; 5. 16. *his hands.* ch. 6. 12, 13. Ezr. 6. 14, 15. Mat. 16. 18. He. 12. 2. *and.* ch. 2. 8, 9, 11; 6. 15. Is. 48. 16. Jno. 3. 17; 5. 36, 37; 8. 16-18; 17. 21.

10 *despised.* Ezr. 3. 12, 13. Ne. 4. 2-4. Job 8. 7. Pr. 4. 18. Da. 2. 34, 35. Ho. 6. 3. Hag. 2. 3. Mat. 13. 31-33. 1 Co. 1. 28, 29. *for they,* etc. *or,* since the seven eyes of the Lord shall rejoice. Is. 66. 11, 14. Lu. 15. 5-10, 32. *and shall.* Am. 7. 7, 8. *plummet. Heb.* stone of tin. *those.* ch. 3. 9. Re. 8. 2. *they are.* ch. 1. 10, 11. 2 Ch. 16. 9. Pr. 15. 3. Re. 5. 6.

11 *What.* ver. 3. Re. 11. 4.

12 *through. Heb.* by the hand of. *empty,* etc. *or,* empty out of themselves *oil into* the gold. *the golden. Heb.* the gold.

13 *Knowest.* ver. 5. He. 5. 11, 12.

14 *These.* ch. 6. 13. Ex. 29. 7; 40. 15. Le. 8. 12. 1 Sa. 10. 1; 16. 1. 12, 13. Ps. 2. 6, marg.; 89. 20; 110. 4. Is. 61. 1-3. Da. 9. 24-26. Hag. 1. 1-12. He. 1. 8, 9; 7. 1, 2. Re. 11. 4. *anointed ones. Heb.* sons of oil. Is. 5. 1, marg. *that.* ch. 3. 1-7; 6. 5. De. 10. 8. 1 Ki. 17. 1. Je. 49. 19. Lu. 1. 19. *the Lord.* Jos. 3. 11, 13. Is. 54. 5. Mi. 4. 13.

## CHAP. V.

*By the flying roll is shewn the curse of thieves and swearers,* 1-4; *and by a woman pressed in an ephah the final judgment of wickedness,* 5-11.

1 *roll.* ver. 2. Is. 8. 1. Je. 36. 1-6, 20-24, 27-32. Eze. 2. 9, 10. Re. 5. 1, etc.; 10. 2, 8-11.

2 *What.* ch. 4. 2. Je. 1. 11-14. Am. 7. 8. *flying.* Zep. 1. 14. 2 Pe. 2. 3. *the length.* Ge. 6. 11-13. Re. 18. 5.

3 *the curse.* De. 11. 28, 29; 27. 15-26; 28. 15, etc.; 29. 19-28. Ps. 109. 17-20. Pr. 3. 33. Is. 24. 6; 43. 28. Je. 26. 6. Da. 9. 11. Mal. 3. 9; 4. 6. Mat. 25. 41. Ga. 3. 10-13. He. 6. 6-8. Re. 21. 8; 22. 15. *the face.* Lu. 21. 35. *every one,* etc. *or,* every one of this *people* that stealeth, holdeth *himself* guiltless, as it *doth. stealeth.* Ex. 20. 15. Pr. 29. 24; 30. 9. Je. 7. 9. Ho. 4. 2. Mal. 3. 8-10. 1 Co. 6. 7-9. Ep. 4. 28. Ja. 5. 4. *sweareth.* ver. 4; ch. 8. 17. Le. 19. 12. Is. 48. 1. Je. 5. 2; 23. 10. Eze. 17. 13-16. Mal. 3. 5. Mat. 5. 33-37; 23. 16-22. 1 Ti. 1. 9. Ja. 5. 12.

4 *and it shall remain.* Le. 14. 34-45. De. 7. 26. Job 18. 15; 20. 26. Pr. 3. 33. Hab. 2. 9-11. Ja. 5. 2, 3.

5 *the angel.* ch. 1. 9, 14, 19; 2. 3; 4. 5. *Lift.* ver. 1.

6 *This is an ephah.* 'The meaning of this vision,' says Archbishop NEWCOME, 'seems to be, that the Babylonish captivity had happened on account of the wickedness of the Jews, and that a like dispersion would befal them if they relapsed into like crimes.' The woman who sat in the ephah was an emblem of the Jewish nation; the casting the weight of lead on the mouth of the ephah seems to mean the condemnation of the Jews, after they had filled up the measure of their iniquities by crucifying the Messiah; the 'two women, with wings like a stork, and the wind in their wings,' seem emblematical of the Roman armies and the rapidity of their conquests; and their lifting up the ephah and carrying it through the air, to build it a house in Shinar or Babylon, where it was fixed on its own basis, represents the taking of Jerusalem, the dispersion of the Jews, and the long continuance of that calamity, as a just punishment of their unbelief. Eze. 44. 10, 11. Am. 8. 5.

7 *talent. or,* weighty piece. Is. 13. 1; 15. 1; 22. 11. *is.* Je. 3. 1, 2. Eze. ch. 16; 23. Ho. ch. 1-3. Re. 17. 1, etc.

8 *This.* Ge. 15. 16. Mat. 23. 32. 1 Th. 2. 16. *the weight.* ver. 7. Ps. 38. 4. Pr. 5. 22. La. 1. 14. Am. 9. 1-4.

9 *for.* De. 28. 49. Da. 9. 26, 27. Ho. 8. 1. Mat. 24. 28.

11 *To.* De. 28. 59. Je. 29. 28. Ho. 3. 4. Lu. 21. 24. *the land.* Ge. 10. 10; 11. 2; 14. 1. Is. 11. 11. Da. 1. 2.

## CHAP. VI.

*The vision of the four chariots,* 1-8. *By the crowns of Joshua are shewn the temple and kingdom of Christ the Branch,* 9-15.

1 *I turned.* ch. 5. 1. *four.* ch. 1. 18, 19. Da. 2. 38-40; 7. 3-7; 8. 22. *and the.* 1 Sa. 2. 8. Job 34. 29. Ps. 33. 11; 36. 6. Pr. 21. 30. Is. 14. 26, 27; 43. 13; 46. 10, 11. Da. 4. 15, 35. Ac. 4. 28. Ep. 1. 11; 3. 11.

2 *red.* ch. 1. 8. Re. 6. 2-5; 12. 3; 17. 3. *black.* ver. 6. Re. 6. 5, 6.

3 *white.* Re. 6. 2; 19. 11; 20. 11. *grisled.* ver. 6, 7; ch. 1. 8. Da. 2. 33. 40, 41. Re. 6. 8. *bay. or,* strong.

4 *unto.* ch. 1. 9, 19-21; 5. 5, 6, 10.

5 *These.* ch. 1. 10, 11. Ps. 68. 17; 104. 3, 4. Eze. 1. 5, etc.; 10. 9-19; 11. 22. He. 1. 7, 14. Re. 14. 6, etc. *spirits. or,* winds. 1 Ki. 19. 11. Ps. 148. 8. Da. 7. 2. *go.* ch. 4. 10. 1 Ki. 22. 19. 2 Ch. 18. 18, 19. Job 1. 6; 2. 1, 2. Da. 7. 10. Mat. 18. 10. Lu. 1. 19. *the Lord.* ch. 4. 14. Is. 54. 5.

6 *the north.* Je. 1. 14, 15; 4. 6; 6. 1; 25. 9; 46. 10; 51. 48. Eze. 1. 4. *go forth after.* Da. 7. 5, 6; 11. 3, 4. *toward.* Da. 11. 5, 6, 9, 40.

7 *the bay.* ch. 1. 10. Ge. 13. 17. 2 Ch. 16. 9. Job 1. 6, 7; 2. 1, 2. Da. 7. 19, 24.

8 *quieted.* ch. 1. 15. Ju. 8. 3; 15. 7. Ec. 10. 4. Is. 1. 24; 18. 3, 4; 42. 13-15; 48. 14; 51. 22, 23. Je. 51. 48, 49. Eze. 5. 13; 16. 42, 63. Re. 18. 21, 22.

9 ch. 1. 1; 7. 1; 8. 1.

10 *which.* Ezr. 7. 14-16; 8. 26-30. Is. 66. 20. Ac. 24. 17. Ro. 15. 25, 26. *the son.* ver. 14.

11 *make.* ch. 3. 5. Ex. 28. 36-38; 29. 6; 39. 30. Le. 8. 9. Ps. 21. 3. Ca. 3. 11. He. 2. 9. Re. 19. 12. *Joshua.* ch. 3. 1. Hag. 1. 1, 14; 2. 4.

12 *Behold.* ch. 13. 7. Is. 32. 1, 2. Mi. 5. 5. Mar. 15. 39. Jno. 19. 5. Ac. 13. 38; 17. 31. He. 7. 4, 24; 8. 3; 10. 12. *whose.* ch. 3. 8. Ps. 80. 15-17. Is. 4. 2; 11. 1; 53. 2. Je. 23. 5; 33. 15. Lu. 1. 78, marg. Jno. 1. 45. *grow up out of his place. or,* branch up from under him. *he shall build.* ch. 4. 6-9; 8. 9. Mat. 16. 18; 26. 61. Mar. 14. 58; 15. 29. Jno. 2. 19-21. 1 Co. 3. 9. Ep. 2. 20-22. He. 3. 3, 4. 1 Pe. 2. 4, 5.

13 *bear.* Ps. 21. 5; 45. 3, 4; 72. 17-19. Is. 9. 6; 11. 10; 22. 24; 49. 5, 6. Je. 23. 6. Da. 7. 13, 14. Jno. 13. 31, 32; 17. 1-5. Ep. 1. 20-23. Phi. 2. 7-11. He. 2. 7-9. 1 Pe. 3. 22. Re. 3. 21; 5. 9-13; 19. 11-16. *a priest.* See on ver. 11. Ge. 14. 18. Ps. 110. 4. He. 3. 1; 4. 14-16; 6. 20; 7. 1, 24, 25, etc.; 10. 12, 13. *and the.* ch. 4. 14. Ps. 85. 9-11. Is. 54. 10. Da. 9. 25-27. Mi. 5. 4. Ac. 10. 36-43. Ro. 5. 1. Ep. 2. 13-18. Col. 1. 2, 18-20. He. 7. 1-3.

14 *Helem.* ver. 10. *a memorial.* Ex. 12. 14; 28. 12, 29. Nu. 16. 40; 31. 54. Jos. 4. 7. 1 Sa. 2. 30. Mat. 26. 13. Mar. 14. 9. Ac. 10. 4. 1 Co. 11. 23-26.

15 *they.* Is. 56. 6-8; 57. 19; 60. 10. Ac. 2. 39. 1 Co. 3. 10-15. Ep. 2. 13-22. 1 Pe. 2. 4, 5. *and ye.* ver. 12; ch. 2. 8-11; 4. 8, 9. Jno. 17. 20, 21. *And this.* ch 3. 7. Is. 3. 10; 58. 10-14. Ro. 16. 26. 2 Pe. 1. 5-10.

## CHAP. VII.

*The captives enquire concerning the set fasts,* 1-3. *Zechariah reproves the hypocrisy of their fasting,* 4-7. *Sin the cause of their captivity,* 8-14.

1 *the fourth.* ch. 1. 1. Ezr. 6. 14, 15. Hag. 2. 10, 20. *Chisleu.* Answering to part of *November* and part of *December.* Ne. 1. 1.

2 *they.* ch. 6. 10. Ezr. 6. 10; 7. 15-23; 8. 28, etc. Is. 60. 7. *pray before the Lord. Heb.* intreat the face of the Lord. ch. 8. 21. Ex. 32. 11, marg. 1 Sa. 13. 12. 1 Ki. 13. 6. Je. 26. 19.

3 *speak.* De. 17. 9-11; 33. 10. Eze. 44. 23, 24. Ho. 4. 6. Hag. 2. 11. Mal. 2. 7. *Should.* ver. 5. Ne. 8. 9-11; 9. 1-3. Ec. 3. 4. Is. 22. 12, 13. Joel 2. 17. Mat. 9. 15. Ja. 4. 8-10. *fifth.* This was a fast for the burning of the temple, as that of the seventh month was for the death of Gedaliah; and seeing that the city and temple were in part rebuilt, they wished to know whether they should continue the observance of them. ch. 8. 19. 2 Ki. 25. 8, 9. Je. 52. 12-14. *separating.* ch. 12. 12-14. 1 Co. 7. 5.

5 *When.* Is. 58. 5. *seventh.* ch. 8. 19. 2 Ki. 25. 23. Je. 41. 1-4. *seventy.* From the eleventh year of Zedekiah to the fourth of Darius Hystaspes are just seventy years. ver. 3; ch. 1. 12. Je. 25. 11. *did.* ver. 6. Is. 1. 11, 12; 58. 4-6. Mat. 5. 16-18; 6. 2, 5, 16; 23. 5. Ro. 14. 6-9, 17, 18. 1 Co. 10. 31. 2 Co. 5. 15. Col. 3. 23.

6 *did not ye eat for. or, be* not ye they that did eat for, etc.

7 *Should ye not hear the words. or, Are* not *these* the words, etc. Is. 55. 3, 6, 7. *cried.* ch. 1. 3-6. Is. 1. 16-20. Je. 7. 5, 23; 36. 2, 3. Eze. 18. 30-32. Da. 9. 6-14. Ho. 14. 1-3. Am. 5. 14, 15. Mi. 6. 6-8. Zep. 2. 1-3. *former. Heb.* the hand of former. *the south.* De. 34. 3. Je. 17. 26; 32. 44; 33. 13.

9 *saying.* ver. 7; ch. 8. 16, 17. Le. 19. 15, 35-37. De. 10. 18, 19; 15. 7-14; 16. 18-20. Ps. 82. 2-4. Pr. 21. 3. Is. 58. 6-10. Je. 7. 5, 23. Eze. 45. 9. Ho. 10. 12, 13. Am. 5. 24. Mi. 6. 8. Mat. 23. 23. Lu. 11. 42. Ja. 2. 13-17. *Execute true judgment. Heb.* Judge judgment of truth. Je. 21. 12, marg. Jno. 7. 51.

10 *oppress.* Ex. 22. 21-24; 23. 9. De. 24. 14-18; 27. 19. Ps. 72. 4. Pr. 22. 22, 23; 23. 10, 11. Is. 1. 16, 17, 23. Je. 5. 28; 22. 15-17. Eze. 22. 7, 12, 29. Am. 4. 1; 5. 11, 12. Mi. 2. 1-3; 3. 1-4. Zep. 3. 1-3. Mal. 3. 5. Mat. 23. 14. 1 Co. 6. 10. Ja. 5. 4. *imagine.* Ps. 21. 11; 36. 4; 140. 2. Pr. 3. 29; 6. 18. Je. 11. 19, 20; 18. 18. Mi. 2. 1. Mar. 7. 21-23. Ja. 1. 14, 15. 1 Jno. 3. 15.

11 *they refused.* ch. 1. 4. Ex. 10. 3. 2 Ki. 17. 13-15. 2 Ch. 33. 10. Ne. 9. 17. 26, 29. Pr. 1. 24-32. Is. 1. 19, 20. Je. 6. 16, 17; 7. 24; 13. 10; 26. 5, 6; 35. 15; 36. 31; 44. 16. Eze. 3. 7. Ho. 4. 16. Da. 9. 5. Zep. 3. 2. Ac. 7. 51. He. 12. 25. *pulled away the shoulder. Heb.* gave a backsliding shoulder. Ne. 9. 29. Je. 8. 5. Ho. 4. 16. He. 10. 38, 39. *stopped. Heb.* made heavy. Ps. 58. 4, 5. Is. 6. 10. Ac. 7. 57.

12 *their hearts.* Ne.9.29. Job 9.4. Is.48.4. Je.5.3. Eze. 2.4; 3.7-9; 11.19; 36.26. *lest.* Ps.50.17. Ne.9.29,30. Is.6. 10. Mat.13.15. Mar.4.12. Lu.8.12. Jno.3.19,20. Ac.28.27. 2 Th.2.10-12. *sent.* Ne.9.30. Ac.7.51,52. 1 Pe.1.11,12. 2 Pe. 1. 21. *the former. Heb.* the hand of the former. ver. 7.

*therefore.* 2 Ch. 36. 16. Je. 26. 19. Da. 9. 11, 12. 1 Th. 2. 15, 16.

13 *as.* Ps. 81. 8-12. Pr. 1. 24-28. Is. 50. 2. Je. 6. 16, 17. Lu. 13. 34, 35; 19. 42-44. *so.* Pr. 21. 13; 28. 9. Is. 1. 15. Je. 11. 11; 14. 12. Eze. 14. 3; 20. 3. Mi. 3. 4. Mat. 25. 11, 12. Lu. 13. 25. Ja. 4. 3.

14 *scattered.* ch. 2. 6; 9. 14. Le. 26. 33. De. 4. 27; 28. 33, 64. Ps. 58. 9. Is. 17. 13; 21. 1; 66. 15. Je. 4. 11, 12; 23. 19; 25. 32, 33; 30. 23; 36. 19. Am. 1. 14. Na. 1. 3. Hab. 3. 14. *whom.* De. 28. 33, 49. Je. 5. 15. *the land.* Le. 26. 22. 2 Ch. 36. 21. Je. 52. 30. Da. 9. 16-18. Zep. 3. 6. *the pleasant land. Heb.* the land of desire. Da. 8. 9.

## CHAP. VIII.

*The restoration of Jerusalem,* 1-8. *They are encouraged to build the temple by God's favour to them,* 9-15. *Good works are required of them,* 16, 17. *Joy and enlargement are promised,* 18-23.

2 *I was jealous.* ch. 1. 14-16. Ps. 78. 58, 59. Is. 42. 13, 14; 59. 17; 63. 4-6, 15. Eze. 36. 5, 6. Joel 2. 18. Na. 1. 2, 6.

3 *I am.* ch. 1. 16. Je. 30. 10, 11. *dwell.* ch. 2. 10, 11. Is. 12. 6. Eze. 48. 35. Joel 3. 17, 21. Jno. 1. 14; 14. 23. 2 Co. 6. 16. Ep. 2. 21, 22. Col. 2. 9. Re. 21. 3. *a city.* ch. 14. 20, 21. Is. 1. 21, 26; 60. 14. Je. 31. 23; 33. 16. *the mountain.* Is. 2. 2, 3. *the holy.* Is. 11. 9; 65. 25; 66. 20. Re. 21. 10, 27.

4 *There.* 1 Sa. 2. 31. Job 5. 26; 42. 17. Is. 65. 20-22. La. 2. 20, 21, etc.; 5. 11-15. He. 12. 22. *very age. Heb.* multitude of days.

5 *playing.* ch. 2. 4. Ps. 128. 3, 4; 144. 12-15. Je. 30. 19, 20; 31. 27; 33. 11. La. 2. 19. Mat. 11. 16, 17.

6 *marvellous. or,* hard, *or* difficult. *should.* Ge. 18. 14. Nu. 11. 22, 23. 2 Ki. 7. 2. Je. 32. 17, 27. Lu. 1. 20, 37; 18. 27. Ro. 4. 20, 21; 6. 19-21.

7 *I.* Ps. 107. 2, 3. Is. 11. 11-16; 27. 12, 13; 43. 5, 6; 49. 12; 59. 19; 66. 19, 20. Je. 31. 8. Eze. 37. 19-25. Ho. 11. 10, 11. Am. 9. 14, 15. Mal. 1. 11. Ro. 11. 25-27. *west country. Heb.* country of the going down of the sun. Ps. 50. 1; 113. 3.

8 *and they shall dwell.* Je. 3. 17, 18; 23. 8; 32. 41. Eze. 37. 25. Joel 3. 20. Am. 9. 14, 15. Ob. 17-21. Zep. 3. 14-20. *they shall be my.* ch. 13. 9. Le. 26. 12. Je. 4. 2; 30. 22; 31. 1, 33; 32. 38, 39. Eze. 11. 20; 36. 28; 37. 27. Ho. 2. 19-23. 2 Co. 6. 16-18. Re. 21. 3, 7. *in truth.* Je. 4. 2.

9 *Let.* ver. 13, 18. Jos. 1. 6, 8. 1 Ch. 32. 13; 28. 20. Is. 35. 4. Hag. 2. 4, etc. Ep. 6. 10. 2 Ti. 2. 1. *the prophets.* Ezr. 5. 1, 2. Hag. 1. 1, 12; 2. 21.

10 *before.* Hag. 1. 6-11; 2. 16-18. *there was no hire for man. or,* the hire of man became nothing, etc. *neither.* Ju. 5. 6, 7, 11. 2 Ch. 15. 5-7. Je. 16. 16. *for.* Is. 19. 2. Am. 3. 6; 9. 4. Mat. 10. 34-36.

11 ver. 8, 9. Ps. 103. 9. Is. 11. 13; 12. 1. Hag. 2. 19. Mal. 3. 9-11.

12 *the seed.* Ge. 26. 12. Le. 26. 4, 5. De. 28. 4-12. Ps. 67. 6, 7. Pr. 3. 9, 10. Is. 30. 23. Eze. 34. 26, 27; 36. 30. Ho. 2. 21-23. Joel 2. 22. Am. 9. 13-15. Hag. 2. 19. *prosperous. Heb.* of peace. Ps. 72. 3. Ja. 3. 18. *the heavens.* Ge. 27. 28. De. 32. 2; 33. 13, 28. 1 Ki. 17. 1. Pr. 19. 12. Ho. 14. 5. Hag. 1. 10. *the remnant.* ver. 6. Mi. 4. 6, 7. 1 Co. 3. 21. *to possess.* Is. 61. 7. Eze. 36. 12. Ob. 17-20. Mat. 6. 33.

13 *a curse.* De. 28. 37; 29. 23-28. 1 Ki. 9. 7, 8. 2 Ch. 7. 20-22. Ps. 44. 13, 14, 16; 79. 4. Is. 65. 15, 16. Je. 24. 9; 25. 18; 26. 6; 29. 18; 42. 18; 44. 12, 22. La. 2. 15, 16; 4. 15. Eze. 5. 15. Da. 9. 11. *O house.* ch. 1. 19; 9. 13; 10. 6. 2 Ki. 17. 18-20. Is. 9. 20, 21. Je. 32. 30-32; 33. 24. Eze. 37. 11. 16-19. *ye shall.* The consideration that all nations who now worship the true God, and receive the Sacred Scriptures as His word, have derived the whole of their divine knowledge, under God, from Jewish prophets, apostles, and teachers, and that the Saviour 'in whom all nations shall be blessed,' sprang from that favoured race, emphatically explains what is meant by 'ye shall be a blessing.' The full accomplishment of this prediction, however, is probably reserved for the future restoration of the Jews. ver. 20-23; ch. 10. 6-9. Ge. 12. 2, 3; 26. 4. Ru. 4. 11, 12. Ps. 72. 17. Is. 19. 24, 25. Mi. 5. 7. Zep. 3. 20. Ga. 3. 14, 28, 29. Hag. 2. 19. *fear not.* ver. 9. Is. 35. 3, 4; 41. 10-16. 1 Co. 16. 13.

14 *As.* ch. 1. 6. Ps. 33. 11. Is. 14. 24. Je. 31. 28. *I repented.* 2 Ch. 36. 16. Je. 4. 28; 15. 1-6; 20. 16. Eze. 24. 14.

15 *have.* Je. 29. 11-14; 32. 42. Mi. 4. 10-13; 7. 18-20. *fear.* ver. 13. Is. 43. 1, 2. Zep. 3. 16, 17. Lu. 12. 32.

16 *are.* De. 10. 12, 13; 11. 7, 8. Mi. 6. 8. Lu. 3. 8-14. Ep. 4. 17. 1 Pe. 1. 13-16. *Speak.* ver. 19; ch. 7. 9. Le. 19. 11. Ps. 15. 2. Pr. 12. 17, 19. Je. 9. 3-5. Ho. 4. 1, 2. Mi. 6. 12. Ep. 4. 25. 1 Th. 4. 6. Re. 21. 8. *execute the judgment of truth and peace. Heb.* judge truth and the judgment of peace. ch. 7. 9. Is. 9. 7; 11. 3-9. Am. 5. 15, 24. Mat. 5. 9.

17 *let.* ch. 7. 10. Pr. 3. 29; 6. 14. Je. 4. 14. Mi. 2. 1-3. Mat. 5. 28; 12. 35; 15. 19. *love.* ch. 5. 3, 4. Je. 4. 2. Mal. 3. 5. *things.* Ps. 5. 5, 6; 10. 3. Pr. 6. 16-19; 8. 13. Je. 44. 4. Hab. 1. 13.

19 *the fourth.* 2 Ki. 25. 3, 4. Je. 39. 2; 52. 6, 7. *the fifth.* ch. 7. 3. Je. 52. 12-15. *the seventh.* ch. 7. 5. 2 Ki. 25. 25. Je. 41. 1-3. *the tenth.* Je. 52. 4. *joy.* Es. 8. 17; 9. 22. Ps. 30. 11. Is. 12. 1; 35. 10; 51. 11. Je. 31. 12, 13. *feasts. Heb.* solemn, *or,* set times. *therefore.* ver. 16. Lu. 1. 74, 75. Tit. 2. 11, 12. Re. 22. 15.

20 *there.* ch. 2. 11; 14. 16, 17. 1 Ki. 8. 41, 43. 2 Ch. 6. 32, 33. Ps. 22. 27; 67. 1-4; 72. 17; 89. 9; 117; 138. 4, 5. Is. 2. 2, 3; 11. 10; 49. 6, 22, 23; 60. 3-12; 66. 18-20. Je. 16. 19. Ho. 1. 10; 2. 23. Am. 9. 12. Mi. 4. 1, 2. Mal. 1. 11. Mat. 8. 11. Ac. 15. 14, 18. Ro. 15. 9-12. Re. 11. 15.

21 *Let.* Ps. 122. *speedily. or,* continually. *Heb.* going. Ho. 6. 3. *pray before the Lord. Heb.* intreat the face of the Lord. ch. 7. 2. *I will.* Ps. 103. 22; 146. 1, 2.

22 Is. 25. 7; 55. 5; 60. 3, etc.; 66. 23. Je. 4. 2. Mi. 4. 3. Hag. 2. 7. Ga. 3. 8. Re. 15. 4; 21. 24.

23 *ten men.* Ge. 31. 7, 41. Nu. 14. 22. Job 19. 3. Ec. 11. 2. Mi. 5. 5. Mat. 18. 21, 22. *out.* Is. 66. 18. Re. 7. 9, 10; 14. 6, 7. *take.* 1 Sa. 15. 27, 28. Is. 3. 6; 4. 1. Lu. 8. 44. Ac. 19. 12. *We will.* Nu. 10. 29-32. Ru. 1. 16, 17. 2 Sa. 15. 19-22. 2 Ki. 2. 6. 1 Ch. 12. 18. Is. 55. 5; 60. 3. Ac. 13. 47, 48. *we have.* Nu. 14. 14-16. De. 4. 6, 7. Jos. 2. 9-13. 1 Ki. 8. 42, 43. 1 Co. 14. 25.

## CHAP. IX.

*God defends his church,* 1-8. *Zion is exhorted to rejoice for the coming of Christ, and his peaceable kingdom,* 9-11. *God's promises of victory and defence,* 12-17.

1 Cir. A.M. 3494. B.C. 510. *burden.* Is. 13. 1. Je. 23. 33-38. Mal. 1. 1. *Damascus.* Ge. 14. 15. Is. 17. 1-3. Je. 49. 23-27. Am. 1. 3-5; 3. 12. *the rest.* ch. 5. 4. Is. 9. 8, etc. *when.* ch. 8. 21-23. 2 Ch. 20. 12. Ps. 25. 15. Is. 17. 7, 8; 45. 20-22; 52. 10; 145. 15. Je. 16. 19.

2 *Hamath.* Nu. 13. 21. 2 Ki. 23. 33; 25. 21. Je. 49. 23. Am. 6. 14. *Tyrus.* Is. ch. 23. Eze. ch. 26-28. Joel 3. 4-8. Am. 1. 9, 10. *Zidon.* 1 Ki. 17. 9. Eze. 28. 21-26. Ob. 20. *it be.* Eze. 28. 3-5, 12.

3 *build.* Jos. 19. 29. 2 Sa. 24. 7. *heaped.* 1 Ki. 10. 27. Job 22. 24; 27. 16. Is. 23. 8. Eze. 27. 33; 28. 4, 5.

4 *the Lord.* Pr. 10. 2; 11. 4. Is. 23. 1-7. Eze. 28. 16. Joel 3. 8. *he will.* Eze. 26. 17; 27. 26-36; 28. 2, 8. *shall.* Eze. 28. 18. Am. 1. 10.

5 *Ashkelon.* Is. 14. 29-31. Je. 47. 1, 4-7. Eze. 25. 15-17. Zep. 2. 4-7. Ac. 8. 26. *and be.* Je. 51. 8, 9. Eze. 26. 15-21. Re. 18. 9-17. *for.* Is. 20. 5, 6. Ro. 5. 5. Phi. 1. 20.

6 Ec. 2. 18-21; 6. 2. Am. 1. 8. Is. 2. 12-17; 23. 9; 28. 1. Da. 4. 37. Zep. 2. 10. 1 Pe. 5. 5.

7 *I will.* 1 Sa. 17. 34-36. Ps. 3. 7; 58. 6. Am. 3. 12. *blood. Heb.* bloods. *he that.* ch. 8. 23. Is. 11. 12-14; 19. 23-25. Je. 48. 47; 49. 6, 39. Eze. 12. 57-61. *a governor.* Is. 49. 22, 23; 60. 14-16. Ga. 3. 28. *a Jebusite.* 2 Sa. 24. 16-23. 1 Ch. 11. 4-6; 21. 15-30; 22. 1.

8 *I will.* ch. 2; 12. 8. Ge. 32. 1, 2. Ps. 34. 7; 46. 1-5; 125. 1, 2. Is. 4. 5; 26. 1; 31. 5; 33. 20-22; 52. 12. Joel 3. 16, 17. Re. 20. 9. *because of him that passeth by.* 2 Ki. 23. 29; 24. 1. Je. 46. 2, 13. Da. 11. 6, 7, 10-16, 27-29, 40-45. *no.* ch. 14. 11. Ps. 72. 4. Is. 52. 1; 54. 14; 60. 18. Je. 31. 12. Eze. 28. 24, 25; 39. 29. Am. 9. 15. Re. 20. 1-3. *for.* Ex. 3. 7, 9. 2 Sa. 16. 12. Ac. 7. 34.

9 *Rejoice.* ch. 2. 10. Ps. 97. 6-8. Is. 12. 6; 40. 9; 52. 9, 10; 62. 11. Zep. 3. 14, 15. *behold.* Ps. 2. 6; 45. 1; 110. 1-4. Is. 9. 6, 7; 32. 1, 2. Je. 23. 5, 6; 30. 9. Mat. 21. 4, 5. Mar. 11. 9, 10. Lu. 19. 37, 38. Jno. 1. 49; 12. 13-15; 19. 15. *he is.* Ps. 45. 6, 7; 85. 9-12. Is. 45. 21. Mat. 1. 21. Ro. 3. 24-26. *having salvation. or,* saving himself. *lowly.* Mat. 11. 29; 21. 5-7. Mar. 11. 7. Lu. 19. 30-35. Jno. 12. 14-16.

10 *I will.* Ho. 1. 7; 2. 18. Mi. 5. 10, 11. Hag. 2. 22. 2 Co. 10. 4, 5. *the battle.* ch. 10. 4, 5. *he shall.* Ps. 72. 3, 7, 17. Is. 11. 10; 49. 6; 57. 18, 19. Mi. 4. 2-4. Ac. 10. 36. Ro. 15. 9-13. 2 Co. 5. 18, 20. Ep. 2. 13-17. Col. 1. 20, 21. *his dominion.* Ps. 2. 8-12; 72. 8-11; 98. 1-3. Is. 9. 6, 7; 60. 12. Mi. 5. 4. Re. 11. 15. *from the river.* De. 11. 24. 1 Ki. 4. 21.

11 *As.* De. 5. 31. 2 Sa. 13. 13. 2 Ch. 7. 17. Da. 2. 29. *by the blood of thy covenant. or,* whose covenant *is* by blood. Ex. 24. 8. Mat. 26. 28. Mar. 14. 24. Lu. 22. 20. 1 Co. 11. 25. He. 9. 10-26; 10. 29; 13. 20. *I have.* Ps. 69. 33; 102. 19-21; 107. 10-16. Is. 42. 7, 22; 49. 9; 51. 14; 53. 12; 61. 1. Lu. 4. 18. Ac. 26. 17, 18. Col. 1. 13, 14. *out.* Ps. 30. 3; 40. 2. Je. 38. 6. Lu. 16. 24. Re. 20. 3.

12 *Turn.* Is. 52. 2. Je. 31. 6; 50. 4, 5, 28; 51. 10. Mi. 4. 8. Na. 1. 7. He. 6. 18. *even.* Is. 38. 18; 49. 9. Je. 31. 17. La. 3.

21, 22. Eze. 37. 11. Ho. 2. 15. *I will.* Job 42. 10. Is. 40. 2; 61. 7.

13 *bent.* ch. 1. 21; 10. 3-7; 12. 2-8. Mi. 5. 4-9. Re. 17. 14. *and raised.* Ps. 49. 2-9. La. 4. 2. Am. 2. 11. Ob. 21. *against.* Da. 8. 21-25; 11. 32-34. Joel 3. 6-8. Mi. 4. 2, 3. Mar. 16. 15-20. Ro. 15. 16-20. 1 Co. 1. 21-28. 2 Co. 10. 3-5. 2 Ti. 4. 7. *made.* ch. 12. 8. Ps. 18. 32-35; 45. 3; 144. 1; 149. 6. Is. 41. 15, 16; 49. 2. Ep. 6. 17. He. 4. 12. Re. 1. 16; 2. 12; 19. 15, 21.

14 *seen.* ch. 2. 5; 12. 8; 14. 3. Ex. 14. 24, 25. Jos. 10. 11-14, 42. Mat. 28. 20. Ac. 4. 10, 11. Ro. 15. 19. He. 2. 4. *his.* Ps. 18. 14; 45. 3-5; 77. 17, 18; 144. 5, 6. Is. 30. 30. Re. 6. 2. *blow.* Jos. 6. 4, 5. Is. 18. 3; 27. 13. 2 Co. 10. 4, 5. *whirlwinds.* Is. 21. 1; 66. 15.

15 *they shall devour.* ch. 10. 5; 12. 6. Mi. 5. 8. Re. 19. 13-21. *subdue.* 1 Sa. 17. 45. 1 Co. 1. 18. *with sling stones. or,* with the stones of the sling. *shall drink.* ver. 17; ch. 10. 7. Ps. 78. 65. Ca. 1. 4; 5. 1; 7. 9. Is. 55. 1. Ac. 2. 13-18. Ep. 5. 18. *filled like bowls. or,* fill both the bowls, etc. ch. 14. 20. *the corners.* Ex. 27. 2. Le. 4. 7, 18, 25.

16 *shall save.* Ps. 100. 3. Is. 40. 10. Je. 23. 3. Eze. 34. 22-26, 31. Mi. 5. 4; 7. 14. Lu. 12. 32. Jno. 10. 27. 1 Pe. 5. 2-4. *as.* Is. 62. 3. Hag. 2. 23. *lifted.* ch. 8. 23. Is. 11. 10-12; 60. 3, 14. Zep. 3. 20.

17 *how great is his goodness.* Ps. 31. 19; 36. 7; 86. 5, 15; 145. 7. Is. 63. 7, 15. Jno. 3. 16. Ro. 5. 8, 20. Ep. 1. 7, 8; 2. 4, 5; 3. 18, 19. Tit. 3. 4-7. 1 Jno. 4. 8-11. *how great is his beauty.* Ex. 15. 11. Ps. 45. 2; 50. 2; 90. 17. Ca. 5. 10. Is. 33. 17. Jno. 1. 14. 2 Co. 4. 4-6. Re. 5. 12-14. *corn.* Is. 62. 8, 9; 65. 13, 14. Ho. 2. 21, 22. Joel 2. 26; 3. 18. Am. 8. 11-14; 9. 13, 14. Ep. 5. 18, 19. *cheerful. or,* grow, *or,* speak. Ca. 7. 9.

## CHAP. X.

*God is to be sought unto, and not idols,* 1, 2. *As he visited his flock for sin, so he will save and restore them,* 3-12.

1 *ye.* Eze. 36. 37. Mat. 7. 7, 8. Jno. 16. 23. Ja. 5, 16-18. *rain in.* De. 11. 13; 28. 23. 1 Ki. 17. 1; 18. 41-45. Is. 5. 6; 30. 23. Je. 14. 22. Am. 4. 7. *the time.* De. 11. 14. Job 29. 23. Pr. 16. 15. Ho. 6. 3. Joel 2. 23, 24. Ja. 5. 7. *bright clouds. or,* lightnings. Job 36. 27-31; 37. 1-6. Je. 10. 13; 51. 16. *and give.* Ps. 65. 9; 72. 6; 104. 13. Is. 44. 3. Eze. 34. 26. Ho. 10. 12. Mi. 5. 7. 1 Co. 3. 6.

2 *the idols. Heb.* the teraphims. Ge. 31. 19. Ju. 18. 14. Is. 44. 9; 46. 5. Je. 10. 8; 14. 22. Ho. 3. 4. Hab. 2. 18. *the diviners.* Je. 23. 25-27; 27. 9; 29. 8, 21, 22. La. 2. 14. Eze. 13. 6-16, 22, 23; 21. 29. Mi. 3. 6-11. *they comfort.* Job 13. 4; 21. 34. Je. 6. 14; 8. 11; 14. 13; 23. 17; 28. 4-6, 15; 37. 19. *therefore.* Je. 13. 17-20; 50. 17; 51. 23. Mi. 2. 12. *troubled, because there. or,* answered that *there.* Nu. 27. 17. 1 Ki. 22. 17. Eze. 34. 5, 8. Mat. 9. 36.

3 *anger.* ch. 11. 5-8, 17. Is. 56. 9-12. Je. 10. 21; 23. 1, 2; 50. 6. Eze. 34. 2, 7, etc. *and I.* Eze. 34. 16, 17, 20, 21. Mat. 25. 32, 33. *punished. Heb.* visited upon. Is. 10. 12; 24. 21. Je. 11. 22; 25. 12. Zep. 1. 8, margins. *visited.* Ex. 4. 31. Ru. 1. 6. Zep. 2. 7. Lu. 1. 68. 1 Pe. 2. 12. *as.* Pr. 21. 31. Ca. 1. 9.

4 *of him came forth.* ch. 1. 20, 21; 9. 13-16; 12. 6-8. Nu. 24. 17. Is. 41. 14-16; 49. 2; 54. 16. Je. 1. 18. Mi. 5. 5-8. Mat. 9. 38. 2 Co. 10. 4, 5. Ep. 4. 8-11; 6. 10-17. 2 Ti. 2. 4. Re. 17. 14; 19. 13-15. *the corner.* 1 Sa. 14. 38. Is. 19. 13. *the nail.* Ezr. 9. 8. Is. 22. 23-25. *the battle.* ch. 9. 8, 10. Ge. 49. 24.

5 *as.* ch. 9. 13; 12. 8. 1 Sa. 16. 18. 2 Sa. 22. 8. Ps. 45. 3. Lu. 24. 19. Ac. 7. 22; 18. 24. 2 Co. 10. 4. *tread.* Ps. 18. 42. Is. 10. 6; 25. 10. Mi. 7. 10. Mat. 4. 3. *because.* ch. 14. 3, 13. De. 20. 1. Jos. 10. 14, 42. Is. 8. 9; 41. 12. Joel 3. 12-17. Mat. 28. 20. Ro. 8. 31-37. 2 Ti. 4. 7, 17. Re. 19. 13-15. *and the riders on horses shall be confounded. or,* they shall make the riders on horses ashamed. ch. 12. 4. Ps. 20. 7; 33. 16. Eze. 38. 15. Hag. 2. 22. Re. 19. 17.

6 *I will strengthen.* ver. 12. Ps. 89. 21. Is. 41. 10. Eze. 37. 16. Ob. 18. Mi. 4. 6, 18; 5. 8; 7. 16. Zep. 3. 19, 20. *I will save.* ch. 8. 7. Je. 3. 18; 23. 6; 31. 1, 31. Eze. 39. 25. Ho. 1. 11. Ro. 11. 25, 26. *for I have.* Is. 14. 1. Je. 31. 20. Ho. 1. 7; 2. 23. Mi. 7. 18-20. *as.* ch. 8. 11. Is. 49. 17-21. Je. 30. 18. Eze. 36. 11. *for I am.* ch. 13. 9. Is. 41. 17-20. Je. 33. 2, 3. Eze. 36. 37.

7 *and their.* ch. 9. 15, 17. Ge. 43, 34. Ps. 104. 15. Pr. 31. 6, 7. Ac. 2. 13-18. Ep. 5. 18, 19. *yea.* Ge. 18. 19. Ps. 90. 16; 102. 28. Is. 38. 19. Je. 32. 39. Ac. 2. 39; 13. 33. *their heart.* 1 Sa. 2. 1. Ps. 13. 5; 28. 7. Is. 66. 14. Hab. 3. 18. Zep. 3. 14. Lu. 1. 47. Jno. 16. 22. Ac. 2. 26. Phi. 4. 4. 1 Pe. 1. 8.

8 *hiss.* Is. 5. 26; 7. 18; 11. 11, 12; 27. 12, 13; 55. 1-3. Mat. 11. 28. Re. 22. 17. *for.* ch. 9. 11. Is. 44. 22; 51. 11; 52. 1-3. Je. 31. 10, 11. 1 Ti. 2. 4-6. *and they.* Ex. 1. 7. 1 Ki. 4. 20. Is. 49. 19-22. Je. 30. 19, 20; 33. 22. Eze. 36. 10, 11, 37, 38. Ho. 1. 10.

9 *sow.* Es. 8. 17. Je. 31. 27. Da. ch. 3-6. Ho. 2. 23. Am. 9. 9. Mi. 5. 7. Ac. 8. 1, 4; 11. 19-21; ch. 13; 14, etc. Ro. 11. 11-15. *remember.* De. 30. 1-4. 1 Ki. 8. 47, 48. Ne. 1. 9. Je. 51. 50. Eze. 6. 9. *live.* Is. 65. 9, 23. Ac. 2. 38, 39; 3. 25, 26; 13. 32, 33. Ro. 11. 16, 17, 24.

10 *out of the.* ch. 8. 7. Is. 11. 11-16; 19. 23-25; 27. 12, 13. Ho. 11. 11. Mi. 7. 11, 12. *into.* Je. 22. 6. Eze. 47. 18-21. Ob. 20. Mi. 7. 14. *place.* Is. 49. 19-21; 54. 2, 3; 60. 22.

11 *he shall.* Ps. 66. 10-12. Is. 11. 15, 16; 42. 15, 16; 43. 2. *smite.* Ex. 14. 21, 22, 27, 28. Jos. 3. 15-17. 2 Ki. 2. 8, 14. Ps. 77. 16-20; 114. 3, 5. Is. 11. 15. Re. 16. 12. *the pride.* Ezr. 6. 22. Is. 14. 25. Mi. 5. 5, 6. *the sceptre.* Eze. 29. 14-16; 30. 13.

12 *I will.* ver. 6; ch. 12. 5. Ps. 68. 34, 35. Is. 41. 10; 45. 24. Ep. 6. 10. Phi. 4. 13. 2 Ti. 2. 1. *walk.* Ge. 5. 24; 24. 40. Is. 2. 5. Mi. 4. 5. Col. 2. 6; 3. 17. 1 Th. 2. 12; 4. 1. 1 Jno. 1. 6, 7.

## CHAP. XI.

*The destruction of Jerusalem,* 1, 2. *The elect being cared for, the rest are rejected,* 3-9. *The staves of Beauty and Bands broken by the rejection of Christ,* 10-14. *The type and curse of a foolish shepherd,* 15-17.

1 *O Lebanon.* ch. 10. 10. Je. 22. 6, 7, 23. Hab. 2. 8. 17. Hag. 1. 8. *that.* ch. 14. 1, 2. De. 32. 22. Mat. 24. 1, 2. Lu. 19. 41-44; 21. 23, 24.

2 *Howl.* Is. 2. 12-17; 10. 33, 34. Eze. 31. 2, 3, 17. Am. 6. 1. Na. 3. 8, etc. Lu. 23. 31. *mighty. or,* gallants. *for.* Is. 32. 15-19. Eze. 20. 46. *forest of the vintage. or,* defenced forest.

3 *a voice.* ver. 8, 15-17. Je. 25. 34-36. Joel 1. 13. Am. 8. 8. Zep. 1. 10. Mat. 15. 14; 23. 13-33. Ja. 5. 1-6. *for their.* 1 Sa. 4. 21, 22. Is. 65. 15. Je. 7. 4, 11-14; 26. 6. Eze. 24. 21-25. Ho. 1. 9, 10; 10. 5. Zep. 3. 11. Mat. 3. 7-10; 21. 43-45. Ac. 6. 11-14; 22. 21, 22. Ro. 11. 7-12. *a voice.* Ps. 22. 21. Je. 2. 30. Eze. 19. 3-6. Zep. 3. 3. Mat. 23. 31-38. Ac. 7. 52. *for the pride.* Je. 49. 19; 50. 44.

4 *Lord.* ch. 14. 5. Is. 49. 4, 5. Jno. 20. 17. Ep. 1. 3. *Feed.* ver. 7. Is. 40. 9-11. Eze. 34. 23, 24. Mi. 5. 4. Mat. 15. 24; 23. 37. Lu. 19. 41-44. Jno. 21. 15-17. Ro. 15. 8.

5 *possessors.* Je. 23. 1, 2. Eze. 22. 25-27; 34. 2, 3, 10. Mi. 3. 1-3, 9-12. Mat. 23. 14. Jno. 16. 2. *hold.* Je. 2. 3; 50. 7. *sell.* Ge. 37. 26-28. 2 Ki. 4. 1. Ne. 5. 8. Mat. 21. 12, 13. 2 Pe. 2. 3. Re. 18. 13. *Blessed.* De. 29. 19-21. Ho. 12. 8. 1 Ti. 6. 5-10. *and their.* Eze. 34. 4, 6, 18, 19, 21. Jno. 10. 1, 12, 13.

6 *I will no.* ver. 5. Is. 27. 11. Eze. 8. 18; 9. 10. Ho. 1. 6. Mat. 18. 33-35; 22. 7; 23. 35-38. Lu. 19. 43, 44; 21. 22-24. 1 Th. 2. 16. He. 10. 26-31. Ja. 2. 13. *deliver. Heb.* make to be found. ver. 9, 14; ch. 8. 10. Is. 3. 5; 9. 19-21. Je. 13. 14. Mi. 7. 2-7. Hag. 2. 22. Mat. 10. 21, 34-36; 24. 10. Lu. 12. 52, 53; 21. 16, 17. *into the.* Da. 9. 26, 27. Mat. 22. 7. Jno. 19. 15. *they shall.* Mal. 4. 6. *and out.* Ps. 50. 22. Ho. 2. 10. Mi. 5. 8; 6. 14. He. 2. 3; 10. 26, 27.

7 *I will.* ver. 4, 11; ch. 13. 8, 9. *even you, O poor. or, verily* the poor. Is. 11. 4; 61. 1. Je. 5. 4, 5. Zep. 3. 12. Mat. 11. 5. Mar. 12. 37. Ja. 2. 5. *staves.* ver. 10, 14. Le. 27. 32. 1 Sa. 17. 40, 43. Ps. 23. 4. *one.* Ps. 133. Eze. 37. 16-23. Jon. 17. 21-23. *Bands. or,* Binders. Jno. 10. 16. Ep. 2. 13-16.

8 *in.* Ho. 5. 7. Mat. 23. 34-36; 24. 50, 51. *and my.* Le. 26. 11, 30, 44. De. 32. 19. Ps. 5. 5; 78. 9; 106. 40. Je. 12. 8; 14. 21. Ho. 9. 15. He. 10. 38. *lothed them. Heb.* was straitened for them. Is. 49. 7. Lu. 12. 50; 19. 14. Jno. 7. 7; 15. 18, 23-25.

9 *I will.* Je. 23. 33, 39. Mat. 13. 10, 11; 21. 43; 23. 38, 39. Jno. 8. 21, 24; 12. 35. Ac. 13. 46, 47; 28. 26-28. *that that dieth.* Ps. 69. 22-28. Je. 15. 2, 3; 43. 11. Mat. 15. 14; 21. 19. Re. 22. 11. *and let.* De. 28. 53-56. Is. 9. 19-21. Je. 19. 9. Eze. 5. 10. *another. Heb.* his fellow, *or,* neighbour.

10 *Beauty.* ver. 7. Ps. 50. 2; 90. 17. Eze. 7. 20-22; 24. 21. Da. 9. 26. Lu. 21. 5, 6, 32. Ac. 6. 13, 14. Ro. 9. 3-5. *that.* Nu. 14. 34. 1 Sa. 2. 30. Ps. 89. 39. Je. 14. 31; 31. 31, 32. Eze. 16. 59-61. Ho. 1. 9. Ga. 3. 16-18. He. 7. 17-22; 8. 8-13.

11 *so,* etc. *or,* the poor of the flock, etc., certainly knew. *poor.* ver. 7. Ps. 69. 33; 72. 12-14. Is. 14. 32. Zep. 3. 12. Lu. 7. 22; 19. 48. Ja. 2. 5, 6. *that waited.* Is. 8. 17; 26. 8, 9; 40. 31. La. 3. 25, 26. Mi. 7. 7. Lu. 2. 25, 38; 23. 51. Ac. 1. 21, 22. *knew.* ver. 6. Le. 26. 38, etc. De. 28. 49, etc.; 31. 21, 29; 32. 21-42. Lu. 24. 49-53. Ro. 11. 7, etc. Ja. 5. 1-6.

12 *ye think good. Heb. it be* good in your eyes. 1 Ki. 21. 2. 2 Ch. 30. 4, margins. *give.* Mat. 26. 15. Jno. 13. 2, 27-30. *So.* Ge. 37. 28. Ex. 21. 32. Mat. 26. 15. Mar. 14. 10, 11. Lu. 22. 3-6.

13 *Cast.* Is. 54. 7-10. Mat. 27. 3-10, 12. Ac. 1. 18, 19. *a goodly.* Is. 53. 2, 3. Ac. 4. 11.

14 *I cut.* ver. 9. Is. 9. 21; 11. 13. Eze. 37. 16-20. Mat. 24. 10. Ac. 23. 7-10. Ga. 5. 15. Ja. 3. 14, 16; 4. 1-3. *Bands. or,* Binders. ver. 7.

15 *a foolish.* Is. 6. 10-12. Je. 2. 26, 27. La. 2. 14. Eze. 13. 3. Mat. 15. 14; 23. 17. Lu. 11. 40.

16 *which.* Je. 23. 2, 22. Eze. 34. 2-6, 16. Mat. 23. 2-4, 13-29. Lu. 12. 45, 46. Jno. 10. 12, 13. *cut off. or,* hidden. *neither.* Ge. 33. 13. 1 Sa. 17. 34, 35. Is. 40. 11. *feed. or,* bear. *but.* Ge. 31. 38. Eze. 34. 10, 21. Jno. 10. 1.

17 *Woe.* Je. 22. 1. Eze. 13. 3; 34. 2. Mat. 23. 13, 16. Lu. 11. 42-52. *idol.* Is. 9. 15; 44. 10. Je. 23. 32. 1 Co. 8. 4; 10. 19, 20. *that leaveth.* Jno. 10. 12, 13. *the sword.* Is. 6. 9, 10; 29. 10; 42. 19, 20. Je. 50. 35-37. Ho. 4. 5-7. Am. 8. 9, 10. Mi. 3. 6, 7. Jno. 9. 39; 12. 40. Ro. 11. 7. *his arm.* 1 Sa. 2. 31. 1 Ki. 13. 4. Eze. 30. 22-24.

## CHAP. XII.

*Jerusalem a cup of trembling to herself,* 1, 2, *and a burdensome stone to her adversaries,* 3-5. *The victorious restoring of Judah,* 6-9. *The repentance of Jerusalem,* 10-14.

1 Cir. A.M. 3504. B.C. 500. *burden.* ch. 9. 1. La. 2. 14. Mal. 1. 1. *for.* Is. 51. 22, 23. Je. 30. 10, 16; 50. 34. Eze. 36. 5-7. Joel 3. 19, 21. Ob. 16, 17. *which.* Job 26. 7. Ps. 102. 25, 26; 104. 2; 136. 5, 6. Is. 40. 12, 22; 42. 5; 44. 24; 45. 12, 18; 48. 13; 51. 13. Je. 10. 12; 51. 15. He. 1. 10-12. *formeth.* Ge. 2. 7. Nu. 16. 22. Ec. 12. 7. Is. 57. 16. Je. 38. 16. Eze. 18. 4. He. 12. 9.

2 *a cup.* Ps. 75. 8. Is. 51. 17, 22, 23. Je. 25. 15, 17; 49. 12; 51. 7. Hab. 2. 16. Re. 14. 10; 16. 19; 18. 6. *trembling. or,* slumber. Je. 51. 57. *or,* poison. Je. 8. 14. *when they,* etc. *or* and also against Judah *shall he be,* which shall be in siege against Jerusalem. ch. 14. 14.

3 *in that.* ver. 4, 6, 8, 9, 11; ch. 2. 8, 9; 10. 3-5; 13. 1; 14. 2, 3, 4, 6, 8, 9, 13. Is. 60. 12; 66. 14-16. Eze. ch. 38; 39. Joel 3. 8-16. Ob. 18. Mi. 5. 8, 15; 7. 15-17. Hab.

2. 17. Zep. 3. 19. Hag. 2. 22. *a burdensome.* Da. 2. 34, 35, 44, 45. Mat. 21. 44. Lu. 20. 18. *though.* ch. 14. 2, 3. Mi. 4. 11-13. Re. 16. 14; 17. 12-14; 19. 19-21; 20. 8, 9.

4 *that day.* ver 3, 6, 8, 9, 11. Is. 24. 21. *I will smite.* ch. 10. 5; 14. 15. De. 28. 28. 2 Ki. 6. 14, 18. Ps. 76. 5-7. Eze. 38. 4; 39. 20. *I will open.* ch. 9. 8. 1 Ki. 8. 29. 2 Ch. 6. 20, 40; 7. 15. Ne. 1. 6. Is. 37. 17. Je. 24. 6. Da. 9. 18. Ac. 17. 30.

5 *the governors.* ver. 6. Ju. 5. 9. Is. 1. 10, 23, 26; 29. 10; 32. 1; 60. 17. Je. 30. 21; 33. 26. Eze. 45. 8, 9. *The inhabitants,* etc. *or, There is* strength to me, *and* to the inhabitants, etc. ch. 10. 6, 12. Ps. 18. 32, 39; 20. 6, 7; 46. 1; 68. 34, 35; 118. 10-14; 144. 1. Is. 28. 6; 41. 10-16. Joel. 3. 16. 2 Co. 12. 9, 10.

6 *like an hearth.* Is. 10. 16, 17. Ob. 18. Re. 20. 9. *they.* ch. 9. 15. Ps. 149. 6-9. Is. 41. 15, 16. Da. 2. 34, 35, 44, 45. Mi. 4. 13; 5. 5-8. Re. 19. 19, 20. *on the right.* Is. 9. 20; 54. 3. 2 Co. 6. 7. *Jerusalem shall.* ch. 1. 16; 2. 4, 12; 8. 3-5; 14. 10, 11. Ne. ch. 11. Je. 30. 18; 31. 38-40. Eze. 48. 30-35.

7 *save.* ch. 4. 6; 11. 11. Is. 2. 11-17; 23. 9. Je. 9. 23, 24. Mat. 11. 25, 26. Lu. 1. 51-53; 10. 21. Jno. 7. 47-49. Ro. 3. 27. 1 Co. 1. 26-31. 2 Co. 4. 7-12. Ja. 2. 5; 4. 6. *do.* Job 19. 5. Ps. 35. 26; 38. 16; 55. 12.

8 *defend.* ch. 2. 5; 9. 8, 15, 16. Joel 3. 16, 17. *he.* Is. 30. 26. Je. 30. 19-22. Eze. 34. 23, 24. Joel 3. 10. Mi. 5. 8; 7. 16. He. 11. 34. *feeble. or,* abject. *Heb.* fallen. Is. 49. 7; 53. 3. Je. 27. 10. Mi. 7. 8. *the house.* Ps. 2. 6, 7; 45. 6, 7; 110. 1, 2. Is. 7. 13, 14; 9. 6, 7. Je. 23. 5, 6; 33. 15, 16. Eze. 37. 24-26. Ho. 1. 7; 3. 5. Mi. 5. 2-4. Mat. 1. 23. Jno. 17. 21-23. Ro. 1. 3, 4; 9. 5. 1 Ti. 3. 16. Re. 22. 13, 16. *as the.* ch. 3. 1, 2. Ge. 22. 15-17; 48. 15, 16. Ex. 23. 20, 21. Jos. 5. 13, 14. 2 Sa. 14. 17-20. Is. 63. 9. Ho. 12. 3. Mal. 3. 1. Ac. 7. 30-35.

9 *I will.* ver. 2. Is. 54. 17. Hag. 2. 22.

10 *I will pour.* Pr. 1. 23. Is. 32. 15; 44. 3, 4; 59. 19-21. Eze. 39. 29. Joel 2. 28, 29. Ac. 2. 17, 33; 10. 45; 11. 15. Tit. 3. 5, 6. *the house.* ver. 7. *the spirit.* Ps. 51. 12. *of supplications.* Je. 31. 9; 50. 4. Ro. 8. 15, 26. Ep. 6. 18. Jude 20. *they shall look.* That this relates to the crucifixion of Jesus of Nazareth, and to his being pierced by the soldier's spear, we have the authority of the inspired apostle John for affirming; and this application agrees with the opinion of some of the ancient Jews, who interpret it of Messiah the son of David, as MOSES HADARSON, on Ge. ch. 28. though JARCHI and ABARBANEL refer it to the death of Messiah the son of Joseph, whom they say was to be the suffering Messiah, while the former is to be the triumphant Messiah. Ps. 22. 16, 17. Jno. 1. 29; 19. 34-37. He. 12. 2. Re. 1. 7. *they shall mourn.* Je. 6. 26. Am. 8. 10. Mat. 24. 30; 26. 75. Ac. 2. 37. 2 Co. 7. 9-11.

11 *as.* 2 Ki. 23. 29. 2 Ch. 35. 24.

12 *the land.* Je. 3. 21; 4. 28; 31. 18. Mat. 24. 30. Re. 1. 7. *every family apart. Heb.* families, families. Ex. 12. 30. *the family of the house of David apart.* Je. 13. 18. Jon. 3. 5, 6. *and their.* ch. 7. 3. Joel 2. 16. 1 Co. 7. 5. *Nathan.* 2 Sa. 5. 14; 7. 2-4; 12. 1. Lu. 3. 31.

13 *Levi.* Ex. 6. 16-26. Nu. ch. 3; 4. Mal. 2. 4-9. *Shimei. or,* Simeon, as LXX. 2 Sa. 16. 5. 1 Ki. 1. 8. 1 Ch. 3. 19; 4. 27; 23. 7, 10. 2 Ch. 29. 14.

14 *and.* Pr. 9. 12.

## CHAP. XIII.

*The fountain of purgation for Jerusalem,* 1, *from idolatry, and false prophecy,* 2-6. *The death of Christ, and the trial of a third part,* 7-9.

1 *that.* ch. 12. 3, 8, 11. *a fountain.* Job 9. 30, 31. Ps. 51. 2, 7. Is. 1. 16-18. Eze. 36. 25. Jno. 1. 29; 19. 34, 35. 1 Co. 6. 11. Ep. 5. 25-27. Tit. 3. 5-7. He. 9. 13, 14. 1 Jno. 1. 7; 5. 6. 1 Pe. 1. 19. Re. 1. 5, 6; 7. 13, 14. *the house.* ch. 12. 7, 10. *uncleanness. Heb.* separation for uncleanness. Le. 15. 2, etc. Nu. 19. 9-22. Eze. 36. 17, 29.

2 *I will cut.* Ex. 23. 13. De. 12. 3. Jos. 23. 7. Ps. 16. 4. Is. 2. 18, 20. Eze. 30. 13; 36. 25; 37. 23. Ho. 2. 17; 14. 8. Mi. 5. 12-14. Zep. 1. 3, 4; 2. 11. *cause.* 1 Ki. 22. 22. Je. 8. 10-12; 23. 14, 15; 29. 23. Eze. 13. 12-16, 23; 14. 9. Mi. 2. 11. Mat. 7. 15. 2 Co. 11. 13-15. 2 Pe. 2. 1-3, 15-19. 1 Jno. 4. 1, 2. Re. 19. 20. *unclean.* Mat. 12. 43. Lu. 11. 20. Re. 16. 13, 14; 18. 2; 20. 1-3.

3 *and his.* Ex. 32. 27, 28. De. 13. 6-11; 18. 20; 33. 9. Mat. 10. 37. Lu. 14. 26. 2 Co. 5. 16.

4 *the prophets.* Je. 2. 26. Mi. 3. 6, 7. *wear.* 2 Ki. 1. 8. Is. 20. 2. Mat. 3. 4; 11. 8, 9. Mar. 1. 6. Re. 11. 3. *rough garment to deceive. Heb.* garment of hair to lie.

5 *I am no.* Am. 7. 14. Ac. 19. 17-20.

6 *What.* 1 Ki. 18. 28. Re. 13. 16, 17; 14. 11. *I was.* Ps. 22. 16. Pr. 27. 5, 6. Jno. 18. 35; 19. 14-16.

7 *O sword.* De. 32. 41, 42. Is. 27. 1. Je. 47. 6. Eze. 21. 4, 5, 9, 10, 28. *my shepherd.* ch. 11. 4, 7. Is. 40. 11. Eze. 34. 23, 24; 37. 24. Mi. 5. 2, 4. Jno. 10. 10-18. He. 13. 20. 1 Pe. 5. 4. *the man.* Is. 9. 6. Je. 23. 5, 6. Ho. 12. 3-5. Mat. 1. 23; 11. 27. Jno. 1. 1, 2; 5. 17, 18, 23; 8. 58; 10. 30, 38; 14. 1, 9-11, 23; 16. 15; 17. 21-23. Phi. 2. 6. Col. 1. 15-19. He. 1. 6-12. Re. 1. 8, 11, 17; 2. 23; 21. 6; 22. 13-16. *smite.* Is. 53. 4-10. Da. 9. 24-26. Jno. 1. 29; 3. 14-17. Ac. 2. 23; 4. 26-28. Ro. 3. 24-26; 4. 25; 5. 6-10; 8. 32. 2 Co. 5. 21. Ga. 3. 13. Col. 1. 19, 20. He. 10. 5-10. 1 Pe. 1. 18-20; 2. 24, 25; 3. 18. 1 Jno. 2. 2; 4. 9, 10. Re. 13. 8. *the sheep.* Mat. 26. 31, 56. Mar. 14. 27, 50. Jno. 16. 32. *I will turn.* ch. 11. 7, 11. Mat. 10. 42; 18. 10, 11, 14. Lu. 12. 32; 17. 2. Jno. 18. 8, 9.

8 *two.* ch. 11. 6-9. De. 28. 49-68. Is. 65. 12-15; 66. 4-6, 24. Eze. 5. 2-4, 12. Da. 9. 27. Mal. 3. 1, 2, 5; 4. 1-3. Mat. 3. 10-12; 21. 43, 44; 22. 7; 23. 35-37; 24. 21. Lu. 19. 41-44; 20. 16-18; 21. 20-24; 23. 28-30. 1 Th. 2. 15, 16. Re. 8. 7-12; 16. 19. *but.* ch. 14. 1, 2. Is. 6. 13. Je. 30. 11. Joel 2. 31, 32. Am. 9. 8, 9. Mat. 24. 22. Mar. 13. 20. Ro. 9. 27-29; 11. 1-5.

9 *bring.* Ps. 66. 10-12. Is. 43. 2. 1 Co. 3. 11-13. 1 Pe. 4. 12. *refine.* Job 23. 10. Pr. 17. 3. Is. 48. 10. Mal. 3. 2, 3. Ja. 1. 12. 1 Pe. 1. 6, 7. *they shall call.* ch. 10. 6; 12. 10. Ps. 34. 15-19; 50. 15; 91. 15. Is. 58. 9; 65. 23, 24. Je. 29. 11, 12. Ho. 2. 21-23. Joel 2. 32. Ac. 2. 21. Ro. 10. 12-14. *It is.* ch. 8. 8. Le. 26. 12, 44, 45. De. 26. 17-19. Ps. 144. 15. Is. 44. 1-6. Je. 30. 22; 31. 33; 32. 38. Eze. 11. 20; 36. 28; 37. 27. Ho. 2. 23. Mat. 22. 29-32. He. 8. 10. Re. 21. 3, 4, 7.

## CHAP. XIV.

*The destroyers of Jerusalem destroyed,* 1, 2. *The coming of Christ, and the graces of his kingdom,* 3-11. *The plague of Jerusalem's enemies,* 12-15. *The remnant shall turn to the Lord,* 16-19; *and their spoils shall be holy,* 20, 21.

1 Is. 2. 12; 13. 6, 9. Joel 2. 31; 3. 14. Mal. 4. 5. Ac. 2. 20; Re. 16. 14.

2 *gather.* De. 28. 9, etc. Is. 5. 26. Je. 34. 1. Da. 2. 40-43. Joel 3. 2. Mat. 22. 7. Lu. 2. 1. *the city.* Mat. 23. 37, 38; 24. 15, 16. Mar. 13. 14, 19. Lu. 19. 43, 44; 21. 20-24. *the houses.* Is. 13. 16. La. 1. 10; 5. 11, 12. Am. 7. 17. Mat. 24. 19-21. *the residue.* Lu. 21. 24. *shall not.* ch. 13. 8, 9. Is. 65. 6-9, 18. Mat. 24. 22. Ro. 9. 27-29. Ga. 4. 26, 27.

3 ch. 2. 8, 9; 10. 4, 5; 12. 2-6, 9. Is. 63. 1-6; 66. 15, 16. Da. 2. 34, 35, 44, 45. Joel 3. 2, 9-17. Zep. 3. 19. Hag. 2. 21, 22. Re. 6. 4-17; 8. 7-13. *as.* Ex. 15. 1-6. Jos. 10. 42. 2 Ch. 20. 15.

4 *his feet.* ver. 7. Eze. 11. 23; 43. 2. Ac. 1. 11, 12. *cleave.* ch. 4. 7. Is. 64. 1, 2. Mi. 1. 3, 4. Na. 1. 5, 6. Hab. 3. 6. Mar. 11. 23. *a very.* ver. 10. Joel 3. 12-14. *half of the.* Eze. 47. 1-12.

5 *the mountains. or,* my mountains. *for the,* etc. *or,* when he shall touch the valley of the mountains to the place he separated. *ye shall flee.* Nu. 16. 34. Re. 11. 13; 16. 18-21. *ye fled.* Is. 29. 6. Am. 1. 1. *the Lord.* Ps. 96. 13; 97. 4-6; 98. 9. Is. 64. 1-3; 66. 15, 16. Da. 7. 9-14, 21-27. Mat. 16. 27; 24. 3, 27-31; 25. 31. Mar. 13. 26, 27. Lu. 21. 27. 2 Th. 2. 8. Ja. 5. 8. Jude 14, 15. Re. 6. 16, 17; 20. 4, 11. *and all.* De. 33. 2. Joel 3. 11. 1 Th. 3. 13. 2 Th. 1. 7-10.

6 *that the.* '*That is, it shall not be clear in some places, and dark in other places of the world.*' *not.* Ps. 97. 10, 11; 112. 4. Pr. 4. 18, 19. Is. 50. 10; 60. 1-3. Ho. 6. 3. Lu. 1. 78, 79. Jno. 1. 5; 12. 46. Ep. 5. 8-14. Col. 1. 12. 2 Pe. 1. 19. Re. 11. 3, 15. *clear. Heb.* precious. *dark. Heb.* thickness.

7 *it shall be one day. or,* the day shall be one. Re. 21. 23; 22. 5. *which.* Ps. 37. 18. Mat. 24. 36. Mar. 13. 32. Ac. 1. 7; 15. 18; 17. 26, 31. 1 Th. 5. 2. *at.* Is. 9. 7; 11. 9; 30. 26; 60. 19, 20. Da. 12. 4. Ho. 3. 5. Re. 11. 15; 14. 6; 20. 2-4; 21. 3.

8 *living.* Eze. 47. 1-12. Joel 3. 18. Lu. 24. 47. Jno. 4. 10, 14; 7. 38. Re. 22. 1, 2, 17. *former. or,* eastern. Joel 2. 20. *in summer.* Is. 35. 7; 41. 17, 18; 49. 10; 58. 11. Re. 7. 16, 17.

9 *the Lord.* ch. 8. 20-23. Ge. 49. 10. 1 Sa. 2. 10. Ps. 2. 6-8; 22. 27-31; 47. 2-9; 67. 4; 72. 8-11, 17; 86. 9. Is. 2. 2-4; 45. 22-25; 49. 6, 7; 54. 5; 60. 12-14. Da. 2. 44, 45; 7. 27. Am. 9. 12. Mi. 4. 1-3; 5. 4. Zep. 3. 9. Re. 11. 15. *one Lord.* Ep. 4. 5, 6. *and.* Je. 23. 6. Mat. 1. 23; 28. 19. Ep. 3. 14, 15.

10 *the land.* ch. 4. 6, 7. Is. 40. 3, 4. Lu. 3. 4-6. *turned. or,* compassed. *from Geba.* Jos. 21. 17. 1 Ki. 15. 22. Is. 10. 29. *Rimmon.* Jos. 15. 32. Ju. 20. 45, 47; 21. 13. 1 Ch. 4. 32; 6. 77. *inhabited. or,* shall abide. ch. 2. 4; 12. 6. Je. 30. 18. *from Benjamin's.* 2 Ch. 25. 23. Ne. 3. 1; 12. 39. Je. 31. 38-40; 37. 13; 38. 7.

11 *there.* Nu. 21. 3. Is. 60. 18. Je. 31. 40. Eze. 37. 26. Joel 3. 17, 20. Am. 9. 15. Re. 21. 4; 22. 3. *shall be safely inhabited. or,* shall abide. ch. 2. 4; 8. 4, 8. Is. 26. 1; 66. 22. Je. 23. 5, 6; 33. 15, 16. Eze. 34. 22-29.

12 *the plague wherewith.* ver. 3; ch. 12. 9. Ps. 110. 5, 6. Is. ch. 34; 66. 15, 16. Eze. 38. 18-22; 39. 4-6, 17-20. Joel 3. 1, 2. Mi. 4. 11-13; 5. 8, 9; 7. 16, 17. Re. ch. 16; 19. 17-21.

*Their flesh.* Le. 26. 18, 21, 24, 28. De. 28. 59. 2 Ch. 21. 15, 18, 19. Ps. 90. 11. Ac. 12. 23. Re. 9. 5, 6; 16. 10, 11, 21; 17. 16; 18. 6-8.

13 *a great.* ch. 12. 4. Ju. 7. 22. 1 Sa. 14. 15-23. 2 Ch. 20. 22-24. Eze. 38. 21. Re. 17. 12-17.

14 *Judah also shall.* *or*, thou also, O Judah, shalt, etc. ch. 10. 4, 5; 12. 5-7. *at.* *or*, against. *and the.* 2 Ki. 7. 6-18. 2 Ch. 14. 13-15; 20. 25-27. Is. 23. 18. Eze. 39. 9, 10, 17, etc.

15 ver. 12.

16 *that every.* ch. 8. 20-23; 9. 7. Is. 60. 6-9; 66. 18-21, 23. Joel 2. 32. Ac. 15. 17. Ro. 9. 23, 24; 11. 5, 16, 26. Re. 11. 13, 15-17. *the King.* ver. 17. Ps. 24. 7-10. Is. 6. 5. Je. 46. 18; 48. 15; 51. 57. Mal. 1. 14. Lu. 19. 38. Jno. 1. 49. Phi. 2. 9-11. Re. 19. 16. *and to.* ver. 18, 19. Le. 23. 33-36, 43. Nu. 29. 12-38. De. 16. 13-16; 31. 10-13. 2 Ch. 7. 8-10; 8. 13. Ezr. 3. 4. Ne. 8. 14-18. Ho. 12. 9. Jno. 7. 2, 37-39.

17 *that.* Ps. 2. 8-12; 110. 5, 6. Is. 45. 23; 60. 12. Je. 10. 25. Ro. 14. 10, 11. *all.* Ge. 10. 32; 12. 3; 28. 14. Am. 3. 2. Ac. 17. 26, 27. *even.* De. 11. 17; 28. 23, 24. 1 Ki. 8. 35; 17. 1. 2 Ch. 6. 26; 7. 13. Is. 5. 6. Je. 14. 4, 22. Am. 4. 7, 8. Ja. 5. 17. Re. 11. 6.

18 *that have no.* *Heb.* upon whom *there is* not. De. 11. 10, 11.

19 *punishment.* *or*, sin. Jno. 3. 19.

20 *shall there.* Pr. 21. 3, 4. Is. 23. 18. Ob. 17. Zep. 2. 11. Mal. 1. 11. Lu. 11. 41. Ac. 10. 15, 28; 11. 9; 15. 9. Ro. 14. 17, 18. Col. 3. 17, 22-24. Tit. 1. 15, 16. 1 Pe. 4. 11. *bells.* *or*, bridles. Ex. 28. 33-35. *HOLINESS.* Ex. 28. 36; 39. 30. Le. 8. 9. Ps. 110. 3. 1 Co. 3. 16, 17. 1 Pe. 2. 5, 9. Re. 1. 6; 5. 10; 20. 6. *and the.* Le. 6. 28. 1 Sa. 2. 14. Eze. 46. 20-24. *the bowls.* ch. 9. 15. Ex. 25. 29; 37. 16. Nu. 4. 7, 14; 7. 13, 19, 84, 85. 2 Ch. 4. 8, marg.

21 *every.* ch. 7. 6. De. 12. 7, 12. Ne. 8. 10. Ro. 14. 6, 7. 1 Co. 10. 31. 1 Ti. 4. 3-5. *no more.* Is. 4. 3; 35. 8. Eze. 44. 9. Ho. 12. 7, marg. Joel 3. 17. Mat. 21. 12, 13. Mar. 11. 15-17. Jno. 2. 15, 16. 1 Co. 6. 9-11. Re. 18. 11-15; 21. 27; 22. 15. *in the.* Ep. 2. 19-22. 1 Ti. 3. 15. He. 3. 6. 1 Pe. 4. 17. The predictions contained in this chapter seem to relate to events which gradually extend from the death of Christ to the glorious days of the millenium:—the destruction of Jerusalem by the Romans, whose armies were composed of many nations, which was 'the day of the Lord,' in which he came 'to destroy those who would not that he should reign over them,' (ver. 1, 2;) the subversion of the Roman empire, after being the executioners of the Divine vengeance on the Jews, by God's stirring up the barbarous nations to invade them, (ver. 3;) the effusion of Divine knowledge from Jerusalem, by the promulgation of the Gospel, (ver. 4-9;) the rebuilding and replenishing of Jerusalem, (ver. 10, 11;) the destruction of the nations who shall fight against her, (ver. 12-15;) the conversion of the remnant of those nations to the Lord, (ver. 16-19;) and the peace and purity of the universal church in the latter days, (ver. 20, 21.)

# MALACHI.

## CHAP. I.

*Malachi complains of Israel's unkindness,* 1-5; *of their irreligiousness and profaneness,* 6-14.

1 *burden.* Is. 13. 1. Hab. 1. 1. Zec. 9. 1; 12. 1. *by.* *Heb.* by the hand of. Hag. 1. 1; 2. 1, margins.

2 *I have.* The prophet shews in these verses (ver. 2-5) how much Jacob and the Israelites were favoured by Jehovah, more than Esau and the Edomites. Through every period of the history of Jacob's posterity, they could not deny that God had remarkably appeared on their behalf; but he had rendered the heritage of Esau's descendants, by wars and various other means, barren and waste for ever. De. 7. 6-8; 10. 15; 32. 8-14. Is. 41. 8, 9; 43. 4. Je. 31. 3. Ro. 11. 28, 29. *Wherein.* ver. 6, 7; ch. 2. 17; 3. 7, 8, 13, 14. Je. 2. 5, 31. Lu. 10. 29. *yet I.* Ge. 25. 23; 27. 27-30, 33; 28. 3, 4, 13, 14; 32. 28-30; 48. 4. Ro. 9. 10-13.

3 *hated.* Ge. 29. 30, 31. De. 21. 15, 16. Lu. 14. 26. *laid.* Is. 34. 9-12. Je. 49. 16-18. Eze. 25. 13, 14; 35. 3, 4, 7, 9, 14, 15. Joel 3. 19. Ob. 10, 18, 19, etc. *the.* Is. 13. 21, 22; 34. 13, 14; 35. 7. Je. 9. 11; 51. 37.

4 *but.* Is. 9. 9, 10. Ja. 4. 13-16. *They shall build.* Job 9. 4; 12. 14; 34. 29. Ps. 127. 1. Pr. 21. 30. Is. 10. 4, 15, 16. La. 3. 37. Mat. 12. 30. *The border.* Je. 31. 17. Eze. 11. 10. Am. 6. 2. *The people.* ver. 3. Ps. 137. 7. Is. 11. 14; 34. 5, 10; 63. 1-6. La. 4. 21, 22. Eze. 25. 14; 35. 9.

5 *your.* De. 4. 3; 11. 7. Jos. 24. 7. 1 Sa. 12. 16. 2 Ch. 29. 8. Lu. 10. 23, 24. *The Lord.* Ps. 35. 26, 27; 58. 10, 11; 83. 17, 18. Eze. 38. 16, 23; 29. 21, 22. *from.* *or*, upon. *Heb.* from upon.

6 *son.* Ex. 20. 12. Le. 19. 3. De. 5. 16. Pr. 30. 11, 17. Mat. 15. 4, 6, 19. 19. Mar. 7. 10; 10. 19. Lu. 18. 20. Ep. 6. 2. *a servant.* 1 Ti. 6. 1, 2. Tit. 2. 9, 10. 1 Pe. 2. 17-19. *if then.* From this verse to ch. 2. 9, the prophet reproves the priests and people for sacrificing the refuse of beasts; and denounces punishment against the former for not teaching the people their duty in this respect. Ex. 4. 22, 23. Is. 1. 2; 64. 8. Je. 31. 9. Mat. 6. 9, 14, 15. Lu. 6. 36, 46. 1 Pe. 1. 17. *and if.* Mat. 7. 21. Lu. 6. 46. Jno. 13. 13-17. *O priests.* ch. 2. 8. 1 Sa. 2. 28-30. Je. 5. 30, 31; 23. 11. Eze. 22. 26. Ho. 4. 6; 5. 1. *And ye.* ch. 2. 14-17; 3. 7, 8, 13, 14. Je. 2. 21, 22. Ho. 12. 8. Lu. 10. 29.

7 *Ye offer,* etc. *or*, Bring unto my, etc. *polluted.* Le. 2. 11; 21. 6. De. 15. 21. *The table.* ver. 12. 1 Sa. 2. 15-17. Eze. 41. 22. 1 Co. 10. 21; 11. 21, 22, 27-32.

8 *if ye offer the blind.* ver. 14. Le. 22. 19-25. De. 15. 21. *for sacrifice.* *Heb.* to sacrifice. *or accept.* ver. 10, 13. Job 42. 8. Ps. 20. 3. Je. 14. 10. Ho. 8. 13.

9 *beseech.* 2 Ch. 30. 27. Je. 27. 18. Joel 1. 13, 14; 2. 17. Zec. 3. 1-5. Jno. 9. 31. He. 7. 26, 27. *God.* *Heb.* the face of God. Ex. 32. 11. Je. 26. 19, margins. La. 2. 19. *by your means.* *Heb.* from your hand. *will he.* Ac. 19. 15, 16. Ro. 2. 11. 1 Pe. 1. 17.

10 *Who.* Instead of *mi*, 'who,' one MS. (30 K.) with the LXX. reads *ki*, 'surely,' which is adopted by *Houbigant* and Abp. *Newcome*, who renders, 'Surely the doors shall be closed against you, neither shall ye kindle the fire of my altar in vain.' *even.* Job 1. 9-11. Is. 56. 11, 12. Je. 6. 13; 8. 10. Mi. 3. 11. Jno. 10. 12. Phi. 2. 21. 1 Pe. 5. 2. *neither.* 1 Co. 9. 13. *I have.* Is. 1. 11-15. Je. 6. 20. Am. 5. 21-24. He. 10. 38.

11 *from.* As the preceding verse was a prediction of the abolition of the Levitical priesthood, so this is a prophecy of the conversion of the Gentiles, and the spiritual priesthood of the Gospel times. As none but priests of Aaron's race might burn incense before Jehovah, a total change of the external administration of the sacred ordinances is evidently predicted. Ps. 50. 1; 113. 3. Is. 45. 6; 59. 19. Zec. 8. 7. *my name.* ver. 14. Ps. 22. 27-31; 67. 2; 72. 11-17; 98. 1-3. Is. 11. 9, 10; 45. 22, 23; 49. 6, 7, 22, 23; 54. 1-3, 5; 60. 1-11, 16, etc.; 66. 19, 20. Am. 9. 12. Mi. 5. 4. Zep. 3. 9. Zec. 8. 20-23. Mat. 6. 9, 10; 28. 19. Ac. 15. 17, 18. Re. 11. 15; 15. 4. *and in.* Is. 24. 14-16; 42. 10-12. Zep. 2. 11. Jno. 4. 21-23. Ac. 10. 30-35. Ro. 15. 9-11, 16. 1 Ti. 2. 8. Re. 8. 3. *incense.* Ps. 141. 2. Is. 60. 6. Lu. 1. 10. Ro. 12. 1. Phi. 4. 18. He. 13. 15, 16. Re. 5. 8; 8. 3, 4. *for.* Is. 66. 19, 20.

12 *ye have.* ver. 6, 8; ch. 2. 8. 2 Sa. 12. 14. Eze. 36. 21-23. Am. 2. 7. Ro. 2. 24. *The table.* ver. 7, 13. Nu. 11. 4-8. Da. 5. 3, 4.

13 *Behold.* 1 Sa. 2. 29. Is. 43. 22. Am. 8. 5. Mi. 6. 3. Mar. 14. 4, 5, 37, 38. *and ye have snuffed at it.* *or*, whereas ye might have blown it away. *torn.* ver. 7, 8. Le. 22. 8, 19-23. De. 15. 21. Eze. 4. 14; 44. 31. *should I accept.* ch. 2. 13. Is. 1. 12; 57. 6. Je. 7. 9-11, 21-24. Am. 5. 21-23. Zec. 7. 5, 6. Mat. 6. 1, 2, 5, 16.

14 *cursed.* ch. 3. 9. Ge. 27. 12. Jos. 7. 11, 12. Je. 48. 10. Mat. 24. 51. Lu. 12. 1, 2, 46. Ac. 5. 1-10. Re. 21. 8. *which hath in his flock.* *or*, in whose flock is. Ec. 5. 4, 5. Mar. 12. 41-44; 14. 8. 2 Co. 8. 12. *for.* ver. 8, 11. De. 28. 58. Ps. 47. 2; 48. 2; 95. 3. Is. 57. 15. Je. 10. 10. Da. 4. 37. Zec. 14. 9. Mat. 5. 35. 1 Ti. 6. 15. *my name.* Ps. 68. 35; 76. 12. Da. 9. 4. He. 12. 29. Re. 15. 4.

## CHAP. II.

*He sharply reproves the priests for neglecting their covenant,* 1-9; *and the people for marrying strange wives,* 10-12; *and for putting away their former ones,* 13-16, *and for infidelity,* 17.

1 ch. 1. 6. Je. 13. 13. La. 4. 13. Ho. 5. 1.

2 *ye will not hear.* Le. 26. 14, etc. De. 28. 15, etc.; 30. 17, 18. Ps. 81. 11, 12. Is. 30. 8-13. Je. 6. 16-20; 13. 17; 25. 4-9; 34. 17. Eze. 3. 7. Zec. 1. 3-6; 7. 11-14. *if ye will not lay.* Is. 42. 25; 47. 7; 57. 11. *to give.* Jos. 7. 19. Je. 13. 16. Lu. 17. 18. 1 Pe. 4. 11. Re. 14. 7; 16. 9. *and I.* De. 28. 16-18, 53-57. Ps. 69. 22; 109. 7-15. Ho. 4. 7-10; 9. 11-14. Hag. 1. 6, 9; 2. 16, 17. Lu. 23. 28-30. *I have cursed.* By sending them unfruitful seasons. ch. 3. 9.

3 *I will.* Joel 1. 17. *corrupt.* *or*, reprove. *spread.* *Heb.* scatter. ver. 9. 1 Sa. 2. 29, 30. 1 Ki. 14. 10. 2 Ki. 9. 36, 37. Job 20. 7. Ps. 83. 10. Je. 8. 2. Na. 3. 6. Lu. 14. 35. 1 Co. 4. 13. *one shall take you away with it.* *or*, it shall take you away to it.

4 *ye.* 1 Ki. 22. 25. Is. 26. 11. Je. 28. 9. Eze. 33. 33; 38. 23. Lu. 10. 11. *that my.* Is. 1. 24-28; 27. 9. Eze. 20. 38-41; 44. 9-16. Mat. 3. 12. Jno. 15. 2.

5 *covenant.* Nu. 3. 45; 8. 15; 16. 9, 10; 18. 8-24; 25. 12, 13. De. 33. 8-10. Ps. 106. 30, 31. Eze. 34. 25; 37. 26. *I gave.* Ex. 32. 26-29. De. 33. 8-11.

6 *law.* Ps. 37. 30. Eze. 44. 23, 24. Ho. 4. 6. Mat. 22. 16. Mar. 12. 14. Lu. 20. 21. 2 Ti. 2. 15, 16. Tit. 1. 7-9. Re. 14. 5. *he walked.* Ge. 5. 21-24; 6. 9; 17. 1. Lu. 1. 6. *and did.* Je. 23. 22. Da. 12. 3. Lu. 1. 16, 17. Ac. 26. 18. 1 Th. 1. 9, 10. Ja. 5. 19, 20.

7 *the priest's.* Le. 10. 11. De. 17. 8-11; 21. 5; 24. 8. 2 Ch. 17. 8, 9; 30. 22. Ezr. 7. 10. Ne. 8. 2-8. Je. 15. 19; 18. 18. Hag. 2. 11-

13. 2 Ti. 2. 24, 25. *the messenger.* ch. 3. 1. Is. 42. 19; 44. 26. Hag. 1. 13. Jno. 13. 20; 20. 21. Ac. 16. 17. 2 Co. 5. 20. Ga. 4. 14. 1 Th. 4. 8.

8 *ye are.* Ps. 18. 21; 119. 102. Is. 30. 11; 59. 13. Je. 17. 5, 13. Eze. 44. 10. Da. 9. 5, 6. He. 3. 12. *ye have caused.* ver. 9. 1 Sa. 2. 17, 24, 30. Is. 9. 16. Je. 18. 15; 23. 11-15. Mat. 15. 2-5. Lu. 11. 45, 46. Ro. 2. 19-24; 14. 21. *stumble at. or,* fall in. *ye have corrupted.* ver. 5, 10. Le. 21. 15. Ne. 13. 29.

9 *made.* ver. 3. 1 Sa. 2. 30. Pr. 10. 7. Da. 12. 2, 3. Mi. 3. 6, 7. *before.* 1 Ki. 22. 28. Je. 28. 15, 16; 29. 20-22, 31, 32. Eze. 13. 12-16, 21. Mar. 7. 13, 14. Lu. 20. 45-57. *but.* ver. 8. Mat. 5. 21, 22, 27, 28, 33-37, 43, 44; 19. 17, 18; 23. 16-24. Mar. 7. 8-13. Lu. 10. 29; 11. 42. Ro. 7. 7-10. *have been partial in. or,* lifted up the face against. *Heb.* accepted faces. De. 1. 17, marg. Ga. 2. 6.

10 *all.* ch. 1. 6. Jos. 24. 3. Is. 51. 2; 63. 16; 64. 8. Eze. 33. 24. Mat. 3. 9. Lu. 1. 73; 3. 8. Jno. 8. 39, 53, 56. Ac. 7. 2. Ro. 4. 1; 9. 10. 1 Co. 8. 6. Ep. 4. 6. He. 12. 9. *hath.* Job 31. 15. Ps. 100. 3. Is. 43. 1, 7, 15; 44. 2. Jno. 8. 41. Ac. 17. 25. *why.* ver. 11, 14, 15. Je. 9. 4, 5. Mi. 7. 2-6. Mat. 10. 21; 22. 16. Ac. 7. 26. 1 Co. 6. 6-8. Ep. 4. 25. 1 Th. 4. 6. *by.* ver. 8, 11. Ex. 34. 10-16. Jos. 23. 12-16. Ezr. 9. 11-14; 10. 2, 3. Ne. 13. 29.

11 *and an.* Le. 18. 24-30. Je. 7. 10. Eze. 18. 13; 22. 11. Re. 21. 8. *profaned.* Ex. 19. 5, 6. Le. 20. 26. De. 7. 3-6; 14. 2; 33. 26-29. Ps. 106. 28, 34-39. Je. 2. 3, 7, 8, 21, 22. *loved. or,* ought to love. *and hath.* Ge. 6. 1, 2. Ju. 3. 6. 1 Ki. 11. 1-8. Ezr. 9. 1, 2, 12; 10. 2. Ne. 13. 23-29. Ho. 6. 7. 2 Co. 6. 14-18.

12 *cut.* Le. 18. 29; 20. 3. Nu. 15. 30, 31. Jos. 23. 12, 13. 1 Sa. 2. 31-34. *the master and the scholar. or,* him that waketh, and him that answereth. 1 Ch. 25. 8. Ezr. 10. 18, 19. Ne. 13. 28, 29. Is. 9. 14-16; 24. 1, 2. Eze. 14. 10. Ho. 4. 4, 5. Mat. 15. 14. 2 Ti. 3. 13. Re. 19. 20. *out.* Nu. 24. 5. Zec. 12. 7. *and him.* ver. 10. Ge. 4. 3-5. 1 Sa. 3. 14; 15. 22, 23. Is. 61. 8; 66. 3. Am. 5. 22.

13 *covering.* De. 15. 9. 1 Sa. 1. 9, 10. 2 Sa. 13. 19, 20. Ps. 78. 34-37. Ec. 4. 1. *insomuch.* De. 26. 14. Ne. 8. 9-12. Pr. 15. 8; 21. 27. Is. 1. 11-15. Je. 6. 20.

14 *Wherefore.* ch. 1. 6, 7; 3. 8. Pr. 30. 20. Is. 58. 3. Je. 8. 12. *the Lord.* ch. 3. 5. Ge. 31. 50. Ju. 11. 10. 1 Sa. 12. 5. Je. 42. 5. Mi. 1. 2. *the wife.* ver. 15. Pr. 5. 18, 19. Ec. 9. 9. Is. 54. 6. *thy companion.* Ge. 2. 18. Pr. 2. 17. Ca. 1. 15, marg. Eze. 16. 8.

15 *did.* Ge. 1. 27; 2. 20-24. Mat. 19. 4-6. Mar. 10. 6-8. 1 Co. 7. 2. *residue. or,* excellency. *the spirit.* Ge. 2. 7. Job 27. 3. Ec. 12. 7. Jno. 20. 22. *That he.* Ge. 24. 3-7, 44; 26. 34, 35; 27. 46; 28. 2-4. De. 7. 4. Ezr. 9. 4. Ne. 13. 24. Je. 2. 21. 1 Co. 7. 14. Ep. 6. 4. 1 Ti. 3. 4, 5, 11, 12. Tit. 1. 6. *godly seed. Heb.* seed of God. Ge. 6. 2. Ho. 1. 10. Ac. 3. 25. 2 Co. 6. 18. *take.* ver. 14. Pr. 4. 23; 6. 25; 7. 25. Mat. 5. 28, 29; 15. 19. Ja. 1. 14, 15. *treacherously. or,* unfaithfully.

16 *the Lord.* De. 24. 1-4. Is. 50. 1. Mat. 5. 31, 32; 19. 3-9. Mar. 10. 2-12. Lu. 16. 18. *that he hateth putting away. or,* if he hate *her*, put *her* away. *Heb.* to put away. *covereth.* Pr. 28. 13. Is. 28. 20; 59. 6. Mi. 7. 2, 3.

17 *wearied.* Ps. 95. 9, 10. Is. 1. 14; 7. 13; 43. 24. Je. 15. 6. Eze. 16. 43. Am. 2. 13. *Wherein.* ver. 14; ch. 1. 6, 7; 3. 8. *Every.* ch. 3. 13-15. Job 34. 5-9, 17, 36; 36. 17. Ps. 73. 3-15. Mat. 11. 18, 19. *Where.* De. 32. 4. 1 Sa. 2. 3. Ps. 10. 11-13. Ec. 8. 11. Is. 5. 18, 19; 30. 18. Eze. 8. 12; 9. 9. Zep. 1. 12. 2 Pe. 3. 3, 4.

## CHAP. III.

*Of the messenger, majesty, and grace of Christ,* 1-6. *Of the rebellion,* 7, *sacrilege,* 8-12, *and infidelity of the people,* 13-15. *The promise of blessing to them that fear God,* 16-18.

1 *I will.* ch. 2. 7; 4. 5. Mat. 11. 10, 11. Mar. 1. 2, 3. Lu. 1. 76; 7. 26-28. Jno. 1. 6, 7. *and he.* Is. 40. 3-5. Mat. 3. 1-3; 17. 10-13. Lu. 1. 16, 17; 3. 3-6. Jno. 1. 15-23, 33, 34; 3. 28-30. Ac. 13. 24, 25; 19. 4. *and.* Ps. 110. 1. Is. 7. 14; 9. 6. Hag. 2. 7-9. Lu. 2. 11, 21-32, 38, 46; 7. 19, 20; 19. 47. Jno. 2. 14-16. *even.* Ge. 48. 15, 16. Ex. 23. 20. Is. 63. 9. Ho. 12. 3-5. Ac. 7. 38. *he shall come.* Hag. 2. 7.

2 *who may abide.* ch. 4. 1. Am. 5. 18-20. Mat. 3. 7-12; 21. 31-44; 23. 13-35; 25. 10. Lu. 2. 34; 3. 9, 17; 7. 23; 11. 37-47, 52-54; 21. 36. Jno. 6. 42-44; 8. 41-48, 55; 9. 39-41; 15. 22-24. Ac. 7. 52-54. Ro. 9. 31-33; 11. 5-10. He. 10. 28, 29; 12. 25. 1 Pe. 2. 7, 8. Re. 1. 6, 7; 6. 17. *for.* Is. 4. 4. Zec. 13. 9. Mat. 3. 10-12. 1 Co. 3. 13-15. Re. 2. 23. *like fullers'.* Ps. 2. 7. Is. 1. 18. Je. 2. 22. Mar. 9. 3. Re. 1. 5; 7. 14; 19. 8.

3 *sit.* Ps. 66. 10. Pr. 17. 3; 25. 4. Is. 1. 25; 48. 10. Je. 6. 28-30. Eze. 22. 18-22. Da. 12. 10. Zec. 13. 9. Lu. 3. 16. Ep. 5. 26, 27. Tit. 2. 14. He. 12. 10. 1 Pe. 1. 7; 4. 12, 13. Re. 3. 18. *the sons.* ch. 1. 6-10; 2. 1-8. Is. 61. 6; 66. 19-21. Je. 33. 18-22. Eze. 44. 15, 16. Re. 1. 6; 5. 10. *an.* ch. 1. 11. Ps. 4. 5; 50. 14, 23; 69. 30, 31; 107. 21, 22; 116. 17; 141. 1, 2. Ho. 14. 2. Jno. 4. 23, 24. Ro. 12. 1; 15. 16. Phi. 2. 17; 4. 18. 2 Ti. 4. 6. He. 13. 15, 16. 1 Pe. 2. 5, 9.

4 *the offering.* Is. 1. 26, 27; 56. 7. Je. 30. 18-20; 31. 23, 24. Eze. 20. 40, 41; 43. 26, 27. Zec. 8. 3; 14. 20, 21. *as.* 1 Ch. 15. 26; 16. 1-3; 21. 26; 29. 20-22. 2 Ch. 1. 6; 7. 1-3, 10-12; 8. 12-14; 29. 31-36; 30. 21-27; 31. 20, 21. Je. 2. 2, 3. *former. or,* ancient.

5 *I will come.* ch. 2. 17. Ps. 50. 3-6; 96. 13; 98. 9. Eze. 34. 20-22. He. 10. 30, 31. Ja. 5. 8, 9. Jude 14, 15. *a swift.* ch. 2. 14. Ps. 50. 7; 81. 8. Je. 29. 23. Mi. 1. 2. Mat. 23. 14-35. *the sorcerers.* Le. 20. 6, 10, 27. De. 5. 11, 17-21. Je. 7. 9, 10. Eze. 22. 6-12. Zec. 5. 3, 4. 1 Co. 6. 9, 10. Ga. 5. 19-21. He. 13. 4. Re. 21. 8; 22. 15. *against those.* Ex. 22. 21-24. Le. 19. 13. De. 24. 14, 15, 17; 27. 19. Pr. 22. 22, 23; 23. 10, 11. Je. 22. 13-17. Ja. 5. 4, 12. *oppress. or,* defraud. 1 Th. 4. 6. *fear.* Ge. 20. 11; 42. 18. Ex. 1. 17; 18. 21. Ne. 5. 15. Ps. 36. 1. Pr. 8. 13; 16. 6. Lu. 23. 40. Ro. 3. 8.

6 *I am.* Ge. 15. 7, 18; 22. 16. Ex. 3. 14, 15. Ne. 9. 7, 8. Is. 41. 13; 42. 5-8; 43. 11, 12, 44. 6; 45. 5-8. Je. 32. 27. Ho. 11. 9. *I change not.* Nu. 23. 19. 1 Sa. 15. 29. Ps. 102. 26. He. 6. 18; 13. 8. Ja. 1. 17. Re. 1. 8; 22. 13. *therefore.* Ps. 78. 38, 57; 103. 17; 105. 7-10. Is. 40. 28-31. La. 3. 22, 23. Ro. 5. 10; 8. 28-32; 11. 28, 29. Phi. 1. 6. 2 Th. 2. 13, 14.

7 *from the.* De. 9. 7-21; 31. 20, 27-29. Ne. 9. 16, 17, 26, 28-30. Ps. 78. 8-10. Eze. 20. 8, 13, 21, 28. Lu. 11. 48-51. Ac. 7. 51, 52. *Return unto me.* Le. 26. 40-42. De. 4. 29-31; 30. 1-4. 1 Ki. 8. 47-49. Ne. 1. 8, 9. Is. 55. 6, 7. Je. 3. 12-14, 22. Eze. 18. 30-32. Ho. 14. 1. Zec. 1. 3. Ja. 4. 8. *Wherein.* ver. 13; ch. 1. 6. Is. 65. 2. Mat. 23. 27. Lu. 15. 16. Ro. 7. 9; 10. 3, 21.

8 *a man.* Ps. 29. 2. Pr. 3. 9, 10. Mat. 22. 21. Mar. 12. 17. Lu. 20. 25. Ro. 13. 7. *In.* ch. 1. 8, 13. Le. 5. 15, 16; 27. 2-34. Nu. 18. 21-32. Jos. 7. 11. Ne. 13. 4-14. Ro. 2. 22.

9 ch. 2. 2. De. 28. 15-19. Jos. 7. 12, 13; 22. 20. Is. 43. 28. Hag. 1. 6-11; 2. 14-17.

10 *all.* 2 Ch. 31. 4-10. Ne. 10. 33-39. Pr. 3. 9, 10. *the storehouse.* 1 Ch. 26. 20. 2 Ch. 31. 11-19. Ne. 10. 38; 12. 44, 47; 13. 5, 10-13. *and prove.* 1 Ki. 17. 13-16. Ps. 37. 3. Hag. 2. 19. Mat. 6. 33. 2 Co. 9. 6-8. *open.* Ge. 7. 11. De. 28. 12. 2 Ki. 7. 2, 19. *pour you out. Heb.* empty out. Ec. 11. 3. *that there.* Le. 26. 10. 2 Ch. 31. 10. Lu. 5. 6, 7; 12. 16, 17. Jno. 21. 6-11.

11 *rebuke.* Joel 2. 20. Am. 4. 9; 7. 1-3. Hag. 2. 17. *destroy. Heb.* corrupt. *neither.* De. 11. 14. Je. 8. 13. Joel 1. 7, 12; 2. 22. Hab. 3. 17. Zec. 8. 12.

12 *all.* De. 4. 6, 7. 2 Ch. 32. 23. Ps. 72. 17. Is. 61. 9. Je. 33. 9. Zep. 3. 19, 20. Zec. 8. 23. Lu. 1. 48. *a delightsome.* De. 8. 7-10; 11. 12. Da. 8. 9; 11. 41.

13 *Your.* ch. 2. 17. Ex. 5. 2. 2 Ch. 32. 14-19. Job 34. 7, 8. Ps. 10. 11. Is. 5. 19; 28. 14, 15; 37. 23. 2 Th. 2. 4. *What.* ver. 8; ch. 1. 6-8; 2. 14, 17. Job. 40. 8. Je. 8. 12. Ro. 9. 20.

14 *It is.* Job. 21. 14, 15; 22. 17; 34. 9; 35. 3. Ps. 73. 8-13. Is. 58. 3. Zep. 1. 12. *ordinance. Heb.* observation. *and that.* Is. 58. 3. Joel 2. 12. Zec. 7. 3-6. Ja. 4. 9. *mournfully. Heb.* in black.

15 *we call.* ch. 4. 1. Es. 5. 10. Ps. 10. 3; 49. 18; 73. 12. Da. 4. 30, 37; 5. 20-28. Ac. 12. 21. 1 Pe. 5. 5. *yea.* ch. 2. 17. Job 12. 6; 21. 7-15, 30. Pr. 12. 12. Ec. 9. 1, 2. Je. 12. 1, 2. Hab. 1. 13-17. *set. Heb.* built. Job 22. 23. *they that tempt.* Nu. 14. 22, 23. Da. 6. 16. Ps. 78. 18, 41, 56; 95. 9; 106. 14. Mat. 4. 6, 7. Ac. 5. 9. 1 Co. 10. 9. He. 3. 9.

16 *that feared.* ver. 5; ch. 4. 2. Ge. 22. 12. 1 Ki. 18. 3, 12. Job 28. 28. Ps. 33. 18; 111. 10; 112. 1; 147. 11. Is. 50. 10. Ac. 9. 31; 10. 2. Re. 15. 4. *spake.* De. 6. 6-8. 1 Sa. 23. 16-18. Es. 4. 5-17. Ps. 16. 3; 66. 16; 73. 15-17; 119. 63. Pr. 13. 20. Eze. 9. 4. Da. 2. 17, 18. Lu. 2. 38; 24. 14-31. Jno. 1. 40-47; 12. 20-22. Ac. 1. 13; 2. 1; 4. 23-30. Ep. 5. 19. 1 Th. 5. 11, 14. He. 3. 13; 10. 24; 12. 15. *and the.* 2 Sa. 7. 1. 2 Ch. 6. 7. Ps. 139. 4. Mat. 18. 19, 20. Ac. 4. 31-33. *a book.* Es. 2. 23; 6. 1. Job 19. 23-25. Ps. 56. 8. Is. 65. 6. Da. 7. 10. Mat. 12. 35-37. Re. 20. 12. *that thought.* Ps. 10. 4; 20. 7; 94. 19; 104. 33. Is. 26. 3, 8. He. 4. 12, 13.

17 *they shall.* Ca. 2. 16. Je. 31. 33; 32. 38, 39. Eze. 16. 8; 36. 27, 28. Zec. 13. 9. Jno. 10. 27-30; 17. 9, 10, 24. 1 Co. 3. 22, 23; 6. 20; 15. 23. Ga. 5. 24. 2 Th. 1. 7-10. Re. 20. 12-15. *jewels. or,* special treasure. Ex. 19. 5. De. 7. 6; 14. 2; 26. 17, 18. Ps. 135. 4. Is. 62. 3, 4. Tit. 2. 14. 1 Pe. 2. 9. *and I.* Ne. 13. 22. Ps. 103. 8-13. Is. 26. 20, 21. Je. 31. 20. Zep. 2. 2. Mat. 25. 34. Ro. 8. 32. 2 Co. 6. 18. 1 Jno. 3. 1-3. *son.* ch. 1. 6. 1 Pe. 1. 13-16.

18 *shall.* ver. 14, 15; ch. 1. 4. Job 6. 29; 17. 10. Je. 12. 15. Joel 2. 14. Zec. 1. 6. *discern.* Ge. 18. 25. Ps. 58. 10, 11. Is. 3. 10, 11. Da. 12. 1-3. Mat. 25. 46. Ro. 2. 5, 6. 2 Th. 1. 5-10. *between him.* Jos. 24. 15. Da. 3. 17-26. Jno. 12. 26. Ac. 16. 17; 27. 23. Ro. 1. 9; 6. 16-22. 1 Th. 1. 9.

## CHAP. IV.

*God's judgment on the wicked,* 1; *and his blessing on the good,* 2, 3. *He exhorts to the study of the law,* 4; *and tells of Elijah's coming and office,* 5, 6.

1 *the day.* ver. 5; ch. 3. 2. Eze. 7. 10. Joel 2. 1, 31. Zep. 1. 14. Zec. 14. 1. Lu. 19. 43; 21. 20. 2 Pe. 3. 7. *shall burn.* Ps. 21. 9, 10. Na. 1. 5, 6. Zep. 1. 18. Mat. 3. 12. 2 Th. 1. 8. *and all the.* ch. 3. 15, 18. Ex. 15. 7. Ps. 119. 119. Is. 2. 12-17; 5. 24; 40. 24; 41. 2; 47. 14. Ob. 18. Na. 1. 10. *that it.* Job 18. 16. Am. 2. 9.

2 *that fear.* ch. 3. 16. Ps. 85. 9. Is. 50. 10; 66. 1, 2. Lu. 1. 50. Ac. 13. 26. Re. 11. 18. *the Sun.* 2 Sa. 23. 4. Ps. 67. 1; 84. 11. Pr. 4. 18. Is. 9. 2; 30. 26; 49. 6; 60. 1-3, 19, 20. Ho. 6. 3. Mat. 4. 15, 16. Lu. 1. 78; 2. 32. Jno. 1. 4, 8, 14; 8. 12; 9. 4; 12. 35, 36, 40. Ac. 13. 47; 26. 18. Ep. 5. 8-14. 2 Pe. 1. 19. 1 Jno. 2. 8. Re. 2. 28; 22. 16. *healing.* Ps. 103. 3; 147. 3. Is. 53. 5; 57. 18, 19. Je. 17. 14; 33. 6. Eze. 47. 12. Ho. 6. 1; 14. 4. Mat. 11. 5. Re. 22. 2. *wings.* Ru. 2. 12. Mat. 23. 37. *ye shall.* Ps. 92. 12-14. Is. 49. 9, 10; 55. 12, 13. Je. 31. 9-14. Ho. 14. 5-7. Jno. 15. 2-5. 2 Th. 1. 3. 2 Pe. 3. 18.

3 Ge. 3. 15. Jos. 10. 24, 25. 2 Sa. 22. 43. Job 40. 12. Ps. 91. 13. Is. 25. 10; 26. 6; 63. 3-6. Da. 17. 18, 27. Mi. 5. 8; 7. 10. Zec. 10. 5. Ro. 16. 20. Re. 11. 15; 14. 20.

4 *the law.* Ex. 20. 3, etc. De. 4. 5, 6. Ps. 147. 19, 20. Is. 8. 20; 42. 21. Mat. 5. 17-20; 19. 16-22; 22. 36-40. Mar. 12. 28-34. Lu. 10. 25-28; 16. 29-31. Jno. 5. 39-47. Ro. 3. 31; 13. 1-10. Ga. 5. 13, 14, 24, 25. Ja. 2. 9-13. *in.* De. 4. 10. *with.* Ex. ch. 21-23. Le. ch. 1, etc. Ps. 147. 19.

5 *I will.* ch. 3. 1. Is. 40. 3. Mat. 11. 13, 14; 17. 10-13; 27. 47-49. Mar. 9. 11-13. Lu. 1. 17; 7. 26-28; 9. 30. Jno. 1. 21, 25. *great.* ver. 1. Joel 2. 31. Ac. 2. 19, 20. Re. 6. 17.

6 *turn.* Lu. 1. 16, 17, 76. *lest.* Is. 61. 2. Da. 9. 26, 27. Zec. 11. 6; 13. 8; 14. 2. Mat. 22. 7; 23. 35-38; 24. 27-30. Mar. 13. 14-26. Lu. 19. 41-44; 21. 22-27. *and smite.* De. 29. 19, etc. Is. 24. 6; 43. 28; 65. 15. Da. 9. 11. Zec. 5. 3; 14. 12. Mar. 11. 21. He. 6. 8; 10. 26-31. Re. 22. 3, 20, 21.

# A SUMMARY VIEW

OF THE

# PRINCIPAL EVENTS OF THE PERIOD

FROM THE CLOSE OF THE

## SACRED CANON OF THE OLD TESTAMENT,

UNTIL THE

## TIMES OF THE NEW TESTAMENT.

---

Artaxerxes Longimanus, king of Persia, who in his twentieth year had commissioned Nehemiah to rebuild the walls of Jerusalem, being dead, was succeeded, after the short reigns of Xerxes the second and Sogdianus, by his son Darius Nothus. (B.C. 423.) In the eleventh year of this prince's reign died Eliashib the high priest, after having filled the sacred office for thirty-four or forty years; and was succeeded by his son Jehoiada, or Joiada, the father of that Manasseh whom Nehemiah forced to retire to Samaria, on account of his attachment to his idolatrous wife. It is uncertain how long Nehemiah lived at Jerusalem after his important reformations; but after his death Judea seems to have been added to the prefecture of Syria, and became wholly subject to the governor of that province. Darius Nothus was succeeded by Artaxerxes Mnemon; (B.C. 405.) in the thirty-fourth year of whose reign, Jeshua being appointed by the Persian governor of Syria to supersede his brother Johanan, or Jonathan, who had succeeded his father Joiada in the high priesthood, was slain by him in the inner court of the temple. For this atrocious act, the governor imposed a fine of fifty drachmas on every lamb that should be offered in sacrifice; the total amount of which has been calculated at somewhat more than 1700*l.* per annum. The payment of this fine, however, continued only till the death of Artaxerxes Mnemon, which happened seven years after. (B.C. 359.) But the Jews were not long allowed to enjoy a state of peace and prosperity, for Ochus, who succeeded Artaxerxes, having subdued the greater part of Phœnicia, with which Lesser Asia and Syria had revolted on his accession to the throne, marched into Judea, took Jericho, and carried away a great number of captives; part of whom he sent into Egypt, and settled the rest in Hyrcania, along the shores of the Caspian Sea. (B.C. 341.) After an interval of ten years, died Johanan the high priest, and was succeeded by his son Jaddua. About three years after this event, the Persian monarch was poisoned, and the late king's youngest son, Arsaces, or Arses, was placed on the Persian throne; but, being also poisoned about three years afterwards, he was succeeded by the unfortunate Darius Codomannus. He had not long ascended the throne, before the infamous Bagoas, finding he was not one who would answer his purpose, resolved to remove him by the same means he had used to destroy his two predecessors. But Darius, being apprised of his design, made him drink the poisonous draught himself, and thereby became firmly settled in the kingdom, without farther difficulty.

At this eventful period, Alexander the Great, at the age of twenty, succeeded to the throne of Macedon, and caused himself to be appointed general of the Grecian forces against the Persians. With a comparatively small army he crossed the Hellespont, and passed into Asia; (B.C. 334) and having defeated the immense army of Darius at the river Granicus, he speedily made himself master of all Asia Minor. The next year Darius advanced to meet him with an army of 600,000 men; but, near Issus, he was again utterly defeated by Alexander. The battle of Issus was followed by the reduction of all Syria and Phœnicia; and Alexander marched into Judea, to punish the Jews for granting the Tyrians supplies of provisions, and refusing them to him, during the siege of Tyre. While he was rapidly advancing to the metropolis, the high priest Jaddua, as well as the great body of the people, by sacrifices, oblations, and prayers, humbly besought God to avert the threatened danger. It being communicated to Jaddua in a dream, that he should go and meet the conqueror in his pontifical robes, at the head of all the priests in their proper habits, attended by a numerous body of the people dressed in white, he ordered the gates of the city to be thrown open, and marched in solemn procession to an eminence called Sapha, which commanded a prospect of the temple and of the whole city. As soon as the king approached the venerable pontiff, he was struck with profound awe at the spectacle, and hastening forward, saluted him with a religious veneration. While all stood amazed at this behaviour, Parmenio asked the reason of such unexpected homage; to which Alexander replied, that it was not offered to the priest, but to his God, in grateful acknowledgment for a vision with which he had been favoured at Dio, in Macedonia; in which this very person, and in this very habit appeared to him, promising him the empire of Persia Having kindly embraced Jaddua, he entered Jerusalem, and offered up sacrifices to God in the temple; where the high priest having shewn him the prophecies of Daniel, which predicted the overthrow of the Persian empire by a Grecian king, he went thence with greater assurance of success, not doubting but he was the person meant in the prophecies. At his departure, he granted the Jews the free exercise of their religion and laws, and exemption from the payment of tribute every seventh year. Egypt having quickly submitted to the conqueror, the following year he marched against Darius; and coming to a decisive battle at Arbela, he routed his immense army of about 1,100,000 men; and Darius being forced to fly for his life, was soon after assassinated by the treachery of Bessus. Having thus, according to the prophecies of Daniel, completely subverted the Persian empire, he rapidly extended his

conquests from the Euphrates to the Indus, and from the Caspian Sea to the Southern Ocean. About six years afterwards, in the thirty-second year of his age, and the twelfth of his reign, he died at
B.C. 323. Babylon, either in consequence of excessive drinking, or from having been poisoned.

After the death of Alexander, his empire was divided among his four remaining generals. Cassander had Macedonia and Greece; Lysimachus had Thrace, Bithynia, &c.; Seleucus Nicator had Syria, Armenia, and other eastern countries; and Ptolemy Lagus had Egypt, Libya, &c. In the first partition of the empire, Palestine, with Cœle-Syria and Phœnicia, had been given to Laomedon, one of Alexander's generals; but having been deprived of the two latter by Ptolemy, the Jews, over whom Onias son of Jaddua was then high priest, refused to submit to this new master, from their religious sense of the oath of allegiance which they had taken. In consequence of this, Ptolemy marched into Judea, took Jerusalem, and carried 100,000 of them cap-
B.C. 320. tive to Egypt; but there, considering their loyalty to their former conquerors, he used them so kindly, even promoting them to places of trust and power, that many followed them of their
B.C. 314. own accord. About six years afterwards, he was deprived of Judea, Cœle-Syria, and Phœnicia, by Antigonus; and having again made himself master of these provinces, he immediately afterwards lost them by the defeat of Cilles,
B.C. 312. one of his generals. They continued in the possession of Antigonus till his defeat and death at the battle of Ipsus, by the confederated forces of Ptolemy, Cassander, Lysimachus, and
B.C. 301. Seleucus; after which they were assigned to Ptolemy, along with Egypt, Libya, and Arabia. Some time after the recovery of Judea by Ptolemy, died Simon the Just, son of Onias, and high priest of the Jews, in the ninth year of his
B.C. 292. pontificate; and was succeeded by his brother Eleazar. He was distinguished for his wisdom and virtues; and is said to have completed the sacred canon of the Old Testament. Ptolemy Philadelphus having succeeded his father on
B.C. 284. the throne of Egypt, the Jews found in him as generous a protector as they had experienced in Ptolemy Soter. During his reign was made the important translation of the Old Testament into Greek, afterwards called the Septuagint version; which event has tended more to disseminate the knowledge, and confirm the authenticity of the sacred Scriptures, than any other which happened from the time of their completion to the commencement of the Christian æra. Antiochus Theos having succeeded his father Antiochus Soter, son of Seleucus, on the throne of
B.C. 261. Syria, maintained a long and sanguinary war with Ptolemy Philadelphus, which they at last agreed to terminate by a treaty of marriage; in which it was stipulated, that Antiochus was to divorce his wife Laodice, and marry Berenice,
B.C. 249. Ptolemy's daughter. But on the death of Philadelphus, about two years afterwards, Antiochus put away Berenice, and recalled Laodice; who, fearing another change, caused him to be poisoned, cut off Berenice, her son, and all her Egyptian attendants, and placed her own son Callinicus on the throne. Ptolemy Euergetes, who had succeeded his father on the throne of Egypt, in revenge for his sister's death, slew Laodice, and subdued all Syria and Cilicia. Callinicus, two years afterwards, in attempting to recover his dominions from Ptolemy, was overthrown in battle; but Ptolemy, hearing that his brother Antiochus was preparing to join Seleucus against him, came to an agreement with Callinicus; and peace was concluded between them for ten
years. The Jews at this time were subject to B.C. 243.
Ptolemy, and Judea was taxed at the annual tribute of twenty talents. Not long after, Antiochus the Great, taking advantage of the accession of the profligate prince Ptolemy Philopater, seized
upon Cœle-Syria. In the following year, B.C. 218.
Ptolemy forced Antiochus to retreat to Antioch. Ptolemy then made a progress through Syria; and coming to Jerusalem, he offered victims, and made many valuable presents to the temple. But having been hindered from entering the Holy of Holies by Simon the high priest, who had succeeded his father Onias II., Ptolemy departed to Egypt full of rage against the Jews; where he deprived them of the privileges they enjoyed, and acted with great cruelty towards them. Ptolemy, having made peace with Antiochus, died soon after, worn out by intemperance and debauchery, and was suc-
ceeded by his infant son Ptolemy Epiphanes. B.C. 204.
Antiochus thinking this a favourable opportunity, entered into a league with Philip, king of Macedon, to divide the dominions of the king of Egypt between them; and Antiochus having marched with an immense army into Cœle-Syria and Palestine, he speedily subdued those provinces. Soon afterwards, however, the Egyptians took advantage of Antiochus being engaged in war with Attalus, king of Pergamos, and sent Scopas with an army into Palestine and Cœle-Syria; where he was so successful, that he took several cities, reduced all Judea, and put a
garrison in Jerusalem. But the following B.C. 199
year Antiochus marched againstScopas, and soon rendered himself again master of all Cœle-Syria and Palestine. Among others, the Jews willingly submitted to him; and rendered him such essential services, that he gave orders that their city should be repaired, and that those who had been dispersed should return and inhabit it; and, among other important favours, confirmed them in all the privileges which had been granted by Alexander the Great. After this, being intent on his war with the Romans, he married his daughter Cleopatra to Ptolemy Epiphanes, and gave in dowry with her the provinces of Cœle-Syria and Palestine. But not long afterwards, Antiochus having attempted to seize upon Egypt, was totally defeated by the Romans, and condemned to
pay 12,000 talents for defraying the expenses B.C. 188.
of the war. Covered with shame, he retired to Antioch; and being unable to raise the money which he had stipulated to pay the Romans, he marched into his eastern provinces to collect tribute, and amass what treasure he could; and attempting to rob the rich temple at Elymais, he was as-
saulted and slain by the inhabitants of the B.C. 187.
country.

Antiochus was succeeded on the Syrian throne by his son Seleucus Philopater, who was remarkable for little else than raising of taxes, to defray the tribute which the Romans had exacted from his father. Being informed that great treasures were deposited in the temple, he sent to seize them; but, when on the point of entering the sacred temple, the Syrians were struck with awe, and desisted. Soon
afterwards, Seleucus was destroyed, and B.C. 176.
Antiochus, his brother, having heard of his death, and the attempt of Heliodorus, his murderer, to usurp the throne; and finding that there

was another party forming for Ptolemy Philometor, king of Egypt, and that both of them were agreed "not to give unto him the honour of the kingdom," as the prophet Daniel had foretold; he applied to Eumenes, king of Pergamos, and Attalus his brother, and "by flattering speeches," and great promises of friendship, prevailed with them to help him against Heliodorus. Having by their means suppressed the usurper, he was quietly placed on the throne; and peaceably obtained the kingdom, as had been predicted in the same prophecy. Upon his accession to the throne he took the name of *Epiphanes*, or the *Illustrious;* but being in every respect "a vile person," as Daniel foretold of him, he was styled *Epimanes*, or the Madman. He was scarcely seated on the throne, when, being pressed by the Romans to raise their heavy tribute, among other means he deposed the good and pious high priest Onias, and sold the pontificate to his brother Jason for the yearly sum of 360 talents; and afterwards he deposed
B.C. 172. Jason, and sold it to his brother Menelaus for 660 talents. Incensed that the curators of young Ptolemy should have demanded for their master the provinces of Phœnicia, Cœle-Syria, and Palestine, which had been assigned for the dowry of Cleopatra, Antiochus marched towards the frontiers of Egypt, and meeting the forces of Ptolemy near Pelusium, they came to a battle, in which
B.C. 171. Antiochus obtained the victory. He afterwards routed the Egyptians, took Pelusium, ascended as far as Memphis, and made himself master of all Egypt, except Alexandria. The governor of Cyprus revolted from Ptolemy, and delivered up that important island to Antiochus; and the effeminate monarch of Egypt, having done little for the defence of himself and subjects, fell into the hands of the conqueror. While Antiochus was in Egypt, a false report having been spread of his death, Jason marched with a thousand men to recover the high priesthood, surprised the city of Jerusalem, drove Menelaus into the castle, and cruelly put to death all those whom he considered his adversaries. Antiochus being informed of these events, and supposing that the whole Jewish nation had revolted, hastened out of Egypt to quell the rebellion; and being told that the inhabitants of Jerusalem had made great rejoicings at the news of his death, he was so provoked, that having
B.C. 170. taken it by storm, he slew 40,000 persons, sold as many more for slaves, plundered the temple of gold and furniture to the amount of 800 talents of gold, entered the Holy of Holies, and sacrificed a sow upon the altar of burnt offerings, and caused the broth of it to be sprinkled all over the temple. He then returned to Antioch, laden with the spoils both of Egypt and Judea; appointing one Philip, a barbarous and cruel man, governor of Judea; and continuing Menelaus in the high priesthood. Antiochus hearing that the Alexandrians
B.C. 169. had made Physcon king in the stead of Philometor, under pretext of restoring the deposed king, made a third expedition into Egypt, and marched directly towards Alexandria to lay siege to the place. But finding that the civil war raging between the brothers would quickly render the country an easy prey to him, he seemingly again restored the kingdom to Philometor, excepting only Pelusium, and returned to Antioch. Suspecting his designs, however, Philometor and Physcon agreed to reign jointly in peace; which so enraged Antiochus, that he again invaded Egypt, ravaged and subdued it as far as Memphis, and advanced to besiege Alexandria. But Roman ambassadors charged him to withdraw his forces from Egypt, if he regarded the friendship of their state. Mad with rage at this dis- B.C. 168.
appointment, while marching back through Palestine, he detached from his army 20,000 men under the command of Apollonius, with orders to destroy Jerusalem, to put all the men to the sword, and to make slaves of the women and children. These orders were most rigorously put in execution on a sabbath day, when all the people were assembled at public worship, so that none escaped but such as could hide themselves in caves, or reach the mountains by flight. After having spoiled the city of all its riches, they set it on fire in several places, demolished the houses, and pulled down the walls round about it; and then, with the ruins, they built a strong fortress on Acra, an eminence which overlooked and commanded the temple. After the infuriated monarch had returned to Antioch, he issued a decree to oblige all people in his dominions to conform to the religion of the Greeks, and sent one Athenæus, a Grecian idolator, to initiate the Jews in the idolatrous rites, and to punish with the most cruel deaths those who refused. On his arrival at Jerusalem, assisted by the apostate Jews, he caused all sacrifices to the God of Israel to cease, suppressed all the observances of the Jewish religion, polluted the temple itself, and made it unfit for the worship of God, profaned their sabbaths and festivals, forbad their children to be circumcised, burned every copy of the law which could be found, dedicated the temple to Jupiter Olympius, erected his statue on the altar of burnt offerings, and put every one to death who was found to have acted contrary to what the king had decreed.

Mattathias, great-grandson of Asmonæus, from whom the family were called *Asmonœans*, retired with his five sons from the persecution at Jerusalem to his native place, in the tribe of Dan. Apelles, however, one of the king's officers, came to the place of their retreat, in order to enforce the execution of the king's commands; and having called the people together, he addressed himself to Mattathias, to persuade him to embrace idolatry, promising him great favour and riches. This the good priest not only scornfully rejected, but slew the first Jew who dared to approach the idolatrous altar; and then, turning upon the king's commissioner, he despatched him and all his attendants, with the assistance of his sons, and those that were with him; and putting himself at the head of his family, and as many Jews as he could collect, he broke down the idols and altars of the heathen, and retired into the mountains. Here being joined by numbers, who were strict adherents to the law of their God, and especially by those termed Asideans, and having thus gathered together such a company as made the appearance of a small army, he came out of his fastnesses and took the field; and marching round the cities of Judah, pulled down the heathen altars, restored circumcision, cut off all apostates, destroyed all persecutors wherever he came, and again re-established the true
worship of God in all places where he pre- B.C. 167.
vailed. But Mattathias, worn out with old age and fatigue, died the next year; and his son Judas, surnamed Maccabæus, according to the appointment of his father, succeeded to the command of the army Judas, however, sufficiently compensated for the loss they had sustained by the death of the venerable priest; for having successively vanquished the various governors and commanders who appeared against him, he recovered the temple, repaired and purified it, restored the worship of God, appointed the feast of the

dedication to be kept annually, and repaired Jerusalem, which had almost been reduced to a heap of
B.C. 165. ruins. Antiochus at this time was engaged in an expedition against the Persians, who, with the Armenians, had revolted from him; and when returning, having heard of the success of the Jews under Judas, and the defeat of his generals, he threatened utterly to destroy the whole nation, and make Jerusalem their common burial-place. But while these proud words were in his mouth, the judgments of God overtook him; for he was smitten with an incurable disease, being seized with grievous torments in his bowels, and a most intolerable ulcer, which
B.C. 164. terminated in his death. He was succeeded in the kingdom by his son Antiochus Eupator, a minor of nine years old, under the tuition of Lysias, the Syrian governor; who combined with the Idumeans and other neighbouring nations to destroy the whole race of Israel. Judas, informed of this, carried the war into the enemies' country; and for some years proved a terrible scourge to the Idumeans, Syrians, and Arabs, and other heathen nations, till he
B.C. 161. was slain by the general of Demetrius Soter. He was succeeded in the command by his brother Jonathan; who, with his brother Simon, continued to rectify with astonishing bravery and prudence the disorders both in church and state; and Onias the high priest having settled in Egypt, where he afterwards built a temple for the use of his countrymen, according to the form of that in Jerusalem, they officiated in Judea both as high priests and civil governors, during the reigns of Alexander Balas and Demetrius Nicator. Jonathan having been
B.C. 144. treacherously slain by the usurper Tryphon, and Simon, and his sons Judas and Mattathias murdered by Ptolemy his son-in-law, his son John Hyrcanus succeeded to the pontificate
B.C. 135. and government of Judea. He was at first constrained to make a disadvantageous peace with the Syrians; but on the accession of Demetrius Nicator, Hyrcanus shook off the Syrian yoke,
B.C. 130. and maintained his independence during the revolutions which followed in Syria. He enlarged his borders by seizing upon various places in Syria, Phœnicia, and Arabia; and took She-
B.C. 130. chem and destroyed the temple on mount Gerizim, extended his conquests over the Idumeans, whom he compelled to embrace the Jewish religion; renewed the league with the Ro-
B.C. 129. mans, which had been made by his father Simon, by which he obtained greater privileges and advantages than the nation ever enjoyed before; and, under the conduct of his sons
B.C. 128. Aristobulus and Antigonus, he utterly de-
B.C. 109. stroyed Samaria. After this he governed Judea, Samaria, and Galilee for two years. He died in the thirteenth year of his administration, and left the high priesthood and sovereignty to Aristobulus, his eldest son. This prince, who was
the first since the captivity who put on the B.C. 107.
diadem and assumed the title of king, after the short reign of one year, was succeeded by his brother Alexander Jannæus; who subdued the Philistines, and obliged them to embrace the Jewish
religion, burnt Gaza their capital; and also B.C. 97.
reduced the Moabites, Ammonites, and part of the Arabians; and, after a reign of twenty-seven years, died of a quartan ague, brought on by
intemperance, while besieging Ragaba, in B.C. 79.
the country of the Gerasens. After his death, his widow Alexandra governed the nation with much prudence for nine years; and she was
scarcely dead before Aristobulus, joined by B.C. 70.
multitudes who hated the Pharisees, who had tyrannised during the preceding reign, contended for the crown and high priesthood against Hyrcanus, his elder but indolent brother, and succeeded in dispossessing him after a reign of only three months. Aretas, king of Arabia, having assisted Hyrcanus, besieged Aristobulus in the temple; but Aristobulus calling in the assistance of the Romans, he
was obliged to withdraw his troops. Having B.C. 65.
however applied to Pompey, the Roman general, he decided for Hyrcanus, took Jerusalem, and seated him in the government, though he would not permit him to wear the diadem, and made
Judea tributary to the Romans. Pompey, B.C. 63.
with several of his officers, also entered the Holy of Holies, after which he never prospered; and soon after Crassus pillaged the temple of
about 10,000 talents of silver. At length B.C. 54.
Antipater, a noble but crafty Idumean, by favour of Julius Cæsar, (who had prevailed against Pompey,) was made procurator of Judea,
and Hyrcanus continued in the high priest- B.C. 47.
hood. After Antipater's death, his son, Herod the Great, by the assistance of Antony the Roman triumvir, and through much bar-
barity and bloodshed, obtained the regal B.C. 40.
dignity; which authority was at length con- B.C. 30.
firmed by Augustus Cæsar. He maintained his dignity with great ability but with the utmost cruelty in his own family as well as among others, till *the birth of CHRIST*. In the interval, he built many cities, and to ingratiate himself with the Jews, almost rebuilt the temple. His cruel attempt to murder the infant Saviour is recorded by the evangelist; and soon afterwards he died most miserably. After some years, during which the dominions of Herod were governed by his sons, Judea became a Roman province, and *the sceptre departed from Judah, for Shiloh was come;* and after being under the government of Roman procurators for some years, the whole Jewish
state was at length subverted by Titus, the A.D. 79.
son of Vespasian.

THE

# NEW TESTAMENT

OF

# THE TREASURY

OF

# SCRIPTURE KNOWLEDGE:

CONSISTING OF

FIVE-HUNDRED THOUSAND

SCRIPTURE REFERENCES AND PARALLEL PASSAGES

FROM

CANNE, BROWNE, BLAYNEY, SCOTT, AND OTHERS,

# The GOSPEL according to St. MATTHEW.

B.C. 4. A.M. 4000.

## CHAP. I.

*The genealogy of Christ from Abraham to Joseph,* 1-17. *He is miraculously conceived of the Holy Ghost by the Virgin Mary, when she was espoused to Joseph,* 18. *The angel satisfies the doubts of Joseph, and declares the names and office of Christ: Jesus is born,* 19-25.

1 *generation.* Ge. 2. 4; 5. 1. Is. 53. 8. Lu. 3. 23, etc. Ro. 9. 5. *the son of David.* ch. 9. 27; 15. 22; 22. 42-45. 2 Sa. 7. 13, 16. Ps. 89. 36; 132. 11. Is. 9. 6, 7; 11. 1. Je. 23. 5; 33. 15-17, 26. Am. 9. 11. Zec. 12. 8. Lu. 1. 31, 32, 69, 70. Jno. 7. 42. Ac. 2. 30; 13. 22. Ro. 1. 3. Re. 22. 16. *the son of Abraham.* Ge. 12. 3; 22. 18; 26. 3-5; 28. 13, 14. Ro. 4. 13. Ga. 3. 16.

2 *Abraham.* Ge. 21. 2-5. Jos. 24. 2, 3. 1 Ch. 1. 28. Is. 51. 2. Lu. 3. 34. Ac. 7. 8. Ro. 9. 7-9. He. 11. 11, 17, 18. *Isaac begat.* Ge. 25. 26. Jos. 24. 4. 1 Ch. 1. 34. Is. 41. 8. Mal. 1. 2, 3. Ro. 9. 10-13. *Jacob begat.* Ge. 29. 32-35; 30. 5-20; 35. 16-19; 46. 8, etc.; 49. 8-12. Ex. 1. 2-5. 1 Ch. 2. 1, etc.; 5. 1, 2. Lu. 3. 33, 34. Ac. 7. 8. He. 7. 14. Re. 7. 5, Juda.

3 *Judas.* Ge. 38. 27, 29, 30; 46. 12, Judah, Pharez, Zarah. Nu. 26. 20, 21. 1 Ch. 2. 3, 4, Zerah; 9. 4. *Thamar.* Ge. 38. 6, 11, 24-26, Tamar. *and Phares.* Ge. 46. 12. Nu. 26. 21. Ru. 4. 18. 1 Ch. 2. 5; 4. 1, Hezron. Lu. 3. 33. *Aram.* Ru. 4. 19. 1 Ch. 2. 9, Ram.

4 *Aminadab.* Ru. 4. 19, 20. 1 Ch. 2. 10-12, Amminadab. *Naasson.* Nu. 1. 7; 2. 3; 7. 12, 17; 10. 14, Nahshon. Lu. 3. 32.

5 *Salmon.* Ru. 4. 21. 1 Ch. 2. 11, 12, Salma, Boaz. *Rachab.* Jos. 2. 1, etc.; 6. 22-25. He. 11. 31. Ja. 2. 25, Rahab. *Booz.* Ru. 1. 4, 16, 17, 22; ch. 2-4. *Obed begat.* Lu. 3. 32.

6 *Jesse.* Ru. 4. 22. 1 Sa. 16. 1, 11-13; 17. 12, 58; 20. 30, 31; 22. 8. 2 Sa. 23. 1. 1 Ch. 2. 15. Ps. 72. 20. Is. 11. 1. Ac. 13. 22, 23. *Solomon.* 2 Sa. 12. 24, 25. 1 Ch. 3. 5; 14. 4; 28. 5. *her.* 2 Sa. 11. 3, 26, 27. 1 Ki. 1. 11-17, 28-31; 15. 5. Ro. 8. 3. *Urias.* 2 Sa. 23. 39. 1 Ch. 11. 41, Uriah.

7 *Roboam.* 1 Ki. 11. 43; 12. 1, etc. 1 Ch. 3. 10. 2 Ch. 9. 31; 13. 7, Rehoboam. *Abia.* 1 Ki. 14. 31, Abijam. 2 Ch. 12. 1, Abijah. *Asa.* 1 Ki. 15. 8-23. 2 Ch. ch. 14-16.

8 *Josaphat.* 1 Ki. 15. 24; 22. 2, etc. 2 Ki. 3. 1. 2 Ch. ch. 17-20, Jehoshaphat. *Joram.* 1 Ki. 22. 50. 2 Ki. 8. 16, Jehoram. 1 Ch. 3. 11. 2 Ch. 21. 1. *Ozias.* 2 Ki. 14. 21; 15. 1-6, Azariah. 2 Ch. 26. 1, etc., Uzziah.

9 *Joatham.* 2 Ki. 15. 7, 32-38. 1 Ch. 3. 11-13. 2 Ch. 26. 21; ch. 27, Jotham. *Achaz.* 2 Ki. 15. 38; 16. 1, etc. 2 Ch. 27. 9; 28. 1, etc. Is. 7. 1-13, Ahaz. *Ezekias.* 2 Ki. 16. 20; ch. 18-20. 2 Ch. 28. 27; ch. 29-32. Is. ch. 36-39, Hezekiah.

10 *Manasses.* 2 Ki. 20. 21; 21. 1-18; 24. 3, 4. 1 Ch. 3. 13-15. 2 Ch. 32. 33; 33. 1-19, Manasseh. *Amon.* 2 Ki. 21. 19-26. 2 Ch. 33. 20-24. *Josias.* 1 Ki. 13. 2. 2 Ki. 21. 26; ch. 22; 23. 1-30. 2 Ch. 33. 25; ch. 34; 35. Je. 1. 2, 3, Josiah.

11 *Josias.* '*Some read,* Josias begat Jakim, and Jakim begat Jechonias.' *Jechonias.* 2 Ki. 23. 31-37; ch. 24. 1 Ch. 3. 15-17. 2 Ch. 36. 1, etc. Je. 22. 10-28. *about.* 2 Ki. 24. 14-16; 25. 11. 2 Ch. 36. 10, 20. Je. 27. 20; 39. 9; 52. 11-15, 28-30. Da. 1. 2.

12 *Jechonias.* 2 Ki. 25. 27, Jehoiachin. 1 Ch. 3. 17, 19, etc., Jeconiah, 22; 24. 28, Coniah. *and.* Ezr. 3. 2; 5. 2. Ne. 12. 1. Hag. 1. 1, 12, 14; 2. 2, 23, Shealtiel, Zerubbabel. Lu. 3. 27.

16 *Joseph.* ver. 18-25; ch. 2. 13. Lu. 1. 27; 2. 4, 5, 48; 3. 23; 4. 22. *of whom.* Mar. 6. 3. Lu. 1. 31-35; 2. 7, 10, 11. *who.* ch. 27. 17, 22. Jno. 4. 25.

18 *the birth.* Lu. 1. 27, etc. *of the.* Ge. 3. 15. Job 14. 4; 15. 14. Lu. 1. 25, 35. Ga. 4. 4, 5. He. 7. 26; 10. 5.

19 *her husband.* Le. 19. 20. De. 22. 23, 24. *a just.* Ge. 6. 9. Ps. 112. 4, 5. Mar. 6. 20. Lu. 2. 25. Ac. 10. 22. *a public.* Ge. 38. 24. Le. 20. 10. De. 22. 21-24. Jno. 8. 4, 5. *was.* De. 24. 1-4. Mar. 10. 4.

20 *while.* Ps. 25. 8, 9; 94. 19; 119. 125; 143. 8. Pr. 3. 5, 6; 12. 5. Is. 26. 3; 30. 21. *the angel.* Ju. 13. 3, 8, 9. Lu. 1. 10-13, 19, 26, etc.; 2. 8-14. *in.* ch. 2. 13, 19, 22. Ge. 31. 11. Nu. 12. 6. Job 4. 13-16; 33. 15-17. Joel 2. 28. *Joseph.* Is. 7. 2, 13. Je. 33. 26. Lu. 2. 4. *fear not.* ch. 28. 5. Ge. 46. 3. 1 Ki. 17. 13. Is. 51. 7. Je. 40. 9. Lu. 1. 30. *that.* ver. 18. Je. 31. 22. *conceived. Gr.* begotten.

21 *she.* Ge. 17. 19, 21; 18. 10. Ju. 13. 3. 2 Ki. 4. 16, 17. Lu. 1. 13, 35, 36. *thou.* Lu. 1. 31; 2. 21. *JESUS. that is,* Saviour. *Heb. for.* Ps. 130. 7, 8. Is. 12. 1, 2; 45. 21, 22. Je. 23. 6; 33. 16. Eze. 36. 25-29. Da. 9. 24. Zec. 9. 9. Jno. 1. 29. Ac. 3. 26; 4. 12; 5. 31; 13. 23, 38, 39. Ep. 5. 25-27. Col. 1. 20-23. Tit. 2. 14. He. 7. 25. 1 Jno. 1. 7; 2. 1, 2; 3. 5. Re. 1. 5, 6; 7. 14.

22 *that.* ch. 2. 15. 23; 5. 17; 8. 17; 12. 17; 13. 35; 21. 4. 1 Ki. 8. 15, 24. Ezr. 1. 1. Lu. 21. 22; 24. 44. Jno. 10. 35; 12. 38-40; 15. 25; 17. 12; 18. 9; 19. 24, 28, 36, 37. Ac. 3. 18; 13. 27-29. Re. 17. 17.

23 *a virgin.* Is. 7. 14. *they shall call his name. or,* his name shall be called. *Emmanuel.* Is. 7. 14; 8. 8, Immanuel. *God.* ch. 28. 20. Ps. 46. 7, 11. Is. 8. 8-10; 9. 6, 7; 12. 2. Jno. 1. 14. Ac. 18. 9. Ro. 1. 3, 4; 9. 5. 2 Co. 5. 19. 1 Ti. 3. 16. 2 Ti. 4. 17, 22.

24 *did.* Ge. 6. 22; 7. 5; 22. 2, 3. Ex. 40. 16, 19, 25, 27, 32. 2 Ki. 5. 11-14. Jno. 2. 5-8; 15. 14. He. 11. 7, 8, 24-31. Ja. 2. 21-26.

25 *she.* Ex. 13. 2; 22. 29. Lu. 2. 7. Ro. 8. 29. *and he.* Lu. 2. 21.

## CHAP. II.

*The wise men from the east enquire after Christ,* 1, 2; *at which Herod is alarmed,* 3-8. *They are directed by a star to Bethlehem, worship him, and offer their presents,* 9-12. *Joseph flees into Egypt with Jesus and his mother,* 13-15. *Herod slays the children,* 16-19; *himself dies,* 20-22. *Christ is brought back again into Galilee to Nazareth,* 23.

1 '*Fourth year before the account called* Anno Domini.' *Jesus.* ch. 1. 25. Lu. 2. 4-7. *Bethlehem.* ver. 5. Mi. 5. 2. Lu. 2. 11, 15. Jno. 7. 42. *Herod.* This was Herod the Great, for an account of whom see the Connection of the Old and New Testaments in the Comprehensive Bible. ver. 3, 19. Ge. 49. 10. Da. 9. 24, 25. Hag. 2. 6-9. *from.* Ge. 10. 30; 25. 6. 1 Ki. 4. 30. Job 1. 3. Ps. 72. 9-12. Is. 11. 10; 60. 1, etc.

2 *born.* ch. 21. 5. Ps. 2. 6. Is. 9. 6, 7; 32. 1, 2. Je. 23. 5. Zec. 9. 9. Lu. 2. 11; 19. 38; 23. 3, 38. Jno. 1. 49; 12. 13; 18. 37; 19. 12-15, 19. *his.* Nu. 24. 17. Is. 60. 3. Lu. 1. 78, 79. Re. 22. 16. *worship.* ver. 10, 11. Ps. 45. 11. Jno. 5. 23; 9. 38; 20. 28. He. 1. 6.

3 *he.* ch. 8. 29; 23. 37. 1 Ki. 18. 17, 18. Jno. 11. 47, 48. Ac. 4. 2, 24-27; 5. 24-28; 16. 20, 21; 17. 6, 7.

4 *the chief.* ch. 21. 15, 23; 26. 3, 47; 27. 1. 1 Ch. 24. 4, etc. 2 Ch. 36. 14. Ezr. 10. 5. Ne. 12. 7. Ps. 2. 2. Jno. 7. 32; 18. 3. *scribes.* ch. 7. 29; 13. 52. 2 Ch. 34. 13, 15. Ezr. 7. 6, 11, 12. Je. 8. 8. Mar. 8. 31. Lu. 20. 19; 23. 10. Jno. 8. 3. Ac. 4. 5; 6. 12; 23. 9. *he demanded.* Mal. 2. 7. Jno. 3. 10.

5 Ge. 35. 19. Jos. 19. 15. Ru. 1. 1, 19; 2. 4; 4. 11. 1 Sa. 16. 1.

6 *thou.* ver. 1. Mi. 5. 2. Jno. 7. 42. *a Governor.* ch. 28. 18. Ge. 49. 10. Nu. 24. 19. 1 Ch. 5. 2. Ps. 2. 1-6. Is. 9. 6, 7. Ep. 1. 22. Col. 1. 18. Re. 2. 27; 11. 15. *rule. or,* feed. Ps. 78. 71, 72. Is. 40. 11. Je. 23. 4-6. Eze. 34. 23-25; 37. 24-26.

7 ch. 26. 3-5. Ex. 1. 10. 1 Sa. 18. 21. Ps. 10. 9, 10; 55. 21; 64. 4-6; 83. 3, 4. Is. 7. 5-7. Eze. 38. 10, 11. Re. 12. 1-5, 15.

8 *Go.* 1 Sa. 23. 22, 23. 2 Sa. 17. 14. 1 Ki. 19. 2. Job 5. 12, 13. Ps. 33. 10, 11. Pr. 21. 30. La. 3. 37. 1 Co. 3. 19, 20. *that.* ch. 26. 48, 49. 2 Sa. 15. 7-12. 2 Ki. 10. 18, 19. Ezr. 4. 1, 2. Ps. 12. 2, 3; 55. 11-15. Pr. 26. 24, 25. Je. 41. 5-7. Lu. 20. 20, 21.

9 *the star.* ver. 2. Ps. 25. 12. Pr. 2. 1-6; 8. 17. 2 Pe. 1. 19.

10 *they rejoiced.* De. 32. 13. Ps. 67. 4; 105. 3. Lu. 2. 10, 20. Ac. 13. 46-48. Ro. 15. 9-13.

11 *they saw.* Lu. 2. 16, 26-32, 38. *worshipped.* ver. 2; ch. 4. 9, 10; 14. 33. Ps. 2. 12; 95. 6. Jno. 5. 22, 23. Ac. 10. 25, 26. Re. 19. 10; 22. 8-10. *presented. or,* offered. Ge. 43. 11. 1 Sa. 10. 27. 1 Ki. 10. 2, 10. Ps. 72. 10, 15. Is. 60. 6. *frankincense.* Eze. 30. 23, 34. Le. 2. 1, 2; 6. 15. Nu. 7. 14, 86. Ps. 45. 8. Mal. 1. 11. Re. 5. 8.

12 *warned.* ver. 22; ch. 1. 20; 27. 19. Ge. 20. 6, 7; 31. 24. Job 33. 15-17. Da. 2. 19. *they departed.* Ex. 1. 17. Ac. 4. 19; 5. 29. 1 Co. 3. 19.

13 *the angel.* ver. 19; ch. 1. 20. Ac. 5. 19; 10. 7, 22; 12. 11. He. 1. 13, 14. *Arise.* ch. 10. 23. Re. 12. 6, 14. *until.* ver. 19, 20. Jos. 3. 13, 17; 4. 10, 18. Da. 3. 25, 26. Ac. 16. 36. *for.* ver. 16. Ex. 1. 22; 2. 2, 3. Job 33. 15, 17. Ac. 7. 19. Re. 12. 4.

14 ver. 20, 21; ch. 1. 24. Ac. 26. 21.

15 *until.* ver. 19. Ac. 12. 1-4, 23, 24. *that.* ver. 17, 23; ch. 1. 22; 4. 14, 15; 8. 17; 12. 16-18; 21. 4; 26. 54, 56; 27. 35. Lu. 24. 44. Jno. 19. 28, 36. Ac. 1. 16. *Out.* Ex. 4. 22. Nu. 24. 8. Ho. 11. 1.

16 *when.* Ge. 39. 14, 17. Nu. 22. 29; 24. 10. Ju. 16. 10. Job 12. 4. *was exceeding.* Pr. 27. 3, 4. Da. 3. 13, 19, 20. *and slew.* Ge. 49. 7. 2 Ki. 8. 12. Pr. 28. 15, 17. Is. 26. 21; 59. 7. Ho. 10. 14. Re. 17. 6. *according.* ver. 7.

17 ver. 15.
18 *Rama.* Je. 31. 15, Ramah. *lamentation.* Je. 4. 31; 9. 17-21. Eze. 2. 10. Re. 8. 13. *Rachel.* Ge. 35. 16-20. *would.* Ge. 37. 30, 33-35; 42. 36. Job 14. 10.
19 *Herod.* Ps. 76. 10. Is. 51. 12. Da. 8. 25; 11. 45. *an.* ver. 13; ch. 1. 20. Ps. 139. 7. Je. 30. 10. Eze. 11. 16.
20 *Arise.* ver. 13. Pr. 3. 5, 6. *for.* Ex. 4. 19. 1 Ki. 11. 21, 40; 12. 1-3.
21 Ge. 6. 22. He. 11. 8.
22 *he was.* Ge. 19. 17-21. 1 Sa. 16. 2. Ac. 9. 13, 14. *being.* ver. 12; ch. 1. 20. Ps. 48. 14; 73. 24; 107. 6, 7; 121. 8. Is. 30. 21; 48. 17, 18. *into.* ch. 3. 13. Lu. 2. 39. Jno. 7. 41, 42, 52.
23 *Nazareth.* Jno. 18. 5, 7; 19. 19. Ac. 2. 22. *He shall.* ch. 26. 71. Nu. 6. 13. Ju. 13. 5. 1 Sa. 1. 11. Ps. 69. 9, 10. Is. 53. 1, 2. Am. 2. 10-12. Jno. 1. 45, 46. Ac. 24. 5.

## CHAP. III.

*John preaches: his office, life, and baptism,* 1-6. *He reprehends the Pharisees,* 7-12, *and baptizes Christ in Jordan,* 13-17.

1 *those.* Lu. 3. 1, 2. *John.* ch. 11. 11; 14. 2, etc.; 16. 14; 17. 12, 13; 21. 25-27, 32. Mar. 1. 4, 15; 6. 16-29. Lu. 1. 13-17, 76; 3. 2-20. Jno. 1. 6-8, 15-36; 3. 27-36. Ac. 1. 22; 13. 24, 25; 19. 3, 4. *preaching.* Is. 40. 3-6. Mar. 1. 7. Lu. 1. 17. *the wilderness.* ch. 11. 7. Jos. 14. 10; 15. 61, 62. Lu. 7. 24.
2 *Repent.* ch. 4. 17; 11. 20; 12. 41; 21. 29-32. 1 Ki. 8. 47. Job 42. 6. Eze. 18. 30-32; 33. 11. Mar. 1. 4, 15; 6. 12. Lu. 13. 3, 5; 15. 7, 10; 16. 30; 24. 47. Ac. 2. 38; 3. 19; 11. 18; 17. 30; 20. 21; 26. 20. 2 Co. 7. 10. 2 Ti. 2. 25. He. 6. 1. 2 Pe. 3. 9. Re. 2. 5, 21. *for.* ch. 5. 3, 10, 19, 20; 6. 10, 33; 10. 7; 11. 11, 12; 13. 11, 24, 31, 33, 44, 45, 47, 52; 18. 1-4, 23; 20. 1; 22. 2; 23. 13; 25. 1, 14. Da. 2. 44. Lu. 6. 20; 9. 2; 10. 9-11. Jno. 3. 3-5. Col. 1. 13.
3 *by.* Is. 40. 3. Mar. 1. 3. Lu. 3. 3-6. Jno. 1. 23. *Prepare.* Is. 57. 14, 15. Mal. 3. 1. Lu. 1. 17, 76.
4 *his raiment.* ch. 11. 8. 2 Ki. 1. 8. Zec. 13. 4. Mal. 4. 5. Mar. 1. 6. Lu. 1. 17. Re. 11. 3. *and his.* ch. 11. 18. Le. 11. 22. *wild.* De. 32. 13. 1 Sa. 14. 25-27.
5 ch. 4. 25; 11. 7-12. Mar. 1. 5. Lu. 3. 7; 16. 16. Jno. 3. 23; 5. 35.
6 *were.* ver. 11, 13-16. Eze. 36. 25. Mar. 1. 8, 9. Lu. 3. 16. Jno. 1. 25-28, 31-33; 3. 23-25. Ac. 1. 5; 2. 38-41; 10. 36-38; 11. 16; 19. 4, 5, 18. 1 Co. 10. 2. Col. 2. 12. Tit. 3. 5, 6. He. 6. 2; 9. 10. Gr. 1 Pe. 3. 21. *confessing.* Le. 16. 21; 26. 40. Nu. 5. 7. Jos. 7. 19. Job 33. 27, 28. Ps. 32. 5. Pr. 28. 13. Da. 9. 4. Mar. 1. 5. Lu. 15. 18-21. Ac. 2. 38; 19. 18; 22. 16. Ja. 5. 16. 1 Jno. 1. 9.
7 *the Pharisees.* ch. 5. 20; 12. 24; 15. 12; 16. 6, 11, 12; 22. 15, 23, 34; 23. 13, etc. Mar. 7. 3-5; 8. 15; 12. 13, 18. Lu. 7. 30; 11. 39-44; 16. 14; 18. 11. Jno. 1. 24; 7. 45-49; 9. 40. Ac. 4. 1, 2; 5. 17; 15. 5; 23. 6-9; 26. 5. *O generation.* ch. 12. 34; 23. 33. Ge. 3. 15. Ps. 58. 3-6. Is. 57. 3, 4; 59. 5. Lu. 3. 7-9. Jno. 8. 44. 1 Jno. 3. 10. Re. 12. 9, 10. *who.* Je. 6. 10; 51. 6. Eze. 3. 18-21; 33. 3-7. Ac. 20. 31. Ro. 1. 18. He. 11. 7. *flee.* Ro. 5. 9. 1 Th. 1. 10. 2 Th. 1. 9, 10. He. 6. 18. Re. 6. 16, 17.
8 *forth.* ch. 21. 28-30, 32. Is. 1. 16, 17. Lu. 3. 8, 10-14. Ac. 26. 20. Ro. 2. 4-7. 2 Co. 7. 10, 11. 2 Pe. 1. 4-8. *fruits.* Ga. 5. 22, 23. Ep. 5. 9. Phi. 1. 11. *meet,* etc. *or,* answerable to amendment of life. Je. 7. 3-7; 26. 13; 36. 3.
9 *think.* Mar. 7. 21. Lu. 3. 8; 5. 22; 7. 39; 12. 17. *We.* Eze. 33. 24. Lu. 16. 24. Jno. 8. 33, 39, 40, 53. Ac. 13. 26. Ro. 4. 1, 11-16; 9. 7, 8. Ga. 4. 22-31. *God.* ch. 8. 11, 12. Lu. 19. 40. Ac. 15. 14. Ro. 4. 17. 1 Co. 1. 27, 28. Ga. 3. 27-29. Ep. 2. 12, 13.
10 *now.* Mal. 3. 1-3; 4. 1. He. 3. 1-3; 10. 28-31; 12. 25. *the axe.* Lu. 3. 9; 23. 31. *therefore.* Ps. 1. 3; 92. 13, 14. Is. 61. 3. Je. 17. 8. Jno. 15. 2. *is hewn.* ch. 7. 19; 21. 19. Ps. 80. 15, 16. Is. 5. 2-7; 27. 11. Eze. 15. 2-7. Lu. 13. 6-9. Jno. 15. 6. He. 6. 8. 1 Pe. 4. 17, 18.
11 *baptize.* ver. 6. Mar. 1. 4, 8. Lu. 3. 3, 16. Jno. 1. 26, 33. Ac. 1. 5; 11. 16; 13. 24; 19. 4. *but.* Lu. 1. 17. Jno. 1. 15, 26, 27, 30, 34; 3. 23-36. *whose.* Mar. 1. 7. Lu. 7. 6, 7. Ac. 13. 25. Ep. 3. 8. 1 Pe. 5. 5. *he shall.* Is. 4. 4; 44. 3; 59. 20, 21. Zec. 13. 9. Mal. 3. 2-4. Mar. 1. 8. Lu. 3. 16. Jno. 1. 33. Ac. 1. 5; 2. 2-4; 11. 15, 16. 1 Co. 12. 13. Ga. 3. 27, 28.
12 *fan.* Is. 30. 24; 41. 16. Je. 4. 11; 15. 7; 51. 2. Lu. 3. 17. *he will throughly.* ch. 13. 41, 49, 50. Mal. 3. 2, 3; 4. 1. Jno. 15. 2. *and gather.* ch. 13. 30, 43. Am. 9. 9. *but.* Job 21. 18. Ps. 1. 4; 35. 5. Is. 5. 24; 17. 13. Ho. 13. 3. Mal. 4. 1. Lu. 3. 17. *with.* Is. 1. 31; 66. 24. Je. 7. 20; 17. 27. Eze. 20. 47, 48. Mar. 9. 43-48.
13 *from.* ch. 2. 22. Mar. 1. 9. Lu. 3. 21.
14 *John.* Lu. 1. 43. Jno. 13. 6-8. *I have.* Jno. 1. 16; 3. 3-7. Ac. 1. 5-8. Ro. 3. 23, 25. Ga. 3. 22, 27-29; 4. 6. Ep. 2. 3-5. Re. 7. 9-17.
15 *Suffer.* Jno. 13. 7-9. *for.* Ps. 40. 7, 8. Is. 42. 21. Lu. 1. 6. Jno. 4. 34; 8. 29; 13. 15; 15. 10. Phi. 2. 7, 8. He. 7. 26. 1 Pe. 2. 21-24. 1 Jno. 2. 6.
16 *Jesus.* Mar. 1. 10. *lo.* Eze. 1. 1. Lu. 3. 21. Ac. 7. 56. *and he.* Is. 11. 2; 42. 1; 59. 21; 61. 1. Lu. 3. 22. Jno. 1. 31-34; 3. 34. Col. 1. 18, 19.
17 *lo.* Jno. 5. 37; 12. 28-30. Re. 14. 2. *This.* ch. 12. 18; 17. 5. Ps. 2. 7. Is. 42. 1, 21. Mar. 1. 11; 9. 7. Lu. 3. 22; 9. 35. Ep. 1. 6. Col. 1. 13. 2 Pe. 1. 17.

## CHAP. IV.

*Christ, fasting forty days, is tempted of the devil and ministered unto by angels,* 1-11. *He dwells in Capernaum,* 12-16; *begins to preach,* 17; *calls Peter and Andrew,* 18-20, *James and John,* 21, 22; *teaches and heals all the diseased,* 23-25.

1 *was.* Mar. 1. 12, 13, etc. Lu. 4. 1, etc. Ro. 8. 14. *of the spirit.* 1 Ki. 18. 12. 2 Ki. 2. 16. Eze. 3. 12, 14; 8. 3; 11. 1, 24; 40. 2; 43. 5. Ac. 8. 39. *to.* Ge. 3. 15. Jno. 14. 30. He. 2. 18; 4. 15, 16.
2 *fasted.* Ex. 24. 18; 34. 28. De. 9. 9, 18, 25; 18. 18. 1 Ki. 19. 8. Lu. 4. 2. *he was.* ch. 21. 18. Mar. 11. 12. Jno. 4. 6. He. 2. 14-17.
3 *the tempter.* Job 1. 9-12; 2. 4-7. Lu. 22. 31, 32. 1 Th. 3. 5. Re. 2. 10; 12. 9-11. *If.* ch. 3. 17. Lu. 4. 3, 9. *command.* Ge. 3. 1-5; 25. 29-34. Ex. 16. 3. Nu. 11. 4-6. Ps. 78. 17-20. He. 12. 16.
4 *It is.* ver. 7, 10. Lu. 4. 4, 8, 12. Ro. 15. 4. Ep. 6. 17. *Man.* De. 8. 3. Lu. 4. 4. *but.* ch. 14. 16-21. Ex. 16. 8, 15, 35; 23. 15. 1 Ki. 17. 12-16. 2 Ki. 4. 42-44; 7. 1, 2. Hag. 2. 16-19. Mal. 3. 9-11. Mar. 6. 38-44; 8. 4-9. Jno. 6. 5, etc., 31, etc., 63. *but.* That is, as Dr. CAMPBELL renders, 'by every thing which God is pleased to appoint;' for ρημα, which generally signifies a *word*, is, by a Hebraism, here taken for a *thing*, like *davar*, in Hebrew.
5 *taketh.* Lu. 4. 9. Jno. 19. 11. *the holy.* ch. 27. 53. Ne. 11. 1. Is. 48. 2; 52. 1. Da. 9. 16. Re. 11. 2. *on.* 2 Ch. 3. 4.
6 *for.* ver. 4. 2 Co. 11. 14. *He shall.* Ps. 91. 11, 12. Lu. 4. 9-12. He. 1. 14. *test.* Job 1. 10; 5. 23. Ps. 34. 7, 20.
7 *It.* ver. 4, 10; ch. 21. 16, 42; 22. 31, 32. Is. 8. 20. *Thou.* Ex. 17. 2, 7. Nu. 14. 22. De. 6. 16. Ps. 78. 18, 41, 56; 95. 9; 106. 14. Mal. 3. 15. Ac. 5. 9. 1 Co. 10. 9. He. 3. 9.
8 *the devil.* ver. 5. Lu. 4. 5-7. *and sheweth.* ch. 16. 26. Es. 1. 4; 5. 11. Ps. 49. 16, 17. Da. 4. 30. He. 11. 24-26. 1 Pe. 1. 24. 1 Jno. 2. 15, 16. Re. 11. 15.
9 *All.* ch. 26. 15. Jno. 13. 3. *I give.* 1 Sa. 2. 7, 8. Ps. 72. 11; 113. 7, 8. Pr. 8. 15. Je. 27. 5, 6. Da. 2. 37, 38; 4. 32; 5. 18, 19, 26-28. Jno. 12. 31; 14. 30; 16. 11. Re. 19. 16. *if.* 1 Co. 10. 20, 21. 2 Co. 4. 4. 1 Ti. 3. 6. Re. 19. 10; 22. 8, 9.
10 *Get.* ch. 16. 23. Ja. 4. 7. 1 Pe. 5. 9. *Satan.* 1 Ch. 21. 1. Job 1. 6, 12; 2. 1. Ps. 109. 6. Zec. 3. 1, 2. *Thou shalt.* De. 6. 13, 14; 10. 20. Jos. 24. 14. 1 Sa. 7. 3. Lu. 4. 8.
11 *the devil.* Lu. 4. 13; 22. 53. Jno. 14. 30. *behold.* ver. 6; ch. 26. 53; 28. 2-5. Mar. 1. 13. Lu. 22. 43. 1 Ti. 3. 16. He. 1. 6, 14. Re. 5. 11, 12.
12 *when.* Mar. 1. 14; 6. 17. Lu. 3. 20; 4. 14, 31. Jno. 4. 43, 54. *cast. or,* delivered up.
13 *leaving.* Lu. 4. 30, 31. *Capernaum.* ch. 11. 23; 17. 24. Mar. 1. 21. Jno. 4. 46; 6. 17, 24, 59. *Zabulon.* Jos. 19. 10-16, Zebulun. *Nephthalim.* Jos. 19. 32-39, Naphtali.
14 *it.* ch. 1. 22; 2. 15, 23; 8. 17; 12. 17-21; 26. 54, 56. Lu. 22. 37; 24. 44. Jno. 15. 25; 19. 28, 36, 37. *saying.* Is. 9. 1, 2.
15 *Galilee.* Jos. 20. 7; 21. 32. 1 Ki. 9. 11. 2 Ki. 15. 29.
16 *which sat in darkness.* Ps. 107. 10-14. Is. 42. 6, 7; 60. 1-3. Mi. 7. 8. Lu. 1. 78, 79; 2. 32. *shadow.* Job 3. 5; 10. 22; 34. 22. Ps. 44. 19. Je. 13. 16. Am. 5. 8.
17 *that.* Mar. 1. 14. *Repent.* ch. 3. 2; 9. 13; 10. 7. Mar. 1. 15. Lu. 5. 32; 9. 2; 10. 11-14; 15. 7, 10; 24. 47. Ac. 2. 38; 3. 19; 11. 18; 17. 30; 20. 21; 26. 20. 2 Ti. 2. 25, 26. He. 6. 1. *kingdom.* ch. 11. 12; 13. 11, 9, 24, 47; 25. 1.
18 *walking.* Mar. 1. 16-18. Lu. 5. 2. *sea.* ch. 15. 29. Nu. 34. 11. De. 3. 17, Chinnereth. Lu. 5. 1, lake of Gennesaret. Jno. 6. 1; 21. 1, sea of Tiberias. *two.* ch. 10. 2. Lu. 6. 14. Jno. 1. 40-42; 6. 8. *for.* Ex. 3. 1, 10. Ju. 6. 11, 12. 1 Ki. 19. 19-21. Ps. 78. 70-72. Am. 7. 14, 15. 1 Co. 1. 27-29.
19 *Follow.* ch. 8. 22; 9. 9; 16. 24; 19. 21. Mar. 2. 14. Lu. 5. 27; 9. 59. Jno. 1. 43; 12. 26; 21. 22. *I will.* Eze. 47. 9, 10. Mar. 1. 17, 18. Lu. 5. 10, 11. 1 Co. 9. 20-22. 2 Co. 12. 16.
20 ch. 10. 37; 19. 27. 1 Ki. 19. 21. Ps. 119. 60. Mar. 10. 28-31. Lu. 18. 28-30. Ga. 1. 16.
21 *other.* ch. 10. 2; 17. 1; 20. 20, 21; 26. 37. Mar. 1. 19, 20; 3. 17; 5. 37. Lu. 5. 10, 11. Jno. 21. 2. Ac. 12. 2.
22 ch. 10. 37. De. 33. 9, 10. Mar. 1. 20. Lu. 9. 59, 60; 14. 26, 33. 2 Co. 5. 16.

23 *Jesus.* ch. 9. 35. Mar. 6. 6. Jno. 7. 1. Ac. 10. 38. *teaching.* ch. 12. 9; 13. 54. Ps. 74. 8. Mar. 1. 21, 39; 6. 2. Lu. 4. 15, 16, 44; 13. 10. Ac. 9. 20; 13, 14, etc.; 18. 4. *the gospel.* ch. 13. 19; 24. 14. Mar. 1. 14. Lu. 4. 17, 18; 8. 1; 20. 1. Ro. 10. 15. *healing.* ch. 8. 16, 17; 10. 7, 8; 11. 5; 15. 30, 31. Ps. 103. 3. Mar. 1. 32-34; 3. 10. Lu. 4. 40, 41; 5. 17; 6. 17; 7. 22; 9. 11; 10. 9. Ac. 5. 15, 16.

24 *his fame.* ch. 9. 26, 31; 14. 1. Jos. 6. 27. 1 Ki. 4. 31; 10. 1. 1 Ch. 14. 17. Mar. 1. 28. Lu. 4. 14; 5. 15. *Syria.* 2 Sa. 8. 6. Lu. 2. 2. Ac. 15. 23, 41. *all sick.* ver. 23; ch. 8. 14, 15; 9. 35. Ex. 15. 26. *possessed.* ch. 9. 32; 12. 22; 15. 22; 17. 18. Mar. 5. 2-18. Lu. 4. 33-35; 8. 27-37. Ac. 10. 38. *lunatic.* ch. 17. 15. *those that.* ch. 8. 6, 13; 9. 2-8.

25 *followed.* ch. 5. 1; 8. 1; 12. 15; 19. 2. Mar. 3. 7; 6. 2. Lu. 6. 17, 19. *Decapolis.* Mar. 5. 20; 7. 31.

## CHAP. V.

*Christ's sermon on the mount,* 1, 2. *Who are blessed,* 3-12; *the salt of the earth,* 13; *the light of the world,* 14-16. *He came to fulfil the law,* 17-20. *What it is to kill,* 21-26; *to commit adultery,* 27-32; *to swear,* 33-37. *He exhorts to suffer wrong,* 38-42, *to love our enemies,* 43-47; *and to labour after perfection,* 48.

1 *seeing.* ch. 4. 25; 13. 2. Mar. 4. 1. *he went.* ch. 15. 29. Mar. 3. 13, 20. Jno. 6. 2, 3. *his.* ch. 4. 18-22; 10. 2-4. Lu. 6. 13-16.

2 ch. 13. 35. Job 3. 1. Ps. 78. 1, 2. Pr. 8. 6; 31. 8, 9. Lu. 6. 20, etc. Ac. 8. 35; 10. 34; 18. 14. Ep. 6. 19.

3 *Blessed.* ver. 4-11; ch. 11. 6; 13. 16; 24. 46. Ps. 1. 1; 2. 12; 32. 1, 2; 41. 1; 84. 12; 112. 1; 119. 1, 2; 128. 1; 146. 5. Pr. 8. 32. Is. 30. 18. Lu. 6. 20, 21, etc.; 11. 28. Jno. 20. 29. Ro. 4. 6-9. Ja. 1. 12. Re. 19. 9; 22. 14. *the poor.* ch. 11. 25; 18. 1-3. Le. 26. 41, 42. De. 8. 2. 2 Ch. 7. 14; 33. 12, 19, 23; 34. 27. Job 42. 6. Ps. 34. 18; 51. 17. Pr. 16. 19; 29. 23. Is. 57. 15; 61. 1; 66. 2. Je. 31. 18-20. Da. 5. 21, 22. Mi. 6. 8. Lu. 4. 18; 6. 20; 18. 14. Ja. 1. 10; 4. 9, 10. *for.* ch. 3. 2; 8. 11. Mar. 10. 14. Ja. 2. 5.

4 Ps. 6. 1-9; 13. 1-5; 30. 7-11; 32. 3-7; 40. 1-3; 69. 29, 30; 116. 3-7; 126. 5, 6. Is. 12. 1; 25. 8; 30. 19; 35. 10; 38. 14-19; 51. 11, 12; 57. 18; 61. 2, 3; 66. 10. Je. 31. 9-12, 16, 17, Eze. 7. 16; 9. 4. Zec. 12. 10-14; 13. 1. Lu. 6. 21, 25; 7. 38, 50; 16. 25. Jno. 16. 20-22. 2 Co. 1. 4-7; 7. 9, 10. Ja. 1. 12. Re. 7. 14-17; 21. 4.

5 *the meek.* ch. 11. 29; 21. 5. Nu. 12. 3. Ps. 22. 26; 25. 9; 69. 32, marg.; 147. 6; 149. 4. Is. 11. 4; 29. 19; 61. 1. Zep. 2. 3. Ga. 5. 23. Ep. 4. 2. Col. 3. 12. 1 Ti. 6. 11. 2 Ti. 2. 25. Tit. 3. 2. Ja. 1. 21; 3. 13. 1 Pe. 3. 4, 15. *they.* Ps. 25. 13; 37. 9, 11, 22, 29, 34. Is. 60. 21. Ro. 4. 13.

6 *are.* Ps. 42. 1, 2; 63. 1, 2; 84. 2; 107. 9. Am. 8. 11-13. Lu. 1. 53; 6. 21, 25. Jno. 6. 27. *for.* Ps. 4. 6, 7; 17. 15; 63. 5; 65. 4; 145. 19. Ca. 5. 1. Is. 25. 6; 41. 17; 44. 3; 49. 9, 10; 55. 1-3; 65. 13; 66. 11. Jno. 4. 14; 6. 48-58; 7. 37. Re. 7. 16.

7 *are.* ch. 6. 14, 15; 18. 33-35. 2 Sa. 22. 26. Job 31. 16-22. Ps. 18. 25; 37. 26; 41. 1-4; 112. 4, 9. Pr. 11. 17; 14. 21; 19. 17. Is. 57. 1; 58. 6-12. Da. 4. 27. Mi. 6. 8. Mar. 11. 25. Lu. 6. 35. Ep. 4. 32; 5. 1. Col. 3. 12. Ja. 3. 17. *for.* Ho. 1. 6; 2. 1, 23. Ro. 11. 30. 1 Co. 7. 25. 2 Co. 4. 1. 1 Ti. 1. 13, 16. 2 Ti. 1. 16-18. He. 4. 16; 6. 10. Ja. 2. 13. 1 Pe. 2. 10.

8 *are.* ch. 23. 25-28. 1 Ch. 29. 17-19. Ps. 15. 2; 18. 26; 24. 4; 51. 6, 10; 73. 1. Pr. 22. 11. Eze. 36. 25-27. Ac. 15. 9. 2 Co. 7. 1. Tit. 1. 15. He. 9. 14; 10. 22. Ja. 3. 17; 4. 8. 1 Pe. 1. 22. *for.* Ge. 32. 30. Job 19. 26, 27. 1 Co. 13. 12. He. 12. 14. 1 Jno. 3. 2, 3.

9 *are.* 1 Ch. 12. 17. Ps. 34. 12; 120. 6; 122. 6-8. Ac. 7. 26. Ro. 12. 18; 14. 1-7, 17-19. 1 Co. 6. 6. 2 Co. 5. 20; 13. 11. Ga. 5. 22. Ep. 4. 1. Phi. 2. 1-3; 4. 2. Col. 3. 13. 2 Ti. 2. 22-24. He. 12. 14. Ja. 1. 19, 20; 3. 16-18. *for.* ver. 45, 48. Ps. 82. 6, 7. Lu. 6. 35; 20. 36. Ep. 5. 1, 2. Phi. 2. 15, 16. 1 Pe. 1. 14-16.

10 *are.* ch. 10. 23. Ps. 37. 12. Mar. 10. 30. Lu. 6. 22; 21. 12. Jno. 15. 20. Ac. 5. 40; 8. 1. Ro. 8. 35-39. 1 Co. 4. 9-13. 2 Co. 4. 8-12, 17. Phi. 1. 28. 2 Ti. 2. 12; 3. 11. Ja. 1. 2-5. 1 Pe. 3. 13, 14; 4. 12-16. 1 Jno. 3. 12. Re. 2. 10. *for.* ver. 3. 2 Th. 1. 4-7. Ja. 1. 12.

11 *when.* ch. 10. 25; 27. 39. Ps. 35. 11. Is. 66. 5. Lu. 7. 33, 34. Jno. 9. 28. 1 Pe. 2. 23. *falsely. Gr.* lying. 1 Pe. 4. 14. *for.* ch. 10. 18, 22, 39; 19. 29; 24. 9. Ps. 44. 22. Mar. 4. 17; 8. 35; 13. 9, 13. Lu. 6. 22; 9. 24; 21. 12, 17. Jno. 15. 21. Ac. 9. 16. Ro. 8. 36. 1 Co. 4. 10. 2 Co. 4. 11. Re. 2. 3.

12 *Rejoice.* Lu. 6. 23. Ac. 5. 41; 16. 25. Ro. 5. 3. 2 Co. 4. 17. Phi. 2. 17. Col. 1. 24. Ja. 1. 2. 1 Pe. 4. 13. *for great.* ch. 6. 1, 2, 4, 5, 16; 10. 41, 42; 16. 27. Ge. 15. 1. Ru. 2. 12. Ps. 19. 11; 58. 11. Pr. 11. 18. Is. 3. 10. Lu. 6. 23, 35. 1 Co. 3. 8. Col. 3. 24. He. 11. 6, 26. *for so.* ch. 21. 34-38; 23. 31-37. 1 Ki. 18. 4, 13; 19. 2. 10-14; 21. 20; 22. 8, 26, 27. 2 Ki. 1. 9. 2 Ch. 16. 10; 24. 20-22; 36. 16. Ne. 9. 26. Je. 2. 30; 26. 8, 21-23. Lu. 6. 23; 11. 47-51; 13. 34. Ac. 7. 51. 1 Th. 2. 15.

13 *the salt.* Le. 2. 13. Col. 4. 6. *if.* Mar. 9. 49, 50. Lu. 14. 34, 35. He. 6. 4-6. 2 Pe. 2. 20, 21.

14 *the light.* Pr. 4. 18. Jno. 5. 35; 12. 36. Ro. 2. 19, 20. 2 Co. 6. 14. Ep. 5. 8-14. Phi. 2. 15. 1 Th. 5. 5. Re. 1. 20; 2. 1. *a city.* Ge. 11. 4-8. Re. 21. 14, etc.

15 *do.* Mar. 4. 21. Lu. 8. 16; 11. 33. *a bushel.* 'A measure containing about a pint less than a peck.' *it giveth.* Ex. 25. 37. Nu. 8. 2.

16 *your light.* Pr. 4. 18. Is. 58. 8; 60. 1-3. Ro. 13. 11-14. Ep. 5. 8. Phi. 2. 15, 16. 1 Th. 2. 12; 5. 6-8. 1 Pe. 2. 9. 1 Jno. 1. 5-7. *that.* ch. 6. 1-5, 16; 23. 5. Ac. 9. 36. Ep. 2. 10. 1 Ti. 2. 10; 5. 10, 25; 6. 18. Tit. 2. 7, 14; 3. 4, 7, 8, 14. He. 10. 24. 1 Pe. 2. 12; 3. 1, 16. *and.* Is. 61. 3. Jno. 15. 8. 1 Co. 14. 25. 2 Co. 9. 13. Ga. 1. 24. 2 Th. 1. 10-12. 1 Pe. 2. 12; 4. 11, 14. *your Father.* ver. 45; ch. 6. 9; 23. 9. Lu. 11. 2.

17 *to destroy the law.* Lu. 16. 17. Jno. 8. 5. Ac. 6. 13; 18. 13; 21. 28. Ro. 3. 31; 10. 4. Ga. 3. 17-24. *but.* ch. 3. 15. Ps. 40. 6-8. Is. 42. 21. Ro. 8. 4. Ga. 4. 4, 5. Col. 2. 16, 17. He. 10. 3-12.

18 *verily.* ver. 26; ch. 6. 2, 16; 8. 10; 10. 15, 23, 42; 11. 11; 13. 17; 16. 28; 17. 20; 18. 3, 18; 19. 23, 28; 21. 21, 31; 23. 36; 24. 2, 34, 47; 25. 12, 40, 45; 26. 13, 14. Mar. 3. 28; 6. 11; 8. 12; 9. 1, 41; 10. 15, 29; 11. 23; 12. 43; 13. 30; 14. 9, 18, 25, 30. Lu. 4. 24; 11. 51; 12. 37; 13. 35; 18. 17, 29; 21. 32; 23. 43. Jno. 1. 51; 3. 3, 5, 11; 5. 19, 24, 25; 6. 26, 32, 47, 53; 8. 34, 51, 58; 10. 1, 7; 12. 24; 13. 16, 20, 21, 38; 14. 12; 16. 20, 23; 21. 18. *Till.* ch. 24. 35. Ps. 102. 26. Is. 51. 6. Lu. 16. 17; 21. 33. He. 1. 11, 12. 2 Pe. 3. 10-13. Re. 20. 11. *pass.* Ps. 119. 89, 90, 152. Is. 40. 8. 1 Pe. 1. 25.

19 *shall break.* De. 27. 26. Ps. 119. 6, 128. Ga. 3. 10-13. Ja. 2. 10, 11. *these.* ch. 23. 23. De. 12. 32. Lu. 11. 42. *shall teach.* ch. 15. 3-6; 23. 16-22. Mal. 2. 8, 9. Ro. 3. 8; 6. 1, 15. 1 Ti. 6. 3, 4. Re. 2. 14, 15, 20. *the least.* ch. 11. 11. 1 Sa. 2. 30. *do.* ch. 28. 20. Ac. 1. 1. Ro. 13. 8-10. Ga. 5. 14-24. Phi. 3. 17, 18; 4. 8, 9. 1 Th. 2. 10-12; 4. 1-7. 1 Ti. 4. 11, 12; 6. 11. Tit. 2. 8-10; 3. 8. *great.* ch. 19. 28; 20. 26. Da. 12. 3. Lu. 1. 15; 9. 48; 22. 24-26. 1 Pe. 5. 4.

20 *exceed.* ch. 23. 2-5, 23-28. Lu. 11. 39, 40, 44; 12. 1; 16. 14, 15; 18. 10-14; 20. 46, 47. Ro. 9. 30-32; 10. 2, 3. 2 Co. 5. 17. Phi. 3. 9. *ye.* ch. 3. 10; 7. 21; 18. 5. Mar. 10. 15, 25. Lu. 18. 17, 24, 25. Jno. 3. 3-5. He. 12. 14. Re. 21. 27.

21 *it.* ver. 27, 33, 43. 2 Sa. 20. 18. Job 8. 8-10. *by them. or,* to them. *Thou.* Ge. 9. 5, 6. Ex. 20. 13. De. 5. 17. *and.* Ex. 21. 12-14. Nu. 35. 12, 16-21, 30-34. De. 21. 7-9. 1 Ki. 2. 5, 6, 31, 32.

22 *I say.* ver. 28, 34, 44; ch. 3. 17; 17. 5. De. 18. 18, 19. Ac. 3. 20-23; 7. 37. He. 5. 9; 12. 25. *That.* Ge. 4. 5, 6; 37. 4, 8. 1 Sa. 17. 27, 28; 18. 8, 9; 20. 30-33; 22. 12, etc. 1 Ki. 21. 4. 2 Ch. 16. 10. Es. 3. 5, 6. Ps. 37. 8. Da. 3. 12, 13; 3. 13, 19. Ep. 4. 26, 27. *his brother.* ver. 23, 24; ch. 18. 21, 35. De. 15. 11. Ne. 5. 8. Ob. 10. 12. Ro. 12. 10. 1 Co. 6. 6. 1 Th. 4. 6. 1 Jno. 2. 9; 3. 10, 14, 15; 4. 20, 21; 5. 16. *without.* Ps. 7. 4; 25. 3; 35. 19; 69. 4; 109. 3. La. 3. 52. Jno. 15. 25. *be.* ver. 21. *the judgment.* An inferior court of judicature, in every city, consisting of 23 members, which punished criminals by strangling or beheading. *whosoever.* ch. 11. 18, 19; 12. 24. 1 Sa. 20. 30. 2 Sa. 16. 7. Jno. 7. 20; 8. 48. Ac. 17. 18. 1 Co. 6. 10. Ep. 4. 31, 32. Tit. 3. 2. 1 Pe. 2. 23; 3. 9. Jude 9. *Raca. that is,* vain fellow. 2 Sa. 6. 20. Ja. 2. 20. *the council.* The *Sanhedrin, συνέδριον,* composed of 72 elders, who alone punished by stoning. ch. 10. 17; 26. 59. Mar. 14. 55; 15. 1. Jno. 11. 47. Ac. 5. 27. *fool.* Ps. 14. 1; 49. 10; 92. 6. Pr. 14. 16; 18. 6. Je. 17. 11. *hell.* ver. 29, 30; ch. 10. 28; 18. 8, 9; 25. 41. Mar. 9. 47. Lu. 12. 5; 16. 23, 24. Re. 20. 14.

23 *thou.* ch. 8. 4; 23. 19. De. 16. 16, 17. 1 Sa. 15. 22. Is. 1. 10-17. Ho. 6. 6. Am. 5. 21-24. *rememberest.* Ge. 41. 9; 42. 21, 22; 50. 15-17. Le. 6. 2-6. 1 Ki. 2. 44. La. 3. 20. Eze. 16. 63. Lu. 19. 8.

24 *there.* ch. 18. 15-17. Job 42. 8. Pr. 25. 9. Mar. 9. 50. Ro. 12. 17, 18. 1 Co. 6. 7, 8. 1 Ti. 2. 8. Ja. 3. 13-18; 5. 16. 1 Pe. 3. 7, 8. *and then.* ch. 23. 23. 1 Co. 11. 28.

25 *with.* Ge. 32. 3-8. 13-22; 33. 3-11. 1 Sa. 25. 17-35. Pr. 6. 1-5; 25. 8. Lu. 12. 58, 59; 14. 31, 32. *whiles.* Job 22. 21. Ps. 32. 6. Is. 55. 6, 7. Lu. 13. 24, 25. 2 Co. 6. 2. He. 3. 7, 13; 12. 17. *and the.* 1 Ki. 22. 26, 27.

26 *Thou.* ch. 18. 34; 25. 41, 46. Lu. 12. 59; 16. 26. 2 Th. 1. 9. Ja. 2. 13.

27 *Thou.* Ex. 20. 14. Le. 20. 10. De. 5. 18; 22. 22-24. Pr. 6. 32.

28 *I say.* ver. 22, 39; ch. 7. 28, 29. *That.* Ge. 34. 2; 39. 7, etc. Ex. 20. 17. 2 Sa. 11. 2. Job 31. 1, 9. Pr. 6. 25. Ja. 1. 14, 15. 2 Pe. 2. 14. 1 Jno. 2. 16. *hath.* Ps. 119. 96. Ro. 7. 7, 8, 14.

29 *if.* ch. 18. 8, 9. Mar. 9. 43-48. *offend thee. or,* do cause thee to offend. *pluck.* ch. 19. 12. Ro. 6. 6; 8. 13. 1 Co. 9. 27. Ga. 5. 24. Col. 3. 5. 1 Pe. 4. 1-3. *for.* ch. 16. 26. Pr. 5. 8-14. Mar. 8. 36. Lu. 9. 24, 25.

30 *offend.* ch. 11. 6; 13. 21; 16. 23; 18. 6, 7; 26. 31. Lu. 17. 2. Ro. 9. 33; 14. 20, 21. 1 Co. 8. 13. Ga. 5. 11. 1 Pe. 2. 8. *cast.* ch. 22. 13; 25. 20. Lu. 12. 5.

31 *Whosoever.* ch. 19. 3, 7. De. 24. 1-4. Je. 3. 1. Mar. 10. 2-9.

32 *I say.* ver. 28. Lu. 9. 30, 35. *whosoever.* ch. 19. 8, 9. Mal. 2. 14-16. Mar. 10. 5-12. Lu. 16. 18. Ro. 7. 3. 1 Co. 7. 4, 10, 11.

33 *it hath.* ch. 23. 16. *Thou.* Ex. 20. 7. Le. 19. 12. Nu. 30. 2, etc. De. 5. 11; 23. 23. Ps. 50. 14; 76. 11. Ec. 5. 4-6. Na. 1. 15.

34 *Swear.* De. 23. 21-23. Ec. 9. 2. Ja. 5. 12. *heaven.* ch. 23. 16-22. Is. 57. 15; 66. 1.

35 *the earth.* Ps. 99. 5. *the city.* 2 Ch. 6. 6. Ps. 48. 2; 87. 2. Mal. 1. 14. Re. 21. 2, 10.

36 *shalt.* ch. 23. 16-21. *because.* ch. 6. 27. Lu. 12. 25.

37 *let.* 2 Co. 1. 17-20. Col. 4. 6. Ja. 5. 12. *cometh.* ch. 13. 19; 15. 19. Jno. 8. 44. Ep. 4. 25. Col. 3. 9. Ja. 5. 12.

38 *An eye.* Ex. 21. 22-27. Le. 24. 19, 20. De. 19. 19.

39 *That.* Le. 19. 18. 1 Sa. 24. 10-15; 25. 31-34; 26. 8-10. Job 31. 29-31. Pr. 20. 22; 24. 29. Lu. 6. 29. Ro. 12. 17-19. 1 Co. 6. 7. 1 Th. 5. 15. He. 12. 4. Ja. 5. 6. 1 Pe. 3. 9. *whosoever.* 1 Ki. 22. 24. Job 16. 10. Is. 50. 6. La. 3. 30. Mi. 5. 1. Lu. 6. 29. 22. 64. 1 Pe. 2. 20-23.

40 Lu. 6. 29. 1 Co. 6. 7.

41 *compel.* ch. 27. 32. Mar. 15. 21. Lu. 23. 26.

42 ch. 25. 35-40. De. 15. 7-14. Job 31. 16-20. Ps. 37. 21, 25, 26; 112. 5-9. Pr. 3. 27, 28; 11. 24, 25; 19. 17. Ec. 11. 1, 2, 6. Is. 58. 6-12. Da. 4. 27. Lu. 6. 30-36; 11. 41; 14. 12-14. Ro. 12. 20. 2 Co. 9. 6-15. 1 Ti. 6. 17-19. He. 6. 10; 13. 16. Ja. 1. 27; 2. 15, 16. 1 Jno. 3. 16-18.

43 *Thou.* ch. 19. 19; 22. 39, 40. Le. 19. 18. Mar. 12. 31-34. Lu. 10. 27-29. Ro. 13. 8-10. Ga. 5. 13, 14. Ja. 2. 8. *and hate.* Ex. 17. 14-16. De. 23. 6; 25. 17. Ps. 41. 10; 139. 21, 22.

44 Ex. 23. 4, 5. 2 Ki. 6. 22. 2 Ch. 28. 9-15. Ps. 7. 4; 35. 13, 14. Pr. 25. 21, 22. Lu. 6. 27, 28, 34, 35; 23. 34. Ac. 7. 60. Ro. 12. 14, 20, 21. 1 Co. 4. 12, 13; 13. 4-8. 1 Pe. 2. 23; 3. 9.

45 *ye.* ver. 9. Lu. 6. 35. Jno. 13. 35. Ep. 5. 1. 1 Jno. 3. 9. *for.* Job 25. 3. Ps. 145. 9. Ac. 14. 17.

46 *if.* ch. 6. 1. Lu. 6. 32-35. 1 Pe. 2. 20-23. *publicans.* ch. 9. 10, 11; 11. 19; 18. 17; 21. 31, 32. Lu. 15. 1; 18. 13; 19. 2, 7.

47 *salute.* ch. 10. 12. Lu. 6. 32; 10. 4, 5. *what.* ver. 20. 1 Pe. 2. 20.

48 *ye.* Ge. 17. 1. Le. 11. 44; 19. 2; 20. 26. De. 18. 13. Job 1. 1; 2, 3. Ps. 37. 37. Lu. 6. 36, 40. 2 Co. 7. 1; 13. 9, 11. Phi. 3. 12-15. Col. 1. 28; 4. 12. Ja. 1. 4. 1 Pe. 1. 15, 16. *even.* ver. 16, 45. Ep. 3. 1; 5. 1, 2. 1 Jno. 3. 3.

## CHAP. VI.

*Christ continues his sermon on the mount, exhorting not to be careful for worldly things,* 1-32, *but to seek God's kingdom,* 33, 34.

1 *heed.* ch. 16. 6. Mar. 8. 15. Lu. 11. 35; 12. 1, 15. He. 2. 1. *alms. or,* righteousness. De. 24. 13. Ps. 112. 9. Da. 4. 27. 2 Co. 9. 9, 10. *to be.* ver. 5, 16; ch. 5. 16; 23. 5, 14, 28-30. 2 Ki. 10. 16, 31. Eze. 33. 31. Zec. 7. 5; 13. 4. Lu. 16. 15. Jno. 5. 44; 12. 43. Ga. 6. 12. *otherwise.* ver. 4, 6; ch. 5. 46; 10. 41, 42; 16. 27; 25. 40. 1 Co. 9. 17, 18. He. 6. 10; 11. 26. 2 Jno. 8. *of your. or,* with your. ver. 9; ch. 5. 48.

2 *when.* Job 31. 16-20. Ps. 37. 21; 112. 9. Pr. 19. 17. Ec. 11. 2. Is. 58. 7, 10-12. Lu. 11. 41; 12. 33. Jno. 13. 29. Ac. 9. 36; 10. 2, 4, 31; 11. 29; 24. 17. Ro. 12. 8. 2 Co. 9. 6-15. Ga. 2. 10. Ep. 4. 28. 1 Ti. 6. 18. Phile. 7. He. 13. 16. Ja. 2. 15, 16. 1 Pe. 4. 11. 1 Jno. 3. 17-19. *do not sound a trumpet. or,* cause not a trumpet to be sounded. Pr. 20. 6. Ho. 8. 1. *as.* ver. 5; ch. 7. 5; 15. 7; 16. 3; 22. 18; 23. 13-29; 24. 51. Is. 9. 17; 10. 6. Mar. 7. 6. Lu. 6. 42; 12. 56; 13. 15. *in the synagogues.* ver. 5; ch. 23. 6. Mar. 12. 39. Lu. 11. 43; 20. 46. *glory.* 1 Sa. 15. 30. Jno. 5. 41, 44; 7. 18. 1 Th. 2. 6. *Verily.* ver. 5, 16; ch. 5. 18.

3 *let.* ch. 8. 4; 9. 30; 12. 19. Mar. 1. 44. Jno. 7. 4.

4 *seeth.* ver. 6, 18. Ps. 17. 3; 44. 21; 139. 1-3, 12. Je. 17. 10; 23. 24. He. 4. 13. Re. 2. 23. *reward.* ch. 10. 42; 25. 34-40. 1 Sa. 2. 30. Lu. 8. 17; 14. 14. 1 Co. 4. 5. Jude 24.

5 *when.* ch. 7. 7, 8; 9. 38; 21. 22. Ps. 5. 2; 55. 17. Pr. 15. 8. Is. 55. 6, 7. Je. 29. 12. Da. 6. 10; 9. 4, etc. Lu. 18. 1. Jno. 16. 24. Ep. 6. 18. Col. 4. 2, 3. 1 Th. 5. 17. Ja. 5. 15, 16. *thou shalt not.* ver. 2; ch. 23. 14. Job 27. 8-10. Is. 1. 15. Lu. 18. 10, 11; 20. 47. *for.* ch. 23. 6. Mar. 12. 38. Lu. 11. 43. *Verily.* ver. 2. Pr. 16. 5. Lu. 14. 12-14. Ja. 4. 6.

6 *enter.* ch. 14. 23; 26. 36-39. Ge. 32. 24-29. 2 Ki. 4. 33. Is. 26. 20. Jno. 1. 48. Ac. 9. 40; 10. 9, 30. *pray.* Ps. 34. 15. Is. 65. 24. Jno. 20. 17. Ro. 8. 5. Ep. 3. 14.

7 *use.* 1 Ki. 18. 26-29. Ec. 5. 2, 3, 7. Ac. 19. 34. *repetitions.* ch. 26. 39, 42, 44. 1 Ki. 8. 26-54. Da. 9. 18, 19. *the heathen.* ver. 32; ch. 18. 17.

8 *your.* ver. 32. Ps. 38. 9; 69. 17-19. Lu. 12. 30. Jno. 16. 23-27. Phi. 4. 6.

9 *this.* Lu. 11. 1, 2. *Our.* ver. 1, 6, 14; ch. 5. 16, 48; 7. 11; 10. 29; 26. 29, 42. Is. 63. 16; 64. 8. Lu. 15. 18, 21. Jno. 20. 17. Ro. 1. 7; 8. 15. Ga. 1. 1; 4. 6. 1 Pe. 1. 17. *which.* ch. 23. 9. 2 Ch. 20. 6. Ps. 115. 3. Is. 57. 15; 66. 1. *Hallowed.* Le. 10. 3. 2 Sa. 7. 26. 1 Ki. 8. 43. 1 Ch. 17. 24. Ne. 9. 5. Ps. 72. 18; 111. 9. Is. 6. 3; 37. 20. Eze. 36. 23; 38. 23. Hab. 2. 14. Zec. 14. 9. Mal. 1. 11. Lu. 2. 14; 11. 2. 1 Ti. 6. 16. Re. 4. 11; 5. 12.

10 *Thy kingdom.* ch. 3. 2; 4. 17; 16. 28. Ps. 2. 6. Is. 2. 2. Je. 23. 5. Da. 2. 44; 7. 13, 27. Zec. 9. 9. Mar. 11. 10. Lu. 19. 11, 38. Col. 1. 13. Re. 11. 15; 12. 10; 19. 6; 20. 4. *Thy will.* ch. 7. 21; 12. 50; 26. 42. Ps. 40. 8. Mar. 3. 35. Jno. 4. 34; 6. 40; 7. 17. Ac. 13. 22; 21. 14; 22. 14. Ro. 12. 2. Ep. 6. 6. Col. 1. 9. 1 Th. 4. 3; 5. 18. He. 10. 7, 36; 13. 21. 1 Pe. 2. 15; 4. 2. *as.* Ne. 9. 6. Ps. 103. 19-21. Da. 4. 35. He. 1. 14.

11 ch. 4. 4. Ex. 16. 16-35. Job 23. 12. Ps. 33. 18, 19; 34. 10. Pr. 30. 8. Is. 33. 16. Lu. 11. 3. Jno. 6. 31, etc. 2 Th. 3. 12. 1 Ti. 6. 8.

12 *forgive.* Ex. 34. 7. 1 Ki. 8. 30, 34, 39, 50. Ps. 32. 1; 130. 4. Is. 1. 18. Da. 9. 19. Ac. 13. 38. Ep. 1. 7. 1 Jno. 1. 7-9. *debts.* ch. 18. 21-27, 34. Lu. 7. 40-48; 11. 4. *as.* ver. 14, 15; ch. 18. 21, 22, 28-35. Ne. 5. 12, 13. Mar. 11. 25, 26. Lu. 6. 37; 17. 3-5. Ep. 4. 32. Col. 3. 13.

13 *lead.* ch. 26. 41. Ge. 22. 1. De. 8. 2, 16. Pr. 30. 8. Lu. 22. 31-46. 1 Co. 10. 13. 2 Co. 12. 7-9. He. 11. 36. 1 Pe. 5. 8. 2 Pe. 2. 9. Re. 2. 10; 3. 10. *deliver.* 1 Ch. 4. 10. Ps. 121. 7, 8. Je. 15. 21. Jno. 17. 15. Ga. 1. 4. 1 Th. 1. 10. 2 Ti. 4. 17, 18. He. 2. 14, 15. 1 Jno. 3. 8; 5. 18, 19. Re. 7. 14-17; 21. 4. *thine.* ver. 10. Ex. 15. 18. 1 Ch. 29. 11. Ps. 10. 16; 47. 2, 7; 145. 10-13. Da. 4. 25, 34, 35; 7. 18. 1 Ti. 1. 17; 6. 15-17. Re. 5. 13; 19. 1. *Amen.* ch. 28. 20. Nu. 5. 22. De. 27. 15, etc. 1 Ki. 1. 36. 1 Ch. 16. 36. Ps. 41. 13; 72. 19; 89. 52; 106. 48. Je. 28. 6. 1 Co. 14. 16. 2 Co. 1. 20. Re. 1. 18; 3. 14; 19. 4.

14 ver. 12; ch. 7. 2; 18. 21-35. Pr. 21. 13. Mar. 11. 25, 26. Ep. 4. 32. Col. 3. 13. Ja. 2. 13. 1 Jno. 3. 10.

16 *when.* ch. 9. 14, 15. 2 Sa. 12. 16, 21. Ne. 1. 4. Es. 4. 16. Ps. 35. 13; 69. 10; 109. 24. Da. 9. 3. Lu. 2. 37. Ac. 10. 30; 13. 2, 3; 14. 23. 1 Co. 7. 5. 2 Co. 6. 5; 11. 27. *be.* ver. 2, 5. 1 Ki. 21. 27. Is. 58. 3-5. Zec. 7. 3-5. Mal. 3. 14. Mar. 2. 18. Lu. 18. 12.

17 *anoint.* Ru. 3. 3. 2 Sa. 14. 2. Ec. 9. 8. Da. 10. 2, 3.

18 *appear.* 2 Co. 5. 9; 10. 18. Col. 3. 22-24. 1 Pe. 2. 13. *shall.* ver. 4, 6. Ro. 2. 6. 1 Pe. 1. 7.

19 Job 31. 24. Ps. 39. 6; 62. 10. Pr. 11. 4; 16. 16; 23. 5. Ec. 2. 26; 5. 10-14. Zep. 1. 18. Lu. 12. 21; 18. 24. 1 Ti. 6. 8-10, 17. He. 13. 5. Ja. 5. 1-3. 1 Jno. 2. 15, 16.

20 ch. 19. 21. Is. 33. 6. Lu. 12. 33; 18. 22. 1 Ti. 6. 17. He. 10. 34; 11. 26. Ja. 2. 5. 1 Pe. 1. 4; 5. 4. Re. 2. 9.

21 *where.* Is. 33. 6. Lu. 12. 34. 2 Co. 4. 18. *there.* ch. 12. 34. Pr. 4. 23. Je. 4. 14; 22. 17. Ac. 8. 21. Ro. 7. 5-7. Phile. 3, 19. Col. 3. 1-3. He. 3. 12.

22 *light of.* Lu. 11. 34-36. *single.* Ac. 2. 46. 2 Co. 11. 3. Ep. 6. 5. Col. 3. 22.

23 *thine.* ch. 20. 15. Is. 44. 18-20. Mar. 7. 22. Ep. 4. 18; 5. 8. 1 Jno. 2. 11. *If.* ch. 23. 16, etc. Pr. 26. 12. Is. 5. 20, 21; 8. 20. Je. 4. 22; 8. 8, 9. Lu. 8. 10. Jno. 9. 39-41. Ro. 1. 22; 2. 17-23. 1 Co. 1. 18-20; 2. 14; 3. 18, 19. Re. 3. 17, 18.

24 *serve.* ch. 4. 10. Jos. 24. 15, 19, 20. 1 Sa. 7. 3. 1 Ki. 18. 21. 2 Ki. 17. 33, 34, 41. Eze. 20. 39. Zep. 1. 5. Lu. 16. 13. Ro. 6. 16-22. Ga. 1. 10. 2 Ti. 4. 10. Ja. 4. 4. 1 Jno. 2. 15, 16. *mammon.* Lu. 16. 9, 11, 13. 1 Ti. 6. 9, 10, 17.

25 *I say.* ch. 5. 22-28. Lu. 12. 4, 5, 8, 9, 22. *Take.* ver. 31, 34; ch. 10. 19; 13. 22. Ps. 55. 22. Mar. 4. 19; 13. 11. Lu. 8. 14; 10. 40, 41; 12. 22, 23, 25, 26, 29. 1 Co. 7. 32. Phi. 4. 6. 2 Ti. 2. 4. He. 13. 5, 6. 1 Pe. 5. 7. *Is not.* Lu. 12. 23. Ro. 8. 32.

26 *the fowls.* ch. 10. 29-31. Ge. 1. 29-31. Job 35. 11; 38. 41. Ps. 104. 11, 12, 27, 28; 145. 15, 16; 147. 9. Lu. 12. 6, 7, 24, etc. *your.* ver. 32; ch. 7. 9. Lu. 12. 32.

27 *by.* ch. 5. 36. Ps. 39. 6. Ec. 3. 14. Lu. 12. 25, 26. 1 Co. 12. 18.

28 *why.* ver. 25, 31; ch. 10. 10. Lu. 3. 11; 22. 35, 36. *the lilies.* Lu. 12. 27.

29 *even.* 1 Ki. 10. 5-7. 2 Ch. 9. 4-6, 20-22. 1 Ti. 2. 9, 10. 1 Pe. 3. 2-5.

30 *clothe.* Ps. 90. 5, 6; 92. 7. Is. 40. 6-8. Lu. 12. 28. Ja. 1. 10, 11. 1 Pe. 1. 24. *O ye.* ch. 8. 26; 14. 31; 16. 8; 17. 17. Mar. 4. 40; 9. 19. Lu. 9. 41. Jno. 20. 27. He. 3. 12.

31 *What shall we eat.* ch. 4. 4; 15. 33. Le. 25. 20-22. 2 Ch. 25. 9. Ps. 37. 3; 55. 22; 78. 18-31. Lu. 12. 29. 1 Pe. 5. 7.

32 *after.* ch. 5. 46, 47; 20. 25, 26. Ps. 17. 14. Lu. 12. 30. Ep. 4. 17. 1 Th. 4. 5. *for your.* ver. 8. Ps. 103. 13. Lu. 11. 11-13; 12. 30.

33 *seek.* 1 Ki. 3. 11-13; 17. 13. 2 Ch. 1. 7-12; 31. 20, 21. Pr. 2. 1-9; 3. 9, 10. Hag. 1. 2-11; 2. 16-19. Lu. 12. 31. Jno. 6. 27. *the kingdom.* ch. 3. 2; 4. 17; 13. 44-46. Ac. 20. 25; 28. 31. Ro. 14. 17. Col. 1. 13, 14. 2 Th. 1. 5. 2 Pe. 1. 11. *his.* ch. 5. 6. Is. 45. 24. Je. 23. 6. Lu. 1. 6. Ro. 1. 17; 3. 21, 22; 10. 3. 1 Co. 1. 30. 2 Co. 5. 21. Phi. 3. 9. 2 Pe. 1. 1. *and all.* ch. 19. 29. Le. 25. 20, 21. Ps. 34. 9, 10; 37. 3, 18, 19, 25; 84. 11, 12. Mar. 10. 30. Lu. 18. 29, 30. Ro. 8. 31. 1 Co. 3. 22. 1 Ti. 4. 8.

34 *no.* ver. 11, 25. Ex. 16. 18-20. La. 3. 23. *for.* De. 33. 25. 1 Ki. 17. 4-6, 14-16. 2 Ki. 7. 1, 2. Lu. 11. 3. He. 13. 5, 6. *Sufficient.* Jno. 14. 27; 16. 33. Ac. 14. 22. 1 Th. 3. 3, 4.

## CHAP. VII.

*Christ, continuing his sermon on the mount, reproves rash judgment, etc.,* 1-27. *Christ ends his sermon, and the people are astonished,* 28, 29.

1 Is. 66. 5. Eze. 16. 52-56. Lu. 6. 37. Ro. 2. 1, 2; 14. 3, 4, 10-13. 1 Co. 4. 3-5. Ja. 3. 1; 4. 11, 12.

2 Ju. 1. 7. Ps. 18. 25, 26; 137. 7, 8. Je. 51. 24. Ob. 15. Mar. 4. 24. Lu. 6. 38. 2 Co. 9. 6. 2 Th. 1. 6, 7. Ja. 2. 13. Re. 18. 6.

3 *why.* Lu. 6. 41, 42; 18. 11. *but.* 2 Sa. 12. 5, 6. 2 Ch. 28. 9, 10. Ps. 50. 16-21. Jno. 8. 7-9. Ga. 6. 1.

5 *Thou hypocrite.* ch. 22. 18; 23. 14, etc. Lu. 12. 56; 13. 15. *first.* Ps. 51. 9-13. Lu. 4. 23; 6. 42. Ac. 19. 15.

6 *that.* ch. 10. 14, 15; 15. 26. Pr. 9. 7, 8; 23. 9; 26. 11. Ac. 13. 45-47. Phi. 3. 2. He. 6. 6; 10. 29. 2 Pe. 2. 22. *cast.* Pr. 11. 22. *turn.* ch. 22. 5, 6; 24. 10. 2 Co. 11. 26. 2 Ti. 4. 14, 15.

7 *and it.* ver. 11; ch. 21. 22. 1 Ki. 3. 5. Ps. 10. 17; 50. 15; 86. 5; 145. 18, 19. Is. 55. 6, 7. Je. 29. 12, 13; 33. 3. Mar. 11. 24. Lu. 11. 9, 10, 13; 18. 1. Jno. 4. 10; 14. 13, 14; 15. 7, 16; 16. 23, 24. Ja. 1. 5, 6; 5. 15. 1 Jno. 3. 22; 5. 14, 15. Re. 3. 17, 18. *seek.* ch. 6. 33. Ps. 10. 4; 27. 8; 69. 32; 70. 4; 105. 3, 4;

119. 12. Pr. 8. 17. Ca. 3. 2. Am. 5. 4. Ro. 2. 7; 3. 11. He. 11. 6. *knock.* Lu. 13. 25.

8 ch. 15. 22-28. 2 Ch. 33. 1, 2, 19. Ps. 81. 10, 16. Jno. 2. 2; 3. 8-10. Lu. 23. 42, 43. Ac. 9. 11.

9 Lu. 11. 11-13.

11 *being.* Ge. 6. 5. 8. 21. Job 15. 16. Je. 17. 9. Ro. 3. 9. 19. Ga. 3. 22. Ep. 2. 1-3. Tit. 3. 3. *how.* Ex. 34. 6, 7. 2 Sa. 7. 19. Ps. 86. 5, 15; 103. 11-13. Is. 49. 15; 55. 8, 9. Ho. 11. 8, 9. Mi. 7. 18. Mal. 1. 6. Lu. 11. 11, etc. Jno. 3. 16. Ro. 5. 8-10; 8. 32. Ep. 2. 4, 5. 1 Jno. 3. 1; 4. 10. *good.* Ps. 84. 11; 85. 12. Je. 33. 14. Ho. 14. 2, marg. Lu. 2. 10, 11; 11. 13. 2 Co. 9. 8-15. Tit. 3. 4-7.

12 *all.* Lu. 6. 31. *for.* ch. 22. 39, 40. Le. 19. 18. Is. 1. 17, 18. Je. 7. 5, 6. Eze. 18. 7, 8, 21. Am. 5. 14, 15. Mi. 6. 8. Zec. 7. 7-10; 8. 16, 17. Mal. 3. 5. Mar. 12. 29-34. Ro. 13. 8-10. Ga. 5. 13, 14. 1 Ti. 1. 5. Ja. 2. 10-13.

13 *at.* ch. 3. 2, 8; 18. 2, 3; 23. 13. Pr. 9. 6. Is. 55. 7. Eze. 18. 27-32. Lu. 9. 33; 13. 24, 25; 14. 33. Jno. 10. 9; 14. 6. Ac. 2. 38-40; 3. 19. 2 Co. 6. 17. Ga. 5. 24. *for.* Ge. 6. 5, 12. Ps. 14. 2, 3. Is. 1. 9. Ro. 3. 9-19. 2 Co. 4. 4. Ep. 2. 2, 3. 1 Jno. 5. 19. Re. 12. 9; 13. 8; 20. 3. *that.* ch. 25. 41, 46. Pr. 7. 27; 16. 25. Ro. 9. 22. Phi. 3. 19. 2 Th. 1. 8, 9. 1 Pe. 4. 17, 18. Re. 20. 15.

14 *Because. or,* How. *narrow.* ch. 16. 24, 25. Pr. 4. 26, 27; 8. 20. Is. 30. 21; 35. 8; 57. 14. Je. 6. 16. Mar. 8. 34. Jno. 15. 18-20; 16. 2, 33. Ac. 14. 22. 1 Th. 3. 2-5. *and few.* ch. 20. 16; 22. 14; 25. 1-12. Lu. 12. 32; 13. 23-30. Ro. 9. 27-29, 32; 11. 5, 6; 12. 2. Ep. 2. 2, 3. 1 Pe. 3. 20, 21.

15 *Beware.* ch. 10. 17; 16. 6, 11. Mar. 12. 38. Lu. 12. 15. Ac. 13. 40. Phi. 3. 2. Col. 2. 8. 2 Pe. 3. 17. *false.* ch. 24. 4, 5, 11, 24, 25. De. 13. 1-3. Is. 9. 15, 16. Je. 14. 14-16; 23. 13-16; 28. 15-17; 29. 21, 32. Eze. 13. 16, 22. Mi. 3. 5-7, 11. Mar. 13. 22, 23. 2 Pe. 2. 1-3. 1 Jno. 4. 1. Re. 19. 20. *which.* Zec. 13. 4. Mar. 12. 38-40. Ro. 16. 17, 18. 2 Co. 11. 13-15. Ga. 2. 4. Ep. 4. 14; 5. 6. Col. 2. 8. 1 Ti. 4. 1-3. 2 Ti. 3. 5-9, 13; 4. 3. 2 Pe. 2. 1-3, 18, 19. Jude 4. Re. 13. 11-17. *are.* Is. 56. 10, 11. Eze. 22. 25. Mi. 3. 5. Zep. 3. 3, 4. Ac. 20. 29-31. Re. 17. 6.

16 *shall.* ver. 20; ch. 12. 33. 2 Pe. 2. 10-18. Jude 10-19. *Do.* Lu. 16. 43-45. Ja. 3. 12.

17 *every.* Ps. 1. 3; 92. 13, 14. Is. 5. 3-5; 61. 3. Je. 11. 19; 17. 8. Lu. 13. 6-9. Ga. 5. 22-24. Ep. 5. 9. Phi. 1. 11. Col. 1. 10. Ja. 3. 17, 18. *but.* ch. 12. 33-35. Jude 12.

18 *cannot.* Ga. 5. 17. 1 Jno. 3. 9, 10.

19 *bringeth.* ch. 3. 10; 21. 19, 20. Is. 5. 5-7; 27. 11. Eze. 15. 2-7. Lu. 3. 9; 13. 6-9. Jno. 15. 2-6. He. 6. 8. Jude 12.

20 ver. 16. Ac. 5. 38.

21 *saith.* ch. 25. 11, 12. Ho. 8. 2, 3. Lu. 6. 46; 13. 25. Ac. 19. 13, etc. Ro. 2. 13. Tit. 1. 16. Ja. 1. 22; 2. 20-26. *shall.* ch. 18. 3; 19. 24; 21. 31; 25. 11, 12, 21. Is. 48. 1, 2. Mar. 9. 47; 10. 23, 24. Lu. 18. 25. Jno. 3. 5. Ac. 14. 22. He. 4. 6. *that.* ch. 12. 50; 21. 29-31. Mar. 3. 35. Lu. 11. 28. Jno. 6. 40; 7. 17. Ro. 12. 2. Ep. 6. 6. Col. 4. 12. 1 Th. 4. 3; 5. 18. He. 13. 21. 1 Pe. 2. 15; 4. 2. 1 Jno. 3. 21-24. Re. 22. 14. *my.* ch. 10. 32, 33; 16. 17; 18. 10, 19, 35; 26. 39, 42. Jno. 5. 17; 10. 29, 30; 14. 7; 15. 23. Re. 2. 27; 3. 5.

22 *to me.* See on ver. 21; ch. 24. 36. Is. 2. 11, 17. Mal. 3. 17, 18. Lu. 10. 12. 1 Th. 5. 4. 2 Th. 1. 10. 2 Ti. 1. 12, 18; 4. 8. *have we.* ch. 10. 5-8. Nu. 24. 4; 31. 8. 1 Ki. 22. 11, etc. Je. 23. 13, etc. Lu. 13. 26. Jno. 11. 51. Ac. 19. 13-15. 1 Co. 13. 1, 2. He. 6. 4-6.

23 *I never.* ch. 25. 12. Jno. 10. 14, 27-30. 2 Ti. 2. 19. *depart.* ch. 25. 41. Ps. 5. 5; 6. 8. Lu. 13. 25, 27. Re. 22. 15.

24 *whosoever.* ver. 7, 8, 13, 14; ch. 5. 3, etc., 28-32; 6. 14, 15, 19, etc.; 12. 50. Lu. 6. 47-49; 11. 28. Jno. 13. 17; 14. 15, 22-24; 15. 10, 14. Ro. 2. 6-9. Ga. 5. 6, 7; 6. 7, 8. Ja. 1. 21-27; 2. 17-26. 1 Jno. 2. 3; 3. 22-24; 5. 3-5. Re. 22. 14, 15. *a wise.* Job 28. 28. Ps. 111. 10; 119. 99, 130. Pr. 10. 8; 14. 8. Ja. 3. 13-18. *which.* 1 Co. 3. 10, 11.

25 *the rain.* Eze. 13. 11, etc. Mal. 3. 3. Ac. 14. 22. 1 Co. 3. 13-15. Ja. 1. 12. 1 Pe. 1. 7. *for.* ch. 16. 18. Ps. 92. 13-15; 125. 1, 2. Ep. 3. 17. Col. 2. 7. 1 Pe. 1. 5. 1 Jno. 2. 19.

26 *doeth.* 1 Sa. 2. 30. Pr. 14. 1. Je. 8. 9. Lu. 6. 49. Ja. 2. 20.

27 ch. 12. 43-45; 13. 19-22. Eze. 13. 10-16. 1 Co. 3. 13. He. 10. 26-31. 2 Pe. 2. 20-22.

28 *the people.* ch. 13. 54. Ps. 45. 2. Mar. 1. 22; 6. 2. Lu. 4. 22, 32; 19. 48. Jno. 7. 15, 46.

29 *having.* ch. 5. 20, 28, 32, 44; 21. 23-27; 28. 18. De. 18. 18, 19. Ec. 8. 4. Is. 50. 4. Je. 23. 28, 29. Mi. 3. 8. Lu. 21. 15. Ac. 3. 22, 23; 6. 10. He. 4. 12, 13. *and not.* ch. 15. 1-9; 23. 2-6, 15-24. Mar. 7. 5-13. Lu. 20. 8, 46, 47.

## CHAP. VIII.

*Christ cleanses the leper,* 1-4; *heals the centurion's servant,* 5-13, *Peter's mother in law,* 14, 15, *and many other diseased,* 16, 17; *shews how he is to be followed,* 18-22; *stills the tempest on the sea,* 23-27; *drives the devils out of two men possessed,* 28-30; *and suffers them to go into the swine,* 31-34.

1 *come.* ch. 5. 1. *great.* ver. 18; ch. 4. 25; 12. 15; 15. 30; 19. 2; 20. 29. Mar. 3. 7. Lu. 5. 15; 14. 25-27.

2 *behold.* Mar. 1. 40, etc. Lu. 5. 12. *a leper.* ch. 10. 8; 26. 6. Le. 13. 44-46. Nu. 5. 2, 3; 12. 10. De. 24. 8, 9. 2 Sa. 3. 39. 2 Ki. 5. 1, 27; 7. 3, 4; 15. 5. 2 Ch. 26. 19-21. Lu. 4. 27; 17. 12-19. *worshipped.* ch. 2. 11; 4. 9; 14. 33; 15. 25; 18. 26; 28. 9, 17. Mar. 1. 40; 5. 6, 7. Lu. 5. 12. Jno. 9. 38. 1 Co. 14. 25. Re. 19. 10; 22. 8, 9. *if.* ch. 9. 28, 29; 13. 58. Mar. 9. 22-24.

3 *put.* 2 Ki. 5. 11. *I will.* Ge. 1. 3. Ps. 33. 9. Mar. 1. 41; 4. 39; 5. 41; 7. 34; 9. 25. Lu. 5. 13; 7. 14. Jno. 5. 21; 11. 43; 15. 24. *immediately.* ch. 11. 4, 5. 2 Ki. 5. 14. Lu. 17. 14, 15.

4 *See.* ch. 6. 1; 9. 30; 12. 16-19; 16. 20; 17. 9. Mar. 1. 43, 44; 5. 43; 7. 36. Lu. 5. 14. Jno. 5. 41; 7. 18; 8. 50. *shew.* ch. 3. 15; 5. 17. Le. 13. 2, etc.; 14. 2, etc. Is. 42. 21. Lu. 17. 14. *for.* ch. 10. 18. 2 Ki. 5. 7, 8. Mar. 1. 44; 6. 11; 13. 9. Lu. 5. 14; 21. 13. Jno. 10. 37, 38.

5 *entered.* ch. 4. 13; 9. 1; 11. 23. Mar. 2. 1. Lu. 7. 1. *a centurion.* This was a Roman military title; and therefore this officer may be concluded to have been a Gentile. (See fuller particulars under Mark 15. 39.) ch. 27. 54. Mar. 15. 39. Lu. 7. 2, etc. Ac. 10. 1, etc.; 22. 25; 23. 17, 23; 27. 13, 31, 43.

6 *my.* Job 31. 13, 14. Ac. 10. 7. Col. 3. 11; 4. 1. 1 Ti. 6. 2. Phile. 16. *palsy.* ch. 4. 24; 9. 2. Mar. 2. 3, etc. Ac. 8. 7; 9. 33.

7 *I will.* ch. 9. 18, 19. Mar. 5. 23, 24. Lu. 7. 6.

8 *I am.* ch. 3. 11, 14; 15. 26, 27. Ge. 32. 10. Ps. 10. 17. Lu. 5. 8; 7. 6, 7; 15. 19, 21. Jno. 1. 27; 13. 6-8. *but.* ver. 3. Nu. 20. 8. Ps. 33. 9; 107. 20. Mar. 1. 25-27. Lu. 7. 7.

9 *Go.* Job 38. 34, 35. Ps. 107. 25-29; 119. 91; 148. 8. Je. 47. 6, 7. Eze. 14. 17-21. Mar. 4. 39-41. Lu. 4. 35, 36, 39; 7. 8. *Do.* Ep. 6. 5, 6. Col. 3. 22. Tit. 2. 9.

10 *he marvelled.* Mar. 6. 6. Lu. 7. 9. *I have.* ch. 15. 28. Lu. 5. 20; 7. 50.

11 *That.* ch. 24. 31. Ge. 12. 3; 22. 18; 28. 14; 49. 10. Ps. 22. 27; 98. 3. Is. 2. 2, 3; 11. 10; 49. 6; 52. 10; 60. 1-6. Je. 16. 19. Da. 2. 44. Mi. 4. 1, 2. Zec. 8. 20-23. Mal. 1. 11. Lu. 13. 29; 14. 23, 24. Ac. 10. 45; 11. 18; 14. 27. Ro. 15. 9, etc. Ga. 3. 28, 29. Ep. 2. 11-14; 3. 6. Col. 3. 11. Re. 7. 6. *shall sit.* Ανακλιθησονται, *shall recline, i.e.* at table; referring to the recumbent posture used by the easterns at their meals. Lu. 12. 37; 13. 29; 16. 22. Re. 3. 20, 21. *in.* ch. 3. 2. Lu. 13. 28. Ac. 14. 22. 1 Co. 6. 9; 15. 20. 2 Th. 1. 5.

12 *the children.* ch. 3. 9, 10; 7. 22, 23; 21. 43. Ac. 3. 25. Ro. 9. 4. *be cast.* ch. 13. 42, 50; 22. 12, 13; 24. 51; 25. 30. Lu. 13. 28. 2 Pe. 2. 4, 17. Jude 13.

13 *Go.* ver. 4. Ec. 9. 7. Mar. 7. 29. Jno. 4. 50. *and as.* ch. 9. 29, 30; 15. 28; 17. 20. Mar. 9. 23. *And his.* Jno. 4. 52, 53.

14 *into.* ver. 20; ch. 17. 25. Mar. 1. 29-31. Lu. 4. 38, 39. *wife's.* 1 Co. 9. 5. 1 Ti. 3. 2; 4. 3. He. 13. 4.

15 *touched.* ver. 3; ch. 9. 20, 29; 14. 36; 20. 34. 2 Ki. 13. 21. Is. 6. 7. Mar. 1. 41. Lu. 8. 54. Ac. 19. 11-13. *and ministered.* Lu. 4. 38, 39. Jno. 12. 1-3.

16 *the even.* Mar. 1. 32-34. Lu. 4. 40. *they brought.* ch. 4. 24; 9. 2. Mar. 2. 3. Ac. 5. 15. *and he.* ch. 12. 22. Mar. 1. 25-27, 34; 5. 8; 9. 25. Ac. 19. 13-16. *and healed.* ch. 14. 14. Ex. 15. 26.

17 *it might.* ch. 1. 22; 2. 15, 23. *Himself.* Is. 53. 4. 1 Pe. 2. 24.

18 *saw.* ver. 1. Mar. 1. 35-38. Lu. 4. 42, 43. Jno. 6. 15. *unto.* ch. 14. 22. Mar. 4. 35; 5. 21; 6. 45; 8. 13. Lu. 8. 22.

19 *a certain.* Ezr. 7. 6. Mar. 12. 32-34. Lu. 9. 57, 58. 1 Co. 1. 20. *I will.* Lu. 14. 25-27, 33; 22. 33, 34. Jno. 13. 36-38.

20 *and.* Ps. 84. 3; 104. 17. *the Son.* Ps. 40. 17; 69. 29; 109. 22. Is. 53. 2, 3. Lu. 2. 7, 12, 16; 8. 3. 2 Co. 8. 9.

21 *another.* Lu. 9. 59-62. *suffer.* ch. 19. 29. Le. 21. 11, 12. Nu. 6. 6, 7. De. 33. 9, 10. 1 Ki. 19. 20, 21. Hag. 1. 2. 2 Co. 5. 16.

22 *Follow.* ch. 4. 18-22; 9. 9. Jno. 1. 43. *and.* Lu. 15. 32. Ep. 2. 1, 5; 5. 14. Col. 2. 13. 1 Ti. 5. 6.

23 ch. 9. 1. Mar. 4. 36. Lu. 7. 22.

24 *there.* Ps. 107. 23-27. Is. 54. 11. Jon. 1. 4, 5. Mar. 4. 37, 38. Ac. 27. 14, etc. 2 Co. 11. 25, 26. *but.* Lu. 8. 23. Jno. 6. 17, 18; 11. 5, 6, 15.

25 *and awoke.* Ps. 10. 1; 44. 22, 23. Is. 51. 9, 10. Mar. 4. 38, 39. Lu. 8. 24. *save.* 2 Ch. 14. 11; 20. 12. Jon. 1. 6.

26 *Why.* ch. 6. 30; 14. 30, 31; 16. 8. Is. 41. 10-14. Mar. 4. 40. Lu. 8. 25. Ro. 4. 20. *and rebuked.* ver. 27. Job 38. 8-11. Ps. 65. 7; 89. 9; 93. 3, 4; 104. 6-9; 107. 28-30; 114. 3-7. Pr. 8. 28, 29. Is. 50. 2-4; 63. 12. Na. 1. 4. Hab. 3. 8. Mar. 4 39, 41; 6. 48-51. Lu. 8. 24, 25. Re. 10. 2.

27 ch. 14. 33; 15. 31. Mar. 1. 27; 6. 51; 7. 37.

28 *when.* Mar. 5. 1, etc. Lu. 8. 26, etc. Ac. 10. 38. *Gergesenes.* Some are of opinion that *Gergasa* was the country of the ancient *Girgashites;* but it is more probable that *Gergesenes* was introduced by ORIGEN upon mere conjecture; as before him most copies seem to have read *Gadarenes,* agreeably to the Parallel Passages and the ancient Syriac version. *Gadara,* says JOSEPHUS, was the metropolis of Peræa, or the region beyond Jordan; and he also observes that it was sixty furlongs, or about eight miles from Tiberias. It is therefore rightly placed opposite Tiberias, at the south-east end of the lake. PLINY says it was called *Hippodion,* was one of the cities of Decapolis, and had the river Hieromax, or Jarmouk, flowing before it. It was of heathen jurisdiction; whence perhaps it was destroyed by the Jews; but was rebuilt by Pompey, and joined to the province of Syria. Augustus afterwards gave it to Herod, on whose death it was again annexed to Syria. It is now called *Om Keis:* its ruins are in a very mutilated state, and when visited by BURCKHARDT it had not a single inhabitant. The remains of the sepulchral caverns in which the demoniacs abode are still to be seen. Ge. 10. 16; 15. 21. De. 7. 1. *coming.* Mar. 5. 2-5. Lu. 8. 27, 29. *so.* Ju. 5. 6.

29 *What.* 2 Sa. 16. 10; 19. 22. Joel 3. 4. Mar. 1. 24; 5. 7. Lu. 4. 34; 8. 28. Jno. 2. 4. *thou Son.* ch. 4. 3. Mar. 3. 11. Lu. 4. 41. Ac. 16. 17. Ja. 2. 19. *torment.* 2 Pe. 2. 4. Jude 6.

30 *an.* Le. 11. 7. De. 14. 8. Is. 65. 3, 4; 66. 3. Mar. 5. 11. Lu. 8. 32; 15. 15, 16.

31 Mar. 5. 7, 12. Lu. 8. 30-33. Re. 12. 12; 20. 1, 2.

32 *Go.* 1 Ki. 22. 22. Job 1. 10-12; 2. 3-6. Ac. 2. 23; 4. 28. Re. 20. 7. *the whole.* Job 1. 13-19; 2. 7, 8. Mar. 5. 13. Lu. 8. 33.

33 Mar. 5. 14-16. Lu. 8. 34-36. Ac. 19. 15-17.

34 *they besought.* ver. 29. De. 5. 25. 1 Sa. 16. 4. 1 Ki. 17. 18; 18. 17. Job 21. 14; 22. 17. Mar. 5. 17, 18. Lu. 5. 8; 8. 28, 37-39. Ac. 16. 39.

## CHAP. IX.

*Christ cures one sick of the palsy,* 1-8; *calls Matthew from the receipt of custom,* 9; *eats with publicans and sinners,* 10-13; *defends his disciples for not fasting,* 14-19; *cures the bloody issue,* 20-22; *raises from death Jairus' daughter,* 23-26; *gives sight to two blind men,* 27-31; *heals a dumb man possessed of a devil,* 32-35; *and has compassion on the multitude,* 36-38.

1 *he.* ch. 7. 6; 8. 18, 23. Mar. 5. 21. Lu. 8. 37. Re. 22. 11. *his.* ch. 4. 13.

2 *they brought.* ch. 4. 24; 8. 16. Mar. 1. 32; 2. 1-3. Lu. 5. 18, 19. Ac. 5. 15, 16; 19. 12. *seeing.* ch. 8. 10. Mar. 2. 4, 5. Lu. 5. 19, 20. Jno. 2. 25. Ac. 14. 9. Ja. 2. 18. *Son.* ver. 22. Mar. 5. 34. Jno. 21. 5. *be.* Ps. 32. 1, 2. Ec. 9. 7. Is. 40. 1, 2; 44. 22. Je. 31. 33, 34. Lu. 5. 20; 7. 47-50. Ac. 13. 38, 39. Ro. 4. 6-8; 5. 11. Col. 1. 12-14. *thy sins.* Rather, 'thy sins *are* forgiven thee;' the words being an affirmation, not a prayer or wish. The word *be,* however, was used by our translators in the indicative plural for *are.* As the palsy is frequently produced by intemperance, it is probable, from our Lord's gracious declaration, that it was the case in the present instance.

3 *certain.* ch. 7. 29. Mar. 2. 6, 7; 7. 21. Lu. 5. 21; 7. 39, 40. *This.* ch. 26. 65. Le. 24. 16. Mar. 14. 64. Jno. 10. 33-36. Ac. 6. 11-13.

4 *knowing.* ch. 12. 25; 16. 7, 8. Ps. 44. 21; 139. 2. Mar. 2. 8; 8. 16, 17; 12. 15. Lu. 5. 22; 6. 8; 7. 40; 9. 46, 47; 11. 17. Jno. 2. 24, 25; 6. 61, 64; 16. 19, 30; 21. 17. He. 4. 12, 13. Re. 2. 23. *Wherefore.* Eze. 38. 10. Ac. 5. 3, 4, 9; 8. 20-22.

5 *whether.* Mar. 2. 9-12. Lu. 5. 23-25. *Arise.* Is. 35. 5, 6. Jno. 5. 8-14, 17, 18. Ac. 3. 6-11, 16; 4. 9, 10; 9. 34; 14. 8-11.

6 *that the.* Is. 43. 25. Mi. 7. 18. Mar. 2. 7, 10. Lu. 5. 21. Jno. 5. 21-23; 10. 28; 17. 2; 20. 21-23. Ac. 5. 31; 7. 59, 60. 2 Co. 2. 10; 5. 20. Ep. 4. 32. Col. 3. 13. *Arise.* ver. 5. Lu. 13. 11-13. Ac. 9. 34.

8 *when.* ch. 12. 23; 15. 31. Mar. 2. 12; 7. 37. Lu. 5. 26; 7. 16. *and.* ch. 15. 31. Lu. 5. 25; 17. 15; 23. 47. Ac. 4. 21. Ga. 1. 24.

9 *named.* ch. 21. 31, 32. Mar. 2. 14, etc. Lu. 5. 27, 28, Levi; 15. 1, 2; 19. 2-10. *Follow.* ch. 4. 18-22. 1 Ki. 19. 19-21. Ga. 1. 16.

10 *as.* Mar. 2. 15, 16, etc. Lu. 5. 29, etc. *many.* ch. 5. 46, 47. Jno. 9. 31. 1 Ti. 1. 13-16.

11 *they said.* Mar. 2. 16; 9. 14-16. *Why.* ch. 11. 19. Is. 65. 5. Lu. 5. 30; 15. 1, 2; 19. 7. 1 Co. 5, 9-11. Ga. 2. 15. He. 5. 2. 2 Jno. 10.

12 *They that be whole.* Ps. 6. 2; 41. 4; 147. 3. Je. 17. 14; 30. 17; 33. 6. Ho. 14. 4. Mar. 2. 17. Lu. 5. 31; 8. 43; 9. 11; 18. 11-13. Ro. 7. 9-24. Re. 3. 17, 18.

13 *go.* ch. 12. 3, 5, 7; 19. 4; 21. 42; 22. 31, 32. Mar. 12. 26. Lu. 10. 26. Jno. 10. 34. *I will.* Pr. 21. 3. Ho. 6. 6. Mi. 6. 6-8. *to call.* ch. 18. 11-13. Mar. 2. 17. Lu. 5. 32; 15. 3-10; 19. 10. Ro. 3. 10-24. 1 Co. 6. 9-11. 1 Ti. 1. 13-16. *but.* ch. 3. 2, 8; 4. 17; 11. 20, 21; 21. 28-32. Is. 55. 6, 7. Lu. 15. 7; 24. 47. Ac. 2. 38; 3. 19; 5. 31; 11. 18; 17. 30, 31; 20. 21; 26. 18-20. Ro. 2. 4-6. 1 Ti. 1. 15. 2 Ti. 2. 25, 26. 2 Pe. 3. 9.

14 *the disciples.* ch. 11. 2. Jno. 3. 25; 4. 1. *Why.* ch. 6. 16; 11. 18, 19. Pr. 20. 6. Mar. 2. 18-22. Lu. 5. 33-39; 18. 9-12.

15 *Can.* ch. 25. 1-10. Ju. 14. 11, etc. Ps. 45. 14, 15. Jno. 3. 29. Re. 19. 9; 21. 2. *when.* Lu. 24. 13-21. Jno. 16. 6, 20-22. Ac. 1. 9, 10. *and then.* Is. 22. 12. Ac. 13. 1-3; 14. 23. 1 Co. 7. 5. 2 Co. 11. 27.

16 *new cloth. or,* raw, *or* unwrought cloth. *for.* Ge. 33. 14. Ps. 125. 3. Is. 40. 11. Jno. 16. 12. 1 Co. 3. 1, 2; 13. 13.

17 *old.* Jos. 9. 4. Job 32. 19. Ps. 119. 83.

18 *behold.* Mar. 5. 22, etc. Lu. 8. 41, etc. *ruler.* Lu. 8. 49; 13. 14; 18. 18. Ac. 13. 15. *worshipped.* ch. 8. 2; 14. 33; 15. 25; 17. 14; 20. 20; 28. 17. Mar. 5. 22. Lu. 17. 15, 16. Ac. 10. 25, 26. *My daughter.* ver. 24. Mar. 5. 23. Lu. 7. 2; 8. 42, 49. Jno. 4. 47-49. *come.* ch. 8. 8, 9. 2 Ki. 5. 11. Jno. 11. 21, 22, 25, 32.

19 ch. 8. 7. Jno. 4. 34. Ac. 10. 38. Ga. 6. 9, 10.

20 *behold.* Mar. 5. 25, etc. Lu. 8. 43, etc. *an issue.* Le. 15. 25, etc. *touched.* ch. 14. 36. Mar. 5. 28; 6. 56; 8. 22. Ac. 5. 15; 19. 12. *hem.* ch. 23. 5. Nu. 15. 38, 39. De. 22. 12. Lu. 8. 44.

21 *If.* Mar. 5. 26-33. Lu. 8. 45-47. Ac. 19. 12.

22 *Daughter.* ver. 2. Mar. 5. 34. Lu. 8. 48. *thy.* ver. 29. Mar. 10. 52. Lu. 7. 50; 17. 19; 18. 42. Ac. 14. 9. He. 4. 2. *from.* ch. 17. 18. Jno. 4. 53. Ac. 16. 18.

23 *into.* ver. 18, 19. Mar. 5. 35-38. Lu. 8. 49-51. *the minstrels.* ch. 11. 17. 2 Ch. 35. 25. Je. 9. 17-20. Mar. 5. 38-40. Lu. 7. 32. Ac. 9. 39.

24 *Give.* 1 Ki. 17. 18-24. Ac. 9. 40; 20. 10. *not.* Jno. 11. 4, 11-13. *And.* ch. 27. 39-43. Ps. 22. 6, 7. Is. 49. 7; 53. 3.

25 *the people.* 2 Ki. 4. 32-36. Ac. 9. 40, 41. *and took.* Mar. 1. 31; 5. 41; 8. 23; 9. 27. Lu. 8. 54.

26 *the fame hereof. or,* this fame. ch. 4. 24; 14. 1, 2. Mar. 1. 45; 6. 14. Ac. 26. 26.

27 *two.* ch. 11. 5; 12. 22; 20. 30. Mar. 8. 22, 23; 10. 46. Lu. 7. 21. Jno. 9. 1, etc. *Thou.* ch. 12. 23; 15. 22; 20. 30, 31; 21. 9, 15; 22. 41-45. Mar. 10. 47, 48; 11. 10; 12. 35-37. Lu. 18. 38, 39; 20. 41. Jno. 7. 42. Ro. 1. 3; 9. 5. *have.* ch. 17. 15. Mar. 9. 22. Lu. 17. 13.

28 *come.* ch. 8. 14; 13. 36. *Believe.* ver. 22; ch. 8. 2; 13. 58. Mar. 9. 23, 24. Jno. 4. 48-50; 11. 26, 40.

29 *touched.* ch. 20. 34. Jno. 9. 6, 7. *According.* ch. 8. 6, 7, 13; 15. 28. Mar. 10. 52.

30 *their.* Ps. 146. 8. Is. 35. 5; 42. 7; 52. 13. Jno. 9. 7-26. *straitly.* ch. 8. 4; 12. 16; 17. 9. Mar. 5. 43. Lu. 5. 14; 8. 56.

31 *spread.* Mar. 1. 44, 45; 7. 36.

32 *a dumb.* ch. 12. 22, 23. Mar. 9. 17-27. Lu. 11. 14.

33 *the dumb.* ch. 15. 30, 31. Ex. 4. 11, 12. Is. 35. 6. Mar. 7. 32-37. Lu. 11. 14. *It.* 2 Ki. 5. 8. Ps. 76. 1. Je. 32. 20. Lu. 7. 9.

34 ch. 12. 23, 24. Mar. 3. 22. Lu. 11. 15. Jno. 3. 20.

35 ch. 4. 23, 24; 11. 1, 5. Mar. 1. 32-39; 6. 6, 56. Lu. 4. 43, 44; 13. 22. Ac. 2. 22; 10. 38.

36 *when.* ch. 14. 14; 15. 32. Mar. 6. 34. He. 4. 15; 5. 2. *fainted,* etc. *or,* were tired and lay down. *as.* ch. 10. 6; 15. 24. Nu. 27. 17. 1 Ki. 22. 17. 2 Ch. 18. 16. Is. 56. 9-11. Je. 50. 6. Eze. 34. 3-6. Zec. 10. 2; 11. 16; 13. 7, 8.

37 *The harvest.* ch. 28. 19. Mar. 16. 15. Lu. 10. 2; 24. 47. Jno. 4. 35, 36. Ac. 16. 9; 18. 10. *but.* Ps. 68. 11. 1 Co. 3. 9. 2 Co. 6. 1. Phi. 2. 19-21. Col. 4. 11. 1 Th. 5. 12, 13. 1 Ti. 5. 17.

38 *Pray.* Lu. 6. 12, 13. Ac. 13. 2. 2 Th. 3. 1. *the Lord.* ch. 10. 1-3. Jno. 20. 21. Ep. 4. 11. *that.* Ps. 68. 11, 18. Je. 3. 15. Mi. 5. 7. Lu. 10. 1, 2. Ac. 8. 4. 1 Co. 12. 28.

## CHAP. X.

*Christ sends out his twelve apostles, enabling them with power to do miracles,* 1-4; *giving them their charge, teaches them,* 5-15; *comforts them against persecutions,* 16-39; *and promises a blessing to those that receive them,* 40-42.

1 *called.* ch. 19. 28; 26. 20, 47. Mar. 3. 13, 14; 6. 7, etc.

Lu. 6 13. Jno. 6. 70. Re. 12. 1; 21. 12-14. *he gave.* ch. 6. 13; 28. 18, 19. Mar. 3. 15; 16. 17, 18. Lu. 9. 1, etc.; 10. 19; 21. 15; 24. 49. Jno. 3. 27, 35; 17. 2; 20. 21-23. Ac. 1. 8; 3. 15, 16; 19. 15. *against. or, over.*

2 *apostles.* Lu. 6. 13; 9. 10; 11. 49; 22. 14. Ac. 1. 26. Ep. 4. 11. He. 3. 1. Re. 18. 20. *Simon.* ch. 4. 18; 16. 16-18. Mar. 1. 16, 17; 3. 16. Lu. 6. 14. Jno. 1. 40-42. Ac. 1. 13. 1 Pe. 1. 1. 2 Pe. 1. 1. *Andrew.* Mar. 1. 29; 3. 18; 13. 3. Jno. 6. 8; 12. 22. *James.* ch. 4. 21; 17. 1; 20. 20; 26. 37. Mar. 3. 17. Lu. 5. 10. Jno. 21. 2. Ac. 12. 2. 1 Co. 15. 7. *John.* Lu. 22. 8. Jno. 13. 23; 20. 2; 21. 20, 24. Ac. 3. 1. 1 Jno. 1. 3, 4. 2 Jno. 1. 3 Jno. 1. Re. 1. 1, 9; 22. 8.

3 *Philip.* Mar. 3. 18. Lu. 6. 14. Jno. 1. 43-46; 6. 5-7; 12. 21, 22; 14. 9. *Thomas.* Lu. 6. 15. Jno. 11. 16; 20. 24-29; 21. 2. *Matthew.* ch. 9. 9. Mar. 2. 14. Lu. 5. 27, Levi; 6. 15. Ac. 1. 13. *James.* ch. 27. 56. Mar. 3. 18. Lu. 6. 15, 16. Ac. 1. 13; 12. 17; 15. 13; 21. 18. Ga. 1. 19; 2. 9. Ja. 1. 1. *Lebbeus.* Mar. 3. 18. Lu. 6. 16, Judas the brother of James. Jno. 14. 22, Judas, not Iscariot. Ac. 1. 13. Jude 1.

4 *Simon.* Mar. 3. 18. Lu. 6. 15, Simon Zelotes. Ac. 1. 13. *and.* ch. 26. 14, 47; 27. 3. Mar. 3. 19; 14. 10, 43. Lu. 6. 16; 22. 3, 47. Jno. 6. 71; 13. 2, 26-30; 18. 2-5. Ac. 1. 16-20, 25.

5 *sent.* ch. 22. 3. Lu. 9. 2; 10. 1. Jno. 20. 21. *Go.* ch. 4. 15. Jno. 7. 35. Ac. 10. 45-48; 11. 1-18; 22. 21-23. Ro. 15. 8, 9. 1 Th. 2. 16. *of the Samaritans.* 2 Ki. 17. 24, etc. Lu. 9. 52-54. Jno. 4. 5, 9, 20, 22-24. Ac. 1. 8; 8. 1, 5, etc.

6 *go.* ch. 15. 24-26. Lu. 24. 47. Ac. 3. 26; 13. 46; 18. 6; 26. 20; 28. 25-28. Ro. 11. 11-15. *lost.* ch. 18. 11. Ps. 119. 176. Is. 53. 6. Je. 50. 6, 17. Eze. 34. 6, 8, 16. Lu. 15. 3-10. 1 Pe. 2. 25.

7 *preach.* ch. 4. 17; 11. 1. Is. 61. 1. Jno. 3. 2. Mar. 6. 12. Lu. 9. 60; 16. 16. Ac. 4. 2. *The.* ch. 3. 2; 11. 11, 12; 21. 31, 43; 23. 13. Lu. 9. 2, 6; 10. 9-11. Ac. 10. 25; 28. 31.

8 *Heal.* ver. 1. Mar. 16. 18. Lu. 10. 9. Ac. 4. 9, 10, 30; 5. 12-15. *freely ye.* 2 Ki. 5. 15, 16, 20-27. Ac. 3. 6; 8. 18-23; 20. 33-35.

9 *Provide. or,* Get. *neither.* Mar. 6. 8. Lu. 9. 3; 10. 4; 22. 35. 1 Co. 9. 7, etc.

10 *scrip.* 1 Sa. 9. 7; 17. 40. *two.* Lu. 3. 11. 2 Ti. 4. 13. *staves. Gr.* a staff. *for the.* Lu. 10. 7, etc. 1 Co. 9. 4-14. Ga. 6. 6, 7. 1 Ti. 5. 17, 18.

11 *enquire.* Ge. 19. 1-3. Ju. 19. 16-21. 1 Ki. 17. 9, etc. Job 31. 32. Lu. 10. 38-42; 19. 7. Ac. 16. 15; 18. 1-3. 3 Jno. 7, 8. *and there.* Mar. 6. 10. Lu. 9. 4; 10. 7, 8.

12 *salute it.* Lu. 10. 5, 6. Ac. 10. 36. 2 Co. 5. 20. 3 Jno. 14.

13 Ps. 35. 13. Lu. 10. 6. 2 Co. 2. 16.

14 *whosoever.* ver. 40, 41; ch. 18. 5. Mar. 6. 11; 9. 37. Lu. 9. 5, 48; 10. 10, 11. Jno. 13. 20. 1 Th. 4. 8. *shake.* Ne. 5. 13. Ac. 13. 51; 18. 6; 20. 26, 27.

15 *verily.* ch. 5. 18; 24. 34, 35. *It.* ch. 11. 22-24. Eze. 16. 48-56. Mar. 6. 11. Lu. 10. 11, 12. Jno. 15. 22-24. *in the.* ch. 12. 36. 2 Pe. 2. 9; 3. 7. 1 Jno. 4. 17.

16 *as sheep.* Lu. 10. 3. Ac. 20. 29. *wise.* Ge. 3. 1, 13. Lu. 21. 15. Ro. 16. 19. 1 Co. 14. 20. 2 Co. 11. 3, 14. Ep. 5. 15-17. Col. 1. 9; 4. 5. *harmless. or,* simple. Ro. 16. 18, 19. 2 Co. 1. 12; 8. 20; 11. 3. Phi. 2. 15. 1 Th. 2. 10; 5. 22.

17 *beware.* Mi. 7. 5. Mar. 13. 9, 12. Ac. 14. 5, 6; 17. 14; 23. 12-22. 2 Co. 11. 24-26. Phi. 3. 2. 2 Ti. 4. 15. *for.* ch. 24. 9, 10. Mar. 13. 9. Lu. 12. 11; 21. 12, 13. Jno. 16. 2. Ac. 4. 6, etc.; 5. 26, etc.; 23. 1, etc. *councils.* ch. 5. 22; 26. 59. Jno. 11. 47. *scourge.* ch. 20. 19; 23. 34. De. 25. 2, 3. Ac. 5. 40; 22. 19; 26. 11. 2 Co. 11. 24, 25. He. 11. 36.

18 *be.* Ps. 2. 1-6. Ac. 5. 25-27; 12. 1-4; 23. 33, 34; ch. 24-26. 2 Ti. 4. 16, 17. *for a.* ch. 8. 4. Mar. 13. 9. 2 Ti. 1. 8. Re. 1. 9; 6. 9; 11. 7.

19 *when.* Mar. 13. 11-13. Lu. 12. 11; 21. 14, 15. *take.* ch. 6. 25, 31, 34. Phi. 4. 6. Ja. 1. 5. *it shall.* Ex. 4. 12, 15. Je. 1. 7, 9. Da. 3. 16-18. Ac. 4. 8-14; 5. 29-33; 6. 10; 26. 2, etc. 2 Ti. 4. 17.

20 *but.* 2 Sa. 23. 2. Mar. 12. 36. Lu. 11. 13; 21. 15. Ac. 2. 4; 4. 8; 6. 10; 7. 55, 56; 28. 25. 1 Pe. 1. 12. 2 Pe. 1. 21. *your.* ch. 6. 32. Lu. 12. 30-32.

21 *the brother shall.* ver. 34-36; ch. 24. 10. Mi. 7. 5, 6. Zec. 13. 3. Mar. 13. 12, 13. Lu. 12. 51-53; 21. 16, 17. *the children.* 2 Sa. 16. 11; 17. 1-4. Job 19. 19.

22 *shall be hated.* ch. 24. 9. Is. 66. 5, 6. Lu. 6. 22. Jno. 7. 7; 15. 18, 19; 17. 14. 1 Jno. 3. 13. *for.* ver. 39; ch. 5. 11. Jno. 15. 21. Ac. 9. 16. 2 Co. 4. 11. Re. 2. 3. *but.* ch. 24. 13. Da. 12. 12, 13. Mar. 13. 13. Lu. 8. 15. Ro. 2. 7. Ga. 6. 9. He. 3. 14; 6. 11. Ja. 1. 12. Jude 20, 21. Re. 2. 7, 10, 17, 26; 3. 21.

23 *when.* ch. 2. 13; 4. 12; 12. 14, 15. Lu. 4. 29-31. Jno. 7. 1; 10. 39-42; 11. 53, 54. Ac. 8. 1; 9. 24, 25; 13. 50, 51; 14. 6, 7, 19, 20; 17. 10, 14; 20. 1. *have gone over. or,* end, *or,* finish. *till.* ch. 16. 28; 24. 27, 30, 48; 25. 13; 26. 64. Mar. 13. 26. Lu. 18. 8; 21. 27.

24 2 Sa. 11. 11. Lu. 6. 40. Jno. 13. 16; 15. 20. He. 12. 2-4.

25 *If.* ch. 9. 34; 12. 24. Mar. 3. 22. Lu. 11. 15. Jno. 7. 20; 8. 48, 52; 10. 20. *Beelzebub. or,* Beelzebul.

26 *Fear.* ver. 28. Pr. 28. 1; 29. 25. Is. 41. 10, 14; 43. 1, 2; 51. 7, 8, 12, 13. Je. 1. 8, 17, 18. Eze. 2. 6. Ac. 4. 13, 19. 1 Pe. 3. 14. *for.* Mar. 4. 22. Lu. 8. 17; 12. 2, 3; 24. 47. Ac. 1. 8. 1 Co. 4. 5.

27 *I tell.* ch. 13. 1-17, 34, 35. Lu. 8. 10. Jno. 16. 1, 13, 25, 29. 2 Co. 3. 12. *that preach.* Pr. 1. 20-23; 8. 1-5. Ac. 5. 20, 28; 17. 17.

28 *And.* ver. 26. Is. 8. 12, 13; 51. 7, 12. Da. 3. 10-18. Lu. 12. 4, 5. Ac. 20. 23, 24; 21. 13. Ro. 8. 35-39. 2 Ti. 4. 6-8. He. 11. 35. 1 Pe. 3. 14. Re. 2. 10. *him.* Ps. 119. 120. Ec. 5. 7; 8. 12, 13. Is. 66. 2. Je. 5. 22. He. 12. 28, 29. *able.* ch. 25. 46. Mar. 9. 43-48. Lu. 16. 22-26. Jno. 5. 29. 2 Th. 1. 8-10. Re. 20. 10-15.

29 *two.* Lu. 12. 6, 7. *farthing.* 'In value a halfpenny farthing, as being the tenth of the Roman penny. See ch. 18. 28.' *and one.* Ps. 104. 27-30.

30 1 Sa. 14. 45. 2 Sa. 14. 11. 1 Ki. 1. 52. Lu. 12. 7; 21. 18. Ac. 27. 34.

31 ch. 6. 26; 12. 11, 12. Ps. 8. 5. Lu. 12. 24. 1 Co. 9. 9, 10.

32 *confess me.* Ps. 119. 46. Lu. 12. 8, 9. Jno. 9. 22. Ro. 10. 9, 10. 1 Ti. 6. 12, 13. 2 Ti. 1. 8. 1 Jno. 4. 15. Re. 2. 13. *him.* ch. 25. 34. 1 Sa. 2. 30. Re. 3. 5.

33 *deny me.* ch. 26. 70-75. Mar. 3. 38. Lu. 9. 26; 12. 9. 2 Ti. 2. 12. 2 Pe. 2. 1. 1 Jno. 2. 23.

34 *that I.* Je. 15. 10. Lu. 12. 49-53. Jno. 7. 40-52. Ac. 13. 45-50; 14. 2, 4.

35 ver. 21; ch. 24. 10. Mi. 7. 5. Mar. 13. 12. Lu. 21. 16.

36 Ge. 3. 15; 4. 8-10; 37. 17-28. 1 Sa. 17. 28. 2 Sa. 16. 11. Job 19. 13-19. Ps. 41. 9; 55. 13. Je. 12. 6; 20. 10. Mi. 7. 6. Jno. 13. 8.

37 *that loveth father.* ch. 22. 37. De. 33. 9. Lu. 14. 26. Jno. 5. 23; 21. 15-17. 2 Co. 5. 14, 15. Phi. 3. 7-9. *not.* ch. 22. 8. Lu. 20. 35; 21. 36. 2 Th. 1. 5-7. Re. 3. 4.

38 ch. 16. 24; 27. 32. Mar. 8. 34; 10. 21. Lu. 9. 23, 24; 14. 27. Jno. 19. 17.

39 ch. 16. 25, 26. Mar. 8. 35, 36. Lu. 17. 33. Jno. 12. 25. Phi. 1. 20, 21. 2 Ti. 4. 6-8. Re. 2. 10.

40 *He that.* ch. 18. 5; 25. 40, 45. Lu. 9. 48; 10. 16. Jno. 13. 20; 20. 21. 2 Co. 5. 20. Ga. 4. 14. 1 Th. 4. 8. *and he that.* Jno. 5. 23; 12. 44-49. Phi. 2. 10, 11. 1 Jno. 2. 22, 23. 2 Jno. 9.

41 *that receiveth a prophet.* Ge. 20. 7. 1 Ki. 17. 9-15, 20-24; 18. 3, 4. 2 Ki. 4. 8-10, 16, 17, 32-37. Ac. 16. 15. Ro. 16. 1-4, 23. 2 Ti. 1. 16-18. He. 6. 10. 3 Jno. 5-8. *a righteous man's.* ch. 6. 1, 4, 6, 18; 16. 27; 25. 34-40. Is. 3. 10. Lu. 14. 13, 14. 1 Co. 9. 17. 2 Th. 1. 6, 7. 2 Jno. 8.

42 *one.* ch. 8. 5, 6; 18. 3-6, 10, 14; 25. 40. Zec. 13. 7. Mar. 9. 42. Lu. 17. 2. 1 Co. 8. 10-13. *a cup.* Mar. 9. 41; 12. 42, 43; 14. 7, 8. 2 Co. 8. 12. *he shall.* Pr. 24. 14. Lu. 6. 35. 2 Co. 9. 6-15. Phi. 4. 15-19. He. 6. 10.

## CHAP. XI.

*John sends his disciples to Christ,* 1-6. *Christ's testimony concerning John,* 7-15. *The perverse judgment of the people,* 16-19. *Christ upbraids Chorazin, Bethsaida, and Capernaum,* 20-24; *and praising his Father's wisdom in revealing the Gospel to the simple* 25-27, *he calls to him all such as feel the burden of their sins,* 28-30.

1 *commanding.* ch. 28. 20. Jno. 15. 10, 14. Ac. 1. 2; 10. 42. 1 Th. 4. 2. 2 Th. 3. 6, 10. 1 Ti. 6. 14. *he departed.* ch. 4. 23; 9. 35. Is. 61. 1-3. Mar. 1. 38, 39. Lu. 4. 15-21; 8. 1. Ac. 10. 38.

2 *in.* ch. 4. 12; 14. 3. Mar. 6. 17. Lu. 3. 19; 7. 18-23. Jno. 3. 24. *he.* ch. 9. 14. Jno. 3. 25-28; 4. 1. Ac. 19. 1-3.

3 *Art.* ch. 2. 2-6. Ge. 3. 15; 12. 3; 49. 10. Nu. 24. 17. De. 18. 15-18. Ps. 2. 6-12; 110. 1-5. Is. 7. 14; 9. 6, 7. Je. 23. 5, 6. Eze. 34. 23, 24. Da. 9. 24-26. Ho. 3. 5. Joel 2. 28-32. Am. 9. 11, 12. Ob. 21. Mi. 5. 2. Zep. 3. 14-17. Hag. 2. 7. Zec. 9. 9. Mal. 3. 1; 4. 2. Jno. 4. 21; 7. 31, 41, 42. *he that.* See ch. 21. 5, 9. Mar. 11. 9. Lu. 19. 38. Jno. 16. 14; 12. 13. He. 10. 37.

5 *blind.* ch. 9. 30. Ps. 146. 8. Is. 29. 18; 35. 4-6; 42. 6, 7. Lu. 4. 18; 7. 21, 22. Jno. 2. 23; 3. 2; 5. 36; 10. 25, 38; 14. 11, 12. Ac. 2. 22; 4. 9, 10. *the lame.* ch. 15. 30, 31; 21. 14. Ac. 3. 2-8; 14. 8-10. *the lepers.* ch. 8. 1-4; 10. 8. 2 Ki. 5. 7, 14. *the deaf.* Is. 43. 8. Mar. 7. 37; 9. 25. *the dead.* ch. 9. 24, 25. Lu. 7. 14-16, 22. Jno. 11. 43, 44. *the poor.* ch. 5. 3. Ps. 22. 26; 72. 12, 13. Is. 61. 1-3; 66. 2. Zec. 11. 7. Lu. 4. 18. Ja. 2. 5.

6 *blessed.* ch. 5. 3-12. Ps. 1. 1, 2; 32. 1, 2; 119. 1. Lu. 11. 27, 28. *whosoever.* ch. 13. 55-57; 15. 12-14; 18. 7; 24. 10; 26. 31. Is. 8. 14, 15. Lu. 2. 34; 4. 23-29. Jno. 6. 60, 61, 66; 7. 41, 42. Ro. 9. 32, 33. 1 Co. 1. 22, 23; 2. 14. Ga. 5. 11. 1 Pe. 2. 8.

7 *Jesus.* Lu. 7. 24-30. *What.* ch. 3. 1-3, 5; 21. 25. Mar. 1. 3-5. Lu. 3. 3-7; 8. 18. Jno. 1. 38; 5. 35. *A reed.* Ge. 49. 4. 2 Co. 1. 17, 18. Ep. 4. 14. Ja. 1. 6.

8 *A man.* ch. 3. 4. 2 Ki. 1. 8. Is. 20. 2. Zec. 13. 4. 1 Co. 4. 11. 2 Co. 11. 27. Re. 11. 3.

9 *A prophet.* ver. 13, 14; ch. 14. 5; 17. 12, 13; 21. 24-26. Mar. 9. 11-13. Lu. 1. 15-17, 76.
10 ch. 3. 3. Is. 40. 3. Mal. 3. 1; 4. 5. Mar. 1. 2. Lu. 7. 26, 27. Jno. 1. 23.
11 *born.* Job 14. 1, 4; 15. 14; 25. 4. Ps. 51. 5. Ep. 2. 3. *a greater.* ch. 3. 11. 1 Sa. 2. 30. Lu. 1. 15; 7. 28. Jno. 5. 35. *he that.* ch. 5. 19. Is. 30. 26. Zec. 12. 8. Lu. 9. 48. Jno. 1. 15, 27; 3. 30. 1 Co. 6. 4; 15. 9. Ep. 3. 8. *greater.* Jno. 7. 39; 10. 41. Ro. 16. 25, 26. Col. 1. 26, 27. 2 Ti. 1. 10. He. 11. 40. 1 Pe. 1. 10.
12 *from.* ch. 21. 23-32. Lu. 7. 29, 30; 13. 24; 16. 16. Jno. 6. 27. Ep. 6. 11-13. Phi. 2. 12. *suffereth violence, and the violent take. or,* is gotten by force, and they that thrust men take, etc.
13 ch. 5. 17, 18. Mal. 4. 6. Lu. 24. 27, 44. Jno. 5. 46, 47. Ac. 3. 22-24; 13. 27. Ro. 3. 21.
14 *if.* Eze. 2. 5; 3. 10, 11. Jno. 16. 12. 1 Co. 3. 2. *this.* ch. 17. 10-13. Mal. 4. 5. Mar. 9. 11-13. Lu. 1. 17. Jno. 1. 21-23. Re. 20. 4.
15 ch. 13. 9, 43; Mar. 4. 9, 23; 7. 16. Lu. 8. 8. Re. 2. 7, 11, 17, 29; 3. 6, 13, 22.
16 *whereunto.* La. 2. 13. Mar. 4. 30. Lu. 13. 18. *this.* ch. 12. 34; 23. 36; 24. 34. *It is.* Lu. 7. 31-35.
17 *We.* Is. 28. 9-13. 1 Co. 9. 19-23. *piped.* ch. 9. 15, 23. 1 Ki. 1. 40. Is. 30. 29. Je. 9. 17-20; 31. 4. Lu. 15. 25.
18 *John.* ch. 3. 4. Je. 15. 17; 16. 8, 9. Lu. 1. 15. 1 Co. 9. 27. *He.* ch. 10. 25. 2 Ki. 9. 11. Je. 29. 26. Ho. 9. 7. Jno. 7. 20; 8. 48; 10. 20. Ac. 26. 24.
19 *came.* Lu. 5. 29, 30; 7. 34, 36; 14. 1. Jno. 2. 2; 12. 2, etc. Ro. 15. 2. *a friend.* ch. 9. 10, 11. Lu. 15. 1, 2; 19. 7. *But.* Ps. 92. 5, 6. Pr. 17. 24. Lu. 7. 29, 35. 1 Co. 1. 24-29. Ep. 3. 8-10. Re. 5. 11-14; 7. 12.
20 *began.* Lu. 10. 13-15. *upbraid.* Ps. 81. 11-13. Is. 1. 2-5. Mi. 6. 1-5. Mar. 9. 19; 16. 14. Ja. 1. 5. *because.* ch. 12. 41; 21. 28-32. Je. 8. 6. Ac. 17. 30. 2 Ti. 2. 25, 26. Re. 2. 21; 9. 20, 21; 16. 9, 11.
21 *Woe.* ch. 18. 7; 23. 13-29; 26. 24. Je. 13. 27. Lu. 11. 42-52. Jude 11. *Bethsaida.* Mar. 6. 45; 8. 22. Lu. 9. 10. Jno. 1. 44; 12. 21. *for.* ch. 12. 41, 42. Eze. 3. 6, 7. Ac. 13. 44-48; 28. 25-28. *repented.* Job 42. 6. Jno. 3. 5-10.
22 *It shall.* ver. 24; ch. 10. 15. Lu. 10. 14; 12. 47, 48. He. 2. 3; 6. 4-8; 10. 26-31. *Tyre.* Is. ch. 23. Je. 25. 22; 27. 3. Eze. ch. 26-28; 29. 18. Am. 1. 9, 10. Zec. 9. 2, 3. *the day.* ch. 12. 36. 2 Pe. 2. 9; 3. 7. 1 Jno. 4. 17.
23 *Capernaum.* ch. 4. 13; 8. 5; 17. 24. Lu. 4. 23. Jno. 4. 46, etc. *which art.* Is. 14. 13-15. La. 2. 1. Eze. 28. 12-19; 31. 16, 17. Ob. 4. Lu. 14. 11. 2 Pe. 2. 4-9. *in Sodom.* Ge. 13. 13; 19. 24, 25. Eze. 16. 48-50. Jude 7. Re. 11. 8.
24 *more.* ver. 22; ch. 10. 15. La. 4. 6. Mar. 6. 11. Lu. 10. 12.
25 *Jesus.* Lu. 10. 21, etc. *I thank.* 1 Ch. 29. 13. Da. 2. 23. Jno. 11. 41. 2 Th. 2. 13, 14. *Lord.* Ge. 14. 19, 22. De. 10. 14, 15. 2 Ki. 19. 15. Is. 66. 1. Da. 4. 35. Ac. 17. 24. *because.* ch. 13. 11-16. Is. 5. 21; 29. 10-14, 18, 19. Mar. 4. 10-12. Jno. 7. 48, 49; 9. 39-41; 12. 38-40. Ro. 11. 8-10. 1 Co. 1. 18-29; 2. 6-8; 3. 18-20. 2 Co. 3. 14; 4. 3-6. *and hast.* ch. 16. 17; 18. 3, 4; 21. 16. 1 Sa. 2. 18; 3. 4-21. Ps. 8. 2. Je. 1. 5-8. Mar. 10. 14-16. 1 Co. 1. 27.
26 *for.* Job 33. 13. Is. 46. 10. Lu. 10. 21. Ro. 9. 18; 11. 33-36. Ep. 1. 9, 11; 3. 11. 2 Ti. 1. 9.
27 *are.* ch. 28. 18. Jno. 3. 35; 5. 21-29; 13. 3; 17. 2. 1 Co. 15. 25-27. Ep. 1. 20-23. Phi. 2. 10, 11. He. 2. 8-10. 1 Pe. 3. 22. *no man.* Lu. 10. 22. Jno. 10. 15. *neither.* Jno. 1. 18; 6. 46; 10. 15; 14. 6-9; 17. 2, 3, 6, 25, 26. 1 Jno. 2. 23; 5. 19, 20. 2 Jno. 9.
28 *Come.* Is. 45. 22-25; 53. 2, 3; 55. 1-3. Jno. 6. 37; 7. 37. Re. 22. 17. *all.* ch. 23. 4. Ge. 3. 17-19. Job 5. 7; 14. 1. Ps. 32. 4; 38. 4; 90. 7-10. Ec. 1. 8, 14; 2. 22, 23; 4. 8. Is. 1. 4; 61. 3; 66. 2. Mi. 6. 6-8. Ac. 15. 10. Ro. 7. 22-25. Ga. 5. 1. *and I.* ver. 29. Ps. 94. 13; 116. 7. Is. 11. 10; 28. 12; 48. 17, 18. Je. 6. 16. 2 Th. 1. 7. He. 4. 1.
29 *my.* ch. 7. 24; 17. 5. Jno. 13. 17; 14. 21-24; 15. 10-14. 1 Co. 9. 21. 2 Co. 10. 5. 1 Th. 4. 2. 2 Th. 1. 8. He. 5. 9. *and learn.* ver. 27; ch. 28. 20. Lu. 6. 46-48; 8. 35; 10. 39-42. Jno. 13. 15. Ac. 3. 22, 23; 7. 37. Ep. 4. 20, 21. Phi. 2. 5. 1 Jno. 2. 6. *for.* ch. 12. 19, 20; 21. 5. Nu. 12. 3. Ps. 131. 1. Is. 42. 1-4. Zec. 9. 9. Lu. 9. 51-56. 2 Co. 10. 1. Phi. 2. 7, 8. 1 Pe. 2. 21-23. *and ye.* ver. 28. Je. 6. 16. He. 4. 3-11.
30 *my yoke.* Pr. 3. 17. Mi. 6. 8. Ac. 15. 10, 28. Ga. 5. 1, 18. 1 Jno. 5. 3. *burden.* Jno. 16. 33. 2 Co. 1. 4, 5; 4. 17; 12. 9, 10. Phi. 4. 13.

## CHAP. XII.

*Christ reproves the blindness of the Pharisees concerning the breach of the sabbath,* 1, 2, *by scripture,* 3-8, *by reason,* 9-12, *and by a miracle,* 13-21. *He heals a man possessed that was blind and dumb,* 22, 23; *and confuting the absurd charge of casting out devils by Beelzebub, he shews that blasphemy against the Holy Ghost shall never be forgiven,* 24-35. *Account shall be made of idle words,* 36, 37. *He rebukes the unfaithful, who seek after a sign,* 38-45, *and shews who is his brother, sister, and mother,* 46-50.

1 *went.* Mar. 2. 23-28. Lu. 6. 1-5. *to pluck.* De. 23. 25.
2 *Behold.* ver. 10. Ex. 20. 9-11; 23. 12; 31. 15-17; 35. 2. Nu. 15. 32-36. Is. 58. 13. Mar. 3. 2-5. Lu. 6. 6-11; 13. 10-17; 23. 56. Jno. 5. 9-11, 16, 17; 7. 21-24; 9. 14-16.
3 *Have.* ver. 5; ch. 19. 4; 21. 16; 22. 31. Mar. 12. 10, 26. Lu. 6. 3; 10. 26. *what.* 1 Sa. 21. 3-6. Mar. 2. 25, 26.
4 *the shew-bread.* Ex. 25. 30. Le. 24. 5-9. *but.* Ex. 29. 32, 33. Le. 8. 31; 24. 9.
5 *on.* Nu. 28. 9, 10. Jno. 7. 22, 23. *profan* Ne. 13. 17. Eze. 24. 21.
6 ver. 41, 42; ch. 23. 17-21. 2 Ch. 6. 18. Hag. 2. 7-9. Mal. 3. 1. Jno. 2. 19-21. Ep. 2. 20-22. Col. 2. 9. 1 Pe. 2. 4, 5.
7 *if.* ch. 9. 13; 22. 29. Ac. 13. 27. *I will.* That is, I desire, or require mercy, or acts of humanity, rather than sacrifice. Is. 1. 11-17. Ho. 6. 6. Mi. 6. 6-8. *condemned.* Job 32. 3. Ps. 94. 21; 109. 31. Pr. 17. 15. Ja. 5. 6.
8 ch. 9. 6. Mar. 2. 28; 9. 4-7. Lu. 6. 5. Jno. 5. 17-23. 1 Co. 9. 21; 16. 2. Re. 1. 10.
9 *he went.* Mar. 3. 1-5. Lu. 6. 6-11.
10 *which.* 1 Ki. 13. 4-6. Zec. 11. 17. Jno. 5. 3. *Is it.* ch. 19. 3; 22. 17, 18. Lu. 13. 14; 14. 3-6; 20. 22. Jno. 5. 10; 9. 16. *that.* Is. 32. 6; 59. 4, 13. Lu. 6. 6, 7; 11. 54; 23. 2, 14. Jno. 8. 6.
11 *What.* This was an *argumentum ad hominem.* The Jews held that such things were lawful on the sabbath day, and our Saviour very properly appealed to their canons in vindication of his intention to heal the distressed man. Lu. 13. 15-17; 14. 5. *and if.* Ex. 23. 4, 5. De. 22. 4.
12 *is a.* ch. 6. 26. Lu. 12. 24. *it is.* Mar. 3. 4. Lu. 6. 9.
13 *and it.* Lu. 13. 13. Ac. 3. 7, 8.
14 *went.* ch. 27. 1. Mar. 3. 6. Lu. 6. 11. Jno. 5. 18; 10. 39; 11. 53, 57. *held a council. or,* took counsel.
15 *he withdrew.* ch. 10. 23. Lu. 6. 12. Jno. 7. 1; 10. 40-42; 11. 54. *great.* ch. 4. 24, 25; 19. 2. Mar. 3. 7-12; 6. 56. Lu. 6. 17-19; Jno. 9. 4. Ga. 6. 9. 1 Pe. 2. 21.
16 ch. 9. 30; 17. 9. Mar. 7. 36. Lu. 5. 14, 15.
17 *it.* ch. 8. 17; 13. 35; 21. 4. Is. 41. 22, 23; 42. 9; 44. 26. Lu. 21. 22; 24. 44. Jno. 10. 35; 12. 38; 19. 28. Ac. 13. 27. *saying.* Is. 42. 1-4.
18 *Behold.* This prophecy is expressly referred to the Messiah by the Targumist, who renders, 'Behold my servant the Messiah,' etc. *ha avdi mesheecha;* and it was amply fulfilled in the gentle, lowly, condescending and beneficent nature of Christ's miracles and personal ministry, his perseverance in the midst of opposition, without engaging in contentious disputation, and his kind and tender dealing with weak and tempted believers. *my servant.* Is. 49. 5, 6; 52. 13; 53. 11. Zec. 3. 8. Phi. 2. 6, 7. *whom I.* Ps. 89. 19. Is. 49. 1-3. Lu. 23. 35. 1 Pe. 2. 4. *my beloved.* ch. 3. 17; 17. 5. Mar. 1. 11; 9. 7. Lu. 9. 35. Ep. 1. 6. Col. 1. 1, 13, marg. 2 Pe. 1. 17. *I will.* ch. 3. 16. Is. 11. 2; 59. 20, 21; 61. 1-3. Lu. 3. 22; 4. 18. Jno. 1. 32-34; 3. 34. Ac. 10. 38. *and he.* Is. 32. 15, 16; 49. 6; 60. 2, 3; 62. 2. Je. 16. 19. Lu. 2. 31, 32. Ac. 11. 18; 13. 46-48; 14. 27; 26. 17, 18. Ro. 15. 9-12. Ep. 2. 11-13; 3. 5-8.
19 ch. 11. 29. Zec. 9. 9. Lu. 17. 20. Jno. 18. 36-38. 2 Co. 10. 1. 2 Ti. 2. 24, 25.
20 *bruised.* ch. 11. 28. 2 Ki. 18. 21. Ps. 51. 17; 147. 3. Is. 40. 11; 57. 15; 61. 1-3. La. 3. 31-34. Eze. 34. 16. Lu. 4. 18. 2 Co. 2. 7. He. 12. 12, 13. *till.* Ps. 98. 1-3. Is. 42. 3, 4. Ro. 15. 17-19. 2 Co. 2. 14; 10. 3-5. Re. 6. 2; 19. 11-21.
21 Is. 11. 10. Ro. 15. 12, 13. Ep. 1. 12, 13. Col. 1. 27.
22 *was.* ch. 9. 32. Mar. 3. 11. Lu. 11. 14. *he healed.* Mar. 7. 35-37; 9. 17-26. *blind.* Ps. 51. 15. Is. 29. 18; 32. 3, 4; 35. 5, 6. Ac. 26. 18.
23 *the people.* ch. 9. 33; 15. 30, 31. *Is not.* ch. 9. 27; 15. 22; 21. 9; 22. 42, 43. Jno. 4. 29; 7. 40-42.
24 *when.* ch. 9. 34. Mar. 3. 22. Lu. 11. 15. *Beelzebub. Gr.* Beelzebul, and so ver. 27.
25 *Jesus.* ch. 9. 4. Ps. 139. 2. Je. 17. 10. Am. 4. 13. Mar. 2. 8. Jno. 2. 24, 25; 21. 17. 1 Co. 2. 11. He. 4. 13. Re. 2. 23. *Every kingdom.* Is. 9. 21; 19. 2, 3. Mar. 3. 23-26. Lu. 11. 17, 18. Ga. 5. 15. Re. 16. 19; 17. 16, 17.
26 *his.* Jno. 12. 31; 14. 30; 16. 11. 2 Co. 4. 4. Col. 1. 13. 1 Jno. 5. 19, Gr. Re. 9. 11; 12. 9; 16. 10; 20. 2, 3.

27 *Beelzebub.* ver. 24. *by whom.* Mar. 9. 38, 39. Lu. 9. 49, 50; 11. 19. Ac. 19. 13-16. *they.* ver. 41, 42. Lu. 19. 22. Ro. 3. 19.

28 *I cast.* ver. 18. Mar. 16. 17. Lu. 11. 20. Ac. 10. 38. *then.* ch. 6. 35; 21. 31, 43. Is. 9. 6, 7. Da. 2. 44; 7. 14. Mar. 1. 15; 11. 10. Lu. 1. 32, 33; 9. 2; 10. 11; 11. 20; 16. 16; 17. 20, 21. Ro. 14. 17. Col. 1. 13. He. 12. 28.

29 Is. 49. 24; 53. 12. Mar. 3. 27. Lu. 11. 21, 22. 1 Jno. 3. 8. 4. 4. Re. 12. 7-10; 20. 1-3, 7-9.

30 *that is.* ch. 6. 24. Jos. 5. 13; 24. 15. 1 Ch. 12. 17, 18. Mar. 9. 40. Lu. 9. 50; 11. 23. 2 Co. 6. 15, 16. 1 Jno. 2. 19. Re. 3. 15, 16. *gathereth.* Ge. 49. 10. Ho. 1. 11. Jno. 11. 52.

31 *All.* Is. 1. 18; 55. 7. Eze. 33. 11. 1 Ti. 1. 13-15. He. 6. 4, etc.; 10. 26, 29. 1 Jno. 1. 9; 2. 1, 2. *blasphemy. Blasphemy*, βλασφημια, either from βλαπτειν την φημην, to *hurt*, or *blast* the *reputation*, or from βαλλειν ταις φημαις, to *smite with words*, or *reports*, when applied to men denotes *injurious speaking*, or *calumny*, and when used in reference to God signifies *speaking impiously* of his nature, attributes, and works. *but.* Mar. 3. 28-30. Lu. 12. 10. Ac. 7. 51. 1 Jno. 5. 16.

32 *whosoever.* ch. 11. 19; 13. 55. Lu. 7. 34; 23. 34. Jno. 7. 12, 52. Ac. 3. 14, 15, 19; 26. 9-11. 1 Ti. 1. 13, 15. *but.* Jno. 7. 39. He. 6. 4-6; 10. 26-29. *it shall not.* Job 36. 13. Mar. 3. 29. Lu. 16. 23-26.

33 *make the tree good.* ch. 23. 26. Eze. 18. 31. Am. 5. 15. Lu. 11. 39, 40. Ja. 4. 8. *and his fruit good.* ch. 3. 8-10; 7. 16-20. Lu. 3. 9; 6. 43, 44. Jno. 15. 4-7. Ja. 3. 12.

34 *generation.* ch. 3. 7; 23. 33. Lu. 3. 7. Jno. 8. 44. 1 Jno. 3. 10. *how.* 1 Sa. 24. 13. Ps. 10. 6, 7; 52. 2-5; 53. 1; 64. 3, 5; 120. 2-4; 140. 2, 3. Is. 32. 6; 59. 4, 14. Je. 7. 2-5. Ro. 3. 10-14. Ja. 3. 5-8. *for.* Lu. 6. 45.

35 *good man.* ch. 13. 52. Ps. 37. 30, 31. Pr. 10. 20, 21; 12. 6, 17-19; 15. 4, 23, 28; 16. 21-23; 25. 11, 12. Ep. 4. 29. Col. 3. 16; 4. 6. *and an.* ver. 34.

36 *every.* Ec. 12. 14. Ro. 2. 16. Ep. 5. 4-6. Jude 14, 15. Re. 20. 12. *idle word.* Ρημα αργον, *i.e.* αεργον, from α, privative, and εργον, *work*, a word that produces no good effect, and is not calculated to produce any. "Discourse," says Dr. DODDRIDGE, 'tending to innocent mirth, to exhilarate the spirits, is not *idle discourse;* as the time spent in necessary recreation is not *idle time.*'

37 *For by.* Pr. 18. 3. *justified.* Ja. 2. 21-25.

38 *Master.* ch. 16. 1-4. Mar. 8. 11, 12. Lu. 11. 16, 29. Jno. 2. 18; 4. 48. 1 Co. 1. 22.

39 *adulterous.* Is. 57. 3. Mar. 8. 38. Ja. 4. 4. *no sign.* ch. 16. 4. Lu. 11. 29, 30.

40 *as.* Jon. 1. 17. *so.* ch. 16. 21; 17. 23; 27. 40, 63, 64. Jno. 2. 19. *in the heart.* Ps. 63. 9. Jon. 2. 2-6.

41 *men.* Lu. 11. 32. *rise.* ver. 42. Is. 54. 17. Je. 3. 11. Eze. 16. 51, 52. Ro. 2. 27. He. 11. 7. *this.* ver. 39, 45; ch. 16. 4; 17. 17; 23. 36. *because.* Jon. 3. 5-10. *behold.* ver. 6. 42. Jno. 3. 31; 4. 12; 8. 53-58. He. 3. 5, 6.

42 *queen.* 1 Ki. 10. 1, etc. 2 Ch. 9. 1, etc. Lu. 11. 31, etc. Ac. 8. 27, 28. *hear.* 1 Ki. 3. 9, 12, 28; 4. 29, 34; 5. 12; 10. 4, 7, 24. *behold.* ch. 3. 17; 17. 5. Is. 7. 14; 9. 6, 7. Jno. 1. 14, 18. Phi. 2. 6, 7. He. 1. 2-4.

43 *When.* Had there been no reality in demoniacal possessions, as some have supposed, our Lord would scarcely have appealed to a case of this kind here, to point out the real state of the Jewish people, and their approaching desolation. Had this been only a vulgar error, of the nonsense of which the learned scribes and wise Pharisees must have been convinced, the case, not being in point, because not true, must have been treated with contempt by the very people for whose conviction it was designed. *the unclean.* Lu. 11. 24. Ac. 8. 13. *he.* Job 1. 7; 2. 2. 1 Pe. 5. 8. *dry.* Ps. 63. 1. Is. 35. 6, 7; 41. 18. Eze. 47. 8-12. Am. 8. 11-13. *seeking.* ch. 8. 29. Mar. 5. 7-13. Lu. 8. 28-32.

44 *my.* ver. 29. Lu. 11. 21, 22. Jno. 13. 27. Ep. 2. 2. 1 Jno. 4. 4. *he findeth.* ch. 13. 20-22. Ps. 81. 11, 12. Ho. 7. 6. Jno. 12. 6; 13. 2. Ac. 5. 1-3; 8. 18-23. 1 Co. 11. 19. 2 Th. 2. 9-12. 1 Ti. 6. 4, 5, 9, 10. 1 Jno. 2. 19. Jude 4, 5. Re. 18. 3, 4, 8, 9.

45 *seven.* ver. 24. Mar. 5. 9; 16. 9. Ep. 6. 12. *more.* ch. 23. 15. *and the.* Lu. 11. 26. He. 6. 4-8; 10. 26-31, 39. 2 Pe. 2. 14-22. 1 Jno. 5. 16, 17. Jude 10-13. *Even.* And so it was; for they became worse and worse, as if totally abandoned to diabolical influence, till the besom of destruction swept them away. ch. 21. 38-44; 23. 32-39; 24, 34. Lu. 11. 49-51; 19. 41-44. Jno. 15. 22-24. Ro. 11. 8-10. 1 Th. 2. 15, 16.

46 *yet.* Mar. 2. 21, 31, etc. Lu. 8. 10, 19-21. *his.* ch. 13. 55. Mar. 6. 3. Jno. 2. 12; 7. 3, 5, 10. Ac. 1. 14. 1 Co. 9. 5. Ga. 1. 19.

48 *Who is.* ch. 10. 37. De. 33. 9. Mar. 3. 32, 33. Lu. 2. 49, 52. Jno. 2. 3, 4. 2 Co. 5. 16.

49 *his disciples.* ch. 28. 7. Mar. 3. 34. Jno. 17. 8, 9, 20; 20. 17-20.

50 *do.* ch. 7. 20, 21; 17. 5. Mar. 3. 35. Lu. 8. 21; 11. 27, 28. Jno. 6. 29, 40; 15. 14. Ac. 3. 22, 23; 16. 30, 31; 17. 30; 26. 20. Ga. 5. 6; 6. 15. Col. 3. 11. He. 5. 9. Ja. 1. 21, 22. 1 Pe. 4. 2. 1 Jno. 2. 17; 3. 23, 24. Re. 22. 14. *the same.* ch. 25. 40, 45; 28. 10. Ps. 22. 22. Jno. 20. 17. Ro. 8. 29. He. 2. 11-17. *and sister.* Ca. 4. 9, 10, 12; 5. 1, 2. 1 Co. 9. 5. 2 Co. 11. 2. Ep. 5. 25-27. *and mother.* Jno. 19. 26, 27. 1 Ti. 5. 2.

## CHAP. XIII.

*The parable of the sower and the seed,* 1-17; *the exposition of it,* 18-23. *The parable of the tares,* 24-30; *of the mustard seed,* 31, 32; *of the leaven,* 33-35; *exposition of the parable of the tares,* 36-43. *The parable of the hidden treasure,* 44; *of the pearl,* 45, 46; *of the drag net cast into the sea,* 47-52. *Christ is contemned of his own countrymen,* 53-58.

1 *sat.* Mar. 2. 13; 4. 1.

2 *great.* ch. 4. 25; 15. 30. Ge. 49. 10. Lu. 8. 4-8. *so.* Mar. 4. 1. Lu. 5. 3. *a ship.* Το πλοιον, '*the ship*' or *boat;* which Mr. WAKEFIELD supposes was a particular vessel kept on the lake for the use of Christ and his disciples.

3 *in.* ver. 10-13, 34, 35, 53; ch. 22. 1; 24. 32. Ju. 9. 8-20. 2 Sa. 12. 1-7. Ps. 49. 4; 78. 2. Is. 5. 1-7. Eze. 17. 2; 20. 49; 24. 3, etc. Mi. 2. 4. Hab. 2. 6. Mar. 3. 23; 4. 2, 13, 33; 12. 1, 12. Lu. 8. 10; 12. 41; 15. 3, etc. Jno. 16. 25, marg. *parables.* A *parable*, παραβολη, from παρα, *near*, and βαλλω, *I cast*, or *put*, has been justly defined to be a *comparison* or *similitude*, in which one thing is compared with another, especially spiritual things with natural, by which means those spiritual things are better understood, and make a deeper impression on a honest and attentive mind. In a parable, a resemblance in the principal incidents is all that is required; smaller matters being considered as a sort of drapery. MAIMONIDES, in *Moreh Nevochim*, gives an excellent rule on this head: 'Fix it as a principle to attach yourself to the grand object of the parable, without attempting to make a particular application of all the circumstances and terms which it comprehends.' *a sower.* Mar. 4. 2-9. Lu. 8. 5-8.

4 *the way.* ver. 18, 19.

5 ver. 20. Eze. 11. 19; 36. 26. Am. 6. 12. Zec. 7. 12.

6 *when.* ver. 21. Is. 49. 10. Ja. 1. 11, 12. Re. 7. 16. *because.* ch. 7. 26, 27. Lu. 8. 13. Ep. 3. 17. Col. 1. 23; 2. 7.

7 ver. 22. Ge. 3. 18. Je. 4. 3, 4. Mar. 4. 18, 19.

8 *good.* ver. 23. Lu. 8. 15. Ro. 7. 18. *some an.* Ge. 26. 12. Jno. 15. 8. Ga. 5. 22, 23. Phi. 1. 11.

9 ver. 16; ch. 11. 15. Mar. 4. 9, 23; 7. 14-16. Re. 2. 7, 11, 17, 29; 3. 6, 13, 22; 13. 8, 9.

10 *Why.* Mar. 4. 10, 33, 34.

11 *Because.* ch. 11. 25, 26; 16. 17. Ps. 25. 8, 9, 14. Is. 29. 10; 35. 8. Mar. 4. 11. Lu. 8. 10; 10. 39-42. Jno. 7. 17. Ac. 16. 14; 17. 11, 12. 1 Co. 2. 9, 10, 14; 4. 7. Ja. 1. 5, 16-18. 1 Jno. 2. 27. *mysteries.* Ro. 16. 25. 1 Co. 2. 7; 4. 1; 13. 2; 15. 51. Ep. 1. 9, 18; 3. 3-9; 5. 32; 6. 19. Col. 1. 26, 27; 2. 2. 1 Ti. 3. 9, 16.

12 *For whosoever.* ch. 25. 29. Mar. 4. 24, 25. Lu. 8. 18; 9. 26; 19. 24-26. Jno. 15. 2-5. *from.* ch. 21. 43. Is. 5. 4-7. Mar. 12. 9. Lu. 10. 42; 12. 20, 21; 16. 2, 25. Re. 2. 5; 3. 15, 16.

13 ver. 16. De. 29. 3, 4. Is. 42. 18-20; 44. 18. Je. 5. 21. Eze. 12. 2. Mar. 8. 17, 18. Jno. 3. 19, 20; 9. 39-41. 2 Co. 4. 3, 4.

14 *the prophecy.* Is. 6. 9, 10. Eze. 12. 2. Mar. 4. 12. Lu. 8. 10. Jno. 12. 39, 40. Ac. 28. 25-27. Ro. 11. 8-10. 2 Co. 3. 14.

15 *heart.* Ps. 119. 70. *ears.* Zec. 7. 11. Jno. 8. 43, 44. Ac. 7. 57. 2 Ti. 4. 4. He. 5. 11. *their eyes.* Is. 29. 10-12; 44. 20. 2 Th. 2. 10, 11. *and should be.* Ac. 3. 19. 2 Ti. 2. 25, 26. He. 6. 4-6. *and I.* Is. 57. 18. Je. 3. 22; 17. 14; 33. 6. Ho. 14. 4. Mal. 4. 2. Mar. 4. 12. Re. 22. 2.

16 ch. 5. 3-11; 16. 17. Lu. 2. 29, 30; 10. 23, 24. Jno. 20. 29. Ac. 26. 18. 2 Co. 4. 6. Ep. 1. 17, 18.

17 *That many.* Lu. 10. 24. Jno. 8. 56. Ep. 3. 5, 6. He. 11. 13, 39, 40. 1 Pe. 1. 10-12.

18 ver. 11, 12. Mar. 4. 14, etc.

19 *the word.* ch. 4. 23. Lu. 8. 11, etc.; 9. 2; 10. 9. Ac. 20. 25; 28. 23. Ro. 14. 17. 2 Co. 4. 2, 3. Ep. 3. 8. *and understandeth.* Pr. 1. 7, 20-22; 2. 1-6; 17. 16; 18. 1, 2. Jno. 3. 19, 20; 8. 43; 18. 38. Ac. 17. 32; 18. 15; 24. 25, 26; 25. 19, 20; 26. 31, 32. Ro. 1. 28; 2. 8. 2 Th. 2. 12. He. 2. 1. 1 Jno. 5. 20. *the wicked.* ver. 38. Mar. 4. 15. Lu. 8. 12. 1 Jno. 2. 13, 14; 3. 12; 5. 18. *This.* ver. 4.

20 *received.* ver. 5, 6. *anon.* 1 Sa. 11. 13-15. 2 Ch.24. 2. 6, 14. Ps. 78. 34-37; 106. 12, 13. Is. 58. 2. Eze. 33. 31, 32. Mar. 4. 16, 17; 6. 20. Jno. 5. 35. Ac. 8. 13. Ga. 4. 14, 15.

21 *root.* ver. 6; ch. 7. 22, 23, 26, 27. Job 19. 28. Pr.12. 3, 12. Lu. 8. 13. Jno. 6. 26, 61-65, 70, 71; 15. 5-7. Ac. 8. 21-23. Ga. 5. 6; 6. 15. Ep. 3. 17. 2 Pe. 1. 8, 9. 1 Jno. 2. 19, 20. *dureth.* ch. 10. 22; 24. 13. Job 27. 8-10. Ps. 36. 3. Ho. 6. 4. Ro. 2. 7. Phi. 1. 6. 1 Pe. 1. 5. *for.* ch. 5. 10-12; 10. 37-39; 16. 24-26. Mar. 4. 17; 8. 34-36; 13. 12, 13. Lu. 9. 23-25; 14. 26-33; 21. 12-18. Jno. 12. 25, 26. Ga. 6. 12. 2 Ti. 4. 10. He. 10. 35-39. Re. 2. 13. *is.* ver. 57; ch. 11. 6; 24. 9, 10; 26. 31, 33. 2 Ti. 1. 15.

22 *seed.* ver. 7. Mar. 4. 18. Lu. 8. 14; 18. 24. 2 Ti. 4. 10. *the care.* ch. 6. 24, 25; 19. 16-24. Ge. 13. 10-13. Jos. 7. 20, 21. 2 Ki. 5. 20-27. Je. 4. 3. Mar. 10. 23-25. Lu. 12. 15, 21, 29, 30; 14. 16-24; 21. 34. Ac. 5. 1-11; 8. 18. 1 Ti. 6. 9, 10. 2 Pe. 2. 14, 15. 1 Jno. 2. 15, 16. Jude 11. *the deceitfulness.* Ps. 52. 7; 62. 10. Pr. 11. 28; 23. 5. Ec. 4. 8; 5. 10, 11, 13, 14. Mar. 4. 19. Lu. 18. 24, 25. 1 Ti. 6. 17. *choke.* Lu. 8. 14. 2 Ti. 4. 10. Jude 12.

23 *that received.* ver. 8. Mar. 4. 20. Lu. 8. 15. *good.* Pr. 1. 5, 6; 2. 2-6. Eze. 18. 31; 36. 26. Mar. 10. 15. Jno. 1. 11-13; 8. 47; 10. 26, 27; 17. 7, 8. Ac. 16. 14; 17. 11. 2 Th. 2. 10, 13, 14. He. 4. 2; 8. 10. Ja. 1. 21, 22. 1 Pe. 2. 1, 2. 1 Jno. 5. 20. *beareth.* ch. 3. 8, 10; 12. 33. Ps. 1. 1-3; 92. 13-15. Lu. 6. 43, 44; 13. 9. Jno. 15. 1-8, 16. Ga. 5. 22, 23. Phi. 1. 11; 4. 17. Col. 1. 6, 10. He. 6. 7; 13. 15, 16. *some an.* 2 Co. 8. 1, 2; 9. 10. 1 Th. 4. 1. 2 Pe. 1. 5-8; 3. 18.

24 *put.* ch. 21. 33. Ju. 14. 12, 13. Is. 28. 10, 13. Eze. 17. 2. *The kingdom.* ver. 33, 44, 45, 47; ch. 3. 2; 20. 1; 22. 2; 25. 1. Mar. 4. 30. Lu. 13. 18, 20. *good.* ver. 19, 37; ch. 4. 23. Col. 1. 5. 1 Pe. 1. 23.

25 *men.* ch. 25. 5. Is. 56. 9, 10. Ac. 20. 30, 31. Ga. 2. 4. 2 Ti. 4. 3-5. He. 12. 15. 2 Pe. 2. 1. Re. 2. 20. *enemy.* ver. 39. 2 Co. 11. 13-15. 1 Pe. 5. 8. Re. 12. 9; 13. 14. *tares.* ver. 38.

26 Mar. 4. 26-29.

27 *the servants.* 1 Co. 3. 5-9; 12. 28, 29; 16. 10. 2 Co. 5. 18-20; 6. 1, 4. Ep. 4. 11, 12. *whence.* Ro. 16. 17. 1 Co. 1. 11-13; 15. 12, etc. Ga. 3. 1-3. Ja. 3. 15, 16; 4. 4.

28 *Wilt.* Lu. 9. 49-54. 1 Co. 5. 3-7. 2 Co. 2. 6-11. 1 Th. 5. 14. Jude 22, 23.

30 *both.* ver. 39; ch. 3. 12; 22. 10-14; 25. 6-13, 32. Mal. 3. 18. 1 Co. 4. 5. *to the.* ver. 39-43. 1 Ti. 5. 24. *and bind.* 1 Sa. 25. 29. *burn.* ch. 25. 41. Is. 27. 10, 11. Eze. 15. 4-7. Mal. 4. 1. Jno. 15. 6. *but.* ch. 3. 12. Lu. 3. 17.

31 *put.* ver. 24. Lu. 19. 11; 20. 9. *The kingdom.* Mar. 4. 30-32. Lu. 13. 18, 19.

32 *the least.* Ps. 72. 16-19. Is. 2. 2-4. Eze. 47. 1-5. Da. 2. 34, 35, 44, 45. Mi. 4. 1-3. Zec. 4. 10; 8. 20-23; 14. 7-10. Ac. 1. 15; 21. 20. Gr. Ro. 15. 18, 19. Re. 11. 15. *so that.* Eze. 17. 23, 24; 31. 6. Da. 4. 12.

33 *Another.* Mar. 13. 20. *like.* Lu. 13. 21. 1 Co. 5. 6, 7. Ga. 5. 9. *measures. Gr.* 'A measure containing about a peck and a half, wanting a little more than a pint.' *till.* Job 17. 9. Pr. 4. 18. Ho. 6. 3. Jno. 15. 2; 16. 12, 13. Phi. 1. 6, 9; 2. 13-15. 1 Th. 5. 23, 24. 2 Pe. 3. 18.

34 ver. 13. Mar. 4. 33, 34.

35 *it.* ver. 14; ch. 21. 4, 5. *I will open.* Ps. 78. 2. *I will utter.* Ps. 49. 4. Is. 42. 9. Am. 3. 7. Lu. 10. 14. Ro. 16. 25, 26. 1 Co. 2. 7. Ep. 3. 5, 9. Col. 1. 25, 26. 2 Ti. 1. 9, 10. Tit. 1. 2, 3. He. 1. 1. 1 Pe. 1. 11, 12. *from.* ch. 25. 34. Jno. 17. 24. Ac. 15. 18. 1 Pe. 1. 20, 21. Re. 13. 8; 17. 8.

36 *Jesus.* ch. 14. 22; 15. 39. Mar. 6. 45; 8. 9. *and went.* ver. 1; ch. 9. 28. Mar. 4. 34. *Declare.* ver. 11; ch. 15. 15, 16. Mar. 7. 17. Jno. 16. 17-20.

37 *He.* ver. 24, 27. *is.* ver. 41; ch. 10. 40; 16. 13-16. Lu. 10. 16. Jno. 13. 20; 20. 21. Ac. 1. 8. Ro. 15. 18. 1 Co. 3. 5-7. He. 1. 1; 2. 3.

38 *field.* ch. 24. 14; 28. 18-20. Mar. 16. 15-20. Lu. 24. 47. Ro. 10. 18; 16. 26. Col. 1. 6. Re. 14. 6. *the good.* Ps. 22. 30. Is. 53. 10. Ho. 2. 23. Zec. 10. 8, 9. Jno. 1. 12, 13; 12. 24. Ro. 8. 17. Ja. 1. 18; 2. 5. 1 Pe. 1. 23. 1 Jno. 3. 2, 9. *the children of the wicked.* ver. 19. Ge. 3. 15. Jno. 8. 44. Ac. 13. 10. Phi. 3. 18, 19. 1 Jno. 3. 8, 10.

39 *enemy.* ver. 25, 28. 2 Co. 2. 17; 11. 3, 13-15. Ep. 2. 2; 6. 11, 12. 2 Th. 2. 8-11. 1 Pe. 5. 8. Re. 12. 9; 13. 14; 19. 20; 20. 2, 3, 7-10. *harvest.* ver. 49; ch. 24. 3. Joel 3. 13. Re. 14. 15-19. *reapers.* ch. 25. 31. Da. 7. 10. 2 Th. 1. 7-10. Jude 14.

40 ver. 30.

41 *The Son.* ch. 24. 31. Mar. 13. 27. He. 1. 6, 7, 14. Re. 5. 11, 12. *and they.* ver. 49; ch. 18. 7. Ro. 16. 17, 18. 2 Pe. 2. 1, 2. *things that offend. or,* scandals. *and them.* ch. 7. 22, 23. Lu. 13. 26, 27. Ro. 2. 8, 9, 16. Re. 21. 27.

42 *cast.* ch. 3. 12; 25. 41. Ps. 21. 9. Da. 3. 6, 15-17, 21, 22. Mar. 9. 43-49. Lu. 16. 23, 24. Re. 14. 10; 19. 20; 20. 10, 14, 15; 21. 8. *wailing.* ver. 50; ch. 8. 12; 22. 13. Lu. 13. 28.

43 *shall.* ch. 25. 34, 36. Da. 12. 3. 1 Co. 15. 41-54, 58. Re. 21. 3-5, 22, 23. *in.* ch. 26. 29. Lu. 12. 32; 22. 29. Ja. 2. 5. *Who.* ver. 9.

44 *like.* ch. 6. 21. Pr. 2. 2-5; 16. 16; 17. 16; 18. 1. Jno. 6. 35. Ro. 15. 4. 1 Co. 2. 9, 10. Col. 2. 3; 3. 3, 4, 16. *for joy.* ch. 19. 21, 27, 29. Lu. 14. 33; 18. 23, 24; 19. 6-8. Ac. 2. 44-47; 4. 32-35. Phi. 3. 7-9. He. 10. 34; 11. 24-26. *buyeth.* Pr. 23. 23. Is. 55. 1. Re. 3. 18.

45 *like.* ch. 16. 26; 22. 5. Pr. 3. 13-18; 8. 10, 11, 18-20. *seeking.* Job 28. 18. Ps. 4. 6, 7; 39. 6, 7. Ec. 2. 2-12; 12. 8, 13.

46 *one.* Pr. 2. 4. Is. 33. 6. 1 Co. 3. 21-23. Ep. 3. 8. Col. 2. 3. 1 Jno. 5. 11, 12. Re. 21. 21. *went.* Mar. 10. 28-31. Lu. 18. 28-30. Ac. 20. 24. Ga. 6. 14.

47 *a net.* ch. 4. 19. Mar. 1. 17. Lu. 5. 10. *and gathered.* ver. 26-30; ch. 22. 9, 10; 25. 1-4. Lu. 14. 21-23. Jno. 15. 2, 6. Ac. 5. 1-10; 8. 18-22; 20. 30. 1 Co. 5. 1-6; 10. 1-12; 11. 19. 2 Co. 11. 13-15, 26; 12. 20, 21. Ga. 2. 4. 2 Ti. 3. 2-5; 4. 3, 4. Tit. 1. 9-11. 2 Pe. 2. 1-3, 13-22. 1 Jno. 2. 18, 19; 4. 1-6. Jude 4, 5. Re. 3. 1, 15-17.

48 *and gathered.* ver. 30, 40-43; ch. 3. 12.

49 *the angels.* ver. 39; ch. 24. 31. *and sever.* ch. 22. 12-14; 25. 5-12, 19-33. 2 Th. 1. 7-10. Re. 20. 12-15.

50 *cast.* ver. 42. *wailing.* ch. 24. 50, 51. Lu. 13. 27, 28. Re. 14. 10, 11; 16. 10, 11.

51 *Have.* ver. 11, 19; ch. 15. 17; 16. 11; 24. 15. Mar. 4. 34; 7. 18; 8. 17, 18. Lu. 9. 44, 45. Ac. 8. 30, 31. 1 Jno. 5. 20.

52 *scribe.* ch. 23. 34. Ezr. 7. 6, 10, 21. Lu. 11. 49. 2 Co. 3. 4-6. Col. 1. 7. 1 Ti. 3. 6, 15, 16. 2 Ti. 3. 16, 17. Tit. 1. 9; 2. 6, 7. *which.* ch. 12. 35. Pr. 10. 20, 21; 11. 30; 15. 7; 16. 20-24; 18. 4; 22. 17, 18. Ec. 12. 9-11. 2 Co. 4. 5-7; 6. 10. Ep. 3. 4, 8. Col. 3. 16. *things.* Ca. 7. 13. Jno. 13. 34. 1 Jno. 2. 7, 8.

53 *he.* Mar. 4. 33-35.

54 *when.* ch. 2. 23. Mar. 6. 1, 2. Lu. 4. 16-30. Jno. 1. 11. *he taught.* Ps. 22. 22; 40. 9, 10. Ac. 13. 46; 28. 17-29. *they were.* Jno. 7. 15, 16. Ac. 4. 13.

55 *the carpenter's.* Ps. 22. 6. Is. 49. 7; 53. 2, 3. Mar. 6. 3. Lu. 3. 23; 4. 22. Jno. 1. 45, 46; 6. 42; 7. 41, 42; 9. 29. *is not his.* ch. 1. 18-20. Lu. 1. 27; 2. 5-7. *and his.* ch. 12. 46, 48; 27. 56. Mar. 15. 40, 47; 16. 1. Lu. 24. 10. Jno. 19. 25. Ga. 1. 19.

57 *they.* ch. 11. 6. Is. 8. 14; 49. 7; 53. 3. Mar. 6. 3. Lu. 2. 34, 35; 7. 23. Jno. 6. 42, 61. 1 Co. 1. 23-28. *A prophet.* Mar. 6. 14. Lu. 4. 24. Jno. 4. 44. Ac. 3. 22, 23 7. 37-39, 51, 52.

58 Mar. 6. 5, 6. Lu. 4. 25-29. Ro. 11. 20. He. 3. 12-19 4. 6-11.

## CHAP. XIV.

*Herod's opinion of Christ,* 1, 2. *Wherefore John Baptist was beheaded,* 3-12. *Jesus departs into a desert place,* 13, 14, *where he feeds five thousand men with five loaves and two fishes,* 15-21. *He walks on the sea to his disciples,* 22-33; *and landing at Gennesaret, heals the sick by the touch of the hem of his garment,* 34-36.

1 *Herod.* This was Herod Antipas, the son of Herod the Great, by Malthace, and tetrarch of Galilee and Peræa, which produced a revenue of 200 talents a year. He married the daughter of Aretas, king of Arabia, whom he divorced in order to marry Herodias, the wife of his brother Philip, who was still living. Aretas, to revenge the affront which Herod had offered his daughter, declared war against him, and vanquished him after an obstinate engagement. This defeat, JOSEPHUS assures us, the Jews considered as a punishment for the death of John the Baptist. Having gone to Rome to solicit the title of king, he was accused by Agrippa of carrying on a correspondence with Artabanus king of Parthia, against the Romans, and was banished by the emperor Caius to Lyons, and thence to Spain, where he and Herodias died in exile. Mar. 6. 14-16; 8. 15. Lu. 9. 7-9; 13. 31, 32; 23. 8-12, 15. Ac. 4. 27. *Tetrarch.* Lu. 3. 1.

2 *This.* ch. 11. 11; 16. 14. Mar. 8. 28. Jno. 10. 41. *do shew forth themselves in him. or,* are wrought by him.

3 *Herod.* ch. 4. 12. Mar. 6. 17. Lu. 3. 19, 20. Jno. 3. 23, 24. *Herodias'.* This infamous woman was the daughter of Aristobulus and Berenice, and granddaughter of Herod the Great. *his.* Lu. 3. 1. *Philip's.* Herod Philip, son of Herod the Great and Mariamne.

4 Le. 18. 16; 20. 21. De. 25. 5, 6. 2 Sa. 12. 7. 1 Ki. 21. 19. 2 Ch. 26. 18, 19. Pr. 28. 1. Is. 8. 20. Mar. 6. 18. Ac. 24. 24, 25.

5 *when.* Mar. 6. 19, 20; 14. 1, 2. Ac. 4. 21; 5. 26. *because.* ch. 21. 26, 32. Mar. 11. 30-32. Lu. 20. 6.

6 *birth-day.* Ge. 40. 20. Es. 1. 2-9; 2. 18. Da. 5. 1-4. Ho.

1. 5, 6. Mar. 6. 21-23. *the daughter.* ch. 22. 24. *danced.* Es. 1. 10-12. *before them. Gr.* in the midst.

7 Es. 5. 3, 6; 7. 2.

8 *being.* 2 Ch. 22. 2, 3. Mar. 6. 24. *Give.* 1 Ki. 18. 4, 13; 19. 2. 2 Ki. 11. 1. Pr. 1. 16; 29. 10. *a charger.* Nu. 7. 13, 19, 84, 85. Ezr. 1. 9.

9 *the king.* ver. 1. Mar. 6. 14. *sorry.* ver. 5; ch. 27. 17-26. Da. 6. 14-16. Mar. 6. 20, 26. Lu. 13. 32. Jno. 19. 12-16. Ac. 24. 23-27; 25. 3-9. *the oath's.* Nu. 30. 5-8. Ju. 11. 30, 31, 39; 21. 1, 7-23. 1 Sa. 14. 24, 28, 39-45; 25. 22, 32-34; 28. 10. 2 Ki. 6. 31-33. Ec. 5. 2.

10 *and beheaded.* ch. 17. 12; 21. 35, 36: 22. 3-6; 23. 34-36. 2 Ch. 36. 16. Je. 2. 30. Mar. 6. 27-29; 9. 13. Lu. 9. 9. Re. 11. 7. *the prison.* JOSEPHUS informs us that John the Baptist was imprisoned and beheaded by Herod in the strong castle of Machærus, which he describes as situated about 60 stadia east of Jordan, not far from where the river discharges itself into the Dead Sea.

11 *and given.* Ge. 49. 7. Pr. 27. 4; 29. 10. Je. 22. 17. Eze. 16. 3, 4; 19. 2, 3; 35. 6. Re. 16. 6; 17. 6.

12 *took.* ch. 27. 58-61. Ac. 8. 2.

13 ver. 1, 2; ch. 10. 23; 12. 15. Mar. 6. 30-33. Lu. 9. 10, etc. Jno. 6. 1, etc.

14 *and was.* ch. 9. 36; 15. 32, etc. Mar. 6. 34; 8. 1, 2; 9. 22. Lu. 7. 13; 19. 41. Jno. 11. 33-35. He. 2. 17; 4. 15; 5. 2.

15 *his.* Mar. 6. 35, 36. Lu. 9. 12. *send.* ch. 15. 23. Mar. 8. 3.

16 *they.* 2 Ki. 4. 42-44. Job 31. 16, 17. Pr. 11. 24. Ec. 11. 2. Lu. 3. 11. Jno. 13. 29. 2 Co. 8. 2, 3; 9. 7, 8.

17 ch. 15. 33, 34. Nu. 11. 21-23. Ps. 78. 19, 20. Mar. 6. 37, 38; 8. 4, 5. Lu. 9. 13. Jno. 6. 5-9.

19 *he commanded.* ch. 15. 35. Mar. 6. 39; 8. 6. Lu. 9. 14. Jno. 6. 10. *looking.* Mar. 6. 41; 7. 34. Lu. 9. 16. Jno. 11. 41. *he blessed.* ch. 15. 36; 26. 26, 27. 1 Sa. 9. 13. Mar. 8. 6; 14. 22, 23. Lu. 22. 19; 24. 30. Jno. 6. 11, 23. Ac. 27. 35. Ro. 14. 6. 1 Co. 10. 16, 31; 11. 24. Col. 3. 17. 1 Ti. 4. 4, 5.

20 *were.* ch. 5. 6; 15. 33. Ex. 16. 8, 12. Le. 26. 26. 1 Ki. 17. 12-16. 2 Ki. 4. 43, 44. Pr. 13. 25. Eze. 4. 14-16. Hag. 1. 6. Lu. 1. 53; 9. 17. Jno. 6. 7, 11. *and they took.* ch. 15. 37, 38; 16. 8-10. 2 Ki. 4. 1-7. Mar. 6. 42-44; 8. 8, 9, 16-21. Jno. 6. 12-14.

21 *about.* Jno. 6. 10. Ac. 4. 4, 34. 2 Co. 9. 8-11. Phi. 4. 19.

22 *Jesus.* Mar. 6. 45. *while.* ch. 13. 36; 15. 39.

23 *he went.* ch. 6. 6; 26. 36. Mar. 6. 46. Lu. 6. 12. Ac. 6. 4. *he was.* Jno. 6. 15-17.

24 *tossed.* ch. 8. 24. Is. 54. 11. Mar. 6. 48. Jno. 6. 18.

25 *the fourth watch.* The Jews at this time divided the night into *four* watches: the first was from six o'clock in the evening till nine, the second from nine to twelve, the third from twelve till three, and the fourth from three till six; so that it probably began to be daylight before our Lord came to his disciples. ch. 24. 43. Lu. 12. 38. *walking.* This suspension of the laws of gravitation was a proper manifestation of omnipotence. Job 9. 8. Ps. 93. 3, 4; 104. 3. Mar. 6. 48. Jno. 6. 19. Re. 10. 2, 5, 8.

26 *they were.* 1 Sa. 28. 12-14. Job 4. 14-16. Da. 10. 6-12. Mar. 6. 49, 50. Lu. 1. 11, 12; 24. 5, 45. Ac. 12. 15. Re. 1. 17.

27 *Be.* ch. 9. 2. Jno. 16. 33. Ac. 23. 11. *it.* Is. 41. 4, 10, 14; 51. 12. Lu. 24. 38, 39. Jno. 6. 20; 14. 1-3. Re. 1. 17, 18.

28 *bid.* ch. 19. 27; 26. 33-35. Mar. 14. 31. Lu. 22. 31-34, 49, 50. Jno. 6. 68; 13. 36-38. Ro. 12. 3.

29 *he walked.* ch. 17. 20; 21. 21. Mar. 9. 23; 11. 22, 23. Lu. 17. 6. Ac. 3. 16. Ro. 4. 19. Phi. 4. 13.

30 *when.* ch. 26. 69-75. 2 Ki. 6. 15. Mar. 14. 38, 66-72. Lu. 22. 54-61. Jno. 18. 25-27. 2 Ti. 4. 16, 17. *boisterous. or,* strong. *Lord.* ch. 8. 24, 25. Ps. 3. 7; 69. 1, 2; 107. 27-30; 116. 3, 4. La. 3. 54-57. Jon. 2. 2-7. 2 Co. 12. 7-10.

31 *stretched.* Ps. 138. 7. Is. 63. 12. Mar. 1. 31, 41; 5. 41. Ac. 4. 30. *and caught.* Ge. 22. 14. De. 32. 36. Mar. 16. 7. Lu. 22. 31, 32; 24. 34. 1 Pe. 1. 5. *O thou.* ch. 8. 26; 16. 8; 17. 20. Mar. 11. 23. Ro. 4. 18-20. 1 Ti. 2. 8. Ja. 1. 6-8.

32 *come.* Ps. 107. 29, 30. Mar. 4. 41; 6. 51. Jno. 6. 21.

33 *worshipped.* ch. 15. 25; 28. 9, 17. Lu. 24. 52. *Of.* ch. 16. 16; 17. 5; 26. 63; 27. 43, 54. Ps. 2. 7. Da. 3. 25. Mar. 1. 1; 14. 61; 15. 39. Lu. 4. 41; 8. 28. Jno. 1. 49; 6. 69; 9. 35-38; 11. 27; 17. 1; 19. 7. Ac. 8. 37. Ro. 1. 4.

34 *when.* Mar. 6. 53-56. *the land of Gennesaret. Gennesaret* was a fertile district, in which were situated the cities of Tiberias and Capernaum, extending along the western shore of the lake to which it gave name, about thirty stadia, or nearly four miles, in length, and twenty stadia, or two miles and a half, in breadth, according to JOSEPHUS. Lu. 5. 1.

35 ch. 4. 24, 25. Mar. 1. 28-34; 2. 1, etc.; 3. 8-10; 6. 55.

36 *only.* ch. 9. 20, 21. Mar. 3. 10. Lu. 6. 19. Ac. 19. 11, 12. *hem.* ch. 23. 5. Ex. 28. 33, etc. Nu. 15. 38, 39. *perfectly.* Jno. 6. 37; 7. 23. Ac. 3. 16; 4. 9, 10, 14-16.

## CHAP. XV.

*Christ reproves the Scribes and Pharisees for transgressing God's commandments through their own traditions,* 1-9; *teaches how that which goes into the mouth does not defile a man,* 10-20. *He heals the daughter of the woman of Canaan,* 21-28, *and other great multitudes,* 29-31; *and with seven loaves and a few little fishes feeds four thousand men, beside women and children,* 32-39.

1 *came.* Mar. 7. 1, etc. *scribes.* ch. 5. 20; 23. 2, 15, etc. Lu. 5. 30. Ac. 23. 9. *which.* Lu. 5. 17, 21.

2 *transgress.* Mar. 7. 2, 5. Ga. 1. 14. Col. 2. 8, 20-23. 1 Pe. 1. 18. *tradition. Tradition,* in Latin *traditio,* from *trado,* I deliver, hand down, exactly agreeing with the original παραδοσις, from παραδιδωμι, I *deliver, transmit.* Among the Jews it signifies what is called the *oral law,* which they say has been successively handed down from Moses, through every generation, to Judah the Holy, who compiled and digested it into the *Mishneh,* to explain which the two Gemaras, or Talmuds, called the Jerusalem and Babylonish, were composed. Of the estimation in which these were held by the Jews, the following may serve as an example: 'The words of the Scribes are lovely beyond the words of the law, for the words of the law are weighty and light, but the words of the Scribes are all weighty.'

3 *Why.* ch. 7. 3-5. Mar. 7. 6-8, 13. Col. 2. 8, 23. Tit. 1. 14.

4 *God.* ch. 4. 10; 5. 17-19. Is. 8. 20. Ro. 3. 31. *Honour.* ch. 19. 19. Ex. 20. 12. Le. 19. 3. De. 5. 16. Pr. 23. 22. Ep. 6. 1. *He.* Ex. 21. 17. Le. 20. 9. De. 21. 18-21; 27. 16. Pr. 20. 20; 30. 17.

5 *ye say.* ch. 23. 16-18. Am. 7. 15-17. Mar. 7. 10-13. Ac. 4. 19; 5. 29. *It is.* Le. 27. 9, etc. Pr. 20. 25. Mar. 7. 11, 12.

6 *honour.* 1 Ti. 5. 3, 4, 8, 16. *Thus.* Ps. 119. 126, 139. Je. 8. 8. Ho. 4. 6. Mal. 2. 7-9. Mar. 7. 13. Ro. 3. 31.

7 *hypocrites.* ch. 7. 5; 23. 23-29. *well.* Mar. 7. 6. Ac. 28. 25-27.

8 *draweth.* Is. 29. 13. Eze. 33. 31. Jno. 1. 47. 1 Pe. 3. 10. *but.* Pr. 23. 26. Je. 12. 2. Ac. 8. 21. He. 3. 12.

9 *in.* Ex. 20. 7. Le. 26. 16, 20. 1 Sa. 25. 21. Ps. 39. 6; 73. 13. Ec. 5. 2-7. Is. 1. 13-15; 58. 1-3. Mal. 3. 14. Mar. 7. 7. 1 Co. 15. 2. Ja. 2. 20. *teaching.* De. 12. 32. Pr. 30. 5, 6. Is. 29. 13. Col. 2. 18-22. 1 Ti. 1. 4; 4. 1-3, 6, 7. Tit. 1. 14. He. 13. 9. Re. 22. 18.

10 *he.* 1 Ki. 22. 28. Mar. 7. 14, 16. Lu. 20. 45-47. *Hear.* ch. 13. 19; 24. 15. Is. 6. 9; 55. 3. Lu. 24. 45. Ep. 1. 17. Col. 1. 9. Ja. 1. 5.

11 *that which goeth.* Mar. 7. 15. Lu. 11. 38-41. Ac. 10. 14, 15; 11. 8, 9. Ro. 14. 14, 17, 20. 1 Ti. 4. 4, 5. Tit. 1. 15. He. 13. 9. *but.* ver. 18-20; ch. 12. 34-37. Ps. 10. 7; 12. 2; 52. 2-4; 58. 3, 4. Is. 37. 23; 59. 3-5, 13-15. Je. 9. 3-6. Ro. 3. 13, 14. Ja. 3. 5-8. 2 Pe. 2. 18.

12 *Knowest.* ch. 17. 27. 1 Ki. 22. 13, 14. 1 Co. 10. 32, 33. 2 Co. 6. 3. Ga. 2. 5. Ja. 3. 17.

13 *Every.* ch. 13. 40, 41. Ps. 92. 13. Is. 60. 21. Jno. 15. 2, 6. 1 Co. 3. 12-15.

14 *Let.* Ho. 4. 17. 1 Ti. 6. 5. *they.* ch. 23. 16-24. Is. 9. 16; 42. 19; 56. 10. Mal. 2. 8. Lu. 6. 39. *And if.* Je. 5. 31; 6. 15; 8. 12. Eze. 14. 9, 10. Mi. 3. 6, 7. 2 Pe. 2. 1, 17. Re. 19. 20; 22. 15.

15 *Declare.* ch. 13. 36. Mar. 4. 34; 7. 17. Jno. 16. 29.

16 ver. 10; ch. 13. 51; 16. 9, 11. Is. 28. 9, 10. Mar. 6. 52; 7. 18; 8. 17, 18; 9. 32. Lu. 9. 45; 18. 34; 24. 45. He. 5. 12.

17 *that.* Mar. 7. 19, 20. Lu. 6. 45. 1 Co. 6. 13. Col. 2. 21, 22. Ja. 3. 6. *and is.* 2 Ki. 10. 27.

18 ver. 11; ch. 12. 34. 1 Sa. 24. 13. Ps. 36. 3. Pr. 6. 12; 10. 32; 15. 2, 28. Lu. 19. 22. Ja. 3. 6-10. Re. 13. 5, 6.

19 *out.* Ge. 6. 5; 8. 21. Pr. 4. 23; 6. 14; 22. 15; 24. 9. Je. 17. 9. Mar. 7. 21-23. Ro. 3. 10-19; 7. 18; 8. 7, 8. Ga. 5. 19-21. Ep. 2. 1-3. Tit. 3. 2-6. *evil.* ch. 9. 4. Ps. 119. 113. Is. 55. 7; 59. 7. Je. 4. 14. Ac. 8. 22. Ja. 1. 13-15.

20 *which.* 1 Co. 3. 16, 17; 6. 9-11, 18-20. Ep. 5. 3-6. Re. 21. 8, 27. *but.* ver. 2; ch. 23. 25, 26. Mar. 7. 3, 4. Lu. 11. 38-40.

21 *and departed.* Mar. 7. 24. *Tyre.* ch. 10. 5, 6; 11. 21-23. Ge. 49. 13. Jos. 11. 8; 13. 6; 19. 28, 29. Ju. 1. 31.

22 *a woman.* ch. 3. 8, 9. Ps. 45. 12. Eze. 3. 6. Mar. 7. 26. *Have.* ch. 9. 27; 17. 15. Ps. 4. 1; 6. 2. Lu. 17. 13; 18. 13. *son.* ch. 1. 1; 20. 30, 31; 22. 42-45. Lu. 18. 38, 39. Jno. 7. 41, 42. *my.* ch. 17. 15. Mar. 7. 25; 9. 17-22.

23 Ge. 42. 7. De. 8. 2. Ps. 28. 1. La. 3. 8. *Send.* ch.14. 15. Mar. 10. 47, 48.

24 *I am not.* ch. 9. 36; 10. 5, 6. Is. 53. 6. Je. 50. 6, 7. Eze. 34. 5, 6, 16, 23. Lu. 15. 4-6. Ac. 3. 25, 26; 13. 46. Ro. 15. 8.

25 *came.* ch. 20. 31. Ge. 32. 26. Ho. 12. 4. Lu. 11. 8-10; 18. 1, etc. *worshipped.* ch.14.33. *Lord.* Mar.9.22,24.

26 *It is not.* ch. 7. 6. Mar. 7. 27, 28. Ac. 22. 21, 22. Ro. 9. 4. Ga. 2. 15. Ep. 2. 12. Phi. 3. 2. Re. 22. 15. *dogs.* Τοις κυναριοις, 'to the little dogs,' lap dogs, etc. the diminutive of *κυων, a dog.* The Jews, while they boasted of being the children of God, gave the name of *dogs* to the heathen, for their idolatry, etc.

27 *Truth.* ch. 8. 8. Ge. 32. 10. Job 40. 4, 5; 42. 2-6. Ps. 51. 4, 5. Eze. 16. 63. Da. 9. 18. Lu. 7. 6, 7; 15. 18, 19; 18. 13; 23. 40-42. Ro. 3. 4, 19. 1 Co. 15. 8, 9. 1 Ti. 1. 13-15. *yet.* ch. 5. 45. Lu. 16. 21. Ro. 3. 29; 10. 12. Ep.3.8,19.

28 *Jesus.* Job 13. 15; 23. 10. La. 3. 32. *O woman.* Our Lord's purpose being now answered, he openly commended her faith, and assured her that her daughter was healed. *great.* ch. 8. 10; 14. 31. 1 Sa. 2. 30. Lu. 17. 5. Ro. 4. 19, 20. 2 Th. 1. 3. *be it.* ch. 8. 13; 9. 29, 30. Ps. 145. 19. Mar. 5. 34; 7. 29, 30; 9. 23, 24. Lu. 7. 9, 50; 18. 42, 43. Jno. 4. 50-53.

29 *and came.* Mar. 7. 31. *unto.* ch. 4. 18. Jos. 12. 3, Chinneroth. Is.9.1. Mar.1.16. Lu.5.1, lake of Gennesaret. Jno 6. 1, 23; 21. 1, Tiberias. *went.* ch. 5. 1; 13. 2.

30 *great.* ch. 4. 23, 24; 11. 4, 5; 14. 35, 36. Ps. 103. 3. Is. 35. 5, 6. Mar. 1. 32-34; 6. 54-56. Lu. 6. 17-19; 7. 21, 22. Ac. 2. 22; 5. 15, 16; 19. 11, 12.

31 *the dumb.* ch. 9. 33. Mar. 7. 37. *the maimed.* ch. 18. 8. Mar. 9. 43. Lu. 14. 13, 21. *the lame.* ch. 21. 14. Ac. 3. 2-11; 14. 8-10. *and they.* ch. 9. 8. Ps. 50. 15, 23. Mar. 2. 12. Lu. 7. 16; 17. 15-18; 18. 43. Jno. 9. 24. *God.* Ge. 32. 28; 33. 20, marg. Ex. 24. 10.

32 *Jesus.* ch. 9. 36; 14. 14; 20. 34. Mar. 8. 1, 2; 9. 22. Lu. 7. 13. *I have.* He. 4. 15. *three.* ch. 12. 40; 27. 63. Ac. 27. 33. *and have.* ch. 6. 32, 33. Lu. 12. 29, 30. *lest.* 1 Sa. 14. 28-31; 30. 11, 12. Mar. 8. 3.

33 *Whence.* Nu. 11. 21, 22. 2 Ki. 4. 42-44. Mar. 6. 37; 8. 4, 5. Jno. 6. 5-7. *to fill.* ch. 14. 15. Lu. 9. 13. Jno. 6. 8, 9.

34 *How.* ch. 16. 9, 10. *few.* Lu. 24. 41, 42. Jno. 21. 9, 10.

35 *to sit.* ch. 14. 19, etc. Mar. 6. 39, 40. Lu. 9. 14-16. Jno. 6. 10.

36 *and gave thanks.* ch. 26. 26, 27. 1 Sa. 9. 13. Lu. 22. 19; 24. 30. Jno. 6. 11. Ac. 27. 35. Ro. 14. 6. 1 Co. 10. 31. 1 Ti. 4. 3, 4.

37 *all.* ver. 33; ch. 14. 20, 21. Ps. 107. 9. Lu. 1. 53. *seven.* ch. 16. 9, 10. Mar. 8. 8, 9, 19-21.

39 *he sent.* ch. 14. 22. Mar. 8. 10.

## CHAP. XVI.

*The Pharisees require a sign,* 1-4. *Jesus warns his disciples of the leaven of the Pharisees and Sadducees,* 5-12. *The people's opinion of Christ,* 13-15, *and Peter's confession of him,* 16-20. *Jesus foreshews his death,* 21, 22; *reproves Peter for dissuading him from it,* 23; *and admonishes those that will follow him, to bear the cross,* 24-28.

1 *Pharisees.* ch. 5. 20; 9. 11; 12. 14; 15. 1; 22. 15, 34; 23. 2; 27. 62. *Sadducees.* ver. 6, 11; ch. 3. 7, 8; 22. 23. Mar. 12. 18. Lu. 20. 27. Ac. 4. 1; 5, 17; 23. 6-8. *tempting.* ch. 19. 3; 22. 18, 35. Mar. 10. 2; 12. 15. Lu. 10. 25; 11. 16, 53, 54; 20. 23. Jno. 8. 6. *a sign.* ch. 12. 38, 39. Mar. 8. 11-13. Lu. 11. 16, 29, 30; 12. 54-56. Jno. 6. 30, 31. 1 Co. 1. 22.

2 *When.* Lu. 12. 54-56.

3 *O ye.* ch. 7. 5; 15. 7; 22. 18; 23. 13. Lu. 11. 44; 13. 15. *the signs.* ch. 4. 23; 11. 5. 1 Ch. 12. 32.

4 *wicked.* ch. 12. 39, 40. Mar. 8. 12, 38. Ac. 2. 40. *but.* Jon. 1. 17. Lu. 11. 29, 30. *And he.* ch. 15. 14. Ge. 6. 3. Ho. 4. 17; 9. 12. Mar. 5. 17, 18. Ac. 18. 6.

5 ch. 15. 39. Mar. 8. 13, 14.

6 *Take.* Lu. 12. 15. *the leaven.* ver. 12. Ex. 12. 15-19. Le. 2. 11. Mar. 8. 15. Lu. 12. 1. 1 Co. 5. 6-8. Ga. 5. 9. 2 Ti. 2. 16, 17. *the Pharisees.* ver. 1.

7 *they.* Mar. 8. 16-18; 9. 10. Lu. 9. 46. *It is.* ch. 15. 16-18. Ac. 10. 14.

8 *when.* Jno. 2. 24, 25; 16. 30. He. 4. 13. Re. 2. 23. *O ye.* ch. 6. 30; 8. 26; 14. 31. Mar. 16. 14.

9 *ye not.* ch. 15. 16, 17. Mar. 7. 18. Lu. 24. 25-27. Re. 3. 19. *the five loaves.* ch. 14. 17-21. Mar. 6. 38-44. Lu. 9. 13-17. Jno. 6. 9-13.

10 ch. 15. 34, 38. Mar. 8. 5-9, 17-21.

11 Mar. 4. 40; 8. 21. Lu. 12. 56. Jno. 8. 43.

12 *but.* ch. 15. 4-9; 23. 13, etc. Ac. 23. 8.

13 *came.* ch. 15. 21. Ac. 10. 38. *Cesarea Philippi. Cæsarea Philippi* was anciently called *Paneas,* from the mountain of Panium, or Hermon, at the foot of which it was situated, near the springs of Jordan; but Philip the tetrarch, the son of Herod the Great, having rebuilt it, gave it the name of Cæsarea in honour of Tiberius, the reigning emperor, and he added his own name to it, to distinguish it from another Cæsarea on the coast of the Mediterranean. It was afterwards named *Neronias* by the young Agrippa, in honour of *Nero;* and, in the time of William of Tyre, it was called *Belinas.* It was, according to JOSEPHUS, a day's journey from Sidon, and 120 stadia from the lake of Phiala; and, according to ABULFEDA, a journey of a day and a half from Damascus. Many have confounded it with *Dan,* or *Leshem;* but EUSEBIUS and JEROME expressly affirm that Dan was four miles from Paneas, on the road to Tyre. It is now called *Banias,* and is described, by SEETZEN, as a hamlet of about twenty miserable huts, inhabited by Mohammedans; but BURCKHARDT says it contains about 150 houses, inhabited by Turks, Greeks, etc. Mar. 8. 27. *Whom.* Lu. 9. 18, etc. *I the.* ch. 8. 20; 9. 6; 12. 8, 32, 40; 13. 37, 41; 25. 31. Da. 7. 13. Mar. 8. 38; 10. 45. Jno. 1. 51; 3. 14; 5. 27; 12. 34. Ac. 7. 56. He. 2. 14-18.

14 *John.* ch. 14. 2. Mar. 8. 28. *Elias.* Mal. 4. 5. Mar. 6. 15. Lu. 9. 18, 19. Jno. 7. 12, 40, 41; 9. 17.

15 *But.* ch. 13. 11. Mar. 8. 29. Lu. 9. 20.

16 *Thou.* ch. 14. 33; 26. 63; 27. 54. Ps. 2. 7. Mar. 14. 61. Jno. 1. 49; 6. 69; 11. 27; 20. 31. Ac. 8. 37; 9. 20. Ro. 1. 4. He. 1. 2-5. 1 Jno. 4. 15; 5. 5, 20. *the living.* De. 5, 26. Ps. 42. 2. Da. 6. 26. Ac. 14. 15. 1 Th. 1. 9.

17 *Blessed.* ch. 5. 3-11; 13. 16, 17. Lu. 10. 23, 24; 22. 32. 1 Pe. 1. 3-5; 5. 1. *Simon.* Jno. 1. 42; 21. 15-17. *for.* Ga. 1. 11, 12, 16. *but.* ch. 11. 25-27. Is. 54. 13. Lu. 10. 21, 22. Jno. 6. 45; 17. 6-8. 1 Co. 2. 9-12. Ga. 1. 16. Ep. 1. 17, 18; 2. 8; 3. 5, 18, 19. Col. 1. 26, 27. 1 Jno. 4. 15; 5. 20.

18 *thou.* ch. 10. 2. Jno. 1. 42. Ga. 2. 9. *upon.* Is. 28. 16. 1 Co. 3. 10, 11. Ep. 2. 19-22. Re. 21. 14. *I will.* Zec. 6. 12, 13. 1 Co. 3. 9. He. 3. 3, 4. *my.* ch. 18. 17. Ac. 2. 47; 8. 1. Ep. 3. 10; 5. 25-27, 32. Col. 1. 18. 1 Ti. 3. 5, 15. *and the.* Ge. 22. 17. 2 Sa. 18. 4. Job 38. 17. Ps. 9. 13; 69. 12; 107. 18; 127. 5. Pr. 24. 7. Is. 28. 6; 38. 10. 1 Co. 15. 55, marg. *shall not.* Ps. 125. 1, 2. Is. 54. 17. Jno. 10. 27-30. Ro. 8. 33-39. He. 12. 28. Re. 11. 15; 21. 1-4.

19 *give.* Ac. 2. 14, etc; 10. 34, etc; 15. 7. *the keys.* Is. 22. 22. Re. 1. 18; 3. 7; 9. 1; 20. 1-3. *and whatsoever.* ch. 18. 18. Jno. 20. 23. 1 Co. 5. 4, 5. 2 Co. 2. 10. 1 Th. 4. 8. Re. 11. 6.

20 *charged.* ch. 8. 4; 17. 9. Mar. 8. 30; 9. 9. Lu. 9. 21, 36. *Jesus.* Jno.1.41,45; 20.31. Ac.2.36. 1 Jno. 2. 22; 5.1.

21 *began.* ch. 17. 22, 23; 20. 17-19, 28; 26. 2. Mar. 8. 31; 9. 31, 32; 10. 32-34. Lu. 9. 22, 31, 44, 45; 18. 31-34; 24. 6, 7, 26, 27, 46. 1 Co. 15. 3, 4. *chief priests.* ch. 26. 47; 27. 12. 1 Ch. 24. 1-19. Ne. 12. 7. *and be.* ch. 27. 63. Jno. 2. 19-21. Ac. 2. 23-32.

22 *began.* ver. 16, 17; 26. 51-53. Mar. 8. 32. Jno. 13. 6-8. *Be it far from thee. Gr.* Pity thyself. 1 Ki. 22. 13. Ac. 21. 11-13.

23 *Get.* ch. 4. 10. Ge. 3. 1-6, 17. Mar. 8. 33. Lu. 4. 8. 2 Co. 11. 14, 15. *Satan.* 2 Sa. 19. 22. 1 Ch. 21. 1. Zec. 3. 1, 2. Jno. 6. 70. *thou art.* ch. 18. 7. Is. 8. 14. Ro. 14. 13, 21. *thou savourest.* Mar. 8. 33. Ro. 8. 5-8. 1 Co. 2. 14, 15. Phi. 3. 19. Col. 3. 2.

24 *If.* ch. 10. 38. Mar. 8. 34; 10. 21. Lu. 9. 23-27; 14. 27. Ac. 14. 22. Col. 1. 24. 1 Th. 3. 3. 2 Ti. 3. 12. He. 11. 24-26. *and take.* ch. 27. 32. Mar. 15. 21. Lu. 23. 26. Jno. 19. 17. 1 Pe. 4. 1, 2.

25 ch. 10. 39. Es. 4. 14, 16. Mar. 8. 35. Lu. 17. 33. Jno. 12. 25. Ac. 20. 23, 24. Re. 12. 11.

26 *what is.* ch. 5. 29. Job 2. 4. Mar. 8. 36. Lu. 9. 25. *gain.* ch. 4. 8, 9. Job 27. 8. Lu. 12. 20; 16. 25. *or.* Ps. 49. 7, 8. Mar. 8. 37.

27 *the Son.* ch. 24. 30; 25. 31; 26. 64. Mar. 8. 38; 14. 62. Lu. 9. 26; 21. 27; 22. 69. *with.* ch. 13. 41, 49. Da. 7. 10. Zec. 14. 5. 2 Th. 1. 7-10. Jude 14. *and then.* ch. 10. 41, 42. Job 34. 11. Ps. 62. 12. Pr. 24. 12. Is. 3. 10, 11. Je. 17. 10; 32. 19. Eze. 7. 27. Ro. 2. 6. 1 Co. 3. 8. 2 Co. 5. 10. Ep. 6. 8. 1 Pe. 1. 17. Re. 2. 23; 22. 12-15.

28 *There.* Mar. 9. 1. Lu. 9. 27. *taste.* Lu. 2. 26. Jno. 8. 52. He. 2. 9. *see.* This appears to refer to the mediatorial kingdom which our Lord was about to set up, by the destruction of the Jewish nation and polity, and the diffusion of the gospel throughout the world. ch. 10. 23; 24. 3, 27-31, 42; 26. 64. Mar. 13. 26. Lu. 18. 8; 21. 27, 28.

CHAP. XVII.

*The transfiguration of Christ,* 1-13. *He heals the lunatic,* 14-21, *foretells his own passion,* 22, 23, *and pays tribute,* 24-27.

1 *after.* St. Luke, taking in both the day of the preceding discourse and that of the transfiguration, as well as the *six* intermediate ones, says it was *eight* days after. Mar. 9. 2, etc. Lu. 9. 28, etc. *Peter.* ch. 26. 37. Mar. 5. 37. Lu. 8. 51. 2 Co. 13. 1. *an high.* 2 Pe. 1. 18.

2 *transfigured.* Lu. 9. 29. Ro. 12. 2. Phi. 2. 6, 7, Gr. *his face.* ch. 28. 3. Ex. 34. 29-35. Jno. 1. 14; 17. 24. Ac. 26. 13-15. Re. 1. 13-17; 10. 1; 19. 12, 13; 20. 11. *raiment.* Ps. 104. 2. Mar. 9. 3.

3 *behold.* Mar. 9. 4. Lu. 9. 30, 31. *Moses.* ch. 11. 13, 14. De. 18. 18; 34. 5, 6, 10. Lu. 24. 27, 44. Jno. 1. 17; 5. 45-47. 2 Co. 3. 7-11. He. 3. 1-6. *Elias.* ver. 10-13. 1 Ki. 17. 1; 18. 36-40. 2 Ki. 2. 11-14. Mal. 4. 5, Elijah. Lu. 1. 17; 9. 33; 16. 16.

4 *answered.* Mar. 9. 5, 6. Lu. 9. 33. *it is.* Ex. 33. 18, 19. Ps. 4. 6; 16. 11; 63. 1-5. Is. 33. 17. Zec. 9. 17. Jno. 14. 8, 9; 17. 24. Phi. 1. 23. 1 Jno. 3. 2. Re. 21. 23; 22. 3-5.

5 *behold.* Ex. 40. 34, 35. 1 Ki. 8. 10-12. Ps. 18. 10, 11. Lu. 9. 34. Ac. 1. 9. Re. 1. 7. *a voice.* Ex. 19. 19. De. 4. 11, 12; 5. 22. Job 38. 1. Ps. 81. 7. Jno. 5. 37; 12. 28-30. Ac. 9. 3-6. *This.* ch. 3. 17. Mar. 1. 11; 9. 7. Lu. 3. 22; 9. 35. Jno. 3. 16, 35; 5. 20-23. Ep. 1. 6. Col. 1. 13, marg. 2 Pe. 1. 16, 17. *in whom.* ch. 12. 18. Is. 42. 1, 21. Jno. 15. 9, 10. *hear.* De. 18. 15, 19. Ac. 3. 22, 23; 7. 37. He. 1. 1, 2; 2. 1-3; 5. 9; 12. 25, 26.

6 Le. 9. 24. Ju. 13. 20, 22. 1 Ch. 21. 16. Eze. 3. 23; 43. 3. Da. 8. 17; 10. 7-9, 16, 17. Ac. 22. 7; 26. 14. 2 Pe. 1. 18.

7 *touched.* Da. 8. 18; 9. 21; 10. 10, 18. Re. 1. 17. *Arise.* Lu. 24. 5. Ac. 9. 6.

8 *they saw.* Mar. 9. 8. Lu. 9. 36. Ac. 12. 10, 11.

9 *Jesus.* ch. 16. 20. Mar. 8. 30; 9. 9, 10. Lu. 8. 56; 9. 21, 22. *until.* ver. 23; ch. 16. 21. Lu. 18. 33, 34; 24. 46, 47.

10 *Why.* ver. 3, 4; ch. 11. 14; 27. 47-49. Mal. 4. 5, 6. Mar. 9. 11. Jno. 1. 21, 25.

11 *and restore.* Mal. 4. 6. Lu. 1. 16, 17; 3. 3-14. Ac. 3. 21.

12 *and they.* ch. 11. 9-15; 21. 23-25, 32. Mar. 9. 12, 13; 11. 30-32. Lu. 7. 33. Jno. 1. 11; 5. 32-36. Ac. 13. 24-28. *but.* ch. 11. 2; 14. 3-10. Mar. 6. 14-28. Lu. 3. 19, 20. Ac. 7. 52. *Likewise.* ch. 16. 21. Is. 53. 3, etc. Lu. 9. 21-25. Ac. 2. 23; 3. 14, 15; 4. 10.

13 *the disciples.* ch. 11. 14.

14 *when.* Mar. 9. 14, etc. Lu. 9. 37, etc. *kneeling.* Mar. 1. 40; 10. 17. Ac. 10. 25, 26.

15 *have.* ch. 15. 22. Mar. 5. 22, 23; 9. 22. Lu. 9. 38-42. Jno. 4. 46, 47. *for.* ch. 4. 24. Mar. 9. 17, 18, 20-22. *he is.* Σεληνιαζεται, from σεληνη, the *moon,* one who was affected with his disorder at the change and full of the moon. This is the case in some kinds of madness and epilepsy. This youth was no doubt epileptic; but it was evidently either produced or taken advantage of by a demon or evil spirit. *for ofttimes.* ch. 8. 31, 32. Job 1. 10-19; 2. 7. Mar. 5. 4, 5.

16 *and they.* ver. 19, 20. 2 Ki. 4. 29-31. Lu. 9. 40. Ac. 3. 16; 19. 15, 16.

17 *O faithless.* ch. 6. 30; 8. 26; 13. 58; 16. 8. Mar. 9. 19; 16. 41. Lu. 9. 41; 24. 25. Jno. 20. 27. He. 3. 16-19. *how long shall I be.* Ex. 10. 3; 16. 28. Nu. 14. 11, 27. Ps. 95. 10. Pr. 1. 22; 6. 9. Je. 4. 14. Ac. 13. 18.

18 *rebuked.* ch. 12. 22. Mar. 1. 34; 5. 8; 9. 25-27. Lu. 4. 35, 36, 41; 8. 29; 9. 42. Ac. 16. 18; 19. 13-15. *from.* ch. 9. 22; 15. 28. Jno. 4. 52, 53.

19 Mar. 4. 10; 9. 28.

20 *Because.* ver. 17; ch. 14. 30, 31. He. 3. 19. *If.* ch. 21. 21. Mar. 11. 23. Lu. 17. 6. 1 Co. 12. 9; 13. 2. *faith.* That is, as Bp. PEARCE well remarks, a thriving and increasing faith, like a grain of mustard seed, which, from being the least of seeds, becomes the greatest of all herbs. *a grain.* ch. 13. 31. Mar. 4. 31. *nothing.* Mar. 9. 23. Lu. 1. 37; 18. 27.

21 *this.* ch. 12. 45. *but.* 1 Ki. 17. 20, 21. Da. 9. 3. Mar. 9. 29. Ac. 13. 2, 3; 14. 23. 1 Co. 7. 5. 2 Co. 11. 27. Ep. 6. 18.

22 *The Son.* ch. 16. 21; 20. 17, 18. Mar. 8. 31; 9. 30, 31; 10. 33, 34. Lu. 9. 22, 44; 18. 31-34; 24. 6, 7, 26, 46. *betrayed.* ch. 24. 10; 26. 16, 46. Ac. 7. 52. 1 Co. 11. 23.

23 *they shall.* Ps. 22. 15, 22, etc. Is. 53. 7, 10-12. Da. 9. 26. Zec. 13. 7. *the third.* Ps. 16. 10. Jno. 2. 19. Ac. 2. 23-31. 1 Co. 15. 3, 4. *And they were.* Jno. 16. 6, 20-22.

24 *when.* Mar. 9. 33. *tribute.* '*Gr.* didrachma, *in value fifteen pence.*' Ex. 30. 13; 38. 26. This *tribute* seems to have been the half shekel which every male among the Jews paid yearly for the support of the temple, and which was continued by them, wherever dispersed, till after the time of Vespasian.

25 *Yes.* ch. 3. 15; 22. 21. Ro. 13. 6, 7. *of their.* 1 Sa. 17. 25.

27 *lest.* ch. 15. 12-14. Ro. 14. 21; 15. 1-3. 1 Co. 8. 9, 13; 9. 19-22; 10. 32, 33. 2 Co. 6. 3. 1 Th. 5. 22. Tit. 2. 7, 8. *and take.* Ge. 1. 28. 1 Ki. 17. 4. Ps. 8. 8. Jon. 1. 17; 2. 10. He. 2. 7, 8. *a piece of money.* '*or,* a stater, *half an ounce of silver, value* 2s. 6d., *after* 5s. *the ounce.*' *that take.* 2 Co. 8. 9. Ja. 2. 5.

CHAP. XVIII.

*Christ warns his disciples to be humble and harmless,* 1-6, *to avoid offences,* 7-9, *and not to despise the little ones,* 10-14; *teaches how we are to deal with our brethren when they offend us,* 15-20, *and how oft to forgive them,* 21, 22; *which he sets forth by a parable of the king that took account of his servants,* 23-31, *and punished him who shewed no mercy to his fellow,* 32-35.

1 *the same.* Mar. 9. 33, etc. *Who.* ch. 20. 20-28; 23. 11. Mar. 9. 34; 10. 35-45. Lu. 9. 46-48; 22. 24-27. Ro. 12. 10. Phi. 2. 3. *in.* ch. 3. 2; 5. 19, 20; 7. 21. Mar. 10. 14, 15.

2 ch. 19. 13, 14. 1 Ki. 3. 7. Je. 1. 7. Mar. 9. 36, 37.

3 *Verily.* ch. 5. 18; 6. 2, 5, 16. Jno. 1. 51; 3. 3. *Except.* ch. 13. 15. Ps. 51. 10-13; 131. 2. Is. 6. 10. Mar. 4. 12. Lu. 22. 32. Ac. 3. 19; 28. 27. Ja. 5. 19, 20. *and become.* Mar. 10. 14, 15. Lu. 18. 16, 17. 1 Co. 14. 20. 1 Pe. 2. 2. *enter.* ch. 5. 20; 19. 23. Lu. 13. 24. Jno. 3. 5. Ac. 14. 22. 2 Pe. 1. 11.

4 *humble.* ch. 23. 11, 12. Ps. 131. 1, 2. Is. 57. 15. Lu. 14. 11. 1 Pe. 5. 5. Ja. 4. 10. *greatest.* ver. 1; ch. 20. 26, 27. Mar. 10. 43. Lu. 4. 48.

5 *receive.* ch. 10. 40-42; 25. 40, 45. Mar. 9. 41. Lu. 9. 48; 17. 1, 2. *receiveth.* Mar. 9. 37. Jno. 13. 20. Ga. 4. 14.

6 *offend.* Ps. 105. 15. Zec. 2. 8. Mar. 9. 42. Lu. 17. 1, 2. Ac. 9. 5. Ro. 14. 13-15, 21; 15. 1-3. 1 Co. 8, 9-13; 10. 32, 33. 2 Th. 1. 6-9. *little.* ver. 10, 14. Zec. 13. 7. Lu. 17. 2. *that a.* This mode of punishment appears to have obtained in Syria as well as in Greece, especially in cases of parricide. That it was customary in Greece we learn from SUIDAS, in υπερβολον λιθον, and the scholiast on the *Equites* of ARISTOPHANES: Οταν γαρ κατεποντων τινας, βαρος απο των τραχηλων εκρεμων· 'When a person was drowned, they hung a weight about his neck.'

7 *unto.* Ge. 13. 7. 1 Sa. 2. 17, 22-25. 2 Sa. 12. 14. Lu. 17. 1. Ro. 2. 23, 24. 1 Ti. 5. 14, 15; 6. 1. Tit. 2. 5, 8. 2 Pe. 2. 2. *for.* Mar. 13. 7. Ac. 1. 16. 1 Co. 11. 19. 2 Th. 2. 3-12. 1 Ti. 4. 1-3. 2 Ti. 3. 1-5; 4. 3, 4. Jude 4. *but.* ch. 13. 41, 42; 23. 13, etc; 26. 24. Jno. 17. 12. Ac. 1. 18-20. 2 Pe. 2. 3, 15-17. Jude 11-13. Re. 2. 14, 15, 20-23; 19. 20, 21.

8 *if.* ch. 5. 29, 30; 14. 3, 4. De. 13. 6-8. Mar. 9. 43-48. Lu. 14. 26, 27, 33; 18. 22, 23. *and cast.* Is. 2. 20, 21; 30. 22. Eze. 18. 31. Ro. 13. 12. Phi. 3. 8, 9. *maimed.* ch. 15. 30, 31. *everlasting.* ch. 25. 41, 46. Is. 33. 14. Mar. 9. 48, 49. Lu. 16. 24. 2 Th. 1. 8, 9. Re. 14. 10; 20. 15; 21. 8.

9 *to enter.* ch. 19. 17, 23, 24. Ac. 14. 22. He. 4. 11. Re. 21. 27. *rather.* ch. 16. 26. Lu. 9. 24, 25.

10 *heed.* ver. 6, 14; ch. 12. 20. Ps. 15. 4. Zec. 4. 10. Lu. 10. 16. Ro. 14. 1-3, 10, 13-15, 21; 15. 1. 1 Co. 8. 8-13; 9. 22; 11. 22; 16. 11. 2 Co. 10. 1, 10. Ga. 4. 13, 14; 6. 1. 1 Th. 4. 8. 1 Ti. 4. 12. *their.* ch. 1. 20; 2. 13, 19; 24. 31. Ge. 32. 1, 2. 2 Ki. 6. 16, 17. Ps. 34. 7; 91. 11. Zec. 13. 7. Lu. 16. 22. Ac. 5. 19; 10. 3; 12. 7-11, 23; 27. 23. He. 1. 14. *behold.* 2 Sa. 14. 28. 1 Ki. 22. 19. Es. 1. 14. Ps. 17. 15. Lu. 1. 19.

11 ch. 9. 12, 13; 10. 6; 15. 24. Lu. 9. 56; 15. 24, 32; 19. 10. Jno. 3. 17; 10. 10; 12. 47. 1 Ti. 1. 15.

12 *How.* ch. 21. 28; 22. 42. 1 Co. 10. 15. *if.* ch. 12. 11. Ps. 119. 176. Is. 53. 6. Je. 50. 6. Eze. 34. 16, 28. Lu. 15. 4, etc. Jno. 10. 11, etc. 1 Pe. 2. 25. *into.* 1 Ki. 21. 17. Eze. 34. 6, 12.

13 *he rejoiceth.* Ps. 147. 11. Is. 53. 11; 62. 5. Je. 32. 37-41. Mi. 7. 18. Zep. 3. 17. Lu. 15. 5-10, 23, 24. Jno. 4. 34-36. Ja. 2. 13.

14 *it is.* Lu. 12. 32. Jno. 6. 39, 40; 10. 27-30; 17. 12. Ro. 8. 28-39. Ep. 1. 5-7. 1 Pe. 1. 3-5. *your.* ch. 5. 16; 6. 9, 32. *one.* Is. 40. 11. Zec. 13. 7. Jno. 21. 15. 1 Co. 8. 11-13. 2 Ti. 2. 10. He. 12. 13. 2 Pe. 3. 9.

15 *if.* ver. 35. Le. 6. 2-7. Lu. 17. 3, 4. 1 Co. 6. 6-8; 8. 12. 2 Co. 7. 12. Col. 3. 13. 1 Th. 4. 6. *go.* Le. 19. 17. Ps. 141. 5. Pr. 25. 9, 10. *thou hast.* Pr. 11. 30. Ro. 12. 21. 1 Co. 9. 19-21. Ja. 5. 19, 20. 1 Pe. 3. 1.

16 *that in.* Nu. 35. 30. De. 17. 6; 19. 15. 1 Ki. 21. 13. Jno. 8. 17. 2 Co. 13. 1. 1 Ti. 5. 19. He. 10. 28. 1 Jno. 5. 7, 8. Re. 11. 3.

17 *tell.* Ac. 6. 1-3; 15. 6, 7. 1 Co. 5. 4, 5; 6. 1-4. 2 Co. 2.

6, 7. 3 Jno. 9, 10. *let.* Ro. 16. 17, 18. 1 Co. 5. 3-5, 9-13. 2 Th. 3. 6, 14, 15. 1 Ti. 6. 5. 2 Jno. 10, 11. *an heathen.* ch. 6. 7. Ezr. 6. 21. Eze. 11. 12. 2 Co. 6. 14-17. Ep. 4. 17-19; 5. 11, 12. *a publican.* ch. 5. 46; 11. 19; 21. 31, 32. Lu. 15. 1; 18. 11; 19. 2, 3.

18 ch. 16. 19. Jno. 20. 23. Ac. 15. 23-31. 1 Co. 5. 4, 5. 2 Co. 2. 10. Re. 3. 7, 8.

19 *That if.* ch. 5. 24; 21. 22. Mar. 11. 24. Jno. 15. 7, 16. Ac. 1. 14; 2. 1, 2; 4. 24-31; 6. 4; 12. 5. Ep. 6. 18-20. Phi. 1. 19. Ja. 5. 14-16. 1 Jno. 3. 22; 5. 14-16. Re. 11. 4-6. *it shall.* Jno. 14. 13, 14; 16. 23.

20 *two.* Ge. 49. 10. Jno. 20. 19, 26. 1 Co. 5. 4. 1 Th. 1. 1. Phile. 2. *there.* ch. 28. 20. Ex. 20. 24. Zec. 2. 5. Jno. 8. 58. Re. 1. 11-13; 2. 1; 21. 3.

21 *till.* ver. 15. Lu. 17. 3, 4.

22 *but.* ch. 6. 11, 12, 14, 15. Is. 55. 7. Mi. 7. 19. Mar. 11. 25, 26. Ro. 12. 21. Ep. 4. 26, 31, 32; 5. 1. Col. 3. 13. 1 Ti. 2. 8.

23 *is.* ch. 3. 2; 13. 24, 31, 33, 44, 45, 47, 52; 25. 1, 14. *which.* ch. 25. 19-30. Lu. 16. 1, 2; 19. 12-27. Ro. 14. 12. 1 Co. 4. 5. 2 Co. 5. 10, 11.

24 *owed.* Lu. 7. 41, 42; 13. 4, marg.; 16. 5, 7. *ten thousand.* Μυριων ταλαντων, *a myriad of talents*, the highest number known in Greek arithmetical notation. According to Prideaux, the Roman talent was equal to 216*l.*; ten thousand of which would amount to 2,160,000*l.* If the Jewish talent of silver be designed, which is estimated by the same learned writer at 450*l.*, this sum amounts to 4,500,000*l.*; but if the gold talent is meant, which is equal to 7200*l.*, then the amount is 72,000,000*l.* This immense sum represents our *boundless* obligations to God, and our utter incapacity, as sinners infinitely indebted to Divine justice, of paying one mite out of the talent. 1 Ch. 29. 7. Ezr. 9. 6. Ps. 38. 4; 40. 12; 130. 3, 4. *talents.* 'A talent is 750 ounces of silver, which after five shillings the ounce is 187*l.* 10*s.*'

25 *commanded.* Le. 25. 39. 2 Ki. 4. 1. Ne. 5. 5, 8. Is. 50. 1.

26 *worshipped him.* or, besought him. *have.* ver. 29. Lu. 7. 43. Ro. 10. 3.

27 *moved.* Ju. 10. 16. Ne. 9. 17. Ps. 78. 38; 86. 5, 15; 145. 8. Ho. 11. 8.

28 *an hundred.* Rather, 'a hundred denarii,' as our *penny* does not convey one *seventh* of the meaning. This would amount to about 3*l.* 2*s.* 6*d.* English; which was not one six hundred thousandth part of the 10,000 talents, even calculating them as Roman talents. *pence.* 'The Roman penny is the eighth part of an ounce, which after five shillings the ounce is sevenpence halfpenny.' ch. 20. 2. *and took.* De. 15. 2. Ne. 5. 7, 10, 11; 10. 31. Is. 58. 3. Eze. 45. 9.

29 *Have.* ver. 26; ch. 6. 12. Phile. 18, 19.

30 *but.* 1 Ki. 21. 27-29; 22. 27.

31 *they.* Ps. 119. 136, 158. Je. 9. 1. Mar. 3. 5. Lu. 19. 41. Ro. 9. 1-3; 12. 15. 2 Co. 11. 21. He. 13. 3. *and came.* Ge. 37. 2. Lu. 14. 21. He. 13. 17.

32 *O thou.* ch. 25. 26. Lu. 19. 22. Ro. 3. 19.

33 *even.* ch. 5. 44, 45. Lu. 6. 35, 36. Ep. 4. 32; 5. 1, 2. Col. 3. 13.

34 *and delivered.* ch. 5. 25, 26. Lu. 12. 58, 59. 2 Th. 1. 8, 9. Re. 14. 10, 11.

35 *do.* ch. 6. 12, 14, 15; 7. 1, 2. Pr. 21. 13. Mar. 11. 26. Lu. 6. 37, 38. Ja. 2. 13. *from.* Pr. 21. 2. Je. 3. 10. Zec. 7. 12. Lu. 16. 15. Ja. 3. 14; 4. 8. Re. 2. 23.

## CHAP. XIX.

*Christ heals the sick*, 1, 2; *answers the Pharisees concerning divorcement*, 3-9; *shews when marriage is necessary*, 10-12; *receives little children*, 13-15; *instructs the young man how to attain eternal life*, 16-19; *and how to be perfect*, 20-22; *tells his disciples how hard it is for a rich man to enter into the kingdom of God*, 23-26; *and promises reward to those that forsake any thing to follow him*, 27-30.

1 *that when.* Mar. 10. 1. Jno. 10. 40. *he departed.* This was our Lord's final departure from Galilee, previous to his crucifixion; but he appears to have taken in a large compass in his journey, and passed through the districts east of Jordan. Some learned men, however, are of opinion, that instead of 'beyond Jordan,' we should render, 'by the side of Jordan,' as περαν, especially with a genitive, sometimes signifies.

2 ch. 4. 23-25; 9. 35, 36; 12. 15; 14. 35, 36; 15. 30, 31. Mar. 6. 55, 56.

3 *tempting.* ch. 16. 1; 22. 16-18, 35. Mar. 10. 2; 12. 13-15. Lu. 11. 53, 54. Jno. 8. 6. He. 3. 9. *Is it.* ch. 5. 31, 32. Mal. 2. 14-16.

4 *Have.* ch. 12. 3; 21. 6, 42; 22. 31. Mar. 2. 25; 12. 10, 26. Lu. 6. 3; 10. 26. *that.* Ge. 1. 27; 5. 2. Mal. 2. 15.

5 *said.* Ge. 2. 21-24. Ps. 45. 10. Mar. 10. 5-9. Ep. 5. 31. *cleave.* Προσκολληθησεται, 'shall be *cemented* to his wife,' as the Hebrew *davak* implies; a beautiful metaphor, forcibly intimating that nothing but death can separate them. Ge. 34. 3. De. 4. 4; 10. 20; 11. 22. 1 Sa. 18. 1. 2 Sa. 1. 26. 1 Ki. 11. 2. Ps. 63. 8. Ro. 12. 9. *and they.* 1 Co. 6. 16; 7. 2, 4.

6 *God.* Pr. 2. 17. Mal. 2. 14. Mar. 10. 9. Ro. 7. 2. 1 Co. 7. 10-14. Ep. 5. 28. He. 13. 4. *hath.* Συνεζευξεν, 'hath yoked together,' as oxen in the plough, where each must pull equally in order to bring it on. Among the ancients, they put a *yoke* upon the necks of a new married couple, or *chains* on their arms, to shew that they were to be *one*, closely united, and pulling equally together in all the concerns of life.

7 *Why.* ch. 5. 31. De. 24. 1-4. Is. 50. 1. Je. 3. 8. Mar. 10. 4. *and to.* ch. 1. 19. Mal. 2. 16.

8 *because.* Ps. 95. 8. Zec. 7. 12. Mal. 2. 13, 14. Mar. 10. 5. *suffered.* ch. 3. 15; 8. 31. 1 Co. 7. 6. *but.* Ge. 2. 24; 7. 7. Je. 6. 16.

9 *Whosoever.* ch. 5. 32. Mar. 10. 11, 12. Lu. 16. 18. 1 Co. 7. 10-13, 39. *except.* 2 Ch. 21. 11. Je. 3. 8. Eze. 16. 8, 15, 29. 1 Co. 5. 1. *doth.* Ge. 12. 18, 19; 20. 3. Je. 3. 1. Ro. 7. 2, 3. 1 Co. 7. 4, 11, 39.

10 Ge. 2. 18. Pr. 5. 15-19; 18. 22; 19. 13, 14; 21. 9, 19. 1 Co. 7. 1, 2, 8, 26-28, 32-35, 39, 40. 1 Ti. 4. 3; 5. 11-15.

11 1 Co. 7. 2, 7, 9, 17, 35.

12 *which were made.* Is. 39. 7; 56. 3, 4. *which have.* 1 Co. 7. 32-38; 9. 5, 15.

13 *brought.* ch. 18. 2-5. Ge. 48. 1, 9-20. 1 Sa. 1. 24. Ps. 115. 14, 15. Je. 32. 39. Mar. 10. 13. Lu. 18. 15. Ac. 2. 39. 1 Co. 7. 14. *and the.* ch. 16. 22; 20. 31. Lu. 9. 49, 50, 54, 55.

14 *Suffer.* Ge. 17. 7, 8, 24-26; 21. 4. Ju. 13. 7. 1 Sa. 1. 11, 22, 24; 2. 18. Mar. 10. 14. Lu. 18. 16, etc. *for.* ch. 11. 25; 18. 3. 1 Co. 14. 20. 1 Pe. 2. 1, 2.

15 Is. 40. 11. Mar. 10. 16. 1 Co. 7. 14. 2 Ti. 3. 15.

16 *one.* Mar. 10. 17. Lu. 18. 18. *what.* Lu. 10. 25. Jno. 6. 27-29. Ac. 16. 30. *eternal.* ch. 25. 46. Da. 12. 2. Jno. 3. 15; 4. 14; 5. 39; 6. 47, 68; 10. 28; 12. 25; 17. 2, 3. Ro. 2. 7; 5. 21; 6. 22, 23. 1 Ti. 1. 16; 6. 12, 19. Tit. 1. 2; 3. 7; 1 Jno. 1. 2; 2. 25; 5. 11-13, 20. Jude 21.

17 *there.* 1 Sa. 2. 2. Ps. 52. 1; 145. 7-9. Ja. 1. 17. 1 Jno. 4. 8-10, 16. *but.* Le. 18. 5. Eze. 20. 11, 12. Lu. 10. 26-28. Ro. 10. 5. Ga. 3. 11-13.

18 *Which.* Ga. 3. 10. Ja. 2. 10, 11. *Thou shalt do.* ch. 5. 21-28. Ex. 20. 12-17. De. 5. 16-21. Mar. 10. 19. Lu. 18. 20. Ro. 13. 8-10.

19 *Honour.* ch. 15. 4-6. Le. 19. 3. Pr. 30. 17. Ep. 6. 1, 2. *Thou.* ch. 22. 39. Le. 19. 18. Lu. 10. 27. Ro. 13. 9. Ga. 5. 14. Ja. 2. 8.

20 *All.* Mar. 10. 20. Lu. 15. 7, 29; 18. 11, 12, 21. Jno. 8. 7. Ro. 3. 19-23; 7. 9. Ga. 3. 24. Phi. 3. 6. *what.* Mar. 10. 21. Lu. 18. 22.

21 *If.* ch. 5. 19, 20, 48. Ge. 6. 9; 17. 1. Job 1. 1. Ps. 37. 37. Lu. 6. 40. Phi. 3. 12-15. *go.* ch. 6. 19, 20. Mar. 10. 21. Lu. 12. 33; 14. 33; 16. 9; 18. 22. Ac. 2. 45; 4. 32-35. 1 Ti. 6. 17-19. He. 10. 34. *come.* ver. 28; ch. 4. 19; 8. 22; 9. 9; 16. 24. Mar. 2. 14; 8. 34; 10. 21. Lu. 5. 27; 9. 23; 18. 22. Jno. 10. 27; 12. 26.

22 *he went.* ch. 13. 22; 14. 9. Ju. 18. 23, 24. Da. 6. 14-17. Mar. 6. 26; 10. 22. Lu. 18. 23. Jno. 19. 12-16. *for.* ch. 6. 24; 16. 26. Ps. 17. 14. Eze. 33. 31. Ep. 5. 5. Col. 3. 5.

23 *That.* ch. 13. 22. De. 6. 10-12; 8. 10-18. Job 31. 24, 25. Ps. 49. 6, 7, 16-19. Pr. 11. 28; 30. 8, 9. Mar. 10. 23. Lu. 12. 15-21; 16. 13, 14, 19-28; 18. 24. 1 Co. 1. 26. 1 Ti. 6. 9, 10. Ja. 1. 9-11; 2. 6; 5. 1-4. *enter.* ch. 5. 20; 18. 3; 21. 31. Jno. 3. 3, 5. Ac. 14. 22.

24 *It.* So in the *Koran*, 'The impious, who in his arrogance shall accuse our doctrine of falsity, shall find the gates of heaven shut; nor shall he enter *till a camel shall pass through the eye of a needle.*' It was a common mode of expression among the Jews to declare any thing that was rare or difficult. ver. 26; ch. 23. 24. Je. 13. 23. Mar. 10. 24, 25. Lu. 18. 25. Jno. 5. 44.

25 *Who.* ch. 24. 22. Mar. 13. 20. Lu. 13. 23, 24. Ro. 10. 13; 11. 5-7.

26 *but.* Ge. 18. 14. Nu. 11. 23. Job 42. 2. Ps. 3. 8; 62. 11. Je. 32. 27. Zec. 8. 6. Mar. 10. 27. Lu. 1. 37; 18. 27.

27 *we have forsaken.* ch. 4. 20-22; 9. 9. De. 33. 9. Mar. 1. 17-20; 2. 14; 10. 28. Lu. 5. 11, 27, 28; 14. 33; 18. 28.

Phi. 3. 8. *what.* ch. 20. 10-12. Lu. 15. 29. 1 Co. 1. 29; 4. 7.

28 *in the regeneration.* Is. 65. 17; 66. 22. Ac. 3. 21. 2 Pe. 3. 13. Re. 21. 5. *when.* ch. 16. 27; 25. 31. 2 Th. 1. 7-10. Re. 20. 11-15. *ye also.* ch. 20. 21. Lu. 22. 28-30. 1 Co. 6. 2, 3. 2 Ti. 2. 12. Re. 2. 26, 27; 3. 21. *the twelve.* Ex. 15. 27; 24. 4; 28. 21. Le. 24. 5. Jos. 3. 12. 1 Ki. 18. 31. Ezr. 6. 17. Re. 7. 4; 12. 1; 21. 12-14; 22. 2.

29 *every.* ch. 16. 25. Mar. 10. 29, 30. Lu. 18. 29, 30. 1 Co. 2. 9. *or brethren.* ch. 8. 21, 22; 10. 37, 38. Lu. 14. 26. 2 Co. 5. 16. Phi. 3. 8. *my.* ch. 5. 11; 10. 22. Lu. 6. 22. Jno. 15. 19. Ac. 9. 16. 1 Pe. 4. 14. 3 Jno. 7. *an.* ch. 13. 8, 23. *inherit.* ver. 16; ch. 25. 34, 46.

30 ch. 8. 11, 12; 20. 16; 21. 31, 32. Mar. 10. 31. Lu. 7. 29, 30; 13. 30; 18. 13, 14. Ro. 5. 20, 21; 9. 30-33. Ga. 5. 7. He. 4. 1.

## CHAP. XX.

*Christ, by the similitude of the labourers in the vineyard, shews that God is debtor unto no man,* 1-16; *foretells his passion,* 17-19; *by answering the mother of Zebedee's children, teaches his disciples to be lowly,* 20-28; *and gives two blind men their sight,* 29-34.

1 *the kingdom.* This parable was intended to illustrate the equity of God's dealings, even when 'the first are placed last, and the last first.' ch. 3. 2; 13. 24, 31, 33, 44, 45, 47; 22. 2; 25. 1, 14. *a man.* ch. 9. 37, 38; 21. 33-43. Ca. 8. 11, 12. Is. 5. 1, 2. Jno. 15. 1. *early.* ch. 23. 37. Ca. 8. 11, 12. Je. 25. 3, 4. *labourers.* Mar. 13. 34. 1 Co. 15. 58. He. 13. 21. 2 Pe. 1. 5-10.

2 *he had.* ver. 13. Ex. 19. 5, 6. De. 5. 27-30. *a penny.* 'The Roman penny is the eighth part of an ounce, which after five shillings the ounce is sevenpence halfpenny.' ch. 18. 28; 22. 19, margins. Lu. 10. 35. Re. 6. 6. *he sent.* 1 Sa. 2. 18, 26; 3. 1, 21; 16. 11, 12. 1 Ki. 3. 6-11; 18. 12. 2 Ch. 34. 3. Ec. 12. 1. Lu. 1. 15. 2 Ti. 3. 15.

3 *the third.* Mar. 15. 25. Ac. 2. 15. *standing.* ver. 6, 7; ch. 11. 16, 17. Pr. 19. 15. Eze. 16. 49. Ac. 17. 17-21. 1 Ti. 5. 13. He. 6. 12.

4 *Go.* ch. 9. 9; 21. 23-31. Lu. 19. 7-10. Ro. 6. 16-22. 1 Co. 6. 11. 1 Ti. 1. 12, 13. Tit. 3. 8. 1 Pe. 1. 13; 4. 2, 3. *and whatsoever.* Col. 4. 1.

5 *sixth.* ch. 27. 45. Mar. 15. 33, 34. Lu. 23. 44-46. Jno. 1. 39; 4. 6; 11. 9. Ac. 3. 1; 10. 3, 9. *and did.* Ge. 12. 1-4. Jos. 24. 2, 3. 2 Ch. 33. 12-19. He. 11. 24-26.

6 *the eleventh.* Ec. 9. 10. Lu. 23. 40-43. Jno. 9. 4. *Why.* Pr. 19. 15. Eze. 16. 49. Ac. 17. 21. He. 6. 12.

7 *Because.* Ac. 4. 16; 17. 30, 31. Ro. 10. 14-17; 16. 25. Ep. 2. 11, 12; 3. 5, 6. Col. 1. 26. *Go.* ch. 22. 9, 10. Ec. 9. 10. Lu. 14. 21-23. Jno. 9. 4. *and.* Ep. 6. 8. He. 6. 10.

8 *when.* ch. 13. 39, 40; 25. 19, 31. Ro. 2. 6-10. 2 Co. 5. 10. He. 9. 28. Re. 20. 11, 12. *unto.* Ge. 15. 2; 39. 4-6; 43. 19. Lu. 10. 7; 12. 42; 16. 1, 2. 1 Co. 4. 1, 2. Tit. 1. 7. 1 Pe. 4. 10.

9 *they received.* ver. 2, 6, 7. Lu. 23. 40-43. Ro. 4. 3-6; 5. 20, 21. Ep. 1. 6-8; 2. 8-10. 1 Ti. 1. 14-16.

11 *they murmured.* Lu. 5. 30; 15. 2, 28-30; 19. 7. Ac. 11. 2, 3; 13. 45; 22. 21, 22. 1 Th. 2. 16. Jude 16.

12 *wrought but one hour.* or, continued one hour only. *equal.* Lu. 14. 10, 11. Ro. 3. 22-24, 30. Ep. 3. 6. *borne.* Is. 58. 2, 3. Zec. 7. 3-5. Mal. 1. 13; 3. 14. Lu. 15, 29, 30; 18. 11, 12. Ro. 3. 27; 9. 30-32; 10. 1-3; 11. 5, 6. 1 Co. 4. 11. 2 Co. 11. 23-28.

13 *Friend.* ch. 22. 12; 26. 50. *I do.* Ge. 18. 25. Job 34. 8-12, 17, 18; 35. 2; 40. 8. Ro. 9. 14, 15, 20.

14 *thine.* ch. 6. 2, 6, 16. 2 Ki. 10. 16, 30, 31. Eze. 29. 18-20. Lu. 15. 31; 16. 25. Ro. 3. 4, 19. *I will.* Jno. 17. 2.

15 *it.* ch. 11. 25. Ex. 33. 19. De. 7. 6-8. 1 Ch. 28. 4, 5. Je. 27. 5-7. Jno. 17. 2. Ro. 9. 15-24; 11. 5, 6. 1 Co. 4. 7. Ep. 1. 11; 2. 1, 5. Ja. 1. 18. *Is thine.* ch. 6. 23. De. 15. 9; 28. 54. Pr. 23. 6; 28. 22. Mar. 7. 22. Ja. 5. 9. *because.* Jon. 4. 1-4. Ac. 13. 45.

16 *the last.* ch. 8. 11, 12; 19. 30; 21. 31. Mar. 10. 31. Lu. 7. 47; 13. 28-30; 15. 7; 17. 17, 18. Jno. 12. 19-22. Ro. 5. 20; 9. 30. *for.* ch. 7. 13; 22. 14. Lu. 14. 24. Ro. 8. 30. 1 Th. 2. 13. 2 Th. 2. 13, 14. Ja. 1. 23-25.

17 *Jesus.* Mar. 10. 32-34. Lu. 18. 31-34. Jno. 12. 12. *took.* ch. 13. 11; 16. 13. Ge. 18. 17. Jno. 15. 15. Ac. 10. 41.

18 *and the.* ch. 16. 21; 17. 22, 23; 26. 2. Ps. 2. 1-3; 22. 1, etc.; 69. 1, etc. Is. ch. 53. Da. 9. 24-27. Ac. 2. 23; 4. 27, 28. *they.* ch. 26. 66; 27. 1. Mar. 14. 64, 65. Lu. 22. 71.

19 *shall deliver.* ch. 27. 2, etc. Mar. 15. 1, 16, etc. Lu. 23. 1, etc. Jno. 18. 28, etc. Ac. 3. 13-16. 1 Co. 15. 3-7. *to mock.* ch. 26. 67, 68; 27. 27-31. Ps. 22. 7, 8; 35. 16. Is. 53. 3. Mar. 14. 65; 15. 16-20, 29-31. Lu. 23. 11. Jno. 19. 1-4. *the third.* ch. 12. 40; 16. 21. Is. 26. 19. Ho. 6. 2. Lu. 24. 46. 1 Co. 15. 4.

20 *came.* Mar. 10. 35. *the mother.* ch. 4. 21; 27. 56. Mar. 15. 40, Salome. *worshipping.* ch. 2. 11; 8. 2; 14. 33; 15. 25; 28. 17.

21 *What.* ver. 32. 1 Ki. 3. 5. Es. 5. 3. Mar. 6. 22; 10. 36, 51. Lu. 18. 41. Jno. 15. 7. *Grant.* ch. 18. 1; 19. 28. Je. 45. 5. Mar. 10. 37. Lu. 22. 24. Ro. 12. 10. Phile. 2, 3. *the one.* 1 Ki. 2. 19. Ps. 45. 9; 110. 1. Mar. 16. 19. Ro. 8. 34. Col. 3. 1. *in thy.* Lu. 17. 20, 21; 19. 11. Ac. 1. 6.

22 *Ye know not.* Mar. 10. 38. Ro. 8. 26. Ja. 4. 3. *the cup.* ch. 26. 39, 42. Ps. 75. 3. Je. 25. 15, etc. Mar. 14. 36. Lu. 22. 42. Jno. 18. 11. *baptized with the.* Mar. 10. 39. Lu. 12. 50. *We.* ch. 26. 35, 56. Pr. 16. 18.

23 *Ye.* Ac. 12. 2. Ro. 8. 17. 2 Co. 1. 7. Col. 1. 24. 2 Ti. 2. 11, 12. Re. 1. 9. *to sit.* Rather, 'to sit on my right hand, and on my left, is not mine to give, except to them for whom it is prepared of my Father.' *for.* ch. 25. 34. Mar. 10. 40. 1 Co. 2. 9. He. 11. 16.

24 *they.* Pr. 13. 10. Mar. 10. 41. Lu. 22. 23-25. 1 Co. 13. 4. Phi. 2. 3. Ja. 3. 14-18; 4. 1, 5, 6. 1 Pe. 5. 5.

25 *called.* ch. 11. 29; 18. 3, 4. Jno. 13. 12-17. *the princes.* Mar. 10. 42. Lu. 22. 25-27. *exercise dominion.* Da. 2. 12, 13, 37-45; 3. 2-7, 15, 19-22; 5. 19.

26 *it.* ch. 23. 8-12. Mar. 9. 35; 10. 43-45. Lu. 14. 7-11; 18. 14. Jno. 18. 36. 2 Co. 1. 24; 10. 4-10. 1 Pe. 5. 3. 3 Jno. 9, 10. Re. 13. 11-17; 17. 6. *minister.* ch. 25. 44; 27. 55. Eze. 24. 13. Ac. 13. 5. 2 Ti. 1. 18. Phile. 13. He. 1. 14. 1 Pe. 4. 11.

27 *whosoever.* ch. 18. 4. Mar. 9. 33-35. Lu. 22. 26. Ac. 20. 34, 35. Ro. 1. 14. 1 Co. 9. 19-23. 2 Co. 4. 5; 11. 5, 23-27; 12. 15.

28 *came.* Lu. 22. 27. Jno. 13. 4-17. Phi. 2. 4-8. He. 5. 8. *and to.* Job 33. 24. Ps. 49. 7. Is. 53. 5, 8, 10, 11. Da. 9. 24-26. Jno. 10. 15; 11. 50-52. Ro. 3. 24-26. Ga. 3. 13. Ep. 1. 7; 5. 2. 1 Ti. 2. 6. Tit. 2. 14. He. 9. 28. 1 Pe. 1. 18, 19; 2. 24; 3. 18. Re. 1. 5; 5. 8, 9. *for.* ch. 26. 28. Mar. 14. 24. Ro. 5. 15-19. He. 9. 28. 1 Jno. 2. 2.

29 Mar. 10. 46-52. Lu. 18. 35-43.

30 *two.* ch. 9. 27-31; 12. 22; 21. 14. Ps. 146. 8. Is. 29. 18; 35. 5, 6; 42. 16, 18; 59. 10; 61. 1, 2. Mar. 10. 46. Lu. 4. 18; 7. 21. Jno. 9. 1, etc. *Have.* ch. 12. 23; 15. 22; 21. 9; 22. 42. Ac. 2. 30. Ro. 1. 3, 4.

31 *rebuked.* ch. 15. 23; 19. 13. *but they cried.* ch. 7. 7, 8. Ge. 32. 25-29. Lu. 11. 8-10; 18. 1, etc., 39. Col. 4. 2. 1 Th. 5. 17.

32 *What.* ver. 21. Eze. 36. 37. Ac. 10. 29. Phi. 4. 6.

33 *Lord.* Ps. 119. 18. Ep. 1. 17-19.

34 *Jesus.* ch. 9. 36; 14. 14; 15. 32. Ps. 145. 8. Lu. 7. 13. Jno. 11. 33-35. He. 2. 17; 4. 15, 16. 1 Pe. 3. 8. *touched.* ch. 9. 29. Mar. 7. 33. Lu. 22. 51. Jno. 9. 6, 7. *and they.* ch. 8. 15. Ps. 119. 67, 71. Lu. 18. 43. Ac. 26. 18.

## CHAP. XXI.

*Christ rides into Jerusalem upon an ass,* 1-11; *drives the buyers and sellers out of the temple,* 12-16; *curses the fig-tree,* 17-22; *puts to silence the priests and elders,* 17-27, *and rebukes them by the similitude of the two sons,* 28-32, *and the husbandmen who slew such as were sent to them,* 33-46.

1 *when.* Mar. 11. 1. Lu. 19. 28. *Bethphage.* Bethphage was a village on the declivity of Mount Olivet, and somewhat nearer to Jerusalem than Bethany. *the mount.* ch. 24. 3; 26. 30. Zec. 14. 4. Lu. 19. 37; 21. 37. Jno. 8. 1. Ac. 1. 12.

2 ch. 26. 18. Mar. 11. 2, 3; 14. 13-16. Lu. 19. 30-32. Jno. 2. 5-8.

3 *The Lord.* 1 Ch. 29. 14-16. Ps. 24. 1; 50. 10, 11. Hag. 2. 8, 9. Jno. 3. 35; 17. 2. Ac. 17. 25. 2 Co. 8, 9. *straightway.* 1 Sa. 10. 26. 1 Ki. 17. 9. Ezr. 1. 1, 5; 7. 27. 2 Co. 8. 1, 2, 16. Ja. 1. 17.

4 *this.* ch. 1. 22; 26. 56. Jno. 19. 36, 37. *saying.* Zec. 9. 9. Jno. 12. 15.

5 *the daughter.* Ps. 9. 14. Is. 12. 6; 40. 9; 62. 11. Zep. 3. 14, 15. Mar. 11. 4, etc. *thy King.* ch. 2. 2, 6. Ge. 49. 10. Nu. 24. 19. Ps. 2. 6-12; 45. 1, etc.; 72. 1, etc.; 110. 1-4. Is. 9. 6, 7. Je. 23. 5, 6. Eze. 34. 24; 37. 24. Da. 2. 44, 45; 7. 13, 14. Mi. 5. 2. Zec. 6. 12, 13. Jno. 1. 49; 19. 15-22. *meek.* ch. 11. 29; 12. 19, 20. 2 Co. 10. 1. Phi. 2. 3-5. *sitting.* De. 17. 16. Ju. 5. 10; 12. 14. 2 Sa. 16. 2. 1 Ki. 1. 33; 10. 26. Ho. 1. 7. Mi. 5. 10, 11. Zec. 9. 10.

6 *and did.* Ge. 6. 22; 12. 4. Ex. 39. 43; 40. 16. 1 Sa. 15. 11. Jno. 15. 14.

7 *brought.* Mar. 11. 4-8. Lu. 19. 32-35. *put.* 2 Ki. 9. 13.

8 *others.* Le. 23. 40. Jno. 12. 13.

9 *Hosanna.* ver. 15. Ps. 118. 24-26. Mar. 11. 9, 10. *Blessed.* ch. 23. 39. Lu. 19. 37, 38. Jno. 12. 13-15. *in the highest.* Lu. 2. 14.

10 *all.* ch. 2. 3. Ru. 1. 19. 1 Sa. 16. 4. Jno. 12. 16-19. *Who.* Ca. 3. 6. Is. 63. 1. Lu. 5. 21; 7. 49; 9. 9; 20. 2. Jno. 2. 18. Ac. 9. 5.

11 *This.* ch. 16. 13, 14. De. 18. 15-19. Lu. 7. 16. Jno. 7. 40; 9. 17. Ac. 3. 22, 23; 7. 37. *of Nazareth.* ch. 2. 23. Jno. 1. 45, 46; 6. 14.

12 *went.* Mal. 3. 1, 2. Mar. 11. 11. *and cast.* Mar. 11. 15. Lu. 19. 45, 46. Jno. 2. 14-17. *money-changers.* De. 14. 24-26. *doves.* Le. 1. 14; 5. 7, 11; 12. 6, 8; 14. 22, 30; 15. 14, 29. Lu. 2. 24.

13 *It is.* ch. 2. 5. Jno. 15. 25. *My.* Ps. 93. 5. Is. 56. 7. *ye.* Je. 7. 11. Mar. 11. 17. Lu. 19. 46.

14 ch. 9. 35; 11. 4, 5. Is. 35. 5. Ac. 3. 1-9; 10. 38.

15 *when.* ver. 23; ch. 26. 3, 59; 27. 1, 20. Is. 26. 11. Mar. 11. 18. Lu. 19. 39, 40; 20. 1; 22. 2, 66. Jno. 11. 47-49, 57; 12. 19. *Hosanna.* ver. 9; ch. 22. 42. Jno. 7. 42. *they were.* Jno. 4. 1.

16 *Hearest.* Lu. 19. 39, 40. Jno. 11. 47, 48. Ac. 4. 16-18. *have.* ch. 12. 3; 19. 4; 22. 31. Mar. 2. 25. *Out.* ch. 11. 25. Ps. 8. 2.

17 *he left.* ch. 16. 4. Je. 6. 8. Ho. 9. 12. Mar. 3. 7. Lu. 8. 37, 38. *Bethany.* *Bethany* was a village to the east of the mount of Olives, on the road to Jericho; fifteen stadia, (Jno. 11. 18) or nearly two miles, as JEROME states, from Jerusalem. This village is now small and poor, and the cultivation of the soil around it is much neglected; but it is a pleasant, romantic spot, shaded by the mount of Olives, and abounding in vines and long grass. It consists of from thirty to forty dwellings, inhabited by about 600 Mohammedans, for whose use there is a neat little mosque standing on an eminence. Here they shew the ruins of a sort of castle as the house of Lazarus, and a grotto as his tomb; and the house of Simon the leper, of Mary Magdalene and of Martha, and the identical tree which our Lord cursed, are among the monkish curiosites of the place. Mar. 11. 11, 19. Lu. 10. 38. Jno. 11. 1, 18; 12. 1-3.

18 *in.* Mar. 11. 12, 13. *he hungered.* ch. 4. 2; 12. 1. Lu. 4. 2. He. 4. 15.

19 *a fig-tree.* *Gr.* one fig-tree. *and found.* Is. 5. 4, 5. Lu. 3. 9; 13. 6-9. Jno. 15. 2, 6. 2 Ti. 3. 5. Tit. 1. 16. *Let.* Mar. 11. 14. Lu. 19. 42-44. He. 6. 7, 8. 2 Pe. 2. 20-22. Re. 22. 11. *the fig-tree.* Jude 12.

20 *How.* Is. 40. 6-8. Mar. 11. 20, 21. Ja. 1. 10, 11.

21 *If ye have.* ch. 17. 20. Mar. 11. 22, 23. Lu. 17. 6, 7. Ro. 4. 19, 20. 1 Co. 13. 2. Ja. 1. 6. *Be thou removed.* ch. 8. 12.

22 ch. 7. 7, 11; 18. 19. Mar. 11. 24. Lu. 11. 8-10. Jno. 14. 13; 15. 7; 16. 24. Ja. 5. 16. 1 Jno. 3. 22; 5. 14, 15.

23 *when.* Mar. 11. 27, 28. Lu. 19. 47, 48; 20. 1, 2. *the chief priests.* 1 Ch. 24. 1, etc. *By what.* Ex. 2. 14. Ac. 4. 7; 7. 27.

24 *I also.* ch. 10. 16. Pr. 26. 4, 5. Lu. 6. 9. Col. 4. 6.

25 *baptism.* ch. 3. 1, etc.; 11. 7-15; 17. 12, 13. Mar. 1. 1-11; 11. 27-33. Lu. 1. 11-17, 67-80; 3. 2-20; 7. 28-35. Jno. 1. 6, 15, 25-34; 3. 26-36. *Why.* Lu. 20. 5. Jno. 3. 18; 5. 33-36, 44-47; 10. 25, 26; 12. 37-43. 1 Jno. 3. 20.

26 *we fear.* ver. 46; ch. 14. 5. Is. 57. 11. Mar. 11. 32; 12. 12. Lu. 20. 6, 19; 22. 2. Jno. 9. 22. Ac. 5. 26. *for.* Mar. 6. 20. Jno. 5. 35; 10. 41, 42.

27 *We cannot tell.* ch. 15. 14; 16. 3; 23. 16, etc. Is. 6. 10; 28. 9; 29. 10-12; 42. 19, 20; 56. 10, 11. Je. 8. 7-9. Mal. 2. 6-9. Lu. 20. 7, 8. Jno. 9. 30, 40, 41. Ro. 1. 18-22, 28. 2 Co. 4. 3. 2 Th. 2. 9, 10.

28 *what.* ch. 17. 25; 22. 17. Lu. 13. 4. 1 Co. 10. 15. *A certain.* Lu. 15. 11-32. *Son.* ch. 20. 5-7. Mar. 13. 34. 1 Co. 15. 58.

29 *I will not.* ver. 31; Je. 44. 16. Ep. 4. 17-19. *he repented.* ch. 3. 2-8. 2 Ch. 33. 10-19. Is. 1. 16-19; 55. 6, 7. Eze. 18. 28-32. Da. 4. 34-37. Jon. 3. 2, 8-10. Lu. 15. 17, 18. Ac. 26. 20. 1 Co. 6. 11. Ep. 2. 1-13.

30 *I go.* ch. 23. 3. Eze. 33. 31. Ro. 2. 17-25. Tit. 1. 16.

31 *did.* ch. 7. 21; 12. 50. Eze. 33. 11. Lu. 15. 10. Ac. 17. 30. 2 Pe. 3. 9. *The first.* 2 Sa. 12. 5-7. Job 15. 6. Lu. 7. 40-42; 19. 22. Ro. 3. 19. *Verily.* ch. 5. 18; 6. 5; 18. 3. *the publicans.* ch. 9. 9; 20. 16. Lu. 7. 29, 37-50; 15. 1, 2; 19. 9, 10. Ro. 5. 20; 9. 30-33. 1 Ti. 1. 13-16.

32 *came.* ch. 3. 1-8. Is. 35. 8. Je. 6. 16. Lu. 3. 8-13. 2 Pe. 2. 21. *and ye believed.* ver. 25; ch. 11. 18. Lu. 7. 29, 30. Jno. 5. 33-36. Ac. 13. 25-29. *the publicans.* Lu. 7. 37, etc. *repented.* Ps. 81. 11, 12. Zec. 7. 11, 12. Jno. 5. 37-40. 2 Ti. 2. 25. He. 3. 12; 6. 6-8. Re. 2. 21.

33 *Hear.* In this parable, in its primary sense, the householder denotes the Supreme Being; the family, the Jewish nation; the vineyard, Jerusalem; the fence, the Divine protection; the wine-press, the law and sacrificial rites; the tower, the temple; and the husbandmen, the priests and doctors of the law. ch. 13. 18. 1 Ki. 22. 19. Is. 1. 10. Je. 19. 3. Ho. 4. 1. *There.* Ps. 80. 8-16. Ca. 8. 11, 12. Is. 5. 1-4. Je. 2. 21. Mar. 12. 1. Lu. 20. 9, etc. Jno. 15. 1. *husbandmen.* ch. 23. 2. De. 1. 15-17; 16. 18; 17. 9-12; 33. 8-10. Mal. 2. 4-9. *went.* ch. 25. 14, 15. Mar. 13. 34. Lu. 19. 12.

34 *he sent.* 2 Ki. 17. 13, 14, etc. 2 Ch. 36. 15, 16. Ne. 9. 29, 30. Je. 25. 3-7; 35. 15. Zec. 1. 3-6; 7. 9-13. Mar. 12. 2-5. Lu. 20. 10-19. *that.* Ca. 8. 11, 12. Is. 5. 4.

35 ch. 5. 12; 23. 31-37. 1 Ki. 18. 4, 13; 19. 2, 10; 22. 24. 2 Ch. 16. 10; 24. 21, 22; 36. 15, 16. Ne. 9. 26. Je. 2. 30; 25. 3-7; 26. 21-24. Lu. 13. 33, 34. Ac. 7. 52. 1 Th. 2. 15, 16. He. 11. 36, 37. Re. 6. 9.

37 *last.* ch. 3. 17. Mar. 12. 6. Lu. 20. 13. Jno. 1. 18, 34; 3. 16. 35, 36. He. 1. 1, 2. *They.* Is. 5. 4. Je. 36. 3. Zep. 3. 7.

38 *This.* ch. 2. 13-16; 26. 3, 4; 27. 1, 2. Ge. 37. 18-20. Ps. 2. 2-8. Mar. 12. 7, 8. Lu. 20. 14. Jno. 11. 47-53. Ac. 4. 27, 28; 5. 24-28.

39 *caught.* ch. 26. 50. 57. Mar. 14. 46-53. Lu. 22. 52-54. Jno. 18. 12, 24. Ac. 2. 23; 4. 25-27. *cast.* He. 13. 11-13. *slew.* Ac. 2. 23; 3. 14, 15; 4. 10; 5. 30; 7. 52. Ja. 5. 6.

40 *what.* Mar. 12. 9. Lu. 20. 15, 16. He. 10. 29.

41 *They say.* Our Lord here causes them to pass that sentence of destruction upon themselves which was literally executed about forty years afterwards by the Roman armies. *He will.* ch. 3. 12; 22. 6, 7; 23. 35-38; 24. 21, 22. Le. 26. 14, etc. De. 28. 59-68. Ps. 2. 4, 5, 9. Is. 5. 5-7. Da. 9. 26. Zec. 11. 8-10; 12. 12; 13. 8; 14, 2, 3. Mal. 4. 1-6. Lu. 17. 32-37; 19. 41-44; 21. 22-24. 1 Th. 2. 16. He. 2. 3; 12. 25. *and will let out.* ver. 43; ch. 8. 11. Is. 49. 5-7; 65. 15; 66. 19-21. Lu. 13. 28, 29; 14. 23, 24; 21. 24. Ac. 13. 46-48; 15. 7; 18. 6; 28. 8. Ro. ch. 9-11; 15. 9-18.

42 *Did.* ver. 16. *The stone.* Ps. 118. 22, 23. Is. 28. 16. Zec. 3. 8, 9. Mar. 12. 10, 11. Lu. 20. 17, 18. Ac. 4. 11. Ro. 9. 33. Ep. 2. 20. 1 Pe. 2. 4-8. *and it is.* Hab. 1. 5. Ac. 13. 40, 41. Ep. 3. 3-9.

43 *The kingdom.* ver. 41; ch. 8. 11, 12; 12. 28. Is. 28. 2. Lu. 17. 20, 21. Jno. 3. 3, 5. *a nation.* Ex. 19. 6. Is. 26. 2. 1 Co. 13. 2. 1 Pe. 2. 9.

44 *whosoever.* Ps. 2. 12. Is. 8. 14, 15; 60. 12. Zec. 12. 3. Lu. 20. 18. Ro. 9. 33. 2 Co. 4. 3, 4. 1 Pe. 2. 8. *but.* ch. 26. 24; 27. 25. Ps. 2. 9; 21. 8, 9; 110. 5, 6. Da. 2. 34, 35, 44, 45. Jno. 19. 11. 1 Th. 2. 16. He. 2. 2, 3.

45 *they.* Mar. 12. 12. Lu. 11. 45; 20. 19.

46 *they sought.* 2 Sa. 12. 7-13. Pr. 9. 7-9; 15. 12. Is. 29. 1. Jno. 7. 7. *because.* ver. 11. Lu. 7. 16, 39. Jno. 7. 40, 41. Ac. 2. 22.

## CHAP. XXII.

*The parable of the marriage of the king's son,* 1-8. *The vocation of the Gentiles,* 9-11. *The punishment of him that wanted the wedding garment,* 12-14. *Tribute ought to be paid to Cesar,* 15-22. *Christ confutes the Sadducees for the resurrection,* 23-33; *answers the lawyer, which is the first and great commandment,* 34-40; *and puzzles the Pharisees by a question about the Messias,* 41-46.

1 ch. 9. 15-17; 12. 43-45; 13. 3-11; 20. 1-16; 21. 28-46. Mar. 4. 33, 34. Lu. 8. 10; 14. 16.

2 *kingdom.* ch. 13. 24, 31-33, 44-47; 25. 1, 14. *which.* ch. 25. 1-13. Ps. 45. 10-16. Jno. 3. 29, etc. 2 Co. 11. 2. Ep. 5. 24-32. Re. 19. 7-9.

3 *sent.* ch. 3. 2; 10. 6, 7. Ps. 68. 11. Pr. 9. 1-3. Is. 55. 1, 2. Je. 25. 4; 35. 15. Mar. 6. 7-11. Lu. 9. 1-6; 14. 15-17. Re. 22. 17. *that.* 1 Sa. 9. 13. Zep. 1. 7. *and they would not.* ch. 23. 37. Ps. 81. 10-12. Pr. 1. 24-32. Is. 30. 15. Je. 6. 16, 17. Ho. 11. 2, 7. Lu. 13. 34; 15. 28; 19. 27. Jno. 5. 40. Ac. 13. 45. Ro. 10. 21. He. 12. 25.

4 *other.* Lu. 10. 1-16; 24. 46, 47. Ac. 1. 8; 11. 19, 20; 13. 46; 28. 17, etc. *Behold.* Pr. 9. 1, 2. Ca. 5. 1. Jno. 6. 50-57. Ro. 8. 32. 1 Co. 5. 7, 8. *and all.* ver. 8. Ne. 9. 17. Ps. 86. 5. Lu. 14. 17.

5 *they.* Ge. 19. 14; 25. 34. Ps. 106. 24, 25. Pr. 1. 7, 24, 25. Ac. 2. 13; 24. 25. Ro. 2. 4. He. 2. 3. *one.* ch. 13. 22; 24. 38, 39. Lu. 14. 18-20; 17. 26-32. Ro. 8. 6. 1 Ti. 6. 9, 10. 2 Ti. 3. 4. 1 Jno. 2. 15, 16.

6 *the remnant.* ch. 5. 10-12; 10. 12-18, 22-25; 21. 35-39; 23. 34-37. Jno. 15. 19, 20; 16. 2, 3. Ac. 4. 1-3; 5. 40, 41; 7. 51-57; 8. 1. 1 Th. 2. 14, 15.

7 *he was.* ch. 21. 40, 41. Da. 9. 26. Zec. 14. 1, 2. Lu. 19. 27, 42-44; 21. 21 24. 1 Th. 2. 16. 1 Pe. 4. 17, 18. *his.* De. 28. 49, etc. Is. 10. 5-7; 13. 2-5. Je. 51. 20-23. Joel 2. 11, 25; 3. 2. Lu. 19. 27.

8 *The wedding.* ver. 4. *but.* ch. 10. 11-13, 37, 38. Lu. 20. 35; 21. 36. Ac. 13. 46. 2 Th. 1. 5. Re. 3. 4; 22. 14.

9 Pr. 1. 20-23; 8. 1-5; 9. 4-6. Is. 55. 1-3, 6, 7. Mar. 16. 15, 16. Lu. 14. 21-24; 24. 47. Ac. 13. 47. Ep. 3. 8. Re. 22. 17.

10 *both.* ver. 11, 12; ch. 13. 38, 47, 48; 25. 1, 2. 1 Co. 6. 9-11. 2 Co. 12. 21. 1 Jno. 2. 19. Re. 2. 14, 15, 20-23. *and the.* ch. 25. 10. Re. 5. 9; 7. 9; 19. 6-9.

11 *when.* ch. 3. 12; 13. 30; 25. 31, 32. Zep. 1. 12. 1 Co. 4. 5. He. 4. 12, 13. Re. 2. 23. *which.* 2 Ki. 10. 22. Ps. 45. 13, 14. Is. 52. 1; 61. 3-10; 64. 6. Zec. 3. 3, 4. La. 15. 22. Ro. 3. 22; 13. 14. Ga. 3. 27. 2 Co. 5. 3. Ep. 4. 24. Col. 3. 10, 11. Re. 3. 4, 5, 18; 16. 15; 19. 8.

12 *Friend.* ch. 20. 13; 26. 50. *how.* ch. 5. 20. Ac. 5. 2-11; 8. 20-23. 1 Co. 4. 5. *And he was.* 1 Sa. 2. 9. Job 5. 16. Ps. 107. 42. Je. 2. 23, 26. Ro. 3. 19. Tit. 3. 11.

13 *Bind.* ch. 12. 29; 13. 30. Is. 52. 1. Da. 3. 20. Jno. 21. 18. Ac. 21. 11. Re. 21. 27. *outer.* ch. 8. 12; 25. 30. 2 Th. 1. 9. 2 Pe. 2. 4, 17. Jude 6, 13. *there.* ch. 13. 42, 50; 24. 51. Ps. 37. 12; 112. 10. Lu. 13. 28. Ac. 7. 54.

14 ch. 7. 13, 14; 20. 16. Lu. 13. 23, 24.

15 *went.* Ps. 2. 2. Mar. 12. 13-17. Lu. 20. 20-26. *how.* Ps. 41. 6; 56. 5-7; 57. 6; 59. 3. Is. 29. 21. Je. 18. 18; 20. 10. Lu. 11. 53, 54. He. 12. 3.

16 *they sent.* The profound malice of the Pharisees appears here in their choice of companions, their affected praise, and the artful and difficult questions they proposed. *the Herodians.* ch. 16. 11, 12. Mar. 3. 6; 8. 15. *Master.* ver. 24, 26; ch. 26. 18, 49. Mar. 10. 17. Lu. 7. 40. *we know.* Ps. 5. 9; 12. 2; 55. 21. Pr. 29. 5. Is. 59. 13-15. Je. 9. 3-5. Eze. 33. 30, 31. *true.* Mal. 2. 6. Jno. 7. 18; 14. 6; 18. 37. 2 Co. 2. 17; 4. 2. 1 Jno. 5. 20. *neither.* De. 33. 9. 1 Ki. 22. 14. Job 32. 21, 22. Mi. 3. 9-12. Mal. 2. 9. Mar. 12. 14. Lu. 20. 21. 2 Co. 5. 16. Ga. 1. 10; 2. 6. 1 Th. 2. 4. Ja. 3. 17.

17 *What.* Je. 42. 2, 3, 20. Ac. 28. 22. *Is.* De. 17. 14, 15. Ezr. 4. 13; 7. 24. Ne. 5. 4; 9. 37. Ac. 5. 37. Ro. 13. 6, 7. *Cesar.* Lu. 2. 1. Jno. 19. 12-15. Ac. 17. 7; 25. 8.

18 *perceived.* Mar. 2. 8. Lu. 5. 22; 9. 47; 20. 23. Jno. 2. 25. Re. 2. 23. *Why.* ch. 16. 1-4; 19. 3. Mar. 12. 5. Lu. 10. 25. Jno. 8. 6. Ac. 5. 9.

19 *a penny.* 'In value sevenpence halfpenny.' ch. 18. 28; 20. 2. Re. 6. 6.

20 *superscription. or,* inscription. Lu. 20. 24.

21 *Render.* ch. 17. 25-27. Pr. 24. 21. Lu. 23. 2. Ro. 13. 7. *are Cesar's.* This conclusion is drawn from their own maxims and premises. They held that 'wherever the money of any king is current, there the inhabitants acknowledge that king for their lord.' Now, by admitting that this was Cæsar's coin, and by consenting to receive it as the current coin of their country, they in fact acknowledged their subjection to his government, and of course their obligation to pay the tribute demanded of them. This answer was full of consummate wisdom, and it completely defeated the insidious designs of his enemies. He avoided rendering himself odious to the Jewish people by opposing their notions of liberty, or appearing to pay court to the emperor, without exposing himself to the charge of sedition and disaffection to the Roman government. *and.* ver. 37; ch. 4. 10. Da. 3. 16-18; 6. 10, 11, 20-23. Mal. 1. 6-8; 3. 8-10. Ac. 4. 19; 5. 29. 1 Pe. 2. 13-17.

22 *they marvelled.* ver. 33, 46; ch. 10. 16. Pr. 26. 4, 5. Lu. 20. 25, 26; 21. 15. Ac. 6. 10. Col. 4. 6.

23 *same.* Mar. 12. 18, etc. Lu. 20. 27, etc. *the Sadducees.* ch. 3. 7; 16. 6. Ac. 4. 1; 5. 17; 23. 6-8. *which.* 1 Co. 15. 12-14. 2 Ti. 2. 18.

24 *Master.* ver. 16, 36; ch. 7. 21. Lu. 6. 46. *Moses.* Ge. 38. 8, 11. De. 25. 5-10. Ru. 1. 11. Mar. 12. 19. Lu. 20. 28.

25 Mar. 12. 19-23. Lu. 20. 29-33. He. 9. 27.

26 *seventh. or,* seven.

29 *not.* Job 19. 25-27. Ps. 16. 9-11; 17. 15; 49. 14, 15; 73. 25, 26. Is. 25. 8; 26. 19; 57. 1, 2. Da. 12. 2, 3. Ho. 13. 14. Lu. 24. 44-47. Jno. 20. 9. Ro. 15. 4. *nor.* Ge. 18. 14. Je. 32. 17. Lu. 1. 37. Ac. 26. 8. Phi. 3. 21.

30 *in the.* Mar. 12. 24, 25. Lu. 20. 34-36. Jno. 5. 28, 29. 1 Co. 7. 29-31. 1 Jno. 3. 1, 2. *as.* ch. 13. 43; 18. 10. Ps. 103. 20. Zec. 3. 7. 1 Jno. 3. 2. Re. 5. 9-11; 19. 10.

31 *have.* ch. 9. 13; 12. 3, 7; 21. 16, 42.

32 *am.* Ex. 3. 6, 15, 16. Ac. 7. 32. He. 11. 16. *God is.* Mar. 12. 26, 27. Lu. 20. 37, 38.

33 *they.* ver. 22; ch. 7. 28, 29. Mar. 6. 2; 12. 17. Lu. 2. 47; 4. 22; 20. 39, 40. Jno. 7. 46.

34 *when.* Mar. 12. 28. *they.* ch. 12. 14; 25. 3-5. Is. 41. 5-7. Jno. 11. 47-50. Ac. 5. 24-28; 19. 23-28; 21. 28-30.

35 *a lawyer.* Lu. 7. 30; 10. 25, etc.; 11. 45, 46, 52; 14. 3. Tit. 3. 13. *tempting.* ver. 18. Mar. 10. 2.

36 ch. 5. 19, 20; 15. 6; 23. 23, 24. Ho. 8. 12. Mar. 12. 28-33. Lu. 11. 42.

37 De. 6. 5; 10. 12; 30. 6. Mar. 12. 29, 30, 33. Lu. 10. 27. Ro. 8. 7. He. 10. 16, 17. 1 Jno. 5. 2-5.

39 *Thou.* ch. 19. 19. Le. 19. 18. Mar. 12. 31. Lu. 10. 27, 28. Ro. 13. 9, 10. Ga. 5. 14. Ja. 2. 8. *neighbour.* Lu. 10. 29-37. Ro. 15. 2. Ga. 6. 10.

40 ch. 7. 12. Jno. 1. 17. Ro. 3. 19-21; 13. 9. 1 Ti. 1. 5. 1 Jno. 4. 7-11, 19-21. Ja. 2. 8.

41 ver. 15, 34. Mar. 12. 35, etc. Lu. 20. 41, etc.

42 *What.* ch. 2. 4-6; 14. 33; 16. 13-17. Jno. 1. 49; 6. 68, 69; 20. 28. Phi. 2. 9-11; 3. 7-10. Col. 3. 11. 1 Pe. 2. 4-7. Re. 5. 12-14. *The Son.* ch. 1. 1; 21. 9. Is. 7. 13, 14; 9. 6, 7; 11. 1-4. Je. 23. 5, 6. Eze. 34. 23, 24. Am. 9. 11. Lu. 1. 69, 70. Jno. 7. 41, 42. Ac. 13. 22, 23.

43 *in spirit.* 2 Sa. 23. 2. Mar. 12. 36. Lu. 2. 26, 27. Ac. 1. 16; 2. 30, 31. He. 3. 7. 2 Pe. 1. 21. Re. 4. 2.

44 *The Lord.* This passage is expressly referred to the Messiah by several of the Jews. Rabbi JODEN says, 'In the world to come, the Holy Blessed God shall cause the king Messiah to sit at his right hand, as it is written, The LORD said to my Lord,' etc. So Rabbi MOSES HADARSON; and SAADIAS GAON says, 'This is Messiah our righteousness, as it is written, The LORD said to my Lord,' etc. Ps. 110. 1. Ac. 2. 34, 35. 1 Co. 15. 25. He. 1. 3, 13; 10. 12, 13; 12. 2. *my Lord.* Jno. 20. 28. 1 Co. 1. 2. Phi. 3. 8. *till.* Ge. 3. 15. Ps. 2. 8, 9; 21. 9. Is. 63. 1-6. Lu. 19. 27. Re. 19. 19-21; 20. 1-3, 11-15.

45 *how.* Jno. 8. 58. Ro. 1. 3, 4; 9. 5. Phi. 2. 6-8. 1 Ti. 3. 16. He. 2. 14. Re. 22. 16.

46 *no.* ch. 21. 27. Job 32. 15, 16. Is. 50. 2-9. Lu. 13. 17; 14. 6. Jno. 8. 7-9. Ac. 4. 14. *neither.* Mar. 12. 34. Lu. 20. 40.

## CHAP. XXIII.

*Christ admonishes the people to follow the good doctrine, not the evil examples, of the Scribes and Pharisees,* 1-4. *His disciples must beware of their ambition,* 5-12. *He denounces eight woes against their hypocrisy and blindness,* 13-33, *and prophesies the destruction of Jerusalem,* 34-39.

1 ch. 15. 10, etc. Mar. 7. 14. Lu. 12. 1, 57; 20. 45.

2 Ne. 8. 4-8. Mal. 2. 7. Mar. 12. 38. Lu. 20. 46.

3 *whatsoever.* ch. 15. 2-9. Ex. 18. 19, 20, 23. De. 4. 5; 5. 27; 17. 9-12. 2 Ch. 30. 12. Ac. 5. 29. Ro. 13. 1. *for.* ch. 21. 30. Ps. 50. 16-20. Ro. 2. 19-24. 2 Ti. 3. 5. Tit. 1. 16.

4 ver. 23; ch. 11. 28-30. Lu. 11. 46. Ac. 15. 10, 28. Ga. 6. 13. Re. 2. 24.

5 *all.* ch. 6. 1-16. 2 Ki. 10. 16. Lu. 16. 15; 20. 47; 21. 1. Jno. 5. 44; 7. 18; 12. 43. Phi. 1. 15; 2. 3. 2 Th. 2. 4. *they make.* De. 6. 8. Pr. 3. 3; 6. 21-23. *the borders.* ch. 9. 20. Nu. 15. 38, 39. De. 22. 12.

6 ch. 20. 21. Pr. 25. 6, 7. Mar. 12. 38, 39. Lu. 11. 43, etc.; 14. 7-11; 20. 46, 47. Ro. 12. 10. Ja. 2. 1-4. 3 Jno. 9.

7 *Rabbi.* Jno. 1. 38, 49; 3. 2, 26; 6. 25; 20. 16.

8 *be.* ver. 10. 2 Co. 1. 24; 4. 5. Ja. 3. 1. 1 Pe. 5. 3. *one.* ch. 10. 25; 17. 5; 26. 49. Jno. 13. 13, 14. Ro. 14. 9, 10. 1 Co. 1. 12, 13; 3. 3-5. *all.* Lu. 22. 32. Ep. 3. 15. Col. 1. 1, 2. Re. 1. 9; 19. 10; 22. 9.

9 *call.* 2 Ki. 2. 12; 6. 21; 13. 14. Job 32. 21, 22. Ac. 22. 1. 1 Co. 4. 15. 1 Ti. 5. 1, 2. He. 12. 9. *for.* ch. 6. 8, 9, 32. Mal. 1. 6. Ro. 8. 14-17. 2 Co. 6. 18. 1 Jno. 3. 1.

11 ch. 20. 26, 27. Mar. 10. 43, 44. Lu. 22. 26, 27. Jno. 13. 14, 15. 1 Co. 9. 19. 2 Co. 4. 5; 11. 23. Ga. 5. 13. Phi. 2. 5-8.

12 ch. 5. 3; 18. 4. Job 22. 29. Ps. 138. 6. Pr. 15. 33; 16. 18, 19; 29. 23. Is. 57. 15. Da. 4. 37. Lu. 1. 51, 52; 14. 11; 18. 14. Ja. 4. 6. 1 Pe. 5. 5.

13 *woe.* ver. 14, 15, 27, 29. Is. 9. 14, 15; 33. 14. Zec. 11. 17. Lu. 11. 43, 44. *for ye shut.* ch. 21. 31, 32. Lu. 11. 52. Jno. 7. 46-52; 9. 22, 24, 34. Ac. 4. 17, 18; 5. 28, 40; 8. 1; 13. 8. 1 Th. 2. 15, 16. 2 Ti. 3. 8; 4. 15.

14 *for ye.* JOSEPHUS says that this sect pretended to a more exact knowledge of the law, on which account the women were subject to them, as pretending to be dear to God. Ex. 22. 22-24. Job 22. 9; 31. 16-20. Mar. 12. 40. Lu. 20. 47. 2 Ti. 3. 6. Tit. 1. 10, 11. 2 Pe. 2. 14, 15. *long.* That these were long we learn from *Bab. Berachoth,* where we are told that the very religious prayed *nine hours a day. therefore.* ver. 33; ch. 11. 24. Lu. 12. 48. Ja. 3. 1. 2 Pe. 2. 3.

15 *for.* Ga. 4. 17; 6. 12. *proselyte.* Es. 8. 17. Ac. 2. 10.

13. 43. *ye make.* Jno. 8. 44. Ac. 13. 10; 14. 2, 19; 17. 5, 6, 13. Ep. 2. 3.

16 *ye blind.* ver. 17, 19, 24, 26; ch. 15. 14. Is. 56. 10, 11. Jno. 9. 39-41. *Whosoever shall swear by the temple.* ch. 5. 33, 34. Ja. 5. 12. *it is.* ch. 15. 5, 6. Mar. 7. 10-13. *he is.* Ga. 5. 3.

17 *Ye fools.* Ps. 94. 8. *or.* ver. 19. Ex. 30. 26-29. Nu. 16. 38, 39.

18 *guilty. or,* debtor. ver. 15. *or* bound.

19 *or.* Ex. 29. 37; 30. 29.

21 *and by.* 1 Ki. 8. 13, 27. 2 Ch. 6. 2; 7. 2. Ps. 26. 8; 132. 13, 14. Ep. 2. 22. Col. 2. 9.

22 *by the.* ch. 5. 34. Ps. 11. 4. Is. 66. 1. Ac. 7. 49. Re. 4. 2, 3.

23 *for.* Lu. 11. 42. *anise. Gr.* ανηθον, dill. *Dill* is a species of plant of the pentandria digynia class, growing native in Spain and Portugal. The root is fusiform and long; stems, erect-groved, jointed, branched, and about two feet in height; leaves, doubly pinnated, sweet and odorous; flowers, flat, terminal umbels; corolla, five ovate, concave, yellow petals, with apexes inflected; germen, like that of fennel; seeds, scarcely the length of a carraway seed, but broader and flatter, of a brown colour, aromatic, sweetish odour, and warmish, pungent taste. *cummin. Cummin* is a plant of the same class as dill: it rises eight or ten inches on a slender, round, procumbent, branching stem; leaves, a dark green, narrow, linear, and pointed; flowers, purple, in numerous four-rayed umbels; corolla, five unequal petals, inflected, and notched at the apex; seeds, oblong, striated, of a brown colour, strong, heavy odour, and warm, bitterish taste. *the weightier.* ch. 9. 13; 12. 7; 22. 37-40. 1 Sa. 15. 22. Pr. 21. 3. Je. 22. 15, 16. Ho. 6. 6. Mi. 6. 8. Ga. 5. 22, 23. *these.* ch. 5. 19, 20.

24 ch. 7. 4; 15. 2-6; 19. 24; 27. 6-8. Lu. 6. 7-10. Jno. 18. 28, 40.

24 *for.* ch. 15. 19, 20. Mar. 7. 4, etc. Lu. 11. 39, 40. *full.* Is. 28. 7, 8.

26 *cleanse.* ch. 12. 33. Is. 55. 7. Je. 4. 14; 13. 27. Eze. 18. 31. Lu. 6. 45. 2 Co. 7. 1. He. 10. 22. Ja. 4. 8.

27 *like.* Is. 58. 1, 2. Lu. 11. 44. Ac. 23. 3. *sepulchres.* Nu. 19. 16.

28 *ye also.* ver. 5. 1 Sa. 16. 7. Ps. 51. 6. Je. 17. 9, 10. Lu. 16. 15. He. 4. 12, 13. *but.* ch. 12. 34, 35; 15. 19, 20. Mar. 7. 21-23.

29 *ye build.* Lu. 11. 47, 48. Ac. 2. 29.

30 *the blood.* ver. 34, 35; ch. 21. 35, 36. 2 Ch. 36. 15. Je. 2. 30.

31 *witnesses.* Jos. 24. 22. Job 15. 5, 6. Ps. 64. 8. Lu. 19. 22. *that.* Ac. 7. 51, 52. 1 Th. 2. 15, 16.

32 *the measure.* Ge. 15. 16. Nu. 32. 14. Zec. 5. 6-11.

33 *serpents.* ch. 3. 7; 12. 34; 21. 34, 35. Ge. 3. 15. Ps. 58. 3-5. Is. 57. 3, 4. Lu. 3. 7. Jno. 8. 44. 2 Co. 11. 3. Re. 12. 9. *how.* ver. 14. He. 2. 3; 10. 29; 12. 25.

34 *I send.* ch. 10. 16; 28. 19, 20. Lu. 11. 49; 24. 47. Jno. 20. 21. Ac. 1. 8. 1 Co. 12. 3-11. Ep. 4. 8-12. *prophets.* Ac. 11. 27; 13. 1; 15. 32. Re. 11. 10. *and wise.* Pr. 11. 30. 1 Co. 2. 6; 3. 10. Col. 1. 28. *scribes.* ch. 13. 52. *ye.* ch. 10. 16, 17. Jno. 16. 2. Ac. 5. 40; 7. 51, 52, 58, 59; 9. 1, 2; 12. 2; 14. 19; 22. 19, 20. 2 Co. 11. 24, 25. 1 Th. 2. 16. He. 11. 37.

35 *upon.* Ge. 9. 5, 6. Nu. 35. 33. De. 21. 7, 8. 2 Ki. 21. 16; 24. 4. Is. 26. 21. Je. 2. 30, 34; 26. 15, 23. La. 4. 13, 14. Re. 18. 24. *the blood of righteous.* Ge. 4. 8. He. 11. 4; 12. 24. 1 Jno. 3. 11, 12. *unto.* 2 Ch. 24. 20-22. Zec. 1. 1. Lu. 11. 51.

36 ch. 24. 34. Eze. 12. 21-28. Mar. 13. 30, 31. Lu. 21. 32, 33.

37 *Jerusalem.* Je. 4. 14; 6. 8. Lu. 13. 34. Re. 11. 8. *thou.* ver. 30; ch. 5. 12; 21. 35, 36; 22. 6. 2 Ch. 24. 21, 22. Ne. 9. 26. Je. 2. 30; 26. 23. Mar. 12. 3-6. Lu. 20. 11-14. Ac. 7. 51, 52. 1 Th. 2. 15. Re. 11. 7; 17. 6. *how.* 2 Ch. 36. 15, 16. Ps. 81. 8-11. Je. 6. 16, 17; 11. 7, 8; 25. 3-7; 35. 15; 42. 9-13; 44. 4. Zec. 1. 4. *even.* De. 32. 11, 12. Ru. 2. 12. Ps. 17. 8; 36. 7; 57. 1; 63. 7; 91. 4. *and ye.* ch. 22. 3. Pr. 1. 24-31. Is. 50. 2. Ho. 11. 2, 7. Lu. 14. 17-20; 15. 28; 19. 14-44.

38 ch. 24. 2. 2 Ch. 7. 20, 21. Ps. 69. 24. Is. 64. 10-12. Je. 7. 9-14. Da. 9. 26. Zec. 11. 1, 2, 6; 14. 1, 2. Mar. 13. 14. Lu. 13. 35; 19. 43, 44; 21. 6, 20, 24. Ac. 6. 13, 14.

39 *Ye shall not.* Ho. 3. 4. Lu. 2. 26-30; 10. 22, 23; 17. 22. Jno. 8. 21, 24, 56; 14. 9, 19. *Blessed.* ch. 21. 9. Ps. 118. 26. Is. 40. 9-11. Zec. 12. 10. Ro. 11. 25. 2 Co. 3. 14, etc.

## CHAP. XXIV.

*Christ foretells the destruction of the temple,* 1, 2; *what and how great calamities shall be before it,* 3-28; *the signs of his coming to judgment,* 29-35. *And because that day and hour are unknown,* 36-41, *we ought to watch like good servants, expecting every moment our Master's coming,* 42-51.

1 *departed.* ch. 23. 39. Je. 6. 8. Eze. 8. 6; 10. 17-19; 11. 22, 23. Ho. 9. 12. *shew.* Mar. 13. 1, 2. Lu. 21. 5, 6. Jno. 2. 20.

2 *There.* JOSEPHUS says that 'Cæsar gave orders that they should now demolish the whole city and temple, except the three towers Phaselus, Hippicus, and Mariamne, and a part of the western wall; but all the rest was laid so completely even with the ground, by those who dug it up from the foundation, that there was nothing left to make those who came thither believe it had ever been inhabited.' 1 Ki. 9. 7, 8. Je. 26. 18. Eze. 7. 20-22. Da. 9. 26, 27. Mi. 3. 12. Lu. 19. 44. 2 Pe. 3. 11.

3 *he sat.* ch. 21. 1. Mar. 13. 3, 4. *the disciples.* ch. 13. 10, 11, 36; 15. 12; 17. 19. *Tell.* Da. 12. 6-8. Lu. 21. 7. Jno. 21. 21, 22. Ac. 1. 7. 1 Th. 5. 1, etc. *the sign.* ver. 32, 33, 43. *the end.* ch. 13. 39, 40, 49; 28. 20. He. 9. 26.

4 *Take.* Je. 29. 8. Mar. 13. 5, 6, 22. Lu. 21. 8. 2 Co. 11. 13-15. Ep. 4. 14; 5. 6. Col. 2. 8, 18. 2 Th. 2. 3. 2 Pe. 2. 1-3. 1 Jno. 4. 1.

5 *in.* ver. 11, 24. Je. 14. 14; 23. 21, 25. Jno. 5. 43. Ac. 5. 36, 37; 8. 9, 10. Re. 13. 8.

6 *ye shall hear.* Je. 4. 19-22; 6. 22-24; 8. 15, 16; 47. 6. Eze. 7. 24-26; 14. 17-21; 21. 9-15, 28. Da. ch. 11. Mar. 13. 7, 8. Lu. 21. 9. *see.* Ps. 27. 1-3; 46. 1-3; 112. 7. Is. 8. 12-14; 12. 2; 26. 3, 4, 20, 21. Hab. 3. 16-18. Lu. 21. 19. Jno. 14. 1, 27. 2 Th. 2. 2. 1 Pe. 3. 14, 15. *must.* ch. 26. 54. Lu. 22. 37. Ac. 27. 24-26. *but.* ver. 14. Da. 9. 24-27.

7 *nation shall.* 2 Ch. 15. 6. Is. 9. 19-21; 19. 2. Eze. 21. 27. Hag. 2. 21, 22. Zec. 14. 2, 3, 13. He. 12. 27. *famines.* Is. 24. 19-23. Eze. 14. 21. Joel. 2. 30, 31. Zec. 14. 4. Lu. 21. 11, 25, 26. Ac. 2. 19; 11. 28.

8 Le. 26. 18-29. De. 28. 59. Is. 9. 12, 17, 21; 10. 4. 1 Th. 5. 3. 1 Pe. 4. 17, 18.

9 *shall they.* ch. 10. 17-22; 22. 6; 23. 34. Mar. 13. 9-13. Lu. 11. 49; 21. 12, 16, 17. Jno. 15. 19, 20; 16. 2. Ac. 4. 2, 3; 5. 40, 41; 7. 59; 12. 1, 2, etc.; 21. 31, 32; 22. 19-22; 28. 22. 1 Th. 2. 14-16. 1 Pe. 4. 16. Re. 2. 10, 13; 6. 9-11; 7. 14.

10 *shall many.* ch. 11. 6; 13. 21, 57; 26. 31-34. Mar. 4. 17. Jno. 6. 60, 61, 66, 67. 2 Ti. 1. 15; 4. 10, 16. *betray.* ch. 10. 21, 35, 36; 26. 21-24. Mi. 7. 5, 6. Mar. 13. 12. Lu. 21. 16.

11 ver. 5. 24; ch. 7. 15. Mar. 13. 22. Ac. 20. 30. 1 Ti. 4. 1. 2 Pe. 2. 1. 1 Jno. 2. 18, 26; 4. 1. Jude 4. Re. 19. 20.

12 *because.* Ja. 4. 1-4; 5. 1-6. *the love.* Re. 2. 4, 5, 10; 3. 15.

13 ver. 6; ch. 10. 22. Mar. 13. 13. Lu. 8. 15. Ro. 2. 7. 1 Co. 1. 8. He. 3. 6, 14; 10. 39. Re. 2. 10.

14 *this.* ch. 4. 23; 9. 35; 10. 7. Ac. 20. 25. *shall be.* ch. 18. 19. Mar. 16. 15, 16. Lu. 24. 47. Ac. 1. 2. Ro. 10. 18; 15. 18-21; 16. 25, 26. Col. 1. 6, 23. Re. 14. 6. *and then.* ver. 3, 6. Eze. 7. 5-7, 10.

15 *ye.* Mar. 13. 14. Lu. 19. 43; 21. 20. *by.* Da. 9. 27; 12. 11. *whoso.* Eze. 40. 4. Da. 9. 23, 25; 10. 12-14. He. 2. 1. Re. 1. 3; 3. 22.

16 Ge. 19. 15-17. Ex. 9. 20, 21. Pr. 22. 3. Je. 6. 1; 37. 11, 12. Lu. 21. 21, 22. He. 11. 7.

17 *which.* ch. 6. 25. Job 2. 4. Pr. 6. 4, 5. Mar. 13. 15, 16. Lu. 17. 31-33. *the house-top.* ch. 10. 27. De. 22. 8.

19 De. 28. 53-56. 2 Sa. 4. 4. 2 Ki. 15. 16. La. 4. 3, 4, 10. Ho. 13. 16. Mar. 13. 17, 18. Lu. 21. 23; 23. 29, 30.

20 *neither.* Ex. 16. 29. Ac. 1. 12.

21 Ps. 69. 22-28. Is. 65. 12-16; 66. 15, 16. Da. 9. 26; 12. 1. Joel 1. 2; 2. 2. Zec. 11. 8, 9; 14. 2, 3. Mal. 4. 1. Mar.13.19. Lu.19.43,44; 21.24. 1 Th.2.16. He.10.26-29.

22 *except.* Mar. 13. 20. *for.* Is. 6. 13; 65. 8, 9. Zec. 13. 8; 14. 2. Ro. 9. 11; 11. 25-31. 2 Ti. 2. 10.

23 De.13.1-3. Mar.13.21. Lu.17.23,24; 21.8. Jno.5.43.

24 *there.* ver. 5, 11. 2 Pe. 2. 1-3; 3. 17. *and shall.* De. 13. 1. 2 Th. 2. 9-11. Re. 13. 13, 14; 19. 20. *insomuch.* Jno. 6. 37, 39; 10. 28-30. Ro. 8. 28-39. 2 Ti. 2. 19. 1 Pe. 1. 5. 1 Jno. 5. 18. Re. 12. 9-11; 13. 7, 8, 14. *if.* Mar. 13. 22. Ac. 20. 16. Ro. 12. 18. Ga. 4. 15.

25 Is. 44. 7, 8; 46. 10, 11; 48. 5, 6. Lu. 21. 13. Jno. 16. 1.

26 *Wherefore.* Our Lord not only foretels the appearance of these impostors, but also the *manner* and *circumstance* of their conduct. Accordingly JOSEPHUS says that many impostors persuaded the people to follow them to the *desert*, promising them *signs* and *wonders* done by the providence of God. (See also Ac. 21. 38.) One persuaded the people to go up into the *temple*, which being set on fire by the Romans, 6000 perished in the flames. *he is in the desert.* ch. 3. 1. Is. 40. 3. Lu. 3. 2, 3. Ac. 21. 38.

27 *as.* Job 37. 3; 38. 35. Is. 30. 30. Zec. 9. 14. Lu. 17. 24, etc. *the coming.* ch. 16. 28. Mal. 3. 2; 4. 5. Ja. 5. 8. 2 Pe. 3. 4.

28 De. 28. 49. Job 39. 27-30. Je. 16. 16. Am. 9. 1-4. Lu. 17. 37.

29 *Immediately.* ver. 8. Da. 7. 11, 12. Mar. 13. 24, 25. *shall the.* Is. 13. 10; 24. 23. Je. 4. 23-28. Eze. 32. 7, 8. Joel 2. 10, 30, 31; 3. 15. Am. 5. 20; 8. 9. Zep. 1. 14, 15. Lu. 21. 25, 26. Ac. 2. 19, 20. Re. 6. 12-17. *the powers.* 2 Pe. 3. 10.

30 *the sign.* ver. 3. Da. 7. 13. Mar. 13. 4. Re. 1. 7. *and then shall all.* Zec. 12. 10. Re. 1. 7. *see.* ch. 16. 27, 28; 26. 64. Mar. 13. 26; 14. 62-64. Lu. 21. 27; 22. 69. Ac. 1. 11. 2 Th. 1. 7.

31 *he.* ch. 28. 18. Mar. 16. 15, 16. Lu. 24. 47. Ac. 26. 19, 20. *his angels.* ch. 13. 41; 25. 31. Re. 1. 20; 2. 1; 14. 6-9. *with.* Nu. 10. 1-10. Ps. 81. 3. Is. 27. 13. 1 Co. 15. 52. 1 Th. 4. 16. *a great sound of a trumpet. or,* a trumpet and a great voice. *gather.* Is. 11. 12; 49. 18; 60. 4. Zec. 14. 5. Mar. 13. 27. Jno. 11. 52. Ep. 1. 10. 2 Th. 2. 1. *from.* Ps. 22. 27; 67. 7. Is. 13. 5; 42. 10; 43. 6; 45. 22. Zec. 9. 10. Ro. 10. 18.

32 Mar. 13. 28, 29. Lu. 21. 29, 30.

33 *when.* ver. 3. *know.* Eze. 7. 2, etc. He. 10. 37. Ja. 5. 9. 1 Pe. 4. 7. *it. or,* he.

34 *This.* ch. 12. 45; 16. 28; 23. 36. Mar. 13. 30, 31. Lu. 11. 50; 21. 32, 33.

35 *Heaven.* ch. 5. 18. Ps. 102. 26. Is. 34. 4; 51. 6; 54. 10. Je. 31. 35, 36. He. 1. 11, 12. 2 Pe. 3. 7-12. Re. 6. 14; 20. 11. *my.* Nu. 23. 19. Ps. 19. 7; 89. 34. Pr. 30. 5. Is. 40. 8; 55. 11. Tit. 1. 2. 1 Pe. 1. 25. Re. 3. 14.

36 ver. 42, 44; ch. 25. 13. Zec. 14. 7. Mar. 13. 32. Ac. 1. 7. 1 Th. 5. 2. 2 Pe. 3. 10. Re. 3. 3; 16. 15.

37 Ge. ch. 6; 7. Job 22. 15-17. Lu. 17. 26, 27. He. 11. 7. 1 Pe. 3. 20, 21. 2 Pe. 2. 5; 3. 6, 20.

38 *they.* Ge. 6. 2. 1 Sa. 25. 36-38; 30. 16, 17. Is. 22. 12-14. Eze. 16. 49, 50. Am. 6. 3-6. Lu. 12. 19, 45; 14. 18-20; 17. 26-28; 21. 34. Ro. 13. 13, 14. 1 Co. 7. 29-31.

39 ch. 13. 13-15. Ju. 20. 34. Pr. 23. 35; 24. 12; 29. 7. Is. 42. 25; 44. 18, 19. Lu. 19. 44. Jno. 3. 20. Ac. 13. 41. Ro. 1. 28. 2 Pe. 3. 5.

40 *the one.* 2 Ch. 33. 12-24. Lu. 17. 34-37; 23. 39-43. 1 Co. 4. 7. 2 Pe. 2. 5, 7-9.

41 *Two.* The μυλων was a *hand-mill* composed of two stones; 'the uppermost of which is turned round by a small handle of wood or iron that is placed in the rim. When this stone is large, or expedition required, a second person is called to assist; and as it is usual for *women* alone to be concerned in this employment, who seat themselves over against each other with the millstone between them, we may see not only the propriety of the expression, Ex. 11. 5,' but the force of this. —Dr. Shaw. *grinding.* Ex. 11. 5. Is. 47. 2.

42 *Watch.* ch. 25. 13; 26. 38-41. Mar. 13. 33-37. Lu. 12. 35-40; 21. 36. Ro. 13. 11. 1 Co. 16. 13. 1 Th. 5. 6. 1 Pe. 4. 7; 5. 8. Re. 3. 2, 3; 16. 15. *for.* ver. 36, 44. Mar. 13. 33.

43 *good-man.* ch. 20. 11. Pr. 7. 19. *had.* Lu. 12. 39. 1 Th. 5. 2-6. 2 Pe. 3. 10, 11. *would not.* Ex. 22. 2, 3.

44 ch. 25. 10, 13. Lu. 12. 40. Phi. 4. 5. Ja. 5. 9. Re. 19. 7.

45 *is.* Lu. 12. 41-43; 16. 10-12; 19. 17. Ac. 20. 28. 1 Co. 4. 1, 2. 1 Ti. 1. 12. 2 Ti. 2. 2. He. 3. 5. 1 Pe. 4. 10, 11. Re. 2. 13. *to give.* ch. 13. 52; 25. 35-40. Eze. 34. 2. Jno. 21. 15-17. 1 Co. 3. 1, 2. Ep. 4. 11-13. 1 Pe. 5. 1-3.

46 ch. 25. 34. Lu. 12. 37, 43. Phi. 1. 21-23. 2 Ti. 4. 6-8. 2 Pe. 1. 13-15. Re. 2. 19; 16. 15.

47 *That.* ch. 25. 21, 23. Da. 12. 3. Lu. 12. 37, 44; 19. 17; 22. 29, 30. Jno. 12. 26. 2 Ti. 2. 12. 1 Pe. 5. 4. Re. 3. 21; 21. 7.

48 *if.* ch. 18. 32; 25. 26. Lu. 19. 22. *say.* De. 9. 4; 15. 9. 2 Ki. 5. 26. Is. 32. 6. Mar. 7. 21. Lu. 12. 45. Jno. 13. 2. Ac. 5. 3; 8. 22. *My.* Ec. 8. 11. Eze. 12. 22, 27. 2 Pe. 3. 3-5.

49 *to smite.* Is. 66. 5. 2 Co. 11. 20. 1 Pe. 5. 3. 3 Jno. 9, 10. Re. 13. 7; 16. 6; 17. 6. *and to.* ch. 7. 15. 1 Sa. 2. 13-16, 29. Is. 56. 12. Eze. 34. 3. Mi. 3. 5. Ro. 16. 18. Phi. 3. 19. Tit. 1. 11, 12. 2 Pe. 2. 13, 14. Jude 12.

50 *come.* ver. 42-44. Pr. 29. 1. 1 Th. 5. 2, 3. Re. 3. 3.

51 *cut him asunder. or,* cut him off. *and appoint.* Job 20. 29. Is. 33. 14. Lu. 12. 46. *there.* ch. 8. 12; 22. 13; 25. 30. Lu. 13. 28.

## CHAP. XXV.

*The parable of the ten virgins,* 1-13, *and of the talents,* 14-30. *Also the description of the last judgment,* 31-46.

1 *Then.* ch. 24. 42-51. Lu. 21. 34-36. *the kingdom.* ch. 3. 2; 13. 24, 31, 38, 44, 45, 47; 20. 1; 22. 2. Da. 2. 44. *ten.* Ps. 45. 14. Ca. 1. 3; 5. 8, 16; 6. 1, 8, 9. 1 Co. 11. 2. Re. 14. 4. *which.* ch. 5. 16. Lu. 12. 35, 36. Phi. 2. 15, 16. *went.* 2 Ti. 4. 8. Tit. 2. 13. 2 Pe. 1. 13-15; 3. 12, 13. *the bridegroom.* ch. 9. 15; 22. 2. Ps. 45. 9-11. Is. 54. 5; 62. 4, 5. Mar. 2. 19, 20. Lu. 5. 34, 35. Jno. 3. 29. 2 Co. 11. 2. Ep. 5. 25-33. Re. 19. 7; 21. 2, 9.

2 ch. 7. 24-27; 13. 19-23, 38-43, 47, 48; 22. 10, 11. Je. 24. 2. 1 Co. 10. 1-5. 1 Jno. 2. 19. Jude 5.

3 *foolish.* ch. 23. 25, 26. Is. 48. 1, 2; 58. 2. Eze. 33. 3. 2 Ti. 3. 5. He. 12. 15. Re. 3. 1, 15, 16.

4 *oil.* Ps. 45. 7. Zec. 4. 2, 3. Jno. 1. 15, 16; 3. 34. Ro. 8. 9. 2 Co. 1. 22. Ga. 5. 22, 23. 1 Jno. 2. 20, 27. Jude 19

5 *the.* ver. 19; ch. 24. 48. Hab. 2. 3. Lu. 12. 45; 20. 9. He. 10. 36, 37. 2 Pe. 3. 4-9. Re. 2. 25. *they.* ch. 26. 40, 43. Ca. 3. 1; 5. 2. Jon. 1. 5, 6. Mar. 14. 37, 38. Lu. 18. 8. Ro. 13. 11. Ep. 5. 14. 1 Th. 5. 6-8. 1 Pe. 5. 8.

6 *at.* ch. 24. 44. Mar. 13. 33-37. Lu. 12. 20, 38-40, 46. 1 Th. 5. 1-3. Re. 16. 15. *a cry.* ch. 24. 31. Jno. 5. 28, 29. 1 Th. 4. 16. 2 Pe. 3. 10. *Behold.* ver. 31. Ps. 50. 3-6; 96. 13; 98. 9. 2 Th. 1. 7-10. Jude 14, 15. *go.* ver. 1. Is. 25. 9. Am. 4. 12. Mal. 3. 1, 2. Re. 19. 7-9.

7 Lu. 12. 35. 2 Pe. 3. 14. Re. 2. 4, 5; 3. 2, 19, 20.

8 *Give.* ch. 3. 9. Lu. 16. 24. Ac. 8. 24. Re. 3. 9. *for.* ch. 13. 20, 21. Job 8. 13, 14; 18. 5; 21. 17. Pr. 4. 18, 19; 13. 9; 20. 20. Lu. 8. 18; 12. 35. *gone out. or,* going out. He. 4. 1.

9 *lest.* Ps. 49. 7-9. Je. 15. 1. Eze. 14. 14-16, 20. *but.* Is. 55. 1-3, 6, 7. Ac. 8. 22. Re. 3. 17, 18.

10 *the bridegroom.* ver. 6. Re. 1. 7; 22. 12, 20. *they.* ver. 20-23. Am. 8. 12, 13. Lu. 12. 36, 37. Col. 1. 12. 2 Ti. 4. 8. 1 Pe. 1. 13. *and the.* Ge. 7. 16. Nu. 14. 28-34. Ps. 95. 11. Lu. 13. 25. He. 3. 18, 19. Re. 22. 11.

11 *saying.* ch. 7. 21-23. He. 12. 16, 17.

12 *I know.* Ps. 1. 6; 5. 5. Hab. 1. 13. Lu. 13. 26-30. Jno. 9. 31; 10. 27. 1 Co. 8. 3. Ga. 4. 9. 2 Ti. 2. 19.

13 ch. 24. 42-44. Mar. 13. 33-37. Lu. 21. 36. Ac. 20. 31. 1 Co. 16. 13. 1 Th. 5. 6. 2 Ti. 4. 5. 1 Pe. 4. 7; 5. 8. Re. 16. 15.

14 *as.* ch. 21. 33. Mar. 13. 34. Lu. 19. 12, 13; 20. 9. *and delivered.* Lu. 16. 1-12. Ro. 12. 6-8. 1 Co. 3. 5; 4. 1, 2; 12. 4, 7-29. Ep. 4. 11. 1 Pe. 4. 9-11.

15 *talents.* 'A talent is 187*l.* 10*s.*' ch. 18. 24. Lu. 12. 48; 19. 13, 14.

16 *went.* 2 Sa. 7. 1-3. 1 Ch. 13. 1-3; ch. 22-26; 28. 2, etc.; 29. 1-17. 2 Ch. 1. 9, 10; 15. 8-15; 17. 3-9; 19. 4-10; 31. 20, 21; 33. 15, 16; ch. 34; 35. Ne. 5. 14-19. Is. 23. 18; 49. 23; 60. 5-16. Ac. 13. 36. Ro. 15. 18, 19. 1 Co. 9. 16-23; 15-10. 1 Ti. 6. 17, 18. 2 Ti. 2. 6; 4. 5-8. Phile. 6, 7. 3 Jno. 5-8.

17 *he also.* Ge. 18. 19. 2 Sa. 19. 32. 1 Ki. 18. 3, 4. 2 Ki. 4. 8-10. Job 29. 11-17; 31. 16-22. Pr. 3. 9, 10. Ec. 11. 1-6. Mar. 14. 3-8. Ac. 9. 36-39; 10. 2; 11. 29, 30. 2 Co. 8. 12; 9. 11-14. Ga. 6. 9, 10. Ep. 5. 16. Col. 4. 17. 1 Ti. 5. 10. 2 Ti. 1. 16-18. He. 6. 10, 11. 1 Pe. 4. 10.

18 *and hid.* Pr. 18. 9; 26. 13-16. Hag. 1. 2-4. Mal. 1. 10. Lu. 19. 20. He. 6. 12. 2 Pe. 1. 8.

19 *a long.* ver. 5; ch. 24. 48. *reckoneth.* ch. 18. 23, 24. Lu. 16. 1, 2, 19, etc. Ro. 14. 7-12. 1 Co. 3. 12-15. 2 Co. 5. 10. Ja. 3. 1.

20 *behold.* Lu. 19. 16, 17. Ac. 20. 24. 1 Co. 15. 10. Col. 1. 29. 2 Ti. 4. 1-8. Ja. 2. 18.

21 *Well.* 2 Ch. 31. 20, 21. Lu. 16. 10. Ro. 2. 29. 1 Co. 4. 5. 2 Co. 5. 9; 10. 18. 1 Pe. 1. 7. *I will.* ver. 34-40, 46; 10. 40-42; 24. 47. Lu. 12. 44; 22. 28-30. Re. 2. 10, 26-28; 3. 21; 21. 7. *enter.* ver. 23. Ps. 16. 10, 11. Jno. 12. 26; 14. 3; 17. 24. Phi. 1. 23. 2 Ti. 2. 12. He. 12. 2. 1 Pe. 1. 8. Re. 7. 17.

22 *I have.* Lu. 19. 18, 19. Ro. 12. 6-8. 2 Co. 8. 1-3, 7, 8, 12.

23 *Well.* ver. 21. Mar. 12. 41-44; 14. 8, 9.

24 *he which.* Our Lord placed the example of negligence in him to whom the *least* was committed, probably to 'intimate,' says Doddridge, 'that we are accountable for the *smallest* advantage with which we are entrusted; but it cannot imply that they who have received *much* will ordinarily pass their account *best;* for it is too plain, in fact, that most of those whose dignity, wealth, and genius give them the greatest opportunities of service, seem to forget that they have any Master in heaven to serve, or any future reckoning to expect; and many render themselves much more criminal than this wicked and slothful servant who hid his talent in the earth.' *Lord.* ch. 7. 21. Lu. 6. 46. *I knew.* ch. 20. 12. Job 21. 14, 15. Is. 58. 3. Je. 2. 31; 44. 16-18. Eze. 18. 25-29. Mal. 1. 12, 13; 3. 14, 15. Lu. 15. 29; 19. 20-22. Ro. 8. 7; 9. 20.

25 2 Sa. 6. 9, 10. Pr. 26. 13. Is. 57. 11 Ro. 8. 15. 2 Ti. 1. 6, 7. Re. 21. 8.

26 *Thou.* ch. 18. 32. Job 15. 5, 6.
27 *oughtest.* Lu. 19. 22, 23. Ro. 3. 19. Jude 15. *with.* De. 23. 19, 20.
28 Lu. 10. 42; 19. 24.
29 *unto.* ch. 13. 12. Mar. 4. 25. Lu. 8. 18; 16. 9-12; 19. 25, 26. Jno. 15. 2. *shall be taken.* ch. 21. 41. La. 2. 6. Ho. 2. 9. Lu. 10. 42; 12. 19-21; 16. 1-3, 20-25. Jno. 11. 48. Re. 2. 5.
30 *cast.* ch. 3. 10; 5. 13. Je. 15. 1, 2. Eze. 15. 2-5. Lu. 14. 34, 35. Jno. 15. 6. Tit. 3. 14. He. 6. 7, 8. Re. 3. 15, 16. *outer.* ch. 8. 12; 13. 42, 50; 22. 13; 24. 51. Lu. 13. 28. 2 Pe. 2. 17. Jude 13. Re. 21. 8.
31 *the Son.* ver. 6; ch. 16. 27; 19. 28; 26. 64. Da. 7. 13, 14. Zec. 14. 5. Mar. 8. 38; 14. 62. Lu. 9. 26; 22. 69. Jno. 1. 51; 5. 27-29. Ac. 1. 11. 1 Th. 4. 16. 2 Th. 1. 7, 8. He. 1. 8. Jude 14. Re. 1. 7. *then.* Ps. 9. 7. Re. 3. 21; 20. 11.
32 *before.* Ps. 96. 13; 98. 9. Ac. 17. 30, 31. Ro. 2. 12, 16; 14. 10-12. 2 Co. 5. 10. Re. 20. 12-15. *he shall separate.* ch. 3. 12; 13. 42, 43, 49. Ps. 1. 5; 50. 3-5. Eze. 20. 38; 34. 17-22. Mal. 3. 18. 1 Co. 4. 5. *as.* Ps. 78. 52. Jno. 10. 14, 27.
33 *the sheep.* Ps. 79. 13; 95. 7; 100. 3. Jno. 10. 26-28; 21. 15-17. *his.* Ge. 48. 13, 14, 17-19. Ps. 45. 9; 110. 1. Mar. 16. 19. Ac. 2. 34, 35. Ep. 1. 20. He. 1. 3.
34 *the King.* ch. 21. 5; 22. 11-13; 27. 37. Ps. 2. 6; 24. 7-10. Is. 9. 7; 32. 1, 2; 33. 22. Je. 23. 5, 6. Eze. 37. 24, 25. Da. 9. 25. Zep. 3. 15. Zec. 9. 9, 10. Lu. 1. 31-33; 19. 38. Jno. 1. 49; 12. 13; 19. 15, 19-22. Re. 19. 16. *Come.* ver. 21, 23, 41; ch. 5. 3-12. Ge. 12. 2, 3. De. 11. 23-28. Ps. 115. 13-15. Lu. 11. 28. Ac. 3. 26. Ga. 3. 13, 14. Ep. 1. 3. 1 Th. 2. 12. 1 Pe. 1. 3. *inherit.* Lu. 12. 32. Ro. 8. 17. 1 Co. 6. 9. Ga. 5. 21. Ep. 5. 5. 2 Ti. 2. 12; 4. 8. Ja. 2. 5. 1 Pe. 1. 4, 5, 9; 3. 9. Re. 5. 10; 21. 7. *prepared.* ch. 20. 23. Mar. 10. 40. Jno. 14. 2, 3. 1 Co. 2. 9. He. 11. 16. *from.* Ac. 15. 18. Ep. 1. 4-6. 1 Pe. 1. 19, 20. Re. 13. 8.
35 *I was an.* ver. 40; ch. 10. 40-42; 26. 11. De. 15. 7-11. Job 29. 13-16; 31. 16-21. Ps. 112. 5-10. Pr. 3. 9, 10; 11. 24, 25; 14. 21, 31; 19. 17; 22. 9. Ec. 11. 1, 2. Is. 58. 7-11. Eze. 18. 7, 16. Da. 4. 27. Mi. 6. 8. Mar. 14. 7. Lu. 11. 41; 14. 12-14. Jno. 13. 29. Ac. 4. 32; 9. 36-39; 10. 31; 11. 29. 2 Co. 8. 1-4, 7-9; 9. 7-14. Ep. 4. 28. 1 Ti. 6. 17-19. Phile. 7. He. 6. 10; 13. 16. Ja. 1. 27. 1 Pe. 4. 9, 10. 1 Jno. 3. 16-19. *thirsty.* ver. 42. Pr. 25. 21. Ro. 12. 20. *I was a.* ver. 43. Ge. 18. 2-8; 19. 1-3. Ac. 16. 15. Ro. 12. 13; 16. 23. 1 Ti. 5. 10. He. 13. 1-3. 1 Pe. 4. 9. 3 Jno. 5-8.
36 *Naked.* Job 31. 19, 20. Lu. 3. 11. Ja. 2. 14-16. *was. sick.* ver. 43. Eze. 34. 4. Ac. 20. 35; 28. 8, 9. Ja. 1. 27; 5. 14, 15. *I was in.* Phi. 4. 10-14. 2 Ti. 1. 16-18. He. 10. 34; 13. 3.
37 *when.* ch. 6. 3. 1 Ch. 29. 14. Pr. 15. 33. Is. 64. 6. 1 Co. 15. 10. 1 Pe. 5. 5, 6.
40 *the King.* ver. 34. Pr. 25. 6, 7. *Inasmuch.* ch. 10. 42. 2 Sa. 9. 1, 7. Pr. 14. 31; 19. 17. Mar. 9. 41. Jno. 19. 26, 27; 21. 15-17. 1 Co. 16. 21, 22. 2 Co. 4. 5; 5. 14, 15; 8. 7-9. Ga. 5. 6, 13, 22. 1 Th. 4. 9, 10. 1 Pe. 1. 22. 1 Jno. 3. 14-19; 4. 7-12, 20, 21; 5. 1, 2. *the least.* ch. 12. 49, 50; 18. 5, 6, 10; 28. 10. Mar. 3. 34, 35. Jno. 20. 17. He. 2. 11-15; 6. 10. *ye have done it unto me.* Ac. 9. 4, 5. Ep. 5. 30.
41 *them.* ver. 33. *Depart.* ch. 7. 23. Ps. 6. 8; 119. 115; 139. 19. Lu. 13. 27. *ye cursed.* De. 27. 15-26; 28. 16, etc. Ps. 119. 21. Je. 17. 5. Ga. 3. 10-13. He. 6. 8. *everlasting.* ver. 46; ch. 3. 12; 13. 40, 42, 50. Mar. 9. 43-48. 2 Th. 1. 9. Re. 14. 10, 11; 20. 10-15. *prepared.* Jno. 8. 44. Ro. 9. 22, 23. 2 Pe. 2. 4. 1 Jno. 3. 10. Jude 6. Re. 12. 7-9.
42 ver. 35; ch. 10. 37, 38; 12. 30. Am. 6. 6. Jno. 5. 23; 8. 42-44; 14. 21. 1 Co. 16. 22. 2 Th. 1. 8. Ja. 2. 15-24. 1 Jno. 3. 14-17; 4. 20.
44 *when.* ver. 24-27; ch. 7. 22. 1 Sa. 15. 13-15, 20, 21. Je. 2. 23, 35. Mal. 1. 6; 2. 17; 3. 13. Lu. 10. 29.
45 *Inasmuch.* ver. 40. Ge. 12. 3. Nu. 24. 9. Ps. 105. 15. Pr. 14. 31; 17. 5; 21. 13. Zec. 2. 8. Jno. 15. 18, 19. Ac. 9. 5. 1 Jno. 3. 12-20; 5. 1-3.
46 *everlasting.* ver. 41. Da. 12. 2. Mar. 9. 44, 46, 48, 49. Lu. 16. 26. Jno. 5. 29. 2 Th. 1. 9. Re. 14. 10, 11; 20. 10, 15; 21. 8. *the righteous.* ch. 13. 43. Ps. 16. 10, 11. Jno. 3. 15, 16, 36; 10. 27, 28. Ro. 2. 7, etc.; 5. 21; 6. 23. 1 Jno. 2. 25; 5. 11, 12. Jude 21.

## CHAP. XXVI.

*Christ foretells his own death,* 1, 2. *The rulers conspire against him,* 3-5. *The woman anoints his feet,* 6-13. *Judas bargains to betray him,* 14-16. *Christ eats the passover,* 17-25; *institutes his holy supper,* 26-29; *foretells the desertion of his disciples, and Peter's denial,* 30-35; *prays in the garden,* 36-46; *and being betrayed by a kiss,* 47-56, *is carried to Caiaphas,* 57-68, *and denied of Peter,* 69-75.

1 *when.* ch. 19. 1.
2 *know.* Mar. 14. 1, 2. Lu. 22. 1, 2, 15. Jno. 13. 1. *the feast.* Ex. 12. 11-14; 34. 25. Jno. 2. 13; 11. 55; 12. 1 *betrayed.* ver. 24. 25; ch. 17. 22; 20. 18. 19; 27. 4. Lu. 24. 6, 7. Jno. 13. 2; 18. 2.
3 *assembled.* ch. 21. 45, 46. Ps. 2. 1, 2; 56. 6; 64. 4-6; 94. 20, 21. Je. 11. 19; 18. 18-20. Jno. 11. 47-53, 57. Ac. 4. 25-28. *the palace.* ver. 58. Je. 17. 27. Mar. 14. 54. *Caiaphas.* This was *Joseph,* surnamed *Caiaphas,* who succeeded Simon son of Camith, in the high-priesthood, about A.D. 25. About two years after our Lord's death. he was deposed by Vitellius governor of Syria; and unable to bear his disgrace, and perhaps the stings of conscience for the murder of Christ, he killed himself about A.D. 35. Jno. 11. 49; 18. 13, 14, 24. Ac. 4. 5, 6.
4 *consulted.* Ps. 2. 2. *by.* ch. 23. 33. Ge. 3. 1. Ac. 7. 19; 13. 10. 2 Co. 11. 3.
5 *Not.* Ps. 76. 10. Pr. 19. 21; 21. 30. Is. 46. 10. La. 3. 37. Mar. 14. 2, 12, 27. Lu. 22. 7. Jno. 18. 28. Ac. 4. 28. *lest.* ch. 14. 5; 21. 26. Lu. 20. 6.
6 *in Bethany.* ch. 21. 17. Mar. 11. 12. Jno. 11. 1, 2; 12. 1. *Simon.* Mar. 14. 3.
7 *came.* Jno. 12. 2, 3. *very.* Ex. 30. 23-33. Ps. 133. 2. Ec. 9. 8; 10. 1. Ca. 1. 3. Is. 57. 9. Lu. 7. 37, 38, 46.
8 *they.* 1 Sa. 17. 28, 29. Ec. 4. 4. Mar. 14. 4. Jno. 12. 4-6. *To.* Ex. 5. 17. Am. 8. 5. Hag. 1. 2-4. Mal. 1. 7-10, 13.
9 Jos. 7. 20, 21. 1 Sa. 15. 9, 21. 2 Ki. 5. 20. Mar. 14. 5. Jno. 12. 5, 6. 2 Pe. 2. 15.
10 *Why.* Job 13. 7. Mar. 14. 6. Lu. 7. 44-50. Ga. 1. 7; 5. 12; 6. 17. *a good.* Ne. 2. 18. 2 Co. 9. 8. Ep. 2. 10. Col. 1. 10. 2 Th. 2. 17. 1 Ti. 3. 1; 5. 10. 2 Ti. 2. 21. Tit. 1. 16; 2. 14; 3. 1, 8, 14. He. 13. 21. 1 Pe. 2. 12.
11 *ye have.* ch. 25. 34-40, 42-45. De. 15. 11. Mar. 14. 7. Jno. 12. 8. Ga. 2. 10. 1 Jno. 3. 17. *but.* ch. 18. 20; 28. 20. Jno. 13. 33; 14. 19; 16. 5, 28; 17. 11. Ac. 3. 21.
12 2 Ch. 16. 14. Mar. 14. 8; 16. 1. Lu. 23. 56; 24. 1. Jno. 12. 7; 19. 39, 40.
13 *Wheresoever.* ch. 24. 14; 28. 19. Ps. 98. 2, 3. Is. 52. 19. Mar. 13. 10; 16. 15. Lu. 24. 47. Ro. 10. 18; 15. 19. Col. 1. 6, 23. 1 Ti. 2. 6. Re. 14. 6. *there.* 1 Sa. 2. 30. Ps. 112. 6. Mar. 14. 9. 2 Co. 10. 18. He. 6. 10.
14 *one.* Mar. 14. 10. Lu. 22. 3-6. Jno. 13. 2, 30. *Judas.* ch. 10. 4. Jno. 6. 70, 71; 18. 2.
15 *What.* Ge. 38. 16. Ju. 16. 5; 17. 10; 18. 19, 20. Is. 56. 11. 1 Ti. 3. 3; 6. 9, 10. 2 Pe. 2. 3, 14, 15. *thirty.* Probably *shekels* or *staters,* as some read, which, reckoning the shekel at 3*s.*, with PRIDEAUX, would amount to about 4*l.* 10*s.*, the price for the meanest slave! (See Ex. 21. 32.) ch. 27. 3-5. Ge. 37. 26-28. Zec. 11. 12, 13. Ac. 1. 18.
16 *he.* Mar. 14. 11. Lu. 22. 6.
17 *the first.* Ex. 12. 6, 18-20; 13. 6-8. Le. 23. 5, 6. Nu. 28. 16, 17. De. 16. 1-4. Mar. 14. 12. Lu. 22. 7. *Where.* ch. 3. 15; 17. 24, 25. Lu. 22. 8, 9.
18 *Go.* Mar. 14. 13-16. Lu. 22. 10-13. *The Master.* ver. 49; ch. 21. 3; 23. 8, 10. Mar. 5. 35. Jno. 11. 28; 20. 16. *My time.* ver. 2. Lu. 22. 53. Jno. 7. 6, 30; 12. 23; 13. 1; 17. 1.
19 *the disciples.* ch. 21. 6. Jno. 2. 5; 15. 14. *and they.* Ex. 12. 4-8. 2 Ch. 35. 10, 11.
20 *when.* Mar. 14. 17-21. Lu. 22. 14-16. Jno. 13. 21. *he.* Ex. 12. 11. Ca. 1. 12.
21 *Verily.* ver. 2, 14-16. Ps. 55. 12-14. Jno. 6. 70, 71; 13. 21. He. 4. 13. Re. 2. 23.
22 Mar. 14. 19, 20. Lu. 22. 23. Jno. 13. 22-25; 21. 17.
23 *He that.* Ps. 41. 9. Lu. 22. 21. Jno. 13. 18, 26-28.
24 *Son of man goeth.* ver. 54, 56. Ge. 3. 15. Ps. 22; 69. 1-21. Is. 50. 5, 6; ch. 53. Da. 9. 26. Zec. 12. 10; 13. 7. Mar. 9. 12. Lu. 24. 25, 26, 46. Jno. 19. 24, 28, 36, 37. Ac. 13. 27-29; 17. 2, 3; 26. 22, 23; 28. 23. 1 Co. 15. 3. 1 Pe. 1. 11. *written.* Lu. 22. 22. Ac. 2. 23; 4. 28. *but.* ch. 18. 7; 27. 3-5. Ps. 55. 15, 23; 109. 6-19. Mar. 14. 21. Jno. 17. 12. Ac. 1. 16-20.
25 *Judas.* 2 Ki. 5. 25. Pr. 30. 20. *Thou.* ver. 64; ch. 27. 11. Jno. 18. 37.
26 *as.* Mar. 14. 22. Lu. 22. 19. *Jesus.* Lu. 24. 30. 1 Co. 11. 23-25. *blessed it.* '*Many Greek copies have* gave thanks.' Mar. 6. 41. *and brake.* Ac. 2. 46; 20. 7. 1 Co. 10. 16, 17. *Take.* Jno. 6. 33-35, 47-58. 1 Co. 11. 26-29. *this.* Eze. 5. 4, 5. Lu. 22. 20. 1 Co. 10. 4, 16. Ga. 4. 24, 25.
27 *he took.* Mar. 14. 23, 24. Lu. 22. 20. *Drink.* Ps. 116. 13. Ca. 5. 1; 7. 9. Is. 25. 6; 55. 1. 1 Co. 10. 16; 11. 28.
28 *my.* Ex. 24. 7, 8. Le. 17. 11. Je. 31. 31. Zec. 9. 11. Mar. 14. 24. Lu. 22. 19. 1 Co. 11. 25. He. 9. 14-22; 10. 4-14; 13. 20. *shed.* ch. 20. 28. Ro. 5. 15, 19. Ep. 1. 7. Col. 1. 14, 20. He. 9. 22, 28. 1 Jno. 2. 2. Re. 7. 9, 14.
29 *I will.* Ps. 4. 7; 104. 15. Is. 24. 9-11. Mar. 14. 25. Lu. 22. 15-18. *until.* ch. 18. 20; 28. 20. Ps. 40. 3. Ca. 5. 1. Is. 53. 11. Zep. 3. 17. Zec. 9. 17. Lu. 15. 5, 6, 23-25, 32. Jno. 15. 11; 16. 22; 17. 13. Ac. 10. 41. He. 12. 2. Re. 5. 8-10; 14. 3.

*with.* ch. 13. 43; 16. 28; 25. 34. Is. 25. 6. Lu. 12. 32; 22. 18, 29, 30. Re. 7. 17.

30 *when.* Ps. 81. 1-4. Mar. 14. 26. Ep. 5. 19, 20. Col. 3. 16, 17. *hymn. or,* psalm. *they went.* Lu. 21. 37; 22. 39. Jno. 14. 31; 18. 1-4.

31 *All.* ver. 56; ch. 11. 6; 24. 9, 10. Mar. 14. 27, 28. Lu. 22. 31, 32. Jno. 16. 32. *I will.* Is. 53. 10. Zec. 13. 7. *and the.* Job 6. 15-22; 19. 13-16. Ps. 38. 11; 69. 20; 88. 18. La. 1. 19. Eze. 34. 5, 6.

32 *I am.* ch. 16. 21; 20. 19; 27. 63, 64. Mar. 9. 9, 10. Lu. 18. 33, 34. *I will.* ch. 28. 6, 7, 10, 16. Mar. 14. 28; 16. 7. Jno. 21. 1, etc. 1 Co. 15. 6.

33 *Though.* Mar. 14. 29. Lu. 22. 33. Jno. 13. 36-38; 21. 15. *yet.* Ps. 17. 5; 119. 116, 117. Pr. 16. 18, 19; 20. 6; 28. 25, 26. Je. 17. 9. Ro. 12. 10. Phi. 2. 3. 1 Pe. 5. 5, 6.

34 *That.* Mar. 14. 30, 31. Lu. 22. 34. Jno. 13. 38.

35 *Though.* ch. 20. 22, 23. Pr. 28. 14; 29. 23. Ro. 11. 20. 1 Co. 10. 12. Phi. 2. 12. 1 Pe. 1. 17. *Likewise.* ch. 20. 24. Ex. 19. 8.

36 *a place.* Mar. 14. 32-35. Lu. 22. 39, etc. Jno. 18. 1, etc. *Gethsemane. Gethsemane* was a garden at the foot of the mount of Olives, beyond the brook Cedron; an even plat of ground, says MAUNDRELL, not above fifty-seven yards square, where are shewn some old olive trees, supposed to identify the spot to which our Lord was wont to resort. *while.* ver. 39, 42. Ps. 22. 1, 2; 69. 1-3, 13-15. He. 5. 7.

37 *Peter.* ch. 4. 18, 21; 17. 1; 20. 20. Mar. 5. 37. *sorrowful.* Mar. 14. 33, 34. Lu. 22. 44. Jno. 12. 27.

38 *My.* Job 6. 2-4. Ps. 88. 1-7, 14-16; 116. 3. Is. 53. 3, 10. Ro. 8. 32. 2 Co. 5. 21. Ga. 3. 13. 1 Pe. 2. 24; 3. 18. *tarry.* ver. 40; ch. 25. 13. 1 Pe. 4. 7.

39 *and fell.* Ge. 17. 3. Nu. 14. 5; 16. 22. 1 Ch. 21. 16. Eze. 1. 28. Lu. 17. 16. Ac. 10. 25. Re. 19. 10. *and prayed.* Mar. 14. 35, 36. Lu. 22. 41, 42. He. 5. 7. *O my Father.* ver. 42. Jno. 11. 41; 12. 27. *if.* ch. 24. 24. Mar. 13. 22. *let.* ch. 20. 22. Jno. 18. 11. *not.* 2 Sa. 15. 26. Jno. 5. 30; 6. 38; 12. 28; 14. 31. Ro. 15. 1-3. Phi. 2. 8.

40 *and findeth.* ver. 43; ch. 25. 5. Ca. 5. 2. Mar. 14. 37. Lu. 9. 32; 22. 45. *What.* ver. 35. Ju. 9. 38. 1 Sa. 26. 15, 16. 1 Ki. 20. 11.

41 *Watch.* ch. 24. 42; 25. 13. Mar. 13. 33-37; 14. 38. Lu. 21. 36; 22. 40, 46. 1 Co. 16. 13. Ep. 6. 18. 1 Pe. 4. 7; 5. 8. Re. 16. 15. *enter.* ch. 6. 13. Pr. 4. 14, 15. Lu. 8. 13; 11. 4. 1 Co. 10. 13. 2 Pe. 2. 9. Re. 3. 10. *the spirit.* Ps. 119. 4, 5, 24, 25, 32, 35-37, 115, 117, 173, 174. Is. 26. 8, 9. Ro. 7. 18-25; 8. 3. 1 Co. 9. 27. Ga. 5. 16, 17, 24. Phi. 3. 12-14.

42 *the second.* ver. 39. Ps. 22. 1, 2; 69. 1-3, 17, 18; 88. 1, 2. Mar. 14. 39, 40. He. 4. 15; 5. 7, 8.

43 *for.* Pr. 23. 34. Jon. 1. 6. Lu. 9. 32. Ac. 20. 9. Ro. 13. 1. 1 Th. 5. 6-8.

44 *prayed.* ch. 6. 7. Da. 9. 17-19. Lu. 18. 1. 2 Co. 12. 8.

45 *Sleep on.* That is, as it is well paraphrased by EUTHYMIUS, 'Since you have thus far failed to watch, sleep on the rest of the time, and take your rest, *if you can.*' 1 Ki. 18. 27. Ec. 11. 9. *the hour.* ver. 2, 14, 15. Mar. 14. 41, 42. Lu. 22. 53. Jno. 13. 1; 17. 1.

46 1 Sa. 17. 48. Lu. 9. 51; 12. 50; 22. 15. Jno. 14. 31. Ac. 21. 13.

47 *lo.* ver. 55. Mar. 14. 43. Lu. 22. 47, 48. Jno. 18. 1-8. Ac. 1. 16.

48 *Whomsoever.* 2 Sa. 3. 27; 20. 9, 10. Ps. 28. 3; 55. 20, 21. *hold.* Mar. 14. 44.

49 *Hail.* ch. 27. 29, 30. Mar. 15. 18. Jno. 19. 3. *kissed him.* Κατεφιλησεν, *he kissed him affectionately, eagerly,* or *repeatedly,* from *κατα, intensive,* and *φιλεω,* to *kiss,* still pretending the most affectionate attachment to our Lord. Ge. 27. 26. 1 Sa. 10. 1. 2 Sa. 20. 9. Pr. 27. 6. Mar. 14. 45, 46. Lu. 7. 45. 1 Th. 5. 26.

50 *Friend.* Rather, '*Companion,* (εταιρε,) against whom (εφ'ω the reading of all the best MSS.) art thou come?' ch. 20. 13. 2 Sa. 16. 17. Ps. 41. 9; 55. 13, 14. Lu. 22. 48.

51 ver. 35. Mar. 14. 47. Lu. 9. 55; 22. 36-38, 49-51. Jno. 18. 10, 11, 36. 2 Co. 10. 4.

52 *Put.* ch. 5. 39. Ro. 12. 19. 1 Co. 4. 11, 12. 1 Th. 5. 15. 1 Pe. 2. 21-23; 3. 9. *they.* ch. 23. 34-36. Ge. 9. 6. Ps. 55. 23. Eze. 35. 5, 6. Re. 13. 10; 16. 6.

53 *and he.* ch. 4. 11; 25. 31. 2 Ki. 6. 17. Da. 7. 10. 2 Th. 1. 7. Jude 14. *twelve.* ch. 10. 1, 2. *legions.* A *legion,* λεγεων, from the Latin *legio,* from *lego,* to collect, or choose, was a particular division or battalion of the Roman army, which at different times contained different numbers. In the time of our Saviour it probably consisted of 6200 foot and 300 horse, twelve of which would amount to 78,000 men. Lu. 8. 30.

54 ver. 24. Ps. 22; 69. Is. ch. 53. Da. 9. 24-26. Zec. 13. 7. Lu. 24. 25, 26, 44-46. Jno. 10. 35. Ac. 1. 16.

55 *Are.* Mar. 14. 48-50. Lu. 22. 52, 53. *I sat.* Mar. 12. 35. Lu. 21. 37, 38. Jno. 8. 2; 18. 20, 21.

56 *that.* ver. 54. Ge. 3. 15. Is. 44. 26. La. 4. 20. Da. 9. 24, 26. Zec. 13. 7. Ac. 1. 16; 2. 23. *Then.* ver. 31. Mar. 14. 50-52. Jno. 16. 32; 18. 8, 9, 15, 16. 2 Ti. 4. 16.

57 Ps. 56. 5, 6. Mar. 14. 53, 54. Lu. 22. 54, 55. Jno. 11. 49; 18. 12-14, 24.

58 *and went.* Jno. 18. 15, 16, 25.

59 *sought.* De. 19. 16-21. 1 Ki. 21. 8-13. Ps. 27. 12; 35. 11, 12; 94. 20, 21. Pr. 25. 18. Mar. 14. 55, 56. Ac. 6. 11-13; 24. 1-13.

60 *found none.* Da. 6. 4, 5. Tit. 2. 8. 1 Pe. 3. 16. *At.* De. 19. 15. Mar. 14. 57-59.

61 *This.* ver. 71; ch. 12. 24. Ge. 19. 9. 1 Ki. 22. 27. 2 Ki. 9. 11. Ps. 22. 6, 7. Is. 49. 7; 53. 3. Lu. 23. 2. Jno. 9. 29. Ac. 17. 18; 18. 13; 22. 22. *I am.* The words of our Lord were widely different from this statement of them; so that the testimony of these witnesses was *false,* though it had the semblance of truth. ch. 27. 40. Je. 26. 8-11, 16-19. Mar. 15. 29. Jno. 2. 19-21. Ac. 6. 13.

62 *Answerest.* ch. 27. 12-14. Mar. 14. 60. Lu. 23. 9. Jno. 18. 19-24; 19. 9-11.

63 *Jesus.* Ps. 38. 12-14. Is. 53. 7. Da. 3. 16. Ac. 8. 32-35. 1 Pe. 2. 23. *I adjure.* Le. 5. 1. Nu. 5. 19-21. 1 Sa. 14. 24, 26, 28. 1 Ki. 22. 16. 2 Ch. 18. 15. Pr. 29. 24. *that.* Mar. 14. 61. Lu. 22. 66-71. Jno. 8. 25; 10. 24; 18. 37. *the Christ.* ch. 16. 16; 27. 40, 43, 54. Ps. 2. 6, 7. Is. 9. 6, 7. Jno. 1. 34, 49; 3. 16-18; 5. 18-25; 6. 69; 10. 30, 36; 19. 7; 20. 31. 1 Jno. 5. 11-13.

64 *Thou.* ver. 25; ch. 27. 11. Mar. 14. 62. Lu. 22. 70. Jno. 18. 37. *Hereafter.* ch. 16. 27; 24. 30; 25. 31. Da. 7. 13. Lu. 21. 27; 25. 31. Jno. 1. 50, 51. Ac. 1. 11. Ro. 14. 10. 1 Th. 4. 16. Re. 1. 7; 20. 11. *the right.* Ps. 110. 1. Ac. 7. 55, 56. He. 1. 3; 12. 2.

65 *the high priest.* Le. 21. 10. 2 Ki. 18. 37; 19. 1-3. Je. 36. 24. Mar. 14. 63, 64. *He.* ch. 9. 3. 1 Ki. 21. 10-13. Lu. 5. 21. Jno. 10. 33, 36.

66 *He.* Le. 24. 11-16. Jno. 19. 7. Ac. 7. 52; 13. 27, 28. Ja. 5. 6.

67 *did.* ch. 27. 30. Nu. 12. 14. De. 25. 9. Job 30. 9-11. Is. 50. 6; 52. 14; 53. 3. Mar. 14. 65; 15. 19. 1 Co. 4. 13. He. 12. 2. *buffeted him.* Εκολαφισαν, 'smote him with their fists,' as THEOPHYLACT interprets. *and others.* ch. 5. 39. 1 Ki. 22. 24. Je. 20. 2. La. 3. 30, 45. Lu. 22. 63. Jno. 18. 22; 19. 3. Ac. 23. 2, 3. 2 Co. 11. 20, 21. *smote. him.* Ερραπισαν, 'smote him on the cheek with the open hand,' as SUIDAS renders. They offered him every indignity, in all its various and vexatious forms. *the palms of their hands. or,* rods. Mi. 5. 1.

68 *Prophesy.* ch. 27. 39-44. Ge. 37. 19, 20. Ju. 16. 25. Mar. 14. 65. Lu. 22. 63-65. *thou.* ch. 27. 28, 29. Mar. 15. 18, 19. Jno. 19. 2, 3, 14, 15. 1 Pe. 2. 4-8.

69 *Peter.* ver. 58. 1 Ki. 19. 9, 13. Ps. 1. 1. Mar. 14. 66-68. Lu. 22. 55-57. Jno. 18. 16, 17, 25. 2 Pe. 2. 7-9. *Jesus.* ver. 71; ch. 2. 22, 23; 21. 11. Jno. 1. 46; 7. 41, 52. Ac. 5. 37.

70 ver. 34, 35, 40-43, 51, 56, 58. Ps. 119. 115-117. Pr. 28. 26; 29. 23, 25. Is. 57. 11. Je. 17. 9. Ro. 11. 20. 1 Co. 10. 12. Re. 21. 8.

71 *when.* Mar. 14. 68, 69. Lu. 22. 58. Jno. 18. 25-27. *This.* ver. 61.

72 *with.* ch. 5. 34-36. Ex. 20. 7. Is. 48. 1. Zec. 5. 3, 4; 8. 17. Mal. 3. 5. Ac. 5. 3, 4. *I do not.* ver. 74. Lu. 22. 34.

73 *Surely.* Lu. 22. 59, 60. Jno. 18. 26, 27. *for.* Ju. 12. 6. Ne. 13. 24.

74 *began.* ch. 27. 25. Ju. 17. 2; 21. 18. 1 Sa. 14. 24-28. Mar. 14. 71. Ac. 23. 12-14. Ro. 9. 3. 1 Co. 16. 22. *saying.* ch. 10. 28, 32, 33. Jno. 21. 15-17. Re. 3. 19. *And.* Mar. 14. 30. 68, 72. Lu. 22. 60. Jno. 18. 27.

75 *remembered.* ver. 34. Lu. 22. 61, 62. Jno. 13. 38. *And he.* ch. 27. 3-5. Lu. 22. 31-34. Ro. 7. 18-20. 1 Co. 4. 7. Ga. 6. 1. 1 Pe. 1. 5.

## CHAP. XXVII.

*Christ is delivered bound to Pilate,* 1, 2. *Judas hangs himself,* 3-18. *Pilate, admonished of his wife,* 19, *and being urged by the multitude, washes his hands, and looses Barabbas,* 20-26. *Christ is mocked and crowned with thorns,* 27-32; *crucified,* 33-38; *reviled,* 39-49; *dies, and is buried,* 50-61; *his sepulchre is sealed and watched,* 62-66.

1 *the morning.* Ju. 16. 2. 1 Sa. 19. 11. Pr. 4. 16-18. Mi. 2. 1. Lu. 22. 66. Ac. 5. 21. *all.* ch. 23. 13; 26. 3, 4. Ps. 2. 2. Mar. 15. 1. Lu. 23. 1, 2. Jno. 18. 28. Ac. 4. 24-28.

2 *bound.* Ge. 22. 9. Jno. 18. 12, 24. Ac. 9. 2; 12. 6; 21. 33; 22. 25, 29; 24. 27; 28. 20. 2 Ti. 2. 9. He. 13. 3. *delivered.* ch. 20. 19. Lu. 18. 32, 33; 20. 20. Ac. 3. 13. *Pontius Pilate.* *Pontius Pilate* governed Judea ten years under the emperor Tiberius, from his 13th to his 23rd year, A.D. 26 to 36; but, having exercised great cruelties against the Samaritans, they complained to Vitellius, governor of Syria, who sent Marcellus, one of his friends, to superintend Judea, and ordered Pilate to Rome, to give an account of his conduct to Tiberius. The emperor was dead before he arrived; but it is an ancient tradition, that he was reduced to such extremity that he killed himself with his own sword two years after.

3 *Judas.* ch. 26. 14-16, 47-50. Mar. 14. 10, 11, 43-46. Lu. 22. 2-6, 47, 48. Jno. 13. 2, 27; 18. 3. *repented.* Job 20. 5, 15-29. 2 Co. 7. 10.

4 *I have sinned.* Ge. 42. 21, 22. Ex. 9. 27; 10. 16, 17; 12. 31. 1 Sa. 15. 24, 30. 1 Ki. 21. 27. Ro. 3. 19. *the innocent.* ver. 19, 23, 24, 54. 2 Ki. 24. 4. Je. 26. 15. Jon. 1. 14. Lu. 23. 22, 41, 47. Jno. 19. 7. Ac. 13. 28. He. 7. 26. 1 Pe. 1. 19. *What.* ver. 25. Ac. 18. 15-17. 1 Ti. 4. 2. Tit. 1. 16. 1 Jno. 3. 12. Re. 11. 10. *see.* 1 Sa. 28. 16-20. Job 13. 4; 16. 2. Lu. 16. 25, 26.

5 *and departed.* Ju. 9. 54. 1 Sa. 31. 4, 5. 2 Sa. 17. 23. 1 Ki. 16. 18. Job 2. 9; 7. 15. Ps. 55. 23. Ac. 1. 18, 19.

6 *It is not.* ch. 33. 24. Lu. 6. 7-9. Jno. 18. 28. *to put.* De. 23. 18. Is. 61. 8. *because.* The Jews considered it was strictly forbidden by the Divine law to bring any filthy or iniquitous gain into the temple. For this reason they now refused to allow this money to be placed in the chest of the temple, amongst the former contributions for its repairs. In this they were right enough, but by the very act of refusing this money, they proved themselves to be gross perverters of *the spirit* of God's requirements: they saw not that it was much less lawful for them, who had hired Judas to this sordid action, to be employed in the service of the temple. Those that 'bear the vessels of the Lord,' ought to be holy. Thus our Lord's words, 'Ye blind guides! ye train at a gnat, and swallow a camel.'

8 *that.* Ac. 1. 19. *unto.* ch. 28. 15. De. 34. 6. Jos. 4. 9. Ju. 1. 26. 2 Ch. 5. 9.

9 *Jeremy.* The words here quoted are not found in *Jeremiah*, but in *Zechariah;* and a variety of conjectures have been formed, in order to reconcile this discrepancy. The most probable opinion seems to be, that the *name* of the prophet was originally omitted by the Evangelist, and that the name of *Jeremiah* was added by some subsequent copyist. It is *omitted* in two MSS. of the twelfth century, in the Syriac, later Persic, two of the Itala, and in some other Latin copies; and what renders it highly probable that the original reading was *δια του προφητου, by the prophet*, is, that St. Matthew frequently omits the name of the prophet in his quotations. See ch. 1. 22; 2. 5, 15; 13. 35; 21. 4. This omission is approved of by BENGEL, Dr. A. CLARKE, and HORNE. *And they.* Zec. 11. 12, 13. *thirty.* ch. 26. 15. Ex. 21. 32. Le. 27. 2-7. *of the children of Israel did value. or,* bought of the children of Israel.

11 *Jesus stood.* ch. 10. 18, 25. Mar. 15. 2. Lu. 23. 3. Jno. 18. 33-36. *Thou sayest.* ch. 26. 25, 64. Mar. 14. 62. Jno. 18. 37. 1 Ti. 6. 13.

12 ver. 14; ch. 26. 63. Ps. 38. 13, 14. Is. 53. 7. Mar. 15. 3-5. Jno. 19. 9-11. Ac. 8. 32. 1 Pe. 2. 23.

13 *Hearest.* ch. 26. 62. Jno. 18. 35. Ac. 22. 24.

14 *marvelled.* Ps. 71. 7. Is. 8. 18. Zec. 3. 8. 1 Co. 4. 9.

15 ch. 26. 5. Mar. 15. 6, 8. Lu. 23. 16, 17. Jno. 18. 38, 39. Ac. 24. 27; 25. 9.

16 *a.* Mar. 15. 7. Lu. 23. 18, 19, 25. Jno. 18. 40. Ac. 3. 14. Ro. 1. 32.

17 *Whom.* ver. 21. Jos. 24. 15. 1 Ki. 18. 21. *or.* ver. 22. Mar. 15. 9-12. Jno. 19. 15.

18 *he.* Ge. 37. 11. 1 Sa. 18. 7-11. Ps. 106. 16. Pr. 27. 4. Ec. 4. 4. Is. 26. 11. Mar. 15. 10. Ac. 5. 17; 7. 9; 13. 45. Ja. 4. 5. *envy.* Or, *malice*, *φθονος*, probably from *φθινω*, to *decay*, *wither*, *pine away*, according to that of Solomon, Pr. 27. 4.

19 *his.* Ge. 20. 3-6; 31. 24, 29. Job 33. 14-17. Pr. 29. 1. *that just.* ver. 4, 24. Is. 53. 11. Zec. 9. 9. Lu. 23. 41, 47. 1 Pe. 2. 22. 1 Jno. 2. 1.

20 *persuaded.* Mar. 15. 11. Ac. 14. 18, 19; 19. 23-29. *should.* Lu. 23. 18-20. Jno. 18. 40; 19. 15, 16. Ac. 3. 14, 15.

22 *What.* ver. 17. Job 31. 31. Ps. 22. 8, 9. Is. 49. 7; 53. 2, 3. Zec. 11. 8. Mar. 14. 55; 15. 12-14. Lu. 23. 20-24. Jno. 19. 14, 15. Ac. 13. 38.

23 *Why.* Ge. 37. 18, 19. 1 Sa. 19. 3-15; 20. 31-33; 22. 14-19. *But.* ch. 21. 38, 39. Ac. 7. 57; 17. 5-7; 21. 28-31; 22. 22, 23; 23. 10, 12-15.

24 *and washed.* De. 21. 6, 7. Job 9. 30, 31. Ps. 26. 6. Je. 2. 27, 35. *just.* ver. 4, 9, 54. Jno. 19. 4. Ac. 3. 14. 2 Co. 5. 21. 1 Pe. 3. 18.

25 *His.* ch. 21. 44; 23. 30-37. Nu. 35. 33. De. 19. 10, 13. Jos. 2. 19. 2 Sa. 1. 16; 3. 28, 29. 1 Ki. 2. 32. 2 Ki. 24. 3, 4. Ps. 109. 12-19. Eze. 22. 2-4; 24. 7-9. Ac. 5. 28; 7. 52. 1 Th. 2. 15, 16. He. 10. 28-30. *and.* Ex. 20. 5. Eze. 18. 14, etc.

26 *released.* Mar. 15. 15. Lu. 23. 25. *scourged.* This of itself was a severe punishment, the flesh being generally *cut* by the whips used for this purpose. ch. 20. 19. Is. 50. 6; 53. 5. Mar. 10. 34. Lu. 18. 32, 33; 23. 16, 24, 25. Jno. 19. 1, 16. 1 Pe. 2. 24.

27 *common hall.* *or,* governor's house. Mar. 15. 16. Jno. 18. 28, 33; 19. 8, 9. Ac. 23. 35. Gr. *band.* Jno. 18. 3. Ac. 10. 1; 27. 1.

28 *stripped.* Mar. 15. 17. Lu. 23. 11. Jno. 19. 2-5. *a scarlet robe.* St. Mark calls it a *purple robe;* but by *πορφυρα* is denoted whatever is of a *dazzling red;* and the words *κοκκικον*, *scarlet*, and *πορφυρα*, *purple*, are not unfrequently interchanged.

29 *platted.* ch. 20. 19. Ps. 35. 15, 16; 69. 7, 19, 20. Is. 49. 7; 53. 3. Je. 20. 7. He. 12. 2, 3. *Hail.* ver. 37; ch. 26. 49. Mar. 15. 18. Lu. 23. 36, 37. Jno. 19. 3.

30 ch. 26. 67. Job 30. 8-10. Is. 49. 7; 50. 6; 52. 14; 53. 3, 7. Mi. 5. 1. Mar. 15. 19. Lu. 18. 32, 33.

31 *and led.* ch. 20. 19; 21. 39. Nu. 15. 35. 1 Ki. 21. 10, 13. Is. 53. 7. Jno. 19. 16, 27. Ac. 7. 58. He. 13. 12.

32 *as.* Le. 4. 3, 12, 21. Nu. 15. 35, 36. 1 Ki. 21. 10, 13. Ac. 7. 58. He. 13. 11, 12. *they found.* ch. 16. 24. Mar. 15. 21. Lu. 23. 26. *Cyrene.* Ac. 2. 10; 6. 9; 11. 20; 13. 1.

33 *Golgotha.* Mar. 15. 22. Lu. 23. 27-33. Jno. 19. 17.

34 *gave.* ver. 48. Ps. 69. 21. Mar. 15. 23. Jno. 19. 28-30. *vinegar.* St. Mark says, *wine mingled with myrrh;* but as the *sour wine* used by the Roman soldiers and common people was termed *οινος*, *wine*, and *οξος*, vinegar, *(vin aigre*, French,) is *sour wine;* and as *χολη*, *gall*, is applied to bitters of any kind, it is not difficult to reconcile the two accounts.

35 *they crucified.* Ps. 22. 16. Jno. 20. 20, 25, 27. Ac. 4. 10. *parted.* Mar. 15. 24, etc. Lu. 23. 34. Jno. 19. 23, 24. *that it.* Ps. 22. 18.

36 ver. 54. Mar. 15. 39, 44.

37 *his accusation.* Mar. 15. 26. Lu. 23. 38. Jno. 19. 19-22.

38 ver. 44. Is. 53. 12. Mar. 15. 27, 28. Lu. 22. 37; 23. 32, 33, 39-43. Jno. 19. 18, 31-35.

39 *reviled.* Ps. 22. 6, 7, 17; 31. 11-13; 35. 15-21; 69. 7-12, 20; 109. 2, 25. La. 1. 12; 2. 15-17. Mar. 15. 29, 30. Lu. 23. 35-39. 1 Pe. 2. 22-24.

40 *saying.* Ge. 37. 19, 20. Re. 11. 10. *that destroyest.* ch. 26. 61. Lu. 14. 29, 30. Jno. 2. 19-22. *If.* ver. 54; ch. 4. 3, 6; 26. 63, 64. *come.* ch. 16. 4. Lu. 16. 31.

41 Job 13. 9. Ps. 22. 12, 13; 35. 36. Is. 28. 22; 49. 7. Zec. 11. 8. Mar. 15. 31, 32. Lu. 18. 32; 22. 52; 23. 35.

42 *saved.* Jno. 9. 24; 40. 47. Ac. 4. 14. *the King.* ver. 37; ch. 2. 2. Lu. 19. 38. Jno. 1. 49.

43 *trusted.* Ps. 3. 2; 14. 6; 22. 8; 42. 10; 71. 11. Is. 36. 15, 18; 37. 10. *I am.* ver. 40. Jno. 3. 16, 17; 5. 17-25; 10. 30, 36; 19. 7.

44 ver. 38. Job 30. 7-9. Ps. 35. 15. Mar. 15. 32. Lu. 23. 39, 40.

45 *from.* Mar. 15. 25, 33, 34. Lu. 23. 44, 45. *darkness.* That this general darkness was wholly preternatural is evident from this, that it happened at the *passover*, which was celebrated only at the *full moon*, a time in which it was impossible for the sun to be eclipsed, natural eclipses happening only at the time of the new moon. *(See Introduction to the Comprehensive Bible*, p. 59.) Is. 50. 3. Am. 8. 9. Re. 8. 12; 9. 2.

46 *Jesus.* Mar. 15. 34. Lu. 23. 46. Jno. 19. 28-30. He. 5. 7. *Eli.* Ps. 22. 1; 71. 11. Is. 53. 10. La. 1. 12.

47 *This.* ch. 11. 14. Mal. 4. 5. Mar. 15. 35, 36.

48 *and filled.* ver. 34. Ps. 69. 21. Lu. 23. 36. Jno. 19. 29, 30.

49 *let us.* ver. 43.

50 *when.* Mar. 15. 37. Lu. 23. 46. Jno. 19. 30. *yielded.* ch. 20. 28. Ps. 22. 14, 15. Is. 53. 9-12. Da. 9. 26. Jno. 10. 11, 15. He. 2. 14; 9. 14.

51 *the veil.* Ex. 26. 31-37; 40. 21. Le. 16. 2. 12-15; 21. 23. 2 Ch. 3. 14. Is. 25. 7. Mar. 15. 38. Lu. 23. 45. Ep. 2. 13-18. He. 6. 19; 10. 19-22. *the earth.* ch. 28. 2. Ps. 18. 7, 15. Mi. 1. 3, 4. Na. 1. 3-5. Hab. 3. 10, 13. He. 12. 25-27. Re. 11. 13, 19.

52 *many.* Is. 25. 8; 26. 19. Ho. 13. 14. Jno. 5. 25-29. 1 Co. 15. 20. *slept.* Da. 12. 2. 1 Co. 11. 30; 15. 51. 1 Th. 4. 14; 5. 10.

53 *holy.* ch. 4. 5. Ne. 11. 1. Is. 48. 2. Da. 9. 24. Re. 11. 2; 21. 2; 22. 19.

54 *the centurion.* ver. 36; ch. 8. 5. Ac. 10. 1; 21. 32; 23. 17, 23; 27. 1, 43. *saw.* Mar. 15. 39. Lu. 23. 47, etc. *feared.* 2 Ki. 1. 13, 14. Ac. 2. 37; 16. 29, 30. Re. 11. 13. *Truly.* ver. 40, 43; ch. 26. 93. Lu. 22. 70. Jno. 19. 7. Ro. 1. 4.

55 *many.* Lu. 23. 27, 28, 48, 49. Jno. 19. 25-27. *ministering.* Lu. 8. 2, 3.

56 *Mary Magdalene.* ver. 61; ch. 28. 1. Mar. 15. 40, 41; 16. 1, 9. Lu. 24. 10. Jno. 20. 1, 18. *Mary the.* Mar. 15. 47; 16. 1. Jno. 19. 25. *James.* ch. 13. 55. Mar. 15. 40; 16. 1. *the mother.* ch. 20. 20, 21.

57 *there.* Mar. 15. 42, 43. Lu. 23. 50, 51. Jno. 19. 38-42. *Arimathea.* 1 Sa. 1. 1; 7. 17.

58 Mar. 15. 44-46. Lu. 23. 52, 53.

60 *in his.* Is. 53. 9. *a great.* ver. 66; ch. 28. 2. Mar. 16. 3, 4. Lu. 24. 2. Jno. 20. 1.

61 *Mary Magdalene.* ver. 56.

62 *the day.* ch. 26. 17. Mar. 15. 42. Lu. 23. 54-56. Jno. 19. 14, 42. *the chief priests.* ver. 1, 2. Ps. 2. 1-6. Ac. 4. 27, 28.

63 *that deceiver.* Lu. 23. 2. Jno. 7. 12, 47. 2 Co. 6. 8. *After.* ch. 16. 21; 17. 23; 20. 19; 26. 61. Mar. 8. 31; 10. 34. Lu. 9. 22; 18. 33; 24. 6, 7. Jno. 2. 19.

64 *and steal.* ch. 28. 13. *so.* ch. 12. 45.

65 *make.* ch. 28. 11-15. Ps. 76. 10. Pr. 21. 30.

66 *and made.* Every thing was here done which human policy and prudence could, to prevent a resurrection, which these very precautions had the most direct tendency to authenticate and establish. *sealing.* Da. 6. 17. 2 Ti. 2. 19.

### CHAP. XXVIII.

*Christ's resurrection is declared by an angel to the women,* 1-8. *He himself appears unto them,* 9, 10. *The chief priests give the soldiers money to say that he was stolen out of his sepulchre,* 11-15. *Christ appears to his disciples,* 16, 17, *and sends them to baptize and teach all nations,* 18-20.

1 *the end.* The Hebrew word *Schabbath,* from which our English word is derived, signifies *rest,* and is applied to all solemn festivals, equally with that one day of every week devoted to the worship of God; Eze. 20. 21, 'they polluted my *sabbaths.*' Three evangelists say, the transaction recorded in this verse, occurred upon the first day in the week, early in the morning, about sun-rising, and John says, while it was yet dark. Οψε σαββατων, does not signify 'in the evening of the sabbath,' but '*sabbaths.*' Hence, the great feast having been concluded, the term 'end of the sabbaths' denotes the time very clearly. Again, it may be observed that the Jews, speaking of their passover, sometimes speak according to their *civil computation,* wherein they measured their days from sun-rising to sun-rising. Sometimes according to their *sacred computation,* which was from *sun-set to sun-set.* This reconciles Nu. 28. 18, which seems to make the fourteenth day of the first month, the first day of unleavened bread. Mar. 16. 1, 2. Lu. 23. 56; 24. 1, 22. Jno. 20. 1, etc. *Mary Magdalene.* ch. 27. 56, 61.

2 *there.* ch. 27. 51-53. Ac. 16. 26. Re. 11. 19. *was. or,* had been. *for.* Mar. 16. 3-5. Lu. 24. 2-5. Jno. 20. 1, 12, 13. 1 Ti. 3. 16. 1 Pe. 1. 12.

3 *countenance.* ch. 17. 2. Ps. 104. 4. Eze. 1. 4-14. Da. 10. 5, 6. Re. 1. 14-16; 10. 1; 18. 1. *his raiment.* Mar. 9. 3; 16. 5. Ac. 1. 10. Re. 3. 4, 5.

4 *the.* ver. 11; ch. 27. 65, 66. *shake.* Job 4. 14. Ps. 48. 6. Da. 10. 7. Ac. 9. 3-7; 16. 29. Re. 1. 17.

5 *Fear.* Is. 35. 4; 41. 10, 14. Da. 10. 12, 19. Mar. 16. 6. Lu. 1. 12, 13, 30. He. 1. 14. Re. 1. 17, 18. *ye seek.* Ps. 105. 3, 4. Lu. 24. 5. Jno. 20. 13-15. He. 1. 14.

6 *as.* ch. 12. 40; 16. 21; 17. 9, 23; 20. 19; 26. 31, 32; 27. 63. Mar. 8. 31. Lu. 24. 6-8, 23, 44. Jno. 2. 19; 10. 17. *Come.* Mar. 16. 6. Lu. 24. 12. Jno. 20. 4-9.

7 *go.* ver. 10. Mar. 16. 7, 8, 10, 13. Lu. 24. 9, 10, 22-24, 34. Jno. 20. 17, 18. *he goeth.* ver. 16, 17; ch. 26. 32. Mar. 14. 28. Jno. 21. 1, etc. 1 Co. 15. 4, 6. *lo.* ch. 24. 25. Is. 44. 8; 45. 21. Jno. 14. 29; 16. 4.

8 *with.* Ezr. 3. 12, 13. Ps. 2. 11. Mar. 16. 8. Lu. 24. 36-41. Jno. 16. 20, 22; 20. 20, 21.

9 *as.* Is. 64. 5. Mar. 16. 9, 10. Jno. 20. 14-16. *All hail.* Lu. 1. 28. Jno. 20. 19. 2 Co. 13. 11. Gr. *and held.* Ca. 3. 3, 4. Lu. 7. 38. Jno. 12. 3; 20. 17. Re. 3. 9. *worshipped.* ver. 17; ch. 14. 33. Lu. 24. 52. Jno. 20. 28. Re. 5. 11-14.

10 *Be.* ver. 5; ch. 14. 27. Lu. 24. 36-38. Jno. 6. 20. *go.* ver. 7. Ju. 10. 16. Ps. 103. 8-13. Mar. 16. 7. *my.* ch. 12. 48-50; 25. 40, 45. Mar. 3. 33-35. Jno. 20. 17. Ro. 8. 29. He. 2. 11-18.

11 *some.* ver. 4; ch. 27. 65, 66.

12 ch. 26. 3, 4; 27. 1, 2, 62-64. Ps. 2. 1-7. Jno. 11. 47; 12. 10, 11. Ac. 4. 5-22; 5. 33. 34, 40.

13 *and stole.* ch. 26. 64.

14 *we.* Ac. 12. 19.

15 *they took.* ch. 26. 15. 1 Ti. 6. 10. *until.* ch. 27. 8.

16 *the eleven.* Mar. 16. 14. Jno. 6. 70. Ac. 1. 13-26. 1 Co. 15. 15. *went.* ver. 7, 10; ch. 26. 32.

17 *when.* ch. 16. 28. *worshipped.* ver. 9. Ps. 2. 12; 45. 11. Jno. 5. 23. *but.* 1 Co. 15. 6.

18 *All.* ch. 11. 27; 16. 28. Ps. 2. 6-9; 89. 19, 27; 110. 1-3. Is. 9. 6, 7. Da. 7. 14. Lu. 1. 32, 33; 10. 22. Jno. 3. 35; 5. 22-27; 13. 3; 17. 2. Ac. 2. 36; 10. 36. Ro. 14. 9. 1 Co. 15. 27. Ep. 1. 20-22. Phi. 2. 9-11. Col. 1. 16-19. He. 1. 2; 2. 8. 1 Pe. 3. 22. Re. 11. 15; 17. 14; 19. 16.

19 *ye therefore.* Ps. 22. 27, 28; 98. 2, 3. Is. 42. 1-4; 49. 6; 52. 10; 66. 18, 19. Mar. 16. 15, 16. Lu. 24. 47, 48. Ac. 1. 8; 13. 46, 47; 28. 28. Ro. 10. 18. Col. 1. 23. *teach all nations. or,* make disciples, *or* Christians, of all nations. *baptizing.* Ac. 2. 38, 39, 41; 8. 12-16, 36-38; 9. 18; 10. 47, 48; 16. 15-33; 19. 3-5. 1 Co. 1. 13-16; 15. 29. 1 Pe. 3. 21. *the name.* ch. 3. 16, 17. Ge. 1. 26. Nu. 6. 24-27. Is. 48. 16. 1 Co. 12. 4-6. 2 Co. 13. 14. Ep. 2. 18. 1 Jno. 5. 7. Re. 1. 4-6.

20 *them.* ch. 7. 24-27. De. 5. 32; 12. 32. Ac. 2. 42; 20. 20, 21, 27. 1 Co. 11. 2, 23; 14. 37. Ep. 4. 11-17, 20, etc. Col. 1. 28. 1 Th. 4. 1, 2. 2 Th. 3. 6-12. 1 Ti. 6. 1-4. Tit. 2. 1-10. 1 Pe. 2. 10-19. 2 Pe. 1. 5-11; 3. 2. 1 Jno. 2. 3, 4; 3. 19-24. Re. 22. 14. *I am.* ch. 1. 23; 18. 20. Ge. 39. 2, 3, 21. Ex. 3. 12. Jos. 1. 5. Ps. 46. 7, 11. Is. 8. 8-10; 41. 10. Mar. 16. 20. Jno. 14. 18-23. Ac. 18. 9, 10. 2 Ti. 4. 17. Re. 22. 21. *unto.* ch. 13. 39, 40, 49; 24. 3. *Amen.* ch. 6. 13. 1 Ki. 1. 36. 1 Ch. 16. 36. Ps. 72. 19. Re. 1. 18; 22. 20.

## CONCLUDING REMARKS ON ST. MATTHEW'S GOSPEL.

MATTHEW being one of the twelve apostles, and early called to the apostleship, and from the time of his call a constant attendant on our Saviour, was perfectly well qualified to write fully the history of his life. He relates what he *saw* and *heard.* 'He is eminently distinguished for the distinctness and particularity with which he has related many of our Lord's discourses and moral instructions. Of these his sermon on the mount, his charge to the apostles, his illustrations of the nature of his kingdom, and his prophecy on mount Olivet, are examples. He has also wonderfully united simplicity and energy in relating the replies of his Master to the cavils of his adversaries.' 'There is not,' as Dr. A. CLARKE justly remarks, 'one truth or doctrine, in the whole oracles of God, which is not taught in this Evangelist. The outlines of the whole spiritual system are here correctly laid down: even Paul himself has *added* nothing: he has amplified and illustrated the truths contained in this Gospel;—under the inspiration of the Holy Ghost, neither he, nor any of the other apostles, have brought to light one truth, the prototype of which has not been found in the words and acts of our blessed Lord as related by MATTHEW.'

# The GOSPEL according to St. MARK.

A.D. 26. A.M. 4030.

## CHAP. I.

*The office of John the Baptist,* 1-8. *Jesus is baptized,* 9-11; *tempted,* 12, 13; *he preaches,* 14, 15; *calls Peter, Andrew, James, and John,* 16-22; *heals one that had a devil,* 23-28; *Peter's mother in law,* 29-31; *many diseased persons,* 32-39; *and cleanses the leper,* 40-45.

1 *beginning.* Lu. 1. 2, 3; 2. 10, 11. Ac. 1. 1, 2. *Christ.* Jno. 20. 31. Ro. 1. 1-4. 1 Jno. 1. 1-3; 5. 11, 12. *son.* Ps. 2. 7. Mat. 3. 17; 14. 33; 17. 5. Lu. 1. 35. Jno. 1. 14, 34, 49; 3. 16; 6. 69. Ro. 8. 3, 32. He. 1. 1, 2.

2 *written.* Ps. 40. 7. Mat. 2. 5; 26. 24, 31. Lu. 1. 70; 18. 31. *in.* Several MSS. have, 'by Isaiah the prophet.' See the parallel texts. *Behold.* Mal. 3. 1. Mat. 11. 10. Lu. 1. 15-17, 76; 7. 27, 28.

3 Is. 40. 3-5. Mat. 3. 3. Lu. 3. 4-6. Jno. 1. 15, 19-34; 3. 28-36.

4 *did.* Mat. 3. 1, 2, 6, 11. Lu. 3. 2, 3. Jno. 3. 23. Ac. 10. 37; 13. 24, 25; 19. 3, 4. *for. or,* unto. *remission.* Ac. 22. 16.

5 *there.* Mat. 3. 5, 6; 4. 25. *baptized.* Jno. 1. 28; 3. 23. *confessing.* Le. 26. 40-42. Jos. 7. 19. Ps. 32. 5. Pr. 28. 13. Ac. 2. 38; 19. 18. 1 Jno. 1. 8-10.

6 *clothed.* 2 Ki. 1. 8. Zec. 13. 4. Mat. 3. 4. *eat.* Le. 11. 22.

7 Mat. 3. 11, 14. Lu. 3. 16; 7. 6, 7. Jno. 1. 27; 3. 28-31. Ac. 13. 25.

8 *have.* Mat. 3. 11. *he shall.* Pr. 1. 23. Is. 32. 15; 44. 3. Eze. 36. 25-27. Joel 2. 28. Ac. 1. 5; 2. 4, 17; 10. 45; 11. 15, 16; 19. 4-6. 1 Co. 12. 13. Tit. 3. 5, 6.

9 *that.* Mat. 3. 13-15. Lu. 3. 21.

10 *coming.* Mat. 3. 16. Jno. 1. 31-34. *opened. or,* cloven, *or* rent. Is. 64. 1. *the Spirit.* Is. 42. 1. Lu. 3. 22. Jno. 1. 32.

11 *there.* Mat. 3. 17. Jno. 5. 37; 12. 28-30; 2 Pe. 1. 17, 18. *Thou.* ch. 9. 7. Ps. 2. 7. Is. 42. 1. Mat. 17. 5. Lu. 9. 35. Jno. 1. 34; 3. 16, 35, 36; 5. 20-23; 6. 69. Ro. 1. 4. Col. 1. 13.

12 *the spirit.* Mat. 4. 1, etc. Lu. 4. 1, etc. *driveth.* Or, 'sendeth him forth,' εκβαλλει αυτον. The expression does not necessarily imply any violence; but seems to intimate the energy of that impulse on our Lord, by which he was inwardly constrained to retire from society.

13 *forty.* Ex. 24. 18; 34. 28. De. 9. 11, 18, 25. 1 Ki. 19. 8. *tempted.* He. 2. 17, 18; 4. 15. *and the.* 1 Ki. 19. 5-7. Mat. 4. 11; 26. 53. 1 Ti. 3. 16.

14 A.M. 4031. A.D. 27. *after.* Mat. 4. 12; 11. 2; 14. 2. Lu. 3. 20. Jno. 3. 22-24. *preaching.* Is. 61. 1-3. Mat. 4. 23; 9. 35. Lu. 4. 17-19, 43, 44; 8. 1. Ac. 20. 25; 28. 23. Ep. 2. 17.

15 *The time.* Da. 2. 44; 9. 25. Ga. 4. 4. Ep. 1. 10. *the kingdom.* Mat. 3. 2; 4. 17; 10. 7. Lu. 10. 9, 11. *repent.* Mat. 21. 31, 32. Lu. 24. 47. Ac. 2. 36-38; 20. 21. 2 Ti. 2. 25, 26. *believe.* Ro. 16. 26.

16 *as he.* Mat. 4. 18, etc. Lu. 5. 1, 4, etc. *Simon.* ch. 3. 16, 18. Mat. 10. 2. Lu. 6. 14. Jno. 1. 40-42; 6. 8; 12. 22. Ac. 1. 13.

17 *fishers.* Eze. 47. 10. Mat. 4. 19, 20. Lu. 5. 10. Ac. 2. 38-41.

18 *forsook.* ch. 10. 28-31. Mat. 19. 27-30. Lu. 5. 11; 14. 33; 18. 28-30. Phi. 3. 8.

19 *James.* ch. 3. 17; 5. 37; 9. 2; 10. 35; 14. 33. Mat. 4. 21. Ac. 1. 13; 12. 2.

20 *they left.* ch. 10. 29. De. 33. 9. 1 Ki. 19. 20. Mat. 4. 21, 22; 8. 21, 22; 10. 37. Lu. 14. 26. 2 Co. 5. 16.

21 *they went.* ch. 2. 1. Mat. 4. 13. Lu. 4. 31; 10. 15. *Capernaum.* *Capernaum* was a city of Galilee, (Lu. 4. 31,) situated on the confines of Zebulun and Naphtali, (Mat. 4. 13,) on the western border of the lake of Tiberias, (Jno. 6. 59,) and in the land of Gennasereth, (ch. 6. 53. Mat. 14. 34,) where JOSEPHUS places a spring of excellent water called *Capernaum.* Dr. LIGHTFOOT places it between Tiberias and Tarichea, about two miles from the former; and Dr. RICHARDSON, in passing through the plain of Gennasereth, was told by the natives that the ruins of *Capernaum* were quite near. The Arab station and ruins mentioned by Mr. BUCKINGHAM, said to have been formerly called *Capharnaoom,* situated on the edge of the lake, from nine to twelve miles N.N.E. of Tiberias, bearing the name of *Talhewn,* or as BURCKHARDT writes it, *Tel Houm,* appear too far north for its site. *he entered.* ver. 39; ch. 6. 2. Mat. 4. 23. Lu. 4. 16; 13. 10. Ac. 13. 14, etc.; 17. 2; 18. 4.

22 *they were.* Je. 23. 29. Mat. 7. 28, 29; 13. 54. Lu. 4. 32; 21. 15. Jno. 7. 46. Ac. 6. 10; 9. 21, 22. 2 Co. 4. 2. He. 4. 12, 13. *as the.* ch. 7. 3-13. Mat. 23. 16-24

23 *a man.* ver. 34; ch. 5. 2; 7. 25; 9. 25. Mat. 12. 43. Lu. 4. 33-37.

24 *Let.* ch. 5. 7. Ex. 14. 12. Mat. 8. 29. Lu. 8. 28, 37. Ja. 2. 19. *the Holy One.* Ps. 16. 10; 89. 18, 19. Da. 9. 24. Lu. 4. 34. Ac. 2. 27; 3. 14; 4. 27. Re. 3. 7.

25 *rebuked.* ver. 34; ch. 3. 11, 12; 9. 25. Ps. 50. 16. Lu. 4. 35, 41. Ac. 16. 17.

26 *torn.* ch. 9. 20, 26. Lu. 9. 39, 42; 11. 22.

27 *they were.* ch. 7. 37. Mat. 9. 33; 12. 22, 23; 15 31. *for.* Lu. 4. 36; 9. 1; 10. 17-20.

28 ver. 45. Mi. 5. 4. Mat. 4. 24; 9. 31. Lu. 4. 14, 37.

29 *entered.* Mat. 8. 14, 15. Lu. 4. 38, 39; 9. 58.

30 *wife's.* 1 Co. 9. 5. *they tell.* ch. 5. 23. Jno. 11. 3. Ja. 5. 14, 15.

31 *and took.* ch. 5. 41. Ac. 9. 41. *ministered.* ch. 15. 41. Ps. 103. 1-3; 116. 12. Mat. 27. 55. Lu. 8. 2, 3.

32 *at even.* ver. 21; ch. 3. 2. Mat. 8. 16. Lu. 4. 40.

33 ver. 5. Ac. 13. 44.

34 *and suffered.* ver. 25; ch. 3. 12. Lu. 4. 41. Ac. 16. 16-18. *speak, because they. or,* say that they.

35 ch. 6. 46-48. Ps. 5. 3; 109. 4. Lu. 4. 42; 6. 12; 22. 39-46. Jno. 4. 34; 6. 15. Ep. 6. 18. Phi. 2. 5. He. 5. 7.

37 *All.* ver. 5. Zec. 11. 11. Jno. 3. 26; 11. 48; 12. 19.

38 *Let.* Lu. 4. 43. *for.* Is. 61. 1-3. Lu. 2. 49; 4. 18-21. Jno. 9. 4; 16. 28; 17. 4, 8.

39 *preached.* ver. 21. Mat. 4. 23. Lu. 4. 43, 44. *Galilee.* *Galilee* was a province of Palestine, being bounded, says JOSEPHUS, on the west by Ptolemais and mount Carmel; on the south by the country of Samaria and Scythopolis, on the river Jordan; on the east by the cantons of Hyppos, Gadara, and Gaulon; and on the north by the confines of the Tyrians. It was divided into Lower and Upper Galilee:—*Upper Galilee,* so called from its being mountainous, was termed *Galilee of the Gentiles* (Mat. 4. 15,) because inhabited, says STRABO, by Egyptians, Arabians, and Phœnicians and comprehended the tribes of Asher and Naphtali;—the *Lower Galilee* contained the tribes of Zebulun and Issachar, and was sometimes termed the Great Field. It was, says JOSEPHUS, very populous and rich, containing 204 cities and towns. *and cast.* ch. 7. 30. Lu. 4. 41.

40 *there.* Mat. 8. 2-4. Lu. 5. 12-14. *a leper.* Le. ch. 13; 14. Nu. 12. 10-15. De. 24. 8, 9. 2 Sa. 3. 29. 2 Ki. 5. 5, etc., 27; 7. 3; 15. 5. Mat. 11. 5. Lu. 17. 12-19. *kneeling.* ch. 10. 17. 2 Ch. 6. 13. Mat. 17. 14. Lu. 22. 41. Ac. 7. 60. Ep. 3. 14. *if thou.* ch. 9. 22, 23. Ge. 18. 14. 2 Ki. 5. 7.

41 *moved.* ch. 6. 34. Mat. 9. 36. Lu. 7. 12, 13. He. 2. 17; 4. 15. *I.* ch. 4. 39; 5. 41. Ge. 1. 3. Ps. 33. 9. He. 1. 3.

42 *immediately.* ver. 31; ch. 5. 29. Ps. 33. 9. Ma. 15. 28. Jno. 4. 50-53; 15. 3.

43 ch. 3. 12; 5. 43; 7. 36. Mat. 9. 30. Lu. 8. 56.

44 *shew.* Le. 14. 2-32. Mat. 23. 2, 3. Lu. 5. 14; 17. 14. *for a testimony.* Ro. 15. 4. 1 Co. 10. 11.

45 *and began.* Ps. 77. 11. Mat. 9. 31. Lu. 5. 15. Tit. 1. 10. *could.* ch. 2. 1, 2, 13.

CHAP. II.

*Christ, followed by multitudes,* 1, 2, *heals one sick of the palsy,* 3-12; *calls Matthew from the receipt of custom,* 13, 14; *eats with Publicans and sinners,* 15-17; *excuses his disciples for not fasting,* 18-22; *and for plucking the ears of corn on the sabbath-day,* 23-28.

1 *again.* ch. 1. 45. Mat. 9. 1. Lu. 5. 18. *and it.* ch. 7. 24. Lu. 18. 35-38. Jno. 4. 47. Ac. 2. 6.

2 *straightway.* ver. 13; ch. 1. 33, 37, 45; 4. 1, 2. Lu. 5. 17; 12. 1. *and he.* ch. 1. 14; 6. 34. Ps. 40. 9. Mat. 5. 2. Lu. 8. 1, 11. Ac. 8. 25; 11. 19; 14. 25; 16. 6. Ro. 10. 8. 2 Ti. 4. 2.

3 *bringing.* Mat. 9. 1, 2, etc. Lu. 5. 18, etc.

4 *they uncovered.* De. 22. 8. Lu. 5. 19.

5 *saw.* Ge. 22. 12. Jno. 2. 25. Ac. 11. 23; 14. 9. Ep. 2. 8. 1 Th. 1. 3, 4. Ja. 2. 18-22. *he said.* ver. 9, 10. Is. 53. 11. Mat. 9. 2. Lu. 5. 20; 7. 47-50. Ac. 5. 31. 2 Co. 2. 10. Col. 3. 13. *Son.* The Jews believed that not only death but all disease was the consequence of sin. 'There is no death without sin, nor any chastisement without iniquity;' and that 'no diseased person could be healed of his disease till his sins were blotted out.' Our Lord, therefore, as usual, appeals to their received opinions, and asserts his high dignity, by first forgiving the sins, and then healing the body of the paralytic. ch. 5. 34. Mat. 9. 22. Lu. 8. 48. *sins.* Job 33. 17-26. Ps. 32. 1-5; 90. 7-9; 103. 3. Is. 38. 17. Jno. 5. 14. 1 Co. 11. 30. Ja. 5. 15.

6 *and reasoning.* ch. 8. 17. Mat. 16. 7, 8. Lu. 5. 21, 22. 2 Co. 10. 5, marg.

7 *speak.* ch. 14. 64. Mat. 9. 3; 26. 65. Jno. 10. 33, 36. *who.* Job 14. 4. Ps. 130. 4. Is. 43. 25. Da. 9. 9. Mi. 7. 18. Lu. 5. 21; 7. 49. Jno. 20. 20-23.

8 *when.* 1 Ch. 29. 17. Mat. 9. 4. Lu. 5. 22; 6. 8; 7. 39, 40. Jno. 2. 24, 25; 6. 64; 21. 17. He. 4. 13. Re. 2. 23. *Why.* ch. 7. 21. Ps. 139. 2. Pr. 15. 26; 24. 9. Is. 55. 7. Eze. 38. 10. Lu. 24. 38. Ac. 5. 3; 8. 22.

9 *is it.* Mat. 9. 5. Lu. 5. 22-25. *Thy sins.* ver. 5.

10 Da. 7. 13, 14. Mat. 9. 6-8; 16. 13. Jno. 5. 20-27. Ac. 5. 31. 1 Ti. 1. 13-16.

11 ch. 1. 41. Jno. 5. 8-10; 6. 63.

12 *insomuch.* ch. 1. 27. Mat. 9. 8; 12. 23. Lu. 7. 16. *glorified.* Mat. 15. 31. Lu. 5. 26; 13. 13; 17. 15. Ac. 4. 21. *We never.* Mat. 9. 33. Jno. 7. 31; 9. 32.

13 *by.* Mat. 9. 9; 13. 1. *and all.* ver. 2; ch. 3. 7, 8, 20, 21; 4. 1. Pr. 1. 20-22. Lu. 19. 48; 21. 38.

14 *he saw.* ch. 3. 18. Mat. 9. 9. Lu. 5. 27. *Alpheus.* ch. 3. 18. Lu. 6. 15. Ac. 1. 13. *receipt of custom. or,* place where the custom was received. *Follow me.* ch. 1. 17-20. Mat. 4. 19-22.

15 Mat. 9. 10, 11; 21. 31, 32. Lu. 5. 29, 30; 6. 17; 15. 1.

16 *How.* ver. 7. Is. 65. 5. Lu. 15. 2, etc.; 18. 11; 19. 7, 10. 1 Co. 2. 15. He. 12. 3. *publicans.* Mat. 18. 17.

17 *They that are whole.* Mat. 9. 12, 13. Lu. 5. 31, 32; 15. 7, 29; 16. 15. Jno. 9. 34, 40. *I came.* Is. 1. 18; 55. 7. Mat. 18. 11. Lu. 15. 10; 19. 10. Ac. 20. 21; 26. 20. Ro. 5. 6-8, 20, 21. 1 Co. 6. 9-11. 1 Ti. 1. 15, 16. Tit. 2. 14; 3. 3-7.

18 *the disciples.* Mat. 9. 14-17. Lu. 5. 33-39. *Why.* Mat. 6. 16, 18; 23. 5. Lu. 18. 12. Ro. 10. 3.

19 *Can.* Ge. 29. 22. Ju. 14. 10, 11. Ps. 45. 14. Ca. 6. 8. Mat. 25. 1-10.

20 *the bridegroom.* Ps. 45. 11. Ca. 3. 11. Is. 54. 5; 62. 5. Jno. 3. 29. 2 Co. 11. 2. Re. 19. 7; 21. 9. *be taken.* Zec. 13. 7. Mat. 26. 31. Jno. 7. 33, 34; 12. 8; 13. 33; 16. 7, 28; 17. 11, 13. Ac. 1. 9; 3. 21. *and.* Ac. 13. 2, 3; 14. 23. 1 Co. 7. 5. 2 Co. 6. 5; 11. 27.

21 *seweth.* Ps. 103. 13-15. Is. 57. 16. 1 Co. 10. 13. *new. or,* raw, *or,* unwrought. Mat. 9. 16.

22 *bottles.* Jos. 9. 4, 13. Job 32. 19. Ps. 119. 80, 83. Mat. 9. 17. Lu. 5. 37, 38.

23 *that.* Mat. 12. 1-8. Lu. 6. 1-5. *to pluck.* De. 23. 24, 25.

24 *why.* ver. 7, 16. Mat. 7. 3-5; 15. 2, 3; 23. 23, 24. He. 12. 3. *that.* Ex. 20. 10; 31. 15; 35. 2, 3. Nu. 15. 32-36. Ne. 13. 15-22. Is. 56. 2, 4, 6; 58. 13. Je. 17. 20-27.

25 *Have.* ch. 12. 10, 26. Mat. 19. 4; 21. 16, 42; 22. 31. Lu. 10. 26. *what.* 1 Sa. 21. 3-6.

26 *Abiathar.* It appears from the passage referred to here, that *Ahimelech* was then high priest at Nob; and from other passages, that *Abiathar* was his son. Various conjectures have been formed in order to solve this difficulty; and some, instead of untying, have *cut* the knot, by pronouncing it an interpolation. The most probable opinion seems to be, that both father and son had two names, the father being also called Abiathar; and this appears almost certain from 2 Sa. 8. 17; 1 Ch. 18. 16, where *Ahimelech* seems evidently termed *Abiathar,* while *Abiathar* is called *Ahimelech* or *Abimelech.* (Compare 1 Ki. 2. 26, 27.) 1 Sa. 22. 20-22; 23. 6, 9. 2 Sa. 8. 17; 15. 24, 29, 35; 20. 25. 1 Ki. 1. 7; 2. 22, 26, 27; 4. 4. *which is not lawful.* Ex. 29. 32, 33. Le. 24. 5-9.

27 Ex. 23. 12. De. 5. 14. Ne. 9. 13, 14. Is. 58. 13. Eze. 20. 12, 20. Lu. 6. 9. Jno. 7. 23. 1 Co. 3. 21, 22. 2 Co. 4. 15. Col. 2. 16.

28 ch. 3. 4. Mat. 12. 8. Lu. 6. 5; 13. 15, 16. Jno. 5. 9-11, 17; 9. 5-11, 14, 16. Ep. 1. 22. Re. 1. 10.

CHAP. III.

*Christ heals the withered hand,* 1-9, *and many other infirmities,* 10; *rebukes the unclean spirit,* 11, 12; *chooses his twelve apostles,* 13-21; *convinces the blasphemy of casting out devils by Beelzebub,* 22-30; *and shews who are his brother, sister, and mother,* 31-35.

1 *he entered.* ch. 1. 21. Mat. 12. 9-14. Lu. 6. 6-11. *withered.* 1 Ki. 13. 4. Jno. 5. 3.

2 Ps. 37. 32. Is. 29. 20, 21. Je. 20. 10. Da. 6. 4. Lu. 6. 7; 11. 53, 54; 14. 1; 20. 20. Jno. 9. 16.

3 *he saith.* Is. 42. 4. Da. 6. 10. Lu. 6. 8. Jno. 9. 4. 1 Co. 15. 58. Ga. 6. 9. Phi. 1. 14, 28-30. 1 Pe. 4. 1. *Stand forth. or,* Arise, *stand forth* in the midst.

4 *Is it.* ch. 2. 27, 28. Ho. 6. 6. Mat. 12. 10-12. Lu. 6. 9; 13. 13-17; 14. 1-5. *But.* ch. 9. 34.

5 *with anger.* With *anger* at their desperate malice and wickedness, and with *commiseration* for the calamities which they would thereby bring on themselves. Lu. 6. 10; 13. 15. Ep. 4. 26. Re. 6. 16. *grieved.* Ge. 6. 6. Ju. 10. 16. Ne. 13. 8. Ps. 95. 10. Is. 63. 9, 10. Lu. 19. 40-44. Ep. 4. 30. He. 3. 10, 17. *hardness. or,* blindness. Is. 6. 9, 10; 42. 18-20; 44. 18-20. Mat. 13. 14, 15. Ro. 11. 7-10, 25. 2 Co. 3. 14. Ep. 4. 18. *Stretch.* 1 Ki. 13. 6. Mat. 12. 13. Lu. 6. 10; 17. 14. Jno. 5. 8, 9; 9. 7. He. 5. 9.

6 *Pharisees.* Ps. 109. 3, 4. Mat. 12. 14. Lu. 6. 11; 20. 19, 20; 22. 2. Jno. 11. 53. *Herodians.* ch. 8. 15. 12. 13. Mat. 22. 16.

7 *Jesus.* Mat. 10. 23; 12. 15. Lu. 6. 12. Jno. 10. 39-41; 11. 53, 54. Ac. 14. 5, 6; 17. 10, 14. *and a.* Mat. 4. 25. Lu. 6. 17. *Galilee.* ch. 1. 39. Jos. 20. 7; 21. 32. Lu. 23. 5. Jno. 7. 41, 52.

8 *Idumea.* Is. 34. 5. Eze. 35. 15; 36. 5. Mal. 1. 2-4, Edom. *beyond.* Nu. 32. 33-38. Jos. 13. 8, etc. *Tyre.* ch. 7. 24, 31. Jos. 19. 28, 29. Ps. 45. 12; 87. 4. Is. ch. 23. Eze. ch. 26-28.

9 *because.* ch. 5. 30. Jno. 6. 15.

10 *he had.* Mat. 12. 15; 14. 14. *pressed. or,* rushed. *touch.* ch. 5. 27, 28; 6. 56. Mat. 14. 36. Ac. 5. 15; 19. 11, 12. *as many.* ch. 5. 29. Ge. 12. 17. Nu. 11. 33. Lu. 7. 2. He. 12. 6.

11 *unclean.* ch. 1. 23, 24; 5. 5, 6. Mat. 8. 31. Lu. 4. 41. Ac. 16. 17; 19. 13-17. Ja. 2. 19. *the Son.* ch. 1. 1. Mat. 4. 3, 6; 8. 29; 14. 33. Lu. 8. 28.

12 ch. 1. 25, 34. Mat. 12. 16. Ac. 16. 18.

13 Mat. 10. 1, etc. Lu. 6. 12-16.

14 *he ordained.* Jno. 15. 16. Ac. 1. 24, 25. Ga. 1. 1, 15-20. *and.* Lu. 9. 1-6; 10. 1-11; 24. 47. Ac. 1. 8.

16 *Simon.* ch. 1. 16. Mat. 16. 16-18. Jno. 1. 42. 1 Co. 1. 12; 3. 22; 9. 5. Ga. 2. 7-9, Cephas. 2 Pe. 1. 1.

17 *James.* ch. 1. 19, 20; 5. 37; 9. 2; 10. 35; 14. 33. Jno. 21. 2, 20-25. Ac. 12. 1. *he surnamed.* Is. 58. 1. Je. 23. 29. He. 4. 12. Re. 10. 11.

18 *Andrew.* Jno. 1. 40; 6. 8; 12. 21, 22. Ac. 1. 13. *Philip.* Jno. 1. 43-45; 6. 5-7; 14. 8, 9. *Bartholomew.* Mat. 10. 3. Lu. 6. 14. Ac. 1. 13. *Matthew.* ch. 2. 14. Mat. 9. 9. Lu. 5. 27-29, Levi; 6. 15. *Thomas.* Jno. 11. 16; 20. 24-29; 21. 2. Ac. 1. 13. *James.* ch. 6. 3. Mat. 10. 3; 13. 55. Lu. 6. 15. Ac. 15. 13; 21. 18. 1 Co. 9. 5; 15. 7. Ga. 1. 19; 2. 9. Ja. 1. 1. *Alpheus.* ch. 2. 14. *Thaddeus.* Mat. 10. 3. Lu. 6. 16. Jno. 14. 22. Ac. 1. 13, Judas the brother of James. Jude 1. *Simon.* Mat. 10. 4. Lu. 6. 15. Ac. 1. 13, Simon Zelotes. *Canaanite.* Κανανιτης, so called, not from being a native of *Canaan*, Χαναan, which would have been Χαναναος, but from the Hebrew *kana*, to be *zealous*, whence he is called in Greek Ζηλωτης, *Zelotes*, or the *Zealot*, from ζηλοω, to be *zealous*.

19 *Judas.* Mat. 26. 14-16, 47; 27. 3-5. Jno. 6. 64, 71; 12. 4-6; 13. 2, 26-30. Ac. 1. 16-25. *into an house. or*, home.

20 *so that.* ver. 9; ch. 6. 31. Lu. 6. 17. Jno. 4. 31-34.

21 *when.* Some render, 'And they who were with him (in the house, ver. 19,) hearing (the noise) went out to restrain (*αυτον, i.e.* *οχλον*, the multitude,) for they said, It (the mob) is mad.' This, however, is contrary to all the versions; and appears an unnatural construction. *friends. or*, kinsmen. ver. 31. Jno. 7. 3-10. *He is.* 2 Ki. 9. 11. Je. 29. 26. Ho. 9. 7. Jno. 10. 20. Ac. 26. 24. 2 Co. 5. 13.

22 *which.* ch. 7. 1. Mat. 15. 1. Lu. 5. 17. *He hath.* Ps. 22. 6. Mat. 9. 34; 10. 25; 12. 24. Lu. 11. 15. Jno. 7. 20; 8. 48, 52; 10. 22.

23 *in parables.* Ps. 49. 4. Mat. 13. 34. *How.* Mat. 12. 25-30. Lu. 11. 17-23.

24 Ju. 9. 23, etc.; 12. 1-6. 2 Sa. 20. 1, 6. 1 Ki. 12. 16, etc. Is. 9. 20, 21; 19. 2, 3. Eze. 37. 22. Zec. 11. 14. Jno. 17. 21. 1 Co. 1. 10-13. Ep. 4. 3-6.

25 Ge. 13. 7, 8; 37. 4. Ps. 133. 1. Ga. 5. 15. Ja. 3. 16.

27 Ge. 3. 15. Is. 27. 1; 49. 24-26; 53. 12; 61. 1. Mat. 12. 29. Lu. 10. 17-20; 11. 21-23. Jno. 12. 31. Ro. 16. 20. Ep. 6. 10-13. Col 2. 15. He. 2. 14. 1 Jno. 3. 8; 4. 4. Re. 12. 7-9; 20. 1-3.

28 Mat. 12. 31, 32. Lu. 12. 10. He. 6. 4-8; 10. 26-31. 1 Jno. 5. 16.

29 *but is.* ch. 12. 40. Mat. 25. 46. 2 Th. 1. 9. Jude 7, 13.

30 ver. 22. Jno. 10. 20.

31 Mat. 12. 46-48. Lu. 8. 19-21.

33 *Who.* De. 33. 9. Lu. 2. 49. Jno. 2. 4. 2 Co. 5. 16. *or.* ver. 21; ch. 6. 3. Jno. 7. 3-5.

34 *Behold.* Ps. 22. 22. Ca. 4. 9, 10; 5. 1, 2. Mat. 12. 49, 50; 25. 40-45; 28. 10. Lu. 11. 27, 28. Jno. 20. 17. Ro. 8. 29. He. 2. 11, 12.

35 *do.* Mat. 7. 21. Jno. 7. 17. Ja. 1. 25. 1 Jno. 2. 17; 3. 22, 23.

## CHAP. IV.

*The parable of the sower,* 1-13, *and the meaning thereof,* 14-20. *We must communicate the light of our knowledge to others,* 21-25. *The parable of the seed growing secretly,* 26-29; *and of the mustard seed,* 30-34. *Christ stilleth the tempest on the sea,* 35-41.

1 *he began.* ch. 2. 13. Mat. 13. 1, 2, etc. Lu. 8. 4, etc. *so that.* Lu. 5. 1-3.

2 *by parables.* ver. 11, 34; ch. 3. 23. Ps. 49. 4; 78. 2. Mat. 13. 3, 10, 34, 35. *in his.* ch. 12. 38. Mat. 7. 28. Jno. 7. 16, 17; 18. 19.

3 *Hearken.* ver. 9, 23; ch. 7. 14, 16. De. 4. 1. Ps. 34. 11; 45. 10. Pr. 7. 24; 8. 32. Is. 46. 3, 12; 55. 1, 2. Ac. 2. 14. He. 2. 1-3. Ja. 2. 5. Re. 2. 7, 11, 29. *there.* ver. 14. 26-29. Ec. 11. 6. Is. 28. 23-26. Mat. 13. 3, 24, 26. Lu. 8. 5-8. Jno. 4. 35-38. 1 Co. 3. 6-9.

4 ver. 15. Ge. 15. 11. Mat. 13. 4, 19. Lu. 8. 5, 12.

5 ver. 16, 17. Eze. 11. 19; 36. 26. Ho. 10. 12. Am. 6. 12. Mat. 13. 5, 6, 20. Lu. 8. 6, 13.

6 *the sun.* Ca. 1. 6. Is. 25. 4. Jon. 4. 8. Ja. 1. 11. Re. 7. 16. *no root.* Ps. 1. 3, 4; 92. 13-15. Je. 17. 5-8. Ep. 3. 17. Col. 2. 7. 2 Th. 2. 10. Jude 12.

7 ver. 18, 19. Ge. 3. 17, 18. Je. 4. 3. Mat. 13. 7, 22. Lu. 8. 7, 14; 12. 15; 21. 34. 1 Ti. 6. 9, 10. 1 Jno. 2. 15, 16.

8 *fell.* ver. 20. Is. 58. 1. Je. 23. 29. Mat. 13. 8, 23. Lu. 8. 8, 15. Jno. 1. 12, 13; 3. 19-21; 7. 17; 15. 5. Ac. 17. 11. Col. 1. 6. He. 4. 1, 2. Ja. 1. 19-22. 1 Pe. 2. 1-3. *an hundred.* Ge. 26. 12. Phi. 1. 11.

9 See on ver. 3, 23, 24; ch. 7. 14, 16. Mat. 11. 15; 13. 9; 15. 10. Lu. 8. 18. Re. 3. 6, 13, 22.

10 ver. 34; ch. 7. 17. Pr. 13. 20. Mat. 13. 10, etc., 36. Lu. 8. 9, etc.

11 *Unto you.* Mat. 11. 25; 13. 11, 12, 16; 16. 17. Lu. 8. 10; 10. 21-24. 1 Co. 4. 7. 2 Co. 4. 6. Ep. 1. 9; 2. 4-10. Tit. 3. 3-7. Ja. 1. 16-18. 1 Jno. 5. 20. *them.* 1 Co. 5. 12, 13. Col. 4. 5. 1 Th. 4. 12. 1 Ti. 3. 7. *all these.* Mat. 13. 13.

12 *That seeing.* Rather, as ινα frequently denotes, '*So that* seeing they see, and do not perceive, and hearing they hear, and do not understand,' etc. The expression appears to be proverbial; and relates to those who *might* see what they now overlook through inattention and folly. See the parallel texts. De. 29. 4. Is. 6. 9, 10; 44. 18. Je. 5. 21. Mat. 13. 14, 15. Lu. 8. 10. Jno. 12. 37-41. Ac. 28. 25-27. Ro. 11. 8-10. *be converted.* Je. 31. 18-20. Eze. 18. 27-32. Ac. 3. 19. 2 Ti. 2. 25. He. 6. 6.

13 *Know.* ch. 7. 17, 18. Mat. 13. 51, 52; 15. 15-17; 16. 8, 9. Lu. 24. 25. 1 Co. 3. 1, 2. He. 5. 11-14. Re. 3. 19.

14 *sower.* See on ver. 3. Is. 32. 20. Mat. 13. 19, 37. Lu. 8. 11. *the word.* ch. 2. 2. Col. 1. 5, 6. 1 Pe. 1. 23-25.

15 *these.* See on ver. 4. Ge. 19. 14. Is. 53. 1. Mat. 22. 5. Lu. 8. 12; 14. 18, 19. Ac. 17. 18-20, 32; 18. 14-17; 25. 19, 20; 26. 31, 32. He. 2. 1; 12. 16. *Satan.* Job 1. 6-12. Zec. 3. 1. Mat. 13. 19. Ac. 5. 3. 2 Co. 2. 11; 4. 3, 4. 2 Th. 2. 9. 1 Pe. 5. 8. Re. 12. 9; 20. 2, 3, 7, 10.

16 *which.* ch. 6. 20; 10. 17-22. Eze. 33. 31, 32. Mat. 8. 19, 20; 13. 20, 21. Lu. 8. 13. Jno. 5. 35. Ac. 8. 13, 18-21; 24. 25, 26; 26. 28.

17 *have.* ver. 5, 6. Job 19. 28; 27. 8-10. Mat. 12. 31. Lu. 12. 10. Jno. 8. 31; 15. 2-7. 2 Ti. 1. 15; 2. 17, 18; 4. 10. 1 Jno. 2. 19. *when.* Mat. 11. 6; 13. 21; 24. 9, 10. 1 Co. 10. 12, 13. Ga. 6. 12. 1 Th. 3. 3-5. 2 Ti. 4. 16. He. 10. 29. Re. 2. 10, 13.

18 See on ver 7. Je. 4. 3. Mat. 13. 22. Lu. 8. 14.

19 *the cares.* Lu. 10. 41; 12. 17-21, 29, 30; 14. 18-20; 21. 34. Phi. 4. 6. 2 Ti. 4. 10. *the deceitfulness.* Pr. 23. 5. Ec. 4. 8; 5. 10-16. 1 Ti. 6. 9, 10, 17. *and the lusts.* 1 Pe. 4. 2, 3. 1 Jno. 2. 15-17. *unfruitful.* Is. 5. 2, 4. Mat. 3. 10. Jno. 15. 2. He. 6. 7, 8. 2 Pe. 1. 8. Jude 12.

20 *which.* See on ver. 8. Mat. 13. 23. Lu. 8. 15. Jno. 15. 4, 5. Ro. 7. 4. Ga. 5. 22, 23. Phi. 1. 11. Col. 1. 10. 1 Th. 4. 1. 2 Pe. 1. 8. *an hundred.* Ge. 26. 12.

21 *Is a.* Is. 60. 1-3. Mat. 5. 15. Lu. 8. 16; 11. 33. 1 Co. 12. 7. Ep. 5. 3-15. Phi. 2. 15, 16. *bushel.* '*The word in the original signifieth a less measure, as* Mat. 5. 15, marg.'

22 Ps. 40. 9, 10; 78. 2-4. Ec. 12. 14. Mat. 10. 26, 27. Lu. 8. 17; 12. 2, 3. Ac. 4. 20; 20. 27. 1 Co. 4. 5. 1 Jno. 1. 1-3.

23 ver. 9. Mat. 11. 15. Re. 2. 7, 11, 17, 29.

24 *Take.* Pr. 19. 27. Lu. 8. 18. Ac. 17. 11. He. 2. 1. 1 Jno. 4. 1. 1 Pe. 2. 2. 2 Pe. 2. 1-3. *with.* Mat. 7. 2. Lu. 6. 37, 38. 2 Co. 9. 6. *hear.* ch. 9. 7. Is. 55. 3. Jno. 5. 25; 10. 16, 27.

25 Mat. 13. 12; 25. 28, 29. Lu. 8. 18; 16. 9-12; 19. 24-26. Jno. 15. 2.

26 *So.* Mat. 3. 2; 4. 17; 13. 11, 31, 33. Lu. 13. 18. *as.* ver. 3, 4, 14, etc. Pr. 11. 18. Ec. 11. 4, 6. Is. 28. 24-26; 32. 20. Mat. 13. 3, 24. Lu. 8. 5, 11. Jno. 4. 36-38; 12. 24. 1 Co. 3. 6-9. Ja. 3. 18. 1 Pe. 1. 23-25.

27 *and grow.* Ec. 8. 17; 11. 5. Jno. 3. 7, 8. 1 Co. 15. 37, 38. 2 Th. 1. 3. 2 Pe. 3. 18.

28 *the earth.* Ge. 1. 11, 12; 2. 4, 5, 9; 4. 11, 12; Is. 61. 11. *first.* ver. 31, 32. Ps. 1. 3; 92. 13, 14. Pr. 4. 18. Ec. 3. 1, 11. Ho. 6. 3. Phi. 1. 6, 9-11. Col. 1. 10. 1 Th. 3. 12, 13. *blade.* Mat. 13. 26.

29 *brought forth.* or, ripe. Job 5. 26. 2 Ti. 4. 7, 8. *he putteth.* Is. 57. 1, 2. Joel 3. 13. Mat. 13. 30, 40-43. Re. 14. 13-17.

30 La. 2. 13. Mat. 11. 16. Lu. 13. 18, 20, 21.

31 *like.* Mat. 13. 31-33. Lu. 13. 18, 19. *mustard seed. Mustard,* σιναπι, is a well-known plant of the tetradynamia siliquosa class, distinguished by its yellow cruciform flowers, with expanding calyx, and its pods smooth, square, and close to the stem. Its seed was probably the smallest known to the Jews; and though its ordinary height does not exceed four feet, yet a species grows to the height of from three to five cubits, with a tapering, ligneous stalk, and spreading branches. *is less than.* Ge. 22, 17, 18. Ps. 72. 16-19. Is. 2. 2, 3; 9. 7; 49. 6, 7; 53. 2, 12; 54. 1-3; 60. 22. Eze. 17. 22-24. Da. 2. 34, 35, 44, 45. Am. 9. 11-15. Mi. 4. 1, 2. Zec. 2. 11; 8. 20-23; 12. 8; 14. 6-9. Mal. 1. 11. Ac. 2. 41; 4. 4; 5. 14; 19. 20; 21. 20. Re. 11. 15; 20. 1-6.

32 *and becometh.* Pr. 4. 18. Is. 11. 9. *shooteth.* Ps. 80. 9-11. Eze. 31. 3-10. Da. 4. 10-14, 20-22. *lodge.* Ps. 91. 1. Ca. 2. 3. Is. 32. 2. La. 4. 20.

33 *with.* Mat. 13. 34, 35. *as.* Jno. 16. 12. 1 Co. 3. 1, 2. He. 5. 11-14.

34 *when.* ver. 10; ch. 7. 17-23. Mat. 13. 36, etc. 15. 15, etc. Lu. 8. 9, etc.; 24. 27, 44-46.

35 *the same.* Mat. 8. 23. Lu. 8. 22. *Let.* ch. 5. 21; 6. 45; 8. 13. Mat. 8. 18; 14. 22. Jno. 6. 1, 17, 25.

36 *even.* ver. 1; ch. 3. 9.

37 *there arose.* Mat. 8. 23, 24. Lu. 8. 22, 23. *great storm.* Job 1. 12, 19. Ps. 107. 23-31. Jon. 1. 4. Ac. 27. 14-20, 41. 2 Co. 11. 25.

38 *in the.* Jno. 4. 6. He. 2. 17; 4. 15. *and they.* 1 Ki. 18. 27-29. Job 8. 5, 6. Ps. 44. 23, 24. Is. 51. 9, 10. Mat. 8. 25. Lu. 8. 24. *carest.* Ps. 10. 1, 2; 22. 1, 2; 77. 7-10. Is. 40. 27, 28; 49. 14-16; 54. 6-8; 63. 15; 64. 12. La. 3. 8. 1 Pe. 5. 7.

39 *he arose.* Ex. 14. 16, 22, 28, 29. Job 38. 11. Ps. 29. 10; 93. 3, 4; 104. 7-9; 107. 29; 148. 8. Pr. 8. 29. Je. 5. 22. *rebuked.* ch. 9. 25. Na. 1. 4. Lu. 4. 39. *the wind.* Ps. 89. 9. La. 3. 31.

40 *Why.* Ps. 46. 1-3. Is. 42. 3; 43. 2. Mat. 8. 26; 14. 31. Lu. 8. 25. Jno. 6. 19, 20. *no faith.* Mat. 6. 30; 16. 8.

41 *feared.* ch. 5. 33. 1 Sa. 12. 18-20, 24. Ps. 89. 7. Jon. 1. 9, 10, 15, 16. Mal. 2. 5. He. 12. 28. Re. 15. 4. *What.* ch. 7. 37. Job 38. 11. Mat. 8. 27; 14. 32. Lu. 4. 36; 8. 25.

## CHAP. V.

*Christ delivering the possessed of the legion of devils, 1-12, they enter into the swine, 13-21. He is entreated by Jairus to go and heal his daughter, 22-24. He heals the woman of the bloody issue, 25-34, and raises from death Jairus' daughter, 35-43.*

1 ch. 4. 35. Mat. 8. 28-34. Lu. 8. 26, etc.

2 *out.* Is. 65. 4. Lu. 8. 27. *a man.* St. Matthew gives a brief account of *two* demoniacs who were dispossessed on this occasion; but Mark and Luke omit the mention of one (who was perhaps not so remarkable). That these wretched men were not merely mad, as some suppose, but really possessed of evil spirits, appears clearly from the language employed, as well as from the narrative itself. St. Matthew expressly affirms that they were 'possessed with devils,' or *demoniacs,* δαιμονιζομενοι; St. Mark says he had 'an unclean spirit,' *i. e.* a *fallen spirit;* and St. Luke asserts, that he 'had devils (or demons) a long time,' and was called *Legion,* 'because many devils were entered into him.' With supernatural strength the demons burst asunder the chains and fetters with which he was bound; they address Christ as the 'Son of the most high God;' they beseech him to suffer them to enter into the swine; and when he had given them leave, they '*went out* and *entered* into the swine,' etc. *with.* ver. 8; ch. 1. 23, 26; 3. 30; 7. 25. Lu. 9. 42.

3 ch. 9. 18-22. Is. 65. 4. Da. 4. 32, 33. Lu. 8. 29.

4 *tame.* Ja. 3. 7, 8.

5 *crying.* 1 Ki. 18. 28. Job 2. 7, 8. Jno. 8. 44.

6 *he ran.* Ps. 66. 3, marg.; 72. 9. Lu. 4. 41. Ac. 16. 17. Ja. 2. 19.

7 *What.* ch. 1. 24. Ho. 14. 8. Mat. 8. 29. Lu. 4. 34. *Son.* ch. 3. 11; 14. 61. Mat. 16. 16. Jno. 20. 31. Ac. 8. 37; 16. 17. *I adjure.* 1 Ki. 22. 16. Mat. 26. 63. Ac. 19. 13. *that.* Ge. 3. 15. Mat. 8. 29. Lu. 8. 28. Ro. 16. 20. He. 2. 14. 2 Pe. 2. 4. 1 Jno. 3. 8. Jude 6. Re. 12. 12; 20. 1-3.

8 ch. 1. 25; 9. 25, 26. Ac. 16. 18.

9 *What.* Lu. 8. 30; 11. 21-26. *Legion.* Mat. 12. 45; 26. 53.

10 ver. 13; ch. 3. 22.

11 *herd.* Le. 11. 7, 8. De. 14. 8. Is. 65. 4; 66. 3. Mat. 8. 30. Lu. 8. 32.

12 Job 1. 10-12; 2. 5. Lu. 22. 31, 32. 2 Co. 2. 11. 1 Pe. 5. 8.

13 *gave.* 1 Ki. 22. 22. Job 1. 12; 2. 6. Mat. 8. 32. 1 Pe. 3. 22. Re. 13. 5-7; 20. 7. *the herd.* Jno. 8. 44. Re. 9. 11.

14 Mat. 8. 33. Lu. 8. 34.

15 *him that.* ver. 4. Is. 49. 24, 25. Mat. 9. 33; 12. 29. Lu. 8. 35, 36; 10. 39. Col. 1. 13. *and they.* 1 Sa. 6. 20, 21; 16. 4. 1 Ch. 13. 12; 15. 13. Job 13. 11. Ps. 14. 5. 2 Ti. 1. 7.

17 ver. 7; ch. 1. 24. Ge. 26. 16. De. 5. 25. 1 Ki. 17. 18. Job 21. 14, 15. Mat. 8. 34. Lu. 5. 8; 8. 37. Ac. 16. 39.

18 *prayed.* ver. 7, 17. Ps. 116. 12. Lu. 8. 38, 39; 17. 15-17; 23. 42, 43. Phi. 1. 23, 24.

19 *Go home.* Ps. 66. 16. Is. 38. 9-20. Da. 4. 1-3, 37; 6. 25-27. Jon. 2. 1, etc. Jno. 4. 29. Ac. 22. 1-21; 26. 4-29.

20 *Decapolis.* ch. 7. 31. Mat. 4. 25.

21 Mat. 9. 1. Lu. 8. 40.

22 *there.* Mat. 9. 18, 19. Lu. 8. 41, 42. *rulers.* Lu. 13. 14. Ac. 13. 15; 18. 8, 17. *he fell.* ver. 33. Mat. 2. 11. Lu. 5. 8; 8. 28. Ac. 10. 25, 26. Re. 22. 8.

23 *besought.* ch. 7. 25-27; 9. 21, 22. 2 Sa. 12. 15, 16. Ps. 50. 15; 107. 19. Lu. 4. 38; 7. 2, 3, 12. Jno. 4. 46, 47; 11. 3. *lay thy hands.* ch. 6. 5, 6, 13; 16. 18. 2 Ki. 5. 11. Mat. 8. 3. Lu. 4. 40; 13. 13. Ac. 28. 8. Ja. 5. 14, 15.

24 *went.* Lu. 7. 6. Ac. 10. 38. *and thronged.* ver. 31; ch. 3. 9, 10, 20. Lu. 8. 42, 45; 12. 1; 19. 3.

25 *a certain.* Mat. 9. 20-22. Lu. 8. 43, 44. *an issue.* Le. 15. 19, 20, 25-27. *twelve.* Lu. 13. 11. Jno. 5. 5, 6. Ac. 4. 22; 9. 33, 34.

26 *had suffered.* No person will wonder at this account when he considers the therapeutics of the Jewish physicians, in reference to diseases of this kind (for an account of which, see Drs. LIGHTFOOT and CLARKE). She was, therefore, a fit patient for the Great Physician. Job 13. 4. Je. 8. 22; 30. 12, 13; 51. 8. *nothing.* Ps. 108. 12.

27 *touched.* ch. 6. 56. 2 Ki. 13. 21. Mat. 14. 36. Ac. 5. 15; 19. 12.

29 *straightway.* Ex. 15. 26. Job 33. 24, 25. Ps. 30. 2; 103. 3; 107. 20; 147. 3. *fountain.* Le. 20. 18. *plague.* ver. 34; ch. 3. 10. 1 Ki. 8. 37. Lu. 7. 21.

30 *virtue.* Lu. 6. 19; 8. 46. 1 Pe. 2. 9, marg.

31 *Thou seest.* Lu. 8. 45; 9. 12.

33 *the woman.* ch. 4. 41. Lu. 1. 12, 29; 8. 47. *and told.* Ps. 30. 2; 66. 16; 103. 2-5; 116. 12-14.

34 *Daughter.* Mat. 9. 2, 22. Lu. 8. 48. *thy faith.* ch. 10. 52. Lu. 7. 50; 8. 48; 17. 19; 18. 42. Ac. 14. 9. *go.* 1 Sa. 1. 17; 20. 42. 2 Ki. 5. 19. Ec. 9. 7.

35 *there came.* Lu. 8. 49. *thy daughter.* Jno.

5. 25; 11. 25. *why*. Lu. 7. 6, 7. Jno. 11. 21, 32, 39. *the Master*. ch. 10. 17. Mat. 26. 18. Jno. 11. 28.

36 *only*. ver. 34; ch. 9. 23. 2 Ch. 20. 20. Mat. 9. 28, 29; 17. 20. Lu. 8. 50. Jno. 4. 48-50; 11. 40. Ro. 4. 18-24.

37 *he suffered*. Lu. 8. 51. Ac. 9. 40. *save*. ch. 9. 2; 14. 33. 2 Co. 13. 1.

38 *and seeth*. Je. 9. 17-20. Mat. 9. 23, 24; 11. 17. Lu. 8. 52, 53. Ac. 9. 39.

39 *not dead*. Da. 12. 2. Jno. 11. 11-13. Ac. 20. 10. 1 Co. 11. 30. 1 Th. 4. 13, 14; 5. 10.

40 *they*. Ge. 19. 14. Ne. 2. 19. Job 12. 4. Ps. 22. 7; 123. 3, 4. Lu. 16. 14. Ac. 17. 32. *when*. 2 Ki. 4. 33. Mat. 7. 6; 9. 24, 25. Lu. 8. 53, 54. *he taketh*. He took just so many as prudence required, and as were sufficient to prove the reality of the cure; to have permitted the presence of more, might have savoured of ostentation.

41 *took*. ch. 1. 31. Ac. 9. 40. 41. *Talitha cumi*. טליתא קומי; which is pure Syriac, the same as in the Syriac version, the proper translation of which is given by the evangelist. *Damsel*. ch. 1. 41. Ge. 1. 3. Ps. 33. 9. Lu. 7. 14, 15; 8. 54, 55. Jno. 5. 28, 29; 11. 43, 44. Ro. 4. 17. Phi. 3. 21.

42 ch. 1. 27; 4. 41; 6. 51; 7. 37. Ac. 3. 10-13.

43 *he charged*. ch. 1. 43; 3. 12; 7. 36. Mat. 8. 4; 9. 30; 12. 16-18; 17. 9. Lu. 5. 14; 8. 56. Jno. 5. 41. *and commanded*. This was to shew that she had not only returned to life, but was also restored to perfect health; and to intimate, that though raised to life by *extraordinary* power, she must be continued in existence, as before, by the use of *ordinary* means. The advice of a heathen, on another subject, is quite applicable: *Nec Deus intersit, nisi dignus vindice nodus inciderit*. 'When the miraculous power of God is necessary, let it be resorted to; when not necessary, let the ordinary means be used.' To act otherwise would be to tempt God. *given*. Lu. 24. 30, 42, 43. Ac. 10. 41.

## CHAP. VI.

*Christ is contemned of his countrymen*, 1-6. *He gives the twelve power over unclean spirits*, 7-13. *Divers opinions of Christ*, 14, 15. *John the Baptist is imprisoned, beheaded, and buried*, 16-29. *The apostles return from preaching*, 30-33. *The miracle of five loaves and two fishes*, 34-44. *Christ walks on the sea*, 45-52; *and heals all that touch him*, 53-56.

1 *and came*. Mat. 13. 54, etc. Lu. 4. 16, etc.

2 *he began*. ch. 1. 21, 22, 39. Lu. 4. 15, 31, 32. *From*. Jno. 6. 42; 7. 15. Ac. 4. 13, 14.

3 *this*. Mat. 13. 55, 56. Lu. 4. 22. Jno. 6. 42. *carpenter*. Is. 49. 7; 53. 2, 3. 1 Pe. 2. 4. *James*. ch. 15. 40. Mat. 12. 46. 1 Co. 9. 4. Ga. 1. 19. *Juda*. Jno. 14. 22. Jude 1. *Simon*. ch. 3. 18. Ac. 1. 13. *offended*. Mat. 11. 6; 13. 57. Lu. 2. 34; 4. 23-29; 7. 23. Jno. 6. 60, 61. 1 Co. 1. 23.

4 Je. 11. 21; 12. 6. Mat. 13. 57. Lu. 4. 24. Jno. 4. 44.

5 ch. 9. 23. Ge. 19. 22; 32. 25. Is. 59. 1, 2. Mat. 13. 58. He. 4. 2.

6 *marvelled*. Is. 59. 16. Je. 2. 11. Mat. 8. 10. Jno. 9. 30. *And he went*. Mat. 4. 23; 9. 35. Lu. 4. 31, 44; 13. 22. Ac. 10. 38.

7 *the twelve*. ch. 3. 13, 14. Mat. 10. 1, etc. Lu. 6. 13-16; 9. 1-6; 10. 3, etc. *two and*. Ex. 4. 14, 15. Ec. 4. 9, 10. Re. 11. 3. *power*. ch. 16. 17. Lu. 10. 17-20.

8 *take*. Mat. 10. 9, 10. Lu. 10. 4; 22. 35. *save*. St. Matthew says that they were to take 'neither two coats, neither shoes, nor yet staves;' but this precept plainly means, 'Go just as you are; take no other coat, shoes, or staff than what you already have.' *money*. '*The word signifieth* a piece of brass money, in value something less than a farthing. Mat. 10. 9: *but here it is taken in general for* money.' Lu. 9. 3.

6 *be shod*. Ep. 6. 15. *sandals*. The *sandal* consisted only of a *sole*, fastened about the foot and ancle with straps. Ac. 12. 8.

10 Mat. 10. 11-13. Lu. 9. 4; 10. 7, 8. Ac. 16. 15 17. 5-7.

11 *whosoever*. Ne. 5. 13. Mat. 10. 14. Lu. 9. 5; 10. 10, 11. Ac. 13. 50, 51; 18. 6. *It shall*. Eze. 16. 48-51. Mat. 10. 15; 11. 20-24. Lu. 10. 12-15. Jno. 15. 22-24. He. 6. 4-8; 10. 26-31. 2 Pe. 2. 6. Jude 7. *and*. Gr. or. *in the day*. Mat. 12. 36. Ro. 2. 5, 16. 2 Pe. 2. 9; 3. 7. 1 Jno. 4. 17.

12 *preached*. ch. 1. 3, 15. Eze. 18. 30. Mat. 3. 2, 8; 4. 17; 9. 13; 11. 20. Lu. 11. 32; 13. 3, 5; 15. 7, 10; 24. 47. Ac. 2. 38; 3. 19; 11. 18; 20. 21; 26. 20. 2 Co. 7. 9, 10. 2 Ti. 2. 25, 26.

13 *cast*. See on ver. 7. Lu. 10. 17. *anointed*. Ja. 5. 14, 15.

14 *king Herod*. ver. 22, 26, 27. Mat. 14. 1, 2. Lu. 3. 1; 9. 7, etc.; 13. 31; 23. 7-12. *his name*. ch. 1. 28, 45. 2 Ch. 26. 8, 15. Mat. 9. 31. 1 Th. 1. 8.

15 *it is Elias*. ch. 8. 28; 9. 12, 13; 15. 35, 36. Mal. 4. 5, Elijah. Mat. 16. 14; 17. 10, 11. Lu. 1. 17; 9. 8, 19. Jno. 1. 21, 25. *a prophet*. Mat. 21. 11. Lu. 7. 16, 39. Jno. 6. 14; 7. 40; 9. 17. Ac. 3. 22, 23.

16 *It is*. Ge. 40. 10, 11. Ps. 53. 5. Mat. 14. 2; 27. 4. Lu. 9. 9. Re. 11. 10-13.

17 A. M. 4032. A.D. 28. *Herod*. Mat. 4. 12; 11. 2; 14. 3, etc. Lu. 3. 19, 20. *Philip's*. Lu. 3. 1.

18 *It is*. Le. 18. 16; 20. 21. 1 Ki. 22. 14. Eze. 3. 18, 19. Mat. 14. 3, 4. Ac. 20. 26, 27; 24. 24-26.

19 *Herodias*. Ge. 39. 17-20. 1 Ki. 21. 20. *a quarrel*. *or*, an inward grudge. Ec. 7. 9. Ep. 4. 26, 27.

20 *feared*. ch. 11. 18. Ex. 11. 3. 1 Ki. 21. 20. 2 Ki. 3, 12, 13; 6. 21; 13. 14. 2 Ch. 24. 2, 15-22; 26. 5. Eze. 2. 5-7. Da. 4. 18, 27; 5. 17. Mat. 14. 5; 21. 26. *observed him*. *or*, kept him, *or* saved him. *and heard*. ch. 4. 16. Ps. 106. 12, 13. Eze. 33. 32. Jno. 5. 35.

21 *when*. Ge. 27. 41. 2 Sa. 13. 23-29. Es. 3. 7. Ps. 37. 12, 13. Ac. 12. 2-4. *his birthday*. Ge. 40. 20. Es. 1. 3-7; 2. 18. Pr. 31. 4, 5. Da. 5. 1-4. Ho. 7. 5. 1 Pe. 4. 3. Re. 11. 10.

22 Es. 1. 10-12. Is. 3. 16, etc. Da. 5. 2. Mat. 14. 6.

23 *he*. 1 Sa. 28. 10. 2 Ki. 6. 31. Mat. 5. 34-37; 14. 7. *Whatsoever*. Es. 5. 3, 6; 7. 2. Pr. 6. 2. Mat. 4. 9.

24 *said*. Ge. 27. 8-11. 2 Ch. 22. 3, 4. Eze. 19. 2, 3. Mat. 14. 8. *The head*. Job 31. 31. Ps. 27. 2; 37. 12, 14. Pr. 27. 3, 4. Ac. 23. 12, 13.

25 *with haste*. Pr. 1. 16. Ro. 3. 15. *a charger*. Nu. 7. 13, 19, etc.

26 Mat. 14. 9; 27. 3-5, 24, 25.

27 *the king*. Mat. 14. 10, 11. *an executioner*. *or*, one of his guard. Σπεκουλατωρ, in Latin, *speculator*, from *speculor*, to look about, spy, properly denotes a *sentinel*; and as these sentinels *kept guard* at the palaces of kings, and the residences of Roman governors, so they were employed in other offices besides guarding, and usually performed that of executioners. As, however, we learn from JOSEPHUS, that Herod was at this very time engaged in war with Aretas, king of Arabia, in consequence of Herod's having divorced his daughter in order to marry Herodias, his brother Philip's wife; and as this event occurred at an entertainment given at the castle of Machærus, while his army was on its march against his father-in-law; we are furnished with an additional reason why a *speculator*, or sentinel, should have been employed as an executioner; and are thus enabled to discover such a latent and undesigned coincidence as clearly evinces the truth of the evangelical narrative.

29 *they came*. 1 Ki. 13. 29, 30. 1 Ch. 24. 16. Mat. 14. 12; 27. 57-60. Ac. 8. 2.

30 *the apostles*. ver. 7, etc. Lu. 9. 10; 10. 17. *both*. Ac. 1. 1; 20. 18-21. 1 Ti. 4. 12-16. Tit. 2. 6, 7. 1 Pe. 5. 2, 3.

31 *Come*. ch. 1. 45; 3. 7, 20. Mat. 14. 13. Jno. 6. 1.

32 Mat. 14. 13.

33 ver. 54, 55. Mat. 15. 29-31. Jno. 6. 2. Ja. 1. 19.

34 *saw*. Mat. 14. 14; 15. 32. Lu. 9. 11. Ro. 15. 2, 3. He. 2. 17; 4. 15. *because*. Nu. 27. 17. 1 Ki. 22.

17. 2 Ch. 18. 16. Je. 50. 6. Zec. 10. 2. Mat. 9. 36. *and he.* Is. 61. 1-3.

35 Mat. 14. 15, etc. Lu. 9. 12, etc. Jno. 6. 5, etc.

36 ch. 3. 21; 5. 31. Mat. 15. 23; 16. 22.

37 *Give.* ch. 8. 2, 3. 2 Ki. 4. 42-44. Mat. 14. 16; 15. 32. Lu. 9. 13. Jno. 6. 4-10. *Shall.* Nu. 11. 13, 21-23. 2 Ki. 7. 2. Mat. 15. 33. Jno. 6. 7. *penny-worth.* '*The Roman penny is sevenpence half-penny; as* Mat. 18. 28, marg.'

38 ch. 8. 5. Mat. 14. 17, 18; 15. 34. Lu. 9. 13. Jno. 6. 9.

39 1 Ki. 10. 5. Es. 1. 5, 6. Mat. 15. 35. 1 Co. 14. 33. 40.

40 *by hundreds.* It is generally supposed that they were so arranged as to be a hundred in rank, or depth, and fifty in front, or file; which would make the number just five thousand, and will reconcile this account with St. Luke's, who only speaks of their sitting down by *fifties.* Lu. 9. 14, 15.

41 *looked.* ch. 7. 34. Mat. 14. 19. Lu. 9. 16. Jno. 11. 41; 17. 1. *blessed.* ch. 8. 6, 7; 14. 22. De. 8. 10. 1 Sa. 9. 13. Mat. 15. 36; 26. 26. Lu. 24. 30. Jno. 6. 11, 23. Ac. 27. 35. Ro. 14. 6. 1 Co. 10. 31. Col. 3. 17. 1 Ti. 4. 4, 5.

42 ch. 8. 8, 9. De. 8. 3. 2 Ki. 4. 42-44. Ps. 145. 15, 16. Mat. 14. 20, 21; 15. 37, 38. Lu. 9. 17. Jno. 6. 12.

43 ch. 8. 19, 20.

45 *straightway.* Mat. 14. 22, etc. Jno. 6. 15-17, etc. *unto Bethsaida. or,* over against Bethsaida. *Bethsaida,* according to JOSEPHUS, was situated on the sea of Gennesareth, in the lower Gaulonitis, (consequently on the east of the lake, as PLINY states,) and at the beginning of the mountainous country; and it was raised from a village to the honour of a city by Philip, and called *Julias* in honour of the emperor's daughter. Some learned men, however, are of opinion that the *Bethsaida* mentioned in the gospels was a different place; and that it was situated on the western shore of the sea of Tiberias, in Galilee, near Chorazin and Capernaum, with which it is associated, (Mat. 11. 21, 23. Jno. 12. 21;) and Bishop POCOCKE mentions the ruins of a town or large village in the plain of Huttin, about two miles west of the lake, still bearing the name of *Baitsida,* which he thinks occupies its site. ch. 8. 22. Lu. 10. 13.

46 ch. 1. 35. Mat. 6. 6; 14. 23. Lu. 6. 12. 1 Pe. 2. 21.

47 Mat. 14. 23. Jno. 6. 16, 17.

48 *he saw.* Is. 54. 11. Jno. 1. 13. Mat. 14. 24. *the fourth.* Ex. 14. 24. 1 Sa. 11. 11. Lu. 12. 38. *he cometh.* Job 9. 8. Ps. 93. 4; 104. 3. *would.* Ge. 19. 2; 32. 26. Lu. 24. 28.

49 *they saw.* Job 9. 8. *supposed.* Job 4. 14-16. Mat. 14. 25, 26. Lu. 24. 37.

50 *it is I.* Is. 43. 2. Mat. 14. 27. Lu. 24. 38-41. Jno. 6. 19, 20; 20. 19, 20.

51 *and the.* ch. 4. 39. Ps. 93. 3, 4; 107. 28-30. Mat. 8. 26, 27; 14. 28-32. Lu. 8. 24, 25. Jno. 6. 21. *and they.* ch. 1. 27; 2. 12; 4. 41; 5. 42; 7. 37.

52 *they.* ch. 7. 18; 8. 17, 18, 21. Mat. 16. 9-11. Lu. 24. 25. *their.* ch. 3. 5; 16. 14. Is. 63. 17.

53 *the land.* Mat. 14. 34-36. Lu. 5. 1. Jno. 6. 24.

54 *knew.* Ps. 9. 10. Phi. 3. 10.

55 ch. 2. 1-3; 3. 7-11. Mat. 4. 24.

56 *they laid.* Ac. 5. 15. *touch.* ch. 3. 10; 5. 27, 28. 2 Ki. 13. 21. Lu. 6. 19; 22. 51. Ac. 49. 12. *the border.* Nu. 15. 38, 39. De. 22. 12. Mat. 9. 20. Lu. 8. 44. *him. or,* it.

## CHAP. VII.

*The Pharisees find fault with the disciples for eating with unwashed hands, 1-7. They break the commandment of God by the traditions of men, 8-13. Meat defiles not the man, 14-23. He heals the Syro-phenician woman's daughter of an unclean spirit, 24-30; and one that was deaf, and stammered in his speech, 31-37.*

1 *the Pharisees.* ch. 3. 22. Mat. 15. 1. Lu. 5. 17; 11. 53, 54.

2 *defiled. or,* common. Ac. 10. 14, 15, 28. *they found.* Da. 6. 4, 5. Mat. 7. 3-5; 23. 23-25.

3 *oft. or,* diligently. *Gr.* With the fist. Up tc the elbow. *Theophylact.* Πυγμη, *the fist;* which Dr. LIGHTFOOT illustrates by a tradition from the Talmudical tracts, that when they washed their hands, they washed the fist up to the *joint of the arm,* עד פרק. The Jews laid great stress on these *washings,* or *baptisms,* βαπτισμους, considering eating with unwashen hands no ordinary crime, and feigning that an evil spirit, called *Shibta,* has a right to sit on the food of him who thus eats, and render it hurtful. *the tradition.* ver. 7-10, 13. Mat. 15. 2-6. Ga. 1. 14. Col. 2. 8, 21-23. 1 Pe. 1. 18.

4 *except.* Job 9. 30, 31. Ps. 26. 6. Is. 1. 16. Je. 4. 14. Mat. 27. 24. Lu. 11. 38, 39. Jno. 2. 6; 3. 25. He. 9. 10. Ja. 4. 8. 1 Jno. 1. 7. *pots.* '*Gr.* Sextarius; *about a pint and a half.*' *tables. or,* beds.

5 ch. 2. 16-18. Mat. 15. 2. Ac. 21. 21, 24. Ro. 4. 12. 2 Th. 3. 6, 11.

6 *Well.* Is. 29. 13. Mat. 15. 7-9. Ac. 28. 25. *hypocrites.* Mat. 23. 13-15. Lu. 11. 39-44. *honoureth.* Eze. 33. 31. Ho. 8. 2, 3. Jno. 5. 42; 8. 41, 42, 54, 55; 15. 24. 2 Ti. 3. 5. Tit. 1. 16. Ja. 2. 14-17.

7 *in vain.* 1 Sa. 12. 21. Mal. 3. 14. Mat. 6. 7; 15. 9. 1 Co. 15. 14, 58. Tit. 3. 9. Ja. 1. 26; 2. 20. *the commandments.* De. 12. 32. Col. 2. 22. 1 Ti. 4. 1-3. Re. 14. 11, 12; 22. 18.

8 *laying.* Is. 1. 12. *the tradition.* ver. 3, 4.

9 *Full.* 2 Ki. 16. 10-16. Is. 24. 5; 29. 13. Je. 44. 16, 17. Da. 7. 25; 11. 36. Mat. 15. 3-6. 2 Th. 2. 4. *reject. or,* frustrate. ver. 13. Ps. 119. 126. Ro. 3 31. Ga. 2. 21.

10 *Honour.* ch. 10. 19. Ex. 20. 12. De. 5. 16. *Whoso.* Ex. 21. 17. Le. 20. 9. De. 27. 16. Pr. 20. 20; 30. 17. Mat. 15. 4.

11 *It is Corban.* Rather, 'Let it be a *corban,*' a formula common among the Jews on such occasions; by which the Pharisees released a child from supporting his parents; and even deemed it sacrilege if he afterwards gave any thing for their use. Mat. 15. 5; 23. 18. 1 Ti. 5. 4-8.

13 *the word.* ver. 9. Is. 8. 20. Je. 8. 8, 9. Ho. 8. 12. Mat. 5. 17-20; 15. 6. Tit. 1. 14. *such.* Eze. 18. 14. Ga. 5. 21.

14 *when.* 1 Ki. 18. 21; 22. 28. Ps. 49. 1, 2; 94. 8. Mat. 15. 10. Lu. 12. 1, 54-57; 20. 45-47. *and understand.* Pr. 8. 5. Is. 6. 9. Ac. 8. 30.

15 *There.* Though it is very true, says Dr. DODDRIDGE, that a man may bring guilt upon himself by eating to excess, and a Jew, by eating what was forbidden by the Mosaic law; yet still the pollution would arise from the wickedness of the heart, and be just proportionable to it, which is all our Lord asserts. *nothing.* ver. 18-20. Le. 11. 42-47. Ac. 10. 14-16, 28; 11. 8-10; 15. 20, 21. Ro. 14. 17. 1 Co. 10. 25. 1 Ti. 4. 3-5. Tit. 1. 15. He. 9. 10; 13. 9. *but.* ver. 20-23. Pr. 4. 23. Mat. 12. 34; 15. 16.

16 ch. 4. 9, 23. Mat. 11. 15. Re. 2. 7, 11, 17, 29; 3. 6, 13, 22.

17 ch. 4. 10, 34. Mat. 13. 10, 36; 15. 15.

18 ch. 4. 13. Is. 28. 9, 10. Je. 5. 4, 5. Mat. 15. 16, 17; 16. 11. Lu. 24. 25. Jno. 3. 10. 1 Co. 3. 2. He. 5. 11.

19 Mat. 15. 17. 1 Co. 6. 13. Col. 2. 21, 22.

20 ver. 15. Ps. 41. 6. He. 7. 6. Mi. 2. 1. Mat. 12. 34-37. Ja. 1. 14, 15; 3. 6; 4. 1.

21 *out.* Ge. 6. 5; 8. 21. Job 14. 4; 15. 14-16; 25. 4. Ps. 14. 1, 3; 53. 1, 3; 58. 2, 3. Pr. 4. 23. Je. 4. 14; 17. 9. Mat. 15. 19; 23. 25-28. Lu. 16. 15. Ac. 5. 4; 8. 22. Ro. 7. 5, 8; 8. 7, 8. Ga. 5. 19-21. Tit. 3. 3. Ja. 1. 14, 15; 4. 1-3. 1 Pe. 4. 2, 3. *evil.* Pr. 15. 25. Is. 59. 7. Eze. 38. 10. Mat. 9. 4. Ja. 2. 4.

22 *covetousness, wickedness. Gr.* covetousnesses, wickednesses. *an evil.* De. 15. 9; 28. 54, 56. 1 Sa. 18. 8, 9. Pr. 23. 6; 28. 22. Mat. 20. 15. *pride.* 2 Ch. 32. 25, 26, 31. Ps. 10. 4. Ob. 3, 4. 2 Co. 10. 5. 1 Pe. 5. 5. *foolishness.* Pr. 12. 23; 22. 15; 24. 9; 27. 22. Ec. 7. 25. 1 Pe. 2. 15.

23 *defile.* ver. 15, 18. 1 Co. 3. 17. Tit. 1. 15. Jude 8.

24 *from.* Mat. 15. 21, etc. *Tyre.* ch. 3. 8. Ge. 10. 15, 19; 49. 13. Jos. 19. 28, 29. Is. 23. 1-4, 12. Eze. 28. 2, 21, 22. *and would.* ch. 2. 1; 3. 7; 6. 31, 32. Is. 42. 2. Mat. 9. 28. 1 Ti. 5. 25.

25 *a.* Mat. 15. 22. *whose.* ch. 9. 17-23. *at.* ch. 1. 49; 5. 22, 23, 33. Lu. 17. 16. Ac. 10. 25, 26. Re. 22. 8, 9.

26 *Greek. or,* Gentile. Is. 49. 12. Ga. 3. 28. Col. 3. 11. *a Syro-phenician.* Mat. 15. 22.

27 *Let.* Mat. 7. 6; 10. 5; 15. 23-28. Ac. 22. 21. Ro. 15. 8. Ep. 2. 12.

28 *yet.* Ps. 145. 16. Is. 45. 22; 49. 6. Mat. 5. 45. Lu. 7. 6-8; 15. 30-32. Ac. 11. 17, 18. Ro. 3. 29; 10. 12; 15. 8, 9. Ep. 2. 12-14; 3. 8.

29 Is. 57. 15, 16; 66. 2. Mat. 5. 3; 8. 9-13. 1 Jno. 3. 8.

30 *she was.* Jno. 4. 50-52. *she found.* 1 Jno. 3. 8.

31 *from.* ver. 24. Mat. 15. 29, etc. *Decapolis.* ch. 5. 20. Mat. 4. 25.

32 Mat. 9. 32, 33. Lu. 11. 14.

33 *he took.* ch. 5. 40; 8. 23. 1 Ki. 17. 19-22. 2 Ki. 4. 4-6, 33, 34. Jno. 9. 6, 7. *put.* This was clearly a *symbolical* action; for these remedies evidently could not, by their natural efficacy, avail to produce so wonderful an effect. As the ears of the deaf appear closed, he applies his fingers to intimate that he would open them; and as the tongue of the dumb seems to be tied, or to cleave to the palate, he touches it, to intimate he would give loose and free motion to it. He accommodated himself to the weakness of those who might not indeed doubt his power, but fancy some external sign was requisite to healing. It was also thus made manifest, that this salutiferous power came from Himself, and that He who by one word, εφφαθα, had healed the man, must be Divine.

34 *looking.* ch. 6. 41. Jno. 11. 41; 17. 1. *he sighed.* ch. 8. 12. Is. 53. 3. Eze. 21. 6, 7. Lu. 19. 41. Jno. 11. 33, 35, 38. He. 4. 15. *Ephphatha.* ch. 5. 41; 15. 34. *Be opened.* ch. 1. 41. Lu. 7. 14; 18. 42. Jno. 11. 43. Ac. 9. 34, 40.

35 ch. 2. 12. Ps. 33. 9. Is. 32. 3, 4; 35. 5, 6. Mat. 11. 5.

36 ch. 1. 44, 45; 3. 12; 5. 43; 8. 26.

37 *were.* ch. 1. 27; 2. 12; 4. 41; 5. 42; 6. 51. Ps. 139. 14. Ac. 2. 7-12; 3. 10-13; 14. 11. *He hath.* Ge. 1. 31. Lu. 23. 41. *he maketh.* Ex. 4. 10, 11.

## CHAP. VIII.

*Christ feeds the people miraculously,* 1-9; *refuses to give a sign to the Pharisees,* 10-13; *admonishes his disciples to beware of the leaven of the Pharisees, and of the leaven of Herod,* 14-21; *gives a blind man his sight,* 22-26; *acknowledges that he is the Christ who should suffer and rise again,* 27-33; *and exhorts to patience in persecution for the profession of the gospel,* 34-38.

1 Mat. 15. 32, etc.

2 *compassion.* ch. 1. 41; 5. 19; 6. 34; 9. 22. Ps. 103. 13; 145. 8, 15. Mi. 7. 19. Mat. 9. 36; 14. 14; 20. 34. Lu. 7. 13; 15. 20. He. 2. 17; 4. 15; 5. 2. *and have.* Mat. 4. 2-4; 6. 32, 33. Jno. 4. 6-8, 30-34.

3 Ju. 8. 4-6. 1 Sa. 14. 28-31; 30. 10-12. Is. 40. 31.

4 *From.* ch. 6. 36, 37, 52. Nu. 11. 21-23. 2 Ki. 4. 42-44; 7. 2. Ps. 78. 19, 20. Mat. 15. 33. Jno. 6. 7-9.

5 *How.* ch. 6. 38. Mat. 14. 15-17; 15. 34. Lu. 9. 13.

6 *to sit.* ch. 6. 39, 40. Mat. 14. 18, 19; 15. 35, 36. Lu. 9. 14, 15; 12. 37. Jno. 2. 5; 6. 10. *gave thanks.* ch. 6. 41-44. 1 Sa. 9. 13. Mat. 15. 36; 26. 26. Lu. 24. 30. Jno. 6. 11, 23. Ro. 14. 6. 1 Co. 10. 30, 31. Col. 3. 17. 1 Ti. 4. 3-5.

7 *fishes.* Lu. 24. 41, 42. Jno. 21. 5, 8, 9. *he blessed.* ch. 6. 41. Mat. 14. 19.

8 *and were.* This was another incontestable miracle—four thousand men, besides women and children, (Mat. 15. 28,) fed with seven loaves (or rather *cakes*) and a few small fishes! Here there must have been a manifest *creation* of substance—for they all ate, and were filled. ver. 19, 20. Ps. 107. 8, 9; 145. 16. Mat. 16. 10. Lu. 1. 53. Jno. 6. 11-13, 27, 32-35, 47-58. Re. 7. 16, 17. *they took.* 1 Ki. 17. 14-16. 2 Ki. 4. 2-7, 42-44.

10 *straightway.* Mat. 15. 39. *Dalmanutha. Dalmanutha* is supposed to have been a town east of the sea of Gennesareth, in the district of *Magdala,* and not far from the city of that name.

11 *Pharisees.* ch. 2. 16; 7. 1, 2. Mat. 12. 38; 16. 1-4; 19. 3; 21. 23; 22. 15, 18, 23, 34, 35. Lu. 11. 53, 54. Jno. 7. 48. *seeking.* Lu. 11. 16; 12. 54-57. Jno. 4. 48; 6. 30. 1 Co. 1. 22, 23. *tempting.* ch. 12. 15. Ex. 17. 2, 7. De. 6. 16. Mal. 3. 15. Lu. 10. 25. Ac. 5. 9. 1 Co. 10. 9.

12 *he sighed.* ch. 3. 5; 7. 34; 9. 19. Is. 53. 3. Lu. 19. 41. Jno. 11. 33-38. *Why.* ch. 6. 6. Lu. 16. 29-31; 22. 67-70. Jno. 12. 37-43. *There.* Mat. 12. 39, 40; 16. 4. Lu. 11. 29, 30.

13 Ps. 81. 12. Je. 23. 33. Ho. 4. 17; 9. 12. Zec. 11. 8, 9. Mat. 7. 6; 15. 14. Lu. 8. 37. Jno. 8. 21; 12. 36. Ac. 13. 45, 46; 18. 6.

14 *had forgotten.* Mat. 16. 5.

15 *he charged.* Nu. 27. 19-23. 1 Ch. 28. 9, 10, 20. 1 Ti. 5. 21; 6. 13. 2 Ti. 2. 14. *Take.* Pr. 19. 27. Mat. 16. 6, 11, 12. Lu. 12. 1, 2, 15. *the leaven of the.* Ex. 12. 18-20. Le. 2. 11. 1 Co. 5. 6-8. *of Herod.* ch. 12. 13. Mat. 22. 15-18.

16 Mat. 16. 7, 8. Lu. 9. 46; 20. 5.

17 *knew.* ch. 2. 8. Jno. 2. 24, 25; 16. 30; 21. 17. He. 4. 12, 13. Re. 2. 23. *perceive.* ch. 3. 5; 6. 52; 16. 14. Is. 63. 17. Mat. 15. 17; 16. 8, 9. Lu. 24. 25. He. 5. 11, 12.

18 *see.* ch. 4. 12. De. 29. 4. Ps. 69. 23; 115. 5-8. Is. 6. 9, 10; 42. 18-20; 44. 18. Je. 5. 21. Mat. 13. 14, 15. Jno. 12. 40. Ac. 28. 26, 27. Ro. 11. 8. *do.* 2 Pe. 1. 12.

19 *the five.* ch. 6. 38-44. Mat. 14. 17-21. Lu. 9. 12-17. Jno. 6. 5-13.

20 ver. 1-9. Mat. 15. 34-38.

21 *How.* ver. 12, 17; ch. 6. 52; 9. 19. Ps. 94. 8. Mat. 16. 11, 12. Jno. 14. 9. 1 Co. 6. 5; 15. 34.

22 *Bethsaida.* ch. 6. 45. Mat. 11. 21. Lu. 9. 10; 10. 13. Jno. 1. 44; 12. 21. *they bring.* ch. 2. 3; 6. 55, 56. *to touch.* ch. 5. 27-29. Mat. 8. 3, 15; 9. 29.

23 *by the.* Is. 51. 18. Je. 31. 32. Ac. 9. 8. He. 8. 9. *out.* ch. 7. 33. Is. 44. 2. *spit.* Jno. 9. 6, 7. Re. 3. 18.

24 *I see.* Ju. 9. 36. Is. 29. 18; 32. 3. 1 Co. 13. 9-12.

25 *and saw.* Pr. 4. 18. Mat. 13. 12. Phi. 1. 6. 1 Pe. 2. 9. 2 Pe. 3. 18.

26 *Neither.* ch. 5. 43; 7. 36. Mat. 8. 4; 9. 30; 12. 16.

27 *the towns.* Mat. 16. 13, etc. *and by.* Lu. 9. 18, 19, etc.

28 *John.* ch. 6. 14-16. Mat. 14. 2; 16. 14. Lu. 9. 7-9. *Elias.* ch. 9. 11-13. Mal. 4. 5, Elijah. Jno. 1. 21.

29 *But.* ch. 4. 11. Mat. 16. 15. Lu. 9. 20. 1 Pe. 2. 7. *Thou.* Mat. 16. 16. Jno. 1. 41-49; 4. 42; 6. 69; 11. 27. Ac. 8. 37; 9. 20. 1 Jno. 4. 15; 5. 1.

30 ver. 26; ch. 7. 36; 9. 9. Mat. 16. 20. Lu. 9. 21.

31 *he began.* ch. 9. 31, 32; 10. 33, 34. Mat. 16. 21; 17. 22; 20. 17-19. Lu. 9. 22; 18. 31-34; 24. 6, 7, 26, 44. *rejected.* ch. 12. 10. 1 Sa. 8. 7; 10. 19. Ps. 118. 22. Is. 53. 3. Mat. 21. 42. Lu. 17. 25. Jno. 12. 48. Ac. 3. 13-15; 7. 35, 51, 52. *and after.* Ho. 6. 2. Jon. 1. 17. Mat. 12. 40. Jno. 2. 19. 1 Co. 15. 4.

32 *openly.* Jno. 16. 25, 29. *Peter.* ch. 4. 38. Mat. 16. 22. Lu. 10. 40. Jno. 13. 6-8.

33 *turned.* ch. 3. 5, 34. Lu. 22. 61. *he rebuked.* Le. 19. 17. 2 Sa. 19. 22. Ps. 141. 5. Pr. 9. 8, 9. Mat. 15. 23. Lu. 9. 55. 1 Ti. 5. 20. Tit. 1. 13. Re. 3. 19. *Get.* Ge. 3. 4-6. Job 2. 10. Mat. 4. 10. Lu. 4. 8. 1 Co. 5. 5. *savourest.* Mat. 6. 31, 32. Ro. 8. 5-8. Phi. 3. 19. Gr. Ja. 3. 15-18. 1 Pe. 4. 1. 1 Jno. 2. 15.

34 *called.* ch. 7. 14. Lu. 9. 23; 20. 45. *Whosoever.* ch. 9. 43-48. Mat. 5. 29, 30; 7. 13, 14; 16. 24. Lu. 13. 24; 14. 27, 33. Ro. 15. 1-3. 1 Co. 8. 13; 9. 19. Phi. 3. 7. Tit. 2. 12. *take.* ch. 10. 21. Mat. 10. 38; 27. 32. Jno. 19. 17. Ac. 14. 22. Ro. 6. 6; 8. 17. 1 Co. 4. 9-13; 15. 31. Ga. 2. 20; 5. 24; 6. 14. Phi. 3. 10. Col. 1. 24; 3. 5. 2 Ti. 3. 11. 1 Pe. 4. 1, 13. Re. 2. 10. *follow.* Nu. 14. 24. 1 Ki. 14. 8. Lu. 14. 26; 18. 22. Jno. 10. 27; 13. 36, 37; 21. 19, 20. He. 13. 13. 2 Pe. 1. 14. 1 Jno. 3. 16.

35 *will save.* Es. 4. 11-16. Je. 26. 20-24. Mat. 10. 39; 16. 25. Lu. 9. 24; 17. 33. Jno. 12. 25, 26. Ac. 20. 24; 21. 13. 2 Ti. 2. 11-13; 4. 6-8. He. 11. 35. Re. 2. 10; 7. 14; 12. 11. *for.* Mat. 5. 10-12; 10. 22; 19. 29. Lu. 6. 22, 23. Jno. 15. 20, 21. Ac. 9. 16. 1 Co. 9. 23. 2 Co. 12. 10. 2 Ti. 1. 8. 1 Pe. 4. 12-16.

36 *what.* Job 2. 4. Ps. 49. 17; 73. 18-20. Mat. 4. 8-10; 16. 26. Lu. 9. 25; 12. 19, 20; 16. 19-23. Phi. 3. 7-9. Re. 18. 7, 8. *profit.* Job 22 2. Mal. 3. 14. Ro. 6. 21. He. 11. 24-26. Ja. 1. 9-11.

37 Ps. 49. 7, 8. 1 Pe. 1. 18, 19.

38 *ashamed.* Mat. 10. 32, 33. Lu. 9. 26; 12. 8, 9. Ac. 5. 41. Ro. 1. 16. Ga. 6. 14. 2 Ti. 1. 8, 12, 16; 2. 12, 13. He. 11. 26; 12. 2, 3; 13. 13. 1 Jno. 2. 23. *adulterous.* Mat. 12. 39; 16. 4. Ja. 4. 4. *the Son.* ch. 44. 62. Da. 7. 13. Mat. 16. 27; 24. 30; 25. 31; 26. 64. Jno. 1. 14; 5. 27; 12. 34. *when.* De. 33. 2. Da. 7. 10. Zec. 14. 5. Mat. 13. 41. Jno. 1. 51. 1 Th. 1. 7, 8. Jude 14, 15.

## CHAP. IX.

*Jesus is transfigured, 2-10. He instructs his disciples concerning the coming of Elias, 11-13; casts forth a deaf and dumb spirit, 14-29; foretells his death and resurrection, 30-32; exhorts his disciples to humility, 33-37; bidding them not to prohibit such as are not against them, nor to give offence to any of the faithful, 38-50.*

1 *That.* Mat. 16. 28. Lu. 9. 27. *taste.* Lu. 2. 26. Jno. 8. 51, 52. He. 2. 9. *the kingdom.* Mat. 24. 30; 25. 31. Lu. 22. 18, 30. Jno. 21. 23. Ac. 1. 6, 7.

2 *after.* Mat. 17. 1, etc. Lu. 9. 28, etc. *Peter.* ch. 5. 37; 14. 33. 2 Co. 13. 1. *an high.* Ex. 24. 13. 1 Ki. 18. 42, 33. Mat. 14. 13. Lu. 6. 12. *transfigured.* ch. 16. 12. Ex. 34. 29-35. Is. 33. 17; 53. 2. Mat. 17. 2. Lu. 9. 29. Jno. 1. 14. Ro. 12. 2. 2 Co. 3. 7-10. Phi. 2. 6-8; 3. 21. 2 Pe. 1. 16-18. Re. 1. 13-17; 20. 11.

3 *his raiment.* Ps. 104. 1, 2. Da. 7. 9. Mat. 28. 3. Ac. 10. 30. *exceeding.* Ps. 51. 7; 68. 14. Is. 1. 18. Re. 7. 9, 14; 19. 18. *no.* Mal. 3. 2, 3.

4 *appeared.* Mat. 11. 13; 17. 3, 4. Lu. 9. 19, 30, 31; 24. 27, 44. Jno. 5. 39, 45-47. Ac. 3. 21-24. 1 Pe. 1. 10-12. Re. 19. 10. *Elias.* Moses was the founder of the Jewish polity, and Elias the most zealous reformer and prophet of the Jewish church; and their presence implied that the ministry of Christ was attested by the law and the prophets. 2 Ki. 2. 11, 12, Elijah. *Moses.* De. 34. 5, 6.

5 *it is.* Ex. 33. 17-23. Ps. 62. 2, 3; 84. 10. Jno. 14. 8, 9, 21-23. Phi. 1. 23. 1 Jno. 3. 2. Re. 22. 3, 4.

6 ch. 16. 5-8. Da. 10. 15-19. Re. 1. 17.

7 *a cloud.* Ex. 40. 34. 1 Ki. 8. 10-12. Ps. 97. 2. Da. 7. 13. Mat. 17. 5-7; 26. 64. Lu. 9. 34-36. Ac. 1. 9. Re. 1. 7. *This.* ch. 1. 11. Ps. 2. 7. Mat. 3. 17; 26. 63; 27. 43, 54. Jno. 1. 34, 49; 3. 16-18; 5. 18, 22-25, 37; 6. 69; 9. 35; 19. 7; 20. 31. Ac. 8. 37. Ro. 1. 4. 2 Pe. 1. 17. 1 Jno. 4. 9, 10; 5. 11, 12, 20. *hear.* Ex. 23. 21, 22. De. 18. 15-19. Ac. 3. 22, 23; 7. 37. He. 2. 1; 12. 25, 26.

8 Lu. 9. 36; 24. 31. Ac. 8. 39, 40; 10. 16.

9 *he charged.* ch. 5. 43; 8. 29, 30. Mat. 12. 19; 17. 9. *till.* ver. 30, 31; ch. 8. 31; 10. 32-34. Mat. 12. 40; 16. 21; 27. 63. Lu. 24. 46.

10 *they.* Ge. 37. 11. Lu. 2. 50, 51; 24. 7, 8. Jno. 16. 17-19. *what.* ver. 32. Mat. 16. 22. Lu. 18. 33, 34; 24. 25-27. Jno. 2. 19-22; 12. 16, 33, 34; 16. 29, 30. Ac. 17. 18.

11 ver. 4. Mal. 3. 1; 4. 5. Mat. 11. 14; 17. 10, 11.

12 *restoreth.* ch. 1. 2-8. Is. 40. 3-5. Mal. 4. 6. Mat. 3. 1, etc.; 11. 2-18. Lu. 1. 16, 17, 76; 3. 2-6. Jno. 1. 6-36; 3. 27, etc. *he must.* Ps. 22; 69. 1. etc. Is. ch. 53. Da. 9. 24-26. Zec. 13. 7. *set.* Ps. 22. 6, 7; 69. 12; 74. 22. Is. 49. 7; 50. 6. 52. 14; 53. 1-3. Zec. 11. 13. Lu. 23. 11, 39. Phi. 2. 7, 8.

13 *Elias.* Mat. 11. 14; 17. 12, 13. Lu. 1. 17. *and they.* ch. 6. 14-28. Mat. 14. 3-11. Lu. 3. 19, 20. Ac. 7. 52.

14 *when.* Mat. 17. 14, etc. Lu. 9. 37. *the scribes.* ch. 2. 6; 11. 28; 12. 14. Lu. 11. 53, 54. He. 12. 3.

15 *were.* ver. 2, 3. Ex. 34. 30.

16 *What.* ch. 8. 11. Lu. 5. 30-32. *with them.* *or*, among yourselves.

17 *I.* ch. 5. 23; 7. 26; 10. 13. Mat. 17. 15. Lu. 9. 38. Jno. 4. 47. *a dumb.* ver. 25. Mat. 12. 22. Lu. 11. 14.

18 *teareth him. or.* dasheth him. ver. 26. Mat. 15. 22. Lu. 9. 39. *he foameth.* As these symptoms accord very much with those of epileptic persons, some have ventured to assert that it was no real possession; but the evangelist expressly affirms that he had 'a dumb spirit,' which tare him, that our Lord charged him to '*come out* of him,' etc. ver. 20. Jude 13. *gnasheth.* Job 16. 9. Ps. 112. 10. Mat. 8. 12. Ac. 7. 54. *and they.* ver. 28, 29; ch. 11. 23. 2 Ki. 4. 29-31. Mat. 17. 16, 19-21. Lu. 9. 40.

19 *O faithless.* ch. 16. 14. Nu. 14. 11, 22, 27; 32. 13, 14. De. 32. 20. Ps. 78. 6-8, 22; 106. 21-25. Mat. 17. 17. Lu. 9. 41; 24. 25. Jno. 12. 27; 20. 27. He. 3. 10-12.

20 *the spirit.* ver. 18. 26; ch. 1. 26; 5. 3-5. Job 1. 10, etc.; 2. 6-8. Lu. 4. 35; 8. 29; 9. 42. Jno. 8. 44. 1 Pe. 5. 8.

21 *How.* ch. 5. 25. Job 5. 7; 14. 1. Ps. 51. 5. Lu. 8. 43; 13. 16. Jno. 5. 5, 6; 9. 1, 20, 21. Ac. 3. 2; 4. 22; 9. 33; 14. 8.

22 *if.* ch. 1. 40-42. Mat. 8. 2, 8, 9; 9. 28; 14. 31. *have.* ch. 5. 19. Mat. 15. 22-28; 20. 34. Lu. 7. 13.

23 *If.* ch. 11. 23. 2 Ch. 20. 20. Mat. 17. 20; 21. 21, 22. Lu. 17. 6. Jno. 4. 48-50; 11. 40. Ac. 14. 9. He. 11. 6.

24 *with.* 2 Sa. 16. 12, marg. 2 Ki. 20. 5. Ps. 39. 12; 126. 5. Je. 14. 17. Lu. 7. 38, 44. Ac. 10. 19, 31. 2 Co. 2. 4. 2 Ti. 1. 4. He. 5. 7; 12. 17. *help.* Lu. 17. 5. Ep. 2. 8. Phi. 1. 29. 2 Th. 1. 3, 11. He. 12. 2.

25 *he rebuked.* ch. 1. 25-27; 5. 7, 8. Zec. 3. 2. Mat. 17. 18. Lu. 4. 35, 41; 9. 42. Jude 9. *Thou.* If this had been only a natural disease, as some have contended, could our Lord with any propriety have thus addressed *it?* If the demoniacal possession had been false, or merely a vulgar error, would our Lord, the Revealer of truth, have thus established falsehood, sanctioned error, or encouraged deception, by teaching men to ascribe effects to the malice and power of evil spirits, which they had no agency in producing? Impossible! Such conduct is utterly unworthy the sacred character of the Redeemer. Is. 35. 5, 6. Mat. 9. 32, 33; 12. 22. Lu. 11. 14. *I charge.* Lu. 8. 29. Ac. 16. 18.

26 *cried.* ver. 18, 20; ch. 1. 26. Ex. 5. 23. Re. 12. 12.

27 ch. 1. 31, 41; 5. 41; 8. 23. Is. 41. 13. Ac. 3. 7; 9. 41.

28 *asked.* ch. 4. 10, 34. Mat. 13. 10, 36; 15. 15. *Why.* Mat. 17. 19, 20.

29 *This.* Mat. 12. 45. Lu. 11. 26. *by prayer.* 1 Ki. 17. 20-22. 2 Ki. 4. 33, 34. Mat. 17. 21. Ac. 9. 40, 41. 2 Co. 12. 8. Ep. 6. 18. Ja. 5. 15. *fasting.* Da. 9. 3. Ac. 14. 23. 1 Co. 9. 27. 2 Co. 6. 5; 11. 27.

30 *through.* Mat. 27. 22, 23. *he.* ch. 6. 31, 32.

31 *The Son.* ver. 12; ch. 8. 31. Mat. 16. 21; 20. 18, 19, 28; 21. 38, 39; 26. 2. Lu. 9. 44; 18. 31-33; 24. 26, 44-46. Jno. 2. 19; 3. 14; 10. 18. Ac. 2. 23, 24; 4. 27, 28. 2 Ti. 2. 12.

32 *they.* ver. 10. Lu. 2. 50; 9. 45; 18. 34; 24. 45. *were.* ch. 7. 18; 8. 17, 18, 33; 16. 14. Jno. 4. 27; 16. 19.

33 *he came.* Mat. 17. 24. *What.* ch. 2. 8. Ps. 139. 1-4. Jno. 2. 25; 21. 17. He. 4. 13. Re. 2. 23.

34 *they had.* Mat. 18. 1, etc.; 20. 21-24. Lu. 9. 46-48; 22. 24, etc. Ro. 12. 10. Phi. 2. 3-7. 1 Pe. 5. 3. 3 Jno. 9.

35 *If.* ch. 10. 42-45. Pr. 13. 10. Je. 45. 5. Mat. 20. 25-28. Lu. 14. 10, 11. 18. 14. Ja. 4. 6.

36 ch. 10. 16. Mat. 18. 2; 19. 14, 15.

37 *receive one.* Mat. 10. 40-42; 18. 3-5, 10; 25. 40. Lu. 9. 48. *receive me.* Lu. 10. 16. Jno. 5. 23; 10. 30; 12. 44, 45; 14. 21-23. 1 Th. 4. 8.

38 *Master.* Nu. 11. 26-29. Lu. 9. 49, 50; 11. 19.

39 *Forbid.* ch. 10. 13, 14. Mat. 13. 28, 29. Phi. 1. 18. *there.* Mat. 7. 22, 23. Ac. 19. 13-16. 1 Co. 9. 27; 13. 1, 2. *lightly.* 1 Co. 12. 3.

40 Mat. 12. 30. Lu. 11. 23.

41 *whosoever.* Mat. 10. 42; 25. 40. *because.* Jno. 19. 25-27. Ro. 8. 9; 14. 15. 1 Co. 3. 23; 15. 23. 2 Co. 10. 7. Ga. 3. 29; 5. 24.

42 *offend*. Mat. 18. 6, 10. Lu. 17. 1, 2. Ro. 14. 13, 15, 21; 16. 17. 1 Co. 8. 10-13; 10. 32, 33. 2 Co. 6. 3. Phi. 1. 10. 1 Ti. 5. 14. 2 Pe. 2. 2. *it*. Mat. 25. 45, 46. Ac. 9. 4; 26. 11-14. 2 Th. 1. 6-9. Re. 6. 9, 10; 16. 6, 7.

43 *if*. De. 13. 6-8. Mat. 5. 29, 30; 18. 8, 9. Ro. 8. 13. 1 Co. 9. 27. Ga. 5. 24. Col. 3. 5. Tit. 2. 12. He. 12. 1. 1 Pe. 2. 1. *offend thee*. *or*, cause thee to offend: and so ver. 45, 47. *maimed*. Mat. 15. 30, 31. Lu. 14. 13, 21.

44 *their*. ver. 46, 48. Is. 66. 24. *the fire*. Is. 33. 14. Mat. 3. 12; 25. 41, 46. 2 Th. 1. 9. Re. 14. 10, 11; 20. 10, 15; 21. 8.

45 ver. 43, 44.

46 Lu. 16. 24-26.

47 *thine*. Ge. 3. 6. Job 31. 1. Ps. 119. 37. Mat. 5. 28, 29; 10. 37-39. Lu. 14. 26. Ga. 4. 15. Phi. 3. 7, 8. *offend thee*. *or*, cause thee to offend. ver. 43, marg.

48 ver. 44, 46.

49 *and every*. Le. 2. 13. Eze. 43. 24.

50 *is good*. Job 6. 6. Mat. 5. 13. Lu. 14. 34, 35. *Have salt*. Ep. 4. 29. Col. 4. 6. *have peace*. Ps. 34. 14; 133. 1. Jno. 13. 34, 35; 15. 17, 18. Ro. 12. 18; 14. 17-19. 2 Co. 13. 11. Ga. 5. 14, 15, 22. Ep. 4. 2-6, 31, 32. Phi. 1. 27; 2. 1-3. Col. 3. 12. 2 Ti. 2. 22. He. 12. 14. Ja. 1. 20; 3. 14-18. 1 Pe. 3. 8.

## CHAP. X.

*Christ disputes with the Pharisees touching divorcement, 1-12: blesses the children that are brought unto him, 13-16; resolves a rich man how he may inherit life everlasting, 17-22; tells his disciples of the danger of riches, 23-27; promises rewards to them that forsake any thing for the gospel, 28-31; foretells his death and resurrection, 32-34; bids the two ambitious suitors to think rather of suffering with him, 35-45; and restores to Bartimeus his sight, 46-52.*

1 A.M. 4033. A.D. 29. *he arose*. Mat. 19. 1, etc. *by*. Jno. 10. 40; 11. 7. *he taught*. Ec. 12. 9. Je. 32. 33. Jno. 18. 20.

2 *the Pharisees*. ch. 8. 15. Mat. 9. 34; 15. 12; 23. 13. Lu. 5. 30; 6. 7; 7. 30; 11. 39, 53, 54; 16. 14. Jno. 7. 32, 48; 11. 47, 57. *Is it*. Mal. 2. 16. Mat. 5. 31, 32; 19. 3. 1 Co. 7. 10, 11. *tempting*. ch. 8. 11. Mat. 16. 1; 22. 35. Jno. 8. 6. 1 Co. 10. 9.

3 *What*. Is. 8. 20. Lu. 10. 25. Jno. 5. 39. Ga. 4. 21.

4 De. 24. 1-4. Is. 50. 1. Je. 3. 1. Mat. 1. 19; 5. 31, 32; 19. 7.

5 *For*. De. 9. 6; 31. 27. Ne. 9. 16, 17, 26. Mat. 19. 8. Ac. 7. 51. He. 3. 7-10.

6 *the beginning*. Ge. 1. 1. 2 Pe. 3. 4. *God*. Ge. 1. 27; 2. 20-23; 5. 2. Mal. 2. 14-16.

7 Ge. 2. 24. Mat. 19. 5, 6. Ep. 5. 31.

8 *one flesh*. 1 Co. 6. 16. Ep. 5. 28.

9 Ro. 7. 1-3. 1 Ch. 7. 10-13.

10 ch. 4. 10; 9. 28, 33.

11 *Whosoever*. Mat. 5. 31, 32; 19. 9. Lu. 16. 18. Ro. 7. 3. 1 Co. 7. 4, 10, 11. He. 13. 4.

13 *they*. Mat. 19. 13-15. Lu. 18. 15, 16. *disciples*. ver. 48; ch. 9. 38. Ex. 10. 9-11. De. 31. 12, 13. Joel 2. 16.

14 *he was*. ch. 3. 5; 8. 33. Lu. 9. 54-56. Ep. 4. 26. *Suffer*. Ge. 17. 7, 10-14. Nu. 14. 31. De. 4. 37; 29. 11, 12. 1 Sa. 1. 11, 22, 27, 28. Ps. 78. 4; 115. 14, 15. Is. 65. 23. Je. 32. 39, 40. Lu. 18. 15, 16. Ac. 2. 39; 3. 25. Ro. 11. 16, 28. 1 Co. 7. 14. 2 Ti. 1. 5; 3. 15. *for*. Ps. 131. 1, 2. Mat. 18. 4, 10; 19. 14. 1 Co. 14. 20. 1 Pe. 2. 2. Re. 14. 5.

15 Mat. 18. 3. Lu. 18. 17. Jno. 3. 3-6.

16 Ge. 48. 14-16. De. 28. 3. Is. 40. 11. Lu. 2. 28-34; 24. 50, 51. Jno. 21. 15-17.

17 *when*. Mat. 19. 16, etc. Lu. 18. 18, etc. *running*. ch. 9. 25. Mat. 28. 8. Jno. 20. 2-4. *kneeled*. ch. 1. 40. Da. 6. 10. Mat. 17. 14. *Good*. ch. 12. 14. Jno. 3. 2. *what*. Jno. 6. 28. Ac. 2. 37; 9. 6; 16. 30. Ro. 10. 2-4. *eternal*. Jno. 5. 39; 6. 27, 40. Ro. 2. 7; 6. 23. 1 Jno. 2. 25.

18 *Why*. Mat. 19. 17. Lu. 18. 19. Jno. 5. 41-44. Ro. 3. 12. *that is*. 1 Sa. 2. 2. Ps. 36. 7, 8; 86. 5; 119. 68. Ja. 1. 17. 1 Jno. 4. 8, 16.

19 *knowest*. ch. 12. 28-34. Is. 8. 20. Mat. 5. 17-20; 19. 17-19. Lu. 10. 26-28; 18. 20. Ro. 3. 20. Ga. 4. 21. *commit*. Ex. 20. 12-17. De. 5. 16-24. Ro. 13. 9. Ga. 5. 14. Ja. 2. 11. *Defraud*. 1 Co. 6. 7-9. 1 Th. 4. 6.

20 Is. 58. 2. Eze. 5. 14; 33. 31, 32. Mal. 3. 8. Mat. 19. 20. Lu. 10. 29; 18. 11, 12. Ro. 7. 9. Phi. 3. 6. 2 Ti. 3. 5.

21 *loved*. Ge. 34. 19. Is. 63. 8-10. Lu. 19. 41. 2 Co. 12. 15. *One thing*. Lu. 10. 42; 18. 22. Ja. 2. 10. Re. 2. 4, 14, 20. *sell*. Pr. 23. 23. Mat. 13. 44-46; 19. 21. Lu. 12. 33. Ac. 2. 45; 4. 34-37. *treasure*. Mat. 6. 19-21. Lu. 16. 9. 1 Ti. 6. 17-19. He. 10. 34. 1 Pe. 1. 4, 5. *take*. ch. 8. 34. Mat. 16. 24. Lu. 9. 23. Jno. 12. 26; 16. 33. Ro. 8. 17, 18. 2 Ti. 3. 12.

22 *sad*. ch. 6. 20, 26. Mat. 19. 22; 27. 3, 24-26. Lu. 18. 23. 2 Co. 7. 10. 2 Ti. 4. 10. *for*. Ge. 13. 5-11. De. 6. 10-12; 8. 11-14. Job 21. 7-15. Eze. 33. 31. Mat. 13. 22. Lu. 12. 15. Ep. 5. 5. 1 Ti. 6. 9, 10. 1 Jno. 2. 15, 16.

23 *looked*. ch. 3. 5; 5. 32. *How*. Mat. 19. 23-26. Lu. 18. 24. 1 Co. 1. 26. Ja. 2. 5; 4. 4. *enter*. ver. 15. Mat. 18. 3. Jno. 3. 5. 2 Pe. 1. 11.

24 *astonished*. Mat. 19. 25. Lu. 18. 26, 27. Jno. 6. 60. *Children*. Jno. 13. 33; 21. 5. Ga. 4. 19. 1 Jno. 2. 1; 4. 4; 5. 21. *trust*. Job 31. 24, 25. Ps. 17. 14; 49. 6, 7; 52. 7; 62. 10. Pr. 11. 28; 18. 11; 23. 5. Je. 9. 23. Eze. 28. 4, 5. Hab. 2. 9. Zep. 1. 18. Lu. 12. 16-21; 16. 14. 1 Ti. 6. 17. Ja. 5. 1-3. Re. 3. 17.

25 Je. 13. 23. Mat. 7. 3-5; 19. 24, 25; 23. 24. Lu. 18. 25.

26 *out*. ch. 6. 51; 7. 37. 2 Co. 11. 23. *Who*. Lu. 13. 23; 18. 26. Ac. 16. 31. Ro. 10. 9-13.

27 *With men*. Ge. 18. 13, 14. Nu. 11. 21-23. 2 Ki. 7. 2. Zec. 8. 6. Mat. 19. 26. Lu. 18. 27. *for*. Job 42. 2. Je. 32. 17, 27. Lu. 1. 37. Phi. 3. 21. He. 7. 25; 11. 19.

28 *Lo*. ch. 1. 16-20. Mat. 19. 27-30. Lu. 14. 33; 18. 28-30. Phi. 3. 7-9.

29 *There*. Ge. 12. 1-3; 45. 20. De. 33. 9-11. Lu. 22. 28-30. He. 11. 24-26. *for*. ch. 8. 35. Mat. 5. 10, 11; 10. 18. 1 Co. 9. 23. Re. 2. 3.

30 *an hundredfold*. 2 Ch. 25. 9. Ps. 84. 11. Pr. 3. 9, 10; 16. 16. Mal. 3. 10. Mat. 13. 44-46. Lu. 18. 30. 2 Co. 6. 10; 9. 8-11. Phi. 3. 8. 2 Th. 2. 16. 1 Ti. 6. 6. 1 Jno. 3. 1. Re. 2. 9; 3. 18. *with persecutions*. Mat. 5. 11, 12. Jno. 16. 22, 23. Ac. 5. 41; 16. 25. Ro. 5. 3. Ja. 1. 2-4, 12; 5. 11. 1 Pe. 4. 12-16. *eternal*. Jno. 10. 23. Ro. 6. 23. 1 Jno. 2. 25.

31 Mat. 8. 11, 12; 19. 30; 20. 16; 21. 31. Lu. 7. 29, 30, 40-47; 13. 30; 18. 11-14. Ac. 13. 46-48. Ro. 9. 30-33.

32 *they were in*. Mat. 20. 17, etc. Lu. 18. 31, etc. *they were amazed*. This probably refers to a sort of indefinable awe which the apostles began to feel for Jesus, which the mighty miracles he wrought, and the air of majesty and authority he now assumed, were calculated to inspire. Zec. 3. 8. Lu. 9. 51. Jno. 11. 8, 16. *And he*. ch. 4. 34. Mat. 11. 25; 13. 11. Lu. 10. 23.

33 *we go*. Ac. 20. 22. *and the Son*. ch. 8. 31; 9. 31. Mat. 16. 21; 17. 22, 23; 20. 17-19. Lu. 9. 22; 18. 31-33; 24. 6, 7. *condemn*. ch. 14. 64. Mat. 26. 66. Ac. 13. 27. Ja. 5. 6. *deliver*. ch. 15. 1. Mat. 27. 2. Lu. 23. 1, 2, 21. Jno. 18. 28; 19. 11. Ac. 3. 13, 14.

34 *mock*. ch. 14. 65; 15. 17-20, 29-31. Ps. 22. 6-8, 13. Is. 53. 3. Mat. 27. 27-44. Lu. 22. 63-65; 23. 11, 35-39. Jno. 19. 2, 3. *spit*. ch. 14. 65. Job 30. 10. Is. 50. 6. Mat. 26. 67. *and the*. Ps. 16. 10. Ho. 6. 2. Jno. 1. 17; 2. 10. Mat. 12. 39, 40. 1 Co. 15. 4.

35 *James*. St. Matthew says that this request was made by *Salome* their mother; but though she made the request as *from herself*, yet it is evident that they had set her upon the business; and therefore Jesus, knowing *whence* it came, immediately addressed the sons. ch. 1. 19, 20; 5. 37; 9. 2; 14. 33. *come*. Mat. 20. 20, etc. *we would*. 2 Sa. 14. 4-11. 1 Ki. 2. 16, 20.

36 *What*. ver. 51. 1 Ki. 3. 5, etc. Jno. 15. 7.

37 *sit*. ch. 16. 19. 1 Ki. 22. 19. Ps. 45. 9; 110. 1. *in*. ch. 8. 38. Mat. 25. 31. Lu. 24. 26. 1 Pe. 1. 11.

38 *Ye know not*. 1 Ki. 2. 22. Je. 45. 5. Mat. 20 21, 22. Ro. 8. 26. Ja. 4. 3. *drink of the*. ch. 14. 36

Ps. 75. 8. Is. 51. 22. Je. 25. 15. Mat. 26. 39. Lu. 22. 42. Jno. 18. 11. *baptized with the.* Lu. 12. 50.

39 *We.* ch. 14. 31. Jno. 13. 37. *Ye.* ch. 14. 36. Mat. 10. 25. Jno. 15. 20; 17. 14. Ac. 12. 2. Col. 1. 24. Re. 1. 9.

40 Mat. 20. 23; 25. 34. Jno. 17. 2, 24. He. 11. 16.

41 *they.* ch. 9. 33-36. Pr. 13. 10. Mat. 20. 24. Lu. 22. 24. Ro. 12. 10. Phi. 2. 3. Ja. 4. 5.

42 *Ye know.* Mat. 20. 25. Lu. 22. 25. 1 Pe. 5. 3. *are accounted. or,* think good.

43 *so.* Jno. 18. 36. Ro. 12. 2. *whosoever.* ch. 9. 35. Mat. 20. 26, 27; 23. 8-12. Lu. 9. 48; 14. 11; 18. 14. Jno. 13. 13-18. 1 Co. 9. 19-23. Ga. 5. 13. 1 Pe. 5. 5, 6.

45 *came.* Mat. 20. 28. Lu. 22. 26, 27. Jno. 13. 14. Phi. 2. 5-8. He. 5. 8. *and to.* Is. 53. 10-12. Da. 9. 24, 26. 2 Co. 5. 21. Ga. 3. 13. 1 Ti. 3. 4-6. Tit. 2. 14. 1 Pe. 1. 19.

46 *they came.* Mat. 20. 29, etc. Lu. 18. 35, etc. *as he went.* St. Luke says that this took place 'as he was come nigh unto Jericho,' and afterwards records an event which took place in that city. But the words εν τω εγγιζειν αυτον εις Ιεριχω, may be rendered, 'When he was nigh Jericho,' which is equally true of him who is gone a little way from it, as of him who is come near it; and as it is probable that Jesus stayed some days in the neighbourhood, this might occur as he went out of the city during that time, and he might afterwards re-enter it. *begging.* Lu. 16. 20, 22. Jno. 9. 8. Ac. 3. 2, 3.

47 *Jesus.* Mat. 2. 23; 21. 11; 26. 71. Lu. 4. 16; 18. 36, 37. Jno. 1. 46; 7. 41, 52; 19. 19. Ac. 6. 14. *thou.* Is. 9. 6, 7; 11. 1. Je. 23. 5, 6. Mat. 1. 1; 9. 27; 12. 23; 15. 22; 20. 30; 21. 9; 22. 42-45. Ac. 13. 22, 23. Ro. 1. 3, 4. Re. 22. 16.

48 *many.* ch. 5. 35. Mat. 19. 13; 20. 31. Lu. 18. 39. *but.* ch. 7. 26-29. Ge. 32. 24-28. Je. 29. 13. Mat. 15. 23-28. Lu. 11. 5-10; 18. 1, etc. Ep. 6. 18. He. 5. 7. *have.* Ps. 62. 12.

49 *stood.* Ps. 86. 15; 145. 8. Mat. 20. 32-34. Lu. 18. 40. He. 2. 17; 4. 15. *Be.* Jno. 11. 28.

50 Phi. 3. 7-9. He. 12. 1.

51 *What.* ver. 36. 2 Ch. 1. 7. Mat. 6. 8; 7. 7. Lu. 18. 41-43. Phi. 4. 6.

52 *thy faith.* ch. 5. 34. Mat. 9. 22. 28-30; 15. 28. Lu. 7. 50; 9. 48. *made thee whole. or,* saved thee. *he received.* ch. 8. 25. Ps. 33. 9; 146. 8. Is. 29. 18, 19; 35. 5; 42. 16-18. Mat. 11. 5; 12. 22; 21. 14. Jno. 9. 5-7, 32, 39. Ac. 26. 18. *followed.* ch. 1. 31. Lu. 8. 2, 3.

## CHAP. XI.

*Christ rides with triumph into Jerusalem,* 1-11; *curses the fruitless fig-tree,* 12-14; *purges the temple,* 15-19; *exhorts his disciples to stedfastness of faith, and to forgive their enemies,* 20-26; *and defends the lawfulness of his actions, by the witness of John, who was a man sent of God,* 27-33.

1 *when.* Mat. 21. 1, etc. Lu. 19. 29, etc. Jno. 12. 14, etc. *at the.* ch. 13. 3. 2 Sa. 15. 30. Zec. 14. 4. Mat. 24. 3; 26. 30. Jno. 8. 1. Ac. 1. 12. *he.* ch. 6. 7; 14. 13.

2 Mat. 21. 2, 3. Lu. 19. 30, 31.

3 *that.* Ps. 24. 1. Ac. 10. 36; 17. 25. 2 Co. 8. 9. He. 2. 7-9. *and straightway.* ch. 14. 15. 1 Ch. 29. 12-18. Ps. 110. 3. Ac. 1. 24.

4 *and found.* Mat. 21. 6, 7; 26. 19. Lu. 19. 32-34. Jno. 2. 5. He. 11. 8.

7 *the colt.* Zec. 9. 9. Mat. 21. 4, 5. Lu. 19. 35. *and cast.* 2 Ki. 9. 13. Mat. 21. 7, 8. Lu. 19. 36. Jno. 12. 12-16.

8 *cut.* Le. 23. 40.

9 *Hosanna.* Ps. 118. 25, 26. Mat. 21. 9; 23. 39. Lu. 19. 37, 38. Jno. 12. 13; 19. 15.

10 *the kingdom.* Is. 9. 6, 7. Je. 33. 15-17, 26. Eze. 34. 23, 24; 37. 24, 25. Ho. 3. 5. Am. 9. 11, 12. Lu. 1. 31-33. *in the.* Ps. 148. 1. Lu. 2. 14; 19. 38-40.

11 *Jesus.* Mal. 3. 1. Mat. 21. 10-16. Lu. 19. 41-45. *when.* Eze. 8. 9. Zep. 1. 12. *he went.* Mat. 21. 17. Lu. 21. 37, 38. Jno. 8. 1, 2.

12 *on.* Mat. 21. 18, etc. *he was.* Mat. 4. 2. Lu. 4. 2. Jno. 4. 6, 7, 31-33; 19. 28. He. 2. 17.

13 *seeing.* Mat. 21. 19. Lu. 13. 6-9. *a fig-tree.* The *fig-tree,* συκεη, is a genus of the polygamia triæcia class of plants, seldom rising above twelve feet, but sending off from the bottom many spreading branches. The leaves are of a dark green colour, nearly a span long, smooth, and irregularly divided into from three to five deep rounded lobes; and the fruit grows on short and thick stalks, of a purplish colour, and contains a soft, sweet, and fragrant pulp, intermixed with numerous small seeds. *haply.* Ru. 2. 3. 1 Sa. 6. 9. Lu. 10. 31; 12. 6, 7. *he found.* Is. 5. 7. *for.* Dr. CAMPBELL observes, that the declaration, 'for the time of [*ripe,* Ed.] figs was not yet,' is not the reason why our Lord did not find any fruit on the tree, because the fig is of that class of vegetables in which the fruit is formed in its immature state before the leaves are seen. But as the fruit is of a pulpy nature, the broad, thick leaves come out in profusion to protect it from the rays of the sun during the time it is ripening. If the words, 'for the time,' etc. however, are read as a parenthesis, they then become a reason why Jesus Christ should look for fruit, because the season for gathering not having fully come, it would remove all suspicion that the fruit had been gathered: while the presence of the leaves incontestably proved the advance of the tree to the state in which fruit is found.

14 *No.* ver. 20, 21. Is. 5. 5, 6. Mat. 3. 10; 7. 19; 12. 33-35; 21. 19, 33, 44. Jno. 15. 6. De. 6. 4-8; 10. 26-31. 2 Pe. 2. 20. Re. 22. 11.

15 *and Jesus.* Mat. 21. 12-16. Lu. 19. 45. Jno. 2. 13-17. *the tables.* De. 14. 25, 26.

17 *Is it.* 1 Ki. 8. 41-48. Is. 56. 7; 60. 7. Lu. 19. 46. *of all nations the house of prayer. or,* an house of prayer for all nations. *a den.* Je. 7. 11. Ho. 12. 7. Jno. 2. 16.

18 *and.* ch. 3. 6; 12. 12; 14. 1, 2. Is. 49. 7. Mat. 21. 15, 38, 39, 45, 46; 26. 3, 4. Lu. 19. 47. Jno. 11. 53-57. *feared.* ver. 32; ch. 6. 20. 1 Ki. 18. 17, 18; 21. 20; 22. 8, 18. Mat. 21. 46. Ac. 24. 25. Re. 11. 5-10. *astonished.* ch. 1. 22. Mat. 7. 28. Lu. 4. 22. Jno. 7. 46.

19 ver. 11. Lu. 21. 37. Jno. 12. 36.

20 *they saw.* St. Matthew informs us that this tree grew by the *way-side,* and was therefore not *private,* but *public* property; so that the destruction of it really injured no one. Our Lord was pleased to make use of this miracle to prefigure the speedy ruin of the Jewish nation, on account of its unfruitfulness under greater advantages than any other people enjoyed at that day; and, like all the rest of his miracles, it was done with a gracious intention, to alarm his countrymen, and induce them to repent. See on ver. 14. Job 18. 16, 17; 20. 5-7. Is. 5. 4; 40. 24. Mat. 13. 6; 15. 13; 21. 19, 20. Jno. 15. 6. He. 6. 8. Jude 12.

21 Pr. 3. 33. Zec. 5. 3, 4. Mat. 25. 41. 1 Co. 16. 22.

22 *Have.* ch. 9. 23. 2 Ch. 20. 20. Ps. 62. 8. Is. 7. 9. Jno. 14. 1. Tit. 1. 1. *faith in God. or,* the faith of God. Col. 2. 12.

23 *whosoever.* Mat. 17. 20; 21. 21. Lu. 17. 6. 1 Co. 13. 2. *and shall.* Mat. 14. 13. Ro. 4. 18-25. He. 11. 17-19. Ja. 1. 5, 6. *whatsoever.* Ps. 37. 4. Jno. 14. 13; 15. 7.

24 *What.* Mat. 7. 7-11; 18. 19; 21. 22. Lu. 11. 9-13; 18. 1-8. Jno. 14. 13; 15. 7; 16. 23-27. Ja. 1. 5, 6; 5. 15-18. 1 Jno. 3. 22; 5. 14, 15.

25 *stand.* Zec. 3. 1. Lu. 18. 11. Re. 11. 4. *forgive.* Mat. 6. 12, 14, 15; 18. 23-35. Lu. 6. 37. Ep. 4. 32. Col. 3. 13. Ja. 2. 13.

27 *as he.* Mal. 3. 1. Mat. 21. 23-27. Lu. 20. 1-8. Jno. 10. 23; 18. 20. *the chief.* ch. 14. 1. Ps. 2. 1-5. Ac. 4. 5-8, 27, 28.

28 Ex. 2. 14. Nu. 16. 3, 13. Ac. 7. 27, 28, 38, 39, 51.

29 *I will.* Is. 52. 13. Mat. 21. 24. Lu. 20. 3-8. *question. or,* thing.

30 ch. 1. 1-11; 9. 13. Mat. ch. 3. Lu. 3. 1-20. Jno. 1. 6-8, 15-36; 3. 25-36.

31 *Why.* Mat. 11. 7-14; 21. 25-27, 31, 32. Jno. 1. 15, 29, 34, 36; 3. 29-36.

32 *they.* ch. 6. 20; 12. 12. Mat. 14. 5; 21. 46. Lu. 20. 19; 22. 2. Ac. 5. 26. *for.* Mat. 3. 5, 6; 21. 31, 32. Lu. 7. 26-29; 20. 6-8. Jno. 10. 41.

33 *We.* Is. 1. 3; 6. 9, 10; 29. 9-14; 42. 19, 20; 56. 10. Je. 8. 7-9. Ho. 4. 6. Mal. 2. 7, 8. Mat. 15. 14; 23. 16-26. Jno. 3. 10. Ro. 1. 18-22, 28. 2 Co. 3. 15; 4. 3, 4. 2 Th. 2. 10-12. *Neither.* Job 5. 13. Pr. 26. 4, 5. Mat. 16. 4; 21. 27. Lu. 10. 21, 22; 20. 7, 8; 22. 66-69. Jno. 9. 27.

## CHAP. XII.

*In a parable of the vineyard let out to wicked husbandmen Christ foretells the reprobation of the Jews, and the calling of the Gentiles,* 1-12. *He avoids the snare of the Pharisees and Herodians about paying tribute to Cesar,* 13-17; *convicts the Sadducees of error, who denied the resurrection,* 18-27; *resolves the scribe, who questioned of the first commandment,* 28-34; *refutes the opinion that the scribes held of Christ,* 35-37; *bidding the people to beware of their ambition and hypocrisy,* 38-40; *and commends the poor widow for her two mites, above all,* 41-44.

1 *he began.* ch. 4. 2, 11-13, 33, 34. Eze. 20. 49. Mat. 13. 10-15, 34, 35; 21. 28-33; 22. 1-14. Lu. 8. 10; 22. 9. *A certain.* Mat. 21. 33-40. Lu. 20. 9-15. *planted.* Ps. 80. 8-16. Is. 5. 1-4. Je. 2. 21. Lu. 13. 6-9. Jno. 15. 1-8. Ro. 11. 17-24. *and set.* Ne. 9. 13, 14. Ps. 78. 68, 69; 147. 19, 20. Eze. 20. 11, 12, 18-20. Ac. 7. 38, 46, 47. Ro. 3. 1, 2; 9. 4, 5. *and let.* Ca. 8. 11, 12. Is. 7. 23. *and went.* ch. 13. 34. Mat. 25. 14. Lu. 15. 13; 19. 12.

2 *at.* Ps. 1. 3. Mat. 21. 34. Lu. 20. 10. *a servant.* Ju. 6. 8-10. 2 Ki. 17. 13. 2 Ch. 36. 15. Ezr. 9. 11. Je. 25. 4, 5; 35. 15; 44. 4. Mi. 7. 1. Zec. 1. 3-6; 7. 7. Lu. 12. 48. Jno. 15. 1-8. He. 1. 1.

3 *they.* 1 Ki. 18. 4, 13; 19. 10, 14; 22. 27. 2 Ch. 16. 10; 24. 19-21; 36. 16. Ne. 9. 26. Je. 2. 30; 20. 2; 26. 20-24; 29. 26; 37. 15, 16; 38. 4-6. Mat. 23. 34-37. Lu. 11. 47-51; 13. 33, 34. Ac. 7. 52. 1 Th. 2. 15. He. 11. 36, 37. *and sent.* Je. 44. 4, 5, 16. Da. 9. 10, 11. Zec. 7. 9-13. Lu. 20. 10-12.

5 *and him.* ch. 9. 13. Ne. 9. 30. Je. 7. 25, etc. Mat. 5. 12; 21. 35, 36; 22. 6; 23. 37. Lu. 6. 22, 23, 36.

6 *one.* Ps. 2. 7. Mat. 1. 23; 11. 27; 26. 63. Jno. 1. 14. 18, 34, 49; 3. 16-18. 1 Jno. 4. 9; 5. 11, 12. *his.* ch. 1. 11; 9. 7. Ge. 22. 2, 12; 37. 3, 11-13; 44. 20. Is. 42. 1. Mat. 3. 17; 17. 5. Lu. 3. 22; 9. 35. Jno. 3. 35. He. 1. 1, 2. *They.* Ps. 2. 12. Jno. 5. 23. He. 1. 6. Re. 5. 9-13.

7 *This.* ver. 12. Ge. 3. 15; 37. 20. Ps. 2. 2, 3; 22. 12-15. Is. 49. 7; 53. 7, 8. Mat. 2. 3-13, 16. Jno. 11. 47-50. Ac. 2. 23; 5. 28; 7. 52; 13. 27, 28.

8 *cast.* Mat. 21. 33, 39. Lu. 20. 15. He. 13. 11-13.

9 *shall.* Mat. 21. 40, 41. *he will.* Le. 26. 15-18, 23, 24, 27, 28. De. 4. 26, 27; 28. 15, etc., 61. Jos. 23. 15. Pr. 1. 24-31. Is. 5. 5-7. Da. 9. 26, 27. Zec. 13. 7-9. Mat. 3. 9-12; 12. 45; 22. 7; 23. 34-38. Lu. 19. 27, 41-44; 20. 15, 16. *and will.* Is. 29. 17; 32. 15, 16; 65. 15. Je. 17. 3. Mal. 1. 11. Mat. 8. 11-13; 21. 43. Ac. 13. 46-48; 28. 23-28. Ro. 9. 30-33; 10. 20, 21; 11. 1, etc.

10 *have.* ver. 26; ch. 2. 25; 13. 14. Mat. 12. 3; 19. 4; 21. 16; 22. 31. Lu. 6. 3. *The stone.* Ps. 118. 22, 23. Is. 28. 16. Mat. 21. 42. Lu. 20. 17, 18. Ac. 4. 11, 12. Ro. 9. 33. Ep. 2. 20-22. 1 Pe. 2. 7, 8.

11 Nu. 23. 23. Hab. 1. 5. Ac. 2. 12, 32-36; 3. 12-16; 13. 40, 41. Ep. 3. 8-11. Col. 1. 27. 1 Ti. 3. 16.

12 *feared.* ch. 11. 18, 32. Mat. 21. 26, 45, 46. Lu. 20. 6, 19. Jno. 7. 25, 30, 44. *knew.* 2 Sa. 12. 7, etc. 1 Ki. 20. 38-41; 21. 17-27.

13 *they send.* Ps. 38. 12; 56. 5, 6; 140. 5. Is. 29. 21. Je. 18. 18. Mat. 22. 15, 16. Lu. 11. 54; 20. 20, etc. *Herodians.* ch. 3. 6; 8. 15. Mat. 16. 6.

14 *Master.* ch. 14. 45. Ps. 12. 2-4; 55. 21; 120. 2. Pr. 26. 23-26. Je. 42. 2, 3, 20. *we know.* Jno. 7. 18. 2 Co. 2. 2, 17; 4. 2; 5. 11. 1 Th. 2. 4. *carest.* De. 33. 9, 10. 2 Ch. 18. 13. Is. 50. 7-9. Je. 15. 19-21. Eze. 2. 6, 7. Mi. 3. 8. 2 Co. 5. 16. Ga. 1. 10; 2. 6, 11-14. *for thou.* Ex. 23. 2-6. De. 16. 19. 2 Ch. 19. 7. *Is it.* Ezr. 4. 12, 13. Ne. 9. 37. Mat. 17. 25-27; 22. 17. Lu. 20. 22; 23. 2. Ro. 13. 6, 7.

15 *knowing.* Mat. 22. 18. Lu. 20. 23. Jno. 2. 24, 25; 21. 17. He. 4. 13. Re. 2. 23. *Why.* ch. 10. 2. Eze. 17. 2. Ac. 5. 9. 1 Co. 10. 9. *a penny.* '*Valuing of our money, sevenpence halfpenny,* as Mat. 18. 28, marg.'

16 *image.* Mat. 22. 19-22. Lu. 20. 24-26. 2 Ti. 2. 19. Re. 3. 12.

17 *Render.* Pr. 24. 21. Mat. 17. 25-27. Ro. 13. 7. 1 Pe. 2. 17. *and to.* ver. 30. Pr. 23. 26. Ec. 5. 4, 5. Mal. 1. 6. Ac. 4. 19, 20. Ro. 6. 13; 12. 1. 1 Co. 6. 19, 20. 2 Co. 5. 14, 15. *And they.* Job 5. 12, 13. Mat. 22. 22, 33, 46. 1 Co. 14. 24, 25.

18 *come.* Mat. 22. 23, etc. Lu. 20. 27, etc. *say.* Ac. 4. 1, 2; 23. 6-9. 1 Co. 15. 13-18. 2 Ti. 2. 18.

19 *If.* Ge. 38. 8. De. 25. 5-10. Ru. 4. 5. *that.* Ru. 1. 11-13.

20 Mat. 22. 25-28. Lu. 20. 29-33.

24 *Do.* As the five books of Moses were the only Scriptures which the Sadducees admitted as Divine, our Lord confutes them by an appeal to these books, and proves that they were ignorant of those very writings which they professed to hold sacred. He not only rectified their opinions, but so explained the doctrine as to overthrow the erroneous decision of the Pharisees, that if two brothers married one woman, she should be restored at the resurrection to the *first.* Is. 8. 20. Je. 8. 7-9. Ho. 6. 6; 8. 12. Mat. 22. 29. Jno. 5. 39; 20. 9. Ac. 17. 11. Ro. 15. 4. 2 Ti. 3. 15-17. *because.* Job 19. 25-27. Is. 25. 8; 26. 19. Eze. 37. 1-14. Da. 12. 2. Ho. 6. 2; 13. 14. *neither.* ch. 10. 27. Ge. 18. 14. Je. 32. 17. Lu. 1. 37. Ep. 1. 19. Phi. 3. 21.

25 *but.* Mat. 22. 30. Lu. 20. 35, 36. 1 Co. 15. 42-54. He. 12. 22, 23. 1 Jno. 3. 2.

26 *have.* ver. 10. Mat. 22. 31, 32. *in the book.* Ex. 3. 2-6, 16. Lu. 20. 37. Ac. 7. 30-32. *I am.* Ge. 17. 7, 8; 26. 24; 28. 13; 31. 42; 32. 9; 33. 20, marg Is. 41. 8-10.

27 *is not.* Ro. 4. 17; 14. 9. He. 11. 13-16. *ye* ver. 24. Pr. 19. 27. He. 3. 10.

28 *one.* Mat. 22. 34-40. *Which.* Mat. 5. 19; 19. 18; 23. 23. Lu. 11. 42.

29 *Hear.* ver. 32, 33. Dec. 6. 4; 10. 12; 30. 6. Pr. 23. 26. Mat. 10. 37. Lu. 10. 27. 1 Ti. 1. 5.

31 *Thou.* Le. 19. 13. Mat. 7. 12; 19. 18, 19; 22. 39. Lu. 10. 27, 36, 37. Ro. 13. 8, 9. 1 Co. 13. 4-8. Ga. 5. 14. Ja. 2. 8-13. 1 Jno. 3. 17-19; 4. 7, 8, 21.

32 *for.* De. 4. 39; 5. 7; 6. 4. Is. 44. 8; 45. 5, 6, 14, 18, 21, 22; 46. 9. Je. 10. 10-12.

33 *is more.* 1 Sa. 15. 22. Ps. 50. 8-15, 23. Pr. 21. 3. Is. 1. 11-17; 58. 5-7. Je. 7. 21-23. Ho. 6. 6. Am. 5. 21-24. Mi. 6. 6-8. Mat. 9. 13; 12. 7. 1 Co. 13. 1-3.

34 *Thou.* Mat. 12. 20. Ro. 3. 20; 7. 9. Ga. 2. 19. *And no.* Job 32. 15, 16. Mat. 22. 46. Lu. 20. 40. Ro. 3. 19. Col. 4. 6. Tit. 1. 9-11.

35 *while.* ch. 11. 27. Lu. 19. 47; 20. 1; 21. 37. Jno. 18. 20. *How.* Mat. 22. 41, 42. Lu. 20. 41-44. Jno. 7. 42.

36 *by.* 2 Sa. 23. 2. Ne. 9. 30. Mat. 22. 43-45. Ac. 1. 16; 28. 25. 2 Ti. 3. 16. He. 3. 7, 8; 4. 7. 1 Pe. 1. 11. 2 Pe. 1. 21. *The Lord.* Ps. 110. 1. Ac. 2. 34-36. 1 Co. 15. 25. He. 1. 13; 10. 12, 13.

37 *and whence.* Mat. 1. 23. Ro. 1. 3, 4; 9. 5. 1 Ti. 3. 16. Re. 22. 16. *And the.* Mat. 11. 5, 25; 21. 46. Lu. 19. 48; 21. 38. Jno. 7. 46-49. Ja. 2. 5.

38 *said.* ch. 4. 2. *Beware.* Mat. 10. 17; 23. 1-7. Lu. 20. 45-47. *which.* Mat. 6. 5. Lu. 11. 43; 14. 7-11. 3 Jno. 9.

39 Ja. 2. 2, 3.

40 *devour.* Eze. 22. 25. Mi. 2. 2; 3. 1-4. Mat. 23. 14. Lu. 20. 47. 2 Ti. 3. 6. *long.* Mat. 6. 7; 11. 22-24; 23. 33. Lu. 12. 47, 48.

41 *sat.* Mat. 27. 6. Lu. 21. 1, etc. Jno. 8. 20. *money.* 'A piece of brass money, see Mat. 10. 9.' *the treasury.* 2 Ki. 12. 9.

42 *two mites.* '*It is the seventh part of one piece of that brass money.*'

43 *That.* Ex. 35. 21-29. Mat. 10. 42. Ac. 11. 29. 2 Co. 8. 2, 12; 9. 6-8.

44 *cast in of.* ch. 14. 8. 1 Ch. 29. 2-17. 2 Ch. 24. 10-14; 31. 5-10; 35. 7, 8. Ezr. 2. 68, 69. Ne. 7. 70-72. 2 Co. 8. 2, 3. Phi. 4. 10-17. *all her.* De. 24. 6. Lu. 8. 43; 15. 12, 30; 21. 2-4. 1 Jno. 3. 17.

## CHAP. XIII.

*Christ foretells the destruction of the temple, 1-8; the persecutions for the gospel, 9; that the gospel must be preached to all nations, 10-13; that great calamities shall happen to the Jews, 14-23; and the manner of his coming to judgment, 24-31; the hour whereof being known to none, every man is to watch and pray, that we be not found unprovided, when he comes to each one particularly by death, 32-37.*

1 *as he.* Mat. 24. 1, etc. Lu. 21. 5, etc. *out.* Eze. 7. 20-22; 8. 6; 10. 4, 19; 11. 22. 23. Mal. 3. 1, 2.

2 *there.* 1 Ki. 9. 7, 8. 2 Ch. 7. 20, 21. Je. 26. 18. Mi. 3. 12. Mat. 24. 2. Lu. 19. 41-44; 21. 6. Ac. 6. 14. Re. 11. 2.

3 *as.* Mat. 24. 3. *Peter.* ch. 1. 16-19; 5. 37; 9. 2; 10. 35; 14. 33. Jno. 1. 40, 41. *privately.* ch. 4. 34. Mat. 13. 10, 36.

4 Da. 12. 6, 8. Mat. 24. 3. Lu. 21. 7. Jno. 21. 21, 22. Ac. 1. 6, 7.

5 *Take.* Je. 29. 8. Mat. 24. 4, 5. Lu. 21. 8. 1 Co. 15. 33. Ep. 5. 6. Col. 2. 8. 2 Th. 2. 3. 1 Jno. 4. 1. Re. 20. 7, 8.

6 *many.* ver. 22. Je. 14. 14; 23. 21-25. Jno. 5. 43. 1 Jno. 4. 1. *and shall.* ver. 22. Mat. 24. 5, 11, 23, 24. Ac. 5. 36-39.

7 *when.* Ps. 27. 3; 46. 1-3; 112. 7. Pr. 3. 25. Is. 8. 12; Je. 4. 19-21; 51. 46. Mat. 24. 6, 7. Lu. 21. 9-11. Jno. 14. 1, 27. *must.* 2 Sa. 14. 14. Mat. 18. 7. Ac. 17. 3.

8 *nation shalt.* 2 Ch. 15. 6. Is. 19. 2. Je. 25. 32. Hag. 2. 22. Zec. 14. 13. Re. 6. 4. *famines.* Ac. 11. 28. *these.* Mat. 24. 8. *sorrows.* '*The word in the original importeth* the pains of a woman in travail.' Ps. 48. 6. Is. 37. 3. Je. 4. 31; 6. 24; 13. 21; 22. 23; 49. 24; 50. 43. Mi. 4. 9, 10. 1 Th. 5. 3.

9 *take.* ver. 5. Mat. 10. 17, 18; 23. 34-37; 24. 9, 10. Lu. 21. 16-18. Jno. 15. 20; 16. 2. Ac. 4. 1-21; 5. 17-40; 6. 11-15; 7. 54-60; 8. 1-3; 9. 1, 2, 13, 14, 16; 12. 1-3; 16. 20-24; 21. 11, 31-40; 22. 19, 20; 23. 1, 2; 24. 1, etc.; ch. 25; 26. 1 Co. 4. 9-13. 2 Co. 11. 23-27. Phi. 1. 29. 2 Th. 1. 5. Re. 1. 9; 2. 10, 13; 6. 9-11. *councils.* Συνεδρια, *Sanhedrins*, the grand national council, and smaller courts of judicature in each city: see on Mat. 5. 22. For the fulfilment of these predictions, see Note on Mat. ch. 24. *a.* ch. 1. 44; 6. 11. Mat. 10. 18. Lu. 9. 5.

10 ch. 16. 15. Mat. 24. 14; 28. 18, 19. Ro. 1. 8; 10. 18; 15. 19. Col. 1. 6, 23. Re. 14. 6.

11 *and deliver.* ver. 9. Mat. 10. 17, 21. Ac. 3. 13. *take.* Ex. 4. 10-12. Je. 1. 6-9. Da. 3. 16-18. Mat. 10. 19, 20. Lu. 12. 11, 12; 21. 14, 15. Ac. 2. 4; 4. 8, etc., 31; 6. 10, 15; 7. 55. *shall be.* Is. 50. 4. Jno. 3. 27. Ep. 6. 19, 20. Ja. 1. 5. *but.* 2 Sa. 23. 2. 1 Co. 2. 13. Ep. 3. 5. 1 Pe. 1. 12.

12 Eze. 38. 21. Mi. 7. 4-6. Mat. 10. 21; 24. 10. Lu. 12. 52, 53; 21. 16.

13 *ye.* Mat. 5. 11, 12; 24. 9. Lu. 6. 22; 21. 17. Jno. 15. 18, 19; 17. 14. 1 Jno. 3. 13. *but.* Da. 12. 12. Mat. 10. 22; 24. 13. Ro. 2. 7. Ga. 6. 9. He. 3. 14; 10. 39. Ja. 1. 12. Re. 2. 10; 3. 10.

14 *the abomination.* Da. 8. 13; 9. 27; 12. 11. Mat. 24. 15, etc. Lu. 21. 20-22. *where.* La. 1. 10. Eze. 44. 9. *let him.* Mat. 13. 51. Ac. 8. 30, 31. 1 Co. 14. 7, 8, 20. Re. 1. 3; 13. 18. *then.* Lu. 21. 21-24.

15 Ge. 19. 15-17, 22, 26. Job 2. 4. Pr. 6. 4, 5; 22. 3. Mat. 24. 16-18. Lu. 17. 31-33. Ac. 27. 18, 19, 38. Phi. 3. 7, 8. He. 11. 7.

17 De. 28. 56, 57. La. 2. 19, 20; 4. 3, 4, 10. Ho. 9. 14; 13. 16. Mat. 24. 19-21. Lu. 21. 23; 23. 29.

19 *in those.* De. 28. 59; 29. 22-28. Is. 65. 12-15. La. 1. 12; 2. 13; 4. 6. Da. 9. 12, 26; 12. 1. Joel 2. 2. Mat. 24. 21. Lu. 21. 22-24. *from.* De. 4. 32.

20 *for.* Is. 1. 9; 6. 13; 65. 8, 9. Zec. 13. 8, 9. Mat. 24. 22. Ro. 11. 5-7, 23, 24, 28-32.

21 De. 13. 1-3. Mat. 24. 5, 23-25. Lu. 17. 23, 24; 21. 8. Jno. 5. 43.

22 *if it.* ver. 6. Mat. 24. 24. Jno. 10. 27, 28. 2 Th. 2. 8-14. 2 Ti. 2. 19. 1 Jno. 2. 19, 26. Re. 13. 8, 13, 14; 17. 8.

23 *take.* ver. 5, 9, 33. Mat. 7. 15. Lu. 21. 8, 34. 2 Pe. 3. 17. *behold.* Is. 44. 7, 8. Jno. 14. 29; 16. 1-4.

24 Is. 13. 10; 24. 20-23. Je. 4. 23-25, 28. Eze. 32. 7. Da. 7. 10; 12. 1. Joel 2. 30, 31. Am. 5. 20. Zep. 1. 14-18. Mat. 24. 29, etc. Lu. 21. 25-27. Ac. 2. 19, 20. 2 Pe. 3. 10, 12. Re. 6. 12-14; 20. 11.

26 ch. 8. 38; 14. 62. Da. 7. 9-14. Mat. 16. 17, 27; 24. 30; 25. 31. Ac. 1. 11. 1 Th. 4. 16. 2 Th. 1. 7-10. Re. 1. 7.

27 *shall he.* Mat. 13. 41, 49; 24. 31. Lu. 16. 22. Re. 7. 1-3; 15. 6, 7. *shall gather.* Ge. 49. 10. Mat. 25. 31, 32. Jno. 10. 16; 11. 52. 1 Th. 4. 14-17. 2 Th. 2. 1. Re. 7. 5-9. *his elect.* ver. 20, 22. Is. 65. 9. Mat. 24. 22, 24, 31. Lu. 18. 7. Ro. 8. 33. Col. 3. 12. 2 Ti. 2. 10. 1 Pe. 1. 2. *from.* De. 30. 4. Mat. 12. 42.

28 Mat. 24. 32, 33. Lu. 21. 29-31.

29 *know.* Eze. 7. 10-12; 12. 25-28. He. 10. 25-37. Ja. 5. 9. 1 Pe. 4. 17, 18.

30 *that.* Mat. 16. 28; 23. 36; 24. 34. Lu. 21. 32.

31 *Heaven.* Ps. 102. 25-27. Is. 51. 6. Mat. 5. 18, 24. 35. He. 1. 10-12. 2 Pe. 3. 10-12. Re. 20. 11. *my.* Nu. 23. 19. Jos. 23. 14, 15. Ps. 19. 7. Is. 40. 8. Zec. 1. 6. Lu. 21. 33. 2 Ti. 2. 13. Tit. 1. 2.

32 *of.* ver. 26, 27. Mat. 24. 36-42; 25. 6, 13, 19. Ac. 1. 7. 1 Th. 5. 2. 2 Pe. 3. 10. Re. 3. 3. *neither.* Re. 1. 1.

33 ver. 23, 35-37; ch. 14. 37, 38. Mat. 24. 42-44; 25. 13; 26. 40, 41. Lu. 12. 40; 21. 34-36. Ro. 13. 11, 12, 14. 1 Co. 16. 13. Ep. 6. 18. 1 Th. 5. 5-8. He. 12. 15. 1 Pe. 4. 7; 5. 8. Re. 3. 2; 16. 15.

34 *as a.* Mat. 24. 45; 25. 14, etc. Lu. 19. 12-17. *and to.* Ro. 12. 4-8; 13. 6. 1 Co. 3. 5-10; 12. 4-31; 15. 58. Col. 3. 24; 4. 1. *and commanded.* Eze. 3. 17-21; 33. 2-9. Mat. 24. 45-47. Lu. 12. 36-40. Ac. 20. 29-31. *the porter.* Mat. 16. 19. Jno. 10. 3. Re. 3. 7.

35 ver. 33. Mat. 24. 42, 44.

36 *he find.* ch. 14. 37, 40. Pr. 6. 9-11; 24. 33, 34. Ca. 3. 1; 5. 2. Is. 56. 10. Mat. 24. 48-51; 25. 5. Lu. 21. 34; 22. 45. Ro. 13. 11-14. Ep. 5. 14. 1 Th. 5. 6, 7.

37 *I say.* ver. 33, 35. Lu. 12. 41-46.

## CHAP. XIV.

*A conspiracy against Christ, 1, 2. Precious ointment is poured on his head by a woman, 3-9. Judas sells his Master for money, 10, 11. Christ himself foretells how he shall be betrayed by one of his disciples, 12-21; after the passover prepared, and eaten, institutes his last supper, 22-25; declares aforehand the flight of all his disciples, and Peter's denial, 26-42. Judas betrays him with a kiss, 43-45. He is apprehended in the garden, 46-52; falsely accused, and impiously condemned of the Jews' council, 53-64; shamefully abused by them, 65; and thrice denied of Peter, 66-72.*

1 *two.* Mat. 6. 2. Lu. 22. 1, 2. Jno. 11. 53-57; 13. 1. *the passover.* Ex. 12. 6-20. Le. 23. 5-7. Nu. 28. 16-25. De. 16. 1-8. *chief.* Ps. 2. 1-5. Jno. 11. 47. Ac. 4. 25-28. *by.* Ps. 52. 3; 62. 4, 9; 64. 2-6. Mat. 26. 4.

2 *Not.* Pr. 19. 21; 21. 30. La. 3. 37. Mat. 26. 5. *lest.* ch. 11. 18, 32. Lu. 20. 6. Jno. 7. 40; 12. 19.

3 *being.* Mat. 26. 6, 7. Jno. 11. 2; 12. 1-3. *of. ointment.* Ca. 4. 13, 14; 5. 5. Lu. 7. 37, 38. *spikenard. or,* pure nard, *or* liquid nard.

4 *there.* Ec. 4. 4. Mat. 26. 8, 9. Jno. 12. 4, 5. *Why.* Ec. 5. 4-8. Mal. 1. 12, 13.

5 *pence.* See Mat. 18. 28, marg. Jno. 6. 7. *have been given.* Jno. 12. 5, 6; 13. 29. Ep. 4. 28. *And they.* Ex. 16. 7, 8. De. 1. 27. Ps. 106. 25. Mat. 20. 11. Lu. 15. 2. Jno. 6. 43. 1 Co. 10. 10. Phi. 2. 14. Jude 16.

6 *Let.* Job 42. 7, 8. Is. 54. 17. 2 Co. 10. 18. *a good.* Mat. 26. 10. Jno. 10. 32, 33. Ac. 9. 36. 2 Co. 9. 8. Ep. 2. 10. Col. 1. 10. 2 Th. 2. 17. 1 Ti. 5. 10; 6. 18. 2 Ti. 2. 21; 3. 17. Tit. 2. 7, 14; 3. 8, 14. He. 10. 24; 13. 21. 1 Pe. 2. 12.

7 *ye have.* De. 15. 11. Mat. 25. 35-45; 26. 11. Jno 12. 7, 8. 2 Co. 9. 13, 14. Phile. 7. Ja. 2. 14-16. 1 Jno 3. 16-19. *but.* Jno. 13. 33; 16. 5, 28; 17. 11. Ac. 3. 21.

8 *hath done.* 'It appears to me more probable,' says Dr. DODDRIDGE, 'that Matthew and Mark should have introduced this story out of its place—that Lazarus, if he made this feast (which is not expressly said by John,) should have made use of Simon's house, as more convenient—and that Mary should have poured this ointment on Christ's head and body, as well as on his feet,—than that, within the compass of four days, Christ should have been twice anointed with so costly a perfume; and that the same fault should be found with the action, and the same value set upon the ointment, and the same words used in defence of the woman, and all this in the presence of many of the same persons; all which improbable particulars must be admitted, if the stories be considered as different.' The rebuke which Judas received from Christ at this unction determined him in his resolution to betray his Master; and therefore Christ's rebuke, and Judas's revenge, are united, as cause and effect, by Matthew and Mark. 1 Ch. 28. 2, 3; 29. 1-17. 2 Ch. 31. 20, 21; 34. 19-33. Ps. 110. 3. 2 Co. 8. 1-3, 12. *she is.* ch. 15. 42-47; 16. 1. Lu. 23. 53-56; 24. 1-3. Jno. 12. 7; 19. 32-42.

9 *Wheresoever.* ch. 16. 15. Mat. 26. 12, 13. *a memorial.* Nu. 31. 54. Ps. 112. 6-9. Zec. 6. 14.

10 *Judas.* Mat. 26. 14-16. Lu. 22. 3-6. Jno. 13. 2, 30. *one.* Ps. 41. 9; 55. 12-14. Mat. 10. 4. Jno. 6. 70. *to betray.* Jno. 13. 2.

11 *they were.* Ho. 7. 3. Lu. 22. 5. *and promised.* 1 Ki. 21. 20. 2 Ki. 5. 26. Pr. 1. 10-16; 28. 21, 22. Mat. 26. 15. 1 Ti. 6. 10. 2 Pe. 2. 14, 15. Jude 11. *he sought.* Lu. 22. 5, 6.

12 *the first.* Ex. 12. 6, 8, 18; 13. 3. Le. 23. 5, 6. Nu. 28. 16-18. De. 16. 1-4. Mat. 26. 17. Lu. 22. 7. *killed. or,* sacrificed. 1 Co. 5. 7, 8. *Where.* Mat. 3. 15. Lu. 22. 8, 9. Ga. 4. 4.

13 *Go.* ch. 11. 2, 3. Mat. 8. 9; 26. 18, 19. Lu. 19. 30-33; 22. 10-13. Jno. 2. 5; 15. 14. He. 4. 13; 5. 9.

14 *The Master.* ch. 10. 17; 11. 3. Jno. 11. 28; 13. 13. *where I.* Re. 3. 20.

15 *he will.* 2 Ch. 6. 30. Ps. 110. 3. Pr. 16. 1; 21. 1, 2. Jno. 2. 24, 25; 21. 17. 2 Ti. 2. 19. He. 4. 13. *upper.* Ac. 1. 13; 20. 8.

16 *and found.* Lu. 22. 13, 35. Jno. 16. 4.

17 Mat. 26. 20. Lu. 22. 14.

18 *as.* Mat. 26. 21. *Verily.* ver. 9, 25; ch. 3. 28; 6. 11; 8. 12; 9. 1, 41; 10. 15, 29. Mat. 5. 18; 6. 2, 5, 16. Lu. 4. 24; 11. 51. Jno. 1. 51; 3. 3, 5, 11; 5. 19, 24, 25; 6. 26, 32, 47; 13. 38; 21. 18. *One.* Ps. 41. 9; 55. 13, 14. Jno. 6. 70; 13. 21.

19 *and to.* Mat. 26. 22. Lu. 22. 21-23. Jno. 13. 22.

20 *It is.* ver. 43. Mat. 26. 47. Lu. 22. 47. Jno. 6. 71. *dippeth.* Mat. 26. 23. Jno. 13. 26.

21 *goeth.* ver. 49. Ge. 3. 15. Ps. 22. 1, etc.; 69. 1, etc. Is. 52. 14; ch. 53. Da. 9, 24, 26. Zec. 13. 7. Mat. 26. 24, 54, 56. Lu. 22. 22; 24. 26, 27, 44. Jno. 19. 28, 36, 37. Ac. 2. 23; 4. 27; 13. 27-29. *but.* Ps. 55. 15; 109. 6-20. Mat. 18. 7; 27. 3-5. Ac. 1. 16-20, 25. *good.* Mat. 18. 6, 7; 26. 24, 25.

22 *as.* Mat. 26. 26-29. Lu. 22. 19, 20. 1 Co. 10. 16, 17; 11. 23-29. *and blessed.* ch. 6. 41. Lu. 24. 30. Jno. 6. 23. *Take.* Jno. 6. 48-58. *this.* That is, this *represents* my body; the substantive verb, whether expressed or understood, being often equivalent to *signifies* or *represents.* (See Ex. 12. 11. Da. 7. 24. Mat. 13. 38, 39. Lu. 8. 9; 15. 26; 18. 36. Jno. 7. 36; 10. 6. Ac. 10. 17. Re. 1. 20; 5. 6, 8; 11. 4; 17. 12, 18; 19. 8.) ver. 24. Ge. 41. 26. Zec. 5. 7. Lu. 22. 20. 1 Co. 10. 4. Ga. 4. 25.

23 *when.* ver. 22. Lu. 22. 17. Ro. 14. 6. 1 Co. 10. 16. *and they.* Mat. 26. 27.

24 *This.* Ex. 24. 8. Zec. 9. 11. Jno. 6. 53. 1 Co. 10. 16; 11. 25. He. 9. 15-23; 13. 20, 21. *which.* ch. 10. 45. Re. 5. 8-10; 7. 9-17.

25 *I will.* Ps. 104. 15. Mat. 26. 29. Lu. 22. 16-18, 29, 30. *new.* Joel 3. 18. Am. 9. 13, 14. Zec. 9. 17.

26 *sung.* Ps. 47. 6, 7. Ac. 16. 25. 1 Co. 14. 15. Ep. 5. 18-20. Col. 3. 16. Ja. 5. 13. Re. 5. 9. *hymn. or,* psalm. This was probably Ps. 113-118. which the Jews term the great *Hallel,* or *praise,* and always sing at the paschal festivity. *they went.* Mat. 26. 30. Lu. 22. 39. Ju. 18. 1-4.

27 *All.* Mat. 26. 31. Lu. 22. 31, 32. Jno. 16. 1, 32. 2 Ti. 4. 16. *for.* Zec. 13. 7.

28 ch. 16. 7. Mat. 16. 21; 26. 32; 28. 7, 10, 16. Jno. 21. 1. 1 Co. 15. 4-6.

29 *Although.* Mat. 26. 33-35. Lu. 22. 33, 34. Jno. 13. 36-38; 21. 15.

30 *this day.* Ge. 1. 5, 8, 13, 19, 23. *before.* ver. 66-72. Mat. 26. 69-75. Lu. 22. 54-62. Jno. 18. 17, 25-27. 1 Co. 10. 12.

31 *he spake.* 2 Ki. 8. 13. Job 40. 4, 5. Ps. 30. 6. Pr. 16. 18; 18. 26; 29. 23. Je. 10. 23; 17. 9. *Likewise.* Ex. 19. 8. De. 5. 27-29.

32 *they came.* Mat. 26. 36, etc. Lu. 22. 39. Jno. 18. 1, etc. *while.* ver. 36, 39. Ps. 18. 5, 6; 22. 1, 2; 88. 1-3; 109. 4.

33 *Peter.* ch. 1. 16-19; 5. 37; 9. 2. *and began.* Ps. 38. 11; 69. 1-3; 88. 14-16. Is. 53. 10. Mat. 26. 37, 38. Lu. 22. 44. He. 5. 7.

34 *My soul.* Is. 53. 3, 4, 12. La. 1. 12. Jno. 12. 27. *and watch.* ver. 37, 38; ch. 13. 35-37. Ep. 6. 18, 19. 1 Pe. 4. 7; 5. 8.

35 *and fell.* Ge. 17. 3. De. 9. 18. 1 Ch. 21. 15, 16. 2 Ch. 7. 3. Mat. 26. 39. Lu. 17. 15, 16. Ac. 10. 25, 26. He. 5. 7. Re. 4. 10; 5. 14.

36 *Abba.* Mat. 6. 9. Ro. 8. 15, 16. Ga. 4. 6. *all.* ch. 10. 27. Ge. 18. 14. Je. 32. 27. 2 Ti. 2. 13. Tit. 1. 2. He. 5. 7; 6. 18. *take.* Lu. 22. 41, 42. *nevertheless.* Ps. 40. 8. Jno. 4. 34; 5. 30; 6. 38, 39; 12. 27; 18. 11. Phi. 2. 8. He. 5. 7, 8.

37 *and findeth.* ver. 40, 41. Lu. 9. 31, 32; 22. 45, 46. *Simon.* ver. 29-31. 2 Sa. 16. 17. Jon. 1. 6. Mat. 25. 5; 26. 40. 1 Th. 5. 6-8. *couldest.* Je. 12. 5. He. 12. 3.

38 *Watch.* ver. 34. Mat. 24. 42; 25. 13; 26. 41. Lu. 21. 36; 22. 40, 46. 1 Co. 16. 13. 1 Pe. 5. 8. Re. 3. 2, 3, 10. *The spirit.* Ro. 7. 18-25. Ga. 5. 17. Phi. 2. 12.

39 *he went.* Mat. 6. 7; 26. 42-44. Lu. 18. 1. 2 Co. 12. 8.

40 *neither.* ch. 9. 33, 34. Ge. 44. 16. Ro. 3. 19.

41 *Sleep.* ch. 7. 9. Ju. 10. 14. 1 Ki. 18. 27; 22. 15. 2 Ki. 3. 13. Ec. 11. 9. Eze. 20. 39. Mat. 26. 45, 46. *the hour.* Jno. 7. 30; 8. 20; 12. 23, 27; 13. 1; 17. 1. *the Son.* ver. 10, 18; ch. 9. 31; 10. 33, 34. Mat. 26. 2. Jno. 13. 2. Ac. 7. 52.

42 Mat. 26. 46. Jno. 18. 1, 2.

43 *while.* Mat. 26. 47. Lu. 22. 47, 48. Jno. 18. 3-9. Ac. 1. 16. *and with.* Ps. 2. 1, 2; 3. 1, 2; 22. 11-13.

44 *a token.* Ex. 12. 13. Jos. 2. 12. Phi. 1. 28. 2 Th. 3. 17. *Whomsoever.* 2 Sa. 20. 9, 10. Ps. 55. 20, 21. Pr. 27. 6. Mat. 26. 48-50. *and lead.* 1 Sa. 23. 22, 23. Ac. 16. 23.

45 *Master.* ch. 12. 14. Is. 1. 3. Mal. 1. 6. Mat. 23. 8-10. Lu. 6. 46. Jno. 13. 13, 14; 20. 16.

46 Ju. 16. 21. La. 4. 20. Jno. 18. 12. Ac. 2. 23.

47 Mat. 26. 51-54. Lu. 22. 49-51. Jno. 18. 10, 11.

48 *Are.* 1 Sa. 24. 14, 15; 26. 18. Mat. 26. 55. Lu. 22. 52, 53.

49 *was.* ch. 11. 15-18. 27; 12. 35. Mat. 21. 23, etc. Lu. 19. 47, 48; 20. 1, 2; 21, 37, 38. Jno. 7. 28-30, 37; 8. 2, 12; 10. 23; 18. 20. *but.* Ps. 22; 69. Is. ch. 53. Da. 9. 24-26. Mat. 26. 54, 56. Lu. 22. 37; 24. 25-27, 44, 45.

50 ver. 27. Job 19. 13, 14. Ps. 38. 11; 88. 7, 8, 18. Is. 63. 3. Jno. 16. 32; 18. 8. 2 Ti. 4. 16.

52 ch. 13. 14-16. Ge. 39. 12. Job 2. 4.

53 *they led.* Is. 53. 7. Mat. 26. 57, etc. Lu. 22. 54, etc. Jno. 18. 13, 14, 24. *and with.* ch. 15. 1. Mat. 26. 3. Ac. 4. 5, 6.

54 *Peter.* ver. 29-31, 38. 1 Sa. 13. 7. Mat. 26. 58. *even.* Jno. 18. 15, 16. *and he.* 1 Ki. 19. 9, 13. Lu. 22. 55, 56. Jno. 18. 18, 25. *and warmed.* Lu. 22. 44.

55 *sought.* 1 Ki. 21. 10, 13. Ps. 27. 12; 35. 11. Mat. 26. 59, 60. Ac. 6. 11-13; 24. 1-13. *and found.* Da. 6. 4. 1 Pe. 3. 16-18.

57 *and bare.* ch. 15. 29. Je. 26. 8, 9, 18. Mat. 26. 60, 61; 27. 40. Jno. 2. 18-21. Ac. 6. 13, 14.

58 Da. 2. 34, 45. Ac. 7. 48. 2 Co. 5. 1. He. 9. 11, 24.

59 ver. 56.

60 ch. 15. 3-5. Mat. 26. 62, 63. Jno. 19. 9, 10.

61 *he held.* Ps. 39. 1, 2, 9. Is. 53. 7. Mat. 27. 12-14. Ac. 8. 32. 1 Pe. 2. 23. *Art.* ch. 15. 2. Mat. 11. 3-5; 16. 16; 26. 63, 64. Lu. 22. 67-70. Jno. 10. 24; 18. 37. *the Son.* Ps. 2. 7; 119. 12. Is. 9. 6, 7. Mat. 3. 17; 8. 29. Jno. 1. 34, 49-51; 5. 18-25; 10. 30, 31, 36; 19. 7. 1 Ti. 1. 11; 6. 15.

62 *I am.* ch. 15. 2. Mat. 26. 64; 27. 11. Lu. 23. 3. *the Son.* The passage of Daniel, to which our Lord refers, was always considered by the Jews as a description of the Messiah. Our Saviour, therefore, now in his lowest state of humiliation, asserted his claims as the Messiah, who shall appear in the clouds of heaven, as the judge of the world. ch. 13. 26; 16. 19. Ps. 110. 1. Da. 7. 13, 14. Mat. 24. 30. Lu. 22. 69. Ac. 1. 9-11. 2 Th. 1. 7-10. He. 1. 3; 8. 1; 10, 12, 13; 12. 2. Re. 1. 7; 20. 11.

63 *his.* Is. 36. 22; 37. 1. Je. 36. 23, 24. Ac. 14. 13, 14.

64 Le. 24. 16. 1 Ki. 21. 9-13. Mat. 26. 65, 66. Lu. 22. 71. Jno. 5. 18; 8. 58, 59; 10. 31-33; 19. 7.

65 ch. 15. 19. Nu. 12. 14. Job 30. 10. Is. 50. 6; 52. 14; 53. 3. Mi. 5. 1. Mat. 26. 67, 68. Lu. 22. 63, 64. Jno. 18. 22; 19. 3. Ac. 23. 2. He. 12. 2.

66 *as.* ver. 54. Mat. 26. 58, 69, 70. Lu. 22. 55-57. *one.* Jno. 18. 15-18.

67 *Jesus.* ch. 10. 47. Mat. 2. 23; 21. 11. Jno. 1. 45-49; 19. 19. Ac. 10. 38.

68 *he denied.* ver. 29-31. Jno. 13. 36-38. 2 Ti. 2. 12, 13. *he went.* Mat. 26. 71, 72. *and the.* ver. 30.

69 *a maid.* Η παιδισκη, 'the maid,' and not the one mentioned in ver. 66, but αλλη, *another*, as St. Matthew states, (ch. 26. 71,) she who was the *janitrix*, or door-keeper, Jno. 18. 17. *and began.* ver. 38. Lu. 22. 58. Jno. 18. 25. Ga. 6. 1.

70 *a little.* Mat. 26. 73, 74. Lu. 22. 59, 60. Jno. 18. 26, 27. *for.* Ju. 12. 6. Ac. 2. 7. *and thy.* Η λαλια σου, 'Thy dialect,' or mode of speech. From various examples produced by LIGHTFOOT, and SCHOETGEN, it appears that the Galileans used a very corrupt dialect and pronunciation; interchanging the gutturals, and other letters, and so blending or dividing words as to render them unintelligible, or convey a contrary sense. Thus when a Galilean would have asked, אמר למאן, 'whose is this lamb,' he pronounced the first word so confusedly that it could not be known whether he meant חמר, *chamor*, 'an ass,' חמר, *chamar*, 'wine,' עמר, *amar*, 'wool,' or עימר, *immar*, 'a lamb.' A certain woman intending to say to a judge, 'My lord, I had a picture which they stole; and it was so great, that if you had been placed in it, your feet would not have touched the ground,' so spoiled it by her pronunciation, that her words meant, 'Sir slave, I had a beam, and they stole thee away; and it was so great, that if they had hung thee on it, thy feet would not have touched the ground.'

71 2 Ki. 8. 12-15; 10. 32. Je. 17. 9. 1 Co. 10. 12.

72 *the second.* ver. 30, 68. Mat. 26. 34, 74. *Peter.* 2 Sa. 24. 10. Ps. 119. 59, 60. Je. 31. 18-20. Eze. 16. 63; 36. 31. Lu. 15. 17-19; 22. 60. *when he thought thereon, he wept. or,* he wept abundantly, *or* he began to weep. Eze. 7. 16. Mat. 26. 75. Lu. 22. 62. 2 Co. 7. 10.

## CHAP. XV.

*Jesus brought bound, and accused before Pilate,* 1-5. *Upon the clamour of the common people, the murderer Barabbas is loosed, and Jesus delivered up to be crucified,* 6-15. *He is crowned with thorns, spit on, and mocked,* 16-20; *faints in bearing his cross,* 21-26; *hangs between two thieves,* 27, 28; *suffers the triumphing reproaches of the Jews,* 29-38; *but is confessed by the centurion to be the Son of God,* 39-41; *and is honourably buried by Joseph,* 42-47.

1 *straightway.* Ps. 2. 2. Mat. 27. 1, 2. Lu. 22. 66. Ac. 4. 5, 6, 25-28. *and delivered.* ch. 10. 33, 34. Mat. 20. 18, 19. Lu. 18. 32, 33; 23. 1, 2, etc. Jno. 18. 28, etc. Ac. 3. 13.

2 Mat. 2. 2; 27. 11. Lu. 23. 3. Jno. 18. 33-37; 19. 19-22. 1 Ti. 6. 13.

3 *the chief.* Mat. 27. 12. Lu. 23. 2-5. Jno. 18. 29-31; 19. 6, 7, 12. *but.* ver. 5; ch. 14. 60, 61. Is. 53. 7.

4 *Answerest.* Mat. 26. 62; 27. 13. Jno. 19. 10.

4 *Jesus.* Is. 53. 7. Jno. 19. 9. *Pilate.* Ps. 71. 7. Is. 8. 18. Zec. 3. 8. Mat. 27. 14. 1 Co. 4. 9.

6 Mat. 26. 2, 5; 27. 15. Lu. 23, 16, 17. Jno. 18. 39, 40. Ac. 24. 27; 25. 9.

7 Mat. 27. 16. Lu. 23. 18, 19, 25.

9 *Will.* Mat. 27. 17-21. Jno. 18. 39; 19. 4, 5, 14-16. Ac. 3. 13-15.

10 *for envy.* Ge. 4. 4-6; 37. 11. 1 Sa. 18. 8, 9. Pr. 27. 4. Ec. 4. 4. Mat. 27. 18. Ac. 13. 45. Tit. 3. 3. Ja. 3. 14-16; 4. 5. 1 Jno. 3. 12.

11 Ho. 5. 1. Mat. 27. 20. Jno. 18. 40. Ac. 3. 14.

12 *What.* Mat. 27. 22, 23. Lu. 23. 20-24. Jno. 19. 14-16. *whom.* ver. 1, 2; ch. 11. 9-11. Pr. 2. 6, 7. Is. 9. 6, 7. Je. 23. 5, 6. Zec. 9. 9. Mat. 2. 2-4; 21. 5. Lu. 23. 2. Ac. 5. 31.

14 *Why.* Is. 53. 9. Mat. 27. 4, 19, 24, 54. Lu. 23. 4, 14, 15, 21, 41, 47. Jno. 18. 38; 19. 6. He. 7. 26. 1 Pe. 1. 19. *And.* Ps. 69. 4. Is. 53. 3. Mat. 27. 23-25. Lu. 23. 23, 24. Jno. 19. 12-15. Ac. 7. 54-57; 19. 34; 22. 22, 23.

15 *willing.* Pr. 29. 25. Ps. 57. 11. Mat. 27. 26. Lu. 23. 24, 25. Jno. 19. 1, 16. Ac. 24. 27; 25. 9. Ga. 1. 10. *when.* ch. 10. 34. Ps. 129. 3. Is. 50. 6. Mat. 20. 19; 27. 26. Lu. 18. 33. Jno. 19. 1. 1 Pe. 2. 24.

16 *the soldiers.* Mat. 27. 27. *Pretorium.* Πραιτωριον, in Latin, *prætorium*, was properly the *tent* or *house* of the *prætor*, a military, and sometimes a civil officer. Jno. 18. 28; 19. 9.

17 Mat. 27. 28-30. Lu. 23. 11. Jno. 19. 2-5.

18 *Hail.* ver. 29-32. Ge. 37. 10, 20. Mat. 27. 42, 43. Lu. 23. 36, 37. Jno. 19. 14, 15.

19 *they smote.* ch. 9. 12; 10. 34; 14. 65. Job 13. 9; 30. 8-12. Ps. 22. 6, 7; 35. 15-17; 69. 12, 19, 20. Is. 49. 7; 50. 6; 52. 14; 53. 3-5. Mi. 5. 1. Mat. 20. 18, 19. Lu. 18. 32, 33; 22. 63; 23. 11, 36. He. 12. 2, 3; 13. 13. *and bowing.* Ge. 12. 43; 43. 28. 1 Ki. 19. 18. Es. 3. 2-5. Is. 45. 23. Ro. 11. 4; 14. 10, 11. Phi. 2. 10.

20 *and led.* Mat. 27. 31. Jno. 19. 16.

21 *they compel.* Mat. 27. 32. Lu. 23. 26. *a Cyrenian.* Ac. 2. 10; 6. 9; 11. 20; 13. 1. *and Rufus.* Ro. 16. 13. *to bear.* Lu. 14. 27. Jno. 15. 18-20.

22 *Golgotha.* Mat. 27. 33, etc. Lu. 23, 27-33, Calvary. Jno. 19. 17, etc.

23 *they.* Mat. 27. 34. Lu. 23. 36. Jno. 19. 28-30. *but.* ch. 14. 25. Mat. 26. 19. Lu. 22. 18.

24 *crucified.* De. 21. 23. Ps. 22. 16, 17. Is. 53. 4-8. Ac. 5. 30. 2 Co. 5. 21. Ga. 3. 13. 1 Pe. 2. 24. *they parted.* Ps. 22. 18. Mat. 27. 35, 36. Lu. 23. 34. Jno. 19. 23, 24.

25 *the.* ver. 33. Mat. 27. 45. Lu. 23. 44. Jno. 19. 14. Ac. 2. 15.

26 *the superscription.* De. 23. 5. Ps. 76. 10. Pr. 21. 1. Is. 10. 7; 46. 10. *THE KING OF THE JEWS.* Ps. 2. 6. Zec. 9. 9. Mat. 2. 2; 27. 37. Lu. 23. 37, 38. Jno. 19. 18-22.

27 Mat. 27. 38. Lu. 23. 32, 33. Jno. 19. 18.

28 Is. 53. 12. Lu. 22. 37. He. 12. 2.

29 *they.* Ps. 22. 7, 8, 12-14; 35. 15-21; 69. 7, 19, 20, 26; 109. 25. La. 1. 12; 2. 15. Mat. 27. 39, 40. *Ah.* ch. 14. 58. Ge. 37. 19, 20. Mat. 26. 61. Jno. 2. 18-22.

31 *also.* Ps. 2. 1-4; 22. 16, 17. Mat. 27. 41-43 Lu. 23. 35-37. *He.* Jno. 11. 47-52; 12. 23, 24. 1 Pe. 3. 17, 18.

32 *Christ.* ch. 14. 61, 62. Is. 44. 6. Zep. 3. 15. Zec. 9. 9. Jno. 1. 49; 12. 13; 19. 12-15; 20. 25-29. *that.* Ro. 3. 3. 2 Ti. 2. 18. *And.* Mat. 27. 44. Lu. 23. 39-43.

33 *when.* ver. 25. Mat. 27. 45. Lu. 23. 44, 45. *darkness.* Ps. 105. 28. Is. 50. 3, 4. Am. 8. 9, 10.

34 *at.* Da. 9. 21. Lu. 23. 46. Ac. 10. 3. *Eloi.* Ps. 22. 1. Mat. 27. 46. He. 5. 7. *why.* Ps. 27. 9; 42. 9; 71. 11. Is. 41. 17. La. 1. 12; 5. 20.

35 *he.* ch. 9. 11-13. Mat. 17. 11-13; 27. 47-49.

36 ver. 23. Ps. 69. 21. Lu. 23. 36. Jno. 19. 28-30.

37 Mat. 27. 50. Lu. 23. 46. Jno. 19. 30.

38 Ex. 26. 31-34; 40. 20, 21. Le. 16. 2, etc. 2 Ch. 3. 8-14. Mat. 27. 51-53. Lu. 23. 45. He. 4. 14-16; 6. 19; 9. 3-12; 10. 19-23.

39 *the centurion.* The centurion was a military captain, and commander of a century, or 100 men. In order to have a proper notion of his office, it may be desirable to explain the construction and array of the Roman legion. Each legion was divided into ten cohorts, each cohort into three maniples, and each maniple into two centuries; so that there were thirty maniples, and sixty centuries in a legion, which, if the century had always, as the word imports, consisted of 100 soldiers, would have formed a combined phalanx of 6000 men. The number in a legion, however, varied at different periods; in the time of POLYBIUS it was 4200. The order of battle was that of three lines; the *hastati*, or spearmen, occupied the front; the *principes*, the second line; the *triarii*, (also called *pilani*, from their weapon, the *pilam*,) the third. The centurions were appointed by the tribunes, and generally selected from the common soldiers according to their merit; although the office was sometimes obtained for money, or through the favour of the consuls. Their badge was a vine rod, or sapling. ver. 44. Mat. 8. 5-10. Ac. 10. 1; 27. 1-3, 43. *he said.* Mat. 27. 43, 54. Lu. 23. 47, 48.

40 *women.* Ps. 38. 11. Mat. 27. 55, 56. Lu. 23. 49. Jno. 19. 25-27. *Mary Magdalene.* ch. 16. 9. Mat. 28. 1. Lu. 8. 2, 3. Jno. 20. 11-18. *Mary the.* ver. 47; ch. 16. 1. Mat. 13. 55; 27. 55, 61. Jno. 19. 25. 1 Co. 9. 5. Ga. 11. 9. Ja. 1. 1. *Salome.* ch. 16. 1.

41 *ministered.* Mat. 27. 56. Lu. 8. 2, 3.

42 Mat. 27. 57, 62. Lu. 23. 50-54. Jno. 19. 38.

43 *an.* ch. 10. 23-27. *which.* Lu. 2. 25, 38; 23. 51. *and went.* ch. 14. 54, 66, etc. Mat. 19. 30; 20. 16. Ac. 4. 8-13. Phi. 1. 14.

44 Jno. 19. 31-37.

45 *he gave.* Mat. 27. 58. Jno. 19. 38.

46 *and took.* Mat. 27. 59, 60. Lu. 23. 53. Jno. 19. 38-42. *and laid.* Is. 53. 9. *hewn.* Is. 22. 16. *and rolled.* ch. 16. 3, 4. Mat. 27. 60; 28. 2. Jno. 11. 38.

47 ver. 40; ch. 16. 1. Mat. 27. 61; 28. 1. Lu. 23. 55, 56; 24. 1, 2.

## CHAP. XVI.

*An angel declares the resurrection of Christ to three women, 1-8. Christ himself appears to Mary Magdalene, 9-11; to two going into the country, 12, 13; then to the apostles, 14; whom he sends forth to preach the gospel, 15-18; and ascends into heaven, 19, 20.*

1 *when.* ch. 15. 42. Mat. 28. 1, etc. Lu. 23. 54, 56; 24. 1, etc. Jno. 19. 31; 20. 1, etc. *Mary Magdalene.* ch. 15. 40, 47. Lu. 24. 10. Jno. 19. 25. *sweet.* ch. 14. 3, 8. 2 Ch. 16. 14. Jno. 19. 40.

2 Mr. WEST supposes that the women made two different visits to the sepulchre, and, in consequence of that, two distinct reports to the disciples; that Mary Magdalene, with the other Mary and Salome, set out not only early, but *very early* in the morning, λιαν πρωι, *i.e.* before the time appointed to meet Joanna and the other women there. (Lu. 24. 10.) This interpretation, which is adopted by several eminent writers, is very probable, and reconciles the apparent discrepancy in the evangelists. Mat. 28. 1. Lu. 24. 1. Jno. 20. 1.

3 *Who.* ch. 15. 46, 47. Mat. 27. 60-66.

4 *they saw.* Mat. 28. 2-4. Lu. 24. 2. Jno. 20. 1.

5 *entering.* Lu. 24. 3. Jno. 20. 8. *a young.* This appears to have been a different angel from that mentioned by St. Matthew. The latter at in the porch of the tomb, and had assumed a terrible appearance to overawe the guard. (Mat. 28. 1;) but this appeared as a young man, within the sepulchre, in the inner apartment. The two angels spoken of by St. John (ch. 20. 11) appeared some time after these; but whether they were the same or different cannot be ascertained; nor whether the angels which manifested themselves to the second party of women, recorded by St. Luke, (ch. 24. 4,) were the same or different. Da. 10. 5, 6. Mat. 28. 3. Lu. 24. 4, 5. Jno. 20. 11, 12. *and they.* ch. 6. 49, 50. Da. 8. 17; 10. 7-9, 12. Lu. 1. 12, 29, 30.

6 *Be not.* Mat. 14. 26, 27; 28. 4, 5. Re. 1. 17, 18. *Ye seek.* Ps. 105. 3, 4. Pr. 8. 17. *Jesus.* Jno. 19. 19, 20. Ac. 2. 22, 23; 4. 10; 10. 38-40. *he is risen.* ch. 9. 9, 10; 10. 34. Ps. 71. 20. Mat. 12. 40; 28. 6, 7. Lu. 24. 4-8, 20-27, 46. Jno. 2. 19-22. 1 Co. 15. 3-7.

7 *tell.* ch. 14. 50, 66-72. Mat. 28. 7. 2 Co. 2. 7. *there.* ch. 14. 28. Mat. 26. 32; 28. 10, 16, 17. Jno. 21. 1. Ac. 13. 31. 1 Co. 15. 5.

8 *they went.* Mat. 28. 8. Lu. 24. 9-11, 22-24. *for they trembled.* ver. 5, 6. Lu. 24. 37. *neither.* 2 Ki. 4. 29. Lu. 10. 4.

9 *the first.* Jno. 20. 19. Ac. 20. 7. 1 Co. 16. 2. Re. 1. 10. *he appeared.* ch. 15. 40, 47. Lu. 24. 10. Jno. 20. 14-18. *out.* Lu. 8. 2.

10 *as.* ch. 14. 72. Mat. 9. 15; 25. 75. Lu. 24. 17. Jno. 16. 6, 20-22.

11 *believed.* ver. 13, 14; ch. 9. 19. Ex. 6. 9. Job 9. 16. Lu. 24. 11, 23-35.

12 Lu. 24. 13-32.

13 *they went.* Lu. 24. 33-35. *neither.* Lu. 16. 31. Jno. 20. 8, 25.

14 *he appeared.* Lu. 24. 36-43. Jno. 20. 19, 20. 1 Co. 15. 5. *at meat. or*, together. *and upbraided.* ch. 7. 18; 8. 17, 18. Mat. 11. 20; 15. 16, 17; 16. 8-11; 17. 20. Lu. 24. 25, 38, 39. Jno. 20. 27. Re. 3. 19. *unbelief.* Nu. 14. 11. Ps. 95. 8-11. He. 3. 7, 8. 15-19.

15 *Go.* Mat. 10. 5, 6; 28. 19. Lu. 14. 21-23; 24. 47, 48. Jno. 15. 16; 20. 21. 1 Jno. 4. 14. *into.* ch. 13. 10. Ps. 22. 27; 67. 1, 2; 96. 3; 98. 3. Is. 42. 10-12; 45. 22; 49. 6; 52. 10; 60. 1-3. Lu. 2. 10, 11, 31, 32. Ac. 1. 8. Ro. 10. 18; 16. 26. Ep. 2. 17. Col. 1. 6, 23. Re. 14. 6.

16 *that believeth and.* ch. 1. 15. Lu. 8. 12. Jno. 1. 12, 13; 3. 15, 16, 18, 36; 5. 24; 6. 29, 35, 40; 7. 37, 38; 11. 25, 26; 12. 46; 20. 31. Ac. 10. 43; 13. 39; 16. 30-32. Ro. 3. 6; 4. 24; 10. 9. He. 10. 38, 39. 1 Pe. 1. 21; 3. 21. 1 Jno. 5. 10-13. *is.* Mat. 28. 19. Ac. 2. 38, 41; 8. 36-39; 22. 16. Ro. 10. 9-14. 1 Pe. 3. 21. *but.* Jno. 3. 18, 19, 36; 8. 24; 12. 47, 48. Ac. 13. 46. 2 Th. 1. 8; 2. 12. Re. 20. 15; 21. 8.

17 *these.* Jno. 14. 12. *In.* Lu. 10. 17. Ac. 5. 16; 8. 7; 16. 18; 19. 12-16. *they.* Ac. 2. 4-11, 33; 10. 46; 19. 6. 1 Co. 12. 10, 28, 30; 14. 5-26.

18 *shall take.* Ge. 3. 15. Ps. 91. 13. Lu. 10. 19. Ac. 28. 3-6. Ro. 16. 20. *if.* It is fully asserted here, that the *apostles* of our Lord should not lose their life by poison, and there is neither record nor tradition to disprove it. But it is worthy of remark, that Mohammed, who styled himself *the apostle of God*, lost his life by poison; and, had he been a true prophet, or a true apostle of God, he would not have fallen into the snare. 2 Ki. 4. 39-41. *they shall lay.* Ac. 3. 6-8, 12, 16; 4. 10, 22, 30; 5. 15, 16; 9. 17, 18, 34, 40-42; 19. 12; 28. 8, 9. 1 Co. 12. 9. Ja. 5. 14, 15.

19 *after.* Mat. 28. 18-20. Lu. 24. 44-50. Jno. 21. 15, 22. Ac. 1. 2, 3. *he was.* Lu. 9. 51; 24. 50, 51; Jno. 13. 1; 16. 28; 17. 4, 5, 13. Ac. 1. 10, 11; 2. 33; 3. 21. Ep. 1. 20-22; 4. 8-11. He. 1. 3; 4. 14; 6. 20; 7. 26; 8. 1; 9. 24; 10. 12, 13, 19-22; 12. 2. 1 Pe. 3. 22. Re. 3. 21. *and sat.* Ps. 110. 1. Ac. 7. 55, 56. 1 Co. 15. 24, 25. 1 Pe. 3. 22. Re. 3. 20.

20 *they went.* Ac. ch. 2-28. *the Lord.* Ac. 4. 30; 5. 12; 8. 4-6; 14. 3, 8-10. Ro. 15. 19. 1 Co. 2. 4, 5; 3. 6-9. 2 Co. 6. 1. He. 2. 4.

# The GOSPEL according to St. LUKE.



## CHAP. I.

*The preface of Luke to his whole gospel,* 1-4. *The conception of John the Baptist,* 5-25; *and of Christ,* 26-38. *The prophecy of Elisabeth and of Mary, concerning Christ,* 39-56. *The nativity and circumcision of John,* 57-66. *The prophecy of Zacharias, both of Christ,* 67-75, *and of John,* 76-80.

1 *those.* Jno. 20. 31. Ac. 1. 1-3. 1 Ti. 3. 16. 2 Pe. 1. 16-19. *most surely.* Πεπληροφορημενον, the passive participle of πληροφορεω, from πληρης φορα, *full measure;* and is applied to a ship fully laden, to a tree in full bearing, etc. Hence it implies that fulness of evidence by which any fact is supported, and also that confidence, or feeling of assent, by which facts so supported are believed.

2 *which.* ch. 24. 48. Mar. 1. 1. Jno. 15. 27. Ac. 1. 3, 8, 21, 22; 4. 20; 10. 39-41. He. 2. 3. 1 Pe. 5. 1. 1 Jno. 1. 1-3. *and.* Ac. 26. 16. Ro. 15. 16. Ep. 3. 7, 8; 4. 11, 12. Col. 1. 23-25.

3 *seemed.* Ac. 15. 19, 25, 28. 1 Co. 7. 40; 16. 12. *in.* ver. 1. Ps. 40. 5; 50. 21. Ec. 12. 9. Ac. 11. 4. *most.* Ac. 1. 1; 23. 26; 24. 3; 26. 25, Gr.

4 Jno. 20. 31. 2 Pe. 1. 15, 16.

5 *Herod.* Mat. 2. 1. *of the course.* 1 Ch. 24. 10, 19. Ne. 12. 4, 17, Abijah.

6 *righteous.* ch. 16. 15. Ge. 6. 9; 7. 1; 17. 1. Job 1. 1, 8; 9. 2. Ro. 3. 9-25. Phi. 3. 6-9. Tit. 3. 3-7. *walking.* 1 Ki. 9. 4. 2 Ki. 20. 3. Ps. 119. 6. Ac. 23. 1; 24. 16. 1 Co. 11. 2. 2 Co. 1. 12. Phi. 3. 6. Tit. 2. 11-14. 1 Jno. 2. 3, 29; 3. 7. *blameless.* Phi. 2. 15. Col. 1. 22. 1 Th. 3. 13. 2 Pe. 3. 14.

7 *they had.* Ge. 15. 2, 3; 16. 1, 2; 25. 21; 30. 1. Ju. 13. 2, 3. 1 Sa. 1. 2, 5-8. *well.* Ge. 17. 17; 18. 11. 1 Ki. 1. 1. 2 Ki. 4. 14. Ro. 4. 19. He. 11. 11.

8 *he.* Ex. 28. 1, 41; 29. 1, 9, 44; 30. 30. Nu. 18. 7. 1 Ch. 24. 2. 2 Ch. 11. 14. *in.* ver. 5. 1 Ch. 24. 19. 2 Ch. 8. 14; 31. 2, 19. Ezr. 6. 18.

9 *his.* Ex. 30. 7, 8; 37. 25-29. Nu. 16. 40. 1 Sa. 2. 28. 1 Ch. 6. 49; 23. 13. 2 Ch. 26. 16; 29. 11. He. 9. 6.

10 Le. 16. 17. He. 4. 14; 9. 24. Re. 8. 3.

11 *appeared.* ver. 19, 28; ch. 2. 10. Ju. 13. 3, 9. Ac. 10. 3, 4. He. 1. 14. *the altar.* Ex. 30. 1-6; 37. 25-29; 40. 26, 27. Le. 16. 13. Re. 8. 3, 4; 9. 13.

12 *he.* ver. 29; ch. 2. 9, 10. Ju. 6. 22; 13. 22. Job 4. 14, 15. Da. 10. 7. Mar. 16. 5. Ac. 10. 4. Re. 1. 17.

13 *Fear.* ch. 24. 36-40. Ju. 6. 23. Da. 10. 12. Mat. 28. 5. Mar. 16. 6. *thy prayer.* Ge. 25. 21. 1 Sa. 1. 20-23. Ps. 118. 21. Ac. 10. 31. *and thy.* Ge. 17. 10; 18. 14. Ju. 13. 3-5. 1 Sa. 2. 21. 2 Ki. 4. 16, 17. Ps. 113. 9; 127. 3-5. *thou.* ver. 60-63; ch. 2. 21. Ge. 17. 19. Is. 8. 3. Ho. 1. 4, 6, 9, 10. Mat. 1. 21.

14 ver. 58. Ge. 21. 6. Pr. 15. 20; 23. 15, 24.

15 *great.* ch. 7. 28. Ge. 12. 2; 48. 19. Jos. 3. 7; 4. 14. 1 Ch. 17. 8; 29. 12. Mat. 11. 9-19. Jno. 5. 35. *and shall.* ch. 7. 33. Nu. 6. 2-4. Ju. 13. 4-6. Mat. 11. 18. *filled.* Zec. 9. 15. Ac. 2. 4, 14-18. Ep. 5. 18. *even.* Ps. 22. 9. Je. 1. 5. Ga. 1. 15.

16 ver. 76. Is. 40. 3-5; 49. 6. Da. 12. 3. Mal. 3. 1. Mat. 3. 1-6; 21. 32.

17 *before.* ver. 16. Jno. 1. 13, 23-30, 34; 3. 28. *in.* Mal. 4. 5, 6. Mat. 11. 14; 17. 11, 12. Mar. 9. 11-13. Jno. 1. 21-24. Re. 20. 4. *power.* 1 Ki. 17. 1; 18. 18; 21. 20. 2 Ki. 1. 4-6, 16, Elijah. Mat. 3. 4, 7-12; 14. 4. *turn.* ch. 3. 7-14. Mal. 4. 6. *and the.* Is. 29. 24. Mat. 21. 29-32. 1 Co. 6. 9-11. *to. or,* by. *to make.* 1 Sa. 7. 5. 1 Ch. 29. 18. 2 Ch. 29. 36. Ps. 10. 17; 78. 8; 111. 10. Am. 4. 12. Ac. 10. 33. Ro. 9. 23. Col. 1. 12. 2 Ti. 2. 21. 1 Pe. 2. 9. 2 Pe. 3. 11-14. 1 Jno. 2. 28.

18 *Whereby.* ver. 34. Ge. 15. 8; 17. 17; 18. 12. Ju. 6. 36-40. Is. 38. 22. *for.* ver. 7. Nu. 11. 21-23. 2 Ki. 7. 2. Ro. 4. 19.

19 *I am.* ver. 26. Da. 8, 16; 9. 21-23. Mat. 18. 10. He. 4. 14. *and to.* ch. 2. 10.

20 *thou shalt.* ver. 22, 62, 63. Ex. 4. 11. Eze. 3. 26; 24. 27. *dumb.* Σιωπων, *silent;* for in this case, though there was no natural imperfection or debility of the organs of speech, as in *dumbness,* yet, *thou shalt not be able to speak.* This was at once a proof of the severity and mercy of God: of severity, in condemning him to nine months' silence for his unbelief; of mercy, in rendering his punishment temporary, and the means of making others rejoice in the events predicted. *because.* ver. 45. Ge. 18. 10-15. Nu. 20. 12. 2 Ki. 7. 2, 19. Is. 7. 9. Mar. 9. 19; 16. 14. Re. 3. 19. *which.* Ro. 3. 3. 2 Ti. 2. 13. Tit. 1. 2. He. 6. 18.

21 Nu. 6. 23-27.

22 *for.* Jno. 13. 24. Ac. 12. 17; 19. 33; 21. 40.

23 *the days.* 2 Ki. 11. 5-7. 1 Ch. 9. 25.

25 *hath.* ver. 13. Ge. 21. 1, 2; 25. 21; 30. 22. 1 Sa. 1. 19, 20; 2. 21, 22. He. 11. 11. *to take.* Ge. 30. 23. 1 Sa. 1. 6. Is. 4. 1; 54. 1-4.

26 *the sixth.* ver. 24. *the angel.* ver. 19. *a city.* ch. 2. 4. Mat. 2. 23. Jno. 1. 45, 46; 7. 41.

27 ch. 2. 4, 5. Ge. 3. 15. Is. 7. 14. Je. 31. 22. Mat. 1. 18, 21, 23.

28 *Hail.* Da. 9. 21-23; 10. 19. *highly favoured. or,* graciously accepted, *or* much graced. ver. 30. Ho. 14. 2. Ep. 1. 6. *the Lord.* Ju. 6. 12. Is. 43. 5. Je. 1. 18, 19. Ac. 18. 10. *blessed.* ver. 42; ch. 11. 27, 28. Ju. 5. 24. Pr. 31. 29-31. Mat. 12. 48.

29 *she was.* ver. 12. Mar. 6. 49, 50; 16. 5, 6. Ac. 10. 4. *and cast.* ver. 66; ch. 2. 19, 51. *what.* Ju. 6. 13-15. 1 Sa. 9. 20, 21. Ac. 10. 4, 17.

30 ver. 13; ch. 12. 32. Is. 41. 10, 14; 43. 1-4; 44. 2. Mat. 28. 5. Ac. 18, 9, 10; 27. 24. Ro. 8. 31. He. 13. 6.

31 *thou.* ver. 27. Is. 7. 14. Mat. 1. 23. Ga. 4. 4. *and shalt.* ver. 13; ch. 2. 21. Mat. 1. 21, 25.

32 *shall be great.* ver. 15; ch. 3. 16. Mat. 3. 11; 12. 42. Phi. 2. 9-11. *the Son.* ver. 35. Mar. 5. 7; 14. 61. Jno. 6. 69. Ac. 16. 17. Ro. 1. 4. He. 1. 2-8. *give.* 2 Sa. 7. 11-13. Ps. 132. 11. Is. 9. 6, 7; 16. 5. Je. 23. 5, 6; 33. 15-17. Eze. 17. 22-24; 34. 23, 24; 37. 24, 25. Am. 9. 11, 12. Mat. 28. 18. Jno. 3. 35, 36; 5. 21-29; 12. 34. Ac. 2. 30, 36. Ep. 1. 20-23. Re. 3. 7.

33 *he.* Ps. 45. 6; 89. 35-37. Da. 2. 44; 7. 13, 14, 27. Ob. 21. Mi. 4. 7. 1 Co. 15. 24, 25. He. 1. 8. Re. 11. 15; 20. 4-6; 22. 3-5. *the.* Ro. 9. 6. Ga. 3. 29; 6. 16. Phi. 3. 3.

34 Ju. 13. 8-12. Ac. 9. 6.

35 *The Holy Ghost.* ver. 27, 31. Mat. 1. 20. *that.* Job 14. 4; 15. 16; 25. 4. Ps. 51. 5. Ep. 2. 3. He. 4. 15; 7. 26-28. *the Son of God.* ver. 32. Ps. 2. 7. Mat. 14. 33; 26. 63, 64; 27. 54. Mar. 1. 1. Jno. 1. 34, 49; 20. 31. Ac. 8. 37. Ro. 1. 4. Ga. 2. 20.

36 ver. 24-26.

37 *with.* ch. 18. 27. Ge. 18. 14. Nu. 11. 23. Job 13. 2. Je. 32. 17, 27. Zec. 8. 6. Mat. 19. 26. Mar. 10. 27. Phi. 3. 21.

38 *Behold.* 2 Sa. 7. 25-29. Ps. 116. 16. Ro. 4. 20, 21. *be.* Ps. 119. 38.

39 *into.* Jos. 10. 40; 15. 48-59; 21. 9-11. *city.* This was most probably *Hebron,* a city of the priests, and situated in the hill country of Judea, (Jos. 11. 21; 21. 11, 13,) about 25 miles south of Jerusalem, and nearly 100 from Nazareth. Such was the intense desire of Mary's mind to visit and communicate with her relative Elisabeth, that she scrupled not to undertake this long journey to effect her purpose.

41 *the babe.* ver. 15, 44. Ge. 25. 22. Ps. 22. 10. *was.* ver. 67; ch. 4. 1. Ac. 2. 4; 4. 8; 6. 3; 7. 55. Ep. 5. 18. Re. 1. 10.

42 *Blessed art.* ver. 28, 48. Ju. 5. 24. *blessed is.* ch. 19. 38. Ge. 22. 18. Ps. 21. 6; 45. 2; 72. 17-19. Ac. 2. 26-28. Ro. 9. 5. He. 12. 2.

43 *whence.* ch. 7. 7. Ru. 2. 10. 1 Sa. 25. 41. Mat. 3. 14. Jno. 13. 5-8. Phi. 2. 3. *my.* ch. 20. 42-44. Ps. 110. 1. Jno. 13. 13; 20. 28. Phi. 3. 8.

44 *the babe.* ver. 41.

45 *blessed.* ver. 20; ch. 11. 27, 28. 2 Ch. 20. 20. Jno. 11. 40; 20. 29. *that believed: for there. or,* which believed that there, etc.

46 1 Sa. 2. 1. Ps. 34. 2, 3; 35. 9; 103. 1, 2. Is. 24. 15, 16; 45. 25; 61. 10. Hab. 3. 17, 18. Ro. 5. 11. 1 Co. 1. 31. 2 Co. 2. 14. Phi. 3. 3; 4. 4. 1 Pe. 1. 8.

47 *God.* ch. 2. 11. Is. 12. 2, 3; 45. 21, 22. Zep. 3. 14-17. Zec. 9. 9. 1 Ti. 1. 1. Tit. 2. 10, 13; 3. 4-6.

48 *regarded.* 1 Sa. 1. 11; 2. 8. 2 Sa. 7. 8, 18, 19. Ps. 102. 17; 113. 7, 8; 136. 23; 138. 6. Is. 66. 2. 1 Co. 1. 26-28. Ja. 2. 5, 6. *all.* ver. 28, 42; ch. 11. 27. Ge. 30. 13. Mal. 3. 12.

49 *he.* Ge. 17. 1. Ps. 24. 8. Is. 1. 24; 63. 1. Je. 10. 6; 20. 11. *hath.* Ps. 71. 19-21; 126. 2, 3. Mar. 5. 13. Ep. 3. 20. *and.* Ex. 15. 11. 1 Sa. 2. 2. Ps. 99. 3, 9; 111. 9. Is. 6. 3; 57. 15. Re. 4. 8; 15. 4.

50 Ge. 17. 7. Ex. 20. 6; 34. 6, 7. Ps. 31. 19; 85. 9; 103. 11, 17, 18; 115. 13; 118. 4; 145. 19; 147. 11. Mal. 3. 16-18. Re. 19. 5.

51 *shewed.* Ex. 15. 6, 7, 12, 13. De. 4. 34. Ps. 52. 10; 63. 5; 89. 13; 98. 1; 118. 15. Is. 40. 10; 51. 9; 52. 10; 63. 12. Re. 18. 8. *he hath scattered.* Ex. 15. 9-11; 18. 11. 1 Sa. 2. 3, 4, 9, 10. Job 40. 9-12. Ps. 2. 1-6; 33. 10; 89. 10. Is. 10. 12-19. Je. 48. 29, 30. Da. 4. 37; 5. 25, etc. 1 Pe. 5. 5. *the imagination.* Ge. 6. 5; 8. 21. De. 29. 19, 20. Ro. 1. 21. 2 Co. 10. 5.

52 *put.* ch. 18. 14. 1 Sa. 2. 4, 6-8. Job 5. 11-13; 34. 24-28. Ps. 107. 40, 41; 113. 6-8. Ec. 4. 14. Eze. 17. 24. Am. 9. 11. Mar. 6. 3. Ja. 1. 9, 10; 4. 10.

53 *filled.* ch. 6. 21. 1 Sa. 2. 5. Ps. 34. 10; 107. 8, 9; 146. 7. Eze. 34. 29. Mat. 5. 6. Jno. 6. 11-13, 35. Ja. 2. 5. Re. 7. 16, 17. *and.* ch. 6. 24; 12. 16-21; 16. 19-25; 18. 11-14, 24, 25. 1 Co. 1. 26; 4. 8. Ja. 2. 6; 5. 1-6. Re. 3. 17, 18.

54 ver. 70-75. Ps. 98. 3. Is. 44. 21; 46. 3, 4; 49. 14-16; 54. 6-10; 63. 7-16. Je. 31. 3, 20; 33. 24-26. Mi. 7. 20. Zep. 3. 14-20. Zec. 9. 9-11.

55 Ge. 12. 3; 17. 19; 22. 18; 26. 4; 28. 14. Ps. 105. 6-10; 132. 11-17. Ro. 11. 28, 29. Ga. 3. 16, 17.

57 ver. 13; ch. 2. 6, 7. Ge. 21. 2, 3. Nu. 23. 19.

58 *her neighbours.* ver. 25. Ru. 4. 14-17. Ps. 113. 9. *they.* ver. 14. Ge. 21. 6. Is. 66. 9, 10. Ro. 12. 15. 1 Co. 12. 26.

59 ch. 2. 21. Ge. 17. 12; 21. 3, 4. Le. 12. 3. Ac. 7. 8. Phi. 3. 5.

60 *Not.* ver. 13. 2 Sa. 12. 25. Is. 8. 3. Mat. 1. 25.

62 ver. 22.

63 *a.* Pr. 3. 3. Is. 30. 8. Je. 17. 1. Hab. 2. 2. *His.* ver. 13, 60.

64 *his mouth.* ver. 20. Ex. 4. 15, 16. Ps. 51. 15. Je. 1. 9. Eze. 3. 27; 29. 21; 33. 22. Mat. 9. 33. Mar. 7. 32-37. *and he.* Ps. 30. 7-12; 118. 18, 19. Is. 12. 1. Da. 4. 34-37.

65 *fear.* ch. 7. 16. Ac. 2. 43; 5. 5, 11; 19. 17. Re. 11. 11. *sayings. or,* things. *all the.* ver. 39. Jos. 10. 6, 40.

66 *laid.* ch. 2. 19, 51; 9. 44. Ge. 37. 11. Ps. 119. 11. *And the.* ver. 80; ch. 2. 40. Ge. 39. 2. Ju. 13. 24, 25. 1 Sa. 2. 18; 16. 18. 1 Ki. 18. 46. Ps. 80. 17; 89. 21. Ac. 11. 21.

67 *filled.* ver. 15, 41. Nu. 11. 25. 2 Sa. 23. 2. Joel 2. 28. 2 Pe. 1. 21.

68 *Blessed.* Ge. 9. 26; 14. 20. 1 Ki. 1. 48. 1 Ch. 29. 10, 20. Ps. 41. 13; 72. 17-19; 106. 48. Ep. 1. 3. 1 Pe. 1. 3. *he.* ch. 7. 16; 19. 44. Ex. 3. 16, 17; 4. 31. Ps. 111. 9. Ep. 1. 7.

69 *an.* 1 Sa. 2. 10. 2 Sa. 22. 3. Ps. 18. 2; 132. 17, 18. Eze. 29. 21. *in.* 2 Sa. 7. 26. 1 Ki. 11. 13. Ps. 89. 3. 20, etc. Is. 9. 6, 7; 11. 1-9. Je. 23. 5, 6; 33. 15-26. Eze. 34. 23, 24; 37. 24, 25. Am. 9. 11. Mar. 11. 10. Ro. 1. 2, 3. Re. 22. 16.

70 *spake.* 2 Sa. 23. 2. Je. 30. 10. Mar. 12. 36. Ac. 28. 25. He. 3. 7. 2 Pe. 1. 21. Re. 19. 10. *which.* ch. 24. 26, 27, 44. Ge. 3. 15; 12. 3; 49. 10. Da. 9. 24-27. Ac. 3. 21-24. 1 Pe. 1. 12.

71 *we.* ver. 74. De. 33. 29. Ps. 106. 10, 47. Is. 14. 1-3; 44. 24-26; 54. 7-17. Je. 23. 6; 30. 9-11; 32. 37. Eze. 28. 26; 34. 25, 28; 38. 8. Zep. 3. 15-20. Zec. 9. 9, 10. 1 Jno. 3. 8.

72 *perform.* ver. 54, 55. Ge. 12. 3; 22. 18; 26. 4; 28. 14. Ps. 98. 3. Ac. 3. 25, 26. Ro. 11. 28. He. 6. 13-18. *and.* Ge. 17. 4-9. Le. 26. 42. Ps. 105. 8-10; 106. 45; 111. 5. Eze. 16. 8, 60. Ga. 3. 15-17.

73 Ge. 22. 16, 17; 24. 7; 26. 3. De. 7. 8, 12. Ps. 105. 9. Je. 11. 5. He. 6. 16, 17.

74 *that we.* ver. 71. Is. 35. 9, 10; 45. 17; 54. 13, 14; 65. 21-25. Eze. 34. 25-28; 39. 28, 29. Zep. 3. 15-17. Zec. 9. 8-10. Ro. 6. 22; 8. 15. 2 Ti. 1. 7. He. 2. 15; 9. 14. Re. 2. 10.

75 De. 6. 2. Ps. 105. 44, 45. Je. 31. 33, 34; 32. 39, 40. Eze. 36. 24-27. Mat. 1. 21. Ep. 1. 4; 2. 10; 4. 24. 1 Th. 4. 1, 7. 2 Th. 2. 13. 2 Ti. 1. 9. Tit. 2. 11-14. 1 Pe. 1. 14-16. 2 Pe. 1. 4-8.

76 *shalt be.* ch. 7. 28. Mat. 14. 5; 21. 26. Mar. 11. 32. *Highest.* ver. 32, 35; ch. 6. 35. Ps. 87. 5. Ac. 16. 17. *thou shalt.* ver. 16, 17; ch. 3. 4-6. Is. 40. 3-5. Mal. 3. 1; 4. 5. Mat. 3. 3, 11; 11. 10. Mar. 1. 2, 3. Jno. 1. 23, 27; 3. 28. Ac. 13. 24, 25.

77 *give.* ch. 3. 3, 6. Mar. 1. 3, 4. Jno. 1. 7-9, 15-17, 29, 34; 3. 27-36. Ac. 19. 4. *by. or,* for. *the.* ch. 7. 47-50. Ac. 2. 38; 3. 19; 5. 31; 10. 43; 13. 38, 39. Ro. 3. 25; 4. 6-8. Ep. 1. 7.

78 *tender. or,* bowels of the. Ps. 25. 6. Is. 63. 7, 15. Jno. 3. 16. Ep. 2. 4, 5. Phi. 1. 8; 2. 1. Col. 3. 12. 1 Jno. 3. 17; 4. 9, 10. *day-spring. or,* sun-rising, *or* branch. Nu. 24. 17. Is. 11. 1. Zec. 3. 8; 6. 12. Mal. 4. 2. Re. 22. 16.

79 *give.* ch. 2. 32. Is. 9. 2; 42. 7, 16; 49. 6, 9; 60. 1-3. Mat. 4. 16. Jno. 1. 9; 8. 12; 9. 5; 12. 46. Ac. 26. 18. Ep. 5. 8. 1 Th. 5. 4, 5. 1 Jno. 1. 5-7. *and.* Job 3. 5; 10. 22. Ps. 23. 4; 44. 19; 107. 10, 14. Je. 2. 6. *to guide.* Ps. 25. 8-10, 12; 85. 10-13. Pr. 3. 17; 8. 20. Is. 48. 17, 22; 57. 19-21; 59. 8. Je. 6. 16. Mat. 11. 28, 29. Ro. 3. 17.

80 *the child.* ver. 15; ch. 2. 40, 52. Ju. 13. 24, 25. 1 Sa. 3. 19, 20. *and was.* Mat. 3. 1; 11. 7. Mar. 1. 3, 4. *his.* Jno. 1. 31.

## CHAP. II.

*Augustus taxes all the Roman empire,* 1-5. *The nativity of Christ,* 6, 7. *An angel relates it to the shepherds, and many sing praises to God for it,* 8-14. *The shepherds glorify God,* 15-20. *Christ is circumcised,* 21. *Mary purified,* 22-24. *Simeon and Anna prophesy of Christ,* 25-38, *who increases in wisdom,* 39, 40, *questions in the temple with the doctors,* 41-50, *and is obedient to his parents,* 51, 52.

1 *Cesar.* ch. 3. 1. Ac. 11. 28; 25. 11, 21. Phi. 4. 22. *all.* Mat. 24. 14. Mar. 14. 9; 16. 15. Ro. 1. 8. *taxed. or,* enrolled.

2 *taxing.* Ac. 5. 37. *governor.* ch. 3. 1. Ac. 13. 7; 18. 12; 23. 26; 26. 30.

4 *Joseph.* ch. 1. 26, 27; 3. 23. *of the city.* ch. 4. 16. Mat. 2. 23. Jno. 1. 46. *unto.* Ge. 35. 19; 48. 7. Ru. 1. 19; 2. 4; 4. 11, 17, 21, 22. 1 Sa. 16. 1, 4; 17. 12, 58; 20. 6. Mi. 5. 2. Mat. 2. 1-6. Jno. 7. 42. *he was.* ch. 1. 27; 3. 23-31. Mat. 1. 1-17.

5 De. 22. 22-27. Mat. 1. 18, 19.

6 A.M. 4000. B.C. 4. *so.* Ps. 33. 11. Pr. 19. 21. Mi. 5. 2. *the days.* ch. 1. 57. Re. 12. 1-5.

7 *she.* Is. 7. 14. Mat. 1. 25. Ga. 4. 4. *and wrapped.* ver. 11, 12. Ps. 22. 6. Is. 53. 2, 3. Mat. 8. 20; 13. 55. Jno. 1. 14. 2 Co. 8. 9. *the inn.* ch. 10. 34. Ge. 42. 27; 43. 21. Ex. 4. 24.

8 *abiding.* Ge. 31. 39, 40. Ex. 3. 1, 2. 1 Sa. 17. 34, 35. Ps. 78. 70, 71. Eze. 34. 8. Jno. 10. 8-12. *watch over their flock by night. or,* the night-watches.

9 *lo.* ch. 1. 11, 28. Ju. 6. 11, 12. Mat. 1. 20. Ac. 27. 23. 1 Ti. 3. 16. *and the.* Ex. 16. 7, 10; 40. 34, 35. 1 Ki. 8. 11. Is. 6. 3; 35. 2; 40. 5; 60. 1. Eze. 3. 23. Jno. 12. 41. 2 Co. 3. 18; 4. 6. Re. 18. 1. *and they.* ch. 1. 12. Is. 6. 4, 5. Ac. 22. 6-9; 26. 13, 14. He. 12. 21. Re. 20. 11.

10 *Fear not.* ch. 1. 13, 30. Da. 10. 11, 12, 19. Mat. 28. 5. Re. 1. 17, 18. *I bring.* ch. 1. 19; 8. 1. Is. 40. 9; 41. 27; 52. 7; 61. 1. Ac. 13. 32. Ro. 10. 15. *to.* ver. 31, 32; ch. 24. 47. Ge. 12. 3. Ps. 67. 1, 2; 98. 2, 3. Is. 49. 6; 52. 10. Mat. 28. 18. Mar. 1. 15; 16. 15. Ro. 15. 9-12. Ep. 3. 8. Col. 1. 23.

11 *unto.* ch. 1. 69. Is. 9. 6. Mat. 1. 21. Ga. 4. 4, 5. 2 Ti. 1. 9, 10. Tit. 2. 10-14; 3. 4-7. 1 Jno. 4. 14. *in.* ver. 4. Mat. 1. 21. *which.* ver. 26; ch. 1. 43; 20. 41, 42. Ge. 3. 15; 49. 10. Ps. 2. 2. Da. 9. 24-26. Mat. 1. 16; 16. 16. Jno. 1. 41, 45; 6. 69; 7. 25-27, 41; 20. 31. Ac. 2. 36; 17. 3. 1 Jno. 5. 1. *the Lord.* ch. 1. 43; 20. 42-44. Ac. 10. 36. 1 Co. 15. 47. Phi. 2. 11; 3. 8. Col. 2. 6.

12 Ex. 3. 12. 1 Sa. 10. 2-7. Ps. 22. 6. Is. 53. 1, 2.

13 *a multitude.* Ge. 28. 12; 32. 1, 2. 1 Ki. 22. 19. Job 38. 7. Ps. 68. 17; 103. 20, 21; 148. 2. Is. 6. 2, 3. Eze. 3. 12. Da. 7. 10. Lu. 15. 10. Ep. 3. 10. He. 1. 14. 1 Pe. 1. 12. Re. 5. 11.

14 *Glory.* ch. 19. 38. Ps. 69. 34, 35; 85. 9-12; 96. 11-13. Is. 44. 23; 49. 13. Jno. 17. 4. Ep. 1. 6; 3. 20, 21. Phi. 2. 11. Re. 5. 13. *and.* ch. 1. 79. Is. 9. 6, 7; 57. 19. Je. 23. 5, 6. Mi. 5. 5. Zec. 6. 12, 13. Jno. 14. 27. Ac. 10. 36. Ro. 5. 1. 2 Co. 5. 18-20. Ep. 2. 14-18. Col. 1. 20. He. 13. 20, 21. *good.* Jno. 3. 16. Ep. 2. 4, 7. 2 Th. 2. 16. Tit. 3. 4-7. 1 Jno. 4. 9, 10.

15 *into.* ch. 24. 51. 2 Ki. 2. 1, 11. 1 Pe. 3. 22. *shepherds. Gr.* men the shepherds. *Let.* Ex. 3. 3. Ps. 111. 2. Mat. 2. 1, 2, 9-11; 12. 42. Jno. 20. 1-10.

16 *with.* ch. 1. 39. Ec. 9. 10. *found.* See on ver. 7, 12; ch. 19. 32; 22. 13.

17 ver. 38; ch. 8. 39. Ps. 11. 9, 10; 66. 16; 71. 17, 18. Mal. 3. 16. Jno. 1. 41-46; 4. 28, 29.

18 *wondered.* ver. 33, 47; ch. 1. 65, 66; 4. 36; 5. 9, 10. Is. 8. 18.

19 ver. 51; ch. 1. 66; 9. 43, 44. Ge. 37. 11. 1 Sa. 21. 12. Pr. 4. 4. Ho. 14. 9

20 ch. 18. 43; 19. 37, 38. 1 Ch. 29. 10-12. Ps. 72. 17-19; 106. 48; 107. 8, 15, 21. Is. 29. 19. Ac. 2. 46, 47; 11. 18.
21 *eight*. ch. 1. 59. Ge. 17. 12. Le. 12. 3. Mat. 3. 15. Ga. 4. 4, 5. Phi. 2. 8. *his name was*. ch. 1. 31. Mat. 1. 21, 25.
22 See on Le. 12. 2-6.
23 *Every*. Ex. 13. 2, 12-15; 22. 29; 34. 19. Nu. 3. 13; 8. 16, 17; 18. 15.
24 *A pair*. Le. 12. 2, 6-8. 2 Co. 8. 9.
25 *just*. ch. 1. 6. Ge. 6. 9. Job 1. 1, 8. Da. 6. 22, 23. Mi. 6. 8. Ac. 10. 2, 22; 24. 16. Tit. 2. 11-14. *waiting*. ver. 38. Is. 25. 9; 40. 1. Mar. 15. 43. *Holy Ghost*. ch. 1. 41, 67. Nu. 11. 25, 29. 2 Pe. 1. 21.
26 *it*. Ps. 25. 14. Am. 3. 7. *see death*. Ιδειν τον θανατον, to *see death*, is a Hebraism for to *die*, exactly corresponding to ראה מות, Ps. 89. 49; ch. 9. 27. Ps. 89. 48. Jno. 8. 51. He. 11. 5. *the Lord's*. Ps. 2. 2, 6. Is. 61. 1. Da. 9. 24-26. Jno. 1. 41; 4. 29; 20. 31. Ac. 2. 36; 9. 20; 10. 38; 17. 3. He. 1. 8, 9.
27 *by*. ch. 4. 1. Mat. 4. 1. Ac. 8. 29; 10. 19; 11. 12; 16. 7. Re. 1. 10; 17. 3. *the parents*. ver. 41, 48, 51. *to*. See on ver. 22.
28 *took*. Mar. 9. 36; 10. 16. *and*. ver. 13, 14, 20; ch. 1. 46, 64, 68. Ps. 32. 11; 33. 1; 105. 1-3; 135. 19, 20.
29 *now*. Ge. 15. 15; 46. 30. Ps. 37. 37. Is. 57. 1, 2. Phi. 1. 23. Re. 14. 13. *according*. ver. 26.
30 See on ver. 10, 11; ch. 3. 6. Ge. 49. 18. 2 Sa. 23. 1-5. Is. 49. 6; 52. 10. Ac. 4. 10-12.
31 Ps. 96. 1-3, 10-13; 97. 6-8; 98. 2, 3. Is. 42. 1-4, 10-12; 45. 21-25; 62. 1, 2.
32 *light*. Is. 9. 2; 42. 6, 7; 49. 6; 60. 1-3, 19. Mat. 4. 16. Ac. 13. 47, 48; 28. 28. Ro. 15. 8, 9. *and*. Ps. 85. 9. Is. 4. 2; 45. 25; 60. 19. Je. 2. 11. Zec. 2. 5. 1 Co. 1. 31. Re. 21. 23.
33 ver. 48; ch. 1. 65, 66. Is. 8. 18.
34 *blessed*. Ge. 14. 19; 47. 7. Ex. 39. 43. Le. 9. 22, 23. He. 7. 1, 7. *set*. Is. 8. 14, 15. Ho. 14. 9. Mat. 21. 44. Jno. 3. 20; 9. 29. Ro. 9. 32. 1 Co. 1. 23. 2 Co. 2. 15. 1 Pe. 2. 7. *and rising*. Ac. 2. 36-41; 3. 15-19; 6. 7; 9. 1-20. *for a*. Ps. 22. 6-8; 69. 9-12. Is. 8. 18. Mat. 11. 19; 26. 65-67; 27. 40-45, 63. Jno. 5. 18; 8. 48-52; 9. 24-28. Ac. 4. 26; 13. 45; 17. 6; 24. 5; 28. 22. 1 Co. 1. 23. He. 12. 1-3. 1 Pe. 4. 14.
35 *a sword*. Ps. 42. 10. Jno. 19. 25. *that*. ch. 16. 14, 15. De. 8. 2. Ju. 5. 15, 16. Mat. 12. 24-35. Jno. 8. 42-47; 15. 22-24. Ac. 8. 21-23. 1 Co. 11. 19. 1 Jno. 2. 19.
36 *a prophetess*. Ex. 15. 20. Ju. 4. 4. 2 Ki. 22. 14. Ac. 2. 18; 21. 9. 1 Co. 12. 1. *Aser*. Ge. 30. 13, Asher. Re. 7. 6. *she*. Job 5. 26. Ps. 92. 14.
37 *which*. Ex. 38. 8. 1 Sa. 2. 2. Ps. 23. 6; 27. 4; 84. 4, 10; 92. 13; 135. 1, 2. Re. 3. 12. *but*. Ps. 22. 2. Ac. 26. 7. 1 Ti. 5. 5. Re. 7. 15.
38 *coming*. ver. 27. *gave*. ver. 28-32; ch. 1. 46, etc., 64, etc. 2 Co. 9. 15. Ep. 1. 3. *looked*. ver. 25; ch. 23. 51; 24. 21. Mar. 15. 43. *Jerusalem*. *or*, Israel.
39 *performed*. ver. 21-24; ch. 1. 6. De. 12. 32. Mat. 3. 15. Ga. 4. 4, 5. *they returned*. ver. 4. Mat. 2. 22, 23. *Nazareth*. *Nazareth*, now *Nassara*, was a small town of Zebulun, in Lower Galilee, according to EUSEBIUS, fifteen miles east of Legio, near mount Tabor, and, according to D'ARVIEUX, about eight leagues, or according to MAUNDRELL, seven hours, or about twenty miles, S.E. of Acre. It is one of the principal towns of the pashalic of Acre, containing a population of about 3000 souls, of whom 500 are Turks, the remainder being Christians. It is delightfully situated on elevated ground, in a valley, encompassed by mountains.
40 *the child*. ver. 52. Ju. 13. 24. 1 Sa. 2. 18, 26; 3. 19. Ps. 22. 9. Is. 53. 1, 2. *strong*. ch. 1. 80. Ep. 6. 10. 2 Ti. 2. 1. *filled*. ver. 47, 52. Is. 11. 1-5. Col. 2. 2, 3. *the grace*. Ps. 45. 2. Jno. 1. 14. Ac. 4. 33.
41 A.M. 4012. A.D. 8. *went*. Ex. 23. 14-17; 34. 23. De. 12. 5-7, 11, 18; 16. 1-8, 16. 1 Sa. 1. 3, 21. *the*. Ex. 12. 14. Le. 23. 5. Nu. 28. 16. Jno. 2. 13; 6. 4; 11. 55; 13. 1.
43 2 Ch. 30. 21-23; 25. 17.
44 *in*. Ps. 42. 4; 122. 1-4. Is. 2. 3.
46 *after*. ver. 44, 45. 1 Ki. 12. 5, 12. Mat. 12. 40; 16. 21; 27. 63, 64. *the doctors*. ch. 5. 17. Ac. 5. 34. *both*. Is. 49. 1, 2; 50. 4.
47 ch. 4. 22, 32. Ps. 119. 99. Mat. 7. 28. Mar. 1. 22. Jno. 7. 15, 46.
49 *my*. ver. 48. Ps. 40. 8. Mal. 3. 1. Mat. 21. 12. Jno. 2. 16, 17; 4. 34; 5. 17; 6. 38; 8. 29; 9. 4.
50 ch. 9. 45; 18. 34.
51 *came*. ver. 39. *and was*. Mat. 3. 15. Mar. 6. 3. Ep. 5. 21; 6. 1, 2. 1 Pe. 2. 21. *kept*. ver. 19. Ge. 37. 11. Da. 7. 28.
52 *Jesus*. ver. 40; ch. 1. 80. 1 Sa. 2. 26. *stature*. *or*, age. *and in*. Pr. 3. 3, 4. Ac. 7. 9, 10. Ro. 14. 18.

## CHAP. III.

*The preaching and baptism of John*, 1-14; *his testimony of Christ*, 15-18; *Herod imprisons John*, 19, 20; *Christ, baptized, receives testimony from heaven*, 21, 22. *The age and genealogy of Christ from Joseph upwards*, 23-38.

1 A.M. 4030. A.D. 26. *Tiberius Cesar*. ch. 2. 1. *Pontius Pilate*. ch. 23. 1-4, 24. Ge. 49. 10. Ac. 4. 27; 23. 26; 24. 27; 26. 30. *Herod*. ver. 19; ch. 9. 7; 23. 6-11. *his*. Mat. 14. 3. Mar. 6. 17. *Iturea*. *Iturea* was a province of Syria east of Jordan, now called *Djedour*, according to BURCKHARDT, and comprising all the flat country south of Djebel Kessoue as far as Nowa, east of Djebel el Sheikh, or mount Hermon, and west of the Hadj road. *Trachonitis*, according to STRABO and PTOLEMY, comprehended all the uneven country on the east of Auranitis, now Haouran, from near Damascus to Bozra, now called *El Ledja* and *Djebel Haouran*. *Abilene* was a district in the valley of Lebanon, so called from *Abila* its chief town, eighteen miles N. of Damascus, according to ANTONINUS.
2 *Annas*. Jno. 11. 49-51; 18. 13, 14, 24. Ac. 4. 6. *the word*. ch. 1. 59-63. Je. 1. 2; 2. 1. Eze. 1. 3. Ho. 1. 1, 2. Jon. 1. 1. Mi. 1. 1. Zep. 1. 1. *in*. ch. 1. 80. Is. 40. 3. Mat. 3. 1; 11. 7. Mar. 1. 3. Jno. 1. 23.
3 *the country*. Mat. 3. 5. Mar. 1. 4, 5. Jno. 1. 28; 3. 26. *preaching*. Mat. 3. 6, 11. Mar. 1. 4. Jno. 1. 31-33. Ac. 13. 24; 19. 4; 22. 16. *for*. ch. 1. 77.
4 *The voice*. Is. 40. 3-5. Mat. 3. 3. Mar. 1. 3. Jno. 1. 23. *Prepare*. ch. 1. 16, 17, 76-79. Is. 57. 14; 62. 10. Mal. 4. 6. Jno. 1. 7, 26-36; 3. 28-36.
5 *valley*. ch. 1. 51-53. Is. 2. 11-17; 35. 6-8; 40. 4; 49. 11; 61. 1-3. Eze. 17. 24. Ja. 1. 9. *and the crooked*. Is. 42. 16; 45. 2. He. 12. 12, 13.
6 ch. 2. 10, 11, 30-32. Ps. 98. 2, 3. Is. 40. 5; 49. 6; 52. 10. Mar. 16. 15. Ro. 10. 12, 18.
7 *O generation*. Ge. 3. 15. Ps. 58. 4, 5. Is. 59. 5. Mat. 3. 7-10; 23. 33. Jno. 8. 44. Ac. 13. 10. 1 Jno. 3. 8. *to flee*. 1 Th. 1 10. He. 6. 18.
8 *fruits*. Is. 1. 16-18. Eze. 18. 27-31. Ac. 26. 20. 2 Co. 7. 10, 11. Ga. 5. 22-24. Phi. 1. 11. He. 6. 7, 8. *worthy of*. *or*, meet for. *We*. ch. 13. 28, 29; 16. 23-31. Is. 48. 1, 2. Je. 7. 4-10. Jno. 8. 33. Ro. 4. 16; 9. 7. *of these*. ch. 19. 40. Jos. 4. 3-8. Mat. 8. 11, 12; 21. 43. Ga. 3. 28, 29.
9 ch. 13. 7, 9; 23. 29-31. Is. 10. 33, 34. Eze. 15. 2-4; 31. 18. Da. 4. 14, 23. Mat. 3. 10; 7. 19. Jno. 15. 6. He. 10. 28; 12. 29.
10 *What*. ver. 8. Ac. 2. 37; 9. 6; 16. 30.
11 *He that hath two*. ch. 11. 41; 18. 22; 19. 8. Is. 58. 7-11. Da. 4. 27. Mat. 25. 40. Mar. 14. 5-8. Jno. 13. 29. Ac. 10. 2, 4, 31. 2 Co. 8. 3-14. 1 Ti. 6. 18. He. 6. 10. Ja. 1. 27; 2. 15-26. 1 Jno. 3. 17; 4. 20.
12 ch. 7. 29; 15. 1, 2; 18. 13. Mat. 21. 31, 32.
13 *Exact*. ch. 19. 8. Ps. 18. 23. Pr. 28. 13. Is. 1. 16, 17; 55. 6, 7. Eze. 18. 21, 22, 27, 28. Mi. 6. 8. Mat. 7. 12. 1 Co. 6. 10. Ep. 4. 28. Tit. 2. 11, 12. He. 12. 1.
14 *the soldiers*. Mat. 8. 5. Ac. 10. 7. *Do vio-*

*lence to no man. or*, Put no man in fear. Ro. 13. 9, 10. Phi. 2. 15. *accuse.* ch. 19. 8. Ex. 20. 16; 23. 1. Le. 19. 11. Tit. 2. 3. Re. 12. 10. *and be.* Phi. 4. 11. 1 Ti. 6. 8-10. He. 13. 5, 6. *wages. or*, allowance.

15 *expectation. or*, suspense. Jno. 10. 24. *mused. or*, reasoned, *or* debated. Jno. 1. 19, etc.; 3. 28, 29.

16 *I indeed.* Mat. 3. 11. Mar. 1. 7, 8. Jno. 1. 26, 33. Ac. 1. 5; 11. 16; 13. 24, 25; 19. 4, 5. *he shall.* Pr. 1. 23. Is. 32. 15; 44. 3, 4. Eze. 36. 25. Joel 2. 28, 29. Jno. 7. 38. Ac. 2. 33; 10. 44; 11. 15. 1 Co. 12. 13. *and with.* Is. 4. 4. Zec. 13. 9. Mal. 3. 2, 3. Ac. 2. 3, 4, 17, 18.

17 *fan.* Je. 15. 7. Mat. 3. 12. *and will.* Mi. 4. 12. Mat. 13. 30. *but.* Ps. 1. 4; 21. 9, 10. Mar. 9. 43-49.

18 Jno. 1. 15, 29, 34; 3. 29-36. Ac. 2. 40.

19 Pr. 9. 7, 8; 15. 12. Mat. 11. 2; 14. 3, 4. Mar. 6. 17, 18.

20 ch. 13. 31-34. 2 Ki. 21. 16; 24. 4. 2 Ch. 24. 17-22; 36. 16. Ne. 9. 26. Je. 2. 30. Mat. 21. 35-41; 22. 6, 7; 23. 31-33. 1 Th. 2. 15, 16. Re. 16. 6.

21 *that.* Mat. 3. 13-15. Mar. 1. 9. Jno. 1. 32, etc. *and praying.* ch. 9. 28, 29. Jno. 12. 27, 28. *the heaven.* Mat. 3. 16, 17. Mar. 1. 10. Jno. 1. 32-34.

22 *Thou art.* ch. 9. 34, 35. Ps. 2. 7. Is. 42. 1. Mat. 12. 18; 17. 5; 27. 43. Col. 1. 13. 1 Pe. 2. 4. 2 Pe. 1. 17, 18.

23 *thirty.* Ge. 41. 46. Nu. 4. 3. 35, 39, 43, 47. *being.* ch. 4. 22. Mat. 13. 55. Mar. 6. 3. Jno. 6. 42. *which.* The real father of *Joseph* was *Jacob* (Mat. 1. 16); but having married the daughter of *Heli*, and being perhaps adopted by him, he was called his son, and as such was entered in the public registers; *Mary* not being mentioned, because the Hebrews never permitted the name of a woman to enter their genealogical tables, but inserted her husband as the son of him who was, in reality, but his father-in-law. Hence it appears that St. Matthew, who wrote principally for the Jews, traces the pedigree of Jesus Christ from Abraham, through whom the promise was given to the Jews, to David, and from David, through the line of Solomon, to Jacob the father of *Joseph*, the *reputed* or *legal* father of Christ; and that St. Luke, who wrote for the Gentiles, extends his genealogy upwards from *Heli*, the father of *Mary*, through the line of Nathan, to David, and from David to Abraham, and from Abraham to Adam, who was the immediate 'son of God' by creation, and to whom the promise of the Saviour was given in behalf of himself and all his posterity. The two branches of descent from David, by Solomon and Nathan, being thus united in the persons of Mary and Joseph, Jesus the son of Mary re-united in himself all the blood, privileges, and rights, of the whole family of David; in consequence of which he is emphatically called 'the Son of David.'

31 *of Nathan.* 2 Sa. 5. 14. 1 Ch. 3. 5; 14. 4. Zec. 12. 12.

32 *was the son of Jesse.* Ru. 4. 18-22. 1 Sa. 17. 58; 20. 31. 1 Ki. 12. 16. 1 Ch. 2. 10-15. Ps. 72. 20. Is. 11. 1, 2. Mat. 1. 3-6. Ac. 13. 22, 23. *which was the son of Obed.* Nu. 1. 7; 2. 3; 7. 12. 1 Ch. 2. 11, 12, Nahshon, Salma, Boaz.

33 *Aminadab.* Ru. 4. 19, 20. 1 Ch. 2. 9, 10, Amminadab, Ram, Hezron. Mat. 1. 3, 4. *Esrom.* Ge. 46. 12. Nu. 26. 20, 21, Hezron. *Phares.* Ge. 38. 29. Ru. 4. 12. 1 Ch. 2. 4, 5; 9. 4, Pharez. *of Juda.* Ge. 29. 35; 49. 8, Judah. Mat. 1. 2, Judas.

34 *which was the son of Isaac.* Ge. 21. 3; 25. 26. 1 Ch. 1. 34. Mat. 1. 2. Ac. 7. 8. *Thara.* Ge. 11. 24-32. Jos. 24. 2. 1 Ch. 1. 24-28, Terah, Nahor, Reu, Serug, Peleg, Eber, Shelah.

35 *Saruch.* Ge. 11. 18-21, Serug, Reu. *Phalec.* Ge. 10. 25, Peleg. *Heber.* Ge. 11. 16, 17, Eber. *Sala.* Ge. 10. 24; 11. 12-15, Salah.

36 *Cainan.* This *Cainan* is not found in the Hebrew text of any of the genealogies, but only in the Septuagint; from which, probably, the evangelist transcribed the register, as sufficiently exact for his purpose, and as more generally suited to command attention. (See on Ge. 11. 12.) It may here be remarked, that though some of the same names occur here, from Nathan downwards, as in Joseph's genealogy, yet there appears no sufficient evidence that the same persons were intended, different persons often bearing the same name. *Sem.* Ge. 5. 32; 7. 13; 9. 18, 26, 27; 10. 21, 22; 11. 10, etc. 1 Ch. 1. 17, Shem. *Noe.* ch. 27. 17. Ge. 5. 29, 30; 6. 8-10, 22; 7. 1, 23; 8. 1; 9. 1. Ez. 14. 14. He. 11. 7. 1 Pe. 3. 20. 2 Pe. 2. 5, Noah.

37 *Mathusala.* Ge. 5. 6-28. 1 Ch. 1. 1-3, Methusaleh, Mahalaleel.

38 *which was the son of Adam.* Ge. 4. 25, 26; 5. 3. *of God.* Ge. 1. 26, 27; 2. 7, 5. 1, 2. Is. 64. 8. Ac. 17. 26-29. 1 Co. 15. 45, 47.

## CHAP. IV.

*The temptation and fasting of Christ*, 1-13. *He begins to preach*, 14, 15. *The people of Nazureth admire his gracious words, but being offended, seek to kill him*, 16-32. *He cures one possessed of a devil*, 33-37, *Peter's mother-in-law*, 38, 39, *and divers other sick persons*, 40. *The devils acknowledge Christ, and are reproved for it*, 41. *He preaches through the cities of Galilee*, 42-44.

1 A.M. 4031. A.D. 27. *Jesus.* Mat. 4. 1, etc. *full.* ver. 14, 18; ch. 3. 22. Is. 11. 2-4; 61. 1. Mat. 3. 16. Jno. 1. 32; 3. 34. Ac. 1. 2; 10. 38. *and was.* ch. 2. 27. 1 Ki. 18. 12. Eze. 3. 14. Mar. 1. 12, etc. Ac. 8. 39. *the wilderness.* 1 Ki. 19. 4. Mar. 1. 13.

2 *forty.* Ex. 24. 18; 34. 28. De. 9. 9, 18, 25. 1 Ki. 19. 8. Mat. 4. 2. *tempted.* Ge. 3. 15. 1 Sa. 17. 16. He. 2. 18. *he did.* Es. 4. 16. Jon. 3. 7. *he afterward.* Mat. 21. 18. Jno. 4. 6. He. 4. 15.

3 ch. 3. 22. Mat. 4. 3.

4 *It.* ver. 8, 10. Is. 8. 20. Jno. 10. 34, 35. Ep. 6. 17. *That.* ch. 22. 35. Ex. 23. 25. De. 8. 3. Je. 49. 11. Mat. 4. 4; 6. 25, 26, 31.

5 *taking.* Mar. 4. 8, 9. 1 Co. 7. 31. Ep. 2. 2; 6. 12. 1 Jno. 2. 15, 16. *in.* Job 20. 5. Ps. 73. 19. 1 Co. 15. 52. 2 Co. 4. 17.

6 *All.* Jno. 8. 44. 2 Co. 11. 14. Re. 12. 9; 20. 2, 3. *and the.* Es. 5. 11. Is. 5. 14; 23. 9. 1 Pe. 1. 24. *and to.* Jno. 12. 31; 14. 30. Ep. 2. 2. Re. 13. 2, 7.

7 *worship me. or*, fall down before me. ch. 8. 28; 17. 16. Ps. 72. 11. Is. 45. 14; 46. 6. Mat. 2. 11. Re. 4. 10; 5. 8; 22. 8.

8 *Get.* Mat. 4. 10; 16. 23. Ja. 4. 7. 1 Pe. 5. 9. *for.* ver. 4. De. 6. 13; 10. 20. Mat. 4. 10. Re. 19. 10; 22. 9. *only.* 1 Sa. 7. 3. 2 Ki. 19. 15. Ps. 83. 18. Is. 2. 11.

9 *brought.* Job 2. 6. Mat. 4. 5. *on.* 2 Ch. 3. 4. *If.* ver. 3. Mat. 4. 6; 8. 29. Ro. 1. 4.

10 *it.* ver. 3, 8. 2 Co. 11. 14. *He.* Ps. 91. 11, 12. He. 1. 14.

12 *Thou.* De. 6. 16. Ps. 95. 9; 106. 14. Mal. 3. 15. Mat. 4. 7. 1 Co. 10. 9. He. 3. 8, 9.

13 Mat. 4. 11. Jno. 14. 30. He. 4. 15. Ja. 4. 7.

14 *returned.* Mat. 4. 12. Mar. 1. 14. Jno. 4. 43. Ac. 10. 37. *in.* ver. 1. *and there.* Mat. 4. 23-25. Mar. 1. 28.

15 *he.* ver. 16; ch. 13. 10. Mat. 4. 23; 9. 35; 13. 54. Mar. 1. 39. *being.* Is. 55. 5. Mat. 9. 8. Mar. 1. 27, 45.

16 *to.* ch. 1. 26, 27; 2. 39, 51. Mat. 2. 23; 13. 54. Mar. 6. 1. *as.* ver. 15; ch. 2. 42. Jno. 18. 20. Ac. 17. 2. *and stood.* Ac. 13. 14-16.

17 *the book.* ch. 20. 42. Ac. 7. 42; 13. 15, 27. *he had.* Αναπτυξας, '*unrolled* the book;' the Sacred Writings being anciently (as they are still in the synagogues) written on *skins* of parchment, and *rolled* on two *rollers*, beginning on each end, so that in reading from right to left, they rolled off with the left hand while they rolled on with the right. *the place.* Is. 61. 1-3.

18 *Spirit.* Ps. 45. 7. Is. 11. 2-5; 42. 1-4; 50. 4; 59. 21. *anointed.* Ps. 2. 2, 6, marg. Da. 9. 24. Jno. 1. 41. Ac. 4. 27; 10. 38. *to preach.* ch. 6. 20; 7. 22. Is 29. 19. Zep. 3. 12. Zec. 11. 11. Mat. 5. 3; 11. 5.

Ja. 2. 5. *to heal.* 2 Ch. 34. 27. Ps. 34. 18; 51. 17; 147. 3. Is. 57. 15; 66. 2. Eze. 9. 4. *to preach deliverance.* Ps. 102. 20; 107. 10-16; 146. 7. Is. 42. 7; 45. 13; 49. 9, 24, 25; 52. 2, 3. Zec. 9. 11, 12. Col. 1. 13. *and.* Ps. 146. 8. Is. 29. 18, 19; 32. 3; 35. 5; 42. 16-18; 60. 1, 2. Mal. 4. 2. Mat. 4. 16; 9. 27-30; 11. 5. Jno. 9. 39-41; 12. 46. Ac. 26. 18. Ep. 5. 8-14. 1 Th. 5. 5, 6. 1 Pe. 2. 9. 1 Jno. 2. 8-10. *bruised.* Ge. 3. 15. Is. 42. 3. Mat. 12. 20.

19 ch. 19. 42. Le. 25. 8-13, 50-54. Nu. 36. 4. Is. 61. 2; 63. 4. 2 Co. 6. 1.

20 *and he.* ver. 17. Mat. 20. 26-28. *and sat.* ch. 5. 3. Mat. 5. 1, 2; 13. 1, 2. Jno. 8. 2. Ac. 13. 14-16; 16. 13. *And the.* ch. 19. 48. Ac. 3. 12.

21 *This day.* ch. 10. 23, 24. Mat. 13. 14. Jno. 4. 25, 26; 5. 39. Ac. 2. 16-18, 29-33; 3. 18.

22 *the gracious.* ch. 2. 47; 21. 15. Ps. 45. 2, 4. Pr. 10. 32; 16. 21; 25. 11. Ec. 12. 10, 11. Ca. 5. 16. Is. 50. 4. Mat. 13. 54. Mar. 6. 2. Jno. 7. 46. Ac. 6. 10. Tit. 2. 8. *Is not.* Mat. 13. 55, 56. Mar. 6. 3. Jno. 6. 42.

23 *Physician.* ch. 6. 42. Ro. 2. 21, 22. *whatsoever.* Mat. 4. 13, 23; 11. 23, etc. Jno. 4. 48. *do.* Jno. 2. 3, 4; 4. 28; 7. 3, 4. Ro. 11. 34, 35. 2 Co. 5. 16. *thy country.* Mat. 13. 54. Mar. 6. 1.

24 *No.* Mat. 13. 57. Mar. 6. 4, 5. Jno. 4. 41, 44. Ac. 22. 3, 18-22.

25 *many.* ch. 10. 21. Is. 55. 8. Mat. 20. 15. Mar. 7. 26-29. Ro. 9. 15, 20. Ep. 1. 9, 11. *when the.* 1 Ki. 17. 1; 18. 1, 2, Elijah. Ja. 5. 17.

26 *save.* 1 Ki. 17. 9, etc., Zarephath. Ob. 20. *Sarepta.* *Sarepta*, a city of Phœnicia, on the coast of the Mediterranean, is called *Zarphand* by the Arabian geographer Sherif Ibn Idris, who places it twenty miles N. of Tyre, and ten S. of Sidon; but its real distance from Tyre is about fifteen miles, the whole distance from that city to Sidon being only twenty-five miles. Maundrell states that the place shewn him for this city, called *Sarphan*, consisted of only a few houses, on the tops of the mountains, within about half a mile of the sea; between which there were ruins of considerable extent.

27 *Eliseus.* 1 Ki. 19. 19-21, Elisha. *saving.* Mat. 12. 4. Jno. 17. 12. *Naaman.* 2 Ki. ch. 5. Job 21. 22; 33. 13; 36. 23. Da. 4. 35.

28 *were.* ch. 6. 11; 11. 53, 54. 2 Ch. 16. 10; 24. 20, 21. Je. 37. 15, 16; 38. 6. Ac. 5. 33; 7. 54; 22. 21-23. 1 Th. 2. 15, 16.

29 *and thrust.* Jno. 8. 37, 40, 59; 15. 24, 25. Ac. 7. 57, 58; 16. 23, 24; 21. 28-32. *brow.* or, edge. *that.* 2 Ch. 25. 12. Ps. 37. 14, 32, 33.

30 Jno. 8. 59; 10. 39; 18. 6, 7. Ac. 12. 18.

31 *came.* Mat. 4. 13. Mar. 1. 21. *taught.* Mat. 10. 23. Ac. 13. 50-52; 14. 1, 2, 6, 7, 19-21; 17. 1-3, 10, 11, 16, 17; 18. 4; 20. 1, 2, 23, 24.

32 ver. 36. Je. 23. 28, 29. Mat. 7. 28, 29. Mar. 1. 22. Jno. 6. 63. 1 Co. 2. 4, 5; 14. 24, 25. 2 Co. 4. 2; 10. 4, 5. 1 Th. 1. 5. Tit. 2. 15. He. 4. 12, 13.

33 Mar. 1. 23.

34 *Let us alone.* or, Away. ch. 8. 37. Ac. 16. 39. *what.* ver. 41; ch. 8. 28. Mat. 8. 29. Mar. 1. 24, 34; 5. 7. Ja. 2. 19. *art.* Ge. 3. 15. He. 2. 14. 1 Jno. 3. 8. Re. 20. 2. *the Holy One.* ch. 1. 35. Ps. 16. 10. Da. 9. 24. Ac. 2. 27; 3. 14; 4. 27. Re. 3. 7.

35 *Jesus.* ver. 39, 41. Ps. 50. 16. Zec. 3. 2. Mat. 8. 26; 17. 18. Mar. 3. 11, 12. Ac. 16. 17, 18. *thrown.* ch. 9. 39, 42; 11. 22. Mar. 1. 26; 9. 26. Re. 12. 12.

36 *they were.* Mat. 9. 33; 12. 22, 23. Mar. 1. 27; 7. 37. *What.* ver. 32; ch. 10. 17-20. Mar. 16. 17-20. Ac. 19. 12-16. *they come.* 1 Pe. 3. 22.

37 *the fame.* Ηχος, the *sound;* a very elegant metaphor, says Dr. Adam Clarke. The people are represented as *struck* with astonishment, and the *sound* goes out through all the coasts; in allusion to the propagation of sound by a smart stroke upon any substance. ver. 14. Is. 52. 13. Mat. 4. 23-25; 9. 26. Mar. 1. 28, 45; 6. 14.

38 *he.* Mat. 8. 14, 15. Mar. 1. 29-31. 1 Co. 9. 5. *they.* ch. 7. 3, 4. Mat. 15. 23. Jno. 11. 3, 22. Ja. 5. 14, 15.

39 *and rebuked.* ver. 35; ch. 8. 24. *and ministered.* ch. 8. 2, 3. Ps. 116. 12. 2 Co. 5. 14, 15.

40 *when.* Mat. 8. 16, 17. Mar. 1. 32-34. *and he.* ch. 7. 21-23. Mat. 4. 23, 24; 11. 5; 14. 13. Mar. 3. 10; 6. 5, 55, 56. Ac. 5. 15; 19. 12.

41 *crying.* ver. 34, 35. Mar. 1. 25, 34; 3. 11. *Thou.* Mat. 8. 29; 26. 63. Jno. 20. 31. Ac. 16. 17, 18. Ja. 2. 19. *speak,* etc. or, say that they knew him to be Christ.

42 *when.* ch. 6. 12. Mar. 1. 35. Jno. 4. 34. *and the.* Mat. 14. 13, 14. Mar. 1. 37, 45; 6. 33, 34. Jno. 6. 24. *and stayed.* ch. 8. 37, 38; 24. 29. Jno. 4. 40.

43 *I must.* Mar. 1. 14, 15, 38, 39. Jno. 9. 4. Ac. 10. 38. 2 Ti. 4. 2. *therefore.* Is. 42. 1-4; 48. 16; 61. 1-3. Jno. 6. 38-40; 20. 21.

44 *he.* ver. 15. Mat. 4. 23. Mar. 1. 39. *Galilee.* Many of the Jewish traditions, in accordance with Is. 9. 1, 2, assert that *Galilee* was the place where the Messiah should first appear. Thus also Is. 2. 19, 'When he shall arise to smite terribly the earth,' is expounded in the book *Zohar*, as referring to the Messiah: 'When he shall arise, ויתגלי בארעא דגליל, and shall be revealed in the land of Galilee.'

## CHAP. V.

*Christ teaches the people out of Peter's ship, 1-3; in a miraculous taking of fishes, shews how he will make him and his partners fishers of men, 4-11; cleanses the leper, 12-15; prays in the wilderness, 16; heals one sick of the palsy, 17-26; calls Matthew the publican, 27, 28; eats with sinners, as being the physician of souls, 29-32; foretells the fastings and afflictions of the apostles after his ascension, 33-35; and illustrates the matter by the parable of old bottles and worn garments, 36-39.*

1 *it.* ch. 8. 45; 12. 1. Mat. 4. 18, etc.; 11. 12. Mar. 1. 16, etc.; 3. 9; 5. 24. *the lake.* Nu. 34. 11, Chinnereth. Jos. 12. 3, Chinneroth. Mat. 14. 34. Mar. 6. 53.

2 *washing.* Mat. 4. 21. Mar. 1. 19.

3 *which.* Mat. 4. 18. Jno. 1. 41, 42. *he sat.* Mat. 13. 1, 2. Mar. 4. 1, 2. Jno. 8. 2.

4 *Launch.* Mat. 17. 27. Jno. 21. 6.

5 *we.* Ps. 127. 1, 2. Eze. 37. 11, 12. Jno. 21. 3. *nevertheless.* ch. 6. 46-48. 2 Ki. 5. 10-14. Eze. 37. 4-7. Jno. 2. 5; 15. 14.

6 *they inclosed.* 2 Ki. 4. 3-7. Ec. 11. 6. Jno. 21. 6-11. Ac. 2. 41; 4. 4. 1 Co. 15. 58. Ga. 6. 9.

7 *that they should.* Ex. 23. 5. Pr. 18. 24. Ac. 11. 25. Ro. 16. 2-4. Ga. 6. 2. Phi. 4. 3.

8 *he.* Mat. 2. 11. Jno. 11. 32. Ac. 10. 25, 26. Re. 1. 17; 22. 8, 9. *Depart.* Ex. 20. 19. Ju. 13. 22. 1 Sa. 6. 20. 2 Sa. 6. 9. 1 Ki. 17. 18. 1 Co. 13. 12. Da. 10. 16, 17. Mat. 17. 6. *I am.* Job 40. 4; 42. 5, 6. Is. 6. 5. Mat. 8. 8.

9 *he.* ch. 4. 32, 36. Ps. 8. 6, 8. Mar. 9. 6.

10 *James.* ch. 6. 14. Mat. 4. 21; 20. 20. *partners.* ver. 7. 2 Co. 8. 23. *from.* Eze. 47. 9, 10. Mat. 4. 19; 13. 47. Mar. 1. 17. Ac. 2. 4.

11 *they forsook.* ch. 18. 28-30. Mat. 4. 20; 10. 37; 19. 27. Mar. 1. 18-25; 10. 21, 29, 30. Phi. 3. 7, 8.

12 *a man.* Mat. 8. 2-4. Mar. 1. 40-45. *full.* ch. 17. 12. Ex. 4. 6. Le. ch. 13; 14. Nu. 12. 10-12. De. 24. 8. 2 Ki. 5. 1, 27; 7. 3. 2 Ch. 26. 19, 20. Mat. 26. 6. *fell.* ch. 17. 16. Le. 9. 24. Jos. 5. 14. 1 Ki. 18. 39. 1 Ch. 21. 16. *besought.* ch. 17. 13. Ps. 50. 15; 91. 15. Mar. 5. 23. *if.* Ge. 18. 14. Mat. 8. 8, 9; 9. 28. Mar. 9. 22-24. He. 7. 25.

13 *I will.* Ge. 1. 3, 9. Ps. 33. 9. 2 Ki. 5. 10, 14. Eze. 36. 25-27, 29. Ho. 14. 4. Mat. 9. 29, 30. *immediately.* ch. 4. 39; 8. 54, 55. Jno. 4. 50-53.

14 *he charged.* Mat. 8. 4; 9. 30; 12. 16. *and shew.* ch. 17. 14. Le. 13. 2. *and offer.* Le. 14. 4, 10, 21, 22. *for.* ch. 9. 5. Mat. 10. 18. Mar. 1. 44; 6. 11.

15 *so.* Pr. 15. 33. 1 Ti. 5. 25. *went.* Mat. 4. 23-25; 9. 26. Mar. 1. 28, 45. *great.* ch. 12. 1; 14. 25. Mat. 4. 25; 15. 30, 31. Mar. 2. 1, 2; 3. 7. Jno. 6. 2.

16 ch. 6. 12. Mat. 14. 23. Mar. 1. 35, 36; 6. 46. Jno. 6. 15.

17 *that there.* ver. 21, 30; ch. 7. 30; 11. 52-54;

15. 2. Jno. 3. 21. *Jerusalem.* Mat. 15. 1. Mar. 3. 22; 7. 1. *power.* ch. 6. 19; 8. 46. Mat. 11. 5. Mar. 16. 18. Ac. 4. 30; 19. 11.

18 Mat. 9. 2-8. Mar. 2. 3-12. Jno. 5. 5, 6. Ac. 9. 33.

19 *they went.* Mar. 2. 4. *housetop.* De. 22. 8. 2 Sa. 11. 2. Je. 19. 13. Mat. 10. 27.

20 *he saw.* Ge. 22. 12. Jno. 2. 25. Ac. 11. 23; 14. 9. Ja. 2. 18. *Man.* ch. 7. 48. Ps. 90. 7, 8; 107. 17, 18. Is. 38. 17. Mat. 9. 2. Mar. 2. 5. Jno. 5. 14. 2 Co. 2. 10. Col. 3. 13. Ja. 5. 14, 15.

21 *scribes.* ver. 17; ch. 7. 49. Mar. 2. 6, 7. *blasphemies.* Le. 24. 16. 1 Ki. 21. 10-14. Mat. 9. 3; 26. 65. Jno. 10. 33. Ac. 6. 11-13. *Who can.* Ex. 34. 6, 7. Ps. 32. 5; 35. 5; 103. 3; 130. 4. Is. 1. 18; 43. 25; 44. 22. Da. 9. 9, 19. Mi. 7. 19. Ro. 8. 33.

22 *perceived.* 1 Ch. 28. 9. Ps. 139. 2. Pr. 15. 26. Is. 66. 18. Eze. 38. 10. Mat. 9. 4. 12. 25. He. 4. 12. Re. 2. 23. *What.* ch. 24. 38. Mar. 8. 17. Ac. 5. 3.

23 Mat. 9. 5. Mar. 2. 9.

24 *that the.* Da. 7. 13. Mat. 16. 13; 25. 31; 26. 64. Jno. 3. 13; 5. 27. Re. 1. 13. *power.* Is. 53. 11. Mat. 9. 6; 28. 18. Jno. 5. 8, 12, 22, 23; 17. 2; 20. 22, 23. Ac. 5. 31. *I say.* ver. 13; ch. 7. 14; 8. 54. Jno. 11. 43. Ac. 3. 6-8; 9. 34, 40; 14. 10. *and take.* Jno. 5. 8-12.

25 *immediately.* ver. 13. Ge. 1. 3. Ps. 33. 9. *glorifying.* ch. 13. 13; 17. 15-18; 18. 43. Ps. 50. 23; 103. 1-3; 107. 20-22. Jno. 9. 24.

26 *and they.* ch. 7. 16. Mat. 9. 8; 12. 23. Mar. 2. 12. Ac. 4. 21. Ga. 1. 24. *and were.* ver. 8; ch. 8. 37. Je. 33. 9. Ho. 3. 5. Mat. 28. 8. Ac. 5. 11-13.

27 *and saw.* Mat. 9. 9, etc.; 10. 3, Matthew. Mar. 2. 13, 14; 3. 18. *Follow me.* ch. 18. 22. Mat. 4. 19-21; 8. 22; 16. 24. Jno. 1. 43; 12. 26; 21. 19-22.

28 ver. 11; ch. 9. 59-62. 1 Ki. 19. 19-21. Mat. 19. 22-27.

29 *made.* Jno. 12. 2. *and there.* Mat. 9. 10. Mar. 2. 15. 1 Co. 5. 9-11; 10. 27.

30 ver. 17, 21; ch. 7. 29, 30, 34, 39; 15. 1, 2; 18. 11; 19. 7. Is. 65. 5. Mat. 21. 28-32. Mar. 7. 3.

31 *They that.* Je. 8. 22. Mat. 9. 12, 13. Mat. 2. 17.

32 ch. 4. 18, 19; 15. 7, 10; 18. 10-14; 19. 10; 24. 47. Is. 55. 6, 7; 57. 15. Mat. 18. 11. Lu. 15. 7, 10. Ac. 2. 38; 3. 19, 26; 5. 31; 17. 30; 20. 21; 26. 18-20. 1 Co. 6. 9-11. 1 Ti. 1. 15, 16. 2 Ti. 2. 25, 26. 2 Pe. 3. 9.

33 *Why.* ch. 18. 12. Is. 58. 3-6. Zec. 7. 6. Mat. 9. 14-17. Mar. 2. 18-22. *and make.* ch. 11. 1; 20. 47. Pr. 28. 9. Is. 1. 15. Mat. 6. 5, 6; 23. 14. Mar. 12. 40. Ac. 9. 11. Ro. 10. 2, 3. *but.* ch. 7. 34, 35.

34 *the children.* Ju. 14. 10, 11. Ps. 45. 14. Ca. 2. 6, 7; 3. 10, 11; 5. 8; 6. 1. Mat. 25. 1-10. Re. 19. 7-9. *bridegroom.* Ps. 45. 10-16. Is. 54. 5; 62. 5. Zep. 3. 17. Mat. 22. 2. Jno. 3. 29. 2 Co. 11. 2. Ep. 5. 25-27.

35 *when.* ch. 24. 17-21. Da. 9. 26. Zec. 13. 7. Jno. 12. 8; 13. 33; 14. 3, 4; 16. 4-7, 16-22, 28; 17. 11-13. Ac. 1. 9; 3. 21. *and.* Is. 22. 12. Mat. 6. 17, 18. Ac. 13. 2, 3; 14. 23. 1 Co. 7. 5. 2 Co. 11. 27.

36 *No man.* Mat. 9. 16, 17. Mar. 2. 21, 22. *agreeth.* Le. 19. 19. De. 22. 11. 2 Co. 6. 16.

37 *old.* Jos. 9. 4, 13. Ps. 119. 83.

38 Eze. 36. 26. 2 Co. 5. 17. Ga. 2. 4, 12-14; 4. 9-11; 5. 1-6; 6. 13, 14. Phi. 3. 5-7. Col. 2. 19-23. 1 Ti. 4. 8. He. 8. 8-13; 13. 9, 10. Re. 21. 5.

39 Je. 6. 16. Mar. 7. 7-13. Ro. 4. 11, 12. He. 11. 1, 2, 39.

## CHAP. VI.

*Christ reproves the Pharisees, 1-11; chooses apostles, 12-16; heals the diseased, 17-19; preaches to his disciples before the people, 20-49.*

1 *the second.* Ex. 12. 15. Le. 23. 7, 10, 11, 15. De. 16. 9. *that.* Mat. 12. 1, etc. Mar. 2. 23, etc. *and his.* De. 23. 25.

2 *Why.* ver. 7-9; ch. 5. 33. Mat. 12. 2; 15. 2; 23. 23, 24. Mar. 2. 24. Jno. 5. 9-11, 16; 9. 14-16. *not.* Ex. 22. 10; 31. 15; 35. 2. Nu. 15. 32-35. Is. 58. 13.

3 *Have.* Mat. 12. 3, 5; 19. 4; 21. 16, 42; 22. 31. Mar. 2. 25; 12. 10, 26. *what.* 1 Sa. 21. 3-6. Mat. 12. 3, 4. Mar. 2. 25, 26.

4 *which.* Le. 24. 5-9.

5 Mat. 11. 5-8. Mar. 2. 27; 9. 7. Re. 1. 10.

6 *it came.* Mat. 12. 9-14. Mar. 3. 1-6. *he.* ch. 4. 16, 31; 13. 10, 13, 14; 14. 3. Mat. 4. 23. Jno. 9. 16. *there.* 1 Ki. 13. 4. Zec. 11. 17. Jno. 5. 3.

7 *watched.* ch. 13. 14; 14. 1-6. Ps. 37. 32, 33; 38. 12. Is. 29. 21. Je. 20. 10. Mar. 3. 2. Jno. 5. 10-16; 9. 16. 26-29. *that.* ch. 11. 53, 54; 20. 20. Mat. 26. 59, 60.

8 *But.* ch. 5. 22. 1 Ch. 28. 9; 29. 17. Job 42. 2. Ps. 44. 21. Jno. 2. 25; 21. 17. He. 4. 13. Re. 2. 23. *Rise.* Is. 42. 4. Jno. 9. 4. Ac. 20. 24; 26. 26. Phi. 1. 28. 1 Pe. 4. 1.

9 *Is it.* ch. 14. 3. Mat. 12. 12, 13. Mar. 3. 4. Jno. 7. 19-23. *to save.* ch. 9. 56.

10 *Looking.* Mar. 3. 5. *Stretch.* Ex. 4. 6, 7. 1 Ki. 13. 6. Ps. 107. 20. Jno. 5. 8.

11 *they.* ch. 4. 28. Ps. 2. 1, 2. Ec. 9. 3. Ac. 5. 33; 7. 54; 26. 11. *communed.* Mat. 12. 14, 15; 21. 45. Jno. 7. 1; 11. 47. Ac. 4. 15, 19; 5. 33.

12 *that.* Ps. 55. 15-17; 109. 3, 4. Da. 6. 10. Mat. 6. 6. Mar. 1. 35; 14. 34-36. He. 5. 7. *continued.* Ge. 32. 24-26. Ps. 22. 2. Mat. 14. 23-25. Mar. 6. 46. Col. 4. 2.

13 *when.* ch. 9. 1, 2. Mat. 9. 36-38; 10. 1-4. Mar. 3. 13-19; 6. 7. *twelve.* ch. 22. 30. Mat. 19. 28. Re. 12. 1; 21. 14. *apostles.* ch. 11. 49. Ep. 2. 20; 4. 11. He. 3. 1. 2 Pe. 3. 2. Re. 18. 20.

14 *Simon.* ch. 5. 8. Jno. 1. 40-42; 21. 15-20. Ac. 1. 13. 2 Pe. 1. 1. *Andrew.* Mat. 4. 18. Jno. 6. 8. *James.* ch. 5. 10. Mat. 4. 21. Mar. 1. 19, 29; 5. 37; 9. 2; 14. 33. Jno. 21. 20-24. Ac. 12. 2. *Philip.* Mat. 10. 3. Jno. 1. 45; 6. 5; 14. 8. Ac. 1. 13.

15 *Matthew.* ch. 5, 27, Levi. Mat. 9. 9. *Thomas.* Jno. 11. 16; 20. 24. *James.* Ac. 15. 13. Ga. 1. 19; 2. 9. Ja. 1. 1. *Alpheus.* Mat. 10. 3. Mar. 2. 14; 3. 18. Ac. 1. 13. *Simon.* Mat. 10. 4. Mar. 3. 18, Simon the Canaanite. Ac. 1. 13.

16 *Judas the.* Mat. 10. 3, Lebbeus, Thaddeus. Mar. 3. 18, Thaddeus. Jno. 14. 22. Jude 1. *Judas Iscariot.* Mat. 26. 14-16; 27. 3-5. Jno. 6. 70, 71. Ac. 1. 16-20, 25.

17 *and a.* Mat. 4. 23-25; 12. 15. Mar. 3. 7, etc. *the sea.* Mat. 11. 21; 15. 21. Mar. 3. 8; 7. 24-31. *which.* ch. 5. 15. Mat. 14. 14. *to be.* Ps. 103. 3; 107. 17-20.

18 *vexed.* Mat. 15. 22; 17. 15. Ac. 5. 16.

19 *sought.* Nu. 21. 8, 9. 2 Ki. 13. 21. Mat. 9. 20, 21; 14. 36. Mar. 3. 10; 6. 56; 8. 22. Jno. 3. 14, 15. Ac. 5. 15, 16; 19. 12. *for.* ch. 8. 45, 46. Mar. 5. 30. 1 Pe. 2. 9. Gr.

20 *he lifted.* Mat. 5. 2, etc.; 12. 49, 50. Mar. 3. 34, 35. *Blessed.* ver. 24; ch. 4. 18; 16. 25. 1 Sa. 2. 8. Ps. 37. 16; 113. 7, 8. Pr. 16. 19; 19. 1. Is. 29. 19; 57. 15, 16; 66. 2. Zep. 3. 12. Zec. 11. 11. Mat. 11. 5. Jno. 7. 48, 49. 1 Co. 1. 26-29. 2 Co. 6. 10; 8. 2, 9. 1 Th. 1. 6. Ja. 1. 9, 10; 2. 5. Re. 2. 9. *for.* ch. 12. 32; 13. 28; 14. 15. Mat. 5. 3, 10. Ac. 14. 22. 1 Co. 3. 21-23. 2 Th. 1. 5. Ja. 1. 12.

21 *ye that hunger.* ver. 25; ch. 1. 53. Ps. 42. 1, 2; 143. 6. Is. 55. 1, 2. 1 Co. 4. 11. 2 Co. 11. 27; 12. 10. *for ye shall be.* Ps. 17. 15; 63. 1-5; 65. 4; 107. 9. Is. 25. 6; 44. 3, 4; 49. 9, 10; 65. 13; 66. 10. Je. 31. 14, 25. Mat. 5. 6. Jno. 4. 10; 6. 35; 7. 37, 38. Re. 7. 16. *ye that weep.* ver. 25. Ps. 6. 6-8; 42. 3; 119. 136; 126. 5, 6, 36. Ec. 7. 2, 3. Is. 30. 19; 57. 17, 18; 61. 1-3. Je. 9. 1; 13. 17; 31. 9, 13, 18-20. Eze. 7. 16; 9. 4. Mat. 5. 4. Jno. 11. 35; 16. 20, 21. Ro. 9. 1-3. 2 Co. 1. 4-6; 6. 10; 7. 10, 11. Ja. 1. 2-4, 12. 1 Pe. 1. 6-8. Re. 21. 3. *ye shall laugh.* Ge. 17. 17; 21. 6. Ps. 28. 7; 30. 11, 12; 126. 1, 2. Is. 12. 1, 2; 65. 14.

22 *when men.* Mat. 5. 10-12; 10. 22. Mar. 13. 9-13. Jno. 7. 7; 15. 18-20; 17. 14. 2 Co. 11. 23-26. Phi. 1. 28-30. 1 Th. 2. 14, 15. 2 Ti. 3. 11, 12. 1 Pe. 2. 19, 20; 3. 14; 4. 12-16. *separate.* ch. 20. 15. Is. 65. 5; 66. 5. Jno. 9. 22-28, 34; 12. 42; 16. 2. Ac. 22. 22; 24. 5. *for.* ch. 21. 17. Mat. 10. 18, 22, 39. Ac. 9. 16. 1 Co. 4. 10, 11.

23 *Rejoice.* Ac. 5. 41. Ro. 5. 3. 2 Co. 12. 10. Col. 1. 24. Ja. 1. 2. *leap.* ch. 1. 41, 44. 2 Sa. 6. 16. Is. 35. 6. Ac. 3. 8; 14. 10. *your.* ver. 35. Mat. 5. 12; 6. 1, 2. 2 Th. 1. 5-7. 2 Ti. 2. 12; 4. 7, 8. He. 11. 6, 26. 1 Pe. 4. 13. Re. 2. 7, 10, 11, 17, 26; 3. 5, 12; 21. 7. *for in.* 1 Ki. 18. 4; 19. 2, 10, 14; 21. 20; 22. 8, 27. 2 Ki. 6. 31. 2 Ch. 36. 16. Ne. 9. 26. Je. 2. 30. Mat. 21. 35, 36; 23. 31-37. Ac. 7. 51, 52. 1 Th. 2. 14, 15. He. 11. 32-39.

24 *woe.* ch. 12. 15-21; 18. 23-25. Job 21. 7-15. Ps. 49. 6, 7, 16-19; 73. 3-12. Pr. 1. 32. Je. 5. 4-6. Am. 4. 1-3; 6. 1-6. Hag. 2. 9. 1 Ti. 6. 17. Ja. 2. 6; 5. 1-6. Re. 18. 6-8. *for.* ch. 16. 19-25. Mat. 6. 2, 5, 16.

25 *full.* De. 6. 11, 12. 1 Sa. 2. 5. Pr. 30. 9. Is. 28. 7; 65. 13. Phi. 4. 12, 13. Re. 3. 17. *hunger.* Is. 8. 21; 9. 20; 65. 13. *laugh.* ch. 8. 53; 16. 14, 15. Ps. 22. 6, 7. Pr. 14. 13. Ec. 2. 2; 7. 3, 6. Ep. 5. 4. Ja. 4. 9. *mourn.* ch. 12. 20; 13. 28. Job 20. 5-7; 21. 11-13. Ps. 49. 19. Is. 21. 3, 4; 24. 7-12. Da. 5. 4-6. Am. 8. 10. Na. 1. 10. Mat. 22. 11-13. 1 Th. 5. 3. Re. 18. 7-11.

26 *when.* Mi. 2. 11. Jno. 7. 7; 15. 19. Ro. 16. 18. 2 Th. 2. 8-12. Ja. 4. 4. 2 Pe. 2. 18, 19. 1 Jno. 4. 5, 6. Re. 13. 3, 4. *so.* 1 Ki. 22. 6-8, 13, 14, 24-28. Is. 30. 10. Je. 5. 31. 2 Pe. 2. 1-3.

27 *unto.* ch. 8. 8, 15, 18. Mar. 4. 24. *Love.* ver. 35; ch. 23. 34. Ex. 23. 4, 5. Job 31. 29-31. Ps. 7. 4. Pr. 24. 17; 25. 2, 21, 22. Mat. 5. 43-45. Ac. 7. 60. Ro. 12. 17-21. 1 Th. 5. 15. *do.* ver. 22. Ac. 10. 38. Ga. 6. 10. 3 Jno. 11.

28 *Bless.* ch. 23. 34. Ac. 7. 60. Ro. 12. 14. 1 Co. 4. 12. Ja. 3. 10. 1 Pe. 3. 9. *despitefully.* Eze. 25. 15; 36. 5. Ac. 14. 5.

29 *unto.* Mat. 5. 39. *smiteth.* ch. 22. 64. 2 Ch. 18. 23. Is. 50. 6. La. 3. 30. Mi. 5. 1. Mat. 26. 67. Jno. 18. 22. Ac. 23. 2. 1 Co. 4. 11. 2 Co. 11. 20. *and him.* 2 Sa. 19. 30. Mat. 5. 40, 41. 1 Co. 6. 7. He. 10. 34.

30 *Give.* ver. 38; ch. 11. 41; 12. 33; 18. 22. De. 15. 7-10. Ps. 41. 1; 112. 9. Pr. 3. 27, 28; 11. 24, 25; 19. 17; 21. 26; 22. 9. Eze. 11. 1, 2. Is. 58. 7-10. Ec. 18. 16. Mat. 5. 42, etc. Ac. 20. 35. 2 Co. 8. 9; 9. 6-14. Ep. 4. 28. *and.* Ex. 22. 26, 27. Ne. 5. 1-19. Mat. 6. 12; 18. 27-30, 35.

31 Mat. 7. 12; 22. 39. Ga. 5. 14. Ja. 2. 8-16.

32 *if.* Mat. 5. 46, 47. *what.* 1 Pe. 2. 19, 20.

34 ver. 35; ch. 14. 12-14. De. 15. 8-11. Mat. 5. 42.

35 *love.* ver. 27-31. Le. 25. 35-37. Ps. 37. 26; 112. 5. Pr. 19. 17; 22. 9. Ro. 5. 8-10. 2 Co. 8. 9. *and ye.* Mat. 5. 44, 45. Jno. 13. 35; 15. 8. 1 Jno. 3. 10-14; 4. 7-11. *for.* Ps. 145. 9. Ac. 14. 17.

36 Mat. 5. 48. Ep. 4. 31; 5. 1, 2. 1 Pe. 1. 15, 16.

37 *Judge.* Is. 65. 5. Mat. 7. 1. Ro. 2. 1, 2; 14. 3, 4, 10-16. 1 Co. 4. 3-5. Ja. 4. 11, 12. *forgive.* ch. 17. 3, 4. Mat. 5. 7; 6. 14, 15; 18. 35. Mar. 11. 25, 26. 1 Co. 13. 4-7. Ep. 4. 32. Col. 3. 13.

38 *and it.* ver. 30. De. 15. 10. Ezr. 7. 27, 28. Job 31. 16-20; 42. 11. Pr. 3. 9, 10; 10. 22; 19. 17; 22. 9. Ec. 11. 1, 2. Mat. 10. 42. 2 Co. 8. 14, 15; 9. 6-8. Phi. 4. 17-19. *bosom.* Ps. 79. 12. *with.* De. 19. 16-21. Ju. 1. 7. Es. 7. 10; 9. 25. Ps. 18. 25, 26; 41. 1, 2. Mat. 7. 2. Mar. 4. 24. Ja. 2. 13. Re. 16. 5, 6.

39 *Can.* Is. 9. 16; 56. 10. Mat. 15. 14; 23. 16-26. Ro. 2. 19. 1 Ti. 6. 3-5. 2 Ti. 3. 13. *shall.* Je. 6. 15; 8. 12; 14. 15, 16. Mi. 3. 6, 7. Zec. 11. 15-17. Mat. 23. 33.

40 *disciple.* Mat. 10. 24, 25. Jno. 13. 16; 15. 20. *that is perfect shall be as his master. or,* shall be perfected as his master. Mat. 23. 15.

41 *why.* Mat. 7. 3-5. Ro. 2. 1, 21-24. *but.* 2 Sa. 12. 5-7; 20. 9, 10, 20, 21. 1 Ki. 2. 32. 1 Ch. 21. 6. Ps. 36. 2. Je. 17. 9. Eze. 18. 28. Jno. 8. 7, 40-44. Ja. 1. 24.

42 *hypocrite.* ch. 13. 15. Mat. 23. 13-15. Ac. 8. 21; 13. 10. *cast.* ch. 22. 32. Ps. 50. 16-21; 51. 9-13. Pr. 18. 17. Mat. 26. 75. Ac. 2. 38; 9. 9-20. Ro. 2. 1, 21, etc. 2 Co. 5. 18. 1 Th. 2. 10-12. Phile. 10, 11. *see.* Mat. 6. 22, 23. 2 Ti. 2. 21. 2 Pe. 1. 9. Re. 3. 17, 18.

43 Ps. 92. 12-14. Is. 5. 4; 61. 3. Je. 2. 21. Mat. 3. 10; 7. 16-20; 12. 33.

44 *For of.* Ga. 5. 19-23. Tit. 2. 11-13. Ja. 3. 12. Jude 12. *grapes. Gr.* a grape.

45 *good man.* Ps. 37. 30, 31; 40. 8-10; 71. 15-18. Pr. 10. 20, 21; 12. 18; 15. 23; 22. 17, 18. Mat. 12. 35. Jno. 7. 38. Ep. 4. 29; 5. 3, 4, 19. Col. 4. 6. *treasure.* 2 Co. 4. 6, 7. Ep. 3. 8. Col. 3. 16. He. 8. 10. *and an.* Ps. 12. 2-4; 41. 6, 7; 52. 2-4; 59. 7, 12; 64. 3-8; 140. 5. Je. 9. 2-5. Ac. 5. 3; 8. 19-23. Ro. 3. 13, 14. Ja. 3. 5-8. Jude 15. *for.* Mat. 12. 34-37.

46 ch. 13. 25-27. Mal. 1. 6. Mat. 7. 21-23; 25. 11, 24, 44. Jno. 13. 13-17. Ga. 6. 7.

47 *cometh.* ch. 14. 26. Is. 55. 3. Mat. 11. 28. Jno. 5. 40; 6. 35, 37, 44, 45. 1 Pe. 2. 4. *heareth.* Mat. 7. 24, 25; 17. 5. Jno. 8. 52; 9. 27, 28; 10. 27. *doeth.* ch. 8. 8, 13; 11. 28. Mat. 11. 29; 12. 50. Jno. 13. 17; 14. 15, 21-24; 15. 9-14. Ro. 2. 7-10. He. 5. 9. Ja. 1. 22-25; 4. 17. 2 Pe. 1. 10. 1 Jno. 2. 29; 3. 7. Re. 22. 14.

48 *and laid.* Pr. 10. 25. Is. 28. 16. Mat. 7. 25, 26. 1 Co. 3. 10-12. Ep. 2. 20. 2 Ti. 2. 19. *rock.* De. 32. 15, 18, 31. 1 Sa. 2. 2. 2 Sa. 22. 2, 32, 47; 23. 3. Ps. 95. 1. Is. 26. 4. 1 Pe. 2. 4-6. *the flood.* 2 Sa. 22. 5. Ps. 32. 6; 93. 3, 4; 125. 1, 2. Is. 59. 19. Na. 1. 8. Jno. 16. 33. Ac. 14. 22. Ro. 8. 35-38. 1 Co. 3. 13-15; 15. 55-58. 2 Pe. 3. 10-14. 1 Jno. 2. 28. Re. 6. 14-17; 20. 11-15. *could.* 2 Pe. 1. 10. Jude 24. *for.* Ps. 46. 1-3; 62. 2.

49 *that heareth.* ver. 46; ch. 8. 5-7; 19. 14, 27. Je. 44. 16, 17. Eze. 33. 31. Mat. 21. 29, 30; 23. 3. Jno. 15. 2. Ja. 1. 22-26; 2. 17-26. 2 Pe. 1. 5-9. 1 Jno. 2. 3, 4. *against.* Mat. 13. 20-22; 24. 10. Ac. 20. 29; 26. 11. 1 Th. 3. 5. *immediately.* Pr. 28. 18. Ho. 4. 14. Mat. 12. 43-45. Mar. 4. 17. 1 Jno. 2. 19. *the ruin.* ch. 10. 12-16; 11. 24-26; 12. 47. He. 10. 26-29. 2 Pe. 2. 20.

## CHAP. VII.

*Christ finds a greater faith in the centurion, a Gentile, than in any of the Jews, 1-9; heals his servant, being absent, 10; raises from death the widow's son at Nain, 11-17; answers John's messengers with the declaration of his miracles, 18-23; testifies to the people what opinion he held of John, 24-30; inveighs against the Jews, who with neither the manners of John nor of Jesus could be won, 31-35; and suffering his feet to be washed and anointed by a woman who was a sinner, he shews how he is a friend to sinners, to forgive them their sins, upon their repentance, 36-50.*

1 *when.* Mat. 7. 28, 29. *he entered.* Mat. 8. 5-13.

2 *centurion's.* ch. 23. 47. Mat. 27. 54. Ac. 10. 1; 22. 26; 23. 17; 27. 1, 3, 43. *who.* Ge. 24. 2-14, 27, 35-49; 35. 8; 39. 4-6. 2 Ki. 5. 2, 3. Job 31. 15. Pr. 29. 21. Ac. 10. 7. Col. 3. 22-25; 4. 1. *was sick.* ch. 8. 42. Jno. 4. 46, 47; 11. 2, 3.

3 ch. 8. 41; 9. 38. Mat. 8. 5. Jno. 4. 47. Phile. 10.

4 *worthy.* ver. 6, 7; ch. 20. 35. Mat. 10. 11, 13, 37, 38. Re. 3. 4.

5 *he loveth.* 1 Ki. 5. 1. 2 Ch. 2. 11, 12. Ga. 5. 6. 1 Jno. 3. 14; 5. 1-3. *and.* 1 Ch. 29. 3, etc. Ezr. 7. 27, 28. 1 Jno. 3. 18, 19.

6 *Jesus.* Mat. 20. 28. Mar. 5. 24. Ac. 10. 38. *trouble.* ch. 8. 49. *for.* ver. 4; ch. 5. 8; 15. 19-21. Ge. 32. 10. Pr. 29. 23. Mat. 3. 11; 5. 26, 27. Ja. 4. 6, 10.

7 *but.* ch. 4. 36; 5. 13. Ex. 15. 26. De. 32. 39. 1 Sa. 2. 6. Ps. 33. 9; 107. 20. Mar. 1. 27.

8 *under.* Ac. 22. 25, 26; 23. 17, 23, 26; 24. 23; 25 26. *one. Gr.* this man. *and he goeth.* Ac. 10. 7, 8. Col. 3. 22. 1 Ti. 6. 1, 2.

9 *he marvelled.* Mat. 8. 10; 15. 28. *not in.* Ps. 147. 19, 20. Mat. 9. 33. Ro. 3. 1-3; 9. 4, 5.

10 Mat. 8. 13; 15. 28. Mar. 9. 23. Jno. 4. 50-53.

11 *he went.* Ac. 10. 38.

12 *the only.* ch. 8. 42. Ge. 22. 2, 12. 2 Sa. 14. 7. 1 Ki. 17. 9, 12, 18, 23. 2 Ki. 4. 16, 20. Zec. 12. 10. *a widow.* Job 29. 13. Ac. 9. 39, 41. 1 Ti. 5. 4, 5. Ja. 1. 27. *and much.* ch. 8. 52. Jno. 11. 19.

13 *he.* Ju. 10. 16. Ps. 86. 5, 15; 103. 13. Is. 63. 9. Je. 31. 20. La. 3. 32, 33. Mar. 8. 2. Jno. 11. 33-35. He. 2. 17; 4. 15. *Weep not.* ch. 8. 52. Je. 31. 15, 16. Jno. 20. 13, 15. 1 Co. 7. 30. 1 Th. 4. 13.

14 *bier. or,* coffin. *Young.* ch. 8. 54, 55. 1 Ki. 17. 21. Job 14. 12, 14. Ps. 33. 9. Is. 26. 19. Eze. 37. 3-10. Jno. 5. 21, 25, 28, 29; 11. 25, 43, 44. Ac. 9. 40, 41. Ro. 4. 17. Ep. 5. 14.

15 1 Ki. 17. 23, 24. 2 Ki. 4. 32-37; 13. 21.

16 *a fear.* ch. 1. 65; 5. 8, 26; 8. 37. Je. 33. 9. Mat. 28. 8. Ac. 5. 5, 11-13. *they.* ch. 2. 20. Mat. 9. 8; 15. 31. Ga. 1. 24. *a great.* ver. 39; ch. 9. 19; 24. 19. Jno. 1. 21, 25; 4. 19; 6. 14; 7. 40, 41; 9. 17. Ac. 3. 22, 23; 7. 37. *God.* ch. 1. 68; 19. 44. Ex. 4. 31. Ps. 65. 9; 106. 4, 5.

17 ch. 4. 14. Mat. 4. 24; 9. 31. Mar. 1. 28; 6. 14.

18 See on Mat. 11. 2-6. Jno. 3. 26.

19 *John.* When we remember the Baptist's solemn testimony to Christ, the sign from heaven, and the miraculous impulse which made him acknowledge Jesus the Messiah, we shall be constrained to think that he sent to Christ, not for his own satisfaction, but for that of his disciples. *two.* ch. 10. 1. Jos. 2. 1. Mar. 6. 7. Ac. 10. 7, 8. Re. 11. 3. *Art.* Ge. 3. 15; 22. 18; 49. 10. De. 18. 15-18. Ps. 110. 1-4. Is. 7. 14; 9. 6, 7; 11. 1; 40. 10, 11; 59. 20, 21. Je. 23. 5, 6. Da. 9. 24-26. Mi. 5. 2. Hag. 2. 7. Zec. 9. 9. Mal. 3. 1-3; 4. 2. Jno. 4. 25.

21 *plagues.* 1 Ki. 8. 37. Ps. 90. 7-9. Mar. 3. 10; 5. 29, 34. 1 Co. 11. 30-32. He. 12. 6. Ja. 5. 14, 15. *evil spirits.* Πνευματα πονηρα, are here clearly distinguished from *bodily* disorders.

22 *Go.* Jno. 1. 46. *how.* ver. 21; ch. 18. 35-43. Job 29. 15. Ps. 146. 8. Is. 29. 18, 19; 32. 3, 4; 35. 5, 6; 42. 6, 7, 16; 61. 1-3. Je. 31. 8. Mat. 9. 28-30; 21. 14. Jno. 9. 30-33. Ac. 26. 18. *the lame.* Mat. 15. 30, 31. Ac. 3. 2-8; 8. 7; 14. 8-10. *the lepers.* See on ch. 5. 12-15; 17. 12-19. *the deaf.* Is. 43. 8. Mar. 7. 32-37. *the dead.* See on ver. 14, 15; ch. 8. 53-55. *to.* ch. 4. 18. Zep. 3. 12. Ja. 2. 5.

23 ch. 2. 34. Is. 8. 14, 15. Mat. 11. 6; 13. 57, 58. Jno. 6. 60-66. Ro. 9. 32, 33. 1 Co. 1. 21-28; 2. 14. 1 Pe. 2. 7, 8.

24 *What.* See on Mat. 11. 7, 8. *wilderness.* ch. 1. 80; 3. 2. Mat. 3. 1-5. Mar. 1. 4, 5. Jno. 1. 23. *A reed.* Ge. 49. 4. 2 Co. 1. 17-20. Ep. 4. 14. Ja. 1. 6-8. 2 Pe. 2. 17; 3. 17.

25 *A man.* 2 Ki. 1. 8. Is. 59. 17. Mat. 3. 4. 1 Pe. 3. 3, 4. *are in.* 2 Sa. 19. 35. 1 Ki. 10. 5. Es. 1. 3, 11; 4. 2; 5. 1; 8. 15. Mat. 6. 29.

26 *A prophet.* ch. 1. 76; 20. 6. *and.* ch. 16. 16. See on Mat. 11. 9-14. Jno. 3. 26, etc.; 5. 35.

27 *Behold.* ch. 1. 15-17, 76. Is. 40. 3. Mal. 3. 1; 4. 5, 6. Jno. 1. 23.

28 *Among.* ch. 1. 14, 15; 3. 16. *but.* ch. 9. 48; 10. 23, 24. Mat. 11. 11; 13. 16, 17. Ep. 3. 8, 9. Col. 1. 25-27. He. 11. 39, 40. 1 Pe. 1. 10-12.

29 *justified.* ver. 35. Ju. 1. 7. Ps. 51. 4. Ro. 3. 4-6; 10. 3. Re. 15. 3; 16. 5. *being.* ch. 3. 12. Mat. 3. 5, 6; 21. 31, 32.

30 *rejected. or,* frustrated. ch. 13. 34. Je. 8. 8. Ro. 10. 21. 2 Co. 6. 1. Ga. 2. 21. *the counsel.* Ac. 20. 27. Ep. 1. 11. *against. or,* within.

31 *Whereunto.* La. 2. 13. Mat. 11. 16, etc. Mar. 4. 30.

32 *are.* Pr. 17. 16. Is. 28. 9-13; 29. 11, 12. Je. 5. 3-5. See on Mat. 11. 16-19. *children.* Zec. 8. 5.

33 *came.* ch. 1. 15. Je. 16. 8-10. Mat. 3. 4. Mar. 1. 6. *He.* Mat. 10. 25. Jno. 8. 48, 52; 10. 20. Ac. 2. 13.

34 *eating.* ver. 36; ch. 5. 29; 11. 37; 14. 1. Jno. 2. 2; 12. 2. *a friend.* ch. 15. 2; 19. 7. Mat. 9. 11.

35 ver. 29. Pr. 8. 32-36; 17. 16. Ho. 14. 9. Mat. 11. 19. 1 Co. 2. 14, 15.

36 *one.* Mat. 26. 6, etc. Mar. 14. 3, etc. Jno. 11. 2, etc. *And he.* ver. 34; ch. 11. 37; 14. 1.

37 *which.* ver. 34, 39; ch. 5. 30, 32; 18. 13; 19. 7. Mat. 21. 31. Jno. 9. 24, 31. Ro. 5. 8. 1 Ti. 1, 9, 15. 1 Pe. 4. 18. *an.* Mat. 26. 7. Mar. 14. 3. Jno. 11. 2; 12. 2, 3.

38 *weeping.* ch. 6. 21; 22. 62. Ju. 2. 4, 5. Ezr. 10. 1. Ps. 6. 6-8; 38. 18; 51. 17; 126. 5, 6. Is. 61. 3. Je. 31. 9, 18-20. Joel 2. 12. Zec. 12. 10. Mat. 5. 4. 2 Co. 7. 10, 11. Ja. 4. 9. *wash.* ver. 44. Ge. 18. 4. Jno. 13. 4, 5. *and anointed.* ver. 45, 46. Ec. 9. 8. Ca. 1. 3. Is. 57. 9.

39 *he spake.* ch. 3. 8; 12. 17; 16. 3; 18. 4. 2 Ki. 5. 20. Pr. 23. 7. Mar. 2. 6, 7; 7. 21. *This man.* ver. 16. Jno. 7. 12, 40, 41, 47-52; 9. 24. *would.* ver. 37; ch. 15. 2, 28-30; 18. 9-11. Is. 65. 5. Mat. 9. 12, 13; 20. 16; 21. 28-31.

40 *answering.* ch. 5. 22, 31; 6. 8. Jno. 16. 19, 30. *Master.* ch. 18. 18; 20. 20, 21. Eze. 33. 31. Mal. 1. 6. Mat. 7. 22; 26. 49. Jno. 3. 2; 13. 13.

41 *a certain.* ch. 11. 4; 13. 4, marg. Is. 50. 1. Mat. 6. 12; 18. 23-25. *the one.* ver. 47. Ro. 5. 20. 1 Ti. 1. 15, 16. *pence.* See Mat. 18. 28, marg. *the other.* ch. 12. 48. Nu. 27. 3. Je. 3. 11. Jno. 15. 22-24. Ro. 3. 23. 1 Jno. 1. 8-10.

42 *when.* Ps. 49. 7, 8. Mat. 18, 25, 26, 34. Ro. 5. 6. Ga. 3. 10. *he.* Ps. 32. 1-5; 51. 1-3; 103. 3. Is. 43. 25; 44. 22. Je. 31. 33, 34. Da. 9. 18, 19. Mi. 7. 18-20. Mat. 6. 12. Ac. 13. 38, 39. Ro. 3. 24; 4. 5-8; 11. 6. Ep. 1. 7; 4. 32. Col. 3. 13.

43 *I.* ver. 47. 1 Co. 15. 9, 10. 2 Co. 5. 14, 15. 1 Ti. 1. 13-16. *Thou.* ch. 10. 28. Ps. 116. 16-18. Mar. 12. 34.

44 *Seest.* ver. 37-39. *thou.* Ge. 19. 2. Ju. 19. 21. 1 Sa. 25. 41. 1 Ti. 5. 10. Ja. 2. 6.

45 *gavest.* Ge. 29. 11; 33. 4. 2 Sa. 15. 5; 19. 39. Mat. 26. 48. Ro. 16. 16. 1 Co. 16. 20. 1 Th. 5. 26. *this.* Many have supposed that this person was Mary Magdalene, and Mary the sister of Lazarus. But there is no indication in the gospel history, that Mary Magdalene was the sister of Lazarus; but on the contrary, it would appear that they were perfectly distinct persons, the sister of Lazarus residing at Bethany, while Mary Magdalene appears to have resided at Magdala, east of Jordan, a distance of nearly ninety miles. Add to this, that our Saviour seems to have been now in or near Nain, not at Bethany; and the woman appears from the recital to have been previously unknown to him.

46 Ru. 3. 3. 2 Sa. 14. 2. Ps. 23. 5; 104. 15. Ec. 9. 8. Da. 10. 3. Am. 6. 6. Mi. 6. 15. Mat. 6. 17.

47 *Her.* ver. 42; ch. 5. 20, 21. Ex. 34. 6, 7. *which.* Is. 1. 18; 55. 7. Eze. 16. 63; 36. 29-32. Mi. 7. 19. Ac. 5. 31. Ro. 5. 20. 1 Co. 6. 9-11. 1 Ti. 1. 14. 1 Jno. 1. 7. *she.* ver. 43. Mat. 10. 37. Jno. 21. 15-17. 2 Co. 5. 14. Ga. 5. 6. Ep. 6. 24. Phi. 1. 9. 1 Jno. 3. 18; 4. 19; 5. 3.

48 *Thy.* Mat. 9. 2. Mar. 2. 5.

49 *Who.* ch. 5. 20, 21. Mat. 9. 3. Mar. 2. 7.

50 *Thy.* ch. 8. 18, 42, 48; 18. 42. Hab. 2. 4. Mat. 9. 22. Mar. 5. 34; 10. 52. Ep. 2. 8-10. Ja. 2. 14-26. *go.* Ec. 9. 7. Ro. 5. 1, 2.

## CHAP. VIII.

*Women minister unto Christ of their substance,* 1-3. *Christ, after he had preached from place to place, attended by his apostles, propounds the parable of the sower,* 4-15, *and of the candle,* 16-18; *declares who are his mother, and brethren,* 19-21; *rebukes the winds,* 22-25; *casts the legion of devils out of the man into the herd of swine,* 26-36; *is rejected of the Gadarenes,* 37-42; *heals the woman of her bloody issue,* 43-48; *and raises from death Jairus's daughter,* 49-56.

1 *that.* ch. 4. 43, 44. Mat. 4. 23; 9. 35; 11. 1. Mar. 1. 39. Ac. 10. 38. *the glad.* ch. 2. 10, 11; 4. 18. Is. 61. 1-3. Mat. 13. 19. Ac. 13. 32. Ro. 10. 15. *and the.* ch. 6. 14-16. Mat. 10. 2-4. Mar. 3. 16-19.

2 *certain.* ch. 23. 27. Mat. 27. 55, 56. Mar. 15. 40, 41; 16. 1. Jno. 19. 25. Ac. 1. 14. *out.* ver. 30. Mar. 16. 9.

3 *Joanna.* ch. 24. 10. *Herod's.* ch. 9. 7-9. Jno. 4. 46-53. Gr. Ac. 13. 1. Phi. 4. 22. *of their.* 1 Ch. 29. 14. Is. 23. 18. Mat. 2. 11; 25. 40; 26. 11. Ac. 9. 36-39. 2 Co. 8. 9. 1 Ti. 5. 10.

4 Mat. 13. 2. Mar. 4. 1.

5 *sower.* ver. 11. Mat. 13. 3, 4, 18, 19, 24-26, 37. Mar. 4. 2-4, 15, 26-29. *fell.* ver. 12. He. 2. 1. Ja. 1. 23, 24. *it.* Ps. 119. 118. Mat. 5. 13. *and the.* Ge. 15. 11.

6 ver. 13. Je. 5. 3. Eze. 11. 19; 36. 26. Am. 6. 12. Mat. 13. 5, 6, 20, 21. Mar. 4. 5, 6, 16, 17. Ro. 2. 4, 5. He. 3. 7, 8, 15.

7 *thorns.* ver. 14; ch. 21. 34. Ge. 3. 18. Je. 4. 3. Mat. 13. 7, 22. Mar. 4. 7, 18, 19. He. 6. 7, 8.

8 *other.* ver. 15. Mat. 13. 8, 23. Mar. 4. 8, 20. Jno. 1. 12, 13; 3. 3-5. Ep. 2. 10. Col. 1. 10. *an hundredfold.* Ge. 26. 12. *He that.* Pr. 1. 20-23; 8. 1; 20. 12. Je. 13. 15; 25. 4. Mat. 11. 15; 13. 9. Re. 2. 7, 11.

9 *What.* Ho. 6. 3. Mat. 13. 10, 18, 36; 15. 15. Mar. 4. 10, 34; 7. 17, 18. Jno. 15. 15.

10 *Unto.* ch. 10. 21-24. Ps. 25. 14. Mat. 11. 25; 13. 11, 12; 16. 17. Mar. 4. 11. Ro. 16. 25. 1 Co. 2. 7-11; 12. 11. Ep. 3. 3-9. Col. 1. 26-28; 2. 2. 1 Ti. 3. 16. 1 Pe. 1. 10-12. *that seeing.* De. 29. 4. Is. 6. 9; 29. 14; 44. 18. Je. 5. 21. Mat. 13. 14-17. Jno. 12. 40. Ac. 28. 26, 27. Ro. 11. 7-10.

11 *The seed.* Is. 8. 20. Mat. 13. 19. Mar. 4. 14, etc. 1 Co. 3. 6 7, 9-12. Ja. 1. 21. 1 Pe. 1. 23-25.

12 *by.* ver. 5. Pr. 1. 24-26, 29. Mat. 13. 19. Mar. 4. 15. Ja. 1. 23, 24. *then.* Pr. 4. 5. Is. 65. 11. 2 Th. 2. 9-14. Re. 12. 9.

13 *receive.* Ps. 106. 12-14. Is. 58. 2. Eze. 33. 32. Mat. 13. 20, 21. Mar. 4. 16, 17; 6. 20. Jno. 5. 35. Ga. 3. 1, 4; 4. 15-20. *and these.* Job 19. 28. Pr. 12. 3, 12. Ep. 3. 17. Col. 2. 7. Jude 12. *which.* ch. 22. 31, 32. Ho. 6. 4. Jno. 2. 23-25; 8. 30-32; 12. 42, 43; 15. 2, 6. Ac. 8. 13-23. 1 Co. 13. 2; 15. 2. Col. 1. 23. 1 Th. 3. 5. 1 Ti. 1. 19. 2 Ti. 2. 18, 19. He. 10. 39. Ja. 2. 26. 2 Pe. 2. 20, 22. 1 Jno. 2. 19.

14 *and are.* ver. 7; ch. 16. 13; 17. 26-30; 18. 24, 25; 21. 34. Mat. 6. 24, 25; 13. 22. Mar. 4. 19. 1 Ti. 6. 9, 10, 17. 2 Ti. 4. 10. 1 Jno. 2. 15-17. *and bring.* ch. 13. 6-9. Jno. 15. 6.

15 *in an.* ch. 6. 45. De. 30. 6. Ps. 51. 10. Je. 31. 33; 32. 29. Eze. 36. 26, 27. Ro. 7. 18. Ep. 2. 8. Ja. 1. 16-19. 1 Pe. 2. 1, 2. *keep.* ch. 11. 28. Job 23. 11, 12. Ps. 1. 1-3; 119. 11, 127-129. Pr. 3. 1. Je. 15. 16. Jno. 14. 15, 21-24; 15. 10. 1 Co. 7. 19. He. 2. 1. Ja. 1. 22-25. 1 Jno. 2. 3. *bring.* Mat. 24. 13. Ro. 2. 7; 6. 22; 7. 4. Ga. 5. 22-26. Phi. 1. 11; 3. 13-15. Col. 1. 6, 10. He. 6. 11, 12; 10. 36. Ja. 1. 4; 5. 7, 8.

16 *when.* ch. 11. 33. Mat. 5. 15, 16. Mar. 4. 21, 22. Ac. 26. 18. Phi. 2. 15, 16. Re. 1. 20; 2. 1; 11. 4.

17 *nothing.* ch. 12. 2, 3. Ec. 12. 14. Mat. 10. 26. 1 Co. 4. 5.

18 *heed.* ch. 9. 44. De. 32. 46, 47. Pr. 2. 2-5. Mar. 4. 23, 24; 13. 14. Ac. 10. 33; 17. 11. He. 2. 1. Ja. 1. 19-25. 1 Pe. 2. 1, 2. *for.* ch. 19. 26. Mat. 13. 12; 25. 29. Mar. 4. 25. Jno. 15. 2. *from.* ch. 12. 20, 21; 16. 2-4, 19-25. Mat. 7. 22, 23. 1 Co. 13. 1-3. *seemeth to have. or,* thinketh that he hath. Pr. 14. 12. Ro. 12. 3. 1 Co. 3. 18; 8. 2; 14. 37. Phi. 3. 4. Ja. 1. 26.

19 Mat. 12. 46-50. Mar. 3. 21, 31-35.

20 *thy brethren.* Mat. 13. 55, 56. Mar. 6. 3. Jno. 7. 3-6. Ac. 1. 14. 1 Co. 9. 5. Ga. 1. 19.

21 *My mother.* ch. 11. 27, 28. Mat. 25. 40, 45; 28. 10. Jno. 15. 14, 15; 20. 17. 2 Co. 5. 16; 6. 18. He. 2. 11-13. *which.* ver. 15. Mat. 7. 21-26; 17. 5. Jno. 6. 28, 29; 13. 17. Ja. 1. 22. 1 Jno. 2. 29; 3. 22, 23. 3 Jno. 11.

22 *that* Mat. 8. 18, 23-27. Mar. 4. 35-41. Jno. 6. 1. *Let.* Mat. 14. 22. Mar. 5. 21; 6. 45; 8. 13.

23 *he fell.* Ps. 44. 23. Is. 51. 9, 10. He. 4. 15. *came.* Ps. 93. 3, 4; 107. 23-30; 124. 2-4; 148. 8. Is. 54. 11. Ac. 27. 14-20.

24 *Master.* Ps. 69. 1, 2; 116. 3, 4; 142. 4, 5. La. 3. 54-56. Jno. 2. 2-6. Mat. 14. 30. 2 Co. 1. 9, 10. *he arose.* Ps. 65. 7; 104. 6-9; 107. 25-29. Is. 50. 2. Je. 5. 22. Na. 1. 4. *and rebuked.* As the agitation of the sea was merely the *effect* of the wind, it was necessary to remove the *cause* of the commotion before the *effect* would cease. But who, by simply saying, *Peace, be still,* (Mar. 4. 39,) could do this but God? One word of our Lord can change the face of nature, and calm the troubled ocean, as well as restore peace to the disconsolate soul.

25 *Where.* ch. 12. 28. Mat. 6. 30; 8. 26; 14. 31; 17. 20. Mar. 4. 40, 41. Jno. 11. 40. *being:* Ge. 1. 9, 10. Jos. 10. 12-14. Job 38. 8-10. Pr. 8. 29; 30. 4.

26 Mat. 8. 28, etc. Gergesenes. Mar. 5. 1, etc.

27 *met.* Mar. 5. 2-5. *and ware.* 1 Sa. 19. 24. *but.* Nu. 19. 16. Is. 65. 4.

28 *he cried.* ch. 4. 33-36. Mat. 8. 29. Mar. 1. 24-27; 5. 6-8. Ac. 16. 16-18. *What.* ver. 37, 38. *I beseech.* Is. 27. 1. 2 Pe. 2. 4. 1 Jno. 3. 8. Ja. 2. 19. Re. 20. 1-3, 10.

29 *commanded.* Mar. 5. 8. Ac. 19. 12-16. *caught.* ch. 9. 39, 42. Mar. 5. 3-5; 9. 20-26. 2 Ti. 2. 25, 26.

30 *Legion.* Mat. 26. 53. Mar. 5. 9. *many.* ver. 2. Mat. 8. 29. Mar. 16. 9.

31 *they.* ver. 28. Job 1. 11; 2. 5. Phi. 2. 10, 11. *the deep.* 'The *abyss,*' says Dr. DODDRIDGE, 'the prison in which many of these fallen spirits are detained; and to which some, who may, like these, have been permitted for a while to range at large, are sometimes by Divine justice and power remanded.' Mat. 25. 41. Re. 9. 2; 19. 20; 20. 2, 3, 14, 15.

32 *there an.* Le. 11. 7. Is. 65. 4; 66. 3. Mat. 8. 30-33. Mar. 5. 11-13. *besought.* Job 1. 10. Ps. 62. 11. Jno. 19. 11. 1 Jno. 4. 4. *he suffered.* 1 Ki. 22. 22. Job 1. 12; 2. 6. Re. 20. 7.

33 *Then.* By this was fully evinced the sovereign power of our Lord, and the reality of diabolical agency; 'for,' says Dr. DODDRIDGE, 'it was self-evident that a herd of swine could not be confederates in any fraud: their death, therefore, in this instructive circumstance, was ten thousand times a greater blessing to mankind than if they had been slain for food, as was intended. *the herd.* Jno. 8. 44. 1 Pe. 5. 8. Re. 9. 11.

34 *they fled.* Mat. 8. 33; 28. 11. Mar. 5. 14. Ac. 19. 16, 17.

35 *and found.* Is. 49. 24, 25; 53. 12. He. 2. 14, 15. 1 Jno. 3. 8. *sitting.* ch. 2. 46; 10. 39. Mar. 5. 15. Ac. 22. 3. *clothed.* ver. 27; ch. 15. 17. *in his.* Ps. 51. 10.

37 *besought.* ver. 28; ch. 5. 8. De. 5. 25. 1 Sa. 6. 20. 2 Sa. 6. 8, 9. 1 Ki. 17. 18. Job 21. 14, 15. Mat. 8. 34. Mar. 5. 17. Ac. 16. 39. *and he.* ch. 9. 5, 56; 10. 10, 11, 16.

38 *besought.* ver. 28, 37. De. 10. 20, 21. Ps. 27. 4; 32. 7; 116. 12, 16. Mar. 5. 18. Phi. 1. 23. *saying.* Ex. 12. 25-27; 13. 8, 9, 14-16. Ps. 71. 17, 18; 78. 3-6; 107. 21, 22, 31, 32; 111. 2-4; 145. 3-12. Is. 63, 7-13. Mar. 5. 19, 20. Ac. 9. 13-16. Ga. 1. 23, 24. 1 Ti. 1. 13-16.

39 *Return.* 1 Ti. 5. 8. *and published.* ch. 17. 15-18. De. 10. 21. Ps. 66. 16; 126. 2, 3. Da. 4. 1-3, 34-37. Mar. 1. 45. Jno. 4. 29.

40 *that.* Mat. 9. 1. Mar. 5. 21. *the people.* ch. 5. 1; 19. 6, 37, 38, 48. Mar. 6. 20; 12. 37. Jno. 5. 35. *waiting.* Pr. 8. 34. Ac. 10. 33.

41 *there.* Mat. 9. 18-25. Mar. 5. 22, etc. *a ruler.* ch. 13. 14. Ac. 13. 15; 18. 8, 17. *and he fell.* ch. 5. 8; 17. 16. Re. 5. 8. *and besought.* Mat. 8. 7, 8. Mar. 5. 23. Jno. 4. 46-49; 11. 21. Ac. 9. 38.

42 *one.* ch. 7. 12. Ge. 44. 20-22. Job 1. 18, 19. Zec. 12. 10. *and she.* Job 4. 20. Ps. 90. 5-8; 103. 15, 16. Ec. 6. 12. Eze. 24. 16, 25. Ro. 5. 12. *But.* ver. 45. Mar. 5. 24.

43 *having.* Le. 15. 25, etc. Mat. 9. 20-22. Mar. 5. 25. *twelve.* ver. 27; ch. 13. 11, 16. Mar. 9. 21. Jno. 5. 5, 6; 9. 1, 21. Ac. 3. 2; 4. 22; 14. 8-10. *had.* 2 Ch. 16. 12. Ps. 108. 12. Is. 2. 22; 55. 1-3. Mar. 5. 26; 9. 18, 22. *neither.* Job 13. 4.

44 *behind.* ch. 7. 38. *touched.* De. 22. 12. Mar. 5. 27, 28; 6. 56. Ac. 5. 15; 19. 12. *immediately.* ch. 13. 13. Ex. 15. 26. Mal. 4. 2. Mat. 8. 3; 20. 34. Lu. 13. 13.

45 *Who.* 'Not that he was ignorant who had touched him,' says EPIPHANIUS, 'but that he might not be himself the divulger of the miracle, and that the woman, hearing the question, and drawing near, might testify the singular benefit she had received, and that, in consequence of her declaration, she might presently hear from his lips, that her faith had saved her; and that by this means, others might be excited to come and be healed of their disorders.' *the multitude.* ch. 9. 13. Mar. 5. 30-32.

46 *for.* ch. 6. 19. 1 Pe. 2. 9, marg.

47 *when.* Ps. 38. 9. Ho. 5. 3. *she came.* 1 Sa. 16. 4. Ps. 2. 11. Is. 66. 2. Ho. 13. 1. Hab. 3. 16. Mat. 28. 8. Mar. 5. 33. Ac. 16. 29. 1 Co. 2. 3. 2 Co. 7. 15. Phi. 2. 12. He. 12. 28. *she declared.* ch. 17. 15, 16. Ps. 66. 16.

48 *Daughter.* Mat. 9. 2, 22; 12. 20. 2 Co. 6. 18. *thy.* ch. 7. 50; 17. 19; 18. 42. Mat. 8. 13. Mar. 5. 34. Ac. 14. 9. He. 4. 2. *go.* Ex. 4. 18. 1 Sa. 1. 17. 2 Ki. 5. 19.

49 *he.* ver. 41-43. Mat. 9. 23-26. Mar. 5. 35, etc. *trouble.* ch. 7. 6; 11. 7. Is. 7. 12. Mar. 5. 35.

50 *believe.* ver. 48. Is. 50. 10. Mar. 5. 36; 9. 23; 11. 22-24. Jno. 11. 25, 40. Ro. 4. 17, 20.

51 *he suffered.* 1 Ki. 17. 19-23. 2 Ki. 4. 4-6, 34-36. Is. 42. 2. Mat. 6. 5, 6. Ac. 9. 40. *save.* ch. 6. 14; 9. 28. Mar. 5. 37-40; 14. 33.

52 *all.* Ge. 23. 2; 27. 34, 35. 2 Sa. 18. 33. Je. 9. 17-21. Eze. 24. 17. Zec. 12. 10. *she.* Mar. 5. 38, 39. Jno. 11. 4, 11-13.

53 *laughed.* ch. 16. 14. Job 12. 4; 17. 2. Ps. 22. 7. Is. 53. 3. *knowing.* Mar. 15. 44, 45. Jno. 11. 39; 19. 33-35.

54 *he put.* ver. 51. Mar. 5. 40. *took.* Je. 31. 32. Mat. 9. 25. Mar. 1. 31; 5. 41; 8. 23; 9. 27. *Maid.* ch. 7. 14, 15. Jno. 5. 21, 28, 29; 11. 43. Ac. 9. 40. Ro. 4. 17.

55 *her spirit.* This expression, thus used of one who had been dead, strongly implies, that at death the soul not only exists separately, but returns and is re-united to the body, when it is raised from the dead. 1 Ki. 17. 21-23. Jno. 11. 44. *and he.* ch. 24. 41-43. Mar. 5. 43. Jno. 11. 44.

56 *he charged.* ch. 5. 14. Mat. 8. 4; 9. 30. Mar. 5. 42, 43.

## CHAP. IX.

*Christ sends his apostles to work miracles, and to preach,* 1-6. *Herod desires to see Christ,* 7-9. *The apostles return,* 10, 11. *Christ feeds five thousand,* 12-17; *enquires what opinion the world had of him; fortells his passion,* 18-22; *proposes to all the pattern of his patience,* 23-27. *The transfiguration,* 28-36. *He heals the lunatic,* 37-42; *again forwarns his disciples of his passion,* 43-45; *commends humility,* 46-50; *bids them to shew mildness towards all, without desire of revenge,* 51-56. *Divers would follow him, but upon conditions,* 57-62.

1 *he.* ch. 6. 13-16. Mat. 10. 2-5. Mar. 3. 13-19; 6. 7-13. *gave.* ch. 10. 19. Mat. 10. 1; 16. 19. Mar. 6. 7; 16. 17, 18. Jno. 14. 12. Ac. 1. 8; 3. 16; 4. 30; 9. 34.

2 ch. 10. 1, 9, 11; 16. 16. Mat. 3. 2; 10. 7, 8; 13. 19; 24. 14. Mar. 1. 14, 15; 6. 12; 16. 15. He. 2. 3, 4.

3 *Take.* ch. 10. 4, etc; 12. 22; 22. 35. Ps. 37. 3. Mat. 10. 9, 10. Mar. 6. 8, 9. 2 Ti. 2. 4. *two.* ch. 3. 11; 5. 29; 12. 28.

4 ch. 10. 5-8. Mat. 10. 11. Mar. 6. 10. Ac. 16. 15.

5 *whosoever.* ver. 48; ch. 10. 10-12, 16. Mat. 10. 14, 15. Mar. 6. 11; 9. 37. Ac. 13. 51; 18. 6. *shake.* ver. 53-56. Ne. 5. 13. *a testimony.* ch. 5. 14. Mat. 10. 18.

6 ver. 1, 2. Mar. 6. 12, 13; 16. 20. Ac. 4. 30; 5. 15.

7 A.M. 4036. A.D. 32. *Herod.* Job 18. 11, 12. Ps. 73. 19. Mat. 14. 1-12. Mar. 6. 14-28. *Tetrarch.* A *tetrarch,* τετραρχης, from τετρας, *four,* and αρχη, *government,* properly signifies a *prince,* or *ruler* over a *quarter* of any region; and had its origin from Galatia, which was governed by four princes. In the New Testament, however, it denotes a *prince,* or *king,* who reigns over the *fourth* part of a former kingdom. By Herod's will his kingdom was thus divided among his sons: Archelaus had one-half, consisting of Idumea, Judea, and Samaria; Herod Antipas, one-fourth, consisting of Galilee and Perea; and Philip the remaining fourth, consisting of Batanea, Trachonitis, and Auranitis. *he.* ch. 21. 25. Is. 22. 5. Mi. 7. 4.

8 ver. 19. Mat. 17. 10. Mar. 6. 15; 8. 28. Jno. 1. 21.

9 *John.* ver. 7. *And he.* ch. 13. 31, 32; 23. 8.

10 *the apostles.* ch. 10. 17. Zec. 1. 10. Mar. 6. 30. He. 13. 17. *he took.* Mat. 14. 13. Mar. 2. 7; 6. 31, 32. *Bethsaida.* Mat. 11. 21. Mar. 6. 45. Jno. 1. 44.

11 *when.* Mat. 14. 14. Mar. 6. 33, 34. Ro. 10. 14, 17. *and he.* Is. 61. 1. Jno. 4. 34; 6. 37. Ro. 15. 3. 2 Ti. 4. 2. *the kingdom.* ch. 8. 1, 10. Mat. 21. 31, 43. Ac. 28. 31. *healed.* ch. 1. 53; 5. 31. He. 4. 16.

12 *when.* Mat. 14, 15, etc. Mar. 6. 35, 36, etc. Jno. 6. 1, 5, etc. *Send.* Mat. 15. 23, 32. *for.* Ps. 78. 19, 20. Eze. 34. 25. Ho. 13. 5.

13 *Give.* 2 Ki. 4. 42, 43. Mat. 14. 16, 17. Mar. 6. 37, 38. Jno. 6. 5-9. *have.* Nu. 11. 21-23. Pr. 11. 24, 25.

14 *Make.* Mar. 6. 39, 40; 8. 6. 1 Co. 14. 40.

16 *and looking.* Ps. 121. 1, 2. Mat. 14. 19. Mar. 7. 34. *he blessed.* ch. 22. 19; 24. 30. Mat. 15. 36. Jno. 6. 11, 23. Ac. 27. 35. Ro. 14. 6. 1 Co. 10. 30; 11. 24. 1 Ti. 4. 4, 5.

17 *eat.* Ps. 37. 16. Pr. 13. 25. Mat. 14. 20, 21; 15. 37, 38. Mar. 6. 42-44; 8. 8, 9. *were.* Ps. 107. 9. *and there.* 2 Ki. 4. 44. Mat. 16. 9, 10. Mar. 8. 19, 20. Jno. 6. 11-13. Phi. 4. 18, 19.

18 *as.* ch. 11. 1; 22. 39-41. Mat. 26. 36. *Whom.* Mat. 16. 13, 14. Mar. 8. 27-30.

19 *John.* See on ver. 7, 8. Mal. 4. 5. Mat. 14. 2. Jno. 1. 21, 25. *old.* Mar. 6. 15. Jno. 7. 40; 9. 17.

20 *whom.* Mat. 5. 47; 16. 15; 22. 42. *The.* ch. 22. 67. Mat. 16. 16, 17; 26. 63. Mar. 8. 29; 14. 61. Jno. 1. 41, 49; 4. 29, 42; 6. 69; 7. 41; 11. 27; 20. 31. Ac. 8. 37; 9. 22; 17. 3. 1 Jno. 5. 1.

21 Mat. 16. 20; 17. 9. Mar. 8. 31.

22 ver. 44; ch. 18. 31-34; 24. 7, 26. Ge. 3. 15. Ps. 22; 69. Is. ch. 53. Da. 9. 26. Zec. 13. 7. Mat. 16. 21; 17. 12, 22. Mar. 8. 31; 9. 31; 10. 33, 34. Ac. 4. 25-28; 13. 27-29. 1 Co. 15. 4. 1 Pe. 1. 11.

23 *If.* ch. 14. 26, 27. Mat. 10. 38, 39; 16. 22-25. Mar. 8. 34-38. Jno. 12. 25, 26. Ro. 8. 13. Col. 3. 5. 2 Ti. 3. 12. *deny.* Tit. 2. 12. *daily.* 1 Co. 15. 30, 31.

24 ch. 17. 33. Ac. 20. 23, 24. He. 11. 35. Re. 2. 10; 12. 11.

25 *what.* ch. 4. 5-7; 12. 19-21; 16. 24, 25. Ps. 49. 6-8. Mat. 16. 26. Mar. 8. 36; 9. 43-48. Ac. 1. 18, 25. 2 Pe. 2. 15-17. Re. 18. 7, 8. *himself.* Or, as in the parallel passage, την ψυχην αυτου, 'his soul,' or *life. be.* Mat. 13. 48, 50. 1 Co. 9. 27.

26 *whosoever.* ch. 12. 8, 9. Ps. 22. 6-8. Is. 53. 3. Mat. 10. 32, 33. Mar. 8. 38. Jno. 5. 44; 12. 43. Ro. 1. 16. 2 Co. 12. 10. Ga. 6. 14. 2 Ti. 1. 12; 2. 12. He. 11. 26; 13. 13. 1 Pe. 4. 14-16. Re. 3. 5. *of him.* ch. 13. 25-27. Mat. 7. 22, 23. Re. 21. 8. *when.* Da. 7. 10. Mat. 16. 27; 24. 30, 31; 25. 31; 26. 64. 2 Th. 1. 8-10. Jude 14. Re. 1. 7; 20. 11.

27 *I tell.* Mat. 16. 28. Mar. 9. 1. Jno. 14. 2; 16. 7. *some.* Jno. 21. 22, 23. *taste.* ch. 2. 26. Jno. 8. 51, 52, 59. He. 2. 9. *see.* ch. 22. 18. Mar. 14. 25.

28 *about.* Mat. 17. 1, etc. Mar. 9. 2, etc. *sayings. or,* things. *he.* ch. 8. 51. Mat. 26. 37-39. Mar. 14. 33-36. 2 Co. 13. 1. *into.* ver. 18; ch. 6. 12. Ps. 109. 4. Mar. 1. 35; 6. 46. He. 5. 7.

29 Ex. 34. 29-35. Is. 33. 17; 53. 2. Mat. 17. 2. Mar. 9. 2, 3. Jno. 1. 14. Ac. 6. 15. Phi. 3. 7, 8. 2 Pe. 1. 16-18. Re. 1. 13-16; 20. 11.

30 *which.* ch. 24. 27, 44. Mat. 17. 3, 4. Mar. 9. 4-6. Jno. 1. 17. Ro. 3. 21-23. 2 Co. 3. 7-11. He. 3. 3-6. *Elias.* ver. 19; ch. 1. 17. Ja. 5. 17, 18.

31 *appeared.* 2 Co. 3. 18. Phi. 3. 21. Col. 3. 4. 1 Pe. 5. 10. *spake.* ver. 22; ch. 13. 32-34. Jno. 1. 29. 1 Co. 1. 23, 24. 1 Pe. 1. 11, 12. Re. 5. 6-12; 7. 14.

32 *were heavy.* ch. 22. 45, 46. Da. 8. 18; 10. 9. Mat. 26. 40-43. *they saw.* Ex. 33. 18-23. Is. 60. 1-3, 19. Jno. 1. 14; 17. 24. 2 Pe. 1. 16. 1 Jno. 3. 2. Re. 22. 4, 5.

33 *it is.* Ps. 4. 6, 7; 27. 4; 63. 2-5; 73. 28. Jno. 14. 8. 2 Co. 4. 6. *and let.* Mat. 17. 4. Mar. 9. 5, 6. *not.* Mar. 10. 38.

34 *there.* Ex. 14. 19, 20; 40. 34-38. Ps. 18. 9-11. Is. 19. 1. Mat. 17. 5-7. Mar. 9. 7, 8. *and they.* Ju. 6. 22; 13. 22. Da. 10. 8. Re. 1. 17.

35 *This.* ch. 3. 22. Mat. 3. 17. Jno. 3. 16, 35, 36. 2 Pe. 1. 17, 18. *hear.* De. 18. 18, 19. Is. 55. 3, 4. Jno. 5. 22-24. Ac. 3. 22, 23. He. 2. 3; 3. 7, 8, 15; 5. 9; 12. 25, 26.

36 *And they.* Ec. 3. 7. Mat. 17. 9. Mar. 9. 6, 10.

37 Mat. 17. 14-21. Mar. 9. 14-29.

38 *look.* ch. 7. 12; 8. 41, 42. Mat. 15. 22. Jno. 4. 47. *for.* Ge. 44. 20. Zec. 12. 10.

39 *lo.* ch. 4. 35; 8. 29. Mar. 5. 4, 5; 9. 20, 26. Jno. 8. 44. 1 Pe. 5. 8. Re. 9. 11.

40 *and they.* ver. 1; ch. 10. 17-19. 2 Ki. 4. 31. Mat. 17. 20, 21. Ac. 19. 13-16.

41 *O faithless.* ch. 8. 25. Mar. 9. 19. Jno. 20. 27. He. 3. 19; 4. 2, 11. *perverse.* De. 32. 5. Ps. 78. 8. Mat. 3. 7; 12. 39, 45; 16. 4; 23. 36. Ac. 2. 40. *how.* Ex. 10. 3; 16. 28. Nu. 14. 11, 27. Je. 4. 14. Mat. 17. 17. Jno. 14. 9. *and suffer.* Ac. 13. 18. Ro. 2. 4. He. 3. 9-11. *Bring.* 2 Ki. 5. 8. Mat. 11. 28. Mar. 10. 14, 49. He. 7. 25.

42 *the devil.* ver. 39. Mar. 1. 26, 27; 9. 20, 26, 27

Re. 12. 12. *and delivered.* ch. 7. 15. 1 Ki. 17. 23. 2 Ki. 4. 36. Ac. 9. 41.

43 *amazed.* ch. 4. 36; 5. 9, 26; 8. 25. Ps. 139. 14. Zec. 8. 6. Mar. 6. 51. Ac. 3. 10-13.

44 *these.* ch. 1. 66; 2. 19, 51. Is. 32. 9, 10. Jno. 16. 4. 1 Th. 3. 3, 4. He. 2. 1; 12. 2-5. *for.* ver. 22; ch. 18. 31; 24. 6, 7, 44. Mat. 16. 21; 17. 22, 23; 20. 18, 19; 21. 38, 39; 26. 2. Mar. 8. 31; 9. 31. Jno. 2. 19-22; 19. 11. Ac. 2. 23; 3. 13-15; 4. 27, 28. *into.* 2 Sa. 24. 14.

45 ver. 46; ch. 2. 50; 18. 34. Mat. 16. 22. Mar. 8. 16-18, 32, 33; 9. 10, 32. Jno. 12. 16, 34; 14. 5; 16. 17, 18. 2 Co. 3. 14-16.

46 ch. 14. 7-11; 22. 24-27. Mat. 18. 1, etc.; 20. 20-22; 23. 6, 7, Mar. 9. 33-37. Ro. 12. 3, 10. Ga. 5. 20, 21, 25, 26. Phi. 2. 3, 14. 3 Jno. 9.

47 *perceiving.* ch. 5. 22; 7. 39, 40. Ps. 139. 2, 23. Je. 17. 10. Jno. 2. 25; 16. 30; 21. 17. He. 4. 13. Re. 2. 23. *took.* Mat. 18. 2-4; 19. 13-15. Mar. 10. 14, 15. 1 Co. 14. 20. 1 Pe. 2. 1, 2.

48 *Whosoever shall receive this.* ch. 10. 16. Mat. 10. 40-42; 18. 5, 6, 10, 14; 25. 40, 45. Mar. 9. 37. Jno. 12. 44, 45; 13. 20; 14. 21. 1 Th. 4. 8. *he that.* ch. 7. 28; 14. 11; 22. 30. Pr. 18. 12. Mat. 19. 28; 23. 11, 12. 1 Pe. 5. 3, 4, 6. Re. 3. 21; 21. 14.

49 *we saw.* Nu. 11. 27-29. Mar. 9. 38-40; 10. 13, 14. Ac. 4. 18, 19; 5. 28. 1 Th. 2. 16. 3 Jno. 9, 10.

50. *Forbid.* Jos. 9. 14. Pr. 3. 5, 6. Mat. 13. 28-30; 17. 24, 26. Phi. 1. 15-18. *for.* ch. 11. 23; 16. 13. Mat. 12. 30. Mar. 9. 41. 1 Co. 12. 3.

51 *that.* ch. 24. 51. 2 Ki. 2. 1-3, 11. Mar. 16. 19. Jno. 6. 62; 13. 1; 16. 5, 28; 17. 11. Ac. 1. 2, 9. Ep. 1. 20; 4. 8-11. 1 Ti. 3. 16. He. 6. 20; 12. 2. 1 Pe. 3. 22. *he stedfastly.* ch. 12. 50. Is. 50. 5-9. Ac. 20. 22-24; 21. 11-14. Phi. 3. 14. 1 Pe. 4. 1.

52 *sent.* ch. 7. 27; 10. 1. Mal. 3. 1. *and they.* Mat. 10. 5. *the Samaritans.* ch. 10. 33; 17. 16. 2 Ki. 17. 24-33. Ezr. 4. 1-5. Jno. 8. 48.

53 ver. 48. Jno. 4. 9, 40-42.

54 *wilt.* 2 Sa. 21. 2. 2 Ki. 10. 16, 31. Ja. 1. 19, 20; 3. 14-18. *fire.* 2 Ki. 1. 10-14. Ac. 4. 29, 30. Re. 13. 3.

55 *and rebuked.* 1 Sa. 24. 4-7; 26. 8-11. 2 Sa. 19, 22. Job. 31. 29-31. Pr. 9. 8. Mat. 16. 23. Re. 3. 19. *Ye know.* Nu. 20. 10-12. Job 2. 10; 26. 4; 34. 4-9; 35. 2-4; 42. 6. Je. 17. 9; Mat. 26, 33, 41, 51. Jno. 16. 9. Ac. 23. 3-5; 26. 9-11. Ja. 3. 10. 1 Pe. 3. 9.

56. *the Son.* ch. 19. 10. Mat. 18. 11; 20. 28. Jno. 3. 17; 10. 10; 12. 47. 1 Ti. 1. 15. *And.* ch. 6. 27-31; 22. 51; 23. 34. Mat. 5. 39. Ro. 12. 21. 1 Pe. 2. 21-23.

57 *a certain.* Ex. 19. 8. Mat. 8. 19, 20. Jno. 13-37.

58. *Jesus.* ch. 14. 26-33; 18. 22, 23. Jos. 24. 19-22. Jno. 6. 60-66. *Foxes.* Ps. 84. 3. 2 Co. 8. 9. Ja. 2. 5.

59 *Follow me.* Mat. 4. 19-22; 9. 9; 16. 24. *suffer.* 1 Ki. 19. 20. Hag. 1. 2. Mat. 6. 33; 8. 21, 22.

60 *Let.* ch. 15. 32. Ep. 2. 1, 5. 1 Ti. 5, 6. Re. 3. 1. *but.* Jno. 21. 15-17. 1 Co. 9. 16. 2 Co. 5. 16-18. 2 Ti. 2. 3, 4; 4. 2, 5.

61 *but.* ch. 14. 18-20, 26. De. 33. 9. 1 Ki. 19. 20. Ec. 9. 10. Mat. 10. 37, 38.

62 *No.* ch. 17. 31, 32. Ps. 78. 8, 9. Ac. 15. 37, 38. 2 Ti. 4. 10. He. 10. 38. Ja. 1. 6-8. 2 Pe. 2. 20-22.

## CHAP. X.

*Christ sends out at once seventy disciples to work miracles, and to preach,* 1-12; *pronounces a woe against certain cities,* 13-16. *The seventy return with joy; he shews them wherein to rejoice, and thanks his Father for his grace,* 17-22; *magnifies the happy estate of his church,* 23, 24; *teaches the lawyer how to attain eternal life, and to take every one for his neighbour that needs his mercy,* 25-37; *reprehends Martha, and commends Mary her sister,* 38-42.

1 *these.* Mat. 10. 1, etc. Mar. 6, 7, etc. *other seventy.* Rather, *seventy others*, as Dr. CAMPBELL renders; for the expression *other seventy* implies that there were seventy sent before, which was not the case: it seems to refer to the twelve apostles whom our Lord had previously chosen. Nu. 11. 16, 24-26. *two and.* Ac. 13. 2-4. Re. 11. 3-10. *whither.* ch. 1. 17, 76; 3. 4-6; 9. 52.

2 *The harvest.* Mat. 9. 37, 38. Jno. 4. 35-38. 1 Co. 3. 6-9. *the labourers.* Mat. 20. 1. Mar. 13. 34. 1 Co. 15. 10. 2 Co. 6. 1. Phi. 2. 25, 30. Col. 1. 29; 4. 12. 1 Th. 2. 9; 5. 12. 1 Ti. 4. 10, 15, 16; 5. 17, 18. 2 Ti. 2. 3-6; 4. 5. Phile. 1. *are.* 1 Ki. 18. 22; 22. 6-8. Is. 56. 9-12. Eze. 34. 2-6. Zec. 11. 5, 17. Mat. 9. 36. Ac. 16. 9, 10. Phi. 2. 21. Re. 11. 2, 3. *pray.* 2 Th. 3. 1. *the Lord.* ch. 9. 1. Nu. 11. 17, 29. Ps. 68. 11. Je. 3. 15. Mar. 16. 15, 20. Ac. 8. 4; 11. 19; 13. 2, 4; 20. 28; 22. 21; 26. 15-18. 1 Co. 12. 28. Ep. 4. 7-12. 1 Ti. 1. 12-14. He. 3. 6. Re. 2. 1.

3 *I send.* Ps. 22. 12-16, 21. Eze. 2. 3-6. Mat. 10. 16, 22. Jno. 15. 20; 16. 2. Ac. 9. 2, 16. *wolves.* Zep. 3. 3. Mat. 7. 15. Jno. 10. 12. Ac. 20. 29.

4 *neither.* ch. 9. 3, etc.; 22. 35. Mat. 10. 9, 10. Mar. 6. 8, 9. *and.* ch. 9. 59, 60. Ge. 24. 33, 56. 1 Sa. 21. 8. 2 Ki. 4. 24, 29. Pr. 4. 25.

5 ch. 19. 9. 1 Sa. 25. 6. Is. 57. 19. Mat. 10. 12, 13. Ac. 10. 36. 2 Co. 5. 18-20. Ep. 2. 17.

6 *the Son.* 1 Sa. 25. 17. Is. 9. 6. Ep. 2. 2, 3; 5. 6. 2 Th. 3. 16. 1 Pe. 1. 14, Gr. Ja. 3. 18. *it shall.* Ps. 35. 13. 2 Co. 2. 15, 16.

7 *in.* ch. 9. 4. Mat. 10. 11. Mar. 6. 10. Ac. 16. 15, 34, 40. *for.* De. 12. 12, 18, 19. Mat. 10. 10. 1 Co. 9. 4-15. Ga. 6. 6. Phi. 4. 17, 18. 1 Ti. 5. 17, 18. 2 Ti. 2. 6. 3 Jno. 5-8. *Go.* 1 Ti. 5. 13.

8 *and.* ver. 10; ch. 9. 48. Mat. 10. 40. Jno. 13. 20. *eat.* 1 Co. 10. 27.

9 *heal.* ch. 9. 2. Mat. 10. 8. Mar. 6. 13. Ac. 28. 7-10. *The kingdom.* ver. 11; ch. 17. 20, 21. Da. 2. 44. Mat. 3. 2; 4. 17; 10. 7. Mar. 4. 30. Jno. 3. 3, 5. Ac. 28. 28, 31.

10 *go.* ch. 9. 5. Mat. 10. 14. Ac. 13. 51; 18. 6.

11 *notwithstanding.* ver. 9. De. 30. 11-14. Ac. 13. 26, 40, 46. Ro. 10. 8, 21. He. 1. 3.

12 *that.* La. 4. 6. Eze. 16. 48-50. Mat. 10. 15; 11. 24. Mar. 6. 11.

13 *unto.* Mat. 11. 20-22. *for.* Eze. 3. 6, 7. Ac. 28. 25-28. Ro. 9. 29-33; 11. 8-11. 1 Ti. 4. 2. *Tyre.* Is. ch. 23. Eze. ch. 26-28. *which.* ch. 9. 10-17. Mar. 8. 22-26. *repented.* Job 42. 6. Is. 61. 3. Da. 9. 3. Jno. 3. 5, 6.

14 ch. 12. 47, 48. Am. 3. 2. Jno. 3. 19; 15. 22-25. Ro. 2. 1, 27.

15 *Capernaum.* ch. 7. 1, 2. Mat. 4. 13. *which.* Ge. 11. 4. De. 1. 28. Is. 14. 13-15. Je. 51. 53. Eze. 28. 12-14. Am. 9. 2, 3. Ob. 4. Mat. 11. 23. *thrust.* ch. 13. 28. Is. 5. 14; 14. 15. Eze. 26. 20; 31. 18; 32. 18, 20, 27. Mat. 10. 28. 2 Pe. 2. 4.

16 *heareth you.* ch. 9. 48. Mat. 10. 40; 18. 5. Mar. 9. 37. Jno. 12. 44, 48; 13. 20. 1 Th. 4. 8. *despiseth you.* Ex. 16. 7. Nu. 14. 2, 11; 16. 11. Ac. 5. 4. *despiseth him.* Mal. 1. 6. Jno. 5. 22, 23. 1 Th. 4. 8.

17 ver. 1, 9; ch. 9. 1. Ro. 16. 20.

18 *I beheld Satan.* Jno. 12. 31; 16. 11. He. 2. 14. 1 Jno. 3. 8. Re. 9. 1; 12. 7-9; 20. 2.

19 *I give.* Ps. 91. 13. Is. 11. 8. Eze. 2. 6. Mar. 16. 18. Ac. 28. 5. Ro. 16. 20. *and nothing.* ch. 21. 17, 18. Ro. 8. 31-39. He. 13. 5, 6. Re. 11. 5.

20 *in this.* Mat. 7. 22, 23; 10. 1; 26. 24; 27. 5. 1 Co. 13. 2, 3. *your.* Ex. 32. 32. Ps. 69. 28. Is. 4. 3. Da. 12. 1. Phi. 4. 3. He. 12. 23. Re. 3. 5; 13. 8; 20. 12, 15; 21. 27.

21 *Jesus.* ch. 15. 5, 9. Is. 53. 11; 62. 5. Zep. 3. 17. *I thank.* Mat. 11. 25, 26. Jno. 11. 41; 17. 24-26. *Lord.* Ps. 24. 1. Is. 66. 1. *thou hast.* Job 5. 12-14. Is. 29. 14. 1 Co. 1. 9-26; 2. 6-8; 3. 18-20. 2 Co. 4. 3. Col. 2. 2, 3. *revealed.* Ps. 8. 2; 25. 14. Is. 29. 18, 19; 35. 8. Mat. 13. 11-16; 16. 17; 21. 16. Mar. 10. 15. 1 Co. 1. 27-29; 2. 6, 7. 1 Pe. 2. 1, 2. *even.* Ep. 1. 5, 11.

22 *All things.* '*Many ancient copies add,* And turning to his disciples he said.' Mat. 11. 27; 28. 18. Jno. 3. 35; 5. 22-27; 13. 3; 17. 2, 10. 1 Co. 15. 24. Ep. 1. 21. Phi. 2. 9-11. He. 2. 8. *and no.* Jno. 1. 18; 6. 44-46; 10. 15; 17. 5, 26. 2 Co. 4. 6. 1 Jno. 5, 20. 2 Jno. 9.

23 *Blessed.* Mat. 13. 16, 17.

24 *many.* Jno. 8. 56. He. 11. 13, 39. 1 Pe. 1. 10, 11.

25 *a certain.* ch. 7. 30; 11. 45, 46. Mat. 22. 35.

*Master.* ch. 18. 18. Mat. 19. 16. Ac. 16. 30, 31. *to.* Ga. 3. 18.

26 Is. 8. 20. Ro. 3. 19; 4. 14-16; 10. 5. Ga. 3. 12, 13, 21, 22.

27 *Thou.* De. 6. 5; 10. 12; 30. 6. Mat. 22. 37-40. Mar. 12. 30, 31, 33, 34. He. 8. 10. *and thy.* Le. 19. 18. Mat. 19. 19. Ro. 13. 9. Ga. 5. 13. Ja. 2. 8. 1 Jno. 3. 18.

28 *Thou hast.* ch. 7. 43. Mar. 12. 34. *this.* Le. 18. 5. Ne. 9. 29. Eze. 20. 11, 13, 21. Mat. 19. 17. Ro. 3. 19; 10. 4. Ga. 3. 12.

29 *willing.* ch. 16. 15; 18. 9-11. Le. 19. 34. Job 32. 2. Ro. 4. 2; 10. 3. Ga. 3. 11. Ja. 2. 24. *And.* ver. 36. Mat. 5. 43, 44.

30 *wounded.* Ps. 88. 4. Je. 51. 52. La. 2. 12. Eze. 30. 24.

31 *by.* Ru. 2. 3, marg. 2 Sa. 1. 6. Ec. 9. 11. *priest.* Je. 5. 31. Ho. 5. 1; 6. 9. Mal. 1. 10. *he passed.* Job 6. 14-21. Ps. 38. 10, 11; 69. 20; 142. 4. Pr. 21. 13; 24. 11, 12. Ja. 2. 13-16. 1 Jno. 3. 16-18.

32 Ps. 109. 25. Pr. 27. 10. Ac. 18. 17. 2 Ti. 3. 2.

33 *Samaritan.* ch. 9. 52, 53; 17. 16-18. Pr. 27. 10. Je. 38. 7-13; 39. 16-18. Jno. 4. 9; 8. 48. *he had.* ch. 7. 13. Ex. 2. 6. 1 Ki. 8. 50. Mat. 18. 33.

34 *went.* ver. 34. Ex. 23. 4, 5. Pr. 24. 17, 18; 25. 21, 22. Mat. 5. 43-45. Ro. 12. 20. 1 Th. 5. 15. *bound.* Ps. 147. 3. Is. 1. 5, 6. Mar. 14. 8. *an inn.* ch. 2. 7. Ge. 42. 27. Ex. 42. 24.

35 *two pence.* See Mat. 20. 2. *the host.* Ro. 16. 23. *whatsoever.* ch. 14. 13. Pr. 19. 17.

36 *thinkest.* ch. 7. 42. Mat. 17. 25; 21. 28-31; 22. 42. *was.* ver. 29.

37 *He that.* Pr. 14. 21. Ho. 6. 6. Mi. 6. 8. Mat. 20. 28; 23. 23. 2 Co. 8. 9. Ep. 3. 18, 19; 5. 2. He. 2. 9-15. Re. 1. 5. *Go.* ch. 6. 32-36. Jno. 13. 15-17. 1 Pe. 2. 21. 1 Jno. 3. 16-18, 23, 24; 4. 10, 11.

38 *a certain.* Jno. 11. 1-5; 12. 1-3. *received.* ch. 8. 2, 3. Ac. 16. 15. 2 Jno. 10.

39 *which.* ch. 2. 46; 8. 35. De. 33. 3. Pr. 8. 34. Ac. 22. 3. 1 Co. 7. 32, etc.

40 *cumbered.* ch. 12. 29. Jno. 6. 27. *dost.* Mat. 14. 15; 16. 22. Mar. 3. 21. *my.* ch. 9. 55. Jon. 4. 1-4.

41 *thou.* ch. 8. 14; 21. 34. Mar. 4. 19. 1 Co. 7. 32-35. Phi. 4. 6. *many.* Ec. 6. 11. Mat. 6. 25-34.

42 *one.* ch. 18. 22. Ps. 27. 4; 73. 25. Ec. 12. 13. Mar. 8. 36. Jno. 17. 3. 1 Co. 13. 3. Ga. 5. 6. Col. 2. 10, etc. 1 Jno. 5. 11, 12. *chosen.* De. 30. 19. Jos. 24. 15, 22. Ps. 17. 15; 119. 30, 111, 173. *good.* Ps. 16. 5, 6; 142. 5. *which.* ch. 8. 18; 12. 20, 33; 16. 2, 25. Jno. 4. 14; 5. 24; 10. 27, 28. Ro. 8. 35-39. Col. 3. 3, 4. 1 Pe. 1. 4, 5.

## CHAP. XI.

*Christ teaches to pray, and that instantly,* 1-10; *assuring us that God will give all good things to them that ask him,* 11-13. *He, casting out a dumb devil, rebukes the blasphemous Pharisees,* 14-26; *and shews who are blessed,* 27, 28; *preaches to the people,* 29-36; *and reprehends the outward shew of holiness in the Pharisees, scribes, and lawyers,* 37-54.

1 *that.* ch. 6. 12; 9. 18, 28; 22. 39-45. He. 5. 7. *teach.* Ps. 10. 17; 19. 14. Ro. 8. 26, 27. Ja. 4. 2, 3. Jude 20.

2 *When.* Ec. 5. 2. Ho. 14. 2. Mat. 6. 6-8. *Our.* Is. 63. 16. Mat. 6. 9, etc. Ro. 1. 7; 8. 15. 1 Co. 1. 3. 2 Co. 1. 2. Ga. 1. 4. Ep. 1. 2. Phi. 1. 2; 4. 20. Col. 1. 2. 1 Th. 1. 1, 3; 3. 11-13. 2 Th. 1. 1, 2; 2. 16. *which.* 2 Ch. 20. 6. Ps. 11. 4. Ec. 5. 2. Da. 2. 28. Mat. 5. 16; 10. 32. *Hallowed.* Le. 10. 3; 22. 32. 1 Ki. 8. 43. 2 Ki. 19. 19. Ps. 57. 11; 72. 18, 19; 108. 5. Eze. 36. 23. Hab. 2. 14. Re. 15. 4. *Thy kingdom.* ch. 10. 9-11. Is. 2. 2-5. Da. 2. 44; 7. 18, 27. Re. 11. 15; 19. 6; 20. 4. *Thy will.* Ps. 103. 20. Is. 6. 2, 3. Mat. 6. 10.

3 *Give.* Ex. 16. 15-22. Pr. 30. 8. Is. 33. 16. Mat. 6. 11, 34. Jno. 6. 27-33. *day by day. or,* for the day.

4 *forgive us.* 1 Ki. 8. 34, 36. Ps. 25. 11, 18; 32. 1-5; 51. 1-3; 130. 3, 4. Is. 43. 25, 26. Da. 9. 19. Ho. 14. 2. Mat. 6. 12. 1 Jno. 1. 8-10. *for.* Mat. 6. 14, 15; 11. 25, 26; 18. 35. Ep. 4. 31, 32. Col. 3. 13. Ja. 2. 13. *lead.* ch. 8. 13; 22. 46. Mat. 6. 13; 26. 41. 1 Co. 10. 13. 2 Co. 12. 7, 8. Re. 2. 10; 3. 10. *but.* Ge. 48. 16. Ps. 121. 7. Jno. 17. 15. 2 Th. 3. 3. 2 Ti. 4. 18.

5 ch. 18. 1-8.

6 *in his journey. or,* out of his way.

7 *Trouble.* ch. 7. 6. Ga. 6. 17. *the door.* ch. 13. 25. Mat. 25. 10.

8 *because of.* ch. 18. 1-8. Ge. 32. 26. Mat. 15. 22-28. Ro. 15. 30. 2 Co. 12. 8. Col. 2. 1; 4. 12.

9 *I say.* ch. 13. 24. Mat. 6. 29; 21. 31. Mar. 13. 37. Re. 2. 24. *Ask.* Ps. 50. 15; 118. 5. Je. 33. 3. Mat. 7. 7, 8; 21. 22. Mar. 11. 24. Jno. 4. 10; 14. 13; 15. 7, 16; 16. 23, 24. 2 Co. 12. 8, 9. He. 4. 16. Ja. 1. 5; 5. 15. 1 Jno. 3. 22; 5. 14, 15. *seek.* ch. 13. 24. Ps. 27. 4, 8; 34. 4, 10; 105. 3, 4. Ca. 3. 1-4; 5. 6. Is. 45. 19; 55. 6, 7. Je. 29. 12. Da. 9. 3. Am. 5. 4-6. Jno. 1. 45-49. Ac. 10. 4-6. Ro. 2. 7. He. 11. 6. *knock.* ch. 13. 25. 2 Co. 6. 2.

10 ch. 18. 1. Ps. 31. 22. La. 3. 8, 18, 54-58. Jon. 2. 2-8. Ja. 4. 3; 5. 11.

11 *a son.* Is. 49. 15. Mat. 7. 9.

12 *offer. Gr.* give. *a scorpion.* ch. 10. 19. Eze. 2. 6. Re. 9. 10.

13 *being.* Ge. 6. 5, 6; 8. 21. Job 15. 14-16. Ps. 51. 5. Jno. 3. 5, 6. Ro. 7. 18. Tit. 3. 3. *know.* Is. 49. 15. Mat. 7. 11. He. 12. 9, 10. *how.* Mat. 6. 30. Ro. 5. 9, 10, 17; 8. 32. 2 Co. 3. 9-11. *heavenly.* ver. 2. ch. 15. 30-32. Mat. 5. 16, 45; 6. 14, 32. *give the.* Pr. 1. 23. Is. 44. 3, 4. Eze. 36. 27. Joel 2. 28. Mat. 7. 11. Jno. 4. 10; 7. 37-39.

14 Mat. 9. 32, 33; 12. 22, 23. Mar. 7. 32-37.

15 *He.* Mat. 9. 34; 12. 24-30. Mar. 3. 22-30. Jno. 7. 20; 8. 48, 52; 10. 20. *Beelzebub. Gr.* Beelzebul, and so ver. 18, 19.

16 Mat. 12. 38, 39; 16. 1-4. Mar. 8. 11, 12. Jno. 6. 30. 1 Co. 1. 22.

17 *knowing.* Mat. 9. 4; 12. 25. Mar. 3. 23-26. Jno. 2. 25. Re. 2. 23. *Every.* 2 Ch. 10. 16-19; 13. 16, 17. Is. 9. 20, 21; 19. 2, 3.

18 *Satan.* Mat. 12. 26. *ye say.* ver. 15. Mat. 12. 31-34. Ja. 3. 5-8.

19 *by.* ch. 9. 49. Mat. 12. 27, 28. *shall.* ver. 31, 32; ch. 19. 22. Job 15. 6. Mat. 12. 41, 42. Ro. 3. 19.

20 *the finger.* Ex. 8. 19. Mat. 12. 28. *the kingdom.* For the destruction of the kingdom of Satan plainly implies the setting up of the kingdom of God. The reasoning of the Pharisees (ver. 17, and Mat. 12. 24, 25,) was not expressed, and Jesus, *knowing their thoughts,* gave ample proof of his *omniscience.* This, with our Lord's masterly confutation of their reasonings, by a conclusion drawn from their own premises, one would have supposed might have humbled and convinced those men; but the most conclusive reasoning, and the most astonishing miracles, were lost upon a people who were obstinately determined to disbelieve every thing that was good relative to Jesus of Nazareth. ch. 10. 9, 11. Da. 2. 44. Ac. 20. 25; 28. 23-28. 2 Th. 1. 5.

21 See on Mat. 12. 29. Mar. 3. 27.

22 Ge. 3. 15. Is. 27. 1; 49. 24, 25; 53. 12; 63. 1-4. Col. 2. 15. 1 Jno. 3. 8; 4. 4. Re. 20. 1-3.

23 ch. 9. 50. Mat. 12. 30. Re. 3. 15, 16.

24 *the unclean.* Mat. 12. 43-45. *he walketh.* Job 1. 7; 2. 2. 1 Pe. 5. 8. *dry.* Ju. 6. 37-40. Ps. 63. 1. Is. 35. 1, 2, 7; 41. 17-19; 44. 3. Eze. 47. 8-11. Ep. 2. 2. *seeking.* Pr. 4. 16. Is. 48. 22; 57. 20, 21. *I will.* Mar. 5. 10; 9. 25.

25 *he findeth.* 2 Ch. 24. 17-22. Ps. 36. 3; 81. 11, 12; 125. 5. Mat. 12. 44, 45. 2 Th. 2. 9-12. 2 Pe. 2. 10-19. Jude 8-13.

26 *more.* Mat. 23. 15. *and the.* Zep. 1. 6. Mat. 12. 45. Jno. 5. 14. He. 6. 4-8; 10. 26-31. 2 Pe. 2. 20-22. 1 Jno. 5. 16. Jude 12, 13.

27 *Blessed.* ch. 1. 28, 42, 48.

28 ch. 6. 47, 48; 8. 21. Ps. 1. 1-3; 112. 1; 119. 1-6; 128. 1. Is. 48. 17, 18. Mat. 7. 21-25; 12. 48-50. Jno. 13. 17. Ja. 1. 21-25. 1 Jno. 3. 21-24. Re. 22. 14.

29 *when.* ch. 12. 1; 14. 25, 26. *This is.* ver. 50; ch. 9. 41. Is. 57. 3, 4. Mat. 3. 7; 23. 34-36. Mar. 8. 38. Jno. 8. 44. Ac. 7. 51, 52. *they.* Mat. 12. 38, 39; 16. 1-4. Mar. 8. 11, 12. Jno. 2. 18; 6. 30. 1 Co. 1. 22.

30 ch. 24. 46, 47. Jon. 1. 17; 2. 10; 3. 2, etc. Mat. 12. 40, etc.
31 *queen*. 1 Ki. 10. 1. 2, etc. 2 Ch. 9. 1. Mat. 12. 42. *rise*. Is. 54. 17. Je. 3. 11. Ro. 2. 27. He. 11. 7. *a greater*. ch. 3. 22; 9. 35. Is. 9. 6, 7. Col. 1. 15-19.
32 *men*. Jon. 3. 5-10. *a greater*. Jon. 1. 2, 3; 4. 1-4, 9. He. 7. 26.
33 *when*. ch. 8. 16, 17. Mat. 5. 15. Mar. 4. 21, 22. *a bushel*. See Mat. 5. 15. *may see*. Mat. 5. 16; 10. 27. Jno. 11. 9; 12. 46. Phi. 2. 15, 16.
34 *light of*. Ps. 119. 18. Mat. 6. 22, 23. Mar. 8. 18. Ac. 26. 18. Ep. 1. 17. *single*. Ac. 2. 46. 2 Co. 1. 12; 11. 3. Ep. 6. 5. Col. 3. 22. *but*. Ge. 19. 11. 2 Ki. 6. 15-20. Ps. 81. 12. Pr. 28. 22. Is. 6. 10; 29. 10; 42. 19; 44. 18. Je. 5. 21. Mar. 4. 12; 7. 22. Ac. 13. 11. Ro. 11. 8-10. 2 Co. 4. 4. 2 Th. 2. 9-12.
35 Pr. 16. 25; 26. 12. Is. 5. 20, 21. Je. 8. 8, 9. Jno. 7. 48, 49; 9. 39-41. Ro. 1. 22; 2. 19-23. 1 Co. 1. 19-21; 3. 18-20. Ja. 3. 13-17. 2 Pe. 1. 9; 2. 18. Re. 3. 17.
36 *the whole*. Ps. 119. 97-105. Pr. 1. 5; 2. 1-11; 4. 18, 19; 6. 23; 20. 27. Is. 8. 20; 42. 16. Ho. 6. 3. Mat. 13. 11, 12, 52. Mar. 4. 24, 25. 2 Co. 4. 6. Ep. 4. 14. Col. 3. 16. 2 Ti. 3. 15-17. He. 5. 14. Ja. 1. 25. 2 Pe. 3. 18. *the bright shining of a candle*. *Gr.* a candle by its bright shining.
37 ch. 7. 36; 14. 1. 1 Co. 9. 19-23.
38 *he marvelled*. Mat. 15. 2, 3. Mar. 7. 2-5. Jno. 3. 25.
39 *Now*. Mat. 23. 25. Ga. 1. 14. 2 Ti. 3. 5. Tit. 1. 15. *but*. ch. 16. 15. Ge. 6. 5. 2 Ch. 25. 2; 31. 20, 21. Pr. 26. 25; 30. 12. Je. 4. 14. Mat. 12. 33-35; 15. 19. Jno. 12. 6; 13. 2. Ac. 5. 3; 8. 21-23. Ja. 4. 8. *ravening*. Ps. 22. 13. Eze. 22. 25, 27. Zep. 3. 3. Mat. 7. 15.
40 *fools*. ch. 12. 20; 24. 25. Ps. 14. 1; 75. 4, 5; 94. 8. Pr. 1. 22; 8. 5. Je. 5. 21. Mat. 23. 17, 26. 1 Co. 15. 36. *did*. Ge. 1. 26; 2. 7. Nu. 16. 22. Ps. 33. 15; 94. 9. Zec. 12. 1. He. 12. 9.
41 *rather*. ch. 12. 33; 14. 12-14; 16. 9; 18. 22; 19. 8. De. 15. 8-10. Job 13. 16-20. Ps. 41. 1; 112. 9. Pr. 14. 31; 19. 17. Ec. 11. 1, 2. Is. 58. 7-11. Da. 4. 27. Mat. 5. 42; 6. 1-4; 25. 34-40; 26. 11. Ac. 9. 36-39; 10. 31, 32; 11. 29; 24. 17. 2 Co. 8. 7-9, 12; 9. 6-15. Ep. 4. 28. He. 6. 10; 13. 16. Ja. 1. 27; 2. 14-16. 1 Jno. 3. 16, 17. *of such things as ye have*. *or*, as you are able. *all*. Ac. 10. 15. Ro. 14. 14-18. 1 Ti. 4. 4, 5. Tit. 1. 15.
42 *woe*. Mat. 23. 13, 23, 27. *for*. ch. 18. 12. *and pass*. De. 10. 12, 13. 1 Sa. 15. 22. Pr. 21. 3. Is. 1. 10-17; 58. 2-6. Je. 7. 2-10, 21, 22. Mi. 6. 8. Mal. 1. 6; 2. 17. Jno. 5. 42. Tit. 2. 11, 12. 1 Jno. 4. 20. *and not*. Le. 27. 30-33. 2 Ch. 31. 5-10. Ne. 10. 37. Ec. 7. 18. Mal. 3. 8.
43 *for*. ch. 14. 7-11; 20. 46. Pr. 16. 18. Mat. 23. 6. Mar. 12. 38, 39. Ro. 12. 10. Phi. 2. 3. Ja. 2. 2-4. 3 Jno. 9.
44 *for*. Nu. 19. 16. Ps. 5. 9. Ho. 9. 8. Mat. 23. 27, 28. Ac. 23. 3.
45 *thou*. 1 Ki. 22. 8. Je. 6. 10; 20. 8. Am. 7. 10-13. Jno. 7. 7, 48; 9. 40.
46 *Woe*. Is. 10. 1. Mat. 23. 2-4. Ga. 6. 13. *ye yourselves*. Is. 58. 6.
47 *for*. Mat. 23. 29-33. Ac. 7. 51. 1 Th. 2. 15.
48 *ye bear*. Jos. 24. 22. Job 15. 6. Ps. 64. 8. Eze. 18. 19. *for*. 2 Ch. 36. 16. Mat. 21. 35-38. He. 11. 35-38. Ja. 5. 10.
49 *the wisdom*. Probably by the *Wisdom of God* we are to understand the λογος, or *Word of God*, that is, our Lord himself; this being a dignified and oriental mode of expression for *I say*, as it is in the parallel passage. Pr. 1. 2, etc.; 8. 1-12; 9. 1-3. 1 Co. 1. 30. Col. 2. 3. *I will*. ch. 24. 47. Mat. 23. 34. Ac. 1. 8. Ep. 4. 11. *and some*. ch. 21. 16, 17. Mat. 22. 6. Jno. 16. 2. Ac. 7. 57-60; 8. 1, 3; 9. 1, 2; 12. 1, 2; 22. 4, 5, 20; 26. 10, 11. 2 Co. 11. 24, 25.
50 *the blood*. Ge. 9. 5, 6. Nu. 35. 33. 2 Ki. 24. 4. Ps. 9. 12. Is. 26. 21. Re. 18. 20-24. *may*. Ex. 20. 5. Je. 7. 29; 51. 56.
51 *the blood of Abel*. Ge. 4. 8-11. He. 11. 4; 12. 24. 1 Jno. 3. 12. *Zacharias*. 2 Ch. 24. 20-22. Zec. 1. 1. Mat. 23. 35. *It shall*. Je. 7. 28.
52 *for*. ch. 19. 39, 40. Mal. 2. 7. Mat. 23. 13. Jno. 7. 47-52; 9. 24-34. Ac. 4. 17, 18; 5. 40. *hindered*. *or*, forbad.
53 *to urge*. Ps. 22. 12, 13. Is. 9. 12. *to speak*. ch. 20. 20, 27. Je. 18. 18; 20. 10. 1 Co. 13. 5.
54 *seeking*. Ps. 37. 32, 33; 56. 5, 6. Mat. 22. 15, 18, 35. Mar. 12. 13.

## CHAP. XII.

*Christ preaches to his apostles to avoid hypocrisy, and fearfulness in publishing his doctrine, 1-12; warns the people to beware of covetousness, by the parable of the rich man who set up greater barns, 13-21. We must not be over careful of earthly things, 22-30, but seek the kingdom of God, 31, 32; give alms, 33, 34; be ready at a knock to open to our Lord whensoever he comes, 35-40. Christ's ministers are to see to their charge, 41-48, and look for persecution, 49-53. The people must take this time of grace, 54-56; because it is a fearful thing to die without reconciliation, 57-59.*

1 *an*. ch. 5. 1, 15; 6. 17. Ac. 21. 20, Gr. *trode*. 2 Ki. 7. 17. *first*. 1 Co. 15. 3. Ja. 3. 17. *Beware*. Mat. 16. 6-12. Mar. 8. 15, etc. 1 Co. 5. 7, 8. *which*. ver. 56; ch. 11. 44. Job 20. 5; 27. 8; 36. 13. Is. 33. 14. Ja. 3. 17. 1 Pe. 2. 1.
2 ch. 8. 17. Ec. 12. 14. Mat. 10. 26. Mar. 4. 22. Ro. 2. 16. 1 Co. 4. 5. 2 Co. 5. 10. Re. 20. 11, 12.
3 *whatsoever*. Job 24. 14, 15. Ec. 10. 12, 13, 20. Mat. 12. 36. Jude 14. 15. *proclaimed*. The houses in Judea being flat-roofed, with a balustrade round about, were used for the purpose of taking the air, sleeping, and prayer, and, it seems, for announcing things in the most public manner. So among the Turks, a *crier* announces the hours of public worship from the minaret or tower of the mosque. *housetops*. Mat. 10. 27.
4 *my*. Ca. 5. 1, 16. Is. 41. 8. Jno. 15. 14. Ja. 2. 23. *Be*. Is. 51. 7-13. Je. 1. 8, 17; 26. 14, 15. Eze. 2. 6. Da. 3. 16, 17. Mat. 10. 28. Ac. 4. 13; 20. 24. Phi. 1. 28. 1 Pe. 3. 14. Re. 2. 10.
5 *forewarn*. Mar. 13. 23. 1 Th. 4. 6. *Fear*. Pr. 14. 26. Je. 5. 22; 10. 7. Re. 14. 7; 15. 4. *power*. Ps. 9. 17. Mat. 10. 28; 25. 41, 46. 2 Pe. 2. 4. Re. 20. 14.
6 *five*. See Mat. 10. 29. *and*. ver. 24, 27. Ps. 50. 10, 11; 113. 5, 6; 145. 15, 16; 147. 9.
7 *even*. ch. 21. 18. 1 Sa. 14. 45. 2 Sa. 14. 11. Mat. 10. 30. Ac. 27. 34. *ye are*. Job 35. 11. Ps. 8. 6. Is. 43. 3, 4. Mat. 6. 26; 10. 31.
8 *Whosoever*. 1 Sa. 2. 30. Ps. 119. 46. Mat. 10. 32, 33. Ro. 10. 9, 10. 2 Ti. 2. 12. 1 Jno. 2. 23. Re. 2. 10, 13; 3. 4, 5. *confess*. Mat. 25. 31-34. Jude 24, 25.
9 *he*. ch. 9. 26. Mat. 10. 33. Mar. 8. 38. Ac. 3. 13, 14. 2 Ti. 2. 12. Re. 3. 8. *shall*. ch. 13. 26, 27. Mat. 7. 23; 25. 12, 31, 41. 1 Jno. 2. 23, 28.
10 ch. 23. 34. Mat. 12. 31, 32. Mar. 3. 28, 29. 1 Ti. 1. 13. He. 6. 4-8; 10. 26-31. 1 Jno. 5. 16.
11 ch. 21. 12-14. Mat. 10. 17-20; 23. 34. Mar. 13. 9-11. Ac. 4. 5-7; 5. 27-32; 6. 9-15.
12 ch. 21. 15. Ex. 4. 11. Ac. 4. 8; 6. 10; 7. 2, etc., 55; ch. 26.
13 *Master*. ch. 6. 45. Ps. 17. 14. Eze. 33. 31. Ac. 8. 18, 19. 1 Ti. 6. 5.
14 *Man*. ch. 5. 20; 22. 58. Ro. 2. 1, 3; 9. 20. *who*. Ex. 2. 14. Jno. 6. 15; 8. 11; 18. 35, 36.
15 *Take*. ch. 8. 14; 16. 14; 21. 34. Jos. 7. 21. Job 31. 24, 25. Ps. 10. 3; 62. 10; 119. 36, 37. Pr. 23. 4, 5; 28. 16. Je. 6. 13; 22. 17, 18. Mi. 2. 2. Hab. 2. 9. Mar. 7. 22. 1 Co. 5. 10, 11; 6. 10. Ep. 5. 3-5. Col. 3. 5. 1 Ti. 6. 7-10. 2 Ti. 3. 2. He. 13. 5. 2 Pe. 2. 3, 14. *for*. Job 2. 4. Ps. 37. 16. Pr. 15. 16; 16. 16. Ec. 4. 6-8; 5. 10-16. Mat. 6. 25, 26. 1 Ti. 6. 6-8.
16 *The ground*. Ge. 26. 12-14; 41. 47-49. Job 12. 6. Ps. 73. 3, 12. Ho. 2. 8. Mat. 5. 45. Ac. 14. 17.
17 *What*. ver. 22, 29; ch. 10. 25; 16. 3. Ac. 2. 37; 16. 30. *shall*. ver. 33; ch. 3. 11; 11. 41; 14. 13, 14; 16. 9; 18. 22; 19. 17. Ec. 11. 2. Is. 58. 7. Mat. 5. 42. Ro. 12. 13. 2 Co. 9. 6-15. 1 Ti. 6. 17. 1 Jno. 3. 16.
18 ver. 21; ch. 18. 4, 6. Ps. 17. 14. Ja. 3. 15; 4. 15.

19 *Soul.* De. 6. 11, 12; 8. 12-14. Job 31. 24, 25. Ps. 49. 5-13, 18; 52. 5-7; 62. 10. Pr. 18. 11; 23. 5. Is. 5. 8. Ho. 12. 8. Hab. 1. 16. Mat. 6. 19-21. 1 Ti. 6. 17. Ja. 5. 1-3. *for.* Job 14. 1. Pr. 27. 1. Ja. 4. 13-15. *take.* ch. 16. 19; 21. 34. Job 21. 11-13. Ec. 11. 9. Is. 5. 11; 22. 13. Am. 6. 3-6. 1 Co. 15. 32. Phi. 3. 19. 1 Ti. 5. 6. 2 Ti. 3. 4. Ja. 5. 5. 1 Pe. 4. 3. Re. 18. 7.

20 *God.* ch. 16. 22, 23. Ex. 16. 9, 10. 1 Sa. 25. 36-38. 2 Sa. 13. 28, 29. 1 Ki. 16. 9, 10. Job 20. 20-23; 27. 8. Ps. 73. 19; 78. 30. Da. 5. 1-6, 25-30. Na. 1. 10. Mat. 24. 48-51. 1 Th. 5. 3. *Thou fool.* ch. 11. 40. Je. 17. 11. Ja. 4. 14. *thy soul shall be required of thee.* *or,* do they require thy soul. *then.* Es. 5. 11; 8. 1, 2. Job 27. 16, 17. Ps. 39. 6; 49. 17-19; 52. 5-7. Pr. 11. 4; 28. 8. Ec. 2. 18-22; 5. 14-16. Je. 17. 11. Da. 5. 28. 1 Ti. 6. 7.

21 *he.* ver. 33; ch. 6. 24. Ho. 10. 1. Hab. 2. 9. Mat. 6. 19, 20. Ro. 2. 5. 1 Ti. 6. 19. Ja. 5. 1-3. *rich.* ch. 16. 11. 2 Co. 6. 10. 1 Ti. 6. 18, 19. Ja. 2. 5. Re. 2. 9.

22 *Take.* ver. 29. Mat. 6. 25, etc. 1 Co. 7. 32. Phi. 4. 6. He. 13. 5.

23 Ge. 19. 17. Job 1. 12; 2. 4, 6. Pr. 13. 8. Ac. 27. 18, 19, 38.

24 *the ravens.* The *raven* is a species of the *corvus,* or *crow* tribe, of the order Picæ, known by its large size, its plumage being of a bluish black, and tail roundish at the end. It was probably selected by our Lord as being unclean. 1 Ki. 17. 1-6. Job 38. 41. Ps. 145. 15, 16; 147. 9. Mar. 6. 26. *how.* ver. 7, 30-32. Job 35. 11. Mat. 10. 31.

25 ch. 19. 3. Mat. 5. 36; 6. 27.

26 *why.* ver. 29. Ps. 39. 6. Ec. 7. 13. 1 Pe. 5. 7.

27 *the lilies.* ver. 24. Mat. 6. 28-30. Ja. 1. 10, 11. *that.* 1 Ki. 10. 1-13. 2 Ch. 9. 1-12.

28 *which.* Is. 40. 6. 1 Pe. 1. 24. *O ye.* ch. 8. 25. Mat. 8. 26; 14. 31; 16. 8; 17. 17, 20.

29 *seek.* ver. 22; ch. 10. 7, 8; 22. 35. Mat. 6. 31. *neither,* etc. *or,* live not in careful suspense.

30 *all.* Mat. 5. 47; 6. 32. Ep. 4. 17. 1 Th. 4. 5. 1 Pe. 4. 2-4. *your.* ver. 32. Mat. 6. 1, 8, 32; 10. 20; 18. 14. Jno. 20. 17.

31 ch. 10. 42. 1 Ki. 3. 11-13. Ps. 34. 9; 37. 3, 19, 25; 84. 11. Is. 33. 16. Mat. 6. 33. Jno. 6. 27. Ro. 8. 31. 1 Ti. 4. 8. He. 13. 5.

32 *little.* Ca. 1. 7, 8. Is. 40. 11; 41. 14, marg.; 53. 6. Mat. 7. 15; 18. 12-14; 20. 16. Jno. 10. 26-30. *it is.* ch. 10. 21. Mat. 11. 25-27. Ep. 1. 5-9. Phi. 2. 13. 2 Th. 1. 11. *the kingdom.* Je. 3. 19. Mat. 25. 34. Jno. 18. 36. Ro. 6. 23; 8. 28-32. 2 Th. 1. 5. He. 12. 28. Ja. 2. 5. 1 Pe. 1. 3-5. 2 Pe. 1. 11. Re. 1. 6; 22. 5.

33 *Sell.* ch. 18. 22. Mat. 19. 21. Ac. 2. 45; 4. 34, 35. 2 Co. 8. 2. *provide.* ch. 16. 9. Hag. 1. 6. Mat. 6. 19-21. Jno. 12. 6. 1 Ti. 6. 17-19. Ja. 5. 1-3.

34 *where.* Mat. 6. 21. Phi. 3. 20. Col. 3. 1-3.

35 *your loins.* 1 Ki. 18. 46. Pr. 31. 17. Is. 5. 27; 11. 5. Ep. 6. 14. 1 Pe. 1. 13. *your lights.* Mat. 5. 16; 25. 1, 4-10. Phi. 2. 15.

36 *men.* ch. 2. 25-30. Ge. 49. 18. Is. 64. 4. La. 3. 25, 26. Mat. 24. 42-44. Mar. 13. 34-37. Ja. 5. 7, 8. 2 Pe. 1. 13-15. Jude 20, 21. *return.* Mat. 22. 1, etc.; 25. 1, etc. *when.* Ca. 5. 5, 6. Re. 3. 20.

37 *Blessed.* ver. 43; ch. 21. 36. Mat. 24. 45-47; 25. 20-23. Phi. 1. 21, 23. 2 Ti. 4. 7, 8. 1 Pe. 5. 1-4. 2 Pe. 1. 11; 3. 14. Re. 14. 13. *that.* Is. 62. 5. Je. 32. 41. Zep. 3. 17. Jno. 12. 26; 13. 4, 5. 1 Co. 2. 9. Re. 3. 21; 7. 17; 14. 3, 4.

38 Mat. 25. 6. 1 Th. 5. 4, 5.

39 Mat. 24. 43, 44. 1 Th. 5. 2, 3. 2 Pe. 3. 10. Re. 3. 3; 16. 15.

40 ch. 21. 34-36. Mat. 24. 42, 44; 25. 13. Mar. 13. 33-36. Ro. 13. 11, 14. 1 Th. 5. 6. 2 Pe. 3. 12-14. Re. 19. 7.

41 *Lord.* Mar. 13. 37; 14. 37. 1 Pe. 4. 7; 5. 8.

42 *Who.* ch. 19. 15-19. Mat. 24. 45, 46; 25. 20-23. 1 Co. 4. 1, 2. Tit. 1. 7. *steward.* ch. 16. 1-12. Mat. 20. 8. 1 Pe. 4. 10. *ruler.* 1 Ti. 3. 15; 5. 17. He. 3. 5; 13. 7, 17. *to give.* Je. 23. 4. Eze. 34. 3. Mat. 13. 52. Jno. 21. 15-17. Ac. 20. 28. 1 Pe. 5. 1-4. *in due.* Pr. 15. 23. Is. 50. 4. 2 Ti. 4. 2.

43 *whom.* ver. 37.

44 *that he will.* ch. 19. 17-19; 22. 29, 30. Da. 12. 2, 3. Mat. 24. 47. Re. 3. 28.

45 *and if.* Eze. 12. 22, 27, 28. Mat. 24. 48-50. 2 Pe. 2. 3, 4. *to beat.* Is. 65. 5. Je. 20. 2. Eze. 34. 3, 4. Mat. 22. 6. 2 Co. 11. 20. 3 Jno. 9, 10. Re. 13. 7-10, 15-17; 16. 6; 17. 5, 6; 18. 24. *to eat.* Is. 56. 10-12. Eze. 34. 8. Ro. 16. 18. Phi. 3. 18, 19. 2 Pe. 2. 13, 19. Jude 12, 13. Re. 18. 7, 8.

46 *lord.* ver. 19, 20, 40. Re. 16. 15. *cut him in sunder.* *or,* cut him off. Ps. 37. 9; 94. 14. *and will appoint.* Job 20. 29. Ps. 11. 5. Mat. 7. 22, 23; 13. 41, 42, 49, 50. *the unbelievers.* Mat. 24. 51.

47 *knew.* ch. 10. 12-15. Nu. 15. 30, 31. Mat. 11. 22-24. Jno. 9. 41; 12. 48; 15. 22-24; 19. 11. Ac. 17. 30. 2 Co. 2. 15, 16. Ja. 4. 17. *shall.* De. 25. 2, 3.

48 *knew.* Le. 5. 17. Ac. 17. 30. Ro. 2. 12-16. 1 Ti. 1. 13. *For.* ch. 16. 2, 10-12. Ge. 39. 8, etc. Mat. 25. 14-29. Jno. 15. 22. 1 Co. 9. 17, 18. 1 Ti. 1. 11, 13; 6. 20. Tit. 1. 3. Ja. 3. 1. Gr.

49 *come.* ver. 51, 52. Is. 11. 4. Joel 2. 30, 31. Mal. 3. 2, 3; 4. 1. Mat. 3. 10-12. *and.* ch. 11. 53, 54; 13. 31-33; 19. 39, 40. Jno. 9. 4; 11. 8-10; 12. 17-19.

50 *I have.* Mat. 20. 17-22. Mar. 10. 32-38. *and.* Ps. 40. 8. Jno. 4. 34; 7. 6-8, 10; 10. 39-41; 12. 27, 28; 18. 11; 19. 30. Ac. 20. 22. *straitened.* *or,* pained.

51 ver. 49. Zec. 11. 7, 8, 10, 11, 14. Mat. 10. 34-36; 24. 7-10.

52 Ps. 41. 9. Mi. 7. 5, 6. Jno. 7. 41-43; 9. 16; 10. 19-21; 15. 18-21; 16. 2. Ac. 13. 43-46; 14. 1-4; 28. 24.

53 Mi. 7. 6. Zec. 13. 2-6. Mat. 10. 21, 22; 24. 10.

54 *When.* 1 Ki. 18. 44, 45. Mat. 16. 2, etc.

55 Job 37. 17.

56 *ye can.* 1 Ch. 12. 32. Mat. 11. 25; 16. 3; 24. 32, 33. *that.* ch. 19. 42-44. Da. 9. 24-26. Hag. 2. 7. Mal. 3. 1; 4. 2. Ac. 3. 24-26. Ga. 4. 4.

57 De. 32. 29. Mat. 15. 10-14; 21. 31, 32. Ac. 2. 40; 13. 26-38. 1 Co. 11. 14.

58 *thou goest.* Pr. 25. 8, 9. Mat. 5. 23-26. *give.* ch. 14. 31, 32. Ge. 32. 3-28. 1 Sa. 25. 18-35. Job 22. 21; 23. 7. Ps. 32. 6. Pr. 6. 1-5. Is. 55. 6. 2 Co. 6. 2. He. 3. 7-13. *the judge.* ch. 13. 24-28. Job 36. 17, 18. Ps. 50. 22. *into.* Mat. 18. 30. 1 Pe. 3. 19. Re. 20. 7.

59 *thou shalt.* ch. 16. 26. Mat. 18. 34; 25. 41, 46. 2 Th. 1. 3. *mite.* See Mar. 12. 42, marg.

## CHAP. XIII.

*Christ preaches repentance upon the punishment of the Galileans, and others,* 1-5. *The fruitless fig-tree may not stand,* 6-9. *He heals the crooked woman,* 10-17; *shews the powerful working of the word in the hearts of his chosen, by the parable of the grain of mustard seed, and of leaven,* 18-21; *exhorts to enter in at the strait gate,* 22-30; *and reproves Herod and Jerusalem,* 31-35.

1 *the Galileans.* The *Galileans* are frequently mentioned by JOSEPHUS as the most turbulent and seditious people, being upon all occasions ready to disturb the Roman authority. It is uncertain to what event our Lord refers; but it is probable that they were the followers of Judas Gaulonitis, who opposed paying tribute to Cæsar and submitting to the Roman government. A party of them coming to Jerusalem during one of the great festivals, and presenting their oblations in the court of the temple, Pilate treacherously sent a company of soldiers, who slew them, and 'mingled their blood with their sacrifices.' Ac. 5. 37. *mingled.* La. 2. 20. Eze. 9. 5-7. 1 Pe. 4. 17, 18.

2 *Suppose.* ver. 4. Job 22. 5-16. Jno. 9. 2. Ac. 28. 4.

3 *except.* ver. 5; ch. 24. 47. Mat. 3. 2, 10-12. Ac. 2. 38-40; 3. 19. Re. 2. 21, 22. *ye shall.* ch. 19. 42-44; 21. 22-24; 23. 28-30. Mat. 12. 45; 22. 7; 23. 35-38; 24. 21-29.

4 *in Siloam.* Ne. 3. 15. Jno. 9. 7, 11. *fell.* 1 Ki. 20. 30. Job 1. 19. *sinners.* *or,* debtors. ch. 7. 41, 42; 11. 4. Mat. 6. 12; 18. 24.

5 *except.* ver. 3. Is. 28. 10-13. Eze. 18. 30.

6 *fig-tree.* Ps. 80. 8-13. Is. 5. 1-4. Je. 2. 21. Mat. 21. 19, 20. Mar. 11. 12-14. *and he came.* ch. 20. 10-14. Mat. 21. 34-40. Jno. 15. 16. Ga. 5. 22. Phi. 4. 17.

7 *three.* Le. 19. 23; 25. 21. Ro. 2. 4, 5. *cut.* ch. 3. 9. Ex. 32. 10. Da. 4. 14. Mat. 3. 10; 7. 19. Jno. 15. 2, 6. *why.* Ex. 32. 10. Mat. 3. 9.

8 *Lord, let.* Ex. 32. 11-13, 30-32; 34. 9. Nu. 14. 11-20. Jos. 7. 7-9. Ps. 106. 23. Je. 14. 7-9, 13, etc.; 15. 1; 18. 20. Joel 2. 17. Ro. 10. 1; 11. 14. 2 Pe. 3. 9.

9 *if not.* Ezr. 9. 14, 15. Ps. 69. 22-28. Da. 9. 5-8. Jno. 15. 2. 1 Th. 2. 15. He. 6. 8. Re. 15. 3, 4; 16. 5-7.

10 ch. 4. 15, 16, 44.

11 *a spirit.* ver. 16; ch. 8. 2. Job 2. 7. Ps. 6. 2. Mat. 9. 32, 33. *eighteen.* ch. 8. 27, 43. Mar. 9. 21. Jno. 5. 5, 6; 9. 19-21. Ac. 3. 2; 4. 22; 14. 8-10. *bowed.* Ps. 38. 6; 42. 5, marg.; 145. 14; 146. 8.

12 *Woman.* ch. 6. 8-10. Ps. 107. 20. Is. 65. 1. Mat. 8. 16. *loosed.* ver. 16. Joel 3. 10.

13 *he laid.* ch. 4. 40. Mar. 6. 5; 8. 25; 16. 18. Ac. 9. 17. *and immediately.* ch. 17. 14-17; 18. 43. Ps. 103. 1-5; 107. 20-22; 116. 16, 17.

14 *the ruler.* ch. 8. 41. Ac. 13. 15; 18. 8, 17. *with.* ch. 6. 11. Jno. 5. 15, 16. Ro. 10. 2. *There.* Ex. 20. 9; 23. 12. Le. 23. 3. Eze. 20. 12. *and not.* ch. 6. 7; 14. 3-6. Mat. 12. 10-12. Mar. 3. 2-6. Jno. 9. 14-16.

15 *Thou hypocrite.* ch. 6. 42; 12. 1. Job 34. 30. Pr. 11. 9. Is. 29. 20. Mat. 7. 5; 15. 7, 14; 23. 13, 28. Ac. 8. 20-23; 13. 9, 10. *doth not.* ch. 14. 5. Jno. 7. 21-24.

16 *being.* ch. 3. 8; 16. 24; 19. 9. Ac. 13. 26. Ro. 4. 12-16. *whom.* ver. 11. Jno. 8. 44. 2 Ti. 2. 26. *be loosed.* ver. 12. Mar. 2. 27.

17 *all his.* ch. 14. 6; 20. 40. Ps. 40. 14; 109. 29; 132. 18. Is. 45. 24. 2 Ti. 3. 9. 1 Pe. 3. 16. *and all.* ch. 19. 37-40, 48. Ex. 15. 11. Ps. 111. 3. Is. 4. 2. Jno. 12. 17, 18. Ac. 3. 9-11; 4. 21.

18 *Unto.* ver. 20; ch. 7. 31. La. 2. 13. Mat. 13. 31. *the kingdom.* ch. 17. 21. Mar. 4. 26, 30, etc.

19 *like.* Mat. 13. 31, 32; 17. 20. Mar. 4. 31, 32. *cast.* Ca. 4. 12, 16; 5. 1; 6. 2; 8. 13. Is. 58. 11; 61. 11. Je. 31. 12. *and it.* Ps. 72. 16, 17. Is. 2. 2, 3; 9. 7; 49. 20-25; 51. 2, 3; 53. 1, 10-12; 54. 1-3; 60. 15-22. Eze. 17. 22-24; 47. 1-12. Da. 2. 34, 35, 44, 45. Mi. 4. 1, 2. Zec. 2. 11; 8. 20-23; 14. 7-9. Ac. 2. 41; 4. 4; 15. 14-18; 21. 20. Gr. Ro. 15. 19. Re. 11. 15. *and the.* Eze. 31. 6. Da. 4. 12, 21.

21 *like.* See Mat. 13. 33, marg. *till.* Job 17. 9. Ps. 92. 13, 14. Pr. 4. 18. Ho. 6. 3. Jno. 4. 14; 15. 2. 1 Co. 5. 6. Phi. 1. 6, 9-11. 1 Th. 5. 23, 24. Ja. 1. 21.

22 *through.* ch. 4. 43, 44. Mat. 9. 35. Mar. 6. 6. Ac. 10. 38. *journeying.* ch. 9. 51. Mar. 10. 32-34.

23 *are.* Mat. 7. 14; 19. 25; 20. 16; 22. 14. *And.* ch. 12. 13-15; 21. 7, 8. Mat. 24. 3-5. Mar. 13. 4, 5. Jno. 21. 21, 22. Ac. 1. 7, 8.

24 *Strive.* ch. 21. 36. Ge. 32. 25, 26. Mat. 11. 12. Jno. 6. 27. 1 Co. 9. 24-27. Phi. 2. 12, 13. Col. 1. 29. He. 4. 11. 2 Pe. 1. 10. *the strait.* Mat. 7. 13, 14. *for.* Pr. 1. 24-28; 14. 6; 21. 25. Ec. 10. 15. Is. 1. 15; 58. 2-4. Eze. 33. 31. Mar. 6. 18-20. Jno. 7. 34; 8. 21; 13. 33. Ro. 9. 31-33; 10. 3.

25 *once.* Ps. 32. 6. Is. 55. 6. 2 Co. 6. 2. He. 3. 7, 8; 12. 17. *shut.* Ge. 7. 16. Mat. 25. 10. *Lord.* ch. 6. 46. Mat. 7. 21, 22; 25. 11, 12. *I know.* ver. 27. Mat. 7. 23; 25. 41.

26 *We.* Is. 58. 2. 2 Ti. 3. 5. Tit. 1. 16.

27 *I tell.* ver. 25. Ps. 1. 6. Mat. 7. 22, 23; 25. 12, 41. 1 Co. 8. 3. Ga. 4. 9. 2 Ti. 2. 19. *depart.* Ps. 5. 6; 6. 8; 28. 3; 101. 8; 119. 115; 125. 5. Ho. 9. 12. Mat. 25. 41.

28 *weeping.* Ps. 112. 10. Mat. 8. 12; 13. 42, 50; 22. 13; 24. 51; 25. 30. *when.* ch. 16. 23. Mat. 8. 11. *the kingdom.* ch. 14. 15; 23. 42, 43. 2 Th. 1. 5. 2 Pe. 1. 11. *you.* ch. 10. 15. Re. 21. 8; 22. 15.

29 Ge. 28. 14. Is. 45. 6; 49. 6; 54. 2, 3; 66. 18-20. Mal. 1. 11. Mar. 13. 27. Ac. 28. 28. Ep. 3. 6-8. Col. 1. 6, 23. Re. 7. 9, 10.

30 Mat. 3. 9, 10; 8. 11, 12; 19. 30; 20. 16; 21. 28-31. Mar. 10. 31.

31 *Get.* Ne. 6. 9-11. Ps. 11. 1, 2. Am. 7. 12, 13.

32 *that fox.* This was probably Herod Antipas, tetrarch of Galilee, who is described by JOSEPHUS as a crafty and incestuous prince, with which the character given him by our Lord, and the narratives of the evangelists, exactly coincide. ch. 3. 19, 20; 9. 7-9; 23. 8-11. Eze. 13. 4. Mi. 3. 1-3. Zep. 3. 3. Mar. 6. 26-28. *I cast.* ch. 9. 7. Mar. 6. 14. Jno. 10. 32; 11. 8-10. *I shall.* Jno. 17. 4, 5; 19. 30. Gr. He. 2. 10; 5. 9.

33 *I must.* Jno. 4. 34; 9. 4; 11. 54; 12. 35. Ac. 10. 38. *for.* ch. 9. 53. Mat. 20. 18. Ac. 13. 27.

34 *Jerusalem.* ch. 19. 41, 42. Mat. 23. 37-39. *killest.* 2 Ch. 24. 21, 22; 36. 15, 16. Ne. 9. 26. Je. 2. 30; 26. 23. La. 4. 13. Mat. 21. 35, 36; 22. 6. Ac. 7. 52, 59; 8. 1. Re. 11. 8. *how.* De. 5. 29; 32. 29. Ps. 81. 10, 13. Is. 48. 17-19; 50. 2. *thy.* ch. 19. 44; 23. 28. Ps. 149. 2. La. 1. 16. Joel 2. 23. Ga. 4. 25, 26. *as.* De. 32. 11, 12. Ru. 2. 12. Ps. 17. 8; 36. 7; 57. 1; 91. 4. *and ye.* ch. 15. 28. Ne. 9. 30. Ps. 81. 11. Pr. 1. 24-30. Is. 30. 15. Je. 6. 16; 7. 23, 24; 35. 14; 44. 4-6. Ho. 11. 2, 7. Zec. 1. 4. Mat. 22. 3. Ac. 3. 14, 15.

35 *your.* ch. 21. 5, 6, 24. Le. 26. 31, 32. Ps. 69. 25. Is. 1. 7, 8; 5. 5, 6; 64. 10, 11. Da. 9. 26, 27. Mi. 3. 12. Zec. 11. 1, 2; 14. 2. Ac. 6. 13, 14. *Ye shall not.* Ho. 3. 4, 5. Jno. 7. 34-36; 8. 22-24; 12. 35, 36; 14. 19-23. *Blessed.* ch. 19. 38-40. Ps. 118. 26. Is. 40. 9-11; 52. 7. Zec. 12. 10. Mat. 21. 9. Mar. 11. 9, 10. Jno. 12. 13. Ro. 10. 9-15. 2 Co. 3. 15-18.

## CHAP. XIV.

***Christ heals the dropsy on the sabbath, 1-6; teaches humility, 7-11; to feast the poor, 12-14; under the parable of the great supper, shews how worldly minded men, who contemn the word of God, shall be shut out of heaven, 15-24. Those who will be his disciples, to bear their cross must make their accounts beforehand, lest with shame they revolt from him afterward, 25-33; and become altogether unprofitable, like salt that has lost its savour, 34, 35.***

1 *as.* ch. 7. 34-36; 11. 37. 1 Co. 9. 19-22. *chief.* Jno. 3. 1. Ac. 5. 34. *they.* ch. 6. 7; 11. 53, 54; 20. 20. Ps. 37. 32; 41. 6; 62. 4; 64. 5, 6. Pr. 23. 7. Is. 29. 20, 21. Je. 20. 10, 11. Mar. 3. 2.

3 *the lawyers.* ch. 11. 44, 45. *Is.* ch. 6. 9; 13. 14-16. Mat. 12. 10. Mar. 3. 4. Jno. 7. 23.

4 Mat. 21. 25-27; 22. 46.

5 *Which.* ch. 13. 15. Ex. 23. 4, 5. Da. 22. 4. Mat. 12. 11, 12.

6 ch. 13. 17; 20. 26, 40; 21. 15. Ac. 6. 10.

7 *put.* Ju. 14. 12. Pr. 8. 1. Eze. 17. 2. Mat. 13. 34. *they.* ch. 11. 43; 20. 46. Mat. 23. 6. Mar. 12. 38, 39. Ac. 8. 18, 19. Phi. 2. 3. 3 Jno. 9.

8 *When.* That there were among the Jews of these times many disputes about seats at banquets, we learn both from JOSEPHUS and the Rabbins; nor were these matters unattended to by the Greeks and Romans. Similar admonitions to this of our Lord, also occur in the Rabbinical writers. Rabbi AKIBA said, Go two or three seats lower than the place that belongs to thee, and sit there till they say unto thee, Go up higher; but do not take the uppermost seat, lest they say unto thee, Come down: for it is better they should say unto thee, Go up, go up, than they should say, Go down, go down. Pr. 25. 6, 7.

9 *and thou.* Es. 6. 6-12. Pr. 3. 35; 11. 2; 16. 18. Eze. 28. 2-10. Da. 4. 30-34.

10 *go.* 1 Sa. 15. 17. Pr. 15. 33; 25. 6, 7. *then.* Is. 60. 14. Re. 3. 9.

11 *whosoever.* ch. 1. 51; 18. 14. 1 Sa. 15. 17. Job 22. 29; 40. 10-12. Ps. 18. 27; 138. 6. Pr. 15. 33; 18. 12; 29. 23. Is. 2. 11, 17; 57. 15. Mat. 23. 12. Ja. 4. 6. 1 Pe. 5. 5.

12 *When.* ch. 1. 53. Pr. 14. 20; 22. 16. Ja. 2. 1-6.

*and a.* ch. 6. 32-36. Zec. 7. 5-7. Mat. 5. 46; 6. 1-4, 16-18.

13 *call.* ver. 21; ch. 11. 41. De. 14. 29; 16. 11, 14; 26. 12, 13. 2 Sa. 6. 19. 2 Ch. 30. 24. Ne. 8. 10, 12. Job 29. 13, 15, 16; 31. 16-20. Pr. 3. 9, 10; 14. 31; 31. 6, 7. Is. 58. 7, 10. Mat. 14. 14-21; 15. 32-39; 22. 10. Ac. 2. 44, 45; 4. 34, 35; 9. 39. Ro. 12. 13-16. 1 Ti. 3. 2; 5. 10. Tit. 1. 8. Phile. 7. He. 13. 2.

14 *for thou.* Pr. 19. 17. Mat. 6. 4; 10. 41, 42; 25. 34-40. Phi. 4. 18, 19. *the resurrection.* ch. 20. 35, 36. Da. 12. 2, 3. Jno. 5. 29. Ac. 24. 15.

15 *Blessed.* ch. 12. 37; 13. 29; 22. 30. Mat. 8. 11; 25. 10. Jno. 6. 27, etc. Re. 19. 9.

16 *A certain.* Pr. 9. 1, 2. Is. 25. 6, 7. Je. 31. 12-14. Zec. 10. 7. Mat. 22. 2-14. *bade.* Ca. 5. 1. Is. 55. 1-7. Mar. 16. 15, 16. Re. 3. 20; 22. 17.

17 *his.* ch. 3. 4-6; 9. 1-5; 10. 1, etc. Pr. 9. 1-5. Mat. 3. 1, etc.; 10. 1, etc. Ac. 2. 38, 39; 3. 24-26; 13. 26, 38, 39. *Come.* Mat. 11. 27-29; 22. 3, 4. Jno. 7. 37. 2 Co. 5. 18-21; 6. 1.

18 *all.* ch. 20. 4, 5. Is. 28. 12, 13; 29. 11, 12. Je. 5. 4, 5; 6. 10, 16, 17. Mat. 22. 5, 6. Jno. 1. 11; 5. 40. Ac. 13. 45, 46; 18. 5, 6; 28. 25-27. *I have.* ch. 8. 14; 17. 26-31; 18. 24. Mat. 24. 38, 39. 1 Ti. 6. 9, 10. 2 Ti. 4. 4, 10. He. 12. 16. 1 Jno. 2. 15, 16.

20 ver. 26-28; ch. 18. 29, 30. 1 Co. 7. 29-31, 33.

21 *and shewed.* ch. 9. 10. 1 Sa. 25. 12. Mat. 15. 12; 18. 31. He. 13. 17. *being.* ver. 24. Ps. 2. 12. Mat. 22. 7, 8. He. 2. 3; 12. 25, 26. Re. 15, 1, etc.; 19. 15. *Go.* ch. 24. 47. Pr. 1. 20-25; 8. 2-4; 9. 3, 4. Je. 5. 1. Zec. 11. 7, 11. Mat. 21. 28-31. Jno. 4. 39-42; 7. 47-49; 9. 39. Ac. 8. 4-7. Ja. 2. 5. Re. 22. 17. *the poor.* ver. 13; ch. 7. 22, 23. 1 Sa. 2. 8. Ps. 113. 7, 8. Mat. 11. 5, 28. *the halt.* Ps. 38. 7. Is. 33. 23; 35. 6.

22 *it is.* Ac. ch. 1-9. *and yet.* Ps. 103. 6; 130. 7. Jno. 14. 2. Ep. 3. 8. Col. 2. 9. 1 Ti. 2. 5, 6. 1 Jno. 2. 2. Re. 7. 4-9.

23 *Go.* Ps. 98. 3. Is. 11. 10; 19. 24, 25; 27. 13; 49. 5, 6; 66. 19, 20. Zec. 14. 8, 9. Mal. 1. 11. Mat. 21. 43; 22. 9, 10; 28. 19, 20. Ac. 9. 15; 10. 44-48; 11. 18-21; 13. 47, 48; 18. 6; 22. 21, 22; 26. 18-20; 28. 28. Ro. 10. 18; 15. 9-12. Ep. 2. 11-22. Col. 1. 23. *compel.* ch. 24. 29. Ge. 19. 2, 3. Ps. 110. 3. Ac. 16. 15. Ro. 11. 13, 14. 1 Co. 9. 19-23. 2 Co. 5. 11, 20; 6. 1. Col. 1. 28. 2 Ti. 4. 2.

24 Pr. 1. 24-32. Mat. 21. 43; 22. 8; 23. 38, 39. Jno. 3. 19, 36; 8. 21, 24. Ac. 13. 46. He. 12. 25, 26.

25 ch. 12. 1. Jno. 6. 24-27.

26 *any.* De. 13. 6-8; 33. 9. Ps. 73. 25, 26. Mat. 10. 37. Phi. 3. 8. *hate.* Ge. 29. 30, 31. De. 21. 15. Job 7. 15, 16. Ec. 2. 17-19. Mal. 1. 2, 3. Jno. 12. 25. Ro. 9. 13. *yea.* Ac. 20. 24. Re. 12. 11.

27 *doth.* ch. 9. 23-25. Mat. 10. 38; 16. 24-26. Mar. 8. 34-37; 10. 21; 15. 21. Jno. 19. 17. 2 Ti. 3. 12. *cannot.* Mat. 13. 21. Ac. 14. 22. 2 Ti. 1. 12.

28 *intending.* Ge. 11. 4-9. Pr. 24. 27. *counteth.* ver. 33. Jos. 24. 19-24. Mat. 8. 20; 10. 22; 20. 22, 23. Ac. 21. 13. 1 Th. 3. 4, 5. 2 Pe. 1. 13, 14.

30 Mat. 7. 27; 27. 3-8. Ac. 1. 18, 19. 1 Co. 3. 11-14. He. 6. 4-8, 11; 10, 38. 2 Pe. 2. 19-22. 2 Jno. 8.

31 Ki. 20. 11. 2 Ki. 18. 20-22. Pr. 20. 18; 25. 8.

32 *and desireth.* ch. 12. 58. 1 Ki. 20. 31-34. 2 Ki. 10. 4, 5. Job 40. 9. Mat. 5. 25. Ac. 12. 20. Ja. 4. 6-10.

33 ver. 26; ch. 5. 11, 28; 18. 22, 23, 28-30. Ac. 5. 1-5; 8. 19-22. Phi. 3. 7, 8. 2 Ti. 4. 10. 1 Jno. 2. 15, 16.

34 *Salt.* Common *salt*, or *muriat of soda*, consists of soda in combination with muriatic acid, and is for the most part an artificial preparation from sea water, though found in some countries in a solid and massive state. See particularly Le. 2. 13. *but.* Mat. 5. 13. Mar. 9. 49, 50. Col. 4. 6. He. 2. 4-8.

35 *but.* Jno. 15. 6. *He.* ch. 8. 8; 9. 44. Mat. 11. 15; 13. 9. Re. 2. 7, 11, 17, 29.

## CHAP. XV.

*The parable of the lost sheep,* 1-7; *of the piece of silver,* 8-10; *of the prodigal son,* 11-32.

1 ch. 5. 29-32; 7. 29; 13. 30. Eze. 18. 27. Mat. 9. 10-13; 21. 28-31. Ro. 5. 20. 1 Ti. 1. 15.

2 ver. 29, 30; ch. 5. 30; 7. 34, 39; 19. 7. Mat. 9. 11. Ac. 11. 3. 1 Co. 5. 9-11. Ga. 2. 12.

4 *man.* ch. 13. 15. Mat. 12. 11; 18. 12. Ro. 2. 1. *having.* Ps. 119. 176. Is. 53. 6. Je. 50. 6. Eze. 34. 8, 11, 12, 16, 31. Mat. 18. 12, 13. Jno. 10. 15, 16, 26-28. 1 Pe. 2. 25.

5 *when.* ch. 19. 9; 23. 43. Is. 62. 12. Jno. 4. 34, 35. Ac. 9. 1-16. Ro. 10. 20, 21. Ep. 2. 3-6. Tit. 3. 3-7. *he layeth.* Is. 40. 10, 11; 46. 3, 4; 63. 9. Mi. 5. 4. Ep. 1. 19, 20; 2. 10; 3. 7. 1 Th. 1. 5. 2 Ti. 2. 26. 1 Pe. 1. 5. *rejoicing.* ver. 23, 24, 32. Is. 53. 10, 11; 62. 5. Je. 32. 41, 42. Eze. 18. 23; 33. 11. Mi. 7. 18. Zep. 3. 17. Jno. 15. 11. He. 12. 2.

6 *his.* ver. 7, 10, 24; ch. 2. 13, 14. Is. 66. 10, 11. Jno. 3. 29; 15. 14. Ac. 11. 23; 15. 3. Phi. 1. 4; 2. 17; 4. 1. 1 Th. 2. 19; 3. 7-9. *for.* Ps. 119. 176. 1 Pe. 2. 10, 25.

7 *joy.* ver. 32; ch. 5. 32. Mat. 18. 13. *which.* ver. 29; ch. 16. 15; 18. 9-11. Pr. 30. 12. Ro. 7. 9. Phi. 3. 6, 7.

8 *pieces.* 'Drachma, *here translated* a piece of silver, *is the eighth of an ounce, which cometh to* 7½d., *and is equal to the Roman penny.* Mat. 18. 28.' *and seek.* ch. 19. 10. Eze. 34. 12. Jno. 10. 16; 11. 52. Ep. 2. 17.

9 *Rejoice.* ver. 6, 7.

10 *there.* ch. 2. 1-14. Eze. 18. 23, 32; 33. 11. Mat. 18. 10, 11; 28. 5-7. Ac. 5. 19; 10. 3-5. He. 1. 14. Re. 5. 11-14. *one.* ch. 7. 47; 13. 5. 2 Ch. 33. 13-19. Mat. 18. 14. Ac. 11. 18. 2 Co. 7. 10. Phile 15.

11 Mat. 21. 23-31.

12 *give.* De. 21. 16, 17. Ps. 16. 5, 6; 17. 14. *And he.* Mar. 12. 44.

13 *and took.* 2 Ch. 33. 1-10. Job 21. 13-15; 22. 17, 18. Ps. 10. 4-6; 73. 27. Pr. 27. 8. Is. 1. 4; 30. 11. Je. 2. 5, 13, 17-19, 31. Mi. 6. 3. Ep. 2. 13, 17. *wasted.* ver. 30; ch. 16. 1, 19. Pr. 5. 8-14; 6. 26; 18. 9; 21. 17, 20; 23. 19-22; 28. 7; 29. 3. Ec. 11. 9, 10. Is. 22. 13; 56. 12. Am. 6. 3-7. Ro. 13. 13, 14. 1 Pe. 4. 3, 4. 2 Pe. 2. 13.

14 *arose.* 2 Ch. 33. 11. Eze. 16. 27. Ho. 2. 9-14. Am. 8. 9-12.

15 *he went.* ver. 13. Ex. 10. 3. 2 Ch. 28. 22. Is. 1. 5, 9, 10-13; 57. 17. Je. 5. 3; 8. 4-6; 31. 18, 19. 2 Ti. 2. 25, 26. Re. 2. 21, 22. *to feed.* ch. 8. 32-34. Eze. 16. 52, 63. Na. 3. 6. Mal. 2. 9. Ro. 1. 24-26; 6. 22. 1 Co. 6. 9-11. Ep. 2. 2, 3; 4. 17-19; 5. 11, 12. Col. 3. 5-7. Tit. 3. 3.

16 *he would.* Is. 44. 20; 55. 2. La. 4. 5. Ho. 12. 1. Ro. 6. 19-21. *that.* Ps. 73. 22. *no.* Ps. 142. 4. Is. 57. 3. Jon. 2. 2-8.

17 *when.* ch. 8. 35; 16. 23. Ps. 73. 20. Ec. 9. 3. Je. 31. 19. Eze. 18. 28. Ac. 2. 37; 16. 29, 30; 26. 11-19. Ep. 2. 4, 5; 5. 14. Tit. 3. 4-6. Ja. 1. 16-18. *How.* ver. 18, 19. La. 1. 7.

18 *will arise.* 1 Ki. 20. 30, 31. 2 Ki. 7. 3, 4. 2 Ch. 33. 12, 13, 19. Ps. 32. 5; 116. 3-7. Je. 31. 6-9; 50. 4, 5. La. 3. 18-22, 29, 40. Ho. 2. 6, 7; 14. 1-3. Jon. 2. 4; 3. 9. *Father.* ch. 11. 2. Is. 63. 16. Je. 3. 19; 31. 20. Mat. 6. 9, 14; 7. 11. *I have.* ch. 18. 13. Le. 26. 40, 41. 1 Ki. 8. 47, 48. Job 33. 27, 28; 36. 8-10. Ps. 25. 11; 32. 3-5; 51. 3-5. Pr. 23. 13. Mat. 3. 6. 1 Jno. 1. 8-10. *against.* ver. 21. Da. 4. 26.

19 *no.* ch. 5. 8; 7. 6, 7. Ge. 32. 10. Job 42. 6. 1 Co. 15. 9. 1 Ti. 1. 13-16. *make.* Jos. 9. 24, 25. Ps. 84. 10. Mat. 15. 26, 27. Ja. 4. 8-10. 1 Pe. 5. 6.

20 *But.* De. 30. 2-4. Job 33. 27, 28. Ps. 86. 5, 15; 103. 10-13. Is. 49. 15; 55. 6-9; 57. 18. Je. 31. 20. Eze. 16. 6-8. Ho. 11. 8. Mi. 7. 18, 19. Ac. 2. 39. Ep. 2. 13, 17. *and fell.* Ge. 33. 4; 45. 14; 46. 29. Ac. 20. 37.

21 *Father.* ver. 18, 19. Je. 3. 13. Eze. 16. 63. Ro. 2. 4. *against.* Ps. 51. 4; 143. 2. 1 Co. 8. 12.

22 *the best.* Ps. 45. 13; 132. 9, 16. Is. 61. 10. Eze. 16. 9-13. Zec. 3. 3-5. Mat. 22. 11, 12. Ro. 3. 22; 13. 14. Ga. 3. 27. Ep. 4. 22-24. Re. 3. 4, 5, 18; 6. 11; 6. 9, 13, 14; 19. 8. *a ring.* Ge. 41. 42. Es. 3. 10; 8. 2. Ro. 8. 15. Ga. 4. 5, 6. Ep. 1. 13, 14. Re. 2. 17. *and shoes.* De. 33. 25. Ps. 18. 33. Ca. 7. 1. Eze. 16. 10. Ep. 6. 15.

23 *the fatted.* Ge. 18. 7. Ps. 63. 5. Pr. 9. 2. Is. 25. 6; 65. 13, 14. Mat. 22. 2, etc.

24 *this.* ver. 32. Mar. 8. 22. Jno. 5. 21, 24, 25; 11. 25. Ro. 6. 11, 13; 8. 2. 2 Co. 5. 14, 15. Ep. 2. 1, 5; 5. 14. Col. 2. 13. 1 Ti. 5. 6. Jude 12. Re. 3. 1. *he.* ver. 4, 8; ch. 19. 10. Ge. 45. 28. Je. 31. 15-17. Eze. 34. 4, 16. Mat. 18. 11-13. *they.* ver. 7, 9. Ec. 9. 7; 10. 19. Is. 35. 10; 66. 11. Je. 31. 12-14. Ro. 12. 15. 1 Co. 12. 26.

25 *his.* ver. 11, 12. *he.* ch. 7. 32. Ex. 15. 20. 2 Sa. 6. 14. Ps. 30. 11; 126. 1; 149. 3; 150. 4. Ec. 3. 4. Je. 31. 4.

27 *Thy brother.* ver. 30. Ac. 9. 17; 22. 13. Phile. 16. *and thy.* ver. 23.

28 *he.* ver. 2; ch. 5. 30; 7. 39. 1 Sa. 17. 28; 18. 8. Is. 65. 5; 66. 5. Jon. 4. 1-3. Mat. 20. 11. Ac. 13. 45, 50; 14. 2, 19; 22. 21, 22. Ro. 10. 19. 1 Th. 2. 16. *therefore.* ch. 13. 34; 24. 47. Ge. 4. 5-7. Jon. 4. 4, 9. 2 Co. 5. 20.

29 *Lo.* ch. 17. 10; 18. 9, 11, 12, 20, 21. 1 Sa. 15. 13, 14. Is. 58. 2, 3; 65. 5. Zec. 7. 3. Mat. 20. 12. Ro. 3. 20, 27; 7. 9; 10. 3. Phi. 3. 4-6. 1 Jno. 1. 8-10. Re. 3. 17. *yet.* ver. 7; ch. 19. 21. Mal. 1. 12, 13; 3. 14. Re. 2. 17.

30 *this.* ver. 32; ch. 18. 11. Ex. 32. 7, 11. *devoured.* ver. 13, 22, 23.

31 ch. 19. 22, 23. Mat. 20. 13-16. Mar. 7. 27, 28. Ro. 9. 4; 11. 1, 35.

32 *was meet.* ch. 7. 34. Ps. 51. 8. Is. 35. 10. Ho. 14. 9. Jon. 4. 10, 11. Ro. 3. 4, 19; 15. 9-13. *for.* ver. 24. Ep. 2. 1-10.

## CHAP. XVI.

*The parable of the unjust steward, 1-13. Christ reproves the hypocrisy of the covetous Pharisees, 14-18. The parable of the rich man and Lazarus the beggar, 19-31.*

1 *a certain.* Mat. 18. 23, 24; 25. 14, etc. *a steward.* ch. 8. 3; 12. 42. Ge. 15. 2; 43. 19. 1 Ch. 28. 1. 1 Co. 4. 1, 2. Tit. 1. 7. 1 Pe. 4. 10. *wasted.* ver. 19; ch. 15. 13, 30; 19. 20. Pr. 18. 9. Ho. 2. 8. Ja. 4. 3.

2 *How.* Ge. 3. 9-11; 4. 9, 10; 18. 20, 21. 1 Sa. 2. 23, 24. 1 Co. 1. 11. 1 Ti. 5. 24. *give.* ch. 12. 42. Ec. 11. 9, 10; 12. 14. Mat. 12. 36. Ro. 14. 12. 1 Co. 4. 2, 5. 2 Co. 5. 10. 1 Pe. 4. 5, 10. 1 Ti. 4. 14. Re. 20. 12. *for.* ch. 12. 20; 19. 21-26.

3 *said.* ch. 18. 4. Es. 6. 6. *What.* ch. 12. 17. Is. 10. 3. Je. 5. 31. Ho. 9. 5. Ac. 9. 6. *I cannot.* Pr. 13. 4; 15. 19; 18. 9; 19. 15; 21. 25, 26; 24. 30-34; 26. 13-16; 27. 23-27; 29. 21. 2 Th. 3. 11. *to beg.* ch. 16. 20, 22. Pr. 20. 4. Mar. 10. 46. Jno. 9. 8. Ac. 3. 2.

4 Pr. 30. 9. Je. 4. 22. Ja. 3. 15.

5 *his.* ch. 7. 41, 42. Mat. 18. 24.

6 *measures.* '*The word* Batos *in the original containeth nine gallons three quarts.* See Eze. 45. 10-14.' *Take.* ver. 9, 12. Tit. 2. 10.

7 *An hundred.* ch. 20. 9, 12. Ca. 8. 11, 12. *measures.* '*The word here interpreted* a measure, *in the original containeth about fourteen bushels and a pottle.* Gr.'

8 *unjust.* ver. 10; ch. 18. 6. *done.* ver. 4. Ge. 3. 1. Ex. 1. 10. 2 Sa. 13. 3. 2 Ki. 10. 19. Pr. 6. 6-8. *children of this.* ch. 20. 34. Ps. 17. 14. 1 Co. 3. 18. Phi. 3. 19. *in.* Ps. 49. 10-19. Mat. 17. 26. *children of light.* Jno. 12. 36. Ep. 5. 8. 1 Th. 5. 5. 1 Pe. 2. 9. 1 Jno. 3. 10.

9 *Make.* ch. 11. 41; 14. 14. Pr. 19. 17. Ec. 11. 1. Is. 58. 7, 8. Da. 4. 27. Mat. 6. 19; 19, 21; 25. 35-40. Ac. 10. 4, 31. 2 Co. 9. 12-15. 1 Ti. 6. 17-19. 2 Ti. 1. 16-18. *of the.* ver. 11, 13. Mat. 6. 24. *mammon. or,* riches. Pr. 23. 5. 1 Ti. 6. 9, 10, 17. *when.* Ps. 73. 26. Ec. 12. 3-7. Is. 57. 16. *into.* 2 Co. 4. 17, 18; 5. 1. 1 Ti. 6. 18. Jude 21.

10 *faithful in.* ver. 11, 12; ch. 19. 17. Mat. 25. 21. He. 3. 2. *he that is unjust.* Jno. 12. 6; 13. 2, 27.

11 *in.* ver. 9. *true.* ch. 12. 33; 18. 22. Pr. 8. 18, 19. Ep. 3. 8. Ja. 2. 5. Re. 3. 18.

12 *in.* ch. 19. 13-26. 1 Ch. 29. 14-16. Job 1. 21. Eze. 16. 16-21. Ho. 2. 8. Mat. 25. 14-29. *that which is your.* ch. 10. 42. Col. 3. 3, 4. 1 Pe. 1. 4, 5.

13 *servant.* ch. 9. 50; 11. 23. Jos. 24. 15. Mat. 4. 10; 6. 24. Ro. 6. 16-22; 8. 5-8. Ja. 4. 4. 1 Jno. 2. 15, 16. *hate.* ch. 14. 26.

14 *who.* ch. 12. 15; 20. 47. Is. 56. 11. Je. 6. 13; 8. 10. Eze. 22. 25-29; 33. 31. Mat. 23. 14. *derided.* ch. 8. 53; 23. 35. Ps. 35. 15, 16; 119. 51. Is. 53. 3. Je. 20. 7, 8. He. 11. 36; 12. 2, 3.

15 *Ye.* ch. 10. 29; 11. 39; 18. 11, 21; 20. 20, 47. Pr. 20. 6. Mat. 6. 2, 5, 16; 23. 5, 25-27. Ro. 3. 20. Ja. 2. 21-25. *God.* 1 Sa. 16. 7. 1 Ch. 29. 17. 2 Ch. 6. 30. Ps. 7. 9; 139. 1, 2. Je. 17. 10. Jno. 2. 25; 21. 17. Ac. 1. 28; 15. 8. 1 Co. 4. 5. Re. 2. 23. *for.* Ps. 10. 3; 49. 13. 18. Pr. 16. 5. Is. 1. 10-14. Am. 5. 21, 22. Mal. 3. 15. 1 Pe. 3. 4; 5. 5.

16 *Law.* ver. 29, 31. Mat. 11. 9-14. Jno. 1. 45. Ac. 3. 18, 24, 25. *the kingdom.* ch. 9. 2; 10. 9. 11. Mat. 3. 2; 4. 17; 10. 7. Mar. 1. 14. *and every.* ch. 7. 26-29. Mat. 21. 32. Mar. 1. 45. Jno. 11. 48; 12. 19.

17 *it.* ch. 21. 33. Ps. 102. 25-27. Is. 51. 6. Mat. 5. 18. 2 Pe. 3. 10. Re. 20. 11; 21. 1, 4. *than.* Is. 40. 8. Ro. 3. 31. 1 Pe. 1. 25.

18 Mat. 5. 32; 19. 9. Mar. 10. 11, 12. 1 Co. 7. 4, 10-12.

19 *rich.* ch. 12. 16-21; 18. 24, 25. Ja. 5. 1-5. *clothed.* ver. 1; ch. 15. 13. Job 21. 11-15. Ps. 73. 3-7. Eze. 16. 49. Am. 6. 4-6. Re. 17. 4; 18. 7, 16. *purple.* Ju. 8. 26. Es. 8. 15. Eze. 16. 13; 27. 7. Mar. 15. 17, 20.

20 *a certain.* ch. 18. 35-43. 1 Sa. 2. 8. Ja. 1. 9; 2. 5. *Lazarus.* Jno. 11. 1. *was laid.* Ac. 3. 2. *full.* ver. 21. Job 2. 7. Ps. 34. 19; 73. 14. Is. 1. 6. Je. 8. 22.

21 *desiring.* 1 Co. 4. 11. 2 Co. 11. 27. *crumbs.* Mat. 15. 27. Mar. 7. 28. Jno. 6. 12.

22 *that.* Job 3. 13-19. Is. 57. 1, 2. Re. 14. 13. *was carried.* Ps. 91. 11, 12. Mat. 13. 38-43; 24. 31. He. 2. 14. *Abraham's.* Mat. 8. 11. Jno. 13. 23; 21. 20. *the rich.* ch. 12. 20. Job 21. 13, 30-32. Ps. 49. 6-12, 16-19; 73. 18-20. Pr. 14. 32. Mar. 8. 36. Ja. 1. 11. 1 Pe. 2. 24. *and was buried.* 2 Ki. 9. 34, 35. Ec. 8. 10. Is. 14. 18; 22. 16.

23 *in hell.* Ps. 9. 17; 16. 10; 49. 15; 86. 13. Pr. 5. 5; 7. 27; 9. 18; 15. 24. Is. 14. 9, 15. Mat. 5. 22, 29; 18. 9; 23. 33. 1 Co. 15. 55, marg. 2 Pe. 2. 4. Re. 20. 13, 14. *being.* ver. 28; ch. 8. 28. Mat. 8. 29. Re. 14. 10, 11; 20. 10. *seeth.* ch. 13. 28, 29. Mat. 8. 11, 12.

24 *Father.* ver. 30; ch. 3. 8. Mat. 3. 9. Jno. 8. 33-39, 53-56. Ro. 4. 12; 9. 7, 8. *have.* 1 Sa. 28. 16. Is. 27. 11. Ja. 2. 13. *in water.* Is. 41. 17, 18; 65. 13, 14. Jno. 4. 10, 14; 7. 37. Re. 7. 16, 17; 22. 1. *and cool.* Zec. 14. 12. Ja. 3. 6. *for.* Is. 66. 24. Mat. 25. 41. Mar. 9. 43-49. 2 Th. 1. 8. Re. 14. 10, 11; 19. 20; 20. 15.

25 *Son.* ver. 24. *remember.* ver. 23. La. 1. 7. Da. 5. 22, 23, 30. Mar. 9. 46. *thy good.* ch. 6. 24. Job 21. 13, 14; 22. 18. Ps. 17. 14; 37. 35, 36; 49. 11; 73. 7, 12-19. Ro. 8. 7. Phi. 3. 19. 1 Jno. 2. 15. *likewise.* ver. 20. Jno. 16. 33. Ac. 14. 22. 1 Th. 3. 3. He. 11. 25. Re. 7. 14.

26 *between.* 1 Sa. 25. 36. Ps. 49. 14. Eze. 28. 24. Mal. 3. 18. 2 Th. 1. 4-10. Ja. 1. 11, 12; 5. 1-7. *they pass.* ch. 12. 59. Ps. 50. 22. Mat. 25. 46. Jno. 3. 36. 2 Th. 1. 9. Re. 20. 10; 22. 11.

28 *lest.* Ps. 49. 12, 13.

29 *have.* ver. 16. Is. 8. 20; 34. 16. Mal. 4. 2-4. Jno. 5. 39-45. Ac. 15. 21; 17. 11, 12. 2 Ti. 3. 15-17. 2 Pe. 1. 19-21.

30 *repent.* ch. 13. 3, 5. Re. 16. 9-11.

31 *neither.* Jno. 11. 43-53; 12. 10, 11. 2 Co. 4. 3. *be persuaded.* Ge. 9. 27, marg. Ac. 19. 8; 26. 28; 28. 23. 2 Co. 5. 11.

## CHAP. XVII.

*Christ teaches to avoid occasions of offence, 1, 2; and to forgive one another, 3, 4. The power of faith, 5, 6. How we are bound to God, and not he to us, 7-10. Christ heals ten lepers, 11-21. Of the kingdom of God, and the coming of the Son of man, 22-37.*

1 *It is.* Mat. 16. 23; 18. 7. Ro. 14. 13, 20, 21; 16. 17. 1 Co. 8. 13; 10. 32; 11. 19. 2 Th. 2. 10-12. Re. 2. 14, 20; 13. 14, etc.

2 *better.* Mat. 18. 6; 26. 24. Mar. 9. 42. 1 Co. 9. 15. 2 Pe. 2. 1-3. *one.* Is. 40. 11. Zec. 13. 7. Mat. 18. 3-5, 10, 14. Jno. 21. 15. 1 Co. 8. 11, 12; 9. 22.

3 *heed.* ch. 21. 34. Ex. 34. 12. De. 4. 9, 15, 23. 2 Ch. 19. 6, 7. Ep. 5. 15. He. 12. 15. 2 Jno. 8. *If.* Mat. 18. 15-17, 21. *reuke.* Le. 19. 17. Ps. 141. 5. Pr. 9. 8; 17. 10; 27. 5. Ga. 2. 11-14. Ja. 5. 19.

4 *if.* Mat. 18. 21, 22, 35. 1 Co. 13. 4-7. Ep. 4. 31, 32.

Col. 3. 12, 13. *I repent.* Mat. 5. 44; 6. 12, 14, 15; 18. 16. Ro. 12. 20. 2 Th. 3. 13, 14.

5 *Increase.* Mar. 9. 24. 2 Co. 12. 8-10. Phi. 4. 13. 2 Th. 1. 3. He. 12. 2. 1 Pe. 1. 22, 23.

6 *If.* Mat. 17. 20, 21; 21. 21. Mar. 9. 23; 11. 22, 23. 1 Co. 13. 2. *as.* ch. 13. 19. Mat. 13. 31, 32.

7 ch. 13. 15; 14. 5. Mat. 12. 11.

8 *Make.* Ge. 43. 16. 2 Sa. 12. 20. *and gird.* ch. 12. 37.

10 1 Ch. 29. 14-16. Job 22. 2, 3; 35. 6, 7. Ps. 16. 2, 3; 35. 6, 7. Ps. 16. 2, 3. Is. 6. 5; 64. 6. Mat. 25. 30, 37-40. Ro. 3. 12; 11. 35. 1 Co. 9. 16, 17; 15. 9, 10. Phi. 3. 8, 9. Phile. 11. 1 Pe. 5. 5, 6.

11 ch. 9. 51, 52. Jno. 4. 4.

12 *which.* ch. 5. 12; 18. 13. Le. 13. 45, 46. Nu. 5. 2, 3; 12. 14. 2 Ki. 5. 27; 7. 3. 2 Ch. 26. 20, 21.

13 *have.* ch. 18. 38, 39. Mat. 9. 27; 15. 22; 20. 30, 31. Mar. 9. 22.

14 *Go.* ch. 5. 14. Le. 13. 1, 2, etc.; 14. 2, etc. Mat. 3. 15; 8. 4. *as.* 2 Ki. 5. 14. Is. 65. 24. Mat. 8. 3. Jno. 2. 5; 4. 50-53; 9. 7; 11. 10.

15 ver. 17, 18. 2 Ch. 32. 24-26. Ps. 30. 1, 2, 11, 12; 103. 1-4; 107. 20-22; 116. 12-15; 118. 18, 19. Is. 38. 19-22. Jno. 5. 14; 9. 38.

16 *fell.* ch. 5. 8. Ge. 17. 3. Mat. 2. 11. Mar. 5. 33. Jno. 5. 23. Ac. 10. 25, 26. Re. 4. 10; 5. 14; 19. 4, 5, 10. *and he.* ch. 9. 52-56; 10. 32-35. Jno. 4. 9, 21, 22, 39-42; 8. 48. Ac. 1. 8; 8. 5, etc.

17 *but.* Ge. 3, 9. Ps. 106. 13. Jno. 8. 7-10. Ro. 1. 21.

18 *to give.* Ps. 29. 1, 2; 50. 23; 106. 13. Is. 42. 12. Re. 14. 7. *save.* Mat. 8. 10, 12; 15. 24-28; 19. 30; 20. 16.

19 *thy faith.* ch. 7. 50; 8. 48; 18. 42. Mat. 9. 22. Mar. 5. 34; 10. 52.

20 *when the.* ch. 10. 11; 16. 16; 19. 11. Ac. 1. 6, 7. *observation. or,* outward show. ver. 23, 24. Da. 2. 44. Zec. 4. 6. Jno. 18. 36.

21 *Lo here.* ch. 21. 8. Mat. 24. 23-28. Mar. 13. 21. *the kingdom.* Ro. 14. 17. Col. 1. 27. *within you. or,* among you. ch. 10. 9-11. Mat. 12. 28. Jno. 1. 26.

22 *when.* ch. 5. 35; 13. 35. Mat. 9. 15. Jno. 7. 33-36; 8. 21-24; 12. 35; 13. 33; 16. 5-7, 16-22; 17. 11-13.

23 ver. 21; ch. 21. 8. Mat. 24. 23-26. Mar. 13. 21-23.

24 *as.* Job 37. 3, 4. Zec. 9. 14. Mat. 24. 27. *in.* Mal. 3. 1, 2; 4. 1, 2. Mat. 24. 30; 25. 31; 26. 64. 1 Th. 5. 2. 2 Th. 2. 2, 8. Ja. 5. 8. 2 Pe. 3. 10.

25 *must.* ch. 9. 22; 18. 31, 33; 24. 25, 26, 46. Mat. 16. 21; 17. 22, 23; 20. 18, 19. Mar. 8. 31; 9. 31; 10. 33. *rejected.* 1 Sa. 8. 7; 10. 19. Is. 53. 3. Mat. 21. 42. Mar. 12. 10. Jno. 1. 11; 12. 38.

26 *as.* Ge. 7. 7-23, Noah. Job 22. 15-18. Mat. 24. 37-39. He. 11. 7. 1 Pe. 3. 19, 20. 2 Pe. 2. 5; 3. 6. *the days of the Son.* ver. 22, 24; ch. 18. 8.

27 ch. 12. 19, 20; 16. 19-23. De. 6. 10-12; 8. 12-14. 1 Sa. 25. 36-38. Job 21. 9-13. Is. 21. 4; 22. 12-14. 1 Th. 5. 1-3.

28 Ge. 13. 13; 18. 20, 21; 19. 4-15. Eze. 16. 49, 50. Ja. 5. 1-5.

29 Ge. 19. 16-25. De. 29. 23-25. Is. 1. 9; 13. 19. Je. 50. 40. Ho. 11. 8. Am. 4. 11. Zep. 2. 9. Mat. 11. 23, 24. 2 Pe. 2. 6. Jude 7. Re. 11. 8.

30 ver. 24; ch. 21. 22, 27, 34-36. Mat. 24. 3, 27-31; 26. 64. Mar. 13. 26. 2 Th. 1. 7. 1 Pe. 1. 13. Re. 1. 7.

31 *he which.* The flat-roofed eastern houses have stairs on the outside, by which a person may ascend and descend without coming into the house; and in walled cities they usually form continued terraces, from one end of the city to the other, terminating at the gates; so that one may pass along the tops of the houses and escape out of the city without coming down into the street. Job 2. 4. Je. 45. 5. Mat. 6. 25; 16. 26; 24. 17-21. Mar. 13. 14-16. Phi. 3. 7, 8.

32 Ge. 19. 17, 26. 1 Co. 10. 6-12. He. 10. 38, 39. 2 Pe. 2. 18-22.

33 ch. 9. 24, 25. Mat. 10. 39; 16. 25. Mar. 8. 35-37. Jno. 12. 25. Re. 2. 10.

34 *I tell.* ch. 13. 3, 5, 24. Is. 42. 9. Mat. 24. 25. Mar. 13. 23. Jno. 14. 29. *in.* Mat. 24. 40, 41. *two.* Ps. 26. 9; 28. 3. Je. 45. 5. Eze. 9. 4-6. Mal. 3. 16-18. Ro. 11. 4-7. 1 Th. 4. 16, 17. 2 Pe. 2. 9.

35 *grinding.* Ex. 11. 5. Ju. 16. 21.

36 '*This verse is wanting in most of the Greek copies.*'

37 *wheresoever.* Job 39. 29, 30. Da. 9. 26, 27. Am. 9. 1-4. Zec. 13. 8, 9; 14. 2. Mat. 24. 28. 1 Th. 2. 16. Re. 19. 17, 18.

## CHAP. XVIII.

*Of the importunate widow,* 1-8. *Of the Pharisee and the publican,* 9-14. *Of Children brought to Christ,* 15-17. *A ruler would follow Christ, but is hindered by his riches,* 18-27. *The reward of them that leave all for his sake,* 28-30. *He foreshews his death,* 31-34; *and restores a blind man to his sight,* 35-43.

1 *that.* ch. 11. 5-8; 21. 36. Ge. 32. 9-12, 24-26. Job 27. 8-10. Ps. 55. 16, 17; 65. 2; 86. 3, marg.; 102. 17; 142. 5-7. Je. 29. 12. Ro. 12. 12. Ep. 6. 18. Phi. 4. 6. Col. 4. 2, 12. 1 Th. 5. 17. *and not.* Ps. 27. 13. Jon. 2. 7. Ga. 6. 9. He. 12. 3-5.

2 *city. Gr.* certain city. *which.* ver. 4. Ex. 18. 21, 22. 2 Ch. 19. 3-9. Job 29. 7-17. Ps. 8. 1-4. Je. 22. 16, 17. Eze. 22. 6-8. Mi. 3. 1-3. Ro. 3. 14-18. *regarded.* Pr. 29. 7. Is. 33. 8.

3 *a widow.* De. 27. 19. 2 Sa. 14. 5, etc. Job 22. 9; 29. 13. Is. 1. 17, 21-23. Je. 5. 28. *Avenge.* ver. 7, 8. Ro. 13. 3, 4.

4 *he said.* ch. 12. 17; 16. 3. He. 4. 12, 13.

5 *because.* ch. 11. 8. Ju. 16. 16. 2 Sa. 13. 24-27. *weary.* ver. 39. Mat. 15. 23. Mar. 10. 47, 48.

7 *shall.* ch. 11. 13. Mat. 7. 11. *avenge.* 1 Sa. 24. 12-15; 26. 10, 11. Ps. 9. 8; 10. 15-18; 54. 1-7. Je 20. 11-13. 2 Th. 1. 6. Re. 6. 10; 18. 20. *which.* ch. 2. 37. Ps. 88. 1. 1 Th. 3. 10. 1 Ti. 5. 5. 2 Ti. 1. 3. Re. 7. 15. *though.* Ps. 13. 1, 2. Hab. 2. 3. He. 10. 35-37.

8 *he will.* Ps. 46. 5; 143. 7-9. 2 Pe. 2. 3; 3. 8, 9. *when.* Mat. 24. 9-13, 24. 1 Th. 5. 1-3. He. 10. 23-26. Ja. 5. 1-8.

9 *which.* ch. 10. 29; 15. 29; 16. 15. Pr. 30. 12. Is. 65. 5; 66. 5. Jno. 9. 28, 34. Ro. 7. 9; 9. 31, 32; 10. 3. Phi. 3. 4-6. *that they were righteous. or,* as being righteous. *and despised.* ver. 11; ch. 7. 39; 15. 2, 30; 19. 7. Jno. 7. 47-49; 8. 48. Ac. 22. 21. Ro. 14. 10.

10 *into.* ch. 1. 9, 10; 19. 46. 1 Ki. 8. 30. Ac. 3. 1. *a Pharisee.* ch. 7. 29, 30. Mat. 21. 31, 32. Ac. 23. 6-8; 26. 5. Phi. 3. 5.

11 *stood.* Ps. 134. 1; 135. 2. Mat. 6. 5. Mar. 11. 25. *God.* Is. 1. 15; 58. 2. Je. 2. 28, 35. Eze. 33. 31. Mi. 3. 11. 1 Co. 4. 7, 8; 15. 9, 10. 1 Ti. 1. 12-16. Re. 3. 17. *as.* ch. 20. 47. Is. 65. 5. Mat. 3. 7-10; 19. 18-20. Ga. 3. 10. Phi. 3. 6. Ja. 2. 9-12.

12 *fast.* ch. 17. 10. Nu. 23. 4. 1 Sa. 15. 13. 2 Ki. 10. 16. Is. 1. 15; 58. 2, 3. Zec. 7. 5, 6. Mat. 6. 1, 5, 16; 9. 14; 15. 7-9. Ro. 3. 27; 10. 1-3. 1 Co. 1. 29. Ga. 1. 14. Ep. 2. 9. 1 Ti. 4. 8. *I give.* ch. 11. 42. Le. 27. 30-33. Nu. 18. 24. Mal. 3. 8. Mat. 23. 23, 24.

13 *standing.* ch. 5. 8; 7. 6, 7; 17. 12. Ezr. 9. 6. Job 42. 6. Ps. 40. 12. Is. 6. 5. Eze. 16. 63. Da. 9. 7-9. Ac. 2. 37. *but.* ch. 23. 48. Je. 31. 18, 19. 2 Co. 7. 11. *God.* Ps. 25. 7, 11; 41. 4; 51. 1-3; 86. 15, 16; 119. 41; 130. 3, 4, 7. Da. 9. 5, 9-11, 18, 19. He. 4. 16; 8. 12. *a sinner.* ch. 15. 18-21; 23. 40-43. 2 Ch. 33. 12, 13, 19, 23. Ps. 106. 6. Is. 1. 18; 64. 5, 6. Mat. 9. 13. Ro. 5. 8, 20, 21. 1 Ti. 1. 15. 1 Jno. 1. 8-10.

14 *went.* ch. 5. 24, 25; 7. 47-50. 1 Sa. 1. 18. Ec. 9. 7. *justified.* ch. 10. 29; 16. 15. Job 9. 20; 25. 4. Ps. 143. 2. Is. 45. 25; 53. 11. Ro. 3. 20; 4. 5; 5. 1; 8. 33. Ga. 2. 16. Ja. 2. 21-25. *every.* ch. 1. 52; 14. 11. Ex. 18. 11. Job 22. 29; 40. 9-13. Ps. 138. 6. Pr. 3. 34; 15. 33; 16. 18, 19; 18. 12; 29. 23. Is. 2. 11-17; 57. 15. Da. 4. 37. Hab. 2. 4. Mat. 5. 3; 23. 12. Ja. 4. 6, 10. 1 Pe. 5. 5, 6.

15 *they brought.* 1 Sa. 1. 24. Mat. 19. 13-15. Mar. 10. 13-16. *they rebuked.* ch. 9. 49, 50, 54.

16 *Suffer.* Ge. 47. 10-14; 21. 4. De. 29. 11; 31. 12. 2 Ch. 20. 13. Je. 32. 39. Ac. 2. 39. 1 Co. 7. 14. *for* Mat. 18. 3, 4. 1 Co. 14. 20. 1 Pe. 2. 2.

17 Ps. 131. 1, 2. Mar. 10. 15. 1 Pe. 1. 14.
18 *a certain*. Mat. 19. 16, etc. Mar. 10. 17, etc. *Good*. ch. 6. 46. Eze. 33. 31. Mal. 1. 6. Jno. 13. 13-15. *what*. ch. 10. 25. Ac. 2. 37; 16. 30.
19 ch. 1. 35; 11. 13. Job 14. 4; 15. 14-16; 25. 4. 1 Ti. 3. 16. He. 7. 26. Ja. 1. 17.
20 *knowest*. ch. 10. 26-28. Is. 8. 20. Mat. 19. 17-19. Mar. 10. 18, 19. Ro. 3. 20; 7. 7-11. *Do not commit*. Ex. 20. 12-17. De. 5. 16-21. Ro. 13. 9. Ga. 3. 10-13. Ep. 6. 2. Col. 3. 20. Ja. 2. 8-11.
21 ver. 11, 12; ch. 15. 7, 29. Mat. 19. 20, 21. Mar. 10. 20, 21. Ro. 10. 2, 3. Phi. 3. 6.
22 *one*. ch. 10. 42. Ps. 27. 4. Phi. 3. 13. 2 Pe. 3. 8. *sell*. ch. 12. 33; 16. 9. Mat. 6. 19, 20. Ac. 2. 44, 45; 4. 34-37. 1 Ti. 6. 18, 19. *and come*. ch. 9. 23, 57-62. Mat. 19. 21, 27, 28.
23 *he was very sorrowful*. ch. 8. 14; 12. 15; 19. 8; 21. 34. Ju. 18. 23, 24. Job 31. 24, 25. Eze. 33. 31. Mat. 19. 22. Mar. 10. 22. Ep. 5. 5. Phi. 3. 8. Col. 3. 5. 1 Jno. 2. 15.
24 *he was*. Mar. 6. 26. 2 Co. 7. 9, 10. *How*. De. 6. 10-12; 8. 11-17. Ps. 10. 3; 73. 5-12. Pr. 11. 28; 18. 11; 30. 9. Je. 2. 31; 5. 5. Mat. 19. 23-25. Mar. 10. 23-27. 1 Co. 1. 26, 27. 1 Ti. 6. 9, 10. Ja. 2. 5-7; 5. 1-6.
25 *a camel*. Some render *a cable;* but it may justly be doubted whether καμηλος ever was so translated before, for the word for a cable, as the scholiast on ARISTOPHANES expressly affirms, is written καμιλος, not with an η, but with an ι. Some few MSS., it is true, have got the word καμιλος into the text, but it is evidently an attempted improvement. Mat. 23. 24.
26 *Who*. ch. 13. 23.
27 ch. 1. 37. Ge. 18. 14. Job 42. 2. Je. 32. 17. Da. 4. 35. Zec. 8. 6. Mat. 19. 26. Ep. 1. 19, 20; 2. 4-10.
28 ch. 5. 11. Mat. 4. 19-22; 9. 9; 19. 27. Mar. 10. 28. Phi. 3. 7.
29 *There*. ch. 14. 26-28. De. 33. 9. Mat. 10. 37-39; 19. 28-30. Mar. 10. 29-31.
30 *manifold more*. ch. 12. 31, 32. Job 42. 10. Ps. 37. 16; 63. 4, 5; 84. 10-12; 119. 72, 103, 111, 127, 162. Ro. 6. 21-23. 1 Ti. 4. 8; 6. 6. He. 13. 5, 6. Re. 2. 10, 17; 3. 21.
31 *Behold*. ch. 9. 22; 24. 6, 7. Mat. 16. 21; 17. 22, 23; 20. 17-19. Mar. 8. 31; 9, 30, 31; 10. 32-34. *and*. ch. 24. 44-46. Ps. 22; 69. Is. ch. 53. Da. 9. 26. Zec. 13. 7.
32 *delivered*. ch. 23. 1, 11. Mat. 27. 2. Mar. 15. 1. Jno. 18. 28, 30, 35. Ac. 3. 13. *mocked*. ch. 22. 63-65; 23. 11, 35. Is. 50. 6; 52. 14; 53. 3. Mi. 5. 1. Mat. 26. 67; 27. 28-30. Mar. 14. 65; 15. 17-20. Jno. 18. 22; 19. 1-5.
33 *and the*. ch. 24. 7, 21. Mat. 27. 63. 1 Co. 15. 3, 4.
34 ch. 2. 50; 9. 45; 24. 25, 45. Mar. 9. 32. Jno. 10. 6; 12. 16; 16. 1-19.
35 *as*. Mat. 20. 29, 30. Mar. 10. 46, 47. *begging*. ch. 16. 20, 21. 1 Sa. 2. 8. Jno. 9. 8. Ac. 3. 2.
36 *he*. ch. 15. 26. Mat. 21. 10, 11.
37 *they*. Mar. 2. 1-3. Jno. 12. 35, 36. 2 Co. 6. 2. *Jesus*. ch. 2. 51. Mat. 2. 23. Jno. 1. 45; 19. 19. Ac. 2. 22; 4. 10.
38 *Jesus*. Ps. 62. 12. Is. 9. 6, 7; 11. 1. Je. 23. 5. Mat. 9. 27; 12. 23; 15. 22; 21. 9, 15; 22. 42-45. Ro. 1. 3. Re. 22. 16.
39 *rebuked*. ver. 15; ch. 8. 49; 11. 52; 19. 39. *but*. ch. 11. 8-10; 18. 1. Ge. 32. 26-28. Ps. 141. 1. Je. 29. 12, 13. Mat. 7. 7; 26. 40-44. 2 Co. 12. 8.
40 Mat. 20. 31-34. Mar. 10. 48-52.
41 *What*. 1 Ki. 3. 5, etc. Mat. 20. 21, 22. Ro. 8. 25. Phi. 4. 6.
42 *Receive*. Ps. 33. 9; 107. 20. Mat. 8. 3; 15. 28. *thy faith*. ch. 7. 50; 8. 48; 17. 19.
43 *he*. Ps. 30. 2; 146. 8. Is. 29. 18, 19; 35. 5; 42. 16; 43. 8. Mat. 9. 28-30; 11. 5; 21. 14. Jno. 9. 5-7, 39, 40. Ac. 26. 18. *followed*. ch. 4. 39; 5. 26; 17. 15-18. Ps. 103. 1-3; 107. 8, 15, 21, 22, 31, 32. Is. 43. 7, 8, 21. Ac. 4. 21; 11. 18. Ga. 1. 24. 2 Th. 1. 10-12. 1 Pe. 2. 9.

## CHAP. XIX.

*Of Zaccheus a publican*, 1-10. *The ten pieces of money*, 11-27. *Christ rides into Jerusalem with triumph*, 28-40; *weeps over it*, 41-44; *drives the buyers and sellers out of the temple*, 45, 46; *teaching daily in it. The rulers seek to destroy him, but fear the people*, 47, 48.

1 *Jericho*. Jos. 2. 1; 6. 1, etc., 26. 1 Ki. 16. 34. 2 Ki. 2. 18-22.
2 *the chief*. Αρχιτελωνης, rather, 'a chief publican,' or tax-gatherer. Probably *Zaccheus*, who appears from his name to have been a Jew, farmed the revenue of the district around Jericho, having others under him, who either rented of him smaller portions, or were employed as servants to collect the taxes. *and he*. ch. 18. 24-27. 2 Ch. 17. 5, 6.
3 *he sought*. ch. 9. 7-9; 23. 8. Jno. 12. 21. *because*. ch. 12. 25.
4 *climbed*. ch. 5. 19. *a sycamore*. 1 Ki. 10. 27. 1 Ch. 27. 28. Is. 9. 10. Am. 7. 14.
5 *he looked*. Ps. 139. 1-3. Eze. 16. 6. Jno. 1. 48; 4. 7-10. *Zaccheus*. Ec. 9. 10. 2 Co. 6. 1. *for*. ver. 10. Ge. 18. 3-5; 19. 1-3. Ps. 101. 2, 3. Jno. 14. 23. Ep. 3. 17. He. 13. 2. Re. 3. 20.
6 *he*. ch. 2. 16. Ge. 18. 6, 7. Ps. 119. 59, 60. Ga. 1. 15, 16. *joyfully*. ch. 5. 29. Is. 64. 5. Ac. 2. 41; 16. 15, 34.
7 *they all*. ch. 5. 30; 7. 34, 39; 15. 2; 18. 9-14. Mat. 9. 11; 21. 28-31.
8 *Behold*. ch. 3. 8-13; 11. 41; 12. 33; 16. 9; 18. 22, 23. Ps. 41. 1. Ac. 2. 44-46; 4. 34, 35. 2 Co. 8. 7, 8. 1 Ti. 6. 17, 18. Ja. 1. 10, 11. *by false*. ch. 3. 14. Ex. 20. 16. *I restore*. Ex. 22. 1-4. Le. 6. 1-6. 1 Sa. 12. 3. 2 Sa. 12. 6. Pr. 6. 31.
9 *unto him*. Rather, as ELSNER renders προς αυτον, *concerning him;* for our Lord speaks of him in the third person. *This day*. ch. 2. 30; 13. 30. Jno. 4. 38-42. Ac. 16. 30-32. 1 Co. 6. 9-11. 1 Pe. 2. 10. *forsomuch*. ch. 13. 16. Ro. 4. 11, 12, 16. Ga. 3. 7, 14, 29.
10 ch. 5. 31, 32; 15. 4-7, 32. Eze. 34. 16. Mat. 1. 21; 9. 12, 13; 10. 6; 15. 24; 18. 11. Ro. 5. 6. 1 Ti. 1. 13-16. He. 7. 25. 1 Jno. 4. 9-14.
11 *they thought*. ch. 17. 20. Ac. 1. 6. 2 Th. 2. 1-3.
12 *A certain*. Mat. 25. 14-30. Mar. 13. 34-37. *a far*. ch. 20. 9; 24. 51. Mat. 21. 38. Mar. 12. 1; 16. 19. Ac. 1. 9, 10. *to*. Mat. 28. 18. Jno. 18. 37. 1 Co. 15. 25. Ep. 1. 20-23. Phi. 2. 9-11. 1 Pe. 3. 22. *and*. Ac. 1. 11; 17. 31. He. 9. 28. Re. 1. 7.
13 *his*. Mat. 25. 14. Jno. 12. 26. Ga. 1. 10. Ja. 1. 1. 2 Pe. 1. 1. *delivered*. Mat. 25. 15. Ro. 12. 6-8. 1 Co. 12. 7-11, 28, 29. 1 Pe. 4. 9-11. *pounds*. '*Mina, here translated a* pound, *is* 12½ *oz., which, according to* 5*s. the ounce, is* 3*l.* 2*s.* 6*d.*'
14 ver. 27. 1 Sa. 8. 7. Ps. 2. 1-3. Is. 49. 7. Zec. 11. 8. Jno. 1. 11; 15. 18, 23, 24. Ac. 3. 14, 15; 4. 27, 28; 7. 51, 52.
15 *having*. Ps. 2. 4-6. *money*. *Gr.* silver, and so ver. 23. *that he*. ch. 12. 48; 16. 2, etc. Mat. 18. 23, etc.; 25. 19. Ro. 14. 10-12. 1 Co. 4. 1-5.
16 *Lord*. 1 Ch. 29. 14-16. 1 Co. 15. 10. Col. 1. 28, 29. 2 Ti. 4. 7, 8. Ja. 2. 18-26.
17 *Well*. Ge. 39. 4. 1 Sa. 2. 30. Mat. 25. 21. Ro. 2. 29. 1 Co. 4. 5. 2 Ti. 2. 10. 1 Pe. 1. 7; 5. 4. *been*. ch. 16. 10; 22. 30. Mat. 25. 21. Re. 2. 26-29.
18 *thy*. Mat. 13. 23. Mar. 4. 20. 2 Co. 8. 12.
19 *Be*. Is. 3. 10. 1 Co. 3. 8; 15. 41, 42, 58. 2 Co. 9. 6. 2 Jno. 8.
20 *Lord*. ver. 13; ch. 3. 9; 6. 46. Pr. 26. 13-16. Mat. 25. 24. Ja. 4. 17.
21 *I feared*. Ex. 20. 19, 20. 1 Sa. 12. 20. Mat. 25. 24, 25. Ro. 8. 15. 2 Ti. 1. 7. Ja. 2. 10. 1 Jno. 4. 18. *because*. 1 Sa. 6. 19-21. 2 Sa. 6. 9-11. Job 21. 14, 15. Eze. 18. 25-29. Mal. 3. 14, 15. Ro. 8. 7. Jude 15.
22 *Out*. 2 Sa. 1. 16. Job 15. 5, 6. Mat. 12. 37; 22. 12. Ro. 3. 19. *Thou knewest*. Mat. 25. 26, 27.
23 *Wherefore*. Ro. 2. 4, 5. *usury*. Ex. 22. 25-27. De. 23. 19, 20.

24 *Take.* ch. 12. 20; 16. 2.

25 *Lord.* ch. 16. 2. 2 Sa. 7. 19. Is. 55. 8, 9.

26 *That unto.* ch. 8. 18. Mat. 13. 12; 25. 28, 29. Mar. 4. 25. Jno. 15. 1-3. *and from.* That is, the *poor man*, who possesses but *little*. ch. 16. 3. 1 Sa. 2. 30; 15. 28. 2 Sa. 7. 15. Ps. 109. 8. Eze. 44. 12-16. Mat. 21. 43. Ac. 1. 20. 2 Jno. 8. Re. 2. 3; 3. 11.

27 ver. 14, 42-44; ch. 21. 22, 24. Nu. 14. 36, 37; 16. 30-35. Ps. 2. 3-5, 9; 21. 8, 9; 69. 22-28. Is. 66. 6, 14. Na. 1. 2, 8. Mat. 21. 37-41; 22. 7; 23. 34-36. 1 Th. 2. 15, 16. He. 10. 13.

28 *he went.* ch. 9. 51; 12. 50; 18. 31. Ps. 40. 6-8. Mar. 10. 32-34. Jno. 18. 11. He. 12. 2. 1 Pe. 4. 1.

29 *when.* Mat. 21. 1, etc. Mar. 11. 1, etc. Jno. 12. 12-16. *Bethany.* ver. 37; ch. 21. 37; 22. 39; 24. 50. Zec. 14. 4. Ac. 1. 12.

30 ver. 32; ch. 22. 8-13. 1 Sa. 10. 2-9. Jno. 14. 29.

31 *the Lord.* Ps. 24. 1; 50. 10-12. Mat. 21. 2, 3. Mar. 11. 3-6. Ac. 10. 36.

34 Zec. 9. 9. Jno. 10. 35; 12. 16. 2 Co. 8. 9.

35 *they cast.* 2 Ki. 9. 13. Mat. 21. 7. Mar. 11. 7, 8. Jno. 12. 14. Ga. 4. 15, 16.

36 Mat. 21. 8.

37 *at.* ver. 20. Mar. 13. 3; 14. 26. *the whole.* ch. 7. 16. Ex. 15. 1, etc. Ju. 5. 1, etc. 2 Sa. 6. 2-6. 1 Ki. 8. 55, 56. 1 Ch. 15. 28; 16. 4, etc. 2 Ch. 29. 28-30, 36. Ezr. 3. 10-13. Ps. 106. 12, 13. Jno. 12. 12, 13.

38 *Blessed.* ch. 13. 35. Ps. 72. 17-19; 118. 22-26. Zec. 9. 9. Mat. 21. 9. Mar. 11. 9, 10. *peace.* ch. 2. 10-14. Ro. 5. 1. Ep. 2. 14-18. Col. 1. 20. *glory.* Ep. 1. 6, 12; 3. 10, 21. 1 Ti. 1. 17. 1 Pe. 1. 12. Re. 5. 9-14; 19. 1-6.

39 *rebuke.* Is. 26. 11. Mat. 23. 13. Jno. 11. 47, 48; 12. 10, 19. Ac. 4. 1, 2, 16-18. Ja. 4. 5.

40 Ps. 96. 11; 98. 7-9; 114. 1-8. Is. 55. 12. Hab. 2. 11. Mat. 3. 9; 21. 15, 16; 27. 45, 51-54. 2 Pe. 2. 6.

41 *and wept.* Ps. 119. 53, 136, 158. Je. 9. 1; 13. 17; 17. 16. Ho. 11. 8. Jno. 11. 35. Ro. 9. 2, 3.

42 *If.* De. 5. 29; 32. 29. Ps. 81. 13. Is. 48. 18. Eze. 18. 31, 32; 33. 11. *in this.* ver. 44. Ps. 32. 6; 95. 7, 8. Is. 55. 6. Jno. 12. 35, 36. 2 Co. 6. 1, 2. *the things.* ch. 1. 77-79; 2. 10-14; 10. 5, 6. Ac. 10. 36; 13. 46. He. 3. 7, 13, 15; 10. 26-29; 12. 24-26. *but.* Is. 6. 9, 10; 29. 10-14; 44. 18. Mat. 13. 14, 15. Jno. 12. 38-41. Ac. 28. 25-27. Ro. 11. 7-10. 2 Co. 3. 14-16; 4. 3, 4. 2 Th. 2. 9-12.

43 *the days.* ch. 21. 20-24. De. 28. 49-58. Ps. 37. 12, 13. Da. 9. 26, 27. Mat. 22. 7; 23. 37-39. Mar. 13. 14-20. 1 Th. 2. 15, 16. *cast.* Or, 'cast a *bank*' or *rampart*, χαραξ. This was literally fulfilled when Jerusalem was besieged by Titus; who surrounded it with a wall of circumvallation in three days, though not less than 39 furlongs in circumference; and when this was effected, the Jews were so *enclosed on every side*, that no person could escape from the city, and no provision could be brought in. Is. 29. 1-4. Je. 6. 3-6.

44 *lay.* 1 Ki. 9. 7, 8. Mi. 3. 12. *thy children.* ch. 13. 34, 35. Mat. 23. 37, 38. *leave.* ch. 21. 6. Mat. 24. 2. Mar. 13. 2. *because.* ver. 42; ch. 1. 68, 78. La. 1. 8. Da. 9. 24. Jno. 3. 18-21. 1 Pe. 2. 12.

45 *went.* Mat. 21. 12, 13. Mar. 11. 15-17. Jno. 2. 13-17. *sold.* De. 14. 25, 26.

46 Ps. 93. 5. Is. 56. 7. Je. 7. 11. Eze. 43. 12. Ho. 12. 7. Mat. 23. 14.

47 *taught.* ch. 21. 37, 38. Mat. 21. 23. Mar. 11. 27, etc. Jno. 18. 20. *the chief priests.* Mat. 26. 3, 4. Mar. 11. 18; 12. 12; 14. 1. Jno. 7. 19, 44; 8. 37-40; 10. 39; 11. 53-57.

48 *could.* ch. 20. 19, 20; 22. 2-4. Mat. 22. 15, 16. *were very attentive to hear him. or,* hanged on him. Εξεκρεματο αυτου ακουων, literally, 'they hung upon him hearing;' which is beautifully expressive of their earnest attention, and high gratification. Ne. 8. 3. Jno. 7. 46-49. Ac. 16. 14.

## CHAP. XX.

*Christ avouches his authority by a question of John's baptism, 1-8. The parable of the vineyard, 9-18. Of giving tribute to Cesar, 19-26. He convinces the Sadducees, that denied the resurrection, 27-40. How Christ is the Son of David, 41-44. He warns his disciples to beware of the scribes, 45-47.*

1 *that* ch. 19. 47, 48. Mar. 11. 27. Jno. 18. 20. *the chief.* 1 Ch. ch. 24.

2 *Tell.* ch. 19. 35-40, 45, 46. Mat. 21. 23-27. Mar. 11. 28-33. *who.* Ex. 2. 14. Jno. 2. 18; 5. 22-27. Ac. 4. 7-10; 7. 27, 35-39, 51.

3 *I will.* ch. 22. 68. Mat. 15. 2, 3. Col. 4. 6.

4 *baptism.* ch. 7. 28-35. Mat. 11. 7-19; 17. 11, 12; 21. 25-32. Jno. 1. 6, 19-28. *from.* ch. 15. 18. Da. 4. 25, 26.

5 *Why.* Jno. 1. 15-18, 30, 34; 3. 26, 36; 5. 33-35. Ac. 13. 25.

6 *all.* Mat. 21. 26, 46; 26. 5. Mar. 12. 12. Ac. 5. 26. *for.* ch. 1. 76; 7. 26-29. Mat. 14. 5; 21. 26. Jno. 10. 41.

7 *that.* Is. 6. 9, 10; 26. 11; 29. 9-12, 14; 41. 28; 42. 19, 20; 44. 18. Je. 8. 7-9. Zec. 11. 15, 17. Mal. 2. 7-9. Jno. 3. 19, 20; 9. 39. 2 Th. 2. 10-12. 2 Ti. 3. 8, 9. 2 Pe. 3. 3.

8 ch. 22. 68. Job 5. 12, 13. Pr. 26. 4, 5. Mat. 15. 14; 16. 4; 21. 27. Mar. 11. 33.

9 *this.* Mat. 21. 33, etc. Mar. 12. 1, etc. *planted.* Ps. 80. 8-14. Is. 5. 1-7. Je. 2. 21. Jno. 15. 1-8. 1 Co. 3. 6-9. *and let.* Ca. 8. 11, 12. *husbandmen.* De. 1. 15-18; 16. 18; 17. 8-15. *went.* ch. 19. 12.

10 *the season.* Ps. 1. 3. Je. 5. 24. Mat. 21. 34-36. Mar. 12. 2-5. *sent.* Ju. 6. 8-10. 2 Ki. 17. 13. 2 Ch. 36. 15, 16. Ne. 9. 30. Je. 25. 3-7; 26. 2-6; 35. 15; 44. 4, 5. Ho. 6. 4-6. Zec. 1. 3-6; 7. 9-13. Jno. 15. 16. Ro. 7. 4. *beat.* ch. 11. 47-50; 13. 34. 1 Ki. 22. 24. 2 Ch. 16. 10; 24. 19-21. Ne. 19. 26. Je. 2. 30; 20. 2; 26, 20-24; 29. 26, 27; 37. 15, 16; 38. 4-6.

11 *entreated.* Mat. 23. 30-37. Ac. 7. 52. 1 Th. 2. 2. He. 11. 36, 37. *and sent.* Ho. 10. 1.

13 *What.* Is. 5. 4. Ho. 6. 4; 11. 8. *I will.* ch. 9. 35. Mat. 3. 17; 17. 5. Jno. 1. 34; 3. 16, 17, 35, 36. Ro. 8. 3. Ga. 4. 4. 1 Jno. 4. 9-15. *it may.* Je. 36. 3, 7.

14 *reasoned.* ver. 5. Mat. 16. 7; 21. 25. *the heir.* Ps. 2. 1-6, 8; 89. 27. Mat. 2. 2-16. Ro. 8. 17. He. 1. 2. *let.* ver. 19; ch. 19. 47; 22. 2. Ge. 37. 18-20. Mat. 27. 21-25. Jno. 11. 47-50. Ac. 2. 23; 3. 15.

15 *they.* He. 13. 12. *What.* Mat. 21. 37-40. Mar. 12. 6-9.

16 *destroy.* ch. 19. 27. Ps. 2. 8, 9; 21. 8-10. Mat. 21. 41; 22. 7. Ac. 13. 46. *shall give.* Ne. 9. 36, 37.

17 *beheld.* ch. 19. 41; 22. 61. Mar. 3. 5; 10. 23. *What.* ch. 22. 37; 24. 44. Jno. 15. 25. *The stone.* Ps. 118. 22. Is. 28. 16. Zec. 3. 9. Mat. 21. 42. Mar. 12. 10. Ac. 4. 11. 1 Pe. 2. 7, 8.

18 *shall fall.* This is an allusion to the Jewish mode of *stoning*. 'The place of stoning was twice as high as a man. From the top of this one of the witnesses struck the culprit on the loins, and felled him to the ground: if he died of this, well; if not, the other witness threw a stone upon his heart,' etc. Our Lord seems to refer not only to the dreadful *crushing* of the Jews by the Romans, but also to their general *dispersion* to the present day. Is. 8. 14, 15. Da. 2. 34, 35, 44, 45. Zec. 12. 3. Mat. 21. 34. 1 Th. 2. 16.

19 *the same.* ver. 14; ch. 19. 47, 48. Mat. 21. 45, 46; 26. 3, 4. Mar. 12. 12.

20 *they watched.* Ps. 37. 32, 33; 38. 12. Is. 29. 20, 21. Je. 11. 19; 18. 18; 20. 10. Mat. 22. 15, 18. Mar. 12. 13, 15. *feign.* 2 Sa. 14. 2. 1 Ki. 14. 2-6. Ps. 66. 3; 81. 15, marg. 2 Pe. 2. 3. *they might deliver.* Mat. 27. 2. Jno. 18. 28-32.

21 *Master.* Ps. 12. 2; 55. 21. Je. 42. 2, 3. Mat. 22. 16; 26. 49, 50. Mar. 12. 14. Jno. 3. 2. *sayest.* 2 Co. 2. 17. Ga. 1. 10. 1 Th. 2. 4, 5. *acceptest.* 2 Ch. 19. 7. Job 34. 19. Ac. 10. 34, 35. Ga. 2. 6. *truly. or,* of a truth.

22 De. 17. 15. Ezr. 4. 13. 19-22; 9. 7. Ne. 5. 4; 9. 37. Mat. 22. 17-21. Mar. 12. 14-17. Ac. 5. 37.

23 *he.* ch. 5. 22; 6. 8; 11. 17. Jno. 2. 24, 25. 1 Co. 3. 19. He. 4. 13. *Why.* ver. 20; ch. 11. 16, 53, 54. Ps. 95. 9. Mat. 16. 1; 22. 18. 1 Co. 10. 9.

24 *a penny.* See Mat. 18. 28; 20. 2. *image.* The

was the head of the *emperor;* the *superscription* his *titles.* Julius Cæsar was the first who caused his image to be struck on the Roman coin; and Tiberius was emperor at this time. This therefore was a *denarius of Cæsar,* דינרא קיסראנה, as it is termed in the Talmud; and consequently this was respecting the tribute required by the Roman government. *Cesar's.* ver. 22; ch. 2. 1; 3. 1; 23. 2. Ac. 11. 28; 25. 8-12; 26. 32. Phi. 4. 22.

25 *Render.* Pr. 24. 21. Mat. 17. 27; 22. 21. Mar. 12. 17. Ro. 13. 6, 7. 1 Pe. 2. 13-17. *unto God.* Ac. 4. 19, 20; 5. 29. 1 Co. 10. 31. 1 Pe. 4. 11.

26 *they could.* ver. 20, 39, 40. Job 5. 12, 13. Pr. 26. 4, 5. 2 Ti. 3, 8, 9. *and they marvelled.* ch. 13. 17. Mat. 22. 12, 22, 34. Ro. 3. 19. Tit. 1. 10.

27 *the Sadducees.* Mat. 16. 1, 6, 12; 22. 23, etc. Mar. 12. 18, etc. Ac. 4. 1, 2; 5. 17; 23. 6-8. 1 Co. 15. 12. 2 Ti. 2. 17, 18.

28 Ge. 38. 8, 11, 26. De. 25. 5-10. Ru. 1. 11, 12.

29 *and died.* Le. 20. 20. Je. 22. 30.

32 *died.* Ju. 2. 10. Ec. 1. 4; 9. 5. He. 9. 27.

33 Mat. 22. 24-28. Mar. 12. 19-23.

34 *The children.* ch. 16. 8. *marry.* ch. 17. 27. 1 Co. 7. 2, etc. Ep. 5. 31. He. 13. 4.

35 *accounted.* ch. 21. 36. Ac. 5. 41. 2 Th. 1. 5. Re. 3. 4. *to.* Da. 12. 2, 3. Jno. 5. 29. Ac. 24. 15. He. 11. 35. *neither.* Mat. 22. 29. Mar. 12. 24.

36 *can.* Is. 25. 8. Ho. 13. 14. 1 Co. 15. 26, 42, 53, 54. Phi. 3. 21. 1 Th. 4. 13-17. Re. 20. 6; 21. 4; 22. 2-5. *they are.* Zec. 3. 7. Mat. 22. 30. Mar. 12. 25. 1 Co. 15. 49, 52. Re. 5. 6-14; 7. 9-12; 22. 9. *the children of God.* Ro. 8. 17-23. 1 Jno. 3. 2.

37 *even.* Ex. 3. 2-6. De. 33. 16. Ac. 7. 30-32. *when.* There is a remarkable passage in JOSEPHUS, which proves that the best informed among the Jews believed in the immateriality and immortality of the soul, and that the souls of righteous men were in the presence of God in a state of happiness. 'They who lose their lives for the sake of God, *live* unto God, as do Abraham, Isaac, and Jacob, and the rest of the patriarchs.' Not less remarkable is a passage in *Shemoth Rabba,* 'Why doth Moses say, (Ex. 32. 13) Remember Abraham, Isaac, and Jacob? R. Abin saith, The Lord said unto Moses, I look for ten men from thee, as I looked for that number in Sodom. Find me out ten righteous persons among the people, and I will not destroy thy people. Then saith Moses, Behold, here am I, and Aaron, Eleazer, and Ithamar, Phinehas, and Caleb, and Joshua; but, saith God, there are but seven: where are the other three? When Moses knew not what to do, he saith, O Eternal God, חיים הם המתים, *do those live who are dead?* Yes, saith God. Then saith Moses, If those that are dead do live, remember Abraham, Isaac, and Jacob.' Ge. 17. 7; 28. 13, 21; 32. 9. Mat. 22. 3-33. Mar. 12. 26, 27.

38 *a God.* Ps. 16. 5-11; 23. 23-26; 145. 1, 2. He. 11. 16. *for all.* Jno. 6. 57; 11. 25, 26; 14. 19. Ro. 6. 10, 11, 22, 23; 14. 7-9. 2 Co. 6. 16; 13. 4. Col. 3. 3, 4. Re. 7. 15-17; 22. 1.

39 *thou.* Mat. 22. 34-40. Mar. 12. 28-34. Ac. 23. 9.

40 Pr. 26. 5. Mat. 22. 46. Mar. 12. 34.

41 *How.* Mat. 22. 41, 42. Mar. 12. 35, etc. *Christ.* ch. 18. 38, 39. Is. 9. 6, 7; 11. 1, 2. Je. 23. 5, 6; 33. 15, 16, 21. Mat. 1. 1. Jno. 7. 42. Ac. 2. 30. Ro. 1. 3, 4. Re. 22. 16.

42 *himself.* ch. 24. 44. 2 Sa. 23. 1, 2. Mat. 22. 43. Mar. 12. 36, 37. Ac. 1. 20; 13. 33-35. He. 3. 7. *The Lord.* Ps. 110. 1. Mat. 22. 44, 45. Ac. 2. 34, 35. 1 Co. 15. 25. He. 1. 13.

43 ch. 19. 27. Ps. 2. 1-9; 21. 8-12; 72. 9; 109. 4-20; 110. 5, 6. Re. 19. 14-21.

44 *how.* ch. 1. 31-35; 2. 11. Is. 7. 14. Mat. 1. 23. Ro. 9. 5. Ga. 4. 4. 1 Ti. 3. 16. Re. 22. 16.

45 Mat. 15. 10; 23. 1. Mar. 8. 34; 12. 38. 1 Ti. 5. 20.

46 *Beware.* ch. 12. 1. Mat. 16. 6. Mar. 8. 15. 2 Ti. 4. 15. *which.* ch. 11. 43; 14. 7. Pr. 29. 23. Mat. 23. 5-7. Mar. 12. 38, 39. Ro. 12. 10. Phi. 2. 3-5. 3 Jno. 9.

47 *devour.* Is. 10. 2. Je. 7. 6-10. Eze. 22. 7. Am. 2. 7; 8. 4-6. Mi. 2. 2, 8; 3. 2. Mat. 23. 14. Mar. 12. 40. 2 Ti. 3. 6. *for.* ch. 12. 1. Eze. 33. 31. Mat. 23. 26-28. 1 Th. 2. 5. 2 Ti. 3. 2-5. Tit. 1. 16. *the same.* ch. 10. 12-14; 12. 47, 48. Mat. 11. 22-24. Ja. 3. 1.

## CHAP. XXI.

*Christ commends the poor widow,* 1-4. *He foretells the destruction of the temple, and of the city Jerusalem,* 5-24; *the signs also which shall be before the last day,* 25-33. *He exhorts them to be watchful,* 34-38.

1 *and saw.* Mar. 7. 11-13; 12. 41-44. *the treasury.* Jos. 6. 19, 24. 1 Ki. 14. 26. 2 Ki. 24. 13. 2 Ch. 36. 18. Ne. 13. 13. Mat. 27. 6. Jno. 8. 20.

2 *mites.* See Mar. 12. 42, marg.

3 *Of.* ch. 4. 25; 9. 27; 12. 44. Ac. 4. 27; 10. 34. *more.* Ex. 35. 21-29. Mar. 12. 43, 44; 14. 8, 9. 2 Co. 8. 2, 3, 12; 9. 6, 7.

4 *all.* ch. 8. 43; 15. 12. Ac. 2. 44, 45; 4. 34.

5 *as.* Mat. 24. 1, etc. Mar. 13. 1, etc. Jno. 2. 20.

6 *there.* ch. 19. 44, etc. 1 Ki. 9. 7-9. 2 Ch. 7. 20-22. Is. 64. 10, 11. Je. 7. 11-14; 26. 6, 9, 18. Ja. 2. 6-8; 4. 1; 5. 18. Eze. 7. 20-22. Da. 9. 26, 27. Mi. 3. 12. Zec. 11. 1; 14. 2. Mat. 24. 2. Mar. 13. 2. Ac. 6. 13, 14.

7 *when.* ver. 32. Da. 12. 6, 8. Mat. 24. 3. Mar. 13. 3, 4. Jno. 21. 21, 22. Ac. 1. 6, 7. *what.* ver. 20, 21, 27, 28. Mat. 24. 15, 16. Mar. 13. 14.

8 *Take.* Je. 29. 8. Mat. 24. 4, 5, 11, 23-25. Mar. 13. 5, 6, 21-23. 2 Co. 11. 13-15. Ep. 5. 6. 2 Th. 2. 3, 9-11. 2 Ti. 3. 13. 1 Jno. 4. 1. 2 Jno. 7. Re. 12. 9. *for.* Jno. 5. 43. Ac. 5. 36, 37; 8. 9, 10. *and the time. or,* and, The time. Mat. 3. 2; 4. 17. Re. 1. 3.

9 *when.* ver. 18, 19. Ps. 27. 1-3; 46. 1, 2; 112. 7. Pr. 3. 25, 26. Is. 8. 12; 51. 12, 13. Je. 4. 19, 20. Mat. 24. 6-8. Mar. 13. 7, 8. *but.* ver. 8, 28.

10 *Nation shall.* This portended the dissensions, insurrections, and mutual slaughter of the Jews, the open wars of different tetrarchies, and the civil wars in Italy between Otho and Vitellius. 2 Ch. 15. 5, 6. Hag. 2. 21, 22. Zec. 14. 2, 3, 13. Mar. 13. 8. Ac. 2. 19, 20; 11. 28. He. 12. 27. Re. 6. 2-12.

11 *and great signs.* ver. 25-27. Mat. 24. 29, 30.

12 *before.* ch. 11. 49-51. Mat. 10. 16-25; 22. 6; 23. 34-36; 24. 9, 10. Mar. 13. 9-13. Jno. 15. 20; 16. 2, 3. Ac. 4. 3-7; 5. 17-19, 40; 6. 12-15; 7. 57-60; 8. 3; 9. 4; 12. 1-4; 16. 22-26; 21. 30, 31; 22. 30; 24. 1, etc.; 25. 1, 2, 11, 12, 22-25; 26. 2, etc. 1 Th. 2. 15, 16. 1 Pe. 4. 12-14. Re. 2. 10. *for.* 1 Pe. 2. 13.

13 Phi. 1. 28. 1 Th. 3. 3, 4. 2 Th. 1. 5.

14 ch. 12. 11, 12. Mat. 10. 19, 20. Mar. 13. 11.

15 *I will.* ch. 24. 45. Ex. 4. 11, 12. Pr. 2. 6. Je. 1. 9. Ac. 2. 4; 4. 8-13, 31-33. Ep. 6. 19. Col. 4. 3, 4. Ja. 1. 5. *which.* Ac. 6. 10; 24. 25; 26. 28. 2 Ti. 4. 16, 17.

16 *ye shall.* Je. 9. 4; 12. 6. Mi. 7. 5, 6. Mat. 10. 21. Mar 13. 12. *and some.* Ac. 7. 59; 12. 2; 26. 10, 11. Re. 2. 13; 6. 9; 12. 11.

17 *ye.* Mat. 10. 22; 24. 9. Mar. 13. 13. Jno. 7. 7; 15. 19; 17. 14. *for.* ch. 6. 22. Mat. 5. 11. Jno. 15. 21. Ac. 9. 16. 2 Co. 4. 5, 11; 12. 10. Phi. 1. 29. 1 Pe. 4. 14. Re. 2. 3.

18 ch. 12. 7. 1 Sa. 14. 45; 25. 29. 2 Sa. 14. 11. Mat. 10. 30. Ac. 27. 34.

19 ch. 8. 15. Ps. 27. 13, 14; 37. 7; 40. 1. Ro. 2. 7; 5. 3; 8. 25; 15. 4. 1 Th. 1. 3. 2 Th. 3. 5. He. 6. 11, 15; 10. 36. Ja. 1. 3; 5. 7-11. Re. 1. 9; 2. 2, 3; 3. 10; 13. 10; 14. 12.

20 ver. 7; ch. 19. 43. Da. 9. 27. Mat. 24. 15. Mar. 13. 14.

21 *flee.* Accordingly, when Cestius Gallus came against Jerusalem, and unexpectedly raised the siege, JOSEPHUS states, that many of the noble Jews departed out of the city, as out of a sinking ship; and when Vespasian afterwards drew towards it, a great multitude fled to the mountains. And we learn from EUSEBIUS, and EPIPHANIUS, that at this juncture, all who believed in Christ left Jerusalem, and removed to Pella, and other places beyond Jordan; and so escaped the general shipwreck of their country, that we do not read of one who perished in Jerusalem. ch. 17. 31-33. Ge. 19. 17, 26. Ex. 9. 20, 21. Pr. 22. 3. Mat. 24. 16. Mar. 13. 15. *and let them.* Nu. 16. 26. Je. 6. 1; 35. 11; 37. 12. Re. 18. 4.

22 *the days.* Is. 34. 8; 61. 2. Je. 51. 6. Ro. 2. 5. 2 Pe. 2. 9; 3. 7. *all.* Le. 26. 14-33. De. 28. 15-68; 29. 19-28; 32. 34, 43. Ps. 69. 22-28; 149. 7-9. Is. 65. 12-16. Da. 9. 26, 27. Zec. 11. 1, etc.; 14. 1, 2. Mal. 4. 1. Mar. 13. 19, 20.

23 *woe.* ch. 23. 29. De. 28. 56, 57. La. 4. 10. Ho. 9. 12-17; 13. 16. Mat. 24. 19. Mar. 13. 17. *great.* ch. 19. 27, 43. Mat. 21. 41, 44. 1 Th. 2. 16. He. 10. 26-31. Ja. 5. 1. 1 Pe. 4. 17.

24 *led.* De. 28. 64-68. *Jerusalem.* Is. 5. 5; 63. 18. La. 1. 15. Re. 11. 2. *until.* Is. 66. 12, 19. Da. 9. 27; 12. 7. Mal. 1. 11. Ro. 11. 25.

25 *signs.* Is. 13. 10, 13, 14; 24. 23. Je. 4. 23. Eze. 32. 7, 8 Joel 2. 30, 31. Am. 8. 9, 10. Mat. 24. 29; 27. 45. Mar. 13. 24 26; 15. 33. Ac. 2. 19. 2 Pe. 3. 10-12. Re. 6. 12-14; 20. 11. *upon.* Da. 12. 1. *with.* Is. 22. 4, 5. Mi. 7. 4. *the sea.* Ps. 46. 3; 93. 3, 4. Is. 5. 30; 51. 15.

26 *hearts.* Le. 26. 36. De. 28. 32-34, 65-67. He. 10. 26, 27. *for the.* Mat. 24. 29. Mar. 13. 25. 2 Pe. 3. 10-12.

27 *see.* Da. 7. 13. Mat. 24. 30; 26. 64. Mar. 13. 26. Ac. 1. 9-11. Re. 1. 7; 14. 14. *with.* Mat. 16. 27, 28; 25. 31.

28 *look.* Ps. 98. 5-9. Is. 12. 1-3; 25. 8, 9; 60. 1, 2. *redemption.* Ro. 8. 19, 23. Ep. 1. 14; 4. 30.

29 *Behold.* Mat. 24. 32-35. Mar. 13. 28-30.

31 *when.* ch. 12. 51-57. Mat. 16. 1-4. *the kingdom.* He. 10. 37. Ja. 5. 9. 1 Pe. 4. 7.

32 ch. 11. 50, 51. Mat. 16. 28; 23. 36; 24. 34. Mar. 13. 30.

33 Ps. 102. 26. Is. 40. 8; 51. 6. Mar. 5. 18; 24. 35. Mar. 13. 31. 1 Pe. 1. 25. 2 Pe. 3. 7-14. Re. 20. 11.

34 *take.* ver. 8; ch. 17. 3. Mar. 13. 9. He. 12. 15. *your hearts.* ch. 12. 45. Le. 10. 9. Pr. 21. 4. Is. 28. 7; 56. 10-12. Ho. 4. 11. Ro. 13. 11-13. 1 Th. 5. 6-8. 1 Pe. 4. 3-7. *surfeiting.* De. 29. 19. 1 Sa. 25. 36. Is. 28. 1-3. 1 Co. 5. 11; 6. 10. Ga. 5. 20. *cares.* ch. 8. 14; 10. 41. Mat. 13. 22. Mar. 4. 19. Phi. 4. 6. *that day.* ch. 12. 46. Ps. 35. 8. Mat. 24. 39-50. Mar. 13. 35-37. 1 Th. 5. 2-4. 2 Pe. 3. 10, 14. Re. 3. 3.

35 *as.* Ps. 11. 6. Ec. 9. 12. Is. 24. 17, 18. Je. 48. 43, 44. Re. 16. 15. *dwell.* ch. 17. 37. Ge. 7. 4. Ac. 17. 26. *of the whole earth.* Or, 'of this whole land; the land of Judea, on which these heavy judgments were to fall.

36 *Watch.* ch. 12. 37-40. Mat. 24. 42; 25. 13; 26. 41. Mar. 13. 33, 37. 1 Co. 16. 13. 2 Ti. 4. 5. 1 Pe. 4. 7; 5. 8. *pray.* ch. 18. 1. Job 27. 10. Ac. 10. 2. Ep. 6. 18, 19. Col. 4. 2. 1 Th. 5. 17. *accounted.* ch. 20. 35. 2 Th. 1. 5, 6. *stand.* Ps. 1. 5. Mal. 3. 2. Ep. 6. 13, 14. 1 Jno. 2. 28. Jude 24.

37 *the day time.* ch. 22. 39. Mat. 21. 17. Mar. 11. 12. Jno. 12. 1. *mount.* ch. 19. 37. Zec. 14. 4. Mat. 26. 30. Ac. 1. 12.

38 Jno. 8. 1, 2.

## CHAP. XXII.

*The Jews conspire against Christ,* 1, 2. *Satan prepares Judas to betray him,* 3-6. *The apostles prepare the passover,* 7-18. *Christ institutes his holy supper,* 19, 20; *covertly foretells of the traitor,* 21-23; *dehorts the rest of his apostles from ambition,* 24-30; *assures Peter his faith should not fail,* 31-33; *and yet he should deny him thrice,* 34-38. *He prays in the mount, and sweats blood,* 32-46; *is betrayed with a kiss,* 47-49; *he heals Malchus' ear,* 50-53; *he is thrice denied of Peter,* 54-62; *shamefully abused,* 63-65; *and confesses himself to be the Son of God,* 66-71.

1 Ex. 12. 6-23. Le. 23. 5, 6. Mat. 26. 2. Mar. 14. 1, 2, 12. Jno. 11. 55-57. 1 Co. 5. 7, 8.

2 ch. 19. 47, 48; 20. 19. Ps. 2. 1-5. Mat. 21. 38, 45, 46; 26. 3-5. Jno. 11. 47-53, 57. Ac. 4. 27.

3 *entered.* Mat. 26. 14. Mar. 14. 10, etc. Jno. 6. 70, 71; 12. 6; 13. 2, 27. Ac. 5. 3. *being.* ver. 21; ch. 6. 16. Ps. 41. 9; 55. 12-14. Mat. 26. 23. Mar. 14. 18-20. Jno. 13. 18, 26.

4 *went.* Mat. 26. 14. Mar. 14. 10, 11.

5 *and covenanted.* Zec. 11. 12, 13. Mat. 26. 15, 16; 27. 3-5. Ac. 1. 18; 8. 20. 1 Pi. 6. 9, 10. 2 Pe. 2. 3, 15. Jude 11.

6 *in the absence of the multitude.* *or,* without tumult. Mat. 26. 5. Mar. 14. 2.

7 ver. 1. Ex. 12. 6, 18. Mat. 26. 17. Mar. 14. 12.

8 *he.* Mar. 14. 13-16. *Go.* ch. 1. 6. Mat. 3. 15. Ga. 4. 4, 5.

10 ch. 19. 29, etc. 1 Sa. 10. 2-7. Mat. 26. 18, 19. Jno. 16. 4. Ac. 8. 26-29.

11 *The Master.* ch. 19. 31, 34. Mat. 21. 3. Jno. 11. 28. *Where is.* ch. 19. 5. Re. 3. 20.

12 *he.* Jno. 2. 25; 21. 17. Ac. 16. 14, 15. *a large.* Ac. 1. 13; 20. 8.

13 ch. 21. 33. Jno. 2. 5; 11. 40. He. 11. 8.

14 De. 16. 6, 7. Mat. 26. 20. Mar. 14. 17.

15 *With desire I have desired.* *or,* I have heartily desired. ch. 12. 50. Jno. 4. 34; 13. 1; 17. 1.

16 *I will not.* ver. 18-20. *until.* ver. 30; ch. 12. 37; 14. 15. Jno. 6. 27, 50-58. Ac. 10. 41. 1 Co. 5. 7, 8. He. 10. 1-10. Re. 19. 9.

17 *took.* Ps. 23. 5; 116. 13. Je. 16. 7. *gave.* ver. 19; ch. 9. 16. De. 8. 10. 1 Sa. 9. 13. Ro. 14. 6. 1 Ti. 4. 4, 5.

18 *I will not.* ver. 16. Mat. 26. 29. Mar. 14. 23; 15. 23. *the fruit.* Ju. 9. 13. Ps. 104. 15. Pr. 31. 6, 7. Ca. 5. 1. Is. 24. 9-11; 25. 6; 55. 1. Zec. 9. 15, 17. Ep. 5. 18, 19. *until.* ch. 9. 27; 21. 31. Da. 2. 44. Mat. 16. 18. Mar. 9. 1. Ac. 2. 30-36. Col. 1. 13.

19 *he took.* Mat. 26. 26-28. Mar. 14. 22-24. 1 Co. 10. 16; 11. 23-29. *gave thanks.* ver. 17; ch. 24. 30. Jno. 6. 23. 1 Th. 5. 18. *is my.* ver. 20. Ge. 41. 26, 27. Eze. 37. 11. Da. 2. 38; 4. 22-24. Zec. 5. 7, 8. 1 Co. 10. 4. Ga. 4. 25. *given.* Jno. 6. 51. Ga. 1. 4. Ep. 5. 2. Tit. 2. 14. 1 Pe. 2. 24. *this do.* Ps. 78. 4-6; 111. 4. Ca. 1. 4. 1 Co. 11. 24.

20 *This.* Ex. 24. 8. Zec. 9. 11. 1 Co. 10. 16-21; 11. 25. He. 8. 6-13; 9. 17; 12. 24; 13. 20.

21 Job 19. 19. Ps. 41. 9. Mi. 7. 5, 6. Mat. 26. 21-23. Mar. 14. 18. Jno. 13. 18, 19, 21, 26.

22 *truly.* ch. 24. 25-27, 46. Ge. 3. 15. Ps. 22; 69. Is. ch. 53. Da. 9. 24-26. Zec. 13. 7. Mat. 26. 24, 53, 54. Mar. 14. 21. Ac. 2. 23; 4. 25-28; 13. 27, 28; 26. 22, 23. 1 Co. 15. 3, 4. 1 Pe. 1. 11. *but.* Ps. 55. 12-15; 69. 22-28; 109. 6-15. Mat. 27. 5. Jno. 17. 12. Ac. 1. 16-25. 2 Pe. 2. 3.

23 Mat. 26. 22. Mar. 14. 19. Jno. 13. 22-25.

24 ch. 9. 46. Mat. 20. 20-24. Mar. 9. 34; 10. 37-41. Ro. 12. 10. 1 Co. 13. 4. Phi. 2. 3-5. Ja. 4. 5, 6. 1 Pe. 5. 5, 6.

25 Mat. 20. 25-28. Mar. 10. 41-45.

26 ch. 9. 48. Mat. 18. 3-5; 23. 8-12. Ro. 12. 2. 1 Pe. 5. 3. 3 Jno. 9. 10.

27 ch. 12. 37; 17. 7-9. Mat. 20. 28. Jno. 13. 5-16. 2 Co. 8. 9. Phi. 2. 7, 8.

28 Mat. 19. 28, 29; 24. 13. Jno. 6. 67, 68; 8. 31. Ac. 1. 25. He. 2. 18; 4. 15.

29 ch. 12. 32; 19. 17. Mat. 24. 47; 25. 34. 1 Co. 9. 25. 2 Co. 1. 7. 2 Ti. 2. 12. Ja. 2. 5. 1 Pe. 5. 4. Re. 21. 14.

30 *eat.* ver. 16-18; ch. 12. 37; 14. 15. 2 Sa. 9. 9, 10; 19. 28. Mat. 8. 11. Re. 19. 9. *and sit.* Ps. 49. 14. Mat. 19. 28. 1 Co. 6. 2, 3. Re. 2. 26, 27; 3. 21; 4. 4. Gr.

31 *Simon.* ch. 10. 41. Ac. 9. 4. *Satan.* Job 1. 8-11; 2. 3-6. Zec. 3. 1. 1 Pe. 5. 8. Re. 12. 10. *sift.* Am. 9. 9.

32 *I have.* Zec. 3. 2-4. Jno. 14. 19; 17. 9-11, 15-21. Ro. 5. 9, 10; 8. 32-34. He. 7. 25. 1 Pe. 1. 5. 1 Jno. 2. 1, 2. *thy faith.* ch. 8. 13. 2 Ti. 2. 18. Tit. 1. 1. He. 12. 15. 1 Pe. 1. 1. 1 Jno. 2. 19. *and when.* ver. 61, 62. Mat. 18. 3; 26. 75. Mar. 14. 72; 16. 7. Ac. 3. 19. *strengthen.* Ps. 32. 3-6; 51. 12, 13. Jno. 21. 15-17. 2 Co. 1. 4-6. 1 Ti. 1. 13-16. He. 12. 12, 13. 1 Pe. 1. 13; 5. 8-10. 2 Pe. 1. 10-12; 3. 14, 17, 18.

33 *I am.* 2 Ki. 8. 12, 13. Pr. 28. 26. Je. 10. 23; 17. 9. Mat. 20. 22; 26. 33-35, 40, 41. Mar. 14. 29, 31, 37, 38. Jno. 13. 36, 37. Ac. 20. 23, 24; 21. 13.

34 *the cock.* Mat. 26. 34, 74. Mar. 14. 30, 71, 72. Jno. 13. 38; 18. 27.

35 *When.* ch. 9. 3; 10. 4. Mat. 10. 9, 10. Mar. 6. 8, 9. *lacked.* ch. 12. 29-31. Ge. 48. 15. De. 8. 2, 3, 16. Ps. 23. 1; 34. 9, 10; 37. 3. Mat. 6. 31-33.

36 *But.* Mat. 10. 22-25. Jno. 15. 20; 16. 33. 1 Th. 2. 14, 15; 3. 4. 1 Pe. 4. 1.

37 *this.* ver. 22; ch. 18. 31; 24. 44-46. Mat. 26. 54-56. Jno. 10. 35; 19. 28-30. Ac. 13. 27-29. *And he.* ch. 23. 32. Is. 53. 12. Mar. 15. 27, 28. 2 Co. 5. 21. Ga. 3. 13.

38 *It.* Mat. 26. 52-54. Jno. 18. 36. 2 Co. 10. 3, 4. Ep. 6. 10-18. 1 Th. 5. 8. 1 Pe. 5. 9.

39 *he came.* Mat. 26. 36-38. Mar. 14. 32-34. Jno. 18. 1, 2. *as.* ch. 21. 37. Mar. 11. 11, 19; 13. 3.

40 *Pray.* ver. 46; ch. 11. 4. 1 Ch. 4. 10. Ps. 17. 5; 19. 13; 119. 116, 117, 133. Pr. 30. 8, 9. Mat. 6. 13; 26. 41. Mar. 14. 38. 2 Co. 12. 7-10. Ep. 6. 18, 19. 1 Pe. 4. 7; 5. 8, 9. Re. 3. 10.

41 *and kneeled.* Mat. 26. 39. Mar. 14. 35.

42 *Father.* Mat. 26. 42, 44. Mar. 14. 36. Jno. 12. 27, 28. *willing, remove.* *Gr.* willing to remove. *cup.* ver. 17-20. Is. 51. 17, 22. Je. 25. 15. Mat. 20. 22. Jno. 18. 11. *not.* Ps. 40. 8. Jno. 4. 34; 5. 30; 6. 38. He. 10. 7-10.

43 *an.* ch. 4. 10, 11. Ps. 91. 11, 12. Mat. 4. 6, 11; 26. 53. 1 Ti. 3. 16. He. 1. 6, 14. *strengthening.* ver. 32. De. 3. 28. Job 4. 3, 4. Da. 10. 16-19; 11. 1. Ac. 18. 23. He. 2. 17.

44 *being*. Ge. 32. 24-28. Ps. 22. 1, 2, 12-21; 40. 1-3; 69. 14-18; 88. 1-18; 130. 1, 2; 143. 6, 7. La. 1. 12; 3. 53-56. Jon. 2. 2, 3. Jno. 12. 27. He. 5. 7. *his*. Is. 53. 10. La. 1. 12. Ro. 8. 32.

45 *sleeping*. Mat. 26. 40, 43. Mar. 14. 37, 40, 41.

46 *Why sleep ye*. ver. 40; ch. 21. 34-36. Pr. 6. 4-11. Jon. 1. 6.

47 *while*. Mat. 26. 45-47. Mar. 14. 41-43. Jno. 18. 2-9. *Judas*. ver. 3-6. Mat. 26. 14-16, 47. Mar. 14. 10, 43. Ac. 1. 16-18.

48 *betrayest*. 2 Sa. 20. 9, 10. Ps. 55. 21. Pr. 27. 6. Mat. 26. 48-50. Mar. 14. 44-46.

50 Mat. 26. 51-54. Mar. 14. 47. Jno. 18. 10, 11. Ro. 12. 19. 2 Co. 10. 4.

51 *Suffer*. Jno. 17. 12; 18. 8, 9. *And he*. Ro. 12. 21. 2 Co. 10. 1. 1 Pe. 2. 21-23.

52 *Jesus*. Mat. 26. 55. Mar. 14. 48, 49. *captains*. ver. 4. 2 Ki. 11. 15. Jno. 17. 12. Ac. 5. 26.

53 *I was*. ch. 21. 37, 38. Mat. 21. 12-15, 23, 45, 46. Jno. 7. 25, 26, 30, 45. *but*. Ju. 16. 21-30. Job 20. 5. Jno. 12. 27; 16. 20-22. *the power*. Jno. 14. 30. Ac. 26. 18. 2 Co. 4. 3-6. Ep. 6. 12. Col. 1. 13. Re. 12. 9-12.

54 *took*. Our blessed Lord before his death passed another examination. One was before the Jewish Sanhedrim, whose proper province it was to try such as were accused as false prophets or blasphemers. This was a kind of ecclesiastical court. The other, with which the next chapter opens, was before Pilate, the Roman governor of Judea at that time; he principally took cognizance of criminal things, such especially as concerned the peace of the country, considered as part of the Roman empire. Mat. 26. 57, 58. Mar. 14. 53, 54. Jno. 18. 12-17, 24. *And Peter*. ver. 33, 34. 2 Ch. 32. 31.

55 *had*. ver. 44. Mat. 26. 69. Mar. 14. 66. Jno. 18. 17, 18. *Peter*. Ps. 1. 1; 26. 4, 5; 28. 3. Pr. 9. 6; 13. 20. 1 Co. 15. 33. 2 Co. 6. 15-17.

56 *a certain maid*. Mat. 26. 69. Mar. 14. 6, 17. 66-68. Jno. 18. 17.

57 *he denied*. ver. 33, 34; ch. 12. 9. Mat. 10. 33; 26. 70. Jno. 18. 25, 27. Ac. 3. 13, 14, 19. 2 Ti. 2. 10-12. 1 Jno. 1. 9.

58 *another*. A *maid* challenged Peter in the second instance, according to Matthew and Mark; yet here it is said ετερος, *another* (man) and he also answers to a *man*. But ετερος, as WETSTEIN shews, may be, and is in innumerable instances applied to a *female;* and Matthew says, 'she said to them that were there,' and Mark, 'she began to say to them that stood by.' So that the maid gave the information to those around her, and some *man* charged Peter with it. Probably several joined in the accusation, though he answered to an individual, for St. John says, '*They* said unto him,' etc. Mat. 26. 71, 72. Mar. 14. 69, 70. Jno. 18. 25.

59 *confidently*. Mat. 26. 73, 74. Mar. 14. 69, 70. Jno. 18. 26, 27.

60 *the cock*. ver. 34. Mat. 26. 74, 75. Mar. 14. 71, 72. Jno. 18. 27.

61 *turned*. ch 10. 41. Mar. 5. 30. *looked*. Job 33. 27. Is. 57. 15-18. Je. 31. 18-20. Ho. 11. 8. Ac. 5. 31. *And Peter*. Eze. 16. 63; 36. 31, 32. Ep. 2. 11. Re. 2. 5. *Before*. ver. 34. Mat. 26. 34, 75. Jno. 13. 38.

62 *and wept*. Ps. 38. 18; 126. 5, 6; 130. 1-4; 143. 1-4. Je. 31. 18. Eze. 7. 16. Zec. 12. 10. Mat. 5. 4; 26. 75. Mar. 14. 72. 1 Co. 10. 12. 2 Co. 7. 9-11.

63 *the men*. Mat. 26. 59-68. Mar. 14. 55-65. Jno. 18. 22. *mocked*. Job 16. 9, 10; 30. 9-14. Ps. 22. 6, 7, 13; 35. 15, 16, 25; 69 7-12. Is. 49. 7; 50. 6, 7; 52. 14; 53. 3. Mi. 5. 1. Mat. 27. 28-31, 39-44. Mar. 15. 16-20, 27-32. He. 12. 2. 1 Pe. 2. 23.

64 *blindfolded*. Ju. 16. 21, 25.

65 *blasphemously*. ch. 12. 10. Mat. 12. 31, 32. Ac. 26. 11. 1 Ti. 1. 13, 14.

66 *as soon*. Mat. 27. 1. Mar. 15. 1. *elders*. Ps. 2. 1-3. Ac. 4. 25-28; 22. 5.

67 *Art*. Mat. 11. 3-5; 26. 63, etc. Mar. 14. 61, etc. Jno. 10. 24. *If*. ch. 16. 31. Jno. 5. 39-47; 8. 43-45; 9. 27, 28; 10. 25, 26; 12. 37-43.

68 ch. 20. 3-7, 41-44.

69 *shall*. Mat. 26. 64. Mar. 14. 62. *on*. Ps. 110. 1. Da. 7. 13, 14. Mat. 22. 44. Mar. 16. 19. Ac. 2. 34-36; 7. 55, 56. Ro. 8. 34. Ep. 1. 20-23; 4. 8-10. Col. 3. 1. He. 1. 3; 8. 1; 12. 2. 1 Pe. 3. 22. Re. 3. 21; 22. 1.

70 *the Son*. ch. 4. 41. Ps. 2. 7, 12. Mat. 3. 17; 27. 43. 54. Jno. 1. 34, 49; 10. 30, 36; 19. 7. *Ye say*. ch. 23. 3. Mat. 26. 64. Mar. 14. 62; 15. 2. Jno. 18. 37.

71 Mat. 26. 65, 66. Mar. 14. 63, 64.

## CHAP. XXIII.

*Jesus is accused before Pilate, and sent to Herod,* 1-7. *Herod mocks him,* 8-11. *Herod and Pilate are made friends,* 12. *Barabbas is desired of the people, and is loosed by Pilate, and Jesus is given to be crucified,* 13-25. *He tells the women, that lament him, the destruction of Jerusalem,* 26-33; *prays for his enemies,* 34-38. *Two evildoers are crucified with him,* 39-45. *His death,* 46-49. *His burial,* 50-56.

1 ch. 22. 66. Mat. 27. 1, 2, 11, etc. Mar. 15. 1. etc. Jno. 18. 28, etc.

2 *they*. Zec. 11. 8. Mar. 15. 3-5. Jno. 18. 30. *perverting*. ver. 5. 1 Ki. 18. 17. Je. 38. 4. Am. 7. 10. Ac. 16. 20, 21; 17. 6, 7; 24. 5. *forbidding*. ch. 20. 20-25. 1 Ki. 21. 10-13. Ps. 35. 11; 62. 4; 64. 3-6. Je. 20. 10; 37. 13-15. Mat. 17. 27; 22. 21; 26. 59, 60. Mar. 12. 17; 14. 55, 56. Ac. 24. 13. 1 Pe. 3. 16-18. *that*. ch. 22. 69, 70. Mar. 14. 61, 62. Jno. 18. 36; 19. 12.

3 *Pilate*. Mat. 27. 11. Mar. 15. 2. Jno. 18. 33-37. 1 Ti. 6. 13. *the King*. ver. 38; ch. 1. 32, 33; 19. 38-40. Mar. 15. 18, 32. Jno. 1. 49; 19. 3, 19-21. *he answered*. 1 Ti. 6. 13. *Thou sayest it*. This was the most solemn mode of affirmation used by the Jews. When the inhabitants of Zippor, inquired whether Rabbi Judah were dead, the son of Kaphra answered, אתון אמריתון, Ye say.

4 *I find*. ver. 14, 15. Mat. 27. 19, 24. Mar. 15. 14. Jno. 18. 38; 19. 4-6. He. 7. 26. 1 Pe. 1. 19; 2. 22; 3. 18.

5 *they*. ver. 23; ch. 11. 53. Ps. 22. 12, 13, 16; 57 4; 69. 4. Mat. 27. 24. Jno. 19. 15. Ac. 5. 33; 7. 54, 57; 23. 10. *beginning*. ch. 4. 14, 15. Mat. 4. 12-16, 23. Mar. 1. 14. Jno. 1. 43; 2. 11; 7. 41, 52. Ac. 10. 37.

6 *a Galilean*. ch. 13. 1. Ac. 5. 37.

7 *Herod's*. ch. 3. 1; 13. 31.

8 *for*. ch. 9. 7-9. Mat. 14. 1. Mar. 6. 14. *and he*. ch. 4. 23. 2 Ki. 5. 3-6, 11. Ac. 8. 19.

9 *but*. ch. 13. 32. Ps. 38. 13, 14; 39. 1, 2, 9. Is. 53. 7. Mat. 7. 6; 27. 14. Ac. 8. 32. 1 Pe. 2. 23.

10 *and vehemently*. ver. 2, 5, 14, 15; ch. 11. 53. Ac. 24. 5.

11 *Herod*. Ac. 4. 27, 28. *set*. ch. 22. 64, 65. Ps. 22. 6; 69. 19, 20. Is. 49. 7; 53. 3. Mat. 27. 27-30. Mar. 9. 12; 15. 16-20. *arrayed*. Jno. 19. 5.

12 Ps. 83. 4-6. Ac. 4. 27. Mat. 16. 1. Re. 17. 13, 14.

13 Mat. 27. 21-23. Mar. 15. 14. Jno. 18. 38; 19. 4.

14 *as one*. ver. 1, 2, 5. *have found*. ver. 4. Da. 6. 4. Mat. 27. 4, 19, 24, 54. Ac. 13. 28. He. 7. 26.

15 *nothing*. Rather, 'nothing worthy of death is committed by him;' πεπραγμενον αυτω being put for πεπραγμενον υπ' αυτου, or πεπραχεν αυτος, 'he hath done nothing.'

16 Is. 53. 5. Mat. 27. 26. Mar. 15. 15. Jno. 19. 1-4. Ac. 5. 40, 41.

17 Mat. 27. 15. Mar. 15. 6. Jno. 18. 39.

18 *they*. Mat. 27. 16-23. Mar. 15. 7-14. Jno. 18. 40. Ac. 3. 14. *Away*. Jno. 19. 15. Ac. 21. 36; 22. 22.

19 ver. 2, 5. Ac. 3. 14.

20 Mat. 14. 8, 9; 27. 19. Mar. 15. 15. Jno. 19. 12.

21 ver. 23. Mat. 27. 22-25. Mar. 15. 13. Jno. 19. 15.

22 *Why*. ver. 14, 20. 1 Pe. 1. 19; 3. 18. *I will*. ver. 16.

23 ver. 5. Ps. 22. 12, 13; 57. 4. Zec. 11. 8.

24 *Pilate*. Mat. 27. 26. Mar. 15. 15. Jno. 19. 1. *gave sentence*. *or*, assented. Ex. 23. 2. Pr. 17. 15 *it*. Ex. 23. 2.

25 *for*. ver. 2, 5. Mar. 15. 7. Jno. 18. 40. *whom*. 1 Sa. 12. 13. Mar. 15. 6. Ac. 3. 14. *but*. Mat. 27. 26. Mar. 15. 15.

26 *they laid*. Mat. 27. 32, etc. Mar. 15. 21, etc. Jno. 19. 16. *a Cyrenian*. Ac. 2. 10; 6. 6, 9; 13. 1. *that*. ch. 9. 23; 14. 27.

27 *and of*. ver. 55; ch. 8. 2. Mat. 27. 55. Mar. 15. 40.

28 *daughters*. Ca. 1. 5; 2. 7; 3. 5, 10; 5. 8, 16; 8. 4.

29 *the days*. Our Lord here refers to the destruction of Jerusalem, and the final desolation of the Jewish state; an evil associated with so many miseries, that sterility, which had otherwise been considered an opprobrium, was accounted a circumstance most felicitous. No history can furnish us with a parallel to the calamities and miseries of the Jews; rapine and murder, famine and pestilence, within; fire and sword, and all the terrors of war, without. Our Saviour himself wept at the foresight of these calamities; and it is almost impossible for persons of any humanity to read the relation of them in JOSEPHUS without weeping also. He might justly affirm, 'if the misfortunes of all, from the beginning of the world, were compared with those of the Jews, they would appear much inferior in the comparison.' ch. 21. 23, 24. Mat. 24. 19. Mar. 13. 17-19. *Blessed*. De. 28. 53-57. Ho 9. 12-16; 13. 16.

30 Is. 2. 19. Ho. 10. 8. Re. 6. 16; 9. 6.

31 Pr. 11. 31. Je. 25. 29. Eze. 15. 2-7; 20. 47, 48; 21. 3, 4. Da. 9. 26. Mat. 3. 12. Jno. 15. 6. He. 6. 8. 1 Pe. 4. 17, 18. Jude 12.

32 ch. 22. 37. Is. 53. 12. Mat. 27. 38. Mar. 15. 27, 28. Jno. 19. 18. He. 12. 2.

33 *when*. Mat. 27. 33, 34. Mar. 15. 22, 23. Jno. 19. 17, 18. He. 13. 12, 13. *Calvary*. *or*, the place of a skull. *they crucified*. ch. 24. 7. De. 21. 23. Ps. 22. 16. Zec. 12. 10. Mat. 20. 19; 26. 2. Mar. 10. 33, 34. Jno. 3. 14; 12. 33, 34; 18. 32. Ac. 2. 23; 5. 30; 13. 29. Ga. 3. 13. 1 Pe. 2. 24.

34 *Father*. ver. 47, 48; ch. 6. 27, 28. Ge. 50. 17. Ps. 106. 16-23. Mat. 5. 44. Ac. 7. 60. Ro. 12. 14. 1 Co. 4, 12. 1 Pe. 2. 20-23; 3. 9. *they know not*. ch. 12. 47, 48. Jno. 15. 22-24; 19. 11. Ac. 3. 17. 1 Co. 2. 8. 1 Ti. 1. 13. *And they*. Ps. 22. 18. Mat. 27. 35, 36. Mar. 15. 24. Jno. 19. 23, 24.

35 *the people*. Ps. 22. 12, 13, 17. Zec. 12. 10. Mat. 27. 38-43. Mar. 15. 29-32. *derided*. ch. 16. 14. Ge. 37. 19, 20. Ps. 4. 2; 35. 15, 19-25; 69. 7-12, 26; 71. 11. Is. 49. 7; 53. 3. La. 3. 14. *Christ*. ch. 22. 67-70. Ps. 22. 6-8. Is. 42. 1. Mat. 3. 17; 12. 18. 1 Pe. 2. 4.

36 ver. 11. Ps. 69. 21. Mat. 27. 29, 30, 34, 48. Mar. 15. 19, 20, 36. Jno. 19. 28-30.

38 ver. 3. Mat. 27. 11, 37. Mar. 15. 18, 26, 32. Jno. 19. 3, 19-22.

39 ch. 17. 34-36. Mat. 27. 44. Mar. 15. 32.

40 *rebuked*. Le. 19. 17. Ep. 5. 11. *Dost*. ch. 12. 5. Ps. 36. 1. Re. 15. 4. *seeing*. 2 Ch. 28. 22. Je. 5. 3. Re. 16. 11.

41 *we indeed*. ch. 15. 18, 19. Le. 26. 40, 41. Jos. 7. 19, 20. 2 Ch. 33. 12. Ezr. 9. 13. Ne. 9. 3. Da. 9. 14. Ja. 4. 7. 1 Jno. 1. 8, 9. *but*. ver. 41; ch. 22. 69, 70. Mat. 27. 4, 19, 24, 54. 1 Pe. 1. 19.

42 *Lord*. ch. 18. 13. Ps. 106. 4, 5. Jno. 20. 28. Ac. 16. 31; 20. 21. Ro. 10. 9-14. 1 Co. 6. 10, 11. 1 Pe. 2. 6, 7. 1 Jno. 5. 1, 11-13. *when*. ch. 12. 8. Jno. 1. 49. Ro. 10. 9, 10. *thy*. ch. 24. 26. Ps. 2. 6. Is. 9. 6, 7; 53. 10-12. Da. 7. 13, 14. 1 Pe. 1. 11.

43 *To day*. ch. 15. 4, 5, 20-24; 19. 10. Job 33. 27-30. Ps. 32. 5; 50. 15. Is. 1. 18, 19; 53. 11; 55. 6-9; 65. 24. Mi. 7. 18. Mat. 20. 15, 16. Ro. 5. 20, 21. 1 Ti. 1. 15, 16. He. 7. 25. *with*. Jno. 14. 3; 17. 24. 2 Co. 5. 8. Phi. 1. 23. *in*. 2 Co. 12. 4. Re. 2. 7.

44 *it*. Mat. 27. 45. Mar. 15. 33. *there*. Ex. 10. 21-23. Ps. 105. 28. Joel 2. 31. Am. 5. 18; 8. 9. Hab. 3. 8-11. Ac. 2. 20. *earth*. *or*, land.

45 *and the veil*. Ex. 26. 31. Le. 16. 12-16. 2 Ch. 3. 14. Mat. 27. 51. Mar. 15. 38. Ep. 2. 14-18. He. 6. 19; 9. 3-8; 10. 19-22.

46 *cried*. Mat. 27. 46-49. Mar. 15. 34-36. *Father*. Ps. 31. 5. Ac. 7. 59. 1 Pe. 2. 23. *having*. Mat. 27. 50, etc. Mar. 15. 37, etc. Jno. 19. 30.

47 *he*. ver. 41. Mat. 27. 54. Mar. 15. 39. Jno. 19. 7.

48 *smote*. ch. 18. 13. Je. 31. 19. Ac. 2. 37.

49 *acquaintance*. Job 19. 13. Ps. 38. 11; 88. 18; 142. 4. *the women*. ver. 27, 55; ch. 8. 2. Mat. 27. 55, 56, 61. Mar. 15. 40, 41, 47. Jno. 19. 21-27.

50 *there*. Mat. 27. 57, 58. Mar. 15. 42-45. Jno. 19. 38. *a good*. ch. 2. 25. Ac. 10. 2, 22; 11. 24.

51 *had not*. Ge. 37. 21, 22; 42. 21, 22. Ex. 23. 2. Pr. 1. 10. Is. 8. 12. *Arimathea*. 1 Sa. 1. 1. *waited*. ver. 42; ch. 2. 25, 38. Ge. 49. 18. Mar. 15. 43.

52 Jno. 19. 38-42.

53 Is. 53. 9. Mat. 27. 59, 60. Mar. 15. 46.

54 Mat. 27. 62. Jno. 19. 14, 31, 42.

55 ver. 49; ch. 8. 2. Mat. 27. 61. Mar. 15. 47.

56 *prepared*. ch. 24. 1. 2 Ch. 16. 14. Mar. 16. 1. *rested*. Ex. 20. 8-10; 31. 14; 35. 2, 3; Is. 58. 13, 14. Je. 17. 24, 25.

## CHAP. XXIV.

*Christ's resurrection is declared by two angels to the women that come to the sepulchre,* 1-8. *These report it to others,* 9-12. *Christ himself appears to the two disciples that went to Emmaus,* 13-35; *afterwards he appears to the apostles, and reproves their unbelief,* 36-46; *gives them a charge,* 47, 48; *promises the Holy Ghost,* 49; *and so ascends into heaven,* 50-53.

1 *upon*. Mat. 28. 1. Mar. 16. 1, 2. Jno. 20. 1, 2. *they came*. ver. 10; ch. 8. 2, 3; 23. 55, 56. Mat. 27. 55, 56. Mar. 15. 40.

2 Mat. 27. 60-66; 28. 2. Mar. 15. 46, 47; 16. 3, 4. Jno. 20. 1, 2.

3 ver. 23. Mar. 16. 5. Jno. 20. 6, 7.

4 *two men*. Ge. 18. 2. Mat. 28. 2-6. Mar. 16. 5. Jno. 20. 11, 12. Ac. 1. 10. (See Note on Mar. 16. 2.)

5 *they*. ch. 1. 12, 13, 29. Da. 8. 17, 18; 10. 7-12, 16, 19. Mat. 28. 3-5. Mar. 16. 5, 6. Ac. 10. 3, 4. *the living*. *or*, him that liveth. He. 7. 8. Re. 1. 18; 2. 8.

6 *remember*. ver. 44-46; ch. 9. 22; 18. 31-33. Mat. 12. 40; 16. 21; 17. 22, 23; 20. 18, 19; 27. 63; 28. 6. Mar. 8. 31; 9. 9, 10, 31, 32; 10. 33, 34.

8 Jno. 2. 19-22; 12. 16; 14. 26.

9 ver. 22-24. Mat. 28. 7, 8. Mar. 16. 7, 8, 10.

10 ch. 8. 2, 3. Mar. 15. 40, 41; 16. 9-11. Jno. 20. 11-18.

11 *idle*. ver. 25. Ge. 19. 14. 2 Ki. 7. 2. Job 9. 16. Ps. 126. 1. Ac. 12. 9.

12 Jno. 20. 3-10.

13 *two*. ver. 18. Mar. 16. 12, 13. *Emmaus*. *Emmaus* was situated, according to the testimony both of St. Luke and JOSEPHUS, sixty furlongs from Jerusalem, that is, about seven miles and a half. It has generally been confounded with *Emmaus*, a city of Judah, afterwards called *Nicopolis;* but RELAND has satisfactorily shewn that they were distinct places; the latter, according to the old Itinerary of Palestine, being situated 10 miles from Lydda, and 22 miles from Jerusalem. D'ARVIEUX states, that going from Jerusalem to Rama, he took the right from the high road to Rama, at some little distance from Jerusalem, and 'travelled a good league over rocks and flint stones, to the end of the valley of terebinthine trees,' until he reached *Emmaus;* which 'seems, by the ruins which surround it, to have been formerly larger that it was in our Saviour's time. The Christians, while masters of the Holy Land, re-established it a little, and built several churches. Emmaus was not worth the trouble of having come out of the way to see it.'

14 ch. 6. 45. De. 6. 7. Mal. 3. 6.

15 *Jesus*. ver. 36. Mat. 18. 20. Jno. 14. 18, 19.

16 ver. 31. 2 Ki. 6. 18-20. Mar. 16. 12. Jno. 20. 14; 21. 4.

17 *and are*. Eze. 9. 4-6. Jno. 16. 6, 20-22.

18 *Cleopas*. Jno. 19. 25.

19 *Concerning.* ch. 7. 16. Mat. 21. 11. Jno. 3. 2; 4. 19; 6. 14; 7. 40-42, 52. Ac. 2. 22; 10. 38. *mighty.* Ac. 7. 22.

20 ch. 22. 66-71; 23. 1-5. Mat. 27. 1, 2, 20. Mar. 15. 1. Ac. 3. 13-15; 4. 8-10, 27, 28; 5. 30, 31; 13. 27-29.

21 ch. 1. 68; 2. 38. Ps. 130. 8. Is. 59. 20. Ac. 1. 6. 1 Pe. 1. 18, 19. Re. 5. 9.

22 ver. 9-11. Mat. 28. 7, 8. Mar. 16. 9, 10. Jno. 20. 1, 2, 18.

24 *went.* ver. 12. Jno. 20. 1-10.

25 *O fools.* Rather, *inconsiderate* men, ανοητοι, justly termed such, because they had not attended to the description of the Messiah by the prophets, nor to *His* teaching and miracles, as proofs that HE alone was the person described. Mar. 7. 18; 8. 17, 18; 9. 19; 16. 14. He. 5. 11, 12.

26 ver. 46. Ps. 22; 69. Is. ch. 53. Zec. 13. 7. Ac. 17. 3. 1 Co. 15. 3, 4. He. 2. 8-10; 9. 22, 23. 1 Pe. 1. 3, 11.

27 *beginning.* ver. 44. Ge. 3. 15; 22. 18; 26. 4; 49. 10. Nu. 21. 6-9. De. 18. 15. Jno. 5. 39, 45-47. Ac. 3. 22; 7. 37. *and all.* ver. 25. Ps. 16. 9, 10; 132. 11. Is. 7. 14; 9. 6, 7; 40. 10, 11; 50. 6; 52. 13, 14; ch. 53. Je. 23. 5, 6; 33. 14, 15. Eze. 34. 23; 37. 25. Da. 9. 24-26. Mi. 5. 2-4; 7. 20. Zec. 9. 9; 13. 7. Mal. 3. 1-3; 4. 2. Jno. 1. 45. Ac. 3. 24; 10. 43; 13. 27-30; 28. 33. Re. 19. 10.

28 *he made.* That is, he was directing his steps as if to go onwards; and so he doubtless would, had he not been withheld by their friendly importunities. There is not the smallest ground for founding a charge of *dissimulation* against our Saviour, or affording any encouragement to dissimulation in others. Ge. 19. 2; 32. 26; 42. 7. Mar. 6. 48.

29 ch. 14. 23. Ge. 19. 3. 2 Ki. 4. 8. Ac. 16. 15.

30 *he took.* ver. 35; ch. 9. 16; 22. 19. Mat. 14. 19; 15. 36; 26. 26. Mar. 6. 41; 8. 6; 14. 22. Jno. 6. 11. Ac. 27. 35.

31 *their eyes.* ver. 16. Jno. 20. 13-16. *vanished out of their sight. or,* ceased to be seen of them. ch. 4. 30. Jno. 8. 59.

32 *Did.* Ps. 39. 3; 104. 34. Pr. 27. 9, 17. Is. 50. 4. Je. 15. 16; 20. 9; 23. 29. Jno. 6. 63. He. 4. 12. *opened.* ver. 45. Ac. 17. 2, 3; 28. 23.

33 *and found.* Jno. 20. 19-26.

34 *Saying.* From Mar. 16. 13, we learn that the apostles did not believe the testimony even of the two disciples from Emmaus, while it is here asserted they were saying, when they entered the room, 'The Lord is risen' etc. This difficulty is removed by rendering interrogatively, 'Has the Lord risen,' etc.? *hath.* ch. 22. 54-62. Mar. 16. 7. 1 Co. 15. 5.

35 Mar. 16. 12, 13.

36 *Jesus.* Mar. 16. 14. Jno. 20. 19-23. 1 Co. 15. 5. *Peace.* ch. 10. 5. Is. 57. 18. Mat. 10. 13. Jno. 14. 27; 16. 33; 20. 26. 2 Th. 3. 16. Re. 1. 4.

37 ch. 16. 30. 1 Sa. 28. 13. Job 4. 14-16. Mat. 14. 26, 27. Mar. 6. 49, 50. Ac. 12. 15.

38 *and why.* Je. 4. 14. Da. 4. 5, 19. Mat. 16. 8. He. 4. 13.

39 *my hands.* Jno. 20. 20, 25, 27. Ac. 1. 3. 1 Jno. 1. 1. *for.* ch. 23. 46. Nu. 16. 22. Ec. 12. 7. 1 Th. 5. 23. He. 12. 9.

41 *believed.* Ge. 45. 26-28. Job 9. 16. Ps. 126. 1, 2. Jno. 16. 22. *Have.* Jno. 21. 5, 10-13.

43 Ac. 10. 41.

44 *These.* ver. 6, 7; ch. 9. 22; 18. 31-33. Mat. 16. 21; 17. 22, 23; 20. 18, 19. Mar. 8. 31, 32; 9. 31; 10. 33, 34. *while.* Jno. 16. 4, 5, 16, 17; 17. 11-13. *that all.* ver. 26, 27, 46; ch. 21. 22. Mat. 26. 54, 56. Jno. 19. 24-37. Ac. 3. 18; 13. 29-31, 33. 1 Co. 15. 3, 4. *in the law.* Ge. 3. 15; 14. 18; 22. 18; 49. 10. Le. 16. 2, etc. Nu. 21. 8; 35. 25. De. 18. 15-19. Jno. 3. 14; 5. 46. Ac. 3. 22-24; 7. 37. He. 3. 5; 7. 1; 9. 8; 10. 1. *in the prophets.* ver. 27. Is. 7. 14; 9. 6; 11. 1-10; 28. 16; 40. 1-11; 42. 1-4; 49. 1-8; 50. 2-6; 52. 13-15; ch. 53; 61. 1-3; Je. 23. 5; 33. 14. Eze. 17. 22; 34. 23. Da. 2. 44; 7. 13; 9. 24-27. Ho. 1. 7-11; 3. 5. Joel 2. 28-32. Am. 9. 11. Mi. 5. 1-4. Hag. 2. 7-9. Zec. 6. 12; 9. 9; 11. 8-13; 12. 10; 13. 7; 14. 4. Mal. 3. 1-3; 4. 2-6. *in the psalms.* Ps. 2; 16. 9-11; 22. 40. 6-8; 69; 72; 88; 109. 4-20; 110; 118. 22. Jno. 5. 39. Ac. 17. 2, 3. 1 Pe. 1. 11. Re. 19. 10.

45 Ex. 4. 11. Job 33. 16. Ps. 119. 18. Is. 29. 10-12, 18, 19. Ac. 16. 14; 26. 18. 2 Co. 3. 14-18; 4. 4-6. Ep. 5. 14. Re. 3. 7.

46 ver. 26, 27, 44. Ps. 22. Is. 50. 6; 53. 2, etc. Ac. 4. 12; 17. 3. 1 Pe. 1. 3.

47 *that.* Da. 9. 24. Mat. 3. 2; 9. 13. Ac. 2. 38; 3. 19; 5. 31; 11. 18; 13. 38, 39, 46; 17. 30, 31; 20. 21; 26. 20. 1 Jno. 2. 12. *among.* Ge. 12. 3. Ps. 22. 27; 67. 2-4, 7; 86. 9; 98. 1-3; 117. Is. 2. 1-3; 11. 10; 49. 6, 22; 52. 10, 15; 60. 1-3; 66. 18-21. Je. 31. 34. Ho. 2. 23. Mi. 4. 2. Mal. 1. 11. Mat. 8. 10, 11. Ac. 12. 46-48; 18. 5, 6; 28. 28. Ro. 10. 12-18; 15. 8-16. Ep. 3. 8. Col. 1. 27. *beginning.* ch. 13. 34. Is. 5. 4. Ho. 11. 8. Mat. 10. 5, 6. Ac. 3. 25, 26; 13. 46. Ro. 5. 20; 11. 26, 27. Ep. 1. 6.

48 Jno. 15. 27. Ac. 1. 8, 22; 2. 32; 3. 15; 4. 33; 5. 32; 10. 39, 41; 13. 31; 22. 15. He. 2. 3, 4. 1 Jno. 1. 2, 3.

49 *I send.* Is. 44. 3, 4; 59. 20, 21. Joel 2. 28, etc. Jno. 14. 16, 17, 26; 15. 26; 16. 7-16. *but.* Is. 32. 15. Ac. 1. 4, 8; 2. 1-21.

50 *as far.* Mar. 11. 1. Ac. 1. 12. *he lifted.* Ge. 14. 18-20; 27. 4; 48. 9; 49. 28. Nu. 6. 23-27. Mar. 10. 16. He. 7. 5-7.

51 *he was.* 2 Ki. 2. 11. Mar. 16. 19. Jno. 20. 17. Ac. 1. 9. Ep. 4. 8-10. He. 1. 3; 4. 14.

52 *they.* Mat. 28. 9, 17. Jno. 20. 28. *with.* Ps. 30. 11. Jno. 14. 28; 16. 7, 22. 1 Pe. 1. 8.

53 *in.* Ac. 2. 46, 47; 5. 41, 42. *Amen.* Mat. 28. 20. Mar. 16. 20. Re. 22. 21.

## CONCLUDING REMARKS ON ST. LUKE'S GOSPEL.

LUKE, to whom this Gospel has been uniformly attributed from the earliest ages of the Christian church, is generally allowed to have been 'the beloved physician' mentioned by St. Paul, (Col. iv. 14;) and as he was the companion of that apostle, in all his labours and sufferings, for many years, (Ac. xvi. 12; xx. 1-6; xxvii. 1, 2; xxviii. 13-16. 2 Ti. iv. 11. Phile. 24,) and wrote 'the Acts of the Apostles,' which conclude with a brief account of St. Paul's imprisonment at Rome, we may be assured that he had the Apostle's sanction to what he did; and probably this Gospel was written some time before that event, about A.D. 63 or 64, as is generally supposed. He would appear, from Col. iv. 10, 11, and his intimate acquaintance with the Greek language, as well as from his Greek name Λουκας, to have been of Gentile extraction; and according to EUSEBIUS and others, he was a native of Antioch. But, from the Hebraisms occurring in his writings, and especially from his accurate knowledge of the Jewish rites, ceremonies, and customs, it is highly probable that he was a Jewish proselyte, and afterwards converted to Christianity. Though he may not have been, as some have affirmed, one of the seventy disciples, and an eye-witness of our Saviour's miracles, yet his intercourse with the apostles, and those who were eye-witnesses of the works and ear-witnesses of the words of Christ, renders him an unexceptionable witness, if considered merely as an historian; and the early and unanimous reception of his Gospel as divinely inspired is sufficient to satisfy every reasonable person.

# The GOSPEL according to St. JOHN.

A.D. 26. A.M. 4030.

## CHAP. I.

*The divinity, humanity, office, and incarnation of Jesus Christ,* 1-14. *The testimony of John,* 15-38. *The calling of Andrew, Peter, etc.,* 39-51.

1 *the beginning.* Ge. 1. 1. Pr. 8. 22-31. Ep. 3. 9. Col. 1. 17. He. 1. 10; 7. 3; 13. 8. Re. 1. 2, 8, 11; 21. 6; 22. 13. *the Word.* ver. 14. 1 Jno. 1. 1, 2; 5. 7. Re. 19. 13. *with.* ver. 18; ch. 16. 28; 17. 5. Pr. 8. 22-30. 1 Jno. 1. 2. *the Word was.* ch. 10. 30-33; 20. 28. Ps. 45. 6. Is. 7. 14; 9. 6; 40. 9-11. Mat. 1. 23. Ro. 9. 5. Phi. 2. 6. 1 Ti. 3. 16. Tit. 2. 13. He. 1. 8-13. 2 Pe. 1. 1. Gr. 1 Jno. 5. 7, 20.

3 A.M. 1. B.C. 4004. ver. 10; ch. 5. 17-19. Ge. 1. 1, 26. Ps. 33. 6; 102. 25. Is. 45. 12, 18. Ep. 3. 9. Col. 1. 16, 17. He. 1. 2, 3, 10-12; 3. 3, 4. Re. 4. 11.

4 *him.* ch. 5. 21, 26; 11. 25; 14. 6. 1 Co. 15. 45. Col. 3. 4. 1 Jno. 1. 2; 5. 11. Re. 22. 1. *the life.* ver. 8, 9; ch. 8. 12; 9. 5; 12. 35, 46. Ps. 84. 11. Is. 35. 4, 5; 42. 6, 7, 16; 49. 6; 60. 1-3. Mal. 4. 2. Mat. 4. 16. Lu. 1. 78, 79; 2. 32. Ac. 26. 23. Ep. 5. 14. 1 Jno. 1. 5-7. Re. 22. 16.

5 ver. 10; ch. 3. 19, 20; 12. 36-40. Job 24. 13-17. Pr. 1. 22, 29, 30. Ro. 1. 28. 1 Co. 2. 14.

6 A.M. 3999. B.C. 5. *a man.* ver. 33; ch. 3. 28. Is. 40. 3-5. Mal. 3. 1; 4. 5, 6. Mat. 3. 1, etc.; 11. 10; 21. 25. Mar. 1. 1-8. Lu. 1. 15-17, 76; 3. 2, etc. Ac. 13. 24. *John.* Lu. 1. 13, 61-63.

7 *a witness.* ver. 19, 26, 27, 29, 32-34, 36; 3. 26-36; 5. 33-35. Ac. 19. 4. *that.* ver. 9; ch. 3. 26. Ep. 3. 9. 1 Ti. 2. 4. Tit. 2. 11. 2 Pe. 3. 9.

8 *that light.* ver. 20; ch. 3. 28. Ac. 19. 4.

9 *the true.* ver. 4; ch. 6. 32; 14. 6; 15. 1. Is. 49. 6 Mat. 6. 23. 1 Jno. 1. 8; 2. 8; 5. 20. *every.* ver. 7; ch. 7. 12; 12. 46. Is. 8. 20. 1 Th. 5. 4-7.

10 *was in.* ver. 18; ch. 5. 17. Ge. 11. 6-9; 16. 13; 17. 1; 18. 33. Ex. 3. 4-6. Ac. 14. 17; 17. 24-27. He. 1. 3. *and the world was.* See on ver. 3. Je. 10. 11, 12. He. 1. 2; 11. 3. *knew.* ver. 5; ch. 17. 25. Mat. 11. 27. 1 Co. 1. 21; 2. 8. 1 Jno. 3. 1.

11 *came.* Mat. 15. 24. Ac. 3. 25, 26; 13. 26, 46. Ro. 9. 4, 5; 15. 8. Ga. 4. 4. *and.* ch. 3. 32. Is. 53. 2, 3. Lu. 19. 14; 20. 13-15. Ac. 7. 51, 52.

12 *received.* Mat. 10. 40; 18. 5. Col. 2. 6. *to them.* Is. 56. 5. Je. 3. 19. Ho. 1. 10. Ro. 8. 14. 2 Co. 6. 17, 18. Ga. 3. 26; 4. 6. 2 Pe. 1. 4. 1 Jno. 3. 1. *power. or,* the right, *or,* privilege. *even.* ch. 2. 23; 3. 18; 20. 31. Mat. 12. 21. Ac. 3. 16. 1 Jno. 3. 23; 5. 12.

13 *were.* ch. 3. 3, 5. Ja. 1. 18. 1 Pe. 1. 3, 23; 2. 2. 1 Jno. 3. 9; 4. 7; 5. 1, 4, 18. *not.* ch. 8. 33-41. Mat. 3. 9. Ro. 9. 7-9. *nor of the will of the.* Ge. 25. 22, 28; 27. 4, 33. Ro. 9. 10-16. *nor of the will of man.* Ps. 110. 3. Ro. 9. 1-5; 10. 1-3. 1 Co. 3. 6. Phi. 2. 13. Ja. 1. 18. *of God.* ch. 3. 6-8. Tit. 3. 5. 1 Jno. 2. 28, 29.

14 *the Word.* ver. 1. Is. 7. 14. Mat. 1. 16, 20-23. Lu. 1. 31-35; 2. 7, 11. Ro. 1. 3, 4; 9. 5. 1 Co. 15. 47. Ga. 4. 4. Phi. 2. 6-8. 1 Ti. 3. 16. He. 2. 11, 14-17; 10. 5. 1 Jno. 4. 2, 3. 2 Jno. 7. *we.* ch. 2. 11; 11. 40; 12. 40, 41; 14. 9. Is. 40. 5; 53. 2; 60. 1, 2. Mat. 17. 1-5. 2 Co. 4. 4-6. He. 1. 3. 1 Pe. 2. 4-7. 2 Pe. 1. 17. 1 Jno. 1. 1, 2. *the only.* ver. 18; ch. 3. 16, 18. Ps. 2. 7. Ac. 13. 33. He. 1. 5; 5. 5. 1 Jno. 4. 9. *full.* ver. 16, 17. Ps. 45. 2. 2 Co. 12. 9. Ep. 3. 8, 18, 19. Col. 1. 19; 2. 3, 9. 1 Ti. 1. 14-16.

15 *bare.* A.M. 4030. A.D. 26. See on ver. 7, 8, 29-34; ch. 3. 26-36; 5. 33-36. Mat. 3. 11, 13, etc. Mar. 1. 7. Lu. 3. 16. *he was.* ver. 1, 2, 30; ch. 8. 58; 17. 5. Pr. 8. 22. Is. 9. 6. Mi. 5. 2. Phi. 2. 6, 7. Col. 1. 17. He. 13. 8. Re. 1. 11, 17, 18; 2. 8.

16 *of his.* ch. 3. 34; 15. 1-5. Mat. 3. 11, 14. Lu. 21. 15. Ac. 3. 12-16. Ro. 8. 9. 1 Co. 1. 4, 5. Ep. 4. 7-12. Col. 1. 19; 2. 3, 9, 10. 1 Pe. 1. 11. *and grace.* Zec. 4. 7. Mat. 13. 12. Ro. 5. 2, 17, 20. Ep. 1. 6-8; 2. 5-10; 4. 7. 1 Pe. 1. 2.

17 *the law.* ch. 5. 45; 9. 29. Ex. 20. 1, etc. De. 4. 44; 5. 1; 33. 4. Ac. 7. 38; 28. 23. Ro. 3. 19, 20; 5. 20, 21. 2 Co. 3. 7-10. Ga. 3. 10-13, 17. He. 3. 5, 6; 8. 8-12. *grace.* ch. 8. 32; 14. 6. Ge. 3. 15; 22. 18. Ps. 85. 10; 89. 1, 2; 98. 3. Mi. 7. 20. Lu. 1. 54, 55, 68-79. Ac. 13. 34-39. Ro. 3. 21-26; 5. 21; 6. 14; 15. 8-12. 2 Co. 1. 20. He. 9. 22; 10. 4-10; 11. 39, 40. Re. 5. 8-10; 7. 9-17.

18 *seen.* ch. 6. 46. Ex. 33. 20. De. 4. 12. Mat. 11. 27. Lu. 10. 22. Col. 1. 15. 1 Ti. 1. 17; 6. 16. 1 Jno. 4. 12, 20. *the only.* ver. 14; ch. 3. 16-18. 1 Jno. 4. 9. *in the.* ch. 13. 23. Pr. 8. 30. Is. 40. 11. La. 2. 12. Lu. 16. 22, 23. *he hath.* ch. 12. 41; 14. 9; 17. 6, 26. Ge. 16. 13; 18. 33; 32. 28-30; 48. 15, 16. Ex 3. 4-6; 23. 21; 33. 18-23; 34. 5-7. Nu. 12. 8. Jos. 5. 13-15; 6. 1, 2. Ju. 6. 12-26; 13. 20-23. Is. 6. 1-3. Eze. 1. 26-28. Ho. 12. 3-5. Mat. 11. 27. Lu. 10. 22. 1 Jno. 5. 20.

19 *when.* ch. 5. 33-36. De. 17. 9-11; 24. 8. Mat. 21. 23-32. Lu. 3. 15, etc. *Who.* ch. 10. 24. Ac. 13. 25; 19. 4.

20 ch. 3. 28-36. Mat. 3. 11, 12. Mar. 1. 7, 8. Lu. 3. 15-17.

21 *Art thou Elias.* Mal. 4. 5. Mat. 11. 14; 17. 10-12. Lu. 1. 17. *Art thou that. or,* Art thou a. ver. 25; ch. 7. 40. De. 18. 15-18. Mat. 11. 9-11; 16. 14.

22 *that.* 2 Sa. 24. 13.

23 *I am.* ch. 3. 28. Mat. 3. 3. Mar. 1. 3. Lu. 1. 16, 17, 76-79; 3. 4-6. *as said.* Is. 40. 3-5.

24 *were of.* ch. 3. 1, 2; 7. 47-49. Mat. 23. 13-15, 26. Lu. 7. 30; 11. 39-44, 53; 16. 14. Ac. 23. 8; 26. 5. Phi. 3. 5, 6.

25 *Why.* Mat. 21. 23. Ac. 4. 5-7; 5. 28. *that Christ.* ver. 20-22. Da. 9. 24-26.

26 *I.* Mat. 3. 11. Mar. 1. 8. Lu. 3. 16. Ac. 1. 5; 11. 16. *whom.* ver. 10, 11; ch. 8. 19; 16. 3; 17. 3, 25. Mal. 3. 1, 2. 1 Jno. 3. 1.

27 *who.* ver. 15, 30. Ac. 19. 4. *whose.* Mat. 3. 11. Mar. 1. 7. Lu. 3. 16.

28 *Bethabara.* ch. 10. 40. Ju. 7. 24, Bethbarah; 12. 5. *where.* ch. 3. 23.

29 *Behold.* ver. 36. Ge. 22. 7, 8. Ex. 12. 3, etc. Nu. 28. 3-10. Is. 53. 7. Ac. 8. 32. 1 Pe. 1. 19. Re. 5. 6, 8, 12, 13; 6. 1, 16; 7. 9, 10, 14, 17; 12. 11; 13. 8; 14. 1, 4, 10; 15. 3; 17. 14; 19. 7, 9; 21. 9, 14, 22, 23, 27; 22. 1-3. *which.* Is. 53. 11. Ho. 14. 2. Mat. 20. 28. Ac. 13. 39. 1 Co. 15. 3. 2 Co. 5. 21. Ga. 1. 4; 3. 13. 1 Ti. 2. 6. Tit. 2. 14. He. 1. 3; 2. 17; 9. 28. 1 Pe. 2. 24; 3. 18. 1 Jno. 2. 2; 3. 5; 4. 10. Re. 1. 5. *taketh. or,* beareth. Ex. 28. 38. Le. 10. 17; 16. 21, 22. Nu. 18. 1, 23.

30 See on ver. 15, 27. Lu. 3. 16.

31 *I knew.* ver. 33. Lu. 1. 80; 2. 39-42. *but.* ver. 7. Is. 40. 3-5. Mal. 3. 1; 4. 2-5. Lu. 1. 17, 76-79. *therefore* Mat. 3. 6. Mar. 1. 3-5. Lu. 3. 3, 4. Ac. 19. 4.

32 *I saw.* ch. 5. 32. Mat. 3. 16. Mar. 1. 10. Lu. 3. 22.

33 *I knew.* ver. 31. Mat. 3. 13-15. *the same.* ch. 3. 5, 34. Mat. 3. 11, 14. Mar. 1. 7, 8. Lu. 3. 16. Ac. 1. 5; 2. 4; 10. 44-47; 11. 15, 16; 19. 2-6. 1 Co. 12. 13. Tit. 3. 5, 6.

34 *this.* ver. 18, 49; ch. 3. 16-18, 35, 36; 5. 23-27; 6. 69; 10. 30, 36; 11. 27; 19. 7; 20. 28, 31. Ps. 2. 7; 89. 26, 27. Mat. 3. 17; 4. 3, 6; 8. 29; 11. 27; 16. 16; 17. 5; 26. 63; 27. 40, 43, 54. Mar. 1. 1, 11. Lu. 1. 35; 3. 22. Ro. 1. 4. 2 Co. 1. 19. He. 1. 1, 2, 5, 6; 7. 3. 1 Jno. 2. 23; 3. 8 4. 9, 14, 15; 5. 9-13, 20. 2 Jno. 9. Re. 2. 18.

35 *and two.* ch. 3. 25, 26. Mal. 3. 16.

36 *Behold.* See on ver. 29. Is. 45. 22; 65. 1, 2. He 12. 2. 1 Pe. 1. 19, 20.

37 *and they.* ver. 43; ch. 4. 39-42. Pr. 15. 23. Zec. 8 21. Ro. 10. 17. Ep. 4. 29. Re. 22. 17.

38 *turned.* Lu. 14. 25; 15. 20; 19. 5; 22. 61. *What.* ch. 18. 4, 7; 20. 15, 16. Lu. 7. 24-27; 18. 40, 41. Ac. 10. 21, 29. *Rabbi.* ver. 49; ch. 3. 2, 26; 6. 25. Mat. 23. 7, 8. *where.* ch. 12. 21. Ru. 1. 16. 1 Ki. 10. 8. Ps. 27. 4. Pr. 3. 18; 8. 34; 13. 20. Ca. 1. 7, 8. Lu. 8. 38; 10. 39. *dwellest. or,* abidest.

39 *Come.* ver. 46; ch. 6. 37; 14. 22, 23. Pr. 8. 17. Mat. 11. 28-30. *abode.* ch. 4. 40. Ac. 28. 30, 31. Re. 3. 20. *about.* 'That was two hours before night.' Lu. 24. 29.

40 *Andrew.* ch. 6. 8. Mat. 4. 18; 10. 2. Ac. 1. 13.

41 *first.* ver. 36, 37, 45; ch. 4. 28, 29. 2 Ki. 7. 9. Is. 2. 3-5. Lu. 2. 17, 38. Ac. 13. 32, 33. 1 Jno. 1. 3. *the Messias.* ch. 4. 25. Da. 9. 25, 26. *Christ. or,* Anointed. Ps. 2. 2; 45. 7; 89. 20. Is. 11. 2; 61. 1. Lu. 4. 18-21. Ac. 4. 27; 10. 38. He. 1. 8, 9.

42 *Thou art.* ver. 47, 48; ch. 2. 24, 25; 6. 70, 71; 13. 18. *the son.* ch. 21. 15-17, Jonas. Mat. 16. 17, Barjona. *called.* 1 Co. 1. 12; 3. 22; 9. 5; 15. 5. Ga. 2. 9. *A stone. or,* Peter. ch. 21. 2. Mat. 10. 2; 16. 18. Mar. 3. 16. Lu. 5. 8; 6. 14.

43 *and findeth.* Is. 65. 1. Mat. 4. 18-21; 9. 9. Lu. 19. 10. Phi. 3. 12. 1 Jno. 4. 19.

44 *Philip.* ch. 12. 21; 14. 8, 9. Mat. 10. 3. Mar. 3. 18. Lu. 6. 14. Ac. 1. 13. *Bethsaida.* Mat. 11. 21. Mar. 6. 45; 8. 22. Lu. 9. 10; 10. 13.

45 *Nathanael.* ch. 21. 2. *of whom.* ch. 5. 45, 46. Ge. 3. 15; 22. 18; 49. 10. De. 18. 18-22. See on Lu. 24. 27, 44. *and the.* Is. 4. 2; 7. 14; 9. 6; 53. 2. Mi. 5. 2. Zec. 6. 12; 9. 9. See more on Lu. 24. 27. *Jesus.* ch. 18. 5, 7; 19. 19. Mat. 2. 23; 21. 11. Mar. 14. 67. Lu. 2. 4. Ac. 2. 22; 3. 6; 10. 38; 22. 8; 26. 9. *the son.* Mat. 13. 55. Mar. 6. 3. Lu. 4. 22.

46 *Can.* ch. 7. 41, 42, 52. Lu. 4. 28, 29. *Come.* ch. 4. 29. Lu. 12. 57. 1 Th. 5. 21.

47 *Behold.* ch. 8. 31, 39. Ro. 2. 28, 29; 9. 6. Phi. 3. 3. *in.* Ps. 32. 2; 73. 1. 1 Pe. 2. 1, 22. Re. 14. 5.

48 *when.* ch. 2. 25. Ge. 32. 24-30. Ps. 139. 1, 2. Is. 65. 24. Mat. 6. 6. 1 Co. 4. 5; 14. 25. Re. 2. 18, 19.

49 *Rabbi*. See on ver. 38. *thou*. ver. 18, 34; ch. 20. 28, 29. Mat. 14. 33. *the King*. ch. 12. 13-15; 18. 37; 19. 19-22. Ps. 2. 6; 110. 1. Is. 9. 7. Je. 23. 5, 6. Eze. 37. 21-25. Da. 9. 25. Ho. 3. 5. Mi. 5. 2. Zep. 3. 15. Zec. 6. 12, 13; 9. 9. Mat. 2. 2; 21. 5; 27. 11, 42. Lu. 19. 38.

50 *Because*. ch. 20. 29. Lu. 1. 45; 7. 9. *thou shalt*. ch. 11. 40. Mat. 13. 12; 25. 29.

51 *Verily*. ch. 3. 3, 5; 5. 19, 24, 25; 6. 26, 32, 47, 53; 8. 34, 51, 58; 10. 1, 7; 12. 24; 13. 16, 20, 21, 38; 14. 12; 16. 20, 23; 21. 18. *Hereafter*. Eze. 1. 1. Mat. 3. 16. Mar. 1. 10. Lu. 3. 21. Ac. 7. 56; 10. 11. Re. 4. 1; 19. 11. *and the*. Ge. 28. 12. Da. 7. 9, 10. Mat. 4. 11. Lu. 2. 9, 13; 22. 43; 24. 4. Ac. 1. 10, 11. 2 Th. 1. 7-9. 1 Ti. 3. 16. He. 1. 14. Jude 14. *the Son*. ch. 3. 13, 14; 5. 27; 12. 23, 24. Da. 7. 13, 14. Zec. 13. 7. Mat. 9. 6; 16. 13-16, 27, 28; 25. 31; 26. 24. Mar. 14. 62. Lu. 22. 69.

## CHAP. II.

*Christ turns water into wine*, 1-11; *departs into Capernaum*, 12, *and to Jerusalem*, 13, *where he purges the temple of buyers and sellers*, 14-17. *He foretells his death and resurrection*, 18-22. *Many believe because of his miracles, but he will not trust himself with them*, 23-25.

1 A.M. 4034. A.D. 30. *the third*. ch. 1. 43. *a marriage*. Ge. 1. 27, 28; 2. 18-25. Ps. 128. 1-4. Pr. 18. 22; 19. 14; 31. 10-12. Ep. 5. 30-33. 1 Ti. 4. 1-3. He. 13. 4. *Cana*. ch. 4. 46; 21. 2. Jos. 19. 28, Kanah.

2 *both*. Mat. 12. 19. Lu. 7. 34-38. 1 Co. 7. 39; 10. 31. Col. 3. 17. Re. 3. 20. *his*. Mat. 10. 40-42; 25. 40, 47. *the marriage*. He. 13. 4.

3 *they wanted*. Ps. 104. 15. Ec. 10. 19. Is. 24. 11. Mat. 26. 28. *They have*. ch. 11. 3. Phi. 4. 6.

4 *Woman*. ch. 19. 26, 27; 20. 13, 15. Mat. 15. 28. *what*. De. 33. 9. 2 Sa. 16. 10; 19. 22. Lu. 2. 49. 2 Co. 5. 16. Ga. 2. 5, 6. *mine*. ch. 7. 6, 30; 8. 20; 12. 23; 13. 1. Ec. 3. 1.

5 *Whatsoever*. ch. 15. 14. Ge. 6. 22. Ju. 13. 14. Lu. 5. 5, 6; 6. 46-49. Ac. 9. 6. He. 5. 9; 11. 8.

6 *after*. ch. 3. 25. Mar. 7. 2-5. Ep. 5. 26. He. 6. 2; 9. 10, 19; 10. 22.

7 *Fill*. ver. 3, 5. Nu. 21. 6-9. Jos. 6. 3-5. 1 Ki. 17. 13. 2 Ki. 4. 2-6; 5. 10-14. Mar. 11. 2-6; 14. 12-17. Ac. 8. 26, etc.

8 *Draw*. ver. 9. Pr. 3. 5, 6. Ec. 9. 7. *the governor*. Ro. 13. 7.

9 *the water that*. ch. 4. 46. *but*. ch. 7. 17. Ps. 119. 100.

10 *and when*. Ge. 43. 34. Ca. 5. 1. *but*. Ps. 104. 15. Pr. 9. 1-6, 16-78. Lu. 16. 25. Re. 7. 16, 17.

11 *beginning*. ch. 1. 17. Ex. 4. 9; 7. 19-21. Ec. 9. 7. Mal. 2. 2. 2 Co. 4. 17. Ga. 3. 10-13. *did*. ch. 1. 50; 3. 2; 4. 46. *manifested*. ch. 1. 14; 5. 23; 12. 41; 14. 9-11, 13. De. 5. 24. Ps. 72. 19; 96. 3. Is. 40. 5. 2 Co. 3. 18; 4. 6. *and his*. ch. 11. 15; 20. 30, 31. 1 Jno. 5. 13.

12 *Capernaum*. ch. 6. 17. Mat. 4. 13; 11. 23. *and his brethren*. ch. 7. 3-5. Mat. 12. 46; 13. 55, 56. Mar. 6. 3. Ac. 1. 13, 14. 1 Co. 9. 5. Ga. 1. 19.

13 *passover*. ver. 23; ch. 5. 1; 6. 4; 11. 55. Ex. 12. 6-14. Nu. 28. 16-25. De. 16. 1-8, 16. Lu. 2. 41.

14 De. 14. 23-26. Mat. 21. 12. Mar. 11. 15. Lu. 19. 45, 46.

15 *he drove*. ch. 18. 6. Zec. 4. 6. 2 Co. 10. 4.

16 *make*. Is. 56. 5-11. Je. 7. 11. Ho. 12. 7, 8. Mat. 21. 13. Mar. 11. 17. Ac. 19. 24-27. 1 Ti. 6. 5. 2 Pe. 2. 3, 14, 15. *my*. ch. 5. 17; 8. 49; 10. 29; 20. 17. Lu. 2. 49.

17 *The zeal*. Ps. 69. 9; 119. 139.

18 *What*. ch. 6. 30. Mat. 12. 38, etc.; 16. 1-4. Mar. 8. 11. Lu. 11. 29. *seeing*. ch. 1. 25. Mat. 21. 23. Mar. 11. 27, 28. Lu. 20. 1, 2. Ac. 4. 7; 5. 28.

19 *Destroy*. Mat. 26. 60, 61; 27. 40. Mar. 14. 58; 15. 29. *and in*. Mat. 12. 40; 27. 63. *I will*. ch. 5. 19; 10. 17, 18; 11. 25. Mar. 8. 31. Ac. 2. 24, 32; 3. 15, 26. Ro. 4. 24; 6. 4; 8. 11. 1 Co. 15. 3, 4, 12. Col. 2. 12. 1 Pe. 3. 18.

21 *he*. ch. 1. 14. Gr. Col. 1. 19; 2. 9. He. 8. 2. *temple*. 1 Co. 3. 16; 6. 19. 2 Co. 6. 16. Ep. 2. 20-22. 1 Pe. 2. 4, 5.

22 *his*. ver. 17; ch. 12. 16; 14. 26; 16. 4. Lu. 24. 7. 8, 44. Ac. 11. 16. *and they*. ver. 11; ch. 20. 8, 9.

23 *many*. ch. 3. 2; 6. 14; 7. 31; 8. 30, 31; 12. 42, 43. Mat. 13. 20, 21. Mar. 4. 16, 17. Lu. 8. 13. Ga. 5. 6. Ep. 3. 16, 17. Ja. 2. 19, 20.

24 *did*. ch. 6. 15. Mat. 10. 16, 17. *because*. ch. 1. 42, 46, 47; 5. 42; 6. 64; 16. 30; 21. 17. 1 Sa. 16. 7. 1 Ch. 28. 9; 29. 17. Je. 17. 9. Mat. 9. 4. Mar. 2. 8. Ac. 1. 24. He. 4. 13. Re. 2. 23.

## CHAP. III.

*Christ teaches Nicodemus the necessity of regeneration*, 1-13, *of faith in his death*, 14, 15, *the great love of God towards the world*, 16, 17, *and the condemnation for unbelief*, 18-21. *Jesus baptizes in Judea*, 22. *The baptism, witness, and doctrine of John concerning Christ*, 23-36.

1 ver. 10; ch. 7. 47-49.

2 *came*. ch. 7. 50, 51; 12. 42, 43; 19. 38, 39. Ju. 6. 27. Is. 51. 7. Phi. 1. 14. *Rabbi*. ver. 26; ch. 1. 38; 20. 16. *we know*. Mat. 22. 16. Mar. 22. 14. *for*. ch. 5. 36; 7. 31; 9. 16, 30-33; 11. 47, 48; 12. 37; 15. 24. Ac. 2. 22; 4. 16, 17; 10. 38.

3 *Verily*. See on ch. 1. 51. Mat. 5. 18. 2 Co. 1. 19, 20. Re. 3. 14. *Except*. ver. 5, 6; ch. 1. 13. Ga. 6. 15. Ep. 2. 1. Tit. 3. 5. Ja. 1. 18. 1 Pe. 1. 3, 23, 28. 1 Jno. 2. 29; 3. 9; 5. 1, 18. *again*. *or*, from above. Ja. 1. 17; 3. 17. *he cannot*. ver. 5; ch. 1. 5; 12. 40. De. 29. 4. Je. 5. 21. Mat. 13. 11-16; 16. 17. 2 Co. 4. 4.

4 *How*. ver. 3; ch. 4. 11, 12; 6. 53, 60. 1 Co. 1. 18. 2, 14.

5 *born*. ver. 3. Is. 44. 3, 4. Eze. 36. 25-27. Mat. 3. 11. Mar. 16. 16. Ac. 2. 38. Ep. 5. 26. Tit. 3. 4-7. 1 Pe. 1. 2; 3. 21. 1 Jno. 5. 6-8. *and of*. ch. 1. 13. Ro. 8. 2. 1 Co. 2. 12; 6. 11. 1 Jno. 2. 29; 5. 1, 6-8. *cannot*. Mat. 5. 20; 18. 3; 28. 19. Lu. 13. 3, 5, 24. Ac. 2. 38; 3. 19. Ro. 14. 17. 2 Co. 5. 17, 18. Ga. 6. 15. Ep. 2. 4-10. 2 Th. 2. 13, 14.

6 *born of the flesh*. Ge. 5-3; 6. 5, 12. Job 14. 4; 15. 14-16; 25. 4. Ps. 51. 10. Ro. 7. 5, 18, 25; 8. 1, 4, 5-9, 13. 1 Co. 15. 47-49. 2 Co. 5. 17. Ga. 5. 16-21, 24. Ep. 2. 3. Col. 2. 11. *that*. Eze. 11. 19, 20; 36. 26, 27. Ro. 8. 5, 9. 1 Co. 6. 17. Ga. 5. 17. 1 Jno. 3. 9.

7 *Marvel*. ver. 12; ch. 5. 28; 6. 61-63. *Ye*. ver. 3. Job 15. 14. Mat. 13. 33-35. Ro. 3. 9-19; 9. 22-25; 12. 1, 2. Ep 4. 22-24. Col. 1. 12. He. 12. 14. 1 Pe. 1. 14-16, 22. Re. 21. 27. *again*. *or*, from above.

8 *wind*. Job 37. 10-13, 16, 17, 21-23. Ps. 107. 25, 29. Ec. 11. 4, 5. Eze. 37. 9. Ac. 2. 2; 4. 31. 1 Co. 2. 11; 12. 11. *so*. ch. 1. 13. Is. 55. 9-13. Mar. 4. 26-29. Lu. 6. 43, 44. 1 Co. 2. 11. 1 Jno. 2. 29; 3. 8, 9.

9 *How*. ver. 4; ch. 6. 52, 60. Pr. 4. 18. Is. 42. 16. Mar. 8. 24, 25. Lu. 1. 34.

10 *Art*. Is. 9. 16; 29. 10-12; 56. 10. Je. 8. 8, 9. Mat. 11. 25; 15. 14. 22. 29. *and knowest*. De. 10. 16; 30. 6. 1 Ch. 29. 19. Ps. 51. 6, 10; 73. 1. Is. 11. 6-9; 66. 7-9. Je. 31. 33; 32. 39, 40. Eze. 11. 19; 18. 31, 32; 36. 25-27; 37. 23, 24. Ro. 2. 28. Phi. 3. 3. Col. 2. 11.

11 *verily*. ver. 3, 5. *We speak*. ver. 13, 32-34; ch. 1. 18; 7. 16; 8. 14, 28, 29, 38; 12. 49; 14. 24. Is. 55. 4. Mat. 11. 27. Lu. 10. 22. 1 Jno. 1. 1-3; 5. 6-12. Re. 1. 5; 3. 14. *ye*. ver. 32; ch. 1. 11; 5. 31-40, 43; 12. 37, 38. Is. 50. 2; 53. 1; 65. 2. Mat. 23. 37. Ac. 22. 18; 28. 23-27. 2 Co. 4. 4.

12 *earthly*. ver. 3, 5, 8. 1 Co. 3. 1, 2. He. 5. 11. 1 Pe. 2. 1-3. *heavenly*. ver. 13-17, 31-36; ch. 1. 1-14. 1 Co. 2. 7-9. 1 Ti. 3. 16. 1 Jno. 4. 10.

13 *no man*. ch. 1. 18; 6. 46. De. 30. 12. Pr. 30. 4. Ac. 2. 34. Ro. 10. 6. Ep. 4. 9. *but*. ch. 6. 33, 38, 51, 62; 8. 42; 13. 3; 16. 28-30; 17. 5. 1 Co. 15. 47. *even*. ch. 1. 18. Mat. 28. 20. Mar. 16. 19, 20. Ac. 20. 28. Ep. 1. 23; 4. 10.

14 *as*. Nu. 21. 7-9. 2 Ki. 18. 4. *even*. ch. 8. 28; 12. 32-34. Ps. 22. 16. Mat. 26. 54. Lu. 18. 31-33; 24. 20, 26, 27, 44-46. Ac. 2. 23; 4. 27, 28.

15 *whosoever*. ver. 16, 36; ch. 1. 12; 6. 40, 47; 11. 25, 26; 12. 44-46; 20. 31. Is. 45. 22. Mar. 16. 16. Ac. 8. 37; 16. 30, 31. Ro. 5. 1, 2; 10. 9-14. Ga. 2. 16, 20. He. 7. 25; 10. 39. 1 Jno. 5. 1, 11-13. *not*. ch. 5. 24; 10. 28-30. Mat. 18. 11. Lu. 19. 10. Ac. 13. 41. 1 Co. 1. 18. 2 Co. 4. 3. *eternal*. ch. 17. 2, 3. Ro. 5. 21; 6. 22, 23. 1 Jno. 2. 25; 5. 13, 20.

16 *God*. Lu. 2. 14. Ro. 5. 8. 2 Co. 5. 19-21. Tit. 3. 4. 1 Jno. 4. 9, 10, 19. *gave*. ch. 1. 14, 18. Ge. 22. 12. Mar. 12. 6. Ro. 5. 10; 8. 32. *that whosoever*. ver. 15. Mat. 9. 13. 1 Ti. 1. 15, 16.

17 *God*. ch. 5. 45; 8. 15, 16; 12. 47, 48. Lu. 9. 56. *but*. ch. 1. 29; 6. 40. Is. 45. 21-23; 49. 6, 7. 53. 10-12. Zec. 9. 9. Mat. 1. 23; 18. 11. Lu. 2. 10, 11; 19. 10. 1 Ti. 2. 5, 6. 1 Jno. 2. 2; 4. 14.

18 *is not*. ver. 36; ch. 5. 24; 6. 40, 47; 20. 31. Ro. 5. 1; 8. 1, 34. 1 Jno. 5. 12. *he that believeth not*. Mar. 16. 16. He. 2. 3; 12. 25. 1 Jno. 5. 10.

19 *this*. ch. 1. 4, 9-11; 8. 12; 9. 39-41; 15. 22-25. Mat. 11. 20-24. Lu. 10. 11-16; 12. 47. Ro. 1. 32. 2 Co. 2. 15, 16. 2 Th. 2. 12. He. 3. 12, 13. *because*. ch. 5. 44; 7. 17; 8. 44, 45; 10. 26, 27; 12. 43. Is. 30. 9-12. Lu. 16. 14. Ac. 24. 21-26. Ro. 2. 8. 1 Pe. 2. 8. 2 Pe. 3. 3.

20 *every*. ch. 7. 7. 1 Ki. 22. 8. Job 24. 13-17. Ps. 50. 17 Pr. 1. 29; 4. 18; 5. 12; 15. 12. Am. 5. 10, 11. Lu. 11. 45

Ja. 1. 23-25. *reproved. or*, discovered. Ep. 5. 12, 13.

21 *he that*. ch. 1. 47; 5. 39. Ps. 1. 1-3; 119. 80, 105; 139. 23, 24. Is. 8. 20. Ac. 17. 11, 12. 1 Jno. 1. 6. *that his*. ch. 15. 4, 5. Is. 26. 12. Ho. 14. 8. 1 Co. 15. 10. 2 Co. 1. 12. Ga. 5. 22, 23; 6. 8. Ep. 5. 9. Phi. 1. 11; 2. 13. Col. 1. 29. He. 13. 21. 1 Pe. 1. 22. 2 Pe. 1. 5-10. 1 Jno. 2. 27-29; 4. 12, 13, 15, 16. Re. 3. 1, 2, 15. *they are*. 3 Jno. 11.

22 *these*. ch. 2. 13; 4. 3; 7. 3. *and baptized*. ver. 26; ch. 4. 1, 2.

23 *near*. Ge. 33. 18, Shalem. 1 Sa. 9. 4, Shalim. *much*. Je. 51. 13. Eze. 19. 10; 43. 2. Re. 1. 15; 14. 2; 19. 6. *and they*. Mat. 3. 5, 6. Mar. 1. 4, 5. Lu. 3. 7.

24 Mat. 4. 12; 14. 3. Mar. 6. 17. Lu. 3. 19, 20; 9. 7-9.

25 *about*. ch. 2. 6. Mat. 3. 11. Mar. 7. 2-5, 8. He. 6. 2; 9. 10, 13, 14, 23. 1 Pe. 3. 21.

26 *he that*. Nu. 11. 26-29. Ec. 4. 4. 1 Co. 3. 3-5. Ga. 5. 20, 21; 6. 12, 13. Ja. 3. 14-18; 4. 5, 6. *to whom*. ch. 1. 7, 15, 26-36. *and all*. ch. 1. 7, 9; 11. 48; 12. 19. Ps. 65. 2. Is. 45. 23. Ac. 19. 26, 27.

27 *A man*. Nu. 16. 9-11; 17. 5. 1 Ch. 28. 4, 5. Je. 1. 5; 17. 16. Am. 7. 15. Mat. 25. 15. Mar. 13. 34. Ro. 1. 5; 12. 6. 1 Co. 1. 1; 2. 12-14; 3. 5; 4. 7; 12. 11; 15. 10. Ga. 1. 1. Ep. 1. 1; 3. 7, 8. 1 Ti. 2. 7. Ja. 1. 17. 1 Pe. 4. 10, 11. *receive. or*, take unto himself. He. 5. 4, 5. *from*. Mat. 21. 25. Mar. 11. 30, 31.

28 *I said*. ch. 1. 20, 25, 27. *but*. ch. 1. 23. Mal. 3. 1; 4. 4, 5. Mat. 3. 3, 11, 12. Mar. 1. 2, 3. Lu. 1. 16, 17, 76; 3. 4-6.

29 *hath*. Ps. 45. 9-17. Ca. 3. 11; 4. 8-12. Is. 54. 5; 62. 4, 5. Je. 2. 2. Eze. 16. 8. Ho. 2. 19. Mat. 22. 2. 2 Co. 11. 2. Ep. 5. 25-27. Re. 19. 7-9; 21. 9. *the friend*. Ju. 14. 10, 11. Ps. 45. 14. Ca. 5. 1. Mat. 9. 15. *this*. Is. 66. 11. Lu. 2. 10-14; 15. 6.

30 *must increase*. Ps. 72. 17-19. Is. 9. 7; 53. 2, 3, 12. Da. 2. 34, 35, 44, 45. Mat. 13. 31-33. Re. 11. 15. *but*. Ac. 13. 36, 37. 1 Co. 3. 5. 2 Co. 3. 7-11. Col. 1. 18. He. 3. 2-6.

31 *that cometh*. ver. 13; ch. 6. 33; 8. 23. Ep. 1. 20, 21; 4. 8-10. *is above*. ch. 1. 15, 27, 30; 5. 21-25. Mat. 28. 18. Ac. 10. 36. Ro. 9. 5. Ep. 1. 21. Phi. 2. 9-11. 1 Pe. 3. 22. Re. 19. 16. *he that is*. ver. 12. 1 Co. 15. 47, 48. He. 9. 1, 9, 10. *he that cometh*. ch. 6. 33, 51; 16. 27, 28.

32 *what*. ver. 11; ch. 5. 20; 8. 26; 15. 15. *and no*. ver. 26, 33; ch. 1. 11. Is. 50. 2; 53. 1. Ro. 10. 16-21; 11. 2-6.

33 *hath set*. Ro. 3. 3, 4; 4. 18-21. 2 Co. 1. 18. Tit. 1. 1, 2. He. 6. 17. 1 Jno. 5. 9, 10.

34 *he*. ch. 7. 16; 8. 26-28, 40, 47. *for God*. ver. 17; ch. 1. 16; 5. 26. 7. 37-39; 15. 26; 16. 7. Nu. 11. 25. 2 Ki. 2. 9. Ps. 45. 7. Is. 11. 2-5; 59. 21; 62. 1-3. Ro. 8. 2. Ep. 3. 8; 4. 7-13. Col. 1. 19; 2. 9. Re. 21. 6; 22. 1, 16, 17.

35 *Father*. ch. 5. 20, 22; 15. 9; 17. 23, 26. Pr. 8. 30. Is. 42. 1. Mat. 3. 17; 17. 5. *and*. ch. 13. 3; 17. 2. Ge. 41. 44, 55. Ps. 2. 8. Is. 9. 6, 7. Mat. 11. 27; 28. 18. Lu. 10. 22. 1 Co. 15. 27. Ep. 1. 22. Phi. 2. 9-11. He. 1. 2; 2. 8, 9. 1 Pe. 3. 22.

36 *that believeth on*. ver. 15, 16; ch. 1. 12; 5. 24; 6. 47-54; 10. 28. Hab. 2. 4. Ro. 1. 17; 8. 1. 1 Jno. 3. 14, 15; 5. 10-13. *see*. ver. 3; ch. 8. 51. Nu. 32. 11. Job 33. 28. Ps. 36. 9; 49. 19; 106. 4, 5. Lu. 2. 30; 3. 6. Ro. 8. 24, 25. Re. 21. 8. *but*. Ps. 2. 12. Ro. 1. 18; 4. 15; 5. 9. Ga. 3. 10. Ep. 5. 6. 1 Th. 1. 10; 5. 9. He. 2. 3; 10. 29. Re. 6. 16, 17.

## CHAP. IV.

*Christ talks with a woman of Samaria, and reveals himself unto her*, 1-26. *His disciples marvel*, 27-30. *He declares to them his zeal for God's glory*, 31-38. *Many Samaritans believe on him*, 39-42. *He departs into Galilee, and heals the ruler's son that lay sick at Capernaum*, 43-54.

1 *the Lord*. Lu. 1. 76; 2. 11; 19. 31, 34. Ac. 10. 36. 1 Co. 2. 8; 15. 47. 2 Co. 4. 5. Ja. 2. 1. Re. 19. 16. *that Jesus*. ch. 3. 22, 26.

2 Ac. 10. 48. 1 Co. 1. 13-17.

3 *left*. ch. 3. 22; 10. 40; 11. 54. Mat. 10. 23. Mar. 3. 7. *again*. ch. 1. 43.

4 Mat. 10. 5, 6. Lu. 2. 49; 9. 51, 52; 17. 11.

5 *the parcel*. Ge. 33. 19; 48. 22. Jos. 24. 32.

6 *Jacob's well*. Over *Jacob's well* the empress Helena is said to have built a church, in the form of a cross, of which 'nothing but a few foundations' remained in the time of MAUNDRELL. He states that it is situated about one-third of an hour, or, about a mile, east of Naplosa, the ancient Sychar; and Mr. BUCKINGHAM says it is called *Beer Samareea*, or the well of Samaria, and 'stands at the commencement of the round vale which is thought to be the parcel of ground bought by Jacob, and which, like the narrow valley east of Nablous, is rich and fertile. The mouth of the well itself had an arched or vaulted building over it; and the only passage down to it at this moment is by a small hole in the roof.' 'It is,' says MAUNDRELL, 'dug in the firm rock, and contains about three yards in diameter, and thirty-five in depth; five of which we found full of water.' *being*. Mat. 4. 2; 8. 24. He. 2. 17; 4. 15. *sat*. Lu. 2. 7; 9. 58. 2 Co. 8. 9. *the sixth*. ch. 11. 9. Mat. 27. 45.

7 *Give*. ver. 10; ch. 19. 28. Ge. 24. 43. 2 Sa. 23. 15-17. 1 Ki. 17. 10. Mat. 10. 42.

8 *to buy*. ch. 6. 5-7. Lu. 9. 13.

9 *askest*. ver. 27; ch. 8. 48. Lu. 10. 33; 17. 16-19. *for*. 2 Ki. 17. 24, etc. Ezr. ch. 4. Ne. 4. 1, 2. Lu. 9. 52-56. Ac. 1. 8; 10. 28.

10 *If*. ch. 3. 16. Is. 9. 6; 42. 6; 49. 6-8. Lu. 11. 13. Ro. 8. 32. 1 Co. 1. 30. 2 Co. 9. 15. Ep. 2. 8. *and who*. ver. 25, 26; ch. 9. 35-38; 16. 3; 17. 3. 1 Jno. 5. 20. *thou wouldest*. 2 Ch. 33. 12, 13, 18, 19. Ps. 10. 17. Is. 55. 6-9. Lu. 11. 8-10; 18. 13, 14; 23. 42, 43. Ac. 9. 11. Re. 3. 17, 18. *living*. ver. 14; ch. 6. 35, 51; 7. 37-39. Ex. 17. 6. Ps. 36. 8, 9; 46. 4. Is. 12. 3; 35. 6; 41. 17, 18; 43. 20; 44. 3; 49. 10; 55. 1-3. Je. 2. 13. Eze. 47. 1-9, 12. Zec. 13. 1; 14. 8. 1 Co. 10. 4. Re. 7. 17; 21. 6; 22. 1, 2, 17.

11 *thou hast*. ch. 3. 4. 1 Co. 2. 14.

12 ch. 8. 53. Is. 53. 2, 3. Mat. 12. 42. He. 3. 3.

13 *Whosoever*. ch. 6. 27, 49. Is. 65. 13, 14. Lu. 16. 24.

14 *shall never*. ch. 6. 35, 58; 11. 26; 17. 2, 3. Is. 49. 10. Ro. 6. 23. Re. 7. 16. *shall be*. ch. 7. 38, 39; 10. 10; 14. 16-19. Ro. 5. 21; 8. 16, 17. 2 Co. 1. 22. Ep. 1. 13, 14; 4. 30. 1 Pe. 1. 22. 1 Jno. 5. 20.

15 *give*. ch. 6. 26, 34; 17. 2, 3. Ps. 4. 6. Ro. 6. 23; 8. 5. 1 Co. 2. 14. 1 Jno. 5. 20. Ja. 4. 3.

16 *Go*. ver. 18; ch. 1. 42, 47, 48; 2. 24, 25; 21. 17. He. 4. 13. Re. 2. 23.

18 *is not*. Ge. 20. 3; 34. 2, 7, 8, 31. Nu. 5. 29. Ru. 4. 10. Je. 3. 20. Eze. 16. 32. Mar. 10. 12. Ro. 7. 3. 1 Co. 7. 10, 11. He. 13. 4.

19 *I perceive*. ver. 29; ch. 1. 48, 49. 2 Ki. 5. 26; 6. 12. Lu. 7. 39. 1 Co. 14. 24, 25. *a prophet*. ch. 6. 14; 7. 40; 9. 17. Lu. 7. 16; 24. 19.

20 *fathers*. Ge. 12. 6, 7; 33. 18-20. De. 27. 12. Jos. 8. 33-35. Ju. 9. 6, 7. 2 Ki. 17. 26-33. *and ye*. De. 12. 5-11. 1 Ki. 9. 3. 1 Ch. 21. 26; 22. 1. 2 Ch. 6. 6; 7. 12, 16. Ps. 78. 68; 87. 1, 2; 132. 13.

21 *saith*. Eze. 14. 3; 20. 3. *when*. Mal. 1. 11. Mat. 18. 20. Lu. 21. 5, 6, 24. Ac. 6. 14. 1 Ti. 2. 8. *worship*. ver. 23; ch. 14. 6. Mat. 28. 19. Ep. 2. 18; 3. 14. 1 Pe. 1. 17.

22 *ye know*. 2 Ki. 17. 27-29, 41. Ezr. 4. 2. Ac. 17. 23, 30. *we worship*. 2 Ch. 13. 10-12. Ps. 147. 19. Ro. 3. 2; 9. 5. *for*. Ge. 49. 10. Ps. 68. 20. Is. 2. 3; 12. 2, 6; 46. 13. Zep. 3. 16, 17. Zec. 9. 9. Lu. 24. 47. Ro. 9. 4, 5. He. 7. 14.

23 *the hour*. ch. 5. 25; 12. 23. *true*. Is. 1. 10-15; 26. 8, 9; 29. 13; 48. 1, 2; 58. 2, 8-14; 66. 1, 2. Je. 7. 7-12. Mat. 15. 7-9. Lu. 18. 11-13. *in spirit*. Ro. 1. 9; 8. 15, 26. Ga. 4. 6. Ep. 6. 18. Phi. 3. 3. Jude 20, 21. *in truth*. ch. 1. 17. Jos. 24. 14. 1 Sa. 12. 24. 1 Ch. 29. 17. Ps. 17. 1; 32. 2; 51. 6. Is. 10. 20. Je. 3. 10; 4. 2. *the Father seeketh*. Ps. 147. 11. Pr. 15. 8. Ca. 2. 14. Is. 43. 21. Eze. 22. 30. 1 Pe. 2. 9.

24 *a Spirit*. 2 Co. 3. 17. 1 Ti. 1. 17. *must*. 1 Sa. 16. 7. Ps. 50. 13-15, 23; 51. 17; 66. 18. Is. 57. 15. Mat. 15. 8, 9. 2 Co. 1. 12.

25 *Messias*. ver. 42; ch. 1. 41, 42, 49. Da. 9. 24-26. *when*. ver. 29, 39. De. 18. 15-18.

26 *I that*. ch. 9. 37. Mat. 16. 20; 20. 15; 26. 63, 64. Mar. 14. 61, 62. Lu. 13. 30. Ro. 10. 20, 21.

27 *marvelled*. ver. 9. Lu. 7. 39.

28 ver. 7. Mat. 28. 8. Mar. 16. 8-10. Lu. 24. 9, 33.

29 ver. 17, 18, 25; ch. 1. 41-49. 1 Co. 14. 24, 25. Re. 22. 17.

30 Is. 60. 8. Mat. 2. 1-3; 8. 11, 12; 11. 20-24; 12. 40-42; 20. 16. Lu. 17. 16-18. Ac. 8. 5-8; 10. 33; 13. 42; 28. 28. Ro. 5. 20.

31 *Master*. Ge. 24. 33. Ac. 16. 30-34.

32 *I have*. ver. 34. Job 23. 12. Ps. 63. 5; 119. 103. Pr. 18. 20. Is. 53. 11. Je. 15. 16. Ac. 20. 35. *that*. Ps. 25. 14. Pr. 14. 10. Re. 2. 17.

33 Mat. 16. 6-11. Lu. 9. 45.

34 *My meat*. ver. 32; ch. 6. 33, 38. Job 23. 12. Ps. 40. 8. Is. 61. 1-3. Lu. 15. 4-6, 10; 19. 10. Ac. 20. 35. *and*. ch. 5. 36; 17. 4; 19. 30. He. 12. 2.

35 *for*. ver. 30. Mat. 9. 37, 38. Lu. 10. 3.

36 *he that reapeth receiveth*. Pr. 11. 30. Da. 12. 3. Ro. 1. 13; 6. 22. 1 Co. 9. 19-23. Phi. 2. 15, 16. 1 Th. 2. 19. 1 Ti.

4. 16. 2 Ti. 4. 7, 8. Ja. 5. 19, 20. *both he that.* 1 Co. 3. 5-9.

37 *One.* Ju. 6. 3. Mi. 6. 15. Lu. 19. 21.

38 *sent.* Ac. 2. 41; 4. 4, 32; 5. 14; 6. 7; 8. 4-8, 14-17. *other.* ch. 1. 7. 2 Ch. 36. 15. Je. 44. 4. Mat. 3. 1-6; 4. 23; 11. 8-13. Ac. 10. 37, 38, 42, 43. 1 Pe. 1. 11, 12.

39 *many.* ch. 10. 41, 42; 11. 45. *for.* ver. 29, 42.

40 *they.* Ge. 32. 26. Pr. 4. 13. Ca. 3. 4. Je. 14. 8. Lu. 8. 38; 10. 39; 24. 29. Ac. 16. 15. *he abode.* Lu. 19. 5-10. 2 Co. 6. 1, 2. Re. 3. 20.

41 *many.* Ge. 49. 10. Ac. 1. 8; 8. 12, 25; 15. 3. *because.* ch. 6. 63; 7. 46. Mat. 7. 28, 29. Lu. 4. 32. 1 Co. 2. 4, 5. He. 4. 13.

42 *for.* ch. 1. 45-49; 17. 8. Ac. 17. 11, 12. *and know.* ver. 29; ch. 1. 29; 3. 14-18; 6. 68, 69; 11. 27. Is. 45. 22; 52. 10. Lu. 2. 10, 11, 32. Ac. 4. 12. Ro. 10. 11-13. 2 Co. 5. 19. 1 Jno. 4. 14.

43 *two.* Mat. 15. 21-24. Mar. 7. 27, 28. Ro. 15. 8. *and.* ver. 46; ch. 1. 42. Mat. 4. 13.

44 *that.* Mat. 13. 57. Mar. 6. 4. Lu. 4. 24.

45 *the Galileans.* Mat. 4. 23, 24. Lu. 8. 40. *having.* ch. 2. 13-16, 23; 3. 2. *for.* De. 16. 16. Lu. 2. 42-44; 9. 53.

46 *Cana.* 'It is worthy of remark,' says Dr. E. D. CLARKE, who visited *Cana* a few years ago, 'that, walking among the ruins of a church, we saw large massy pots, answering the description given of the ancient vessels of the country; not preserved, but lying about, disregarded by the present inhabitants, as antiquities with whose original use they were unacquainted. From their appearance, and the number of them, it was quite evident that a practice of keeping water in large pots, each holding from eighteen to twenty-seven gallons, was once common in the country.' (Compare the account of the water pots. ch. 2. 6.) ch. 2. 1-11; 21. 2. Jos. 19. 28. *nobleman. or,* courtier, *or,* ruler. *whose.* Ps. 50. 15; 78. 34. Ho. 5. 15. Mat. 9. 18; 15. 22; 17. 14, 15. Lu. 7. 2; 8. 42.

47 *he heard.* Mar. 2. 1-3; 6. 55, 56; 10. 47. *that he.* ch. 11. 21, 32. Ps. 46. 1. Lu. 7. 6-8; 8. 41. Ac. 9. 38.

48 *Except.* ver. 41, 42; ch. 2. 18; 12. 37; 15. 24; 20. 29. Nu. 14. 11. Mat. 16. 1; 27. 42. Lu. 10. 18; 16. 31. Ac. 2. 22. 1 Co. 1. 22.

49 *come.* Ps. 40. 17; 88. 10-12. Mar. 5. 23, 35, 36.

50 *Go.* ch. 11. 40. 1 Ki. 17. 13-15. Mat. 8. 13. Mar. 7. 29, 30; 9. 23, 24. Lu. 17. 14. Ac. 14. 9, 10. Ro. 4. 20, 21. He. 11. 19.

51 *Thy.* ver. 50, 53. 1 Ki. 17. 23.

53 *at the.* Ps. 33. 9; 107. 20. Mat. 8. 8, 9, 13. *and himself.* Lu. 19. 9. Ac. 2. 39; 16. 15, 34; 18. 8.

54 ch. 2. 1-11.

## CHAP. V.

*Jesus on the sabbath day cures him that was diseased eight and-thirty years,* 1-9. *The Jews therefore cavil, and persecute him for it,* 10-16. *He answers for himself, and reproves them, shewing by the testimony of his Father,* 17-30, *of John,* 31-35, *of his works,* 36-38, *and of the scriptures, who he is,* 39-47.

1 ch. 2. 13. Ex. 23. 14-17; 34. 23. Le. 23. 2, etc. De. 16. 16. Mat. 3. 15. Ga. 4. 4.

2 *market. or, gate.* Ne. 3. 1; 12. 39. *pool.* Is. 22. 9, 11. *Bethesda.* The supposed remains of the pool of *Bethesda* are situated on the east of Jerusalem, contiguous on one side to St. Stephen's gate, and on the other to the area of the temple. MAUNDRELL states, that 'it is 120 paces long, and forty broad, and at least eight deep, but void of water. At its west end it discovers some old arches, now dammed up. These some will have to be the porches, in which sat that multitude of lame, halt, and blind. But it is not likely, for instead of five, there are but three.'

3 *of blind.* Mat. 15. 30. Lu. 7. 22. *withered.* 1 Ki. 13. 4. Zec. 11. 17. Mar. 3. 1-4. *waiting.* Pr. 8. 34. La. 3. 26. Ro. 8. 25. Ja. 5. 7.

4 *whosoever.* The sanative property of this pool has been supposed by some to have been communicated by the blood of the sacrifices, and others have referred it to the mineral properties of the waters. But, 1. The beasts for sacrifice were not washed here, but in a laver in the temple. 2. No natural property could cure all manner of diseases. 3. The cure only extended to the first who entered. 4. It took place only at one particular time. 5. As the healing was effected by immersion, it must have been instantaneous; and it was never failing in its effects. All which, not being observed in medicinal waters, determine the cures to have been miraculous, as expressly stated in the text. *first.* Ps. 119. 60. Pr. 6. 4; 8. 17. Ec. 9. 10. Ho. 13. 13. Mat. 6. 33; 11. 12. Lu. 13. 24-28; 16. 16. *was made.* 2 Ki. 5. 10-14. Eze. 47. 8. Zec. 13. 1; 14. 8. 1 Co. 6. 11. 1 Jno. 1. 7.

5 *thirty.* ver. 14; ch. 9. 1, 21. Mar. 9. 21. Lu. 8. 43; 13. 16. Ac. 3. 2; 4. 22; 9. 33; 14. 8.

6 *and knew.* ch. 21. 17. Ps. 142. 3. He. 4. 13, 15. *Wilt.* Is. 65. 1. Je. 13. 27. Lu. 18. 41.

7 *I have.* De. 32. 36. Ps. 72. 12; 142. 4. Ro. 5. 6. 2 Co. 1. 8-10. *before.* ver. 4. 1 Co. 9. 24.

8 Mat. 9. 6. Mar. 2. 11. Lu. 5. 24. Ac. 9. 34.

9 *immediately.* ver. 14. Mar. 1. 31, 42; 5. 29, 41, 42; 10. 52. Ac. 3. 7, 8. *and on.* ver. 10-12; ch. 7. 23; 9. 14. Mat. 12. 10-13. Mar. 3. 2-4. Lu. 13. 10-16.

10 *it is not.* Ex. 20. 8-11; 31. 12-17. Ne. 13. 15-21. Is. 58. 13. Je. 17. 21, 27. Mat. 12. 2, etc. Mar. 2. 24; 3. 4. Lu. 6. 2; 13. 14; 23. 56.

11 ch. 9. 16. Mar. 2. 9-11.

12 *What.* Ju. 6. 29. 1 Sa. 14. 38. Mat. 21. 23. Ro. 10. 2.

13 *he that.* ch. 14. 9. *had.* ch. 8. 59. Lu. 4. 30; 24. 31. *a multitude being. or,* from the multitude that was.

14 *in the.* Le. 7. 12. Ps. 9. 13; 27. 6; 66. 13-15; 107. 20-22; 116. 12-19; 118. 18. Is. 38. 20, 22. *sin.* ch. 8. 11. Ezr. 9. 13, 14. Ne. 9. 28. 1 Pe. 4. 3. *lest.* ver. 5. Le. 26. 23, 24, 27. 2 Ch. 28. 22. Mat. 12. 45. Re. 2. 21-23.

15 *and told.* ch. 4. 29; 9. 11, 12. Mar. 1. 45. *which.* ver. 12; ch. 9. 15, 25, 30, 34.

16 *persecute.* ch. 15. 20. Ac. 9. 4, 5. *and sought.* ver. 13; ch. 7. 19, 20, 25; 10. 39. Mat. 12. 13. Mar. 3. 6. Lu. 6. 11.

17 *My.* ch. 9. 4; 14. 10. Ge. 2. 1, 2. Ps. 65. 6. Is. 40. 26. Mat. 10. 29. Ac. 14. 17; 17. 28. 1 Co. 12. 6. Col. 1. 16. He. 1. 3.

18 *the Jews.* ch. 7. 19. *broken.* ch. 7. 22, 23. Mat. 12. 5. *God was.* ver. 23; ch. 8. 54, 58; 10. 30, 33; 14. 9, 23. Zec. 13. 7. Phi. 2. 6. Re. 21. 22, 23; 22. 1, 3.

19 *Verily.* ver. 24, 25. See on ch. 3. 3. *The Son.* ver. 30; ch. 8. 28; 9. 4; 12. 49; 14. 10, 20. *for.* ch. 14. 16-23. Ge. 1. 1, 26. Is. 44. 24. Col. 1. 16. Compare ver. 22 with Ps. 50. 6. 2 Co. 5. 10. ch. 2. 19; 10. 18, with Ac. 2. 24. Ro. 6. 4. 1 Co. 15. 12. 1 Pe. 3. 18; and ver. 21, 25, 26, with Ep. 1. 18, 19; 2. 5; and ver. 28, 29; ch. 11. 25, 26, with Ro. 8. 11. 2 Co. 4. 14. Phi. 3. 21. 1 Th. 4. 14. Ps. 27. 14; 138. 3. Is. 45. 24, with 2 Co. 12. 9, 10. Ep. 3. 16. Phi. 4. 13. Col. 1. 11. Ex. 4. 11. Pr. 2. 6, with Lu. 21. 15. Je. 17. 10, with Re. 2. 23.

20 *the Father.* ch. 3. 35; 17. 26. Mat. 3. 17; 17. 5. 2 Pe. 1. 17. *and sheweth.* ch. 1. 18; 10. 32; 15. 15. Pr. 8. 22-31. Mat. 11. 27. Lu. 10. 22. *greater.* ver. 21, 25, 29; ch. 12. 45-47.

21 *as.* De. 32. 39. 1 Ki. 17. 21. 2 Ki. 4. 32-35; 5. 7. Ac. 26. 8. Ro. 4. 17-19. *even.* ch. 11. 25, 43, 44; 17. 2. Lu. 7. 14, 15; 8. 54, 55.

22 ver. 27; ch. 3. 35; 17. 2. Ps. 9. 7, 8; 50. 3-6; 96. 13; 98. 9. Ec. 11. 9; 12. 14. Mat. 11. 27; 16. 27; 25. 31-46; 28. 18. Ac. 10. 42; 17. 31. Ro. 2. 16; 14. 10-12. 2 Co. 5. 10. 2 Th. 1. 7-10. 2 Ti. 4. 1. 1 Pe. 4. 5. Re. 20. 11, 12.

23 *all men.* ch. 14. 1. Ps. 146. 3-5. Je. 17. 5-7. Mat. 12. 21. Ro. 15. 12. 2 Co. 1. 9. Ep. 1. 12, 13. 2 Ti. 1. 12, marg. Ps. 2. 12. Is. 42. 8; 43. 10; 44. 6. Mat. 28. 19. Ro. 1. 7. 1 Co. 1. 3. 2 Co. 13. 14. 1 Th. 3. 11-13. 2 Th. 2. 16, 17. He. 1. 6. 2 Pe. 3. 18. Re. 5. 8-14. Mat. 10. 37; 22. 37, 38. 1 Co. 16. 22. Ep. 6. 24. Lu. 12. 8, 9. Ro. 6. 22; 14. 7-9. 1 Co. 6. 19; 10. 31. 2 Co. 5. 14, 19. Tit. 2. 14. Is. 43. 11; 45. 15, 21. Zec. 9. 9. Tit. 2. 13; 3. 4-6. 2 Pe. 1. 1. *He that.* ch. 15. 23, 24; 16. 14; 17. 10. Mat. 11. 27. Ro. 8. 9. 1 Jno. 2. 23. 2 Jno. 9.

24 *He that.* ch. 3. 16, 18, 36; 6. 40, 47; 8. 51; 11. 26; 12. 44; 20. 31. Mar. 16. 16. Ro. 10. 11-13. 1 Pe. 1. 21. 1 Jno. 5. 1, 11-13. *and shall not.* ch. 10. 27-30. Ro. 8. 1, 16, 17, 28-30, 33, 34. 1 Th. 5. 9. 2 Th. 2. 13, 14. 1 Pe. 1. 5. *but.* 1 Jno. 3. 14.

25 *The hour.* ch. 4. 23; 13. 1; 17. 1. *when.* ver. 21, 28. Lu. 9. 60; 15. 24, 32. Ro. 6. 4. Ep. 2. 1, 5; 5. 14. Col. 2. 13. Re. 3. 1.

26 *hath life.* Ex. 3. 14. Ps. 36. 9; 90. 2. Je. 10. 10. Ac. 17. 25. 1 Ti. 1. 17; 6. 16. *so hath.* ch. 1. 4; 4. 10; 7. 37, 38; 8. 51; 11. 26; 14. 6, 19; 17. 2, 3. 1 Co. 15. 45. Col. 3. 3, 4. 1 Jno. 1. 1-3. Re. 7. 17; 21. 6; 22. 1, 17.

27 *hath.* ver. 22. Ps. 2. 6-9; 110. 1, 2, 6. Ac. 10. 42; 17. 31. 1 Co. 15. 25. Ep. 1. 20-23. 1 Pe. 3. 22. *because.* Da. 7. 13, 14. Phi. 2. 7-11. He. 2. 7-9. *the Son.* This appears to be a direct reference to Da. 7. 13, which the Jews interpret of the Messiah.

28 *Marvel.* ver. 20; ch. 3. 7. Ac. 3. 12. *for.* ch. 6. 39, 40; 11. 25. Job 19. 25, 26. Is. 26. 19. Eze. 37. 1-10. Ho. 13. 14. 1 Co. 15. 22, 42-54. Phi. 3. 21. 1 Th. 4. 14-17. Re. 20. 12.

29 *come.* Da. 12. 2, 3. Mat. 25. 31-46. Ac. 24. 15. *done*

*good*. Lu. 14. 14. Ro. 2. 6-10. Ga. 6. 8-10. 1 Ti. 6. 18. He. 13. 16. 1 Pe. 3. 11.

30 *can*. ver. 19; ch. 8. 28, 42; 14. 10. *I judge*. ch. 8. 15, 16. Ge. 18. 25. Ps. 96. 13. Is. 11. 3, 4. Ro. 2. 2, 5. *because*. ch. 4. 34; 6. 38; 8. 50; 17. 4; 18. 11. Ps. 40. 7, 8. Mat. 26. 39. Ro. 15. 3. Ho. 10. 7-10.

31 ch. 8. 13, 14, 54. Pr. 27. 2. Re. 3. 14.

32 *is another*. ver. 36, 37; ch. 1. 33; 8. 17, 18; 12. 28-30. Mat. 3. 17; 17. 5. Mar. 1. 11. Lu. 3. 22. 1 Jno. 5. 6-9. *and I*. ch. 12. 50.

33 *sent*. ch. 1. 19-27. *he*. ch. 1. 6-8, 15-18, 29-34; 3. 26-36.

34 *I receive*. ver. 41; ch. 8. 54. *that*. ch. 20. 31. Lu. 13. 34; 19. 10, 41, 42; 24. 47. Ro. 3. 3; 10. 1, 21; 12. 21. 1 Co. 9. 22. 1 Ti. 2. 3, 4; 4. 16.

35 *was*. ch. 1. 7, 8. Mat. 11. 11. Lu. 1. 15-17, 76, 77; 7. 28. 2 Pe. 1. 19. *and ye*. ch. 6. 66. Eze. 33. 31. Mat. 3. 5-7; 11. 7-9; 13. 20, 21; 21. 26. Mar. 6. 20. Ga. 4. 15, 16.

36 *I have*. ver. 32. 1 Jno. 5. 9, 11, 12. *the works*. ch. 3. 2; 9. 30-33; 10. 25, 37, 38; 11. 37; 14. 10, 11; 15. 24; 17. 4. Ac. 2. 22. Mat. 11. 4.

37 *borne*. ch. 6. 27; 8. 18. Mat. 3. 17; 17. 5. See on ver. 32. *Ye have*. See on ch. 1. 18; 14. 9; 15. 24. Ex. 20. 19. De. 4. 12. 1 Ti. 1. 17; 6. 16. 1 Jno. 1. 1, 2; 4. 12, 20.

38 *ye have*. ver. 42, 46, 47; ch. 8. 37, 46, 47; 15. 7. De. 6. 6-9. Jos. 1. 8. Ps. 119. 11. Pr. 2. 1, 2; 7. 1, 2. Col. 3. 16. Ja. 1. 21, 22. 1 Jno. 2. 14. *for*. ver. 43; ch. 1. 11; 3. 18-21; 12. 44-48. Is. 49. 7; 53. 1-3.

39 *Search*. ver. 46; ch. 7. 52. De. 11. 18-20; 17. 18, 19. Jos. 1. 8. Ps. 1. 2; 119. 11, 97-99. Pr. 6. 23; 8. 33, 34. Is. 8. 20; 34. 16. Je. 8. 9. Mat. 22. 29. Mar. 12. 10. Lu. 16. 29, 31. Ac. 8. 32-35; 17. 11. Ro. 3. 2. Col. 3. 16. 2 Ti. 3. 14-17. 2 Pe. 1. 19-21. *ye think*. De. 32. 47. Ps. 16. 11; 21. 4; 36. 9; 133. 3. Da. 12. 2. Mat. 19. 16-20. Lu. 10. 25-29. He. 11. 16, 35. *they which*. ver. 32, 36; ch. 1. 45. De. 18. 15, 18. Ac. 26. 22, 23, 27. Ro. 1. 2. 1 Pe. 1. 10, 11. Re. 19. 10. See on Lu. 24. 27, 44.

40 *ye will not*. ver. 44; ch. 1. 11; 3. 19; 8. 45, 46; 12. 37-41. Ps. 81. 11. Is. 49. 7; 50. 2; 53. 1-3. Mat. 22. 3; 23. 37. Re. 22. 17. *that*. ch. 6. 27, 37, 40, 68, 69; 7. 37, 38; 11. 25, 26. Ro. 6. 23. 1 Jno. 5. 11-13.

41 ver. 34; ch. 6. 15; 7. 18; 8. 50, 54. 1 Th 2. 6. 1 Pe. 2. 21. 2 Pe. 1. 17.

42 *I know*. ch. 1. 47-49; 2. 25; 21. 17. Lu. 16. 15. He. 4. 12, 13. Re. 2. 23. *that*. ver. 44; ch. 8. 42, 47, 55; 15. 23, 24. Ro. 8. 7. 1 Jno. 2. 15; 3. 17; 4. 20.

43 *come*. ch. 3. 16; 6. 38; 8. 28, 29; 10. 25; 12. 28; 17. 4-6. Eze. 23. 21. He. 5. 4, 5. *if*. Mat. 24. 5, 24. Ac. 5. 36, 37; 21. 38.

44 *can*. ch. 3. 20; 8. 43; 12. 43. Je. 13. 23. Ro. 8. 7, 8. He. 3. 12. *which*. Mat. 23. 5. Ga. 5. 19-21. Phi. 2. 3. *and*. 1 Sa. 2. 30. 2 Ch. 6. 8. Mat. 25. 21-23. Lu. 19. 17. Ro. 2. 7, 10, 29. 1 Co. 4. 5. 2 Co. 10. 18. Ja. 2. 1. 1 Pe. 1. 7.

45 *there*. ch. 7. 19; 8. 5, 9. Ro. 2. 12, 17, etc.; 3. 19, 20; 7. 9-14. 2 Co. 3. 7-11. Ga. 3. 10. *in*. ch. 8. 5, 6; 9. 28, 29. Mat. 19. 7, 8. Ro. 10. 5-10.

46 *had*. Ga. 2. 19; 3. 10, 13, 24; 4. 21-31. *for*. ch. 1. 45. Ge. 3. 15; 12. 3; 18. 18; 22. 18; 28. 14; 49. 10. Nu. 21. 8, 9; 24. 17, 18. De. 18. 15, 18, 19. Ac. 26. 22. Ro. 10. 4. He. ch. 7-10.

47 Lu. 16. 29, 31.

## CHAP. VI.

*Christ feeds five thousand men with five loaves and two fishes*, 1-14. *Thereupon the people would have made him king*, 15; *but withdrawing himself, he walks on the sea to his disciples*, 16-25; *reproves the people flocking after him, and all the fleshly hearers of his word*, 26-31; *declares himself to be the bread of life to believers*, 32-65. *Many disciples depart from him*, 66, 67. *Peter confesses him*, 68, 69. *Judas is a devil*, 70, 71.

1 A.M. 4036. A.D. 32. *these*. Mat. 14. 13, 15, etc. Mar. 6. 31, 32, 34, 35, etc. Lu. 9. 10-12, etc. *the sea*. Nu. 34. 11. Jos. 12. 3. See on Mat. 4. 18; 15. 29. Lu. 5. 1. *which*. ver. 23; ch. 21. 1.

2 Mat. 4. 24, 25; 8. 1; 12. 15; 13. 2; 14. 14; 15. 30, 31. Mar. 6. 33.

3 ver. 15. Mat. 14. 23; 15. 29. Lu. 6. 12, 13; 9. 28.

4 ch. 2. 13; 5. 1; 11. 55; 12. 1; 13. 1. Ex. 12. 6, etc. Le. 23. 5, 7. De. 16. 1.

5 *saw*. ch. 4. 35. Mat. 14. 14, 15. Mar. 6. 34, 35. Lu. 9. 12. *Whence*. Mat. 15. 33. Mar. 8. 2-4. Lu. 9. 13.

6 *prove*. Ge. 22. 1. De. 8. 2, 16; 13. 3; 33. 8. 2 Ch. 32. 31.

7. *Two*. This sum, rating the denarius at $7\frac{1}{2}d.$, would amount to *6l. 5s.*; or, reckoning the denarius, with some, at $7\frac{3}{4}d.$, it would amount to *6l. 9s. 2d.* of our money; which appears to have been more than our Lord and all his disciples were worth of this world's goods. Nu. 11. 21, 22. 2 Ki. 4. 43. Mar. 6. 37. *pennyworth*. ch. 12. 5. Mat. 18. 28, marg.

8 *Andrew*. ch. 1. 40-44. Mat. 4. 18.

9 *which*. Mat. 14. 17; 16. 9. Mar. 6. 38; 8. 19. Lu. 9. 13. *barley*. De. 8. 8; 32. 14. 1 Ki. 4. 28. 2 Ki. 7. 1. Ps. 81. 16; 147. 14. Eze. 27. 17. 2 Co. 8. 9. Re. 6. 6. *but*. ver. 7; ch. 11. 21, 32. 2 Ki. 4. 42-44. Ps. 78. 19, 41.

10 *Make*. Mat. 14. 18, 19; 15. 35, 36. Mar. 6. 39-41; 8. 6, 7. Lu. 9. 14-16. *Now*. No wonder, since it was the spring, being near the passover; and, from the plenty of grass, it would be a place much more suitable to the purpose. This circumstance, says Dr. PALEY, is plainly the remark of an eye-witness.

11 *when*. ver. 23. 1 Sa. 9. 13. Lu. 24. 30. Ac. 27. 35. Ro. 14. 6. 1 Co. 10. 31. 1 Th. 5. 18. 1 Ti. 4. 4, 5.

12 *they*. Ne. 9. 25. Mat. 14. 20, 21; 15. 37, 38. Mar. 6. 42-44; 8. 8, 9. Lu. 1. 53; 9. 17. *that nothing*. Ne. 8. 10. Pr. 18. 9. Lu. 15. 13; 16. 1.

13 *and filled*. 1 Ki. 17. 15, 16. 2 Ki. 4. 2-7. 2 Ch. 25. 9. Pr. 11. 24, 25. 2 Co. 9. 8, 9. Phi. 4. 19.

14 *This*. ch. 1. 21; 4. 19, 25, 42; 7. 40. Ge. 49. 10. De. 18. 15-18. Mat. 11. 3; 21. 11. Lu. 7. 16; 24. 19. Ac. 3. 22-24; 7. 37.

15 *perceived*. ch. 2. 24, 25. He. 4. 13. *take*. ch. 7. 3, 4; 12. 12, 13. Mar. 11. 9. Lu. 19. 38. *he departed*. ch. 5. 41; 18. 36. Mat. 14. 22. Mar. 6. 46, etc.

17 *and went*. ver. 24, 25; ch. 2. 12; 4. 46. Mar. 6. 45.

18 Ps. 107. 25; 135. 7. Mat. 14. 24.

19 *had rowed*. Eze. 27. 26. Jon. 1. 13. Mar. 6. 47, 48. *furlongs*. ch. 11. 18. Lu. 24. 13. Re. 14. 20; 21. 16. *walking*. ch. 14. 18. Job 9. 8. Ps. 29. 10; 93. 4. Mat. 14. 25, 26. Mar. 6. 49. Lu. 24. 36-39.

20 *It is*. Ps. 35. 3. Is. 41. 10, 14; 43. 1, 2; 44. 8. Mat. 14. 27-31. Mar. 6. 50; 16. 6. Re. 1. 17, 18.

21 *they willingly*. Ps. 24. 7-10. Ca. 3. 4. Mat. 14. 32, 33. Mar. 6. 51. Re. 3. 20.

22 *but*. ver. 16, 17. Mat. 14. 22. Mar. 6. 45.

23 *there*. ver. 24. *Tiberias*. *Tiberias* was a celebrated city of Galilee, on the western shore of the lake to which it gave name, so called because built by Herod Agrippa in honour of the emperor *Tiberius;* distant 30 furlongs from Hippos, 60 from Gadara, 120 from Scythopolis, and 30 from Tarichea. It is still called *Tabaria*, or *Tabbareeah*, by the natives, is situated close to the edge of the lake, has tolerably high but ill-built walls on three of its sides, flanked with circular towers, and is of nearly a quadrangular form, according to POCOCKE, containing a population estimated at from 2000 to 4000 souls. See on ver. 1. *where*. See on ver. 11, 12.

24 *they also*. ver. 17, 23. *seeking*. ch. 7. 11; 18. 4, 5; 20. 15. Mar. 1. 37. Lu. 8. 40.

25 *Rabbi*. See on ch. 1. 38, 39.

26 *Verily*. ver. 47, 53; ch. 3. 3, 5. *Ye seek*. ver. 15, 64. Ps. 78. 37; 106. 12-14. Eze. 33. 31. Ac. 8. 18-21. Ro. 16. 18. Phi. 2. 21; 3. 19. 1 Ti. 6. 5. Ja. 4. 3, 4.

27 *Labour not*. *or*, Work not. ver. 28, 29. Ga. 5. 6. Phi. 2. 13. Col. 1. 29. 1 Th. 1. 3. *the meat*. ch. 4. 13, 14. Ec. 5. 11-16; 6. 7. Is. 55. 2. Hab. 2. 13. Mat. 6. 19, 31-33. Lu. 10. 40-42. 1 Co. 6. 13; 7. 29-31; 9. 24-27. 2 Co. 4. 18. Col. 2. 22; 3. 2. He. 4. 11; 12. 16. Ja. 1. 11. 1 Pe. 1. 24. 2 Pe. 3. 11-14. *which endureth*. ver. 40, 51, 54, 58, 68; ch. 4. 14. Je. 15. 16. *which the*. ch. 10. 28; 11. 25, 26; 14. 6; 17. 2. Pr. 2. 2-6. Ro. 6. 23. *for him*. ch. 1. 33, 34; 5. 36, 37; 8. 18; 10. 37, 38; 11. 42; 15. 24. Ps. 2. 7; 40. 7. Is. 11. 1-3; 42. 1; 61. 1-3. Mat. 3. 17; 17. 5. Mar. 1. 11; 9. 7. Lu. 3. 22; 4. 18-21; 9. 35. Ac. 2. 22; 10. 38. 2 Pe. 1. 17.

28 *What*. De. 5. 27. Je. 42. 3-6, 20. Mi. 6. 7, 8. Mat. 19. 16. Lu. 10. 25. Ac. 2. 37; 9. 6; 16. 30.

29 *This*. ch. 3. 16-18, 36; 5. 39. De. 18. 18, 19. Ps. 2. 12. Mat. 17. 5. Mar. 16. 16. Ac. 16. 31; 22. 14-16. Ro. 4. 4, 5; 9. 30, 31; 10. 3, 4. He. 5. 9. 1 Jno. 3. 23; 5. 1.

30 *What*. ch. 2. 18; 4. 8. Ex. 4. 8. 1 Ki. 13. 3, 5. Is. 7. 11-14. Mat. 12. 38, 39; 16. 1-4. Mar. 8. 11. Lu. 11. 29, 30. Ac. 4. 30. 1 Co. 1. 22. He. 2. 4. *see*. ver. 36; ch. 10. 38; 12. 37; 20. 25-29. Is. 5. 19. Mar. 15. 32.

31 *fathers*. ver. 49. Ex. 16. 4-15, 35. Nu. 11. 6-9. De. 8. 3. Jos. 5. 12. Ne. 9. 20. Ps. 105. 40. *He gave*. Ne. 9. 15. Ps. 78. 24, 25. 1 Co. 10. 3. Re. 2. 17.

32 *Moses.* Ex. 16. 4, 8. Ps. 78. 23. *the true.* ver. 33, 35, 41, 50, 55, 58; ch. 1. 9; 15. 1. Ga. 4. 4. 1 Jno. 5. 20.
33 *cometh.* ver. 38, 48; ch. 3. 13; 8. 42; 13. 3; 16. 28; 17. 8. 1 Ti. 1. 15. 1 Jno. 1. 1, 2.
34 *evermore.* ver. 26; ch. 4. 15. Ps. 4. 6.
35 *I am.* ver. 41, 48-58. 1 Co. 10. 16-18; 11. 23-29. *he that cometh.* ver. 37, 44, 45, 65; ch. 5. 40; 7. 37. Is. 55. 1-3. Mat. 11. 28. Re. 22. 17. *never hunger.* ch. 4. 13, 14; 7. 38. Is. 49. 10. Lu. 6. 25. Re. 7. 16.
36 *That.* ver. 26, 30, 40, 64; ch. 12. 37; 15. 24. Lu. 16. 31. 1 Pe. 1. 8, 9.
37 *that.* ver. 39, 45; ch. 17. 2, 6, 8, 9, 11, 24. *shall.* ver. 44, 65; ch. 10. 28, 29. Ps. 110. 3. Ep. 2. 4-10. Phi. 1. 29. 2 Th. 2. 13, 14. 2 Ti. 2. 19. Tit. 3. 3-7. *I will.* ch. 9. 34. Ps. 102. 17. Is. 1. 18, 19; 41. 9; 42. 3; 55. 7. Mat. 11. 28; 24. 24. Lu. 23. 40-43. Ro. 5. 20. 1 Ti. 1. 16. He. 4. 15; 7. 25. 1 Jno. 2. 19. Re. 22. 17.
38 *I came.* ver. 33; ch. 3. 13, 31. Ep. 4. 9. *not.* ch. 4. 34; 5. 30. Ps. 40. 7, 8. Is. 53. 10. Mat. 20. 28; 26. 39-42. Ro. 15. 3. Phi. 2. 7, 8. He. 5. 8; 10. 7-9.
39 *this.* ver. 40. Mat. 18. 14. Lu. 12. 32. Ro. 8. 28-31. 2 Th. 2. 13, 14. 2 Ti. 2. 19. *given.* See on ver. 37. *I should.* ch. 10. 27-30; 17. 12; 18. 9. 1 Sa. 25. 29. Col. 3. 3, 4. 1 Pe. 1. 5. Jude 1. *but.* ver. 40, 44, 54; ch. 5. 28; 11. 24-26; 12. 48. Ro. 8. 11. Phi. 3. 20, 21.
40 *seeth.* ver. 36, 47; ch. 1. 14; 4. 14; 8. 56. Is. 45. 21, 22; 52. 10; 53. 2. Lu. 2. 30. 2 Co. 4. 6. He. 11. 1, 27. 1 Pe. 1. 8. 1 Jno. 1. 1-3. *and believeth.* ver. 27, 35, 54; ch. 3. 15-18, 36; 5. 24; 10. 28; 12. 50; 17. 2. Mar. 16. 16. Ro. 5. 21; 6. 23. 1 Jno. 2. 25; 5. 11-13. Jude 21. *I will.* ch. 11. 25.
41 *murmured.* ver. 43, 52, 60, 66; ch. 7. 12. Lu. 5. 30; 15. 2; 19. 7. 1 Co. 10. 10. Jude 16. *I am.* ver. 33, 48, 51, 58.
42 *Is not.* ch. 7. 27. Mat. 13. 55, 56. Mar. 6. 3. Lu. 4. 22. Ro. 1. 3, 4; 9. 5. 1 Co. 15. 47. Ga. 4. 4.
43 *Murmur.* ver. 64; ch. 16. 19. Mat. 16. 8. Mar. 9. 33. He. 4. 13.
44 *man.* ver. 65; ch. 5. 44; 8. 43; 12. 37-40. Is. 44. 18-20. Je. 13. 23. Mat. 12. 34. Ro. 8. 7, 8. *except.* ver. 45, 65; ch. 3. 3-7. Mat. 11. 25-27; 16. 17. Ep. 2. 4-10. Phi. 1. 29. Col. 2. 12. Tit. 3. 3-5. *draw.* ch. 12. 32. Ca. 1. 4. Je. 31. 3. Ho. 11. 4. *and I.* ver. 39, 40.
45 *written.* Mar. 1. 2. Lu. 1. 70; 18. 31. *And they.* Is. 2. 3; 54. 13. Je. 31. 33, 34. Mi. 4. 2. Ep. 4. 21, 22. 1 Th. 4. 9. He. 8. 10, 11; 10. 16. *Every.* ver. 37, 65; ch. 5. 38-40; 10. 27; 16. 14, 15. Mat. 11. 27; 17. 5. Ep. 1. 17. 1 Jno. 4. 1-3.
46 *any.* ch. 1. 18; 5. 37; 8. 19; 14. 9, 10; 15. 24. Col. 1. 15. 1 Ti. 6. 16. 1 Jno. 4. 12. *he hath.* ch. 7. 29; 8. 55. Mat. 11. 27. Lu. 10. 22.
47 *He that.* ver. 40, 54. ch. 3. 16, 18, 36; 5. 24; 14. 19. Ro. 5. 9, 10. Col. 3. 3, 4. 1 Jno. 5. 12, 13.
48 ver. 33-35, 41, 51. 1 Co. 10. 16, 17; 11. 24, 25.
49 *fathers.* See on ver. 31. *and are.* Nu. 26. 65. Zec. 1. 5. 1 Co. 10. 3-5. He. 3. 17-19. Jude 5.
50 *the bread.* ver. 33, 42, 51, 54; ch. 3. 13. *that.* ver. 58; ch. 8. 51; 11. 25, 26. Ro. 8. 10.
51 *living.* ch. 3. 13; 4. 10, 11; 7. 38. 1 Pe. 2. 4. *and the bread.* This was one of the things which the Jews expected from the Messiah, as we learn from *Midrash Koheleth.* "Rabbi Berechiah, in the name of Rabbi Isaac said, As was the first Redeemer, so also shall be the latter. The first Redeemer made manna descend from heaven, as it is said in Ex. 16. 4, 'And I will rain bread from heaven for you.' So also the latter Redeemer shall make manna descend, as it is said, Ps. 72. 16, 'There shall be a handful of corn in the earth,' etc." *my flesh.* ver. 52-57. Mat. 20. 28. Lu. 22. 19. Ep. 5. 2, 25. Tit. 2. 14. He. 10. 5-12, 20. *the life.* ver. 33; ch. 1. 29; 3. 16. 2 Co. 5. 19, 21. 1 Jno. 2. 2; 4. 14.
52 *strove.* ver. 41; ch. 7. 40-43; 9. 16; 10. 19. *How.* ch. 3. 4, 9; 4. 11. Ac. 17. 32. 1 Co. 2. 14.
53 *Verily.* ver. 26, 47. See on ch. 3. 3. Mat. 5. 18. *Except.* ch. 3. 3, 5; 13. 8; 15. 4. Mat. 18. 3. Lu. 13. 3, 5. *eat.* ver. 55; ch. 3. 36. Mat. 26. 26-28. 1 Jno. 5. 12. Re. 2. 7, 17.
54 *eateth.* ver. 27, 40, 63; ch. 4. 14. Ps. 22. 26. Pr. 9. 4-6. Is. 25. 6-8; 55. 1-3. Ga. 2. 20. Phi. 3. 7-10. *hath.* See on ver. 39, 40, 47.
55 *meat.* ver. 32; ch. 1. 9, 47; 8. 31, 36; 15. 1. Ps. 4. 7. He. 8. 2. 1 Jno. 5. 20.
56 *He that.* La. 3. 24. *dwelleth.* ch. 14. 20, 23; 15. 4, 5; 17. 21-23. Ps. 90. 1; 91. 1, 9. 2 Co. 6. 16. Ep. 3. 17. 1 Jno. 3. 24; 4. 12, 15, 16. Re. 3. 20.
57 *the living.* Ps. 18. 46. Je. 10. 10. 1 Th. 1. 9. He. 9. 14. *I live.* ch. 5. 26; 17. 21. *even.* ch. 11. 25, 26; 14. 6, 19. 1 Co. 15. 22. 2 Co. 13. 4. Ga. 2. 20. Col. 3. 3, 4. 1 Jno. 4. 9.
58 See on ver. 32, 34, 41, 47-51.
59 *in the.* ver. 24; ch. 18. 20. Ps. 40. 9, 10. Pr. 1. 20-23; 8. 1-3. Lu. 4. 31.
60 *of his.* ver. 66; ch. 8. 31. *This.* ver. 41, 42; ch. 8. 43. Mat. 11. 6. He. 5. 11. 2 Pe. 3. 16.
61 ver. 64; ch. 2. 24, 25; 21. 17. He. 4. 13. Re. 2. 23.
62 ch. 3. 13; 16. 28; 17. 4, 5, 11. Mar. 16. 19. Lu. 24. 51. Ac. 1. 9. Ep. 4. 8-10. 1 Pe. 3. 22.
63 *the spirit.* Ge. 2. 7. Ro. 8. 2. 1 Co. 15. 45. 2 Co. 3. 6. Ga. 5. 25. 1 Pe. 3. 18. *the flesh.* Ro. 2. 25; 3. 1, 2. 1 Co. 11. 27-29. Ga. 5. 6; 6. 15. 1 Ti. 4. 8. He. 13. 9. 1 Pe. 3. 21. *the words.* ver. 68; ch. 12. 49, 50. De. 32. 47. Ps. 19. 7-10; 119. 50, 93, 130. Ro. 10. 8-10, 17. 1 Co. 2. 9-14. 2 Co. 3. 6-8. 1 Th. 2. 13. He. 4. 12. Ja. 1. 18. 1 Pe. 1. 23.
64 *there.* ver. 36, 61; ch. 5. 42; 8. 23, 38-47, 55; 10. 26; 13. 10, 18-21. *For.* ver. 70, 71; ch. 2. 24, 25; 13. 11. Ps. 139. 2-4. Ac. 15. 18. Ro. 8. 29. 2 Ti. 2. 19. He. 4. 13.
65 *that no.* ver. 37, 44, 45; ch. 10. 16, 26, 27; 12. 37-41. Ep. 2. 8, 9. Phi. 1. 29. 1 Ti. 1. 14. 2 Ti. 2. 25. Tit. 3. 3-7. He. 12. 2. Ja. 1. 16-18.
66 *of his.* ver. 60; ch. 8. 31. Zep. 1. 6. Mat. 12. 40-45; 13. 20, 21; 19. 22; 21. 8-11; 27. 20-25. Lu. 9. 62. 2 Ti. 1. 15; 4. 10. He. 10. 38. 2 Pe. 2. 20-22. 1 Jno. 2. 19.
67 *Will.* Jos. 24. 15-22. Ru. 1. 11-18. 2 Sa. 15. 19, 20. Lu. 14. 25-33.
68 *to whom.* Ps. 73. 25. *thou hast.* ver. 40, 63; ch. 5. 24, 39, 40. Ac. 4. 12; 5. 20; 7. 38. 1 Jno. 5. 11-13.
69 *we believe.* ch. 1. 29, 41, 45-49; 11. 27; 20. 28, 31. Mat. 16. 16. Mar. 1. 1; 8. 29. Lu. 9. 20. Ac. 8. 37. Ro. 1. 3. 1 Jno. 5. 1, 20. *the living.* See on ver. 57.
70 *Have.* ver. 64; ch. 13. 18; 17. 12. Mat. 10. 1-4. Lu. 6. 13-16. Ac. 1. 17. *and one.* ch. 8. 44; 13. 2, 21, 27. Ac. 13. 10. 1 Jno. 3. 8. Re. 3. 9, 10. *a devil.* 1 Ti. 3. 11. Tit. 2. 3. Gr.
71 *for.* Ps. 109. 6-8. Ac. 1. 16-20; 2. 23. Jude 4. *being.* ch. 18. 2-6. Ps. 41. 9; 55. 13, 14. Mat. 26. 14-16; 27. 3-5.

## CHAP. VII.

*Jesus reproves the ambition and boldness of his kinsmen, 1-9; goes up from Galilee to the feast of tabernacles, 10-13; teaches in the temple, 14-39. Divers opinions of him among the people, 40-44. The Pharisees are angry that their officers took him not, and chide with Nicodemus for taking his part, 45-53.*

1 A.M. 4037. A.D. 33. *walked.* ch. 4. 3, 54; 10. 39, 40; 11. 54. Lu. 13. 31-33. Ac. 10. 38. *Jewry.* *Jewry,* or *Judea,* as distinguished from Galilee and Samaria, contained the tribes of Judah, Benjamin, Simeon, and Dan, being bounded on the north by the village Annach or Dorceus, on the borders of Samaria; on the south by a village called Jarda in Arabia; and extending in breadth from the river Jordan to Joppa and the Mediterranean, having Jerusalem in its centre. *because.* ver. 19, 25; ch. 5. 16-18. Mat. 10. 23; 21. 38.
2 Ex. 23. 16, 17. Le. 23. 34-43. Nu. 29. 12-38. De. 16. 13-16. 1 Ki. 8. 2, 65. 2 Ch. 7. 9, 10. Ezr. 3. 4. Ne. 8. 14-18. Zec. 14. 16-19.
3 *brethren.* ver. 5. Mat. 12. 46, 47. Mar. 3. 31. Lu. 8. 19. Ac. 2. 14. *Depart.* Ge. 37. 5-11, 20. 1 Sa. 17. 28. Je. 12. 6. Mat. 22. 16, 17.
4 *there.* Pr. 18. 1, 2. Mat. 6. 1, 2, 5, 16; 23. 5. Lu. 6. 45. *shew.* ch. 18. 20. 1 Ki. 22. 13. Mat. 4. 6. Ac. 2. 4-12.
5 ch. 1. 11-13. Mi. 7. 5, 6. Mar. 3. 21.
6 *My time.* ver. 8, 30; ch. 2. 4; 8. 20; 13. 1; 17. 1. Ps. 102. 13. Ec. 3. 1, etc. Ac. 1. 7.
7 *world.* ch. 15. 19. Lu. 6. 26. Ja. 4. 4. 1 Jno. 4. 5. *but.* ch. 15. 18, 19, 23-25; 17. 14. Pr. 8. 36. Is. 49. 7. Zec. 11. 8. Ro. 8. 7. 1 Jno. 3. 12, 13. *because.* ch. 3. 19. 1 Ki. 21. 20; 22. 8. Pr. 9. 7, 8; 15. 12. Is. 29. 21. Je. 20. 8. Am. 7. 7-13. Mal. 3. 5. Lu. 11. 39-54. Ac. 5. 28-33; 7. 51-54. Ga. 4. 16. Re. 11. 5-11.
8 *I go not.* ver. 6, 30; ch. 8. 20, 30; 11. 6, 7. 1 Co. 2. 15, 16.
10 *then.* Ps. 26. 8; 40. 8. Mat. 3. 15. Ga. 4. 4. *not.* ch. 11. 54. Is. 42. 2, 3. Am. 5. 13. Mat. 10. 16.
11 *Jews.* ch. 11. 56.
12 *murmuring.* ver. 32; ch. 9. 16. Phi. 2. 14. *some.* ver. 25-27, 40-43; ch. 6. 14; 9. 16; 10. 19-21. Mat. 10. 25; 16. 13-16; 21. 46. Lu. 7. 16. *is a.* Lu. 6. 45; 18. 19; 23. 47, 50. Ac. 11. 24. Ro. 5. 7. *deceiveth.* ver. 47, 52. Mat. 27. 63.
13 *spake.* ch. 3. 2; 9. 22, 34; 12. 42, 43; 19. 38; 20. 19. Pr. 29. 25. Ga. 2. 12, 13. 2 Ti. 2. 9-13. Re. 2. 13.
14 *the midst.* ver. 2, 37. Nu. 29, 12, 13, 17, 20, 23, etc. *the temple.* ch. 5. 14; 8. 2; 18. 20. Hag. 2. 7-9. Mal. 3. 1. Mat. 21. 12. Lu. 19. 47.
15 *marvelled.* ver. 46. Mat. 7. 28, 29; 22. 22, 33. Lu. 2.

47. *How.* Mat. 13. 54. Mar. 6. 2, 3. Lu. 4. 22. Ac. 2. 7, etc.; 4. 11, 12. *letters. or,* learning. Am. 7. 14, 15.

16 *My.* ch. 3. 11, 31; 8. 28; 12. 49, 50; 14. 10, 24; 17. 8, 14. Re. 1. 1. *but.* ch. 5. 23, 24, 30; 6. 38-40, 44.

17 ch. 1. 46-49; 8. 31, 32, 43, 47. Ps. 25. 8, 9, 12; 119. 10, 101, 102. Is. 35. 8. Je. 31. 33, 34. Ho. 6. 3. Mi. 4. 2. Mal. 4. 2. Mat. 6. 22. Lu. 8. 15. Ac. 10. 1-6; 11. 13, 14; 17. 11. Phi. 3. 15, 16.

18 *that speaketh.* ch. 5. 41; 8. 49, 50. 1 Co. 10. 31-33. Ga. 6. 12-14. Phi. 2. 3-5. 1 Th. 2. 6. 1 Pe. 4. 11. *seeketh his glory.* ch. 3. 26-30; 11. 4; 12. 28; 13. 31-32; 17. 4, 5. Ex. 32. 10-13. Nu. 11. 29. Pr. 25. 27. Mat. 6. 9.

19 *not.* ch. 1. 17; 5. 45; 9. 28, 29. Ex. 24. 2, 3. De. 33. 4. Jno. 1. 17. Ac. 7. 38. Ga. 3. 19. He. 3. 3-5. *yet.* Mat. 23. 2-4. Ro. 2. 12, 13, 17-29; 3. 10-23. Ga. 6. 13. *Why.* ver. 25; ch. 5. 16, 18; 10. 31, 32, 39; 11. 53. Ps. 2. 1-6. Mat. 12. 14; 21. 38. Mar. 3. 4, 6.

20 *Thou.* ch. 8. 48, 52; 10. 20. Mat. 10. 25; 11. 18, 19; 12. 24. Mar. 3. 21, 22, 30. Ac. 26. 24.

21 *I have.* ch. 5. 9-11.

22 *circumcision.* Ge. 17. 10-14. Le. 12. 3. Ro. 4. 9-11. Ga. 3. 17.

23 *that the law of Moses should not be broken. or,* without breaking the law of Moses. Mat. 12. 5. *I have made.* Rather, 'I have healed a *whole man,* ολον ανθρωπον, and not the circumcised member only. This reasoning was in perfect accordance with the principles of the Jews. So TANCHUMA, 'Circumcision, which is performed on one of the 248 members of a man, vacates the sabbath; how much more the *whole body* of a man!' ch. 5. 8, 9, 14-16.

24 ch. 8. 15. De. 1. 16, 17; 16. 18, 19. Ps. 58. 1, 2; 82. 2; 94. 20, 21. Pr. 17. 15; 24. 23. Is. 5. 33; 11. 3, 4. Ja. 2. 1, 4, 9.

25 *of Jerusalem.* ver. 10, 11. *Is not.* ver. 20.

26 *he speaketh.* Ps. 40. 9, 10; 71. 15, 16. Pr. 28. 1. Is. 42. 4; 50. 7, 8. Mat. 22. 16. Ac. 4. 13. Ep. 6. 19, 20. Phi. 1. 14. 2 Ti. 1. 7, 8. *Do.* ver. 48; ch. 9. 22; 11. 47-53; 12. 42. Lu. 7. 30.

27 *we know.* ver. 15; ch. 6. 42. Mat. 13. 54-57. Mar. 6. 3. Lu. 4. 22. *no man.* ver. 41, 42. Is. 11. 1; 53. 8. Je. 23. 5; 30. 21. Mi. 5. 2. Mat. 2. 5, 6. Ac. 8. 33.

28 *Ye both.* ch. 1. 46; 8. 14. Mat. 2. 23. Lu. 2. 4, 11, 39, 51. *and I.* ch. 3. 2; 5. 43; 8. 16, 42; 10. 36; 12. 49; 14. 10, 31. *is true.* ch. 3. 33; 5. 32; 8. 26. Ro. 3. 4. 2 Co. 1. 18. Tit. 1. 2. He. 6. 18. 1 Jno. 5. 10. *whom.* ch. 8. 19, 54, 55; 16. 3; 17. 3, 25. 1 Sa. 2. 12. Ps. 9. 10. Pr. 2. 3-5. Je. 9. 6; 31. 34. Ho. 4. 1; 5. 4; 6. 3-6. Mat. 11. 27. Lu. 10. 22. Ac. 17. 23. Ro. 1. 28. 2 Co. 4. 6. 1 Jno. 2. 3, 4.

29 *I.* ch. 1. 18; 8. 55; 10. 15; 17. 25, 26. *for.* ch. 3. 16, 17; 13. 3; 16. 27, 28; 17. 18. 1 Jno. 1. 2; 4. 9, 14.

30 *they.* ver. 19, 32; ch. 8. 37, 59; 10. 31, 39; 11. 57. Mar. 11. 18. Lu. 19. 47, 48; 20. 19. *but.* ver. 6, 8, 44-46; ch. 8. 20; 9. 4; 11. 9, 10. Ps. 76. 10. Is. 46. 10. Lu. 13. 32, 33; 22. 53.

31 *believed.* ch. 2. 23, 24; 4. 39; 6. 14, 15; 8. 30-32; 12. 42. Mat. 12. 23. Lu. 8. 13. Ac. 8. 13. Ja. 2. 26. *When.* ch. 3. 2; 6. 2; 9. 16; 10. 41, 42. Mat. 11. 3-6.

32 *Pharisees heard.* ver. 47-53; ch. 11. 47, 48; 12. 19. Mat. 12. 23, 24; 23. 13. *sent.* ver. 45, 46; ch. 18. 3. Lu. 22. 52, 53. Ac. 5. 26.

33 *Yet.* ch. 12. 35, 36; 13. 1, 3, 33; 16. 5, 16-22; 17. 11, 13. Mar. 16. 19.

34 ch. 8. 21-24; 13. 33-36; 14. 3, 6; 17. 24. Pr. 1. 24-31. Ho. 5. 6. Mat. 23. 39. Lu. 13. 24, 25, 34, 35; 17. 22, 23.

35 *the dispersed.* Is. 11. 12; 27. 12, 13. Zep. 3. 10. Ac. 21. 21. Ja. 1. 1. 1 Pe. 1. 1. *Gentiles. or,* Greeks. *teach.* Ps. 67. 1, 2; 98. 2, 3. Is. 11. 10; 49. 6. Mat. 12. 21. Lu. 2. 32. Ac. 11. 18; 13. 46-48; 22. 21. Ep. 3. 8. Col. 1. 27. 1 Ti. 2. 7. 2 Ti. 1. 11.

36 *manner.* ch. 3. 4, 9; 6. 41, 52, 60; 12. 34; 16. 17, 18. *Ye shall.* ver. 34. 1 Co. 2. 14.

37 *the last.* Le. 23. 36, 39. Nu. 29. 35. 1 Ki. 8. 65, 66. *and cried.* ver. 28; ch. 1. 23. Pr. 1. 20; 8. 1, 3; 9. 3. Is. 40. 2, 6; 55. 1; 58. 1. Je. 2. 2. Mi. 6. 9. Mat. 3. 3. *If.* ch. 4. 10; 6. 35. Ps. 36. 8, 9; 42. 2; 63. 1; 143. 6. Is. 12. 3; 41. 17, 18; 44. 3; 55. 1. Am. 8. 11-13. Re. 21. 6; 22. 1, 17. *let.* ch. 5. 40; 6. 37; 14. 6. Is. 55. 3. Je. 16. 19. Mat. 11. 28. *drink.* ch. 6. 55. Ca. 5. 1. Zec. 9. 15. 1 Co. 10. 4, 21; 11. 25; 12. 13. Ep. 5. 18.

38 *He that.* De. 18. 15. *out.* ch. 4. 14. Job 32. 18, 19. Pr. 10. 11; 18. 4. Is. 12. 3; 44. 3; 58. 11; 59. 21. Eze. 47. 1-12. Zec. 14. 8. Ga. 5. 22, 23. Ep. 5. 9.

39 *this spake.* ch. 14. 16, 17, 26. Pr. 1. 23. Is. 12. 3; 32. 15; 44. 3. Joel 2. 28. Lu. 3. 16; 24. 49. Ac. 1. 4-8; 2. 4, 17, 38; 4. 31. Ro. 8. 9. Ep. 1. 13, 14; 4. 30. *for.* ch. 16. 7. Ps. 68. 18. Is. 32. 15. Ac. 2. 17, 33. 2 Co. 3. 8. *glorified.* ch. 12. 16; 13. 31, 32; 14. 13; 17. 5. Ac. 3. 13. *Of.* ver. 12; ch. 1. 21, 25; 6. 14. De. 18. 15-18. Mat. 16. 14; 21. 11. Lu. 7. 16. Ac. 3. 22, 23.

41 *This is.* ver. 31; ch. 1. 41, 49; 4. 25, 29, 42; 6. 69. Mat. 16. 14-16. *Shall.* ver. 52; ch. 1. 46.

42 *not.* ver. 27. Ps. 132. 11. Is. 11. 1. Je. 23. 5. Mi. 5. 2. Mat. 2. 5. Lu. 2. 4, 11. *where.* 1 Sa. 16. 1, 4, 11-13, 18; 17. 58.

43 ver. 12; ch. 9. 16; 10. 19. Mat. 10. 35. Lu. 12. 51. Ac. 14. 4; 23. 7-10.

44 *no man.* ver. 30; ch. 8. 20; 18. 5, 6. Ac. 18. 10; 23. 11; 27. 23-25.

45 *the officers.* ver. 32. Ac. 5. 21-27.

46 *Never.* ver. 26. Mat. 7. 29. Lu. 4. 22.

47 *Are.* ver. 12; ch. 9. 27-34. 2 Ki. 18. 29, 32. 2 Ch. 32. 15. Mat. 27. 63. 2 Co. 6. 8.

48 ver. 26, 50; ch. 12. 42. Je. 5. 4, 5. Mat. 11. 25. Ac. 6. 7. 1 Co. 1. 20, 22-28; 2. 8.

49 ch. 9. 34, 40. Is. 5. 21; 28. 14; 29. 14-19; 65. 5. 1 Co. 1. 20, 21; 3. 18-20. Ja. 3. 13-18.

50 *he that.* ch. 3. 1, 2; 19. 39. *to Jesus. Gr.* to him.

51 De. 1. 17; 17. 8-11; 19. 15-19. Pr. 18. 13.

52 *Art.* ch. 9. 34. Ge. 19. 9. Ex. 2. 14. 1 Ki. 22. 24. Pr. 9. 7, 8. *Search.* ver. 41; ch. 1. 46. Is. 9. 1, 2. Mat. 4. 15, 16.

53 Job 5. 12, 13. Ps. 33. 10; 76. 5, 10.

## CHAP. VIII.

*Christ delivers the woman taken in adultery,* 1-11. *He declares himself the light of the world, and justifies his doctrine,* 12-30; *promises freedom to those who believe,* 31, 32; *answers the Jews that boasted of Abraham,* 33-47; *answers their reviling, by shewing his authority and dignity,* 48-58; *and conveys himself from their cruelty,* 59.

1 Mat. 21. 1. Mar. 11. 1; 13. 3. Lu. 19. 37.

2 *early.* ch. 4. 34. Ec. 9. 10. Je. 25. 3; 44. 4. Lu. 21. 37. *and he.* Mat. 5. 1, 2; 26. 55. Lu. 4. 20; 5. 3.

5 *Moses.* Le. 20. 10. De. 22. 21-24. Eze. 16. 38-40; 23. 47. *but.* Mat. 5. 17; 19. 6-8; 22. 16-18.

6 *tempting.* Nu. 14. 22. Mat. 19. 3. Lu. 10. 25; 11. 53, 54; 20. 20-23. 1 Co. 10. 9. *But.* ver. 2. Ge. 49. 9. Je. 17. 13. Da. 5. 5. *as though.* Ps. 38. 12-14; 39. 1. Pr. 26. 17. Ec. 3. 7. Am. 5. 10, 13. Mat. 10. 16; 15. 23; 26. 63.

7 *and said.* ch. 7. 46. Pr. 12. 18; 26. 4, 5. Je. 23. 29. 1 Co. 14. 24, 25. Col. 4. 6. He. 4. 12, 13. Re. 1. 16; 2. 16; 19. 15. *He that.* De. 17. 6. Ps. 50. 16-20. Mat. 7. 1-5; 23. 25-28. Ro. 2. 1-3, 21-25.

9 *being.* Ge. 42. 21, 22. 1 Ki. 2. 44; 17. 18. Ps. 50. 21. Ec. 7. 22. Mar. 6. 14-16. Lu. 12. 1-3. Ro. 2. 15, 22. 1 Jno. 3. 20. *went out.* Job 5. 12, 13; 20. 5, 27. Ps. 9. 15, 16; 40. 14; 71. 13. Lu. 13. 17. *alone.* ver. 2, 10, 12.

10 *where.* Is. 41. 11, 12.

11 *Neither.* ver. 15; ch. 3. 17; 18. 36. De. 16. 18; 17. 9. Lu. 9. 56; 12. 13, 14. Ro. 13. 3, 4. 1 Co. 5. 12. *go.* ch. 5. 14. Job 34. 31. Pr. 28. 13. Is. 1. 16-18; 55. 6. Eze. 18. 30-32. Mat. 21. 28-31. Lu. 5. 32; 13. 3, 5; 15. 7, 10, 32. Ro. 2. 4; 5. 20, 21. 1 Ti. 1. 15, 16. 2 Pe. 3. 15. Ro. 2. 21, 22.

12 *I am.* ch. 1. 4-9; 3. 19; 9. 5; 12. 35. Is. 9. 2; 42. 6, 7; 49. 6; 60. 1-3. Ho. 6. 3. Mal. 4. 2. Mat. 4. 14-16. Lu. 1. 78, 79; 2. 32. Ac. 13. 47; 26. 23. *shall not.* ch. 12. 35, 46. Ps. 18. 28; 97. 11. Is. 50. 10. 2 Pe. 2. 4, 17. Jude 6, 13. *shall have.* ch. 7. 17; 14. 6. Job 33. 28. Ps. 49. 19. Re. 21. 24.

13 *Thou.* ch. 5. 31-47.

14 *yet.* Nu. 12. 3. Ne. 5. 14-19. 2 Co. 11. 31; 12.

11,19. *for.* ver. 42; ch. 7. 29; 10. 15, 36; 13. 3; 14. 10; 16. 28; 17. 8. *but.* ch. 7. 27, 28; 9. 29, 30.

15 *judge.* ch. 7. 24. 1 Sa. 16. 7. Ps. 58. 1, 2; 94. 20, 21. Am. 5. 7; 6. 12. Hab. 1. 4. Ro. 2. 1. 1 Co. 2. 15; 4. 3-5. Ja. 2. 4. *I judge.* ver. 11; ch. 3. 17; 12. 47; 18. 36. Lu. 12. 14.

16 *yet.* ch. 5. 22-30. 1 Sa. 16. 7. Ps. 45. 6, 7; 72. 1, 2; 98. 9; 99. 4. Is. 9. 7; 11. 2-5; 32. 1, 2. Je. 23. 5, 6. Zec. 9. 9. Ac. 17. 31. Re. 19. 11. *for.* ver. 29; ch. 16. 32.

17 *also.* ch. 10. 34; 15. 25. Ga. 3. 24; 4. 21. *that.* De. 17. 6; 19. 15. 1 Ki. 21. 10. Mat. 18. 16. 2 Co. 13. 1. He. 10. 28. 1 Jno. 5. 9. Re. 11. 3.

18 *one.* ver. 12, 25, 38, 51, 58; ch. 10. 9, 11, 14, 30; 11. 25; 14. 6. Re. 1. 17, 18. *and.* ch. 5. 31-40. He. 2. 4. 1 Jno. 5. 6-12.

19 *Ye neither.* ver. 54, 55; ch. 1. 10; 7. 28; 10. 14, 15; 15. 21; 16. 3. Je. 22. 16; 24. 7. 1 Co. 15. 34. Ga. 4. 9. Col. 1. 10. 1 Jno. 5. 20. *if.* ch. 1. 18; 14. 6-9; 17. 3, 25, 26. Mat. 11. 25. Lu. 10. 21, 22. 2 Co. 4. 4-6. Ep. 1. 17. Col. 1. 15. He. 1. 3. 2 Jno. 9.

20 *in the treasury.* 1 Ch. 9. 26. Mat. 27. 6. Mar. 12. 41, 43. *and no.* ver. 59; ch. 7. 8, 30, 44; 10. 39; 11. 9, 10. Lu. 13. 31-33; 20. 19.

21 *I go.* ch. 7. 34; 12. 33, 35. 1 Ki. 18. 10. 2 Ki. 2. 16, 17. Mat. 23. 39; 24. 23, 24. *and shall die.* ver. 24. Job 20. 11. Ps. 73. 18-20. Pr. 11. 7; 14. 32. Is. 65. 20. Eze. 3. 18, 19. Lu. 16. 22-26. 1 Co. 15. 17, 18. Ep. 2. 1. *whither.* ch. 7. 34; 13. 33. Mat. 25. 41, 46.

22 *Will.* ver. 48, 52; ch. 7. 20; 10. 20. Ps. 22. 6; 31. 18; 123. 4. He. 12. 3; 13. 13.

23 *Ye are from.* ch. 1. 14; 3. 13, 31. Ps. 17. 14. Ro. 8. 7, 8. 1 Co. 15. 47, 48. Phi. 3. 19-21. Ja. 3. 15-17. 1 Jno. 2. 15, 16. *ye are of.* ch. 15. 18, 19; 17. 14, 16. Ja. 4. 4. 1 Jno. 2. 15, 16; 4. 5, 6; 5. 19, 20.

24 *I said.* ver. 21. *for.* ch. 3. 18, 36. Pr. 8. 36. Mar. 16. 16. Ac. 4. 12. He. 2. 3; 10. 26-29; 12. 25.

25 *Who.* ch. 1. 19, 22; 10. 24; 19. 9. Lu. 22. 67. *Even.* ver. 12; ch. 5. 17, etc.

26 *have many.* ch. 16. 12. He. 5. 11, 12. *to judge.* ver. 16; ch. 5. 42, 43; 9. 39-41; 12. 47-50. *but.* ver. 17; ch. 7. 28. 2 Co. 1. 18. *and I.* ver. 40; ch. 3. 32; 7. 16; 15. 15; 17. 8.

27 ver. 43, 47. Is. 6. 9; 42. 18-20; 59. 10. Ro. 11. 7-10. 2 Co. 4. 3, 4.

28 *When.* ch. 3. 14; 12. 32-34; 19. 18. *then.* Mat. 27. 50-54. Ac. 2. 41; 4. 4. Ro. 1. 4. 1 Th. 2. 15, 16. *and that.* ch. 5. 19, 30; 6. 38; 11. 42; 12. 49, 50. Nu. 16. 28-30. He. 2. 2, 3. *but.* ch. 3. 11.

29 *he that sent.* ver. 16; ch. 14. 10, 11; 16. 32. Is. 42. 1, 6; 49. 4-8; 50. 4-9. 2 Ti. 4. 17, 22. *for.* ch. 4. 34; 5. 30; 6. 38; 14. 31; 15. 10; 17. 4. Is. 42. 1, 21. Mat. 3. 17; 17. 5. He. 4. 15; 5. 8, 9; 7. 26; 10. 5-10. 1 Jno. 2. 1.

30 *many.* ch. 2. 23; 6. 14; 7. 31; 10. 42; 11. 45.

31 *If.* ch. 6. 66-71; 15. 4-9. 1 Sa. 12. 14. Mat. 24. 13. Ac. 13. 43; 14. 22; 26. 22. Ro. 2. 7; 11. 22. Col. 1. 23. 1 Ti. 2. 15; 4. 16. 2 Ti. 3. 14. He. 3. 14; 8. 9; 10. 38, 39. Ja. 1. 25. 1 Jno. 2. 19, 24. *my disciples.* ver. 36; ch. 1. 47; 6. 55; 15. 8. 1 Ti. 5. 3-5.

32 *ye shall.* ch. 6. 45; 7. 17; 14. 6; 16. 13. Ps. 25, 5, 8, 9. Pr. 1. 23, 29; 2. 1-7; 4. 18. Ca. 1. 7, 8. Is. 2. 3; 30. 21; 35. 8; 54. 13. Je. 6. 16 31. 33, 34. Ho. 6. 3. Mal. 4. 2. Mat. 11. 29; 13. 11, 12. 2 Ti. 3. 7. *and the.* ver. 36; ch. 17. 17. Ps. 119. 45. Is. 61. 1. Ro. 6. 14-18, 22; 8. 2, 15. 2 Co. 3. 17, 18. Ga. 5. 13. 2 Ti. 2. 25, 26. Ja. 1. 25; 2. 12. 1 Pe. 2. 16.

33 *We be.* ver. 39. Le. 25. 42. Mat. 3. 9. Lu. 16. 24-26. *and were.* ch. 19. 25. Ge. 15. 13. Ex. 1. 13, 14. Ju. 2. 18; 3. 8; 4. 3. Ezr. 9. 9. Ne. 5. 4-8; 9. 27, 28, 36, 37.

34 *Verily.* See on ch. 3. 3. Mat. 5. 18. *Whosoever.* 1 Ki. 21. 25. Pr. 5. 22. Ac. 8. 23. Ro. 6. 6, 12, 16, 19, 20; 7. 14, 25; 8. 21. Ep. 2. 2. Tit. 3. 3. 2 Pe. 2. 19. 1 Jno. 3. 8-10.

35 *the servant.* Ge. 21. 10. Eze. 46. 17. Mat. 21. 41-43. Ga. 4. 30, 31. *but.* ch. 14. 19, 20. Ro. 8. 15-17, 29, 30. Ga. 4. 4-7. Col. 3. 3. He. 3. 5, 6. 1 Pe. 1. 2-5.

36 ver. 31, 32. Ps. 19. 13; 119. 32, 133. Is. 49. 24, 25; 61. 1. Zec. 9. 11, 12. Lu. 4. 18. Ro. 8. 2. 2 Co. 3. 17. Ga. 5. 1.

37 *know.* ver. 33. Ac. 13. 26. Ro. 9. 7. *but.* ver. 6, 40, 59; ch. 5. 16-18; 7. 1, 19, 25; 10. 31; 11. 53. *because.* ver. 43, 45-47; ch. 5. 44; 12. 39-43. Mat. 13. 15, 19-22. 1 Co. 2. 14.

38 *speak.* ver. 26; ch. 3. 32; 5. 19, 30; 12. 49, 50; 14. 10, 24; 17. 8. *and ye.* ver. 41, 44. Mat. 3. 7. 1 Jno. 3. 8-10.

39 *Abraham.* ver. 33. *If.* ver. 37. Mat. 3. 9; 5. 45. Ro. 2. 28, 29; 4. 12, 16; 9. 7. Ga. 3. 7, 29. Ja. 2. 22-24.

40 *now.* ver. 37. Ps. 37. 12, 32. Ga. 4. 16, 29. 1 Jno. 3. 12-15. Re. 12. 4, 12, 13, 17. *a man.* ver. 26, 38, 56. *this.* Ro. 4. 12.

41 *do.* ver. 38, 44. *We be.* Is. 57. 3-7. Eze. 23. 45-47. Ho. 1. 2; 2. 2-5. Mal. 2. 11. *we have.* Ex. 4. 22. De. 14. 1. Is. 63. 16; 64. 8. Je. 3. 19; 31. 20. Eze. 16. 20, 21. Mal. 1. 6.

42 *If.* ch. 5. 23; 15. 23, 24. Mal. 1. 6. 1 Co. 16. 22. 1 Jno. 5. 1, 2. *for.* ch. 1. 14; 16. 27, 28; 17. 8, 25. Re. 22. 1. *neither.* ch. 5. 43; 7. 28, 29; 12. 49; 14. 10; 17. 8, 25. Ga. 4. 4. 1 Jno. 4. 9, 10, 14.

43 *do.* ver. 27; ch. 5. 43; 7. 17; 12. 39, 40. Pr. 28. 5. Is. 44. 18. Ho. 14. 9. Mi. 4. 12. Ro. 3. 11. *ye cannot.* ch. 6. 60. Is. 6. 9. Je. 6. 10. Ac. 7. 51. Ro. 8. 7, 8.

44 *are.* ver. 38, 41; ch. 6. 70. Ge. 3. 15. Mat. 13. 38. Ac. 13. 10. 1 Jno. 3. 8-10, 12. *He was.* Ge. 3. 3-7. 1 Ki. 22. 22. 1 Ch. 21. 1. Ja. 4. 1-7. 1 Pe. 5. 8. Re. 2. 10; 9. 11; 13. 6-8; 20. 7-9. *and abode.* 2 Pe. 2. 4. Jude 6. *When.* Ge. 3. 4, 5. 2 Ch. 18. 20-22. Job 1. 11; 2. 4-6. Ac. 5. 3; 13. 10. 2 Co. 11. 3, 13-15. 2 Th. 2. 9-11. Re. 12. 9; 13. 14; 20. 2, 3, 10; 21. 8; 22. 15.

45 ch. 3. 19, 20; 7. 7. Ga. 4. 16. 2 Th. 2. 10. 2 Ti. 4. 3, 4.

46 *convinceth.* ver. 7; ch. 14. 30; 15. 10; 16. 8. 2 Co. 5. 21. He. 4. 15; 7. 26. 1 Pe. 2. 22. *why.* Mat. 21. 25. Mar. 11. 31.

47 ver. 37, 43, 45; ch. 1. 12, 13; 6. 45, 46, 65; 10, 26, 27; 17. 6-8. 1 Jno. 3. 10; 4. 1-6; 5. 1. 2 Jno. 9. 3 Jno. 11.

48 *Say.* ver. 52; ch. 13. 13. Mat. 15. 7. Ja. 2. 19. *thou.* ch. 4. 9; 7. 20; 10. 20. Is. 49. 7; 53. 3. Mat. 10. 25; 12. 24, 31. Ro. 15. 3. He. 13. 13.

49 *I have not.* Pr. 26. 4, 5. 1 Pe. 2. 23. *but.* ver. 29; ch. 11. 4; 12. 28; 13. 31, 32; 14. 13; 17. 4. Is. 42. 21; 49. 3. Mat. 3. 15-17. Phi. 2. 6-11.

50 *I seek not.* ch. 5. 41; 7. 18. *there.* ch. 5. 20-23, 45; 12. 47, 48.

51 *If.* ch. 3. 15, 16; 5. 24; 6. 50; 11. 25, 26. *keep.* ver 55; ch. 15. 20. *see.* ver. 12. Ps. 89. 48. Lu. 2. 26.

52 *Now.* ver. 48; ch. 9. 24. *Abraham.* Zec. 1. 5, 6. He. 11. 13. *taste.* He. 2. 9.

53 *thou greater.* ver. 58; ch. 4. 12; 10. 29, 30; 12. 34. Is. 9. 6. Mat. 12. 6, 41, 42. Ro. 9. 5. He. 3. 2, 3; 7. 1-7. *whom.* ch. 5. 18; 10. 33; 19. 7.

54 *If.* ver. 50; ch. 2. 11; 5. 31, 32; 7. 18. Pr. 25. 27. 2 Co. 10. 18; He. 5. 4, 5. *it is.* ch. 5. 22-29, 41; 7. 39; 13. 31, 32; 16. 14, 15; 17. 1, 5. Ps. 2. 6-12; 110. 1-4. Da. 7. 13, 14. Ac 3. 13. Ep. 1. 20-23. Phi. 2. 9-11. 1 Pe. 1. 12, 21. 2 Pe. 1. 17. *ye say.* ver. 41. Is. 48. 1, 2; 66. 5. Ho. 1. 9. Ro. 2. 17, etc.

55 *ye have not.* ver. 19; ch. 7. 28, 29; 15. 21; 16. 3; 17. 25. Je. 4. 22; 9. 3. Ho. 5. 4. Ac. 17. 23. 2 Co. 4. 6. *but.* ch. 1. 18; 6. 46; 7. 29; 10. 15. Mat. 11. 27. Lu. 10. 22. *shall.* ver. 44. 1 Jno. 2. 4, 22; 5. 10. Re. 3. 9. *and keep.* ver. 29, 51.

56 *rejoiced.* Ge. 22. 18. Lu. 2. 28-30; 10. 24. Ga. 3. 7-9. He. 11. 13, 39. 1 Pe. 1. 10-12.

58 *Verily.* ver. 34, 51. *Before.* ch. 1. 1, 2; 17. 5, 24. Pr. 8. 22-30. Is. 9. 6. Mi. 5. 2. Col. 1. 17. He. 1. 10-12; 13. 8. Re. 1. 11, 17, 18; 2. 8. *I am.* That our Lord by this expression asserted his divinity and eternal existence, as the great *I AM*, appears evident from the use of the present tense, instead of the preter, from its being in answer to the Jews, who enquired whether he had *seen Abraham*, and from its being thus understood by the multitude, who were exasperated at it to such a degree that they took up stones to stone him. The ancient Jews not only believed that the Messiah was superior to and Lord of all the patriarchs, and even of angels, but that his celestial nature existed with God from whom it emanated, before the creation, and that the creation was effected by his ministry. Ex. 3. 14. Is. 43. 13; 44. 6, 8; 46. 9; 48. 12. Re. 1. 8.

59 *took.* ver. 5, 6; ch. 10. 30-33; 11. 8; 18. 31. Le. 24. 16. Lu. 4. 29. Ac. 7. 57. *but.* ch. 5. 13; 10. 39, 40; 11. 54. Ge. 19. 11. 2 Ki. 6. 18-20. Lu. 4. 30; 24. 31. Ac. 8. 39, 40.

## CHAP. IX.

*The man that was born blind restored to sight,* 1-7. *He is brought to the Pharisees,* 8-12. *They are offended at it, and excommunicate him,* 13-34; *but he is received of Jesus, and confesses him,* 35-38. *Who they are whom Christ enlightens,* 39-41.

1 *he saw.* ver. 32.

2 *who.* ver. 34. Mat. 16. 14.

3 *Neither.* Job 1. 8-12; 2. 3-6; 21. 27; 22. 5, etc.; 32. 3; 42. 7. Ec. 9. 1, 2. Lu. 13. 2-5. Ac. 28. 4. *but.* ch. 11. 4, 40; 14. 11-13. Mat. 11. 5. Ac. 4. 21.

4 *must.* ch. 4. 34; 5. 19, 36; 10. 32, 37; 17. 4. Lu. 13. 32-34. Ac. 4. 20. *while.* ch. 11. 9, 10; 12. 35. Ec. 9. 10. Is. 38. 18, 19. Ep. 5. 16. Col. 4. 5.

5 *long.* ch. 1. 4-9; 3. 19-21; 8. 12; 12. 35, 36, 46. Is. 42. 6, 7; 49. 6; 60. 1-3. Mal. 4. 2. Mat. 4. 16. Lu. 2. 32. Ac. 13. 47; 26. 18, 23. Ep. 5. 14. Re. 21. 23. *I am.* Our Lord here claims one of the titles given by the Jews to the Divine Being. So in *Bammidbar Rabba*, § 15, fol. 229. 1, 'The Israelites said to God, O Lord of the universe, thou commandest us to light lamps to thee, yet thou art *the light of the world.*' It was also a title of the Messiah (see Isa. 49. 6; 60. 1;) and in a remarkable passage of *Yalkut Rubeni*, fol. 6, it is said on Ge. 1. 4, 'From this we learn, that the holy and blessed God saw the *light of the Messiah*, and his works, before the world was created; and reserved it for the Messiah, and his generation, under the throne of his glory. Satan said to the holy and blessed God, For whom dost thou reserve that light which is under the throne of thy glory? God answered, For him who shall subdue thee, and overwhelm thee with confusion. Satan rejoined, Lord of the universe, shew that person to me. God said, Come, and see him. When he saw him, he was greatly agitated, and fell upon his face, saying, Truly this is the Messiah, who shall cast me and idolaters into hell.'

6 *he spat.* Mar. 7. 33; 8. 23. Re. 3. 18. *anointed the eyes of the blind man with the clay. or,* spread the clay upon the eyes of the blind man.

7 *Go.* 2 Ki. 5. 10-14. *the pool.* ver. 11. Ne. 3. 15, Siloah. Is. 8. 6, Shiloah. *Sent.* ch. 10. 36. Ro. 8. 3. Ga. 4. 4. *and came.* ver. 39; ch. 11. 37. Ex. 4. 11. Ps. 146. 8. Is. 29. 18, 19; 32. 3; 35. 5; 42. 7, 16-18; 43. 8. Lu. 2. 32. Ac. 26. 18.

8 *Is not.* Ru. 1. 19. 1 Sa. 21. 11. *sat.* 1 Sa. 2. 8. Mar. 10. 46. Lu. 16. 20-22; 18. 35. Ac. 3. 2-11.

10 ver. 15, 21, 26; ch. 3. 9. Ec. 11. 5. Mar. 4. 27. 1 Co. 15. 35.

11 *A man.* ver. 6, 7, 27. Je. 36. 17.

12 *Where.* ch. 5. 11-13; 7. 11. Ex. 2. 18-20.

13 ch. 8. 3-8; 11. 46, 47, 57; 12. 19, 42.

14 ch. 5. 9, 16; 7. 21-23. Mat. 12. 1-14. Mar. 2. 23-28; 3. 1-6. Lu. 6. 1-11; 13. 10-17; 14. 1.

15 *the Pharisees.* See on ver. 10, 11, 26, 27.

16 *This man.* ver. 24, 30-33; ch. 3. 2; 5. 36; 14. 11; 15. 24. *And there.* ch. 7. 12, 43; 10. 19. Lu. 13. 51-53. Ac. 14. 4.

17 *He is.* ch. 4. 19; 6. 14. Lu. 24. 19. Ac. 2. 22; 3. 22-26; 10. 38.

18 ch. 5. 44; 12. 37-40. Ge. 19. 14. Is. 26. 11; 53. 1. Lu. 16. 31. He. 3. 15-19; 4. 11.

19 *Is this.* See on ver. 8, 9. Ac. 3. 10; 4. 14.

22 *because.* ch. 7. 13; 12. 42, 43; 19. 38; 20. 19. Ps. 27. 1, 2. Pr. 29. 25. Is. 51. 7, 12; 57. 11. Lu. 12. 4-9; 22. 56-61. Ac. 5. 13. Ga. 2. 11-13. Re. 21. 8. *he should.* ver. 34; ch. 12. 42; 16. 2. Lu. 6. 22. Ac. 4. 18; 5. 40.

23 *He is.* ver. 21.

24 *Give.* ch. 5. 23; 8. 49; 16. 2. Jos. 7. 19. 1 Sa. 6. 5-9. Ps. 50. 14, 15. Is. 66. 5. Ro. 10. 2-4. *we know.* ver. 16; ch. 8. 46; 14. 30; 18. 30; 19. 6. Mar. 15. 28. Ro. 8. 3. 2 Co. 5. 21. *a sinner.* Lu. 7. 39; 15. 2; 19. 7.

25 *one.* ver. 30; ch. 5. 11. 1 Jno. 5. 10.

27 *I have.* ver. 10-15. Lu. 22. 67.

28 *they.* ver. 34; ch. 7. 47-52. Is. 51. 7. Mat. 5. 11; 27. 39. 1 Co. 4. 12; 6. 10. 1 Pe. 2. 23. *but.* ch. 5. 45-47; 7. 19. Ac. 6. 11-14. Ro. 2. 17.

29 *know.* ch. 1. 17. Nu. 12. 2-7; 16. 28. De. 34. 10. Ps. 103. 7; 105. 26; 106. 16. Mal. 4. 4. Ac. 7. 35; 26. 22. He. 3. 2-5. *as for.* ver. 16, 24. 1 Ki. 22. 27. 2 Ki. 9. 11. Mat. 12. 24; 26. 61. Lu. 23. 2. Ac. 22. 22. *we know not.* ch. 7. 27, 41, 42; 8. 14. Ps. 22. 6. Is. 53. 2, 3.

30 *herein.* ch. 3. 10; 12. 37. Is. 29. 14. Mar. 6. 6. *and yet.* Ps. 119. 18. Is. 29. 18; 35. 5. Mat. 11. 5. Lu. 7. 22. 2 Co. 4. 6.

31 *we know.* Job 27. 8, 9; 35. 12; 42. 8. Ps. 18. 41; 34. 15; 66. 18-20. Pr. 1. 28, 29; 15. 29; 21. 13; 28. 9. Is. 1. 15; 58. 9. Je. 11. 11; 14. 12. Eze. 8. 18. Mi. 3. 4. Zec. 7. 13. *if any.* Ps. 34. 15. Pr. 15. 29. *and doeth.* ch. 4. 34; 7. 17; 15. 16. Ps. 40. 8; 143. 10. He. 10. 7. 1 Jno. 3. 21, 22. *him.* ch. 11. 41, 42. Ge. 18. 23-33; 19. 29; 20. 7. 1 Ki. 17. 20-22; 18. 36-38. 2 Ch. 32. 20, 21. Ps. 99. 6; 106. 23. Je. 15. 1. Ja. 5. 15-18.

32 *Since.* It is worthy of remark, that, from the foundation of the world, no person *born blind* had been restored to sight, even by surgical operation, till about the year 1728; when the celebrated Dr. CHESELDEN, by couching the eyes of a young man fourteen years of age, restored them to perfect vision. This was the effect of well-directed surgery; that performed by Christ was wholly a miracle, effected by the power of God. The simple means employed could have had no effect in this case, and were merely employed as symbols. *the world.* Job 20. 4. Is. 64. 4. Lu. 1. 70. Re. 16. 18.

33 *were.* ver. 16; ch. 3. 2. Ac. 5. 38, 39.

34 *wast.* ver. 2; ch. 8. 41. Job 14. 4; 15. 14-16; 25. 4. Ps. 51. 5. Ga. 2. 15. Ep. 2. 3. *and dost.* ver. 40; ch. 7. 48, 49. Ge. 19. 9. Ex. 2. 14. 2 Ch. 25. 16. Pr. 9. 7, 8; 26. 12; 29. 1. Is. 65. 5. Lu. 11. 45; 14. 11; 18. 10-14, 17. 1 Pe. 5. 5. *And they.* ver. 22; ch. 6. 37. Pr. 22. 10. Is. 66. 5. Lu. 6. 22. 3 Jno. 9. Re. 13. 17. *cast him out. or* excommunicated him. Mat. 18. 17, 18. 1 Co. 5. 4, 5, 13.

35 *and when.* ch. 5. 14. Ps. 27. 10. Ro. 10. 20. *Dost.* ch. 1. 49, 50; 3. 15-18, 36; 6. 69; 11. 27; 20. 28, 31. Ac. 8. 37; 9. 20. 1 Jno. 4. 15; 5. 5, 10, 13, 20. *the Son.* ch. 1. 18, 34; 10. 36. Ps. 2. 7, 12. Mat. 14. 33; 16. 16. Mar. 1. 1. Ro. 1. 4. He. 1. 2-9. 1 Jno. 5. 13.

36 *Who.* ch. 1. 38. Pr. 30. 3, 4. Ca. 5. 9. Mat. 11. 3.

37 *Thou.* ch. 4. 26; 7. 17; 14. 21-23. Ps. 25. 8, 9, 14. Mat. 11. 25; 13. 11, 12. Ac. 10. 31-33.

38 *Lord.* ch. 20. 28. Ps. 2. 12; 45. 11. Mat. 14. 33; 28. 9, 17. Lu. 24. 52. Re. 5. 9-14.

39 *For.* ch. 3. 17; 5. 22-27; 8. 15. Je. 1. 9, 10; Lu. 2. 34; 13. 30. 2 Co. 2. 16. *that they.* ver. 25, 36-38; ch. 8. 12; 12. 46. Mat 11. 5. Lu. 1. 79; 4. 18; 7. 21. Ac. 26. 18. 2 Co. 4. 4-6. Ep. 5. 14. 1 Pe. 2. 9. *might be.* ch. 3. 19; 12. 40, 41. Is. 6. 9, 10; 29. 10; 42. 18-20; 44. 18. Mat. 6. 23; 13. 13-15. Lu. 11. 34, 35. Ro. 11. 7-10. 2 Th. 2. 10. 1 Jno. 2. 11.

40 *Are.* ver. 34; ch. 7. 47-52. Mat. 15. 12-14; 23. 16, etc. Lu. 11. 39, etc. Ro. 2. 19-22. Re. 3. 17.

41 *If.* ch. 15. 22-24. Pr. 26. 12. Is. 5. 21. Je. 2. 35. Lu. 12. 47; 18. 14. He. 10. 26. 1 Jno. 1. 8-10.

## CHAP. X.

*Christ is the door, and the good shepherd,* 1-18. *Divers opinions of him,* 19-22. *He proves by his works that he is Christ the Son of God,* 23-30; *escapes the Jews,* 31-38; *and goes again beyond Jordan, where many believe on him,* 39-42.

1 *verily.* See on ch. 3. 3. *He.* ver. 9. Je. 14. 15; 23. 16, 17, 21, 32; 28. 15-17; 29. 31, 32. Eze. 13. 2-6. Mat. 7. 15; 23. 16, etc. Ro. 10. 15. Ep. 4. 8-12. He. 5. 4. 1 Pe. 1. 10. 2 Pe. 2. 1. 1 Jno. 4. 1. *the same.* ver. 8, 10. Is. 56. 10-12. Eze. 34. 2-5. Zec. 11. 4, 5, 16, 17. Ro. 16. 18. 2 Co. 11. 13-15. Tit. 1. 11. 2 Pe. 2. 3, 14-19.

2 *he that.* ver. 7, 9. Ac. 20. 28. 1 Ti. 3. 2-7; 4. 14. Tit. 1. 5. Re. 1. 20; 2. 1. *the shepherd.* ver. 11, 12, 14. Ps. 23. 1; 80. 1. Ec. 12. 11. Is. 40. 11; 63. 11. Eze. 34. 23. Mi. 5. 5. Zec. 11. 3, 5, 8; 13. 7. He. 13. 20. 1 Pe. 2. 25; 5. 4.

3 *the porter.* Is. 53. 10-12. 1 Co. 16. 9. Col. 4. 3. 1 Pe. 1. 12. Re. 3. 7, 8, 20. *the sheep.* ver. 4, 16, 26, 27; ch. 6. 37, 45. Ca. 8. 13. *and he.* ver. 14, 27. Ex. 33. 17. Ro. 8. 30. Phi. 4. 3. 2 Ti. 2. 19. Re. 20. 15. *and leadeth.* Ps. 23. 2, 3; 78. 52, 53; 80. 1. Is. 40. 11; 42. 16; 49. 9, 10. Je. 31. 8, 9; 50. 4-6. Eze. 34. 11-16. Re. 7. 17.

4 *he goeth.* ch. 12. 26; 13. 15; 14. 2, 3. De. 1. 30. Mi 2. 12, 13. Mat. 16. 24. 1 Co. 11. 1. Ep. 5. 1. Phi. 2. 5-11. He. 6. 20; 12. 2. 1 Pe. 2. 21; 4. 1; 5. 3. *for.* ver. 8, 16; ch. 3. 29; 18. 37. Ca. 2. 8; 5. 2.

5 1 Ki. 22. 7. Pr. 19. 27. Mar. 4. 24. Lu. 8. 18. Ep. 4. 11-15. Col. 2. 6-10. 2 Ti. 3. 5-7; 4. 3. 1 Pe. 2. 1-3. 1 Jno. 2. 19, 21; 4. 5, 6. Re. 2. 2.

6 *they understood not.* ch. 6. 52, 60; 7. 36; 8. 27, 43. Ps. 82. 5; 106. 7. Pr. 28. 5. Is. 6. 9, 10; 56. 11. Da. 12. 10. Mat. 13. 13, 14, 51. 1 Co. 2. 14. 1 Jno. 5. 20.

7 *I am.* ver. 1, 9; ch. 14. 6. Ep. 2. 18. He. 10. 19-22. *the sheep.* Ps. 79. 13; 95. 7; 100. 3. Is. 53. 6. Eze. 34. 31. Lu. 15. 4-6.

8 *came.* See on ver. 1. Is. 56. 10-12. Eze. 22. 25-28; 34. 2. Zep. 3. 3. Zec. 11. 4-9, 16. Ac. 5. 36. *but.* ver. 5, 27.

9 *the door.* ver. 1, 7; ch. 14. 6. Ro. 5. 1, 2. Ep. 2. 18. He. 10. 19-22. *and shall.* Ps. 23. 1-6; 80. 1-3; 95. 7; 100. 3, 4. Is. 40. 11; 49. 9, 10. Eze. 34. 12-16. Zec. 10. 12.

10 *thief.* ver. 1; ch. 12. 6. Is. 56. 11. Eze. 34. 2-4. Ho. 7. 1. Mat. 21. 13; 23. 14. Mar. 11. 17. Ro. 2. 21. 2 Pe. 2. 1-3. *I am.* ch. 3. 17; 6. 33, 51; 12. 47. Mat. 18. 11; 20. 28. Lu. 19. 10. 1 Ti. 1. 15. *more abundantly.* Ro. 5. 13-21. He. 6. 17; 7. 25. 2 Pe. 1. 11.

11 *the good.* ver. 14. Ps. 23. 1; 80. 1. Is. 40. 11. Eze. 34. 12, 23; 37. 24. Mi. 5. 4. Zec. 13. 7. He. 13. 20. 1 Pe. 2. 25; 5. 4. *giveth.* Ge. 31. 39, 40. 1 Sa. 17. 34, 35. 2 Sa. 24. 17. Is. 53. 6. Ep. 5. 2. Tit. 2. 14. 1 Pe. 2. 24.

12 *he that.* ver. 3. Is. 56. 10-12. Eze. 34. 2-6. Zec. 11. 16, 17. 1 Ti. 3. 3, 8. 2 Ti. 4. 10. Tit. 1. 7. 1 Pe. 5. 2. 2 Pe. 2. 3. *the wolf coming.* Mat. 7. 15; 10. 16. Ac. 20. 29.

13 *careth not.* ch. 12. 6. Ac. 18. 17. Phi. 2. 20.

14 *good.* See on ver. 11. *know.* ver. 27. Ps. 1. 6. 2 Ti. 2. 19. Re. 2. 2, 9, 13, 19; 3. 1, 8, 15. *am.* ch. 17. 3, 8. Is. 53. 11. 2 Co. 4. 6. Ep. 1. 17; 3. 19. Phi. 3. 8. 2 Ti. 1. 12. 1 Jno. 5. 20.

15 *As.* ch. 1. 18; 6. 46; 8. 55; 17. 25. Mat. 11. 27. Lu. 10. 21. Re. 5. 2-9. *and I.* ver. 11, 17; ch. 15. 13. Is. 53. 4-6, 8, 10. Da. 9. 26. Zec. 13. 7. Mat. 20. 28. Ga. 1. 4; 3. 13. Ep. 5. 2. 1 Ti. 2. 5, 6. Tit. 2. 14. 1 Pe. 2. 24; 3. 18. 1 Jno. 2. 2. Re. 5. 9.

16 *other.* ch. 11. 52. Ge. 49. 10. Ps. 22. 26-31; 72. 17-19; 86. 9; 98. 2, 3. Is. 11. 10; 24. 13-16; 42. 10-12; 43. 6; 49. 6; 52. 10; 56. 8. Ho. 1. 10. Zec. 2. 11; 8. 20-23. Ac. 18. 10. Ro. 9. 23, 24; 15. 9-13. Ep. 2. 24. 1 Pe. 2. 10. *them.* Ac. 15. 14. Ro. 8. 29, 30. Ep. 2. 1-5, 15-18. 2 Th. 2. 13. Tit. 3. 3-5. *they shall.* ver. 27; ch. 6. 37. Mat. 17. 5. Ac. 22. 14. Re. 3. 20. *there.* Eze. 37. 22. Ep. 2. 14. *one shepherd.* ver. 2, 11. Ec. 12. 11. Eze. 34. 23. He. 13. 20. 1 Pe. 2. 25; 5. 4.

17 ch. 3. 35; 15. 9, 10; 17. 4, 5, 24-26. Is. 42. 1, 21; 53. 7-12. He. 2. 9.

18 *man.* ch. 18. 5, 6; 19. 11. Mat. 26. 53-56. *but.* ch. 2. 19-21. Is. 53. 10-12. Ac. 2. 24, 32; 3. 15. Phi. 2. 6-8. Tit. 2. 14. He. 2. 9, 14, 15. *This.* ch. 6. 38; 14. 31; 15. 10. Ps. 40. 6-8. He. 5. 6-9; 10. 6-10.

19 ch. 7. 40-43; 9. 16. Mat. 10. 34, 35. Lu. 12. 51-53. Ac. 14. 4; 23. 7-10. 1 Co. 3. 3; 11. 18.

20 *He hath.* ch. 7. 20; 8. 48, 52. Mat. 9. 34; 10. 25. Mar. 3. 21. Ac. 26. 24. *why.* ch. 7. 46-52; 8. 47; 9. 28, 29. Is. 53. 3. Ac. 18. 14, 15; 25. 19, 20; 26. 30-32.

21 *Can.* ch. 9. 6, 32. Ex. 4. 11; 8. 19. Ps. 94. 9; 146. 8. Pr. 20. 12. Is. 35. 5, 6. Mat. 11. 5.

23 *in Solomon's.* Ac. 3. 11; 5. 12.

24 *How.* 1 Ki. 18. 21. Mat. 11. 3. Lu. 3. 15. *make us to doubt. or,* hold us in suspense. *If.* ch. 1. 19; 8. 25, 53; 9. 22. Lu. 22. 67-70. 2 Co. 3. 12.

25 *I told.* ch. 5. 17-43; 8. 12, 24, 58. *the works.* ver. 32, 38; ch. 3. 2; 5. 36; 7. 31; 11. 47; 12. 37; 14. 11; 20. 30. Ac. 2. 22; 10. 38. He. 2. 3.

26 *because.* ver. 4, 27; ch. 6. 37, 44, 45, 65; 8. 47; 12. 37-40. Ro. 11. 7, 8. 2 Co. 4. 3, 4. 1 Jno. 4. 6.

27 *sheep.* ver. 4, 8, 16; ch. 5. 25; 8. 43. Mat. 17. 5. Ac. 3. 23. He. 3. 7. Re. 3. 20. *and I.* ver. 3, 14. Mat. 7. 23; 25. 12. Lu. 13. 27. 1 Co. 8. 3. Ga. 4. 9. 2 Ti. 2. 19. *and they.* ver. 4; ch. 8. 12; 12. 26; 21. 22. 1 Ki. 18. 21. Mat. 16. 24. Mar. 8. 34; 10. 21. Lu. 9. 23. Re. 14. 4.

28 *I give.* ch. 3. 16, 36; 5. 39, 40; 6, 27, 40, 47, 68; 11. 25; 17. 2. Ro. 5. 21; 6. 23. 1 Ti. 1. 16. 1 Jno. 2. 25; 5. 13-20. Jude 21. *they.* ch. 3. 15; 4. 14; 5. 24; 6. 37, 39, 40; 14. 19; 17. 12; 18. 9. 1 Sa. 2. 9. Job 17. 9. Ps. 37. 28; 103. 17, 18; 125. 1, 2. Pr. 4. 18; 24. 16. Is. 45. 17; 54. 17; 55. 3. Je. 31. 3, 34; 32. 40. Mar. 13. 22. Ro. 5. 2, 9, 17; 8. 1, 29, 33-39. Phi. 1. 6. Col. 3. 3, 4. 2 Th. 2. 13. 1 Pe. 1. 5. He. 7. 25. 1 Jno. 2. 19; 5. 13, 18. Jude 1, 24. *neither.* ch. 17. 11, 12. De. 33. 3. Ps. 31. 5. Lu. 22. 31, 32; 23, 46. Ac. 7. 59. 2 Ti. 1. 12. He. 7. 25.

29 *which.* ch. 6. 37; 17. 2, 6, 9, 11. *is greater.* ch. 14. 28. Ex. 18. 11. Ps. 145. 3. Da. 4. 3. Mal. 1. 14.

30 ch. 1. 1, 2; 5. 17, 23; 8. 58; 14. 9, 23; 16. 15; 17. 10, 21. Mat. 11. 27; 28. 19. 1 Ti. 3. 16. Tit. 2. 13. 1 Jno. 5. 7, 20.

31 ch. 5. 18; 8. 59; 11. 8. Ex. 17. 4. 1 Sa. 30. 6. Mat. 21. 35; 23. 35. Ac. 7. 52, 58, 59.

32 *Many.* ver. 25, 37; ch. 5. 19, 20, 36. Mat. 11. 5. Ac. 2. 22; 10. 38. *for.* 1 Sa. 19. 4-6. 2 Ch. 24. 20-22. Ps. 35. 12; 109. 4, 5. Ec. 4. 4. 1 Jno. 3. 12.

33 *but.* Le. 24. 14. 1 Ki. 21. 10. *makest.* ver. 30; ch. 5. 18. Ps. 82. 6. Ro. 13. 1. Phi. 2. 6.

34 *in.* ch. 12. 34; 15. 25. Ro. 3. 10-19. *I said.* Ps. 82. 1, 6, 7. *gods.* Ex. 4. 16; 7. 1; 22. 28. Ps. 138. 1.

35 *unto.* Ge. 15. 1. De. 18. 15, 18-20. 1 Sa. 14. 36, 37; 15. 1; 23. 9-11; 28. 6; 30. 8. 2 Sa. 7. 5. 1 Ch. 22. 8. 2 Ch. 11. 2, 3; 19. 2. Ro. 13. 1. *the scripture.* ch. 12. 38, 39; 19. 28, 36, 37. Mat. 5. 18; 24. 35; 26. 53-56; 27. 35. Lu. 16. 17; 24. 26, 27, 44-46. Ac. 1. 16.

36 *whom.* ch. 3. 34; 6. 27. Ps. 2. 2, 6-12. Is. 11. 2-5; 42. 1, 3; 49. 1-3, 6-8; 55. 4; 61. 1-3. Je. 1. 5. *sent.* ch. 3. 17; 5. 30, 36, 37; 6. 38, 57; 8. 42; 17. 4, 5, 8, 18, 21. Ro. 8. 3. Ga. 4. 4. 1 Jno. 4. 9-14. *I am.* ver. 30-33; ch. 5. 17, 18; 9. 35-37; 19. 7; 20. 28, 31. Mat. 26. 63-66; 27. 43, 54. Lu. 1. 35. Ro. 1. 4; 9. 5.

37 ver. 25, 32; ch. 5. 31; 12. 37-40; 14. 10; 15. 24. Mat. 11. 20-24.

38 *believe the.* ch. 3. 2; 5. 36. Ac. 2. 22; 4. 8-12. *that ye.* ver. 30; ch. 14. 9-11, 20; 17. 11, 21-23.

39 ver. 31; ch. 7. 30, 44; 8. 59. Lu. 4. 29, 30.

40 *the place.* ch. 1. 28; 3. 26. *there.* ch. 7. 1; 11. 54.

41 *many.* ch. 3. 26. Mat. 4. 23-25. Mar. 1. 37. Lu. 5. 1; 12. 1. *John did.* Mat. 14. 2. Lu. 7. 26-28. *but.* ch. 1. 29, 33, 34; 3. 29-36. Mat. 3. 11, 12. Lu. 7. 29, 30.

42 ch. 2. 23; 4. 39, 41; 8. 30; 11. 45; 12. 42.

CHAP. XI.

*Christ raises Lazarus, four days buried,* 1-44. *Many Jews believe,* 45, 46. *The high priests and Pharisees gather a council against Christ,* 47, 48. *Caiaphas prophesies,* 49-53. *Jesus hides himself,* 54. *At the passover they enquire after him, and lay wait for him,* 55-57.

1 *Now.* The raising of Lazarus from the dead, being a work of Christ beyond measure great, the most stupendous of all he had hitherto performed, and beyond all others calculated to evince his Divine majesty, was therefore purposely recorded by the Evangelist John; while it was omitted by the other Evangelists, probably, as GROTIUS supposes, because they wrote their histories during the life of Lazarus, and they did not mention him for fear of exciting the malice of the Jews against him; as we find from ch. 12. 10, that they sought to put him to death, that our Lord might not have such a monument of his power and goodness remaining in the land. *was sick.* ver. 3, 6. Ge. 48. 1. 2 Ki. 20. 1-12. Ac. 9. 37. *Lazarus.* ver. 5, 11; ch. 12. 2, 9, 17. Lu. 16. 20-25. *Bethany.* ch. 12. 1. Mat. 21. 17. Mar. 11. 1. *Mary.* Lu. 10. 38-42.

2 *that Mary.* ch. 12. 3. Mat. 26. 6, 7. Mar. 14. 3. *anointed.* Lu. 7. 37, 38.

3 *he.* ver. 1, 5; ch. 13. 23. Ge. 22. 2. Ps. 16. 3. Phi. 2. 26, 27. 2 Ti. 4. 20. He. 12. 6, 7. Ja. 5. 14, 15. Re. 3. 19.

4 *This.* ch. 9. 3. Mar. 5. 39-42. Ro. 11. 11. *for.* ver. 40; ch. 9. 24; 12. 28; 13. 31, 32. Phi. 1. 11. 1 Pe. 4. 11, 14. *that.* ch. 2. 11; 5. 23. 8. 54; 13. 31, 32; 17. 1, 5, 10. Phi. 1. 20. 1 Pe. 1. 21.

5 *loved.* ver. 8, 36; ch. 15. 9-13; 16. 27; 17. 26.

6 *he abode.* Ge. 22. 14; 42. 24; 43, 29-31; 44. 1-5; 45. 1-5. Is. 30. 18; 55. 8, 9. Mat. 15. 22-28.

7 *Let.* ch. 10. 40-42. Lu. 9. 51. Ac. 15. 36; 20. 22-24.

8 *the Jews.* ch. 10. 31, 39. Ps. 11. 1-3. Mat. 16. 21-23. Ac. 21. 12, 13. *and goest.* Ac. 20. 24.

9 *Are.* ch. 9. 4. Lu. 13. 31-33. *he stumbleth not.* ch. 12. 35. Pr. 3. 23. Je. 31. 9.

10 Ps. 27. 2. Pr. 4. 18, 19. Ec. 2. 14. Je. 13. 16; 20. 11. 1 Jno. 2. 10, 11.

11 *he saith.* ch. 3. 29; 15. 13-15. Ex. 33. 11. 2 Ch. 20. 7. Is. 41. 8. Ja. 2. 23. *sleepeth.* ver. 13. De. 31. 16. Da. 12. 2. Mat. 9. 24. Mar. 5. 39. Ac. 7. 60. 1 Co. 15. 18, 51. 1 Th. 4. 14, 15; 5. 10. *awake.* ver. 43, 44; ch. 5. 25-29. Da. 12. 2. 1 Co. 15. 34. Ep. 5. 14.

14 *plainly.* ch. 10. 24; 16. 25, 29.

15 *I am glad.* ver. 35, 36. *for.* ch. 12. 30; 17. 19. Ge. 26. 24; 39. 5. Ps. 105. 14. Is. 54. 15; 65. 8. 2 Co. 4. 15. 2 Ti. 2. 10. *to.* ver. 4; ch. 2. 11; 14. 10, 11. 1 Jno. 5. 13.

16 *Thomas.* ch. 20. 24-29; 21. 2. Mat. 10. 3. Mar. 3. 18. Lu. 6. 15. *Let.* ver. 8; ch. 13. 37. Mat. 26. 35. Lu. 22. 33.

17 *four.* ver. 39; ch. 2. 19. Ho. 6. 2. Ac. 2. 27-31.

18 *fifteen furlongs. that is,* about two miles. ch. 6. 19. Lu. 24. 13. Re. 14. 20; 21. 16.

19 *to comfort.* Ge. 37. 35. 2 Sa. 10. 2. 1 Ch. 7. 21, 22. Job 2. 11; 42. 11. Ec. 7. 2. Is. 51. 19. Je. 16. 5-7. La. 1. 2, 9, 16, 21; 2. 13. Ro. 12. 15. 2 Co. 1. 4. 1 Th. 4. 18; 5. 11.

20 *as soon.* ver. 30. Mat. 25. 1, 6. Ac. 10. 25; 28. 15. 1 Th. 4. 17.

21 *if.* ver. 32, 37; ch. 4. 47-49. 1 Ki. 17. 18. Ps. 78. 19, 41. Mat. 9. 18. Lu. 7. 6-10, 13-15; 8. 49-55.

22 *that.* ver. 41, 42; ch. 9. 31. Mar. 9. 23. He. 11. 17-19. *God will give it thee.* ch. 3. 35; 5. 22-27; 17. 2. Ps. 2. 8. Mat. 28. 18.

23 *Thy.* ver. 43, 44.

24 *I know.* ch. 5. 28, 29. Ps. 17. 15; 49. 14, 15. Is. 25. 8; 26. 19. Eze. 37. 1-10. Da. 12. 2, 3. Ho. 6. 2; 13. 14. Mat. 22. 23-32. Lu. 14. 14. Ac. 17. 31, 32; 23. 6-9; 24. 15. He 11. 35.

25 *I am.* ch. 5. 21; 6. 39, 40, 44. Ro. 5. 17-19; 8. 11. 1 Co. 15. 20-26, 43-57. 2 Co. 4. 14. Phi. 3. 10, 20, 21. 1 Th. 4. 14. Re. 20. 5, 10-15; 21. 4. *the life.* ch. 1. 4; 5. 26; 6. 35; 14. 6, 19. Ps. 36. 9. Is. 38. 16. Ac. 3. 15. Ro. 8. 2. Col. 3. 3, 4. 1 Jno. 1. 1, 2; 5. 11, 12. Re. 22. 1, 17. *he that.* ch. 3. 36. Job 19. 25-27. Is. 26. 19. Lu. 23. 43. Ro. 4. 17; 8. 10, 11, 38, 39. 1 Co. 15. 18, 29. 2 Co. 5. 1-8. Phi. 1. 23. 1 Th. 4. 14. He. 11. 13-16.

26 *whosoever.* ch. 3. 15-18; 4. 14; 5. 24; 6. 50, 54-58; 8. 52, 53; 10. 28. Ro. 8. 13. 1 Jno. 5. 10-12. *Believest.* ch. 9. 35; 14. 10. Mat. 9. 28; 26. 53. Mar. 9. 23.

27 *Yea.* ch. 1. 49; 4. 42; 6. 69; 9. 36-38; 20. 28-31. Mat. 16. 16. Ac. 8. 37. 1 Jno. 5. 1. *which.* ch. 6. 14. Mal. 3. 1. Mat. 11. 3. Lu. 7. 19, 20. 1 Ti. 1. 15, 16. 1 Jno. 5. 20.

28 *and called.* ver. 20; ch. 1. 41, 45; 21. 7. Zec. 3. 10. Lu. 10. 38-42. 1 Th. 4. 17, 18; 5. 11. He. 12. 12. *The Master.* ch. 13. 13; 20. 16. *come.* ch. 10. 3. Ca. 2. 8-14. Mar. 10. 49.

29 Ps. 27. 8; 119. 59, 60. Pr. 15. 23; 27. 17. Ca. 3. 1-4.

30 ver. 20.

31 *Jews.* ver. 19. *She goeth.* Ge. 37. 35. 2 Sa. 12. 16-18. 1 Co. 2. 15.

32 *she fell.* Lu. 5. 8; 8. 41; 17. 16. Re. 5. 8, 14; 22. 8. *if.* ver. 21, 37; ch. 4. 49.

33 *the Jews.* Ro. 12. 15. *he groaned.* ver. 38; ch. 12. 27. Mar. 3. 5; 9. 19; 14. 33-35. He. 4. 15; 5. 7, 8. *was troubled. Gr.* he troubled himself. Ge. 43. 30, 31; 45. 1-5.

34 ch. 1. 39; 20. 2. Mat. 28. 6. Mar. 15. 47; 16. 6.

35 ver. 33. Ge. 43. 30. Job 30. 25. Ps. 35. 13-15; 119. 136. Is. 53. 3; 63. 9. Je. 9. 1; 13. 17; 14. 17. La. 1. 16. Lu. 19. 11, 41. Ro. 9. 2, 3. He. 2. 16, 17; 4. 15.

36 *Behold.* ch. 14. 21-23; 21. 15-17. 2 Co. 8. 8, 9. Ep. 5. 2, 25. 1 Jno. 3. 1; 4. 9, 10. Re. 1. 5.

37 *Could.* ch. 9. 6. Ps. 78. 19, 20. Mat. 27. 40-42. Mar. 15. 32. Lu. 23. 35, 39.

38 *groaning.* ver. 33. Eze. 9. 4; 21. 6. Mar. 8. 12. *It was.* Ge. 23. 19; 49. 29-31. Is. 22. 16. Mat. 27. 60, 66.

39 *Take.* Mar. 16. 3. *Lord.* ver. 17. Ge. 3. 19; 23. 4. Ps. 49. 7, 9, 14. Ac. 2. 27; 13. 36. Phi. 3. 21.

40 *Said.* ver. 23-26. 2 Ch. 20. 20. Ro. 4. 17-25. *see.* ver. 4; ch. 1. 14; 9. 3; 12. 41. Ps. 63. 2; 90. 16. 2 Co. 3. 18; 4. 6.

41 *And Jesus.* ch. 12. 28-30; 17. 1. Ps. 123. 1. Lu. 18. 13. *Father.* Mat. 11. 25. Lu. 10. 21. Phi. 4. 6.

42 *I knew.* ver. 22; ch. 8. 29; 12. 27, 28. Mat. 26. 53. He. 5. 7; 7. 25. *but.* ver. 31; ch. 12. 29, 30. *that they.* ver. 45-50; 9. 24-34; 10. 37, 38; 20. 31. Mat. 12. 22-24. *that thou.* ch. 3. 17; 6. 38-40; 7. 28, 29; 8. 16, 42; 10. 36; 17. 8, 21, 25. Ro. 8. 3. Ga. 4. 4. 1 Jno. 4. 9, 10, 14.

43 *Lazarus.* 1 Ki. 17. 21, 22. 2 Ki. 4. 33-36. Mar. 4. 41. Lu. 7. 14, 15. Ac. 3. 6, 12; 9. 34, 40.

44 *he that.* ver. 25, 26; ch. 5. 21, 25; 10. 30. Ge. 1. 3. 1 Sa. 2. 6. Ps. 33. 9. Eze. 37. 3-10. Ho. 13. 14. Ac. 20. 9-12. Phi. 3. 21. Re. 1. 18. *bound.* 'Swathed about with rollers' or *bandages*, *κειριαις*, long strips of linen, a few inches in breadth, brought round the *σινδων*, or sheet of linen in which the corpse was involved, and by which the *αρωματα*, or spices, were kept in contact with the flesh. In reply to sceptical objections, it is sufficient to observe, that he who could raise Lazarus from the dead, could, with a much less exertion of power, have so loosened or removed the bandages of his feet and legs as to have rendered it practicable for him to come forth. TITTMAN well observes, that Lazarus was restored not only to *life*, but also to *health*, as appears from the alacrity of his motion; and this would constitute a *new* miracle. ch. 20. 5, 7. *Loose.* ver. 39. Mar. 5. 43. Lu. 7. 15.

45 *Jews.* ver. 19, 31; ch. 2. 23; 10. 41; 12. 9-11, 17-19, 42.

46 ch. 5. 15, 16; 9. 13; 12. 37. Lu. 16. 30, 31. Ac. 5. 25.

47 *gathered.* Ps. 2. 2-4. Mat. 26. 3; 27. 1. 2. Mar. 14. 1. Lu. 22. 2. Ac. 4. 5, 6, 27, 28; 5. 21. *What.* ch. 12. 19. Ac. 4. 16, 17; 5. 24.

48 *we let.* Ac. 5. 28, 38-40. *all.* ch. 1. 7. Lu. 8. 12; 11. 52. 1 Th. 2. 15, 16. *and the.* De. 28. 50-68. Da. 9. 26, 27. Zec. 13. 7, 8; 14. 1, 2. Mat. 21. 40-42; 22. 7; 23. 35-38; 27. 25. Lu. 19. 41-44; 21. 20-24; 23. 28-31.

49 *Caiaphas.* ch. 18. 13, 14. Lu. 3. 2. Ac. 4. 6. *Ye.* ch. 7. 48, 49. Pr. 26. 12. Is. 5. 20-23. 1 Co. 1. 20; 2. 6; 3. 18, 19.

50 ver. 48; ch. 18. 14; 19. 12. Lu. 24. 46. Ro. 3. 8.

51 *being.* Ex. 28. 30. Ju. 20. 27, 28. 1 Sa. 23. 9; 28. 6. *he prophesied.* Nu. 22. 28; 24. 2, 14-25. Mat. 7. 22, 23. 1 Co. 13. 2. 2 Pe. 2. 15-17. *that Jesus.* ch. 10. 15. Is. 53. 5-8. Da. 9. 26. Mat. 20. 28. Ro. 3. 25, 26. 2 Co. 5. 21. Ga. 3. 13; 4. 4, 5. 1 Pe. 2. 24; 3. 18.

52 *not.* ch. 1. 29; 12. 32. Ps. 22. 15, 27; 72. 19. Is. 49. 6. Lu. 2. 32. Ro. 3. 29. 1 Jno. 2. 2. Re. 5. 9; 7. 9, 10. *gather.* ch. 10. 16. Ge. 49. 10. Ps. 102. 22, 23. Is. 11. 10-12; 49. 18; 55. 5; 56. 8; 60. 4. Mat. 25. 31-34. Ep. 1. 9, 10; 2. 14-22. Col. 1. 20-23. *the children.* Ho. 1. 10. Ac. 18. 10. Ro. 4. 17; 8. 29, 30; 9. 25, 26. Ep. 1. 5; 3. 11. 2 Th. 2. 13, 14. *that were.* Eze. 11. 16, 17; 34. 12. Ep. 2. 14-17. Ja. 1. 1. 1 Pe. 1. 1.

53 *from.* Ne. 4. 16; 13. 21. Ps. 113. 2. Mat. 16. 21; 22. 46. *they.* ver. 47. Ps. 2. 2; 31. 13; 71. 10. Mar. 3. 6. Ac. 5. 33; 9. 23. *put.* ch. 12. 10. Ps. 109. 4, 5. Je. 38. 4, 15. Mat. 26. 59. Mar. 14. 1.

44 *walked.* ch. 4. 1-3; 7. 1.; 10. 40; 18. 20. *went.* ch. 7. 4, 10, 13. *Ephraim. Ephraim* appears to be the same city which is called *Ephrain*, 2 Ch. 13. 19 *(where see the Note)*, and *Ephron*, Jos. 15. 9, which was situated eight miles north of Jerusalem, near Bethel, and apparently between that city and Jericho. Accordingly we find that a *desert*, or *wilderness*, extended from Jericho to Bethel (Jos. 16. 1), called the wilderness of Bethaven (Jos. 18. 12), in which Joshua and the Israelites slew the inhabitants of Ai. (Jos. 8. 24.) 2 Sa. 13. 23. 2 Ch. 13. 19.

55 *passover.* ch. 2. 13; 5. 1; 6. 4. Ex. 12. 11, etc. *before.* ch. 7. 8-10; 12. 1. Ezr. 3. 1, etc. Ne. 8. 1, etc. *to purify.* ch. 2. 6. Ge. 35. 2. Ex. 19. 10, 14, 15. Nu. 9. 6. 1 Sa. 16. 5. 2 Ch. 30. 17-20. Job 1. 5. Ps. 26. 6. Ac. 24. 18. 1 Co. 11. 28. He. 9. 13, 14. Ja. 4. 8.

56 ver. 8; ch. 7. 11; 11. 7.

57 *had.* ch. 5. 16-18; 8. 59; 9. 22; 10. 39. Ps. 109. 4.



## CHAP. XII.

*Jesus excuses Mary anointing his feet*, 1-8. *The people flock to see Lazarus*, 9. *The chief priests consult to kill him*, 10, 11. *Christ rides into Jerusalem*, 12-19. *Greeks desire to see Jesus*, 20-22. *He foretells his death*, 23-36. *The Jews are generally blinded*, 37-41; *yet many chief rulers believe, but do not confess him*, 42, 43; *therefore Jesus calls earnestly for confession of faith*, 44-50.

1 *six.* ch. 11. 55. *Bethany.* ch. 11. 1, 44. Mat. 21. 17. Mar. 11. 11. Lu. 24. 50.

2 *they made.* Ca. 4. 16; 5. 1. Lu. 5. 29; 14. 12. Re. 3. 20. *Martha.* Mat. 26. 6. Mar. 14. 3. Lu. 10. 38-42; 12. 37; 22. 27. *Lazarus.* ver. 9, 10; ch. 11. 43, 44.

3 *took.* ch. 11. 2, 28, 32. Mat. 26. 6, 7, etc. Mar. 14. 3, etc. Lu. 10. 38, 39. *ointment.* Ps. 132. 2. Ca. 1. 12; 4. 10, 13, 14. *spikenard. Spikenard* is a highly aromatic plant growing in India, whence was made a very valuable unguent or perfume, used at the ancient baths and feasts. It is identified by Sir W. JONES with the *sumbul* of the Persians and Arabs, and *jatamansi* of the Hindoos; and he considers it a species of the *valerian*, of the triandria monogynia class of plants. The root is from three to twelve inches long, fibrous, sending up above the earth between thirty and forty ears or *spikes*, from which it has its name; stem, lower part perennial, upper part herbaceous, sub-erect, simple, from six to twelve inches long; leaves entire, smooth, fourfold, the inner radical pair petioled and cordate, the rest sessile and lanceolate; pericarp, a single seed crowned with a pappus. *anointed.* Mar. 14. 3. Lu. 7. 37, 38, 46. *filled.* Ca. 1. 3.

4 *one.* 1 Sa. 17. 28, 29. Ec. 4. 4. *Judas Iscariot.* ch. 6. 70, 71; 13. 2, 26; 18. 2-5. Mat. 10. 4. Lu. 6. 16.

5 *was.* Ex. 5. 8, 17. Am. 8. 5. Mal. 1. 10-13. Mat. 26. 8. Mar. 14. 4. Lu. 6. 41. *three hundred.* ch. 6. 7. Mat. 20. 2, marg. Mar. 14. 5. *and given.* Mat. 26. 9. Lu. 12. 33; 18. 22.

6 *not.* ch. 10. 13. Ps. 14. 1. Pr. 29. 7. Eze. 33. 31. Ga. 2. 10. Ja. 22. 6. *because.* ch. 10. 8-10. 2 Ki. 5. 20-27. Ps. 50. 16-20. Mat. 21. 13. 1 Co. 6. 10. *the bag.* ch. 13. 29. 2 Ki. 12. 14, 15. Ezr. 8. 24-34. 2 Co. 8. 19-21. 1 Th. 5. 22.

7 *Let.* Ps. 109. 31. Zec. 3. 2. Mat. 26. 10. Mar. 14. 6. *against.* ch. 19. 38-42. Mat. 26. 12; 27. 57-60. Mar. 15. 42-47. Lu. 23. 50.

8 *the poor.* De. 15. 11. Mat. 26. 11. Mar. 14. 7. *but.* ver. 35; ch. 8. 21; 13. 33; 16. 5-7. Ca. 5. 6. Ac. 1. 9-11.

9 ch. 11. 43-45. Ac. 3. 10, 11; 4. 14.

10 ch. 11. 47-53, 57. Ge. 4. 4-10. Ex. 10. 3. Job 15. 25, 26; 40. 8, 9. Ec. 9. 3. Da. 5. 21-23. Mat. 2. 3-8, 16. Lu. 16. 31.

11 ver. 18; ch. 11. 45, 48; 15. 18-25. Ac. 13. 45. Ja. 3. 14-16.

12 *much.* Mat. 21. 8. *come.* ch. 11. 55, 56.

13 *branches.* Le. 23. 40. Re. 7. 9. *Hosanna.* Ps. 72. 17-19; 118. 25, 26. Mat. 21. 9-11; 23. 39. Mar. 11. 8-10. Lu. 19. 35-38. *the King.* ver. 15; ch. 1. 49; 19. 15, 19-22. Is. 44. 6. Ho. 3. 5. Zep. 3. 15. Re. 15. 3; 19. 16.

14 *Jesus.* Mat. 21. 1-7. Mar. 11. 1-7. Lu. 19. 29-35. *as.* Zec. 9. 9.

15 *Fear.* Is. 35. 4, 5; 40. 9, 10; 41. 14; 62. 11. Mi. 4. 8. Zep. 3. 16, 17. Zec. 2. 9-11. Mat. 2. 2-6. *sitting.* De. 17. 16. Ju. 5. 10; 12. 14. 2 Sa. 15. 1; 16. 2. 1 Ki. 1. 33.

16 *understood.* Lu. 9. 45; 18. 34; 24. 25, 45. *when.* ver. 23; ch. 7. 39; 13. 31, 32; 17. 5. Mar. 16. 19. Ac. 2. 33, 36; 3. 13. He. 8. 1; 12. 2. *then.* ch. 2. 22; 14. 26; 16. 4. Lu. 24. 6-8.

17 *people.* ver. 9; ch. 11. 31, 45, 46. Ps. 145. 6, 7. *bare.* ch. 1. 19, 32, 34; 5. 35-39; 8. 13, 14; 15. 26, 27; 19. 35; 21. 24. Ac. 1. 22; 5. 32. 1 Jno. 5. 9-12. Re. 1. 2.

18 ver. 9-11.

19 *Perceive.* ch. 11. 47-50 Mat. 21. 15. Lu. 19. 47, 48. Ac. 4. 16, 17; 5. 27, 28. *the world.* ch. 3. 26; 17. 21. Ps. 22. 27; 49. 1. Is. 27. 6. Ac. 17. 6. 1 Jno. 2. 2.

20 *Greeks.* ch. 7. 35. Mar. 7. 26. Ac. 14. 1; 16. 1; 17. 4; 20. 21; 21. 28. Ro. 1. 16; 10. 12. Ga. 2. 3; 3. 28. Col. 3. 11. *to worship.* 1 Ki. 8. 41-43. Is. 11. 10; 60. 2-14; 66. 19-21. Ac. 8. 27.

21 *Philip.* ch. 1. 43-47; 6. 5-7; 14. 8, 9. *we would.* ch. 1. 36-39; 6. 40. Mat. 2. 2; 8. 9-12; 12. 19-21; 15. 22-28. Lu. 19. 2-4. Ro. 15. 8-12.

22 *Andrew.* ch. 1. 40, 41; 6. 8. *Andrew and.* Mat. 10. 5. Mar. 10. 13, 14. Lu. 9. 49, 50.

23 *The hour.* ch. 13. 31, 32; 17. 1-5, 9, 10. Is. 49. 5, 6; 53. 10-12; 55. 5; 60. 9. Mat. 25. 31. 1 Pe. 2. 9, 10.

24 *Except.* Ps. 72. 16. 1 Co. 15. 36-38. *if.* ver. 32, 33. Ps. 22. 15, 22-31. Is. 53. 10-12. He. 2. 9, 10. Re. 7. 9-17.

25 *that loveth.* Mat. 10. 39; 16. 25; 19. 29. Mar. 8. 35. Lu. 9. 23, 24; 17. 33. Ac. 20. 24; 21. 13. He. 11. 35. Re. 12. 11. *hateth.* Ge. 29. 30-33. Ec. 2. 17. Lu. 14. 26.

26 *serve.* ch. 13. 16; 14. 15; 15. 20. Lu. 6. 46. Ro. 1. 1; 14. 18. 2 Co. 4. 5. Ga. 1. 10. Col. 3. 24; 4. 12. 2 Pe. 1. 1. 1 Jno. 5. 3. Jude 1. *let.* ch. 10. 27; 21. 22. Nu. 14. 24; 32. 11. Mat. 16. 24. Mar. 8. 34. Lu. 9. 23. Ep. 5. 1, 2. Re. 14. 4. *where.* ch. 14. 3; 17. 24. Ps. 17. 15. Mat. 25. 21. 2 Co. 5. 8. Phi. 1. 23. 1 Th. 4. 17, 18. *him.* ch. 14. 21-23. 1 Sa. 2. 30. Pr. 27. 18.

27 *is.* ch. 11. 33-35; 13. 21. Ps. 69. 1-3; 88. 3. Is. 53. 3. Mat. 26. 38, 39, 42. Mar. 14. 33-36. Lu. 22. 44, 53. He. 5. 7. *what.* Is. 38. 15. Lu. 12. 49, 50. *Father.* ch. 11. 41. Mat. 26. 53, 54. *but.* ch. 18. 37. Lu. 22. 53. 1 Ti. 1. 15. He. 2. 14; 10. 5-9.

28 *Father.* ch. 18. 11. Mat. 26. 42. Mar. 14. 36. *Then.* Mat. 3. 17; 17. 5. 2 Pe. 1. 17. *I have.* ch. 9. 3; 11. 4, 40-44. *and will.* ch. 13. 31, 32. Is. 49. 3-7. Ep. 2. 7; 3. 10, 21. Phi. 1. 6-11. Re. 5. 9-14.

29 *thundered.* Ex. 19. 16; 20. 18. Job 37. 2-5; 40. 9. Eze. 10. 5. Re. 6. 1; 8. 5; 11. 19; 14. 2. *An angel.* Ac. 23. 8, 9. Re. 18. 1, 2.

30 *but.* ch. 5. 34; 11. 15, 42. 2 Co. 8. 9.

31 *is.* ch. 5. 22-27; 16. 8-10. *now.* ch. 14. 30; 16. 11. Ge. 3. 15. Is. 49. 24. Mat. 12. 28. Lu. 10. 17-19. Ac. 26. 18. 2 Co. 4. 4. Ep. 2. 1, 2; 6. 12. Col. 2. 15. He. 2. 14. 1 Jno. 3. 8. Re. 12. 9-11; 20. 2, 3.

32 *if.* ch. 3. 14; 8. 28; 19. 17. De. 21. 22, 23. 2 Sa. 18. 9. Ps. 22. 16-18. Ga. 3. 13. 1 Pe. 2. 24; 3. 18. *will.* ch. 6. 44. Ca. 1. 4. Ho. 11. 4. *all men.* ch. 1. 7. Is. 49. 6. Ro. 5. 17-19. 1 Ti. 2. 6. He. 2. 9. 1 Jno. 2. 2. Re. 5. 9.

33 *signifying.* ch. 18. 32; 21. 19.

34 *the law.* ch. 10. 34; 15. 25. Ro. 3. 19; 5. 18. *Christ.* 2 Sa. 7. 13. Ps. 72. 7, 17-19; 89. 36, 37; 110. 4. Is. 9. 7; 53. 8. Eze. 37. 24, 25. Da. 2. 44; 7. 14, 27. Mi. 4. 7. *who.* ch. 3. 14-16; 5. 25-27; 8. 53-58. Mat. 16. 13; 21. 10; 22. 42-45.

35 *Yet.* ch. 7. 33; 9. 4; 16. 16. He. 3. 7, 8. *Walk.* ver. 36, 46; ch. 1. 5-9; 8. 12; 9. 5. Is. 2. 5; 42. 6, 7. Ro. 13. 12-14. Ep. 5. 8, 14, 15. 1 Th. 5. 5-8. 1 Jno. 1. 6, 7. *lest.* ver. 39, 40. Ps. 69. 22-28. Je. 13. 16, 17. Ro. 11. 7-10. 2 Co. 3. 14. *for.* ch. 11. 10. Pr. 4. 19. 1 Jno. 2. 8-11.

36 *believe.* ch. 1. 7; 3. 21. Is. 60. 1. Ac. 13. 47, 48. *the children.* Lu. 16. 8. Ep. 5. 8. 1 Th. 5. 5, 8. 1 Jno. 2. 9-11. *and departed.* ch. 8. 59; 10. 39, 40; 11. 54. Mat. 21. 17.

37 ch. 1. 11; 11. 42; 15. 24. Mat. 11. 20. Lu. 16. 31.

38 *That.* ch. 15. 25; 17. 12; 19. 24, 36, 37. Mat. 27. 35. Ac. 13. 27-29. *Esaias.* 2 Ch. 32. 20, Isaiah. Mat. 15. 7. Ac. 8. 28-30. Ro. 10. 20. *who.* Is. 53. 1. Ro. 10. 16. *the arm.* Ps. 44. 3. Is. 40. 10, 11; 51. 5, 9. 1 Co. 1. 24. *revealed.* Mat. 16. 17. 2 Co. 3. 14-18; 4. 3-6. Ga. 1. 16. Ep. 1. 17-20.

39 *they.* ch. 5. 44; 6. 44; 10. 38. Is. 44. 18-20. 2 Pe. 2. 14. *because.* Is. 6. 9, 10.

40 *hath.* ch. 9. 39. 1 Ki. 22. 20. Is. 29. 10. Eze. 14. 9. Mat. 13. 13-15; 15. 14. Mar. 4. 12. Lu. 8. 10. Ac. 28. 26. Ro. 11. 8-11. *hardened.* Ex. 4. 21; 7. 3, 13; 14. 4, 8, 17. Jos. 11. 20. Ro. 9. 18; 11. 7, marg. *that they.* De. 29. 4. Ps. 135. 10-18. Is. 26. 11; 42. 19, 20. Je. 5. 21. Eze. 12. 2. Mar. 8. 17, 18. *and be.* Ac. 3. 19; 15. 3. Ja. 5. 19, 20. *heal.* Ps. 6. 2; 41. 4; 147. 3. Is. 53. 5; 57. 18, 19. Je. 3. 22. Ho. 6. 1; 14. 4. Lu. 4. 18.

41 *when.* Is. 6. 1-5, 9, 10. *saw.* ch. 1. 14, 18; 14. 9. Ex. 33. 18-23. 2 Co. 4. 6. He. 1. 3. *spake.* ch. 5. 39. Ac. 10. 43. 1 Pe. 1. 11. Re. 19. 10.

42 *among.* ch. 3. 2; 7. 48-51; 11. 45; 19. 38. *they did not.* Mat. 10. 32. Lu. 12. 8. Ro. 10. 10. 1 Jno. 4. 2, 15. *lest.* ch. 7. 13; 9. 22, 34; 16. 2. Pr. 29. 25. Is. 51. 7; 57. 11; 66. 5. Mat. 26. 69-75. Lu. 6. 22. Ac. 5. 41. 1 Pe. 4. 12-16.

43 *they.* ch. 5. 41, 44. Mat. 6. 2; 23, 5-7. Lu. 16. 15. Ps. 2. 29. 1 Th. 2. 6. *the praise of God.* ver. 26; ch. 8. 54. 1 Sa. 2. 30. Lu. 19. 17. Ro. 2. 7. 1 Co. 4. 5. 2 Co. 10. 18. 1 Pe. 1. 7, 8; 3. 4.

44 *cried.* ch. 7. 28; 11. 43. Pr. 1. 20; 8. 1. Is. 55. 1-3. *He.* ch. 13. 20. Mat. 10. 40. Mar. 9. 37. 1 Pe. 1. 21.

45 ver. 41; ch. 14. 9, 10; 15. 24. 2 Co. 4. 6. Col. 1. 15. He. 1. 3. 1 Jno. 5. 20.

46 *am.* ver. 35, 36; ch. 1. 4, 5; 3. 19; 8. 12; 9. 5, 39. Ps. 36. 9. Is. 40. 1. Mal. 4. 2. Mat. 4. 16. Lu. 1. 76-79; 2. 32. Ac. 26. 18. 1 Jno. 1. 1-3; 2. 8, 9. *abide.* Is. 42. 7, 15. Ep. 5. 14.

47 *I judge.* ver. 48; ch. 5. 45; 8. 15, 16, 26. *for.* ch. 3. 17. Mat. 18. 11; 20. 28. Lu. 9. 56; 19. 10. 1 Ti. 1. 15, 16. 2 Pe. 3. 15. 1 Jno. 4. 14.

48 *rejecteth.* De. 18. 19. 1 Sa. 8. 7; 10. 19. Is. 53. 3. Mat. 21. 42. Mar. 8. 31; 12. 10. Lu. 7. 30; 9. 22, 26; 10. 16; 17. 25; 20. 17. Ac. 3. 23. He. 2. 3; 10. 29-31; 12. 25. *the word.* ch. 3. 17-20. Mar. 16. 16. 2 Co. 2. 15, 16; 4. 3. 2 Th. 1. 8. *judge.* ch. 11. 24. Mat. 25. 31. Ro. 2. 16. He. 9. 27, 28.

49 ch. 3. 11, 32; 5. 30; 6. 38-40; 8. 26, 42; 14. 10; 15. 15; 17. 8. De. 18. 18. Re. 1. 1.

50 *his.* ch. 6. 63, 68; 17. 3; 20. 31. 1 Ti. 1. 16. 1 Jno. 2. 25; 3. 23, 24; 5. 11-13, 20.

## CHAP. XIII.

*Jesus washes the disciples' feet, and exhorts them to humility and charity,* 1-17. *He foretells and discovers to John by a token, that Judas should betray him,* 18-30; *commands them to love one another,* 31-35; *and forewarns Peter of his denial,* 36-38.

1 *the feast.* ch. 6. 4. Mat. 26. 2, etc. Mar. 14. 1, etc. Lu. 22. 1, etc. *knew.* ch. 7. 6, 30; 8. 20; 11. 9, 10; 12. 23; 17. 1, 11; 18. 4. Mat. 26. 45. Lu. 9. 51; 13. 32, 33; 22. 53. *depart.* ver. 3; ch. 14. 28; 16. 5-7, 28; 17. 5, 11, 13. *having.* ver. 34; ch. 15. 9, 10, 13, 14; 17. 9, 10, 14 16, 26. Je. 31. 3. Ro. 8. 37. Ep. 5. 25, 26. 1 Jno. 4. 19. Re. 1. 5. *unto.* Mat. 28. 20. 1 Co. 1. 8. He. 3. 6, 14; 6. 11. 1 Pe. 1. 13.

2 *supper.* ver. 4, 26. *the devil.* ver. 27; ch. 6. 70. Lu. 22. 3, 31. Ac. 5. 3. Ep. 2. 3. *put.* Ezr. 7. 27. Ne. 2. 12. 2 Co. 8. 16. Ja. 1. 13-17. Re. 17. 17.

3 *knowing.* ch. 3. 35; 5. 22-27; 17. 2. Mat. 11. 27; 28. 18. Lu. 10. 22. Ac. 2. 36. 1 Co. 15. 27. Ep. 1. 21, 22. Phi. 2. 9-11. He. 1. 2; 2. 8, 9. *and that.* ver. 1; ch. 1. 18; 3. 13; 7. 29, 33; 8. 42; 16. 27, 28; 17. 5-8, 11-13.

4 *laid aside.* That is, his gown, or upper coat, ιματια, with the girdle by which it was girdled close to his *tunic*, or inner coat; and instead of this girdle, he tied a *towel* about him, that he might have it in readiness to dry their feet, and that he might appear as a *servant.* Indeed the whole action was a *servile* one; and never performed by a superior to an inferior. Lu. 12. 37; 17. 7; 22. 27. 2 Co. 8. 9. Phi. 2. 6-8.

5 *poureth.* ch. 19. 34. 2 Ki. 3. 11. Eze. 36. 25. Zec. 13. 1. Ep. 5. 26. 1 Jno. 5. 6. *to wash.* ver. 8. Ex. 29. 4. Le. 14. 8. 2 Ki. 5. 10-13. Ps. 51. 2. Is. 1. 16. Ac. 22. 16. 1 Co. 6. 11. Tit. 3. 3-5. He. 10. 22. 1 Jno. 1. 7. Re. 1. 5; 7. 14. *feet.* ver. 10, 12-14. Ge. 18. 4; 19. 2. 1 Sa. 25. 41. Lu. 7. 38, 44. 1 Ti. 5. 10.

6 *Peter. Gr.* he. *Lord.* ch. 1. 27. Mat. 3. 11-14. Lu. 5. 8.

7 *What.* ver. 10-12; ch. 12. 16; 14. 26. Je. 32. 24, 25, 43. Da. 12. 8, 12. Hab. 2. 1-3. Ja. 5. 7-11.

8 *Thou shalt.* Ge. 42. 38. Mat. 16. 22; 21. 29; 26. 33, 35. Col. 2. 18, 23. *If.* ver. 6; ch. 3. 5. Is. 4. 4. Eze. 16. 4-9; 36. 25. Zec. 13. 1. Ac. 22. 16. 1 Co. 6. 11. Ep. 5. 26. Tit. 3. 5. He. 9. 22, 23; 10. 4-10, 22. Re. 1. 5; 7. 14.

9 *not.* Ps. 26. 6; 51. 2, 7. Je. 4. 14. Mat. 27. 24. He. 10. 22. 1 Pe. 3. 21.

10 *He.* Le. 16. 26, 28; 17. 15, 16. Nu. 19. 7, 8, 12, 13, 19-21. He. 9. 10. Gr. *needeth.* Ec. 7. 20. Mat. 6. 12. Ro. 7. 20-23. 2 Co. 7. 1. Ep. 4. 22-24; 5. 26, 27. 1 Th. 5. 23. Ja. 3. 2. 1 Jno. 1. 7-10. *but.* Ca. 4. 7. Je. 50. 20. 2 Co. 5. 17, 21. *ye.* ch. 15. 3.

11 ver. 18, 21, 26; ch. 2. 25; 6. 64-71; 17. 12. Mat. 26. 24, 25.

12 *Know.* ver. 7. Eze. 24. 19, 24. Mat. 13. 51. Mar. 4. 13.

13 *call.* ch. 11. 28. Mat. 7. 21, 22; 23. 8-10. Lu. 6. 46. Ro. 14. 8, 9. 1 Co. 8. 6; 12. 3. Phi. 2. 11; 3. 8. 2 Pe. 1. 14-16. *and.* Je. 1. 12. Lu. 7. 43; 10. 28. Ja. 2. 19.

14 *I then.* Mat. 20. 26-28. Mar. 10. 43-45. Lu. 22. 26, 27. 2 Co. 8. 9. Phi. 2. 5-8. He. 5. 8, 9; 12. 2. *ye also.* Ac. 20. 35. Ro. 12. 10, 16; 15. 1-3. 1 Co. 8. 13; 9. 19-22. 2 Co. 10. 1. Ga. 5. 13; 6. 1, 2. Phi. 2. 2-5. 1 Pe. 4. 1; 5. 5.

15 *given.* Mat. 11. 29. Ro. 15. 5, marg. Ep. 5. 2. 1 Pe. 2. 21; 3. 17, 18. 1 Jno. 2. 6.

16 *Verily.* See on ch. 3. 3, 5. *The servant.* ch. 15. 20. Mat. 10. 24, 25. Lu. 6. 40.

17 *happy.* ch. 15. 14. Ge. 6. 22. Ex. 40. 16. Ps. 19. 11; 119. 1-5. Eze. 36. 27. Mat. 7. 24, 25; 12. 50; 22. 38-41. Lu. 12. 47, 48. 2 Co. 5. 14, 15. Ga. 5. 6. He. 11. 7, 8. Ja. 1. 25; 2. 20-24; 4. 17. Re. 22. 14.

18 *I know.* ver. 11; ch. 17. 12; 21. 17. 2 Co. 4. 5. He. 4.

13. Re. 2.23. *but.* Ps. 41.9. Mat. 10.36; 26.23. Mar. 14.20.
19 *Now. or,* From henceforth. *I tell.* ch. 14.29; 16.4. Is. 41.23; 48.5. Mat. 24.25. Lu. 21.13. *that I.* ch. 1. 15; 8.28, 24, 58. Is. 43.10. Mal. 3.1. Mat. 11.3. Re. 1.17, 18.
20 *He.* ch. 12.44-48. Mat. 10.40-42; 25.40. Mar. 9.37. Lu. 9.48; 10.16. Ga. 4.14. Col. 2.6. 1 Th. 4.8.
21 *he was.* ch. 11.33, 35, 38; 12.27. Mat. 26.38. Mar. 3.5. Ac. 17.16. Ro. 9.2, 3. 2 Co. 2.12, 13. *one.* ver. 2, 18. Mat. 26.21. Mar. 14.18. Lu. 22.21, 22. Ac. 1.16, 17. 1 Jno. 2.19.
22 *looked.* Ge. 42.1. Mat. 26.22. Mar. 14.19. Lu. 22.23.
23 *leaning.* ver. 25; ch. 1.18; 21.20. 2 Sa. 12.3. *whom.* ch. 11.3, 5, 36; 19.26; 20.2; 21.7, 24. Re. 1.16-18.
24 *beckoned.* Lu. 1.22; 5.7. Ac. 12.17; 13.16; 21.40.
25 *who.* Ge. 44.4-12. Es. 7.5.
26 *He it is.* ver. 30. Mat. 26.23. Mar. 14.19, 20. Lu. 22. 21. *sop. or,* morsel. *Judas Iscariot.* ch. 6.70, 71; 12.4-6.
27 *Satan.* ver. 2. Ps. 109.6. Mat. 12.45. Lu. 8.32, 33; 22.3. Ac. 5.3. *That.* 1 Ki. 18.27. Pr. 1.16. Ec. 9.3. Je. 2.24, 25. Da. 2.15. Mar. 6.25. Ja. 1.13-15.
29 *that.* ch. 12.5. Ac. 20.34, 35. Ga. 2.10. Ep. 4.28.
30 *went.* Pr. 4.16. Is. 59.7. Ro. 3.15. *it.* Job 24.13-15.
31 *Now.* ch. 7.39; 11.4; 12.23; 16.14. Lu. 12.50. Ac. 2.36; 3.13. Col. 2.14, 15. He. 5.5-9. *and God.* ch. 12.28; 14.13; 17.1-6. Is. 49.3-6. Lu. 2.10-14. Ro. 15. 6-9. 2 Co. 3.18; 4.4-6. Ep. 1.5-8, 12; 2.7; 3.10. Phi. 2. 11. 1 Pe. 1.21; 4.11. Re. 5.9-14.
32 *shall.* ch. 17.4-6, 21-24. Is. 53.10-12. He. 1.2, 3. 1 Pe. 3.22. Re. 3.21; 21.22, 23; 22.1, 3, 13. *and.* ch. 12.23.
33 *Little.* Ga. 4.19. 1 Jno. 2.1; 4.4; 5.21. *yet.* ch. 12. 35, 36; 14.19; 16.16-22. *Ye.* ch. 7.33; 8.21-24; 14.4-6.
34 *A new.* Ga. 6.2. 1 Jno. 2.8-10; 3.14-18, 23. 2 Jno. 5. *That ye love.* ch. 15.12, 13, 17; 17.21. Le. 19.18, 34. Ps. 16.3; 119.63. Ro. 12.10. 1 Co. 12.26, 27; 13.4-7. Ga. 5.6, 13, 14, 22; 6.10. Ep. 5.2. Phi. 2.1-5. Col. 1.4; 3.12, 13. 1 Th. 3.12; 4.9, 10. 2 Th. 1.3. He. 13.1. Ja. 2.8. 1 Pe. 1.22; 3.8, 9. 2 Pe. 1.7. 1 Jno. 4.7-11, 21; 5.1.
35 ch. 17.21. Ge. 13.7, 8. Ac. 4.32-35; 5.12-14. 1 Jno. 2.5, 10; 3.10-14; 4.20, 21.
36 *whither.* ver. 33; ch. 14.4, 5; 16.17; 21.21. *thou.* ch. 21.18, 19, 22. 2 Pe. 1.14.
37 *why.* ch. 21.15. Mat. 26.31-35. Mar. 14.27-31. Lu. 22.31-34. Ac. 20.24; 21.13.
38 *Wilt.* Pr. 16.18; 28.26; 29.23. 1 Co. 10.12. *The cock.* ch. 18.16, 17, 25-27. Mat. 26.34, 69-75. Mar. 14.30, 66-72. Lu. 22.34, 56-62.

## CHAP. XIV.

*Christ comforts his disciples with the hope of heaven,* 1-4; *professes himself the way, the truth, and the life, and one with the Father,* 5-12; *assures their prayers to be effectual,* 13, 14; *requires obedience,* 15; *promises the Comforter,* 16-26; *and leaves his peace with them,* 27-31.

1 *not.* ver. 27, 28; ch. 11.33, marg.; 12.27; 16.3, 6, 22, 23. Job 21.4-6; 23.15, 16. Ps. 42.5, 6, 8-11; 43.5; 77.2, 3, 10. Is. 43.1, 2. Je. 8.18. La. 3.17-23. 2 Co. 2.7; 4.8-10; 12.9, 10. 1 Th. 3.3, 4. 2 Th. 2.2. He. 12.12, 13. *ye.* ch. 5. 23; 6.40; 11.25-27; 12.44; 13.19. Is. 12.2, 3; 26.3. Ac. 3.15, 16. Ep. 1.12, 13, 15; 3.14-17. 1 Pe. 1.21. 1 Jno. 2. 23, 24; 5.10-12.
2 *my.* 2 Co. 5.1. He. 11.10, 14-16; 13.14. Re. 3.12, 21; 21.10-27. *if.* ch. 12.25, 26; 16.4. Lu. 14.26-33. Ac. 9.16. 1 Th. 3.3, 4; 5.9. 2 Th. 1.4-10. Tit. 1.2. Re. 1.5. *I go.* ch. 13.33, 36; 17.24. He. 6.20; 9.8, 23-26; 11.16. Re. 21.2.
3 *I will.* ver. 18-23, 28; ch. 12.26; 17.24. Mat. 25.32-34. Ac. 1.11; 7.59, 60. Ro. 8.17. 2 Co. 5.6-8. Phi. 1.23. 1 Th. 4.16, 17. 2 Th. 1.12; 2.1. 2 Ti. 2.12. He. 9.28. Jno. 3.2, 3. Re. 3.21; 21.22, 23; 22.3-5.
4 *whither.* ver. 2, 28; ch. 13.3; 16.28. Lu. 24.26. *and the.* ch. 3.16, 17, 36; 6.40, 68, 69; 10.9; 12.26.
5 *Thomas.* ch. 20.25-28. *we know not.* ch. 15.12. Mar. 8.17, 18; 9.19. Lu. 24.25. He. 5.11, 12.
6 *I am.* ch. 10.9. Is. 35.8, 9. Mat. 11.27. Ac. 4.12. Ro. 5.2. Ep. 2.18. He. 7.25; 9.8; 10.19-22. 1 Pe. 1.21. *the truth.* ch. 1.14, 17; 8.32; 15.1; 18.37. Ro. 15.8, 9. 2 Co. 1.19, 20. Col. 2.9, 17. 1 Jno. 1.8; 5.6, 20. Re. 1.5; 3.7, 14; 19.11. *the life.* ver. 19; ch. 1.4; 5.21, 25-29; 6.33, 51, 57, 68; 8.51; 10.28; 11.25, 26; 17.2, 3. Ac. 3.15. Ro. 5.21. 1 Co. 15.45. Col. 3.4. 1 Jno. 1.1, 2; 5.11, 12. Re. 22.1, 17. *no.* ch. 10.7, 9. Ac. 4.12. Ro. 15.16. 1 Pe. 2.4; 3.18. 1 Jno. 2.23. 2 Jno. 9. Re. 5.8, 9; 7.9-17; 13.7, 8; 20.15.
7 *ye.* ver. 9, 10, 20; ch. 1.18; 8.19; 15.24; 16.3; 17.3, 21, 23. Mat. 11.27. Lu. 10.22. 2 Co. 4.6. Col. 1.15-17; 2.2, 3. He. 1.3. *from.* ver. 16-20; ch. 16.13-16; 17.6, 8, 26.
8 *Philip.* ch. 1.43-46; 6.5-7; 12.21, 22. *shew.* ch. 16. 25. Ex. 33.18-23; 34.5-7. Job 33.26. Ps. 17.15; 63.2. Mat. 5.8. Re. 22.3-5.
9 *Have.* Mar. 9.19. *he.* ver. 7.20; ch. 12.45. Col. 1.15. Phi. 2.6. He. 1.3. *how.* Ge. 26.9. Ps. 11.1. Je. 2.23. Lu. 12.56. 1 Co. 15.12.
10 *Believest.* ver. 20; ch. 1.1-3; 10.30, 38; 11.26; 17. 21-23. 1 Jno. 5.7. *words.* ch. 3.32-34; 5.19; 6.38-40; 7. 16, 28, 29; 8.28, 38, 40; 12.49; 17.8. *dwelleth.* Ps. 68.16-18. 2 Co. 5.19. Col. 1.19; 2.9. *he.* ch. 5.17. Ac. 10.38.
11 *or.* ch. 5.36; 10.25, 32, 38; 12.38-40. Mat. 11.4, 5. Lu. 7.21-23. Ac. 2.22. He. 2.4.
12 *the.* Mat. 21.21. Mar. 11.13; 16.17. Lu. 10.17-19. Ac. 3.6-8; 4.9-12, 16, 33; 8.7; 9.34, 40; 16.18. 1 Co. 12.10, etc. *greater.* Ac. 2.4-11, 41; 4.4; 5.15; 6.7; 10.46; 19. 12. Ro. 15.19. *because.* ver. 28; ch. 7.39; 16.7. Ac. 2.33.
13 *whatsoever.* ch. 15.7, 16; 16.23, 26. Mat. 7.7; 21.22. Mar. 11.24. Lu. 11.9. Ep. 3.20. Ja. 1.5; 5.16. 1 Jno. 3.22; 5.14. *in my.* ver. 6. Ep. 2.18; 3.12, 14, 21. Col. 3.17. He. 4.15; 7.25; 13.15. 1 Pe. 2.5. *will.* ver. 14; ch. 4.10, 14; 5.19; 7.37; 10.30; 16.7. 2 Co. 12.8-10. Phi. 4.13. *that.* ch. 12.44; 13.31; 17.4, 5. Phi. 2.9-11.
15 ver. 21-24; ch. 8.42; 15.10-14; 21.15-17. Mat. 10. 37; 25.34-40. 1 Co. 16.22. 2 Co. 5.14, 15; 8.8, 9. Ga. 5.6. Ep. 3.16-18; 6.24. Phi. 1.20-23; 3.7-11. 1 Pe. 1. 8. 1 Jno. 2.3-5; 4.19, 20; 5.2, 3.
16 *I will.* ver. 14; ch. 16.26, 27; 17.9-11, 15, 20. Ro. 8. 34. He. 7.25. 1 Jno. 2.1. *another.* ver. 18, 26; ch. 15.26; 16.7-15. Ac. 9.31; 13.52. Ro. 5.5; 8.15, 16, 26, 27; 14.17; 15.13. Ga. 5.22. Phi. 2.1. *abide.* ch. 4.14; 16.22. Mat. 28.20. Ep. 1.13, 14. Col. 3.3, 4. 2 Th. 2.16.
17 *the Spirit.* ch. 15.26; 16.13. 1 Jno. 2.27; 4.6. *whom.* Pr. 14.10. 1 Co. 2.14. Re. 2.17. *but.* ver. 16, 23. Is. 57. 15; 59.51. Eze. 36.27. Ro. 8.9, 11, 13, 14. 1 Co. 3.16; 6.19. 2 Co. 6.16. Ep. 2.22; 3.17. 2 Ti. 1.14. 1 Jno. 2. 27; 3.24; 4.12, 13. *shall.* Mat. 10.20. Ro. 8.10. 1 Co. 14.15. 2 Co. 13.5. Ga. 4.6. Col. 1.27. 1 Jno. 4.4.
18 *will not.* ver. 16, 27; ch. 16.33. Ps. 23.4. Is. 43.1; 51.12; 66.11-13. 2 Co. 1.2-6. 2 Th. 2.16. He. 2.18. *comfortless. or,* orphans. La. 5.3. Ho. 14.3. *will come.* ver. 3, 28. Ps. 101.2. Ho. 6.3. Mat. 18.20; 28.20.
19 *a little.* ch. 7.33; 8.21; 12.35; 13.33; 16.16, 22. *because.* ver. 6; ch. 6.56-58; 11.25. Ro. 5.10; 8.34. 1 Co. 15.20, 45. 2 Co. 4.10-12. Col. 3.3, 4. He. 7.25. 1 Jno. 1.1-3.
20 *ye shall.* ver. 10; ch. 10.38; 17.7, 11, 21-23, 26. 2 Co. 5.19. Col. 1.19; 2.9. *ye in.* ch. 6.56; 15.5-7. Ro. 8.1; 16.7. 1 Co. 1.30. 2 Co. 5.17; 12.2; 13.5. Ga. 2.20. Ep. 2.10. Col. 1.27. 1 Jno. 4.12.
21 *that hath.* ver. 15, 23, 24; ch. 15.14. Ge. 26.3-5. De. 10.12, 13; 11.13; 30.6-8. Ps. 119.4-6. Je. 31.33, 34. Eze. 36.25-27. Lu. 11.28. 2 Co. 5.14, 15. Ja. 2.23, 24. 1 Jno. 2.5; 3.18-24; 5.3. 2 Jno. 6. Re. 22.14. *that loveth.* ver. 23; ch. 15.9, 10; 16.27; 17.23. Ps. 35.27. Is. 62.2-5. Zep. 3.17. 2 Th. 2.16. 1 Jno. 3.1. *and will.* ver. 18, 22, 23; ch. 16.14. Ac. 18.9-11; 22.18. 2 Co. 3.18; 4.6; 12.8. 2 Ti. 4.17, 18, 22. 1 Jno. 1.1-3. Re. 2.17; 3.20.
22 *Judas.* Mat. 10.3, Lebbeus, Thaddeus. Mar. 3.18, Thaddeus. Lu. 6.16. Ac. 1.13. Jude 1. *how.* ch. 3.4, 9; 4. 11; 6.52, 60; 16.17, 18.
23 *If.* ver. 15, 21. *make.* ver. 17; ch. 5.17-19; 6.56; 10.30. Ge. 1.26; 11.7. Ps. 90.1; 91.1. Is. 57.15. Ro. 8. 9-11. 1 Jno. 2.24; 4.4, 15, 16. Re. 3.20, 21; 7.15-17; 21.22; 22.3.
24 *that.* ver. 15, 21-23. Mat. 19.21; 25.41-46. 2 Co. 8. 8, 9. 1 Jno. 3.16-20. *and.* ver. 10; ch. 3.34; 5.19, 38; 7. 16, 28; 8.26, 28, 38, 42; 12.44-50.
25 *have.* ver. 29; ch. 13.19; 15.11; 16.1-4, 12; 17.6-8.
26 *the Comforter.* ver. 16. *Holy Ghost.* ch. 7.39; 20. 22. Ps. 51.11. Is. 63.10. Mat. 1.18, 20; 3.11; 28.19. Mar. 12.36; 13.11. Lu. 1.15, 35, 41, 67; 2.25; 3.22; 11, 13. Ac. 1.2, 8; 2.4; 5.3; 7.51, 55; 13.2, 4; 15.8, 28; 16.6; 20.28; 28.25. Ro. 5.5; 14.17; 15.13, 16. 1 Co. 2.13; 6. 19; 12.3. 2 Co. 6.6; 13.14. Ep. 1.13; 4.30. 1 Th. 1.5, 6; 4.8. 2 Ti. 1.14. Tit. 3.5. He. 2.4; 3.7; 9.8; 10.15. 1 Pe. 1.12. 2 Pe. 1.21. 1 Jno. 5.7. Jude 20. *whom.* ver. 16; ch. 15.26; 16.7. Lu. 24.49. Ac. 1.4. *he.* ch. 6.45; 16.13, 14. Ps. 25.8, 9, 12-14. Is. 54.13. Je. 31.33, 34. 1 Co. 2.10-13. Ep. 1.17. 1 Jno. 2.20, 27. Re. 2.11. *bring.* ch. 2.22; 12.16. Ac. 11.16; 20.35.
27 *Peace I leave.* ch. 16.33; 20.19, 21, 26. Nu. 6.26. Ps. 29.11; 72.2, 7; 85.10. Is. 9.6; 32.15-17; 54.7-10, 13; 55.12; 57.19. Zec. 6.13. Lu. 1.79; 2.14; 10.5. Ac. 10.36. Ro. 1.7; 5.1, 10; 8.6; 15.13. 1 Co. 1.3. 2 Co. 5.18-21. Ga. 1.3; 5.22; 6.16. Ep. 2.14-17. Phi. 4.7. Col. 1.2, 20; 3.15. 2 Th. 1.2; 3.16. He. 7.2; 13.20. Re. 1.4. *not.* Job 34.29. Ps. 28.3. La. 3.17. Da. 4.1; 6.25. *Let not.* ver. 1. *afraid.* Ps. 11.1; 27.1; 56.3, 11; 91.5; 112.7. Pr. 3.25. Is. 12.2; 41.10, 14. Je. 1.8. Eze. 2.6. Mat. 10.26. Lu. 12.4. Ac. 18.9. 2 Ti. 1.7. Re. 2.10; 21.8.
28 *heard.* ver. 3, 18; ch. 16.16-22. *If.* ch. 16.7. Ps. 47.

5-7; 68.18,9. Lu. 24.51-53.1 Pe. 1.8. *I go.* ver. 12; ch. 16.16; 20.17. *Father.* ch. 5.18; 10.30,38; 13.16; 20.21. Is. 42.1; 49.5-7; 53.11. Mat. 12.18. 1 Co. 11.3; 15.24-28. Phi. 2.6-11. He. 1.2,3; 2.9-15; 3.1-4. Re. 1.11,17,18.

29 ch. 13.19; 16.4-30,31. Mat. 24.24,25.

30 *I.* ch. 16.12. Lu. 24.44-49. Ac. 1.3. *the.* ch. 12.31; 16.11. Lu. 22.53. 2 Co. 4.4. Ep. 2.2; 6.12. Col. 1.13. 1 Jno. 4.4; 5.19. Gr. Re. 12.9; 20.2,3,7,8. *and.* Lu. 1.35. 2 Co. 5.21. He. 4.15; 7.26. 1 Pe. 1.19; 2.22. 1 Jno. 3.5-8.

31 *that the.* ch. 4.34; 10.18; 12.27; 15.9; 18.11. Ps. 40.8. Mat. 26.39. Phi. 2.8. He. 5.7,8; 10.5-9; 12.2,3. *Arise.* ch. 18.1-4. Mat. 26.46. Lu. 12.50.

## CHAP. XV.

*The union of Christ and his members shewn under the parable of a vine, 1-17. The hatred of the world, 18-25. The office of the Holy Ghost, 26, 27.*

1 *true.* ch. 1.9,17; 6.32,55. 1 Jno. 2.8. *vine.* Ge. 49.10,11. Ps. 80.8, etc. Is. 4.2; 5.1, etc. Je. 2.21; 12.10. Eze. 15.2-6. Ho. 10.1. Zec. 3.8. Mat. 21.33. Lu. 13.6. *husbandman.* Ca. 7.12; 8.11,12. Is. 27.2,3; 60.21; 61.3. Mat. 20.1. Mar. 12.1. 1 Co. 3.9.

2 *branch.* ch. 17.12. Mat. 3.10; 15.13; 21.19. Lu. 8.13; 13.7-9. 1 Co. 13.1. He. 6.7,8. 1 Jno. 2.19. *and.* Job 17.9. Ps. 51.7-13. Pr. 4.18. Is. 27.9; 29.19. Ho. 6.3. Mal. 3.3. Mat. 3.12; 13.12,33. Ro. 5.3-5; 8.28. 2 Co. 4.17,18. Phi. 1.9-11. 1 Th. 5.23,24. Tit. 2.14. He. 6.7; 12.10,11,15. Re. 3.19. *may.* ver. 8,16. Ga. 5.22,23. Phi. 1.11. Col. 1.5-10.

3 ch. 13.10; 17.17. Ep. 5.26. 1 Pe. 1.22.

4 *Abide.* ch. 6.68,69; 8.31. Ca. 8.5. Lu. 8.15. Ac. 11.23; 14.22. Ga. 2.20. Col. 1.23; 2.6. 1 Th. 3.5. He. 10.39. 1 Jno. 2.6,24-28. 2 Jno. 9. Jude 20,21. *I.* ch. 6.56; 14.20; 17.23. Ro. 8.9,10. 2 Co. 13.5. Ep. 3.17. Col. 1.27. *As.* Is. 27.10, 11. Eze. 15.2-5. Ho. 14.8. 2 Co. 12.8-10. Ga. 2.20. Phi. 1.11.

5 *vine.* Ro. 12.5. 1 Co. 10.16; 12.12,27. 1 Pe. 2.4. *same.* ch. 12.24. Pr. 11.30. Ho. 14.8. Lu. 13.6-9. Ro. 6.22; 7.4. 2 Co. 9.10. Ga. 5.22. Ep. 5.9. Phi. 1.11; 4.13,17. Col. 1.6,10. Ja. 1.17. 2 Pe. 1.2-18; 3.18. *without. or,* severed from. Ac. 4.12. *can.* ch. 5.19; 9.33. 2 Co. 13.8. Phi. 4.13.

6 *he.* Job 15.30. Ps. 80.15. Is. 14.19; 27.10. Eze. 15.3-7; 17.9; 19.12-14. Mat. 3.10; 7.19; 13.41; 27.5. He. 6.7,8; 10.27. 2 Pe. 2.20. 1 Jno. 2.19. Jude 12,13. Re. 20.15; 21.8.

7 *my.* ch. 8.37. De. 6.6. Job 23.12. Ps. 119.11. Pr. 4.4. Je. 15.16. Col. 3.16. 1 Jno. 2.14,27. 2 Jno. 1,2. *ye shall.* ver. 16; ch. 14.13; 16.23. Job 22.26. Ps. 37.4. Pr. 10.24. Is. 58.8. Ja. 4.2; 5.16. 1 Jno. 3.22; 5.14.

8 *is.* Ps. 92.12-15. Is. 60.21; 61.3. Hag. 1.8. Mat. 5.16. 1 Co. 6.20; 10.31. 2 Co. 9.10-15. Phi. 1.11. Tit. 2.5,10. 1 Pe. 2.12; 4.11. *so.* ch. 8.31; 13.35. Mat. 5.44. Lu. 6.35.

9 *the Father.* ver. 13; ch. 17.23,26. Ep. 3.18. Re. 1.5. *continue.* ver. 11. 1 Jno. 2.28. Jude 20.

10 *ye keep.* ch. 14.15,21. 1 Co. 7.19. 1 Th. 4.1. 2 Pe. 2.21. 1 Jno. 2.5; 3.21-24; 5.3. Re. 22.14. *even.* ch. 4.34; 8.29; 12.49; 14.31; 17.4. Is. 42.1-4. Mat. 3.15-17. He. 7.26; 10.5-10. 1 Jno. 2.1,2.

11 *my.* Is. 53.11; 62.4. Je. 32.41; 33.9. Zep. 3.17. Lu. 15.5,9,23,32. 1 Jno. 1.4. *your.* ch. 16.24,33; 17.13. Ro. 15.13. 2 Co. 1.24. Ep. 5.18. Phi. 1.25. 1 Th. 5.16. 1 Pe. 1.8. 2 Jno. 12.

12 ch. 13.34. Ro. 12.10. Ep. 5.2. 1 Th. 3.12; 4.9. 2 Th. 1.3. 1 Pe. 1.22; 3.8; 4.8. 1 Jno. 2.7-10; 3.11-18,23; 4.21.

13 ch. 10.11,15. Ro. 5.6-8. Ep. 5.2. 1 Jno. 4.7-11.

14 *my.* ch. 14.15,28. 2 Ch. 20.7. Ca. 5.1. Is. 41.8. Mat. 12.50. Lu. 12.4. Ja. 2.23. *if.* ch. 2.5; 13.17; 14.21. 1 Jno. 5.3.

15 *I call.* ver. 20; ch. 12.26; 13.16; 20.17. Ga. 4.6. Phile. 16. Ja. 1.1. 2 Pe. 1.1. Jude 1. Re. 1.1. *friends.* Ja. 2.23. *all.* ch. 4.19; 17.6-8,26. Ge. 18.17-19. 2 Ki. 6.8-12. Ps. 25.14. Am. 3.7. Mat. 13.11. Lu. 10.23. Ac. 20.27. Ro. 16.25,26. 1 Co. 2.9-12. Ep. 1.9; 3.5. Col. 1.26. 1 Pe. 1.11.

16 *have not.* ver. 19; ch. 6.70; 13.18. Lu. 6.13. Ac. 1.24; 9.15; 10.41; 22.14. Ro. 9.11-16, 21. 1 Jno. 4.10,19. *ordained.* ch. 20.21-23; 21.15-17. Is. 49.1-3. Je. 1.5-7. Mat. 28.18,19. Mar. 16.15,16. Lu. 24.47-49. Ac. 1.8. Ro. 1.5; 15.15,16. 1 Co. 9.16-18. Ga. 1.15. Ep. 2.10. Col. 1.23. 1 Ti. 2.7. 2 Ti. 1.11; 2.2. Tit. 1.5. *bring.* ver. 8. Pr. 11.30. Is. 27.6; 55.10-13. Mi. 5.7. Ro. 1.13; 15.16-19. 1 Co. 3.6,7. Col. 1.6. Ja. 3.18. *that your.* Ge. 18.18. Ps. 71.18; 78.4-6; 145.4. Zec. 1.4-6. Ac. 20.25-28. Ro. 15.4. 1 Co. 10.11. 2 Ti. 3.15-17. He. 11.4. 2 Pe. 1.14-21; 3.2,15. *that whatsoever.* ver. 7; ch. 14.13,14; 16.23,24. Mat. 21.22.

17 ver. 12. 1 Pe. 2.17. 1 Jno. 3.14-17.

18 ver. 23-25; ch. 3.20; 7.7. 1 Ki. 22.8. Is. 49.7; 53.3. Zec. 11.8. Mat. 5.11; 10.22; 24.9. Mar. 13.13. Lu. 6.22. He. 12.2. Ja. 4.4. 1 Jno. 3.1,3,13.

19 *were of the world.* Lu. 6.32. 1 Jno. 4.4, 5. *because.* ver. 16; ch. 17.14-16. Ep. 1.4-11; 2.2-5. Tit. 3.3-7. 1 Pe. 2.9-12; 4.3. 1 Jno. 3.12; 5.19,20. Re. 12.9,17; 20.7-9.

20 *word.* ch. 5.16; 7.32; 8.59; 10.31; 11.57; 13.16. Mat. 10.24. Lu. 2.34; 6.40. Ac. 4.27-30; 7.52-60. 1 Th. 2.15. *if they have kept.* 1 Sa. 8.7. Is. 53.1-3. Eze. 3.7.

21 *all.* ch. 16.3. Ps. 69.7. Is. 66.5. Mat. 5.11; 10.18, 22,39; 24.9. Lu. 6.22. Ac. 9.16. 1 Pe. 4.13. *because.* ch. 8.19,54. Ac. 17.23; 28.25-27. Ro. 1.28. 1 Co. 2.8; 15.34. 2 Co. 4.3-6. 2 Th. 1.8. 1 Jno. 2.3,4.

22 *they.* ch. 3.18-21; 9.41; 12.48; 19.11. Eze. 2.5; 33.31-33. Lu. 12.46. Ac. 17.30. 2 Co. 2.14-16. He. 6.4-8. Ja. 4.17. *cloke. or,* excuse. Ro. 1.20; 2.1. 1 Pe. 2.16.

23 ch. 8.40-42. 1 Jno. 2.23. 2 Jno. 9.

24 *If.* ch. 3.2; 5.36; 7.31; 9.32; 10.32,37; 11.47-50. 12.10,37-40. Mat. 9.33; 11.5,20-24. Mar. 2.12. Lu. 10.12-16; 19.37-40; 24.19. Ac. 2.22; 10.38. He. 2.3,4. *but.* ch. 6.36; 12.45; 14.9. Mat. 21.32. *hated.* Ex. 20.5. De. 5.9. Ps. 81.15. Pr. 8.36. Ro. 1.30; 8.7,8. 2 Ti. 3.4. Ja 4.4.

25 *the.* ch. 10.34; 19.36. Lu. 24.44. Ro. 3.19. *They.* Ps. 7.4; 35.19; 69.4; 109.3. *without.* Mat. 10.8. Ro. 3.24. 2 Co. 11.7. Ga. 2.21. 2 Th. 3.8. Re. 21.6; 22.17. All in Gr.

26 *when.* ch. 14.16,17,26; 16.7,13,14. Lu. 24.49. Ac. 2.33. *which.* ch. 8.42. Re. 22.1. *he.* ch. 16.14,15. Ac. 2.32,33; 5.32; 15.8. 1 Co. 1.6. He. 2.4. 1 Jno. 5.6-10.

27 *ye also.* ch. 21.24. Lu. 24.48. Ac. 1.8. 21,22; 3.15; 4.20,33; 10.39-42; 13.31; 18.5; 23.11. 1 Pe. 5.1,12. 2 Pe. 1.16-18. Re. 1.2,9. *have.* Mar. 1.1. Lu. 1.2,3. 1 Jno. 1.1,2.

## CHAP. XVI.

*Christ comforts his disciples by the promise of the Holy Ghost, and his ascension, 1-22; assures their prayers made in his name to be acceptable, 23-32. Peace in Christ, and in the world affliction, 33.*

1 ver. 4; ch. 15.11. Mat. 11.6; 13.21,57; 24.10; 26.31-33. Ro. 14.21. Phi. 1.10. 1 Pe. 2.8.

2 *shall.* ch. 9.22,34; 12.42. Lu. 6.22. 1 Co. 4.13. *the time.* Is. 65.5. Mat. 10.28; 24.9. Ac. 5.33; 6.13,14; 7.56-60; 8.1-3; 9.1, 2; 22.3,4.19-23; 26.9-11. Ro. 10.2,3. Ga. 1.13,14. Phi. 3.6.

3 *because.* ch. 8.19,55; 15.21,23; 17.3,25. Lu. 10.22. 1 Co. 2.8. 2 Co. 4.3-6. 2 Th. 1.8; 2.10-12. 1 Ti. 1.13. 1 Jno. 3.1; 4.8; 5.20.

4 *that when.* ch. 13.19; 14.29. Is. 41.22,23. Mat. 10.7; 24.25. Mar. 13.23. Lu. 21.12,13. Ac. 9.16; 20.23,24. 2 Pe. 1.14. *because.* ch. 17.12,13. Mat. 9.15. Mar. 2.19.

5 *I.* ver. 10,16,28; ch. 6.62; 7.33; 13.3; 14.28; 17.4, 13. Ep. 4.7-11. He. 1.3; 12.2. *Whither.* ch. 13.36; 14.4-6.

6 ver. 20-22; ch. 14.1,27,28; 20.11-15. Lu. 22.45; 24.17.

7 *I tell.* ch. 8.45,46. Lu. 4.25; 9.27. Ac. 10.34. *It.* ch. 11.50-52; 14.3,28. Ro. 8.28. 2 Co. 4.17. *the Comforter.* ch. 7.39; 14.16,17,26; 15.26. *but.* Ps. 68.18. Lu. 24.49 Ac. 1.4,5; 2.33. Ep. 4.8-13.

8 *he will.* Zec. 12.10. Ac. 2.37; 16.29,30. *reprove. or,* convince. ch. 8.9,46. 1 Co. 14.24. Jude 15.

9 ch. 3.18-21; 5.40-44; 8.23,24,42-47; 12.47,48; 15.22-25. Mar. 16.16. Ac. 2.22-38; 3.14-19; 7.51-54; 26.9, 10. Ro. 3.19,20; 7.9. 1 Th. 2.15,16. 1 Ti. 1.13. He. 3.12; 10.28,29.

10 *righteousness.* Is. 42.21; 45.24,25. Je. 23.5,6. Da. 9.24. Ac. 2.32. Ro. 1.17; 3.21-26; 5.17-21; 8.33,34; 10.3, 4. 1 Co. 1.30; 15.14-20. 2 Co. 5.21. Ga. 5.5. Phi. 3.7-9. 1 Ti. 3.16. He. 10.5-13. *because.* ch. 3.14; 5.32.

11 *judgment.* ch. 5.22-27. Mat. 12.18,36. Ac. 10.42; 17.30,31; 24.25; 26.18. Ro. 2.2-4,16; 14.10-12. 1 Co. 4.5; 6.3,4. 2 Co. 5.10,11. He. 6.2; 9.27. 2 Pe. 2.4-9; 3.7. Re. 1.7; 20.11-15. *the.* ch. 12.31; 14.30. Ge. 3.15. Ps. 68.18. Is. 49.24-26. Lu. 10.18. Ro. 16.20. 2 Co. 4.4. Ep. 2.2. Col. 2.15. He. 2.14. 1 Jno. 3.8. Re. 12.7-10; 20.2,3,10.

12 *yet.* ch. 14.30; 15.15. Ac. 1.3. *ye.* Mar. 4.33. 1 Co. 3.1,2. He. 5.11-14.

13 *Spirit.* ch. 14.17; 15.26. 1 Jno. 4.6. *will guide.* ch. 14.26. 1 Co. 2.10-13. Ep. 4.7-15. 1 Jno. 2.20,27. *for.* ch. 3.32; 7.16-18; 8.38; 12.49. *he will shew.* Joel 2.28. Ac. 2.17,18; 11.28; 20.23; 21.9-11; 27.24. 2 Th. 2.3,12. 1 Ti. 4.1-3. 2 Ti. 3.1-5. 2 Pe. 2.1, etc. Re. 1.1,19; ch. 6; 22.

14 *glorify.* ver. 9,10. Ac. 2.32-36; 4.10-12. 1 Co. 12.3. 1 Pe. 1.10-12; 2.7. 1 Jno. 4.1-3,13,14; 5.6. *for.* ch. 15.26. Zec. 12.10. 1 Co. 2.8-10. 2 Co. 3.14-18; 4.6. Ga. 5.5. 1 Jno. 3.23,24; 4.13,14; 5.20. Re. 19.10.

15 ch. 3.35; 10.29,30; 13.3; 17.2,10. Mat. 11.27; 28.18. Lu. 10.22. Col. 1.19; 2.3,9.

16 *A.* ver. 5,10,17-19; 7.33; 12.35; 13.33; 14.19. *a little while.* ch. 20.19-29; 21.1-23. Ac. 1.3; 10.40,41. 1 Co. 15.5-9. *because.* ver. 28; ch. 13.3; 17.5,13. Mar. 16.19. He. 12.2.

17 *said.* ver. 1,5,19; ch. 12.16; 14.5,22. Mar. 9.10,32. Lu. 9.45; 18.34.

18 *we.* Mat. 16.9-11. Lu. 24.25. He. 5.12.

19 *Jesus.* ver. 30; ch. 2. 24, 25; 21. 17. Ps. 139. 1-4. Mat. 6. 8; 9. 4. Mar. 9. 33, 34. He. 4. 13. Re. 2. 23. *A little.* ver. 16; ch. 7. 33; 13. 33; 14. 19.

20 *That.* ver. 6, 33; ch. 19. 25-27. Mar. 14. 72; 16. 10. Lu. 22. 45, 62; 23. 47-49; 24. 17, 21. *but the.* Job 20. 5. Mat. 21. 38; 27. 39-44, 62-66. Mar. 15. 29-32. Re. 11. 10; 18. 7. *your.* Ps. 30. 5, 11; 40. 1-3; 97. 11; 126. 5, 6. Is. 12. 1; 25. 8, 9; 61. 3; 66. 5. Je. 31. 9-14, 25. Mat. 5. 4. Lu. 6. 21. Ac. 2. 46, 47; 5. 41. Ro. 5. 2, 3, 11. 2 Co. 6. 10. Ga. 5. 22. 1 Th. 1. 6. 2 Th. 2. 16, 17. Ja. 1. 2. 1 Pe. 1. 6-8. Jude 24. Re. 7. 14-17.

21 *woman.* Ge. 3. 16. Is. 26. 16-18. Je. 30. 6, 7. Ho. 13. 13, 14. Mi. 4. 10. Re. 12. 2-5. *for.* Ge. 21. 6, 7; 30. 23, 24. 1 Sa. 1. 26, 27. Ps. 113. 9. Lu. 1. 57, 58. Ga. 4. 27.

22 *ye now.* ver. 6, 20. *but.* ch. 14. 1, 27; 20. 19, 20; 21. 7. Is. 25. 9; 65. 13, 14; 66. 9-14. Mat. 28. 8. Lu. 24. 41, 51-53. Ac. 2. 46; 13. 52. 1 Pe. 1. 8. *and your.* ch. 4. 14. Job 34. 29. Ps. 146. 2. Is. 12. 2-4; 51. 11, 12; 54. 7, 8; 65. 18, 19. Hab. 3. 17, 18. Lu. 10. 42; 16. 25; 19. 26. Ac. 5. 41; 16. 25; 20. 23, 24. Ro. 8. 35-39. 1 Th. 3. 7-9. 2 Th. 2. 16. He. 6. 18; 10. 34. 1 Pe. 1. 8; 4. 13, 14.

23 *ask.* ver. 19; ch. 13. 36, 37; 14. 5, 22; 15. 15; 21. 20, 21. *Whatsoever.* ch. 14. 13, 14; 15. 7, 16. Is. 65. 24. Mat. 7. 7; 21. 22. Ep. 2. 18; 3. 14-20. 1 Ti. 2. 5, 6. He. 4. 14-16; 7. 25, 26; 10. 19-23. 1 Jno. 2. 1; 5. 14-16.

24 *in.* Ge. 32. 9. 1 Ki. 18. 36. 2 Ki. 19. 15. Mat. 6. 9. Ep. 1. 16, 17. 1 Th. 3. 11-13. 2 Th. 1. 2; 2. 16, 17. *ask.* Mat. 7. 7, 8. Ja. 4. 2, 3. *that.* ver. 23; ch. 15. 11. 1 Jno. 1. 3, 4. 2 Jno. 12.

25 *proverbs. or,* parables. ver. 12, 16, 17. Ps. 49. 4; 78. 2. Pr. 1. 6. Mat. 13. 10, 11, 34, 35. Mar. 4. 13. *but.* ver. 28, 29. Ac. 2. 33-36. 2 Co. 3. 12-18; 4. 2.

26 *At.* ver. 23. *that.* ch. 14. 16; 17. 9, 19, 24. Ro. 8. 34.

27 *the Father.* ch. 14. 21, 23; 17. 23, 26. Zep. 3. 17. He. 12. 6. Jude 20, 21. Re. 3. 9, 19. *because.* ch. 8. 42; 21. 15-17. Mat. 10. 37. 1 Co. 16. 22. 2 Co. 5. 14. Ep. 6. 24. 1 Pe. 1. 8. 1 Jno. 4. 19. *and have.* ver. 30; ch. 3. 13; 7. 29; 17. 7, 8, 25. Ro. 8. 3. 1 Co. 15. 47. Ga. 4. 4. 1 Ti. 1. 15.

28 *came.* ch. 8. 14; 13. 1, 3. *I leave.* ver. 5, 16; ch. 14. 28; 17. 5, 11, 13. Lu. 9. 51; 24. 51. Ac. 1. 9-11.

29 *proverb. or,* parable. ver. 25.

30 *are.* ver. 17; ch. 5. 20; 21. 17. He. 4. 13. *by.* ch. 17. 8.

31 *Do.* ch. 13. 38. Lu. 9. 44, 45.

32 *the hour.* ch. 4. 21, 23; 5. 25, 28; 12. 23. *that.* Zec. 13. 7. Mat. 26. 31, 56. Mar. 14. 27, 50. Ac. 8. 1. 2 Ti. 4. 16, 17. *every.* ch. 20. 10. *own. or,* own home. *yet.* ch. 8. 16, 29; 14. 10, 11. Is. 50. 6-9.

33 *in me.* ch. 14. 27. Ps. 85. 8-11. Is. 9. 6, 7. Mi. 5. 5. Lu. 2. 14; 19. 38. Ro. 5. 1, 2. Ep. 2. 14-17. Phi. 4. 7. Col. 1. 20. 2 Th. 3. 16. He. 7. 2; 13. 20, 21. *In the.* ch. 15. 19-21. Ac. 14. 22. Ro. 8. 36. 2 Co. 7. 4. 1 Th. 3. 4. 2 Ti. 3. 12. He. 11. 25. 1 Pe. 5. 9. Re. 7. 14. *but.* ch. 14. 1. Ac. 9. 31; 23. 11; 27. 22, 25. 2 Co. 1. 3; 13. 11. 1 Th. 3. 7. *I.* ver. 11; ch. 12. 31. 1 Sa. 17. 51, 52. Ps. 68. 18. Ro. 8. 37. Ga. 1. 4; 6. 14. 1 Jno. 4. 4; 5. 4.

## CHAP. XVII.

*Christ prays to his Father,* 1-26.

1 *and lifted.* ch. 11. 41. Ps. 121. 1, 2; 123. 1. Is. 38. 14. Lu. 18. 13. *the hour.* ch. 7. 30; 8. 20; 12. 23, 27, 28; 13. 1; 16. 32. Mar. 14. 41. Lu. 22. 53. *glorify.* ver. 4, 5; ch. 7. 39; 11. 4; 13. 31, 32. Ac. 3. 13. Phi. 2. 9-11. 1 Pe. 1. 21.

2 *As.* ch. 3. 35; 5. 21-29. Ps. 2. 6-12; 110. 1. Da. 7. 14; Mat. 11. 27; 28. 18. 1 Co. 15. 25. Ep. 1. 20. Phi. 2. 10. He. 1. 2; 2. 8, 9. 1 Pe. 3. 22. *give.* ver. 24; ch. 4. 14; 6. 27, 54-57; 10. 28; 11. 25, 26. Ro. 6. 23. Col. 3. 3, 4. 1 Ti. 1. 16. 1 Jno. 1. 2; 2. 25; 5. 20. Jude 21. *many.* ch. 6. 37, 39; 10. 29.

3 *this.* ver. 25; ch. 8. 19, 54, 55. 1 Ch. 28. 9. Ps. 9. 10. Is. 53. 11. Je. 9. 23, 24; 31. 33, 34. Ho. 6. 3. 1 Co. 15. 34. 2 Co. 4. 6. 2 Th. 1. 8. He. 8. 11, 12. 1 Jno. 4. 6; 5. 11, 20. *the only.* ch. 14. 9, 10. 2 Ch. 15. 3. Je. 10. 10. 1 Co. 8. 4. 1 Th. 1. 9. 1 Ti. 6. 15, 16. 1 Jno. 5. 20. *and Jesus.* ch. 3. 17, 34; 5. 36, 37; 6. 27-29, 57; 7. 29; 10. 36; 11. 42; 12. 49, 50; 14. 26. Is. 48. 16; 61. 1. Mar. 9. 37. Lu. 9. 48. 1 Jno. 4. 14, 15; 5. 11, 12.

4 *glorified.* ch. 12. 28; 13. 31, 32; 14. 13. *finished.* ch. 4. 34; 5. 36; 9. 3; 14. 31; 15. 10; 19. 30. Ac. 20. 24. 2 Ti. 4. 7.

5 *glorify.* ver. 24; ch. 1. 18; 3. 13; 10. 30; 14. 9. Pr. 8. 22-31. Phi. 2. 6. Col. 1. 15-17. He. 1. 3, 10. 1 Jno. 1. 2. Re. 5. 9-14. *before.* ch. 1. 1-3. Mat. 25. 34. 1 Pe. 1. 20. Re. 13. 8.

6 *have manifested.* ver. 26; ch. 1. 18; 12. 28. Ex. 3. 13-15; 9. 16; 34. 5-7. Ps. 22. 22; 71. 17-19. Mat. 11. 25-27. Lu. 10. 21, 22. 2 Co. 4. 6. He. 2. 12. 1 Jno. 5. 20. *the men.* ver. 2, 9, 11, 14, 16, 24; ch. 6. 37; 10. 27-29; 15. 19; 18. 9. Ac. 13. 48. *thine.* ver. 9, 10. Ro. 8. 28-30; 11. 2. Ep. 1. 4-11. 2 Th. 2. 13, 14. 1 Pe. 1. 1. *they.* ch. 8. 31, 32; 14. 21-24; 15. 3, 7. Ps. 119. 11. Pr. 2. 1-5, 10; 3. 1-4; 23. 23. Col. 3. 16. 2 Ti. 1. 13. He. 3. 6. Re. 2. 13; 3. 8.

7 *they.* ch. 7. 16, 17; 14. 7-10, 20; 16. 27-30. *are.* ver. 10; ch. 8. 28; 10. 29, 30; 12. 49, 50; 16. 15.

8 *I have.* ver. 14; ch. 6. 68; 14. 10. Pr. 1. 23. Mat. 13. 11. Ep. 3. 2-8; 4. 11, 12. *received.* ch. 3. 33. Pr. 1. 3; 2. 1; 4. 10; 8. 10. 1 Co. 11. 23; 15. 1. 1 Th. 2. 13; 4. 1. *and have.* ver. 6, 7, 25; ch. 16. 27, 30. 1 Jno. 4. 14.

9 *pray for.* ch. 14. 16; 16. 26, 27. Lu. 22. 32. Ro. 8. 34. He. 7. 25; 9. 24. 1 Jno. 2. 1, 2; 5. 19. Re. 12. 9; 13. 8; 20. 15.

10 *all.* ch. 10. 30; 16. 14, 15. 1 Co. 3. 21-23. Col. 1. 15-19; 2. 9. *and I.* ch. 5. 23; 11. 4; 12. 23. Ac. 19. 17. Ga. 1. 24. Phi. 1. 20; 2. 9-11. 2 Th. 1. 10, 12. 1 Pe. 2. 9. Re. 5. 8-14.

11 *I am.* ver. 13; ch. 13. 1, 3; 16. 28. Ac. 1. 9-11; 3. 21. He. 1. 3; 9. 24. *but.* ver. 14-18; ch. 15. 18-21; 16. 33. Mat. 10. 16. Ja. 4. 4. 1 Jno. 3. 12; 5. 19. *Holy.* ver. 25. Mat. 5. 48. 1 Pe. 1. 15-17. Re. 4. 8; 15. 4. *keep.* ver. 12, 15; ch. 10. 29, 30. Ps. 17. 8, 9. Is. 27. 3. 1 Pe. 1. 5. Jude 1, 24. *thine.* Ps. 79. 9. Pr. 18. 10. Is. 64. 2. Je. 14. 7, 21. Eze. 20. 9, 22, 44. Mat. 6. 9. Ro. 9. 17. *that.* ver. 21, 22; ch. 10. 30; 14. 20. Ro. 15. 5, 6. 1 Co. 1. 10; 12. 12, 13. Ep. 4. 4.

12 *I kept.* ch. 6. 37, 39, 40; 10. 27, 28. He. 2. 13. *and.* ch. 13. 18; 18. 9. Lu. 4. 26, 27. 1 Jno. 2. 19. *the son.* ch. 6. 70, 71; 13. 18. 2 Th. 2. 3. *that.* Ps. 109. 6-19. Ac. 1. 16-20, 25.

13 *come.* ver. 1; ch. 13. 3. He. 12. 2. *that.* ch. 3. 29; 15. 11; 16. 22-24, 33. Ne. 8. 10. Ps. 43. 4; 126. 5. Ac. 13. 52. Ro. 14. 17. Ga. 5. 22. 1 Jno. 1. 4. 2 Jno. 12.

14 *given.* ver. 8. *the world.* ch. 7. 7; 15. 18-21. Ge. 3. 15. Pr. 29. 27. Zec. 11. 8. Mat. 10. 24, 25. 1 Pe. 4. 4, 5. 1 Jno. 3. 12. *they.* ver. 16; ch. 8. 23. 1 Jno. 4. 5, 6; 5. 19, 20.

15 *take.* Ps. 30. 9. Ec. 9. 10. Is. 38. 18, 19; 57. 1. Lu. 8. 38, 39. Phi. 1. 20-26. *keep.* Ge. 48. 16. 1 Ch. 4. 10. Ps. 121. 7 Mat. 6. 13. Lu. 11. 4. Ga. 1. 4. 2 Th. 3. 3. 2 Ti. 4. 8. 1 Jno. 5. 18.

17 *Sanctify.* ver. 19; ch. 8. 32; 15. 3. Ps. 19. 7-9; 119. 9, 11, 104. Lu. 8. 11, 15. Ac. 15. 9. 2 Co. 3. 18. Ep. 5. 26. 2 Th. 2. 13. Ja. 1. 21. 1 Pe. 1. 22, 23. *word.* ch. 8. 40. 2 Sa. 7. 28. Ps. 12. 6; 19. 7; 119. 144, 151, 152. Ep. 4. 21. 2 Ti. 2. 25, 26.

18 ch. 20. 21. Is. 61. 1-3. Mat. 23. 34. 2 Co. 5. 20. Ep. 3. 7.

19 *for.* Is. 62. 1. 2 Co. 4. 15; 8. 9. 1 Th. 4. 7. 2 Ti. 2. 10. *I sanctify.* ch. 10. 36. Je. 1. 5. 1 Co. 1. 2. He. 2. 11; 9. 13, 18, 26; 10. 5-10, 29. *that.* ver. 17. Tit. 2. 14. *sanctified through the truth. or,* truly sanctified.

20 *pray.* ver. 6-11. Ep. 4. 11. *for them.* Ac. 2. 41; 4. 4. Ro. 15. 18, 19; 16. 26. 2 Ti. 1. 2.

21 *they all.* ver. 11, 22, 23; ch. 10. 16. Je. 32. 39. Eze. 37. 16-19, 22-25. Zep. 3. 9. Zec. 14. 9. Ac. 2. 46; 4. 32. Ro. 12. 5. 1 Co. 1. 10; 12. 12, 25-27. Ga. 3. 28. Ep. 4. 3-6. Phi. 1. 27; 2. 1-5. Col. 3. 11-14. 1 Pe. 3. 8, 9. *as.* ch. 5. 23; ch. 10. 30, 38; 14. 9-11. Phi. 2. 6. 1 Jno. 5. 7. *that the.* ch. 13. 35.

22 *the glory.* ch. 1. 16; 15. 18, 19; 20. 21-23. Mar. 6. 7; 16. 17-20. Lu. 22. 30. Ac. 5. 41. Ro. 15. 15-20. 2 Co. 3. 18; 5. 20; 6. 1. Ep. 2. 20. Phi. 1. 29. Col. 1. 24. 2 Th. 1. 5-10. Re. 21. 14. *that.* ch. 14. 20. 1 Jno. 1. 3; 3. 24.

23 *I.* ch. 6. 56; 14. 10, 23. Ro. 8. 10, 11. 1 Co. 1. 30. 2 Co. 5. 21. Ga. 3. 28. 1 Jno. 1. 3; 4. 12-16. *made.* Ep. 4. 12-16. Phi. 3. 15. Col. 1. 28; 2. 2, 9, 10; 3. 14. 1 Pe. 5. 10. *the.* ch. 13. 35. *and hast.* ver. 24. Ep. 1. 6, etc. 1 Jno. 3. 1; 4. 19.

24 *I will.* ch. 12. 26; 14. 3; Mat. 25. 21, 23; 26. 29. Lu. 12. 37; 22. 28-30; 23. 43. 2 Co. 5. 8. Phi. 1. 23. 1 Th. 4. 17. Re. 3. 21; 7. 14-17. *may.* Ge. 45. 13. 1 Co. 13. 12. 2 Co. 3. 18; 4. 6. 1 Jno. 3. 2. Re. 21. 22. *for.* ver. 5. Pr. 8. 22-31.

25 *righteous.* ver. 11. Is. 45. 21. Ro. 3. 26. *the world.* ch. 8. 19, 55, 15. 21; 16. 3. Mat. 11. 27. Lu. 10. 22. Ac. 17. 23; 26. 18. Ro. 1. 28; 3. 11. 1 Co. 1. 21; 15. 34. 2 Co. 4. 4. Ga. 4. 8, 9. 2 Th. 1. 8. He. 8. 11. 1 Jno. 5. 19, 20. Re. 13. 8. *but.* ch. 1. 18; 5. 19, 20; 7. 29; 10. 15. *these.* ver. 8; ch. 6. 19; 16. 27, 30. Mat. 16. 16.

26 *I have.* See on ver. 6. ch. 8. 50; 15. 15. Ps. 22. 22. He. 2. 12. *that.* ch. 14. 23; 15. 9. Ep. 1. 6, 22, 23; 2. 4, 5; 5. 30, 32. 2 Th. 2. 16. *and I.* ver. 23; ch. 6. 56; 14. 20; 15. 4. Ro. 8. 10. 1 Co. 1. 30; 12. 12. Ga. 2. 20. Ep. 3. 17. Col. 1. 27; 2. 10; 3. 11. 1 Jno. 3. 24; 4. 13, 14.

## CHAP. XVIII.

*Judas betrays Jesus,* 1-5. *The officers fall to the ground,* 6-9. *Peter smites off Malchus' ear,* 10, 11. *Jesus is taken, and led unto Annas and Caiaphas,* 12-14. *Peter's denial,* 15-18. *Jesus examined before Caiaphas,* 19-24. *Peter's second and third denial,* 25-27. *Jesus arraigned before Pilate,* 28-35. *His kingdom,* 36-39. *The Jews prefer Barabbas,* 40.

1 *spoken.* ch. 13. 31, etc.; ch. 14-17. *he.* ch. 14. 31. Mat. 26. 36. Mar. 14. 32. Lu. 22. 39, 40. *the brook.* 2 Sa. 15. 23. 1 Ki. 15. 13. 2 Ki. 23. 6, 12. 2 Ch. 15. 16; 30. 14. Je. 31. 40, Kidron. *a garden.* ver. 26. Ge. 2. 15; 3. 23.

2 *for.* Mar. 11. 11, 12. Lu. 21. 37; 22. 39.

3 *Judas.* ch. 13. 2, 27-30. Mat. 26. 47, 55. Mar. 14. 43, 44, 48. Lu. 22. 47, etc. Ac. 1. 16. *a band.* ver. 12. Gr. Ps. 3. 1, 2; 22. 12.

4 *knowing*. ch. 10. 17, 18; 13. 1; 19. 28. Mat. 16. 21; 17. 22, 23; 20. 18, 19; 26. 2, 21, 31. Mar. 10. 33, 34. Lu. 18. 31-33; 24. 6, 7, 44. Ac. 2. 28; 4. 24-28; 20. 22, 23. *Whom*. 1 Ki. 18. 10, 14-18. Ne. 6. 11. Ps. 3. 6; 27. 3. Pr. 28. 1. 1 Pe. 4. 1.

5 *Jesus*. ch. 1. 46; 19. 19. Mat. 2. 23; 21. 11. *stood*. Is. 3. 9. Je. 8. 12.

6 *they went*. Doubtless by the interposition of Divine power; and it was thus shewn that Jesus voluntarily resigned himself into their hands. 2 Ki. 1. 9-15. Ps. 27. 2; 40. 14; 70. 2, 3; 129. 5. Lu. 9. 54-56. Ac. 4. 29, 30.

8 *if*. Is. 53. 6. Ep. 5. 25. *let*. ch. 10. 28; 13. 1, 36; 16. 32. Mat. 26. 56. Mar. 14. 50-52. 1 Co. 10. 13. 2 Co. 12. 9. 1 Pe. 5. 7.

9 *Of*. ch. 17. 12.

10 ver. 26. Mat. 26. 51-54. Mar. 14. 30, 47. Lu. 22. 33, 49-51.

11 *Put*. ver. 36. 2 Co. 6. 7; 10. 4. Ep. 6. 11-17. *the cup*. Ps. 75. 8. Eze. 23. 31. Mat. 20. 22; 26. 39, 42. Mar. 10. 38, 39; 14. 35, 36. Lu. 22. 42. He. 12. 2. *my*. ch. 11. 41, 42; 12. 27, 28; 15. 10; 17. 24; 20. 17. Lu. 12. 30. Ro. 8. 15-18. He. 12. 5-10.

12 *the band*. ver. 3. Mat. 26. 57. Mar. 14. 53. Lu. 22. 54. *the captain*. Ac. 21. 31, 37; 22. 24-28; 23. 10, 17, etc. *bound*. Ge. 22. 9; 40. 3. Ju. 16. 21. Ps. 118. 27. Mat. 27. 2. Mar. 15. 1.

13 *led*. Mat. 26. 57. *Annas*. Lu. 3. 2. Ac. 4. 6. *that*. ch. 11. 51. '*And Annas sent Christ bound unto Caiaphas the high priest*, ver. 24.'

14 *Caiaphas*. ch. 11. 49-52.

15 *Simon*. Mat. 26. 58, etc. Mar. 14. 54. Lu. 22. 54.

17 *the damsel*. ver. 16. Mat. 26. 69, 70. Mar. 14. 66-68. Lu. 22. 54, 56, 57. *I am not*. ver. 5, 8; ch. 21. 15. Mat. 26. 33.

18 *who*. ver. 25. Mar. 14. 54. Lu. 22. 55, 56. *for*. Lu. 22. 44. *Peter*. Ge. 49. 6. 1 Ki. 19. 9. Ps. 1. 1; 26. 4-10. Pr. 13. 20. Ac. 4. 23. 1 Co. 15. 33. 2 Co. 6. 15-17. Ep. 5. 11, 12.

19 *asked*. Lu. 11. 53, 54; 20. 20.

20 *I spake*. ch. 7. 14, 26, 28; 8. 2; 10. 23-39. Ps. 22. 22; 40. 9. Mat. 4. 23; 9. 35; 21. 23, etc.; 26. 65. Lu. 4. 15; 19. 45-47; 20. 1, etc.; 21. 37. *and in*. ch. 7. 4. Is. 45. 19; 48. 16. Mat. 24. 26. Ac. 26. 26.

21 *ask*. Mat. 26. 59, 60. Mar. 14. 55-59. Lu. 22. 67. Ac. 24. 12, 13, 18-20.

22 *struck*. Job 16. 10; 30. 10-12. Is. 50. 5-7. Je. 20. 2. Mi. 5. 1. Mat. 26. 67, 68. Mar. 14. 65. Lu. 22. 63, 64. Ac. 23. 2, 3. *the palm of his hand. or*, a rod. *Answerest*. Ac. 23. 4, 5.

23 *If*. 2 Co. 10. 1. 1 Pe. 2. 20-23.

24 *Annas*. *Annas* was dismissed from being high priest, A.D. 23, after filling that office for fifteen years; but, being a person of distinguished character, and having had no fewer than five sons who had successively enjoyed the dignity of the high-priesthood, and the present high priest Caiaphas being his son-in-law, he must have possessed much authority in the nation. It was at the palace of Caiaphas where the chief priests, elders, and scribes were assembled the whole of the night to see the issue of their stratagem. ver. 13. Mat. 26. 57. *bound*. See ver. 13.

25 *stood*. ver. 18. Mar. 14. 37, 38, 67. Lu. 22. 56. *They*. Mat. 26. 69, 71. Mar. 14. 68-70. Lu. 22. 58. *He*. Ge. 18. 15. Pr. 29. 25. Ga. 2. 11-13.

26 *being*. ver. 10. *Did*. Pr. 12. 19. Mat. 26. 73. Mar. 14. 70, 71. Lu. 22. 59, 60.

27 *and*. ch. 13. 38. Mat. 26. 34, 74, 75. Mar. 14. 30, 68, 71, 72. Lu. 22. 34, 60-62.

28 *led*. Mat. 27. 1, 2, etc. Mar. 15. 1, etc. Lu. 23. 1, etc. Ac. 3. 13. *unto*. ver. 33; ch. 19. 9. Mat. 27. 27. Mar. 15. 16, Gr. *hall of judgment. or*, Pilate's house. *early*. Pr. 1. 16; 4. 16. Mi. 2. 1. Lu. 22. 66. *and they*. Ps. 35. 16. Is. 1. 10-15. Je. 7. 8-11. Am. 5. 21-23. Mi. 3. 10-12. Mat. 23. 23-28; 27. 6. Ac. 10. 28; 11. 3. *eat*. ver. 39; ch. 19. 14. De. 16. 2. 2 Ch. 30. 21-24; 35. 8-14, 17, 18. Eze. 45. 21.

29 *What*. Mat. 27. 23. Ac. 23. 28-30; 25. 16.

30 *If*. ch. 19. 12. Mar. 15. 3. Lu. 20. 19-26; 23. 2-5. *delivered*. Mar. 10. 33. Lu. 24. 7. Ac. 3. 13.

31 *Take*. ch. 19. 6, 7. Ac. 25. 18-20. *It*. ch. 19. 15. Ge. 49. 10. Eze. 21. 26, 27. Ho. 3. 4, 5.

32 *the saying*. ch. 3. 14; 10. 31, 33; 12. 32, 33. Mat. 20. 19; 26. 2. Lu. 18. 32, 33; 24. 7, 8. Ac. 7. 59. *what*. De. 21. 23. Ps. 22. 16. Ga. 3. 13.

33 *and said*. ver. 37. Mat. 27. 11. Mar. 15. 2. Lu. 23. 3, 4. 1 Ti. 6. 13. *the king*. ch. 1. 49; 12. 13, 15; 19. 3, 19-22. Ps. 2. 6-12. Is. 9. 6, 7. Je. 23. 5. Zep. 3. 15. Zec. 9. 9. Lu. 19. 38-40. Ac. 2. 34-36.

34 *Sayest*. ver. 36.

35 *Am I*. Ezr. 4. 12. Ne. 4. 2. Ac. 18. 14-16; 23. 29; 25. 19, 20. Ro. 3. 1, 2. *Thine*. ver. 28; ch. 19. 11. Ac. 3. 13. *what*. ch. 19. 6. Ac. 21. 38; 22. 22-24.

36 *Jesus*. 1 Ti. 6. 13. *My kingdom is*. ch. 6. 15. 8. 15; Ps. 45. 3-7. Is. 9. 6, 7. Da. 2. 44; 7. 14. Zec. 9. 9. Lu. 12. 14; 17. 20, 21. Ro. 14. 17. Col. 1. 12-14. *then*. ver. 11.

37 *Thou*. Mat. 26. 64; 27. 11. Mar. 14. 62; 15. 2. Lu. 23. 3. 1 Ti. 6. 13. *that I should*. ch. 8. 14; 14. 6. Is. 55. 4. Re. 1. 4; 3. 14. *Every*. ch. 7. 17; 8. 47; 10. 26, 27. 1 Pe. 1. 22. 1 Jno. 3. 14, 19; 4. 6; 5. 20.

38 *What*. Ac. 17. 19, 20, 32; 24. 25, 26. *I find*. ch. 19. 4, 6, 21, 22. Mat. 27. 18, 19, 24. Mar. 15. 14. Lu. 23. 4, 14-16. 1 Pe. 1. 19; 2. 22, 23.

39 *ye have*. Mat. 27. 15-18. Mar. 15. 6, 8. Lu. 23. 17, 20. *I release*. ver. 33.

40 Mat. 27. 16, 26. Mar. 15. 7, 15. Lu. 23. 18, 19, 25. Ac. 3. 13, 14.

## CHAP. XIX.

*Christ is scourged, crowned with thorns, and beaten*, 1-3. *Pilate is desirous to release him, but being overcome with the outrage of the Jews, he delivers him to be crucified*, 4-22. *They cast lots for his garments*, 23, 24. *He commends his mother to John*, 25-27. *He dies*, 28-30. *His side is pierced*, 31-37. *He is buried by Joseph and Nicodemus*, 38-42.

1 *Pilate*. Mat. 27. 26, etc. Mar. 15. 15, etc. Lu. 23. 16, 23. *scourged*. Ps. 129. 3. Is. 50. 6; 53. 5. Mat. 20. 19; 23. 34. Mar. 10. 33, 34. Lu. 18. 33. Ac. 16. 22, 23; 22. 24, 25. 2 Co. 11. 24. He. 11. 36. 1 Pe. 2. 24.

2 *the soldiers*. ver. 5. Ps. 22. 6. Is. 49. 7; 53. 3. Mat. 27. 27-31. Mar. 15. 17-20. Lu. 23. 11.

3 *Hail*. Mat. 26. 49; 27. 29. Lu. 1. 28. *King*. ver. 19-22; ch. 18. 33.

4 *that ye*. ver. 6; ch. 18. 38. Mat. 27. 4, 19, 24, 54. Lu. 23. 41, 47. 2 Co. 5. 21. He. 7. 26. 1 Pe. 1. 19; 2. 22; 3. 18. 1 Jno. 3. 5.

5 *Behold*. ch. 1. 29. Is. 7. 14; 40. 9; 43. 1. La. 1. 12. He. 12. 2.

6 *the chief priests*. ver. 15. Mat. 27. 22. Mar. 15. 12-15. Lu. 22. 21-23. Ac. 2. 23; 3. 13-15; 7. 52; 13. 27-29. *Take*. Pilate neither did nor could say this seriously; for *crucifixion* was not a Jewish but a Roman mode of punishment. The cross was made of two beams, either crossing at the top, at right angles, like a T, or in the middle of their length, like an X; with a piece on the centre of the transverse beam for the accusation, and another piece projecting from the middle, on which the person sat. The cross on which our Lord suffered was of the former kind, being thus represented on all old monuments, coins, and crosses. The body was usually fastened to the upright beam by nailing the feet to it, and on the transverse piece by nailing the hands; and the person was frequently permitted to hang in this situation till he perished through agony and lack of food. This horrible punishment was usually inflicted only on slaves for the worst of crimes. ch. 18. 31. Mat. 27. 24.

7 *We have*. Le. 24. 16. De. 18. 20. *because*. ch. 5. 18; 8. 58, 59; 10. 30-33, 36-38. Mat. 26. 63-66; 27. 42, 43. Mar. 14. 61-64; 15. 39. Ro. 1. 4.

8 *heard*. ver. 13. Ac. 14. 11-19.

9 *Whence.* ch. 8. 14; 9. 29, 30. Ju. 13. 6. *But.* Ps. 38. 13-15. Is. 53. 7. Mat. 27. 12-14. Mar. 15. 3-5. Ac. 8. 32, 33. Phi. 1. 28.

10 *knowest.* ch. 18. 39. Da. 3. 14, 15; 5. 19.

11 *Thou.* ch. 3. 27; 7. 30. Ge. 45. 7, 8. Ex. 9. 14-16. 1 Ch. 29. 11. Ps. 39. 9; 62. 11. Je. 27. 5-8. La. 3. 37. Da. 4. 17, 25, 32, 35; 5. 21. Mat. 6. 13. Lu. 22. 53. Ac. 2. 23; 4. 28. Ro. 11. 36; 13. 1. Ja. 1. 17. *he.* ch. 11. 49, 50; 18. 3. Mat. 26. 65; 27. 2. Mar. 14. 44. *the greater.* ch. 9. 41; 15. 22-24. Lu. 7. 41, 42; 10. 11-14; 12. 47, 48. He. 6. 4-8. Ja. 4. 17.

12 *from.* Mar. 6. 16-26. Ac. 24. 24-27. *thou art.* ch. 18. 33-36. Lu. 23. 2-5. Ac. 17. 6, 7.

13 *heard.* ver. 8. Pr. 29. 25. Is. 51. 12, 13; 57. 11. Lu. 12. 5. Ac. 4. 19. *and sat.* Ps. 58. 1, 2; 82. 5-7; 94. 20, 21. Ec. 5. 8. Am. 5. 7.

14 *the preparation.* ver. 31, 32, 42. Mat. 27. 62. Mar. 15. 42. Lu. 23. 54. *the sixth.* Instead of **εκτη**, *sixth*, several MSS. and fathers have τριτη, *third*, as in the parallel place. Mar. 15. 25, 33, 34. *Behold.* ver. 3, 5, 19-22.

15 *Away.* ver. 6. Lu. 23. 18. Ac. 21. 36; 22. 22. *We have.* ch. 18. 31. Ge. 49. 10. Eze. 21. 26, 27.

16 Mat. 27. 26-31. Mar. 15. 15-20. Lu. 23. 24.

17 *he.* Mat. 10. 38; 16. 24; 27. 31-33. Mar. 8. 34; 10. 21; 15. 21, 22. Lu. 9. 23; 14. 27; 23. 26, 33. *went.* Le. 16. 21, 22; 24. 14. Nu. 15. 35, 36. 1 Ki. 21. 13. Lu. 23. 33. Ac. 7. 58. He. 13. 11-13. *Golgotha.* *Golgotha*, of which Κρανιον and *Calvaria* are merely translations, is supposed to have been a hill, or a rising on a greater hill, on the north-west of Jerusalem. Mat. 27. 33, 34. Mar. 15. 21, 22. Lu. 23. 33.

18 ch. 18. 32. Ps. 22. 16. Is. 53. 12. Mat. 27. 35-38, 44. Mar. 15. 24-28. Lu. 23. 32-34. Ga. 3. 13. He. 12. 2.

19 *wrote.* Mat. 27. 37. Mar. 15. 26. Lu. 23. 38. *And the.* The apparent discrepancy between the accounts of this title given by the Evangelists, which has been urged as as objection against their inspiration and veracity, has been most satisfactorily accounted for by Dr. TOWNSON; who supposes that, as it was written in Hebrew, Greek, and Latin, it might have slightly varied in each language; and that, as St. Luke and St. John wrote for the Gentiles, they would prefer the Greek inscription, that St. Matthew, addressing the Jews, would use the Hebrew, and that St. Mark, writing to the Romans, would naturally give the Latin. *JESUS.* ver. 3, 12; ch. 1. 45, 46, 49; 18. 33. Ac. 3. 6; 26. 9.

20 *in.* ver. 13; ch. 5. 2. Ac. 21. 40; 22. 2; 26. 14. Re. 16. 16. *and Greek.* Ac. 21. 37. Re. 9. 11.

22 *What.* ver. 12. Ps. 65. 7; 76. 10. Pr. 8. 29.

23 *the soldiers.* Mat. 27. 35. Mar. 15. 24. Lu. 23. 34. *now.* Such was the χιτων, or *coat*, of the Jewish high-priest, as described by JOSEPHUS. *woven, or,* wrought. Ex. 39. 22, 23.

24 *that.* ver. 28, 36, 37; ch. 10. 35; 12. 38, 39. *They parted.* Ps. 22. 18. Is. 10. 7. Ac. 13. 27.

25 *his mother.* Lu. 2. 35. *and his.* Mat. 27. 55, 56. Mar. 15. 40, 41. Lu. 23. 49. *Cleophas. or,* Cleopas, Lu. 24. 18. *and Mary.* ch. 20. 1, 11-18. Mar. 16. 9. Lu. 8. 2.

26 *whom.* ch. 13. 23; 20. 2; 21. 7, 20, 24. *Woman.* ch. 2. 4.

27 *Behold.* Ge. 45. 8; 47. 12. Mat. 12. 48-50; 25. 40. Mar. 3. 34. 1 Ti. 5. 2-4. *took.* 1 Jno. 3. 18, 19. *his.* ch. 1. 11; 16. 32.

28 *Jesus.* ver. 30; ch. 13. 1; 18. 4. Lu. 9. 31; 12. 50; 18. 31; 22. 37. Ac. 13. 29. *that the.* Ps. 22. 15; 69. 21.

29 *was set.* Mat. 27. 34, 48. Mar. 15. 36. Lu. 23. 36. *hyssop.* This *hyssop* is termed a *reed* by Matthew and Mark; and it appears that a species of hyssop, with a *reedy* stalk, about two feet long, grew about Jerusalem. Ex. 12. 22. Nu. 19. 18. 1 Ki. 4. 33. Ps. 51. 7.

30 *It is.* ver. 28, Gr.; ch. 4. 34; 17. 4. Ge. 3. 15. Ps. 22. 15. Is. 53. 10, 12. Da. 9. 24, 26. Zec. 13. 7. Mat. 3. 15. Ro. 3. 25; 10. 4. 1 Co. 5. 7. Col. 2. 14-17. He. 9. 11-14, 22-28; 10. 1-14; 12. 2. *and he.* ch. 10. 11, 18. Mat. 20. 28; 27. 50. Mar. 15. 37. Lu. 23. 46. Phi. 2. 8. He. 2. 14, 15.

31 *because.* ver. 14, 42. Mat. 27. 62. Mar. 15. 42. *that the.* De. 21. 22, 23. *that sabbath.* Le. 23. 7-16. *their.* LACTANTIUS says that it was a custom to break the legs of criminals upon the cross; which was done, we are told, at the instep with an iron mallet; and appears to have been a kind of *coup de grace*, the sooner to put them out of pain. ver. 1. Pr. 12. 10. Mi. 3. 3.

32 *of the first.* ver. 18. Lu. 23. 39-43.

34 *came.* ch. 13. 8-10. Ps. 51. 7. Eze. 36. 25. Zec. 13. 1. Mat. 27. 62. Ac. 22. 16. 1 Co. 1. 30; 6. 11. Ep. 5. 26. Tit. 2. 14; 3. 5-7. He. 9. 13, 22; 10. 19-22. 1 Pe. 3. 21. 1 Jno. 1. 6-9; 5. 6, 8. Re. 1. 5; 7. 14.

35 *he that.* ver. 26; ch. 21. 24. Ac. 10. 39. He. 2. 3, 4. 1 Pe. 5. 1. 1 Jno. 1. 1-3. *that ye.* ch. 11. 15, 42; 14. 29; 17. 20, 21; 20. 31. Ro. 15. 4. 1 Jno. 5. 13.

36 *that the.* Ex. 12. 46. Nu. 9. 12. Ps. 22. 14; 34. 20; 35. 10.

37 *They.* Ps. 22. 16, 17. Zec. 12. 10. Re. 1. 7.

38 *Joseph.* Mat. 27. 57-60. Mar. 15. 42-46. Lu. 23. 50. *but.* ch. 9. 22; 12. 42. Pr. 29. 25. Phi. 1. 14.

39 *Nicodemus.* ch. 3. 1, etc.; 7. 50-52. Mat. 12. 20; 19. 30. *a.* ch. 12. 7. 2 Ch. 16. 14. Ca. 4. 6, 14.

40 *wound.* ch. 11. 44; 20. 5-7. Ac. 5. 6.

41 *and in.* ch. 20. 15. 2 Ki. 23. 30. Is. 22. 16. Mat. 27. 60, 64-66. Lu. 23. 53.

42 *laid.* Ps. 22. 15. Is. 53. 9. Mat. 12. 40. Ac. 13. 29. 1 Co. 15. 4. Col. 2. 12. *because.* ver. 14, 31.

## CHAP. XX.

*Mary comes to the sepulchre,* 1, 2; *so do Peter and John, ignorant of the resurrection,* 3-10. *Jesus appears to Mary Magdalene,* 11-18, *and to his disciples,* 19-23. *The incredulity and confession of Thomas,* 24-29. *The Scripture is sufficient to salvation,* 30, 31.

1 *first.* ver. 19, 26. Ac. 20. 7. 1 Co. 16. 2. Re. 1. 10. *cometh.* Mary Magdalene, as well as Peter, was evidently at the sepulchre *twice* on the morning of the resurrection. The *first* time of her going was some short time before her companions, the other Mary and Salome (Mat. 28. 1); and observing that the stone had been removed, she returned to inform Peter and John. In the mean time, the other Mary and Salome came to the sepulchre, and saw the angel, as recorded by Matthew and Mark. While these women returned to the city, Peter and John went to the sepulchre, passing them at some distance, or going another way, followed by Mary Magdalene, who stayed after their return. This was her *second* journey; when she saw two angels, and then Jesus himself, as here related; and immediately after Jesus appeared to the other women, as they returned to the city. (Mat. 28. 9, 10.) In the meantime Joanna and her company arrived at the sepulchre, when two angels appeared to them, and addressed them as the one angel had done the other women, (Lu. 24. 1-10.) They immediately returned to the city, and by some means found the apostles before the others arrived, and informed them of what they had seen; upon which Peter went a *second* time to the sepulchre, but saw only the linen clothes lying, (Lu. 24. 12.) Mat. 28. 1, etc. Mar. 16. 1, 2, 9. Lu. 24. 1-10. *the stone.* Mat. 27. 60, 64-66; 28. 2. Mar. 15. 46; 16. 3, 4.

2 *to the.* ch. 13. 23; 19. 26; 21. 7, 20, 24. *They have taken.* ver. 9, 13, 15. Mat. 27. 63, 64.

3 Lu. 24. 12.

4 *outrun.* 2 Sa. 18. 23. Le. 13. 30. 1 Co. 9. 24. 2 Co. 8. 12.

5 *saw.* ch. 11. 44; 19. 40.

6 ch. 6. 67-69; 18. 17, 25-27; 21. 7, 15-17. Mat. 16. 15, 16. Lu. 22. 31, 32.

7 ch. 11. 44.

8 *and he.* ver. 25, 29; ch. 1. 50.

9 *they.* Mat. 16. 21, 22. Mar. 8. 31-33; 9. 9, 10, 31, 32. Lu. 9. 45; 18. 33, 34; 24. 26, 44-46. *that.* Ps. 16. 10; 22. 15, 22, etc. Is. 25. 8; 26. 19; 53. 10-12. Ho. 13. 14. Ac. 2. 25-32; 13. 29-37. 1 Co. 15. 4.

10 *went.* ch. 7. 53; 16. 32.

12 *seeth.* Mat. 28. 3-5. Mar. 16. 5, 6. Lu. 24. 3-7, 22, 23. *in.* 2 Ch. 5. 12. Da. 7. 9. Mat. 17. 2. Ac. 1. 10. Re. 3. 4; 7. 14.

13 *Woman.* ch. 2. 4; 19. 26. *why.* ver. 15; ch. 14. 27, 28; 16. 6, 7, 20-22. 1 Sa. 1. 8. Ps. 43. 3-5, 11. Ec. 3. 4. Je. 31. 16. Lu. 24. 17. Ac. 21. 13. *Because.* ver. 2.

14 *and saw.* Ca. 3. 3, 4. Mat. 28. 9. Mar. 16. 9. *and knew.* ch. 8. 59; 21. 4. Mar. 16. 12. Lu. 4. 30; 24. 16, 31.

15 *whom.* ch. 1. 38; 18. 4, 7. Ca. 3. 2; 6. 1. Mat. 28. 5. Mar. 16. 6. Lu. 24. 5. *if.* 1 Sa. 1. 16. Mat. 12. 34.

16 *Mary.* ch. 10. 3. Ge. 22. 1, 11. Ex. 3. 4; 33. 17. 1 Sa. 3. 6, 10. Is. 43. 1. Lu. 10. 41. Ac. 9. 4; 10. 3. *She.* Ge. 45. 12. Ca. 2. 8, etc.; 3. 4; 5. 2. Mat. 14. 27. *Rabboni.* ver. 28; ch. 1. 38, 49; 3. 2; 6. 25; 11. 28; 13. 13. Mat. 23. 8-10.

17 *Touch.* Or rather, 'embrace me not,' or, 'cling not to me,' *μη μου απτου*, 'Spend no more time with me now in joyful gratulations: for I am not yet immediately going to ascend to my Father; you will have several opportunities of seeing me again; but go and tell my disciples that I shall depart to my Father and your Father.' ver. 27. 2 Ki. 4. 29; 7. 9. Mat. 28. 7, 9. Lu. 10. 4. *my brethren.* Ps. 22. 22. Mat. 12. 50; 25. 40; 28. 10. Ro. 8. 29. He. 2. 11-13. *I ascend.* ch. 13. 1, 3; 14. 2, 6, 28; 16. 28; 17. 5, 11, 25. Ps. 68. 18; 89. 26. Lu. 24. 49-51. Ep. 1. 17-23; 4. 8-10. 1 Pe. 1. 3. *your Father.* ch. 1. 12, 13. Ro. 8. 14-17. 2 Co. 6. 18. Ga. 3. 26; 4. 6, 7. 1 Jno. 3. 2. Re. 21. 7. *your God.* Ge. 17. 7, 8. Ps. 43. 4; 48. 14. Is. 41. 10. Je. 31. 33; 32. 38. Eze. 36. 28; 37. 27. Zec. 13. 7-9. He. 8. 10; 11. 16. Re. 21. 3.

18 *came.* Mat. 28. 10. Mar. 16. 10-13. Lu. 24. 10.

19 *the same.* Mar. 16. 14. Lu. 24. 36-49. 1 Co. 15. 5. *when.* ver. 26. Ne. 6. 10, 11. *came.* ch. 14. 19-23; 16. 22. Mat. 18. 20. *Peace.* ver. 21; ch. 14. 27; 16. 33. Ps. 85. 8-10. Is. 57. 18, 19. Mat. 10. 13. Lu. 24. 36. Ro. 15. 33. Ep. 2. 14; 6. 23. Phi. 1. 2. 2 Th. 3. 16. He. 7. 2. Re. 1. 4.

20 *he shewed.* ver. 27. Lu. 24. 39, 40. 1 Jno. 1. 1. *Then.* ch. 16. 22. Is. 25. 8, 9. Mat. 28. 8. Lu. 24. 41.

21 *Peace.* ch. 14. 27. *as.* ch. 13. 20; 17. 18, 19; 21. 15-17. Is. 61. 1-3. Mat. 10. 16, 40; 28. 18-20. Mar. 16. 15-18. Lu. 24. 47-49. Ac. 1. 8. 2 Ti. 2. 2. He. 3. 1.

22 *he breathed.* Ge. 2. 7. Job 33. 4. Ps. 33. 6. Eze. 37. 9. *Receive.* ch. 14. 16; 15. 26; 16. 7. Ac. 2. 4, 38; 4. 8; 8. 15; 10. 47; 19. 2. Ga. 3. 2.

23 Mat. 16. 19; 18. 18. Mar. 2. 5-10. Ac. 2. 38; 10. 43; 13. 38, 39. 1 Co. 5. 4. 2 Co. 2. 6-10. Ep. 2. 20. 1 Ti. 1. 20.

24 *Thomas.* ch. 11. 16; 14. 5; 21. 2. Mat. 10. 3. *was.* ch. 6. 66, 67. Mat. 18. 20. He. 10. 25.

25 *We.* ver. 14-20; ch. 1. 41; 21. 7. Mar. 16. 11. Lu. 24. 34-40. Ac. 5. 30-32; 10. 40, 41. 1 Co. 15. 5-8. *Except.* ver. 20; ch. 6. 30. Job 9. 16. Ps. 78. 11-22, 32; 95. 8-10; 106. 21-24. Mat. 16. 1-4; 27. 42. Lu. 24. 25, 39-41. He. 3. 12, 18, 19; 4. 1, 2; 10. 38, 39.

26 *eight.* ver. 19. Mat. 17. 1. Lu. 9. 28. *Thomas.* ver. 24. *Peace.* ver. 19. Is. 26. 12; 27. 5; 54. 10.

27 *Reach hither thy finger.* ver. 25. Ps. 78. 38; 103. 13, 14. Ro. 5. 20. 1 Ti. 1. 14-16. 1 Jno. 1. 1, 2. *reach hither thy hand.* 1 Jno. 1. 1. *and be.* Mat. 17. 17. Mar. 9. 19. Lu. 9. 41. 1 Ti. 1. 14.

28 *My Lord.* The disbelief of the apostle is the means of furnishing us with a full and satisfactory demonstration of the resurrection of our Lord. Throughout the divine dispensations every doctrine and every important truth is gradually revealed; and here we have a conspicuous instance of this progressive system. An angel first declares the glorious event; the empty sepulchre confirms the women's report. Christ's appearance to Mary Magdalene shewed that he was alive; that to the disciples at Emmaus proved that it was at least the spirit of Christ; that to the eleven shewed the reality of his body; and the conviction given to St. Thomas proved it the self-same body that had been crucified. Incredulity itself is satisfied; and the convinced apostle exclaims, in the joy of his heart, 'My Lord and my God!' ver. 16, 31; ch. 5. 23; 9. 35-38. Ps. 45. 6, 11; 102. 24-28; 118. 24-28. Is. 7. 14; 9. 6; 25. 9; 40. 9-11. Je. 23. 5, 6. Mal. 3. 1. Mat. 14. 33. Lu. 24. 52. Ac. 7. 59, 60. 1 Ti. 3. 16. Re. 5. 9-14.

29 *blessed.* ver. 8; ch. 4. 48. Lu. 1. 45. 2 Co. 5. 7. He. 11. 1, 27, 39. 1 Pe. 1. 8.

30 ch. 21. 25. Lu. 1. 3, 4. Ro. 15. 4. 1 Co. 10. 11. 2 Ti. 3. 15-17. 2 Pe. 3. 1, 2. 1 Jno. 1. 3, 4; 5. 13.

31 *these.* ver. 28; ch. 1. 49; 6. 69, 70; 9. 35-38. Ps. 2. 7, 12. Mat. 16. 16; 27. 54. Lu. 1. 4. Ac. 8. 37; 9. 20. Ro. 1. 3, 4. 1 Jno. 4. 15; 5. 1, 10, 20. 2 Jno. 9. Re. 2. 18. *believing.* ch. 3. 15, 16, 18, 36; 5. 24, 39, 40; 6. 40; 10. 10. Mar. 16. 16. 1 Pe. 1. 9. 1 Jno. 2. 23-25; 5. 10-13. *through.* Lu. 24. 47. Ac. 3. 16; 10. 43; 13. 38, 39.

## CHAP. XXI.

*Christ appearing again to his disciples is known of them by the great draught of fishes,* 1-11. *He dines with them,* 12-14; *earnestly commands Peter to feed his lambs and sheep,* 15-17; *foretells him of his death,* 18-21; *rebukes his curiosity touching John,* 22, 23. *The conclusion,* 24, 25.

1 *these.* ch. 20. 19-29. *Jesus.* Mat. 26. 32; 28. 7, 16. Mar. 16. 7. *the sea.* ch. 6. 1, 23.

2 *Thomas.* ch. 20. 28. *Nathanael.* ch. 1. 45-51. *Cana.* ch. 2. 1, 11; 4. 46. Jos. 19. 28, Kanah. *the sons.* Mat. 4. 21, 22.

3 *I go.* 2 Ki. 6. 1-7. Mat. 4. 18-20. Lu. 5. 10, 11. Ac. 18. 3; 20. 34. 1 Co. 9. 6. 1 Th. 2. 9. 2 Th. 3. 7-9. *and that.* Lu. 5. 5. 1 Co. 3. 7.

4 *but.* ch. 20. 14. Mar. 16. 12. Lu. 24. 15, 16, 31.

5 *Children.* *or,* Sirs. 1 Jno. 2. 13, 18. Gr. *have.* Ps. 37. 3. Lu. 24. 41-43. Phi. 4. 11-13, 19. He. 13. 5.

6 *Cast.* Mat. 7. 27. Lu. 5. 4-7. *They cast.* ch. 2. 5. Ps. 8. 8. He. 2. 6-9. *the multitude.* Ac. 2. 41; 4. 4.

7 *that disciple.* ver. 20, 24; ch. 13. 23; 19. 26; 20. 2. *It is.* ch. 20. 20, 28. Ps. 118. 23. Mar. 11. 3. Lu. 2. 11. Ac. 2. 36; 10. 36. 1 Co. 15. 47. Ja. 2. 1. *when.* Ca. 8. 7. Mat. 14. 28, 29. Lu. 7. 47. 2 Co. 5. 14. *fisher's coat.* Or, *upper coat, great coat,* or, *surtout,* *επενδυτην*, from *επι*, *upon,* and *ενδυω*, *I clothe.* *naked.* That is, he was only in his *vest,* or under garment; for *γυμνος*, *naked,* like the Hebrew *árom,* is frequently applied to one who has merely laid aside his outer garment. See 1 Sa. 19. 24. 2 Sa. 6. 20, on which see the Note. To which may be added what we read in the LXX, Job 22. 6, 'Thou hast taken away the covering of the *naked,*' *αμφιασιν γυμνων*, the *plaid,* or blanket, in which they wrapped themselves, and besides which they had no other. In this sense VIRGIL says, *Nudus ara, sere nudus,* 'plough naked, and sow naked,' *i.e.* strip off your upper garments.

8 *cubits.* De. 3. 11.

9 *they saw.* 1 Ki. 19. 5, 6. Mat. 4. 11. Mar. 8. 3. Lu. 12. 29-31.

11 *and for.* Lu. 5. 6-8. Ac. 2. 41.

12 *Come.* Ac. 10. 41. *dine.* The word *αρισταν*, like *prandere,* was used for any meat taken before the *cœna,* or supper. *durst.* ch. 4. 27; 16. 19. Ge. 32. 29, 30. Mar. 9. 32. Lu. 9. 45.

13 Lu. 24. 42, 43. Ac. 10. 41.

14 *the third time.* Or, as some read, the third *day.* On the day the Saviour rose he appeared five times; the second day was that day se'nnight; and this was the third day—or this was his third *appearance* to any considerable number of his disciples together. Though he had appeared to Mary, to the women, to the two disciples, to Cephas—yet he had but twice appeared to a company of them together. ch. 20. 19, 26.

15 *son.* ver. 16, 17; ch. 1. 42, Jona. Mat. 16. 17, Bar-jona. *lovest.* ch. 8. 42; 14. 15-24; 16. 27. Mat. 10. 37; 25. 34-45. 1 Co. 16. 21, 22. 2 Co. 5. 14, 15. Ga. 5. 6. Ep. 6. 24. 1 Pe. 1. 8. 1 Jno. 4. 19; 5. 1. *more.* ver. 7. Mat. 26. 33, 35. Mar. 14. 29. *thou knowest.* ver. 17. 2 Sa. 7. 20. 2 Ki. 20. 3. He. 4. 13. Re. 2. 23. *Feed.* Ps. 78. 70-72. Je. 3. 15; 23. 4. Eze. 34. 2-10, 23. Ac. 20. 28. 1 Ti. 4. 15, 16. He. 13. 20. 1 Pe. 2. 25; 5. 1-4. *lambs.* Ge. 33. 13. Is. 40. 11. Mat. 18. 10, 11. Lu. 22. 32. Ro. 14. 1; 15. 1. 1 Co. 3. 1-3; 8. 11. Ep. 4. 14. He. 12. 12, 13. 1 Pe. 2. 2.

16 *the second.* ch. 18. 17, 25. Mat. 26. 72. *my sheep.* ch. 10. 11-16, 26, 27. Ps. 95. 7; 100. 3. Zec. 13. 7. Mat. 25. 32. Lu. 15. 3-7; 19. 10. Ac. 20. 28. He. 13. 20. 1 Pe. 2. 25.

17 *the third.* ch. 13. 38; 18. 27. Mat. 26. 73, 74. Re. 3. 19. *grieved.* 1 Ki. 17. 18. La. 3. 33. Mat. 26. 75. Mar. 14. 72. Lu. 22. 61, 62. 2 Co. 2. 4-7; 7. 8-11. Ep. 4. 30. 1 Pe. 1. 6. *Lord.* ch. 2. 24, 25; 16. 30; 18. 4. Je. 17. 10. Ac. 1. 24; 15. 8. Re. 2. 23. *thou knowest that.* ver. 15. Jos. 22. 22. 1 Ch. 29. 17. Job 31. 4-6. Ps. 7. 8, 9; 17. 3. 2 Co. 1. 12. *Feed.* ver. 15, 16; ch. 12. 8; 14. 15; 15. 10. Mat. 25. 40. 2 Co. 8. 8, 9. 2 Pe. 1. 12-15; 3. 1. 1 Jno. 3. 16-24. 3 Jno. 7, 8.

18 *but.* ch. 13. 36. Ac. 12. 3, 4. *another.* Ac. 21. 11. *thou wouldest not.* ch. 12. 27, 28. 2 Co. 5. 4.
19 *by.* Phi. 1. 20. 1 Pe. 4. 11-14. 2 Pe. 1. 14. *Follow.* ver. 22; ch. 12. 26; 13. 36, 37. Nu. 14. 24. 1 Sa. 12. 20. Mat. 10. 38; 16. 21-25; 19. 28. Mar. 8. 33-38. Lu. 9. 22-26.
20 *seeth.* ver. 7, 24; ch. 20. 2. *which.* ch. 13. 23-26; 20. 2.
21 *Lord.* Mat. 24. 3, 4. Lu. 13. 23, 24. Ac. 1. 6, 7.
22 *If.* Mat. 16. 27, 28; 24. 3, 27, 44; 25. 31. Mar. 9. 1. 1 Co. 4. 5; 11. 26. Re. 1. 7; 2. 25; 3. 11; 22. 7, 20. *follow.* ver. 19.
23 *what.* De. 29. 29. Job 28. 28; 33. 13. Da. 4. 35.
24 *we know.* ch. 19. 35. 1 Jno. 1. 1, 2; 5. 6. 3 Jno. 12.
25 *there.* ch. 20. 30, 31. Job 26. 14. Ps. 40. 5; 71. 15. Ec. 12. 12. Mat. 11. 5. Ac. 10. 38; 20. 35. He. 11. 32. *that even.* This is a very strong eastern expression to represent the number of miracles which Jesus wrought. But however strong and strange it may appear to us of the western world, we find sacred and other authors using hyperboles of the like kind and signification. See Nu. 13. 33. De. 1. 28. Da. 4. 11. Ec. 47. 15. BASNAGE gives a very similar hyperbole taken from the Jewish writers, in which Jochanan is said to have 'composed such a great number of precepts and lessons, that if the heavens were paper, and all the trees of the forest so many pens, and all the children of men so many scribes, they would not suffice to write all his lessons.' Am. 7. 10. Mat. 19. 24.

## CONCLUDING REMARKS ON ST. JOHN'S GOSPEL.

JOHN, who, according to the unanimous testimony of the ancient fathers and ecclesiastical writers, was the author of this Gospel, was the son of Zebedee, a fisherman of Bethsaida, by Salome his wife, (compare Mat. x. 2, with Mat. xxvii. 55, 56, and Mar. xv. 40,) and brother of James the elder, whom 'Herod killed with the sword,' (Ac. xii. 2.) THEOPHYLACT says that Salome was the daughter of Joseph, the husband of Mary, by a former wife; and that consequently she was our Lord's sister, and John was his nephew. He followed the occupation of his father till his call to the apostleship, (Mat. iv. 21, 22, Mar. i. 19, 20, Lu. v. 1-10,) which is supposed to have been when he was about twenty-five years of age; after which he was a constant eye-witness of our Lord's labours, journeyings, discourses, miracles, passion, crucifixion, resurrection, and ascension. After the ascension of our Lord he returned with the other apostles to Jerusalem, and with the rest partook of the outpouring of the Holy Spirit on the day of Pentecost, by which he was eminently qualified for the office of an Evangelist and Apostle. After the death of Mary the mother of Christ, which is supposed to have taken place about fifteen years after the crucifixion, and probably after the council held in Jerusalem about A.D. 49 or 50, (Ac. xv.,) at which he was present, he is said by ecclesiastical writers to have proceeded to Asia Minor, where he formed and presided over seven churches in as many cities, but chiefly resided at Ephesus. Thence he was banished by the emperor Domitian, in the fifteenth year of his reign, A.D. 95, to the isle of Patmos in the Ægean sea, where he wrote the Apocalypse, (Re. i. 9.) On the accession of Nerva the following year, he was recalled from exile, and returned to Ephesus, where he wrote his Gospel and Epistles, and died in the hundredth year of his age, about A.D. 100, and in the third year of the emperor Trajan. It is generally believed that St. John was the youngest of the twelve apostles, and that he survived all the rest. JEROME, in his comment on Gal. VI., says that he continued preaching when so enfeebled with age as to be obliged to be carried into the assembly; and that, not being able to deliver any long discourse, his custom was to say in every meeting, *My dear children, love one another.* The general current of ancient writers declares that the apostle wrote his Gospel at an advanced period of life, with which the internal evidence perfectly agrees; and we may safely refer it, with CHRYSOSTOM, EPIPHANIUS, MILL, LE CLERC, and others, to the year 97. The design of St. John in writing his Gospel is said by some to have been to supply those important events which the other Evangelists had omitted, and to refute the notions of the Cerinthians and Nicolaitans, or according to others, to refute the heresy of the Gnostics and Sabians. But, though many parts of his Gospel may be successfully quoted against the strange doctrines held by those sects, yet the apostle had evidently a more general end in view than the confutation of their heresies. His own words sufficiently inform us of his motive and design in writing this Gospel: 'These things are written that ye might believe that Jesus is the Christ, the Son of God; and that believing, ye might have life through his name.' (ch. xx. 31.) Learned men are not wholly agreed concerning the language in which this Gospel was originally written. SALMASIUS, GROTIUS, and other writers, have imagined that St. John wrote it in his own native tongue, the Aramean or Syriac, and that it was afterwards translated into Greek. This opinion is not supported by any strong arguments, and is contradicted by the unanimous voice of antiquity, which affirms that he wrote it in Greek, which is the general and most probable opinion. The style of this Gospel indicates a great want of those advantages which result from a learned education; but this defect is amply compensated by the unexampled simplicity with which he expresses the sublimest truths. One thing very remarkable is an attempt to impress important truths more strongly on the minds of his readers, by employing in the expression of them both an affirmative proposition and a negative. It is manifestly not without design that he commonly passes over those passages of our Lord's history and teaching which had been treated at large by the other Evangelists, or if he touches them at all, he touches them but slightly, whilst he records many miracles which had been overlooked by the rest, and expatiates on the sublime doctrines of the pre-existence, the divinity, and the incarnation of the WORD, the great ends of His mission, and the blessings of His purchase.

# The ACTS of the APOSTLES.

A.D. 33. A.M. 4037.

## CHAP. I.

*Christ, preparing his apostles to the beholding of his ascension, gathers them together unto the mount Olivet, commands them to expect in Jerusalem the sending down of the Holy Ghost, promises after a few days to send it, and ascends into heaven in their sight,* 1-9. *After his ascension they are warned by two angels to depart, and to set their minds upon his second coming,* 10, 11. *They accordingly return, and, giving themselves to prayer, choose Matthias apostle in the place of Judas,* 12-26.

1 *former.* Lu. ch. 1. 24. *O Theophilus.* Lu. 1. 3. *of.* ch. 2. 22. Mat. 4. 23, 24; 11. 5. Lu. 7. 21-23; 24. 19. Jno. 10. 32-38; 18. 19-21. 1 Pe. 2. 21-23.

2 *the day.* ver. 9. Mar. 16. 19. Lu. 9. 51; 24. 51. Jno. 6. 62; 13. 1, 3; 16. 28; 17. 13; 20. 17. Ep. 4. 8-10. 1 Ti. 3. 16. He. 6. 19, 20; 9. 24. 1 Pe. 3. 22. *through.* ch. 10. 38. Is. 11. 2, 3; 42. 1; 48. 16; 59. 20, 21; 61. 1. Mat. 3. 16; 12. 28. Jno. 1. 16; 3. 34. Re. 1. 1; 2. 7, 11, 17, 29; 3. 16, 13, 22. *given.* Mat. 28. 19. Mar. 16. 15-19. Lu. 24. 45-49. *the apostles.* ver. 13; ch. 10. 40-42. Mat. 10. 1-4. Mar. 3. 14-19. Lu. 6. 13-16. Jno. 6. 70; 13. 18; 20. 21. Gal. 1. 1. Ep. 2. 20. 2 Pe. 3. 2. Re. 21. 14.

3 *he shewed.* ch. 13. 31. Mat. 28. 9, 16. Mar. 16. 10-14. Lu. ch. 24. Jno. ch. 20; 21. 1 Co. 15. 5-7. 1 Jno. 1. 1. *forty.* De. 9. 9, 18. 1 Ki. 19. 8. Mat. 4. 2. *speaking.* ch. 28. 31. Da. 2. 44, 45. Mat. 3. 2; 21. 43. Lu. 17. 20, 21; 24. 44-49. Ro. 14. 17. Col. 1. 13. 1 Th. 2. 12.

4 *being assembled together. or,* eating together. ch. 10. 41. Lu. 24. 41-43. *commanded.* Lu. 24. 49. *the promise.* ch. 2. 33. Mat. 10. 20. Lu. 11. 13; 12. 12. Jno. 7. 39; 14. 16, 26-28; 15. 26; 16. 7-15; 20. 22.

5 *John.* ch. 11. 15; 19. 4. Mat. 3. 11. Lu. 3. 16. Jno. 1. 31. 1 Co. 12. 13. Tit. 3. 5. *but.* ch. 2. 1-4, 16-21; 10. 45; 11. 15. Joel 2. 28-32; 3. 18.

6 *Lord.* Mat. 24. 3. Jno. 21. 21. *restore.* Ge. 49. 10. Is. 1. 26; 9. 6, 7. Je. 23. 5, 6; 33. 15-17, 26. Eze. 37. 24-27. Da. 7. 27. Ho. 3. 4. Joel 3. 16-21. Am. 9. 11. Ob. 17-21. Mi. 5. 2. Zep. 3. 15-17. Zec. 9. 9. Mat. 20. 21. Lu. 22. 29.

7 *It.* ch. 17. 26. De. 29. 29. Da. 2. 21. Mat. 24. 36. Mar. 13. 32. Lu. 21. 24. Ep. 1. 10. 1 Th. 5. 1, 2. 1 Ti. 6. 15. 2 Ti. 3. 1. *which.* Mat. 20. 23. Mar. 10. 40.

8 *ye shall.* ch. 2. 1-4; 6. 8; 8. 19. Mi. 3. 8. Zec. 4. 6. Lu. 10. 19. Re. 11. 3-6. *power,* etc. *or,* the power of the Holy Ghost coming upon you. Lu. 1. 35; 24. 49. Ro. 15. 19. *and ye.* ver. 22; ch. 2. 32; 3. 15; 4. 33; 5. 32; 10. 39-41; 13. 31; 22. 15. Mat. 28. 19. Mar. 16. 15. Lu. 24. 46-49. Jno. 15. 27. *in Samaria.* ch. 8. 5-25. *unto.* Ps. 22. 27; 98. 3. Is. 42. 10; 49. 6; 52. 10; 66. 19. Je. 16. 19. Mat. 24. 14. Ro. 10. 18; 15. 19.

9 *when.* ver. 2. Ps. 68. 18. Mar. 16. 19. Lu. 24. 50, 51. Jno. 6. 62. Ep. 4. 8-12. *a cloud.* Ex. 19. 9; 34. 5. Is. 19. 1. Da. 7. 13. Lu. 21. 27. Re. 1. 7; 11. 12; 14. 4.

10 *while.* 2 Ki. 2. 11, 12. *two.* ch. 10. 3, 30. Da. 7. 9. Mat. 17. 2; 28. 3. Mar. 16. 5. Lu. 24. 4. Jno. 20. 12. Re. 3. 4; 7. 14.

11 *Ye men.* ch. 2. 7; 13. 31. Mar. 14. 70. *why.* ch. 3. 12. Lu. 24. 5. *shall.* Da. 7. 13, 14. Mat. 24. 30; 25. 31. Mar. 13. 26. Lu. 21. 27. Jno. 14. 3. 1 Th. 1. 10; 4. 16. 2 Th. 1. 7-10. Re. 1. 7.

12 *from.* Zec. 14. 4. Mat. 21. 1; 24. 3; 26. 30. Lu. 21. 37; 24. 52. *a sabbath.* Lu. 24. 50. Jno. 11. 18.

13 *an.* ch. 9. 37-39; 20. 8. Mar. 14. 15. Lu. 22. 12. *Peter.* ch. 2. 14, 38; 3. 1, etc.; 4. 13, 19; 8. 14-25; 9. 32-43; 10. 9, etc.; 12. 2, 3; 15. 7-11. Mat. 4. 18-22; 10. 2-4. Mar. 3. 16-18; 5. 37; 9. 2; 14. 33. Lu. 6. 13-16. Jno. 1. 40-42; 13. 23-25; 18. 17, 25-27; 21. 15-24. 1 Jno. 2 Jno. 3 Jno. Re. 1. 1, etc. *Philip.* Jno. 1. 43-46; 6. 5-7; 12. 21, 22; 14. 8, 9. *Thomas.* Jno. 11. 16; 20. 26-29; 21. 2. *Matthew.* Mat. 9. 9. Mar. 2. 14. Lu. 5. 27-29, Levi. *James.* ch. 12. 17; 15. 13. 1 Co. 15. 7. Ga. 1. 19; 2. 9. Ja. 1. 1. *Alpheus.* Mar. 2. 14; 3. 18. *Simon.* Mat. 10. 4. Mar. 3. 18, Canaanite. Lu. 6. 15. *Judas.* Mat. 10. 3, Lebbeus whose surname was Thaddeus. Mar. 3. 18, Thaddeus. Jude 1.

14 *all.* ch. 2. 1, 42, 46; 4. 24-31; 6. 4. Mat. 18. 19, 20; 21. 22. Lu. 11. 13; 18. 1; 24. 53. Ep. 6. 18. *with the.* Mat. 27. 55. Mar. 15. 40; 16. 1. Lu. 8. 2, 3; 23. 49, 55; 24. 10. Jno. 19. 25. *Mary.* Jno. 19. 25, 26. *with his.* Mat. 13. 55, 56. Mar. 3. 31-35.

15 *Peter.* Ps. 32. 5, 6; 51. 9-13. Lu. 22. 32. Jno. 21. 15-17. *the names.* Re. 3. 4; 11. 13. Gr. *an.* ch. 21. 20. Gr. Mat. 13. 31. Jno. 14. 12. 1 Co. 15. 6.

16 *Men.* ch. 2. 29, 37; 7. 2; 13. 15, 26, 38; 15. 7, 13; 22. 1; 23. 1, 6; 28. 17. *this.* ch. 2. 23; 13. 27-29. Mat. 26. 54, 56. Jno. 10. 35; 12. 38-40; 19. 28-30, 36. *which the.* ch. 2. 30, 31; 4. 25-28; 28. 25. 2 Sa. 23. 2. Mar. 12. 36. He. 3. 7, 8. 1 Pe. 1. 11. 2 Pe. 2. 21. *spake.* Ps. 41. 9; 55. 12-15. Mat. 26. 47. Jno. 13. 18; 18. 2-8.

17 *he.* Mat. 10. 4. Mar. 3. 19. Lu. 6. 16; 22. 47. Jno. 6. 70, 71; 17. 12. *this.* ver. 25; ch. 12. 25; 20. 24; 21. 19. 2 Co. 4. 1; 5. 18. Ep. 4. 11, 12.

18 *this.* Mat. 27. 3-10. *with.* Nu. 22. 7, 17. Jos. 7. 21-26. 2 Ki. 5. 20-27. Job 20. 12-15. Mat. 25. 15. 2 Pe. 2. 15, 16. *and falling.* Ps. 55. 15, 23. Mat. 27. 5.

19 *it.* ch. 2. 22. Mat. 28. 15. *Aceldama.* 2 Sa. 2. 16, marg.

20 *in.* ch. 13. 33. Lu. 20. 42; 24. 44. *Let his.* Ps. 69. 25; 109. 9-15. Zec. 5. 3, 4. *his.* ver. 25. Ps. 109. 8. *bishoprick. or,* office, *or,* charge.

21 *these.* Lu. 10. 1, 2. Jno. 15. 27. *went.* Nu. 27. 17. De. 31. 2. 2 Sa. 5. 2. 1 Ki. 3. 7. Jno. 10. 1-9.

22 *Beginning.* ch. 13. 24, 25. Mat. ch. 3. Mar. 1. 1, 3-8. Lu. 3. 1-18. Jno. 1. 28-51. *unto.* See on ver. 2, 9. *witness.* See on ver. 8; ch. 4. 33. Jno. 15. 27. He. 2. 3.

23 *Barsabas.* ch. 15. 22.

24 *they.* ch. 13. 2, 3. Pr. 3. 5, 6. Lu. 6. 12, 13. *Thou, Lord.* ch. 15. 8. Nu. 27. 16. 1 Sa. 16. 7. 1 Ki. 8. 39. 1 Ch. 28. 9; 29. 17. Ps. 7. 9; 44. 21. Pr. 15. 11. Je. 11. 20; 17. 10; 20. 12. Jno. 2. 24, 25; 21. 17. He. 4. 13. Re. 2. 23.

25 *he may.* ver. 17, 20. *from.* ver. 16-21. Ps. 109. 7. Mat. 27. 3-5. *by.* 1 Ch. 10. 13, 14. 2 Pe. 2. 3-6. Jude 6, 7. *go.* Mat. 25. 41, 46; 26. 24. Jno. 6. 70, 71; 13. 27; 17. 12.

29 *they.* ch. 13. 19. Le. 16. 8. Jos. 18. 10. 1 Sa. 14. 41, 42. 1 Ch. 24. 5. Pr. 16. 22. Jon. 1. 7. *Matthias.* ver. 23.

## CHAP. II.

*The apostles, filled with the Holy Ghost, and speaking divers languages, are admired by some, and derided by others,* 1-13; *whom Peter disproves,* 14-36; *he baptizes a great number that were converted,* 37-40; *who afterwards devoutly and charitably converse together; the apostles working many miracles, and God daily increasing his church,* 41-47.

1 *the day.* ch. 20. 16. Ex. 23. 16; 34. 22. Le. 23. 15-21. Nu. 28. 16-31. De. 16. 9-12. 1 Co. 16. 8. *they.* ver. 46; ch. 1. 13-15; 4. 24, 32; 5. 12. 2 Ch. 5. 13; 30. 12. Ps. 133. 1. Je. 32. 39. Zep. 3. 9. Ro. 15. 6. Phi. 1. 27; 2. 2.

2 *suddenly.* ch. 16. 25, 26. Is. 65. 24. Mal. 3. 1. Lu. 2. 13. *as.* 1 Ki. 19. 11. Ps. 18. 10. Ca. 4. 16. Eze. 3. 12, 13; 37. 9, 10. Jno. 3. 8. *it.* ch. 4. 31.

3 *cloven.* ver. 4, 11. Ge. 11. 6. Ps. 55. 9. 1 Co. 12. 10. Re. 14. 6. *like.* Is. 6. 5. Je. 23. 29. Mal. 3. 2, 3. Mat. 3. 11. Lu. 24. 32. Ja. 3. 6. Re. 11. 3. *sat.* ch. 1. 15. Is. 11. 2, 3. Mat. 3. 15. Jno. 1. 32, 33.

4 *filled.* ch. 1. 5; 4. 8, 31; 6. 3, 5, 8; 7. 55; 9. 17; 11. 24; 13. 9, 52. Lu. 1. 15, 41, 67; 4. 1. Jno. 14. 26; 20. 22. Ro. 15. 13. Ep. 3. 19; 5. 18. *began.* ver. 11; ch. 10. 46; 19. 6. Is. 28. 11. Mar. 16. 17. 1 Co. 12. 10, 28-30; 13. 1, 8; 14. 5, 18, 21-23, 29. *as.* Ex. 4. 11, 12. Nu. 11. 25-29. 1 Sa. 10. 10. 2 Sa. 23. 2. Is. 59. 21. Je. 1. 7-9; 6. 11. Eze. 3. 11. Mi. 3. 8. Mat. 10. 19. Lu. 12. 12; 21. 15. 1 Co. 14. 26-32. Ep. 6. 18. 1 Pe. 1. 12. 2 Pe. 1. 21.

5 *were.* ver. 1; ch. 8. 27. Ex. 23. 16. Is. 66. 18. Zec. 8. 18. Lu. 24. 18. Jno. 12. 20. *devout.* ch. 8. 2; 10. 2, 7; 13. 50; 22. 12. Lu. 2. 25. *under.* De. 2. 25. Mat. 24. 14. Lu. 17. 24. Col. 1. 23.

6 *was noised abroad. Gr.* voice was made. *the multitude.* ch. 3. 11. 1 Co. 16. 9. 2 Co. 2. 12. *confounded. or,* troubled in mind. Mat. 2. 3.

7 *amazed.* ver. 12; ch. 3. 10; 14. 11, 12. Mar. 1. 27; 2. 12. *are.* ch. 1. 11. Mat. 4. 18-22; 21. 11. Jno. 7. 52.

9 *Medes.* 2 Ki. 17. 6. Ezr. 6. 2. Da. 8. 20. *Elamites.* Ge. 10. 22; 14. 1. Is. 11. 11; 21. 2. Da. 8. 2. *Mesopotamia.* ch. 7. 2. Ge. 24. 10. De. 23. 4. Ju. 3. 8. 1 Ch. 19. 6. *Cappadocia.* 1 Pe. 1. 1. *Pontus.* ch. 18. 2. 1 Pe. 1. 1. *Asia.* ch. 6. 9; 16. 6; 19. 10, 27, 31; 20. 16, 18. 2 Ti. 1. 15. Re. 1. 4, 11.

10 *Phrygia.* ch. 16. 6; 18. 23. *Pamphylia.* ch. 13. 13; 14. 24; 15. 38; 27. 5. *Egypt.* Ge. 12. 10. Is. 19. 23-25. Je. 9. 26. Ho. 11. 1. Mat. 2. 15. Re. 11. 8. *Libya.* Je. 46. 9. Eze. 30. 5. Da. 11. 43. *Cyrene.* ch. 6. 9; 11. 20; 13. 1. Mar. 15. 21. *strangers.* ch. 18. 2; 23. 11; 28. 15. Ro. 1. 7, 15. 2 Ti. 1. 17. *Jews.* ch. 6. 5; 13. 43. Es. 8. 17. Zec. 8. 20, 23.

11 *Cretes.* ch. 27. 7, 12. Tit. 1. 5, 12. *Arabians.* 1 Ki. 10. 15. 2 Ch. 17. 11; 26. 7. Is. 13. 20; 21. 13. Je. 3. 2; 25. 24. Ga. 1. 17; 4. 25. *wonderful.* Ex. 15. 11. Job 9. 10. Ps. 26. 7; 40. 5; 71. 17; 77. 11; 78. 4; 89. 5; 96. 3; 107. 8, 15, 21; 111. 4; 136. 4. Is. 25. 1; 28. 29. Da. 4. 2, 3. 1 Co. 12. 10, 28. He. 2. 4.

12 *What.* ch. 10. 17; 17. 20. Lu. 15. 26; 18. 36.

13 *These.* ver. 15. 1 Sa. 1. 14. Job 32. 19. Ca. 7. 9. Is. 25. 6. Zec. 9. 15, 17; 10. 7. Ep. 5. 18.

14 *with.* ch. 1. 26. *lifted.* Is. 40. 9; 52. 8; 58. 1. Ho. 8. 1. *Ye men.* ver. 22; ch. 5. 35; 13. 16; 21. 28. *hearken.* ch. 7. 2. De. 27. 9. Pr. 8. 32. Is. 51. 1, 4, 7; 55. 2. Ja. 2. 5.

15 *these.* 1 Sa. 1. 15. *seeing.* Mat. 20. 3. 1 Th. 5. 5-8.

16 *the prophet.* See on Joel 2. 28-32.

17 *in.* Ge. 49. 1. Is. 2. 2. Da. 10. 14. Ho. 3. 5. Mi. 4. 1. He. 1. 2. Ja. 5. 3. 2 Pe. 3. 3. *I will.* ch. 10. 45. Ps. 72. 6. Pr. 1. 23. Is. 32. 15, 16; 44. 3. Eze. 11. 19; 36. 25-27; 39. 29. Zec. 12. 10. Jno. 7. 39. Tit. 3. 4-6. *all.* Ge. 6. 12. Ps. 65. 2. Is. 40. 5; 49. 26; 66. 23. Zec. 2. 13. Lu. 3. 6. Jno. 17. 2. *your sons.* ch. 11. 28; 21. 9. 1 Co. 12. 10, 28; 14. 26-31.

18 *on my servants.* 1 Co. 7. 21, 22. Ga. 3. 28. Col. 3. 11. *and they.* See on ver. 17.

19 Joel 2. 30, 31. Zep. 1. 14-18. Mal. 4. 1-6.

20 *sun.* Is. 13. 9, 15; 24. 23. Je. 4. 23. Am. 8. 9. Mat. 24. 29; 27. 45; Mar. 13. 24. Lu. 21. 25. 2 Pe. 3. 7, 10. Re. 6. 12; 16. 8. *great.* Is. 2. 12-21; 34. 8. Joel 2. 1; 3. 14. Zep. 2. 2, 3. Mal. 4. 5. 1 Co. 5. 5. 1 Th. 5. 2. 2 Pe. 3. 10.

21 *whosoever.* ch. 9. 11, 15; 22. 16. Ps. 86. 5. Joel 2. 32. Mat. 28. 19. Ro. 10. 12, 13. 1 Co. 1. 2. He. 4. 16.

22 *men.* ch. 3. 12; 5. 35; 13. 16; 21. 28. Is. 41. 14. *Jesus.* ch. 4. 10; 6. 14; 22. 8; 24. 5; 26. 9. Mat. 2. 23. Jno. 1. 45; 19. 19. *a man.* ch. 10. 37; 26. 26. Mat. 11. 2-6. Lu. 7. 20-23; 24. 18. Jno. 3. 2; 5. 36; 6. 14, 27; 7. 31; 10. 37; 11. 47; 12. 17; 14. 10, 11; 15. 24. He. 2. 4. *which.* ch. 14. 27. Mat. 9. 8; 12. 28. Lu. 11. 20. Jno. 5. 17-20; 9. 33; 11. 40-42; 14. 10, 11.

23 *being.* ch. 3. 18; 4. 28; 13. 27; 15. 18. Ps. 76. 10. Is. 10. 6, 7; 46. 10, 11. Da. 4. 35; 9. 24-27. Mat. 26. 24. Lu. 22. 22, 37; 24. 44-46. Jno. 19. 24, 31-37. Ro. 4. 17; 11. 33-36. 1 Pe. 1. 20; 2. 8. Jude 4. Re. 13. 8. *ye have.* ch. 3. 13-15; 4. 10, 11; 5. 30; 7. 52. Ge. 50. 20. Mat. 27. 20-25.

24 *God.* ver. 32; ch. 3. 15, 26; 10. 40, 41; 13. 30, 34; 17. 31. Mat. 27. 63. Lu. ch. 24. Jno. 2. 19-21; 10. 18. Ro. 4. 24; 6. 4; 8. 11, 34; 14. 9. 1 Co. 6. 14; 15. 12. 2 Co. 4. 14. Ga. 1. 1. Ep. 1. 20. Col. 2. 12. 1 Th. 1. 10. He. 13. 20. 1 Pe. 1. 21. *loosed.* Ps. 116. 3, 4, 16. *because.* ch. 1. 16. Is. 25. 8; 26. 19; 53. 10. Ho. 13. 14. Lu. 24. 46. Jno. 10. 35; 12. 39. He. 2. 14. Re. 1. 18.

25 *David.* ver. 29, 30; ch. 13. 32-36. *I foresaw.* Ps. 16. 8-11. *for.* Ps. 73. 23; 109. 31; 110. 5. Is. 41. 13; 50. 7-9. Jno. 16. 32. *I should not.* Ps. 21. 7; 30. 6; 62. 2, 6.

26 *my tongue.* Ps. 16. 9; 22. 22-24; 30. 11; 63. 5; 71. 23.

27 *leave.* Ps. 49. 15; 86. 13; 116. 3. Lu. 16. 23. 1 Co. 15. 55. Re. 1. 18; 20. 13. *thine.* ch. 3. 14; 4. 27. Ps. 89. 19. Mar. 1. 24. Lu. 1. 35; 4. 34. 1 Jno. 2. 20. Re. 3. 7. *to see.* ver. 31; ch. 13. 27-37. Job 19. 25-27. Jon. 2. 6. Jno. 11. 39. 1 Co. 15. 52.

28 *made.* Ps. 16. 11; 21. 4; 25. 4. Pr. 2. 19; 8. 20. Jno. 11. 25, 26; 14. 6. *make.* Ps. 4. 6, 7; 17. 15; 21. 6; 42. 5. He. 12. 2.

29 *let me. or,* I may. *freely.* ch. 26. 26. *the patriarch.* ch. 7. 8, 9. He. 7. 4. *David.* ch. 13. 36. 1 Ki. 2. 10.

30 *being.* ch. 1. 16. 2 Sa. 23. 2. Mat. 27. 35. Mar. 12. 36. Lu. 24. 44. He. 3. 7; 4. 7. 2 Pe. 1. 21. *knowing.* 2 Sa. 7. 11-16. 1 Ch. 17. 11-15. Ps. 89. 3, 4, 19-37; 110. 1-5; 132. 11-18. Ro. 1. 3. 2 Ti. 2. 8. He. 7. 1, 2, 21. *with.* He. 6. 17. *he.* Ps. 2. 6-12; 72. 1-19. Is. 7. 14; 9. 6, 7. Je. 23. 5, 6; 33. 14, 15. Am. 9. 11, 12. Mi. 5. 2. Lu. 1. 31-33, 69, 70; 2. 10, 11. Jno. 18. 36, 37. Ro. 15. 12. Re. 17. 14; 19. 16.

31 *seeing.* 1 Pe. 1. 11, 12. *spake.* ver. 27; ch. 13. 35. Ps. 16. 10.

32 *whereof.* ver. 24; ch. 1. 8, 22; 3. 15; 4. 33; 5. 31, 32; 10. 39-41. Lu. 24. 46-48. Jno. 15. 27; 20. 26-31.

33 *by.* ch. 5. 31. Ps. 89. 19, 24; 118. 16, 22, 23. Is. 52. 13; 53. 12. Mat. 28. 18. Mar. 16. 19. Jno. 17. 5. Ep. 1. 20-23. Phi. 2. 9-11. He. 1. 2-4; 10. 12. 1 Pe. 1. 21; 3. 22. *having.* ch. 1. 4. Lu. 24. 49. Jno. 7. 38, 39; 14. 16, 26; 15. 26; 16. 7-15. *he.* ver. 17, 38, 39; ch. 10. 45. Ro. 5. 5. Ep. 4. 8. Tit. 3. 6.

34 *The Lord.* Ps. 110. 1. Mat. 22. 42-45. Mar. 12. 36. Lu. 20. 42, 43. 1 Co. 15. 25. Ep. 1. 22. He. 1. 13.

35 *thy foes.* Ge. 3. 15. Jos. 10. 24, 25. Ps. 2. 8-12; 18. 40-42; 21. 8-12; 72. 9. Is. 49. 23; 59. 18; 60. 14; 63. 4-6. Lu. 19. 27; 20. 16-18. Ro. 16. 20. Re. 19. 19-21; 20. 1-3, 8-15.

36 *all.* Je. 2. 4; 9. 26; 31. 31; 33. 14. Eze. 34. 30; 39. 25-29. Zec. 13. 1. Ro. 9. 3-6. *that same.* ver. 22, 23; ch. 4. 11, 12; 5. 30, 31; 10. 36-42. Ps. 2. 1-8. Mat. 28. 18-20. Jno. 3. 35, 36; 5. 22-29. Ro. 14. 8-12. 2 Co. 5. 10. 2 Th. 1. 7-10.

37 *they.* ch. 5. 33; 7. 54. Eze. 7. 16. Zec. 12. 10. Lu. 3. 10. Jno. 8. 9; 16. 8-11. Ro. 7. 9. 1 Co. 14. 24, 25. He. 4. 12, 13. *Men.* See on ch. 1. 16. *what.* ch. 9. 5, 6; 16. 29-31; 22. 10; 24. 25, 26.

38 *Repent.* ch. 3. 19; 17. 30; 20. 21; 26. 20. Mat. 3. 2, 8, 9; 4. 17; 21. 28-32. Lu. 15. 1-40; 24. 47. *be.* ch. 8. 36-38; 16. 15, 31-34; 22. 16. Tit. 3. 5. 1 Pe. 3. 21. *in.* ch. 8. 12, 16; 10. 48; 19. 4, 5. Mat. 28. 19. Ro. 6. 3. 1 Co. 1. 13-17. *and ye.* ver. 16-18; ch. 8. 15-17; 10. 44, 45. Is. 32. 15; 44. 3, 4; 59. 21. Eze. 36. 25-27; 39. 29. Joel 2. 28, 29. Zec. 12. 10.

39 *the promise.* ch. 3. 25, 26. Ge. 17. 7, 8. Ps. 115. 14, 15. Je. 32. 39, 40. Eze. 37. 25. Joel 2. 28. Ro. 11. 16, 17. 1 Co. 7. 14. *and to all.* ch. 10. 45; 11. 15-18; 14. 27; 15. 3, 8, 14. Is. 59. 19. Ep. 2. 13-22; 3. 5-8. *as many.* Joel 2. 32. Ro. 8. 30; 9. 24; 11. 29. Ep. 1. 18; 4. 4. 2 Th. 1. 11; 2. 13, 14. 2 Ti. 1. 9. He. 3. 1; 9. 15. 1 Pe. 5. 10. 2 Pe. 1. 3, 10. Re. 17. 14; 19. 9.

40 *with.* ch. 15. 32; 20. 2, 9, 11; 28. 23. Jno. 21. 25. *did.* ch. 10. 42; 20. 21, 24. Ga. 5. 3. Ep. 4. 17. 1 Th. 2. 11. 1 Pe. 5. 12. *Save.* Nu. 16. 28-34. Pr. 9. 6. Lu. 21. 36. 2 Co. 5. 20; 6. 17. 1 Ti. 4. 16. He. 3. 12, 13. Ja. 4. 8-10. Re. 3. 17-19; 18. 4, 5. *untoward.* Mat. 3. 7-10; 12. 34; 16. 4; 17. 17; 23. 33. Mar. 8. 38.

41 *gladly.* ver. 37; ch. 8. 6-8; 13. 48; 16. 31-34. Mat. 13. 44-46. Ga. 4. 14, 15. 1 Th. 1. 6. *were baptized.* See on ver. 38. *added.* ver. 47; ch. 1. 15; 4. 4. Ps. 72. 16, 17; 110. 3. Lu. 5. 5-7. Jno. 14. 12.

42 *they.* ver. 46; ch. 11. 23; 14. 22. Mar. 4. 16, 17. Jno. 8. 31, 32. 1 Co. 11. 2. Ga. 1. 6. Ep. 2. 20. Col. 1. 23. 2 Ti. 3. 14. He. 10. 39. 2 Pe. 3. 1, 2, 17, 18. 1 Jno. 2. 19. *fellowship.* ch. 4. 23; 5. 12-14. 1 Jno. 1. 3, 7. *in breaking.* ch. 20. 7, 11. 1 Co. 10. 16, 17, 21; 11. 20-26. *and in prayers.* ch. 1. 14; 4. 31; 6. 4. Ro. 12. 12. Ep. 6. 18. Col. 4. 2. He. 10. 25. Jude 20.

43 *fear.* ch. 5. 11, 13. Es. 8. 17. Je. 33. 9. Ho. 3. 5. Lu. 7. 16; 8. 37. *many.* ch. 3. 6-9; 4. 33; 5. 12, 15, 16; 9. 34, 40. Mar. 16. 17. Jno. 14. 12.

44 *had.* ch. 4. 32; 5. 4; 6. 1-3. 2 Co. 8. 9, 14, 15; 9. 6-15. 1 Jno. 3. 16-18.

45 *sold.* ch. 4. 34-37; 5. 1, 2; 11. 29. Lu. 12. 33, 34; 16. 9; 18. 22; 19. 8. *parted.* Ps. 112. 9. Pr. 11. 24, 25; 19. 17. Ec. 11. 1, 2. Is. 58. 7-12. 2 Co. 9. 1, 9. 1 Ti. 6. 18, 19. Ja. 2. 14-16; 5. 1-5. 1 Jno. 3. 17.

46 *daily.* ch. 1. 14; 3. 1; 5. 42. Lu. 24. 53. *breaking.* ver. 42; ch. 20. 7. *from house to house. or,* at home. ch. 1. 13. 1 Co. 11. 20-22. *did.* ch. 16. 34. De. 12. 7, 12; 16. 11. Ne. 8. 10. Ec. 9. 7. Lu. 11. 41. 1 Co. 10. 30, 31. *singleness.* Ps. 86. 11. Mat. 6. 22. Ro. 12. 8. 2 Co. 1. 12; 11. 3. Ep. 6. 5. Col. 3. 22.

47 *having.* ch. 4. 21, 33. Lu. 2. 52; 19. 48. Ro. 14. 18. *the Lord.* ver. 39; ch. 5. 14; 11. 24; 13. 48. Ro. 8. 30; 9. 27; 11. 5-7. Tit. 3. 4, 5.

## CHAP. III.

*Peter preaching to the people that came to see a lame man restored to his feet, 1-11, professes the cure not to have been wrought by his or John's own power or holiness, but by God, and his son Jesus, and through faith in his name, 12; withal reprehending them for crucifying Jesus, 13-16; which because they did it through ignorance, and that thereby were fulfilled God's determinate counsel, and the Scriptures, 17, 18, he exhorts them by repentance and faith to seek remission of their sins, and salvation in the same Jesus, 19-26.*

1 *Peter.* ch. 4. 13; 8. 14. Mat. 17. 1; 26. 37. Jno. 13. 23-25; 20. 2-9; 21. 7, 18-22. Ga. 2. 9. *went.* ch. 2. 46; 5. 25. Lu. 24. 53. *the hour.* ch. 10. 3, 30. Ex. 29. 39. Nu. 28. 4. 1 Ki. 18. 36. Ps. 55. 17. Da. 6. 10; 9. 21. Lu. 1. 10; 23. 44-46.

2 *lame.* ch. 4. 22; 14. 8. Jno. 1. 9-3. *whom.* Lu. 16. 20. *which.* ver. 10. *to ask.* ch. 10. 4, 31. Lu. 18. 35. Jno. 9. 8.

4 *fastening.* ch. 11. 6; 14. 9, 10. Lu. 4. 20. *Look.* ver. 12. Jno. 5. 6; 11. 40.

6 *Silver.* Mat. 10. 9. 1 Co. 4. 11. 2 Co. 6. 10; 8. 9. Ja. 2. 5. *but.* Mar. 14. 8. 2 Co. 8. 12. 1 Pe. 4. 10. *In.* ver. 16; ch. 4. 7; 9. 34; 16. 18; 19. 13-16. Mat. 7. 22. Mar. 16. 17. *Jesus.* ch. 2. 22, 36; 4. 10; 10. 38. Jno. 19. 19.

7 ch. 9. 41. Mar. 1. 31; 5. 41; 9. 27. Lu. 13. 13.

8 *he.* ch. 14. 10. Is. 35. 6. Lu. 6. 23. Jno. 5. 8, 9, 14. *praising.* Ps. 103. 1, 2; 107. 20-22. Lu. 17. 15-18; 18. 43.

9 ch. 14. 11. Mar. 2. 11, 12. Lu. 13. 17.

10 *they knew.* ver. 2; ch. 4. 14-16, 21, 22. Jno. 9. 8, 18-21. *they were.* ch. 2. 7, 12. Lu. 4. 36; 9. 43. Jno. 5. 20.

11 *held.* Lu. 8. 38. *all.* ch. 2. 6. *in.* ch. 5. 12. Jno. 10. 23.

12 *Ye men.* ch. 2. 22; 13. 26. Ro. 9. 4; 11. 1. *or.* ch. 10. 25, 26; 14. 11-15. Ge. 40. 8; 41. 16. Da. 2. 28-30. Jno. 3. 27, 28; 7. 18. *as.* 2 Co. 3. 5.

13 *God of Abraham.* ch. 5. 30; 7. 32. Ex. 3. 6. Ps. 105. 6-10. Mat. 22. 32. He. 11. 9-16. *hath.* ch. 2. 33-36; 5. 31. Ps. 2. 6-12; 110. 1, 2. Mat. 11. 27; 28. 18. Jno. 3. 35, 36; 5. 22, 23; 7. 39; 12. 16; 13. 31, 32; 16. 14, 15; 17. 1-5. Ep. 1. 20-23. Phi. 2. 9-11. He. 2. 9. Re. 1. 5, 18. *whom.* ch. 2. 23, 24; 5. 30; 13. 27, 28. Mat. 27. 2, 17-25. Mar. 15. 11. Lu. 23. 16-23. Jno. 18. 40; 19. 15.

14 *the Holy One.* ch. 2. 27; 4. 27; 7. 52; 22. 14. Ps. 16. 10. Zec. 9. 9. Mar. 1. 24. Lu. 1. 35. Ja. 5. 6. 1 Pe. 3. 18. 1 Jno. 2. 1. Re. 3. 7. *desired.* Mar. 15. 7. Lu. 23. 19.

15 *Prince. or,* Author. Jno. 1. 4; 4. 10, 14; 5. 26; 10. 28; 11. 25, 26; 14. 6; 17. 2. Ro. 8. 1, 2. 1 Co. 15. 45. Col. 3. 3, 4. He. 2. 10; 5. 9. 1 Jno. 5. 11, 12, 20. Re. 21. 6; 22. 1, 17. *whom.* See on ch. 2. 24, 32. Mat. 28. 2-5. Ep. 1. 20. *whereof.* ch. 1. 22; 2. 32; 10. 40, 41; 13. 30-32.

16 *his.* ver. 6; ch. 4. 7, 10, 30; 16. 18. Mat. 9. 22. *through.* ch. 14. 9; 19. 13-17. Mat. 17. 19, 20; 21. 21, 22. Mar. 11. 22, 23; 16. 17, 18. Lu. 17. 5, 6. Jno. 14. 12. 1 Co. 13. 2. *perfect.* ver. 8; ch. 8. 14-16. De. 32. 4. Jno. 7. 23.

17 *wot.* ch. 7. 40. Ge. 21. 26; 39. 8; 44. 15. Ex. 32. 1. Nu. 22. 6. Ro. 11. 2. Phi. 1. 22. *through.* ch. 13. 27. Nu. 15. 24-21. Lu. 23. 34. Jno. 7. 26, 27, 52; 16. 3. 1 Co. 2. 8. 2 Co. 3. 14. 1 Ti. 1. 13.

18 *those.* ch. 17. 2, 3; 26. 22, 23; 28. 23. Lu. 24. 26, 27, 44. 1 Co. 15. 3, 4. 1 Pe. 1. 10, 11. Re. 19. 10. *all.* Ge. 3. 15. Ps. 22; 69. Is. 50. 6; ch. 53. Da. 9. 26. Zec. 12. 10; 13. 7.

19 *Repent.* See on ch. 2. 38; 11. 18. 2 Ti. 2. 25. *be.* ch. 11. 21; 15. 3; 26. 18-20; 28. 27. Ps. 51. 13. Is. 1. 16-20; 6. 10; 55. 6, 7. Je. 31. 18-20. La. 3. 40; 5. 21. Eze. 18. 30-32. Da. 9. 13. Ho. 14. 2. Joel 2. 13. Mat. 13. 15; 18. 3. Lu. 1. 16. Ja. 4. 7-10; 5. 19, 20. 1 Pe. 2. 25. *that.* De. 4. 29-31. 1 Ki. 8. 48-50. Ps. 32. 1-5; 51. 1-3, 9; 103. 12. Is. 1. 16-18; 43. 25; 44. 22. Je. 31. 33, 34; 50. 20. Mi. 7. 18, 19. Re. 21. 4. *when.* ver. 21; ch. 1. 6; 17. 26. Ps. 72. 6-19; 98. Is. 2. 1-3; 49. 10-22; 51. 11; 52. 1-10; 54. 1-14; ch. 60; 61. 3. 9-11; 62. 1-5; 65. 17-25; 66. 10-14, 18-22. Je. 31. 22-26; 32. 37-41; 33. 15-26. Eze. 34. 23-31; 37. 21-28; 39. 25-29. Ho. 2. 19-23. Joel 3. 16-21. Am. 9. 13-15. Mi. 7. 14, 15. Zep. 3. 14-20. Zec. 8. 20-23. Ro. 11. 25. 2 Th. 1. 7, 10. 2 Pe. 3. 8.

20 ch. 17. 31. Mat. 16. 27; 24. 3, 30-36. Mar. 13. 26, 30-37. Lu. 19. 11; 21. 27. 2 Th. 2. 2, 8. He. 9. 28. Re. 1. 7; 19. 11-16.

21 *the heaven.* ch. 1. 11. *the times.* ver. 19. Is. 1. 26. Mal. 3. 3, 4; 4. 5, 6. Mat. 17. 11, 12. Mar. 9. 11-13. *holy.* ch. 10. 43. Lu. 1. 70. 2 Pe. 1. 21; 3. 2. Re. 18. 20; 22. 6.

22 *Moses.* ch. 7. 37. De. 18. 15-19. *A prophet.* Lu. 13. 33; 24. 19. Jno. 8. 12; 12. 46. Re. 1. 1. *of your.* Ro. 8. 3; 9. 5. Ga. 4. 4. He. 2. 9-17. *like.* See on De. 18. 18. *him.* Is. 55. 3, 4. Mat. 17. 4, 5. Mar. 9. 4-7. Lu. 9. 30-35. Jno. 1. 17; 5. 24, 39-47. He. 1. 1, 2; 2. 1; 5. 9.

23 *that every.* ch. 13. 38-41. De. 18. 19. Mar. 16. 16. Jno. 3. 18-20; 8. 24; 12. 48. 2 Th. 1. 7-9. He. 2. 3; 10. 28-30, 39; 12. 25. Re. 13. 8; 20. 15.

24 *and all.* ver. 19, 21. Ro. 3. 21. *Samuel.* ch. 13. 20. 1 Sa. 2. 18; 3. 1, 20. Ps. 99. 6. Je. 15. 1.

25 *the children.* ch. 2. 39; 13. 26. Ge. 20. 7; 27. 36-40; 48. 14-20; ch. 49. Ps. 105. 8-15. Mat. 3. 9, 10. *the covenant.* Ge. 17. 9, 10, 19. 1 Ch. 16. 17. Ne. 9. 8. Lu. 1. 72. Ro. 9. 4, 5; 15. 8. Ga. 3. 29. *And in.* Ge. 12. 3; 18. 18; 22. 18; 26. 4; 28. 14. Ro. 4. 13. Ga. 3. 8, 16. *all.* Ps. 22. 27; 96. 7. Re. 5. 9; 7. 9; 14. 6.

26 *first.* ch. 1. 8; 13. 26, 32, 33, 46, 47; 18. 4-6; 26. 20; 28. 23-28. Mat. 10. 5, 6. Lu. 24. 47. Ro. 2. 9, 10. Re. 7. 4-9. *having.* ver. 15, 22. *sent.* ver. 20, 25. Ps. 67. 6, 7; 72. 17. Lu. 2. 10, 11. Ro. 15. 29. Ga. 3. 9-14. Ep. 1. 3. 1 Pe. 1. 3; 3. 9. *in.* Is. 59. 20, 21. Je. 32. 38-41; 33. 8, 9. Eze. 11. 19, 20; 36. 25-29. Mat. 1. 21. Ep. 5. 26, 27. Tit. 2. 11-14. 1 Jno. 3. 5-8. Jude 24.

## CHAP. IV.

*The rulers of the Jews, offended with Peter's sermon,* 1, 2, *imprison him and John,* 3, 4. *After, upon examination Peter boldly avouching the lame man to be healed by the name of Jesus, and that by the same Jesus only we must be eternally saved,* 5-12, *they command him and John to preach no more in that name, adding also threatening,* 13-22; *whereupon the church flees to prayer,* 23-30. *And God, by moving the place where they were assembled, testifies that he heard their prayer; confirming the church with the gift of the Holy Ghost, and with mutual love and charity,* 31-37.

1 *the priests.* ver. 6; ch. 6. 7, 12. Mat. 26. 3, 4; 27. 1, 2, 20, 41. Jno. 15. 20; 18. 3. *the captain. or,* the ruler. ch. 5. 24, 26. 2 Ch. 23. 4-9. Lu. 22. 4. *the Sadducees.* ch. 23. 6-9. Mat. 16. 12; 22. 16, 23, 24.

2 *grieved.* ch. 5. 17; 13. 45; 19. 23. Ne. 2. 10. Jno. 11. 47, 48. *preached.* ch. 10. 40-43; 17. 18, 31, 32; 24. 14, 15, 21; 26. 8, 23. Ro. 8. 11. 1 Co. 15. 12-20, 23. 2 Co. 4. 13, 14. 1 Th. 4. 13, 14.

3 *laid.* ch. 5. 18; 6. 12; 8. 3; 9. 2; 12. 1-3; 16. 19-24. Mat. 10. 16, 17. Lu. 22. 52, 54. Jno. 18. 12.

4 *many.* ch. 28. 24. 2 Co. 2. 14-17. Phi. 1. 12-18. 2 Ti. 2. 9, 10. *the number.* ch. 2. 41. Ge. 49. 10. Is. 45. 24; 53. 12. Jno. 12. 24.

5 *on.* ch. 5. 20, 21. Mi. 2. 1. Mat. 27. 1, 2. *rulers.* ver. 8; ch. 5. 34; 6. 12. Is. 1. 10. Mar. 15. 1. Lu. 20. 1; 22. 66; 24. 20.

6 *Annas.* Lu. 3. 2. Jno. 11. 49; 18. 13, 14, 24.

7 *when.* ch. 5. 27. 1 Ki. 21. 12-14. Jno. 8. 3, 9. *By what power.* Ex. 2. 14. Mat. 21. 23. Mar. 11. 28. Jno. 2. 18. *by what name.* ver. 10; ch. 5. 28, 40.

8 *filled.* ver. 31; ch. 2. 4; 7. 55. Mat. 10. 19, 20. Lu. 12. 11, 12; 21. 14, 15.

9 *the good.* ch. 3. 7. Jno. 7. 23; 10. 32. 1 Pe. 3. 15-17; 4. 14.

10 *known.* ch. 13. 38; 28. 28. Je. 42. 19, 20. Da. 3. 18. *that by.* ch. 2. 22-24, 36; 3. 6, 13-16; 5. 29-32. *whom God.* ch. 2. 24; 10. 40-42; 13. 29-41. Mat. 27. 63-66; 28. 11-15. Ro. 1. 4.

11 *the stone.* Ps. 118. 22, 33. Is. 28. 16. Mat. 21. 42-45. Mar. 12. 10-12. Lu. 20. 16-18. 1 Pe. 2. 6-8. *you.* ch. 7. 52; 20. 26, 27. Pr. 28. 1. Is. 58. 1, 2. Eze. 2. 6, 7; 3. 7-11, 18, 19; 33. 7-9. 2 Co. 3. 12; 4. 1. *the head.* Zec. 3. 9; 4. 6, 7. Ep. 2. 20-22.

12 *is there.* ch. 10. 42, 43. Mat. 1. 21. Mar. 16. 15, 16. Jno. 3. 36; 14. 6. 1 Co. 3. 11. 1 Ti. 2. 5, 6. He. 2. 3; 12. 25. 1 Jno. 5. 11, 12. Re. 7. 9, 10; 20. 15. *under.* ch. 2. 5. Ge. 7. 19. Job 41. 11. Ps. 45. 17. Col. 1. 23.

13 *were.* ch. 2. 7-12. Mat. 4. 18-22; 11. 25. Jno. 7. 15, 49. 1 Co. 1. 27. *they took.* Mat. 26. 57, 58, 71, 73. Lu. 22. 52-54, 56-60. Jno. 18. 16, 17; 19. 26.

14 *beholding.* ver. 10; ch. 3. 8-12. *they.* ver. 16, 21; ch. 19. 36.

15 *to go.* ch. 5. 34, etc.; 26. 30-32.

16 *What.* Jno. 11. 47, 48; 12. 18. *a notable.* ch. 3. 9, 10. Da. 8. 5, 8. Mat. 27. 16. *and we.* ch. 6. 10. Lu. 6. 10, 11; 21. 15.

17 *that it.* ch. 5. 39. Ps. 2. 1-4. Da. 2. 34, 35. Ro. 10. 16-18; 15. 18-22. 1 Th. 1. 8. *let.* ver. 21, 29, 30; ch. 5. 24, 28, 40. 2 Ch. 25. 15, 16. Is. 30. 8-11. Je. 20. 1-3; 29. 25-32; 38. 4. Am. 2. 12; 7. 12-17. Mi. 2. 6, 7. Mat. 27. 64. Jno. 11. 47, 48. 1 Th. 2. 15, 16.

18 *And they.* ch. 5. 40. *not to speak.* ch. 1. 8; 5. 20. Lu. 24. 46-48.

19 *Whether.* 2 Co. 4. 2. Ep. 6. 1. 1 Ti. 2. 3. *to hearken.* ch. 5. 29. Ex. 1. 17. 1 Ki. 12. 30; 14. 16; 21. 11; 22. 14. 2 Ki. 16. 15. 2 Ch. 26. 16-20. Da. 3. 18; 6. 10. Ho. 5. 11. Am. 7. 16. Mi. 6. 16. Mat. 22. 21. He. 11. 23. Re. 13. 3-10; 14. 9-12. *judge.* Ps. 58. 1. Jno. 7. 24. 1 Co. 10. 15. Ja. 2. 4.

20 *we cannot.* ch. 2. 4, 32; 17. 16, 17; 18. 5. Nu. 22. 38; 23. 20. 2 Sa. 23. 2. Job 32. 18-20. Je. 1. 7, 17-19; 4. 19; 6. 11; 20. 9. Eze. 3. 11, 14-21. Mi. 3. 8. 1 Co. 9. 16, 17. *the things.* ch. 1. 8, 22; 3. 15; 5. 32; 10. 39-41; 22. 15. Lu. 1. 2. He. 2. 3, 4. 1 Jno. 1. 1-3.

21 *when.* ver. 17; ch. 5. 40. *how.* ch. 5. 26. Mat. 21. 46; 26. 5. Lu. 19. 47, 48; 20. 6, 19; 22. 2. *for all.* ch. 3. 6-9. Mat. 9. 33; 15. 31. Lu. 5. 26; 13. 17. Jno. 12. 18, 19.

22 *forty.* ch. 3. 2; 9. 33. Mat. 9. 20. Lu. 13. 11. Jno. 5. 5; 9. 1.

23 *they.* ch. 1. 13, 14; 2. 44-46; 12. 11, 12; 16. 40. Ps. 16. 3; 42. 4; 119. 63. Pr. 13. 20. Mal. 3. 16. 2 Co. 6. 14-17.

24 *they.* ch. 16. 25. Ps. 55. 16-18; 62. 5-8; 69. 29, 30; 109. 29-31. Je. 20. 13. Lu. 6. 11, 12. 2 Co. 1. 8-11. 1 Th. 5. 16-18. 2 Ti. 4. 17, 18. *Lord.* 2 Ki. 19. 15, 19. Ne. 9. 6. Ps. 146. 5. Is. 51. 12. Je. 10. 10-12; 32. 17.

25 *by.* ch. 1. 16; 2. 30. *Why.* See on Ps. 2. 1-6.

26 *kings.* Ps. 83. 2-8. Joel 3. 9-14. Re. 17. 12-14, 17; 19. 16-21. *against his.* Re. 11. 15; 12. 10.

27 *of a.* Mat. 26. 3. Lu. 22. 1; 23. 1, 8, etc. *thy.* ver. 30; ch. 2. 27; 3. 14. Job 14. 4; 15. 14; 25. 4. Lu. 1. 35. He. 7. 26. *whom.* ch. 10. 38. Ps. 2. 2, 6, marg.; 45. 7. Is. 61. 1. Lu. 4. 18. Jno. 10. 36. *both.* Mat. 2. 13-16. Lu. 13. 31-33; 23. 7-12. *Pontius Pilate.* ch. 3. 13. Mat. 27. 2, 11-36. Mar. 15. 1-28. Lu. 18. 31-33; 23. 13-38. Jno. 19. 1-24, 34. *the people.* Is. 49. 7; 53. 3. Zec. 11. 7, 8. Mat. 20. 18, 19; 21. 28; 23. 37; 26. 3, 4, 59-68; 27. 25, 40-43. Mar. 10. 33; 14. 1, 2, 43-65; 15. 1-3, 31. Lu. 9. 22; 20. 13-19; 22. 2-6, 47-52, 63-71; 23. 1-5. Jno. 1. 11; 18. 1-14, 19-24, 28-40; 19. 15.

28 *to do.* ch. 2. 23; 3. 18; 13. 27-29. Ge. 50. 20. Ps. 76. 10. Mat. 26. 24, 54. Lu. 22. 22; 24. 44-46. 1 Pe. 2. 7, 8. *and.* Job 12. 13. Pr. 21. 30. Is. 5. 19; 28. 29; 40. 13; 46. 10; 53. 10. Ep. 1. 11. He. 6. 17.

29 *behold.* ver. 17, 18, 21. Is. 37. 17-20; 63. 15. La. 3. 50; 5. 1. Da. 9. 18. *that.* ver. 13, 31; ch. 9. 27; 13. 46; 14. 3; 19. 8; 20. 26, 27; 26. 26; 28. 31. Is. 58. 1. Eze. 2. 6. Mi. 3. 8. Ep. 6. 18-20. Phi. 1. 14. 1 Th. 2. 2. 2 Ti. 1. 7, 8; 4. 17.

30 *By stretching.* Ex. 6. 6. De. 4. 34. Je. 15. 15; 20. 11, 12. Lu. 9. 54-56; 22. 49-51. *and that.* ch. 2. 22, 43; 5. 12, 15, 16; 6. 8; 9. 34, 35, 40-42. *the name.* ver. 10, 27; ch. 3. 6, 16.

31 *the place.* ch. 2. 2; 16. 25, 26. *they were all.* See on ch. 2. 4. *spake.* ver. 29. Is. 65. 24. Mat. 18. 19, 20; 21. 22. Jno. 14. 12; 15. 7, 16; 16. 23, 24. Ja. 1. 5.

32 *the multitude.* ch. 1. 14; 2. 1; 5. 12. 2 Ch. 30. 12. Je. 32. 39. Eze. 11. 19, 20. Jno. 17. 11, 21-23. Ro. 12. 5; 15. 5, 6. 1 Co. 1. 10; 12. 12-14. 2 Co. 13. 11. Ep. 4. 2-6. Phi. 27; 2. 1, 2. 1 Pe. 3. 8. *ought.* ch. 2. 44-46. 1 Ch. 29. 14-16. Lu. 16. 10-12. 1 Pe. 4. 11.

33 *with.* ver. 30; ch. 1. 8, 22; 2. 32, 33; 3. 15, 16; 5. 12-16. Mar. 16. 20. Lu. 48, 49. Ro. 15. 18, 19. 1 Th. 1. 5. He. 2. 4. *grace.* ch. 2. 47. Lu. 2. 52. Jno. 1. 16.

34 *was.* De. 2. 7. Ps. 34. 9, 10. Lu. 22. 35. 1 Th. 4. 12. *for.* ver. 37; ch. 2. 45; 5. 1-3. Mar. 10. 21. Lu. 12. 33; 16. 9. 1 Ti. 6. 19. Ja. 1. 27.

35 *at.* ch. 3. 6; 5. 2; 6. 1-6. 2 Co. 8. 20, 21. *distribution.* ch. 2. 45; 6. 1.

36 *Barnabas.* ch. 11. 22-25, 30; 12. 25; 13. 1; 15. 2, 12, 37. 1 Co. 9. 6. Ga. 2. 1, 9, 13. *The son.* Mar. 3. 17. *Cyprus.* ch. 11. 19, 20; 15. 39; 21. 16.

37 *sold.* ver. 34, 35; ch. 5. 1, 2. Mat. 19. 29.

## CHAP. V.

*After that Ananias and Sapphira his wife for their hypocrisy, at Peter's rebuke had fallen down dead,* 1-11; *and that the rest of the apostles had wrought many miracles,* 12, 13; *to the increase of the faith,* 14-16; *the apostles are again imprisoned,* 17, 18; *but delivered by an angel bidding them preach openly to all,* 19, 20; *when, after their teaching accordingly in the temple,* 21-28, *and before the council,* 29-32, *they are in danger to be killed; but through the advice of Gamaliel, a great counsellor among the Jews, they are kept alive, and are only beaten,* 33-40; *for which they glorify God, and cease no day from preaching,* 41, 42.

1 Cir. A.M. 4038. A.D. 34. Le. 10. 1-3. Jos. 6. 1. Mat. 13. 47, 48. Jno. 7. 70. 2 Ti. 2. 20.

2 *kept.* Jos. 7. 11, 12. 2 Ki. 5. 21-25. Mal. 1. 14; 3. 8, 9. Jno. 12. 6. 1 Ti. 6. 10. 2 Pe. 2. 14, 15. *his.* ver. 9. *laid.* ch. 4. 34, 35, 37. Mat. 6. 2, 3; 23. 5. Phi. 2. 3.

3 *why.* Ge. 3. 13-17. 1 Ki. 22. 21, 22. 1 Ch. 21. 1-3. Mat. 4. 3-11; 13. 19. Lu. 22. 3. Jno. 13. 2, 27. Ep. 6. 11-16. Ja. 4. 7. 1 Pe. 5. 8. Re. 12. 9-11. *lie to. or,* deceive. ver. 9. Job 22. 13. Ps. 94. 7-9. Is. 29. 15. Je. 23. 24. Ho. 11. 12. *to keep.* Nu. 30. 2. De. 23. 21. Pr. 20. 25. Ec. 5. 4. Ro. 2. 21, 22.

4 *was it not thine.* Ex. 35. 21. 22, 29. 1 Ch. 29. 3, 5, 9, 17. 1 Co. 8. 8; 9. 5-17. Phile. 14. *why.* ch. 8. 21, 22. Jos. 7. 25, 26. Job 15. 35. Ps. 7. 14. Is. 59. 4. Eze. 38. 10, marg. Ja. 1. 15. *thou hast.* ver. 3. Ex. 16. 8. Nu. 16. 11. 1 Sa. 8. 7. 2 Ki. 5. 25-27. Ps. 139. 4. Lu. 10. 16. 1 Th. 4. 8.

5 *hearing.* ver. 10, 11; ch. 13. 11. Nu. 16. 26-33. 2 Ki. 1. 10-14; 2. 24. Je. 5. 14. 1 Co. 4. 21. 2 Co. 10. 2-6; 13. 2, 10. Re. 11. 5. *great.* ver. 11, 13; ch. 2. 43. Le. 10. 3. Nu. 16. 34; 17. 12, 13. De. 13. 11; 21. 21. Jos. 22. 20. 1 Sa. 6. 19-21. 1 Ch. 13. 12; 15. 13. Ps. 64. 9; 119. 120. 2 Co. 7. 11. Re. 11. 13.

6 Le. 10. 4-6. De. 21. 23. 2 Sa. 18. 17. Jno. 19. 40.

9 *How.* Ge. 3. 9-13. Lu. 16. 2. Ro. 3. 19. *have.* ch. 23. 20-22. De. 13. 6-8. Pr. 11. 21; 16. 5. Ps. 50. 18. Mi. 7. 3. *to tempt.* ver. 3, 4. Ex. 17. 2, 7. Nu. 14. 22. Ps. 78. 18-20, 40, 41, 56; 95. 8-11. Mat. 4. 7. 1 Co. 10. 9. *the feet.* ver. 6. 2 Ki. 6. 32. Ro. 10. 15.

10 *fell.* ver. 5.

11 ver. 5; ch. 19. 17. Ps. 89. 7. Je. 32. 40. 1 Co. 10. 11, 12. Phi. 2. 12. He. 4. 1; 11. 7; 12. 15, 28. 1 Pe. 1. 17. Re. 15. 4.

12 *by.* ch. 2. 43; 3. 6, 7; 4. 30, 33; 9. 33, 40; 14. 3, 8-10; 16. 18; 19. 11. Mar. 16. 17, 18, 20. Ro. 15. 19. 2 Co. 12. 12. He. 2. 4. *they.* ch. 1. 14; 2. 42, 46; 4. 32. *in.* ch. 3. 11. Jno. 10. 23.

13 *of.* ver. 5. Nu. 17. 12, 13; 24. 8-10. 1 Sa. 16. 4, 5. 1 Ki. 17. 18. Is. 33. 14. Lu. 12. 1, 2; 14. 26-35. Jno. 9. 22; 12. 42; 19. 38. 2 Pe. 2. 20-22. *but.* ch. 2. 47; 4. 21; 19. 17. Lu. 19. 37, 38, 48.

14 *believers.* ch. 2. 41, 47; 4. 4; 6. 7; 9. 31, 35, 42. Is. 44. 3-5; 45. 24; 55. 11-13. *multitudes.* ch. 8. 3, 12; 9. 2; 22. 4. Ex. 35. 22. De. 29. 11, 12; 31. 11, 12. 2 Sa. 6. 19. Ezr. 10. 1. Ne. 8. 2. 1 Co. 11. 11, 12. Ga. 3. 28.

15 *they brought.* ch. 19. 11, 12. Mat. 9. 21; 14. 36. Jno. 14. 12. *into the streets. or,* in every street.

16 *bringing.* Mat. 4. 24; 8. 16; 15. 30, 31. Mar. 2. 3, 4; 6. 54-56. Jno. 14. 12. *healed.* ch. 4. 30. Mar. 16. 17, 18. Lu. 5. 17; 9. 11. 1 Co. 12. 9. Ja. 5. 16.

17 *the high.* ch. 4. 26. Ps. 2. 1-3. Jno. 11. 47-49; 12. 10, 19. *all.* ch. 4. 1, 2, 6; 23. 6-8. *indignation. or,* envy. ch. 7. 9; 13. 45; 17. 5. 1 Sa. 18. 12-16. Job 5. 2. Pr. 14. 30; 27. 4. Ec. 4. 4. Mat. 27. 18. Ga. 5. 21. Ja. 3. 14-16; 4. 5. 1 Pe. 2. 1.

18 ch. 4. 3; 8. 3; 12. 5-7; 16. 23-27. Lu. 21. 12. 2 Co. 11. 23. He. 11. 36. Re. 2. 10.

19 ch. 12. 7-11; 16. 26. Ps. 34. 7; 105. 17-20; 146. 7. Is. 61. 1.

20 *stand.* Is. 58. 1. Je. 7. 2; 19. 14, 15; 20. 2, 3; 22. 1, 2; 26. 2; 36. 10. Mat. 21. 23. Jno. 18. 20. *all.* ch. 11. 14. Ex. 24. 3. Jno. 6. 63, 68; 12. 50; 17. 3, 8. 1 Jno. 1. 1-3; 5. 11, 12.

21 *entered.* ver. 25. Lu. 21. 37, 38. Jno. 8. 2. *But.* ver. 17, 24; ch. 4. 5, 6; 22. 2, 3, 15. Lu. 22. 66. Jno. 18. 35. *senate.* Ps. 105. 22. *sent.* ch. 4. 7; 12. 18, 19.

23 *The prison.* ver. 19. Ps. 2. 4; 33. 10. Pr. 21. 30. La. 3. 37, 55-58. Da. 3. 11-25; 6. 22-24. Mat. 27. 63-66; 28. 12-15. Jno. 8. 59.

24 *the captain.* ver. 26; ch. 4. 1. Lu. 22. 4, 52. *they.* ch. 2. 12; 4. 16, 17, 21. Jno. 11. 47, 48; 12. 19. *this.* Is. 9. 7; 53. 1, 2. Da. 2. 34, 35, 44, 45. Zec. 6. 12, 13. Mar. 4. 30-32.

25 *Behold.* ver. 18-21.

26 *they.* ver. 13. Mat. 14. 5; 21. 26; 26. 5. Lu. 20. 6, 19; 22. 2.

27 *set.* ch. 4. 7; 6. 12; 22. 30; 23. 1. Lu. 22. 66.

28 *Did not.* ver. 40; ch. 4. 18-21. *intend.* ch. 2. 23-36; 3. 15; 4. 10, 11; 7. 52. 1 Ki. 18. 17, 18; 21. 20; 22. 8. Je. 38. 4. Am. 7. 10. *blood.* Je. 26. 15. Mat. 21. 44; 23. 35, 36; 27. 25. 1 Th. 2. 15, 16.

29 *We.* See on ch. 4. 19. Ge. 3. 17. 1 Sa. 15. 24. Mar. 7. 7-9. Re. 14. 8-12.

30 *God.* ch. 3. 13-15; 22. 14. 1 Ch. 12. 17; 29. 18. Ezr. 7. 27. Lu. 1. 55, 72. *raised.* ch. 3. 26; 13. 33. *ye slew.* ch. 2. 22-24, 32; 4. 10, 11; 10. 39; 13. 28. Ga. 3. 13. 1 Pe. 2. 24.

31 *hath.* ch. 2. 33, 36; 4. 11. Ps. 89. 19, 24; 110. 1, 2. Eze. 17. 24. Mat. 28. 18. Ep. 1. 20-23. Phi. 2. 9-11. He. 2. 10; 12. 2. 1 Pe. 3. 22. *a Prince.* ch. 3. 15. Ps. 2. 6-12. Is. 9. 6. Eze. 34. 24; 37. 25. Da. 9. 25; 10. 21. Re. 1. 5. *a Saviour.* ch. 13. 23. Is. 43. 3, 11; 45. 21; 49. 26. Mat. 1. 21. Lu. 2. 11. Phi. 3. 20. Tit. 1. 4; 2. 10, 13; 3. 4-6. 2 Pe. 1. 1, 11; 2. 20; 3. 18. 1 Jno. 4. 14. Jude 25. *to give.* ch. 3. 26; 11. 18. Je. 31. 31-33. Eze. 36. 25-37, 38. Zec. 12. 10. Lu. 24. 47. Ro. 11. 26, 27. 2 Ti. 2. 25, 26. *forgiveness.* ch. 3. 19; 13. 38, 39. Mar. 2. 10; 4. 12. Jno. 20. 21-23. 2 Co. 2. 10. Ep. 1. 7. Col. 1. 14.

32 *are.* ver. 29; ch. 1. 8; 2. 32; 10. 39-41; 13. 31. Lu. 24. 47, 48. Jno. 15. 27. 2 Co. 13. 1. He. 2. 3. *and so.* Jno. 15. 26; 16. 7-14. He. 2. 4. 1 Pe. 1. 12. *whom.* ch. 2. 4, 38, 39; 10. 44. Jno. 7. 39.

33 *they.* ch. 2. 37; 7. 54; 22. 22. Lu. 4. 28, 29; 6. 11; 11. 50-54; 19. 45-48; 20. 19. *took.* ch. 9. 23. Ge. 4. 5-8. Ps. 37. 12-15, 32, 33; 64. 2-8. Mat. 10. 21, 25; 23. 34, 35; 24. 9. Jno. 15. 20; 16. 2.

34 *stood.* ch. 23. 7-9. Ps. 76. 10. Jno. 7. 50-53. *Gamaliel.* ch. 22. 3. *a doctor.* Lu. 2. 46; 5. 17. *and commanded.* ch. 4. 15.

35 *take.* ch. 19. 36; 22. 26. Je. 26. 19. Mat. 27. 19.

36 *boasting.* ch. 8. 9. Mat. 24. 24. 2 Th. 2. 3-7. 2 Pe. 2. 18. Jude 16. Re. 17. 3, 5. *to whom.* ch. 21. 38. 2 Pe. 2. 2. *obeyed. or,* believed. Mat. 24. 26.

37 *Judas.* Lu. 2. 1; 13. 1. *he also.* Job 20. 5-9. Ps. 7. 14, 15; 9. 15, 16. Mat. 26. 52. Lu. 13. 1, 2.

38 *Refrain.* ver. 35. Jno. 11. 48. *for.* Ne. 4. 15. Job 5. 12-14. Ps. 33. 10, 11. Pr. 21. 30. Is. 7. 5-7; 8. 9, 10; 14. 25. La. 3. 37. Mat. 15. 13. 1 Co. 1. 26-28; 3. 19.

39 *if.* ch. 6. 10. Ge. 24. 50. 2 Sa. 5. 2. 1 Ki. 12. 24. Job 34. 29. Is. 43. 13; 46. 10. Da. 4. 35. Mat. 16. 18. Lu. 21. 15. 1 Co. 1. 25. Re. 17. 12-14. *to fight.* ch. 7. 51; 9. 5; 23. 9. Ex. 10. 3-7. 2 Ki. 19. 22. Job 15. 25-27; 40. 9-14. Is. 45. 9. 1 Co. 10. 22.

40 *when.* ch. 4. 18. *beaten.* Pr. 12. 10. Mat. 10. 17; 23. 34. Mar. 13. 9. Lu. 20. 10. Jno. 19. 1-4. 2 Co. 11. 24. *they commanded.* ver. 28; ch. 4. 17-21. Is. 30. 10. Am. 2. 12. Mi. 2. 6.

41 *rejoicing.* ch. 16. 23-25. Is. 61. 10; 65. 14; 66. 5. Mat. 5. 10-12. Lu. 6. 22. Ro. 5. 3. 2 Co. 12. 10. Phi. 1. 29. He. 10. 34. Ja. 1. 2. 1 Pe. 4. 13-16. *shame.* He. 12. 2.

42 *daily.* ver. 20, 21; ch. 2. 46; 3. 1, 2, etc. Lu. 21. 37; 22. 53. 2 Ti. 4. 2. *in.* ch. 20. 20. *they.* ch. 4. 20, 29. 2 Sa. 6. 22. Ro. 1. 15, 16. Ga. 6. 14. *preach.* ch. 8. 5, 35; 9. 20; 17. 3. 1 Co. 2. 2. Ep. 4. 20, 21.

## CHAP. VI.

*The apostles, desirous to have the poor regarded for their bodily sustenance, as also careful themselves to dispense the word of God, the food of the soul,* 1, 2, *recommend,* 3, 4, *and with the church's consent ordain seven chosen men to the office of deaconship,* 5, 6. *The word of God prevails,* 7, *Stephen, full of faith and the Holy Ghost, confuting those with whom he disputed, is brought before the council, and falsely accused of blasphemy against the law and the temple,* 8-15.

1 *when.* ver. 7; ch. 2. 41, 47; 4. 4; 5. 14, 28. Ps. 72. 16; 110. 3. Is. 27. 6. Je. 30. 19. *there.* 1 Co. 10. 10. He. 13. 1. Ja. 4. 5; 5. 9. *Grecians.* ch. 9. 29; 11. 20. *Hebrews.* 2 Co. 11. 22. Phi. 3. 5. *their.* ch. 9. 39, 41. De. 24. 19-21; 26. 12. Job. 29. 13; 31. 16. Is. 1. 17. Eze. 22. 7. Mal. 3. 5. Mat. 23. 14. 1 Ti. 5. 4, 5, 9. Ja. 1. 27. *the daily.* ch. 2. 45; 4. 35.

2 *the twelve.* ch. 21. 22. *It.* ch. 4. 19; 25. 27. *we should.* Ex. 18. 17-26. Nu. 11. 11-13. De. 1. 9-14. Ne. 6. 3. 2 Ti. 2. 4.

3 *brethren.* ch. 9. 30; 15. 23. Mat. 23. 8. 1 Jno. 3. 14-16. *look.* ch. 1. 21. Nu. 11. 16. De. 1. 13. 1 Co. 16. 3. 2 Co. 8. 19-21. *honest.* ch. 10. 22; 16. 2; 22. 12. 1 Ti. 3. 7, 8, 10; 5. 10. 3 Jno. 12. *full.* ch. 2. 4. Ge. 41. 38, 39. Nu. 11. 17-25; 27. 18, 19. Job 32. 7, 8. Is. 11. 2-5; 28. 6, 26. 1 Co. 12. 8. Ep. 5. 18. Ja. 1. 17; 3. 17, 18. *whom.* ver. 6; ch. 13. 2, 3. 1 Ti. 3. 8-15.

4 *give.* ch. 2. 42; 20. 19-31. Ro. 12. 6-8. 1 Co. 9. 16. Col. 4. 17. 1 Ti. 4. 13-16. 2 Ti. 4. 2. *prayer.* ch. 1. 14; 13. 2, 3. Ro. 1. 9. Ep. 1. 15-17; 3. 14-21. Phi. 1. 4, 9-11. Col. 1. 9-13; 2. 1; 4. 12.

5 *the saying.* ch. 15. 22. Ge. 41. 37. Pr. 15. 1, 23; 25. 11, 12. *Stephen.* ver. 3, 8, 10; ch. 7; 8. 1, 2; 11. 24. Mi. 3. 8. *Philip.* ch. 8. 5-13, 26-40; 21. 8. *Nicolas.* Re. 2. 6, 15. *a proselyte.* ch. 13. 1.

6 *when.* ch. 1. 24; 8. 17; 9. 17; 13. 3. 1 Ti. 4. 14; 5. 22. 2 Ti. 1. 6.

7 *the word.* ch. 12. 24; 19. 20. Col. 1. 6. 2 Ti. 2. 9. *the number.* ch. 21. 20. Gr. *the priests.* 2 Ch. 29. 34; 30. 24. Ps. 132. 9, 16. Mat. 19. 30. Lu. 2. 34. Jno. 12. 42. *obedient.* Ro. 1. 5; 16. 26. 2 Th. 1. 8. He. 5. 9; 11. 8.

8 *full.* ver. 3, 5, 10, 15; ch. 7. 55. Ep. 4. 11. 1 Ti. 3. 13. *did.* ch. 2. 17, 18; 4. 29, 30; 8. 6.

9 *there.* ch. 13. 45; 17. 17, 18. *the synagogue.* ch. 22. 19; 26. 11. Mat. 10. 17; 23. 34. Mar. 13. 9. Lu. 21. 12. *Cyrenians.* ch. 2. 10; 11. 20; 13. 1. Mat. 27. 32. *Alexandrians.* ch. 18. 24; 27. 6. *Cilicia.* ch. 15. 23, 41; 21. 39; 22. 3; 23. 34; 27. 5. Ga. 1. 21. *Asia.* ch. 2. 9; 16. 6; 19. 10, 26; 21. 27. *disputing.* 1 Co. 1. 20.

10 *able.* ch. 5. 39; 7. 51. Ex. 4. 12. Is. 54. 17. Je. 1. 18, 19; 15. 20. Eze. 3. 27. Mat. 10. 19, 20. Lu. 12. 11, 12; 21. 15. Jno. 7. 46. *the spirit.* Job 32. 8, 18. Mi. 3. 8. Lu. 1. 17. 1 Co. 2. 4.

11 *they.* ch. 23. 12-15; 24. 1-13; 25. 3, 7. 1 Ki. 21. 10, 13. Mat. 26. 59, 60; 28. 12-15. Jno. 16. 3. Ro. 3. 8. *blasphemous.* ver. 13; ch. 18. 6; 26. 11. Le. 24. 16. 1 Ki. 21. 10-13. Jno. 10. 33-36. 1 Ti. 1. 13. *against Moses.* ch. 7. 37-39; 15. 21; 21. 20-22, 28. Jno. 1. 17; 5. 45-47; 9. 29. He. 3. 2-5.

12 *they stirred.* ch. 13. 50; 14. 2; 17. 5, 13; 21. 27. Pr. 15. 18. *and caught.* ch. 4. 1-3; 5. 18, 27; 16. 19-21; 17. 5, 6; 18. 12. Mat. 26. 57.

13 *set.* ver. 11. Ps. 27. 12; 35. 11; 56. 5.

14 *we have.* ch. 25. 8. *that.* Is. 66. 1-6. Je. 7. 4-14; 26. 6-9, 12, 18. Da. 9. 26. Mi. 3. 12. Zec. 11. 1; 14. 2. Mat. 24. 1, 2. Mar. 14. 58. Lu. 13. 34, 35; 21. 6, 24. Jno. 4. 21. *change.* Is. 65. 15; 66. 19-21. Ho. 3. 4. Ga. 3. 19, 23; 4. 3-5. He. 7. 11-19; 8. 6-13; 9. 9-11; 10. 1-18; 12. 26-28. *customs. or,* rites.

15 *saw.* Ex. 34. 29-35. Ec. 8. 1. Mat. 13. 43; 17. 2. 2 Co. 3. 7, 8, 18.

## CHAP. VII.

*Stephen, permitted to answer to the accusation of blasphemy,* 1, *shews that Abraham worshipped God rightly, and how God chose the fathers,* 2-19, *before Moses was born, and before the tabernacle and temple were built,* 20-36; *that Moses himself witnessed of Christ,* 37-43; *and that all outward ceremonies were ordained, according to the heavenly pattern, to last but for a time,* 44-50; *reprehending their rebellion, and murdering of Christ, the Just One, whom the prophets foretold should come into the world,* 51-53. *Whereupon they stone him to death, who commends his soul to Jesus, and humbly prays for them,* 54-60.

1 *Are.* ch. 6. 13, 14. Mat. 26. 61, 62. Mar. 14. 58-60. Jno. 18. 19-21, 33-35.

2 *Men.* ch. 22. 1; 23. 7. *The God.* Ps. 24. 7, 10; 29. 3. Is. 6. 3. Mat. 6. 13. Lu. 2. 14. Jno. 1. 14; 12. 41. 2 Co. 4. 4-6. Tit. 2. 13. Gr. He. 1. 3. Re. 4. 11; 5. 12, 13. *appeared.* Ge. 12. 1. Ne. 9. 7. Is. 51. 2. *when.* Jos. 24. 2. *Charran.* Ge. 11. 31; 12. 5; 29. 4, Haran.

3 *Get.* Ge. 12. 1. Mat. 10. 37. Lu. 14. 33. 2 Co. 6. 17. He. 11. 8. *the land.* Ge. 13. 14-17; 15. 7. Jos. 24. 3. Ne. 9. 8.

4 *came.* Ge. 11. 31, 32; 12. 4, 5. Is. 41. 2, 9.

5 *he gave.* Ge. 23. 4. Ps. 105. 11, 12. He. 11. 9, 10, 13-16. *not.* De. 2. 5. *yet.* Ge. 12. 7; 13. 15; 15. 3, 18; 17. 8; 26. 3; 28. 13-15. Ex. 6. 7, 8. De. 6. 10, 11; 9. 5; 10. 11; 11. 9; 34. 4. Ne. 9. 8. Ps. 105. 8-11. *when.* Ge. 15. 2-5; 16. 2; 17. 16-19.

6 *That.* Ge. 15. 13, 16. *four.* Ex. 12. 40, 41. Ga. 3. 17.

7 *the nation.* Ge. 15. 14-16. Ex. ch. 7-14. Ne. 9. 9-11. Ps. 74. 12-14; 78. 43-51; 105. 27-36; 135. 8, 9; 136. 10-15. Is. 51. 9, 10. *and serve.* Ex. 3. 12.

8 *the covenant.* Ge. 17. 9-14. Jno. 7. 22. Ro. 4. 10. Ga. 3. 15, 17. *and so.* Or, 'and thus,' και ουτως, in this covenant. Ge. 17. 12; 21. 1-4. *and Isaac.* Ge. 25. 21-26. 1 Ch. 1. 34. Mat. 1. 2. Ro. 9. 9-13. *and Jacob.* Ge. 29. 31-35; 30. 1-24; 35. 16, 23-26. Ex. 1. 1-4. 1 Ch. 2. 1, 2. *patriarchs.* ch. 2. 29. He. 7. 4.

9 *moved.* Ge. 37. 4-11; 49. 23. Mat. 27. 18. *sold.* Ge. 37. 18-29; 45. 4; 50. 15-20. Ps. 105. 17. *but.* Ge. 39. 2, 5, 21-23; 49. 24. Is. 41. 10; 43. 2.

10 *delivered.* Ge. 48. 16. Ps. 22. 24; 34. 17-19; 37. 40; 40. 1-3. 2 Ti. 4. 18. Ja. 5. 11. Re. 7. 14. *gave.* Ge. 41. 12-46; 42. 6; 44. 18; 45. 8, 9. Ps. 105. 19-22. Pr. 2. 6; 3. 4; 16. 7.

11 Ge. 41. 54-57; 43. 1; 45. 5, 6, 11; 47. 13-15. Ps. 105. 16.

12 Ge. 42. 1, etc.; 43. 2.

13 *Joseph.* Ge. 45. 1-18; 46. 31-34; 47. 1-10.

14 *sent.* Ge. 45. 9-11. Ps. 105. 23. *threescore.* Ge. 46. 12, 26, 27. De. 10. 22. 1 Ch. 2. 5, 6.

15 *Jacob.* Ge. 46. 3-7. Nu. 20. 15. De. 10. 22; 26. 5. Jos. 24. 4. *died.* Ge. 49. 33. Ex. 1. 6. He. 11. 21, 22.

16 *were.* Of the two burying-places of the patriarchs, one was at Hebron, the cave and field which Abraham purchased of Ephron the Hittite, (Ge. 23. 16, etc.); the other in Sychem, which Jacob (not Abraham) bought of the sons of Emmor, (Ge. 33. 19.) To remove this glaring discrepancy, MARKLAND interprets παρα, *from,* as it frequently signifies with a genitive, and renders, 'And were carried over to Sychem; and afterwards *from* among the descendants of Emmor, the father, or son, of Sychem, they were laid in the sepulchre which Abraham bought for a sum of money.' This agrees with the account which JOSEPHUS gives of the patriarchs; that they were carried out of Egypt, first to Sychem, and then to Hebron, where they were buried. Ex. 13. 19. Jos. 24. 32. *the sepulchre.* Ge. 33. 9-20; 35. 19; 49. 29-32. *Emmor.* Ge. 34. 2, etc., Hamor, Shechem.

17 *when.* ver. 6. Ge. 15. 13-16. 2 Pe. 3. 8, 9. *the people.* ch. 13. 17. Ex. 1. 7-12, 20. Ps. 105. 24, 25.

18 Ex. 1. 8.

19 Ex. 1. 9-22. Ps. 83. 4, 5; 105. 25; 129. 1-3. Re. 12. 4, 5.

20 *Moses.* Ex. 2. 2-10. *and was.* 1 Sa. 16. 12. He. 11. 23. *exceeding fair. or,* fair to God.

21 *when.* Ex. 2. 2-10. De. 32. 26. *for.* He. 11. 24.

22 *was learned.* 1 Ki. 4. 29. 2 Ch. 9. 22. Is. 19. 11. Da. 1. 4, 17-20. *and was.* Lu. 24. 19.

23 *when.* Ex. 2. 11, 12. He. 11. 24-26. *it came.* Ex. 35. 21, 29. 1 Ch. 29. 17-19. 2 Ch. 30. 12. Ezr. 1. 1, 5; 7. 27. Pr. 21. 1. 2 Co. 8. 16. Phi. 2. 12, 13. Ja. 1. 17. Re. 17. 17. *to.* ch. 15. 36. Ex. 4. 18.

24 ver. 28. Jno. 18. 10, 11, 25-27.

25 *For. or,* Now. *God.* ch. 14. 27; 15. 4, 7; 21. 19. 1 Sa. 14. 45; 19. 5. 2 Ki. 5. 1. Ro. 15. 18. 1 Co. 3. 9; 15. 10. 2 Co. 6. 1. Col. 1. 29. *but.* Ps. 106. 7. Mar. 9. 32. Lu. 9. 45; 18. 34.

26 *the next.* Ex. 2. 13-15. *ye are.* Ge. 13. 8; 45. 24. Ps. 133. 1. Pr. 18. 19. Jno. 15. 17, 18. 1 Co. 6. 6-8. Phi. 2. 1, 3. 1 Jno. 3. 11-15.

27 *he that.* ver. 54; ch. 5. 33. Ge. 19. 19. 1 Sa. 25. 14, 15. Pr. 9. 7, 8. *Who.* ver. 35, 39; ch. 3. 13-15; 4. 7, 11, 12. Mat. 21. 23. Lu. 12. 14. Jno. 18. 36, 37; 19. 12-15.

29 Ex. 2. 14-22; 4. 19, 20, Midian; 18. 2-4.

30 *when.* ver. 17. Ex. 7. 7. *there.* Ex. 3. 1; 19. 1, 2. 1 Ki. 19. 8. Ga. 4. 25, Sinai. *an.* ver. 32, 35. Ge. 16. 7-13; 22. 15-18; 32. 24-30; 48. 15, 16. Ex. 3. 2, 6. Is. 63. 9. Ho. 12. 3-5. Mal. 3. 1. *in a flame.* De. 4. 20. Ps. 66. 12. Is. 43. 2. Da. 3. 27. *in a bush.* ver. 35. Da. 33. 16. Mar. 12. 26. Lu. 20. 37.

31 *and as.* Ex. 3. 3, 4.

32 *I am.* ch. 3. 13. Ge. 50. 24. Ex. 3. 6, 15; 4. 5. Mat. 22. 32. He. 11. 16. *Then.* ch. 9. 4-6. Ge. 28. 13-17. Ex. 33. 20. 1 Ki. 19. 13. Job 4. 14; 37. 1, 2; 42. 5, 6. Ps. 89. 7. Is. 6. 1-5. Da. 10. 7, 8. Mat. 17. 6. Lu. 5. 8. Re. 1. 17.

33 *Put.* Ex. 3. 5. Jos. 5. 15. Ec. 5. 1. 2 Pe. 1. 18.

34 *I have seen.* Ex. 2. 23-25; 3. 7, 9; 4. 31; 6. 5, 6. Ju. 2. 18; 10. 15, 16. Ne. 9. 9. Ps. 106. 44. Is. 63. 8, 9. *and am.* Ge. 11. 5, 7; 18. 21. Ex. 3. 8. Nu. 11. 17. Ps. 144. 5. Is. 64. 1. Jno. 3. 13; 6. 38. *And now.* Ex. 3. 10, 14. Ps. 105. 26. Ho. 12. 13. Mi. 6. 4.

35 *Moses.* ver. 9-15, 27, 28, 51. 1 Sa. 8. 7, 8; 10. 27. Lu. 19. 14. Jno. 18. 40; 19. 15. *the same.* Ps. 75. 7; 113. 7, 8; 118. 22, 23. *a ruler.* ch. 2. 36; 3. 22; 5. 31. 1 Sa. 12. 8. Ne. 9. 10-14. Ps. 77. 20. Is. 63. 11, 12. Re. 15. 3. *by.* See on ver. 30. Ex. 14. 19, 24; 23. 20-23; 32. 34; 33. 2, 12-15. Nu. 20. 16. Is. 63. 9. Col. 1. 15. He. 2. 2.

36 *brought.* Ex. 12. 41; 33. 1. *after.* Ex. ch. 7-14. De. 4. 33-37; 6. 21, 22. Ne. 9. 10. Ps. 78. 12, 13, 42-51; 105. 27-36; 106. 8-11; 135. 8-12; 136. 9-15. *in the Red.* Ex. 14. 21, 27-29. *and in the wilderness.* Ex. 15. 23-25; ch. 16; 17; 19; 20. Nu. 9. 15, etc.; ch. 11; 14; 16; 17; 20; 21. De. 2. 25-37; 8. 4. Ne. 9. 12-15, 18-22. Ps. 78. 14-33; 105. 39-45; 106. 17, 18; 135. 10-12; 136. 16-21.

37 *that.* ver. 38. 2 Ch. 28. 22. Da. 6. 13. *A prophet.* ch. 3. 22. De. 18. 15-19. *like unto me. or,* as myself. *him.* ch. 3. 23. Mat. 17. 3-5. Mar. 9. 7. Lu. 9. 30, 31, 35. Jno. 8. 46, 47; 18. 37.

38 *in the church.* Ex. 19. 3-17; 20. 19, 20. Nu. 16. 3, etc., 41, 42. *with the.* See on ver. 30, 35, 53. Is. 63. 9. Ga. 3. 19. He. 2. 2. *who.* Ex. 21. 1, etc. De. 5. 27-31; 6. 1-3; 33. 4. Ne. 9. 13, 14. Jno. 1. 17. *lively.* De. 30. 19, 20; 32. 46, 47. Ps. 78. 5-9. Jno. 6. 63. Ro. 3. 2; 9. 4; 10. 6-10. He. 5. 12. 1 Pe. 4. 11.

39 *whom.* ver. 51, 52. Ne. 9. 16. Ps. 106. 16, 32, 33. Eze. 20. 6-14. *but.* ver. 27. Ju. 11. 2. 1 Ki. 2. 27. *and in.* Ex. 14. 11, 12; 16. 3; 17. 3. Nu. 11. 5; 14. 3, 4; 21. 5. Ne. 9. 17.

40 *unto.* Ex. 32. 1.

41 *they.* Ex. 32. 2-8, 17-20. De. 9. 12-18. Ne. 9. 18. Ps. 106. 19-21. *rejoiced.* Is. 2. 8, 9; 44. 9-20. Ho. 9. 1, 10. Hab. 2. 18-20.

42 *and gave.* Ps. 81. 11, 12. Is. 66. 4. Eze. 14. 7-10; 20. 25, 39. Ho. 4. 17. Ro. 1. 24-28. 2 Th. 2. 10-12. *the host.* De. 4. 19; 17. 3. 2 Ki. 17. 16; 21. 3. Job 31. 26-28. Je. 19. 13. Eze. 8. 16. *O ye.* Am. 5. 25, 26. *have ye.* Is. 43. 23. *of forty.* Ps. 95. 10. He. 3. 9, 15-17.

43 *ye took.* Le. 18. 21; 20. 2-5. 2 Ki. 17. 16-18; 21. 6. *figures.* Ex. 20. 4, 5. De. 4. 16-18; 5. 8, 9. *and I.* 2 Ki. 17. 6; 18. 11. Am. 5. 27. *Babylon.* In the passage of Amos, to which St. Stephen refers, it is *beyond Damascus;* but as Assyria and Media, to which they were carried, were not only *beyond Damascus,* but *beyond Babylon* itself, he states that fact, and thus fixes more precisely the place of their captivity.

44 *the tabernacle.* Ex. 38. 21. Nu. 1. 50-53; 9. 15; 10. 11; 17. 7, 8; 18. 2. Jos. 18. 1. 2 Ch. 24. 6. *speaking. or,* who spake. *that he.* Ex. 25. 40; 26. 30. 1 Ch. 28. 11, 19. He. 8. 2, 5.

45 *Which.* Jos. 3. 11-14; 18. 1. Ju. 18. 31. 1 Sa. 4. 4. 1 Ki. 8. 4. 1 Ch. 16. 39; 21. 29. *that came after. or,* having received. *Jesus.* Jos. 3. 6, 7, Joshua. He. 4. 8. *whom.* ch. 13. 19. Ne. 9. 24. Ps. 44. 2; 78. 55. *unto.* 2 Sa. ch. 6. 1 Ch. ch. 15-17.

46 *found.* ch. 13. 22. 1 Sa. 15. 28; 16. 1, 11-13. 2 Sa. 6. 21; 7. 1, 8, 18, 19. 1 Ch. 28. 4, 5. Ps. 78. 68-72; 89. 19-37; 132. 11. *and desired.* 2 Sa. 7. 1-5. 1 Ki. 8. 17-19. 1 Ch. 17. 1-4; 22. 7, 8; 28. 2, 3; 29. 2, 3. Ps. 132. 1-5.

47 2 Sa. 7. 13. 1 Ki. ch. 5; 6. 1, 37, 38; 7. 13-51; 8. 20. 1 Ch. 17. 1. 2 Ch. ch. 2-4. Zec. 6. 12, 13.

48 *the most High.* De. 32. 8. Ps. 7. 17; 46. 4; 91. 1, 9; 92. 8. Da. 4. 17, 24, 25, 34. Ho. 7. 16. *dwelleth.* ch. 17. 24, 25. 1 Ki. 8. 27. 2 Ch. 2. 5, 6; 6. 18. *as.* Is. 66. 1, 2.

49 *Heaven.* 1 Ki. 22. 19. Ps. 11. 4. Je. 23. 24. Mat. 5. 34, 35; 23. 22. Re. 3. 21. *what house.* Je. 7. 4-11. Mal. 1. 11. Mat. 24. 2. Jno. 4. 21.

50 ch. 14. 15. Ex. 20. 11. Ps. 33. 6-9; 50. 9-12; 146. 5, 6. Is. 40. 28; 44. 24; 45. 7, 8, 12. Je. 10. 11; 32. 17.

51 *stiffnecked.* Ex. 32. 9; 33. 3, 5; 34. 9. De. 9. 6, 13; 31. 27. 2 Ch. 30. 8. Ne. 9. 16. Ps. 75. 5; 78. 8. Is. 48. 4. Je. 17. 23. Eze. 2. 4. Zec. 7. 11, 12. *uncircumcised.* Le. 26. 41. De. 10. 16; 30. 6. Je. 4. 4; 6. 10; 9. 25, 26. Eze. 44. 7, 9. Ro. 2. 25, 28, 29. Phi. 3. 3. Col. 2. 11. *resist.* ch. 6. 10. Ne. 9. 30. Is. 63. 10. Ep. 4. 30. *as.* ver. 9, 27, 35, 39. Mat. 23. 31-33.

52 *Which of.* 1 Sa. 8. 7, 8. 1 Ki. 19. 10, 14. 2 Ch. 24. 19-22; 36. 16. Ne. 9. 26. Je. 2. 30; 20. 2; 26. 15, 23. Mat. 5. 12; 21. 35-41; 23. 31-37. Lu. 11. 47-51; 13. 33, 34. 1 Th. 2. 15. *which shewed.* ch. 3. 18, 24. 1 Pe. 1. 11. Re. 19. 10. *the Just One.* ch. 3. 14; 22. 14. Zec. 9. 9. 1 Jno. 2. 1. Re. 3. 7. *of whom.* ch. 2. 23; 3. 15; 4. 10; 5. 28-30.

53 *have received.* Ex. ch. 19; 20. De. 33. 2. Ps. 68. 17. Ga. 3. 19. He. 2. 2. *and have.* Eze. 20. 18-21. Jno. 7. 19. Ro. 2. 23-25. Ga. 6. 13.

54 *they were.* ch. 5. 33; 22. 22, 23. *they gnashed.* Job 16. 9. Ps. 35. 16; 112. 10. La. 2. 16. Mat. 8. 12; 13. 42, 50; 22. 13; 24. 51; 25. 30. Lu. 13. 28.

55 *full.* ch. 2. 4; 4. 8; 6. 3, 5, 8, 10; 13. 9, 10. Mi. 3. 8. *looked.* ch. 1. 10, 11. 2 Co. 12. 2-4. Re. 4. 1-3. *and saw.* Is. 6. 1-3. Eze. 1. 26-28; 10. 4, 18; 11. 23. Jno. 12. 41. 2 Co. 4. 6. 2 Pe. 1. 17. Re. 21. 11. *standing.* Ps. 109. 31; 110. 1. Jno. 14. 3. He. 1. 3; 8. 1.

56 *I see.* ch. 10. 11, 16. Eze. 1. 1. Mat. 3. 16. Mar. 1. 10. Lu. 3. 21. Re. 4. 1; 11. 19; 19. 11. *the Son.* Da. 7. 13, 14. Mat. 16. 27, 28; 25. 31; 26. 64, 65. Jno. 5. 22-27.

57 *they cried.* ver. 54; ch. 21. 27-31; 23. 27. *stopped.* Ps. 58. 4. Pr. 21. 13. Zec. 7. 11.

58 *cast.* Nu. 15. 35. 1 Ki. 21. 13. Lu. 4. 29. He. 13. 12, 13. *stoned.* ch. 6. 11. Le. 24. 14-16. Jno. 10. 23-26. *the witnesses.* ch. 6. 13. De. 13. 9, 10; 17. 7. *their.* ch. 8. 1; 22. 20; 9. 1.

59 *calling.* ch. 2. 21; 9. 14, 21; 22. 16. Joel 2. 32. Ro. 10. 12-14. 1 Co. 1. 2. *Lord.* Ps. 31. 5. Lu. 23. 46.

60 *he kneeled.* ch. 9. 40; 20. 36; 21. 5. Ezr. 9. 5. Da. 6. 10. Lu. 22. 41. *Lord.* Mat. 5. 44. Lu. 6. 28; 23. 34. Ro. 12. 14-21. *he fell.* ch. 13. 36. 1 Co. 11. 30; 15. 6, 18, 20, 51. 1 Th. 4. 13, 14; 5. 10.

## CHAP. VIII.

*By occasion of the persecution in Jerusalem, the church being planted in Samaria, by Philip the deacon, who preached, did miracles, and baptized many,* 1-8; *among the rest Simon the sorcerer, a great seducer of the people,* 9-13; *Peter and John come to confirm and enlarge the church; where, by prayer and imposition of hands giving the Holy Ghost,* 14-17; *when Simon would have bought the like power of them, Peter sharply reproving his hypocrisy and covetousness, and exhorting him to repentance, together with John preaching the word of the Lord, return to Jerusalem,* 18-25; *but the angel sends Philip to teach and baptize the Ethiopian eunuch,* 26-40.

1 *And Saul.* This clause evidently belongs to the conclusion of the preceding chapter; there is scarcely a worse division of chapters than this. ch. 7. 58; 22. 20. *there.* ch. 5. 33, 40; 7. 54. Mat. 10. 25-28; 22. 6; 23. 34. Lu. 11. 49, 50. Jno. 15. 20; 16. 2. *the church.* ch. 2. 47; 7. 38; 11. 22; 13. 1. *and they.* ver. 4; ch. 11. 19-21. Mat. 5. 13. Phi. 1. 12. *Samaria.* ver. 14; ch. 1. 8. Jno. 4. 39-42. *except.* ch. 5. 18, 20, 33, 40. Ex. 10. 28, 29. Ne. 6. 3. Da. 3. 16-18; 6. 10, 23. He. 11. 27.

2 *devout.* ch. 2. 5; 10. 2. Lu. 2. 25. *made.* Ge. 23. 2; 50. 10, 11. Nu. 20. 29. De. 34. 8. 1 Sa. 28. 3. 2 Sa. 3. 31. 2 Ch. 32. 33; 35. 25. Is. 57. 1, 2. Je. 22. 10, 18. Jno. 11. 31-35.

3 ch. 7. 58; 9. 1-13, 21; 22. 3, 4; 26. 9-11. 1 Co. 15. 9. Ga. 1. 13. Phi. 3. 6. 1 Ti. 1. 13.

4 ch. 11. 19; 14. 2-7. Mat. 10. 23. 1 Th. 2. 2.

5 *Philip.* ver. 1, 14, 15, 40; ch. 6. 5; 21. 8. *the city.* Rather, 'to a city of Samaria,' εις πολιν της Σαμαρειας· for the city of Samaria had been utterly destroyed by Hyrcanus, and the city built by Herod on its site was called Σεβαστη, that is, *Augusta*, in honour of Augustus. *Samaria* comprised the tract of country formerly occupied by the tribes of Ephraim and Manasseh, west of Jordan, lying between Judea and Galilee: beginning, says JOSEPHUS, at Ginea in the great plain, and ending at the toparchy of Acrabateni. ch. 1. 8. Mat. 10. 5, 6. *preached.* ver. 35-37; ch. 5. 42; 9. 20; 17. 2, 3. Jno. 4. 25, 26. 1 Co. 1. 23; 2. 2; 3. 11.

6 *with one.* ch. 13. 44. 2 Ch. 30. 12. Mat. 20. 15, 16. Jno. 4. 41, 42.

7 *unclean.* ch. 5. 16. Mat. 10. 1. Mar. 9. 26; 16. 17, 18. Lu. 10. 17. Jno. 14. 12. He. 2. 4. *palsies.* ch. 9. 33, 34. Mar. 2. 3-11. *lame.* ch. 3. 6, 7; 14. 8-10. Is. 35. 6. Mat. 11. 5; 15. 30, 31.

8 ch. 13. 48, 52. Ps. 96. 10-12; 98. 2-6. Is. 35. 1, 2; 42. 10-12. Lu. 2. 10, 11. Ro. 15. 9-12.

9 *used.* ch. 13. 6; 16. 16-18; 19. 18-20. Ex. 7. 11, 22; 8. 18, 19; 9. 11. Le. 20. 6. De. 18. 10-12. 2 Ti. 3. 8, 9. Re. 13. 13, 14; 22. 15. *giving.* ch. 5. 36. Jno. 7. 18. 2 Th. 2. 4. 2 Ti. 3. 2, 5. 2 Pe. 2. 18.

10 *they.* 2 Co. 11. 19. Ep. 4. 14. 2 Pe. 2. 2. Re. 13. 3. *from.* Je. 6. 13; 8. 10; 31. 34. Jon. 3. 5. *the great power.* 1 Co. 1. 24.

11 *he had.* Is. 8. 19; 44. 25; 47. 9-13. Ga. 3. 1.

12 *they believed.* ver. 35-38; ch. 2. 38, 41; 16. 14, 15, 31-34. Mat. 28. 19. Mar. 16. 15. Ro. 10. 10. 1 Pe. 3. 21. *concerning.* ch. 1. 3; 11. 20; 20. 21, 25; 28. 31. Lu. 9. 2, 60. *both.* ch. 5. 14. 1 Co. 11. 11. Ga. 3. 28.

13 *Simon.* This *Simon* was probably, as several learned men suppose, the same who is mentioned by JOSEPHUS, as persuading Drusilla to leave her husband, and live with Felix. *believed.* ver. 21. Ps. 78. 35-37; 106. 12, 13. Lu. 8. 13. Jno. 2. 23-25; 8. 30, 31. Ja. 2. 19-26. *and wondered.* ch. 3. 10; 13. 44. Hab. 1. 5. Jno. 5. 20; 7. 21. *miracles and signs. Gr.* signs and great miracles. ver. 7. Mar. 16. 17.

14 *when.* ver. 1; ch. 11. 1, 19-22; 15. 4. 1 Th. 3. 2. *received.* ch. 2. 41; 17. 11. Mat. 13. 23. Jno. 12. 48. 1 Th. 2. 13. 2 Th. 2. 10. *Peter.* ch. 3. 1-3. Ga. 2. 9.

15 *prayed.* ch. 2. 38. Mat. 18. 19. Jno. 14. 13, 14; 16. 23, 24. Phi. 1. 19.

16 *he was.* ch. 10. 44-46; 11. 15-17; 19. 2. *only.* ch. 2. 38; 10. 47, 48; 19. 5, 6. Mat. 28. 19. 1 Co. 1. 13-15.

17 *laid.* ver. 18; ch. 6. 6; 9. 17; 13. 3; 19. 6. Nu. 8. 10; 27. 18. 1 Ti. 4. 14; 5. 22. 2 Ti. 1. 6. He. 6. 2. *they received.* Ro. 1. 11. Ga. 3. 2-5.

18 *he offered.* 2 Ki. 5. 15, 16; 8. 9. Eze. 13. 19. Mat. 10. 8. 1 Ti. 6. 5.

19 ver. 9-11, 17. Mat. 18. 1-3. Lu. 14. 7-11. Jno. 5. 44. 1 Co. 15. 8, 9. 3 Jno. 9.

20 *Thy.* ch. 1. 18. De. 7. 26. Jos. 7. 24, 25. 2 Ki. 5. 26, 27. Da. 5. 17. Hab. 2. 9, 10. Zec. 5. 4. Mat. 27. 3-5. 1 Ti. 6. 9. Ja. 5. 3. 2 Pe. 2. 14-17. Re. 18. 15. *thou.* ver. 22. De. 15. 9. 2 Ki. 5. 15, 16. Pr. 15. 26. Mat. 15. 19. *the gift.* ch. 2. 38; 10. 45; 11. 17. Mat. 10. 8.

21 *hast.* Jos. 22. 25. Eze. 14. 3. Re. 20. 6; 22. 19. *for.* 2 Ch. 25. 2. Ps. 36. 1; 78. 36, 37. Hab. 2. 4. Mat. 6. 22-24. Jno. 21. 17. He. 4. 13. Re. 2. 23.

22 *Repent.* ch. 2. 38; 3. 19; 17. 30. Ro. 2. 4. 2 Ti. 2. 25, 26. Re. 2. 21. *pray.* ch. 9. 11. De. 4. 29, 30. 1 Ki. 8. 47, 48. 2 Ch. 33. 12, 13. Is. 55. 6, 7. Am. 5. 6. Mat. 7. 7, 8. Lu. 11. 9-13. Re. 3. 17, 18. *if.* Da. 4. 27. Joel 2. 13, 14. Am. 5. 15. Jon. 1. 6; 3. 9. 2 Ti. 2. 25. *the thought.* ver. 20. He. 4. 12.

23 *the gall.* De. 29. 18-20; 32. 32, 33. Job 20. 14. Je. 4. 18; 9. 15. La. 3. 5, 19. He. 12. 15. *the bond.* Ps. 116. 16. Pr. 5. 22. Is. 28. 22. Jno. 8. 34. Ro. 6. 17-22. Tit. 3. 3. 2 Pe. 2. 4, 19.

24 *Pray.* Ge. 20. 7, 17. Ex. 8. 8; 10. 17; 12. 32. Nu. 21. 7. 1 Sa. 12. 19, 23. 1 Ki. 13. 6. Ezr. 6. 10; 8. 23. Job 42. 8. Ja. 5. 16.

25 *when they had.* ch. 1. 8; 18. 5; 20. 21; 26. 22, 23; 28. 23, 28, 31. Jno. 15. 27. 1 Pe. 5. 12. *villages.* Lu. 9. 52-56.

26 *the angel.* ch. 5. 19; 10. 7, 22; 12. 8-11, 23; 27. 23. 2 Ki. 1. 3. He. 1. 14. *Arise.* 1 Ch. 22. 16. Is. 60. 1, etc. *Gaza.* Jos. 13. 3; 15. 47. Zec. 9. 5. *desert.* It is probable, that we should refer ερημος, *desert*, not to *Gaza*, but to οδος, the *way;* though Gaza was situated at the entrance of the desert, and the ancient city was in ruins, being destroyed by Alexander. Mat. 3. 1-3. Lu. 3. 2-4.

27 *he arose.* Mat. 21. 2-6. Mar. 14. 13-16. Jno .2. 5-8. He. 11. 8. *a man.* Ps. 68. 31; 87. 4. Is. 43. 6; 45. 14; 60. 3, 6; 66. 19. Je. 13. 23; 38. 7; 39. 16. Zep. 3. 10. *queen.* 1 Ki. 10. 1. Mat. 12. 42. *and had.* 1 Ki. 8. 41-43. 2 Ch. 6. 32, 33. Ps. 68. 29. Is. 56. 3-8. Jno. 12. 20.

28 *and sitting.* ch. 17. 11, 12. De. 6. 6, 7; 11. 18-20; 17. 18, 19. Jos. 1. 8. Ps. 1. 2, 3; 119. 99, 111. Pr. 2. 1-6; 8. 33, 34. Jno. 5. 39, 40. Col. 3. 16. 2 Ti. 3. 15-17. *Esaias.* ch. 28. 25. Is. 1. 1. Isaiah. Lu. 3. 4; 4. 17.

29 ch. 10. 19; 11. 12; 13. 2-4; 16. 6, 7; 20. 22, 23. Is. 65. 24. Ho. 6. 3. 1 Co. 12. 11. 1 Ti. 4. 1.

30 *ran thither.* ver. 27. Ps. 119. 32. Ec. 9. 10. Jno. 4. 34. *Understandest.* Mat. 13. 19, 23, 51; 15. 10; 24. 15. Mar. 13. 14. Lu. 24. 44, 45. Jno. 5. 39. 1 Co. 14. 19. Ep. 5. 17. Re. 13. 18.

31 *How.* Ps. 25. 8, 9; 73. 16, 17, 22. Pr. 30. 2, 3. Is. 29. 18, 19; 35. 8. Mat. 18. 3, 4. Mar. 10. 15. Ro. 10. 14. 1 Co. 3. 18; 8. 2; 14. 36, 37. Ja. 1. 10, 21. 1 Pe. 2. 1, 2. *And he.* 2 Ki. 5. 9, 26; 10. 15, 16.

32 *He was.* Is. 53. 7, 8. *as a.* Ps. 44. 11, 12. Je. 11. 19; 12. 3; 51. 40. Ro. 8. 36. *and like.* Jno. 1. 29. 1 Pe. 1. 19; 2. 21-24. *opened.* Ps. 39. 2, 9. Mat. 26. 62, 63. Lu. 23. 34. Jno. 18. 9-11.

33 *his humiliation.* Phi. 2. 8, 9. *judgment.* Job 27. 2; 34. 5. Is. 5. 23; 10. 2. Hab. 1. 4. Mat. 27. 12-26. Jno. 19. 12-16. *and who.* Ps. 22. 30. Is. 53. 8, 12. *for.* Ps. 22. 15. Is. 53. 10, 12. Da. 9. 26. Zec. 13. 7.

34 *of whom.* Mat. 2. 2-4; 13. 36; 15. 15.

35 *opened.* ch. 10. 34. Mat. 5. 2. 2 Co. 6. 11. *began.* ch. 18. 28; 26. 22, 23; 28. 23. Lu. 24. 27, 44-47. *preached.* ch. 3. 20; 9. 20; 11. 20; 17. 3, 18; 19. 13. 1 Co. 1. 23; 2. 2. Ep. 4. 21. 1 Pe. 1. 11, 12.

36 *See.* ch. 10. 47. Eze. 36. 25. Jno. 3. 5, 23. Tit. 3. 5, 6. 1 Jno. 5. 6.

37 *If.* ver. 12, 13, 21; ch. 2. 38, 39. Mat. 28. 19. Mar. 16. 16. Ro. 10. 10. *he answered.* 1 Pe. 3. 21. *I believe.* ch. 9. 20. Mat. 16. 16. Jno. 6. 68, 69; 9. 35-38; 11. 27 20. 31. 1 Co. 12. 3. 1 Jno. 4. 15; 5. 1, 5, 10-13.

38 *and he baptized.* Jno. 3. 22, 23; 4. 1.

39 *were.* Mat. 3. 16. Mar. 1. 10. Gr. *the Spirit.* 1 Ki. 18. 12. 2 Ki. 2. 16. Eze. 3. 12-14; 8. 3; 11. 24. 2 Co. 12. 2-4. *and he.* ver. 8; ch. 13. 52; 16. 34. Ps. 119. 14, 111. Is. 35. 1, 2; 55. 12, 13; 61. 10; 66. 13, 14. Mat. 13. 44. Ro. 5. 2; 15. 10-13. Phi. 3. 3; 4. 4. Ja. 1. 9, 10; 4. 16.

40 *at.* Jos. 15. 46, 47. 1 Sa. 5. 1. Zec. 9. 6, Ashdod. *he preached.* Lu. 10. 1, 2. Ro. 15. 19. *Cesarea.* ch. 10. 1; 21. 8; 23. 23, 33; 25. 4.

## CHAP. IX.

*Saul, going towards Damascus, is stricken down to the earth, and led blind to Damascus,* 1-9; *is called to the apostleship,* 10-17; *and is baptized by Ananias,* 18, 19. *He preaches Christ boldly,* 20-22. *The Jews lay wait to kill him,* 23-28; *so do the Grecians, but he escapes both,* 29, 30. *The church having rest, Peter heals Eneas of the palsy,* 31-35; *and restores Tabitha to life,* 36-43.

1 Cir. A.M. 4039. A.D. 35. *Saul.* ver. 11-13, 19-21; ch. 7. 58; 8. 3; 22. 3, 4; 26. 9-11. 1 Co. 15. 9. Ga. 1. 13. Phi. 3. 6. 1 Ti. 1. 13. *breathing.* Ps. 27. 12.

2 *desired.* ver. 14; ch. 7. 19; 22. 5; 26. 12. Es. 3. 8-13. Ps. 83. 2-4. *the synagogues.* ch. 6. 9; 13. 14, 15; 28. 17-21. *of this way. Gr.* of the way. ch. 19. 9, 23; 22. 5; 28. 22.

3 *as.* ver. 17; ch. 22. 6; 26. 12, 13. 1 Co. 15. 8. *a light.* Ps. 104. 2. 1 Ti. 6. 16. Re. 21. 23; 22. 5.

4 *he fell.* ch. 5. 10. Nu. 16. 45. Jno. 18. 6. Ro. 11. 22. 1 Co. 4. 7. *Saul.* Ge. 3. 9; 16. 8; 22. 11. Ex. 3. 4. Lu. 10. 41. Jno. 20. 16; 21. 15. *why.* ch. 22. 7, 8; 26. 14. 15. Is. 63. 9. Zec. 2. 8. Mat. 25. 40, 45, etc. 1 Co. 12. 12. Ep. 5. 30.

5 *Who.* 1 Sa. 3. 4-10. 1 Ti. 1. 13. *I am.* ch. 26. 9. *it is.* ch. 5. 39. De. 32. 15. Job 9. 4; 40. 9, 10. Ps. 2. 12. Is. 45. 9. 1 Co. 10. 22.

6 *trembling.* ch. 16. 29; 24. 25, 26. 1 Sa. 28. 5. Is. 66. 2. Hab. 3. 16. Phi. 2. 12. *Lord, what.* ch. 2. 37; 16. 30; 22. 10. Lu. 3. 10. Ro. 7. 9; 10. 3. Ja. 4. 6. *Arise.* ver. 15; ch. 26. 16. Eze. 16. 6-8. Mat. 19. 30. Ro. 5. 20; 9. 15-24; 10. 20. Ga. 1. 15, 16. 1 Ti. 1. 14-16. *and it.* ch. 10. 6, 22, 32; 11. 13, 14. Ps. 25. 8, 9, 12; 94. 12. Is. 57. 18.

7 ch. 22. 9; 26. 13, 14. Da. 10. 7. Mat. 24. 40, 41.

8 *he saw.* ver. 18; ch. 13. 11; 22. 11. Ge. 19. 11. Ex. 4. 11. 2 Ki. 6. 17-20.

9 ver. 11, 12. 2 Ch. 33. 12, 13, 18, 19. Es. 4. 16. Jon. 3. 6-8.

10 *there.* ch. 22. 12. *and to.* ch. 2. 17; 10. 3, 17-20.

Nu. 12. 6. Da. 2. 19. *Ananias.* ver. 4. *Behold.* Ge. 22. 1; 31. 11. Ex. 3. 4. 1 Sa. 3. 4, 8-10. 2 Sa. 15. 26. Is. 6. 8.

11 *Arise.* ch. 8. 26; 10. 5, 6; 11. 13. *Saul.* ver. 30; ch. 11. 25; 21. 39; 22. 3. *for.* ch. 2. 21; 8. 22. De. 4. 29. 2 Ch. 33. 12, 13, 18, 19. Job 33. 18-28. Ps. 32. 3-6; 40. 1, 2; 50. 15; 130. 1-3. Pr. 15. 8. Is. 55. 6, 7. Je. 29. 12, 13; 31. 18-20. Jon. 2. 1-4. Zec. 12. 10. Mat. 7. 7, 8. Lu. 11. 9, 10; 18. 7-14; 23. 42, 43. Jno. 4. 10.

12 ver. 10, 17, 18.

13 *Lord.* Ex. 4. 13-19. 1 Sa. 16. 2. 1 Ki. 18. 9-14. Je. 20. 9, 10. Eze. 3. 14. Jon. 1. 2, 3. Mat. 10. 16. *how.* ver. 1; ch. 8. 3; 22. 4, 19, 20; 26. 10, 11. 1 Ti. 1. 13-15.

14 *here.* ver. 2, 3. *call.* ver. 21; ch. 7. 59. Gr.; 22. 16. Ro. 10. 12-14. 1 Co. 1. 2. 2 Ti. 2. 22.

15 *Go.* Ex. 4. 12-14. Je. 1. 7. Jon. 3. 1, 2. *a chosen.* ch. 13. 2. Je. 1. 5. Jno. 15. 16. Ro. 1. 1; 9. 21-24. Ga. 1. 1, 15, 16. 2 Ti. 1. 11; 2. 4, 20, 21. Re. 17. 14. *to bear.* ch. 21. 19; 22. 21; 26. 17-20. Ro. 1. 5, 13-15; 11. 13; 15. 15-21. 1 Co. 15. 10. Ga. 2. 7, 8. Ep. 3. 7, 8. Col. 1. 25-29. 1 Ti. 2. 7. *and kings.* ch. 25. 22-27; 26. 1, etc.; 27. 24. Mat. 10. 18. 2 Ti. 4. 16, 17. *the children.* ch. 28. 17, etc.

16 *I will.* ch. 20. 22, 23; 21. 11. Is. 33. 1. Mat. 10. 21-25. Jno. 15. 20; 16. 1-4. 1 Co. 4. 9-13. 2 Co. 11. 23-27. 2 Ti. 1. 12; 2. 9, 10; 3. 11. *for.* ver. 14. Mat. 5. 11; 24. 9. 1 Pe. 4. 14. Re. 1. 9.

17 *Ananias.* ch. 22. 12, 13. *and putting.* ch. 6. 6; 8. 17; 13. 3; 19. 6. Mat. 19. 13. Mar. 6. 5. 1 Ti. 4. 14; 5. 22. 2 Ti. 1. 6. He. 6. 2. *Brother.* ver. 13, 14; ch. 21. 20; 22. 13. Ge. 45. 4. Lu. 15. 30, 32. Ro. 15. 7. Phile. 16. 1 Pe. 1. 22, 23. *the Lord.* ver. 4, 5, 10, 11, 15; ch. 10. 36; 22. 14; 26. 15. Lu. 1. 16, 17, 76; 2. 11. 1 Co. 15. 8, 47. *that thou.* ver. 8, 9, 12. *and be.* See on ch. 2. 4; 4. 31; 8. 17; 13. 52.

18 *immediately.* 2 Co. 3. 14; 4. 6. *and was.* ch. 2. 38, 41; 3. 12, 13, 37, 38; 22. 16.

19 *when.* ch. 27. 33-36. 1 Sa. 30. 12. Ec. 9. 7. *Then.* ch. 26. 20. 1 Sa. 10. 10-12. Ga. 1. 17.

20 *straightway.* ver. 27, 28. Ga. 1. 23, 24. *that.* ch. 8. 37. Ps. 2. 7, 12. Mat. 26. 63-66; 27. 43, 54. Jno. 1. 49; 19. 7; 20. 28, 31. Ro. 1. 4. Ga. 2. 20. 1 Jno. 4. 14, 15. Re. 2. 18.

21 *amazed.* ch. 2. 6, 12; 4. 13. Nu. 23. 23. Ps. 71. 7. Is. 8. 18. Zec. 3. 8. 2 Th. 1. 10. 1 Jno. 3. 1. *Is not.* ch. 8. 10. Mat. 13. 54, 55. Mar. 5. 15-20. Jno. 9. 8, 9. *destroyed.* ver. 1, 2, 13, 14; ch. 8. 3. Ga. 1. 13-24.

22 *increased.* Ge. 49. 24. Job 17. 9. Ps. 84. 7. Is. 40. 29. 2 Co. 12. 9, 10. Phi. 4. 13. *confounded.* ch. 6. 9, 10; 18. 27, 28. Lu. 21. 15. 1 Co. 1. 27. *proving.* ch. 17. 3; 18. 5; 28. 23. Lu. 24. 44, 45.

23 Cir. A.M. 4040. A.D. 36. *the Jews.* ver. 16; ch. 13. 50; 14. 2, 19; 22. 21-23. Jos. 10. 1-6. Mat. 10. 16-23. 2 Co. 11. 26. 1 Th. 2. 15, 16.

24 *their.* ver. 29, 30; ch. 14. 5, 6; 17. 10-15; 23. 12-21; 25. 3, 11. Ju. 16. 2, 3. 2 Co. 11. 32. *And they.* Ps. 21. 11; 37. 32, 33.

25 *the disciples.* MAUNDRELL states that after visiting *the place of vision,* 'about half a mile distant from the city eastward,' they returned to the city, and 'were shewn the gate where St. Paul was let down in a basket. This gate is at present walled up, by reason of its vicinity to the east gate, which renders it of little use.' *let.* Jos. 2. 15. 1 Sa. 19. 11, 12. 2 Co. 11. 33.

26 *when.* ch. 22. 17; 26. 20. Ga. 1. 17-19. *he assayed.* ver. 19; ch. 4. 23. *but.* Mat. 10. 17-19; 24. 10. Ga. 2. 4.

27 *Barnabas.* ch. 4. 36; 11. 22, 25; 12. 25; 13. 2; 15. 2, 25, 26, 35-39. 1 Co. 9. 6. Ga. 2. 9, 13. *the apostles.* Ga. 1. 18, 19. *how he had seen.* ver. 17. 1 Co. 15. 8. *and how.* ver. 20-22; ch. 4. 13, 29. Ep. 6. 19, 20.

28 *coming.* ch. 1. 21. Nu. 27. 16, 17. 2 Sa. 5. 2. 1 Ki. 3. 7. Ps. 121. 8. Jno. 10. 9. Ga. 1. 18.

29 *he spake.* ver. 20-22, 27. *disputed.* ch. 6. 9, 10; 17. 17; 18. 19; 19. 8. Jude 3, 9. *Grecians.* ch. 6. 1; 11. 20. *but.* ver. 23. 2 Co. 11. 26.

30 *when.* ver. 24, 25; ch. 17. 10, 15. Mat. 10. 23. *Cesarea.* ch. 8. 40. or, Mat. 16. 13. *Tarsus.* ver. 11; ch. 11. 25.

31 *the churches.* ch. 8. 1. De. 12. 10. Jos. 21. 44. Ju. 3. 30. 1 Ch. 22. 9, 18. Ps. 94. 13. Pr. 16. 7. Is. 11. 10. Zec. 9. 1. He. 4. 9. *were edified.* Ro. 14. 19. 1 Co. 3. 9-15; 14. 4, 5, 12, 26. 2 Co. 10. 8; 12. 19; 13. 10. Ep. 4. 12, 16, 29. 1 Th. 5. 11. 1 Ti. 1. 4. Jude 20. *and walking.* Ne. 5. 9, 15. Job 28. 28. Ps. 86. 11; 111. 10. Pr. 1. 7; 8. 13; 14. 26, 27; 16. 6; 23. 17. Is. 11. 2, 3; 33. 6. 2 Co. 7. 1. Ep. 5. 21. Col. 1. 10. *and in.* Jno. 14. 16-18. Ro. 5. 5; 18. 15-17; 14. 17; 15. 13. Ga. 5. 22, 23. Ep. 1. 13, 14; 6. 18, 19. Phi. 2. 1. 2 Th. 2. 16, 17. *were multiplied.* ch. 6. 7; 12. 24. Es. 8. 16, 17. Zec. 8. 20-23.

32 Cir. A.M. 4041. A.D. 37. *as.* ch. 1. 8; 8. 14, 25. Ga. 2. 7-9. *the saints.* ver. 13, 41; ch. 26. 10. Ps. 16. 3. Pr. 2. 8. Mat. 27. 52. Ro. 1. 7. Ep. 1. 1. Phi. 1. 1. *Lydda.* ver. 38.

33 *which.* ch. 3. 2; 4. 22; 14. 8. Mar. 5. 25; 9. 21. Lu. 13. 16. Jno. 5. 5; 9. 1, 21. *and was.* Mar. 2. 3-11.

34 *Jesus Christ.* ch. 3. 6, 12, 16; 4. 10; 16. 18. Mat. 8. 3; 9. 6, 28-30. Jno. 2. 11.

35 *all.* ch. 4. 4; 5. 12-14; 6. 7; 19. 10, 20. Ps. 110. 3. Is. 66. 8. *Saron.* 1 Ch. 5. 16. *turned.* ver. 42; ch. 11. 21; 15. 19; 26. 18-20. De. 4. 30. Ps. 22. 27. Is. 31. 6. La. 3. 40. Ho. 12. 6; 14. 2. Joel 2. 13. Lu. 1. 16, 17. 2 Co. 3. 16. 1 Th. 1. 9, 10.

36 *Joppa.* ch. 10. 5. 2 Ch. 2. 16. Ezr. 3. 7. Jon. 1. 3. *Dorcas. or,* Doe, *or,* Roe. Pr. 5. 19. Ca. 2. 9; 3. 5; 8. 14. *full.* Jno. 15. 5, 8. Ep. 2. 10. Phi. 1. 11. Col. 1. 10. 1 Th. 4. 10. 1 Ti. 2. 9, 10; 5. 10. Tit. 2. 7, 14; 3. 8. He. 13. 21. Ja. 1. 27. *almsdeeds.* ch. 10. 4, 31.

37 *she was.* Jno. 11. 3, 4, 36, 37. *in an.* ch. 1. 13; 20. 8. Mar. 14. 15.

38 *Lydda.* ver. 32, 36. *desiring.* 2 Ki. 4. 28-30. *delay. or,* be grieved.

39 *and all.* ver. 41; ch. 8. 2. 2 Sa. 1. 24. Pr. 10. 7. 1 Th. 4. 13. *and shewing.* ver. 36; ch. 20. 35. Job 31. 19, 20. Pr. 31. 30, 31. Mat. 25. 36-39; 26. 11. Mar. 14. 8. Jno. 12. 8. 2 Co. 8. 12. Ep. 4. 28. 1 Th. 1. 3. Ja. 2. 15-17. 1 Jno. 3. 18. *while.* Ec. 9. 10. Mat. 17. 17. Lu. 24. 44. Jno. 17. 12.

40 *put.* Mar. 5. 40; 9. 25. Lu. 8. 54. *and kneeled.* ch. 7. 60; 20. 36; 21. 5. *and prayed.* 1 Ki. 17. 19-23. 2 Ki. 4. 32-36. Mat. 9. 25. *she opened.* Mar. 5. 41, 42. Jno. 11. 43, 44.

41 *he gave.* ch. 3. 7. Mar. 1. 31. *widows.* ch. 6. 1. Job 29. 13. Ps. 146. 9. Lu. 7. 12. *he presented.* ch. 20. 12. Ge. 45. 26. 1 Ki. 17. 23. Lu. 7. 15.

42 *and many.* ver. 35; ch. 11. 21; 19. 17, 18. Jno. 11. 4, 45; 12. 11, 44.

43 *one.* ch. 10. 6, 32.

## CHAP. X.

*Cornelius, a devout man, being commanded by an angel, sends for Peter,* 1-10, *who by a vision is taught not to despise the Gentiles,* 11-16; *and is commanded by the Spirit to go with the messenger to Cesarea,* 17-24. *Cornelius shews the occasion of his sending for him,* 25-33. *As he preaches Christ to Cornelius and his company,* 34-43, *the Holy Ghost falls on them, and they are baptized,* 44-48.

1 Cir. A.M. 4045. A.D. 41. *in.* ch. 8. 40; 21. 8; 23. 23, 33; 25. 1, 13. *a centurion.* ch. 22. 25; 27. 1, 31, 43. Mat. 8. 5, etc.; 27. 54. Lu. 7. 2. *Italian.* The *Italian band,* or rather *cohort,* σπειρα, (a regiment sometimes consisting of from 555 to 1105 infantry), is not unknown to the Roman writers, (see TACITUS;) and GRUTER gives an inscription in which it is mentioned, which was found in the Forum Sempronii, on a fine marble table. ch. 27. 1.

2 *devout.* ver. 7, 22; ch. 2. 5; 8. 2; 13. 50; 16. 14; 22. 12. Lu. 2. 25. *one.* ver. 35; ch. 9. 31; 13. 16, 26. 1 Ki. 43. 2 Ch. 6. 33. Job 1. 1. Ps. 102. 15. Ec. 7. 18. Is. 59. 19. Da. 6. 26. Re. 15. 4. *with.* ver. 7; ch. 16. 15; 18. 8. Ge. 18. 19. Jos. 24. 15. Job 1. 5. Ps. 101. 6-8. *which.* ver. 4. 22, 31; ch. 9. 36. Ps. 41. 1. Is. 58. 7, 8. Lu. 7. 4, 5. Ro. 15. 26, 27. 2 Co. 9. 8-15. *and prayed.* ch. 9. 11. Ps. 25. 5, 8, 9; 55. 17; 86. 3, marg.; 88. 1; 119. 2. Pr. 2. 3-5. Da. 6. 10, 16, 20. Mat. 7. 7, 8. Lu. 18. 1. Col. 4. 2. 1 Th. 5. 17. Ja. 1. 5.

3 *saw.* Job 4. 15, 16. Da. 9. 20, 21. *about.* ver. 30; ch. 3. 1. Mat. 27. 46. Lu. 23. 44-46. *an.* ch. 5. 19; 11. 13; 12. 7-11; 27. 23. Lu. 1. 11; 2. 10, 11, 13. He. 1. 4, 14. *Cornelius.* ch. 9. 4. Ex. 33. 17. Is. 45. 4.

4 *he was.* Da. 10. 11. Lu. 1. 12, 29; 24. 5. *What.* ch. 9. 5, 6; 22. 10. 1 Sa. 3. 10. *Thy.* ver. 31. 2 Ch. 6. 33; 32. 24. Ps. 141. 2. Is. 43. 26. Mal. 3. 16. Lu. 1. 13. Phi. 4. 6. *thine.* Is. 45. 19. Phi. 4. 18. He. 6. 10; 13. 16.

5 *send.* ver. 32; ch. 9. 38; 15. 7; 16. 9. *whose.* Mar. 3. 16. Jno. 1. 42.

6 *one.* ch. 9. 43. *he shall.* ch. 9. 6; 11. 13, 14. Jno. 7. 17. Ro. 10. 14-17. Ep. 4. 8-12.

7 *two.* ver. 2. Ge. 24. 1-10, 52. Ju. 7. 10. 1 Sa. 14. 6, 7. 1 Ti. 6. 2. Phile. 16. *and a.* ver. 1. Mat. 8. 9, 10. Lu. 3. 14.

8 *he sent.* ver. 33; ch. 26. 19. Ps. 119. 59, 60. Ec. 9. 10. Ga. 1. 16.

9 *Peter.* ver. 8; ch. 11. 5-10. 1 Sa. 9. 25. Zep. 1. 5. Mat. 6. 6. Mar. 1. 35; 6. 46. 1 Ti. 2. 8. *the sixth.* ch. 6. 4. Ps. 55. 17. Da. 6. 10. Mat. 20. 5; 27. 45. Ep. 6. 18.

10 *he became.* Mat. 4. 2; 12. 1-3; 21. 18. *he fell.* ch. 22. 17. Nu. 24. 4, 16. Eze. 8. 1-3; 11. 24; 40. 2. 2 Co. 12. 2-4. Re. 1. 10; 4. 2, 3.

11 *saw.* ch. 7. 56. Eze. 1. 1. Lu. 3. 21. Jno. 1. 51. Re. 4. 1; 11. 19; 19. 11. *and a.* Ge. 49. 10. Is. 11. 6-14; 19. 23-25; 43. 6; 56. 8. Mat. 8. 11; 13. 47, 48. Jno. 11. 52; 12. 32. Ro. 1. 16; 3. 29-31; 9. 4; 15. 9-12; 16. 25, 26. Ga. 2. 15; 3. 28. Ep. 1. 10; 3. 6. Col. 3. 11. *vessel.* The word σκευος, which corresponds to the Hebrew *kelee,* denotes every kind of *vessel* or *utensil,* any thing which may be considered as a receptacle; and is therefore applicable to a *sheet,* οθονη, or any thing woven from flax, tied up at the four corners, which our word *vessel* is not.

12 Ge. 7. 8, 9. Is. 11. 6-9; 65. 25. Jno. 7. 37. 1 Co. 6. 9-11.

13 *Rise.* ver. 10. Je. 35. 2-5. Jno. 4. 31-34. *kill.* Or, *sacrifice and eat,* θυσον και φαγε. The spirit of the heavenly direction seems to be this, says Dr. A. Clarke, 'The middle wall of partition is now pulled down; the Jews and Gentiles are called to become one flock, under one shepherd and bishop of souls. Thou, Peter, shalt open the door of faith to the *Gentiles,* and be also the minister of the circumcision. Rise up; already a blessed sacrifice is prepared: go and offer it to God; and let thy soul feed on the fruits of his mercy,' etc.

14 *Not.* Ge. 19. 18. Ex. 10. 11. Mat. 16. 22; 25. 9. Lu. 1. 60. *for.* Le. ch. 11; 20. 25. De. ch. 14. Eze. 4. 14; 44. 31.

15 *What.* ver. 28; ch. 11. 9; 15. 9, 20, 29. Mat. 15. 11. Ro. 14. 14-17, 20. 1 Co. 10. 25. Ga. 2. 12, 13. 1 Ti. 4. 3-5. Tit. 1. 15. He. 9. 9, 10.

16 *thrice.* Ge. 41. 32. Jno. 21. 17. 2 Co. 13. 1.

17 *while.* ver. 19; ch. 2. 12; 5. 24; 25. 20. Jno. 13. 12. 1 Pe. 1. 11. *the men.* ver. 7-18; ch. 9. 43.

18 *and asked.* ver. 5, 6; ch. 11. 11.

19 *the Spirit.* ch. 8. 29; 11. 12; 13. 2; 16. 6, 7; 21. 4. Jno. 16. 13. 1 Co. 12. 11. 1 Ti. 4. 1.

20 *and get.* ch. 8. 26; 9. 15; 15. 7. Mar. 16. 15. *for.* ch. 9. 17; 13. 4. Is. 48. 16. Zec. 2. 9-11.

21 *Behold.* Jno. 1. 38, 39; 18. 4-8. *what.* ver. 29. Mar. 10. 51.

22 *Cornelius.* ver. 1-5. *a just.* ch. 24. 15. Ho. 14. 9. Hab. 2. 4. Mat. 1. 19. Mar. 6. 20. Lu. 2. 25; 23. 50. Ro. 1. 17. He. 10. 38; 12. 23. *of good.* ch. 6. 3; 22. 12. Lu. 7. 4, 5. 1 Ti. 3. 7. He. 11. 2. 3 Jno. 12. *and to.* ver. 6, 33; ch. 11. 14. Jno. 5. 24; 6. 63, 68; 13. 20; 17. 8, 20. Ro. 10. 17, 18. 2 Co. 5. 18. 2 Pe. 3. 2.

23 *and lodged.* Ge. 19. 2, 3; 24. 31, 32. Ju. 19. 19-21. He. 13. 2. 1 Pe. 4. 9. *on.* ver. 29, 33. Ec. 9. 10. *and certain.* ver. 45; ch. 9. 38, 42; 11. 12. 2 Co. 8. 21.

24 *the morrow.* ver. 9. *Cesarea.* This city, once an obscure fortress called *Strato's Tower,* was built and superbly decorated by Herod the Great and called *Cæsarea,* in honour of Augustus Cæsar, to whom he dedicated it in the 28th year of his reign. It was situated on the shore of the Mediterranean, between Joppa and Dora, with a haven, rendered by Herod the most convenient on the coast: according to Ibn Idris and Abulfeda, 30 miles from Jaffa or Joppa, 32 from Ramlay, and 36 from Acco, or Ptolemais; and, according to Josephus, 600 stadia, or 75 miles, from Jerusalem, though the real distance is probably not more than 62 miles. Nothing now remains of the former splendour of Cæsarea: the supposed sites of the ancient edifices are mere mounds of indefinable form; the waves wash the ruins of the mole, the tower, and the port; the whole of the surrounding country is a sandy desert; and not a creature except beasts of prey, resides within many miles of this silent desolation. *and had.* Is. 2. 3. Mi. 4. 2. Zec. 3. 10; 8. 20-23. Mat. 9. 9, 10. Mar. 5. 19, 20. Lu. 5. 29. Jno. 1. 41-49; 4. 28, 29. Jno. 1. 1-3.

25 *and fell.* ch. 14. 11-13. Da. 2. 30, 46. Mat. 8. 2; 14. 33. Re. 19. 10; 22. 8, 9.

26 *Stand.* ch. 14. 14, 15. Is. 42. 8; 48. 13. Mat. 4. 10. 2 Th. 2. 3, 4. Re. 13. 8; 19. 10; 22. 9.

27 *and found.* ver. 24; ch. 14. 27. Jno. 4. 35. 1 Co. 16. 9. 2 Co. 2. 12. Col. 4. 3.

28 *that it.* ch. 11. 2, 3; 22. 21, 22. Jno. 4. 9, 27; 18. 28. Ga. 2. 12-14. *but.* ver. 15, 34; ch. 11. 9; 15. 8, 9. Is. 65. 5. Lu. 18. 11. Ep. 3. 6, 7.

29 *as soon.* ver. 19, 20. Ps. 119. 60. 1 Pe. 3. 15. *I ask.* ver. 21.

30 *Four.* ver. 7-9, 23, 24. *I was.* ver. 3. Ezr. 9. 4, 5. Ne. 9. 1-3. Da. 9. 20, 21. *and, behold.* ch. 1. 10. Mat. 28. 3. Mar. 16. 6. Lu. 24. 4.

31 *thy.* Is. 38. 5. Da. 9. 23; 10. 12. Lu. 1. 13. *are.* ver. 4. Le. 2. 2, 9; 5. 12. Phi. 4. 18. He. 6. 10. Re. 5. 8; 8. 3, 4.

32 *therefore.* ver. 5-8.

33 *are we.* ch. 17. 11, 12; 28. 28. De. 5. 25-29. 2 Ch. 30. 12. Pr. 1. 5; 9. 9, 10; 18. 15; 25. 12. Mat. 18. 4; 19. 30. Mar. 10. 15. 1 Co. 3. 18. Ga. 4. 14. 1 Th. 2. 13. Ja. 1. 19, 21. 1 Pe. 2. 1, 2.

34 *opened.* ch. 8. 35. Mat. 5. 2. Ep. 6. 19, 20. *Of a.* De. 10. 17; 16. 19. 2 Ch. 19. 7. Job 34. 19. Ps. 82. 1, 2. Mat. 22. 16. Lu. 20. 21. Ro. 2. 11. Ga. 2. 6. Ep. 6. 9. Col. 3. 11, 25. Ja. 2. 4, 9. 1 Pe. 1. 17.

35 *in.* ch. 15. 9. Is. 56. 3-8. Ro. 2. 13, 25-29; 3. 22, 29, 30; 10. 12, 13. 1 Co. 12. 13. Ga. 3. 28. Ep. 2. 13-18; 3. 6-8. Phi. 3. 3. Col. 1. 6, 23-27; 3. 11. *feareth.* ver. 2; ch. 9. 31. Job 28. 28. Ps. 19. 9; 85. 9; 111. 10. Pr. 1. 7; 2. 5; 3. 7; 16. 6. Ec. 12. 13. 2 Co. 7. 1. Ep. 5. 21. 1 Jno. 2. 29. *is.* Ge. 4. 5-7. Ho. 8. 13. Lu. 1. 28, marg. Ep. 1. 6. He. 11. 4-6.

36 *word.* ch. 2. 38, 39; 3. 25, 26; 11. 19; 13. 46. Mat. 10. 6. Lu. 24. 47. *preaching.* Ps. 72. 1-3, 7; 85. 9, 10. Is. 9. 6; 32. 15-17; 55. 12; 57. 19. Lu. 2. 10-14. 2 Co. 5. 18-21. Ep. 2. 13-18. Col. 1. 20. He. 7. 2, 3; 13. 20. *he is.* ch. 2. 36; 5. 31. Ps. 2. 6-8; 24. 7-10; 45. 6, 11; 110. 1, 2. Is. 7. 14; 45. 21-25. Je. 23. 5, 6. Da. 7. 13, 14. Ho. 1. 7. Mi. 5. 2. Mal. 3. 1. Mat. 11. 27; 22. 44-46; 28. 18. Jno. 3. 35, 36; 5. 23-29. Ro. 10. 11-13; 14. 9. 1 Co. 15. 27, 47. Ep. 1. 20-23; 4. 5-12. Phi. 2. 11. Col. 1. 15-18. He. 1. 2, 6-12. 1 Pe. 3. 22. Re. 1. 5, 18; 17. 14; 19. 16.

37 *ye know.* ch. 2. 22; 26. 26; 28. 22. *which.* Lu. 4. 14; 23. 5. *after.* ch. 1. 22; 13. 24, 25. Mat. 3. 1-3; 4. 12, etc. Mar. 1. 1-5, 14, 15. Jno. 4. 1-3.

38 *God.* ch. 2. 22; 4. 27. Ps. 2. 2, 6, marg.; 45. 7. Is. 11. 2; 42. 1; 61. 1-3. Mat. 12. 28. Lu. 3. 22; 4. 18. Jno. 3. 34; 6. 27; 10. 36-38. He. 1. 9. *who.* 2 Ch. 17. 9. Mat. 4. 23-25; 9. 35; 12. 15; 15. 21-31. Mar. 1. 38, 39; 3. 7-11; 6. 6, 54-56. Lu. 7. 10-17, 21-23; 9. 56. 1 Pe. 5. 8. *healing.* Mar. 5. 13-15; 7. 29, 30. Lu. 4. 33-36; 9. 42. He. 2. 14, 15. 1 Jno. 3. 8. *for.* Jno. 3. 2; 10. 32, 38; 16. 32.

39 *we are.* ver. 41; ch. 1. 8, 22; 2. 32; 3. 15; 5. 30-32; 13. 31. Lu. 1. 2; 24. 48. Jno. 15. 27. *whom.* ch. 2. 23, 24; 3. 14, 15; 4. 10; 5. 30; 7. 52; 13. 27-29. Ga. 3. 13. 1 Pe. 2. 24.

40 ch. 13. 30, 31; 17. 31. Mat. 28. 1, 2. Ro. 1. 4; 4. 24, 25; 6. 4-11; 8. 11; 14. 9. 1 Co. 15. 3, 4, 12-20. 2 Co. 4. 14. He. 13. 20. 1 Pe. 1. 21.

41 *Not.* ver. 39; ch. 1. 2, 3, 22; 13. 31. Jno. 14. 17, 22; ch. 20; 21. *witnesses.* Jno. 15. 16. *even.* Lu. 24. 30, 41-43. Jno. 21. 13.

42 *he commanded.* ch. 1. 8; 4. 19, 20; 5. 20, 29-32. Mat. 28. 19, 20. Mar. 16. 15, 16. Lu. 24. 47, 48. Jno. 21. 21, 22. *that it.* ch. 17. 31. Mat. 25. 31-46. Jno. 5. 22-29. Ro. 14. 9, 10. 2 Co. 5. 10. 2 Ti. 4. 1, 8. 1 Pe. 4. 5. Re. 1. 7; 20. 11-15; 22. 12.

43 *him.* ch. 26. 22. Is. 53. 11. Je. 31. 34. Da. 9. 24. Mi. 7. 18. Zec. 13. 1. Mal. 4. 2. Lu. 24. 25-27, 44-46. Jno. 1. 45; 5. 39, 40. 1 Pe. 1. 11. Re. 19. 10. *through.* ch. 3. 16; 4. 10-12. Jno. 20. 31. Ro. 5. 1; 6. 23. He. 13. 20. *whosoever.* ch. 13. 38, 39; 15. 9; 26. 18. Mar. 16. 16. Jno. 3. 14-17; 5. 24. Ro. 8. 1, 34; 10. 11. Ga. 3. 22. Ep. 1. 7. Col. 1. 14.

44 *the Holy Ghost.* ch. 2. 2-4; 4. 31; 8. 15-17; 11. 15; 19. 6.

45 *they.* ver. 23; ch. 11. 3, 15-18. Ga. 3. 13, 14. *the Gentiles.* Ga. 2. 15. Ep. 2. 11; 3. 5-8. Col. 2. 13, 14.

46 *speak.* ch. 2. 4, 11; 19. 6. 1 Co. 14. 20-25.

47 ch. 8. 12, 36; 11. 15-17; 15. 8, 9. Ge. 17. 24-26. Ro. 4. 11; 10. 12.

48 *commanded.* Jno. 4. 2. 1 Co. 1. 13-17. Ga. 3. 27. *the name.* ch. 2. 38; 8. 16. *Then.* ch. 16. 15. Jno. 4. 40.

## CHAP. XI.

*Peter, being accused for going in to the Gentiles,* 1-4, *makes his defence,* 5-17; *which is accepted,* 18. *The gospel being spread into Phenice, and Cyprus, and Antioch, Barnabas is sent to confirm them,* 19-25. *The disciples there are first called Christians,* 26. *They send relief to the brethren in Judea in time of famine,* 27-30.

1 *the apostles.* ch. 8. 14, 15. Ga. 1. 17-22. *the Gentiles.* ch. 10. 34-38; 14. 27; 15. 3. Ge. 49. 10. Ps. 22. 27; 96. 1-10. Is. 11. 10; 32. 15; 35. 1, 2; 42. 1, 6; 49. 6; 52. 10; 60. 3; 62. 2. Je. 16. 19. Ho. 2. 23. Am. 9. 11, 12. Mi. 5. 7. Zep. 2. 11; 3. 9. Zec. 2. 11; 8. 20-23. Mal. 1. 11. Mat. 8. 11. Mar. 16. 5. Lu. 2. 32. Ro. 15. 7-12.

2 *they.* ch. 10. 9, 45; 15. 1, 5; 21. 20-23. Ga. 2. 12-14.

3 ch. 10. 23, 28, 48. Lu. 15. 2. 1 Co. 5. 11. 2 Jno. 10.

4 ch. 14. 27. Jos. 22. 21-31. Pr. 15. 1. Lu. 1. 3.

5 *was.* See on ch. 10. 9-18. *in a.* ch. 22. 17. 2 Co. 12. 1-3. *and it.* Je. 1. 11-14. Eze. 2. 9. Am. 7. 4-7; 8. 2.

6 *fastened.* ch. 3. 4. Lu. 4. 20.

8 *common*. Mar. 7. 2. Ro. 14. 14. *unclean*. Le. 10. 10; 11. 47. Ezr. 9. 11, 12. Ho. 9. 3. Ro. 14. 14. 1 Co. 7. 14.

9 *What*. ch. 10. 28, 34, 35; 15. 9. 1 Ti. 4. 5. He. 9. 13, 14.

10 *three*. Nu. 24. 10. Jno. 13. 38; 21. 17. 2 Co. 12. 8.

11 ch. 9. 10-12; 10. 17, 18. Ex. 4. 14, 27.

12 *the Spirit*. ch. 8. 29; 10. 19, 20; 13. 2, 4; 15. 7; 16. 6, 7. Jno. 16. 13. 2 Th. 2. 2. Re. 22. 17. *nothing*. Mat. 1. 20. *these*. ch. 10. 23, 45.

13 *he shewed*. ch. 10. 3-6, 22, 30-32; 12. 11. He. 1. 14. *to Joppa*. ch. 9. 43.

14 *words*. ch. 10. 6, 22, 32, 33, 43; 16. 31. Ps. 19. 7-11. Mar. 16. 16. Jno. 6. 63, 68; 12. 50; 20. 31. Ro. 1. 16, 17; 10. 9, 10. 1 Jno. 5. 9-13. *all*. ch. 2. 39; 16. 15, 31. Ge. 17. 7; 18. 19. Ps. 103. 17; 112. 2; 115. 13, 14. Pr. 20. 7. Is. 61. 8, 9. Je. 32. 39. Lu. 19. 10.

15 *as I*. ch. 10. 34-44. *the Holy Ghost*. ch. 10. 45, 46; 19. 6. *as on*. ch. 2. 2-12; 4. 31.

16 *remembered*. ch. 20. 35. Lu. 24. 8. Jno. 14. 26; 16. 4. 2 Pe. 3. 1. *how*. ch. 1. 5; 19. 2-4. Mat. 3. 11. Mar. 1. 8. Lu. 3. 16. Jno. 1. 26, 33. *but*. Pr. 1. 23. Is. 44. 3-5. Eze. 36. 25. Joel 2. 28; 3. 18. 1 Co. 12. 13. Tit. 3. 5, 6.

17 *as God*. ver. 15; ch. 15. 8, 9. Mat. 20. 14, 15. Ro. 9. 15, 16, 23, 24; 11. 34-36. *what*. ch. 10. 47. Job 9. 12-14; 33. 13; 40. 2, 8, 9. Da. 4. 35. Ro. 9. 20-26.

18 *they held*. Le. 10. 19, 20. Jos. 22. 30. *and glorified*. ch. 15. 3; 21. 20. Is. 60. 21; 61. 3. 2 Co. 3. 18. Ga. 1. 24. *hath*. See on ver. 1; ch. 13. 47, 48; 14. 27; 22. 21, 22. Ro. 3. 29, 30; 9. 30; 10. 12, 13; 15. 9-16. Ga. 3. 26, 27. Ep. 2. 11-18; 3. 5-8. *granted*. ch. 3. 19, 26; 5. 31; 20. 21; 26. 17-20. Je. 31. 18-20. Eze. 36. 26. Zec. 12. 10. Ro. 10. 12, 13; 15. 9, 16. 2 Co. 7. 10. 2 Ti. 2. 25, 26. Ja. 16. 17.

19 *they*. ch. 8. 1-4. *Phenice*. ch. 15. 3; 21. 2. *Cyprus*. ch. 4. 36; 13. 4; 15. 39; 21. 16. *Antioch*. ver. 26; ch. 15. 22, 35. *to none*. ch. 3. 26; 13. 46. Mat. 10. 6. Jno. 7. 35.

20 *Cyrene*. ch. 2. 10; 6. 9; 13. 1. Mat. 27. 32. *the Grecians*. ch. 6. 1; 9. 29. *preaching*. ch. 8. 5, 35; 9. 20; 17. 18. 1 Co. 1. 23, 24; 2. 2. Ep. 3. 8.

21 *the hand*. 2 Ch. 30. 12. Ezr. 7. 9; 8. 18. Ne. 2. 8, 18. Is. 53. 1; 59. 1. Lu. 1. 66. *and a*. ver. 24; ch. 2. 47; 4. 4; 5. 14; 6. 7. 1 Co. 3. 6, 7. 1 Th. 1. 5. *turned*. ch. 9. 35; 15. 19; 26. 18-20. 1 Th. 1. 9, 10.

22 A.M. 4047. A.D. 43. *tidings*. ver. 1; ch. 8. 14; 15. 2. 1 Th. 3. 6. *and they*. ch. 4. 36, 37; 9. 27; 13. 1-3; 15. 22, 35-39.

23 *seen*. Mar. 2. 5. Col. 1. 6. 1 Th. 1. 3, 4. 2 Ti. 1. 4, 5. 2 Pe. 1. 4-9. 3 Jno. 4. *and exhorted*. ch. 13. 43; 14. 22. Jno. 8. 31, 32; 15. 4. 1 Th. 3. 2-5. He. 10. 19-26, 32-39. 2 Pe. 3. 17, 18. 1 Jno. 2. 28. *purpose*. Ps. 17. 3. Pr. 23. 15, 28. Da. 1. 8. 2 Co. 1. 17. 2 Ti. 3. 10. *cleave*. De. 10. 20; 30. 20. Jos. 22. 5; 23. 8. Mat. 16. 24. 1 Co. 15. 58.

24 *he was*. ch. 24. 16. 2 Sa. 18. 27. Ps. 37. 23; 112. 5. Pr. 12. 2; 13. 22; 14. 14. Mat. 12. 35; 19. 17. Lu. 23. 50. Jno. 7. 12. Ro. 5. 7. *full*. ch. 6. 3, 5, 8. Ro. 15. 15. *and much*. ver. 21; ch. 5. 14; 9. 31.

25 *to Tarsus*. ch. 9. 11, 27, 30; 21. 39.

26 *that*. ch. 13. 1, 2. *with the church*. *or*, in the church. ch. 14. 23, 27. 1 Co. 4. 17; 11. 18; 14. 23. *taught*. Mat. 28. 19. *were*. ch. 26. 28. Is. 65. 15. 1 Co. 12. 12. Ep. 3. 15. 1 Pe. 4. 14. 1 Jno. 2. 27. Re. 3. 18.

27 *prophets*. ch. 2. 17; 13. 1; 15. 32; 21. 4, 9. Mat. 23. 34. 1 Co. 12. 28; 14. 32. Ep. 4. 11.

28 *Agabus*. ch. 21. 10. *great*. This was probably the famine which took place in the fourth year of Claudius, which continued for several years, and in which, says JOSEPHUS, 'many died for want of food.' Ge. 41. 30, 31, 38. 1 Ki. 17. 1-16. 2 Ki. 8. 1, 2. *Claudius*. *Claudius Cæsar* succeeded C. Caligula, A.D. 41; and after a reign of upwards of thirteen years, he was poisoned by his wife Agrippina, and succeeded by Nero. Lu. 2. 1; 3. 1.

29 *every*. Ezr. 2. 69. Ne. 5. 8. 1 Co. 16. 2. 2 Co. 8. 2-4, 12-14. 1 Pe. 4. 9-11. *to send*. ch. 2. 44, 45; 4. 34. Ec. 11. 1, 2. Lu. 12. 29-33. Ro. 15. 25-27. 1 Co. 13. 5; 16. 1. 2 Co. 9. 1, 2. Ga. 2. 10. He. 13. 5, 6.

30 *to the*. ch. 14. 23; 15. 4, 6, 23; 16. 4; 20. 17. 1 Ti. 5. 17. Tit. 1. 5. Ja. 5. 14. 1 Pe. 5. 1. *by*. ch. 12. 25. 1 Co. 16. 3, 4. 2 Co. 8. 17-21.

## CHAP. XII.

*King Herod persecutes the Christians, kills James, and imprisons Peter; whom an angel delivers upon the prayers of the church*, 1-19. *Herod in his pride taking to himself the honour due to God, is stricken by an angel, and dies miserably*, 20-23. *After his death, the word of God prospers*, 24. *Saul and Barnabas return to Antioch*, 25.

1 Cir. A.M. 4048. A.D. 44. *stretched forth his hands*. *or*, began. ch. 4. 30; 9. 31. Lu. 22. 53. *to vex*. Mat. 10. 17, 18; 24. 9. Jno. 15. 20; 16. 2.

2 *James*. Mat. 4. 21, 22; 20. 23. Mar. 10. 35, 38. *with*. 1 Ki. 19. 1, 10. Je. 26. 23. He. 11. 37.

3 *he saw*. ch. 24. 27; 25. 9. Jno. 12. 43. Ga. 1. 10. 1 Th. 2. 4. *he proceeded*. ch. 2. 14; 4. 13. Ps. 76. 10. Jno. 19. 11; 21. 18. *Then*. Ex. 12. 14-20; 13. 3-7; 23. 15. Le. 23. 6-14. Mat. 26. 17. 1 Co. 5. 7, 8.

4 *he put*. ch. 4. 3; 5. 18; 8. 3. Mat. 24. 9. Lu. 21. 12; 22. 33. Jno. 13. 36-38; 21. 18. *delivered*. ch. 16. 23, 24. Mat. 27. 64-66. *intending*. ch. 4. 28. Es. 3. 6, 7, 13. Pr. 19. 21; 27. 1. La. 3. 37. Mat. 26. 5. *Easter*. Rather, *the passover*, το πασχα.

5 *prayer was made without ceasing*. *or*, instant and earnest prayer was made. ver. 12. Is. 62. 6, 7. Mat. 18. 19. Lu. 18. 1. 1 Co. 12. 26. 2 Co. 1. 11. Ep. 6. 18-20. 1 Th. 5. 17. He. 13. 3. Ja. 5. 16.

6 *the same*. Ge. 22. 14. De. 32. 26. 1 Sa. 23. 26, 27. Ps. 3. 5, 6; 4. 8. Is. 26. 3, 4. Phi. 4. 6, 7. He. 13. 6. *bound*. ch. 21. 33; 28. 20. Je. 40. 4. Ep. 6. 20, marg. 2 Ti. 1. 16. *and the*. ch. 5. 23. Mat. 28. 4.

7 *the angel*. ver. 23; ch. 5. 19; 10. 30; 27. 23, 24. 1 Ki. 19. 5, 7. Ps. 34. 7; 37. 32, 33. Is. 37. 30. Da. 6. 22. He. 1. 14. *and a*. ch. 9. 3. 2 Sa. 22. 29. Eze. 43. 2. Mi. 7. 9. Hab. 3. 4, 11. Re. 18. 1. *Arise*. Ge. 19. 15, 16. Is. 60. 1. Ep. 5. 14. *And his*. The two chains with which his hands were fastened to those of the two soldiers between whom he slept. This, it appears, was the Roman method of securing a prisoner, and seems to be that which is intimated in ver. 6; ch. 2. 24; 16. 26. Ps. 105. 18-20; 107. 14; 116. 16; 142. 6, 7; 146. 7. Da. 3. 24, 25.

9 *he went*. ch. 26. 19. Ge. 6. 22. Jno. 2. 5. He. 11. 8. *wist not*. That is, he *knew* not; *wist* being the preter tense of the obsolete verb to *wis*, from the Saxon *wissan*, in German *wissen*, and Dutch *wysen*, to *think*, *imagine*, *know*. ch. 10. 3, 17; 11. 5. Ge. 45. 26. Ps. 126. 1. 2 Co. 12. 1-3.

10 *the first*. ver. 4. Ge. 40. 3; 42. 17. Nu. 15. 34. Is. 21. 8. *which*. ch. 5. 19; 16. 26. Is. 45. 1, 2. Jno. 20. 19, 26. Re. 3. 7.

11 *was come*. He was in an ecstacy; and it was only when the angel left him, that he was fully convinced that all was real. Lu. 15. 17. *I know*. Ge. 15. 13; 18. 13; 26. 9. *that the*. ver. 7; ch. 5. 19. 2 Ch. 16. 9. Ps. 34. 7. Da. 3. 25, 28; 6. 22. He. 1. 14. *and hath*. 2 Sa. 22. 1. Job 5. 19. Ps. 33. 18; 34. 22; 41. 2; 97. 10; 109. 31. 2 Co. 1. 8-10. 2 Pe. 2. 9. *all*. ch. 23. 12-30; 24. 27; 25. 3-5, 9. Job 31. 31.

12 *he came*. ch. 4. 23; 16. 40. *John*. ver. 25; ch. 13. 5, 13; 15. 37-39. Col. 4. 10. 2 Ti. 4. 11. Phile. 24. *where*. ver. 5. Is. 65. 24. Mat. 18. 19, 20. 1 Jno. 5. 14, 15.

13 *knocked*. ver. 16. Lu. 13. 25. *hearken*. *or*, ask who was there.

14 *she opened*. Mat. 28. 8. Lu. 24. 41.

15 *Thou*. ch. 26. 24. Job 9. 16. Mar. 16. 11, 14. Lu. 24. 11. *It is*. Ge. 48. 16. Mat. 18. 10. Lu. 24. 37, 38.

17 *beckoning*. ch. 13. 16; 19. 33; 21. 40. Lu. 1. 22. Jno. 13. 24. *declared*. Ps. 66. 16; 102. 20, 21; 107. 21, 22; 116. 14, 15; 146. 7. *James*. ch. 15. 13; 21. 18. 1 Co. 15. 7. Ga. 1. 19; 2. 9, 12. Ja. 1. 1. *And he*. ch. 16. 40. Mat. 10. 23. Jno. 7. 1; 8. 59; 10. 40; 11. 54.

18 *there*. ch. 5. 22-25; 16. 27; 19. 23.

19 *sought for him*. 1 Sa. 23. 14. Ps. 37. 32, 33. Je.

36. 26. Mat. 2. 13. *he examined.* ver. 4, 6. Mat. 28. 11-15. *commanded.* Da. 2. 11-13. Mat. 2. 16. Jno. 12. 10, 11. *he went.* ch. 21. 8; 25. 13. 1 Ki. 20. 43. Es. 6. 12.

20 *was highly displeased. or,* bare an hostile mind intending war. *Tyre.* Ge. 10. 15, 19. Jos. 19. 29. Is. 23. 1-4. Mat. 11. 21, 22. *but.* Pr. 17. 14; 20. 18; 25. 8. Ec. 10. 4. Is. 27. 4, 5. Lu. 14. 31, 32. *the king's chamberlain. Gr.* that was over the king's bed-chamber. *because.* 1 Ki. 5. 9-11. 2 Ch. 2. 10, 15. Ezr. 3. 7. Eze. 27. 17. Ho. 2. 8, 9. Am. 4. 6-9. Hag. 1. 8-11; 2. 16, 17. Lu. 16. 8.

22 ch. 14. 10-13. Ps. 12. 2. Da. 6. 7. Jude 16. Re. 13. 4.

23 *the angel.* Ex. 12. 12, 23, 29. 1 Sa. 25. 38. 2 Sa. 24. 17. 1 Ch. 21. 14-18. 2 Ch. 32. 21. *because.* ch. 10. 25, 26; 14. 14, 15. Ex. 9. 17; 10. 3. Ps. 115. 1. Is. 37. 23. Eze. 28. 2, 9. Da. 4. 30-37; 5. 18-24. Lu. 12. 47, 48. 2 Th. 2. 4. *and he.* 2 Ch. 21. 18, 19. Job 7. 5; 19. 26. Is. 14. 11; 51. 8; 66. 24. Mar. 9. 44-48.

24 ch. 5. 39; 6. 7; 11. 21; 19. 20. Pr. 28. 28. Is. 41. 10-13; 54. 14-17; 55. 10. Da. 2. 24, 44. Mat. 16. 18. Col. 1. 6. 2 Th. 3. 1.

25 *Barnabas.* ch. 11. 29, 30; 13. 1-3. *ministry. or,* charge. *took.* ch. 13. 5, 13; 15. 37. *John.* ver. 12. 1 Pe. 5. 13.

## CHAP. XIII.

*Paul and Barnabas are chosen to go to the Gentiles,* 1-5. *Of Sergius Paulus, and Elymas the sorcerer,* 6-12. *Paul preaches at Antioch that Jesus is Christ,* 13-41. *The Gentiles believe,* 42, 43; *but the Jews gainsay and blaspheme, whereupon they turn to the Gentiles, of whom many believe,* 44-49. *The Jews raise a persecution against Paul and Barnabas, who go to Iconium,* 50-52.

1 Cir. A.M. 4049. A.D. 45. *in the.* ch. 11. 22-24; 14. 26, 27. *prophets.* ch. 11. 25-27; 15. 35. Ro. 12. 6, 7. 1 Co. 12. 28, 29; 14. 24, 25. Ep. 4. 11. 1 Th. 5. 20. *Barnabas.* ch. 4. 36; 11. 22-26, 30; 12. 25. 1 Co. 9. 6. Ga. 2. 9, 13. *Lucius.* ch. 11. 20. Ro. 16. 21. *which,* etc. *or,* Herod's foster-brother. *Herod.* Mat. 14. 1-10. Lu. 3. 1, 19, 20; 13. 31, 32; 23. 7-11. Phi. 4. 22. *and Saul.* ver. 9; ch. 8. 1-3; 9. 1.

2 *they.* ch. 6. 4. De. 10. 8. 1 Sa. 2. 11. 1 Ch. 16. 4, 37, etc. Ro. 15. 16. Col. 4. 17. 2 Ti. 1. 11; 4. 5, 11. *fasted.* ver. 3; ch. 10. 30. Da. 9. 3. Mat. 6. 16; 9. 14, 15. Lu. 2. 37. 1 Co. 7. 5. 2 Co. 6. 5; 11. 27. *the Holy.* ch. 10. 19; 16. 6, 7. 1 Co. 12. 11. *Separate.* ch. 22. 21. Nu. 8. 11-14. Ro. 1. 1; 10. 15. Ga. 1. 15; 2. 8, 9. 2 Ti. 2. 2. *the work.* ch. 9. 15; 14. 26. Mat. 9. 38. Lu. 10. 1. Ep. 3. 7. 1 Ti. 2. 7. 2 Ti. 1. 11. He. 5. 4.

3 *they had.* ver. 2; ch. 6. 6; 8. 15-17; 9. 17; 14. 23. Nu. 27. 23. 1 Ti. 4. 14; 5. 22. 2 Ti. 1. 6; 2. 2. *they sent.* ch. 14. 26; 15. 40. Ro. 10. 15. 3 Jno. 6. 8.

4 *being.* ch. 20. 23. *Cyprus.* ch. 4. 36; 11. 19; 27. 4.

5 *in the.* ver. 14, 46; ch. 14. 1; 17. 1-3, 17; 18. 4; 19. 8. *John.* ch. 12. 25; 15. 37. Col. 4. 10. *their.* Ex. 24. 13. 1 Ki. 19. 3, 21. 2 Ki. 3. 11. Mat. 20. 26. 2 Ti. 4. 11.

6 *certain.* ch. 8. 9-11; 19. 18, 19. Ex. 22. 18. Le. 20. 6. De. 18. 10-12. 1 Ch. 10. 13. Is. 8. 19, 20. *a false.* De. 13. 1-3. 1 Ki. 22. 22. Je. 23. 14, 15. Eze. 13. 10-16. Zec. 13. 3. Mat. 24. 24. 2 Co. 11. 13. 2 Ti. 3. 8. 2 Pe. 2. 1-3. 1 Jno. 4. 1. Re. 19. 20. *whose.* Mat. 16. 17. Mar. 10. 46. Jno. 21. 15-17.

7 *the deputy.* ver. 12; ch. 18. 12; 19. 38. *a prudent.* ch. 17. 11, 12. Pr. 14. 8, 15, 18; 18. 15. Ho. 14. 9. 1 Th. 5. 21.

8 *for.* ver. 6; ch. 9. 36. Jno. 1. 41. *withstood.* Ex. 7. 11-13. 1 Ki. 22. 24. Je. 28. 1, 10, 11; 29. 24-32. 2 Ti. 3. 8; 4. 14, 15.

9 *who.* ver. 7. *filled.* ch. 2. 4; 4. 8, 31; 7. 55. Mi. 3. 8. *set.* Mar. 3. 5. Lu. 20. 17.

10 *O full.* ch. 8. 20-23. Ec. 9. 3. Mat. 3. 7; 15. 19; 23. 25-33. Lu. 11. 39. 2 Co. 11. 3. *thou child.* Ge. 3. 15. Mat. 13. 38. Jno. 8. 44. 1 Jno. 3. 8. *wilt.* ch. 20. 30. Je. 23. 36. Mat. 23. 13. Lu. 11. 52. Ga. 1. 7. *the right.* ch. 18. 25, 26. Ge. 18. 19. 2 Ch. 17. 6. Ho. 14. 9. Jno. 1. 23.

11 *hand.* Ex. 9. 3. 1 Sa. 5. 6, 9, 11. Job 19. 21. Ps. 32. 4; 38. 2; 39. 10, 11. *thou.* ch. 9. 8, 9, 17. Ge. 19. 11. 2 Ki. 6. 8. Is. 29. 10. Jno. 9. 39. Ro. 11. 7-10, 25. *a mist.* 2 Pe. 2. 17.

12 *the deputy.* ver. 7; ch. 28. 7. *when.* ch. 19. 17. Mat. 27. 54. Lu. 7. 16. *being.* ch. 6. 10. Mat. 7. 28, 29. Lu. 4. 22. Jno. 7. 46. 2 Co. 10. 4, 5.

13 *loosed.* ver. 6; ch. 27. 13. *Perga.* ch. 2. 10; 14. 24, 25; 27. 5. *John.* ver. 5; ch. 15. 38. Col. 4. 10. 2 Ti. 4. 11.

14 A.M. 4050. A.D. 46. *Antioch.* ch. 14. 19, 21-24. *went.* ver. 5; ch. 16. 13; 17. 2; 18. 4; 19. 8.

15 *the reading.* ver. 27; ch. 15. 21. Lu. 4. 16-18. *the rulers.* ch. 18. 8, 17. Mar. 5. 22. *Ye men.* ch. 1. 16; 2. 29, 37; 7. 2; 15. 7; 22. 1. *if.* ch. 2. 4; 20. 2. Ro. 12. 8. 1 Co. 14. 3. He. 13. 22.

16 *beckoning.* ch. 12. 17; 19. 33; 21. 40. *Men.* ver. 26; ch. 2. 22; 3. 12. *and ye.* ver. 42, 43, 46; ch. 10. 2, 35. 1 Ki. 8. 40. Ps. 67. 7; 85. 9; 135. 20. Lu. 1. 50; 23. 40. *give.* ch. 2. 14; 22. 1, 22. De. 32. 46, 47. Ps. 49. 1-3; 78. 1, 2. Mi. 3. 8, 9. Mat. 11. 15. Re. 2. 7, 11, 17, 29.

17 *God.* ch. 7. 2, etc. Ge. 12. 1-3; 17. 7, 8. De. 4. 37; 7. 6-8; 9. 5; 14. 2. Ne. 9. 7, 8. Ps. 105. 6-12, 42, 43; 135. 4. Is. 41. 8, 9; 44. 1. Je. 33. 24-26. 1 Pe. 2. 9. *and exalted.* ch. 7. 17. Ex. 1. 7-9. De. 10. 22. Ps. 105. 23, 24. *and with.* ch. 7. 36. Ex. ch. 6-14; 15. 1-21; 18. 11. De. 4. 20, 34; 7. 19. 1 Sa. 4. 8. Ne. 9. 9-12. Ps. 77. 13-20; 78. 12, 13, 42-53; 105. 26-39; 106. 7-11; 114; 135. 8-10; 136. 10-15. Is. 63. 9-14. Je. 32. 20, 21. Am. 2. 10. Mi. 6. 4; 7. 15, 16.

18 *about.* ch. 7. 36, 39-43. Ex. 16. 2, 35. Nu. 14. 22, 33, 34. De. 9. 7, 21-24. Ne. 9. 16-21. Ps. 78. 17-42; 95. 8-11; 106. 13-29. Eze. 20. 10-17. Am. 5. 25, 26. 1 Co. 10. 1-10. He. 3. 7-10, 16-19. *suffered.* ‘ *Gr.* ετροποφορησεν, *perhaps for* ετροφοφορησεν, bore, *or* fed them as a nurse beareth, *or* feedeth her child. De. 1. 31. *according to the LXX., and so Chrysostom.*’

19 *when.* ch. 7. 45. De. 7. 1. Jos. 24. 11. Ne. 9. 24. Ps. 78. 55. *Chanaan.* Ge. 12. 5; 17. 8. Ps. 135. 11, Canaan. *he divided.* Nu. 26. 53-56. Jos. 14. 1; 18. 10; 23. 4. Ps. 78. 55.

20 *he gave.* Ju. 2. 16; 3. 10. Ru. 1. 1. 1 Sa. 12. 11. 2 Sa. 7. 11. 2 Ki. 23. 22. 1 Ch. 17. 6. *until.* 1 Sa. 3. 20.

21 *they.* 1 Sa. 8. 5-22; 12. 12-19. *Saul.* 1 Sa. 10. 1, 21-26; 11. 15; 15. 1. *Cis.* 1 Sa. 9. 1, 2; 10. 21, Kish.

22 *when.* 1 Sa. 12. 25; 13. 13; 15. 11, 23, 26, 28; 16. 1; 28. 16; 31. 6. 2 Sa. 7. 15. 1 Ch. 10. 13. Ho. 13. 10, 11. *he raised.* 1 Sa. 16. 1, 13. 2 Sa. 2. 4; 5. 3-5; 7. 8. 1 Ch. 28. 4, 5. Ps. 2. 6; 78. 70-72; 89. 19, 20, etc. Je. 33. 21, 26. Eze. 34. 23; 37. 24, 25. Ho. 3. 5. *to whom.* ch. 15. 8. He. 11. 4, 5. *I have.* ch. 7. 46. 1 Sa. 13. 14. 1 Ki. 15. 3, 5.

23 *this.* ch. 2. 30. 2 Sa. 7. 12. Ps. 89. 35-37; 132. 11. Is. 7. 13; 11. 1, 10. Je. 23. 5, 6; 33. 15-17. Am. 9. 11. Mat. 1. 1; 21. 9; 22. 42. Lu. 1. 31-33, 69. Jno. 7. 42. Ro. 1. 3. Re. 22. 16. *raised.* ch. 2. 32-36; 3. 26; 4. 12; 5. 30, 31. Is. 43. 11; 45. 21. Zec. 9. 9. Mat. 1. 21. Lu. 2. 10, 11. Jno. 4. 42. Ro. 11. 26. Tit. 1. 4; 2. 10-14; 3. 3-6. 2 Pe. 1. 1, 11; 2. 20; 3. 2, 18. 1 Jno. 4. 14. Jude 25.

24 ch. 1. 22; 10. 37; 19. 3, 4. Mat. 3. 1-11. Mar. 1. 2-8. Lu. 1. 76; 3. 2, 3, etc. Jno. 1. 6-8, 15, etc.; 3. 25-36; 5. 33-36.

25 *fulfilled.* ver. 36; ch. 20. 24. Mar. 6. 16-28. Jno. 4. 34; 19. 28-30. 2 Ti. 4. 7. Re. 11. 7. *Whom.* ch. 19. 4. Mat. 3. 11. Mar. 1. 7. Lu. 3. 15, 16. Jno. 1. 20-23, 26, 27, 29, 34, 36; 3. 27-29; 7. 18. 2 Co. 4. 5.

26 *children.* ver. 15, 17, 46; ch. 3. 26. 2 Ch. 20. 7. Ps. 105. 6; 147. 19, 20. Is. 41. 8; 48. 1; 51. 1, 2. Mat. 3. 9; 10. 6. Lu. 24. 47. *and whosoever.* ver. 16, 43; ch. 10. 35. *to you.* ch. 16. 17; 28. 28. Is. 46. 13. Lu. 1. 69, 77. Ro. 1. 16. 2 Co. 5. 19-21. Ep. 1. 13. Col. 1. 5.

27 *because.* ch. 3. 17. Lu. 22. 34. Jno. 8. 28; 15. 21; 16. 3. Ro. 11. 8-10. 25. 1 Co. 2. 8. 2 Co. 3. 14; 4. 4. 1 Ti. 1. 13. *nor.* Mat. 22. 29. Lu. 24. 25-27, 44, 45. *which.* ver. 14, 15; ch. 15. 21. *they have.* ch. 26. 22, 23; 28. 23. Ge. 50. 20. Mat. 26. 54-56. Lu. 24. 20, 24. Jno. 19. 28-30, 36, 37.

28 ch. 3. 13, 14. Mat. 27. 19, 22-25. Mar. 15. 13-15. Lu. 23. 4, 5, 14-16, 21-25. Jno. 18. 38; 19. 4, 12-16.

29 *when.* ver. 27; ch. 2. 23; 4. 28. Lu. 18. 31-33; 24. 44. Jno. 19. 28, 30, 36, 37. *they took.* Mat. 27. 57-60. Mar. 15. 45, 46. Lu. 23. 53. Jno. 19. 38-42. 1 Co. 15. 4.

30 ch. 2. 24, 32; 3. 13, 15, 26; 4. 10; 5. 30, 31; 10. 40; 17. 31. Mat. 28. 6. Jno. 2. 19; 10. 17. He. 13. 20.

31 *he was.* ch. 1. 3, 11; 10. 41. Mat. 28. 16. Mar. 16. 12-14. Lu. 24. 36-42. Jno. 20. 19-29; 21. 1, etc. 1 Co. 15. 5-7. *who.* ch. 1. 8, 22; 2. 32; 3. 15; 5. 32; 10. 39. Lu. 24. 48. Jno. 15. 27. He. 2. 3, 4.

32 *we.* ver. 38; Is. 40. 9; 41. 27; 52. 7; 61. 1. Lu. 1. 19; 2. 10. Ro. 10. 15. *how.* ch. 3. 39; 26. 6. Ge. 3. 15; 12. 3; 22. 18; 26. 4; 49. 10. De. 18. 15. Is. 7. 14; 9. 6, 7; 11. 1. Je. 23. 5. Eze. 34. 23. Da. 9. 24-26. Mi. 5. 2. Hag. 2. 7. Zec. 6. 12; 9. 9; 13. 1, 7. Mal. 3. 1; 4. 2. Lu. 1. 54, 55, 68-73. Ro. 4. 13. Ga. 3. 16-18.

33 *Thou art.* Ps. 2. 7. He. 1. 5, 6; 5. 5.

34 *now.* Ro. 6. 9. *I will.* Is. 55. 3. *the sure.* 2 Sa. 7. 14-16; 23. 5. Ps. 89. 2-4, 19-37. Je. 33. 15-17, 26. Eze. 34. 23, 24; 37. 24, 25. Ho. 3. 5. Am. 9. 11. Zec. 12. 8. *mercies.* ‘ *Gr.* τα οσια, holy, *or* just, things; *which word the LXX., both in the place of* Is. 55. 3, *and in many others, use for that which is in the Heb.* mercies.’

35 *in.* ch. 2. 27-31. Ps. 16. 10. *to see.* ver. 36, 37. Ps. 49. 9; 89. 48. Lu. 2. 26. Jno. 3. 36; 8. 51. He. 11. 5.

36 *served,* etc. *or,* in his own age served the will of God. ver. 22. 1 Ch. 11. 2; 13. 2-4; 15. 12-16, 25-29

18. 14; ch. 22-29. Ps. 78. 71, 72. *fell.* ch. 7. 60. 2 Sa. 7. 12. 1 Ki. 2. 10. 1 Co. 15. 6, 18. 1 Th. 4. 13. *and was.* ch. 2. 29. 1 Ch. 17. 11. 2 Ch. 9. 31; 12. 16; 21. 1; 26. 28. *and saw.* Ge. 3. 19. Job 17. 14; 19. 26, 27; 21. 26. Ps. 49. 9, 14. Jno. 11. 39. 1 Co. 15. 42-44, 53, 54.

37 ver. 30; ch. 2. 24.

38 *it.* ch. 2. 14; 4. 10; 28. 28. Eze. 36. 32. Da. 3. 18. *that.* ch. 2. 38; 5. 31; 10. 43. Ps. 32. 1; 130. 4, 7. Je. 31. 34. Da. 9. 24. Mi. 7. 18-20. Zec. 13. 1. Lu. 24. 47. Jno. 1. 29. 2 Co. 5. 18-21. Ep. 1. 7; 4. 32. Col. 1. 14. He. 8. 6, 12, 13; 9. 9-14, 22; 10. 4-18. 1 Jno. 2. 1, 2, 12.

39 *by.* Is. 53. 11. Hab. 2. 4. Lu. 18. 14. Jno. 5. 24. Ro. 3. 24-30; 4. 5-8, 24; 5. 1, 9; 8. 1, 3, 30-34; 10. 10. 1 Co. 6. 11. Ga. 2. 16; 3. 8. *from which.* Job 9. 20; 25. 4. Ps. 143. 2. Je. 31. 32. Lu. 10. 25, 28. Jno. 1. 17. Ro. 3. 19; 4. 15; 5. 20; 7. 9-11; 8. 3; 9. 31; 10. 4. Ga. 2. 16, 19; 3. 10-12, 21-25; 5. 3. Phi. 3. 6-9. He. 7. 19; 9. 9, 10; 10. 4, 11.

40 *Beware.* Mal. 3. 2; 4. 1. Mat. 3. 9-12. He. 2. 3; 3. 12; 12. 25. *which.* Is. 29. 14. Hab. 1. 5.

41 *ye despisers.* Pr. 1. 24-32; 5. 12. Is. 5. 24; 28. 14-22. Lu. 16. 14; 23. 35. He. 10. 28-30. *for.* ver. 47; ch. 3. 23; 6. 14; 22. 21. Is. 65. 15. Da. 9. 26, 27. Mat. 8. 10, 11; 21. 41-44; 22. 7-10; 23. 34-38. Lu. 19. 42-44; 21. 20-26. Ro. 11. 7-14. Ep. 3. 3-8. Col. 1. 26, 27. 1 Th. 2. 16. 1 Pe. 4. 17.

42 *the Gentiles.* ch. 10. 33; 28. 28. Eze. 3. 6. Mat. 11. 21; 19. 30. *the next sabbath. Gr.* in the week between, *or,* in the sabbath between. ver. 44.

43 *and religious.* ch. 2. 10; 6. 5. *followed.* ch. 17. 34; 19. 9. *persuaded.* ch. 11. 23; 14. 22; 19. 8; 28. 23. Jno. 8. 31, 32; 15. 5-10. 2 Co. 5. 11; 6. 1. Ga. 5. 1. Phi. 3. 16; 4. 1. Col. 1. 23, 28. 1 Th. 3. 3-5. He. 6. 11, 12; 12. 15. 2 Pe. 3. 14, 17, 18. 1 Jno. 2. 28. 2 Jno. 9. *the grace.* ch. 14. 3. Ro. 3. 24; 5. 2, 21; 11. 6. Ga. 5. 4. Ep. 2. 8. Tit. 2. 11. He. 13. 9. 1 Pe. 5. 12.

44 *came.* Ge. 49. 10. Ps. 110. 3. Is. 11. 10; 60. 8.

45 *they.* ch. 5. 17, marg.; 17. 5. Ge. 37. 11. Nu. 11. 29. Ec. 4. 4. Is. 26. 11. Mat. 27. 18. Lu. 15. 25-30. Ro. 1. 29. 1 Co. 3. 3. Ga. 5. 21. Ja. 3. 14-16; 4. 5. *spake.* ch. 6. 9, 10; 18. 6; 19. 9. Mat. 23. 13. 1 Pe. 4. 4. Jude 10.

46 *waxed.* ch. 4. 13, 29-31. Pr. 28. 1. Ro. 10. 20. Ep. 6. 19, 20. Phi. 1. 14. He. 11. 34. *It was.* ver. 26; ch. 3. 26; 18. 5; 26. 20. Mat. 10. 6. Lu. 24. 47. Jno. 4. 22. Ro. 1. 16; 2. 10; 9. 4, 5. *seeing.* ch. 7. 51. Ex. 32. 9, 10. De. 32. 21. Is. 49. 5-8. Mat. 10. 13-15; 21. 43; 22. 6-10. Lu. 14. 16-24. Jno. 1. 11. Ro. 10. 19-21; 11. 11-13. *turn.* ch. 18. 6; 28. 28. Is. 55. 5.

47 *so.* ch. 1. 8; 9. 15; 22. 21; 26. 17, 18. Mat. 28. 19. Mar. 16. 15. Lu. 24. 47. *I have.* ch. 26. 23. Is. 42. 1, 6; 49. 6; 60. 3. Lu. 2. 32. *that thou.* ch. 15. 14-16. Ps. 22. 27-29; 67. 2-7; 72. 7, 8; 96. 1, 2; 98. 2, 3; 117. Is. 2. 1-3; 24. 13-16; 42. 9-12; 45. 22; 52. 10; 59. 19, 20. Je. 16. 19. Ho. 1. 10. Am. 9. 12. Mi. 4. 2, 3; 5. 7. Zep. 3. 9, 10. Zec. 2. 11; 8. 20-23. Mal. 1. 11.

48 *they.* ver. 42; ch. 2. 41; 8. 8; 15. 31. Lu. 2. 10, 11. Ro. 15. 9-12. *glorified.* Ps. 138. 2. 2 Th. 3. 1. *and as.* ch. 2. 47. Jno. 10. 16, 26, 27; 11. 52. Ro. 8. 30; 11. 7. Ep. 1. 19; 2. 5-10. 2 Th. 2. 13, 14. *ordained.* ch. 15. 2; 20. 13; 22. 10; 28. 23. Mat. 28. 16. Lu. 7. 8. Ro. 13. 1. 1 Co. 16. 15. Gr.

49 *was.* ch. 6. 7; 9. 42; 12. 24; 19. 10, 26. Phi. 1. 13, 14.

50 *the Jews.* ver. 45; ch. 6. 12; 14. 2, 19; 17. 13; 21. 27. 1 Ki. 21. 25. *devout.* ver. 43; ch. 2. 5. Ro. 10. 2. *honourable.* 1 Co. 1. 26-29. Ja. 2. 5, 6. *and raised.* ch. 8. 1. Mat. 10. 23. 2 Ti. 3. 11. *and expelled.* ch. 16. 37-39. Is. 66. 5. Am. 7. 12. Mar. 5. 17.

51 *they.* ch. 18. 6. Mat. 10. 14. Mar. 6. 11. Lu. 9. 5. *Iconium.* ch. 14. 1, 19, 21; 16. 2.

52 *were.* ch. 2. 46; 5. 41. Mat. 5. 12. Lu. 6. 22, 23. Jno. 16. 22, 23. Ro. 5. 3; 14. 17; 15. 13. 2 Co. 8. 2. 1 Th. 1. 6. Ja. 1. 2. 1 Pe. 1. 6-8; 4. 13. *with the.* ch. 2. 4; 4. 31. Ga. 5. 22. Ep. 5. 18-20.

## CHAP. XIV.

*Paul and Barnabas are persecuted from Iconium,* 1-7. *At Lystra Paul heals a cripple, whereupon they are reputed as gods,* 8-18. *Paul is stoned,* 19, 20. *They pass through divers churches, confirming the disciples in faith and patience,* 21-25. *Returning to Antioch, they report what God had done with them,* 26-28.

1 *in.* ch. 13. 51. *went.* ch. 9. 20; 13. 46; 17. 1, 2, 17; 18. 4; 19. 8. *that a.* ver. 21; ch. 11. 21; 13. 43, 46; 17. 4; 18. 8. *Greeks.* ver. 2; ch. 16. 1; 17. 12; 18. 4; 19. 10, 17; 20. 21; 21. 28. Mar. 7. 26. Jno. 7. 35, marg.; 12. 20. Ro. 1. 16; 10. 12. 1 Co. 1. 22-24. Ga. 2. 3; 3. 28. Col. 3. 11.

2 ver. 19; ch. 13. 45, 50; 17. 5, 13; 18. 12; 21. 27-30. Mar. 15. 10, 11. 1 Th. 2. 15, 16.

3 *therefore.* ch. 18. 9-11; 19. 10. 1 Co. 16. 8, 9. *speaking.* ch. 13. 46. Ep. 6. 18-20. 1 Th. 2. 2. *which.* ch. 2. 22; 5. 32. Mar. 16. 20. He. 2. 4. *the word.* ch. 20. 24, 32. Ro. 1. 16. *granted.* ch. 4. 29, 30; 5. 12-14; 19. 11, 12.

4 *the multitude.* Mi. 7. 6. Mat. 10. 34-36. Lu. 2. 34; 11. 21-23; 12. 51-53. Jno. 7. 43. *part.* ch. 28. 24. *apostles.* ver. 14; ch. 13. 2. 1 Co. 9. 5.

5 *when.* ch. 4. 25-29; 17. 5. Ps. 2. 1-3; 83. 5. 2 Ti. 3. 11. *despitefully.* Mat. 5. 44. Lu. 6. 28.

6 *were.* ch. 9. 24; 17. 13, 14; 23. 12, etc. 2 Ki. 6. 8-12. *and fled.* Mat. 10. 23. *Lystra.* ver. 20, 21; ch. 16. 1, 2. 2 Ti. 3. 11. *Lycaonia.* ver. 11.

7 ver. 21; ch. 8. 4; 11. 19; 17. 2. 1 Th. 2. 2. 2 Ti. 4. 2.

8 *impotent.* ch. 4. 9. Jno. 5. 3, 7. *being.* ch. 3. 2. Jno. 5. 5; 9. 1, 2.

9 *who.* ch. 3. 4. *he had.* Mat. 8. 10; 9. 22, 28, 29; 13. 58; 15. 28. Mar. 1. 40, 41; 2. 5, 11, 12; 9. 23, 24; 10. 52.

10 *Stand.* ch. 3. 6-8; 9. 33, 34. Is. 35. 6. Lu. 7. 14; 13. 11-13. Jno. 5. 8, 9; 14. 12.

11 *The gods.* ch. 8. 10; 12. 22; 28. 6.

12 *Jupiter.* ch. 19. 35.

13 *and would.* ch. 10. 25. Da. 2. 46.

14 *the apostles.* ver. 4. 1 Co. 9. 5, 6. *they.* 2 Ki. 5. 7; 18. 37; 19. 1, 2. Ezr. 9. 3-5. Je. 36. 24. Mat. 26. 65.

15 *Sirs.* ch. 7. 26; 16. 30; 27. 10, 21, 25. *why.* ch. 10. 26. Re. 19. 10; 22. 9. *We also.* ch. 3. 12, 13; 12. 22, 23. Ge. 41. 16. Da. 2. 28-30. Jno. 7. 18. *of like.* Ja. 5. 17. Re. 19. 10. *and preach.* ch. 17. 16-18, 29, 30; 26. 17-20. *from.* De. 32. 21. 1 Sa. 12. 21. 1 Ki. 16. 13, 26. Ps. 31. 6. Is. 44. 9, 10, 19, 20; 45. 20; 46. 7. Je. 8. 19; 10. 3-5, 8, 14, 15; 14. 22. Am. 2. 4. Jon. 2. 8. Ro. 1. 21-23. 1 Co. 8. 4. Ep. 4. 17. *the living.* De. 5. 26. Jos. 3. 10. 1 Sa. 17. 26, 36. 2 Ki. 19. 4, 16. Je. 10. 10. Da. 6. 26. Jno. 5. 26. 1 Th. 1. 9. 1 Ti. 3. 15. He. 3. 12. *which.* ch. 4. 24; 17. 24-28. Ge. 1. 1. Ps. 33. 6; 124. 8; 146. 5, 6. Pr. 8. 23-31. Is. 45. 18. Je. 10. 11; 32. 17. Zec. 12. 1. Ro. 1. 20. Re. 14. 7.

16 *suffered.* ch. 17. 30. Ps. 81. 12; 147. 20. Ho. 4. 17. Ro. 1. 21-25, 28. Ep. 2. 12. 1 Pe. 4. 3.

17 *he left.* ch. 17. 27, 28. Ps. 19. 1-4. Ro. 1. 19, 20. *in. that.* Ps. 36. 5-7; 52. 1; 104. 24-28; 145. 9, 15, 16. Lu. 6. 35. *and gave.* Le. 26. 4. De. 11. 14; 28. 12. 1 Ki. 18. 1. Job 5. 10; 37. 6; 38. 26-28. Ps. 65. 9-13; 68. 9, 10; 147. 7, 8. Is. 5. 6. Je. 5. 24; 14. 22. Mat. 5. 45. Ja. 5. 17, 18. *filling.* De. 8. 12-14. Ne. 9. 25. Is. 22. 13. 1 Ti. 6. 17.

18 *scarce.* Ge. 11. 6; 19. 9. Ex. 32. 21-23. Je. 44. 16, 17. Jno. 6. 15.

19 Cir. A.M. 4051. A.D. 47. *there.* ch. 13. 45, 50, 51; 17. 13. *persuaded.* Mat. 27. 20-25. Mar. 15. 11-14. *having.* ch. 7. 58; 9. 16; 22. 20. 2 Co. 11. 25. 2 Ti. 3. 11. *drew.* Je. 22. 19. He. 13. 12, 13. *supposing.* 1 Co. 15. 31. 2 Co. 4. 10-12; 11. 23.

20 *as.* ch. 20. 9-12. 2 Co. 1. 9, 10; 6. 9. Re. 11. 7-12. *came.* ch. 12. 17; 16. 40; 20. 1. *Derbe.* ver. 6; ch. 16. 1.

21 *taught many. Gr.* made many disciples. Mat. 28. 19. Gr. *Lystra.* ver. 1, 6, 8, 19; ch. 13. 14, 51; 15. 36; 16. 2. 2 Ti. 3. 11.

22 *Confirming.* ch. 15. 32, 41; 18. 23. Is. 35. 3. 1 Co. 1. 8. 1 Th. 3. 2-4, 13. 1 Pe. 5. 10. *exhorting.* ch. 11. 23; 13. 43. Jno. 8. 31, 32; 15. 4-6, 9, 10. Col. 1. 23. Jude 3, 20, 21. *we.* Mat. 10. 21, 22, 38; 16. 24. Lu. 22. 28, 29; 24. 26. Jno. 12. 25, 26; 16. 1, 2, 33. Ro. 8. 17. 1 Th. 3. 4. 2 Ti. 1. 8; 2. 11, 12; 3. 12. 1 Pe. 4. 12-16. Re. 2. 10; 7. 14. *enter.* Mat. 19. 24. Mar. 9. 47; 10. 24, 25. Jno. 3. 5. 2 Pe. 1. 11.

23 *they had.* ch. 1. 22. Mar. 3. 14. 1 Ti. 5. 22. 2 Ti. 2. 2. Tit. 1. 5. *elders.* ch. 11. 30; 15. 4, 6, 23; 20. 17. 1 Ti. 5. 1, 17-19. Ja. 5. 14. 1 Pe. 5. 1. 2 Jno. 1. 3 Jno. 1. *and had.* ch. 13. 1-3. *they commended.* ver. 26; ch. 20. 32. Lu. 23. 46. 1 Th. 3. 12, 13. 2 Th. 2. 16, 17. 2 Ti. 1. 12. 1 Pe. 5. 10.

24 Cir. A.M. 4052. A.D. 48. *Pisidia. Pisidia* was a province of Asia Minor, situated between Phrygia on the north and west, Lycaonia on the east, and Pamphylia on the south. ch. 13. 13, 14; 15. 38.

25 *Perga. Perga* was a considerable city of Pamphylia, towards the sea coast, and near the Caystrus, famous for a temple of Diana. *Attalia. Attalia,* now *Antalia,* or *Satalie,* was a maritime city of Pamphylia, the chief residence of the præfect.

26 *to Antioch.* ch. 11. 19, 26; 13. 1; 15. 22, 30. Ga. 2. 11. *recommended.* ver. 23; ch. 13. 1-3; 15. 40; 20. 32. 2 Co. 1. 12. 3 Jno. 6-8. *the work.* Ro. 15. 19. Col. 1. 25, 28; 4. 17. 2 Ti. 4. 2, 5-8.

27 *and had.* ch. 15. 4-6; 21. 20-22. 1 Co. 5. 4; 11. 18; 14. 23. *they rehearsed.* ch. 15. 4, 12; 21. 19. Ro. 15. 18. 1 Co. 3. 5-9; 15. 10. *opened.* ch. 11. 18. Jno. 9. 10. 1 Co. 16. 9. 2 Co. 2. 12. Col. 4. 3. Re. 3. 7, 8.

28 ch. 11. 26; 15. 35.

## CHAP. XV.

*Great dissensions arise touching circumcision,* 1-4. *The apostles consult about it,* 5-21, *and send their determination by letters to the churches,* 22-35. *Paul and Barnabas, thinking to visit the brethren together, disagree, and travel different ways,* 36-41.

1 Cir. A.M. 4057. A.D. 53. *certain.* ch. 21. 20. Ga. 2. 4, 12, 13. *the brethren.* ver. 23. *Except.* ver. 5. Ro. 4. 8-12. Ga. 5. 1-4. Phi. 3. 2, 3. Col. 2. 8, 11, 12, 16. *after.* Ge. 17. 10, etc. Le. 12. 3. Jno. 7. 22. *ye.* ver. 24. 1 Co. 7. 18, 19. Ga. 2. 1, 3; 5. 6; 6. 13-16.

2 *Paul.* ver. 7. Ga. 1. 6-10; 2. 5. Jude 3. *they determined.* ver. 25. Ex. 18. 23. Ga. 2. 1, 2. *certain.* ver. 22, 27; ch. 10. 23; 11. 12. *should.* ver. 4, 22, 23. 1 Sa. 8. 7. 1 Co. 9. 19-23. Ga. 2. 2. Phile. 8, 9. *the apostles.* ver. 6, 23; ch. 21. 18. 1 Co. 1. 1. 2 Co. 11. 5.

3 *brought.* ch. 21. 5; 28. 15. Ro. 15. 24. 1 Co. 16. 6, 11. Tit. 3. 13. 3 Jno. 6-8. *passed.* ch. 8. 14; 11. 19. *declaring.* ver. 12; ch. 14. 27; 21. 19, 20. *they caused.* ch. 11. 18; 13. 48, 52. Is. 60. 4, 5; 66. 12-14. Lu. 15. 5-10, 23, 24, 32.

4 *received.* ch. 18. 27; 21. 17. Mat. 10. 40. Ro. 15. 7. Col. 4. 10. 2 Jno. 10. 3 Jno. 8-10. *all.* ver. 3, 12; ch. 14. 27; 21. 19. Ro. 15. 18. 1 Co. 15. 10. 2 Co. 5. 19; 6. 1.

5 *rose up certain. or,* rose up, *said they,* certain. *the sect.* ch. 21. 20; 26. 5, 6. Phi. 3. 5-8. *That it.* ver. 1, 24. Ga. 5. 1-3.

6 ver. 25; ch. 6. 2; 21. 18. Pr. 15. 22. Mat. 18. 20. He. 13. 7, 17.

7 *much.* ver. 2, 39. Phi. 2. 14. *ye know.* ch. 10. 5. 6, 20, 32-48; 11. 12-18. Mat. 16. 18, 19. *God.* ch. 1. 24; 9. 15; 13. 2. 1 Ch. 28. 4, 5. Jno. 3. 27; 15. 16. Ga. 2. 7-9. *by my.* ch. 1. 16; 3. 18; 4. 25. Ex. 4. 12. Je. 1. 9. Ro. 10. 17, 18.

8 *which.* ch. 1. 24. 1 Sa. 16. 7. 1 Ki. 8. 39. 1 Ch. 28. 9; 29. 17. Ps. 44. 21; 139. 1, 2. Je. 11. 20; 17. 10; 20. 12. Jno. 2. 24, 25; 21. 17. He. 4. 13. Re. 2. 23. *bare.* ch. 14. 3. Jno. 5. 37. He. 2. 4. *giving.* ch. 2. 4; 4. 31; 10. 44, 45; 11. 15-17.

9 *put.* ch. 14. 1, 27. Ro. 3. 9, 22, 29, 30; 4. 11, 12; 9. 24; 10. 11-13. 1 Co. 7. 18. Ga. 3. 28; 5. 6. Ep. 2. 14-22; 3. 6. Col. 3. 11. *purifying.* ch. 10. 15, 28, 43, 44. 1 Co. 1. 2. He. 9. 13, 14. 1 Pe. 1. 22.

10 *Why.* Ex. 17. 2. Is. 7. 12. Mat. 4. 7. He. 3. 9. *put.* Mat. 11. 28-30; 23. 4. Ga. 5. 1. *which.* Ga. 4. 1-5, 9. He. 9. 9.

11 *that.* Ro. 3. 24; 5. 20, 21; 6. 23; 1 Co. 16. 23. 2 Co. 8. 9; 13. 14. Ga. 1. 6; 2. 16. Ep. 1. 6, 7; 2. 7-9. Tit. 2. 11; 3. 4-7. Re. 5. 9.

12 *declaring.* ver. 4; ch. 14. 27; 21. 19.

13 *after.* 1 Co. 14. 30-33. Ja. 1. 19. *James.* ch. 12. 17; 21. 18. Mar. 15. 40. Ga. 1. 19; 2. 9, 12. Ja. 1. 1. *Men.* ch. 2. 14, 22, 29; 7. 2; 22. 1.

14 *Simeon.* 2 Pe. 1. 1. Gr. *declared.* ver. 7-9. Lu. 1. 68, 78; 2. 31, 32. *to take.* Is. 43. 21; 55. 11-13. Ro. 1. 5; 11. 36. 1 Pe. 2. 9, 10.

15 ch. 13. 47. Ro. 15. 8-12.

16 *this.* Am. 9. 11, 12. *build again the tabernacle.* 2 Sa. 7. 11-16. 1 Ki. 12. 16. Ps. 89. 35-49. Is. 9. 6, 7. Je. 33. 24-26. Eze. 17. 22-24. Zec. 13. 8. Mat. 1. 20-25. Lu. 1. 31-33, 69, 70.

17 *the residue.* Ge. 22. 18; 49. 10. Ps. 22. 26, 27; 67. 1-3; 72. 17-19. Is. 2. 2, 3; 11. 10; 19. 23-25; 24. 15, 16; 49. 6, 7; 66. 18-21. Je. 16. 19. Ho. 2. 23. Joel 2. 32. Mi. 4. 1, 2; 5. 7. Zec. 2. 11; 8. 20-23. Mal. 1. 11. *the Gentiles.* Ge. 48. 16. Nu. 6. 27. Is. 43. 7; 65. 1. *who.* Nu. 24. 23. Is. 45. 7, 8. Da. 4. 35.

18 ch. 17. 26. Nu. 23. 19. Is. 41. 22, 23; 44. 7; 46. 9, 10. Mat. 13. 35; 25. 34. Ep. 1. 4, 11; 3. 9. 2 Th. 2. 13. 1 Pe. 1. 20. Re. 13. 8; 17. 8.

19 *that.* ver. 10, 24, 28. Ga. 1. 7-10; 2. 4; 5. 11, 12. *turned.* ch. 26. 20. Is. 55. 7. Ho. 14. 2. 1 Th. 1. 9.

20 *from pollutions.* ver. 29. Ge. 35. 2. Ex. 20. 3-5, 23; 34. 15, 16. Nu. 25. 2. Ps. 106. 37-39. Eze. 20. 30, 31. 1 Co. 8. 1, 4-13; 10. 20-22, 28. Re. 2. 14, 20; 9. 20; 10. 20, 28. *fornication.* 1 Co. 5. 11; 6. 9, 13, 18; 7. 2. 2 Co. 12. 21. Ga. 5. 19. Ep. 5. 3. Col. 3. 5. 1 Th. 4. 3. He. 12. 16; 13. 4. 1 Pe. 4. 3. *things.* ch. 21. 25. Ge. 9. 4. Le. 3. 17; 7. 23-27; 17. 10-14. De. 12. 16, 23-25; 14. 21; 15. 23. 1 Sa. 14. 32. Eze. 4. 14; 33. 25. 1 Ti. 4. 4, 5.

21 *sabbath.* ch. 13. 15, 27. Ne. 8. 1, etc. Lu. 4. 16.

22 *pleased.* ver. 23, 25; ch. 6. 4, 5. 2 Sa. 3. 36. 2 Ch. 30. 4, 12. *to send.* ver. 27; ch. 8. 14; 11. 22. *Barsabas.* ch. 1. 23. *Silas.* ver. 27, 32, 40; ch. 16. 19, 25, 29; 17. 4, 10, 14; 18. 5. 1 Th. 1. 1. 2 Th. 1. 1. 1 Pe. 5. 12, Silvanus.

23 *The apostles.* ver. 4, 22. *greeting.* ch. 23. 26. Ro. 16. 3, etc. Ja. 1. 1. 2 Jno. 13. 3. 3 Jno. 14. *brethren.* ch. 11. 18; 14. 27; 21. 25. *Syria.* ver. 41; ch. 18. 18; 21. 3. Ga. 1. 21.

24 *that certain.* Je. 23. 16. Ga. 2. 4; 5. 4, 12. 2 Ti. 2. 14. Tit. 1. 10, 11. 1 Jno. 2. 19. *Ye must.* ver. 1, 9, 10. Ga. 2. 3, 4; 6. 12, 13.

25 *seemed.* ver. 28. Mat. 11. 26. Lu. 1. 3. *being.* ver. 6; ch. 1. 14; 2. 1, 46. 1 Co. 1. 10. *to send.* ver. 22, 27. *our.* Ro. 16. 12. Ep. 6. 21. Col. 4. 7, 9. Phile. 16. 2 Pe. 3. 15. *Barnabas.* ver. 2, 35. Ga. 2. 9.

26 *hazarded.* ch. 13. 50; 14. 19. Ju. 5. 18. 1 Co. 15. 30. 2 Co. 11. 23-27. Phi. 2. 29, 30.

27 *Judas.* ver. 22. *who.* 2 Jno. 12. 3 Jno. 13. *mouth. Gr.* word.

28 *it.* Jno. 16. 13. 1 Co. 7. 25, 40; 14. 37. 1 Th. 4. 8. 1 Pe. 1. 12. *greater.* Mat. 11. 30; 23. 4. Re. 2. 24.

29 *ye abstain.* See on ver. 20; ch. 21. 25. Le. 17. 14. Ro. 14. 14, 15, 20, 21. 1 Co. 10. 18-20. Re. 2. 14, 20. *if ye.* 2 Co. 11. 9. 1 Ti. 5. 22. Ja. 1. 27. 1 Jno. 5. 21. Jude 20. 21, 24. *Fare.* ch. 18. 21; 23. 30. Lu. 9. 61. 2 Co. 13. 11.

30 *and.* ch. 6. 2; 21. 22. *delivered.* ch. 16. 4; 23. 33.

31 *they rejoiced.* ver. 1, 10; ch. 16. 5. Ga. 2. 4, 5; 5. 1. Phi. 3. 3. *consolation. or,* exhortation.

32 *being.* ch. 2. 17, 18; 11. 23, 27; 13. 1. Mat. 23. 34. Lu. 11. 49. Ro. 12. 6. 1 Co. 12. 28, 29; 14. 3, 29, 32. Ep. 3. 5; 4. 11. 1 Th. 5. 20. *exhorted.* ch. 2. 40; 11. 23; 14. 22; 18. 23; 20. 2. Ro. 12. 8. 1 Th. 2. 11; 4. 1; 5. 14. 2 Th. 3. 12. 1 Ti. 2. 1. 2 Ti. 4. 2. Tit. 2. 6, etc. 1 Pe. 5. 1, 12. *confirmed.* ver. 41. Is. 35. 3, 4. Da. 11. 1. 1 Co. 1. 8. Ep. 4. 12, 13. 1 Th. 3. 2. 1 Pe. 5. 10.

33 *they were.* ch. 16. 36. Ge. 26. 29. Ex. 4. 18. 1 Co. 16. 11. He. 11. 31. 2 Jno. 10.

34 *it pleased.* ch. 11. 25, 26; 18. 27. 1 Co. 16. 12.

35 *continued.* ch. 13. 1; 14. 28. *teaching.* ch. 28. 31. Mat. 28. 19, 20. Col. 1. 28. 1 Ti. 2. 7. 2 Ti. 4. 2.

36 Cir. A.M. 4058. A.D. 54. *Let.* ch. 7. 23. Ex. 4. 18. Je. 23. 2. Mat. 25. 36, 43. *in every.* ch. 13. 4, 13, 14, 51; 14. 1, 6, 21, 24, 25. *and see.* Ro. 1. 11. 2 Co. 11. 28. Phi. 1. 27. 1 Th. 2. 17, 18; 3. 6, 10, 11. 2 Ti. 1. 4.

37 *John.* ch. 12. 12, 25; 13. 5, 13. Col. 4. 10. 2 Ti. 4. 11. Phile. 24.

38 *who.* ch. 13. 13. Ps. 78. 9. Pr. 25. 19. Lu. 9. 61; 14. 27-34. Ja. 1. 8.

39 *the contention.* ver. 2; ch. 6. 1. Ps. 106. 33; 119. 96. Ec. 7. 20. Ro. 7. 18-21. Ja. 3. 2. *and sailed.* ch. 4. 36; 11. 20; 13. 4-12; 27. 4.

40 *chose.* ver. 22, 32; 16. 1-3. *being.* ch. 13. 3; 14. 26; 20. 32. 1 Co. 15. 10. 2 Co. 13. 14. 2 Ti. 4. 22. Tit. 3. 15. 2 Jno. 10, 11.

41 *through.* ver. 23; ch. 18. 18; 21. 3. Ga. 1. 21. *confirming.* ver. 32; ch. 16. 4, 5.

## CHAP. XVI.

*Paul having circumcised Timothy,* 1-6, *and being called by the Spirit from one country to another,* 7-13, *converts Lydia,* 14, 15, *and casts out a spirit of divination,* 16-18; *for which cause he and Silas are whipped and imprisoned,* 19-24. *The prison doors are opened.* 25-30. *The jailor is converted,* 31-34, *and they are delivered,* 35-40.

1 *to Derbe.* ch. 14. 6, 21. 2 Ti. 3. 11. *named.* ch. 17. 14; 18. 5; 19. 22; 20. 4, 5. Ro. 16. 21. 1 Co. 4. 17. Phi. 1. 1; 2. 19. Col. 1. 1. 1 Th. 1. 1; 3. 2. 2 Th. 1. 1. 1 Ti. 1. 2. 2 Ti. 1. 2. He. 13. 23. *which.* 2 Ti. 1. 5; 3. 15, 16. *but.* ch. 14. 1. Ezr. 9. 2. 1 Co. 7. 14.

2 *was.* ch. 6. 3. 1 Ti. 3. 7; ch. 5. 10, 25. 2 Ti. 3. 15. He. 11. 2. *Iconium.* ch. 14. 21. 2 Ti. 3. 11.

3 *would.* ch. 15. 37, 40. *and took.* ch. 15. 20. 1 Co. 7. 19; 9. 20. Ga. 2. 3, 8; 5. 1-3, 6.

4 *they delivered.* ch. 15. 6, 28, 29.

5 *so.* ch. 15. 41. 2 Ch. 20. 20. Is. 7. 9. Ro. 16. 25. 1 Co. 15. 58. Ga. 5. 1. Ep. 4. 13-16. Col. 2. 6. 1 Th. 3. 2, 13. 2 Th. 2. 16. He. 13. 9, 20, 21. 1 Pe. 5. 10. *increased.* ch. 2. 47; 4. 4; 5. 14; 6. 7; 9. 31; 11. 21; 12. 24; 13. 48, 49; 19. 18-21.

6 *Phrygia.* ch. 2. 10; 18. 23. *region.* ch. 18. 23. 1 Co. 16. 1. Ga. 1. 2; 3. 1. 2 Ti. 4. 10. 1 Pe. 1. 1. *forbidden.* ver. 7; ch. 10. 19; 11. 12; 13. 2-4; 20. 28. 2 Ch. 6. 7-9. Is. 30. 21. Am. 8. 11, 12. 1 Co. 12. 11. He. 11. 8. *Asia.* ch. 19. 10, 26, 27; 20. 4, 16. 2 Co. 1. 8. 2 Ti. 1. 15. 1 Pe. 1. 1. Re. 1. 4, 11.

7 *Bithynia.* 1 Pe. 1. 1.

8 *Troas.* ver. 11; ch. 20. 5. 2 Co. 2. 12. 2 Ti. 4. 13.

9 *a vision.* ch. 2. 17, 18; 9. 10-12; 10. 3, 10-17, 30; 11. 5-12; 18. 9, 10; 22. 17-21; 27. 23, 24. 2 Co. 12. 1-4, 7. *Macedonia.* ch. 18. 5; 19. 21. Ro. 15. 26. 2 Co. 7. 5; 8. 1; 9. 2; 11. 9. 1 Th. 1. 7, 8; 4. 10. *Come.* ch. 8. 26-31; 9. 38; 10. 32, 33; 11. 13, 14. Ro. 10. 14, 15.

10 *immediately.* ch. 10. 29; 26. 13. Ps. 119. 60. Pr. 3. 27, 28. 2 Co. 2. 12, 13.

12 *Philippi.* ch. 20. 6. Phi. 1. 1. 1 Th. 2. 2. *the chief.* *or*, the first. *a colony.* ver. 21.

13 *on.* ch. 13. 14, 42; 17. 2; 18. 4; 20. 7. *sabbath.* *Gr.* sabbath-day. *where.* Lu. 13. 10. *and we.* ver. 6; ch. 21. 5. Mat. 5. 1, 2; 13. 2. Lu. 4. 20, 21. Jno. 8. 2. *spake.* Mar. 16. 15. Ga. 3. 28. Col. 1. 23.

14 *Lydia.* ver. 40. *Thyatira.* Re. 1. 11; 2. 18-24. *worshipped.* ch. 8. 27; 10. 2; 18. 7. Jno. 12. 20. *whose.* ch. 11. 21. Ps. 110. 3. Ca. 5. 4. Is. 50. 5. Lu. 24. 45. Jno. 6. 44, 45. Ro. 9. 16. 1 Co. 3. 6, 7. 2 Co. 3. 14-16; 4. 4-6. Ep. 1. 17, 18. Phi. 2. 13. Ja. 1. 16, 17. Re. 3. 7, 20.

15 *when.* ver. 33; ch. 8. 12, 38; 11. 14; 18. 8. 1 Co. 1. 13-16. *If.* Ep. 1. 1. Phi. 1. 7. Phile. 17. 1 Pe. 5. 12. 3 Jno. 5. *come.* Ge. 18. 4, 5. Ju. 19. 19, 20. Mat. 10. 41. Lu. 9. 4, 5; 10. 5-7. Ro. 16. 23. Ga. 6. 10. He. 13. 2. 2 Jno. 10. 3 Jno. 8. *And she.* Ge. 19. 3; 33. 11. Ju. 19. 21. 1 Sa. 28. 23. 2 Ki. 4. 8. Lu. 14. 23; 24. 29. 2 Co. 5. 14; 12. 11. He. 13. 2.

16 *as.* ver. 13. *possessed.* ver. 18; ch. 8. 9-11. Ex. 7. 11, 12. De. 13. 1-3; 18. 9-11. 1 Sa. 28. 7. 1 Ch. 10. 13. Is. 8. 19. Ga. 5. 20. 2 Ti. 3. 8. *divination.* *or*, Python. *which.* ch. 19. 24. 1 Ti. 6. 10. 2 Pe. 2. 3. Re. 18. 11-13.

17 *These.* ch. 19. 13. Mat. 8. 29. Mar. 1. 24. Lu. 4. 34, 41. *the servants.* Da. 3. 26, 28; 6. 16, 20. Jon. 1. 9. 1 Pe. 2. 16. *the most.* Ge. 14. 18-22. Ps. 57. 2; 78. 35. Da. 4. 2; 5. 18, 21. Mi. 6. 6. Mar. 5. 7. Lu. 8. 28. *the way.* ver. 30, 31; ch. 18. 26. Mat. 7. 13, 14; 22. 16. Mar. 12. 14. Lu. 1. 77, 79; 20. 21. Jno. 14. 6. He. 10. 19-22.

18 *being.* ch. 14. 13-15. Mar. 1. 25, 26, 34. *I command.* ch. 3. 6; 9. 34; 19. 12-17. Mar. 9. 25, 26; 16. 17. Lu. 9. 1; 10. 17-19. Col. 2. 15.

19 *the hope.* ch. 19. 24-27. 1 Ti. 6. 10. *they.* ch. 9. 16; 14. 5, 19; 15, 26; 18. 12, 13; 21. 30. Mat. 10. 16-18; 24. 9. Mar. 13. 9. 2 Co. 6. 5. *market-place.* *or*, court.

20 *being.* ch. 18. 2; 19. 34. Ezr. 4. 12-15. Es. 3. 8, 9. *do.* ch. 17. 6-8; 28. 22. 1 Ki. 18. 17, 18. Mat. 2. 3. Jno. 15. 18-20. Ro. 12. 2. Ja. 4. 4.

21 ch. 26. 3. Je. 10. 3.

22 *the multitude.* ch. 17. 5; 18. 12; 19. 28, etc.; 21. 30, 31; 22. 22, 23; *the magistrates.* ver. 37; ch. 5. 40; 22. 24-26. Mat. 10. 17; 27. 26. 2 Co. 6. 5; 11. 23-25. 1 Th. 2. 2. He. 11. 36. 1 Pe. 2. 24.

23 *they cast.* ch. 5. 18; 8. 3; 9. 2; 12. 4. Lu. 21. 12. Ep. 3. 1; 4. 1. 2 Ti. 2. 9. Phile. 9. Re. 1. 9; 2. 10. *to keep.* ch. 5. 23; 12. 18. 1 Sa. 23. 22, 23. Mat. 26. 48; 27. 63-66.

24 *the inner.* 1 Ki. 22. 27. Je. 37. 15, 16; 38. 26. La. 3. 53-55. *and made.* 2 Ch. 16. 10. Heb. Job 13. 27; 33. 11. Ps. 105. 18. Je. 20. 2; 29. 26.

25 *at midnight.* Job 35. 10. Ps. 22. 2; 42. 8; 77. 6; 119. 55, 62. Is. 30. 29. *prayed.* Ps. 50. 15; 77. 2; 91. 15. Mat. 26. 38, 39. Lu. 22. 44. He. 5. 7. Ja. 5. 13. *sang.* ch. 5. 41. Ps. 34. 1. Mat. 5. 10, 11. Lu. 6. 22, 23. Ro. 5. 3; 12. 12. 2 Co. 4. 8, 9, 16, 17; 6. 10. Phi. 2. 17; 4. 4-7. Col. 1. 24; 3. 15-17. 1 Th. 5. 16-18. Ja. 1. 2. 1 Pe. 1. 6-8; 4. 14. *and the.* Ezr. 3. 12, 13. Ps. 71. 7. Zec. 3. 8.

26 *suddenly.* ch. 4. 31; 5. 19; 12. 7, 10. Mat. 28. 2. Re. 6. 12; 11. 13. *and every.* Ps. 79. 11; 102. 20; 146. 7. Is. 42. 7; 61. 1. Zec. 9. 11, 12.

27 *the keeper.* ver. 23, 24. *he drew.* Ju. 9. 54. 1 Sa. 31. 4, 5. 2 Sa. 17. 23. 1 Ki. 16. 18. Mat. 27. 5.

28 *cried.* Le. 19. 18. Ps. 7. 4; 35. 14. Pr. 24. 11, 12. Mat. 5. 44. Lu. 6. 27, 28; 10. 32-37; 22. 51; 23. 34. 1 Th. 5. 15. *Do.* Ex. 20. 13. Pr. 8. 36. Ec. 7. 17.

29 *and came.* ch. 9. 5, 6; 24. 25. Ps. 99. 1; 119. 120. Is. 66. 2, 5. Je. 5. 22; 10. 10. Da. 6. 26. *and fell.* Is. 60. 14. Re. 3. 9.

30 *brought.* ver. 24. Job 34. 32. Is. 1. 16, 17; 58. 6, 9. Mat. 3. 8; 5. 7. Ja. 2. 13. *Sirs.* See on ch. 14. 15. *what.* ver. 17; ch. 2. 37; 9. 6; 22. 10. Job 25. 4. Lu. 3. 10. Jno. 6. 27-29.

31 *Believe.* ch. 2. 38, 39; 4. 12; 8. 37; 11. 13, 14; 13. 38, 39; 15. 11. Is. 45. 22. Hab. 2. 4. Mar. 16. 16. Jno. 1. 12; 3. 15, 16, 36; 6. 40, 47; 7. 37, 38; 11. 25, 26; 20. 31. Ro. 5. 1, 2; 10. 9, 10. Ga. 3. 22, 26. Ep. 2. 7, 8. 1 Jno. 5. 10-13. *and thy.* ver. 15, 32; ch. 2. 39; 18. 8. Ge. 17. 7; 18. 19. Je. 32. 39. Ro. 11. 16. Ga. 3. 14.

32 *they.* ch. 10. 33-43. Mar. 16. 15. Ep. 3. 8. Col. 1. 27, 28. 1 Th. 2. 8. 1 Ti. 1. 13-16. *to all.* Ro. 1. 14, 16.

33 *washed.* ver. 23. Pr. 16. 7. Is. 11. 6-9. Mat. 25. 35-40. Lu. 10. 33, 34. Ga. 5. 6, 13. *and was.* ver. 15. Lu. 19. 9. 1 Co. 1. 16.

34 *when.* Lu. 5. 29; 19. 6. Phi. 4. 17. 1 Th. 4. 9, 10. Phile. 7. Ja. 2. 14-17. 1 Jno. 3. 18. *and rejoiced.* ver. 27-29; ch. 2. 46; 8. 39. Is. 12. 1-3; 55. 12; 57. 17, 18; 58. 7-11; 61. 10. Lu. 15. 22-25, 32. Ro. 5. 2, 11; 15. 13. Ga. 5. 22. Phi. 4. 4. 1 Pe. 1. 6-8.

35 ch. 4. 21; 5. 40. Ps. 76. 10. Je. 5. 22.

36 *and go.* ch. 15. 33. Ex. 4. 18. Ju. 18. 6. 1 Sa. 1. 17; 20. 42; 25. 35; 29. 7. 2 Ki. 5. 19. Mar. 5. 34. Jno. 14. 27.

37 *They have.* ver. 20-24; ch. 22. 25-28. Ps. 58. 1, 2; 82. 1, 2; 94. 20. Pr. 28. 1. *let.* Da. 3. 25, 26; 6. 18, 19. Mat. 10. 16.

38 *and they.* ch. 22. 29. Mat. 14. 5; 21. 46.

39 *came.* Ex. 11. 8. Is. 45. 14; 49. 23; 60. 14. Mi. 7. 9, 10. Re. 3. 9. *and brought.* Da. 6. 16, 23. *and desired.* Mat. 8. 34. Mar. 5. 17.

40 *and entered.* ver. 14; ch. 4. 23; 12. 12-17. *they comforted.* ch. 14. 22. 2 Co. 1. 3-7; 4. 8-12, 16-18. 1 Th. 3. 2, 3.

## CHAP. XVII.

*Paul preaches at Thessalonica, where some believe,* 1-4, *and others persecute him,* 5-9. *He is sent to Berea, and preaches there,* 10-12. *Being persecuted by Jews from Thessalonica,* 13-15, *he comes to Athens, and disputes, and preaches the living God, to them unknown,* 16-31; *whereby, though some mock, many are converted unto Christ,* 32-34.

1 *Thessalonica.* ch. 20. 4; 27. 2. Phi. 4. 16. 1 Th. 1. 1. 2 Th. 1. 1. 2 Ti. 4. 10. *where.* ch. 14. 1; 15. 21; 16. 13.

2 *as.* Lu. 4. 16. Jno. 18. 20. *went.* ver. 10, 17; ch. 9. 20; 13. 5; 14. 1; 18. 4; 19. 8. *reasoned.* ch. 24. 25; 28. 23. 1 Sa. 12. 7. Is. 1. 18. He. ch. 7-10.

3 *Opening.* ch. 2. 16-36; 3. 22-26; 13. 26-39. *Christ.* See on Lu. 24. 26, 27, 32, 44, 46. 1 Co. 15. 3, 4. 1 Th. 1. 5, 6. *this.* ch. 2. 36; 9. 22; 18. 28. Ga. 3. 1. *whom I preach.* *or*, whom, *said he*, I preach. ch. 1. 4.

4 *some.* ver. 34; ch. 2. 41, 42, 44; 4. 23; 5. 12-14; 14. 1, 4; 28. 24. Pr. 9. 6; 13. 20. Ca. 1. 7, 8; 6. 1. Zec. 2. 11; 8. 20-23. 2 Co. 6. 17, 18. *consorted.* 2 Co. 8. 5. *Silas.* ch. 15. 22, 27, 32, 40. *the devout.* ver. 17; ch. 13. 43; 16. 3; 18. 4; 19. 10; 21. 28. *and of the chief.* ver. 12; ch. 13. 50.

5 *moved.* ver. 13; ch. 7. 9; 13. 45; 14. 2, 19; 18. 12. Pr. 14. 30. Is. 26. 11. Mat. 27. 18. 1 Co. 3. 3. Ga. 5. 21, 26. Ja. 4. 5. *took.* Ju. 9. 4. Job 30. 1-10. Ps. 35. 15; 69. 12. *and set.* ch. 19. 24-34, 40. *Jason.* ver. 7. Ro. 16. 21

6 *they drew.* ch. 6. 12, 13; 16. 19, 20; 18. 12, 13. *These.* ch. 21. 28-31; 22. 22, 23; 24. 5; 28. 22. 1 Ki. 18. 17, 18. Es. 3. 8, 9. Je. 38. 2-4. Am. 7. 10. Lu. 23. 5.
7 *and these.* ch. 16. 21; 25. 8-11. Ezr. 4. 12-15. Da. 3. 12; 6. 13. Lu. 23. 2. Jno. 19. 12. 1 Pe. 2. 15.
8 Mat. 2. 3. Jno. 11. 48.
10 *the brethren.* ver. 14; ch. 9. 25; 23. 23, 24. Jos. 2. 15, 16. 1 Sa. 19. 12-17; 20. 42. *Berea.* ver. 13; ch. 20. 4. *went.* ver. 2; ch. 14. 6, 7. 1 Th. 2. 2.
11 *more.* Pr. 1. 5; 9. 9. Je. 2. 21. Jno. 1. 45-49. *they received.* ch. 2. 41; 10. 33; 11. 1. Job 23. 12. Pr. 2. 1-5; 8. 10. Mat. 13. 23. 1 Th. 1. 6; 2. 13. 2 Th. 2. 10. Ja. 1. 21. 1 Pe. 2. 2. *and searched.* Ps. 1. 2, 3; 119. 97, 100, 148. Is. 8. 20; 34. 16. Lu. 16. 29; 24. 44. Jno. 3. 21; 5. 39. 2 Ti. 3. 15-17. 1 Pe. 1. 10-12. 2 Pe. 1. 19-21. 1 Jno. 4. 5, 6.
12 *many.* ver. 2-4; ch. 13. 46; 14. 1. Ps. 25. 8, 9. Jno. 1. 45-49; 7. 17. Ep. 5. 14. Ja. 1. 21. *honourable.* ch. 13. 50. 1 Co. 1. 26. Ja. 1. 10.
13 *the Jews.* ver. 5. Mat. 23. 13. 1 Th. 2. 14-16. *stirred.* ch. 6. 12; 14. 2; 21. 27. 1 Ki. 21. 25. Pr. 15. 18; 28. 25. Lu. 12. 51.
14 *then.* ver. 10; ch. 9. 25, 30. Mat. 10. 23. *as it.* ch. 20. 3. Jos. 2. 16. *but.* ch. 19. 22. 1 Ti. 1. 3. Tit. 1. 5.
15 *Athens.* ch. 18. 1. 1 Th. 3. 1. *receiving.* ch. 18. 5. 2 Ti. 4. 10, 11, 20, 21. Tit. 3. 12.
16 Cir. A.M. 4058. A.D. 54. *his spirit.* Ex. 32. 19, 20. Nu. 25. 6-11. 1 Ki. 19. 10, 14. Job 32. 2, 3, 18-20. Ps. 69. 9; 119. 136, 158. Je. 20. 9. Mi. 3. 8. Mar. 3. 5. Jno. 2. 13. 2 Pe. 2. 7. *wholly given to idolatry. or,* full of idols. ver. 23, marg.
17 *disputed.* ver. 2-4; ch. 14. 1-4. *devout.* ch. 8. 2; 10. 2; 13. 16. *daily.* Pr. 1. 20-22; 8. 1-4, 34. Je. 6. 11. Mat. 5. 1, 2. Mar. 16. 15. Lu. 12. 3. 2 Ti. 3. 2, 5.
18 *philosophers.* Ro. 1. 22. 1 Co. 1. 20, 21. Col. 2. 8. *encountered.* ch. 6. 9. Mar. 9. 14. Lu. 11. 53. *babbler. or,* base fellow. Pr. 23. 9; 26. 12. 1 Co. 3. 18. *Jesus.* ver. 31; ch. 26. 23. Ro. 14. 9, 10. 1 Co. 15. 3, 4.
19 *Areopagus. or,* Mars'-hill. ver. 22. '*It was the highest court in Athens.*' *May.* ver. 20; ch. 24. 24; 25. 22; 26. 1. Mat. 10. 18. *new.* Mar. 1. 27. Jno. 13. 34. 1 Jno. 2. 7, 8.
20 *strange.* Ho. 8. 12. Mat. 19. 23-25. Mar. 10. 24-26. Jno. 6. 60; 7. 35, 36. 1 Co. 1. 18, 23; 2. 14. He. 5. 11. 1 Pe. 4. 4. *what.* ch. 2. 12; 10. 17. Mar. 9. 10.
21 *spent.* Ep. 5. 16. Col. 4. 5. 2 Th. 3. 11, 12. 1 Ti. 5. 13. 2 Ti. 2. 16, 17.
22 *Mars'-hill. or,* the court of the Areopagites. ver. 19. *I perceive.* ver. 16; ch. 19. 35; 25. 19. Je. 10. 2, 3; 50. 38.
23 *devotions. or,* gods that ye worship. Ro. 1. 23-25. 1 Co. 8. 5. 2 Th. 2. 4. *TO.* Ps. 147. 20. Jno. 17. 3, 25. Ro. 1. 20-22, 28. 1 Co. 1. 21. 2 Co. 4. 4-6. Ga. 4. 8, 9. Ep. 2. 12. 1 Ti. 1. 17. 1 Jno. 5. 20. *ignorantly.* ver. 30. Ps. 50. 21. Mat. 15. 9. Jno. 4. 22; 8. 54.
24 *that made.* ver. 26-28; ch. 4. 24; 14. 15. Ps. 146. 5. Is. 40. 12, 28; 45. 18. Je. 10. 11; 32. 17. Zec. 12. 1. Jno. 1. 1. He. 1. 2; 3. 4. *seeing.* Ge. 14. 19, 22. 2 Ki. 19. 15. Ps. 24. 1; 115. 16; 148. 13. Je. 23. 24. Da. 4. 35. Mat. 5. 34; 11. 25. Lu. 10. 21. Re. 20. 11. *dwelleth.* ch. 7. 48. 1 Ki. 8. 27. 2 Ch. 2. 6; 6. 18. Is. 66. 1. Jno. 4. 22, 23.
25 *is.* Job 22. 2; 35. 6, 7. Ps. 16. 2; 50. 8-13. Je. 7. 20-23. Am. 5. 21-23. Mat. 9. 13. *seeing.* ver. 28; ch. 14. 17. Ge. 2. 7. Nu. 16. 22; 27. 16. Job 12. 10; 27. 3; 33. 4; 34. 14. Ps. 104. 27-30. Is. 42. 5; 57. 16. Zec. 12. 1. Mat. 5. 45. Ro. 11. 35. 1 Ti. 6. 17.
26 *hath made.* Ge. 3. 20; 9. 19. Mal. 2. 10. Ro. 5. 12-19. 1 Co. 15. 22, 47. *hath determined.* ch. 15. 18. De. 32. 7, 8. Job 14. 5. Ps. 31. 15. Is. 14. 31; 45. 21. Da. 11. 27, 35. He. 2. 3.
27 *they.* ch. 15. 17. Ps. 19. 1-6. Ro. 1. 20; 2. 4. *he be.* ch. 14. 17. 1 Ki. 8. 27. Ps. 139. 1-13. Je. 23. 23, 24.
28 *in him.* 1 Sa. 25. 29. Job 12. 10. Ps. 36. 9; 66. 9. Lu. 20. 38. Jno. 5. 26; 11. 25. Col. 1. 17. He. 1. 3. *as.* Tit. 1. 12. *we are.* Lu. 3. 38. He. 12. 9.

29 *we ought.* Ps. 94. 7-9; 106. 20; 115. 4-8. Is. 40. 12-18; 44. 9-20. Hab. 2. 19, 20. Ro. 1. 20-23. *graven.* Ex. 20. 4; 32. 4. Is. 46. 5, 6. Je. 10. 4-10.
30 *the times.* ch. 14. 16. Ps. 50. 21. Ro. 1. 28; 3. 23, 25. *but.* ch. 3. 19; 11. 18; 20. 21; 26. 17-20. Mat. 3. 2; 4. 17. Mar. 6. 12. Lu. 13. 5; 15. 10; 24. 47. Ro. 2. 4. 2 Co. 7. 10. Ep. 4. 17, etc.; 5. 6-8. Tit. 2. 11, 12. 1 Pe. 1. 14, 15; 4. 3.
31 *he hath appointed.* ch. 10. 42. Mat. 25. 31, etc. Jno. 5. 22, 23. Ro. 2. 5, 16; 14. 9, 10. 1 Co. 4. 5. 2 Co. 5. 10. 2 Ti. 4. 1. 2 Pe. 3. 7. Jude 14, 15. *given assurance. or,* offered faith. *in that.* ver. 18; ch. 2. 23, 24, 32; 3. 15, 16; 4. 10; 5. 30-32; 10. 39-41; 13. 30, 31. Lu. 24. 46-48. 1 Co. 15. 3-8.
32 *some.* ver. 18; ch. 2. 13; 13. 41; 25. 19; 26. 8, 24, 25. Ge. 19. 14. 2 Ch. 30. 9-11; 36. 16. Lu. 22. 63; 23. 11, 36. 1 Co. 1. 23; 4. 10. He. 11. 36; 13. 13. *We will.* ch. 24. 25. Lu. 14. 18. 2 Co. 6. 2. He. 3. 7, 8.
34 *certain.* ver. 4; ch. 13. 48. Is. 55. 10, 11. Mat. 20. 16. Ro. 11. 5, 6. *the Areopagite.* ver. 19. Jno. 7. 48-52; 19. 38-42. Phi. 4. 22.

## CHAP. XVIII.

*Paul labours with his hands, and preaches at Corinth to the Gentiles,* 1-8. *The Lord encourages him in a vision,* 9-11. *He is accused before Gallio the deputy, but is dismissed,* 12-17. *Afterwards passing from city to city, he strengthens the disciples,* 18-23. *Apollos, being more perfectly instructed by Aquila and Priscilla, preaches Christ with great efficacy,* 24-28.

1 *departed.* ch. 17. 32, 33. *Corinth.* ch. 19. 1. 1 Co. 1. 2. 2 Co. 1. 1, 23. 2 Ti. 4. 20.
2 *Aquila.* ver. 26. Ro. 16. 3, 4. 1 Co. 16. 19. 2 Ti. 4. 19. *Pontus.* ch. 2. 9. 1 Pe. 1. 1. *Claudius.* ch. 11. 28.
3 *and wrought.* ch. 20. 34, 35. 1 Co. 4. 12; 9. 6-12. 2 Co. 11. 9. 1 Th. 2. 9. 2 Th. 3. 8, 9.
4 *he.* ch. 13. 14, etc.; 14. 1; 17. 1-3, 11, 17; 19. 8. Lu. 4. 16. *persuaded.* ver. 13; ch. 13. 43; 19. 26; 26. 28; 28. 23. Ge. 9. 27. 2 Ch. 32. 11. Lu. 16. 31. 2 Co. 5. 11.
5 *Silas.* ch. 17. 14, 15. 1 Th. 3. 2. *was.* ch. 4. 20; 17. 16. Job 32. 18-20. Je. 6. 11; 20. 9. Eze. 3. 14. Mi. 3. 8. Lu. 12. 50. 2 Co. 5. 14. Phi. 1. 23. Gr. *and testified.* ver. 28; ch. 2. 36; 9. 22; 10. 42; 17. 3; 20. 21. Jno. 15. 27. 1 Pe. 5. 12. *was Christ. or, is* the Christ. Da. 9. 25, 26. Jno. 1. 41; 3. 28; 10. 24.
6 *they.* ch. 13. 45; 19. 9; 26. 11. Lu. 22. 65. 1 Th. 2. 14-16. 2 Ti. 2. 25. Ja. 2. 6, 7. 1 Pe. 4. 4, 14. *he shook.* ch. 13. 51. Ne. 5. 13. Mat. 10. 14. Lu. 9. 5; 10. 10, 11. *Your.* ch. 20. 26, 27. Le. 20. 9, 11, 12. 2 Sa. 1. 16. Eze. 3. 18, 19; 18. 13; 33. 4, 8, 9. 1 Ti. 5. 22. *from.* ch. 13. 46, 47; 19. 9, 10; 26. 20; 28. 28. Mat. 8. 11; 21. 43; 22. 10. Ro. 3. 29; 9. 25, 26, 30-33; 10. 12, 13; 11. 11-15.
7 *Justus.* Col. 4. 11. *worshipped.* ch. 10. 2, 22; 13. 42; 16. 14; 17. 4.
8 *Crispus.* 1 Co. 1. 14. *the chief.* ver. 17; ch. 13. 15. Mar. 5. 35. *believed.* ch. 10. 2; 16. 14, 15, 34. Ge. 17. 27; 18. 19. Jos. 24. 15. *hearing.* ch. 2. 37-41; 8. 12, 35-38. Mat. 28. 19. Mar. 16. 15, 16. Ro. 10. 14-17. 1 Co. 1. 13-17.
9 *spake.* ch. 16. 9; 22. 18; 23. 11; 27. 23-25. 2 Co. 12. 1-3. *Be.* Is. 58. 1. Je. 1. 17. Eze. 2. 6-8; 3. 9-11. Jon. 3. 2. Mi. 3. 8. Ep. 6. 19, 20. 1 Th. 2. 2.
10 *I am.* Ex. 4. 12. Jos. 1. 5, 9. Ju. 2. 18. Is. 8. 10; 41. 10; 43. 2. Je. 1. 18, 19. Mat. 1. 23; 28. 20. 2 Co. 12. 9. 2 Ti. 4. 17, 22. *and no.* Is. 54. 17. Je. 15. 20, 21. Mat. 10. 30. Lu. 21. 18. Ro. 8. 31. *for.* ch. 15. 14, 18. Jno. 10. 16; 11. 52. Ro. 10. 20, 21. 1 Co. 6. 9-11.
11 *he.* ch. 14. 3; 19. 10; 20. 31. *continued there.* Gr. sat *there.*
12 Cir. A.M. 4059. A.D. 55. *the deputy.* ch. 13. 7, 12. *Achaia.* ver. 27. Ro. 15. 26; 16. 5. 1 Co. 16. 15. 2 Co. 1. 1; 9. 2; 11. 10. 1 Th. 1. 7, 8. *the Jews.* ch. 13. 50; 14. 2, 19; 17. 5, 13; 21. 27, etc. *the judgment.* ver. 16, 17; ch. 25. 10. Mat. 27. 19. Jno. 19. 13. Ja. 2. 6.

13 ver. 4; ch. 6. 13; 21. 28; 24. 5, 6; 25. 8.

14 *when*. ch. 21. 39, 40; 22. 1, 2; 26. 1, 2. Lu. 21. 12-15. 1 Pe. 3. 14, 15. *If*. ch. 23. 27-29; 25. 11, 18-20, 26. *bear*. ch. 13. 18. Mar. 9. 19. Ro. 13. 3. 2 Co. 11. 1, 4. He. 5. 2.

15 *a question*. ch. 23. 29; 25. 11, 19; 26. 3. 1 Ti. 1. 4; 6. 4. 2 Ti. 2. 23. Tit. 3. 9. *look*. Mat. 27. 4, 24. *for*. ch. 24. 6-8. Jno. 18. 31.

16 Ps. 76. 10. Ro. 13. 3, 4. Re. 12. 16.

17 *Sosthenes*. 1 Co. 1. 1. *the chief*. ver. 8. *And Gallio*. ch. 17. 32. Am. 6. 6. 1 Co. 1. 23.

18 *Syria*. ch. 15. 23, 41; 21. 3. Ga. 1. 21. *Priscilla*. ver. 2. *having*. ch. 21. 24. Nu. 6. 5-9, 18. 1 Co. 9. 20. *Cenchrea*. *Cenchrea*, now *Kenkri*, was the port of Corinth, on the east side of the isthmus, and about nine miles from the city. Ro. 16. 1.

19 *Ephesus*. ver. 24; ch. 19. 1, 17, 26; 20. 16. 1 Co. 16. 8. Ep. 1. 1. 1 Ti. 1. 3. 2 Ti. 1. 18; 4. 12. Re. 1. 11; 2. 1. *but*. ver. 4; ch. 17. 2, 3.

20 *he*. ch. 20. 16; 21. 13, 14. Mar. 1. 37, 38. 1 Co. 16. 12.

21 *bade*. ch. 15. 29. Lu. 9. 61. 2 Co. 13. 11. *I must*. ch. 20. 16. De. 16. 1. *if God*. ch. 19. 21; 21. 14. Mat. 26. 39. Ro. 1. 10; 15. 32. 1 Co. 4. 19. Phi. 2. 19-24. He. 6. 3. Ja. 4. 15.

22 *Cesarea*. ch. 8. 40; 10. 1, 24; 11. 11; 18. 22; 23. 23. *gone*. ch. 25. 1, 9. *the church*. ver. 21; ch. 11. 22; 15. 4; 21. 17-19. *he went*. ch. 11. 19-27; 13. 1; 14. 26; 15. 23, 30, 35.

23 *the country*. ch. 16. 6. 1 Co. 16. 1. Ga. 1. 2; 4. 14. *strengthening*. ch. 14. 22; 15. 32, 41; 16. 40. De. 3. 28. Ezr. 1. 6. Is. 35. 3, 4. Da. 11. 1. Lu. 22. 32, 43. 1 Th. 3. 2; 4. 18; 5. 14. He. 12. 12, 13.

24 *Apollos*. ch. 19. 1. 1 Co. 1. 12; 3. 5, 6; 4. 6; 16. 12. Tit. 3. 13. *Alexandria*. ch. 6. 9; 27. 6. *an*. Ex. 4. 10. Is. 3. 3. 1 Co. 2. 1, 2. 2 Co. 10. 10. *mighty*. ver. 28; ch. 7. 22. Ezr. 7. 6, 12. Mat. 13. 52. Lu. 24. 19. Col. 3. 16.

25 *instructed*. ch. 13. 10; 16. 17; 19. 9, 23. Ge. 18. 19. Ju. 2. 22. 1 Sa. 12. 23. Ps. 25. 8, 9; 119. 1. Is. 40. 3. Je. 6. 16. Ho. 14. 9. Mat. 3. 3. Mar. 1. 3; 12. 14. Lu. 3. 4. Jno. 1. 23. *fervent*. Ro. 12. 11. Col. 1. 28, 29. 2 Ti. 2. 4. Ja. 5. 16. *knowing*. ch. 19. 3. Mat. ch. 3. Lu. ch. 3. Jno. 1. 19-36.

26 *to speak*. ch. 14. 3. Is. 58. 1. Ep. 6. 19, 20. *Aquila*. ver. 2, 3. *expounded*. ch. 8. 31; 28. 23. Pr. 1. 5; 9. 9; 22. 17, 18; 25. 12. Mat. 18. 3, 4. Mar. 10. 15. Lu. 19. 26; 24. 27. Jno. 7. 17. 1 Co. 3. 18; 8. 2; 12. 21. He. 6. 1. 2 Pe. 3. 18.

27 *the brethren*. ch. 9. 27. Ro. 16. 1, 2. 1 Co. 16. 3. 2 Co. 3. 1, 2. *exhorting*. Col. 4. 10. 3 Jno. 8-10. *helped*. 1 Co. 3. 6, 10-14. 2 Co. 1. 24. Phi. 1. 25. *believed*. Jno. 1. 12, 13. Ro. 1. 5. 1 Co. 15. 10. Ep. 2. 8-10. Phi. 1. 29. Col. 2. 12. 2 Th. 2. 13, 14. Tit. 3. 4-6. Ja. 1. 16-18. 1 Pe. 1. 2, 3.

28 *convinced*. ver. 5, 25; ch. 9. 22; 17. 3; 26. 22, 23. Lu. 24. 27, 44. 1 Co. 15. 3, 4. He. ch. 7-10. *shewing*. Jno. 5. 39. *was Christ*. *or*, is the Christ. See on ver. 5.

## CHAP. XIX.

*The Holy Ghost is given by Paul's hands*, 1-7. *The Jews blaspheme his doctrine, which is confirmed by miracles*, 8-12. *The Jewish exorcists*, 13-15, *are beaten by the devil*, 16-18. *Conjuring books are burnt*, 19, 20. *Demetrius, for love of gain, raises an uproar against Paul*, 21-34; *which is appeased by the town-clerk*, 35-41.

1 *that*. ch. 18. 24-28. 1 Co. 1. 12; 3. 4-7; 16. 12. *Paul*. ch. 18. 23. *came*. ch. 18. 19-21.

2 *Have ye*. ver. 5; ch. 2. 17, 38, 39; 8. 15-17; 10. 44; 11. 15-17. Ro. 1. 11. *We have*. 1 Sa. 3. 7. Jno. 7. 39. 1 Co. 6. 19; 12. 1, etc. Ga. 3. 5.

3 *Unto what*. Mat. 28. 19. 1 Co. 12. 13. *Unto John's*. ch. 18. 25. Mat. ch. 3. Lu. ch. 3.

4 *John*. ch. 1. 5; 11. 16; 13. 23-25. Mat. 3. 11, 12; 11. 3-5; 21. 25-32. Mar. 1. 1-12. Lu. 1. 76-79; 3. 16-18. Jno. 1. 15, 27, 29-34; 3. 28-36; 5. 33-35.

5 *they*. ch. 2. 38; 8. 12, 16. Ro. 6. 3, 4. 1 Co. 1. 13-15; 10. 2.

6 *laid*. ch. 6. 6; 8. 17-19; 9. 17. 1 Ti. 5. 22. 2 Ti. 1. 6. *the Holy Ghost*. ch. 2. 4; 10. 45, 46; 13. 2. 1 Co. 12. 8-11, 28-30. *and prophesied*. 1 Co. 14. 1, etc.

8 *went*. ch. 13. 14, 46; 14. 1; 26. 22, 23. *disputing*. ver. 9; ch. 1. 3; 9. 20-22; 17. 1-3, 17; 18. 4, 19; 28. 23. Jude 3.

9 Cir. A.M. 4061. A.D. 57. *divers*. ch. 7. 51; 13. 45, 46; 18. 6. 2 Ki. 17. 14. 2 Ch. 30. 8; 36. 16. Ne. 9. 16, 17, 29. Ps. 95. 8. Is. 8. 14. Je. 7. 26; 19. 15. Jno. 12. 40. Ro. 9. 18; 11. 7, marg. He. 3. 13. *but spake*. ver. 23; ch. 9. 2; 22. 4; 24. 21; 28. 22. 2 Ti. 1. 15. 2 Pe. 2. 2, 12. Jude 10. *he departed*. ch. 14. 4; 17. 4; 18. 7, 8. Mat. 15. 14; 16. 4. Lu. 12. 51-53. 1 Ti. 6. 5. 2 Ti. 3. 5. *daily*. ch. 20. 31. Pr. 8. 34. Mat. 26. 55. 2 Ti. 4. 2.

10 *this*. ch. 18. 11; 20. 18, 31. Ro. 10. 18. *Asia*. ch. 16. 6. 2 Ti. 1. 15. 1 Pe. 1. 1. Re. 1. 4, 11. *both*. ch. 18. 4; 20. 20, 21. Ro. 1. 16; 10. 12. 1 Co. 1. 22-24. Ga. 3. 28. Col. 3. 11.

11 ch. 5. 12; 14. 3; 15. 12; 16. 18. Mar. 16. 17-20. Jno. 14. 12. Ro. 15. 18, 19. Ga. 3. 5. He. 2. 4.

12 ch. 5. 15. 2 Ki. 4. 29-31; 13. 20, 21.

13 *vagabond*. Ge. 4. 12, 14. Ps. 109. 10. *exorcists*. Mat. 12. 27. Lu. 11. 19. *took*. ch. 8. 18, 19. Mar. 9. 38. Lu. 9. 49. *adjure*. Jos. 6. 26. 1 Sa. 14. 24. 1 Ki. 22. 16. Mat. 26. 63. Mar. 5. 7.

15 ch. 16. 17, 18. Ge. 3. 1-5. 1 Ki. 22. 21-23. Mat. 8. 29-31. Mar. 1. 24, 34; 5. 9-13. Lu. 4. 33-35; 8. 28-32.

16 Mar. 5. 3, 4, 15. Lu. 8. 29, 35.

17 *all*. ver. 10. *and fear*. ch. 2. 43; 5. 5, 11, 13; 13. 12. Le. 10. 3. 1 Sa. 6. 20. 2 Sa. 6. 9. Ps. 64. 9. Lu. 1. 65; 7. 16. *the name*. Phi. 1. 20; 2. 9-11. 2 Th. 1. 12; 3. 1. He. 2. 8, 9. Re. 5. 12-14.

18 *confessed*. Le. 16. 21; 26. 40. Job 33. 27, 28. Ps. 32. 5. Pr. 28. 13. Je. 3. 13. Eze. 16. 63; 36. 31. Mat. 3. 6. Ro. 10. 10. 1 Jno. 1. 9.

19 *used*. ch. 8. 9-11; 13. 6, 8. Ex. 7. 11, 22. De. 18. 10-12. 1 Sa. 28. 7-9. 1 Ch. 10. 13. 2 Ch. 33. 6. Is. 8. 19; 47. 12, 13. Da. 2. 2. *curious*. Περιεργα, *curious*, that is, *magical arts*, in which sense the word is used in the Greek writers. The study of magic was prosecuted with such zeal at Ephesus, that Εφεσια γραμματα, the *Ephesian letters*, certain *charms*, or words used in *incantation*, became much celebrated in antiquity. *and burned*. Ge. 35. 4. Ex. 32. 20. De. 7. 25, 26. Is. 2. 20, 21; 30. 22. Mat. 5. 29, 30. Lu. 14. 33. He. 10. 34. *fifty*. Probably Attic drachms; which, at 7½*d*. each, would amount to 1562*l*. 10*s*. or, at 9*d*. each, to 1875*l*.

20 ch. 6. 7; 12. 24. Is. 55. 11. 2 Th. 3. 1.

21 Cir. A.M. 4063. A.D. 59. *these*. Ro. 15. 25-28. Ga. 2. 1. *purposed*. ch. 16. 6-10; 18. 21; 20. 22. La. 3. 37. Ro. 1. 13. 2 Co. 1. 15-18. *when*. ch. 20. 1-6. *to go*. ch. 20. 16, 22; 21. 4, 11-15, 17; 24. 17, 18. Ro. 15. 25, 26. *I must*. ch. 18. 21; 23. 11; 25. 10-12; 27. 1, 24; 28. 16, 30, 31. Ro. 1. 15; 15. 23-29. Phi. 1. 12-14.

22 *Macedonia*. ch. 16. 9, 10; 18. 5; 20. 1. 2 Co. 1. 16; 2. 13; 8. 1; 11. 9. 1 Th. 1. 8. *that ministered*. ch. 13. 5; 16. 3. *Erastus*. Ro. 16. 23. 2 Ti. 4. 20.

23 *there*. 2 Co. 1. 8-10; 6. 9. *that*. ver. 9; ch. 9. 2; 18. 26; 22. 4; 24. 14, 22.

24 *shrines*. Ναους, *temples*, probably portable silver *models* of the temple of Diana, and small images of the goddess, somewhat like the *Santa Casa* purchased by pilgrims at Loretto. *Diana*. ver. 27, 28, 34, 35. *brought*. ch. 16. 16. Is. 56. 11, 12. 1 Ti. 6. 9, 10.

25 *ye know*. ch. 16. 19. Ho. 4. 8; 12. 7, 8. 2 Pe. 2. 3. Re. 18. 3, 11-19.

26 *that not*. ver. 10. 18-20. 1 Co. 16. 8, 9. 1 Th. 1. 9. *that they*. ch. 14. 15; 17. 29. Ps. 115. 4-8; 135. 15-18. Is. 44. 10-20; 46. 5-8. Je. 10. 3-5, 11, 14, 15. Ho. 8. 6. 1 Co. 8. 4; 10. 19, 20; 12. 2. Ga. 4. 8. *made*. ver. 35.

27 *that not.* ver. 21. Zep. 2. 11. Mat. 23. 14. 1 Ti. 6. 5. *whom.* 1 Jno. 5. 19. Re. 13. 3, 8.

28 *they.* ch. 7. 54; 16. 19-24; 21. 28-31. Ps. 2. 2. Re. 12. 12. *and cried.* ver. 34, 35. 1 Sa. 5. 3-5. 1 Ki. 18. 26-29. Is. 41. 5-7. Je. 50. 38. Re. 13. 4; 17. 13.

29 *the whole.* ver. 32; ch. 17. 8; 21. 30, 38. *Gaius.* Ro. 16. 23. 1 Co. 1. 14. *Aristarchus.* ch. 20. 4; 27. 2. Col. 4. 10. Phile. 24. *Macedonia. Macedonia,* an extensive province of Greece, was bounded on the north by the mountains of Hæmus, on the south by Epirus and Achaia, on the east by the Ægean sea and Thrace, and on the west by the Adriatic sea; celebrated in all histories as being the third kingdom which, under Alexander the Great, obtained the empire of the world, and had under it 150 nations. *the theatre.* 1 Co. 4. 9. Gr.

30 *Paul.* ch. 14. 14-18; 17. 22-31; 21. 39. *the disciples.* 2 Sa. 18. 2, 3; 21. 17.

31 *the chief.* ver. 10; ch. 16. 6. Pr. 16. 7. *desiring.* ch. 21. 12.

32 *cried.* ver. 29; ch. 21. 34. *and the.* ver. 40. Mat. 11. 7-9. Lu. 7. 24-26.

33 *Alexander.* 1 Ti. 1. 20. 2 Ti. 4. 14. *beckoned.* ch. 12. 17; 13. 16; 21. 40; 24. 10. Lu. 1. 22. *his.* ch. 22. 1; 26. 1, 2. Phi. 1. 7.

34 *they knew.* ver. 26; ch. 16. 20. Ro. 2. 22. *all.* 1 Ki. 18. 26. Mat. 6. 7. *Great.* ver. 28. Re. 13. 4.

35 *Ye men.* Ep. 2. 12. *a worshipper. Gr.* the temple-keeper. *and of.* ver. 26. 2 Th. 2. 10, 11. 1 Ti. 4. 2. *Jupiter.* ch. 14. 12, 13.

36 *ye ought.* ch. 5. 35-39. Pr. 14. 29; 25. 8.

37 *which.* ch. 25. 8. 1 Co. 10. 32. 2 Co. 6. 3.

38 *Demetrius.* ver. 24. *have.* ch. 18. 14. De. 17. 8. 1 Co. 6. 1. *the law is open. or,* the court-days are kept.

39 *lawful. or,* ordinary.

40 *we are.* ch. 17. 5-8. *uproar.* ch. 20. 1; 21. 31, 38. 1 Ki. 1. 41. Mat. 26. 5.

41 *when.* Pr. 15. 1, 2. Ec. 9. 17. *he dismissed.* Ps. 65. 7. 2 Co. 1. 8-10.

## CHAP. XX.

*Paul goes to Macedonia, and thence to Troas,* 1-6. *He celebrates the Lord's supper, and preaches,* 7, 8. *Eutychus having fallen down dead is raised to life,* 9-12. *He continues his travels,* 13-16; *and at Miletum he calls the elders together, tells them what shall befall to himself,* 17-27, *commits God's flock to them,* 28, *warns them of false teachers,* 29-31, *commends them to God,* 32-35, *prays with them, and departs,* 36-38.

1 *after.* ch. 19. 23-41. *embraced.* ver. 10, 37; ch. 21. 5, 6. Ge. 48. 10. 1 Sa. 20. 41, 42. Ro. 16. 16. 1 Co. 16. 20. 2 Co. 13. 12. 1 Th. 5. 26. *to go.* ch. 19. 21. 1 Co. 16. 5. 2 Co. 7. 5. 1 Ti. 1. 3.

2 *those.* ver. 6; ch. 16. 12; 17. 1, 10. *given.* ver. 7, 11; ch. 2. 40; 14. 22; 15. 41. Col. 1. 28. 1 Th. 2. 3, 11; 4. 1. Cir. A.M. 4064. A.D. 60. *Greece.* That is, *Greece* properly so called, bounded on the west by Epirus, on the east by the Ægean sea, on the north by Macedonia, and on the south by the Peloponnesus. In its largest acceptation it also comprehended all Macedonia, Thessaly, Epirus, Peloponnesus, and the circumjacent islands. Zec. 9. 13.

3 *the Jews.* ver. 19; ch. 9. 23, 24; 23. 12-15; 25. 3. Ezr. 8. 31. Pr. 1. 11. Je. 5. 26. 2 Co. 7. 5; 11. 26. *sail.* ch. 18. 18; 21. 3. Ga. 1. 21. *he purposed.* ch. 19. 21. 2 Co. 1. 15.

4 *Sopater.* Ro. 16. 21, Sosipater. *Berea.* ch. 17. 10-12. *Aristarchus.* ch. 19. 29; 27. 2. Col. 4. 10. Phile. 24. *Gaius.* Ro. 16. 23. 3 Jno. 1. *Derbe.* ch. 14. 6, 20. 2 Co. 8. 23, 24. *Timotheus.* ch. 16. 1. 2 Co. 1. 1, 19. Phi. 2. 19. 1 Ti. 1. 1. 2 Ti. 1. 2. *Tychicus.* Ep. 6. 21. Col. 4. 7. 2 Ti. 4. 12. Tit. 3. 12. *Trophimus.* ch. 21. 29. 2 Ti. 4. 20.

5 *Troas. Troas* was a maritime city and country of Phrygia, in Asia Minor, anciently called *Dardania,* lying on the Hellespont, west of Mysia. ch. 16. 8, 11. 2 Co. 2. 12. 2 Ti. 4. 13.

6 *Philippi.* ch. 16. 12. Phi. 1. 1. 1 Th. 2. 2. *the days.* ch. 12. 3. Ex. 12. 14, 15, 18-20; 13. 6, 7; 23. 15; 34. 18. 1 Co. 5. 7, 8. *came.* 2 Ti. 4. 13. *seven.* ch. 21. 4, 8; 28. 14.

7 *the first.* Jno. 20. 1, 19, 26. 1 Co. 16. 2. Re. 1. 10. *the disciples.* 1 Co. 11. 17-21, 33, 34. *to break.* ver. 11; ch. 2. 42, 46. Lu. 22. 19; 24. 35. 1 Co. 10. 16; 11. 20-34. *and continued.* ver. 9, 11, 31; ch. 28. 23. Ne. 8. 3; 9. 3. 1 Co. 15. 10. 2 Ti. 4. 2.

8 *in.* ch. 1. 13. Lu. 22. 12.

9 *being.* Jon. 1. 5, 6. Mat. 26. 40, 41. Mar. 13. 36. *the third.* 1 Ki. 17. 19. *and was.* ch. 14. 19. Mar. 9. 26.

10 *and fell.* 1 Ki. 17. 21, 22. 2 Ki. 4. 34, 35. *Trouble* Mat. 9. 24. Mar. 5. 39. Lu. 7. 13. Jno. 11. 11, 40.

11 *and had.* ver. 7. *even.* ver. 7, 9.

12 *they.* ver. 10. *were.* Is. 40. 1. 2 Co 1. 4. Ep. 6. 22. 1 Th. 3. 2; 4. 18; 5. 11, 14. 2 Th. 2. 16.

13 *minding.* Mar. 1. 35; 6. 31-33, 46.

15 *Miletus.* ver. 17. 2 Ti. 4. 20, Miletum.

16 *had.* ver. 13; ch. 18. 21; 19. 21; 21. 4, 12. 13; 24. 17. Ro. 15. 24-28. *the day.* ch. 2. 1. Ex. 34. 22. 1 Co. 16. 8.

17 *the elders.* ver. 28; ch. 11. 30; 14. 23; 15. 4, 6, 23; 16. 4. 1 Ti. 5. 17. Tit. 1. 5. Ja. 5. 14. 1 Pe 5. 1. 2 Jno. 1. 3 Jno. 1.

18 *from.* ch. 18. 19; 19. 1, 10. *after.* 2 Co. 1. 12; 6. 3-11. 1 Th. 1. 5, 6; 2. 1-10. 2 Th. 3. 7-9. 2 Ti. 3. 10.

19 *Serving.* ch. 27. 23. Jno. 12. 26. Ro. 1. 1, 9; 12. 11. Ga. 1. 10. Ep. 6. 7. Col. 3. 24. 1 Th. 1. 9. 2 Ps. 1. 1. Re. 7. 15. *with all.* 1 Co. 15. 9, 10. 2 Co. 3. 5; 7. 5; 12. 7-10. Ga. 4. 13, 14. *many.* ver. 31. Ps. 119. 136. Je. 9. 1; 13. 17. Lu. 19. 41. 2 Co. 2. 4. Phi. 3. 18. 2 Ti. 1. 4. *temptations.* 1 Co. 4. 9-13. 2 Co. 4. 7-11; 11. 23-30. Ja. 1. 2. 1 Pe. 1. 6. *by the.* ver. 3; ch. 9. 23-25; 13. 50, 51; 14. 5, 6, 19, 20; 17. 5, 13. 2 Co. 11. 26.

20 *I kept.* ver. 27, 31; ch. 5. 2. De. 4. 5. Ps. 40. 9, 10. Eze. 33. 7-9. 1 Co. 15. 3. Col. 1. 28. *profitable.* 1 Co. 12. 7; 14. 6. Phi. 3. 1. 2 Ti. 3. 16, 17. *and have.* ver. 31; ch. 2. 46; 5. 42. Mar. 4. 34. 2 Ti. 4. 2.

21 *Testifying.* ver. 24; ch. 2. 40; 8. 25; 18. 5; 28. 23. 1 Jno. 5. 11-13. *to the Jews.* ch. 18. 4; 19. 17. Ro. 1. 14. 1 Co. 1. 22. *repentance.* ch. 2. 38; 3. 19; 11. 18; 17. 30; 26. 20. Eze. 18. 30-32. Mat. 3. 2; 4. 17; 21. 31, 32. Mar. 1. 15; 6. 12. Lu. 13. 3, 5; 15. 7, 10; 24. 47. Ro. 2. 4. 2 Co. 7. 10. 2 Ti. 2. 25, 26. *faith.* ch. 10. 43; 13. 38, 39; 16. 31. Jno. 3. 15-18, 36; 20. 31. Ro. 1. 16; 3. 22-26; 4. 24; 5. 1; 10. 9. Ga. 2. 16, 20; 3. 22. 1 Jno. 5. 1, 5, 11-13.

22 *I go.* ch. 19. 21; 21. 11-14. Lu. 9. 51; 12. 50. 2 Co. 5. 14. *not.* Lu. 18. 31-33. Jno. 13. 1; 18. 4. Ja. 4. 14. 2 Pe. 1. 14.

23 *the Holy Ghost.* ch. 9. 16; 14. 22; 21. 4, 11. Jno. 16. 33. 1 Th. 3. 3. 2 Ti. 2. 12. *abide me. or,* wait for me.

24 *none.* ch. 21. 13. Ro. 8. 35-39. 1 Co. 15 58. 2 Co. 4. 1, 8, 9, 16-18; 6. 4-10; 7. 4; 12. 10. Ep. 3. 13. 1 Th. 2. 2; 3. 3. 2 Ti. 1. 12; 3. 11; 4. 17. He. 10. 34; 12. 1-3. *neither.* 2 Co. 5. 8. Phi. 1. 20-23; 2. 17. Col. 1. 24. 1 Jno. 3. 16. Re. 12. 11. *I might.* Jno. 17. 4. 1 Co. 9. 24-27. Phi. 3. 13-15. 2 Ti. 4. 6-8. *and the.* ch. 1. 17; 9. 15; 22. 21; 26. 17, 18. 1 Co. 9. 17, 18. 2 Co. 4. 1. Ga. 1. 1. Tit. 1. 3. *to testify.* ver. 21. Jno. 15. 27. He. 2. 3, 4. *the gospel.* ch. 14. 3. Lu. 2. 10, 11. Ro. 3. 24-26; 4. 4; 5. 20, 21; 11. 6. Ep. 1. 6; 2. 4-10. Tit. 2. 11; 3. 4-7. 1 Pe. 5. 12.

25 *I know.* ver. 38. Ro. 15. 23. *preaching.* ch. 8. 12; 28. 31. Mat. 4. 17, 23; 10. 7; 13. 19, 52. Lu. 9. 60; 16. 16. *see.* Ga. 1. 22. Col. 2. 1.

26 *I take.* Job 16. 19. Jno. 12. 17; 19. 35. Ro. 10. 2. 2 Co. 1. 23; 8. 3. 1 Th. 2. 10-12. *that.* ch. 18. 6. 2 Sa. 3. 28. Eze. 3. 18-21; 33. 2-9. 2 Co. 7. 2. 1 Ti. 5. 22.

27 *I have.* ver. 20, 35; ch. 26. 22, 23. 2 Co. 4. 2. Ga. 1. 7-10; 4. 16. 1 Th. 2. 4. *all.* ch. 2. 23. Ps. 32. 11. Is. 46. 10, 11. Je. 23. 22. Mat. 28. 20. Lu. 7. 30. Jno. 15. 15. 1 Co. 11. 23. Ep. 1. 11.

28 *Take.* 2 Ch. 19. 6, 7. Mar. 13. 9. Lu. 21. 34. 1 Co. 9. 26, 27. Col. 4. 17. 1 Ti. 4. 16. He. 12. 15. *all.* ver. 29. Ca. 1. 7, 8. Is. 40. 11; 63. 11. Je. 13. 17, 20; 31. 10. Eze. 34. 31. Mi. 7. 14. Lu. 12. 32. 1 Pe. 5. 2, 3. *over.* ch. 13. 2; 14. 23. 1 Co. 12. 8-11, 28-31. 1 Ti. 4. 14. *overseers.* Phi. 1. 1. 1 Ti. 3. 2; 5. 17. Tit. 1. 7. He. 13. 17. 1 Pe. 2. 25. Greek. *to feed.* Ps. 78. 70-72. Pr. 10. 21. Is. 40. 11. Je. 3. 15. Eze. 34. 3. Mi. 5. 4; 7. 14. Zec. 11. 4. Mat. 2. 6. Gr. Jno. 21. 15-17. 1 Pe. 5. 2, 3. *the church.* 1 Co. 1. 2; 10. 32; 11. 22; 15. 9. Ga. 1. 13. 1 Ti. 3. 5, 15, 16. *which he.* Ps. 74. 2. Is. 53. 10-12. Ep. 1. 7, 14. Col. 1. 14. He. 9. 12-14. 1 Pe. 1. 18, 19; 2. 9. Re. 5. 9.

29 *wolves.* Zep. 3. 3. Mat. 7. 15; 10. 16. Lu. 10. 3. Jno. 10. 12. 2 Pe. 2. 1. *not.* Je. 13. 20; 23. 1. Eze. 34. 2, 3. Zec. 11. 17.

30 *of your.* Mat. 26. 21-25. 1 Ti. 1. 19, 20. 2 Ti. 2. 17, 18; 4. 3, 4. 2 Pe. 2. 1-3. 1 Jno. 2. 19. 2 Jno. 7. Jude 4, etc. Re. 2. 6. *speaking.* Pr. 19. 1; 23. 33. Is. 59. 3. 1 Ti. 5. 13; 6. 5. 2 Pe. 2. 18. Jude 15, 16. *to draw.* ch. 5. 36, 37; 21. 38. Mat. 23. 15. 1 Co. 1. 12-15. Ga. 6. 12, 13.

31 *watch.* Mat. 13. 25. Mar. 13. 34-37. Lu. 21. 36. 2 Ti. 4. 5. He. 13. 17. Re. 16. 15. *by.* ch. 19. 8, 10. *warn.* Eze. 3. 17-20. Mat. 3. 7. 1 Co. 4. 14. Col. 1. 28. 1 Th. 5. 14. *night.* ver. 7, 11. 1 Th. 2. 9, 10. 2 Th. 3. 8. *with.* ver. 19.

32 *I commend.* ch. 14. 23, 26; 15. 40. Ge. 50. 24. Je. 49. 11. Jude 24, 25. *and to the.* ver. 24. He. 13. 9. *to build.* ch. 9. 31. Jno. 15. 3; 17. 17. 1 Co. 3, 9, 10. Ep. 2. 20-22; 4. 12, 16. Col. 2. 7. Jude 20. *and to give.* ch. 26. 18. Je. 3. 19. Ep. 1. 18. Col. 1. 12; 3. 24. He. 9. 15. 1 Pe. 1. 4, 5. *which are.* 1 Co. 1. 2; 6. 11. He. 2. 11; 10. 14. Jude 1.

33 Nu. 16. 15. 1 Sa. 12. 3-5. 1 Co. 9. 12, 15, 18. 2 Co. 7. 2; 11. 9; 12. 14, 17. 1 Pe. 5. 2.

34 *that these.* ch. 18. 3. 1 Co. 4. 12. 1 Th. 2. 9. 2 Th. 3. 8, 9.

35 *shewed.* ver. 20, 27. *how that.* Is. 35. 3. Ro. 15. 1. 1 Co. 9. 12. 2 Co. 11. 9, 12; 12. 13. Ep. 4. 28. 1 Th. 4. 11; 5. 14. He. 12. 12, 13; 13. 3. *It is.* Ps. 41. 1-3; 112. 5-9. Pr. 19. 17. Is. 32. 8; 58. 7-12. Mat. 10. 8; 25. 34-40. Lu. 14. 12-14. 2 Co. 8. 9; 9. 6-12. Phi. 4. 17-20. He. 13. 16.

36 *he kneeled.* ch. 7. 60; 21. 5. 2 Ch. 6. 13. Da. 6. 10. Lu. 22. 41. Ep. 3. 14. Phi. 4. 6.

37 *wept.* 1 Sa. 20. 41. 2 Sa. 15. 30. 2 Ki. 20. 3. Ezr. 10. 1. Job 2. 12. Ps. 126. 5. 2 Ti. 1. 4. Re. 7. 17; 21. 4. *fell.* Ge. 45. 14; 46. 29. *kissed.* Ro. 16. 16. 1 Co. 16. 20. 2 Co. 13. 12. 1 Th. 5. 26.

38 *that.* ver. 25. *And.* ch. 15. 3; 21. 5, 16. 1 Co. 16. 11.

## CHAP. XXI.

*Paul calls at the house of Philip, whose daughters prophesy,* 1-9. *Agabus, foretelling what should befal him at Jerusalem, he will not be dissuaded from going thither,* 10-16. *He comes to Jerusalem,* 17-26; *where he is apprehended, and in great danger, but by the chief captain is rescued,* 27-36; *and requests, and is permitted to speak to the people,* 37-40.

1 *we were.* ch. 20. 37, 38. 1 Sa. 20. 41, 42. 1 Th. 2. 17. *and had.* ch. 27. 2, 4. Lu. 5. 4; 8. 22. *Coos. Coos, Cos,* or *Co,* now *Zia,* is an island in the Ægean sea, one of those called *Cyclades,* near the south-west point of Asia Minor, and about fifteen miles from Halicarnassus. *Rhodes. Rhodes* is a celebrated island in the same sea, southward of Caria, from which it is distant about twenty miles, next to Cyprus and Lesbos in extent, being 120 miles in circumference. It was remarkable for the clearness of the air, and its pleasant and healthy climate, and chiefly for its Colossus of brass, seventy cubits high, with each finger as large as an ordinary man, standing astride over the mouth of the harbour, so that ships in full sail passed between its legs.

2 *finding.* ch. 27. 6. Jon. 1. 3. *Phenicia.* ch. 15. 3.

3 *Cyprus.* ver. 16; ch. 4. 36; 11. 19; 13. 4; 15. 39; 27. 4. *Syria.* ch. 15. 23, 41; 18. 18. Ju. 10. 6. 2 Sa. 8. 6. Is. 7. 2. Mat. 4. 24. Lu. 2. 2. *Tyre.* ch. 12. 20. Ps. 45. 12; 87. 4. Is. 23. 17, 18. Mat. 11. 21. Lu. 10. 13.

4 *finding.* ch. 19. 1. Mat. 10. 11. 2 Ti. 1. 17. *we.* ch. 20. 6, 7; 28. 14. Re. 1. 10. *said.* ver. 10-12; ch. 20. 22.

5 *and they.* ch. 15. 3; 17. 10; 20. 38. *with.* De. 29. 11, 12. Jos. 24. 15. 2 Ch. 20. 13. Ne. 12. 43. Mat. 14. 21. *we kneeled.* ch. 9. 40; 20. 36. 1 Ki. 8. 54. Ps. 95. 6. Mar. 1. 40.

6 *taken.* 2 Co. 2. 13. *they.* Jno. 1. 11. Gr.; 7. 53; 16. 32; 19. 27.

7 *and saluted.* ver. 19; ch. 18. 22; 25. 13. 1 Sa. 10. 4; 13. 10. Mat. 5. 47. He. 13. 24. *abode.* ver. 10; ch. 28. 12.

8 *we that.* ch. 16. 10, 13, 16; 20. 6, 13; 27. 1; 28. 11, 16. *Cesarea.* ch. 8. 40; 9. 30; 10. 1; 18. 22; 23. 23. *Philip.* ch. 6. 5; 8. 5-13, 26-40. *the evangelist.* Ep. 4. 11. 2 Ti. 4. 5.

9 *virgins.* 1 Co. 7. 25-34, 38. *which.* ch. 2. 17. Ex. 15. 20. Ju. 4. 4. 2 Ki. 22. 14. Ne. 6. 14. Joel 2. 28. 1 Co. 11. 4, 5. Re. 2. 20.

10 *as.* ver. 4, 7; ch. 20. 16. *Agabus.* ch. 11. 28.

11 *he took.* 1 Sa. 15. 27, 28. 1 Ki. 11. 29-31. 2 Ki. 13. 15-19. Je. 13. 1-11; 19. 10, 11. Eze. 24. 19-25. Ho. 12. 10. *Thus.* ch. 13. 2; 16. 6; 20. 23; 28. 25. He. 3. 7. 1 Pe. 1. 12. *So shall.* ver. 33; ch. 22. 25; 24. 27; 26. 29; 28. 20. Ep. 3. 1; 4. 1; 6. 20. 2 Ti. 2. 9. He. 10. 34. *and shall.* ch. 28. 17. Mat. 20. 18, 19; 27. 1, 2.

12 *besought.* ver. 4; ch. 20. 22. Mat. 16. 21-23.

13 *What.* 1 Sa. 15. 14. Is. 3. 15. Eze. 18. 2. Jon. 1. 6. *to weep.* ch. 20. 37. 1 Sa. 1. 8. Phi. 2. 26. 2 Ti. 1. 4. *for.* ch. 20. 24. Ro. 8. 35-37. 1 Co. 15. 31. 2 Co. 4. 10-17; 11. 23-27. Phi. 1. 20, 21; 2. 17. Col. 1. 24. 2 Ti. 2. 4-6; 4. 6. 2 Pe. 1. 14. Re. 3. 10; 12. 11.

14 *The will.* Ge. 43. 14. 1 Sa. 3. 18. 2 Sa. 15. 25, 26. 2 Ki. 20. 19. Mat. 6. 10; 26. 39, 42. Lu. 11. 2; 22. 42.

15 *and went.* ch. 18. 22; 25. 1, 6, 9.

16 *of the.* ver. 8; ch. 10. 24, 48. *Cyprus.* ver. 3; ch. 11. 19; 15. 39. *an old.* Ps. 71. 17, 18; 92. 14. Pr. 16. 31. Ro. 16. 7. Phile. 9. 1 Jno. 2. 13, 14.

17 *the brethren.* ch. 15. 4. Ro. 15. 7. He. 13. 1, 2. 3 Jno. 7, 8.

18 *unto.* ch. 15. 13. Mat. 10. 2. Ga. 1. 19; 2. 9. Ja. 1. 1. *all.* ch. 15. 2, 6, 23; 20. 17.

19 *he declared.* ch. 11. 4, etc.; 14. 27; 15. 4, 12. Ro. 15. 18, 19. 1 Co. 3. 5-9; 15. 10. 2 Co. 6. 1. Col. 1. 29. *by.* ch. 1. 17; 20. 24. 2 Co. 12. 12.

20 *they glorified.* ch. 4. 21; 11. 18. Ps. 22. 23, 27; 72. 17-19; 98. 1-3. Is. 55. 10-13; 66. 9-14. Lu. 15. 3-10, 32. Ro. 15. 6, 7, 9-13. Ga. 1. 24. 2 Th. 1. 10. Re. 19. 6, 7. *how.* ch. 2. 41; 4. 4; 6. 7. Mat. 13. 31-33. Jno. 12. 24. *thousands.* Lu. 12. 1. Gr. *and they.* ch. 15. 1, 5, 24; 22. 3. Ro. 10. 2. Ga. 1. 14.

21 *that thou.* ch. 6. 13, 14; 16. 3; 28. 17. Ro. 14. 1-6. 1 Co. 9. 19-21. Ga. 5. 1-6; 6. 12-15.

22 *the multitude.* ch. 15. 12, 22; 19. 32.

23 *We have.* ch. 18. 18. Nu. 6. 2-7.

24 *and purify.* ver. 26; ch. 24. 18. Ex. 19. 10, 14. Nu. 19. 17-22. 2 Ch. 30. 18, 19. Job 1. 5; 41. 25. Jno. 3. 25. He. 9. 10-14. *that they.* ch. 18. 18. Nu. 6. 5, 9, 13, 18. Ju. 13. 5; 16. 17-19. *but.* 1 Co. 9. 20. Ga. 2. 12.

25 *we have.* See on ch. 15. 20, 29.

26 *Then.* 1 Co. 9. 20. *entered.* ch. 24. 18. *to signify.* Nu. 6. 13-20.

27 *the Jews.* ch. 24. 18. *stirred.* ch. 6. 12; 13. 50; 14. 2, 5, 19; 17. 5, 6, 13; 18. 12. 1 Ki. 21. 25. *and laid.* ch. 4. 3; 5. 18; 26. 21. Lu. 21. 12.

28 *Men.* ch. 19. 26-28; 24. 5, 6. *This is.* ver. 21; ch. 6. 13, 14; 24. 5, 6, 18; 26. 20, 21. *brought.* Je. 7. 4, etc. La. 1. 10.

29 *Trophimus.* ch. 20. 4. 2 Ti. 4. 20.

30 *all.* ch. 16. 20-22; 19. 29; 26. 21. Mat. 2. 3; 21. 10. *and they.* ch. 7. 57, 58; 16. 19. Lu. 4. 29 2 Co. 11. 26.

31 *as.* ch. 22. 22; 26. 9, 10. Jno. 16. 2. 2 Co. 11. 23, etc. *chief.* ch. 23. 17; 24. 7, 22; 25. 23. Jno. 18. 12. *that all.* ver. 38; ch. 17. 5; 19. 40. 1 Ki. 1. 41. Mat. 26. 5. Mar. 14. 2.

32 *took.* ch. 23. 23, 24. *and ran.* ch. 23. 27; 24. 7. *beating.* ch. 5. 40; 18. 17; 22. 19. Is. 3. 15.

33 *be.* ver. 11; ch. 12. 6; 20. 23; 22. 25, 29; 28. 20. Ju. 15. 13; 16. 8, 12, 21. Ep. 6. 20. *and demanded.* ch. 22. 24; 25. 16. Jno. 18. 29, 30.

34 *some cried.* ch. 19. 32. *know.* ch. 22. 30; 25. 26. *into.* ver. 37; ch. 22. 24; 23. 10, 16.

35 *for.* Ge. 6. 11, 12. Ps. 55. 9; 58. 2. Je. 23. 10. Hab. 1. 2, 3.

36 ch. 7. 54; 22. 22. Lu. 23. 18. Jno. 19. 15. 1 Co. 4. 13.

37 ver. 19; ch. 19. 30. Mat. 10. 18-20. Lu. 21. 15.

38 *that.* '*This Egyptian rose* A.D. 55.' ch. 5. 36, 37. Mat. 5. 11. 1 Co. 4. 13.

39 *I am.* ch. 9. 11, 30; 22. 3; 23. 34. *Cilicia.* ch. 6. 9; 15. 23, 41. *a citizen.* ch. 16. 37; 22. 25-29; 23. 27. *suffer.* ver. 37. 1 Pe. 3. 15; 4. 15, 16.

40 *on.* ver. 35. 2 Ki. 9. 13. *and beckoned.* ch. 12. 17; 13. 16; 19. 33. *a great.* ch. 22. 2. *Hebrew.* ch. 6. 1; 26. 14. Lu. 23. 38. Jno. 5. 2; 19. 13, 17, 20. Re. 9. 11; 16. 16.

## CHAP. XXII.

*Paul declares at large how he was converted to the faith,* 1-16, *and called to his apostleship,* 17-21. *At the very mentioning of the Gentiles the people exclaim on him,* 22, 23. *He would have been scourged,* 24; *but claiming the privilege of a Roman, he escapes,* 25-30.

1 *brethren.* ch. 7. 2; 13. 26; 23. 1, 6; 28. 17. *my.* Greek all. ch. 19. 33; 24. 10; 25. 8, 16; 26. 1, 2, 24. Lu. 12. 11; 21. 14. Ro. 2. 15. 1 Co. 9. 3. 2 Co. 7. 11; 12. 19. Phi. 1. 7, 17. 2 Ti. 4. 16. 1 Pe. 3. 15.

2 *in.* See on ch. 21. 40.

3 *Jew.* ch. 21. 39. Ro. 11. 1. 2 Co. 11. 22. Phi. 3. 5. *in Tarsus.* ch. 9. 11, 30; 11. 25. *a city.* ch. 6. 9; 15. 23, 41; 23. 34. Ga. 1. 21. *at.* De. 33. 3. 2 Ki. 4. 38. Lu. 2. 46; 8. 35; 10. 39. *Gamaliel.* ch. 5. 34. *taught.* ch. 23. 6; 26. 5. Ga. 1. 14. Phi. 3. 5. *was.* ch. 21. 20. 2 Sa. 21. 2. Ro. 10. 2, 3. Ga. 4. 17, 18. Phi. 3. 6.

4 *I persecuted.* ver. 19, 20; ch. 7. 58; 8. 1-4; 9. 1, 2, 13, 14, 21; 26. 9-11. 1 Co. 15. 9. Phi. 3. 6. 1 Ti. 1. 13-15. *this.* ch. 16. 17; 18. 26; 19. 9, 23; 24. 14.

5 *also.* ch. 9. 1, 2, 14; 26. 10, 12. *and all.* ch. 4. 5; 5. 21. Lu. 22. 66. *the brethren.* ver. 1. Ro. 9. 3, 4.

6 *that.* It is evident that the apostle considered his extraordinary conversion as a most complete demonstration of the truth of Christianity; and when all the particulars of his education, his previous religious principles, his zeal, his enmity against Christians, and his prospects of secular honours and preferments by persecuting them, are compared with the subsequent part of his life, and the sudden transition from a furious persecutor to a zealous preacher of the gospel, in which he laboured and suffered to the end of his life, and for which he died a martyr, it must convince every candid and impartial person that no rational account can be given of this change, except what he himself assigns; and consequently, if that be true, that Christianity is Divine. *that.* ch. 9. 3-5; 26. 12. *Damascus.* Ge. 14. 15; 15. 2. 2 Sa. 8. 6. *about.* ch. 26. 13. Is. 24. 23. Mat. 17. 2. Re. 1. 16.

7 *Saul.* Ge. 3. 9; 16. 8; 22. 1, 11. Ex. 3. 4. 1 Sa. 3. 10. *why.* Is. 43. 22-26. Je. 2. 5, 9. Mat. 25. 45; 27. 23. 1 Ti. 1. 13.

8 *I am.* ch. 3. 6; 4. 10; 6. 14. Mat. 2. 23. *whom.* ch. 26. 14, 15. Ex. 16. 7, 8. 1 Sa. 8. 7. Zec. 2. 8. Mat. 10. 40-42; 25. 40, 45. 1 Co. 12. 12, 26, 27.

9 *saw.* ch. 9. 7. Da. 10. 7. *but.* Jno. 12. 29, 30.

10 *What.* ch. 2. 37; 9. 6; 10. 33; 16. 30. Ps. 25. 8, 9; 143. 8-10. *there.* ver. 12-16; ch. 26. 16-18.

11 *when.* ch. 9. 8, 9. *being.* ch. 13. 11. Is. 42. 16.

12 *one.* See on ch. 9. 10-18. *a devout.* ch. 8. 2; 17. 4. Lu. 2. 25. *having.* ch. 6. 3; 10. 22. 2 Co. 6. 8. 1 Ti. 3. 7. He. 11. 2. 3 Jno. 12.

13 *Brother.* ch. 9. 17. Phile. 16.

14 *The God.* ch. 3. 13; 5. 30; 13. 17; 24. 14. Ex. 3. 13-16; 15. 2. 2 Ki. 21. 22. 1 Ch. 12. 17; 29. 18. 2 Ch. 28. 25; 30. 19. Ezr. 7. 27. Da. 2. 23. *hath.* ch. 9. 15. Je. 1. 5. Jno. 15. 16. Ro. 1. 1. Ga. 1. 15. 2 Ti. 1. 1. Tit. 1. 1. *and see.* ver. 18; ch. 9. 17; 26. 16. 1 Co. 9. 1; 15. 8. *that.* ch. 3. 14; 7. 52. 2 Co. 5. 21. 1 Pe. 2. 22. 1 Jno. 2. 1. *hear.* 1 Co. 11. 23; 15. 3. Ga. 1. 12.

15 *thou shalt.* ch. 1. 8, 22; 10. 39-41; 23. 11; 26. 16, etc.; 27. 24. Lu. 24. 47, 48. Jno. 15. 27. *of.* ch. 4. 20; 26. 20.

16 *why.* Ps. 119. 60. Je. 8. 14. *arise.* ch. 2. 38. Ro. 6. 3, 4. 1 Co. 6. 11; 12. 13. Ga. 3. 27. Tit. 3. 5. He. 10. 22. 1 Pe. 3. 21. *calling.* ch. 2. 21; 9. 14. Ro. 10. 12-14. 1 Co. 1. 2.

17 *when.* ch. 9. 26-28. Ga. 1. 18. *while.* ch. 10. 9, 10. 2 Co. 12. 1-4. Re. 1. 10.

18 *saw.* ver. 14. *Make.* Mat. 10. 14, 23. Lu. 21. 21. *for.* Ex. 3. 19. Eze. 3. 6, 7.

19 *know.* ver. 4; ch. 8. 3; 9. 1; 26. 9-12. *beat.* Mat. 10. 17.

20 *martyr.* Re. 2. 13; 17. 6. *Stephen.* ch. 7. 58; 8. 1. *consenting.* Lu. 11. 48. Ro. 1. 32.

21 *Depart.* ch. 9. 15. *for.* ch. 9. 15; 13. 2, 46, 47; 18. 6; 26. 17, 18. Ro. 1. 5; 11. 13; 15. 16; 16. 26. Ga. 1. 15, 16; 2. 7, 8. Ep. 3. 6-8. 1 Ti. 2. 7. 2 Ti. 1. 11.

22 *Away.* ch. 7. 54-57; 21. 36; 25. 24. Lu. 23. 18. Jno. 19. 15. *for.* ch. 25. 24.

23 *cast.* ch. 7. 53; 26. 11. Ec. 10. 3.

24 *The chief.* As the chief captain did not understand Hebrew, he was ignorant of the charge against Paul, and also of the defence which the apostle had made; but as he saw that they grew more and more outrageous, he supposed that Paul must have given them the highest provocation, and therefore, according to the barbarous and irrational practice which has existed in all countries, he determined to put him to the torture, in order to make him confess his crime. ch. 21. 31, 32; 23. 10, 27. *that he should.* ver. 25-29; ch. 16. 22, 23, 37. Jno. 19. 1. He. 11. 35.

25 *the centurion.* ch. 10. 1; 23. 17; 27. 1, 3, 43. Mat. 8. 8; 27. 54. *Is it.* By the Roman law, no magistrate was allowed to punish a Roman citizen capitally, or by inflicting stripes, or even binding him; and the single expression, *I am a Roman citizen,* arrested their severest decrees, and obtained, if not an escape, at least a delay of his punishment. ver. 27, 28; ch. 16. 37; 25. 16.

26 *Take.* ver. 29; ch. 23. 27.

28 *But.* It is extremely probable that the inhabitants of Tarsus, born in that city, had the same rights and privileges as Roman citizens, in consequence of a grant or charter from Julius Cæsar, from whom it was called *Juliopolis.* But if this were not the case, St. Paul's father, or some of his ancestors, might have been rewarded with the freedom of the city of Rome, for his fidelity and bravery in some military service, as JOSEPHUS says several of the Jews were; or his father might have obtained it by purchase, as in the instance of the chief captain.

29 *examined him. or,* tortured him. ver. 24. He. 11. 35. *the chief.* ver. 25, 26; ch. 16. 38, 39.

30 *because.* ch. 21. 11, 33; 23. 28; 26. 29. Mat. 27. 2. *commanded.* ver. 5; ch. 5. 21; 23. 15. Mat. 10. 17.

## CHAP. XXIII.

*As Paul pleads his cause,* 1, *Ananias commands them to smite him,* 2-6. *Dissension among his accusers,* 7-10. *God encourages him,* 11-13. *The Jews' laying wait for Paul,* 14-19, *is declared unto the chief captain,* 20-26. *He sends him to Felix the governor,* 27-35.

1 *earnestly.* ver. 6; ch. 6. 15; 22. 5. Pr. 28. 1. *Men.* ch. 22. 1. *I have.* ch. 24. 16. 1 Co. 4. 4. 2 Co. 1. 12; 4. 2. 2 Ti. 1. 3. He. 13. 18. 1 Pe. 3. 16.

2 *Ananias.* ch. 24. 1. *to smite.* 1 Ki. 22. 24. Je. 20. 2. Mi. 5. 1. Mat. 26. 67. Jno. 18. 22.

3 *God.* God did smite him in a remarkable manner; for about five years after this, after his house had been reduced to ashes, in a tumult raised by his own son, he was besieged and taken in the royal palace; where having attempted in vain to hide himself, he was dragged out and slain. *thou whited.* Mat. 23. 27, 28. *for.* Le. 19. 35. Ps. 58. 1, 2; 82. 1, 2; 94. 20. Ec. 3. 16. Am. 5. 7. Mi. 3. 8-11. *smitten.* De. 25. 1, 2. Jno. 7. 51; 18. 24.

5 *I wist.* Soon after the holding of the first council at Jerusalem, Ananias, son of Nebedenus, was deprived of the high priest's office, for certain acts of violence, and sent to Rome, whence he was afterwards released, and returned to Jerusalem. Between the death of Jonathan, who succeeded him and was murdered by Felix, and the high priesthood of Ismael, who was invested with that office by Agrippa, an interval elapsed in which this dignity was vacant. This was the precise time when St. Paul was apprehended; and the Sanhedrin being destitute of a president, Ananias undertook to discharge the office. It is probable that Paul was ignorant of this circumstance. ch. 24. 17. *Thou.* Ex. 22. 28. Ec. 10. 20. 2 Pe. 2. 10. Jude 8, 9.

6 *Paul.* Mat. 10. 16. *I am.* ch. 26. 5. Phi. 3. 5. *of the hope.* ch. 24. 15, 21; 26. 6-8; 28. 20.

7 *there.* ch. 14. 4. Ps. 55. 9. Mat. 10. 34. Jno. 7. 40-43.

8 ch. 4. 1. Mat. 22. 23. Mar. 12. 18. Lu. 20. 27.

9 *We.* ch. 25. 25; 26. 31. 1 Sa. 24. 17. Pr. 16. 7. Lu. 23. 4, 14, 15, 22. *if.* ver. 8; ch. 9. 4; 22. 7, 17, 18; 26. 14-19; 27. 23. Jno. 12. 29. *let.* ch. 5. 39; 11. 17. 1 Co. 10. 22.

10 *fearing.* ver. 27; ch. 19. 28-31; 21. 30-36. Ps. 7. 2; 50. 22. Mi. 3. 3. Ja. 1. 19; 3. 14-18; 4. 1, 2. *to take.* ch. 22. 24.

11 *the Lord.* ch. 2. 25; 18. 9; 27. 23, 24. Ps. 46. 1, 2; 109. 31. Is. 41. 10, 14; 43. 2. Je. 15. 19-21. Mat. 28. 20. Jno. 14. 18. 2 Co. 1. 8-10. *Be.* ch. 27. 22, 25. Mat. 9. 2; 14. 27. Jno. 16. 33. *for.* ch. 19. 21; 20. 22; 22. 18; 28. 23-28. Ro. 1. 15, 16. Phi. 1. 13. 2 Ti. 4. 17. *must.* ch. 28. 30, 31. Is. 46. 10. Jno. 11. 8-10.

12 *certain.* ver. 21, 30; ch. 25. 3. Ps. 2. 1-3; 64. 2-6. Is. 8. 9, 10. Je. 11. 19. Mat. 26. 4. *bound.* 1 Ki. 19. 2. 2 Ki. 6. 31. Mat. 27. 25. Mar. 6. 23-26. *under a curse. or,* with an oath of execration. Le. 27. 29. Jos. 6. 26; 7. 1, 15. Ne. 10. 29. Mat. 26. 74. Gr. 1 Co. 16. 22. Ga. 3. 13. *that.* Such execrable vows as these were not unusual among the Jews, who, from their perverted traditions, challenged to themselves a right of punishing without any legal process, those whom they considered transgressors of the law; and in some cases, as in the case of one who had forsaken the law of Moses, they thought they were justified in killing them. They therefore made no scruple of acquainting the chief priests and elders with their conspiracy against the life of Paul, and applying for their connivance and support; who, being chiefly of the sect of the Sadducees, and the apostle's bitterest enemies, were so far from blaming them for it, that they gladly aided and abetted them in this mode of dispatching him, and on its failure they soon afterwards determined upon making a similar attempt. (ch. 25. 2, 3.) If these were, in their bad way, *conscientious* men, they were under no necessity of perishing for hunger, when the providence of God had hindered them from accomplishing their vow; for their vows of abstinence from eating and drinking were as easy to loose as to bind, any of their wise men or Rabbies having power to absolve them, as Dr. LIGHTFOOT has shewn from the Talmud. 1 Sa. 14. 24, 27, 28, 40-44. Ps. 31. 13.

13 *which.* 2 Sa. 15. 12, 31. Jno. 16. 2.

14 Ps. 52. 1, 2. Is. 3. 9. Je. 6. 15; 8. 12. Ho. 4. 9. Mi. 7. 3.

15 *that he.* ch. 25. 3. Ps. 21. 11; 37. 32, 33. Pr. 1. 11, 12, 16; 4. 16. Is. 59. 7. Ro. 3. 14-16.

16 *when.* Job 5. 13. Pr. 21. 30. La. 3. 37. 1 Co. 3. 19. *he went.* 2 Sa. 17. 17.

17 *one.* ver. 23; ch. 22. 26. Pr. 22. 3. Mat. 8. 8, 9; 10. 16.

18 *Paul.* ch. 16. 25; 27. 1; 28. 17. Ge. 40. 14, 15. Ep. 3. 1; 4. 1. Phile. 9. *something.* Lu. 7. 40.

19 *took.* Je. 31. 32. Mar. 8. 23; 9. 27. *What.* Ne. 2. 4. Es. 5. 3; 7. 2; 9. 12. Mar. 10. 51.

20 *The Jews.* ver. 12. *as.* ver. 15. Ps. 12. 2. Da. 6. 5-12.

21 *do not.* Ex. 23. 2. *for.* ver. 12-14; ch. 9. 23, 24; 14. 5, 6; 20. 19; 25. 3. 2 Co. 11. 26, 32, 33. *an oath.* ver. 14. Ro. 9. 3.

22 *See.* Jos. 2. 14. Mar. 1. 44.

23 *two centurions.* ver. 17. *at.* About nine o'clock in the evening, for the greater secrecy, and to elude the cunning, active malice of the Jews. Mat. 14. 25. Lu. 12. 38.

24 *beasts.* Ne. 2. 12. Es. 8. 10. Lu. 10. 34. *Felix.* ver. 26. 33-35; ch. 24. 3, 10, 22-27; 25. 14. *the governor.* Mat. 27. 2. Lu. 3. 1.

26 *the most.* ch. 24. 3; 26. 25. Gr. Lu. 1. 3. *greeting.* ch. 15. 23. Ja. 1. 1. 3 Jno. 14.

27 *was taken.* ver. 10; ch. 21. 31-33; 24. 7. *having.* ch. 22. 25-29.

28 ch. 22. 30.

29 *questions.* ver. 6-9; ch. 18. 15; 24. 5, 6, 10-21; 25. 19, 20. *but.* ch. 25. 7, 8, 11, 25; 26. 31.

30 *it was.* ver. 16-24. *and gave.* ch. 24. 7, 8; 25. 5, 6. *Farewell.* ch. 15. 29. 2 Co. 13. 11.

31 *as.* ver. 23, 24. Lu. 7. 8. 2 Ti. 2. 3, 4.

33 *delivered.* ver. 25-30. *presented.* ch. 28. 16.

34 *he asked.* ch. 25. 1. Es. 1. 1; 8. 9. Da. 2. 49; 6. 1. Lu. 23. 6. *Cilicia.* ch. 15. 41; 21. 39.

35 *when.* ver. 30; ch. 24. 1, 10, 22, 24-27; 25. 16. *in.* Mat. 2. 1, 3, 16. *judgment.* Mat. 27. 27. Jno. 18. 28.

## CHAP. XXIV.

*Paul being accused by Tertullus the orator, 1-9, answers for his life and doctrine, 10-23. He preaches Christ to the governor and his wife, 24, 25. The governor hopes for a bribe, but in vain, 26. At last, going out of his office, he leaves Paul in prison, 27.*

1 *five.* ver. 11; ch. 21. 27. *Ananias.* ch. 23. 2, 30, 35; 25. 2. *orator.* ch. 12. 21. Is. 3. 3. 1 Co. 2. 1, 4. *informed.* ch. 25. 2, 15. Ps. 11. 2.

2 *Seeing.* Felix, bad as he was, had certainly rendered some services to Judæa. He had entirely subdued a very formidable banditti which had infested the country, and sent their captain, Eliezar, to Rome; had suppressed the sedition raised by the Egyptian impostor (ch. 21. 38); and had quelled a very afflictive disturbance which took place between the Syrians and Jews of Cæsarea. But, though Tertullus might truly say, 'by thee we enjoy great quietness,' yet it is evident that he was guilty of the grossest flattery, as we have seen both from his own historians and JOSEPHUS, that he was both a bad man, and a bad governor. ver. 26, 27. Ps. 10. 3; 12. 2, 3; Pr. 26. 28; 29. 5. Jude 16.

3 *most.* ch. 23. 26. Gr.; 26. 25. Lu. 1. 3. Gr.

4 *that.* He. 11. 32.

5 *we have.* ch. 6. 13; 16. 20, 21; 17. 6, 7; 21. 28; 22. 22; 28. 22. 1 Ki. 18. 17, 18. Je. 38. 4. Am. 7. 10. Mat. 5. 11, 12; 10. 25. 1 Co. 4. 13. *and a mover.* 1 Sa. 22. 7-9. Ezr. 4. 12-19. Ne. 6. 5-8. Es. 3. 8. Lu. 23. 2, 5, 19, 25. 1 Pe. 2. 12-15, 19. *the sect.* ver. 14. Gr. ch. 5. 17; 15. 5; 26. 5; 28. 22. 1 Co. 11. 19. Gr. *Nazarenes.* Mat. 2. 23.

6 *gone.* ver. 12; ch. 19. 37; 21. 27-29. *whom.* ch. 21. 30-32; 22. 23; 23. 10-15. *and.* Jno. 18. 31; 19. 7, 8.

7 *the chief.* ch. 21. 31-33; 23. 23-32. Pr. 4. 16. *great.* ch. 21. 35; 23. 10.

8 *Commanding.* ch. 23. 30, 35; 25. 5, 15, 16. *by.* ver. 19-21.

9 ch. 6. 11-13. Ps. 4. 2; 62. 3, 4; 64. 2-8. Is. 59. 4-7. Je. 9. 3-6. Eze. 22. 27-29. Mi. 6. 12, 13; 7. 2, 3. Mat. 26. 59, 60. Jno. 8. 44.

10 *had.* ch. 12. 17; 13. 16; 19. 33; 21. 40; 26. 1. *many.* 'Felix, *made procurator over Judea,* A.D. 53.' *a judge.* ch. 18. 15. 1 Sa. 2. 25. Lu. 12. 14; 18. 2. *I do.* 1 Pe. 3. 15.

11 *but.* ver. 1; ch. 21. 18, 27; 22. 30; 23. 11, 23, 32, 33. *to worship.* ver. 17; ch. 21. 26.

12 ver. 5; ch. 25. 8; 28. 17.

13 ch. 25. 7. 1 Pe. 3. 16.

14 *I confess.* Ps. 119. 46. Mat. 10. 32. *after.* ch. 9. 2; 19. 9, 23. Am. 8. 14. 2 Pe. 2. 2. *heresy.* See on ver. 5. 1 Co. 11. 19. Ga. 5. 20. Tit. 3. 10. 2 Pe. 2. 1. *so.* Mi. 4. 2. *the God.* ch. 3. 13; 5. 30; 7. 32; 22. 14. Ex. 3. 15. 1 Ch. 29. 18. 2 Ti. 1. 3. *believing.* ch. 3. 22-24; 10. 43; 26. 22, 27; 28. 23. Lu. 1. 70. See on Lu. 24. 27, 44. Jno. 5. 39-47. 1 Pe. 1. 11. Re. 19. 10. *in the law.* ch. 13. 15. Mat. 7. 12; 22. 40. Lu. 16. 16, 29. Jno. 1. 45. Ro. 3. 21.

15 *have.* ver. 21; ch. 26. 6, 7; 28. 20, etc. *that.* ch. 23. 6-8. Job 19. 25, 26. Da. 12. 2. Mat. 22. 31, 32. Jno. 5. 28, 29. 1 Co. 15. 12-27. Phi. 3. 21. 1 Th. 4. 14-16. Re. 20. 6, 12, 13.

16 ch. 23. 1. Ro. 2. 15; 9. 1. 1 Co. 4. 4. 2 Co. 1. 12; 4. 2. 1 Th. 2. 10. 1 Ti. 1. 5, 19; 3. 9. 2 Ti. 1. 3. Tit. 1. 15; 2. 11-13. He. 9. 14; 10. 22; 13. 18. 1 Pe. 2. 19; 3. 16, 21.

17 *to bring.* ch. 11. 29, 30; 20. 16. Ro. 15. 25, 26. 1 Co. 16. 1, 2. 2 Co. 8. 9. Ga. 2. 10. *offerings.* ch. 21. 26.

18 ch. 21. 26-30; 26. 21.

19 ch. 23. 30; 25. 16.

21 *Touching.* ch. 4. 2; 23. 6; 26. 6-8; 28. 20.

22 *having.* ver. 10, 24; ch. 26. 3. *When.* ver. 7; ch. 18. 20; 25. 26. De. 19. 18.

23 *and to.* ver. 26; ch. 27. 3; 28. 16, 31. Pr. 16. 7. *his.* ch. 21. 8-14.

24 *he sent.* ch. 26. 22. Mar. 6. 20. Lu. 19. 8; 23. 8. *the faith.* ch. 16. 31; 20. 21. Ga. 2. 16, 20; 3. 2. 1 Jno. 5. 1. Jude 3. Re. 14. 12.

25 *he.* ch. 17. 2. 1 Sa. 12. 7. Is. 1. 18; 41. 21. Ro. 12. 1. 1 Pe. 3. 15. *righteousness.* ver. 15, 26. 2 Sa. 23. 3. Job 29. 14. Ps. 11. 7; 45. 7; 58. 1, 2; 72. 2; 82. 1-4. Pr. 16. 12. Ec. 3. 16. Is. 1. 21; 16. 5; 61. 8. Je. 22. 3, 15-17. Eze. 45. 9. Da. 4. 27. Ho. 10. 4, 12. Am. 5. 24; 6. 12. Jno. 16. 8. 1 Jno. 3. 7, 10. *temperance.* Pr. 31. 3-5. Ec. 10. 16, 17. Is. 28. 6, 7. Da. 5. 1-4, 30. Ho. 7. 5. Mar. 6. 18-24. Ga. 5. 23. Tit. 2. 11, 12. 1 Pe. 4. 4. 2 Pe. 1. 6. *judgment.* ch. 10. 42; 17. 13. Ps. 50. 3, 4. Ec. 3. 17; 5. 8; 11. 9; 12. 14. Da. 12. 2. Mat. 25. 31-46. Ro. 2. 16; 14. 12. 1 Co. 4. 5. 2 Co. 5. 10. 2 Th. 1. 7-10. 2 Ti. 4. 1. He. 6. 2; 9. 27. 1 Pe. 4. 5. Re. 20. 11-15. *Felix.* ch. 2. 37; 9. 6; 16. 29. 1 Ki. 21. 27. 2 Ki. 22. 19. Ezr. 10. 3, 9. Ps. 99. 1; 119. 120. Is. 32. 11; 66. 2. Je. 23. 29. Hab. 3. 16. Ro. 3. 19, 20. 1 Co. 14. 24, 25. Ga. 3. 22. He. 4. 1, 12; 12. 21. Ja. 2. 19. *Go.* ch. 16. 30-34; 26. 28. 1 Ki. 22. 26, 27. Pr. 1. 24-32. Je. 37. 17-21; 38. 14-28. Mat. 14. 5-10; 22. 5; 25. 1-10. *when.* ch. 17. 32. Pr. 6. 4, 5. Is. 55. 6. Hag. 1. 2. Lu. 13. 24, 25; 17. 26-29. 2 Co. 6. 2. He. 3. 7, 8, 13; 4. 11. Ja. 4. 13, 14.

26 *hoped.* ver. 2, 3. Ex. 23. 8. De. 16. 19. 1 Sa. 8. 3; 12. 3. 2 Ch. 19. 7. Job 15. 34. Ps. 26. 9, 10. Pr. 17. 8, 23; 19. 6; 29. 4. Is. 1. 23; 33. 15; 56. 11. Eze. 22. 27; 33. 31. Ho. 4. 18; 12. 7, 8. Am. 2. 6, 7. Mi. 3. 11; 7. 3. 1 Co. 6. 9. Ep. 5. 5, 6. 1 Ti. 6. 9, 10. 2 Pe. 2. 3, 14, 15. *wherefore.* ver. 24.

27 *two.* ch. 28. 30. *Porcius Festus.* Porcius Festus was put into the government of Judea in the sixth or seventh year of Nero. He died about two years afterwards, and was succeeded by Albinus. ch. 25. 1; 26. 24, 25, 32. *willing.* ch. 12. 3; 25. 9, 14. Ex. 23. 2. Pr. 29. 25. Mar. 15. 15. Lu. 23. 24, 25. Ga. 1. 10.

## CHAP. XXV.

*The Jews accuse Paul before Festus,* 1-7. *He answers for himself,* 8-10, *and appeals unto Cesar,* 11-13. *Afterwards Festus opens his matter to king Agrippa,* 14-22; *and he is brought forth,* 23, 24. *Festus clears him of having done any thing worthy of death,* 25-27.

1 *into.* ch. 23. 34. *the province.* By the *province,* Judea is meant; for after the death of Herod Agrippa, Claudius thought it imprudent to trust the government in the hands of his son Agrippa, who was then but seventeen years of age: and therefore, Cuspius Fadus was sent to be procurator. And when afterwards Claudius had given to Agrippa the tetrarchy of Philip, he nevertheless kept the province of Judea in his own hands, and governed it by procurators sent from Rome. *he.* ver. 5; ch. 18. 22; 21. 15.

2 ver. 15; ch. 24. 1. Job 31. 31. Pr. 4. 16. Ro. 3. 12-19.

3 *desired.* ch. 9. 2. 1 Sa. 23. 19-21. Je. 38. 4. Mar. 6. 23-25. Lu. 23. 8-24. *laying.* ch. 23. 12-15; 26. 9-11. Ps. 37. 32, 33; 64. 2-6; 140. 1-5. Je. 18. 18. Jno. 16. 3. Ro. 3. 8.

5 *them.* ver. 16; ch. 23. 30; 24. 8. *if.* ver. 18, 19, 25; ch. 18. 14. 1 Sa. 24. 11, 12. Ps. 7. 3-5. Jno. 18. 29, 30.

6 *more than ten days. or, as some copies read* no more than eight or ten days. *sitting.* ver. 10, 17; ch. 18. 12-17. Mat. 27. 19. Jno. 19. 13. 2 Co. 5. 10. Ja. 2. 6.

7 *and laid.* ver. 24; ch. 21. 28; 24. 5, 6, 13. Ezr. 4. 15. Es. 3. 8. Ps. 27. 12; 35. 11. Mat. 5. 11, 12; 26. 60-62. Mar. 15. 3, 4. Lu. 23. 2, 10. 1 Pe. 4. 14-16.

8 *Neither.* ver. 10; ch. 6. 13, 14; 23. 1; 24. 6, 12, 17-21; 28. 17, 21. Ge. 40. 15. Je. 37. 18. Da. 6. 22. 2 Co. 1. 12.

9 *willing.* ver. 3, 20; ch. 12. 3; 24. 27. Mar. 15. 15.

10 *I stand.* Every procurator represented the emperor in the province over which he presided; and as the seat of government was at Cesarea, St. Paul was before the tribunal where, as a Roman citizen, he ought to be judged. ch. 16. 37, 38; 22. 25-28. *as thou.* ver. 25; ch. 23. 29; 26. 31; 28. 18. Mat. 27. 18, 23, 24. 2 Co. 4. 2.

11 *if I.* ch. 18. 14. Jos. 22. 22. 1 Sa. 12. 3-5. Job 31. 21, 38-40. Ps. 7. 3-5. *no man.* ch. 16. 37; 22. 25. 1 Th. 2. 15. *I appeal.* An appeal to the emperor was the right of a Roman citizen, and was highly respected. The Julian law condemned those magistrates, and others, as violaters of the public peace, who had put to death, tortured, scourged, imprisoned, or condemned any Roman citizen who had appealed to Cesar. This law was so sacred and imperative, that, in the persecution under Trajan, PLINY would not attempt to put to death Roman citizens, who were proved to have turned Christians, but determined to send them to Rome, probably because they had appealed. ver. 10, 25; ch. 26. 32; 28. 19. 1 Sa. 27. 1.

12 *unto Cesar shalt.* ver. 21; ch. 19. 21; 23. 11; 26. 32; 27. 1; 28. 16. Ps. 76. 10. Is. 46. 10, 11. La. 3. 37. Da. 4. 35. Ro. 15. 28, 29. Phi. 1. 12-14, 20.

13 *king.* ver. 22, 23; ch. 26. 1, 27, 28. *to.* 1 Sa. 13. 10; 25. 14. 2 Sa. 8. 10. 2 Ki. 10. 13. Mar. 15. 18.

14 *There.* ch. 24. 27.

15 *when.* ver. 1-3. Es. 3. 9. Lu. 18. 3-5; 23. 23.

16 *It is not.* ver. 4, 5. *and have.* ch. 26. 1. De. 17. 4; 19. 17, 18. Pr. 18. 13, 17. Jno. 7. 51.

17 *without.* ver. 6.

19 *certain.* ver. 7; ch. 18. 15, 19; 23. 29; *superstition.* ch. 17. 22, 23. *which.* ch. 1. 22; 2. 32; 17. 31; 26. 22, 23. 1 Co. 15. 3, 4, 14-20. Re. 1. 18.

20 *doubted of such manner of questions. or,* was doubtful how to enquire hereof, etc. *I asked.* See on ver. 9.

21 *had.* ver. 10; ch. 26. 32. 2 Ti. 4. 16. *hearing. or,* judgment. *Augustus.* ch. 27. 1. Lu. 2. 1. *I commanded.* ver. 12.

22 ch. 9. 15. Is. 52. 15. Mat. 10. 18. Lu. 21. 12.

23 *with.* ch. 12. 21. Es. 1. 4. Ec. 1. 2. Is. 5. 14; 14. 11. Eze. 7. 24; 30. 18; 32. 12; 33. 28. Da. 4. 30. 1 Co. 7. 31. Ja. 1. 11. 1 Pe. 1. 24. 1 Jno. 2. 16. *at.* ch. 9. 15.

24 *King Agrippa.* *King Agrippa* was the son of Herod Agrippa; who upon the death of his uncle Herod, king of Chalcis, A.D. 48, succeeded to his dominions, by the favour of the emperor Claudius. Four years afterwards, Claudius removed him from that kingdom to a larger one; giving him the tetrarchy of Philip, that of Lysanias, and the province which Varus governed. Nero afterwards added Julias in Peræa, Tarichæa, and Tiberias. Claudius gave him the power of appointing the high-priest among the Jews; and instances of his exercising this power may be seen in JOSEPHUS. He was strongly attached to the Romans, and did every thing in his power to prevent the Jews from rebelling; and when he could not prevail, he united his troops to those of Titus, and assisted at the siege of Jerusalem. After the ruin of his country, he retired with his sister Berenice to Rome where he died, aged 70, about A.D. 90. *about.* ver. 2, 3, 7. *that he.* ch. 22. 22. Lu. 23. 21-23.

25 *committed.* ch. 23. 9, 29; 26. 31. Lu. 23. 4, 14. Jno. 18. 38. *and that.* ver. 11, 12. *Augustus.* The honourable title of Σεβαστος, or Augustus, that is *venerable* or *august*, which was first conferred by the senate on Octavius Cæsar, was afterwards assumed by succeeding Roman emperors.

26 *specially.* ch. 26. 2, 3.

27 Pr. 18. 13. Jno. 7. 51.

## CHAP. XXVI.

*Paul, in the presence of Agrippa, declares his life from his childhood,* 1-11; *and how miraculously he was converted, and called to his apostleship,* 12-23. *Festus charges him with being mad, whereunto he answers modestly,* 24-27. *Agrippa is almost persuaded to be a Christian,* 28-30. *The whole company pronounce him innocent,* 31, 32.

1 *Thou.* ch. 25. 16. Pr. 18. 13, 17. Jno. 7. 51. *stretched.* Pr. 1. 24. Eze. 16. 27. Ro. 10. 21. *answered.* ver. 2. See on ch. 22. 1.

3 *because.* ver. 26; ch. 6. 14; 21. 21; 24. 10; 25. 19, 20, 26; 28. 17. De. 17. 18. 1 Co. 13. 2. *to hear.* ch. 24. 4.

4 *manner.* 2 Ti. 3. 10. *which.* ch. 22. 3.

5 *if.* ch. 22. 5. *that.* ch. 23. 6. Phi. 3. 5, 6. *sect.* See on ch. 24. 5, 14.

6 *am.* ver. 8; ch. 23. 6; 24. 15, 21; 28. 20. *the promise.* ch. 3. 24; 13. 32, 33. Ge. 3. 15; 12. 3; 22. 18; 26. 4; 49. 10. De. 18. 15. 2 Sa. 7. 12, 13. Job 19. 25-27. Ps. 2. 6-12. 40. 6-8; 98. 2; 110. 1-4; 132. 11, 17. Is. 4. 2; 7. 14; 9. 6, 7; 11. 1-5; 40. 9-11; 42. 1-4; 53. 10-12; 61. 1-3. Je. 23. 5, 6; 33. 14-17. Eze. 17. 22-24; 21. 27; 34. 23-25; 37. 24. Da. 2. 34, 35, 44, 45; 7. 13, 14; 9. 24-26. Ho. 3. 5. Joel 2. 32. Am. 9. 11, 12. Ob. 21. Mi. 5. 2; 7. 20. Zep. 3. 14-17. Zec. 2. 10, 11; 6. 12; 9. 9; 13. 1, 7. Mal. 3. 1; 4. 2. Lu. 1. 69, 70. Ro. 15. 8. Ga. 3. 17, 18; 4. 4. Tit. 2. 13. 1 Pe. 1. 11, 12.

7 *our.* Ezr. 6. 17; 8. 35. Mat. 19. 28. Lu. 22. 30. Ja. 1. 1. Re. 7. 4-8. *instantly.* ch. 20. 31. Ps. 134. 1, 2; 135. 2. Lu. 2. 36, 37. 1 Th. 3. 10. 1 Ti. 5. 5. *day and night. Gr.* night and day. *hope.* Lu. 2. 25, 38; 7. 19, 20. Phi. 3. 11. *For.* ver. 6.

8 ch. 4. 2; 10. 40-42; 13. 30, 31; 17. 31, 32; 25. 19. Ge. 18. 14. Mat. 22. 29-32. Lu. 1. 37; 18. 27. Jno. 5. 28, 29. 1 Co. 15. 12-20. Phi. 3. 21.

9 *that.* Jno. 16. 2, 3. Ro. 10. 2. Ga. 1. 13, 14. Phi. 3. 6. 1 Ti. 1. 13. *the name.* ch. 3. 6; 9. 16; 21. 13; 22. 8; 24. 5.

10 *I also.* ch. 7. 58; 8. 1, 3; 9. 13, 26; 22. 4, 19, 20. 1 Co. 15. 9. Ga. 1. 13. *the saints.* ch. 9. 32, 41. Ps. 16. 3. Ro. 15. 25, 26. Ep. 1. 1. Re. 17. 6. *having.* ch. 9. 14, 21; 22. 5.

11 *I punished.* ch. 22. 19. Mat. 10. 17. Mar. 13. 9. Lu. 21. 12. *compelled.* ch. 13. 45; 18. 6. Mar. 3. 28. He. 10. 28, 29. Ja. 2. 7. *mad.* ver. 24, 25. Ec. 9. 3. Lu. 6. 11; 15. 17. 2 Pe. 2. 16.

12 *as.* ch. 9. 1, 2; 22. 5. *with.* ver. 10. 1 Ki. 21. 8-10. Ps. 94. 20, 21. Is. 10. 1. Je. 26. 8; 29. 26, 27. Jno. 7. 45-48; 11. 57.

13 *mid-day.* ch. 9. 3; 22. 6. *above.* Is. 24. 23; 30. 26. Mat. 17. 2. Re. 1. 16; 21. 23.

14 *in.* ch. 21. 40; 22. 2. *Saul.* ch. 9. 4, 5; 22. 7-9. *hard.* Pr. 13. 15. Zec. 2. 8; 12. 2. 1 Co. 10. 22.

15 *I am.* Ex. 16. 8. Mat. 25. 40, 45. Jno. 15. 20, 21.

16 *rise.* ch. 9. 6-9; 22. 10. *to make.* ch. 9. 15, 16; 13. 1-4; 22. 14, 15. *a minister.* ch. 1. 17, 25; 6. 4; 20. 24; 21. 19. Ro. 1. 5; 15. 16. 2 Co. 4. 1; 5. 18. Ep. 3. 7, 8. Col. 1. 7, 23, 25. 1 Th. 3. 2. 1 Ti. 1. 12; 4. 6. 2 Ti. 4. 5. *in the.* ch. 18. 9, 10; 22. 17-21; 23. 11; 27. 23, 24. 2 Co. 12. 1-7. Ga. 1. 12; 2. 2.

17 *Delivering.* ch. 9. 23-25, 29, 30; 13. 50; 14. 5, 6, 19, 20; 16. 39; 17. 10, 14; 18. 10, 12-16; 19. 28, etc.; 21. 28-36; 22. 21, 22; 23. 10-24; 25. 3, 9-11; 27. 42-44. Ps. 34. 19; 37. 32, 33. 2 Co. 1. 8-10; 4. 8-10; 11. 23-26. 2 Ti. 3. 11; 4. 16, 17. *the Gentiles.* ch. 9. 15; 22. 21; 28. 28. Ro. 11. 13; 15. 16. Ga. 2. 9. Ep. 3. 7, 8. 1 Ti. 2. 7. 2 Ti. 1. 11; 4. 17.

18 *open.* ch. 9. 17, 18. Ps. 119. 18; 146. 8. Is. 29. 18; 32. 3; 35. 5; 42. 7; 43. 8. Lu. 4. 18; 24. 45. Jno. 9. 39. 2 Co. 4. 4, 6. Ep. 1. 18. *and to.* ver. 23; ch. 13. 47. Is. 9. 2; 49. 6; 60. 1-3. Mal. 4. 2. Mat. 4. 16; 6. 22, 23. Lu. 1. 79; 2. 32. Jno. 1. 4-9; 3. 19; 8. 12; 9. 5; 12. 35, 36. 2 Co. 4. 6; 6. 14. Ep. 1. 18; 4. 18; 5. 8, 14. 1 Th. 5. 4-8. 1 Pe. 2. 9, 25. 1 Jno. 2. 8, 9. *and from.* Is. 49. 24, 25; 53. 8-12. Lu. 11. 21, 22. Col. 1. 13. 2 Ti. 2. 26. He. 2. 14, 15. 1 Jno. 3. 8; 5. 19. 1 Pe. 2. 9. Re. 20. 2, 3. *that they.* ch. 2. 38; 3. 19; 5. 31; 10. 43; 13. 38, 39. Ps. 32. 1, 2. Lu. 1. 77; 24. 47. Ro. 4. 6-9. 1 Co. 6. 10, 11. Ep. 1. 7. Col. 1. 14. 1 Jno. 1. 9; 2. 12. *inheritance.* ch. 20. 32. Ro. 8. 17. Ep. 1. 11, 14. Col. 1. 12. He. 9. 15. Ja. 2. 5. 1 Pe. 1. 4. *sanctified.* ch. 20. 32. Jno. 17. 17. 1 Co. 1. 2, 30; 6. 11. Tit. 3. 5, 6. He. 10. 10, 14. Jude 1. Re. 21. 27. *faith.* ch. 15. 9. Jno. 4. 10, 14; 7. 38, 39. Ro. 5. 1, 2. Ga. 2. 20; 3. 2, 14. Ep. 2. 8. He. 11. 6.

19 *O king.* ver. 2, 26, 27. *I was not.* Ex. 4. 13, 14. Is. 50. 5. Je. 20. 9. Eze. 2. 7, 8; 3. 14. Jon. 1. 3. Ga. 1. 16.

20 *first.* ch. 9. 19-22; 11. 26, etc. *and at.* ch. 9. 28, 29; 22. 17, 18. *and then.* ver. 17; ch. 13. 46-48. ch. 14; 16-21; 22. 21, 22. Ro. 11. 18-20. *repent.* ch. 2. 38; 3. 19; 11. 18; 17. 30; 20. 21. Je. 31. 19, 20. Eze. 18. 30-32. Mat. 3. 2; 4. 17; 9. 13; 21. 30-32. Mar. 6. 12. Lu. 13. 3, 5; 15. 7, 10; 24. 46, 47. Ro. 2. 4. 2 Co. 7. 10. 2 Ti. 2. 25, 26. Re. 2. 5, 21; 3. 3; 16. 11. *turn.* ch. 9. 35; 14. 15; 15. 19. Ps. 22. 27. La. 3. 40. Ho. 12. 6; 14. 2. Lu. 1. 16. 2 Co. 3. 16. 1 Th. 1. 9. *and do.* Is. 55. 7. Mat. 3. 8. Lu. 3. 8-14; 19. 8, 9. Ep. 4. 17-32; 5. 1-25; 6. 1-9. Tit. 2. 2-13. 1 Pe. 1. 14-16; 2. 9-12; 4. 2-5. 2 Pe. 1. 5-8.

21 *the Jews.* ch. 21. 30, 31; 22. 22; 23. 12-15; 25. 3.

22 *obtained.* ver. 17; ch. 14. 19, 20; 16. 25, 26; 18. 9, 10; 21. 31-33; 23. 10, 11, 16, etc. 1 Sa. 7. 12. Ezr. 8. 31. Ps. 18. 47; 66. 12; 118. 10-13; 124. 1-3, 8. 2 Co. 1. 8-10. 2 Ti. 3. 11; 4. 17, 18. *witnessing.* ch. 20. 20-27. Re. 11. 18; 20. 12. *none.* ver. 6; ch. 3. 21-24. Lu. 24. 27, 44, 46. *the prophets.* ch. 24. 14; 28. 23. Mat. 17. 4, 5. Lu. 16. 29-31. Jno. 1. 17, 45; 3. 14, 15; 5. 39, 46. Ro. 3. 21. Re. 15. 3.

23 *Christ.* Ge. 3. 15. Ps. 22-69. Is. ch. 53. Da. 9. 24-26. Zec. 12. 10; 13. 7. Lu. 18. 31-33; 24. 26, 46. 1 Co. 15. 3. *the first.* ver. 8; ch. 2. 23-32; 13. 34. Ps. 16. 8-11. Is. 53. 10-12. Mat. 27. 53. Jno. 10. 18; 11. 25. 1 Co. 15. 20-23. Col. 1. 18. Re. 1. 5. *and should.* See on ver. 18. Lu. 2. 32.

24 *spake.* See on ch. 22. 1. *Festus.* ch. 17. 32; 24. 25; 25. 19, 20. *Paul.* ver. 11. 2 Ki. 9. 11. Je. 29. 26. Ho. 9. 7. Mar. 3. 21. Jno. 8. 48, 52; 10. 20, 21. 1 Co. 1. 23; 2. 13, 14; 4. 10. 2 Co. 5. 13.

25 *I am not.* Jno. 8. 49. 1 Pe. 2. 21-23; 3. 9, 15. *most.* ch. 23. 26. Gr.; 24. 3. Lu. 1. 3. Gr. *words.* Tit. 1. 9; 2. 7, 8.

26 *the king.* ver. 2, 3; ch. 25. 22. *this thing.* ch. 2. 1-12; 4. 16-21; 5. 18-42. Is. 30. 20. Mat. 26. 5; 27. 29-54.

27 *believest.* ver. 22, 23.

28 *Almost.* ver. 29; ch. 24. 25. Eze. 33. 31. Mat. 10. 18. Mar. 6. 20; 10. 17-22. 2 Co. 4. 2. Ja. 1. 23, 24.

29 *I would.* Ex. 16. 3. Nu. 11. 29. 2 Sa. 18. 33. 2 Ki. 5. 3. 1 Co. 4. 8; 7. 7. 2 Co. 11. 1. *that not.* Je. 13. 17. Lu. 19. 41, 42. Jno. 5. 34. Ro. 9. 1-3; 10. 1. Col. 1. 28. *except.* ch. 12. 6; 25. 14. Ep. 6. 20.

30 *the king.* ch. 18. 15; 28. 22.

31 *This man.* ch. 23. 9, 29; 25. 25; 28. 18. 2 Sa. 24. 17. Lu. 23. 4, 14, 15. 1 Pe. 3. 16; 4. 14-16.

32 *appealed.* ch. 25. 11, 12, 25; 28. 18.

## CHAP. XXVII.

*Paul shipping towards Rome,* 1-9, *foretells of the danger of the voyage,* 10, *but is not believed,* 11-13. *They are tossed to and fro with tempest,* 14-40; *and suffer shipwreck,* 41-43; *yet all come safe to land* 44.

1 *when.* ch. 19. 21; 23. 11; 25. 12, 25. Ge. 50. 20. Ps. 33. 11; 76. 10. Pr. 19. 21. La. 3. 37. Da. 4. 35. Ro. 15. 22-29. *Italy.* *Italy* is a well-known country of Europe, bounded by the Adriatic or Venetian Gulf on the east, the Tyrrhene or Tuscan Sea on the west, and by the Alps on the north. ch. 10. 1; 18. 2. He. 13. 24.

*a centurion.* ver. 11, 43; ch. 10. 22; 21. 32; 22. 26; 23. 17; 24. 23; 28. 16. Mat. 8. 5-10; 27. 54. Lu. 7. 2; 23. 47. *Augustus'.* ch. 25. 25.

2 *Adramyttium.* *Adramyttium,* now *Adramyti,* was a maritime city of Mysia in Asia Minor, seated at the foot of Mount Ida, on a gulf of the same name, opposite the island of Lesbos. *we.* ch. 21. 1. Lu. 8. 22. *to sail.* ch. 20. 15, 16; 21. 1-3. *Aristarchus.* ch. 19. 29; 20. 4. Col. 4. 10. Phile. 24. *with us.* ch. 16. 10-13, 17; 20. 5; 21. 5; 28. 2, 10, 12, 16.

3 *Sidon.* ch. 12. 20. Ge. 10. 15; 49. 13. Is. 23. 2-4. 12. Zec. 9. 2. *Julius.* ch. 1. 43; 24. 23; 28, 16.

4 *Cyprus.* ch. 4. 36; 11. 19, 20; 13. 4; 15. 39; 21. 3, 16. *the winds.* Mat 14 24. Mar. 6. 48.

5 *Cilicia.* ch. 6. 9; 15. 23. 41; 21. 39; 22. 3. Ga. 1. 21. *Pamphylia.* ch. 2. 10; 13. 13; 15. 38. *Myra.* *Myra* was a city of Lycia, situated on a hill, twenty stadia from the sea.

6 *the centurion.* ver. 1. *Alexandria.* *Alexandria,* now *Scanderoon,* was a celebrated city and port of Egypt, built by Alexander the Great, situated on the Mediterranean and the lake Mœris, opposite the island of Pharos, and about twelve miles from the western branch of the Nile. ch. 6. 9; 18. 24; 28. 11.

7 *Cnidus.* *Cnidus* was a town and promontory of Caria in Asia Minor, opposite Crete, now Cape Krio. *we sailed.* ver. 12, 13, 21; ch. 2. 11. Tit. 1. 5, 12. *under.* ver. 4. *Crete, or,* Candy. *Crete,* now *Candy,* is a large island in the Mediterranean, 250 miles in length, 50 in breadth, and 600 in circumference, lying at the entrance of the Ægean sea. *Salmone.* *Salmone,* now *Salamina,* was a city and cape on the east of the island of Crete.

8 *The fair havens.* The *Fair Havens,* still known by the same name, was a port on the south-eastern part of Crete, near *Lasea,* of which nothing now remains.

9 *the fast.* '*The fast was on the tenth day of the seventh month.*' Le. 16. 29; 23. 27-29. Nu. 29. 7.

10 *I perceive.* ver. 21-26, 31, 34. Ge. 41. 16-25, 38, 39. 2 Ki. 6. 9, 10. Ps. 25. 14. Da. 2. 30. Am. 3. 7. *damage, or,* injury. ver. 20, 41-44. 1 Pe. 4. 18.

11 *believed.* ver. 21. Ex. 9. 20, 21. 2 Ki. 6. 10. Pr. 27. 12. Eze. 3. 17, 18; 33. 4. He. 11. 7.

12 *the haven.* ver. 8. Ps. 107. 30. *Phenice.* *Phenice* was a sea-port on the western side of Crete; probably defended from the fury of the winds by a high and winding shore, forming a semicircle, and perhaps by some small island in front; leaving two openings, one towards the south-west, and the other towards the north-west. *Crete.* ver. 7.

13 *the south.* Job 37. 17. Ps. 78. 26. Ca. 4. 16. Lu. 12. 55. *loosing.* ver. 21.

14 *not.* Ex. 14. 21-27. Jon. 1. 3-5. *arose, or,* beat. *a tempestuous.* Ps. 107. 25-27. Eze. 27. 26. Mat. 8. 24. Mar. 4. 37. *Euroclydon.* Probably, as Dr. SHAW supposes, one of those tempestuous winds called *levanters,* which blow in all directions, from N.E. round by E. to S.E.

15 *we.* ver. 27. Ja. 3. 4.

16 *Clauda.* *Clauda,* called *Cauda* and *Gaudos* by MELA and PLINY, and *Claudos* by PTOLEMY, and now *Gozo,* according to Dr. SHAW, is a small island, situated at the south-western extremity of the island of Crete.

17 *fearing.* ver. 29, 41.

18 *being.* Ps. 107. 27. *the next.* ver. 19, 38. Jon. 1. 5. Mat. 16. 26. Lu. 16. 8. Phi. 3. 7, 8. He. 12. 1.

19 *we.* Job 2. 4. Jon. 1. 5. Mar. 8. 35-37. Lu. 9. 24, 25.

20 *neither.* Ex. 10. 21-23. Ps. 105. 28. Mat. 24. 29. *and no.* Ps. 107. 25-27. Jon. 1. 4, 11-14. Mat. 8. 24, 25. 2 Co. 11. 25. *all.* Is. 57. 10. Je. 2. 25. Eze. 37. 11. Ep. 2. 12. 1 Th. 4. 13.

21 *after.* ver. 33-35. Ps. 107. 5, 6. *ye should.* ver. 9, 10. Ge. 42. 22. *not.* ver. 13.

22 *I exhort.* ver. 25, 36; ch. 23. 11. 1 Sa. 30. 6. Ezr. 10. 2. Job 22. 29, 30. Ps. 112. 7. Is. 43. 1, 2. 2 Co. 1. 4-6; 4. 8, 9. *for.* ver. 31, 34, 44. Job 2. 4.

23 *there.* ch. 5. 19; 12. 8-11, 23; 23. 11. Da. 6. 22. He. 1. 14. Re. 22. 16. *whose.* Ex. 19. 5. De. 32. 9. Ps. 135. 4. Ca. 2. 16; 6. 3. Is. 44. 5. Je. 31. 33; 32. 38. Eze. 36. 28. Zec. 13. 9. Mal. 3. 17. Jno. 17. 9, 10. 1 Co. 6. 20. Tit. 2. 14. 1 Pe. 2. 9, 10. *and.* ch. 16. 17. Ps. 116. 16. 143. 12. Is. 44. 21. Da. 3. 17, 26, 28; 6. 16, 20. Jno. 12. 26. Ro. 1. 1, 9; 6. 22. 2 Ti. 1. 3; 2. 24. Tit. 1. 1.

24 *Fear not.* ch. 18. 9, 10. Ge. 15. 1; 46. 3. 1 Ki. 17. 13. 2 Ki. 6. 16. Is. 41. 10-14; 43. 1-5. Mat. 10. 28. Re. 1. 17. *thou.* ch. 9. 15; 19. 21; 23. 11; 25. 11. Mat. 10. 18. Jno. 11. 9. 2 Ti. 4. 16, 17. Re. 11. 5-7. *lo.* ver. 37. Ge. 12. 2; 18. 23-32; 19. 21, 22, 29. 30. 27; 39. 5, 23. Is. 58. 11, 12. Mi. 5. 7. Ja. 5. 16.

25 *I believe.* ver. 11, 21. Nu. 23. 19. 2 Ch. 20. 20. Lu. 1. 45. Ro. 4. 20, 21. 2 Ti. 1. 12.

26 *a certain.* ch. 28. 1.

27 *the fourteenth.* ver. 18-20. *Adria.* *Adria,* strictly speaking, was the name of the *Adriatic gulf,* now the *Gulf of Venice,* an arm of the Mediterranean, about 400 miles long and 140 broad, stretching along the eastern shores of Italy on one side, and Dalmatia, Sclavonia, and Macedonia on the other. But the term *Adria* was extended far beyond the limits of this gulf, and appears to have been given to an indeterminate extent of sea, as we say, generally, the *Levant.* It is observable, that the sacred historian does not say 'in the Adriatic gulf,' but 'in Adria,' (that is, the *Adriatic sea,* πελαγος being understood;) which, says HESYCHIUS, was the same as the Ionian sea; and STRABO says that the Ionian gulf 'is a part of that now called the Adriatic.' But not only the Ionian, but even the Sicilian sea, and part of that which washes Crete, were called the Adriatic. Thus the scholiast on DIONYSIUS PERIEGETIS says, 'they call this Sicilian sea Adria.' And PTOLEMY says that Sicily was bounded on the east by the Adriatic, υπο Αδριοι, and that Crete was bounded on the west by the Adriatic sea, υπο του Αδριατικου πελαγος. *the shipmen.* ver. 30. 1 Ki. 9. 27. Jon. 1. 6. Re. 18. 17.

29 *fallen.* ver. 17, 41. *anchors.* ver. 30, 40. He. 6. 19. *and wished.* De. 28. 67. Ps. 130. 6.

30 *the boat.* ver. 16, 32. *foreship.* ver. 41.

31 *said.* ver. 11, 21, 42, 43. *Except.* ver. 22-24. Ps. 91. 11, 12. Je. 29. 11-13. Eze. 36. 36, 37. Lu. 1. 34, 35; 4. 9-12. Jno. 6. 37. 2 Th. 2. 13, 14.

32 Lu. 16. 8. Phi. 3. 7-9.

33 *while.* ver. 29. *This.* ver. 27.

34 *for this.* Mat. 15. 32. Mar. 8. 2, 3. Phi. 2. 5. 1 Ti. 5. 23. *for there.* 1 Ki. 1. 52. Mat. 10. 30. Lu. 12. 7; 21. 18.

35 *and gave.* ch. 2. 46, 47. 1 Sa. 9. 13. Mat. 15. 36. Mar. 8. 6. Lu. 24. 30. Jno. 6. 11, 23. Ro. 14. 6. 1 Co. 10. 30, 31. 1 Ti. 4. 3, 4. *in.* Ps. 119. 46. Ro. 1. 16. 2 Ti. 1. 8, 12. 1 Pe. 4. 16.

36 *they all.* Ps. 27. 17. 2 Co. 1. 4-6.

37 *two.* ver. 24. *souls.* ch. 2. 41; 7. 14. Ro. 13. 1. 1 Pe. 3. 20.

38 *they lightened.* ver. 18, 19. Job 2. 4. Jon. 1. 5. Mat. 6. 25; 16. 26. He. 12. 1. *the wheat.* The Romans imported corn from Egypt, by way of Alexandria, to which this ship belonged; for a curious account of which see BRYANT's treatise on the Euroclydon.

40 *taken up,* etc. *or,* cut the anchors, they left them in the sea, etc. ver. 29, 30. *the rudder bands.* Or, 'the bands of the rudders;' for large vessels in ancient times had two or more rudders, which were fastened to the ship by means of *bands,* or chains, by which they were hoisted out of the water when incapable of being used. These bands being loosed, the rudders would fall into their proper places, and serve to steer the vessel into the creek, which they had in view. *and hoisted.* Is. 33. 23.

41 *they ran.* ver. 17, 26-29. 2 Co. 11. 25. *broken.* 1 Ki. 22. 48. 2 Ch. 20. 37. Eze. 27. 26, 34. 2 Co. 11. 25, 26.

42 Ps. 74. 20. Pr. 12. 10. Ec. 9. 3. Mar. 15. 15-20. Lu. 23. 40, 41.

43 *willing.* ver. 3, 11, 31; ch. 23. 10, 24. Pr. 16. 7. 2 Co. 11. 25.

44 *that.* ver. 22, 24. Ps. 107. 28-30. Am. 9. 9. Jno. 6. 39, 40. 2 Co. 1. 8-10. 1 Pe. 4. 18. *land.* *Melita,* now *Malta,* the island on which Paul and his companions were cast, is situate in the Mediterranean sea, about fifty miles from the coast of Sicily, towards Africa; and is one immense rock of soft white free-stone, twenty miles long, twelve in its greatest breadth, and sixty in circumference. Some, however, with the learned JACOB BRYANT, are of opinion that this island was *Melita* in the Adriatic gulf, near Illyricum; but it may be sufficient to observe, that the course of the Alexandrian ship, first to Syracuse and then to Rhegium, proves that it was the present Malta, as the proper course from the Illyrian Melita would have been first to Rhegium, before it reached Syracuse, to which indeed it need not have gone at all.

CHAP. XXVIII.

*Paul, after his shipwreck, is kindly entertained of the barbarians*, 1-4. *The viper on his hand hurts him not*, 5-7. *He heals many diseases in the island*, 8-10. *They depart towards Rome*, 11-16. *He declares to the Jews the cause of his coming*, 17-23. *After his preaching some were persuaded, and some believed not*, 24-29. *Yet he preaches there two years*, 30, 31.

1 *the island*. ch. 27. 26, 44.

2 *barbarous*. ver. 4. Ro. 1. 14. 1 Co. 14. 11. Col. 3. 11. *shewed*. ch. 27. 3. Le. 19. 18, 34. Pr. 24. 11, 12. Mat. 10. 42. Lu. 10. 30-37. Ro. 2. 14, 15, 27. He. 13. 2. *because*. Ezr. 10. 9. Jno. 18. 18. 2 Co. 11. 27.

3 *came*. Job 20. 16. Is. 30. 6; 41. 24; 59. 5. Mat. 3. 7; 12. 34; 23. 33. *fastened*. ver. 4. Am. 5. 19. 2 Co. 6. 9; 11. 23.

4 *barbarians*. ver. 2. *beast*. ver. 5. Ge 3. 1. Is. 13. 21, 22; 43. 20. Zep. 2. 15. *No doubt*. Lu. 13. 2, 4. Jno. 7. 24; 9. 1, 2. *a murderer*. Ge. 4. 8-11; 9. 5, 6; 42. 21, 22. Nu. 35. 31-34. Pr. 28. 17. Is. 26. 21. Mat. 23. 35; 27. 25. Re. 21. 8.

5 *felt*. Nu. 21. 6-9. Ps. 91. 13. Mar. 16. 18. Lu. 10. 19. Jno. 3. 14, 15. Ro. 16. 20. Re. 9. 3, 4.

6 *said*. ch. 12. 22; 14. 11-13. Mat. 21. 9; 27. 22.

7 *the chief*. ch. 13. 7; 18. 12; 23. 24. *who*. ver. 2. Mat. 10. 40, 41. Lu. 19. 6-9.

8 *the father*. Mar. 1. 30, 31. *prayed*. ch. 9. 40. 1 Ki. 17. 20-22. Ja. 5. 14-16. *laid*. ch. 9. 17, 18; 19. 11, 12. Mat. 9. 18. Mar. 6. 5; 7. 32; 16. 18. Lu. 4. 40; 13. 13. *and healed*. Mat. 10. 1, 8. Lu. 9. 1-3; 10. 8, 9. 1 Co. 12. 9, 28.

9 *others*. ch. 5. 12, 15. Mat. 4. 24. Mar. 6. 54-56.

10 *honoured*. Mat. 15. 5, 6. 1 Th. 2. 6. 1 Ti. 5. 3, 4, 17, 18. *laded*. 2 Ki. 8. 9. Ezr. 7. 27. Mat. 6. 31-34; 10. 8-10. 2 Co. 8. 2-6; 9. 5-11. Phi. 4. 11, 12, 19.

11 Cir. A.M. 4067. A.D. 63. *a ship*. ch. 6. 9; 27. 6. *whose*. Is. 45. 20. Jon. 1. 5, 16. 1 Co. 8. 4.

12 *Syracuse*. *Syracuse* was the capital of Sicily, situated on the eastern side of the island, 72 miles S. by E. of Messina, and about 112 of Palermo. In its ancient state of splendour it was 22½ in extent, according to STRABO; and such was its opulence, that when the Romans took it, they found more riches than they did at Carthage.

13 *Rhegium*. *Rhegium*, now *Reggio*, was a maritime city and promontory in Italy, opposite Messina. *the south*. ch. 27. 13. *Puteoli*. *Puteoli*, now *Puzzuoli*, is an ancient sea-port of Campania, in the kingdom of Naples, about eight miles S.W. of that city, standing upon a hill in a creek opposite to Baiæ.

14 *we found*. ch. 9. 42, 43; 19. 1; 21. 4, 7, 8. Ps. 119. 63. Mat. 10. 11. *and were*. ch. 20. 6. Ge. 7. 4; 8. 10-12.

15 *when*. ch. 10. 25; 21. 5. Ex. 4. 14. Jno. 12. 13. Ro. 15. 24. Ga. 4. 14. He. 13. 3. 3 Jno. 6-8. *Appii forum*. *Appii Forum*, now *Borgo Longo*, was an ancient city of the Volsci, fifty miles S. of Rome. *The three taverns*. The *Three Taverns* was a place in the Appian way, thirty miles from Rome. *he thanked*. Jos. 1. 6, 7, 9. 1 Sa. 30. 6. Ps. 27. 14. 1 Co. 12. 21, 22. 2 Co. 2. 14; 7. 5-7. 1 Th. 3. 7.

16 *Rome*. *Rome*, the capital of Italy, and once of the whole world, is situated on the banks of the Tiber, about sixteen miles from the sea; 410 miles S.S.E. of Vienna, 600 S.E. of Paris, 730 E. by N. of Madrid, 760 W. of Constantinople, and 780 S.E. of London. ch. 2. 10; 18. 2; 19. 21; 23. 11. Ro. 1. 7-15; 15. 22-29. Re. 17. 9, 18. *the centurion*. ch. 27. 3, 31, 43. *captain*. Ge. 37. 36. 2 Ki. 25. 8. Je. 40. 2. *but*. ver. 30, 31. ch. 24. 23; 27. 3. Ge. 39. 21-23.

17 *though*. ch. 23. 1, etc.; 24. 10-16; 25. 8, 10. Ge. 40. 15. *was*. ch. 21. 33, etc.; 23. 33.

18 ch. 22. 24, 25, 30; 24. 10, 22; 25. 7, 8; 26. 31.

19 *I was*. ch. 25. 10-12, 21, 25; 26. 32. *not*. Ro. 12. 19-21. 1 Pe. 2. 22, 23.

20 *this cause*. ver. 17; ch. 10. 29, 33. *for the*. ch. 23. 6; 24. 15. See on ch. 26. 6, 7. *this chain*. That is, the *chain* with which he was bound to the 'soldier that kept him,' (ver. 16;) a mode of custody which Dr. LARDNER has shewn was in use among the Romans. It is in exact conformity, therefore, with the truth of St. Paul's situation at this time, that he declares himself to be 'an ambassador in a *chain*,' εν αλυσει, (Ep. 6. 20;) and the exactness is the more remarkable, as αλυσις, a *chain*, is no where used in the singular number to express any other kind of custody. ch. 26. 29. Ep. 3. 1; 4. 1; 6. 20. Phi. 1. 13. Col. 4. 18. 2 Ti. 1. 10; 2. 9. Phile. 10. 13.

21 *We*. Ex. 11. 7. Is. 41. 11; 50. 8; 54. 17.

22 *for*. ch. 16. 20, 21; 17. 6, 7; 24. 5, 6, 14. Lu. 2. 34. 1 Pe. 2. 12; 3. 16; 4. 14-16. *sect*. ch. 5. 17; 15. 5; 26. 5. 1 Co. 11. 19, marg.

23 *there came*. Phile. 2. *he expounded*. ch. 17. 2, 3; 18. 4, 28; 19. 8; 26. 22, 23. *both*. See on ch. 26. 6, 22. Lu. 24. 26, 27, 44. *from*. ch. 20. 9-11. Jno. 4. 34.

24 ch. 13. 48-50; 14. 4; 17. 4, 5; 18. 6-8; 19. 8, 9. Ro. 3. 3; 11. 4-6.

25 *agreed*. ver. 29. *Well*. Mat. 15. 7. Mar. 7. 6. 2 Pe. 1. 21.

26 *Go*. Is. 6. 9, 10. Eze. 12. 2. Mat. 13. 14, 15. Mar. 4. 12. Lu. 8. 10. Jno. 12. 38-40. Ro. 11. 8-10. *Hearing*. De. 29. 4. Ps. 81. 11, 12. Is. 29. 10, 14; 42. 19, 20; 66. 4. Je. 5. 21. Eze. 3. 6, 7; 12. 2. Mar. 8. 17, 18. Lu. 24. 25, 45. 2 Co. 4. 4-6.

28 *it known*. ch. 2. 14; 4. 10; 13. 38. Eze. 36. 32. *the salvation*. Ps. 98. 2, 3. Is. 49. 6; 52. 10. La. 3. 26. Lu. 2. 30-32; 3. 6. *sent*. ch. 11. 18; 13. 46, 47; 14. 27; 15. 14, 17; 18. 6; 22. 21; 26. 17, 18. Mat. 21. 41-43. Ro. 3. 29, 30; 4. 11; 11. 11; 15. 8-16.

29 *great reasoning*. ver. 25. Mat. 10. 34-36. Lu. 12. 51. Jno. 7. 40-53.

30 *Paul*. St. Paul, after his release, is supposed to have visited Judæa, in the way to which he left Titus at Crete, (Tit. 1. 5,) and then returned through Syria, Cilicia, Asia Minor, and Greece, to Rome; where, according to primitive tradition, he was beheaded by order of Nero, A.D. 66, at *Aquæ Salviæ*, three miles from Rome, and interred in the *Via Ostensis*, two miles from the city, where Constantine erected a church. *dwelt*. ver. 16.

31 Cir. A.M. 4069. A.D. 65. *Preaching*. ver. 23; ch. 8. 12; 20. 25. Mat. 4. 23. Mar. 1. 14. Lu. 8. 1. *and teaching*. ch. 5. 42; 23. 11. *with*. ch. 4. 29, 31. Ep. 6. 19, 20. Phi. 1. 14. Col. 4. 3, 4. 2 Ti. 4. 17.

## CONCLUDING REMARKS ON THE ACTS OF THE APOSTLES.

THE Acts of the Apostles is a most valuable portion of Divine revelation; and, independently of its universal reception in the Christian church, as an authentic and inspired production, it bears the most satisfactory internal evidence of its authenticity and truth. St. Luke's long attendance upon St. Paul, and his having been an eye-witness of many of the facts which he has recorded, independently of his Divine inspiration, render him a most suitable and credible historian; and his medical knowledge, for he is allowed to have been a physician, enabled him both to form a proper judgment of the miraculous cures which were performed by St. Paul, and to give an authentic and circumstantial detail of them. The plainness and simplicity of the narrative are also strong circumstances in its favour. The history of the Acts is one of the most important parts of the Sacred History, for without it neither the Gospels nor Epistles could have been so clearly understood; but by the aid of it the whole scheme of the Christian revelation is set before us in a clear and easy view.

# The Epistle of PAUL the Apostle to the ROMANS.

A.D. 60. A.M. 4064.

## CHAP. I.

*Paul commends his calling to the Romans, 1-8; and his desire to come to them, 9-15. What his gospel is, 16, 17. God is angry with sin, 18-20. What were the sins of the Gentiles, 21-32.*

1 *Paul.* Ac. 13. 9; 21. 40; 22. 7, 13; 26. 1, 14. *a servant.* ver. 9; ch. 15. 16; 16. 18. Jno. 12. 26; 13. 14-16; 15. 15, 20. Ac. 27. 23. 2 Co. 4. 5. Ga. 1. 10. Phi. 1. 1; 2. 11; 3. 6, 7. Tit. 1. 1. Ja. 1. 1. 2 Pe. 1. 1. Jude 1. Re. 1. 1; 22. 6, 9. *called.* ver. 5; ch. 11. 13. Ac. 9. 15; 22. 14, 15, 21; 26. 16-18. 1 Co. 1. 1; 9. 1, 16-18; 15. 8-10. 2 Co. 1. 1; 11. 5; 12. 11. Ga. 1. 1, 11-17. Ep. 1. 1; 3. 5-7; 4. 11. Col. 1. 1, 25. 1 Ti. 1. 1, 11, 12; 2. 7. 2 Ti. 1. 11. Tit. 1. 1. He. 5. 4. *separated.* Le. 20. 24-26. Nu. 16. 9, 10. De. 10. 8. 1 Ch. 23. 13. Is. 49. 1. Je. 1. 5. Ac. 13. 2-4. Ga. 1. 15. 1 Ti. 1. 15, 16. He. 7. 26. *the gospel.* ver. 9, 16; ch. 15. 16, 29; 16. 25. Mar. 16. 15, 16. Lu. 2. 10, 11. Ac. 20. 24. Ep. 1. 13. 1 Th. 2. 2. 2 Th. 2. 13, 14. 1 Ti. 1. 11.

2 *Which.* See on Lu. 24. 26, 27. Ac. 10. 43; 26. 6. Tit. 1. 2. *by.* See on ch. 3. 21. *the holy.* See on ch. 3. 2.

3 *his Son.* ver. 9; ch. 8. 2, 3, 29-32. Ps. 2. 7. Mat. 3. 17; 26. 63; 27. 43. Lu. 1. 35. Jno. 1. 34, 49; 3. 16-18, 35, 36; 5. 25; 10. 30, 36; 20. 28, 31. Ac. 3. 13; 8. 37; 9. 20. 1 Co. 1. 9. Ga. 4. 4. Col. 1. 13-15. 1 Th. 1. 10. 1 Jno. 1. 3; 3. 8, 23; 4. 9, 10, 15; 5. 1, 5, 10-13, 20. Re. 2. 18. *which.* 2 Sa. 7. 12-16. Ps. 89. 36, 37. Is. 9. 6, 7. Je. 23. 5, 6; 33. 15-17, 26. Am. 9. 11. Mat. 1. 1, 6, 16, 20-23; 9. 27; 12. 23; 15. 22; 22. 42-45. Lu. 1. 31-33, 69; 2. 4-6. Jno. 7. 42. Ac. 2. 30; 13. 22; 23. 2 Ti. 2. 8. *according.* ch. 8. 3; 9. 5. Ge. 3. 15. Jno. 1. 14. Ga. 4. 4. 1 Ti. 3. 16. 1 Jno. 4. 2, 3. 2 Jno. 7.

4 *declared. Gr.* determined. *the Son.* ver. 3. Jno. 2. 18-21. Ac. 2. 24, 32; 3. 15; 4. 10-12; 5. 30-32; 13. 33-35; 17. 31. 2 Co. 13. 4. Ep. 1. 19-23. He. 5. 5, 6. Re. 1. 18. *according.* Lu. 18. 31-33; 24. 26, 27. He. 9. 14. 1 Pe. 1. 11. 2 Pe. 1. 21. Re. 19. 10.

5 *we have.* ch. 12. 3; 15. 15, 16. Jno. 1. 16. 1 Co. 15. 10. 2 Co. 3. 5, 6. Ga. 1. 15, 16. Ep. 3. 2-9. 1 Ti. 1. 11, 12. *apostleship.* Ac. 1. 25. 1 Co. 9. 2. Ga. 2. 8, 9. *for obedience to the faith. or,* to the obedience of faith. ch. 15. 18, 19; 16. 26. Ac. 6. 7. 2 Co. 10. 4-6. He. 5. 9. *among.* See on ch. 3. 29. *for his name.* Mal. 1. 11, 14. Ac. 15. 14. Ep. 1. 6, 12. 1 Pe. 2. 9, 10.

6 *are ye also.* Ep. 1. 11. Col. 1. 6, 21. *the called.* ch. 8. 28-30; 9. 24. 1 Co. 1. 9. Ga. 1. 6. 1 Th. 2. 12. 2 Th. 2. 14. 2 Ti. 1. 9. He. 3. 1. 1 Pe. 2. 9, 21. 2 Pe. 1. 10. Re. 17. 14.

7 *To all.* Ac. 15. 23. 1 Co. 1. 2. 2 Co. 1. 1. Phi. 1. 1. Col. 1. 2. Ja. 1. 1. 1 Pe. 1. 1, 2. Jude 1. Re. 2. 1, 8, 12, 18, 29; 3. 1, 7, 14, 22. *beloved.* ch. 9. 25. De. 33. 12. Ps. 60. 5. Ca. 5. 1. Col. 3. 12. 1 Ti. 6. 2. *called.* ver. 6. 1 Co. 1. 2. Col. 3. 15. 1 Th. 4. 7. 1 Pe. 1. 15. 2 Pe. 1. 3. *Grace.* 1 Co. 1. 3, etc. 2 Co. 1. 2. Ga. 1. 3. Ep. 1. 2. Phi. 1. 2. Col. 1. 2. 1 Th. 1. 1. 2 Th. 1. 2. 1 Ti. 1. 2. 2 Ti. 1. 2. Tit. 1. 4. Phile. 3. 1 Pe. 1. 2. 2 Pe. 1. 2. 2 Jno. 3. Jude 2. Re. 1. 4, 5. *peace.* See on ch. 5. 1. *God.* Mat. 5. 16; 6. 8, 9. Jno. 20. 17. Ga. 1. 4. Phi. 4. 20. 1 Th. 1. 3. 2 Th. 1. 1. 1 Jno. 3. 1. *and the Lord.* Ac. 7. 59, 60. 1 Co. 16. 23. 2 Co. 12. 8-10; 13. 14. Ga. 6. 18. Ep. 6. 23, 24. Phi. 4. 13, 23. 1 Th. 3. 11-13; 5. 28. 2 Th. 2. 16, 17; 3. 16, 18. 2 Ti. 4. 22. Phile. 25. Re. 22. 21.

8 *I thank.* See on ch. 6. 17. *through.* Ep. 3. 21; 5. 20. Phi. 1. 11. He. 13. 15. 1 Pe. 2. 5; 4. 11. *that your.* ch. 16. 19. 1 Th. 1. 8, 9. *the whole.* Mat. 24. 14. Lu. 2. 1. Ac. 11. 28.

9 *God.* ch. 9. 1. Job 16. 19. 2 Co. 1. 23; 11. 10, 11, 31. Ga. 1. 20. Phi. 1. 8. 1 Th. 2. 5-10. 1 Ti. 2. 7. *whom.* Ac. 27. 23. Phi. 2. 22. Col. 1. 28, 29. 2 Ti. 1. 3. *with. or, in.* Jno. 4. 23, 24. Ac. 19. 21. 1 Co. 14. 14, 15. Phi. 3. 3. *the.* Mar. 1. 1. Ac. 3. 26. 1 Jno. 5. 9-12. *that.* 1 Sa. 12. 23. Lu. 18. 1. Ac. 12. 5. Ep. 6. 18. 1 Th. 3. 10; 5. 17. 2 Ti. 1. 3. *I make.* Ep. 1. 16-19; 3. 14, etc. Phi. 1. 4, 9-11. Col. 1. 9-13. 1 Th. 1. 2. Phile. 4.

10 *request.* ch. 15. 22-24, 30-32. Phi. 4. 6. 1 Th. 2. 18; 3. 10, 11. Phile. 22. He. 13. 19. *a prosperous.* Ac. 19. 21; ch. 27; 28. *by the will.* Ac. 18. 21; 21. 14. 1 Co. 4. 19. Ja. 4. 15.

11 *I long.* ch. 15. 23, 32. Ge. 31. 30. 2 Sa. 13. 39; 23. 15. 2 Co. 9. 14. Phi. 1. 8; 2. 26; 4. 1. *that.* ch. 15. 29. Ac. 8. 15-19; 19. 6. 1 Co. 12. 1-11. 2 Co. 11. 4. Ga. 3. 2-5. Ep. 4. 8-12. *to the.* ch. 16. 25. 2 Ch. 20. 20. Ac. 16. 5. 2 Co. 1. 21. 1 Th. 3. 2, 13. 2 Th. 2. 17; 3. 3. He. 13. 9. 1 Pe. 5. 10, 12. 2 Pe. 1. 12; 3. 17, 18.

12 *that I may.* ch. 15. 24, 32. Ac. 11. 23. 2 Co. 2. 1-3; 7. 4-7, 13. 1 Th. 2. 17-20; 3. 7-10. 2 Ti. 1. 4. 2 Jno. 4. 3 Jno. 3, 4. *with you. or,* in you. *by the mutual.* Ep. 4. 5. Tit. 1. 4. 2 Pe. 1. 1. Jude 3.

13 *Now.* ch. 11. 25. 1 Co. 10. 1; 12. 1. 2 Co. 1. 8. 1 Th. 4. 13. *that oftentimes.* ch. 15. 23-28. Ac. 19. 21. 2 Co. 1. 15, 16. *but.* ch. 15. 22. Ac. 16. 6, 7. 1 Th. 1. 18; 2. 18. 2 Th. 2. 7. *that I.* Is. 27. 6. Jno. 4. 36; 12. 24; 15. 16. Col. 1. 6. Phi. 4. 17. *among. or,* in. *even.* ch. 15. 18-20. Ac. 14. 27; 15. 12; 21. 19. 1 Co. 9. 2. 2 Co. 2. 14; 10. 13-16. 1 Th. 1. 9, 10; 2. 13, 14. 2 Ti. 4. 17.

14 *debtor.* ch. 8. 12; 13. 8. Gr. Ac. 9. 15; 13. 2-4; 22. 21; 26. 17, 18. 1 Co. 9. 16-23. 2 Ti. 2. 10. *Greeks.* Ac. 28. 4. 1 Co 14. 11. Col. 3. 11. *both to.* ver. 22; ch. 11. 25; 12. 16; 16. 19. Mat. 11. 25. Lu. 10. 21. 1 Co. 1. 19-22; 2. 13; 3. 18, 19; 9. 16. 2 Co. 10. 12; 11. 19. Ep. 5. 15-17. Ja. 3. 17, 18. *to the unwise.* Pr. 1. 22; 8. 5. Is. 35. 8. 1 Co. 14. 16, 23, 24. Tit. 3. 3.

15 *So.* ch. 12. 18. 1 Ki. 8. 18. Mar. 14. 8. 2 Co. 8. 12. *I.* Is. 6. 8. Mat. 9. 38. Jno. 4. 34. Ac. 21. 13. 1 Co. 9. 17. 2 Co. 10. 15, 16.

16 *I am.* Ps. 40. 9, 10; 71. 15, 16; 119. 46. Mar. 8. 38. Lu. 9. 26. 1 Co. 2. 2. 2 Ti. 1. 8, 12, 16. 1 Pe. 4. 16. *the gospel.* ch. 15. 19, 29. Lu. 2. 10, 11. 1 Co. 9. 12, 18. 2 Co. 2. 12; 4. 4. Gr.; 9. 13. Ga. 1. 7. 1 Ti. 1. 11. *for it is.* ch. 10. 17. Ps. 110. 2. Is. 53. 1. Je. 23. 29. 1 Co. 1. 18-24; 2. 4; 14. 24, 25; 15. 2. 2 Co. 2. 14-16; 10. 4, 5. Col. 1. 5, 6. 1 Th. 1. 5, 6; 2. 13. He. 4. 12. *to every.* See on ch. 4. 11. *to the Jew.* See on ch. 2. 9.

17 *For therein.* See on ch. 3. 21. *from faith.* See on ch. 3. 3. *The just.* Hab. 2. 4. Jno. 3. 36. Ga. 3. 11. Phi. 3. 9. He. 10. 38; 11. 6, 7.

18 *the wrath.* See on ch. 4. 15. *ungodliness.* See on ch. 5. 6. *unrighteousness.* See on ch. 6. 13. *who hold.* ver. 19, 28, 32; ch. 2. 3, 15-23. Lu. 12. 46, 47. Jno. 3. 19-21. Ac. 24. 24, 25. 2 Th. 2. 10. 1 Ti. 4. 1, 2.

19 *that which.* ver. 20. Ps. 19. 1-6. Is. 40. 26. Je. 10. 10-13. Ac. 14. 16; 17. 23-30. *in them. or,* to them. *for God.* Jno. 1. 9.

20 *For the.* Jno. 1. 18. Col. 1. 15. 1 Ti. 1. 17; 6. 16. He. 11. 27. *from the.* ver. 19. De. 4. 19. Job 31. 26-28. Ps. 8. 3; 33. 6-9, 104. 5, 31; 119. 90; 139. 13; 148. 8-12. Mat. 5. 45. *even his.* ch. 16. 26. Ge. 21. 33. De. 33. 27. Ps. 90. 2. Is. 9. 6; 26. 4; 40. 26. 1 Ti. 1. 17. He. 9. 14. *Godhead.* Ac. 17. 29. Col. 2. 9. *so that they are. or,* that they may be. ch. 2. 1, 15. Jno. 15. 22. *without.* See on Ac. 22. 1. Gr.

21 *when.* ver. 19, 28. Jno. 3. 19. *they glorified.* ch. 15. 9. Ps. 50. 23; 86. 9. Ho. 2. 8. Hab. 1. 15, 16. Lu. 17. 15-18. 2 Ti. 3. 2. Re. 14. 7; 15. 4. *but became.* Ge. 6. 5; 8. 21. 2 Ki. 17. 15. Ps. 81. 12. Ec. 7. 29. Is. 44. 9-20. Je. 2. 5; 10. 3-8, 14, 15; 16. 19. Ep. 4. 17, 18. 1 Pe. 1. 18. *their foolish.* ch. 11. 10. De. 28. 29. Is. 60. 2. Ac. 26. 18. 1 Pe. 2. 9.

22 ch. 11. 25. Pr. 25. 14; 26. 12. Is. 47. 10. Je. 8. 8, 9; 10. 14. Mat. 6. 23. 1 Co. 1. 19-21; 3. 18, 19.

23 *changed.* ver. 25. Ps. 106. 20. Je. 2. 11. *an image.* De. 4. 15-18; 5. 8. Ps. 115. 5-8; 135. 15-18. Is. 40. 18, 26; 44. 13. Eze. 8. 10. Ac. 17. 29. 1 Co. 12. 2. 1 Pe. 4. 3. Re. 9. 20.

24 *God.* Ps. 81. 11, 12. Ho. 4. 17, 18. Mat. 15. 14. Ac. 7. 42; 14. 16; 17. 29, 30. Ep. 4. 18. 2 Th. 2. 10-12. *through the lusts.* See on ch. 6. 12. *to dishonour* 1 Co. 6. 13, 18. 1 Th. 4. 4. 2 Ti. 2. 20-22. *between.* ver. 27. Le. 18. 22.

25 *changed.* ver. 23. *the truth.* ver. 18. 1 Th. 1. 9. 1 Jno. 5. 20. *into a lie.* Is. 44. 20. Je. 10. 14, 15; 13. 25; 16. 19. Am. 2. 4. Jno. 2. 8. Hab. 2. 18. *the creature.* ver. 23. Mat. 6. 24; 10. 37. 2 Ti. 3. 4. 1 Jno. 2. 15, 16. *more. or,* rather. *who is.* ch. 9. 5. Ps. 72. 19; 145. 1, 2. 2 Co. 11. 31. Ep. 3. 21. 1 Ti. 1. 11, 17.

26 *gave them.* See on ver. 24. *vile.* Ge. 19. 5. Le. 18. 22-28. De. 23. 17, 18. Ju. 19. 22. 1 Co. 6. 9. Ep. 4. 19; 5. 12. 1 Ti. 1. 10. Jude 7, 10.

27 *that recompence.* ver. 23, 24.

28 *as they did.* ver. 18, 21. Job 21. 14, 15. Pr. 1. 7, 22, 29; 5. 12, 13; 17. 16. Je. 4. 22; 9. 6. Ho. 4. 6. Ac. 17. 23, 32. Ro. 8. 7, 8. 1 Co. 15. 34. 2 Co. 4. 4-6; 10. 5. 2 Th. 1. 8; 2. 10-12. 2 Pe. 3. 5. *retain. or,* acknowledge. *a reprobate mind. or,* a mind void of judgment. Je. 6. 30. 2 Co. 13. 5-7. 2 Ti. 3. 8. Tit. 1. 16. *not convenient.* Ep. 5. 4. Phile. 8.

29 *filled.* See on ch. 3. 10. *whisperers.* Ps. 41. 7. Pr. 16. 28; 26. 20. 2 Co. 12. 20.

30 *Backbiters.* Pr. 25. 23. *haters.* ch. 8. 7, 8. Nu. 10. 35. De. 7. 10. 2 Ch. 19. 2. Ps. 81. 15. Pr. 8. 36. Jno. 7. 7; 15. 23, 24. Tit. 3. 3. *boasters.* ch. 2. 17, 23; 3. 27. 1 Ki. 20. 11. 2 Ch. 25. 19. Ps. 10. 3; 49. 6; 52. 1; 94. 4; 97. 7. Ac. 5. 36. 2 Co. 10. 15. 2 Th. 2. 4. Ja. 3. 5; 4. 16. 2 Pe. 2. 18. Jude 16. *inventors.* Ps. 99. 8; 106. 39. Ec. 7. 29. *disobedient.* De. 21. 18-21; 27. 16. Pr. 30. 17. Eze. 22. 7. Mat. 10. 21; 15. 4. Lu. 21. 16. 2 Ti. 3. 2.

31 *Without understanding.* ver. 20, 21; ch. 3. 11. Pr. 18. 2. Is. 27. 11. Je. 4. 22. Mat. 15. 16. *covenant-breakers.* 2 Ki. 18. 14, etc. Is. 33. 8. 2 Ti. 3. 3. *without natural affection. or,* unsociable.

32 *knowing.* ver. 18, 21; ch. 2. 1-5, 21-23. *worthy.* See on ch. 6. 21. *have pleasure in them. or,* consent with them. Ps. 50. 18. Ho. 7. 3. Mar. 14 10, 11.

## CHAP I.

*No excuse for sin, 1-5. No escape from judgment, 6-13. Gentiles cannot, 14-16; nor Jews, 17-29.*

1 *Therefore.* ch. 1. 18-20. *O man.* ver. 3; ch. 9. 20. 1 Co. 7. 16. Ja. 2. 20. *whosoever.* ver. 26, 27. 2 Sa. 12. 5-7. Ps. 50. 16-20. Mat. 7. 1-5; 23. 29-31. Lu. 6. 37; 19. 22. Jno. 8. 7-9. Ja. 4. 11. *for thou that.* ver. 3, 21-23.

2 *judgment.* ver. 5; ch. 3. 4, 5; 9. 14. Ge. 18. 25. Job 34. 17-19, 23. Ps. 9. 4, 7, 8; 11. 5-7; 36. 5, 6; 96. 13; 98. 9; 145. 17. Is. 45. 19, 21. Je. 12. 1. Eze. 18. 25, 29. Da. 4. 37. Zep. 3. 5. Ac. 17. 31. 2 Th. 1. 5-10. Re. 15. 3, 4; 16. 5; 19. 2.

3 *thinkest.* 2 Sa. 10. 3. Job 35. 2. Ps. 50. 21. Mat. 26. 53. *O man.* ver. 1. Da. 10. 19. Lu. 12. 14; 22. 58, 60. *that thou shalt.* ch. 1. 32. Ps. 56. 7. Pr. 11. 21; 16. 5. Eze. 17. 15, 18. Mat. 23. 33. 1 Th. 5. 3. He. 2. 3; 12. 25.

4 *despisest.* ch. 6. 1, 15. Ps. 10. 11. Ec. 8. 11. Je. 7. 10. Eze. 12. 22, 23. Mat. 24. 48, 49. 2 Pe. 3. 3. *riches.* ch. 9. 23; 10. 12; 11. 33. Ps. 86. 5; 104. 24. Ep. 1. 7, 18; 2. 4, 7; 3. 8, 16. Phi. 4. 19. Col. 1. 27; 2. 2. 1 Ti. 6. 17. Tit. 3. 4-6. *forbearance.* ch. 3. 25; 9. 22. Ex. 34. 6. Nu. 14. 18. Ps. 78. 38; 86. 15. Is. 30. 18; 63. 7-10. Jon. 4. 2. 1 Ti. 1. 16. 1 Pe. 3. 20. *goodness.* Job 33. 27-30. Ps. 130. 3, 4. Is. 30. 18. Je. 3. 12, 13, 22, 23. Eze. 16. 63. Ho. 3. 5. Lu. 15. 17-19; 19. 5-8. 2 Pe. 3. 9, 15. Re. 3. 20.

5 *But after.* ch. 11. 25, marg. Ex. 8. 15; 14. 17. De. 2. 30. Jos. 11. 20. 1 Sa. 6. 6. 2 Ch. 30. 8; 36. 13. Ps. 95. 8. Pr. 29. 1. Is. 48. 4. Eze. 3. 7. Da. 5. 20. Zec. 7. 11, 12. He. 3. 13, 15; 4. 7. *treasurest.* ch. 9. 22. De. 32. 34, 35. Am. 3. 10. Ja. 5. 3. *the day.* Job 21. 30. Pr. 11. 4. 2 Pe. 2. 9; 3. 7. Re 6. 17. *revelation.* ver. 2, 3; ch. 1. 18. Ec. 12. 14.

6 ch.14.12. Job 34.11. Ps. 62.12. Pr. 24.2. Is. 3.10,11. Je. 17.10; 32.19. Eze. 18.30. Mat. 16.27; 25.34, etc. 1 Co. 3. 8; 4.5. 2 Co. 5.10. Ga. 6.7,8. Re. 2. 23; 20.12; 22.12.

7 *patient.* ch. 8.24,25. Job 17.9. Ps. 27.14; 37.3,34. La. 3.25,26. Mat. 24. 12,13. Lu. 8.15. Jno. 6.66-69. 1 Co. 15. 58. Ga. 6.9. 2 Ti. 4.7,8. He. 6.12,15; 10.35,36. Ja. 5.7,8. Re. 2.10,11. *glory.* ch. 8.18; 9.23. Jno. 5.44. 2 Co. 4.16-18. Col. 1.27. 1 Pe. 1.7,8; 4.13,14. *immortality.* 1 Co. 15.53,54. 2 Ti. 1.10. *eternal.* ch. 6.23. 1 Jno. 2.25.

8 *contentious.* Pr. 13.10. 1 Co. 11.16. 1 Ti. 6.3,4. Tit. 3.9. *and do not.* ch. 1. 18; 6.17; 10.16; 15.18. Job 24.13. Is. 50.10. 2 Th. 1.8. He. 5.9; 11.8. 1 Pe. 3.1; 4.17. *but obey.* Jno. 3.18-21. 2 Th. 2.10-12. He. 3.12,13. *indignation.* ch. 9.22. Ps. 90.11. Na. 1.6. He. 10.27. Re. 14.10; 16.19.

9 *Tribulation.* Pr. 1.27,28. 2 Th. 1. 6. *soul.* Eze. 18.4. Mat. 16.26. *of the Jew.* ver. 10; ch. 1.16; 3.29,30; 4.9-12; 9.24; 10.12; 15.8,9. Am. 3.2. Mat. 11.20-24. Lu. 2.30-32; 12.47,48; 24.47. Ac. 3.26; 11.18; 13.26,46,47; 18.5,6; 20.21; 26.20; 28.17,28. Ga. 2.15,16; 3.28. Ep. 2.11-17. Col. 3.11. 1 Pe. 4.17. *Gentile. Gr.* Greek.

10 *glory.* ver. 7; ch. 9.21,23. 1 Sa. 2. 30. Ps. 112.6-9. Pr. 3.16,17; 4.7-9; 8. 18. Lu. 9.48; 12.37. Jno. 12.26. 1 Pe. 1.7; 5.4. *and peace.* ch. 5.1; 8.6; 14. 17; 15.13. Nu. 6.26. Job 22.21. Ps. 29. 11; 37.37. Is. 26.12; 32.17; 48.18,22; 55.12; 57.19. Je. 33.6. Mat. 10.13. Lu. 1.79; 22.14; 19.42. Jno. 14.27; 16.33. Ga. 5.22. Phi. 4.7. *to every.* Ps. 15.2. Pr. 11.18. Is. 32.17. Ac. 10.35. Ga. 5.6. Ja. 2.22; 3.13. *Gentile. Gr.* Greek.

11 De. 10.17; 16.19. 2 Ch. 19.7. Job 34.19. Pr. 24.23,24. Mat. 22.16. Lu. 20. 21. Ac. 10.34. Ga. 2.6; 6.7,8. Ep. 6. 9. Col. 3.25. 1 Pe. 1.17.

12 *For.* ver. 14,15; ch. 1.18-21,32. Eze. 16.49,50. Mat. 11.22,24. Lu. 10.12-15; 12.47,48. Jno. 19.11. Ac. 17.30,31. *in the law.* ver. 16; ch. 3.19,20; 4.15; 7. 7-11; 8.3. De. 27.26. 2 Co. 3.7-9. Ga. 2.16-19; 3.10,22. Ja. 2.10. Re. 20.12-15.

13 *For not.* ver. 25. De. 4.1; 5.1; 6. 3; 30.12-14. Eze. 20.11; 33.30-33. Mat. 7.21-27. Lu. 8.21. Ja. 1.22-25. 1 Jno. 2.29; 3.7. *but the.* ch. 3.20,23; 10.5. Lu. 10.25-29. Ga. 3.11,12. *justified.* ch. 3.30; 4.2-5. Ps. 143.2. Lu. 18.14. Ac. 13.39. Ga. 2.16; 5.4. Ja. 2.21-25.

14 *which.* ver. 12; ch. 3.1,2. De. 4.7. Ps. 147.19,20. Ac. 14.16; 17.30. Ep. 2.12. *do by.* ver. 27; ch. 1.19,20. 1 Co. 11.14. Phi. 4.8. *are a law.* ver. 12; ch. 1.32.

15 *written.* ch. 1.18,19. *their conscience,* etc. *or,* the conscience witnessing with them. ch. 9.1. Jno. 8.9. Ac. 23.1; 24.16. 2 Co. 1.12; 5.11. 1 Ti. 4.2. Tit. 1.15. *the mean while. or,* between themselves. *accusing.* Ge. 3.8-11; 20. 5; 42.21,22. 1 Ki. 2.44. Job 27.6. Ec. 7.22. 1 Jno. 3.19-21.

16 *God.* ver. 5; ch. 3.6; 14.10-12. Ge. 18.25. Ps. 9.7,8; 50.6; 96.13; 98.9. Ec. 3.17; 11.9; 12.14. Mat. 16.27; 25. 31, etc. Lu. 8.17. Jno. 12.48. 1 Co. 4.5. 2 Co. 5.10. He. 9.27. 1 Pe. 4.5. 2 Pe. 2.9. Re. 20.11-15. *by Jesus.* Jno. 5.22-29. Ac. 10.42; 17.31. 2 Ti. 4.1,8. *according.* ch. 16.25. 1 Ti. 1.11. 2 Ti. 2.8.

17 *thou art.* ver. 28,29; ch. 9.4-7. Ps. 135.4. Is. 48.1,2. Mat. 3.9; 8.11,12. Jno. 8.33. 2 Co. 11.22. Ga. 2.15. Ep. 2.11. Phi. 3.3-7. Re. 2.9; 3.1,9. *restest.* ver. 23; ch. 9.4,32. Je. 7.4-10. Zep. 3.11. Lu. 10.28. Jno. 5.45; 7.19; 9.28,29. *makest.* Is. 45.25; 48.2. Mi. 3.11. Jno. 8.41.

18 *knowest.* De. 4.8. Ne. 9.13,14. Ps. 147.19,20. Lu. 12.47. Jno. 13.17. 1 Co. 8.1,2. Ja. 4.17. *approvest the things that are more excellent. or,* triest the things that differ. Phi. 1.10, marg. 1 Th. 5.21. He. 5.14. *being instructed.* ch. 15.4. Ps. 19.8; 119.98-100,104,105, 130. Pr. 6.23. 2 Ti. 3.15-17.

19 *art confident.* Pr. 26.12. Is. 5.21; 56.10. Mat. 6.23; 15.14; 23.16-26. Mar. 10.15. Jno. 7.46-49; 9.34,40,41. 1 Co. 3. 18; 4.10; 8.1,2. Re. 3.17,18. *a light.* Is. 49.6,9,10. Mat. 4.16; 5.14. Lu. 1. 79. Ac. 26.18. Phi. 2.15.

20 *a teacher.* Mat. 11.25. 1 Co 3.1. He. 5.13. 1 Pe. 2.2. *the form.* ch. 6.17. 2 Ti. 1.13; 3.5. Tit. 1.16.

21 *therefore.* Ps. 50.16-21. Mat. 23.3, etc. Lu. 4.23; 11.46; 12.47; 19.22. 1 Co. 9.27. Ga. 6.13. Tit. 2.1-7. *dost thou steal.* Is. 56.11. Eze. 22.12,13,27. Am. 8.4-6. Mi. 3.11. Mat. 21.13; 23.14.

22 *adultery.* Je. 5.7; 7.9,10; 9.2. Eze. 22.11. Mat. 12.39; 16.4. Ja. 4.4. *sacrilege.* Mal. 1.8,14; 3.8. Mar. 11.17.

23 *that makest.* ver. 17; ch. 3.2; 9.4. Je. 8.8,9. Mat. 19.17-20. Lu. 10.26-29; 18.11. Jno. 5.45; 9.28,29. Ja. 1.22, etc.; 4.16,17.

24 *the name.* Is. 52.5. La. 2.15,16. Eze. 36.20-23. Mat. 18.7. 1 Ti. 5.14; 6.1. Tit. 2.5,8. *as it is written.* 2 Sa. 12.14.

25 *circumcision.* ver. 28,29; ch. 3.1, 2; 4.11,12. De. 30.6. Je. 4.4. Ga. 5. 3-6; 6.15. Ep. 2.11,12. *but if.* ver. 23. Je. 9.25,26. Ac. 7.51.

26 Is. 56.6,7. Mat. 8.11,12; 15.28. Ac. 10.2-4,34,35; 11.3, etc. 1 Co. 7.18, 19. Phi. 3.3. Col. 2.11.

27 *if it fulfil.* ch. 8.4; 13.10. Mat. 3. 15; 5.17-20. Ac. 13.22. Ga. 5.14. *judge.* Eze. 16.48-52. Mat. 12.41,42. He. 11.3. *by the.* ver. 20,29; ch. 7.6-8. 2 Co. 3.6.

28 *For he.* ch. 9.6-8. Ps. 73.1. Is. 1. 9-15; 48.1,2. Ho. 1.6-9. Mat. 3.9. Jno. 1.47; 8.37-39. Ga. 6.15. Re. 2.9. *neither.* Je. 9.26. Ro. 4.10-12. 1 Pe. 3.21.

29 *which.* 1 Sa. 16.7. 1 Ch. 29.17. Ps. 45.13. Je. 4.14. Mat. 23.25-28. Lu. 11. 39; 17.21. Jno. 4.23. 1 Pe. 3.4. *circumcision.* De. 10.16; 30.6. Je. 4.4. Col. 2.11,12. *spirit.* ver. 27; ch. 7.6; 14.17. Jno. 3.5-8. 2 Co. 3.6. Phi. 3.3. *whose.* Jno. 5.44; 12.43. 1 Co. 4.5. 2 Co. 10.18. 1 Th. 2.4. 1 Pe. 3.4.

## CHAP. III.

*The Jews' prerogative,* 1,2; *which they have not lost,* 3-8; *howbeit the law convinces them also of sin,* 9-19; *therefore no flesh is justified by the law,* 20-27; *but all, without difference, by faith only,* 28-30; *and yet the law is not abolished,* 31.

1 *advantage.* ch. 2.25-29. Ge. 25.32. Ec. 6.8,11. Is. 1.11-15. Mal. 3.14. 1 Co. 15.32. He. 13.9.

2 *Much.* ver. 3; ch. 11.1,2,15-23,28, 29. *because.* ch. 2.18; 9.4. De. 4.7,8. Ne. 9.13,14. Ps. 78.4-7; 147.19,20. Is. 8.20. Eze. 20.11,12. Lu. 16.29-31. Jno. 5.39. 2 Ti. 3.15-17. 2 Pe. 1.19-21. Re. 19.10. *committed.* 1 Co. 9.17. 2 Co. 5.19. Ga. 2.7. 1 Ti. 6.20. *the oracles.* ch. 1.2. Ps. 119.140. Da. 10.21. Ac. 7. 38. 2 Ti. 3.15,16. He. 5.12. 1 Pe. 4.11. 2 Pe. 1.20,21. Re. 22.6.

3 *if some.* ch. 9.6; 10.16; 11.1-7. He. 4.2. *shall.* ch. 11.29. Nu. 23.19. 1 Sa. 15.29. Is. 54.9,10; 55.11; 65.15, 16. Je. 33.24-26. Mat. 24.35. 2 Ti. 2. 13. He. 6.13-18. *faith.* Ps. 84.7. Jno. 1.16. 2 Co. 3.18. 2 Th. 1.3. Tit. 1.1,2.

4 *God forbid.* ver. 6,31; ch. 6.2,15; 7.7,13; 9.14; 11.1,11. Lu. 20.16. 1 Co. 6.15. Ga. 2.17; 2.21; 6.14. *let God.* De. 32.4. Job 40.8. Ps. 100.5; 119.160; 138.2. Mi. 7.20. Jno. 3.33. 2 Co. 1.18. Tit. 1.2. He. 6.18. 1 Jno. 5.10,20. Re. 3.7. *but every.* Ps. 62.9; 116.11. *That thou.* Job 36.3. Ps. 51.4. Mat. 11.19.

5 *But if.* ver. 7.25,26; ch. 8.20,21. *what shall.* ch. 4.1; 6.1; 7.7; 9.13, 14. *Is God.* ch. 2.5; 3.19; 9.18-20; 12.19. De. 32.39-43. Ps. 58.10,11; 94. 1,2. Na. 1.2,6-8. 2 Th. 1.6-9. Re. 15. 3; 16.5-7; 18.20. *I speak.* ch. 6.19. 1 Co. 9.8. Ga. 3.15.

6 *God forbid.* See on ver. 4. *for then.* Ge. 18.25. Job 8.3; 34.17-19. Ps. 9.8; 11.5-7; 50.6; 96.13; 98.9. Ac. 17.31.

7 *if the truth.* Ge. 37.8,9,20; 44.1-14; 50.18-20. Ex. 3.19; 14.5,30. 1 Ki. 13.17,18,26-32. 2 Ki. 8.10-15. Mat. 26. 34,69-75. *why yet.* ch. 9.19,20. Is. 10. 6,7. Ac. 2.23; 13.27-29.

8 *we be.* Mat. 5.11. 1 Pe. 3.16,17. *Let us.* ch. 5.20; 6.1,15; 7.7; Jude 4.

9 *what then.* ver. 5; ch. 6.15; 11.7. 1 Co. 10.19; 14.15. Phi. 1.18. *are we.* ver. 22,23. Is. 65.5. Lu. 7.39; 18.9-14. 1 Co. 4.7. *proved. Gr.* charged. ch. 1. 28, etc.; 2.1, etc. *that they.* Ga. 3.10,22.

10 *As it is.* ver. 4; ch. 11.8; 15.3,4. Is. 8.20. 1 Pe. 1.16. *There.* Ps. 14.1-3; 53.1-3. *none.* ver. 23. Job 14.4; 15.14, 16; 25.4 Je. 17.9. Mat. 15.19. Mar. 7. 21,22; 10.18. 1 Co. 6.9,10. Ga. 5.19-21. Ep. 2.1-3; 5.3-6. Col. 3.5-9. 1 Ti. 1. 9,10. 2 Ti. 3.2-5. Tit. 3.3. 1 Jno. 1.8-10. Re. 21.8; 22.15.

11 *none that understandeth.* ch. 1.22, 28. Ps. 14.2-4; 53.2,4; 94.8. Pr. 1.7, 22,29,30. Is. 27.11. Je. 4.22. Ho. 4.6. Mat. 13.13,14,19. Tit. 3.3. 1 Jno. 5.20. *seeketh.* ch. 8.7. Job 21.15,16. Is. 9. 13; 31.1; 55.6; 65.1. Ho. 7.10.

12 *They are.* Ex. 32.8. Ps. 14.3. Ec. 7.29. Is. 53.6; 59.8. Je. 2.13. Ep. 2.3. 1 Pe. 2.25. *become.* Ge. 1.31; 6.6,7. Mat. 25.30. Phile. 11. *there is none.* Ps. 53.1. Ec. 7.20. Is. 64.6. Ep. 2.8-10. Phi. 2.12,13. Tit. 2.13,14. Ja. 1.16,17.

13 *throat.* Ps. 5.9. Je. 5.16. Mat. 23. 27,28. *with their.* ver. 4. Ps. 5.9; 12.3, 4; 36.3; 52.2; 57.4. Is. 59.3. Je. 9. 3-5. Eze. 13.7. Mat. 12.34,35. Ja. 3.5-8. *the poison.* De. 32.33. Job 20.14-16. Ps. 140.3.

14 Ps. 10.7; 59.12; 109.17,18. Ja. 3.10.

15 Pr. 1.16; 6.18. Is. 59.7,8.

17 ch. 5.1. Is. 57.21; 59.8. Mat. 7.14. Lu. 1.79.

18 Ge. 20.11. Ps. 36.1. Pr. 8.13; 16. 6; 23.17. Lu. 23.40. Re. 19.5.

19 *what things.* ver. 2; ch. 2.12-18. Jno. 10.34,35; 15.25. 1 Co. 9.20,21. Ga. 3.23; 4.5,21; 5.18. *that.* ver. 4; ch. 1.20; 2.1. 1 Sa. 2.9. Job 5.16; 9. 2,3. Ps. 107.42. Eze. 16.63. Mat. 22. 12,13. Jno. 8,9. 1 Co. 1.29. *and all the.* ver. 9,23; ch. 2.1,2. Ga. 3.10,22. *guilty before God. or,* subject to the judgment of God.

20 *Therefore.* ver. 28; ch. 2.13; 4.13. 9.32. Ac. 13.39. Ga. 2.16,19; 3.10-13; 5.4. Ep. 2.8,9. Tit. 3.5-7. Ja. 2.9,10. *no flesh.* Job 25.4. Ps. 130.3; 143.2. Ja. 2.20-26. *in his sight.* Job 15.15; 25. 5. *for by the.* ch. 7.7-9. Ga. 2.19.

21 *righteousness.* ch. 1.17; 5.19,21; 10.3,4. Ge. 15.6. Is. 45.24,25; 46.13; 51.8; 54.17; 61.10. Je. 23.5,6; 33.16. Da. 9.24. Ac. 15.11. 1 Co. 1.30. 2 Co. 5.21. Ga. 5.5. Phi. 3.9. He. 11.4, etc. 2 Pe. 1.1. *being.* De. 18.15-19. Lu. 24. 44. Jno. 1.45; 3.14,15; 5.46,47. Ac. 26.22. He. 10.1-14. *and the.* ch. 1.2; 16.26. Ac. 3.21-25; 10.43; 28.23. Ga. 3.8. 1 Pe. 1.10.

22 *which is.* ch. 4.3-13,20-22; 5.1, etc.; 8.1. Phi. 3.9. *unto all.* ch. 4.6, 11,22. Ga. 2.16; 3.6. Ja. 2.23. *and upon.* Is. 61.10. Mat. 22.11,12. Lu. 15. 22. Ga. 3.7-9. *for there.* ch. 2.1; 10.12. Ac. 15.9. 1 Co. 4.7. Ga. 3.28. Col. 3.11.

23 *all have.* ver. 9,19; ch. 1.28-32; 2.1, etc.; 11.32. Ec. 7.20. Ga. 3.22. 1 Jno. 1.8-10. *come.* He. 4.1. *of.* ch. 5.2. 1 Th. 2.12. 2 Th. 2.14. 1 Pe. 4.13; 5.1,10.

24 *justified.* ch. 4.16; 5.16-19. 1 Co. 6.11. Ep. 2.7-10. Tit. 3.5-7. *through.* ch. 5.9. Is. 53.11. Mat. 20.28. Ep. 1.6, 7. Col. 1.14. 1 Ti. 2.6. Tit. 2.14. He. 9.2-14. 1 Pe. 1.18,19. Re. 5.9; 7.14.

25 *set forth. or,* foreordained. Ac. 2. 23; 3.18; 4.28; 15.18. 1 Pe. 1.18-20. Re. 13.8. *to be.* Ex. 25.17-22. Le. 16. 15. He. 9.5. *Gr.* 1 Jno. 2.2; 4.10. *through.* ch. 5.1,9,11. Is. 53.11. Jno. 6.47,53-58. Col. 1.20-23. He. 10.19,20. *to declare.* ver. 26. Ps. 22.31; 40.10; 50. 6; 97.6; 119.142. 1 Jno. 1.10. *remission. or,* passing over. ver. 23,24; ch. 4.1-8. Ac. 13.38,39; 17.30. 1 Ti. 1.15. He. 9. 15-22,25,26; 10.4; 11.7,14,17,39,40. Re. 5.9; 13.8; 20.15.

26 *that he.* De. 32.4. Ps. 85.10,11. Is. 42.21; 45.21. Zep. 3.5,15. Zec. 9.9. Ac. 13.38,39. Re. 15.3. *and.* ver. 30; ch. 4.5; 8.33. Ga. 3.8-14.

27 *Where.* ver. 19; ch. 2.17,23; 4.2. Eze. 16.62,63; 36.31,32. Zep. 3.11. Lu. 18.9-14. 1 Co. 1.29-31; 4.7. Ep. 2.8-10.

*of works*. ch. 9. 11, 32; 10. 5; 11. 6. Ga. 2. 16. *but by*. ch. 7. 21, 23, 25; 8. 2. Mar. 16. 16. Jno. 3. 36. Ga. 3. 22. 1 Jno. 5. 11, 12.

28 ver. 20-22, 26; ch. 4. 5; 5. 1; 8. 3. Jno. 3. 14-18; 5. 24; 6. 40. Ac. 13. 38. 39. 1 Co. 6. 11. Ga. 2. 16; 3. 8, 11-14, 24. Phi. 3. 9. Tit. 3. 7.

29 ch. 1. 16; 9. 24-26; 11. 12, 13; 15. 9-13, 16. Ge. 17. 7, 8, 18. Ps. 22. 7; 67. 2; 72. 17. Is. 19. 23-25; 54. 5. Je. 16. 19; 31. 33. Ho. 1. 10. Zec. 2. 11; 8. 20-23. Mal. 1. 11. Mat. 22. 32; 28. 19. Mar. 16. 15, 16. Lu. 24. 46, 47. Ac. 9. 15; 22. 21; 26. 17. Ga. 3. 14, 25-29. Ep. 3. 6. Col. 3. 11.

30 ver. 28; ch. 4. 11, 12; 10. 12, 13. Ga. 2. 14-16; 3. 8, 20, 28; 5. 6; 6. 15. Phi. 3. 3. Col. 2. 10, 11.

31 *Do we*. ch. 4. 14. Ps. 119. 126. Je. 8. 8, 9. Mat. 5. 17; 15. 6. Ga. 2. 21; 3. 17-19. *God*. Μη γενοιτο, literally, *let it not be*, and which might be rendered less objectionably, *far from it*, *by no means*. See on ver. 4. *yea*. ch. 7. 7-14, 22, 25; 8. 4; 10. 4; 13. 8-10. Ps. 40. 8. Is. 42. 21; Je. 31. 33, 34. Mat. 3. 15; 5. 20. 1 Co. 9. 21. Ga. 2. 19; 5. 18-23. He. 10. 15, 16. Ja. 2. 8-12.

## CHAP. IV.

*Abraham's faith was imputed to him for righteousness*, 1-9; *before he was circumcised*, 10-12. *By faith only he and his seed received the promise*, 13-15. *Abraham is the father of all that believe*, 16-23. *Our faith also shall be imputed to us for righteousness*, 24, 25.

1 *What*. ch. 6. 1; 7. 7; 8. 31. *Abraham*. Is. 51. 2. Mat. 3. 9. Lu. 3. 8; 16. 24, 25, 29-31. Jno. 8. 33, 37-41, 53, 56. Ac. 13. 26. 2 Co. 11. 22. *as pertaining*. ver. 16. He. 12. 9.

2 *Abraham*. See on ch. 3. 20-28. Phi. 3. 9. *he hath*. ch. 3. 27; 15. 17. Eze. 8. 9. Je. 9. 23, 24. 1 Co. 9. 16. 2 Co. 5. 12; 11. 12, 30; 12. 1-9. Ga. 6. 13, 14. Ep. 2. 9. *but*. Ge. 12. 12, 13, 18, 20; 20. 9-13. Jos. 24. 2. 1 Co. 1. 29; 4. 7. Ga. 3. 22.

3 *what*. ch. 9. 17; 10. 11; 11. 2. Is. 8. 20. Mar. 12. 10. Ja. 4. 5. 2 Pe. 1. 20, 21. *Abraham*. Ge. 15. 6. Ga. 3. 6-8. Ja. 2. 23. *counted*. ver. 5, 9, 11, 22-25. Ps. 106. 31.

4 ch. 9. 32; 11. 6, 35. Mat. 20. 1-16.

5 *But to*. ver. 24, 25; ch. 3. 22; 5. 1, 2; 10. 3. 9, 10. Ac. 13. 38, 39. Ga. 2. 16, 17; 3. 9-14. Phi. 3. 9. *believeth*. ver. 24; ch. 3. 26-30; 8. 30-34. Jno. 5. 24. Ga. 3. 8. *ungodly*. ch. 1. 17, 18; 5. 6-8. Jos. 24. 2. Zec. 3. 3, 4. 1 Co. 6. 9-11. 1 Ti. 1. 13-15. Tit. 3. 3-7. *his faith*. See on ver. 3. Hab. 2. 4.

6 *blessedness*. ver. 9. De. 33. 29. Ps. 1. 1-3; 112. 1; 146. 5, 6. Mat. 5. 3-12. Ga. 3. 8, 9, 14; 4. 15. Ep. 1. 3. *imputeth*. ver. 11, 24; ch. 1. 17; 3. 22; 5. 18. 19. Is. 45. 24, 25; 54. 17. Je. 22. 6; 33. 16. Da. 9. 24. 1 Co. 1. 30. 2 Co. 5. 21. Phi. 3. 9. 2 Pe. 1. 1. *without*. ch. 3. 20, 21, 27. Ep. 2. 8-10. 2 Ti. 1. 9.

7 Ps. 32. 1. 2; 51. 8, 9; 85. 2; 130. 3, 4. Is. 40. 1, 2. Je. 33. 8, 9. Mi. 7. 18-20. Mat. 9. 2. Lu. 7. 47-50.

8 *to whom*. Is. 53. 10-12. 2 Co. 5. 19-21. Phile. 18, 19. 1 Pe. 2. 24; 3. 18.

9 *Cometh*. ch. 3. 29, 30; 9. 23, 24; 10. 12, 13; 15. 8-19. Is. 49. 6. Lu. 2. 32. Ga. 3. 14, 26-28. Ep. 2. 11-13; 3. 8. Col. 3. 11. *for we*. See on ver. 3.

10 *Not in circumcision*. 'Faith was reckoned to Abraham for righteousness,' at least 14 years before he was circumcised; the former having taken place some time before Ishmael's birth, at which time he was 86 years old, and the other when Ishmael was 13 years of age, and Abraham 99. See Ge. 15. 5, 6, 16; 16. 1-3; 17. 1, 10, 23-27. 1 Co. 7. 18, 19. Ga. 5. 6; 6. 15.

11 *the sign*. Ge. 17. 10. Ex. 12. 13; 31. 13, 17. Eze. 20. 12, 20. *a seal*. ch. 2. 28, 29. De. 30. 6. 2 Co. 1. 22. Ep. 1. 13; 4. 30. Re. 9. 4. *righteousness*. ver. 13; ch. 3. 22; 9. 30; 10. 6. Ga. 5. 5. Phi. 3. 9. He. 11. 7. 2 Pe. 1. 1. *father*. ver. 12, 16-18; ch. 3. 22, 26; 9. 6, 33; 10. 4, 11. Mat. 8. 11. Mar. 16. 16. Lu. 19. 9. Jno. 3. 15, 16, 36; 6. 35, 40, 47; 7. 38, 39; 8. 33; 11. 25, 26. Ga. 3. 7, 22, 29; 6. 16. *that righteousness*. See on ver. 6.

12 *to them*. ch. 9. 6, 7. Mat. 3. 9. Lu. 16. 23-31. Jno. 8. 39, 40. Ga. 4. 22-31. *in the steps*. Job 33. 11. Pr. 2. 20. Ca. 1. 8. 2 Co. 12. 18. 1 Pe. 2. 21.

13 *For the*. Ge. 12. 3; 17. 4, 5, 16; 22. 17, 18; 28. 14; 49. 10. Ps. 2. 8; 72. 11. *through the*. Ga. 3. 16-18, 29. *but through*. See on ver. 11.

14 *For if*. ver. 16. Ga. 2. 21; 3. 18-24; 5. 4. Phi. 3. 9. He. 7. 19, 28. *made*. ch. 3. 31. Nu. 30. 12, 15. Ps. 119. 126. Is. 55. 11. Je. 19. 7.

15 *Because*. ch. 1. 17; 2. 5, 6; 3. 19, 20; 5. 13, 20, 21; 7. 7-11. Nu. 32. 14. De. 29. 20-28. 2 Ki. 22. 13. Je. 4. 8. La. 2. 22. Eze. 7. 19. Zep. 1. 18. Jno. 3. 36; 15. 22. Ac. 17. 30, 31. 1 Co. 15. 56. 2 Co. 3. 7-9. Ga. 3. 10, 19. Ep. 5. 6. Col. 3. 6. 1 Jno. 3. 4. Re. 6. 16, 17; 19. 15. *where*. ch. 2. 12, 13; 5. 13.

16 *of faith*. ch. 3. 24-26; 5. 1. Ga. 3. 7-12, 22. Ep. 2. 5, 8. Tit. 3. 7. *the promise*. He. 6. 13-19. 2 Pe. 1. 10. *but to*. See on ver. 11. *the father*. ch. 9. 8. Is. 51. 2.

17 *I have*. Ge. 17. 4, 5, 16, 20; ch. 25; 28. 3. He. 11. 12. *before him*. *or*, like unto him. ch. 3. 29. *who quickeneth*. ver. 2; ch. 8. 11. Mat. 3. 9. Jno. 5. 21, 25; 6. 63. 1 Co. 15. 45. Ep. 2. 1-5. 1 Ti. 6. 13. *calleth*. ch. 8. 29, 30; 9. 26. Is. 43. 6; 44. 7; 49. 12; 55. 12. Ac. 15. 18. 1 Co. 1. 28. He. 11. 7. 1 Pe. 2. 10. 2 Pe. 3. 8.

18 *against*. ver. 19; ch. 5. 5; 8. 24. Ru. 1. 11-13. Pr. 13. 12. Eze. 37. 11. Mar. 5. 35, 36. Lu. 1. 18. Ac. 27. 25. *So shall*. Ge. 15. 5, 6.

19 *being*. ver. 20, 21. ch. 14. 21. Mat. 6. 30; 8. 26; 14. 31. Mar. 9. 23, 24. Jno. 20. 27, 28. *considered*. Ge. 17. 17; 18. 11-14. He. 11. 11-19.

20 *staggered*. Nu. 11. 13-23. 2 Ki. 7. 2, 19. 2 Ch. 20. 15-20. Is. 7. 9. Je. 32. 16-27. Lu. 1. 18, 45. *but was*. Is. 35. 4. Da. 10. 19; 11. 32. Hag. 2. 4. Zec. 8. 9, 13. 1 Co. 16. 13. 2 Co. 12. 10. Ep. 6. 10. 2 Ti. 2. 1.

21 *fully*. ch. 8. 38. 2 Ti. 1. 12. He. 11. 13. *he was able*. ch. 14. 4. Ge. 18. 14. Ps. 115. 3. Je. 32. 17. 27. Mat. 19. 26. Lu. 1. 37, 45. 2 Co. 9. 8. He. 11. 19.

22 *it was imputed*. See on ver. 3, 6.

23 ch. 15. 4. 1 Co. 9. 10; 10. 6, 11. 2 Ti. 3. 16, 17.

24 *for us*. Ac. 2. 39. *if we*. ch. 10. 9, 10. Mar. 16. 16. Jno. 3. 14-16. Ac. 2. 24; 13. 30. Ep. 1. 18-20. He. 13. 20, 21. 1 Pe. 1. 21.

25 *Who was*. ch. 3. 25; 5. 6-8; 8. 3, 32. Is. 53. 5, 6, 10-12. Da. 9. 24, 26. Zec. 13. 7. Mat. 20. 28. 1 Co. 15. 3, 4. 2 Co. 5. 21. Ga. 1. 4; 3. 13. Ep. 5. 2. Tit. 2. 14. He. 9. 28. 1 Pe. 1. 18, 19; 2. 24; 3. 18. 1 Jno. 2. 2; 4. 9, 10. Re. 1. 5; 5. 9; 7. 14. *and was raised*. ch. 8. 33, 34. 1 Co. 15. 17. He. 4. 14-16; 10. 12-14. 1 Pe. 1. 21.

## CHAP. V.

*Being justified by faith, we have peace with God*, 1; *and joy in our hope*, 2-7; *that since we were reconciled by his blood, when we were enemies*, 8, 9; *we shall much more be saved, being reconciled*, 10, 11. *As sin and death came by Adam*, 12-16; *so much more righteousness and life by Jesus Christ*, 17-19. *Where sin abounded, grace did superabound*, 20, 21.

1 *being*. ver. 9, 18; ch. 1. 17; 3. 22, 26-28, 30; 4. 5, 24, 25; 9. 30; 10. 10. Hab. 2. 4. Jno. 3. 16-18; 5. 24. Ac. 13. 38, 39. Ga. 2. 16; 3. 11-14, 25; 5. 4-6. Phi. 3. 9. Ja. 2. 23-26. *we have*. ver. 10; ch. 1. 7; 10. 15; 14. 17; 15. 13, 33. Job 21. 21. Ps. 85. 8-10; 122. 6. Is. 27. 5; 32. 17; 54. 13; 55. 12; 57. 19-21. Zec. 6. 13. Lu. 2. 14; 10. 5, 6; 19. 38, 42. Jno. 14. 27; 16. 33. Ac. 10. 36. 2 Co. 5. 18-20. Ep. 2. 14-17. Col. 1. 20; 3. 15. 1 Th. 5. 23. 2 Th. 3. 16. He. 13. 20. Ja. 2. 23. *through*. ch. 6. 23. Jno. 20. 31. Ep. 2. 7.

2 *By whom*. Jno. 10. 7, 9; 14. 6. Ac. 14. 27. Ep. 2. 18; 3. 12. He. 10. 19, 20. 1 Pe. 3. 18. *wherein*. ver. 9, 10; ch. 8. 1, 30-39; 14. 4. Jno. 5. 24. 1 Co. 15. 1. Ep. 6. 13. 1 Pe. 1. 4. *and rejoice*. ver. 5; ch. 8. 24; 12. 12; 15. 13. Job 19. 25-27. Ps. 16. 9-11; 17. 15. Pr. 14. 32. 2 Th. 2. 16. He. 3. 6; 6. 18. 1 Pe. 1. 3-9. 1 Jno. 3. 1-3. *the glory*. ch. 2. 7; 3. 23; 8. 17, 18. Ex. 33. 18-20. Ps. 73. 24. Mat. 25. 21. Jno. 5. 24. 2 Co. 3. 18; 4. 17. Re. 3. 21; 21. 3, 11, 23; 22. 4, 5.

3 *but we*. ch. 8. 35-37. Mat. 5. 10-12. Lu. 6. 22, 23. Ac. 5. 41. 2 Co. 11. 23-30; 12. 9, 10. Ep. 3. 13. Phi. 1. 29; 2. 17, 18. Ja. 1. 2, 3, 12. 1 Pe. 3. 14; 4. 16, 17. *knowing*. 2 Co. 4. 17. He. 12. 10, 11.

4 *patience*. ch. 15. 4. 2 Co. 1. 4-6; 4. 8-12; 6. 9, 10. Ja. 1. 12. 1 Pe. 1. 6, 7; 5. 10. *and experience*. Jos. 10. 24, 25. 1 Sa. 17. 34-37. Ps. 27. 2, 3; 42. 4, 5; 71. 14, 18-24. 2 Co. 4. 8-10. 2 Ti. 4. 16-18.

5 *hope*. Job 27. 8. Ps. 22. 4, 5. Is. 28. 15-18; 45. 16, 17; 49. 23. Je. 17. 5-8. Phi. 1. 20. 2 Th. 2. 16. 2 Ti. 1. 12. He. 6. 18, 19. *because*. ch. 8. 14-17, 28. Mat. 22. 36, 37. 1 Co. 8. 3. He. 8. 10-12. 1 Jno. 4. 19. *shed*. Is. 44. 3-5. Eze. 36. 25. 2 Co. 1. 22; 3. 18; 4. 6. Ga. 4. 6; 5. 22. Ep. 1. 13; 3. 16-19; 4. 30. Tit. 3. 5.

6 *For*. Eze. 16. 4-8. Ep. 2. 1-5. Col. 2 13. Tit. 3. 3-5. *without*. La. 1. 6. Da. 11. 15. *in due time*. *or*, according to the time. Ga. 4. 4. He. 9. 26. 1 Pe. 1. 20. *Christ*. ver. 8; ch. 4. 25. 1 Th. 5. 9. *ungodly*. See on ch. 4. 5; 11. 26. Ps. 1. 1. 1 Ti. 1. 9. Tit. 2. 12. 2 Pe. 2. 5, 6; 3. 7. Jude 4. 15, 18.

7 *scarcely*. Jno. 15. 13. 1 Jno. 3. 16. *a good*. 2 Sa. 18. 27. Ps. 112. 5. Ac. 11. 24. *some*. ch. 16. 4. 2 Sa. 18. 3; 23. 14-17.

8 *commendeth*. ver. 20; ch. 3. 5. Jno. 15. 13. Ep. 1. 6-8; 2. 7. 1 Ti. 1. 16. *in that*. Is. 53. 6. 1 Pe. 3. 18. 1 Jno. 3. 16; 4. 9, 10.

9 *being*. ver. 1; ch. 3. 24-26. Ep. 2. 13. He. 9. 14, 22. 1 Jno. 1. 7. *we shall*. ver. 10; ch. 1. 18; 8. 1, 30. Jno. 5. 24. 1 Th. 1. 10.

10 *when*. ch. 8. 7. 2 Co. 5. 18, 19, 21. Col. 1. 20, 21. *reconciled*. ver. 11, marg. ch. 8. 32. Le. 6. 30. 2 Ch. 29. 24. Eze. 45. 20. Da. 9. 24. Ep. 2. 16. He. 2. 17. *we shall*. Jno. 5. 26; 6. 40, 57; 10. 28, 29; 11. 25, 26; 14. 19. 2 Co. 4. 10, 11. Col. 3. 3, 4. He. 7. 25. Re. 1. 18.

11 *but we*. ch. 2. 17; 3. 29, 30. 1 Sa. 2. 1. Ps. 32. 11; 33. 1; 43. 4; 104. 34; 149. 2. Is. 61. 10. Hab. 3. 17, 18. Lu. 1. 46. Ga. 4. 9; 5. 22. Phi. 3. 1, 3; 4. 4. 1 Pe. 1. 8. *by whom*. Jno. 1. 12; 6. 50-58. 1 Co. 10. 16. Col. 2. 6. *atonement*. *or*. reconciliation. ver. 10. 2 Co. 5. 18, 19.

12 *as by*. ver. 19. Ge. 3. 6. *and death*. ch. 6. 23. Ge. 2. 17; 3. 19, 22-24. Eze. 18. 4. 1 Co. 15. 21. Ja. 1. 15. Re. 20. 14, 15. *for that*. *or*, in whom. *all*. ch. 3. 23. Ja. 3. 2. 1 Jno. 1. 8-10.

13 *until*. Ge. 4. 7-11; 6. 5, 6, 11; 8. 21; 13. 13; 18. 20; 19. 4, 32, 36; 38. 7, 10. *but sin*. ch. 4. 15. 1 Co. 15. 56. 1 Jno. 3. 4, 14.

14 *death*. ver. 17, 21. Ge. 4. 8; 5. 5-31; 7. 22; 19. 25. Ex. 1. 6. He. 9. 27. *even*. ch. 8. 20, 22. Ex. 1. 22; 12. 29, 30. Jon. 4. 11. *who is the figure*. Or 'type (pattern, or resemblance, τυπον,) of him who was to come,' *i.e.* THE MESSIAH. Mr. *Baxter* remarks, It is indeed interesting to compare, on Scripture authority, *Adam* as the root of sin and death to all, with CHRIST, who is to all true Christians the root of holiness and life.

15 *But not*. ver. 16, 17, 20. Is. 55. 8, 9. Jno. 3. 16; 4. 10. *many*. ver. 12, 18. Da. 12. 2. Mat. 20. 28; 26. 28. *much*. Ep. 2. 8. *and the gift*. ch. 6. 23. 2 Co. 9. 15. He. 2. 9. 1 Jno. 4. 9, 10; 5. 11. *hath*. ver. 20. Is. 53. 11; 55. 7. 1 Jno. 2. 2. Re. 7. 9, 10, 14-17.

16 *for the*. Ge. 3. 6-19. Ga. 3. 10. Ja. 2. 10. *but the free*. Is. 1. 18; 43. 25; 44. 22. Lu. 7. 47-50. Ac. 13. 38, 39. 1 Co. 6. 9-11. 1 Ti. 1. 13-16.

17 *For if*. ver. 12. Ge. 3. 6, 19. 1 Co. 15. 21, 22, 49. *by one man's offence* *or*, by

one offence. *abundance.* ver. 20. Jno. 10. 10. 1 Ti. 1. 14. *gift.* ch. 6. 23. Is. 61. 10. Phi. 3. 9. *shall reign.* ch. 8. 39. Mat. 25. 34. 1 Co. 4. 8. 2 Ti. 2. 12. Ja. 2. 5. 1 Pe. 2. 9. Re. 1. 6; 3. 21; 5. 9, 10; 20. 4, 6; 22. 5.

18 *the offence. or,* one offence. *upon.* ver. 12, 15, 19; ch. 3. 19, 20. *the righteousness. or,* one righteousness. ch. 3. 21, 22. 2 Pe. 1. 1. *all men.* Jno. 1. 7; 3. 26; 12. 32. Ac. 13. 39. 1 Co. 15. 22. 1 Ti. 2. 4-6. He. 2. 9. 1 Jno. 2. 20.

19 *as by one.* ver. 12-14. *so by.* Is. 53. 10-12. Da. 9. 24. 2 Co. 5. 21. Ep. 1. 6. Re. 7. 9-17.

20 *the law.* ch. 3. 19, 20; 4. 15; 6. 14; 7. 5-13. Jno. 15. 22. 2 Co. 3. 7-9. Ga. 3. 19-25. *But.* ch. 6. 1. 2 Ch. 33. 9-13. Ps. 25. 11. Is. 1. 18; 43. 24, 25. Je. 3. 8-14. Eze. 16. 52, 60-63; 36. 25-32. Mi. 7. 18, 19. Mat. 9. 13. Lu. 7. 47; 23. 39-43. Jno. 10. 10. 1 Co. 6. 9-11. Ep. 1. 6-8; 2. 1-5. 1 Ti. 1. 13-16. Tit. 3. 3-7.

21 *That.* ver. 14; ch. 6. 12, 14, 16. *grace.* Jno. 1. 16, 17. Tit. 2. 11. He. 4. 16. 1 Pe. 5. 10. *through.* ver. 17; ch. 4. 13; 8. 10. 2 Pe. 1. 1. *unto.* ch. 6. 23. Jno. 10. 28. 1 Jno. 2. 25; 5. 11-13.

## CHAP. VI.

*We may not live in sin,* 1; *for we are dead unto it,* 2; *as appears by our baptism,* 3-11. *Let not sin reign any more,* 12-17; *because we have yielded ourselves to the service of righteousness,* 18-22; *and for that death is the wages of sin,* 23.

1 *What.* See on ch. 3. 5. *Shall.* ver. 15; ch. 2. 4, 5; 3. 5-8, 31; 5. 20, 21. Ga. 5. 13. 1 Pe. 2. 16. 2 Pe. 2. 18, 19. Jude 4.

2 *God.* See on ch. 3, 4. *How.* Ge. 39. 9. Ps. 119. 104. 1 Jno. 3. 9. *dead.* ver. 5-11; ch. 6. 11; 7. 4. Ga. 2. 19; 6. 14. Col. 3. 3. 1 Pe. 2. 24. *live.* 2 Co. 5. 14-17. 1 Pe. 1. 14; 4. 1-3.

3 *Know.* ver. 16; ch. 7. 1. 1 Co. 3. 16; 5. 6; 6. 2, 3, 9, 15, 16, 19; 9. 13, 24. 2 Co. 13. 5. Ja. 4. 4. *as were. or,* as are. Mat. 28. 19. 1 Co. 12, 13. Ga. 3. 27. 1 Pe. 3. 21. *were.* ver. 4, 5, 8. 1 Co. 15. 29. Ga. 2. 20, 21.

4 *we are.* ver. 3. Col. 2. 12, 13; 3. 1-3. 1 Pe. 3. 21. *that.* ver. 9; ch. 8. 11. 1 Co. 6. 14. 2 Co. 13. 4. Ep. 1. 19, 20; 2. 5, 6. *by the.* Mat. 28. 2, 3. Jno. 2. 11, 19, 20; 11. 40. Col. 1. 11. *even.* ver. 19; ch. 7. 6; 12. 1, 2; 13. 13, 14. 2 Co. 5. 17. Ga. 6. 15, 16. Ep. 4. 17, 22-24; 5. 8. Phi. 3. 17, 18. Col. 1. 9-12; 2. 11, 12; 3. 10; 4. 1. 1 Pe. 4. 1, 2. 2 Pe. 1. 4-9. 1 Jno. 2. 6.

5 *For.* ver. 8-12. Ep. 2. 5, 6. Phi. 3. 10, 11. *planted.* Ps. 92. 13. Is. 5. 2. Je. 2. 21. Mat. 15. 13. Jno. 12. 24; 15. 1-8.

6 *that our.* Ga. 2. 20; 5. 24; 6. 14. Ep. 4. 22. Col. 3. 5, 9, 10. *that the.* ch. 7. 24; 8. 3, 13. Col. 2. 11, 12. *that henceforth.* ver. 12, 22; ch. 7. 25; 8. 4. 2 Ki. 5. 17. Is. 26. 13. Jno. 8. 34-36.

7 *For he.* ver. 2, 8; ch. 7. 2, 4. Col. 3. 1-3. 1 Pe. 4. 1. *freed. or,* justified. ch. 8. 1.

8 *Now.* ver. 3-5. 2 Ti. 2. 11, 12. *we believe.* Jno. 14. 19. 2 Co. 4. 10-14; 13. 4. Col. 3. 3, 4. 1 Th. 4. 14-17.

9 *Christ.* Ps. 16. 9-11. Ac. 2. 24-28. He. 7. 16, 25; 10. 12, 13. Re. 1. 18. *death.* ver. 14; ch. 5. 14. He. 2. 14, 15.

10 *he died unto.* ch. 8. 3. 2 Co. 5. 21. He. 9. 26-28. 1 Pe. 3. 18. *he liveth unto.* ver. 11; ch. 14. 7-9. Lu. 20. 38. 2 Co. 5. 15. 1 Pe. 4. 6.

11 *reckon.* ch. 8. 18. *be dead.* See on ver. 2. *but.* ver. 13. 1 Co. 6. 20. Ga. 2. 19, 20. Col. 3. 3-5. *through.* ver. 23; ch. 5. 1; 16. 27. Jno. 20. 31. Ep. 2. 7. Phi. 1. 11; 4. 7. Col. 3. 17. 1 Pe. 2. 5; 4. 11.

12 *Let not.* ver. 16; ch. 5. 21; 7. 23, 24. Nu. 33. 55. De. 7. 2. Jos. 23. 12, 13. Ju. 2. 3. Ps. 19. 13; 119. 133. *mortal.* ch. 8. 11. 1 Co. 15. 53, 54. 2 Co. 4. 11; 5. 4. *in the lusts.* ver. 16; ch. 2. 8; 8. 13; 13. 14. Ga. 5. 16, 24. Ep. 2. 3; 4. 22. 1 Th. 4. 5. 2 Ti. 2. 22. Tit. 2. 12; 3. 3. Ja. 1. 14, 15; 4. 1-3. 1 Pe. 1. 14; 2. 11; 4. 2, 3. 1 Jno. 2. 15-17. Jude 16, 18.

13 *Neither.* ver. 16, 19; ch. 7. 5, 23. 1 Co. 6. 15. Col. 3. 5. Ja. 3. 5, 6; 4. 1. *instruments. Gr.* arms, *or* weapons. 2 Co. 10. 4. *unrighteousness.* ch. 1. 29; 2. 8, 9. De. 25. 16. Is. 3. 10, 11; 55. 7. Eze. 18. 4. 1 Co. 6. 9. 2 Th. 2. 12. 2. Pe. 2. 13-15. 1 Jno. 1. 9. *but yield.* ch. 12. 1. 2 Ch. 30. 8. Da. 3. 28. 1 Co. 6. 20. 2 Co. 8. 5. Phi. 1. 20. *alive.* ver. 11. Lu. 15. 24, 32. Jno. 5. 24. 2 Co. 5. 15. Ep. 2. 5; 5. 14. Col. 2. 13. 1 Pe. 2. 24; 4. 2. *and your.* Ps. 37. 30. Pr. 12. 18. Ja. 3. 5, 6.

14 *sin.* ver. 12; ch. 5. 20, 21; 8. 2. Ps. 130. 7, 8. Mi. 7. 19. Mat. 1. 21. Jno. 8. 36. Tit. 2. 14. He. 8. 10. *for ye.* ch. 3. 19, 20; 7. 4-11. Ga. 3. 23; 4. 4, 5, 21; 5. 18. *under.* ver. 15; ch. 4. 16; 5. 21; 11. 6. Jno. 1. 17. 2 Co. 3. 6-9.

15 *What.* See on ch. 3. 9. *shall we.* ver. 1, 2. 1 Co. 9. 20, 21. 2 Co. 7. 1. Ga. 2. 17, 18. Ep. 2. 8-10. Tit. 2. 11-14. Jude 4.

16 *Know.* See on ver. 3. *to whom.* ver. 13. Jos. 24. 15. Mat. 6. 24. Jno. 8. 34. 2 Pe. 2. 19. *whether of sin.* ver. 12, 17, 19-23.

17 *But.* ch. 1. 8. 1 Ch. 29. 12-16. Ezr. 7. 27. Mat. 11. 25, 26. Ac. 11. 18; 28. 15. 1 Co. 1. 4. Ep. 1. 16. Phi. 1. 3-5. Col. 1. 3, 4. 1 Th. 1. 2, 3; 3. 9. 2 Th. 1. 3. 2 Ti. 1. 3-5. Phile. 4. 2 Jno. 4. 3 Jno. 3. *that.* 1 Co. 6. 9-11. Ep. 2. 5-10. 1 Ti. 1. 13-16. Tit. 3. 3-7. 1 Pe. 2. 9; 4. 2-5. *but ye.* ch. 1. 5; 2. 8; 15. 18; 16. 26. Ps. 18. 44, marg. 2 Co. 10. 5, 6. He. 5. 9; 11. 8. 1 Pe. 1. 22; 3. 1; 4. 17. *that form.* 2 Ti. 1. 13. *which was delivered you. Gr.* whereto ye were delivered.

18 *made.* ver. 14. Ps. 116. 16; 119. 32, 45. Lu. 1. 74, 75. Jno. 8. 32, 36. 1 Co. 7. 21, 22. Ga. 5. 1. 1 Pe. 2. 16. *servants.* ver. 19, 20, 22. Is. 26. 13; 54. 17.

19 *I speak.* ch. 3. 5. 1 Co. 9. 8; 15. 32. Ga. 3. 15. *because.* ch. 8. 26; 15. 1. He. 4. 15. *for as ye.* ver. 13, 17. 1 Co. 6. 11. Ep. 2. 2, 3. Col. 3. 5-7. 1 Pe. 4. 2-4. *unto iniquity.* ver. 16. 1 Co. 5. 6; 15. 33. 2 Ti. 2. 16, 17. He. 12. 15. *now yield.* ver. 13. *unto holiness.* ver. 22.

20 *the servants.* ver. 16, 17. Jno. 8. 34. *from. Gr.* to.

21 *What.* ch. 7. 5. Pr. 1. 31; 5. 10-13; 9. 17, 18. Is. 3. 10. Je. 17. 10; 44. 20-24. Ga. 6. 7, 8. *whereof.* Ezr. 9. 6. Job 40. 4; 42. 6. Je. 3. 3; 8. 12; 31. 19. Eze. 16. 61-63; 36. 31, 32; 43. 11. Da. 9. 7, 8; 12. 2. Lu. 15. 17-21. 2 Co. 7. 11. 1 Jno. 2. 28. *for the.* ver. 23; ch. 1. 32. De. 17. 6; 21. 22. 2 Sa. 12. 5-7. 1 Ki. 2. 26. Ps. 73. 17. Pr. 14. 12; 16. 25. Phi. 3. 19. He. 6. 8; 10. 29. Ja. 1. 15; 5. 20. 1 Pe. 4. 17. Re. 16. 6; 20. 14.

22 *But now.* ver. 14, 18; ch. 8. 2. Jno. 8. 32. 2 Co. 3. 17. Ga. 5. 13. *become.* ch. 7. 25. Ge. 50. 17. Job 1. 8. Ps. 86. 2; 143. 12. Is. 54. 17. Da. 3. 26; 6. 20. Ga. 1. 10. Col. 4. 12. Tit. 1. 1. Ja. 1. 1. 1 Pe. 2. 16. Re. 7. 3. *ye have.* Ps. 92. 14. Jno. 15. 2, 16. Ga. 5. 22. Ep. 5. 9. Phi. 1. 11; 4. 17. Col. 1. 10. *and the end.* ver. 21. Nu. 23. 10. Ps. 37. 37, 38. Mat. 13. 40, 43; 19. 29; 25. 46. Jno. 4. 36.

23 *For the wages.* ch. 5. 12. Ge. 2. 17; 3. 19. Is. 3. 11. Eze. 18. 4, 20. 1 Co. 6. 9, 10. Ga. 3. 10; 6. 7, 8. Ja. 1. 15. Re. 21. 8. *but the.* ch. 2. 7; 5. 17, 21. Jno. 3. 14-17, 36; 4. 14; 5. 24, 39, 40; 6. 27, 32, 33, 40, 50-58, 68; 10. 28; 17. 2. Tit. 1. 2. 1 Pe. 1. 3, 4. 1 Jno. 2. 25; 5. 11, 12.

## CHAP. VII.

*No law hath power over a man longer than he lives,* 1-3. *But we are dead to the law,* 4-6. *Yet is not the law sin,* 7-11; *but holy, just, and good,* 12-15; *as I acknowledge, who am grieved because I cannot keep it,* 16-25.

1 *Know.* See on ch. 6. 3. *brethren.* ch. 9. 3; 10. 1. *them that.* ch. 2. 17, 18. Ezr. 7. 25. Pr. 6. 23. 1 Co. 9. 8. Ga. 4. 21. *the law.* ver. 6; ch. 6. 14. *a man.* Or, *person,* either man or woman; ανθρωπος and *homo* having this extent of signification.

2 *the woman.* Rather, *a woman.* The apostle here illustrates the position laid down in the preceding verse by a familiar instance. Ge. 2. 23, 24. Nu. 30. 7, 8. 1 Co. 7. 4, 39.

3 *So then.* Ex. 20. 14. Le. 20. 10. Nu. 5. 13, etc. De. 22. 22-24. Mat. 5. 32. Mar. 10. 6-12. Jno. 8. 3-5. *though.* Ru. 2. 13. 1 Sa. 25. 39-42. 1 Ti. 5. 11-14.

4 *ye also.* ver. 6; ch. 6. 14; 8. 2. Ga. 2. 19, 20; 3. 13; 5. 18. Ep. 2. 15. Col. 2. 14, 20. *the body.* Mat. 26. 26. Jno. 6. 51. 1 Co. 10. 16. He. 10. 10. 1 Pe. 2. 24. *that ye.* Ps. 45. 10-15. Is. 54. 5; 62. 5. Ho. 2. 19, 20. Jno. 3. 29. 2 Co. 11. 2. Ep. 5. 25-27. Re. 19. 7; 21. 9. *that we.* ch. 6. 22. Ps. 45. 16. Jno. 15. 8. Ga. 5. 22, 23. Phi. 1. 11; 4. 17. Col. 1. 6, 10.

5 *in the flesh.* ch. 8. 8, 9. Jno. 3. 6. Ga. 5. 16, 17, 24. Ep. 2. 3, 11. Tit. 3. 3. *motions. Gr.* passions. ch. 1. 26. Gr. *which.* ch. 3. 20; 4. 15; 5. 20. 1 Co. 15. 56. 2 Co. 3. 6-9. Ga. 3. 10. Ja. 2. 9, 10. 1 Jno. 3. 4. *did work.* ver. 8-13. Mat. 15. 19. Ga. 5. 19-21. Ja. 1. 15. *members.* ver. 23; ch. 6. 13, 19. Col. 3. 5. Ja. 4. 1. *bring.* ch. 6. 21.

6 *But.* ver. 4. ch. 6. 14, 15. Ga. 3. 13, 23-25; 4. 4, 5. *that being dead. or,* being dead to that. ver. 1, 4; ch. 6. 2. *serve.* ch. 1. 9; 2. 27-29; 6. 4, 11, 19, 22; 12. 2. Eze. 11. 19; 36. 26. 2 Co. 3. 6; 5. 17. Ga. 2. 19, 20; 6. 15. Phi. 3. 3. Col. 3. 10.

7 *What.* ch. 3. 5; 4. 1; 6. 15. *Is the law.* ver. 8, 11, 13. 1 Co. 15. 56. *I had.* ver. 5; ch. 3. 20. Ps. 19. 7-12; 119. 96. *lust. or,* concupiscence. ver. 8. 1 Th. 4. 5. *Thou shalt.* ch. 13. 9. Ge. 3. 6. Ex. 20. 17. De. 5. 21. Jos. 7. 21. 2 Sa. 11. 2. 1 Ki. 21. 1-4. Mi. 2. 2. Mat. 5. 28. Lu. 12. 15. Ac. 20. 33. Ep. 5. 3. Col. 3. 5. 1 Jno. 2. 15, 16.

8 *sin.* ver. 11, 13, 17; ch. 4. 15; 5. 20. *wrought.* Ja. 1. 14, 15. *For without,* etc. Rather, 'For without *a* law sin is dead.' Where there is no law, there is no transgression; for sin is the transgression of the law: the very essence of sin consists in the violation of some positive law. ch. 4. 15. Jno. 15. 22, 24. 1 Co. 15. 56.

9 *For I.* Mat. 19. 20. Lu. 10. 25-29; 15. 29; 18. 9-12, 21. Phi. 3. 5, 6. *without.* Mat. 5. 21, etc.; 15. 4-6. Mar. 7. 8-13. *but.* ch. 3. 19, 20; 10. 5. Ps. 40. 12. Ga. 3. 10. Ja. 2. 10, 11. *sin.* ver. 21-23; ch. 8. 7. *and I died.* ver. 4, 6, marg., 11; ch. 3. 20. Ga. 2. 19.

10 ch. 10. 5. Le. 18. 5. Eze. 20. 11, 13, 21. Lu. 10. 27-29. 2 Co. 3. 7.

11 *sin.* ver. 8, 13. *deceived.* Is. 44. 20. Je. 17. 9; 49. 16. Ob. 3. Ep. 4. 22. He. 3. 13. Ja. 1. 22, 26.

12 *the law.* ver. 14; ch. 3. 31; 12. 2. De. 4. 8; 10. 12. Ne. 9. 13. Ps. 19. 7-12; 119. 38, 86, 127, 137, 140, 172. 1 Ti. 1. 8. *the commandment.* ver. 7.

13 *then.* ch. 8. 3. Ga. 3. 21. *But sin.* ver. 8-11; ch. 5. 20. Ja. 1. 13-15.

14 *the law.* Le. 19. 18. De. 6. 5. Ps. 51. 6. Mat. 5. 22, 28; 22. 37-40. He. 4. 12. *but.* ver. 18, 22, 23. Job 42. 6. Ps. 119. 25. Pr. 30. 2, 5. Is. 6. 5; 64. 5, 6. Lu. 5. 8; 7. 6; 18. 11-14. Ep. 3. 8. *carnal.* Mat. 16. 23. 1 Co. 3. 1-3. *sold.* ver. 24. Ge. 37. 27, 36; 40. 15. Ex. 21. 2-6; 22. 3. 1 Ki. 21. 20, 25. 2 Ki. 17. 17. Is. 50. 1; 52. 3. Am. 2. 6. Mat. 18. 25.

15 *For that.* ch. 14. 22. Lu. 11. 48. *allow. or.* know. Ps. 1. 6. Na. 1. 7. 2 Ti. 2. 19. *what.* ver. 16, 19, 20. 1 Ki. 8. 46. Ps. 19. 12; 65. 3; 119. 1-6, 32, 40. Ec. 7. 20. Ga. 5. 17. Phi. 3. 12-14. Ja. 3. 2. 1 Jno. 1. 7, 8. *what I hate.* ch. 12. 9. Ps. 36. 4; 97. 10; 101. 3; 119. 104, 113, 128, 163. Pr. 8. 13; 13. 5. Am. 5. 15. He. 1. 9. Jude 23.

16 *I consent.* ver. 12, 14, 22. Ps. 119. 127, 128.

17 *it is no more.* ver. 20; ch. 4. 7, 8. 2 Co. 8. 12. Phi. 3. 8, 9. *sin.* ver. 18, 20, 23. Ja. 4. 5, 6.

18 *that in me.* Ge. 6. 5; 8. 21. Job 14. 4; 15. 14-16; 25. 4. Ps. 51. 5. Is. 64. 6. Mat. 15. 19. Mar. 7. 21-23. Lu. 11. 13. Ep. 2. 1-5. Tit. 3. 3. 1 Pe. 4. 2. *in my.* ver. 5, 25; ch. 8. 3-13; 13. 14. Jno. 3. 6. Ga. 5. 19-21, 24. *for to will.* ver. 15, 19, 25. Ps. 119. 5, 32, 40, 115-117, 173, 176. Ga. 5. 17. Phi. 2. 13; 3. 12.

20 *it is no.* ver. 17.

21 *a law.* ver.23 ; ch.6.12,14 ; 8.2. Ps. 19. 13 ; 119. 133. Jno. 8. 34. Ep. 6. 11-13. 2 Pe. 2. 19. *evil.* 2 Ch. 30. 18, 19. Ps. 19. 12 ; 40.12 ; 65.3 ; 119.37. Is. 6. 5-7. Zec. 3. 1-4. Lu. 4. 1. He. 2. 17 ; 4. 15.

22 *I delight.* ch. 8. 7. Job. 23. 12. Ps. 1. 2; 19. 8-10 ; 40. 8 ; 119. 16, 24, 35, 47, 48, 72, 92, 97-104, 111, 113, 127, 167, 174. Is. 51. 7. Jno. 4.34. He. 8. 10. *inward.* ch. 2. 29. 2 Co. 4. 16. Ep. 3. 16. Col. 3. 9. 1 Pe. 3. 4.

23 *another.* ver. 5, 21, 25 ; ch. 8. 2. Ec. 7. 20. Ga. 5. 17. 1 Ti. 6. 11, 12. He. 12. 4. Ja. 3. 2 ; 4. 1. 1 Pe. 2. 11. *members.* ch. 6. 13, 19. *and.* ver. 14. Ps. 142. 7. 2 Ti. 2. 25, 26.

24 *wretched.* ch. 8. 26. 1 Ki. 8. 38. Ps. 6.6 ; 32. 3,4 ; 38. 2, 8-10 ; 77. 3-9 ; 119. 20, 81-83, 131, 143, 176 ; 130. 1-3. Eze. 9. 4. Mat. 5. 4, 6. 2 Co. 12. 7-9. Re. 21. 4. *who.* De. 22. 26, 27. Ps. 71. 11 ; 72. 12 ; 91. 14, 15; 102. 20. Mi. 7. 19. Zec. 9. 11, 12. Lu. 4. 18. 2 Co. 1. 8-10. 2 Ti. 4. 18. Tit. 2. 14. Heb. 2. 15. *the body of this, or,* this body of. ch. 6. 6 ; 8. 13. Ps. 88. 5. Col. 2. 11.

25 *thank God.* ch. 6. 14, 17. Ps. 107. 15, 16 ; 116. 16, 17. Is. 12. 1 ; 49. 9, 13. Mat. 1. 21. 1 Co. 15. 57. 2 Co. 9. 15 ; 12. 9, 10. Ep. 5. 20. Phi. 3. 3 ; 4. 6. Col. 3. 17. 1 Pe. 2. 5, 9. *So then.* ver. 15-24. Ga. 5. 17-24.

## CHAP. VIII.

*They that are in Christ, are free from condemnation,* 1-4. *What harm comes of the flesh,* 5-12 ; *and what good of the Spirit,* 13-18. *The glorious deliverance all things long for,* 19-28, *was beforehand decreed from God,* 29-37. *Nothing can sever us from his love,* 38, 39.

1 *no.* ch. 4. 7, 8 ; 5. 1 ; 7. 17, 20. Is. 54. 17. Jno. 3. 18, 19 ; 5. 24. Ga. 3. 13. *in.* ch. 16. 7. Jno. 14. 20 ; 15. 4. 1 Co. 1. 30 ; 15. 22. 2 Co. 5. 17 ; 12. 2. Ga. 3. 28. Phi. 3. 9. *who.* ver. 4. 14. Ga. 5. 16, 25. Tit. 2. 11-14.

2 *For.* ch. 3. 27. Jno. 8. 36. *Spirit.* ver. 10, 11. Jno. 4. 10, 14 ; 6. 63 ; 7. 38, 39. 1 Co. 15. 45. 2 Co. 3. 6. Re. 11. 11 ; 22. 1. *hath.* ch. 6. 18, 22. Ps. 51. 12. Jno. 8. 32. 2 Co. 3. 17. Ga. 2. 19 ; 5. 1. *from.* ch. 5. 21 ; 7. 21, 24, 25.

3 *For what.* ch. 3. 20 ; 7. 5-11. Ac. 13. 39. Ga. 3. 21. He. 7. 18, 19 ; 10. 1-10, 14. *God.* ver. 32. Jno. 3. 14-17. Ga. 4. 4, 5. 1 Jno. 4. 10-14. *in the.* ch. 9. 3. Mar. 15. 27, 28. Jno. 9. 24. *for sin. or,* by a sacrifice for sin. 2 Co. 5. 21. Ga. 3. 13. *condemned.* ch. 6. 6. 1 Pe. 2. 24 ; 4. 1, 2.

4 *That.* Ga. 5. 22-24. Ep. 5. 26, 27. Col. 1. 22. He. 12. 23. 1 Jno. 3. 2. Jude 24. Re. 14. 5. *who.* ver. 1.

5 *For they.* ver. 12, 13. Jno. 3. 6. 1 Co. 15. 48. 2 Co. 10. 3. 2 Pe. 2. 10. *mind.* ver. 6, 7. Mar. 8. 33. 1 Co. 2. 14. Phi. 3. 18, 19. *of the Spirit.* ver. 9, 14. 1 Co. 2. 14. Ga. 5. 22-25. Ep. 5. 9. Col. 3. 1-3.

6 *to be carnally minded. Gr.* the minding of the flesh. So ver. 7, 13 ; ch. 6. 21, 23 ; 7. 5, 11 ; 13. 14. Ga. 6. 8. Ja. 1. 14, 15. *to be spiritually minded. Gr.* the minding of the Spirit. *life.* ch. 5. 1, 10 ; 14. 17. Jno. 14. 6, 27 ; 17. 5. Ga. 5. 22.

7 *the carnal mind. Gr.* the minding of the flesh. ch. 1. 28, 30 ; 5. 10. Ex. 20. 5. 2 Ch. 19. 2. Ps. 53. 1. Jno. 7. 7 ; 15. 23, 24. Ep. 4. 18, 19. Col. 1. 21. 2 Ti. 3. 4. Ja. 4. 4. 1 Jno. 2. 15, 16. *for it.* ver. 4 ; ch. 3. 31 ; 7. 7-14, 22. Mat. 5. 19. 1 Co. 9. 21. Ga. 5. 22, 23. He. 8. 10. *neither.* Je. 13. 23. Mat. 12. 34. 1 Co. 2. 14. 2 Pe. 2. 14.

8 *they that.* ver. 9 ; ch. 7. 5. Jno. 3. 3, 5, 6. *please.* Mat. 3. 17. Jno. 8. 29. 1 Co. 7. 32. Phi. 4. 18. Col. 1. 10 ; 3. 20. 1 Th. 4. 1. He. 11. 5, 6 ; 13. 16, 21. 1 Jno. 3. 22.

9 *But ye.* ver. 2. Eze. 11. 19 ; 36. 26, 27. Jno. 3. 6. *if so be.* ver. 11. Lu. 11. 13. 1 Co. 3. 16 ; 6. 19. 2 Co. 6. 16. Ga. 4. 6. Ep. 1. 13, 17, 18 ; 2. 22. 2 Ti. 1. 14. 1 Jno. 3. 24 ; 4. 4. Jude 19-21. *the Spirit.* Jno. 3. 34. Ga. 4. 6. Phi. 1. 19. 1 Pe. 1. 11. *he is.* Jno. 17. 9, 10. 1 Co. 3. 21-23 ; 15. 23. 2 Co. 10. 7. Ga. 5. 24. Re. 13. 8 ; 20. 15.

10 *if Christ.* Jno. 6. 56 ; 14. 20, 23 ; 15. 5 ; 17. 23. 2 Co. 13. 5. Ep. 3. 17. Col. 1. 27. *the body.* ver. 11 ; ch. 5. 12. 2 Co. 4. 11 ; 5. 1-4. 1 Th. 4. 16. He. 9. 27. 2 Pe. 1. 13, 14. Re. 14. 13. *but.* Jno. 4. 14 ; 6. 54 ; 11. 25, 26 ; 14. 19. 1 Co. 15. 45. 2 Co. 5. 6-8. Phi. 1. 23. Col. 3. 3, 4. He. 12. 23. Re. 7. 14-17. *life.* ch. 5. 21. 2 Co. 5. 21. Phi. 3. 9.

11 *him.* ver. 9 ; ch. 4. 24, 25. Ac. 2. 24, 32, 33. Ep. 1. 19, 20. He. 13. 20. 1 Pe. 1. 21. *he that raised.* ver. 2 ; ch. 6. 4, 5. Is. 26. 19. Eze. 37. 14. Jno. 5. 28, 29. 1 Co. 6. 14 ; 15. 16, 20-22, 51-57. 2 Co. 4. 14. Ep. 2. 5. Phi. 3. 21. 1 Th. 4. 14-17. 1 Pe. 3. 18. Re. 1. 18 ; 11. 11 ; 20. 11-13. *mortal.* ch. 6. 12. 1 Co. 15. 53. 2 Co. 4. 11 ; 5. 4. *by his Spirit. or,* because of his Spirit. *dwelleth.* ver. 9. Jno. 7. 38, 39 ; 14. 17.

12 *we are.* ch. 6. 2-15. Ps. 116. 16. 1 Co. 6. 19, 20. 1 Pe. 4. 2, 3.

13 *ye live.* ver. 1, 4-6 ; ch. 6. 21, 23 ; 7. 5. Ga. 5. 19-21 ; 6. 8. Ep. 5. 3-5. Col. 3. 5, 6. Ja. 1. 14, 15. *but if.* ver. 2. 1 Co. 9. 27. Ga. 5. 24. Ep. 4. 22. Col. 3. 5-8. Tit. 2. 12. 1 Pe. 2. 11. *through.* ver. 1. Ep. 4. 30 ; 5. 18. 1 Pe. 1. 22.

14 *led.* ver. 5, 9. Ps. 143. 10. Pr. 8. 20. Is. 48. 16, 17. Ga. 4. 6 ; 5. 16, 18, 22-25. Ep. 5. 9. *they are.* ver. 17. 2 Co. 6. 18. Ga. 3. 26. Ep. 1. 5. 1 Jno. 3. 1. Re. 21. 7.

15 *the spirit.* Ex. 20. 19. Nu. 17. 12. Lu. 8. 28, 37. Jno. 16. 8. Ac. 2. 37 ; 16. 29. 1 Co. 2. 12. 2 Ti. 1. 7. He. 2. 15 ; 12. 18-24. Ja. 2. 19. 1 Jno. 4. 18. *the Spirit.* ver. 16. Is. 56. 5. Je. 3. 19. 1 Co. 2. 12. Ga. 4. 5-7. Ep. 1. 5, 11-14. *Abba.* Mar. 14. 36. Lu. 11. 2 ; 22. 42. Jno. 20. 17.

16 *Spirit.* ver. 23, 26. 2 Co. 1. 22 ; 5. 5. Ep. 1. 13 ; 4. 30. 1 Jno. 4. 13. *with our.* 2 Co. 1. 12. 1 Jno. 3. 19-22 ; 5. 10.

17 *if children.* ver. 3, 29, 30 ; ch. 5. 9, 10, 17. Lu. 12. 32. Ac. 26. 18. Ga. 3. 29 ; 4. 7. Ep. 3. 6. Tit. 3. 7. He. 1. 14 ; 6. 17. Ja. 2. 5. 1 Pe. 1. 4. *heirs of.* Mat. 25. 21. Lu. 22. 29, 30. Jno. 17. 24. 1 Co. 2. 9 ; 3. 22, 23. Re. 3. 21 ; 21. 7. *if so be.* Mat. 16. 24. Lu. 24. 26. Jno. 12. 25, 26. Ac. 14. 22. 2 Co. 4. 8-12. Phi. 1. 29. 2 Ti. 2. 10-14.

18 *I reckon.* Mat. 5. 11, 12. Ac. 20. 24. 2 Co. 4. 17, 18. He. 11. 25, 26, 35. 1 Pe. 1. 6, 7. *the glory.* Col. 3. 4. 2 Th. 1. 7-12 ; 2. 14. 1 Pe. 1. 13 ; 4. 13 ; 5. 1. 1 Jno. 3. 2.

19 *the earnest.* ver. 23. Phi. 1. 20. *expectation.* Is. 65. 17. Ac. 3. 21. 2 Pe. 3. 11-13. Re. 21. 1-5. *the manifestation.* Mal. 3. 17, 18. Mat. 25. 31-46. 1 Jno. 3. 2.

20 *the creature.* ver. 22. Ge. 3. 17-19 ; 5. 29 ; 6. 13. Job 12. 6-10. Is. 24. 5, 6. Je. 12. 4, 11 ; 14. 5, 6. Ho. 4. 3. Joel 1. 18.

21 *Because.* 2 Pe. 3. 13. *into the glorious.* ver. 19. Re. 22. 3-5.

22 *the,* etc. *or,* every creature. ver. 20. Mar. 16. 15. Col. 1. 23. *groaneth.* Ps. 48. 6. Je. 12. 11. Jno. 16. 21. Re. 12. 2.

23 *which have.* See on ver. 15, 16 ; ch. 5. 5. 2 Co. 5. 5. Ga. 5. 22, 23. Ep. 1. 14 ; 5. 9. *even we.* ver. 26 ; ch. 7. 24. 2 Co. 5. 2-4 ; 7. 5. Phi. 1. 21-23. 1 Pe. 1. 7. *waiting.* ver. 19, 25. Lu. 20. 36. Phi. 3. 20, 21. 2 Ti. 4. 8. Tit. 2. 13. He. 9. 28. 1 Jno. 3. 2. *the redemption.* Lu. 21. 28. Ep. 1. 14 ; 4. 30.

24 *saved.* ch. 5. 2 ; 12. 12 ; 15. 4, 13. Ps. 33. 18, 22 ; 146. 5. Pr. 14. 32. Je. 17. 7. Zec. 9. 12. 1 Co. 13. 13. Ga. 5. 5. Col. 1. 5, 23, 27. 1 Th. 5. 8. 2 Th. 2. 16. Tit. 2. 11-13. He. 6. 18, 19. 1 Pe. 1. 3, 21. 1 Jno. 3. 3. *but hope.* 2 Co. 4. 18 ; 5. 7. He. 11. 1. 1 Pe. 1. 10, 11.

25 *with patience.* ver. 23 ; ch. 2. 7 ; 12. 12. Ge. 49. 18. Ps. 27. 14 ; 37. 7-9 ; 62. 1, 5, 6 ; 130. 5-7. Is. 25. 9 ; 26. 8. La. 3. 25, 26. Lu. 8. 15 ; 21. 19. Col. 1. 11. 1 Th. 1. 3. 2 Th. 3. 5. He. 6. 12, 15 ; 10. 36 ; 12. 1-3. Ja. 1. 3, 4 ; 5. 7-11. Re. 1. 9 ; 13. 10 ; 14. 12.

26 *infirmities.* ch. 15. 1. 2 Co. 12. 5-10. He. 4. 15 ; 5. 2. *for we.* Mat. 20. 22. Lu. 11. 1, etc. Ja. 4. 3. *but.* ver. 15. Ps. 10. 17. Zec. 12. 10. Mat. 10. 20. Ga. 4. 6. Ep. 2. 18 ; 6. 18. Jude 20, 21. *with.* ch. 7. 24. Ps. 6. 3, 9 ; 42. 1-5 ; 55. 1, 2 ; 69. 3 ; 77. 1-3 ; 88. 1-3 ; 102. 5, 20 ; 119. 81, 82 ; 143. 4-7. Lu. 22. 44. 2 Co. 5. 2, 4 ; 12. 8.

27 *And he.* 1 Ch. 28. 9 ; 29. 17. Ps. 7. 9 ; 44. 21. Pr. 17. 3. Je. 11. 20 ; 17. 10 ; 20. 12. Mat. 6. 8. Jno. 21. 17. Ac. 1. 24 ; 15. 8. 1 Th. 2. 4. He. 4. 13. Re. 2. 23. *knoweth.* Ps. 38. 9 ; 66. 18, 19. Ja. 5. 16. Gr. *because or,* that. *he maketh.* ver. 34. Ep. 2. 18. *according.* Je. 29. 12, 13. Jno. 14. 13. Ja. 1. 5, 6. 1 Jno. 3. 21, 22 ; 5. 14, 15.

28 *we know.* ver. 35-39 ; ch. 5. 3, 4. Ge. 50. 20. De. 8. 2, 3, 16. Ps. 46. 1, 2. Je. 24. 5-7. Zec. 13. 9. 2 Co. 4. 15-17 ; 5. 1. Phi. 1. 19-23. 2 Th. 1. 5-7. He. 12. 6-12. Ja. 1. 3, 4. 1 Pe. 1. 7, 8. Re. 3. 19. *them.* ch. 5. 5. Ex. 20. 6. De. 6. 5. Ne. 1. 5. Ps. 69. 36. Mar. 12. 30. 1 Co. 2. 9. Ja. 1. 12 ; 2. 5. 1 Jno. 4. 10, 19 ; 5. 2, 3. *the called.* ver. 30 ; ch. 1. 6, 7 ; 9. 11, 23, 24. Je. 51. 29. Ac. 13. 48. Ga. 1. 15. Ep. 1. 9, 10 ; 3. 11. 1 Th. 5. 9. 2 Th. 2. 13, 14. 2 Ti. 2. 19. 1 Pe. 5. 10.

29 *whom.* ch. 11. 2. Ex. 33. 12, 17. Ps. 1. 6. Je. 1. 5. Mat. 7. 23. 2 Ti. 2. 19. 1 Pe. 1. 2. Re. 13. 8. *he also.* Ep. 1. 5, 11. 1 Pe. 1. 20. *to be.* ch. 13. 14. Jno. 17. 16, 19, 22, 23, 26. 1 Co. 15. 49. 2 Co. 3. 18. Ep. 1. 4 ; 4. 24. Phi. 3. 21. 1 Jno. 3. 2. *that he might.* Ps. 89. 27. Mat. 12. 50 ; 25. 40. Jno. 20. 17. Col. 1. 15-18. He. 1. 5, 6 ; 2. 11-15. Re. 1. 5, 6.

30 *Moreover.* ver. 28 ; ch. 1. 6 ; 9. 23, 24. Is. 41. 9. 1 Co. 1. 2, 9. Ep. 4. 4. He. 9. 15. 1 Pe. 2. 9. 2 Pe. 1. 10. Re. 17. 14 ; 19. 9. *he called.* ch. 3. 22-26. 1 Co. 6. 11. Tit. 3. 4-7. *he justified.* ver. 1, 17, 18, 33-35 ; ch. 5. 8-10. Jno. 5. 24 ; 6. 39, 40 ; 17. 22, 24. 2 Co. 4. 17. Ep. 2. 6. Col. 3. 4. 1 Th. 2. 12. 2 Th. 1. 10-12 ; 2. 13, 14. 2 Ti. 2. 11. He. 9. 15. 1 Pe. 3. 9 ; 4. 13, 14 ; 5. 10.

31 *What.* See on ch. 4. 1. *If.* Ge. 15. 1. Nu. 14. 9. De. 33. 29. Jos. 10. 42. 1 Sa. 14. 6 ; 17. 45-47. Ps. 27. 1-3 ; 46. 1-3, 7, 11 ; 56. 4, 11 ; 84. 11, 12 ; 118. 6. Is. 50. 7-9 ; 54. 17. Je. 1. 19 ; 20. 11. Jno. 10. 28-30. 1 Jno. 4. 4.

32 *that.* ch. 5. 6-10 ; 11. 21. Ge. 22. 12. Is. 53. 10. Mat. 3. 17. Jno. 3. 16. 2 Co. 5. 21. 2 Pe. 2. 4, 5. 1 Jno. 4. 10. *delivered.* ch. 4. 25. *how.* ver. 28 ; ch. 6. 23. Ps. 84. 11. 1 Co. 2. 12 ; 3. 21-23. 2 Co. 4. 15. Re. 21. 7.

33 *Who.* ver. 1. Job 1. 9-11 ; 2. 4-6 ; 22. 6, etc. ; 34. 8, 9 ; 42. 7-9. Ps. 35. 11. Is. 54. 17. Zec. 3. 1-4. Re. 12. 10, 11. *of God's.* Is. 42. 1. Mat. 24. 24. Lu. 18. 7. 1 Th. 1. 4. Tit. 1. 1. 1 Pe. 1. 2. *It is.* ch. 3. 26. Is 50. 8, 9. Ga. 3. 8. Re. 12. 10, 11.

34 *Who.* ver. 1 ; ch. 14. 13. Job 34. 29. Ps. 37. 33 ; 109. 31. Je. 50. 20. *It is Christ.* ch. 4. 25 ; 5. 6-10 ; 14. 9. Job 33. 24. Mat. 20. 28. Jno. 14. 19. Ga. 3. 13, 14. He. 1. 3 ; 9. 10-14 ; 10. 10-14, 19-22 ; 12. 2. 1 Pe. 3. 18. Re. 1. 18. *who is even.* Mar. 16. 19. Ac. 7. 56-60. Col. 3. 1. He. 8. 1, 2 ; 12. 1. 1 Pe. 3. 22. *who also.* ver. 27. Is. 53. 12. Jno. 16. 23, 26, 27 ; 17. 20-24. He. 4. 14, 15 ; 7. 25 ; 9. 24. 1 Jno. 2. 1, 2.

35 *shall separate.* ver. 39. Ps. 103. 17. Je. 31. 3. Jno. 10. 28 ; 13. 1. 2 Th. 2. 13, 14, 16. Re. 1. 5. *shall tribulation.* ver. 17 ; ch. 5. 3-5. Mat. 5. 10-12 ; 10. 28-31. Lu. 21. 12-18. Jno. 16. 33. Ac. 14. 22 ; 20. 23, 24. 2 Co. 4. 17 ; 6. 4-10 ; 11. 23-27. 2 Ti. 1. 12 ; 4. 16-18. He. 12. 3-11. Ja. 1. 2-4. 1 Pe. 1. 5-7 ; 4. 12-14. Re. 7. 14-17.

36 *For thy.* Ps. 44. 22 ; 141. 7. Jno. 16. 2. 1 Co. 15. 30. 2 Co. 4. 11. *as sheep.* Is. 53. 7. Je. 11. 19 ; 12. 3 ; 51. 40. Ac. 8. 32.

37 *Nay.* 2 Ch. 20. 25-27. Is. 25. 8. 1 Co. 15. 54, 57. 2 Co. 2. 14 ; 12. 9, 19. 1 Jno. 4. 4 ; 5. 4, 5. Re. 7. 9, 10 ; 11. 7-12 ; 12. 11 ; 17. 14 ; 21. 7. *him.* Ga. 2. 20. Ep. 5. 2, 25-27. 2 Th. 2. 16. 1 Jno. 4. 10, 19. Jude 24. Re. 1. 5.

38 *For I.* ch. 4. 21. 2 Co. 4. 13. 2 Ti. 1. 12. He. 11. 13. *that.* ch. 14. 8. Jno. 10. 28. 1 Co. 3. 22, 23 ; 15. 54-58. 2 Co. 5. 4-8. Phi. 1. 20-23. *nor.* 2 Co. 11, 14. Ep. 1. 21 ; 6. 11, 12. Col. 1. 16 ; 2. 15. 1 Pe. 3. 22 ; 5. 8-10.

39 *Nor.* Ep. 3. 18, 19. *height.* Ex. 9. 16, 17. Ps. 93. 3, 4. Is. 10. 10-14, 33 ; 24. 21. Da. 4. 11 ; 5. 18-23. 2 Th. 2. 4. Re. 13. 1-8. *depth.* ch. 11. 33. Ps. 64. 6. Pr. 20. 5. Mat. 24. 24 ; 2 Co. 2. 11 ; 11. 3. 2 Th. 2. 9-12. Re. 2. 24 ; 12. 9 ; 13. 14 ; 19. 20 ; 20. 3, 7. *shall be.* Jno. 10. 28-30. Col. 3. 3, 4. *love.* ver. 35 ; ch. 5. 8. Jno. 3. 16 ; 16. 27 ; 17. 26. Ep. 1. 4 ; 2. 4-7. Tit. 3. 4-7. 1 Jno. 4. 9, 10, 16, 19.

## CHAP. IX.

*Paul is sorry for the Jews,* 1-6. *All of Abraham not of the promise,* 7-17. *God's sovereignty,* 18-24. *The calling of the Gentiles and rejecting of the Jews, foretold,* 25-31. *The cause of the Jews' stumbling,* 32, 33.

1 *I say.* ch. 1. 9. 2 Co. 1. 23 ; 11. 31 ; 12. 19. Ga. 1. 20. Phi. 1. 8. 1 Th. 2. 5. 1 Ti. 2. 7 ; 5. 21. *my conscience.* ch. 2. 15 ; 8. 16. 2 Co. 1. 12. 1 Ti. 1. 5. 1 Jno. 3. 19-21.

2 ch. 10. 1. 1 Sa. 15. 35. Ps. 119. 136. Is. 66. 10. Je. 9. 1; 13. 17. La. 1. 12; 3. 48, 49, 51. Eze. 9. 4. Lu. 19. 41-44. Phi. 3. 18. Re. 11. 3.

3 *I could.* Ex. 32. 32. *were.* De. 21. 23. Jos. 6. 17, 18. 1 Sa. 14. 24, 44. Ga. 1. 8; 3. 10, 13. *accursed. or*, separated. *my kinsmen.* ch. 11. 1. Ge. 29. 14. Es. 8. 6. Ac. 7. 23-26; 13. 26.

4 *are Israelites.* ver. 6. Ge. 32. 28. Ex. 19. 3-6. De. 7. 6. Ps. 73. 1. Is. 41. 8; 46. 3. Jno. 1. 47. *the adoption.* Ex. 4. 22. De. 14. 1. Je. 31. 9, 20. Ho. 11. 1. *and the glory.* Nu. 7. 89. 1 Sa. 4. 21, 22. 1 Ki. 8. 11. Ps. 63. 2; 78. 61; 90. 16. Is. 60. 19. *covenants. or*, testaments. Ge. 15. 18; 17. 2, 7, 10. Ex. 24. 7, 8; 34. 27. De. 29. 1; 31. 16. Ne. 13. 29. Ps. 89. 3, 34. Je. 31. 33; 33. 20-25. Ac. 3. 25. He. 8. 6-10. *the giving.* ch. 3. 2. Ne. 9. 13, 14. Ps. 147. 19. Eze. 20. 11, 12. Jno. 1. 17. *the service.* Ex. 12. 25. Is. 5. 2. Mat. 21. 33. He. 9. 3, 10. *promises.* Lu. 1. 54, 55, 69-75. Ac. 2. 39; 3. 25, 26; 13. 32, 33. Ep. 2. 12. He. 6. 13-17.

5 *are the fathers.* ch. 11. 28. De. 10. 15. *of whom.* ch. 1. 3. Ge. 12. 3; 49. 10. Is. 7. 14; 11. 1. Mat. 1. 1, etc. Lu. 3. 23, etc. 2 Ti. 2. 8. Re. 22. 16. *who is.* ch. 10. 12. Ps. 45. 6; 103. 19. Is. 9. 6, 7. Je. 23. 5, 6. Mi. 5. 2. Jno. 1. 1-3; 10. 30. Ac. 20. 28. Phi. 2. 6-11. Col. 1. 16. 1 Ti. 3. 16. He. 1. 8-13. 1 Jno. 5. 20. *blessed.* ch. 1. 25. Ps. 72. 19. 2 Co. 11. 31. 1 Ti. 6. 15. *Amen.* De. 27. 15, etc. 1 Ki. 1. 36. 1 Ch. 16. 36. Ps. 41. 13; 89. 52; 106. 48. Je. 28. 6. Mat. 6. 13: 28. 20. 1 Co. 14. 16. Re. 1. 18; 5. 14; 22. 20.

6 *as though.* ch. 3. 3; 11. 1, 2. Nu. 23. 19. Is. 55. 11. Mat. 24. 35. Jno. 10. 35. 2 Ti. 2. 13. He. 6. 17, 18. *they are not.* ch. 2. 28, 29; 4. 12-16. Jno. 1. 47. Ga. 6. 16.

7 *because.* Lu. 3. 8; 16. 24, 25, 30. Jno. 8. 37-39. Phi. 3. 3. *In Isaac.* Ge. 21. 12. He. 11. 18.

8 *They which.* ch. 4. 11-16. Ga. 4. 22-31. *are counted.* Ge. 31. 15. Ps. 22. 30; 87. 6. Jno. 1. 13. Ga. 3. 26-29; 4. 28. 1 Jno. 3. 1, 2.

9 *At this time.* Ge. 17. 21; 18. 10, 14; 21. 2, Sarah. He. 11. 11, 12, 17.

10 *not only.* ch. 5. 3, 11. Lu. 16. 26. *but when.* Ge. 25. 21-23, Rebekah.

11 *the children.* ch. 4. 17. Ps. 51. 5. Ep. 2. 3. *that the.* ch. 8. 28-30. Is. 14. 24, 26, 27; 23. 9; 46. 10, 11. Je. 51. 29. Ep. 1. 9-11; 3. 11. 2 Ti. 1. 9. *according.* ch. 11. 5, 7. Ep. 1. 4, 5. 1 Th. 1. 4. 2 Pe. 1. 10. *not of works.* ch. 11. 6. Ep. 2. 9. Tit. 3. 5. *but of.* ch. 8. 28. 1 Th. 2. 12. 2 Th. 2. 13, 14. 1 Pe. 5. 10. Re. 17. 14.

12 *The elder. or*, The greater. Ge. 25. 22, 23. 2 Sa. 8. 14. 1 Ki. 22. 47. *younger. or*, lesser.

13 *Jacob.* Mal. 1. 2, 3. *hated.* Ge. 29. 31, 33. De. 21. 15. Pr. 13. 24. Mat. 10. 37. Lu. 14. 26. Jno. 12. 25.

14 *shall.* See on ch. 3. 1, 5. *Is there unrighteousness.* ch. 2. 5; 3. 5, 6. Ge. 18. 25. De. 32. 4. 2 Ch. 19. 7. Job 8. 3; 34. 10-12, 18, 19; 35. 2. Ps. 92. 15; 145. 17. Je. 12. 1. Re. 15. 3, 4; 16. 7.

15 *I will have.* ver. 16, 18, 19. Ex. 33. 19; 34. 6, 7. Is. 27. 11. Mi. 7. 18.

16 ver. 11. Ge. 27. 1-4, 9-14. Ps. 110. 3. Is. 65. 1. Mat. 11. 25, 26. Lu. 10. 21. Jno. 1. 12, 13; 3. 8. 1 Co. 1. 26-31. Ep. 2. 4, 5. Phi. 2. 13. 2 Th. 2. 13, 14. Tit. 3. 3-5. Ja. 1. 18. 1 Pe. 2. 9, 10.

17 *For.* ch. 11. 4. Ga. 3. 8, 22; 4. 30. *Even.* See on Ex. 9. 16. *I raised.* 1 Sa. 2. 7, 8. Es. 4. 14. Is. 10. 5, 6; 45. 1-3. Je. 27. 6, 7. Da. 4. 22; 5. 18-21. *that.* Ex. 10. 1, 2; 14. 17, 18; 15. 14, 15; 18. 10, 11. Jos. 2. 9, 10; 9. 9. 1 Sa. 4. 8. Ps. 83. 17, 18. Pr. 16. 4. Is. 37. 20. *that my.* Jno. 17. 26.

18 *hath.* ver. 15, 16; ch. 5. 20, 21. Ep. 1. 6. *will he.* ch. 1. 24-28; 11. 7, 8. See on Ex. 4. 21; 7. 13. De 2. 30. Jos. 11. 20. Is. 63. 17. Mat. 13. 14, 15. Ac. 28 26-28. 2 Th. 2. 10-12.

19 *Thou.* ch. 3. 8. 1 Co. 15. 12, 35. Ja. 1. 13. *Why doth.* ch. 3. 5-7. Ge. 50. 20. 2 Ch. 20. 6. Job 9. 12-15, 19; 23. 13, 14. Ps. 76. 10. Is. 10. 6, 7; 46. 10, 11. Da. 4. 35. Mar. 14. 21. Ac. 2. 23; 4. 27, 28.

20 *O man.* ch. 2. 1. Mi. 6. 8. 1 Co. 7. 16. Ja. 2. 20. *who art.* Job 33. 13; 36. 23; 38. 2, 3; 40. 2, 5, 8; 42. 2-6. Mat. 20. 15. *repliest. or*, answerest again. Job 16. 3. Tit. 2. 9. *or*, disputest with God? 1 Co. 1. 20. 1 Ti. 6. 5. *Shall.* Is. 29. 16; 45. 9-11.

21 *the potter.* ver. 11, 18. Pr. 16. 4. Is. 64. 8. Je. 18. 3-6. *one vessel.* ver. 22, 23. Je. 22. 28. Ho. 8. 8. Ac. 9. 15. 2 Ti. 2. 20, 21.

22 *willing.* ver. 17; ch. 1. 18; 2. 4, 5. Ex. 9. 16. Ps. 90. 11. Pr. 16. 4. Re. 6. 16, 17. *endured.* Nu. 14. 11, 18. Ps. 50. 21, 22. Ec. 8. 11, 12. La. 3. 22. 1 Pe. 3. 20. 2 Pe. 2. 3, 9; 3. 8, 9, 15. Jude 4. Re. 6. 9-11. *the vessels.* The Apostle, by employing the appellation of the *vessels of wrath*, carries on the similitude of the potter, by which he had illustrated the sovereignty of God. ver. 21. 1 Th. 5. 9. 2 Ti. 2. 20. *fitted. or*, made up. Ge. 15. 16. Mat. 23. 31-33. 1 Th. 2. 16. 1 Pe. 2. 8. Jude 4.

23 *might.* ch. 2. 4; 5. 20, 21. Ep. 1. 6-8, 18; 2. 4, 7, 10; 3. 8, 16. Col. 1. 27. 2 Th. 1. 10-12. *he had afore.* 1 Ch. 29. 18. Lu. 1. 17. Ep. 2. 3-5. Col. 1. 12. 1 Th. 5. 9. 2 Th. 2. 13, 14. 2 Ti. 2. 21. Ti. 3. 3-7. 1 Pe. 1. 2-5.

24 *whom.* ch. 8. 28-30. 1 Co. 1. 9. He. 3. 1. 1 Pe. 5. 10. Re. 19. 9. *not of the Jews.* ch. 3. 29, 30; 4. 11, 12; 10. 12; 11. 11-13; 15. 8-16. Ge. 49. 10. Ps. 22. 27. Ac. 13. 47, 48; 15. 14; 21. 17-20. Ga. 3. 28. Ep. 2. 11-13; 3. 6-8. Col. 3. 11.

25 *in Osee.* Ho. 1. 1, 2, Hosea. *I will call.* Ho. 2. 23. 1 Pe. 2. 10. *beloved.* ch. 1. 7. Eze. 16. 8. Jno. 16. 27.

26 *And it.* Ho. 1. 9, 10. *there shall.* ch. 8. 16. Is. 43. 6. Jno. 11. 52. 2 Co. 6. 18. Ga. 3. 26. 1 Jno. 3. 1-3.

27 *Esaias.* Is. 1. 1, Isaiah. *Though.* See on Is. 10. 20-23. *a remnant.* ch. 11. 4-6. Ezr. 9. 8, 14. Is. 1. 9; 10. 20, 21; 11. 11; 24. 13. Je. 5. 10. Eze. 6. 8. Mi. 5. 3-8.

28 *work. or*, account. *and cut.* Is. 28. 22; 30. 12-14. Da. 9. 26, 27. Mat. 24. 21. *in righteousness.* Ps. 9. 8; 65. 5. Is. 5. 16. Ac. 17. 31. Re. 19. 11.

29 *Except.* Is. 1. 9; 6. 13. La. 3. 22. *Sabaoth.* Ja. 5. 4. *we had been.* Ge. 19. 24, 25. Is. 13. 19. Je. 49. 18; 50. 40. La. 4. 6. Am. 4. 11. Zep. 2. 6, Sodom, Gomorrah. 2 Pe. 2. 6. Jude 7.

30 *shall.* See on ver. 14; ch. 3. 5. *the Gentiles.* ch. 1. 18-32; 4. 11; 10. 20. Is. 65. 1, 2. 1 Co. 6. 9-11. Ep. 2. 12; 4. 17-19. 1 Pe. 4. 3. *followed.* ver. 31. Pr. 15. 9; 21. 21. Is. 51. 1. 1 Ti. 6. 11. *even the righteousness.* ch. 1. 17; 3. 22; 4. 9, 11, 13, 22; 5. 1; 10. 10. Ga. 3. 8; 5. 5. Phi. 3. 9. He. 11. 7.

31 *followed.* ver. 30-32; ch. 10. 2-4. Ga. 3. 21. Phi. 3. 6. *hath.* ch. 3. 20; 4. 14, 15; 11. 7. Ga. 3. 10, 11; 5. 3, 4. Ja. 2. 10, 11.

32 *Because.* ch. 4. 16; 10. 3. Mat. 19. 16-20. Jno. 6. 27-29. Ac. 16. 30-34. 1 Jno. 5. 9-12. *they stumbled.* ch. 11. 11. Mat. 13. 57. Lu. 2. 34; 7. 23. 1 Co. 1. 23.

33 *Behold.* Ps. 118. 22. Is. 8. 14, 15; 28. 16. Mat. 21. 42, 44. 1 Pe. 2. 7, 8. *and whosoever.* ch. 5. 5; 10. 11. Ps. 25. 2, 3, 20. Is. 45. 17; 54. 4. Joel 2. 26, 27. Phi. 1. 20. 2 Ti. 1. 12. 1 Jno. 2. 28. *ashamed. or*, confounded. 1 Pe. 2. 6.

## CHAP. X.

*The Scripture shews the difference between the righteousness of the law, and that of faith*, 1-10; *and that all, both Jew and Gentile, that believe, shall not be confounded*, 11-17; *and that the Gentiles shall receive the word and believe*, 18. *Israel was not ignorant of these things*, 19-21.

1 *my heart's.* ch. 9. 1-3. Ex. 32. 10, 13. 1 Sa. 12. 23; 15. 11, 35; 16. 1. Je. 17. 16; 18. 20. Lu. 13. 34. Jno. 5. 34. 1 Co. 9. 20-22.

2 *I bear them.* By this fine apology for the Jews, the Apostle prepares them for the harsher truths which he was about to deliver. 2 Co. 8. 3. Ga. 4. 15. Col. 4. 13. *that they.* 2 Ki. 10. 16. Jno. 16. 2. Ac. 21. 20, 28; 22. 3, 22; 26. 9, 10. Ga. 1. 14; 4. 17, 18. Phi. 3. 6. *but not.* ver. 3; ch. 9. 31, 32. Ps. 14. 4. Pr. 19. 2. Is. 27. 1. 2 Co. 4. 4, 6. Phi. 1. 9.

3 *God's righteousness.* 'God's method of justification,' says Abp. *Newcome:* God's method of saving sinners. ch. 1. 17; 3. 22, 26; 5. 19; 9. 30. Ps. 71. 15, 16, 19. Is. 51. 6, 8; 56. 1. Je. 23. 5, 6. Da. 9. 24. Jno. 16. 9, 10. 2 Co. 5. 21. 2 Pe. 1. 1. *to establish.* ch. 9. 31, 32. Is. 57. 12; 64. 6. Lu. 10. 29; 16. 15; 18. 9-12. Ga. 5. 3, 4. Phi. 3. 9. Re. 3. 17, 18. *submitted.* Le. 26. 41. Ne. 9. 33. Job 33. 27. La. 3. 22. Da. 9. 6-9. Lu. 15. 17-21.

4 *Christ.* ch. 3. 25-31; 8. 3, 4. Is. 53. 11. Mat. 3. 15; 5. 17, 18. Jno. 1. 17. Ac. 13. 38, 39. 1 Co. 1. 30. Ga. 3. 24. Col. 2. 10, 17. He. 9. 7-14; 10. 8-12, 14. *the end.* τελος, the *object, scope*, or *final cause;* the *end* proposed and intended. In this sense *Elsner* observes that τελος is used by *Arrian.*

5 *That the man.* Le. 18. 5. Ne. 9. 29. Eze. 20. 11, 13, 21. Lu. 10. 27, 28. Ga. 3. 12.

6 *righteousness.* ch. 3. 22, 25; 4. 13; 9. 31. Phi. 3. 9. He. 11. 7. *Say not.* The Apostle here takes the general sentiment, and expresses it in his own language; beautifully accommodating what Moses says of the law to his present purpose. De. 30. 11-14. Pr. 30. 4. *to bring.* Jno. 3. 12, 13; 6. 33, 38, 50, 51, 58. Ep. 4. 8-10. He. 1. 3.

7 *to bring up.* ch. 4. 25. He. 13. 20. 1 Pe. 3. 18, 22. Re. 1. 18.

8 *The word.* De. 30. 14. *the word of faith.* ver. 17; ch. 1. 16, 17. Is. 57. 19. Mar. 16. 15, 16. Ac. 10. 43; 13. 38, 39; 16. 31. Ga. 3. 2, 5. 1 Ti. 4. 6. 1 Pe. 1. 23, 25.

9 *That if.* ch. 14. 11. Mat. 10. 32, 33. Lu. 12. 8. Jno. 9. 22; 12. 42, 43. Phi. 2. 11. 1 Jno. 4. 2, 3. 2 Jno. 7. *and shalt.* ch. 8. 34. Jno. 6. 69-71; 20. 26-29. Ac. 8. 37. 1 Co. 15. 14-18. 1 Pe. 1. 21.

10 *For with.* Lu. 8. 15. Jno. 1. 12, 13; 3. 19-21. He. 3. 12; 10. 22. *unto righteousness.* Ga. 2. 16. Phi. 3. 9. *and with.* ver. 9. 1 Jno. 4. 15. Re. 2. 13.

11 *Whosoever.* ch. 9. 33. Is. 28. 16 49. 23. Je. 17. 7. 1 Pe. 2. 6.

12 *there is no.* ch. 3. 22, 29, 30; 4. 11, 12; 9. 24. Ac. 10. 34, 35; 15. 8, 9. Ga. 3. 28. Ep. 2. 18-22; 3. 6. Col. 3. 11. *Lord.* ch. 14. 9; 15. 12. Ac. 10. 36. 1 Co. 15. 47. Phi. 2. 11. 1 Ti. 2. 5. Re. 17. 14; 19. 16. *rich.* ch. 2. 4; 9. 23. 2 Co. 8. 9. Ep. 1. 7; 2. 4, 7; 3. 8, 16. Phi. 4. 19. Col. 1. 27; 2. 2, 3. *call upon him.* Ps. 86. 5; 145. 18. Is. 55. 6. Ac. 9. 14. 1 Co. 1, 2.

13 *whosoever.* Joel 2. 32. Ac. 2. 21.

14 *shall they.* 1 Ki. 8. 41-43. Jon. 1. 5, 9-11, 16; 3. 5-9. He. 11. 6. Ja. 5. 15. *and how shall.* ch. 1. 5; 16. 25, 26. Mar. 16. 15, 16. Lu. 24. 46, 47. Jno. 20. 31. Ac. 19. 2; 26. 17, 18. 2 Ti. 4. 17. Tit. 1. 3.

15 *And how.* Je. 23. 32. Mat. 9. 38; 10. 1-6; 28. 18-20. Lu. 10. 1. Jno. 20. 21. Ac. 9. 15; 13. 2-4; 22. 21. 1 Co. 12. 28, 29. 2 Co. 5. 18-20. Ep. 3. 8; 4. 11, 12. 1 Pe. 1. 12. *How beautiful.* Is. 52. 7. Na. 1. 15. *the gospel.* Is. 57. 19. Lu. 2. 14. Ac. 10. 36. Ep. 2. 17; 6. 15. *and bring.* Is. 40. 9; 61. 1. Lu. 2. 10; 8. 1. Ac. 13. 26.

16 *But they.* ch. 3. 3 ; 11. 17. Jno. 10. 26. Ac. 28. 24. He. 4. 2. 1 Pe. 2. 8. *obeyed.* ch. 1. 5 ; 2. 8 ; 6. 17 ; 16. 26. Is. 50. 10. Ga. 3. 1 ; 5. 7. 2 Th. 1. 8. He. 5. 9 ; 11. 8. 1 Pe. 1. 22 ; 3. 1. *Lord.* Is. 53. 1. Jno. 12. 38-40. *our report. Gr.* the hearing of us, *or*, our preaching.

17 *faith.* ver. 14 ; ch. 1. 16. Lu. 16. 29-31. 1 Co. 1. 18-24. Col. 1. 4-6. 1 Th. 2. 13. 2 Th. 2. 13, 14. Ja. 1. 18-21. 1 Pe. 1. 23-25 ; 2. 1, 2. *and hearing.* Je. 23. 28, 29. Mar. 4. 24. Lu. 8. 11, 21 ; 11. 28. 2 Co. 2. 17. He. 4. 12, 13. Re. 1. 9.

18 *Have they.* Ac. 2. 5-11 ; 26. 20 ; 28. 23. *their sound.* Similar to this elegant accommodation of these words, is the application of them in a passage of *Zohar*, Genes. f. 9. 'These words are the servants of the Messiah, and measure out both the things above, and the things beneath.' ch. 1. 8 ; 15. 19. Ps. 19. 4. Mat. 24. 14 ; 26. 13 ; 28. 19. Mar. 16. 15, 20. Col. 1. 6, 23. *unto the ends.* 1 Ki. 18. 10. Ps. 22. 27 ; 98. 3. Is. 24. 16 ; 49. 6 ; 52. 10. Je. 16. 19. Mat. 4. 8.

19 *I say.* ver. 18 ; ch. 3. 26. 1 Co. 1. 12 ; 7. 29 ; 10. 19 ; 11. 22 ; 15. 50. *First.* ch. 11. 11. See on De. 32. 21. Ho. 2. 23. 1 Pe. 2. 10. *foolish.* ch. 1. 21, 22. Ps. 115. 5-8. Is. 44. 18-20. Je. 10. 8, 14. 1 Co. 12. 2. Tit. 3. 3.

20 *very bold.* Pr. 28. 1. Is. 58. 1. Ep. 6. 19, 20. *I was found.* ch. 9. 30. Is. 65. 1, 2. *I was made.* Is. 49. 6 ; 52. 15 ; 55. 4, 5. Mat. 20. 16 ; 22. 9, 10. Lu. 14. 23. 1 Jno. 4. 19.

21 *All day long.* Pr. 1. 24. Is. 65. 2-5. Je. 25. 4 ; 35. 15. Mat. 20. 1-15 ; 21. 33-43 ; 22. 3-7 ; 23. 34-37. Lu. 24. 47. Ac. 13. 46, 47. *a disobedient.* De. 9. 13 ; 31. 27. 1 Sa. 8. 7, 8. Ne. 9. 26. Je. 44. 4-6. Ac. 7. 51, 52. 1 Th. 2. 16. 1 Pe. 2. 8.

## CHAP. XI.

*God has not cast off all Israel*, 1-6. *Some were elected, though the rest were hardened*, 7-15. *There is hope of their conversion*, 16, 17. *The Gentiles may not exult over them*, 18-25 ; *for there is a promise of their salvation*, 26-32. *God's judgments are unsearchable*, 33-36.

1 *Hath God.* 1 Sa. 12. 22. 2 Ki. 23. 27. Ps. 77. 7 ; 89. 31-37 ; 94. 14. Je. 31. 36, 37 ; 33. 24-26. Ho. 9. 17. Am. 9. 8, 9. *God forbid.* See on ch. 3. 4. *For I also.* ch. 9. 3. Ac. 22. 3 ; 26. 4. 2 Co. 11. 22. Phi. 3. 5.

2 *which he foreknew.* ch. 8. 29, 30 ; 9. 6, 23. Ac. 13. 48 ; 15. 18. 1 Pe. 1. 2. *Wot.* Ge. 44. 15. Ex. 32. 1. Ac. 3. 17 ; 7. 40. Phi. 1. 22. *of Elias? Gr.* in Elias? Or, *by Elias*; εν, corresponding to the Hebrew ב, not unfrequently having this signification. See Ne. 9. 30. Lu. 4. 1. 1 Co. 6. 2. He. 1. 1. *how he maketh.* Or, 'how he addresseth God *respecting* Israel ;' κατα having frequently this meaning. (See 1 Co. 15. 15.) Nu. 16. 15. Je. 18. 19-23. Jno. 4. 1-3, 11.

3 *Lord.* 1 Ki. 18. 4, 13 ; 19. 10-18. Ne. 9. 26. Je. 2. 30. *digged.* 1 Ki. 18. 30, 31.

4 *I have reserved.* See on 1 Ki. 19. 18. *Baal.* Nu. 25. 3. De. 4. 3. Ju. 2. 13. 1 Ki. 16. 31. 2 Ki. 10. 19, 20. Je. 19. 5. Ho. 2. 8 ; 13. 1. Zep. 1. 4.

5 *at this present.* ver. 6, 7 ; see ch. 9. 27. *election of grace.* The election which proceeds from the mercy and goodness of God. ver. 28 ; ch. 9. 11. Ep. 1. 5, 6.

6 *And if.* ch. 3. 27, 28 ; 4. 4, 5 ; 5. 20, 21. De. 9. 4-6. 1 Co. 15. 10. Ga. 2. 21 ; 5. 4. Ep. 2. 4-9. 2 Ti. 1. 9. Tit. 3. 5. *otherwise work.* That is, it loses its character, or nature,—that of claiming reward as a matter of right.

7 *What then?* ch. 3. 9 ; 6. 15. 1 Co. 10. 19. Phi. 1. 18. *Israel.* ch. 9. 31, 32 ; 10. 3. Pr. 1. 28. Lu. 13. 24. He. 12. 17. *but the election.* That is, *the elect*, the abstract being used for the concrete. So the Jews, or circumcised people, are called *Israel*, or the *circumcision*. ver. 5 ; ch. 8. 28-30 ; 9. 23. Ep. 1. 4. 2 Th. 2. 13, 14. 1 Pe. 1. 2. *and the rest.* Is. 6. 10 ; 44. 18. Mat. 13. 14, 15. Jno. 12. 40. 2 Co. 3. 14 ; 4. 4. 2 Th. 2. 10-12. *blinded. or*, hardened. See on ch. 9. 18.

8 *God.* Is. 29. 10. *slumber. or*, remorse. *eyes.* De. 29. 4. Is. 6. 9. Je. 5. 21. Eze. 12. 2. Mar. 4. 11, 12. Lu. 8. 10. Ac. 28. 26. *unto this day.* 2 Ki. 17. 34, 41. 2 Co. 3. 14, 15.

9 *David saith.* Ps. 69. 22, 23. *their table.* De. 6. 10-12 ; 32. 13-15. 1 Sa. 25. 36-38. Job 20. 20-23. Pr. 1. 32. Is. 8. 13, 14. Lu. 12. 20 ; 16. 19-25. 1 Ti. 6. 17-19. *a recompence.* De. 32. 35. Ps. 28. 4. Is. 69. 18 ; 66. 9. He. 2. 2.

10 *their eyes.* ver. 8 ; ch. 1. 21. Ps. 69. 23. Zec. 11. 17. Ep. 4. 18. 2 Pe. 2. 4, 17. Jude 6. 13. *and bow.* De. 28. 64-68. Is. 51. 23 ; 65. 12.

11 *Have they stumbled.* Eze. 18. 23, 32 ; 33. 11. *but rather.* ver. 12, 31. Ac. 13. 42, 46-48 ; 18. 6 ; 22. 18-21 ; 28. 24-28. *for.* ver. 14 ; ch. 10. 19. *to provoke them to jealousy.* Rather, 'to provoke (or excite) them to emulation,' παραζηλωσαι, as it is rendered, ver. 14.

12 *the world.* ver. 15, 33 ; ch. 9. 23. Ep. 3. 8. Col. 1. 27. *diminishing. or*, decay, *or* loss. *their.* ver. 25. Is. 11. 11-16 ; ch. 12 ; 60 ; 66. 8-20. Mi. 4. 1, 2 ; 5. 7. Zec. 2. 11 ; 8. 20-23. Re. 11. 15-19.

13 *the apostle.* ch. 15. 16-19. Ac. 9. 15 ; 13. 2 ; 22. 21 ; 26. 17, 18. Ga. 1. 16 ; 2. 2, 7-9. Ep. 3. 8. 1 Ti. 2. 7. 2 Ti. 1. 11, 12. *I magnify mine office.* Rather, 'I honour my ministry,' την διακονιαν μου δοξαζω.

14 *by.* 1 Co. 7. 16 ; 9. 20-22. 2 Ti. 2. 10. *provoke.* ver. 11. *my.* ch. 9. 3. Phile. 12. *might.* 1 Co. 7. 16. 1 Ti. 4. 16. Ja. 5. 20.

15 *the casting.* ver. 1, 2, 11, 12. *the reconciling.* ch. 5. 10. Da. 9. 24. 2 Co. 5. 18-20. Ep. 1. 10. Col. 1. 20, 21. *but.* Eze. 37. 1-14. Re. 11. 11 ; 20. 4-6.

16 *if the first-fruit.* Ex. 22. 29 ; 23. 16, 19. Le. 23. 10. Nu. 15. 17-21. De. 18. 4 ; 26. 10. Ne. 10. 35-37. Pr. 3. 9. Eze. 44. 30. Ja. 1. 18. Re. 14. 4. *and if.* ver. 17. Ge. 17. 7. Je. 2. 21. 1 Co. 7. 14.

17 *some.* Ps. 80. 11-16. Is. 6. 13 ; 27. 11. Je. 11. 16. Eze. 15. 6-8. Mat. 8. 11, 12 ; 21. 43. Jno. 15. 6. *being.* Ac. 2. 39. Ga. 2. 15. Ep. 2. 11-13 ; 3. 6. Col. 2. 13. *among them. or*, for them. *and with.* De. 8. 8. Ju. 9. 8, 9. Ps. 52. 8. Zec. 4. 3. Jon. 1. 16. Re. 11. 4.

18 *Boast not.* ver. 20 ; ch. 3. 27. 1 Ki. 20. 11. Pr. 16. 18. Mat. 26. 33. Lu. 18. 9-11. 1 Co. 10. 12. *thou bearest.* ch. 4. 16. Zec. 8. 20-23. Jno. 10. 16. Ga. 3. 29. Ep. 2. 19, 20.

19 *that.* ver. 11, 12, 17, 23, 24.

20 *Well.* Jno. 4. 17, 18. Ja. 2. 19. *because.* ch. 3. 3. Ac. 13. 46, 47 ; 18. 6. He. 3. 12, 19 ; 4. 6, 11. *and.* ch. 5. 1, 2. 2 Ch. 20. 20. Is. 7. 9. 1 Co. 16. 13. 2 Co. 1. 24. Col. 2. 7. 1 Pe. 5. 9, 12. *Be.* ver. 18 ; ch. 12, 16. Ps. 138. 6. Pr. 28. 26. Is. 2. 11, 17. Hab. 2. 4. Zep. 3. 11. Lu. 18. 14. 2 Co. 10. 5. 2 Th. 2. 4. 2 Ti. 3. 3-5. Ja. 4. 6. 1 Pe. 5. 5, 6. Re. 3. 17 ; 18. 7. *but.* Pr. 28. 14. Is. 66. 2. 1 Co. 10. 12. Phi. 2. 12. He. 4. 1. 1 Pe. 1. 17.

21 *if God.* ver. 17, 19 ; ch. 8. 32. Je. 25. 29 ; 49. 12. 1 Co. 10. 1-12. 2 Pe. 2. 4-9. Jude 5.

22 *therefore.* ch. 2. 4, 5 ; 9. 22, 23. Nu. 14. 18-22. De. 32. 39-43. Jos. 23. 15, 16. Ps. 58. 10, 11 ; 78. 49-52 ; 136. 15-22. Is. 66. 14. *severity.* The term *severity*, αποτομια, from απο, *from*, and τεμνω, to *cut off*, properly denotes *excision*, *cutting off*, as the gardener cuts off, with a pruning knife, dead boughs, or luxuriant stems. *if thou.* ch. 2. 7. Lu. 8. 15. Jno. 8. 31 ; 15. 4-10. Ac. 11. 23 ; 14. 22. 1 Co. 15. 2. Ga. 6. 9. 1 Th. 3. 5, 8. He. 3. 6, 14 ; 10. 23, 35-39. 1 Jno. 2. 19. Jude 20, 21. *otherwise.* Eze. 3. 20 ; 18. 24 ; 33. 17-19. Mat. 3. 9, 10. Jno. 15. 2. Re. 2. 5.

23 Zec. 12. 10. Mat. 23. 39. 2 Co. 3. 16.

24 ver. 17, 18, 30.

25 *I would.* Ps. 107. 43. Ho. 14. 9. 1 Co. 10. 1 ; 12. 1. 2 Pe. 3. 8. *this.* ch. 16. 25. Ep. 3. 3, 4, 9. Re. 10. 7. *lest.* ch. 12. 16. Pr. 3. 5-7 ; 26. 12, 16. Is. 5. 21. *blindness. or*, hardness. ver. 7, 8. 2 Co. 3. 14-16. *until.* Ps. 22. 27 ; 72. 8-14, 17 ; 127. Is. 2. 1-8. ch. 60 ; 66. 18-23. Mi. 4. 1, 2. Zec. 8. 20-23 ; 14. 9-21. Lu. 21. 24. Re. 7. 9 ; 11. 15 ; 20. 2-4.

26 *all.* Is. 11. 11-16 ; 45. 17 ; 54. 6-10. Je. 3. 17-23 ; 30. 17-22 ; 31. 31-37 ; 32. 37-41 ; 33. 24-26. Eze. 34. 22-31 ; 37. 21-28 ; 39. 25-29 ; ch. 40-48. Ho. 3. 5. Joel 3. 16-21. Am. 9. 14, 15. Mi. 7. 15-20. Zep. 3. 12-20. Zec. 10. 6-12. *There.* Ps. 14. 7 ; 106. 47. Is. 59. 20. *and shall.* Mat 1. 21. Ac. 3. 26. Tit. 2. 14.

27 *this.* Is. 55. 3 ; 59. 21. Je. 31. 31-34 ; 32. 38-40. He. 8. 8-12 ; 10. 16. *when.* Is. 27. 9 ; 43. 25. Je. 50. 20. Eze. 36. 25-29. Ho. 14. 2. Jno. 1. 29.

28 *are enemies.* ver. 11, 30. Mat. 21. 43. Ac. 13. 45, 46 ; 14. 2 ; 18. 6. 1 Th. 2. 15, 16. *but.* ver. 7. Is. 41. 8, 9. *are beloved.* Ge. 26. 4 ; 28. 14. Le. 26. 40-42. De. 4. 31 ; 7. 7, 8 ; 8. 18 ; 9. 5 ; 10. 15. Ps. 105. 8-11. Je. 31. 3. Mi. 7. 20. Lu. 1. 54. 68-75.

29 Nu. 23. 19. Ho. 13. 14. Mal. 3. 6.

30 *as ye.* 1 Co. 6. 9-11. Ep. 2. 1, 2, 12, 13, 19-21. Col. 3. 7. Tit. 3. 3-7. *believed. or*, obeyed. *obtained.* ver. 31. 1 Co. 7. 25. 2 Co. 4. 1. 1 Ti. 1. 18. 1 Pe. 2. 10. *through.* ver. 11-19.

31 *believed. or*, obeyed. ch. 10. 16. *that.* ver. 15, 25.

32 *God.* ch. 3. 9, 22. Ga. 3. 22. *concluded them all. or*, shut them all up together. *that.* Jno. 1. 7 ; 12. 32. 1 Ti. 2. 4-6.

33 *the depth.* Ps. 107. 8, etc. Pr. 25. 3. Ep. 3. 18. *riches.* ch. 2. 4 ; 9. 23. Ep. 1. 7 ; 2. 7 ; 3. 8, 10, 16. Col. 1. 27 ; 2. 2, 3. *how.* Job 5. 9 ; 9. 10 ; 11. 7-9 ; 26. 14 ; 33. 13 ; 37. 19, 23. Ps. 36. 6 ; 40. 5 ; 77. 19 ; 92. 5 ; 97. 2. Ec. 3. 11. Da. 4. 35.

34 Job 15. 8 ; 36. 22. Is. 40. 13. Je. 23. 18. 1 Co. 2. 16.

35 Job 35. 7 ; 41. 11. Mat. 20. 15. 1 Co. 4. 7.

36 *of him.* 1 Ch. 29. 11, 12. Ps. 33. 6. Pr. 16. 4. Da. 2. 20-23 ; 4. 3, 34. Mat. 6. 13. Ac. 17. 25, 26, 28. 1 Co. 8. 6. Ep. 4. 6-10. Col. 1. 15-17. Re. 21. 6. *to whom. Gr.* to him. ch. 16. 27. Ps. 29. 1, 2 ; 96. 7, 8 ; 115. 1. Is. 42. 12. Lu. 2. 14 ; 19. 38. Ga. 1. 5. Ep. 3. 21. Phi. 4. 20. 1 Ti. 1. 17 ; 6. 16. 2 Ti. 4. 18. He. 13. 21. 1 Pe. 5. 11. 2 Pe. 3. 18. Jude 25. Re. 1. 5, 6 ; 4. 10, 11 ; 5. 12-14 ; 7. 10 ; 19. 1, 6, 7.

## CHAP. XII.

*God's mercies must move us to please God*, 1, 2. *No man must think too well of himself*, 3-5 ; *but every one attend on that calling wherein he is placed*, 6-8. *Love, and many other duties, are required of us*, 9-18. *Revenge is specially forbidden*, 19-21.

1 *beseech.* ch. 15. 30. 1 Co. 1. 10. 2 Co. 5. 20 ; 6. 1 ; 10. 1. Ep. 4. 1. 1 Th. 4. 1, 10 ; 5. 12. He. 13. 22. *by the.* ch. 2. 4 ; 9. 23 ; 11. 30, 31. Ps. 116. 12. Lu. 7. 47. 2 Co. 4. 1 ; 5. 14, 15. Ep. 2. 4-10. Phi. 2. 1-5. Tit. 3. 4-8. 1 Pe. 2. 10-12. *that ye.* ch. 6. 13, 16, 19. Ps. 50. 13, 14. 1 Co. 6. 13-20. Phi. 1. 20. He. 10. 22. *a living.* Ps. 69. 30, 31. Ho. 14. 2. 1 Co. 5. 7, 8. 2 Co. 4. 16. Phi. 2. 17. He. 10. 20-22 ; 13. 15, 16. 1 Pe. 2. 5. *acceptable.* ver. 2 ; ch. 15. 16. Ps. 19. 14. Is. 56. 7. Je. 6. 50. Ep. 5. 10. Phi. 4. 18. 1 Ti. 2. 3 ; 5. 4. 1 Pe. 2. 5, 20.

2 *be not.* Ex. 23. 2. Le. 18. 29, 30. De. 18. 9-14. Jno. 7. 7 ; 14. 30 ; 15. 19 ; 17. 14. 1 Co. 3. 19. 2 Co. 4. 4 ; 6. 14-17. Ga. 1. 4. Ep. 2. 2 ; 4. 17-20. Ja. 1. 27 ; 4. 4. 1 Pe. 1. 14, 18 ; 4. 2. 2 Pe. 1. 4 ; 2. 20. 1 Jno. 2. 15-17 ; 3. 13 ; 4. 4, 5 ; 5. 19. Re. 12. 9 ; 13. 8. *be ye.* ch. 13. 14. Ps. 51. 10. Eze. 18. 31 ; 36. 26. 2 Co. 5. 17. Ep. 1. 18 ; 4. 22-24. Col. 1. 21, 22 ; 3. 10. Tit. 3. 5. *prove.* ver. 1. Ps. 34. 8. Ep. 5. 10, 17. 1 Pe. 2. 3. *good.* ver. 1 ; ch. 7. 12, 14, 22. Ps. 19. 7-11 ; 119. 47, 48, 72, 97, 103, 128 174. Pr. 3. 1-4, 13-18. Ga. 5. 22, 23. Ep. 5. 9. Col. 4. 12. 1 Th. 4. 3. 2 Ti. 3. 16, 17.

3 *I say.* ver. 6-8 ; ch. 1. 5 ; 15. 15, 16. 1 Co. 3. 10 ; 15. 10. Ga. 2. 8, 9. Ep. 3. 2, 4, 7. 8 ; 4. 7-12. Col. 1. 29. 1 Ti. 1. 14. 1 Pe. 4 11. *not to.* ch. 11. 20, 25. Pr. 16. 18, 19 ; 25. 27 ; 26. 12. Ec. 7. 16. Mi. 6. 8. Mat. 18 1-4. Lu. 18. 11. 1 Co. 4. 7, 8. 2 Co. 12. 7. Ga 6. 3. Phi. 2. 3-8. Col. 2. 18. Ja. 4. 6. 1 Pe 5. 5. 3 Jno. 9. *soberly. Gr.* to sobriety. 1 Ti. 2. 9, 15. Tit. 2. 2, 4, 6, 12. 1 Pe. 1. 13 ;

4. 7; 5. 8. *according*. ver. 6. Jno. 3. 34. 1 Co. 4. 7; 12. 7-11. 2 Co. 12. 13. Ep. 4. 7, 13, 16.

4 1 Co. 12. 4, 12, 27. Ep. 4. 15, 16.

5 ver. 4. 1 Co. 10. 17; 12. 12-14, 20, 27, 28. Ep. 1. 23; 4. 25; 5. 23, 30. Col. 1. 24; 2. 19.

6 *then*. ch. 1. 11. 1 Co. 1. 5-7; 4. 6, 7; 12. 4-11, 28-31; 13. 2. 1 Pe. 4. 10, 11. *differing according*. ver. 3. *whether*. Mat. 23. 34. Lu. 11. 49. Ac. 2. 17; 11. 27, 28; 13. 1; 15. 32; 21. 9. 1 Co. 12. 10, 28; 13. 2; 14. 1, 3-5, 24, 29, 31, 32. Ep. 3. 5; 4. 11. 1 Th. 5. 20. *according to the proportion*. ver. 3. Ac. 18. 24-28. 2 Co. 8. 12. Phi. 3. 15.

7 *ministry*. Is. 21. 8. Eze. 3. 17-21; 33. 7-9. Mat. 24. 45-47. Lu. 12. 42-44. Ac. 20. 20, 28. Col. 4. 17. 1 Ti. 4. 16. 2 Ti. 4. 2. 1 Pe. 5. 1-4. *or he*. De. 33. 10. 1 Sa. 12. 23. Ps. 34. 11; 51. 13. Ec. 12. 9. Mat. 28. 19. Jno. 3. 2. Ac. 13. 1. Ga. 6. 6. Ep. 4. 11. Col. 1. 28, 29. 1 Ti. 2. 7; 3. 2; 5. 17. 2 Ti. 2. 2, 24.

8 *exhorteth*. Ac. 13. 15; 15. 32; 20. 2. 1 Co. 14. 3. 1 Th. 2. 3. 1 Ti. 4. 13. He. 10. 25; 13. 22. *giveth. or*, imparteth. ver. 13. De. 15. 8-11, 14. Job 31. 16-20. Ps. 112. 9. Pr. 22. 9. Ec. 11. 1, 2, 6. Is. 32. 5, 8; 58. 7-11. Mat. 6. 2-4; 25. 40. Lu. 21. 1-4. Ac. 2. 44-46; 4. 33-35; 11. 28-30. 2 Co. 8. 1-9, 12. 1 Th. 2. 8. 1 Pe. 4. 9-11. *with simplicity. or*, liberally. 2 Co. 1. 12; 8. 2; 11. 3. Ep. 6. 5. Col. 3. 22. *ruleth*. ch. 13. 6. Ge. 18. 19. Ps. 101. Ac. 13. 12; 20. 28. 1 Co. 12. 28. 1 Th. 5. 12-14. 1 Ti. 3. 4, 5; 5. 17. He. 13. 7, 17, 24. 1 Pe. 5. 2, 3. *with diligence*. Ec. 9. 10. *sheweth*. De. 16. 11, 14, 15. Ps. 37. 21. Is. 64. 5. 2 Co. 9. 7.

9 *love*. 2 Sa. 20. 9, 10. Ps. 55. 21. Pr. 26. 25. Eze. 33. 31. Mat. 26. 49. Jno. 12. 6. 2 Co. 6. 6; 8. 8. 1 Th. 2. 3. 1 Ti. 1. 5. Ja. 2. 15, 16. 1 Pe. 1. 22; 4. 8. 1 Jno. 3. 18-20. *Abhor*. Ps. 34. 14; 36. 4; 45. 7; 97. 10; 101. 3; 119. 104, 163. Pr. 8. 13. Am. 5. 15. He. 1. 9. *cleave*. Ac. 11. 23. 1 Th. 5. 15. He. 12. 14. 1 Pe. 3. 10, 11.

10 *kindly*. Jno. 13. 34, 35; 15. 17; 17. 21. Ac. 4. 32. Ga. 5. 6, 13, 22. Ep. 4. 1-3. Col. 1. 4. 1 Th. 4. 9. 2 Th. 1. 3. He. 13. 1. 1 Pe. 1. 22; 2. 17; 3. 8, 9. 2 Pe. 1. 7. 1 Jno. 2. 9-11; 3. 10-18, 23; 4. 11, 20, 21; 5. 1, 2. *with brotherly love. or*, in the love of the brethren. Job 1. 4. Ps. 133. 1. *in honour*. Ge. 13. 9. Mat. 20. 26. Lu. 14. 10. Phi. 2. 3. 1 Pe. 5. 5.

11 *slothful*. Ex. 5. 17. Pr. 6. 6-9; 10. 26; 13. 4; 18. 9; 22. 29; 24. 30-34; 26. 13-16. Ec. 9. 10. Is. 56. 10. Mat. 25. 26. Ac. 20. 34, 35. Ep. 4. 28. 1 Th. 4. 11, 12. 2 Th. 3. 6-12. 1 Ti. 5. 13. He. 6. 10, 11. *fervent*. Mat. 24. 12. Ac. 18. 25. Col. 4. 12, 13. Ja. 5. 16. 1 Pe. 1. 22; 4. 8. Re. 2. 4; 3. 15, 16. *serving*. 1 Co. 7. 22. Ep. 6. 5-8. Col. 3. 22-24; 4. 1. Tit. 2. 9, 10. He. 12. 28.

12 *Rejoicing*. ch. 5. 2, 3; 15. 13. Ps. 16. 9-11; 71. 20-23; 73. 24-26. Pr. 10. 28; 14. 32. La. 3. 24-26. Hab. 3. 17, 18. Mat. 5. 12. Lu. 10. 20. 1 Co. 13. 13. Phi. 3. 1; 4. 4. Col. 1. 27. 1 Th. 5. 8, 16. 2 Th. 2. 16, 17. Tit. 2. 13; 3. 7. He. 3. 6; 6. 17-19. 1 Pe. 1. 3-8; 4. 13. 1 Jno. 3. 1-3. *patient*. ch. 2. 7; 5. 3, 4; 8. 25; 15. 4. Ps. 37. 7; 40. 1. Lu. 8. 15; 21. 19. Col. 1. 11. 1 Th. 1. 3. 2 Th. 1. 4; 3. 5. 1 Ti. 6. 11. 2 Ti. 3. 10. He. 6. 12, 15; 10. 36; 12. 1. Ja. 1. 3, 4; 5. 7, 10, 11. 1 Pe. 2. 19, 20. 2 Pe. 1. 6. Re. 13. 10. *continuing*. Ge. 32. 24-26. Job 27. 8-10. Ps. 55. 16, 17; 62. 8; 109. 4. Je. 29. 12, 13. Da. 9. 18, 19. Lu. 11. 5-13; 18. 1, etc. Ac. 1. 14; 2. 42; 6. 4; 12. 5. 2 Co. 12. 8. Ep. 6. 18, 19. Phi. 4. 6, 7. Col. 4. 2, 12. 1 Th. 5. 17. He. 5. 7. Ja. 5. 15, 16. 1 Pe. 4. 7. 1 Jno. 5. 14, 15.

13 *Distributing*. See on ver. 8; ch. 15. 25-28. Ps. 41. 1. Ac. 4. 35; 9. 36-41; 10. 4; 20. 34, 35. 1 Co. 16. 1, 2. 2 Co. 8. 1-4; 9. 1, 12. Ga. 6. 10. Phile. 7. He. 6. 10; 13. 16. 1 Jno. 3. 17. *given*. Ge. 18. 2-8; 19. 1-3. 1 Ti. 3. 2; 5. 10. Tit. 1. 8. He. 13. 2. 1 Pe. 4. 9.

14 ver. 21. Job 31. 29, 30. Mat. 5. 44. Lu. 6. 28; 23. 34. Ac. 7. 60. 1 Co. 4. 12, 13. 1 Th. 5. 15. Ja. 3. 10. 1 Pe. 2. 21-23; 3. 9.

15 *Rejoice*. Is. 66. 10-14. Lu. 1. 58; 15. 5-10. Ac. 11. 23. 1 Co. 12. 26. 2 Co. 2. 3. Phi. 2. 17, 18, 28. *weep*. Ne. 1. 4. Job 2. 11. Ps. 35. 13, 14. Je. 9. 1. Jno. 11. 19, 33-36. 2 Co. 11. 29. Phi. 2. 26. He. 13. 3.

16 *of the*. ch. 15. 5, 6. 2 Ch. 30. 12. Je. 32. 39. Ac. 4. 32. 1 Co. 1. 10. Phi. 1. 27; 2. 2, 3; 3. 16; 4. 2. 1 Pe. 3. 8. *Mind*. Ps. 131. 1, 2. Je. 45. 5. Mat. 18. 1-4; 20. 21-28. Lu. 4. 6-11; 22. 24-27. 1 Pe. 5. 3. 3 Jno. 9. Re. 13. 7, 8. *condescend to men of low estate. or*, be contented with mean things. Job 31. 13-16; 36. 5. Pr. 17. 5; 19. 7, 17, 22. Mat. 6. 25, 26; 11. 5; 26. 11. Lu. 6. 20; 14. 13. Phi. 4. 11-13. 1 Ti. 6. 6-9. He. 13. 5. Ja. 2. 5, 6. *Be not*. ch. 11. 25. Pr. 3. 7; 26. 12. Is. 5. 21. 1 Co. 3. 18; 4. 10; 6. 5; 8. 2. Ja. 3. 13-17.

17 *Recompense*. ver. 19. Pr. 20. 22. Mat. 5. 39. 1 Th. 5. 15. 1 Pe. 3. 9. *Provide*. ch. 14. 16. 1 Co. 6. 6, 7; 13. 4, 5. 2 Co. 8. 20, 21. Phi. 4. 8, 9. Col. 4. 5. 1 Th. 4. 12; 5. 22. 1 Ti. 5. 14. Tit. 2. 4, 5. 1 Pe. 2. 12; 3. 16.

18 ch. 14. 17, 19. 2 Sa. 20. 19. Ps. 34. 14; 120. 5-7. Pr. 12. 20. Mat. 5. 5, 9. Mar. 9. 50. 1 Co. 7. 15. 2 Co. 13. 11. Ga. 5. 22. Ep. 4. 3. Col. 3. 14, 15. 1 Th. 5. 13. 2 Ti. 2. 22. He. 12. 14. Ja. 3. 16-18. 1 Pe. 3. 11.

19 *avenge*. ver. 14, 17. Le. 19. 18. 1 Sa. 25. 26, 33. Pr. 24. 17-19, 29. Eze. 25. 12. *give*. Mat. 5. 39. Lu. 6. 27-29; 9. 55, 56. *Vengeance*. ch. 13. 4. De. 32. 35, 43. Ps. 94. 1-3. Na. 1. 2, 3. He. 10. 30.

20 *if thine*. Ex. 23. 4, 5. 1 Sa. 24. 16-19; 26. 21. Pr. 25. 21, 22. Mat. 5. 44. *coals*. Ps. 120. 4; 140. 10. Ca. 8. 6, 7.

21 Pr. 16. 32. Lu. 6. 27-30. 1 Pe. 3. 9.

## CHAP. XIII.

*Subjection, and many other duties, we owe to the magistrates*, 1-7. *Love is the fulfilling of the law*, 8-10. *Gluttony and drunkenness, and the works of darkness, are out of season in the time of the Gospel*, 11-14.

1 *every*. De. 17. 12. Ep. 5. 21. Tit. 3. 1. 1 Pe. 2. 13-17. 2 Pe. 2. 10, 11. Jude 8. *there*. 1 Sa. 2. 8. 1 Ch. 28. 4, 5. Ps. 62. 11. Pr. 8. 15, 16. Je. 27. 5-8. Da. 2. 21; 4. 32; 5. 18-23. Mat. 6. 13. Jno. 19. 11. Re. 1. 5; 17. 14; 19. 16. *ordained. or*, ordered.

2 *power*. Je. 23. 8-17; 24. 14-17. Tit. 3. 1. *ordinance*. Is. 58. 2. 1 Pe. 2. 13. *receive*. ver. 5. Mal. 23. 14. Mar. 12. 40. Lu. 20. 47. Ja. 3. 1.

3 *rulers*. ver. 4. De. 25. 1. Pr. 14. 35; 20. 2. Ec. 10. 4-6. Je. 22. 15-18. *Wilt*. 1 Pe. 2. 13, 14; 3. 13, 14.

4 *he is*. ver. 6. 1 Ki. 10. 9. 2 Ch. 19. 6. Ps. 82. 2-4. Pr. 24. 23, 24; 31. 8, 9. Ec. 8. 2-5. Is. 1. 17. Je. 5. 28. Eze. 22. 27. Mi. 3. 1-4, 9. *be*. Pr. 16. 14; 20. 2, 8, 26. *revenger*. ch. 12. 19. Nu. 35. 19-27. Jos. 20. 5, 9. Eze. 25. 14.

5 *ye*. 1 Sa. 24. 5, 6. Ec. 8. 2. Tit. 3. 1, 2. 1 Pe. 2. 13-15. *conscience*. Ac. 24. 16. He. 13. 18. 1 Pe. 2. 19; 3. 16.

6 *pay*. Ezr. 4. 13, 20; 6. 8. Ne. 5. 4. Mat. 17. 24-27; 22. 17-21. Mar. 12. 14-17. Lu. 20. 21-26; 23. 2. *attending*. ch. 12. 8. Ex. 18. 13-27. De. 1. 9-17. 1 Sa. 7. 16, 17. 2 Sa. 8. 15. 1 Ch. 18. 14. Job 29. 7-17.

7 *therefore*. Lu. 20. 25. *fear to*. Le. 19. 3. 1 Sa. 12. 18. Pr. 24. 21. Ep. 5. 33; 6. 5. 1 Pe. 2. 18. *honour to*. Ex. 20. 12. Le. 19. 32. Ep. 6. 2, 3. 1 Ti. 5. 13, 17; 6. 1. 1 Pe. 2. 17; 3. 7.

8 *Owe*. ver. 7. De. 24. 14, 15. Pr. 3. 27, 28. Mat. 7. 12; 22. 39, 40. *for*. ver. 10. Ga. 5. 14. Col. 3. 14. 1 Ti. 1. 5. Ja. 2. 8.

9 *For this*. Ex. 20. 12-17. De. 5. 16-21. Mat. 19. 18, 19. Mar. 10. 19. Lu. 18. 20. *covet*. ch. 7. 7, 8. *love*. Le. 19. 18, 34. Mat. 22. 39. Mar. 12. 31. Lu. 10. 27. Ga. 5. 13. Ja. 2. 8-10.

10 *worketh*. 1 Co. 13. 4-7. *love is*. ver. 8. Mat. 22. 40.

11 *knowing*. Is. 21. 11, 12. Mat. 16. 3; 24. 42-44. 1 Th. 5. 1-3. *it is*. Jon. 1. 6. Mat. 25. 5-7; 26. 40, 41. Mar. 13. 35-37. 1 Co. 15. 34. Ep. 5. 14. 1 Th. 5. 5-8. *for now*. Ec. 9. 10. Lu. 21. 28. 1 Co. 7. 29-31. 1 Pe. 4. 7. 2 Pe. 3. 13-15. Re. 22. 12, 20.

12 *night*. Ca. 2. 17. 1 Jno. 2. 8. *cast*. Is. 2. 20; 30. 22. Eze. 18. 31, 32. Ep. 4. 22. Col. 3. 8, 9. Ja. 1. 21. 1 Pe. 2. 1. *works*. Job 24. 14-17. Jno. 3. 19-21. Ep. 5. 11. 1 Th. 5. 5-7. 1 Jno. 1. 5-7; 2. 8, 9. *put*. ver. 14. 2 Co. 6. 7. Ep. 6. 11-18. Col. 3. 10-17. 1 Th. 5. 8.

13 *us*. Lu. 1. 6. Ga. 5. 16, 25. Ep. 4. 1, 17; 5. 2, 8, 15. Phi. 1. 27; 3. 16-20; 4. 8, 9. Col. 1. 10. 1 Th. 2. 12; 4. 12. 1 Pe. 2. 12. 1 Jno. 2. 6. 2 Jno. 4. *honestly. or*, decently. *as*. Ac. 2. 15. 1 Th. 5. 7. 2 Pe. 2. 13. *rioting*. Pr. 23. 20. Is. 22. 12, 13; 28. 7, 8. Am. 6. 4-6. Mat. 24. 48-51. Lu. 16. 19; 17. 27, 28; 21. 34. 1 Co. 6. 10. Ga. 5. 21. Ep. 5. 18. 1 Pe. 2. 11; 4. 3-5. *chambering*. 1 Co. 6. 9, 10. Ga. 5. 19. Ep. 5. 3-5. Col. 3. 5. 1 Th. 4. 3-5. 2 Pe. 2. 14, 18-20. Jude 23. *strife*. Ga. 5. 15, 21, 26. Phi. 2. 3. Ja. 3. 14-16; 4. 5. 1 Pe. 2. 1, 2.

14 *put*. Ga. 3. 27. Ep. 4. 24. Col. 3. 10-12. *and*. ch. 8. 12, 13. Ga. 5. 16, 17, 24. Col. 3. 5-8. 1 Pe. 2. 11. 1 Jno. 2. 15-17.

## CHAP. XIV.

*Men may not contemn nor condemn one another for things indifferent*, 1-12; *but take heed that they give no offence in them*, 13, 14; *which the apostle proves unlawful by many reasons*, 15-23.

1 *weak*. ver. 21; ch. 4. 19; 15. 1, 7. Job 4. 3. Is. 35. 3, 4; 40. 11; 42. 3. Eze. 34. 4, 16. Zec. 11. 16. Mat. 12. 20; 14. 31; 18. 6, 10. Lu. 17. 2. 1 Co. 3. 1, 2; 8. 7-13; 9. 22. *receive*. ch. 15. 7. Mat. 10. 40-42; 18. 5. Jno. 13. 20. Phi. 2. 29. 2 Jno. 10. 3 Jno. 8-10. *doubtful disputations. or*, judge *his* doubtful thoughts. ver. 2-5.

2 *that*. ver. 14. 1 Co. 10. 25. Ga. 2. 12. 1 Ti. 4. 4. Tit. 1. 15. He. 9. 10; 13. 9. *another*. ver. 22, 23. *eateth*. Ge. 1. 29; 9. 3. Pr. 15. 17. Da. 1. 12, 16.

3 *despise*. ver. 10, 15, 21. Zec. 4. 10. Mat. 18. 10. Lu. 18. 9. 1 Co. 8. 11-13. *judge*. ver. 13. Mat. 7. 1, 2; 9. 14; 11. 18, 19. 1 Co. 10. 29, 30. Col. 2. 16, 17. *for*. Ac. 10. 34, 44; 15. 8, 9.

4 *Who*. ch. 9. 20. Ac. 11. 17. 1 Co. 4. 4, 5. Ja. 4. 11, 12. *he shall*. ver. 3; ch. 11. 23; 16. 25. De. 33. 27-29. Ps. 17. 5; 37. 17, 24, 28; 119. 116, 117. Jno. 10. 28-30. Ro. 8. 31-39. He. 7. 25. 1 Pe. 1. 5. Jude 24. *for*. Is. 40. 29.

5 *esteemeth*. Ga. 4. 9, 10. Col. 2. 16, 17. *Let*. ver. 14, 23. 1 Co. 8. 7, 11. *persuaded. or*, assured. 1 Jno. 3. 19-21.

6 *regardeth. or*, observeth. Ga. 4. 10. *regardeth it*. Ex. 12. 14, 42; 16. 25. Is. 58. 5. Zec. 7. 5, 6. *for*. Mat. 14. 19; 15. 36. Jno. 6. 28. 1 Co. 10. 30, 31. 1 Ti. 4. 3-5.

7 ver. 9. 1 Co. 6. 19, 20. 2 Co. 5. 15. Ga. 2. 19, 20. Phi. 1. 20-24. 1 Th. 5. 10. Tit. 2. 14. 1 Pe. 4. 2.

8 *we die unto*. Jno. 21. 19. Ac. 13. 36; 20. 24; 21. 13. Phi. 2. 17, 30. 1 Th. 5. 10. *we live therefore*. 1 Co. 3. 22, 23; 15. 23; 1 Th. 4. 14-18. Re. 14. 13.

9 *Christ*. Is. 53. 10-12. Lu. 24. 26. 2 Co. 5. 14. He. 12. 2. 1 Pe. 1. 21. Re. 1. 18. *Lord*. Mat. 28. 18. Jno. 5. 22, 23, 27-29. Ac. 10. 36, 42. Ep. 1. 20-23. Phi. 2. 9-11. 2 Ti. 4. 1. 1 Pe. 4. 5.

10 *set*. ver. 3, 4. Lu. 23. 11. Ac. 4. 11. *for*. ch. 2. 16. Ec. 12. 14. Mat. 25. 31, 32. Jno. 5. 22. Ac. 10. 42; 17. 31. 1 Co. 4. 5. 2 Co. 5. 10. Jude 14, 15. Re. 20. 11-15.

11 *As*. Nu. 14. 21, 28. Is. 49. 18. Je. 22. 24. Eze. 5. 11. Zep. 2. 9. *every knee*. Ps. 72. 11. Is. 45. 22-25. Phi. 2. 10. Re. 5. 14. *confess*. ch. 10. 9; 15. 9. Mat. 10. 32. 1 Jno. 4. 15. 2 Jno. 7.

12 Ec. 11. 9. Mat. 12. 36; 18. 23, etc. Lu. 16. 2. Ga. 6. 5. 1 Pe. 4. 5.

13 *judge one*. ver. 4, 10. Ja. 2. 4; 4. 11. *but*. Lu. 12. 57. 1 Co. 11. 13. 2 Co. 5. 14. *put*. ch. 9. 32, 33; 11. 9; 16. 17. Le. 19. 14. Is. 57. 14. Eze. 14. 3. Mat. 16. 23; 18. 7. Lu. 17. 2. 1 Co. 8. 9-13; 10. 32. 2 Co. 6. 3. Phi. 1. 10. Re. 2. 14. *or*. 2 Sa. 12. 14. 1 Ti. 5. 14. 1 Jno. 2. 10.

14 *and am*. Ac. 10. 28. *that there*. See on ver. 2, 20. 1 Co. 10. 25. 1 Ti. 4. 4. Tit. 1. 15. *unclean. Gr.* common. Ac. 10. 14, 15; 11. 8, 9. *to him it*. ver. 23. 1 Co. 8. 7, 10.

15 *thy brother*. Eze. 13. 22. 1 Co. 8. 12. *now*. ch. 13. 10; 15. 2. 1 Co. 8. 1; 13. 1, 4, 5. Ga. 5. 13. Phi. 2. 2-4. *charitably. Gr.* according to charity. *Destroy*.

1 Co. 8. 11. 2 Pe. 2. 1. 1 Jno. 2. 2.

16 ch. 12. 17. 1 Co. 10. 29, 30. 2 Co. 8. 20, 21. 1 Th. 5. 22.

17 *kingdom.* Da. 2. 44. Mat. 3. 2; 6. 33. Lu. 14. 15; 17. 20, 21. Jno. 3. 3, 5. 1 Co. 4. 20; 6. 9. 1 Th. 2. 12. *is.* 1 Co. 8. 8. Col. 2. 16, 17. He. 13. 9. *but.* Is. 45. 24. Je. 23. 5, 6. Da. 9. 24. Mat. 6. 33. 1 Co. 1. 30. 2 Co. 5. 21. Phi. 3. 9. 2 Pe. 1. 1. *peace.* ch. 5. 1-5; 8. 6, 15, 16; 15. 13. Is. 55. 12; 61. 3. Jno. 16. 33. Ac. 9. 31; 13. 52. Ga. 5. 22. Phi. 2. 1; 3. 3; 4. 4, 7. Col. 1. 11. 1 Th. 1. 6. 1 Pe. 1. 8.

18 *in.* ver. 4; ch. 6. 22; 12. 11; 16. 18. Mar. 13. 34. Jno. 12. 26. 1 Co. 7. 22. Ga. 6. 15, 16. Col. 3. 24. Tit. 2. 11-14. *is.* ch. 12. 1, 2. Ge. 4. 7. Ec. 9. 7. Ac. 10. 35. 2 Co. 8. 21. Phi. 4. 18. 1 Ti. 2. 3; 5. 4. 1 Pe. 2. 5, 20. *and.* 2 Co. 4. 2; 5. 11; 6. 4; 8. 21. 1 Th. 1. 3, 4. Ja. 2. 18-26. 1 Pe. 3. 16.

19 *follow.* ch. 12. 18. Ps. 34. 14; 133. 1. Mat. 5. 9. Mar. 9. 50. 2 Co. 13. 11. Ep. 4. 3-7. Phi. 2. 1-4. Col. 3. 12-15. He. 12. 14. Ja. 3. 13-18. 1 Pe. 3. 11. *and.* ch. 15. 2. 1 Co. 10. 33; 14. 12-17, 26. Ep. 4. 29. 1 Th. 5. 11, 12. 1 Ti. 1. 4.

20 *For.* See on ver. 15. Mat. 18. 6. 1 Co. 6. 12, 13; 8. 8, 13; 10. 31. *the work.* Ep. 2. 10. Phi. 1. 6. *All.* ver. 14. Mat. 15. 11. Ac. 10. 15. 1 Ti. 4. 3-5. Tit. 1. 15. *but.* ver. 15, 21. 1 Co. 8. 9-12; 10. 32, 33.

21 *good.* ver. 17; ch. 15. 1, 2. 1 Co. 8. 13. *whereby.* ver. 13. Mal. 2. 8. Mat. 16. 23; 18. 7-10. Lu. 17. 1, 2. Phi. 1. 10. He. 12. 13. Re. 2. 14.

22 *thou.* ver. 2, 5, 14, 23. Ga. 6. 1. Ja. 3. 13. *Happy.* ch. 7. 15, 24. Ac. 24. 16. 2 Co. 1. 12. 1 Jno. 3. 21.

23 *he that.* 1 Co. 8. 7. *doubteth. or,* discerneth and putteth a difference between meats. *damned.* Rather, *is condemned*, *κατακεκριται*; which is the proper signification of *damned*, from the Latin *damno*, to condemn. ch. 13. 2. 1 Co. 11. 29-31. Gr. *whatsoever.* Tit. 1. 15. He. 11. 6.

## CHAP. XV.

*The strong must bear with the weak,* 1. *We may not please ourselves,* 2; *for Christ did not so,* 3-6; *but receive one another, as Christ did us all,* 7; *both Jews and Gentiles,* 8-14; *Paul excuses his writing,* 15-27; *and promises to see them,* 28, 29; *and requests their prayers,* 30-33.

1 *strong.* ch. 4. 20. 1 Co. 4. 10. 2 Co. 12. 10. Ep. 6. 10. 2 Ti. 2. 1. 1 Jno. 2. 14. *ought.* ch. 14. 1. 1 Co. 9. 22; 12. 22-24. Ga. 6. 1, 2. 1 Th. 5. 14. *please.* See on ver. 3.

2 ch. 14. 19. 1 Co. 9. 19-22; 10. 24, 33; 11. 1; 13. 5. Phi. 2. 4, 5. Tit. 2. 9, 10.

3 *Christ.* Ps. 40. 6-8. Mat. 26. 39, 42. Jno. 4. 34; 5. 30; 6. 38; 8. 29; 12. 27, 28; 14. 30, 31; 15. 10. Phi. 2. 8. *The.* Ps. 69. 9, 20; 89. 50, 51. Mat. 10. 25. Jno. 15. 24.

4 *whatsoever.* ch. 4. 23, 24. 1 Co. 9. 9, 10; 10. 11. 2 Ti. 3. 16, 17. 2 Pe. 1. 20, 21. *for our learning.* Rather, 'for our instruction.' *that.* ch. 5. 3-5; 8. 24, 25; 12. 12. Ps. 119. 81-83. He. 6. 10-19; 10. 35, 36. Ja. 5. 7-11. 1 Pe. 1. 13.

5 *the God.* ver. 13. Ex. 34. 6. Ps. 86. 5. 1 Pe. 3. 20. 2 Pe. 3. 9, 15. *consolation.* 2 Co. 1. 3, 4; 7. 6. *grant.* ch. 12. 16. 2 Ch. 30. 12. Je. 32. 39. Eze. 11. 19. Ac. 4. 32. 1 Co. 1. 10. 2 Co. 13. 11. Phi. 1. 27; 2. 2; 3. 16; 4. 2. 1 Pe. 3. 8. *according to. or,* after the example of. ver. 3. Ep. 5. 2. Phi. 2. 4, 5.

6 *with.* ver. 9-11. Zep. 3. 9. Zec. 13. 9. Ac. 4. 24, 32. *the.* Jno. 10. 29, 30; 20. 17. 2 Co. 1. 3; 11. 31. Ep. 1. 3. 1 Pe. 1. 3.

7 *receive.* ch. 14. 1-3. Mat. 10. 40. Mar. 9. 37. Lu. 9. 48. *as.* ch. 5. 2. Mat. 11. 28-30. Lu. 15. 2. Jno. 6. 37; 13. 34. *to.* ver. 9. Ep. 1. 6-8; 12. 18. 2 Th. 1. 10-12.

8 *I say.* ch. 3. 26. 1 Co. 1. 12; 10. 19, 29; 15. 50. *Jesus.* ch. 9. 4, 5. Mat. 15. 24; 20. 28. Jno. 1. 11. Ac. 3. 25, 26; 13. 46. Ga. 4. 4, 5. *for the.* ch. 3. 3. Ps. 98. 2. 3. Mi. 7. 20. Lu. 1. 54-56, 70-73. 2 Co. 1. 20. *truth.* ver. 16; ch. 9. 23, 24; 11. 22, 30. Is. 24. 15, 16. Jno. 10. 16. Ep. 2. 12-22; 3. 1-8. 1 Pe. 2. 9, 10.

9 *For.* 2 Sa. 22. 50. Ps. 18. 49.

10 De. 32. 43. Ps. 66. 1-4; 67. 3, 4; 68. 32; 97. 1; 98. 3, 4; 138. 4, 5. Is. 24. 14-16; 42. 10-12.

11 Ps. 117. 1.

12 *There.* Is. 11. 1, 10. Re. 5. 5; 22. 16. *and he.* Ge. 49. 10. Ps. 2. 4-12; 22. 27, 28; 72. 8-10, 17. Is. 42. 1-4; 49. 6. Da. 2. 44; 7. 14. Mi. 4. 1-3; 5. 4. *in him.* Je. 16. 19; 17. 5-7. Mat. 12. 21. 1 Co. 15. 19. Ep. 1. 12, 13. 2 Ti. 1. 12, marg. 1 Pe. 1. 21.

13 *the God.* ver. 5. Je. 14. 8. Joel 3. 16. 1 Ti. 1. 1. *fill.* ch. 14. 17. Is. 55. 12. Jno. 14. 1, 27. Ga. 5. 22. Ep. 1. 2; 5. 18, 19. 2 Th. 2. 16, 17. 1 Pe. 1. 8. *abound.* ch. 5. 4, 5; 12. 12. 2 Co. 9. 8. He. 6. 11.

14 *I.* Phi. 1. 7. 2 Ti. 1. 5. Phile. 21. He. 6. 9. 2 Pe. 1. 12. 1 Jno. 2. 21. *full.* Phi. 1. 11. Col. 1. 8-10. 2 Pe. 1. 5-8. *filled.* 1 Co. 8. 1, 7, 10. *able.* Col. 3. 16. 1 Th. 5. 11, 14. Tit. 2. 3, 4. He. 5. 12; 10. 24, 25. Jude 20-23.

15 *I have.* He. 13. 22. 1 Pe. 5. 12. 1 Jno. 2. 12-14; 5. 13. Jude 3-5. *as.* 1 Ti. 4. 6. 2 Ti. 1. 6; 2. 14. Tit. 3. 1. 2 Pe. 1. 12-15; 3. 1, 2. *because.* ch. 1. 5; 12. 3, 6. 1 Co. 3. 10; 15. 10. Ga. 1. 15, 16; 2. 9. Ep. 3. 7, 8. 1 Ti. 1. 11-14. 1 Pe. 4. 10, 11. 2 Pe. 3. 15.

16 *I should.* ver. 18; ch. 11. 13. Ac. 9. 15; 13. 2; 22. 21; 26. 17, 18. 1 Co. 3. 5; 4. 1. 2 Co. 5. 20; 11. 23. Ga. 2. 7, 8. Ep. 3. 1. Phi. 2. 17. 1 Ti. 2. 7. 2 Ti. 1. 11. *ministering.* ver. 29. ch. 1. 1. Ac. 20. 24. Ga. 3. 5. 1 Th. 2. 2, 9. 1 Ti. 1. 11. 1 Pe. 1. 12. *offering up. or,* sacrificing. ch. 12. 1, 2. Is. 66. 19, 20. 2 Co. 8. 5. Phi. 2. 17; 4. 18. He. 13. 16. 1 Pe. 2. 5. *being.* ch. 5. 5; 8. 26, 27. Ac. 20. 32. 1 Co. 6. 19. Ep. 2. 18, 22. 1 Th. 5. 23.

17 *whereof.* ch. 4. 2. 2 Co. 2. 14-16; 3. 4-6; 7. 4; 11. 16-30; 12. 1, 11, etc. *in.* He. 5. 1.

18 *I will.* Pr. 25. 14. 2 Co. 10. 13-18; 11. 31; 12. 6. Jude 9. *which.* Mar. 16. 20. Ac. 14. 27; 15. 4, 12; 21. 19. Ga. 2. 8. 1 Co. 3. 6-9. 2 Co. 3. 1-3; 6. 1. *to make.* ch. 1. 5; 6. 17; 16. 26. Mat. 28. 18-20. Ac. 26. 20. 2 Co. 10. 4, 5. He. 5. 9; 11. 8. *by word.* Col. 3. 17. 2 Th. 2. 17. Ja. 1. 22. 1 Jno. 3. 18.

19 *mighty.* Ac. 14. 10; 15. 12; 16. 18; 19. 11, 12. 2 Co. 12. 12. Ga. 3. 5. He. 2. 4. *by the.* Mat. 12. 28. Ac. 1. 8. 1 Co. 12. 4-11. 1 Pe. 1. 12. *so that.* ver. 24. Ac. 9. 28, 29; 13. 4, 5, 14, 51; 14. 6, 20, 25; 16. 6-12; 17. 10, 15; 18. 1, 19; 19. 1; 20. 2, 6. *Illyricum. Illyricum,* or *Illyria,* was a country of Europe, lying N. and N.W. of Macedonia, on the eastern coast of the Adriatic gulf, opposite Italy. It was distinguished into two parts; Liburnia north, now Croatia; and Dalmatia south, still retaining the same name. The account of St. Paul's second visit to the peninsula of Greece, Ac. 20. 1, 2, says Dr. *Paley*, leads us to suppose that, in going over Macedonia, he had passed so far to the west, as to come into those parts of the country which were contiguous to Illyricum, if he did not enter Illyricum itself. The history and the Epistle therefore so far agree; and the agreement is much strengthened by a coincidence of *time;* for much before the time when this epistle was written, he could not have said so, as his route, in his former journey, confined him to the eastern side of the peninsula, a considerable distance from Illyricum. *fully.* ch. 1. 14-16. Ac. 20. 20. Col. 1. 25. 2 Ti. 4. 17.

20 *so.* 2 Co. 10. 14-16. *build.* 1 Co. 3. 9-15. 2 Co. 10. 13-16. Ep. 2. 20-22.

21 Is. 52. 15; 65. 1.

22 *I have.* ch. 1. 13. 1 Th. 2. 17, 18. *much. or,* many ways, *or,* oftentimes.

23 *and.* ver. 32; ch. 1. 10-12. 1 Th. 3. 10. 2 Ti. 1. 4.

24 *I take.* ver. 28. Ac. 19. 21. *Spain. Spain* is a large country in the west of Europe, which anciently comprehended both Spain and Portugal, separated from Gaul or France by the Pyrenees, and bounded on every other side by the sea. *and to.* Ac. 15. 3; 21. 5. 2 Co. 1. 16. 3 Jno. 6. *if.* ch. 1. 12. 1 Co. 16. 5-7. *filled.* Rather, 'gratified (*or* enjoy) your society,' as *εμπλησθω* frequently denotes. *with your company. Gr.* with you. ver. 32.

25 ver. 26-31. Ac. 18. 21; 19. 21; 20. 16, 22; 24. 17. 1 Co. 16. 1-3. Ga. 2. 10.

26 *it.* Ac. 11. 27-30. 2 Co. ch. 8; 9. Ga. 6. 6-10. *the poor.* Pr. 14. 21, 31; 17. 5. Zec. 11. 7, 11. Mat. 25. 40; 26. 11. Lu. 6. 20; 14. 13. 1 Co. 16. 15. 2 Co. 9. 12. Phile. 5. Ja. 2. 5, 6.

27 *and.* ch. 11. 17. 1 Co. 9. 11. Ga. 6. 6. Phile. 19.

28 *and.* Phi. 4. 17 Col. 1. 6. *I will.* ver. 24. Pr. 19. 21. La. 3. 37. Ja. 4. 13-15.

29 ch. 1. 11, 12. Ps. 16. 11. Eze. 34. 26. Ep. 1. 3; 3. 8, 19; 4. 13.

30 *for the.* 2 Co. 4. 5, 11; 12. 10. 1 Ti. 6. 13, 14. 2 Ti. 4. 1. *and for.* Ps. 143. 10. Phi. 2. 1. *that.* Ge. 32. 24-29. 2 Co 1. 11. Ep. 6. 19. Col. 2. 1; 4. 12. 1 Th. 5. 25. 2 Th. 3. 1.

31 *I may.* Ac. 21. 27-31; 22. 24; 23. 12-24; 24. 1-9; 25. 2, 24. 1 Th. 2. 15. 2 Th. 3. 2. *do not believe. or,* are disobedient. *and that.* ver. 25. 2 Co. 8. 4; 9. 1. *accepted.* Ac. 21. 17-26.

32 *I may.* ver. 23, 24; ch. 1. 10-13. Ac. 27. 1, 41-43; 28. 15, 16, 30, 31. Phi. 1. 12-14. *by the.* Ac. 18. 21. 1 Co. 4. 19. Ja. 4. 15. *and may.* Pr. 25. 13. 1 Co. 16. 18. 2 Co. 7. 13. 1 Th. 3. 6-10. 2 Ti. 1. 16. Phile. 7, 20.

33 *the God.* ch. 16. 20. 1 Co. 14. 33. 2 Co. 5. 19, 20; 13. 11. Phi. 4. 9. 1 Th. 5. 23. 2 Th. 3. 16. He. 13. 20. *be.* ch. 16. 24. Ru. 2. 4. Mat. 1. 23; 28. 20. 2 Co. 13. 14. 2 Ti. 4. 22.

## CHAP. XVI.

*Paul wills the brethren to greet many,* 1-16; *and advises them to take heed of those which cause dissension and offences,* 17-20; *and after sundry salutations ends with praise and thanks to God,* 21-27.

1 *commend.* 2 Co. 3. 1. *our.* Mat. 12. 50. Mar. 10. 30. 1 Ti. 5. 2. Ja. 2. 15. 1 Pe. 1. 22, 23. *a servant.* Lu. 8. 3. 1 Ti. 5. 9, 10. *Cenchrea.* Ac. 18. 18.

2 *ye receive.* ch. 15. 7. Mat. 10. 40-42; 25. 40. Phi. 2. 29. Col. 4. 10. Phile 12, 17. 2 Jno. 10. 3 Jno. 5-10. *as.* Ep. 5. 3. Phi. 1. 27. 1 Ti. 2. 10. Tit. 2. 3. *for.* ver. 3, 4, 6, 9, 23. Ac. 9. 36, 39, 41. Phi. 4. 14-19. 2 Ti. 1. 18.

3 *Greet.* Had the notes of time in this epistle fixed the writing of it to any date prior to St. Paul's first residence at Corinth, the salutation of Aquila and Priscilla would have contradicted the history, because it would have been prior to his acquaintance with these persons. If they had fixed it during *that* residence at Corinth, during his journey to Jerusalem, or during his progress through Asia Minor, an equal contradiction would have been incurred because, during all that time, they were either with St. Paul, or abiding at Ephesus. Lastly, had they fixed this epistle to be either contemporary with the first epistle to the Corinthians, or prior to it, a similar contradiction would have ensued, for they were then with St. Paul. As it is, all things are consistent.—See Dr. *Paley. Priscilla.* Ac. 18. 2, etc.; 18. 26. 1 Co. 16. 19. 2 Ti. 4. 19. *my.* ver. 9. 1 Co. 16. 16.

4 *have.* ch. 5. 7. Jno. 15. 13. Phi. 2. 30. 1 Jno. 3. 16. *laid.* Jos. 10. 24. 2 Sa. 22. 41. Mi. 2. 3. *also.* Ac. 15. 41; 16. 5. 1 Co. 7. 17; 16. 1. 1 Th. 2. 14. Re. 1. 4.

5 *the church.* Mat. 18. 20. 1 Co. 16. 19

Col. 4. 15. Phile. 2. *my.* ver. 8, 12. 3 Jno. 1. *who.* ch. 11. 16. 1 Co. 16. 15. Ja. 1. 18. Re. 14. 4. *Achaia.* ch. 15. 26. Ac. 16. 12, 27. 2 Co. 1. 1; 9. 2.

6 *who.* ver. 12. Mat. 27. 55. 1 Ti. 5. 10.

7 *kinsmen.* ver. 11, 21. *fellow prisoners.* 2 Co. 11. 23. Col. 4. 10. Phile. 23. Re. 1. 9. *who.* Ga. 2. 2, 6. *were.* ch. 8. 1. Is. 45. 17, 25. Jno. 6. 56; 14. 20; 15. 2. 1 Co. 1. 30. 2 Co. 5. 17, 21. Ga. 1. 22; 5. 6; 6. 15. Ep. 2. 10. 1 Jno. 4. 13; 5. 20.

8 *my.* ver. 5. Phi. 4. 1. 1 Jno. 3. 14.

9 *our.* ver. 2, 3, 21.

10 *approved.* ch. 14. 18. De. 8. 2. 1 Co. 11. 19. 2 Co. 2. 9; 8. 22. Phi. 2. 22. 1 Ti. 3. 10. 1 Pe. 1. 7. *of.* 2 Ti. 4. 19. *household. or, friends.*

12 *labour.* Mat. 9. 38. 1 Co. 15. 10, 58; 16. 16. Col. 1. 29; 4. 12. 1 Th. 1. 3; 5. 12, 13. 1 Ti. 4. 10; 5. 17, 18. He. 6. 10, 11.

13 *Rufus.* Mar. 15. 21. *chosen.* Mat. 20. 16. Jno. 15. 16. Ep. 1. 4. 2 Th. 2. 13. 2 Jno. 1. *his.* Mat. 12. 49, 50. Mar. 3. 35. Jno. 19. 27. 1 Ti. 5. 2.

14 *and.* ch. 8. 29. Col. 1. 2. He. 3. 1. 1 Pe. 1. 22, 23.

15 *and all.* ver. 2; ch. 1. 7. Is. 60. 21. Ep. 1. 1. 1 Pe. 1. 2.

16 *with.* Ac. 20. 37. 1 Co. 16. 20. 2 Co. 13. 12. 1 Th. 5. 26. 1 Pe. 5. 14. *The.* ver. 4.

17 *mark.* Phi. 3. 17. 2 Th. 3. 14, 15. *cause.* Ac. 15. 1-5, 24. 1 Co. 1. 10-13; 3. 3; 11. 18. Ga. 1. 7-9; 2. 4. Phi. 3. 2, 3. Col. 2. 8. 2 Pe. 2. 1, 2. 1 Jno. 2. 19. 2 Jno. 7-10. Jude 19. *offences.* Mat. 18. 7. Lu. 17. 1. *and.* Mat. 18. 17. 1 Co. 5. 9-11. 2 Th. 3. 6, 14. 1 Ti. 6. 3-5. 2 Ti. 3. 5. Tit. 3. 10. 2 Jno. 10, 11.

18 *serve.* Mat. 6. 24. Jno. 12. 26. Ga. 1. 10. Phi. 2. 21. Col. 3. 24. Ja. 1. 1. Jude 1. Re. 1. 1. *but.* 1 Sa. 2. 12-17, 29. Is. 56. 10-12. Eze. 13. 19. Ho. 4. 8-11. Mi. 3. 5. Mal. 1. 10. Mat. 24. 48-51. Phi. 3. 19. 1 Ti. 6. 5. 2 Pe. 2. 10-15. Jude 12. *by.* 2 Ch. 18. 5, 12-17. Is. 30. 10, 11. Je. 8. 10, 11; 23. 17; 28. 1-9, 15-17. Eze. 13. 16. Mi. 3. 5. Mat. 7. 15; 24. 11, 24. 2 Co. 2. 17; 4. 2; 11. 13-15. Col. 2. 4. 2 Th. 2. 10. 1 Ti. 6. 5. 2 Ti. 2. 16-18; 3. 2-6. Tit. 1. 10-12. 2 Pe. 2. 3, 18-20. 1 Jno. 4. 1-3. Jude 16. *the simple.* ver. 19. Ps. 19. 7; 119. 130. Pr. 8. 5; 14. 15; 22. 3. 2 Co. 11. 3.

19 *obedience.* ch. 1. 8. 1 Th. 1. 8, 9. *I am.* Ep. 1. 15-17. Col. 1. 3-9. 1 Th. 1. 2, 3; 3. 6-10. *yet.* 1 Ki. 3. 9-12. Ps. 101. 2. Is. 11. 2, 3. Mat. 10. 16. 1 Co. 14. 20. Ep. 1. 17, 18; 5. 17. Phi. 1. 9. Col. 1. 9; 3. 16. 2 Ti. 3. 15-17. Ja. 3. 13-18. *simple. or,* harmless. Lu. 10. 3. Phi. 2. 15.

20 *the God.* See on ch. 15. 33. *shall.* Ge. 3. 15. Is. 25. 8-12. Ro. 8. 37. He. 2. 14, 15. 1 Jno. 3. 8. Re. 12. 10; 20. 1-3. *bruise. or,* tread. Job 40. 12. Is. 63. 3. Zec. 10. 5. Mal. 4. 3. Lu. 10. 19. *The grace.* ver. 24. 1 Co. 16. 2, etc. 2 Co. 13, 14. Ga. 6. 18. Phi. 4. 23. 1 Th. 5. 28. 2 Th. 3. 18. 2 Ti. 4. 22. Phile. 25. Re. 22. 21.

21 *Timotheus.* Ac. 16. 1-3; 17. 14; 18. 5; 19. 22; 20. 4. 2 Co. 1. 1, 19. Col. 1. 1. Phi. 1. 1; 2. 19-23. 1 Th. 1. 1; 3. 2, 6. 2 Th. 1. 1. 1 Ti. 1. 2; 6. 11, 20. 2 Ti. 1. 2. He. 13. 23. *Lucius.* Ac. 13. 1. *Jason.* Ac. 17. 5. *Sosipater.* Ac. 20. 4, Sopater. *my kinsmen.* ver. 7, 11.

22 *who.* Ga. 6. 11. *salute.* ver. 8. Col. 3. 17.

23 *Gaius.* 1 Co. 1. 14. 3 Jno. 1. 1-6. *Erastus.* Ac. 19. 22. 2 Ti. 4. 20. *the chamberlain.* Or, as the Vulgate renders, *arcarius civitatis,* 'the treasurer (or steward, οικονομος,) of the city;' he to whom the receipt and expenditure of the public money were entrusted.

24 See on ver. 20. 1 Th. 5. 28.

25 *to him.* ch. 14. 4. Ac. 20. 32. Ep. 3. 20, 21. 1 Th. 3. 13. 2 Th. 2. 16, 17; 3. 3. He. 7. 25. 1 Pe. 5. 10. Jude 24, 25. *my gospel.* ch. 2. 16. 2 Co. 4. 3. Ga. 2. 2. 2 Th. 2. 14. 2 Ti. 2. 8. *and the.* Ac. 9. 20. 1 Co. 1. 23; 2. 2. 2 Co. 4. 5. *to the.* 1 Co. 2. 7. Ep. 1. 9. Col. 1. 26, 27. *which.* Ps. 78. 2. Da. 2. 22. Am. 3. 7. Mat. 13. 17, 35. Lu. 10. 23, 24. Ep. 3. 3-5, 9, 11. 1 Pe. 1. 10-12, 20.

26 *now.* Ep. 1. 9. Col. 1. 26. 2 Ti. 1. 10. Tit. 1. 2, 3. *and by.* ch. 1. 2; 3. 21; 15. 4. Ac. 8. 32-35; 10. 43; 26. 22, 23. Ga. 3. 8. Ep. 2. 20. Re. 19. 10. *according.* Mat. 28. 19, 20. Mar. 16. 15. Lu. 24. 44-47. Ac. 13. 46, 47; 26. 17, 18. *everlasting.* ch. 1. 20. Ge. 21. 33. De. 33. 27. Is. 9. 6; 40. 28. Mi. 5. 2. 1 Ti. 1. 17. He. 9. 14; 13. 8. 1 Jno. 5. 20. Re. 1. 8-11, 17. *for the.* See on ch. 1. 5; 15. 18. Ac. 6. 7.

27 *God.* ch. 11. 36. Ga. 1. 4, 5. Ep. 3. 20, 21. Phi. 4. 20. 1 Ti. 1. 17; 6. 16. 2 Ti. 4. 18. He. 13. 15, 21. 1 Pe. 2. 5; 5. 10, 11. 2 Pe. 3. 18. Re. 1. 5, 6; 4. 9-11; 5. 9-14; 7. 10-12; 19. 1-6. *only.* ch. 11. 33, 34. Ps. 147. 5. Ep. 1. 7, 8; 3. 10. Col. 2. 2, 3. Jude 25.

## CONCLUDING REMARKS ON THE EPISTLE TO THE ROMANS.

The Epistle to the Romans is 'a writing,' says Dr. *Macknight,* 'which, for sublimity and truth of sentiment, for brevity and strength of expression, for regularity in its structure, but above all, for the unspeakable importance of the discoveries which it contains, stands unrivalled by any mere human composition, and as far exceeds the most celebrated productions of the learned Greeks and Romans, as the shining of the sun exceeds the twinkling of the stars.' 'The plan of it is very extensive; and it is surprising to see what a spacious field of knowledge is comprised, and how many various designs, arguments, explications, instructions, and exhortations, are executed in so small a compass....The whole Epistle is to be taken in connection, or considered as one continued discourse; and the sense of every part must be taken from the drift of the whole. Every sentence, or verse, is not to be regarded as a distinct mathematical proposition, or theorem, or as a sentence in the book of Proverbs, whose sense is absolute, and independent of what goes before, or comes after: but we must remember, that every sentence, especially in the argumentative part, bears relation to, and is dependent upon, the whole discourse, and cannot be rightly understood unless we understand the scope and drift of the *whole;* and therefore, the whole Epistle, or at least the eleven first chapters of it, ought to be read over at *once,* without stopping. As to the use and excellency of this Epistle, I shall leave it to speak for itself, when the reader has studied and well digested its contents....This Epistle will not be difficult to understand, if our minds are unprejudiced, and at liberty to attend to the subject, and to the current scriptural sense of the words used. Great care is taken to guard and explain every part of the subject; no part of it is left unexplained or unguarded. Sometimes notes are written upon a sentence, liable to exception and wanting explanation, as ch. ii. 12-16. Here the 13th and 15th verses are a comment upon the former part of it. Sometimes are found comments upon a single word; as ch. x. 11-13. The 12th and 13th verses are a comment upon πας, *every one,* in the 11th. This Epistle displays a perspicuous brevity, as ch. v. 13, 14. *For until the law sin was in the world,* etc. Surely never was there a greater variety of useful sentiments crowded into a smaller compass; and yet so skilfully, that one part very clearly explains another....It is by the Holy Spirit's influence, that the apostle has brought such a variety of arguments, instructions, and sentiments, all stated, proved, and sufficiently guarded, explained, and defended, within the limits of a letter; which has made it a magazine of the most real, extensive, useful, profitable, and divine knowledge. The Jews are treated with great caution and tenderness....The transitions and advances to an ungrateful subject are very interesting; as ch. ii. 1-17; viii. 17. Here is found complicated design, and while teaching one thing, gives us an opportunity of learning one or two more. So ch. xiii. 1-8, is taught the duty of *subjects,* and at the same time *magistrates* are instructed in their duty, and the grounds of their authority. The inspired writer never loses sight of his subject, and writes under a deep and lively sense of the truth and importance of the Gospel, as a man who clearly understood it, and in whose heart and affections it reigned far superior to all temporal considerations.'

# The First Epistle of PAUL the Apostle to the CORINTHIANS.

A.D. 59. A.M. 4063.

## CHAP. I.

*After his salutation and thanksgiving,* 1-9, *he exhorts them to unity,* 10, 11, *and reproves their dissensions,* 12-17. *God destroys the wisdom of the wise,* 18-20, *by the foolishness of preaching,* 21-25; *and calls not the wise, mighty, and noble,* 26, 27, *but the foolish, weak, and men of no account,* 28-31.

1 *called.* Ro. 1. 1. Ga. 2. 7, 8. *an.* ch. 3. 9; 9. 1, 2; 15. 9. Lu. 6. 13. Jno. 20. 21. Ac. 1. 2, 25, 26; 22. 21. Ro. 1. 5. 2 Co. 11. 5; 12. 12. Ga. 1. 1. Ep. 4. 11. 1 Ti. 1. 1; 2. 7. *through.* ch. 6. 16, 17. Jno. 15. 16. 2 Co. 1. 1. Ga. 1. 15, 16. Ep. 1. 1. Col. 1. 1. *Sosthenes.* Ac. 18. 17.

2 *the church.* Ac. 18. 1, 8-11. 2 Co. 1. 1. Ga. 1. 2. 1 Th. 1. 1. 2 Th. 1. 1. 1 Ti. 3. 15. *to them.* Jude 1. *sanctified.* ver. 30; ch. 6. 9-11. Jno. 17. 17-19. Ac. 15. 9; 26. 18. Ep. 5. 26. He. 2. 11; 10. 10; 13. 12. *called.* Ro. 1. 7. 1 Th. 4. 7. 2 Ti. 1. 9. 1 Pe. 1. 15, 16. *with.* Ac. 7. 59, 60; 9. 14, 21; 22. 16. 2 Th. 2. 16, 17. 2 Ti. 2. 22. *call.* Τοις επικαλουμενοις το ονομα. That these words ought not to be rendered passively, is evident from the LXX., who translate the phrase יקרא בשם, 'he shall call on the name,' which is active, by επικαλησεται εν ονοματι Θεου, or εν ονοματι Κυριου. Ge. 4. 26; 12. 8; 13. 4-7, etc. *our Lord.* ch. 8. 6. Ps. 45. 11. Ac. 10. 36. Ro. 3. 22; 10. 12; 14. 8, 9. 2 Co. 4. 5. Phi. 2. 9-11. Re. 19. 16.

3 See on Ro. 1. 7. 2 Co. 1. 2. Ep. 1. 2. 1 Pe. 1. 2.

4 *thank.* See on Ro. 1. 8; 6. 17. Ac. 11. 23; 21. 20. *the grace.* ver. 3. Jno. 10. 30; 14. 14, 16, 26; 15. 26. 1 Ti. 1. 14.

5 *in every.* ch. 4. 7-10. Ro. 11. 12. 2 Co. 9. 11. Ep. 2. 7; 3. 8. *in all.* ch. 12. 8, 10; 14. 5, 6, 26. Ac. 2. 4. 2 Co. 8. 7. Ep. 6. 19. Col. 4. 3, 4. *and in.* ch. 8. 11; 13. 2, 8. Ro. 15. 4. 2 Co. 4. 6. Ep. 1. 17. Phi. 1. 9. Col. 1. 9, 10; 2. 3; 3. 10. Ja. 3. 13. 2 Pe. 3. 18.

6 *the.* ch. 2. 1, 2. Ac. 18. 5; 20. 21, 24; 22. 18; 23. 11; 28. 23. 1 Ti. 2. 6. 2 Ti. 1. 8. 1 Jno. 5. 11-13. Re. 1. 2, 9; 6. 9; 12. 11, 17; 19. 10. *was.* Mar. 16. 20. Ac. 11. 17, 21. Ro. 15. 19. 2 Co. 12. 12. Ga. 3. 5. He. 2. 3, 4.

7 *ye.* 2 Co. 12, 13. *waiting.* ch. 4. 5. Ge. 49. 18. Mat. 25. 1. Lu. 12. 36. Ro. 8. 19. Phi. 3. 20. 1 Th. 1. 10. 2 Ti. 4. 8. Tit. 2. 13. He. 9. 28; 10. 36, 37. Ja. 5. 7, 8. 2 Pe. 3. 12. Jude 21. *coming. Gr.* revelation. Lu. 17. 30. Col. 3. 4. 2 Th. 1. 7. 1 Ti. 6. 14, 15. 1 Pe. 1. 13; 4. 13; 5. 4. 1 Jno. 3. 2.

8 *confirm.* Ps. 37. 17, 28. Ro. 14. 4; 16. 25. 2 Co. 1. 21. 1 Th. 3. 13, 24. 2 Th. 3. 3. 1 Pe. 5. 10. *blameless.* Ep. 5. 27. Phi. 2. 15. Col. 1. 22. 1 Th. 3. 13; 5. 23, 24. 2 Pe. 3. 14. Jude 24, 25. *the day.* Phi. 1. 6, 10; 2. 16. 2 Pe. 3. 10.

9 *God.* ch. 10. 13. Nu. 23. 19. De. 7. 9; 32. 4. Ps. 89. 33-35; 100. 5. Is. 11. 5; 25. 1; 49. 7. La. 3. 22, 23. Mat. 24. 35. 1 Th. 5. 23, 24. 2 Th. 3. 3. Tit. 1. 2. He. 2. 17; 6. 18; 10. 23; 11. 11. Re. 19. 11. *by.* ver. 24. Ro. 8. 28, 30; 9. 24. Ga. 1. 15. 1 Th. 2. 12. 2 Th. 2. 14. 2 Ti. 1. 9. He. 3. 1. 1 Pe. 5. 10. *the fellowship.* ver. 30; ch. 10. 16. Jno. 15. 4, 5; 17. 21. Ro. 11. 17. Ga. 2. 20. Ep. 2. 20-22; 3. 6. He. 3. 14. 1 Jno. 1. 3, 7; 4. 13.

10 *I beseech.* ch. 4. 16. Ro. 12. 1. 2 Co. 5. 20; 6. 1; 10. 1. Ga. 4. 12. Ep. 4. 1. Phile. 9, 10. 1 Pe. 2. 11. *by the.* Ro. 15. 30. 1 Th. 4. 1, 2. 2 Th. 2. 1. 1 Ti. 5. 21. 2 Ti. 4. 1. *that ye.* Ps. 133. 1. Je. 32. 39. Jno. 13. 34, 35; 17. 23. Ac. 4. 32. Ro. 12. 16; 15. 5, 6; 16. 17. 2 Co. 13. 11. Ep. 4. 1-7, 31, 32. Phi. 1. 27; 2. 1-4; 3. 16. 1 Th. 5. 13. Ja. 3. 13-18. 1 Pe. 3. 8, 9. *divisions. Gr.* schisms. ch. 11. 18; 12. 25. Mat. 9. 16. Mar. 2. 21. Jno. 7. 43; 9. 16; 10. 19. Gr.

11 *it hath.* ch. 11. 18. Ge. 27. 42; 37. 2. 1 Sa. 25. 14-17. *that there.* ch. 3. 3; 6. 1-7. Pr. 13. 10; 18. 6. 2 Co. 12. 20. Ga. 5. 15, 20, 26. Phi. 2. 14. 1 Ti. 6. 4. 2 Ti. 2. 23-25. Ja. 4. 1, 2.

12 *this.* ch. 7. 29; 15. 50. 2 Co. 9. 6. Ga. 3. 17. *I am.* ch. 3. 4-6, 21-23; 4. 6. *Apollos.* ch. 16. 12. Ac. 18. 24-28; 19. 1. *Cephas.* ch. 9. 5; 15. 5. Jno. 1. 42. Ga. 2. 9.

13 *Christ.* 2 Co. 11. 4. Ga. 1. 7. Ep. 4. 5. *Paul.* ch. 6. 19, 20. Ro. 14. 9. 2 Co. 5. 14, 15. Tit. 2. 14. *or.* ver. 15; ch. 10. 2. Mat. 28. 19. Ac. 2. 38; 10. 48; 19. 5.

14 *thank.* ver. 4; ch. 14. 18. 2 Co. 2. 14. Ep. 5. 20. Col. 3. 15, 17. 1 Th. 5. 18. 1 Ti. 1. 12. Phile. 4. *Crispus.* Ac. 18. 8. *Gaius.* Ro. 16. 23. 3 Jno. 1, etc.

15 *I.* Jno. 3. 28, 29; 7. 18. 2 Co. 11. 2.

16 *household.* ch. 16. 15, 17. Ac. 16. 15, 33.

17 *not to.* Jno. 4. 2. Ac. 10. 48; 26. 17, 18. *not.* ch. 2. 1, 4, 13 2 Co. 4. 2; 10. 3, 4, 10. 2 Pe. 1. 16. *words. or,* speech. *lest.* ch. 2. 5.

18 *the preaching.* ver. 23, 24; ch. 2. 2. Ga. 6. 12-14. *to.* Ac. 13. 41. 2 Co. 2. 15, 16; 4. 3. 2 Th. 2. 10. *foolishness.* ver. 21, 23, 25; ch. 2. 14; 3. 19. Ac. 17. 18, 32. *unto.* ver. 24; ch. 15. 2. Ps. 110. 2, 3. Ro. 1. 16. 2 Co. 10. 4. 1 Th. 1. 5. He. 4. 12.

19 ch. 3. 19. Job 5. 12, 13. Is. 19. 3, 11; 29. 14. Je. 8. 9.

20 *is the wise.* Is. 33. 18; 53. 1. *hath.* ver. 19. 2 Sa. 15. 31; 16. 23; 17. 14, 23. Job 12. 17, 20, 24. Is. 44. 25. Ro. 1. 22.

21 *in.* ver. 24. Da. 2. 20. Ro. 11. 33. Ep. 3. 10. *the wisdom.* Dr. *Lightfoot* well observes, 'that σοφια του Θεου, *the wisdom of God,* is not to be understood of that wisdom which had God for its *author,* but of that wisdom which had God for its *object.* There was, among the heathen, σοφια της φυσεως, *wisdom about natural things,* that is, *philosophy;* and σοφια του Θεου, *wisdom about God,* that is, *divinity.* But the world, in its *divinity,* could not, by wisdom, know God.' The wisest of the heathen had no just and correct views of the Divine nature; of which the works of *Cicero* and *Lucretius* are incontestable proofs. *the world.* Mat. 11. 25. Lu. 10. 21. Ro. 1. 20-22, 28. *the foolishness.* See on ver. 18.

22 *the Jews.* Mat. 12. 38, 39; 16. 1-4. Mar. 8. 11. Lu. 11. 16, 20. Jno. 2. 18; 4. 48. *the Greeks.* Ac. 17. 18-21.

23 *we.* ver. 18; ch. 2. 2. Lu. 24. 46, 47. Ac. 7. 32-35; 10. 39-43. 2 Co. 4. 5. Ga. 3. 1; 6. 14. Ep. 3. 8. *unto the Jews.* Is. 8. 14, 15. Mat. 11. 6; 13. 57. Lu. 2. 34. Jno. 6. 53-66. Ro. 9. 32, 33. Ga. 5. 11. 1 Pe. 2. 8. *foolishness.* ver. 28; ch. 2. 14.

24 *called.* ver. 2, 9. Lu. 7. 35. Ro. 8. 28-30; 9. 24. *the power.* ver. 18. Ro. 1. 4, 16. *the wisdom.* ver. 30. Pr. 8. 1, 22-30. Col. 2. 3.

25 *the foolishness.* ver. 18, 27-29. Ex. 13. 17; 14. 2-4. Jos. 6. 2-5. Ju. 7. 2-8; 15. 15, 16. 1 Sa. 17. 40-51. 1 Ki. 20. 14, etc. Zec. 4. 6, 7; 12. 7, 8. Ro. 11. 33-36.

26 *that.* ver. 20; ch. 2. 3-6, 13; 3. 18-20. Zep. 3. 12. Mat. 11. 25, 26. Lu. 10. 21. Jno. 7. 47-49. Ja. 3. 13-17. *not many mighty.* Lu. 1. 3. Gr.; 18. 24, 25. Jno. 4. 46-53; 19. 38, 39. Ac. 13. 7, 12; 17. 34. Phi. 4. 22. Ja. 1. 9-11; 2. 5. 2 Jno. 1.

27 Ps. 8. 2. Is. 26. 5, 6; 29. 14, 19. Zep. 3. 12. Mat. 4. 18-22; 9. 9; 11. 25; 21. 16. Lu. 19. 39, 40; 21. 15. Ac. 4. 11-21; 6. 9, 10; 7. 35, 54; 17. 18; 24. 24, 25. 2 Co. 4. 7; 10. 4, 5, 10.

28 *things which.* Ro. 4. 17. 2 Co. 12. 11. *to bring.* ch. 2. 6. De. 28. 63. Job 34. 19, 20, 24. Ps. 32. 10; 37. 35, 36. Is. 2. 11, 17; 17. 13, 14; 37. 36; 41. 12. Da. 2. 34, 35, 44, 45. Re. 18. 17.

29 ver. 31; ch. 4. 7; 5. 6. Ps. 49. 6. Is. 10. 15. Je. 9. 23. Ro. 3. 19, 27; 4. 2; 15. 17. Ep. 2. 9.

30 *in.* ch. 12. 18, 27. Is. 45. 17. Jno. 15. 1-6; 17. 21-23. Ro. 8. 1; 12. 5; 16. 7, 11. 2 Co. 5. 17; 12. 2. Ep. 1. 3, 4, 10; 2. 10. *of God.* Ro. 11. 36. 2 Co. 5. 18-21. *wisdom.* ver. 24; ch. 12. 8. Pr. 1. 20; 2. 6; 8. 5. Da. 2. 20. Lu. 21. 15. Jno. 1. 18; 8. 12; 14. 6; 17. 8, 26. 2 Co. 4. 6. Ep. 1. 17, 18; 3. 9, 10. Col. 2. 2, 3; 3. 16. 2 Ti. 3. 15-17. Ja. 1. 5. *righteousness.* Ps. 71. 15, 16. Is. 45. 24, 25; 54. 17. Je. 23. 5, 6; 33. 16. Da. 9. 24. Ro. 1. 17; 3. 21-24; 4. 6, 25; 5. 19, 21. 2 Co. 5. 21. Phi. 3. 9. 2 Pe. 1. 1. *sanctification.* ver. 2; ch. 6. 11. Mat. 1. 21. Jno. 17. 17-19. Ac. 26. 18. Ro. 8. 9. Ga. 5. 22-24. Ep. 2. 10; 5. 26. 1 Pe. 1. 2. 1 Jno. 5. 6. *redemption.* ch. 15. 54-57. Ho. 13, 14. Ro. 3. 24; 8. 23. Ga. 1. 4; 3. 13. Ep. 1. 7; 4. 30. Col. 1. 14. Tit. 2. 14. He. 9. 12. 1 Pe. 1. 18, 19. Re. 5. 9; 14. 4.

31 1 Ch. 16. 10, 35. Ps. 105. 3. Is. 41. 16; 45. 25. Je. 4. 2; 9. 23, 24. 2 Co. 10. 17. Ga. 6. 13, 14. Phi. 3. 3. Gr.

## CHAP. II.

*He declares that his preaching, though it bring not excellency of speech, or of human wisdom, yet consists in the power of God,* 1-5; *and so far excels the wisdom of this world, and human sense, that the natural man cannot understand it,* 6-16.

1 *when.* Ac. 18. 1-4. *with.* ver. 4, 13; ch. 1. 17. Ex. 4. 10. Je. 1. 6, 7. Ro. 16. 18. 2 Co. 10. 10; 11. 6. *the testimony.* ch. 1. 6. Is. 8. 20. Ac. 20. 21; 22. 18. 2 Th. 1. 10. 1 Ti. 1. 11. 2 Ti. 1. 8. 1 Jno. 4. 14; 5. 11-13. Re. 1. 2, 9; 19. 10.

2 *not.* ch. 1. 22-25. Jno. 17. 3. Ga. 3. 1; 6. 14. Phi. 3. 8-10.

3 ch. 4. 10-13. Ac. 17. 1, 6-12; 20. 18, 19. 2 Co. 4. 1, 7-12, 16; 6. 4; 7. 5; 10. 1, 10; 11. 29, 30; 12. 5-10; 13. 4. Ga. 4. 13, 14.

4 *my speech.* Ac. 20. 27. *not.* ver. 1, 13; ch. 1. 17. Ju. 14. 15; 16. 5. 2 Sa. 14. 17-20; 15. 2-6. 1 Ki. 22. 13, 14. 2 Ch. 18. 19-21. Pr. 7. 21; 20. 19. Je. 20. 10. Eze. 13. 6, 10, 11. Ro. 16. 18. Col. 2. 4. 2 Pe. 1. 16; 2. 18. *enticing. or,* persuasible. Ac. 26. 28. Ga. 1. 10. *but.* ch. 4. 20. Jno. 16. 8-15. Ro. 15. 19. 1 Th. 1. 5. 1 Pe. 1. 12.

5 *stand. Gr.* be. *but.* ch. 1. 17; 3. 6. Ac. 16. 14. 2 Co. 4. 7; 6. 7.

6 *them.* ch. 14. 20. Gr. Job 1. 1. Ps. 37. 37. Mat. 5. 48; 19. 21. 2 Co. 13. 11. Ep. 4. 11-13. Phi. 3. 12-15. Col. 4. 12. Heb. 5. 14. Ja. 3. 2. 1 Pe. 5. 10. *not.* ver. 1, 13; ch. 1. 18, 19. Lu. 16. 8. 2 Co. 1. 12; 4. 4. Ep. 2. 2. Ja. 3. 15. *of the.* ver. 8. Job 12. 19, 21. Ps. 2. 1-6. Is. 19. 11-13; 40. 23. Ac. 4. 25-28. *come.* See on ch. 1. 28. Ps. 33. 10.

7 *even.* Ps. 78. 2. Is. 48. 6, 7. Mat. 11. 25; 13. 35. Ro. 16. 25, 26. Ep. 1. 4; 3. 4-9. Col. 1. 26, 27. 2 Ti. 1. 9. 1 Pe. 1. 11. Re. 13. 8. *unto.* 1 Pe. 5. 1, 10. 2 Pe. 1. 3.

8 *none.* ver. 6; ch. 1. 26-28. Mat. 11. 25. Jno. 7. 48. *for.* Lu. 23. 34. Jno. 3. 19-21; 8. 19; 9. 39-41; 12. 40-43; 15. 22-25; 16. 3. Ac. 3. 17; 13. 27. 2 Co. 3. 14. 1 Ti. 1. 13. *the Lord.* Ps. 24. 7-10. Ac. 3. 16, 17; 7. 2. Ja. 2. 1.

9 *Eye.* This passage is not taken from the LXX., nor is an exact translation of the Hebrew; but it gives the general sense. Is. 64. 4. Jno. 3. 16. 1 Pe. 1. 12. *the things.* Ps. 31. 19. Mat. 20. 23; 25. 34. He. 11. 16. *them.* Ro. 8. 28. Ja. 1. 12; 2. 5. 1 Jno. 4. 19.

10 *God.* ch. 14. 30. Am. 3. 7. Mat. 11. 25-27; 13. 11; 16. 17. Lu. 2. 26; 10. 21. Ep. 3. 3, 5. 1 Pe. 1. 12. Re. 1. 1. *by.* Is. 48. 16; 59. 21. Jno. 14. 26; 16. 13. 1 Jno. 2. 20, 27. *the Spirit.* ver. 11; ch. 12. 8-11. Ro. 8. 26, 27. *the deep.* Job 12. 22. Ps. 92. 5, 6. Da. 2. 22. Ro. 11. 33-36.

11 *what.* Pr. 14. 10; 20. 5, 27. Je. 17. 9. *even.* ver. 10. Ro. 11. 33, 34.

12 *not*. ver. 6. Ro. 8. 1, 5, 6. 2 Co. 4. 4. Ep. 2. 2. Ja. 4. 5. 1 Jno. 4. 4, 5; 5. 19. Re. 12. 9. *but*. Ro. 8. 15, 16. *that*. ch. 3. 22. Jno. 16. 14, 15. Ro. 8. 32. 1 Jno. 2. 20, 27; 5. 20. Re. 22. 6.

13 *not*. ver. 4; ch. 1. 17. 2 Pe. 1. 16. *but*. ch. 12. 1-3; 14. 2. Lu. 12. 12. Ac. 2. 4. 1 Pe. 1. 12. *comparing*. Or, as Bishop *Pearce* renders, 'explaining (*συγκρινοντες*) spiritual things to spiritual men,' *πνευματικοις*. *spiritual things*. ver. 14; ch. 9. 11; 10. 3-5. Ep. 5. 19. Col. 3. 16.

14 *the natural man*. *Ψυχικος*, the *animal* man, one who lives in a natural state, and under the influence of his animal passions; for *ψυχη* means the inferior and sensual part of man, in opposition to *νους* the *understanding*, or *πνευμα*, the *spirit*. ch. 15. 44, 46. Ja. 3. 15. Jude 19. Gr. *receiveth*. Mat. 13. 11, etc.; 16. 23. Jno. 3. 3-6; 8. 43; 10. 26, 27; 12. 37. Ro. 8. 5-8. *the things*. ver. 12. Jno. 14. 26; 15. 26; 16. 8-15. *they*. ch. 1. 18, 23. Jno. 8. 51, 52; 10. 20. Ac. 17. 18, 32; 18. 15; 25. 19; 26. 24, 25. *neither*. Pr. 14. 6. Jno. 5. 44; 6. 44, 45. Ac. 16. 14. 2 Co. 4. 4-6. 1 Jno. 2. 20, 27; 5. 20. Jude 19.

15 *he that*. ch. 3. 1; 14. 37. Ga. 6. 1. Col. 1. 9. *judgeth*. *or*, discerneth. 2 Sa. 14. 17. 1 Ki. 3. 9-11. Ps. 25. 14. Pr. 28. 5. Ec. 8. 5. Jno. 7. 17. Ep. 4. 13, 14. Phi. 1. 10. Gr. 1 Th. 5. 21. He. 5. 14. 1 Jno. 4. 1. *yet*. ch. 4. 5. 2 Sa. 12. 16-23. Ac. 15. 1-5; 16. 3. Ga. 2. 3-5. *judged*. *or*, discerned.

16 *who*. Job 15. 8; 22. 2; 40. 2. Is. 40. 13, 14. Je. 23. 18. Ro. 11. 34. *may*. *Gr.* shall. *But*. Jno. 15. 15; 16. 13-16; 17. 6-8. Ge. 1. 12. Ep. 3. 3, 4.

## CHAP. III.

*Milk is fit for children*, 1, 2. *Strife and division, arguments of a fleshly mind*, 3-6. *He that planteth and he that watereth, are nothing*, 7, 8. *The ministers are God's fellow-workmen*, 9, 10. *Christ the only foundation*, 11-15. *Men the temples of God, which must be kept holy*, 16-18. *The wisdom of this world is foolishness with God*, 19-23.

1 *as unto spiritual*. ch. 2. 6, 15. Ga. 6. 1. *as unto carnal*. ver. 3, 4; ch. 2. 14. Mat. 16. 23. Ro. 7. 14. *babes*. ch. 14. 20. Ep. 4. 13, 14. 1 Jno. 2. 12.

2 *fed*. He. 5. 12-14. 1 Pe. 2. 2. *for*. Jno. 16. 12. He. 5. 11, 12.

3 *for whereas*. ch. 1. 11; 6. 1-8; 11. 18. 2 Co. 12. 20. Ga. 5. 15, 19-21. Ja. 3. 16; 4. 1, 2. *divisions*. *or*, factions. *and walk*. Ho. 6. 7. Mar. 7. 21, 22. Ep. 2. 2, 3; 4. 22-24. Tit. 3. 3. 1 Pe. 4. 2. *as men*. *Gr.* according to man.

4 ch. 1. 12; 4. 6.

5 *ministers*. ver. 7; ch. 4. 1, 2. Lu. 1. 2. Ro. 10. 14, 15. 2 Co. 3. 6; 4. 5, 7; 6. 1, 4; 11. 23. *even*. ver. 10; ch. 9. 17; 12. 4-11, 28. Mat. 25. 15. Jno. 3. 27. Ro. 12. 3-6. 1 Pe. 4. 10.

6 *I*. ver. 9, 10; ch. 4. 14, 15; 9. 1, 7-11; 15. 1-11. Ac. 18. 4-11. 2 Co. 10. 14, 15. *Apollos*. Pr. 11. 25. Ac. 18. 24, 26, 27; 19. 1. *God*. ch. 1. 30; 15. 10. Ps. 62. 9, 11; 92. 13-15; 127. 1. Is. 55. 10, 11; 61. 11. Ac. 11. 18; 14. 27; 16. 14; 21. 19. Ro. 15. 18. 2 Co. 3. 2-5. 1 Th. 1. 5.

7 ch. 13. 2. Ps. 115. 1. Is. 40. 17; 41. 29. Da. 4. 35. Jno. 15. 5. 2 Co. 12. 9. Ga. 6. 3.

8 *he that planteth*. ver. 9; ch. 4. 6. Jno. 4. 36-38. *and every*. ch. 4. 5; 9. 17, 18; 15. 58. Ps. 62. 12. Da. 12. 3. Mat. 5. 11, 12; 10. 41, 42; 16. 27. Ro. 2. 6. Ga. 6. 7, 8. He. 6. 10. 1 Pe. 5. 4. 2 Jno. 8. Re. 2. 23; 22. 12.

9 *we*. ver. 6. Mat. 9. 37. Mar. 16. 20. 2 Co. 6. 1. 3 Jno. 8. *ye are God's*. Ps. 65. 9-13; 72. 16; 80. 8-11. Is. 5. 1-7; 27. 2, 3; 28. 24-29; 32. 20; 61. 3, 5, 11. Je. 2. 21. Mat. 13. 3-9, 18-30, 36-42; 20. 1-14; 21. 23-44. Mar. 4. 26-29. Jno. 4. 35-38; 15. 1-8. *husbandry*. *or*, tillage. *ye are God's building*. ver. 16; ch. 6. 19. Ps. 118. 22. Am. 9. 11, 12. Zec. 6. 12, 13. Mat. 16. 18. Ac. 4. 11. 2 Co. 6. 16. Ep. 2. 10. 20-22. Col. 2. 7. 1 Ti. 3. 15. He. 3. 3, 4, 6. 1 Pe. 2. 5.

10 *to the*. ver. 5; ch. 15. 10. Ro. 1. 5; 12. 3; 15. 15. Ep. 3. 2-8. Col. 1. 29. 1 Ti. 1. 11-14. 1 Pe. 4. 11. *as a*. 1 Ki. 3. 9-11. 2 Ch. 2. 12. Da. 12. 3. Mat. 7. 24; 24. 45. 2 Ti. 2. 15. *I have*. See on ver. 6, 11; ch. 9. 2. Zec. 4. 9. Ro. 15. 20. Ep. 2. 20. Re. 21. 14, 19. *and another*. ch. 15. 11, 12. Ac. 18. 27. 2 Co. 10. 15; 11. 13-15. *But let every*. Ec. 12. 9. Lu. 11. 35; 21. 8. Col. 4. 17. 1 Ti. 4. 16. Ja. 3. 1. Gr. 1 Pe. 4. 11. 2 Pe. 2. 1-3.

11 Is. 28. 16. Mat. 16. 18. Ac. 4. 11, 12. 2 Co. 11. 2-4. Ga. 1. 7-9. Ep. 2. 20. 2 Ti. 2. 19. 1 Pe. 2. 6-8.

12 *gold*. Ps. 19. 10; 119. 72. Pr. 8. 10; 16. 16. Is. 60. 17. 1 Ti. 4. 6. 2 Ti. 2. 20. 1 Pe. 1. 7. Re. 3. 18. *precious*. Is. 54. 11-13. Re. 21. 18. *wood*. Pr. 30. 6. Je. 23. 28. Mat. 15. 6-9. Ac. 20. 30. Ro. 16. 17. 2 Co. 2, 17; 4. 2. Col. 2. 8, 18-23. 1 Ti. 4. 1-3, 7; 6. 3. 2 Ti. 2. 16-18; 3. 7, 13; 4. 3. Tit. 1. 9-11; 3. 9-11. He. 13. 9. Re. 2. 14.

13 *man's*. ver. 14, 15; ch. 4. 5. 2 Ti. 3. 9. *the day*. ch. 1. 8. Mal. 3. 17. Ro. 2. 5, 16. 2 Th. 1. 7-10. 2 Ti. 1. 18. 2 Pe. 3. 10. Re. 20. 12. *shall be revealed*. *Gr.* is revealed. Lu. 2. 35. *and the fire*. Is. 8. 20; 28. 17. Je. 23. 29. Eze. 13. 10-16. Zec. 13. 9. 1 Pe. 1. 7; 4. 12.

14 ver. 8; ch. 4. 5. Da. 12. 3. Mat. 24. 45-47; 25. 21-23. 1 Th. 2. 19. 2 Ti. 4. 7. 1 Pe. 5. 1, 4. Re. 2. 8-11.

15 *work*. ver. 12, 13. Re. 3. 18. *he shall*. Ac. 27. 21, 44. 2 Jno. 8. *yet*. Am. 4. 11. Zec. 3. 2. 1 Pe. 4. 18. Jude 23.

16 *Know*. ch. 5. 6; 6. 2, 3, 9, 16, 19; 9. 13, 24. Ro. 6. 3. Ja. 4. 4. *ye are*. 2 Co. 6. 16. Ep. 2. 21, 22. He. 3. 6. 1 Pe. 2. 5. *the Spirit*. Eze. 36. 27. Jno. 14. 17. Ro. 8. 11. 2 Ti. 1. 14. 1 Jno. 4. 12, 15, 16.

17 *any*. ch. 6. 18-20. Le. 15. 31; 20. 3. Nu. 19. 20. Ps. 74. 3; 79. 1. Eze. 5. 11; 7. 22; 23. 38, 39. Zep. 3. 4. *defile*. *or*, destroy. *for*. Ge. 28. 17. Ex. 3. 5. 1 Ch. 29. 3. Ps. 93. 5; 99. 9. Is. 64. 11. Eze. 43. 12.

18 *deceive*. ch. 6. 9; 15. 33. Pr. 5. 7. Is. 44. 20. Je. 37. 9. Lu. 21. 8. Ga. 6. 3, 7. Ep. 5. 6. 2 Ti. 3. 13. Tit. 3. 3. Ja. 1. 22, 26. 1 Jno. 1. 8. *If*. ch. 1. 18-21; 4. 10; 8. 1, 2. Pr. 3. 5, 7; 26. 12. Is. 5. 21. Je. 8. 8. Ro. 11. 25; 12. 16. *let*. Mat. 18. 4. Mar. 10. 15. Lu. 18. 17.

19 *the wisdom*. ch. 1. 19, 20; 2. 6. Is. 19. 11-14; 29. 14-16; 44. 25. Ro. 1. 21, 22. *For*. Job 5. 13. *He*. Ex. 1. 10; 18. 11. 2 Sa. 15. 31; 16. 23; 17. 14, 23. Es. 7. 10. Ps. 7. 14, 15; 9. 15, 16; 141. 10.

20 *the Lord*. Ps. 94. 11. *that*. Job 11. 11, 12. Ps. 2. 1. Ro. 1. 21. Col. 2. 8.

21 *glory*. ver. 4-7; ch. 1. 12, etc.; 4. 6. Je. 9. 23, 24. *For*. Ro. 4. 13; 8. 28, 32. 2 Co. 4. 5, 15. Re. 21. 7.

22 *Paul*. ver. 5-8, ch. 9. 19-22. 2 Co. 4. 5. Ep. 4. 11, 12. *or the*. Ro. 8. 37-39. Phi. 1. 21.

23 *ye*. ch. 6. 19, 20; 7. 22; 15. 23. Jno. 17. 9, 10. Ro. 14. 8. 2 Co. 10. 7. Ga. 3. 29; 5. 24. *and Christ*. ch. 8. 6; 11. 3. Mat. 17. 5. Jno. 17. 18, 21. Ep. 1. 10. Phi. 2. 8-11.

## CHAP. IV.

*In what account the ministers ought to be had*, 1-6. *We have nothing which we have not received*, 7, 8. *The apostles spectacles to the world, angels, and men*, 9-12; *the filth and offscouring of the world*, 13, 14; *yet our fathers in Christ*, 15; *whom we ought to follow*, 16-21.

1 *account*. ver. 13. 2 Co. 12. 6. *the ministers*. ch. 3. 5; 9. 16-18. Mat. 24. 45. 2 Co. 4. 5; 6. 4; 11. 23. Col. 1. 25. 1 Ti. 3. 6. *and stewards*. Lu. 12. 42; 16. 1-3. Tit. 1. 7. 1 Pe. 4. 10. *mysteries*. ch. 2. 7. Mat. 13. 11. Mar. 4. 11. Lu. 8. 10. Ro. 16. 25. Ep. 1. 9; 3. 3-9; 6. 19. Col. 1. 26, 27; 2. 2; 4. 3. 1 Ti. 3. 9, 16.

2 *that*. ver. 17; ch. 7. 25. Nu. 12. 7. Pr. 13. 17. Mat. 25. 21, 23. Lu. 12. 42; 16. 10-12. 2 Co. 2. 17; 4. 2. Col. 1. 7; 4. 7, 17.

3 *it is*. ch. 2. 15. 1 Sa. 16. 7. Jno. 7. 24. *judgment*. *Gr.* day. ch. 3. 13.

4 *For*. *Ουδεν γαρ εμαυτω συνοιδα*· 'For I am not conscious to myself of any guilt' or neglect of duty. *Wetstein* has shewn, from the classics, that this is the proper signification of *συνειδειν*. *I know*. Job 27. 6. Ps. 7. 3-5. Jno. 21. 17. 2 Co. 1. 12. 1 Jno. 3. 20, 21. *yet*. Job 9. 2, 3, 20; 15. 14; 25. 4; 40. 4. Ps. 19. 12; 130. 3; 143. 2. Pr. 21. 2. Ro. 3. 19, 20; 4. 2. *but*. ver. 5. Ps. 26. 12; 50. 6. 2 Co. 5. 10.

5 *judge*. Mat. 7. 1, 2. Lu. 6. 37. Ro. 2. 1, 16; 14. 4, 10-13. Ja. 4. 11. *until*. ch. 1. 7; 11. 26; 15. 23. Mat. 24. 30, 46. 1 Th. 5. 2. Ja. 5. 7. 2 Pe. 3. 4, 12. Jude 14. Re. 1. 7. *who*. ch. 3. 13. Ec. 11. 9; 12. 14. Mal. 3. 18. Lu. 12. 1-3. Ro. 2. 16. 2 Co. 4. 2. He. 4. 13. Re. 20. 12. *praise*. Mat. 25. 21, 23. Jno. 5. 44. Ro. 2. 7, 29. 2 Co. 5. 10; 10. 18. 1 Pe. 1. 7; 5. 4.

6 *these*. ch. 1. 12; 3. 4-7. 2 Co. 10. 7, 12, 15; 11. 4, 12-15. *for*. ch. 9. 23. 2 Co. 4. 15; 12. 19. 1 Th. 1. 5. 2 Ti. 2. 10. *that ye*. Job 11. 11, 12. Ps. 8. 4; 146. 3. Is. 2. 22. Je. 17. 5, 6. Mat. 23. 8-10. Ro. 12. 3. 2 Co. 12. 6. *be puffed*. ver. 18, 19; ch. 3. 21; 5. 2, 6; 8. 1; 13. 4. Nu. 11. 28, 29. Jno. 3. 26, 27. Col. 2. 18.

7 *who*. ch. 12. 4-11; 15. 10. Ro. 9. 16-18. Ep. 2. 3-5. 2 Th. 2. 12-14. 1 Ti. 1. 12-15. Tit. 3. 3-7. *maketh thee to differ*. *Gr.* distinguisheth thee. *and what*. ch. 3. 5; 7. 7. 1 Ch. 29. 11-16. 2 Ch. 1. 7-12. Pr. 2. 6. Mat. 25. 14, 15. Lu. 19. 13. Jno. 1. 16; 3. 27. Ro. 1. 5; 12. 6. Ja. 1. 17. 1 Pe. 4. 10. *why*. ch. 5. 6. 2 Ch. 32. 23-29. Eze. 28. 2-5; 29. 3. Da. 4. 30-32; 5. 18-23. Ac. 12. 22, 23.

8 *ye are full*. ch. 1. 5; 3. 1, 2; 5. 6. Pr. 13. 7; 25. 14. Is. 5. 21. Lu. 1. 51-53; 6. 25. Ro. 12. 3, 16. Ga. 6. 3. Re. 3. 17. *without*. ver. 18. Ac. 20. 29, 30. Phi. 1. 27; 2. 12. *and I*. Nu. 11. 29. Ac. 26. 29. 2 Co. 11. 1. *ye did*. Ps. 122. 5-9. Je. 28. 6. Ro. 12. 15. 2 Co. 13. 9. 1 Th. 2. 19, 20; 3. 6-9. 2 Ti. 2. 11, 12. Re. 5. 10.

9 *I*. ch. 15. 30-32. 2 Co. 1. 8-10; 4. 8-12; 6. 9. Phi. 1. 29, 30. 1 Th. 3. 3. *us the apostles last*, *as*. *or*, us the last apostles, as. Ps. 44. 22. Ro. 8. 36. 1 Th. 5. 9, 10. Re. 6. 9-11. *we are*. He. 10. 33; 11. 36. *spectacle*. *Gr.* theatre. Ac. 19. 29, 31. *to angels, and to men*. He. 1. 14. Re. 7. 11-14; 17. 6, 7.

10 *are fools*. ch. 1. 1, etc., 18-20, 26-28; 2. 3, 14; 3. 18. 2 Ki. 9. 11. Ho. 9. 7. Ac. 17. 18, 32; 26. 24. *for*. Mat. 5. 11; 10. 22-25; 24. 9. Lu. 6. 22. Ac. 9. 16. 1 Pe. 4. 14. *are wise*. ver. 8; ch. 10. 14, 15. Je. 8. 8, 9. *we are weak*. ch. 2. 3. 2 Co. 10. 10; 11. 29; 12. 9, 10; 13. 3, 4, 9. *but ye*. ch. 3. 2; 10. 12. *but we*. Pr. 11. 12. Is. 53. 3. Lu. 10. 16; 18. 9. 1 Th. 4. 8.

11 *unto*. ch. 9. 4. 2 Co. 4. 8; 6. 4, 5; 11. 26, 27. Phi. 4. 12. *and are naked*. Job 22. 6. Ro. 8. 35. *and are buffeted*. Ac. 14. 19; 16. 23; 23. 2. 2 Co. 11. 23-25. 2 Ti. 3. 11. *and have*. Mat. 8. 20.

12 *labour*. ch. 9. 6. Ac. 18. 3; 20. 34. 1 Th. 2. 9. 2 Th. 3. 8. 1 Ti. 4. 10. *being reviled*. Mat. 5. 44. Lu. 6. 28; 23. 34. Ac. 7. 60. Ro. 12. 14, 20. 1 Pe. 2. 23; 3. 9. Jude 9. *being persecuted*. Mat. 5. 11. 1 Pe. 3. 14; 4. 12-14, 19.

13 La. 3. 45. Ac. 22. 22.

14 *write*. ch. 9. 15. 2 Co. 7. 3; 12. 19. *my*. ver. 15. 2 Co. 6. 11-13; 11. 11; 12. 14, 15. 1 Th. 2. 11. *I*. Eze. 3. 21. Ac. 20. 31. Col. 1. 28. 1 Th. 5. 14.

15 *ye have*. 2 Ti. 4. 3. *for*. ch. 3. 6, 10; 9. 1, 2. Ac. 18. 4-11. Ro. 15. 20. 2 Co. 3. 1-3. Ga. 4. 19. Tit. 1. 4. Phile. 10-12, 19. Ja. 1. 18. 1 Pe. 1. 23.

16 ch. 11. 1. Jno. 10. 4, 5. Phi. 3. 17. 1 Th. 1. 6. 2 Th. 3. 9. He. 13. 7. 1 Pe. 5. 3.

17 *I sent*. ch. 16. 10. Ac. 19. 21, 22. Phi. 2. 19. 1 Th. 3. 2, 3. *who is*. ver. 15. 1 Ti. 1. 2. 2 Ti. 1. 2. *faithful*. ver. 2; ch. 7. 25. Nu. 12. 7. Pr. 13. 17. Mat. 24. 45; 25. 21, 23. Ep. 6. 21. Col. 1. 7; 4. 9. 2 Ti. 2. 2. Re. 2. 10, 13. *my ways*. ch. 7. 17; 11. 2. 16; 16. 1. 2 Ti. 3. 10. *in*. ch. 14. 33.

18 ver. 6-8; ch. 5. 2.

19 *I*. ch. 14. 5. Ac. 19. 21. 2 Co. 1. 15-17, 23; 2. 1, 2. *if*. Ac. 18. 21. Ro. 15. 32. He. 6. 3. Ja. 4. 15. *not*. ver. 18. 2 Co. 13. 1-4. *but*. Ga. 2. 6.

20 ch. 1. 24; 2. 4. Ro. 1. 16; 14. 17; 15. 19. 2 Co. 10. 4, 5. 1 Th. 1. 5.
21 *shall.* ch. 5. 5. 2 Ch. 10. 2, 6, 8; 12. 20, 21; 13. 2, 3, 10. *and.* 2 Co. 10. 1. 1 Th. 2. 7. Ja. 3. 17.

## CHAP. V.

*The incestuous person, 1-5, is cause rather of shame unto them than of rejoicing, 6. The old leaven is to be purged out, 7-9. Hienous offenders are to be shamed and avoided, 10-13.*

1 *reported.* ch. 1. 11. Ge. 37. 2. 1 Sa. 2. 24. *fornication.* ver. 11; ch. 6. 9, 13, 18. Ac. 15. 20, 29. 2 Co. 12. 21. Ga. 5. 19. Ep. 5. 3. Col. 3. 5. 1 Th. 4. 7. Re. 2. 21; 21. 8. *and.* Je. 2. 33. Eze. 16. 47, 51, 52. *that one.* Ge. 35. 22; 49. 4. Le. 18. 8; 20. 11. De. 22. 30; 27. 20. 2 Sa. 16. 22; 20. 3. 1 Ch. 5. 1. Eze. 22. 10. Am. 2. 7. 2 Co. 7. 12.

2 *ye are.* ver. 6; ch. 4. 6-8, 18. *mourned.* Nu. 25. 6. 2 Ki. 22. 19. Ezr. 9. 2-6; 10. 1-6. Ps. 119. 136. Je. 13. 17. Eze. 9. 4, 6. 2 Co. 7. 7, 9-11; 12. 21. *might.* ver. 5, 7, 13. Re. 2. 20-22.
3 *as absent.* 2 Co. 10. 1, 11; 13. 2. Col. 2. 5. 1 Th. 2. 17. *judged.* or, determined.
4 *the name.* Ac. 3. 6; 4. 7-12, 30; 16. 18. Ep. 5. 20. Col. 3. 17. *when.* Mat. 16. 19; 18. 16-18, 20; 28. 18, 20. Jno. 20. 23. 2 Co. 2. 9, 10; 13. 3, 10.
5 *deliver.* ver. 13. Job 2. 6. Ps. 109. 6. 2 Co. 2. 6; 10. 6; 13. 10. Ac. 26. 18. 1 Ti. 1. 20. *that.* ch. 11. 32. 2 Co. 2. 7. Ga. 6. 1, 2. 2 Th. 3. 14, 15. Ja. 5. 19, 20. 1 Jno. 5. 16. Jude 22, 23. *the day.* ch. 1. 8. Phi. 1. 6. 2 Ti 1. 18. 2 Pe. 3. 12.
6 *glorying.* ver. 2; ch. 3. 21; 4. 18, 19. Ja. 4. 16. *a little.* ch. 15. 33. Mat. 13. 33; 16. 6-12. Lu. 13. 21. Ga. 5. 9. 2 Ti. 2. 17.
7 *Purge.* ver. 13. Ex. 12. 15; 13. 6, 7. Ep. 4. 22. Col. 3. 5-9. *ye may.* ch. 10. 17. *Christ.* ch. 15. 3, 4. Ex. 12. 5, 6. Is. 53. 7-10. Jno. 1. 29, 36; 19. 14. Ac. 8. 32-35. 1 Pe. 1. 19, 20. Re. 5. 6-9, 12. *sacrificed.* or, slain.
8 *let.* Ex. 12. 15; 13. 6. Le. 23. 6. Nu. 28. 16, 17. De. 16. 16. Is. 25. 6. *feast.* or, holy day. Ps. 42. 4. Is. 30. 29. *not.* ver. 1, 6; ch. 6. 9-11. De. 16. 3. 2 Co. 12. 21. Ep. 4. 17-22. 1 Pe. 4. 2. *neither.* ch. 3. 3. Mat. 16. 6, 12; 26. 4, 5. Mar. 8. 15. Lu. 12. 1. Jno. 18. 28-30. 2 Co. 12. 20. 1 Pe. 2. 1, 2. *but.* Jos. 24. 14. Ps. 32. 2. Jno. 1. 47. 2 Co. 1. 12; 8. 8. Ep. 6. 24. 1 Jno. 3. 18-21.
9 *not.* ver. 2, 7. Ps. 1. 1, 2. Pr. 9. 6. 2 Co. 6. 14, 17. Ep. 5. 11. 2 Th. 3. 14.
10 *altogether.* ch. 10. 27. *of this.* ch. 1. 20. Jno. 8. 23; 15. 19; 17. 6, 9, 15, 16. 2 Co. 4. 4. Ep. 2. 2. 1 Jno. 4. 5, 7. *for.* Mat. 5. 14-16. Jno. 17. 15. Phi. 2. 15. 1 Jno. 5. 19. Re. 12. 9.
11 *called.* ch. 6. 6; 7. 12, 15; 8. 11. Mat. 18. 17. Ac. 9. 17. Ro. 16. 17. 2 Th. 3. 6, 14. 2 Jno. 10. *fornicator.* See on ver. 1-9, 10. Ps. 50. 16-21. 2 Co. 12. 20, 21. Ga. 5. 19-21. 1 Th. 4. 3-8. Re. 2. 14, 20; 21. 8; 22. 15. *or covetous.* Ps. 10. 3. Mar. 7. 21-23. Lu. 12. 15, etc. Ep. 5. 5. Col. 3. 5. 1 Ti. 3. 3; 6. 9, 10. 2 Pe. 2. 14, 15. *or an idolater.* ch. 10. 7, 8, 14, 18-22. *or a railer.* ch. 6. 10. Ps. 101. 5. *or a drunkard.* ch. 11. 21. Mat. 24. 49-51. Lu. 12. 45, 46; 21. 34. Ro. 13. 13. Ga. 2. 12. Ep. 5. 18. 1 Th. 5. 7, 8. *or an extortioner.* Eze. 22. 12. Mat. 23. 25. Lu. 18. 11. *with.* ver. 13. Mat. 18. 17. Ro. 16. 17. 2 Th. 3. 6, 14. 1 Ti. 6. 5. 2 Jno. 10.
12 *what.* Lu. 12. 14. Jno. 18. 36. *them.* Mar. 4. 11. Col. 4. 5. 1 Th. 4. 12. 1 Ti. 3. 7. *do not.* ch. 6. 1-5.
13 *God.* Ps. 50. 6. Ac. 17. 31. Ro. 2. 16. He. 13. 4. 2 Pe. 2. 9. *Therefore.* ver. 1, 5, 7. De. 13. 5; 17. 7; 21. 21; 22. 21, 22, 24. Ec. 9. 18. Mat. 18. 17.

## CHAP. VI.

*The Corinthians must not vex their brethren, in going to law with them, 1-5; especially under infidels, 6-8. The unrighteous shall not inherit the kingdom of God, 9-14. Our bodies are the members of Christ, and temples of the Holy Ghost: they must not therefore be defiled, 15-20.*

1 *having.* Mat. 18. 15-17. Ac. 18. 14, 15; 19. 38. *go.* ver. 6. 7. *the saints.* ch. 1. 2; 14. 33; 16. 1, 15.
2 *the saints.* Ps. 49. 14; 149. 5-9. Da. 7. 18, 22. Zec. 14. 5. Mat. 19. 28. Lu. 22. 30. 1 Th. 3. 13. Jude 14, 15. Re. 2. 26, 27; 3. 21; 20. 4. *the smallest.* ver. 4. 2 Co. 4. 18. 1 Jno. 2. 16, 17.
3 *judge.* Mat. 25. 41. 2 Pe. 2. 4. Jude 6. *pertain.* ver. 4. Ps. 17. 14. Lu. 8. 14; 21. 34. 2 Ti. 2. 4; 4. 10.

4 *ye.* ch. 5. 12. *who.* Ac. 6. 2-4. *least.* The apostle perhaps meant that the meanest persons in the church were competent to decide the causes which they brought before the heathen magistrates.

5 *to your.* ch. 4. 14; 11. 14; 15. 34. *Is it.* ch. 3. 18; 4. 10. Pr. 14. 8. Ja. 1. 5; 3. 13-18.
6 *brother.* ver. 1, 7. Ge. 13. 7-9; 45. 24. Ne. 5. 8, 9. Ps. 133. Ac. 7. 26. Phi. 2. 14, 15. 1 Jno. 2. 9-11; 3. 11-15.
7 *there.* Pr. 2 5. 8-10. Ho. 10. 2. Ja. 4. 1-3. *Why.* Pr. 20. 22. Mat. 5. 39-41. Lu. 6. 29. Ro. 12. 17-19. 1 Th. 5. 15. 1 Pe. 2. 19-23; 3. 9.
8 Le. 19. 13. Mi. 2. 2. Mal. 3 5, marg. Mar. 10. 19. Col. 3. 25. 1 Th. 4. 6. Ja. 5. 4.
9 *Know.* ver. 2, 3, 15, 16, 19; ch. 3. 16; 9. 24. *unrighteous.* Ex. 23. 1. Le. 19. 15, 35, 36. De. 25. 13-16. Pr. 11. 1; 22. 8. Is. 10. 1, 2; 55. 7. Zec. 5. 3. Ac. 24. 25. Ro. 1. 18. 1 Ti. 1. 9. *inherit.* ver. 10; ch. 15. 50. Mat. 19. 29; 25. 34. Ga. 5. 21. *fornicators.* ch. 5. 1, 10. Ga. 5. 19-21. Ep. 5. 4, 5. 1 Ti. 1. 9. He. 12. 14, 16; 13. 4. Re. 21. 8; 22. 15. *abusers.* Ge. 19. 5. Le. 18. 22; 20. 13. De. 22. 5; 23. 17. Ju. 19. 22. Ro. 1. 26, 27. 1 Ti. 1. 10.
10 *thieves.* Ps. 50. 17, 18. Is. 1. 23. Je. 7. 11. Eze. 22. 13, 27, 29. Mat. 21. 19; 23. 14, 33. Jno. 12. 6. Ep. 4. 28. 1 Th. 4. 6. 1 Pe. 4. 15. *covetous.* See on ch. 5. 11.
11 *such.* ch. 12. 2. Ro. 6. 17-19. Ep. 2. 1-3; 4. 17-22; 5. 8. Col. 3. 5-7. Tit. 3. 3-6. 1 Pe. 4. 2, 3. *but ye are washed.* Ps. 51. 2, 7. Pr. 30. 12. Is. 1. 16. Je. 4. 14. Eze. 36. 25. Jno. 13. 10. Ac. 22. 16. Ep. 5. 26. Tit. 3. 5. He. 10. 22. 1 Pe. 3. 21. Re. 1. 5; 7. 14. *but ye are sanctified.* ch. 1. 2, 30. Ac. 26. 18. Ga. 5. 22, 23. 2 Th. 2. 13. He. 2. 11. 1 Pe. 1. 2, 22. *but ye are justified.* Is. 45. 25; 53. 11. Lu. 18. 14. Ac. 13. 39. Ro. 3. 24, 26-30; 4. 5; 5. 1, 9. 8. 30, 33. Ga. 2. 16; 3. 8, 11, 24. Tit. 3. 7. Ja. 2. 21-26.
12 *things are lawful.* ch. 10. 23. Ro. 14. 14. *are not.* ch. 8. 4, 7-13; 9. 12; 10. 24-33. Ro. 14. 15-23. 2 Th. 3. 9. *but I.* ch. 9. 27. Ro. 7. 14. He. 12. 15, 16. Jude 12.
13 *Meats for.* Mat. 15. 17, 20. Mar. 7. 19. Ro. 14. 17. *but God.* ch. 10. 3-5. Jno. 6. 27, 49. Col. 2. 22, 23. *but for.* ver. 15, 19; 3. 16. Ro. 6. 12; 7. 4; 12. 1; 14. 7-9. 2 Co. 5. 15; 11. 2. Ep. 5. 23. 1 Th. 4. 3-7.
14 *God.* ch. 15. 15-20. Ac. 2. 24; 17. 31. Ro. 6. 4-8; 8. 11. 2 Co. 4. 14. Phi. 3. 10, 11. 1 Th. 4. 14. *by.* Jno. 5. 28, 29; 6. 39, 40; 11. 25, 26. Ep. 1. 19, 20. Phi. 3. 21.
15 *your.* ver. 19; ch. 11. 3; 12. 27. Ro. 12. 5. Ep. 1. 22, 23; 4. 12, 15, 16; 5. 23, 30. Col. 2. 19. *God.* Ge. 44. 17. Lu. 20. 16. Ro. 3. 3, 4, 6, 31; 6. 2, 15; 7. 7, 13. Ga. 2. 17; 3. 21; 6. 14.
16 *an harlot.* Ge. 34. 31; 38. 15, 24. Ju. 16. 1. Mat. 21. 31, 32. He. 11. 31. *for.* Ge. 2. 24. Mat. 19. 5, 6. Mar. 10. 8. Ep. 5. 31.
17 ch. 12. 13. Jno. 3. 6; 17. 21-23. Ep. 4. 3, 4; 5. 30. Phi. 2. 5.
18 *Flee.* Ge. 39. 12-18. Pr. 2. 16-19; 5. 3-15; 6. 24-32; 7. 5, etc., 24-27; 9. 16-18. Ro. 6. 12, 13. 2 Ti. 2. 22. He. 13. 4. 1 Pe. 2. 11. *sinneth.* Ro. 1. 24. 1 Th. 4. 5.
19 *What.* ver. 15, 16. *your body.* ch. 3. 1 6. 2 Co. 6. 16. Ep. 2. 21, 22. 1 Pe. 2. 5. *and ye.* 1 Ki. 20. 4. 1 Ch. 29. 14. Ps. 12. 4; 100. 3. Ro. 14. 7-9. 2 Co. 5. 15. Tit. 2. 14.
20 *ye.* ch. 7. 23. Ac. 20. 28. Ga. 3. 13. He. 9. 12. 1 Pe. 1. 18. 2 Pe. 2. 1. Re. 5. 9. *God.* ch. 10. 31. Mat. 5. 16. Ro. 6. 19; 12. 1. Phi. 1. 20. 1 Pe. 2. 9.

## CHAP. VII.

*He treats of marriage, 1-3; shewing it to be a remedy against fornication, 4-9, and that the bond thereof ought not lightly to be dissolved, 10-19. Every man must be content with his vocation, 20-24. Virginity wherefore to be embraced, 25-34; and for what respects we may either marry, or abstain from marrying, 35-40.*

1 *good.* ver. 8, 26, 27, 37, 38. Mat. 19. 10, 11. *touch.* Ge. 20. 6. Ru. 2. 9. Pr. 6. 29.
2 *to avoid.* ver. 9; ch. 6. 18. Pr. 5. 18, 19. 1 Ti. 4. 3. *let.* Pr. 18. 22; 19. 14. Mal. 2. 14. Ep. 5. 28, 33.
3 Ex. 21. 10. 1 Pe. 3. 7.
4 Ho. 3. 3. Mat. 19. 9. Mar. 10. 11, 12.
5 *except.* Ex. 19. 15. 1 Sa. 21. 4, 5. Joel 2. 16. Zec. 7. 3; 12. 12-14. *that Satan.* Mat. 19. 11. 1 Th. 3. 5.
6 *by.* ver. 12, 25. 2 Co. 8. 8; 11. 17.
7 *I would.* St. Paul evidently gave this advice in reference to the necessities of the church, or what he calls (ver. 26) the *present distress;* for it would be perfectly absurd to imagine that an inspired apostle would in the general, discountenance marriage, since it was of the greatest importance to the existence and happiness of future generations, and expressly agreeable to a Divine institution. ch. 9. 5, 15. Ac. 26. 29. *But.* ch. 12. 11. Mat. 19. 11, 12.
8 ch. 1. 26, 27, 32, 34, 35.
9 *let.* ver. 2, 28, 36, 39. 1 Ti. 5. 11, 14.

10 *yet.* ver. 12, 25, 40. *Let.* ver. 15. Je. 3. 20. Mal. 2. 14-16. Mat. 5. 32; 19. 6-9. Mar. 10. 11, 12. Lu. 16. 18.

11 *or.* Ju. 19. 2, 3. Je. 3. 1. *and let.* De. 22. 19. Is. 50. 1. Mar. 10. 2.

12 *speak.* ver. 6, 25. 2 Co. 11. 17. *If.* Ezr. 10. 2, 3, 11-19.

14 *the unbelieving husband.* ch. 6. 15-17. Ezr. 9. 1, 2. 1 Ti. 4. 5. Tit. 1. 15. *else.* Ezr. 9. 2. Is. 52. 1. Mal. 2. 15, 16. Ac. 10. 23. Ro. 11. 16.

15 *A brother.* Mat. 12. 50. Ja. 2. 15. *but.* ch. 14. 33. Ro. 12. 18; 14. 19. 2 Co. 13. 11. Ga. 5. 22. He. 12. 14. Ja. 3. 17, 18. *to peace. Gr.* in peace.

16 *O wife.* ch. 9. 22. Pr. 11. 30. Lu. 15. 10. 1 Ti. 4. 16. Ja. 5. 19, 20. 1 Pe. 3. 1, 2. *how. Gr.* what.

17 *as God.* ver. 7. Mat. 19. 12. Ro. 12. 3-8. 1 Pe. 4. 10, 11. *as the.* ver. 18, 20, 21, 24. *so ordain.* ch. 4. 17; 16. 1. 2 Co. 11. 28.

18 *being.* Ac. 15. 1, 5, 19, 24, 28. Ga. 5. 1-3. Col. 3. 11.

19 *Circumcision.* ch. 8. 8. Ro. 2. 25-29; 3. 30. Ga. 5. 6; 6. 15. *but.* 1 Sa. 15. 22. Je. 7. 22, 23. Mat. 5. 19. Jno. 15. 14. 1 Jno. 2. 3, 4; 3. 22-24; 5. 2, 3. Re. 22. 14.

20 *abide.* ver. 17, 21-23. Pr. 27. 8. Lu. 3. 10-14. 1 Th. 4. 11. 2 Th. 3. 12.

21 *being.* ch. 12. 13. Ga. 3. 28. Col. 3. 11. 1 Ti. 6. 1-3. 1 Pe. 2. 18-24. *a servant.* Rather, *a slave*, δουλος, the property of another, and bought with his money. In these verses the apostle shews that Christianity makes no change in our *civil* connections. *care.* Lu. 10. 40, 41; 12. 29, marg.; 21. 34. Phi. 4. 6, 11. He. 13. 5. 1 Pe. 5. 7.

22 *is the.* Lu. 1. 74, 75. Jno. 8. 32-36. Ro. 6. 18-22. Ga. 5. 1, 13. Ep. 6. 5, 6. Col. 3. 22-24. Phile. 16. 1 Pe. 2. 16. *freeman. Gr.* made free. *is Christ's.* ch. 9. 19. Ps. 116. 16. Ro. 1. 1. Ga. 1. 10. Col. 4. 12. 1 Pe. 2. 16. 2 Pe. 1. 1. Jude 1.

23 *are.* ch. 6. 20. Le. 25. 42. Ac. 20. 28. Tit. 2. 14. 1 Pe. 1. 18, 19; 3. 18. Re. 5. 9. *be.* Mat. 23. 8-11. Ga. 2. 4.

24 *let.* ver. 17, 20. *abide.* ch. 10. 31. Ge. 5. 22-24; 17. 1. 1 Sa. 14. 45. Col. 3. 23, 24.

25 *concerning.* ver. 28, 34, 36-38. Ps. 78. 63. *virgins.* The word παρθενος, as well as the Latin *virgo*, 'a virgin,' though it generally signifies a *maid*, frequently denotes *unmarried persons* of *both sexes;* in which sense it is evidently used here by the apostle. *have.* ver. 6, 10, 12, 40. 2 Co. 8. 8-10; 11. 17. *obtained.* ch. 4. 2; 15. 10. 2 Co. 2. 17; 4. 1, 2. 1 Ti. 1. 12-16.

26 *that.* ver. 1, 8, 28, 35-38. Je. 16. 2-4. Mat. 24. 19. Lu. 21. 23; 23. 28, 29. 1 Pe. 4. 17. *distress. or*, necessity.

27 *thou bound.* ver. 12-14, 20.

28 *thou hast.* ver. 36. He. 13. 4. *Nevertheless.* ver. 26, 32-34. *but.* ver. 35. 2 Co. 1. 23.

29 *the time.* Job 14. 1, 2. Ps. 39. 4-7; 90. 5-10; 103. 15, 16. Ec. 6. 12; 9. 10. Ro. 13. 11, 12. He. 13. 13, 14. 1 Pe. 4. 7. 2 Pe. 3. 8, 9. 1 Jno. 2. 17. *that both.* Ec. 12. 7, 8, 13, 14. Is. 24. 1, 2; 40. 6-8. Ja. 4. 13-16. 1 Pe. 1. 24.

30 *that weep.* Ps. 30. 5; 126. 5, 6. Ec. 3. 4. Is. 25. 8; 30. 19. Lu. 6. 21, 25; 16. 25. Jno. 16. 22. Re. 7. 17; 18. 7.

31 *use.* ch. 9. 18. Ec. 2. 24, 25; 3. 12, 13; 5. 18-20; 9. 7-10; 11. 2. 9, 10. Mat. 24. 48-50; 25. 14-29. Lu. 12. 15-21; 16. 1, 2; 19. 17-26; 21. 34. 1 Ti. 6. 17, 18. Ja. 5. 1-5. *for.* Ps. 39. 6; 73. 20. Ec. 1. 4. Ja. 1. 10, 11; 4. 14. 1 Pe. 1. 24; 4. 7. 1 Jno. 2. 17. *the fashion.* Το σχημα, the *form* or *appearance.* GROTIUS remarks that the apostle's expression is borrowed from the theatre, where το σχημα της σκηνης παραγει means that the *scene changes*, and presents an *appearance* entirely new.

32 *I would.* Ps. 55. 22. Mat. 6. 25-34; 13. 22. Phi. 4. 6. *He that.* 1 Ti. 5. 5. *that belong to the Lord. Gr.* of the Lord, *as* ver. 34.

33 *careth.* Ne. 5. 1-5. Lu. 12. 22. 1 Th. 4. 11, 12. 1 Ti. 5. 8. *how.* ver. 3. 1 Sa. 1. 4-8. Ep. 5. 25-33. Col. 3. 19. 1 Pe. 3. 7.

34 *careth.* Lu. 2. 36, 37. 2 Co. 7. 11, 12; 8. 16; 11. 28. 1 Ti. 3. 5. Tit. 3. 8. *both.* ch. 6. 20. Ro. 6. 13; 12. 1, 2. Phi. 1. 20. 1 Th. 5. 23. *she that.* Lu. 10. 40-42.

35 *not.* This is an allusion to the *Retiarius* among the Romans, who carried a small casting net, *rete*, which he endeavoured to throw over his adversary's head. ver. 2, 5-9, 28, 36. Mat. 19. 12. *comely.* ver. 36. Ep. 5. 3. Phi. 4. 8. 1 Ti. 1. 10. Tit. 2. 3. *and that.* ver. 33, 34. Lu. 8. 14; 10. 40-42; 21. 34.

36 *his virgin.* Some interpret this of a man's continuing in a state of celibacy, and render παρθενος, not a *virgin*, but *virginity;* but such a construction of the original appears without example. It appears most obvious to explain it of a parent, or guardian, who had the charge of a virgin; and KYPKE has shewn that την παρθενον αυτου is an elegant phrase for *his virgin daughter. the flower.* 1 Sa. 2. 33. *and need.* ver. 9, 37. *he sinneth.* ver. 28.

38 *then.* ver. 28. *doeth well.* ver. 2. He. 13. 4. *doeth better.* ver. 1, 8, 26, 32-34, 37.

39 *wife.* ver. 10, 15. Ro. 7. 2, 3. *only.* Ge. 6. 2. De. 7. 3, 4. Mal. 2. 11. 2 Co. 6. 14-16.

40 *she.* ver. 1, 8, 26, 35. *I think.* Rather, 'I judge (or consider) also that I have the Spirit of God;' for δοκειν is frequently used to express not what is doubtful, but what is *true* and *certain.* ver. 25; ch. 9. 1-3; 14. 36, 37. 2 Co. 10. 8-10; 12. 11. 1 Th. 4. 8. 2 Pe. 3. 15, 16.

## CHAP. VIII.

*To abstain from meats offered to idols*, 1-7. *We must not abuse our Christian liberty, to the offence of our brethren*, 8-10; *but must bridle our knowledge with charity*, 11-13.

1 *touching.* ver. 10; ch. 10. 19-22, 28. Nu. 25. 2. Ac. 15. 10, 19, 20, 29; 21. 25. Re. 2. 14, 20. *we all.* ver. 2, 4, 7, 11; ch. 1. 5; 4. 10; 13. 2; 14. 20; 15. 34. Ro. 14. 14, 22. Col. 2. 18. *Knowledge.* ch. 4. 18; 5. 2, 6; 13. 4. Is. 5. 21; 47. 10. Ro. 11. 25; 12. 16; 14. 3, 10. *but.* ch. 13. Ep. 4. 16.

2 *if.* Pr. 26. 12; 30. 2-4. Ro. 11. 25. Ga. 6. 3. 1 Ti. 1. 5-7; 6. 3, 4.

3 *love.* ch. 2. 9. Ro. 8. 28. Ja. 1. 12; 2. 5. 1 Pe. 1. 8. 1 Jno. 4. 19; 5. 2, 3. *is.* Ex. 33. 12, 17. Ps. 1. 6; 17. 3; 139. 1, 2. Na. 1. 7. Mat. 7. 23. Jno. 10. 14; 21. 17. Ro. 8. 29; 11. 2. Ga. 4. 9. 2 Ti. 2. 19. Re. 2. 9, 13, 19; 3. 8, 9, 15, 16.

4 *we know.* ch. 10. 19, 20. Ps. 115. 4-8. Is. 41. 24; 44. 8, 9. Je. 10. 14; 51. 17, 18. Hab. 2. 19, 20. Ac. 19. 26. *there is.* ver. 6. De. 3. 24; 4. 39; 6. 4; 32. 39. Is. 37. 16, 20; 44. 6, 8, 24; 45. 5, 14. Je. 10. 10. Mar. 12. 29. Ep. 4. 6. 1 Ti. 1. 17; 2. 5. Jude 25.

5 *that.* De. 10. 17. Je. 2. 11, 28; 11. 13. Da. 5. 4. Jno. 10. 34, 35. Ga. 4. 8. 2 Th. 2. 4.

6 *one God.* See on ver. 4. Jon. 1. 9. Mal. 2. 10. Jno. 10. 30; 14. 9, 10; 17. 3; 20. 17. Ep. 1. 3; 3. 14; 4. 6. 1 Pe. 1. 2, 3. *of whom.* Ac. 17. 28. Ro. 11. 36. Ep. 4. 6. *and we.* Jno. 14. 20; 17. 21-23. *in him. or*, for him. ch. 6. 13. *and one.* ch. 12. 3. Mat. 11. 27; 28. 18. Jno. 5. 20-29; 13. 13; 17. 23. Ac. 2. 36; 5. 31. Ep. 1. 20-23; 4. 5. Phi. 2. 9-11. Col. 1. 16, 17. 1 Ti. 2. 5, 6. 1 Pe. 1. 21. Re. 1. 18. *and we by.* Jno. 1. 3. Col. 1. 6. He. 1. 2, 3.

7 *there.* ch. 1. 10, 11. *with.* Rather, as Dr. DODDRIDGE renders, 'with *consciousness* of (some religious regard to) the idol;' as συνειδησις, and formerly *conscience*, also imports. ver. 9, 10; ch. 10. 28, 29. Ro. 14. 14, 23.

8 *meat.* ch. 6. 13. Ro. 14. 17. Col. 2. 20-23. He. 13. 9. *are we the better. or*, have we the more. *are we the worse. or*, have we the less.

9 *take.* ver. 10; ch. 10. 24, 29. Mat. 18. 6, 7, 10. Lu. 17. 1, 2. Ro. 14. 20, 21. Ga. 5. 13. 1 Pe. 2. 16. 2 Pe. 2. 19. *liberty. or*, power. *a stumbling-block.* ch. 10. 32. Le. 19. 14. Is. 57. 14. Eze. 14. 3; 44. 12. Ro. 14. 13-15, 20. Ga. 5. 13. Re. 2. 14. *weak.* ver. 12; ch. 9. 22. Is. 35. 3. Ro. 14. 1, 2; 15. 1. 2 Co. 11. 21.

10 *which hast.* ver. 1, 2. *sit.* ch. 10. 20, 21. Nu. 25. 2. Ju. 9. 27. Am. 2. 8. *shall not.* ch. 10. 28, 29, 32. Ro. 14. 14, 23. *emboldened. Gr.* edified. ver. 1.

11 *shall.* ver. 13; ch. 10. 33; 11. 1. Ro. 14. 15, 20, 21; 15. 1-3.

12 *when.* Ge. 20. 9; 42. 22. Ex. 32. 21. 1 Sa. 2. 25; 19. 4, 5; 24. 11. Mat. 18. 21. *ye sin against.* ch. 12. 12. Ex. 16. 8. Mat. 12. 49, 50; 18. 10, 11; 25. 40, 45. Ac. 9. 4, 5.

13 *if meat.* ch. 6. 12; 9. 12, 19-23; 10. 33; 11. 1; 13. 5. Ro. 14. 21. 2 Co. 11. 29. 2 Th. 3. 8, 9.

## CHAP. IX.

*He shews his liberty*, 1-6; *and that the minister ought to live by the Gospel*, 7-14; *yet that himself has of his own accord abstained*, 15-17, *to be either chargeable unto them*, 18-21, *or offensive unto any, in matters indifferent*, 22, 23. *Our life is like unto a race*, 24-27.

1 *I not an.* ver. 2, 3; ch. 1. 1; 15. 8, 9. Ac. 9. 15; 13. 2; 14. 4; 22. 14, 15; 16. 17, 18. Ro. 1. 1, 5; 11. 13. 2 Co. 11. 5; 12. 11, 12. Ga. 1. 1, 15-17; 2. 7, 8. 1 Ti. 2. 7. 2 Ti. 1. 11. Tit. 1. 1-3. *am I not free.* ver. 19. Ga. 5. 1. *have.* ch. 15. 8. Ac. 9. 3, 5, 17; 18. 9; 22. 6-8, 14-21; 23. 11; 26. 16-18. *are.* ch. 3. 6; 4. 14, 15. Ac. 18. 8-11. 2 Co. 6. 1.

2 *for.* Jno. 6. 27. 2 Co. 3. 1-3; 12. 12.

3 *answer.* Ac. 22. 1; 25. 16. Phi. 1. 7, 17. 2 Ti. 4. 16. Gr. *them.* ch. 14. 37. 2 Co. 10. 7, 8; 12. 16-19; 13. 3, 5, 10.

4 *we.* ver. 7-14. Mat. 10. 10. Lu. 10. 7. Ga. 6. 6. 1 Th. 2. 6. 2 Th. 3. 8, 9. 1 Ti. 5. 17, 18.

5 *to lead.* 1 Ti. 3. 2; 4. 3. Tit. 1. 6. He. 13. 4. *a sister.* ch. 7. 15, 39. Ca. 4. 9, 10, 12; 5. 1, 2. Ro. 16. 1. 1 Ti. 5. 2. *wife. or,* woman. *the brethren.* Mat. 12. 46-50; 13. 55. Mar. 6. 3. Lu. 6. 15. Jno. 2. 12. Ac. 1. 14. Ga. 1. 19. *Cephas.* ch. 1. 12. Mat. 8. 14. Mar. 1. 30. Jno. 1. 42.

6 *Barnabas.* Ac. 4. 36; 11. 22; 13. 1, 2, 50; 14. 12; 15. 36, 37. *have.* ch. 4. 11, 12. Ac. 18. 3; 20. 34, 35. 1 Th. 2. 9. 2 Th. 3. 7-9.

7 *goeth.* 2 Co. 10. 4, 5. 1 Ti. 1. 18; 6. 12. 2 Ti. 2. 3, 4; 4. 7. *planteth.* ch. 3. 6-8. De. 20. 6. Pr. 27. 18. Ca. 8. 12. *or.* Je. 23. 2, 3. Jno. 21. 15-17. Ac. 20. 28. 1 Pe. 5. 2. *eateth not of the milk.* Pr. 27. 27. Is. 7. 22.

8 *as.* ch. 7. 40. Ro. 6. 19. 1 Th. 2. 13; 4. 8. *or.* ch. 14. 34. Is. 8. 20. Ro. 3. 31.

9 *Thou.* De. 25. 4. 1 Ti. 5. 18. *Doth.* Nu. 22. 28-35. De. 5. 14. Ps. 104. 27; 145. 15, 16; 147. 8, 9. Jon. 4. 11. Mat. 6. 26-30. Lu. 12. 24-28.

10 *For.* Mat. 24. 22. Ro. 15. 4. 2 Co. 4. 15. *that ploweth.* ch. 3. 9. Lu. 17. 7, 8. Jno. 4. 35-38. 2 Ti. 2.6.

11 *sown.* Mal. 3. 8, 9. Mat. 10. 10. Ro. 15. 27. Ga. 6. 6. *a great.* 2 Ki. 5. 13. 2 Co. 11. 15.

12 *others.* 2 Co. 11. 20. *are not.* ver. 2; ch. 4. 14, 15. *Nevertheless.* ver. 15, 18. Ac. 20. 31-34. 2 Co. 11. 7-10; 12. 13, 14. 1 Th. 2. 6-9. 2 Th. 3. 8, 9. *but.* ch. 4. 11, 12; 6. 7. *hinder.* Ge. 24. 56. Ne. 4. 8. Lu. 11. 52. Ro. 15. 22. 2 Co. 11. 12.

13 *they.* ch. 10. 18. Le. 6. 16-18, 26; 7. 6-8. Nu. 5. 9, 10; 18. 8-20. De. 10. 9; 18. 1-5. 1 Sa. 2. 28. *live. or,* feed.

14 *ordained.* See on ver. 4. Mat. 10. 10. Lu. 10. 7. Ga. 6. 6. 1 Ti. 5. 17.

15 *I have.* See on ver. 12; ch. 4. 12. Ac. 8. 3; 20. 34. 1 Th. 2. 9. 2 Th. 3. 8. *neither.* 2 Co. 11. 9-12; 12. 13-18. *for.* Mat. 18. 6. Ac. 20. 24. Phi. 1. 20-23.

16 *I have.* Ro. 4. 2; 15. 17. *for.* Je. 1. 17; 20. 7, 9. Am. 3. 8; 7. 15. Ac. 4. 20; 9. 6, 15; 26. 16-20. Ro. 1. 14. *woe.* Is. 6. 5. Lu. 9. 62. Col. 4. 17.

17 *if I.* 1 Ch. 28. 9; 29. 5, 9, 14. Ne. 11. 2. Is. 6. 8. 2 Co. 8. 12. Phile. 14. 1 Pe. 5. 2-4. *have.* ch. 3. 8, 14. Mat. 10. 41. *against.* Ex. 4. 13, 14. Je. 20. 9. Eze. 3. 14. Jon. 1. 3; 4. 1-3. Mal. 1. 10. *dispensation.* See on ver. 16; ch. 4. 1. Mat. 24. 45. Lu. 12. 42. Ga. 2. 7. Ep. 3. 2-8. Phi. 1. 17. Col. 1. 25. 1 Th. 2. 4. 1 Ti. 1. 11-13.

18 *when.* See on ver. 6, 7; ch. 10. 33. 2 Co. 4. 5; 11. 7-9; 12. 13-18. 1 Th. 2. 6. 2 Th. 3. 8, 9. *that I.* ch. 7. 31; 8. 9. Ro. 14. 15.

19 *I be.* ver. 1. Ga. 5. 1. *I made.* ch. 10. 33. Mat. 20. 26-28. Jno. 13. 14, 15. Ro. 1. 14; 15. 2. 2 Co. 4. 5. Ga. 5. 13. *that.* ver. 20-22; ch. 7. 16. Pr. 11. 30. Mat. 18. 15. Ro. 11. 14. 1 Ti. 4. 16. 2 Ti. 2. 10. Ja. 5. 19, 20. 1 Pe. 3. 1.

20 *unto.* Ac. 16. 3; 17. 2, 3; 18. 18; 21. 20-26. *are under.* Ro. 3. 19; 6. 14, 15. Ga. 4. 5, 21; 5. 18.

21 *them.* Ac. 15. 28; 16. 4; 21. 25. Ro. 2. 12, 14. Ga. 2. 3, 4, 12-14; 3. 2. *not.* ch. 7. 19-22. Ps. 119. 32. Mat. 5. 17-20. Ro. 7. 22, 25; 8. 4; 13. 8-10. Ga. 5. 13, 14, 22, 23. Ep. 6. 1-3. 1 Th. 4. 1, 2. Tit. 2. 2-12. He. 8. 10.

22 *To the weak.* ch. 8. 13. Ro. 15. 1. 2 Co. 11. 29. Ga. 6. 1. *I am.* ch. 10. 33. *that I might by.* See on ver. 19; ch. 7. 16. Ro. 11. 14.

23 *for.* ver. 12. Mar. 8. 35. 2 Co. 2. 4. Ga. 2. 5. 2 Ti. 2. 10. *that.* ver. 25-27. 2 Ti. 2. 6. He. 3. 1, 14. 1 Pe. 5. 1. 1 Jno. 1. 3.

24 *they.* Ho. 12. 10. *run in.* Ps. 19. 5. Ec. 9. 11. Je. 12. 5. *So run.* ver. 26. Ga. 2. 2; 5. 7. Phi. 2. 16; 3. 14. 2 Ti. 4. 7, 8. He. 12. 1. Ja. 1. 12. Re. 3. 11.

25 *striveth.* Ep. 6. 12-18. 1 Ti. 6. 12. 2 Ti. 2. 5; 4. 7. He. 12. 4. *temperate.* Ga. 5. 23. Tit. 1. 8; 2. 2. 2 Pe. 1. 6. *but.* ch. 15. 54. 2 Ti. 4. 8. He. 12. 28. Ja. 1. 12. 1 Pe. 1. 4; 5. 4. Re. 2. 10; 3. 11; 4. 4, 10.

26 *not.* 2 Co. 5. 1, 8. Phi. 1. 21. 2 Ti. 1. 12; 2. 5. He. 4. 1. 1 Pe. 5. 1. 2 Pe. 1. 10. *so.* Mat. 11. 12. Lu. 13. 24. Ep. 6. 12. Col. 1. 29.

27 *I keep.* ver. 25; ch. 4. 11, 12; 6. 12, 13; 8. 13. Ro. 8. 13. 2 Co. 6. 4, 5; 11. 27. Col. 3. 5. 2 Ti. 2. 22. 1 Pe. 2. 11. *and.* Ro. 6. 18, 19. *lest.* ch. 13. 1-3. Ps. 50. 16. Mat. 7. 21-23. Lu. 12. 45-47; 13. 26, 27. 2 Pe. 2. 15. *a castaway.* Je. 6. 30. Lu. 9. 25. Ac. 1. 25. 2 Co. 13. 5, 6.

## CHAP. X.

*The sacraments of the Jews are types of ours, 1-6; and their punishments, 7-10, examples for us, 11-13. We must flee from idolatry, 14-20. We must not make the Lord's table the table of devils, 21-23; and in things indifferent we must have regard of our brethren, 24-33.*

1 *I would.* ch. 12. 1; 14. 38. Ro. 11. 21. *our.* Jno. 4. 20. Ro. 4. 11. Ga. 3. 29. *were.* Ex. 13. 21, 22; 14. 19, 20; 40. 34. Nu. 9. 15-22; 14. 14. De. 1. 33. Ne. 9. 12, 19. Ps. 78. 14; 105. 39. *and all.* Ex. 14. 19-22, 29. Nu. 33. 8. Jos. 4. 23. Ne. 9. 11. Ps. 66. 6; 77. 16-20; 78. 13, 53; 106. 7-11; 114. 3-5; 136. 13-15. Is. 63. 11-13. He. 11. 29. Re. 15. 2, 3.

2 ch. 1. 13-16. Ex. 14. 31. Jno. 9. 28, 29. He. 3. 2, 3.

3 Ex. 16. 4, 15, 35. De. 8. 3. Ne. 9. 15, 20. Ps. 78. 23-25; 105. 40. Jno. 6. 22-58.

4 *did.* Ex. 17. 6. Nu. 20. 11. Ps. 78. 15, 20; 105. 41. Is. 43. 20; 48. 21. Jno. 4. 10, 14; 7. 37. Re. 22. 17. *followed them. or,* went with them. De. 9. 21. *that Rock.* ch. 11. 24, 25. Ge. 40. 12; 41. 26. Eze. 5. 4, 5. Da. 2. 38; 7. 17. Mat. 13. 38, 39; 26. 26-28. Ga. 4. 25. Col. 2. 17. He. 10. 1.

5 Nu. 14. 11, 12, 28-35; 26. 64, 65. De. 1. 34, 35; 2. 15, 16. Ps. 78. 32-34; 90, title, 7, 8; 95. 11; 106. 26. He. 3. 17. Jude 5.

6 *these.* ver. 11. Zep. 3. 6, 7. He. 4. 11. 2 Pe. 2. 6. Jude 7. *examples. Gr.* figures. Ro. 5. 14. He. 9. 24. 1 Pe. 3. 21. *lust.* Nu. 11. 4, 31-34. Ps. 78. 27-31; 106. 14, 15.

7 *be.* ver. 14. 20-22; ch. 5. 11; 6. 9; 8. 7. De. 9. 12, 16-21. Ps. 106. 19, 20. 1 Jno. 5. 21. *The people.* Ex. 32. 6-8, 17-19.

8 ch. 6. 9, 18. Nu. 25. 1-9. Ps. 106. 29. Re. 2. 14.

9 *tempt.* Ex. 17. 2, 7; 23. 20, 21. Nu. 21. 5. De. 6. 16. Ps. 78. 18, 56; 95. 9; 106. 14. He. 3. 8-11; 10. 28-30. *and were.* Nu. 21. 6.

10 *murmur.* Ex. 15. 24; 16. 2-9; 17. 2, 3. Nu. 14. 2, 27-30; 16. 41. Ps. 106. 25. Phi. 2. 14. Jude 16. *were.* Nu. 14. 37; 16. 46-49. *destroyer.* Ex. 12. 23. 2 Sa. 24. 16. 1 Ch. 21. 15. 2 Ch. 32. 21. Mat. 13. 39-42. Ac. 12. 23. 2 Th. 1. 7, 8. He. 11. 28. Re. 16. 1.

11 *ensamples. or,* types. *they.* ch. 9. 10. Ro. 15. 4. *upon.* ch. 7. 29. Phi. 4. 5. He. 10. 25, 37. 1 Jno. 2. 18.

12 ch. 4. 6-8; 8. 2. Pr. 16. 18; 28. 14. Mat. 26. 33, 34, 40, 41. Ro. 11. 20. Re. 3. 17, 18.

13 *hath.* Je. 12. 5. Mat. 24. 21-24. Lu. 11. 4; 22. 31, 46. 2 Co. 11. 23-28. Ep. 6. 12, 13. He. 11. 35-38; 12. 4. Ja. 5. 10, 11. 1 Pe. 1. 6, 7; 5. 8, 9. Re. 2. 10; 3. 10. *common. or,* moderate. *but.* ch. 1. 9. De. 7. 9. Ps. 36. 5; 89. 33. Is. 11. 5; 25. 1; 49. 7. La. 3. 23. Ho. 2. 20. 1 Th. 5. 24. 2 Th. 3. 3. 2 Ti. 2. 11-13. He. 6. 18; 10. 23; 11. 11. 1 Pe. 4. 19. 1 Jno. 1. 9. Re. 19. 11. *who.* Ex. 3. 17. Ps. 125. 3. Da. 3. 17. Lu. 22. 32. Jno. 10. 28-30. Ro. 8. 28-39. 2 Co. 1. 10; 12. 8-10. 2 Ti. 4. 18. 1 Pe. 1. 5. 2 Pe. 2. 9. *make.* Ge. 19. 20, 21. Ps. 124. 7. Je. 29. 11. Lu. 16. 26. Ac. 27. 44. Ja. 5. 11.

14 *my.* Ro. 12. 19. 2 Co. 7. 1; 11. 11; 12. 15, 19. Phi. 4. 1. Phile. 1. 1 Pe. 2. 11. *flee.* ver. 7, 20, 21. 2 Co. 6. 17. 1 Jno. 5. 21. Re. 2. 14; 13. 8; 21. 8; 22. 15.

15 ch. 4. 10; 6. 5; 8. 1; 11. 13; 14. 20. Job 34. 2, 3. 1 Th. 5. 21.

16 *cup.* ver. 21; ch. 11. 23-29. Mat. 26. 26-28. Mar. 14. 22-25. Lu. 22. 19, 20. *the communion of the blood.* ver. 20; ch. 1. 9; 12. 13. Jno. 6. 53-58. He. 3. 14. 1 Jno. 1. 3, 7. *The bread.* ch. 11. 23, 24. Ac. 2. 42, 46; 20. 7, 11.

17 *we being.* ch. 12. 12, 27. Ro. 12. 5. Ga. 3. 26-28. Ep. 1. 22, 23; 2. 15, 16; 3. 6; 4. 12, 13, 25. Col. 2. 19; 3. 11, 15. *that.* ver. 3, 4, 21; ch. 11. 26-28.

18 *Israel.* Ro. 4. 1, 12; 9. 3-8. 2 Co. 11. 18-22. Ga. 6. 16. Ep. 2. 11, 12. Phi. 3. 3-5. *are.* ch. 9. 13. Le. 3. 3-5, 11; 7. 11-17. 1 Sa. 2. 13-16; 9. 12, 13.

19 *that the.* ch. 1. 28; 3. 7; 8. 4; 13. 2. De. 32. 21. Is. 40. 17; 41. 29. 2 Co. 12. 11.

20 *sacrifice.* Le. 17. 7. De. 32. 16, 17. 2 Ch. 11. 15. Ps. 106. 37-39. 2 Co. 4. 4. Re. 9. 20.
21 *cannot drink.* ver. 16; ch. 8. 10. De. 32. 37, 38. 1 Ki. 18. 21. Mat. 6. 24. 2 Co. 6. 15-17.
22 *we provoke.* Ex. 20. 5; 34. 14. De. 4. 24; 6. 15; 32. 16, 21. Jos. 24. 19. Ps. 78. 58. Zep. 1. 18. *are.* Job 9. 4; 40. 9-14. Eze. 22. 14. He. 10. 31.
23 *things are lawful.* See on ch. 6. 12; 8. 9. Ro. 14. 15, 20. *edify.* ch. 8. 1; 14. 3-5, 12, 17, 26. Ro. 14. 19; 15. 1, 2. 2 Co. 12. 19. Ep. 4. 29. 1 Th. 5. 11. 1 Ti. 1. 4.
24 *seek.* ver. 33; ch. 9. 19-23; 13. 5. Phi. 2. 4, 5, 21.
25 *sold.* Ro. 14. 14. 1 Ti. 4. 4. Tit. 1. 15. *for.* ver. 27-29; ch. 8. 7. Ro. 13. 5.
26 ver. 28. Ex. 19. 5. De. 10. 14. Job 41. 11. Ps. 24. 1; 50. 12. 1 Ti. 6. 17.
27 *bid.* ch. 5. 9-11. Lu. 5. 29, 30; 15. 23; 19. 7. *whatsoever.* Lu. 10. 7. *for.* ver. 25. 2 Co. 1. 13; 4. 2; 5. 11.
28 *eat.* See on ch. 8. 10-13. Ro. 14. 15. *for.* See on ver. 26. Ex. 9. 29. De. 10. 14. Ps. 24. 1; 115. 16. Je. 27. 5, 6. Mat. 6. 31, 32.
29 *not.* ver. 32; ch. 8. 9-13. Ro. 14. 15-21. *why.* Ro. 14. 16. 2 Co. 8. 21. 1 Th. 5. 22.
30 *grace. or,* thanksgiving. *for which.* Ro. 14. 6. 1 Ti. 4. 3, 4.
31 *Whether.* The apostle concludes the subject by giving them a general rule, sufficient to regulate every man's conscience and practice,—that whether they eat, or drink, or whatsoever they do, to do it all with an habitual aim to the glory of God; by considering his precepts, and the propriety, expediency, appearance, and tendency of their actions. *ye eat.* ch. 7. 34. De. 12. 7, 12, 18. Ne. 8. 16-18. Zec. 7. 5, 6. Lu. 11. 41. Col. 3. 17, 23. 1 Pe. 4. 11.
32 *none.* ver. 33; ch. 8. 13. Ro. 14. 13. 2 Co. 6. 3. Phi. 1. 10. *Gentiles. or,* Greeks. *the church.* ch. 11. 22. Ac. 20. 28. 1 Ti. 3. 5, 15.
33 ver. 24. See on ch. 9. 19-23. Ro. 15. 2, 3. 2 Co. 11. 28, 29; 12. 19.

## CHAP. XI.

*He reproves them, because in holy assemblies,* 1-3, *their men prayed with their heads covered,* 4, 5, *and women with their heads uncovered,* 6-16; *and because generally their meetings were not for the better, but for the worse,* 17-20; *as, namely, in profaning with their own feasts the Lord's supper,* 21-24. *Lastly, he calls them to the first institution thereof,* 25-34.

1 *Be ye.* ch. 4. 16; 10. 33. Phi. 3. 17. 1 Th. 1. 6. 2 Th. 3. 9. He. 6. 12. *even.* Ro. 15. 2, 3. Ep. 5. 1, 2. Phi. 2. 4, 5.
2 *I praise.* ver. 17, 22. Pr. 31. 28-31. *that.* ch. 4. 17; 15. 2. *keep.* ch. 7. 17. Lu. 1. 6. 1 Th. 4. 1, 2. 2 Th. 2. 15; 3. 6. *ordinances. or,* traditions.
3 *the head of every.* Ep. 1. 22, 23; 4. 15; 5. 23. Phi. 2. 10, 11. Col. 1. 18; 2. 10, 19. *and the head of the.* Ge. 3. 16. Ep. 5. 22, 24. Col. 3. 18. 1 Ti. 2. 11, 12. 1 Pe. 3. 1, 5, 6. *and the head of Christ.* ch. 3. 23; 15. 27, 28. Is. 49. 3-6; 52. 13; 55. 4; 61. 1-4. Mat. 28. 18. Jno. 3. 34-36; 5. 20-30; 14. 28; 17. 2-5. Ep. 1. 20-22. Phi. 2. 7-11.
4 *or.* ch. 12. 10, 28; 14. 1, etc. *having.* ver. 14. 2 Sa. 15. 30; 19. 4.
5 *or.* Lu. 2. 36. Ac. 2. 17; 21. 9. *shaven.* De. 21. 12.
6 *but.* Nu. 5. 18. De. 22. 5.
7 *he is.* Ge. 1. 26, 27; 5. 1; 9. 6. Ps. 8. 6. Ja. 3. 9. *but.* ver. 3. Ge. 3. 16.
8 Ge. 2. 21, 22. 1 Ti. 2. 13.
9 *the man.* Ge. 2. 18, 20, 23, 24.
10 *power. that is,* a covering in sign that she is under the power of her husband. Ἐξουσια, appears here to be used for the *sign* or *token* of being under *power* or *authority*, that is, a *veil*, as THEOPHYLACT, ŒCUMENIUS, and PHOTIUS explain; and so one MS. of the Vulgate, the Sixtine edition, and some copies of the Itala, have *velamen.* Ge. 20. 16; 24. 64, 65. *because.* Ec. 5. 6. Mat. 18. 10. He. 1. 14.
11 ch. 7. 10-14; 12. 12-22. Ga. 3. 28.
12 *but.* ch. 8. 6. Pr. 16. 4. Ro. 11. 36. He. 1. 2, 3.
13 ch. 10. 15. Lu. 12. 57. Jno. 7. 24.
14 *if.* 2 Sa. 14. 26. *it is.* ch. 14. 35.
15 *covering. or,* veil.
16 *seem.* 1 Ti. 6. 3, 4. *such.* Ac. 21. 21, 24. *the churches.* ch. 7. 17; 14. 33, 34; 16. 1. 1 Th. 2. 14.
17 *I praise.* ver. 2, 22. Le. 19. 17. Pr. 27. 5. Ro. 13. 3. 1 Pe. 2. 14. *that ye.* ver. 20, 34; ch. 14. 23, 26. Is. 1. 13, 14; 58. 1-4. Je. 7. 9, 10. He. 10. 25.
18 *I hear.* ch. 1. 10-12; 3. 3; 5. 1; 6. 1. *divisions. or,* schisms. See on ch. 1. 10; 3. 3.
19 *there.* Mat. 18. 7. Lu. 17. 1. Ac. 20. 30. 1 Ti. 4. 1, 2. 2 Pe. 2. 1, 2. *heresies. or,* sects. Ac. 5. 17; 15. 5; 24. 5, 14; 26. 5; 28. 22. Ga. 5. 20. Tit. 3. 10. Gr. *which.* De. 13. 3. Lu. 2. 35. 2 Co. 13. 5-7. Gr. 1 Jno. 2. 19.
20 *this is not to eat. or,* ye cannot eat.
21 *in.* ver. 23-25; ch. 10. 16-18. *and one.* 2 Pe. 2. 13. Jude 12.
22 *have.* ver. 34. *or.* ch. 10. 32; 15. 9. Ac. 20. 28. 1 Ti. 3. 5, 15. *that have not. or,* that are poor. Pr. 17. 5. Ja. 2. 5, 6.
23 *I have.* ch. 15. 3. De. 4. 5. Mat. 28. 20. Ga. 1. 1, 11, 12. 1 Th. 4. 2. *the same.* Mat. 26. 2, 17, 34. *took.* Mat. 26. 26-28. Mar. 14. 22-24. Lu. 22. 19, 20. Ac. 20. 7.
24 *eat.* ch. 5. 7, 8. Ps. 22. 26, 29. Pr. 9. 5. Ca. 5. 1. Is. 25. 6; 55. 1-3. Jno. 6. 53-58. *this.* ver. 27, 28; ch. 10. 3, 4, 16, 17. *in remembrance. or,* for a remembrance. Ex. 12. 14. Jos. 4. 7. Ps. 111. 4. Ca. 1. 4. Is. 26. 8. Mat. 26. 13.
25 *This.* ver. 27, 28. *the new.* Lu. 22. 20. 2 Co. 3. 6, 14. He. 9. 15-20; 13. 20.
26 *ye do shew. or,* shew ye. *till.* ch. 4. 5; 15. 23. Jno. 14. 3; 21. 22. Ac. 1. 11. 1 Th. 4. 16. 2 Th. 1. 10; 2. 2, 3. He. 9. 28. 2 Pe. 3. 10. 1 Jno. 2. 28. Jude 14. Re. 1. 7; 20. 11, 12; 22. 20.
27 *whosoever.* ch. 10. 21. Le. 10. 1-3. Nu. 9. 10, 13. 2 Ch. 30. 18-20. Mat. 22. 11. Jno. 6. 51, 63, 64 13. 18-27. *shall be.* ver. 29.
28 *let a.* ver. 31. Ps. 26. 2-7. La. 2. 40. Hag. 1. 5, 7. Zec. 7. 5-7. 2 Co. 13. 5. Ga. 6. 4. 1 Jno. 3. 20, 21. *and so.* Nu. 9. 10-13. Mat. 5. 23, 24.
29 *damnation. or,* judgment. Κριμα, *judgment,* or *punishment,* not *damnation,* for it was inflicted upon the disorderly and profane for their amendment. ver. 30, 32-34. Ro. 13. 2. Gr. Ja. 3. 1; 5. 12, marg. *not.* ver. 24, 27. Ec. 8. 5. He. 5. 14.
30 *many.* ver. 32. Ex. 15. 26. Nu. 20. 12, 24; 21. 6-9. 2 Sa. 12. 14-18. 1 Ki. 13. 21-24. Ps. 38. 1-8; 78. 30, 31; 89. 31-34. Am. 3. 2. He. 12. 5-11. Re. 3. 19. *sleep.* ch. 15. 51. Ac. 13. 36. 1 Th. 4. 14.
31 ver. 28. Ps. 32. 3-5. Je. 31. 18-20. Lu. 15. 18-20. 1 Jno. 1. 9. Re. 2. 5; 3. 2, 3.
32 *we are.* See on ver. 30. De. 8. 5. Job 5. 17, 18; 33. 18-30; 34. 31, 32. Ps. 94. 12, 13; 118. 18. Pr. 3. 11, 12. Is. 1. 5. Je. 7. 28. Zep. 3. 2 He. 12. 5-11. *condemned.* Ro. 3. 19. 1 Jno. 5. 19.
34 *if any.* See on ver. 21, 22. *condemnation. or,* judgment. *will I.* ch. 7. 17. Tit. 1. 5. *when.* ch. 4. 19; 16. 2, 5.

## CHAP. XII.

*Spiritual gifts,* 1-3, *are diverse,* 4-6, *yet all to profit withal,* 7. *And to that end are diversely bestowed,* 8-11; *that by the like proportion, as the members of a natural body tend all to the mutual decency,* 12-21, *service,* 22-25, *and succour of the same body,* 26; *so we should do for one another, to make up the mystical body of Christ,* 27-31.

1 *spiritual.* ver. 4-11; ch. 14. 1-18, 37. Ep. 4. 11. *I would not.* ch. 10. 1. 2 Co. 1. 8. 1 Th. 4. 13. 2 Pe. 3. 8.
2 *that.* ch. 6. 11. Ga. 4. 8. Ep. 2. 11, 12; 4. 17, 18. 1 Th. 1. 9. Tit. 3. 3. 1 Pe. 4. 3. *dumb.* Ps. 115. 5, 7; 135. 16. Hab. 2. 18, 19. *even.* Mat. 15. 14. 1 Pe. 1. 18.

3 *no man.* Mar. 9. 39. Jno. 16. 14, 15. 1 Jno. 4. 2, 3. *accursed. or,* anathema. ch. 16. 22. De. 21. 23. Ga. 3. 13. *no man.* ch. 8. 6. Mat. 16. 16, 17. Jno. 13. 13; 15. 26. 2 Co. 3. 5; 11. 4.

4 *there.* ver. 8-11, 28. Ro. 12. 4-6. Ep. 4. 4. He. 2. 4. 1 Pe. 4. 10.

5 *administrations. or,* ministries. ver. 28, 29. Ro. 12. 6-8. Ep. 4. 11, 12. *but.* ch. 8. 6. Mat. 23. 10. Ac. 10. 36. Ro. 14. 8, 9. Phi. 2. 11.

6 *worketh.* ver. 11; ch. 3. 7. Job 33. 29. Jno. 5. 17. Ep. 1. 19-22. Col. 1. 29. Phi. 2. 13. He. 13. 21. *all.* ch. 15. 28. Ep. 1. 23. Col. 3. 11.

7 ch. 14. 5, 12, 17, 19, 22-26. Mat. 25. 14, etc. Ro. 12. 6-8. Ep. 4. 7-12. 1 Pe. 4. 10, 11.

8 *is given.* ch. 1. 5, 30; 2. 6-10; 13. 2, 8. Ge. 41. 38, 39. Ex. 31. 3. 1 Ki. 3. 5-12. Ne. 9. 20. Job 32. 8. Ps. 143. 10. Pr. 2. 6. Is. 11. 2, 3; 50. 4; 59. 21. Da. 2. 21. Mat. 13. 11. Ac. 6. 3. 2 Co. 8. 7. Ep. 1. 17, 18.

9 *faith.* ch. 13. 2. Mat. 17. 19, 20; 21. 21. Mar. 11. 22, 23. Lu. 17. 5, 6. 2 Co. 4. 13. Ep. 2. 8. He. 11. 33. *the gifts.* Mat. 10. 8. Mar. 6. 13; 16. 18. Lu. 9. 2; 10. 9. Ac. 3. 6-8; 4. 29-31; 5. 15; 10. 38; 19. 11, 12. Ja. 5. 14, 15.

10 *the working.* ver. 28, 29. Mar. 16. 17, 20. Lu. 24. 49. Jno. 14. 12. Ac. 1. 8. Ro. 15. 19. Ga. 3. 5. He. 2. 4. *prophecy.* ch. 13. 2; 14. 1, 3, 5, 24, 31, 32, 39. Nu. 11. 25-29. 1 Sa. 10. 10-13; 19. 20-24. 2 Sa. 23. 1, 2. Joel 2. 28. Jno. 16. 13. Ac. 2. 17, 18, 29, 30; 11. 28; 21. 9, 10. Ro. 12. 6. 1 Th. 5. 20. 2 Pe. 1. 20, 21. *discerning.* ch. 14. 29. Ac. 5. 3. 1 Jno. 4. 1. Re. 2. 2. *divers.* ver. 28-30; ch. 13. 1; 14. 2-4, 23, 27, 39. Mar. 16. 17. Ac. 2. 4-12; 10. 46, 47; 19. 6. *to another the.* ver. 30; ch. 14. 26-28.

11 *all.* ver. 4; ch. 7. 7, 17. Jno. 3. 27. Ro. 12. 6. 2 Co. 10. 13. Ep. 4. 7. *as.* ver. 6. Da. 4. 35. Mat. 11. 26; 20. 15. Jno. 3. 8; 5. 21. Ro. 9. 18. Ep. 1. 11. He. 2. 4. Ja. 1. 18.

12 *as.* ch. 10. 17. Ro. 12. 4, 5. Ep. 1. 23; 4. 4, 12, 15, 16; 5. 23, 30. Col. 1. 18, 24; 2. 19; 3. 15. *so.* ver. 27. Ga. 3. 16.

13 *by.* ch. 10. 2. Is. 44. 3-5. Eze. 36. 25-27. Mat. 3. 11. Lu. 3. 16. Jno. 1. 16, 33; 3. 5. Ac. 1. 5. Ro. 6. 3-6; 8. 9-11. Ep. 4. 5; 5. 26. Col. 2. 11, 12. Tit. 3. 4-6. 1 Pe. 3. 21. *whether we be Jews.* Ro. 3. 29; 4. 11. Ga. 3. 23, 28. Ep. 2. 11-16, 19-22; 3. 6. Col. 1. 27; 3. 11. *Gentiles. Gr.* Greeks. *bond.* ch. 7. 21, 22. Ep. 6. 8. *to drink.* Ca. 5. 1. Is. 41. 17, 18; 55. 1. Zec. 9. 15-17. Jno. 4. 10, 14; 6. 63; 7. 37-39.

14 ver. 12, 19, 27, 28. Ep. 4. 25.

15 Ju. 9. 8-15. 2 Ki. 14. 9.

16 *is it.* ver. 16, 22. Ro. 12. 3, 10. Phi. 2. 3.

17 ver. 21, 29. 1 Sa. 9. 9. Ps. 94. 9; 139. 13-16. Pr. 20. 12.

18 *hath.* ver. 24, 28. *as it.* See on ver. 11; ch. 3. 5; 15. 38. Ps. 110. 3; 135. 6. Is. 46. 10. Jon. 1. 14. Lu. 10. 21; 12. 32. Ro. 12. 3. Ep. 1. 5, 9. Re. 4. 11.

19 ver. 14.

21 Nu. 10. 31, 32. 1 Sa. 25. 32. Ezr. 10. 1-5. Ne. 4. 16-21. Job 29. 11.

22 Pr. 14. 28. Ec. 4. 9-12; 5. 9; 9. 14, 15. 2 Co. 1. 11. Tit. 2. 9, 10.

23 *bestow. or,* put on. Ge. 3. 7, 21.

24 Ge. 2. 25; 3. 11.

25 *there.* ch. 1. 10-12; 3. 3. Jno. 17. 21-26. 2 Co. 13. 11. *schism. or,* division. *the same.* 2 Co. 7. 12; 8. 16.

26 Ro. 12. 15. 2 Co. 11. 28, 29. Ga. 6. 2. He. 13. 3. 1 Pe. 3. 8. Gr.

27 See on ver. 12, 14-20. Ro. 12. 5. Ep. 1. 23; 4. 12; 5. 23, 30. Col. 1. 24.

28 *God.* ver. 7-11. Lu. 6. 14. Ac. 13. 1-3; 20. 28. Ro. 12. 6-8. Ep. 2. 20; 3. 5; 4. 11-13. He. 13. 17, 24. 1 Pe. 5. 1-4. *helps.* Nu. 11. 17. *governments.* Ro. 12. 8. 1 Ti. 5. 17. He. 13. 17, 24. *diversities. or,* kinds. ver. 10. Ac. 2. 8-11.

29 *all apostles.* ver. 4-11, 14-20. *workers. or,* powers.

31 *covet.* ch. 8. 1; 14. 1, 39. Mat. 5. 6. Lu. 10. 42. *shew.* ch. 13. 1, etc. Phi. 3. 8. He. 11. 4.

## CHAP. XIII.

*All gifts,* 1, 2, *how excellent soever, are nothing worth without charity,* 3. *The praises thereof,* 4-12, *and prelation before hope and faith,* 13.

1 *I speak.* ver. 2, 3; ch. 12. 8, 16, 29, 30; 14. 6. 2 Co. 12. 4. 2 Pe. 2. 18. *have not.* ch. 8. 1. Mat. 25. 45. Ro. 14. 15. Ga. 5. 6, 22. 1 Ti. 1. 5. 1 Pe. 4. 8. *as.* ch. 14. 7, 8.

2 *I have the.* ch. 12. 8-10, 28; 14. 1, 6-9. Nu. 24. 15-24. Mat. 7. 22, 23. *understand.* ch. 4. 1. Mat. 13. 11. Ro. 11. 25; 16. 25. Ep. 3. 4; 6. 19. Col. 1. 26. 1 Ti. 3. 16. *and though I have all.* ch. 12. 9. Mat. 17. 20; 21. 21. Mar. 11. 22, 23. Lu. 17. 5, 6. *and have.* ver. 1, 3; ch. 16. 22. Ga. 5. 6, 22. 1 Jno. 4. 8, 20, 21. *I am.* ver. 3; ch. 7. 19; 8. 4. Mat. 21. 19. 2 Co. 12. 11. Ga. 6. 3.

3 *though I bestow.* Mat. 6. 1-4; 23. 5. Lu. 18. 22, 28; 19. 8; 21. 3, 4. Jno. 12. 43. Ga. 5. 26. Phi. 1. 15-18. *though I give.* Da. 3. 16-28. Mat. 7. 22, 23. Jno. 13. 37; 15. 13. Ac. 21. 13. Phi. 1. 20, 21; 2. 3. *profiteth.* Is. 57. 12. Je. 7. 8. Jno. 6. 63. 1 Ti. 4. 8. He. 13. 9. Ja. 2. 14-17.

4 *suffereth.* Pr. 10. 12. 2 Co. 6. 6. Ga. 5. 22. Ep. 4. 2. Col. 1. 11; 3. 12. 2 Ti. 2. 25; 3. 10; 4. 2. Ja. 3. 17. 1 Pe. 4. 8. *is kind.* Ne. 9. 17. Pr. 19. 22; 31. 20, 26. Lu. 6. 35, 36. Ep. 4. 32. Col. 3. 12. 1 Pe. 3. 8. 2 Pe. 1. 7. 1 Jno. 3. 16-18; 4. 11. *envieth.* ch. 3. 3. Ge. 30. 1; 37. 11. Mat. 27. 18. Ro. 1. 29; 13. 13. 2 Co. 12. 20. Ga. 5. 21, 26. Phi. 1. 15. 1 Ti. 6. 4. Tit. 3. 3. Ja. 3. 14-16; 4. 5. 1 Pe. 2. 1. *vaunteth not itself. or,* is not rash. 1 Sa. 25. 21, 22, 33, 34. 1 Ki. 20. 10, 11. Ps. 10. 5. Pr. 13. 10; 17. 14; 25. 8-10. Ec. 7. 8, 9; 10. 4. Da. 3. 19-22. *is not.* ch. 4. 6, 18; 5. 2; 8. 1. Col. 2. 18. Phi. 2. 1-5.

5 *behave.* ch. 7. 36, Gr.; 11. 13-16, 18, 21, 22; 14. 33-40. Is. 3. 5. Phi. 4. 8. 2 Th. 3. 7. *seeketh.* ch. 10. 24, 33; 12. 25. Ro. 14. 12-15; 15. 1, 2. Ga. 5. 13; 6. 1, 2. Phi. 2. 3-5, 21. 2 Ti. 2. 10. 1 Jno. 3. 16, 17. *is not.* Nu. 12. 3; 16. 15; 20. 10-12. Ps. 106. 32, 33. Pr. 14. 17. Mat. 5. 22. Mar. 3. 5. Ja. 1. 19. *thinketh.* 2 Sa. 10. 3. Job 21. 27. Je. 11. 19; 18. 18-20; 40. 13-16. Mat. 9. 4. Lu. 7. 39.

6 *Rejoiceth not.* 1 Sa. 23. 19-21. 2 Sa. 4. 10-12. Ps. 10. 3; 119. 136. Pr. 14. 9. Je. 9. 1; 13. 17; 20. 10. Ho. 4. 8; 7. 3. Mi. 7. 8. Lu. 19. 41, 42; 22. 5. Ro. 1. 32. Phi. 3. 18. *rejoiceth.* Ex. 18. 9. Jos. 22. 22-33. Ro. 12. 9. 2 Co. 7. 9-16. Phi. 1. 4, 18; 2. 17, 18. 1 Th. 3. 6-10. 2 Jno. 4. 3 Jno. 3. *in the truth. or,* 'with the truth.'

7 *Beareth.* See on ver. 4. Nu. 11. 12-14. De. 1. 9. Pr. 10. 12. Ca. 8. 6, 7. Ro. 15. 1. Ga. 6. 2. He. 13. 13. 1 Pe. 2. 24; 4. 8. *believeth.* Ps. 119. 66. *hopeth.* Lu. 7. 37-39, 44-46; 19. 4-10. Ro. 8. 24. *endureth.* ch. 9. 18-22. Ge. 29. 20. Job 13. 15. Mat. 10. 22. 2 Co. 11. 8-12. 2 Th. 1. 4. 2 Ti. 2. 3-10, 24; 3. 11; 4. 5. Ja. 1. 12.

8 *never.* ver. 10, 13. Lu. 22. 32. Ga. 5. 6. *tongues.* ver. 1; ch. 12. 10, 28-30; 14. 39. Ac. 2. 4; 19. 6. *vanish.* Je. 49. 7. He. 8. 13.

9 ver. 12; ch. 2. 9; 8. 2. Job 11. 7, 8; 26. 14. Ps. 40. 5; 139. 6. Pr. 30. 4. Mat. 11. 27. Ro. 11. 34. Ep. 3. 8, 18, 19. Col. 2. 2, 3. 1 Pe. 1. 10-12. 1 Jno. 3. 2.

10 ver. 12. Is. 24. 23; 60. 19, 20. 2 Co. 5. 7, 8. Re. 21. 22, 23; 22. 4, 5.

11 *I spake.* ch. 3. 1, 2; 14. 20. Ec. 11. 10. Ga. 4. 1. *thought. or,* reasoned.

12 *we see.* 2 Co. 3. 18; 5. 7. Phi. 3. 12. Ja. 1. 23. *darkly. Gr.* in a riddle. Ju. 14. 12-19. Eze. 17. 2. *face.* Ex. 33. 11. Nu. 12. 8. Mat. 5. 8; 18. 10. Ro. 8. 18. 1 Jno. 3. 2. Re. 22. 4. *now.* ver. 9, 10. Jno. 10. 15.

13 *abideth.* ch. 3. 14. 1 Pe. 1. 21. 1 Jno. 2. 14, 24; 3. 9. *faith.* Lu. 8. 13-15; 22. 32. Ga. 5. 6. He. 10. 35, 39; 11. 1-7. 1 Jno. 5. 1-5. *hope.* Ps. 42. 11; 43. 5; 146. 5. La. 3. 21-26. Ro. 5. 4, 5; 8. 24, 25; 15. 13. Col. 1. 5, 27. 1 Th. 5. 8. He. 6. 11, 19. 1 Pe. 1. 21. 1 Jno. 3. 3. *charity.* ver. 1-8; ch. 8. 1, 3. 2 Co. 5. 14, 15. Ga. 5. 6. 1 Jno. 2. 10; 4. 7-18. *the greatest.* ver. 8; ch. 14. 1; 16. 14. Mar. 12. 29-31. Lu. 10. 27. Ga. 5. 13-22. Phi. 1. 9. Col. 3. 14. 1 Ti. 1. 5. 2 Ti. 1. 7. 1 Jno. 4. 7-9. 2 Jno. 4-6.

## CHAP. XIV.

*Prophecy is commended,* 1, *and preferred before speaking with tongues,* 2-5, *by a comparison drawn from musical instruments,* 6-11. *Both must be referred to edification,* 12-21, *as to their true and proper end,* 22-25. *The true use of each is taught,* 26, *and the abuse taxed,* 27-33. *Women are forbidden to speak in the church,* 34-40.

1 *Follow.* Pr. 15. 9; 21. 21. Is. 51. 1. Ro. 9. 30; 14. 19. 1 Ti. 5. 10; 6. 11. He. 12. 14. 1 Pe. 3. 11-13. 3 Jno. 11. *charity.* ch. 13. 1-8, 13. 2 Ti. 2. 22. 2 Pe. 1. 7. *desire.* ch. 12. 1, 31. Ep. 1. 3. *prophesy.* ver. 3-5, 24, 25, 37, 39; ch. 13. 2, 9. Nu. 11. 25-29. Ro. 12. 6. 1 Th. 5. 20. 1 Ti. 4. 14.

2 *he that.* ver. 9-11, 16, 21, 22. Ge. 11. 7; 42. 23. De. 28. 49. 2 Ki. 18. 26. Ac. 2. 4-11; 10. 46; 19. 6. *understandeth. Gr.* heareth. Ac. 22. 9. *howbeit.* ch. 2. 7, 10; 13. 2; 15. 51. Ps. 49. 3, 4; 78. 2. Mat. 13. 11. Mar. 4. 11. Ro. 16. 25. Ep. 3. 3-9; 6. 19. Col. 1. 26, 27; 2. 2. 1 Ti. 3. 9, 16. Re. 10. 7.

3 *edification.* ver. 4, 12, 26; ch. 8. 1; 10. 23. Ac. 9. 31. Ro. 14. 19; 15. 2. Ep. 4. 12-16, 29. 1 Th. 5. 11. 1 Ti. 1. 4. Jude 20. *exhortation.* Lu. 3. 18. Ac. 13. 15; 14. 22; 15. 32. Ro. 12. 8. 1 Th. 2. 3; 4. 1; 5. 11, 14. 2 Th. 3. 12. 1 Ti. 4. 13; 6. 2. 2 Ti. 4. 2. Tit. 1. 9; 2. 6, 9, 15. He. 3. 13; 10. 25; 13. 22. 1 Pe. 5. 12. *comfort.* ver. 31. 2 Co. 1. 4; 2. 7. Ep. 6. 22. Col. 4. 8. 1 Th. 2. 11; 3. 2; 4. 18; 5. 11-14.

4 *edifieth himself.* ver. 14. *edifieth the.* ver. 3, 18, 19.

5 *would.* ch. 12. 28-30; 13. 4. Nu. 11. 28, 29. *for.* ver. 1, 3. *except.* ver. 12, 13, 26-28; ch. 12. 10, 30.

6 *what shall I.* ch. 10. 33; 12. 7; 13. 3. 1 Sa. 12. 21. Je. 16. 19; 23. 32. Mat. 16. 26. 2 Ti. 2. 14. Tit. 3. 8. He. 13. 9.

*revelation*. ver. 26-30. Mat. 11. 25; 16. 17. 2 Co. 12. 1, 7. Ep. 1. 17. Phi. 3. 15. *knowledge*. ch. 12. 8; 13. 2. 8, 9. Ro. 15. 14. 2 Co. 11. 6. Ep. 3. 4. 2 Pe. 1. 5; 3. 18. *prophesying*. See on ver. 1; ch. 13. 2. *doctrine*. ver. 26. Ro. 16. 17. 2 Ti. 3. 10, 16; 4. 2. 2 Jno. 9.

7 *things*. ch. 13. 1. *except*. ver. 8. Nu. 10. 2-10. Mat. 11. 17. Lu. 7. 32. *sounds*. *or*, tunes.

8 Nu. 10. 9. Jos. 6. 4-20. Ju. 7. 16-18. Ne. 4. 18-21. Job 39. 24, 25. Is. 27. 13. Am. 3. 6. Ep. 6. 11-18.

9 *easy*. *Gr*. significant. ver. 19. *for*. ch. 9. 26.

11 *I shall*. ver. 21. Ac. 28. 2, 4. Ro. 1. 14. Col. 3. 11.

12 *forasmuch*. ver. 1; ch. 12. 7, 31. Tit. 2. 14. *spiritual gifts*. *Gr*. spirits. See on ver. 32. *seek*. ver. 3, 4, 26.

13 *pray*. ver. 27, 28; ch. 12. 10, 30. Mar. 11. 24. Jno. 14. 13, 14. Ac. 1. 14; 4. 29-31; 8. 15.

14 *my spirit*. ver. 2, 15, 16, 19. *but*. That is, 'not productive of any benefit to others.'

15 *What*. ch. 10. 19. Ro. 3. 5; 8. 31. Phi. 1. 18. *I will pray with the spirit*. ver. 19. Jno. 4. 23, 24. Ro. 1. 9. Ep. 5. 17-20; 6. 18. Col. 3. 16. Jude 20. *and I will sing*. Ps. 47. 7. Ro. 12. 1, 2.

16 *bless*. ver. 2, 14. *unlearned*. ver. 23, 24. Is. 29. 11, 12. Jno. 7. 15. Ac. 4. 13. *Amen*. ch. 11. 24; 16. 24. Nu. 5. 22. De. 27. 15, etc. 1 Ki. 1. 36. 1 Ch. 16. 36. Ps. 41. 13; 72. 19; 89. 52; 106. 48. Je. 28. 6. Mat. 6. 13; 28. 20. Mar. 16. 20. Jno. 21. 25. Re. 5. 14; 22. 20. *at*. ch. 1. 4-8.

17 *but*. ver. 4, 26.

18 ch. 1. 4-6; 4. 7.

19 *in the*. ver. 4, 21, 22.

20 *not*. ch. 3. 1, 2; 13. 11. Ps. 119. 99. Is. 11. 3. Ro. 16. 19. Ep. 4. 14, 15. Phi. 1. 9. He. 5. 12, 13; 6. 1-3. 2 Pe. 3. 18. *malice*. Ps. 131. 1, 2. Mat. 11. 25; 18. 3; 19. 4. Mar. 10. 15. 1 Pe. 2. 2. *but*. Ps. 119. 99. *men*. *Gr*. perfect, *or*, of a ripe age. ch. 2. 6. Phi. 3. 15.

21 *the law*. The passage quoted is taken from the prophet *Isaiah;* but the term *torah*, LAW, was used by the Jews to express the whole *Scriptures*, law, prophets, and hagiographia; and they used it to distinguish these Sacred Writings from the words of the *scribes*. It is not taken from the LXX., from which it varies as much as any words can differ from others where the general meaning is similar. It accords much more with the Hebrew; and may be considered as a translation from it; 'only what is said of God in the third person, in the Hebrew, is here expressed in the first person, with the addition of λεγει Κυριος,' *saith the Lord*. —Dr. RANDOLPH. Jno. 10. 34. Ro. 3. 19. *With*. De. 28. 49. Is. 28. 11, 12. Je. 5. 15.

22 *for a*. Mar. 16. 17. Ac. 2. 6-12, 32-36. *not to*. 1 Ti. 1. 9. *but for*. ver. 3.

23 *the whole*. ch. 11. 18. *will*. Ho. 9. 7. Jno. 10. 20. Ac. 2. 13; 26. 24.

24 *he is convinced*. ch. 2. 15. Jno. 1. 47-49; 4. 29. Ac. 2. 37. He. 4. 12, 13.

25 *falling*. Ge. 44. 14. De. 9. 18. Ps. 72. 11. Is. 60. 14. Lu. 5. 8; 8. 28. Re. 5. 8; 19. 4. *God is*. Is. 45. 14. Zec. 8. 23.

26 *every*. See on ver. 6; ch. 12. 8-10. *Let*. ver. 4, 5, 12, 40; ch. 12. 7. Ro. 14. 19. 2 Co. 12. 19; 13. 10. Ep. 4. 12, 16, 29. 1 Th. 5. 11.

29 *the prophets*. ver. 39; ch. 12. 10. 1 Th. 5. 19-21. 1 Jno. 4. 1-3. *the other*. Rather, *the others*, οι αλλοι.

30 *revealed*. ver. 6, 26. *let*. Job 32. 11, 15-20; 33. 31-33. 1 Th. 5. 19, 20.

31 *all may learn*. ver. 3, 19, 35. Pr. 1. 5; 9. 9. Ep. 4. 11, 12. *all may be*. Ro. 1. 12. 2 Co. 1. 4; 7. 6, 7. Ep. 6. 22. 1 Th. 4. 18; 5. 11, 14.

32 ver. 29, 30. 1 Sa. 10. 10-13; 19. 19-24. 2 Ki. 2. 3, 5. Job 32. 8-11. Je. 20. 9. Ac. 4. 19, 20. 1 Jno. 4. 1.

33 *confusion*. *Gr*. tumult, *or*, unquietness. *but*. ch. 7. 15. Lu. 2. 14. Ro. 15. 33. Ga. 5. 22. 2 Th. 3. 16. He. 13. 20. Ja. 3. 17, 18. *in*. ch. 4. 17; 7. 17; 11. 16.

34 *women*. ch. 11. 5. 1 Ti. 2. 11, 12. *they are*. ver. 35; ch. 11. 3, 7-10. Ep. 5. 22-24, 33. Col. 3. 18. Tit. 2. 5. 1 Pe. 3. 1-6. *as*. ver. 21. Ge. 3. 16. Nu. 30. 3-13. Es. 1. 17-20.

35 *let*. Ep. 5. 25-27. 1 Pe. 3. 7. *a shame*. ver. 34; ch. 11. 6, 14. Ep. 5. 12.

36 *came*. Is. 2. 3. Mi. 4. 1, 2. Zec. 14. 8. Ac. 13. 1-3; 15. 35, 36; 16. 9, 10; 17. 1, 10, 11, 15; 18. 1, etc. 2 Co. 10. 13-16. 1 Th. 1. 8. *or*. ch. 4. 7.

37 *any*. ch. 8. 2; 13. 1-3. Nu. 24. 3, 4, 16. Ro. 12. 3. 2 Co. 10. 7, 12; 11. 4, 12-15. Ga. 6. 8. *let*. ch. 7. 25, 40. Lu. 10. 16. 1 Th. 4. 1-8. 2 Pe. 3. 2. 1 Jno. 4. 6. Jude 17.

38 Ho. 4. 17. Mat. 7. 6; 15. 14. 1 Ti. 6. 3-5. 2 Ti. 4. 3, 4. Re. 22. 11, 12.

39 *covet*. ver. 1, 3, 5, 24, 25; ch. 12. 31. 1 Th. 5. 20.

40 ver. 26-33; ch. 11. 34. Ro. 13. 13, marg. Col. 2. 5. Tit. 1. 5.

## CHAP. XV.

*By Christ's resurrection*, 1-11, *he proves the necessity of our resurrection, against all such as deny the resurrection of the body*, 12-20. *The fruit*, 21-34, *and the manner thereof*, 35-50; *and of the changing of them that shall be found alive at the last day*, 51-58.

1 *I declare*. ver. 3-11; ch. 1. 23, 24; 2. 2-7. Ac. 18. 4, 5. Ga. 1. 6-12. *which also*. ch. 1. 4-8. Mar. 4. 16-20. Jno. 12. 48. Ac. 2. 41; 11. 1. 1 Th. 1. 6; 2. 13; 4. 1. 2 Th. 3. 6. *ye stand*. Ro. 5. 2. 2 Co. 1. 24. 1 Pe. 5. 12.

2 *ye are*. ch. 1. 18, 21. Ac. 2. 47. Gr. Ro. 1. 16. 2 Co. 2. 15. Ep. 2. 8. 2 Ti. 1. 9. *keep in memory*. *or*, hold fast. ver. 11, 12. Pr. 3. 1; 4. 13; 6. 20-23; 23. 23. Col. 1. 23. 2 Th. 2. 15. He. 2. 1; 3. 6, 14; 4. 14; 10. 23. *what I preached*. *Gr*. by what speech I preached. *unless*. ver. 14. Ps. 106. 12, 13. Lu. 8. 13. Jno. 8. 31, 32. Ac. 8. 13. 2 Co. 6. 1. Ga. 3. 4. Ja. 2. 14, 17, 26.

3 *I delivered*. ch. 4. 1, 2; 11. 2, 23. Eze. 3. 17. Mat. 20. 18, 19. Mar. 16. 15, 16. Lu. 24. 46, 47. Ga. 1. 12. *Christ*. Mat. 26. 28. Ro. 3. 25; 4. 25. 2 Co. 5. 21. Ga. 1. 4; 3. 13. Ep. 1. 7; 5. 2. He. 10. 11, 12. 1 Pe. 2. 24; 3. 18. 1 Jno. 2. 2. Re. 1. 5. *according*. Ge. 3. 15. Ps. 22; 69. Is. ch. 53. Da. 9. 24-26. Zec. 13. 7. See on Lu. 24. 26, 27, 46. Ac. 3. 18; 26. 22, 23. 1 Pe. 1. 11; 2. 24.

4 *that*. Is. 53. 9. Mat. 27. 57-60. Mar. 15. 43-46. Lu. 23. 50-53. Jno. 19. 38-42. Ac. 13. 29. Ro. 6. 4. Col. 2. 12. *he rose*. ver. 16-21. Mat. 20. 19; 27. 63, 64; 28. 1-6. Mar. 9. 31; 10. 33, 34; 16. 2-7. Lu. 9. 22; 18. 32, 33; 24. 5-7. Jno. 2. 19-21; 20. 1-9. Ac. 1. 3; 2. 23, 24, 32; 13. 30; 17. 31. He. 13. 20. *according*. Ps. 2. 7; 16. 10, 11. Is. 53. 10-12. Ho. 6. 2. Jon. 1. 17. Mat. 12. 40. Lu. 24. 26, 46. Ac. 2. 25-33; 13. 30-37; 26. 22, 23. 1 Pe. 1. 11.

5 *that*. Lu. 24. 34, etc. *Cephas*. ch. 1. 12; 3. 22; 9. 5. Jno. 1. 42. *then*. Mar. 16. 14. Lu. 24. 36, etc. Jno. 20. 19-26. Ac. 1. 2-14; 10. 41.

6 *he was*. Mat. 28. 10, 16, 17. Mar. 16. 7. *are*. ver. 18. Ac. 7. 60; 13. 36. 1 Th. 4. 13, 15. 2 Pe. 3. 4.

7 *then*. Lu. 24. 50. Ac. 1. 2-12.

8 *he was*. ch. 9. 1. Ac. 9. 3-5, 17; 18. 9; 22. 14, 18; 26. 16. 2 Co. 12. 1-6. *one born out of due time*. *or*, an abortive.

9 *the least*. 2 Co. 11. 5; 12. 11. Ep. 3. 7, 8. *because*. Ac. 8. 3; 9. 1, etc.; 22. 4, 5; 26. 9-11. Ga. 1. 13, 23. Phi. 3. 6. 1 Ti. 1. 13, 14.

10 *by*. ch. 4. 7. Ro. 11. 1, 5, 6. Ep. 2. 7, 8; 3. 7, 8. 1 Ti. 1. 15, 16. *his grace*. ver. 2. 2 Co. 6. 1. *but I*. Ro. 15. 17-20. 2 Co. 10. 12-16; 11. 23-30; 12. 11. *yet*. Mat. 10. 20. 2 Co. 3. 5. Ga. 2. 8. Ep. 3. 7. Phi. 2. 13; 4. 13. Col. 1. 28, 29.

11 ver. 3, 4; ch. 2. 2.

12 *if*. See on ver. 4. *how*. ver. 13-19. Ac. 26. 8. 2 Ti. 2. 17.

13 ver. 20. Jno. 11. 25, 26. Ac. 23. 8. Ro. 4. 24, 25; 8. 11, 34. 2 Co. 4. 10-14. Col. 3. 1-4. 1 Th. 4. 14. 2 Ti. 4. 8. He. 2. 14; 13. 20. 1 Pe. 1. 3. Re. 1. 18.

14 ver. 2, 17. Ps. 73. 13. Is. 49. 4. Je. 8. 8. Mat. 15. 9. Ac. 17. 31. Ga. 2. 2. Ja. 1. 26; 2. 20.

15 *false*. Ex. 23. 3. Job 13. 7-10. Ro. 3. 7, 8. *we have*. Ac. 2. 24, 32; 4. 10, 33; 10. 39-42; 13. 30-33; 20. 21. *whom*. ver. 13, 20.

17 *your.* ver. 2, 14. Ro. 4. 25. *ye are.* Eze. 33. 10. Jno. 8. 21-24. Ac. 5. 31; 13. 38, 39. Ro. 5. 10; 8. 33, 34. He. 7. 23-28; 9. 22-28; 10. 4-12. 1 Pe. 1. 3, 21,

18 *fallen.* ver. 6. 1 Th. 4. 13, 14. Re. 14. 13.

19 *this.* Ps. 17. 14. Ec. 6. 11; 9. 9. Lu. 8. 14; 21. 34. 1 Co. 6. 3, 4. 2 Ti. 2. 4. *hope.* Ep. 1. 12, 13. 1 Th. 1. 3. 2 Ti. 1. 12. 1 Pe. 1. 21. *of all.* ch. 4. 9-13. Mat. 10. 21-25; 24. 9. Jno. 16. 2, 33. Ac. 14. 22. 2 Ti. 3. 12. Re. 14. 13.

20 *now.* See on ver. 4-8. *the first-fruits.* ver. 23. Ac. 26. 23. Ro. 8. 11. Col. 1. 18. 1 Pe. 1. 3. Re. 1. 5.

21 *by man came death.* ver. 22. Ro. 5. 12-17. *by man came also.* Jno. 11. 25. Ro. 6. 23.

22 *in Adam.* ver. 45-49. Ge. 2. 17; 3. 6, 19. Jno. 5. 21-29. Ro. 5. 12-21.

23 *every.* ver. 20. Is. 26. 19. 1 Th. 4. 15-17. *they.* ch. 3. 23. 2 Co. 10. 7. Ga. 3. 29; 5. 24.

24 *cometh.* Da. 12. 4, 9, 13. Mat. 10. 22; 13. 39, 40; 24. 13. 1 Pe. 4. 7. *the kingdom.* Is. 9. 7. Da. 7. 14, 27. Mat. 11. 27; 28. 18. Lu. 10. 22. Jno. 3. 35; 13. 3. 1 Ti. 6. 15.

25 Ps. 2. 6-10; 45. 3-6; 110. 1. Mat. 22. 44. Mar. 12. 36. Lu. 20. 42, 43. Ac. 2. 34. Ep. 1. 22. He. 1. 13; 10. 12, 13.

26 ver. 55. Is. 25. 8. Ho. 13. 14. Lu. 20. 36. 2 Ti. 1. 10. He. 2. 14. Re. 20. 14; 21. 4.

27 Ps. 8. 6. Mat. 11. 27; 28. 18. Jno. 3. 35; 13. 3. Ep. 1. 20. Phi. 2. 9-11. He. 1. 13; 2. 8; 10. 12. 1 Pe. 3. 22. Re. 1. 18.

28 *all things.* Ps. 2. 8, 9; 18. 39, 47; 21. 8, 9. Da. 2. 34, 35, 40-45. Mat. 13. 41-43. Phi. 3. 21. Re. 19. 11-21; 20. 2-4, 10-15. *then.* ch. 3. 23; 11. 3. Jno. 14. 28. *all in all.* ch. 12. 6. Ep. 1. 23. Col. 3. 11.

29 *what.* ver. 16, 32. Ro. 6. 3, 4. Mat. 20. 22.

30 ver. 31. Ro. 8. 36-39. 2 Co. 4. 7-12; 6. 9; 11. 23-27. Ga. 5. 11.

31 *protest.* Ge. 43. 3. 1 Sa. 8. 9. Je. 11. 7. Zec. 3. 6. Phi. 3. 3. *your.* '*Some read*, our.' 2 Co. 1. 12; 2. 14. 1 Th. 2. 19; 3. 9. *die.* ch. 4. 9-13. Ac. 20. 23. Ro. 8. 36. 2 Co. 4. 10, 11; 11. 23.

32 *after. or, to speak* after. Ro. 6. 19. Ga. 3. 15. *beasts.* 2 Pe. 2. 12. Jude 10. *Ephesus.* Ac. 19. 1, 23, etc. 2 Co. 1. 8-10. *what.* Job 35. 3. Ps. 73. 13. Mal. 3. 14, 15. Lu. 9. 25. *let.* Ec. 2. 24: 11. 9. Is. 22. 13; 56. 12. Lu. 12. 19.

33 *Be.* ch. 6. 9. Mat. 24. 4, 11, 24. Ga. 6. 7. Ep. 5. 6. 2 Th. 2. 10. Re. 12. 9; 13. 8-14. *evil.* ch. 5. 6. Pr. 9. 6; 13. 20. 2 Ti. 2. 16-18. He. 12. 15. 2 Pe. 2. 2, 18-20.

34 *Awake.* Joel 1. 5. Jon. 1. 6. Ro. 13. 11. Ep. 5. 14. *sin not.* Ps. 4. 4; 119. 11. Jno. 5. 14; 8. 11. *some.* ch. 8. 7. See on Ro. 1. 28. 1 Th. 4. 5. *I speak.* ch. 6. 5. He. 5. 11, 12.

35 *How.* Job 11. 12; 22. 13. Ps. 73. 11. Ec. 11. 5. Eze. 37. 3, 11. Jno. 3. 4, 9; 9. 10. *with.* ver. 38-53. Mat. 22. 29, 30. Phi. 3. 21.

36 *fool.* Lu. 12. 20; 24. 25. Ro. 1. 22. Ep. 5. 15. *that.* Jno. 12. 24.

38 ch. 3. 7. Ge. 1. 11, 12. Ps. 104. 14. Is. 61. 11. Mar. 4. 26-29.

39 Ge. 1. 20-26.

41 Ge. 1. 14. De. 4. 19. Job 31. 26. Ps. 8. 3; 19. 4-6; 148. 3-5. Is. 24. 23.

42 *is.* ver. 50-54. Da. 12. 3. Mat. 13. 43. Phi. 3. 20, 21. *in corruption.* Ge. 3. 19. Job 17. 14. Ps. 16. 10; 49. 9, 14. Is. 38. 17. Ac. 2. 27, 31; 13. 34-37. Ro. 1. 23; 8. 21. *it is.* ver. 52-54. Lu. 20. 35, 36. 1 Pe. 1. 4.

43 *in dishonour.* Da. 12. 1. Mat. 13. 43. Phi. 3. 20, 21. *weakness.* Job 14. 10, marg. Ps. 102. 23. 2 Co. 13. 4. *in power.* ch. 6. 14. Mat. 22. 29, 30. Mar. 12. 24, 25. 2 Co. 13. 14. Phi. 3. 10.

44 *there is a spiritual.* Lu. 24. 31. Jno. 20. 19, 26.

45 *The first.* ver. 47-49. Ge. 2. 7. Ro. 5. 12-14. Re. 16. 3. *a quickening.* Jno. 1. 4; 4. 10, 14; 5. 21, 25-29; 6. 33, 39, 40, 54, 57, 63, 68; 10. 10, 28; 11. 25, 26; 14. 6, 19; 17. 2, 3. Ac. 3. 15. Ro. 5. 17, 21; 8. 2, 10, 11. Phi. 3. 21. Col. 3. 4. 1 Jno. 1. 1-3; 5. 11, 12. Re. 21. 6; 22. 1, 17.

46 *that which is natural.* Ro. 6. 6. Ep. 4. 22-24. Col. 3. 9, 10.

47 *first.* ver. 45. Ge. 2. 7; 3. 19. Jno. 3. 13, 31. 2 Co. 5. 1. *the Lord.* Is. 9. 6. Je. 23. 6. Mat. 1. 23. Lu. 1. 16, 17; 2. 11. Jno. 3. 12, 13, 31; 6. 33. Ac. 10. 36. Ep. 4. 9-11. 1 Ti. 3. 16.

48 *such are they also that are earthy.* ver. 21, 22. Ge. 5. 3. Job 14. 4. Jno. 3. 6. Ro. 5. 12-21. *and as.* Phi. 3. 20, 21.

49 *as.* Ge. 5. 3. *we shall.* Mat. 13. 43. Ro. 8. 29. 2 Co. 3. 18; 4. 10, 11. 1 Jno. 3. 2.

50 *this.* ch. 1. 12; 7. 29. 2 Co. 9. 6. Ga. 3. 17; 5. 16. Ep. 4. 17. Col. 2. 4. *that.* ch. 6. 13. Mat. 16. 17. Jno. 3. 3-6. 2 Co. 5. 1.

51 *I shew.* ch. 2. 7; 4. 1; 13. 2. Ep. 1. 9; 3. 3; 5. 32. *We shall not.* ver. 6, 18, 20. 1 Th. 4. 14-17. *changed.* Phi. 3. 21.

52 *a moment.* Ex. 33. 5. Nu. 16. 21, 45. Ps. 73. 19. 2 Pe. 3. 10. *last.* Ex. 19. 16; 20. 18. Nu. 10. 4. Is. 18. 3; 27. 13. Eze. 33. 3, 6. Zec. 9. 14. Re. 8. 2, 13; 9. 13, 14. *for.* Mat. 24. 31. Jno. 5. 25. 1 Th. 4. 16. *the dead.* See on ver. 42, 50.

53 *put.* Ro. 13. 12-14. 2 Co. 5. 2-4. Ga. 3. 27. Ep. 4. 24. 1 Jno. 3. 2.

54 *this mortal.* Ro. 2. 7; 6. 12; 8. 11. 2 Co. 4. 11. 2 Ti. 1. 10. *Death.* Is. 25. 8. Lu. 20. 36. He. 2. 14, 15. Re. 20. 14; 21. 4.

55 *O death.* Ho. 13. 14. *sting.* Ac. 9. 5. Re. 9, 10. Gr. *grave. or,* hell. Lu. 16. 23. Ac. 2. 27. Re. 20. 13, 14. Gr. *is thy victory.* Job 18. 13, 14. Ps. 49. 8-15; 89. 48. Ec. 2. 15, 16; 3. 19; 8. 8; 9. 5, 6. Ro. 5. 14.

56 *sting.* Ge. 3. 17-19. Ps. 90. 3-11. Pr. 14. 32. Jno. 8. 21, 24. Ro. 5. 15, 17; 6. 23. He. 9. 27. *the strength.* Ro. 3. 19, 20; 4. 15; 5. 13, 20; 7. 5-13. Ga. 3. 10-13.

57 *thanks.* Ac. 27. 35. Ro. 7. 25. 2 Co. 1. 11; 2. 14; 9. 15. Ep. 5. 20. *giveth.* ver. 51. 2 Ki. 5. 1, marg. 1 Ch. 22. 11. Ps. 98. 1. Pr. 21. 31, marg. Jno. 16. 33. Ro. 8. 37. 1 Jno. 5. 4, 5. Re. 12. 11; 15. 2, 3.

58 *Therefore.* 2 Co. 7. 1. 2 Pe. 1. 4-9; 3. 14. *be ye.* Ru. 1. 18. Ps. 55. 22; 78. 8, 37; 112. 6. Col. 1. 23; 2. 5. 1 Th. 3. 3. He. 3. 14. 2 Pe. 3. 17, 18. *abounding.* Phi. 1. 9; 4. 17. Col. 2. 7. 1 Th. 3. 12; 4. 1. 2 Th. 1. 3. *the work.* ch. 16. 10. Jno. 6. 28, 29. Phi. 2. 30. 1 Th. 1. 3. Tit. 2. 14. He. 13. 21. *ye know.* ch. 3. 8. 2 Ch. 15. 7. Ps. 19. 11. Ga. 6. 9. He. 6. 10. *is not.* Ps. 73. 13. Ga. 4. 11. Phi. 2. 16. 1 Th. 3. 5. *in the.* Mat. 10. 40-42; 25. 31-40. Phi. 1. 11. He. 13. 15, 16.

## CHAP. XVI.

*He exhorts them to relieve the want of the brethren at Jerusalem,* 1-9. *Commends Timothy,* 10-12; *and after friendly admonitions,* 13-15, *concludes his epistle with divers salutations,* 16-24.

1 *concerning.* Ac. 11. 28, 30; 24. 17. Ro. 15. 25, 26. 2 Co. ch. 8; 9. Ga. 2. 10. *the saints.* Ac. 9. 41. Ro. 12. 13. 2 Co. 9. 12-15. Phile. 5-7. He. 6. 10. 1 Jno. 3. 17. *the churches.* Ac. 16. 6; 18. 23. Ga. 1. 2.

2 *the first.* Lu. 24. 1. Jno. 20. 19, 26. Ac. 20. 7. Re. 1. 10. *as God.* Ge. 26. 12; 30. 27, 30; 32. 10; 33. 11. De. 8. 18; 15. 11-14. 2 Ch. 31. 10. Hag. 2. 16-19. Mal. 3. 9, 10. Mar. 12. 41-44; 14. 8. Lu. 16. 10. 2 Co. 8. 1-3, 12-15. *that.* 2 Co. 8. 11; 9. 3-5.

3 *when.* ch. 4. 19-21; 11. 34. *whomsoever.* Ac. 6. 1-6. 2 Co. 8. 19-24. *liberality. Gr.* gift. 2 Co. 8. 4, 6, 19.

4 Ro. 15. 25. 2 Co. 8. 4, 19.

5 *when.* Ac. 19. 21; 20. 1-3. 2 Co. 1. 15-17.

6 *winter.* Ac. 27. 12; 28. 11. Tit. 3. 12. *that ye.* Ac. 15. 3; 17. 15; 20. 38; 21. 5. Ro. 15. 24. 2 Co. 1. 16. 3 Jno. 6. 7.

7 *if.* ch. 4. 19. Pr. 19. 21. Je. 10. 23. Ac. 18. 21. Ro. 1. 10. Ja. 4. 15.

8 *at.* ch. 15. 32. *Pentecost.* Ex. 23. 16. Le. 23. 15-21. Ac. 2. 1.

9 *a great.* Ac. 19. 8, etc. *door.* Ac. 14. 27. 2 Co. 2. 12. Col. 4. 3. Re. 3. 7, 8. *there.* ch. 15. 32. Ac. 19. 9, 10. 2 Co. 1. 8-10. Phi. 3. 18.

10 *if.* ch. 4. 17. Ac. 19. 22. *without.* ver. 11. 1 Ti. 4. 12. *for.* ch. 15. 58. Ro. 16. 21. 2 Co. 6. 1. Phi. 2. 19-22. 1 Th. 3. 2.

11 *no.* ver. 10. Lu. 10. 16. 1 Th. 4. 8. 1 Ti. 4. 12. Tit. 2. 15. *but.* ver. 6. Ac. 15. 33. 3 Jno. 6.

12 *our.* ch. 1. 12; 3. 5. 22. Ac. 18. 24-28; 19. 1. Tit. 3. 13. *when.* Ec. 3. 1. Mar. 6. 21. Ac. 24. 25.

13 *Watch.* Mat. 24. 42-44; 25. 13; 26. 41. Mar. 13. 33-37; 14. 37, 38. Lu. 12. 35-40; 21. 36. Ep. 6. 18. Col. 4. 2. 1 Th. 5. 6. 2 Ti. 4. 5. 1 Pe. 4. 7; 5. 8. Re. 3. 2, 3; 16. 15. *stand.* ch. 15. 1, 2, 58. 2 Co. 1. 24. Ga. 5. 1. Phi. 1. 27; 4. 1. Col. 1. 23; 4. 12. 1 Th. 3. 8. 2 Th. 2. 15. *quit.* ch. 9. 25-27; 14. 20. 1 Sa. 4. 9. 2 Sa. 10, 12. 1 Ch. 19. 13. Ep. 6. 13-17. 1 Ti. 6. 12. 2 Ti. 2. 3-5; 4. 7. He. 11. 32-34. *be.* Jos. 1. 6, 7, 9, 18. 1 Ki. 2. 2. 1 Ch. 28. 10. Ps. 27. 14. Is. 35. 4. Da. 10. 19; 11. 32. Hag. 2. 4. Zec. 8. 9, 13. 2 Co. 12. 9, 10. Ep. 6. 10. Phi. 4. 13. Col. 1. 11, 12. 2 Ti. 2. 1.

14 ch. 8. 1; 12. 31; 13; 14. 1. Jno. 13. 34, 35; 15. 17. Ro. 13. 8-10; 14. 15. Ga. 5. 13, 14, 22. Ep. 4. 1-3. Phi. 2. 1-3. 1 Th. 3. 6, 12; 4. 9, 10. 2 Th. 1. 3. 1 Ti. 1. 5. He. 13. 4. 1 Pe. 4. 8. 2 Pe. 1. 7. 1 Jno. 4. 7, 8.

15 *the house.* ver. 17; ch. 1. 16. *the first-fruits.* Ro. 16. 5. Re. 14. 4. *to the.* Ac. 9. 36-41. Ro. 12. 13; 15. 25; 16. 2. 2 Co. 8. 4; 9. 1, 12-15. 1 Ti. 5. 10. Phile. 7. He. 6. 10. 1 Pe. 4. 10.

16 *ye.* Ep. 5. 21. He. 13. 17. 1 Pe. 5. 5. *helpeth.* ch. 12. 28. 1 Ch. 12. 18. Ro. 16. 3, 9. Phi. 4. 3. 3 Jno. 8. *laboureth.* ch. 3. 9. Ro. 16. 6, 12. 1 Th. 1. 3; 2. 9; 5. 12. 1 Ti. 5. 17. He. 6. 10. Re. 2. 3.

17 *Stephanas.* ver. 15. *for.* 2 Co. 11. 9. Phi. 2. 30. Phile. 13.

18 *they.* Pr. 25. 13, 25. Ro. 15. 32. 2 Co. 7. 6, 7, 13. Phi. 2. 28. Col. 4. 8. 1 Th. 3. 6, 7. 3 Jno. 4. *therefore.* 1 Th. 5. 12. Phi. 2. 29. He. 13. 7. 3 Jno. 11, 12.

19 *churches.* Ac. 19. 10. 1 Pe. 1. 1. Re. 1. 11. *Aquila.* Ac. 18. 2, 18, 26. Ro. 16. 3, 4. 2 Ti. 4. 19, Prisca. *the church.* Ro. 16. 5, 15. Col. 4. 15. Phile. 2.

20 *the brethren.* Ro. 16. 16, 21, 23. 2 Co. 13. 13. Phi. 4. 22. Phile. 23, 24. He. 13. 24. *Greet.* 2 Co. 13. 12. 1 Th. 5. 26. 1 Pe. 5. 14.

21 *salutation.* Ga. 6. 11. Col. 4. 18. 2 Th. 3. 17.

22 *love.* Ca. 1. 3, 4, 7; 3. 1-3; 5. 16. Is. 5. 1. Mat. 10. 37; 25. 40, 45. Jno. 8. 42; 14. 15, 21, 23; 15. 24; 16. 14; 21. 15-17. 2 Co. 5. 14, 15; 8. 8, 9. Ga. 5. 6. Ep. 6. 24. He. 6. 10. 1 Pe. 1. 8; 2. 7. 1 Jno. 4. 19; 5. 1. *Anathema.* That is, 'Let him be accursed; our Lord cometh,' *i. e.* to execute the judgment denounced. Mat. 25. 41, 46. Ac. 23. 14. Ro. 9. 3. Ga. 1. 8, 9. Gr. 1 Co. 12. 3. 2 Th. 1. 8, 9. Jude 14, 15.

23 See on Ro. 16. 20, 24.

24 *love.* ver. 14; ch. 4. 14, 15. 2 Co. 11. 11; 12. 15. Phi. 1. 8. Re. 3. 19. *Amen.* See on ch. 14. 16. Mat. 6. 13; 28. 20.

# The Second Epistle of PAUL the Apostle to the CORINTHIANS.

A.D. 60. A.M. 4064.

## CHAP. I.

*Paul salutes the Corinthians, 1, 2; he encourages them against troubles, by the comforts and deliverances which God had given him, as in all his afflictions, 3-7, so particularly in his late danger in Asia, 8-11. And calling both his own conscience and theirs to witness of his sincere manner of preaching the immutable truth of the gospel, 12-14, he excuses his not coming to them, as proceeding not of lightness, but of his lenity towards them, 15-24.*

1 *Paul.* See on Ro. 1. 1-5. 1 Co. 1. 1. 1 Ti. 1. 1. 2 Ti. 1. 1. *Timothy.* Ac. 16. 1. Ro. 16. 21. 1 Co. 16. 10. Phi. 1. 1; 2. 19-22. Col. 1. 1, 2. 1 Th. 1. 1. 2 Th. 1. 1. He. 13. 23. *the church.* Ac. 18. 1-11. 1 Co. 1. 2. *all.* 1 Co. 6. 11. Ep. 1. 1. *Achaia.* ch. 9. 2; 11. 10. Ac. 18. 12. Ro. 15. 26; 16. 5. 1 Co. 16. 15. 1 Th. 1. 7, 8.

2 See on Ro. 1. 7. 2 Sa. 15. 20. 1 Ch. 12. 18. Da. 4. 1. 1 Co. 1. 3. Ga. 6. 16. Ep. 6. 23. Phi. 1. 2. Col. 1. 2. 1 Th. 1. 1. 2 Th. 1. 2. Phile. 3.

3 *Blessed.* Ge. 14. 20. 1 Ch. 29. 10. Ne. 9. 5. Job 1. 21. Ps. 18. 46; 72. 19. Da. 4. 34. Ep. 1. 3. 1 Pe. 1. 3. *the Father of our.* ch. 11. 31. Jno. 5. 22, 23; 10. 30; 20. 17. Ro. 15. 6. Ep. 1. 3, 17. Phi. 2. 11. 2 Jno. 4, 9. *the Father of mercies.* Ps. 86. 5, 15. Da. 9. 9. Mi. 7. 18. *the God.* Ro. 15. 5.

4 *comforteth.* ch. 7. 6, 7. Ps. 86. 17. Is. 12. 1; 49. 10; 51. 3, 12; 52. 9; 66. 12, 13. Jno. 14. 16, 18, 26. 2 Th. 2. 16, 17. *that.* ver. 5, 6. Ps. 32. 5, 7; 34. 2-6; 66. 16. Is. 40. 1; 66. 14. Phi. 1. 14. 1 Th. 4. 18; 5. 11. He. 12. 12.

5 *as.* ch. 4. 10, 11; 11. 23-30. Ac. 9. 4. 1 Co. 4. 10-13. Phi. 1. 20; 3. 10. Col. 1. 24. *so.* Lu. 2. 25. Phi. 2. 1. 2 Th. 2. 16, 17.

6 *whether.* ver. 4; ch. 4. 15-18. 1 Co. 3. 21-23. 2 Ti. 2. 10. *it is.* Ac. 21. 5. *effectual. or,* wrought. ch. 4. 17; 5. 5. Ro. 5. 3-5; 8. 28. Phi. 1. 19. He. 12. 10, 11.

7 *our.* ver. 14; ch. 7. 9; 12. 20. Phi. 1. 6, 7. 1 Th. 1. 3. 4. *as ye.* Mat. 5. 11, 12. Lu. 22. 28-30. Ro. 8. 17, 18. 1 Co. 10. 13. 2 Th. 1. 4-7. 2 Ti. 2. 12. Ja. 1. 2-4, 12.

8 *of our.* ch. 4. 7-12. Ac. 19. 23-35. 1 Co. 15. 32; 16. 9. *insomuch.* ch. 4. 8. 1 Sa. 20. 3; 27. 1.

9 *sentence. or,* answer. *that.* ch. 3. 5; 4. 7; 12. 7-10. Job 40. 14. Ps. 22. 29; 44. 5-7. Pr. 28. 26. Je. 9. 23, 24; 17. 5-7. Eze. 33. 13. Lu. 18. 9. *in God.* ch. 4. 13, 14. Eze. 37. 1-14. Ro. 4. 17-25. He. 11. 19.

10 1 Sa. 7. 12; 17. 37. Job 5. 17-22. Ps. 34. 19. Is. 46. 3. Ac. 26. 21. 2 Ti. 4. 17. 2 Pe. 2. 9.

11 *helping.* ch. 9. 14. Is. 37. 4; 62. 6, 7. Ac. 12. 5. Ro. 15. 30-32. Ep. 6. 18, 19. Phi. 1. 19. Col. 4. 3. 1 Th. 5. 25. 2 Th. 3. 1. Phile. 22. He. 13. 18. Ja. 5. 16-18. *that.* ch. 4. 15; 9. 11, 12.

12 *our rejoicing.* Job 13. 15; 23. 10-12; 27. 5, 6; 31. 1-40. Ps. 7. 3-5; 44. 17-21. Is. 38. 3. Ac. 24. 16. Ro. 9. 1. 1 Co. 4. 4. Ga. 6. 4. 1 Ti. 1. 5, 19, 20. He. 13. 18. 1 Pe. 3. 16, 21. 1 Jno. 3. 19-22. *simplicity.* ch. 11. 3. Ro. 16. 18, 19. *godly.* ch. 2. 17; 8. 8. Jos. 24. 14. 1 Co. 5. 8. Ep. 6. 14. Phi. 1. 10. Tit. 2. 7. *not.* ver. 17; ch. 4. 2; 10. 2-4; 12. 15-19. 1 Co. 2. 4, 5, 13; 15. 10. Ja. 3. 13-18; 4. 6. *we have.* That is, 'we have conducted ourselves;' for αναστρεφω in Greek, and *conversatio* in Latin, are used to denote the whole of a man's conduct, the tenor and practice of his life.

13 *than.* ch. 4. 2; 5. 11; 13. 6. Phile. 6.

14 *in part.* ch. 2. 5. Ro. 11. 25. 1 Co. 11. 18. *that.* ch. 5. 12. 1 Co. 3. 21-23. Phi. 1. 26. Gr. *your.* That is, 'the cause and object of your rejoicing.' *even.* ch. 9. 2. 1 Co. 15. 31. Phi. 2. 16. Gr.; 4. 1. 1 Th. 2. 19, 20. *in the.* 1 Co. 1. 8. Phi. 1. 6, 10. 1 Th. 3. 13; 5. 23.

15 *in.* 1 Co. 4. 19; 11. 34. *that.* Ro. 1. 11; 15. 29. Phi. 1. 25, 26. *benefit. or,* grace. ch. 6. 1.

16 *and to come.* Ac. 19. 21, 22; 21. 5. 1 Co. 16. 5-7.

17 *lightness.* Ju. 9. 4. Je. 23. 32. Zep. 3. 4. *according.* ver. 12; ch. 10. 2, 3. Jno. 8. 15. Ga. 1. 16; 2. 2. 1 Th. 2. 18. *yea.* ver. 18-20. Mat. 5. 37. Ja. 5. 12.

18 *as.* ver. 23; ch. 11. 31. Jno. 7. 28; 8. 26. 1 Jno. 5. 20. Re. 3. 7, 14. *word. or,* preaching.

19 *the Son.* Ps. 2. 7. Mat. 3. 17; 16. 16, 17; 17. 5; 26. 63, 64; 27. 40, 54. Mar. 1. 1. Lu. 1. 35. Jno. 1. 34, 49; 3. 16, 35, 36; 6. 69; 19. 7; 20. 28, 31. Ac. 8. 37; 9. 20. Ro. 1. 3, 4. 2 Pe. 1. 17. 1 Jno. 1. 3; 5. 9-13, 20. 2 Jno. 9. Re. 2. 18. *even.* Ac. 18. 5, Silas. *was not.* Ex. 3. 14. Mat. 24. 35. Jno. 8. 58. He. 1. 11, 12; 13. 8. Re. 1. 8, 11, 17.

20 *all.* Ge. 3. 15; 22. 18; 49. 10. Ps. 72. 17. Is. 7. 14; 9. 6, 7. Lu. 1. 68-74. Jno. 1. 17; 14. 6. Ac. 3. 25, 26; 13. 32-39. Ro. 6. 23; 15. 8, 9. Ga. 3. 16-18, 22. He. 6. 12-19; 7. 6; 9. 10-15; 11. 13, 39, 40; 13. 8. 1 Jno. 2. 24, 25; 5. 11. *Amen.* Is. 65. 16. Heb. Jno. 3. 5. Gr. Re. 3. 14. *unto.* ch. 4. 6, 15. Ps. 102. 16. Mat. 6. 13. Lu. 2. 14. Ro. 11. 36; 15. 7. Ep. 1. 6, 12-14; 2. 7; 3. 8-10. Col. 1. 27. 2 Th. 1. 10. 1 Pe. 1. 12. Re. 7. 12.

21 *stablisheth.* ch. 5. 5. Ps. 37. 23, 24; 87. 5; 89. 4. Is. 9. 7; 49. 8; 62. 7. Ro. 16. 25. Col. 2. 7. 1 Th. 3. 13. 2 Th. 2. 8, 17; 3. 3. 1 Pe. 5. 10. *anointed.* Ps. 45. 7. Is. 59. 21; 61. 1. Jno. 3. 34. Ac. 10. 38. Ro. 8. 9. 1 Jno. 2. 20, 27. Re. 1. 6; 3. 18.

22 *sealed.* Jno. 6. 27. Ro. 4. 11. Ep. 1. 13, 14; 4. 30. 2 Ti. 2. 19. Re. 2. 17; 7. 3; 9. 4. *the earnest.* ch. 5. 5. Ro. 8. 9, 14-16, 23. Ep. 1. 14.

23 *I call.* ver. 18; ch. 11. 11, 31. Ro. 1. 9; 9. 1. Ga. 1. 20. Phi. 1. 8. 1 Th. 2. 5. *that.* ch. 2, 3; 10. 2, 6-11; 12. 20; 13. 2, 10. 1 Co. 4. 21; 5. 5. 1 Ti. 1. 20.

24 *that.* Mat. 23. 8-10; 24. 49. 1 Co. 3. 5. 2 Ti. 2. 24-26. 1 Pe. 5. 3. *are.* ch. 2. 1-3. Ro. 1. 12. Phi. 1. 25, 26. *for.* ch. 5. 7. Ro. 5. 2; 11. 20. 1 Co. 15. 1. Ep. 6. 14-16. 1 Pe. 5. 8, 9.

## CHAP II.

*Having shewn the reason why he came not to them, 1-5, he requires them to forgive and to comfort that excommunicated person, 6-9, even as himself also upon his true repentance had forgiven him, 10, 11; declaring withal why he departed from Troas to Macedonia, 12, 13, and the happy success which God gave to his preaching in all places, 14-17.*

1 *I determined.* ch. 1. 15-17. Ac. 11. 29; 15. 2, 37. 1 Co. 2. 2; 5. 3. Tit. 3. 12. *that.* ver. 4; ch. 1. 23; 7. 5-8; 12. 20, 21; 13. 10. 1 Co. 4. 21.

2 ch. 1. 14; 11. 29. Ro. 12. 15. 1 Co. 12. 26.

3 *I wrote.* 1 Co. 4. 21; 5. 1, etc. *lest.* ch. 12. 21; 13. 1, 2. *I ought.* ch. 12. 11. *having.* ch. 1. 15; 7. 6; 8. 22. Ga. 5. 10. Phile. 21.

4 *out.* Le. 19. 17, 18. Ps. 119. 136. Pr. 27. 5, 6. Je. 13. 15-17. Lu. 19. 41-44. Ro. 9. 2, 3. Phi. 3. 18. *not.* ch. 7. 8, 9, 12; 12. 15. *that ye might.* ch. 11. 2.

5 *any.* Pr. 17. 25. 1 Co. 5. 1-5, 12, 13. Ga. 5. 10. *grieved.* Ga. 4. 12.

6 *punishment. or,* censure. *which.* ch. 13. 10. 1 Co. 5. 4, 5. 1 Ti. 5. 20.

7 *ye.* Ga. 6. 1, 2. Ep. 4. 32. Col. 3. 13. 2 Th. 3. 6, 14, 15. He. 12. 12-15. *swallowed.* ch. 5. 4. 2 Sa. 20. 19, 20. Ps. 21. 9; 56. 1, 2; 57. 3; 124. 3. Pr. 1. 12. Is. 28. 7. 1 Co. 15. 54. *overmuch.* ch. 7. 10. Pr. 17. 22. Phi. 2. 27. 1 Th. 4. 13.

8 *that.* Ga. 5. 13; 6. 1, 2, 10. Jude 22, 23.

9 *that.* ch. 7. 12-15; 8. 24. Ex. 16. 4. De. 8. 2, 16; 13. 3. Phi. 2. 22. *whether.* ch. 7. 15; 10. 6. Phi. 2. 12. 2 Th. 3. 14. Phile. 21.

10 *whom ye.* ch. 5. 20. Mat. 18. 18. Jno. 20. 23. 1 Co. 5. 4. *person. or,* sight.

11 ch. 11. 3, 14. 1 Ch. 21. 1, 2. Job 1. 11; 2. 3, 5, 9. Zec. 3. 1-4. Lu. 22. 31. Jno. 13. 2. Ac. 1. 25. 1 Co. 7. 5. Ep. 6. 11, 12. 2 Ti. 2. 25. 1 Pe. 5. 8. Re. 2. 24; 12. 9-11; 13. 8.

12 *when.* Ac. 16. 8; 20. 1-6, 8. *and a.* Ac. 14. 27. 1 Co. 16. 9. Col. 4. 3. Re. 3. 7, 8.

13 *no rest.* ch. 7. 5, 6. *Titus.* ch. 8. 6, 16, 23; 12. 18. Ga. 2. 1, 3. 2 Ti. 4. 10. Tit. 1. 4. *I went.* Ac. 20. 1, 2.

14 *thanks.* ch. 1. 11; 8. 16; 9. 15. Ep. 5. 20. 1 Th. 3. 9. Re. 7. 12. *which.* Ps. 106. 47; 148. 14. Ro. 8. 37. 1 Co. 15. 57. *the savour.* ver. 15, 16. Ca. 1. 3. Ro. 15. 19. Col. 1. 6, 23.

15 *a sweet.* Ge. 8. 21. Ex. 29. 18, 25. Eze. 20. 41. Ep. 5. 2. Phi. 4. 18. *in them.* ch. 4. 3, 4. Is. 49. 5, 6. 1 Co. 1. 18. 2 Th. 2. 10.

16 *the savour of death.* Lu. 2. 34. Jno. 9. 39. Ac. 13. 45-47; 20. 26, 27. 1 Pe. 2. 7, 8. *who.* ch. 3. 5, 6; 12. 11. 1 Co. 15. 10.

17 *which.* ch. 4. 2; 11. 13-15. Je. 5. 31; 23. 27-32. Mat. 24. 24. 1 Ti. 1. 19, 20; 4. 1-3. 2 Ti. 2. 6-18; 4. 3, 4. Tit. 1. 11. 2 Pe. 2. 1-3. 1 Jno. 4. 1. 2 Jno. 7-11. Jude 4. Re. 2. 14, 15, 20; 12. 9; 19. 20. *corrupt. or,* deal deceitfully with. ch. 4. 2. *but as of sincerity.* ch. 1. 12; 4. 2. Ac. 20. 20, 27. He. 11. 27. *in. or,* of.

## CHAP. III.

*Lest their false teachers should charge him with vain glory, he shews the faith and graces of the Corinthians to be a sufficient commendation of his ministry, 1-5. Whereupon entering a comparison between the ministers of the law and of the gospel, 6-11, he proves that his ministry is so far the more excellent, as the gospel of life and liberty is more glorious than the law of condemnation, 12-18.*

1 *begin.* ch. 2. 17; 5. 12; 10. 8, 12; 12. 11, 19. 1 Co. 3. 10; 4. 15; 10. 33. *epistles.* Ac. 18. 27. 1 Co. 16. 3.

2 *are.* 1 Co. 3. 10; 9. 1, 2. *in.* ch. 7. 3; 11. 11; 12. 15. Phi. 1. 7. *known.* Ro. 1. 8. 1 Co. 9. 2. 1 Th. 1. 8.

3 *the epistle.* Ex. 31. 18. Re. 2. 1, 8, 12, 18; 3. 1, 7, 14, 22. *ministered.* 1 Co. 3. 5-10. *the living.* ch. 6. 16. Jos. 3. 10. 1 Sa. 17. 26. Ps. 42. 2; 84. 2. Je. 10. 10. Da. 6. 26. Mat. 16. 16. 1 Th. 1. 9. He. 9. 14. *not.* Ex. 24. 12; 34. 1. *but.* Ps. 40. 8. Je. 31. 33. Eze. 11. 19; 36. 25-27. He. 8. 10; 10. 16.

4 *such.* ch. 2. 14. Phi. 1. 6. *God-ward.* Ex. 18. 19. 1 Th. 1. 8.

5 *that.* ch. 2. 16; 4. 7. Ex. 4. 10. Jno. 15. 5. *but.* ch. 12. 9. Ex. 4. 11-16. Je. 1. 6-10. Mat. 10. 19, 20. Lu. 21. 15; 24. 49. 1 Co. 3. 6, 10; 15. 10. Phi. 2. 13; 4. 13. Ja. 1. 17.

6 *hath.* ch. 5. 18-20. Mat. 13. 52. Ro. 1. 5. 1 Co. 3. 5, 10; 12. 28. Ep. 3. 7; 4. 11, 12. Col. 1. 25-29. 1 Ti. 1. 11, 12; 4. 6. 2 Ti. 1. 11. *the new.* ver. 14. Je. 31. 31. Mat. 26. 28. Mar. 14. 24. Lu. 22. 20. 1 Co. 11. 25. He. 7. 22; 8. 6-10; 9. 15-20; 12. 24; 13. 20, marg. *not.* Ro. 2 27-29; 7. 6. *for.* ver. 7, 9. De. 27. 26. Ro. 3. 20; 4. 15; 7. 9-11. Ga. 3. 10-12, 21. *but the.* Jno. 6. 63. Ro. 8. 2. 1 Jno. 1. 1. *giveth life. or,* quickeneth. Jno. 5. 21. Ro. 4. 17. 1 Co. 15. 45. Ep. 2. 1, 5. 1 Pe. 3. 18.

7 *the ministration.* See on ver. 6, 9. Ro. 7. 10. *written.* ver. 3. Ex. 24. 12; 31. 18; 32. 15, 16, 19; 34. 1, 28. De. 4. 13; 5. 22; 9. 9-11, 15; 10. 1-4. He. 9. 4. *was.* De. 4. 8. Ne. 9. 13. Ps. 19. 7, 8; 119. 97, 127, 128, 174. Ro. 7. 12-14, 22. Ge. 3. 21. *that.* Ex. 34. 29-35. Lu. 9. 29-31. Ac. 6. 15. *which.* ver. 10, 11, 14. Ro. 10. 4. 1 Co. 13. 10.

8 *the ministration.* ver. 6, 17. ch. 11. 4. Is. 11. 2; 44. 3; 59. 21. Joel 2. 28, 29. Jno. 1. 17; 7. 39. Ac. 2. 17, 18, 32, 33. Ro. 8. 9-16. 1 Co. 3. 16; 12. 4-11. Ga. 3. 2-5, 14; 5. 5, 22, 23. Ep. 2. 18. 2 Th. 2. 13. 1 Pe. 1. 2. Jude 19, 20.

9 *the ministration of condemnation.* See on ver. 6, 7. Ex. 19. 12-19; 20. 18, 19. Ro. 1. 18; 8. 3, 4. Ga. 3. 10. He. 12. 18-21. *the ministration of righteousness.* ch. 5. 21. Is. 46. 13. Je. 23. 6. Ro. 1. 17; 3. 21, 22; 4. 11; 5. 15-21; 10. 3-10. 1 Co. 1. 30. Ga. 5. 4, 5. Phi. 3. 9. 2 Pe. 1. 1. *exceed.* ver. 10, 11. 1 Co. 15. 41. He. 3. 5, 6.

10 *had.* Job 25. 5. Is. 24. 23. Hag. 2. 3, 7-9. Ac. 26. 13. Phi. 3. 7, 8. 2 Pe. 1. 17. Re. 21. 23, 24; 22. 5.

11 *if.* See on ver. 7. Ro. 5. 20, 21. He. 7. 21-25; 8. 13; 12. 25-29. *much.* ver. 6; ch. 4. 1.

12 *we use.* ch. 4. 2, 3, 13. Jno. 10. 24; 16. 25, 29. 1 Co. 14. 19. Col. 4. 4. *plainness. or,* boldness. ch. 7. 4; 10. 1. Ac. 4. 13, 29-31; 9. 27, 29; 14. 3. Ep. 6. 19, 20. Phi. 1. 20. 1 Th. 2. 2. 1 Ti. 3. 13.

13 *which.* Ex. 34. 33-35. *could not.* ver. 18. *to the.* Ro. 10. 4. Ga. 3. 23, 24. Ep. 2. 14, 15. Col. 2. 17. He. 10. 1-9.

14 *their.* ch. 4. 3, 4. Ps. 69. 23. Is. 6. 10; 29. 10-12; 42. 18-20; 44. 18; 56. 10; 59. 10. Je. 5. 21. Eze. 12. 2. Mat. 6. 23; 13. 11, 13-15. Jno. 9. 39-41; 12. 40. Ac. 28. 26, 27. Ro. 11. 7-10, 25. *which vail.* ch. 4. 6. Is. 25. 7. Mat. 16. 17. Lu. 18. 31-34; 24. 25-27, 44-46. Jno. 8. 12; 12. 46. Ac. 16. 14; 26. 18. Ep. 1. 17-20.

15 *the vail.* Ac. 13. 27-29.

16 *when.* Ex. 34. 34. De. 4. 30; 30. 10. La. 3. 40. Ho. 3. 4, 5. Ro. 11. 25-27. *the vail.* Is. 25. 7; 29. 18; 54. 13. Je. 31. 34. Jno. 6. 45, 46.

17 *the Lord.* ver. 6. Jno. 6. 63. 1 Co. 15. 45. *where.* Ps. 51. 12. Is. 61. 1. Ro. 8. 2, 15, 16. Ga. 4. 6. 2 Ti. 1. 7.

18 *with.* ver. 13. *as in.* 1 Co. 13. 12. Ja. 1. 23. *the glory.* ch. 4. 4, 6. Jno. 1. 14; 12. 41. 1 Ti. 1. 11. Gr. *are.* ch. 5. 17. Ro. 8. 29; 12. 2; 13. 14. 1 Co. 15. 49. Ga. 6. 15. Ep. 4. 22-24. Col. 3. 10. Tit. 3. 5. 2 Pe. 1. 5-9. *from.* Ro. 8. 4, 7. *by the Spirit of the Lord. or,* of the Lord the Spirit. ver. 17.

## CHAP. IV.

*He declares how he has used all sincerity and faithful diligence in preaching the gospel, 1-6, and how the troubles and persecutions which he daily endured for the same did redound to the praise of God's power, 7-11, to the benefit of the church, 12-15, and to the apostle's own eternal glory, 16-18.*

1 *seeing.* ch. 3. 6, 12; 5. 18. Ep. 3. 7, 8. *as.* 1 Co. 7. 25. 1 Ti. 1. 13. 1 Pe. 2. 10. *we faint not.* ver. 16. Is. 40. 30. Ga. 6. 9. Ep. 3. 13. Phi. 4. 13. 2 Th. 3. 13, marg. He. 12. 3. Re. 2. 3.

2 *renounced.* 1 Co. 4. 5. *dishonesty. or,* shame. Ro. 1. 16; 6. 21. Ep. 5. 12. *not.* ch. 1. 12; 2. 17; 11. 3, 6, 13-15. Ep. 4. 14. 1 Th. 2. 3-5. *by.* ch. 5. 11; 6. 4-7: 7. 14.

3 *our.* Ro. 2. 16. 1 Th. 1. 5. 1 Ti. 1. 11. *it is.* ver. 4; ch. 2. 15, 16; 3. 14. Mat. 11. 25. 1 Co. 1. 18. 2 Th. 2. 9-11.

4 *the god.* Mat. 4. 8, 9. Jno. 12. 31, 40; 14. 30; 16. 11. 1 Co. 10. 20. Ep. 2. 2; 6. 12. 1 Jno. 5. 19. Gr. Re. 20. 2, 3. *blinded.* ch. 3. 14. 1 Ki. 22. 22. Is. 6. 10. Jno. 12. 40. *lest.* ver. 6; ch. 3. 8, 9, 11, 18. Jno. 8. 12; 12. 35. Ac. 26. 18. Col. 1. 27. 1 Ti. 1. 11. Tit. 2. 13. *the image.* Jno. 1. 14, 18; 12. 45; 14. 9, 10; 15. 24. Phi. 2. 6. Col. 1. 15. He. 1. 3. *shine.* ver. 6. Ps. 50. 2. Is. 60. 1, 2. 2 Pe. 1. 19. 1 Jno. 2. 8.

5 *we.* Mat. 3. 11. Jno. 1. 21-23; 3. 27-31; 7. 18. Ac. 3. 12, 13; 8. 9, 10; 10. 25, 26; 14. 11-15. Ro. 15. 17, 18. 1 Co. 1. 13-15, 23; 3. 5, 6; 10. 33. Phi. 1. 15. 1 Th. 2. 5, 6. Tit. 1. 11. 1 Pe. 5. 2-5. 2 Pe. 2. 3. *Christ.* ch. 1. 19. Mat. 23. 8. Ac. 2. 36; 5. 31; 10. 36. Ro. 14. 8, 9. 1 Co. 1. 23; 2. 2; 8. 6; 12. 3; 15. 47. Phi. 2. 11. *and.* ch. 1. 24; 5. 14, 15. Mat. 20. 25-27. Lu. 22. 25, 26. Jno. 13. 14, 15. Ro. 15. 1, 2. 1 Co. 9. 19-23. Ga. 5. 13. 2 Ti. 2. 10.

6 *who.* Ge. 1. 3, 14, 15. Ps. 74. 16; 136. 7-9. Is. 45. 7. *hath. Gr.* is he who hath. *shined.* Ep. 1. 17; 5. 8. 2 Pe. 1. 19. *the light.* ver. 4; ch. 3. 18. Ex. 33. 18-23; 34. 5-7. Ps. 63. 2; 90. 16. Is. 6. 1-3; 35. 2; 40. 5; 60. 2. Jno. 11. 40. Ac. 7. 55, 56. 1 Pe. 2. 9. *in the.* Lu. 10. 22. Jno. 1. 14; 12. 41; 14. 9, 10. Phi. 2. 6. Col. 1. 15. He. 1. 3. 1 Pe. 1. 12.

7 *this.* ver. 1; ch. 6. 10. Mat. 13. 44, 52. Ep. 3. 8. Col. 1. 27; 2. 3. *in.* ch. 5. 1; 10. 10. Ju. 7. 13, 14, 16-20. La. 4. 2. 1 Co. 1. 28; 4. 9-13. Ga. 4. 13, 14. 2 Ti. 2. 20. *that.* ch. 3. 5, 6; 12. 7-9; 13. 4. 1 Co. 2. 3-5. Ep. 1. 19, 20; 2. 5, 8, 9. Col. 2. 12. 1 Th. 1. 5.

8 *troubled.* ch. 1. 8-10; 6. 4; 7. 5; 11. 23-30. *yet.* ver. 16, 17; ch. 12. 10. 1 Sa. 28. 15; 30. 6. Ps. 56. 2, 3. Pr. 14. 26; 18. 10. Ro. 5. 3-5; 8. 35-37. Ja. 1. 2-4. 1 Pe. 1. 6, 7; 4. 12-14. *not in despair. or,* not altogether without help, *or* means. 1 Sa. 31. 4. Job 2. 9, 10. Ps. 37. 33. Jno. 14. 18. 1 Co. 10. 13.

9 *but.* Ps. 9. 10; 22. 1; 37. 25, 28. Is. 62. 4. He. 13. 5. *cast.* ch. 7. 6. Job 5. 17-19; 22. 29. Ps. 37. 24; 42. 5, 11. Is. 43. 2.

10 *bearing.* ch. 1. 5, 9. Ro. 8. 17, 18. Ga. 6. 17. Phi. 3. 10, 11. Col. 1. 24. *that.* ch. 13. 4. Jno. 14. 19. Ac. 18. 9, 10. Ro. 8. 17. 2 Ti. 2. 11. 1 Pe. 4. 13. Re. 1. 17.

11 *are alway.* Ps. 44. 22; 141. 7. Ro. 8. 36. 1 Co. 15. 31, 49. *our.* ch. 5. 4. Ro. 8. 11. 1 Co. 15. 53, 54.

12 *death.* ch. 12. 15; 13. 9. Ac. 20. 24. 1 Co. 4. 10. Phi. 2. 17, 30. 1 Jno. 3. 16.

13 *the same.* Ac. 15. 11. Ro. 1. 12. 1 Co. 12. 9. He. 11. 1, etc. 2 Pe. 1. 1. *I believed.* Ps. 116. 10. *we also.* ch. 3. 12. Pr. 21. 28.

14 *that.* ch. 5. 1-4. Is. 26. 19. Jno. 11. 25, 26. Ro. 8. 11. 1 Co 6. 14; 15. 20-22. 1 Th. 4. 14. *shall present.* ch. 11. 2. Ep. 5. 27. Col. 1. 22, 28. Jude 24.

15 *all.* ch. 1. 4-6. Ro. 8. 28. 1 Co. 3. 21-23. Col. 1. 24. 2 Ti. 2. 10. *the abundant.* ch. 1. 11; 8. 19; 9. 11, 12. Ps. 50. 14, 23. Ga. 1. 24. Ep. 3. 20, 21. Col. 3. 16, 17. He. 13. 15, 16. 1 Pe. 2. 9; 4. 11. Re. 4. 8-11; 5. 8-14; 19. 4-6.

16 *we.* ver. 1. Ps. 27. 13; 119. 81. Is. 40. 29. 1 Co. 15. 58. *though.* ch. 12. 15. Job 19. 26, 27. Ps. 73. 26. Is. 57. 1, 2. Mat. 5. 29, 30. *the.* Ro. 7. 22. Ep. 3. 16. 1 Pe. 3. 4. *is.* Ps. 51. 10. Is. 40. 31. Ro. 12. 2. Ep. 4. 23. Col. 3. 10. Tit. 3. 5. *day by.* Lu. 11. 3.

17 *our.* ch. 11. 23-28. Ps. 30. 5. Is. 54. 8. Ac. 20. 23. Ro. 8. 18, 34, 37. 1 Pe. 1. 6; 4. 7; 5. 10. *worketh.* Ps. 119. 67, 71. Mat. 5. 12. Ro. 5. 3-5. Phi. 1. 19. 2 Th. 1. 4-6. He. 12. 10, 11. Ja. 1. 3, 4, 12. *far.* ch. 3. 18. Ge. 15. 1. Ps. 31. 19; 73. 24. Is. 64. 4. Lu. 6. 23. Ro. 2. 7. 1 Co. 2. 9. 1 Pe. 1. 7, 8; 5. 10. 1 Jno. 3. 2. Jude 24.

18 *we.* ch. 5. 7. Ro. 8. 24, 25. He. 11. 1, 25-27; 12. 2, 3. *for.* Mat. 25. 46. Lu. 16. 25, 26. 2 Th. 2-6. 1 Jno. 2. 16, 17, 25.

## CHAP. V.

*That in his assured hope of immortal glory,* 1-8, *and in expectation of it, and of the general judgment, he labours to keep a good conscience,* 9-11; *not that he may herein boast of himself,* 12, 13, *but as one that, having received life from Christ, endeavours to live as a new creature to Christ only,* 14-17, *and by his ministry of reconciliation, to reconcile others also in Christ to God,* 18-21.

1 *we know.* Job 19. 25, 26. Ps. 56. 9. 2 Ti. 1. 12. 1 Jno. 3. 2, 14, 19; 5. 19, 20. *our.* ver. 4; ch. 4. 7. Ge. 3. 19. Job 4. 19. 1 Co. 15. 46-48. 2 Pe. 1. 13, 14. *dissolved.* Job 30. 22. 2 Pe. 3. 11. *a building.* Jno. 14. 2, 3. 1 Co. 3. 9. He. 11. 10. *an.* Col. 2. 11. He. 9. 11, 24. 1 Pe. 1. 4.

2 *we.* ver. 4. Ro. 7. 24; 8. 23. 1 Pe. 1. 6, 7. *earnestly.* Phi. 1. 23. *clothed.* ver. 3, 4. 1 Co. 15. 53, 54.

3 *being.* Ge. 3. 7-11. Ex. 32. 25. Re. 3. 18; 16. 15.

4 *we that.* 2 Pe. 1. 13. *do.* See on ver. 2. *but.* ver. 3. *that mortality.* Is. 25. 8. 1 Co. 15. 53, 54.

5 *wrought.* ch. 4. 17. Is. 29. 23; 60. 21; 61. 3. Ep. 2. 10. *the earnest.* ch. 1. 22. Nu. 13. 23-27. Ro. 8. 23. Ep. 1. 13, 14; 4. 30. 1 Jno. 3. 24.

6 *we are always.* ver. 8. Ps. 27. 3, 4. Pr. 14. 26. Is. 30. 15; 36. 4. He. 10. 35. 1 Pe. 5. 1. Re. 1. 9. *whilst.* See on ver. 1. 1 Ch. 29. 15. Ps. 39. 12; 119. 19. Phi. 3. 20, 21. He. 11. 13; 13. 14.

7 ch. 1. 24; 4. 18. De. 12. 9. Ro. 8. 24, 25. 1 Co. 13. 12. Ga. 2. 20. He. 10. 38; 11. 1, etc., 27. 1 Pe. 1. 8; 5. 9.

8 *and willing.* ver. 6; ch. 12. 2, 3. Lu. 2. 29. Ac. 21. 13. Phi. 1. 20-24. 2 Ti. 4. 7, 8. 2 Pe. 1. 14, 15; 3. 11, 12. *present.* ver. 9. Ps. 16. 11; 17. 15; 73. 23-26. Mat. 25. 21, 23. Jno. 14. 3; 17. 24. 1 Th. 4. 17, 18. 1 Jno. 3. 2. Re. 7. 14-17; 22. 3.

9 *we labour. or,* we endeavour. Jno. 6. 27. Ro. 15. 20. 1 Co. 9. 26, 27; 15. 58. Col. 1. 29. 1 Th. 4. 11. Gr. 1 Ti. 4. 10. He. 4. 11. 2 Pe. 1. 10, 11; 3. 14. *whether.* See on ver. 6, 8. Ro. 14. 8. *accepted.* Ge. 4. 7. Is. 56. 7. Ac. 10. 35. Ep. 1. 6. He. 12. 28.

10 *we.* Ge. 18. 25. 1 Sa. 2. 3, 10. Ps. 7. 6-8; 9. 7, 8; 50. 3-6; 96. 10-13; 98. 9. Ec. 11. 9; 12-14. Eze. 18. 30. Mat. 25. 31-46. Ac. 10. 42; 17. 31. Ro. 14. 10-12. 1 Pe. 4. 5. Jude 14, 15. Re. 20. 11-15. *receive.* ch. 7. 3. 1 Ki. 8. 32, 39. Job 34. 11. Ps. 62. 12. Is. 3. 10, 11. Mat. 16. 27. Ro. 2. 5-10. 1 Co. 4. 5. Ga. 6. 7, 8. Ep. 6. 8. Col. 3. 24, 25. Re. 2. 23; 20. 12, 13; 22. 12. *in.* Ro. 6. 12, 13, 19; 12. 1, 2. 1 Co. 6. 12-20.

11 *the terror.* Ge. 35. 5. Job 6. 4; 18. 11; 31. 23. Ps. 73. 19; 76. 7; 88. 15, 16; 90. 11. Is. 33. 14. Na. 1. 6. Mat. 10. 28; 25. 46. Mar. 8. 35-38; 9. 43-50. Lu. 12. 5. He. 10. 31. Jude 23. Re. 20. 15. *we persuade.* ver. 20; ch. 6. 1. Lu. 16. 31. Ac. 13. 43; 18. 4, 13; 19. 26; 20. 18-27; 26. 26; 28. 23. Ga. 1. 10. Col. 1. 28, 29. 2 Ti. 2. 24-26. *but.* ch. 1. 12-14; 2. 17; 4. 1, 2. 1 Co. 4. 4, 5. 1 Th. 2. 3-12.

12 *we.* ch. 3. 1; 6. 4; 10. 8, 12, 18; 12. 11. Pr. 27. 2. *give.* ch. 1. 14; 11. 12-16; 12. 1-9. *appearance. Gr.* the face. Ga. 6. 12-14.

13 *we be beside.* ch. 11. 1, 16, 17; 12. 6, 11. See on Ac. 26. 24, 25. 1 Co. 4. 10-13. 1 Th. 2. 3-11. *it is to.* 2 Sa. 6. 21, 22. *sober.* Ac. 26. 25. Ro. 12. 3. *for.* ch. 7. 12. Col. 1. 24. 1 Th. 1. 5. 2 Ti. 2. 10.

14 *the love.* ch. 8. 8, 9. Ca. 1. 4; 8. 6, 7. Mat. 10. 37, 38. Lu. 7. 42-47. Jno. 14. 21-23; 21. 15-17. 1 Co. 16. 22. Ep. 3. 18, 19; 6. 24. He. 6. 10. 1 Pe. 1. 8. *constraineth.* Job 32. 18. Lu. 24. 29. Ac. 4. 19, 20. *because.* Ro. 2. 2. 1 Co. 2. 14. *one.* Is. 53. 6. Mat. 20. 28. Jno. 1. 29; 11. 50-52. 1 Ti. 2. 6. He. 2. 9. 1 Jno. 2. 1, 2. *then.* ch. 3. 7, 9. Lu. 15. 24, 32. Jno. 5. 25; 11. 25. Ro. 5. 15; 14. 7-9. Ep. 2. 1-5. Col. 2. 13. 1 Ti. 5. 6. Tit. 3. 3. 1 Jno. 5. 19.

15 *that they.* ch. 3. 6. Eze. 16. 6; 37. 9, 14. Hab. 2. 4. Zec. 10. 9. Jno. 3. 15, 16; 5. 24; 6. 57. Ro. 6. 2, 11, 12; 8. 2, 6, 10; 14. 7, 8. 1 Co. 6. 19, 20. Ga. 2. 20; 5. 25. Ep. 5. 14. Col. 2. 12; 3. 1. 1 Pe. 4. 6. 1 Jno. 4. 9. *henceforth.* ver. 16. 2 Ki. 5. 17. Ro. 6. 6. Ep. 4. 17. 1 Pe. 1. 14, 15; 4. 2-4. *live unto.* Lu. 1. 74. Ro. 6. 13; 12. 1; 14. 7-9. 1 Co. 6. 20; 10. 33. Ga. 2. 19. Phi. 1. 20, 21. Col. 3. 17, 23. 1 Th. 5. 10. Tit. 2. 14. He. 13. 20, 21. Re. 1. 18.

16 *know we no.* De. 33. 9. 1 Sa. 2. 29. Mat. 10. 37; 12. 48-50. Mar. 3. 31-35. Jno. 2. 4; 15. 14. Ga. 2. 5, 6; 5. 6. Phi. 3. 7, 8. Col. 3. 11. 1 Ti. 5. 21, 22. Ja. 2. 1-4; 3. 17. *yet.* Jno. 6. 63.

17 *be.* ver. 19, 21; 12. 2. Is. 45. 17, 24, 25. Jno. 14. 20; 15. 2, 5; 17. 23. Ro. 8. 1, 9; 16. 7, 11. 1 Co. 1. 30. Ga. 3. 28; 5. 6. Ep. 1. 3, 4. Phi. 4. 21. *he is. or, let him be. a new.* Ps. 51. 10. Eze. 11. 19; 18. 31; 36. 26. Mat. 12. 33. Jno. 3. 3, 5. Ga. 6. 15. Ep. 2. 10. *old.* ver. 16. Is. 43. 18, 19; 65. 17, 18. Mat. 9. 16, 17; 24. 35. Ro. 6. 4-6; 7. 6; 8. 9, 10. 1 Co. 13. 11. Ep. 2. 15; 4. 22-24. Phi. 3. 7-9. Col. 3. 1-10. He. 8. 9-13. 2 Pe. 3. 10-13. Re. 21. 1-5.

18 *all.* Jno. 3. 16, 27. Ro. 11. 36. 1 Co. 1. 30; 8. 6; 12. 6. Col. 1. 16, 17. Ja. 1. 17. *who.* Le. 6. 30. Eze. 45. 15. Da. 9. 24. Ro. 5. 1, 10, 11. Gr. Ep. 2. 16. Col. 1. 20, 21. He. 2. 17. 1 Jno. 2. 2; 4. 10. *hath given.* ver. 19, 20. Is. 52. 7; 57. 19. Mar. 16. 15, 16. Lu. 10. 5; 24. 47. Ac. 10. 36; 13. 38, 39. Ep. 2. 17. Col. 1. 20.

19 *God.* Mat. 1. 23. Jno. 14. 10, 11, 20; 17. 23. 1 Ti. 3. 16. *reconciling.* Ro. 3. 24-26; 11. 15. 1 Jno. 2. 1, 2; 4. 10. *not.* Ps. 32. 1, 2. Is. 43. 25; 44. 22. Ro. 4. 6-8. *committed. or,* put in us. *the word.* ver. 18.

20 *ambassadors.* ch. 3. 6. Job 33. 23. Pr. 13. 17. Mal. 2. 7. Jno. 20. 21. Ac. 26. 17, 18. Ep. 6. 20. *as.* ver. 11. ch. 6. 1. 2 Ki. 17. 13. 2 Ch. 36. 15. Ne. 9. 29. Is. 55. 6, 7. Je. 44. 4. Eze. 18. 31, 32. *in.* Job 33. 6. Lu. 10. 16. 1 Co. 4. 4, 5. 1 Th. 4. 8. *be.* Job 22. 21. Pr. 1. 22, etc. Is. 27. 5. Je. 13. 16, 17; 38. 20. Lu. 14. 23.

21 *he.* Is. 53. 4-6, 9-12. Da. 9. 26. Zec. 13. 7. Ro. 8. 3. Ga. 3. 13. Ep. 5. 2. 1 Pe. 3. 18. 1 Jno. 2. 1, 2. *who.* Is. 53. 9. Lu. 1. 35. He. 7. 26. 1 Pe. 2. 22-24. 1 Jno. 3. 5. *we.* ver. 17. Is. 45. 24, 25; 53. 11. Je. 23. 6; 33. 16. Da. 9. 24. Ro. 1. 17; 3. 21-26; 5. 19; 8. 1-4; 10. 3, 4. 1 Co. 1. 30. Phi. 3. 9.

## CHAP. VI.

*That he has approved himself a faithful minister of Christ by his exhortations,* 1, 2, *and by integrity of life,* 3, *and by patient enduring all kinds of affliction and disgrace for the gospel,* 4-9. *Of which he speaks the more boldly amongst them because his heart is open to them,* 10-12, *and he expects the like affection from them again,* 13; *exhorting them to flee the society and pollutions of idolaters, as being themselves temples of the living God,* 14-18.

1 *workers.* ch. 5. 18-20. 1 Co. 3. 9. *beseech.* See on ch. 5. 20; 10. 1. Mat. 23. 37. Ro. 12. 1. Ga. 4. 11, 12. *ye.* Je. 8. 8. Ga. 3. 4. He. 12. 15, 25. *the.* ch. 8. 1, 2. Ac. 14. 3. Ga. 2. 21. Tit. 2. 11. 1 Pe. 4. 10.

2 *a time.* Is. 49. 8; 61. 2. Eze. 16. 8. Lu. 4. 19; 19. 42-44. He. 3. 7, 13; 4. 7.

3 ch. 1. 12; 8. 20. Mat. 17. 27; 18. 6. Ro. 14. 13. 1 Co. 8. 9-13; 9. 12, 22; 10. 23, 24, 32, 33.

4 *in all.* ch. 2. 17; 7. 11. Ac. 2. 22. Ro. 14. 18; 16. 10. 1 Co. 19. 11. 1 Th. 2. 3-11. 1 Ti. 2. 15. *approving. Gr.* commending. ch. 4. 2. Ro. 5. 8. *as.* ch. 3. 6; 11. 23. Is. 61. 6. Joel 1. 9; 2. 17. 1 Co. 3. 5; 4. 1. 1 Th. 3. 2. 1 Ti. 4. 6. *in much.* ch. 12. 12. Lu. 21. 19. Ro. 5. 3, 4. Col. 1. 11. 1 Th. 5. 14. 1 Ti. 6. 11. 2 Ti. 3. 10. He. 12. 1. Ja. 5. 7-10. Re. 1. 9; 3. 10. *afflictions.* ch. 4. 17. Ac. 20. 23, 24. Col. 1. 24. 1 Th. 3. 3. 2 Ti. 1. 8; 3. 11, 12; 4. 5. *necessities.* ch. 11. 9, 27; 12. 10. Ac. 20. 34. 1 Co. 4. 11, 12. Phi. 4. 11, 12. *distresses.* ch. 4. 8. Ro. 8. 35, 36. 1 Th. 3. 7.

5 *stripes.* ch. 11. 23-25. De. 25. 3. Is. 53. 5. Ac. 16. 23. *imprisonments.* 1 Ki. 22. 27. 2 Ch. 16. 10. Je. 33. 1; 37. 15, 16; 38. 6. Mat. 14. 3, 10. Ac. 5. 18; 12. 4, 5; 16. 24; 22. 24; 23. 35; 24. 27; 26. 10, 29; 28. 16, 17, 30. Ep. 3. 1. Phi. 1. 13. 2 Ti. 1. 8; 2. 9. He. 11. 36; 13. 23. Re. 2. 10. *in tumults. or,* in tossings to and fro. ch. 1. 8-10. Ac. 14. 19; 17. 5; 18. 12-17; 19. 23-34; 21. 27-35; 22. 23; 23. 10. *labours.* ch. 11. 23. 1 Co. 15. 10. 1 Th. 2. 9. 1 Ti 4. 10. *watchings.* ch. 11. 27. Eze. 3. 17. Mar. 13. 34-37. Ac. 20. 31. 2 Ti. 4. 5. He. 13. 17. *fastings.* Mat. 9. 15. Ac. 13. 3; 14. 23. 1 Co. 7. 5.

6 *pureness.* ch. 7. 2. 1 Th. 2. 10. 1 Ti. 4-12; 5. 2. Tit. 2. 7. *knowledge.* ch. 4. 6; 11. 6. 1 Co. 2. 1, 2, 16. Ep. 3. 4. Col. 1. 9, 10, 27; 2. 3. *long suffering.* 1 Co. 13. 4. Ga. 5. 22. Ep. 4. 2, 32. Col. 1. 11; 3. 12. 2 Ti. 3. 10; 4. 2. *by the.* ch. 3. 3; 11. 4. Ro. 15. 19. 1 Co. 2. 4. Ga. 3. 2, 5. 1 Th. 1. 5, 6. 1 Pe. 1. 12. *love.* ch. 2. 4; 11. 11.; 12. 15. Ju. 16. 15. Eze. 33. 31. Ro. 12. 9. 1 Pe. 1. 22. 1 Jno. 3. 18.

7 *the word.* ch. 1. 18-20; 4. 2; 7. 14. Ps. 119. 43. Ep. 1. 13; 4. 21. Col. 1. 5. 2 Ti. 2. 15. Ja. 1. 18. *the power.* ch. 10. 4, 5; 13. 4. Mar. 16. 20. Ac. 11. 21. 1 Co. 1. 24; 2. 4, 5. Ep. 1. 19, 20; 3. 20. He. 2. 4. *the armour.* Is. 11. 5; 59. 17. Ro. 13. 12, 13. Ep. 6. 11, 13, 14, etc. 1 Th. 5. 8. 2 Ti. 4. 7. *on the right.* Ex. 14. 22. Pr. 3. 16.

8 *honour.* Ac. 4. 21; 5. 13, 40, 41; 14. 11-20; 16. 20-22, 39; 28. 4-10. 1 Co. 4. 10-13. *evil.* Mat. 5. 11, 12; 10. 25. Ac. 6. 3; 10. 22; 22. 12; 24. 5; 28. 22. Ro. 3. 8. 1 Ti. 3. 7; 4. 10. He. 13. 13. 1 Pe. 4. 14. 3 Jno. 12. Re. 3. 9. *as.* Mat. 27. 63. Jno. 7. 12, 17. *true.* Mat. 22. 16. Mar. 12. 14. Jno. 7. 18.

9 *unknown.* Ac. 17. 18; 21. 37, 38; 25. 14, 15, 19, 26. 1 Co. 4. 9. *well.* ch. 4. 2; 5. 11; 11. 6. Ac. 19. 26. Ro. 15. 19. Ga. 1. 22-24. *behold.* ch. 1. 8-10; 4. 10, 11. Ro. 8. 36. 1 Co. 4. 9; 15. 31. *as chastened.* Ps. 118. 17, 18. 1 Co. 11. 32.

10 *sorrowful.* ch. 2. 4; 7. 3-10. Mat. 5. 4, 12. Lu. 6. 21. Jno. 16. 22. Ac. 5. 41; 16 25. Ro. 5. 2, 3; 9. 2; 12. 15; 15. 13. Phi. 4. 4. 1 Th. 3. 7-10; 5. 16. He. 10. 34. Ja. 1. 2-4. 1 Pe. 1. 6-8; 4. 13. *poor.* See on ver. 4. *making.* ch. 4. 7; 8. 9. Ro. 11. 12. Ep. 3. 8, 16. Col. 3. 16. 1 Ti. 6. 18. Ja. 2. 5. Re. 2. 9. *and.* ch. 4. 15. Ps. 84. 11. Pr. 16. 16. Mat. 6. 19, 20. Lu. 16. 11, 12. 1 Co. 3. 21-23. 1 Ti. 4. 8. Re. 21. 7.

11 *ye.* Ga. 3. 1. Phi. 4. 15. *our mouth.* ch. 7. 3, 4. 1 Sa. 2. 1. Job 32. 20; 33. 2, 3. Ps. 51. 15. *our heart.* ch. 2. 4; 12. 15. Ps. 119. 32. Hab. 2. 5. Ep. 6. 8. Phi. 1. 8. Re. 22. 12.

12 *are not.* Ec. 6. 9, marg. Job 36. 16. Pr. 4. 12. Mi. 2. 7. *in your.* Phi. 1. 8. 1 Jno. 3. 17.

13 *I speak.* 1 Co. 4. 14, 15. Ga. 4. 19. 1 Th. 2. 11. He. 12. 5, 6. 1 Jno. 2. 1, 12-14; 3. 7, 18. 3 Jno. 4. *be.* 2 Ki. 13. 14-19. Ps. 81. 10. Mat. 9. 28, 29; 17. 19-21. Mar. 6. 4-6; 11. 24. Ja. 1. 6, 7. 1 Jno. 5. 14, 15.

14 *unequally.* Ex. 34. 16. Le. 19. 19. De. 7. 2, 3; 22. 9-11. Ezr. 9. 1, 2, 11, 12; 10. 19. Ne. 13. 1-3, 23-26. Ps. 106. 35. Pr. 22. 24. Mal. 2. 11, 15. 1 Co. 5. 9; 7. 39; 15. 33. Ja. 4. 4. *for.* 1 Sa. 5. 2, 3. 1 Ki. 18. 21. 2 Ch. 19. 2. Ps. 16. 3; 26. 4, 5, 9, 10; 44. 20, 21; 101. 3-5; 119. 63; 139. 21, 22. Pr. 29. 27. Jno. 7. 7; 15. 18, 19. Ac. 4. 23. 1 Co. 10. 21. Ep. 5. 6-11. 1 Jno. 3. 12-14. *and what.* Pr. 8. 18, 19. Ro. 13. 12-14. Ep. 4. 17-20; 5. 8-14. Phi. 2. 15. 1 Th. 5. 4-8. 1 Pe. 2. 9, 10; 4. 2-4. 1 Jno. 1. 5-7.

15 *what concord.* 1 Sa. 5. 2-4. 1 Ki. 18. 21. 1 Co. 10. 20, 21. *or.* Ezr. 4. 3. Mar. 16. 16. Ac. 8. 20. 1 Jno. 5. 11-13. *an.* 1 Ti. 5. 8.

16 *what.* Ex. 20. 3; 23. 13; 34. 14. De. 4. 23, 24; 5. 7; 6. 14, 15. Jos. 24. 14-24. 1 Sa. 7. 3, 4. 1 Ki. 18. 21. 2 Ki. 17. 33, 34; 21. 4, 5; 23. 5-7. 2 Ch. 33. 4, 5; Eze. 36. 25. Ho. 14. 8. Zep. 1. 5. Mat. 6. 24. 1 Jno. 5. 20, 21. *ye are.* 1 Co. 3. 16, 17; 6. 19. Ep. 2. 20. He. 3. 6. 1 Pe. 2. 5. *I will dwell.* Ex. 29. 45. Le. 26. 12. Ps. 90. 1. Eze. 43. 7, 9. Zec. 2. 10, 11. Jno. 6. 56. Ro. 8. 9, 11. Ep. 3. 17. 2 Ti. 1. 14. 1 Jno. 4. 12, 15. Re. 21. 3. *I will be.* Ge. 17. 7, 8. Je. 24. 7; 31. 33; 32. 38. Eze. 11. 20; 36. 28; 37. 26, 27. Ho. 2. 23. Zec. 8. 8; 13. 9. Ro. 9. 26. He. 8. 10. Re. 21. 7

17 *come.* ch. 7. 1. Nu. 16. 21, 26, 45. Ezr. 6. 21; 10. 11. Ps. 1. 1-3. Pr. 9. 6. Is. 52. 11. Je. 51. 6. Ac. 2. 40. Re. 18. 4. *and I.* Jno. 6. 37, 38. Ro. 15. 7.

18 *a Father.* Ps. 22. 30. Je. 3. 19; 31. 1, 9. Ho. 1. 9, 10. Jno. 1. 12. Ro. 8. 14-17, 29. Ga. 3. 26; 4. 5-7. Ep. 1. 5. 1 Jno. 3. 1, 2. Re. 21. 7. *the Lord.* Ge. 17. 1; 48. 3. Re. 1. 8; 21. 22.

## CHAP. VII.

*He proceeds in exhorting them to purity of life,* 1; *and to bear him like affection as he does to them,* 2. *Whereof lest he might seem to doubt, he declares what comfort he took in his afflictions by the report which Titus gave of their godly sorrow, which his former epistle had wrought in them,* 3-12; *and of their loving-kindness and obedience toward Titus, answerable to his former boastings of them,* 13-16.

1 *therefore.* ch. 1. 20; 6. 17, 18. Ro. 5. 20, 21; 6. 1, etc. He. 4. 1. 2 Pe. 1. 4-8. *let.* Ps. 51. 10; 119. 9. Pr. 20. 9; 30. 12. Is. 1. 16. Je. 13. 27. Eze. 18. 30-32; 36. 25, 26. Mat. 5. 8; 12. 33; 23. 25, 26. Lu. 11. 39, 40. Tit. 2. 11-14. Ja. 4. 8. 1 Pe. 1. 22; 2. 11. 1 Jno. 1. 7, 9; 3. 3. *filthiness.* Is. 55. 7. Je. 4. 14. 1 Co. 6. 20. Ep. 2. 3. 1 Th. 5. 23. *perfecting.* Mat. 5. 48. Ep. 4. 12, 13. Phi. 3. 12-15. 1 Th. 3. 13; 4. 7. He. 12. 23. 1 Pe. 5. 10. *in.* 2 Ch. 19. 9. Ps. 19. 9. Pr. 8. 13; 16. 6. Ac. 9. 31. He. 12. 28.

2 *Receive.* ch. 11. 16. Mat. 10. 14, 40. Lu. 10. 8. Phi. 2. 29. Col. 4. 10. Phile. 12, 17. 2 Jno. 10. 3 Jno. 8-10. *we have wronged.* ch. 1. 12; 4. 2; 6. 3-7; 11. 9; 12. 14-18. Nu. 16. 15. 1 Sa. 12. 3, 4. Ac. 20. 33. Ro. 16. 18. 1 Th. 2. 3-6, 10. 2 Th. 3. 7-9.

3 *to condemn.* ver. 12; ch. 2. 4, 5; 13. 10. 1 Co. 4. 14, 15. *for.* ch. 6. 11, 12. *ye.* ch. 3. 2; 11. 11; 12. 15. Phi. 1. 8, 9. *to die.* Ru. 1. 16, 17. 1 Th. 2. 8.

4 *my boldness.* ch. 3. 12; 6. 11; 10. 1, 2; 11. 21. Ep. 6. 19, 20. Phi. 1. 20. 1 Th. 2. 2. *great.* ch. 1. 14; 9. 2-4. 1 Co. 1. 4. 1 Th. 2. 19. *I am filled.* ver. 6, 7; ch. 1. 4; 2. 14; 6. 10. Ac. 5. 41. Ro. 5. 3. Phi. 2. 17. Col. 1. 24. 1 Th. 3. 7-9. Ja. 1. 2.

5 *when.* ch. 1. 16, 17; 2. 13. Ac. 20. 1. 1 Co. 16. 5. *our.* ch. 4. 8-12; 11. 23-30. Ge. 8. 9. Is. 33. 12. Je. 8. 18; 45. 3. Mat. 11. 28-30. *troubled.* ch. 4. 8. Job 18. 11. Je. 6. 25; 20. 10. *without.* De. 32. 25. 1 Co. 15. 31. *fears.* ch. 2. 3, 9; 11. 29; 12. 20, 21. Ga. 4. 11, 19, 20. 1 Th. 3. 5.

6 *that comforteth.* ch. 1. 3, 4; 2. 14. Is. 12. 1; 51. 12; 57. 15, 18; 61. 1, 2. Je. 31. 13. Mat. 5. 4. Jno. 14. 16. Ro. 15. 5. Phi. 2. 1. 2 Th. 2. 16, 17. *comforted.* ch. 2. 13. 1 Co. 16. 17, 18. 1 Th. 3. 2, 6, 7. 3 Jno. 2-4.

7 *but.* Ac. 11. 23. Ro. 1. 12. Col. 2. 5. 1 Th. 3. 8. 2 Jno. 4. *when.* ver. 11; ch. 2. 9. Ps. 141. 5. Pr. 9. 8, 9. *earnest.* ch. 5. 2; 8. 16. Lu. 22. 44. Phi. 1. 20. He. 2. 1. Ja. 5. 17. Jude 3. *mourning.* ver. 10. Ju. 2. 4, 5. Ps. 6. 1-6; 30. 5; 31. 9-11; 38. 18; 51. 1; 126. 5, 6. Je. 31. 18-20. Mat. 5. 4; 26. 75. Ja. 4. 9, 10. *fervent.* ch. 1. 14; 2. 3, 4. 1 Th. 3. 6.

8 *though I made.* ver. 6, 11; ch. 2. 2-11. La. 3. 32. Mat. 26. 21, 22. Lu. 22. 61, 62. Jno. 16. 6; 21. 17. He. 12. 9-11. Re. 3. 19. *though I did.* Ex. 5. 22, 23. Je. 20. 7-9.

9 *I rejoice.* See on ver. 6, 7, 10. Ec. 7. 3. Je. 31. 18-20. Zec. 12. 10. Lu. 15. 7, 10, 17-24, 32. Ac. 20. 21. *after a godly manner. or,* according to God. ver. 10, 11; ch. 1. 12. Gr. *that ye.* ch. 2. 16; 10. 8-10; 13. 8-10. Is. 6. 9-11.

10 *repentance.* ch. 12. 21. 2 Sa. 12. 13. 1 Ki. 8. 47-50. Job 33. 27, 28. Je. 31. 9. Eze. 7. 16; 18. 27-30. Jon. 3. 8, 10. Mat. 21. 28-32; 26. 75. Lu. 15. 10; 18. 13. Ac. 3. 19; 11. 18. 2 Ti. 2. 25, 26. *the sorrow.* The sorrow of carnal men about worldly objects, loss of fortune, fame, or friends; which, being separated from the fear and love of God, and faith in his providence and mercy, frequently drinks up their spirits, breaks their proud, rebellious hearts, or drives them to lay desperate hands on themselves. Ge. 4. 13-15; 30. 1. 1 Sa. 30. 6. 2 Sa. 13. 4; 17. 23. 1 Ki. 21. 4. Pr. 15. 13, 15; 17. 22; 18. 14. Jon. 4. 9. Mat. 27. 4, 5. He. 12. 17.

11 *that.* ver. 9. Is. 66. 2. Zec. 12. 10-14. 1 Co. 5. 2. *carefulness.* See on ver. 7. 1 Co. 12. 25. Tit. 3. 8, 18. *clearing.* Ge. 44. 6, 7. 1 Co. 5. 13. Ep. 5. 11. 1 Ti. 5. 21, 22. *indignation.* 2 Sa. 12. 5-7. Ne. 5. 6, etc.; 13. 25. Job 42. 6. Je. 31. 18-20. Da. 6. 14. Mar. 3. 5. Ep. 4. 26. *fear.* ver. 1. Ps. 2. 11. Pr. 14. 16; 28. 14. Ro. 11. 20. Phi. 2. 12. He. 4. 1; 12. 15, 16. 1 Pe. 1. 17. Jude 23. *vehement.* Ps. 38. 9; 42. 1; 130. 6; 145. 19. Ca. 8. 6. Is. 26. 8. 1 Pe. 2. 2. *zeal.* ch. 9. 2. Ps. 69. 9; 119. 139. Jno. 2. 17. Ac. 17. 16. *revenge.* Ps. 35. 13. Mat. 5. 29, 30. Mar. 9. 43-48. Re. 3. 19. *approved.* ch. 6. 4; 13. 7. Ro. 14. 18. 2 Ti. 2. 15.

12 *I did.* ch. 2. 9. 1 Co. 5. 1. *that our.* ch. 2. 4, 17; 11. 11, 28. 1 Ti. 3. 5.

13 *we were.* ch. 2. 3. Ro. 12. 15. 1 Co. 12. 26; 13. 5-7. Phi. 2. 28. 1 Pe. 3. 8. *because.* ver. 15. Ro. 15. 32. 1 Co. 16. 18. 2 Ti. 1. 16. Phile. 20.

14 *if.* ver. 4; ch. 8. 24; 9. 2-4. *we.* ch. 1. 18-20.

15 *inward affection is. Gr.* bowels are. ch. 6. 12. Ge. 43. 30. 1 Ki. 3. 26. Ca. 5. 4. Phi. 1. 8. Col. 3. 12. 1 Jno. 3. 17. *the obedience.* ch. 2. 9; 10. 5, 6. Phi. 2. 12. 2 Th. 3. 14. *with.* See on ver. 10, 11. Ezr. 9. 4; 10. 9. Job 21. 6. Ps. 2. 11; 119. 120. Is. 66. 2. Ho. 13. 1. Ac. 16. 29. Ep. 6. 5. Phi. 2. 12.

13 *that.* 2 Th. 3. 4. Phile. 8. 21.

## CHAP. VIII.

*He stirs them up to a liberal contribution for the poor saints at Jerusalem, by the example of the Macedonians,* 1-6; *by commendation of their former forwardness,* 7, 8; *by the example of Christ,* 9-13; *and by the spiritual profit that shall redound to themselves thereby,* 14, 15; *commending to them the integrity and willingness of Titus, and those other brethren, who upon his request, exhortation, and commendation, were purposely come to them for this business,* 16-24.

1 *we.* ver. 19. *the grace.* ver. 2-7; ch. 9. 12. Ac. 11. 23. 1 Co. 15. 10. Ep. 3. 8. Col. 1. 29. *churches.* ch. 9. 2, 4; 11. 9. Ac. 16. 9. Ro. 15. 26. 1 Th. 1. 7, 8; 4. 10.

2 *in.* 1 Th. 1. 6; 2. 14; 3. 3, 4. *the abundance.* Ne. 8. 10-12. Ac. 2. 45, 46. *their deep.* Mar. 12. 42-44. Lu. 21. 1-4. Ja. 2. 5. Re. 2. 9. *the riches.* ch. 6. 10; 9. 11, 13. De. 15. 4. Pr. 11. 25. Is. 32. 5-8. *liberality. Gr.* simplicity. ch. 1. 12. Ro. 12. 8.

3 *to.* ch. 9. 6, 7. Mar. 14. 8. Ac. 11. 29. 1 Co. 16. 2. 1 Pe. 4. 11. *I bear.* Ro. 10. 2. Ga. 4. 15. Col. 4. 13. *beyond.* ver. 12, 16, 17. Ex. 35. 5, 21, 22, 29. 1 Ch. 29. 5, 6, 9, 13-17. Ps. 110. 3. 1 Co. 9. 17. Phi. 2. 13. 1 Th. 2. 8. Phile. 14. 1 Pe. 5. 2.

4 *that.* ver. 18, 19. Ge. 33. 10, 11. 2 Ki. 5. 15, 16. Ac. 16. 15. 1 Co. 16. 3, 4. *the ministering.* ch. 9. 1, 12-14. Mat. 10. 42; 12. 50; 25. 40, 44, 45. Mar. 14. 7. Jno. 19. 26, 27. Ac. 6. 1, etc.; 9. 39-41; 11. 29; 24. 17. Ro. 15. 25, 26. 1 Co. 16. 1, 3, 4, 15. Ga. 2. 10; 6. 10. 1 Ti. 5. 10. Phile. 5, 6. He. 6. 10. 1 Jno. 3. 16-18.

5 *first.* ch. 5. 14, 15. 1 Sa. 1. 28. 2 Ch. 30. 8. Is. 44. 3-5. Je. 31. 33. Zec. 13. 9. Ro. 6. 13; 12. 1; 14. 7-9. 1 Co. 6. 19, 20. *unto.* ch. 4. 5. 1 Ch. 12. 18. 2 Ch. 30. 12.

6 *we.* ver. 16, 17; ch. 12. 18. *grace. or,* gift. ver. 4, 19. marg.; ch. 9. 5. Phi. 4. 18. 1 Pe. 4. 10.

7 *as.* Ro. 15. 14. 1 Co. 1. 5; 4. 7; 12. 13; 14. 12. Re. 3. 17. *faith.* 1 Co. 13. 2. *knowledge.* 1 Co. 8. 1, 2; 13. 8. *in your.* ch. 7. 7. *see.* ch. 9. 8. Phi. 1. 9, 11. 1 Th. 4. 9, 10. 2 Th. 1. 3. 1 Pe. 1. 22. 2 Pe. 1. 5-8. *this.* ver. 6; ch. 9. 14. Ep. 4. 29. 2 Ti. 2. 1. He. 12. 28. 2 Pe. 3. 18.

8 *speak.* ver. 10; ch. 9. 7. 1 Co. 7. 6, 12, 25. *by occasion.* ver. 1-3; 9. 2. Ro. 11. 12-14. He. 10. 24. *prove.* ver. 24; ch. 6. 6. Jos. 24. 14. Eze. 33. 31. Ro. 12. 9. Ep. 4. 15, marg.; 6. 24. Ja. 2. 14-16. 1 Pe. 1. 22. 1 Jno. 3. 17-19.

9 *the grace.* ch. 13. 14. Jno. 1. 14, 17. Ro. 5. 8, 20, 21. 1 Co. 1. 4. Ep. 1. 6-8; 2. 7; 3. 8, 19. *though.* Ps. 102. 25-27. Jno. 1. 1-4, 10; 16. 15. 1 Co. 15. 47. Phi. 2. 6. Col. 1. 16, 17. He. 1. 2, 6-14. *for.* Is. 62. 1; 65. 8. Jno. 12. 30; 17. 19. Col. 1. 24. *he became.* Is. 53. 2. Mat. 8. 20; 17. 27; 20. 28. Mar. 6. 3. Lu. 2. 7; 8. 3; 9. 58. Phi. 2. 6-8. *that ye.* ch. 6. 10. Lu. 16. 11. Ro. 8. 32; 11. 12. 1 Co. 3. 21, 22. Ep. 3. 8. 1 Ti. 6. 18. Ja. 2. 5. Re. 3. 18; 21. 7.

10 *I give.* 1 Co. 7. 25, 40. *expedient.* ch. 12. 1. Pr. 19. 17. Mat. 10. 42. Jno. 11. 50; 16. 7; 18. 14. 1 Co. 6. 12; 10. 23. Phi. 4. 17. 1 Ti. 6. 18, 19. He. 13. 16. Ja. 2. 15, 16. *to be.* ver. 8; ch. 9. 2. *forward. Gr.* willing. See on ver. 3.

12 *if.* ch. 9. 7. Ex. 25. 2; 35. 5, 21, 22, 29. 1 Ch. 29. 3-18. 2 Ch. 6. 8. Pr. 19. 22. Mar. 12. 42-44; 14. 7, 8. Lu. 7. 44-46; 12. 47, 48; 16. 10; 21. 1-4. 1 Pe. 4. 10.

13 *not.* Ac. 4. 34. Ro. 15. 26, 27.

15 Ex. 16. 18. Lu. 22. 35.

16 *thanks.* Ezr. 7. 27. Ne. 2. 12. Je. 31. 31; 32. 40. Col. 3. 17. Re. 17. 17. *earnest.* ch. 7. 7, 12. Phi. 2. 20.

17 *accepted.* ver. 6. He. 13. 22. *but.* See on ver. 8, 10.

18 *the brother.* This is generally supposed to have been St. Luke, 'whose praise was in all the churches,' on account of the gospel which he had written, and for many zealous services in its cause. ver. 19, 22, 23; ch. 12. 18. *throughout.* Ro. 16. 4.

19 *but.* ver. 1-4. Ac. 6. 3-6; 15. 22, 25. 1 Co. 16. 3, 4. *grace. or,* gift. See on ver. 4, 6, 7; ch. 9. 8. *to the.* ver. 1, 2; ch. 4. 15; 9. 12-14. Phi. 4. 18, 19. 1 Pe. 4. 10, 11.

20 *that.* ch. 11. 12. Mat. 10. 16. Ro. 14. 16. 1 Co. 16. 3. Ep. 5. 15. 1 Th. 5. 22.

21 *for.* Ro. 12. 17. Phi. 4. 8. 1 Ti. 5. 14. Tit. 2. 5-8. 1 Pe. 2. 12. *not.* ch. 2. 17; 5. 9-11. Mat. 5. 16; 6. 1, 4; 23. 5. 1 Th. 5. 22.

22 *whom.* Phi. 2. 20-22. *I have. or,* he hath.

23 *Titus.* ver. 6, 16; 7. 6; 12. 18. *is my.* Lu. 5. 7, 10. Phile. 17. *and fellow-helper.* Phi. 2. 25; 4. 3. Col. 1. 7. 1 Th. 2. 2. Phile. 1. 24. 3 Jno. 8. *the messengers.* ver. 19. Phi. 2. 25. Gr.

24 ver. 8; ch. 7. 14; 9. 2-4.

## CHAP. IX.

*He yields the reason why, though he knew their forwardness, yet he sent Titus and his brethren beforehand,* 1-5. *And he proceeds in stirring them up to a bountiful alms, as being but a kind of sowing of seed,* 6-9, *which shall return a great increase to them,* 10-12, *and occasion a great sacrifice of thanksgivings unto God,* 13-15.

1 *touching.* Ge. 27. 42. 1 Sa. 20. 23. 2 Ki. 22. 18. Job 37. 23. Ps. 45. 1. Mat. 22. 31. Ro. 11. 28. Phi. 3. 5, 6. *the ministering.* ver. 12-14. See on ch. 8. 4, etc. Ga. 2. 10; 6. 10. *it is.* 1 Th. 4. 9, 10; 5. 1. 1 Jno. 2. 27.

2 *the forwardness.* ch. 8. 8, 10, 19. 1 Th. 1. 7. *I boast.* ch. 8. 24. *that.* ch. 1. 1; 8. 10. 1 Co. 16. 15. *provoked.* ch. 8. 8. He. 10. 24.

3 *have.* ver. 4; ch. 7. 14; 8. 6, 17-24. *ye may.* ver. 5. 1 Co. 16. 1, etc. Tit. 3. 1.

4 *they.* ver. 2; ch. 8. 1-5. *be ashamed.* ch. 8. 24; 11. 17.

5 *and make.* ch. 8. 6. 1 Co. 16. 2. *bounty. Gr.* blessing. Ge. 33. 11. 1 Sa. 25. 27; 30. 26, marg. 2 Ki. 5. 15. *whereof ye had notice before. or,* which hath been so much spoken of before.

6 *I say.* 1 Co. 1. 12; 7. 29; 15. 20. Ga. 3. 17; 5. 16. Ep. 4. 17. Col. 2. 4. *He which soweth sparingly.* ver. 10. Ps. 41. 1-3. Pr. 11. 18, 24; 19. 17; 22. 9. Ec. 11. 1, 6. Lu. 6. 38; 19. 16-26. Ga. 6. 7-9. He. 6. 10.

7 *not.* De. 15. 7-11, 14. Pr. 23. 6-8. Is. 32. 5, 8. Ja. 5. 9. 1 Pe. 4. 9. *God.* ch. 8. 12. Ex. 25. 2; 35. 5. 1 Ch. 29. 17. Pr. 11. 25; 22. 9. Ac. 20. 35. Ro. 12. 8.

8 *God.* 2 Ch. 25. 9. Ps. 84. 11. Pr. 3. 9; 10. 22; 11. 24; 28. 27. Hag. 2. 8. Mal. 3. 10. Phi. 4. 18. *all grace.* ch. 8. 19. 1 Pe. 4. 10. *always.* ver. 11. 1 Ch. 29. 12-14. *may.* ch. 8. 2, 7. Ac. 9. 36. 1 Co. 15. 58. Ep. 2. 10. Col. 1. 10. 2 Th. 2. 17. 2 Ti. 3. 17. Tit. 2. 14; 3. 8, 14.

9 *He hath dispersed.* See on Ps. 112. 9. *his.* Ps. 112. 3. Pr. 8. 18; 21. 21. Is. 51. 8. 1 Co. 13. 13. Ga. 5. 5, 6.

10 *he.* Ge. 1. 11, 12; 47. 19, 23, 24. Is. 55. 10. *multiply.* ver. 6. Pr. 11. 18. Ec. 11. 6. Phi. 4. 17. *increase.* Ho. 10. 12. Mat. 6. 1. Ep. 5. 9. Phi. 1. 11. 1 Th. 3. 12; 4. 10.

11 *enriched.* ch. 8. 2, 3. 1 Ch. 29. 12-14. 2 Ch. 31. 10. Pr. 3. 9, 10. Mal. 3. 10, 11. 1 Ti. 6. 17, 18. *bountifulness. or,* liberality. *Gr.* simplicity. ch. 8. 2. Gr. Ro. 12. 8. *which.* ver. 12; ch. 1. 11; 4. 15; 8. 16, 19.

12 *the administration.* See on ver. 1; ch. 8. 4. *only.* ch. 8. 14, 15. Phi. 2. 25; 4. 18, 19. Phile. 4-7. Ja. 2. 14-16. 1 Jno. 3. 17.

13 *they.* Ps. 50. 23. Mat. 5. 16. Jno. 15. 8. Ac. 4. 21; 11. 18; 21. 19, 20. Ga. 1. 24. 1 Pe. 2. 9; 4. 11. *professed.* ch. 10. 5. Lu. 6. 46. Ro. 10. 16; 16. 26. He. 5. 9. *and for.* He. 13. 16.

14 *by.* ch. 1. 11. Ezr. 6. 8-10. Ps. 41. 1, 2. Pr. 11. 26. Lu. 16. 9. Phi. 4. 18, 19. 2 Ti. 1. 16-18. *long.* 2 Sa. 13. 39. Ro. 1. 11. Phi. 1. 8; 2. 26; 4. 1. *the exceeding.* ch. 8. 1, 6, 7. 1 Co. 1. 4, 5. 1 Ti. 1. 14.

15 *Thanks.* ver. 11; ch. 2. 14. 1 Ch. 16. 8, 35. Ps. 30. 4, 12; 92. 1. Lu. 2. 14, 38. 1 Co. 15. 57. Ep. 5. 20. Ja. 1. 17. Re. 4. 9. *his.* Is. 9. 6; 49. 6. Jno. 1. 16; 3. 16. Ro. 8. 23; 8. 32. 1 Jno. 4. 9, 10; 5. 11, 12.

## CHAP. X.

*Against the false apostles, who disgraced the weakness of his person and bodily presence, he shews the spiritual might and authority with which he was armed against all adverse powers,* 1-6; *assuring them that at his coming he will be found as mighty in word as he is now in writing, being absent,* 7-11; *and withal taxing them for reaching out themselves beyond their compass, and vaunting themselves of other men's labours,* 12-18.

1 *I Paul.* 1 Co. 16. 21, 22. Ga. 5. 2. 2 Th. 3. 17. Phile. 9. Re. 1. 9. *beseech.* ver. 2; ch. 5. 20; 6. 1. Ro. 12. 1. Ep. 4. 1. 1 Pe. 2. 11. *by.* Ps. 45. 4. Is. 42. 3, 4. Zec. 9. 9. Mat. 11. 29; 12. 19, 20; 21. 5. Ac. 8. 32. 1 Pe. 2. 22, 23. *presence. or,* outward appearance. ver. 7, 10. *base.* Rather, *lowly,* or *humble,* ταπεινος, which some think refers to his lowness of stature. ver. 10; ch. 11. 30; 12. 5, 7-9; 13. 4. 1 Co. 2. 3; 4. 10. Ga. 4. 13. *bold.* ch. 3. 12, marg.; 7. 4; 11. 21; 13. 2, 3. Ro. 10. 20; 15. 15.

2 *that I.* ch. 12. 20; 13. 2, 10. 1 Co. 4. 19-21. *think. or,* reckon. *we walked.* ch. 11. 9-13; 12. 13-19. Ro. 8. 1, 5. Ga. 5. 16-25. Ep. 2. 2, 3.

3 *walk.* Ga. 2. 20. 1 Pe. 4. 1, 2. *we do.* ver. 4. Ro. 8. 13. 1 Ti. 1. 18. 2 Ti. 2. 3, 4; 4. 7. He. 12. 1.

4 *the weapons.* ch. 6. 7. Ro. 6. 13, marg.; 13. 12. Ep. 6. 13-18. 1 Th. 5. 8. *our.* 1 Ti. 1. 18. 2 Ti. 2. 3. *mighty.* ch. 3. 5; 4. 7; 13. 3, 4. Ju. 7. 13-23; 15. 14-16. 1 Sa. 17. 45-50. Ps. 110. 2. Is. 41. 14-16. Zec. 4. 6, 7. Ac. 7. 22. 1 Co. 1. 18-24; 2. 5; 2 Co. 13. 3, 4. He. 11. 32, 33. *through God. or,* to God. *to the.* Jos. 6. 20. Is. 30. 25. Je. 1. 10. He. 11. 30.

5 *down.* Lu. 1. 51. Ac. 4. 25, 26. Ro. 1. 21. 1 Co. 1. 19, 27-29; 3. 19. *imaginations. or,* reasonings. *and every.* Ex. 5. 2; 9. 16, 17. 2 Ki. 19. 22, 28. Ps. 18. 27. Job 40. 11, 12; 42. 6. Ps. 10. 4. Is. 2. 11, 12, 17; 60. 14. Eze. 17. 24. Da. 4. 37; 5. 23-30. Ac. 9. 4-6. Phi. 3. 4-9. 2 Th. 2. 4, 8. *bringing.* Mat. 11. 29, 30. Ro. 7. 23. *every thought.* Ge. 8. 21. De. 15. 9. Ps. 139. 2. Pr. 15. 26; 24. 9. Is. 55. 7; 59. 7. Je. 4. 14. Mat. 15. 19. He. 4. 12. *the obedience.* Ps. 18. 44; 110. 2, 3. Ro. 1. 5; 16. 26. He. 5. 9. 1 Pe. 1. 2, 14, 15, 22.

6 *in.* ch. 13. 2, 10. Nu. 16. 26-30. Ac. 5. 3-11; 13. 10, 11. 1 Co. 4. 21; 5. 3-5. 1 Ti. 1. 20. 3 Jno. 10. *when.* ch. 2. 9; 7. 15.

7 *ye look.* ver. 1, marg.; ch. 5. 12. 1 Sa. 16. 7. Mat. 23. 5. Lu. 16. 15. Jno. 7. 24. Ro. 2. 28, 29. *If.* 1 Co. 3. 23; 14. 37; 15. 23. Ga. 3. 29. *even.* ch. 5. 12; 11. 4, 18, 23; 12. 11; 13. 3. 1 Co. 9. 1. Ga. 1. 11-13; 2. 5-9. 1 Jno. 4. 6.

8 *though.* ch. 1. 24; 13. 2, 3, 8, 10. Ga. 1. 1. *I should not.* ch. 7. 14; 12. 6. 2 Ti. 1. 12.

9 *terrify.* ver. 10. 1 Co. 4. 5, 19-21.

10 *say they. Gr.* saith he. ver. 11. *but.* ver. 1; ch. 12. 5-9. 1 Co. 2. 3, 4. Ga. 4. 13, 14. *and his.* ch. 11. 6. Ex. 4. 10. Je. 1. 6. 1 Co. 1. 17, 21; 2. 1-4.

11 *such.* ch. 12. 20; 13. 2, 3, 10. 1 Co. 4. 19, 20.

12 *we dare not.* ch. 3. 1; 5. 12. Job 12. 2. Pr. 25. 27; 27. 2. Lu. 18. 11. Ro. 15. 18. *are not wise. or,* understand *it* not. Pr. 26. 12.

13 *we will not.* ver. 15. Pr. 25. 14. *according.* ver. 14. Mat. 25. 15. Ro. 12. 6; 15. 20. 1 Co. 12. 11. Ep. 4. 7. 1 Pe. 4. 10. *rule. or,* line. Ps. 19. 4. Is. 28. 17. Ro. 10. 18.

14 *we stretch not.* ch. 3. 1-3. Ro. 15. 18, 19. 1 Co. 2. 10; 3. 5, 10; 4. 15; 9. 1, 2. *the gospel.* ch. 4. 4. Mar. 1. 1. Ac. 20. 24. Ro. 1. 16; 2. 16; 16. 25. Ga. 1. 6-8. Col. 1. 5. 1 Ti. 1. 11.

15 *boasting.* ver. 13. Ro. 15. 20. *enlarged by you. or,* magnified in you.

16 *preach.* Ro. 15. 24-28. *line. or,* rule. ver. 13.

17 Ps. 105. 3; 106. 5. Is. 41. 16; 45. 25; 65. 16. Je. 4. 2; 9. 23, 24. Ro. 5. 11. Gr. 1 Co. 1. 29, 31. Ga. 6. 13, 14. Phi. 3. 3. Gr. Ja. 1. 9, 10. Gr.

18 *not.* ver. 12; ch. 3. 1; 5. 12. Pr. 21. 2; 27. 2. Lu. 16. 15; 18. 10-14. *approved.* ch. 6. 4; 13. 7. Ac. 2. 22. Ro. 14. 18; 16. 10. 1 Co. 11. 19. 2 Ti. 2. 15. *but.* Mat. 25. 20-23. Jno. 5. 42-44; 12. 43. Ro. 2. 29. 1 Co. 4. 5. 1 Pe. 1. 7.

## CHAP. XI.

*Out of his jealousy over the Corinthians, who seemed to make more account of the false apostles than of him, he enters into a forced commendation of himself,* 1-4, *of his equality with the chief apostles,* 5, 6, *of his preaching the gospel to them freely, and without any charge to them,* 7-12; *shewing that he was not inferior to those deceitful workers in any legal prerogative,* 13-22; *and in the service of Christ, and in all kinds of sufferings for his ministry, far superior,* 23-33.

1 *Would.* Nu. 11. 29. Jos. 7. 7. 2 Ki. 5. 3. Ac. 26. 29. 1 Co. 4. 8. *bear with me a.* ver. 4. Ac. 18. 14. He. 5. 2. *in.* ver. 16, 17, 19, 21; ch. 5. 13; 12. 11. 1 Co. 1. 21; 3. 18; 4. 10. *bear with me. or,* ye do bear with me.

2 *jealous.* Ga. 4. 11, 17-19. Phi. 1. 8. 1 Th. 2. 11. *I have.* Ge. 24. 2-5, 58-67. Ps. 45. 10, 11. Is. 54. 5; 62. 4, 5. Ho. 2. 19, 20. Jno. 3. 29. Ro. 7. 4. 1 Co. 4. 15. *I may.* Ep. 5. 27. Col. 1. 28. *a chaste.* Le. 21. 13-15. Eze. 44. 22.

3 *I fear.* ver. 29; ch. 12. 20, 21. Ps. 119. 53. Ga. 1. 6; 3. 1; 4. 11. Phi. 3. 18, 19. *as.* Ge. 3. 4, 13. Jno. 8. 44. 1 Ti. 2. 14. Re. 12. 9; 20. 2. *so.* ver. 13-15; ch. 2. 17; 4. 2. Mat. 24. 24. Ac. 20. 30, 31. Ga. 1. 6; 2. 4; 3. 1. Ep. 4. 14; 6. 24. Col. 2. 4, 8, 18. 2 Th. 2. 3-11. 1 Ti. 1. 3; 4. 1-4. 2 Ti. 3. 1-9, 13; 4. 3, 4. Tit. 1. 10. He. 13. 9. 2 Pe. 2. 1-14; 3. 3, 17. 1 Jno. 2. 18; 4. 1. Jude 4. Re. 12. 9. *the simplicity.* ch. 1. 12. Ro. 12. 8; 16. 18, 19.

4 *preacheth.* Ac. 4. 12. 1 Ti. 2. 5. *receive.* 1 Co. 12. 4-11. Ga. 3. 2. Ep. 4. 4, 5. *another gospel.* Ga. 1. 7, 8. *with him. or,* with me.

5 *I was not.* ch. 12. 11, 12. 1 Co. 15. 10. Ga. 2. 6-9.

6 *rude.* ch. 10. 10. 1 Co. 1. 17, 21; 2. 1-3, 13. *not.* Ep. 3. 4. 2 Pe. 3. 15, 16. *but we.* ch. 4. 2; 5. 11; 7. 2; 12. 12.

7 *in.* ch. 10. 1; 12. 13. Ac. 18. 1-3; 20. 34. 1 Co. 4. 10-12; 9. 6, 12, 14-18. 1 Th. 2. 9. 2 Th. 3. 8.

8 ver. 9. Phi. 4. 14-16.

9 *wanted.* ch. 6. 4; 9. 12. Phi. 2. 25; 4. 11-14. He. 11. 37. *I was.* ch. 12. 13. Ne. 5. 15. Ac. 18. 3; 20. 33. 1 Th. 2. 9. 2 Th. 3. 8, 9. *the brethren.* ch. 8. 1, 2. Phi. 4. 10, 15, 16. See on ver. 8. *burdensome.* ch. 12. 14-16. 1 Th. 2. 6.

10 *the truth.* ver. 31; ch. 1. 23; 12. 19. Ro. 1. 9; 9. 1. Ga. 1. 20. 1 Th. 2. 5, 10. 1 Ti. 2. 7. *no man shall stop me of this boasting. Gr.* this boasting shall not be stopped in me. ver. 12, 16, 17; ch. 10. 15. 1 Co. 9. 15-18. *the regions.* ch. 1. 1; 9. 2. Ac. 18. 12, 27. Ro. 16. 5. 1 Co. 16. 15. 1 Th. 1. 7, 8.

11 *because.* ch. 6. 11, 12; 7. 3; 12. 15. *God.* See on ver. 10; ch. 12. 2, 3. Jos. 22. 22. Ps. 44. 21. Jno. 2. 24, 25; 21. 17. Ac. 15. 8. He. 4. 13. Re. 2. 23.

12 *what.* ver. 9; ch. 1. 17. Job 23. 13. *that I may.* 1 Co. 9. 12. 1 Ti. 5. 14. *them.* Ga. 1. 7. Phi. 1. 15, etc. *they glory.* ver. 18; ch. 5. 12; 10. 17. 1 Co. 5. 6. Ga. 6. 13, 14.

13 *false.* ver. 15; ch. 2. 17; 4. 2. Mat. 25. 24. Ac. 15. 1, 24; 20. 30. Ro. 16. 18. Ga. 1. 7; 2. 4; 4. 17. 6. 12. Ep. 4. 14. Phi. 1. 15, 16. Col. 2. 4, 8. 1 Ti. 1. 4-7; 4. 1-3; 6. 3-5. 2 Ti. 2. 17-19; 3. 5-9; 4. 3, 4. 2 Pe. 2. 1-3. 1 Jno. 2. 18; 4. 1. 2 Jno. 7-11. Jude 4. Re. 2. 2, 9, 20; 19. 20. *deceitful.* Phi. 3. 2. Tit. 1. 10, 11.

14 *for.* ver. 3; ch. 2. 11. Ge. 3. 1-5. Mat. 4. 1-10. Ga. 1. 8. Re. 12. 9.

15 *no.* 2 Ki. 5. 13. 1 Co. 9. 11. *his.* ver. 13. Ac. 13. 10. Ep. 6. 12. Re. 9. 11; 13. 2, 14; 19. 19-21; 20. 2, 3, 7-10. *the ministers.* ver. 23; ch. 3. 9. *whose.* Is. 9. 14, 15. Je. 5. 31; 23. 14, 15; 28. 15-17; 29. 32. Eze. 13. 10-15, 22. Mat. 7. 15, 16. Ga. 1. 8, 9. Phi. 3. 19. 2 Th. 2. 8-12. 2 Pe. 2. 3, 13-22. Jude 4, 10-13.

16 *say.* ver. 1. *Let.* ver. 21-23; ch. 12. 6, 11. *receive me. or,* suffer me. ver. 1, 19.

17 *I speak it.* 1 Co. 7. 6, 12. *foolishly.* ver. 18-27 ch. 9. 4. Phi. 3. 3-6.

18 *many.* ver. 12, 21-23; ch. 10. 12-18. Je. 9. 23, 24. 1 Co. 4. 10. 1 Pe. 1. 24. *I will.* ch. 12. 5, 6, 9, 11.

19 *seeing.* 1 Co. 4. 10; 8. 1; 10. 15. Re. 3. 17.

20 *if a man bring.* ch. 1. 24. Ga. 2. 4; 4. 3, 9, 25; 5. 1, 10; 6. 12. *take.* Ro. 16. 17, 18. Phi. 3. 19. 1 Th. 2. 5. *a man smite.* Is. 50. 6. La. 3. 30. Lu. 6. 29.

21 *as though.* ch. 10. 1, 2, 10; 13. 10. *whereinsoever.* ver. 22-27. Phi. 3. 3-6. *I speak.* ver. 17, 23.

22 *Hebrews.* Ex. 3. 18; 5. 3; 7. 16; 9. 1, 13; 10. 3. Ac. 22. 3. Ro. 11. 1. Phi. 3. 5. *the seed.* Ge. 17. 8, 9. 2 Ch. 20. 7. Mat. 3. 9. Jno. 8. 33-39. Ro. 4. 13-18.

23 *ministers.* ch. 3. 6; 6. 4. 1 Co. 3. 5; 4. 1. 1 Th. 3. 2. 1 Ti. 4. 6. *I am.* ver. 5; ch. 12. 11, 12. *in labours.* 1 Co. 15. 10. Col. 1. 29. *in stripes.* ver. 24, 25; ch. 6. 4, 5. Ac. 9. 16. *in prison.* Ac. 9. 16; 16. 24; 20. 23; 21. 11; 24. 26, 27; 25. 14; 27. 1; 28. 16, 30. Ep. 3. 1; 4. 1; 6. 20. Phi. 1. 13. 2 Ti. 1. 8, 16; 2. 9. Phile. 9. He. 10. 34. *in deaths.* ch. 1. 9, 10; 4. 11; 6. 9. Ac. 14. 19. 1 Co. 15. 30-32. Phi. 2. 17. Col. 1. 24.

24 *forty.* De. 25. 2, 3. Mat. 10. 17. Mar. 13. 9.

25 *I beaten.* Ac. 16. 22, 23, 33, 37; 22. 24. *once.* Mat. 21. 35. Ac. 7. 58, 59; 14. 5, 19. He. 11. 37. *thrice.* Ac. ch. 27.

26 *journeyings.* Ac. 9. 23, 26-30; 11. 25, 26; ch. 13; 14; 15. 2-4, 40, 41; ch. 16; 17; 18. 1, 18-23; 19. 1; 20. 1, etc. Ro. 15. 19, 24-28. Ga. 1. 17-21. *in perils by mine.* Ac. 9. 23-25, 29; 13. 50; 20. 3, 19; 21. 28-31; 23. 12, etc.; 25. 3; 28. 10, 11. 1 Th. 2. 15, 16. *in perils by the.* ch. 1. 8-10. Ac. 14. 5, 19; 16. 19-24; 19. 23-41. 1 Co. 15. 32. *in perils in the city.* ver. 32. Ac. 9. 24; 17. 5.

27 *weariness.* ver. 23; ch. 6. 5. Ac. 20. 5-11, 34, 35. 1 Th. 2. 9. 2 Th. 3. 8. *in watchings.* Ac. 20. 31. *in hunger.* Je. 38. 9. 1 Co. 4. 11, 12. Phi. 4. 12. *fastings.* ch. 6. 5. Ac. 13. 2, 3; 14. 23. 1 Co. 7. 5. *nakedness.* Ro. 8. 35, 36. He. 11. 37. Ja. 2. 15, 16.

28 *those.* ver. 23-27. *the care.* Ac. 15. 36, 40, 41; 18. 23; 20. 2, 18-35. Ro. 1. 14; 11. 13; 15. 16; 16. 4. Col. 2. 1.

29 *is weak.* ch. 2. 4, 5; 7. 5, 6; 13. 9. Ezr. 9. 1-3. Ro. 12. 15; 15. 1. 1 Co. 8. 13; 9. 22; 12. 26. Ga. 6. 2. 1 Th. 3. 5-8. *and I burn.* ver. 13-15. Nu. 25. 6-11. Ne. 5. 6-13; 13. 15-20, 23-25. Jno. 2. 17. 1 Co. 5. 1-5; 6. 5-7, 15-18; 11. 22; 15. 12, etc., 36. Ga. 1. 7-10; 2. 4-6, 14; 3. 1-3; 4. 8-20; 5. 2-4. 2 Jno. 10, 11. Jude 3, 4. Re. 2. 2, 20; 3. 15-18.

30 *must.* ver. 16-18; ch. 12. 1, 11. Pr. 25. 27; 27. 2. Je. 9. 23, 24. *I will.* ch. 12. 5-10. Col. 1. 24.

31 *God.* ch. 1. 3, 23. Jno. 10. 30; 20. 17. Ro. 1. 9; 9. 1. Ep. 1. 3; 3. 14. Ga. 1. 2, 3. Col. 1. 3. 1 Th. 2. 5. 1 Pe. 1. 3. *which.* Ne. 9. 5. Ps. 41. 13. Ro. 1. 25; 9. 5. 1 Ti. 1. 11, 17; 6. 16. *knoweth.* See on ver. 10.

32 *Damascus.* ver. 26. Ac. 9. 24, 25. *Aretas.* This *Aretas* was an Arabian king, and the father-in-law of Herod Antipas, upon whom he made war in consequence of his having divorced his daughter. Herod applied to Tiberius for help, who sent Vitellius to reduce Aretas, and to bring him alive or dead to Rome. By some means or other, Vitellius delayed his operations, and in the mean time Tiberius died; and it is probable that Aretas, who was thus snatched from ruin, availed himself of the favourable state of things, and seized on Damascus, which had belonged to his ancestors.

33 *I let.* Jos. 2. 18. 1 Sa. 19. 12.

## CHAP. XII.

*For commending of his apostleship, though he might glory of his wonderful revelations,* 1-8, *yet he rather chooses to glory of his infirmities,* 9, 10; *blaming them for forcing him to this vain boasting,* 11-13. *He promises to come to them again; but yet altogether in the affection of a father,* 14-19; *although he fears he shall to his grief find many offenders, and public disorders there,* 20, 21.

1 *expedient.* ch. 8. 40. Jno. 16. 7; 18. 14. 1 Co. 6. 12; 10. 23. *to glory.* ver. 11; ch. 11. 16-30. *I will come. Gr.* For I will come. *visions.* ver. 7. Nu. 12. 6. Eze. 1. 1, etc.; 11. 24. Da. 10. 5-10. Joel 2. 28, 29. Ac. 9. 10-17; 18. 9; 22. 17-21; 23. 11; 26. 13-19. Ga. 1. 12; 2. 2. 1 Jno. 5. 20.

2 *knew.* ver. 3, 5. *in Christ.* ch. 5. 17, 21; 13. 5. Is. 45. 24, 25. Jno. 6. 56; 15. 4-6; 17. 21-23. Ro. 8. 1; 16. 7. 1 Co. 1. 30. Ga. 1. 22; 5. 6. *about.* 'A. D. 46, *at Lystra*,' Ac. 14. 6; 22. 17. *in the.* ch. 5. 6-8. 1 Ki. 18. 12. 2 Ki. 2. 16. Eze. 8. 1-3; 11. 24. Ac. 8. 39, 40; 22. 17. Phi. 1. 22, 23. Re. 1. 10; 4. 2. *God.* ver. 3. See on ch. 11. 11. *caught.* ver. 4. Lu. 24. 51. 1 Th. 4. 17. He. 9. 24. Re. 12. 5. *third.* Ge. 1. 14-20. 1 Ki. 8. 27. Is. 57. 15.

4 *paradise.* Eze. 31. 9. Lu. 23. 43. Re. 2. 7. *lawful. or,* possible.

5 *such.* ver. 2-4. *yet.* ver. 9, 10; ch. 11. 30.

6 *I would.* ch. 10. 8; 11. 16. 1 Co. 3. 5, 9, 10. *I will.* ch. 1. 18; 11. 31. Job 24. 25. Ro. 9. 1. *above that.* ver. 7; ch. 10. 9, 10.

7 *lest.* ch. 10. 5; 11. 20. De. 8. 14; 17. 20. 2 Ch. 26. 16; 32. 25, 26, 31. Da. 5. 20. 1 Ti. 3. 6. *the abundance.* ver. 1-4. *a thorn.* Ge. 32. 25, 31. Ju. 2. 3. Eze. 28. 24. Ga. 4. 13. *the messenger.* Job 2. 7. Lu. 13. 16. 1 Co. 5. 5. *to buffet.* Mat. 26. 67. 1 Co. 4. 11.

8 *I besought.* De. 3. 23-27. 1 Sa. 15. 11. 2 Sa. 12. 16-18. Ps. 77. 2-11. Mat. 20. 21, 22; 26. 39-44. He. 5. 7.

9 *My grace.* ver. 10; ch. 3. 5, 6. Ex. 3. 11, 12; 4. 10-15. De. 33. 25-27. Jos. 1. 9. Is. 43. 2. Je. 1. 6-9. Mat. 10. 19, 20. Lu. 21. 15. 1 Co. 10. 13; 15. 10. Col. 1. 28, 29. 1 Ti. 1. 14. He. 4. 16. *for.* Ps. 8. 2. Is. 35. 3, 4; 40. 29-31; 41. 13-16. Da. 10. 16-19. Ep. 3. 16. Phi. 4. 13. Col. 1. 11. He. 11. 34. *Most.* ver. 10, 15. Mat. 5. 11, 12. *glory.* ver. 5; ch. 11. 30. *the power.* 2 Ki. 2. 15. Is. 4. 5, 6; 11. 2. Zep. 3. 17. Mat. 28. 18, 20. 1 Pe. 4. 13, 14.

10 *I take.* ch. 1. 4; 4. 8-10, 17; 7. 4. Ac. 5. 41. Ro. 5. 3; 8. 35-39. Phi. 1. 29; 2. 17, 18. Col. 1. 24. Ja. 1. 2. 1 Pe. 1. 6, 7; 4. 13, 14. *in infirmities.* See on ch. 11. 23-30. *for Christ's.* ch. 4. 5, 11; 10. 18. Lu. 6. 22. Jno. 15. 21. 1 Co. 4. 10. Re. 2. 3. *for when.* See on ver. 9; ch. 13. 4, 9. Ep. 6. 10.

11 *become.* ch. 1. 6; 11. 1, 16, 17. *for in.* ver. 12; ch. 11. 5. 1 Co. 3. 4-7, 22. Ga. 2. 6-14. *though.* Lu. 17. 10. 1 Co. 3. 7; 15. 8-10. Ep. 3. 8.

12 ch. 4. 2; 6. 4-10; 11. 4, 6. Ro. 15. 18, 19. 1 Co. 1. 5-7; 9. 2; 14. 18.

13 *I myself.* ver. 14; ch. 11. 8, 9. 1 Co. 9. 6, 12, 15-18. *forgive.* ch. 11. 7.

14 *the third.* That is, the third time I have *purposed* to visit you. See the parallel passages. ch. 1. 15; 13. 1. 1 Co. 4. 19; 11. 34; 16. 5. *for I.* Pr. 11. 30. Ac. 20. 33. 1 Co. 10. 33. Phi. 4. 1, 17. 1 Th. 2. 5, 6, 8, 19, 20. 1 Pe. 5. 2-4. *for the.* Ge. 24. 35, 36; 31. 14, 15. Pr. 13. 22; 19. 14. 1 Co. 4. 14, 15. 1 Th. 2. 11.

15 *will.* ver. 9; ch. 1. 6, 14; 2. 3; 7. 3. Jno. 10. 10, 11. Ga. 4. 10. Phi. 2. 17. Col. 1. 24. 1 Th. 2. 8. 2 Ti. 2. 10. *you. Gr.* your souls. ver. 14. He. 13. 17. *though.* ch. 6. 12, 13. 2 Sa. 13. 39; 17. 1-4; 18. 33. 1 Co. 4. 8-18.

16 *I did not.* ver. 13; ch. 11. 9, 10. *being.* That is, as

my enemies represent. ch. 1. 12; 4. 2; 7. 2; 10. 2, 3. 1 Th. 2. 3, 5. 1 Pe. 2. 3.

17 ver. 18. 2 Ki. 5. 16. 20-27. 1 Co. 4. 17; 16. 10.

18 *Titus.* ch. 2. 12, 13; 7. 2, 6. *with.* ch. 8. 6, 18. *walked we not in the same spirit.* ch. 8. 6, 16-23. Phi. 2. 19-22. *in the same steps.* Nu. 16. 15. 1 Sa. 12. 3, 4. Ne. 5. 14. Ac. 20. 33-35. Ro. 4. 12. 1 Pe. 2. 21.

19 *think.* ch. 3. 1; 5. 12. *we speak.* See on ch. 11. 10, 31. Ro. 9. 1. *but.* ch. 5. 13; 10. 8; 13. 10. 1 Co. 9. 12-23; 10. 33; 14. 26. *dearly.* ver. 15; ch. 7. 1. Ro. 12. 19. 1 Co. 10. 14. Phi. 4. 1.

20 *I shall not.* ver. 21; ch. 13. 9. *and that.* ch. 1. 23, 24; 2. 1-3; 10. 2, 6, 8, 9; 13. 2, 10. 1 Co. 4. 18-21; 5. 3-5. *debates.* 1 Co. 1. 11; 3. 3, 4; 4. 6-8, 18; 6. 7, 8; 11. 16-19; 14. 36, 37. Ga. 5. 15, 19-21, 26. Ep. 4. 31, 32. Ja. 3. 14-16; 4. 1-5. 1 Pe. 2. 1. *whisperings.* Ps. 41. 7. Pr. 16. 28. Ro. 1. 29. *swellings.* 2 Pe. 2. 18. Jude 16.

21 *my God.* ver. 7; ch. 8. 24; 9. 3, 4. *that I.* ch. 2. 1-4. Ex. 32. 31. De. 9. 15, 25. 1 Sa. 15. 35. Ezr. 9. 3; 10. 1. Ps. 119. 136. Je. 9. 1; 13. 17. Lu. 9. 41, 42. Ro. 9. 2. Phi. 3. 18, 19. *sinned.* ch. 13. 2. *and have not.* ch. 2. 5-11; 7. 9-11; 10. 6. 1 Co. 6. 9-11. Re. 20. 22. *uncleanness.* Ro. 13. 13. 1 Co. 5. 1, 9-11; 6. 15-18. Ga. 5. 19. Ep. 5. 5, 6. Col. 3. 5. 1 Th. 4. 3-7. He. 13. 4. 1 Pe. 4. 2, 3. 2 Pe. 2. 10-14, 18. Jude 7, 23. Re. 21. 8; 22. 15.

## CHAP. XIII.

*He threatens severity, and the power of his apostleship, against obstinate sinners, 1-4. And, advising them to a trial of their faith, 5, 6, and to a reformation of their sins before his coming, 7-10, he concludes his epistle with a general exhortation and a prayer, 11-14.*

1 *the third.* See on ch. 12. 14. *In.* Nu. 35. 30. De. 17. 6; 19. 15. 1 Ki. 21. 10, 13. Mat. 18. 16; 26. 60, 61. Jno. 8. 17, 18. He. 10. 28, 29.

2 *told.* ch. 1. 23; 10. 1, 2, 8-11; 12. 20. 1 Co. 4. 19-21; 5. 5. *being.* ver. 10. *heretofore.* ch. 12. 21.

3 *ye seek.* ch. 10. 8-10. *Christ.* ch. 2. 10. Mat. 10. 20; 18. 18-20. Lu. 21. 15. 1 Co. 5. 4, 5. *which.* ch. 2. 6; 3. 1-3; 12. 12. 1 Co. 9. 1-3.

4 *he was.* Lu. 22. 43, 44. Jno. 10. 18. 1 Co. 15. 43. Phi. 2. 7, 8. He. 5. 7. 1 Pe. 3. 18. *yet.* Ac. 2. 36; 4. 10-12. Ro. 6. 4. 9, 10; 14. 9. Ep. 1. 19-23. Phi. 2. 9-11. 1 Pe. 3. 18, 22. Re. 1. 17, 18. *we also.* ch. 4. 7-12; 10. 3, 4, 10. 1 Co. 2. 3. *in him. or,* with him. Phi. 3. 10. 2 Ti. 2. 11, 12. *but.* Ac. 3. 16. Ro. 6. 8-11.

5 *Examine.* Ps. 17. 3; 26. 2; 119. 59; 139. 23, 24. La. 3. 40. Eze. 18. 28. Hag. 1. 5, 7. 1 Co. 11. 28, 31. Ga. 6. 4. He. 4. 1; 12. 15. 1 Jno. 3. 20, 21. Re 2. 5; 3. 2, 3. *in the faith.* Col. 1. 23; 2. 7. 1 Ti. 2. 15. Tit. 1. 13; 2. 2. 1 Pe. 5. 9. *Know.* 1 Co. 3. 16: 6. 2, 15, 19; 9. 24. Ja. 4. 4. *Jesus Christ.* ch. 6. 16. Jno. 6. 56; 14. 23; 15. 4; 17. 23, 26. Ro. 8. 10. Ga. 2. 20; 4. 19. Ep. 2. 20-22; 3. 17. Col. 1. 27; 2. 19. 1 Pe. 2. 4, 5. *reprobates.* ver. 6, 7. Je. 6. 30. Ro. 1. 28. 2 Ti. 3. 8. Tit. 1. 16. 1 Co. 9. 27. He. 6. 8. Gr.

6 ver. 3, 4, 10; ch. 12. 20.

7 *I pray.* ver. 9. 1 Ch. 4. 10. Mat. 6. 13. Jno. 17. 15. Phi. 1. 9-11. 1 Th. 5. 23. 2 Ti. 4. 18. *approved.* ch. 6. 4; 10. 18. Ro. 16. 10. 1 Co. 11. 19. 2 Ti. 2. 15. Ja. 1. 12. Gr. *honest.* ch. 8. 21. Ro. 12. 17; 13. 13. Phi. 4. 8. 1 Ti. 2. 2. 1 Pe. 2. 12. *as reprobates.* ch. 6. 8, 9; 10. 10. 1 Co. 4. 9-13.

8 ver. 10; ch. 10. 8. Nu. 16. 28-35. 1 Ki. 22. 28. 2 Ki. 1. 9-13; 2. 23-25. Pr. 21. 30; 26. 2. Mar. 9. 39; 16. 17-19. Lu. 9. 49-56. Ac. 4. 28-30; 5. 1-11; 13. 3-12; 19. 11-17. 1 Co. 5. 4, 5. 1 Ti. 1. 20. He. 2. 3, 4.

9 *when.* ver. 8; ch. 11. 30; 12. 5-10. 1 Co. 4. 10. *even.* ver. 7. 11; ch. 7. 1. Ep. 4. 13. Phi. 3. 12-15. Col. 1. 28; 4. 12. 1 Th. 3. 10. 2 Ti. 3. 17. He. 6. 1; 12. 23; 13. 21. 1 Pe. 5. 10.

10 *I write.* ch. 2. 3; 10. 2; 12. 20, 21. 1 Co. 4. 21. *lest.* See on ver. 2, 8. Tit. 1. 13. *according.* ch. 10. 8.

11 *farewell.* Lu. 9. 61. Ac. 15. 29; 18. 21; 23. 30. Phi. 4. 4. 1 Th. 5. 16. Gr. *Be perfect.* ver. 9. Mat. 5. 48. Jno. 17. 23. Ja. 1. 4. 1 Pe. 5. 10. *be of good.* ch. 1. 4. Mar. 10. 49. Ro. 15. 13. 1 Th. 4. 18. 2 Th. 2. 16, 17. *be of one.* Ro. 12. 16, 18; 15. 5, 6. 1 Co. 1. 10. Ep. 4. 3. Phi. 1. 27; 2. 1-3; 3. 16; 4. 2. 1 Pe. 3. 8. *live.* Ge. 37. 4; 45. 24. Mar. 9. 50. Ro. 12. 18; 14. 19. 1 Th. 5. 13. 2 Ti. 2. 22. He. 12. 14. Ja. 3. 17, 18. 1 Pe. 3. 11. *the God.* Ro. 15. 33; 16. 20. Phi. 4. 9. 1 Th. 5. 23. He. 13. 20. 1 Jno. 4. 8-16. *with.* ver. 14. Mat 1. 23. 2 Th. 3. 16. Re. 22. 21.

12 Ro. 16. 16. 1 Co. 16. 20. 1 Th. 5. 26. 1 Pe. 5. 14.

13 Ro. 16. 16, 21-23. Phi. 4. 21, 22. Phile. 23, 24. He. 13. 24. 1 Pe. 5. 13. 2 Jno. 13. 3 Jno. 14.

14 *The grace.* Nu. 6. 23-27. Mat. 28. 19. Jno. 1. 16, 17. See on Ro. 1. 7; 16. 20, 24. 1 Co. 16. 23. Re. 1. 4, 5. *the love.* Ro. 5. 5; 8. 39. Ep. 6. 23. 1 Jno. 3. 16. Jude 21. *the communion.* Jno. 4. 10, 14; 7. 38; 14. 15-17. Ro. 8. 9, 14-17. 1 Co. 3. 16; 6. 19; 12. 13. Ga. 5. 22. Ep. 2. 18, 22; 5. 9. Phi. 2. 1. 1 Jno. 1. 3; 3. 24. *Amen.* See on Mat. 6. 13; 28. 20. Ro. 16. 20, 27. 1 Co. 14. 16.

## CONCLUDING REMARKS ON THE SECOND EPISTLE TO THE CORINTHIANS.

THE most remarkable circumstance in this Epistle, observes Mr. SCOTT, is the confidence of the Apostle in the goodness of his cause, and in the power of God to bear him out in it. Opposed as he then was by a powerful and sagacious party, whose authority, reputation, and interest were deeply concerned, and who were ready to seize on every thing that could discredit him, it is wonderful to hear him so firmly insist upon his apostolical authority, and so unreservedly appeal to the miraculous powers which he had exercised and conferred at Corinth. So far from shrinking from the contest, as afraid of some discovery being made, unfavourable to him and the common cause, he, with great modesty and meekness indeed, but with equal boldness and decision, expressly declares that his opposers and despisers were the ministers of Satan, and menaces them with miraculous judgments, when as many of their deluded hearers had been brought to repentance and re-established in the faith, as proper means could in a reasonable time effect. It is inconceivable that a stronger internal testimony, not only of integrity, but of divine inspiration, can exist. Had there been any thing of imposture among the Christians, it was next to impossible but such a conduct must have occasioned a disclosure of it. Of the effects produced by this latter epistle we have no circumstantial account; for the journey which St. Paul took to Corinth, after he had written it, is mentioned by St. Luke only in a few words, (Ac. xx. 2, 3.) We know, however, that St. Paul was there after he had written this Epistle; that the contributions for the poor brethren at Jerusalem were brought to him from different parts to that city (Ro. xv. 26;) and that, after remaining there several months, he sent salutations from some of the principal members of that church, by whom he must have been greatly respected, to the church of Rome (Ro. xvi. 22, 23.) From this time we hear no more of the false teacher and his party; and when CLEMENT of Rome wrote his epistle to the Corinthians, St. Paul was considered by them as a divine apostle, to whose authority he might appeal without fear of contradiction. The false teacher, therefore, must either have been silenced by St. Paul, by virtue of his apostolical powers, and by an act of severity which he had threatened, (2 Co. xiii. 2, 3;) or this adversary of the apostle had, at that time, voluntarily quitted the place. Whichever was the cause, the effect produced must operate as a confirmation of our faith, and as a proof of St. Paul's divine mission.

# The Epistle of PAUL the Apostle to the GALATIANS.

A.D. 58. A.M. 4062.

## CHAP. I.

*He wonders that they have so soon left him and the gospel,* 1-7; *and accurses those that preach any other gospel than he did,* 8-10. *He learned the gospel not of men, but of God,* 11-13; *and shews what he was before his calling,* 14-16; *and what he did immediately after it,* 17-24.

1 *an.* See on Ro. 1. 1. 1 Co. 1. 1. *not.* ver. 11, 12, 17. *neither.* Ac. 1. 16-26; 13. 2-4. *but.* Ac. 9. 6, 15, 16; 22. 10, 14-21; 26. 16-18. Ro. 1. 4, 5. 2 Co. 3. 1-3. Ep. 3. 8. 1 Ti. 1. 11-14. 2 Ti. 1. 1. Tit. 1. 3. *and.* Mat. 28. 18-20. Jno. 5. 19; 10. 30; 20. 21. *raised.* Ac. 2. 24-32; 3. 15. Ro. 4. 24, 25; 10. 9; 14. 9. Ep. 1. 19, 20. He. 13. 20. 1 Pe. 1. 21. Re. 1. 5, 18; 2. 8.

2 *all.* Phi. 2. 22; 4. 21. *churches.* Ac. 9. 31; 15. 41; 16. 5, 6; 18. 23. 1 Co. 16. 1.

3 Ro. 1. 7, etc. 1 Co. 1. 3. 2 Co. 1. 2; 13. 14. Ep. 1. 2. Phi. 1. 2. Col. 1. 2. 1 Th. 1. 1. 2 Th. 1. 2. 2 Jno. 3.

4 *gave.* ch. 2. 20. Mat. 20. 28; 26. 28. Mar. 10. 45. Lu. 22. 19. Jno. 10. 11, 17, 18. Ro. 4. 25. Ep. 5. 2. 1 Ti. 2. 6. Tit. 2. 14. He. 9. 14; 10. 9, 10. 1 Pe. 2. 24; 3. 18. 1 Jno. 2. 2; 3. 16. Re. 1. 5. *from.* ch. 6. 14. Is. 65. 17. Jno. 12. 31; 14. 30; 15. 18, 19; 17. 14, 15. Ro. 12. 2. 2 Co. 4. 4. Ep. 2. 2; 6. 12. He. 2. 5; 6. 5. Ja. 4. 4. 1 Jno. 2. 15-17; 5. 4, 5, 19, 20. Re. 5. 9; 7. 9. *according.* Ps. 40. 8. Mat. 26. 42. Lu. 22. 42. Jno. 5. 30; 6. 38; 14. 30, 31. Ro. 8. 3, 27, 32. Ep. 1. 3, 11. He. 10. 4-10. *our.* Mat. 6. 9. Ro. 1. 7. Ep. 1. 2. Phi. 4. 20. 1 Th. 3. 11, 13. 2 Th. 2. 16.

5 *whom.* 1 Ch. 29. 13. Ps. 41. 13; 72. 19. Is. 24. 15; 42. 12. Mat. 6. 13. Lu. 2. 14. Ro. 11. 36; 16. 27. Ep. 1. 12. Phi. 4. 20. 1 Ti. 1. 17. 2 Ti. 4. 18. He. 13. 21. 1 Pe. 5. 11. 2 Pe. 3. 18. Jude 25. Re. 4. 9-11; 5. 12; 7. 12. 14. 7. *Amen.* See on Mat. 28. 20.

6 *marvel.* Mar. 6. 6. Jno. 9. 30. *so.* ch. 3. 1-5; 4. 9-15; 5. 4, 7. Ps. 106. 13. Is. 29. 13. Je. 2. 12, 13. *that called.* ch. 5. 8. 1 Co. 4. 15. 2 Th. 2. 14. 2 Ti. 1. 9. 1 Pe. 1. 15. 2 Pe. 1. 3. *the grace.* Ac. 15. 11. Ro. 5. 2. 1 Ti. 1. 14. 2 Ti. 2. 1. Re. 22. 21. *unto.* Ro. 10. 3. 2 Co. 11. 4.

7 *but.* ch. 2. 4; 4. 17; 5. 10, 12; 6. 12, 13, 17. Ac. 15. 1-5, 24; 20. 30. Ro. 16. 17, 18. 2 Co. 11. 13. *pervert.* ch. 5. 10, 12. Je. 23. 26. Mat. 24. 24. Ac. 13. 10; 15. 1, 24. 2 Co. 2. 17; 4. 2. 1 Ti. 4. 1-3. 2 Ti. 2. 18; 3. 8, 9; 4. 3, 4. Tit. 1. 10, 11. 2 Pe. 2. 1-3. 1 Jno. 2. 18, 19, 26; 4. 1. 2 Jno. 7, 10. Jude 4. Re. 2. 2, 6, 14, 15, 20; 12. 9; 13. 14; 19. 20; 20. 3.

8 *though.* ver. 9. 1 Co. 16. 22. 2 Co. 11. 13, 14. 1 Ti. 1. 19, 20. Tit. 3. 10. Re. 22. 18, 19. *let.* ch. 3. 10, 13. Ge. 9. 25. De. 27. 15-26. Jos. 9. 23. 1 Sa. 26. 19. Ne. 13. 25. Mat. 25. 41. 2 Pe. 2. 14. *accursed.* Mar. 14. 71. Ac. 23. 14. Ro. 9. 3. 1 Co. 12. 3; 16. 22. Gr.

9 *so.* 2 Co. 1. 17; 13. 1, 2. Phi. 3. 1; 4. 4. *than.* De. 4. 2; 12. 32; 13. 1-11. Pr. 30. 6. Re. 22. 18, 19.

10 *do I now.* Ac. 4. 19, 20; 5. 29. 2 Co. 5. 9-11. 1 Th. 2. 4. *persuade.* 1 Sa. 21. 7. Mat. 28. 14. Ac. 12. 20. Ro. 2. 8. Gr. 1 Jno. 3. 9. *do I seek.* 2 Co. 12. 19. 1 Th. 2. 4. *for if.* Mat. 22. 16. Ro. 15. 1, 2. 1 Co. 10. 33. Ep. 6. 6. Col. 3. 22. Ja. 4. 4. *the servant.* See on Ro. 1. 1.

11 *that.* ver. 1. 1 Co. 2. 9, 10; 11. 23; 15. 1-3. Ep. 3. 3-8.

13 *ye.* Ac. 22. 3-5; 26. 4, 5. *how.* Ac. 8. 1, 3; 9. 1, 2, 13, 14, 21, 26; 22. 4, 5; 26. 9-11. 1 Co. 15. 9. Phi. 3. 6. 1 Ti. 1. 13.

14 *profited.* Is. 29. 13; 57. 12. *equals. Gr.* equals in years. *being.* Ac. 22. 3; 26. 5, 9. Phi. 3. 4-6. *traditions.* Je. 15. 2. Mat. 15. 2, 3, 6. Mar. 7. 3-13. Col. 2. 8. 1 Pe. 1. 18.

15 *it.* De. 7. 7, 8. 1 Sa. 12. 22. 1 Ch. 28. 4, 5. Mat. 11. 26. Lu. 10. 21. 1 Co. 1. 1. Ep. 1. 5, 9; 3. 11. *who.* Is. 49. 1, 5. Je. 1. 5. Lu. 1. 15, 16. Ac. 9. 15; 13. 2; 22. 14, 15. Ro. 1. 1. *and.* Ro. 1. 5; 8. 30; 9. 24. 1 Co. 1. 9, 24; 15. 10. 2 Th. 2. 13, 14. 1 Ti. 1. 12-14. 2 Ti. 1. 9. 1 Pe. 5. 10.

16 *reveal.* Mat. 16. 17. 1 Co. 2. 9-13. 2 Co. 4. 6. Ep. 1. 17, 18; 3. 5-10. *that.* ch. 2. 7-9. Ac. 9. 15; 22. 21; 26. 17, 18. Ro. 1. 13, 14; 11. 13; 15. 16-19. Ep. 3. 1, 8. Col. 1. 25-27. 1 Th. 2. 16. 1 Ti. 2. 7. 2 Ti. 1. 11. *immediately.* ver. 11, 12; ch. 2. 1, 6. De. 33. 9. Lu. 9. 23-25, 59-62. Ac. 26. 19, 20. 2 Co. 5. 16. *flesh.* Mat. 16. 17; 26. 41. 1 Co. 15. 50. Ep. 6. 12. He. 2. 14.

17 *went.* ver. 18. Ac. 9. 20-25. *returned.* 2 Co. 11. 32, 33.

18 *I went up. or,* I returned. Ac. 9. 26-29; 22. 17, 18.

19 *James.* Mat. 10. 3. Mar. 3. 18. Lu. 6. 15. Ac. 1. 13. James the son of Alpheus. Ja. 1. 1. Jude 1. *the Lord's.* Mat. 13. 55. Mar. 6. 3. 1 Co. 9. 5.

20 *behold.* See on Ro. 9. 1. 2 Co. 11. 10, 11, 31.

21 *I came.* Ac. 9. 30; 11. 25, 26; 13. 1; 15. 23, 41; 18. 18; 21. 3. *Cilicia.* Ac. 6. 9; 21. 39; 22. 3; 23. 34.

22 *the churches.* Ac. 9. 31. 1 Th. 2. 14. *in.* See on Ro. 16. 7. 1 Co. 1. 30. Phi. 1. 1. 1 Th. 1. 1. 2 Th. 1. 1.

23 *he which.* Ac. 9. 13, 20, 26. 1 Co. 15. 8-10. 1 Ti. 1. 13-16.

24 Nu. 23. 23. Lu. 2. 14; 7. 16; 15. 10, 32. Ac. 11. 18; 21. 19, 20. 2 Co. 9. 13. Col. 1. 3, 4. 2 Th. 1. 10, 12.

## CHAP. II.

*He shews when he went up again to Jerusalem, and for what purpose,* 1, 2; *and that Titus was not circumcised,* 3-10; *and that he resisted Peter, and told him the reason,* 11-13; *why he and others, being Jews do believe in Christ to be justified by faith, and not by works,* 14-19; *and that they live not in sin, who are so justified,* 20, 21.

1 *fourteen.* ch. 1. 18. *I went.* Ac. 15. 2-4. *Barnabas.* ver. 13. Ac. 4. 36, 37; 11. 25, 30; 12. 25; 13. 2, 50; 14. 12, 15, 25, 36-39. 1 Co. 9. 6. Col. 4. 10. *Titus.* ver. 3. 2 Co. 8. 16, 23. Tit. 1. 4.

2 *by.* Ac. 16. 9, 10; 18. 9; 23. 11. *communicated.* ver. 9. See on ch. 1. 16. Ac. 15. 4, 12. 1 Co. 1. 23; 2. 2. *privately. or,* severally. *which.* ver. 6, 9. Ec. 10. 1. Ac. 5. 34. Phi. 2. 29. *I should.* Mat. 10. 16. 1 Co. 9. 26. Phi. 2. 16. 1 Th. 3. 5.

3 ch. 5. 2-6. Ac. 15. 24; 16. 3. 1 Co. 9. 20, 21.

4 *because.* ch. 5. 10, 12. Ac. 15. 1, 24; 20. 30. 2 Co. 11. 13, 17, 26. 1 Jno. 4. 1. *unawares.* 2 Ti. 3. 6. 2 Pe. 2. 1, 2. Jude 4. *liberty.* ch. 3. 23-26; 5. 1, 13. Ps. 51. 12; 119. 45. Jno. 8. 31-36. 2 Co. 3. 17. 1 Pe. 2. 16. 2 Pe. 2. 19. *bring.* ch. 4. 3, 9, 10, 25. Is. 51. 23. 2 Co. 11. 20.

5 *we.* ch. 3. 1, 2. Ac. 15. 2. Col. 2. 4-8. Jude 3. *that.* ver. 14; ch. 4. 16. Ep. 1. 13. Col. 1. 5. 1 Th. 2. 13.

6 *those who.* ver. 2, 9; ch. 6. 3. 2 Co. 11. 5, 21-23; 12. 11. He. 13. 7, 17. *it maketh.* ver. 11-14. Job 32. 6, 7, 17-22. Mat. 22. 16. Mar. 6. 17-20; 12. 14. Lu. 20. 21. 2 Co. 5. 16. *God.* See on Job 34. 19. Ac. 10. 34. Ro. 2. 11. 1 Pe. 1. 17. *in.* ver. 10. Ac. 15. 6-29. 2 Co. 12. 11.

7 *when.* ver. 9. Ac. 15. 12, 25, 26. 2 Pe. 3. 15. *the gospel of the uncircumcision.* See on ch. 1. 16. Ac. 13. 46-48; 18. 6; 28. 28. Ro. 1. 5; 11. 13. 1 Th. 2. 4. 1 Ti. 2. 7. 2 Ti. 1. 11.

8 *he.* Ac. 1. 8; 2. 14-41; 3. 12-26; 4. 4; 5. 12-16; 8. 17. *the same.* ch. 3. 5. Ac. 9. 15; 13. 2-11; 14. 3-11; 15. 12; 19. 11, 12, 26; 21. 19; 22. 21; 26. 17, 18. 1 Co. 1. 5-7; 9. 2; 15. 10. 2 Co. 11. 4, 5. Col. 1. 29.

9 *James.* Ac. 15. 7, 13, 22-29. *pillars.* ver. 2, 6, 12-14. Mat. 16. 18. Ep. 2. 20. Re. 3. 12; 21. 14-20. *the grace.* Ro. 1. 5; 12. 3, 5, 6; 15. 15. 1 Co. 15. 10. Ep. 3. 8. Col. 1. 29. 1 Pe. 4. 10, 11. *fellowship.* 2 Co. 8. 4. 1 Jno. 1. 3. *we should.* Ac. 15. 23-30.

10 *that.* Ac. 11. 29, 30; 24. 17. Ro. 15. 25-27. 1 Co. 16. 1, 2. 2 Co. ch. 8; 9. He. 13. 16. Ja. 2. 15, 16. 1 Jno. 3. 17.

11 *to Antioch.* Ac. 15. 30-35. *I withstood.* ver. 5. 2 Co. 5. 16; 11. 5, 21-28; 12. 11. 1 Ti. 5. 20. Jude 3. *because.* Ex. 32. 21, 22. Nu. 20. 12. Je. 1. 17. Jon. 1. 3; 4. 3, 4, 9. Mat. 16. 17, 18, 23. Ac. 15. 37-39; 23. 1-5. Ja. 3. 2. 1 Jno. 1. 8-10.

12 *certain.* ver. 9. Ac. 21. 18-25. *he did.* Ac. 10. 28; 11. 3. Ep. 2. 15, 19-22; 3. 6. *he withdrew.* Is. 65. 5. Lu. 15. 2. 1 Th. 5. 22. *fearing.* Pr. 29. 25. Is. 57. 11. Mat. 26. 69-75.

13 *the other.* Ge. 12. 11-13; 26. 6, 7; 27. 24. Ec. 7. 20; 10. 1. 1 Co. 5. 6; 8. 9; 15. 33. *carried.* Job 15. 12. 1 Co. 12. 2. Ep. 4. 14. He. 13. 9.

14 *walked.* Ps. 15. 2; 58. 1; 84. 11. Pr. 2. 7; 10. 9. *the truth.* See on ver. 5. Ro. 14. 14. 1 Ti. 4. 3-5. He. 9. 10. *I said.* ver. 11. Le. 19. 17. Ps. 141. 5. Pr. 27. 5, 6. 1 Ti. 5. 20. *If thou.* ver. 12, 13. Ac. 10. 28; 11. 3-18. *why.* ver. 3; ch. 6. 12. Ac. 15. 10, 11, 19-21, 24, 28, 29.

15 *Jews.* Mat. 3. 7-9. Jno. 8. 39-41. Ro. 4. 16. Ep. 2. 3. *sinners.* Mat. 9. 11. Mar. 7. 26-28. Ac. 22. 21. Ro. 3. 9. Ep. 2. 11, 12. Tit. 3. 3.

16 *that.* ver. 19; ch. 3. 10-12; 5. 4. Job 9. 2, 3, 29; 25. 4. Ps. 130. 3, 4. Lu. 10. 25-29. Ac. 13. 38, 39. Ro. 3. 19, 20, 27, 28; 4. 2, 13-15. Phi. 3. 9. *but.* ch. 3. 13, 14, 22-24; 4. 5. Ro. 1. 17; 3. 21-26, 28, 30; 4. 5, 6, 24, 25; 5. 1, 2, 8, 9; 8. 3, 30-34. 1 Co. 6. 11. 2 Co. 5. 19-21. Phi. 3 9. He. 7. 18, 19. *we have.* ver. 20. Jno. 6. 68, 69; 20. 31. Ac. 4. 12. 1 Pe. 1. 2, 8, 9, 18-21; 2. 24; 3. 18. 2 Pe. 1. 1. 1 Jno. 1. 7; 2. 1, 2. Re. 7. 9, 14. *for.* ch. 3. 11. Ps. 143. 2.

17 *while.* Ro. 9. 30-33; 11. 7. *are found.* ver. 11. Ro. 6. 1, 2. 1 Jno. 3. 8-10. *is.* Mat. 1. 21. Ro. 15. 8. 2 Co. 3. 7-9. He. 7. 24-28; 8. 2. 1 Jno. 3. 5. *God.* See on Ro. 3. 4, 6.

18 ver. 4. 5, 12-16, 21. ch. 4. 9-12; 5. 11. Ro. 14. 15. 1 Co. 8. 11, 12.

19 *through.* ch. 3. 10, 24. Ro. 3, 19, 20; 4. 15; 5. 20; 7. 7-11, 14, 22, 23; 8. 2; 10. 4, 5. *dead.* Ro. 6. 2, 11, 14; 7. 4, 6, 9. Col. 2. 20; 3. 3. 1 Pe. 2. 24. *that.* ver. 20. Ro. 14. 7, 8. 1 Co. 10. 31. 2 Co. 5. 15. 1 Th. 5. 10. Tit. 2. 14. He. 9. 14. 1 Pe. 4. 1, 2, 6.

20 *crucified.* ch. 5. 24; 6. 14. Ro. 6. 4-6; 8. 3, 4. Col. 2. 11-14. *nevertheless.* Ro. 6. 8, 13; 8. 2. Ep. 2. 4, 5. Col. 2. 13; 3. 3, 4. *but.* Jno. 14. 19, 20; 17. 21. 2 Co. 4. 10, 11; 13. 3, 5. Ep. 3. 17. Col. 1. 27. 1 Th. 5. 10. 1 Pe. 4. 2. Re. 3. 20. *the life.* 2 Co. 4. 11; 10. 3. 1 Pe. 4. 1, 2. *I now.* ver. 16; ch. 3. 11. Jno. 6. 57. Ro. 1. 17; 5. 2. 2 Co. 1. 24; 5. 7, 15. Phi. 4. 13. 1 Th. 5. 10. 1 Pe. 1. 8; 4. 2. *the Son.* Jno. 1. 49; 3. 16, 35; 6. 69; 9. 35-38. Ac. 8. 37; 9. 20. 1 Th. 1. 10. 1 Jno. 1. 7; 4. 9, 10, 14; 5. 10-13, 20. *who.* ch. 1. 4. Mat. 20. 28. Jno. 10. 11; 15. 13. Ro. 8. 37. Ep. 5. 2, 25. Tit. 2. 14. Re. 1. 5.

21 *do not.* ver. 18. Ps. 33. 10. Mar. 7. 9, marg. Ro. 8. 31. *righteousness.* See on ver. 16; ch. 3. 21; 5. 2-4. Ro. 10. 3; 11. 6. He. 7. 11. *Christ.* Is. 49. 4. Je. 8. 8. 1 Co. 15. 2, 14, 17.

## CHAP. III.

*He asks what moved them to leave the faith, and hang upon the law,* 1-5. *They that believe are justified,* 6-8, *and blessed with Abraham,* 9. *And this he shews by many reasons,* 10-29.

1 *Foolish.* ver. 3. De. 32. 6. 1 Sa. 13. 13 Mat. 7. 26. Lu. 24. 25. Ep. 5. 15. 1 Ti. 6. 4, marg. *who.* ch. 1. 6; 4. 9; 5. 7, 8. Mat. 24. 24. Ac. 8. 9-11. 2 Co. 11. 3, 13-15. Ep. 4. 14. 2 Th. 2. 9-12. 2 Pe. 2. 18. Re. 2. 20; 13. 13, 14; 18. 3. *ye.* ch. 2. 14; 5. 7. Ac. 6. 7. Ro. 2. 8; 6. 17; 10. 16. 2 Co. 10. 5. 2 Th. 1. 8. He. 5. 9; 11. 8. 1 Pe. 1 22; 4. 17. *Jesus Christ.* 1 Co. 1. 23, 24; 2. 2; 11. 26. Ep. 3. 8.

2 *Received.* ver. 5, 14. Ac. 2. 38; 8. 15; 10. 44-47; 11. 15-18; 15. 8; 19. 2-6. 1 Co. 12. 7-13. 2 Co. 11. 4. Ep. 1. 13, 14. He. 2. 4; 6. 4. 1 Pe. 1. 12. *by the hearing.* Ro. 1. 17; 10. 16, 17.

3 *having.* ch. 4. 7-10; 5. 4-8; 6. 12-14. He. 7. 16-19; 9. 2, 9, 10.

4 *ye.* Eze. 18. 24. He. 6. 4-6; 10. 32-39. 2 Pe. 2. 20-22. 2 Jno. 8. *so many. or,* so great.

5 *that.* See on ver. 2. 2 Co. 3. 8. *worketh.* Ac. 14. 3, 9, 10; 19. 11, 12. Ro. 15. 19. 1 Co. 1. 4, 5. 2 Co. 10. 4; 12. 12; 13. 3. *by the works.* ver. 2.

6 *as.* ver. 9. Ge. 15. 6. Ro. 4. 3-6, 9, 10, 21, 22; 9. 32, 33. Ja. 2. 23. *accounted. or,* imputed. Ro. 4. 6, 11, 22, 24. 2 Co. 5. 19-21.

7 *Know.* Ps. 100. 3. Lu. 21. 31. He. 13. 23. *they.* ver. 26-29. Jno. 8. 39. Ro. 4. 11-16, 24; 9. 7, 8.

8 *the scripture.* ver. 22; ch. 4. 30. Jno. 7. 38, 42; 19. 37. Ro. 9. 17. 2 Ti. 3. 15-17. *foreseeing.* Ac. 15. 15-18. *God.* Ro. 3. 28-30; 9. 30. *preached.* He. 4. 2. *In.* ver. 16. Ge. 12. 3; 18. 18; 22. 18; 26. 4; 28. 14; 49. 10. Ps. 72. 7. Is. 6. 13; 65. 9. Ac. 2. 25, 26, 35. Re. 11. 15.

9 ver. 7, 8, 14, 29; ch. 4. 28. Ro. 4. 11, 16, 24.

10 *as many.* ver. 11. See on ch. 2. 16. Lu. 18. 9-13. Ro. 4. 15; 7. 9-13; 8. 7. *under.* De. 11. 26-28; 29. 20. Is. 43. 28. Mat. 25. 41. *Cursed.* De. 27. 26. Je. 11. 3. Eze. 18. 4. Ro. 3. 19, 20; 6. 23. Ja. 2. 9-11.

11 *that.* ch. 2. 16. 1 Ki. 8. 46. Job 9. 3; 40. 4; 42. 6. Ps. 19. 12; 130. 3, 4; 143. 2. Ec. 7. 20. Is. 6. 5; 53. 6; 64. 6. Ja. 3. 2. 1 Jno. 1. 8-10. Re. 5. 9; 7. 14, 15. *The just.* Hab. 2. 4. Ro. 1. 17. He. 10. 38.

12 *the law.* Ro. 4. 4, 5, 14, 16; 9. 30-32; 10. 5, 6; 11. 6. *The man.* Le. 18. 5. Ne. 9. 29. Eze. 20. 11, 13. Mat. 19. 17. Lu. 10. 25-28. Ro. 10. 5, 6.

13 *redeemed.* See on ver. 10; ch. 4. 5. Is. 55. 5-7, 10-12. Da. 9. 24, 26. Zec. 13. 7. Mat. 26. 28. Ro. 3. 24-26; 4. 25; 8. 3, 4. 2 Co. 5. 21. Ep. 5. 2. Tit. 2. 14. He. 7. 26, 27; 9. 12, 15, 26, 28; 10. 4-10. 1 Pe. 1. 18-21; 2. 24; 3. 18. 1 Jno. 2. 1, 2; 4. 10. Re. 1. 5; 5. 9; 13. 8. *being.* 2 Ki. 22. 19. Je. 44. 22; 49. 13. Ro. 9. 3. *for.* De. 21. 23. 2 Sa. 17. 23; 18. 10, 14, 15; 21. 3, 9. Es. 7. 10; 9. 14. Mat. 27. 5. 1 Pe. 2. 24. *Cursed.* Jos. 10. 26, 27.

14 *the blessing.* See on ver. 6-9, 29. Ge. 12. 2, 3. Is. 41. 8; 51. 2, 3. Ro. 4. 3-17. *through.* ver. 16. Ge. 22. 18. Is. 49. 6; 52. 10. Lu. 2. 10, 11. Ac. 2. 39; 3. 25, 26; 4, 12. Ro. 10. 9-15. 1 Ti. 2. 4-6. *might.* ver. 2, 5; 4. 6. Is. 32. 15; 44. 3, 4; 59. 19-21. Je. 31. 33; 32. 40. Eze. 11. 19; 36. 26, 27; 39. 29. Joel 2. 28, 29. Zec. 12. 10. Lu. 11. 13; 24. 49. Jno. 7. 39. Ac. 1. 4, 5; 2. 33, 38; 5. 32; 10. 45-47; 11. 15, 16. Ro. 8. 9-16, 26, 27. 1 Co. 12, 13. 2 Co. 1. 22. Ep. 1. 13, 14; 2. 18, 22; 3. 16; 4. 30. 1 Pe. 1. 22. Jude 19, 20.

15 *I speak.* Ro. 6. 19. 1 Co. 15. 32. *it be.* He. 9. 17. *covenant. or,* testament.

16 *to.* ver. 8. Ge. 12. 3, 7; 13. 15, 16; 15. 5; 17. 7, 8; 21. 12; 22. 17, 18; 26. 3, 4; 28. 13, 14; 49. 10. *which.* ver. 27-29. Ro. 12. 5. 1 Co. 12. 12, 27. Ep. 4. 15, 16; 5. 29, 30, 32. Col. 2. 19; 3. 11.

17 *this.* ch. 5. 16. 1 Co. 1. 12; 7. 29; 10. 19. 2 Co. 9. 6. Ep. 4. 17. Col. 2. 4. *the covenant.* Ge. 15. 18; 17. 7, 8, 19. Lu. 1. 68-79. Jno. 1. 17; 8. 56-58. Ro. 3. 25. 2 Co. 1. 20. He. 11. 13, 17-19, 39, 40. 1 Pe. 1. 11, 12, 20. *which.* Ge. 15. 13. Ex. 12. 40, 41. Ac. 7. 6. *cannot.* ver. 15. Job 40. 8. Is. 14. 27; 28. 18. He. 7. 18. *that it.* ver. 21. Nu. 23. 19. Ro. 4. 13, 14. He. 6. 13-18. *none.* ch. 5. 4. Nu. 30. 8. Ps. 33. 10. Ro. 3. 3. 1 Co. 1. 17.

18 *if.* ver. 10, 12, 26, 29; ch. 2. 21. Ro. 4. 13-16; 8. 17. *but.* See on ver. 16. Ps. 105. 6-12, 42. Mi. 7. 18-20. Lu. 1. 54, 55, 72, 73. He. 6. 12-15.

19 *then.* Ro. 3. 1, 2; 7. 7-13. *It was added.* ver. 21-24. De. 4. 8, 9. Ps. 147. 19, 20. Lu. 16. 31. Jno. 5. 45-47; 15. 22. Ro. 2. 13; 3. 19, 20; 4. 15; 5. 20, 21; 7. 7-13. 1 Ti. 1. 8, 9. *till.* ver. 16, 25; ch. 4. 1-4. *by.* De. 33. 2. Ac. 7. 53. He. 2. 2, 5. *in.* Ex. 20. 19-22; 24. 1-12; 34. 27-35. Le. 1. 18. De. 5. 5, 22-34; 9. 13-20, 25-29; 18. 15-19. Ps. 106. 23. Jno. 1. 17. Ac. 7. 38. The Apostle, having just before been speaking of the promise made to Abraham, and representing that as the rule of our justification, and not the law, lest they should think he derogated too much from the law, and thereby rendered it useless—he thence takes occasion to discourse of the design and tendency of it, and to acquaint us for what purposes it was given.

20 *a mediator is.* Job 9. 33. Ac. 12. 20. 1 Ti. 2. 5. *but.* ver. 17. Ge. 15. 18; 17. 1, 2. De. 6. 4. Ro. 3. 29.

21 *the law.* Mat. 5. 17-20. Ro. 3. 31; 7. 7-13. *God forbid.* ch. 2. 17. Ro. 3. 4, 6. *for.* ch. 2. 19, 21. Ro. 3. 20. *righteousness.* Ro. 3. 21, 22; 9. 31; 10. 3-6. Phi. 3. 6-9. He. 11. 7.

22 *concluded.* ver. 8-10, 23. Ps. 143. 2. Ro. 3. 9-20, 23; 5. 12, 20; 11. 32. *that.* ver. 14, 17, 29. Ro. 4. 11-16; 5. 20, 21. 2 Ti. 1. 1. He. 6. 13-17; 9. 15. 2 Pe. 1. 4; 3. 13. 1 Jno. 2. 25; 5. 11-13. *to.* Mar. 16. 16. Jno. 3. 15-18, 36; 5. 24; 6. 40; 11. 25, 26; 12. 46; 20. 31. Ac. 16. 31. Ro. 10. 9. 1 Jno. 3. 23, 24; 5. 13.

23 *faith came.* ver. 19, 24, 25; ch. 4. 1-4. He. 12. 2. *under.* ch. 4. 4, 5, 21; 5. 18. Ro. 3. 19; 6. 14, 15. 1 Co. 9. 20, 21. *the faith.* Lu. 10. 23, 24. He. 11. 13, 39, 40. 1 Pe. 1. 11, 12.

24 *the law.* ver. 25; ch. 2. 19; 4. 2, 3. Mat. 5. 17, 18. Ac. 13. 38, 39. Ro. 3. 20-22; 7. 7-9, 24, 25; 10. 4. Col. 2. 17. He. 7. 18, 19; 9. 8-16; 10. 1-14. *justified.* See on ch. 2. 16. Ac. 13. 39.

25 *faith.* ver. 23. *we.* ch. 4. 1-6. Ro. 6. 14; 7. 4. He. 7. 11-19; 8. 3-13; 10. 15-18.

26 ch. 4. 5, 6. Jno. 1. 12, 13; 20. 17. Ro. 8. 14-17. 2 Co. 6. 18. Ep. 1. 5; 5. 1. Phi. 2. 15. He. 2. 10-15. 1 Jno. 3. 1, 2. Re. 21. 7.

27 *as many.* Mat. 28. 19, 20. Mar. 16. 15, 16. Ac. 2. 38; 8. 36-38; 9. 18; 16. 15, 31-33. Ro. 6. 3, 4. 1 Co. 12, 13. Col. 2. 10-12. 1 Pe. 3. 21. *put.* Job 29. 14. Is. 61. 10. Lu. 15. 22. Ro. 3. 22; 13. 14. Ep 4. 24. Col. 3. 10.

28 *neither.* ch. 5. 6. Ro. 1. 16; 2. 9, 10; 3. 29, 30; 4. 11, 12; 9. 24; 10. 12-15. 1 Co. 7. 19; 12. 13. Ep. 3. 5-10. Col. 3. 11. *male.* 1 Co. 7. 14. *for.* Jno. 10. 16; 11. 52; 17. 20, 21. 1 Co. 12. 12. Ep. 2. 13-22; 4. 4, 15, 16.

29 *Christ's.* ch. 5. 24. 1 Co. 3. 23; 15. 23. 2 Co. 10. 7. *Abraham's.* ver. 7. 16, 28. ch. 4. 22-31. Ge. 21. 10-12. Ro. 4. 12, 16-21; 9. 7, 8. He. 11. 18. *heirs.* ch. 4. 7, 28. Ro. 4. 13, 14; 8. 17. 1 Co. 3. 22. Ep. 3. 6. Tit. 3. 7. He. 1. 14; 6. 17; 11. 7. Ja. 2. 5. Re. 21. 7.

## CHAP. IV.

*We were under the law till Christ came, as the heir is under the guardian till he be of age,* 1-4. *But Christ freed us from the law,* 5, 6; *therefore we are servants no longer to it,* 7-13. *He remembers their good will to him, and his to them,* 14-21; *and shews that we are the sons of Abraham by the freewoman,* 22-31.

1 *That.* ch. 3. 23, 29. Ge. 24. 2, 3. 2 Ki. 10. 1, 2; 11. 12; 12. 2.

3 *when.* ch. 3. 19, 24, 25. *in.* ver. 9, 25, 31; ch. 2. 4, 23; 5. 1. Mat. 11. 28. Jno. 8. 31. Ac. 15. 10. Ro. 8. 15. *elements. or,* rudiments. ver. 9. Col. 2. 8, 20. He. 7. 16.

4 *the fulness.* Ge. 49. 10. Da. 9. 24-26. Mal. 3. 1. Mar. 1. 15. Ac. 1. 7. Ep. 1. 10. He. 9. 10. *God.* Is. 48. 16. Zec. 2. 8-11. Jno. 3. 16; 6. 38; 8. 42; 10. 36. 1 Jno. 4. 9, 10, 14. *made.* Is. 9. 6, 7. Mi. 5. 2. Zec. 6. 12. Lu. 2. 10, 11. Jno. 1. 14. Ro. 1. 3; 9. 5. Phi. 2. 6-8. 1 Ti. 3. 16. He. 2. 14; 10. 5-7. 1 Jno. 4. 2. *of a.* Ge. 3. 15. Is. 7. 14. Je. 31. 22. Mi. 5. 3. Mat. 1. 23. Lu. 1. 31, 35; 2. 7. *made under.* Mat. 3. 15; 5. 17. Lu. 2. 21-27. Ro. 15. 8. Col. 2. 14.

5 *redeem.* ver. 21; ch. 3. 13. Mat. 20. 28. Lu. 1. 68. Ac. 20. 28. Ep. 1. 7; 5. 2. Col. 1. 13-20. Tit. 2. 14. He. 1. 3; 9. 12, 15. 1 Pe. 1. 18-20; 3. 18. Re. 5. 9; 14. 3. *that we.* ver. 7; ch. 3. 26. Jno. 1. 12. Ro. 8. 19, 23; 9. 4. Ep. 1. 5.

6 *God.* Lu. 11. 13. Jno. 7. 39; 14. 16. Ro. 5. 5; 8. 15-17. 2 Co. 1. 22. Ep. 1. 13; 4. 30. *the Spirit.* Jno. 3. 34; 15. 26; 16. 7. Ro. 5. 5; 8. 9, 15. 1 Co. 15. 45. Phi. 1. 19. 1 Pe. 1. 11. Re. 19. 10. *crying.* Is. 44. 3-5. Je. 3. 4, 19. Mat. 6. 6-9. Lu. 11. 2. Ro. 8. 26, 27. Ep. 2. 18; 6. 18. He. 4. 14-16. Jude 20.

7 *thou.* ver. 1, 2, 5, 6, 31; ch. 5. 1. *but.* See on ch. 3. 26. *if.* ch. 3. 29. Ro. 8. 16, 17. *heir.* Ge. 15. 1; 17. 7, 8. Ps. 16. 5; 73. 26. Je. 10. 16; 31. 33; 32. 38-41. La. 3. 24. 1 Co. 3. 21-23. 2 Co. 6. 16-18. Re. 21. 7.

8 *when.* Ex. 5. 2. Je. 10. 25. Jno. 1. 10. Ac. 17. 23, 30. Ro. 1. 28. 1 Co. 1. 21. Ep. 2. 11, 12; 4. 18. 1 Th. 4. 5. 2 Th. 1. 8. 1 Jno. 3. 1. *ye did.* Jos. 24. 2, 15. Ps. 115. 4-8; 135. 15-18. Is. 44. 9-20. Je. 10. 3-16. Ac. 14. 12; 17. 29. Ro. 1. 23. 1 Co. 8. 4; 10. 19, 20; 12. 2. 1 Th. 1. 9. 1 Pe. 4. 3.

9 *ye have.* 1 Ki. 8. 43. 1 Ch. 28. 9. Ps. 9. 10. Pr. 2. 5. Je. 31. 34. Hab. 2. 14. Mat. 11. 27. Jno. 17. 3. 1 Co. 15. 34. 2 Co. 4. 6. Ep. 1. 17. 2 Pe. 2. 20. 1 Jno. 2. 3, 4; 5. 20. *are known.* Ex. 33. 17. Ps. 1. 6. Jno. 10. 14, 27. Ro. 8. 29. 1 Co. 8. 3; 13. 12. 2 Ti. 2. 19. *how.* ch. 3. 3. Ro. 8. 3. Col. 2. 20-23. He. 7. 18. *again. or,* back. He. 10. 38, 39. *elements. or,* rudiments. ver. 3.

10 Le. ch. 23; 25. 1, 13. Nu. ch. 28, 29. Ro. 14. 5. Col. 2. 16, 17.

11 *am.* ver. 20. 2 Co. 11. 2, 3; 12. 20, 21. *lest.* ch. 2. 2; 5. 2-4. Is. 49. 4. Ac. 16. 6. 1 Co. 15. 58. Phi. 2. 16. 1 Th. 3. 5. 2 Jno. 8.

12 *be.* ch. 2. 14; 6. 14. Ge. 34. 15. 1 Ki. 22. 4. Ac. 21. 21. 1 Co. 9. 20-23. Phi. 3. 7, 8. *ye.* 2 Co. 2. 5.

13 *through.* 1 Co. 2. 3. 2 Co. 10. 10; 11. 6, 30; 12. 7-10; 13. 4. *at.* ch. 1. 6. Ac. 16. 6.

14 *ye.* ver. 13. Job 12. 5. Ps. 119. 141. Ec. 9. 16. Is. 53. 2. 3. 1 Co. 1. 28; 4. 10. 1 Th. 4. 8. *an angel.* 2 Sa. 14. 17; 19. 27. Zec. 12. 8. Mal. 2. 7. Heb. He. 13. 2. *as Christ.* Mat. 10. 40; 18. 5; 25. 40. Lu. 10. 16. Jno. 13. 20. 2 Co. 5. 20. 1 Th. 2. 13.

15 *Where is. or,* What was. *the blessedness.* ch. 3. 14; 5. 22; 6. 4. Lu. 8. 13. Ro. 4. 6-9; 5. 2; 15. 13. *I bear.* Ro. 10. 2. 2 Co. 8. 3. Col. 4. 13. *if.* ver. 19. Ro. 9. 3. 1 Th. 2. 8; 5. 13. 1 Jno. 3. 16-18.

16 *become.* ch. 3. 1-4. 1 Ki. 18. 17, 18; 21. 20; 22. 8, 27. 2 Ch. 24. 20-22; 25. 16. Ps. 141. 5. Pr. 9. 8. Jno. 7. 7; 8. 45. *because.* ch. 2. 5, 14; 5. 7.

17 *zealously.* ch. 6. 12, 13. Mat. 23. 15. Ro. 10. 2; 16. 18. 1 Co. 11. 2. 2 Co. 11. 3, 13-15. Phi. 2. 21. 2 Pe. 2. 3, 18. *exclude you. or,* exclude us. 1 Co. 4. 8, 18.

18 *it is.* Nu. 25. 11-13. Ps. 69. 9; 119. 139. Is. 59. 17. Jno. 2. 17. 1 Co. 15. 58. Tit. 2. 14. Re. 3. 19. *I am.* ver. 20. Phi. 1. 27; 2. 12.

19 *little.* 1 Co. 4. 14. 1 Ti. 1. 2. Tit. 1. 4. Phile. 10, 19. Ja. 1. 18. 1 Jno. 2. 1, 12; 5. 21. *of.* Nu. 11. 11, 12. Is. 53. 11. Lu. 22. 44. Phi. 1. 8; 2. 17. Col. 2. 1; 4. 12. He. 5. 7. Re. 12. 1, 2. *Christ.* Ro. 8. 29; 13. 14. Ep. 4. 24. Phi. 2. 5. Col. 1. 27; 3. 10.

20 *to be.* 1 Co. 4. 19-21. 1 Th. 2. 17, 18; 3. 9. *stand in doubt of you. or,* am perplexed for you. ver. 11.

21 *ye that.* ver. 9; ch. 3. 10, 23, 24. Ro. 6. 14; 7. 5, 6; 9. 30-32; 10. 3-10. *do.* Mat. 21. 42-44; 22. 29-32. Jno. 5. 46, 47. *the law.* Jno. 10. 34; 12. 34; 15. 25. Ro. 3. 19.

22 *that.* Ge. 16. 2-4, 15; 21. 1, 2, 10.

23 *born.* Ro. 9. 7, 8. *but.* Ge. 17. 15-19; 18. 10-14; 21. 1, 2. Ro. 4. 18-21; 10. 8. He. 11. 11.

24 *an allegory.* Eze. 20. 49. Ho. 11. 10. Mat. 13. 35. 1 Co. 10. 11. Gr. He. 11. 19. *for.* ver. 25. Lu. 22. 19, 20. 1 Co. 10. 4. *the two.* ch. 3. 15-21. He. 7. 22; 8. 6-13; 9. 15-24; 10. 15-18; 12. 24; 13. 20. *covenants. or,* testament. *Sinai. Gr.* Sina. *which.* ch. 5. 1. Ro. 8. 15. *Agar.* Ge. 16. 3, 4, 8, 15, 16; 21. 9-13; 25. 12, Hagar.

25 *is.* ver. 24. *Sinai.* De. 33. 2. Ju. 5. 5. Ps. 68. 8, 17. He. 12. 18. *Arabia.* ch. 1. 17. Ac. 1. 11. *answereth to. or,* is in the same rank with. *her.* Mat. 23. 37. Lu. 13. 34; 19. 44.

26 *Jerusalem.* Ps. 87. 3-6. Is. 2. 2, 3; 52. 9; 62. 1, 2; 65. 18; 66. 10. Joel 3. 17. Mi. 4. 1, 2. Phi. 3. 20. He. 12. 22. Re. 3. 12; 21. 2, 10-27. *free.* ver. 22; ch. 5. 1. Jno. 8. 36. Ro. 6. 14, 18. 1 Pe. 2. 16. *mother.* Ca. 8. 1, 2. Is. 50. 1. Ho. 2. 2, 5; 4. 5. Re. 17. 5.

27 *Rejoice.* Is. 54. 1-5. *barren.* 1 Sa. 2. 5. Ps. 113. 9. *desolate.* Ru. 1. 11-13; 4. 14-16. 2 Sa. 13. 20. Is. 49. 21. 1 Ti. 5. 5.

28 ver. 23; ch. 3. 29. Ac. 3. 25. Ro. 4. 13-18; 9. 8, 9.

29 *he that.* Ge. 21. 9. *after the Spirit.* Jno. 3. 5; 15. 9. Ro. 8. 1, 13. *even.* ch. 5. 11; 6. 12-14. Mat. 23. 34-37. 1 Th. 2. 14, 15. He. 10. 33, 34.

30 *what.* ch. 3. 8, 22. Ro. 4. 3; 11. 2. Ja. 4. 5. *Cast.* Ge. 21. 10-12. Ro. 11. 7-11. *for.* Jno. 8. 35. Ro. 8. 15-17.

31 *we.* ch. 5. 1, 13. Jno. 1. 12, 13; 8. 36. He. 2. 14, 15. 1 Jno. 3. 1, 2.

## CHAP. V.

*He wills them to stand in their liberty,* 1, 2, *and not to observe circumcision,* 3-12; *but rather love, which is the sum of the law,* 13-18. *He reckons up the works of the flesh,* 19-21, *and the fruits of the Spirit,* 22-24, *and exhorts to walk in the Spirit,* 25, 26.

1 *Stand.* Pr. 23. 23. 1 Co. 15. 58; 16. 13. Ep. 6. 14. Phi. 1. 27. 1 Th. 3. 8. 2 Th. 2. 15. He. 3. 6, 14; 4. 14; 10. 23, 35-39. Jude 3. 20, 21. Re. 2. 25; 3. 3. *the liberty.* ver. 13; ch. 2. 4; 3. 25; 4. 26, 31. Ps. 51. 12. Is. 61. 1. Mat. 11. 28-30. Jno. 8. 32-36. Ro. 6. 14, 18; 7. 3, 6; 8. 2. 1 Co. 7. 22. 2 Co. 3. 17. 1 Pe. 2. 16. 2 Pe. 2. 19. *entangled.* ch. 2. 4; 4. 9. Mat. 23. 4. Ac. 15. 10. Col. 2. 16-22. He. 9. 8-11.

2 *I Paul.* 1 Co. 16. 21. 2 Co. 10. 1. 1 Th. 2. 18. Phile. 9. *that.* ver. 4, 6; ch. 2. 3-5. Ac. 15. 1, 24; 16. 3, 4. Ro. 9. 31, 32; 10. 2, 3. He. 4. 2.

3 *testify.* De. 8. 19; 31. 21. Ne. 9. 29, 30, 34. Lu. 16. 28. Ac. 2. 40; 20. 21. Ep. 4. 17. 1 Th. 4. 6. 1 Jno. 4. 14. *a debtor.* ch. 3. 10. De. 27. 26. Mat. 23. 16, 18. Gr. Ja. 2. 10, 11.

4 *is.* ver. 2; ch. 2. 21. Ro. 9. 31, 32; 10. 3-5. *justified.* Ro. 3. 20; 4. 4, 5. *ye.* ch. 1. 6-9. Ro. 11. 6. He. 6. 4-6; 10. 38, 39; 12. 15. 2 Pe. 2. 20-22; 3. 17, 18. Re. 2. 5.

5 *through.* Jno. 16. 8-15. Ep. 2. 18. *wait.* Ge. 49. 18. Ps. 25. 3, 5; 62. 5; 130. 5. La. 3. 25, 26. Ho. 12. 6. Ro. 8. 24, 25. 1 Th. 1. 10. 2 Th. 3. 5. *the hope.* Ro. 5. 21. Phi. 3. 9. 2 Ti. 4. 8. Tit. 2. 13.

6 *in.* ver. 2, 3; ch. 3. 28; 6. 15. Ro. 2. 25-29; 3. 29-31. 1 Co. 7. 19. Col. 3. 11. *faith.* Mat. 25. 31-40. 2 Co. 5. 14. 1 Th. 1. 3. He. 11. 8, 17-19. Ja. 2. 14-26. 1 Pe. 1. 8. 1 Jno. 3. 14-20; 4. 18-21.

7 *run.* Mat. 13. 21. 1 Co. 9. 24. He. 12. 1. *hinder you. or,* drive you back. ch. 3. 1. *obey.* Ac. 6. 7. Ro. 2. 8; 6. 17; 10. 16; 15. 18; 16. 26. 2 Co. 10. 5. 2 Th. 1. 8. He. 5. 9; 11. 8. 1 Pe. 1. 22.

8 *him.* See on ch. 1. 6.

9 Mat. 23. 33; 16. 6-12. Mar. 8. 15. Lu. 12. 1; 13. 21. 1 Co. 5. 6, 7; 15. 33. 2 Ti. 2. 17.

10 *confidence.* ch. 4. 11, 20. 2 Co. 1. 15; 2. 3; 7. 16; 8. 22. 2 Th. 3. 4. Phile. 21. *but.* ch. 1. 7; 2. 4; 3. 1; 4. 17; 6. 12, 13, 17. Ac. 15. 1, 2, 24. 1 Jno. 2. 18-26. *bear.* ver. 12. 1 Co. 5. 5. 2 Co. 2. 6; 10. 2, 6; 13. 10. 1 Ti. 1. 20. *whosoever.* ch. 2. 6. 2 Co. 5. 16.

11 *if.* ch. 2. 3. Ac. 16. 3. *why.* ch. 4. 29; 6. 12, 17. Ac. 21. 21, 28; 22. 21, 22; 23. 13, 14. 1 Co. 15. 30. 2 Co. 11. 23-26. *the offence.* Is. 8. 14. Ro. 9. 32, 33. 1 Co. 1. 18, 23. 1 Pe. 2. 8, 9.

12 *cut.* ver. 10; ch. 1. 8, 9. Ge. 17. 14. Ex. 12. 15; 30. 33. Le. 22. 3. Jos. 7. 12, 25. Jno. 9. 34. Ac. 5. 5, 9. 1 Co. 5. 13. Tit. 3. 10. *trouble.* Ac. 15. 1, 2, 24.

13 *ye.* ver. 1; ch. 4. 5-7, 22-31. Is. 61. 1. Lu. 4. 18. Jno. 8. 32-36. Ro. 6. 18-22. *only.* 1 Co 8. 9. 1 Pe. 2. 16. 2 Pe. 2. 19. Jude 4, 10-12. *but.* ver. 14, 22; ch. 6. 2. Mar. 10. 43-45. Jno. 13. 14, 15. Ac. 20. 35. Ro. 15. 1, 2. 1 Co. 9. 19; 13. 4-7. 2 Co. 4. 5; 12. 15. 1 Th. 1. 3. Ja. 2. 15-17. 1 Jno. 3. 16-19.

14 *all.* Mat. 7. 12; 19. 18, 19; 22. 39, 40. Ro. 13. 8-10. Ja. 2. 8-11. *Thou.* Le. 19. 18, 34. Mar. 12. 31, 33. Lu. 10. 27-37. 1 Ti. 1. 5.

15 ver. 26. 2 Sa. 2. 26, 27. Is. 9. 20, 21; 11. 5-9, 13. 1 Co. 3. 3; 6. 6-8. 2 Co. 11. 20; 12. 20. Ja. 3. 14-18; 4. 1-3.

16 *I say.* ch. 3. 17. 1 Co. 7. 29. *Walk.* ver. 25; ch. 6. 8. Ro. 8. 1, 4, 5, 12-14. 1 Pe. 1. 22; 4. 6. Jude 19-21. *and.* ver. 19-21. Ro. 6. 12; 13. 13, 14. 2 Co. 7. 1. Ep. 2. 3. Col. 2. 11; 3. 5-10. 1 Pe. 1. 14; 2. 11; 4. 1-4. 1 Jno. 2. 15, 16. *ye shall not fulfil. or,* fulfil not.

17 *the flesh.* Ps. 19. 12, 13; 51. 1-5, 10-12; 65. 3; 119. 5, 20, 24, 25, 32, 35, 40, 133, 159, 176. Ec. 7. 20. Is. 6. 5. Mat. 16. 17, 23; 26. 41. Jno. 3. 6. Ro. 7. 18, 21-25; 8. 5, 6, 13. Ja. 4. 5, 6. *and these.* ch. 3. 21. Mat. 12. 30. Ro. 7. 7, 8, 10-14; 8. 5-8. *so.* Ps. 119. 4-6; 130. 3. Mat. 5. 6. Lu. 21. 33, 46, 54-61. Ro. 7. 15-23. Phi. 3. 12-16. Ja. 3. 2. 1 Jno. 1. 8-10.

18 *if.* ver. 16, 25; ch. 4. 6. Ps. 25. 4, 5, 8, 9; 143. 8-10. Pr. 8. 20. Is. 48. 16-18. Eze. 36. 27. Jno. 16. 13. Ro. 8. 12, 14. 2 Ti. 1. 7. 1 Jno. 2. 20-27. *ye are.* ch. 4. 5. Ro. 6. 14, 15.

19 *the works.* ver. 13, 17; ch. 6. 8. Ps. 17. 4. Jno. 3. 6. Ro. 7. 5, 18, 25; 8. 3, 5, 9, 13. 1 Co. 3. 3. 1 Pe. 4. 2. *Adultery.* Eze. 22. 6-13. Mat. 15. 18, 19. Mar. 7. 21-23. Ro. 1. 21-32. 1 Co. 6. 9, 10. 2 Co. 12. 20, 21. Ep. 4. 17-19; 5. 3-6. Col. 3. 5-8. 1 Ti. 1. 9, 10. Tit. 3. 3. Ja. 3. 14, 15. 1 Pe. 4. 3, 4. Re. 21. 8; 22. 15.

20 *witchcraft.* Eze. 22. 18. De. 18. 10. 1 Sa. 15. 23. 1 Ch. 10. 13, 14. 2 Ch. 33. 6. Ac. 8. 9-11; 16. 16-19. *heresies.* 2 Co. 11. 19. Tit. 3. 10. 2 Pe. 2. 1.

21 *drunkenness.* De. 21. 20. Lu. 21. 34. Ro. 13. 13. 1 Co. 5. 11; 6. 10. Ep. 5. 18. 1 Th. 5. 7. *revellings.* 1 Pe. 4. 3. *that they.* Is. 3. 11. Ro. 2. 8, 9; 8. 13. 1 Co. 6. 9, 10. Ep. 5. 5, 6. Col. 3. 6. Re. 21. 27; 22. 15. *inherit.* Mat. 25. 34. 1 Co. 6. 10; 15. 50. Ep. 5. 5.

22 *the fruit.* ver. 16-18. Ps. 1. 3; 92. 14. Ho. 14. 8. Mat. 12. 33. Lu. 8. 14, 15; 13. 9. Jno. 15. 2, 5, 16. Ro. 6. 22; 7. 4. Ep. 5. 9. Phi. 1. 11. Col. 1. 10. *love.* ver. 13. Ro. 5. 2-5; 12. 9-18; 15. 3. 1 Co. 13. 4-7. Ep. 4. 23-32; 5. 1, 2. Phi. 4. 4-9. Col. 3. 12-17. 1 Th. 1. 3-10; 5. 10-22. Tit. 2. 2-12. Ja. 3. 17, 18. 1 Pe. 1. 8, 22. 2 Pe. 1. 5-8. 1 Jno. 4. 7-16. *goodness.* Ro. 15. 14. *faith.* 1 Co. 13. 7, 13. 2 Th. 3. 2. 1 Ti. 3. 11; 4. 12. 1 Pe. 5. 12.

23 *temperance.* Ac. 24. 25. 1 Co. 9. 25. Tit. 1. 8; 2. 2. *against.* 1 Ti. 1. 9.

24 *they.* ch. 3. 29. Ro. 8. 9. 1 Co. 3. 23; 15. 23. 2 Co. 10. 7. *crucified.* ver. 16-18; ch. 5. 20; 6. 14. Ro. 6. 6; 8. 13; 13. 14. 1 Pe. 2. 11. *affections. or,* passions.

25 *we.* Jno. 6. 63. Ro. 8. 2, 10. 1 Co. 15. 45. 2 Co. 3. 6. 1 Pe. 4. 6. Re. 11. 11. *let.* See on ver. 16. Ro. 8. 4, 5.

26 *desirous.* Lu. 14. 10. 1 Co. 3. 7. Phi. 2. 1-3. Ja. 4. 16. *provoking.* See on ver. 15. Ja. 3. 14-16. 1 Pe. 5. 5.

## CHAP. VI.

*He moves them to deal mildly with a brother that has slipped,* 1, *and to bear one another's burden,* 2-5; *to be liberal to their teachers,* 6-8, *and not weary of well-doing*, 9-11. *He shews what they intend that preach circumcision*, 12, 13. *He glories in nothing, save in the cross of Christ*, 14-18.

1 *if. or*, although. *overtaken*. ch. 2. 11-13. Ge. 9. 20-24; 12. 11-13. Nu. 20. 10-13. 2 Sa. 11. 2, etc. Mat. 26. 69, 75. Ro. 14. 1; 15. 1. He. 12. 13. Ja. 5. 19. *spiritual*. Ro. 8. 6; 15. 1. 1 Co. 2. 15; 3. 1; 14. 37. *restore*. 2 Sa. 12. 1, etc. Job 4. 3, 4. Is. 35. 3, 4. Eze. 34. 16. Mat. 9. 13; 18. 12-15. Lu. 15. 4-7; 22-32. He. 12. 13. Ja. 5. 19, 20. 1 Jno. 5. 16. Jude. 22, 23. *in the*. ch. 5. 23. Mat. 11. 29. 1 Co. 4. 21. 2 Co. 10. 1. 2 Th. 3. 15. 2 Ti. 2. 25. Ja. 3. 13. 1 Pe. 3. 15. *considering*. 1 Co. 7. 5; 10. 12. He. 13. 3. Ja. 3. 2.

2 *Bear*. ver. 5; ch. 5. 13, 14. Ex. 23. 5. Nu. 11. 11, 12. De. 1. 12. Is. 58. 6. Mat. 8. 17; 11. 29, 30. Lu. 11. 46. Ro. 15. 1. 1 Th. 5. 14. 1 Pe. 2. 24. *the law*. Jno. 13. 14, 15, 34; 15. 12. 1 Co. 9. 21. Ja. 2. 8. 1 Jno. 2. 8-11; 4. 21.

3 *if*. ch. 2. 6. Pr. 25. 14; 26. 12. Lu. 18. 11. Ro. 12. 3, 16. 1 Co. 3. 18; 8. 2. *when*. 1 Co. 13. 2. 2 Co. 3. 5; 12. 11. *he deceiveth*. 1 Co. 3. 18. 2 Ti. 3. 13. Ja. 1. 22, 26. 1 Jno. 1. 8.

4 *prove*. Job 13. 15, marg. Ps. 26. 2. 1 Co. 11. 28. 2 Co. 13. 15. *rejoicing*. Pr. 14. 14. 1 Co. 4. 3, 4. 2 Co. 1. 12. 1 Jno. 3. 19-22. *and not*. ch. 6. 13. Lu. 18. 11. 1 Co. 1. 12, 13; 3. 21-23; 4. 6, 7. 2 Co. 11. 12, 13.

5 Is. 3. 10, 11. Je. 17. 10; 32. 19. Eze. 18. 4. Mat. 16. 27. Ro. 2. 6-9; 14. 10-12. 1 Co. 3. 8; 4. 5. 2 Co. 5. 10, 11. Re. 2. 23; 20. 12-15; 22. 12.

6 De. 12. 19. Mat. 10. 10. Ro. 15. 27. 1 Co. 9. 9-14. 1 Ti. 5. 17, 18.

7 *not*. ver. 3. Job 15. 31. Je. 37. 9. Ob. 3. Lu. 21. 8. 1 Co. 3. 18; 6. 9; 15. 33. Ep. 5. 6. 2 Th. 2. 3. Ja. 1. 22, 26. 1 Jno. 1. 8; 3. 7. *God*. Job 13. 8, 9. Jude 18. *for*. Job 4. 8. Pr. 1. 31; 6. 14, 19; 11. 18. Ho. 8. 7; 10. 12. Lu. 16. 25. Ro. 2. 6-10. 2 Co. 9. 6.

8 *soweth to his*. Ro. 6. 13; 8. 13; 13. 14. Ja. 3. 18. *reap*. Pr. 22. 8. Je. 12. 13. Ho. 10. 13. 2 Pe. 2. 12, 19. Re. 22. 11. *soweth to the*. ver. 7. Ps. 126. 5, 6. Ec. 11. 6. Is. 32. 20. Ja. 3. 18. *of the Spirit*. Mat. 19. 29. Lu. 18. 30. Jno. 4. 14, 36; 6. 27. Ro. 6. 22. 1 Ti. 1. 16. Tit. 3. 7. Jude 21.

9 *us*. Mal. 1. 13. 1 Co. 15. 58. 2 Th. 3. 13. He. 12. 3. *well*. Ro. 2. 7. 1 Pe. 2. 15; 3. 17; 4. 19. *for*. Le. 26. 4. De. 11. 14. Ps. 104. 27; 145. 15. Ja. 5. 7. *if*. Is. 40. 30, 31. Zep. 3. 16, marg. Mat. 24. 13. Lu. 18. 1. 2 Co. 4. 1, 16. Ep. 3. 13. He. 3. 6, 14; 10. 35-39; 12. 3, 5. Re. 2. 3, 7, 10, 11, 17, 26-29; 3. 5, 6, 12, 13, 21, 22.

10 *opportunity*. Ec. 9. 10. Jno. 9. 4; 12. 35. Ep. 5. 16. Phi. 4. 10. Col. 4. 5. Gr. Tit. 2. 14. *do good*. Ps. 37. 3, 27. Ec. 3. 12. Mat. 5. 43. Mar. 3. 4. Lu. 6. 35. 1 Th. 5. 15. 1 Ti. 6. 17, 18. Tit. 3. 8. He. 13. 16. 3 Jno. 11. *especially*. Mat. 10. 25; 12. 50; 25. 40. Ep. 2. 19; 3. 15. He. 3. 6; 6. 10. 1 Jno. 3. 13-19; 5. 1. 3 Jno. 5-8.

11 *written*. Ro. 16. 22. 1 Co. 16. 21-23.

12 *as desire*. ver. 13. Mat. 6. 2, 5, 16; 23. 5, 28. Lu. 16. 15; 20. 47. Jno. 7. 18. 2 Co. 10. 12; 11. 13. Phi. 1. 15; 2. 4. Col. 2. 23. *they constrain*. ch. 2. 3, 14. Ac. 15. 1, 5. *lest*. ch. 5. 11. Phi. 3. 18.

13 *keep*. Mat. 23. 3, 15, 23. Ro. 2. 17-24; 3. 9-19. 2 Pe. 2. 19. *that they may*. 1 Co. 3. 21; 5. 6. 2 Co. 11. 18.

14 *God*. Ro. 3. 4-6. Phi. 3. 3, 7, 8. *that I*. 2 Ki. 14. 9-11. Job 31. 24, 25. Ps. 49. 6; 52. 1. Je. 9. 23, 24. Eze. 28. 2. Da. 4. 30, 31; 5. 20, 21. 1 Co. 1. 29-31; 3. 21. 2 Co. 11. 12; 12. 10, 11. *save*. Is. 45. 24, 25. Ro. 1. 16. 1 Co. 1. 23; 2. 2. Phi. 3. 3, Gr., 7-11. *by whom. or*, whereby. *the world*. ch. 1. 4; 2. 20; 5. 24. Ac. 20. 23, 24. Ro. 6. 6. 1 Co. 15. 58. 2 Co. 5. 14-16. Phi. 1. 20, 21; 3. 8, 9. Col. 3. 1-3. 1 Jno. 2. 15-17; 5. 4, 5.

15 *in*. See on ch. 5. 6. Ro. 8. 1. 2 Co. 5. 17. *neither*. 1 Co. 7. 19. *but*. 2 Co. 5. 17. Ep. 2. 10; 4. 24. Col. 3. 10, 11. Re. 21. 5.

16 *walk*. ch. 5. 16, 25. Ps. 125. 4, 5. Phi. 3. 16. *peace*. ch. 1. 3. Nu. 6. 23-27. 1 Ch. 12. 18. Ps. 125. 5. Jno. 14. 27; 16. 33. See on Ro. 1. 7. Phi. 4. 7. *the Israel*. ch. 3. 7-9, 29. Ps. 73. 1. Is. 45. 25. Ho. 1. 10. Jno. 1. 47. Ro. 2. 28, 29; 4. 12; 9. 6-8. Phi. 3. 3. 1 Pe. 2. 5-9.

17 *let*. ch. 1. 7; 5. 12. Jos. 7. 25. Ac. 15. 24. He. 12. 15. *I bear*. ch. 5. 11. 2 Co. 1. 5; 4. 10; 11. 23-25. Col. 1. 24.

18 *the grace*. Ro. 16. 20, 24. 2 Co. 13. 14. 2 Ti. 4. 22. Phile. 25. Re. 22. 21.

## CONCLUDING REMARKS ON THE EPISTLE TO THE GALATIANS.

The Galatians, or Gallogræcians, were the descendants of Gauls, who migrated from their own country, and after a series of disasters, got possession of a large district in Asia Minor, from them called Galatia. (Pausanias, Attic. c. iv.) They are mentioned by historians as a tall and valiant people, who went nearly naked, and used for arms only a buckler and sword; and the impetuosity of their attack is said to have been irresistible. Their religion, before their conversion, was extremely corrupt and superstitious: they are said to have worshipped the mother of the gods, under the name of Adgistis; and to have offered human sacrifices of the prisoners they took in war. Though they spoke the Greek language in common with almost all the inhabitants of Asia Minor, yet it appears from Jerome that they retained their original Gaulish language even as late as the fifth century. Christianity appears to have been first planted in these regions by St. Paul himself, (ch. i. 6; iv. 13;) who visited the churches at least twice in that country, (Ac. xvi. 6; xviii. 23.) It is evident that this epistle was written soon after their reception of the gospel, as he complains of their speedy apostacy from his doctrine, (ch. i. 6;) and as there is no notice of his second journey into that country, it has been supposed, with much probability, that it was written soon after his first, and consequently about A.D. 52 or 53. It appears that soon after the Apostle had left them, some Judaizing teachers intruded themselves into the churches; drawing them off from the true gospel, to depend on ceremonial observances, and to the vain endeavour of 'establishing their own righteousness.' It was in order to oppose this false gospel that St. Paul addressed the Galatians, and after saluting the churches of Galatia, and establishing his apostolic commission against the attacks of the false teachers, he reproves them for departing from that gospel which he had preached to them, and confirmed by the gift of the Holy Ghost;—proves that justification is by faith alone, and not by the deeds of the law, from the example of Abraham, the testimony of Scripture, the curse of the law, the redemption of Christ, and the Abrahamic covenant, which the law could not disannul;—shews the use of the law in connection with the covenant of grace; concludes that all believers are delivered from the law, and made the spiritual seed of Abraham by faith in Christ; illustrates his inference by God's treatment of the Jewish church, which he put under the law, as a father puts a minor under a guardian; shews the weakness and folly of the Galatians in subjecting themselves to the law, and that by submitting themselves to circumcision they become subject to the whole law, and would forfeit the benefits of the covenant of grace; gives them various instructions and exhortations for their Christian conduct, and particularly concerning the right use of their Christian freedom; and concludes with a brief summary of the topics discussed, and by commending them to the grace of Christ.

# The Epistle of PAUL the Apostle to the EPHESIANS.

A.D. 64. A.M. 4068.

CHAP. I.

*After the salutation, 1, 2, and thanksgiving for the Ephesians, 3, he treats of our election, 4, 5, and adoption by grace, 6-10; which is the true and proper fountain of man's salvation, 11, 12. And because the height of this mystery cannot easily be attained unto, 13-15, he prays that they may come to the full knowledge and possession thereof in Christ, 16-23.*

1 *an.* Ro. 1. 1. 1 Co. 1. 1. Ga. 1. 1. *to the saints.* Ro. 1. 7. 1 Co. 1. 2. 2 Co. 1. 1. *which.* ch. 6. 21. Nu. 12. 7. Lu. 16. 10. Ac. 16. 15. 1 Co. 4. 2, 17. Ga. 3. 9. Col. 1. 2. Re. 2. 10, 13; 17. 14. *faithful.* Ac. ch. 19, 20.

2 See on Ro. 1. 7. 2 Co. 1. 2. Ga. 1. 3. Tit. 1. 4.

3 *Blessed.* Ge. 14. 20. 1 Ch. 29. 20. Ne. 9. 5. Ps. 72. 19. Da. 4. 34. Lu. 2. 28. 2 Co. 1. 3. 1 Pe. 1. 3. Re. 4. 9-11; 5. 9-14. *God.* ver. 17. Jno. 10. 29, 30; 20. 17. Ro. 15. 6. 2 Co. 1. 3; 11. 31. Phi. 2. 11. *who.* Ge. 12. 2, 3; 22. 18. 1 Ch. 4. 10. Ps. 72. 17; 134. 3. Is. 61. 9. Ga. 3. 9. *in heavenly.* ver. 20, ch. 2. 6; 3. 10; 6. 12, marg. He. 8. 5; 9. 23. *places, or,* things. ch. 6. 12. *in Christ.* ver. 10. Jno. 14. 20; 15. 2-5; 17. 21. Ro. 12. 5. 1 Co. 1. 30; 12. 12. 2 Co. 5. 17, 21.

4 *as.* De. 7. 6, 7. Ps. 135. 4. Is. 41. 8, 9; 42. 1; 65. 8-10. Mat. 11. 25, 26; 24. 22, 24, 31. Jno. 10. 16. Ac. 13. 48; 18. 10. Ro. 8. 28, 30, 33; 9. 23, 24; 11. 5, 6. 2 Th. 2. 13, 14. 2 Ti. 2. 10. Tit. 1. 1, 2. Ja. 2. 5. 1 Pe. 1. 2; 2. 9. *before.* Mat. 25. 34. Jno. 17. 24. Ac. 15. 18. 1 Pe. 1. 20. Re. 13. 8; 17. 8. *that.* ch. 2. 10. Lu. 1. 74, 75. Jno. 15. 16. Ro. 8. 28, 29. Col. 3. 12. 1 Th. 4. 7. 2 Ti. 1. 9; 2. 19. Tit. 2. 11, 12. 2 Pe. 1. 5-10. *without.* ch. 5. 27. 1 Co. 1. 8. Phi. 2. 15. Col. 1. 22. 2 Pe. 3. 14. *love.* ch. 3. 17; 4. 2, 15, 16; 5. 2. Ga. 5. 6, 13, 22. Col. 2. 2. 1 Th. 3. 12. 1 Jno. 4. 16.

5 *predestinated.* ver. 11. Ro. 8. 29, 30. *unto.* Je. 3. 4, 19. Ho. 1. 10. Jno. 1. 12; 11. 52. Ro. 8. 14-17, 23. 2 Co. 6. 18. Ga. 4. 5, 6. He. 12. 5-9. 1 Jno. 3. 1. Re. 21. 7. *by.* Jno. 20. 17. Ga. 3. 26. He. 2. 10-15. *according.* ver. 9, 11. Da. 4. 35. Mat. 1. 25; 11. 26. Lu. 10. 21; 11. 32. Ro. 9. 11-16. 1 Co. 1. 1, 21. Phi. 2. 13. 2 Th. 1. 11.

6 *praise.* ver. 7, 8, 12, 14, 18; ch. 2. 7; 3. 10, 11. Pr. 16. 4. Is. 43. 21; 61. 3, 11. Je. 33. 9. Lu. 2. 14. Ro. 9. 23, 24. 2 Co. 4. 15. Phi. 1. 11; 4. 19. 2 Th. 1. 8-10. 1 Ti. 1. 14-16. 1 Pe. 2. 9; 4. 11. *he.* Is. 45. 24, 25. Je. 23. 6. Ro. 3. 22-26; 5. 15-19; 8. 1. 2 Co. 5. 21. Phi. 3. 9. 1 Pe. 2. 5. *in.* Ps. 22. 20; 60. 5. Pr. 8. 30, 31. Is. 42. 1; 49. 1-3. Zec. 13. 7. Mat. 3. 17; 17. 5. Jno. 3. 35; 10. 17. Col. 1. 13.

7 *whom.* Job 33. 24. Ps. 130. 7. Da. 9. 24-26. Zec. 9. 11; 13. 1, 7. Mat. 20. 28; 26. 28. Mar. 14. 24. Ac. 20. 28. Ro. 3. 24. 1 Co. 1. 30. Col. 1. 14. 1 Ti. 2. 6. Tit. 2. 14. He. 9. 12-15, 22; 10. 4-12. 1 Pe. 1. 18, 19; 2. 24; 3. 18. 1 Jno. 2. 2; 4. 10. Re. 5. 9; 14. 4. *the forgiveness.* Ex. 34. 7. Ps. 32. 1, 2; 86. 5; 130. 4. Is. 43. 25; 55. 6, 7. Je. 31. 34. Da. 9. 9, 19. Jon. 4. 2. Mi. 7. 18. Lu. 1. 77; 7. 40-42, 47-50; 24. 47. Jno. 20. 23. Ac. 2. 38; 3. 19; 10. 43; 13. 38, 39. Ro. 4. 6-9. Col. 2. 13. He. 10. 17, 18. 1 Jno. 1. 7-9; 2. 12. *to.* See on ver. 6; ch. 2. 4, 7; 3. 8, 16. Ro. 2. 4; 3. 24; 9. 23. 2 Co. 8. 9. Phi. 4. 19. Col. 1. 27; 2. 2. Tit. 3. 6, marg.

8 *he.* Ro. 5. 15, 20, 21. *in.* ver. 11; ch. 3. 10. Ps. 104. 24. Pr. 8. 12. Is. 52. 13. Da. 2. 20, 21. Mat. 11. 19. Ro. 11. 33. 1 Co. 1. 19-24; 2. 7. Col. 2. 3. Jude 25. Re. 5. 12.

9 *made.* ver. 17, 18; ch. 3. 3-9. Mat. 13. 11. Ro. 16. 25-27. 1 Co. 2. 10-12. Ga. 1. 12, 16. Col. 1. 26-28. 1 Ti. 3. 16. *according.* See on ver. 5. *purposed.* ver. 11; ch. 3. 11. Job 23. 13, 14. Ps. 33. 11. Is. 14. 24-27; 46. 10, 11. Je. 2. 29. La. 3. 37, 38. Ac. 2. 23; 4. 28; 13. 48. Ro. 8. 28. 2 Ti. 1. 9.

10 *in the.* Is. 2. 2-4. Da. 2. 44; 9. 24-27. Am. 9. 11. Mi. 4. 1, 2. Mal. 3. 1. 1 Co. 10. 11. Ga. 4. 4. He. 1. 2; 9. 10; 11. 40. 1 Pe. 1. 20. *he.* ver. 22; ch. 2. 15; 3. 15. Ge. 49. 10. Mat. 25. 32. 1 Co. 3. 22, 23; 11. 3. Phi. 2. 9, 10. Col. 1. 20; 3. 11. He. 12. 22-24. Re. 5. 9; 7. 4-12; 19. 4-6. *heaven. Gr.* the heavens.

11 *we.* ver. 14. Ps. 37. 18. Ac. 20. 32; 26. 18. Ro. 8. 17. Ga. 3. 18. Col. 1. 12; 3. 24. Tit. 3. 7. Ja. 2. 5. 1 Pe. 1. 4; 3. 9. *being.* See on ver. 5. *according.* Is. 46. 10, 11. *the purpose.* See on ver. 9. *the counsel.* See on ver. 8. Job 12. 13. Pr. 8. 14. Is. 5. 19; 28. 29; 40. 13, 14. Je. 23. 18; 32. 19. Zec. 6. 13. Ac. 2. 23; 4. 28; 20. 27. Ro. 11. 34. He. 6. 17.

12 *be.* See on ver. 6, 14; ch. 2. 7; 3. 21. 2 Th. 2. 13. *who.* ver. 13. Ps. 2. 12; 146. 3-5. Is. 11. 10; 12. 2; 32. 1, 2; 42. 1-4; 45. 23, 25. Je. 17. 5-7; 23. 6. Mat. 12. 18-21. Jno. 14. 1. Ro. 15. 12, 13. 2 Ti. 1. 12. Ja. 1. 18. 1 Pe. 1. 21. *trusted. or,* hoped.

13 *ye also.* ch. 2. 11, 12. Col. 1. 21-23. 1 Pe. 2. 10. *after that ye heard.* ch. 4. 21. Jno. 1. 17. Ro. 6. 17; 10. 14-17. Col. 1. 4-6, 23. 1 Th. 2. 13. *the word.* Ps. 119. 43. 2 Co. 6. 7. 2 Ti. 2. 15. Ja. 1. 18. *the gospel.* Mar. 16. 15, 16. Ac. 13. 26. Ro. 1. 16. 2 Ti. 3. 15. Tit. 2. 11. He. 2. 3. *ye were.* ch. 4. 30. Jno. 6. 27. Ro. 4. 11. 2 Co. 1. 22. 2 Ti. 2. 19. Re. 7. 2. *holy.* Joel. 2. 28. Lu. 11. 13; 24. 49. Jno. 14. 16, 17, 26; 15. 26; 16. 7-15. Ac. 1. 4; 2. 16-22, 33. Ga. 3. 14.

14 *the earnest.* Ro. 8. 15-17, 23. 2 Co. 1. 22; 5. 5. Ga. 4. 6. *the redemption.* ch. 4. 30. Le. 25. 24, etc. Ps. 74. 2; 78. 54. Je. 32. 7, 8. Lu. 21. 28. Ac. 20. 28. Ro. 8. 23. 1 Pe. 2. 9, marg. *unto.* See on ver. 6, 12.

15 *after.* Col. 1. 3, 4. Phile. 5. *faith.* Ga. 5. 6. 1 Th. 1. 3. 2 Th. 1. 3. 1 Ti. 1. 5, 14. *love.* Ps. 16. 3. Col. 1. 4. 1 Th. 4. 9. He. 6. 10. 1 Pe. 1. 22. 1 Jno. 3. 17; 4. 21.

16 *Cease.* Ro. 1. 8, 9. 1 Sa. 7. 8; 12. 23. Phi. 1. 3, 4. Col. 1. 3. 1 Th. 5. 17. 2 Th. 1. 3. *making.* Ge. 40. 14. Is. 62. 6. 1 Th. 1. 2.

17 *the God.* See on ver. 3. Jno. 20. 17. *the Father.* 1 Ch. 29. 11. Ps. 24. 7, 10; 29. 3. Je. 2. 11. Mat. 6. 13. Lu. 2. 14. Ac. 7. 2. 1 Co. 2. 8. Ja. 2. 1. Re. 7. 12. *the spirit.* Ge. 41. 38, 39. Is. 11. 2. Da. 5. 11. Lu. 12. 12; 21. 15. Jno. 14. 17, 26. Ac. 6. 10. 1 Co. 12. 8; 14. 6. Col. 1. 9; 2. 3. Ja. 3. 17, 18. *revelation.* ch. 3. 5. Da. 2. 28-30; 10. 1. Mat. 11. 25; 16. 17. 1 Co. 2. 10. 2 Co. 12. 1. *in the knowledge. or,* for the acknowledgment. ch. 3. 18, 19. Pr. 2. 5. Je. 9. 24; 24. 7; 31. 34. Mat. 11. 27. Jno. 8. 54, 55; 16. 3; 17. 3, 25, 26. Ro. 1. 28. Col. 1. 10; 2. 2. 2 Ti. 2. 25. Tit. 1. 1. 2 Pe. 1. 3; 3. 18. 1 Jno. 2. 3, 4.

18 *eyes.* ch. 5. 8. Ps. 119. 18. Is. 6. 10; 29. 10, 18; 32. 3; 42. 7. Mat. 13. 15. Lu. 24. 45. Ac. 16. 14; 26. 18. 2 Co. 4. 4, 6. He. 10. 32. *is.* ch. 2. 12; 4. 4. Ro. 5. 4, 5; 8. 24, 25. Ga. 5. 5. Col. 1. 5, 23. 1 Th. 5. 8. 2 Th. 2. 16. Tit. 2. 13; 3. 7. 1 Pe. 1. 3. 1 Jno. 3. 1-3. *his calling.* ch. 4. 1. Ro. 8. 28-30. Phi. 3. 14. Col. 3. 15. 1 Th. 2. 12. 2 Th. 1. 11. 1 Ti. 6. 12. 1 Pe. 3. 9; 5. 10. *the riches.* See on ver. 7, 11; ch. 3. 8, 16.

19 *exceeding.* ch. 2. 10; 3. 7, 20. Ps. 110. 2, 3. Is. 53. 1. Jno. 3. 6. Ac. 26. 18. Ro. 1. 16. 2 Co. 4. 7; 5. 17. Phi. 2. 13. Col. 1. 29; 2. 12. 1 Th. 1. 5. 2 Th. 1. 11. Ja. 1. 18. *his mighty. Gr.* the might of his.

20 *he wrought.* ch. 2. 5, 6. Ro. 6. 5-11. Phi. 3. 10. 1 Pe. 1. 3. *when.* Ps. 16. 9-11. Jno. 10. 18, 30. Ac. 2. 24-33; 4. 10; 10. 40; 26. 8. Ro. 1. 4. He. 13. 20. *and set.* ch. 4. 8-10. Ps. 110. 1. Mat. 22. 43-45; 26. 64; 28. 18. Mar. 14. 62; 16. 19. Jno. 17. 1-5. Ac. 2. 34-36; 5. 31; 7. 55, 56. Ro. 8. 34. Col. 3. 1. He. 1. 3; 2. 9; 10. 12. Re. 1. 17; 5. 11-14. *heavenly.* See on ver. 3.

21 *above.* Phi. 2. 9, 10. Col. 2. 10. He. 1. 4. *principality.* ch. 3. 10; 6. 12. Da. 7. 27. Ro. 8. 38, 39. Col. 1. 15, 16; 2. 15. He. 4. 14. 1 Pe. 3. 22. *every.* Mat. 28. 19. Ac. 4. 12. Phi. 2. 9-11. Re. 19. 12, 13. *in that.* Mat. 25. 31-36; 28. 18. Jno. 5. 25-29. He. 2. 5. Re. 20. 10-15.

22 *put.* Ge. 3. 15. Ps. 8. 6-8; 91. 13. 1 Co. 15. 25-27. He. 2. 8. *gave.* ch. 4. 15, 16. 1 Co. 11. 3. Col. 1. 8; 2. 10, 19. *to the.* ch. 3. 21. Mat. 16. 18. Ac. 20. 28. 1 Ti. 3. 15. He. 12. 22-24.

23 *his.* ch. 2. 16; 4. 4, 12; 5. 23-32. Ro. 13. 5. 1 Co. 12. 12-27. Col. 1. 18, 24; 3. 15. *fulness.* ch. 3. 19; 4. 10. Jno. 1. 16. 1 Co. 12. 6; 15. 28. Col. 1. 19; 2. 9, 10; 3. 11.

CHAP. II.

*By comparing what we were by nature, with what we are by grace, 1-9, he declares that we are made for good works: and being brought near by Christ, should not live as Gentiles and foreigners, as in time past, but as citizens with the saints, and the family of God, 10-22.*

1 *you.* ver. 5, 6; ch. 1. 19, 20. Jno. 5. 25; 10. 10; 11. 25, 26; 14. 6. Ro. 8. 2. 1 Co. 15. 45. Col. 2. 13; 3. 1-4. *dead.* ver. 5; ch. 4. 18; 5. 14. Mat. 8. 22. Lu. 15. 24, 32. Jno. 5. 21. 2 Co. 5. 14. 1 Ti. 5, 6. 1 Jno. 3. 14. Re. 3. 1.

2 *in time.* ver. 3; ch. 4. 22. Job 31. 7. Ac. 19. 35. 1 Co. 6. 11. Col. 1. 21; 3. 7. 1 Pe. 4. 3. 1 Jno. 5. 19. *walked according.* Ps. 17. 14. Je. 23. 10. Lu. 16. 8. Jno. 7. 7; 8. 23; 15. 19. Ro. 12. 2. 1 Co. 5. 10. Ga. 1. 4. 2 Ti. 4. 10. Ja. 1. 7; 4. 4. 1 Jno. 2. 15-17; 5. 4. *the prince.* ch. 6. 12. Jno. 8. 44; 12. 31; 14. 30; 16. 11. 1 Jno. 5. 19. Re. 12. 9; 13. 8, 14; 20. 2. *of the air.* Job 1. 7, 16, 19. Re. 16. 17. *the spirit.* Mat. 12. 43-45. Lu. 11. 21-26; 22. 2, 3, 31. Jno. 13. 2, 27. Ac. 5. 3. 2 Co. 4. 4. 1 Jno. 3. 8; 4. 4. *the children.* ver. 3; ch. 5. 6. Is. 30. 1; 57. 4. Ho. 10. 9. Mat. 11. 19; 13. 38. Col. 3. 6. 1 Pe. 1. 14. *Gr.* 2 Pe. 2. 14. *Gr.* 1 Jno. 3. 10.

3 *we.* Is. 53. 6; 64. 6, 7. Da. 9. 5-9. Ro. 3. 9-19. 1 Co. 6. 9-11. Ga. 2. 15, 16; 3. 22. Tit. 3. 3. 1 Pe. 4. 3. 1 Jno. 1. 8-10. *in times.* ch. 4. 17-19. Ac. 14. 16; 17. 30, 31. Ro. 11. 30. 1 Pe. 2. 10. 1 Jno. 2. 8. *in the.* ch. 4. 22. Mar. 4. 19. Jno. 8. 44. Ro. 1. 24; 6. 12; 13. 14. Ga. 5. 16-24. 1 Ti. 6. 9. Ja. 4. 1-3. 1 Pe. 1. 14; 2. 11; 4. 2. 2 Pe. 2. 18. 1 Jno. 2. 16. Jude 16-18. *fulfilling.* Ro. 8. 7, 8. 2 Co. 7. 1. Ga. 5. 19-21. *desires. Gr.* wills. Jno. 1. 13. *by.* Ge. 5. 3; 6. 5; 8. 21. Job 14. 4; 15. 14-16; 25. 4. Ps. 51. 5. Mar. 7. 21, 22. Jno. 3. 1-6. Ro. 5. 12-19; 7. 18. Ge. 2. 15, 16. *children.* See on ver. 2. Ro. 9. 22. *even.* Ro. 3. 9, 22, 23, 1 Co. 4. 7.

4 *who.* ver. 7; ch. 1. 7; 3. 8. Ex. 33. 19; 34. 6, 7. Ne. 9. 17. Ps. 51. 1; 86. 5, 15; 103. 8-11; 145. 8. Is. 55. 6-8. Da. 9. 9. Jon. 4. 2. Mi. 7. 18-20. Lu. 1. 78. Ro. 2. 4; 5. 20, 21; 9. 23; 10. 12. 1 Ti. 1. 14. 1 Pe. 1. 3. *his.* De. 7. 7, 8; 9. 5, 6. Je. 31. 3. Eze. 16. 6-8. Jno. 3. 14-17. Ro. 5. 8; 9. 15, 16. 2 Th. 2. 13. 2 Ti. 1. 9. Tit. 3. 4-7. 1 Jno. 4. 10-19.

5 *dead.* See on ver. 1. Ro. 5. 6, 8, 10. *quickened.* See on ver. 1; ch. 5. 14. Jno. 5. 21; 6. 63. Ro. 8. 2. *grace ye. Gr. whose* grace ye. ver. 8. Ac. 15. 11. Ro. 3. 24; 4. 16; 11. 5, 6; 16. 20. 2 Co. 13. 14. Tit. 2. 11; 3. 5. Re. 22. 21.

6 *hath.* See on ch. 1. 19, 20. Ro. 6. 4, 5. Col. 1. 18; 2. 12, 13; 3. 1-3. *sit.* Mat. 26. 29. Lu. 12. 37; 22. 29, 30. Jno. 12. 26; 14. 3; 17. 21-26. Re. 3. 20, 21. *in.* See on ch. 1. 3.

7 *in the.* ch. 3. 5, 21. Ps. 41. 13; 106. 48. Is. 60. 15. 1 Ti. 1. 17. *shew.* See on ver. 4. 2 Th. 1. 12. 1 Ti. 1. 16. 1 Pe. 1. 12. Re. 5. 9-14. *in his.* Tit. 3. 4.

8 *by.* See on ver. 5. Ro. 3. 24. 2 Th. 1. 9. *through.* Mar. 16. 16. Lu. 7. 50. Jno. 3. 14-18, 36; 5. 24; 6. 27-29, 35, 40. Ac. 13. 39; 15. 7-9; 16. 31. Ro. 3. 22-26; 4. 5, 16; 10. 9, 10. Ga. 3. 14, 22. 1 Jno. 5. 10-12. *that.* ver. 10; ch. 1. 19. Mat. 16. 17. Jno. 1. 12, 13; 6. 37, 44, 65. Ac. 14. 27; 16. 14. Ro. 10. 14, 17. Phi. 1. 29 Col. 2. 12. Ja. 1. 16-18.

9 Ro. 3. 20, 27, 28; 4. 2; 9. 11, 16; 11. 6. 1 Co. 1. 29-31. 2 Ti. 1. 9. Tit. 3. 3-5.

10 *we are.* De. 32. 6. Ps. 100. 3; 138. 8. Is. 19. 25; 29. 23; 43. 21; 44. 21; 60. 21; 61. 3. Je. 31. 33; 32. 39, 40. Jno. 3. 3-6, 21. 1 Co. 3. 9. 2 Co. 5. 5, 17. Phi. 1. 6; 2. 13. He. 13. 21. *created.* ch. 4. 24. Ps. 51. 10. 2 Co. 5. 17. Ga. 6. 15. Col. 3. 10. *good.* Mat. 5. 16 Ac. 9. 36. 2 Co. 9. 8. Col. 1. 10. 2 Th

**2. 17.** 1 Ti. 2. 10; 5. 10, 25; 6. 18. 2 Ti. 2. 21; 3. 17. Tit. 2. 7, 14; 3. 1, 8, 14. He. 10. 24; 13. 21. 1 Pe. 2. 12. *which.* ch. 1. 4. Ro. 8. 29. *ordained. or,* prepared. *walk.* ver. 2; ch. 4. 1. De. 5. 33. Ps. 81. 13; 119. 3. Is. 2. 3-5. Ac. 9. 31. Ro. 8. 1. 1 Jno. 1. 7; 2. 6.

11 *remember.* ch. 5. 8. De. 5. 15; 8. 2; 9. 7; 15. 15; 16. 12. Is. 51. 1, 2. Eze. 16. 61-63; 20. 43; 36. 31. 1 Co. 6. 11; 12. 2. Ga. 4. 8, 9. *Gentiles.* Ro. 2. 29. Ga. 2. 15; 6. 12. Col. 1. 21; 2. 13. *Uncircumcision.* 1 Sa. 17. 26, 36. Je. 9. 25, 26. Phi. 3. 3. Col. 3. 11. *made.* Col. 2. 11.

12 *without.* Jno. 10. 16; 15. 5. Col. 1. 21. *aliens.* ch. 4. 18. Ezra 4. 3. Is. 61. 5. Eze. 13. 9. He. 11. 34. *the covenants.* Ge. 15. 18; 17. 7-9. Ex. 24. 3-11. Nu. 18. 19. Ps. 89. 3, etc. Je. 31. 31-34; 33. 20-26. Eze. 37. 26. Lu. 1. 72. Ac. 3. 25. Ro. 9. 4, 5, 8. Ga. 3. 16, 17. *having.* Je. 14. 8; 17. 13. Jno. 4. 22. Ac. 28. 20. Col. 1. 5, 27. 1 Th. 4. 13. 2 Th. 2. 16. 1 Ti. 1. 1. He. 6. 18. 1 Pe. 1. 3, 21; 3. 15. 1 Jno. 3. 3. *without.* 2 Ch. 15. 3. Is. 44. 6; 45. 20. Ho. 3. 4. Ac. 14. 15, 16. Ro. 1. 28-32. 1 Co. 8. 4-6; 10. 19, 20. Ga. 4. 8. 1 Th. 4. 5.

13 *in.* See on Ro. 8. 1. 1 Co. 1. 30. 2 Co. 5. 17. Ga. 3. 28. *were.* ver. 12, 17, 19-22; 3. 5-8. Ps. 22. 27; 73. 27. Is. 11. 10; 24. 15, 16; 43. 6; 49. 12; 57. 19; 60. 4, 9; 66. 19. Je. 16. 19. Ac. 2. 39; 15. 14; 22. 21; 26. 18. Ro. 15. 8-12. *are.* ver. 16; ch. 1. 7. Ro. 3. 23-30; 5. 9, 10. 1 Co. 6. 11. 2 Co. 5. 20, 21. Col. 1. 13, 14, 21, 22. He. 9. 18. 1 Pe. 1. 18, 19; 3. 18. Re. 5. 9.

14 *our.* Is. 9. 6, 7. Eze. 34. 24, 25. Mi. 5. 5. Zec. 6. 13. Lu. 1. 79; 2. 14. Jno. 16. 33. Ac. 10. 36. Ro. 5. 1. Col. 1. 20. He. 7. 2; 13. 20. *both.* ver. 15; ch. 3. 15; 4. 16. Is. 19. 24, 25. Eze. 37. 19, 20. Jno. 10. 16; 11. 52. 1 Co. 12. 12. Ga. 3. 28. Col. 3. 11. *the middle.* Es. 3. 8. Ac. 10. 28. Col. 2. 10-14, 20.

15 *in his.* Col. 1. 22. He. 10. 19-22. *the law.* Ga. 3. 10. Col. 2. 14, 20. He. 7. 16; 8. 13; 9. 9, 10, 23; 10. 1-10. *one.* ch. 4. 16, 24. 2 Co. 5. 17. Ga. 6. 15. Col. 3. 10.

16 *reconcile.* Ro. 5. 10. 2 Co. 5. 18-21. Col. 1. 21-22. *having.* ver. 15. Ro. 6. 6; 8. 3, 7. Ga. 2. 20. Col. 2. 14. 1 Pe. 4. 1, 2. *thereby. or,* in himself.

17 *and preached.* Ps. 85. 10. Is. 27. 5; 52. 7; 57. 19-21. Zec. 9. 10. Mat. 10. 13. Lu. 2. 14; 15. 5, 6. Ac. 2. 39; 10. 36. Ro. 5. 1. 2 Co. 5. 20. *that.* ver. 13, 14. De. 4. 7. Ps. 75. 1; 76. 1, 2; 147. 19, 20; 148. 14. Lu. 10. 9-11.

18 *through.* ch. 3. 12. Jno. 10. 7, 9; 14. 6. Ro. 5. 2. He. 4. 15, 16; 7. 19; 10. 19, 20. 1 Pe. 1. 21; 3. 18. 1 Jno. 2. 1, 2. *by.* ch. 4. 4; 6. 18. Zec. 12. 10. Ro. 8. 15, 26, 27. 1 Co. 12. 13. Jude 20. *the.* ch. 3. 14. Mat. 28. 19. Jno. 4. 21-23. 1 Co. 8. 6. Ga. 4. 6. Ja. 3. 9. 1 Pe. 1. 17.

19 *strangers.* See on ver. 12. *but.* ch. 3. 6. Ga. 3. 26-28; 4. 26-31. Phi. 3. 20. Gr. He. 12. 22-24. Re. 21. 12-26. *household.* ch. 3. 15. Mat. 10. 25. Ga. 6. 10. 1 Jno. 3. 1.

20 *built.* ch. 4. 12. 1 Pe. 2. 4, 5. *the foundation.* ch. 4. 11-13. Is. 28. 16. Mat. 16. 18. 1 Co. 3. 9-11; 12. 28. Ga. 2. 9. Re. 21. 14. *Jesus.* Ps. 118. 22. Is. 28. 16. Mat. 21. 42. Mar. 12. 10, 11. Lu. 20. 17, 18. Ac. 4. 11, 12. 1 Pe. 2. 7, 8.

21 *all.* ch. 4. 13-16. Eze. ch. 40-42. 1 Co. 3. 9. He. 3. 3, 4. *fitly.* Ex. ch. 26. 1 Ki. 6. 7. *an.* Ps. 93. 5. Eze. 42. 12. 1 Co. 3. 17. 2 Co. 6. 16.

22 *an.* Jno. 14. 17-23; 17. 21-23. Ro. 8. 9-11. 1 Co. 3. 16; 6. 19. 1 Pe. 2. 4, 5. 1 Jno. 3. 24; 4. 13, 16.

## CHAP. III.

*The hidden mystery that the Gentiles should be saved was made known to Paul by revelation,* 1-7; *and to him was that grace given, that he should preach it,* 8-12. *He desires them not to faint for his tribulation,* 13; *and prays that they may perceive the great love of Christ toward them,* 14-21.

1 *I.* 2 Co. 10. 1. Ga. 5. 2. *the.* ch. 4. 1; 6. 20. Lu. 21. 12. Ac. 21. 33; 26. 29; 28. 17-20. 2 Co. 11. 23. Phi. 1. 7, 13-16. Col. 1. 24; 4. 3, 18. 2 Ti. 1. 8, 16; 2. 9. Phile. 1, 9. Re. 2. 10. *for.* Ga. 5. 11. Col. 1. 24. 1 Th. 2. 15, 16. 2 Ti. 2. 10.

2 *ye.* ch. 4. 21. Ga. 1. 13. Col. 1. 4, 6. 2 Ti. 1. 11. *the dispensation.* ver. 8; ch. 4. 7. Ac. 9. 15; 13. 2, 46; 22. 21; 26. 17, 18. Ro. 1. 5; 11. 13; 12. 3; 15. 15, 16. 1 Co. 4. 1; 9. 17-22. Ga. 1. 15, 16; 2. 8, 9. Col. 1. 25-27. 1 Ti. 1. 11; 2. 7. 2 Ti. 1. 11.

3 *by.* ch. 1. 17. Ac. 22. 17, 21; 23. 9; 26. 15-19. 1 Co. 2. 9, 10. Ga. 1. 12, 16-19. *the mystery.* ver. 9. Ro. 11. 25; 16. 25. Col. 1. 26, 27. *as I.* ch. 1. 9-11; 2. 11-22. *afore. or,* a little before.

4 *ye may.* Mat. 13. 11. 1 Co. 2. 6, 7; 13. 2. 2 Co. 11. 6. *the mystery.* ch. 1. 9; 5. 32; 6. 19. Lu. 2. 10, 11; 8. 10. 1 Co. 4. 1. Col. 2. 2; 4. 3. 1 Ti. 3. 9, 16.

5 *in other.* ver. 9. Mat. 13. 17. Lu. 10. 24. Ac. 10. 28. Ro. 16. 25. 2 Ti. 1. 10, 11. Tit. 1. 1-3. He. 11. 39, 40. 1 Pe. 1. 10-12. *as it.* See on ch. 2. 20; 4. 11, 12. Mat. 23. 34. Lu. 11. 49. 1 Co. 12. 28, 29. 2 Pe. 3. 2. Jude 17. *by.* Lu. 2. 26, 27. Jno. 14. 26; 16. 13. Ac. 10. 19, 20, 28. 1 Co. 12. 8-10.

6 *the Gentiles.* ch. 2. 13-22. Ro. 8. 15-17. Ga. 3. 26-29; 4. 5-7. *the same.* ch. 4. 15, 16; 5. 30. Ro. 12. 4, 5. 1 Co. 12. 12, 27. Col. 2. 19. *partakers.* Ga. 3. 14. 1 Jno. 1. 3; 2. 25.

7 *I.* See on ver. 2. Ro. 15. 16. 2 Co. 3. 6; 4. 1. Col. 1. 23-25. *according.* ver. 8. Ro. 1. 5. 1 Co. 15. 10. 1 Ti. 1. 14, 15. *by.* ver. 20; ch. 1. 19; 4. 16. Is. 43. 13. Ro. 15. 18, 19. 2 Co. 10. 4, 5. Ga. 2. 8. Col. 1. 29. 1 Th. 2. 13. He. 13. 21.

8 *who am.* Pr. 30. 2, 3. Ro. 12. 10. 1 Co. 15. 9. Phi. 2. 3. 1 Ti. 1. 13, 15. 1 Pe. 5. 5, 6. *is this.* 1 Ch. 17. 16; 29. 14, 15. Ac. 5. 41. Ro. 15. 15-17. *I.* See on ver. 2. Ga. 1. 16; 2. 8. 1 Ti. 2. 7. 2 Ti. 1. 11. *unsearchable.* ver. 16, 19; ch. 1. 7, 8; 2. 7. Ps. 31. 19. Jno. 1. 16. Ro. 11. 33. 1 Co. 1. 30; 2. 9. Phi. 4. 19. Col. 1. 27; 2. 1-3. Re. 3. 18.

9 *to.* Mat. 10. 27; 28. 19. Mar. 16. 15, 16. Lu. 24. 47. Ro. 16. 26. Col. 1. 23. 2 Ti. 4. 17. Re. 14. 6. *fellowship.* ver. 3-5; ch. 1. 9, 10. 1 Ti. 3. 16. *beginning.* ch. 1. 4. Mat. 13. 35; 25. 34. Ac. 15. 18. Ro. 16. 25. 1 Co. 2. 7. 2 Th. 2. 13. 2 Ti. 1. 9. Tit. 1. 2. 1 Pe. 1. 20. Re. 13. 8; 17. 8. *hid.* Col. 1. 26; 3. 3. *created.* Ps. 33. 6. Is. 44. 24. Jno. 1. 1-3; 5. 17, 19; 10. 30. Col. 1. 16, 17. He. 1. 2, 3; 3. 3, 4.

10 *intent.* Ex. 25. 17-22. Ps. 103. 20; 148. 1, 2. Is. 6. 2-4. Eze. 3. 12. 1 Pe. 1. 12. Re. 5. 9-14. *principalities.* See on ch. 1. 21. Ro. 8. 38. Col. 1. 16. 1 Pe. 3. 22. *in.* See on ch. 1. 3. *manifold.* ch. 1. 8. Ps. 104. 24. Mat. 11. 25-27. Ro. 11. 33. 1 Co. 1. 24; 2. 7. 1 Ti. 3. 16. Re. 5. 12.

11 ch. 1. 4, 9, 11. Is. 14. 24-27; 46. 10, 11. Je. 51. 29. Ro. 8. 28-30; 9. 11. 2 Ti. 1. 9.

12 ch. 2. 18. Jno. 14. 6. Ro. 5. 2. He. 4. 14-16; 10. 19-22.

13 *ye.* De. 20. 3. Is. 40. 30, 31. Zep. 3. 16. Ac. 14. 22. Ga. 6. 9. 2 Th. 3. 13. He. 12. 3-5. *at.* ver. 1. 2 Co. 1. 6. Phi. 1. 12-14. Col. 1. 24. 1 Th. 3. 2-4.

14 *I.* ch. 1. 16-19. 1 Ki. 8. 54; 19. 18. 2 Ch. 6. 13. Ezr. 9. 5. Ps. 95. 6. Is. 45. 23. Da. 6. 10. Lu. 22. 41. Ac. 7. 60; 9. 40; 20. 36; 21. 5. *the Father.* See on ch. 1. 3.

15 *the whole.* ch. 1. 10, 21. Phi. 2. 9-11. Col. 1. 20. Re. 5. 8-14; 7. 4-12. *is.* Is. 65. 15. Je. 33. 16. Ac. 11. 26. Re. 2. 17; 3. 12.

16 *according.* ver. 8; ch. 1. 7, 18; 2. 7. Ro. 9. 23. Phi. 4. 19. Col. 1. 27. *to be.* ch. 6. 10. Job 23. 6. Ps. 28. 8; 138. 3. Is. 40. 29-31; 41. 10. Zec. 10. 12. Mat. 6. 13. 2 Co. 12. 9. Phi. 4. 13. Col. 1. 11. 2 Ti. 4. 17. He. 11. 34. *the inner.* Je. 31. 33. Ro. 2. 29; 7. 22. 2 Co. 4. 16. 1 Pe. 3. 4.

17 *Christ.* ch. 2. 21. Is. 57. 15. Jno. 6. 56; 14. 17, 23; 17. 23. Ro. 8. 9-11. 2 Co. 6. 16. Ga. 2. 20. Col. 1. 27. 1 Jno. 4. 4, 16. Re. 3. 20. *being.* Mat. 13. 6. Ro. 5. 5. 1 Co. 8. 1. 2 Co. 5. 14, 15. Ga. 5. 6. Col. 1. 23; 2. 7. *grounded.* Mat. 7. 24, 25. Lu. 6. 48. Gr.

18 *able.* ver. 19; ch. 1. 18-23. Job 11. 7-9. Ps. 103. 11, 12, 17; 139. 6. Is. 55. 9. Jno. 15. 13. Ga. 2. 20; 3. 13. Phi. 2. 5-8; 3. 8-10. 1 Ti. 1. 14-16; 3. 16. Tit. 2. 13, 14. Re. 3. 21. *with.* ch. 1. 10, 15. De. 33. 2, 3. 2 Ch. 6. 41. Ps. 116. 15; 132. 9; 145. 10. Zec. 14. 5. 2 Co. 13. 13. Col. 1. 4. *what.* Ro. 10. 3, 11, 12.

19 *to know.* ver. 18; ch. 5. 2, 25. Jno. 17. 3. 2 Co. 5. 14. Ga. 2. 20. Phi. 2. 5-12. Col. 1. 10. 2 Pe. 3. 18. 1 Jno. 4. 9-14. *passeth.* Phi. 1. 7. *that ye.* ch. 1. 23. Ps. 17. 15; 43. 4. Mat. 5. 6. Jno. 1. 16. Col. 2. 9, 10. Re. 7. 15-17; 21. 22-24; 22. 3-5.

20 *able.* Ge. 17. 1; 18. 4. 2 Ch. 25. 9. Je. 32. 17, 27. Da. 3. 17; 6. 20. Mat. 3. 9. Jno. 10. 29, 30. Ro. 4. 21; 16. 25. He. 7. 25; 11. 19; 13. 20, 21. Ja. 4. 12. Jude 24. *exceeding.* Ex. 34. 6. 2 Sa. 7. 19. 1 Ki. 3. 13. Ps. 36. 8, 9. Ca. 5. 1. Is. 35. 2; 55. 7. Jno. 10. 10. 1 Co. 2. 9. 1 Ti. 1. 14. 2 Pe. 1. 11. *according.* ver. 7; ch. 1. 19. Col. 1. 29.

21 *be.* ch. 1. 6. 1 Ch. 29. 11. Ps. 29. 1, 2; 72. 19; 115. 1. Is. 6. 3; 42. 12. Mat. 6. 13. Lu. 2. 14. Ro. 11. 36; 16. 27. Ga. 1. 5. Phi. 2. 11; 4. 20. 2 Ti. 4. 18. He. 13. 21. 1 Pe. 5. 11. Re. 4. 9-11; 5. 9-14; 7. 12, etc. *by.* Phi. 1. 11. He. 13. 15, 16. 1 Pe. 2. 5. *throughout.* ch. 2. 7. 1 Pe. 5. 11. 2 Pe. 3. 18. Jude 25.

## CHAP. IV.

*He exhorts to unity,* 1-6; *and declares that God therefore gives divers gifts unto men,* 7-10; *that his church might be edified,* 11-15, *and grow up in Christ,* 16, 17. *He calls them from the impurity of the Gentiles,* 18-23; *to put on the new man,* 24; *to cast off lying,* 25-28; *and corrupt communication,* 29-32.

1 *prisoner.* See on ch. 3. 1. *of the Lord. or,* in the Lord. *beseech.* Je. 38. 20. Ro. 12. 1. 1 Co. 4. 16. 2 Co. 5. 20; 6. 1; 10. 1. Ga. 4. 12. Phile. 1. 9, 10. 1 Pe. 2. 11. 2 Jno. 5. *walk.* ver. 17; ch. 5. 2. Ge. 5. 24; 17. 1. Ac. 9. 31. Phi. 1. 27; 3. 17, 18. Col. 1. 10; 4. 12. 1 Th. 2. 12; 4. 1, 2. Tit. 2. 10. He. 13. 21. *vocation.* ver. 4. Ro. 8. 28-30. Phi. 3. 14. 2 Th. 1. 11. 2 Ti. 1. 9. He. 3. 1. 1 Pe. 3. 9; 5. 10. 2 Pe. 1. 3.

2 *lowliness.* Nu. 12. 3. Ps. 45. 4; 138. 6. Pr. 3. 34; 16. 19. Is. 57. 15; 61. 1-3. Zep. 2. 3. Zec. 9. 9. Mat. 5. 3-5; 11. 29. Ac. 20. 19. 1 Co. 13. 4, 5. Ga. 5. 22, 23. Col. 3. 12, 13. 1 Ti. 6. 11. 2 Ti. 2. 25. Ja. 1. 21; 3. 15-18. 1 Pe. 3. 15. *forbearing.* Mar. 9. 19. Ro. 15. 1. 1 Co. 13. 7. Ga. 6. 2.

3 ver. 4. Jno. 13. 34; 17. 21-23. Ro. 14. 17-19. 1 Co. 1. 10; 12. 12, 13. 2 Co. 13. 11. Col. 3. 13-15. 1 Th. 5. 13. He. 12. 14. Ja. 3. 17, 18.

4 *one body.* ch. 2. 16; 5. 30. Ro. 12. 4, 5. 1 Co. 10. 17; 12. 12, 13, 20. Col. 3. 15. *one Spirit.* ch. 2. 18, 22. Mat. 28. 19. 1 Co. 12. 4-11. 2 Co. 11. 4. *as.* See on ver. 1; ch. 1. 18. Je. 14. 8; 17. 7. Ac. 15. 11. Col. 1. 5. 2 Th. 2. 16. 1 Ti. 1. 1. Tit. 1. 2; 2. 13; 3. 7. He. 6. 18, 19. 1 Pe. 1. 3, 4, 21. 1 Jno. 3. 3.

5 *One Lord.* Ac. 2. 36; 10. 36. Ro. 14. 8, 9. 1 Co. 1. 2, 13; 8. 6; 12. 5. Phi. 2. 11; 3. 8. *one faith.* ver. 13. Ro. 3. 30. 2 Co. 11. 4. Ga. 1. 6, 7; 5. 6. Tit. 1. 1, 4. He. 13. 7. Ja. 2. 18. 2 Pe. 1. 1. Jude 3, 20. *one baptism.* Mat. 28. 19. Ro. 6. 3, 4. 1 Co. 12. 13. Ga. 3. 26-28. He. 6. 6. 1 Pe. 3. 21.

6 *God.* ch. 6. 23. Nu. 16. 22. Is. 63. 16. Mal. 2. 10. Mat. 6. 9. Jno. 20. 17. 1 Co. 8. 6; 12. 6. Ga. 3. 26-28; 4. 3-7. 1 Jno. 3. 1-3. *who.* ch. 1. 21. Ge. 14. 19. 1 Ch. 29. 11, 12. Ps. 95. 3. Is. 40. 11-17, 21-23. Je. 10. 10-13. Da. 4. 34, 35; 5. 18-23. Mat. 6. 13. Ro. 11. 36. Re. 4. 8-11. *and in.* ch. 2. 22; 3. 17. Jno. 14. 23; 17. 26. 2 Co. 6. 16. 1 Jno. 3. 24; 4. 12-15.

7 *unto.* ver. 8-14. Mat. 25. 15. Ro. 12. 6-8. 1 Co. 12. 8-11, 28-30. *grace.* ch. 3. 8. 2 Co. 6. 1. 1 Pe. 4. 10. *the measure.* ch. 3. 2. Jno. 3. 34. Ro. 12. 3. 2 Co. 10. 13-15.

8 *When.* See on Ps. 68. 18. *he led.* Ju. 5. 12. Col. 2. 15. *captivity. or,* a multitude of captives. *and.* 1 Sa. 30. 26. Es. 2. 18.

9 *he ascended.* Pr. 30. 4. Jno. 3. 13; 6. 33. 62; 20. 17. Ac. 2. 34-36. *he also.* Ge. 11. 5. Ex. 19. 20. Jno. 6. 33, 38, 41, 51, 58; 8. 14; 16. 27, 28. *the lower.* Ps. 8. 5; 63. 9; 139. 15. Mat. 12. 40. He. 2. 7, 9.

10 *ascended.* See on ch. 1. 20-22. Ac. 1. 9, 11. 1 Ti. 3. 16. He. 4. 14; 7. 26; 8. 1;

9. 23, 24. *that he.* ch. 3. 19. Jno. 1. 16. Ac. 2. 33. Col. 1. 19 ; 2. 9. *fill. or*, fulfil. Mat. 24. 34. Lu. 24. 44. Jno. 19. 24, 28, 36. Gr. Ac. 3. 18; 13. 32, 33. Ro. 9. 25–30; 15. 9–13; 16. 25, 26.

11 *he.* ver. 8; ch. 2. 20; 3. 5. Ro. 10. 14, 15. 1 Co. 12. 28. Jude 17. Re. 18. 20; 21. 14. *evangelists.* Ac. 21. 8. 2 Ti. 4. 5. *pastors.* 2 Ch. 15. 3. Je. 3. 15. Mat. 28. 20. Ac. 13. 1. Ro. 12. 7. 1 Co. 12. 29. He. 5. 12. 1 Pe. 5. 1–3.

12 *perfecting.* Lu. 22. 32. Jno. 21. 15–17. Ac. 9. 31; 11. 23; 14. 22, 23; 20. 28. Ro. 15. 14, 29. 1 Co. 12. 7. 2 Co. 7. 1. Phi. 1. 25, 26; 3. 12–18. Col. 1. 28. 1 Th. 5. 11–14. He. 6. 1; 13. 17. *the work.* Ac. 1. 17, 25; 20. 24. Ro. 12. 7. 1 Co. 4. 1, 2. 2 Co. 3. 8; 4. 1; 5. 18; 6. 3. Col. 4. 17. 1 Ti. 1. 12. 2 Ti. 4. 5, 11. *the edifying.* ver. 16, 29. Ro. 14. 19; 15. 2. 1 Co. 14. 4, 5, 12, 14, 26. 2 Co. 12. 19. 1 Th. 5. 11. *the body.* ver. 4; ch. 1. 23. Col. 1. 24.

13 *we all.* See on ver. 3, 5. Je. 32. 38, 39. Eze. 37. 21, 22. Zep. 3. 9. Zec. 14. 9. Jno. 17. 21. Ac. 4. 32. 1 Co. 1. 10. Phi. 2. 1–3. *in the unity. or*, into the unity. *the knowledge.* Is. 53. 11. Mat. 11. 27. Jno. 16. 3; 17. 3, 25, 26. 2 Co. 4. 6. Phi. 3. 8. Col. 2. 2. 2 Pe. 1. 1–3; 3. 18. 1 Jno. 5. 20. *unto a.* ver. 12; ch. 2. 15. 1 Co. 14. 20. Col. 1. 28. *stature. or*, age. *fulness.* See on ch. 1. 23.

14 *no more.* Is. 28. 9. Mat. 18. 3, 4. 1 Co. 3. 1, 2; 14. 20. He. 5. 12–14. *tossed.* Ac. 20. 30, 31. Ro. 16. 17, 18. 2 Co. 11. 3, 4. Ga. 1. 6, 7; 3. 1. Col. 2. 4–8. 2 Th. 2. 2–5. 1 Ti. 3. 6; 4. 6, 7. 2 Ti. 1. 15; 2. 17, 18; 3. 6–9, 13; 4. 3. He. 13. 9. 2 Pe. 2. 1–3. 1 Jno. 2. 19, 26; 4. 1. *carried.* Mat. 11. 7. 1 Co. 12. 2. Ja. 1. 6; 3. 4. *by the.* Mat. 24. 11, 24. 2 Co. 2. 17; 4. 2; 11. 13–15. 2 Th. 2. 9, 10. 2 Pe. 2. 18. Re. 13. 11–14; 19. 20. *lie.* Ps. 10. 9; 59. 3. Mi. 7. 2. Ac. 23. 21.

15 *But.* ver. 25. Zec. 8. 16. 2 Co. 4. 2; 8. 8. *speaking the truth. or*, being sincere. Ju. 16. 15. Ps. 32. 2. Jno. 1. 47. Ro. 12. 9. Ja. 2. 15, 16. 1 Pe. 1. 22. 1 Jno. 3. 18. *may.* ch. 2. 21. Ho. 14. 5–7. Mal. 4. 2. 1 Pe. 2. 2. 2 Pe. 3. 18. *which.* ch. 1. 22; 5. 23. Col. 1. 18, 19.

16 *whom.* See on ver. 12. Jno. 15. 5. *fitly.* Job 10. 10, 11. Ps. 139. 15, 16. 1 Co. 12. 12–28. Col. 2. 19. *the effectual.* ch. 3. 7. 1 Th. 2. 13. *edifying.* ver. 15; ch. 1. 4; 5. 17. 1 Co. 8. 1; 13. 4–9, 13; 14. 1. Ga. 5. 6, 13, 14, 22. Phi. 1. 9. Col. 2. 2. 1 Th. 1. 3; 3. 12; 4. 9, 10. 2 Th. 1. 3. 1 Ti. 1. 5. 1 Pe. 1. 22. 1 Jno. 4. 16.

17 *I say.* 1 Co. 1. 12; 15. 50. 2 Co. 9. 6. Ga. 3. 17. Col. 2. 4. *testify.* Ne. 9. 29, 30; 13. 15. Je. 42. 19. Ac. 2. 40; 18. 5; 20, 21. Ga. 5. 3. 1 Th. 4. 6. *in the.* 1 Th. 4. 1, 2. 1 Ti. 5. 21; 6. 13. 2 Ti. 4. 1. *that ye.* ver. 1. 22; ch. 2. 1–3; 5. 3–8. Ro. 1. 23–32. 1 Co. 6. 9–11. Ga. 5. 19–21. Col. 3. 5–8. 1 Pe. 4. 3, 4. *in the.* Ps. 94. 8–11. Ac. 14. 15.

18 *the understanding.* Ps. 74. 20; 115. 4–8. Is. 44. 18–20; 46. 5–8. Ac. 17. 30; 26. 17, 18. Ro. 1. 21–23, 28. 1 Co. 1. 21. 2 Co. 4. 4. Ga. 4. 8. 1 Th. 4. 5. *alienated.* ch. 2. 12. Ro. 8. 7, 8. Ga. 4. 8. Col. 1. 21. 1 Th. 4. 5. Ja. 4. 4. *because.* Ro. 1. 21; 2. 19. 1 Jno. 2. 11. *blindness. or*, hardness. Da. 5. 20. Mat. 13. 15. Jno. 12. 40. Ro. 11. 25, marg.

19 *past.* 1 Ti. 4. 2. *given.* ver. 17. Ro. 1. 24–26. 1 Pe. 4. 3. *with.* Job 15. 16. Is. 56. 11. 2 Pe. 2. 12–14, 22. Jude 11. Re. 17. 1–6; 18. 3.

20 Lu. 24. 47. Jno. 6. 45. Ro. 6. 1, 2. 2 Co. 5. 14, 15. Tit. 2. 11–14. 1 Jno. 2. 27.

21 *heard.* Mat. 17. 5. Lu. 10. 16. Jno. 10. 27. Ac. 3. 22, 23. He. 3. 7, 8. *as.* ch. 1. 13. Ps. 45. 4; 85. 10, 11. Jno. 1. 17; 14. 6, 17. 2 Co. 1. 20; 11. 10. 1 Jno. 5. 10–12, 20.

22 *ye.* ver. 25. 1 Sa. 1. 14. Job 22. 23. Eze. 18. 30–32. Col. 2. 11; 3. 8, 9. He. 12. 1. Ja. 1. 21. 1 Pe. 2. 1, 2. *former.* ver. 17; ch. 2. 3. Ga. 1. 13. Col. 3. 7. 1 Pe. 1. 18; 4. 3. 2 Pe. 2. 7. *the old.* Ro. 6. 6. Col. 3. 9. *deceitful.* Pr. 11. 18. Je. 49. 16. Ob. 3. Ro. 7. 11. Tit. 3. 3. He. 3. 13. Ja. 1. 26. 2 Pe. 2. 13.

23 *be.* ch. 2. 10. Ps. 51. 10. Eze. 11. 19; 18. 31; 36. 26. Ro. 12. 2. Col. 3. 10. Tit. 3. 5. *spirit.* Ro. 8. 6. 1 Pe. 1. 13.

24 *put.* ch. 6. 11. Job 29. 14. Is. 52. 1; 59. 17. Ro. 13. 12, 14. 1 Co. 15. 53. Ga. 3. 27. Col. 3. 10–14. *new.* ch. 2. 15. Ro. 6. 4. 2 Co. 4. 16; 5. 17. 1 Pe. 2. 2. *after.* Ge. 1. 26, 27. 2 Co. 3. 18. Col. 3. 10. 1 Jno. 3. 2. *created.* See on ch. 2. 10. Ga. 6. 15. *righteousness.* Ps. 45. 6, 7. Ro. 8. 29. Tit. 2. 14. He. 1. 8; 12. 14. 1 Jno. 3. 3. *true holiness. or*, holiness of truth. Jno. 17. 17.

25 *putting.* Le. 19. 11. 1 Ki. 13. 18. Ps. 52. 3; 119. 29. Pr. 6. 17; 12. 19, 22; 21. 6. Is. 9. 15; 59. 3, 4; 63. 8. Je. 9. 3–5. Ho. 4. 2. Jno. 8. 44. Ac. 5. 3, 4. Col. 3. 9. 1 Ti. 1. 10; 4. 2. Tit. 1. 2, 12. Re. 21. 8; 22. 15. *speak.* ver. 15. Pr. 8. 7; 12. 17. Zec. 8. 16, 19. 2 Co. 7. 14. Col. 3. 9. *for.* ch. 5. 30. Ro. 12. 5. 1 Co. 10. 17; 12. 12–27.

26 *ye.* ver. 31, 32. Ex. 11. 8; 32. 21, 22. Nu. 20. 10–13, 24; 25. 7–11. Ne. 5. 6–13. Ps. 4. 4; 37. 8; 106. 30–33. Pr. 14. 29; 19. 11; 25. 23. Ec. 7. 9. Mat. 5. 22. Mar. 3. 5; 10. 14. Ro. 12. 19–21. Ja. 1. 19. *let.* De. 24. 15.

27 ch. 6. 11, 16. Ac. 5. 3. 2 Co. 2. 10, 11. Ja. 4. 7. 1 Pe. 5. 8.

28 *him that.* Ex. 20. 15, 17; 21. 16. Pr. 30. 9. Je. 7. 9. Ho. 4. 2. Zec. 5. 3. Jno. 12. 6. 1 Co. 6. 10, 11. *steal no more.* Job 34. 32. Pr. 28. 13. Lu. 3. 8, 10–14; 19. 8. *labour.* Pr. 13. 11; 14. 23. Ac. 20. 34, 35. 1 Th. 4. 11, 12. 2 Th. 3. 6–8, 11, 12. *that he.* Lu. 3. 11; 21. 1–4. Jno. 13. 29. 2 Co. 8. 2, 12. *give, or*, distribute. Ro. 12. 13. 2 Co. 9. 12–15. 1 Ti. 6. 18.

29 *no.* ch. 5. 3, 4. Ps. 5. 9; 52. 2; 73. 7–9. Mat. 12. 34–37. Ro. 3. 13, 14. 1 Co. 15. 32, 33. Col. 3. 8, 9; 4. 6. Ja. 3. 2–8. 2 Pe. 2. 18. Jude 13–16. Re. 13. 5, 6. *that which.* De. 6. 6–9. Ps. 37. 30, 31; 45. 2; 71. 17, 18, 24; 78. 4, 5. Pr. 10. 31, 32; 12. 13; 15. 2–4, 7, 23; 16. 21; 25. 11, 12. Is. 50. 4. Mal. 3. 16–18. Lu. 4. 22. 1 Co. 14. 19. Col. 3. 16, 17; 4. 6. 1 Th. 5. 11. *to the use of edifying. or*, to edify profitably. See on ver. 12, 16. *minister.* Mat. 5. 16. 1 Pe. 2. 12; 3. 1.

30 *grieve.* Ge. 6. 3, 6. Ju. 10. 16. Ps. 78. 40; 95. 10. Is. 7. 13; 43. 24; 63. 10. Eze. 16. 43. Mar. 3. 5. Ac. 7. 51. 1 Th. 5. 19. He. 3. 10, 17. *whereby.* See on ch. 1. 13. *the day.* ch. 1. 14. Ho. 13. 14. Lu. 21. 28. Ro. 8. 11, 23. 1 Co. 1. 30; 15. 54.

31 *bitterness.* Ps. 64. 3. Ro. 3. 14. Col. 3. 8, 19. Ja. 3. 14, 15. *wrath.* ver. 26. Pr. 14. 17; 19. 12. Ec. 7. 9. 2 Co. 12. 20. Ga. 5. 20. Col. 3. 8. 2 Ti. 2. 23. Tit. 1. 7. Ja. 1. 19; 3. 14–18; 4. 1, 2. *clamour.* 2 Sa. 19. 43; 20. 1, 2. Pr. 29. 9, 22. Ac. 19. 28, 29; 21. 30; 22. 22, 23. 1 Ti. 3. 3; 6. 4, 5. *evil speaking.* Le. 19. 16. 2 Sa. 19. 27. Ps. 15. 3; 50. 20; 101. 5; 140. 11. Pr. 6. 19; 10. 18; 18. 8; 25. 23; 26. 20. Je. 6. 28; 9. 4. Ro. 1. 29, 30. 1 Ti. 3. 11; 5. 13. 2 Ti. 3. 3. Tit. 2. 3; 3. 2. Ja. 4. 11. 1 Pe. 2. 1. 2 Pe. 2. 10, 11. Jude 8–10. Re. 12. 10. *with.* Ge. 4. 8; 27. 41; 37. 4, 21. Le. 19. 17, 18. 2 Sa. 13. 22. Pr. 10. 12; 26. 24, 25. Ec. 7. 9. Ro. 1. 29. 1 Co. 5. 8; 14. 20. Col. 3. 8. Tit. 3. 3. 1 Jno. 3. 12, 15.

32 *kind.* Ru. 2. 20. Ps. 112. 4, 5, 9. Pr. 19. 22. Is. 57. 1, marg. Lu. 6. 35. Ac. 28. 2. Ro. 12. 10. 1 Co. 13. 4. 2 Co. 2. 10; 6. 6. Col. 3. 12, 13. 2 Pe. 1. 7. *tender-hearted.* Ps. 145. 9. Pr. 12. 10. Lu. 1. 78. Ja. 5. 11. *forgiving.* ch. 5. 1. Ge. 50. 17, 18. Mat. 6. 12, 14, 15; 18. 21–35. Mar. 11. 25, 26. Lu. 6. 37; 11. 4; 17. 4. Ro. 12. 20, 21. 2 Co. 2. 7, 10. Col. 3. 12, 13. 1 Pe. 3. 8, 9. 1 Jno. 1. 9; 2. 12.

## CHAP. V.

*After general exhortations, to love, 1, 2; to flee fornication, 3; and all uncleanness, 4–6; not to converse with the wicked, 7–14; to walk warily, 15–17; and to be filled with the Spirit, 18–21; he descends to the particular duties, how wives ought to obey their husbands, 22–24; and husbands ought to love their wives, 25–31, even as Christ does his church, 32, 33.*

1 *followers.* ch. 4. 32. Le. 11. 45. Mat. 5. 45, 48. Lu. 6. 35, 36. 1 Pe. 1. 15, 16. 1 Jno. 4. 11. *as.* Je. 31. 20. Ho. 1. 10. Jno. 1. 12. Col. 3. 12. 1 Jno. 3. 1, 2.

2 *walk.* ch. 3. 17; 4. 2, 15. Jno. 13. 34. Ro. 14. 16. 1 Co. 16. 14. Col. 3. 14. 1 Th. 4. 9. 1 Ti. 4. 12. 1 Pe. 4. 8. 1 Jno. 3. 11, 12, 23; 4. 20, 21. *as.* ver. 25; ch. 3. 19. Mat. 20. 28. Jno. 15. 12, 13. 2 Co. 5. 14, 15; 8. 9. Ga. 1. 4; 2. 20. 1 Ti. 2. 6. Tit. 2. 14. He. 7. 25–27; 9. 14, 26; 10. 10, 11. 1 Pe. 2. 21–24. 1 Jno. 3. 16. Re. 1. 5; 5. 9. *a sacrifice.* Ro. 8. 3, marg. 1 Co. 5. 7. He. 9. 23; 10. 12. *for a.* Ge. 8. 21. Le. 1. 9, 13, 17; 3. 16. Am. 5. 21. 2 Co. 2. 15.

3 *fornication.* ver. 5; ch. 4. 19, 20. Nu. 25. 1. De. 23. 17, 18. Mat. 15. 19. Mar. 7. 21. Ac. 15. 20. Ro. 1. 29; 6. 13. 1 Co. 5. 10, 11; 6. 9, 13, 18; 10. 8. 2 Co. 12. 21. Ga. 5. 19–21. Col. 3. 5. 1 Th. 4. 3, 7. He. 12. 16; 13. 4. 2 Pe. 2. 10. Re. 2. 14, 21; 9. 21; 21. 8; 22. 15. *covetousness.* ver. 5. Ex. 18. 21; 20. 17. Jos. 7. 21. 1 Sa. 8. 3. Ps. 10. 3; 119. 36. Pr. 28. 16. Je. 6. 13; 8. 10; 22. 17. Eze. 33. 31. Mi. 2. 2. Mar. 7. 22. Lu. 12. 15; 16. 14. Ac. 20. 33. 1 Co. 6. 10. Col. 3. 5. 1 Ti. 3. 3; 6. 10. 2 Ti. 3. 2. Tit. 1. 7, 11. He. 13. 5. 1 Pe. 5. 2. 2 Pe. 2. 3, 14. *named.* ch. 5. 12. Ex. 23. 13. 1 Co. 5. 1. *as.* Ro. 16. 2. Phi. 1. 27. 1 Ti. 2. 10. Tit. 2. 3.

4 *filthiness.* ch. 4. 29. Pr. 12. 23; 15. 2. Ec. 10. 13. Mat. 12. 34–37. Mar. 7. 22. Col. 3. 8. Ja. 3. 4–8. 2 Pe. 2. 7, 18. Jude 10, 13. *convenient.* Ro. 1. 28. Phile. 8. *but.* ver. 19, 20; ch. 1. 16. Ps. 33. 1; 92. 1; 107. 21, 22. Da. 6. 10. Jno. 6. 23. 2 Co. 1. 11; 9. 15. Phi. 4. 6. Col. 3. 15–17. 1 Th. 3. 9; 5. 18. He. 13. 15.

5 *this.* 1 Co. 6. 9, 10. Ca. 5. 19, 21. *that no.* See on ver. 3. He. 13. 4. *who is.* Ga. 5. 21. Col. 3. 5. 1 Ti. 6. 10, 17. Re. 21. 8; 22. 15.

6 *no.* Je. 29. 8, 9, 31. Eze. 13. 10–16. Mi. 3. 5. Mat. 24. 4, 24. Mar. 13. 5, 22. Ga. 6. 7, 8. Col. 2. 4, 8, 18. 2 Th. 2. 3, 10–12. 1 Jno. 4. 1. *vain.* 2 Ki. 18. 20. Je. 23. 14–16. *cometh.* Nu. 32. 13, 14. Jos. 22. 17, 18. Ps. 78. 31. Ro. 1. 18. Col. 3. 6. *children.* See on ch. 2. 2, 3. *disobedience. or*, unbelief. He. 3. 19. 1 Pe. 2. 8. Gr.

7 ver. 11. Nu. 16. 26. Ps. 50. 18. Pr. 1. 10–17; 9. 6; 13. 20. 1 Ti. 5. 22. Re. 18. 4.

8 *ye were.* ch. 2. 11, 12; 4. 18; 6. 12. Ps. 74. 20. Is. 9. 2; 42. 16; 60. 2. Je. 13. 16. Mat. 4. 16. Lu. 1. 79. Ac. 17. 30; 26. 18. Ro. 1. 21; 2. 19. 2 Co. 6. 14. Col. 1. 13. Tit. 3. 3. 1 Pe. 2. 9. 1 Jno. 2. 8. *but.* Is. 42. 6, 7; 49. 6, 9; 60. 1, 3, 19, 20. Jno. 1. 4, 5, 9; 8. 12; 12. 46. 1 Co. 1. 30. 2 Co. 3. 18; 4. 6. 1 Th. 5. 4–8. 1 Jno. 2. 9–11. *walk.* ver. 2. Is. 2. 5. Lu. 16. 8. Jno. 12. 36. Ga. 5. 25. 1 Pe. 2. 9–11. 1 Jno. 1. 7.

9 *the fruit.* See on Ga. 5. 22, 23. *goodness.* Ps. 16. 2, 3. Ro. 2. 4; 15. 14. 1 Pe. 2. 28. 3 Jno. 11. *righteousness.* Phi. 1. 11. 1 Ti. 6. 11. He. 1. 8; 11. 33. 1 Pe. 2. 24. 1 Jno. 2. 29; 3. 9, 10. *truth.* ch. 4. 15, 25; 6. 14. Jno. 1. 47.

10 *Proving.* 1 Sa. 17. 39. Ro. 12. 1, 2. Phi. 1. 10. 1 Th. 5. 21. *acceptable.* Ps. 19. 14. Pr. 21. 3. Is. 58. 5. Je. 6. 20. Ro. 14. 18. Phi. 4. 18. 1 Ti. 2. 3; 5. 4. He. 12. 28. 1 Pe. 2. 5, 20.

11 *no.* ver. 7. Ge. 49. 5–7. Ps. 1. 1, 2; 26. 4, 5; 94. 20, 21. Pr. 4. 14, 15; 9. 6. Je. 15. 17. Ro. 16. 17. 1 Co. 5. 9–11; 10. 20, 21. 2 Co. 6. 14–18. 2 Th. 3. 6, 14. 1 Ti. 6. 5. 2 Ti. 3. 5. 2 Jno. 10, 11. Re. 18. 4. *unfruitful.* Pr. 1. 31. Is. 3. 10, 11. Ro. 6. 21. Ga. 6. 8. *works.* ch. 4. 22. Job 24. 13–17. Jno. 3. 19–21. Ro. 1. 22–32; 13. 12. 1 Th. 5. 7. *but.* Ge. 20. 16. Le. 19. 17. Ps. 141. 5. Pr. 9. 7, 8; 13. 18; 15. 12; 19. 25; 25. 12; 29. 1. Is. 29. 21. Mat. 18. 15. Lu. 3. 19. 1 Ti. 5. 20. 2 Ti. 4. 2. Tit. 2. 15.

12 *it.* ver. 3. Ro. 1. 24–27. 1 Pe. 4. 3. *in.* 2 Sa. 12. 12. Pr. 9. 17. Ec. 12. 14. Je. 23. 24. Lu. 12. 1, 2. Ro. 2. 16. Re. 20. 12.

13 *reproved. or*, discovered. La. 2. 14. Ho. 2. 10; 7. 1. *for.* Mi. 7. 9. Jno. 3. 20, 21. 1 Co. 4. 5. He. 1. 13.

14 *he. or*, it. *Awake.* Is. 51. 17; 52. 1; 60. 1. Ro. 13. 11, 12. 1 Co. 15. 34. 1 Th. 5. 6. 2 Ti. 2. 26, marg. *arise.* ch. 2. 5. Is. 26. 19. Eze. 37. 4–10. Jno. 5. 25–29; 11. 43, 44. Ro. 6. 4, 5, 13. Col. 3. 1. *Christ.* Jno. 8. 12; 9. 5. Ac. 13. 47. 2 Co. 4. 6. 2 Ti. 1. 10.

15 *See.* ver. 33. Mat. 8. 4; 27. 4, 24. 1 Th. 5. 15. He. 12. 25. 1 Pe. 1. 22. Re. 19. 10. *walk.* Ex. 23. 13. Mat. 10. 16. 1 Co. 14. 20. Phi. 1. 27. Col. 1. 9; 4. 5. *not.* 2 Sa. 24. 10. Job 2. 10. Ps. 73. 22. Pr. 14. 8. Mat. 25. 2. Lu. 24. 25. Ga. 3. 1, 3. 1 Ti. 6. 9. Ja. 3. 13.

16 *Redeeming.* Ec. 9. 10. Ro. 13. 11. Ga. 6. 10. Col. 4. 5. *the days.* ch. 6. 13, 15. Ps. 37. 19. Ec. 11. 2; 12. 1. Am. 5. 13. Jno. 12. 35. Ac. 11. 28, 29. 1 Co. 7. 26, 29-31.

17 *be.* See on ver. 15. Col. 4. 5. *understanding.* De. 4. 6. 1 Ki. 3. 9-12. Job 28. 28. Ps. 111. 10; 119. 27. Pr. 2. 5; 14. 8; 23. 23. Je. 4. 22. Jno. 7. 17. Ro. 12. 2. Col. 1. 9. 1 Th. 4. 1-3; 5. 18. 1 Pe. 4. 2.

18 *be not.* Ge. 9. 21; 19. 32-35. De. 21. 20. Ps. 69. 12. Pr. 20. 1; 23. 20, 21, 29-35. Is. 5. 11-13, 22. Mat. 24. 49. Lu. 12. 45; 21. 34. Ro. 13. 13. 1 Co. 5. 11; 6. 10; 11. 21. Ga. 5. 21. 1 Th. 5. 7. *excess.* Mat. 23. 25. 1 Pe. 4. 3, 4. *but.* Ps. 63. 3-5. Ca. 1. 4; 7. 9. Is. 25. 6; 55. 1. Zec. 9. 15-17. Lu. 11. 13. Ac. 2. 13-18; 11. 24. Ga. 5. 22-25.

19 *to yourselves.* Ac. 16. 25. 1 Co. 14. 26. Col. 3. 16. Ja. 5. 13. *psalms. Psalms,* ψαλμοι, from ψαλλω, to *touch* or *play* on a musical instrument, properly denotes such *sacred songs* or poems as are sung to stringed instruments, and may here refer to those of David; *hymns,* υμνοι, from υδω, to *sing, celebrate, praise,* signifies *songs* in honour of God; and *songs,* ωδαι, from αειδω, to *sing,* denotes any regular poetic composition adapted to singing, and is here restricted to those which are *spiritual.* Ps. 95. 2; 105. 2. Mat. 26. 30. *making.* Ps. 47. 7, 8; 62. 8; 86. 12; 105. 3; 147. 7. Is. 65. 14. Mat. 15. 8. Jno. 4. 23, 24.

20 *thanks.* See on ver. 4. Job 1. 21. Ps. 34. 1. Is. 63. 7. Ac. 5. 41. 1 Co. 1. 4. Phi. 1. 3; 4. 6. Col. 1. 11, 12; 3. 17. 1 Th. 3. 9; 5. 18. 2 Th. 1. 3; 2. 13. *in.* Jno. 14. 13, 14; 15. 16; 16. 23-26. Col. 3. 17. He. 13. 15. 1 Pe. 2. 5; 4. 11.

21 *submitting.* ver. 22, 24. Ge. 16. 9. 1 Ch. 29. 24. Ro. 13. 1-5. 1 Co. 16. 16. Phi. 2. 3. 1 Ti. 2. 11; 3. 4. He. 13. 17. 1 Pe. 2. 13; 5. 5. *in.* 2 Ch. 19. 7. Ne. 5. 9, 15. Pr. 24. 21. 2 Co. 7. 1. 1 Pe. 2. 17.

22 *submit.* ver. 24. Ge. 3. 16. Es. 1. 16-18, 20. 1 Co. 14. 34. Col. 3. 18, etc. 1 Ti. 2. 11, 12. Tit. 2. 5. 1 Pe. 3. 1-6. *as.* ch. 6. 5. Col. 3. 22, 23.

23 *husband.* See on 1 Co. 11. 3-10. *even.* ch. 1. 22, 23; 4. 15. Col. 1. 18. *he.* ver. 25, 26. Ac. 20. 28. 1 Th. 1. 10. Re. 5. 9.

24 *in.* ver. 33. Ex. 23. 13; 29. 35. Col. 3. 20, 22. Tit. 2. 7, 9.

25 *love.* ver. 28. Ge. 2. 24; 24. 67. 2 Sa. 12. 3. Pr. 5. 18, 19. Col. 3. 19. 1 Pe. 3. 7. *loved.* ver. 2. Mat. 20. 28. Lu. 22. 19, 20. Jno. 6. 51. Ac. 20. 28. Ga. 1. 4; 2. 20. 1 Ti. 2. 6. 1 Pe. 1. 18-21. Re. 1. 5; 5. 9.

26 *he.* Jno. 17. 17-19. Ac. 26. 18. 1 Co. 6. 11. Tit. 2. 14. He. 9. 14; 10. 10. 1 Pe. 1. 2. Jude 1. *with.* Eze. 16. 9; 36. 25. Zec. 13. 1. Jno. 3. 5. Ac. 22. 16. Tit. 3. 5-7. He. 10. 22. 1 Pe. 3. 21. 1 Jno. 5. 6. *by.* Jno. 15. 3; 17. 7. Ja. 1. 18. 1 Pe. 1. 22, 23.

27 *he.* 2 Co. 4. 14; 11. 2. Col. 1. 22, 28. Jude 24. *glorious.* Ps. 45. 13; 87. 3. Is. 60. 15-20; 62. 3. Je. 33. 9. He. 12. 22-24. Re. 7. 9-17; 21. 10-26. *not.* Ca. 4. 7. He. 9. 14. 1 Pe. 1. 19. 2 Pe. 3. 14. *but.* ch. 1. 4. 2 Co. 11. 2. Col. 1. 22, 28. 1 Th. 5. 23. Jude 21. Re. 21. 27.

28 *as.* ver. 31, 33. Ge. 2. 21-24. Mat. 19. 5.

29 *hated.* ver. 31. Pr. 11. 17. Ec. 4. 5. Ro. 1. 31. *nourisheth.* Is. 40. 11. Eze. 34. 14, 15, 27. Mat. 23. 37. Jno. 6. 50-58.

30 ch. 1. 23. Ge. 2. 23. Ro. 12. 5. 1 Co. 6. 15; 12. 12-27. Col. 2. 19.

31 Ge. 2. 24. Mat. 19. 5. Mar. 10. 7, 8. 1 Co. 6. 16.

32 *a great.* ch. 6. 19. Col. 2. 2. 1 Ti. 3. 8, 16. *speak.* Ps. 45. 9-17. Ca. ch. 1-8. Is. 54. 5; 62. 4, 5. Jno. 3. 29. 2 Co. 11 2. Re. 19. 7, 8; 21. 2.

33 *let.* ver. 25, 28, 29. Col. 3. 19. 1 Pe. 3. 7. *reverence.* ver. 22. 1 Ki. 1. 31. Es. 1. 20. He. 12. 9. 1 Pe. 3. 2-6.

## CHAP. VI.

*The duty of children towards their parents,* 1-4; *of servants towards their masters,* 5-9. *Our life is a warfare, not only against flesh and blood, but also spiritual enemies,* 10-12. *The complete armour of a Christian,* 13-17; *and how it ought to be used,* 18-20. *Tychicus is commended,* 21-24.

1 *obey.* Ge. 28. 7; 37. 13. Le. 19. 3. De. 21. 18. 1 Sa. 17. 20. Es. 2. 20. Pr. 1. 8; 6. 20; 23. 22; 30. 11, 17. Je. 35. 14. Lu. 2. 51. Col. 3. 20, etc. *in.* ver. 5, 6. Ro. 16. 2. 1 Co. 15. 58. Col. 3. 16, 17, 23, 24. 1 Pe. 2. 13. *for.* Ne. 9. 13. Job 33. 27. Ps. 19. 8; 119. 75, 128. Ho. 14. 9. Ro. 7. 12; 12. 2. 1 Ti. 5. 4.

2 Ex. 20. 12. De. 27. 16. Pr. 20. 20. Je. 35. 18. Eze. 22. 7. Mal. 1. 6. Mat. 15. 4-6. Mar. 7. 9-13. Ro. 13. 7.

3 De. 4. 40; 5. 16; 6. 3, 18; 12. 25, 28; 22. 7. Ru. 3. 1. Ps. 128. 1, 2. Is. 3. 10. Je. 42. 6.

4 *ye.* Ge. 31. 14, 15. 1 Sa. 20. 30-34. Col. 3. 21. *but.* Ge. 18. 19. Ex. 12. 26, 27; 13. 14, 15. De. 4. 9; 6. 7, 20-24; 11. 19-21. Jos. 4. 6, 7, 21-24; 24. 15. 1 Ch. 22. 10-13; 28. 9, 10, 20; 29. 19. Ps. 71. 17, 18; 78. 4-7. Pr. 4. 1-4; 19. 18; 22. 6, 15; 23. 13, 14; 29. 15, 17. Is. 38. 19. 2 Ti. 1. 5; 3. 15. He. 12. 7-10.

5 *be.* Ge. 16 9. Ps. 123. 2. Mal. 1. 6. Mat. 6. 24; 8. 9. Ac. 10. 7, 8. Col. 3. 22. 1 Ti. 6. 1-3. Tit. 2. 9, 10. 1 Pe. 2. 18-21. *according.* Phile. 16. *with.* 1 Co. 2. 3. 2 Co. 7. 15. Phi. 2. 12. 1 Pe. 3. 2. *in.* ver. 24. Jos. 24. 14. 1 Ch. 29. 17. Ps. 86. 11. Mat. 6. 22. Ac. 2. 46. 2 Co. 1. 12; 11. 2, 3. *as.* ch. 1. 1 Co. 7. 22. Col. 3. 17-24.

6 *eye-service.* Phi. 2. 12. Col. 3. 22. 1 Th. 2. 4. *doing.* ch. 5. 17. Mat. 7. 21; 12. 50. Col. 1. 9; 4. 12. 1 Th. 4. 3. He. 10. 36; 13. 21. 1 Pe. 2. 15; 4. 2. 1 Jno. 2. 17. *from.* Je. 3. 10; 24. 7. Ro. 6. 17. Col. 3. 23.

7 *good.* Ge. 31. 6, 38-40. 2 Ki. 5. 2, 3, 13. *as.* ver. 5, 6. 1 Co. 10. 31.

8 *whatsoever.* Pr. 11. 18; 23. 18. Is. 3. 11. Mat. 5. 12; 6. 1, 4; 10. 41, 42; 16. 27. Lu. 6. 35; 14. 14. Ro. 2. 6-10. 2 Co. 5. 10. Col. 3. 24. He. 10. 35; 11. 26. *whether.* Ga. 3. 28. Col. 3. 11.

9 *ye.* Le. 19. 13; 25. 39-46. De. 15. 11-16; 24. 14, 15. Ne. 5. 5, 8, 9. Job 24. 10-12; 31. 13-15. Is. 47. 6; 58. 3-6. Am. 8. 4-7. Mal. 3. 5. Col. 4. 1. Ja. 5. 4. *the same.* ver. 5-7. Mat. 7. 12. Lu. 6. 31. Ja. 2. 8, 13. *forbearing. or,* moderating. Le. 25. 43. 1 Sa. 15. 17. Da. 3. 6, 15; 5. 19, 20. *knowing.* Ps. 140. 12. Ec. 5. 8. Mat. 22. 8, 10; 24. 48, 51. Lu. 12. 45, 46. Jno. 13. 13. 1 Co. 7. 22. *your Master. Some read,* both your and their Master. 1 Co. 1. 2. Phi. 2. 10, 11. *neither.* See on Ac. 10. 34. Ro. 2. 11. Col. 3. 25.

10 *Finally.* 2 Co. 13. 11. Phi. 3. 1; 4. 8. 1 Pe. 3. 8. *be.* ch. 1. 19; 3. 16. De. 20. 3, 4; 31. 23. Jos. 1. 6, 7, 9. 1 Sa. 23. 16. 1 Ch. 28. 10, 20. 2 Ch. 15. 7. Ps. 138. 3. Is. 35. 3, 4; 40. 28, 31. Hag. 2. 4. Zec. 8. 9, 13. 1 Co. 16. 13. 2 Co. 12. 9, 10. Phi. 4. 13. Col. 1. 11. 2 Ti. 2. 1; 4. 17. 1 Pe. 5. 10.

11 *Put.* ch. 4. 24. Ro. 13. 14. Col. 3. 10. *the whole.* ver. 13. Ro. 13. 12. 2 Co. 6, 7; 10. 4. 1 Th. 5. 8. *able.* ver. 13. Lu. 14. 29-31. 1 Co. 10. 13. He. 7. 25. Jude 24. *the wiles.* ch. 4. 14. Gr. Mar. 13. 22. 2 Co. 2. 11; 4. 4; 11. 3. 13-15. 2 Th. 2. 9-11. 1 Pe. 5. 8. 2 Pe. 2. 1-3. Re. 2. 24; 12. 9; 13. 11-15; 19. 20; 20. 2, 3, 7, 8.

12 *wrestle.* Lu. 13. 24. 1 Co. 9. 25-27. 2 Ti. 2. 5. He. 12. 1, 4. *flesh and blood.* Gr. blood and flesh. Mat. 16, 17. 1 Co. 15. 50. Ga. 1. 16. *principalities.* ch. 1. 21; 3. 10. Ro. 8. 38. Col. 2. 15. 1 Pe. 3. 22. *against the.* ch. 2. 2. Job 2. 2. Lu. 22. 53. Jno. 12. 31; 14. 30; 16. 11. Ac. 26. 18. 2 Co. 4. 4. Col. 1. 13. *spiritual wickedness. or,* wicked spirits. *high. or,* heavenly. See on ch. 1. 3.

13 *take.* See on ver. 11-17. 2 Co. 10. 4. *the whole.* Πανοπλια, a *complete suit of armour,* both offensive and defensive, from παν, *all,* and οπλον, *armour. in the.* ch. 5. 6, 16. Ec. 12. 1. Am. 6. 3. Lu. 8. 13. Re. 3. 10. *done all. or,* overcome all. *to stand.* Mal. 3. 2. Lu. 21. 36. Col. 4. 12. Re. 6. 17.

14 *having.* ch. 5. 9. Is. 11 5. Lu. 12. 35. 2 Co. 6. 7. 1 Pe. 1. 13. *the breastplate.* The θωραξ, *or breastplate,* consisted of two parts; one of which covered the whole region of the thorax or breast, and the other the back, as far down as the front part extended. Is. 59. 17. 1 Th. 5. 8. Re. 9. 9, 17.

15 *your.* De. 33. 25. Ca. 7. 1. Hab. 3. 19. Lu. 15. 22. *the gospel.* Is. 52. 7. Ro. 10. 15. 2 Co. 5. 18-21.

16 *the shield.* The θυρεος was a large *oblong shield,* or *scuta,* like a *door,* θυρα, made of wood and covered with hides. Ge. 15. 1. Ps. 56. 3, 4, 10, 11. Pr. 18. 10. 2 Co. 1. 24; 4. 16-18. He. 6. 17, 18; 11. 24-34. 1 Pe. 5. 8, 9. 1 Jno. 5. 4, 5. *to quench.* 1 Th. 5. 19.

17 *the helmet.* 1 Sa. 17. 5, 58. Is. 59. 17. 1 Th. 5. 8. *the sword.* Is. 49. 2. He. 4. 12. Re. 1. 16; 2. 16; 19. 15. *which.* Mat. 4. 4, 7, 10, 11. He. 12. 5, 6; 13. 5, 6. Re. 12. 11.

18 *Praying.* ch. 1. 16. Job 27. 10. Ps. 4. 16, 17. Is. 26. 16. Da. 6. 10. Lu. 3. 26, 37; 18. 1-7; 21. 36. Ac. 1. 14; 6. 4; 10. 2; 12. 5. Ro. 12. 12. Phi. 4. 6. Col. 4. 2. 1 Th. 5. 17. 2 Ti. 1. 3. *supplication.* 1 Ki. 8. 52, 54, 59; 9. 3. Es. 4. 8. Da. 9. 30. Ho. 12. 4. 1 Ti. 2. 1. He. 5. 7. *in the.* ch. 2. 22. Zec. 12. 10. Ro. 8. 15, 26, 27. Ga. 4. 6. Jude 20. *watching.* Mat. 26. 41. Mar. 13. 33; 14. 38. Lu. 21. 36; 22. 46. Col. 4. 2. 1 Pe. 4. 7. *all perseverance.* Ge. 32. 24-28. Mat. 15. 25-28. Lu. 11. 5-8; 18. 1-8. *supplication.* See on ver. 19; ch. 1. 16; 3. 8, 18. Phi. 1. 4. 1 Ti. 2. 1. Col. 1. 4. Phile. 5.

19 *for.* Ro. 15. 30. 2 Co. 1. 11. Phi. 1. 19. Col. 4. 3. 1 Th. 5. 25. 2 Th. 3. 1. Phile. 22. He. 13. 18. *utterance.* Ac. 2. 4. 1 Co. 1. 5. 2 Co. 8. 7. *that I.* Ac. 4. 13, 29, 31; 9. 27, 29; 13. 46; 14. 3; 18. 26; 19. 8; 28. 31. 2 Co. 3. 12, marg.; 7. 4. Phi. 1. 20. 1 Th. 2. 2. *the mystery.* ch. 1. 9; 3. 3, 4. 1 Co. 2. 7; 4. 1. Col. 1. 26, 27; 2. 2. 1 Ti. 3. 16.

20 *I am.* Pr. 13. 17. Is. 33. 7. 2 Co. 5. 20. *bonds. or,* a chain. See on ch. 3. 1; 4. 1. 2 Sa. 10. 2-6. Ac. 26. 29; 28. 20. Phi. 1. 7, 13, 14. 2 Ti. 1. 16; 2. 9. Phile. 10. *therein. or,* thereof. *boldly.* See on ver. 19. Is. 58. 1. Je. 1. 7, 8, 17. Eze. 2. 4-7. Mat. 10. 27, 28. Ac. 5. 29; 28. 31. Col. 4. 4. Phi. 1. 20. 1 Th. 2. 2. 1 Jno. 3. 16. Jude 3.

21 *that.* Phi. 1. 12. Col. 4. 7. *Tychicus.* Ac. 20. 4. 2 Ti. 4. 12. Tit. 3. 12. *beloved.* Col. 4. 9. Phile. 16. 2 Pe. 3. 15. *faithful.* 1 Co. 4. 17. Col. 1. 7. 1 Ti. 4. 6. 1 Pe. 5. 12.

22 Phi. 2. 19, 25. Col. 4. 7, 8. 1 Th. 3. 2. 2 Th. 2. 17.

23 *Peace.* See on Ro. 1. 7. 1 Co. 1. 3. Ge. 43. 23. 1 Sa. 25. 6. Ps. 122. 6-9. Jno. 14. 27. Ga. 6. 16. 1 Pe. 5. 14. Re. 1. 4. *and love.* Ga. 5. 6. 1 Ti. 1. 3; 5. 8. 2 Th. 1. 3. 1 Ti. 1. 14. Phile. 5-7.

24 *Grace.* 1 Co. 16. 23. 2 Co. 13. 14. Col. 4. 18. 2 Ti. 4. 22. Tit. 3. 15. He. 13. 25. *love.* See on Jno. 21. 15-17. 1 Co. 16. 22. *in sincerity. or,* with incorruption. Mat. 22. 37. 2 Co. 8. 8, 12. Tit. 2. 7. *Amen.* See on Mat. 6. 13; 28. 20.

# The Epistle of PAUL the Apostle to the PHILIPPIANS.

A.D. 64. A.M. 4068.

## CHAP. I.

*Paul testifies his thankfulness to God, and his love towards them, for the fruits of their faith, and fellowship in his sufferings,* 1-8; *daily praying to him for their increase in grace,* 9-11; *he shews what good the faith of Christ had received by his troubles at Rome,* 12-20; *and how ready he is to glorify Christ either by his life or death,* 21-26; *exhorting them to unity,* 27; *and to fortitude in persecution,* 28-30.

1 *Paul.* See on Ro. 1. 1. 1 Co. 1. 1. *Timotheus.* Ac. 16. 1-3. 1 Co. 16. 10. 2 Co. 1. 1. Col. 1. 1. 1 Th. 1. 1. 2 Th. 1. 1. 1 Ti. 1. 2. He. 13. 23. *the servants.* Mar. 13. 34. Jno. 12. 26. Tit. 1. 1. Ja. 1. 1. 2 Pe. 1. 1. Jude 1. Re. 1. 1; 19. 10; 22. 9. *the saints.* Ro. 1. 7. 1 Co. 1. 2. 2 Co. 1. 1. Ep. 1. 1, 15. 2 Th. 1. 10. *Philippi.* Ac. 16. 12, etc. 1 Th. 2. 2. *the bishops.* Ac. 1. 20. 1 Ti. 3. 1, 2. Tit. 1. 7. 1 Pe. 2. 25. Re. 1. 20; 2. 1, 8, 12. *and deacons.* Ac. 6. 1-7. 1 Ti. 3. 8, 10, 12, 13.

2 Ro. 1. 7. 2 Co. 1. 2. 1 Pe. 1. 2.

3 *I thank.* Ro. 1. 8, 9; 6. 17. 1 Co. 1. 4. *upon.* Ep. 1. 15, 16. Col. 1. 3, 4. 1 Th. 1. 2, 3; 3. 19. 2 Th. 1. 3. 2 Ti. 1. 3. Phile. 4, 5. *remembrance. or,* mention.

4 *in.* ver. 9-11. See on Ro. 1. 9. Ep. 1. 14, etc. 1 Th. 1. 2. *with.* ch. 2. 2; 3. 18; 4. 1. Lu. 15. 7, 10. Col. 2. 5. 1 Th 2. 19, 20. Phile. 7. 2 Jno. 4.

5 ver. 7; ch. 4. 14. Ac. 16. 15. Ro. 11. 17; 12. 13; 15. 26. 1 Co. 1. 9. 2 Co. 8. 1. Ep. 2. 19-22; 3. 6. Col. 1. 21-23. Phile. 17. He. 3. 14. 2 Pe. 1. 1. 1 Jno. 1. 3, 7.

6 *confident.* 2 Co. 1. 15; 2. 3; 7. 16; 9. 4. Ga. 5. 10. 2 Th. 3. 4. Phile. 21. He. 10. 35. *begun.* ver. 29; ch. 2. 13. Jno. 6. 29. Ac. 11. 18; 16. 14. Ro. 8. 28-30. Ep. 2. 4-10. Col. 2. 12. 1 Th. 1. 3. 2 Th. 2. 13, 14. Tit. 3. 4-6. He. 13. 20, 21. Ja. 1. 16-18. 1 Pe. 1. 2, 3. *will.* Ps. 138. 8. Jno. 6. 29. Ep. 4. 12. 1 Th. 5. 23, 24. 2 Th. 1. 11. 1 Pe. 5. 10. *perform it. or,* finish it. He. 12. 2. *the day.* ver. 10. See on 1 Co. 1. 8. 2 Pe. 3. 10.

7 *it is.* 1 Co. 13. 7. 1 Th. 1. 2-5; 5. 5. He. 6. 9, 10. *because.* 2 Co. 3. 2; 7. 3. *I have you in my heart. or,* ye have me in your heart. Ga. 5. 6. 1 Jno. 3. 14. *as.* Ac. 16. 23-25; 20. 23. Ep. 3. 1; 4. 1; 6. 20. Col. 4. 3, 18. 2 Ti. 1. 8; 2. 9. He. 10. 33, 34. *and in.* ver. 17; ch. 4. 14. *partakers of my. or,* partakers with me of. See on ver. 5. 1 Co. 9. 23. He. 3. 1. 1 Pe. 4. 13; 5. 1.

8 *God.* See on Ro. 1. 9; 9. 1. Ga. 1. 20. 1 Th. 2. 5. *how.* ch. 2. 26; 4. 1. 2 Co. 13. 9. Ga. 4. 19. Col. 2. 1. 1 Th. 2. 8. 2 Ti. 1. 4. *in.* ch. 2. 1. Is. 16. 11; 63. 15. Je. 31. 20. Lu. 1. 78, marg. 2 Co. 6. 12; 7. 15, marg. Col. 3. 12. Phile. 12, 20. 1 Jno. 3. 17.

9 *this.* See on ver. 4. *your.* ch. 3. 15. 16. Job 17. 9. Pr. 4. 18. Mat. 13. 31-33. 2 Co. 8. 7. 1 Th. 3. 12; 4. 1, 9, 10. 2 Th. 1. 3. Phile. 6. 1 Pe. 1. 22. *in knowledge.* 1 Co. 14. 20. Ep. 5. 17. Col. 1. 9; 3. 10. 2 Pe. 1. 5, 6; 3. 18. *judgment. or,* sense. He. 5. 14. Gr.

10 *ye.* Is. 7. 15, 16. Am. 5. 14, 15. Mi. 3. 2. Jno. 3. 20. Ro. 2. 18; 7. 16, 22; 8. 7; 12. 2, 9. *approve things that are excellent. or,* try things that differ. Job 12. 11; 34. 3. Ro. 12. 2. 2 Co. 11. 13-15. Ep. 5. 10. 1 Th. 5. 21. He. 5. 12-14. 1 Jno. 4. 1. Re. 2. 2. *that ye may be.* ver. 16. Ge. 20. 5. Jos. 24. 14. Jno. 1. 47. Ac. 24. 16. 2 Co. 1. 12; 2. 17; 8. 8. Ep. 4. 15, marg.; 5. 27; 6. 24. 1 Th. 3. 13; 5. 23. *without.* Mat. 16. 23; 18. 6, 7; 26. 33. Ro. 14. 20, 21; 16. 17. 1 Co. 8. 13; 10. 32. 2 Co. 6. 3. Ga. 5. 11. 1 Th. 3. 13. *till.* See on 1 Co. 1. 8.

11 *filled.* ch. 4. 17. Ps. 1. 3; 92. 12-14. Is. 5. 2. Lu. 13. 6-9. Jno. 15. 2, 8, 16. Ro. 6. 22; 15. 28. 2 Co. 9. 10. Ga. 5. 22, 23. Ep. 5. 9. Col. 1. 6, 10. He. 12. 11. Ja. 3. 17, 18. *are.* Ps. 92. 14, 15. Is. 60. 21; 61. 3, 11. Mat. 5. 16. Jno. 15. 4, 5. 1 Co. 10. 31. Ep. 2. 10. Col. 1. 6. 2 Th. 1. 12. He. 13. 15, 16. 1 Pe. 2. 5, 9, 12; 4. 10, 11, 14. *unto.* Jno. 15. 8. Ep. 1. 12, 14.

12 *that.* Ac. 21. 28, etc.; ch. 22; 28. *rather.* Ex. 18. 11. Es. 9. 1. Ps. 76. 10. Ac. 8. 4; 11. 19-21. Ro. 8. 28, 37. 2 Ti. 2. 9.

13 *my.* Ac. 20. 23, 24; 21. 11-13; 26. 29, 31; 28. 17, 20. Ep. 3. 1; 4. 1; 6. 20. Col. 4. 3-18. *in Christ. or,* for Christ. 1 Pe. 4. 12-16. *the palace. or,* Cæsar's court. ch. 4. 22. *in all other places. or,* to all others. 1 Th. 1. 8, 9.

14 *brethren.* ch. 4. 1. Col. 4. 7. *waxing.* Ac. 4. 23-31. 2 Co. 1. 3-7. Ep. 3. 13; 6. 19, 20. Col. 4. 4. 1 Th. 2. 2. *without.* Lu. 1. 74; 12. 5-7.

15 *preach.* ver. 16, 18. Ac. 5. 42; 8. 5, 35; 9. 20; 10. 36; 11. 20. 1 Co. 1. 23. 2 Co. 1. 19; 4. 5. 1 Ti. 3. 16. *even.* ch. 2. 3. Mat. 23. 5. Ro. 16. 17, 18. 1 Co. 3. 3, 4; 13. 3. 2 Co. 12. 20. Ga. 2. 4. Ja. 4. 5, 6. *and.* ver. 17. 1 Pe. 5. 2-4.

16 *not sincerely.* See on ver. 10. 2 Co. 2. 17; 4. 1, 2. *supposing.* Job 6. 14; 16. 4. Ps. 69. 26.

17 *that.* ver. 7. Ro. 1. 13-17. 1 Co. 9. 16, 17. Ga. 2. 7, 8. 1 Ti. 2. 7. 2 Ti. 1. 11, 12; 4. 6, 7. Lu. 21. 14. Ac. 22. 1; 26. 1, 24. 2 Ti. 4. 16. Gr.

18 *What.* Ro. 3. 9; 6. 15. 1 Co. 10. 19; 14. 15. *whether.* ver. 14-17. Mat. 23. 14. Mar. 12. 40. *Christ.* See on ver. 15. *and I.* Mar. 9. 38-40. Lu. 9. 45, 50. 1 Co. 15. 11. 2 Jno. 9-11.

19 *I know.* Ro. 8. 28. 1 Co. 4. 17. 1 Pe. 1. 7-9. *through.* 2 Co. 1. 11. Ep. 6. 18, 19. *the Spirit.* Ro. 8. 9. Ga. 4. 6. 1 Pe. 1. 11.

20 *earnest.* Ps. 62. 5. Pr. 10. 28; 23. 18. Ro. 8. 19. *in nothing.* Ps. 25. 2; 119. 80, 116. Is. 45. 17; 50. 7; 54. 4. Ro. 5. 5; 9. 33. 2 Co. 7. 14; 10. 8. Ep. 6. 19, 20. 1 Pe. 4. 16. 1 Jno. 2. 28. *with.* See on ver. 14. 2 Co. 2. 14-16. *Christ.* ch. 2. 17. Ro. 6. 13, 19; 12. 1. 1 Co. 6. 20; 7. 34. 2 Co. 5. 15. 1 Th. 5. 23. *whether.* ver. 23, 24. Jno. 12. 27, 28; 21. 19. Ac. 20. 24; 21. 13. Ro. 14. 7-9. 1 Co. 15. 31. 2 Co. 4. 10. Col. 1. 24. 2 Ti. 4. 6, 7. 2 Pe. 1. 12-15.

21 *to live.* See on ver. 20; ch. 2. 21. 1 Co. 1. 30. Ga. 6. 14. Col. 3. 4. *to die.* ver. 23. Is. 57. 1, 2. Ro. 8. 35-39. 1 Co. 3. 22. 2 Co. 5. 1, 6, 8. 1 Th. 4. 13-15. Re. 14. 13.

22 *live.* ver. 24. 2 Co. 10. 3. Ga. 2. 20. Col. 2. 1. 1 Pe. 4. 2. *this.* Ps. 71. 18. Is. 38. 18, 19. *I wot.* Ge. 21. 26; 39. 8. Ex. 32. 1. Ac. 3. 17. Ro. 11. 2.

23 *in.* 2 Sa. 24. 14. 1 Th. 21. 13. Lu. 12. 50. 2 Co. 6. 12. *a desire.* Lu. 2. 29, 30. Jno. 13. 1. 2 Co. 5. 8. 2 Ti. 4. 6. *with.* Job 19. 26, 27. Ps. 49. 15. Lu. 8. 38; 23. 43. Jno. 14. 3; 17. 24. Ac. 7. 59. 2 Co. 5. 8. 1 Th. 4. 17. Re. 14. 13. *far.* Ps. 16. 10, 11; 17. 15; 73. 24-26. Re. 7. 14-17.

24 ver. 22, 25, 26. Jno. 16. 7. Ac. 20. 29-31.

25 *confidence.* ch. 2. 24. Ac. 20. 25. *for.* Lu. 22. 32. Jno. 21. 15-17. Ac. 11. 23; 14. 22. Ro. 1. 11, 12; 15. 18, 29. 2 Co. 1. 24. Ep. 4. 11-13. *joy.* Ps. 60. 6. Ro. 5. 2; 15. 13. 1 Pe. 1. 8.

26 ch. 2. 16-18; 3. 1, 3; 4. 4, 10. Ca. 5. 1. Jno. 16. 22, 24. 2 Co. 1. 14; 5. 12; 7. 6.

27 *let.* ch. 3. 18-21. Ep. 4. 1. Col. 1. 10. 1 Th. 2. 11, 12; 4. 1. Tit. 2. 10. 2 Pe. 1. 4-9; 3. 11, 14. *the gospel.* Ro. 1. 9, 16; 15. 16, 29. 2 Co. 4. 4; 9. 13. Ga. 1. 7. *whether.* ch. 2. 12, 24. *I may.* Ep. 1. 15. Col. 1. 4. 1 Th. 3. 6. Phile. 5. 3 Jno. 3, 4. *that ye.* ch. 2. 1, 2; 4. 1. Ps. 122. 3; 133. 1. Mat. 12. 25. 1 Co. 1. 10; 15. 58; 16. 13, 14. 2 Co. 13. 11. *in one.* Je. 32. 39. Jno. 17. 20, 21. Ac. 2. 46; 4. 32. Ro. 12. 4, 5. 1 Co. 12. 12, etc. Ep. 4. 3-6. Ja. 3. 18. Jude 3. *the faith.* Pr. 22. 23. Ac. 24. 24. Ro. 1. 5; 10. 8. Ep. 1. 13. 1 Ti. 1. 11, 19. 2 Ti. 4. 7.

28 *in.* Is. 51. 7, 12. Mat. 10. 28. Lu. 12. 4-7; 21. 12-19. Ac. 4. 19-31; 5. 40-42. 1 Th. 2. 2. 2 Ti. 1. 7, 8. He. 13. 6. Re. 2. 10. *an.* 2 Th. 1. 5, 6. 1 Pe. 4. 12-14. *but.* Mat. 5. 10-12. Ro. 8. 17. 2 Ti. 2. 11, 12. *and that.* Ge. 49. 18. Ps. 50. 23; 68. 19, 20. Is. 12. 2. Lu. 3. 6. Ac. 28. 28.

29 *it is.* Ac. 5. 41. Ro. 5. 3. Ja. 1. 2. 1 Pe. 4. 13. *not.* Mat. 16. 17. Jno. 1. 12, 13; 6. 44, 45. Ac. 13. 39; 14. 27. Ep. 2. 8. Col. 2. 12. Ja. 1. 17, 18.

30 *the same.* Jno. 16. 33. Ro. 8. 35-37. 1 Co. 4. 9-14; 15. 30-32. Ep. 6. 11-18. Col. 2. 1. 1 Th. 2. 14, 15; 3. 2-4. 2 Ti. 2. 10-12; 4. 7. He. 10. 32, 33; 12. 4. Re. 2. 10, 11; 12. 11. *which.* Ac. 16. 19-40. 1 Th. 2. 2. *now.* See on ver. 13.

## CHAP. II.

*Paul exhorts them to unity, and to all humbleness of mind, by the example of Christ's humility and exaltation,* 1-11; *to a careful proceeding in the way of salvation, that they be as lights to the wicked world,* 12-15, *and comforts to him their apostle, who is now ready to be offered up to God,* 16-18. *He hopes to send Timothy to them, and Epaphroditus also,* 19-30.

1 *any consolation.* ch. 3. 3. Lu. 2. 10, 11, 25. Jno. 14. 18, 27; 15. 11; 16. 22-24; 17. 13. Ro. 5. 1, 2; 15. 12, 13. 1 Co. 15. 31. 2 Co. 1. 5, 6; 2. 14. 2 Th. 2. 16, 17. He. 6. 18. 1 Pe. 1. 6-8. *if any comfort.* Ps. 133. 1. Jno. 15. 10-12. Ac. 2. 46; 4. 32. Ga. 5. 22. Ep. 4. 30-32. Col. 2. 2. 1 Jno. 4. 7, 8, 12, 16. *if any fellowship.* Ro. 5. 5; 8. 9-16, 26. 1 Co. 3. 16; 6. 19, 20; 12. 13. 2 Co. 13. 14. Ga. 4. 6. Ep. 1. 13, 14; 2. 18-22; 4. 4. 1 Pe. 1. 2, 22, 23. 1 Jno. 3. 24. *if any bowels.* See on ch. 1. 8. Col. 3. 12.

2 *Fulfil.* ver. 16; ch. 1. 4, 26, 27. Jno. 3. 29. 2 Co. 2. 3; 7. 7. Col. 2. 5. 1 Th. 2. 19, 20; 3. 6-10. 2 Th. 2. 13. 2 Ti. 1. 4. Phile. 20. 1 Jno. 1. 3, 4. 2 Jno. 4. 3 Jno. 4. *that.* See on ch. 1. 27. *like-minded.* ver. 20; ch. 3. 15, 16; 4. 2. Ro. 12. 16; 15. 5, 6. 1 Co. 1. 10. 2 Co. 13. 11. 1 Pe. 3. 8, 9. *one accord.* Ac. 1. 14; 2. 1, 46; 5. 12.

3 *nothing.* ver. 14; ch. 1. 15, 16. Pr. 13. 10. Ro. 13. 13. 1 Co. 3. 3. 2 Co. 12. 20. Ga. 5. 15, 20, 21, 26. Col. 3. 8. 1 Ti. 6. 4. Ja. 3. 14-16; 4. 5, 6. 1 Pe. 2. 1, 2. *but.* Lu. 14. 7-11; 18. 14. Ro. 12. 10. 1 Co. 15. 9. Ep. 4. 2; 5. 21. 1 Pe. 5. 5.

4 Mat. 18. 6. Ro. 12. 15; 14. 19-22; 15. 1. 1 Co. 8. 9-13; 10. 24, 32, 33; 12. 22-26; 13. 4, 5. 2 Co. 6. 3; 11. 29. Ja. 2. 8.

5 Mat. 11. 29; 20. 26-28. Lu. 22. 27. Jno. 13. 14, 15. Ac. 10. 38; 20. 35. Ro. 14. 15; 15. 3, 5. 1 Co. 10. 33; 11. 1. Ep. 5. 2. 1 Pe. 2. 21; 4. 1. 1 Jno. 2. 6.

6 *in.* Is. 7. 14; 8. 8; 9. 6. Je. 23. 6. Mi. 5. 2. Mat. 1. 23. Jno. 1. 1, 2, 18; 17. 5. Ro. 9. 5. 2 Co. 4. 4. Col. 1. 15, 16. 1 Ti. 1. 17; 3. 16. Tit. 2. 13. He. 1. 3, 6, 8; 13. 8. *thought.* Ge. 32. 24-30; 48. 15, 16. Ex. 3. 2-6. Jos. 5. 13-15. Ho. 12. 3-5. Zec. 13. 7. Jno. 5. 18, 23; 8. 58, 59; 10. 30, 33, 38; 14. 9; 20. 28. Re. 1. 17, 18; 21. 6.

7 *made.* Ps. 22. 6. Is. 49. 7; 50. 5, 6; 52. 14; 53. 2, 3. Da. 9. 26. Zec. 9. 9. Mar. 9. 12. Ro. 15. 3. 2 Co. 8. 9. He. 2. 9-18; 12. 2; 13. 3. *the form.* Is. 42. 1; 49. 3, 6; 52. 13; 53. 11. Eze. 34. 23, 24. Zec. 3. 8. Mat. 12. 18; 20. 28. Mar. 10. 44, 45. Lu. 22. 27. Jno. 13. 3-14. Ro. 15. 8. *in the.* ver. 6. Jno. 1. 14. Ro. 1. 3; 8. 3. Ga. 4. 4. He. 2. 14-17; 4. 15. *likeness. or,* habit.

8 *in.* Mat. 17. 2. Mar. 9. 2, 3. Lu. 9. 29. *he.* Pr. 15. 33. Ac. 8. 33. He. 5. 5-7; 12. 2. *and became.* Ps. 40. 6-8. Is. 50. 5, 6. Mat. 26. 39, 42. Jno. 4. 34; 15. 10. He. 5. 8, 9; 10. 7-9. *the death.* De. 21. 23. Ps. 22. 16. Jno. 10. 18; 12. 23-32; 14. 31. Ga. 3. 13. Tit. 2. 14. He. 12. 2. 1 Pe. 2. 24; 3. 18.

9 *God.* Ge. 3. 15. Ps. 2. 6-12; 8. 5-8; 45. 6, 7; 69. 29, 30; 72. 17-19; 91. 14; 110. 1, 5. Is. 9. 7; 49. 6-8; 52. 13; 53. 12. Da. 2. 44, 45; 7. 14. Mat. 11. 27; 28. 18. Lu. 10. 22. Jno. 3. 35, 36; 5. 22-27; 13. 3; 17. 1-3, 5. Ac. 2. 32-36; 5. 31. Ro. 14. 9-11. 1 Co. 15. 24-27. He. 2. 9; 12. 2. 2 Pe. 1. 17. Re. 1. 5; 3. 21; 5. 12; 11. 15; 19. 16. *given.* Ps. 89. 27. Ep. 1. 20-23. Col. 1. 18. He. 1. 4. 1 Pe. 3. 22.

10 *every.* Ge. 41. 43. Is. 45. 23-25. Mat. 27. 29; 28. 18. Ro. 11. 4; 14. 10, 11. Ep. 3. 14. He. 1. 6. Re. 4. 10; 5. 13, 14. *under.* Mat. 12. 40. Jno. 5 28, 29. Ep. 4. 9. Re. 20. 13

11 *every.* Ps. 18. 49, marg. Mat. 10. 32. Jno. 9. 22; 12. 42. Ro. 10. 9; 15. 9. 1 Jno. 4. 2, 15. 2 Jno. 7. Re. 3. 5. *is Lord.* Ps. 110. 1. Je. 23. 6. Lu. 2. 11. Jno. 13. 13; 20. 28. Ac. 2. 36; 10. 36. Ro. 10. 9-12; 14. 9, 11. 1 Co. 8. 6; 12. 3; 15. 47. *to the.* Jno. 5. 23; 13. 31, 32; 14. 13, 23; 16. 14, 15; 17. 1. 1 Pe. 1. 21.

12 *my beloved.* ch. 4. 1. 1 Co. 4. 14. 1 Pe. 2. 11. *as ye.* ch. 1. 5, 27, 29. *work.* ch. 3. 13, 14. Pr. 10. 16; 13. 4. Mat. 11. 12, 29. Lu. 13. 23, 24. Jno. 6. 27-29. Ro. 2. 7. 1 Co. 9. 24-27; 15. 58. Ga. 6. 7-9. 1 Th. 1. 3. He. 4. 11; 6. 10, 11; 12. 1. 2 Pe. 1. 5-10; 3. 18. *own.* ch. 2. 19. Ro. 13. 11-14. 1 Co. 9. 20-23. 2 Ti. 2. 10. *with.* Ezr. 10. 3. Ps. 2. 11; 119. 120. Is. 66. 2, 5. Ac. 9. 6; 16. 29. 1 Co. 2. 3. 2 Co. 7. 15. Ep. 6. 5. He. 4. 1; 12. 28, 29.

13 *God.* 2 Ch. 30. 12. Is. 26. 12. Je. 31. 33; 32. 38. Jno. 3. 27. Ac. 11. 21. 2 Co. 3. 5. He. 13. 21. Ja. 1. 16-18. *to will.* 1 Ki. 8. 58. 1 Ch. 29. 14-18. Ezr. 1. 1, 5; 7. 27. Ne. 2. 4. Ps. 110. 3; 119. 36; 141. 4. Pr. 21. 1. Jno. 6. 45, 65. Ep. 2. 4, 5; 2 Th. 2. 13, 14. Tit. 3. 4, 5. 1 Pe. 1. 3. *good.* Lu. 12. 32. Ro. 9. 11, 16. Ep. 1. 5, 9, 11; 2. 8. 2 Th. 1. 11. 2 Ti. 1. 9.

14 *without.* ver. 3. Ex. 16. 7, 8. Nu. 14. 27. Ps. 106. 25. Mat. 20. 11. Mar. 14. 5. Ac. 6. 1. 1 Co. 10. 10. Ja. 5. 9. 1 Pe. 4. 9. Jude 16. *disputings.* Pr. 13. 10; 15. 17, 18. Mar. 9. 33, 34. Ac. 15. 2, 7, 39. Ro. 12. 18; 14. 1; 16. 17. 1 Co. 1. 10-12; 3. 3-5. 2 Co. 12. 20. Ga. 5. 15, 26. Ep. 4. 31, 32. 1 Th. 5. 13, 15. 1 Ti. 6. 3-5. He. 12. 14. Ja. 1. 20; 3. 14-18; 4. 1. 1 Pe. 3. 11.

15 *blameless.* Lu. 1. 6. 1 Co. 1. 8. Ep. 5. 27. 1 Th. 5. 23. 1 Ti. 3. 2, 10; 5. 7. Tit. 1. 6. 2 Pe. 3. 14. *and.* Mat. 10. 16. Ro. 16. 19. He. 7. 26. *harmless. or,* sincere. ch. 1. 10. *sons.* Mat. 5. 45, 48. Lu. 6. 35. 2 Co. 6. 17. Ep. 5. 1, 2, 7. 1 Pe. 1. 14-17; 2. 9. 1 Jno. 3. 1-3. *rebuke.* 1 Ti. 5. 14, 20. Tit. 2. 10, 15. Re. 3. 9. *a crooked.* De. 32. 5. Ps. 125. 5. Mat. 17. 17. Ac. 20. 30. 1 Pe. 2. 12. *ye shine. or,* shine ye. Is. 60. 1. Mat. 5. 14-16. Jno. 5. 35. Ep. 5. 8.

16 *Holding.* ch. 1. 27. Ps. 40. 9; 71. 17. Mat. 10. 27. Lu. 12. 8. Ro. 10. 8-16. Re. 22. 17. *the word.* Jno. 6. 63, 68. Ac. 13. 26. 2 Ti. 2. 15-17. He. 4. 12. 1 Pe. 1. 23. 1 Jno. 1. 1. *that I may.* ch. 1. 26. 2 Co. 1. 14. 1 Th. 2. 19. *that I have.* Is. 49. 4. 1 Co. 9. 26. Ga. 2. 2; 4. 11. 1 Th. 3. 5.

17 *and if.* ver. 30; ch. 1. 20. Ac. 20. 24; 21. 13. 2 Co. 12. 15. 1 Th. 2. 8. 2 Ti. 4. 6. 1 Jno. 3. 16. *offered. Gr.* poured forth. *the sacrifice.* ch. 4. 18. Ro. 12. 1; 15. 16. He. 13. 15, 16. 1 Pe. 2. 5. *I joy.* 2 Co. 7. 4. Col. 1. 24. 1 Th. 3. 7-9.

18 *do.* ch. 3. 1; 4. 4. Ep. 3. 13. Ja. 1. 2-4.

19 *But. or,* Moreover. *I trust.* ver. 24. Je. 17. 5. Mat. 12. 21. Ro. 15. 12. Ep. 1. 13. 2 Ti. 1. 12, marg. Ja. 4. 15. 1 Pe. 1. 21. *to send.* ver. 23, 25; ch. 1. 1. Ro. 16. 21. 1 Co. 4. 17. Ep. 6. 21, 22. Col. 4. 8, 9. 1 Th. 3. 2, 6. *that I.* ver. 28. 1 Th. 3. 6-8. 2 Th. 1. 3. Phile. 5-7. 3 Jno. 3, 4.

20 *I have.* ver. 2, 22. Ps. 55. 13. Pr. 31. 29. Jno. 10. 13; 12. 6. 1 Co. 1. 10, 11. Col. 4. 11. 1 Ti. 1. 2. 2 Ti. 1. 5. *like-minded. or,* so dear unto me. 1 Sa. 18. 1, 3.

21 *all.* ver. 4. Is. 56. 11. Mal. 1. 10. Mat. 16. 24. Lu. 9. 57-62; 14. 26. Ac. 13. 13; 15. 38. 1 Co. 10. 24, 33; 13. 5. 2 Ti. 1. 15; 3. 2; 4. 10, 16. *the.* ch. 1. 20, 21. 2 Co. 1. 5; 5. 14, 15.

22 *ye.* Ac. 16. 3-12. 2 Co. 2. 9; 8. 8, 22, 24. *as.* See on ver. 20. 1 Co. 4. 17. 1 Ti. 1. 2, 18. 2 Ti. 1. 2. Tit. 1. 4.

23 *so.* 1 Sa. 22. 3.

24 See on ver. 19; ch. 1. 25, 26. Ro. 15. 28, 29. Phile. 22. 2 Jno. 12. 3. Jno. 14.

25 *Epaphroditus.* ch. 4. 18. *my brother.* 2 Co. 2. 13; 8. 22. Phile. 1. *companion.* ch. 4. 3. 1 Co. 3. 9. 2 Co. 8. 23. Col. 1. 7; 4. 11. 1 Th. 3. 2. Phile. 1, 24. *fellow-soldier.* 2 Ti. 2. 3, 4. Phile. 2. *but.* Pr. 25. 13. Jno. 17. 18. 2 Co. 8. 23. He. 3. 1. Gr. *and he.* ch. 4. 18. 2 Co. 11. 7-9.

26 *he longed.* ch. 1. 3, 8; 4 1. 2 Sa. 13. 39. Ro. 1. 11. 2 Co. 9. 14. *full.* Job 9. 27. Ps. 69. 20. Pr. 12. 25. Is. 61. 3. Mat. 11. 28; 26. 37. Ro. 9. 2. 1 Pe. 1. 6. *ye had.* 2 Sa. 24. 17. Jno. 11. 35, 36. Ac. 21. 13. Ro. 12. 15. 1 Co. 12. 26. Ga. 6. 2. Ep. 3. 13.

27 *nigh.* ver. 30. 2 Ki. 20. 1. Ps. 107. 18. Ec. 9. 1, 2. Jno. 11. 3, 4. Ac. 9. 37. *but God.* Job 5. 19. Ps. 30. 1-3, 10, 11; 34. 19; 103. 3, 4; 107. 19-22. Is. 38. 17; 43. 2. Ac. 9. 39-41. *but on.* Is. 27. 8. Je. 8. 18; 10. 24; 45. 3. Hab. 3. 2. 1 Co. 10. 13. 2 Co. 2. 7.

28 *ye see.* ver. 26. Ge. 45. 27, 28; 46. 29, 30; 48. 11. Jno. 16. 22. Ac. 20. 38. 2 Ti. 1. 4. *and that.* See on ver. 27. 2 Co. 2. 3. 1 Jno. 1. 3, 4.

29 *Receive.* Mat. 10. 40, 41. Lu. 9. 5. Jno. 13. 20. Ro. 16. 2. 1 Co. 16. 10. 2 Co. 7. 2. Col. 4. 10. 3 Jno. 10. *with.* Is. 52. 7. Lu. 2. 10, 11. Ac. 2. 46; 8. 8. Ro. 10. 15. Ep. 4. 9-12. *and.* 2 Co. 10. 18. 1 Th. 5. 12. He. 13. 17. *hold such in reputation. or,* honour such. Ac. 28. 10. 1 Co. 16. 18. 1 Ti. 5. 17.

30 *the work.* 1 Co. 15. 53; 16. 10. *nigh.* ver. 17, 27; ch. 1. 19, 20. Mat. 25. 36-40. Ac. 20. 24. Ro. 16. 4. 2 Co. 12. 15. Re. 12. 11. *to.* ch. 4. 10, 18. 1 Co. 16, 17. Phile. 13.

## CHAP. III.

*He warns them to beware of the false teachers of the circumcision, 1-3; shewing that himself has greater cause than they to trust in the righteousness of the law, 4-6; which notwithstanding he counts as dung and loss, to gain Christ and his righteousness, 7-11; therein acknowledging his own imperfection, 12-14. He exhorts them to be thus minded, 15, 16; and to imitate him, 17, and to decline the ways of carnal Christians, 18-21.*

1 *Finally.* ch. 4. 8. 2 Co. 13. 11. Ep. 6. 10. 1 Th. 4. 1. Gr. 1 Pe. 3. 8. *rejoice.* ver. 3; ch. 4. 4. De. 12. 18; 16. 11. 1 Sa. 2. 1. 1 Ch. 15. 28; 16. 10, 31-33; 29. 22. 2 Ch. 30. 26, 27. Ne. 8. 10. Job 22. 26. Ps. 5. 11; 32. 11; 33. 1; 37. 4; 42. 4; 97. 1; 100. 1, 2; 149. 2. Is. 12. 2, 3; 41. 16; 61. 10; 65. 14; 66. 11, 12. Joel 2. 23. Hab. 3. 17, 18. Zep. 3. 14, 17. Zec. 10. 7. Mat. 5. 12. Lu. 1. 47. Ro. 5. 2, 3, 11. 1 Th. 5. 16. Ja. 1. 2. 1 Pe. 1. 6-8; 4. 13. *To write.* ch. 2. 17, 18. 2 Pe. 1. 12-15; 3. 1.

2 *of dogs.* Pr. 26. 11. Is. 56. 10, 11. Mat. 7. 6, 15; 24. 10. Ga. 5. 15. 2 Ti. 4. 14, 15. 2 Pe. 2. 22. Re. 22. 15. *evil.* ver. 19. Ps. 119. 115. Mat. 7. 22, 23. 2 Co. 11. 13. Ga. 5. 13. 1 Ti. 1. 19. 2 Ti. 3. 1-6; 4. 3, 4. Tit. 1. 16. 2 Pe. 2. 18-20. Jude 4, 10-13. Re. 21. 8. *the.* ver. 3. Ro. 2. 28. Ga. 2. 3, 4; 5. 1-3, 6. Re. 2. 9; 3. 9.

3 *we.* Ge. 17. 5-11. De. 10. 16; 30. 6. Je. 4. 4; 9. 26. Ro. 2. 25-29; 4. 11, 12. Col. 2. 11. *worship.* Mal. 1. 11. Jno. 4. 23, 24. Ro. 1. 9; 7. 6; 8. 15, 26, 27. Ep. 6. 18. Jude 20. *rejoice.* See on ver. 7-9. Ps. 105. 3. Is. 45. 25. Je. 9. 23, 24. 1 Co. 1. 29-31. Ga. 6. 13, 14. *have.* ver. 4-6. 1 Pe. 1. 23-25.

4 2 Co. 11. 18-22.

5 *Circumcised.* Ge. 17. 12. Lu. 2. 21. Jno. 7. 21-24. *of the stock.* Ac. 22. 3. 2 Co. 11. 22. *of the tribe.* Ro. 11. 1. *an.* Ge. 14. 13; 40. 15; 41. 12. 1 Sa. 4. 6. Jon. 1. 9. Ac. 6. 1. 2 Co. 11. 22. *Pharisee.* Ac. 23. 6; 26. 4, 5.

6 *zeal.* 2 Sa. 21. 2. 2 Ki. 10. 16. Ac. 21. 20. Ro. 10. 2. Ga. 1. 13, 14. *persecuting.* Ac. 8. 3; 9. 1, etc.; 22. 3, 4; 26. 9, 10. 1 Co. 15. 9. 1 Ti. 1. 13. *touching.* Mat. 5. 20; 23. 25. Mar. 10. 20, 21. Lu. 1. 6. Ac. 26. 5. Ro. 7. 9; 9. 31, 32; 10. 2-5.

7 ver. 4-6, 8-10. Ge. 19. 17, 26. Job 2. 4. Pr. 13. 8; 23. 23. Mat. 13. 44-46; 16. 26. Lu. 14. 26, 33; 16. 8; 17. 31-33. Ac. 27. 18, 19, 38. Ga. 2. 15, 16; 5. 2-5.

8 *doubtless.* Nu. 14. 30. Ps. 126. 6. Lu. 11. 20. 1 Co. 9. 10. 1 Jno. 2. 19. *I count.* Ac. 20. 24. Ro. 8. 18. *the excellency.* ver. 10. Is. 53. 11. Je. 9. 23, 24. Mat. 11. 25-27; 16. 16, 17. Lu. 10. 21, 22. Jno. 14. 7, 20; 16. 3; 17. 3, 8. 1 Co. 2. 2. 2 Co. 4. 4, 6. Ga. 1. 16. Ep. 1. 17, 18; 3. 8, 9, 18, 19. Col. 2. 2, 3. 1 Pe. 2. 7. 2 Pe. 1. 3; 3. 18. 1 Jno. 5. 20. *my.* Lu. 1. 43; 20. 42-44. Jno. 20. 13, 28. *for whom.* See on ver. 7. Mat. 19. 27-29. 1 Co. 4. 9-13. 2 Co. 11. 23-27. 2 Ti. 4. 6. *but dung.* 1 Ki. 14. 10. 2 Ki. 9. 37. Job 20. 7. Mal. 2. 3. *win.* Mat. 13. 44-46. He. 3. 14. 1 Jno. 1. 3.

9 *be.* Ge. 7. 23. De. 19. 3, 4. He. 6. 18. 1 Pe. 3. 19, 20. *in.* See on Ro. 8. 1; 16. 7. 1 Co. 1. 30. 2 Co. 5. 17. *not.* ver. 6. 1 Ki. 8. 46. 2 Ch. 32. 25, 31. Job 9. 28-31; 10. 14, 15; 15. 14-16; 42. 5, 6. Ps. 14. 3; 19. 12; 130. 3, 4; 143. 2. Ec. 7. 20. Is. 6. 5; 53. 6; 64. 5, 6. Mat. 9. 13. Ro. 9. 31, 32; 10. 1-3, 5. 2 Ti. 1. 9. Tit. 3. 5. Ja. 3. 2. 1 Jno. 1. 8-10. *which is of the.* De. 27. 26. Lu. 10. 25-29. Ro. 3. 19, 20; 4. 13-15; 7. 5-13; 8. 3; 10. 4, 5. Ga. 3. 10-13, 21, 22. Ja. 2. 9-11. 1 Jno. 3. 4. *the righteousness.* Ps. 71. 15, 16. Is. 45. 24, 25; 46. 13; 53. 11. Je. 23. 6; 33. 16. Da. 9. 24. Jno. 16. 8-11. Ro. 1. 17; 3. 21, 22; 4. 5, 6, 13; 5. 21; 9. 30; 10. 3, 6, 10. 1 Co. 1. 30. 2 Co. 5. 21. Ga. 2. 16; 3. 11. 2 Pe. 1. 1.

10 *I.* See on ver. 8. 1 Jno. 2. 3, 5. *and the power.* Jno. 5. 21-29; 10. 18; 11. 25, 26. Ac. 2. 31-38. Ro. 6. 4-11; 8. 10, 11. 1 Co. 15. 21-23. 2 Co. 1. 10; 4. 10-13; 13. 4. Ep. 1. 19-21. Col. 2. 13; 3. 1. 1 Th. 4. 14, 15. 1 Pe. 1. 3; 4. 1, 2. Re. 1. 18. *and the fellowship.* Mat. 20. 23. Ro. 6. 3-5; 8. 17, 29. 2 Co. 1. 5. Ga. 2. 20. Col. 1. 24. 2 Ti. 2. 11, 12. 1 Pe. 4. 13, 14.

11 *by.* Ps. 49. 7. Ac. 27. 12. Ro. 11. 14. 1 Co. 9. 22, 27. 2 Co. 11. 3. 1 Th. 3. 5. 2 Th. 2. 3. *attain.* Lu. 14. 14; 20. 35, 36. Jno. 11. 24. Ac. 23. 6; 26. 7. He. 11. 35.

12 *I had.* ver. 13, 16. Ps. 119. 5, 173-176. Ro. 7. 19-24. Ga. 5. 17. 1 Ti. 6. 12. Ja. 3. 2. *already perfect.* Job 17. 9. Ps. 138. 8. Pr. 4. 18. 1 Co. 13. 10. 2 Co. 7. 1; 13. 9. Ep. 4. 12. He. 12. 23; 13. 21. 1 Pe. 5. 10. 2 Pe. 1. 5-8; 3. 18. *I follow.* ver. 14. Ps. 42. 1; 63. 1-3, 8; 84. 2; 94. 15. Is. 51. 1. Ho. 6. 3. 1 Th. 5. 15. 1 Ti. 5. 10; 6. 11. He. 12. 14. 1 Pe. 3. 11-13. *that I.* ver. 14. 1 Ti. 6. 12. *apprehended.* Ps. 110. 2, 3. Ac. 9. 3-6, 15. Ep. 1. 4. 2 Th. 2. 13.

13 *I count.* ver. 8, 12; ch. 1. 18-21; 4. 11-13. *one.* Ps. 27. 4. Lu. 10. 42. 2 Pe. 3. 8. *forgetting.* Ps. 45. 10. Lu. 9. 62. 2 Co. 5. 16. He. 6. 1. *and reaching.* ch. 2. 12. Ro. 15. 23-29. 1 Co. 9. 24-27. He. 12. 1, 2.

14 *press.* Lu. 16. 16. 2 Co. 4. 17, 18; 5. 1. 2 Ti. 4. 7, 8. Re. 3. 21. *the high.* Ro. 8. 28-30; 9. 23, 24. 1 Th. 2. 12. 2 Th. 2. 13, 14. He. 3. 1. 1 Pe. 1. 3, 4, 13; 5. 10. 2 Pe. 1. 3.

15 *as.* Ro. 15. 1. 1 Co. 2. 6; 14. 20. Col. 1. 28; 4. 12. 2 Ti. 3. 17. He. 5. 14. Gr. Ja. 1. 4. 1 Jno. 2. 5. *be thus.* ver. 12-14. Ga. 5. 10. *God.* Ps. 25. 8, 9. Pr. 2. 3-6; 3. 5, 6. Is. 35. 8. Lu. 11. 13. Jno. 7. 17. Ja. 1. 5.

16 *whereto.* Ga. 5. 7. He. 10. 38, 39. 2 Pe. 2. 10-20. Re. 2. 4, 5; 3. 3. *let us walk.* Ro. 12. 16; 15. 5. Ga. 6. 16. Ep. 5. 2-8. Col. 2. 6. *let us mind.* See on ch. 1. 27; 2. 2; 4. 2.

17 *be.* ch. 4. 9. 1 Co. 4. 16; 10. 32, 33; 11. 1. 1 Th. 1. 6; 2. 10-14. 2 Th. 3. 7, 9. 1 Ti. 4. 12. He. 13. 7. 1 Pe. 5. 3. *and mark.* Ps. 37. 37. Ro. 16. 17. 2 Th. 3. 14.

18 *many.* Is. 8. 11. Da. 4. 37. Ga. 2. 14. Ep. 4. 17. 2 Th. 3. 11. 2 Pe. 2. 10. Jude 13. *I have.* 1 Co. 6. 9. Ga. 5. 21. Ep. 5. 5, 6. 1 Th. 4. 6. *even.* ch. 1. 4. Ps. 119. 136. Je. 9. 1; 13. 17. Lu. 19. 41. Ac. 20. 19, 30, 31. Ro. 9. 2. 2 Co. 2. 4; 11. 29. *enemies.* ch. 1. 15, 16. 1 Co. 1. 18. Ga. 1. 7; 2. 21; 6. 12.

19 *end.* Mat. 25. 41. Lu. 12. 45, 46. 2 Co. 11. 15. 2 Th. 2. 8, 12. He. 6. 6-8. 2 Pe. 2. 1, 3, 17. Jude 4, 13. Re. 19. 20; 20. 9, 10; 21. 8; 22. 15. *whose God.* ch. 2. 21. 1 Sa. 2. 11-16, 29. Is. 56. 10-12. Eze. 13. 19; 34. 3. Mi. 3. 5, 11. Mal. 1. 12. Lu. 12. 19; 16. 19. Ro. 16. 18. 1 Ti. 6. 5. 2 Ti. 3. 4. Tit. 1. 11, 12. 2 Pe. 2. 13. Jude 12. *whose glory.* Ps. 52. 1. Ho. 4. 7. Hab. 2. 15, 16. Lu. 18. 4. 1 Co. 5. 2, 6. 2 Co. 11. 12. Ga. 6. 13. Ja. 4. 16. 2 Pe. 2. 18, 19. Jude 13, 16. Re. 18. 7. *who.* Ps. 4. 6, 7; 17. 14. Mat. 16. 23. Ro. 8. 5-7. 1 Co. 3. 3. 2 Pe. 2. 3.

20 *our.* ch. 1. 18-21. Ps. 16. 11, 17. 15; 73. 24-26. Pr. 15. 24. Mat. 6. 19-21; 19. 21. Lu. 12. 21, 32-34; 14. 14. 2 Co. 4. 18; 5. 1, 8. Ep. 2. 6, 19. Col. 1. 5; 3. 1-3. He. 10. 34, 35. 1 Pe. 1. 3, 4. *conversation.* Gr. Is. 26. 1, 2. Ga. 4. 26. Ep. 2. 19. He. 12. 22. Re. 21. 10-27. *from.* Ac. 1. 11. 1 Th. 4. 16. 2 Th. 1. 7, 8. Re. 1. 7. *we look.* ch. 1. 10. 1 Co. 1. 7. 1 Th. 1. 10. 2 Ti. 4. 8. Tit. 2. 13. He. 9. 28. 2 Pe. 3. 12-14.

21 *shall.* 1 Co. 15. 42-44, 48-54. *that.*

Mat. 17. 2. Col. 3. 4. 1 Jno. 3. 2. Re. 1. 13, etc. *the working.* Is. 25. 8; 26. 19. Ho. 13. 14. Mat. 22. 29; 28. 18. Jno. 5. 25-29; 11. 24-26. 1 Co. 15. 25-27, 53-56. Ep. 1. 19, 20. Re. 1. 8, 18; 20. 11-15.

## CHAP. IV.

*From particular admonitions,* 1-3, *he proceeds to general exhortations,* 4-9, *shewing how he rejoiced at their liberality towards him lying in prison, not so much for the supply of his own wants as for the grace of God in them,* 10-18. *And so he concludes with prayer and salutations,* 19-23.

1 *Therefore.* ch. 3. 20, 21. 2 Pe. 3. 11-14. *and.* See on ch. 1. 8; 2. 26. *my joy.* ch. 2. 16. 2 Co. 1. 14. 1 Th. 2. 19, 20; 3. 9. *so.* ch. 1. 27. Ps. 27. 14; 125. 1. Mat. 10. 22. Jno. 8. 31; 15. 3, 4. Ac. 2. 42; 11. 23; 14. 22. Ro. 2. 7. 1 Co. 15. 58; 16. 13. Ga. 5. 1. Ep. 6. 10-18. Col. 4. 12. 1 Th. 3. 8, 13. 2 Th. 2. 15. 2 Ti. 2. 1. He. 3, 14; 4. 14; 10. 23, 35, 36. 2 Pe. 3. 17. Jude 20, 21, 24, 25. Re. 3. 10, 11.

2 *that.* ch. 2. 2, 3; 3. 16. Ge. 45. 24. Ps. 133. Mar. 9. 50. Ro. 12. 16-18. 1 Co. 1. 10. Ep. 4. 1-8. 1 Th. 5. 13. He. 12. 14. Ja. 3. 17, 18. 1 Pe. 3. 8-11.

3 *I.* ver. 2. Ro. 12. 1. Phile. 8, 9. *true.* See on ch. 2. 20-25. Col. 1. 7. *help.* ch. 1. 27. Ac. 9. 36-41; 16. 14-18. Ro. 16. 2-4, 9, 12. 1 Ti. 5. 9, 10. *whose.* Ex. 32. 32. Ps. 69. 28. Is. 4. 3. Eze. 13. 9. Da. 12. 1. Lu. 10. 20. Re. 3. 5; 13. 8; 17. 8; 20. 12, 15; 21. 27.

4 *Rejoice.* See on ch. 3. 1. Ro. 12. 12. *alway.* Ps. 34. 1, 2; 145. 1, 2; 146. 2. Mat. 5. 12. Ac. 5. 41; 16. 25. Ro. 5. 2, 3. 1 Th. 5. 16-18. Ja. 1. 2-4. 1 Pe. 4. 13. *again.* ch. 3. 1. 2 Co. 13. 1, 2. Ga. 1. 8.

5 *your.* Mat. 5. 39-42; 6. 25, 34. Lu. 6. 29-35; 12. 22-30; 21. 34. 1 Co. 6. 7; 7. 29-31; 8. 13; 9. 25. Tit. 3. 2. He. 13. 5, 6. 1 Pe. 1. 11. *The.* Mat. 24. 48-50. 1 Th. 5. 2-4. 2 Th. 2. 2. He. 10. 25. Ja. 5. 8, 9. 1 Pe. 4. 7. 2 Pe. 3. 8-14. Re. 22. 7, 20.

6 *careful.* Da. 3. 16. Mat. 6. 25-33; 10. 19; 13. 22. Lu. 10. 41; 12. 29. 1 Co. 7. 21, 32. 1 Pe. 5. 7. *in.* Ge. 32. 7-12. 1 Sa. 1. 15; 30. 6. 2 Ch. 32. 20; 33. 12, 13. Ps. 34. 5-7; 51. 15; 55. 17, 22; 62. 8. Pr. 3. 5, 6; 16. 3. Je. 33. 3. Mat. 7. 7, 8. Lu. 18. 1, 7; 12. 22. Ep. 6. 18. Col. 4. 2. 1 Th. 5. 17, 18. 1 Pe. 4. 7. Jude 20, 21. *thanksgiving.* 1 Sa. 7. 12. 2 Co. 1. 11. Ep. 5. 20. Col. 3. 15, 17. *known.* Pr. 15. 8. Ca. 2. 14. Mat. 6. 8.

7 *the peace.* ch. 1. 2. Nu. 6. 26. Job 22. 21; 34. 29. Ps. 29. 11; 85. 8. Is. 26. 3, 12; 45. 7; 48. 18, 22; 55. 11, 12; 57. 19-21. Je. 33. 6. Lu. 1. 79; 2. 14. Jno. 14. 27; 16. 33. See on Ro. 1. 7; 5. 1; 8. 6; 14. 17; 15. 13. 2 Co. 13. 11. Ga. 5. 22. Col. 3. 15. 2 Th. 3. 16. He. 13. 20. Re. 1. 4. *passeth.* Ep. 3. 19. Re. 2. 17. *shall.* Ne. 8. 10. Pr. 2. 11; 4. 6; 6. 22. *through.* 1 Pe. 1. 4, 5. Jude 1.

8 *Finally.* See on ch. 3. 1. *whatsoever.* Ro. 12. 9-21. 1 Co. 13. 4-7. Ga. 5. 22. Ja. 3. 17. 2 Pe. 1. 5-7. *are true.* Mat. 22. 16. Jno. 7. 18. Ro. 12. 9. 2 Co. 6. 8. Ep. 4. 25; 5. 9; 6. 14. 1 Pe. 1. 22. 1 Jno. 3. 18. *honest. or,* venerable. Ac. 6. 3. Ro. 12. 17; 13. 13. 2 Co. 8. 21; 13. 7. 1 Th. 4. 12. 1 Ti. 2. 2; 3. 4, 8, 11. Tit. 2. 2, 7. Gr; 3. 14, marg. He. 13. 18. 1 Pe. 2. 12. *are just.* Ge. 18. 19. De. 16. 20. 2 Sa. 23. 3. Ps. 82. 2. Pr. 11. 1; 16. 11; 20. 7. Is. 26. 7. Mar. 6. 20. Lu. 2. 25; 23. 50. Ac. 10. 22. Tit. 1. 8. *are pure.* 1 Ti. 4. 12; 5. 2. Tit. 2. 14. Ja. 1. 27; 3. 17. 2 Pe. 3. 1. 1 Jno. 3. 3. *are lovely.* 2 Sa. 1. 23. Ca. 5. 16. 1 Co. 13. 1 Pe. 4. 8. *are of.* Ac. 6. 3; 10. 22; 22. 12. Col. 4. 5. 1 Th. 5. 22. 1 Ti. 3. 7; 5. 10. He. 11. 2. *virtue.* Ru. 3. 11. Pr. 12. 4; 31. 10, 29. 2 Pe. 1. 3, 4. *praise.* Pr. 31. 31. Ro. 2. 29; 13. 3. 1 Co. 4. 5. 2 Co. 8. 18. *think.* Lu. 16. 15. 1 Th. 5. 21. 1 Jno. 4. 1.

9 *which.* ch. 3. 17. 1 Co. 10. 31-33; 11. 1. 1 Th. 1. 6; 2. 2-12, 14; 4. 1-8. 2 Th. 3. 6-10. *do.* De. 5. 1. Mat. 5. 19, 20; 7. 21, 24-27. Lu. 6. 46; 8. 21. Jno. 2. 5; 13. 17; 15. 14. Ac. 9. 6. 2 Th. 3. 4. Ja. 1. 22. 2 Pe. 1. 10. 1 Jno. 3. 22. *the God.* ver. 7. Ro. 15. 33; 16. 20. 1 Co. 14. 33. 2 Co. 5. 19, 20; 13. 11. 1 Th. 5. 23. He. 13. 20, 21. *with.* Is. 8. 10; 41. 10. Mat. 1. 23; 28. 20. 2 Ti. 4. 22.

10 *I.* See on ch. 1. 1, 3. 2 Co. 7. 6, 7. *your* 2 Co. 11. 9. Ga. 6. 6. *hath flourished. or,* is revived. Ps. 85. 6. Ho. 14. 7. *ye lacked.* 2 Co. 6. 7. Ga. 6. 10.

11 *in respect.* 1 Co. 4. 11, 12. 2 Co. 6. 10; 8. 9; 11. 27. *I have.* ch. 3. 8. Ge. 28. 20. Ex. 2. 21. Mat. 6. 31-34. Lu. 3. 14. 1 Ti. 6. 6-9. He. 10. 34; 13. 5, 6.

12 *how to be.* 1 Co. 4. 9-13. 2 Co. 6. 4-10; 10. 1, 10; 11. 7, 27; 12. 7-10. *I am.* De. 32. 10. Ne. 9. 20. Is. 8. 11. Je. 31. 19. Mat. 11. 29; 13. 52. Ep. 4. 20, 21.

13 *can.* Jno. 15. 4, 5, 7. 2 Co. 3. 4, 5. *through.* See on 2 Co. 12. 9, 10. Ep. 3. 16; 6. 10. Col. 1. 11. Is. 40. 29-31; 41. 10; 45. 24.

14 *ye have.* 1 Ki. 8. 18. 2 Ch. 6. 8. Mat. 25. 21. 3 Jno. 5-8. *ye did.* ver. 18; ch. 1. 7. Ro. 15. 27. 1 Co. 9. 10, 11. Ga. 6. 6. 1 Ti. 6. 18. He. 10. 34; 13. 16.

15 *in the.* 2 Ki. 5. 16, 20. 2 Co. 11. 8-12; 12. 11-15. *I.* Ac. 16. 40; 17. 1-5.

16 *in.* 1 Th. 2. 9. *once.* 1 Th. 2. 18.

17 *because.* ver. 11. Mal. 1. 10. Ac. 20. 33, 34. 1 Co. 9. 12-15. 2 Co. 11. 16. 1 Th. 2. 5. 1 Ti. 3. 3; 6. 10. Tit. 1. 7. 1 Pe. 5. 2. 2 Pe. 2. 3, 15. Jude 11. *fruit.* ch. 1. 11. Mi. 7. 1. Jno. 15. 8, 16. Ro. 15. 28. 2 Co. 9. 9-13. Tit. 3. 14. *to.* Pr. 19. 17. Mat. 10. 40-42; 25. 34-40. Lu. 14. 12-14. He. 6. 10.

18 *I have all. or,* I have received all. *abound.* ver. 12. 2 Th. 1. 3. *Epaphroditus.* ch. 2. 25, 26. *an.* Jno. 12. 3-8. 2 Co. 2. 15, 16. Ep. 5. 2. He. 13. 16. 1 Pe. 2. 5. *acceptable.* Ro. 12. 1. 2 Co. 9. 12.

19 *God.* 2 Sa. 22. 7. 2 Ch. 18. 13. Ne. 5. 19. Da. 6. 22. Mi. 7. 7. Jno. 20. 17, 27. Ro. 1. 8. 2 Co. 12. 21. Phile. 4. *supply.* Ge. 48. 15. De. 8. 3, 4. Ne. 9. 15. Ps. 23. 1-5; 41. 1-3; 84. 11; 112. 5-9. Pr. 3. 9, 10; 11. 24, 25. Mal. 3. 10. Lu. 12. 30-33. 2 Co. 9. 8-11. *according.* Ps. 36. 8; 104. 24; 130. 7. Ro. 9. 23; 11. 33. Ep. 1. 7, 18; 2. 7; 3. 8, 16. Col. 1. 27; 3. 16. 1 Ti. 6. 17. *glory.* Ro. 8. 18. 2 Co. 4. 17. 1 Th. 2. 12. 1 Pe. 5. 1, 10.

20 *unto.* ch. 1. 11. Ps. 72. 19; 115. 1. Mat. 6. 9, 13. Ro. 11. 36; 16. 27. Ga. 1. 5. Ep. 3. 21. 1 Ti. 1. 17. Jude 25. Re. 1. 6; 4. 9-11; 5. 12; 7. 12; 11. 13; 14. 7. *Amen.* ver. 23. Mat. 6. 12; 28. 20.

21 *Salute.* See on Ro. 16. 3-16. *saint.* ch. 1. 1. 1 Co. 1. 2. Ep. 1. 1. *The.* Ro. 16. 21, 22. Ga. 1. 2; 2. 3. Col. 4. 10-14. Phile. 23, 24.

22 *the.* Ro. 16. 16. 2 Co. 13. 13. He. 13. 24. 1 Pe. 5. 13. 3 Jno. 14. *they.* ch. 1. 13. *Cesar's.* The cruel, worthless, and diabolical Nero was at this time emperor of Rome; but it is not improbable that the empress Poppæa was favourably inclined to Christianity, as JOSEPHUS relates that (Θεοσεβης γαρ ην) 'she was a worshipper of the true God.' JEROME states, (in Philem.) that St. Paul had converted many in Cesar's family; for 'being by the emperor cast into prison, he became more known to his family, and turned the house of Christ's persecutor into a church.'

23 Ro. 16. 20, 24. 2 Co. 13. 14.

## CONCLUDING REMARKS ON THE EPISTLE TO THE PHILIPPIANS.

The Church at Philippi in Macedonia was planted by the Apostle Paul about A.D. 53, (Ac. xvi. 9-40;) and it appears he visited them again, A.D. 60, though no particulars are recorded concerning that visit, (Ac. xx. 6.) The Philippians were greatly attached to St. Paul, and testified their affection by sending him supplies, even when labouring for other churches, (ch. iv. 15, 16; 2 Co. xi. 9;) and when they heard that he was under confinement at Rome, they sent Epaphroditus, one of their pastors, to him with a present, lest he should want necessaries during his imprisonment, (ch. ii. 25; iv. 10, 14-18.) The more immediate occasion of the Epistle was the return of Epaphroditus, by whom the apostle sent it as a grateful acknowledgment of their kindness; which occurred towards the close of his first imprisonment, about the end of A.D. 62, or the commencement of 63.

# The Epistle of PAUL the Apostle to the COLOSSIANS.

A.D. 64. A.M. 4068.

## CHAP. I.

*After salutation Paul thanks God for their faith,* 1-6; *confirms the doctrine of Epaphras,* 7, 8; *prays further for their increase in grace,* 9-13; *describes the true Christ,* 14-20; *encourages them to receive Jesus Christ, and commends his own ministry,* 21-29.

1 *an.* See on Ro. 1. 1. 1 Co. 1. 1. 2 Co. 1. 1. Ep. 1. 1. *Timotheus.* Phi. 1. 1. 1 Th. 1. 1. 2 Th. 1. 1. Phile. 1.

2 *the saints.* See on Ps. 16. 3. 1 Co. 1. 2. Ga. 3. 9. Ep. 1. 1. *faithful.* 1 Co. 4. 17. Ep. 6. 21. *Grace.* Ro. 1. 7. Ga. 1. 3. 1 Pe. 1. 2. 2 Pe. 1. 2. Jude 2. Re. 1. 4.

3 *give.* Ro. 1. 8, 9. 1 Co. 1. 4. Ep. 1. 15. Phi. 1. 3-5; 4. 6. 1 Th. 1. 2. *praying.* ver. 9, 13. Ep. 3. 14-19. Phi. 1. 9-11. 1 Th. 3. 10-13. 2 Th. 2. 16, 17. 2 Ti. 1. 3.

4 *we.* ver. 9. 2 Co. 7. 7. Ep. 1. 15. 1 Th. 3. 6. 3 Jno. 3, 4. *faith.* Ga. 5. 6. 1 Th. 1. 3; 4. 9, 10. 2 Th. 1. 3. Phile. 5. 1 Pe. 1. 21-23. 1 Jno. 3. 14, 23; 4. 16. *the love.* He. 6. 10.

5 *the hope.* ver. 23, 27. Ac. 23. 6; 24. 15; 26. 6, 7. 1 Co. 13. 13; 15. 19. Ga. 5. 5. Ep. 1. 18, 19. 2 Th. 2. 16. He. 7. 19. 1 Pe. 3. 15. 1 Jno. 3. 3. *laid.* Ps. 31. 19. Mat. 6. 19, 20. Lu. 12. 33. 2 Ti. 4. 8. 1 Pe. 1. 3, 4. *the word.* ch. 3. 16. Ac. 10. 36; 13. 26. Ro. 10. 8. 2 Co. 5. 19; 6. 7. Ep. 1. 13. 1 Th. 2. 13. 1 Ti. 1. 15. 1 Pe. 2. 2.

6 *is come.* ver. 23. Ps. 98. 3. Mat. 24. 14; 28. 19. Mar. 16. 15. Ro. 10. 18; 15. 19; 16. 26. 2 Co. 10. 14. *bringeth.* ver. 10. Mar. 4. 8, 26-29. Jno. 15. 16. Ac. 12. 24. Ro. 1. 13; 15. 28. Ep. 5. 9. Phi. 1. 11; 4. 17. *since.* Ro. 10. 17. *knew.* Ps. 110. 3. Ac. 11. 18; 16. 14; 26. 18. 1 Co. 15. 10, 11. 2 Co. 6. 1. Ep. 3. 2; 4. 23. 1 Th. 1. 5; 2. 13. 2 Th. 2. 13. Tit. 2. 11, 12. 1 Pe. 1. 2, 3; 5. 12. *in truth.* Jno. 4. 23.

7 *Epaphras.* ch. 4. 12. Phile. 23. *our.* See on Phi. 2. 19-22, 25. *a.* Nu. 12. 7. Mat. 24. 45; 25. 21. 1 Co. 4. 2, 17; 7. 25. 2 Co. 11. 23. Ep. 5. 21. 1 Ti. 4. 6. 2 Ti. 2. 2. He. 2. 17; 3. 2.

8 ver. 4. Ro. 5. 5; 15. 30. Ga. 5. 22. 2 Ti. 1. 7. 1 Pe. 1. 22.

9 *since.* ver. 3, 4, 6. Ro. 1. 8-10. Ep. 1. 15, 16. *do.* 1 Sa. 12. 23. Ac. 12. 5. Phi. 1. 4. 1 Th. 1. 3; 5. 17. 2 Th. 1. 11. 2 Ti. 1. 3, 4. Phile. 4. *that ye.* 1 Co. 1. 5. Ep. 1. 15-20; 3. 14-19. Phi. 1. 9-11. *of his.* ch. 4. 12. Ps. 143. 10. Jno. 7. 17. Ro. 12. 2. Ep. 5. 10, 17; 6. 6. He. 10. 36; 13. 21; 1 Pe. 2. 15; 4. 2. 1 Jno. 2. 17. *wisdom.* ch. 3. 16; 4. 5. Ps. 119. 99. Ep. 1. 8. Ja. 1. 5; 3. 17. *spiritual.* 1 Jno. 5. 20.

10 *ye.* ch. 2. 6; 4. 5. Mi. 4. 5. Ro. 4. 12; 6. 4. Ep. 4. 1; 5. 2, 15. Phi. 1. 27. 1 Th. 2. 12. *all.* ch. 3. 20. Pr. 16. 7. Phi. 4. 18. 1 Th. 4. 1. 2 Ti. 2. 4. He. 11. 5; 13. 16. 1 Jno. 3. 22. *fruitful.* Jno. 15. 8, 16. Ga. 5. 22, 23. Ep. 2. 10. Phi. 1. 11. Tit. 3. 1, 14. He. 13. 21. 2 Pe. 1. 8. *increasing.* ch. 2. 19. Is. 53. 11. Da. 12. 4. Hab. 2. 14. Jno. 17. 3. 2 Co. 2. 14; 4. 6; 9. 8. Ep. 1. 17; 4. 13. 2 Pe. 1. 2, 3; 3. 18. 1 Jno. 5. 20.

11 *Strengthened.* See on Is. 45. 24. 2 Co. 12. 9. Ep. 3. 16; 6. 10. Phi. 4. 13. *his.* Ex. 15. 6. Ps. 63. 2. Ac. 1. 8. 2 Co. 4. 7. Jude 25. *unto.* Pr. 24. 10. Ac. 5. 41. Ro. 2. 7; 5. 3-5. 2 Co. 6. 4-6; 12. 9, 10. Ep. 4. 2. 1 Th. 3. 3, 4. 2 Ti. 2. 1-3. He. 10. 34-38; 11. 34-38; 12. 1, 2. Ja. 1. 2-4; 5. 7, 8. 2 Pe. 1. 6. Re. 14. 12.

12 *Giving.* ch. 3. 15, 17. 1 Ch. 29. 20. Ps. 79. 13; 107. 21, 22; 116. 7. Da. 2. 23. Ep. 5. 4, 20. *the Father.* ch. 2. 2. Jno. 4. 23; 14. 6; 20. 17. 1 Co. 8. 6. Ep. 4. 6. Ja. 3. 9. 1 Jno. 1. 3. *made.* 1 Ki. 6. 7. Pr. 16. 1. Ro. 8. 29, 30; 9. 23. 2 Co. 5. 5. Tit. 2. 14. Re. 22. 14. *partakers.* Ro. 11. 17; 15. 27. 1 Co. 9. 23. Ep. 3. 6. He. 3. 1, 14. 1 Pe. 5. 1. 1 Jno. 3. 1-3. *inheritance.* Mat. 25. 34. Ac. 20. 32; 26. 18. Ro. 8. 17. Ep. 1. 11, 18. 1 Pe. 1. 2-5. *in.* Ps. 36. 9; 97. 11. Pr. 4. 18. Is. 60. 19, 20. He. 12. 23. Re. 21. 23; 22. 5.

13 *delivered.* Is. 49. 24, 25; 53. 12. Mat. 12. 29, 30. Ac. 26. 18. He. 2. 14. *the power.* Lu. 22. 53. Jno. 12. 31, 32. 2 Co. 4. 4. Ep. 4. 18; 5. 8; 6. 12. 1 Pe. 2. 9. 1 Jno. 2. 8; 3. 8. *and.* Lu. 13. 24. Jno. 5. 24. Ro. 6. 17-22. 1 Co. 6. 9-11. 2 Co. 6. 17, 18. Ep. 2. 3-10. 1 Th. 2. 12. Tit. 3. 3-6. 2 Pe. 1. 11. 1 Jno. 3. 14. *the kingdom.* Ps. 2. 6, 7. Is. 9. 6, 7. Da. 7. 13, 14. Zec. 9. 9. Mat. 25. 34. Ro. 14. 17. 1 Co. 15. 23-25. *his dear Son. Gr.* the Son of his love. Is. 42. 1. Mat. 3. 17; 17. 5. Jno. 3. 35; 17. 24. Ep. 1. 6.

14 *whom.* Mat. 20. 28. Ac. 20. 28. Ro. 3. 24, 25. Ga. 3. 13. Ep. 1. 7; 5. 2. 1 Ti. 2. 6. Tit. 2. 14. He. 9. 12, 22; 10. 12-14. 1 Pe. 1. 19, 20; 3. 18. 1 Jno. 2. 2. Re. 1. 5; 5. 9; 14. 4. *the.* ch. 2. 13; 3. 13. Ps. 32. 1, 2; 130. 4. Lu. 5. 20; 7. 47-50. Ac. 2. 38; 10. 43; 13. 38, 39; 26. 18. Ro. 4. 6-8. Ep. 4. 32. 1 Jno. 1. 9; 2. 12.

15 *the image.* Ex. 24. 10. Nu. 12. 8. Eze. 1. 26-28. Jno. 1. 18; 14. 9; 15. 24. 2 Co. 4. 4, 6. Phi. 2. 6. He. 1. 3. *the invisible.* 1 Ti. 1. 17; 6. 16. He. 11. 27. *the firstborn.* ver. 13. Ps. 89. 27. Jno. 1. 14; 3. 16. He. 1. 6. *of every.* ver. 16, 17. Pr. 8. 29-31. Re. 3. 14.

16 *by him were.* ver. 15. Ps. 102. 25-27. Is. 40. 9-12; 44. 24. Jno. 1. 3. 1 Co. 8. 6. Ep. 3. 9. He. 1. 2, 10-12; 3. 3, 4. *in heaven.* ver. 20. De. 4. 39. 1 Ch. 29. 11. Ep. 1. 10. Phi. 2. 10. Re. 5. 13, 14. *thrones.* ch. 2. 10, 15. Ro. 8. 38. Ep. 1. 21; 3. 10; 6. 12. 1 Pe. 3. 22. *by.* Pr. 16. 4. Is. 43. 21. Ro. 11. 36. He. 2. 10.

17 *he.* ver. 15. Pr. 8. 22, 23. Is. 43. 11-13; 44. 6. Mi. 5. 2. Jno. 1. 1-3; 8. 58; 17. 5. 1 Co. 8. 6. He. 13. 8. Re. 1. 8, 11, 17; 2. 8. *and by.* 1 Sa. 2. 8. Ps. 75. 3. Jno. 5. 17, 18. Ac. 17. 28. He. 1. 3.

18 *he is.* ver. 24; ch. 2. 10-14. 1 Co. 11. 3. Ep. 1. 10, 22, 23; 4. 15, 16; 5. 23. *the beginning.* Jno. 1. 1. 1 Jno. 1. 1. Re. 1. 8; 3. 14; 21. 6; 22. 13. *the firstborn.* Jno. 11. 25, 26. Ac. 26. 23. 1 Co. 15. 20-23. Re. 1. 5, 18. *in all. or,* among all. Ps. 45. 2-5; 89. 27. Ca. 5. 10. Is. 52. 13. Mat. 23. 8; 28. 18. Jno. 1. 16, 27; 3. 29-31, 34, 35. Ro. 8. 29. 1 Co. 15. 25. He. 1. 5, 6. Re. 5. 9-13; 11. 15; 21. 23, 24.

19 ch. 2. 3, 9; 3. 11. Mat. 11. 25-27. Lu. 10. 21. Jno. 1. 16; 3. 34. Ep. 1. 3, 23; 4. 10.

20 *having made peace. or,* making peace. ver. 21, 22. Le. 6. 30. Ps. 85. 10, 11. Is. 9. 6, 7. Eze. 45. 17-20. Da. 9. 24-26. Mi. 5. 2, 5. Zec. 9. 9, 10. Lu. 2. 14. Ac. 10. 30. Ro. 5. 1. 2 Co. 5. 19-21. Ep. 2. 13-17. He. 13. 20, 21. 1 Jno. 4. 9, 10. *reconcile.* 2 Co. 5. 18. He. 2. 17. *things in earth.* Ep. 1. 10. Phi. 2. 10.

21 *sometime.* Ro. 1. 30; 5. 9, 10; 8. 7, 8. 1 Co. 6. 9-11. Ep. 2. 1, 2, 12, 19; 4. 18. Tit. 3. 3-7. Ja. 4. 4. *in your mind by. or,* by *your* mind in. Tit. 1. 15, 16.

22 *the body.* Ro. 7. 4. Ep. 2. 15, 16. He. 10. 10, 20. *to.* Lu. 1. 75. 2 Co. 11. 2. Ep. 1. 4; 5. 27. 1 Th. 4. 7. Tit. 2. 14. 2 Pe. 3. 14. Jude 24. *in his.* Job 15. 15; 25. 5. Ps. 51. 7. He. 13. 21.

23 *ye continue.* Ps. 92. 13, 14; 125. 5. Eze. 18. 26. Ho. 6. 3, 4. Zep. 1. 6. Mat. 24. 13. Lu. 8. 13-15; 22. 32. Jno. 8. 30-32; 15. 9, 10. Ac. 11. 23; 14. 22. Ro. 2. 7. Ga. 4. 11; 5. 7; 6. 9. 1 Th. 3. 5. He. 3. 6, 14; 4. 14; 10. 38. 1 Pe. 1. 5. 2 Pe. 2. 18-22. 1 Jno. 2. 27. Re. 2. 10. *grounded.* ch. 2. 7. Mat. 7. 24, 25. Lu. 6. 48. Ep. 2. 21; 3. 17; 4. 16. *moved.* Jno. 15. 6. Ac. 20. 24. 1 Co. 15. 58. 1 Th. 3. 3. *the hope.* ver. 5. Ro. 5. 5. Ga. 5. 5. Ep. 1. 18. 1 Th. 5. 8. 2 Th. 2. 16. Tit. 3. 7. He. 6. 19. 1 Pe. 1. 3. 1 Jno. 3. 1-3. *to.* ver. 6. Mat. 24. 14. Mar. 16. 15. Ro. 10. 18. *under.* De. 2. 25; 4. 19. La. 3. 66. Ac. 2. 5; 4. 12. *whereof.* ver. 25. Ac. 1. 17, 25; 26. 16. Ro. 15. 16. 1 Co. 4. 1-3. 2 Co. 3. 6; 4. 1; 5. 18-20; 6. 1; 11. 23. Ep. 3. 7, 8. 1 Ti. 1. 12; 2. 7. 2 Ti. 1. 11, 12; 4. 5, 6.

24 *rejoice.* Mat. 5. 11, 12. Ac. 5. 41. Ro. 5. 3. 2 Co. 7. 4. Ep. 3. 1, 13. Phi. 2. 17, 18. Ja. 1. 2. *fill.* 2 Co. 1. 5-8; 4. 8-12; 11. 23-27. Phi. 3. 10. 2 Ti. 1. 8; 2. 9, 10. *for* See on ver. 18. Ep. 1. 23.

25 *I am.* ver. 23. 1 Th. 3. 2. 1 Ti. 4. 6. *according.* Ro. 15. 15-18. 1 Co. 9. 17. Ga. 2. 7, 8. Ep. 3. 2. *to fulfil. or,* fully to preach. Ro. 15. 19. 2 Ti. 4. 2-5.

26 *the mystery.* Ro. 16. 25, 26. 1 Co. 2. 7. Ep. 3. 3-10. *now.* Ps. 25. 14. Mat. 13. 11. Mar. 4. 11. Lu. 8. 10. 2 Ti. 1. 10.

27 *whom.* 1 Co. 2. 12-14. 2 Co. 2. 14; 4. 6. Ga. 1. 15, 16. *the riches.* ch. 2. 3. Ro. 9. 23; 11. 33. Ep. 1. 7, 17, 18; 3. 8-10, 16. Phi. 4. 19. *Christ.* ch. 3. 11. Lu. 17. 21. Jno. 6. 56; 14. 17, 20, 23; 15. 2-5; 17. 22, 23, 26. Ro. 8. 10. 1 Co. 3. 16. 2 Co. 6. 16. Ga. 2. 20; 4. 19. Ep. 2. 22; 3. 17. 1 Jno. 4. 4. Re. 3. 20. *in you. or,* among you. *the hope.* ver. 5. Ps. 16. 9-11. Ro. 5. 2; 8. 18, 19. 2 Co. 4. 17. 1 Ti. 1. 1. 1 Pe. 1. 3, 4.

28 *Whom.* Ac. 3. 20; 5. 42; 8. 5, 35; 9. 20; 10. 36; 11. 20; 13. 38; 17. 3, 18. Ro. 16. 25. 1 Co. 1. 23; 15. 12. 2 Co. 4. 5; 10. 14. Ep. 3. 8. Phi. 1. 15-18. 1 Ti. 3. 16. *warning.* Je. 6. 10. Eze. 3. 17-21; 33. 4-9. Mat. 3. 7. Ac. 20. 27, 28, 31. 1 Co. 4. 14. 1 Th. 4. 6; 5. 12-14. *teaching.* De. 4. 5. Eze. 7. 10. Ec. 12. 9. Mat. 28. 20. Mar. 6. 34. Ep. 4. 11. 1 Ti. 3. 2. 2 Ti. 2. 24, 25. *in all.* Pr. 8. 5. Je. 3. 15. Lu. 21. 15. 1 Co. 2. 6, 15; 12. 8. 2 Pe. 3. 15. *we may.* ver. 22. 2 Co. 11. 2. Ep. 5. 27. *perfect.* ch. 2. 10. 1 Co. 1. 30. Ep. 4. 12, 13. He. 10. 14; 13. 21.

29 *labour.* ch. 4. 12. 1 Co. 15. 10. 2 Co. 5. 9; 6. 5; 11. 23. Phi. 2. 16. 1 Th. 2. 9. 2 Th. 3. 8. 2 Ti. 2. 10. Re. 2. 3. *striving.* ch. 2. 1. Lu. 13. 24. Ro. 15. 20, 30. 1 Co. 9. 25-27. Phi. 1. 27, 30. He. 12. 4. *his.* 1 Co. 12. 6, 11. Ep. 1. 19; 3. 7, 20. Phi. 2. 13. He. 13. 21. *mightily.* 2 Co. 12. 9, 10; 13. 3.

## CHAP. II.

*Paul still exhorts them to be constant in Christ,* 1-7; *to beware of philosophy, and vain traditions,* 8-17; *worshipping of angels,* 18, 19; *and legal ceremonies, which are ended in Christ,* 20-23.

1 *what.* ch. 1. 24, 29; 4. 12. Ge. 30. 8; 32. 24-30. Ho. 12. 3, 4. Lu. 22. 44. Ga. 4. 19. Phi. 1. 30. 1 Th. 2. 2. He. 5. 7. *conflict. or,* fear, *or,* care. *at.* ch. 4. 13, 15, 16. Re. 1. 11; 3. 14-22. *not.* ver. 5. Ac. 20. 25, 38. 1 Pe. 1. 8.

2 *their.* ch. 4. 8. Is. 40. 1. Ro. 15. 13. 2 Co. 1. 4-6. 1 Th. 3. 2; 5. 14. 2 Th. 2. 16, 17. *being.* ch. 3. 14. Ps. 133. 1. Jno. 17. 21. Ac. 4. 32. Ga. 3. 28. Phi. 2. 1. 1 Jno. 4. 12, 16. *all.* See on ch. 1. 27. *of the full.* Is. 32. 17. 1 Th. 1. 5. He. 6. 11; 10. 22. 2 Pe. 1. 10. 1 Jno. 3. 19. *understanding.* Jno. 6. 69; 17. 3. Ro. 16. 25. 1 Co. 2. 12. Ep. 1. 17-19; 3. 9, 10. Phi. 3. 8. 2 Pe. 1. 3; 3. 18. *to the.* ch. 1. 9. 1 Jno. 5. 7. *of the Father.* ch. 1. 15-17. Is. 53. 11. Je. 9. 24. Mat. 11. 25. 27. Lu. 10. 21, 22. Jno. 1. 1-3; 5. 17, 23; 10. 30, 38; 14. 9-11; 16. 15; 17. 21-23. 1 Ti. 3. 16.

3 *In whom. or,* Wherein. ch. 1. 9, 19; 3. 16. Ro. 11. 33. 1 Co. 1. 24, 30; 2. 6-8. Ep. 1. 8; 3. 10. 2 Ti. 3. 15-17. *hid.* ch. 3. 3. Job 28. 21. Pr. 2. 4. Mat. 10. 26. Ep. 3. 9. Re. 2. 17.

4 *lest.* ver. 8, 18. Mat. 24. 4, 24. Mar. 13. 22. Ac. 20. 30. Ro. 16. 18, 19. 2 Co. 11. 3, 11-13. Ga. 2. 4. Ep. 4. 14; 5. 6. 2 Th. 2. 9-11. 1 Ti. 4. 1, 2. 2 Ti. 2. 16; 3. 13. Tit. 1. 10, 11. 2 Pe. 2. 1-3. 1 Jno. 2. 18, 26; 4. 1. 2 Jno. 7. Re. 12. 9; 13. 8; 20. 3, 8. *enticing.* 1 Co. 2. 4.

5 *be.* ver. 1. 1 Co. 5. 3, 4. 1 Th. 2. 17. *and beholding.* 2 Ch. 29. 35. 1 Co. 11. 34; 14. 40. *and the.* Ru. 1. 18. Ps. 78. 8, 37. Ac. 2. 42. 1 Co. 15. 58; 16. 13. 1 Th. 3. 8. He. 3. 14; 6. 19. 1 Pe. 5. 9. 2 Pe. 3. 17, 18.

6 *received.* Mat. 10. 40. Jno. 1. 12, 13; 13. 20. 1 Co. 1. 30. He. 3. 14. 1 Jno. 5. 11, 12, 20. 2 Jno. 8, 9. Jude 3. *walk.* ch. 3. 17. Is. 2. 5. Mi. 4. 2. Jno. 14. 6. 2 Co. 5. 7. Ga. 2. 20. Ep. 4. 1; 5. 1, 2. Phi. 1. 27. 1 Th. 4. 1. 1 Jno. 2. 6.

7 *Rooted.* ch. 1. 23. Ps. 1. 3; 92. 13. Is. 61. 3. Je. 17. 8. Eze. 17. 23, 24. Ro. 11. 17, 18. Ep. 2. 21, 22; 3. 17. Jude 12. *built.* Mat. 7. 24, 25. Lu. 6. 48. Jno. 15. 4, 5. 1 Co. 3. 9-15. Ep. 2. 20-22. 1 Pe. 2. 4-6. Jude 20. *stablished.* ch. 1. 23. Ro. 16. 25. 1 Co. 15. 58. 2 Co. 1. 21. 2 Th. 2. 17. 1 Pe. 5. 10. 2 Pe. 3. 17, 18. Jude 24. *with.* ch. 1. 12, 13; 3. 17. Ep. 5. 20. 1 Th. 5. 18. He. 13. 15.

8 *Beware.* De. 6. 12. Mat. 7. 15; 10. 17; 16. 6. Phi. 3. 2. 2 Pe. 3. 17. *spoil.* ver. 18. Ca. 2. 15. Je. 29. 8. Ro. 16. 17. Ep. 5. 6. He. 13. 9. 2 Jno. 8. *philosophy.* Ac. 17. 18, 32. Ro. 1. 21, 22. 1 Co. 1. 19-23; 3. 18, 19; 15. 35, 36. 2 Co. 10. 5. Gr. 1 Ti. 6. 20. 2 Ti. 2. 17, 18; 3. 13. *after the tradition.* ver. 22. Mat. 15. 2-9. Mar. 7. 3-13. Ga. 1. 14. 1 Pe. 1. 18. *the rudiments. or,* the elements. ver. 20. Ga. 4. 3, 9. Ep. 2. 2. *after Christ.* Ep. 4. 20.

9 *in.* ver. 2, 3; ch. 1. 19. Is. 7. 14. Mat. 1. 23. Jno. 10. 30, 38; 14. 9, 10, 20; 17. 21. 2 Co. 5. 19. 1 Ti. 3. 16. Tit. 2. 13. 1 Jno. 5. 7, 20. *bodily.* Lu. 3. 22. Jno. 1. 14; 2. 21.

10 *complete.* ch. 3. 11. Jno. 1. 16. 1 Co. 1. 30, 31. Ga. 3. 26-29. He. 5. 9. *the head.* ch. 1. 16-18. Ep. 1. 20-23; 4. 15, 16. Phi. 2. 9-11. 1 Pe. 3. 22. Re. 5. 9-13.

11 *whom.* De. 10. 16; 30. 6. Je. 4. 4. Ro. 2. 29. Phi. 3. 3. *without.* Mar. 14. 58. Ac. 7. 48; 17. 24. 2 Co. 5. 1. Ep. 2. 11. He. 9. 11, 24. *in putting.* ch. 3. 8, 9. Ro. 6. 6. Ep. 4. 22. *by.* Lu. 2. 21. 2 Co. 5. 17. Ga. 2. 20; 4. 4, 5. Ep. 2. 10-18.

12 *Buried.* Ro. 6. 4, 5. *baptism.* Ro. 6. 3. 1 Co. 12. 13. Ga. 3. 27. Ep. 4. 5. Tit. 3. 5, 6. He. 6. 2. 1 Pe. 3. 21. *wherein.* ch. 3. 1, 2. Ro. 6. 8-11; 7. 4. 1 Co. 15. 20. Ep. 1. 20; 2. 4-6; 5. 14. 1 Pe. 4. 1-3. *the faith.* Lu. 17. 5. Gr. Jno. 1. 12, 13; 3. 3-7. Ac. 14. 27. Ep. 1. 19; 2. 8; 3. 7, 17. Phi. 1. 29. He. 12. 2. Ja. 1. 16, 17. *who.* Ac. 2. 24. Ro. 4. 24. He. 13. 20, 21.

13 *dead.* Eze. 37. 1-10. Lu. 9. 60; 15. 24, 32. Ro. 6. 13. 2 Co. 5. 14, 15. Ep. 2. 1, 5, 6; 5. 14. 1 Ti. 5. 6. He. 6. 1; 9. 14. Ja. 2. 17, 20, 26. *the uncircumcision.* Ep. 2. 11. *he.* Ps. 71. 20; 119. 50. Jno. 5. 21; 6. 63. Ro. 4. 17; 8. 11. 1 Co. 15. 36, 45. 2 Co. 3. 6, marg. 1 Ti. 6. 13. *having.* Ps. 32. 1. Is. 1. 18; 55. 7. Je. 31. 34. Ac. 13. 38, 39. 2 Co. 5. 19. He. 8. 10-12. 1 Jno. 1. 7-9; 2. 12.

14 *Blotting.* Nu. 5. 23. Ne. 4. 5. Ps. 51. 1, 9. Is. 43. 25; 44. 22. Ac. 3. 19. *the handwriting.* ver. 20. Es. 3. 12; 8. 8. Da. 5. 7, 8. Lu. 1. 6. Ga. 4. 1-4. Ep. 2. 14-16. He. 7. 18; 8. 13; 9. 9, 10; 10. 8, 9. *took.* Is. 57. 14. 2 Th. 2. 7.

15 *having.* Ge. 3. 15. Ps. 68. 18. Is. 49. 24, 25; 53. 12. Mat. 12. 29. Lu. 10. 18; 11. 22. Jno. 12. 31; 16. 11. Ep. 4. 8. He. 2. 14. Re. 12. 9; 20. 2, 3, 10. *principalities.* ch. 1. 16. 2 Co. 4. 4. Ep. 6. 12. *triumphing.* Lu. 23. 39-43. Jno. 12. 32; 19. 30. Ac. 2. 23, 24, 32-36. *in it. or,* in himself.

16 *judge.* Ro. 14. 3, 10, 13. 1 Co. 10. 28-31. Ga. 2. 12, 13. Ja. 4. 11. *in meat,* etc. *or,* for eating and drinking. Le. 11. 2-47; 17. 10-15. De. 14. 3, etc. Eze. 4. 14. Mat. 15. 11. Ac. 11. 3-18; 15. 20. Ro. 14. 2, 6, 14-17, 20, 21. 1 Co. 8. 7-13. 1 Ti. 4. 3-5. He. 9. 10; 13. 9. *in respect. or,* in part. *of an.* Le. ch. 23. Nu. ch. 28; 29. De. 16. 1-17. Ne. 8. 9; 10. 31. Ps. 42. 4. Ro. 14. 5, 6. *the new.* Nu. 10. 10; 28. 11, 14. 1 Sa. 20. 5, 18. 2 Ki. 4. 23. 1 Ch. 23. 31. Ne. 10. 33. Ps. 81. 3. Is 1. 13. Eze. 45. 17; 46. 1-3. Am. 8. 5. Ga. 4. 10. *or of the sabbath.* Le. 16. 31; 23. 3, 24, 32, 39.

17 *a shadow.* Jno. 1. 17. He. 8. 5; 9. 9; 10. 1. *the body.* Mat. 11. 28, 29. He. 4. 1-11.

18 *no.* ver. 4, 8. Ge. 3. 13. Nu. 25. 18. Mat. 24. 24. Ro. 16. 18. 2 Co. 11. 3. Ep. 5. 6. 2 Pe. 2. 14. 1 Jno. 2. 26; 4. 1, 2. 2 Jno. 7-11. Re. 3. 11; 12. 9; 13. 8, 14. *beguile you. or,* judge against you. ver. 16. *in a voluntary humility. Gr.* being a voluntary in humility. ver. 23. Is. 57. 9. *worshipping.* Da. 11. 38. Heb. Ro. 1. 25. 1 Co. 8. 5, 6. 1 Ti. 4. 1. Gr. Re. 19. 10; 22. 8, 9. *intruding.* De. 29. 29. Job 38. 2. Ps. 138. 1, 2. Eze. 13. 3. 1 Ti. 1. 7. *vainly.* ver. 8. 1 Co. 4. 18; 8. 1; 13. 4. *fleshly.* Ro. 8. 6-8. 1 Co. 3. 3. 2 Co. 12. 20. Ga. 5. 19, 20. Ja. 3. 14-16; 4. 1-6.

19 *not.* ver. 6-9; ch. 1. 18. Ga. 1. 6-9; 5. 2-4. 1 Ti. 2. 4-6. *all.* Ep. 4. 15, 16. *by.* Job 19. 9-12. Ps. 139. 15, 16. *nourishment.* Jno. 15. 4-6. Ro. 11. 17. Ep. 5. 29. *knit.* ver. 2. Jno. 17. 21. Ac. 4. 32. Ro. 12. 4, 5. 1 Co. 1. 10; 10. 16, 17; 12. 12-27. Ep. 4. 3. Phi. 1. 27; 2. 2-5. 1 Pe. 3. 8. *increaseth.* ch. 1. 10. 1 Co. 3. 6. Ep. 4. 16. 1 Th. 3. 12; 4. 10. 2 Th. 1. 3. 2 Pe. 3. 18.

20 *if.* ch. 3. 3. Ro. 6. 2-11; 7. 4-6. Ga. 2. 19, 20; 6. 14. 1 Pe. 4. 1-3. *from.* See on ver. 8. Ep. 2. 15. *rudiments. or,* elements. *living.* Jno. 15. 19; 17. 14-16. 2 Co. 10. 3. Ja. 4. 4. 1 Jno. 5. 19. *subject.* See on ver. 14, 16. Ga. 4. 3, 9-12. He. 13. 9.

21 Ge. 3. 3. Is. 52. 11. 2 Co. 6. 17. 1 Ti. 4. 3.

22 *to.* Mar. 7. 18, 19. Jno. 6. 27. 1 Co. 6. 13. *after.* Is. 29. 13, 18. Da. 11. 37. Mat. 15. 3-9. Mar. 7. 7-13. Tit. 1. 14. Re. 17. 18.

23 *a shew.* Ge. 3. 5, 6. Mat. 23. 27, 28. 2 Co. 11. 13-15. 1 Ti. 4. 3, 8. *will.* See on ver. 8. 18. 22. *neglecting. or,* punishing, *or,* not sparing. Ep. 5. 29.

## CHAP. III.

*He shews where we should seek Christ,* 1-4. *He exhorts to mortification,* 5-9; *to put off the old man, and to put on Christ,* 10, 11; *exhorting to charity, humility, and other several duties,* 12-25.

1 *risen.* ch. 2. 12, 13, 20. Ro. 6. 4, 5, 9-11. Ga. 2. 19, 20. Ep. 1. 19, 20; 2. 5, 6. *seek.* ver. 2. Ps. 16. 11; 17. 14, 15; 73. 25, 26. Pr. 15. 24. Mat. 6. 20, 33. Lu. 12. 33. Ro. 8. 6. 2 Co. 4. 18. Phi. 3. 20, 21. He. 11. 13-16. *where.* Ps. 110. 1. Mat. 22. 44; 26. 64. Mar. 12. 36; 14. 62; 16. 19. Lu. 20. 42; 22. 69. Ac. 2. 34; 7. 55. Ro. 8. 34. Ep. 1. 20; 4. 10. He. 1. 3, 13; 8. 1; 10. 12; 12. 2. 1 Pe. 3. 22.

2 *Set.* See on ver. 1. 1 Ch. 22. 19; 29. 3. Ps. 62. 10; 91. 14; 119. 36, 37. Pr. 23. 5. Ec. 7. 14. Mat. 16. 23. Ro. 8. 4-6. Phi. 1. 23. 1 Jno. 2. 15-17. *affection. or,* mind. *not.* ver. 5. Ps. 49. 11-17. Mat. 6. 19. Lu. 12. 15; 16. 8, 9, 11, 19-25. Phi. 3. 19. 1 Jno. 2. 15.

3 *are.* ch. 2. 20. Ro. 6. 2. Ga. 2. 20. *your.* ver. 4; ch. 1. 5. Jno. 3. 16; 4. 14; 5. 21, 24, 40; 6. 39, 40; 10. 28-30; 14. 19. Ro. 5. 10, 21; 8. 2, 34-39. 1 Co. 15. 45. 2 Co. 5. 7. He. 7. 25. 1 Pe. 1. 3-5. *hid.* ch. 2. 3. Mat. 11. 25. 1 Co. 2. 14. Phi. 4. 7. 1 Pe. 3. 4. 1 Jno. 3. 2. Re. 2. 17.

4 *our.* Jno. 11. 25; 14. 6; 20. 31. Ac. 3. 15. Ga. 2. 20. 2 Ti. 1. 1. 1 Jno. 1. 1, 2; 5. 12. Re. 2. 7; 22. 1, 14. *appear.* 1 Ti. 6. 14. 2 Ti. 4. 8. Tit. 2. 13. He. 9. 28. 1 Pe. 5. 4. 1 Jno. 2. 28; 3. 2. *ye.* Ps. 17. 15; 73. 24. Is. 25. 8, 9. Mat. 13. 43. Jno. 6. 39, 40; 14. 3; 17. 24. 1 Co. 15. 43. 2 Co. 4. 17. Phi. 3. 21. 1 Th. 4. 17. 2 Th. 1. 10-12. Jude 24.

5 *Mortify.* Ro. 6. 6; 8. 13. Ga. 5. 24. Ep. 5. 3-6. *members.* Ro. 6. 13; 7. 5, 23. Ja. 4. 1. *fornication.* Mat. 15. 19. Mar. 7. 21, 22. Ro. 1. 29. 1 Co. 5. 1, 10, 11; 6. 9, 13, 18. 2 Co. 12. 21. Ga. 5. 19-21. Ep. 5. 3. 1 Th. 4. 3. He. 12. 16; 13. 4. Re. 21. 8; 22. 15. *inordinate.* Ro. 1. 26. 1 Th. 4. 5. Gr. *evil.* Ro. 7. 7, 8. 1 Co. 10. 6-8. Ep. 4. 19. 1 Pe. 2. 11. *covetousness.* 1 Co. 6. 10. Ga. 5. 19-21. See on Ep. 5. 3, 5.

6 *which.* Ro. 1. 18. Ep. 5. 6. Re. 22. 15. *children.* Is. 57. 4. Eze. 16. 45, 46. Ep. 2. 2, 3. 1 Pe. 1. 14. 2 Pe. 2. 14. Gr.

7 ch. 2. 13. Ro. 6. 19, 20; 7. 5. 1 Co. 6. 11. Ep. 2. 2. Tit. 3. 3. 1 Pe. 4. 3, 4.

8 *put.* ver. 5, 9. Ep. 4. 22. He. 12. 1. Ja. 1. 21. 1 Pe. 2. 1. *anger.* Ps. 37. 8. Pr. 17. 14; 19. 19; 29. 22. Mat. 5. 22. Ro. 13. 13. 1 Co. 3. 3. 2 Co. 12. 20. Ga. 5. 15, 20, 26. Ep. 4. 26, 31, 32. 2 Ti. 2. 23, 24. Ja. 1. 20; 3. 14-16. *blasphemy.* Le. 24. 11-16. Mar. 7. 22. 1 Ti. 1. 13, 20. Ja. 2. 7. Jude 8. Re. 16. 9. *filthy.* Ep. 4. 29; 5. 4. Ja. 3. 4-6. 2 Pe. 2. 7, 18. Jude 8, 13.

9 *Lie.* Le. 19. 11. Is. 63. 8. Je. 9. 3-5. Zep. 3. 13. Zec. 8. 16. Jno. 8. 44. Ep. 4. 25. 1 Ti. 1. 10. Tit. 1. 12, 13. Re. 21. 8, 27; 22. 15. *ye.* ver. 8. Ro. 6. 6. Ep. 4. 22.

10 *put.* ver. 12, 14. Job 29. 14. Is. 52. 1; 59. 17. Ro. 13. 12, 14. 1 Co. 15. 53, 54. Ga. 3. 27. Ep. 4. 24. *the new.* Eze. 11. 19; 18. 31; 36. 26. 2 Co. 5. 17. Ga. 6. 15. Ep. 2. 10, 15; 4. 24. Re. 21. 5. *renewed.* Ps. 51. 10. Ro. 12. 2. Ep. 4. 23. He. 6. 6 *knowledge.* Jno. 17. 3. 2 Co. 3. 18; 4. 6. 1 Jno. 2. 3, 5. *after.* Ge. 1. 26, 27. Ep. 2. 10; 4. 23, 24. 1 Pe. 1. 14, 15.

11 *there.* Ps. 117. 2. Is. 19. 23-25; 49. 6; 52. 10; 66. 18-22. Je. 16. 19. Ho. 2. 23. Am. 9. 12. Mi. 4. 2. Zec. 2. 11; 8. 20-23. Mal. 1. 11. Mat. 12. 18-21. Ac. 10. 34, 35; 13. 46-48; 15. 17; 26. 17, 18. Ro. 3. 29; 4. 10, 11; 9. 24-26, 30, 31; 10. 12; 15. 9-13. 1 Co. 12. 13. Ga. 3. 28. Ep. 3. 6. *circumcision.* 1 Co. 7. 19. Ga. 5. 6; 6. 15. *Barbarian.* Ac. 28. 2, 4. Ro. 1. 14. 1 Co. 14. 11. *bond.* 1 Co. 7. 21, 22. Ep. 6. 8. *but.* ch. 2. 10. 1 Co. 1. 29, 30; 3. 21-23. Ga. 3. 29; 6. 14. Phi. 3. 7-9. 1 Jno. 5. 11, 12. 2 Jno. 9. *and.* Jno. 6. 56, 57; 14. 23; 15. 5; 17. 23. Ro. 8. 10, 11. Ga. 2. 20. Ep. 1. 23; 3. 17. 1 Jno. 5. 20.

12 *Put.* See on ver. 10. Ep. 4. 24. *as.* Is. 42. 1; 45. 4; 65. 9, 22. Mat. 24. 22, 24, 31. Mar. 13. 20, 22, 27. Lu. 18. 7. Ro. 8. 29-33; 9. 11; 11. 5-7. 2 Ti. 2. 10. Tit. 1. 1. 1 Pe. 1. 2. 2 Pe. 1. 10. 2 Jno. 1. 13. Re. 17. 14. *holy.* Ro. 8. 29. Ep. 1. 4. 1 Th. 1. 3-6. 2 Th. 2. 13, 14. *beloved.* Je. 31. 3. Eze. 16. 8. Ro. 1. 7. Ep. 2. 4, 5. 2 Ti. 1. 9. Tit. 3. 4-6. 1 Jno. 4. 19. *bowels.* Is. 63. 15. Je. 31. 20. Lu. 1. 78, marg. Phi. 1. 8; 2. 1. 1 Jno. 3. 17. *mercies.* Ro. 12. 9, 10. Ga. 5. 6, 22, 23. Ep. 4. 2, 32. Phi. 2. 2-4. 1 Th. 5. 15. Ja. 3. 17, 18. 1 Pe. 3. 8-11. 2 Pe. 1. 5-8. 1 Jno. 3. 14-20.

13 *Forbearing.* Ro. 15. 1, 2. 2 Co. 6. 6. Ga. 6. 2. Ep. 4. 2, 32. *forgiving.* Mat. 5. 44; 6. 12, 14, 15; 18. 21-35. Mar. 11. 25. Lu. 6. 35-37; 11. 4; 17. 3, 4; 23. 34. Ja. 2. 13. *quarrel. or,* complaint. Mat. 18. 15-17. 1 Co. 6. 7, 8. *even.* Lu. 5. 20-24; 7. 48-50. 2 Co. 2. 10. Ep. 4. 32; 5. 2. 1 Pe. 2. 21.

14 *charity.* ch. 2. 2. Jno. 13. 34; 15. 12. Ro. 13. 8. 1 Co. ch. 13. Ep. 5. 2. 1 Th. 4. 9. 1 Ti. 1. 5. 1 Pe. 4. 8. 2 Pe. 1. 7. 1 Jno. 3. 23; 4. 21. *the.* Ep. 1. 4; 4. 3. 1 Jno. 4. 7-12.

15 *the peace.* Ps. 29. 11. Is. 26. 3; 27. 5; 57. 15, 19. Jno. 14. 27; 16. 33. Ro. 5. 1; 14. 17; 15. 13. 2 Co. 5. 19-21. Ep. 2. 12-18; 5. 1. Phi. 4. 7. *to the.* 1 Co. 7. 15. Ep. 2. 16, 17; 4. 4, 16. *and be.* ver. 17; ch. 1. 12; 2. 7. Ps. 100. 4; 107. 22; 116. 17. Jon. 2. 9. Lu. 17. 16-18. Ro. 1. 21. 2 Co. 4. 15; 9. 11. Ep. 5. 20. Phi. 4. 6. 1 Th. 5. 18. 1 Ti. 2. 1. He. 13. 15. Re. 7. 12.

16 *the word.* Jno. 5. 39, 40. 2 Ti. 3. 15. He. 4. 12, 13. 1 Pe. 1. 11, 12. Re. 19. 10. *dwell.* De. 6. 6-9; 11. 18-20. Job 23. 12. Ps. 119. 11. Je. 15. 16. Lu. 2. 51. Jno. 15. 7. 1 Jno. 2. 14, 24, 27. 2 Jno. 2. *richly.* 1 Ti. 6. 17. Tit. 3. 6, marg. *all.* ch. 1. 9. 1 Ki. 3. 9-12, 28. Pr. 2. 6, 7; 14. 8; 18. 1. Is. 10. 2. Ep. 1. 17; 5. 17. Ja. 1. 5; 3. 17. *teaching.* ch. 1. 28. Ro. 15. 14. 1 Th. 4. 18; 5. 11, 12. 2 Th. 3. 15. He. 12. 12-15. *in psalms.* Mat. 26. 30. 1 Co. 14. 26. Ep. 5. 19. Ja. 5. 13. *and spiritual.* 1 Ch. 25. 7. Ne. 12. 46. Ps. 32. 7; 119. 54. Ca. 1. 1. Is. 5. 1; 26. 1; 30. 29. Re. 5. 9; 14. 3; 15. 3. *singing.* ch. 4. 6. Ps. 28. 7; 30. 11, 12; 47. 6, 7; 63. 4-6; 71. 23; 103. 1, 2; 138. 1. 1 Co. 14. 15. *to the.* ver. 23.

17 *whatsoever.* ver. 23. 2 Ch. 31. 20, 21. Pr. 3. 6. Ro. 14. 6-8. 1 Co. 10. 31. *in word.* 2 Th. 2. 17. 1 Jno. 3. 18. *in the.* Mi. 4. 5. Mat. 28. 19. Ac. 4. 30; 19. 17. Phi. 1. 11. 1 Th. 4. 1, 2. *giving.* ch. 1. 12; 2. 7. Ro. 1. 8. Ep. 5. 20. 1 Th. 5. 18. He. 13. 15. 1 Pe. 2. 5, 9; 4. 11. *God.* Ep. 1. 17. Phi. 2. 11. 1 Th. 1. 1. He. 1. 5. 1 Jno. 2. 23.

18 *submit.* Ge. 3. 16. Es. 1. 20. 1 Co. 11. 3; 14. 34. Ep. 5. 22-24, 33. 1 Ti. 2. 12. Tit. 2. 4, 5. 1 Pe. 3. 1-6. *as.* Ac. 5. 29. Ep. 5. 3; 6. 1.

19 *love.* Ge. 2. 23, 24; 24. 67. Pr. 5. 18, 19. Ec. 9. 9. Mal. 2. 14-16. Lu. 14. 26. Ep. 5. 25, 28, 29, 33. 1 Pe. 3. 7. *bitter.* ver. 21. Ro. 3. 14. Ep. 4. 31. Ja. 3. 14.

20 *obey.* Ge. 28. 7. Ex. 20. 12. Le. 19. 3. De. 21. 18-21; 27. 16. Pr. 6. 20; 20. 20; 30. 11, 17. Eze. 22. 7. Mal. 1. 6. Mat. 15. 4-6; 19. 19. Ep. 6. 1-3. *in.* ver. 22. Ep. 5. 24. Tit. 2. 9. *well pleasing.* ch. 1. 10. Phi. 4. 18. He. 13. 21.

21 Ps. 103. 13. Pr. 3. 12; 4. 1-4. See on Ep. 6. 4. 1 Th. 2. 11. He. 12. 5-11.

22 *obey.* ver. 20. Ps. 123. 2. Mal. 1. 6.

Mat. 8. 9. Lu. 6. 46; 7. 8. Ep. 6. 5-7. 1 Ti. 6. 1, 2. Tit. 2. 9, 10. Phile. 16. 1 Pe. 2. 18, 19. *men-pleasers.* Ga. 1. 10. 1 Th. 2. 4. *in singleness.* Mat. 6. 22. Ac. 2. 46. Ep. 6. 5. *fearing.* Ge. 42. 18. Ne. 5. 9, 15. Ec. 5. 7; 8. 12; 12. 13. 2 Co. 7. 1.

23 *whatsoever.* See on ver. 17. 2 Ch. 31. 21. Ps. 47. 6, 7; 103. 1; 119. 10, 34, 145. Ec. 9. 10. Je. 3. 10. 1 Pe. 1. 22. *as.* Zec. 7. 5-7. Mat. 6. 16. Ro. 14. 6, 8. Ep. 5. 22; 6. 6, 7. 1 Pe. 2. 13, 15.

24 *ye shall.* ch. 2. 18. Ge. 15. 1. Ru. 2. 12. Pr. 11. 18. Mat. 5. 12, 46; 6. 1, 2, 5, 16; 10. 41. Lu. 6. 35; 14. 14. Ro. 2. 6, 7; 4. 4, 5. 1 Co. 3. 8; 9. 17, 18. Ep. 6. 8. He. 9. 15; 10. 35; 11. 6. *for.* Jno. 12. 26. Ro. 1. 1; 14. 18. 1 Co. 7. 22. Ga. 1. 10. Ep. 6. 6. 2 Pe. 1. 1. Jude 1.

25 *he that.* 1 Co. 6. 7, 8. 1 Th. 4. 6. Phile. 18. *receive.* 2 Co. 5. 10. He. 2. 2. *and.* ch. 4. 1. Le. 19. 15. De. 1. 17; 10. 17. 2 Sa. 14. 14. 2 Ch. 19. 7. Job 34. 19; 37. 24. Lu. 20. 21. Ac. 10. 34. Ro. 2. 11. Ep. 6. 9. 1 Pe. 1. 17. Jude 16.

## CHAP. IV.

*He exhorts them to be fervent in prayer,* 1-4; *to walk wisely toward them that are not yet come to the true knowledge of Christ,* 5-9. *He salutes them, and wishes them all prosperity,* 10-18.

1 *give.* Le. 19. 13; 25. 39-43. De. 15. 12-15; 24. 14, 15. Ne. 5. 5-13. Job 24. 11, 12; 31. 13-15. Is. 58. 3, 5-9. Je. 34. 9-17. Mal. 3. 5. Ja. 2. 13; 5. 4. *ye.* Ec. 5. 8. Mat. 23. 8, 9; 24. 48-51. Lu. 16. 1-13; 19. 15. Ep. 6. 8, 9, etc. Re. 17. 14; 19. 16.

2 *Continue.* ver. 12; ch. 1. 9. 1 Sa. 12. 23. Job 15. 4; 27. 8-10. Ps. 55. 16, 17; 109. 4. See on Lu. 18. 1. Ro. 12. 12. Ep. 6. 18. Phi. 4. 6. 1 Th. 5. 17, 18. *watch.* Mat. 26. 41. Mar. 13. 33. Lu. 21. 36. 1 Pe. 4. 7. *thanksgiving.* See on ch. 2. 7; 3. 15, 17.

3 *praying.* Ro. 15. 30-32. Ep. 6. 19. Phi. 1. 19. 1 Th. 5. 25. Phile. 22. He. 13. 18, 19. *that.* 1 Co. 16. 9. 2 Co. 2. 12. 2 Th. 3. 1, 2. Re. 3. 7, 8. *a door.* The term *door* is used metaphorically for an *entrance* to any business, or *occasion* or *opportunity* of doing any thing; and consequently 'a door of utterance' is an opportunity of preaching the gospel successfully. See the parallel texts. *the mystery.* See on ch. 1. 26; 2. 2, 3. Mat. 13. 11. 1 Co. 4. 1. Ep. 6. 19. *for.* Ep. 3. 1; 4. 1; 6. 20. Phi. 1. 7, 13, 14. 2 Ti. 1. 16; 2. 9.

4 *I may.* Mat. 10. 26, 27. Ac. 4. 29. 2 Co. 3. 12; 4. 1-4. *as.* ver. 6. Ac. 5. 29. 1 Co. 2. 4, 5. 2 Co. 2. 14-17. Ep. 6. 20.

5 *Walk.* ch. 3. 16. Ps. 90. 12. Mat. 10. 16. Ro. 16. 19. 1 Co. 14. 19-25. Ep. 5. 15-17. Ja. 1. 5; 3. 13, 17. *them.* 1 Co. 5. 12, 13. 1 Th. 4. 12. 1 Ti. 3. 7. 1 Pe. 3. 1. *redeeming.* See on Ep. 5. 16.

6 *your.* ch. 3. 16. De. 6. 6, 7; 11. 19. 1 Ch. 16. 24. Ps. 37. 30, 31; 40. 9, 10; 45. 2; 66. 16; 71. 15-18, 23, 24; 78. 3, 4; 105. 2; 119. 13, 46. Pr. 10. 21; 15. 4, 7; 16. 21-24; 22. 17, 18; 25. 11, 12. Ec. 10. 12. Mal. 3. 16-18. Mat. 12. 34, 35. Lu. 4. 22. Ep. 4. 29. *seasoned.* Le. 2. 13. 2 Ki. 2. 20-22. Mat. 5. 13. Mar. 9. 50. *how.* Pr. 26. 4, 5. Lu. 20. 20-40. 1 Pe. 3. 15.

7 *my.* Ep. 6. 21-23. *Tychicus.* Ac. 20. 4. 2 Ti. 4. 12. Tit. 3. 12. *a beloved.* ver. 9, 12. See on Ep. 6. 21. Phi. 2. 25. *a faithful.* 1 Co. 4. 1-4.

8 *I have.* 1 Co. 4. 17. 2 Co. 12. 18. Ep. 6. 22. Phi. 2. 28. 1 Th. 3. 5. *and comfort.* ch. 2. 2. Is. 40. 1; 61. 2, 3. 2 Co. 1. 4; 2. 7. 1 Th. 2. 11; 3. 2; 4. 18; 5. 11, 14. 2 Th. 2. 17.

9 *Onesimus.* ver. 7. Phile. 10-19.

10 *Aristarchus.* Ac. 19. 29; 20. 4; 27. 2. Phile. 24. *saluteth.* See on Ro. 16. 21-23. *and Marcus.* Ac. 12. 12; 13. 5, 13; 15. 37-39. 2 Ti. 4. 11. 1 Pe. 5. 13. *receive.* Ro. 16. 2. 2 Jno. 8, 9.

11 *who.* Ac. 10. 45; 11. 2. Ro. 4. 12. Ga. 2. 7, 8. Ep. 2. 11. Tit. 1. 10. *fellow-workers.* ver. 7. 1 Co. 3. 5-9. 2 Co. 6. 1. Phi. 4. 3. 1 Th. 3. 2. Phile. 1, 24. *a comfort.* 2 Co. 7. 6, 7. 1 Th. 3. 7.

12 *Epaphras.* ch. 1. 7. Phile. 23. *a servant.* Jno. 12. 26. Ga. 1. 10. Ja. 1. 1. 2 Pe. 1. 1. *always.* See on ver. 2. Lu. 22. 44. Ga. 4. 19. He. 5. 7. Ja. 5. 16. *labouring. or,* striving. ch. 2. *that.* ver. 1. Ro. 15. 30. See on ch. 1. 9, 22, 28. Mat. 5. 48. 1 Co. 2. 6; 14. 20. Gr. 2 Co. 13. 11. Phi. 3. 12-15. 1 Th. 5. 23. He. 5. 14. Gr; 6. 1. Jude 24. *complete. or,* filled. Ro. 15. 14.

13 *I bear.* Ro. 10. 2. 2 Co. 8. 3. *Laodicea. Laodicea* and *Hierapolis* were both cities of Phrygia in Asia Minor, between which, and equidistant from each, was situated Colossè. *Laodicea* was seated near the Lycus, about 63 miles east of Ephesus; and became one of the largest and richest towns in Phrygia, vying in power with the maritime cities. It is now called *Eski-hissar*, the old castle; and besides the whole surface within the city's wall being strewed with pedestals and fragments, the ruins of an amphitheatre, a magnificent odeum, and other public buildings, attest its former splendour and magnificence. But, when visited by Dr. CHANDLER, all was silence and solitude; and a fox, first discovered by his ears peeping over a brow, was the only inhabitant of Laodicea. *Hierapolis*, now *Pambouk-Kaiesi*, was situated, according to the Itinerary, six miles N. of Laodicea; and its ruins are now about a mile and a half in circumference. ver. 15, 16; ch. 2. 1. Re. 1. 11; 3. 14-18.

14 *Luke.* 2 Ti. 4. 11. Phile. 24. *Demas.* 2 Ti. 4. 10. Phile. 24.

15 *Laodicea.* See on ver. 13. *the church.* Ro. 16. 5. 1 Co. 16. 9. Phile. 2.

16 1 Th. 5. 27.

17 *Archippus.* Phile. 2. *Take.* Le. 10. 3. Nu. 18. 5. 2 Ch. 29. 11. Eze. 44. 23, 24. Ac. 20. 28. 1 Ti. 4. 16; 6. 11-14, 20. 2 Ti. 4. 1-5. *the ministry.* Ac. 1. 17; 14. 23. 1 Co. 4. 1, 2. Ep. 4. 11. 1 Ti. 4. 6, 14. 2 Ti. 1. 6; 2. 2. *fulfil.* 2 Ti. 4. 5.

18 *by.* 1 Co. 16. 21. 2 Th. 3. 17. *Remember.* 2 Ti. 1. 8. He. 13. 3. *Grace.* See on Ro. 16. 20, 24. 2 Co. 13. 14. 1 Ti. 6. 21. 2 Ti. 4. 22. He. 13. 25.

## CONCLUDING REMARKS ON THE EPISTLE TO THE COLOSSIANS.

COLOSSE was a large and populous city of Phrygia Pacatiana, in Asia Minor, seated on an eminence to the south of the river Meander. It is supposed to have occupied a site now covered with ruins, near the village of *Konous* or *Khonas*, and about twenty miles N. W. of Degnizlu. By whom, or at what time, the church at Colosse was founded is wholly uncertain; but it would appear from the apostle's declaration, ch. ii. 1, that he was not the honoured instrument. It appears from the tenor of this epistle to have been, upon the whole, in a very flourishing state; but some difficulties having arisen among them, they sent Epaphras to Rome, where the apostle was now imprisoned, (ch. iv. 3,) to acquaint him with the state of their affairs. It is remarkable for a peculiar pathos and ardour, which is generally ascribed to the extraordinary divine consolations enjoyed by the apostle during his sufferings for the sake of Christ. Whoever, says MICHAELIS, would understand the Epistles to the Ephesians and Colossians, must read them together. The one is in most places a commentary on the other; the meaning of single passages in one epistle, which, if considered alone, might be variously interpreted, being determined by the parallel passages in the other epistle.

# First Epistle of PAUL the Apostle to the THESSALONIANS.

A.D. 54. A.M. 4058.

## CHAP. I.

*The Thessalonians are given to understand both how mindful of them Saint Paul was at all times in thanksgiving, and prayer, 1-4; and also how well he was persuaded of the truth and sincerity of their faith and conversion to God, 5-10.*

1 *Silvanus.* Ac. 15. 27, 32, 34, 40; 16. 19, 25, 29; 17. 4, 15; 18. 5. Silas. 2 Co. 1. 19. 2 Th. 1. 1. 1 Pe. 5. 12. *Timotheus.* Ac. 16. 1-3; 17. 14, 15; 18. 5; 19. 22; 20. 4. 2 Co. 1. 1. Phi. 1. 1. Col. 1. 1. 1 Ti. 1. 2. 2 Ti. 1. 2. He. 13. 23. *unto the.* See on 1 Co. 1. 2. Ga. 1. 2. *Thessalonians.* Ac. 17. 1-9, 11, 13. *in God.* Ga. 1. 22. 2 Th. 1. 1. 1 Jno. 1. 3. Jude 1. *Grace.* See on Ro. 1. 7. Ep. 1. 2.

2 See on Ro. 1. 8, 9; 6. 17. 1 Co. 1. 4. Ep. 1. 15, 16. Phi. 1. 3, 4. Col. 1. 3. Phile. 4.

3 *Remembering.* ch. 3. 6. 2 Ti. 1. 3-5. *your.* ch. 2. 13, 14. Jno. 6. 27-29. Ro. 16. 26. 1 Co. 15. 58. Ga. 5. 6. 2 Th. 1. 3, 11. He. 4. 11; 11. 7, 8, 17, 24-34. Ja. 2. 17-26. Re. 2. 19. *and labour.* Ge. 29. 20. Ca. 8. 7. Jno. 14. 15, 21-23; 15. 10; 21. 15-17. Ro. 16. 6. 1 Co. 13. 4-7. 2 Co. 5. 14, 15; 8. 7-9. Ga. 5. 13. Phile. 5-7. He. 6. 10, 11. 1 Jno. 3. 18; 5. 3. Re. 2. 2-4. *and patience.* Ro. 2. 7; 5. 3-5; 8. 24, 25; 12. 12; 15. 13. 1 Co. 13. 13. Ga. 6. 9. He. 6. 12; 10. 36. Ja. 1. 3, 4; 5. 7, 8. 1 Jno. 3. 3. Re. 3. 10. *in the.* Ec. 2. 26. Ac. 3. 19; 10. 31. 2 Co. 2. 17. 1 Ti. 2. 3. He. 13. 21. 1 Pe. 3. 4. 1 Jno. 3. 21.

4 *Knowing.* ver. 3. Ro. 8. 28-30; 11. 5-7. Ep. 1. 4. Phi. 1. 6, 7. 1 Pe. 1. 2. 2 Pe. 1. 10. *beloved, your election of God. or,* beloved of God, your election. Ro. 1. 7; 9. 25. Ep. 2. 4, 5. Col. 3. 12. 2 Th. 2. 13. 2 Ti. 1. 9, 10. Tit. 3. 4, 5.

5 *our.* Is. 55. 11. Ro. 2. 16. 2 Co. 4. 3. Ga. 1. 8-12; 2. 2. 2 Th. 2. 14. 2 Ti. 2. 8. *in word.* ch. 2. 13. 1 Co. 4. 20. 2 Co. 3. 6. *but.* Ps. 10. 2, 3. Mar. 16. 20. Ac. 11. 21; 16. 14. Ro. 1. 16; 15. 18, 19. 1 Co. 1. 24; 2. 4, 5; 3. 6. 2 Co. 10. 4, 5. Ep. 1. 17-20; 2. 4, 5, 10; 3. 20. Phi. 2. 13. Ja. 1. 16-18. 1 Pe. 1. 3. *in the.* Jno. 16. 7-15. Ac. 2. 33; 10. 44-46; 11. 15-18. 1 Co. 3. 16; 12. 7-11. 2 Co. 6. 6. Ga. 3. 2-5; 5. 5, 22, 23. Tit. 3. 5, 6. He. 2. 4. 1 Pe. 1. 12. *in much.* Col. 2. 2. He. 2. 3; 6. 11, 18, 19; 10. 22. 2 Pe. 1. 10, 19. *what.* ch. 2. 1-11. Ac. 20. 18, 19, 33-35. 1 Co. 2. 2-5; 4. 9-13; 10. 33. 2 Co. 4. 1, 2; 6. 3-10. Phi. 4. 9. 2 Th. 3. 7-9. 1 Ti. 4. 12-16. 1 Pe. 5. 3. *for.* 1 Co. 9. 19-23. 2 Ti. 2. 10.

6 *ye.* ch. 2. 14. 1 Co. 4. 16; 11. 1. 2 Co. 8. 5. Phi. 3. 17. 2 Th. 3. 9. *and of.* Mat. 16. 24. Jno. 8. 12; 13. 13-15. Ep. 5. 1. 1 Pe. 3. 13. 3 Jno. 11. *received.* ch. 2. 13, 14; 3. 2-4. Ho. 2. 14. Mar. 10. 29, 30. Ac. 17. 5. 2 Co. 8. 1, 2. 2 Th. 1. 4. *with joy.* Jno. 14. 16-18. Ac. 5. 41; 9. 31; 13. 52. Ro. 5. 3-5; 8. 16-18; 15. 13. Ga. 5. 22. He. 10. 34. 1 Pe. 1. 6, 8.

7 *ensamples.* ch. 4. 10. 1 Ti. 4. 12. Ti 2. 7. 1 Pe. 5. 3. *in.* ver. 8. Ac. 16. 12; 1, 13; 18. 1. 2 Co. 1. 1; 9. 2. 11. 9, 10.

8 *from.* Is. 2. 3; 52. 7; 66. 19. Ro. 10. 14-18. 1 Co. 14. 36. 2 Th. 3. 1. Re. 14. 6; 22. 17. *in every.* Ro. 1. 8. 2 Th. 1. 4. 3 Jno. 12. *God-ward.* Ex. 18. 19. 2 Co. 3. 4.

9 *what.* ver. 5, 6; ch. 2. 1, 13. *ye.* Is. 2. 17-21. Je. 16. 19. Zep. 2. 11. Zec. 8. 20-23. Mal. 1. 11. Ac. 14. 15; 26. 17, 18. 1 Co. 12. 2. Ga. 4. 8, 9. *the living.* De. 5. 26. 1 Sa. 17. 26, 36. Ps. 42. 2; 84. 2. Is. 37. 4, 17. Je. 10. 10. Da. 6. 26. Ho. 1. 10. Ro. 9. 26. 2 Co. 6. 16, 17. 1 Ti. 4. 10. He. 12. 22. Re. 17. 2.

10 *wait.* ch. 4. 16, 17. Ge. 49. 18. Job 19. 25-27. Is. 25. 8, 9. Lu. 2. 25. Ac. 1. 11; 3. 21. Ro. 2. 7; 8. 23-25. 1 Co. 1. 7. Phi. 3. 20. 2 Th. 1. 7; 2. 7. 2 Ti. 4. 1. Tit. 2. 13. He. 9. 28. 2 Pe. 3. 12, 14. Re. 1. 7. *whom.* Ac. 2. 24; 3. 15; 4. 10; 5. 30, 31; 10. 40, 41; 17. 31. Ro. 1. 4; 4. 25; 8. 34. 1 Co. 15. 4-21. Col. 1. 18. 1 Pe. 1. 3, 21; 3. 18. Re. 1. 18. *Jesus.* ch. 5. 9. Mat. 1. 21. Ro. 5. 9, 10. Ga. 3. 13. 1 Pe. 2. 21. *the wrath.* Mat. 3. 7. Lu. 3. 7. He. 10. 27.

## CHAP. II.

*In what manner the gospel was brought and preached to the Thessalonians, and in what sort also they received it, 1-17. A reason is rendered both why Paul was so long absent from them, and also why he was so desirous to see them, 18-20.*

1 *our.* ver. 13; ch. 1. 3-10. 2 Th. 3. 1. *in vain.* ch. 3. 5. Job 39. 16. Ps. 73. 13. 127. 1. Is. 49. 4; 65. 23. Hab. 2. 13. 1 Co. 15. 2, 10, 58. 2 Co. 6. 1. Ga. 2. 2; 4. 11. Phi. 2. 16.

2 *shamefully.* Ac. 5. 41; 16. 12, 22-24, 37. 2 Ti. 1. 12. He. 11. 36, 37; 12. 2, 3. 1 Pe. 2. 14-16. *bold.* ch. 1. 5. Ac. 4. 13, 29, 31; 14. 3; 17. 2, 3. Ep. 6. 19, 20. *much.* Ac. 6. 9, 10; 15. 1, 2; 17. 2-9, 17; 19. 8. Phi. 1. 27-30. Col. 2. 1. Jude 3.

3 ver. 5, 6, 11; ch. 4. 1, 2. Nu. 16. 15. 1 Sa. 12. 3. Ac. 20. 33, 34. 2 Co. 2. 17; 4. 2, 5; 7. 2; 11. 13; 12. 16-18. 2 Pe. 1. 16.

4 *as we.* 1 Co. 7. 25. Ep. 3. 8. 1 Ti. 1. 11-13. *to be.* Lu. 12. 42; 16. 11. 1 Co. 4. 1, 2; 9. 17. Ga. 2. 7. 1 Ti. 1. 11, 12; 6. 20. 2 Ti. 1. 14; 2. 2. Tit. 1. 3. *not.* 1 Co. 2. 4, 5. 2 Co. 4. 2; 5. 11, 16. Ga. 1. 10. Ep. 6. 6. Col. 3. 22. *but God.* Nu. 27. 16. 1 Ki. 8. 39. 1 Ch. 29. 17. Ps. 7. 9; 17. 3; 44. 21; 139. 1, 2. Pr. 17. 3. Je. 17. 10; 32. 19. Jno. 2. 24, 25; 21. 17. Ro. 8. 27. He. 4. 13. Re. 2. 23.

5 *used.* Job 17. 5; 32. 21, 22. Ps. 12. 2, 3. Pr. 20. 19; 26. 28; 28. 23. Is. 30. 10. Mat. 22. 16. 2 Pe. 2. 18. *a cloke.* Is. 56. 11. Je. 6. 13; 8. 10. Mi. 3. 5. Mal. 1. 10. Mat 23. 14. Ac. 20. 33. Ro. 16. 18. 2 Co. 2. 17; 4. 2; 7. 2; 12. 17. 1 Ti. 3. 3, 8. Tit. 1. 7. 1 Pe. 5. 2. 2 Pe. 2. 3, 14, 15. Jude 11. Re. 18. 12, 13. *God.* Ro. 1. 9; 9. 1. Ga. 1. 20.

6 *of men.* Es. 1. 4; 5. 11. Pr. 25. 27. Da. 4. 30. Jno. 5. 41, 44; 7. 18; 12. 43. Ga. 1. 10; 5. 26; 6. 13. 1 Ti. 5. 17. *when.* ver. 9. 1 Co. 9. 4, 6, 12-18. 2 Co. 10. 1, 2, 10, 11; 13. 10. Phile. 8. 9. *been burdensome. or,* used authority. 1 Co. 11. 9; 12. 13-15. 2 Th. 3. 8, 9. *as the.* 1 Co. 9. 1, 2, 4-6.

7 *we.* Ge. 33. 13, 14. Is. 40. 11. Eze. 34. 14-16. Mat. 11. 29, 30. Jno. 21. 15-17. 1 Co. 2. 3; 9. 22. 2 Co. 10. 1; 13. 4. Ga. 5. 22, 23. 2 Ti. 2. 24, 25. Ja. 3. 17. *as.* ver. 11. Nu. 11. 12. Is. 49. 23; 66. 13. Ac. 13. 18, marg.

8 *affectionately.* Je. 13. 15-17. Ro. 1. 11, 12; 9. 1-3; 10. 1; 15. 29. 2 Co. 6. 1, 11-13. Ga. 4. 19. Phi. 1. 8; 2. 25, 26. Col. 1. 28; 4. 12. He. 13. 17. *but.* Ac. 20. 23, 24. 2 Co. 12. 15. Phi. 2. 17. 1 Jno. 3. 16. *dear.* Lu. 7. 2. Phi. 2. 20, marg.; 4. 1. Col. 1. 7. Phile. 1.

9 *our.* ch. 1. 3. Ac. 18. 3; 20. 34, 35. 1 Co. 4. 12; 9. 6, 15. 2 Co. 6. 5. 2 Th. 3. 7-9. 1 Ti. 4. 10. *night.* ch. 3. 10. Ps. 32. 4; 88. 1. Je. 9. 1. Lu. 2. 37; 18. 7. Ac. 20. 31. 1 Ti. 5. 5. 2 Ti. 1. 3. *chargeable.* ver. 6. Ne. 5. 15, 18. 1 Co. 9. 7, 18. 2 Co. 11. 9; 12. 13, 14. *the gospel.* ver. 2. Ac. 20. 24. Ro. 1. 1; 15. 16, 19. 1 Ti. 1. 11.

10 *witnesses.* ch. 1. 5. 1 Sa. 12. 3-5. Ac. 20. 18, 26, 33, 34. 2 Co. 4. 2; 5. 11; 11. 11, 31. *how.* Nu. 16. 15. Job 29. 11-17; 31. 1-39. Ps. 7. 3-5; 18. 20-24. Je. 18. 20. Ac. 24. 16. 2 Co. 1. 12; 6. 3-10; 7. 2. 2 Th. 3. 7. 1 Ti. 4. 12. 2 Ti. 3. 10. Tit. 2. 7, 8. 1 Pe. 5. 3.

11 *how.* ch. 4. 1; 5. 11. Ac. 20. 2. 2 Th. 3. 12. 1 Ti. 6. 2. 2 Ti. 4. 2. Tit. 2. 6, 9, 15. He. 13. 22. *charged.* Nu. 27. 19. De. 3. 28; 31. 14. Ep. 4. 17. 1 Ti. 5. 7, 21; 6. 13, 17. 2 Ti. 4. 1. *as.* Ge. 50. 16, 17. 1 Ch. 22. 11-13; 28. 9, 20. Ps. 34. 11. Pr. 1. 10, 15; 2. 1; 3. 1; 4. 1-12; 5. 1, 2; 6. 1; 7. 1, 24; 31. 1-9. 1 Co. 4. 14, 15.

12 *walk.* ch. 4. 1, 12. Ga. 5. 16. Ep. 4. 1; 5. 2, 8. Phi. 1. 27. Col. 1. 10; 2. 6. 1 Pe. 1. 15, 16. 1 Jno. 1. 6, 7; 2. 6. *who.* ch. 5. 24. Ro. 8. 30; 9. 23, 24. 1 Co. 1. 9. 2 Th. 1. 11, 12; 2. 13, 14. 2 Ti. 1. 9. 1 Pe. 1. 15; 2. 9; 3. 9; 5. 10.

13 *thank.* See on ch. 1. 2, 3. Ro. 1. 8, 9. *because.* Je. 44. 16. Mat. 10. 13, 14, 40. Ac. 2. 41; 10. 33; 13. 45, 48; 16. 14, 30-34; 17. 11, 18-20, 32. Ga. 4. 14. 2 Pe. 3. 2. *the word of God.* Je. 23. 28, 29. Lu. 5. 1; 8. 11. 21; 11. 28. Ac. 8. 14; 13. 44, 46. Ro 10. 17. He. 4. 12. 1 Pe. 1. 25. 2 Pe. 1. 16-21. *effectually.* ch. 1. 5-10. Jno. 15. 3; 17. 17, 19. Ro. 6. 17, 18. 2 Co. 3. 18. Col. 1. 6. He. 4. 12. Ja. 1. 18. 1 Pe. 1. 23; 2. 2. 1 Jno. 3. 3; 5. 4, 5.

14 *became.* ch. 1. 6. *the churches.* Ac. 9. 31. Ga. 1. 22. *are.* ch. 1. 1. 2 Th. 1. 1. *ye also.* ch. 3. 4. Ac. 17. 1-8, 13. 2 Co. 8. 1, 2. *even.* Ac. 8. 1, 3; 9. 1, 13; 11. 19; 12. 1-3. He. 5. 33, 34; 10. 33, 34.

15 *killed.* Mat. 5. 12; 21. 35-39; 23. 31-35, 37; 27. 25. Lu. 11. 48-51; 13. 33, 34. Ac. 2. 23; 3. 15; 4. 10; 5. 30; 7. 52. *persecuted us. or,* chased us out. Am. 7. 12. Ac. 22. 18-21. *please.* Ac. 12. 3. 1 Co. 10. 5. *contrary.* Es. 3. 8. Lu. 11. 52, 53.

16 *Forbidding.* Ac. 11. 2, 3, 17, 18; 13. 50; 14. 5, 19; 17. 5, 6, 13; 18. 12, 13; 19. 9; 21. 27-31; 22. 21, 22. Ga. 5. 11. Ep. 3. 8, 13. *that.* Is. 45. 22. Mar. 16. 16. Ac. 4. 12. Ro. 10. 13-15. 2 Th. 2. 10. 1 Ti. 2. 4. *to fill.* Ge. 15. 16. Zec. 5. 6-8. Mat. 23. 32. *for.* Joel 2. 30, 31. Mal. 4. 1, 5. Mat. 3. 7-10, 12; 12. 45; 21. 41-44; 22. 6, 7; 24. 6. 14, 21, 22. Lu. 11. 50, 51; 19. 42-44; 21. 20-24. He. 6. 8; 10. 27-30. Ja. 5. 1-6. Re. 22. 11.

17 *in presence.* 2 Ki. 5. 26. Ac. 17. 10. 1 Co. 5. 3. Col. 2. 5. *endeavoured.* ch. 3. 6, 10, 11. Ge. 31. 30; 45. 28; 48. 11. 2 Sa. 13. 39. Ps. 63. 1. Lu. 22. 15. Ro. 1. 13; 15. 23. Phi. 1. 22-26.

18 *even.* 1 Co. 16. 21. Col. 4. 18. 2 Th. 3. 17. Phile. 9. *once.* Job 33. 14. Phi. 4. 16. *Satan.* Zec. 3. 1, 2. Ro. 1. 13; 15. 22. 2 Co. 11. 12-14. Re. 2. 10; 12. 9-12.

19 *our hope.* 2 Co. 1. 14. Phi. 2. 16; 4. 1. *crown.* Pr. 4. 9; 12. 4; 16. 31; 17. 6. Is. 62. 3. 1 Pe. 5. 4. Re. 4. 10, 11. *rejoicing. or,* glorying. ver. 20. Ro. 15. 16-19. *in.* ch. 3. 13; 5. 23. 1 Co. 4. 5; 15. 23. 2 Co. 1. 14. Phi. 2. 16; 4. 1. 2 Th. 1. 7-12; 2. 1. 1 Ti. 6. 14, 15. 2 Ti. 4. 1, 2. Tit. 2. 13. 1 Jno. 2. 28. *our Lord.* Jude 24. *at.* Re. 1. 7; 22. 12.

20 Pr. 17. 6. 1 Co. 11. 7.

## CHAP. III.

*Saint Paul testifies his great love to the Thessalonians, partly by sending Timothy unto them to strengthen and comfort them; partly by rejoicing in their well-doing, 1-9; and partly by praying for them, and desiring a safe coming unto them, 10-13.*

1 *when.* ver. 5; ch. 2. 17. Je. 20. 9; 44. 22. 2 Co. 2. 13; 11. 29, 30. *we thought.* Ac. 17. 15.

2 *Timotheus.* Ac. 16. 1; 17. 14, 15; 18. 5. *our brother.* Ro. 16. 21. 1 Co. 16. 10; 17. 10, 11. 2 Co. 1. 19; 2. 13; 8. 23. Ep. 6. 21. Phi. 2. 19-25. Col. 1. 7; 4. 9, 12. *to establish.* ver. 13. Ac. 14. 22, 23; 16. 5. Ep. 6. 22. Phi. 1. 25.

3 *moved.* Ps. 112. 6. Ac. 2. 25; 20. 24; 21. 13. Ro. 5. 3. 1 Co. 15. 58. Ep. 3. 13. Phi. 1. 28. Col. 1 23. 2 Th. 1. 4. 2 Ti. 1. 8. 1 Pe. 4. 12-14. Re. 2. 10, 13. *we are.* ch. 5. 9. Mat. 10. 16-18; 24. 9, 10. Lu. 21. 12. Jno. 15. 19-21; 16. 2, 33. Ac. 9. 16; 14. 22; 20. 23; 21. 11, 13. Ro. 8. 35-37. 1 Co. 4. 9. 2 Ti. 3. 11, 12. 1 Pe. 2. 21; 4. 12.

4 *we told.* Jno. 16. 1-3. Ac. 20. 24. *even.* ch. 2. 2, 14. Ac. 17. 1, 5-9, 13. 2 Co. 8. 1, 2. 2 Th. 1. 4-6.

5 *when.* See on ver. 1. *I sent.* ver. 2, 6. Ac. 15. 36. 2 Co. 7. 5-7. *lest.* Mat. 4. 3. 1 Co. 7. 5. 2 Co. 2. 11; 11. 2, 3, 13-15. Ga. 1. 6-9. Ep. 4. 14. Ja. 1. 13, 14. *and our.* See on ch. 2. 1. Is. 49. 4. Ga. 2. 2; 4. 11. Phi. 2. 16.

6 *when.* Ac. 18. 1, 5. *and brought.* Pr. 25. 25. Is. 52. 7. 2 Co. 7. 5-7. *faith.* 1 Co. 13. 13. Ga. 5. 6. Col. 1. 4. 2 Th. 1. 3. 1 Ti. 1. 5. Phile. 5. 1 Jno. 3. 23. *and that.* ch. 1. 3; 2. 9. 1 Co. 11. 2. Col. 4. 18. 2 Ti. 1. 3. He. 13. 3, 7. *desiring.* ver. 9, 10. See on ch. 2. 17. Phi. 1. 8.

7 *we were.* ver. 8, 9. 2 Co. 1. 4; 7. 6, 7, 13. 2 Jno. 4. *in all.* Ac. 17. 4-10. 1 Co. 4. 9-13. 2 Co. 11. 23-28. 2 Ti. 3. 10-12.

8 *we live.* 1 Sa.25.6. Heb. Ps. 30. 5. Phi.1.21. *if.* Jno.8.31; 15.4,7. Ac.11. 23. 1 Co.15.58; 16.13. Ga. 5.1. Ep.3. 17; 4. 15,16; 6.13,14. Phi.1. 27; 4. 1. Col. 1. 23. He. 3. 14; 4. 14; 10. 23. 1 Pe. 5. 10. 2 Pe. 3.17. Re. 3. 3, 11.

9 *what.* ch.1.2,3. 2 Sa. 7. 18-20. Ne. 9.5. Ps.71.14,15. 2 Co. 2. 14; 9.15. *for.* ver. 7,8. See on ch. 2.19. *before.* De.12. 2,18; 16.11. 2 Sa. 6. 21. Ps. 68. 3; 96. 12, 13; 98. 8, 9.

10 *Night.* Lu. 2.37. Ac.26.7. 2 Ti.1.3. Re.4.8; 7.15. *praying.* ver. 11; ch. 2. 17, 18. Ro. 1. 10; 15. 30-32. Phile. 22. *might perfect.* Ro.1.11,12. 2 Co. 1. 15, 24; 13.9,11. Phi. 1. 25. Col. 1. 28; 4. 12. 2 Th. 1. 11.

11 *God.* ver. 13. Is. 63. 16. Je. 31. 9. Mal. 1. 6. Mat.6.4,6,8,9,14,18,26,32. Lu. 12.30,32. Jno. 20.17. 2 Co.6.18. Col.1.2. 1 Jno.3.1. *and our Lord.* See on Ro. 1.3. 2 Th. 2.16. *direct, or,* guide. *our way.* Ezr. 8. 21-23. Pr. 3. 5, 6. Mar. 1. 3.

12 *the Lord.* ch. 4. 10. Ps. 115. 4. Lu. 17. 5. 2 Co. 9. 10. Ja. 1. 17. 2 Pe. 3. 18. *abound.* ch.4.9,10. Phi. 1. 9. 2 Th. 1. 3. *love.* ch. 5.15. Mat. 7. 12; 22. 39. Ro. 13. 8. 1 Co. ch. 13. Ga. 5. 6, 13, 14, 22. 2 Pe. 1. 7. 1 Jno. 3. 11-19; 4. 7-16. *even.* ch. 2. 8.

13 *he may.* ch. 5. 23. Ro.14. 4; 16. 25. 1 Co. 1. 8. Phi. 1.10. 2 Th. 2. 16,17. 1 Pe. 5.10. 1 Jno. 3. 20, 21. *unblameable.* Ep. 5. 27. Col.1.22. 1 Jno. 3.20,21. Jude 24. *before.* See on ver. 11. *at the.* ch. 2.19; 4. 15; 5. 23. 1 Co. 1.7; 15. 23. 2 Th. 2. 1. *with.* De. 33. 2. Zec. 14. 5. 2 Th. 1. 10. Jude 14.

## CHAP. IV.

*He exhorts them to go forward in all manner of godliness,* 1-5; *to live holily and justly,* 6-8; *to love one another,* 9, 10; *and quietly to follow their own business,* 11, 12; *and last of all, to sorrow moderately for the dead,* 13-16. *And unto this last exhortation is annexed a brief description of the resurrection, and second coming of Christ to judgment,* 17, 18.

1 *we.* ch.2.11. Ro. 12.1. 2 Co 6.1; 10. 1. Ep. 4. 1. Phile. 9, 10. He. 13. 22. *we beseech. or,* we request. *exhort. or,* beseech. *by the.* ver. 2. Ep. 4. 20. 2 Th. 2. 1. 1 Ti. 5. 21; 6. 13, 14. 2 Ti. 4. 1. *ye have.* ver. 11,12. Ac. 20. 27. 1 Co. 11. 23; 15. 1. Phi. 1. 27. Col. 2. 6. 2 Th. 3. 10-12. *ye ought.* See on ch. 2. 12. *to please.* Ro. 8. 8; 12. 2. Ep. 5. 17. Col. 1. 10. He. 11. 6; 13.16. 1 Jno. 3. 22. *so ye.* ver. 10. Job 17.9. Ps. 92. 14. Pr. 4. 18. Jno. 15. 2. 1 Co. 15. 58. Phi.1. 9; 3.14. 2 Th.1.3. 2. Pe. 1. 5-10; 3. 18.

2 Eze. 3. 17. Mat. 28. 20. 1 Co. 9. 21. 2 Th. 3. 6,10.

3 *this.* ch. 5. 18. Ps. 40. 8; 143.10. Mat. 7. 21; 12. 50. Mar. 3. 35. Jno. 4. 34; 7. 17. Ro. 12. 2. Ep. 5. 17; 6. 6. Col. 1. 9; 4. 12. He. 10. 36; 13. 21. 1 Pe. 4. 2. 1 Jno. 2. 17. *your.* ver. 4; ch. 5. 23. Jno. 17. 17-19. Ac. 20.32; 26.18. Ro. 6. 22. Gr. 1 Co. 1.30; 6. 11. Ep. 5.26,27. 2 Th. 2.13. Tit. 2. 14. 1 Pe. 1. 2. *that.* Mat. 15. 19. Ac. 15.20,29. Ro. 1. 29. 1 Co. 5. 9-11; 6. 9, 10, 13-18; 7. 2. 2 Co.12.21. Ga.5.19. Ep. 5. 3-5. Col. 3.5. He. 12.16; 13.4. Re. 21. 8; 22. 15. Gr.

4 *should.* Ro. 6. 19; 12. 1. 1 Co. 6. 15. 18-20. *his.* 1 Sa. 21. 5. Ac. 9. 15. Ro. 9. 21-23. 2 Ti. 2. 20, 21. 1 Pe. 3. 7. *honour.* Phi. 4. 8. He. 13. 4.

5 *in the.* Ro. 1. 24, 26. Col. 3. 5. *as the.* Mat. 6. 32. Lu. 12. 30. Ep. 4. 17-19. 1 Pe. 4. 3. *know.* Ac. 17. 23, 30, 31. Ro. 1. 28. 1 Co. 1. 21; 15. 34. Ga. 4. 8. Ep. 2. 12. 2 Th. 1. 8.

6 *go.* Ex. 20. 15, 17. Le. 19. 11, 13. De. 24. 7; 25. 13-16. Pr. 11. 1; 16. 11; 20. 14, 23; 28. 24. Is. 5. 7; 59. 4-7. Je. 9. 4. Eze. 22,13; 45. 9-14. Am. 8. 5,6. Zep. 3. 5. Mal. 3. 5. Mar. 10. 19. 1 Co. 6. 7-9. Ep. 4. 28. Ja. 5. 4. *defraud. or,* oppress, *or,* overreach. Le. 25. 14, 17. 1 Sa. 12. 3,4. Pr. 22. 22. Je. 7. 6. Mi. 2. 2. Zep. 3. 1. Ja. 2. 6. *in any matter, or,* in the matter. *the Lord.* De. 32. 35. Job 31. 13,14. Ps. 94. 1; 140. 12. Pr. 22. 22, 23. Ec. 5. 8. Is. 1. 23, 24. Ro. 1. 18; 12. 19. Ep. 5. 6. 2 Th. 1. 8. *as we.* Lu. 12. 5. Ga. 5. 21. Ep. 4. 17.

7 *God.* Le. 11. 44; 19. 2. Ro. 1. 7; 8. 29,30. 1 Co. 1. 2. Ep. 1. 4; 2. 10; 4. 1. 2 Th. 2. 13, 14. 2 Ti. 1. 9. He. 12. 14. 1 Pe. 1. 14-16; 2. 9-12, 21, 22. *uncleanness.* ch. 2. 3. Ga. 5. 19. Ep. 4. 19. 2 Pe. 2. 10.

8 *despiseth. or,* rejecteth. 1 Sa. 8. 7; 10. 19. Jno. 12. 48. *despiseth not.* Pr. 1. 7; 23. 9. Is. 49. 7; 53. 10. Lu. 10. 16. Ac. 13. 41. Jude 8. *who.* Ne. 9. 30. Ac. 5. 3,4. 1 Co. 2. 10; 7. 40. 1 Pe. 1. 12. 2 Pe. 1. 21. 1 Jno. 3. 24.

9 *touching.* Le. 19. 8. Ps. 133. 1. Jno. 13.34,35; 15.12-17. Ac. 4. 32. Ro. 12. 10. Ep. 5. 1,2. He. 13. 1. 1 Pe. 3. 8. 2 Pe. 1. 7. 1 Jno. 2. 10; 3. 11, 14-19, 23; 4. 7-16. *ye need.* ch. 5. 1. Je. 31. 34. He. 8. 10,11. 1 Jno. 2. 20-27. *for ye.* Is. 51. 13. Mat. 22. 39. Jno. 6. 44, 45; 13. 34; 14. 26; 15. 12, 17. Ep. 5. 2. He. 10. 16. 1 Pe. 4. 8. 1 Jno. 3. 11, 23; 4. 21; 5. 1.

10 *all the.* ch. 1. 7. 2 Co. 8. 1, 2, 8-10. Ep. 1. 15. Col. 1. 4. 2 Th. 1. 3. Phile. 5-7. *that ye.* ver. 1; ch. 3. 12. Phi. 1. 9; 3. 13-15. 2 Pe. 3. 18.

11 *that.* Pr. 17. 1. Ec. 4. 6. La. 3. 26. 2 Th. 3. 12. 1 Ti. 2. 2. 1 Pe. 3. 4. *study.* Ro. 15. 20. 2 Co. 5. 9. Gr. *and to do.* Mar. 13. 34. Lu. 12. 42, 43. Ro. 12. 4-8. Col. 3. 22-24. 2 Th. 3. 11. 1 Ti. 5. 13. Ti. 2. 4-10. 1 Pe. 4. 10, 11, 15. *to work.* Ac. 20. 35. Ro. 12. 11. 1 Co. 4. 12. Ep. 4. 28. 2 Th. 3. 7-12. Tit. 3. 14, marg.

12 *ye may walk.* ch. 5. 22. Ro. 12. 17; 13. 13. 2 Co. 8. 20,21. Phi. 4. 8. Tit. 2. 8-10. 1 Pe. 2. 12; 3. 16, 17. *them.* Mar. 4. 11. 1 Co. 5. 12,13. Col. 4. 5. 1 Ti. 3. 7. 1 Pe. 3. 1. *nothing. or,* no man. 2 Co. 11. 7-9.

13 *I would.* Ro. 1. 13. 1 Co. 10. 1; 12. 1. 2 Co. 1. 8. 2 Pe. 3. 8. *which are.* ver. 15; ch. 5. 10. 1 Ki. 1. 21; 2. 10. Da. 12. 2. Mat. 27. 52. Lu. 8. 52, 53. Jno. 11. 11-13. Ac. 7. 60; 13. 36. 1 Co. 15. 6, 18. 2 Pe. 3. 4. *ye sorrow.* Ge. 37. 35. Le. 19. 28. De. 14. 1,2. 2 Sa. 12. 19,20; 18. 33. Job 1. 21. Eze. 24. 16-18. Jno. 11. 24. Ac. 8. 2. *which have.* See on Ep. 2. 12. Job 19. 25-27. Pr. 14. 32. Eze. 37. 11. 1 Co. 15. 19.

14 *if we.* Is. 26. 19. Ro. 8. 11. 1 Co. 15. 12-23. 2 Co. 4. 13,14. Re. 1. 18. *sleep.* ver. 13; ch. 3. 13. 1 Co. 15. 18. Re. 14. 13. *God.* ver. 17. Ge. 49. 19. Zec. 14. 15. Mat. 24. 31. 1 Co. 15. 23. Phi. 3. 20,21. 2 Th. 2. 1. Jude 14. 15.

15 *by the.* 1 Ki. 13. 1, 9, 17, 18, 22; 20. 35; 22. 14. *which are.* 1 Co. 15. 51-53. 2 Co. 4. 14. *prevent.* Job 41. 11. Ps. 88. 13; 119. 147, 148. Mat. 17. 25. *asleep.* See on ver. 13.

16 *the Lord.* Is. 25. 8,9. Mat. 16. 27; 24. 30, 31; 25. 31; 26. 64. Ac. 1. 11. 2 Th. 1. 7. 2 Pe. 3. 10. Re. 1. 7. *with a.* Nu. 23. 21. Ps. 47. 1,5. Zec. 4. 7; 9. 9. *the archangel.* Jude 9. *with the trump.* Ex. 19. 16; 20. 18. Is. 27. 13. Zec. 9. 14. 1 Co. 15. 52. Re. 1. 10; 8. 13. *and the.* 1 Co. 15. 23, 51, 52. Re. 20. 5, 6.

17 *we which.* ver. 15. 1 Co. 15. 52. *caught.* 1 Ki. 18. 12. 2 Ki. 2. 11, 16. Ac. 8. 39. 2 Co. 12. 2-4. Re. 11. 12; 12. 5. *in the.* Mat. 26. 64. Mar. 14. 62. Ac. 1. 9. Re. 1. 7. *and so.* Ps. 16. 11; 17. 15; 49. 15; 73. 24. Is. 35. 10, 60. 19,20. Jno. 12. 26; 14. 3; 17. 24. 2 Co. 5. 8. Phi. 1. 23. 2 Pe. 3. 13. Re. 7. 14-17; 21. 3-7, 22, 23; 22. 3-5.

18 *Wherefore.* ch. 5. 11, 14. Is. 40. 1,2. Lu. 21. 28. He. 12. 12. *comfort. or,* exhort. He. 10. 24, 25.

## CHAP. V.

*He proceeds in the former description of Christ's coming to judgment,* 1-15; *and gives divers precepts,* 16-22; *and so concludes the epistle,* 23-28.

1 *the times.* Mat. 24. 3,36. Mar. 13. 30-32. Ac. 1. 7. *ye.* ch. 4. 9. 2 Co. 9. 1. Jude 3.

2 *know.* Je. 23. 20. *the day.* Mat. 24. 42-44; 25. 13. Mar. 13. 34, 35. Lu. 12. 39, 40. 2 Pe. 3. 10. Re. 3. 3; 16. 15.

3 *Peace.* De. 29. 19. Ju. 18. 27,28. Ps. 10. 11-13. Is. 21. 4; 56. 12. Da. 5. 3-6. Na. 1. 10. Mat. 24. 37-39. Lu. 17. 26-30; 21. 34, 35. *then.* Ex. 15. 9,10. Jos. 8. 20-22. Ju. 20. 41, 42. 2 Ch. 32. 19-21. Ps. 73. 18-20. Pr. 29. 1. Is. 30. 13. Lu. 17. 27-29; 21. 34, 35. Ac. 12. 22,23; 12. 41. 2 Th. 1. 9. 2 Pe 2. 4. Re. 18. 7,8. *as.* Ps. 48. 6. Is. 43. 6-9; 21. 3. Je. 4. 31; 6. 24; 13. 21; 22. 23. Ho. 13. 13. Mi. 4. 9,10. *and they.* Mat. 23. 33. He. 2. 3; 12. 25.

4 *are.* Ro. 13. 11-13. Col. 1. 13. 1 Pe. 2. 9,10. 1 Jno. 2. 8. *overtake.* De. 19. 6; 28. 15,45. Je. 42. 16. Ho. 10. 9. Zec. 1. 6.

5 Lu. 16. 8. Jno. 12. 36. Ac. 26. 18. Ep. 5. 8.

6 *let us not.* Pr. 19. 15. Is. 56. 10. Jon. 1. 6. Mat. 13. 25; 25. 5. Mar. 14. 37. Lu. 22. 46. Ro. 13. 11-14. 1 Co. 15. 34. Ep. 5. 14. *watch.* Mat. 24. 42; 25. 13.; 26. 38, 40, 41. Mar. 13. 34, 35, 37; 14. 38. Lu. 12. 37, 39; 21. 36; 22. 46. Ac. 20. 31. 1 Co. 16. 13. Ep. 6. 18. Col. 4. 2. 2 Ti. 4. 5. 1 Pe. 4. 7. Re. 3. 2; 16. 15. *sober.* ver. 8. Phi. 4. 5. 1 Ti. 2. 9, 15; 3. 2, 11. Tit. 2. 6, 12 1 Pe. 1. 13; 5. 8.

7 *they that sleep.* Job 4. 13; 33. 15. Lu. 21. 34,35. Ro. 13. 13. 1 Co. 15. 34. Ep. 5. 14. *and they.* 1 Sa. 25. 36, 37. Pr. 23. 29-35. Is. 21. 4, 5. Da. 5. 4, 5. Ac. 2. 15. 2 Pe. 2. 13.

8 *who.* ver. 5. Ro. 13. 13. Ep. 5. 8,9. 1 Pe. 2. 9. 1 Jno. 1. 7. *the breastplate.* Is. 59. 17. Ro. 13. 12. 2 Co. 6. 7. Ep. 6. 11, 13-18. *the hope.* Job 19. 23-27. Ps. 42. 5, 11; 43. 5. La. 3, 26. Ro. 5. 2-5; 8. 24, 25. 1 Co. 13. 13. Ga. 5. 5. 2 Th. 2. 16. He. 6. 19; 10. 35, 36. 1 Pe. 1. 3-5, 13. 1 Jno. 3. 1-3.

9 *not.* ch. 1. 10; 3. 3. Ex. 9. 16. Pr. 16. 4. Eze. 38. 10-17. Mat. 26. 24. Ac. 1. 20,25; 13. 48. Ro. 9. 11-23. 2 Ti. 2. 19, 20. 1 Pe. 2. 8. 2 Pe. 2. 3. Jude 4. *obtain.* Ro. 11. 7, 30. 2 Th. 2. 13, 14. 1 Ti. 1. 13,16. 2 Ti. 2. 10. 1 Pe. 2. 10. 2 Pe. 1. 1.

10 *died.* Mat. 20. 28. Jno. 10. 11, 15, 17; 15. 13. Ro. 5. 6-8; 8. 34; 14. 8, 9. 1 Co. 15. 3. 2 Co. 5. 15, 21. Ep. 5. 2. 1 Ti. 2. 6. Tit. 2. 14. 1 Pe. 2. 24; 3. 18. *whether.* See on ch. 4. 13, 17.

11 *Wherefore.* See on ch. 4. 18. *comfort. or,* exhort. He. 3. 13; 10. 25. *and edify.* Ro. 14. 19; 15. 2. 1 Co. 10. 23; 14. 5,12,29. 2 Co. 12. 19. Ep. 4. 12,16,29. 1 Ti. 1. 4. Jude 20. *even.* ch. 4. 10. Ro. 15. 14. 2 Pe. 1. 12.

12 *to know.* 1 Co. 16, 18. Phi. 2. 29. He. 13. 7, 17. *labour.* ch. 2. 9. Mat. 9. 37, 38. Lu. 10. 1,2,7. Jno. 4. 38. Ac. 20. 35. 1 Co. 3. 9; 15. 10; 16. 16. 2 Co. 5. 9; 6. 1; 11. 23. Ga. 4. 11. Phi. 2. 16. Col. 1. 29. 1 Ti. 5,17,18. 2 Ti. 2. 6. Re. 2. 3. *and are.* Ac. 20. 28. 1 Co. 12. 28. Tit. 1. 5. He. 13. 7, 17. 1 Pe. 5. 2,3. Re. 1. 20; 2. 1, 8, 12, 18; 3. 1, 7, 14. *and admonish.* ver. 14. 1 Ti. 5. 1, 20. Tit. 1. 13; 2. 15.

13 *esteem.* Mat. 10. 40. 1 Co. 4. 1,2; 9 7-11. Ga. 4. 14; 6. 6. *and be.* Ge. 45. 24. Ps. 133. 1. Mar. 9. 50. Lu. 17. 3-5. Jno. 13. 34, 35; 15. 17. Ro. 14. 17-19. 2 Co. 13. 11. Ga. 5. 22. Ep. 4. 3. Col. 3. 15. 2 Th. 3. 16 2 Ti. 2. 22. He. 12. 14. Ja. 3. 18.

14 *exhort. or,* beseech. Ro. 12. 1. *you.* See on ver. 12. *warn.* Je. 6. 10. Eze. 3. 17-21; 33. 3-9. Ac. 20. 27, 31. 1 Co. 4. 14. Col. 1. 28. *that.* Tit. 1. 6, 10. *unruly. or,* disorderly. 2 Th. 3. 11-13. *comfort.* ch. 2. 7-12. Is. 35. 3,4; 40. 1, 2, 11. Eze. 34. 16. Mat. 12. 20. Lu. 22. 32. Jno. 21. 15-17. Ro. 14. 1; 15. 1-3. Ga. 6. 1, 2. He. 12. 12. *support.* Ac. 20. 35. Gr. *be.* Is. 63. 9. 1 Co. 13. 4,5. Ga. 5. 22. Ep. 4. 2, 32; 5. 1, 2. Col. 3. 12, 13. 1 Ti. 3. 3; 6. 11. 2 Ti. 2. 24, 25; 4. 2. He. 5. 2, 3; 13. 3.

15 *See.* Ge. 45. 24. 1 Co. 16. 10. Ep. 5. 15, 33. 1 Pe. 1. 22. Re. 19. 10; 22. 9. *none.* Ex. 23. 4,5. Le. 19. 18. 1 Sa. 24. 13. Ps. 7. 4. Pr. 17. 13; 20. 22; 24. 17, 29; 25. 21. Mat. 5. 39, 44, 45. Lu. 6. 35. Ro. 12. 17-21. 1 Co. 6. 7. 1 Pe. 2. 22, 23; 3. 9. *ever.* ch. 2. 12. De. 16. 20. Ps. 38. 20. Ro. 14. 19. 1 Co. 14. 1. 1 Ti. 6. 11. He. 12. 14. 1 Pe. 3. 11-13. 3 Jno. 11. *and.* Ro. 12. 17, 18. Ga. 6. 10. 2 Ti. 2. 24. Tit. 3. 2. 1 Pe. 2. 17.

16 *Rejoice.* 2 Co. 6. 10. Phi. 4. 4. Mat. 5. 12. Lu. 10. 20. Ro. 12. 12.

17 *Pray.* See on Lu. 18. 1; 21. 36. Ro. 12. 12. Ep. 6. 18. Col. 4. 2. 1 Pe. 4. 7.

18 *every.* Ep. 5. 20. Phi. 4. 6. Col. 3. 17. Job 1. 21. Ps. 34. 1. He. 13. 15. *for.* ch. 4. 3. 1 Pe. 2. 15; 4. 2. 1 Jno. 2. 17.

19 *Quench.* Ca. 8. 7. Ep. 4. 30; 6. 16. *the Spirit.* Ge. 6. 3. 1 Sa. 16. 4. Ne. 9. 30.

Ps. 51. 11. Is. 63. 10. Ac. 7. 51. 1 Co. 14. 30. Ep. 4. 39. 1 Ti. 4. 14. 2 Ti. 1. 6.

20 ch. 4. 8. Nu. 11. 25-29. 1 Sa. 10. 5, 6, 10-13; 19. 20-24. Ac. 19. 6. 1 Co. 11. 4; 12. 10, 28; 13. 2, 9; 14. 1, 3-6, 22-25, 29-32, 37-39. Ep. 4. 11, 12. Re. 11. 3-11.

21 *Prove.* Is. 8. 20. Mat. 7. 15-20. Mar. 7. 14-16. Lu. 12. 57. Ac. 17. 11. Ro. 12. 2. 1 Co. 2. 11, 14, 15; 14. 28. Ep. 5. 10. Phi. 1. 10, marg. 1 Jno. 4. 1. Re. 2. 2. *hold.* De. 11. 6-9; 32. 46, 47. Pr. 3. 1, 21-24; 4. 13; 6. 21-23; 23. 23. Ca. 3. 4. Jno. 8. 31; 15. 4. Ac. 11. 23; 14. 22. Ro. 12. 9. 1 Co. 15. 58. Phi. 3. 16; 4. 8. 2 Th. 2. 15. 2 Ti. 1. 15; 3. 6; 4. 14. He. 10. 23. Re. 2. 25; 3. 3, 11.

22 ch. 4. 12. Ex. 23. 7. Isa. 33. 15. Mat. 17. 26, 27. Ro. 12. 17. 1 Co. 8. 13; 10. 31-33. 2 Co. 6. 3; 8. 20, 21. Phi. 4. 8. Jude 23.

23 *God.* Ro. 15. 5, 13, 33; 16. 20. 1 Co. 14. 33. 2 Co. 5. 19. Phi. 4. 9. 2 Th. 3. 16. He. 13. 20. 1 Pe. 5. 10. *sanctify.* ch. 3. 13; 4. 3. Le. 20. 8, 26. Eze. 37. 28. Jno. 17. 19. Ac. 20. 32; 26. 18. 1 Co. 1. 2. He. 2. 11. 1 Pe. 1. 2. Jude 1. *your.* He. 4. 12. *preserved.* ch. 3. 13. 1 Co. 1. 8, 9. Ep. 5. 26, 27. Phi. 1. 6, 10; 2. 15, 16. Col. 1. 22. Jude 24.

24 *Faithful.* De. 7. 9. Ps. 36. 5; 40. 10; 86. 15; 89. 2; 92. 2; 100. 5; 138. 2; 146. 6. Is. 25. 1. La. 3. 23. Mi. 7. 20. Jno. 1. 17; 3. 33. 1 Co. 1. 9; 10. 13. 2 Th. 3. 3. 2 Ti. 2. 13. Tit. 1. 2. He. 6. 17, 18. *calleth.* ch. 2. 12. Ro. 8. 30; 9. 24. Ga. 1. 15. 2 Th. 2. 14. 2 Ti. 1. 9. 1 Pe. 5. 10. 2 Pe. 1. 3. Re. 17. 14. *who.* Nu. 23. 19. 2 Ki. 19. 31. Is. 9. 7; 14. 24-26; 37. 32. Mat. 24. 35.

25 Ro. 15. 30. 2 Co. 1. 11. Ep. 6. 18-20. Phi. 1. 19. Col. 4. 3. 2 Th. 3. 1-3. Phile. 22. He. 13. 18, 19.

26 See on Ro. 16. 16. 1 Co. 16. 20.

27 *I charge.* or, I adjure. ch. 2. 11. Nu. 27. 23. 1 Ki. 22. 16. 2 Ch. 18. 15. Mat. 26. 63. Mar. 5. 7. Ac. 19. 13. 1 Ti. 1. 3, 18; 5. 7, 21; 6. 13, 17. 2 Ti. 4. 1. *that.* Col. 4. 16. 2 Th. 3. 14. *holy.* He. 3. 1.

28 See on Ro. 1. 7; 16. 20, 24. 2 Th. 3. 18.

# The Second Epistle of PAUL the Apostle to the THESSALONIANS.

## CHAP. I.

*St. Paul certifies them of the good opinion which he had of their faith, love, and patience,* 1-10; *and therewithal uses divers reasons for the comforting of them in persecution, whereof the chief is taken from the righteous judgment of God,* 11, 12.

1 See on 2 Co. 1. 19. 1 Th. 1. 1, etc.

2 See on Ro. 1. 7. 1 Co. 1. 3, 8.

3 *are.* ch. 2. 13. See on Ro. 1. 8. 1 Co. 1. 4. 1 Th. 1. 2, 3; 3. 6, 9. *as it.* Lu. 15. 32. Phi. 1. 7. 2 Pe. 1. 13. *your.* Job 17. 9. Ps. 84. 7; 92. 13. Pr. 4. 18. Is. 40. 29-31. Lu. 17. 5. Jno. 15. 2. Phi. 1. 9. 1 Th. 4. 1, 9, 10. 1 Pe. 1. 22. 2 Pe. 1. 5-10; 3. 18. *groweth.* The word υπεραυξανω, from υπερ, intensive, and αυξανω, to *grow, increase,* signifies, as Dr. *Clarke* remarks, to *grow luxuriantly,* as a good and healthy tree in a good soil; and, if a fruit tree, bearing an abundance of fruit to compensate the labour of the husbandman. *Faith* is one of the *seeds* of the kingdom: this the Apostle had *sowed* and *watered,* and God gave an abundant increase. Their faith was multiplied, and their love abounded: and this was not the case with some distinguished characters only; it was the case with every one of them. For this the apostle felt himself bound to give continual thanks to God on their behalf, as it was 'meet' and right.

4 *glory.* 2 Co. 7. 14; 9. 2, 4. 1 Th. 2. 19. *your patience.* ch. 3. 5. Ro. 2. 7; 5. 3-5; 8. 25; 12. 12. 1 Th. 1. 3; 3. 2-8. He. 6. 15; 10. 36; 12. 1-3. Ja. 1. 3, 4; 5. 7, 8. 2 Pe. 1. 6. Re. 14. 12. *your persecutions.* 1 Th. 2. 14; 3. 3, 4. Ja. 5. 11.

5 *a manifest.* ver. 6. Phi. 1. 28. 1 Pe. 4. 14-18. *righteous.* Job 8. 3. Ps. 9. 7, 8; 33. 5; 50. 6; 72. 2; 99. 4; 111. 7. Je. 9. 24. Da. 4. 37. Ro. 2. 5. Re. 15. 4; 16. 7; 19. 2. *may.* ver. 11. Lu. 20. 35; 21. 36. Ac. 13. 46. Ep. 4. 1. Col. 1. 12. Re. 3. 4. *for.* ver. 7. Ac. 14. 22. Ro. 8. 17. 1 Th. 2. 14. 2 Ti. 2. 12. He. 10. 32, 33.

6 De. 32. 41-43. Ps. 74. 22, 23; 79. 10-12; 94. 20-23. Is. 49. 26. Zec. 2. 8. Re. 6. 10; 11. 18; 15. 4; 16. 5, 6; 18. 20, 24; 19. 2.

7 *who.* Is. 57. 2. Mat. 5. 10-12. Lu. 16. 25. Ro. 8. 17. 2 Co. 4. 17. 2 Ti. 2. 12. He. 4. 1, 9, 11. 1 Pe. 4. 1. Re. 7. 14-17; 14. 13; 21. 4. *when.* Mat. 13. 39-43; 16. 27; 25. 31; 26. 64. Mar. 8. 38; 14. 62. Jno. 1. 51. Ac. 1. 11. 1 Th. 4. 16, 17. Tit. 2. 13. He. 9. 28. Jude 14, 15. Re. 1. 7; 20. 11. *his mighty angels. Gr.* the angels of his power. Jno. 1. 3. Ep. 1. 2. Col. 1. 16. 1 Pe. 3. 22. Re. 22. 6, 9, 16.

8 *flaming.* Ge. 3. 24. De. 4. 11; 5. 5. Ps. 21. 8, 9; 50. 2-6. Da. 7. 10. Mat. 25. 41, 46. He. 10. 27; 12. 29. 2 Pe. 3. 7, 10-12. Re. 20. 10, 14, 15; 21. 8. *taking.* or, yielding. *vengeance.* De. 32. 35, 41, 42. Ps. 2. 9-12; 94. 1. Is. 61. 2; 63. 4-6. He. 10. 30. Re. 6. 10, 16, 17. *that know.* Ex. 5. 2. 1 Sa. 2. 12. Ps. 9. 10; 79. 6. Is. 27. 11. Je. 9. 6. Zep. 1. 6. Jno. 3. 19; 8. 19. Ro. 1. 28. 1 Co. 15. 34. 1 Th. 4. 5. *and that.* De. 4. 30. Ps. 18. 44. Is. 1. 19. Ac. 6. 7. Ro. 1. 5; 2. 7, 8; 6. 16; 10. 16; 15. 18; 16. 26. 2 Co. 10. 5. Ga. 3. 1. He. 2. 3; 5. 9; 11. 8. 1 Pe. 1. 2; 3. 6; 4. 17.

9 *be.* Is. 33. 14; 66. 24. Da. 12. 2. Mat. 25. 41, 46; 26. 24. Mar. 9. 43-49. Lu. 16. 25, 26. Jno. 5. 14. Phi. 3. 19. He. 10. 29. 2 Pe. 2. 17; 3. 7. Jude 13. Re. 14. 10, 11; 20. 14; 21. 8; 22. 15. *from the presence.* Ge. 3. 8; 4. 16. Job 21. 14; 22. 17. Ps. 16. 11; 51. 11. Mat. 7. 23; 22. 13; 25. 41. Lu. 13. 27. *the glory.* ch. 2. 8. De. 33. 2. Is. 2. 10, 19, 21. Mat. 16. 27; 24. 30. Tit. 2. 13. Gr. Re. 20. 11.

10 *to be glorified.* ver. 12. Nu. 23. 23. Ps. 89. 7. Is. 43. 21; 44. 23; 49. 3; 60. 21. Je. 33. 9. Mat. 25. 31. Jno. 11. 4; 17. 10. Ga. 1. 24. Ep. 1. 6, 12, 14, 18; 2. 7; 3. 10, 16. 1 Pe. 2. 9. Re. 7. 11, 12. *to be admired.* Ps. 68. 35. *our.* ch. 2. 13. 1 Th. 1. 5; 2. 13. *in that.* Mal. 3. 17. Mat. 7. 22; 24. 36. Lu. 10. 12. 2 Ti. 1. 12, 18; 4. 8.

11 *we pray.* See on Ro. 1. 9. Ep. 1. 16; 3. 14-21. Phi. 1. 9-11. Col. 1. 9-13. 1 Th. 3. 9-13. *our God.* Ps. 48. 14; 68. 20. Is. 25. 9; 55. 7. Da. 3. 17. Re. 5. 10. *would.* See on ver. 5. Col. 1. 12. Re. 3. 4. *count.* or, vouchsafe. *calling.* ch. 2. 14. Ro. 8. 30; 9. 23, 24. Phi. 3. 14. 1 Th. 2. 12. He. 3. 1. 1 Pe. 5. 10. *fulfil.* Ps. 138. 8. Pr. 4. 18. Is. 66. 9. Ho. 6. 3. Zec. 4. 7. Mar. 4. 28. 1 Co. 1. 8. Phi. 1. 6. *the good.* Ps. 51. 18. Lu. 12. 32. Ep. 1. 5, 9. Phi. 2. 13. Tit. 3. 4-7. *the work.* Jno. 6. 27-29. Ep. 1. 19, 20. 1 Th. 1. 3; 2. 13. He. 12. 2.

12 *the name.* See on ver. 10. Jno. 17. 10. 1 Pe. 4. 14. *and ye.* Ge. 18. 18. Ps. 72. 17. Is. 45. 17, 25. Jno. 17. 21-26. Phi. 3. 9. Col. 2. 9, 10. 1 Pe. 1. 7, 8. *the grace.* See on Ro. 1. 7. 1 Co. 1. 4. 2 Co. 8. 9; 13. 4. Tit. 2. 11. Re. 1. 4.

## CHAP. II.

*Paul urges them to continue stedfast in the truth received,* 1, 2; *shews that there shall be a departure from the faith,* 3-8, *and a discovery of Antichrist, before the day of the Lord come,* 9-14; *and thereupon repeats his former exhortation, and prays for them,* 15-17.

1 *we.* See on Ro. 12. 1. *by the.* See on 1 Th. 4. 14-16. *and by.* Ge. 49. 10. Mat. 24. 31; 25. 32. Mar. 13. 27. Ep. 1. 10. 1 Th. 3. 13; 4. 17. 2 Ti. 4. 1.

2 *shaken.* Is. 7. 2; 8. 12, 13; 26. 3. Mat. 24. 6. Mar. 13. 7. Lu. 21. 9, 19. Jno. 14. 1, 27. Ac. 20. 23, 24. Ep. 5. 6. 1 Th. 3. 3. *by spirit.* De. 13. 1-5. Je. 23. 25-27. Mi. 2. 11. Mat. 24. 4, 5, 24. 2 Pe. 2. 1-3. 1 Jno. 4. 1, 2. Re. 19. 20. *nor by letter.* 1 Th. 4. 15. 2 Pe. 3. 4-8.

3 *no man.* See on Mat. 24. 4-6. 1 Co. 6. 9. Ep. 5. 6. *except.* 1 Ti. 4. 1-3. 2 Ti. 3. 1-3; 4. 3, 4. *man.* ver. 8-10. Da. 7. 25. 1 Jno. 2. 18. Re. 13. 11, etc. *the son.* Jno. 17. 12. Re. 17. 8, 11.

4 *and exalteth.* Is. 14. 13. Eze. 28. 2, 6, 9. Da. 7. 8, 25; 8. 9-11; 11. 36. Re. 13. 6. *called.* 1 Co. 8. 5. *sitteth.* Da. 8. 12-14; 11. 45. Re. 13. 6, 7.

5 *Remember.* Mat. 16. 9. Mar. 8. 18. Lu. 24. 6, 7. Ac. 20. 31. *when.* ch. 3. 10. Jno. 16. 4. Ga. 5. 21. 1 Th. 2. 11. 2 Pe. 1. 15.

6 *withholdeth.* or, holdeth. ver. 7. *revealed.* ver. 3, 8.

7 *the mystery.* 1 Ti. 3. 16. Re. 17. 5, 7. *doth.* Ac. 20. 29. Col. 2. 18-23. 2 Ti. 2. 17, 18. 1 Jno. 2. 18; 4. 3. *he who.* ver. 6.

8 *that.* ver. 3. Mat. 13. 19, 38. 1 Jno. 2. 13; 3. 12; 5. 18. *whom.* Da. 7. 10, 11, 26. Re. 18. 8-10; 19. 20; 20. 10. *the spirit.* Job 4. 9. Ps. 18. 15. Is. 11. 4. Ho. 6. 5. Re. 1. 16; 2. 16; 19. 15, 20, 21. *with the brightness.* ch. 1. 8, 9. He. 10. 27.

9 *is.* Jno. 8. 41, 44. Ac. 8. 9-11; 13. 10. 2 Co. 4. 4; 11. 3, 14. Ep. 2. 2. Re. 9. 11; 12. 9, 17; 13. 1-5; 18. 23; 19. 20; 20. 10. *and signs.* Ex. 7. 22; 8. 7, 18. De. 13. 1, 2. Mat. 24. 24. Mar. 13. 22. 2 Ti. 3. 8. Re. 13. 11-15; 18. 23; 19. 20.

10 *deceivableness.* Ro. 16. 18. 2 Co. 2. 17; 4. 2; 11. 13, 15. Ep. 4. 14. 2 Pe. 2. 18. He. 3. 13. *in them.* 1 Co. 1. 18. 2 Co. 2. 15; 4. 3. 2 Pe. 2. 12. *they received.* Pr. 1. 7; 2. 1-6; 4. 5, 6; 8. 17. Mat. 13. 11. Jno. 3. 19-21; 8. 45-47. Ro. 2. 7, 8; 6. 17. 1 Co. 16. 22. Ja. 1. 16-18. *that they.* Jno. 3. 17; 5. 34. Ro. 10. 1. 1 Th. 2. 16. 1 Ti. 2. 4.

11 *for.* Ps. 81. 11, 12; 109. 17. Is. 29. 9-14. Jno. 12. 39-43. Ro. 1. 21-25, 28. *God.* 1 Ki. 22. 18-22. 2 Ch. 18. 18-22. See on Is. 6. 9, 10. Eze. 14. 9. *that.* Is. 44. 20; 66. 4. Je. 27. 10. Eze. 21. 29. Mat. 24. 5, 11. 1 Ti. 4. 1.

12 *they.* De. 32. 35. Mar. 16. 16. Jno. 3. 36. 1 Th. 5. 9. 2 Pe. 2. 3. Jude 4, 5. *but.* Ps. 11. 5; 50. 16-21; 52. 3, 4. Ho. 7. 3. Mi. 3. 2. Mar. 14. 11. Jno. 3. 19-21. Ro. 1. 32; 2. 8; 8. 7, 8; 12. 9. 2 Pe. 2. 13-15. 3 Jno. 11.

13 *we.* ch. 1. 3. See on Ro. 1. 8; 6. 17. *beloved.* ver. 16. De. 33. 12. 2 Sa. 12. 25, marg. Je. 31. 3. Eze. 16. 8. Da. 9. 23; 10. 11, 19. Ro. 1. 7. Col. 3. 12. 1 Jno. 4. 10, 19. *from.* Ge. 1. 1. Pr. 8. 23. Is. 46. 10. Jno. 1. 1; 8. 44. He. 1. 10. *chosen.* Ro. 8. 33; 9. 11. Ep. 1. 4, 5. 1 Th. 1. 4. 2 Ti. 1. 9. 1 Pe. 1. 2. *through.* ver. 10, 12. Lu. 1. 75. 1 Pe. 1. 2-5. *belief.* Jno. 8. 45, 46; 14. 6. Ac. 13. 48; 15. 9. Ga. 3. 1. Ep. 2. 8. Col. 1. 5. 2 Ti. 2. 15; 3. 15. Ja. 1. 18.

14 *he called.* See on Ro. 8. 28-30. 1 Th. 2. 12. 1 Pe. 5. 10. *our gospel.* Ro. 2. 16; 16. 25. 1 Th. 1. 5. *to.* Ps. 16. 11. Mat. 25. 21. Jno. 14. 2, 3; 17. 22, 24. Ro. 8. 17. Ep. 1. 18. 1 Th. 2. 12. 2 Ti. 2. 12. 1 Pe. 1. 4. 5; 15. 10. Re. 3. 21; 21. 23; 22. 3-5.

15 *stand.* See on 1 Co. 15. 58; 16. 13. Phi. 4. 1. *hold.* ch. 3. 6. 1 Co. 11. 2. *the traditions.* Ro. 6. 17. Jude 3. Gr. *whether.* ver. 2; ch. 3. 14.

16 *our Lord.* ch. 1. 1, 2. See on Ro. 1. 7. 1 Th. 3. 11. *which.* See on ver. 13. Jno. 3. 16; 13. 1; 15. 9, 13. Ro. 5. 8. Ep. 2. 4, 5; 5. 2, 25. Tit. 3. 4-7. 1 Jno. 3. 16; 4. 9, 10. Re. 1. 5; 3. 9. *everlasting.* Ps. 103. 17. Is. 35. 10; 51. 11; 60. 19, 20; 61. 7. Lu. 16. 25. Jno. 4. 14; 14. 16-18; 16. 22. 2 Co. 4. 17, 18. He. 6. 18. 1 Pe. 1. 5-8. Re. 7. 16, 17; 22. 5. *good.* Ro. 5. 2-5; 8. 24, 25. Col. 1. 5. 23. 1 Th. 1. 3. Tit. 1. 2; 2. 13. He. 6. 11, 12, 19; 7. 19. 1 Pe. 1. 3-5. 1 Jno. 3. 2. 3. *through.* Ac. 15. 11; 18. 27. Ro. 4. 4, 16; 5. 2; 11. 5, 6.

17 *Comfort.* ver. 16. Is. 51. 3, 12; 57. 15; 61. 1, 2; 66. 13. Ro. 15. 13. 2 Co. 1. 3-6. *stablish.* ch. 3. 3. Is. 62. 7. Ro. 1. 11; 16. 25. 1 Co. 1. 8. 2 Co. 1. 21. Col. 2. 7. 1 Th. 3. 2, 13. He. 13. 9. 1 Pe. 5. 10. Jude 24. *in.* Ja. 1. 21, 22. 1 Jno. 3. 18.

CHAP. III.

*Paul craves their prayers for himself,* 1, 2; *testifies what confidence he has in them,* 3, 4; *makes request to God in their behalf,* 5; *gives them divers precepts, especially to shun idleness, and ill company,* 6-15; *and then concludes with prayer and salutation,* 16-18.

1 *pray.* Mat. 9. 38. Lu. 10. 2. Ro. 15. 30. 2 Co. 1. 11. Ep. 6. 19, 20. Col. 4. 3. 1 Th. 5. 17, 25. He. 13. 18, 19. *the word.* Ac. 6. 7; 12. 24; 13. 49; 19. 20. 1 Co. 16. 9. 2 Ti. 2. 9. *have free course. Gr.* run. *be.* Ps. 138. 2. Ac. 13. 48. *even.* 1 Th. 1. 5; 2. 1, 13.

2 *delivered.* Ro. 15. 31. 1 Co. 15. 32. 2 Co. 1. 8-10. 1 Th. 2. 18. 2 Ti. 4. 17. *unreasonable. Gr.* absurd. *for.* De. 32. 20. Mat. 17. 17; 23. 23. Lu. 18. 8. Jno. 2. 23-25. Ac. 13. 45, 50; 14. 2; 17. 5; 28. 24. Ro. 10. 16. 2 Co. 4. 3, 4.

3 *the Lord.* See on 1 Co. 1. 9; 10. 13. 1 Th. 5. 24. *stablish.* See on ch. 2. 17. *and.* Ge. 48. 16. 1 Ch. 4. 10. Ps. 19. 13; 121. 7. Mat. 6. 13. Lu. 11. 4. Jno. 17. 15. 2 Ti. 4. 18. 2 Pe. 2. 9. Jude 24.

4 *we have.* Ro. 15. 14. 2 Co. 2. 3; 7. 16; 8. 22. Ga. 5. 10. Phi. 1. 6. Phile. 21. *that.* ver. 6, 12. Mat. 28. 20. Ro. 2. 7; 15. 18. 1 Co. 7. 19; 14. 37. 2 Co. 2. 9; 7. 15. Phi. 2. 12. 1 Th. 4. 1, 2, 10.

5 *the Lord.* 1 Ki. 8. 58. 1 Ch. 29. 18. Ps. 119. 5, 36. Pr. 3. 6. Je. 10. 23. Ja. 1. 16-18. *into.* De. 30. 6. Je. 31. 33. Ro. 5. 5; 8. 28. 1 Co. 8. 3. Ga. 5. 22. Ja. 2. 5. 1 Jno. 4. 19. *and into.* Ps. 40. 1; 130. 5, 6. La. 3. 26. Lu. 12. 36, 37. Ro. 8. 25. Phi. 3. 20, 21. 1 Th. 1. 3, 10. 2 Ti. 4. 8. Tit. 2. 13. He. 9. 28. 2 Pe. 3. 12. Re. 3. 10, 11; 13. 10. *the patient waiting for Christ. or,* the patience of Christ. He. 12. 2, 3. 1 Pe. 4. 1.

6 *in the.* 1 Co. 5. 4. 2 Co. 2. 10. Ep. 4. 17. Col. 3. 17. 1 Th. 4. 1. 1 Ti. 5. 21; 6. 13, 14. 2 Ti. 4. 1. *that ye.* ver. 14, 15. Mat. 18. 17. Ro. 16. 17. 1 Co. 5. 11-13. 1 Ti. 6. 5. 2 Ti. 3. 5. He. 12. 15, 16. 3 Jno. 10, 11. *walketh.* ver. 7, 11. 1 Th. 4. 11; 5. 14. *after.* ver. 10, 14; ch. 2. 15.

7 *how.* ver. 9. 1 Co. 4. 16; 11. 1. Phi. 3. 17; 4. 9. 1 Th. 1. 6, 7. 1 Ti. 4. 12. Tit. 2. 7. 1 Pe. 5: 3. *for.* ver. 6. 1 Th. 2. 10.

8 *eat.* ver. 12. Pr. 31. 27. Mat. 6. 11. *but.* Ac. 18. 3; 20. 34. 1 Co. 4. 12. 2 Co. 11. 9. 1 Th. 4. 11. *night.* See on 1 Th. 2. 9.

9 *Not.* Mat. 10. 10. 1 Co. 9. 4-14. Ga. 6. 6. 1 Th. 2. 6. *to make.* See on ver. 7. Jno. 13. 15. 1 Pe. 2. 21.

10 *when.* Lu. 24. 44. Jno. 16. 4. Ac. 20. 18. *that.* Ge. 3. 19. Pr. 13. 4; 20. 4; 21. 25; 24. 30-34. 1 Th. 4. 11.

11 *walk.* See on ver. 6. *working.* 1 Th. 4. 11. 1 Ti. 5. 13. 1 Pe. 4. 15.

12 *we.* See on ver. 6. *that with.* Ge. 49. 14, 15. Pr. 17. 1. Ec. 4. 6. Ep. 4. 28. 1 Th. 4. 11. 1 Ti. 2. 2. *eat.* See on ver. 8. Lu. 11. 3.

13 *ye.* Is. 40. 30, 31. Mal. 1. 13. Ro. 2. 7. 1 Co. 15. 58. Ga. 6. 9, 10. Phi. 1. 9. 1 Th. 4. 1. He. 12. 3. *be not weary. or,* faint not. De. 20. 8. Ps. 27. 13. Is. 40. 29. Zep. 3. 16, marg. Lu. 18. 1. 2 Co. 4. 1, 16. He. 12. 5. Re. 2. 3.

14 *obey.* De. 16. 12. Pr. 5. 13. Zep. 3. 2. 2 Co. 2. 9; 7. 15; 10. 6. Phi. 2. 12. 1 Th. 4. 8. Phile. 21. He. 13. 17. *by this epistle, note that man. or,* signify that man by an epistle. ver. 6. Mat. 18. 17. Ro. 16. 17. 1 Co. 5. 9, 11. Tit. 3. 10. *that he.* Nu. 12. 14. Ezr. 9. 6. Ps. 83. 16. Je. 3. 3; 6. 15; 31. 18-20. Eze. 16. 61-63; 36. 31, 32. Lu. 15. 18-21.

15 *count.* Le. 19. 17, 18. 1 Co. 5. 5. 2 Co. 2. 6-10; 10. 8; 13. 10. Ga. 6. 1. 1 Th. 5. 14. Jude 22, 23. *admonish.* Ps. 141. 5. Pr. 9. 9; 25. 12. Mat. 18. 15. 1 Co. 4. 14. Tit. 3. 10. Ja. 5. 19, 20.

16 *the Lord of.* Ps. 72. 3, 7. Is. 9. 6, 7. Zec. 6. 13. Lu. 2. 14. Jno. 14. 27. Ro. 15. 33; 16. 20. 1 Co. 14. 33. 2 Co. 5. 19-21; 13. 11. Ep. 2. 14-17. 1 Th. 5. 23. He. 7. 2; 13. 20. *give.* Nu. 6. 26. Ju. 6. 24, marg. Ps. 29. 11; 85. 8-10. Is. 26. 12; 45. 7; 54. 10; 66. 12. Hag. 2. 9. Jno. 16. 33. See on Ro. 1. 7. Phi. 4. 7-9. *The Lord be.* ver. 18. 1 Sa. 17. 37; 20. 13. Ps. 46. 7, 11. Is. 8. 10. Mat. 1. 23; 28. 20. 2 Ti. 4. 22. Phile. 25.

17 *with.* 1 Co. 16. 21. Col. 4. 18. *the token.* See on ch. 1. 5. Jos. 2. 12. 1 Sa. 17, 18.

18 See on Ro. 16. 20, 24.

## CONCLUDING REMARKS ON THE EPISTLES TO THE THESSALONIANS.

The First Epistle to the Thessalonians, it is generally agreed, was the earliest written of all St. Paul's epistles, whence we see the reason and propriety of his anxiety that it should be read in all the Christian churches of Macedonia—'I charge you by the Lord, that this Epistle be read unto all the holy brethren.' (ch. v. 27.) 'The existence of this clause,' observes Dr. *Paley*, 'is an evidence of its authenticity; because, to produce a letter, purporting to have been publicly read in the church at Thessalonica, when no such letter had been read or heard of in that church, would be to produce an imposture destructive of itself....Either the Epistle was publicly read in the church of Thessalonica, during St. Paul's lifetime, or it was not. If it was, no publication could be more authentic, no species of notoriety more unquestionable, no method of preserving the integrity of the copy more secure....If it was not, the clause would remain a standing condemnation of the forgery, and one would suppose, an invincible impediment to its success.' Its genuineness, however, has never been disputed; and it has been universally received in the Christian church, as the inspired production of St. Paul, from the earliest period to the present day. The circumstance of this injunction being given, in the first epistle which the Apostle wrote, also implies a strong and avowed claim to the character of an inspired writer; as in fact it placed his writings on the same ground with those of Moses and the ancient prophets. The second Epistle, besides those marks of genuineness and authority which it possesses in common with the others, bears the highest evidence of its divine inspiration, in the representation which it contains of the papal power, under the characters of 'the Man of sin,' and the 'Mystery of iniquity.' The true Christian worship is the worship of the one only God, through the one only Mediator, the man Christ Jesus; and from this worship the church of Rome has most notoriously departed, by substituting other mediators, invocating and adoring saints and angels, worshipping images, adoring the host, etc. It follows, therefore, that 'the Man of sin' is the Pope; not only on account of the disgraceful lives of many of them, but by means of their scandalous doctrines and principles; dispensing with the most necessary duties, selling pardons and indulgencies for the most abominable crimes, and perverting the worship of God to the grossest superstition and idolatry. It was evidently the chief design of the Apostle, in writing to the Thessalonians, to confirm them in the faith, to animate them to a courageous profession of the Gospel, and to the practice of all the duties of Christianity; but to suppose, with Dr. *Macknight*, that he intended to prove the divine authority of Christianity by a chain of regular arguments, in which he answered the several objections which the heathen philosophers are supposed to have advanced, seems quite foreign to the nature of the epistles, and to be grounded on a mistaken notion, that the philosophers designed at so early a period to enter on a regular disputation with the Christians, when in fact they derided them as enthusiasts, and branded their doctrines as 'foolishness.' In pursuance of his grand object, 'it is remarkable,' says Dr. *Doddridge*, 'with how much address he improves all the influence which his zeal and fidelity in their service must naturally give him, to inculcate upon them the precepts of the gospel, and persuade them to act agreeably to their sacred character. This was the grand point he always kept in view, and to which every thing else was made subservient. Nothing appears, in any part of his writings, like a design to establish his own reputation, or to make use of his ascendancy over his Christian friends to answer any secular purposes of his own. On the contrary, in this and in his other epistles, he discovers a most generous, disinterested regard for their welfare, expressly disclaiming any authority over their consciences, and appealing to them, that he had chosen to maintain himself by the labour of his own hands, rather than prove burdensome to the churches, or give the least colour of suspicion, that, under zeal for the gospel, and concern for their improvement, he was carrying on any private sinister view. The discovery of so excellent a temper must be allowed to carry with it a strong presumptive argument in favour of the doctrines he taught....And, indeed, whoever reads St. Paul's epistles with attention, and enters into the spirit with which they were written, will discern such intrinsic characters of their genuineness. and the divine authority of the doctrines they contain, as will, perhaps, produce in him a stronger conviction than all the external evidence with which they are attended.' These remarks are exceedingly well grounded and highly important; and to no other Epistles can they apply with greater force than the present most excellent productions of the inspired Apostle. The last two chapters of the first epistle, in particular, as Dr. *A. Clarke* justly observes, 'are certainly among the most important, and the most sublime in the New Testament. The general judgment, the resurrection of the body, and the states of the quick and the dead, the unrighteous and the just, are described, concisely indeed, but they are exhibited in the most striking and affecting points of view.'

# The First Epistle of PAUL the Apostle to TIMOTHY.

A.D. 65 A.M. 4069

## CHAP. I.

*Timothy is put in mind of the charge which was given unto him by Paul at his going to Macedonia*, 1-4. *Of the right use and end of the law*, 5-10. *Of Saint Paul's calling to be an apostle*, 11-19; *and Hymeneus and Alexander*, 20.

1 *an apostle.* See on Ro. 1. 1. 1 Co. 1. 1. *by.* ch. 2. 7. Ac. 9. 15; 26. 16-18. 1 Co. 9. 17. Ga. 1. 1, 11. 2 Ti. 1. 11. Tit. 1. 3. *God.* ch. 2. 3; 4. 10. Ps. 106. 21. Is. 12. 2; 43. 3, 11; 45. 15, 21; 49. 26; 60. 16; 63. 8. Ho. 13. 4. Lu. 1. 47; 2. 11. 2 Ti. 1. 10. Tit. 1. 3; 2. 10, 13; 3. 4, 6. 2 Pe. 1. 1. 1 Jno. 4. 14. Jude 25. *is.* Ro. 15. 12, 13. Col. 1. 27. 2 Th. 2. 16. 1 Pe. 1. 3, 21.

2 *Timothy.* Ac. 16. 1-3. 1 Th. 3. 2. *my.* ver. 18. 1 Co. 4. 14-17. Phi. 2. 19-22. 2 Ti. 1. 2; 2. 1. Tit. 1. 4. *Grace.* See on Ro. 1. 7. Ga. 1. 3. 2 Ti. 1. 2. Tit. 1. 4. 1 Pe. 1. 2.

3 *at.* Ac. 19. 1, etc. *when.* Ac. 20. 1-3. Phi. 2. 24. *charge.* ch. 4. 6, 11; 5. 7; 6. 3, 10, 17. Ga. 1. 6, 7. Ep. 4. 14. Col. 2. 6-11. Tit. 1. 9-11. 2 Jno. 7, 9, 10. Re. 2. 1, 2, 14, 20.

4 *to.* ch. 4. 7; 6. 4, 20. 2 Ti. 2. 14, 16-18; 4. 4. Tit. 1. 14. 2 Pe. 1. 16. *endless.* Tit. 3. 9. *questions.* ch. 6. 4, 5. 2 Ti. 2. 22. *godly.* ch. 3. 16; 6. 3, 11. 2 Co. 1. 12; 7. 9, 10. Ep. 4. 12-16. Tit. 1. 1. He. 13. 9.

5 *the end.* Ro. 10. 4; 13. 8-10. Ga. 5. 13, 14, 22. 1 Jno. 4. 7-14. *charity.* Mar. 12. 28-34. Ro. 14. 15. 1 Co. 8. 1-3; ch. 13; 14. 1. 1 Pe. 4. 8. 2 Pe. 1. 7. *a pure.* Ps. 24. 4; 51. 10. Je. 4. 14. Mat. 5. 8; 12. 35. Ac. 15. 9. 2 Ti. 2. 22. Ja. 4. 8. 1 Pe. 1. 22. 1 Jno. 3. 3. *a good.* ver. 19; ch. 3. 9. Ac. 23. 1; 24. 16. Ro. 9. 1. 2 Co. 1. 12. 2 Ti. 1. 3. Tit. 1. 15. He. 9. 14; 10. 22; 13. 18. 1 Pe. 3. 16, 21. *faith.* Ga. 5. 6. 2 Ti. 1. 5. He. 11. 5, 6. 1 Jno. 3. 23.

6 *From which some having swerved. or,* Which some not aiming at. ch. 6. 21. 2 Ti. 2. 18, Gr.; 4. 10. *turned.* ch 5. 15; 6. 4, 5, 20. 2 Ti. 2. 23, 24. Tit. 1. 10; 3. 9.

7 *to.* Ac. 15. 1. Ro. 2. 19-21. Ga. 3. 2, 5; 4. 21; 5. 3, 4. Tit. 1. 10, 11. *understanding.* ch. 6. 4. Is. 29. 13, 14. Je. 8. 8, 9. Mat. 15. 14; 21. 27; 23. 16-24. Jno. 3. 9, 10; 9. 40, 41. Ro. 1. 22. 2 Ti. 3. 7. 2 Pe. 2. 12.

8 *the law.* De. 4. 6-8. Ne. 9. 13. Ps. 19. 7-10; 119. 96-105, 127, 128. Ro. 7. 12, 13, 16, 18, 22; 12. 2. Ga. 3. 21. *lawfully.* 2 Ti. 2. 5.

9 *the law.* Ro. 4. 13; 5. 20; 6. 14. Ga. 3. 10-14, 19; 5. 23. *the lawless.* 2 Th. 2. 8. Gr. *disobedient.* Ro. 1. 30. Tit. 1. 16; 3. 3. He. 11. 31. 1 Pe. 2. 7; 3. 20. *the ungodly.* 1 Pe. 4. 18. *profane.* Je. 23. 11. Eze. 21. 25. He. 12. 16. *murderers.* Le. 20. 9. De. 27. 16. 2 Sa. 16. 11; 17. 1-4. 2 Ki. 19. 37. 2 Ch. 32. 21. Pr. 20. 20; 28. 24; 30. 11, 17. Mat. 10. 21. *manslayers.* Ge. 9. 5, 6. Ex. 20. 13; 21. 14. Nu. 35. 30-33. De. 21. 6-9. Pr. 28. 17. Ga. 5. 21. Re. 21. 8; 22. 15.

10 *whoremongers.* Mar. 7. 21, 22. 1 Co. 6. 9, 10. Ga. 5. 19-21. Ep. 5. 3-6. He. 13. 4. *defile.* Ge. 19. 5. Le. 18. 22; 20. 13. Ro. 1. 26. Jude 7. *men-stealers.* Ge. 37. 27; 40. 15. Ex. 21. 16. De. 24. 7. Re. 18. 13. *for liars.* Jno. 8. 44. Re. 21. 8, 27; 22. 15. *perjured.* Ex. 20. 7. Eze. 17. 16-19. Ho. 4. 1, 2; 10. 4. Zec. 5. 4; 8. 17. Mal. 3. 5. Mat. 5. 33-37. *contrary.* ch. 6. 3. 2 Ti. 1. 13; 4. 3. Tit. 1. 9; 2. 1.

11 *According.* Ro. 2. 16. *glorious.* Ps. 138. 2. Lu. 2. 10, 11, 14. 2 Co. 3. 8-11; 4. 4, 6. Ep. 1. 6, 12; 2. 7; 3. 10. 1 Pe. 1. 11, 12. *the blessed.* ch. 6. 15. *which.* ch. 2. 7; 6. 20. 1 Co. 4. 1, 2; 9. 17. 2 Co. 5. 18-20. Ga. 2. 7. Col. 1. 25. 1 Th. 2. 4. 2 Ti. 1. 11, 14; 2. 2. Tit. 1. 3.

12 *I thank.* Jno. 5. 23. Phi. 2. 11. Re. 5. 9-14; 7. 10-12. *who.* 1 Co. 15. 10. 2 Co. 3. 5, 6; 4. 1; 12. 9, 10. Phi. 4. 13. 2 Ti. 4. 17. *counted.* Ac. 16. 15. 1 Co. 7. 25. *putting.* See on ver. 11. Ac. 9. 15. Col. 1. 25.

13 *was.* Ac. 8. 3; 9. 1, 5, 13; 22. 4; 26. 9-11. 1 Co. 15. 9. Ga. 1. 13. Phi. 3. 6. *but.* ver. 16. Ho. 2. 23. Ro. 5. 20, 21; 11. 30. 31. He. 4. 16. 1 Pe. 2. 10. *because.* Nu. 15. 30. Lu. 12. 47; 23. 34. Jno. 9. 39-41. Ac. 3. 17; 26. 9. He. 6. 4-8; 10. 26-29. 2 Pe. 2. 21, 22.

14 *the grace.* Ac. 15. 11. Ro. 16. 20. 2 Co. 8. 9; 13. 14. Re. 22. 21. *exceeding.* Ex. 34. 6. Is. 55. 6, 7. Ro. 5. 15-20. 1 Co. 15. 10. Ep. 1. 7, 8. 1 Pe. 1. 3. *with.* Lu. 7. 47-50. 1 Th. 5. 8. 2 Ti. 1. 13. 1 Jno. 4. 10.

15 *a faithful.* ver. 19; ch. 3. 1; 4. 9. 2 Ti. 2. 11. Tit. 3. 8. Re. 21. 5; 22. 6. *worthy.* Jno. 1. 12; 3. 16, 17, 36. Ac. 11. 1, 18. 1 Jno. 5. 11. *that.* Mat. 1. 21; 9. 13; 18. 11; 20. 28. Mar. 2. 17. Lu. 5. 32; 19. 10. Jno. 1. 29; 12. 47. Ac. 3. 26. Ro. 3. 24-26; 5. 6, 8-10. He. 7. 25. 1 Jno. 3. 5, 8; 4. 9, 10. Re. 5. 9. *of whom.* ver. 13. Job 42. 6. Eze. 16. 63; 36. 31, 32. 1 Co. 15. 9. Ep. 3. 8.

16 *for this.* Nu. 23. 3. Ps. 25. 11. Is. 1. 18; 43. 25. Ep. 1. 6, 12; 2. 7. 2 Th. 1. 10. *I obtained.* See on ver. 13. 2 Co. 4. 1. *all.* Ex. 34. 8. Ro. 2. 4, 5. 1 Pe. 3. 20. 2 Pe. 3. 9, 15. *for a.* 2 Ch. 33. 9-13, 19. Is. 55. 7. Lu. 7. 47; 15. 10; 18. 13, 14; 19. 7-9; 23. 43. Jno. 6. 37. Ac. 13. 39. Ro. 5. 20; 15. 4. He. 7. 25. *believe.* Jno. 3. 15, 16, 36; 5. 24; 6. 40, 54; 20. 31. Ro. 5. 21; 6. 23. 1 Jno. 5. 11, 12.

17 *the King.* ch. 6. 15, 16. Ps. 10. 16; 45. 1, 6; 47. 6-8; 90. 2; 145. 13. Je. 10. 10. Da. 2. 44; 7. 14. Mi. 5. 2. Mal. 1. 14. Mat. 6. 13; 25. 34. Ro. 1. 23. He. 1. 8-13. Re. 17. 14; 19. 16. *invisible.* Jno. 1. 18. Ro. 1. 20. Col. 1. 15. He. 11. 27. 1 Jno. 4. 12. *the only.* Ro. 16. 27. Jude 25. *be.* 1 Ch. 29. 11. Ne. 9. 5. Ps. 41. 13; 57. 11; 72. 18, 19; 106. 48. Da. 4. 34, 37. Ep. 3. 20, 21. 1 Pe. 5. 11. 2 Pe. 3. 18. Re. 4. 8-11; 5. 9-14; 7. 12; 19. 1, 6. *Amen.* See on Mat. 6. 13; 28. 20.

18 *charge.* See on ver. 11, 12; ch. 4. 14; 6. 13, 14, 20. 2 Ti. 2. 2; 4. 1-3. *son.* See on ver. 2. Phi. 2. 22. 2 Ti. 1. 2; 2. 1. Tit. 1. 4. Phile. 10. *according.* ch. 4. 4. *mightest.* ch. 6. 12. 2 Co. 10. 3, 4. Ep. 6. 12-18. 2 Ti. 2. 3-5; 4. 7.

19 *Holding.* See on ver. 5; ch. 3. 9. Tit. 1. 9. He. 3. 14. 1 Pe. 3. 15, 16. Re. 3. 3, 8, 10. *which.* Phi. 3. 18, 19. 2 Ti. 3. 1-6. 2 Pe. 2. 1-3, 12-22. Jude 10-13. *concerning.* ch. 4. 1, 2. 1 Co. 11. 19. Ga. 1. 6-8; 5. 4. 2 Ti. 4. 4. He. 6. 4-6. 1 Jno. 2. 19. *made.* ch. 6. 9. Mat. 7. 27.

20 *Hymeneus.* 2 Ti. 2. 17. *Alexander.* Ac. 19. 33. 2 Ti. 2. 14; 4. 14, 15. *I have.* Mat. 18. 17. 1 Co. 5. 4, 5. 2 Co. 10. 6; 13. 10. *that.* 1 Co. 11. 32. 2 Th. 3. 15. Re. 3. 19. *blaspheme.* Ac. 13. 45. 2 Ti. 3. 2. Re. 13. 1, 5, 6.

## CHAP. II.

*That it is meet to pray and give thanks for all men, and the reason why*, 1-8. *How women should be attired*, 9-11. *They are not permitted to teach*, 12-14. *They shall be saved, notwithstanding the testimonies of God's wrath, in childbirth, if they continue in faith*, 15.

1 *exhort. or,* desire. 2 Co. 8. 6. Ep. 3. 13. He. 6. 11. *first.* 1 Co. 15. 3. *supplications.* ch. 5. 5. Ge. 18. 23-32. 1 Ki. 8. 41-43. Ps. 67. 1-4; 72. 19. Mat. 6. 9, 10. Ja. 5. 16. *and.* Ro. 1. 8; 6. 17. Ep. 5. 20. Phi. 1. 3. 2 Th. 1. 3. *all men.* ver. 4. Ac. 17. 30. 1 Th. 3. 12. 2 Ti. 2. 24. Tit. 2. 11; 3. 2.

2 *kings.* Ezr. 6. 10. Ne. 1. 11. Ps. 20. 1-4; 72. 1. Je. 29. 7. *for all.* Ro. 13. 1, etc. 1 Pe. 2. 13. *authority. or,* eminent place. *that.* Ge. 49. 14, 15. 2 Sa. 20. 19. Pr. 24. 21. Ec. 3. 12, 13; 8. 2-5. Ro. 12. 18. 1 Th. 4. 11. He. 12. 14. *all godliness.* Lu. 1. 6; 2. 25. Ac. 10. 22; 24. 16. Phi. 4. 8. Tit. 2. 10-14. 1 Pe. 2. 9-13. 2 Pe. 1. 3-7.

3 *this.* ch. 5. 4. Ro. 12. 1, 2; 14. 18. Ep. 5. 9, 10. Phi. 1. 11; 4. 18. Col. 1. 10. 1 Th. 4. 1. He. 13. 16. 1 Pe. 2. 5, 20. *God.* See on ch. 1. 1. Is. 45. 21. Lu. 1. 47. 2 Ti. 1. 9.

4 *will.* Is. 45. 22; 49. 6; 55. 1. Eze. 18. 23, 32; 33. 11. Lu. 14. 23. Jno. 3. 15-17; 6. 37. Ro. 3. 29, 30. 2 Co. 5. 17-19. 1 Th. 2. 15, 16. Tit. 2. 11. 2 Pe. 3. 9. *and.* Mat. 28. 19. Mar. 16. 15. Lu. 24. 47. Ro. 10. 12-15. Re. 14. 6. *the knowledge.* Is. 53. 11. Hab. 2. 14. Lu. 1. 77. Jno. 14. 6; 17. 17. 2 Ti. 2. 25; 3. 7. He. 10. 26.

5 *one God.* De. 6. 4. Is. 44. 6. Mar. 12. 29-33. Jno. 17. 3. Ro. 3. 29, 30; 10. 12. 1 Co. 8. 6. Ga. 3. 20. Ep. 4. 6. *and.* Job 9. 33. He. 7. 25; 8. 6; 9. 15; 12. 24. *the man.* Mat. 1. 23. Lu. 2. 10, 11. Jno. 1. 14. 1 Co. 15. 45-47. Phi. 2. 6-8. He. 2. 6-13. Re. 1. 13.

6 *gave.* Job 33. 24. Is. 53. 6. Mat. 20. 28. Mar. 10. 45. Jno. 6. 51; 10. 15. 2 Co. 5. 14, 15, 21. Ep. 1. 7, 17; 5. 2. Tit. 2. 14. He. 9. 12. 1 Pe. 1. 18, 19; 2. 24; 3. 18. 1 Jno. 2. 1, 2; 4. 10. Re. 1. 5; 5. 9. *to be testified. or,* a testimony. 1 Co. 1. 6. 2 Th. 1. 10. 2 Ti. 1. 8. 1 Jno. 5. 11, 12. *in.* ch. 6. 15. Ro. 5. 6; 16. 26. Ga. 4. 4. Ep. 1. 9, 10; 3. 5. Tit. 1. 3.

7 *I am.* See on ch. 1. 11, 12. *a preacher.* Ec. 1. 1, 2, 12; 7. 27; 12. 8-10. Ro. 10. 14. Ep. 3. 7, 8. 2 Ti. 1. 11. 2 Pe. 2. 5. *I speak.* See on Ro. 1. 9; 9. 1. 2 Co. 11. 31. Ga. 1. 20. *a teacher.* Jno 7. 35. Ac. 9. 15; 22. 21; 26. 17, 18, 20. Ro. 11. 13; 15. 16. Ga. 1. 16; 2. 9. *in faith.* Ac. 14. 27. Ga. 2. 16; 3. 9. *verity.* Ps. 111. 7.

8 *I will.* ch. 5. 14. 1 Co. 7. 7. Gr. Tit. 3. 8. *pray.* 2 Ch. 33. 11, 12. Ps. 130. 1, 2. La. 3. 55, 56. Jon. 2. 1, 2. Mal. 1. 11. Lu. 23. 42, 43. Jno. 4. 21, 23, 24. Ac. 21. 5. *lifting.* Job 16. 17. Ps. 26. 6; 66. 18; 134. 2. Pr. 15. 8; 21. 27. Is. 1. 15; 58. 7-11. Je. 7. 9, 10. Mal. 1. 9, 10. Ac. 10. 2, 4, 31. He. 10. 22. Ja. 4. 8. 1 Jno. 3. 20-22. *without.* 1 Ki. 3. 11. Ps. 35. 13. Mat. 5. 22-24, 44; 6. 12, 14, 15. Mar. 11. 25. Lu. 23. 34. Ac. 7. 60. 1 Pe. 3. 7. *and.* Mat. 21. 21. Mar. 11. 23, 24. Ja. 1. 6-8.

9 *that.* 1 Pe. 3. 3-5. *with shamefacedness.* Pr. 7. 10. Is. 3. 16. Tit. 2. 3-5. *not.* Ge. 24. 53. Ex. 35. 22, 23. 2 Ki. 9. 30. Es. 5. 1. Ps. 45. 13, 14; 149. 4. Pr. 31. 22. Is. 3. 18-24; 61. 10. Je. 2. 32; 4. 30. Eze. 16. 9-16. Mat. 6. 28, 29; 11. 8. *broidered. or,* plaited. 1 Pe. 3. 3.

10 *women.* 1 Pe. 3. 3-5. 2 Pe. 3. 11. *with.* ch. 5. 6-10. Pr. 31. 31. Ac. 9. 36, 39. Ep. 2. 10. Tit. 2. 14; 3. 8. 1 Pe. 2. 12. 2 Pe. 1. 6-8. Re. 2. 19.

11 Ge. 3. 16. Es. 1. 20. 1 Co. 11. 3; 14. 34, 35. Ep. 5. 22-24. Col. 3. 18. 1 Pe. 3. 1, 5, 6.

13 Ge. 1. 27; 2. 7, 18, 22. 1 Co. 11. 8, 9.

14 Ge. 3. 6, 12. 2 Co. 11. 3.

15 *she.* Ge. 3. 15. Is. 7. 14; 9. 6. Je. 31. 22. Mat. 1. 21-25. Lu. 2. 7, 10, 11. Ga. 4. 4, 5. *in child-bearing.* Ge. 3. 16. *in faith.* See on ch. 1. 5. *sobriety.* See on ver. 9. Tit. 2. 12. 1 Pe. 4. 7.

## CHAP. III.

*How bishops, and deacons, and their wives should be qualified*, 1-13; *and to what end Saint Paul wrote to Timothy of these things*, 14. *Of the church, and the blessed truth therein taught and professed*, 15, 16.

1 *is a.* ch. 1. 15; 4. 9. 2 Ti. 2. 11. Tit. 3. 8. *the office.* ver. 2-7. Ac. 1. 20. Phi. 1. 1. Tit. 1. 7. 1 Pe. 2. 25. *bishop.* Ac. 20. 28. He. 12. 15. 1 Pe. 4. 15; 5. 2. Gr. *desireth.* Pr. 11. 30. Lu. 15. 10. Ro. 11. 13. Ep. 4. 12. 1 Th. 5. 14. Ja. 5. 19, 20.

2 *bishop.* Tit. 1. 6-9. *blameless.* ver. 10. Lu. 1. 6. Phi. 2. 15. *the husband.* ch. 4. 3; 5. 9. He. 13. 4. *vigilant.* Is. 56. 10. 1 Pe. 4. 7; 5. 8. *of good behaviour. or,* modest. *given.* Ro. 12. 13. Tit. 1. 8. He. 13. 2. 1 Pe. 4. 9. *apt.* 2 Ti. 2. 24.

3 *Not given to wine. or,* Not ready to quarrel, and offer wrong, as one in wine. ver. 8. Le. 10. 9. Is. 5. 11, 12; 28. 1, 7; 56. 12. Eze. 44. 21. Mi. 2. 11. Mat. 24. 45-51. Lu. 12. 42-46; 21. 34-36. Ep. 5. 18. Tit. 1. 7; 2. 3. *no.* 2 Ti. 2. 24, 25. Tit. 1. 7. *not greedy.* Pr. 1. 19; 15. 27. Is. 56. 11.

Jude 11. *filthy.* ver. 8. 1 Sa. 8. 3. Tit. 1. 7, 11. 1 Pe. 5. 2. *patient.* ch. 6. 11. Ec. 7. 8. 1 Th. 5. 14. 2 Ti. 2. 24. Re. 1. 9. *a brawler.* Tit. 3. 2. Ja. 4. 1, marg. *not covetous.* 1 Sa. 2. 15-17. 2 Ki. 5. 20-27. Je. 6. 13; 8. 10. Mi. 3. 5, 11. Mal. 1. 10. Mat. 21. 13. Jno. 10. 12, 13; 12. 5, 6. Ac. 8. 18-21; 20. 33. Ro. 16. 18. 2 Pe. 2. 3, 14, 15. Re. 18. 11-13.

4 *ruleth.* ver. 12. Ge. 18. 19. Jos. 24. 15. Ps. 101. 2-9. Ac. 10. 2. Tit. 1. 6. *with.* Phi. 4. 8. Gr. Tit. 2. 2, 7.

5 *if.* 1 Sa. 2. 29, 30; 3. 13. *the church.* ver. 15. Ac. 20. 28. Ep. 1. 22; 5. 24, 32.

6 *novice. or,* one newly come to the faith. 1 Co. 3. 1. He. 5. 12, 13. 1 Pe. 2. 2. *lest.* De. 8. 14; 17. 20. 2 Ki. 14. 10. 2 Ch. 26. 16; 32. 25. Pr. 16. 18, 19; 18. 12; 29. 23. Is. 2. 12. 1 Co. 4. 6-8; 8. 1. 2 Co. 12. 7. 1 Pe. 5. 5. *the condemnation.* Is. 14. 12-14. Lu. 10. 18. 2 Pe. 2. 4. Jude 6.

7 *a good.* ch. 5. 24, 25. 1 Sa. 2. 24. Ac. 6. 3; 10. 22; 22. 12. 3 Jno. 12. *them.* 1 Co. 5. 12. Col. 4. 5. 1 Th. 4. 12. *lest.* ch. 5. 14. 1 Co. 10. 32. 2 Co. 6. 3; 8. 21. 1 Th. 5. 22. Tit. 2. 5, 8. 1 Pe. 4. 14-16. *the snare.* ch. 6. 9. 2 Ti. 2. 26.

8 *the deacons.* Ac. 6. 3-6. Phi. 1. 1. *be.* See on ver. 4. *double-tongued.* Ps. 5. 9; 12. 2; 50. 19; 52. 2. Ro. 3. 13. Ja. 3. 10. *not given.* See on ver. 3. Le. 10. 9. Eze. 44. 21.

9 *Holding.* See on ch. 1. 5, 19. *the mystery.* ver. 16. 2 Jno. 9, 10.

10 *let these.* ver. 6; ch. 5. 22. 1 Jno. 4. 1. *use.* ver. 13. Ac. 6. 1, 2. *being.* ver. 2. 1 Co. 1. 8. Col. 1. 22. Tit. 1. 6, 7.

11 *their.* Le. 21. 7, 13-15. Eze. 44. 22. Lu. 1. 5, 6. Tit. 2. 3. *be.* See on ver. 4. *not.* Ps. 15. 3; 50. 20; 101. 5. Pr. 10. 18; 25. 33. Je. 9. 4. Mat. 4. 1. Jno. 6. 70. 2 Ti. 3. 3. Tit. 2. 3. Gr. Re. 12. 9, 10. *sober.* ver. 2. 1 Th. 5. 6-8. 2 Ti. 4. 5. Tit. 3. 2. Gr. 1 Pe. 5. 8. *faithful.* See on ch. 1. 12; 6. 2.

12 See on ver. 2, 4, 5.

13 *they.* Mat. 25. 21. Lu. 16. 10-12; 19. 17. *used. or,* ministered. Mat. 20. 28. Ro. 12. 7, 8. 1 Co. 16. 15. He. 6. 10. 1 Pe. 4. 10, 11. *degree.* Ac. 21. 35. Gr. *great.* Ac. 6. 5, 8, 15; 7. 1, etc. Phi. 1. 14. 1 Th. 2. 2. 2 Ti. 2. 1.

14 *hoping.* ch. 4. 13. 1 Co. 11. 34; 16. 5-7. 2 Co. 1. 15-17. 1 Th. 2. 18. Phile. 22. He. 13. 23. 2 Jno. 12. 3 Jno. 14.

15 *know.* ver. 2. De. 31. 23. 1 Ki. 2. 2, 4. 1 Ch. 22. 13; 28. 9-21. Ac. 1. 2. *the house.* Ep. 2. 21, 22. 2 Ti. 2. 20. He. 3. 2-6. 1 Pe. 2. 5. *the church.* See on ver. 5. *the living.* ch. 4. 10; 6. 16. De. 5. 26. Jos. 3. 10. 1 Sa. 17. 26, 36. 2 Ki. 19. 4. Ps. 42. 2; 84. 2. Je. 10. 10; 23. 36. Da. 6. 26. Ho. 1. 10. Mat. 16. 16. Jno. 6. 69. Ac. 14. 15. Ro. 9. 26. 2 Co. 3. 3; 6. 16. 1 Th. 1. 9. He. 3. 12; 9. 14; 12. 22. Re. 7. 2. *the pillar.* Je. 1. 18. Mat. 16. 18, 19; 18. 18. Ro. 3. 2. Ga. 2. 9. *ground. or,* stay. *the truth.* ver. 16. Jno. 1. 17; 14. 6; 18. 37. 2 Co. 6. 7. Ga. 3. 1. Ep. 4. 21. Col. 1. 5.

16 *without.* He. 7. 7. *the mystery.* ver. 9. Mat. 13. 11. Ro. 16. 25. 1 Co. 2. 7. Ep. 1. 9; 3. 3-9; 6. 19. Col. 2. 2. 2 Th. 2. 7. Re. 17. 5, 7. *God.* Is. 7. 14; 9. 6. Je. 23. 5, 6. Mi. 5. 2. Mat. 1. 23. Jno. 1. 1, 2, 14. Ac. 20. 28. Ro. 8. 3; 9. 5. 1 Co. 15. 47. Ga. 4. 4. Phi. 2. 6-8. Col. 1. 16-18. He. 1. 3; 2. 9-13. 1 Jno. 1. 2. Re. 1. 17, 18. *manifest. Gr.* manifested. 1 Jno. 3. 5. *justified.* Is. 50. 5-7. Mat. 3. 16. Jno. 1. 32, 33; 15. 26; 16. 8, 9. Ac. 2. 32-36. Ro. 1. 3, 4. 1 Pe. 3. 18. 1 Jno. 5. 6-8. *seen.* Ps. 68. 17, 18. Mat. 4. 11; 28. 2. Mar. 1. 13; 16. 5. Lu. 2. 10-14; 22. 43; 24. 4. Jno. 20. 12. Ac. 1. 10, 11. Ep. 3. 10. 1 Pe. 1. 12. *preached.* Lu. 2. 32. Ac. 10. 34; 13. 46-48. Ro. 10. 12, 18. Ga. 2. 8. Ep. 3. 5-8. Col. 1. 27. *believed.* Ac. 14. 27. Col. 1. 6, 23. Re. 7. 9. *received.* Mar. 16. 19. Lu. 24. 51. Jno. 6. 62; 13. 3; 16. 28; 17. 5. Ac. 1. 1-9, 19. Ep. 4. 8-10. He. 1. 3; 8. 1; 12. 2. 1 Pe. 3. 22.

## CHAP. IV.

*He foretells that in the latter times there shall be a departure from the faith,* 1-5. *And to the end that Timothy might not fail in doing his duty, he furnishes him with divers precepts, belonging thereto,* 6-16.

1 *the Spirit.* Jno. 16. 13. Ac. 13. 2; 28. 25. 1 Co. 12. 11. 1 Jno. 2. 18. Re. 2. 7, 11, 17, 29; 3. 6, 13, 22. *expressly.* Eze. 1. 3. *the latter.* Nu. 24. 14. De. 4. 30; 32. 29. Is. 2. 2. Je. 48. 47; 49. 39. Eze. 38. 16. Da. 10. 14. Ho. 3. 5. Mi. 4. 1. 2 Ti. 3. 1, etc. 1 Pe. 1. 20. 2 Pe. 3. 3. Jude 4, 18. *depart.* Da. 11. 35. Mat. 24. 5-12. 2 Th. 2. 3. 2 Ti. 3. 1-5; 4. 4. *seducing.* Ge. 3. 3-5, 13. 1 Ki. 22. 22, 23. 2 Ch. 18. 19-22. 2 Co. 11. 3, 13-15. 2 Th. 2. 9-12. 2 Ti. 3. 13. 2 Pe. 2. 1. Re. 9. 2-11; 13. 14; 16. 14; 18. 2, 23; 19. 20; 20. 2, 3, 8, 10. *and doctrines.* Da. 11. 35-38. 1 Co. 8. 5, 6; 10. 20. Col. 2. 18. Ac. 17. 18. Re. 9. 20. Gr.

2 *lies.* 1 Ki. 13. 18; 22. 22. Is. 9. 15. Je. 5. 31; 23. 14, 32. Da. 8. 23-25. Mat. 7. 15; 24. 24. Ac. 20. 30. Ro. 16. 18. Ep. 4. 14. 2 Ti. 3. 5. 2 Pe. 2. 1-3. Re. 16. 14. *their.* Ro. 1. 28. Ep. 4. 19.

3 *Forbidding.* Da. 11. 37. 1 Co. 7. 28, 36-39. He. 13. 4. *to abstain.* Ro. 14. 3, 17. 1 Co. 8. 8. Col. 2. 20-23. He. 13. 9. *which.* Ge. 1. 29, 30; 9. 3. Ec. 5. 18. Ac. 10. 13-15. 1 Co. 6. 13. *with.* ver. 4. 1 Sa. 9. 13. Mat. 14. 19; 15. 36. Lu. 24. 30. Jno. 6. 23. Ac. 27. 35. Ro. 14. 6. 1 Co. 10. 30, 31. Col. 3. 17. *believe.* ch. 2. 4. Jno. 8. 31, 32. 2 Th. 2. 13, 14.

4 *every.* Ge. 1. 31. De. 32. 4. *and.* Ac. 11. 7-9; 15. 20, 21, 29; 21. 25. Ro. 14. 14, 20. 1 Co. 10. 23, 25.

5 *it.* ver. 3. Lu. 11. 41. 1 Co. 7. 14. Tit. 1. 15. *the.* Lu. 4. 4.

6 *thou put.* Ac. 20. 31, 35. Ro. 15. 15. 1 Co. 4. 17. 2 Ti. 1. 6; 2. 14. 2 Pe. 1. 12-15; 3. 1, 2. Jude 5. *a good.* Mat. 13. 52. 1 Co. 4. 1, 2. 2 Co. 3. 6; 6. 4. Ep. 6. 21. Col. 4. 7. 1 Th. 3. 2. 2 Ti. 2. 15. *nourished.* Je. 15. 16. Ep. 4. 15, 16. Col. 2. 19; 3. 16. 2 Ti. 3. 14-17. 1 Pe. 2. 2. *good doctrine.* ch. 1. 10; 4. 16; 6. 3. Ps. 19. 7, marg. Pr. 4. 2. Jno. 7. 16, 17. 2 Ti. 4. 3. Tit. 2. 1, 7-10. 2 Jno. 9. *thou hast.* Phi. 3. 16. 2 Ti. 3. 14.

7 *refuse.* ch. 1. 4; 6. 20. 2 Ti. 2. 16, 23; 4. 4. Tit. 1. 14; 3. 9. *exercise.* ch. 1. 4; 2. 10; 3. 16; 6. 11. Ac. 24. 16. 2 Ti. 3. 12. Tit. 2. 12. He. 5. 14. 2 Pe. 1. 5-8.

8 *bodily.* 1 Sa. 15. 22. Ps. 50. 7-15. Is. 1. 11-16; 58. 3-5. Je. 6. 20. Am. 5. 21-24. 1 Co. 8. 8. Col. 2. 21-23. He. 13. 9. *little. or,* for a little time. He. 9. 9, 10. *godliness.* ch. 6. 6. Job 22. 2. Tit. 3. 8. *having.* De. 28. 1-14. Job 5. 19-26. Ps. 37. 3, 4, 16-19, 29; 84. 11; 91. 10-16; 112. 1-3; 128. 1-6; 145. 19. Pr. 3. 16-18. Ec. 8. 12. Is. 3. 10; 32. 17, 18; 33. 16; 65. 13, 14. Mat. 5. 3-12; 6. 33; 19. 29. Mar. 10. 19, 20. Lu. 12. 31, 32. Ro. 8. 28. 1 Co. 3. 22. 2 Pe. 1. 3, 4. 1 Jno. 2. 25. Re. 3. 12, 21.

9 See on ch. 1. 15.

10 *therefore.* 1 Co. 4. 9-13. 2 Co. 4. 8-10; 6. 3-10; 11. 23-27. 2 Ti. 2. 9, 10; 3. 10-12. He. 11. 26; 13. 13. 1 Pe. 4. 14, 15. *because.* ch. 6. 17. Ps. 37. 40; 52. 8; 84. 12; 118. 8. Is. 12. 2; 50. 10. Je. 17. 7. Da. 3. 28. Na. 1. 7. Mat. 27. 43. Ro. 15. 12, 13. 1 Pe. 1. 21. *the living.* See on ch. 3. 15. *the saviour.* See on ch. 2. 4, 6. Ps. 36. 6; 107. 2, 6, etc. Is. 45. 21, 22. Jno. 1. 29; 3. 15-17. 1 Jno. 2. 2; 4. 14. *specially.* Jno. 5. 24. 1 Jno. 5. 10-13.

11 ch. 6. 2. 2 Ti. 4. 2. Tit. 2. 15; 3. 8.

12 *no.* Mat. 18. 10. 1 Co. 16. 10, 11. 2 Ti. 2. 7, 15, 22. *be thou.* 1 Co. 11. 1. 1 Th. 1. 6; 2. 10. 2 Th. 3. 7-9. Tit. 2. 7. 1 Pe. 5. 3. *in word.* 2 Co. 6. 4-17. Phi. 4. 8. 2 Ti. 2. 22. Ja. 3. 13, 17. 2 Pe. 1. 5-8.

13 *I come.* See on ch. 3. 14, 15. *to reading.* De. 17. 19. Jos. 1. 8. Ps. 1. 2, 3; 119. 97-104. Pr. 2. 4, 5. Mat. 13. 51, 52. Jno. 5. 39. Ac. 6. 4; 17. 11. 2 Ti. 2. 15-17. *to exhortation.* Ro. 12. 8. 1 Co. 14. 3. Tit. 2. 15. *to doctrine.* ver. 6, 16. 1 Co. 14. 6, 26. 2 Ti. 4. 2.

14 *Neglect.* Mat. 25. 14-30. Lu. 19. 12-26. Ro. 12. 6-8. 1 Th. 5. 19. 2 Ti. 1. 6. 1 Pe. 4. 9-11. *which.* ch. 1. 18. *with.* ch. 5. 22. Ac. 6. 6; 8. 17; 13. 3; 19. 6. 2 Ti. 1. 6.

15 *Meditate.* Jos. 1. 8. Ps. 1. 2; 19. 14; 49. 3; 63. 6; 77. 12; 104. 34; 105. 5; 119. 15, 23, 48, 97, 99, 148; 143. 5. *give.* Ac. 6. 4. 1 Co. 16. 15. 2 Co. 4. 14; 8. 5. Tit. 2. 14. *that.* ver. 6. Mat. 5. 16. Phi. 2. 15, 16. *to all. or,* in all things.

16 *Take.* 1 Ch. 28. 10. 2 Ch. 19. 6. Mar. 13. 9. Lu. 21. 34. Ac. 20. 28. 1 Co. 3. 10, 11. Col. 4. 17. 2 Ti. 4. 2. Tit. 2. 7, 15. He. 12. 15. 2 Jno. 8. *unto the.* ver. 6. ch. 1. 3. Ro. 16. 17. Ep. 4. 14. Tit. 2. 7. He. 13. 9. 2 Jno. 9. *continue.* Ac. 6. 4; 26. 22. Ro. 2. 7. 2 Ti. 3. 14. Tit. 1. 9. *thou shalt.* Eze. 3. 19-21; 33. 7-9. Ac. 20. 26, 27. 1 Co. 9. 27. *them.* Is. 55. 11. Je. 23. 22. Ro. 10. 10-14; 11. 14. 1 Co. 9. 22. 1 Th. 2. 16, 19, 20. 2 Ti. 2. 10. Phile. 19. Ja. 5. 20.

## CHAP. V.

*Rules to be observed in reproving,* 1, 2. *Of widows,* 3-16. *Of elders,* 17-22. *A precept for Timothy's health,* 23. *Some men's sins go before unto judgment, and some men's follow after,* 24, 25.

1 *Rebuke.* ver. 19, 20. Le. 19. 32. De. 33. 9. Ga. 2. 11-14. *an elder.* ver. 17. Ac. 14. 23; 15. 4, 6; 20. 17. Tit. 1. 5, 6. Ja. 5. 14. 1 Pe. 5. 1. 2 Jno. 1. 3 Jno. 1. Re. 4. 4. *intreat.* Ro. 13. 7. Ga. 6. 1. 2 Ti. 2. 24, 25. Phile. 9, 10. Ja. 3. 17. 1 Pe. 5. 5, 6. *as brethren.* Mat. 18. 15-17; 23. 8.

2 *elder.* ver. 3. Mat. 12. 50. Jno. 19. 26, 27. *with.* ch. 4. 12. Phi. 4. 8. 1 Th. 5. 22. 2 Ti. 2. 22.

3 *Honour.* ver. 2, 17. Ex. 20. 12. Mat. 15. 6. 1 Th. 2. 6. 1 Pe. 2. 17; 3. 7. *widows.* ver. 9. De. 10. 18; 14. 29; 16. 11, 14; 27. 19. Job 29. 13; 31. 16. Ps. 68. 5; 94. 6; 146. 9. Je. 49. 11. Mat. 23. 14. Lu. 7. 12. Ac. 6. 1; 9. 39. Ja. 1. 27. *indeed.* ver. 4. 5, 9-11, 16. Lu. 2. 37. Jno. 1. 47.

4 *nephews.* Ju. 12. 14, marg. Job 18. 19. Is. 14. 22. *learn.* 1 Sa. 22. 3, 4. Pr. 31. 28. Lu. 2. 51. Jno. 19. 26, 27. *piety. or,* kindness. Mat. 15. 4-6. Mar. 7. 11-13. *to requite.* Ge. 45. 10, 11; 47. 12, 28. Ru. 2. 2, 18. Ep. 6. 1-3. *good.* See on ch. 2. 3.

5 *a widow.* ver. 3. Ru. 1. 5, 12, 20, 21. 1 Co. 7. 32. *and desolate.* Is. 3. 26; 49. 21; 54. 1. La. 1. 13. *trusteth.* Ru. 2. 12. Ps. 91. 4. Is. 12. 2; 50. 10. 1 Co. 7. 32. 1 Pe. 3. 5. *continueth.* See on Lu. 2. 37; 18. 1, 7. Ac. 26. 7. Ep. 6. 18.

6 *she.* 1 Sa. 25. 6. Job 21. 11-15. Ps. 73. 5-7. Is. 22. 13. Am. 6. 5, 6. Lu. 12. 19; 15. 13; 16. 19. Ja. 5. 5. Re. 18. 7. *in pleasure. or,* delicately. De. 28. 54, 56. 1 Sa. 15. 32. Pr. 29. 21. Is. 47. 1. Je. 6. 2. La. 4. 5. Lu. 7. 25. *dead.* Mat. 8. 22. Lu. 15. 24, 32. 2 Co. 5. 14, 15. Ep. 2. 1, 5; 5. 14. Col. 2. 13. Re. 3. 1.

7 ch. 1. 3; 4. 11; 6. 17. 2 Ti. 4. 1. Tit. 1. 13; 2. 15.

8 *and specially.* Ge. 30. 30. Is. 58. 7. Mat. 7. 11. Lu. 11. 11-13. 2 Co. 12. 14. Ga. 6. 10. *house. or,* kindred. See on ver. 4. *he hath.* 2 Ti. 3. 5. Tit. 1. 16. Re. 2. 13; 3. 8. *and is.* Mal. 18. 17. Lu. 12. 47, 48. Jno. 15. 22. 2 Co. 2. 15, 16; 6. 15.

9 *a widow.* See on ver. 3, 4. *taken. or,* chosen. *under.* ver. 11, 14. Lu. 2. 36, 37. *having.* ch. 3. 2, 12. 1 Co. 7. 10, 11, 39, 40.

10 *reported.* ch. 3. 7. Ac. 6. 3; 10. 22; 22. 12. 3 Jno. 12. *good.* ver. 25; ch. 2. 10; 6. 18. Mat. 5. 16. Ac. 9. 36. Ep. 2. 10. 2 Ti. 3. 17. Tit. 2. 7, 3. 8, 14. He. 10. 24; 13. 21. 1 Pe. 2. 12. *if she have brought.* 2 Ti. 1. 5; 3. 15. *if she have lodged.* Ac. 16. 14, 15. Ro. 12. 13. He. 13. 2. 1 Pe. 4. 9. *washed.* Ge. 18. 4; 19. 2; 24. 32. Lu. 7. 38, 44. Jno. 13. 5-15. *if she have relieved.* Le. 25. 35. Is. 1. 17. Ac. 9. 39. *if she have diligently.* Ps. 119. 4. Col. 1. 10. 2 Ti. 2. 21. Tit. 2. 14; 3. 1, 8. Gr.

11 *the younger.* ver. 9, 14. *to wax.* De. 32. 15. Is. 3. 16. Ho. 13. 6. Ja. 5. 5. 2 Pe. 2. 18. *they will.* ver. 14; ch. 4. 3. 1 Co. 7. 39, 40.

12 *damnation.* 1 Co. 11. 34. Ja. 3. 1. 1 Pe. 4. 17. Gr. *their.* Ga. 1. 6. Re. 2. 4, 5.

13 *to be.* Pr. 31. 27. 2 Th. 3. 6-11. *wandering.* Le. 19. 16. Pr. 20. 19. Lu. 10. 7. Ac. 20. 20. *busy-bodies.* 2 Th. 3. 11. 1 Pe. 4. 15. *speaking.* Ac. 20. 30. Tit. 1. 11. Ja. 3. 10.

14 *I will.* See on ch. 2. 8. *the younger.* ver. 11; ch. 4. 3. 1 Co. 7. 8, 9. He. 13. 4. *guide.* Ge. 18. 6, 9. Pr. 14. 1; 31. 27-29.

Tit. 2. 5. Gr. *give.* ch. 6. 1. 2 Sa. 12. 14. Da. 6. 4. Ro. 14. 13. 2 Co. 11. 12. Tit. 2. 5, 8. 1 Pe. 4. 14, 15. *to speak reproachfully.* *Gr.* for their railing. Lu. 23. 35-41.

15 Phi. 3. 18, 19. 2 Ti. 1. 15; 2. 18; 4. 10. 2 Pe. 2. 2, 20-22; 3. 16. 1 Jno. 2. 19. Jude 4, 5. Re. 12. 9.

16 *let them.* See on ver. 4, 8. *widows indeed.* See on ver. 3, 5.

17 *the elders.* See on ver. 1. *rule.* ch. 3. 5. Mat. 24. 45. Lu. 12. 42. Ro. 12. 8. 1 Th. 5. 12, 13. He. 13. 7, 17, 24. *be.* See on ver. 3. Ac. 28. 10. Ro. 15. 27. 1 Co. 9. 5-14. Ga. 6. 6. Phi. 2. 29. *double.* 2 Ki. 2. 9. Is. 40. 2. Je. 16. 18; 17. 18. Zec. 9. 12. *labour.* ch. 4. 10. Mat. 9. 37, 38. Lu. 10. 1, 2, 7. Jno. 4. 38. Ac. 20. 35. Ro. 16. 12. 1 Co. 3. 9; 15. 10; 16. 16. 2 Co. 6. 1. Phi. 2. 16; 4. 3. 2 Ti. 2. 6. *word.* ch. 4. 6, 16. 2 Ti. 4. 2.

18 *the scripture.* Ro. 4. 3; 9. 17; 10. 11; 11. 2. Ga. 3. 8. Ja. 4. 5. *Thou.* De. 25. 4. 1 Co. 9. 9, 10. *The labourer.* Le. 19. 13. De. 24. 14, 15. Mat. 10. 10. Lu. 10. 7.

19 *receive.* Jno. 18. 29. Ac. 24. 2-13; 25. 16. Tit. 1. 6. *before. or,* under. *two.* De. 17. 6; 19. 15, 18, 19. Mat. 18. 16. Jno. 8. 17. 2 Co. 13. 1. He. 10. 28.

20 *rebuke.* Le. 19. 17. Ga. 2. 11-14. 2 Ti. 4. 2. Tit. 1. 13. *that others.* ch. 1. 20. De. 13. 11; 17. 13; 19. 20; 21. 21. Ac. 5. 5, 11; 19. 17.

21 *charge.* ch. 6. 13. 1 Th. 5. 27. 2 Ti. 2. 14; 4. 1. *the elect.* Mat. 16. 27; 25. 41. 2 Pe. 2. 4. Jude 6. Re. 12. 7-9; 14. 10. *that.* Ps. 107. 43; 119. 34. Mat. 28. 20. *without preferring. or,* without prejudice. Le. 19. 15. De. 1. 7; 33. 9. Pr. 18. 5. Lu. 20. 21. Ac. 15. 37, 38. 2 Co. 5. 16. *partiality.* Mal. 2. 9. Ja. 2. 1-4; 3. 17.

22 *Lay.* ch. 4. 14. Ac. 6. 6; 13. 3. 2 Ti. 1. 6. He. 6. 2. *suddenly.* ch. 3. 6, 10. Jos. 9. 14. 2 Ti. 2. 2. Tit. 1. 5-9. *neither.* Ep. 5. 11. 2 Jno. 11. Re. 18. 4. *keep.* ch. 4. 12. Ac. 18. 6; 20. 26.

23 ch. 3. 3; 4. 4. Le. 10. 9-11. Ps. 104. 15. Pr. 31. 4-7. Eze. 44. 21. Ep. 5. 18. Tit. 1. 7; 2. 3.

24 Je. 2. 34. Ac. 1. 16-20; 5. 1-11; 8. 18. Ga. 5. 19-21. 2 Ti. 4. 10. 2 Pe. 2. 20, 21.

25 *the good.* ch. 3. 7. Mat. 5. 16. Ac. 9. 36; 10. 22; 16. 1-3; 22. 12. Ga. 5. 22, 23. Phi. 1. 11. *cannot.* Ps. 37. 5, 6. Mat. 6. 3-6. Lu. 11. 33.

## CHAP. VI.

*Of the duty of servants,* 1, 2. *Not to have fellowship with newfangled teachers,* 3-5. *Godliness is great gain,* 6-9; *and love of money the root of all evil,* 10. *What Timothy is to fly, and what to follow,* 11-16; *and whereof to admonish the rich,* 17-19. *To keep the purity of true doctrine, and to avoid profane janglings,* 20, 21.

1 *servants.* De. 28. 48. Is. 47. 6; 58. 6. Mat. 11. 9, 30. Ac. 15. 10. 1 Co. 7. 21, 22. Ga. 5. 1. *count.* Ge. 16. 9; 24. 2, 12, 27, 35, etc. 2 Ki. 5. 2, 3, 13. Mal. 1. 6. Ac. 10. 7, 22. Ep. 6. 5-8. Col. 3. 22-25. Tit. 2. 9. 1 Pe. 2. 17-20. *that the.* ch. 5. 14. Ge. 13. 7, 8. 2 Sa. 12. 14. Ne. 9. 5. Is. 52. 5. Eze. 36. 20, 23. Lu. 17. 1. Ro. 2. 24. 1 Co. 10. 32. Tit. 2. 5, 8, 10. 1 Pe. 2. 12; 3. 16.

2 *believing.* Col. 4. 1. Phile. 10-16. *let.* Ge. 16. 4, 5. Nu. 16. 3. Mat. 6. 24. 2 Pe. 2. 10. Jude 8. *because they are brethren.* ch. 5. 1. Mat. 23. 8; 25. 40. Ro. 8. 29. Ga. 3. 26-29. Col. 3. 11. *because they are.* Ga. 5. 6. Ep. 1. 1, 15. Col. 1. 2, 4; 3. 12. 2 Th. 1. 3. Phile. 5-7. *faithful. or,* believing. *partakers.* Joel 2. 28. Ro. 11. 17. Ep. 3. 6. He. 3. 1, 14. 1 Pe. 5. 1. *These.* ch. 4. 11. Tit. 2. 1, 15; 3. 8.

3 *any.* ch. 1. 3, 6. Ro. 16. 17. Ga. 1. 6, 7. *to wholesome.* ch. 1. 10. 2 Ti. 1. 13; 4. 3. Tit. 1. 9; 2. 1, 2. Gr. Pr. 15. 4. Tit. 1. 9; 3. 8. *the words.* Mat. 22. 21; 28. 20. 1 Th. 4. 1, 2, 8. *the doctrine.* ch. 4. 7, 8. Tit. 1. 1; 2. 11-14. 2 Pe. 1. 3-7.

4 *He.* ch. 1. 7; 3. 6. Pr. 13. 7; 25. 14; 26. 12. Ac. 8. 9, 21-23. Ro. 12. 16. 1 Co. 3. 18; 8. 1, 2. Ga. 6. 3. Col. 2. 18. 2 Th. 2. 4. 2 Ti. 3. 4. 2 Pe. 2. 12, 18. Jude 10, 16. Re. 3. 17. *proud. or,* a fool. *doting. or,* sick. *about.* ch. 1. 4. 2 Ti. 2. 23. *words.* Is. 58. 4. Ac. 15. 2. Ro. 2. 8; 13. 13; 14. 1. 1 Co. 3. 3; 11. 16, 18. 2 Co. 11. 20. Ga. 5. 15, 20, 21, 26. Phi. 1. 15; 2. 3, 14. Tit. 3. 9. Ja. 1. 19; 2. 14-18; 4. 1, 2, 5, 6. 1 Pe. 2. 1, 2.

5 *Perverse,* etc. *or,* Gallings one of another. ch. 1. 6. 1 Co. 11. 16. *men.* Mat. 7. 17-20; 12. 33. Jno. 3. 19-21. Ep. 4. 17-19. 2 Th. 2. 8-11. 2 Ti. 3. 8. Tit. 1. 15, 16. He. 3. 12, 13. 2 Jno. 8-10. *supposing.* ver. 6; ch. 3. 3, 8. 2 Ki. 5. 20-27. Is. 56. 11. Je. 6. 13; 8. 10. Eze. 33. 31. Mat. 21. 13; 23. 14. Ac. 8. 18-20; 19. 24-28. Tit. 1. 11. 2 Pe. 2. 3, 15. Jude 11. Re. 18. 3, 13. *from.* Ro. 16. 17, 18. 2 Th. 3. 6. 2 Ti. 3. 5.

6 *godliness.* See on ch. 4. 8. Ps. 37. 16; 84. 11. Pr. 3. 13-18; 8. 18-21; 15. 16; 16. 8. Mat. 6. 32, 33. Lu. 12. 31, 32. Ro. 5. 3-5; 8. 28. 2 Co. 4. 17, 18; 5. 1. Phi. 1. 21. He. 13. 5. *contentment.* ver. 8. Ex. 2. 21. Lu. 3. 14. Phi. 4. 11-13.

7 *we brought.* Job 1. 21. Pr. 27. 24. Ec. 5. 15, 16. *certain.* Ps. 49. 17. Lu. 12. 20, 21; 16. 22, 23.

8 Ge. 28. 20; 48. 15. De. 2. 7; 8. 3, 4. Pr. 27. 23-27; 30. 8, 9. Ec. 2. 24-26; 3. 12, 13. Mat. 6. 11, 25-33. He. 13. 5, 6.

9 *they.* Ge. 13. 10-13. Nu. 22. 17-19. Jos. 7. 29. 2 Ki. 5. 20-27. Pr. 15. 27; 20. 21; 21. 6; 22. 16; 28. 20-22. Is. 5. 8. Ho. 12. 7, 8. Am. 8. 4-6. Zec. 11. 5. Mat. 13. 22; 19. 22; 26. 15. Ja. 5. 1-4. 2 Pe. 2. 15, 16. Jude 11. *snare.* ch. 3. 7. De. 7. 25. Ps. 11. 6. Pr. 1. 17-19. Lu. 21. 35. 2 Ti. 2. 26. *many.* Mar. 4. 19. Ep. 4. 22. 1 Jno. 2. 15-17. *which.* ch. 1. 9. Nu. 31. 8. Jos. 7. 24-26. Mat. 27. 3-5. Ac. 5. 4, 5; 8. 20. 2 Pe. 2. 3.

10 *the love.* Ge. 34. 23, 24; 38. 16. Ex. 23. 7, 8. De. 16. 19; 23. 4, 5, 18. Ju. 17. 10, 11; 18. 19, 20, 29-31. 2 Sa. 4. 10, 11. Pr. 1. 19. Is. 1. 23; 56. 11. Je. 5. 27, 28. Eze. 13. 19; 16. 33; 22. 12. Mi. 3. 11; 7. 3, 4. Mal. 1. 10. Mat. 23. 14. Ac. 1. 16-19. Tit. 1. 11. Re. 18. 13. *coveted.* ver. 21. 2 Ti. 4. 10. Jude 11. Re. 2. 14, 15. *erred. or,* been seduced. *and pierced.* Ge. 29. 14, 26, 31, etc. 2 Ki. 5. 27. Ps. 32. 10. Pr. 1. 31. 2 Pe. 2. 7, 8.

11 *But.* 2 Ti. 2. 22. *O man.* ver. 20. De. 33. 1. 1 Sa. 2. 27; 9. 6. 1 Ki. 13. 1, 26; 17. 18, 24; 20. 28. 2 Ki. 1. 9, 13; 5. 20; 23. 17. 1 Ch. 23. 14. 2 Ch. 8. 14. Ne. 12. 24, 36. Je. 35. 4. 2 Ti. 3. 17. *flee.* 1 Co. 6. 18; 10. 14. 2 Ti. 2. 22. *and.* ch. 5. 10. De. 16. 20. Ps. 34. 14; 38. 20. Is. 51. 1. Ro. 14. 19. 1 Co. 14. 1. 2 Ti. 2. 22. He. 12. 14. 1 Pe. 3. 11. *righteousness.* ch. 4. 12. Ga. 5. 22, 23. Phi. 4. 8, 9. Tit. 2. 11, 12. 2 Pe. 1. 5-7.

12 *Fight.* ch. 1. 18. Zec. 10. 5. 1 Co. 9. 25, 26. 2 Co. 6. 7; 10. 3-5. Ep. 6. 10-18. 1 Th. 5. 8, 9. 2 Ti. 4. 7. *lay.* ver. 19. Ps. 63. 8. Pr. 3. 18. Ca. 3. 4. Phi. 3. 12-14. He. 3. 14; 6. 18. 1 Jno. 2. 25. Re. 3. 3. *whereunto.* Ro. 8. 28-30; 9. 23, 24. Col. 3. 15. 1 Th. 2. 12. 2 Th. 2. 14. 2 Ti. 1. 9. 1 Pe. 3. 9; 5. 10. *hast.* ver. 13. De. 26. 3, 17-19. Is. 44. 5. Lu. 12. 8, 9. Ro. 10. 9, 10. He. 13. 23.

13 *give.* See on ch. 5. 21. *who quickeneth.* De. 32. 39. 1 Sa. 2. 6. Jno. 5. 21, 26; 14. 25, 26; 14. 6. Ac. 17. 25. Re. 21. 6; 22. 1. *who before.* Mat. 27. 11. Jno. 18. 36, 37; 19. 11. Re. 1. 5; 3. 14. *confession. or,* profession.

14 *keep.* ver. 20; ch. 4. 11-16. 1 Ch. 28. 9, 10, 20. Col. 4. 17. *without.* Ca. 4. 7. Ep. 5. 27. He. 9. 14. 1 Pe. 1. 19. 2 Pe. 3. 14. *unrebukable.* Phi. 2. 15. Col. 1. 22. Jude 24. *until.* 1 Co. 1. 8. Phi. 1. 6, 10. 1 Th. 3. 13; 5. 23. 2 Th. 2. 1. 2 Ti. 4. 1. Tit. 2. 13. He. 9. 28. 1 Pe. 1. 7. 1 Jno. 3. 2. Re. 1. 7.

15 *who.* See on ch. 1. 11, 17. Ps. 47. 2; 83. 18. Je. 10. 10; 46. 18. Da. 2. 44-47; 4. 34. Mat. 6. 13. *the King.* Ezr. 7. 12. Pr. 8. 15. Re. 17. 14; 19. 16.

16 *only.* See on ch. 1. 17. Ex. 3. 14. De. 32. 40. Ps. 90. 2. Is. 57. 15. Jno. 8. 58. He 13. 8. Re. 1. 8, 17, 18. *dwelling.* Ps. 104. 2. Hab. 3. 4. 1 Jno. 1. 5. Re. 1. 16, 17; 21. 3; 22. 5. *whom.* Ex. 33. 20. Jno. 1. 18; 6. 46; 14. 9. Col. 1. 15. *to whom.* See on ch. 1. 17. Ro. 16. 25-27. Ep. 3. 21. Phi. 4. 20. Jude 25. Re. 1. 6; 4. 11; 7. 12.

17 *Charge.* See on ver. 13; ch. 1. 3; 5. 21. *rich.* Ge. 13. 2. Job 1. 1-3. Mat. 19. 23; 27. 57. Lu. 19. 2, 9, 10. *that they.* De. 6. 10-12; 8. 17; 33. 15. 2 Ch. 26. 16; 32. 25, 26. Ps. 10. 3, 4; 73. 5-9. Pr. 30. 9. Je. 2. 31. Eze. 16. 49, 50, 56. Da. 4. 30; 5. 19-23. Ho. 13. 6. Hab. 1. 15, 16. Ro. 11. 20. Ja. 1. 9, 10. Re. 18. 6, 7. *trust.* Job 31. 24, 25. Ps. 52. 7; 62. 10. Pr. 11. 28. Je. 9. 23, 24. Mar. 10. 24. Lu. 12. 15-21. Ep. 5. 5. *uncertain riches. Gr.* the uncertainty of riches. Pr. 23. 5; 27. 24. Ec. 5. 13, 14. *but.* Ps. 62. 8; 84. 11, 12; 118. 8, 9. Je. 17. 7, 8. *the living.* See on ch. 3. 15; 4. 10. 1 Th. 1. 9. *who.* Ps. 104. 28. Mat. 6. 32. Ac. 14. 27; 17. 25. *richly.* Ec. 5. 18, 19. Col. 3. 16. Tit. 3. 6, marg.

18 *they do.* 2 Ch. 24. 16. Ps. 37. 3. Ec. 3. 12. Lu. 6. 33-35. Ac. 10. 38. Ga. 6. 10. He. 13. 16. 1 Pe. 3. 11. 3 Jno. 11. *rich.* ch. 5. 10. Lu. 12. 21. Ac. 9. 36. Tit. 2. 14; 3. 8. Ja. 2. 5. *ready.* De. 15. 7-11. Ps. 112. 9. Pr. 11. 24, 25. Ec. 11. 1, 2, 6. Is. 32. 8; 58. 7. Lu. 6. 35; 14. 12-14. Ac. 2. 44, 45; 4. 34-37; 11. 29. Ro. 12. 8, 13. 1 Co. 16, 2. 2 Co. 8. 1, 2, 9, 12; 9. 6-15. Phi. 4. 18, 19. He. 13. 16. 1 Jno. 3. 17. *willing to communicate. or,* sociable.

19 *Laying.* Ps. 17. 14. Mat. 6. 19-21; 10. 41, 42; 19. 21; 25. 34-40. Lu. 12. 33; 16. 9; 18. 2, 22. Ga. 6. 8, 9. *foundation.* Pr. 10. 25. Lu. 6. 48, 49. Ga. 5. 6. Ep. 3. 17. 2 Ti. 2. 19. *the time.* Pr. 31. 25. Lu. 16. 9, 25. *lay.* See on ver. 12. Phi. 3. 14. 1 Pe. 1. 4.

20 *O Timothy.* ver. 11. 2 Ti. 2. 1. *keep.* ver. 14; ch. 1. 11. Ro. 3. 2. 2 Th. 1. 4; 2. 15. 2 Ti. 1. 13, 14; 3. 14. Tit. 1. 9. Re. 3. 3. *avoiding.* ver. 4, 5; ch. 1. 4, 6; 4. 7. 2 Ti. 3. 14-16, 23. Tit. 1. 4, 14; 3. 9. *oppositions.* Ac. 17. 18, 21. Ro. 1. 22. 1 Co. 1. 19-23; 2. 6; 3. 19. Col. 2. 8, 18.

21 *have.* ver. 10; ch. 1, 6, 19. 2 Ti. 2. 18. He. 10-12. *Grace.* Ro. 1. 7; 16. 20, 24. 2 Ti. 4. 22. Tit. 3. 15. He. 13. 25. *Amen.* Mat. 6. 13.

## CONCLUDING REMARKS ON THE FIRST EPISTLE TO TIMOTHY.

This Epistle bears the impress of its genuineness and authenticity, which are corroborated by the most decisive external evidence; and its Divine inspiration is attested by the exact accomplishment of the prediction which it contains respecting the apostacy in the latter days. This prophecy is similar in the general subject to that in the second Epistle to the Thessalonians, though it differs in the particular circumstances; and exactly corresponds with that of the prophet Daniel on the same subject, (Da. xi. 38.) This important prediction might be more correctly rendered, 'Now the Spirit speaketh expressly, that in the latter times some shall apostatize from the faith, giving heed to erroneous spirits, and doctrines concerning demons, through the hypocrisy of liars, having their consciences seared with a hot iron, forbidding to marry, and commanding to abstain from meats,' etc. How applicable these particulars are to the corruptions of the Church of Rome need scarcely be insisted on. The worship of saints in that church is essentially the same with the worship of demons among the heathen; which has been established in the world by books forged in the name of the Apostles and saints, by lying legends of their lives, by false miracles ascribed to their relics, and by fabulous dreams and relations; while celibacy was enjoined and practised under pretence of chastity, and abstinence under pretence of devotion. None but the SPIRIT OF GOD could foresee and foretel these remarkable events.

# The Second Epistle of PAUL the Apostle to TIMOTHY.

A.D. 66. A.M. 4070.

## CHAP. I.

*Paul's love to Timothy, and the unfeigned faith which was in Timothy himself, his mother, and grandmother, 1-5. He is exhorted to stir up the gift of God which was in him, 6, 7; to be stedfast and patient in persecution, 8-12; and to persist in the form and truth of that doctrine which he had learned of him, 13, 14. Phygellus and Hermogenes, and such like, are noted, and Onesiphorus is highly commended, 15-18.*

1 *an.* See on Ro. 1. 1. 2 Co. 1. 1. *the promise.* Jno. 5. 24, 39, 40; 6. 40, 54; 10. 28; 17. 3. Ro. 5. 21; 6. 23. 2 Co. 1. 20. Ep. 3. 6. Tit. 1. 2. He. 9. 15. 2 Pe. 1. 3, 4. 1 Jno. 2. 25; 5. 11-13.

2 *Timothy.* See on 1 Ti. 1. 2. Ro. 12. 19. Phi. 4. 1. *Grace.* See on Ro. 1. 7.

3 *I thank.* See on Ro. 1. 8. Ep. 1. 16. *whom.* ver. 5; ch. 3. 15. Ac. 22. 3; 24. 14; 26. 4; 27. 23. Ga. 1. 14. *with.* Ac. 23. 1; 24. 16. Ro. 1. 9; 9. 1. 2 Co. 1. 12. 1 Ti. 1. 5, 19. He. 13. 8. *that.* See on Ro. 1. 9. 1 Th. 1. 2, 3; 3. 10. *night.* See on Lu. 2. 37.

4 *desiring.* ch. 4. 9, 21. Ro. 1. 11; 15. 30-32. Phi. 1. 8; 2. 26. 1 Th. 2. 17-20; 3. 1. *being.* Ac. 20. 19, 31, 37, 38. Re. 7. 17; 21. 4. *filled.* Ps. 126. 5. Is. 61. 3. Je. 31. 13. Jno. 16. 22, 24. 1 Jno. 1. 4.

5 *I call.* Ps. 77. 6. *unfeigned.* Ps. 17. 1; 18. 44; 66. 3; 81. 15, marg. Je. 3. 10. Jno. 1. 47. 2 Co. 6. 6. 1 Ti. 1. 5; 4. 6. 1 Pe. 1. 22. *thy mother.* Ps. 22. 10; 86. 16; 116. 16. Ac. 16. 1. *I am.* ver. 12. Ac. 26. 26. Ro. 4. 21; 8. 38; 14. 5, 14; 15. 14. He. 6. 9; 11. 13.

6 *I put.* ch. 2. 14. Is. 43. 26. 1 Ti. 4. 6. 2 Pe. 1. 12; 3. 1. Jude 5. *that.* ch. 4. 2. Ex. 35. 26; 36. 2. Mat. 25. 15, etc. Lu. 19. 13. Ro. 12. 6-8. 1 Th. 5. 19. 1 Pe. 4. 10, 11. *by the.* Ac. 8. 17, 18; 19. 6. 1 Ti. 4. 14. He. 6. 2.

7 *the spirit.* Ac. 20. 24; 21. 13. Ro. 8. 15. He. 2. 15. 1 Jno. 4. 18. *but.* Mi. 3. 8. Zec. 4. 6. Lu. 10. 19; 24. 49. Ac. 1. 8; 6. 8; 9. 22; 10. 38. 1 Co. 2. 4. *of love.* Ro. 5. 5. Ga. 5. 22. Col. 1. 8. 1 Pe. 1. 22. *a sound.* Ps. 119. 80. Pr. 2. 7; 8. 14. Lu. 8. 35; 15. 17. Ac. 26. 11, 25. 2 Co. 5. 13, 14.

8 *ashamed.* ver. 12. Ps. 119. 46. Is. 51. 7. Mar. 8. 38. Lu. 9. 26. Ac. 5. 41. Ro. 1. 16; 9. 33. Ep. 3. 13. 1 Pe. 4. 14. *the testimony.* Ps. 19. 7. Is. 8. 20. Jno. 15. 27; 19. 35. Ep. 4. 17. 1 Ti. 2. 6. 1 Jno. 4. 14; 5. 11, 12. Re. 1. 2; 12. 11; 19. 10. *his prisoner.* ver. 16; ch. 2. 9. See on Ep. 3. 1; 4. 1. Phi. 1. 7. *be thou.* ch. 2. 3, 11, 12; 4. 5. Ro. 8. 17, 18, 36. 1 Co. 4. 9-13. 2 Co. 11. 23-27. Phi. 3. 10. Col. 1. 24. 1 Th. 3. 4. 1 Pe. 4. 13-15. Re. 1. 9; 12. 11. *according.* ch. 4. 17. Ro. 16. 25. 2 Co. 6. 7; 12. 9, 10. Phi. 4. 13. Col. 1. 11. 1 Pe. 1. 5. Jude 24.

9 *hath.* Mat. 1. 21. Ac. 2. 47. 1 Co. 1. 18. Ep. 2. 5, 8. 1 Ti. 1. 1. Tit. 3. 4, 5. *called.* Ro. 8. 28, 30; 9. 24. 1 Th. 4. 7. 2 Th. 2. 13, 14. He. 3. 1. 1 Pe. 1. 15, 16; 2. 9, 20, 21. *not.* Ro. 3. 20; 9. 11; 11. 5, 6. Ep. 2. 9. Tit. 3. 5. *according to his.* De. 7. 7, 8. Is. 14. 26, 27. Mat. 11. 25, 26. Lu. 10. 21. Ro. 8. 28. Ep. 1. 9, 11. *which.* Jno. 6. 37; 10. 28, 29; 17. 9. 1 Co. 3. 21, 22. Ep. 1. 3. *before.* Jno. 17. 24. Ac. 15. 18. Ro. 16. 25. Ep. 1. 4; 3. 11. Tit. 1. 2. 1 Pe. 1. 20. Re. 13. 8; 17. 8.

10. *now.* Is. 25. 7; 60. 2, 3. Lu. 2. 31, 32. Ro. 16. 26. Ep. 1. 9. Col. 1. 26, 27. Tit. 1. 3; 2. 11. 1 Pe. 1. 20, 21. 1 Jno. 1. 2. *our.* Is. 43. 3; 45. 15, 21. Lu. 2. 11. Jno. 4. 42. Ac. 5. 31; 13. 23. Tit. 1. 4; 2. 13; 3. 4. 2 Pe. 1. 1, 11; 2. 20; 3. 2, 18. 1 Jno. 4. 14. *who.* Is. 25. 8. Ho. 13. 14. Jno. 11. 25, 26. 1 Co. 15. 54, 55. He. 2. 14, 15. Re. 20. 14. *abolished.* Lu. 13. 7. Ro. 3. 31; 6. 6. Ga. 5. 4. Gr. *and hath.* ver. 1. Jno. 5. 24-29, 40; 14. 6; 20. 31. Ro. 2. 7; 5. 17, 18. 1 Co. 15. 53. 2 Co. 5. 4. 2 Pe. 1. 3. 1 Jno. 1. 2. Re. 2. 7; 22. 1, 2, 14, 17. Lu. 11. 36. Jno. 1. 9. 1 Co. 4. 5. Ep. 1. 18. He. 10. 32. Re. 18. 1. Gr.

11 Ac. 9. 15. Ep. 3. 7, 8. See on 1 Ti. 1. 1; 2. 7.

12 *the which.* ver. 8; ch. 2. 9; 3. 10-12; 4. 16, 17. Ac. 9. 16; 13. 46, 50; 14. 5, 6; 21. 27-31; 22. 21-24. Ep. 3. 1-8. 1 Th. 2. 16. *I am.* ver. 8. Ps. 25. 2. Is. 50. 7; 54. 4. Ac. 21. 13. Ro. 1. 16; 5. 4, 5; 9. 33. Phi. 1. 20. He. 12. 2. 1 Pe. 4. 16. *for I.* Ps. 9. 10; 56. 9. Phi. 3. 8, 10. 1 Pe. 4. 19. *believed. or,* trusted. Is. 12. 2. Na. 1. 7. Mat. 12. 21. Ro. 15. 12, 13. Ep. 1. 12, 13. 1 Pe. 1. 20, 21. *am persuaded.* See on ver. 5. *he is.* Jno. 10. 28-30. Phi. 3. 21. He. 2. 18; 7. 25. *keep.* Jno. 6. 39, 40, 44; 17. 11, 12, 15. 1 Ti. 6. 20. 1 Pe. 1. 5. Jude 24. *which I.* Ps. 31. 5. Lu. 23. 46. Ac. 7. 59. 1 Pe. 4. 19. *against.* ver. 18; ch. 4. 8. Mat. 7. 22; 24. 36. Lu. 10. 12. 1 Th. 5. 4.

13 *Hold.* ver. 14; ch. 3. 14. Pr. 3. 18, 21; 4. 4-8, 13; 23. 23. Phi. 1. 27. 1 Th. 5. 21. Tit. 1. 9. He. 3. 6; 4. 14; 10. 23. Jude 3. Re. 2. 25; 3. 3, 11. *the form.* Pr. 8. 14. Ro. 2. 20; 6. 17. 1 Ti. 1. 10; 6. 3. Tit. 2. 1, 8. *which.* ch. 2. 2. Phi. 4. 9. *in faith.* See on Col. 1. 4. 1 Ti. 1. 14.

14 *good.* ch. 2. 2. Lu. 16. 11. Ro. 3. 2. 1 Co. 9. 17. 2 Co. 5. 19, 20. Ga. 2. 7. Col. 4. 11. 1 Ti. 1. 11; 6. 20. *by the.* Ro. 8. 13. Ep. 5. 18. 1 Th. 5. 19. 1 Pe. 1. 22. *which dwelleth.* Jno. 14. 17. Ro. 8. 11. 1 Co. 3. 16; 6. 19. 2 Co. 5. 16. Ep. 2. 22.

15 *that.* Ac. 16. 6; 19. 10, 27, 31; 20. 16. 1 Co. 16. 19. *be.* ch. 4. 10, 16. Phi. 2. 21.

16 *Lord.* ver. 18. Ne. 5. 19; 13. 14, 22, 31. Ps. 18. 25; 37. 26. Mat. 5. 7; 10. 41, 42; 25. 35-40. 2 Co. 9. 12-14. He. 6. 10; 10. 34. *the house.* ch. 4. 19. *refreshed.* 1 Co. 16. 18. Phile. 7. 20. *and was.* See on ver. 8. *my.* Ac. 28. 20. Ep. 6. 20, marg.

17 Ac. 28. 30, 31.

18 *that he.* See on ver. 16. 1 Ki. 17. 20. Mat. 25. 34-40. *mercy.* Ps. 130. 3, 4. Lu. 1. 72, 78. Ro. 3. 23, 24; 9. 15-23. Ep. 2. 4. 1 Pe. 1. 10. *in that.* See on ver. 12. 2 Th. 1. 19. *ministered.* Lu. 8. 3. 2 Co. 9. 1. He. 6. 10. *Ephesus.* ch. 4. 12. Ac. 19. 1. 1 Co. 16. 8. 1 Ti. 1. 3. Re. 2. 1.

## CHAP. II.

*Timothy is exhorted again to constancy and perseverance, and to do the duty of a faithful servant of the Lord in dividing the word aright, and staying profane and vain babblings, 1-16. Of Hymeneus and Philetus, 17, 18. The foundation of the Lord is sure, 19-21. He is taught whereof to beware, and what to follow after, and in what manner the servant of the Lord ought to behave himself, 22-26.*

1 *my* ch. 1. 2. See on 1 Ti. 1. 2, 18. *be.* ch. 1. 7. Jos. 1. 7. Hag. 2. 4. See on 1 Co. 16. 13. 2 Co. 12. 9, 10. Ep. 6. 10. Phi. 4. 13. 2 Pe. 3. 18.

2 *the things.* ch. 1. 13; 3. 10, 14. *among. or,* by. *many.* 1 Ti. 4. 14; 6. 12. *the same.* See on ch. 1. 14. 1 Ti. 1. 18; 5. 22. *faithful.* Nu. 12. 7. 1 Sa. 2. 35. Ne. 7. 2. Ps. 101. 6. Pr. 13. 17. Je. 23. 28. Mat. 24. 45. Lu. 12. 42; 16. 10-12. 1 Co. 4. 2. Col. 1. 7. 1 Ti. 1. 12. He. 2. 17; 3. 2, 3. Re. 2. 10-13. *who.* ver. 24, 25. Ezr. 7. 10, 25. Mal. 2. 7. Mat. 13. 52. 1 Ti. 3. 2-9; 4. 6. Tit. 1. 5-9.

3 *endure.* ver. 10; ch. 1. 8; 3. 11; 4. 5. 1 Co. 13. 7. 2 Co. 1. 6. He. 6. 15; 10. 32; 11. 27; 12. 2, 3. Ja. 1. 12. *a good.* 2 Co. 10. 3-5. Ep. 6. 11-18. See on 1 Ti. 1. 18.

4 *that warreth.* De. 20. 5-7. Lu. 9. 59-62. *entangleth.* ch. 4. 10. Lu. 8. 14. 1 Co. 9. 25, 26. 1 Ti. 6. 9-12. 2 Pe. 2. 20. *that he.* 1 Co. 7. 22, 23. 2 Co. 5. 9. 1 Th. 2. 4.

5 *strive.* Lu. 13. 24. 1 Co. 9. 24-27. Phi. 1. 15. Col. 1. 29. He. 12. 4. *is he.* ch. 4. 7, 8. He. 2. 7, 9. Ja. 1. 12. 1 Pe. 5. 4. Re. 2. 10; 3. 11; 4. 4, 10.

6 *husbandman.* Is. 28. 24-26. Mat. 9. 37, 38; 20. 1; 21. 33-41. Lu. 10. 2. Jno. 4. 35-38. 1 Co. 3. 6-9; 9. 7-11. *that laboureth must be first partaker of the fruits. or,* labouring first, must be partaker of the fruits. 1 Co. 9. 23. He. 10. 36.

7 *Consider.* De. 4. 39; 32. 29. Ps. 64. 9. Pr. 24. 32. Is. 1. 3; 5. 12. Lu. 9. 44. Phi. 4. 8. 1 Ti. 4. 15. He. 3. 1; 7. 4; 12. 3; 13. 7. *and.* Ge. 41. 38, 39. Ex. 36. 1, 2. Nu. 27. 16, 17. 1 Ch. 22. 12; 29. 19. 2 Ch. 1. 8-12. Ps. 119. 73, 125, 144; 143. 8, 9. Pr. 2. 3-6. Is. 28. 26. Da. 1. 17. Lu. 21. 15; 24. 45. Jno. 14. 26; 16. 13. Ac. 7. 10. 1 Co. 12. 8. Ep. 1. 17, 18. Col. 1. 9. Ja. 1. 5; 3. 15, 17. 1 Jno. 5. 20.

8 *Remember.* He. 12. 2, 3. *Jesus.* See on Mat. 1. 1. Ac. 2. 30; 13. 23. Ro. 1. 3, 4. Re. 5. 5. *raised.* See on Lu. 24. 46. Ac. 2. 24. 1 Co. 15. 1, 4, 11-20. *according.* Ro. 2. 16; 16. 25. 2 Th. 2. 14. 1 Ti. 1. 11; 2. 7.

9 *I suffer.* ch. 1. 8, 12, 16. Ac. 9. 16. *as.* Ep. 6. 20. 1 Pe. 2. 12, 14; 3. 16; 4. 15. *even.* Ac. 28. 31. Ep. 6. 19, 20. Phi. 1. 12-14. 2 Th. 3. 1. *but.* Ep. 3. 1. Phi. 1. 7. Col. 4. 3, 18.

10 *I endure.* See on ver. 3. Ep. 3. 13. Col. 1. 24. *for.* Mat. 24. 22, 24, 31. Jno. 11. 52; 17. 9. 1 Co. 9. 22. 2 Co. 1. 6; 4. 15. Col. 1. 24. *obtain.* Pr. 8. 35. Jno. 17. 24. 1 Th. 5. 9. 1 Ti. 1. 13, 14. 1 Pe. 2. 10. *with.* Ro. 2. 7; 9. 23. 2 Co. 4. 17. Col. 1. 27. 2 Th. 2. 14. 1 Pe. 5. 10.

11 *faithful.* 1 Ti. 1. 15; 3. 1. Tit. 3. 8. *For.* Ro. 6. 5, 8. 2 Co. 4. 10. Ga. 2. 19, 20. Col. 3. 3, 4. *we shall.* Jno. 14. 19. 2 Co. 13. 4. 1 Th. 4. 17; 5. 10.

12 *we suffer.* Mat. 19. 28, 29. Ac. 14. 22. Ro. 8. 17. Phi. 1. 28. 2 Th. 1. 4-8. 1 Pe. 4. 13-16. Re. 1. 6, 9; 5. 10; 20. 4, 6. *if we deny.* Pr. 30. 9. Mat. 10. 33; 26. 35, 75. Mar. 8. 38; 10. 33. Lu. 9. 26; 12. 9. 1 Jno. 2. 22, 23. Jude 4. Re. 2. 13; 3. 8.

13 *yet.* Is. 25. 1. Mat. 24. 35. Ro. 3. 3; 9. 6. 1 Th. 5. 24. 2 Th. 3. 3. *he cannot.* Nu. 23. 19. Tit. 1. 2. He. 6. 18.

14 *put.* ch. 1. 6. 2 Pe. 1. 13. *charging.* ch. 4. 1. Ep. 4. 17. 1 Th. 4. 1. 2 Th. 3. 6. 1 Ti. 5. 21; 6. 13. *that.* ver. 16, 23. Ro. 14. 1. 1 Ti. 1. 4, 6; 6. 4, 5. Tit. 3. 9-11. *to no.* 1 Sa. 12. 21. Je. 2. 8, 11; 7. 8; 16. 19; 23. 32. Hab. 2. 18. Mat. 16. 26. 1 Ti. 4. 8. He. 13. 9. *the subverting.* Je. 23. 36. Ac. 13. 10; 15. 24. Ga. 1. 7. Tit. 3. 11.

15 *Study.* He. 4. 11. 2 Pe. 1. 10, 15; 3. 14. Gr. *approved.* Ac. 2. 22. Ro. 14. 18; 16. 10. 2 Co. 5. 9; 10. 18. Ga. 1. 10. 1 Th. 2. 4. *a workman.* Mat. 13. 52. 2 Co. 3. 6; 6. 3, 4. 1 Ti. 4. 6, 12-16. *rightly.* Mat. 13. 52. Mar. 4. 33. Lu. 12. 42. Jno. 21. 15-17. Ac. 20. 20, 27. 1 Co. 2. 6; 3. 1, 2. 2 Co. 4. 2. 1 Th. 5. 14. He. 5. 11-14.

16 *shun.* ver. 14. 1 Ti. 4. 7; 6. 20. Tit. 1. 14; 3. 9. *for.* ch. 3. 13. Ezr. 10. 10. Ho. 12. 1. 1 Co. 5. 6; 15. 33. 2 Th. 2. 7, 8. Tit. 1. 11. He. 12. 15. 2 Pe. 2. 2, 18. Re. 13. 3, 14.

17 *their word.* Na. 3. 15. Ja. 5. 3. *canker. or,* gangrene. *Hymeneus.* 1 Ti. 1. 20.

18 *concerning.* Mat. 22. 29. 1 Ti. 1. 19; 6. 10, 21. He. 3. 10. Ja. 5. 19. *that.* 1 Co. 15. 12. Col. 3. 1. *overthrow.* ver. 14. Mat. 15. 13. Lu. 8. 13; 22. 31, 32. Ac. 5. 39. 1 Co. 11. 19. 1 Jno. 2. 19.

19 *the foundation.* Pr. 10. 25. Is. 14. 32; 28. 16. Mat. 7. 25. Lu. 6. 48. 1 Co. 3. 10, 11. Ep. 2. 20. 1 Ti. 6. 19. He. 11. 10. Re. 21. 14. *standeth.* Mat. 24. 24. Mar. 13. 22. Ro. 8. 31-35; 9. 11. He. 6. 18, 19. 1 Jno. 2. 19. *sure. or,* steady. Ps. 112. 6; 125. 1, 2. *having.* Hag. 2. 23. Zec. 3. 9; 4. 7-9. Ep. 4. 30. *The Lord.* Nu. 16. 5. Ps. 1. 6; 37. 18, 28. Na. 1. 7. Mat. 7. 23. Lu. 13. 27. Jno. 10. 14, 27-30; 13. 18. Ro. 8. 28; 11. 2. 1 Co. 8. 3. Ga. 4. 9. Re. 17. 8. *Let.* Nu. 6. 27. Ps. 97. 10. Is. 63. 19; 65. 15. Mat. 28. 19. Ac. 9. 14; 11. 26; 15. 17. Ro. 15. 9, 20. 1 Co. 1. 2. Ep. 3. 15. Re. 2. 13; 3. 8; 22. 4. *depart.* Job 28. 28. Ps. 34. 14; 37. 27. Pr. 3. 7. Ro. 12. 9. 2 Co. 7. 1. Ep. 4. 17-22; 5. 1-11. Col. 3. 5-8. Tit. 2. 11-14. 1 Pe. 1. 13-19. 2 Pe. 1. 4-10; 3. 14. 1 Jno. 3. 7-10.

20 *in a.* 1 Co. 3. 9, 16, 17. Ep. 2. 22. 1 Ti. 3. 15. He. 3. 2-6. 1 Pe. 2. 5. *vessels.* Ex. 27. 3. Ezr. 1. 6; 6. 5. La. 4. 2. Da. 5. 2. 2 Co. 4. 7. *and some to honour.* Ro. 9. 21-23.

21 *purge.* Ps. 119. 9. Is. 1. 25; 52. 11. Je. 15. 19. Mal. 3. 3. 1 Co. 5. 7. 2 Co. 7. 1. 1 Pe. 1. 22. 1 Jno. 3. 3. *a vessel.* ver. 20. 1 Pe. 1. 7. *meet.* Ac. 9. 15. *prepared.* ch. 3. 17. Ep. 2. 10. Tit. 3. 1, 8, 14.

22 *Flee.* Pr. 6. 5. 1 Co. 6. 18; 10. 14. 1 Ti. 6. 11. *youthful.* Ps. 119. 9. Ec. 11. 9, 10. 1 Pe. 2. 11. *follow.* See on 1 Ti. 4. 12; 6. 11. He. 12. 14. 3 Jno. 11. *charity.* See on 1 Co. 14. 1. *peace.* Ro. 14. 17, 19; 15. 5, 6.

1 Co. 1. 10. He. 12. 14. 1 Pe. 3. 11. *call.* 1 Ch. 29. 17, 18. Ps. 17. 1; 66. 18, 19. Pr. 15. 8. See on Ac. 9. 14. 1 Co. 1. 2. 1 Ti. 2. 8. *out.* 1 Ti. 1. 5; 4. 12.

23 See on ver. 14, 16. 1 Ti. 1. 4; 4. 7; 6. 4, 5. Tit. 3. 9.

24 *the servant.* De. 34. 5. Jos. 1. 1. 2 Ch. 24. 6. Da. 6. 20. 1 Ti. 6. 11. Tit. 1. 1; 3. 2. Ja. 1. 1. *must.* Mat. 12. 19. Ac. 15. 2. 2 Co. 10. 4. Phi. 2. 3, 14. 1 Ti. 3. 3. Tit. 1. 7. Ja. 1. 19, 20. Jude 3. *strive.* Jno. 6. 52. Ac. 7. 26; 23. 9. Ja. 4. 2. Gr. *but.* Is. 40. 11. 2 Co. 10. 1. Ga. 5. 22. 1 Th. 2. 7. Tit. 3. 2. Ja. 3. 17. 1 Pe. 3. 8. *apt.* 1 Ti. 3. 2, 3. Tit. 1. 9. *patient. or,* forbearing. Ep. 4. 2. Col. 3. 13.

25 *In.* Mat. 11. 29. Ga. 6. 1. 1 Ti. 6. 11. 1 Pe. 3. 15. *instructing.* Je. 13. 15-17; 26. 12-15. Jno. 5. 34. Ac. ch. 22, etc. *if.* Je. 31. 18, 19, 33. Eze. 11. 19; 36. 26, 31. Zec. 12. 10. Ac. 5. 21; 11. 18. Ja. 1. 17. 1 Jno. 5. 16. *peradventure.* Ac. 8. 22. 1 Ti. 2. 4. *repentance.* ch. 3. 7. Mat. 21. 32. Mar. 1. 3, 4, 15. Ac. 2. 38; 20. 21. Tit. 1. 1.

26 *recover. Gr.* awake. Lu. 15. 17. 1 Co. 15. 34. Ep. 5. 14. *out.* Ps. 124. 7. Is. 8. 15; 28. 13. Ac. 26. 18. 2 Co. 2. 11. Col. 1. 13. 2 Th. 2. 9-12. 1 Ti. 3. 7; 6. 9, 10. Re. 12. 9; 20. 2, 3. *who are.* Is. 42. 6, 7; 49. 25, 26; 53. 12. Mat. 12. 28, 29. Lu. 11. 21. 2 Pe. 2. 18-20. *taken captive. Gr.* taken alive. *at.* Job 1. 12; 2. 6. Lu. 22. 31, 32. Jno. 13. 2, 27. Ac. 5. 3. 1 Ti. 1. 20.

## CHAP. III.

*He advertises him of the times to come,* 1-5; *describes the enemies of the truth,* 6-9; *propounds unto him his own example,* 10-15; *and commends the holy scriptures,* 16, 17.

1 *in.* ch. 4. 3. Ge. 49. 1. Is. 2. 2. Je. 48. 47; 49. 39. Eze. 38. 16. Da. 10. 14. Ho. 3. 5. Mi. 4. 1. 1 Ti. 4. 1. 2 Pe. 3. 3. 1 Jno. 2. 18. Jude 17. *perilous.* Da. 7. 8, 20-25; 8. 8-14; 11. 36-45; 12. 1, 7, 11. 2 Th. 2. 3-12. 1 Ti. 4. 1-3. Re. ch. 8-17.

2 *lovers.* ver. 4. Ro. 15. 1-3. 2 Co. 5. 15. Phi. 2. 21. Ja. 2. 8. *covetous.* Lu. 12. 15. Ro. 1. 29. Col. 3. 5. 2 Pe. 2. 3, 14, 15. Jude 11, 16. Re. 18. 12, 13. *boasters.* Ps. 10. 3; 49. 6; 52. 1. Is. 10. 15. Ac. 5. 36. Ro. 1. 29-31; 11. 18. 2 Th. 2. 4. Ja. 4. 16. 2 Pe. 2. 18. Jude 16. *proud.* Pr. 6. 17. 1 Ti. 6. 4. Ja. 4. 6. 1 Pe. 5. 5. *blasphemers.* Da. 7. 25; 11. 36. 1 Ti. 1. 20. 2 Pe. 2. 12. Jude 10. Re. 13. 1, 5, 6; 16. 9, 11, 21. *disobedient.* Mat. 15. 6. Mar. 7. 11, 12. Ro. 1. 30.

3 *natural.* Mat. 10. 21. Ro. 1. 31. *trucebreakers.* 2 Sa. 21. 1-3. Ps. 15. 4. Eze. 17. 15-19. Ro. 1. 31. Gr. *false accusers. or,* make-bates. Mat. 4. 1. Jno. 6. 70. See on 1 Ti. 3. 11. Tit. 2. 3. All in Gr. *incontinent.* 1 Co. 7. 5, 9. 2 Pe. 2. 14, 19; 3. 3. Jude 16, 18. *fierce.* Ge. 49. 7. Da. 8. 23. Re. 13. 15, 17; 16. 6; 17. 6. *despisers.* Ps. 22. 6. Is. 53. 3; 60. 14. Lu. 10. 16; 16. 14. 1 Th. 4. 8. Ja. 2. 6.

4 *Traitors.* 2 Pe. 2. 10, etc. Jude 8, 9. *high-minded.* Ro. 11. 20. 1 Ti. 6. 17. *lovers of God.* Ro. 16. 18. Phi. 3. 18, 19. 1 Ti. 5. 6. 2 Pe. 2. 13, 15. Jude 4, 19.

5 *a form.* Is. 29. 13; 48. 1, 2; 58. 1-3. Eze. 33. 30-32. Mat. 7. 15; 23. 27, 28. Ro. 2. 20-24. 1 Ti. 5. 8. Tit. 1. 16. *from.* ch. 2. 16, 23. Ro. 16. 17, 18. Ep. 4. 14. 2 Th. 3. 6, 14. 1 Ti. 6. 5. Tit. 3. 10. 2 Jno. 10-12.

6 *of this.* Mat. 23. 14. Tit. 1. 11. Jude 4. *laden.* Ps. 38. 4. Is. 1. 4. Mat. 11. 28. *led.* 1 Co. 12. 2. 2 Pe. 3. 17. *divers.* Mar. 4. 19. 1 Ti. 6. 9. Tit. 3. 3. 2 Pe. 2. 18. Jude 16, 18.

7 *learning.* ch. 4. 3, 4. De. 29. 4. Pr. 14. 6. Is. 30. 10, 11. Eze. 14. 4-10. Mat. 13. 11. Jno. 3. 20, 21; 5. 44; 12. 42, 43. 1 Co. 3. 1-4. Ep. 4. 14. He. 5. 11, *never.* 1 Ti. 2. 4. *the knowledge.* See on ch. 2. 25.

*as.* Ex. 7. 11, 22; 8. 7, 18. *resist.* ch. 4. 15. 1 Ki. 22. 22-24. Je. 28. 1, etc. Ac. 13. 8-11; 15. 24. Ga. 1. 7-9; 2. 4, 5. Ep. 4. 14. 2 Th. 2. 9-11. Tit. 1. 10. 2 Pe. 2. 1-3. 1 Jno. 2. 18; 4. 1. Re. 2. 6, 14, 15, 20. *men.* Ac. 8. 21, 22. Ro. 1. 28; 16. 18. 2 Co. 11. 13-15. 1 Ti. 1. 19; 4. 2; 6. 5. Tit. 1. 16. 2 Pe. 2. 14. Jude 18, 19. *reprobate. or,* of no judgment. See on 2 Co. 13. 5, 6.

9 *their.* ver. 8. Ex. 7. 12; 8. 18, 19; 9. 11. 1 Ki. 22. 25. Ps. 76. 10. Je. 28. 15-17; 29. 21-23, 31, 32; 37. 19. Ac. 13. 11; 19. 15-17.

10 *thou hast fully known. or,* thou hast been a diligent follower of. Lu. 1. 3. Phi. 2. 22. 1 Ti. 4. 6. Gr. *my.* ver. 16, 17; ch. 4. 3. Ac. 2. 42. Ro. 16. 17. Ep. 4. 14. 1 Ti. 1. 3; 4. 12, 13. Tit. 2. 7. He. 13. 9. 2 Jno. 9, 10. *manner.* Ac. 20. 18; 26. 4. 1 Th. 1. 5. 2 Pe. 3. 11. *purpose.* Da. 1. 8. Ac. 11. 23. 2 Co. 1. 17. *faith.* ch. 2. 22. 2 Co. 6. 4-10. 1 Ti. 4. 12; 6. 11. 2 Pe. 1. 5-7.

11 *Persecutions.* Ac. 9. 16; 20. 19, 23, 24. Ro. 8. 35-37. 1 Co. 4. 9-11. 2 Co. 1. 8-10; 4. 8-11; 11. 23-28. He. 10. 33-34. *at Antioch.* Ac. 13. 45, 50, 51; 14. 2, 5, 6, 19-21. *but.* ch. 4. 7, 17, 18. Ge. 48. 16. 2 Sa. 22. 1, 49. Job 5. 19, 20. Ps. 34. 19; 37. 40; 91. 2-6, 14. Is. 41. 10, 14; 43. 2. Je. 1. 19. Da. 6. 27. Ac. 9. 23-25; 21. 32, 33; 23. 10, 12-24; 25. 3, 4; 26. 17, 22. 2 Co. 1. 10. 2 Pe. 2. 9.

12 *live.* 2 Co. 1. 12. 1 Ti. 2. 2; 3. 16; 6. 3. Tit. 1. 1; 2. 12. 2 Pe. 3. 11. *shall.* Jos. 17. 14. Ps. 37. 12-15. Mat. 5. 10-12; 10. 22-25; 16. 24; 23. 34. Mar. 10. 30. Lu. 14. 26, 27. Jno. 15. 19-21; 16. 2, 33; 17. 14. Ac. 14. 22. 1 Co. 15. 19. 1 Th. 3. 3, 4. He. 11. 32-38. 1 Pe. 2. 20, 21; 3. 14; 4. 12-16; 5. 9, 10. Re. 1. 9, 10; 7. 14; 12. 4, 7-10.

13 *evil.* See on ver. 8; ch. 2. 16, 17. 2 Th. 2. 6-10. 1 Ti. 4. 1. 2 Pe. 2. 20; 3. 3. Re. 12. 9; 13. 14; 18. 23. *being.* Job. 12. 16. Is. 44. 20. Eze. 14. 9, 10. 2 Th. 2. 11.

14 *continue.* ch. 1. 13; 2. 2. See on 1 Ti. 4. 16. *assured.* Ac. 17. 31. Ro. 14. 5, marg. Col. 2. 2. 1 Th. 1. 5. He. 6. 11; 10. 22. *knowing.* ver. 15. 1 Th. 2. 13.

15 *from.* ch. 1. 5. 1 Sa. 2. 18. 2 Ch. 34. 3. Ps. 71. 17. Pr. 8. 17; 22. 6. Ec. 12. 1. Lu. 1. 15; 2. 40. *the holy.* Da. 10. 21. Mat. 22. 29. Lu. 24. 27, 32, 45. Ac. 17. 2. Ro. 1. 2; 16. 26. 1 Co. 15. 3, 4. 2 Pe. 1. 20, 21; 3. 16. *which.* Ps. 19. 7. Jno. 5. 39, 40. Ac. 10. 43; 13. 29, 38, 39. 1 Pe. 1. 10-12. 1 Jno. 5. 11, 12. Re. 19. 10.

16 *All.* 2 Sa. 23. 2. Mat. 21. 42; 22. 31, 32, 43; 26. 54, 56. Mar. 12. 24, 36. Jno. 10. 35. Ac. 1. 16; 28. 25. Ro. 3. 2; 15. 4. Ga. 3. 8. He. 3. 7; 4. 12. 2 Pe. 1. 19-21. *and is.* Ps. 19. 7-11; 119. 97-104, 130. Je. 33. 22, 32. Mi. 2. 7. Ac. 20. 20, 27. 1 Co. 12. 7. Ep. 4. 11-16. *for doctrine.* See on ver. 10. *for reproof.* ch. 4. 2. Pr. 6. 23; 15. 10, 31. Jno. 3. 20. Ep. 5. 11-13. He. 11. 1. Gr. *for instruction.* ch. 2. 25. De. 4. 36. Ne. 9. 20. Ps. 119. 9, 11. Mat. 13. 52. Ac. 18. 25. Ro. 2. 20.

17 *the man.* See on Ps. 119. 98-100. 1 Ti. 6. 11. *throughly furnished. or,* perfected. ch. 2. 21. Ne. 2. 18. Ac. 9. 36. 2 Co. 9. 8. Ep. 2. 10. Tit. 2. 14; 3. 1. He. 10. 24.

## CHAP. IV.

*He exhorts him to do his duty with all care and diligence,* 1-5; *certifies him of the nearness of his death,* 6-8; *wills him to come speedily unto him, and to bring Marcus with him, and certain things which he wrote for,* 9-13; *warns him to beware of Alexander the smith,* 14, 15; *informs him what had befallen him at his first answering,* 16-18; *and soon after he concludes,* 19-22.

1 *charge.* ch. 2. 14. See on 1 Ti. 5. 21. 6. 13. *who.* Ps. 50. 6; 96. 13; 98. 9. Mat. 16. 27; 25. 31, etc. Jno. 5. 22-27. Ac. 10. 42; 17. 31. Ro. 2. 16; 14. 9-11. 1 Co. 4. 4, 5. 2 Co. 5. 9, 10. 2 Th. 1. 7-10. 1 Pe. 4. 5. Re. 20. 11-15. *at.* ver. 8. Col. 3. 4. 1 Th. 4. 15, 16. 1 Ti. 6. 14. Tit. 2. 13. He. 9. 27, 28. 1 Pe. 1. 7; 5. 4. 1 Jno. 2. 28. Re. 1. 7. *his kingdom.* Lu. 19. 12, 15; 23. 42. 2 Pe. 1. 11, 17.

2 *Preach.* Ps. 40. 9. Is. 61. 1-3. Jon. 3. 2. Lu. 4. 18, 19; 9. 60. Ro. 10. 15. See on Col. 1. 25, 28. *be.* Lu. 7. 4; 23. Ac. 13. 5, marg. Ro. 12. 12. 1 Ti. 4. 15, 16. *in.* Jno. 4. 6-10, 32-34. Ac. 16. 13, 31-33; 20. 7, 18-21; 28. 16, 30, 31. *reprove.* Col. 1. 28, 29. 1 Th. 2. 11, 12; 5. 14. 1 Th. 5. 20. Tit. 1. 13; 2. 15. He. 13. 22. Re. 3. 19. *exhort.* 1 Ti. 4. 13. *all.* See on ch. 2. 21, 25; 3. 10.

3 *the time.* See on ch. 3. 1-6. 1 Ti. 4. 1-3. *they will.* 1 Ki. 22. 8, 18. 2 Ch. 16. 9, 10; 24. 20-22; 25. 15, 16. Is. 28. 12; 33. 9-11. Je 6. 16, 17; 18. 18. Am. 7. 10-10. Lu. 20. 19. Jno. 8. 45. Ga. 4. 16. *sound.* 1 Ti. 1. 10. *but.* ch. 3. 6. 1 Ki. 18. 22. 2 Ch. 18. 4, 5. Je. 5. 31; 23. 16, 17; 27. 9; 29. 8. Mi. 2. 11. Lu. 6. 26. Jno. 3. 19-21. 2 Pe. 2. 1-3. *having.* Ex. 33. 32. Ac. 17. 21. Gr. 1 Co. 2. 1, 4.

4 *turn.* ch. 1. 15. Pr. 1. 32. Zec. 7. 11. Ac. 7. 57. He. 13. 25. *unto.* 1 Ti. 1. 4; 4. 7. Tit. 1. 14. 2 Pe. 1. 16.

5 *watch.* Is. 56. 9, 10; 62. 6. Je. 6. 17. Eze. 3. 17; 33. 2, 7. Mar. 13. 34, 37. Lu. 12. 37. Ac. 20. 30, 31. 1 Th. 5. 6. He. 13. 17. Re. 3. 2. *endure.* See on ch. 1. 8; 2. 3, 10; 3. 10-12. *an.* Ac. 21. 8. Ep. 4. 11. 1 Ti. 4. 12, 15. *make full proof of. or,* fulfil. Ro. 15. 19. Col. 1. 25; 4. 17.

6 *I am.* Phi. 2. 17. *and.* Ge. 48. 21; 50. 24. Nu. 27. 12-17. De. 31. 14. Jos. 23. 14. Phi. 1. 23. 2 Pe. 1. 14, 15.

7 *have fought.* See on 1 Ti. 6. 12. *I have finished.* Jno. 4. 34. Ac. 13. 25; 20. 24. 1 Co. 9. 24-27. Phi. 3. 13, 14. He. 12. 1, 2. *I have kept.* ch. 1. 14. Pr. 23. 23. Lu. 8. 15; 11. 28. Jno. 17. 6. 1 Ti. 6. 20. Re. 3. 8, 10.

8 *there.* Ps. 31. 19. Mat. 6. 19, 20. Col. 1. 5. 1 Ti. 6. 19. *a crown.* ch. 2. 5. Pr. 4. 9. 1 Co. 9. 25. Ja. 1. 12. 1 Pe. 5. 4. Re. 2. 10; 4. 4, 10. *the righteous.* See on ver. 1. Ge. 18. 25. Ps. 7. 11. Ro. 2. 5. 2 Th. 1. 5, 6. Re. 19. 11. *at that.* ch. 1. 12. 18. Mal. 3. 17. Mat. 7. 22; 24. 36. Lu. 10. 12. 1 Th. 5. 4. *that love.* Ro. 8. 23. 1 Co. 2. 9. 2 Co. 5. 2. 1 Th. 1. 10. Tit. 2. 13. He. 9. 28. Re. 1. 7; 22. 20.

9 ver. 21; ch. 1. 4.

10 *Demas.* Col. 4. 14, 15. Phile. 24. *hath.* ver. 16; ch. 1. 15. Mat. 26. 56. Ac. 13. 13; 15. 38. 2 Pe. 2. 15. *having.* Lu. 9. 61, 62; 14. 26, 27, 33; 16. 13; 17. 32. Phi. 2. 21. 1 Ti. 6. 10. 1 Jno. 2. 15, 16; 5. 4, 5. *Thessalonica.* Ac. 17. 1, 11, 13. *Galatia.* Ac. 16. 6; 18. 23. Ga. 1. 2. *Titus.* 2 Co. 2. 13; 7. 6; 8. 6, 16. Ga. 2. 1-3. Tit. 1. 4.

11 *Only.* See on ch. 1. 15. *Luke.* Ac. 16. 10. Col. 4. 14. Phile. 24. *Mark.* Ac. 12. 12, 25; 15. 39. Col. 4. 10. 1 Pe. 5. 13. Ho. 14. 4. *for.* Mat. 19. 30; 20. 16. Lu. 13. 30.

12 *Tychicus.* Ac. 20. 4. Ep. 6. 21. Col. 4. 7. Tit. 3. 12. *to.* Ac. 20. 16, 17, 25. 1 Ti. 1. 3.

13 *cloak.* 1 Co. 4. 11. 2 Co. 11. 27. *Troas.* Ac. 16. 8, 11; 20. 5-12.

14 *Alexander.* Ac. 19. 33, 34. 1 Ti. 1. 20. *reward.* 1 Sa. 24. 12. 2 Sa. 3. 39. Ps. 28. 4; 109. 5-20. Je. 15. 15; 18. 19-23. 2 Th. 1. 6. 1 Jno. 5. 16. Re. 6. 10; 18. 6, 20.

15 *be.* Mat. 10. 16, 17. Phi. 3. 2. *withstood.* See on ch. 3. 8. *words. or* preachings.

16 *answer.* Ac. 22. 1; 25. 16. 1 Co. 9. 3. 2 Co. 7. 11. Phi. 1. 7, 17. 1 Pe. 3. 15. Gr. *no.* ver. 10; ch. 1. 15. Ps. 31. 11-13. Mar. 14. 50. Jno. 16. 32. *I pray.* Ac. 7. 60.

17 *the Lord.* Ps. 37. 39, 40; 109. 31. Je. 15. 20, 21; 20. 10, 11. Mat. 10. 19. Ac. 18. 9, 10; 23. 11; 27. 23, 24. *strengthened.* Is. 41. 10, 14. 2 Co. 12. 9. *by.* Lu. 21. 15. Ac. 9. 15; 26. 17, 18. Ro. 16. 25, 26. Ep. 3. 8. Phi. 1. 12-14. *and I.* Ps. 22. 21. Pr. 20. 2; 28. 15. Je. 2. 30. Da. 6. 22, 27. He. 11. 33. 1 Pe. 5. 8. 2 Pe. 2. 9.

18 *deliver.* Ge. 48. 16. 1 Sa. 25. 39. 1 Ch. 4. 10. Ps. 121. 7. Mat. 6. 13. Lu. 11. 4. Jno. 17. 15. 1 Co. 10. 13. 2 Co. 1. 10. 2 Th. 3. 3. *and will.* ch. 1. 12. Ps. 37. 28; 73. 24; 92. 10. Mat. 13. 43; 25. 34. Lu. 12. 32; 22. 29. Jno. 10. 28-30. 1 Th. 5. 23. Ja. 2. 5. 1 Pe. 1. 5. Jude 1. 24. *to whom.* Ro. 11. 36; 16. 27. Ga. 1. 5. 1 Ti. 1. 17; 6. 16. He. 13. 21. 1 Pe. 5. 11. Jude 25.

19 *Prisca.* Ac. 18. 2, 18, 26. Ro. 16. 3, 4. 1 Co. 16. 19, Priscilla. *the.* ch. 1. 16-18.

20 *Erastus.* Ac. 19. 22. Ro. 16. 23. *Trophimus.* Ac. 20. 4; 21. 29. *Miletum.* Ac. 20. 15, 17, Miletus. *sick.* Phi. 2. 26, 27.

21 *thy.* ver. 9, 13; ch. 1. 4. *and all.* Ro. 16. 21-23. 1 Co. 16. 20. 2 Co. 13. 13. Phi. 4. 22. 2 Jno. 13. 3 Jno. 14.

22 *The Lord.* Mat. 28. 20. Ro. 16. 20. 2 Co. 13. 14. Ga. 6. 18. Phile. 25. *Grace.* Ro. 1. 7. 1 Co. 16. 23. Ep. 6. 24. Col. 4. 18. 1 Ti. 6. 21. 1 Pe. 5. 14. Re. 22. 21.

*Nero. Gr.* Cæsar Nero, *or,* the emperor Nero.

# The Epistle of PAUL the Apostle to TITUS.

A.D. 65. A.M. 4069.

## CHAP. I.

*For what end Titus was left in Crete, 1-5. How they that are to be chosen ministers ought to be qualified, 6—10. The mouths of evil teachers to be stopped, 11; and what manner of men they be, 12—16.*

1 *a servant.* See on 1 Ch. 6. 49. Ro. 1. 1. Phi. 1. 1. *the faith.* Jno. 10. 26, 27. Ac. 13. 48. Ep. 2. 8. 2 Th. 2. 13, 14. 1 Ti. 1. 5. *the acknowledging.* Col. 2. 2. 2 Ti. 2. 23, 25. 1 Jno. 2. 23. *after.* ch. 2. 11, 12. 1 Ti. 1. 4; 3. 16; 6. 3. 2 Pe. 1. 3; 3. 11.

2 *In. or,* For. *hope.* ch. 2. 7, 13; 3. 7. Jno. 5. 39; 6. 68. Ro. 2. 7; 5. 2, 4. Col. 1. 27. 1 Th. 5. 8. 2 Ti. 1. 1; 2. 10. 1 Pe. 1. 3, 4. 1 Jno. 2. 25, 3. 2, 3. Jude 21. *eternal.* Mat. 25. 46. Mar. 10. 17, 30. Jno. 3. 15, 16; 6. 54; 10. 28; 17. 2. Ro. 5. 21; 6. 23. 1 Ti. 6. 12, 19. 1 Jno. 5. 11-13, 20. *God.* Nu. 23. 19. 1 Sa. 15. 29. 1 Th. 2. 15. 2 Ti. 2. 15. He. 6. 17, 18. *promised.* 2 Ti. 1. 1, 9. Re. 17. 8. *before.* Pr. 8. 23-31. Mat. 25. 34. Jno. 17. 24. Ac. 15. 18. Ro. 16. 25. 1 Pe. 1. 20-23. Re. 13. 8.

3 *in.* Da. 8. 23; 9. 24-27; 10. 1; 11. 27. Hab. 2. 3. Ac. 17. 26. Ro. 5. 6. Ga. 4. 4. Ep. 1. 10. 1 Ti. 2. 6. 2 Ti. 1, 10. *manifested.* Mar. 13. 10; 16. 15. Ac. 10. 36. Ro. 10. 14, 15; 15. 19; 16. 26. Ep. 2. 17; 3. 5-8. Phi. 1. 13. Col. 1. 6, 23. 1 Ti. 2. 5. Re. 14. 6. *which.* 1 Co. 9. 17. 1 Th. 2. 4. 1 Ti. 1. 11; 2. 7. 2 Ti. 1. 11. *God.* ch. 2. 10, 13; 3. 4-6. Is. 12. 2; 45. 15, 21. 1 Ti. 1. 1; 2. 3; 4. 10.

4 *Titus.* 2 Co. 2. 13; 7. 6, 13, 14; 8. 6, 16, 23; 12. 18. Ga. 2. 3. *mine.* 1 Ti. 1. 1, 2. 2 Ti. 1. 2. *the common.* Ro. 1. 12. 2 Co. 4. 13. 2 Pe. 1. 1. Jude 3. *Grace.* See on Ro. 1. 7. Ep. 1. 2. Col. 1. 2. 1 Ti. 1. 2. 2 Ti. 1. 2. *our.* See on ver. 3. Lu. 2. 11. Jno. 4. 42. 2 Pe. 1. 11; 2. 20; 3. 2, 18. 1 Jno. 6. 14.

5 *I left.* 1 Ti. 1. 3. *Crete.* Ac. 2. 11; 27. 7, 12, 21. *set.* 1 Ch. 6. 32. Ec. 12. 9. Is. 44. 7. 1 Co. 11. 34; 14. 40. Col. 2. 5. *wanting, or,* left undone. *and.* Ac. 14. 23. 2 Ti. 2. 2.

6 *any.* See on 1 Ti. 3. 2-7. *the husband.* Le. 21. 7, 14. Eze. 44. 22. Mal. 2. 15. Lu. 1. 5. 1 Ti. 3. 12. *having.* Ge. 18. 19. 1 Sa. 2. 11, 22, 29, 30; 3. 12, 13. 1 Ti. 3. 4, 5. *not.* Pr. 28. 7. *or.* ver. 10. 1 Th. 5. 14.

7 *a bishop.* ver. 5. Phi. 1. 1. 1 Ti. 3. 1, 2, etc. *as.* Mat. 24. 45. Lu. 12. 42. 1 Co. 4. 1, 2. 1 Pe. 4. 10. *not selfwilled.* Ge. 49. 6. 2 Pe. 2. 10. *not soon.* Pr. 14. 17; 15. 18; 16. 32. Ec. 7. 9. Ja. 1. 19, 20. *not given to wine.* ch. 2. 3. Le. 10. 9. Pr. 31. 4, 5. Is. 28. 7; 56. 12. Eze. 44. 21. Ep. 5. 18. 1 Ti. 3. 3. *no.* 2 Ti. 2. 24, 25. Gr. *not given to filthy.* Is. 56. 10, 11. 1 Ti. 3. 3, 8. 1 Pe. 5. 2.

8 *a lover of hospitality.* 1 Ti. 3. 2. *a lover of good.* 1 Sa. 18. 1. 1 Ki. 5. 1, 7. Ps. 16. 3. Am. 5. 15. 1 Jno. 3. 14; 5. 1. *men. or,* things. *sober.* ch. 2. 7. 2 Co. 6. 4-8. 1 Th. 2. 10. 1 Ti. 4. 12; 6. 11. 2 Ti. 2. 22.

9 *Holding.* Job 2. 3; 27. 6. Pr. 23. 23. 1 Th. 5. 21. 2 Th. 2. 15. 2 Ti. 1. 13. Jude 3. Re. 2. 25; 3. 3, 11. *fast.* 1 Ti. 1. 15; 4. 9; 6. 3. 2 Ti. 2. 2. *as he hath been taught. or,* in teaching. *sound.* ch. 2. 1, 7, 8. 1 Ti. 1. 10; 6. 3. 2 Ti. 4. 3. *to convince.* ver. 11. Ac. 18. 28. 1 Co. 14. 24. 2 Ti. 2. 25.

10 *there.* Ac. 20. 29. Ro. 16. 17, 18. 2 Co. 11. 12-15. Ep. 4. 14. 2 Th. 2. 10-12. 1 Ti. 1. 4, 6; 6. 3-5. 2 Ti. 3. 13; 4. 4. Ja. 1. 26. 2 Pe. 2. 1, 2. 1 Jno. 2. 18; 4. 1. Re. 2. 6, 14. *specially.* Ac. 15. 1. 24. Gal. 1. 6-8; 2. 4; 3. 1; 4. 17-21; 5. 1-4. Phi. 3. 2, 3.

11 *mouths.* ver. 9; ch. 3. 10. Ps. 63. 11; 107. 42. Eze. 16. 63. Lu. 20. 40. Ro. 3. 19. 2 Co. 11. 10. *subvert.* Mat. 23. 14. 2 Ti. 3. 6. *filthy.* See on ver. 7. Is. 56. 10, 11. Je. 8. 10. Eze. 13. 19. Mi. 3. 5, 11. Jno. 10. 12. 1 Ti. 6. 5. 2 Pe. 2. 1-3.

12 *of.* Ac. 17. 28. *liars.* Ro. 16. 18. 1 Ti. 4. 2. 2 Pe. 2. 12, 15. Jude 8-13.

13 *rebuke.* ch. 2. 15. Pr. 27. 5. 2 Co. 13. 10. 1 Ti. 5. 20. 2 Ti. 4. 2. *that.* ch. 2. 2. Le. 19. 17. Ps. 119. 80; 141. 5. 2 Co. 7. 8-12. 1 Ti. 4. 6.

14 *Jewish.* 1 Ti. 1. 4-7; 4. 7. 2 Ti. 4. 4. *commandments.* Is. 29. 13. Mat. 15. 9. Mar. 7. 7. Col. 2. 22. *turn.* Ga. 4. 9. 2 Ti. 4. 4. He. 12. 25. 2 Pe. 2. 22.

15 *the pure.* Lu. 11. 39-41. Ac. 10. 15. Ro. 14. 14, 20. 1 Co. 6. 12, 13; 10. 23, 25, 31. 1 Ti. 4. 3, 4. *but.* Pr. 21. 4. Hag. 2. 13. Zec. 7. 5, 6. Mat. 15. 18. Ro. 14. 20, 23. 1 Co. 11. 27-29. *their.* 1 Co. 8. 7. He. 9. 14; 10. 22.

16 *profess.* Nu. 24. 16. Is. 29. 13; 48. 1; 58. 2. Eze. 33. 31. Ho. 8. 2, 3. Ro. 2. 18-24. 2 Ti. 3. 5-8. Jude 4. *being.* Job 15. 16. Re. 21. 8, 27. *and disobedient.* 1 Sa. 15. 22, 24. Ep. 5. 6. 1 Ti. 1. 9. *unto.* Je. 6. 30. Ro. 1. 28. 2 Ti. 3. 8. *reprobate. or,* void of judgment.

## CHAP. II.

*Directions given unto Titus both for his doctrine and life, 1-8. Of the duty of servants, and in general of all Christians, 9-15.*

1 ver. 11-14; ch. 1. 9; 3. 8. 1 Ti. 1. 10; 6. 3. 2 Ti. 1. 13.

2 *the.* Le. 19. 32. Job 12. 12. Ps. 92. 14. Pr. 16. 31. Is. 65. 20. *sober. or,* vigilant. 1 Co. 15. 34. 1 Th. 5. 6, 8. 1 Ti. 3. 2, 11. 1 Pe. 1. 13; 4. 7; 5. 8. Gr. *grave.* ver. 7. 1 Ti. 3. 4, 8, 11. Phi. 4. 8. Gr. *temperate.* ch. 1. 8. Ac. 24. 25. 1 Co. 9. 25. Ga. 5. 23. 2 Pe. 1. 6. Mar. 5. 15. Lu. 8. 35. Ro. 12. 3. 2 Co. 5. 13. 1 Pe. 4. 7. Gr. *sound.* See on ch. 1. 13. *in patience.* See on 1 Ti. 1. 5.

3 *as.* Ro. 16. 2. Ep. 5. 3. 1 Ti. 2. 9, 10; 3. 11; 5. 5-10. 1 Pe. 3. 3-5. *holiness. or,* holy women. *false accusers. or,* makebates. See on 1 Ti. 3. 8, 11. *not given.* See on ch. 1. 7. *teachers.* ver. 4. He. 5. 12. Re. 2. 20.

4 *the.* 1 Ti. 5. 2, 11, 14. *sober. or,* wise. See on ver. 2. *to love their husbands.* 1 Ti. 5. 14.

5 *discreet.* See on ver. 2. *keepers.* Ge. 16. 8, 9; 18. 9. Pr. 7. 11; 31. 10-31. 1 Ti. 5. 13. *good.* Ac. 9. 36, 39. 1 Ti. 5. 10. *obedient.* Ge. 3. 16. 1 Co. 11. 3; 14. 34. Ep. 5. 22-24, 33. Col. 3. 18. 1 Ti. 2. 11, 12. 1 Pe. 3. 1-5. *that.* 2 Sa. 12. 14. Ps. 74. 10. Ro. 2. 24. 1 Ti. 5. 14; 6. 1.

6 *Young.* Job. 29. 8. Ps. 148. 12. Ec. 11. 9; 12. 1. Joel 2. 28. 1 Pe. 5. 5. 1 Jno. 2. 13. *sober-minded. or,* discreet. ver. 2.

7 *all.* Ac. 20. 33-35. 2 Th. 3. 9. 1 Ti. 4. 12. 1 Pe. 5. 3. *uncorruptness.* 2 Co. 2. 17; 4. 2. *gravity.* See on ver. 2. *sincerity.* 2 Co. 1. 12; 8. 8. Ep. 6. 24. Phi. 1. 10.

8 *Sound.* Mar. 12. 17, 28, 32, 34. 1 Ti. 6. 3. *that he.* Ne. 5. 9. 1 Ti. 5. 14. 1 Pe. 2. 12, 15; 3. 16. *may.* Is. 66. 5. Lu. 13. 17. 2 Th. 3. 14. *having.* Phi. 2. 14-16.

9 *servants.* Ep. 6. 5-8. Col. 3. 22-25. 1 Ti. 6. 1, 2. 1 Pe. 2. 18-25. *to please.* Ep. 5. 24. *answering again. or,* gainsaying.

10 *purloining.* 2 Ki. 5. 20-24. Lu. 16. 6-8. Jno. 12. 6. Ac. 5. 2, 3. *shewing.* Ge. 31. 37, 38; 39. 8, 9. 1 Sa. 22. 14; 26. 23. Ps. 101. 6. Mat. 24. 45. Lu. 16. 10. 1 Co. 4. 2. *adorn.* Mat. 5. 16. Ep. 4. 1. Phi. 1. 27; 2. 15, 16; 4. 8. 1 Pe. 2. 12; 3. 16. *the doctrine.* 1 Ti. 5. 17; 6. 1, 3. 2 Jno. 9. *God.* ch. 1. 3. 1 Ti. 1. 1. Is. 12. 2.

11 *the grace.* ch. 3. 4, 5. Ps. 84. 11. Zec. 4. 7; 12. 10. Jno. 1. 14, 16, 17. Ac. 11. 23; 13. 43; 20. 24. Ro. 4. 4, 5; 5. 2. 15, 20, 21; 11. 5, 6. 2 Co. 6. 1. Ga. 2. 21. Ep. 1. 6, 7; 2. 5, 8. 2 Th. 2. 16. 1 Ti. 1. 14. He. 2. 9; 12. 15. 1 Pe. 1. 10-12; 5. 5-12. *bringeth,* etc. *or,* bringeth salvation to all men, hath appeared. *hath.* Ps. 96. 1-3, 10; 98. 1-3; 117. Is. 2. 2, 3; 45. 22; 49. 6; 52. 10; 60. 1-3. Mat. 28. 19. Mar. 16. 15. Lu. 3. 6; 24. 47. Ac. 13. 47. Jno. 1. 9. Ro. 10. 18; 15. 9-19. Ep. 3. 6-8. Col. 1. 6, 23. 1 Ti. 2. 4. 2 Ti. 4. 17.

12 *Teaching.* Mat. 28. 20. Jno. 6. 25. 1 Th. 4. 9. He. 8. 11. 1 Jno. 2. 27. *denying.* Is. 55. 6, 7. Eze. 18. 30, 31; 33. 14, 15. Mat. 3. 8-10; 16. 24. Lu. 1. 75. Ro. 6. 4-6, 12, 19; 8. 13; 13. 12, 13. 1 Co. 6. 9-11. 2 Co. 7. 1. Ga. 5. 24. Ep. 1. 4; 4. 22-25. Col. 1. 22; 3. 5-9. 1 Th. 4. 7. Ja. 4. 8-10. 1 Pe. 2. 11, 12; 4. 2-5. 2 Pe. 1. 4; 2. 20-22. 1 Jno. 2. 15-17. Jude 18. *live.* Ps. 105. 45. Eze. 36. 27. Mat. 5. 19, 20. Lu. 1. 6, 75; 3. 9-13. Ac. 24. 16, 25. Ro. 6. 19. 1 Ti. 4. 12. 1 Pe. 1. 14-18. 2 Pe. 1. 5-8; 3. 11. 1 Jno. 2. 6. Re. 14. 12. *soberly.* See on ver. 4. *godly.* Ps. 4. 3. 2 Co. 1. 12. 2 Pe. 2. 9. *this.* Jno. 14. 30; 17. 14, 15. Ro. 12. 2. Ga. 1. 4. Ep. 2. 2. 2 Ti. 4. 10. 1 Jno. 5. 19.

13 *Looking.* 1 Co 1. 7. Phi. 3. 20, 21. 2 Ti. 4. 8. 2 Pe. 3. 12-14. *blessed.* ch. 1. 2; 3. 7. Ac. 24. 15. Ro. 5. 5; 8. 24, 25; 15. 13. Col. 1. 5, 23. 27. 2 Th. 2. 16. He. 6. 18, 19. 1 Pe. 1. 3. 1 Jno. 3. 3. *the glorious.* Job 19. 25-27. Is. 25. 9. Mat. 16. 27; 25. 31; 26. 64. Mar. 8. 38; 14. 62. 1 Ti. 6. 13, 14. He. 9. 28. 2 Co. 4. 4, 6. Gr. Col. 3. 4. 2 Ti. 4. 1, 8. 1 Pe. 1. 7. 1 Jno. 3. 2. Re. 1. 7. *our.* ch. 3. 4, 6. 2 Pe. 3. 18. 1 Jno. 4. 14.

14 *gave.* Mat. 20. 28. Jno. 6. 51; 10. 15. Ga. 1. 4; 2. 20; 3. 13. Ep. 5. 2, 23-27. 1 Ti. 1. 15; 2. 6. He. 9. 14. 1 Pe. 3. 18. Re. 1. 5; 5. 9. *that.* Ge. 48. 16. Ps. 130. 8. Eze. 36. 25. Mat. 1. 21. Ro. 11. 26, 27. *purify.* Mal. 3. 3. Mat. 3. 12. Ac. 15. 9. He. 9. 14. Ja. 4. 8. 1 Pe. 1. 22. 1 Jno. 3. 2. *unto.* Ac. 15. 14. Ro. 14. 7, 8. 2 Co. 5. 14, 15. *peculiar.* Ex. 15. 16; 19. 5, 6. De. 7. 6; 14. 2; 26. 18. Ps. 135. 4. 1 Pe. 2. 9. *zealous.* ver. 7; ch. 3. 8. Nu. 25. 13. Ac. 9. 36. Ep. 2. 10. 1 Ti. 2. 10; 6. 18. He. 10. 24. 1 Pe. 2. 12.

15 *speak.* See on ch. 1. 13. 2 Ti. 4. 2 *with.* Mat. 7. 29. Mar. 1. 22, 27. Lu. 4. 36. *Let.* 1 Ti. 4. 12.

## CHAP. III.

*Titus is yet further directed by Paul, both concerning the things he should teach, and not teach, 1-9. He is to reject obstinate heretics, 10, 11. He appoints him time and place wherein he should come unto him, 12-15.*

1 *Put.* Is. 43. 26. 1 Ti. 4. 6. 2 Ti. 1. 6. 2 Pe. 1. 12; 3. 1, 2. Jude 5. *to be subject.* De. 17. 12. Pr. 24. 21. Ec. 8. 2-5; 10. 4. Je. 27. 17. Mat. 22. 21; 23. 2, 3. Ro. 13. 1-7. 1 Ti. 2. 2. 1 Pe. 2. 13-17. *to be ready.* ver. 8, 14; ch. 2. 14. 1 Co. 15. 58. Ga. 6 9, 10. Ep. 2. 10. Phi. 1. 11. Col. 1. 10. 1 Ti. 5. 10. 2 Ti. 2. 21. He. 13. 21.

2 *speak.* Ps. 140. 11. Pr. 6. 19. Ac. 23. 5. 1 Co. 6. 10. 2 Co. 12. 20. Ep. 4. 31. 1 Ti. 3. 11. Ja. 4. 11. 1 Pe. 2. 1; 3. 10; 4. 4. 2 Pe. 2. 10. Jude 8, 10. *no.* Pr. 19. 19; 25. 24. 1 Ti. 3. 3. 2 Ti. 2. 24, 25. *gentle.* 2 Sa. 22. 36. Is. 40. 11. Mat. 11. 29. 2 Co. 10. 1. Ga. 5. 22; 6. 1. Ep. 4. 2. Phi. 4. 5. Col. 3. 12, 13. 1 Th. 2. 7. 2 Ti. 2. 24, 25. Ja. 1. 19, 20; 3. 17. 1 Pe. 3. 8. *all men.* 1 Co. 9. 19. Ga. 6. 10. 1 Th. 5. 14, 15. 1 Pe. 2. 17.

3 *we.* Ro. 3. 9-20. 1 Co. 6. 9-11. Ep. 2. 1-3. Col. 1. 21; 3. 7. 1 Pe. 4. 1-3. *foolish.* Pr. 1. 22, 23; 8. 5; 9. 6. *disobedient.* Mat. 21. 29. Ac. 9. 1-6; 26. 19, 20. Ep. 2. 2. 1 Pe. 1. 14. *deceived.* Is. 44. 20. Ob. 3. Lu. 21. 8. Ga. 6. 3. Ja. 1. 26. Re. 12. 9; 13. 14. *serving.* Jno. 8. 34. Ro. 6. 17, 22. *living.* Ro. 1. 29-31. 2 Co. 12. 20. 2 Ti. 3. 2, 3. *hateful.* Ps. 36. 2. Re. 18. 2.

4 *the kindness.* ch. 2. 11. Ro. 5. 20, 21. Ep. 2. 4-10. *love. or,* pity. *God.* See on ch. 1. 3; 2. 10. 1 Ti. 1. 1; 2. 3; 4. 10. *appeared.* ch. 2. 11. 2 Ti. 1. 10. He. 9. 26.

5 *by works.* Job 9. 20; 15. 14; 25. 4. Ps. 143. 2. Is. 57. 12. Lu. 10. 27-29. Ro. 3. 20, 28; 4. 5; 9. 11, 16, 30; 11. 6. Ga. 2. 16; 3. 16-21. Ep. 2. 4, 8, 9. 2 Ti. 1. 9. *according.* ver. 4. Ps. 62. 12; 86. 5, 15; 130. 7. Mi. 7. 18. Lu. 1. 50, 54, 72, 78. Ep. 1. 6, 7. He. 4. 16. 1 Pe. 1. 3; 2. 10. *washing.* Jno. 3. 3-5. 1 Co. 6. 11. Ep. 5. 26. 1 Pe. 3. 21. *renewing.* Ps. 51. 10. Ro. 12. 2. Ep. 4. 23. Col. 3. 10. He. 6. 6.

6 *he shed.* Pr. 1. 23. Is. 32. 15; 44. 3. Eze. 36. 25. Joel 2. 28. Jno. 1. 16; 7. 37. Ac. 2. 33; 10. 45. Ro. 5. 5. *abundantly. Gr.* richly. See on Ep. 4. 2; 3. 8. *through.* ch. 1. 4. Jno. 4. 10; 14. 16, 17; 16. 7. Ro. 8. 2.

7 *being.* ch. 2. 11. Ro. 3. 24, 28; 4. 4, 16; 5. 1, 2, 15-21; 11. 6. 1 Co. 6. 11. Ga. 2. 16. *made.* Ro. 8. 17, 23, 24. Ga. 3. 29; 4. 7. He.

6. 17; 11. 7, 9. Ja. 2. 5. 1 Pe. 3. 7. *hope.* See on ch. 1. 2; 2. 13.

8 *a faithful.* ch. 1. 9. 1 Ti. 1. 15. *that thou.* Pr. 21. 28. Ac. 12. 15. 2 Co. 4. 13. *which.* Ps. 78. 22. Jno. 5. 24; 12. 44. Ro. 4. 5. 1 Pe. 1. 21. 1 Jno. 5. 10-13. *be.* See on ver. 1, 14; ch. 2. 14. *good.* Job 22. 2; 35. 7, 8. Ps. 16. 2, 3. 2 Co. 9. 12-15. Phile. 11.

9 *avoid.* See on ch. 1. 14. 1 Ti. 1. 3-7; 4. 7. 2 Ti. 2. 23. *unprofitable.* Job 15. 3. 1 Co. 8. 1; 13. 2. 2 Ti. 2. 14.

10 *heretick.* 1 Co. 11. 19. Ga. 5. 20. 2 Pe. 2. 1. *after.* Mat. 18. 15-17. 2 Co. 13. 2. *reject.* Ro. 16. 17. 1 Co. 5. 4-13. Ga. 5. 12. 2 Th. 3. 6, 14. 2 Ti. 3. 5. 2 Jno. 10.

11 *is subverted.* ch. 1. 11. Ac. 15. 24. 1 Ti. 1. 19, 20. 2 Ti. 2. 14. He. 10. 26. *being.* Mat. 25. 26-28. Lu. 7. 30; 19. 22. Jno. 3. 18. Ac. 13. 46. Ro. 3. 19

12 *Tychicus.* Ac. 20. 4. 2 Ti. 4. 12. *be.* 2 Ti. 4. 9, 21. *for.* 1 Co. 16. 6, 8, 9.

13 *the lawyer.* Mat. 22. 35. Lu. 7. 30; 10. 25; 11. 45, 52; 14. 3. *Apollos.* See on Ac. 18. 24. *on.* Ac. 21. 5; 28. 10. Ro. 15. 24. 1 Co. 16. 11. 3 Jno. 6-8.

14 *learn.* See on ver. 8. *maintain good works.* *or,* profess honest trades. Ac. 18. 3; 20. 35. Gr. Ep. 4. 28. 1 Th. 2. 9. 2 Th. 3. 8. *that.* Is. 61. 3. Mat. 7. 19; 21. 19. Lu. 13. 6-9. Jno. 15. 8, 16. Ro. 15. 28. Phi. 1. 11; 4. 17. Col. 1. 10. He. 6. 6-12. 2 Pe. 1. 8.

15 *with me.* See on Ro. 16. 21-24. *Greet.* See on Ro. 16. 1-20. *love.* Ga. 5. 6. Ep. 6. 23. 1 Ti. 1. 5. Phile. 5. 2 Jno. 1, 2. 3 Jno. 1. *Grace.* See on 1 Co. 16. 23. Ep. 6. 24. 2 Ti. 4. 22. He. 13. 25.

---

# The Epistle of PAUL the Apostle to PHILEMON.

A.D. 64. A.M. 4068.

*Paul rejoices to hear of the faith and love of Philemon, whom he desires to forgive his servant Onesimus, and lovingly to receive him again.*

1 *a prisoner.* ver. 9. See on Ep. 3. 1; 4. 1; 6. 20. 2 Ti. 1. 8. *Timothy.* See on 2 Co. 1. 1. Col. 1. 1. 2 Th. 1. 1. *Philemon.* The apostle in this epistle indulges in some fine paronomasias on the proper names. Thus *Philemon,* Φιλημον, *affectionate,* or *beloved,* is 'our dearly beloved;' *Apphia,* (Απφια, from απφα, the affectionate address of a brother or sister, according to SUIDAS,) is 'the beloved sister,' as several MSS., Vulgate, and others correctly read; *Archippus,* (Αρχιππος, the ruler of the horse, for the managing of which heroes were anciently famous,) is 'our fellow-soldier;' and *Onesimus,* (Ονησιμος, *useful* or *profitable,*) once *unprofitable,* is now *profitable.* *and fellow-labourer.* ver. 24. 1 Co. 3. 9. Phi. 2. 25; 4. 3. Col. 4. 11. 1 Th. 3. 2.

2 *Archippus.* Col. 4. 17. *our fellow-soldier.* Phi. 2. 25. 2 Ti. 2. 3, 4. *the church.* Ro. 16. 5. 1 Co. 16. 19. Col. 4. 15.

3 See on Ro. 1. 7. 2 Co. 13. 14. Ep. 1. 2.

4 Ro. 1. 8. Ep. 1. 16. Phi. 1. 3. Col. 1. 3. 1 Th. 1. 2. 2 Th. 1. 3. 2 Ti. 1. 3.

5 *Hearing.* Ga. 5. 6. Ep. 1. 15. Col. 1. 4. *toward the Lord.* ver. 7. Ps. 16. 3. Ac. 9. 39-41. Ro. 12. 13; 15. 25, 26. 1 Co. 16. 1. 1 Jno. 3. 23; 5. 1, 2.

6 *the communication.* 2 Co. 9. 12-14. Phi. 1. 9-11. Tit. 3. 14. He. 6. 10. Ja. 2. 14, 17. *the acknowledging.* Mat. 5. 16. 1 Co. 14. 25. Phi. 4. 8. 1 Pe. 1. 5-8; 2. 12; 3. 1, 16. *in you.* 2 Pe. 1. 8.

7 *great joy.* 1 Th. 1. 3; 2. 13, 19; 3. 9. 2 Jno. 4. 3 Jno. 3-6. *the bowels.* ver. 20. 2 Co. 7. 13. 2 Ti. 1. 16.

8 *bold.* 2 Co. 3. 12; 10. 1, 2; 11. 21. 1 Th. 2. 2, 6. *enjoin.* 2 Co. 10. 8.

9 *love's sake.* Ro. 12. 1. 2 Co. 5. 20; 6. 1. Ep. 4. 1. He. 13. 19. 1 Pe. 2. 11. *Paul.* Ps. 71. 9, 18. Pr. 16. 31. Is. 46. 4. *a prisoner.* ver. 1. Eph. 3. 1; 4. 1.

10 *my son.* 2 Sa. 9. 1-7; 18. 5; 19. 37, 38. Mar. 9. 17. 1 Ti. 1. 2. Tit. 1. 4. *Onesimus.* Col. 4. 9. *whom.* 1 Co. 4. 15. Ga. 4. 19.

11 *unprofitable.* Job 30. 1, 2. Mat. 25. 30. Lu. 17. 10. Ro. 3. 12. 1 Pe. 2. 10. *profitable.* Lu. 15. 24, 32. 2 Ti. 4. 11.

12 *thou.* Mat. 6. 14, 15; 18. 21-35. Mar. 11. 25. Ep. 4. 32. *mine.* De. 13. 6. 2 Sa. 16. 11. Je. 31. 20. Lu. 15. 20.

13 *in thy stead.* 1 Co. 16. 17. Phi. 2. 30. *the bonds.* ver. 1. Ep. 3. 1; 4. 1.

14 *without.* ver. 8, 9. 2 Co. 1. 24. 1 Pe. 5. 3. *thy benefit.* 1 Ch. 29. 17. Ps. 110. 3. 1 Co. 9. 7, 17. 2 Co. 8. 12; 9. 5, 7. 1 Pe. 5. 2.

15 Ge. 45. 5-8; 50. 20. Ps. 76. 10. Is. 20. 7. Ac. 4. 28.

16 *a brother.* Mat. 23. 8. Ac. 9. 17. Ga. 4. 28, 29. 1 Ti. 6. 2. He. 3. 1. 1 Pe. 1. 22, 23. 1 Jno. 5. 1. *both in.* Ep. 6. 5-7. Col. 3. 22.

17 *thou count.* Ac. 16. 15. 2 Co. 8. 23. Ep. 3. 6. Phi. 1. 7. 1 Ti. 6. 2. He. 3. 1, 14. Ja. 2. 5. 1 Pe. 5. 1. 1 Jno. 1. 3. *receive.* ver. 10, 12. Mat. 10. 40; 12. 48-50; 18. 5; 25. 40.

18 *put that.* Is. 53. 4-7. Heb.

19 *I Paul.* 1 Co. 16. 21, 22. Ga. 5. 2; 6. 11. *how thou.* 1 Co. 4. 15; 9. 1, 2. 2 Co. 3. 2. 1 Ti. 1. 2. Tit. 1. 4. Ja. 5. 19, 20.

20 *let me.* 2 Co. 2. 2; 7. 4-7, 13. Phi. 2. 2; 4. 1. 1 Th. 2. 19, 20; 3. 7-9. He. 13. 17. 3 Jno. 4. *refresh.* ver. 7, 12. Phi. 1. 8; 2. 1. 1 Jno. 3. 17.

21 2 Co. 2. 3; 7. 16; 8. 22. Ga. 5. 10. 2 Th. 3. 4.

22 *prepare.* Ac. 28. 23. *for I trust.* Ro. 15. 24. Phi. 1. 25, 26; 2. 24. He. 13. 23. 2 Jno. 12. 3 Jno. 14. *through.* Ro. 15. 30-32. 2 Co. 1. 11. Phi. 1. 19. Ja. 5. 16.

23 *Epaphras.* Col. 1. 7; 4. 12. *my fellow-prisoner.* Ro. 16. 7. Col. 4. 10.

24 *Marcus.* Ac. 12. 12, 25; 13. 13; 15. 37-39. Col. 4. 10. 2 Ti. 4. 11. *Aristarchus.* Ac. 19. 29; 27. 2. *Demas.* Col. 4. 14. 2 Ti. 4. 10. *Lucas.* 2 Ti. 4. 11. *my fellow-labourers.* ver. 1, 2. 2 Co. 8. 23. Phi. 2. 25; 4. 3. 3 Jno. 8.

25 *grace.* See on Ro. 16. 20, 24. *your spirit.* 2 Ti. 4. 22.

## CONCLUDING REMARKS ON THE EPISTLE TO PHILEMON.

PHILEMON appears to have been a person of some consideration at Colosse, and in the church at that place, (ver. 1, 2. Col. iv. 9, 17,) who had been converted by the ministry of St. Paul, (ver. 19,) probably during his abode at Ephesus, (Ac. xix. 10.) Onesimus, a slave of Philemon, having, as it is generally thought, been guilty of some dishonesty, fled from his master, and came to Rome, where the apostle was at that time under confinement the first time, as appears by his expectation of being shortly released, (ver. 22,) about A.D. 62. Having by some means attended the preaching of the apostle, 'in his own hired house,' (Ac. xxviii. 16, 23,) it pleased God to bless it to his conversion. After he had given satisfactory evidence of a real change, and manifested an excellent and amiable disposition, which greatly endeared him to St. Paul, he was sent back to his master by the apostle, who wrote this epistle to reconcile Philemon to his once unfaithful servant.

# The Epistle of PAUL the Apostle to the HEBREWS.

A.D. 64. A.M. 4068.

## CHAP. I.

*Christ in these last times coming to us from the Father, 1-3, is preferred above the angels, both in person and office, 4-14.*

1 *at.* Ge. 3. 15; 6. 3, 13, etc.; 8. 15, etc.; 9. 1, etc.; 12. 1-3; 26. 2-5; 28. 12-15; 32. 24-30; 46. 2-4. Ex. 3. 1, etc. Lu. 24. 27, 44. Ac. 28. 23. 1 Pe. 1. 10-12. 2 Pe. 1. 20, 21. *in.* Nu. 12. 6-8. Joel 2. 28. *the fathers.* Lu. 1. 55, 72. Jno. 7. 22. Ac. 13. 32.

2 *these.* Ge. 49. 1. Nu. 24. 14. De. 4. 30; 18. 15; 31. 29. Is. 2. 2. Je. 30. 24; 48. 47. Eze. 38. 16. Da. 2. 28; 10. 14. Ho. 3. 5. Mi. 4. 1. Ac. 2. 17. Ga. 4. 4. Ep. 1. 10. 2 Pe. 3. 3. Jude 18. *spoken.* ver. 5, 8; ch. 2. 3; 5. 8; 7. 3. Mat. 3. 17; 17. 5; 26. 63. Mar. 1. 1; 12. 6. Jno. 1. 14, 17, 18; 3. 16; 15. 15. Ro. 1. 4. *appointed.* ch. 2. 8, 9. Ps. 2. 6-9. Is. 9. 6, 7; 53. 10-12. Mat. 21. 38; 28. 18. Jno. 3. 35; 13. 3; 16. 15; 17. 2. Ac. 10. 36. Ro. 8. 17. 1 Co. 8. 6; 15. 25-27. Ep. 1. 20-23. Phi. 2. 9-11. Col. 1. 17, 18. *by whom.* Pr. 8. 22-31. Is. 44. 24; 45. 12, 18. Jno. 1. 3. 1 Co. 8. 6. Ep. 3. 9. Col. 1. 16, 17.

3 *the brightness.* Jno. 1. 14; 14. 9, 10. 2 Co. 4. 6. *image.* 2 Co. 4. 4. Col. 1. 15, 16. *upholding.* Ps. 75. 3. Jno. 1. 4. Col. 1. 17. Re. 4. 11. *the word.* Ec. 8. 4. Ro. 1. 16. 2 Co. 4. 7. *by himself.* ch. 7. 27; 9. 12-14, 16, 26. Jno. 1. 29. 1 Jno. 1. 7; 3. 5. *sat.* ch. 4. 14; 8. 1; 10. 12; 12. 2. Ps. 110. 1. Mat. 22. 24. Mar. 16. 19. Lu. 20. 42, 43. Ac. 2. 33; 7. 56. Ro. 8. 34. Ep. 1. 20-22. Col. 3. 1. 1 Pe. 1. 21; 3. 22. Re. 3. 21. *Majesty.* 1 Ch. 29. 11. Job 37. 22. Mi. 5. 4. 2 Pe. 1. 16. Jude 25.

4 *so.* ver. 9; ch. 2. 9. Ep. 1. 21. Col. 1. 18; 2. 10. 2 Th. 1. 7. 1 Pe. 3. 22. Re. 5. 11, 12. *by.* Ps. 2. 7. 8. Phi. 2. 9-11.

5 *Thou.* ch. 5. 5. Ps. 2. 7. Ac. 13. 33. *I will.* 2 Sa. 7. 14. 1 Ch. 17. 13; 22. 10. 28. 6. Ps. 89. 26, 27.

6 *And again,* etc. *or,* When he bringeth again. *the first-begotten.* ver. 5. Pr. 8. 24, 25. Jno. 1. 14, 18; 3. 16. Ro. 8. 29. Col. 1. 15, 18. 1 Jno. 4. 9. Re. 1. 5. *And let.* De. 32. 43, Sept. Ps. 97. 7. Lu. 2. 9-14. 1 Pe. 3. 22. Re. 5. 9-12.

7 *of. Gr.* unto. *Who.* ver. 14. 2 Ki. 2. 11; 6. 17. Ps. 104. 4. Is. 6. 2. Heb. Eze. 1. 13, 14. Da. 7. 10. Zec. 6. 5.

8 *Thy throne.* Ps. 45. 6, 7. *O God.* ch. 3. 3, 4. Is. 7. 14; 9. 6, 7; 45. 21, 22, 25. Je. 23. 6. Ho. 1. 7. Zec. 13. 9. Mal. 3. 1. Mat. 1. 23. Lu. 1. 16, 17. Jno. 10. 30, 33; 20. 28. Ro. 9. 5. 1 Ti. 3. 16. Tit. 2. 13, 14. 1 Jno. 5. 20. *for.* Ps. 145. 13. Is. 9. 7. De. 2. 44; 7. 14. 1 Co. 15. 25. 2 Pe. 1. 11. *a sceptre.* 2 Sa. 23. 3. Ps. 72. 1-4, 7, 11-14; 99. 4. Is. 9. 7; 32. 1, 2. Je. 23. 5; 33. 15. Zec. 9. 9. *righteousness. Gr.* rightness. *or,* straightness.

9 *loved.* ch. 7. 26. Ps. 11. 5; 33. 5; 37. 28; 40. 8; 45. 7. Is. 61. 8. *hated.* Ps. 119. 104, 128. Pr. 8. 13. Am. 5. 15. Zec. 8. 17. Ro. 12. 9. Re. 2. 6, 7, 15. *thy God.* Ps. 89. 26. Jno. 20. 17. 2 Co. 11. 31. Ep. 1. 3. 1 Pe. 1. 3. *anointed.* Ps. 2. 2, 6, marg.; 89. 20. Is. 61. 1. Lu. 4. 18. Jno. 1. 41; 3. 34. Ac. 4. 27; 10. 38. *oil.* Ps. 23. 5. Is. 61. 3. Ro. 15. 13. Ga. 5. 22. *thy fellows.* ch. 2. 11. 1 Co. 1. 9. 1 Jno. 1. 3.

10 *Thou.* Ps. 102. 25-27. *in.* Ge. 1. 1. Jno. 1. 1-3. Re. 3. 14. *hast.* Pr. 8. 29. Is. 42. 5; 48. 13; 51. 13. Je. 32. 17. Zec. 12. 1. *the works.* De. 4. 19. Ps. 8. 3, 4; 19. 1. Is. 64. 8.

11 *shall perish.* ch. 12. 27. Is. 34. 4; 65. 17. Mat. 24. 35. Mar. 13. 31. Lu. 21. 33. 2 Pe. 3. 7-10. Re. 20. 11; 21. 1. *thou.* Ps. 10. 16; 29. 10; 90. 2. Is. 41. 4; 44. 6. Re. 1. 11, 17, 18; 2. 8. *shall wax.* Is. 50. 9; 51. 6, 8.

12 *but.* ch. 13. 8. Ex. 3. 14. Jno. 8. 58. Ja. 1. 17. *and thy.* Ps. 90. 4.

13 *to.* ver. 5. *Sit.* ver. 3; ch. 10. 12. Ps. 110. 1. Mat. 22. 44. Mar. 12. 36. Lu. 20. 42. Ac. 2. 34-36; 7. 55. *until.* Ps. 21. 8, 9; 132. 18. Is. 63. 3-6. Lu. 19. 27. 1 Co. 15. 25, 26. Re. 19. 11-21; 20. 15.

14 *ministering.* ch. 8. 6; 10. 11. Ps. 103, 20, 21. Da. 3. 28; 7. 10. Mat. 18. 10. Lu. 1. 19, 23; 2. 9, 13. Ac. 13. 2. Ro. 13. 6; 15. 16, 27. 2 Co. 9. 12. Phi. 2. 17, 25. Gr. 1 Ki. 22. 19. Job 1. 6. Ps. 103. 20, 21; 104. 4. Is. 6. 2, 3. Da. 7. 10. Mat. 13. 41, 49, 50. Lu. 1. 19. 2 Th. 1. 7. Jude 14. *sent.* Ge. 19. 15, 16; 32. 1, 2, 24. Ac. 11. 22. 1 Pe. 1. 12. Re. 5. 6. *minister.* Ps. 34. 7; 91. 11, 12. Da. 6. 22; 9. 21-23; 10. 11, 12. Mat. 1. 20; 2. 13; 24. 31. Lu. 16. 22. Ac. 5. 19; 10. 3, 4; 12. 7, 23; 16. 26; 27. 23. *heirs.* ch. 6. 12, 17. Mat. 25. 34. Ro. 8. 17. Ga. 3. 7, 9, 29. Ep. 3. 6. Tit. 3. 7. Ja. 2. 5. 1 Pe. 1. 4; 3. 7.

## CHAP. II.

*We ought to be obedient to Christ Jesus, 1-4; and that because he vouchsafed to take our nature upon him, 5-13; as it was necessary, 14-18.*

1 *Therefore.* ver 2-4; ch. 1. 1, 2; 12. 25, 26. *the more.* De. 4. 9, 23: 32. 46, 47. Jos. 23. 11, 12. 1 Ch. 22. 13. Ps. 119. 9. Pr. 2. 1-6; 3. 21; 4. 1-4, 20-22; 7. 1, 2. Lu. 8. 15; 9. 44. *we should.* ch. 12. 5. Mat. 16. 9. Mar. 8. 18. 2 Pe. 1. 12, 13, 15; 3. 1. *let them slip. Gr.* run out, as leaking vessels. Hab. 1. 6; 2. 16.

2 *spoken.* De. 32. 2. Ps. 68. 17. Ac. 7. 53. Ga. 3. 19. *every.* ch. 10. 28. Ex. 32. 27, 28. Le. 10. 1, 2; 24. 14-16. Nu. 11. 33; 14. 28-37; 15. 30-36; 16. 31-35, 49; 20. 11, 12; 21. 6; 25. 9. De. 4. 3, 4; 17. 2, 5, 12; 27. 26. 1 Co. 10. 5-12. Jude 5. *recompence.* ch. 10. 35; 11. 6, 26. Gr.

3 *How.* ch. 4. 1, 11; 10. 28, 29; 12. 25. Is. 20. 6. Eze. 17. 15, 18. Mat. 23. 33. Ro. 2. 3. 1 Th. 5. 3. 1 Pe. 4. 17, 18. Re. 6. 16, 17. *so.* ch. 5. 9; 7. 25, 26. Is. 12. 2; 51. 5, 8; 62. 11. Lu. 1. 69. Jno. 3. 16-18. Ac. 4. 12. 1 Ti. 1. 15. Tit. 2. 11. Re. 7. 10. *began.* ch. 1. 2. Mat. 4. 17. Mar. 1. 14. Lu. 24. 19. Ac. 2. 22. *and was.* Mar. 16. 15-19. Lu. 1. 2; 24. 47, 48. Jno. 15. 27. Ac. 1. 22; 10. 40-42.

4 *God.* Mar. 16. 20. Jno. 15. 26. Ac. 2. 32, 33; 3. 15, 16; 4. 10; 14. 3; 19. 11, 12. Ro. 15. 18, 19. *gifts. or,* distributions. 1 Co. 12. 4-11. Ep. 4. 8-11. *according.* Da. 4. 35. Ep. 1. 5, 9.

5 *the world.* ch. 6. 5. 2 Pe. 3. 13. Re. 11. 15.

6 *in.* ch. 4. 4; 5. 6. 1 Pe. 1. 11. *What.* Job 7. 17, 18; 15. 14. See on Ps. 8. 4-8; 144. 3. Is. 40. 17. *the son.* Job 25. 6. Ps. 146. 3, 4. Is. 51. 12. *visitest.* Ge. 50. 24. Lu. 1. 68, 78; 7. 16.

7 *madest.* See on ver. 9. *a little lower than. or,* a little while inferior to.

8 *hast.* ver. 5; ch. 1. 13. Ps. 2. 6. Da. 7. 14. Mat. 28. 18. Jno. 3. 35; 13. 3. 1 Co. 15. 27. Ep. 1. 21, 22. Phi. 2. 9-11. 1 Pe. 3. 22. Re. 1. 5, 18; 5. 11-13. *But.* Job 39. 1-12; ch. 41. 1 Co. 15. 24, 25.

9 *Jesus.* ch. 8. 3; 10. 5. Ge. 3. 15. Is. 7. 14; 11. 1; 53. 2-10. Ro. 8. 3. Ga. 4. 4. Phi. 2. 7-9. *for the. or,* by the. *crowned.* Ps. 21. 3-5. Ac. 2. 33. Re. 19. 12. *by.* Jno. 3. 16. Ro. 5. 8, 18; 8. 32. 2 Co. 5. 21; 6. 1. 1 Jno. 4. 9, 10. *taste.* Mat. 6. 28. Mar. 9. 1. Lu. 9. 27. Jno. 8. 52. *for every.* Jno. 1. 29; 12. 32. 2 Co. 5. 15. 1 Ti. 2. 6. 1 Jno. 2. 2. Re. 5. 9.

10 *it.* ch. 7. 26. Ge. 18. 25. Lu. 2. 14; 24. 26, 46. Ro. 3. 25, 26. Ep. 1. 6-8; 2. 7; 3. 10. 1 Pe. 1. 12. *for.* Pr. 16. 4. Is. 43. 21. Ro. 11. 36. 1 Co. 8. 6. 2 Co. 5. 18. Col. 1. 16, 17. Re. 4. 11. *many.* Ho. .. 10. Jno. 11. 52. Ro. 8. 14-18, 29, 30; 9. 25, 26. 2 Co. 6. 18. Ga. 3. 26. Ep. 1. 5. 1 Jno. 3. 1, 2. Re. 7. 9. *glory.* Ro. 9. 23. 1 Co. 2. 7. 2 Co. 3. 18; 4. 17. Col. 3. 4. 2 Ti. 2. 10. 1 Pe. 5. 1, 10. *the captain.* ch. 6. 20; 12. 2. Jos. 5. 14, 15. Is. 55. 4. Mi. 2. 13. Ac. 3. 15; 5. 31. *perfect.* ch. 5. 8, 9. Lu. 13. 32; 24. 26, 46. Jno. 19. 30.

11 *he that.* ch. 10. 10, 14; 13. 12. Jno. 17. 19. *all.* ver. 14. Jno. 17. 21. Ac. 17. 26. Ga. 4. 4. *he is.* ch. 11. 16. Mar. 8. 38. Lu. 9. 26. *to call.* Mat. 12. 48-50; 25. 40; 28. 10. Jno. 20. 17. Ro. 8. 29.

12 *I will.* Ps. 22. 22, 25. *in.* Ps. 40. 10; 111. 1. Jno. 18. 20.

13 *I will.* 2 Sa. 22. 3. Ps. 16. 1; 18. 2; 36. 7, 8; 91. 2. Is. 12. 2; 50. 7-9. Mat. 27. 43. *Behold.* Is. 8. 18; 53. 10. *which.* Ge. 33. 5; 48. 9. Ps. 127. 3. Jno. 10. 29; 17. 6-12. 1 Co. 4. 15.

14 *the children.* See on ver. 10. *of flesh.* 1 Co. 15. 50. *he also.* ver. 18; ch. 4. 15. Ge. 3. 15. Is. 7. 14. Jno. 1. 14. Ro. 8. 3. Ga. 4. 4. Phi. 2. 7, 8. 1 Ti. 3. 16. *through.* ch. 9. 15. Is. 53. 12. Jno. 12. 24, 31-33. Ro. 14. 9. Col. 2. 15. Re. 1. 18. *destroy.* Is. 25. 8. Ho. 13. 14. 1 Co. 15. 54, 55. 2 Ti. 1. 10. *the devil.* Mat. 25. 41. 1 Jno. 3. 8-10. Re. 2. 10; 12. 9; 20. 2.

15 *deliver.* Job 33. 21-28. Ps. 33. 19; 56. 13; 89. 48. Lu. 1. 74, 75. 2 Co. 1. 10. *through.* Job 18. 11, 14; 24. 17. Ps. 55. 4; 73. 19. 1 Co. 15. 50-57. *subject.* Ro. 8. 15, 21. Ga. 4. 21. 2 Ti. 1. 7.

16 *verily.* ch. 6. 16; 12. 10. Ro. 2. 25. 1 Pe. 1. 20. *took not,* etc. *Gr.* taketh not hold of angels, but of the seed of Abraham he taketh hold. *the seed.* Ge. 22. 18. Mat. 1. 1, etc. Ro. 4. 16, etc. Ga. 3. 16, 29.

17 *it.* See on ver. 11, 14. Phi. 2. 7, 8. *a merciful.* ch. 3. 2, 5; 4. 15, 16; 5. 1, 2. Is. 11. 5. *to make.* Le. 6. 30; 8. 15. 2 Ch. 29. 24. Eze. 45. 15, 17, 20. Da. 9. 24. Ro. 5. 10. 2 Co. 5. 18-21. Ep. 2. 16. Col. 1. 21.

18 *suffered.* ch. 4. 15, 16; 5. 2, 7-9. Mat. 4. 1-10; 26. 37-39. Lu. 22. 53. *he is.* ch. 7. 25, 26. Jno. 10. 29. Phi. 3. 21. 2 Ti. 1. 12. Jude 24. *them.* 1 Co. 10. 13. 2 Co. 12. 7-10. 2 Pe. 2. 9. Re. 3. 10.

## CHAP. III.

*Christ is more worthy than Moses, 1-6; therefore if we believe not in him, we shall be more worthy punishment than hardhearted Israel, 7-19.*

1 *holy.* Col. 1. 22; 3. 12. 1 Th. 5. 27. 2 Ti. 1. 9. 1 Pe. 2. 9; 3. 5. 2 Pe. 1. 3-10. Re. 18. 20. *partakers.* ver. 14. Ro. 11. 17; 15. 27. 1 Co. 9. 23; 10. 17. 2 Co. 1. 7. Ep. 3. 6. Col. 1. 12. 1 Ti. 6. 2. 1 Pe. 5. 1. 2 Pe. 1. 4. 1 Jno. 1. 3. *the heavenly.* Ro. 1. 6, 7; 8. 28-30; 9. 24. 1 Co. 1. 2. Ep. 4. 1, 4. Phi. 3. 14. 1 Th. 2. 12. 2 Th. 1. 11; 2. 14. 1 Ti. 6. 12. 2 Ti. 1. 9. 1 Pe. 5. 10. 2 Pe. 1. 10. Jude 1. Re. 17. 14. *consider.* Is. 1. 3; 5. 12; 41. 20. Eze. 12. 3; 18. 28. Hag. 1. 5; 2. 15. Jno. 20. 27. 2 Ti. 2. 7. *the apostle.* Jno. 20. 21. Gr. Ro. 15. 8. *and.* ch. 2. 17; 4. 14, 15; 5. 1-10; 6. 20; 7. 26; 8. 1-3; 9. 11; 10. 21. Ps. 110. 4.

2 *faithful.* ch. 2. 17. Jno. 6. 38-40; 7. 18; 8. 29; 15. 10; 17. 4. *appointed.* Gr. made. 1 Sa. 12. 6. *as.* ver. 5. Nu. 12. 7. De. 4. 5. 1 Ti. 1. 12. *all.* ver. 6. Ep. 2. 22. 1 Ti. 3. 15.

3 *this.* ver. 6; ch. 1. 2-4; 2. 9. Col. 1. 18

*who.* Zec. 4. 9; 6. 12, 13. Mat. 16. 18. 1 Co. 3. 9. 1 Pe. 2. 5-7.

4 *but.* See on ver. 3; ch. 1. 2. Es. 2. 10; 3. 9.

5 *faithful.* ver. 2. Nu. 12. 7. Mat. 24. 45; 25. 21. Lu. 12. 42; 16. 10-12. 1 Co. 4. 2. 1 Ti. 1. 12. *as.* Ex. 14. 31. De. 3. 24; 34. 5. Jos. 1. 2, 7, 15; 8. 31, 33. Ne. 9. 14. Ps. 105. 26. *for.* ch. 8. 5; 9. 8-13, 24. De. 18. 15-19. Lu. 24. 27, 44. Jno. 5. 39, 46, 47. Ac. 3. 22, 23; 7. 37; 28. 23. Ro. 3. 21. 1 Pe. 1. 10-12.

6 *as.* ch. 1. 2; 4. 14. Ps. 2. 6, 7, 12. Is. 9. 6, 7. Jno. 3. 35, 36. Re. 2. 18. *whose.* ver. 2, 3. Mat. 16. 18. 1 Co. 3. 16; 6. 19. 2 Co. 6. 16. Ep. 2. 21, 22. 1 Ti. 3. 15. 1 Pe. 2. 5. *if.* ver. 14; ch. 4. 11; 6. 11; 10. 23, 35, 38, 39. Mat. 10. 22; 24. 13. Ga. 6. 9. Col. 1. 23. Re. 2. 25; 3. 11. *rejoicing.* Ro. 5. 2; 12. 12; 15. 13. 1 Th. 5. 16. 2 Th. 2. 16. 1 Pe. 1. 3-6, 8.

7 *as.* ch. 9. 8. 2 Sa. 23. 2. Mat. 22. 43. Mar. 12. 36. Ac. 1. 16; 28. 25. 2 Pe. 1. 21. *To-day.* ver. 13, 15; ch. 4. 7. Ps. 95. 7-11. Pr. 27. 1. Ec. 9. 10. Is. 55. 6. 2 Co. 6. 1, 2. Ja. 4. 13-15. *hear.* Ps. 81. 11, 13. Is. 55. 3. Mat. 17. 5. Jno. 5. 25; 10. 3, 16, 27. Re. 3. 20.

8 *Harden.* ver. 12, 13. Ex. 8. 15. 1 Sa. 6. 6. 2 Ki. 17. 14. 2 Ch. 30. 8; 36. 13. Ne. 9. 16. Job 9. 4. Pr. 28. 14; 29. 1. Je. 7. 26. Eze. 3. 7-9. Da. 5. 20. Zec. 7. 11, 12. Mat. 13. 15. Ac. 19. 9. Ro. 2. 5, 6. *as.* Nu. 14. 11, 22, 23. De. 9. 22-24. Ps. 78. 56. *of.* Ex. 17. 7. De. 6. 16. Ps. 78. 18; 106. 14. 1 Co. 10. 9.

9 *and.* Ex. 19. 4; 20. 22. De. 4. 3, 9; 11. 7; 29. 2. Jos. 23. 3; 24. 7. Lu. 7. 22. *forty.* Nu. 14. 33. De. 8. 2, 4. Jos. 5. 6. Am. 2. 10. Ac. 7. 36; 13. 8.

10 *I was.* Ge. 6. 6. Ju. 10. 16. Ps. 78. 40. Is. 63. 10. Mar. 3. 5. Ep. 4. 30. *err.* ver. 12. Ps. 78. 8. Is. 28. 7. Ho. 4. 12. Jno. 3. 19, 20; 8. 45. Ro. 1. 28. 2 Th. 2. 10-12. *they have.* Ps. 67. 2; 95. 10; 147. 20. Je. 4. 22. Ro. 3. 7.

11 *I sware.* ver. 18, 19; ch. 4. 3. Nu. 14. 20-23, 25, 27-30, 35; 32. 10-13. De. 1. 34, 35; 2. 14. *They shall not enter.* *Gr.* If they shall enter. *my rest.* See on ch. 4. 9.

12 *Take.* ch. 2. 1-3; 12. 15. Mat. 24. 4. Mar. 13. 9, 23, 33. Lu. 21. 8. Ro. 11. 21. 1 Co. 10. 12. *an.* See on ver. 10. Ge. 8. 21. Je. 2. 13; 3. 17; 7. 24; 11. 8; 16. 12; 17. 9; 18. 12. Mar. 7. 21-23. *in.* ch. 10. 38; 12. 25. Job 21. 14; 22. 17. Ps. 18. 21. Pr. 1. 32. Is. 59. 13. Je. 17. 5. Ho. 1. 2. *the.* See on 1 Th. 1. 9.

13 *exhort.* ch. 10. 24, 25. Ac. 11. 23. 1 Th. 2. 11; 4. 18; 5. 11. 2 Ti. 4. 2. *daily.* See on ver. 7. *the deceitfulness.* Pr. 28. 26. Is. 44. 20. Ob. 3. Ro. 7. 11. Ep. 4. 22. Ja. 1. 14.

14 *we are.* ver. 1; ch. 6. 4; 12. 10. Ro. 11. 17. 1 Co. 1. 30; 9. 23; 10. 17. Ep. 3. 6. 1 Ti. 6. 2. 1 Pe. 4. 13; 5. 1. 1 Jno. 1. 3. *if.* See on ver. 6; ch. 6. 11.

15 *To day.* See on ver. 7, 8; ch. 10. 38, 39.

16 *some.* See on ver. 9, 10. Nu. 14. 2, 4; 26. 65. Ps. 78. 17. *not.* Nu. 14. 24, 30, 38. De. 1. 36, 38. Jos. 14. 7-11. Ro. 11. 4, 5.

17 *with whom.* See on ver. 10. *was it.* Nu. 26. 64, 65. 1 Co. 10. 1-13. *whose.* Nu. 14. 22, 29, 32, 33. De. 2. 15, 16. Je. 9. 22. Jude 5.

18 *to whom.* See on ver. 11. Nu. 14. 30. De. 1. 34, 35. *but.* Nu. 14. 11; 20. 12. De. 1. 26-32; 9. 23. Ps. 106. 24-26.

19 Mar. 16. 16. Jno. 3. 18, 36. 2 Th. 2. 12. 1 Jno. 5. 10. Jude 5.

## CHAP. IV.

*The rest of Christians is attained by faith,* 1-11. *The power of God's word,* 12, 13. *By our high priest Jesus, the Son of God,* 14, 15, *we may and must go boldly to the throne of grace,* 16.

1 *us therefore.* ver. 11; ch. 2. 1-3; 12. 15, 25; 13. 7. Pr. 14. 16; 28. 14. Je. 32. 40. Ro. 11. 20. 1 Co. 10. 12. *a promise.* ver. 9. Nu. 14. 34. 1 Sa. 2. 30. Ro. 3. 3, 4. 2 Ti. 2. 13. *his.* ver. 3-5. See on ch. 3. 11. *any.* Mat. 7. 21-23, 26, 27; 24. 48-51; 25. 1-3. Lu. 12. 45, 46; 13. 25-30. Ro. 3. 23. 1 Co. 9. 26, 27.

2 *unto us.* Ac. 3. 26; 13. 46. Ga. 3. 8; 4. 13. 1 Pe. 1. 12. *preached.* *Gr.* of hearing. Ro. 10. 16, 17, marg. *did.* Ro. 2. 25. 1 Co. 13. 3. 1 Ti. 4. 8. *not being,* etc. *or,* because they were not united by faith to. ver. 6; ch. 3. 12, 18, 19; 11. 6. 1 Th. 1. 5; 2. 13. 2 Th. 2. 12, 13. Ja. 1. 21.

3 *we.* ch. 3. 14. Is. 28. 12. Je. 6. 16. Mat. 11. 28, 29. Ro. 5. 1, 2. *As I.* See on ch. 3. 11. Ps. 95. 11. *the works.* Ge. 1. 31. Ex. 20. 11. *from.* ch. 9. 26. Mat. 13. 35. Ep. 1. 4. 1 Pe. 1. 20.

4 *in.* See on ch. 2. 6. *God.* Ge. 2. 1, 2. Ex. 20. 11; 31. 17.

5 ver. 3; ch. 3. 11.

6 *it remaineth.* ver. 9. 1 Co. 7. 29. *some.* Nu. 14. 12, 31. Is. 65. 15. Mat. 21. 43; 22. 9, 10. Lu. 14. 21-24. Ac. 13. 46, 47; 28. 28. *they.* ver. 2; ch. 3. 19. Ga. 3. 8. *it was.* *or,* the gospel was. *entered.* See on ch. 3. 18, 19.

7 *saying.* ch. 3. 7, 8. 2 Sa. 23. 1, 2. Mat. 22. 43. Mar. 12. 36. Lu. 20. 42. Ac. 2. 29 31; 28. 25. *To day.* ch. 3. 7, 15. Ps. 95. 7. *after.* 1 Ki. 6. 1. Ac. 13. 20-23.

8 *Jesus, that is,* Joshua. See on Ac. 7. 45. *had.* ch. 11. 13-15. De. 12. 9; 25. 19. Jos. 1. 15; 22. 4; 23. 1. Ps. 78. 55; 105. 44.

9 *remaineth.* ver. 1, 3; ch. 3. 11. Is. 11. 10; 57. 2; 60. 19, 20. Re. 7. 14-17; 21. 4. *rest.* *or,* keeping of a sabbath. *people.* ch. 11. 25. Ps. 47. 9. Mat. 1. 21. Tit. 2. 14. 1 Pe. 2. 10.

10 *he that.* ch. 1. 3; 10. 12. Re. 14. 13. *hath.* Jno. 19. 30. 1 Pe. 4. 1, 2. *as.* See on ver. 3, 4.

11 *Let.* ver. 1; ch. 6. 11. Mat. 7. 13; 11. 12, 28-30. Lu. 13. 24; 16. 16. Jno. 6. 27. Phi. 2. 12. 2 Pe. 1. 10, 11. *lest.* See on ch. 3. 12, 18, 19. *unbelief.* *or,* disobedience. Ac. 26. 19. Ro. 11. 30-32. Ep. 2. 2; 5. 6. Col. 3. 6. Tit. 1. 16; 3. 3. Gr.

12 *the word.* ch. 13. 7. Is. 49. 2. Lu. 8. 11. Ac. 4. 31. 2 Co. 2. 17; 4. 2. Re. 20. 4. *is quick.* Ps. 110. 2; 119. 130. Ec. 12. 11. Is. 55. 11. Je. 23. 29. Ro. 1. 16. 1 Co. 1. 24. 2 Co. 10. 4, 5. 1 Th. 2. 13. Ja. 1. 18. 1 Pe. 1. 23. Jno. 6. 51. 1 Pe. 2. 4, 5. Gr. *sharper.* Ps. 45. 3; 149. 6. Pr. 5. 4. Is. 11. 4; 49. 2. Ac. 2. 37; 5. 33. Ep. 6. 17. Re. 1. 16; 2. 16; 19. 15, 23. *and is.* Ps. 139. 2. Je. 17. 10. 1 Co. 14. 24, 25. Ep. 5. 13. Re. 2. 23.

13 *is there.* 1 Sa. 16. 7. 1 Ch. 28. 9. 2 Ch. 6. 30. Ps. 7. 9; 23. 13-15; 44. 21; 90. 8; 139. 11, 12. Pr. 15. 3, 11. Je. 17. 10, 23, 24. Jno. 2. 24; 21. 17. 1 Co. 4. 5. Re. 2. 23. *naked.* Job 26. 6; 34. 21; 38. 17. *with.* Ec. 12. 14. Mat. 7, 21, 22; 25. 31, 32. Jno. 5. 22-29. Ac. 17. 31. Ro. 2. 16; 14. 9-12. 2 Co. 5. 10. Re. 20. 11-15.

14 *a great.* ch. 2. 17; 3. 1; 3. 5, 6. *that is.* ch. 1. 3; 6. 20; 7. 25, 26; 8. 1; 9. 12, 24; 10. 12; 12. 2. Mar. 16. 19. Lu. 24. 51. Ac. 1. 11; 3. 21. Ro. 8. 34. *Jesus.* ch. 1. 2, 8. Mar. 1. 1. *let.* See on ch. 2. 1; 3. 6, 14; 10. 23.

15 *we have.* ch. 5. 2. Ex. 23. 9. Is. 53. 4, 5. Ho. 11. 8. Mat. 8. 16, 17; 12. 20. Phi. 2. 7, 8. *tempted.* See on ch. 2. 17, 18. Lu. 4. 2; 22. 28. *yet.* ch. 7. 26. Is. 53. 9. Jno. 8. 46. 2 Co. 5. 21. 1 Pe. 2. 22. 1 Jno. 3. 5.

16 *come.* ch. 10. 19-23; 13. 6. Ro. 8. 15-17. Ep. 2. 18; 3. 12. *the throne.* ch. 9. 5. Ex. 25. 17-22. Le. 16. 2. 1 Ch. 28. 11. *obtain.* Is. 27. 11; 55. 6, 7. Mat. 7. 7-11. 2 Co. 12. 8-10. Phi. 4. 6, 7. 1 Pe. 2. 10.

## CHAP. V.

*The honour of our Saviour's priesthood,* 1-10. *Negligence in the knowledge thereof is reproved,* 11-14.

1 *every.* ch. 10. 11. Ex. 28. 1, etc.; 29. 1, etc. Le. 8. 2. *is ordained.* ch. 8. 3. *for men.* ch. 2. 17. Nu. 16. 46-48; 18. 1-3. *both.* ch. 8. 3; 9. 9; 10. 11; 11. 4. Le. 9. 7, 15-21.

2 *Who.* ch. 2. 18; 4. 15. *have compassion on.* *or,* reasonably bear with. *ignorant.* Nu. 15. 22-29. 1 Ti. 1. 13. *them.* ch. 12. 13. Ex. 32. 8. Ju. 2. 17. Is. 30. 11. *is compassed.* ch. 7. 28. Ex. 32. 2-5, 21-24. Nu. 12. 1-9; 20. 10-12. Lu. 22. 32. 2 Co. 11. 30; 12. 5, 9, 10. Ga. 4. 13.

3 *as.* ch. 7. 27; 9. 7. Ex. 29. 12-19. Le. 4. 3-12; 8. 14-21; 9. 7; 16. 6, 15.

4 Ex. 28. 1. Le. 8. 2. Nu. 3. 3; 16. 5, 7, 10, 35, 40, 46-48; 17. 3-11; 18. 1-5. 1 Ch. 23. 13. 2 Ch. 26. 18. Jno. 3. 27.

5 *Christ.* Jno. 7. 18; 8. 54. *Thou.* ch. 1. 5. Ps. 2. 7. Mi. 5. 2. Jno. 3. 16. Ac. 13. 33. Ro. 8. 3.

6 *Thou.* ver. 10; ch. 6. 20; 7. 3, 15, 17, 21. Ps. 110. 4. *Melchisedec.* Ge. 14. 18, 19.

7 *the.* ch. 2. 14. Jno. 1. 14. Ro. 8. 3. Ga. 4. 4. 1 Ti. 3. 16. 1 Jno. 4. 3. 2 Jno. 7. *when.* Ps. 22. 1-21; 69. 1; 88. 1. Mat. 26. 28-44. Mar. 14. 32-39. Le. 22. 41-44. Jno. 17. 1. *with.* Mat. 27. 46, 50. Mar. 15. 34, 37. *tears.* Is. 53. 3, 11. Jno. 11. 35. *unto.* Mat. 26. 52, 53. Mar. 14. 36. *and.* ch. 13. 20. Ps. 18. 19, 20; 22. 21, 24; 40. 1-3; 69. 13-16. Is. 49. 8. Jno. 11. 42; 17. 4, 5. *in that he feared.* *or,* for his piety. ch. 12. 28. Mat. 26. 37, 38. Mar. 14. 33, 34. Lu. 22. 42-44. Jno. 12. 27, 28.

8 *he were.* ch. 1. 5, 8; 3. 6. *yet.* ch. 10. 5-9. Is. 50. 5, 6. Mat. 3. 15. Jno. 4. 34; 6. 38; 15. 10. Phi. 2. 8.

9 *being.* ch. 2. 10; 11. 40. Da. 9. 24. Lu. 13. 32. Jno. 19. 30. Gr. *he became.* ch. 12. 2. Ps. 68. 18-20. Is. 45. 22; 49. 6. Ac. 3. 15, marg.; 4. 12. *eternal.* ch. 2. 3; 9. 12, 15. Ps. 45. 17; 51. 6, 8. 2 Th. 2. 16. 2 Ti. 2. 10. 1 Jno. 5. 20. Jude 21. *unto.* ch. 11. 8. Is. 50. 10; 55. 3. Zec. 6. 15. Mat. 7. 24-27; 17. 5. Ac. 5. 32. Ro. 1. 5; 2. 8; 6. 17; 10. 16; 15. 18. 2 Co. 10. 5. 2 Th. 1. 8. 1 Pe. 1. 22.

10 ver. 5, 6; ch. 6. 20.

11 *we.* 1 Ki. 10. 1. Jno. 6. 6; 16. 12. 2 Pe. 3. 16. *dull.* Is. 6. 10. Mat. 13. 15. Mar. 8. 17, 18, 21. Lu. 24. 25. Ac. 28. 27.

12 *for the.* Mat. 17. 17. Mar. 9. 19. *teachers.* Ezr. 7. 10. Ps. 34. 11. 1 Co. 14. 19. Col. 3. 16. Tit. 2. 3, 4. *teach.* Is. 28. 9, 10, 13. Phi. 3. 1. *the first.* ch. 6. 1. *the oracles.* 2 Sa. 16. 23. Ac. 7. 38. Ro. 3. 2. 1 Pe. 4. 11. *as have.* ver. 13. Is. 55. 1. 1 Co. 3. 1-3. 1 Pe. 2. 2.

13 *is unskilful.* *Gr.* hath no experience. *the word.* Ps. 119. 123. Ro. 1. 17, 18; 10. 5, 6. 2 Co. 3. 9. 2 Ti. 3. 16. *he.* Is. 28. 9. Mat. 11. 25. Mar. 10. 15. Ro. 2. 20. 1 Co. 13. 11; 14. 20. Ep. 4. 14. 1 Pe. 2. 2.

14 *of full age.* *or,* perfect. Mat. 5. 48. 1 Co. 2. 6. Ep. 4. 13. Phi. 3. 15. Ja. 3. 2. Gr. *use.* *or,* an habit, *or,* perfection. *their.* Job 6. 30; 12. 11; 34. 3. Ps. 119. 103. Ca. 1. 3; 2. 3. Mat. 6. 22, 23. Ep. 1. 18. *to discern.* Ge. 3. 5. 2 Sa. 14. 17. 1 Ki. 3. 9, 11. Is. 7. 15. Ro. 14. 1. Gr. 1 Co. 2. 14, 15. Phi. 1. 9, 10. Gr. 1 Th. 5. 21.

## CHAP. VI.

*He exhorts not to fall back from the faith*, 1-10; *but to be stedfast*, 11, *diligent, and patient to wait upon God*, 12; *because God is most sure in his promise*, 13-20.

1 *leaving*. See on ch. 5. 12-14. *principles of the doctrine. or*, word of the beginning. Mar. 1. 1. Jno. 1. 1-3. 1 Ti. 3. 16. *let*. ch. 7. 11; 12. 13. Pr. 4. 18. Mat. 5. 48. 1 Co. 13. 10. 2 Co. 7. 1. Ep. 4. 12. Phi. 3. 12-15. Col. 1. 28; 4. 12. Ja. 1. 4. 1 Pe. 5. 10. 1 Jno. 4. 12. *laying*. Mat. 7. 25. Lu. 6. 48. 1 Co. 3. 10-12. 1 Ti. 6. 19. 2 Ti. 2. 19. *repentance*. Is. 55. 6, 7. Eze. 18. 30-32. Zec. 12. 10. Mat. 3. 2; 4. 17; 21. 29, 32. Mar. 6. 12. Ac. 2. 38; 3. 19; 11. 18; 17. 30; 20. 21; 26. 20. 2 Co. 7. 10. 2 Ti. 2. 25, 26. *dead*. ch. 9. 14. Ga. 5. 19-21. Ep. 2. 1, 5. *faith*. ch. 11. 6. Jno. 5. 24; 12. 44; 14. 1. 1 Pe. 1. 21. 1 Jno. 5. 10-13.

2 *the doctrine*. ch. 9. 10. Mar. 7. 4, 8. Lu. 11. 38. Gr. Mat. 3. 14; 20. 22, 23; 28. 19. Mar. 16. 16. Lu. 3. 16; 12. 50. Jno. 1. 33; 3. 25, 26; 4. 1, 2. Ac. 2. 38, 41; 8. 12, 13, 16, 36-38; 10. 47; 16. 15, 33; 19. 2-5. Ro. 6. 3, 4. 1 Co. 1. 12-17; 10. 2; 12. 13. Col. 2. 12. 1 Pe. 3. 20, 21. *laying*. Ac. 6. 6; 8. 14-18; 13. 3; 19. 6. *resurrection*. ch. 11. 35. Is. 26. 19. Eze. 37. 1-14. Da. 12. 2. Mat. 22. 23-32. Lu. 14. 14. Jno. 5. 29; 11. 24, 25. Ac. 4. 2; 17. 18, 31, 32; 23. 6; 24. 15, 21; 26. 8. Ro. 6. 5. 1 Co. 15. 13-57. Phi. 3. 21. 1 Th. 4. 14-18. 2 Ti. 2. 18. *eternal*. Ec. 12. 14. Mat. 25. 31-46. Ac. 17. 31; 24. 25. Ro. 2. 5-10, 16. 2 Co. 5. 10. 2 Pe. 3. 7. Jude 14, 15. Re. 20. 10-15.

3 *if*. Ac. 18. 21. Ro. 15. 32. 1 Co. 4. 19; 16. 7. Ja. 4. 15.

4 *it is*. ch. 10. 26-29; 12. 15-17. Mat. 5. 13; 12. 31, 32, 45. Lu. 11. 24-26. Jno. 15. 6. 2 Ti. 2. 25; 4. 14. 2 Pe. 2. 20-22. 1 Jno. 5. 16. *were once*. ch. 10. 32. Nu. 24. 3, 15, 16. *and have*. Mat. 7. 21, 22. Lu. 10. 19, 20. Jno. 3. 27; 4. 10; 6. 32. Ac. 8. 20; 10. 45; 11. 17. Ro. 1. 11. 1 Co. 13. 1, 2. Ep. 2. 8; 3. 7; 4. 7. 1 Ti. 4. 14. Ja. 1. 17, 18. *partakers*. ch. 2. 4. Ac. 15. 8. Ga. 3. 2, 5.

5 *tasted*. Mat. 13. 20, 21. Mar. 4. 16, 17; 6. 20. Lu. 8. 13. 1 Pe. 2. 3. 2 Pe. 2. 20. *the powers*. ch. 2. 5.

6 *to renew*. See on ver. 4. Ps. 51. 10. Is. 1. 28. 2 Ti. 2. 25. *they crucify*. ch. 10. 29. Zec. 12. 10, etc. Mat. 23. 31, 32. Lu. 11. 48. *an open*. ch. 12. 2. Mat. 27. 38-44. Mar. 15. 29-32. Lu. 23. 35-39.

7 *the earth*. De. 28. 11, 12. Ps. 65. 9-13; 104. 11-13. Is. 55. 10-13. Joel 2. 21-26. Ja. 5. 7. *by. or*, for. *receiveth*. Ge. 27. 27. Le. 25. 21. Ps. 24. 5; 65. 10; 126. 6. Is. 44. 3. Eze. 34. 26. Ho. 10. 12. Mal. 3. 10.

8 *beareth*. ch. 12. 17. Ge. 3. 17, 18; 4. 11; 5. 29. De. 29. 28. Job 31. 40. Ps. 107. 34. Is. 5. 1-7. Je. 17. 6; 44. 22. Mar. 11. 14, 21. Lu. 13. 7-9. *whose*. ch. 10. 27. Is. 27. 10, 11. Eze. 15. 2-7; 20. 47. Mal. 4. 1. Mat. 3. 10; 7. 19; 25. 41. Jno. 15. 6. Re. 20. 15.

9 *beloved*. ver. 4-6, 10; ch. 10. 34, 39. Phi. 1. 6, 7. 1 Th. 1. 3, 4. *things*. ch. 2. 3; 5. 9. Is. 57. 15. Mat. 5. 3-12. Mar. 16. 16. Ac. 11. 18; 20. 21. 2 Co. 7. 10. Ga. 5. 6, 22, 23. Tit. 2. 11-14.

10 *For*. Pr. 14. 31. Mat. 10. 42; 25. 40. Jno. 13. 20. *God*. De. 32. 4. Ro. 3. 4, 5. 2 Th. 1. 6, 7. 2 Ti. 4. 8. 1 Jno. 1. 9. *to forget*. Ne. 5. 19; 13. 22, 31. Ps. 20. 3. Je. 2. 2, 3; 18. 20. Ac. 10. 4, 31. *work*. 1 Co. 13. 4-7. Ga. 5. 6, 13. 1 Th. 1. 3. 1 Jno. 3. 17, 18. *which*. ch. 13. 16. Pr. 14. 31. Mat. 10. 42; 25. 35-40. Mar. 9. 41. Ac. 2. 44, 45; 4. 34, 35; 9. 36-39; 11. 29. Ro. 12. 13; 15. 25-27. 1 Co. 16. 1-3. 2 Co. 8. 1-9; 9. 1, 11-15. Ga. 6. 10. Phi. 4. 16-18. Col. 3. 17. 1 Ti. 6. 18. 2 Ti. 1. 17, 18. Phile. 5-7. Ja. 2. 15-17. 1 Jno. 3. 14-17.

11 *we desire*. Ro. 12. 8, 11. 1 Co. 15. 58. Ga. 6. 9. Phi. 1. 9-11; 3. 15. 1 Th. 4. 10. 2 Th. 3. 13. 2 Pe. 1. 5-8; 3. 14. *to the*. ch. 3. 6, 14; 10. 22. Is. 32. 17. Col. 2. 2. 1 Th. 1. 5. 2 Pe. 1. 10. 1 Jno. 3. 14, 19. *of hope*. ver. 18-20. Ro. 5. 2-5; 8. 24, 25; 12. 12; 15. 13. 1 Co. 13. 13. Ga. 5. 5. Col. 1. 5, 23. 2 Th. 2. 16, 17. 1 Pe. 1. 3-5, 21. 1 Jno. 3. 1-3. *unto*. ch. 3. 6, 14; 10. 32-35. Mat. 24. 13. Re. 2. 26.

12 *ye*. ch. 5. 11. Gr. Pr. 12. 24; 13. 4; 15. 19; 18. 9; 24. 30-34. Mat. 25. 26. Ro. 12. 11. 2 Pe. 1. 10. *but*. ch. 12. 1; 13. 7. Ca. 1. 8. Je. 6. 16. Ro. 4. 12. Ja. 5. 10, 11. 1 Pe. 3. 5, 6. *faith*. ver. 15; ch. 10. 36; 11. 8-16. Lu. 8. 15. Ro. 2. 7; 8. 25, 26. 1 Th. 1. 3. Re. 13. 10; 14. 12. *inherit*. ch. 1. 14; 10. 36; 11. 9, 17, 33. Mat. 22. 32. Lu. 16. 22; 20. 37, 38. 1 Jno. 2. 25. Re. 14. 13.

13 *he sware*. ver. 16-18. Ge. 22. 15-18. Eze. 32. 13. Ps. 105. 9, 10. Is. 45. 23. Je. 22. 5; 49. 13. Mi. 7. 20. Lu. 1. 73.

14 *multiplying*. Ge. 17. 2; 48. 4. Ex. 32. 13. De. 1. 10. Ne. 9. 23.

15 ver. 12. Ge. 12. 2, 3; 15. 2-6; 17. 16, 17; 21. 2-7. Ex. 1. 7. Hab. 2. 2, 3. Ro. 4. 17-25.

16 *swear*. ver. 13. Ge. 14. 22; 21. 23. Mat. 23. 20-22. *an oath*. Ge. 21. 30, 31; 31. 53. Ex. 22. 11. Jos. 9. 15-20. 2 Sa. 21. 2. Eze. 17. 16-20.

17 *more*. Ps. 36. 8. Ca. 5. 1. Is. 55. 7. Jno. 10. 10. 1 Pe. 1. 3. *the heirs*. ver. 12; ch. 11. 7, 9. Ro. 8. 17. Ga. 3. 29. Ja. 2. 5. 1 Pe. 3. 7. *the immutability*. ver. 18. Job 23. 13, 14. Ps. 33. 11. Pr. 19. 21. Is. 14. 24, 26, 27; 46. 10; 54. 9, 10; 55. 11. Je. 33. 20, 21, 25, 26. Mal. 3. 6. Ro. 11. 29. Ja. 1. 17. *confirmed it. Gr*. interposed himself. ver. 16. Ge. 26. 28. Ex. 22. 11.

18 *two*. ch. 3. 11; 7. 21. Ps. 110. 4. Mat. 24. 35. *impossible*. Nu. 23. 19. 1 Sa. 15. 29. Ro. 3. 4. 2 Ti. 2. 13. Tit. 1. 2. 1 Jno. 1. 10; 5. 10. *we might*. Is. 51. 12; 66. 10-13. Lu. 2. 25. Ro. 15. 5. 2 Co. 1. 5-7. Phi. 2. 1. 2 Th. 2. 16, 17. *who*. ch. 11. 7. Ge. 19. 22. Nu. 35. 11-15. Jos. 20. 3. Ps. 46. 1; 62. 8. Is. 32. 1, 2. Zec. 9. 12. Mat. 3. 7. 2 Co. 5. 18-21. 1 Th. 1. 10. *lay*. 1 Ki. 2. 28. Pr. 3. 18; 4. 13. Is. 27. 5; 56. 4; 64. 7. 1 Ti. 6. 12. *the hope*. Col. 1. 5, 23, 27. 1 Ti. 1. 1. *set*. ch. 12. 1, 2. Ro. 3. 25.

19 *as an*. Ac. 27. 29, 40. *both*. Ps. 42. 5, 11; 43. 5; 62. 5, 6; 146. 5, 6. Is. 12. 2; 25. 3, 4; 28. 16. Je. 17. 7, 8. Ro. 4. 16; 5. 5-10; 8. 28-39. 1 Co. 15. 58. 2 Ti. 2. 19. *entereth*. ch. 4. 16; 9. 3, 7; 10. 20, 21. Le. 16. 2, 15. Mat. 27. 51. Ep. 2. 6. Col. 3. 1.

20 *the forerunner*. ch. 2. 10. Jno. 14. 2, 3. *for*. ch. 1. 3; 4. 14; 8. 1; 9. 12, 24; 12. 2. Ro. 8. 34. Ep. 1. 3, 20-23. 1 Pe. 3. 22. 1 Jno. 2. 12. *an*. See on ch. 3. 1; 5. 6, 10; 7. 1-21.

## CHAP. VII.

*Christ Jesus is a priest after the order of Melchisedec*, 1-10; *and so far more excellent than the priests of Aaron's order*, 11-28.

1 *this*. ch. 6. 20. Ge. 14. 18-20. *Salem*. Ps. 76. 2. *the most*. Ps. 57. 2; 78. 35, 56. Da. 4. 2; 5. 18, 21. Mi. 6. 6. Mar. 5. 7. Ac. 16. 17. *the slaughter*. Ge. 16. 14-16. Is. 41. 2, 3.

2 *a tenth*. Ge. 28. 22. Le. 27. 32. Nu. 18. 21. 1 Sa. 8. 15, 17. *King of righteousness*. 2 Sa. 8. 15; 23. 3. 1 Ki. 4. 24, 25. 1 Ch. 22. 9. Ps. 45. 4-7; 72. 1-3, 7; 85. 10, 11. Is. 9. 6, 7; 32. 1, 2; 45. 22-25. Je. 23. 5, 6; 33. 15, 16. Mi. 5. 5. Lu. 2. 14. Ro. 3. 26; 5. 1, 2. Ep. 14-18.

3 *Without father*. That is, as the Syriac renders, 'Whose father and mother are not inscribed among the genealogies; and therefore it was not known who he was. *descent. Gr* pedigree. Ex. 6. 18, 20-27. 1 Ch. 6. 1-3. *a priest*. ver. 17 23-28.

4 *the patriarch*. Ac. 2. 29; 7. 8, 9. *Abraham*. Ge. 12. 2; 17. 5, 6. Ro. 4. 11-13, 17, 18. Ga. 3. 28, 29. Ja. 2. 23. *gave*. Ge. 14. 20.

5 *who*. ch. 5. 4. Ex. 28. 1. Nu. 16. 10, 11; 17. 3-10; 18. 7, 21-26. *to take*. Le. 27. 30-33. Nu. 18. 26-32. 2 Ch. 31. 4-6. Ne. 13. 10. *come*. ver. 10. Ge. 35. 11; 46. 26. Ex. 1. 5. 1 Ki. 8. 19.

6 *descent. Gr*. pedigree. ver. 3. *received*. ver. 4. Ge. 14. 19, 20. *had*. ch. 6. 13-15; 11. 13, 17. Ge. 12. 2, 13; 13. 14-17; 17. 4-8; 22. 17, 18. Ac. 3. 25. Ro. 4. 13; 9. 4. Ga. 3. 16.

7 *without*. 1 Ti. 3. 16. *the less*. ch. 11. 20, 21. Ge. 28. 20-40; 28. 1-4; 47. 7-10; 48. 15-20; 49. 28. Nu. 6. 23-27. De. 32. 1. 2 Sa. 6. 20. 1 Ki. 8. 55. 2 Ch. 30. 27. Lu. 24. 50, 51. 2 Co. 13. 14.

8 *men*. ver. 23; ch. 9. 27. *he liveth*. ch. 3. 16, 24, 25; 5. 6; 6. 20. Jno. 11. 25, 26; 14. 6, 19. Re. 1. 18.

9 *payed*. ver. 4. Ge. 14. 20. Ro. 5. 12, marg.

10 ver. 5. Ge. 35. 11; 46. 26. 1 Ki. 8. 19.

11 *perfection*. Τελειωσις, *completion*, or *fulfilment* of the plan and purpose of God. ver. 18, 19; ch. 8. 7, 10-13; 10. 1-4. Ga. 2. 21; 4. 3, 9. Col. 2. 10-17. *what*. ver. 26-28. *another*. ver. 15, 17, 21. See on ch. 5. 6, 10; 6. 20.

12 *a change*. Is. 66. 21. Je. 31. 31-34. Eze. 16. 61. Ac. 6. 13, 14.

13 *of which*. Nu. 16. 40; 17. 5. 2 Ch. 26. 16-21.

14 *our Lord*. Lu. 1. 43. Jno. 20. 13, 28. Ep. 1. 3. Phi. 3. 8. *sprang*. Ge. 46. 12; 49. 10. Ru. 4. 18-22. Is. 11. 1. Je. 23. 5, 6. Mi. 5. 2. Mat. 1. 3-16. Lu. 2. 23-33; 3. 33. Ro. 1. 3; 2. 3. Re. 5. 5; 22. 16.

15 *after*. ver. 3, 11, 17-21. Ps. 110. 4.

16 *the law*. ch. 9. 9, 10; 10. 1. Ga. 4. 3, 9. Col. 2. 14, 20. *the power*. ver. 3, 17, 21, 24, 25, 28. Re. 1. 18.

17 ver. 15, 21; ch. 5. 6, 10; 6. 20. Ps. 110. 4.

18 *a disannulling*. ver. 11, 12; ch. 8. 7-13; 10. 1-9. Ro. 3. 31. Ga. 3. 15, 17. *the weakness*. ver. 19; ch. 8. 7, 8; 9. 9, 10; 10. 1-4; 13. 9. Ac. 13. 39. Ro. 8. 3. Ga. 4. 9, 21. 1 Ti. 4. 8.

19 *the law*. See on ver. 11; ch. 9. 9. Ac. 13. 39. Ro. 3. 20, 21; 8. 3. Ga. 2. 16. *made*. Ουδεν ετελειωσεν, *completed nothing*; it was the *introduction*, but not the *completion*. *the bringing in. or, it was* the bringing in. Ga. 3. 24. *a better*. ch. 6. 18; 8. 6; 11. 40. Jno. 1. 17. Ro. 8. 3. Col. 1. 27. 1 Ti. 1. 1. *we*. ch. 4. 16; 10. 19-22. Ps. 73. 28. Jno. 14. 6. Ro. 5. 2. Ep. 2. 13-18; 3. 12.

21 *an oath*. or, swearing of an oath. *The Lord*. ver. 17. Ps. 110. 4. *sware*. See on ch. 6. 16-18.

22 *a surety*. Ge. 43. 9; 44. 32. Pr. 6. 1; 20. 16. *of a*. ch. 8. 6-12; 9. 15-23; 12. 24; 13. 20. Da. 9. 27. Mat. 26. 28. Mar. 14. 24. Lu. 22. 20. 1 Co. 11. 25. *testament*. Rather *covenant*, διαθηκη.

23 *were*. ver. 8. 1 Ch. 6. 3-14. Ne. 12. 10, 11.

24 *But*. Ο δε, *But he*, that is, Christ, because 'he continueth ever,' hath απαραβατον ιερωσυνην, 'a priesthood that passeth not away from him.' *he continueth*. See on ver. 8-25, 28; ch. 13. 8. Is. 9. 6, 7. Jno. 12. 34. Ro. 6. 9. Re. 1. 18. *hath*. 1 Sa. 2. 35. *an unchangeable priesthood. or*, a priesthood which passeth not from one to another.

25 *he is*. ch. 2. 18; 5. 7. Is. 45. 22; 63. 1. Da. 3. 15, 17, 29; 6. 20. Jno. 5. 37-40; 10. 29, 30. Ep. 3. 20. Phi. 3. 21. 2 Ti. 1. 12. Jude 24. *to the uttermost. or*, evermore. *come*. ver. 19; 11. 6. Job 22. 17; 23. 3. Ps. 68. 31, 32. Is. 45. 24. Je. 3. 22. *by him*. ch. 13. 15. Jno. 14. 6. Ro. 5. 2. Ep. 2. 18; 3. 12. 1 Jno. 2. 1, 2. *ever*. See on ver. 8, 16, 24. *to make*. ch. 9. 24. Is. 53. 12; 59. 16. Da. 9. 16. Jno. 14. 13, 16; 16. 23, 24; 17. 9-26. Ro. 8. 34. 1 Ti. 2. 5. 1 Jno. 2. 1, 2. Re. 8. 3, 4.

26 *such*. ver. 11; ch. 8. 1; 9. 23-26; 10. 11-22. *became*. ch. 2. 10. Lu. 24. 26, 46. *holy*. ch. 4. 15; 9. 14. Ex. 28. 36. Is. 53. 9. Lu. 1. 35; 23. 22, 41, 47. Jno. 8. 29; 14. 30. Ac. 3. 14; 4. 27. 2 Co. 5. 21. 1 Pe. 1. 19; 2. 22. 1 Jno. 2. 2; 3. 5. Re. 3. 7. *made*. ch. 1. 3; 4. 14; 8. 1; 12. 2. Ps. 68. 18. Mat. 27. 18. Mar. 16. 19. Ep. 1. 20-22; 4. 8-10. Phi. 2. 9-11. 1 Pe. 3. 22, Re. 1. 17, 18.

27 *daily*. ch. 10. 11. Ex. 29. 36-42. Nu. 28. 2-10. *first*. ch. 5. 3; 9. 7. Le. 4. 3, etc.; 9. 7, etc.; 16. 6, 11. *and then*. Le. 4. 13-16; 9. 15; 16. 15. *this*. ch. 9. 12, 14, 25, 28; 10. 6-12. Is. 53. 10-12. Ro. 6. 10. Ep. 2. 25. Tit. 2. 14.

28 *the law maketh*. See on ch. 5. 1, 2. Ex. 32. 21, 22. Le. 4. 3.

*the word.* See on ver. 21. Ps. 110. 4. *maketh the.* See on ver. 3; ch. 1. 2; 3. 6; 4. 14; 5. 5, 8. *who.* ver. 21, 24. *consecrated.* *Gr.* perfected. ch. 2. 10; 5. 9. Lu. 13. 32. Jno. 19. 30. Gr.

## CHAP. VIII.

*By the eternal priesthood of Christ the Levitical priesthood of Aaron is abolished,* 1-6; *and the temporal covenant with the fathers, by the eternal covenant of the Gospel,* 7-13.

1 *sum.* Or, *chief, principal point,* in both which senses κεφαλαιον is used by profane writers. *We have.* See on ch. 7. 26-28. *who.* See on ch. 1. 3, 13; 10. 12; 12. 2. Ep. 6. 20. Col. 3. 1. Re. 3. 21. *the Majesty.* 1 Ch. 29. 11. Job 37. 22. Ps. 21. 5; 45. 3, 4; 104. 1; 145. 12. Is. 24. 14. Mi. 5. 4.

2 *minister.* ch. 9. 8-12; 10. 21. Ex. 28. 1, 35. Lu. 24. 44. Ro. 15. 8. *the sanctuary. or,* holy things. *the true.* ch. 9. 11, 23, 24. *which.* ch. 11. 10. 2 Co. 5. 1. Col. 2. 11.

3 *every.* See on ch. 5. 1; 7. 27. *have.* ch. 9. 14; 10. 9-12. Jno. 6. 51. Ep. 5. 2. Tit. 2. 14.

4 *he should.* ch. 7. 11-15. Nu. 16. 40; 17. 12, 13; 18. 5. 2 Ch. 26. 18, 19. *there are priests. or,* they are priests. *gifts.* Δωρα, *gifts,* or *offerings,* comprehended propitiatory sacrifices as well as freewill-offerings. See ch. 11. 4.

5 *unto.* Ὑποδειγματι και σκια, or, 'with the representation and shadow,' as Dr. *Macknight* renders. *the example.* ch. 9. 9, 23, 24; 10. 1. Col. 2. 17. *See.* Ex. 25. 40; 26. 30; 27. 8. Nu. 8. 4. 1 Ch. 28. 12, 19. Ac. 7. 44. *pattern.* Τυπον, *type, plan,* or *form.*

6 *obtained.* ver. 7-13. 2 Co. 3. 6-11. *the mediator.* ch. 7. 22; 12. 24. Ga. 3. 19, 20. *covenant. or,* testament. See on ch. 7. 22; 9. 15-20. *was established.* Νενομοθηται, 'was ordained (or established) by law.' *upon.* ver. 10-12. Ro. 9. 4. Ga. 3. 16-21. Tit. 1. 2. 2 Pe. 1. 4.

7 *had.* ver. 6; ch. 7. 11, 18. Ga. 3. 21.

8 *he saith.* See on Je. 31. 31-34. *the days.* ch. 10. 16, 17. Je. 23. 5, 7; 30. 3; 31. 27, 31-34, 38. Lu. 17. 22. *a new.* ch. 9. 15; 12. 24. Mat. 26. 28. Mar. 14. 24. Lu. 22. 20. 1 Co. 11. 25. 2 Co. 3. 6. *covenant.* Is. 55. 3. Je. 32. 40; 33. 24-26. Eze. 16. 60, 61; 37. 26.

9 *the covenant.* ch. 9. 18-20. Ex. 24. 3-11; 34. 10, 27, 28. De. 5. 2, 3; 29. 1, 12. Ga. 3. 15-19; 4. 24. *I took.* Ge. 19. 16. Job 8. 20, marg. Ca. 8. 5. Is. 41. 13; 51. 18. Mar. 8. 23. Ac. 9. 8; 13. 11. *to lead.* Ex. 19. 4, 5. Ps. 77. 20; 78. 52-54; 105. 43; 136. 11-14. Is. 40. 11; 63. 9, 11-13. *they continued.* Ex. 32. 8. De. 29. 25; 31. 16-18. Jos. 23. 15, 16. 2 Ki. 17. 15-18. Ps. 78. 10, 11, 57. Is. 24. 5, 6. Je. 11. 7, 8; 22. 8, 9; 31. 32. Eze. 16. 8, 59; 20. 37, 38. *regarded.* Ju. 10. 13, 14. La. 4. 16. Am. 5. 22. Mal. 2. 13.

10 *this is.* ch. 10. 16, 17. *I will put. Gr.* I will give. Ex. 24. 4, 7; 34. 1, 27. De. 30. 6. Je. 31. 33; 32. 40. Eze. 11. 19; 36. 26, 27. 2 Co. 3. 3, 7, 8. Ja. 1. 18, 21. 1 Pe. 1. 23. *in. or,* upon. *I will be.* ch. 11. 16. Ge. 17. 7, 8. Ca. 2. 16. Je. 24. 7; 31. 1, 33; 32. 38. Eze. 11. 20; 36. 28; 37. 27; 39. 22. Ho. 1. 10; 2. 23. Zec. 8. 8; 13. 9. Mat. 22. 32. 1 Co. 6. 16. *they shall.* Ex. 19. 5, 6. Ro. 9. 25, 26. Tit. 2. 14. 1 Pe. 2. 9.

11 *they shall.* Is. 2. 3; 54. 13. Je. 31. 34. Jno. 6. 45. 1 Jno. 2. 27. *Know the.* 2 Ki. 17. 27, 28. 1 Ch. 28. 9. 2 Ch. 30. 22. Ezr. 7. 25. *for all.* Is. 54. 13. Je. 24. 7. Eze. 34. 30. Hab. 2. 14. 1 Jno. 5. 20. *from.* Je. 6. 13; 42. 1, 8; 44. 12. Ac. 8. 10.

12 ch. 10. 16, 17. Ps. 25. 7; 65. 3. Is. 43. 25; 44. 22. Je. 33. 8; 50. 20. Mi. 7. 19. Ac. 13. 38, 39. Ro. 11. 27. Ep. 1. 7. Col. 1. 14. 1 Jno. 1. 7-9; 2. 1, 2. Re. 1. 5.

13 *A new.* See on ver. 8. *he hath.* ch. 7. 11, 12, 18, 19; 9. 9, 10. *ready.* Is. 51. 6. Mat. 24. 35. 1 Co. 13. 8. 2 Co. 5. 17.

## CHAP. IX.

*The description of the rites and bloody sacrifices of the law,* 1-10; *which are far inferior to the dignity and perfection of the blood and sacrifice of Christ,* 11-28.

1 *the first.* ch. 8. 7, 13. *had.* ver. 10. Le. 18. 3, 4, 30; 22. 9. Nu. 9. 12. Eze. 43. 11. Lu. 1. 6. *ordinances. or,* ceremonies. *and.* ver. 10, 11; ch. 8. 2. Ex. 25. 8. Col. 2. 8.

2 *a tabernacle.* Ex. 26. 1-30; 29. 1, 35; 36. 8-38; 39. 32-34; 40. 2, 18-20. *the first.* Ex. 25. 23-40; 26. 35; 37. 10-24; 39. 36-38; 40. 4, 22-24. *the table.* Ex. 40. 4. Le. 24. 5, 6. *the shewbread.* Ex. 25. 23, 30. *the sanctuary. or,* holy. Ex. 26. 33.

3 *the second.* ch. 6. 19; 10. 20. Ex. 26. 31-33; 36. 35-38; 40. 3, 21. 2 Ch. 3. 14. Is. 25. 7. Mat. 27. 51. *the Holiest.* ver. 8; ch. 10. 19. 1 Ki. 8. 6.

4 *the golden.* Le. 16. 12. 1 Ki. 7. 50. Re. 8. 3. *the ark.* Ex. 25. 10-16; 26. 33; 37. 1-5; 39. 35; 40. 3, 21. *was.* Ex. 16. 33, 34. *and Aaron's.* Nu. 17. 5, 8, 10. Ps. 110. 2, 3. *and the.* Ex. 25. 16, 21; 26. 33; 34. 29; 40. 3, 20, 21. De. 10. 2-5. 1 Ki. 8. 9, 21. 2 Ch. 5. 10.

5 *over.* Ex. 25. 17-22; 37. 6-9. Le. 16. 2. Nu. 7. 89. 1 Sa. 4. 4. 1 Ki. 8. 6, 7. 2 Ki. 19. 15. Ps. 80. 1; 99. 1. Ep. 3. 10. 1 Pe. 1. 12. *the mercy-seat.* ch. 4. 16. Le. 16. 2, 13. 1 Ch. 28. 11.

6 *the priests.* Ex. 27. 21; 30. 7, 8. Nu. 28. 3. 2 Ch. 26. 16-19. Da. 8. 11. Lu. 1. 8-11.

7 *into.* ver. 24, 25. Ex. 30. 10. Le. 16. 2-20, 34. *not.* ch. 5. 3; 7. 27; 10. 19, 20. *errors.* Le. 5. 18. 2 Sa. 6. 7. 2 Ch. 33. 9. Ps. 19. 12; 95. 10. Is. 3. 12; 9. 16; 28. 7; 29. 14. Ho. 4. 12. Am. 2. 14.

8 *Holy Ghost.* ch. 3. 7; 10. 15. Is. 63. 11. Ac. 7. 51, 52; 28. 25. Ga. 3. 8. 2 Pe. 1. 21. *the way.* ver. 3; ch. 4. 15, 16; 10. 19-22. Jno. 10. 7, 9; 14. 6. Ep. 2. 18.

9 *a figure.* ver. 24; ch. 11. 19. Ro. 5. 14. 1 Pe. 3. 21. *the time.* ch. 7. 11; 11. 39, 40. 1 Pe. 1. 11, 12. *gifts.* See on ch. 5. 1. *that could.* ver. 13, 14; ch. 7. 18, 19; 10. 1-4, 11. Ps. 40. 6, 7. Ga. 3. 21. *as pertaining.* Ps. 51. 16-19.

10 *in meats.* ch. 13. 9. Le. 11. 2, etc. De. 14. 3-21. Eze. 4. 14. Ac. 10. 13-15. Col. 2. 16. *divers.* ch. 6. 2. Gr.; 10. 22. Ex. 29. 4; 30. 19-21; 40. 12. Le. 14. 8, 9; 16. 4, 24; 17. 15, 16; 22. 6. Nu. 19. 7-21. De. 21. 6; 23. 11. *carnal.* ver. 1; ch. 7. 16. Ga. 4. 3, 9. Ep. 2. 15. Col. 2. 20-22. *ordinances. or,* rites, *or,* ceremonies. *until.* ch. 2. 5; 6. 5. Ga. 4. 4. Ep. 1. 10.

11 *Christ.* Ge. 49. 10. Ps. 40. 7. Is. 59. 20. Mal. 3. 1. Mat. 2. 6; 11. 3. Jno. 4. 25. 1 Jno. 4. 2, 3; 5. 20. 2 Jno. 7. *an high priest.* ch. 2. 17; 3. 1; 4. 15; 5. 5, 6; 7. 1, 11-26, 27; 8. 1. *of good.* ch. 10. 1. *by a greater.* ver. 1-9; ch. 8. 2. Jno. 1. 14. Gr. *not made.* ver. 23, 24. Ac. 7. 48; 17. 24, 25. 2 Co. 5. 1. Col. 2. 11.

12 *by the.* ver. 13; ch. 10. 4. Le. 8. 2; 9. 15; 16. 5-10. *by his.* ch. 1. 3; 10. 9-14. Ac. 20. 28. Ep. 1. 7. Col. 1. 14. Tit. 2. 14. 1 Pe. 1. 18, 19. Re. 1. 5; 5. 9. *he entered.* ver. 7. 24-26; ch. 10. 12, 19. *once.* ver. 26, 28; ch. 10. 10. Zec. 3. 9. *having.* ver. 15; ch. 5. 9. Da. 9. 24. Mar. 3. 29. Ga. 3. 13, 14. 1 Th. 1. 10.

13 *if.* Le. 16. 14, 16. *and.* Nu. 19. 2-21. *the purifying.* Nu. 8. 7; 19. 12. 2 Ch. 30. 19. Ps. 51. 7. Ac. 15. 9. 1 Pe. 1. 22.

14 *How.* De. 31. 27. 2 Sa. 4. 11. Job 15. 16. Mat. 7. 11. Lu. 12. 24, 28. Ro. 11. 12, 24. *the blood.* See on ver. 12. 1 Pe. 1. 19. 1 Jno. 1. 7. Re. 1. 5. *who.* Is. 42. 1; 61. 1. Mat. 12. 28. Lu. 4. 18. Jno. 3. 34. Ac. 1. 2; 10. 38. Ro. 1. 4. 1 Pe. 3. 18. *eternal.* De. 33. 27. Is. 57. 15. Je. 10. 10. Ro. 1. 20. 1 Ti. 1. 17. *offered.* ver. 7; ch. 7. 27. Mat. 20. 28. Ep. 2. 5; 5. 2. Tit. 2. 14. 1 Pe. 2. 24; 3. 18. *without.* Le. 22. 20. Nu. 19. 2-21; 28. 3, 9, 11. De. 15. 21; 17. 1. Is. 53. 9. Da. 9. 24-26. 2 Co. 5. 21. 1 Pe. 1. 19; 2. 22. 1 Jno. 3. 5. *spot. or,* fault. *purge.* ver. 9; ch. 1. 3; 10. 2, 22. *dead works.* See on ch. 6. 1. *to serve.* Lu. 1. 74. Ro. 6. 13, 22. Ga. 2. 19. 1 Th. 1. 9. 1 Pe. 4. 2. *the living.* ch. 11. 21. De. 5. 26. 1 Sa. 17. 26. 2 Ki. 19. 16. Je. 10. 10. Da. 6. 26. Ac. 14. 15. 2 Co. 6. 16. 1 Ti. 3. 15.

15 *the mediator.* ch. 7. 22; 8. 6; 12. 24. 1 Ti. 2. 5. *the new.* See on ch. 8. 8. 2 Co. 3. 6. *means.* ver. 16. 28; ch. 2. 14; 13. 20. Is. 53. 10-12. Da. 9. 26. *for.* ver. 12; ch. 11. 40. Ro. 3. 24-26; 5. 6, 8, 10. Ep. 1. 7. 1 Pe. 3. 18. Re. 5. 9; 14. 3, 4. *the first.* ver. 1; ch. 8. 7, 13. *they which.* ch. 3. 1. See on Ro. 8. 28, 30; 9. 24. 2 Th. 2. 14. *promise.* ch. 6. 13; 11. 13, 39, 40. Ja. 1. 12. 1 Jno. 2. 25. *eternal.* Ps. 37. 18. Mat. 19. 29; 25. 34, 36. Mar. 10. 17. Lu. 18. 18. Jno. 10. 28. Ro. 6. 23. 2 Ti. 2. 10. Tit. 1. 2; 3. 7. 1 Pe. 1. 3, 4; 5. 10.

16 *be. or,* be brought in.

17 Ge. 48. 21. Jno. 14. 27. Gr. Ga. 3. 15.

18 *the first.* ch. 8. 7-9. Ex. 12. 22; 24. 3-8. *dedicated. or,* purified. ver. 14, 22.

19 *the blood.* ver. 12; ch. 10. 4. Ex. 24. 5, 6, 8, etc. Le. 1. 2, 3, 10; 3. 6; 16. 14-18. *scarlet. or,* purple. Le. 14. 4-6, 49-52. Nu. 19. 6. Mat. 27. 28. Mar. 15. 17, 20. Jno. 19. 2, 5. *hyssop.* Ex. 12. 22. Nu. 19. 18. Ps. 51. 7. *sprinkled.* ch. 12. 24. Ex. 24. 8. Is. 52. 15. Eze. 36. 25. 1 Pe. 1. 2.

20 *This.* ch. 13. 20. Zec. 9. 11. Mat. 26. 28. *testament.* Rather, *covenant.* Ver. 16, 17, may be better rendered, 'For where a covenant is, there must necessarily be the death of that by which it is confirmed; for a covenant is confirmed over dead *victims,* and does not avail while that by which it is confirmed liveth.' See on De. 29. 12. Jos. 9. 6.

21 Ex. 29. 12, 20, 36. Le. 8. 15, 19; 9. 8, 9, 18; 16. 14-19. 2 Ch. 29. 19-22. Eze. 43. 18-26.

22 *almost.* Le. 14. 6, 14, 25, 51, 52. *and without.* Le. 4. 20, 26, 35; 5. 10, 12, 18; 6. 7; 17. 11.

23 *the patterns.* ver. 9, 10, 24; ch. 8. 5; 10. 1. Col. 2. 17. *the heavenly.* ver. 11, 12, 14, 24; ch. 10. 4, 10-17. Lu. 24. 26, 46. Jno. 14. 3. 1 Pe. 1. 19-21. Re. 5. 9.

24 *the holy.* ver. 11. Mar. 14. 58. Jno. 2. 19-21. *the figures.* ver. 9, 23; ch. 8. 2. *but.* ch. 1. 3; 6. 20; 7. 26; 8. 2, 5; 12. 2. Ps. 68. 18. Mar. 16. 19. Lu. 24. 51. Jno. 6. 62; 16. 28. Ac. 1. 9-11; 3. 21. Ep. 1. 20-22; 4. 8-11. Col. 3. 2. 1 Pe. 3. 22. *appear.* ch. 7. 25. Ex. 28. 12, 29. Zec. 3. 1. Ro. 8. 33. 1 Jno. 2. 1, 2. Re. 8. 3.

25 *offer.* ver. 7, 14, 26; ch. 10. 10. *as.* ver. 12. Ex. 30. 10. Le. 16. 2-34.

26 *the foundation.* Mat. 25. 34. Jno. 17. 24. 1 Pe. 1. 20. Re. 13

8; 17. 8. *in.* ch. 1. 2. Is. 2. 2. Da. 10. 14. Mi. 4. 1. 1 Co. 10. 11. Ga. 4. 1. Ep. 1. 10. 1 Pe. 1. 20. *he appeared.* ver. 12; ch. 7. 27; 10. 4, 10. Le. 16. 21, 22. 2 Sa. 12, 13; 24. 10. Job 7. 21. Da. 9. 24. Jno. 1. 29. 1 Pe. 2. 24; 3. 18. 1 Jno. 3. 5. *the sacrifice.* ver. 14; ch. 10. 12, 26. Ep. 5. 2. Tit. 2. 14.

27 *as.* Ge. 3. 19. 2 Sa. 14. 14. Job 14. 5; 30. 23. Ps. 89. 48. Ec. 3. 20; 9. 5, 10; 12. 7. Ro. 5. 12. *but.* ch. 6. 2. Job 19. 25. Ec. 11. 9; 12. 14. Mat. 25. 31, etc. Jno. 5. 26-29. Ac. 17. 31. Ro. 2. 5; 14. 9-12. 1 Co. 4. 5. 2 Co. 5. 10. 2 Ti. 4. 1. Jude 15. Re. 20. 11.

28 *was.* ver. 25. Ro. 6. 10. 1 Pe. 3. 18. 1 Jno. 3. 5. *to bear.* Le. 10. 17. Nu. 18. 1. 23. Is. 53. 4-6, 11, 12. Mat. 26. 28. Ro. 5. 15. 1 Pe. 2. 24. *them.* Phi. 3. 20. 1 Th. 1. 10. 2 Ti. 4. 8. Tit. 2. 13. 2 Pe. 3. 12. *he appear.* Zec. 14. 5. Jno. 14. 3. Ac. 1. 11. 1 Th. 4. 14-16. 2 Th. 1. 5-9; 2. 1. 1 Jno. 3. 2. Re. 1. 7. *without.* Ro. 6. 10; 8. 3. *unto.* Is. 25. 9. Ro. 8. 23. 1 Co. 15. 54. Phi. 3. 21. 1 Th. 4. 17. 2 Th. 1. 10.

## CHAP. X.

*The weakness of the law sacrifices,* 1-9. *The sacrifice of Christ's body once offered,* 10-13, *for ever hath taken away sins,* 14-18. *An exhortation to hold fast the faith with patience and thanksgiving,* 19-39.

1 *having.* See on ch. 8. 5; 9. 9, 11, 23. Col. 2. 17. *with.* ver. 3, 4, 11-18. ch. 7. 18, 19; 9. 8, 9, 25. *perfect.* ver. 14.

2 *would they not have.* *or,* they would have. *once.* ver. 17; ch. 9. 13, 14. Ps. 103. 12. Is. 43. 25; 44. 22. Mi. 7. 19. *conscience.* Our translators use the word *conscience* here, as elsewhere, for *consciousness.*

3 *a remembrance.* ch. 9. 7. Ex. 30. 10. Le. 16. 6-11, 21, 22, 29, 30, 34; 23. 27, 28. Nu. 29. 7-11. 1 Ki. 17. 18. Mat. 26. 28.

4 *not.* ver. 8; ch. 9. 9, 13. Ps. 50. 8-12; 51. 16. Is. 1. 11-15; 66. 3. Je. 6. 20; 7. 21, 22. Ho. 6. 6. Am. 5. 21, 22. Mi. 6. 6-8. Mar. 12. 33. *take.* There were essential defects in these sacrifices. 1st.—They were not of the same nature with those who sinned. 2nd.—They were not of sufficient value to make satisfaction for the affronts done to the justice and government of God. 3rd.—The beasts offered up under the law could not consent to put themselves in the sinner's room and place. The atoning sacrifice must be one capable of consenting, and must voluntarily substitute himself in the sinner's stead: Christ did so. ver. 11. Ho. 14. 2. Jno. 1. 29. Ro. 11. 27. 1 Jno. 3. 5.

5 *when.* ver. 7; ch. 1. 6. Mat. 11. 3. Lu. 7. 19. Gr. *Sacrifice.* Ps. 40. 6-8; 50. 8, etc. Is. 1. 11. Je. 6. 20. Am. 5. 21, 22. *but.* ver. 10; ch. 2. 14; 8. 3. Ge. 3. 15. Is. 7. 14. Je. 31. 22. Mat. 1. 20-23. Lu. 1. 35. Jno. 1. 14. Ga. 4. 4. 1 Ti. 3. 16. 1 Jno. 4. 2, 3. 2 Jno. 7. *hast thou prepared me.* *or,* thou hast fitted me.

6 *burnt.* See on ver. 4. Le. ch. 1; 4; 5; 6. 1-7. *thou.* Ps. 147. 11. Mal. 1. 10. Mat. 3. 17. Ep. 5. 2. Phi. 4. 18.

7 *Lo.* ver. 9, 10. Pr. 8. 31. Jno. 4. 34; 5. 30; 6. 38. *in.* Ge. 3. 15. Gr.

9 *Lo.* ch. 9. 11-14. *He taketh.* ch. 7. 18, 19; 8. 7-13; 12. 27, 28.

10 *we.* ch. 2. 11; 13. 12. Zec. 13. 1. Jno. 17. 19; 19. 34. 1 Co. 1. 30; 6. 11. 1 Jno. 5. 6. *the offering.* ver. 5, 12, 14, 20; ch. 9. 12, 26, 28.

11 *daily.* ch. 7. 27. Ex. 29. 38, 39. Nu. 28. 3, 24; 29. 6. Eze. 45. 4. Da. 8. 11; 9. 21, 27; 11. 31; 12. 11. Lu. 1. 9, 10. *which.* See on ver. 4. Ps. 50. 8-13. Is. 1. 11.

12 See on ch. 1. 3; 8. 1; 9. 12. Ac. 2. 33, 34. Ro. 8. 34. Col. 3. 1.

13 ch. 1. 13. Ps. 110. 1; Da. 2. 44. Mat. 22. 44. Mar. 12. 36. Lu. 20. 43. Ac. 2. 35. 1 Co. 15. 25.

14 *he.* ver. 1; ch. 7. 19, 25; 9. 10, 14. *them.* ch. 2. 11; 9. 13, 14; 13. 12. Ac. 20. 32; 26. 18. Ro. 15. 16. 1 Co. 1. 2. Ep. 5. 26. Jude 1.

15 ch. 2. 3, 4; 3. 7; 9. 8. 2 Sa. 23. 2. Ne. 9. 30. Jno. 15. 26. Ac. 28. 25. 1 Pe. 1. 11, 12. 2 Pe. 1. 21. Re. 2. 7, 11, 17, 29; 3. 6, 13, 22; 19. 10.

16 ch. 8. 8-12. Je. 31. 33, 34. Ro. 11. 27.

17 *And. Some copies have,* Then he said, And their, etc.

18 See on ver. 2. 14.

19 *Having.* ch. 4. 16; 12. 28. Ro. 8. 15. Ga. 4. 6, 7. Ep. 3. 12. 2 Ti. 1. 7. 1 Jno. 3. 19-21; 4. 17. *boldness.* *or,* liberty. *to enter.* ch. 7. 25; 9. 3, 7, 8, 12, 23-25. Ro. 5. 2. Ep. 2. 18. 1 Jno. 2. 1, 2.

20 *a new.* Jno. 10. 7, 9; 14. 6. *consecrated.* *or,* new made. *through.* ch. 6. 19; 9. 3. Ex. 26. 31, etc.; 36. 35, etc. Le. 16. 2, 15; 21. 23. Mat. 27. 51. Mar. 15. 38. Lu. 23. 45. *his.* Jno. 6. 51-56. Ep. 2. 15. 1 Ti. 3. 16. 1 Pe. 3. 18. 1 Jno. 4. 2. 2 Jno. 7.

21 *an.* See on ch. 2. 17; 3. 1; 4. 14-16, 6. 20; 7. 26; 8. 1. *the house.* ch. 3. 3-6. Mat. 16. 18. 1 Co. 3. 9-17. 2 Co. 6. 16, 17. Ep. 2. 19-22. 1 Ti. 3. 15.

22 *draw.* ch. 4. 16; 7. 19. Ps. 73. 28. Is. 29. 13. Je. 30. 21. Ja. 4. 8. *a true.* 1 Ki. 15. 3. 1 Ch. 12. 33; 28. 9; 29. 17. Ps. 9. 1; 32. 11; 51. 10; 84. 11; 94. 15; 111. 1; 119. 2, 7, 10, 34, 58, 69, 80, 145. Pr. 23. 26. Je. 3. 10; 24. 7. Ac. 8. 21. Ep. 6. 5. *in full.* See on ver. 19. Mat. 21. 21, 22. Mar. 11. 23, 24. Ep. 3. 12. Ja. 1. 6. 1 Jno. 3. 19, 21, 22. *sprinkled.* ch. 9. 13, 14, 19; 11. 28; 12. 24. Le. 14. 7. Nu. 8. 7; 19. 18, 19. Is. 52. 15. Eze. 36. 25. 1 Pe. 1, 2. *an evil.* Jno. 8. 9. 1 Ti. 4. 2. 1 Jno. 3. 20. *our bodies.* See on ch. 9. 10. Ex. 29. 4. Le. 8. 6. Eze. 16. 9; 36. 25. Zec. 13. 1. Mat. 3. 11. Jno. 3. 5; 13. 8-10. 1 Co. 6. 11. 2 Co. 7. 1. Ep. 5. 26. Tit. 3. 5. 1 Pe. 3. 21. Re. 1. 5.

23 *hold.* See on ch. 3. 6, 14; 4. 14. Re. 3. 11. *wavering.* Ja. 1. 6. *for.* See on ch. 6. 18; 11. 11. 1 Co. 1. 9; 10. 13. 1 Th. 5. 24. 2 Th. 3. 3. Tit. 1. 2.

24 *consider.* ch. 13. 3. Ps. 41. 1. Pr. 29. 7. Ac. 11. 29. Ro. 12. 15; 15. 1, 2. 1 Co. 8. 12, 13; 9. 22; 10. 33. Ga. 6. 1. Col. 3. 16. 1 Th. 5. 11. 2 Th. 3. 9. *to provoke.* Ro. 11. 14. 2 Co. 8. 8; 9. 2. *love.* ch. 6. 10, 11; 13. 1. Ga. 5. 6, 13, 22. Phi. 1. 9-11. 1 Th. 1. 3; 3. 12, 13. 1 Ti. 6. 18. Tit. 2. 4; 3. 8. 1 Jno. 3. 18.

25 *forsaking.* Mat. 18. 20. Jno. 20. 19-29. Ac. 1. 13, 14; 2. 1, 42; 16. 16; 20. 7. 1 Co. 5. 4; 11. 17, 18, 20; 14. 23. Jude 19. *but.* See on ver. 24; ch. 3. 13. Ro. 12. 8. 1 Co. 14. 3. 1 Th. 4. 18; 5. 11, marg. *as ye.* Mat. 24. 33, 34. Mar. 13. 29, 30. Ro. 13. 11-13. Phi. 4. 5. Ja. 5. 8. 1 Pe. 4. 7. 2 Pe. 3. 9, 11, 14.

26 *if.* See on ch. 6. 4-6. Le. 4. 2, 13. Nu. 15. 28-31. De. 17. 12. Ps. 19. 12, 13. Da. 5. 22, 23. Mat. 12. 31, 32, 43-45. Jno. 9. 41. 1 Ti. 1. 13. 2 Pe. 2. 20-22. 1 Jno. 5. 16. *after.* Lu. 12. 47. Jno. 13. 17; 15. 22-24. 2 Th. 2. 10. Ja. 4. 17. *there.* See on ver. 3-10.

27 *a certain.* ch. 2. 3; 12. 25. 1 Sa. 28. 19, 20. Is. 33. 14. Da. 5. 6. Ho. 10. 8. Mat. 8. 29. Lu. 21. 26; 23. 30. Re. 6. 15-17. *fiery.* ch. 12. 29. Nu. 16. 35. Ps. 21. 9. Je. 4. 4. Eze. 36. 5; 38. 19. Joel 2. 30. Na. 1. 5, 6. Zep. 1. 18; 3. 8. Mal. 4. 1. Mat. 3. 10, 12; 13. 42, 50; 25. 41. Mar. 9. 43-49. Lu. 16. 24. 2 Th. 1. 8. Ja. 5. 3. Re. 20. 15. *which.* De. 32. 43. Ps. 68. 1, 2. Na. 1. 2, 8-10. Lu. 19. 27. 1 Th. 2. 15, 16.

28 *despised.* See on ch. 2. 2. Nu. 15. 30, 31, 36. De. 13. 6-10; 17. 2-13. 2 Sa. 12. 9, 13. *without.* De. 19. 13. Is. 27. 11. Je. 13. 14. Ro. 9. 15. Ja. 2. 13. *under.* De. 17. 2, 6, 7; 19. 15. Mat. 18. 16. Jno. 8. 17. 2 Co. 13. 1.

29 *how.* See on ch. 2. 3; 12. 25. *trodden.* 2 Ki. 9. 33. Ps. 91. 13. Is. 14. 19; 28. 3. La. 1. 15. Eze. 16. 6, marg. Mi. 7. 10. Mat. 7. 6. Ro. 16. 20. 1 Co. 15. 25, 27. *the blood.* See on ch. 9. 20; 13. 20. *wherewith.* ch. 2. 11; 9. 13. Je. 1. 5. Jno. 10. 36; 17. 19. 1 Co. 11. 27, 29. *and hath.* Is. 63. 10. Mat. 12. 31, 32. Lu. 12. 10. Ac. 7. 51. Ep. 4. 30. *the Spirit.* Ps. 143. 10. Zec. 12. 10.

30 *Vengeance.* De. 32. 35. Ps. 94. 1. Is. 59. 17; 61. 2; 63. 4. Na. 1. 2. Ro. 12. 19; 13. 4. *The Lord shall.* De. 32. 36. Ps. 50. 4; 96. 13; 98. 9; 135. 14. Eze. 18. 30; 34. 17. 2 Co. 5. 10.

31 *a fearful.* ver. 27. Is. 33. 14. Lu. 21. 11. *to fall.* ch. 12. 29. Ps. 50. 22; 76. 7; 90. 11. Mat. 10. 28. Lu. 12. 5.

32 *call.* Ga. 3. 3, 4. Phi. 3. 16. 2 Jno. 8. Re. 2. 5; 3. 3. *after.* See on ch. 6. 4. Ac. 26. 18. 2 Co. 4. 6. *ye endured.* ch. 12. 4. Ac. 8. 1-3; 9. 1, 2. Phi. 1. 29, 30. Col. 2. 1. 2 Ti. 2. 3, etc.; 4. 7, 8.

33 *made.* ch. 11. 36. Ps. 71. 7. Na. 3. 6. Zec. 3. 8. 1 Co. 4. 9. *by reproaches.* ch. 11. 26; 13. 13. Ps. 69. 9; 74. 22; 79. 12; 89. 51. Is. 51. 7. 2 Co. 12. 10. *whilst.* Phi. 1. 7; 4. 14. 1 Th. 2. 14. 2 Ti. 1. 8, 16-18.

34 *in my.* Ac. 21. 33; 28. 20. Ep. 3. 1; 4. 1; 6. 20. Phi. 1. 7. 2 Ti. 1. 16; 2. 9. *and took.* Mat. 5. 11, 12. Ac. 5. 41. Ja. 1. 2. *in yourselves that ye have.* *or,* that ye have in yourselves, *or,* for yourselves. Mat. 6. 19, 20; 19. 21. Lu. 10. 42; 12. 33. 2 Co. 5. 1. Col. 1. 5; 3. 2-4. 1 Ti. 6. 19. 2 Ti. 4. 8. 1 Pe. 1. 4. 1 Jno. 3. 2.

35 *Cast.* See on ch. 3. 6, 14; 4. 14. *great.* ch. 11. 26. Ps. 19. 11. Mat. 5. 12; 10. 32, 42. Lu. 14. 14. 1 Co. 15. 58. Ga. 6. 8-10.

36 *ye have.* ch. 6. 15; 12. 1. Ps. 37. 7; 40. 1. Mat. 10. 22; 24. 13. Lu. 8. 15; 21. 19. Ro. 2. 7; 5. 3, 4; 8. 25; 15. 4, 5. 1 Co. 13. 7. Ga. 6. 9. Col. 1. 11. 1 Th. 1. 3. Ja. 1. 3, 4; 5. 7-11. Re. 13. 10; 14. 12. *after.* ch. 13. 21. Mat. 7. 21; 12. 50; 21. 31. Jno. 7. 17. Ac. 13. 22, 36. Ro. 12. 2. Ep. 6. 6. Col. 4. 12. 1 Jno. 2. 17. *ye might.* See on ch. 6. 12, 15, 17; 9. 15. Col. 3. 24. 1 Pe. 1. 9.

37 Is. 26. 20; 60. 22. Hab. 2. 3, 4. Lu. 18. 8. Ja. 5. 7-9. 2 Pe. 3. 8. Re. 22. 20.

38 *the just.* Hab. 2. 4. Ro. 1. 17. Ga. 3. 11. *but.* See on ver. 26, 27; ch. 6. 4-6. Ps. 85. 8. Eze. 3. 20; 18. 24. Zep. 1. 6. Mat. 12. 43-45; 13. 21. 2 Pe. 2. 19-22. 1 Jno. 2. 19. *my.* Ps. 5. 4; 147. 11; 149. 4. Is. 42. 1. Mal. 1. 10. Mat. 12. 18. 1 Th. 2. 15.

39 *we are.* ch. 6. 6-9. 1 Sa. 15. 11. Ps. 44. 18. Pr. 1. 32; 14. 14. Lu. 11. 26. 1 Jno. 5. 16. Jude 12, 13. *unto.* ver. 26. Jno. 17. 12. 2 Th. 2. 3. 1 Ti. 6. 9. 2 Pe. 3. 7. Re. 17. 8, 11. *but.* ch. 11. 1. Mar. 16. 16. Jno. 3. 15, 16; 5. 24; 6. 40; 20. 31. Ac. 16. 30, 31. Ro. 10. 9, 10. 1 Th. 5. 9. 2 Th. 2. 12-14. 1 Pe. 1. 5. 1 Jno. 5. 5.

## CHAP. XI.

*What faith is,* 1-5. *Without faith we cannot please God,* 6. *The worthy fruits thereof in the fathers of old time,* 7-10.

1 *faith.* ver. 13; ch. 10. 22, 39. Ac. 20. 21. 1 Co. 13. 13. Ga. 5. 6. Tit. 1. 1. 1 Pe. 1. 7. 2 Pe. 1. 1. *is the.* Ps. 27. 13; 42. 11. *substance.* *or,* ground, *or,* confidence. ch. 2. 3; 3. 14. 2 Co. 9. 4; 11. 17. Gr. *hoped.* See on ch. 6. 12, 18, 19. *the evidence.* ver. 7, 27. Ro. 8. 24, 25. 2 Co. 4. 18; 5. 17. 1 Pe. 1. 8.

2 *the elders.* ver. 4-39.

3 *faith.* ch. 1. 2. Ge. 1. 1, etc.; 2. 1. Ps 33. 6. Is. 40. 26. Je. 10. 11, 16. Jno. 1. 3. Ac. 14. 15; 17. 24. Ro. 1. 19-21; 4. 17. 2 Pe. 3. 5. Re. 4. 11.

4 *faith.* Ge. 4. 3-5, 15, 25. 1 Jno. 3. 11, 12. *a more.* ch. 9. 22. Pr. 15. 8; 21. 27. Tit. 1. 16. Jude 11. *he obtained.* Le. 9. 24. 1 Ki. 18. 38. Mat. 23. 35. Lu. 11. 51. *and by.* ch. 12. 1, 24. Ge. 4. 10. Mat. 23. 35. *yet speaketh.* *or,* is yet spoken of.

5 *Enoch.* Ge. 5. 22-24. Lu. 3. 37. Jude 14. *translated.* 2 Ki. 2. 11. Ps. 89. 48. Jno. 8. 51, 52. *and was.* 2 Ki. 2. 16, 17. Je. 36. 26. Re. 11. 9-12. *this testimony.* ver. 3, 4. *that he.* ver. 6. Ge. 5. 22. Ro. 8. 8, 9. 1 Th. 2. 4. 1 Jno. 3. 22.

6 *without.* ch. 3. 12, 18, 19; 4. 2, 6. Nu. 14. 11; 20. 12. Ps. 78. 22, 32; 106. 21, 22, 24. Is. 7. 9. Mar. 16. 17. Jno. 3. 18, 19; 3. 24. Ga. 5. 6. Re. 21. 8. *he that.* See on ch. 7. 25. Job 21. 14. Ps. 73. 28. Is. 55. 3. Je. 2. 31. Jno. 14. 6. *must.* Ro. 10. 14. *a rewarder.* ver. 26. Ge. 15. 1. Ru. 2. 12. Ps. 58. 11. Pr. 11. 18. Mat. 5. 12; 6. 1, 2, 5, 16; 10. 41, 42. Lu. 6. 35. *diligently.* 1 Ch. 28. 9. Ps. 105. 3, 4; 119. 10. Pr. 8. 17. Ca. 3. 1-4. Je. 29. 13, 14. Mat. 6. 33. Lu. 12. 31. 2 Pe. 1. 5, 10; 3. 14.

7 *Noah.* Ge. 6. 13, 22; 7. 1, 5. Mat. 24. 38. Lu. 17. 26. Noe. 2 Pe. 2. 5. *warned.* Ge. 6. 13; 19. 14. Ex. 9. 18-21. Pr. 22. 3; 27. 12. Eze. 3. 17-19. Mat. 3. 7; 24. 15, 25. 2 Pe. 3. 6.

*things.* See on ver. 1. *moved with fear. or,* being wary. See on ch. 5. 7. Gr. *prepared.* Ge. 6. 18; 7. 1, 23; 8. 16. Eze. 14. 14, 20. 1 Pe. 3. 20. *he condemned.* Mat. 12. 41, 42. Lu. 11. 31, 32. *righteousness.* Ro. 1. 17; 3. 22; 4. 11, 13; 9. 30 10. 6. Ga. 5. 5. Phi. 3. 9. 2 Pe. 1. 1.

8 *Abraham.* Ge. 11. 31; 12. 1-4. Jos. 24. 3. Ne. 9. 7, 8. Is. 41. 2; 51. 2. Ac. 7. 2-4. *which* Ge. 12. 7; 13. 15-17; 15. 7, 8; 17. 8; 26. 3. De. 9. 5. Ps. 105. 9-11. Eze. 33. 24. *obeyed.* ver. 33; ch. 5. 9. Ge. 22. 18; 23. 5. Mat. 7. 24, 25. Ro. 1. 5; 6. 17; 10. 16. 2 Co. 10. 5. Ja. 2. 14-16. 1 Pe. 1. 22; 3. 1; 4. 17.

9 *he sojourned.* Ge. 17. 8; 23. 4; 26. 3; 35. 27. Ac. 7. 5, 6. *dwelling.* Ge. 12. 8; 13. 3, 18; 18. 1, 2, 6, 9; 25. 27. *the heirs.* ch. 6. 17. Ge. 26. 3, 4; 28. 4, 13, 14; 48. 3, 4.

10 *he looked.* ch. 12. 22, 28; 13. 14. Jno. 14. 2. Phi. 3. 20. Gr. Re. 21. 2, 10-27. *whose.* ch. 3. 4. Is. 14. 32. 2 Co. 5. 1.

11 *Sara.* Ge. 17. 17-19; 18. 11-14; 21. 1, 2. Lu. 1. 36. 1 Pe. 3. 5, 6. *because.* ch. 10. 23. Ro. 4. 20, 21.

12 *and him.* Ro. 4. 19. *as the stars.* Ge. 15. 5; 22. 17; 26. 4. Ex. 32. 13. De. 1. 10; 28. 62. 1 Ch. 27. 23. Ne. 9. 23. Ro. 4. 17. *as the sand.* Ge. 22. 17; 32. 12. Jos. 11. 4. Ju. 7. 12. 1 Sa. 13. 5. 2 Sa. 17. 11. 1 Ki. 4. 20. Is. 10. 22; 48. 19. Je. 33. 22. Ho. 1. 10. Hab. 1. 9. Ro. 4. 18; 9. 27. Re. 20. 8.

13 *all died.* Ge. 25. 8; 27. 2-4; 48. 21; 49. 18, 28, 33; 50. 24. *in faith. Gr.* according to faith. *not.* ver. 39. *but.* ver. 27. Ge. 49. 10. Nu. 24. 17. Job 19. 25. Jno. 8. 56; 12. 41. 1 Pe. 1. 10-12. *and were.* Ro. 4. 21; 8. 24. 1 Jno. 3. 19. Gr. *confessed.* Ge. 23. 4; 47. 9. 1 Ch. 29. 14, 15. Ps. 39. 12; 119. 19. 1 Pe. 1. 17; 2. 11.

14 *they seek.* ver. 16; ch. 13. 14. Ro. 8. 23-25. 2 Co. 4. 18; 5. 1-7. Phi. 1. 23.

15 *mindful.* Ge. 11. 31; 12. 10; 24. 6-8; 31. 18; 32. 9-11.

16 *they desire.* See on ver. 14; ch. 12. 22. *God is.* ch. 2. 11. *to be.* Ge. 17. 7, 8. Ex. 3. 6, 15. Is. 41. 8-10. Je. 31. 1. Mat. 22. 31, 32. Mar. 12. 26. Lu. 20. 37. Ac. 7. 32. *for.* ver. 10; ch. 13. 14. Mat. 25. 34. Lu. 12. 32. Phi. 3. 20.

17 *faith.* Ge. 22. 1-12. Ja. 2. 21-24. *when.* De. 8. 2. 2 Ch. 32. 31. Job 1. 11, 12; 2. 3-6. Pr. 17. 3. Da. 11. 35. Zec. 13. 9. Mal. 3. 2, 3. Ja. 1. 2-4; 5. 11. 1 Pe. 1. 6, 7; 4. 12. Re. 3. 10. *received.* ch. 7. 6. *offered.* 2 Co. 8. 12. *only.* Ge. 22. 2, 16. Jno. 3. 16.

18 *Of. or,* To. *That.* Ge. 17. 19; 21. 12. Ro. 9. 7.

19 *God.* Ge. 22. 5. Heb. Mat. 9. 28. Ro. 4. 17-21. Ep. 3. 20. *from the.* ver. 11, 12; ch. 9. 24. Ge. 22. 4, 13. Ro. 5. 14.

20 Ge. 27. 27-40; 28. 2, 3.

21 *faith.* Ge. 48. 5-22. *and worshipped.* Ge. 47. 31.

22 *faith.* Ge. 50. 24, 25. Ex. 13. 19. Jos. 24. 32. Ac. 7. 16. *made mention of. or,* remembered.

23 *faith.* Ex. 2. 2, etc. Ac. 7. 20. *a proper child.* That is, a *fine, beautiful,* or *fair child,* as our translators render ἀστεῖος in Ac. 7. 20; which was in their time the sense of *proper,* from the French *propre.* *and they.* ch. 13. 6. Ps. 56. 4; 118. 6. Is. 8. 12, 13; 41. 10, 14; 51. 7, 12. Da. 3. 16-18; 6. 10. Mat. 10. 28. Lu. 12. 4, 5. *the king's.* Ex. 1. 16, 22.

24 *when.* Ex. 2. 10. Ac. 7. 21-24.

25 *Choosing.* ch. 10. 32. Job 36. 21. Ps. 84. 10. Mat. 5. 10-12; 13. 21. Ac. 7. 24, 25; 20. 23, 24. Ro. 5. 3; 8. 17, 18, 35-39. 2 Co. 5. 17. Col. 1. 24. 2 Th. 1. 3-6. 2 Ti. 1. 8; 2. 3-10; 3. 11, 12. Ja. 1. 20. 1 Pe. 1. 6, 7; 4. 12-16. *the people.* ch. 4. 9. Ps. 47. 9. 1 Pe. 2. 10. *the pleasures.* Job 20. 5; 21. 11-13. Ps. 73. 18-20. Is. 21. 4; 47. 8, 9. Lu. 12. 19, 20; 16. 25. Ja. 5. 5. Re. 18. 7.

26 *the reproach.* ch. 10. 33; 13. 13. Ps. 69. 7, 20; 89. 50, 51. Is. 51. 7. Ac. 5. 41. 2 Co. 12. 10. 1 Pe. 1. 11; 4. 14. *of Christ. or,* for Christ. *greater.* Ps. 37. 16. Je. 9. 23, 24. 2 Co. 6. 10. Ep. 1. 18; 3. 8. Re. 2. 9; 3. 18. *for he had.* See on ver. 6; ch. 2. 2; 10. 35. Ru. 2. 12. Pr. 11. 18; 23. 18. Mat. 5. 12; 6. 1; 10. 41. Lu. 14. 14.

27 *he forsook.* Ex. 10. 28, 29; 11. 8; 12. 11, 37, etc.; 13. 17-21. *not fearing.* Ex. 2. 14, 15; 4. 19; 14. 10-13. *endured.* ch. 6. 15; 10. 32; 12. 3. Mat. 10. 22; 24. 13. Mar. 4. 17; 13. 13. 1 Co. 13. 7. Ja. 5. 11. *seeing.* ver. 1, 13; ch. 12. 2. Ps. 16. 8. Ac. 2. 25. 2 Co. 4. 18. 1 Ti. 1. 17; 6. 16. 1 Pe. 1. 8.

28 *he kept.* Ex. 12. 3-14, 21-30. *the sprinkling.* ch. 9. 19; 12. 24. Ex. 12. 7, 13, 23. 1 Pe. 1. 2.

29 Ex. 14. 13-31; 15. 1-21. Jos. 2. 10. Ne. 9. 11. Ps. 66. 6; 78. 13; 106. 9-11; 114. 1-5; 136. 13-15. Is. 11. 15, 16; 51. 9, 10; 63. 11-16. Hab. 3. 8-10.

30 Jos. 6. 3-20. 2 Co. 10. 4, 5.

31 *the harlot.* Jos. 2. 1-22; 6. 22-25. Mat. 1. 1, 5. Ja. 2. 25. *believed not. or,* were disobedient ch. 3. 18. 1 Pe. 2. 8; 3. 20. *she had.* Jos. 1. 1; 2. 4, etc.

32 *what shall.* Ro. 3. 5; 4. 1; 6. 1; 7. 7. *the time.* Jno. 21. 25. *Gedeon.* Ju. ch. 6-8, Gideon. 1 Sa. 12. 11, Jerubbaal. *Barak.* Ju. ch. 4; 5. *Samson.* Ju. ch. 13-16. *Jephthae.* Ju. ch. 11; 12. 1-7, Jephthah. *David.* 1 Sa. 16. 1, 13; ch. 17, etc. Ac. 2. 29-31; 13. 22-36. *Samuel.* 1 Sa. 1. 20; 2. 11, 18; ch. 3-12; 28. 3, etc. Ps. 99. 6. Je. 15. 1. Ac. 3. 24; 13. 20. *the prophets.* Mat. 5. 12. Lu. 13. 28; 16. 31. Ac. 10. 43. Ja. 5. 10. 1 Pe. 1. 10-12. 2 Pe. 1. 21; 3. 2.

33 *through.* Jos. ch. 6-13. 2 Sa. 5. 4-25; 8. 1-14. Ps. 18. 32-34; 44. 2-6; 144. 1, 2, 10. *wrought.* See on ver. 4-8, 17. *obtained.* See on ch. 6. 12-15; 10. 36. 2 Sa. 7. 11, etc. Ga. 3. 16. *stopped.* Ju. 14. 5, 6. 1 Sa. 17. 33-36. Ps. 91. 13. Da. 6. 20-23. 2 Ti. 4. 17. 1 Pe. 5. 8.

34 *Quenched.* Ps. 66. 12. Is. 43. 2. Da. 3. 19-28. 1 Pe. 4. 12. *escaped.* 1 Sa. 20. 1. 2 Sa. 21. 16, 17. 1 Ki. 19. 3. 2 Ki. 6. 16-18, 32. Job 5. 20. Ps. 144. 10. Je. 26. 24. *out of.* Ju. 7. 19-25; 8. 4-10; 15. 14-20; 16. 19-30. 2 Ki. 20. 7, etc. Job 42. 10. Ps. 6. 8. 2 Co. 12. 9, 10. *turned.* 1 Sa. 14. 13, etc.; 17. 51, 52. 2 Sa. 8. 1, etc. 2 Ch. 14. 11-14; 16. 1-9; 20. 6-25; 32. 20-22.

35 *Women.* 1 Ki. 17. 22-24. 2 Ki. 4. 27-37. Lu. 7. 12-16. Jno. 11. 40-45. Ac. 9. 41. *tortured.* Ac. 22. 24, 25, 29. *not accepting.* Ac. 4. 19. *that they.* Mat. 22. 30. Mar. 12. 25. Lu. 14. 14; 20. 36. Jno. 5. 29. Ac. 23. 6; 24. 15. 1 Co. 15. 54. Phi. 3. 11.

36 *mockings.* Ju. 16. 25. 2 Ki. 2. 23. 2 Ch. 30. 10; 36. 16. Je. 20. 7. Mat. 20. 19. Mar. 10. 34. Lu. 18. 32; 23. 11, 36. *and scourgings.* 1 Ki. 22. 24. Je. 20. 2; 37. 15. Mat. 21. 35; 23. 34; 27. 26. Ac. 5. 40; 16. 22, 23. 2 Co. 11. 24, 25. *bonds.* ch. 10. 34. Ge. 39. 20. 1 Ki. 22. 27. 2 Ch. 16. 10. Ps. 105. 17, 18. Je. 20. 2; 29. 26; 32. 2, 3, 8; 36. 6; 37. 15-21; 38. 6-13, 28; 39. 15. La. 3. 52-55. Ac. 4. 3; 5. 18; 8. 3; 12. 4, etc.; 16. 24, etc.; 21. 33; 24. 27. 2 Co. 11. 23. Ep. 3. 1; 4. 1. 2 Ti. 1. 16; 2. 9. Re. 2. 10.

37 *stoned.* 1 Ki. 21. 10, 13-15. 2 Ch. 24. 21. Mat. 21. 35; 23. 37. Lu. 13. 34. Jno. 10. 31-33. Ac. 7. 58, 59; 14. 19. 2 Co. 11. 25. *were slain.* 1 Sa. 22. 17-19. 1 Ki. 18. 4, 13; 19. 1, 10, 14. Je. 2. 30; 26. 23. La. 4. 13, 14. Mat. 23. 35-37. Lu. 11. 51-54. Ac. 7. 52; 12. 2, 3. *in sheepskins.* 2 Ki. 1. 8. Mat. 3. 4. Re. 11. 3. *being destitute.* ch. 12. 1-3. Zec. 13. 9. Mat. 8. 20. 1 Co. 4. 9-13. 2 Co. 11. 23-27; 12. 10. Ja. 5. 10, 11.

38 *whom.* 1 Ki. 14. 12, 13. 2 Ki. 23. 25-29. Is. 57. 1. *wandered.* 1 Sa. 22. 1; 23. 15, 19, 23; 24. 1-3; 26. 1. 1 Ki. 17. 3; 18. 4, 13; 19. 9. Ps. 142, title.

39 See on ver. 2, 13. Lu. 10. 23, 24. 1 Pe. 1. 12.

40 *provided. or,* foreseen. *better.* ch. 7. 19, 22; 8. 6; 9. 23; 12. 24. *they without.* ch. 9. 8-15; 10. 11-14. Ro. 3. 25, 26. *made.* ch. 5. 9; 12. 23. Re. 6. 11.

The apostle in the early part of the chapter having given us a general account of the grace of faith, proceeds to set before us some illustrious examples of it in Old Testament times. The leading instance and example of faith recorded, is that of righteous Abel: one of the first saints and the first martyr for religion—one who lived by *faith* and died for it, and therefore a fit pattern for the Hebrews to imitate. It is observable that the Holy Spirit has not thought fit to say any thing here of the faith of our first parents; and yet the church of God has generally, by a pious charity, taken it for granted that God gave them repentance and faith in the promised seed; that he instructed them in the mystery of sacrificing, that they instructed their children in it, and that they found mercy with God, after they had ruined themselves and all their posterity. But God has left the matter still under some doubt, as a warning to all who have great talents given to them, and a great trust reposed in them, that they do not prove unfaithful, since God would not enrol our first parents among the number of believers in this blessed calendar.—*Henry.*

## CHAP. XII.

*An exhortation to constant faith, patience, and godliness, 1-21. A commendation of the new testament above the old, 22-29.*

1 *seeing.* ch. 11. 2-38. *a cloud.* Is. 60. 8. Eze. 38. 9, 16. *witnesses.* Lu. 16. 28. Jno. 3. 32; 4. 39, 44. 1 Pe. 5. 12. Re. 22. 16. *let us lay.* Mat. 10. 37, 38. Lu. 8. 14; 9. 59-62; 12. 15; 14. 26-33; 18. 22-25; 21. 34. Ro. 13. 11-14. 2 Co. 7. 1. Ep. 4. 22-24. Col. 3. 5-8. 1 Ti. 6. 9, 10. 2 Ti. 2. 4. 1 Pe. 2. 1; 4. 2. 1 Jno. 2. 15, 16. *and the sin.* ch. 10. 35-39. Ps. 18. 23. *and let us.* 1 Co. 9. 24-27. Ga. 5. 7. Phi. 2. 16; 3. 10-14. 2 Ti. 4. 7. *with patience.* ch. 6. 15; 10. 36. Mat. 10. 22; 24. 13. Lu. 8. 15. Ro. 2. 7; 5. 3-5; 8. 24, 25; 12. 12. Ja. 1. 3; 5. 7-11. 2 Pe. 1. 6. Re. 1. 9; 3. 10; 13. 10.

2 *Looking.* ver. 3; ch. 9. 28. Is. 8. 17; 31. 1; 45. 22. Mi. 7. 7. Zec. 12. 10. Jno. 1. 29; 6. 40; 8. 56. Phi. 3. 20. 2 Ti. 4. 8. Tit. 2. 13. 1 Jno. 1. 1-3. Jude 21. *the author. or,* the beginner. ch. 2. 10. Mar. 9. 24. Lu. 17. 5. Ac. 5. 31. Gr. Re. 1. 8, 11, 17; 2. 8. *finisher.* ch. 7. 19; 10. 14. Gr. Ps. 138. 8. 1 Co. 1. 7, 8. Phi. 1. 6. *for.* ch. 2. 7-9; 5. 9. Ps. 16. 9-11. Is. 49. 6; 53. 10-12. Lu. 24. 26. Jno. 12. 24, 32; 13. 3, 31, 32; 17. 1-4. Ac. 2. 25, 26, 36. Phi. 2. 8-11. 1 Pe. 1. 11. *endured.* ch. 10. 5-12. Mat. 16. 21; 20. 18, 19, 20, 28; 27. 31-50. Mar. 14. 36. Jno. 12. 27, 28. Ep. 2. 16; 5. 2. Tit. 2. 14. 1 Pe. 2. 24; 3. 18. *despising.* ch. 10. 33; 11. 36. Ps. 22. 6-8; 69. 19, 20. Is. 49. 7; 50. 6, 7; 53. 3. Mat. 26. 67, 68; 27. 27-31, 38-44. Mar. 9. 12. Lu. 23. 11, 35-39. Ac. 5. 41. 1 Pe. 2. 23; 4. 14-16. *and is.* See on ch. 1. 3, 13; 8. 1. Ps. 110. 1. 1 Pe. 3. 22.

3 *consider.* ver. 2; ch. 3. 1. 1 Sa. 12. 24. 2 Ti. 2. 7, 8. *contradiction.* Mat. 10. 24, 25; 11. 19; 12. 24; 15. 2; 21. 15, 16, 23, 46; 22. 15. Lu. 2. 34. Gr.; 4. 28, 29; 5. 21; 11. 15, 16, 53, 54; 13. 13, 14; 14. 1; 15. 2; 16. 14; 19. 39, 40. Jno. 5. 16; 7. 12; 8. 13, 48, 49, 52, 59; 9. 40; 10. 20, 31-39; 12. 9, 10; 15. 18-24; 18. 22. *lest.* ver. 5. De. 20. 3. Pr. 24. 10. Is. 40. 30, 31; 50. 4. 1 Co. 15. 58. 2 Co. 4. 1, 16. Ga. 6. 9. 2 Th. 3. 13.

4 ver. 2; ch. 10. 32-34. Mat. 24. 9. 1 Co. 10. 13. 2 Ti. 4. 6, 7. Re. 2. 13; 6. 9-11; 12. 11; 17. 6; 18. 24.

5 *ye have forgotten.* De. 4. 9, 10. Ps. 119. 16, 83, 109. Pr. 3. 1; 4. 5. Mat. 16. 9, 10. Lu. 24. 6. 8. *the exhortation.* ver. 7 Pr. 3. 11, 12. *despise.* Job 5. 17, 18; 34. 31. Ps. 94. 12; 118. 18; 119. 75. Je. 31. 18. 1 Co. 11. 32. Ja. 1. 12. Re. 3. 19. *nor faint.* ver. 3, 4. Jos. 7. 7-11. 2 Sa. 6. 7-10. 1 Ch. 13. 9-13; 15. 12, 13. Ps. 6. 1, 2. 2 Co. 4. 8, 9; 12. 9, 10.

6 *whom.* De. 8. 5. Ps. 32. 1-5; 73. 14, 15; 89. 30-34; 119. 71, 75. Pr. 3. 12; 13. 24. Is. 27. 9. Je. 10. 24. Ja. 1. 12; 5. 11. Re. 3. 19. *and scourgeth.* ver. 7, 8. 2 Sa. 7. 14.

7 *endure.* Job 34. 31, 32. Pr. 19. 18; 22. 15; 23. 13, 14; 29. 15, 17. Ac. 14. 22. *for what.* 1 Sa. 2. 29, 34; 3. 13. 1 Ki. 1. 6; 2. 24, 25. Pr. 13. 24; 29. 15.

8 ver. 6. Ps. 73. 1, 14, 15. 1 Pe. 5. 9, 10.

9 *fathers.* Jno. 3. 6. Ac. 2. 30. Ro. 1. 3; 9. 3, 5. *corrected.* See on ver. 7. *we gave.* Ex. 20. 12. Le. 19. 3. De. 21. 18-21; 27. 16. Pr. 30. 17. Eze. 22. 7. Ep. 6. 1-4. *shall we not.* Mal. 1. 6. Ja. 4. 7, 10. 1 Pe. 5. 6. *the Father.* Nu. 16. 22; 27. 16. Job 12. 10. Ec. 12. 7. Is. 42. 5; 57. 16. Zec. 12. 1.

10 *after their own pleasure. or,* as seemed good, *or* meet, *to them. but he.* See on ver. 5, 6. *partakers.* Le. 11. 44, 45; 19. 2. Ps. 17. 15. Eze. 36. 25-27. Ep. 4. 24; 5. 26, 27. Col. 1. 22. Tit. 2. 14. 1 Pe. 1. 15, 16; 2. 5, 9. 2 Pe. 1. 4.

11 *no chastening.* Ps. 89. 32; 118. 18. Pr. 15. 10; 19. 18. *nevertheless.* See on ver. 5, 6, 10. *peaceable.* Ps. 119. 165. Is. 32. 17. Ro. 5. 3-5; 14. 17. 2 Co. 4. 17. Ga. 5. 22, 23. Ja. 3. 17, 18. *exercised.* ch. 5. 14. 1 Ti. 4. 7, 8. 2 Pe. 2. 14. Gr.

12 ver. 3, 5. Job 4. 3, 4. Is. 35. 3. Eze. 7. 17; 21. 7. Da. 5. 6. Na. 2. 10. 1 Th. 5. 14.

13 *make.* Pr. 4. 26, 27. Is. 35. 3. 8-10; 40. 3, 4; 42. 16; 58. 12. Je. 18. 15. Lu. 3. 5. *straight. or,* even. *lame.* Is. 35. 6. Je. 31. 8, 9. *but let.* Ga. 6. 1. Jude 22, 23.

14 *Follow.* Ge. 13. 7-9. Ps. 34. 14; 38. 20; 120. 6; 133. 1. Pr. 15. 1; 16. 7; 17. 14. Is. 11. 6-9. Mat. 5. 9. Mar. 9. 50. Ro. 12. 18; 14. 19. 1 Co. 1. 10. Ga. 5. 22, 23. Ep. 4. 1-8. 1 Th. 5. 15. 1 Ti. 6. 11. 2 Ti. 2. 22. Ja. 3. 17, 18. 1 Pe. 3. 11. *and holiness.* ver. 10. Ps. 94. 15. Is. 51. 1. Lu. 1. 75. Ro. 6. 22. 2 Co. 6. 17; 7. 1. Phi. 3. 12. 1 Th. 3. 13; 4. 7. 1 Pe. 1. 15, 16; 3. 13. 2 Pe. 3. 11, 18. 3 Jno. 11. *no man.* Ge. 32. 30. Job 19. 26; 33. 26. Mat. 5. 8. 1 Co. 13. 12. 2 Co. 7. 1. Ep. 5. 5. Ga. 3. 21. 1 Jno. 3. 2, 3. Re. 21. 24-27; 22. 3, 4, 11-15.

15 *Looking.* ch. 2. 1, 2; 3. 12; 4. 1, 11; 6. 11; 10. 23-35. De. 4. 9. Pr. 4. 23. 1 Co. 9. 24-27; 10. 12. 2 Co. 6. 1; 13. 5. 2 Pe. 1. 10; 3. 11, 14. 2 Jno. 8. Jude 20, 21. *any man.* Lu. 22. 32. 1 Co. 13. 8. Ga. 5. 4. *fail of. or,* fall from. Ga. 5. 4. *any root.* ch. 3. 12. De. 29. 18; 32. 32. Is. 5. 4, 7. Je. 2. 21. Mat. 7. 16-18. *trouble.* Jos. 6. 18; 7. 25, 26; 22. 17-20. Ep. 5. 3. Col. 3. 5. *and thereby.* Ex. 32. 21. 1 Ki. 14. 16. Ac. 20. 30, 31. 1 Co. 5. 6; 15. 33. Ga. 2. 13. 2 Ti. 2. 16, 17. 2 Pe. 2. 1, 2, 18.

16 *any fornicator.* ch. 13. 4. Mar. 7. 21. Ac. 15. 20, 29. 1 Co. 5. 1-6, 9-11; 6. 15-20; 10. 8. 2 Co. 12. 21. Ga. 5. 19-21. Ep. 5. 3, 5. Col. 3. 5. 1 Th. 4. 3-7. Re. 2. 20-23; 21. 8; 22. 15. *as Esau.* Ge. 25. 31-34; 27. 36.

17 *when he.* Ge. 27. 31-41. *he was.* ch. 6. 8. Pr. 1. 24-31. Je. 6. 30. Mat. 7. 23; 25. 11, 12. Lu. 13. 24-27. *for he.* ch. 6. 4-6; 10. 26-29. *place for repentance. or,* way to change his mind.

18 Ex. 19. 12-19; 20. 18; 24. 17. De. 4. 11; 5. 22-26. Ro. 6. 14; 8. 15. 2 Ti. 1. 7.

19 *the sound.* Ex. 19. 16-19. 1 Co. 15. 52. 1 Th. 4. 16. *and the voice.* Ex. 20. 1-17, 22. De. 4. 12, 33; 5. 3-22. *they that.* Ex. 20. 18, 19. De. 5. 24-27; 18. 16.

20 *For they.* De. 33. 2. Ro. 3. 19, 20. Ga. 2. 19; 3. 10. *if so much.* Ex. 19. 13, 16.

21 *Moses.* Ex. 19. 16, 19. Ps. 119. 120. Is. 6. 3-5. Da. 10. 8, 17. Re. 1. 17.

22 *ye are come.* Ps. 2. 6; 48. 2; 132. 13, 14. Is. 12. 6; 14. 32; 28. 16; 51. 11, 16; 59. 20; 60. 14. Joel 2. 32. Ro. 11. 26. Ga. 4. 26. Re. 14. 1. *the city.* ch. 13. 14. Ps. 48. 2; 87. 3. Mat. 5. 35. Phi. 3. 20, marg. Re. 3. 12; 21. 2, 10; 22. 19. *of the.* ch. 3. 12; 9. 14; 10. 31. De. 5. 26. Jos. 3. 10. 2 Ki. 19. 4. Ps. 42. 2; 84. 2. Je. 10. 10. Da. 6. 26. Ho. 1. 10. Mat. 16. 16. Ro. 9. 26. 1 Th. 1. 9. Re. 7. 2. *an innumerable.* De. 33. 2. Ps. 68. 17. Da. 7. 10. Jude 14. Re. 5. 11, 12.

23 *the general.* Ps. 89. 7; 111. 1. Ac. 20. 28. Ep. 1. 22; 5. 24-27. Col. 1. 24. 1 Ti. 3. 5. *the firstborn.* Ex. 4. 22; 13. 2. De. 21. 17. Ps. 89. 27. Je. 31. 9. Ja. 1. 18. Re. 14. 4. *which.* Ex. 32. 32. Ps. 69. 28. Lu. 10. 20. Phi. 4. 3. Re. 13. 8; 20. 15. *written. or,* enrolled. *God.* ch. 6. 10-12; 9. 27. Ge. 18. 25. Ps. 50. 5, 6; 94. 2; 96. 13; 98. 9. Mat. 25. 31-34. Jno. 5. 27. 2 Th. 1. 5-7. 1 Pe. 2. 23. *the spirits.* ch. 11. 4, 40. Ec. 12. 7. 1 Co. 13. 12; 15. 49, 54. 2 Co. 5. 8. Phi. 1. 21-23; 3. 12, etc. Col. 1. 12. Re. 7. 14-17.

24 *Jesus.* ch. 7. 22; 8. 6, 8. 1 Ti. 2. 5. *new.* ch. 13. 20. Is. 55. 3. Je. 31. 31-33. *covenant. or,* testament. ch. 9. 15. Mat. 26. 28. Mar. 14. 24. Lu. 22. 20. *to the blood.* ch. 9. 21; 10. 22; 11. 28. Ex. 24. 8. 1 Pe. 1. 2. *speaketh.* ch. 11. 4. Ge. 4. 10. Mat. 23. 35. Lu. 11. 51.

25 *See.* ch. 8. 5. Ex. 16. 29. 1 Ki. 12. 16. Is. 48. 6; 64. 9. Mat. 8. 4. 1 Th. 5. 15. 1 Pe. 1. 22. Re. 19. 10; 22. 9. *refuse.* Pr. 1. 24, 8. 33; 13. 18; 15. 32. Je. 11. 10. Eze. 5. 6. Zec. 7. 11. Mat. 17. 5. Ac. 7. 35. *if they.* See on ch. 2. 1-3; 3. 17; 10. 28, 29. *turn away.* Nu. 32. 15. De. 30. 17. Jos. 22. 16. 2 Ch. 7. 19. Pr. 1. 32. 2 Ti. 4. 4.

26 *voice.* Ex. 19. 18. Ps. 114. 6, 7. Hab. 3. 10. *Yet once.* ver. 27. Is. 2. 19; 13. 13. Joel 3. 16. Hag. 2. 6, 7, 22.

27 *signifieth.* Ps. 102. 26, 27. Eze. 21. 27. Mat. 24. 35. 2 Pe. 3. 10, 11. Re. 11. 15; 21. 1. *are shaken. or,* may be shaken.

28 *a kingdom.* Is. 9. 7. Da. 2. 44; 7. 14, 27. Mat. 25. 34. Lu. 1. 33; 17. 20, 21. 1 Pe. 1. 4, 5. Re. 1. 6; 5. 10. *have. or,* hold fast. See on ch. 3. 6; 10. 23. *we may.* Ps. 19. 14. Is. 56. 7. Ro. 12. 1, 2. Ep. 1. 6; 5. 10. Phi. 4. 18. 1 Pe. 2. 5, 20. *with reverence.* ch. 4. 16; 5. 7; 10. 19, 22. Le. 10. 3. Ps. 2. 11; 89. 7. Pr. 28. 24. Ro. 11. 20. 1 Pe. 1. 17. Re. 15. 4.

29 ch. 10. 27. Ex. 24. 17. Nu. 11. 1; 16. 35. De. 4. 24; 9. 3; Ps. 50. 3; 97. 3. Is. 66. 15. Da. 7. 9. 2 Th. 1. 8.

## CHAP. XIII.

*Divers admonitions as to charity,* 1-3; *to honest life,* 4; *to avoid covetousness,* 5, 6; *to regard God's preachers,* 7, 8; *to take heed of strange doctrines,* 9; *to confess Christ,* 10-15; *to give alms,* 16; *to obey governors,* 17; *to pray for the apostles,* 18, 19. *The conclusion,* 20-25.

1 ch. 6. 10, 11; 10. 24. Jno. 13. 34, 35; 15. 17. Ac. 2. 1, 44-46; 4. 32. Ro. 12. 9, 10. Ga. 5. 6, 13, 22. Ep. 4. 3; 5. 2. Phi. 2. 1-3. 1 Th. 4. 9, 10. 2 Th. 1. 3. 1 Pe. 1. 22; 2. 17; 3. 8; 4. 8. 2 Pe. 1. 7. 1 Jno. 2. 9, 10; 3. 10-18, 23; 4. 7-11, 20, 21; 5. 1. 2 Jno. 5, 6. Re. 2. 4.

2 *not.* Le. 19. 34. De. 10. 18, 19. 1 Ki. 17. 10-16. 2 Ki. 4. 8. Job 31. 19, 32. Is. 58. 7. Mat. 25. 35, 43. Ac. 16. 15. Ro. 12. 13; 16. 23. 1 Ti. 3. 2; 5. 10. Tit. 1. 8. 1 Pe. 4. 9. *some.* Ge. 18. 2-10; 19. 1-3. Ju. 13. 15, etc. Mat. 25. 40.

3 *them that.* ch. 10. 34. Ge. 40. 14, 15, 23. Je. 38. 7-13. Mat. 25. 36, 43. Ac. 16. 29-34; 24. 23; 27. 3. Ep. 4. 1. Phi. 4. 14-19. Col. 4. 18. 2 Ti. 1. 16-18. *which suffer.* Ne. 1. 3, 4. Ro. 12. 15. 1 Co. 12. 26. Ga. 6. 1, 2. 1 Pe. 3. 8.

4 *Marriage.* Ge. 1. 27, 28; 2. 21, 24. Le. 21. 13-15. 2 Ki. 22. 14. Pr. 5. 15-23. Is. 8. 3. 1 Co. 7. 2, etc.; 9. 5. 1 Ti. 3. 2, 4, 12; 5. 14. Tit. 1. 6. *and the bed.* See on ch. 12. 16. 1 Co. 6. 9. Ga. 5. 19, 21. Ep. 5. 5. Col. 3. 5, 6. Re. 22. 15. *God.* Ps. 50. 16-22. Mal. 3. 5. 1 Co. 5. 13. 2 Co. 5. 10.

5 *conversation.* Ex. 20. 17. Jos. 7. 21. Ps. 10. 3; 119. 36. Je. 6. 13. Eze. 33. 31. Mar. 7. 22. Lu. 8. 14; 12. 15-21; 16. 13, 14. Ro. 1. 29. 1 Co. 5. 11; 6. 10. Ep. 5. 3, 5. Col. 3. 5. 1 Ti. 3. 3; 6. 9, 10. 2 Pe. 2. 3, 14. Jude 11. *and be.* Ex. 2. 21. Mat. 6. 25, 34. Lu. 3. 14. Phi. 4. 11, 12. 1 Ti. 6. 6-8. *I will.* Ge. 28. 15. De. 31. 6, 8. Jos. 1. 5. 1 Sa. 12. 22. 1 Ch. 28. 20. Ps. 37. 25, 28. Is. 41. 10, 17.

6 *boldly.* ch. 4. 16; 10. 19. Ep. 3. 12. *The Lord.* Ge. 15. 1. Ex. 18. 4. De. 33. 26, 29. Ps. 18. 1, 2; 27. 1-3, 9; 33. 20; 40. 17; 54. 4; 63. 7; 94. 17; 115. 9-11; 118. 7-9; 124. 8; 146. 3. Is. 41. 10, 14. Ro. 8. 31. *I will.* Ps. 56. 4, 11, 12; 118. 6. Da. 3. 16-18. Mat. 10. 28. Lu. 12. 4, 5.

7 *which.* ver. 17, 24. Mat. 24. 45. Lu. 12. 42. Ac. 14. 23. 1 Th. 5. 12, 13. 1 Ti. 3. 5. *have the rule. or,* are the guides. *word.* Lu. 8. 11. Ac. 4. 31; 13. 46. Ro. 10. 17. 1 Th. 2. 13. Re. 1. 9; 6. 9; 20. 4. *whose.* ch. 6. 12. Ca. 1. 8. 1 Co. 4. 16; 11. 1. Phi. 3. 17. 1 Th. 1. 6. 2 Th. 3. 7, 9. *considering.* Ac. 7. 55-60. *the end.* 1 Co. 10. 13. Gr.

8 ch. 1. 12. Ps. 90. 2, 4; 102. 27, 28; 103. 17. Is. 41. 4; 44. 6. Mal. 3. 6. Jno. 8. 56-58. Ja. 1. 17. Re. 1. 4, 8, 11, 17, 18.

9 *carried.* Mat. 24. 4, 24. Ac. 20. 30. Ro. 16. 17, 18. 2 Co. 11. 11-15. Ga. 1. 6-9. Ep. 4. 14; 5. 6. Col. 2. 4, 8. 2 Th. 2. 2. 1 Ti. 4. 1-3; 6. 3-5, 20. 1 Jno. 4. 1. Jude 3. *it is.* Ac. 20. 32. 2 Co. 1. 21. Ga. 6. 1. 2 Th. 2. 17. 2 Ti. 2. 1, 2. *not with.* See on ch. 9. 9, 10. Le. ch. 11. De. 14. 3-21. Ac. 10. 14-16. Ro. 14. 2, 6, 17. 1 Co. 6. 13; 8. 8. Col. 2. 16-20. 1 Ti. 4. 3-5. Tit. 1. 14, 15.

10 *an altar.* 1 Co. 5. 7, 8; 9. 13; 10. 17. 20. *serve.* Nu. 3. 7, 8; 7. 5.

11 *the bodies.* Ex. 29. 14. Le. 4. 5-7, 11, 12, 16-21; 6. 30; 9. 9, 11; 16. 14-19, 27. Nu. 19. 3.

12 *sanctify.* ch. 2. 11; 9. 13, 14, 18, 19; 10. 29. Jno. 17. 19; 19. 34. 1 Co. 6. 11. Ep. 5. 26. 1 Jno. 5. 6-8. *suffered.* Le. 24. 23. Nu. 15. 36. Jos. 7. 24. Mar. 15. 20-24. Jno. 19. 17, 18. Ac. 7. 58.

13 ch. 11. 26; 12. 3. Mat. 5. 11; 10. 24, 25; 16. 24; 27. 32. 39-44. Lu. 6. 22. Ac. 5. 41. 1 Co 4. 10-13. 2 Co. 12. 10. 1 Pe. 4. 4, 14-16.

14 ch. 4. 9; 11. 9, 10, 12-16; 12. 22. Mi. 2. 10. 1 Co. 7. 29. 2 Co. 4. 17, 18; 5. 1-8. Phi. 3. 20. Gr. Col. 3. 1-3. 1 Pe. 4. 7. 2 Pe. 3. 13, 14.

15 *him.* ch. 7. 25. Jno. 10. 9; 14. 6. Ep. 2. 18. Col. 3. 17. 1 Pe. 2. 5. *the sacrifice.* Le. 7. 12. 2 Ch. 7. 6; 29. 31; 33. 16. Ezr. 3. 11. Ne. 12. 40, 43. Ps. 50. 14, 23; 69. 30, 31; 107. 21, 22; 116. 17-19; 118. 19; 136. 1, etc. 145. 1, etc. Is. 12. 1, 2. Ep. 5. 19, 20. Col. 1. 12; 3. 16. 1 Pe. 4. 11. Re. 4. 8-11; 5. 9-14; 7. 9-12; 19. 1-6. *the fruit.* Ge. 4. 3, 4. Ho. 14. 2. Ro. 6. 19; 12. 1. *giving thanks to. Gr.* confessing to. Ps. 18. 49, marg. Mat. 11. 25. Lu. 10. 21. Gr.

16 *to do.* ver. 1, 2. Ps. 37. 3. Mat. 25. 35-40. Lu. 6. 35, 36. Ac. 9. 36; 10. 38. Ga. 6. 10. 1 Th. 5. 15. 2 Th. 3. 13. 3 Jno. 11. *communicate.* Lu. 18. 22. Ro. 12. 13. 2 Co. 9. 12, 13. Ga. 6. 6. Ep. 4. 28. Phi. 4. 14. 1 Ti. 6. 18. Phile. 6. *with such.* ch. 6. 10. Ps. 51. 19. Mi. 6. 7, 8. Phi. 4. 18.

17 *Obey.* See on ver. 7. 1 Sa. 8. 19; 15. 19, 20. Pr. 5. 13. Phi. 2. 12, 29. 1 Th. 5. 12, 13. 2 Th. 3. 14. 1 Ti. 5. 17. *have the rule over. or,* guide. *submit.* Ge. 16. 9. 1 Co. 16. 16. Ep. 5. 21. Ja. 4. 7. 1 Pe. 5. 5. *watch.* Eze. 3. 17-21; 33. 2, 7-9. Ac. 20. 24-26, 28. 1 Co. 4. 1, 2. 1 Pe. 5. 2, 3. *give account.* Lu. 16. 2. Ro. 14. 12. 2 Co. 5. 10, 11. *with joy.* Phi. 1. 4; 2. 16; 4. 1. 1 Th. 2. 19, 20; 3. 9, 10. *with grief.* Ex. 32. 31. Je. 13. 17. Phi. 3. 18.

18 *Pray.* Ro. 15. 30. Ep. 6. 19, 20. Col. 4. 3. 1 Th. 5. 25. 2 Th. 3. 1. *we have.* Ac. 23. 1; 24. 16. 2 Co. 1. 12. 1 Ti. 1. 5. 1 Pe. 3. 16, 21. *in all.* Ro. 12. 17; 13. 13. Phi. 4. 8. 1 Th. 4. 12. 1 Pe. 2. 12.

19 *that I.* Ro. 1. 10-12; 15. 31, 32. Phile. 22.

20 *the God.* Ro. 15. 33; 16. 20. 1 Co. 14. 33. 2 Co. 13. 11. Phi. 4. 9. 1 Th. 5. 23. 2 Th. 3. 16. *brought.* Ac. 2. 24, 32; 3. 15; 4. 10; 5. 30; 10. 40, 41; 13. 30; 17. 31. Ro. 1. 4; 4. 24, 25; 8. 11. 1 Co. 6. 14; 15. 15. 2 Co. 4. 14. Ga. 1. 1. Ep. 1. 20. Col. 2. 12. 1 Th. 1. 10. 1 Pe. 1. 21. *that great.* Ps. 23. 1; 80. 1. Is. 40. 11; 63. 11. Eze. 34. 23; 37. 24. Jno. 10. 11, 14. 1 Pe. 2. 25; 5. 4. *the blood.* See on ch. 9. 20; 10. 22. Ex. 24. 8. Zec. 9. 11. Mat. 26. 28. Mar. 14. 24. Lu. 22. 20. *everlasting.* 2 Sa. 23. 5. 1 Ch. 16. 17. Is. 55. 3; 61. 8. Je. 32. 40. Eze. 37. 26. *covenant. or,* testament. See on ch. 9. 16, 17.

21 *Make.* ch. 12. 23. De. 32. 4. Ps. 138. 8. Jno. 17. 23. Ep. 3. 16-19. Col. 1. 9-12; 4. 12. 1 Th. 3. 13; 5. 23. 2 Th. 2. 17. 1 Pe. 5. 10. *every.* 2 Co. 9. 8. Ep. 2. 10. Phi. 1. 11. 2 Th. 2. 17. 1 Ti. 5. 10. *to do.* ch. 10. 36. Mat. 7. 21; 12. 50; 21. 31. Jno. 7. 17. Ro. 12. 2. 1 Th. 4. 3. 1 Pe. 4. 2. 1 Jno. 2. 17. *working. or,* doing. Phi. 2. 13. *well pleasing.* ver. 16. Ro. 12. 1; 14. 17, 18. Phi. 4. 18. Col. 3. 20. 1 Jno. 3. 22. *through.* Jno. 16. 23, 24. Ep. 2. 18. Phi. 1. 11; 4. 13. Col. 3. 17. 1 Pe. 2. 5. *to whom.* Ps. 72. 18, 19. Ro. 16. 27. Ga. 1. 5. Phi. 2. 11. 1 Ti. 1. 17; 6. 16. 2 Ti. 4. 18. 1 Pe. 5. 11. 2 Pe. 3. 18. Jude 25. Re. 4. 6; 5. 9, 13. *Amen.* See on Mat. 6. 13; 28. 20.

22 *suffer.* ver. 1-3, 12-16; ch. 2. 1; 3. 1, 12, 13; 4. 1, 11; 6. 11, 12; 10. 19-39; 12. 1, 2, 12-16, 25-28. 2 Co. 5. 20; 6. 1; 10. 1. Phile. 8, 9. *for.* Ga. 6. 11. 1 Pe. 5. 12.

23 *brother.* See on Ac. 16. 1-3. 1 Th. 3. 2. Phile. 1. *is set.* 1 Ti. 6. 12. 2 Ti. 1. 8. Re. 7. 14. *I will.* Ro. 15. 25, 28. Phile. 22.

24 *Salute.* See on Ro. 16. 1-16. *the rule.* See on ver. 7, 17. *and all.* 2 Co. 1. 1; 13. 13. Phi. 1. 1; 4. 22. Col. 1. 2. Phile. 5. *They.* See on Ro. 16. 21-23. *Italy.* Ac. 18. 2; 27. 1.

25 See on Ro. 1. 7; 16. 20, 24. Ep. 6. 24. 2 Ti. 4. 22. Tit. 3. 15. Re. 22. 21.

# The general Epistle of JAMES.

A.D. 60. A.M. 4064.

## CHAP. I.

*Ye are to rejoice under the cross,* 1-4; *to ask patience of God,* 5-12; *and in our trials not to impute our weakness, or sins, to him,* 13-18, *but rather to hearken to the word, to meditate on it, and to do thereafter,* 19-25. *Otherwise men may seem, but never be, truly religious,* 26, 27.

1 *James.* Mat. 10. 3; 13. 55. Mar. 3. 18. Lu. 6. 15. Ac. 1. 13; 12. 17; 15. 13; 21. 18. Ga. 1. 19; 2. 9, 12. Jude 1. *a servant.* Jno. 12. 26. Ro. 1. 1. Phi. 1. 1. Tit. 1. 1. 2 Pe. 1. 1. *to.* Ex. 24. 4; 28. 21; 39. 14. 1 Ki. 18. 31. Ezr. 6. 17. Mat. 19. 28. Ac. 26. 7. Re. 7. 4. *scattered.* Le. 26. 33. De. 4. 27; 28. 64; 30. 3; 32. 26. Es. 3. 8. Eze. 12. 15. Jno. 7. 35. Ac. 2. 5; 8. 1; 15. 21. 1 Pe. 1. 1. *greeting.* Ac. 15. 23; 23. 26. 2 Ti. 4. 21.

2 *count.* ver. 12. Mat. 5. 10-12. Lu. 6. 22, 23. Ac. 5. 41. Ro. 8. 17, 18, 35-37. 2 Co. 12. 9, 10. Phi. 1. 29; 2. 17. Col. 1. 24. He. 10. 34. 1 Pe. 4. 13-16. *divers.* He. 11. 36-38. 1 Pe. 1. 6-8. 2 Pe. 2. 9. Re. 2. 10.

3 *that.* Ro. 5. 3, 4; 8. 28. 2 Co. 4. 17. *patience.* Ro. 2. 7; 8. 25; 15. 4. Col. 1. 11. 2 Th. 1. 4; 3. 5. He. 10. 36; 12. 1. 2 Pe. 1. 6.

4 *let.* ch. 5. 7-11. Job 17. 9. Ps. 37. 7; 40. 1. Hab. 2. 3. Mat. 10. 22. Lu. 8. 15; 21. 19. Ga. 6. 9. *perfect and.* ch. 3. 2. Pr. 4. 18. Mat. 5. 48. Jno. 17. 23. 1 Co. 2. 6. Phi. 3. 12-15. Col. 4. 12. 2 Ti. 3. 17. He. 13. 21. 1 Pe. 5. 10. 1 Jno. 4. 17, 18. *wanting.* ver. 5. Mat. 19. 20. Mar. 10. 21. Lu. 18. 22. 2 Pe. 1. 9.

5 *any.* Ex. 31. 3, 6; 36. 1-4. 1 Ki. 3. 7-9, 11, 12. Job 28. 12-28. Pr. 3. 5-7; 9. 4-6. Je. 1. 6, 7. 2 Co. 2. 16. *let.* ver. 17: ch. 3. 17; 5. 16. 1 Ch. 22. 12. 2 Ch. 1. 10. Pr. 2. 3-6. Is. 55. 6, 7. Je. 29. 12, 13. Da. 2. 18-22. Mat. 7. 7-11. Lu. 11. 9-13. Jno. 4. 10; 14. 13; 15. 7; 16. 23, 24. 1 Jno. 3. 22; 5. 14, 15. *and upbraideth.* Mat. 11. 20. Mar. 16. 14. Lu. 15. 20-22.

6 *let.* Mat. 21. 22. Mar. 11. 22-24. 1 Ti. 2. 8. He. 11. 6. *he.* Ge. 49. 4. Ep. 4. 14. He. 10. 23; 13. 9. 2 Pe. 2. 17. Jude 12, 13.

7 ch. 4. 3. Pr. 15. 8; 21. 27. Is. 1. 15; 58. 3, 4.

8 ch. 4. 8. 1 Ki. 18. 21. 2 Ki. 17. 33, 41. Is. 29. 13. Ho. 7. 8-11; 10. 2. Mat. 6. 22, 24. 2 Pe. 2. 14; 3. 16.

9 *the brother.* ch. 2. 5, 6. De. 15. 7, 9, 11. Ps. 62. 9. Pr. 17. 5; 19. 1. Lu. 1. 52. *rejoice. or,* glory. Je. 9. 23, 24. Ro. 5. 2, 3. Phi. 3. 3. Gr. *in.* ch. 2. 5. 1 Sa. 2. 8. Ps. 113. 7, 8. Lu. 9. 48; 10. 20. Ro. 8. 17. 2 Co. 6. 10. Phi. 3. 14. 1 Pe. 2. 9. 1 Jno. 3. 1-3. Re. 2. 9; 5. 9, 10; 7. 9, 10.

10 *in.* Is. 57. 15; 66. 2. Mat. 5. 3. Phi. 3. 8. 1 Ti. 6. 17. *because.* ch. 4. 14. Job 14. 2. Ps. 37. 2, 35, 36; 90. 5, 6; 102. 11; 103. 15. Is. 40. 6. Mat. 6. 30. 1 Co. 7. 31. 1 Pe. 1. 24. 1 Jno. 2. 17.

11 *risen.* Is. 49. 10. Jon. 4. 7, 8. Mat. 13. 6. Mar. 4. 6. *so.* ch. 5. 1-7. Job 21. 24-30. Ps. 37. 35, 36; 49. 6-14; 73. 18-20. Ec. 5. 15. Is. 28. 1, 4; 40. 7, 8. Lu. 12. 16-21; 16. 19-25. 1 Co. 7. 31. 1 Pe. 1. 4; 5. 4.

12 *the man.* See on ver. 2-4; ch. 5. 11. Job 5. 17. Ps. 94. 12; 119. 67, 71, 75. Pr. 3. 11, 12. He. 6. 15; 10. 32; 12. 5. Re. 3. 19. *when.* De. 8. 2; 13. 3. Pr. 17. 3. Zec. 13. 9. Mal. 3. 2, 3. He. 11. 17. 1 Pe. 1. 6, 7; 5. 10. *the crown.* Mat. 25. 34. Lu. 22. 28-30. Ro. 2. 7-10. 1 Co. 9. 25. 2 Ti. 4. 8. 1 Pe. 1. 7; 4. 13; 5. 4. Re. 2. 10; 3. 21. *which.* ch. 2. 5. Is. 64. 4. Mat. 10. 22; 19. 28, 29. *them.* ch. 2. 5. Ex. 20. 6. De. 7. 9. Ne. 1. 5. Ps. 5. 11. Ro. 8. 28. 1 Co. 2. 9; 8. 3. 1 Pe. 1. 8. 1 Jno. 4. 19.

13 *no man.* ver. 2, 12. Ge. 3. 12. Is. 63. 17. Hab. 2. 12, 13. Ro. 9. 19, 20. *evil. or,* evils.

14 *when.* ch. 4. 1, 2. Ge. 6. 5; 8. 21. Jos. 7. 21-24. 2 Sa. 11. 2, 3. 1 Ki. 21. 2-4. Job 31. 9, 27. Pr. 4. 23. Is. 44. 20. Ho. 13. 9. Mat. 5. 28; 15. 18, 20. Mar. 7. 21, 22. Ro. 7. 11, 13. Ep. 4. 22. He. 3. 13.

15 *when.* Ge. 3. 6; 4. 5-8. Job 15. 35. Ps. 7. 14. Is. 59. 4. Mi. 2. 1-3. Mat. 26. 14, 48-59. Ac. 5. 1-3. *sin, when.* Ge. 2. 17; 3. 17-19. Ps. 9. 17. Ro. 5. 12-21; 6. 21-23. Re. 20. 14, 15.

16 *Do.* Mat. 22. 29. Mar. 12. 24, 27. Ga. 6. 7. Col. 2. 4, 8. 2 Ti. 2. 18. *my.* ver. 19; ch. 2. 5. Phi. 2. 12; 4. 1. He. 13. 1.

17 *good.* See on ver. 5; ch. 3. 15, 17. Ge. 41. 16, 38, 39. Ex. 4. 11, 12; 31. 3-6; 36. 1, 2. Nu. 11. 17, 25. 1 Ch. 22. 12; 29. 19. 2 Ch. 1. 11, 12. Pr. 2. 6. Is. 28. 26. Da. 2. 21, 22, 27-30. Mat. 7. 11; 11. 25, 26; 13. 11, 12. Lu. 11. 13. Jno. 3. 27. Ac. 5. 31; 11. 18. Ro. 6. 23; 11. 30; 12. 6-8. 1 Co. 4. 7; 12. 4-12. Ep. 2. 3-5, 8; 4. 8-11. Phi. 1. 29. Tit. 3. 3-5. 1 Jno. 4. 10; 5. 11, 12. *from the.* Ge. 1. 2-5, 14, 15. De. 4. 19. Ps. 19. 1-8; 84. 11. Is. 45. 7; 60. 19. Jno. 1. 9; 8. 12. 2 Co. 4. 6. Ep. 1. 18. 1 Jno. 1. 5. Re. 21. 23; 22. 5. *no variableness.* Nu. 23. 19. 1 Sa. 15. 29. Ps. 102. 26. Is. 46. 10. Mal. 3. 6. Ro. 11. 29. He. 1. 11, 12; 13. 8.

18 *his own.* Jno. 1. 13; 3. 3-5. Ro. 4. 17; 8. 29-31; 9. 15-18. Ep. 2. 4, 5. Col. 1. 20, 21. 2 Th. 2. 13, 14. 1 Pe. 1. 3, 23. *with.* ver. 21. 1 Co. 4. 15. Ep. 1. 12. 1 Pe. 1. 23. 1 Jno. 3. 9. *kind.* Le. 23. 10. Je. 2. 3. Am. 6. 1, marg. He. 12. 23. Re. 14. 4.

19 *let.* Ne. 8. 2, 3, 12-14, 18; 9. 3. Pr. 8. 32-35. Ec. 5. 1. Mar. 2. 2; 12. 37. Lu. 15. 1; 19. 48. Ac. 2. 42; 10. 33; 13. 42-44, 48; 17. 11. 1 Th. 2. 13. *slow to speak.* ver. 26; ch. 3. 1, 2. Pr. 10. 19; 13. 3; 15. 2; 17. 27; 18. 13, 21; 21. 23. Ec. 5. 2, 3. *slow to wrath.* Ne. 9. 17. Pr. 14. 17, 29; 15. 18; 16. 32; 17. 14; 19. 11, 19; 25. 28. Ec. 7. 8, 9. Mat. 5. 22. Ga. 5. 20, 21. Ep. 4. 26, 31. Col. 3. 8, 15.

20 ch. 3. 17, 18. Nu. 20. 11, 12. 2 Ti. 2. 24, 25.

21 *lay.* Is. 2. 20; 30. 22. Eze. 18. 31. Ro. 13. 12, 13. Ep. 4. 22. Col. 3. 5-8. He. 12. 1. 1 Pe. 2. 1, 11. *filthiness.* ch. 4. 8. Eze. 36. 25. 2 Co. 7. 1. Ep. 5. 4. *and receive.* Ps. 25. 9. Is. 29. 19; 61. 1. Zep. 2. 3. Mat. 5. 5. Ac. 10. 33. 1 Th. 1. 5; 2. 13. *the engrafted.* Jno. 6. 63, 68. Ro. 6. 17, marg.; 11. 17. He. 4. 2. *which.* Ac. 13. 26. Ro. 1. 16. 1 Co. 15. 2. Ep. 1. 13. 2 Ti. 3. 15-17. Tit. 2. 11. He. 2. 3. 1 Pe. 1. 9.

22 *be.* ch. 4. 17. Mat. 7. 21-25; 12. 50; 28. 20. Lu. 6. 46-48; 11. 28; 12. 47, 48. Jno. 13. 17. Ro. 2. 13. Phi. 4. 8. Col. 3. 17. 1 Jno. 2. 3; 3. 7. 3 Jno. 11. Re. 22. 7. *deceiving.* ver. 26. Is. 44. 20. Ob. 3. 1 Co. 3. 18; 6. 9; 15. 33. Ga. 6. 3, 7. 2 Ti. 3. 13. Tit. 3. 3. 2 Pe. 2. 13. 1 Jno. 1. 8. Re. 12. 9.

23 See on ch. 2. 14-26. Je. 44. 16. Eze. 33. 31, 32. Mat. 7. 26, 27. Lu. 6. 47-49, etc.

24 *what.* Ju. 8. 18. Mat. 8. 27. Lu. 1. 66; 7. 39. 1 Th. 1. 5. 2 Pe. 3. 11.

25 *looketh.* Pr. 14. 15. Is. 8. 20. 2 Co. 13. 5. He. 12. 15. *the perfect.* ch. 2. 12. Ps. 19. 7-10; 119. 32, 45, 96-105. Ro. 7. 12, 22, 23. *liberty.* Jno. 8. 32, 36. Ro. 8. 15. 2 Co. 3. 17, 18. Ga. 5. 1. 1 Pe. 2. 16. *and.* 1 Sa. 12. 14. Jno. 8. 31; 15. 9, 10. Ac. 2. 42; 13. 43; 26. 22. Ro. 2. 7, 8; 11. 22. Col. 1. 23. 1 Ti. 2. 15; 4. 16. 1 Jno. 2. 24. *a forgetful.* ver. 23, 24. *this.* Ps. 19. 11; 106. 3; 119. 2, 3. Lu. 6, 47, etc.; 11, 28. Jno. 13. 17. 1 Co. 15. 58. Re. 14. 13; 22. 14. *deed. or,* doing.

26 *seem.* Pr. 14. 12; 16. 25. Lu. 8. 18. 1 Co. 3. 18. Ga. 2. 6, 9; 6. 3. *bridleth.* ver. 19; ch. 3. 2-6. Ps. 32. 9; 34. 13; 39. 1, 2; 141. 3. Pr. 10. 19, 31; 13. 2, 3; 15. 2; 16. 10; 19. 1; 21. 26. Ep. 4. 29; 5. 4. Col. 4. 6. 1 Pe. 3. 10. *but.* See on ver. 22. De. 11. 16. Is. 44. 20. Ga. 6. 3. *this.* ch. 2. 20. Is. 1. 13. Mal. 3. 14. Mat. 15. 9. Mar. 7. 7. 1 Co. 15. 2, 15. Ga. 3. 4.

27 *Pure.* ch. 3. 17. Ps. 119. 1. Mat. 5. 8. Lu. 1. 6. 1 Ti. 1. 5; 5. 4. *To visit.* Job 29. 12, 13; 31. 15-20. Ps. 68. 5. Is. 1. 16, 17; 58. 6, 7. Mat. 25. 34-46. Ga. 5. 6; 6. 9, 10. 1 Jno. 3. 17-19. *to keep.* ch. 4. 4. Jno. 17. 14, 15. Ro. 12. 2. Ga. 1. 4; 6. 14. Col. 3. 1-3. 1 Jno. 2. 15-17; 5. 4, 5, 18.

## CHAP. II.

*It is not agreeable to Christian profession to regard the rich, and to despise the poor brethren,* 1-12; *rather we are to be loving and merciful,* 13; *and not to boast of faith where no deeds are,* 14-16; *which is but a dead faith,* 17, 18; *the faith of devils,* 19, 20; *not of Abraham,* 21-24; *nor Rahab,* 25, 26.

1 *the faith.* Ac. 20. 21; 24. 24. Col. 1. 4. 1 Ti. 1. 19. Tit. 1. 1. 2 Pe. 1. 1. Re. 14. 12. *the Lord.* Ps. 24. 7-10. 1 Co. 2. 8. Tit. 2. 13. He. 1. 3. *with.* ver. 3. 9; ch. 3. 17. Le. 19. 15. De. 1. 17; 16. 19. 2 Ch. 19. 7. Pr. 24. 23; 28. 21. Mat. 22. 16. Ro. 1. 11. 1 Ti. 5. 21. Jude 16.

2 *assembly. Gr.* synagogue. *gold.* Es. 3. 10; 8. 2. Lu. 15. 22. *goodly.* Ge. 27. 15. Mat. 11. 8, 9. *in vile.* Is. 64. 6. Zec. 3. 3, 4.

3 *ye.* Jude 16. *in a good place. or,* well, *or,* seemly. *to the.* See on ver. 6. Is. 65. 5. Lu. 7. 44-46. 2 Co. 8. 9.

4 *partial.* See on ch. 1. Job 34. 19. Mal. 2. 9. *judges.* ch. 4. 11. Job 21. 27. Ps. 58. 1; 82. 2; 109. 31. Mat. 7. 1-5. Jno. 7. 24.

5 *Hearken.* Ju. 9. 7. 1 Ki. 22. 28. Job 34. 10; 38. 14. Pr. 7. 24; 8. 32. Mar. 7. 14. Ac. 7. 2. *Hath not.* ch. 1. 9. Is. 14. 32; 29. 19. Zep. 3. 12. Zec. 11. 7, 11. Mat. 11. 5. Lu. 6. 20; 9. 57, 58; 16. 22. 25. Jno. 7. 48. 1 Co. 1. 26-28. 2 Co. 8. 9. *rich.* Pr. 8. 17-21. Lu. 12. 21. 1 Co. 3. 21-23. 2 Co. 4. 15; 6. 10. Ep. 1. 18; 3. 8. 1 Ti. 6. 18. He. 11. 26. Re. 2. 9; 3. 18; 21. 7. *heirs.* Mat. 5. 3; 25. 34. Lu. 12. 32; 22. 29. Ro. 8. 17. 1 Th. 2. 12. 2 Th. 1. 5. 2 Ti. 4. 8, 18. 1 Pe. 1. 4. 2 Pe. 1. 11. *the. or,* that. *which.* See on ch. 1. 12. Ex. 20. 6. 1 Sa. 2. 30. Pr. 8. 17. Mat. 5. 3. Lu. 6. 20; 12. 32. 1 Co. 2. 9. 2 Ti. 4. 8.

6 *ye.* ver. 3. Ps. 14. 6. Pr. 14. 31; 17. 5. Ec. 9. 15, 16. Is. 53. 3. Jno. 8. 49. 1 Co. 11. 22. *Do.* ch. 5. 4. Job 20. 19. Ps. 10. 2, 8, 10, 14; 12. 5. Pr. 22. 16. Ec. 5. 8. Is. 3. 14, 15. Am. 2. 6, 7; 4. 1; 5. 11; 8. 4-6. Mi. 6. 11, 12. Hab. 3. 14. Zec. 7. 10. *and.* ch. 5. 6. 1 Ki. 21. 11-13. Ac. 4. 1-3, 26-28; 5. 17, 18, 26, 27; 13. 50; 16. 19, 20; 17. 6; 18. 12.

7 *blaspheme.* Ps. 73. 7-9. Mat. 12. 24; 27. 63. Lu. 22. 64, 65. Ac. 26. 11. 1 Ti. 1. 13. Re. 13. 5, 6. *worthy.* Ps. 111. 9. Ca. 1. 3. Is. 7. 14; 9. 6, 7. Je. 23. 6. Mat. 1. 23. Ac. 4. 12. Phi. 2. 9-11. Re. 19. 13, 16. *by.* Is. 65. 15. Ac. 11. 26. Ep. 3. 15.

8 *the royal.* ver. 12; ch. 1. 25. 1 Pe. 2. 9. *Thou.* Le. 19. 18, 34. Mat. 22. 39. Mar. 12. 31-33. Lu. 10. 27-37. Ro. 13. 8, 9. Ga. 5. 14; 6. 2. 1 Th. 4. 9. *ye do.* ver. 19. 1 Ki. 8. 18. 2 Ki. 7. 9. Jon. 4. 4, 9. Mat. 25. 21, 23. Phi. 4. 14.

9 *if.* See on ver. 1-4. Le. 19. 15. *are.* Jno. 8. 9, 46; 16. 8, marg. 1 Co. 14. 24. Jude 15. *transgressors.* Ro. 3. 20; 7. 7-13. Ga. 2. 19. 1 Jno. 3. 4.

10 *For.* While the Jews taught that 'he who transgresses all the precepts of the law has broken the yoke, dissolved the covenant, and exposed the law to contempt; and so has he done who has only broken *one* precept;' they also taught, 'that he who observed any *principal* command was equal to him who kept the whole law,' and gave for an example the forsaking of idolatry. To correct this false doctrine was the object St. James had in view. *whosoever.* De. 27. 26. Mat. 5. 18, 19. Ga. 3. 10.

11 *he that said. or,* that *law,* which said. *Do not commit.* Ex. 20. 13, 14. De. 5. 17, 18. Mat. 5. 21-28; 19. 18. Mar. 10. 19. Lu. 18. 20. Ro. 13. 9. *Now.* Le. 4. 2, 13, 22. Ps. 130. 3, 4.

12 *speak.* Phi. 4. 8. Col. 3. 17. 2 Pe. 1. 4-8. *the.* ver. 8. See on ch. 1. 25.

13 *he.* ch. 5. 4. Ge. 42. 21. Ju. 1. 7. Job 22. 6-10. Pr. 21. 13. Is. 27. 11. Mat. 5. 7; 6. 15; 7. 1, 2; 18. 28-35; 25. 41-46. Lu. 16. 25

*and.* Ps. 85.10. Je. 9. 24. Eze. 33.11. Mi. 7. 18. Ep. 1. 6, 7; 2. 4-7. 1 Jno. 4. 8-16, 18, 19. *rejoiceth. or*, glorieth.

14 *What.* ver. 16. Je. 7. 8. Ro. 2. 25. 1 Co. 13. 3. 1 Ti. 4. 8. He. 13. 9. *though.* ver. 18, 26; ch. 1. 22-25. Mat. 5. 20; 7. 21-23, 26, 27. Lu. 6. 49. Ac. 8. 13, 21; 15. 9. 1 Co. 13. 2; 16. 22. Ga. 5. 6, 13. 1 Th. 1. 3. 1 Ti. 1. 5. Tit. 1. 16; 3. 8. He. 11. 7, 8, 17. 2 Pe. 1. 5. 1 Jno. 5. 4, 5. *can.* 1 Co. 15. 2. Ep. 2. 8-10.

15 ver. 5. Job 31. 16-21. Is. 58. 7, 10. Eze. 18. 7. Mat. 25. 35-40. Mar. 14. 7. Lu. 3. 11. Ac. 9. 29. He. 11. 37.

16 *one.* Job 22. 7-9. Pr. 3. 27, 28. Mat. 14. 15, 16; 15. 32; 25. 42-45. Ro. 12. 9. 2 Co. 8. 8. 1 Jno. 3. 16-18. *what.* See on ver. 14.

17 *so.* ver. 14, 19, 20, 26. 1 Co. 13. 3, 13. 1 Th. 1. 3. 1 Ti. 1. 5. 2 Pe. 1. 5-9. *alone. Gr.* by itself.

18 *Thou.* ver. 14, 22. Ro. 14. 23. 1 Co. 13. 2. Ga. 5. 6. He. 11. 6, 31. *without thy works. Some copies read*, by thy works. *and I will.* ver. 22-25; ch. 3. 13. Mat. 7. 17. Ro. 8. 1. 2 Co. 5. 17; 7. 1. 1 Th. 1. 3-10. 1 Ti. 1. 5. Tit. 2. 7, 11-14.

19 De. 6. 4. Is. 43. 10; 44. 6, 8; 45. 6, 21, 22; 46. 9. Zec. 14. 9. Mar. 12. 29. Jno. 17. 3. Ro. 3. 30. 1 Co. 8. 4, 6. Ga. 3. 20. Ep. 4. 5, 6. 1 Ti. 2. 5. Jude 4. *thou doest.* ver. 8. Jon. 4. 4, 9. Mar. 7. 9. *the.* Mat. 8. 29. Mar. 1. 24; 5. 7. Lu. 4. 34. Ac. 16. 17; 19. 15; 24. 25. Jude 6. Re. 20. 2, 3, 10.

20 *O vain.* ch. 1. 26. Job 11. 11, 12. Ps. 94. 8-11. Pr. 12. 11. Je. 2. 5. Ro. 1. 21. 1 Co. 15. 35, 36. Ga. 6. 3. Col. 2. 8. 1 Ti. 1. 6. Tit. 1. 10. *that.* See on ver. 14.

21 *Abraham.* Jos. 24. 3. Is. 51. 2. Mat. 3. 9. Lu. 1. 73; 16. 24, 30. Jno. 8. 39, 53. Ac. 7. 2. Ro. 4. 1, 12, 16. *justified.* ver. 18, 24. Ps. 143. 2. Mat. 12. 37; 25. 31-40. Ro. 3. 20. *when.* Ge. 22. 9-12, 16-18.

22 *Seest thou. or*, Thou seest. *faith.* ver. 18. Ga. 5. 6. He. 11. 17-19. *faith made.* 1 Jno. 2. 5; 4. 17, 18.

23 *the scripture.* Mar. 12. 10; 15. 28. Lu. 4. 21. Ac. 1. 16. Ro. 9. 17; 11. 2. Ga. 3. 8-10, 22. 2 Ti. 3. 16. 1 Pe. 2. 6. *Abraham.* Ge. 15. 6. Ro. 4. 3-6, 10, 11, 22-24. Ga. 3. 6. *the Friend.* Ex. 33. 11. 2 Ch. 20. 7. Job 16. 21, marg. Is. 41. 8. Jno. 15. 13-15.

24 ver. 15-18, 21, 22. Ps. 20. 12.

25 *was.* Jos. 2. 1. Mat. 1. 5. Rachab. *the harlot.* Mat. 21. 31. *justified.* ver. 18-22. *when.* Jos. 2. 19-21; 6. 17, 22-25. He. 11. 31.

26 *as.* Job 34. 14, 15. Ps. 104. 29; 146. 4. Ec. 12. 7. Is. 2. 22. Lu. 23. 46. Ac. 7. 59, 60. *spirit. or*, breath. *so.* See on ver. 14, 17, 20.

## CHAP. III.

*We are not rashly or arrogantly to reprove others*, 1-4; *but rather to bridle the tongue, a little member, but a powerful instrument of much good, and great harm*, 5-12. *They who are truly wise are mild and peaceable without envying and strife*, 13-18.

1 *be.* Mal. 2. 12. Mat. 9. 11; 10. 24; 23. 8-10, 14. Jno. 3. 10. Ac. 13. 1. Ro. 2. 20, 21. 1 Co. 12. 28. Ep. 4. 11. 1 Ti. 2. 7. 2 Ti. 1. 11. Gr. 1 Pe. 5. 3. *knowing.* Le. 10. 3. Eze. 3. 17, 18; 33. 7-9. Lu. 6. 37; 12. 47, 48; 16. 2. Ac. 20. 26, 27. 1 Co. 4. 2-5. 2 Co. 5. 10. He. 13. 17. *condemnation. or* judgment. Mat. 7. 1, 2; 23. 14. 1 Co. 11. 29-32. Gr.

2 *in.* 1 Ki. 8. 46. 2 Ch. 6. 36. Pr. 20. 9. Ec. 7. 20. Is. 64. 6. Ro. 3. 10; 7. 21. Ga. 3. 22; 5. 17. 1 Jno. 1. 8-10. *If.* ver. 5, 6. See on ch. 1. 26. Ps. 34. 13. Pr. 13. 3. 1 Pe. 3. 10. *a perfect.* See on ch. 1. 4. Mat. 12. 37. Col. 1. 28; 4. 12. He. 13. 21. 1 Pe. 5. 10. *to bridle.* 1 Co. 9. 27.

3 ch. 1. 26. 2 Ki. 19. 28. Ps. 32. 9; 39. 1. Is. 37. 29.

4 *are driven.* Ps. 107. 25-27. Jon. 1. 4. Mat. 8. 24. Ac. 27. 14, etc.

5 *so.* Ex. 5. 2; 15. 9. 2 Ki. 19. 22-24. Job 21. 14, 15; 22. 17. Ps. 10. 3; 12. 2-4; 17. 10; 52. 1, 2; 73. 8, 9. Pr. 12. 18; 15. 2; 18. 21. Je. 9. 3-8; 18. 18. Eze. 28. 2; 29. 3. Da. 3. 15; 4. 30. 2 Pe. 2. 18. Jude 16. Re. 13. 5, 6. *matter. or*, wood.

6 *the tongue.* Ju. 12. 4-6. 2 Sa. 19. 43; 20. 1. 2 Ch. 10. 13-16; 13. 17. Ps. 64. 3; 140. 3. Pr. 15. 1; 16. 27; 26. 20, 21. Is. 30. 27. *a world.* ch. 2. 7. Ge. 3. 4-6. Le. 24. 11. Nu. 25. 2; 31. 16. De. 13. 6. Ju. 16. 15-20. 1 Sa. 22. 9-17. 2 Sa. 13. 26-29; 15. 2-6; 16. 20-23; 17. 1, 2. 1 Ki. 21. 5-15. Pr. 1. 10-14; 6. 19; 7. 5, 21-23. Je. 20. 10; 28. 16. Mat. 12. 24, 32-36; 15. 11-20. Mar. 7. 15, 20-22; 14. 55-57. Ac. 6. 13; 20. 30. Ro. 3. 13, 14; 16. 17, 18. Ep. 5. 3, 4. Col. 3. 8, 9. 2 Th. 2. 10-12. Tit. 1. 11. 2 Pe. 2. 1, 2; 3. 3. 3 Jno. 10. Jude 8-10, 15-18. Re. 2. 14, 15; 13. 1-5, 14; 18. 23; 19. 20. *it is.* Lu. 16. 24. Ac. 5. 3. 2 Co. 11. 13-15. 2 Th. 2. 9. Re. 12. 9.

7 *kind. Gr.* nature. *is tamed.* Mar. 5. 4. Gr. *mankind. Gr.* the nature of man.

8 *an unruly.* ver. 6. Ps. 55. 21; 57. 4; 59. 7; 64. 3, 4. *full.* De. 32. 33. Ps. 58. 4; 140. 3. Ec. 10. 11. Ro. 3. 13. Re. 12. 9.

9 *Therewith.* Ps. 16. 9; 30. 12; 35. 28; 51. 14; 57. 8; 62. 4; 71. 24; 108. 1. Ac. 2. 26. *bless.* 1 Ch. 29. 10, 20. Ps. 34. 1; 63. 4; 145. 1, 21. Is. 29. 13. Ep. 1. 3. 1 Pe. 1. 3. *therewith curse.* Ju. 9. 27. 2 Sa. 16. 5; 19. 21. Ps. 10. 7; 59. 12; 109. 17, 18. Ec. 7. 22. Mat. 5. 44; 26. 74. Ro. 3. 14. *made.* Ge. 1. 26, 27; 5. 1; 9. 6. 1 Co. 11. 7.

10 *of.* Ps. 50. 16-20. Je. 7. 4-10. Mi. 3. 11. Ro. 12. 14. 1 Pe. 3. 9. *these.* Ge. 20. 9. 2 Sa. 13. 12. 1 Co. 3. 3. 1 Ti. 5. 13.

11 *place. or*, hole.

12 *the fig tree.* Is. 5. 2-4. Je. 2. 21. Mat. 7. 16-20; 12. 33. Lu. 6. 43, 44. Ro. 11. 16-18. *so.* Ex. 15. 23-25. 2 Ki. 2. 19-22. Eze. 47. 8-11.

13 *is a.* ver. 1. Ps. 107. 43. Ec. 8. 1, 5. Je. 9. 12, 23. Mat. 7. 24. 1 Co. 6. 5. Ga. 6. 4. *endued.* 2 Ch. 2. 12, 13. Job 28. 28. Is. 11. 3. Da. 2. 21. *let.* ch. 2. 18. Is. 60. 6. 2 Co. 8. 24. 1 Pe. 2. 9. *a good.* Phi. 1. 27. 1 Ti. 4. 12. He. 13. 5. 1 Pe. 2. 12; 3. 1, 2, 16. *with meekness.* ver. 17; ch. 1. 21. Nu. 12. 3. Ps. 25. 9; 45. 4; 149. 4. Is. 11. 4; 29. 19; 61. 1. Zep. 2. 3. Mat. 5. 5; 11. 29; 21. 5. 2 Co. 10. 1. Ga. 5. 23; 6. 1. Ep. 4. 2. Col. 3. 12. 1 Ti. 6. 11. 2 Ti. 2. 25. Tit. 3. 2. 1 Pe. 3. 4, 15.

14 *if.* ver. 16; ch. 4. 1-5. Ge. 30. 1, 2; 37. 11. Job 5. 2. Pr. 14. 30; 27. 4. Is. 11. 13. Hab. 1. 3. Mat. 27. 18. Ac. 5. 17; 7. 9; 13. 45. Ro. 1. 29; 13. 13. 1 Co. 3. 3; 13. 4. 2 Co. 12. 20. Ga. 5. 15, 21, 26. Phi. 1. 15; 2. 3. 1 Ti. 6. 4. Tit. 3. 3. 1 Pe. 2. 1, 2. *glory.* Ro. 2. 17, 23, etc. 1 Co. 4. 7, 8; 5. 2, 6. Ga. 6. 13. *and lie.* 2 Ki. 10. 16, 31. Jno. 16. 2. Ac. 26. 9.

15 *wisdom.* ver. 17; ch. 1. 5, 17. Jno. 3. 27. 1 Co. 3. 3. Phi. 3. 19. *but.* 2 Sa. 13. 3; 15. 31; 16. 23. Je. 4. 22. Lu. 16. 8. Ro. 1. 22. 1 Co. 1. 19, 20, 27; 2. 6, 7; 3. 19. 2 Co. 1. 12. Jude 19. *sensual. or*, natural. 1 Co. 2. 14. *devilish.* Ge. 3. 1-5. Jno. 8. 44. Ac. 13. 10. 2 Co. 11. 3, 13-15. 1 Jno. 3. 8-10. Jude 19. Re. 9. 11; 12. 9.

16 *where.* ver. 14. 1 Co. 3. 3. Ga. 5. 20. *there.* Ge. 11. 9, marg. Ac. 19. 29. 1 Co. 14. 33. *confusion. Gr.* tumult, *or*, unquietness. *every.* 1 Jno. 3. 12.

17 *the wisdom.* ver. 15; ch. 1. 5, 17. Ge. 41. 38, 39. Ex. 36. 2. 1 Ki. 3. 9, 12, 28. 1 Ch. 22. 12. Job 28. 12, 23, 28. Pr. 2. 6. Is. 11. 2, 3. Da. 1. 17. Lu. 21. 15. 1 Co. 2. 6, 7; 12. 8. *first.* ch. 4. 8. Mal. 3. 3. Mat. 5. 8. Phi. 4. 8. Tit. 1. 15. 1 Jno. 3. 3. *peaceable.* 1 Ch. 22. 9, marg. Is. 2. 4; 9. 6, 7; 11. 2-9; 32. 15-17. Ro. 12. 18. He. 12. 14. *gentle.* Is. 40. 11. 1 Co. 13. 4-7. 2 Co. 10. 1. Ga. 5. 22, 23. Ep. 5. 9. 1 Th. 2. 7. 2 Ti. 2. 24. Tit. 3. 2. *full.* Jno. 1. 14. Ac. 9. 36; 11. 24. Ro. 15. 14. 2 Co. 9. 10. Phi. 1. 11. Col. 1. 10. *without.* ch. 2. 4. Mal. 2. 9. 1 Ti. 5. 21. *partiality. or*, wrangling. *hypocrisy.* Is. 32. 6. Mat. 23. 28. Lu. 12. 1, 2. Jno. 1. 47. Ro. 12. 9. 1 Pe. 1. 22; 2. 1. 1 Jno. 3. 18.

18 *the fruit.* ch. 1. 20. Pr. 11. 18, 28, 30. Is. 32. 16, 17. Ho. 10. 12. Mat. 5. 9. Jno. 4. 36. Phi. 1. 11. He. 12. 11. *make.* Mat. 5. 9.

## CHAP. IV.

*We are to strive against covetousness*, 1-3; *intemperance*, 4; *pride*, 5-10; *detraction and rash judgment of others*, 11, 12; *and not to be confident in the good success of worldly business, but mindful ever of the uncertainty of this life, to commit ourselves and all our affairs to God's providence*, 13-17.

1 *whence.* ch. 3. 14-18. *fightings. or*, brawlings. *come they.* ch. 1. 14. Ge. 4. 5-8. Je. 17. 9. Mat. 15. 19. Mar. 7. 21-23. Jno. 8. 44. Ro. 8. 7. 1 Ti. 6. 4-10. Tit. 3. 3. 1 Pe. 1. 14; 2. 11; 4. 2, 3. 2 Pe. 2. 18; 3. 3. 1 Jno. 2. 15-17. Jude 16-18. *lusts. or*, pleasures. So ver. 3. *in.* Ro. 7. 5, 23. Ga. 5. 17. Col. 3. 5.

2 *lust.* ch. 5. 1-5. Pr. 1. 19. Ec. 4. 8. Hab. 2. 5. 1 Ti. 6. 9, 10. *kill. or*, envy. *because.* ch. 1. 5. Is. 7. 12. Mat. 7. 7, 8. Lu. 11. 9-13. Jno. 4. 10; 16. 24.

3 *ask, and.* ch. 1. 6, 7. Job 27. 8-10; 35. 12. Ps 18. 41; 66. 18, 19. Pr. 1. 28; 15. 8; 21. 13, 27. Is. 1. 15, 16. Je. 11. 11, 14; 14. 12. Mi. 3. 4. Zec. 7. 13. Mat. 20. 22. Mar. 10. 38. 1 Jno. 3. 22; 5. 14. *ye may.* Lu. 15. 13, 30; 16. 1, 2. *lusts. or*, pleasures. ver. 1.

4 *adulterers.* Ps. 50. 18; 73. 27. Is. 57. 3. Je. 9. 2. Ho. 3. 1. Mat. 12. 39; 16. 4. *the friendship.* Jno. 7. 7; 15. 19. 23; 17. 14. 1 Jno. 2. 15, 16. *enmity.* Ge. 3. 15. Ro. 8. 7. *whosoever.* Ga. 1. 10. *is the.* Ps. 21. 8. Lu. 19. 27. Jno. 15. 23, 24. Ro. 5. 10.

5 *the scripture.* Jno. 7. 42; 10. 35; 19. 37. Ro. 9. 17. Ga. 3. 8. *The spirit.* Ge. 4. 5, 6; 6. 5; 8. 21; 26. 14; 30. 1; 37. 11. Nu. 11. 29. Ps. 37. 1; 106. 16. Pr. 21. 10. Ec. 4. 4. Is. 11. 13. Ac. 7. 9. Ro. 1. 29. Tit. 3. 3. *to envy. or*, enviously.

6 *God.* Ex. 10. 3, 4; 15. 9, 10; 18. 11. 1 Sa. 2. 3. Job 22. 29; 40. 10-12. Ps. 138. 6. Pr. 3. 34; 6. 16, 17; 29. 23. Is. 2. 11, 12, 17; 10. 8-14; 16. 6, 7. Da. 4. 37; 5. 20-23. Mat. 23. 12. Lu. 1. 52; 14. 11; 18. 14. 1 Pe. 5. 5. *giveth grace.* 2 Ch. 32. 26; 33. 12, 19, 23; 34. 27. Job 22. 29. Ps. 9. 12. Pr. 15. 33; 18. 12; 22. 4. Is. 57. 15.

7 *Submit.* 1 Sa. 3. 18. 2 Sa. 15. 26. 2 Ki. 1. 13-15. 2 Ch. 30. 8; 33. 12, 13. Job 1. 21; 40. 3-5; 42. 1-6. Ps. 32. 3-5; 66. 3; 68. 30. Je. 13. 18. Da. 4. 25, 32, 34-37. Mat. 11. 29. Ac. 9. 6; 16. 29-31; 26. 19. Ro. 10. 3; 14. 11. Ep. 5. 21. He. 12. 9. 1 Pe. 2. 13. *Resist.* Mat. 4. 3-11. Lu. 4. 2-13. Ep. 4. 27; 6. 11, 12. 1 Pe. 5. 8, 9. Re. 12. 9-11.

8 *Draw nigh to God.* Ge. 18. 23. 1 Ch. 28. 9. 2 Ch. 15. 2. Ps. 73. 28; 145. 18. Is. 29. 13; 55. 6, 7. Ho. 6. 1, 2. Zec. 1. 3. Mal. 3. 7. He. 7. 19; 10. 22. *Cleanse.* Job 9. 30; 16. 17; 17. 9. Ps. 18. 20; 24. 4; 26. 6; 73. 13. Is. 1. 15, 16; 33. 15. Mat. 15. 2; 27. 24. 1 Ti. 2. 8. 1 Pe. 3. 21. *purify.* Ps. 51. 6, 7, 10. Je. 4. 14. Eze. 18. 31; 36. 25-27. Mat. 12. 33; 23. 25, 26. Lu. 11. 39, 40. Ac. 15. 9. 2 Co. 7. 1. 1 Pe. 1. 22. 1 Jno. 3. 3. *ye double.* See on ch. 1. 8.

9 *afflicted.* ch. 5. 1, 2. Ps. 119. 67, 71, 136; 126. 5, 6. Ec. 7. 2-5. Is. 22. 12, 13. Je. 31. 9, 13, 18-20. Eze. 7. 16; 16. 63. Zec. 12. 10, etc. Mat. 5. 4. Lu. 6. 21. 2 Co. 7. 10, 11. *let.* Job 30. 31. Pr. 14. 13. Ec. 2. 2; 7. 6. La. 5. 15. Lu. 6. 25; 16. 25. Re. 18. 7, 8.

10 *Humble.* See on ver. 6, 7. *he.* 1 Sa. 2. 9. Job 22. 29. Ps. 27. 6; 28. 9; 30. 1; 113. 7; 147. 6. Mat. 23. 12. Lu. 14. 11; 18. 14. 1 Pe. 5. 6.

11 *Speak.* Ps. 140. 11. Ep. 4. 31. 1 Ti. 3. 11. 2 Ti. 3. 3. Tit. 2. 3. 1 Pe. 2. 1. *and judgeth.* Mat. 7. 1, 2. Lu. 6. 37. Ro. 2. 1; 14. 3, 4, 10-12. 1 Co. 4. 5. *speaketh evil of the law.* Ro. 7. 7, 12, 13. *a doer.* ch. 1. 22, 23, 25. Ro. 2. 13.

12 *lawgiver.* Is. 33. 22. *able.* Mat. 10. 28. Lu. 12. 5. He. 7. 25. *who.* 1 Sa. 25. 10. Job 38. 2. Ro. 2. 1; 9. 20; 14. 4, 13.

13 *Go to.* ch. 5. 1. Ge. 11. 3, 4, 7. Ec. 2. 1. Is. 5. 5. *To day.* Pr. 27. 1. Is. 56. 12. Lu. 12. 17-20. *and buy.* Is. 24. 2; 56. 11. Eze. 7. 12. 1 Co. 7. 30.

14 *It is. or*, For it is. *a vapour.* ch. 1. 10. Job 7. 6, 7; 9. 25, 26; 14. 1, 2. Ps. 39. 5; 89. 47; 90. 5-7; 102. 3. Is. 38. 12. 1 Pe. 1. 24; 4. 7. 1 Jno. 2. 17.

15 *If.* 2 Sa. 15. 25, 26. Pr. 19. 21. La. 3. 37. Ac. 18. 21. Ro. 1. 10; 15. 32. 1 Co. 4. 19; 16. 7. He. 6. 3.

16 ch. 3. 14. Ps. 52. 1, 7. Pr. 25. 14; 27. 1. Is. 47. 7, 8, 10. 1 Co. 4. 7, 8; 5. 6. Re. 18. 7.

17 Lu. 12. 47, 48. Jno. 9. 41; 13. 17; 15. 22. Ro. 1. 20, 21, 32; 2. 17-23; 7. 13.

## CHAP. V.

*Wicked rich men are to fear God's vengeance*, 1-6. *We ought to be patient in afflictions, after the example of the prophets, and Job*, 7-11; *to forbear swearing*, 12; *to pray in adversity, to sing in prosperity*, 13; *to acknowledge mutually our several faults, to pray one for another*, 14-18; *and to reduce a straying brother to the truth*, 19, 20.

1 *Go.* See on ch. 4. 13. *ye.* ch. 1. 11; 2. 6. De. 8. 12-14; 32. 15. Ne. 9. 25, 26. Job 20. 15-29. Ps. 17. 14; 49. 6-20; 73. 3-9, 18-20. Pr. 11. 4, 28. Ec. 5. 13, 14. Je. 9. 23. Mi. 6. 12. Zep. 1. 18. Mat. 19. 23, 24. Lu. 6. 24; 12. 16-21; 16. 19-25. 1 Ti. 6. 9, 10. Re. 6. 15-17. *weep.* ch. 4. 9. Is. 13. 6; 22. 12, 13. Je. 4. 8. Eze. 19. 2. Joel 1. 5, 11, 13. Am. 6. 6, 7. Zec. 11. 2, 3. Lu. 6. 25; 23. 28, 29.

2 *Your riches.* Je. 17. 11. Mat. 6. 19, 20. Lu. 12. 33. 1 Pe. 1. 4. *your garments.* ch. 2. 2. Job 13. 28. Ps. 39. 11. Is. 50. 9; 51. 8. Ho. 5. 12.

3 *cankered.* 2 Ti. 2. 17. *a witness.* Ge. 31. 48, 52. Jos. 24. 27. Job 16. 8. *and shall.* Je. 19. 9. Mi. 3. 3. Re. 17. 16; 20. 15; 21. 8. *Ye have.* De. 32. 33, 34. Job 14. 16, 17. Ro. 2. 5. *the last.* See on Ge. 49. 1. Is. 2. 2. Mi. 4. 1. Ac. 2. 17. 2 Pe. 3. 3.

4 *the hire.* Le. 19. 13. De. 24. 14, 15. Job 24. 10, 11; 31. 38, 39. Is. 5. 7. Je. 22. 13. Hab. 2. 11. Mal. 3. 5. Col. 4. 1. *the cries.* Ge. 4. 10. Ex. 2. 23, 24; 3. 9; 22. 22-24, 27. De. 24. 15. Job 34. 28. Ps. 9. 12. Lu. 18. 7. *Lord.* Ro. 9. 29. Is. 1. 9. Heb.

5 *have lived.* 1 Sa. 25. 6, 36. Job 21. 11-15. Ps. 17. 14; 73. 7. Ec. 11. 9. Is. 5. 11, 12; 47. 8; 56. 12. Am. 6. 1, 4-6. Lu. 16. 19, 25. 1 Ti. 5. 6. 2 Ti. 3. 4. Jude 12. Re. 18. 7. *been.* Is. 3. 16. Ro. 13. 13. *as in.* Pr. 7. 14; 17. 1. Is. 22. 13. Eze. 39. 17. Re. 19. 17, 18.

6 *have.* ch. 2. 6. Mat. 21. 38; 23. 34, 35; 27. 20, 24, 25. Jno. 16. 2, 3. Ac. 2. 22, 23; 3. 14, 15; 4. 10-12; 7. 52; 13. 27, 28; 22. 14. 1 Th. 2. 15, 16. *and he.* Is. 53. 7. Mat. 5. 39; 26. 53, 54. Lu. 22. 51-53. Jno. 19. 9-11. Ac. 8. 32. 1 Pe. 2. 22, 23.

7 *Be patient. or*, Be long patient, *or*, Suffer with long patience. Lu. 8. 15. Ro. 2. 7; 8. 24, 25; 15. 4. 2 Co. 6. 4, 5. Ga. 5. 5; 6. 9. Col. 1. 11. 1 Th. 1. 3. He. 6. 15; 12. 1-3. *unto.* ver. 8, 9. Mat. 24. 27, 44. Lu. 18. 8; 21. 27. 1 Co. 1. 7. 1 Th. 2. 19; 3. 13. 2 Pe. 3. 4. *until.* De. 11. 14. Je. 5. 24. Ho. 6. 3. Joel 2. 23. Zec. 10. 1.

8 *ye also.* Ge. 49. 18. Ps. 37. 7; 40. 1-3; 130. 5. La. 3. 25, 26. Mi. 7. 7. Hab. 2. 3. Ro. 8. 25. Ga. 5. 22. 1 Th. 1. 10. 2 Th. 3. 5. He. 10. 35-37. *stablish.* Ps. 27. 14. *for.* ver. 9. Phi. 4. 5. He. 10. 25-37. 1 Pe. 4. 7. Re. 22. 20.

9 *Grudge not. or*, Groan not, *or* grieve not. ch. 4. 11. Le. 19. 18. Ps. 59. 15. Mar. 6. 19, marg. 2 Co. 9. 7. Ga. 5. 14, 26. 1 Pe. 4. 9. *lest.* Mat. 6. 14, 15; 7. 1, 2. *the Judge.* Ge. 4. 7. Mat. 24. 33. 1 Co. 4. 5; 10. 11. Re. 3. 20.

10 *who.* Is. 39. 8. Je. 23. 22; 26. 16. Ac. 3. 21. He. 13. 7. *for.* 2 Ch. 36. 16. Je. 2. 30. Mat. 5. 11, 12; 21. 34-39; 23. 34-37. Lu. 6. 23; 13. 34. Ac. 7. 52. 1 Th. 2. 14, 15. He. 11. 32-38.

11 *we count.* ch. 1. 12. Ps. 94. 12. Mat. 5. 10, 11; 10. 22. He. 3. 6, 14; 10. 39. *Ye.* Job 1. 21, 22, etc.; 2. 10; 13. 15, 16; 23. 10. *and have.* Job 42. 10-17. Ps. 37. 37. Ec. 7. 8. 1 Pe. 1. 6, 7, 13. 2 Pe. 2. 9. *the Lord is.* Ex. 34. 6. Nu. 14. 18. 1 Ch. 21. 13. 2 Ch. 30. 9. Ne. 9. 17, 31. Ps. 25. 6, 7; 51. 1; 78. 38; 86. 5, 15; 103. 8, 13; 116. 5; 119. 132; 136. 1, etc.; 145. 8. Is. 55. 6, 7; 63. 7, 9. La. 3. 22. Da. 9. 9, 18, 19. Joel 2. 13. Jon. 4. 2. Mi. 7. 18. Lu. 1. 50; 6. 36. Ro. 2. 4. Ep. 1. 6; 2. 4.

12 *above.* 1 Pe. 4. 8. 3 Jno. 2. *swear not.* See on Mat. 5. 33-37; 23. 16-22. *but.* See on 2 Co. 1. 17-20. *lest.* ch. 3. 1, 2. 1 Co. 11. 34.

13 *any among.* 2 Ch. 33. 12, 13. Job 33. 26. Ps. 18. 6; 50. 15; 91. 15; 116. 3-5; 118. 5; 142. 1-3. La. 3. 55, 56. Ho. 6. 1. Jon. 2. 2, 7. Lu. 22. 44; 23. 42. Ac. 16. 24, 25. 2 Co. 12. 7-10. He. 5. 7. *any merry.* Ju. 16. 23-25. Da. 5. 4. *let him sing.* 1 Ch. 16. 9. Ps. 95. 2; 105. 2. Mi. 4. 5. Mat. 26. 30. 1 Co. 14. 26. Ep. 5. 19. Col. 3. 16, 17. Re. 5. 9-14; 7. 10; 14. 3; 19. 1-6.

14 *for.* Ac. 14. 23; 15. 4. Tit. 1. 5. *pray.* 1 Ki. 17. 21. 2 Ki. 4. 33; 5. 11. Ac. 9. 40; 28. 8. *anointing.* Mar. 6. 13; 16. 18.

15 *the prayer.* See on ver. 13, 16; ch. 1. 6. Mat. 17. 20, 21; 21. 21, 22. Mar. 11. 22-24; 16. 17, 18. 1 Co. 12. 28-30. *if he.* Is. 33. 24. Mat. 9. 2-6. Mar. 2. 5-11. Jno. 5. 14. 1 Co. 11. 30-32. 1 Jno. 5. 14-16.

16 *Confess.* Ge. 41. 9, 10. 2 Sa. 19. 19. Mat. 3. 6; 18. 15-17. Lu. 7. 3, 4. Ac. 19. 18. *pray.* Col. 1. 9. 1 Th. 5. 17, 23, 25. He. 13. 18. *that.* Ge. 20. 17. 2 Ch. 30. 20. Lu. 9. 6. Ac. 10. 38. *The effectual.* Ge. 18. 23-32; 19. 29; 20. 7, 17; 32. 28. Ex. 9. 28, 29, 33; 17. 11; 32. 10-14. Nu. 11. 2; 14. 13-20; 21. 7-9. De. 9. 18-20. Jos. 10. 12. 1 Sa. 12. 18. 1 Ki. 13. 6; 17. 18-24. 2 Ki. 4. 33-35; 19. 15-20; 20. 2-5. 2 Ch. 14. 11, 12; 32. 20-22. Job 42. 8. Ps. 10. 17, 18; 34. 15; 145. 18, 19. Pr. 15. 8, 29; 28. 9. Je. 15. 1; 29. 12, 13; 33. 3. Da. 2. 18-23; 9. 20-22. Ho. 12. 3, 4. Mat. 7. 7-11; 21. 22. Lu. 11. 11-13; 18. 1-8. Jno. 9. 31. Ac. 4. 24-31; 12. 5-11. 1 Jno. 3. 22. *a righteous.* Ro. 3. 10; 5. 19. He. 11. 4, 7.

17 *Elias.* 1 Ki. 17. 1. Elijah. *subject.* Ac. 10. 26; 14. 15. *and he.* Ro. 11. 2. Re. 11. 6. *earnestly. or*, in prayer. *and it rained not.* Lu. 4. 25.

18 1 Ki. 18. 18, 42-45. Je. 14. 22. Ac. 14. 17.

19 *err.* Ps. 119. 21, 118. Pr. 19. 27. Is. 3. 12. 1 Ti. 6. 10, 21. 2 Ti. 2. 18. 2 Pe. 3. 17. Jude 11. *and one.* ver. 20. Eze. 34. 4, 16. Mat. 18. 15. Lu. 22. 32. Ga. 6. 1. He. 12. 12, 13. Jude 22. 23.

20 *that he.* ver. 19. *shall save.* Pr. 11. 30. Ro. 11. 14. 1 Co. 9. 22. 1 Ti. 4. 16. Phile. 19. *from death.* ch. 1. 15. Pr. 10. 2; 11. 4. Jno. 5. 24. Re 20. 6. *hide.* Ps. 32. 1. Pr. 10. 12. 1 Pe. 4. 8.

## CONCLUDING REMARKS ON THE EPISTLE OF JAMES.

JAMES, the son of Alpheus, the brother of Jacob, and the near relation of our Lord, called also *James the Less*, probably because he was of lower stature, or younger, than the other James, the son of Zebedee, is generally allowed to be the writer of this Epistle; and the few that have doubted this have assigned very slight reasons for their dissent, and advanced very weak arguments on the other side. It is recorded in ecclesiastical history, and the book of the Acts of the Apostles confirms the fact, that he generally resided at Jerusalem, superintending the churches in that city, and in the neighbouring places, to the end of his life, which was terminated by martyrdom about A.D. 62. This epistle appears to have been written but a short time before his death; and it is probable that the sharp rebukes and awful warnings given in it to his countrymen excited that persecuting rage which terminated his life. It is styled *Catholic*, or *General*, because it was not addressed to any particular church, but to the Jewish nation throughout their dispersions. Though its genuineness was doubted for a considerable time, yet its insertion in the ancient Syriac version, which was executed at the close of the first, or the beginning of the second century, and the citation of, or allusion to it, by CLEMENT of Rome, HERMAS, and IGNATIUS, and its being quoted by ORIGEN, JEROME, ATHANASIUS, and most of the subsequent ecclesiastical writers, as well as its internal evidence, are amply sufficient to prove the point.

# The First Epistle general of PETER.

A.D. 60. A.M. 4064.

## CHAP. I.

*He blesses God for his manifold spiritual graces,* 1-9; *shewing that the salvation in Christ is no news, but a thing prophesied of old,* 10-12; *and exhorts them accordingly to a godly conversation, forasmuch as they are now born anew by the word of God,* 13-25.

1 *Peter.* See on Mat. 4. 18; 10. 2. Jno. 1. 41, 42; 21. 15-17. *the.* ch. 2. 11. Ac. 2. 5-11. Ep. 2. 12, 19. He. 11. 13. *scattered.* Le. 26. 33. De. 4. 27; 28. 64; 32. 26. Es. 3. 8. Ps. 44. 11. Eze. 6. 8. Jno. 7. 35; 11. 52. Ac. 8. 4. Ja. 1. 1. *Pontus.* Ac. 2. 5, 9, 10; 18. 2. *Galatia.* Ac. 16. 6; 18. 23. Ga. 1. 2. *Cappadocia.* Ac. 2. 9. *Asia.* Ac. 6. 9; 16. 6; 19. 10; 20. 16-18. 1 Co. 16. 19. 2 Co. 1. 8. 2 Ti. 1. 15. Re. 1. 11. *Bithynia.* Ac. 16. 7.

2 *Elect.* ch. 2. 9. De. 7. 6. Is. 65. 9, 22. Mat. 24. 22, 24, 31. Mar. 13. 20, 22, 27. Lu. 18. 7. Jno. 15. 16-19. Ro. 8. 29, 33; 11. 2, 5-7, 28. Ep. 1. 4, 5. Col. 3. 12. 2 Ti. 2. 10. Tit. 1. 1. 2 Jno. 1, 13. *the foreknowledge.* Ac. 2. 23; 15. 18. Ro. 8. 29, 30; 9. 23, 24; 11. 2. *sanctification.* Ac. 20. 32. Ro. 15. 16. 1 Co. 1. 30; 6. 11. 2 Th. 2. 13. *unto.* ver. 22. Ro. 1. 5; 8. 13; 16. 19, 26. 2 Co. 10. 5. He. 5. 9. *sprinkling.* See on He. 9. 19-22; 10. 22; 11. 28; 12. 24. *Grace.* See on Ro. 1. 7. 2 Co. 13, 14. *be.* Is. 55. 7, marg. Da. 4. 1; 6. 25. 2 Pe. 1. 2. Jude 2.

3 *Blessed.* 1 Ki. 8. 15. 1 Ch. 29. 10-13, 20. Ps. 41. 13; 72. 18, 19. 2 Co. 1. 3. Ep. 1. 3, 17; 3. 20. *which.* Ex. 34. 6. Ps. 86. 5, 15. Jon. 4. 2. Ro. 5. 15-21. Ep. 1. 7; 2. 4, 7-10. 1 Ti. 1. 14. Tit. 3. 4-6. *abundant. Gr.* much. *hath.* ver. 23. ch. 2. 2. Jno. 1. 13; 3. 3-8. Ja. 1. 18. 1 Jno. 2. 29; 3. 9; 4. 7; 5. 1, 4, 18. *unto.* Ro. 5. 4, 5; 8. 24; 12. 12; 15. 13. 1 Co. 13. 13. Col. 1. 23, 27. 1 Th. 1. 3. Tit. 2. 13. He. 3. 6; 6. 18, 19. 1 Jno. 3. 3. *by.* ch. 3. 21. Is. 26. 19. Ro. 4. 25; 5. 10; 8. 11. 1 Co. 15. 20. Ep. 2. 6. 1 Th. 4. 13.

4 *an.* ch. 3. 9. Mat. 25. 34. Ac. 20. 32; 26. 18. Ga. 3. 18. Ep. 1. 11, 14, 18. Col. 1. 12. He. 9. 15. *incorruptible.* 1 Co. 9. 25; 15. 52-54. *undefiled.* Re. 21. 27. *fadeth.* ch. 5. 4. Is. 40. 7, 8. Eze. 47. 12. Ja. 1. 11. *reserved.* Ps. 31. 19. Col. 1. 5; 3. 3, 4. 2 Ti. 4. 8. *for you. or,* for us.

5 *kept.* 1 Sa. 2. 9. Ps. 37. 23, 24, 28; 103. 17, 18; 125. 1, 2. Pr. 2. 8. Is. 54. 17. Je. 32. 40. Jno. 4. 14; 5. 24; 10. 28-30; 17. 11, 12, 15. Ro. 8. 31-39. Phi. 1. 6. Jude 1, 24. *through.* Ro. 11. 20. 2 Co. 1. 24. Ga. 2. 20. Ep. 2. 8; 3. 17. 2 Ti. 3. 15. He. 6. 12. *unto.* Is. 45. 17; 51. 6. 1 Th. 1. 3, 4. 2 Th. 2. 13, 14. He. 9. 28. *ready.* ver. 13. 1 Ti. 6. 14, 15. Ti. 2. 13. 1 Jno. 3. 2. *in.* Job 19. 25. Jno. 12. 48.

6 *ye greatly.* ver. 8; ch. 4. 13. 1 Sa. 2. 1. Ps. 9. 14; 35. 10; 95. 1. Is. 12. 2, 3; 61. 3, 10. Mat. 5. 12. Lu. 1. 47; 2. 10; 10. 20. Jno. 16. 22. Ro. 5. 2, 11; 12. 12. 2 Co. 6. 10; 12. 9, 10. Ga. 5. 22. Phi. 3. 3; 4. 4. 1 Th. 1. 6. Ja. 1. 2, 9. *for.* ch. 4. 7; 5. 10. 2 Co. 4. 17. *if.* ver. 7. Ps. 119. 75. La. 3. 32, 33. He. 12. 7-11. *ye are.* Job 9. 27, 28. Ps. 69. 20; 119. 28. Is. 61. 3. Mat. 11. 28; 26. 37. Ro. 9. 2. Phi. 2. 26. He. 12. 11. Ja. 4. 9. *manifold.* Ps. 34. 19. Jno. 16. 33. Ac. 14. 22. 1 Co. 4. 9-13. 2 Co. 4. 7-11; 11. 23-27. He. 11. 35-38. Ja. 1. 2.

7 *the trial.* ch. 4. 12. Job 23. 10. Ps. 66. 10-12. Pr. 17. 3. Is. 48. 10. Je. 9. 7. Zec. 13. 9. Mal. 3. 3. Ro. 5. 3, 4. Ja. 1. 3, 4, 12. Re. 2. 10; 3. 10. *precious.* ch. 2. 4, 7. Pr. 3. 13-15; 8. 19; 16. 16. 2 Pe. 1. 1, 4. *that.* Ec. 5. 14. Je. 48. 36. Lu. 12. 20, 21, 33. Ac. 8. 20. Ja. 5. 2, 3. 2 Pe. 3. 10-12. Re. 18. 16, 17. *tried.* ch. 4. 12. Job 23. 10. Ps. 66. 10. Pr. 17. 3. Is. 48. 10. Zec. 13. 9. 1 Co. 3. 13. Re. 3. 18. *might.* 1 Sa. 2. 30. Mat. 19. 28; 25. 21, 23. Jno. 5. 44; 12. 26. Ro. 2. 7, 29. 1 Co. 4. 5. 2 Th. 1. 7-12. Jude 24. *at.* See on ver. 5. Re. 1. 7.

8 *having.* Jno. 20. 29. 2 Co. 4. 18; 5. 7. He. 11. 1, 27. 1 Jno. 4. 20. *ye love.* ch. 2. 7. Ca. 1. 7; 5. 9, 16. Mat. 10. 37; 25. 35-40. Jno. 8. 42; 14. 15, 21, 24; 21. 15-17. 1 Co. 16. 22. 2 Co. 5. 14, 15. Ga. 5. 6. Ep. 6. 24. 1 Jno. 4. 19. *believing.* See on ver. 6. Hab. 3. 17, 18. Ac. 16. 34. Ro. 14. 17; 15. 13. Phi. 1. 25; 3. 3; 4. 4. *unspeakable.* Jno. 16. 22. 2 Co. 9. 15; 12. 4. *full.* ch. 5. 4. 2 Co. 1. 22. Ga. 5. 22. Ep. 1. 13, 14.

9 Ro. 6. 22. He. 11. 13. Ja. 1. 21.

10 *which.* Ge. 49. 10. Da. 2. 44. Hag. 2. 7. Zec. 6. 12. Mat. 13. 17. Lu. 10. 24; 24. 25-27, 44. Ac. 3. 22-24; 7. 52; 10. 43; 13. 27-29; 28. 23. 2 Pe. 1. 19-21. *and.* ver. 11. Pr. 2. 4. Da. 9. 3. Jno. 5. 39; 7. 52. Ac. 17. 11. *the grace.* He. 11. 13, 40.

11 *the Spirit.* ch. 3. 18, 19. Ro. 8. 9. Ga. 4. 6. 2 Pe. 1. 21. Re. 19. 10. *the sufferings.* Ps. 22. 1-21; 69. 1-21; ch. 88. Is. 52. 13, 14; 53. 1-10. Da. 9. 24-26. Zec. 13. 7. Lu. 24. 25-27, 44. *the glory.* Ge. 3. 15; 49. 10. Ps. 22. 22-31; 69. 30-36; 110. 1-6. Is. 9. 6, 7; 49. 6; 53. 11, 12. Da. 2. 34, 35, 44; 7. 13, 14. Zec. 2. 18-21; 14. 9. Jno. 12. 41. Ac. 26. 22, 23.

12 *it.* Is. 53. 1. Da. 2. 19, 22, 28, 29, 47; 10. 1. Am. 3. 7. Mat. 11. 25, 27; 16. 17. Lu. 2. 26. Ro. 1. 17. 1 Co. 2. 10. Ga. 1. 12, 16. *that not.* Da. 9. 24; 12. 9, 13. He. 11. 13, 39, 40. *that have.* Mar. 16. 15. Lu. 9. 6. Ac. 8. 25; 16. 10. Ro. 1. 15; 10. 15; 15. 19. 1 Th. 2. 9. He. 4. 2. *with.* Jno. 15. 26; 16. 7-15. Ac. 2. 4, 33; 4. 8, 31; 10. 44. 2 Co. 1. 22; 6. 6. 1 Th. 1. 5, 6. He. 2. 4. *sent.* Pr. 1. 23. Is. 11. 2-6; 32. 15; 44. 3-5. Joel 2. 28. Zec. 12. 10. Jno. 15. 26. Ac. 2. 17, 18. *which things.* Ex. 25. 20. Da. 8. 13; 12. 5, 6. Lu. 15. 10. Ep. 3. 10. Re. 5. 11.

13 *gird.* Ex. 12. 11. 1 Ki. 18. 46. 2 Ki. 4. 29. Job 38. 3; 40. 7. Is. 11. 5. Je. 1. 17. Lu. 12. 35; 17. 8. Ep. 6. 14. *be sober.* ch. 4. 7; 5. 8. Lu. 21. 34, 35. Ro. 13. 13. 1 Th. 5. 6, 7. *hope.* ver. 3-5; ch. 3. 15. Ro. 15. 4-13. 1 Co. 13. 13. 1 Th. 5. 8. He. 3. 6; 6. 19. 1 Jno. 3. 3. *to the end. Gr.* perfectly. *the grace.* ver. 4-9. Lu. 17. 30. 1 Co. 1. 7. 2 Th. 1. 7. 2 Ti. 4. 8. Tit. 2. 11-13. He. 9. 28; 10. 35.

14 *obedient.* Ep. 2. 2; 5. 6. Gr. *not.* ch. 4. 2, 3. Ro. 6. 4; 12. 2. Ep. 4. 18-22. Col. 3. 5-7. *in.* Ac. 17. 30. 1 Th. 4. 5. Tit. 3. 3-5.

15 *as.* ch. 2. 9; 5. 10. Ro. 8. 28-30; 9. 24. Phi. 3. 14. 1 Th. 2. 12; 4. 7. 2 Ti. 1. 9. 2 Pe. 1. 3, 10. *is.* Is. 6. 3. Re. 3. 7; 4. 8; 6. 10. *so.* Mat. 5. 48. Lu. 1. 74, 75. 2 Co. 7. 1. Ep. 5. 1, 2. Phi. 1. 27; 2. 15, 16. 1 Th. 4. 3-7. Tit. 2. 11-14; 3. 8, 14. He. 12. 14. 2 Pe. 1. 4-10. *in.* ch. 2. 12; 3. 16. Phi. 3. 20. 1 Ti. 4. 12. He. 13. 5. Ja. 3. 13. 2 Pe. 3. 11-14.

16 Le. 11. 44; 19. 2; 20. 7. Am. 3. 3.

17 *call.* Zep. 3. 9. Mat. 6. 9; 7. 7-11. 2 Co. 1. 2. Ep. 1. 17; 3. 14. *who.* De. 10. 17. 2 Ch. 19. 7. Job 34. 19. Mat. 22. 16. Ac. 10. 34, 35. Ro. 2. 10, 11. Ga. 2. 6. Ep. 6. 9. Col. 3. 25. *pass.* Ge. 47. 9. 1 Ch. 29. 15. Ps. 39. 12. He. 11. 13-16. *in fear.* ch. 2. 11. Pr. 14. 16; 28. 14. Ro. 11. 20. 2 Co. 5. 6; 7. 1, 11. Phi. 2. 12. He. 4. 1; 12. 28.

18 *ye.* Ps. 49. 7, 8. 1 Co. 6. 20; 7. 23. *corruptible.* See on ver. 7. *vain.* Ps. 39. 6; 62. 10. Je. 4. 11. Ro. 1. 21. 1 Co. 3. 20. *received.* ch. 4. 3. Je. 9. 14; 16. 19; 44. 17. Eze. 20. 18. Am. 2. 4. Zec. 1. 4-6. Mat. 15. 2, 3. Ac. 7. 51, 52; 19. 34, 35. Ga. 1. 4.

19 *with.* ch. 2. 22-24; 3. 18. Da. 9. 24. Zec. 13. 7. Mat. 20. 28; 26. 28. Ac. 20. 28. Ep. 1. 7. Col. 1. 14. He. 9. 12-14. 1 Jno. 1. 7; 2. 2. Re. 1. 5; 5. 9. *as.* Ex. 12. 5. Is. 53. 7. Jno. 1. 29, 36. Ac. 8. 32-35. 1 Co. 5. 7, 8. Re. 5. 6; 7. 14; 14. 1.

20 *verily.* Ge. 3. 15. Pr. 8. 23. Mi. 5. 2. Ro. 3. 25; 16. 25, 26. Ep. 1. 4; 3. 9, 11. Col. 1. 26. 2 Ti. 1. 9, 10. Tit. 1. 2, 3. Re. 13. 8. *but.* Ac. 3. 25, 26. Col. 1. 26. 1 Jno. 1. 2; 3. 5, 8; 4. 9, 10. *in.* Ga. 4. 4. Ep. 1. 10. He. 1. 2; 9. 26.

21 *by.* Jno. 5. 24; 12. 44; 14. 6. He. 6. 1; 7. 25. *that raised.* Ac. 2. 24, 32; 3. 15; 4. 10. *gave.* ver. 11; ch. 3. 22. Mat. 28. 18. Jno. 3. 34; 5. 22, 23; 13. 31, 32; 17. 1. Ac. 2. 33; 3. 13. Ep. 1. 20-23. Phi. 2. 9-11. He. 2. 9. *your.* Ps. 42. 5; 146. 3-5. Je. 17. 7. Jno. 14. 1. Ep. 1. 12, 13, marg., 15. Col. 1. 27. 1 Ti. 1. 1.

22 *ye have.* Jno. 15. 3; 17. 17, 19. Ac. 15. 9. Ro. 6. 16, 17. 2 Th. 2. 13. Ja. 4. 8. *in.* ch. 3. 1; 4. 17. Ac. 6. 7. Ro. 1. 5; 2. 8. Ga. 3. 1; 5. 7. He. 5. 9; 11. 8. *through.* Ro. 8. 13. Ga. 5. 5. 2 Ti. 1. 14. He. 9. 14. *unto.* ch. 2. 17; 3. 8; 4. 8. Jno. 13. 34, 35; 15. 17. Ro. 12. 9, 10. 2 Co. 6. 6. Ep. 4. 3. 1 Th. 4. 8, 9. 1 Ti. 1. 5. He. 6. 10; 13. 1. Ja. 2. 15, 16. 2 Pe. 1. 7. 1 Jno. 3. 11, 14-19, 23; 4. 7, 12, 20, 21; 5. 1, 2. *see.* Phi. 1. 9. 1 Th. 3. 12. 2 Th. 1. 3. Re. 2. 4. *a pure.* 1 Ti. 1. 3; 4. 12; 5. 2.

23 *born.* See on ver. 3. Jno. 1. 3; 3. 5. *not.* Mal. 2. 3. Ro. 1. 23. 1 Co. 15. 53, 54. *but.* 1 Jno. 3. 9; 5. 18. *by.* ver. 25. Je. 23. 28. Mat. 24. 35. Jno. 6. 63. He. 4. 12. Ja. 1. 18.

24 *For. or,* For that. *all flesh.* 2 Ki. 19. 26. Ps. 37. 2; 90. 5; 92. 7; 102. 4; 103. 15; 129. 6. Is. 40. 6-8; 51. 12. Ja. 1. 10, 11; 4. 14. 1 Jno. 2. 17.

25 *the word.* See on ver. 23. Ps. 102. 12, 26; 119. 89. Is. 40. 8. Mat. 5. 18. Lu. 16. 17. *this.* ver. 12; ch. 2. 2. Jno. 1. 1, 14. 1 Co. 1. 21-24; 2. 2; 15. 1-4. Ep. 2. 17; 3. 8. Tit. 1. 3. 2 Pe. 1. 19. 1 Jno. 1. 1, 3.

## CHAP. II.

*He dehorts them from the breach of charity,* 1-3; *shewing that Christ is the foundation whereupon they are built,* 4-10. *He beseeches them also to abstain from fleshly lusts,* 11, 12; *to be obedient to magistrates,* 13-17; *and teaches servants how to obey their masters,* 18, 19; *patiently suffering for well doing, after the example of Christ,* 20-25.

1 *Wherefore.* ch. 1. 18-25. *laying.* ch. 4. 2. Is. 2. 20; 30. 22. Eze. 18. 31, 32. Ro. 13. 12. Ep. 4. 22-25. Col. 3. 5-8. He. 12. 1. Ja. 1. 21; 5. 9. *malice.* ver. 16. 1 Co. 5. 8; 14. 20. Ep. 4. 31. Tit. 3. 3-5. *guile.* ver. 22; ch. 3. 10. Ps. 32. 2; 34. 13. Jno. 1. 47. 1 Th. 2. 3. Re. 14. 5. *hypocrisies.* Job 36. 13. Mat. 7. 5; 15. 7; 23. 28; 24. 51. Mar. 12. 15. Lu. 6. 42; 11. 44; 12. 1. Ja. 3. 17. *envies.* 1 Sa. 18. 8, 9. Ps. 37. 1; 73. 3. Pr. 3. 31; 14. 30; 24. 1, 19. Ro. 1. 29; 13. 13. 1 Co. 3. 2, 3. 2 Co. 12. 20. Ga. 5. 21-26. Ja. 3. 14, 16; 4. 5. *all evil.* ch. 4. 4. Ep. 4. 31. Col. 3. 8. 1 Ti. 3. 11. Tit. 2. 3. Ja. 4. 11.

2 *new-born.* ch. 1. 23. Mat. 18. 3. Mar. 10. 15. Ro. 6. 4. 1 Co. 3. 1; 14. 20. *the sincere.* Ps. 19. 7-10. 1 Co. 3. 2. He. 5. 12, 13. *grow.* 2 Sa. 23. 5. Job 17. 9. Pr. 4. 18. Hos. 6. 3; 14. 5, 7. Mal. 4. 2. Ep. 2. 21; 4. 15. 2 Th. 1. 3. 2 Pe. 3. 18.

3 Ps. 9. 10; 24. 8; 63. 5. Ca. 2. 3. Zec. 9. 17. He. 6. 5, 6.

4 *To.* Is. 55. 3. Je. 3. 22. Mat. 11. 28. Jno. 5. 40; 6. 37. *a living.* Jno. 5. 26; 6. 57; 11. 25, 26; 14. 6, 19. Ro. 5. 10. Col. 3. 4. *stone.* Is. 28. 16. Da. 2. 34, 45. Zec. 3. 9; 4. 7. *disallowed.* Ps. 118. 22, 23. Is. 8. 14, 15. Mat. 21. 42. Mar. 12. 10, 11. Lu. 20. 17, 18. Ac. 4. 11, 12. *chosen.* Is. 42. 1. Mat. 12. 18. *precious.* ver. 7; ch. 1. 7, 19. 2 Pe. 1. 1, 4.

5 *also.* 1 Co. 3. 16; 6. 19. 2 Co. 6. 16. Ep. 2. 20-22. He. 3. 6. Re. 3. 12. *are built. or,* be ye built. *an holy.* ver. 9. Is. 61. 6; 66. 21. Re. 1. 6; 5. 10; 20. 6. *spiritual.* Ps. 50. 14, 23; 141. 2. Ho. 14. 2. Mal. 1. 11. Jno. 4. 22-24. Ro. 12. 1. Phi. 2. 17; 4. 18. He. 13. 15, 16. *acceptable.* ch. 4. 11. Phi. 1. 11; 4. 18. Col. 3. 17.

6 *it.* Da. 10. 21. Mar. 12. 10. Jno. 7. 38. Ac. 1. 16. 2 Ti. 3. 16. 2 Pe. 1. 20; 3. 16 *Behold.* ver. 4. Is. 28. 16. Zec. 10. 4. Ro. 9. 32, 33. Ep. 2. 20. *elect.* Ps. 89. 19. Is. 42. 1. Mat. 12. 18. Lu. 23. 35. Ep. 1. 4. *shall.* Ps. 40. 14. Is. 41. 11; 45. 16, 17; 50. 7; 54. 4.

7 *you.* ch. 1. 8. Ca. 5. 9-16. Hag. 2. 7. Mat. 13. 44-46. Jno. 4. 42; 6. 68, 69. Phi. 3. 7-10. *precious. or,* an honour. Is. 28. 5. Lu. 2. 32. *which be.* ver. 8. Ac. 26. 19. Ro. 10. 21; 15. 31, marg. Tit. 3. 3. He. 4. 11; 11. 31, marg. *the stone.* Ps. 118. 22, 23. Mat. 21. 42. Mar. 12. 10, 11. Lu. 20. 17. Ac. 4. 11, 12. *the head.* Zec. 4. 7. Col. 2. 10.

8 *a stone.* Is. 8. 14; 57. 14. Lu. 2. 34.

Ro. 9. 32, 33. 1 Co. 1. 23. 2 Co. 2. 16. *being*. See on ver. 7. *whereunto*. Ex. 9. 16. Ro. 9. 22. 1 Th. 5. 9. 2 Pe. 2. 3. Jude 4.

9 *a chosen*. ch. 1. 2. De. 10. 15. Ps. 22. 30; 33. 12; 73. 15. Is. 41. 8; 44. 1. *a royal*. Ex. 19. 5, 6. Is. 61. 6; 66. 21. Re. 1. 6; 5. 10; 20. 6. *an holy*. Ps. 106. 5. Is. 26. 2. Jno. 17. 19. 1 Co. 3. 17. 2 Ti. 1. 9. *peculiar*. *or*, purchased. De. 4. 20; 7. 6; 14. 2; 26. 18, 19. Ac. 20. 28. Ep. 1. 14. Tit. 2. 14. *shew*. ch. 4. 11. Is. 43. 21; 60. 1-3. Mat. 5. 16. Ep. 1. 6; 3. 21. Phi. 2. 15, 16. *praises*. *or*, virtues. *who*. Is. 9. 2; 60. 1, 2. Mat. 4. 16. Lu. 1. 79. Ac. 26. 18. Ro. 9. 24. Ep. 5. 8-11. Phi. 3. 14. Col. 1. 13. 1 Th. 5. 4-8.

10 *were*. Ho. 1. 9, 10. Ro. 9. 25, 26. *obtained*. Ho. 2. 23. Ro. 11. 6, 7, 30. 1 Co. 7. 25. 1 Ti. 1. 13. He. 4. 16.

11 *I beseech*. Ro. 12. 1. 2 Co. 5. 20; 6. 1. Ep. 4. 1. Phile 9, 10. *as*. ch. 1. 1, 17. Ge. 23. 4; 47. 9. Le. 25. 23. 1 Ch. 29. 15. Ps. 39. 12; 119. 19, 54. He. 11. 13. *abstain*. ch. 4. 2. Lu. 21. 34. Ac. 15. 20, 29. Ro. 8. 13; 13. 13, 14. 2 Co. 7. 1. Ga. 5. 16-21. 2 Ti. 2. 22. 1 Jno. 2. 15-17. *war*. Ro. 7. 23; 8. 13. Ga. 5. 17, 24. 1 Ti. 6. 9, 10. Ja. 4. 1.

12 *your conversation*. ch. 3. 2. Ps. 37. 14; 50. 23. 2 Co. 1. 12. Ep. 2. 3; 4. 22. Phi. 1. 27. 1 Ti. 4. 12. He. 13. 5. Ja. 3. 13. 2 Pe. 3. 11. *honest*. Ro. 12. 17; 13. 13. 2 Co. 8. 21; 13. 7. Phi. 4. 8. 1 Th. 4. 12. 1 Ti. 2. 2. He. 13. 18. *among*. Ge. 13. 7, 8. Phi. 2. 15, 16. *that*. ch. 3. 1, 16; 4. 14-16. Mat. 5. 11; 10. 25. Lu. 6. 22. Ac. 24. 5, 6, 13; 25. 7. *whereas*. *or*, wherein. *they may*. Mat. 5. 16. Tit. 2. 7, 8. *glorify*. ch. 4. 11. Ps. 50. 23. Ro. 15. 9. 1 Co. 14. 25. *the day*. Lu. 1. 68; 19. 44. Ac. 15. 14.

13 Pr. 17. 11; 24. 21. Je. 29. 7. Mat. 22. 21. Mar. 12. 17. Lu. 20. 25. Ro. 13. 1-7. Ep. 5. 21. 1 Ti. 2. 1, 2. Tit. 3. 1. 2 Pe. 2. 10. Jude 8-10.

14 *for the punishment*. Ro. 13. 3, 4.

15 *so*. ch. 4. 2. Ep. 6. 6, 7. 1 Th. 4. 3; 5. 18. *with*. See on ver. 12. Job 5. 16. Ps. 107. 42. Tit. 2. 8. *the ignorance*. 1 Ti. 1. 13. 2 Pe. 2. 12. Jude 10. *foolish*. De. 32. 6. Job 2. 10. Ps. 5. 5. Pr. 9. 6. Je. 4. 22. Mat. 7. 26; 25. 2. Ro. 1. 21. Ga. 3. 1. Tit. 3. 3.

16 *free*. Jno. 8. 32-36. Ro. 6. 18, 22. 1 Co. 7. 22. Ga. 5. 1, 13. Ja. 1. 25; 2. 12. 2 Pe. 2. 19. *and*. Jude 4. *using*. *Gr.* having. *a cloke*. Mat. 23. 14. Jno. 15. 22. 1 Th. 2. 5. *but*. Ep. 6. 6. Col. 3. 24.

17 *Honour*. *or*, Esteem. ch. 5. 5. Ex. 20. 12. Le. 19. 32. 1 Sa. 15. 30. Ro. 12. 10; 13. 7. Phi. 2. 3. 1 Ti. 6. 1. *Love*. See on ch. 1. 22. Jno. 13. 35. He. 13. 1. Zec. 11. 14. *Fear*. See on Ge. 20. 11; 22. 12; 42. 18. Ps. 111. 10. Pr. 1. 7; 23. 17; 24. 21. Ec. 8. 2. Mat. 22. 21. Ro. 13. 7. 2 Co. 7. 1. Ep. 5. 21. *Honour*. 1 Sa. 15. 30. 1 Ch. 29. 20. Pr. 24. 21.

18 *be*. Ep. 6. 5-7. Col. 3. 22-25. 1 Ti. 6. 1-3. Tit. 2. 9, 10. *the good*. 2 Co. 10. 1. Ga. 5. 22. Tit. 3. 2. Ja. 3. 17. *but*. Ps. 101. 4. Pr. 3. 32; 8. 13. 10. 32; 11. 20.

19 *this*. ver. 20. Lu. 6. 32. *thankworthy*. *or*, thank. Ac. 11. 23. 1 Co. 15. 10. 2 Co. 1. 12; 8. 1. Gr. *for conscience*. ch. 3. 14-17. Mat. 5. 10-12. Jno. 15. 21. Ro. 13. 5. 2 Ti. 1. 12. *suffering*. Job 21. 27. Ps. 35. 19; 38. 19; 69. 4; 119. 86.

20 *For*. ch. 3. 14; 4. 14-16. Mat. 5. 47. *buffeted*. Mat. 26. 67. Mar. 14. 65. 1 Co. 4. 11. *when*. See on ver. 19. *this*. Mat. 5. 10-12. Ro. 12. 1, 2. Ep. 5. 10. Phi. 4. 18. *acceptable*. *or*, thank. See on ver. 19. Lu. 6. 32.

21 *even*. Mat. 10. 38; 16. 24. Mar. 8. 34, 35. Lu. 9. 23-25; 14. 26, 27. Jno. 16. 33. Ac. 9. 16; 14. 22. 1 Th. 3. 3, 4. 2 Ti. 3. 12. *because*. ver. 24; ch. 3. 18; 4. 1. Lu. 24. 26. Ac. 17. 3. He. 2. 10. *for us*. *Some read*, for you. ch. 1. 20. *leaving*. Ps. 85. 13. Jno. 13. 15. Ro. 8. 29. 1 Co. 11. 1. Ep. 5. 2. Phi. 2. 5. 1 Jno. 2. 6; 3. 16. Re. 12. 11.

22 *did*. Is. 53. 9. Mat. 27. 4, 19, 23, 24. Lu. 23. 41, 47. Jno. 8. 46. 2 Co. 5. 21. He. 4. 15; 7. 26, 27; 9. 28. 1 Jno. 2. 1; 3. 5. *guile*. Jno. 1. 47. Re. 14. 5.

23 *when he was*. Ps. 38. 12-14. Is. 53. 7. Mat. 27. 39-44. Mar. 14. 60, 61; 15. 29-32. Lu. 22. 64, 65; 23. 9, 34-39. Jno. 8. 48, 49; 19. 9-11. Ac. 8. 32-35. He. 12. 3. *threatened*. Ac. 4. 29; 9. 1. Ep. 6. 9. *but*. ch. 4. 19. Ps. 10. 14; 31. 5; 37. 5. Lu. 23. 46. Ac. 7. 59. 2 Ti. 1. 12. *himself*. *or, his cause*. *judgeth*. Ge. 18. 25. Ps. 7. 11; 96. 13. Ac. 17. 31. Ro. 2. 5. 2 Th. 1. 5. 2 Ti. 4. 8. Re. 19. 11.

24 *his own self*. Ex. 28. 38. Le. 16. 22; 22. 9. Nu. 18. 22. Ps. 38. 4. Is. 53. 4-6, 11. Mat. 8. 17. Jno. 1. 29. He. 9. 28. *on*. *or*, to. *the tree*. De. 21. 22, 23. Ac. 5. 30; 10. 39; 13. 29. Ga. 3. 13. *being*. ch. 4. 1, 2. Ro. 6. 2, 7, 11; 7. 6, marg. Col. 2. 20; 3. 3. Gr. 2 Co. 6. 17. He. 7. 26. *live*. Mat. 5. 20. Lu. 1. 74, 75. Ac. 10. 35. Ro. 6. 11, 16, 22. Ep. 5. 9. Phi. 1. 11. 1 Jno. 2. 29; 3. 7. *by*. Is. 53. 5, 6. Mat. 27. 26. Mar. 15. 15. Jno. 19. 1. *healed*. Ps. 147. 3. Mal. 4. 2. Lu. 4. 18. Re. 22. 2.

25 *ye*. Ps. 119. 176. Is. 53. 6. Je. 23. 2. Eze. 34. 6. Mat. 9. 36; 18. 12. Lu. 15. 4-6. *the Shepherd*. ch. 5. 4. Ps. 23. 1-3; 80. 1. Ca. 1. 7, 8. Is. 40. 11. Eze. 34. 11-16, 23, 24; 37. 24. Zec. 13. 7. Jno. 10. 11-16. He. 13. 20. *Bishop*. He. 3. 1. Ac. 20. 28. Gr.

## CHAP. III.

*He teaches the duty of wives and husbands to each other*, 1-7; *exhorting all men to unity and love*, 8-13; *and to suffer persecution*, 14-18. *He declares also the benefits of Christ toward the old world*, 19-22.

1 *ye*. Ge. 3. 16. Es. 1. 16-20. Ro. 7. 2. Gr. 1 Co. 11. 3; 14. 34. Ep. 5. 22-24, 33. Col. 3. 18. 1 Ti. 2. 11, 12. Tit. 2. 3-6. *obey*. ch. 1. 22; 4. 17. Ro. 6. 17; 10. 16. 2 Th. 1. 8. He. 5. 9; 11. 8. *they*. 1 Co. 7. 16. Col. 4. 5. *won*. Pr. 11. 30; 18. 19. Mat. 18. 15. 1 Co. 9. 19-22. Ja. 5. 19, 20.

2 *behold*. ver. 16; ch. 1. 15; 2. 12. Phi. 1. 27; 3. 20. 1 Ti. 4. 12. 2 Pe. 3. 11. *with*. ver. 5, 6, 15. Ep. 5. 33; 6. 5. Col. 3. 22.

3 *adorning let*. 1 Ti. 2. 9, 10. Tit. 2. 3, etc. Ro. 21. 2. *that*. Ge. 24. 22, 47, 53. Ex. 3. 22; 32. 2; 33. 4; 35. 22; 38. 8. 2 Ki. 9. 30. Es. 5. 1. Ps. 45. 9. Is. 3. 18-24; 52. 1; 61. 10. Je. 2. 32; 4. 30. Eze. 16. 7-13; 23. 40.

4 *the hidden*. Ps. 45. 13; 51. 6. Mat. 23. 26. Lu. 11. 40. Ro. 2. 29; 6. 6; 7. 22. 2 Co. 4. 16. Ep. 4. 22-24. Col. 3. 3, 9, 10. *which is not*. ch. 1. 23. *a meek*. ver. 15. Ps. 25. 9; 147. 6; 149. 4. Is. 11. 4; 29. 19; 57. 15; 61. 1. Mat. 5. 5; 11. 29; 21. 5. 2 Co. 10. 1. Ga. 5. 23. Ep. 4. 2. Col. 3. 12. 2 Ti. 2. 25. Tit. 3. 2. Ja. 1. 21; 3. 13-17. *quiet*. Ps. 131. 2. Je. 51. 59. 1 Th. 4. 11. 2 Th. 3. 12. 1 Ti. 2. 2. *which is in*. 1 Sa. 16. 7. Ps. 147. 10, 11; 149. 4. Lu. 16. 15.

5 *the holy*. Pr. 31. 10, 30. Lu. 8. 2, 3. Ac. 1. 14; 9. 36. 1 Ti. 2. 10; 5. 10. Tit. 2. 3, 4. *who*. 1 Sa. 2. 1. Je. 49. 11. Lu. 2. 37. 1 Ti. 2. 15; 5. 5. He. 11. 11. *adorned*. ver. 2-4.

6 *as Sara*. Ge. 18. 12. *daughters*. *Gr.* children. Ro. 9. 7-9. Ga. 4. 22-26. *and*. ver. 14, 15. Ge. 18. 15. Is. 57. 11. Da. 3. 16-18. Mat. 26. 69-75. Ac. 4. 8-13, 19.

7 *ye*. Ge. 2. 23, 24. Pr. 5. 15-19. Mal. 2. 14-16. Mat. 19. 3-9. 1 Co. 7. 3. Col. 3. 19. Ep. 5. 25-28, 33. *giving*. 1 Co. 12. 22-24. 1 Th. 4. 4. *heirs*. Ep. 3. 6. Tit. 3. 7. He. 1. 14. *that*. Job 42. 8. Mat. 5. 23, 24; 18. 19. Ro. 8. 26, 27. Ep. 4. 30; 6. 18.

8 *be*. See on Ac. 2. 1; 4. 32. Ro. 12. 16; 15. 5. 1 Co. 1. 10. Phi. 3. 16. *having*. Zec. 7. 9. Mat. 18. 33. Lu. 10. 33. Ro. 12. 15. 1 Co. 12. 26. Ja. 2. 13; 3. 17. *love as brethren*. *or*, loving to the brethren. See on ch. 1. 22; 2. 17. Ro. 12. 10. He. 13. 1. 2 Pe. 1. 7. 1 Jno. 3. 14, 18, 19. *pitiful*. Ps. 103. 13. Pr. 28. 8. Mat. 18. 33. Ja. 5. 11. *courteous*. Ac. 27. 3; 28. 7. Ep. 4. 31, 32; 5. 1, 2. Phi. 4. 8, 9. Col. 3. 12.

9 *rendering*. ch. 2. 20-23. Pr. 17. 13; 20. 22. Mat. 5. 39, 44. Lu. 6. 27-29. Ro. 12. 14, 17, 19-21. 1 Co. 4. 12, 13. Ep. 4. 32. 1 Th. 5. 15. *called*. ch. 2. 21; 5. 10. See on Ro. 8. 28, 30. *that*. Mat. 19. 29; 25. 34. Mar. 10. 17. Lu. 10. 25; 18. 18.

10 *he*. See on Ps. 34. 12-16. *love*. De. 32. 47. Job 2. 4. Pr. 3. 2, 18; 4. 22; 8. 35. Mat. 19. 17. Mar. 8. 35. Jno. 12. 25. *see*. Job 7. 7, 8; 9. 25; 33. 28. Ps. 27. 13; 49. 19; 106. 5. Ec. 2. 3. Mat. 13. 16, 17. *refrain*. See on Ja. 1. 26; 3. 1-10. *speak*. ch. 2. 1, 22. Jno. 1. 47. Re. 14. 5.

11 *eschew*. Job 1. 1; 2. 3; 28. 28. Ps. 34. 14; 37. 27. Pr. 3. 7; 16. 6, 17. Is. 1. 16, 17. Mat. 6. 13. Jno. 17. 15. *do*. Ps. 125. 4. Mat. 5. 45. Mar. 14. 7. Lu. 6. 9, 35. Ro. 7. 19, 21. Ga. 6. 10. 1 Ti. 6. 18: He. 13. 16. Ja. 4. 17. 3 Jno. 11. *seek*. Ps. 120. 6, 7. Mat. 5. 9. Lu. 1. 79. Ro. 5. 1; 8. 6; 12. 18; 14. 17, 19. Ga. 5. 22. Col. 3. 15. He. 12. 14. Ja. 3. 17, 18.

12 *the eyes*. De. 11. 12. 2 Ch. 16. 9. Ps. 11. 4. Pr. 15. 3. Zec. 4. 10. *his ears*. 2 Ch. 7. 15. Ps. 65. 2. Pr. 15. 8, 29. Jno. 9. 31. Ja. 5. 16. *but*. Le. 17. 10; 20. 3, 6; 26. 17. Ps. 80. 16. Je. 21. 10. Eze. 15. 7. *against*. *Gr.* upon.

13 *who*. Pr. 16. 7. Ro. 8. 28; 13. 3. *followers*. Ps. 38. 20. Pr. 15. 9. 1 Co. 14. 1. Ep. 5. 1. 1 Th. 5. 15. 2 Ti. 5. 10. 3 Jno. 11.

14 *if*. ch. 2. 19, 20; 4. 13-16. Je. 15. 15. Mat. 5. 10-12; 10. 18-22, 39; 16. 25; 19. 29. Mar. 8. 35; 10. 29. Lu. 6. 22, 23. Ac. 9. 16. 2 Co. 12. 10. Phi. 1. 29. Ja. 1. 12. *and be*. Is. 8. 12, 13; 41. 10-14; 51. 12. Je. 1. 8. Eze. 3. 9. Mat. 10. 28, 31. Lu. 12. 4, 5. Jno. 14. 1, 27. Ac. 18. 9, 10.

15 *sanctify*. Nu. 20. 12; 27. 14. Is. 5. 16; 29. 23. *and be*. Ps. 119. 46. Je. 26. 12-16. Da. 3. 16-18. Am. 7. 14-17. Mat. 10. 18-20. Lu. 21. 14, 15. Ac. 4. 8-12; 5. 29-31; 21. 39, 40; 22. 1, 2, etc. Col. 4. 6. 2 Ti. 2. 25. *a reason*. 1 Sa. 12. 7. Is. 1. 18; 41. 21. Ac. 24. 25. *the hope*. ch. 1. 3, 4. Col. 1. 5, 23, 27. Tit. 1. 2. He. 3. 6; 6. 1, 18, 19. *with*. See on ver. 2, 4. 2 Ti. 2. 25, 26. *fear*. *or*, reverence.

16 *a good*. ver. 21; ch. 2. 19. Ac. 24. 16. Ro. 9. 1. 2 Co. 1. 12; 4. 2. 1 Ti. 1. 5, 19. 2 Ti. 1. 3. He. 9. 14; 13. 18. *whereas*. See on ch. 2. 12. Tit. 2. 8. *falsely*. Mat. 5. 11. *good*. See on ver. 1, 2.

17 *if*. ch. 4. 19. Mat. 26. 39, 42. Ac. 21. 14. *suffer*. See on ver. 14.

18 *Christ*. ch. 2. 21-24; 4. 1. Is. 53. 4-6. Ro. 5. 6-8; 8. 3. 2 Co. 5. 21. Ga. 1. 4; 3. 13. Tit. 2. 14. He. 9. 26, 28. *the just*. Zec. 9. 9. Mat. 27. 19, 24. Ac. 3. 14; 22. 14. Ja. 5. 6. 1 Jno. 1. 9. *that*. Ep. 2. 16-18. *being*. ch. 4. 1. Da. 9. 26. Ro. 4. 25. 2 Co. 1. 34; 13. 4. Col. 1. 21, 22. *but*. Ro. 1. 4; 8. 11.

19 *By which*. ch. 1. 11, 12; 4. 6. Ne. 9. 30. Re. 19. 10. *in*. Is. 42. 7; 49. 9; 61. 1. Re. 20. 7.

20 *sometime*. Ge. 6. 3, 5, 13. *the longsuffering*. Is. 30. 18. Ro. 2. 4, 5; 9. 22. 2 Pe. 3. 15. *the days*. Mat. 24. 37-39. Lu. 17. 26-30. *while*. Ge. 6. 14-22. He. 11. 7. *wherein*. Ge. 7. 1-7, 13, 23; 8. 1, 18. Mat. 7. 14. Lu. 12. 32; 13. 24, 25. 2 Pe. 2. 5. *by*. Ge. 7. 17-23. 2 Co. 2. 15, 16. Ep. 5. 26.

21 *like*. Ro. 5. 14. 1 Co. 4. 6. He. 9. 24. Gr.; 11. 19. *baptism*. Mat. 28. 19. Mar. 16. 16. Ac. 2. 38; 22. 16. Ro. 6. 3-6. 1 Co. 12. 13. Ga. 3. 27. Ep. 5. 26. Col. 2. 12. Tit. 3. 5-7. *the putting*. Eze. 36. 25, 26. Zec. 13. 1. 2 Co. 7. 1. *the answer*. Ac. 8. 37. Ro. 10. 9, 10. 2 Co. 1. 12. 1 Ti. 6. 12. *by*. See on ch. 1. 3.

22 *is gone*. Mar. 16. 19. Ac. 1. 11; 2. 34-36; 3. 21. He. 6. 20; 8. 1; 9. 24. *is on*. Ps. 110. 1. Mat. 22. 44. Mar. 12. 36. Lu. 20. 42. Ro. 8. 34. Ep. 1. 20. Col. 3. 1. He. 1. 3, 13; 8. 1; 10. 12; 12. 2. *angels*. Ro. 8. 38. 1 Co. 15. 24. Ep. 1. 21.

## CHAP. IV.

*He exhorts them to cease from sin by the example of Christ, and the consideration of the general end that now approaches*, 1-11; *and comforts them against persecution*, 12-19.

1 *Christ*. See on ch. 3. 18. *arm*. Ro. 13. 12-14. Phi. 2. 5. He. 12. 3. *for*. Ro. 6. 2, 7, 11. Ga. 2. 20; 5. 24. Col. 3. 3-5. *ceased*. Is. 1. 16. Eze. 16. 41. He. 4. 10.

2 *no*. ch. 2. 1, 14. Ro. 7. 4; 14. 7. Ep. 4, 17, 22-24; 5. 7, 8. Col. 3. 7, 8. Tit. 3. 3-8. *the lusts*. Ho. 6. 7, marg. Mar. 7. 21. Ep. 2. 3. *the will*. ch. 2. 15. Ps. 143. 10. Mat. 7. 21; 12. 50; 21. 31. Mar. 3. 35. Jno. 1. 13; 7. 17. Ro. 6. 11; 12. 2. 2 Co. 5. 15. Ga. 2. 19, 20. Ep. 5. 17; 6. 6. Col. 1. 9; 4. 12. 1 Th. 5. 18. He. 13. 21. Ja. 1. 18. 1 Jno. 2. 17.

3 *the time*. Eze. 44. 6; 45. 9. Ac. 17. 30. Ro. 8. 12, 13. 1 Co. 6. 11. *to have*. ch. 1. 14. De. 12. 30, 41. Ro. 1. 20-32. Ep. 2. 2, 3; 4. 17. 1 Th. 4. 5. Tit. 3. 3. *lasciviousness*.

Mar. 7. 22. 2 Co. 12. 21. Ga. 5. 19. Ep. 4. 19. Jude 4. *excess.* 2 Sa. 13. 28. Pr. 23. 29-35. Is. 5. 11; 28. 7. Ep. 5. 18. *revellings.* Ga. 5. 21. *and.* 1 Ki. 21. 26. 2 Ch. 15. 8. Is. 65. 4. Je. 16. 18. Re. 17. 4, 5.

4 *excess.* Mat. 23. 25. Lu. 15. 13. Ro. 13. 13. 2 Pe. 2. 23. *speaking.* See on ch. 2. 12; 3. 16. Ac. 13. 45; 18. 6. 2 Pe. 2. 12. Jude 10.

5 *shall.* Mal. 3. 13-15. Mat. 12. 36. Lu. 16. 2. Ro. 14. 12. Jude 14, 15. *that.* Ps. 1. 6. Ec. 12. 14. Eze. 18. 30. Mat. 25. 31, etc. Jno. 5. 22, 23, 28, 29. Ac. 10. 42; 17. 31. Ro. 14. 10-12. 1 Co. 15. 51, 52. 2 Ti. 4. 1. Ja. 5. 9.

6 *to them.* ch. 3. 19. Jno. 5. 25, 26. *that they.* ver. 1, 2. Mat. 24. 9. Ro. 8. 9-11. 1 Co. 11. 31, 32. *but.* Ro. 8. 2. Ga. 2. 19; 5. 25. Ep. 2. 3-5. Tit. 3. 3-7. Re. 14. 13.

7 *the end.* Ec. 7. 2. Je. 5. 31. Eze. 7. 2, 3, 6. Mat. 24. 13, 14. Ro. 13. 12. 1 Co. 7. 29; 15. 24. Phi. 4. 5. He. 10. 25. Ja. 5. 8, 9. 2 Pe. 3. 9-11. 1 Jno. 2. 18, 19. *ye.* See on ch. 1. 13; 5. 8. 1 Th. 5. 6-8. Tit. 2. 12. *and.* ch. 3. 7. Mat. 24. 42; 25. 13; 26. 38-41. Mar. 13. 33-37; 14. 37, 38. Lu. 21. 34, 36; 22. 46. Ro. 12. 12. Ep. 6. 18. Col. 4. 2. 2 Ti. 4. 5. Re. 16. 15.

8 *above.* Col. 3. 14. Ja. 5. 12. 3 Jno. 2. *fervent.* Αγαπην εκτενη, 'intense love; for love shall cover (or covers, καλυπτει, in the present tense, as several copies read) a multitude of sins;' which seems a reference to the proverb, 'love covereth all sins,' Pr. 10. 12. ch. 1. 22. 1 Co. 13. 1-13; 14. 1. 1 Th. 3. 12; 4. 9, 10. 2 Th. 1. 3. 1 Ti. 1. 5. He. 13. 1. 2 Pe. 1. 6, 7. *for.* Pr. 10. 12; 12. 16; 17. 9; 18. 13. 1 Co. 13. 7. Ja. 5. 20. *shall. or,* will.

9 *hospitality.* Ro. 12. 13; 16. 23. 1 Ti. 3. 2. Tit. 1. 8. He. 13. 2, 16. *without.* 2 Co. 9. 7. Phi. 2. 14. Phile. 14. Ja. 5. 9.

10 *every.* Mat. 25. 14, 15. Lu. 19. 13. Ro. 12. 6-8. 1 Co. 4. 7; 12. 4-11. *minister.* Mat. 20. 28; 25. 44. Mar. 10. 45. Lu. 8. 3. Ro. 15. 25, 27. 2 Co. 9. 1. 2 Ti. 1. 18. He. 6. 10. *good.* Mat. 24. 45; 24. 14, 21. Lu. 12. 42; 16. 1-8. 1 Co. 4. 1, 2. Tit. 1. 7. *the manifold.* 1 Co. 3. 10; 12. 4; 15. 10. 2 Co. 6. 1. Ep. 3. 8; 4. 11.

11 *any.* Is. 8. 20. Je. 23. 22. Ep. 4. 29. Col. 4. 6. Ja. 1. 19, 26; 3. 1-6. *as the.* Ac. 7. 38. Ro. 3. 2. He. 5. 12. *if.* See on ver. 10. *the ability.* 1 Ch. 29. 11-16. Ro. 12. 6-8. 1 Co. 3. 10; 12. 4. *that.* ch. 2. 5. 1 Co. 6. 20; 10. 31. 2 Co. 9. 13. Ep. 3. 20, 21; 5. 20. *through.* ch. 2. 5. Phi. 1. 11; 2. 11. *to whom.* ch. 5. 11. Ro. 16. 27. Ep. 3. 21. 1 Ti. 1. 17; 6. 16. Jude 25. Re. 1. 5, 6. *dominion.* Ps. 145. 13. Da. 4. 3, 34; 7. 14. Mat. 6. 13. Re. 5. 12-14.

12 *think.* ver. 4. Is. 28. 21. *the fiery.* See on ch. 1. 7. Da. 11. 35. 1 Co. 3. 13. *as.* ch. 5. 9. 1 Co. 10. 13. 1 Th. 3. 2-4. 2 Ti. 3. 12.

13 *rejoice.* ch. 1. 6. Mat. 5. 12. Lu. 6. 22, 23. Ac. 5. 41; 16. 25. Ro. 5. 3. 2 Co. 4. 17; 12. 9, 10. Ja. 1. 2, 3. *ye are.* ch. 5. 1, 10. Ro. 8. 17. 2 Co. 1. 7; 4. 10. Phi. 3. 10. Col. 1. 24. 2 Ti. 2. 12. Re. 1. 9. *when.* ch. 1. 5, 6, 13. Mat. 16. 27; 25. 31. Mar. 8. 38. Lu. 17. 30. 2 Th. 1. 7-10. Re. 1. 7. *ye may.* ch. 1. 8. Is. 25. 9; 35. 10; 51. 11. Mat. 25. 21, 23, 34.

14 *ye be.* ch. 2. 19, 20; 3. 14, 16. *reproached.* ver. 4, 5. Ps. 49. 9; 89. 51. Is. 51. 7. Mat. 5. 11. Lu. 6. 22. Jno. 7. 47-52; 8. 48; 9. 28, 34. 2 Co. 12. 10. *happy.* 1 Ki. 10. 8. Ps. 32. 1, 2; 146. 5. Ja. 1. 12; 5. 11. *for.* Nu. 11. 25, 26. 2 Ki. 2. 15. Is. 11. 2. *on.* Ac. 13. 45; 18. 6. 2 Pe. 2. 2. *but.* ch. 2. 12; 3. 16. Mat. 5. 16. Ga. 1. 24. 2 Th. 1. 10-12.

15 *suffer.* ch. 2. 20. Mat. 5. 11. 2 Ti. 2. 9. *a busy-body.* Αλλοτριοεπισκοπος, *an inspector of another;* meddling with other people's concerns. 1 Th. 4. 11. 2 Th. 3. 11. 1 Ti. 5. 13.

16 *as.* ver. 19; ch. 3. 17, 18. Ac. 11. 26; 26. 28. Ep. 3. 13-15. *let him not.* Is. 50. 7; 54. 4. Phi. 1. 20. 2 Ti. 1. 12. He. 12. 2, 3. *but.* Is. 24. 15. Ac. 5. 41. Ro. 5. 2-5. Phi. 1. 29. Ja. 1. 2-4.

17 *judgment.* Is. 10. 12. Je. 25. 29; 49. 12. Eze. 9. 6. Mal. 3. 5. Mat. 3. 9, 10. Lu. 12. 47, 48. *and if.* Lu. 23. 31. *what.* Mat. 11. 20-24. Lu. 10. 12-14. He. 2. 2, 4; 12. 24, 25. *obey.* ch. 2. 8. Ga. 3. 1; 5. 7. 2 Th. 1. 8. He. 5. 9; 11. 8.

18 *if.* ch. 5. 8. Pr. 11. 31. Je. 25. 29. Eze. 18. 24. Zec. 13. 9. Mat. 24. 22-24. Mar. 13. 20-22. Lu. 23. 31. Ac. 14. 22; 27. 24, 31, 42-44. 1 Co. 10. 12. He. 4. 1; 10. 38, 39. *where.* Ps. 1. 4, 5. Ro. 1. 18; 5. 6. 2 Pe. 2. 5, 6; 3. 7. Jude 15. *the sinner.* Ge. 13. 13. 1 Sa. 15. 18. Lu. 15. 1. Ro. 5. 8.

19 *let.* See on ver. 12-16; 3. 17. Ac. 21. 11-14. *commit.* Ps. 31. 5; 37. 5. Lu. 23. 46. Ac. 7. 59. 2 Ti. 1. 12. *in.* ch. 2. 15. Es. 4. 16. Je. 26. 11-15. Da. 3. 16-18; 6. 10, 11, 22. Ro. 2. 7. *a faithful.* Ps. 138. 8; 146. 5, 6. Is. 40. 27, 28; 43. 7, 21; 51. 12, 13; 54. 16, 17. Col. 1. 16-20. He. 1. 2, 3. Re. 4. 10, 11; 5. 9-14.

## CHAP. V.

*He exhorts the elders to feed their flocks,* 1-4; *the younger to obey,* 5-7; *and all to be sober, watchful, and constant in the faith,* 8; *and to resist the cruel adversary the devil,* 9-14.

1 *elders.* Ac. 11. 30; 14. 23; 15. 4, 6, 22, 23; 20. 17, 28. Gr.; 21. 18. 1 Ti. 5. 1, 19. Tit. 1. 5. *who.* Phile. 9. 2 Jno. 1. 3 Jno. 1. *also.* Συμπρεσβυτερος, *a fellow-elder*, one on a level with yourselves. *and a.* ch. 1. 12. Lu. 24. 48. Jno. 15. 26, 27. Ac. 1. 8, 22; 2. 32; 3. 15; 5. 30-32; 10. 39-41. *a partaker.* ver. 4; ch. 1. 3-5. Ps. 73. 24, 25. Ro. 8. 17, 18. 2 Co. 5. 1, 8. Phi. 1. 19, 21-23. Col. 3. 3, 4. 2 Ti. 4. 8. 1 Jno. 3. 2. Re. 1. 9.

2 *Feed.* Ca. 1. 8. Is. 40. 11. Eze. 34. 2, 3, 23. Mi. 5. 4; 7. 14. Jno. 21. 15-17. Ac. 20. 28. *the flock.* Is. 63. 11. Je. 13. 17, 20. Eze. 34. 31. Zec. 11. 17. Lu. 12. 32. 1 Co. 9. 7. *which is among you. or,* as much as in you is. Ps. 78. 71, 72. Ac. 20. 26, 27. *taking.* He. 12. 15. Gr. *not by.* Is. 6. 8. 1 Co. 9. 16, 17. *not for.* Is. 56. 11. Je. 6. 13; 8. 10. Mi. 3. 11. Mal. 1. 10. Ac. 20. 33, 34. 2 Co. 12. 14, 15. 1 Ti. 3. 3, 8. Tit. 1. 7, 11. 2 Pe. 2. 3. Re. 18. 12, 13. *of.* Ac. 21. 13. Ro. 1. 15. Tit. 2. 14; 3. 1.

3 *as.* Eze. 34. 4. Mat. 20. 25, 26; 23. 8-10. Mar. 10. 42-45. Lu. 22. 24-27. 1 Co. 3. 5, 9. 2 Co. 1. 24; 4. 5. 3 Jno. 9, 10. *being lords over. or,* over-ruling. *heritage.* ch. 2. 9. De. 32. 9. Ps. 33. 12; 74. 2. Mi. 7. 14. Ac. 20. 28. *but.* 1 Co. 11. 11. Phi. 3. 17; 4. 9. 1 Th. 1. 5, 6. 2 Th. 3. 9. 1 Ti. 4. 12. Tit. 2. 7.

4 *the.* ver. 2; ch. 2. 25. Ps. 23. 1. Is. 40. 11. Eze. 34. 23; 37. 24. Zec. 13. 7. Jno. 10. 11. He. 13. 20. *appear.* Mat. 25. 31, etc. Col. 3. 3, 4. 2 Th. 1. 7-10. 1 Jno. 3. 2. Re. 1. 7; 20. 11, 12. *a crown.* ch. 1. 4. Da. 12. 3. 1 Co. 9. 25. 2 Ti. 4. 8. Ja. 1. 12. Re. 2. 10; 3. 11.

5 *ye.* Le. 19. 32. He. 13. 17. *all.* ch. 4. 1, 5. Ro. 12. 10. Ep. 5. 21. Phi. 2. 3. *be clothed.* ch. 3. 3, 4. 2 Ch. 6. 41. Job 29. 14. Ps. 132. 9, 16. Is. 61. 10. Ro. 13. 14. Col. 3. 12. *God.* See on Ja. 4. 6. Job 22. 29. *giveth.* Is. 57. 15; 66. 2.

6 *Humble.* Ex. 10. 3. Le. 26. 41. 1 Ki. 21. 29. 2 Ki. 22. 19. 2 Ch. 12. 6, 7, 12; 30. 11; 32. 26; 33. 12, 19, 23; 36. 12. Pr. 29. 23. Is. 2. 11; 57. 15. Je. 13. 18; 44. 10. Da. 5. 22. Mi. 6. 8. Lu. 14. 11; 18. 14. Ja. 4. 10; 5. 10. *the.* Ex. 3. 19; 32. 11. Ps. 89. 13. 1 Co. 10. 22. *that.* Job 36. 22. Ps. 75. 10; 89. 16, 17. Is. 40. 4. Eze. 17. 21; 21. 6. Mat. 23. 12. Lu. 1. 52. Ja. 1. 9, 10. *in.* De. 32. 35. Ro. 5. 6. 1 Ti. 2. 6. Tit. 1. 3.

7 *Casting.* 1 Sa. 1. 10-18; 30. 6. Ps. 27. 13, 14; 37. 5; 55. 22; 56. 3, 4. Mat. 6. 25, 34. Lu. 12. 11, 12, 22. Phi. 4. 6. He. 13. 5, 6. *for.* Ps. 34. 15; 142. 4, 5. Mat. 6. 26, 33. Mar. 4. 38. Lu. 12. 30-32. Jno. 10. 13.

8 *sober.* ch. 1. 13; 4. 7. Mat. 24. 48-50. Lu. 12. 45, 46; 21. 34, 36. Ro. 13. 11-13. 1 Th. 5. 6-8. 1 Ti. 2. 9, 15; 3. 2, 11. Tit. 1. 8; 2. 2, 4, 6, 12. *your.* Es. 7. 6. Job 1. 6; 2. 2. Ps. 109. 6, marg. Is. 50. 8. Zec. 3. 1. Lu. 22. 31. *the devil.* Mat. 4. 1, 11; 13. 39; 25. 41. Jno. 8. 44. Ep. 4. 27; 6. 11. Ja. 4. 7. 1 Jno. 3. 8-10. Re. 12. 9; 22. 2, 10. *as.* Ju. 14. 5. Ps. 104. 21. Pr. 19. 12; 20. 2. Is. 5. 29, 30; 12. 13. Je. 2. 15; 51. 38. Eze. 19. 7. Ho. 11. 10. Joel 3. 16. Am. 1. 2; 3. 4, 8. Zec. 11. 3. 2 Ti. 4. 17. Re. 12. 12. *walketh.* Job 1. 7; 2. 2. *devour.* Eze. 22. 25. Da. 6. 24. Ho. 13. 8.

9 *resist.* Lu. 4. 3-12. Ep. 4. 27; 6. 11-13. Ja. 4. 7. *stedfast.* Lu. 22. 32. Ep. 6. 16. 1 Ti. 6. 12. 2 Ti. 4. 7. He. 11. 33. *the same.* ch. 1. 6; 2. 21; 3. 14; 4. 13. Jno. 16. 33. Ac. 14. 22. 1 Co. 10. 13. 1 Th. 2. 15, 16; 3. 3. 2 Ti. 3. 12. Re. 1. 9; 6. 11; 7. 14.

10 *the God.* Ex. 34. 6, 7. Ps. 86. 5, 15. Mi. 7. 18, 19. Ro. 5. 20, 21; 15. 5, 13. 2 Co. 13. 11. He. 13. 20. *who.* ch. 1. 15. Ro. 8. 28-30; 9. 11, 24. 1 Co. 1. 9. 1 Th. 2. 12. 2 Th. 2. 14. 1 Ti. 6. 12. 2 Ti. 1. 9. 2 Pe. 1. 3. *eternal.* 2 Co. 4. 17. 2 Ti. 2. 10. He. 9. 15. 1 Jno. 2. 25. *after.* ch. 1. 6, 7. 2 Co. 4. 17. *make.* 2 Co. 13. 11. 2 Th. 2. 17. He. 13. 21. Jude 24. *stablish.* Col. 2. 7. 2 Th. 2. 17; 3. 3. *strengthen.* Ps. 138. 7. Zec. 10. 6, 12. Lu. 22. 32. Phi. 4. 13. Col. 1. 22, 23. *settle.* ch. 4. 11.

11 ch. 4. 11. Re. 1. 6; 5. 13.

12 *Silvanus.* 2 Co. 1. 19. 1 Th. 1. 1. 2 Th. 1. 1. *a faithful.* Ep. 6. 21. Col. 1. 7; 4. 7, 9. *I have.* Ep. 3. 3. He. 13. 22. *exhorting.* He. 13. 22. Jude 3. *testifying.* Jno. 21. 21. Ac. 20. 24. 1 Jno. 5. 9, 10. 3 Jno. 12. *true.* Ac. 20. 24. 1 Co. 15. 1. Ga. 1. 8, 9. 2 Pe. 2. 15. *wherein.* Ro. 5. 2. 2 Co. 1. 24. 2 Pe. 1. 12.

13 *at.* Ps. 87. 4. Re. 17. 5; 18. 2. *elected.* 2 Jno. 1. 13. *Marcus.* See on Ac. 12. 12, 25.

14 *with a.* See on Ro. 16. 16. 1 Co. 16. 20. 2 Co. 13. 12. 1 Th. 5. 26. *Peace.* ch. 1. 2. Jno. 14. 27; 16. 33; 20. 19, 26. See on Ro. 1. 7. Ep. 6. 23. *in.* See on Ro. 8. 1. 1 Co. 1. 30. 2 Co. 5. 17.

## CONCLUDING REMARKS ON THE FIRST EPISTLE OF PETER.

As the design of this Epistle is excellent, remarks Dr. *Macknight*, so its execution, in the judgment of the best critics, does not fall short of its design. *Ostervald* says of the first Epistle of Peter, 'it is one of the finest books of the New Testament.' *Erasmus* pronounces it to be 'worthy the prince of the Apostles, and full of apostolical dignity and authority;' and adds, 'it is sparing in words, but full of sense,—*verbis pauca, sententiis differta.*' 'As the true Church of Christ,' says Dr. *Clarke*, 'has generally been in a state of *suffering*, the Epistles of St. Peter have ever been most highly prized by all believers. That which we have just finished is an admirable letter, containing some of the most important maxims and consolations for the Church in the wilderness. No Christian can read it without deriving from it both light and life. Ministers especially should study it well, that they may know how to comfort their flocks when in persecution or adversity. He never speaks to good in any spiritual case who is not furnished out of the Divine treasury. God's words invite, solicit, and command assent: on them a man may confidently rely. The words of man may be *true*, but they are not *infallible;* this is the character of God's word alone.' To these valuable remarks on the varied excellences and uses of this inimitable Epistle, it may be only necessary to add, that it is not only important in these respects, but is a rich treasury of Christian doctrines and duties from which the mind may be enriched and the heart improved, with the most ennobling sentiments.

# The Second Epistle general of PETER.



## CHAP. I.

*Confirming them in hope of the increase of God's graces, 1-4, he exhorts them, by faith, and good works, to make their calling sure, 5-11; whereof he is careful to remind them, knowing that his death is at hand, 12-15; and warns them to be constant in the faith of Christ, who is the true Son of God, by the eyewitness of the apostles beholding his majesty, and by the testimony of the Father, and the prophets, 16-21.*

1 *Simon. or*, Symeon. Ac. 15. 14. *Peter.* Mat. 4. 18; 10. 2. Lu. 22. 31-34. Jno. 1. 42; 21. 15-17. 1 Pe. 1. 1. *a servant.* Jno. 12. 26. Ro. 1. 1. *an apostle.* Lu. 11. 49. Jno. 20. 21. 1 Co. 9. 1; 15. 9. Ga. 2. 8. Ep. 3. 5; 4. 11. 1 Pe. 5. 1. *have.* ver. 4. Ac. 15. 8, 9. Ro. 1. 12. 2 Co. 4. 13. Ep. 4. 5. Phi. 1. 29. 2 Ti. 1. 5. Tit. 1. 1, 4. 1 Pe. 1. 7; 2. 7. *through.* Je. 33. 16. Ro. 1. 17; 3. 21-26. 1 Co. 1. 30. 2 Co. 5. 21. Phi. 3. 9. *of God and our Saviour. Gr.* of our God and Saviour. Is. 12. 2. Lu. 1. 47. Tit. 2. 13.

2 *Grace.* Nu. 6. 24-26. Da. 4. 1; 6. 25. See on Ro. 1. 7. 1 Pe. 1. 2. Jude 2. Re. 1. 4. *the knowledge.* ch. 3. 18. Is. 53. 11. Lu. 10. 22. Jno. 17. 3. 2 Co. 4. 6. 1 Jno. 5. 20, 21.

3 *his.* Ps. 110. 3. Mat. 28. 18. Jno. 17. 2. 2 Co. 12. 9. Ep. 1. 19-21. Col. 1. 16. He. 1. 3. *all.* Ps. 84. 11. Ro. 8. 32. 1 Co. 3. 21-23. 1 Ti. 4. 8. *through.* See on ver. 2. Jno. 17. 3. *called.* Ro. 8. 28-30; 9. 24. 1 Co. 1. 9. Ep. 4. 1, 4. 1 Th. 2. 12; 4. 7. 2 Th. 2. 14. 2 Ti. 1. 9. 1 Pe. 1. 15; 2. 9, 21; 3. 9; 5. 10. *to. or*, by. *virtue.* ver. 5. Ru. 3. 11. Pr. 12. 4; 31. 10, 29. Phi. 4. 8.

4 *are given.* ver. 1. Eze. 36. 25-27. Ro. 9. 4. 2 Co. 1. 20. 6. 17, 18; 7. 1. Ga. 3. 16. He. 8. 6-12; 9. 15. 1 Jno. 2. 25. *ye might.* Jno. 1. 12, 13. 2 Co. 3. 18. Ep. 4. 23, 24. Col. 3. 10. He. 12. 10. 1 Jno. 3. 2. *having.* ch. 2. 18-20. Ga. 6. 8. Ja. 4. 1-3. 1 Pe. 4. 2, 3. 1 Jno. 2. 15, 16.

5 *beside.* Lu. 16. 26; 24. 21. *giving.* ver. 10; ch. 3. 14, 18. Ps. 119. 4. Pr. 4. 23. Is. 55. 2. Zec. 6. 15. Jno. 6. 27. Phi. 2. 12. He. 6. 11; 11. 6; 12. 15. *virtue.* See on ver. 3. Phi. 4. 8. *knowledge.* ver. 2; ch. 3. 18. 1 Co. 14. 20. Ep. 1. 17, 18; 5. 17. Phi. 1. 9. Col. 1. 9. 1 Pe. 3. 7.

6 *temperance.* Ac. 24. 25. 1 Co. 9. 25. Ga. 5. 23. Tit. 1. 8; 2. 2. *patience.* Ps. 37. 7. Lu. 8. 15; 21. 19. Ro. 2. 7; 5. 3, 4; 8. 25; 15. 4. 2 Co. 6. 4. Col. 1. 11. 1 Th. 1. 3. 2 Th. 1. 4; 3. 5. He. 6. 12, 15; 10. 36; 12. 1. Ja. 1. 3, 4; 5. 7-10. Re. 1. 9; 2. 2; 13. 10; 14. 12. *godliness.* ver. 3; ch. 3. 11. Ge. 5. 24. Is. 57. 1. 1 Ti. 2. 2, 10; 3. 16; 4. 7, 8; 6. 3, 6, 11. 2 Ti. 3. 5. Tit. 1. 1.

7 *brotherly.* Jno. 13. 34, 35. Ro. 12. 10. 1 Th. 3. 12; 4. 9, 10. He. 13. 1. 1 Pe. 1. 22; 2. 17. 1 Jno. 3. 14, 16. *charity.* 1 Co. 13. 1-8. Ga. 6. 10. Col. 3. 14. 1 Th. 5. 15. 1 Pe. 3. 8. 1 Jno. 4. 21.

8 *in you.* Jno. 5. 42. 2 Co. 9. 14; 13. 5. Phi. 2. 5. Col. 3. 16. Phile. 6. *and abound.* 1 Co. 15. 58. 2 Co. 8. 2, 7. Phi. 1. 9. Col. 2. 7; 3. 16. 1 Th. 3. 12; 4. 1. 2 Th. 1. 3. *they.* Jno. 15. 7, 8. 2 Co. 5. 13-17. *barren. or*, idle. Pr. 19. 15. Mat. 20. 3, 6; 25. 26. Ro. 12. 11. 1 Ti. 5. 13. He. 6. 12. *unfruitful.* Mat. 13. 22. Jno. 15. 2, 6. Tit. 3. 14. *in.* See on ver. 2.

9 *lacketh.* ver. 5-7. Mar. 10. 21. Lu. 18. 22. Ga. 5. 6, 13. Ja. 2. 14-26. *blind.* Jno. 9. 40, 41. 2 Co. 4. 3, 4. 1 Jno. 2. 9-11. Re. 3. 17. *that he.* ver. 4; ch. 2. 18-20. Ro. 6. 1-4, 11. Ep. 5. 26. He. 9. 14. 1 Pe. 3. 21. 1 Jno. 1. 7.

10 *give.* See on ver. 5; ch. 3. 17. *to make.* 2 Ti. 2. 19. He. 6. 11, 19. 1 Jno. 3. 19-21. *election.* Ro. 8. 28-31. 1 Th. 1. 3, 4. 2 Th. 2. 13, 14. 1 Pe. 1. 2. *if.* Ps. 15. 5. Is. 56. 2. Mat. 7. 24, 25. Lu. 6. 47-49. 1 Jno. 3. 19. Re. 22. 14. *never.* ch. 3. 17. Ps. 37. 24; 62. 2, 6; 112. 6; 121. 3. Mi. 7, 8. Ac. 20. 24, 25. 1 Pe. 1. 5. Re. 3. 10, 11.

11 *an entrance.* Mat. 25. 34. 2 Co. 5. 1. 2 Ti. 4. 8. Re. 3. 21. *abundantly.* Ps. 36. 8. Ca. 5. 1. Is. 35. 2. Jno. 10. 10. Ep. 3. 20. He. 6. 17. *everlasting.* Is. 9. 7. Da. 7. 14, 27. Re. 5. 10. *our.* See on ver. 1.

12 *I will not.* ver. 13, 15; ch. 3. 1. Ro. 15. 14, 15. Phi. 3. 1. 1 Ti. 4. 6. 2 Ti. 1. 6. He. 10. 32. Jude 3, 17. *though.* 1 Jno. 2. 21. Jude 5. *and be.* ch. 3. 17. Ac. 16. 5. Col. 2. 7. He. 13. 9. 1 Pe. 5. 10, 12.

13 *as long.* ver. 14. 2 Co. 5. 1-4, 8. He. 13. 3. *to stir.* ch. 3. 1. Hag. 1. 14. 2 Ti. 1. 6. *by.* See on ver. 12.

14 *shortly.* De. 4. 21, 22; 31. 14. Jos. 23. 14. 1 Ki. 2. 2, 3. Ac. 20. 25. 2 Ti. 4. 6. *even.* Jno. 21. 18, 19.

15 *I will.* De. 31. 19-29. Jos. 24. 24-29. 1 Ch. 29. 1-20. Ps. 71. 18. 2 Ti. 2. 2. He. 11. 4. *these.* See on ver. 4-7, 12.

16 *we have.* ch. 3. 3, 4. 1 Co. 1. 17, 23; 2. 1, 4. 2 Co. 2. 17; 4. 2; 12. 16, 17. Ep. 4. 14. 2 Th. 2. 9. 1 Ti. 1. 4; 4. 7. Tit. 1. 14. *the power.* Mat. 28. 18. Mar. 9. 1. Jno. 17. 2. Ro. 1. 4. 1 Co. 5. 4. Phi. 3. 21. *coming.* Mal. 3. 2; 4. 5. Mat. 16. 28; 24. 3, 27. 1 Co. 1. 7. Jude 14. Re. 1. 7. *were.* Mat. 17. 1-5. Mar. 9. 2. Lu. 9. 28-32. Jno. 1. 14. 1 Jno. 1. 1-3; 4. 14.

17 *God.* Mat. 11. 25-27; 28. 19. Lu. 10. 22. Jno. 3. 35; 5. 21-23, 26, 36, 37; 6. 27, 37, 39; 10. 15, 36; 13. 1-3; 14. 6, 8, 9, 11; 17. 21; 20. 17. Ro. 15. 6. 2 Co. 1. 3; 11. 31. 2 Jno. 3. Jude 1. *there came.* Mat. 17. 3. Mar. 9. 7. Lu. 9. 34, 35. Jno. 12. 28, 29. *This.* Mat. 3. 17; 17. 5. Mar. 1. 11; 9. 7. Lu. 3. 22; 9. 35. *in whom.* Is. 42. 1; 53. 10. Mat. 12. 18.

18 *this.* Mat. 17. 6. *the holy.* Ge. 28. 16, 17. Ex. 3. 1, 5. Jos. 5. 15. Is. 11. 9; 56. 7. Zec. 8. 3. Mat. 17. 6.

19 *a more.* Ps. 19. 7-9. Is. 8. 20; 41. 21-23, 26. Lu. 16. 29-31. Jno. 5. 39. Ac. 17. 11. *ye do.* Ac. 15. 29. Ja. 2. 8. 3 Jno. 6. *a light.* Ps. 119. 105. Pr. 6. 23. Is. 9. 2; 60. 1, 2. Mat. 4. 16. Lu. 1. 78, 79. Jno. 1. 7-9; 5. 35; 8. 12. Ep. 5. 7, 8. *the day.* 2 Co. 4. 4-6. 1 Jno. 5. 10. Re. 2. 28; 22. 16.

20 *Knowing.* ch. 3. 3. Ro. 6. 6; 13. 11. 1 Ti. 1. 9. Ja. 1. 3. *that.* Ro. 12. 6.

21 *the prophecy.* Lu. 1. 70. 2 Ti. 3. 16. 1 Pe. 1. 11. *in old time. or*, at any time. *holy.* De. 33. 1. Jos. 14. 6. 1 Ki. 13. 1; 17. 18, 24. 2 Ki. 4. 7, 9, 22; 6. 10, 15. 1 Ch. 23. 14. 2 Ch. 8. 14. *spake.* Nu. 16. 28. 2 Sa. 23. 2. Mi. 3. 7. Lu. 1. 70. 2 Ti. 3. 15-17. 1 Pe. 1. 11. Re. 19. 10. *by the Holy.* Mar. 12. 36. Ac. 1. 16; 3. 18; 28. 25. He. 3. 7; 9. 8; 10. 15.

## CHAP. II.

*He foretells them of false teachers, shewing the impiety and punishment both of them and their followers, 1-6; from which the godly shall be delivered, as Lot was out of Sodom, 7-9; and more fully describes the manners of those profane and blasphemous seducers, whereby they may be the better known, and avoided, 10-22.*

1 *there were.* De. 13. 1-3. 1 Ki. 18. 19-22; 22. 6. Ne. 6. 12-14. Is. 9. 15; 56. 10, 11. Je. 14. 13-15; 23. 16, 17, 25-32; 27. 14, 15; 28. 15-17; 29. 8, 9, 31, 32; 37. 19. La. 2. 14. Eze. 13. 3-18. Ho. 9. 8. Mi. 2. 11; 3. 5, 11. Zec. 13. 3, 4. Mat. 7. 15. Lu. 6. 26. Ro. 16. 18. *even.* Mat. 24. 5, 11, 24. Mar. 13. 22. Lu. 21. 8. Ac. 20. 29, 30. 1 Co. 11. 19. 2 Co. 11. 13-15. Ga. 4. 17. Ep. 4. 14. Col. 2. 8, 18. 2 Th. 2. 3-12. 1 Ti. 4. 1-3. 2 Ti. 3. 1-9; 4. 3. Tit. 1. 11. 1 Jno. 2. 18, 19, 26; 4. 1. Jude 18. Re. 2. 9; 13. 14. *privily.* ver. 3. Ga. 2. 4. *damnable.* ver. 3. Ga. 5. 20. Tit. 3. 10. *denying.* Mat. 10. 33. Lu. 12. 9. Ac. 3. 13, 14. 2 Ti. 2. 12, 13. Jude 4. Re. 2. 13; 3. 8. *bought.* De. 32. 6. Ac. 20. 28. 1 Co. 6. 20; 7. 23. Ga. 3. 13. Ep. 1. 7. He. 10. 29. 1 Pe. 1. 8. Re. 5. 9. *and bring.* ver. 3. Mal. 3. 5. Phi. 3. 19.

2 *many.* Mat. 24. 10-13, 24. Mar. 13. 22. 1 Jno. 2. 18, 19. Re. 12. 9; 13. 8, 14. *pernicious ways. or*, lascivious ways, *as some copies read. by reason.* Ro. 2. 24. 1 Ti. 5. 14. Tit. 2. 5, 8. *way.* ver. 15, 21. Ps. 18. 21. Is. 35. 8. Je. 6. 16. Mat. 7. 14; 22. 16. Mar. 12. 14. Jno. 14. 6. Ac. 13. 10; 16. 17; 18. 26; 19. 9; 24. 14. *evil.* ver. 12. Ac. 14. 2. 1 Pe. 2. 12. Jude 10, 15.

3 *through.* ver. 14, 15. Is. 56. 11. Je. 6. 13; 8. 10. Eze. 13. 19. Mi. 3. 11. Mal. 1. 10. Ro. 16. 18. 2 Co. 12. 17, 18. 1 Ti. 3. 3, 8; 6. 5. Tit. 1. 7, 11. 1 Pe. 5. 2. Jude 11. *with.* ch. 1. 16. Ps. 18. 44; 66. 3; 81. 15, marg. Lu. 20. 20; 22. 47. 1 Th. 2. 5. *make.* De. 24. 17. Jno. 2. 16. 2 Co. 2. 17. Re. 18. 11-13. *whose.* ver. 1, 9. De. 32. 35. Is. 5. 19; 30. 13, 14; 60. 22. Hab. 3. 3. Lu. 18. 8. 1 Th. 5. 3. 1 Pe. 2. 8. Jude 4, 7, 15.

4 *spared.* ver. 5. De. 29. 20. Ps. 78. 50. Eze. 5. 11; 7. 4, 9. Ro. 8. 32; 11. 21. *the angels.* Job 4. 18. Lu. 10. 18. Jno. 8. 44. 1 Jno. 3. 8. Jude 6. *but.* Is. 14. 12. Mat. 8. 29; 25. 41. Mar. 5. 7. Lu. 8. 31. Re. 12. 7-9; 20. 2, 3, 10. *into.* ver. 11. Jude 6. *to be.* ver. 9. Job 21. 30. Jude 13.

5 *spared.* Ge. ch. 6-8. Job 22. 15, 16. Mat. 24. 37-39. Lu. 17. 26, 27. He. 11. 7. *the eighth.* Ge. 7. 1, etc. 1 Pe. 3. 20

*a preacher.* 1 Pe. 3. 19. Jude 14. 15. *bringing.* ch. 3. 6.

6 *turning.* Ge. 19. 24, 25, 28. De. 29. 23. Is. 13. 19. Je. 50. 40. Eze. 16. 49-56. Ho. 11. 8. Am. 4. 11. Zep. 2. 9. Lu. 17. 28-30. Jude 7. *making.* Nu. 26. 10. De. 29. 23. 1 Co. 10. 11.

7 *delivered.* Ge. 19. 16, 22, 29. 1 Co. 10. 13. *vexed.* Ge. 13. 13; 19. 7, 8. Ps. 120. 5. Je. 9. 1-6; 23. 9.

8 *that.* Pr. 25. 26; 28. 12. 1 Ti. 1. 9. Ja. 5. 16. *in seeing.* Ps. 119. 136, 139, 158. Eze. 9. 4, 6. Mal. 3. 15-17.

9 *knoweth.* Job 5. 19. Ps. 34. 15-19. 1 Co. 10. 13. *the godly.* Ps. 4. 3; 12. 1; 32. 6. 2 Ti. 3. 12. Tit. 2. 14. *and.* ver. 4. Job 21. 30. Pr. 16. 4. Jude 14, 15. *unto.* ch. 3. 7. Ro. 2. 5. 2 Co. 5. 10, 11.

10 *that.* Ro. 8. 1, 4, 5, 12, 13. 2 Co. 10. 3. He. 13. 4. *in the.* Ro. 1. 24-27. 1 Co. 6. 9. Ep. 4. 19; 5. 5. Col. 3. 5. 1 Th. 4. 7. Jude 4, 6-8, 10, 16. *despise.* Nu. 16. 12-15. De. 17. 12, 13; 21. 20, 21. 1 Sa. 10. 27. 2 Sa. 20. 1. 1 Ki. 12. 16. Ps. 2. 1-5; 12. 4. Je. 2. 31. Lu. 19. 14. Ro. 13. 1-5. 1 Pe. 2. 13, 14. *government. or,* dominion. *Presumptuous.* Nu. 15. 30. Jude 8. *self-willed.* Ge. 49. 6. Tit. 1. 7. *to speak.* Ex. 22. 28. Ec. 10. 6, 7, 20. Ac. 23. 5. Jude 8, 10.

11 *angels.* Ps. 103. 20; 104. 4. Da. 6. 22. 2 Th. 1. 7. Jude 9. *against them. Some read* 'against themselves.'

12 *as natural.* Ps. 49. 10; 92. 6; 94. 8. Je. 4. 22; 5. 4; 10. 8, 21; 12. 3. Eze. 21. 31. Jude 10. *perish.* ver. 19; ch. 1. 4. Pr. 14. 32. Jno. 8. 21. Ga. 6. 8.

13 *the reward.* Is. 3. 11. Ro. 2. 8, 9. Phi. 3. 19. 2 Ti. 4. 14. He. 2. 2, 3. Jude 12, etc. Re. 18. 6. *to riot.* Ro. 13. 13. 1 Th. 5. 7, 8. 1 Pe. 4. 4. *Spots.* Ca. 4. 7. Ep. 5. 27. Jude 12. *while.* 1 Co. 11. 20-22.

14 *eyes.* 2 Sa. 11. 2-4. Job 31. 1, 7, 9. Pr. 6. 25. Mat. 5. 28. 1 Jno. 2. 16. *adultery. Gr.* an adulteress. *that cannot.* Is. 1. 16. Je. 13. 23. Mat. 12. 34. Jno. 5. 44. *beguiling.* ch. 2. 18; 3. 16. Mar. 13. 22. Ro. 16. 18. 1 Co. 11. 19. Ep. 4. 14. Col. 2. 18. Ja. 1. 8. Re. 12. 9. *an heart.* See on ver. 3. Jude 11. *cursed.* Is. 34. 5; 65. 20. Mat. 25. 41. Ep. 2. 3.

15 *forsaken.* 1 Sa. 12. 23. 1 Ki. 18. 18; 19. 10. Eze. 9. 10. Pr. 28. 4. Ho. 14. 8. Ac. 13. 10. *Balaam.* Nu. 22. 5-7, son of Beor. *who.* Nu. 22. 18-21, 23, 28; 31. 16. De. 23. 4, 5. Mi. 6. 5. Jude 11. Re. 2. 14. *wages.* Ac. 1. 18.

16 *the dumb.* Nu. 22. 22-33. *the madness.* Ec. 7. 25; 9. 3. Ho. 9. 7. Lu. 6. 11. Ac. 26. 11, 24, 25.

17 *are wells.* Job 6. 14-17. Je. 14. 3. Ho. 6. 4. Jude 12, 13. *clouds.* Ep. 4. 14. *the mist.* 'The blackness, ζοφος, of darkness,' *darkness itself,* says LEIGH. *darkness.* ver. 4. Mat. 8. 12; 22. 13; 25. 30. Jude 6, 13.

18 *they speak.* Ps. 52. 1-3; 73. 8, 9. Da. 4. 30; 11. 36. Ac. 8. 9. 2 Th. 2. 4. Jude 13, 15, 16. Re. 13. 5, 6, 11. *great swelling.* Υπερογκα, 'things puffed up with wind.'—LEIGH. *wantonness.* Ro. 13. 13. Ja. 5. 5. *that were.* ver. 20; ch. 1. 4. Ac. 2. 40. *clean. or,* for a little, *or,* a while, *as some read.*

19 *they promise.* Ga. 5. 1, 13. 1 Pe. 2. 16. *they themselves.* Jno. 8. 34. Ro. 6. 12-14, 16-22. Tit. 3. 3. *overcome.* ver. 20. Is. 28. 1. Je. 23. 9. 2 Ti. 2. 26.

20 *after.* Mat. 12. 43-45. Lu. 11. 24-26. He. 6. 4-8; 10. 26, 27. *escaped.* ver. 18; ch. 1. 4. *through.* ch. 1. 2. *the latter.* Nu. 24. 20. De. 32. 29. Phi. 3. 19.

21 *it had.* Mat. 11. 23, 24. Lu. 12. 47. Jno. 9. 41; 15. 22. *the way.* Pr. 12. 28; 16. 31. Mat. 21. 32. *to turn.* Ps. 36. 3, 4; 125. 5. Eze. 3. 20; 18. 24; 23. 13. Zep. 1. 6. *holy.* Ro. 7. 12. 1 Th. 4. 2.

22 *The dog.* Pr. 26. 11.

## CHAP. III.

*He assures them of the certainty of Christ's coming to judgment, against those scorners who dispute against it,* 1-7; *warning the godly, for the long patience of God, to hasten their repentance,* 8, 9. *He describes also the manner how the world shall be destroyed,* 10; *exhorting them, from the expectation thereof, to all holiness of life,* 11-15; *and again to think the patience of God to tend to their salvation, as Paul wrote to them in his epistles,* 16-18.

1 *second epistle.* 2 Co. 13. 2. 1 Pe. 1. 1, 2. *I stir.* ch. 1. 13-15. 2 Ti. 1. 6. *pure.* Ps. 24. 4; 73. 1. Mat. 5. 8. 1 Ti. 5. 22. 1 Pe. 1. 22. *way.* ch. 1. 12.

2 *ye may.* ch. 1. 19-21. Lu. 1. 70; 24. 27, 44. Ac. 3. 18, 24-26; 10. 43; 28. 23. 1 Pe. 1. 10-12. Re. 19. 10. *and of.* ver. 15; ch. 2. 21. Ep. 2. 20. 1 Jno. 4. 6. Jude 17.

3 *that there.* 1 Ti. 4. 1, 2. 2 Ti. 3. 1. 1 Jno. 2. 18. Jude 18. *scoffers.* Pr. 1. 22; 3. 34; 14. 6. Is. 5. 19; 28. 14; 29. 20. Ho. 7. 5. *walking.* ch. 2. 10. 2 Co. 4. 2. Jude 16, 18.

4 *where.* Ge. 19. 14. Ec. 1. 9; 8. 11. Is. 5. 18, 19. Je. 5. 12, 13; 17. 15. Eze. 12. 22-27. Mal. 2. 17. Mat. 24. 48. Lu. 12. 45. *from the beginning.* Mar. 13. 19. Re. 3. 14.

5 *they willingly.* Pr. 17. 16. Jno. 3. 19, 20. Ro. 1. 28. 2 Th. 2. 10-12. *by the word.* Ge. 1. 6, 9. Ps. 24. 2; 33. 6; 136. 6. He. 11. 3. *standing. Gr.* consisting. Col. 1. 17.

6 ch. 2. 5. Ge. 7. 10-23; 9. 15. Job 12. 15. Mat. 24. 38, 39. Lu. 17. 27.

7 *the heavens.* ver. 10. Ps. 50. 3; 102. 26. Is. 51. 6. Zep. 3. 8. Mat. 24. 35; 25. 41. 2 Th. 1. 8. Re. 20. 11; 21. 1 *against.* ch. 2. 9. Mat. 10. 15; 11. 22, 24; 12. 36. Mar. 6. 11. 1 Jno. 4. 17. *and perdition.* Ro. 2. 5. Phi. 1. 28. 2 Th. 2. 3. 1 Ti. 6. 9. Re. 17. 8, 11.

8 *be not.* Ro. 11. 25. 1 Co. 10. 1; 12. 1. *that one.* Ps. 90. 4.

9 *is not.* Is. 46. 13. Hab. 2. 3. Lu. 18. 7, 8. He. 10. 37. *but is.* ver. 15. Ex. 34. 6. Ps. 86. 15. Is. 30. 18. Ro. 9. 22. 1 Ti. 1. 16. 1 Pe. 3. 20. *not willing.* Ex. 18. 23, 32; 33. 11. *but that.* Ro. 2. 4. 1 Ti. 2. 4. Re. 2. 21.

10 *the day.* Is. 2. 12. Joel 1. 15; 2. 1, 31; 3. 14. Mal. 4. 5. 1 Co. 5. 5. 2 Co. 1. 14. Jude 6. *as a.* Mat. 24. 42, 43. Lu. 12. 39. 1 Th. 5. 2. Re. 3. 3; 16. 15. *in the which.* Ps. 102. 26. Is. 51. 6. Mat. 24. 35. Mar. 13. 31. Ro. 8. 20. Heb. 1. 11, 12. Re. 20. 11; 21. 1. *the elements.* ver. 12. *melt.* Ps. 46. 6; 97. 5. Am. 9. 5, 13. Na. 1. 5. *the earth.* See on ver. 7.

11 *all these.* ver. 12. Ps. 75. 3. Is. 14. 31; 24. 19. 34. 4. *what.* Mat. 8. 27. 1 Th. 1. 5. Ja. 1. 24. *in all.* Ps. 37. 14; 50. 23. 2 Co. 1. 12. Phi. 1. 27; 3. 20. 1 Ti. 4. 12. He. 13. 5. Ja. 3. 13. 1 Pe. 1. 15; 2. 12. *godliness.* ch. 1. 3, 6. 1 Ti. 3. 16; 6. 3, 6, 11.

12 *Looking.* 1 Co. 1. 7. Tit. 2. 13. Jude 21. *hasting unto the coming. or,* hasting the coming. See on ver. 10. 1 Co. 1. 8. Phi. 1. 6. *the heavens.* See on ver. 10. Ps. 50. 3. Is. 34. 4. Re. 6. 13, 14. *melt.* See on ver. 10. Is. ch. 2; 64. Mi. 1. 4.

13 *according.* Is. 65. 17; 66. 22. Re. 21. 1, 27.

14 *seeing.* Phi. 3. 20. He. 9. 28. *be diligent.* ch. 1. 5-10. 1 Jno. 3. 3. *in peace.* Mat. 24. 46. Lu. 2. 29; 12. 43. 1 Co. 1. 8; 15. 58. Phi. 1. 10. 1 Th. 3. 13; 5. 23.

15 *account.* ver. 9. Ro. 2. 4. 1 Ti. 1. 16. 1 Pe. 3. 20. *our beloved.* Ac. 15. 25. *according.* Ex. 31. 3, 6; 35. 31, 35. 1 Ki. 3. 12, 28; 4. 29. Ezr. 7. 25. Pr. 2. 6, 7. Ec. 2. 26. Da. 2. 20, 21. Lu. 21. 15. Ac. 7. 10. 1 Co. 2. 13; 12. 8. Ja. 1. 5; 3. 17.

16 *in all.* See on 1 Pe. 1. 1. *speaking.* Ro. ch. 8. 1 Co. ch. 15. 1 Th. ch. 4; 5. 2 Ki. ch. 1. *hard.* 1 Ki. 10. 1. He. 5. 11. *unstable.* ch. 2. 14. Ge. 49. 4. 2 Ti. 3. 5-7. Ja. 1. 8. *wrest.* Ex. 23. 2, 6. De. 16. 19. Ps. 56. 5. Hab. 1. 4. *the other.* Je. 23. 36. Mat. 15. 3, 6; 22. 29. *unto their own.* ch. 2. 1. Phi. 3. 19. 1 Pe. 2. 8. Jude 4.

17 *seeing.* ch. 1. 12. Pr. 1. 17. Mat. 24. 24, 25. Mar. 13. 23. Jno. 16. 4. *beware.* Mat. 7. 15; 16. 6, 11. Phi. 3. 2. Col. 2. 8. 2 Ti. 4. 15. *being.* ch. 2. 18-20. Mat. 24. 24. Mar. 13. 22. Ro. 16. 18. 2 Co. 11. 3, 13-15. *from.* ch. 1. 10, 11; 2. 18-22. Ac. 2. 42. 1 Co. 15. 58. Ep. 4. 14. Col. 2. 5. He. 3. 14. 1 Pe. 5. 9.

18 *grow.* Ps. 92. 12. Ho. 14. 5. Mal. 4. 2. Ep. 4. 15. Col. 1. 10. 2 Th. 1. 3. 1 Pe. 2. 2. *the knowledge.* ch. 1. 3, 8; 2. 20. Jno. 17. 3. 2 Co. 4. 6. Ep. 1. 17. Phi. 3. 8. Col. 1. 10; 3. 10. *To him.* Jno. 5. 23. 2 Ti. 4. 18. 1 Pe. 5. 10, 11. Jude 25. Re. 1. 6; 5. 9-14. *Amen.* Mat. 6. 13; 28. 20.

A.D. 90. A.M. 4094.

## CHAP. I.

*He describes the person of Christ, in whom we have eternal life, by a communion with God, 1-4; to which we must adjoin holiness of life, to testify the truth of that our communion and profession of faith, as also to assure us of the forgiveness of our sins by Christ's death, 5-10.*

1 *That which.* ch. 2. 13. Pr. 8. 22-31. Is. 41. 4. Mi. 5. 2. Jno. 1. 1, 2, etc.; 8. 58. Re. 1. 8, 11, 17, 18; 2. 8. *which we have heard.* ch. 4. 14. Lu. 1. 2. Jno. 1. 14. Ac. 1. 3; 4. 20. 2 Pe. 1. 16-18. *and our.* Lu. 24. 39. Jno. 20. 27. *the Word.* ch. 5. 7. Jno. 1. 14; 5. 26. Re. 19. 13.

2 *the life.* ch. 5. 11, 20. Jno. 1. 4; 11. 25, 26; 14. 6. *was manifested.* ch. 3. 5, 8. Ro. 16. 25, 26. 1 Ti. 3. 16. 2 Ti. 1. 10. Tit. 1. 2. *and bear.* Jno. 15. 27; 21. 24. Ac. 1. 22; 2. 32; 3. 15; 5. 32; 10. 41. 1 Pe. 5. 1. *shew.* ch. 5. 20. *that eternal.* See on Jno. 17. 3. *which was.* Pr. 8. 22-30. Jno. 1. 1, 2, 18; 3. 13; 7. 29; 8. 38; 16. 28; 17. 5. Ro. 8. 3. Ga. 4. 4.

3 *which.* See on ver. 1. Ac. 4. 20. *declare.* ver. 5. Ps. 2. 7; 22. 22. Is. 66. 19. Jno. 17. 25. Ac. 13. 32, 41; 20. 27. 1 Co. 15. 1. He. 2. 12. *ye also.* Ac. 2. 42. Ro. 15. 27. Ep. 3. 6. Phi. 1. 7; 2. 1. 1 Ti. 6. 2. He. 3. 1. 1 Pe. 5. 1. Gr. *our fellowship.* ver. 7; ch. 2. 23, 24. Jno. 14. 20-23; 17. 3, 11, 21. 1 Co. 1. 9, 30. 2 Co. 13. 14. Phi. 2. 1; 3. 10. He. 3. 14. *with his.* ch. 5. 10, 11. Col. 1. 13. 1 Th. 1. 10.

4 *that.* Is. 61. 10. Hab. 3. 17, 18. Jno. 15. 11; 16. 24. 2 Co. 1. 24. Ep. 3. 19. Phi. 1. 25, 26. 2 Jno. 12.

5 *the message.* ch. 3. 11. 1 Co. 11. 23. *that God.* Ps. 27. 1; 36. 9; 84. 11. Is. 60. 19. Jno. 1. 4, 9; 8. 12; 9. 5; 12. 35, 36. 1 Ti. 6. 16. Ja. 1. 17. Re. 21. 23; 22. 5.

6 *If.* ver. 8, 10; ch. 2. 4; 4. 20. Mat. 7. 22. Ja. 2. 14, 16, 18. Re. 3. 17, 18. *fellowship.* See on ver. 3. Ps. 5. 4-6; 94. 20. 2 Co. 6. 14-16. *walk* ch. 2. 9-11. Ps. 82. 5. Pr. 2. 13; 4. 18, 19. Jno. 3. 19, 20; 11. 10; 12. 35, 46. *we lie.* ver. 10. ch. 4. 20. Jno. 8. 44, 45. 1 Ti. 4. 2. *do not.* Jno. 3. 21.

7 *if we.* ch. 2. 9, 10. Ps. 56. 13; 89. 15; 97. 11. Is. 2. 5. Jno. 12. 35. Ro. 13. 12. Ep. 5. 8. 2 Jno. 4. 3 Jno. 4. *as.* See on ver. 5. Ps. 104. 2. 1 Ti. 6. 16. Ja. 1. 17. *we have.* See on ver. 3. Am. 3. 3. *and the.* ch. 2. 1, 2; 5. 6, 8. Zec. 13. 1. Jno. 1. 29. 1 Co. 6. 11. Ep. 1. 7. He. 9. 14. 1 Pe. 1. 19. Re. 1. 5; 7. 14.

8 *say.* ver. 6, 10. ch. 3. 5, 6. 1 Ki. 8. 46. 2 Ch. 6. 36. Job 9. 2; 14. 4; 15. 14; 25. 4. Ps. 143. 2. Pr. 20. 9. Ec. 7. 20. Is. 53. 6; 64. 6. Je. 2. 22, 23. Ro. 3. 23. Ja. 3. 2. *we deceive.* 1 Co. 3. 18. Ga. 6. 3. 2 Ti. 3. 13. Ja. 1. 22, 26. 2 Pe. 2. 13. *the truth.* ch. 2. 4. 1 Ti. 6. 5. 2 Jno. 2. 3 Jno. 3.

9 *we confess.* Le. 26. 40-42. 1 Ki. 8. 47. 2 Ch. 6. 37, 38. Ne. 1. 6; 9. 2, etc. Job 33. 27, 28. Ps. 32. 5; 51. 2-5. Pr. 28. 13. Da. 9. 4-20. Mat. 3. 6. Mar. 1. 5. Ac. 19. 18. *he is.* De. 7. 9. La. 3. 23. 1 Co. 1. 9. 1 Ti. 1. 15. He. 10. 23; 11. 11. *just.* Is. 45. 21. Zec. 9. 9. Ro. 3. 26. He. 6. 10. Re. 15. 3. *and to.* ver. 7. Ps. 19. 12; 51. 2. Je. 33. 8. Eze. 36. 25; 37. 23. 1 Co. 6. 11. Ep. 5. 26. Tit. 2. 14.

10 *we say.* ver. 8. Ps. 130. 3. *we make.* ch. 5. 10. Job 24. 25. *his word.* ver. 8; ch. 2. 4; 4. 4. Col. 3. 16. 2 Jno. 2.

## CHAP. II.

*He comforts them against the sins of infirmity, 1, 2. Rightly to know God is to keep his commandments, 3-8; to love our brethren, 9-14; and not to love the world, 15-17. We must beware of seducers, 18, 19; from whose deceits the godly are safe, preserved by perseverance in faith, and holiness of life, 20-29.*

1 *little.* ver. 12, 13; ch. 3. 7, 18; 4. 4; 5. 21. Jno. 13. 33; 21. 5. 1 Co. 4. 14, 15. Ga. 4. 19. *these.* ch. 1. 3, 4. 1 Ti. 3. 14. *that.* Ps. 4. 4. Eze. 3. 21. Jno. 5. 14; 8. 11. Ro. 6. 1, 2, 15. 1 Co. 15. 34. Ep. 4. 26. Tit. 2. 11-13. 1 Pe. 1. 15-19; 4. 1-3. *And if.* See on ch. 1. 8-10. *we have.* Ro. 8. 34. 1 Ti. 2. 5. He. 7. 24, 25; 9. 24. *Father.* Lu. 10. 22. Jno. 5. 19-26, 36; 6. 27; 10. 15; 14. 6. Ep. 2. 18. Ja. 1. 27; 3. 9. *the righteous.* ver. 29. ch. 3. 5. Zec. 9. 9. 2 Co. 5. 21. He. 7. 26. 1 Pe. 2. 22; 3. 18.

2 *he is.* ch. 1. 7; 4. 10. Ro. 3. 25, 26. 1 Pe. 2. 24; 3. 18. *for the.* ch. 4. 14; 5. 19. Jno. 1. 29; 4. 42; 11. 51, 52. 2 Co. 5. 18-21. Re. 12. 9.

3 *hereby.* ver. 4-6; ch. 3. 14, 19; 4. 13; 5. 19. *we know.* Is. 53. 11. Heb. Jno. 17. 3. 2 Co. 4. 6. *if we.* ch. 3. 22, 23; 5. 3. Ps. 119. 6, 32. Lu. 6. 46. Jno. 14. 15, 21-24; 15. 10, 14. 1 Th. 4. 1, 2. He. 5. 9. Re. 22. 14.

4 *that saith.* ver. 9; ch. 1. 6, 8, 10; 4. 20. Ja. 2. 14-16. *I know.* Ho. 8. 2, 3. Tit. 1. 16. *is a.* See on ch. 1. 6, 8.

5 *whoso.* ver. 3, 4. Ps. 105. 45; 106. 3; 119. 2, 4, 146. Pr. 8. 32; 28. 7. Ec. 8. 5. Eze. 36. 27. Lu. 11. 28. Jno. 14. 21, 23. Re. 12. 17; 14. 12. *in him.* ch. 4. 12, 18. Ja. 2. 22. *hereby.* ver. 27, 28; ch. 3. 24; 4. 13, 15, 16; 5. 20. Jno. 6. 56; 15. 5. Ro. 8. 1. 1 Co. 1. 30. 2 Co. 5. 17, 21. Col. 2. 9, 10.

6 *that saith.* See on ver. 4; ch. 1. 6. *he.* ver. 28; ch. 3. 6. Jno. 15. 4-6. *to walk.* ch. 1. 7. Ps. 85. 13. Mat. 11. 29. Jno. 13. 15. 1 Co. 11. 1. Ep. 5. 2. 1 Pe. 2. 21.

7 *I write.* ch. 3. 11. Ac. 17. 19. 2 Jno. 5. *but.* Le. 19. 18, 34. De. 6. 5. Mat. 5. 43; 22. 37-40. Mar. 12. 29-34. Ro. 13. 8-10, Ga. 5. 13, 14. Ja. 2. 8-12.

8 *a new.* ch. 4. 21. Jno. 13. 34; 15. 12. *which.* ch. 3. 14-16; 4. 11. Jno. 15. 12-15. 2 Co. 8. 9. Ep. 5. 1, 2. 1 Pe. 1. 21; 4. 1-3. *the darkness.* Ca. 2. 11, 12. Is. 9. 2; 60. 1-3. Mat. 4. 16. Lu. 1. 79. Jno. 12. 46. Ac. 17. 30; 26. 18. Ro. 13. 12. 2 Co. 4. 4-6. Ep. 5. 8. 1 Th. 5. 5-8. *and the.* Ps. 27. 1; 36. 9; 84. 11. Mal. 4. 2. Jno. 1. 4, 5, 9; 8. 12; 12. 35. 2 Ti. 1. 10.

9 *that saith.* See on ver. 4. *he is.* ch. 1. 6. Jno. 9. 41. Ro. 2. 18-21. *and hateth.* ch. 3. 13-17. *is in.* ver. 11. Ps. 82. 5. 1 Co. 13. 1-3. 2 Pe. 1. 9.

10 *that loveth.* ch. 3. 14. Ho. 6. 3. Jno. 8. 31. Ro. 14. 13. 2 Pe. 1. 10. *occasion of stumbling.* Gr. scandal. Mat. 13. 21; 18. 7. Lu. 17. 1, 2. Ro. 9, 32, 33. Phi. 1. 10.

11 *he that.* See on ver. 9. Jno. 12. 35. Tit. 3. 3. *and walketh.* Pr. 4. 19. Jno. 12. 35. *because.* Jno. 12. 40. 2 Co. 3. 14; 4. 4. Re. 3. 17.

12 *write.* ver. 7, 13, 14, 21; ch. 1. 4. *little.* See on ver. 1. *your.* ch. 1. 7, 9. Ps. 32. 1, 2. Lu. 5. 20; 7. 47-50; 24. 47. Ac. 4. 12; 10. 43; 13. 38. Ro. 4. 6, 7. Ep. 1. 7. Col. 1. 14. *for.* Ps. 25. 11; 106. 8. Je. 14. 7. Ep. 4. 32.

13 *fathers.* ver. 14. 1 Ti. 5. 1. *because.* ver. 3, 4; ch. 5. 20. Ps. 91. 14. Lu. 10. 22. Jno. 8. 19; 14. 7; 17. 3. *him that.* See on ch. 1. 1. Ps. 90. 2. *young.* ver. 14. Ps. 148. 12. Pr. 20. 29. Joel 2. 28. Zec. 9. 17. Tit. 2. 6. *because.* ch. 4. 4; 5. 4, 5. Ep. 6. 10-12. 1 Pe. 5. 8, 9. *the wicked.* ch. 3. 12; 5. 18. Mat. 13. 19, 38. *little.* See on ver. 1, 12. *ye have known.* Mat. 11. 27. Lu. 10. 22. Jno. 8. 54, 55; 14. 7, 9; 16. 3; 17. 21. 2 Co. 4. 6.

14 *fathers.* See on ver. 13. *because ye are.* Ep. 6. 10. Phi. 4. 13. Col. 1. 11. 2 Ti. 2. 1. *the word.* Ps. 119. 11. Jno. 5. 38; 8. 31; 15. 7. Col. 3. 16. He. 8. 10. 2 Jno. 2. 3 Jno. 3. *ye have overcome.* Re. 2. 7, etc.

15 *Love not.* ch. 4. 5; 5. 4, 5, 10. Jno. 15. 19. Ro. 12. 2. Ga. 1. 10. Ep. 2. 2. Col. 3. 1, 2. 1 Ti. 6. 10. *If.* Mat. 6. 24. Lu. 16. 13. Ja. 4. 4. *the love.* ch. 3. 17.

16 *the lust of the flesh.* Nu. 11. 4, 34. Ps. 78. 18, 30. Pr. 6. 25. Mat. 5. 28. Ro. 13. 14. 1 Co. 10. 6. Ga. 5. 17, 24. Ep. 2. 3. Tit. 2. 12; 3. 3. 1 Pe. 1. 14; 2. 11; 4. 2, 3. 2 Pe. 2. 10, 18. Jude 16-18. *and the lust.* Ge. 3. 6; 6. 2. Jos. 7. 21. Job 31. 1. Ps. 119. 36, 37. Ec. 5. 10, 11. Mat. 4. 8. Lu. 4. 5. *and the pride.* Es. 1. 3-7. Ps. 73. 6. Da. 4. 30. Re. 18. 11-17. *is not.* Ja. 3. 15.

17 *the world.* Ps. 39. 6; 73. 18-20; 90. 9; 102. 26. Is. 40. 6-8. Mat. 24. 35. 1 Co. 7. 31. Ja. 1. 10, 11; 4. 14. 1 Pe. 1. 24. *but.* Ps. 143. 10. Mat. 7. 21; 21. 31. Mar. 3. 35. Jno. 7. 17. Ro. 12. 2. Col. 1. 9; 4. 12. 1 Th. 4. 3; 5. 18. He. 10. 36. 1 Pe. 4. 2. *abideth.* Ps. 125. 1, 2. Pr. 10. 25. Jno. 4. 14; 6. 58; 10. 28-30. 1 Pe. 1. 5, 25.

18 *Little.* See on ver. 1. Jno. 21. 5. *it is.* 2 Ti. 3. 1. He. 1. 2. 1 Pe. 1. 5, 20. 2 Pe. 3. 3. Jude 18. *ye have.* ch. 4. 3. Mat. 24. 5, 11, 24. Mar. 13. 6, 21, 22. Ac. 20. 29, 30. 2 Th. 2. 3-12. 1 Ti. 4. 1-3. 2 Ti. 3. 1-6; 4. 3, 4. 2 Pe. 2. 1. *antichrist.* ver. 22; ch. 4. 3. 2 Jno. 7. *whereby.* 1 Ti. 4. 1. 2 Ti. 3. 1.

19 *went out.* De. 13. 13. Ps. 41. 9. Mat. 13. 20, 21. Mar. 4. 5, 6, 16, 17. Lu. 8. 13. Jno. 15. 2. Ac. 15. 24; 20. 30. 2 Pe. 2. 20, 21. Jude 19. *for.* Job 17. 9. Ps. 37. 28; 125. 1, 2. Je. 32. 38-40. Mat. 24. 24. Mar. 13. 22. Jno. 4. 14; 6. 37-39; 10. 28-30. 2 Ti. 2. 10, 19. 1 Pe. 1. 2-5. Jude 1. *they might.* Ro. 9. 6; 11. 5, 6. 1 Co. 11. 19. 2 Ti. 3. 9. He. 10. 39.

20 *ye have.* ver. 27. ch. 4. 13. Ps. 23. 5; 45. 7; 92. 10. Is. 61. 1. Lu. 4. 18. Ac. 10. 38. 2 Co. 1. 21, 22. He. 1. 9. *the Holy.* Ps. 16. 10; 71. 22. Is. 43. 3. Mar. 1. 24. Lu. 4. 34. Ac. 3. 14. Re. 3. 7; 4. 8. *and ye.* Pr. 28. 5. Jno. 10. 4, 5; 14. 26; 16. 13. 1 Co. 2. 15. He. 8. 11.

21 *because ye know not.* Pr. 1. 5; 9. 8, 9. Ro. 15. 14, 15. 2 Pe. 1. 12.

22 *Who.* ver. 4; ch. 1. 6; 4. 20. Jno 8. 44. Re. 3. 9. *he that.* ver. 23. ch. 4 3. 1 Co. 12. 2, 3. 2 Jno. 7. Jude 4. *He is.* See on ver. 18.

23 *denieth.* ver. 22. ch. 4. 15. Mat. 11. 27. Lu. 10. 22. Jno. 5. 23; 8. 19; 10. 30; 14. 9, 10; 15. 23, 24. 2 Jno. 9-11.

24 *abide.* Ps. 119. 11. Pr. 23. 23. Lu. 9. 44. Jno. 15. 7. Col. 3. 16. He. 2. 1; 3. 14. 2 Jno. 2. 3 Jno. 3. Re. 3. 3, 11. *which.* ver. 7. Lu. 1. 2. Jno. 8. 25. Phi. 4. 15. 2 Jno. 5, 6. *ye also.* ch. 1. 3, 7; 4. 13, 16. Jno. 14. 23; 15. 9, 10; 17. 21-24.

25 ch. 1. 2; 5. 11-13, 20. Da. 12. 2. Lu. 18. 30. Jno. 5. 39; 6. 27, 47, 54, 68; 10. 28; 12. 50; 17. 2, 3. Ro. 2. 7; 5. 21; 6. 23. Ga. 6. 8. 1 Ti. 1. 16; 6. 12, 19. Tit. 1. 2; 3. 7. Jude 21.

26 *concerning.* ch. 3. 7. Pr. 12. 26. Eze. 13. 10. Mar. 13. 22. Ac. 20. 29, 30. 2 Co. 11. 13-15. Col. 2. 8, 18. 1 Ti. 4. 1. 2 Ti. 3. 13. 2 Pe. 2. 1-3. 2 Jno. 7.

27 *the anointing.* See on ver. 20; ch. 3. 24. Jno. 4. 14. 1 Pe. 1. 23. 2 Jno. 2. *and ye.* ver. 20, 21. Je. 31. 33, 34. Jno. 14. 26; 16. 13. He. 8. 10, 11. *but.* 1 Co. 2. 13. Ep. 4. 21. 1 Th. 2. 13. 1 Ti. 2. 7. 2 Pe. 1. 16, 17. *ye shall.* ver. 28. Jno. 8. 31, 32; 15. 4-7. Col. 2. 6. *him. or,* it.

28 *little.* See on ver. 1. *when.* ch. 3. 2. Mar. 8. 38. Col. 3. 4. 1 Ti. 6. 14. 2 Ti. 4. 8. Tit. 2. 13. He. 9. 28. 1 Pe. 1. 7; 5. 4. Re. 1. 7. *have.* ch. 3. 21; 4. 17. Is. 25. 9; 45. 17. Ro. 9. 33. *at his.* Mal. 3. 2; 4. 5. 1 Co. 1. 7; 15. 23. 1 Th. 3. 13; 5. 23. 2 Pe. 3. 4-12.

29 *he is.* ver. 1; ch. 3. 5. Zec. 9. 9. Ac. 3. 14; 22. 14. 2 Co. 5. 21. He. 1. 8, 9; 7. 2, 26. 1 Pe. 3. 18. *ye know. or,* know ye. *that every.* ch. 3. 7, 10. Je. 13. 23. Mat. 7. 16-18. Ac. 10. 35. Tit. 2. 12-14. *is born.* ch. 3. 9; 4. 7; 5. 1. Jno. 1. 13; 3. 3-5. Ja. 1. 18. 1 Pe. 1. 3, 23. 2 Pe. 1. 4.

## CHAP. III.

*He declares the singular love of God towards us, in making us his sons, 1, 2; who therefore ought obediently to keep his commandments, 3-10; as also to love one another as brethren, 11-24.*

1 *what.* ch. 4. 9, 10. 2 Sa. 7. 19. Ps. 31. 19; 36. 7-9; 89. 1, 2. Jno. 3. 16. Ro. 5. 8; 8. 32. Ep. 2. 4, 5; 3. 18, 19. *that.* Je. 3. 19. Ho. 1. 10. Jno. 1. 12. Ro. 8. 14-17, 21; 9. 25, 26. 2 Co. 6. 18. Ga. 3. 26, 29; 4. 5, 6. Re. 21. 7. *the world.* Jno. 15. 18, 19; 16. 3; 17. 25. Col. 3. 3.

2 *now are we the.* See on ver. 1; ch. 5. 1. Is. 56. 5. Ro. 8. 14, 15, 18. Ga. 3. 26; 4. 6.

*it.* Ps. 31. 19. Ro. 8. 18. 1 Co. 2. 9; 13. 12. 2 Co. 4. 17. *when.* Mal. 3. 2. Col. 3. 4. He. 9. 28. *what.* Ps. 17. 15. Ro. 8. 29. 1 Co. 15. 49. Phi. 3. 21. 2 Pe. 1. 4. *for.* Job 19. 26. Ps. 16. 11. Mat. 5. 8. Jno. 17. 24. 1 Co. 13. 12. 2 Co. 3. 18; 5. 6-8.

3 *every.* Ro. 5. 4, 5. Col. 1. 5. 2 Th. 2. 16. Tit. 3. 7. He. 6. 18. *purifieth.* Ac. 15. 9. 2 Co. 7. 1. He. 12. 14. 2 Pe. 1. 4; 3. 14. *even.* ch. 2. 6; 4. 17. Mat. 5. 48. Lu. 6. 36. He. 7. 26.

4 *committeth.* ver. 8, 9. 1 Ki. 8. 47. 1 Ch. 10. 13. 2 Co. 12. 21. Ja. 5. 15. *transgresseth.* Nu. 15. 31. 1 Sa. 15. 24. 2 Ch. 24. 20. Is. 53. 8. Da. 9. 11. Ro. 3. 20; 4. 15. Ja. 2. 9-11. *for.* ch. 5. 17. Ro. 7. 7-13.

5 *he.* ch. 1. 2; 4. 9-14. Jno. 1. 31. 1 Ti. 3. 16. 1 Pe. 1. 20. *to.* ch. 1. 7. Is. 53. 4-12. Ho. 14. 2. Mat. 1. 21. Jno. 1. 29. Ro. 3. 24-26. Ep. 5. 25-27. 1 Ti. 1. 15. Tit. 2. 14. He. 1. 3; 9. 26, 28. 1 Pe. 2. 24. Re. 1. 5. *in.* ch. 2. 1. Lu. 23. 41, 47. Jno. 8. 46; 14. 30. 2 Co. 5. 21. He. 4. 15; 7. 26; 9. 28. 1 Pe. 2. 22; 3. 18.

6 *abideth.* ch. 2. 28. Jno. 15. 4-7. *whosoever.* ver. 2, 9; ch. 2. 4; 4. 8; 5. 18. 2 Co. 3. 18; 4. 6. 3 Jno. 11.

7 *let.* ch. 2. 26, 29. Ro. 2. 13. 1 Co. 6. 9. Ga. 6. 7, 8. Ep. 5. 6. Ja. 1. 22; 12. 29; 5. 1-3. *he that.* Ps. 106. 3. Eze. 18. 5-9. Mat. 5. 20. Lu. 1. 75. Ac. 10. 35. Ro. 2. 6-8, 13; 6. 16-18. Ep. 5. 9. Phi. 1. 11. 1 Pe. 2. 24. *even.* ver. 3; ch. 2. 1. Ps. 45. 7; 72. 1-7. He. 1. 8; 7. 2. 1 Pe. 1. 15, 16.

8 *He that.* ver. 10; ch. 5. 19. Gr. Mat. 13. 38. Jno. 8. 44. Ep. 2. 2. *for.* 2 Pe. 2. 4. Jude 6. *this purpose.* ver. 5. Ge. 3. 15. Is. 27. 1. Mar. 1. 24. Lu. 10. 18. Jno. 12. 31; 16. 11. Ro. 16. 20. Col. 2. 15. He. 2. 14. Re. 20. 2, 3, 10, 15.

9 *born.* ch. 2. 29; 4. 7; 5. 1, 4, 18. Jno. 1. 13. *for.* Job 19. 28. 1 Pe. 1. 23. *and he.* Mat. 7. 18. Ac. 4. 20. Ro. 6. 2. Ga. 5. 17. Tit. 1. 2.

10 *the children of God.* ch. 5. 2. Lu. 6. 35. Ro. 8. 16, 17. Ep. 5. 1. *and.* Mat. 13. 38. Jno. 8. 44. Ac. 13. 10. *whosoever.* See on ver. 7, 8; ch. 2. 29. *is.* ch. 4. 3, 4, 6; 5. 19. Jno. 8. 47. 3 Jno. 11. *neither.* ver. 14, 15; ch. 2. 9, 10; 4. 8, 21.

11 *this.* ch. 1. 5; 2. 7, 8. *message. or,* commandment. 1 Ti. 1. 5. Gr. *that we.* ch. 4. 7, 21. Jno. 13. 34, 35; 15. 12. Ga. 6. 2. Ep. 5. 2. 1 Th. 4. 9. 1 Pe. 1. 22; 3. 8; 4. 8. 2 Jno. 5.

12 *as.* Ge. 4. 4-15, 25. He. 11. 4. Jude 11. *of.* See on ver. 8; ch. 2. 13, 14. Mat. 13. 19, 38. *And.* 1 Sa. 18. 14, 15; 19. 4, 5; 22. 14-16. Ps. 37. 12. Pr. 29. 27. Mat. 27. 23. Jno. 10. 32; 15. 19-25; 18. 38-40. Ac. 7. 52. 1 Th. 2. 14. 1 Pe. 4. 4. Re. 17. 6. *and his.* Mat. 23. 35. Lu. 11. 51. He. 11. 4; 12. 24.

13 *Marvel not.* Ec. 5. 8. Jno. 3. 7. Ac. 3. 12. Re. 17. 7. *if.* Mat. 10. 22; 24. 9. Mar. 13. 13. Lu. 6. 22; 21. 17. Jno. 7. 7; 15. 18, 19; 16. 2, 33; 17. 14. Ro. 8. 7. 2 Ti. 3. 12. Ja. 4. 4.

14 *We know.* ch. 2. 3; 5. 2, 13, 19, 20. 2 Co. 5. 1. *we have.* Lu. 15. 24, 32. Jno. 5. 24. Ep. 2. 1, 5. *because.* ch. 2. 10; 3. 23; 4. 7, 8, 12, 21; 5. 2. Ps. 16. 3. Mat. 25. 40. Jno. 13. 35; 15. 12, 17. Ga. 5. 22. Ep. 1. 15. Col. 1. 4. 1 Th. 4. 9. He. 6. 10, 11; 13. 1. 1 Pe. 1. 22; 3. 8. 2 Pe. 1. 7. *that loveth.* ch. 2. 9, 11; 4. 20. Pr. 21. 16.

15 *hateth.* Ge. 27. 41. Le. 19. 16-18. 2 Sa. 13. 22-28. Pr. 26. 24-26. Mat. 5. 21, 22, 28. Mar. 6. 19. Ac. 23. 12, 14. Ja. 1. 15; 4. 1, 2. *hath.* Jno. 4. 14. Ga. 5. 21. 1 Pe. 1. 23. Re. 21. 8.

16 *perceive.* ch. 4. 9, 10. Mat. 20. 28. Jno. 3. 16; 10. 15; 15. 13. Ac. 20. 28. Ro. 5. 8. Ep. 5. 2, 25. Tit. 2. 13. 1 Pe. 1. 18; 2. 24; 3. 18. Re. 1. 5; 5. 9. *and we.* ch. 2. 6; 4. 11. Jno. 13. 34; 15. 12, 13. Ro. 16. 4. Phi. 2. 17, 30.

17 *whoso.* De. 15. 7-11. Pr. 19. 17. Is. 58. 7-10. Lu. 3. 11. 2 Co. 8. 9, 14, 15; 9. 5-9. 1 Ti. 6. 17, 18. He. 13. 16. *shutteth.* Pr. 12. 10, marg.; 28. 9. *how.* ch. 4. 20; 5. 1.

18 *My.* See on ch. 2. 1. *let.* Ex. 33. 31. Mat. 25. 41-45. Ro. 12. 9. 1 Co. 13. 4-7. Ga. 5. 13; 6. 1, 2. Ep. 4. 1-3, 15. 1 Th. 1. 3. Ja. 2. 15, 16. 1 Pe. 1. 22.

19 *hereby.* See on ver. 14; ch. 1. 8. Jno. 13. 35; 18. 37. *shall.* ver. 21. Is. 32. 17. He. 6. 10, 11; 10. 22. *assure. Gr.* persuade. Ro. 4. 21; 8. 38. 2 Ti. 1. 12. He. 11. 13.

20 *if.* Job 27. 6. Jno. 8. 9. Ac. 5. 33. Ro. 2. 14, 15. 1 Co. 4. 4; 14. 24, 25. Tit. 3. 11. *God.* ch. 4. 4. Job 33. 12. Jno. 10. 29, 30. He. 6. 13. *and.* Ps. 44. 20, 21; 90. 8; 139. 1-4. Je. 17. 10; 23. 24. Jno. 2. 24, 25; 21. 17. He. 4. 13. Re. 2. 23.

21 ch. 2. 28; 4. 17. Job 22. 26; 27. 6. Ps. 7. 3-5; 101. 2. 1 Co. 4. 4. 2 Co. 1. 12. 1 Ti. 2. 8. He. 4. 16; 10. 22.

22 *whatsoever.* ch. 5. 14. Ps. 10. 17; 34. 4, 15-17; 50. 15; 66. 18, 19; 145. 28, 19. Pr. 15, 29; 28. 9. Is. 1. 15; 55. 6, 7. Je. 29. 12, 13; 33. 3. Mat. 7. 7, 8; 21. 22. Mar. 11. 24. Lu. 11. 9-13. Jno. 9. 31; 14. 13; 15. 7; 16. 23, 24. Ja. 1. 5; 5. 16. *because.* ver. 23, 24. Mat. 7. 24, 25; 17. 5. Jno. 15. 10. Ac. 17. 30; 20. 21. *do.* Jno. 6. 29; 8. 29; 9. 31. Phi. 4. 18. Col. 1. 10. He. 13. 21.

23 *his commandment.* De. 18. 15-19. Ps. 2. 12. Mar. 9. 7. Jno. 6. 29; 14. 1; 17. 3. Ac. 16. 31. 1 Ti. 1. 15. *love.* See on ver. 11; ch. 2. 8-10; 4. 21. Mat. 22. 39. Jno. 13. 34; 15. 12. Ep. 5. 2. 1 Th. 4. 9. 1 Pe. 1. 22; 4. 8.

24 *he that.* ver. 22. Jno. 14. 21-23; 15. 7-10. *dwelleth.* ch. 4. 7, 12, 15, 16. Jno. 6. 54-56; 17. 21. 1 Co. 3. 16; 6. 19. 2 Co. 6. 16. 2 Ti. 1. 14. *we.* ch. 4. 13. Ro. 8. 9-17. Ga. 4. 5, 6.

## CHAP. IV.

*He warns them not to believe all who boast of the Spirit, 1-6; and exhorts to brotherly love, 7-21.*

1 *believe not.* De. 13. 1-5. Pr. 14. 15. Je. 5. 31; 29. 8, 9. Mat. 7. 15. 16; 24. 4, 5. Ro. 16. 18. 2 Pe. 2. 1. *try.* Lu. 12. 57. Ac. 17. 11. Ro. 16. 19. 1 Co. 14. 29. 1 Th. 5. 21. Re. 2. 2. *many.* ch. 2. 18. Mat. 24. 5, 23-26. Mar. 13. 21. Lu. 21. 8. Ac. 20. 29. 1 Ti. 4. 1. 2 Ti. 3. 13. 2 Pe. 2. 1. 2 Jno. 7.

2 *Every.* ch. 5. 1. Jno. 16. 13-15. 1 Co. 12. 3. *come.* ver. 3. Jno. 1. 14. 1 Ti. 3. 16.

3 *and this.* See on ch. 2. 18, 22. 2 Th. 2. 7, 8. 2 Jno. 7.

4 *are.* ver. 6, 16; 3. 9, 10; 5. 19. *and have.* ch. 2. 13; 5. 4. Ro. 8. 37. Ep. 6. 10, 13. Re. 12. 11. *greater.* ver. 13, 16; ch. 3. 24. Jno. 10. 28-30; 14. 17-23; 17. 23. Ro. 8. 10, 11. 1 Co. 6. 13. 2 Co. 6. 16. Ep. 3. 17. *than.* ch. 5. 19. Gr. Jno. 12. 31; 14. 30; 16. 11. 1 Co. 2. 12. 2 Co. 4. 4. Ep. 2. 2; 6. 12.

5 *are.* Ps. 17. 4. Lu. 16. 8. Jno. 3. 31; 7. 6, 7; 8. 23; 15. 19, 20; 17. 14, 16. Re. 12. 9. *and.* Is. 30. 10, 11. Je. 5. 31; 29. 8. Mi. 2. 11. Jno. 15. 19; 17. 14. 2 Ti. 4. 3. 2 Pe. 2. 2, 3.

6 *We are.* See on ver. 4. Mi. 3. 8. Ro. 1. 1. 1 Co. 2. 12-14. 2 Pe. 3. 2. Jude 17. *he that knoweth.* ver. 8. Lu. 10. 22. Jno. 8. 19, 45-50; 10. 27; 13. 20; 18. 37; 20. 21. 1 Co. 14. 37. 2 Co. 10. 7. 2 Th. 1. 8. *Hereby.* See on ver. 1. Is. 8. 20. *the spirit of truth.* Jno. 14. 17; 15. 26. *and.* Is. 29. 10. Ho. 4. 12. Mi. 2. 11. Ro. 11. 8. 2 Th. 2. 9-11.

7 *let.* ver. 20, 21. See on ch. 2. 10; 3. 10-23; 5. 1. *love is.* ver. 8. De. 30. 6. Ga. 5. 22. 1 Th. 4. 9, 10. 2 Ti. 1. 7. 1 Pe. 1. 22. *every.* ver. 12. See on ch. 2. 29; 3. 14; 5. 1. *and knoweth.* Jno. 17. 3. 2 Co. 4. 6. Ga. 4. 9.

8 *knoweth.* ch. 2. 4, 9; 3. 6. Jno. 8. 54, 55. *God is.* ch. 1. 5. Ex. 34. 6, 7. Ps. 86. 5, 15. 2 Co. 13. 11. Ep. 2. 4. He. 12. 29.

9 *was.* ch. 3. 16. Jno. 3. 16. Ro. 5. 8-10; 8. 32. *God sent.* ver. 10. Lu. 4. 18. Jno. 5. 23; 6. 29; 8. 29, 42. *only.* Ps. 2. 7. Mar. 12. 6. Jno. 1. 14-18; 3. 18. He. 1. 5. *we.* ch. 5. 11. Jno. 6. 51, 57; 10. 10, 28-30; 11. 25, 26; 14. 6. Col. 3. 3, 4.

10 *Herein.* See on ver. 8, 9; ch. 3. 1. *not.* ver. 19. De. 7. 7, 8. Jno. 15. 16. Ro. 5. 8-10; 8. 29, 30. 2 Co. 5. 19-21. Ep. 2. 4, 5. Tit. 3. 3-5. *and sent.* ch. 2. 2. Da. 9. 24. Ro. 3. 25, 26. 1 Pe. 2. 24; 3. 18.

11 ch. 3. 16, 17, 23. Mat. 18. 32, 33. Lu. 10. 37. Jno. 13. 34; 15. 12, 13. 2 Co. 8. 8, 9. Ep. 4. 31, 32; 5. 1, 2. Col. 3. 13.

12 *seen.* ver. 20. Ge. 32. 30. Ex. 33. 20. Nu. 12. 8. Jno. 1. 18. 1 Ti. 1. 17; 6. 16. He. 11. 27. *love one.* ver. 6. See on ch. 3. 24. *and his.* ver. 17, 18. See on ch. 2. 5. 1 Co. 13. 13.

13 ver. 15, 16. See on ch. 3. 24. Jno. 14. 20-26. Ro. 8. 9-17. 1 Co. 2. 12; 3. 16, 17; 6. 19. Ga. 5. 22-25. Ep. 2. 20-22.

14 *we have.* ch. 1. 1-3; 5. 9. Jno. 1. 14; 3. 11, 32; 5. 39; 15. 26, 27. Ac. 18. 5. 1 Pe. 5. 12. *the Father.* See on ver. 10. Jno. 3. 34; 5. 36, 37; 10. 36. *the Saviour.* ch. 2. 1, 2. Jno. 1. 29; 3. 16, 17; 4. 42; 12. 47.

15 *confess.* ver. 2; ch. 5. 1, 5. Mat. 10. 32. Lu. 12. 8. Ro. 10. 9. Phi. 2. 11. 2 Jno. 7. *God dwelleth.* See on ver. 12; ch. 3. 24.

16 *we.* See on ver. 9, 10; ch. 3. 1, 16. Ps. 18. 1-3; 31. 19; 36. 7-9. Is. 64. 4. 1 Co. 2. 9. *God is love.* See on ver. 8, 12, 13. *and he.* ver. 12; ch. 3. 24.

17 *our love. Gr.* love with us. *made.* See on ver. 12; ch. 2. 5. Ja. 2. 22. *we may.* ch. 2. 28; 3. 19-21; Ja. 2. 13. *the day.* Mat. 10. 15; 11. 22, 24; 12. 36. 2 Pe. 2. 9; 3. 7. *as.* ch. 3. 3. Mat. 10. 25. Jno. 15. 20. Ro. 8. 29. He. 12. 2, 3. 1 Pe. 3. 16-18; 4. 1-3, 13, 14.

18 *is no.* Lu. 1. 74, 75. Ro. 8. 15. 2 Ti. 1. 7. He. 12. 28. *fear hath.* Job 15. 21. Ps. 73. 19; 88. 15, 16; 119. 120. Ja. 2. 19. *He that.* See on ver. 12.

19 See on ver. 10. Lu. 7. 47. Jno. 3. 16; 15. 16. 2 Co. 5. 14, 15. Ga. 5. 22. Ep. 2. 3-5. Tit. 3. 3-5.

20 *a man.* See on ch. 2. 4; 3. 17. *not.* See on ver. 12.

21 ver. 11; ch. 3. 11, 14, 18, 23. Le. 19. 18. Mat. 22. 37-39. Mar. 12. 29-33. Lu. 10. 37. Jno. 13. 34, 35; 15. 12. Ro. 12. 9, 10; 13. 9, 10. Ga. 5. 6, 14. 1 Th. 4. 9. 1 Pe. 3. 8; 4. 8.

## CHAP. V.

*He that loves God loves his children, and keeps his commandments, 1, 2; which to the faithful are not grievous, 3-8. Jesus is the Son of God, 9-13; and able to hear our prayers, 14-21.*

1 *believeth.* ch. 2. 22, 23; 4. 2, 14, 15. Mat. 16. 16. Jno. 1. 12, 13; 6. 69. Ac. 8. 37. Ro. 10. 9, 10. *is born.* ver. 4; ch. 2. 29; 3. 9; 4. 7. *and every.* ch. 2. 10; 3. 14, 17; 4. 20. Jno. 15. 23. Ja. 1. 18. 1 Pe. 1. 3, 22, 23.

2 ch. 3. 22-24; 4. 21. Jno. 13. 34, 35; 15. 17.

3 *this.* Ex. 20. 6. De. 5. 10; 7. 9; 10. 12, 13. Da. 9. 4. Mat. 12. 47-50. Jno. 14. 15, 21-24; 15. 10, 14. 2 Jno. 6. *and.* Ps. 19. 7-11; 119. 45, 47, 48, 103, 104, 127, 128, 140, 143, 174. Pr. 3. 17. Mi. 6. 8. Mat. 11. 28-30. Ro. 7. 12, 22. He. 8. 10.

4 *whatsoever.* See on ver. 1; ch. 3. 9. *overcometh.* ver. 5; ch. 2. 13-17; 4. 4. Jno. 16. 33. Ro. 8. 35-37. 1 Co. 15. 57. Re. 2. 7, 11, 17, 26; 3. 5, 12, 21; 12. 11; 15. 2.

5 *but.* See on ver. 1; ch. 4. 15.

6 *is he.* Jno. 19. 34, 35. *by water and.* Is. 45. 3, 4. Eze. 36. 25. Jno. 1. 31-33; 3. 5; 4. 10, 14; 7. 38, 39. Ac. 8. 36. Ep. 5. 25-27. Tit. 3. 5. 1 Pe. 3. 21. *blood.* ch. 1. 7; 4. 10. Le. 17. 11. Zec. 9. 11. Mat. 26. 28. Mar. 14. 24. Lu. 22. 20. Jno. 6. 55. Ro. 3. 25. Ep. 1. 7. Col. 1. 4. He. 9. 7, 14; 10. 29; 12. 24; 13. 20. 1 Pe. 1. 2. Re. 1. 5; 5. 9; 7. 14. *the Spirit that.* ver. 7, 8. Jno. 14. 17; 15. 26. 1 Ti. 3. 16. *is truth.* Jno. 14. 6; 16. 13.

7 *bear.* ver. 10, 11. Jno. 8. 13, 14. *The Father.* Ps. 33. 6. Heb. Is. 48. 16, 17; 61. 1. Mat. 3. 16, 17; 17. 5; 28. 19. Jno. 5. 26; 8. 18, 54; 10. 37, 38; 12. 28. 1 Co. 12. 4-6. 2 Co. 13. 14. Re. 1. 4, 5. *the Word.* See on ch. 1. 1. Jno. 1. 1, 32-34. He. 4. 12, 13. Re. 19. 13. *the Holy.* See on ver. 6. Mat. 3. 16. Jno. 32. 33. Ac. 2. 33; 5. 32. He. 2. 3, 4. *and these.* De. 6. 4. Mat. 28. 19. Jno. 10. 30.

8 *there.* See on ver. 7. *the spirit.* See on ver. 6. Mat. 26. 26-28; 28. 19. Jno. 15. 26. Ro. 8. 16. He. 6. 4. *the water.* Ac. 2. 2-4. 2 Co. 1. 22. *the blood.* He. 13. 12. 1 Pe. 3. 21. *and these.* Mar. 14. 56. Ac. 15. 15.

9 *we.* ver. 10. Jno. 3. 32, 33; 5. 31-36, 39; 8. 17-19; 10. 38. Ac. 5. 32; 17. 31. He. 2. 4; 6. 18. *for.* Mat. 3. 16, 17; 17. 5.

10 *that believeth on.* See on ver. 1. Jno. 3. 16. *hath the.* Ps. 25. 14. Pr. 3. 32. Ro. 8. 16. Ga. 4. 6. Col. 3. 3. 2 Pe. 1. 19. Re. 2. 17, 28. *hath made.* ch. 1. 10. Nu. 23. 19. Job 24. 25. Is. 53. 1. Je. 15. 18. Jno. 3. 33; 5. 38. He. 3. 12.

11 *this.* ver. 7, 10. Jno. 1. 19, 32-34; 8. 13, 14; 19. 35. 3 Jno. 12. Re. 1. 2. *God.* ver. 13; ch. 2. 25. Mat. 25. 46. Jno. 3. 15, 16, 36; 4. 4, 36; 6. 40, 47, 68; 10. 28; 12. 50; 17. 2, 3. Ro. 5. 21; 6. 23. 1 Ti. 1. 16. Tit. 1. 2. Jude 21. *this.* ver. 12, 20; ch. 1. 1-3; 4. 9. Jno. 1. 4; 5. 21, 26; 11. 25, 26; 14. 6. Col. 3. 3, 4. Re. 22. 1.

12 *that hath the.* ch. 2. 23, 24. Jno. 1. 12; 3. 36; 5. 24. 1 Co. 1. 30. Ga. 2. 20. He. 3. 14. 2 Jno. 9. *and he.* Mar. 16. 16. Jno. 3. 36.

13 *have I.* ch. 1. 4; 2. 1, 13, 14, 21, 26. Jno. 20. 31; 21. 24. 1 Pe. 5. 12. *believe.* ch. 3. 23. Jno. 1. 12; 2. 23; 3. 18. Ac. 3. 16; 4. 12. 1 Ti. 1. 15, 16. *ye may know.* ver. 10; ch. 1. 1, 2. Ro. 8. 15-17. 2 Co. 5. 1. Ga. 4. 6. 2 Pe. 1. 10, 11.

14 *this.* ch. 3. 21. Ep. 3. 12. He. 3. 6, 14; 10. 35. *in him. or,* concerning him. *if.* See on ch. 3. 22. Je. 29. 12, 13; 33. 3. Mat. 7. 7-11; 21. 22. Jno. 14. 13; 15. 7; 16. 24. Ja. 1. 5, 6; 4. 3; 5. 16. *he.* Job 34. 28. Ps. 31. 22; 34. 17; 69. 33. Pr. 15. 29. Jno. 9. 31; 11. 42.

15 *if.* Pr. 15. 29. Je. 15. 12, 13. *we know.* Mar. 11. 24. Lu. 11. 9, 10.

16 *he shall ask.* Ge. 20. 7, 17. Ex. 32. 10-14, 31, 32; 34. 9. Nu. 12. 13; 14. 11-21. De. 9. 18-20. 2 Ch. 30. 18-20. Job 42. 7-9. Ps. 106. 23. Eze. 22. 30. Am. 7. 1-3. Ja. 5. 14, 15. *There.* Nu. 15. 30; 16. 26-32. 1 Sa. 2. 25. Je. 15. 1, 2. Mat. 12. 31, 32. Mar. 3. 28-30. Lu. 12. 10. 2 Ti. 4. 14. He. 6. 4-6; 10. 26-31. 2 Pe. 2. 20-22. *I do not.* Je. 7. 16; 11. 14; 14. 11; 18. 18-21. Jno. 17. 9.

17 *all.* ch. 3. 4. De. 5. 32; 12. 32. *and.* ver. 16. Is. 1. 18. Eze. 18. 26-32. Ro. 5. 20, 21. Ja. 1. 15; 4. 7-10.

18 *whosoever.* ver. 1, 4; ch. 2. 29; 3. 9; 4. 6. Jno. 1. 13; 3. 2-5. Ja. 1. 18. 1 Pe. 1. 23. *keepeth.* ver. 21; ch. 3. 3. Ps. 17. 4; 18. 23; 39. 1; 119. 101. Pr. 4. 23. Jno. 15. 4, 7, 9. Ac. 11. 23. Ja. 1. 27. Jude 21, 24. Re. 2. 13; 3. 8-10. *wicked.* ch. 2. 13, 14; 3. 12.

19 *we know.* ver. 10, 13, 20; ch. 3. 14, 24; 4. 4-6. Ro. 8. 16. 2 Co. 1. 12; 5. 1. 2 Ti. 1. 12. *and the.* ch. 4. 4, 5. Jno. 15. 18, 19. Ro. 1. 28-32; 3. 9-18. Ga. 1. 4. Tit. 3. 3. Ja. 4. 4. *in wickedness.* ver. 18. Jno. 12. 31; 14. 30; 16. 11. 2 Co. 4. 4. Ep. 2. 2. Re. 12. 9; 13. 7, 8; 20. 3, 7, 8.

20 *we know.* ver. 1; ch. 4. 2, 14. *and hath.* Mat. 13. 11. Lu. 21. 15; 24. 45. Jno. 17. 3, 14, 25. 1 Co. 1. 30. 2 Co. 4. 6. Ep. 1. 17-19; 3. 18. Col. 2. 2, 3. *him that.* Jno. 14. 6; 17. 3. Re. 3. 7, 14; 6. 10; 15. 3; 19. 11. *and we.* ch. 2. 6, 24; 4. 16. Jno. 10. 30; 14. 20, 23; 15. 4; 17. 20-23. 2 Co. 5. 17. Phi. 3. 9. *This is.* ver. 11-13; ch. 1. 1-3. Is. 9. 6; 44. 6; 45. 14, 15, 21-25; 54. 5. Je. 10. 10; 23. 6. Jno. 1. 1-3; 14. 9; 20. 28. Ac. 20. 28. Ro. 9. 5. 1 Ti. 3. 16. Tit. 2. 13. He. 1. 8.

21 *Little.* See on ch. 2. 1. *keep.* Ex. 20. 3, 4. 1 Co. 10. 7, 14. 2 Co. 6. 16, 17. Re. 9. 20; 13. 14, 15; 14. 11. *Amen.* See on Mat. 6. 13.

## The Second Epistle of JOHN.

A.D. 90. A.M. 4094.

*He exhorts a certain honourable matron, with her children, to persevere in Christian love and belief,* 1-7, *lest they lose the reward of their former profession,* 8, 9; *and to have nothing to do with those seducers that bring not the true doctrine of Christ Jesus,* 10-13.

1 *elder.* 1 Pe. 5. 1. 3 Jno. 1. *the elect lady.* ver. 5, 13. Lu. 1. 3. Ep. 1. 4, 5. 1 Th. 1. 3, 4. 2 Th. 2. 13, 14. 1 Pe. 1. 2. *whom.* ver. 2, 3. 1 Pe. 1. 22, 23. 1 Jno. 3. 18. 3 Jno. 1. *known.* Jno. 8. 32. Ga. 2. 5, 14; 3. 1; 5. 7. Col. 1. 5. 2 Th. 2. 13. 1 Ti. 2. 4. He. 10. 26. 1 Jno. 2. 21.

2 *the truth's.* 1 Co. 9. 23. 2 Co. 4. 5. *which.* Jno. 15. 7. Col. 3. 16. 2 Ti. 1. 5. 1 Pe. 1. 23-25. 1 Jno. 2. 14, 17.

3 *Grace.* Ro. 1. 7. 1 Ti. 1. 2. *be. Gr.* shall be. *the Son.* 1 Jno. 2. 23, 24; 4. 10. *in truth.* ver. 1. Zec. 8. 19. Ga. 5. 6. 1 Ti. 1. 14. 2 Ti. 1. 13.

4 *rejoiced.* Phi. 4. 10. 1 Th. 2. 19, 20; 3. 6-10. 3 Jno. 3, 4. *walking.* Ho. 14. 9. Mal. 2. 6. Ga. 2. 14. Ep. 5. 2, 8. 1 Jno. 1. 6, 7; 2. 6.

5 *not.* 1 Jno. 2. 7, 8; 3. 11. *that we.* Jno. 13. 34, 35; 15. 12. Ga. 5. 22. Ep. 5. 2. 1 Th. 4. 9. He. 13. 1. 1 Pe. 1. 22, 23; 4. 8. 2 Pe. 1. 7. 1 Jno. 3. 14-18, 23; 4. 7-12, 20.

6 *this is love.* Jno. 14. 15, 21; 15. 10, 14. Ro. 13. 8, 9. Ga. 5. 13, 14. 1 Jno. 5. 3, 15. *This is the.* See on ver. 5. 1 Jno. 2. 24.

7 *many.* See on 2 Pe. 2. 1-3. 1 Jno. 2. 18-22; 4. 1. *who.* Jno. 1. 14. 1 Ti. 3. 16. 1 Jno. 4. 2. Re. 12. 9; 13. 14. *This is.* 1 Jno. 2. 22; 4. 3.

8 *Look.* Mat. 24. 4, 24, 25. Mar. 13. 5, 6, 9, 23. Lu. 21. 8. He. 12. 15. Re. 3. 11. *that we lose.* Ga. 3. 4; 4. 11. Phi. 2. 15, 16; 3. 16. He. 10. 32, 35. Re. 3. 11. *wrought. or,* gained. '*Some copies read,* which ye have gained, but that ye receive, etc.' *that we receive.* Da. 12. 3. Jno. 4. 36. 1 Co. 3. 8, 14; 15. 8.

9 *abideth not.* See on Jno. 15. 6. 1 Jno. 2. 22-24. *the doctrine.* Jno. 7. 16, 17. Ac. 2. 42. Col. 3. 16. Tit. 2. 10. He. 6. 1. *hath not.* Mat. 11. 27. Lu. 10. 22. Jno. 5. 23; 14. 6. *He that.* He. 3. 14. *he hath.* 1 Jno. 1. 3.

10 *come.* ver. 11. Ro. 16. 17, 18. 1 Co. 5. 11; 16. 22. Ga. 1. 8, 9. 2 Ti. 3. 5, 6. Tit. 3. 10. *neither.* Ge. 24. 12. Ps. 129. 8.

11 *partaker.* Ps. 50. 18. Ep. 5. 11. 1 Ti. 5. 22. Re. 18. 4.

12 *many.* Jno. 16. 12. *I would.* 3 Jno. 13. *I trust.* Ro. 15. 24. 1 Co. 16. 5-7. Phile. 22. He. 13. 19, 23. *face to face. Gr.* mouth to mouth. Nu. 12. 8. *that.* Jno. 15. 11; 16. 24; 17. 13. 2 Ti. 1. 4. 1 Jno. 1. 4. *our. or,* your.

13 See on ver. 1. 1 Pe. 5. 13.

## The Third Epistle of JOHN.

A.D. 90. A.M. 4094.

*He commends Gaius for his piety,* 1-4, *and hospitality,* 5, 6, *to true preachers,* 7, 8; *complaining of the unkind dealing of ambitious Diotrephes on the contrary side,* 9, 10; *whose evil example is not to be followed,* 11; *and gives special testimony to the good report of Demetrius,* 12-14.

1 *elder.* See on 2 Jno. 1. *the well-beloved.* Ac. 19. 29; 20. 4. Ro. 16. 23. 1 Co. 1. 14. *whom.* 1 Jno. 3. 18. See on 2 Jno. 1. *in the truth. or,* truly.

2 *wish. or,* pray. *above.* Ja. 5. 12. 1 Pe. 4. 8. *that.* Ps. 20. 1-5. Phi. 2. 4, 27. *even.* ver. 3-6. Col. 1. 4-6. 1 Th. 1. 3-10; 2. 13, 14, 19, 20; 3. 6-9. 2 Th. 1. 3; 2. 13. Phile. 5-7. 2 Pe. 1. 3-9; 3. 18. Re. 2. 9.

3 *I.* ver. 4. See on 2 Jno. 4. Phi. 1. 4. 1 Th. 2. 19, 20. *when.* Ro. 1. 8, 9. 2 Co. 7. 6, 7. Ep. 1. 15, 16. Col. 1. 7, 8. 1 Th. 3. 6-9. *the truth.* See on 2 Jno. 2, 4. Ps. 119. 11.

4 *have.* Pr. 23. 24. *that.* Is. 8. 18. 1 Co. 4. 15. Ga. 4. 19. Phile. 10. *walk.* 1 Ki. 2. 4; 3. 6. 2 Ki. 20. 3. Ps. 26. 1-3. Is. 38. 3. Jno. 12. 35, 36. Ga. 2. 14.

5 Mat. 24. 45. Lu. 12. 42; 16. 10-12. 2 Co. 4. 1-3. Col. 3. 17. 1 Pe. 4. 10, 11.

6 *have borne witness of thy charity.* ver. 12. Phile. 5-7

*whom.* Ac. 15. 3; 21. 5. Ro. 15. 24. 2 Co. 1. 16. Tit. 3. 13. *after a godly sort. or,* worthy of God.—This is a literal and proper rendering of the original αξιως του Θεου; by which the antecedent to the possessive pronoun *his*, in the next verse, becomes immediately apparent. 'In a manner worthy of God, and of your relations and obligations to Him, and such as He can approve.' 1 Th. 2. 12. *do well.* Ge. 4. 7. Jon. 4. 4. Mat. 25. 21-23. Ac. 15. 29. Phi. 4. 14. 1 Pe. 2. 20.

7 *that.* Ac. 8. 4; 9. 16. 2 Co. 4. 5. Col. 1. 24. Re. 2. 3. *taking* 2 Ki. 5. 15, 16, 20-27. 1 Co. 9. 12-15, 18. 2 Co. 11. 7-9; 12. 13.

8 *to receive.* ver. 10. Mat. 10. 14, 40. Lu. 11. 7. 2 Co. 7. 2, 3. *fellow-helpers.* 1 Co. 3. 5-9; 16. 10, 11. 2 Co. 6. 1; 8. 23. Phi. 4. 3. Col. 4. 11. 1 Th. 3. 2. Phile. 2. 24.

9 *who loveth.* Ο φιλοπρωτευων 'who loveth the presidency,' or *chief place*, doubtless in the church, of which Diotrephes was most probably an officer; and being one, magnified himself in his office: he loved such pre-eminence, and behaved haughtily in it. Mat. 20. 20-28; 23. 4-8. Mar. 9. 34; 10. 35-45. Lu. 22. 24-27. Ro. 12. 10. Phi. 2. 3-5. Ti. 6. 3, 4. *receiveth.* See on ver. 8. Mat. 10. 40-42. Mar. 9. 37. Lu. 9. 48.

10 *I will.* 1 Co. 5. 1-5. 2 Co. 10. 1-11; 13. 2. *prating.* Pr. 10. 8, 10. *and casteth.* Is. 66. 5. Lu. 6. 22. Jno. 9. 22, 34, 35.

11 *Beloved.*—*Beloved*, αγαπητε, is in the vocative singular, and therefore refers to Gaius. *follow.* Rather, *imitate*, μιμου. Ex. 23. 2. Ps. 37. 27. Pr. 12. 11. Is. 1. 16, 17. Jno. 10. 27; 12. 26. 1 Co. 4. 16; 11. 1. Ep. 5. 1. Phi. 3. 17. 1 Th. 1. 6; 2. 14. 2 Ti. 3. 10, marg. He. 6. 12. 1 Pe. 3. 13. *He that doeth good.* 1 Pe. 3. 11. See on 1 Jno. 2. 29; 3. 6-9. *he that doeth evil.* Jno. 3. 20.

12 *good.* Ac. 10. 22; 22. 12. 1 Th. 4. 12. 1 Ti. 3. 7. *and we.* Jno. 19. 35; 21. 24.

13 See on 2 Jno. 12.

14 *face to face. Gr.* mouth to mouth. *Peace.* Ge. 43. 23. Da. 4. 1. Ga. 5. 16. Ep. 6. 23. 1 Pe. 5. 14. *Our.* Ro. 16. 10, 11, marg. *friends.* Instead of φιλοι and φιλους, *friends*, an appellation used no where else as a mutual address among Christians, several MSS. read αδελφοι and αδελφους, brethren. *Greet.* See on Ro. 16. 1-16.

# The general Epistle of JUDE.

A.D. 66. A.M. 4070.

## CHAP. I.

*He exhorts them to be constant in the profession of the faith, 1-3. False teachers are crept in to seduce them, for whose evil doctrine and manners horrible punishment is prepared, 4-19; whereas the godly, by the assistance of the Holy Spirit, and prayers to God, may persevere, and grow in grace, and keep themselves, and recover others out of the snares of those deceivers, 20-25.*

1 *Jude.* Mat. 10. 3, Lebbeus, Thaddeus, Mar. 3. 18, Thaddeus. Lu. 6. 16. Jno. 14. 22. Ac. 1. 13. *the servant.* Jno. 12. 26. Ac. 27. 23. Ro. 1. 1; 6. 22; 16. 18. Ja. 1. 1. 2 Pe. 1. 1. *them.* Jno. 15. 16; 17. 17, 19. Ac. 20. 32. 1 Co. 1. 2; 6. 11. Ep. 5. 26. 1 Th. 5. 23. 1 Pe. 1. 2. *preserved.* Jno. 6. 39; 10. 28-30; 17. 11, 12, 15. 2 Ti. 4. 18. 1 Pe. 1. 5. *and called.* Ro. 8. 30; 9. 24. 1 Th. 2. 12. 2 Th. 2. 13, 14. 2 Ti. 1. 9. He. 3. 1. 1 Pe. 2. 9; 5. 10.

2 See on Ro. 1. 7. 1 Pe. 1. 2. 2 Pe. 1. 2. Re. 1. 4-6.

3 *when.* Ro. 15. 15, 16. Ga. 6. 11. He. 13. 22. 1 Pe. 5. 12. 2 Pe. 1. 12-15; 3. 1. *common.* Is. 45. 17, 22. Ac. 4. 12; 13. 46, 47; 28. 28. Ga. 3. 28. Tit. 1. 4. 2 Pe. 1. 1. *that ye.* Ne. 13. 25. Je. 9. 3. Ac. 6. 8-10; 9. 22; 17. 3; 18. 4-6, 28. Phi. 1. 27. 1 Th. 2. 2. 1 Ti. 1. 18; 6. 12. 2 Ti. 1. 13; 4. 7, 8. Re. 2. 10; 12. 11. *which.* De. 9. 10; 21. 9. Ac. 20. 27. 1 Co. 15. 3. Ga. 2. 5. 2 Pe. 3. 2. *the saints.* See on Ep. 1. 1. Phi. 1. 1. Col. 1. 2.

4 *crept.* Mat. 13. 25. Ac. 15. 24. Ga. 2. 4. Ep. 4. 14. 2 Ti. 3. 6. 2 Pe. 2. 1, 2. *who.* Ro. 9. 21, 22. 1 Pe. 2. 8. 2 Pe. 2. 3. *ungodly.* ver. 15. 2 Sa. 22. 5. Ps. 1. 1. 1 Pe. 4. 18. 2 Pe. 2. 5, 6; 3. 7. *turning.* Ro. 6. 1, 2. Ga. 5. 13. Tit. 2. 11, 12. He. 12. 15, 16. 1 Pe. 2. 16. 2 Pe. 2. 10, 18-22. *denying.* Ti. 1. 15, 16. 2 Pe. 2. 1. 1 Jno. 2. 22. *only.* Ps. 62. 2. Jno. 17. 3. 1 Ti. 6. 15, 16. Re. 15. 4.

5 *put.* Ro. 15. 15. 2 Pe. 1, 12, 13; 3. 1. *having.* See on 1 Co. 10. 1-12. *afterward.* Nu. 14. 22-37; 26. 64, 65. De. 2. 15, 16. Ps. 106. 26. He. 3. 16-19; 4. 1, 2.

6 *angels.* Jno. 8. 44. *first estate. or,* principality. Ep. 6. 12. *he hath.* Mat. 25. 41. See on 2 Pe. 2. 4. *unto.* Mat. 8. 29. He. 10. 27. Re. 20. 10.

7 *as.* Ge. 13. 13; 18. 20; 19. 24-26. De. 29. 23. Is. 1. 9; 13. 19. Je. 20. 16; 50. 40. La. 4. 6. Eze. 16. 49, 50. Ho. 11. 8. Am. 4. 11. Lu. 17. 29. *strange. Gr.* other. Ge. 19. 5. Ro. 1. 26, 27. 1 Co. 6. 9. *are.* Mat. 11. 24. 2 Pe. 2. 6. *eternal.* De. 29. 23. Is. 33. 14. Mat. 25. 41. Mar. 9. 43-49.

8 *these.* Je. 33. 25-28. *defile.* 1 Co. 3. 17. 1 Ti. 1. 10. See on 2 Pe. 2. 10-12. *despise.* Ge. 3. 5. Nu. 16. 3, 12, 13. 1 Sa. 10. 27. Ps. 2. 1-6; 12. 3, 4. Lu. 19. 14. Ac. 7. 27, 39. 1 Th. 4. 8. He. 13. 17. *speak.* ver. 9, 10. Ex. 22. 28. Pr. 30. 11, 17. Ec. 10. 20. Ac. 23. 5. 1 Pe. 2. 17.

9 *Michael.* It is most probable, that the Apostle took this account concerning Michael, and that of the prophesying of Enoch, from an ancient tradition preserved and well known among the Jews. Da. 10. 13, 21; 12. 1. Re. 12. 7. *archangel.* 1 Th. 4. 16. *the body.* De. 34. 6. *durst.* Ex. 22. 28. Is. 36. 13-21. Mar. 15. 29. Lu. 23. 39, 40. 1 Pe. 3. 9. 2 Pe. 2. 11. *The Lord.* 1 Ch. 12. 17. Is. 37. 3, 4, 10-20. Zec. 3. 2.

10 *speak.* See on 2 Pe. 2. 12. *in those.* See on Ro. 1. 21, 22.

11 *Woe.* Is. 3. 9, 11. Je. 13. 27. Eze. 13. 3. Zec. 11. 17. Mat. 11. 21; 23. 13-16. Lu. 11. 42-47. *for.* Ge. 4. 5-14. 1 Jno. 3. 12. *ran.* Nu. ch. 22-24; 31. 16. De. 23. 4. Jos. 24. 9-11. Mi. 6. 5. 2 Pe. 2. 15. Re. 2. 14. *perished.* Nu. 16. 1, etc.; 26. 9, 10, Korah.

12 *are spots.* See on 2 Pe. 2. 13, 14. *feasts.* 1 Co. 11. 21, 22. *feeding.* Ps. 78. 29-31. Is. 56. 10-12. Eze. 34. 8, 18. Lu. 12. 19, 20, 45; 16. 19; 21. 34. Phi. 3. 19. 1 Th. 5. 6, 7. Ja. 5. 5. *clouds.* Pr. 25. 14. Ho. 6. 4. 2 Pe. 2. 17. *carried.* Ep. 4. 14. *trees.* Ps. 1. 3; 37. 2. Mat. 13. 6; 21. 19, 20. Mar. 4. 6; 11. 21. Lu. 8. 6. Jno. 15. 4-6. *twice.* 1 Ti. 5. 6. He. 6. 4-8. See on 2 Pe. 2. 18-20. *plucked.* 2 Ch. 7. 20. Eze. 17. 9. Mat. 15. 13. Mar. 11. 20.

13 *Raging.* Ps. 65. 7; 93. 3, 4. Is. 57. 20. Je. 5. 22, 23. *foaming.* Phi. 3. 19. 2 Ti. 3. 13. *wandering.* Re. 8. 10, 11. *to whom.* See on 2 Pe. 2. 17. Re. 14. 10, 11; 20. 10; 21. 8.

14 *Enoch.* Ge. 5. 18, 24. 1 Ch. 1. 1-3. He. 11. 5, 6. *Behold.* De. 33. 2. Job 19. 25-27. Ps. 50. 3-5. Da. 7. 9, 10. Zec. 14. 5. Mat. 16. 27; 24. 30, 31; 25. 31. 1 Th. 3. 13. 2 Th. 1. 7, 8. Re. 1. 7.

15 *execute.* Ps. 9. 7, 8; 37. 6; 50. 1-6; 98. 9; 149. 9. Ec. 11. 9; 12. 14. Jno. 5. 22, 23, 27. Ac. 17. 31. Ro. 2. 16; 14. 10. 1 Co. 4. 5; 5. 13. Re. 22. 12-15; 22. 12. *convince.* Ro. 2. 5; 3. 19, 20. *and of all.* ver. 16. Ex. 16. 8. 1 Sa. 2. 3. Ps. 31. 18; 73. 9; 94. 4. Is. 37. 22-36. Da. 7. 20; 11. 36. Mal. 3. 13-15. Mat. 12. 31-37. Re. 13. 5, 6, 11.

16 *murmurers.* Nu. 14. 36; 16. 11. De. 1. 27. Ps. 106. 25. Is. 29. 24. Lu. 5. 30; 15. 2; 19. 7. Jno. 6. 41, 61. 1 Co. 10. 10. Phi. 2. 14. *walking.* ver. 18. Ga. 5. 16, 24. 1 Th. 4. 5. 2 Ti. 4. 3. Ja. 1. 14, 15. 1 Pe. 1. 14; 2. 11; 4. 2. 2 Pe. 2. 10; 3. 3. *their mouth.* ver. 15. Job 17. 4, 5. Ps. 17. 10; 73. 9-11. 2 Pe. 2. 18. *having.* Le. 19. 15. Job 32. 21; 34. 19. Ps. 15. 4. Pr. 28. 21. 1 Ti. 6. 5. Ja. 2. 1-9. 2 Pe. 2. 1-3.

17 *remember.* Mal. 4. 4. Ac. 20. 35. Ep. 2. 20; 4. 11. 2 Pe. 3. 2. 1 Jno. 4. 6.

18 *there.* Ac. 20. 29. 1 Ti. 4. 1, 2. 2 Ti. 3. 1-5, 13; 4. 3. 2 Pe. 2. 1; 3. 3. *who.* ver. 16. Ps. 14. 1, 2.

19 *who.* Pr. 18. 1. Is. 65. 5. Eze. 14. 7. Ho. 4. 14; 9. 10. He. 10. 25. *sensual.* 1 Co. 2. 14. Ja. 3. 15. Gr. *having.* Jno. 3. 5, 6. Ro. 8. 9. 1 Co. 6. 19.

20 *building.* Ac. 9. 31. Ro. 15. 2. 1 Co. 1. 8; 10. 23; 14. 4, 5, 26. Ep. 4. 12, 16, 29. Col. 2. 7. 1 Th. 5. 11. 1 Ti. 1. 4. Gr. *most.* Ac. 15. 9; 26. 18. 2 Ti. 1. 5. Tit. 1. 1. Ja. 2. 22. 2 Pe. 1. 1. 1 Jno. 5. 4. Re. 13. 10. *praying.* Zec. 12. 10. Ro. 8. 15, 26, 27. 1 Co. 14, 15. Ga. 4. 6. Ep. 6. 18.

21 *Keep.* ver. 24. Jno. 14. 21; 15. 9, 10. Ac. 11. 23. 1 Jno. 4. 16; 5. 18, 21. Re. 12. 11. *in.* Ro. 5. 5; 8. 39. 2 Th. 3. 5. 1 Jno. 3. 16, 17. *looking.* Job 14. 14. La. 3. 25, 26. Mat. 24. 42-51. Lu. 12. 36-40. 2 Ti. 4. 8. Tit. 2. 13, 14. He. 9. 28. 2 Pe. 3. 12. *the mercy.* Jno. 1. 17. 1 Ti. 1. 2. 2 Ti. 1. 2, 16, 18. *unto.* Ro. 5. 21; 6. 23. 1 Jno. 5. 10, 11.

22 ver. 4-13. Eze. 34. 17. Ga. 4. 20; 6. 1. He. 6. 4-8. Ja. 5. 19, 20. 1 Jno. 5. 16-18.

23 *save.* Ro. 11. 14. 1 Co. 5. 3-5. 2 Co. 7. 10-12. 1 Ti. 4. 16. *pulling.* Am. 4. 11. Zec. 3. 2. 1 Co. 3. 15. *hating.* Le. 13. 47-59; 14. 47; 15. 17. Is. 64. 6. La. 4. 14. Zec. 3. 3-5. 1 Co. 5. 9-11; 15. 33. 2 Th. 3. 14. Re. 3. 4, 18.

24 *able.* ver. 21. Jno. 10. 29, 30. Ro. 8. 31; 14. 4; 16. 25-27. Ep. 3. 20. 2 Ti. 4. 18. *present.* 2 Co. 4. 14; 11. 2. Ep. 5. 27. Col. 1. 22, 28; 3. 4. He. 13. 20, 21. *faultless.* Re. 14. 5. *the presence.* Mat. 16. 27; 19. 28; 25. 31. Lu. 9. 26. 1 Th. 4. 16, 17. 1 Pe. 4. 13. *exceeding.* Ps. 21. 6; 43. 4. Mat. 5. 12. 2 Co. 4. 17. 1 Pe. 4. 13.

25 *the only.* Ps. 104. 24; 147. 5. Ro. 11. 33; 16. 27. Ep. 1. 8; 3. 10. 1 Ti. 1. 17. *God.* Ps. 78. 20. Is. 12. 2; 45. 21. Jno. 4. 22. 1 Ti. 2. 3. Tit. 1. 3, 4; 2. 10, 13; 3. 4. 2 Pe. 1. 1. *be glory.* 1 Ch. 29. 11. Ps. 72. 18, 19. Da. 4. 37. See on Mat. 6. 13. Ep. 3. 21. 1 Pe. 4. 11; 5. 10, 11. 2 Pe. 3. 18. Re. 1. 6; 4. 9-11; 5. 13, 14.

## CONCLUDING REMARKS ON THE EPISTLE OF JUDE.

ST. JUDE, says *Origen*, has written an Epistle, in a few lines indeed, but full of vigorous expressions of heavenly grace.—Ιουδας μεν εγραψεν επιστολην ολιγοστιχον μεν, πεπληρωμενην δε ουρανιου χαριτος, ερρωμενων λογων. He briefly and forcibly represents the detestable doctrines and practices of certain false teachers, generally supposed to be the impure Gnostics, Nicolaitans, and followers of Simon Magus; and reproves these profligate perverters of sound principles, and patrons of lewdness, with a holy indignation and just severity; while at the same time he exhorts all sound Christians, with genuine apostolic charity, to have tender compassion on these deluded wretches, and to endeavour vigorously to reclaim them from the ways of hell, and pluck them as brands out of the fire. There is a great similarity in sentiment and style between this Epistle and the second chapter of the second Epistle of Peter. Both writers are nearly alike in vehemence and holy indignation against impudence and lewdness, and against those who insidiously undermine chastity, purity, and sound principles.

# The REVELATION of St. JOHN the Divine.

A.D. 96 A.M. 4100.

## CHAP. I.

*The preface*, 1-3. *John's salutation to the seven churches of Asia*, 4-6. *The coming of Christ*, 7. *His glorious power and majesty*, 8-20.

1 *Revelation.* Da. 2. 28, 29. Am. 3. 7. Ro. 16. 25. Ga. 1. 12. Ep. 3. 3. *which God.* Jno. 3. 32; 8. 26; 12. 49. *to shew.* ch. 22. 6. Ps. 25. 14. Jno. 15. 15. *which must.* ver. 3, 19; ch. 4. 1; 22. 10. 2 Pe. 3. 8. *and he.* ch. 22. 6, 16. Da. 8. 16; 9. 21, 23. *John.* ver. 4, 9; ch. 21. 2.

2 *bare.* ver. 9; ch. 6. 9; 12. 11, 17. Jno. 1. 32; 12. 17; 19. 35; 21. 24. 1 Co. 1. 6; 2. 1. 1 Jno. 5. 7-11. 3 Jno. 12. *and of all.* ver. 19. Jno. 3. 11. Ac. 4. 20; 22. 15; 26. 16. 1 Jno. 1. 1; 4. 14.

3 *Blessed.* ch. 22. 7. Pr. 8. 34. Da. 12. 12, 13. Lu. 11. 28. *for.* ch. 22. 6, 10, 12, 20. Ro. 13. 11. Ja. 5. 8, 9. 1 Pe. 4. 7. 2 Pe. 3. 8.

4 *John.* See on ver. 1. *to the.* ver. 11, 20; ch. 2. 1, 8, 12, 18; 3. 1, 7, 14. Ac. 19. 10. 1 Pe. 1. 1. *Grace.* See on Ro. 1. 7. 1 Co. 1. 3. 2 Co. 1. 2. 1 Pe. 1. 2. *him.* ver. 8. Ex. 3. 14. Ps. 90. 2; 102. 25-27. Is. 41. 4; 57. 15. Mi. 5. 2. Jno. 1. 1. He. 1. 10-13; 13. 8. Ja. 1. 17. *from the.* ch. 3. 1; 4. 5; 5. 6. Zec. 3. 9; 4. 10; 6. 5. 1 Co. 12. 4-13.

5 *who is.* ch. 3. 14. Ps. 89. 36, 37. Is. 55. 4. Jno. 3. 11, 32; 8. 14-16; 18. 37. 1 Ti. 6. 13. 1 Jno. 5. 7-10. *and the first.* Ac. 26. 23. 1 Co. 15. 20-23. Col. 1. 18. *and the prince.* ch. 11. 15; 17. 14; 19. 16. Ps. 72. 11; 89. 27. Pr. 8. 15, 16. Da. 2. 24; 7. 14. Mat. 28. 18. Ep. 1. 20-22. 1 Ti. 6. 15. *him.* De. 7. 8; 23. 5. Jno. 13. 1, 34; 15. 9. Ro. 8. 37. Ga. 2. 20. Ep. 2. 4; 5. 2, 25-27. 1 Jno. 4. 10. *washed.* ch. 7. 14. Zec. 13. 1. Jno. 13. 8-10. Ac. 20. 28. 1 Co. 6. 11. He. 9. 14. 1 Pe. 1. 19. 1 Jno. 1. 7.

6 *made.* ch. 5. 10; 20. 6. Ex. 19. 6. Is. 61. 6. Ro. 12. 1. 1 Pe. 2. 5-9. *to him.* ch. 4. 11; 5. 12-14. Ps. 72. 18, 19. Da. 4. 34. Mat. 6. 13. Jno. 5. 23. Phi. 2. 11. 1 Ti. 6. 16. He. 13. 21. 1 Pe. 4. 11; 5. 11. 2 Pe. 3. 18. Jude 25.

7 *he cometh.* ch. 14. 14-16. Ps. 97. 2. Is. 19. 1. Da. 7. 13. Na. 1. 3. Mat. 24. 30; 26. 64. Mar. 13. 26; 14. 62. Lu. 21. 27. Ac. 1. 9-11. 1 Th. 4. 17. *and every.* ch. 22. 4. Nu. 24. 17. Job 19. 26, 27; 33. 26. 1 Th. 1. 10. 1 Jno. 3. 2. Jude 14. *and they.* Ps. 22. 16. Zec. 12. 10. Jno. 19. 34, 37. He. 6. 6; 10. 29. *and all.* ch. 6. 15-17; 18. 15-19. Mat. 24. 30. Lu. 23. 28-30. *Even so.* ch. 18. 20; 19. 1-3; 22. 20. Ju. 5. 31. Ps. 68. 1.

8 *Alpha.* ver. 11, 17; ch. 2. 8; 21. 6; 22. 13. Is. 41. 4; 43. 10; 44. 6; 48. 12. *which is.* See on ver. 4. *the Almighty.* ch. 4. 8; 11. 17; 16. 14; 19. 15; 21. 22. Ge. 17. 1; 28. 3; 35. 11; 43. 14; 48. 3; 49. 25. Ex. 6. 3. Nu. 24. 4. Is. 9. 6. 2 Co. 6. 18.

9 *John.* See on ver. 4. *companion.* ch. 2. 9, 10; 7. 14. Jno. 16. 33. Ac. 14. 22. Ro. 8. 17. 1 Co. 4. 9-13. Phi. 1. 7; 4. 14. 2 Ti. 1. 8; 2. 3-12. *in the.* ch. 3. 10; 13. 10; 14. 12. Ro. 2. 7, 8; 5. 3, 4; 8. 25. 2 Th. 1. 4, 5; 3. 5. He. 10. 36. Ja. 5. 7, 8. *for the word.* ver. 2; ch. 6. 9; 11. 7; 12. 11, 17; 19. 10.

10 *in.* ch. 4. 2; 17. 3; 21. 10. Mat. 22. 43. Ac. 10. 10, etc. 2 Co. 12. 2-4. *on the.* Jno. 20. 19, 26. Ac. 20. 7. 1 Co. 16. 2. *as.* ch. 4. 1; 10. 3-8.

11 *I am.* See on ver. 8, 17. *What.* ver. 19; ch. 2. 1; 10. 4; 14. 13; 19. 9; 21. 5. De. 31. 19. Is. 30. 8. Je. 30. 2. Hab. 2. 2. *seven.* See on ver. 4; ch. 2. 1, 8, 12, 18; 3. 1, 7, 14. *Ephesus.* Ac. 18. 19-21, 24; ch. 19; 20. 17. 1 Co. 15. 32; 16. 8. Ep. 1. 1. 1 Ti. 1. 3. *Laodicea.* Col. 4. 15, 16.

12 *see.* Eze. 43. 5, 6. Mi. 6. 9. *I saw.* ver. 13, 20; ch. 2. 1. Ex. 25. 37. Zec. 4. 2.

13 *like.* ch. 14. 14. Eze. 1. 26-28. Da. 7. 9, 13; 10. 5, 6, 16. Phi. 2. 7, 8. He. 2. 14-17; 4. 15. *clothed.* Da. 10. 5. *and girt.* ch. 15. 6. Ex. 28. 6-8; 39. 5. Le. 8. 7. Is. 11. 5.

14 *and his hairs.* Da. 7. 9. Mat. 28. 3. *and his eyes.* ch. 2. 18; 19. 12. Da. 10. 6.

15 *his feet.* ch. 2. 18. Eze. 1. 7; 40. 3. Da. 10. 6. *his voice.* ch. 14. 2; 19. 6. Ps. 93. 4. Is. 17. 13. Eze. 43. 2.

16 *he had.* ver. 20; ch. 2. 1; 3. 1; 12. 1. Job 38. 7. Da. 8. 10; 12. 3. *out.* ch. 2. 12, 16; 19. 15, 21. Is. 11. 4; 49. 2. Ep. 6. 17. He. 4. 12. *and his.* ch. 10. 1. Is. 24. 23; 60. 19, 20. Mal. 4. 2. Ac. 26. 13.

17 *I fell.* Eze. 1. 28. Da. 8. 18; 10. 8, 9, 17-19. Hab. 3. 16. Mat. 17. 2-6. Jno. 13. 23; 21. 20. *And he.* Da. 8. 18; 10. 10. *Fear not.* Ge. 15. 1. Ex. 14. 13; 20. 20. Is. 41. 10. Da. 10. 12. Mat. 28. 4. Mar. 16. 5, 6. Lu. 24. 37-39. *I am.* See on ver. 8, 11; ch. 2. 8; 22. 13. Is. 41. 4; 44. 6; 48. 12.

18 *that liveth.* Job 19. 25. Ps. 18. 46. Jno. 14. 19. Ro. 6. 9. 2 Co. 13. 4. Ga. 2. 20. Col. 3. 3. He. 7. 25. *was.* Ro. 14. 8, 9. 2 Co. 5. 14, 15. He. 1. 3; 12. 2. *I am alive.* ch. 4. 9; 5. 14. He. 7. 16, 25. *the keys.* ch. 3. 7; 9. 1; 20. 1, 2, 14. Ps. 68. 20. Is. 22. 22. Mat. 16. 19.

19 *the things.* See on ver. 11, 12, etc. *and the things which are.* ch. 2; 3. *and the things which shall be.* ch. 4-22.

20 *mystery.* See on Mat. 13. 11. Lu. 8. 10. *the seven stars.* See on ver. 13, 16. *the seven golden.* ver. 12. *The seven stars.* ch. 2. 1, 8, 12, 18; 3. 1, 7, 14. Mal. 2. 7. *and the.* Zec. 4. 2. Mat. 5. 15, 16. Phi. 2. 15, 16. 1 Ti. 2. 14-16.

## CHAP. II.

*What is commanded to be written to the angels, that is, the ministers of the churches of Ephesus*, 1-7, *Smyrna*, 8-11, *Pergamos*, 12-17, *Thyatira*, 18-29; *and what is commended or found wanting in them.*

1 *the angel.* ver. 8, 12, 18; ch. 3. 1, 7, 14. *church.* See on ch. 1. 11. *holdeth.* ch. 1. 16, 20; 8. 10-12; 12. 1. Jno. 5. 35. *walketh.* See on ch. 1. 12, 13. Eze. 28. 13, 14. Mat. 18. 20; 28. 20.

2 *know.* ver. 9, 13, 19; ch. 3. 1, 8, 15. Ps. 1. 6. Mat. 7. 23. 1 Th. 1. 3. 2 Ti. 2. 19. He. 6. 10. *how.* ver. 6, 14, 15, 20, 21. Ga. 1. 7. Ep. 4. 14. 1 Th. 5. 21. 2 Pe. 2. 1-3. 1 Jno. 4. 1. *thou hast.* 2 Co. 11. 13-15. 1 Jno. 2. 21, 22; 4. 1.

3 *hast borne.* Ps. 69. 7. Mi. 7. 9. Mar. 15. 21. Lu. 14. 27. 1 Co. 13. 7. Ga. 6. 2. He. 13. 13. *hast patience.* ch. 1. 9; 3. 10. Ps. 37. 7. Lu. 8. 15; 21. 19. Ro. 2. 7; 5. 3, 4; 8. 25; 12. 12; 15. 4, 5. Col. 1. 11. 2 Th. 3. 5. He. 6. 12, 15; 10. 36; 12. 1. Ja. 1. 3, 4; 5. 7-11. 2 Pe. 1. 6. *hast laboured.* Ro. 16. 12. 1 Co. 16. 16. 2 Co. 5. 9; 6. 5; 10. 15; 11. 23. Phi. 2. 16; 4. 3. 1 Th. 1. 3; 2. 9; 5. 12. 2 Th. 3. 8. 1 Ti. 4. 10; 5. 17. He. 6. 10. *hast not.* Lu. 18. 1. 2 Co. 4. 1, 16. Ga. 6. 9. 2 Th. 3. 13. He. 12. 3-5.

4 *I have.* ver. 14, 20. *because.* ch. 3. 14-17. Je. 2. 2-5. Mat. 24. 12, 13. Phi. 1. 9; 3. 13-16. 1 Th. 4. 9, 10. 2 Th. 1. 3. He. 6. 10, 11.

5 *Remember.* ch. 3. 3, 19. Eze. 16. 61-63; 20. 43; 36. 31. 2 Pe. 1. 12, 13. *thou art.* Is. 14. 12. Ho. 14. 1. Ga. 5. 4. Jude 24. *and repent.* ver. 16, 21, 22; ch. 3. 3, 19; 9. 20, 21; 16. 9. Ac. 17. 30, 31. *and do.* ver. 19; ch. 3. 2, 3. Is. 1. 26. Je. 2. 2, 3. Ho. 9. 10. Mal. 3. 4; 4. 6. Lu. 1. 17. *else.* ver. 16; ch. 3. 3. Mat. 21. 41-43; 24. 48-51. Mar. 12. 9. Lu. 12. 45, 46; 20. 16.

6 *that.* ver. 14, 15. 2 Ch. 19. 2. Ps. 26. 5; 101. 3; 139. 21, 22. 2 Jno. 9, 10.

7 *that hath.* ver. 11, 17, 29; ch. 3. 6, 13, 22; 13. 9. Mat. 11. 15; 13. 9, 43. Mar. 7. 16. *let him.* ch. 14. 13; 22. 17. 1 Co. 2. 10; 12. 4-12. *To him.* ver. 11, 17, 26-28; ch. 3. 5, 12, 21; 12. 10, 11; 15. 2; 21. 7. Jno. 16. 33. 1 Jno. 5. 4, 5. *the tree.* ch. 22. 2, 14. Ge. 2. 9; 3. 22-24. Pr. 3. 18; 11. 30; 13. 12; 15. 4. *the paradise.* Lu. 23. 43. 2 Co. 12. 4.

8 *the angel.* See on ver. 1. *the first.* ch. 1. 8, 11, 17, 18.

9 *know.* See on ver. 2. *tribulation.* ch. 7. 14. Jno. 16. 33. Ac. 14. 22. Ro. 5. 3; 8. 35; 12. 12. 1 Th. 3. 4. 2 Th. 1. 6, 7. *poverty.* Lu. 4. 18; 6. 20. 2 Co. 8. 2, 9. Ja. 2. 5, 6. *thou art.* ch. 3. 17, 18. Lu. 12. 21. 2 Co. 6. 10. 1 Ti. 6. 18. Ja. 2. 5, 6. *the blasphemy.* Lu. 22. 65. Ac. 26. 11. 1 Ti. 1. 13. *which.* Ro. 2. 17, 28, 29; 9. 6. *the synagogue.* ch. 3. 9.

10 *Fear.* Mat. 10. 22. *shalt.* Da. 3. 16-18. Mat. 10. 28. Lu. 12. 4-7. *the devil.* ch. 12. 9-11; 13. 2, 7, 15-17. Lu. 21. 12. Jno. 13. 2, 27. Ep. 2. 2; 6. 12. 1 Pe. 5. 8. *ye shall.* See on ver. 9. *ten days.* Hab. 2. 3. 1 Pe. 1. 6, 7. *be thou.* ch. 12. 11. Mat. 10. 22; 24. 13. Mar. 8. 35; 13. 13. Lu. 21. 16-19. Jno. 12. 25. Ac. 20. 24; 21. 13. 2 Ti. 4. 7, 8. *a crown.* ch. 3. 11. Ja. 1. 12. 1 Pe. 5. 4.

11 *that hath.* See on ver. 7; ch. 13. 9. *the second.* ch. 20. 6, 14; 21. 8.

12 *the angel.* See on ver. 1; ch. 1. 11. *Pergamos. Pergamos*, now *Bergamo*, the ancient metropolis of Mysia, and the residence of the Attalian kings, is situated on the river Caicus, about sixty miles north of Smyrna, in long. 27° E. lat 39° 11′ N. It still retains some measure of its ancient importance; containing a population of about 15,000 souls, and having nine or ten mosques, two churches, and one synagogue. *which hath.* ver. 16; ch. 1. 16; 19. 15, 21. Is. 11. 4. He. 4. 12.

13 *know.* See on ver. 2, 9. *Satan's.* ver. 9, 10, 24; ch. 3. 9. *thou holdest.* ver. 25; ch. 3. 3, 11. 1 Th. 5. 21. 2 Ti. 1. 13. He. 3. 6; 10. 23. *my name.* ch. 3. 8. Mat. 24. 9. Lu. 21. 17. Ac. 9. 14. Ja. 2. 7. *denied.* Mat. 10. 23. 1 Ti. 5. 8. 2 Ti. 2. 12. Jude 3, 4. *was.* Ac. 22. 20.

14 *I have.* See on ver. 4, 20. *Balaam.* Nu. 24. 14; 25. 1-3; 31. 8, 16. Jos. 24. 9. 2 Pe. 2. 15. Jude 11. *a stumbling-block.* Is. 57. 14. Je. 6. 21. Eze. 3. 20; 44. 12. Mat. 18. 7. Ro. 9. 32; 11. 9; 14. 13, 21. 1 Co. 1. 23; 8. 9. 1 Pe. 2. 8. *eat.* ver. 20. Ac. 15. 20, 21, 29; 21. 25. 1 Co. 8. 4-13; 10. 18-31. *to commit.* ch. 21. 8; 22. 15. 1 Co. 6. 13-18; 7. 2. He. 13. 4.

15 *the doctrine.* See on ver. 6.

16 *Repent.* ver. 5, 21, 22; ch. 3. 19; 16. 9. Ac. 17. 30, 31. *else.* See on ver. 5. *will fight.* ver. 12; ch. 1. 16; 19. 15, 21. Is. 11. 4; 49. 2. Ep. 6. 17. 2 Th. 2. 8.

17 *that hath.* ver. 7, 11; ch. 3. 6, 13, 22. *to eat.* Ps. 25. 14; 36. 8. Pr. 3. 32; 14. 10. Is. 65. 13. Mat. 13. 11. Jno. 4. 32; 6. 48-58. Col. 3. 3. *a new.* ch. 3. 12; 19. 12, 13. Is. 56. 4; 65. 15. *saving.* 1 Co. 2. 14.

18 *unto.* See on ver. 1; ch. 1. 11. *the Son.* Ps. 2. 7. Mat. 3. 17; 4. 3-6; 17. 5; 27. 54. Lu. 1. 35. Jno. 1. 14, 49; 3. 16, 18, 35, 36; 5. 25; 10. 36. Ac. 8. 37. Ro. 1. 4; 8. 32. *who.* See on ch. 1. 14, 15.

19 *know.* See on ver. 2, 9, 13. *charity.* 1 Co. 13. 1-8. Col. 3. 14. 1 Th. 3. 6. 2 Th. 1. 3. 1 Ti. 1. 5. 1 Pe. 4. 8. 2 Pe. 1. 7. *patience.* See on ver. 2, 3. *the last.* ver. 4. Job 17. 9. Ps. 92. 14. Pr. 4. 18. Jno. 15. 2. 2 Pe. 3. 18.

20 *I have.* See on ver. 4, 14. *that woman.* 1 Ki. 16. 31; 17. 4, 13; 19. 1, 2; 21. 7-15, 23-25. 2 Ki. 9. 7, 30-37. *and to seduce.* ver. 14. Ex. 34. 15. Nu. 25. 1, 2. Ac. 15. 20, 29. 1 Co. 8. 10-12; 10. 18-21, 28.

21 *space.* ch. 9. 20, 21. Je. 8. 4-6. Ro. 2. 4, 5; 9. 22. 1 Pe. 3. 20. 2 Pe. 3. 9, 15.

22 *and them.* ch. 17. 2; 18. 3, 9; 19. 18-21. Eze. 16. 37-41; 23. 29, 45-48. *except.* Je. 36. 3. Eze. 18. 30-32; 33. 11. Zep. 3. 7. Lu. 13. 3, 5. 2 Co. 12. 21. 2 Ti. 2. 25, 26.

23 *with death.* ch. 6. 8. *and all.* ver. 7, 11. De. 13. 11; 17. 13; 19. 20; 21. 21. Zep. 1. 11. *I am.* 1 Sa. 16. 7. 1 Ch. 28. 9; 29. 17. 2 Ch. 6. 30. Ps. 7. 9; 44. 21. Je. 11. 20; 17. 10; 20. 12. Jno. 2. 24, 25; 21. 17. Ac. 1. 24. Ro. 8. 27. He. 4. 13. *and I will.* ch. 20. 12. Ps. 62. 12. Is. 3. 10, 11. Mat. 16. 27. Ro. 2. 5-11; 14. 12. 2 Co. 5. 10. Ga. 6. 5. 1 Pe. 1. 17.

24 *the depths.* ch. 12. 9; 13. 14. 2 Co. 2. 11; 11. 3, 13-15. Ep. 6. 11, 12. 2 Th. 2. 9-12. *I will.* Ac. 15. 28.

25 *that.* ch. 3. 3, 11. Ac. 11. 28. Ro. 12. 9. 1 Th. 5. 21. He. 3. 6; 4. 14; 10. 23. *till.* ch. 1. 7; 22. 7, 20. Jno. 14. 3; 21. 22, 23. 1 Co. 4. 5; 11. 26. 2 Pe. 3. 10.

26 *he.* See on ver. 7, 11, 17; ch. 3. 5, 12, 21; 21. 7. Ro. 8. 37. 1 Jno. 5. 5. *keepeth.* Mat. 24. 13. Lu. 8. 13-15. Jno. 6. 29; 8. 31, 32. Ro. 2. 7. 1 Th. 3. 5. He. 10. 38, 39. Ja. 2. 20. 1 Jno. 2. 19; 3. 23. *to him will I give.* ch. 3. 21; 20. 4; 22. 5. Ps. 49. 14. Da. 7. 18, 22, 27. Mat. 19. 28. Lu. 22. 29, 30. 1 Co. 6. 3, 4.

27 *he shall.* ch. 12. 5; 19. 15. Ps. 2. 8, 9; 49. 14; 149. 5-9. Da. 7. 22. *even.* Mat. 11. 27. Lu. 22. 29. Jno. 17. 24.

28 ch. 22. 16. Lu. 1. 78, 79. 2 Pe. 1. 19.

29 See on ver. 7.

## CHAP. III.

*The angel of the church of Sardis is reproved,* 1, 2; *exhorted to repent, and threatened if he do not repent,* 3-7. *The angel of the church of Philadelphia,* 8, 9, *is approved for his diligence and patience,* 10-14; *the angel of Laodicea rebuked, for being neither hot nor cold,* 15-18, *and admonished to be more zealous,* 19. *Christ stands at the door and knocks,* 20-22.

1 *unto.* See on ch. 1. 11, 20. *he that.* See on ch. 1. 4; 4. 5; 5. 6. Jno. 1. 16, 33; 3. 34; 7. 37-39; 15. 26, 27; 20. 22. Ac. 2. 33. 1 Pe. 1. 11. *and the.* ch. 1. 16, 20; 2. 1. *I know.* See on ch. 2. 2, 9, 13, 19. *and art.* Lu. 15. 24, 32. Ep. 2. 1, 5. Col. 2. 13. 1 Ti. 5. 6. Ja. 2. 26. Jude 12.

2 *watchful.* ch. 16. 15. Is. 56. 10; 62. 6, 7. Eze. 34. 8-10, 16. Zec. 11. 16. Mat. 24. 42-51; 25. 13. Mar. 13. 33-37. Ac. 20. 28-31. 2 Ti. 4. 1-4. 1 Pe. 4. 7; 5. 8. *strengthen.* ch. 2. 4. De. 3. 28. Job 4. 4, 5; 16. 5. Is. 35. 3. Lu. 22. 31, 32. Ac. 18. 23. *thy works.* 1 Ki. 11. 4; 15. 3. 2 Ch. 25. 2. Is. 57. 12. Da. 5. 27. Mat. 6. 2-4; 23. 5, 28-38.

3 *Remember.* See on ch. 2. 5. Eze. 16. 61-63; 20. 43; 36. 31. He. 2. 1. 2 Pe. 1. 13; 3. 1. *and hold.* ver. 11. See on ch. 2. 25. 1 Ti. 6. 20. 2 Ti. 1. 13. *repent.* ver. 19. See on ch. 2. 5, 21, 22. *I will.* ch. 16. 15. Mat. 24. 42, 43. Lu. 12. 39, 40. 1 Th. 5. 2, 4, 5, 6. 2 Pe. 3. 10. *know.* Mat. 25. 13. Mar. 13. 33, 36.

4 *names.* ch. 11. 13. Gr. Ac. 1. 15. *even.* 1 Ki. 19. 18. Is. 1. 9. Ro. 11. 4-6. *which.* ch. 7. 14; 19. 8. Is. 52. 1; 59. 6; 61. 3, 10; 64. 6. Zec. 3. 3-6. Jude 23. *walk.* ver. 5, 18; ch. 4. 4; 6. 11, 7. 9, 13; 19. 14. Es. 8. 15. Ps. 68. 14. Ec. 9. 8. Zec. 3. 4. Mar. 16. 5. *for.* Mat. 10. 11. Lu. 20. 35; 21. 36. 2 Th. 1. 5.

5 *that.* See on ch. 2. 7. 1 Sa. 17. 25. *the same.* See on ver. 4; ch. 19. 8. *blot.* Ex. 32. 32, 33. De. 9. 14. Ps. 69. 28; 109. 13. *the book.* ch. 13. 8; 17. 8; 20. 12, 15; 21. 27; 22. 19. Phi. 4. 3. *confess.* Mal. 3. 17. Mat. 10. 32. Lu. 12. 8. Jude 24.

6 See on ch. 2. 7.

7 *to the.* See on ch. 1. 11; 2. 1. *Philadelphia. Philadelphia,* so called from its founder, Attalus Philadelphus, still exists in the town called Allahshehr, 'the city of God,' 'a column in a scene of ruins.' It is situated on the slopes of three or four hills, the roots of mount Tmolus, by the river Cogamus, twenty-seven miles E.S.E. from Sardis, about long. 28° 40′, lat. 38° 23′. The number of houses is said to be about 3000, of which 250 are Greek, the rest Turkish; and the Christians have twenty-five places of worship, five of them large and regular churches, a resident bishop, and twenty inferior clergy. *he that is holy.* ch. 4. 8; 6. 10. Ps. 16. 10; 89. 18; 145. 17. Is. 6. 3; 30. 11; 41. 14, 16, 20; 47. 4; 48. 17; 49. 7; 54. 5; 55. 5. Mar. 1. 24. Lu. 4. 34. Ac. 3. 14. *he that is true.* ver. 14; ch. 1. 5; 6. 10; 15. 3; 16. 7; 19. 2, 11; 21. 5. Mat. 24. 35. Jno. 14. 6. 1 Jno. 5. 20. *the key.* ch. 1. 18. Is. 22. 22. Lu. 1. 32. *he that openeth.* ch. 5. 3-5, 9. Job 11. 10; 12. 14. Mat. 16. 19.

8 *I know.* ver. 1, 15. See on ch. 2. 2. *an open.* ver. 7. 1 Co. 16. 9. 2 Co. 2. 12. Col. 4. 3. *a little.* Da. 11. 34. 2 Co. 12. 8-10. Phi. 4. 13. *and hast kept.* ver. 10; ch. 22. 7. Jno. 14. 21-24; 15. 20; 17. 6. 2 Ti. 4. 7. *and hast not.* See on ch. 2. 13. Pr. 30. 9. Mat. 26. 70-72. Lu. 12. 9. Ac. 3. 13, 14. 1 Ti. 5. 8. 1 Jno. 2. 22, 23. Jude 4.

9 *the synagogue.* See on ch. 2. 9. *I will make them to* Ex. 11. 8; 12. 30-32. 1 Sa. 2. 36. Es. 8. 17. Job 42. 8-10. Is. 49. 23; 60. 14. Zec. 8. 20-23. Ac. 16. 37-39.

10 *the word.* ch. 1. 9; 13. 10; 14. 12. *I also.* Mat. 6. 13; 26. 41. 1 Co. 10. 13. Ep. 6. 13. 2 Pe. 2. 9. *all.* Mat. 24. 14. Mar. 14. 9. Lu. 2. 1. Ro. 1. 8. *to try.* Is. 24. 17. Da. 12. 10. Zec. 13. 9. Ja. 3. 12. 1 Pe. 4. 12.

11 *I come.* ch. 1. 3; 22. 7, 12, 20. Zep. 1. 14. Phi. 4. 5. Ja. 5. 9. *hold.* See on ver 3; ch. 2. 13, 25. *thy.* ch. 2. 10; 4. 4, 10. 1 Co. 9. 25. 2 Ti. 2. 5; 4. 8. Ja. 1. 12. 1 Pe. 5. 3, 4.

12 *overcometh.* See on ch. 2. 7; 17. 14. 1 Jno. 2. 13, 14; 4. 4. *pillar.* 1 Ki. 7. 21. Je. 1. 18. Ga. 2. 9. *I will.* ch. 2. 17; 14. 1; 22. 4. *the city.* ch. 21. 2, 10-27. Ps. 48. 8 87. 3. Ga. 4. 26, 27. He. 12. 22. *my new.* ch. 22. 4. Is. 65. 15. Ep. 3. 15.

13 ch. 2. 7.

14 *the angel.* ch. 1. 11; 2. 1. *of the Laodiceans. or,* in Laodicea. Col. 2. 1; 4. 16. *the Amen.* Is. 65. 16. 2 Co. 1. 20. *the faithful.* ver. 7; ch. 1. 5; 19. 11; 22. 6. Is. 55. 4. Je. 42. 5. *the beginning.* Col. 1. 15.

15 *I know.* ver. 1; ch. 2. 2. *that.* ch. 2. 4. Mat. 24. 12. Phi. 1. 9. 2 Th. 1. 3. 1 Pe. 1. 22. *I would.* De. 5. 29. Ps. 81. 11-13. 2 Co. 12. 20. *thou.* Jos. 24. 15-24. 1 Ki. 18. 21. Pr. 23. 26. Ho. 7. 8; 10. 2. Zep. 1. 5, 6. Mat. 6. 24; 10. 37. Lu. 14. 27, 28. 1 Co. 16. 22. Ja. 1. 8.

16 *I will spue thee out.* ch. 2. 5. Je. 14. 19; 15. 1-4. Zec. 11. 8, 9.

17 *I am.* ch. 2. 9. Pr. 13. 7. Ho. 12. 8. Zec. 11. 5. Lu. 1. 53; 6. 24; 18. 11, 12. Ro. 11. 20, 25; 12. 3. 1 Co. 4. 8-10. *have need.* De. 8. 12-14. Pr. 30. 9. Je. 2. 31. Mat. 9. 12. *knowest.* Ro. 2. 17-23. *wretched.* Mat. 5. 3. Ro. 7. 24. *blind.* Is. 42. 19. Jno. 9. 40, 41. 2 Pe. 1. 9. *naked.* ch. 16. 15. Ge. 3. 7, 10, 11. Ex. 32. 25.

18 *counsel.* Ps. 16. 7; 32. 8; 73. 24; 107. 11. Pr. 1. 25, 30; 19. 20. Ec. 8. 2. *buy.* Pr. 23. 23. Is. 55. 1. Mat. 13. 44; 25. 9. *gold.* Mal. 3. 3. 1 Co. 3. 12, 13. 1 Pe. 1. 7. *that thou.* ch. 2. 9. Lu. 12. 21. 2 Co. 8. 9. 1 Ti. 6. 18. Ja. 2. 5. *white.* ver. 4, 5; ch. 7. 13; 16. 15; 19. 8. 2 Co. 5. 3. *the shame.* ch. 16. 15. Is. 47. 3. Je. 13. 26. Da. 12. 2. Mi. 1. 11. Na. 3. 5. *anoint.* Jno. 9. 6-11. 1 Jno. 2. 20-27.

19 *many.* De. 8. 5. 2 Sa. 7. 14. Job 5. 17. Ps. 6. 1; 39. 11; 94. 10. Pr. 3. 11, 12; 15. 10, 32; 22. 15. Is. 26. 16. Je. 2. 30; 7. 28; 10. 24; 30. 11; 31. 18. Zep. 3. 2. 1 Co. 11. 32. 2 Co. 6. 9. He. 12. 5-11. Ja. 1. 12. *be.* Nu. 25. 11-13. Ps. 69. 9. Jno. 2. 17. Ro. 12. 11. 2 Co. 7. 11. Ga. 4. 18. Tit. 2. 14. *repent.* ch. 2. 5, 21, 22.

20 *I stand.* Ca. 5. 2-4. Lu. 12. 36. *I will.* Jno. 14. 21-23. *will sup.* ch. 19. 9. Lu. 12. 37; 17. 8.

21 *him.* See on ch. 2. 7; 12. 11. 1 Jno. 5. 4, 5. *to sit.* ch. 1. 6; 2. 26, 27. Mat. 19. 28. Lu. 22. 30. 1 Co. 6. 2, 3. 2 Ti. 2. 12. *even.* Jno. 16. 33. *and am.* ch. 5. 6-8; 7. 17. Da. 7. 13, 14. Mat. 28. 18. Jno. 5. 22, 23. Ep. 1. 20-23. Phi. 2. 9-21.

22 ver. 6, 13. See on ch. 2. 7, 11, 17.

## CHAP. IV.

*John sees the throne of God in heaven,* 1-3. *The four and twenty elders,* 4, 5. *The four beasts full of eyes before and behind,* 6-9. *The elders lay down their crowns, and worship him that sat on the throne,* 10, 11.

1 *After.* ch. 1-3. *a door.* Ex. 1. 1. Mat. 3. 16. Mar. 1. 10. Lu. 3. 21. Ac. 7. 56; 10. 11. *the first.* ch. 1. 10; 16. 17. *Come.* ch. 11. 12. Ex. 19. 24; 24. 12; 34. 2, 3. *and I.* ch. 1. 19; 22. 6. Jno. 16. 13.

2 *I was.* See on ch. 1. 10; 17. 3; 21. 10. Eze. 3. 12-14. *a throne.* ver. 5; ch. 20. 11. Is. 6. 1. Je. 17. 12. Eze. 1. 26, 28; 10. 1. *and one.* ver. 9; ch. 3. 21; 5. 1, 6, 7, 13; 6. 16; 7. 9-17; 12. 5; 19. 4; 21. 5; 22. 1-3. Is. 6. 1. Da. 7. 9. He. 8. 1.

3 *like a.* ch. 21. 11, 19, 20. Ex. 24. 10. Eze. 1. 26; 28. 13. *a rainbow.* ch. 10. 1. Ge. 9. 13-16. Is. 54. 9, 10. Eze. 1. 28. *like unto.* ch. 21. 19. Ex. 28. 18; 39. 11. Eze. 28. 13.

4 *were four.* ch. 11. 16; 20. 4. Mat. 19. 28. Lu. 22. 30. *four and twenty.* ver. 10; ch. 5. 8, 14; 7. 11; 19. 4. *clothed.* ch. 3. 4, 5; 6. 11; 7. 9, 13, 14; 19. 14. *crowns.* ch. 2. 10; 9. 7. Es. 8. 15. Ps. 21. 3. 2 Ti. 4. 8.

5 *proceeded.* ch. 8. 5; 11. 19; 16. 17, 18. Ex. 19. 16; 20. 18. Ps. 18. 13, 14; 68. 35. Joel 3. 16. He. 12. 18-29. *seven.* Ge. 15. 7. Ex. 37. 23. 2 Ch. 4. 20. Eze. 1. 13. Zec. 4. 2, 11-14. *the seven.* ch. 1. 4; 3. 1; 5. 6. Mat. 3. 11. Ac. 2. 3. 1 Co. 12. 4-11.

6 *a sea.* ch. 15. 2. Ex. 38. 8. 1 Ki. 7. 23. *crystal.* ch. 21. 11; 22. 1. Job 28. 17. Eze. 1. 22. *the midst.* ch. 5. 6; 7. 17. Eze. 1. 4, 5. *four beasts.* ver. 8, 9; ch. 5. 6, 14; 6. 1; 7. 11; 14. 3; 15. 7; 19. 4. Eze. 1. 5, etc.; 10. 14. *full.* ver. 8. Eze. 1. 18; 10. 12.

7 *the first beast.* ver. 6. Ge. 49. 9. Nu. 2. 2, etc.; 23. 24; 24. 9. Pr. 28. 2. Eze. 1. 10; 10. 14, 21. *like a calf.* Eze. 1. 10. 1 Co. 9. 9, 10. *as.* 1 Co. 14. 20. *a flying.* De. 28. 49. 2 Sa. 1. 23. Is. 40. 31. Eze. 1. 8, 10; 10. 14. Da. 7. 4. Ob. 4.

8 *six.* Is. 6. 2, etc. Eze. 1. 6; 10. 21, 22. 2 Ti. 4. 2. *full.* ver. 6. 1 Ti. 4. 16. *and they.* ch. 7. 15. Is. 62. 1, 6, 7. Ac. 20. 31. 1 Th. 2. 9. 2 Th. 3. 8, 9. *rest not. Gr.* have no rest. *Holy.* ch. 3. 7. Ex. 15. 11. Is. 6. 3. *Lord God Almighty.* ch. 1. 8; 11. 17; 15. 3; 16. 7, 14; 19. 15; 21. 22. Ge. 17. 1. Ps. 91. 1. Is. 13. 6. Joel 1. 15. 2 Co. 6. 18. *which.* ver. 4. He. 13. 8.

9 *when.* ch. 5. 13, 14; 7. 11, 12. *who.* ch. 1. 18; 5. 14; 10. 6; 15. 7. Ex. 15. 18. Ps. 48. 14. He. 7. 8, 25.

10 *fall.* ch. 5. 8, 14; 19. 4. Job 1. 20. Ps. 72. 11. Mat. 2. 11. *worship.* ver. 9; ch. 7. 11; 15. 4; 22. 8, 9. 1 Ch. 29. 20. 2 Ch. 7. 3. Ps. 95. 6. Mat. 4. 9, 10. Lu. 24. 52. *cast.* ver. 4. 1 Ch. 29. 11-16. Ps. 115. 1. 1 Co. 15. 10.

11 *art.* ch. 5. 2, 9, 12. 2 Sa. 22. 4. Ps. 18. 3. *to receive.* ch. 14. 7. De. 32. 4. 1 Ch. 16. 28, 29. Ne. 9. 5. Job 36. 3. Ps. 29. 1, 2; 68. 34; 96. 7, 8. *for thou.* ch. 10. 6. Ge. 1. 1. Ex. 20. 11. Is. 40. 26, 28. Je. 10. 11; 32. 17. Jno. 1. 1-3. Ac. 17. 24. Ep. 3. 9. Col. 1. 16, 17. He. 1. 2, 10. *and for.* Pr. 16. 4. Ro. 11. 36.

## CHAP. V.

*The book sealed with seven seals,* 1-8, *which only the Lamb that was slain is worthy to open,* 9-11. *Therefore the elders praise him, and confess that he redeemed them with his blood,* 12-14.

1 *that sat.* See on ch. 4. 3. *a book.* ch. 10. 2, 8-11. Is. 34. 16. Eze. 2. 9, 10. *sealed.* ch. 6. 1. Is. 8. 16; 29. 11. Da. 8. 26; 12. 4-9.

2 *a strong.* Ps. 103. 20. *Who.* ver. 5. Is. 29. 11, 12; 41. 22, 23.

3 ver. 13. Is. 40. 13, 14; 41. 28. Ro. 11. 34.

4 *because.* ch. 4. 1. Da. 12. 8, 9.

5 *one.* ch. 4. 4, 10; 7. 13. *Weep.* Je. 31. 16. Lu. 7. 13; 8. 52; 23. 28. Jno. 20. 13. *the Lion.* Ge. 49. 9, 10. Nu. 24. 9. He. 7. 14. *the Root.* ch. 22. 16. Is. 11. 1, 10. Je. 23. 5, 6. Ro. 1. 3; 15. 12. *hath.* ch. 1. 1; 6. 1.

6 *in the midst of the throne.* See on ch. 4. 4-6. *a Lamb.* An emblematical representation of our Saviour's high-priesthood. ver. 9, 12; ch. 6. 16; 7. 9-17; 12. 11; 13. 8; 17. 14; 21. 23; 22. 1, 3. Is. 53. 7, 8. Jno. 1. 29, 36. Ac. 8. 32. 1 Pe. 1. 19, 20. *seven horns.* As a *horn* is the emblem of *power,* and *seven* the number of *perfection,* the seven horns may denote the almighty power of Jesus Christ. 1 Sa. 2. 10. Da. 7. 14. Mi. 4. 13. Hab. 3. 4. Lu. 1. 69. Phi. 2. 9-11. *seven eyes.* His infinite knowledge and wisdom; and especially 'the treasures of wisdom' laid up in him, to be communicated to the Church by 'the seven Spirits of God,' *i. e.* the Holy Spirit. 2 Ch. 16. 9. Zec. 3. 9; 4. 10. *the seven Spirits.* See on ch. 4. 5.

7 *out.* ver. 1. See on ch. 4. 2, 3.

8 *the four.* ver. 14. See on ch. 4. 4, 8, 10; 7. 10-12; 19. 4. Jno. 5. 23. Ro. 14. 10-12. Phi. 2. 9-11. He. 1. 6. *having.* ch. 14. 2, 3; 15. 2. Ps. 33. 2; 43. 4; 81. 2; 150. 3. *golden.* ch. 15. 7. *odours. or,* incense. *the prayers.* ch. 8. 3, 4. Ps. 141. 2.

9 *sung.* ch. 7. 10-12; 14. 3. Ps. 33. 3; 40. 3; 96. 1; 98. 1; 144. 9; 149. 1. Is. 42. 10. *Thou art.* See on ver. 2, 3; ch. 4. 11. *for.* ver. 6, 12; ch. 13. 8. *and hast.* ch. 14. 4, 6. Mat. 20. 28; 26. 28. Ac. 20. 28. Ro. 3. 24-26. 1 Co. 6. 20; 7. 23. Ep. 1. 7. Col. 1. 14. Tit. 2. 14. He. 11. 14. 1 Pe. 1. 18, 19. 2 Pe. 2. 1. 1 Jno. 1. 7; 2. 2. *out.* ch. 7. 9; 11. 9; 14. 6. Da. 4. 1; 6. 25. Mar. 16. 15, 16. Col. 1. 23.

10 *kings.* ch. 1. 6; 20. 6; 22. 5. Ex. 19. 6. 1 Pe. 2. 5-9. *we.* ch. 20. 6. Da. 7. 18, 27.

11 *many.* ch. 7. 11. 1 Ki. 22. 19. 2 Ki. 6. 16-18. Ps. 103. 20; 148. 2. *the throne.* See on ch. 4. 4, 6, 9, 10. *was.* ch. 19. 6. De. 33. 2. Ps. 68. 17. Da. 7. 10. He. 12. 22.

12 *Worthy.* See on ver. 9. Zec. 13. 7. *to receive.* ch. 4. 11; 7. 12; 19. 1. Mat. 28. 18. Jno. 3. 35, 36; 17. 2. 2 Co. 8. 9. Phi. 2. 9-11. 1 Ti. 1. 17.

13 *every.* ver. 3; ch. 7. 9, 10. Ps. 96. 11-13; 148. 2-13. Lu. 2. 14. Phi. 2. 10. Col. 1. 23. *such.* Is. 24. 14; 42. 10. *Blessing.* ver. 12; ch. 1. 6. 1 Ch. 29. 11. Ps. 72. 18, 19. Mat. 6. 13. Ro. 9. 5; 11. 36; 16. 27. Ep. 3. 21. 1 Ti. 4. 16. 1 Pe. 4. 11; 5. 11. Jude 25. *him.* See on ch. 4. 2, 3. *and unto.* See on ver. 6, 9; ch. 6. 16; 7. 10.

14 *the four.* ch. 19. 4. *And the four and.* See on ch. 4. 9-11.

## CHAP. VI.

*The opening of the seals in order, and what followed thereupon, containing a prophecy to the end of the world.*

1 *when.* See on ch. 5. 5-7. *the noise.* ch. 4. 5; 10. 3, 4; 11. 19. *one.* ver. 3, 5, 7; ch. 4. 6, 7. Ac. 4. 20.

2 *a white.* This seems to be a representation of the person and dignity of Christ, and the mild and beneficent triumphs of his Gospel over all the powers of paganism. ch. 19. 11, 14. Zec. 1. 8; 6. 3, etc. *and he that.* Ps. 45. 3-5; 70. *and a.* ch. 14. 14; 19. 12. Zec. 6. 11-13. Mat. 28. 18. *and he went.* ch. 11. 15, 18; 15. 2; 17. 14. Ps. 98. 1; 110. 2. Is. 25. 8. Ro. 15. 18, 19. 1 Co. 15. 25, 55-57. 2 Co. 10. 3-5.

3 See on ver. 1; ch. 4. 7.

4 *horse.* ch. 12. 3; 17. 3, 6. Zec. 1. 8; 6. 2. *power.* ch. 13. 10. Ex. 9. 16, 17. Is. 37. 26, 27. Eze. 29. 18-20. Da. 2. 37, 38; 5. 19. Jno. 19. 11. *and there.* Ps. 17. 13. Is. 10. 5, 6. Eze. 30. 24, 25.

5 *he had.* See on ver. 1; ch. 4. 6, 7; 5. 5, 9. *a black.* Zec. 6. 2, 6. *had.* Le. 26. 26. La. 5. 10. Eze. 4. 10, 16.

6 *A measure.* '*The word* chœnix *signifieth a measure containing one wine-quart and the twelfth part of a quart.*' *and see.* ch. 9. 4. Ps. 76. 10.

7 See on ver. 1, 35; ch. 4. 7.

8 *pale.* Zec. 6. 3. *was Death.* ch. 20. 13, 14. Is. 25. 8. Ho. 13. 14. Hab. 2. 5. 1 Co. 15. 55, marg. *unto them. or,* to him. *over.* ch. 8. 7-12; 9. 15, 18; 12. 4. *kill.* Le. 26. 22-33. Je. 15. 2, 3; 16. 4, 16 43. 11. Eze. 5. 15-17; 14. 13-21.

9 *I saw.* ch. 8. 3; 9. 13; 14. 18. Le. 4. 7. Jno. 16. 2. Gr. Phi. 2. 17. 2 Ti. 4. 6. *the souls.* ch. 20. 4. 2 Co. 5. 8. Phi. 1. 23. *slain.* ch. 1. 9; 2. 13; 11. 3-7; 12. 11-17; 19. 10. 2 Ti. 1. 8.

10 *they cried.* Ge. 4. 10. Ps. 9. 12. Lu. 18. 7, 8. He. 12. 24. *How.* Ps. 13. 1; 35. 17; 74. 9, 10; 94. 3, 4. Da. 8. 13; 12. 6. Zec. 1. 12. *holy.* See on ch. 3. 7; 15. 3, 4. *dost.* ch. 11. 18; 16. 5-7; 18. 20, 24; 19. 2. De. 32. 36-43. Ju. 16. 28. 1 Sa. 24. 12. Ps. 58. 10, 11. Is. 61. 2; 63. 1-6. Lu. 21. 22. Ro. 12. 19. 2 Th. 1. 6-8. *avenge.* This seal seems a prediction of the terrible persecution of the church under Dioclesian and Maximian, from A.D. 270 to 304, which lasted longer, and was far more bloody, than any or all by which it was preceded, whence it was called the 'æra of the martyrs.'

11 *white.* ch. 3. 4, 5; 7. 9, 14. *that they.* ch. 14. 33. Is. 26. 20, 21. Da. 12. 13. *until.* ch. 7. 14; 13. 15; 17. 6. Mat. 10. 21; 23. 34, 35. Jno. 16. 2. He. 11. 40.

12 *there.* ch. 8. 5; 11. 13; 16. 18. 1 Ki. 19. 11-13. Is. 29. 6. Am. 1. 1. Zec. 14. 5. Mat. 24. 7; 27. 54; 28. 2. *the sun.* Is. 13. 9, 10; 24. 23; 60. 19, 20. Eze. 32. 7, 8. Joel 2. 10, 30, 31; 3. 15. Am. 8. 9. Hag. 2. 6, 7, 21, 22. Mat. 24. 29; 27. 45. Mar. 13. 24, 25; 15. 33. Lu. 23. 44, 45. Ac. 2. 19, 20.

13 *the stars.* ch. 8. 10-12; 9. 1. Eze. 32. 7. Da. 8. 10. Lu. 21. 25. *untimely figs. or,* green figs. *of a.* Is. 7. 2; 33. 9. Da. 4. 14. Na. 3. 12.

14 *the heaven.* Ps. 102. 26. Is. 34. 4. He. 1. 11-13. 2 Pe. 3. 10. *and every.* ch. 16. 20. Is. 2. 14-17. Je. 3. 23; 4. 23-26; 51. 25. Hab. 3. 6, 10.

15 *the kings.* ch. 18. 9-11; 19. 13-21. Job 34. 19, 20. Ps. 2. 10-12; 49. 1, 2; 76. 12; 110. 5, 6. Is. 24. 21, 22. *hid.* Jos. 10. 16, 17. Ju. 6. 2. 1 Sa. 13. 6. Is. 2. 10, 19; 42. 22. Mi. 7. 17. He. 11. 38.

16 *Fall.* ch. 10. 6. Je. 8. 3. Ho. 10. 8. Lu. 23. 30. *the face.* ch. 4. 2, 5, 9; 20. 11. *and from.* ver. 10; ch. 19. 15. Ps. 2. 9-12; 14. 5; 21. 8-12; 110. 5, 6. Zec. 1. 14, 15. Mat. 26. 64. 2 Th. 1. 7-9.

17 *the great.* ch. 11. 18; 16. 14. Is. 13. 6, etc. Je. 30. 7. Joel 2. 31. Zep. 1. 14, etc. Ro. 2. 5. Jude 6. *who.* Ps. 76. 7; 130. 3, 4. Joel 2. 11. Mal. 3. 2.

## CHAP. VII.

*An angel seals the servants of God in their foreheads,* 3. *The number of them that were sealed: of the tribes of Israel a certain number,* 4-8. *Of all other nations an innumerable multitude, which stand before the throne, clad in white robes, and palms in their hands,* 9-13. *Their robes were washed in the blood of the Lamb,* 14-17.

1 *after.* ch. 4-6. *four angels.* ch. 4. 6; 9. 14. Eze. 7. 2; 37. 9. Zec. 1. 18-20; 6. 1. Mat. 24. 31. Mar. 13. 27. *holding.* Is. 27. 8. Je. 49. 36. Da. 7. 2; 8. 8. Jon. 1. 4. Mat. 8. 26, 27; 24. 31. *the wind.* ch. 6. 6; 9. 4. Is. 27. 3.

2 *And I.* ch. 8. 3; 10. 1. Mal. 3. 1; 4. 2. Ac. 7. 30-32. *having.* ver. 3-8; ch. 5. 2; 10. 4. Ca. 8. 6. Jno. 6. 27. 2 Co. 1. 22. Ep. 1. 13; 4. 30. 2 Ti. 2. 29. *living.* See on De. 5. 26. 1 Sa. 17. 26, 36. 2 Ki. 19. 4. Mat. 26. 63. 1 Th. 1. 9. He. 12. 22. *to whom.* ch. 1. 3; 8. 7-12.

3 *Hurt not.* ch. 6. 6; 9. 4. Is. 6. 13; 27. 8; 65. 8. Mat. 24. 22, 31. *till.* ch. 14. 1. Ex. 12. 13, 23. Is. 26. 20, 21. Ex. 9. 4-6. Zep. 2. 3. *the servants.* ch. 19. 2. Is. 54. 17. Da. 3. 17, 26; 6. 16. Mal. 3. 18. Jno. 12. 26. Ro. 6. 22. *in their.* ch. 13. 16; 14. 1; 20. 4; 22. 4.

4 *I heard.* ch. 9. 16. *an.* ch. 14. 1, 3. Ge. 15. 5. Ro. 9. 27; 11. 5, 6. *all.* Eze. 47. 13; 48. 19, 31. Zec. 9. 1. Mat. 19. 28. Lu. 22. 30. Ac. 26. 7. Ja. 1. 1.

5 *tribe of Juda.* Ex. 1. 2-4. Nu. 1. 4-15; 10. 14-27; 13. 4-16. 1 Co. 2. 1, 2.

6 *Aser.* Lu. 2. 36.

9 *a great.* Ge. 49. 10. Ps. 2. 8; 22. 27; 72. 7-11; 76. 4; 77. 2; 98. 3; 110. 2, 3; ch. 117. Is. 2. 2, 3; 49. 6-8; 60. 1-14. Je. 3. 17; 16. 19. Zec. 2. 11; 8. 20-23. Ro. 15. 9-12. *no man.* ch. 5. 11; 11. 15. Ge. 13. 16. Ho. 1. 10. Lu. 12. 1. Ro. 11. 25. He. 11. 12; 12. 22. *of all.* ch. 5. 9. Da. 4. 1; 6. 25. *stood.* Lu. 21. 36. Ep. 6. 13. *clothed.* ver. 13, 14. See on ch. 3. 4, 5, 18; 4. 4; 6. 11. *palms.* Le. 23. 40. Jno. 12. 13.

10 *cried.* Zec. 4. 7. *Salvation.* ch. 19. 1. Ps. 3. 8; 37. 39; 68. 19, 20; 115. 1. Is. 43. 11; 45. 15, 21. Je. 3. 23. Ho. 13. 4. Jon. 2. 9. Zec. 9. 9. Lu. 3. 6. Jno. 4. 22. Ep. 2. 8. *sitteth.* ch. 4. 2, 3, 9-11; 5. 7, 13, 14; 21. 5. *unto.* ch. 4. 6, 9; 22. 3. Jno. 1. 29, 36.

11 *all.* ch. 4. 6; 5. 11-13; 19. 4-6. Ps. 103. 20, 21; 148. 1, 2. *and fell.* ch. 11. 16. *and worshipped.* ch. 4. 10; 15. 4; 19. 4; 22. 9. Ps. 45. 11; 97. 7. Mat. 4. 10. Jno. 5. 23. He. 1. 6.

12 *Amen.* ch. 1. 18; 5. 13, 14; 19. 4. Ps. 41. 13; 72. 19; 89. 52; 106. 48. Mat. 6. 13. Jude 25. *Blessing.* See on ch. 5. 12, 13. *thanksgiving.* Ne. 12. 8, 46. Ps. 50. 14; 95. 2; 100. 4; 107. 22; 116. 17; 147. 7. Is. 51. 3. Je. 33. 9, 11. Jon. 2. 9. 2 Co. 4. 15; 9. 11, 12. Col. 2. 7; 3. 17.

13 *one.* ch. 4. 4, 10; 5. 5, 11. *arrayed.* See on ver. 9. *whence.* Ge. 16. 8. Ju. 13. 6. Jno. 7. 28.

14 *thou.* Ex. 37. 3. *came.* ch. 2. 9; 6. 9-11; 15. 2; 17. 6. Jno. 16. 33. Ac. 14. 22. Ro. 5. 3. 2 Th. 1. 4. *and have.* ch. 1. 5. Is. 1. 18. Zec. 3. 3-5; 13. 1. Jno. 13. 8-14. 1 Co. 6. 11. Ep. 5. 26, 27. He. 9. 14. 1 Jno. 1. 7. *the blood.* ch. 5. 9; 12. 11. He. 13. 12. 1 Pe. 1. 19.

15 *are.* ch. 4. 4; 14. 3-5. He. 8. 1; 12. 2. *serve.* ch. 20. 10; 22. 5. Ps. 134. 1, 2. *dwell.* ch. 21. 3, 4; 22. 3. Ex. 29. 45. 1 Ki. 6. 13. 1 Ch. 23. 25. Ps. 68. 16-18. Is. 4. 5, 6. Jno. 1. 14. 1 Co. 3. 16. 2 Co. 6. 16.

16 *hunger.* Ps. 42. 2; 63. 1; 143. 6. Is. 41. 17; 49. 10; 65. 13. Mat. 5. 6. Lu. 1. 53; 6. 21. Jno. 4. 14. *the sun.* ch. 21. 4. Ps. 121. 6. Ca. 1. 6. Is. 4. 5, 6; 25. 4; 32. 2. Jon. 4. 8. Mat. 13. 6, 21. Mar. 4. 6, 17. Ja. 1. 11.

17 *in the.* See on ch. 5. 6. *feed.* Ps. 22. 26; 23. 1, 2, 5; 28. 9; 36. 8. Ca. 1. 7, 8. Is. 25. 6; 40. 11; 49. 9. Eze. 34. 23. Mi. 5. 4; 7. 14. Mat. 2. 6, marg. Jno. 10. 11, 14; 21. 15-17. Ac. 20. 28. 1 Pe. 5. 2. *shall lead.* ch. 21. 6. Ps. 36. 9. Is. 12. 3; 30. 25; 35. 6, 7. Je. 2. 13; 31. 9. Jno. 4. 11, 14; 7. 37, 38. *God.* ch. 4. 21; 21. 4. Is. 25. 8; 30. 19; 35. 10; 60. 20.

## CHAP. VIII.

*At the opening of the seventh seal,* 1. *seven angels have seven trumpets given them,* 2-5. *Four of them sound their trumpets, and great plagues follow,* 6-8. *Another angel puts incense to the prayers of the saints on the golden altar,* 9-13.

1 *And.* ch. 5. 1, 9; 6. 1, 3, 5, 7, 9, 12. *silence.* Job 4. 16. Ps. 37. 7; 62. 1, marg. Hab. 2. 20. Zec. 2. 13.

2 *seven angels.* ch. 15. 1; 16. 1. Mat. 18. 10. Lu. 1. 19. *trumpets.* ver. 6-12; ch. 9. 1, 13, 14; 11. 15. See on Nu. 10. 1-10. 2 Ch. 29. 25-28. Am. 3. 6-8.

3 *another.* ch. 7. 2; 10. 1. See on Ge. 48. 15, 16. Ex. 3. 2-18. Ac. 7. 30-32. *stood.* ch. 9. 13. Ex. 30. 1-8. 2 Ch. 26. 16-20. Ro. 8. 34. He. 7. 25. *having.* Le. 16. 12. 1 Ki. 7. 50. He. 9. 4. *much.* Le. 16. 13. Nu. 16. 46, 47. Mal. 1. 11. *offer it with the prayers. or,* add it to the prayers. ver. 4; ch. 5. 8. Ps. 141. 2. Lu. 1. 10. He. 4. 15, 16; 10. 19-22. 1 Jno. 2. 1, 2. *the golden.* ch. 6. 9; 9. 13. Ex. 37. 25, 26; 40. 26.

4 ver. 3; ch. 15. 8. Ex. 30. 1. Ps. 141. 2. Lu. 1. 10.

5 *and filled.* ch. 16. 1, etc. Is. 66. 6, 14-16. Je. 51. 11. Eze. 10. 2-7. Lu. 12. 49. *into. or,* upon. *and there.* See on ch. 4. 5; 11. 19; 16. 18. 2 Sa. 22. 7-9. Ps. 18. 13. Is. 30. 30. He. 12. 18, 19. *an.* ch. 11. 13, 19. 1 Ki. 19. 11. Is. 29. 6. Zec. 14. 5. Mat. 24. 7; 27. 52-54. Ac. 4. 31; 16. 26.

6 See on ver. 2.

7 *hail.* ch. 16. 21. Ex. 9. 23-25, 33. Jos. 10. 11. Ps. 11. 5, 6; 18. 12, 13; 78. 47, 48; 105. 32. Is. 28. 2; 29. 6; 30. 30; 32. 19. Eze. 13. 10-15; 38. 22. Mat. 7. 25-27. *cast.* ch. 16. 2. *the third.* ver. 9, 10, 12; ch 6. 8; 9. 4. Is. 2. 12, 13; 10. 17, 18. Ja. 1. 11. 1 Pe. 1. 24

8 *and as.* Je. 51. 25. Mar. 11. 23. *burning.* Am 7. 4. *the third.* ver. 7; ch. 16. 3, etc. Ex. 7. 17-21. Eze. 14. 9.

9 *the third part of the creatures.* ver. 7, 10, 12; ch. 16. 3. Ex. 7. 21. Zec. 13. 8. *the ships.* Ps. 48. 7. Is. 2. 16; 23. 1.

10 *a great.* ch. 1. 20; 6. 13; 9. 1; 12. 4. Is. 14. 12. Lu. 10. 18. Jude 13. *the fountains.* ch. 16. 4. Ex. 7. 20, 21. Ju. 15. 11. 2 Ki. 2. 19-22. 2 Ch. 32. 3. Is. 12. 3. Ho. 13. 15, 16.

11 *Wormwood.* De. 29. 18. Ru. 1. 20. Pr. 5. 4. Je. 9. 15; 23. 15. La. 3. 5, 19. Am. 5. 7; 6. 12. He. 12. 15. *many.* Ex. 15. 23.

12 *and the third part of the sun.* ch. 16. 8, 9. Is. 13. 10; 24. 23. Je. 4. 23. Eze. 32. 7, 8. Joel 2. 10, 31. Am. 8. 9. Mat. 24. 29; 27. 45. Mar. 13. 24; 15. 33. Lu. 21. 25; 23. 44, 45. Ac. 2. 20. *and the day.* Ex. 10. 21-23. 2 Co. 4. 4. 2 Th. 2. 9-12.

13 *flying.* ch. 14. 3, 6; 19. 17; Ps. 103. 20. He. 1. 14. *Woe.* ch. 9. 1, 12; 11. 14. Eze. 2. 10.

## CHAP. IX.

*At the sounding of the fifth angel, a star falls from heaven, to whom is given the key of the bottomless pit,* 1. *He opens the pit, and there come forth locusts like scorpions,* 2-11. *The first woe past,* 12. *The sixth trumpet sounds,* 13. *Four angels are let loose, that were bound.* 14-21.

1 *the fifth.* ver. 12, 13; ch. 8. 6-8, 10, 12; 11. 14, 15. *a star.* ch. 1. 20; 8. 10. Is. 14. 12. Lu. 10. 18. 2 Th. 2. 3-8. 2 Ti. 3. 1-5. *to him.* ch. 1. 18; 20. 1. *the bottomless.* ver. 2, 11; ch. 17. 8; 20. 10. Lu. 8. 31. Ro. 10. 7. Gr.

2 *there.* ver. 17; ch. 14. 11. Ge. 15.17; 19. 28. Is. 14.31. Joel 2. 30. Ac 2. 19. *and the sun.* See on ch. 8. 12. Ex. 10. 21-23. Joel 2. 2, 10.

3 *locusts.* Ex. 10. 4-15. Ju. 7. 12. Is. 33. 4. Joel 1. 4; 2. 25. Na. 3. 15, 17. *as.* ver. 5, 10, 11. De. 8. 15. 1 Ki. 12. 11. Eze. 2. 6. Lu. 10. 19.

4 *that they.* ch. 6. 6; 7. 3. Job 1. 10, 12. Ps. 76. 10. Mat. 24. 24. 2 Ti. 3. 8, 9. *hurt.* ch. 8. 7. *but.* Corrupt and idolatrous Christians; against whom the Saracens chiefly prevailed. *which.* See on ch. 7. 3, 4; 14. 1. Ex. 12. 23. Job 2. 6. Eze. 9. 4, 6. Ep. 4-30.

5 *it was.* ch. 13. 5, 7. Da. 5. 18-22; 7. 6. Jno. 19. 11. *they should not.* That is, should not kill them as a political body, state, or empire; and accordingly, however they desolated the Greek and Latin churches, they could not extirpate them, nor gain possession of the empire. ch. 11. 7. Job 2. 6. *they should be.* ver. 10. *five.* Five prophetical months, each consisting of thirty days, and each day denoting a year, amount to 150 years; and accordingly, from the time that Mohammed began to propagate his imposture, A.D. 612, to the building of Bagdad, when they ceased from their ravages, A.D. 763, are just 150 years. *and their.* See on ver. 3.

6 *shall men.* ch. 6. 16. 2 Sa. 1. 9. Job 3. 20-22; 7. 15, 16. Is. 2. 19. Je. 8. 3. Ho. 10. 8. Jno. 4. 8, 9. Lu. 23. 30.

7 *the shapes.* Joel 2. 4, 5. Na. 3. 17. *their faces.* Da. 7. 4, 8.

8 *hair.* 2 Ki. 9. 30. Is. 3. 24. 1 Co. 11. 14, 15. 1 Ti. 2. 9. 1 Pe. 3. 3. *and their.* Ps. 57. 4. Joel 1. 6.

9 *they had.* ver. 17. Job 40. 18; 41. 23-30. Joel 2. 8. *and the.* Job 39. 25. Is. 9. 5. Joel 2. 5-7. Na. 2. 4, 5.

10 *tails.* See on ver. 3, 5.

11 *they had.* ch. 12. 9. Jno. 12. 31; 14. 30; 16. 11. 2 Co. 4. 4. Ep. 2. 2. 1 Jno. 4. 4; 5. 19. *the angel.* ver. 1. *Abaddon. that is,* a destroyer. Jno. 8. 44.

12 *woe.* See on ver. 1, 2. *two.* ver. 13-21; ch. 8. 13; 11. 14.

13 *the sixth.* See on ver. 1. *a voice.* See on ch. 8. 3-5. He. 9. 24; 10. 21.

14 *to the.* ch. 8. 2, 6. *Loose.* ver. 15; ch. 16. 12. *the great.* Ge. 2. 14. 2 Sa. 8. 3. Je. 51. 63.

15 *for. or,* at. *an hour.* ver. 5, 10. *for to.* ver. 18; ch. 8. 7, 9, 11, 12.

16 *the number.* Ps. 68. 17. Da. 7. 10. *horsemen.* Eze. 23. 6; 38. 4. Da. 11. 40. *I heard.* ch. 7. 4.

17 *having.* This appears to point out the scarlet, blue, and yellow colours, for which the *Turks* have always been remarkable. The 'four angels bound in the Euphrates' denote their four sultanies bordering on that river, where they were confined till after the period of the Crusades. The time for which they were prepared, 'an hour, and a day, and a month, and a year,' computing a year for each day, amounts to 391 years, 15 days; and from their first conquest over the Christians, A.D. 1281, to the taking of Cameniec from the Poles, A.D. 1672, which was the last conquest by which their dominion was extended, is exactly that period. ver. 9. *jacinth.* ch. 21. 20. *brimstone.* ver. 18; ch. 14. 10; 19. 20; 21. 8. Ge. 19. 24. Ps. 11. 6. Is. 30. 33. Eze. 38. 22. *as the.* 1 Ch. 12. 8. Is. 5. 28, 29.

18 *the third.* See on ver. 15, 17.

19 *in their tails.* ver. 10. Is. 9. 15. Ep. 4. 14.

20 *And the.* That is, those of the Latin and Greek churches, who escaped destruction, still persisted in their idolatrous worship of demons, etc. *yet.* ver. 21; ch. 2. 21, 22; 16. 8. De. 31. 29. 2 Ch. 28. 22. Je. 5. 3; 8. 4-6. Mat. 21. 32. 2 Co. 12. 21. *worship.* Le. 17. 7. De. 32. 17. 2 Ki. 22. 17. 2 Ch. 34. 25. Ps. 106. 37. Is. 2. 8. Je. 25. 6; 44. 8. Ac. 7. 41; 19. 26. 1 Co. 10. 20, 21. 1 Ti. 4. 1. *and idols.* Ps. 115. 4-8; 135. 15-18. Is. 40. 19, 20; 41. 7; 42. 17, 18; 44. 9-20; 46. 5-7. Je. 10. 3-5, 8, 9, 14, 15; 15. 19, 20; 51. 17. Da. 5. 23. Hab. 2. 18-20. Ac. 17. 29. Ro. 1. 21-23.

21 *their murders.* ch. 11. 7-9; 13. 7, 15; 16. 6; 18. 24. Da. 7. 21-25; 11. 33. *their sorceries.* ch. 13. 13; 18. 23; 21. 8; 22. 15. Is. 47. 9, 12. 57. 3. Mal. 3. 5. *nor of their fornication.* ch. 14. 8; 17. 2, 5; 18. 3; 19. 2. Mat. 15. 19. 2 Co. 12. 21.

## CHAP. X.

*A mighty strong angel appears with a book open in his hand,* 1-5. *He swears by him that lives for ever, that there shall be no more time,* 6-8. *John is commanded to take and eat the book,* 9-11.

1 *another.* ver. 5, 6; ch. 5. 2; 7. 1, 2; 8. 2-5, 13; 9. 13, 14; 14. 14, 15. *clothed.* ch. 1. 7. Ex. 16. 10. Le. 16. 2. Ps. 97. 2; 104. 3. Is. 19. 1. La. 3. 44. Da. 7. 13. Lu. 21. 27. *a rainbow.* ch. 4. 3. Ge. 9. 11-17. Is. 54. 9. Eze. 1. 28. *his face.* ch. 1. 16. Da. 10. 6. Mat. 17. 2. Ac. 26. 13. *pillars.* ch. 1. 15. Ca. 5. 15.

2 *a little.* ver. 10; ch. 5. 1-5; 6. 1, 3. Eze. 2. 9, 10. *he set.* ver. 5, 8. Ps. 2. 8; 65. 5. Pr. 8. 15, 16. Is. 59. 19. Mat. 28. 18. Ep. 1. 20-22. Phi. 2. 10, 11.

3 *loud.* Pr. 19. 12. Is. 5. 29; 31. 4; 42. 13. Je. 25. 30. Joel 3. 16. Am. 1. 2; 3. 8. *seven.* ch. 8. 5; 14. 2; 15. 1, 7.

4 *I was.* ch. 1. 11; ch. 2; 3. Is. 8. 1. Hab. 2. 2, 3. *Seal up.* De. 29. 29. Is. 8. 16; 29. 11. Da. 8. 26; 12. 4, 9.

5 *stand.* See on ver. 2. *lifted.* Ge. 14. 22; 22. 15, 16. Ex. 6. 8. De. 32. 40. Eze. 20. 5, 15, 23, 28, 42; 36. 7; 47. 14. Da. 12. 7. He. 6. 13. *by him.* ch. 1. 18; 4. 9. Je. 10. 10. *who.* ch. 4. 11; 14. 7. Ge. ch. 1; 2. Ex. 20. 11. Ne. 9. 6. Ps. 95. 3-6; 146. 5; 148. 1-7. Je. 10. 11-13. Ac. 14. 15; 17. 23. Ro. 1. 20. *that there.* Rather, 'the time should not be yet,' χρονος ουκ εστι ετι, that is, the time of those glorious things with which 'the mystery of God should be finished.' ch. 16. 17. Da. 12. 7.

7 *in the.* ch. 11. 15-18. *the mystery.* Ro. 11. 25; 16. 25. Ep. 3. 3-9. *as he.* See on Lu. 24. 44-47. Ac. 3. 21.

8 *the voice.* See on ver. 4, 5. Is. 30. 21.

9 *Take.* Job 23. 12. Je. 15. 16. Eze. 2. 8; 3. 1-3, 14. Col. 3. 6.

10 *sweet.* Ps. 19. 10; 104. 34; 119. 103. Pr. 16. 24. Eze. 3. 3. *my belly.* Eze. 2. 10; 3. 14, marg.

11 *Thou.* ch. 11. 9; 14. 6; 17. 15. Je. 1. 9, 10; 25. 15-30.

## CHAP. XI.

*The two witnesses prophesy,* 1-5. *They have power to shut heaven, that it rain not,* 6. *The beast shall fight against them, and kill them,* 7. *They lie unburied,* 8-10; *and after three days and a half rise again,* 11-13. *The second woe is past,* 14. *The seventh trumpet sounds,* 15-19.

1 *a reed.* ch. 21. 15. Is. 28. 17. Eze. 40. 3-5; 42. 15-20. Zec. 2. 1, 2. Ga. 6. 14-16. *and the.* ch. 10. 1-5. *Rise.* Nu. 33. 18. Eze. ch. 40-48. 1 Co. 3. 16, 17. 2 Co. 6. 16. Ep. 2. 20-22. 1 Pe. 2. 5, 9.

2 *the court.* Eze. 40. 17-20; 42. 20. *leave out. Gr.* cast out. *it is.* ch. 13-18. Ps. 79. 1. La. 1. 10. Lu. 21. 24. 2 Th. 2. 3-12. 1 Ti. 4. 1-3. 2 Ti. 3. 1-6. *and the.* ch. 21. 2; 22. 19. Is. 48. 2; 52. 1. Mat. 4. 5; 27. 53. *tread.* Da. 7. 19; 8. 10, 24, 25. Mat. 5. 13. He. 10. 29. *forty.* ver. 3, 11; ch. 12. 6; 13. 5. Nu. 14. 34. Da. 7. 25; 12. 7, 11, 12.

3 *I will give power,* etc. *or,* I will give unto my two witnesses, that they may prophesy. Jno. 3. 27. 1 Co. 12. 28. Ep. 4. 11. *two.* Nu. 30. 30. De. 17. 6; 19. 15. Mat. 18. 16. 2 Co. 13. 1. *witnesses.* ch. 20. 4. Lu. 24. 48. Jno. 15. 27. Ac. 1. 8; 2. 32; 3. 15; 13. 31. *they shall.* ch. 19. 10. *a thousand.* See on ver. 2; ch. 12. 6. *clothed.* Ge. 37. 34. 1 Ch. 21. 16. Es. 4. 1, 2. Job 16. 15. Is. 22. 12. La. 2. 10. Jno. 3. 5-8.

4 *two olive.* Ps. 52. 8. Je. 11. 16. Zec. 4. 2, 3, 11-14. Ro. 11. 17. *two candlesticks.* ch. 1. 20. Mat. 5. 14-16. Lu. 11. 33. *standing.* De. 10. 8. 1 Ki. 17. 1. *the God.* Ex. 8. 22. Is. 54. 5. Mi. 4. 13. Zec. 4. 14.

5 *fire.* Nu. 16. 28-35. 2 Ki. 1. 10-12. Ps. 18. 8. Is. 11. 4. Je. 1. 10; 5. 14. Eze. 43. 3. Ho. 6. 5. Zec. 1. 6; 2. 8. Ac. 9. 4, 5.

6 *power.* 1 Ki. 17. 1. Lu. 4. 25. Ja. 5. 16-18. *have power over.* Eze. ch. 7-12; 14. Ps. 105. 26-36.

7 *when.* ver. 3. Lu. 13. 32. Jno. 17. 4; 19. 30. Ac. 20. 24. 2 Ti. 4. 7. *the beast.* ch. 13. 1, 7, 11; 17. 6-8; 19. 19, 20. Da. 7. 21, 22, 25; 8. 23, 24. Zec. 14. 2, etc. 2 Th. 2. 8, 9. *out.* ch. 9. 2.

8 *their dead.* ver. 9. Ps. 79. 2, 3. Je. 26. 23. Eze. 37. 11. *the great.* ver. 13; ch. 14. 8; 16. 19; 17. 1, 5; 18. 2, 10, 18, 21. *Sodom.* Ge. 13. 13; 19. 24. Is. 1. 10. Je. 23. 14. Eze. 16. 53-55. Am. 4. 11. Mat. 10. 15. 2 Pe. 2. 6. Jude 7. *Egypt.* Ex. 1. 13, 14; 3. 7; 20. 2. Ps. 78. 43-51. *our Lord.* ch. 18. 24. Lu. 13. 33, 34. Ac. 9. 4. He. 6. 6; 13. 12.

9 *the people.* ch. 10. 11; 13. 7; 17. 15. *three.* See on ver. 2, 3, 11. *and shall not.* ch. 5. 8; 19. 17, 18. Ps. 79. 2, 3. Ec. 6. 3. Is. 33. 1. Je. 7. 33. Mat. 7. 2.

10 *dwell.* ch. 12. 13; 13. 8, 14. Mat. 10. 22. *rejoice.* Ju. 16. 23, 24. Ps. 13. 4; 35. 19, 24-26; 89. 42. Pr. 24. 17. Je. 50. 11. Ob. 12. Mi. 7. 8. Jno. 16. 20. *make.* Ne. 8. 10-12. 1 Co. 13. 6. Es. 9. 19-22. *these.* ver. 5, 6; ch. 16. 10. 1 Ki. 18. 17; 21. 20; 22. 8, 18. Je. 38. 4. Jno. 7. 7. Ac. 5. 33; 7. 54-57; 17. 5, 6.

11 *three.* ver. 9. *the Spirit.* Ge. 2. 7. Eze. 37. 5-14. Ro. 8. 2, 11. *great.* ver. 13. Jos. 2. 9. Je. 33. 9. Ho. 3. 5. Ac. 5. 5, 11.

12 *Come.* ch. 4. 1. Ps. 15. 1; 24. 3. Is. 40. 34. *And they.* ch. 3. 21; 12. 5. 2 Ki. 2. 11. Is. 14. 13. Ac. 1. 9. Ro. 8. 34-37. Ep. 2. 5, 6. *in.* Is. 60. 8. Ac. 1. 9. 1 Th. 4. 17. *and their.* Ex. 14. 25. 2 Ki. 2. 1, 5, 7. Ps. 86. 17; 112. 10. Mal. 3. 18. Lu. 16. 23.

13 *was there.* ver. 19; ch. 6. 12; 8. 5; 16. 18. *and the tenth.* ch. 8. 9-12; 13. 1-3; 16. 10, 19. *men. Gr.* names of men. ch. 3. 4. Ge. 6. 4. Ac. 1. 15. *and the remnant.* See on ver. 11. *gave.* ch. 14. 7; 15. 4; 16. 9. Jos. 7. 19. 1 Sa. 6. 5. Is. 26. 15, 16. Je. 13. 16. Mal. 2. 2.

14 ch. 8. 13; 9. 12; 15. 1; 16. 1, etc.

15 *the seventh.* ch. 8. 2-6, 12; 9. 1, 13; 10. 7. *and there.* ch. 12. 10; 16. 17; 19. 6. Is. 27. 13; 44. 23. Lu. 15. 6, 10. *The kingdoms.* ch. 12. 10; 15. 4; 17. 14; 20. 4. Ps. 22. 27, 28; 72. 11; 86. 9; 89. 15-17. Is. 2. 2, 3; 49. 6, 7, 22, 23; 55. 5; 60. 3-14. Je. 16. 19. Da. 2. 44, 45; 7. 14, 18, 22, 27. Ho. 2. 23. Am. 9. 11, 12. Mi. 4. 1, 2. Zep. 3. 9, 10. Zec. 2. 11; 8. 20-23; 14. 9. Mal. 1. 11. *and he.* Ex. 15. 18. Ps. 110. 4; 146. 10. Is. 9. 7. Eze. 37. 25. Da. 2. 44; 7. 14, 18, 27. Mi. 4. 7. Mat. 6. 13. Lu. 1. 33. He. 1. 8.

16 ch. 4. 4, 10; 5. 5-8, 14; 7. 11; 19. 4.

17 *We give.* ch. 4. 9. Da. 2. 23; 6. 10. Mat. 11. 25. Lu. 10. 21. Jno. 11. 41. 2 Co. 2. 14; 9. 15. 1 Ti. 1. 12. *Lord God Almighty.* See on ch. 1. 8; 4. 8; 15. 3; 16. 7, 14. Ge. 17. 1. *which.* See on ch. 1. 4, 8; 16. 5. *thou hast.* See on ver. 15; ch. 19. 6, 11-21; 20. 1-3. Ps. 21. 13; 57. 11; 64. 9, 10; 98. 1-3; 102. 13-18. Is. 51. 9-11; 52. 10.

18 *the nations.* ver. 2, 9, 10; ch. 17. 12-15; 19. 19, 20. Ps. 2. 1-3. Is. 34. 1-10; 63. 1-6. Eze. 38. 9-23. Joel 3. 9-14. Mi. 7. 15-17. Zec. 14. 2, 3. *and thy.* See on ch. 6. 15-17; 14. 10; 15. 1, 7; ch. 16; 19. 15. *and the time.* See on ch. 6. 10, 11; 20. 4, 5, 12, 15. Is. 26. 19-21. Da. 7. 9, 10; 12. 1, 2. He. 9. 27. *and that.* ch. 22. 12. Mat. 5. 12. 2 Th. 1. 5-7. He. 11. 25, 26. *and them.* ch. 19. 5. Ps. 85. 9; 103. 11; 115. 13, 14; 147. 11. Ec. 8. 12; 12. 13. Lu. 1. 50. *shouldest.* ch. 13. 10; 18. 6, 16-24; 19. 19, 21. Da. 7. 26; 8. 25; 11. 44, 45. *which destroy. or,* which corrupt.

19 *the temple.* ch. 14. 15-17; 15. 5-8; 19. 11. Is. 6. 1-4. *the ark.* Ex. 25. 21, 22. Nu. 4. 5, 15; 10. 33. 2 Co. 3. 14-16. He. 9. 4-8. *and there were.* ver. 13, 15. See on ch. 4. 5; 8. 5; 16. 18. *and great.* ch. 8. 7; 16. 21. Ex. 9. 18-29. Jos. 10. 11. Job 38. 22, 23. Ps. 18. 12; 105. 32. Is. 28. 2; 30. 30; 32. 19. Eze. 13. 11; 38. 22.

## CHAP. XII.

*A woman clothed with the sun travails,* 1-3. *The great red dragon stands before her, ready to devour her child,* 4, 5; *when she is delivered she flees into the wilderness,* 6. *Michael and his angels fight with the dragon, and prevail,* 7-12. *The dragon, being cast down into the earth, persecutes the woman,* 13-17.

1 *there.* ver. 3; ch. 11. 19; 15. 1. 2 Ch. 32. 31. Mar. 13. 25. Ac. 2. 19. *wonder. or,* sign. Mat. 12. 38; 24. 30. Lu. 21. 11, 25. *a woman.* Is. 49. 14-23; 54. 5-7; 60. 1-4. Ho. 2. 19, 20. Jno. 3. 29. 2 Co. 11. 2. Ep. 5. 25-27, 32. *clothed.* ch. 21. 23. Ps. 84. 11. Is. 60. 19, 20; 61. 10. Mal. 4. 2. Ro. 3. 22; 13. 14. Ga. 3. 27. *and the.* Ga. 6. 14. Tit. 2. 11, 12. *crown.* ch. 1. 20; 21. 14. Is. 62. 3. Zec. 9. 16.

2 *travailing.* ver. 4. Is. 53. 11; 54. 1; 66. 7, 8. Mi. 5. 3. Jno. 16. 21. Ga. 4. 19, 27.

3 *wonder. or,* sign. See on ver. 1. *a great.* ver. 4, 9, 17; ch. 13. 2, 4; 16. 13; 17. 3, 4; 20. 2. Is. 27. 1; 51. 9. *seven heads.* ch. 13. 1, 3; 17. 9, 10. *ten.* ch. 17. 3, 7, 12, 16. Is. 9. 15. Da. 2. 42; 7. 7, 8, 20, 24. *seven crowns.* ch. 13. 1.

4 *his tail.* ch. 9. 10, 19. Da. 8. 9-12. *of the.* ch. 17. 18. *the dragon.* ver. 2. Ex. 1. 16. Mat. 2. 3-16. Jno. 8. 44. 1 Pe. 5. 8.

5 *she.* ver. 2. Is. 7. 14. Je. 31. 22. Mi. 5. 3. Mat. 1. 25. *rule.* See on ch. 2. 26, 27; 19. 15. Ps. 2. 9, 10. *caught.* See on ch. 11. 12. Mar. 16. 19.

6 *the woman.* ver. 4, 14. *that.* 1 Ki. 17. 3-6, 9-16; 19. 4-8. Mat. 4. 11. *a thousand.* See on ch. 11. 2, 3.

7 *war.* ch. 13. 7; 19. 11-20. Is. 34. 5. Ep. 6. 12. Gr. *Michael.* Is. 55. 4. Da. 10. 13, 21; 12. 1. He. 2. 10. Jude 9. *and his.* Mat. 13. 41; 16. 27; 24. 31; 26. 53. 2 Th. 1. 7. *the dragon.* ver. 3, 4; ch. 20. 2. *his angels.* ver. 9. Ps. 78. 49. Mat. 25. 41. 2 Co. 12. 7. Gr. 2 Pe. 2. 4.

8 *prevailed not.* ver. 11. Ps. 13. 4; 118. 10-13; 129. 2. Je. 1. 19; 5. 22. Mat. 16. 18. Ro. 8. 31-39. *their.* Job 7. 10; 8. 18; 20. 9; 27. 21-23. Ps. 37. 10. Ac. 1. 25. Jude 6.

9 *the great.* ver. 3, 7. Lu. 10. 18. Jno. 12. 31. *that.* ver. 14, 15; ch. 20. 2. Ge. 3. 1, 4, 13. Is. 27. 1. 65. 25. *the Devil.* ch. 9. 20; 16. 14; 18. 2. Mat. 4. 1, 5, 8; 13. 39. Lu. 8. 12. Jno. 8. 44. 1 Ti. 3. 6, 7. He. 2. 14. 1 Jno. 3. 8-10. Jude 9. *and Satan.* ch. 2. 9, 13, 24; 3. 9. 1 Ch. 21. 1. Job 1. 6-12; 2. 1. Ps. 109. 6. Zec. 3. 1, 2. Mat. 4. 10. Lu. 13. 16; 22. 3, 31. Ac. 5. 3; 26. 18. Ro. 16. 20. 2 Co. 2. 11; 11. 14; 12. 7. 2 Th. 2. 9. *deceiveth.* ch. 13. 14; 18. 23; 19. 20; 20. 3, 8, 10. Mat. 24. 24. Ro. 16. 18. 2 Co. 11. 3. Ep. 4. 14. 2 Th. 2. 3, 9-11. 1 Ti. 2. 14. 2 Ti. 3. 13. 1 Jno. 5. 19. *he was.* ch. 9. 1. Eze. 28. 16. Lu. 10. 18. Jno. 12. 31. *into.* Job 1. 7; 2. 2. Is. 14. 12; 65. 25. Jno. 14. 30; 16. 11. 2 Co. 4. 4. 1 Pe. 5. 8.

10 *I heard.* See on ch. 11. 15; 19. 1-7. *the kingdom.* 1 Ch. 29. 11. Ps. 22. 28; 45. 6; 145. 11-13. Da. 2. 44. Mat. 6. 10. Lu. 11. 2. *the power.* ch. 2. 26. Ps. 2. 8-12; 110. 5, 6. Mat. 26. 64; 28. 18. 1 Co. 5. 4. 2 Co. 12. 9. *the accuser.* Job 1. 9; 2. 5. Zec. 3. 1, 2. Lu. 22. 31. Tit. 2. 3.

11 *they overcame.* ch. 2. 7, 11, 17, 26; 3. 5, 12, 21. Jno. 16. 33. Ro. 8. 33-39; 16. 20. 1 Co. 15. 57. 2 Co. 10. 3-5. Ep. 6. 13-18. 2 Ti. 4. 7, 8. He. 2. 14, 15. 1 Jno. 2. 13, 14; 4. 4; 5. 5. *the blood.* ch. 7. 10-14; 14. 1-4; 15. 3. *the word.* ver. 17. See on ch. 1. 2, 9; 6. 9; 11. 7; 19. 10. *they loved not.* ch. 2. 10, 13; 20. 4. Lu. 14. 26. Ac. 20. 24; 21. 13. He. 11. 35-38.

12 *rejoice.* ch. 18. 20; 19. 1-7. Ps. 96. 11-13; 148. 1-4. Is. 49. 13; 55. 12, 13. Lu. 2. 14; 15. 10. *Woe.* ch. 8. 13; 9. 12; 11. 10, 14. *because.* ch. 10. 6. He. 10. 37. 2 Pe. 3. 8.

13 ver. 4, 5. Ge. 3. 15. Ps. 37. 12-14. Jno. 16. 33.

14 *to the.* Ex. 19. 4. De. 32. 11, 12. Ps. 55. 6. Is. 40. 31. *she might.* See on ver. 6; ch. 17. 3. *for a time.* ch. 11. 2, 3. Da. 7. 25; 12. 7.

15 *cast.* ch. 17. 15. Ps. 18. 4; 65. 7; 93. 3, 4. Is. 8. 7; 28. 2; 59. 19.

16 Ex. 12. 35, 36. 1 Ki. 17. 6. 2 Ki. 8. 9.

17 *the dragon.* ver. 12. Jno. 8. 44. 1 Pe. 5. 8. *to make.* ch. 11. 7; 13. 7; 17. 6, 14; 18. 20; 19. 19; 20. 8, 9. Ge. 3. 15. Da. 7. 23-26; 11. 36. *which.* ch. 14. 12; 22. 14. Mat. 28. 20. 1 Jno. 5. 2. *and have.* See on ver. 11; ch. 1. 2, 9; 6. 9; 20. 4. 1 Co. 2. 1. 1 Jno. 5. 10.

## CHAP. XIII.

*A beast rises out of the sea with seven heads and ten horns, to whom the dragon gives his power,* 1-10. *Another beast comes out of the earth,* 11-13; *causes an image to be made of the former beast,* 14, *and that men should worship it,* 15, *and receive his mark,* 16-18.

1 *upon.* Je. 5. 22. *and saw.* ch. 11. 7; 17. 8. Da. 7. 2, 3.

*having.* See on ch. 12. 3; 17. 3, 7-12, 16. Da. 7. 7, 8, 19, 20, 23, 24. *ten crowns.* ch. 12. 3. *name. or,* names. *blasphemy.* ver. 5, 6; ch. 17. 3, 5. Da. 7. 25; 11. 36. 2 Th. 2. 3, 4.

2 *was like.* Je. 5. 6; 13. 23. Da. 7. 6, 7. Ho. 13. 7. Hab. 1. 8. *and his feet.* 1 Sa. 17. 34-37. 2 Ki. 2. 24. Pr. 17. 12; 28. 15. Da. 7. 4, 5. Ho. 13. 8. Am. 5. 19. *and his mouth.* Ps. 22. 21. Is. 5. 29. Ho. 11. 10. Am. 3. 12. 2 Ti. 4. 17. 1 Pe. 5. 8. *dragon.* See on ch. 12. 3, 4, 9, 13, 15. *gave.* ch. 16. 10; 17. 12; 19. 20; 20. 2.

3 *one.* ver. 1, 2, 14; ch. 17. 10. *wounded. Gr.* slain. *and his.* Eze. 30. 24. *all.* ch. 17. 6, 8, 13, 17. Lu. 2. 1. Jno. 12. 19. Ac. 8. 10, 11, 13. 2 Th. 2. 9-12.

4 *And they.* ver. 2; ch. 9. 20. Ps. 106. 37, 38. 1 Co. 10. 20-22. 2 Co. 4. 4. *and they.* ver. 12, 13, 15. Da. 11. 36, 37. 2 Th. 2. 4. *Who is like.* ch. 18. 18. *who is able.* ch. 17. 14. De. 9. 2. 1 Sa. 17. 24.

5 *a mouth.* Da. 7. 8, 11, 25; 11. 36. *and power.* See on ch. 11. 2, 3; 12. 6, 14. *to continue. or,* to make war. ver. 7; ch. 11. 7.

6 *he opened.* Job 3. 1. Mat. 12. 34; 15. 19. Ro. 3. 13. *and his.* ch. 21. 3. Jno. 1. 14. Gr. Col. 1. 19; 2. 9. He. 9. 2, 11, 12, 24. *and them.* ch. 4. 1, 4; 5. 13; 7. 9; 11. 12; 12. 12; 18. 20; 19. 1-6. He. 12. 22, 23.

7 *to make.* ch. 11. 7; 12. 17. Da. 7. 21, 25; 8. 24, 25; 11. 36-39; 12. 1. *and power.* ch. 10. 11; 11. 18; 17. 15. Ex. 9. 16. Is. 10. 15; 37. 26. Je. 25. 9; 27. 6, 7; 51. 20-24. Da. 5. 18-23. Lu. 4. 6. Jno. 19. 11.

8 *all.* See on ver. 3, 4, 14, 15. *whose.* ch. 3. 5; 20. 12. 15; 21. 27. Ex. 32. 32. Is. 4. 3. Da. 12. 1. Lu. 10. 20. Phi. 4. 3. *Lamb.* See on ch. 5. 6-9, 12. Jno. 1. 29. *from.* ch. 17. 8. Ep. 1. 4. Tit. 1. 2. 1 Pe. 1. 19, 20.

9 ch. 2. 7, 11, 17, 29.

10 *that leadeth.* Ex. 21. 23-25. Is. 14. 2; 33. 1. Mat. 7. 2. *he that killeth.* ch. 16. 6. Ge. 9. 5, 6. Is. 26. 21. Mat. 26. 52. *Here.* ch. 1. 9; 2. 2, 19; 3. 3, 10; 14. 12. La. 3. 26. Hab. 2. 3. Lu. 18. 1-8; 21. 19. Col. 1. 11. He. 6. 12; 10. 36, 37; 12. 3, 4. Ja. 1. 2-4; 5. 7, 8.

11 *coming.* ver. 1; ch. 11. 7; 17. 8. *and he had.* Mat. 7. 15. Ro. 16. 18. 2 Co. 11. 13-15. *and he spake.* ver. 17; ch. 12. 3, 4, 17; 17. 6. Da. 7. 8, 24, 25. 2 Th. 2. 4.

12 *causeth.* ver. 3, 14-17; ch. 17. 10, 11. 2 Th. 2. 4.

13 *he doeth.* ch. 16. 14; 19. 20. Ex. 7. 11, 12, 22; 8. 7, 18, 19; 9. 11. De. 13. 1-3. Mat. 24. 24. Mar. 13. 22. Ac. 8. 9-11. 2 Th. 2. 9, 10. *he maketh.* ch. 11. 5. Nu. 16. 35. 1 Ki. 18. 38. 2 Ki. 1. 10-14. Mat. 16. 1 Lu. 9. 54-56. 2 Ti. 3. 8.

14 *deceiveth.* ch. 12. 9; 18. 23; 19. 20; 20. 3, 10. 2 Ki. 22. 20, marg. Job 12. 16. Is. 44. 20. Eze. 14. 9. 2 Th. 2. 9-12. *dwell.* See on ver. 3, 8. *they.* ver. 3, 4, 11, 12, 15; ch. 14. 9, 11; 15. 2; 16. 2; 19. 20; 20. 4. 2 Ki. 20. 7. Eze. 8. 10; 16. 17. Da. 11. 36. 2 Th. 2. 4.

15 *life. Gr.* breath. Ge. 2. 7. Ps. 135. 17. Je. 10. 14; 51. 17. Hab. 2. 19. Ja. 2. 26. Gr. *speak.* Ps. 115. 5; 135. 16. Je. 10. 5. *cause.* See on ver. 14; ch. 16. 2, 5; 17. 6, 14, 17; 18. 20, 24; 19. 20; 20. 4. Da. 7. 20, 25.

16 *both.* ch. 11. 18; 19. 5, 18; 20. 12. 2 Ch. 15. 13. Ps. 115. 13. Ac. 26. 22. *rich.* Job 34. 19. Ps. 49. 2. *free.* ch. 6. 15; 19. 18. 1 Co. 12. 13. Ga. 3. 28. Ep. 6. 8. Col. 3. 11. *receive. Gr.* give them. *a mark.* ch. 14. 9-11; 15. 2; 19. 20; 20. 4. Zec. 13. 6. *or.* ch. 7. 3. Ex. 13. 9. De. 6. 8; 11. 18. Eze. 9. 4. 2 Ti. 3. 8.

17 *mark.* See on ver. 16. *name.* ch. 3. 12; 14. 11; 17. 5; 22. 4. *the number.* ver. 18; ch. 15. 2.

18 *Here.* ch. 1. 3; 17. 9. Ps. 107. 43. Da. 12. 10. Ho. 14. 9. Mar. 13. 14. *count.* ch. 15. 2. *the number.* ch. 21. 17. De. 3. 11. Ro. 3. 5.

## CHAP. XIV.

*The Lamb standing on mount Sion with his company,* 1-5. *An angel preaches the gospel,* 6, 7. *The fall of Babylon,* 8-14. *The harvest of the world,* 15-19. *The winepress of the wrath of God,* 20.

1 *I looked.* ver. 14; ch. 4. 1; 6. 8; 15. 5. Je. 1. 11. Eze. 1. 4; 2. 9; 8. 7; 10. 1, 9; 44. 4. Da. 12. 5. Am. 8. 2. Zec. 4. 2. *a Lamb.* See on ch. 5. 5-9, 12, 13; 7. 9-17. *mount.* Ps. 2. 6; 132. 13, 14. Is. 49. 14. Joel 2. 32. Mi. 4. 7. Ro. 9. 33. He. 12. 22-24. *an.* See on ch. 7. 4-8. *having.* ch. 3. 12; 7. 3; 13. 16, 17. Lu. 12. 8.

2 *a voice.* ch. 10. 4; 11. 12, 15; 19. 1-7. *of many.* ch. 1. 15 19. 6. Ps. 93. 4. Is. 17. 13. Eze. 43. 2. *of a.* ch. 1. 10; 8. 7-13; 9. 1; 10. 3, 4; 11. 15. Ex. 19. 16; 20. 18. Zec. 9. 14. *harpers.* See on ch. 5. 8; 15. 2; 18. 22. 2 Sa. 6. 5. 1 Ch. 25. 1-7. Ps. 33. 2; 43. 4; 57. 8. 92. 3; 98. 5; 147. 7; 149. 3; 150. 3-6.

3 *a.* See on ch. 5. 9; 15. 3. Ps. 33. 3; 40. 3; 96. 1; 98. 1; 144. 9; 149. 1. Is. 42. 10. *throne.* See on ch. 4. 2-11. *no.* ver. 1; ch. 2. 17. Ps. 25. 14. Mat. 11. 25-27. 1 Co. 1. 18; 2. 14. *redeemed.* See on ch. 5. 9.

4 *for.* Ps. 45. 14. Ca. 1. 3; 6. 8. Mat. 25. 1. 1 Co. 7. 25, 26, 28. 2 Co. 11. 2. 1 Ti. 4. 3. *which follow.* ch. 3. 4; 7. 15-17; 17. 14. Mat. 8. 19. Lu. 9. 57-62. Jno. 8. 12; 10. 27; 12. 26; 13. 37. *These were.* ch. 5. 9. *redeemed. Gr.* bought. Ps. 74. 2. Ac. 20. 28. 1 Co. 6. 20. Ep. 1. 14. 1 Pe. 2. 9, marg. *the first-fruits.* Je. 2. 3. Am. 6. 1, marg. 1 Co. 16. 15. Ja. 1. 18.

5 *in.* Ps. 32. 2; 34. 13; 55. 11. Pr. 8. 8. Is. 53. 9. Zep. 3. 13. Mat. 12. 34. Jno. 1. 47. 1 Pe. 3. 10. *without.* Ca. 4. 7. Da. 6. 4. Ho. 10. 2. Lu. 23. 4. Ep. 5. 27. Col. 1. 22. Jude 24.

6 *another.* ch. 8. 13. Is. 6. 2, 6, 7. Eze. 1. 14. Da. 9. 21. *in.* Ge. 1. 6. *everlasting.* 2 Sa. 23. 5. Ps. 119. 142; 139. 24; 145. 13. Is. 40. 8; 45. 17; 51. 6, 8. Ep. 3. 9-11. 2 Th. 2. 16. Tit. 1. 1-3. He. 13. 20. *preach.* Mat. 10. 27. Mar. 16. 15. Ro. 16. 25. Col. 1. 23. *every.* ch. 10. 11; 13. 7. Da. 4. 1; 6. 25, 26. Ep. 3. 9.

7 *with.* Is. 40. 3, 6, 9; 44. 23; 52. 7, 8; 58. 1. Ho. 8. 1. *Fear.* See on ch. 11. 18; 15. 4; 19. 5. Ge. 22. 12. Ps. 36. 1; 89. 7. Ec. 12. 13, 14. *give.* ch. 4. 9; 16. 9. Jos. 7. 19. 1 Sa. 6. 5. Is. 42. 12. Mal. 2. 2. Lu. 17. 18. *hour.* ch. 11. 18; 15. 4; 18. 10, 17, 19. Eze. 7. 2, 6. Da. 8. 19. Mat. 25. 13. Jno. 5. 25-29. 1 Pe. 4. 7. *worship.* ch. 4. 11. Ex. 20. 11. Ne. 9. 6. Ps. 33. 6; 95. 5; 124. 8; 146. 5, 6. Pr. 8. 22-31. Je. 10. 10. Ac. 14. 15; 17. 23-25.

8 *Babylon.* ch. 16. 19; 17. 5, 18; 18. 2, 3, 10, 11, 18-21. Is. 21. 9. Je. 51. 7, 8, 64. *because.* ch. 11. 8; 17. 2-5; 18. 3, 10, 18, 21; 19. 2. Je. 51. 7. Eze. 16. 15, etc. Na. 3. 19. *wrath.* ch. 13. 15-17; 17. 6.

9 *the third.* ver. 6-8. Je. 44. 4. *If.* ver. 11. See on ch. 13. 3-6, 11-17.

10 *drink.* ch. 16. 19; 18. 3. Job 21. 20. Ps. 11. 6; 60. 3; 75. 8. Is. 29. 9; 51. 17, 21, 22. Je. 25. 15-17, 27; 51. 57. *into.* ch. 18. 6. Ps. 73. 10. Is. 51. 17. Je. 49. 12. La. 4. 21. Hab. 2. 16. Mat. 20. 22; 26. 39. *be.* ch. 9. 17, 18; 19. 20; 20. 10; 21. 8. Ge. 19. 24. De. 29. 23. Job 18. 15. Ps. 11. 6. Is. 30. 33; 34. 9. Mat. 25. 41. Jude 7. *in the.* Ps. 37. 34; 52. 6; 91. 8. Eze. 20. 48. Mat. 13. 41, 42, 49, 50. 2 Th. 1. 8, 9.

11 *smoke.* ch. 18. 18; 19. 3. Ge. 19. 28. Is. 33. 14; 34. 10. Joel 2. 30. Lu. 16. 23. *for.* ch. 4. 9, 10; 5. 13. 14; 7. 12; 11. 15; 20. 10; 22. 5. Ex. 15. 18. Ps. 10. 16; 145. 1. Mat. 25. 41, 46. He. 1. 8. *no.* De. 28. 65. Is. 57. 20. Mat. 11. 28. Mar. 9. 43-49. Lu. 16. 24.

12 *is.* See on ch. 13. 10. *here are.* See on ch. 12. 17. *the faith.* ch. 3. 8, 10. 2 Ti. 4. 7.

13 *a voice.* ch. 11. 15, 19; 16. 17. Mat. 3. 17. *Write.* ch. 1. 11; 2. 1; 10. 4; 19. 9; 21. 5. *Blessed.* ch. 20. 6. Ec. 4. 1, 2. Is. 57. 1, 2. 2 Co. 5. 8. Phi. 1. 21-23. *die.* Ro. 14. 8. 1 Co. 15. 18. 1 Th. 4. 14, 16; 5. 10. *from henceforth: Yea saith the Spirit. or,* from henceforth saith the Spirit, Yea. *rest.* ch. 6. 11; 7. 14-17. Job 3. 17-19. Is. 35. 10; 57. 2. Lu. 16. 25. 2 Th. 1. 6, 7. He. 4. 9-11. *and their.* Ps. 19. 11; 85. 13. Mat. 25. 35-40. Lu. 16. 9. 1 Co. 15. 58. Ga. 6. 7, 8. Phi. 2. 17. 2 Ti. 4. 7, 8. He. 6. 10, 11.

14 *behold.* ver. 15, 16; ch. 1. 7; 10. 1; 20. 11. Ps. 97. 2. Is. 19. 1. Mat. 17. 5. Lu. 21. 27. *like.* ch. 1. 13. Eze. 1. 26. Da. 7. 13. *a golden.* ch. 6. 2; 11. 17; 19. 12. Ps. 21. 3. He. 2. 9. *a sharp.* ver. 15-17. Joel 3. 12, 13. Mat. 13. 30. Mar. 4. 29.

15 *came.* ch. 16. 17. *crying.* ch. 6. 10. Is. 62. 1, 6, 7. *Thrust.* See on ver. 14. *harvest.* ch. 13. 12. Je. 51. 33. Joel 3. 13. Mat. 13. 30, 39. *ripe. or,* dried. ver. 18. Ge. 15. 6. Zec. 5. 6-11. Mat. 23. 32. 1 Th. 2. 16.

16 *he.* ver. 14. Mat. 16. 27. Jno. 5. 22, 23. *thrust.* ver. 19; ch. 16. 1, etc.

17 *came.* ver. 14, 15, 18; ch. 15. 5, 6; 16. 1.

18 *came.* ch. 6. 9, 10. *which.* ch. 16. 8. *and cried.* See on ver. 15, 16. *Thrust.* Joel 3. 13.

19 *and cast.* ch. 19. 15-21. De. 32. 32, 33.

20 *the winepress.* Is. 63. 1-3. La. 1. 15. *without.* ch. 11. 8. He. 13. 11, 12. *and blood.* ch. 19. 14-21. Is. 34. 5-7; 66. 24. Eze. 39. 17-21.

## CHAP. XV.

*The seven angels with the seven last plagues, 1, 2. The song of them that overcome the beast, 3-6. The seven vials full of the wrath of God, 7, 8.*

1 *I saw.* ch. 12. 1-3. Da. 4. 2, 3; 6. 27. *seven angels.* ver. 6; ch. 8. 2, 6; 10. 3; 16. 1-17; 21. 9. Mar. 13. 41, 42, 49, 50. *last.* ch. 8. 13; 11. 14; 16. 17-21; 17. 1. *is filled.* ver. 7; ch. 14. 10, 19; 16. 19; 19. 15. Da. 12. 6, 7, 11, 12.

2 *a sea.* ch. 4. 6; 21. 18. *mingled.* Is. 4. 4, 5. Mat. 3. 11. 1 Pe. 1. 7; 4. 12. *that had.* ch. 11. 11, 12; 12. 11; 13. 14-18; 14. 1-5. *stand.* Eze. 14. 30, 31. *having.* See on ch. 5. 8; 14. 2; 19. 1-7.

3 *sing the song.* Ex. 15. 1-18. De. 31. 30; 32. 1-43. *the servant.* De. 34. 5. 1 Ch. 6. 49. 2 Ch. 24. 6. Ne. 9. 14. Da. 6. 20; 9. 11. Jno. 1. 17. He. 3. 5. *and the song.* ch. 5. 9-13; 7. 10, 11; 14. 3, 8. *Great.* Ex. 15. 11. Job 5. 9. De. 32. 4. Ps. 78. 12; 105. 5; 111. 2; 118. 22, 23; 139. 14; 145. 6. Da. 4. 2, 3. *Lord God Almighty.* See on ch. 4. 8; 11. 17. Ge. 17. 1. *just.* ch. 16. 5-7; 19. 2. De. 32. 4. Ps. 85. 10, 11; 99. 4; 100. 5; 145. 17. Is. 45. 21. Ho. 14. 9. Mi. 7. 20. Zep. 3. 5. *thou.* Is. 9. 6, 7; 32. 1, 2; 33. 22. Zec. 9. 9. *saints. or,* nations, *or,* ages. ch. 17. 14; 19. 16.

4 *Who.* Ex. 15. 14-16. Ps. 89. 7. Is. 60. 5. Je. 5. 22; 10. 7. Ho. 3. 5. Lu. 12. 4, 5. *and glorify.* Ps. 22. 23; 86. 9. Is. 24. 15; 25. 3. Ro. 15. 9. 2 Th. 1. 10-12. *thou only.* ch. 3. 7; 4. 8; 6. 10. 1 Sa. 2. 2. Ps. 22. 3; 99. 5, 9; 111. 9. Is. 6. 3; 57. 15. Hab. 1. 12. 1 Pe. 1. 16. *for all.* ch. 11. 15. Ps. 22. 27; 86. 9; 117. Is. 45. 23; 66. 18-20, 22. Je. 16. 19. Zec. 2. 11; 8. 20-23; 14. 16. Mal. 1. 11. *for thy.* ch. 16. 7; 19. 2. Ps. 97. 8; 105. 7. Is. 26. 9.

5 ch. 11. 19. Ex. 25. 21. Nu. 1. 50, 53. Mat. 27. 51.

6 *the seven angels.* See on ver. 1. *clothed.* ch. 1. 13. Ex. 28. 5-8. Eze. 44. 17, 18. Lu. 24. 4.

7 *one.* See on ch. 4. 6-9. *seven.* ch. 5. 8; 16. 2, etc.; 17. 1; 21. 9. Ps. 75. 8. Je. 25. 15. *who.* See on ch. 4. 9; 10. 6. 1 Th. 1. 9.

8 *was.* Ex. 40. 34. 1 Ki. 8. 10. 2 Ch. 5. 14. Ps. 18. 8-14. Is. 6. 4. *from the.* Ps. 29. 9. 2 Th. 1. 9. *no.* Je. 15. 1. La. 3. 44. Ro. 11. 33. *till.* See on ver. 1.

## CHAP. XVI.

*The angels pour out their vials full of wrath, 1-5. The plagues that follow, 6-14. Christ comes as a thief. Blessed are they that watch, 15-21.*

1 *I heard.* ch. 14. 15, 18; 15. 5-8. *the seven.* See on ch. 15. 1, 6. *and pour.* ver. 2-12, 17; 14. 9-11; 15. 7. 1 Sa. 15. 3, 18. Eze. 9. 5-8; 10. 2. Mat. 13. 41, 42.

2 *upon the earth.* ch. 8. 7; 14. 16. *a noisome.* Ex. 9. 8-11. De. 7. 15; 28. 27. 1 Sa. 5. 6, 9. 2 Ch. 21. 15. 18. Job 2. 7, 8. Ps. 78. 26. Is. 1. 5, 6; 3. 17, 24. Lu. 16. 20-22. Ac. 12. 23. *had.* See on ch. 13. 15-18.

3 *upon.* ch. 8. 8; 10. 2; 13. 1. *it became.* ch. 11. 6. Ex. 7. 17-21. Ps. 78. 44; 105. 29. Eze. 16. 38. *and every.* ch. 8. 9. Ge. 7. 22.

4 *upon.* ch. 8. 10, 11. *and they.* ver. 5; ch. 14. 7. Ex. 7. 20; 8. 5. Is. 50. 2. Eze. 35. 8. Ho. 13. 15.

5 *the angel.* ver. 4. *Thou art.* ver. 7; ch. 15. 3; 19. 2. Ge. 18. 25. Ps. 129. 4; 145. 17. La. 1. 18. Da. 9. 14. Ro. 2. 5; 3. 5. 2 Th. 1. 5, 6. *which art.* ch. 1. 4, 8; 4. 8; 11. 17.

6 *they have.* ch. 6. 10, 11; 13. 10, 15; 17. 6, 7; 18. 24; 19. 2. De. 32. 42, 43. 2 Ki. 24. 4. Is. 49. 26; 51. 22, 23. Je. 2. 30. La. 4. 13. Mat. 7. 2; 21. 35-41; 23. 30-37. *for they are.* ch. 11. 18; 18. 20. Je. 26. 11, 16. Lu. 12. 48. He. 10. 29.

7 *out.* ch. 6. 9; 8. 3-5; 14. 18. Is. 6. 6. Eze. 10. 2, 7. *Even.* ch. 15. 3, 4. *true.* ch. 13. 10; 14. 10; 19. 2.

8 *upon.* ch. 6. 12; 8. 12; 9. 2. Is. 24. 23. Lu. 21. 25. Ac. 2. 20. *and power.* ch. 7. 16; 9. 17, 18; 14. 18. Jon. 4. 8. Mat. 13. 6.

9 *scorched. or,* burned. *blasphemed.* ver. 10, 11, 21. 2 Ki. 6. 33. 2 Ch. 28. 22. Is. 1. 5; 8. 21. Je. 5. 3; 6. 29, 30. Eze. 24. 13. *and they.* ver. 11; ch. 2. 21; 9. 20. Da. 5. 22, 23. Lu. 13. 3, 5. 2 Co. 12. 21. *to give.* ch. 11. 13; 14. 7. Jos. 7. 19. Je. 13. 6. Am. 4. 6-12.

10 *upon.* ch. 11. 2, 8; 13. 2-4; 17. 9, 17; 18. 2, 21. 23. *full.* ch. 9. 2; 18. 11-19. Ex. 10. 21-23. Ps. 78. 49. Is. 8. 21, 22. Mat. 8. 12; 22. 13. 1 Pe. 2. 17. *they.* ch. 11. 10. Mat. 13. 42, 50; 24. 51. Lu. 13. 28.

11 *blasphemed.* See on ver. 9, 21. *the God.* 2 Ch. 36. 23. Ezr. 1. 2; 5. 11, 12; 6. 10; 7. 12, 21, 23. Ne. 1. 4; 2. 4. Ps. 136. 26. Da. 2. 18, 19, 44. Jon. 1. 9. *because.* ver. 2, 9. *and repented not.* ver. 9. 2 Ti. 3. 13.

12 *upon.* ch. 9. 14; 11. 14. Is. 8. 7. *and the water.* ch. 17. 15. Is. 11. 15; 42. 15; 44. 27. Je. 50. 38-40; 51. 36. *that the.* Is. 41. 2, 3, 25. Eze. ch. 38; 39. Da. 11. 43-45.

13 *three.* ver. 14. 2 Th. 2. 9-11. 1 Ti. 4. 1-3. 2 Ti. 3. 1-6. 2 Pe. 2. 1-3. 1 Jno. 4. 1-3. *like.* Ex. 8. 2-7. Ps. 78. 45; 105. 30. *come out of.* ch. 12. 3, 4, 9-13; 13. 1-7, 11-18. *the false.* ch. 19. 20; 20. 10.

14 *the spirits.* ch. 12. 9. 1 Ki. 22. 19-23. 2 Ch. 18. 18-22. Eze. 14. 9. Jno. 8. 44. 2 Co. 11. 13-15. 1 Ti. 4. 1. Ja. 3. 15. *working.* ch. 13. 13, 14; 19. 20. De. 13. 1, 2. Mat. 24. 24. Mar. 13. 22. 2 Th. 2. 9. *which.* 1 Ki. 22. 6, 10, 11, 19-22. Ac. 13. 8-10. *the whole.* ch. 3. 10; 12. 9; 13. 3. Lu. 2. 1. Ro. 1. 8. 1 Jno. 5. 19. *to gather.* ver. 16; ch. 17. 14; 19. 19; 20. 8. Is. 34. 1-8; 63. 1-6. Eze. 38. 8-12. Joel 3. 11-14. *God Almighty.* See on ver. 7.

15 *I come.* ch. 3. 3. Mat. 24. 43. 1 Th. 5. 2, 3. 2 Pe. 3. 10. *Blessed.* Mat. 24. 42; 25. 13; 26. 41. Mar. 13. 33-37; 14. 38. Lu. 12. 37-43; 21. 36. Ac. 20. 31. 1 Th. 5. 6. 1 Pe. 4. 7. *lest.* ch. 3. 4, 18. Ex. 32. 25. Is. 47. 3. Eze. 16. 37. Ho. 2. 3. Hab. 2. 15. 2 Co. 5. 3.

16 *he.* ch. 17. 14; 19. 17-21. Ju. 4. 7. Joel 3. 9-14. Zec. 14. 2, 3. *the Hebrew.* ch. 9. 11. Jno. 5. 2; 19. 13, 17. Ac. 26. 14. *Armageddon.* Ju. 5. 19. 2 Ki. 23. 29, 30. Zec. 12. 11.

17 *into.* ch. 20. 1-3. Ep. 2. 2; 6. 12. *there.* ver 1; ch. 11. 19; 14. 17; 15. 5, 6. *It is.* ch. 10. 6, 7; 21. 6. Da. 12. 7-13. Jno. 19. 30.

18 *were.* ch. 4. 5; 8. 5; 11. 19. *a.* ch. 11. 13. Da. 12. 1.

19 *the great.* ch. 14. 8; 17. 18; 18. 2, 10, 16-19, 21. *great.* ch. 17. 5. Da. 4. 30. *in.* See on ch. 14. 8-10; 18. 5. Is. 49. 26; 51. 17-23. Je. 25. 15, 16, 26.

20 ch. 6. 14; 20. 11. Is. 2. 14-17. Je. 4. 23-25.

21 *there fell.* ch. 8. 7; 11. 19. Ex. 9. 23-26. Jos. 10. 11. Is. 30. 30. Eze. 13. 11, 13; 38. 21, 22. *blasphemed.* ver. 9, 11. Is. 8. 21.

## CHAP. XVII.

*A woman arrayed in purple and scarlet, with a golden cup in her hand, sits upon the beast, 1-4; which is great Babylon, the mother of all abominations, 5-8. The interpretation of the seven heads, 9-11; and the ten horns, 12, 13. The victory of the Lamb, 14, 15. The punishment of the whore, 16-18.*

1 *one.* ch. 15. 1, 6; 17. 1-17; 21. 9. *talked.* ch. 4. 1; 21. 15. Lu. 9. 30; 24. 32. *I will.* ch. 16. 19; 18. 16-19. *the great.* ver. 4, 5, 15, 16; ch. 19. 2. Is. 57. 3. Na. 3. 4, 5. *that sitteth.* ver. 15. Je. 51. 13.

2 ver. 13, 17; ch. 14. 8; 18. 3, 9, 23. Je. 51. 7.

3 *he carried.* ch. 1. 10; 4. 2; 21. 10. 1 Ki. 18. 12. 2 Ki. 2. 16. Eze. 3. 12; 8. 3; 11. 24. Ac. 8. 39. *into.* ch. 12. 6, 14. Ca. 8. 5. *a woman.* ver. 4, 6, 18; ch. 12. 3. *full.* See on ch. 13. 1-6. Da. 7. 8, 20, 25; 11. 36. 2 Th. 2. 4. *having.* ver. 9-12; ch. 12. 3; 13. 1.

4 *arrayed.* ch. 18. 7, 12, 16. *decked. Gr.* gilded. Da. 11. 38. *golden.* ch. 14. 8; 18. 6, 19. 2. Je. 51. 7. 2 Th. 2. 3-10. *abominations.* De. 29. 17. 1 Ki. 14. 24. 2 Ki. 21. 2. Is. 66. 3. Eze. 20. 30. Ho. 9. 10. *filthiness.* Ezr. 9. 11. La. 1. 9. Eze. 2. 11, 13; 36. 25.

5 *upon.* ch. 7. 3. Is. 3. 9. Phi. 3. 19. *MYSTERY.* 2 Th. 2. 7. 2 Ti. 3. 1-5. *BABYLON.* ch. 11. 8; 14. 8; 16. 19; 18. 2, 10, 21. Je. 51. 47, 48. *THE MOTHER.* ch. 18. 9; 19. 2. *HARLOTS. or,* fornications.

6 *drunken.* ch. 13. 7, 15; 16. 6; 18. 20-24. Da. 7. 21, 25. *the martyrs.* ch. 2. 13; 6. 9, 10; 12. 11 Ac. 22. 20. *I wondered.* Hab. 1. 13.

7 *I will.* See on ver. 1-6, 8.

8 *beast that thou.* The Roman empire *was* the *beast*, or idolatrous persecuting power, when under the Pagan emperors; it ceased to be so when it became Christian; and became so again under the Roman pontiffs, and shall 'go into perdition.' ch. 9. 2; 11. 7; 13. 1-11. *go.* ver. 11 ch. 14. 8-20; 16; 18; 19. 15-21; 20. 10. Da. 7. 11, 26; 11. 45. 2 Th. 2. 3-8. *shall wonder.* ch. 13. 3, 4. *whose.* ch. 13. 8; 20. 12, 15. *from.* Mat. 25. 34. Jno. 17. 24. Ac. 15. 18. Ep. 1. 4. Tit. 1. 2. 1 Pe. 1. 20. *the beast that was.* ch. 13. 1-4, 11, 12.

9 *here.* ch. 13. 18. Da. 12. 4, 8-10. Ho. 14. 9. Mat. 13. 11; 24. 15. *The seven.* ver. 3, 7, 18; 13. 1.

11 *that was.* See on ver. 8.

12 *the ten.* ch. 12. 3; 13. 1. Da. 2. 40-43; 7. 7, 8, 20, 24. Zec. 1. 18-21.

13 *one.* Phi. 1. 27; 2. 2. *shall.* ver. 17. Is. 10. 5-7. Eze. 38. 10. Ac. 4. 28.

14 *shall make.* ch. 11. 7; 8. 6, 7; 16. 14; 19. 15-21. Da. 7. 21, 25; 13. 9-12, 24, 25. Zec. 2. 8. Mat. 25. 40. Ac. 9. 4, 5. *the Lamb shall.* ch. 6. 12-17. Ps. 2. 8, 9; 21. 8-12; 110. 5. Je. 50. 44. Da. 2. 44; 7. 26, 27. 1 Co. 15. 24. *Lord.* ch. 1. 5; 19. 16. De. 10. 17. Ps. 136. 2, 3. Pr. 8. 15, 16. Da. 2. 47. 1 Ti. 6. 15. *and they.* ch. 14. 1-4; 19. 14. Ps. 149. 5-9. Je. 1. 44, 45. Mi. 5. 7-9. Jno. 15. 16. Ro. 8. 30, 37. 2 Ti. 2. 4. He. 3. 1, 2. 1 Pe. 2. 9. *and faithful.* ch. 2. 10.

15 *The waters.* See on ver. 1. Ps. 18. 4; 65. 7; 93. 3, 4. Is. 8. 7, 8. Je. 51. 13, 42, 55. *are.* ch. 10. 11; 11. 9; 13. 7, 8.

16 *the ten.* See on ver. 2, 10, 12. *these.* The *ten horns*, which the angel explained of 'ten kings,' or kingdoms, and which once exalted and supported her ecclesiastical tyranny, will hate, desolate, strip, and devour her. They will be the principal instruments in the destruction of popery and the ruin of Rome itself. ver. 1, 2, 13; ch. 16. 12. Is. 13. 17, 18. Je. 50. 41, 42. *and naked.* ch. 18. 16, 17. Eze. 16. 37-44; 23. 45-49. *eat.* Job 31. 31. Ps. 27. 2. Da. 7. 5. *and burn.* ch. 18. 8, 16. Le. 21. 9.

17 *God hath.* See on ver. 13. Ac. 4. 27, 28. *put.* Ezr. 7. 27. Ps. 105. 25. Pr. 21. 1. Je. 32. 40. 2 Th. 2. 10-12. Ja. 1. 13-17. *to fulfil.* Lu. 22. 3, 22, 37. Jno. 13. 2, 18. *until.* ch. 6. 11; 10. 7; 15. 1. Pr. 19. 21. Is. 45. 27; 46. 10, 11. Je. 27. 6, 7. Eze. 38. 16, 17. Da. 12. 7. Jno. 10. 35; 12. 39, 40; 19. 24, 28.

18 *the woman.* ch. 16. 19; 18. 2. Da. 2. 40, 41; 7. 23. Lu. 2. 1. *which reigneth.* The city which, at the time of the vision, 'reigned over the kings of the earth,' was undoubtedly Rome; and from its foundation, it has, in different ways, accomplished this object to the present time. ch. 12. 4.

## CHAP. XVIII.

*Babylon is fallen, 1-3. The people of God commanded to depart out of her, 4-8. The kings of the earth, with the merchants and mariners, lament over her, 9-19. The saints rejoice for the judgments of God upon her, 20-24.*

1 *I saw.* See on ch. 17. 1. *and the.* ch. 21. 23. Is. 60. 1-3. Eze. 43. 2. Lu. 17. 24. 2 Th. 2. 8.

2 *cried.* ch. 1. 15; 5. 2; 10. 3; 14. 15. Je. 25. 30. Joel 3. 16. *Babylon.* ver. 10, 21; ch. 14. 8; 16. 19; 17. 5, 18. Is. 13. 19; 21. 9. Je. 51. 8, 60-64. *become.* Le. 11. 13-19. Is. 13. 20-22; 14. 23; 21. 8; 34. 11-15. Je. 50. 39, 40; 51. 37. Mar. 5. 3-5. Lu. 8. 27, 28.

3 *all.* ver. 9; ch. 14. 8; 17. 2. Je. 51. 7. *the merchants.* ver. 11-17, 23. Is. 47. 15. 2 Pe. 2. 1-3. *abundance. or,* power. Pr. 23. 1-3. *her delicacies.* Je. 51. 34. La. 4. 5. Lu. 7. 25.

4 *Come.* Ge. 19. 12, 13. Nu. 16. 26, 27. Is. 48. 20; 52. 11. Je. 50. 8; 51. 6, 45, 50. Mat. 24. 15, 16. 2 Co. 6. 17. *partakers.* Ps. 50. 18. Mat. 23. 30. 1 Ti. 5. 22. 2 Jno. 11.

5 *reached.* Ge. 18. 20, 21. 2 Ch. 28. 9. Ezr. 9. 6. Je. 51. 9. Jon. 1. 2. *and.* See on ch. 16. 19.

6 *Reward.* ch. 13. 10; 16. 5, 6. Ex. 21. 23-25. Ps. 137. 8. Je. 50. 15, 29; 51. 24, 49. 2 Ti. 4. 14. *double unto.* Is. 40. 2; 61. 7. Je. 16. 18; 17. 18. Zec. 9. 12. *the cup.* See on ch. 14. 10; 16. 19; 17. 2, 4.

7 *much she.* Is. 22. 12-14; 47. 1, 2, 7-9. Eze. 28. 2-10. Zep. 2. 15. 2 Th. 2. 4-8. *I sit.* Ps. 45. 9. Je. 13. 18. *no widow.* Is. 47. 7, 8. La. 1. 1.

8 *shall her.* ver. 10, 17, 19. Is. 47. 9-11. Je. 51. 6. *and she.* ver. 9; ch. 17. 19; 19. 3. Je. 51. 58. *for.* ch. 11. 17. Job 9. 19. Ps. 62. 11. Is. 27. 1. Je. 50. 31, 34. 1 Co. 10. 22.

9 *the kings.* ver. 3, 7; ch. 17. 2, 12, 13. *shall bewail.* ver. 20. Ps. 58. 10. Je. 50. 46. Eze. 26. 16, 17; 32. 9, 10. Da. 4. 14. Zec. 11. 2, 3. *the smoke.* ver. 18; ch. 14. 11; 19. 3. Ge. 19. 28. De. 29. 23. Is. 13. 19; 30. 33; 34. 9, 10. Je. 50. 40.

10 *afar.* Nu. 16 34. *Alas.* ver. 16, 19. Je. 30. 7. Joel 1. 15. Am. 5. 16. *that great.* ch. 14. 8. Is. 21. 9. *for.* See on ver. 8, 17, 19. Je. 51. 8, 9.

11 *the merchants.* ver. 3, 9, 15, 20, 23; ch. 13. 16, 17. Is. 23. 1-15; 47. 15. Eze. 26. 17-21; 27. 27-36. Zep. 1. 11, 18. *buyeth.* Pr. 3. 14. Mat. 22. 5. Jno. 2. 16. 2 Pe. 2. 3.

12 *merchandise.* ch. 17. 4. 1 Ki. 10. 11, 12. Pr. 8. 10, 11. Eze. 27. 5-25. *thyine. or,* sweet. 1 Ki. 10. 11. 2 Ch. 2. 8.

13 *cinnamon.* 1 Ki. 10. 10, 15, 25. 2 Ch. 9. 9. Pr. 7. 17. Ca. 1. 3; 4. 13, 14; 5. 5. Am. 6. 6. Jno. 12. 3-8. *slaves. or,* bodies. Ex. 21. 16. De. 24. 7; 28. 68. Ne. 5. 4, 5, 8. Is. 50. 1. Eze. 27. 13. Am. 2. 6; 8. 6. 1 Ti. 1. 10. *and souls.* By the sale of indulgences, dispensations, absolutions, masses, bulls, etc. 2 Pe. 2. 3.

14 *thy soul.* Nu. 11. 4, 34. Ps. 78. 18; 106. 14. 1 Co. 10. 6. Ja. 4. 2. 1 Jno. 2. 16, 17. *departed.* Lu. 12. 20; 16. 25.

15 *which.* ver. 3, 11. Ho. 12. 7, 8. Zec. 11. 5. Mar. 11. 17. Ac. 16. 19; 19. 24-27. *shall.* See on ver. 11. Ju. 18. 23, 24. Eze. 27. 31. Am. 5. 16, 17.

16 *Alas.* See on ver. 10, 11; ch. 17. 4. Lu. 16. 19, etc.

17 *in one.* ver. 10. Is. 47. 9. Je. 51. 8. La. 4. 6. *And every.* ver. 11. Is. 23. 14. Eze. 27. 27-36. Jon. 1. 6.

18 *when.* See on ver. 9. *What.* ver. 10; ch. 13. 4. Is. 23. 8, 9. Je. 51. 37. Eze. 27. 30-32.

19 *they cast.* Jos. 7. 6. 1 Sa. 4. 12. 2 Sa. 13. 19. Ne. 9. 1. Job 2. 12. Eze. 27. 30. *weeping.* See on ver. 10. 15, 16. *for.* ver. 8.

20 *Rejoice.* ch. 19. 1-3. Ju. 5. 31. Ps. 48. 11; 58. 10; 96. 11-13; 107. 42; 109. 28. Pr. 11. 10. Is. 44. 23; 49. 13. Je. 51. 47, 48. *and ye.* It is peculiarly worthy of remark, that the *apostles*, who are idolatrously honoured at Rome, and daily worshipped, should be specially mentioned as rejoicing in her fall; as if it 'avenged them' on her, for the dishonour cast on their characters, while it vindicated the glory of God. Ep. 2. 20; 3. 5; 4. 11. 2 Pe. 3. 2. Jude 17. *God.* ch. 6. 10; 19. 2. De. 32. 42. Ps. 18. 47; 94. 1. Is. 26. 21. Lu. 11. 49, 50; 18. 7, 8.

21 *a mighty.* This was to represent the violence of her fall, and that she should never rise again; which is further illustrated by varied emphatical expressions taken from the ancient prophets. But Rome is still standing and flourishing, and honoured by many nations as the metropolis of the Christian world; she still resounds with *singers* and *musicians;* she still excels in *arts*, which serve for pomp and luxury; she still abounds with *candles*, and *lamps*, and *torches*, burning even by day, as well as by night; and consequently this prophecy has not been, but remains to be, fulfilled. *Thus.* Ex. 15. 5. Ne. 9. 11. Je. 51. 63, 64. *and shall.* ver. 22; ch. 12. 8; 16. 20; 20. 11. Job 20. 8. Ps. 37. 36. Eze. 26. 21. Da. 11. 19.

22 *the voice.* Is. 24. 8, 9. Je. 7. 34; 16. 9; 25. 10; 33. 11. Eze. 26. 13.

23 *the light.* ch. 22. 5. Job 21. 17. Pr. 4. 18, 19; 24. 20. *the voice.* See on ver. 22. *thy merchants.*

ver. 3, 11-19. Is. 23. 8. Eze. 27. 24, 25, 33, 34. *for.* ver. 3, 9; ch. 12. 9; 13. 13-16; 17. 2, 5; 21. 8; 22. 15. 2 Ki. 9. 22. Is. 47. 9. Na. 3. 4. Ac. 8. 11.

24 *in her.* ch. 11. 7; 16. 6; 17. 6; 19. 2. Je. 2. 34. Eze. 22. 9, 12, 27. Da. 7. 21. Mat. 23. 27. Lu. 11. 47-51. Ac 7. 52. 1 Th. 2. 15. *were.* Je. 51. 49.

## CHAP. XIX.

*God is praised in heaven for judging the great whore, and avenging the blood of his saints,* 1-6. *The marriage of the Lamb,* 7-9. *The angel will not be worshipped,* 10-16. *The fowls called to the great slaughter,* 17-21.

1 *after.* See on ch. 18. *I heard.* ch. 11. 15; 18. 20. *Alleluia.* ver. 3, 4, 6. Ps. 106. 1; 111. 1; 115. 18; 146. 1; 148. 1; 149. 1; 150. 1, marg. *Salvation.* ch. 4. 10, 11; 5. 9-13; 7. 10-12; 11. 15; 12. 10. 1 Ch. 29. 11. Ps. 3. 8. Jon. 2. 9. Mat. 6. 13. 1 Ti. 1. 16, 17.

2 *true.* See on ch. 15. 3; 16. 5-7. De. 32. 4. Ps. 19. 9. Is. 25. 1. *judged.* ch. 17. 1, 2, 15, 16; 18. 3, 9, 10, 23. *and hath.* See on ch. 6. 10; 18. 20, 24. De. 32. 35, 43.

3 *Alleluia.* See on ver. 1. *And her.* See on ch. 14. 11; 18. 9, 18. Ge 19. 28. Is. 34. 10. Jude 7.

4 *the four.* ch. 4. 4-10; 5. 8-11, 14; 11. 15, 16; 15. 7. *Amen.* ch. 5. 14. 1 Ch. 16. 36. Ne. 5. 13; 8. 6. Ps. 41. 13; 72. 19; 89. 52; 106. 48. Je. 28. 6. Mat. 6. 13; 28. 20. 1 Co. 14. 16. *Alleluia.* See on ver. 1.

5 *a voice.* ch. 7. 15; 11. 19; 16. 17. *Praise.* Ps. 103. 20-22; 134. 1; 135. 1, 19, 20; 148. 11-13; 150. 6. *both.* See on ch. 11. 18; 20. 12.

6 *and as the voice of many.* ch. 1. 15; 14. 2. Eze. 1. 24; 43. 2. *and as the voice of mighty.* ch. 4. 5; 6. 1; 8. 5; 40. 19. Job 40. 9. Ps. 29. 3-9; 77. 18. *for.* ch. 11. 15-18; 12. 10; 21. 22. Ps. 47. 2, 7; 93. 1; 97. 1, 12; 99. 1. Is. 52. 7. Mat. 6. 13.

7 *be glad.* De. 32. 43. 1 Sa. 2. 1. Ps. 9. 14; 48. 11; 95. 1-3; 100. 1, 2; 107. 42. Pr. 29. 2. Is. 66. 10, 14. Zec. 9. 9. Jno. 3. 29. Phi. 3. 3. *for.* ch. 21. 2, 9. Ps. 45. 10-16. Ca. 3. 11. Is. 62. 5. Ho. 2. 19, 20. Mat. 22. 2; 25. 1-10. 2 Co. 11. 2. Ep. 5. 32. *and his.* Is. 52. 1.

8 *to her.* ch. 3. 4, 5, 18. Ps. 45. 13, 14. Is. 61. 10. Eze. 16. 10. Mat. 22. 12. Ro. 3. 22; 13. 14. Ep. 5. 26, 27. *white. or,* bright. Mat. 17. 2. Mar. 9. 3. Lu. 24. 4. Ac. 1. 10. *the fine.* ch. 7. 13, 14. Ps. 132. 9.

9 *Write.* ch. 1. 19; 2. 1, 8, 12, 18; 3. 1, 7, 14; 10. 4; 14. 13. Is. 8. 1. Hab. 2. 2. *Blessed.* See on ver. 7, 8; ch. 3. 20. Mat. 22. 2-4. Lu. 14. 15, 16. *These.* ver. 11; ch. 21. 5; 22. 6. 1 Ti. 1. 15; 4. 9. 2 Ti. 2. 11. Tit. 3. 8.

10 *I fell.* ch. 22. 8, 9. Mar. 5. 22; 7. 25. Ac. 10. 25, 26; 14. 11-15. 1 Jno. 5. 21. *See.* 2 Co. 8. 7. Ep. 5. 15, 33. 1 Th. 5. 15. He. 12. 25. *I am.* Ps. 103. 20, 21. Da. 7. 10. Lu. 1. 19. He. 1. 14. *the testimony.* See on ch. 1. 9; 12. 11, 17; 22. 9. 1 Jno. 5. 10. *worship.* ch. 4. 10; 14. 7; 15. 4. Ex. 34. 14. 2 Ki. 17. 36. Ps. 45. 11. Mat. 4. 10. Jno. 4. 22-24. Phi. 3. 3. *for the.* Lu. 24. 25-27, 44. Jno. 5. 39. Ac. 3. 12-18; 10. 43; 13. 27. Ro. 3. 21, 22. 1 Pe. 1. 10-12. 2 Pe. 1. 19-21.

11 *heaven.* See on ch. 4. 1; 11. 19; 15. 5. *a white.* See on ch. 6. 2. Zec. 1. 8. *Faithful.* ch. 1. 5; 3. 7, 14. Jno. 14. 6. *and in.* ch. 15. 3-7. Ps. 45. 3-7; 50. 6; 72. 2-4; 96. 13; 98. 9; 99. 4. Is. 11. 3-5; 32. 1; 45. 21; 63. 1-5. Je. 23. 5, 6; 33. 15. Zec. 9. 9, 10. He. 7. 1, 2.

12 *eyes.* See on ch. 1. 14; 2. 18. *on his.* ch. 6. 2; 12. 3; 13. 1. Ps. 8. 5. Ca. 3. 11. Is. 62. 3. Zec. 9. 16. Mat. 21. 5; 28. 18. He. 2. 9. *a name.* ver. 16; ch. 2. 17; 3. 12. Ge. 32. 29. Ex. 23. 21. Ju. 13. 18. Is. 9. 6. Mat. 11. 27. Lu. 10. 22.

13 *clothed.* ch. 14. 20. Ps. 58. 10. Is. 9. 5; 34. 3-8; 63. 1-6. *The.* See on Jno. 1. 1, 14. 1 Jno. 1. 1; 5. 7.

14 *the armies.* ch. 14. 1, 20; 17. 14. Ps. 68. 17; 149. 6-9. Zec. 14. 5. Mat. 26. 53. 2 Th. 1. 7. Jude 14. *white horses.* See on ver. 11. *clothed.* See on ver. 8; ch. 4. 4; 7. 9. Mat. 28. 3.

15 *out.* ver. 21; ch. 1. 16; 2. 12, 16. Is. 11. 4; 30. 33. 2 Th. 2. 8. *and he shall.* ch. 2. 27; 12. 5. Ps. 2. 9. *and he treadeth.* ch. 14. 17-20. Is. 63. 2-6.

16 *on his vesture.* ver. 12, 13. *KING.* ch. 17. 14. Ps. 72. 11. Pr. 8. 15, 16. Da. 2. 47. Phi. 2. 9-11. 1 Ti. 6. 15.

17 *an angel.* ch. 8. 13; 14. 6. Is. 34. 1-8. *saying.* ver. 21. Is. 56. 9. Je. 12. 9. Eze. 39. 17-20.

18 *ye.* De. 28. 26. 1 Sa. 17. 44, 46. Ps. 110. 5, 6. Je. 7. 33; 16. 4; 19. 7; 34. 20. Eze. 29. 5; 39. 18-20. Mat. 24. 28. Lu. 17. 37. *of all.* ch. 6. 15; 13. 16.

19 *I saw.* ch. 13. 1-10; 14. 9; 16. 14, 16; 17. 12-14; 18. 9. Eze. 38. 8-18. Da. 7. 21-26; 8. 25; 11. 40-45. Joel 3. 9-14. *him.* See on ver. 11-14.

20 *the beast.* ver. 19; ch. 13. 1-8, 18; 17. 3-8, 12. Da. 2. 40-45; 7. 7, 12-14, 19-21, 23. *the false.* ch. 13. 11-17; 16. 13, 14; 20. 10; 22. 15. Da. 7. 8-11, 24-26; 8. 24, 26. 2 Th. 2. 8-11. *These.* ch. 20. 10, 14. Da. 7. 11; 11. 45. *burning.* ch. 14. 10; 21. 8. Ge. 19. 24. De. 29. 23. Job 18. 15. Ps. 11. 6. Is. 30. 33; 34. 9. Eze. 38. 22.

21 *the remnant.* ver. 11-15; ch. 1. 16. *and all.* ver. 17, 18; ch. 17. 16.

## CHAP. XX.

*Satan bound for a thousand years,* 1-5. *The first resurrection; they blessed that have part therein,* 6. *Satan let loose again,* 7. *Gog and Magog,* 8, 9. *The devils cast into the lake of fire and brimstone,* 10, 11. *The last and general resurrection,* 12-15.

1 *I saw.* ch. 10. 1; 18. 1. *having.* ch. 1. 18; 9. 1, 2. Lu. 8. 31. *a great.* 2 Pe. 2. 4. Jude 6.

2 *he laid.* Ge. 3. 15. Is. 27. 1; 49. 24, 25. Mat. 8. 29; 12. 29. Mar. 5. 7. Lu. 11. 20-22. Jno. 12. 31; 16. 11. Ro. 16. 20. He. 2. 14. *the dragon.* See on ch. 9. 11; 12. 9, 13, 15, 17; 13. 2, 4. Job 1. 7; 2. 1, 2. 1 Pe. 5. 8. 2 Pe. 2. 4. Jude 6.

3 *cast.* See on ver. 1; ch. 17. 8. *and set.* Da. 6. 17. Mat. 27. 66. *should deceive.* ver. 8; ch. 12. 9; 13. 14; 16. 14-16; 17. 2. Mat. 24. 24. 2 Co. 11. 3, 13-15. 2 Th. 2. 9-11. *the thousand.* Ps. 90. 4. 2 Pe. 3. 8. *and after.* ver. 7-10.

4 *thrones.* Da. 7. 9, 18, 22, 27. Mat. 19. 28. Lu. 22. 30. 1 Co. 6. 2, 3. *the souls.* ch. 6. 9. Mal. 4. 5. Mat. 17. 10-13. Mar. 9. 11. Lu. 1. 17; 9. 7-9. *beheaded.* Mat. 24. 10. Mar. 6. 16, 27. Lu. 9. 9. *the witness.* ch. 1. 9; 11. 3, 7; 12. 11. *and which.* ch. 13. 12-17; 14. 11; 15. 2; 17. 8. *and they.* ch. 5. 9; 11. 11, 15. Da. 2. 44; 7. 18, 27. Ro. 8. 17; 11. 15. 2 Ti. 2. 12.

5 *the rest.* ver. 8, 9; ch. 19. 20, 21. *This.* ch. 11. 11, 15. Eze. 37. 2-14. Ro. 11. 15.

6 *Blessed.* ver. 5; ch. 14. 13; 22. 7. Is. 4. 3. Da. 12. 12. Lu. 14. 15. *the second.* ver. 14; ch. 2. 11; 21. 8. *priests.* ch. 1. 6; 5. 10. Is. 61. 6. Ro. 12. 1. 1 Pe. 2. 5, 9. *and shall.* ver. 4; ch. 1. 6; 5. 10. Ro. 8. 17. 2 Ti. 2. 12.

7 See on ver. 2.

8 *to deceive.* See on ver. 3, 10. *Gog.* Eze. ch. 38; 39. *to gather.* See on ch. 16. 14. *the number.* Ju. 7. 12. 1 Sa. 13. 5. 1 Ki. 4. 20. Is. 10. 22. Je. 33. 22. He. 11. 12.

9 *went.* Is. 8. 7, 8. Eze. 38. 9, 16. Hab. 1. 6. *and compassed.* 2 Ki. 6. 15. Mi. 2. 13. Mat. 16. 16-18. Lu. 19. 43; 21. 20. *the camp.* Ps. 48. 1-3; 74. 2-4; 125. 1, 2. He. 13. 13. *and fire.* ch. 11. 5; 13. 13. Ge. 19. 24. Ex. 9. 23, 24. Le. 10. 2, 3. Nu. 11. 1; 16. 35. 2 Ki. 1. 10-15. Ps. 97. 3; 106. 18. Is. 30. 33; 37. 36. Eze. 38. 22; 39. 6. Lu. 9. 54; 17. 29. 2 Th. 1. 8.

10 *the devil.* See on ver. 2, 3, 8. *the lake.* ver. 14, 15; ch. 19. 20. *tormented.* ch. 14. 10. Mat. 25. 41, 46.

11 *I saw.* ver. 2; ch. 19. 11. Ge. 18. 25. Ps. 9. 7, 8; 14. 6, 7; 47. 8; 89. 14; 97. 2. Mat. 25. 31. Ac. 17. 30, 31. Ro. 2. 5. *from.* ch. 6. 14; 16. 20; 21. 1. Je. 4. 23-26. Da. 2. 35. Mat. 24. 35. 2 Pe. 3. 7, 10-12. *and there.* ch. 12. 8. Job 9. 6.

12 *I saw.* ver. 11. Da. 12. 2. Jno. 5. 28, 29; 11. 25, 26. Ac. 24. 15. 1 Co. 15. 21-23. 1 Th. 4. 15-17. *small.* See on ch. 19. 5. *stand.* Ro. 14. 10-12. 1 Co. 4. 5. 2 Co. 5. 10. *the books.* Da. 7. 10. *and another.* ch. 3. 5; 13. 8; 17. 8; 21. 27. Ps. 69. 28. Da. 12. 1. Lu. 10. 20. Phi. 4. 3. *according.* ver. 13; ch. 2. 23; 22. 12. Ps. 28. 4; 62. 12. Pr. 24. 12, 29. Ec. 12. 14. Je. 17. 10; 32. 19. Mat. 16. 27. Ro. 2. 6. 2 Co. 5. 10.

13 *the sea.* Jno. 5. 28, 29. *and death.* ver. 14; ch.

6. 8. Ho. 13. 14. 1 Co. 15. 50-58. *hell. or*, the grave. 1 Co. 15. 55, marg. *and they*. See on ver. 12.
14 *death*. See on ch. 19. 20. Ho. 13. 14. 1 Co. 15. 26, 53. *This*. See on ver. 6; ch. 21. 8.
15 *whosoever*. Mar. 16. 16. Jno. 3. 18, 19, 36; 14. 6. Ac. 4. 12. He. 2. 3; 12. 25. 1 Jno. 5. 11, 12. *was cast*. See on ch. 19. 20. Mat. 25. 41. Mar. 9. 43-48.

## CHAP. XXI.

*A new heaven and a new earth*, 1-9. *The heavenly Jerusalem, with a full description thereof*, 10-22. *She needs no sun, the glory of God being her light*, 23. *The kings of the earth bring their riches unto her*, 24-27.

1 *a new*. ver. 5. Is. 65. 17-19; 66. 22. 2 Pe. 3. 13. *for*. See on ch. 20. 11. *and there*. ch. 13. 1. Is. 27. 1; 57. 20. Da. 7. 3.
2 *I*. ch. 1. 1, 4, 9. *the holy*. ch. 3. 12. Ps. 48. 1-3; 87. 3. Is. 1. 21; 52. 1. Je. 31. 23. He. 11. 10; 12. 22; 13. 14. *coming*. ver. 10. Ga. 4. 25, 26. *as*. See on ch. 19. 7, 8. Ps. 45. 9-14. Is. 54. 5; 61. 10; 62. 4. Jno. 3. 29. 2 Co. 11. 2. Ep. 5. 25-27, 30-32.
3 *a great*. ch. 10. 4, 8; 12. 10. *Behold*. ch. 7. 15. Le. 26. 11, 12. 1 Ki. 8. 27. 2 Ch. 6. 18. Is. 12. 6. Eze. 37. 27; 43. 7. Jno. 1. 14; 14. 23. 2 Co. 6. 16. *they shall*. ver. 7. See on Ge. 17. 7, 8. Je. 31. 33; 32. 38. Zec. 13. 9. 2 Co. 6. 18. He. 8. 10; 11. 16. *God himself*. Zec. 8. 8.
4 *God shall*. ch. 7. 17. Is. 25. 8. *no*. ch. 20. 14; 22. 3. Is. 25. 8. Ho. 13. 14. 1 Co. 15. 26, 54-58. He. 2. 14, 15. *neither sorrow*. Is. 30. 19; 35. 10; 60. 20; 61. 3; 65. 18, 19. Je. 31. 13. *the former*. ver. 1. Ps. 144. 4. Mat. 24. 35. 1 Co. 7. 31. 2 Co. 6. 17. 2 Pe. 3. 10. 1 Jno. 2. 17.
5 *that sat*. ch. 4. 2, 9; 5. 1; 20. 11. *Behold*. Is. 42. 9; 43. 19. 2 Co. 5. 17. *Write*. See on ch. 1. 11, 19. *these*. See on ch. 19. 9.
6 *It is*. See on ch. 16. 17. *I am*. ch. 1. 8, 11, 17; 22. 13. *I will*. ch. 7. 17; 22. 17. Is. 12. 3; 55. 1-3. Jno. 4. 10, 14; 7. 37, 38. *the fountain*. Ps. 36. 9. Je. 2. 13. Joel. 3. 18. *freely*. Ho. 14. 4. Ro. 3. 24; 8. 32. 1 Co. 2. 12; 3. 5, 12, 21. 1 Jno. 5. 4, 5.
7 *overcometh*. ch. 2. 11, 17, 25. *inherit*. 1 Sa. 2. 8. Pr. 3. 35. Is. 65. 9. Mat. 19. 29; 25. 34. Mar. 10. 17. 1 Co. 3. 21-23. 1 Pe. 1. 3, 4; 3. 9. *all things. or*, these things. *and I*. See on ver. 3. Zec. 8. 8. Ro. 8. 15-17. He. 8. 10. 1 Jno. 3. 1-3.
8 *the fearful*. De. 20. 8. Ju. 7. 3. Is. 51. 12; 57. 11. Mat. 8. 26; 10. 28. Lu. 12. 4-9. Jno. 12. 42, 43. 1 Pe. 3. 14, 15. 1 Jno. 5. 4, 5, 10. *and the*. ch. 22. 15. Mal. 3. 5. 1 Co. 6. 9, 10. Ga. 5. 19-21. Ep. 5. 5, 6. 1 Ti. 1. 9, 10. He. 12. 24; 13. 4. 1 Jno. 3. 15. *and idolaters*. 1 Co. 10. 20, 21. *and all*. ch. 2. 2. Pr. 19. 5, 9. Is. 9. 15. Jno. 8. 44. 2 Th. 2. 9. 1 Ti. 4. 2. 1 Jno. 2. 22. *the lake*. ch. 19. 29; 20. 14, 15. *which is*. See on ch. 20. 14.
9 *which*. ch. 15. 1-7; 16. 1-17. *the Lamb's*. See on ver. 2; ch. 19. 7.
10 *he carried*. ch. 1. 10; 4. 2; 17. 3. 1 Ki. 18. 12. 2 Ki. 2. 16. Eze. 3. 14; 8. 3; 11. 1, 24; 40. 1-3. Ac. 8. 39. 2 Co. 12. 2-4. *that*. See on ver. 2. Eze. ch. 40; 48. 15-22.
11 *the glory*. ver. 22, 23; 22. 5. Is. 4. 5; 60. 1, 2, 19, 20. Eze. 48. 35. *her*. ver. 19. Eze. 1. 26; 28. 13, 14, 16. *clear*. ver. 18; ch. 4. 6; 22. 1. Job 28. 17. Eze. 1. 22.
12 *a wall*. ver. 17-20. Ezr. 9. 9. Ne. 12. 27. Ps. 51. 18; 122. 7. *twelve gates*. ver. 21, 25. Is. 54. 12; 60. 18. Eze. 48. 31-34. *twelve angels*. Mat. 18. 10. Lu. 15. 10; 16. 22. He. 1. 14. *and names*. ch. 7. 4-8. Nu. 2. 2-32. Ac. 26. 7.
13 Eze. 48. 31-34.
14 *foundations*. ver. 19-21. Is. 54. 11. He. 11. 10. *and in*. ch. 18. 20. Mat. 10. 2-4; 16. 18. 1 Co. 3. 10, 11. Ga. 2. 9. Ep. 2. 30; 3. 5; 4. 11. Jude 17.
15 *a golden*. See on ch. 11. 1, 2. Ex. 40. 3-5; 41. 1, etc. Zec. 2. 1.
16 *four square*. The square form of this city probably denotes its stability; while its vast dimensions, being 1500 miles on each side, are emblematical of magnificence, and of its capability of containing all the multitude of inhabitants which should ever enter it, however immense or innumerable. Eze. 11. 47; 48. 20. *twelve*. Eze. 48. 8-19.
17 *an*. ch. 7. 4; 14. 3.
18 *was of*. See on ver. 11, 19. *like*. ver. 11, 21.
19 *the foundations*. Job 28. 16-19. Pr. 3. 15. Is. 54. 11, 12. *sapphire*. See on Ex. 28. 17-21; 29. 10-14.
21 *the twelve*. ver. 12; ch. 17. 4. Mat. 13. 45, 46. *every several*. This may denote, that every thing will be superlatively glorious, beyond all comparison with any thing ever seen on earth. *pure*. ver. 18; ch. 17. 4; 18. 16; 22. 2. 1 Ki. 6. 20. Is. 60. 17, 18. *as it*. ver. 11, 18.
22 *I saw*. ver. 4, 5. 1 Ki. 8. 27. 2 Ch. 2. 6; 6. 18. Is. 66. 1. Jno. 4. 23. *the Lord*. See on ch. 1. 8; 4. 8; 11. 17; 15. 3; 16. 7, 14; 19. 15. *the Lamb*. Jno. 2. 19-21; 10. 30. Col. 1. 19; 2. 9. He. 9. 1-12.
23 *the city*. ver. 11; ch. 22. 5. Is. 24. 23; 60. 19, 20. *for*. See on ver. 11; ch. 18. 1. Is. 2. 10, 19, 21. Hab. 3. 3. Mat. 16. 27. Mar. 8. 38. Jno. 17. 24. Ac. 22. 11. *the Lamb*. Lu. 2. 32. Jno. 1. 4, 9, 14, 18; 5. 23.
24 *the nations*. ch. 22. 2. De. 32. 43. Ps. 22. 27. Is. 2. 2; 52. 15; 55. 5, 10; 66. 12, 18. Je. 4. 2. Zec. 2. 11; 8. 22, 23. Ro. 15. 10-12; 16, 26. *walk*. Is. 2. 5. *the kings*. Ps. 72. 10, 11. Is. 60. 3-10, 13; 66. 11, 12.
25 *the gates*. Is. 60. 11. *for*. ch. 22. 5. Is. 60. 20. Zec. 14. 7.
26 *the glory*. See on ver. 24.
27 *there*. Le. 13. 46. Nu. 5. 3; 12. 15. Ps. 101. 8. Is. 35. 8; 52. 1; 60. 21. Joel 3. 17. Mat. 13. 41. 1 Co. 6. 9, 10. Ga. 5. 19-21. Ep. 5. 5. He. 12. 14. *worketh*. See on ch. 17. 4, 5. *or maketh*. See on ver. 8; ch. 22. 14, 15. *they*. See on ch. 3. 5; 13. 8; 20. 12, 15. Phi. 4. 3.

## CHAP. XXII.

*The river of the water of life*, 1. *The tree of life*, 2-4. *The light of the city of God is himself*, 5-8. *The angel will not be worshipped*, 9-17. *Nothing may be added to the word of God, nor taken therefrom*, 18-21.

1 *a pure*. Ps. 36. 8; 46. 4. Is. 41. 18; 48. 18; 66. 12. Eze. 47. 1-9. Zec. 14. 8. Jno. 7. 38, 39. *water*. ch. 7. 17; 21. 6. Ps. 36. 9. Je. 2. 13; 17. 13. Jno. 4. 10, 11, 14. *clear*. See on ch. 21. 11. *proceeding*. ch. 3. 21; 4. 5; 5. 6, 13; 7. 10, 11, 17. Jno. 14. 16-18; 15. 26; 16. 7-15. Ac. 1. 4, 5; 2. 33.
2 *the midst*. ver. 1; ch. 21. 21. Eze. 47. 1, 12. *the tree of life*. Rather, the definite article not being in the original, '*a* tree of life;' for there were three trees; one in the street, and one on each side of the river. ver. 14; ch. 2. 7. Ge. 2. 9; 3. 22-24. Pr. 3. 18. *healing*. ch. 21. 24. Ps. 147. 3. Is. 6. 10; 57. 18, 19. Je. 17. 14. Eze. 47. 8-11. Ho. 14. 4. Mal. 4. 2. Lu. 4. 18. 1 Pe. 2. 24.
3 *there*. ch. 21. 4. De. 27. 26. Zec. 14. 11. Mat. 25. 41. Ge. 3. 10-13. *but*. ch. 7. 15-17; 21. 22, 23. Ps. 16. 11; 17. 15. Is. 12. 6. Eze. 48. 35. Mat. 25. 21. Jno. 14. 3; 17. 24. *his*. ch. 7. 15. Jno. 12. 26.
4 *they*. Eze. 33. 18-20, 23. Job 33. 26. Ps. 4. 6. Is. 33. 17; 35. 2; 40. 5. Mat. 5. 8. Jno. 12. 26; 17. 24. 1 Co. 13. 12. He. 12. 14. 1 Jno. 3. 2, 3. *and his*. See on ch. 3. 12; 14. 1.
5 *no night*. ch. 18. 23. See on ch. 21. 22-25. Ps. 36. 9; 84. 11. Pr. 4. 18, 19. Is. 60. 19, 20. *and they*. ch. 3. 21; 11. 15. Da. 7. 18, 27. Mat. 25. 34, 46. Ro. 5. 17. 2 Ti. 2. 12. 1 Pe. 1. 3, 4.
6 *These*. See on ch. 19. 9; 21. 5. *the holy*. ch. 18. 20. Lu. 1. 70; 16. 16. Ac. 3. 18. Ro. 1. 2. 1 Pe. 1. 11, 12. 2 Pe. 1. 21; 3. 2. *sent*. See on ch. 1. 1. Da. 3. 28; 6. 22. Mat. 13. 41. Ac. 12. 11. 2 Th. 1. 7. *which*. ver. 7. Ge. 41. 32. 1 Co. 7. 29. 2 Pe. 3. 8, 9
7 *I come*. ver. 10, 12, 20. See on ch. 3. 11. *blessed* ver. 9. See on ch. 1. 3.
8 *I fell*. See on ch. 19. 10, 19.
9 *See*. ch. 19. 10. De. 4. 19. Col. 2. 18, 19. 1 Jno. 5. 20

*worship God.* ch. 4. 10; 9. 20; 14. 7; 15. 4. Ex. 34. 14. 2 Ki. 17. 36. Ps. 45. 11. Mat. 4. 9. Lu. 4. 7. Jno. 4. 22, 23.

10 *he saith.* ver. 12, 13, 16, 20. *Seal.* ch. 5. 1; 10. 4. Is. 8. 16. Da. 8. 26; 12. 4, 9. Mat. 10. 27. *for.* See on ch. 1. 3. Is. 13. 6. Eze. 12. 23. Ro. 13. 12. 2 Th. 2. 3. 1 Pe. 4. 7.

11 *that is unjust.* ch. 16. 8-11, 21. Ps. 81. 12. Pr. 1. 24-33; 14. 32. Ec. 11. 3. Eze. 3. 27. Da. 12. 10. Mat. 15. 14; 21. 19; 25. 10. Jno. 8. 21. 2 Ti. 3. 13. *and he that.* ver. 3; ch. 7. 13-15. Job 17. 9. Pr. 4. 18. Mat. 5. 6. Ep. 5. 27. Col. 1. 22. Jude 24.

12 *I come.* See on ver. 7. Zep. 1. 14. *and my.* ch. 11. 18. Is. 3. 10, 11; 40. 10; 62. 11. 1 Co. 3. 8, 14; 9. 17, 18. *to give.* See on ch. 20. 12. Mat. 16. 27. Ro. 2. 6-11; 14. 12.

13 See on ch. 1. 8, 11; 21. 6. Is. 41. 4; 44. 6; 48. 12.

14 *Blessed.* ver. 7. Ps. 106. 3-5; 112. 1; 119. 1-6. Is. 56. 1, 2. Da. 12. 12. Mat. 7. 21-27. Lu. 12. 37, 38. Jno. 14. 15, 21-23; 15. 10-14. 1 Co. 7. 19. Ga. 5. 6. 1 Jno. 3. 3, 23, 24; 5. 3. *may have.* Jno. 4. 12. 1 Co. 8. 9; 9. 5. Gr. *to the.* See on ver. 2; ch. 2. 7. *and may.* See on ch. 21. 27. Jno. 10. 7, 9; 14. 6.

15 *without.* ch. 9. 20, 21; 21. 8, 27. 1 Co. 6. 9, 10. Ga. 5. 19-21. Ep. 5. 3-6. Col. 3. 6. *dogs.* See on Phi. 3. 2. *sorcerers.* ch. 9. 21; 18. 23. Is. 47. 9, 12; 57. 3. Mal. 3. 5. Ac. 8. 11; 13. 6-11. *whoremongers.* See on ch. 17. 1-6. *whosoever.* ch. 21. 8, 27. 1 Ki. 22. 8, 21-23. Is. 9. 15, 16. Je. 5. 31. Jno. 3. 18-21; 8. 46. 2 Th. 2. 10-12.

16 *I Jesus.* See on ver. 6; ch. 1. 1. *to testify.* ver. 20. See on ver. 1, 11; ch. 2. 7, 11, 17, 29; 3. 6, 13, 22. *I am.* See on ch. 5. 5. Is. 11. 1. Zec. 6. 12. Mat. 22. 42, 45. Ro. 1. 3, 4; 9. 5. *the bright.* ch. 2. 28. Nu. 24. 17. Mat. 2. 2, 7-10. Lu. 1. 78. 2 Pe. 1. 19.

17 *the Spirit.* See on ver. 16. Is. 55. 1-3. Jno. 16. 7-15. *the bride.* See on ch. 21. 2, 9. *Come.* Is. 2. 5. *let him that heareth.* Ps. 34. 8. Is. 2. 3, 5; 48. 16-18. Je. 50. 5. Mi. 4. 2. Zec. 8. 21-23. Jno. 1. 39-46; 4. 29. 1 Th. 1. 5-8. *let him that is athirst.* See on ch. 21. 6. Is. 55. 1. Jno. 7. 37. *let him take.* Is. 12. 3. Jno. 4. 10, 14. *freely.* Ro. 3. 24. 1 Co. 2. 12.

18 *testify.* See on ver. 16; ch. 3. 14. Ep. 4. 17. 1 Th. 4. 6. *heareth.* See on ch. 1. 3. *If.* De. 4. 2; 12. 32. Pr. 30. 6. Mat. 15. 6-9, 13. *God.* ch. 14. 10, 11; 15. 1; 16; 19. 20; 20. 10, 15. Le. 26. 18, 24, 25, 28, 37.

19 *take.* See on ch. 2. 18. Lu. 11. 52. *God.* See on ch. 3. 5; 13. 8. Ex. 32. 33. Ps. 69. 28. *out of the book of life. or,* from the tree of life. See on ver. 2. *and out.* See on ch. 21. 2, 22-27. *and from.* ver. 12; ch. 1. 3; 2. 7, 11, 17, 26; 3. 4, 5, 12, 21; 7. 9-17; 14. 13.

20 *which.* See on ver. 18. *Surely.* See on ver. 7. 10, 12. *Amen.* ch. 1. 18. Ca. 8. 14. Is. 25. 9. Jno. 21. 25. 2 Ti. 4. 8. He. 9. 28. 2 Pe. 3. 12-14.

21 ch. 1. 4. Ro. 1. 7; 16. 20, 24. 2 Co. 13. 14. Ep. 23, 24. 2 Th. 3. 18.

## CONCLUDING REMARKS ON THE BOOK OF REVELATION.

THE obscurity of this prophecy, which has been urged against its genuineness, necessarily results from the highly figurative and symbolical language in which it is delivered, and is, in fact, a strong internal proof of its authenticity and divine original. 'For it is a part of this prophecy,' as Sir ISAAC NEWTON justly remarks, 'that it should not be understood before the last age of the world; and therefore it makes for the credit of the prophecy that it is not yet understood. The folly of interpreters has been to foretell times and things by this prophecy, as if God designed to make them prophets. By this rashness they have not only exposed themselves, but brought the prophecy also into contempt. The design of God was much otherwise. He gave this, and the prophecies of the Old Testament, not to gratify men's curiosities by enabling them to foreknow things, but that, after that they were fulfilled, they might be interpreted by the event; and his own providence, not the interpreter's, be then manifested thereby to the world. For the event of things, predicted many ages before, will then be a convincing argument that the world is governed by Providence. For, as the few and obscure prophecies concerning Christ's first coming were for setting up the Christian religion, which all nations have since corrupted, so the many and clear prophecies concerning the things to be done at Christ's second coming, are not only for predicting, but also for effecting a recovery and re-establishment of the long-lost truth, and setting up a kingdom wherein dwells righteousness. The event will prove the Apocalypse; and this prophecy, thus proved and understood, will open the old prophets; and all together will make known the true religion, and establish it. There is already so much of the prophecy fulfilled, that as many as will take pains in this study may see sufficient instances of God's promise; but then, the signal revolutions predicted by all the holy prophets, will at once both turn men's eyes upon considering the predictions, and plainly interpret them. Till then we must content ourselves with interpreting what hath been already fulfilled.' And, as Mr. WESTON observes, 'if we were in possession of a complete and particular history of Asia, not only of great events, without person or place, names or dates, but of the exactest biography, geography, topography, and chronology, we might, perhaps, still be able to explain and appropriate more circumstances recorded in the Revelation, under the emperors of the East and the West, and in Arabia, Persia, Tartary, and Asia, the seat of the most important revolutions with which the history of Christianity has ever been interwoven and closely connected.' History is the great interpreter of prophecy. 'Prophecy is, as I may say,' observes Bp. NEWTON, 'history anticipated and contracted; history is prophecy accomplished and dilated; and the prophecies of Scripture contain the fate of the most considerable nations, and the substance of the most memorable transactions in the world, from the earliest to the latest times. Daniel and St. John, with regard to those latter times, are more copious and particular than the other prophets. They exhibit a series and succession of the most important events from the first of the four great empires to the consummation of all things. Their prophecies may really be said to be a summary of the history of the world; and the history of the world is the best comment upon their prophecies . . . . and the more you know of ancient and modern times, and the farther you search into the truth of history, the more you will be satisfied of the truth of prophecy.' The Revelation was designed to supply the place of that continued succession of prophets, which demonstrated the continued providence of God to the patriarchal and Jewish churches. 'The majority of commentators on the Apocalypse,' says Mr. TOWNSEND, 'generally acted on these principles of interpretation. They discover in this Book certain predictions of events which were fulfilled soon after they were announced; they trace in the history of later years various coincidences, which so fully agree with various parts of the Apocalypse, that they are justly entitled to consider them as the fulfilment of its prophecies; and, by thus tracing the one God of revelation through the clouds of the dark ages, through the storms of revolutions and wars, through the mighty convulsions which at various periods have agitated the world, their interpretations, even when they are most contradictory, when they venture to speculate concerning the future, are founded on so much undoubted truth, that they have materially confirmed the wavering faith of thousands. Clouds and darkness must cover the brightness of the throne of God, till it shall please him to enable us to bear the brighter beams of his glory. In the mean time, we trace his footsteps in the sea of the Gentile world, his path in the mighty waters of the ambitious and clashing passions of man. We rejoice to anticipate the day when the bondage of Rome, which would perpetuate the intellectual and spiritual slavery of man, shall be overthrown, and the day-spring of united knowledge and holiness bless the world.'

B. 99.